刑　法
案头书

刑法适用
指引大全

邹志刚◎编著

BOOK OF CRIMINAL LAW
A GUIDE TO APPLICATION OF CRIMINAL CODE

法律出版社
LAW PRESS · CHINA
——北京——

图书在版编目(CIP)数据

刑法案头书：刑法适用指引大全／邹志刚编著. --
北京：法律出版社，2024
ISBN 978-7-5197-8360-0

Ⅰ. ①刑… Ⅱ. ①邹… Ⅲ. ①刑法—法律适用—中国
Ⅳ. ①D924.05

中国国家版本馆CIP数据核字(2023)第184293号

刑法案头书
——刑法适用指引大全
XINGFA ANTOUSHU
—XINGFA SHIYONG ZHIYIN DAQUAN

邹志刚 编著

责任编辑 孙东育 曲 杰
装帧设计 鲍龙卉

出版发行 法律出版社
编辑统筹 学术·对外出版分社
责任校对 王晓萍 郭艳萍 裴 黎 李慧艳
责任印制 胡晓雅 宋万春
经 销 新华书店

开本 A5
印张 73.75 字数 3828千
版本 2024年3月第1版
印次 2024年3月第1次印刷
印刷 天津嘉恒印务有限公司

地址:北京市丰台区莲花池西里7号(100073)
网址:www.lawpress.com.cn
投稿邮箱:info@lawpress.com.cn
举报盗版邮箱:jbwq@lawpress.com.cn

销售电话:010-83938349
客服电话:010-83938350
咨询电话:010-63939796

书号:ISBN 978-7-5197-8360-0
定价:298.00元
凡购买本社图书,如有印装错误,我社负责退换。电话:010-83938349

序

从基本定位来说，刑法是司法法，刑法学也是应用法学，因此，无论在刑法学术研究还是刑事司法实践过程中，都应当始终坚持从刑法出发，更确切地讲是从刑法典文本出发，与时俱进地密切关注、研究、把握司法政策、司法解释和司法判例的沿革变迁，从刑事立法文本与刑事司法成果的有机互动中把握刑法的精神与内涵，从而实现刑法的活性化，这是我一直以来的教学和研究理念。

这本《刑法适用指引》就是体现了这样一种理念的刑法工具书，在对刑法典文本展开的基础上，爬疏归拢，搜罗了每一个条文相关联的司法解释、其他刑事规范性法律文件以及两高的指导性案例附列于后，对刑法条文形成严密而完备的关照，这种编写体例、技术无疑是值得肯定的，无论是对于刑法学教学研究人员还是刑事司法一线办案人员而言，都具有非常精准、便捷的辅助作用与参考价值。

这本书是刑法学学术研究者和刑事司法实务工作者共同合作的成果，主要创作者是一位来自浙江省人民检察院的资深检察官，一直以来耕耘在刑事检察领域，形成了较为丰富的刑事司法实务经验，而且也比较了解刑事司法实践的需求，这些都使这本工具书形成了鲜明的实践品格，或者说很“接地气”。他嘱我为其书作序，我亦乐以荐之。

高铭暄

编者按

在长期办案实践过程中，编者一直探求找到一种便捷、实用的方法来掌握和理解《中华人民共和国刑法》。从2001年编写《〈刑法〉〈刑事诉讼法〉适用简表》，到2014年再度编写《罪名认定及办案期限一览表》，虽然两书出版得到了广泛的欢迎，但表格形式的排版局限性也比较明显。并且随着时代的发展，《刑法》不断在修正，新的司法解释层出不穷，为适应法条和司法环境的变化，也为了帮助读者对《刑法》的每一条款有更全面和深入的认知，编者在编写本书时除保留了原表格中“释义”“立案追诉标准”等内容外，在每一罪名的“定罪量刑部分”增加了相关联的行政法规及最高人民法院、最高人民检察院的指导性案例等内容。本次编写过程中特意将每个司法解释涉及相关罪名的内容分解到具体条款，对收集到的已废止的相关法律文件，特别注明了废止依据，以避免误用。本次成书时，不再受表格形式的局限，并且为体现《刑法》的完整性，首次将总则的内容纳入本书。希望本书能帮助读者学习《刑法》，成为具有操作指引作用的工具书，并能得到法律实务工作者及法律初学者的认可。

本书在编写过程中得到了中国社会科学院研究员、博士生导师邓子滨及北京大学与德国慕尼黑大学法学双博士、原浙江大学法学院副教授王钰的悉心指导，王钰副教授撰写了《刑法》总则的释义，邓子滨研究员撰写了《刑法》分则的释义，两位专家根据本书的容量和特点，在释义时做到了简明扼要、通俗易懂又不失专业水准，相信读者朋友在理解各个条文时会受益匪浅。

限于编者的水平，本书如有错漏或不妥之处，请专家和读者朋友批评指正。

目　　录

第一编　总　　则

第二编 分 则

附 则

第一编 总 则

第一章 刑法的任务、基本原则和适用范围

第1条 【立法目的】为了惩罚犯罪，保护人民，根据宪法，结合我国同犯罪作斗争的具体经验及实际情况，制定本法。

• 释义

刑法的立法目的，就是国家制定刑法想要追求的结果。刑法目的的确定，对立法和司法都具有重要意义。对于前者，目的的确定直接关系着刑法的正当性和合理性；对于后者，目的的确定则意味着对刑事司法活动目标、宗旨和意义的明确。

我国立法者制定刑法的目的是惩罚犯罪和保护人民，也就是保护法益和保障人权。

• 关联法律

1. 公安部《关于〈公安机关办理经济犯罪案件的若干规定〉第14条适用问题的批复》(公复字〔2006〕3号)

公安部《关于公布公安部规章和规范性文件目录以及公安部决定废止的规范性文件目录的公告》(2018年4月12日公告)已声明该文件废止。

2. 公安部《关于正确执行〈公安机关办理刑事案件程序规定〉第199条的批复》(公复字〔2008〕5号)

黑龙江省公安厅：你厅《关于〈公安机关办理刑事案件程序规定〉第199条应如何理解的请示》(黑公传发〔2008〕521号)收悉。现批复如下：

一、根据《公安机关办理刑事案件程序规定》第199条的规定，死者家属无正当理由拒不到场或者拒绝签名、盖章的，不影响解剖或者开棺检验，公安机关可以在履行规定的审批程序后，解剖尸体；但应当认真核实死者家属提出的不到场或者拒绝签名、盖章的理由，对于有正当理由的，应当予以妥善处理，争取家属的配合，而不能简单地作为无正当理由对待。

二、对于重大、疑难、复杂的案件，可能引起争议的案件，或者死者家属无正当理由拒不到场或者拒绝签名、盖章的案件，为确保取得良好的社会效果，公安机关在进行尸体解剖、开棺检验、死因鉴定时，应当进行全程录音录像，商请检察机关派员到场，并邀请与案件无关的第三方或者死者家属聘请的律师到场见证。

3. 全国人大常委会法工委《关于立法技术规范(试行)(1)的函》(法工委发〔2009〕62号)

(全文略)

4. 最高人民法院《关于案例指导工作的规定》(法发〔2010〕51号)

第1条 对全国法院审判、执行工作具有指导作用的指导性案例，由最高人民法院确定

并统一发布。

第2条 本规定所称指导性案例,是指裁判已经发生法律效力,并符合以下条件的案例:(一)社会广泛关注的;(二)法律规定比较原则的;(三)具有典型性的;(四)疑难复杂或者新类型的;(五)其他具有指导作用的案例。

第3条 最高人民法院设立案例指导工作办公室,负责指导性案例的遴选、审查和报审工作。

第4条 最高人民法院各审判业务单位对本院和地方各级人民法院已经发生法律效力的裁判,认为符合本规定第2条规定的,可以向案例指导工作办公室推荐。

各高级人民法院、解放军军事法院对本院和本辖区内人民法院已经发生法律效力的裁判,认为符合本规定第2条规定的,经本院审判委员会讨论决定,可以向最高人民法院案例指导工作办公室推荐。

中级人民法院、基层人民法院对本院已经发生法律效力的裁判,认为符合本规定第2条规定的,经本院审判委员会讨论决定,层报高级人民法院,建议向最高人民法院案例指导工作办公室推荐。

第5条 人大代表、政协委员、专家学者、律师,以及其他关心人民法院审判、执行工作的社会各界人士对人民法院已经发生法律效力的裁判,认为符合本规定第2条规定的,可以向作出生效裁判的原审人民法院推荐。

第6条 案例指导工作办公室对于被推荐的案例,应当及时提出审查意见。符合本规定第2条规定的,应当报请院长或者主管副院长提交最高人民法院审判委员会讨论决定。

最高人民法院审判委员会讨论决定的指导性案例,统一在《最高人民法院公报》、最高人民法院网站、《人民法院报》上以公告的形式发布。

第7条 最高人民法院发布的指导性案例,各级人民法院审判类似案例时应当参照。

第8条 最高人民法院案例指导工作办公室每年度对指导性案例进行编纂。

第9条 本规定施行前,最高人民法院已经发布的对全国法院审判、执行工作具有指导意义的案例,根据本规定清理、编纂后,作为指导性案例公布。

第10条 本规定自公布之日起施行。

5. 最高人民法院《关于发布第一批指导性案例的通知》(法〔2011〕354号)

为了贯彻落实中央关于建立案例指导制度的司法改革举措,最高人民法院于2010年11月26日印发了《关于案例指导工作的规定》(以下简称《规定》)。《规定》的出台,标志着中国特色案例指导制度初步确立。社会各界对此高度关注,并给予大力支持。各高级人民法院根据《规定》要求,积极向最高人民法院推荐报送指导性案例。最高人民法院专门设立案例指导工作办公室,加强并协调有关方面对指导性案例的研究。近日,最高人民法院审判委员会讨论通过,决定将上海中原物业顾问有限公司诉陶德华居间合同纠纷案等4个案例作为第一批指导性案例予以公布。现将有关工作通知如下:

一、准确把握案例的指导精神

(一)上海中原物业顾问有限公司诉陶某华居间合同纠纷案,旨在解决二手房买卖活动中买方与中介公司因"跳单"引发的纠纷。该案例确认:居间合同中禁止买方利用中介公司提供的房源信息,却撇开该中介公司与卖方签订房屋买卖合同的约定具有约束力,即买方不得"跳单"违约;但是同一房源信息经多个中介公司发布,买方通过上述正当途径获取该房源信息的,有权在多个中介公司中选择报价低、服务好的中介公司促成交易,此行为不属于"跳单"违约。从而既保护中介公司合法权益,促进中介服务市场健康发展,维护市场交易诚信,又促进房屋买卖中介公司之间公平竞争,提高服务质量,保护消费者的合法权益。

(二)吴某诉四川省眉山西城纸业有限公司买卖合同纠纷案,旨在正确处理诉讼外和解协议与判决的效力关系。该案例确认:对于当事人在二审期间达成诉讼外和解协议后撤诉的,当事人应当依约履行。一方当事人不履行或不完全履行和解协议的,另一方当事人可以申请人民法院执行一审生效判决。从而既尊重当事人对争议标的的自由处分权,强调了协议必须信守履行的规则,又维护了人民法院生效裁判的权威。

(三)潘某梅、陈某受贿案旨在解决新形式、新手段受贿罪的认定问题。该案例确认:国家工作人员以"合办"公司的名义或以交易形式收受贿赂的、承诺"为他人谋取利益"未谋取利益而受贿的,以及为掩饰犯罪而退赃的,不影响受贿罪的认定,从而对近年来以新的手段收受贿赂案件的处理提供了明确指导。对于依法惩治受贿犯罪,有效查处新形势下出现的新类型受贿案件,推进反腐败斗争深入开展,具有重要意义。

(四)王某才故意杀人案旨在明确判处死缓并限制减刑的具体条件。该案例确认:刑法修正案(八)规定的限制减刑制度,可以适用于2011年4月30日之前发生的犯罪行为;对于罪行极其严重,应当判处死刑立即执行,被害方反应强烈,但被告人具有法定或酌定从轻处罚情节,判处死刑缓期执行,同时依法决定限制减刑能够实现罪刑相适应的,可以判处死缓并限制减刑。这有利于切实贯彻宽严相济刑事政策,既依法严惩严重刑事犯罪,又进一步严格限制死刑,最大限度地增加和谐因素,最大限度地减少不和谐因素,促进和谐社会建设。

二、切实发挥好指导性案例作用

各级人民法院对于上述指导性案例,要组织广大法官认真学习研究,深刻领会和正确把握指导性案例的精神实质和指导意义;要增强运用指导性案例的自觉性,以先进的司法理念、公平的裁判尺度、科学的裁判方法,严格参照指导性案例审理好类似案件,进一步提高办案质量和效率,确保案件裁判法律效果和社会效果的有机统一,保障社会和谐稳定;要高度重视案例指导工作,精心编选、积极推荐、及时报送指导性案例,不断提高选报案例质量,推进案例指导工作扎实开展;要充分发挥舆论引导作用,宣传案例指导制度的意义和成效,营造社会各界理解、关心和支持人民法院审判工作的良好氛围。

今后,各高级人民法院可以通过发布参考性案例等形式,对辖区内各级人民法院和专门法院的审判业务工作进行指导,但不得使用"指导性案例"或者"指导案例"的称谓,以避免与指导性案例相混淆。对于实施案例指导工作中遇到的问题和改进案例指导工作的建议,请及时层报最高人民法院。

6. 全国人大常委会法工委《关于立法技术规范(试行)(2)的函》(法工委发〔2011〕5号)

(全文略)

7. 最高人民法院、最高人民检察院《关于地方人民法院、人民检察院不得制定司法解释性质文件的通知》(法发〔2012〕2号)

中国特色社会主义法律体系如期形成,在我国社会主义民主法制建设史上具有里程碑意义,标志着依法治国基本方略的贯彻实施进入了一个新阶段。有法必依、执法必严、违法必究问题在法律实施工作中更为突出、更加紧迫。为了维护国家法制统一,正确实施法律,促进公正司法,按照2011年全国人大常委会工作报告和立法工作计划关于督促和指导最高人民法院、最高人民检察院开展司法解释集中清理工作的总体部署和要求,现就地方人民法院、人民检察院不得制定司法解释性质文件的有关问题通知如下:

一、根据全国人大常委会《关于加强法律解释工作的决议》的有关规定,人民法院在审判工作中具体应用法律的问题,由最高人民法院作出解释;人民检察院在检察工作中具体应用法律的问题,由最高人民检察院作出解释。自本通知下发之日起,地方人民法院、人民检察院一律不得制定在本辖区普遍适用的、涉及具体应用法律问题的"指导意见"、"规定"等司法解释性质文件,制定的其他规范性文件不得在法律文书中援引。

二、地方人民法院、人民检察院对于制定的带有司法解释性质的文件,应当自行清理。凡是与法律、法规及司法解释的规定相抵触以及不适应经济社会发展要求的司法解释性质文件,应当予以废止;对于司法实践中迫切需要、符合法律精神又无相应的司法解释规定的,参照本通知第3条的规定办理。

地方人民法院、人民检察院应当自本通知下发之日起,分别对单独制定的司法解释性质文件进行清理;对法、检两家制定或者与其他部门联合制定的,由原牵头部门负责清理并做好沟通协调工作;对不属于地方人民法院、人民检察院牵头制定的,要主动会同相关牵头部门研究处理。

清理工作应当于2012年3月底以前完成,由高级人民法院、省级人民检察院分别向最高人民法院、最高人民检察院报告清理结果。

三、地方人民法院、人民检察院在总结审判工作、检察工作经验过程中,认为需要制定司法解释的,按照《最高人民法院关于司法解释工作的规定》(法发〔2007〕12号)和《最高人民检察院司法解释工作规定》(高检发研字〔2006〕4号)的要求,通过高级人民法院、省级人民检察院向最高人民法院、最高人民检察院提出制定司法解释的建议或者对法律应用问题进行请示。

四、在执行本通知过程中遇到的具体情况和问题,高级人民法院、省级人民检察院应当及时向最高人民法院、最高人民检察院报告。

8. 最高人民法院《关于在裁判文书中如何表述修正前后刑法条文的批复》(法释〔2012〕7号)

近来,一些法院就在裁判文书中引用修正前后刑法条文如何具体表述问题请示我院。经研究,批复如下:

一、根据案件情况,裁判文书引用1997年3月14日第八届全国人民代表大会第五次会议修订的刑法条文,应当根据具体情况分别表述:

(一)有关刑法条文在修订的刑法施行后未经修正,或者经过修正,但引用的是现行有效条文,表述为"《中华人民共和国刑法》第××条"。(二)有关刑法条文经过修正,引用修正前的条文,表述为"1997年修订的《中华人民共和国刑法》第××条"。(三)有关刑法条文经两次以上修正,引用经修正、且为最后一次修正前的条文,表述为"经××××年《中华人民共和国刑法修正案(×)》修正的《中华人民共和国刑法》第××条"。

二、根据案件情况,裁判文书引用1997年3月14日第八届全国人民代表大会第五次会议修订前的刑法条文,应当表述为"1979年《中华人民共和国刑法》第××条"。

三、根据案件情况,裁判文书引用有关单行刑法条文,应当直接引用相应该条例、补充规定或者决定的具体条款。

四、《最高人民法院关于在裁判文书中如何引用修订前、后刑法名称的通知》(法〔1997〕192号)、《最高人民法院关于在裁判文书中如何引用刑法修正案的批复》(法释〔2007〕7号)不再适用。

9. 公安部《公安机关办理刑事案件程序规定》[2012年12月13日公安部令第127号修订废止了《公安机关办理刑事案件程序规定》(公安部令〔1998〕第35号)和《公安机关办理刑事案件程序规定修正案》(公安部令〔2007〕第95号);2020年7月20日公安部令〔2020〕第159号对《公安机关办理刑事案件程序规定》再次修正]

(全文略)

10. 最高人民法院《关于建立健全防范刑事冤假错案工作机制的意见》(法发〔2013〕11号)

一、坚持刑事诉讼基本原则,树立科学司法理念

1. 坚持尊重和保障人权原则。尊重被告人的诉讼主体地位,维护被告人的辩护权等诉讼权利,保障无罪的人不受刑事追究。

2. 坚持依法独立行使审判权原则。必须以事实为根据,以法律为准绳。不能因为舆论炒作、当事方上访闹访和地方“维稳”等压力,作出违反法律的裁判。

3. 坚持程序公正原则。自觉遵守刑事诉讼法有关规定,严格按照法定程序审判案件,保证准确有效地执行法律。

4. 坚持审判公开原则。依法保障当事人的诉讼权利和社会公众的知情权,审判过程、裁判文书依法公开。

5. 坚持证据裁判原则。认定案件事实,必须以证据为根据。应当依照法定程序审查、认定证据。认定被告人有罪,应当适用证据确实、充分的证明标准。

二、严格执行法定证明标准,强化证据审查机制

6. 定罪证据不足的案件,应当坚持疑罪从无原则,依法宣告被告人无罪,不得降格作出“留有余地”的判决。

定罪证据确实、充分,但影响量刑的证据存疑的,应当在量刑时作出有利于被告人的处理。

死刑案件,认定对被告人适用死刑的事实证据不足的,不得判处死刑。

7. 重证据,重调查研究,切实改变“口供至上”的观念和做法,注重实物证据的审查和运用。只有被告人供述,没有其他证据的,不能认定被告人有罪。

8. 采用刑讯逼供或者冻、饿、晒、烤、疲劳审讯等非法方法收集的被告人供述,应当排除。

除情况紧急必须现场讯问以外,在规定的办案场所外讯问取得的供述,未依法对讯问进行全程录音录像取得的供述,以及不能排除以非法方法取得的供述,应当排除。

9. 现场遗留的可能与犯罪有关的指纹、血迹、精斑、毛发等证据,未通过指纹鉴定、DNA鉴定等方式与被告人、被害人的相应样本作同一认定的,不得作为定案的根据。涉案物品、作案工具等未通过辨认、鉴定等方式确定来源的,不得作为定案的根据。

对于命案,应当审查是否通过被害人近亲属辨认、指纹鉴定、DNA鉴定等方式确定被害人身份。

三、切实遵守法定诉讼程序,强化案件审理机制

10. 庭前会议应当归纳事实、证据争点。控辩双方有异议的证据,庭审时重点调查;没有异议的,庭审时举证、质证适当简化。

11. 审判案件应当以庭审为中心。事实证据调查在法庭,定罪量刑辩论在法庭,裁判结果形成于法庭。

12. 证据未经当庭出示、辨认、质证等法庭调查程序查证属实,不得作为定案的根据。

采取技术侦查措施收集的证据,除可能危及有关人员的人身安全,或者可能产生其他严重后果,由人民法院依职权庭外调查核实的外,未经法庭调查程序查证属实,不得作为定案的根据。

13. 依法应当出庭作证的证人没有正当理由拒绝出庭或者出庭后拒绝作证,其庭前证言真实性无法确认的,不得作为定案的根据。

14. 保障被告人及其辩护人在庭审中的发问、质证、辩论等诉讼权利。对于被告人及其辩护人提出的辩解理由、辩护意见和提交的证据材料,应当当庭或者在裁判文书中说明采纳与否及理由。

15. 定罪证据存疑的,应当书面建议人民检察院补充调查。人民检察院在2个月内未提交书面材料的,应当根据在案证据依法作出裁判。

四、认真履行案件把关职责,完善审核监督机制

16. 合议庭成员共同对案件事实负责。承办法官为案件质量第一责任人。

合议庭成员通过庭审或者阅卷等方式审查事实和证据，独立发表评议意见并说明理由。

死刑案件，由经验丰富的法官承办。

17. 审判委员会讨论案件，委员依次独立发表意见并说明理由，主持人最后发表意见。

18. 原判事实不清、证据不足，第二审人民法院查清事实的，不得发回重新审判。以事实不清、证据不足为由发回重新审判的案件，上诉、抗诉后，不得再次发回重新审判。

19. 不得通过降低案件管辖级别规避上级人民法院的监督。不得就事实和证据问题请示上级人民法院。

20. 复核死刑案件，应当讯问被告人。辩护律师提出要求的，应当听取意见。证据存疑的，应当调查核实，必要时到案发地调查。

21. 重大、疑难、复杂案件，不能在法定期限内审结的，应当依法报请延长审理期限。

22. 建立科学的办案绩效考核指标体系，不得以上诉率、改判率、发回重审率等单项考核指标评价办案质量和效果。

五、充分发挥各方职能作用，建立健全制约机制

23. 严格依照法定程序和职责审判案件，不得参与公安机关、人民检察院联合办案。

24. 切实保障辩护人会见、阅卷、调查取证等辩护权利。辩护人申请调取可能证明被告人无罪、罪轻的证据，应当准许。

25. 重大、疑难、复杂案件，可以邀请人大代表、政协委员、基层群众代表等旁听观审。

26. 对确有冤错可能的控告和申诉，应当依法复查。原判决、裁定确有错误的，依法及时纠正。

27. 建立健全审判人员权责一致的办案责任制。审判人员依法履行职责，不受追究。审判人员办理案件违反审判工作纪律或者徇私枉法的，依照有关审判工作纪律和法律的规定追究责任。

11. 最高人民法院、最高人民检察院、公安部、国家安全部、司法部《关于依法保障律师执业权利的规定》(司法〔2015〕14号)

第1条 为切实保障律师执业权利，充分发挥律师维护当事人合法权益、维护法律正确实施、维护社会公平和正义的作用，促进司法公正，根据有关法律法规，制定本规定。

第2条 人民法院、人民检察院、公安机关、国家安全机关、司法行政机关应当尊重律师，健全律师执业权利保障制度，依照刑事诉讼法、民事诉讼法、行政诉讼法及律师法的规定，在各自职责范围内依法保障律师知情权、申请权、申诉权，以及会见、阅卷、收集证据和发问、质证、辩论等方面的执业权利，不得阻碍律师依法履行辩护、代理职责，不得侵害律师合法权利。

第3条 人民法院、人民检察院、公安机关、国家安全机关、司法行政机关和律师协会应当建立健全律师执业权利救济机制。

律师因依法执业受到侮辱、诽谤、威胁、报复、人身伤害的，有关机关应当及时制止并依法处理，必要时对律师采取保护措施。

第4条 人民法院、人民检察院、公安机关、国家安全机关、司法行政机关应当建立和完善诉讼服务中心、立案或受案场所、律师会见室、阅卷室，规范工作流程，方便律师办理立案、会见、阅卷、参与庭审、申请执行等事务。探索建立网络信息系统和律师服务平台，提高案件办理效率。

第5条 办案机关在办理案件中应当依法告知当事人有权委托辩护人、诉讼代理人。对于符合法律援助条件而没有委托辩护人或者诉讼代理人的，办案机关应当及时告知当事人有权申请法律援助，并按照相关规定向法律援助机构转交申请材料。办案机关发现犯罪嫌疑人、被告人属于依法应当提供法律援助的情形的，应当及时通知法律援助机构指派律师为其提供辩护。

第6条 辩护律师接受犯罪嫌疑人、被告人委托或者法律援助机构的指派后,应当告知办案机关,并可以依法向办案机关了解犯罪嫌疑人、被告人涉嫌或者被指控的罪名及当时已查明的该罪的主要事实,犯罪嫌疑人、被告人被采取、变更、解除强制措施的情况,侦查机关延长侦查羁押期限等情况,办案机关应当依法及时告知辩护律师。

办案机关作出移送审查起诉、退回补充侦查、提起公诉、延期审理、二审不开庭审理、宣告判决等重大程序性决定的,以及人民检察院将直接受理立案侦查案件报请上一级人民检察院审查决定逮捕的,应当依法及时告知辩护律师。

第7条 辩护律师到看守所会见在押的犯罪嫌疑人、被告人,看守所在查验律师执业证书、律师事务所证明和委托书或者法律援助公函后,应当及时安排会见。能当时安排的,应当当时安排;不能当时安排的,看守所应当向辩护律师说明情况,并保证辩护律师在48小时以内会见到在押的犯罪嫌疑人、被告人。

看守所安排会见不得附加其他条件或者变相要求辩护律师提交法律规定以外的其他文件、材料,不得以未收到办案机关通知为由拒绝安排辩护律师会见。

看守所应当设立会见预约平台,采取网上预约、电话预约等方式为辩护律师会见提供便利,但不得以未预约会见为由拒绝安排辩护律师会见。

辩护律师会见在押的犯罪嫌疑人、被告人时,看守所应当采取必要措施,保障会见顺利和安全进行。律师会见在押的犯罪嫌疑人、被告人的,看守所应当保障律师履行辩护职责需要的时间和次数,并与看守所工作安排和办案机关侦查工作相协调。辩护律师会见犯罪嫌疑人、被告人时不被监听,办案机关不得派员在场。在律师会见室不足的情况下,看守所经辩护律师书面同意,可以安排在讯问室会见,但应当关闭录音、监听设备。犯罪嫌疑人、被告人委托两名律师担任辩护人的,两名辩护律师可以共同会见,也可以单独会见。辩护律师可以带一名律师助理协助会见。助理人员随同辩护律师参加会见的,应当出示律师事务所证明和律师执业证书或申请律师执业人员实习证。办案机关应当核实律师助理的身份。

第8条 在押的犯罪嫌疑人、被告人提出解除委托关系的,办案机关应当要求其出具或签署书面文件,并在3日以内转交受委托的律师或者律师事务所。辩护律师可以要求会见在押的犯罪嫌疑人、被告人,当面向其确认解除委托关系,看守所应当安排会见;但犯罪嫌疑人、被告人书面拒绝会见的,看守所应当将有关书面材料转交辩护律师,不予安排会见。

在押的犯罪嫌疑人、被告人的监护人、近亲属解除代为委托辩护律师关系的,经犯罪嫌疑人、被告人同意的,看守所应当允许新代为委托的辩护律师会见,由犯罪嫌疑人、被告人确认新的委托关系;犯罪嫌疑人、被告人不同意解除原辩护律师的委托关系的,看守所应当终止新代为委托的辩护律师会见。

第9条 辩护律师在侦查期间要求会见危害国家安全犯罪、恐怖活动犯罪、特别重大贿赂犯罪案件在押的犯罪嫌疑人的,应当向侦查机关提出申请。侦查机关应当依法及时审查辩护律师提出的会见申请,在3日以内将是否许可的决定书面答复辩护律师,并明确告知负责与辩护律师联系的部门及工作人员的联系方式。对许可会见的,应当向辩护律师出具许可决定文书;因有碍侦查或者可能泄露国家秘密而不许可会见的,应当向辩护律师说明理由。有碍侦查或者可能泄露国家秘密的情形消失后,应当许可会见,并及时通知看守所和辩护律师。对特别重大贿赂案件在侦查终结前,侦查机关应当许可辩护律师至少会见1次犯罪嫌疑人。

侦查机关不得随意解释和扩大前款所述三类案件的范围,限制律师会见。

第10条 自案件移送审查起诉之日起,辩护律师会见犯罪嫌疑人、被告人,可以向其核实有关证据。

第11条 辩护律师会见在押的犯罪嫌疑人、被告人,可以根据需要制作会见笔录,并要求犯罪嫌疑人、被告人确认无误后在笔录上签名。

第12条 辩护律师会见在押的犯罪嫌疑人、被告人需要翻译人员随同参加的,应当提前向办案机关提出申请,并提交翻译人员身份证明及其所在单位出具的证明。办案机关应当及时审查并在3日以内作出是否许可的决定。许可翻译人员参加会见的,应当向辩护律师出具许可决定文书,并通知看守所。不许可的,应当向辩护律师书面说明理由,并通知其更换。

翻译人员应当持办案机关许可决定文书和本人身份证明,随同辩护律师参加会见。

第13条 看守所应当及时传递辩护律师同犯罪嫌疑人、被告人的往来信件。看守所可以对信件进行必要的检查,但不得截留、复制、删改信件,不得向办案机关提供信件内容,但信件内容涉及危害国家安全、公共安全、严重危害他人人身安全以及涉嫌串供、毁灭证据等情形的除外。

第14条 辩护律师自人民检察院对案件审查起诉之日起,可以查阅、摘抄、复制本案的案卷材料,人民检察院检察委员会的讨论记录、人民法院合议庭、审判委员会的讨论记录以及其他依法不能公开的材料除外。人民检察院、人民法院应当为辩护律师查阅、摘抄、复制案卷材料提供便利,有条件的地方可以推行电子化阅卷,允许刻录、下载材料。侦查机关应当在案件移送审查起诉后3日以内,人民检察院应当在提起公诉后3日以内,将案件移送情况告知辩护律师。案件提起公诉后,人民检察院对案卷所附证据材料有调整或者补充的,应当及时告知辩护律师。辩护律师对调整或者补充的证据材料,有权查阅、摘抄、复制。辩护律师办理申诉、抗诉案件,在人民检察院、人民法院经审查决定立案后,可以持律师执业证书、律师事务所证明和委托书或者法律援助公函到案卷档案管理部门、持有案卷档案的办案部门查阅、摘抄、复制已经审理终结案件的案卷材料。

辩护律师提出阅卷要求的,人民检察院、人民法院应当当时安排辩护律师阅卷,无法当时安排的,应当向辩护律师说明并安排其在3个工作日以内阅卷,不得限制辩护律师阅卷的次数和时间。有条件的地方可以设立阅卷预约平台。

人民检察院、人民法院应当为辩护律师阅卷提供场所和便利,配备必要的设备。因复制材料发生费用的,只收取工本费用。律师办理法律援助案件复制材料发生的费用,应当予以免收或者减收。辩护律师可以采用复印、拍照、扫描、电子数据拷贝等方式复制案卷材料,可以根据需要带律师助理协助阅卷。办案机关应当核实律师助理的身份。

辩护律师查阅、摘抄、复制的案卷材料属于国家秘密的,应当经过人民检察院、人民法院同意并遵守国家保密规定。律师不得违反规定,披露、散布案件重要信息和案卷材料,或者将其用于本案辩护、代理以外的其他用途。

第15条 辩护律师提交与案件有关材料的,办案机关应当在工作时间和办公场所予以接待,当面了解辩护律师提交材料的目的、材料的来源和主要内容等有关情况并记录在案,与相关材料一并附卷,并出具回执。辩护律师应当提交原件,提交原件确有困难的,经办案机关准许,也可以提交复印件,经与原件核对无误后由辩护律师签名确认。辩护律师通过服务平台网上提交相关材料的,办案机关应当在网上出具回执。辩护律师应当及时向办案机关提供原件核对,并签名确认。

第16条 在刑事诉讼审查起诉、审理期间,辩护律师书面申请调取公安机关、人民检察院在侦查、审查起诉期间收集但未提交的证明犯罪嫌疑人、被告人无罪或者罪轻的证据材料的,人民检察院、人民法院应当依法及时审查。经审查,认为辩护律师申请调取的证据材料已收集并且与案件事实有联系的,应当及时调取。相关证据材料提交后,人民检察院、人民法院应当及时通知辩护律师查阅、摘抄、复制。经审查决定不予调取的,应当书面说明理由。

第17条 辩护律师申请向被害人或者其近亲属、被害人提供的证人收集与本案有关的材料的，人民检察院、人民法院应当在7日以内作出是否许可的决定，并通知辩护律师。辩护律师书面提出有关申请时，办案机关不许可的，应当书面说明理由；辩护律师口头提出申请的，办案机关可以口头答复。

第18条 辩护律师申请人民检察院、人民法院收集、调取证据的，人民检察院、人民法院应当在3日以内作出是否同意的决定，并通知辩护律师。辩护律师书面提出有关申请时，办案机关不同意的，应当书面说明理由；辩护律师口头提出申请的，办案机关可以口头答复。

第19条 辩护律师申请向正在服刑的罪犯收集与案件有关的材料的，监狱和其他监管机关在查验律师执业证书、律师事务所证明和犯罪嫌疑人、被告人委托书或法律援助公函后，应当及时安排并提供合适的场所和便利。

正在服刑的罪犯属于辩护律师所承办案件的被害人或者其近亲属、被害人提供的证人的，应当经人民检察院或者人民法院许可。

第20条 在民事诉讼、行政诉讼过程中，律师因客观原因无法自行收集证据的，可以依法向人民法院申请调取。经审查符合规定的，人民法院应当予以调取。

第21条 侦查机关在案件侦查终结前，人民检察院、人民法院在审查批准、决定逮捕期间，最高人民法院在复核死刑案件期间，辩护律师提出要求的，办案机关应当听取辩护律师的意见。人民检察院审查起诉、第二审人民法院决定不开庭审理的，应当充分听取辩护律师的意见。

辩护律师要求当面反映意见或者提交证据材料的，办案机关应当依法办理，并制作笔录附卷。辩护律师提出的书面意见和证据材料，应当附卷。

第22条 辩护律师书面申请变更或者解除强制措施的，办案机关应当在3日以内作出处理决定。辩护律师的申请符合法律规定的，办案机关应当及时变更或者解除强制措施；经审查认为不应当变更或者解除强制措施的，应当告知辩护律师，并书面说明理由。

第23条 辩护律师在侦查、审查起诉、审判期间发现案件有关证据存在刑事诉讼法第54条规定的情形的，可以向办案机关申请排除非法证据。

辩护律师在开庭以前申请排除非法证据，人民法院对证据收集合法性有疑问的，应当依照刑事诉讼法第182条第2款的规定召开庭前会议，就非法证据排除问题了解情况，听取意见。

辩护律师申请排除非法证据的，办案机关应当听取辩护律师的意见，按照法定程序审查核实相关证据，并依法决定是否予以排除。

第24条 辩护律师在开庭以前提出召开庭前会议、回避、补充鉴定或者重新鉴定以及证人、鉴定人出庭等申请的，人民法院应当及时审查作出处理决定，并告知辩护律师。

第25条 人民法院确定案件开庭日期时，应当为律师出庭预留必要的准备时间并书面通知律师。律师因开庭日期冲突等正当理由申请变更开庭日期的，人民法院应当在不影响案件审理期限的情况下，予以考虑并调整日期，决定调整日期的，应当及时通知律师。

律师可以根据需要，向人民法院申请带律师助理参加庭审。律师助理参加庭审仅能从事相关辅助工作，不得发表辩护、代理意见。

第26条 有条件的人民法院应当建立律师参与诉讼专门通道，律师进入人民法院参与诉讼确需安全检查的，应当与出庭履行职务的检察人员同等对待。有条件的人民法院应当设置专门的律师更衣室、休息室或者休息区域，并配备必要的桌椅、饮水及上网设施等，为律师参与诉讼提供便利。

第27条 法庭审理过程中，律师对审判人员、检察人员提出回避申请的，人民法院、人民检察院应当依法作出处理。

第28条 法庭审理过程中，经审判长准许，律师可以向当事人、证人、鉴定人和有专门知识的人发问。

第29条 法庭审理过程中，律师可以就证据的真实性、合法性、关联性，从证明目的、证明效果、证明标准、证明过程等方面，进行法庭质证和相关辩论。

第30条 法庭审理过程中，律师可以就案件事实、证据和适用法律等问题，进行法庭辩论。

第31条 法庭审理过程中，法官应当注重诉讼权利平等和控辩平衡。对于律师发问、质证、辩论的内容、方式、时间等，法庭应当依法公正保障，以便律师充分发表意见，查清案件事实。

法庭审理过程中，法官可以对律师的发问、辩论进行引导，除发言过于重复、相关问题已在庭前会议达成一致、与案件无关或者侮辱、诽谤、威胁他人，故意扰乱法庭秩序的情况外，法官不得随意打断或者制止律师按程序进行的发言。

第32条 法庭审理过程中，律师可以提出证据材料，申请通知新的证人、有专门知识的人出庭，申请调取新的证据，申请重新鉴定或者勘验、检查。在民事诉讼中，申请有专门知识的人出庭，应当在举证期限届满前向人民法院申请，经法庭许可后才可以出庭。

第33条 法庭审理过程中，遇有被告人供述发生重大变化、拒绝辩护等重大情形，经审判长许可，辩护律师可以与被告人进行交流。

第34条 法庭审理过程中，有下列情形之一的，律师可以向法庭申请休庭：

（一）辩护律师因法定情形拒绝为被告人辩护的；（二）被告人拒绝辩护律师为其辩护的；（三）需要对新的证据作辩护准备的；（四）其他严重影响庭审正常进行的情形。

第35条 辩护律师作无罪辩护的，可以当庭就量刑问题发表辩护意见，也可以庭后提交量刑辩护意见。

第36条 人民法院适用普通程序审理案件，应当在裁判文书中写明律师依法提出的辩护、代理意见，以及是否采纳的情况，并说明理由。

第37条 对于诉讼中的重大程序信息和送达当事人的诉讼文书，办案机关应当通知辩护、代理律师。

第38条 法庭审理过程中，律师就回避，案件管辖，非法证据排除，申请通知证人、鉴定人、有专门知识的人出庭，申请通知新的证人到庭，调取新的证据，申请重新鉴定、勘验等问题当庭提出申请，或者对法庭审理程序提出异议的，法庭原则上应当休庭进行审查，依照法定程序作出决定。其他律师有相同异议的，应一并提出，法庭一并休庭审查。法庭决定驳回申请或者异议的，律师可当庭提出复议。经复议后，律师应当尊重法庭的决定，服从法庭的安排。

律师不服法庭决定保留意见的内容应当详细记入法庭笔录，可以作为上诉理由，或者向同级或者上一级人民检察院申诉、控告。

第39条 律师申请查阅人民法院录制的庭审过程的录音、录像的，人民法院应当准许。

第40条 侦查机关依法对在诉讼活动中涉嫌犯罪的律师采取强制措施后，应当在48小时以内通知其所在的律师事务所或者所属的律师协会。

第41条 律师认为办案机关及其工作人员明显违反法律规定，阻碍律师依法履行辩护、代理职责，侵犯律师执业权利的，可以向该办案机关或者其上一级机关投诉。

办案机关应当畅通律师反映问题和投诉的渠道，明确专门部门负责处理律师投诉，并公开联系方式。

办案机关应当对律师的投诉及时调查，律师要求当面反映情况的，应当当面听取律师的意见。经调查情况属实的，应当依法立即纠正，及时答复律师，做好说明解释工作，并将处理情况通报其所在地司法行政机关或者所属的律师协会。

第42条 在刑事诉讼中,律师认为办案机关及其工作人员的下列行为阻碍律师依法行使诉讼权利的,可以向同级或者上一级人民检察院申诉、控告:

(一)未依法向律师履行告知、转达、通知和送达义务的;(二)办案机关认定律师不得担任辩护人、代理人的情形有误的;(三)对律师依法提出的申请,不接收、不答复的;(四)依法应当许可律师提出的申请未许可的;(五)依法应当听取律师的意见未听取的;(六)其他阻碍律师依法行使诉讼权利的行为。

律师依照前款规定提出申诉、控告的,人民检察院应当在受理后10日以内进行审查,并将处理情况书面答复律师。情况属实的,通知有关机关予以纠正。情况不属实的,做好说明解释工作。

人民检察院应当依法严格履行保障律师依法执业的法律监督职责,处理律师申诉控告。在办案过程中发现有阻碍律师依法行使诉讼权利行为的,应当依法、及时提出纠正意见。

第43条 办案机关或者其上一级机关、人民检察院对律师提出的投诉、申诉、控告,经调查核实后要求有关机关予以纠正,有关机关拒不纠正或者累纠累犯的,应当由相关机关的纪检监察部门依照有关规定调查处理,相关责任人构成违纪的,给予纪律处分。

第44条 律师认为办案机关及其工作人员阻碍其依法行使执业权利的,可以向其所执业律师事务所所在地的市级司法行政机关、所属的律师协会申请维护执业权利。情况紧急的,可以向事发地的司法行政机关、律师协会申请维护执业权利。事发地的司法行政机关、律师协会应当给予协助。

司法行政机关、律师协会应当建立维护律师执业权利快速处置机制和联动机制,及时安排专人负责协调处理。律师的维权申请合法有据的,司法行政机关、律师协会应当建议有关办案机关依法处理,有关办案机关应当将处理情况及时反馈司法行政机关、律师协会。

司法行政机关、律师协会持有关证明调查核实律师权益保障或者违纪有关情况的,办案机关应当予以配合、协助,提供相关材料。

第45条 人民法院、人民检察院、公安机关、国家安全机关、司法行政机关和律师协会应当建立联席会议制度,定期沟通保障律师执业权利工作情况,及时调查处理侵犯律师执业权利的突发事件。

第46条 依法规范法律服务秩序,严肃查处假冒律师执业和非法从事法律服务的行为。对未取得律师执业证书或者已经被注销、吊销执业证书的人员以律师名义提供法律服务或者从事相关活动的,或者利用相关法律关于公民代理的规定从事诉讼代理或者辩护业务非法牟利的,依法追究责任,造成严重后果的,依法追究刑事责任。

第47条 本规定所称"办案机关",是指负责侦查、审查逮捕、审查起诉和审判工作的公安机关、国家安全机关、人民检察院和人民法院。

第48条 本规定所称"律师助理",是指辩护、代理律师所在律师事务所的其他律师和申请律师执业实习人员。

第49条 本规定自发布之日起施行。

12. 最高人民法院《关于依法切实保障律师诉讼权利的规定》(法发〔2015〕16号)

为深入贯彻落实全面推进依法治国战略,充分发挥律师维护当事人合法权益、促进司法公正的积极作用,切实保障律师诉讼权利,根据中华人民共和国刑事诉讼法、民事诉讼法、行政诉讼法、律师法和《最高人民法院、最高人民检察院、公安部、国家安全部、司法部关于依法保障律师执业权利的规定》,作出如下规定:

一、依法保障律师知情权。人民法院要不断完善审判流程公开、裁判文书公开、执行信息公开“三大平台”建设,方便律师及时获取诉讼信息。对诉讼程序、诉权保障、调解和解、裁判文书等重要事项及相关进展情况,应当依法及时告知律师。

二、依法保障律师阅卷权。对律师申请阅卷的,应当在合理时间内安排。案卷材料被其他诉讼主体查阅的,应当协调安排各方阅卷时间。律师依法查阅、摘抄、复制有关卷宗材料或者查看庭审录音录像的,应当提供场所和设施。有条件的法院,可提供网上卷宗查阅服务。

三、依法保障律师出庭权。确定开庭日期时,应当为律师预留必要的出庭准备时间。因特殊情况更改开庭日期的,应当提前3日告知律师。律师因正当理由请求变更开庭日期的,法官可在征询其他当事人意见后准许。律师带助理出庭的,应当准许。

四、依法保障律师辩论、辩护权。法官在庭审过程中应合理分配诉讼各方发问、质证、陈述和辩论、辩护的时间,充分听取律师意见。除律师发言过于重复、与案件无关或者相关问题已在庭前达成一致等情况外,不应打断律师发言。

五、依法保障律师申请排除非法证据的权利。律师申请排除非法证据并提供相关线索或者材料,法官经审查对证据收集合法性有疑问的,应当召开庭前会议或者进行法庭调查。经审查确认存在法律规定的以非法方法收集证据情形的,对有关证据应当予以排除。

六、依法保障律师申请调取证据的权利。律师因客观原因无法自行收集证据的,可以依法向人民法院书面申请调取证据。律师申请调取证据符合法定条件的,法官应当准许。

七、依法保障律师的人身安全。案件审理过程中出现当事人矛盾激化,可能危及律师人身安全情形的,应当及时采取必要措施。对在法庭上发生的殴打、威胁、侮辱、诽谤律师等行为,法官应当及时制止,依法处置。

八、依法保障律师代理申诉的权利。对律师代理当事人对案件提出申诉的,要依照法律规定的程序认真处理。认为原案件处理正确的,要支持律师向申诉人做好释法析理、息诉息访工作。

九、为律师依法履职提供便利。要进一步完善网上立案、缴费、查询、阅卷、申请保全、提交代理词、开庭排期、文书送达等功能。有条件的法院要为参加庭审的律师提供休息场所,配备桌椅、饮水及其他必要设施。

十、完善保障律师诉讼权利的救济机制。要指定专门机构负责处理律师投诉,公开联系方式,畅通投诉渠道。对投诉要及时调查,依法处理,并将结果及时告知律师。对司法行政机关、律师协会就维护律师执业权利提出的建议,要及时予以答复。

13. 最高人民法院、最高人民检察院、公安部、国家安全部、司法部《关于进一步规范司法人员与当事人、律师特殊关系人、中介组织接触交往行为的若干规定》(法〔2015〕264号)

第1条 为规范司法人员与当事人、律师、特殊关系人、中介组织的接触、交往行为,保证公正司法,根据有关法律和纪律规定,结合司法工作实际,制定本规定。

第2条 司法人员与当事人、律师、特殊关系人、中介组织接触、交往,应当符合法律纪律规定,防止当事人、律师、特殊关系人、中介组织以不正当方式对案件办理进行干涉或者施加影响。

第3条 各级司法机关应当建立公正、高效、廉洁的办案机制,确保司法人员与当事人、律师、特殊关系人、中介组织无不正当接触、交往行为,切实防止利益输送,保障案件当事人的合法权益,维护国家法律统一正确实施,维护社会公平正义。

第4条 审判人员、检察人员、侦查人员在诉讼活动中,有法律规定的回避情形的,应当自行回避,当事人及其法定代理人也有权要求他们回避。

审判人员、检察人员、侦查人员的回避,应当依法按程序批准后执行。

第5条 严禁司法人员与当事人、律师、特殊关系人、中介组织有下列接触交往行为:

(一)泄露司法机关办案工作秘密或者其他依法依规不得泄露的情况;(二)为当事人推荐、介绍诉讼代理人、辩护人、或者为律师、中介组织介绍案件,要求、建议或者暗示当事人更换符合代理条件的律师;(三)接受当事人、律师、特殊关系人、中介组织请客送礼或者其他利益;(四)向当事人、律师、特殊关系人、中介组织借款、租借房屋,借用交通工具、通讯工具或者其他物品;(五)在委托评估、拍卖等活动中徇私舞弊,与相关中介组织和人员恶意串通、弄虚作假、违规操作等行为;(六)司法人员与当事人、律师、特殊关系人、中介组织的其他不正当接触交往行为。

第6条 司法人员在案件办理过程中,应当在工作场所、工作时间接待当事人、律师、特殊关系人、中介组织。因办案需要,确需与当事人、律师、特殊关系人、中介组织在非工作场所、非工作时间接触的,应依照相关规定办理审批手续并获批准。

第7条 司法人员在案件办理过程中因不明情况或者其他原因在非工作时间或非工作场所接触当事人、律师、特殊关系人、中介组织的,应当在3日内向本单位纪检监察部门报告有关情况。

第8条 司法人员从司法机关离任后,不得担任原任职单位办理案件的诉讼代理人或者辩护人,但是作为当事人的监护人或者近亲属代理诉讼或者进行辩护的除外。

第9条 司法人员有违反本规定行为的,当事人、律师、特殊关系人、中介组织和其他任何组织和个人可以向有关司法机关反映情况或者举报。

第10条 对反映或者举报司法人员违反本规定的线索,司法机关纪检监察部门应当及时受理,全面、如实记录,认真进行核查。对实名举报的,自受理之日起1个月内进行核查并将查核结果向举报人反馈。

不属于本单位纪检监察部门管辖的司法人员违反本规定的,将有关线索移送有管辖权的纪检监察部门处理。

第11条 司法人员违反本规定,依照《中国共产党纪律处分条例》、《行政机关公务员处分条例》、《人民法院工作人员处分条例》、《检察人员纪律处分条例(试行)》、《公安机关人民警察纪律条令》等规定给予纪律处分,并按程序报经批准后予以通报,必要时可以向社会公开;造成冤假错案或者其他严重后果,构成犯罪的,依法追究刑事责任。

第12条 司法机关应当将司法人员执行本规定的情况记入个人廉政档案。单位组织人事部门将执行本规定情况作为司法人员年度考核和晋职晋级的重要依据。

第13条 司法机关应当每季度对司法人员与当事人、律师、特殊关系人、中介组织的不正当接触、交往情况进行汇总分析,报告同级党委政法委和上级司法机关。

第14条 本规定所称"司法人员",是指在法院、检察院、公安机关、国家安全机关、司法行政机关依法履行审判、执行、检察、侦查、监管职责的人员。

本规定所称"特殊关系人",是指当事人的父母、配偶、子女、同胞兄弟姊妹和与案件有利害关系或可能影响案件公正处理的其他人。

本规定所称"中介组织",是指依法通过专业知识和技术服务,向委托人提供代理性、信息技术服务性等中介服务的机构,主要包括受案件当事人委托从事审计、评估、拍卖、变卖、检验或者破产管理等服务的中介机构。公证机构、司法鉴定机构参照"中介组织"适用本规定。

第15条 本规定自印发之日起施行。

14. 最高人民检察院、公安部《关于公安机关办理经济犯罪案件的若干规定》(公通字〔2017〕25号)

第1章 总　　则

第1条 为了规范公安机关办理经济犯罪案件程序,加强人民检察院的法律监督,保证严格、规范、公正、文明执法，依法惩治经济犯罪，维护社会主义市场经济秩序，保护公民、法人和其他组织的合法权益，依据《中华人民共和国刑事诉讼法》等有关法律、法规和规章，结合工作实际，制定本规定。

第2条 公安机关办理经济犯罪案件，应当坚持惩罚犯罪与保障人权并重、实体公正与程序公正并重、查证犯罪与挽回损失并重，严格区分经济犯罪与经济纠纷的界限，不得滥用职权、玩忽职守。

第3条 公安机关办理经济犯罪案件，应当坚持平等保护公有制经济与非公有制经济，坚持各类市场主体的诉讼地位平等、法律适用平等、法律责任平等，加强对各种所有制经济产权与合法利益的保护。

第4条 公安机关办理经济犯罪案件，应当严格依照法定程序进行，规范使用调查性侦查措施，准确适用限制人身、财产权利的强制性措施。

第5条 公安机关办理经济犯罪案件，应当既坚持严格依法办案，又注意办案方法，慎重选择办案时机和方式，注重保障正常的生产经营活动顺利进行。

第6条 公安机关办理经济犯罪案件，应当坚持以事实为根据、以法律为准绳，同人民检察院、人民法院分工负责、互相配合、互相制约，以保证准确有效地执行法律。

第7条 公安机关、人民检察院应当按照法律规定的证据裁判要求和标准收集、固定、审查、运用证据，没有确实、充分的证据不得认定犯罪事实，严禁刑讯逼供和以威胁、引诱、欺骗以及其他非法方法收集证据，不得强迫任何人证实自己有罪。

第2章 管　　辖

第8条 经济犯罪案件由犯罪地的公安机关管辖。如果由犯罪嫌疑人居住地的公安机关管辖更为适宜的，可以由犯罪嫌疑人居住地的公安机关管辖。

犯罪地包括犯罪行为发生地和犯罪结果发生地。犯罪行为发生地，包括犯罪行为的实施地以及预备地、开始地、途经地、结束地等与犯罪行为有关的地点；犯罪行为有连续、持续或者继续状态的，犯罪行为连续、持续或者继续实施的地方都属于犯罪行为发生地。犯罪结果发生地，包括犯罪对象被侵害地、犯罪所得的实际取得地、藏匿地、转移地、使用地、销售地。

居住地包括户籍所在地、经常居住地。户籍所在地与经常居住地不一致的，由经常居住地的公安机关管辖。经常居住地是指公民离开户籍所在地最后连续居住1年以上的地方，但是住院就医的除外。

单位涉嫌经济犯罪的，由犯罪地或者所在地公安机关管辖。所在地是指单位登记的住所地。主要营业地或者主要办事机构所在地与登记的住所地不一致的，主要营业地或者主要办事机构所在地为其所在地。

法律、司法解释或者其他规范性文件对有关经济犯罪案件的管辖作出特别规定的，从其规定。

第9条 非国家工作人员利用职务上的便利实施经济犯罪的，由犯罪嫌疑人工作单位所在地公安机关管辖。如果由犯罪行为实施地或者犯罪嫌疑人居住地的公安机关管辖更为适宜的，也可以由犯罪行为实施地或者犯罪嫌疑人居住地的公安机关管辖。

第10条 上级公安机关必要时可以立案侦查或者组织、指挥、参与侦查下级公安机关管辖的经济犯罪案件。

对重大、疑难、复杂或者跨区域性经济犯罪案件，需要由上级公安机关立案侦查的，下级公安机关可以请求移送上一级公安机关立案侦查。

第11条 几个公安机关都有权管辖的经济犯罪案件，由最初受理的公安机关管辖。必要时,可以由主要犯罪地的公安机关管辖。对管辖不明确或者有争议的,应当协商管辖;协商不成的,由共同的上级公安机关指定管辖。

主要利用通讯工具、互联网等技术手段实施的经济犯罪案件,由最初发现、受理的公安机关或者主要犯罪地的公安机关管辖。

第12条 公安机关办理跨区域性涉众型经济犯罪案件,应当坚持统一指挥协调、统一办案要求的原则。

对跨区域性涉众型经济犯罪案件,犯罪地公安机关应当立案侦查,并由一个地方公安机关为主侦查,其他公安机关应当积极协助。必要时,可以并案侦查。

第13条 上级公安机关指定下级公安机关立案侦查的经济犯罪案件,需要逮捕犯罪嫌疑人的,由侦查该案件的公安机关提请同级人民检察院审查批准;需要移送审查起诉的,由侦查该案件的公安机关移送同级人民检察院审查起诉。

人民检察院受理公安机关移送审查起诉的经济犯罪案件,认为需要依照刑事诉讼法的规定指定审判管辖的,应当协商同级人民法院办理指定管辖有关事宜。

对跨区域性涉众型经济犯罪案件,公安机关指定管辖的,应当事先向同级人民检察院、人民法院通报和协商。

第3章 立案、撤案

第14条 公安机关对涉嫌经济犯罪线索的报案、控告、举报、自动投案,不论是否有管辖权,都应当接受并登记,由最初受理的公安机关依照法定程序办理,不得以管辖权为由推诿或者拒绝。

经审查,认为有犯罪事实,但不属于其管辖的案件,应当及时移送有管辖权的机关处理。对于不属于其管辖又必须采取紧急措施的,应当先采取紧急措施,再移送主管机关。

第15条 公安机关接受涉嫌经济犯罪线索的报案、控告、举报、自动投案后,应当立即进行审查,并在7日以内决定是否立案;重大、疑难、复杂线索,经县级以上公安机关负责人批准,立案审查期限可以延长至30日;特别重大、疑难、复杂或者跨区域性的线索,经上一级公安机关负责人批准,立案审查期限可以再延长30日。

上级公安机关指定管辖或者书面通知立案的,应当在指定期限以内立案侦查。人民检察院通知立案的,应当在15日以内立案侦查。

第16条 公安机关接受行政执法机关移送的涉嫌经济犯罪案件后,移送材料符合相关规定的,应当在3日以内进行审查并决定是否立案,至迟应当在10日以内作出决定。案情重大、疑难、复杂或者跨区域性的,经县级以上公安机关负责人批准,应当在30日以内决定是否立案。情况特殊的,经上一级公安机关负责人批准,可以再延长30日作出决定。

第17条 公安机关经立案审查,同时符合下列条件的,应当立案:

(一)认为有犯罪事实;(二)涉嫌犯罪数额、结果或者其他情节符合经济犯罪案件的立案追诉标准,需要追究刑事责任;(三)属于该公安机关管辖。

第18条 在立案审查中,发现案件事实或者线索不明的,经公安机关办案部门负责人批准,可以依照有关规定采取询问、查询、勘验、鉴定和调取证据材料等不限制被调查对象人身、财产权利的措施。经审查,认为有犯罪事实,需要追究刑事责任的,经县级以上公安机关负责人批准,予以立案。

公安机关立案后,应当采取调查性侦查措施,但是一般不得采取限制人身、财产权利的强制性措施。确有必要采取的,必须严格依照法律规定的条件和程序。严禁在没有证据的情况下,查封、扣押、冻结涉案财物或者拘留、逮捕犯罪嫌疑人。

公安机关立案后,在30日以内经积极侦查,仍然无法收集到证明有犯罪事实需要对犯罪嫌疑人追究刑事责任的充分证据的,应当立即撤销案件或者终止侦查。重大、疑难、复杂案件,经上一级公安机关负责人批准,可以再延长30日。

上级公安机关认为不应当立案,责令限期纠正的,或者人民检察院认为不应当立案,通知撤销案件的,公安机关应当及时撤销案件。

第19条 对有控告人的案件,经审查决定不予立案的,应当在立案审查的期限内制作不予立案通知书,并在3日以内送达控告人。

第20条 涉嫌经济犯罪的案件与人民法院正在审理或者作出生效裁判文书的民事案件,属于同一法律事实或者有牵连关系,符合下列条件之一的,应当立案:

(一)人民法院在审理民事案件或者执行过程中,发现有经济犯罪嫌疑,裁定不予受理、驳回起诉、中止诉讼、判决驳回诉讼请求或者中止执行生效裁判文书,并将有关材料移送公安机关的;(二)人民检察院依法通知公安机关立案的;(三)公安机关认为有证据证明有犯罪事实,需要追究刑事责任,经省级以上公安机关负责人批准的。

有前款第2项、第3项情形的,公安机关立案后,应当严格依照法律规定的条件和程序采取强制措施和侦查措施,并将立案决定书等法律文书及相关案件材料复印件抄送正在审理或者作出生效裁判文书的人民法院并说明立案理由,同时通报与办理民事案件的人民法院同级的人民检察院,必要时可以报告上级公安机关。

在侦查过程中,不得妨碍人民法院民事诉讼活动的正常进行。

第21条 公安机关在侦查过程中、人民检察院在审查起诉过程中,发现具有下列情形之一的,应当将立案决定书、起诉意见书等法律文书及相关案件材料复印件抄送正在审理或者作出生效裁判文书的人民法院,由人民法院依法处理:

(一)侦查、审查起诉的经济犯罪案件与人民法院正在审理或者作出生效裁判文书的民事案件属于同一法律事实或者有牵连关系的;(二)涉案财物已被有关当事人申请执行的。

有前款规定情形的,公安机关、人民检察院应当同时将有关情况通报与办理民事案件的人民法院同级的人民检察院。

公安机关将相关法律文书及案件材料复印件抄送人民法院后1个月以内未收到回复的,必要时,可以报告上级公安机关。

立案侦查、审查起诉的经济犯罪案件与仲裁机构作出仲裁裁决的民事案件属于同一法律事实或者有牵连关系,且人民法院已经受理与该仲裁裁决相关申请的,依照本条第1款至第3款的规定办理。

第22条 涉嫌经济犯罪的案件与人民法院正在审理或者作出生效裁判文书以及仲裁机构作出裁决的民事案件有关联但不属同一法律事实的,公安机关可以立案侦查,但是不得以刑事立案为由要求人民法院移送案件、裁定驳回起诉、中止诉讼、判决驳回诉讼请求、中止执行或者撤销判决、裁定,或者要求人民法院撤销仲裁裁决。

第23条 人民法院在办理民事案件过程中,认为该案件不属于民事纠纷而有经济犯罪嫌疑需要追究刑事责任,并将涉嫌经济犯罪的线索、材料移送公安机关的,接受案件的公安机关应当立即审查,并在10日以内决定是否立案。公安机关不立案的,应当及时告知人民法院。

第24条 人民法院在办理民事案件过程中,发现与民事纠纷虽然不是同一事实但是有关联的经济犯罪线索、材料,并将涉嫌经济犯罪的线索、材料移送公安机关的,接受案件的公安机关应当立即审查,并在10日以内决定是否立案。公安机关不立案的,应当及时告知人民法院。

第25条 在侦查过程中,公安机关发现具有下列情形之一的,应当及时撤销案件:

(一)对犯罪嫌疑人解除强制措施之日起12个月以内,仍然不能移送审查起诉或者依法作其他处理的;(二)对犯罪嫌疑人未采取强制措施,自立案之日起2年以内,仍然不能移送审查起诉或者依法作其他处理的;(三)人民检察院通知撤销案件的;(四)其他符合法律规定的撤销案件情形的。

有前款第1项、第2项情形,但是有证据证明有犯罪事实需要进一步侦查的,经省级以上公安机关负责人批准,可以不撤销案件,继续侦查。

撤销案件后,公安机关应当立即停止侦查活动,并解除相关的侦查措施和强制措施。

撤销案件后,又发现新的事实或者证据,依法需要追究刑事责任的,公安机关应当重新立案侦查。

第26条 公安机关接报案件后,报案人、控告人、举报人、被害人及其法定代理人、近亲属查询立案情况的,应当在3日以内告知立案情况并记录在案。对已经立案的,应当告知立案时间、涉嫌罪名、办案单位等情况。

第27条 对报案、控告、举报、移送的经济犯罪案件,公安机关作出不予立案决定、撤销案件决定或者逾期未作出是否立案决定有异议的,报案人、控告人、举报人可以申请人民检察院进行立案监督,移送案件的行政执法机关可以建议人民检察院进行立案监督。

人民检察院认为需要公安机关说明不予立案、撤销案件或者逾期未作出是否立案决定的理由的,应当要求公安机关在7日以内说明理由。公安机关应当书面说明理由,连同有关证据材料回复人民检察院。人民检察院认为不予立案或者撤销案件的理由不能成立的,应当通知公安机关立案。人民检察院要求公安机关说明逾期未作出是否立案决定的理由后,公安机关在7日以内既不说明理由又不作出是否立案的决定的,人民检察院应当发出纠正违法通知书予以纠正,经审查案件有关证据材料,认为符合立案条件的,应当通知公安机关立案。

第28条 犯罪嫌疑人及其法定代理人、近亲属或者辩护律师对公安机关立案提出异议的,公安机关应当及时受理、认真核查。

有证据证明公安机关可能存在违法介入经济纠纷,或者利用立案实施报复陷害、敲诈勒索以及谋取其他非法利益等违法立案情形的,人民检察院应当要求公安机关书面说明立案的理由。公安机关应当在7日以内书面说明立案的依据和理由,连同有关证据材料回复人民检察院。人民检察院认为立案理由不能成立的,应当通知公安机关撤销案件。

第29条 人民检察院发现公安机关在办理经济犯罪案件过程中适用另案处理存在违法或者不当的,可以向公安机关提出书面纠正意见或者检察建议。公安机关应当认真审查,并将结果及时反馈人民检察院。没有采纳的,应当说明理由。

第30条 依照本规定,报经省级以上公安机关负责人批准立案侦查或者继续侦查的案件,撤销案件时应当经原审批的省级以上公安机关负责人批准。

人民检察院通知撤销案件的,应当立即撤销案件,并报告原审批的省级以上公安机关。

第4章 强制措施

第31条 公安机关决定采取强制措施时,应当考虑犯罪嫌疑人涉嫌犯罪情节的轻重程度、有无继续犯罪和逃避或者妨碍侦查的可能性,使所适用的强制措施同犯罪的严重程度、犯罪嫌疑人的社会危险性相适应,依法慎用羁押性强制措施。

采取取保候审、监视居住措施足以防止发生社会危险性的,不得适用羁押性强制措施。

第32条 公安机关应当依照法律规定的条件和程序适用取保候审措施。

采取保证金担保方式的,应当综合考虑保证诉讼活动正常进行的需要,犯罪嫌疑人的社会危险性的大小,案件的性质、情节、涉案金额,可能判处刑罚的轻重以及犯罪嫌疑人的经济状况等情况,确定适当的保证金数额。

在取保候审期间,不得中断对经济犯罪案件的侦查。执行取保候审超过3个月的,应当至少每个月讯问1次被取保候审人。

第33条 对于被决定采取强制措施并上网追逃的犯罪嫌疑人,经审查发现不构成犯罪或者依法不予追究刑事责任的,应当立即撤销强制措施决定,并按照有关规定,报请省级以上公安机关删除相关信息。

第34条 公安机关办理经济犯罪案件应当加强统一审核,依照法律规定的条件和程序逐案逐人审查采取强制措施的合法性和适当性,发现采取强制措施不当的,应当及时撤销或者变更。犯罪嫌疑人在押的,应当立即释放。公安机关释放被逮捕的犯罪嫌疑人或者变更逮捕措施的,应当及时通知作出批准逮捕决定的人民检察院。

犯罪嫌疑人被逮捕后,人民检察院经审查认为不需要继续羁押提出检察建议的,公安机关应当予以调查核实,认为不需要继续羁押的,应当予以释放或者变更强制措施;认为需要继续羁押的,应当说明理由,并在10日以内将处理情况通知人民检察院。

犯罪嫌疑人及其法定代理人、近亲属或者辩护人有权申请人民检察院进行羁押必要性审查。

第5章 侦查取证

第35条 公安机关办理经济犯罪案件,应当及时进行侦查,依法全面、客观、及时地收集、调取、固定、审查能够证实犯罪嫌疑人有罪或者无罪、罪重或者罪轻以及与涉案财物有关的各种证据,并防止犯罪嫌疑人逃匿、销毁证据或者转移、隐匿涉案财物。

严禁调取与经济犯罪案件无关的证据材料,不得以侦查犯罪为由滥用侦查措施为他人收集民事诉讼证据。

第36条 公安机关办理经济犯罪案件,应当遵守法定程序,遵循有关技术标准,全面、客观、及时地收集、提取电子数据;人民检察院应当围绕真实性、合法性、关联性审查判断电子数据。

依照规定程序通过网络在线提取的电子数据,可以作为证据使用。

第37条 公安机关办理经济犯罪案件,需要采取技术侦查措施的,应当严格依照有关法律、规章和规范性文件规定的范围和程序办理。

第38条 公安机关办理非法集资、传销以及利用通讯工具、互联网等技术手段实施的经济犯罪案件,确因客观条件的限制无法逐一收集被害人陈述、证人证言等相关证据的,可以结合已收集的言词证据和依法收集并查证属实的物证、书证、视听资料、电子数据等实物证据,综合认定涉案人员人数和涉案资金数额等犯罪事实,做到证据确实、充分。

第39条 公安机关办理生产、销售伪劣商品犯罪案件、走私犯罪案件、侵犯知识产权犯罪案件,对同一批次或者同一类型的涉案物品,确因实物数量较大,无法逐一勘验、鉴定、检测、评估的,可以委托或者商请有资格的鉴定机构、专业机构或者行政执法机关依照程序按照一定比例随机抽样勘验、鉴定、检测、评估,并由其制作取样记录和出具相关书面意见。有关抽样勘验、鉴定、检测、评估的结果可以作为该批次或者该类型全部涉案物品的勘验、鉴定、检测、评估结果,但是不符合法定程序,且不能补正或者作出合理解释,可能严重影响案件公正处理的除外。

法律、法规和规范性文件对鉴定机构或者抽样方法另有规定的,从其规定。

第40条 公安机关办理经济犯罪案件应当与行政执法机关加强联系、密切配合,保证准确有效地执行法律。

公安机关应当根据案件事实、证据和法律规定依法认定案件性质，对案情复杂、疑难，涉及专业性、技术性问题的，可以参考有关行政执法机关的认定意见。

行政执法机关对经济犯罪案件中有关行为性质的认定，不是案件进入刑事诉讼程序的必经程序或者前置条件。法律、法规和规章另有规定的，从其规定。

第41条 公安机关办理重大、疑难、复杂的经济犯罪案件，可以听取人民检察院的意见，人民检察院认为确有必要时，可以派员适时介入侦查活动，对收集证据、适用法律提出意见，监督侦查活动是否合法。对人民检察院提出的意见，公安机关应当认真审查，并将结果及时反馈人民检察院。没有采纳的，应当说明理由。

第42条 公安机关办理跨区域性的重大经济犯罪案件，应当向人民检察院通报立案侦查情况，人民检察院可以根据通报情况调度办案力量，开展指导协调等工作。需要逮捕犯罪嫌疑人的，公安机关应当提前与人民检察院沟通。

第43条 人民检察院在审查逮捕、审查起诉中发现公安机关办案人员以非法方法收集犯罪嫌疑人供述、被害人陈述、证人证言等证据材料的，应当依法排除非法证据并提出纠正意见。需要重新调查取证的，经县级以上公安机关负责人批准，应当另行指派办案人员重新调查取证。必要时，人民检察院也可以自行收集犯罪嫌疑人供述、被害人陈述、证人证言等证据材料。

公安机关发现收集物证、书证不符合法定程序，可能严重影响司法公正的，应当要求办案人员予以补正或者作出合理解释；不能补正或者作出合理解释的，应当依法予以排除，不得作为提请批准逮捕、移送审查起诉的依据。

人民检察院发现收集物证、书证不符合法定程序，可能严重影响司法公正的，应当要求公安机关予以补正或者作出合理解释，不能补正或者作出合理解释的，应当依法予以排除，不得作为批准逮捕、提起公诉的依据。

第44条 对民事诉讼中的证据材料，公安机关在立案后应当依照刑事诉讼法以及相关司法解释的规定进行审查或者重新收集。未经查证核实的证据材料，不得作为刑事证据使用。

第45条 人民检察院已经作出不起诉决定的案件，公安机关不得针对同一法律事实的同一犯罪嫌疑人继续侦查或者补充侦查，但是有新的事实或者证据的，可以重新立案侦查。

第6章 涉案财物的控制和处置

第46条 查封、扣押、冻结以及处置涉案财物，应当依照法律规定的条件和程序进行。除法律法规和规范性文件另有规定以外，公安机关不得在诉讼程序终结之前处置涉案财物。严格区分违法所得、其他涉案财产与合法财产，严格区分企业法人财产与股东个人财产，严格区分犯罪嫌疑人个人财产与家庭成员财产，不得超权限、超范围、超数额、超时限查封、扣押、冻结，并注意保护利害关系人的合法权益。

对涉众型经济犯罪案件，需要追缴、返还涉案财物的，应当坚持统一资产处置原则。公安机关移送审查起诉时，应当将有关涉案财物及其清单随案移送人民检察院。人民检察院提起公诉时，应当将有关涉案财物及其清单一并移送受理案件的人民法院，并提出处理意见。

第47条 对依照有关规定可以分割的土地、房屋等涉案不动产，应当只对与案件有关的部分进行查封。

对不可分割的土地、房屋等涉案不动产或者车辆、船舶、航空器以及大型机器、设备等特定动产，可以查封、扣押、冻结犯罪嫌疑人提供的与涉案金额相当的其他财物。犯罪嫌疑人不能提供的,可以予以整体查封。

冻结涉案账户的款项数额,应当与涉案金额相当。

第48条 对自动投案时主动提交的涉案财物和权属证书等,公安机关可以先行接收,如实登记并出具接收财物凭证,根据立案和侦查情况决定是否查封、扣押、冻结。

第49条 已被依法查封、冻结的涉案财物,公安机关不得重复查封、冻结,但是可以轮候查封、冻结。

已被人民法院采取民事财产保全措施的涉案财物,依照前款规定办理。

第50条 对不宜查封、扣押、冻结的经营性涉案财物,在保证侦查活动正常进行的同时,可以允许有关当事人继续合理使用,并采取必要的保值保管措施,以减少侦查办案对正常办公和合法生产经营的影响。必要时,可以申请当地政府指定有关部门或者委托有关机构代管。

第51条 对查封、扣押、冻结的涉案财物及其孳息,以及作为证据使用的实物,公安机关应当如实登记,妥善保管,随案移送,并与人民检察院及时交接,变更法律手续。

在查封、扣押、冻结涉案财物时,应当收集、固定与涉案财物来源、权属、性质等有关的证据材料并随案移送。对不宜移送或者依法不移送的实物,应当将其清单、照片或者其他证明文件随案移送。

第52条 涉嫌犯罪事实查证属实后,对有证据证明权属关系明确的被害人合法财产及其孳息,及时返还不损害其他被害人或者利害关系人的利益、不影响诉讼正常进行的,可以在登记、拍照或者录像、估价后,经县级以上公安机关负责人批准,开具发还清单,在诉讼程序终结之前返还被害人。办案人员应当在案卷中注明返还的理由,将原物照片、清单和被害人的领取手续存卷备查。

具有下列情形之一的,不得在诉讼程序终结之前返还:

(一)涉嫌犯罪事实尚未查清的;(二)涉案财物及其孳息的权属关系不明确或者存在争议的;(三)案件需要变更管辖的;(四)可能损害其他被害人或者利害关系人利益的;(五)可能影响诉讼程序正常进行的;(六)其他不宜返还的。

第53条 有下列情形之一的,除依照有关法律法规和规范性文件另行处理的以外,应当立即解除对涉案财物的查封、扣押、冻结措施,并及时返还有关当事人:

(一)公安机关决定撤销案件或者对犯罪嫌疑人终止侦查的;(二)人民检察院通知撤销案件或者作出不起诉决定的;(三)人民法院作出生效判决、裁定应当返还的。

第54条 犯罪分子违法所得的一切财物及其孳息,应当予以追缴或者责令退赔。 发现犯罪嫌疑人将经济犯罪违法所得和其他涉案财物用于清偿债务、转让或者设定其他权利负担,具有下列情形之一的,应当依法查封、扣押、冻结:

(一)他人明知是经济犯罪违法所得和其他涉案财物而接受的;(二)他人无偿或者以明显低于市场价格取得上述财物的;(三)他人通过非法债务清偿或者违法犯罪活动取得上述财物的;(四)他人通过其他恶意方式取得上述财物的。

他人明知是经济犯罪违法所得及其产生的收益,通过虚构债权债务关系、虚假交易等方式予以窝藏、转移、收购、代为销售或者以其他方法掩饰、隐瞒,构成犯罪的,应当依法追究刑事责任。

第55条 具有下列情形之一,依照刑法规定应当追缴其违法所得及其他涉案财物的,经县级以上公安机关负责人批准,公安机关应当出具没收违法所得意见书,连同相关证据材料一并移送同级人民检察院:

(一)重大的走私、金融诈骗、洗钱犯罪案件,犯罪嫌疑人逃匿,在通缉1年后不能到案的;

（二）犯罪嫌疑人死亡的；（三）涉嫌重大走私、金融诈骗、洗钱犯罪的单位被撤销、注销，直接负责的主管人员和其他直接责任人员逃匿、死亡，导致案件无法适用普通刑事诉讼程序审理的。

犯罪嫌疑人死亡，现有证据证明其存在违法所得及其他涉案财物应当予以没收的，公安机关可以继续调查，并依法进行查封、扣押、冻结。

第7章　办案协作

第56条　公安机关办理经济犯罪案件，应当加强协作和配合，依法履行协查、协办等职责。

上级公安机关应当加强监督、协调和指导，及时解决跨区域性协作的争议事项。

第57条　办理经济犯罪案件需要异地公安机关协作的，委托地公安机关应当对案件的管辖、定性、证据认定以及所采取的侦查措施负责，办理有关的法律文书和手续，并对协作事项承担法律责任。但是协作地公安机关超权限、超范围采取相关措施的，应当承担相应的法律责任。

第58条　办理经济犯罪案件需要异地公安机关协作的，由委托地的县级以上公安机关制作办案协作函件和有关法律文书，通过协作地的县级以上公安机关联系有关协作事宜。协作地公安机关接到委托地公安机关请求协作的函件后，应当指定主管业务部门办理。

各省、自治区、直辖市公安机关根据本地实际情况，就需要外省、自治区、直辖市公安机关协助对犯罪嫌疑人采取强制措施或者查封、扣押、冻结涉案财物事项制定相关审批程序。

第59条　协作地公安机关应当对委托地公安机关出具的法律文书和手续予以审核，对法律文书和手续完备的，协作地公安机关应当及时无条件予以配合，不得收取任何形式的费用。

第60条　委托地公安机关派员赴异地公安机关请求协助查询资料、调查取证等事项时，应当出具办案协作函件和有关法律文书。

委托地公安机关认为不需要派员赴异地的，可以将办案协作函件和有关法律文书寄送协作地公安机关，协作地公安机关协查不得超过15日；案情重大、情况紧急的，协作地公安机关应当在7日以内回复；因特殊情况不能按时回复的，协作地公安机关应当及时向委托地公安机关说明情况。

必要时，委托地公安机关可以将办案协作函件和有关法律文书通过电传、网络等保密手段或者相关工作机制传至协作地公安机关，协作地公安机关应当及时协查。

第61条　委托地公安机关派员赴异地公安机关请求协助采取强制措施或者搜查，查封、扣押、冻结涉案财物等事项时，应当持办案协作函件、有关侦查措施或者强制措施的法律文书、工作证件及相关案件材料，与协作地县级以上公安机关联系，协作地公安机关应当派员协助执行。

第62条　对不及时采取措施，有可能导致犯罪嫌疑人逃匿，或者有可能转移涉案财物以及重要证据的，委托地公安机关可以商请紧急协作，将办案协作函件和有关法律文书通过电传、网络等保密手段传至协作地县级以上公安机关，协作地公安机关收到协作函件后，应当及时采取措施，落实协作事项。委托地公安机关应当立即派员携带法律文书前往协作地办理有关事宜。

第63条　协作地公安机关在协作过程中，发现委托地公安机关明显存在违反法律规定的行为时，应当及时向委托地公安机关提出并报上一级公安机关。跨省协作的，应当通过协作地的省级公安机关通报委托地的省级公安机关，协商处理。未能达成一致意见的，协作地的省级公安机关应当及时报告公安部。

第64条 立案地公安机关赴其他省、自治区、直辖市办案,应当按照有关规定呈报上级公安机关审查批准。

第8章 保障诉讼参与人合法权益

第65条 公安机关办理经济犯罪案件,应当尊重和保障人权,保障犯罪嫌疑人、被害人和其他诉讼参与人依法享有的辩护权和其他诉讼权利,在职责范围内依法保障律师的执业权利。

第66条 辩护律师向公安机关了解犯罪嫌疑人涉嫌的罪名以及现已查明的该罪的主要事实,犯罪嫌疑人被采取、变更、解除强制措施,延长侦查羁押期限、移送审查起诉等案件有关情况的,公安机关应当依法将上述情况告知辩护律师,并记录在案。

第67条 辩护律师向公安机关提交与经济犯罪案件有关的申诉、控告等材料的,公安机关应当在执法办案场所予以接收,当面了解有关情况并记录在案。对辩护律师提供的材料,公安机关应当及时依法审查,并在30日以内予以答复。

第68条 被害人、犯罪嫌疑人及其法定代理人、近亲属或者律师对案件管辖有异议,向立案侦查的公安机关提出申诉的,接受申诉的公安机关应当在接到申诉后的7日以内予以答复。

第69条 犯罪嫌疑人及其法定代理人、近亲属或者辩护人认为公安机关所采取的强制措施超过法定期限,有权向原批准或者决定的公安机关提出申诉,接受该项申诉的公安机关应当在接到申诉之日起30日以内审查完毕并作出决定,将结果书面通知申诉人。对超过法定期限的强制措施,应当立即解除或者变更。

第70条 辩护人、诉讼代理人认为公安机关阻碍其依法行使诉讼权利并向人民检察院申诉或者控告,人民检察院经审查情况属实后通知公安机关予以纠正的,公安机关应当立即纠正,并将监督执行情况书面答复人民检察院。

第71条 辩护人、诉讼代理人对公安机关侦查活动有异议的,可以向有关公安机关提出申诉、控告,或者提请人民检察院依法监督。

第9章 执法监督与责任追究

第72条 公安机关应当依据《中华人民共和国人民警察法》等有关法律法规和规范性文件的规定,加强对办理经济犯罪案件活动的执法监督和督察工作。

上级公安机关发现下级公安机关存在违反法律和有关规定行为的,应当责令其限期纠正。必要时,上级公安机关可以就其违法行为直接作出相关处理决定。

人民检察院发现公安机关办理经济犯罪案件中存在违法行为的,或者对有关当事人及其辩护律师、诉讼代理人、利害关系人的申诉、控告事项查证属实的,应当通知公安机关予以纠正。

第73条 具有下列情形之一的,公安机关应当责令依法纠正,或者直接作出撤销、变更或者纠正决定。对发生执法过错的,应当根据办案人员在办案中各自承担的职责,区分不同情况,分别追究案件审批人、审核人、办案人及其他直接责任人的责任。构成犯罪的,依法追究刑事责任。

(一)越权管辖或者推诿管辖的;(二)违反规定立案、不予立案或者撤销案件的;(三)违反规定对犯罪嫌疑人采取强制措施的;(四)违反规定对财物采取查封、扣押、冻结措施的;(五)违反规定处置涉案财物的;(六)拒不履行办案协作职责,或者阻碍异地公安机关依法办案的;(七)阻碍当事人、辩护人、诉讼代理人依法行使诉讼权利的;(八)其他应当予以追究责任的。

对于导致国家赔偿的责任人员，应当依据《中华人民共和国国家赔偿法》的有关规定，追偿其部分或者全部赔偿费用。

第74条 公安机关在受理、立案、移送以及涉案财物处置等过程中，与人民检察院、人民法院以及仲裁机构发生争议的，应当协商解决。必要时，可以报告上级公安机关协调解决。上级公安机关应当加强监督，依法处理。

人民检察院发现公安机关存在执法不当行为的，可以向公安机关提出书面纠正意见或者检察建议。公安机关应当认真审查，并将结果及时反馈人民检察院。没有采纳的，应当说明理由。

第75条 公安机关办理经济犯罪案件应当加强执法安全防范工作，规范执法办案活动，执行执法办案规定，加强执法监督，对执法不当造成严重后果的，依据相关规定追究责任。

第10章 附 则

第76条 本规定所称的“经济犯罪案件”，主要是指公安机关经济犯罪侦查部门按照有关规定依法管辖的各种刑事案件，但以资助方式实施的帮助恐怖活动案件，不适用本规定。

公安机关其他办案部门依法管辖刑法分则第3章规定的破坏社会主义市场经济秩序犯罪有关案件的，适用本规定。

第77条 本规定所称的“调查性侦查措施”，是指公安机关在办理经济犯罪案件过程中，依照法律规定进行的专门调查工作和有关侦查措施，但是不包括限制犯罪嫌疑人人身、财产权利的强制性措施。

第78条 本规定所称的“涉众型经济犯罪案件”，是指基于同一法律事实、利益受损人数众多、可能影响社会秩序稳定的经济犯罪案件，包括但不限于非法吸收公众存款，集资诈骗，组织、领导传销活动，擅自设立金融机构，擅自发行股票、公司企业债券等犯罪。

第79条 本规定所称的“跨区域性”，是指涉及两个以上县级行政区域。

第80条 本规定自2018年1月1日起施行。2005年12月31日发布的《公安机关办理经济犯罪案件的若干规定》(公通字〔2005〕101号)同时废止。本规定发布以前最高人民检察院、公安部制定的关于办理经济犯罪案件的规范性文件与本规定不一致的，适用本规定。

15. 中华全国律师协会《律师办理刑事案件规范》(律发通〔2017〕51号)

第1章 一般规定

第1节 一般原则

第1条 为保障和指导律师在参与刑事诉讼活动时依法履行职责，规范律师办理刑事案件行为，根据《中华人民共和国刑事诉讼法》(以下简称《刑事诉讼法》)、《中华人民共和国律师法》(以下简称《律师法》)和相关法律、司法解释、部门规章，结合律师办理刑事案件的实践经验，制定本规范。

第2条 律师参与刑事诉讼应当坚持维护当事人的合法权益、维护法律的正确实施、维护社会公平和正义的原则，忠于职守，认真负责。

第3条 律师参与刑事诉讼依法履行辩护与代理职责，人身权利和执业权利不受侵犯。

律师参与刑事诉讼在法庭上发表的辩护、代理意见不受法律追究。但是，发表危害国家安全、恶意诽谤他人、严重扰乱法庭秩序的言论除外。

第4条 律师参与刑事诉讼，应当遵守法律、法规，恪守律师职业道德和执业纪律。

第5条 律师担任辩护人,应当依法独立履行辩护职责。

辩护人的责任是根据事实和法律,提出犯罪嫌疑人、被告人无罪、罪轻或者减轻、免除其刑事责任的材料和意见,维护犯罪嫌疑人、被告人的诉讼权利和其他合法权益。

律师在辩护活动中,应当在法律和事实的基础上尊重当事人意见,按照有利于当事人的原则开展工作,不得违背当事人的意愿提出不利于当事人的辩护意见。

第6条 辩护律师对在执业活动中知悉的委托人的有关情况和信息,对任何单位和个人有权予以保密。但是,委托人或者其他人准备或者正在实施危害国家安全、公共安全以及严重危害他人人身安全的犯罪事实和信息除外。

第7条 律师参与刑事诉讼活动,不得帮助犯罪嫌疑人、被告人隐匿、毁灭、伪造证据或者串供,不得威胁、引诱证人作伪证以及进行其他干扰司法机关诉讼活动的行为。

办案机关违反《刑事诉讼法》的有关规定追究律师刑事责任的,律师有权依法向有关机关申诉、控告。

第2节 收案和结案

第8条 律师参与刑事诉讼,可以从事下列业务:

(一)接受犯罪嫌疑人、被告人的委托,担任辩护人;犯罪嫌疑人、被告人的近亲属、其他亲友或其所在单位代为委托的,须经犯罪嫌疑人、被告人确认;(二)接受涉嫌犯罪的未成年人或精神病人的监护人、近亲属的委托,担任辩护人;(三)接受公诉案件的被害人、其法定代理人或者近亲属的委托,接受自诉案件的自诉人、其法定代理人的委托,接受刑事附带民事诉讼的当事人、其法定代理人的委托,担任诉讼代理人;(四)接受刑事案件当事人、其法定代理人、近亲属的委托,接受被刑事判决或裁定侵犯合法权益的案外人的委托,担任申诉案件的代理人;(五)接受被不起诉人、其法定代理人、近亲属的委托,代为申诉、控告;(六)在公安机关、人民检察院作出不立案或撤销案件或不起诉的决定后,接受被害人、其法定代理人、近亲属的委托,代为申请复议或起诉;(七)在违法所得没收程序中,接受犯罪嫌疑人、被告人、其近亲属或其他利害关系人的委托,担任诉讼代理人;(八)在强制医疗程序中,接受被申请人或被告人的委托,担任诉讼代理人;在复议程序中,接受被决定强制医疗的人、被害人、其法定代理人、近亲属的委托,担任诉讼代理人;(九)其他刑事诉讼活动中的相关业务。

第9条 律师接受委托,应当由律师事务所办理以下手续:

(一)律师事务所与委托人签署《委托协议》;(二)委托人签署委托书;(三)律师事务所开具办案所需的相关诉讼文书。

上述手续,律师事务所应当留存原件或存根备查。

第10条 律师接受委托办理刑事案件,可以在侦查、审查起诉、一审、二审、死刑复核、申诉、再审等各诉讼阶段由律师事务所分别办理委托手续,也可以1次性办理。

第11条 律师接受委托或者指派后,应当及时与办案机关联系,出示律师执业证书,提交委托书和律师事务所证明或者法律援助公函。

第12条 律师办理刑事案件,无正当理由,不得拒绝辩护或者代理。但委托事项违法、委托人利用律师提供的服务从事违法活动,或者委托人故意隐瞒与案件有关的重要事实的,律师有权拒绝辩护或者代理。

律师与当事人或者委托人就辩护或代理方案产生严重分歧,不能达成一致的,可以代表律师事务所与委托人协商解除委托关系。

解除委托关系后,律师应当及时告知办案机关。

第13条 同一名律师不得为两名或两名以上的同案犯罪嫌疑人、被告人辩护,不得为两名或两名以上的未同案处理但涉嫌的犯罪存在关联的犯罪嫌疑人、被告人辩护。

同一律师事务所在接受两名或两名以上的同案犯罪嫌疑人、被告人的委托，分别指派不同的律师担任辩护人的，须告知委托人并经其同意。

第14条 律师办理刑事案件，可以会同异地律师协助调查、收集证据和会见，经当事人同意可以为协同工作的律师办理授权委托手续。

在侦查、审查起诉、一审、二审、死刑复核、申诉、再审案件中，当事人变更律师的，变更前的律师可以为变更后的律师提供案情介绍、案卷材料、证据材料等工作便利。

第15条 辩护律师可以携1名律师助理协助会见，可以根据办案需要携律师助理协助阅卷，向人民法院申请携律师助理参加庭审。

第16条 律师办理刑事案件结案后，应当撰写办案总结，与辩护词或代理词、法律文书以及摘抄、复制的案卷材料等一并归档保存。

第17条 提前解除委托关系的，律师应当在办案总结中说明原因，并附相关手续，整理案卷归档。

第3节　会见和通信

第18条 辩护律师会见在押犯罪嫌疑人、被告人，应当向看守所出示律师执业证书、委托书和律师事务所证明或者法律援助公函。

辩护律师可以会见被监视居住和取保候审的犯罪嫌疑人、被告人。

律师助理随同辩护律师参加会见的，应当出示律师事务所证明和律师执业证书或申请律师执业人员实习证。

第19条 辩护律师办理危害国家安全犯罪、恐怖活动犯罪、特别重大的贿赂犯罪案件，犯罪嫌疑人在押或者被监视居住的，在侦查阶段会见时应当向侦查机关提出申请，必要时应当采用书面形式申请。侦查机关不许可会见的，辩护律师可以要求其出具书面决定，并说明理由。

第20条 辩护律师会见犯罪嫌疑人、被告人需要翻译人员协助的，可以携经办案机关许可的翻译人员参加会见。翻译人员应当持办案机关许可决定文书和本人身份证明，随同辩护律师参加会见。

第21条 辩护律师会见犯罪嫌疑人、被告人时，应当事先准备会见提纲，认真听取犯罪嫌疑人、被告人的陈述和辩解，发现、核实案件事实和证据材料中的矛盾和疑点。

第22条 辩护律师会见犯罪嫌疑人、被告人时应当重点向其了解下列情况：

（一）犯罪嫌疑人、被告人的个人信息等基本情况；（二）犯罪嫌疑人、被告人是否实施或参与所涉嫌的犯罪；（三）犯罪嫌疑人、被告人对侦查机关侦查的事实和罪名是否有异议，对起诉意见书、起诉书认定其涉嫌或指控的事实和罪名是否有异议；（四）犯罪嫌疑人、被告人无罪、罪轻的辩解；（五）犯罪嫌疑人、被告人有无自首、立功、退赃、赔偿等从轻、减轻或免予处罚的量刑情节；（六）犯罪嫌疑人、被告人有无犯罪预备、犯罪中止、犯罪未遂等犯罪形态；（七）立案、管辖是否符合法律规定；（八）采取强制措施的法律手续是否完备、程序是否合法；（九）是否存在刑讯逼供等非法取证的情况，以及其他侵犯人身权利和诉讼权利的情况；（十）犯罪嫌疑人、被告人及其亲属的财物被查封、扣押、冻结的情况；（十一）侦查机关收集的供述和辩解与律师会见时的陈述是否一致，有无反复以及出现反复的原因；（十二）其他需要了解的与案件有关的情况。

第23条 辩护律师会见时应当向犯罪嫌疑人、被告人介绍刑事诉讼程序；告知其在刑事诉讼程序中的权利、义务；告知犯罪嫌疑人、被告人权利行使方式及放弃权利和违反法定义务可能产生的后果。

第24条 辩护律师会见时应当与犯罪嫌疑人、被告人就相应阶段的辩护方案、辩护意见进行沟通。

第25条 自案件移送审查起诉之日起,辩护律师可以向犯罪嫌疑人、被告人核实有关证据。

第26条 辩护律师会见在押犯罪嫌疑人、被告人应当遵守看守所依法作出的有关规定。未经允许,不得直接向犯罪嫌疑人、被告人传递药品、财物、食物等物品,不得将通讯工具提供给犯罪嫌疑人、被告人使用,不得携犯罪嫌疑人、被告人亲友会见。

辩护律师可以接受犯罪嫌疑人、被告人提交的与辩护有关的书面材料,也可以向犯罪嫌疑人、被告人提供与辩护有关的文件与材料。

第27条 辩护律师会见结束后应当及时告知看守所的监管人员或执行监视居住的监管人员。

第28条 辩护律师会见犯罪嫌疑人、被告人制作会见笔录的,应当交其签字确认。

第29条 辩护律师可以根据案件情况,合理确定会见犯罪嫌疑人、被告人的时间、次数。

第30条 辩护律师可以根据办理案件需要与在押犯罪嫌疑人、被告人通信。辩护律师与犯罪嫌疑人、被告人通信应当注明律师身份、通信地址。

辩护律师与在押犯罪嫌疑人、被告人通信时,应当保留信函副本及犯罪嫌疑人、被告人的来信原件并附卷备查。

第31条 辩护律师同被监视居住的犯罪嫌疑人、被告人会见、通信,适用本节有关规定。

第4节 查阅、摘抄、复制案卷材料

第32条 自案件移送审查起诉之日起,辩护律师、代理律师应当及时与人民检察院、人民法院联系,办理查阅、摘抄、复制案卷材料等事宜。

第33条 案卷材料包括案件的诉讼文书和证据材料。根据相关法律的规定,对讯问过程应当进行同步录音录像的,辩护律师、代理律师可以根据案件需要依法要求查阅、复制。

第34条 复制案卷材料可以采用复印、拍照、扫描、电子数据拷贝等方式。摘抄、复制时应当保证其准确性、完整性。

第35条 对于以下案卷材料,辩护律师、代理律师应当及时查阅、复制:

(一)侦查机关、检察机关补充侦查的证据材料;(二)人民检察院、人民法院根据犯罪嫌疑人、被告人、辩护律师的申请向侦查机关、公诉机关调取在侦查、审查起诉期间已收集的有关犯罪嫌疑人、被告人无罪、罪轻的证据材料;(三)人民法院根据被告人、辩护律师的申请调取的检察机关未移送的证据材料以及有关被告人自首、坦白、立功等量刑情节的材料。

第36条 辩护律师应当认真研读全部案卷材料,根据案情需要制作阅卷笔录或案卷摘要。阅卷时应当重点了解以下事项:

(一)犯罪嫌疑人、被告人的个人信息等基本情况;(二)犯罪嫌疑人、被告人被认定涉嫌或被指控犯罪的时间、地点、动机、目的、手段、后果及其他可能影响定罪量刑的法定、酌定情节等;(三)犯罪嫌疑人、被告人无罪、罪轻的事实和材料;(四)证人、鉴定人、勘验检查笔录制作人的身份、资质或资格等相关情况;(五)被害人的个人信息等基本情况;(六)侦查、审查起诉期间的法律手续和诉讼文书是否合法、齐备;(七)鉴定材料的来源、鉴定意见及理由、鉴定机构是否具有鉴定资格等;(八)同案犯罪嫌疑人、被告人的有关情况;(九)证据的真实性、合法性和关联性,证据之间的矛盾与疑点;(十)证据能否证明起诉意见书、起诉书所认定涉嫌或指控的犯罪事实;(十一)是否存在非法取证的情况;(十二)未成年人刑事案件,在被讯问时法定

代理人或合适成年人是否在场;(十三)涉案财物查封、扣押、冻结和移送的情况;(十四)其他与案件有关的情况。

第37条 律师参与刑事诉讼获取的案卷材料,不得向犯罪嫌疑人、被告人的亲友以及其他单位和个人提供,不得擅自向媒体或社会公众披露。

辩护律师查阅、摘抄、复制的案卷材料属于国家秘密的,应当经过人民检察院、人民法院同意并遵守国家保密规定。律师不得违反规定,披露、散布案件重要信息和案卷材料,或者将其用于本案辩护、代理以外的其他用途。

第5节 调查取证

第38条 辩护律师经证人或者其他有关单位和个人同意,可以向他们收集与案件有关的证据材料;被调查人不同意的,可以申请人民检察院、人民法院收集、调取相关证据,或者申请人民法院通知该证人出庭作证。

辩护律师经人民检察院或者人民法院许可,并且经被害人或者其近亲属、被害人提供的证人同意,可以向他们收集与案件有关的证据材料。

第39条 辩护律师根据案件需要向已经在侦查机关、检察机关做过证的证人了解案件情况、调查取证、核实证据,一般应当通过申请人民法院通知该证人到庭,以当庭接受询问的方式进行。如证人不能出庭作证的,辩护律师直接向证人调查取证时,应当严格依法进行,并可以对取证过程进行录音或录像,也可以调取证人自书证言。

第40条 辩护律师调查、收集与案件有关的证据材料,应当持律师事务所证明,出示律师执业证书,一般由2人进行。

第41条 辩护律师调查、收集证据材料时,为保证证据材料的真实性,可以根据案情需要邀请与案件无关的人员在场见证。

第42条 辩护律师对证人进行调查,应当制作调查笔录。调查笔录应当载明调查人、被调查人、记录人的姓名,调查的时间、地点,被调查人的身份信息,证人如实作证的要求,作伪证或隐匿罪证应当负法律责任的说明以及被调查事项等。

第43条 辩护律师制作调查笔录,应当客观、准确地记录调查内容,并经被调查人核对。被调查人如有修改、补充,应当由其在修改处签字、盖章或者捺指印确认。调查笔录经被调查人核对后,应当由其在笔录上逐页签名并在末页签署记录无误的意见。

第44条 辩护律师制作调查笔录不得误导、引诱证人。不得事先书写笔录内容;不得先行向证人宣读犯罪嫌疑人、被告人或其他证人的笔录;不得替证人代书证言;不得擅自更改、添加笔录内容;向不同的证人调查取证时应当分别进行;调查取证时犯罪嫌疑人、被告人的亲友不得在场。

第45条 辩护律师收集物证、书证和视听资料时,应当尽可能提取原件;无法提取原件的,可以复制、拍照或者录像,并记录原件存放地点和持有人的信息。

第46条 辩护律师可以申请人民检察院、人民法院收集、调取案件有关的电子证据。

辩护律师可以采取复制、打印、截屏、拍照或者录像等方式收集、固定电子邮件、电子数据交换、网上聊天记录、博客、微博客、微信、手机短信、电子签名、域名等电子数据,并记录复制、打印、截屏、拍照、录像的时间、地点、原始储存介质存放地点、电子数据来源、持有人等信息,必要时可以委托公证机构对上述过程进行公证。

对于存在于存储介质中的电子数据,应当尽可能收集原始存储介质。对于存在于网络空间中的电子数据,可以通过有权方提取或通过公证形式予以固定。

第47条 辩护律师在调查、收集证据材料时,可以录音、录像。

第48条 辩护律师认为在侦查、审查起诉期间公安机关、人民检察院收集的证明犯罪嫌疑人、被告人无罪或者罪轻的证据材料未提交的,应当书面申请人民检察院、人民法院调取。

第49条 人民检察院、人民法院根据申请收集、调取证据时,辩护律师可以在场。

第50条 辩护律师收集的有关犯罪嫌疑人、被告人不在犯罪现场、未达到刑事责任年龄、属于依法不负刑事责任的精神病人的证据,应当及时告知办案机关。辩护律师可以要求收取证据的办案机关出具回执。

第6节 申请变更、解除强制措施

第51条 辩护律师认为被羁押的犯罪嫌疑人、被告人符合下列取保候审的条件,应当为其申请取保候审:

(一)可能判处管制、拘役或者独立适用附加刑的;(二)可能判处有期徒刑以上刑罚,采取取保候审措施不致发生社会危险性的;(三)犯罪嫌疑人、被告人患有严重疾病、生活不能自理,采取取保候审措施不致发生社会危险性的;(四)犯罪嫌疑人、被告人正在怀孕或者哺乳自己的婴儿,采取取保候审措施不致发生社会危险性的;(五)羁押期限届满,案件尚未办结,需要采取取保候审措施的。

第52条 犯罪嫌疑人、被告人符合逮捕条件,但具备下列条件之一,辩护律师可以为其申请监视居住:

(一)患有严重疾病、生活不能自理的;(二)怀孕或者正在哺乳自己婴儿的妇女;(三)系生活不能自理的人的唯一抚养人;(四)因为案件的特殊情况或者办理案件的需要,采取监视居住措施更为适宜的;(五)羁押期限届满,案件尚未办结,需要采取监视居住措施的。

第53条 犯罪嫌疑人、被告人符合取保候审条件,但不能提出保证人也不缴纳保证金的,辩护律师可以为其申请监视居住。

第54条 犯罪嫌疑人、被告人被羁押的案件,办案机关在《刑事诉讼法》规定的羁押期限内未能办结的,辩护律师可以要求释放犯罪嫌疑人、被告人,或者要求变更强制措施。

对被采取取保候审、监视居住措施的犯罪嫌疑人、被告人,办案机关在《刑事诉讼法》规定的强制措施期限内未能办结的,辩护律师可以要求解除强制措施。

第55条 犯罪嫌疑人因涉嫌危害国家安全犯罪、恐怖活动犯罪、特别重大贿赂犯罪在侦查期间被指定居所监视居住的,在有碍侦查的情形消失后,辩护律师可以为其申请在居所监视居住或者取保候审。

第56条 犯罪嫌疑人、被告人及其法定代理人、近亲属要求辩护律师申请变更、解除强制措施或释放犯罪嫌疑人、被告人,辩护律师认为符合条件的,可以自行申请,也可以协助其向办案机关申请。

第57条 辩护律师向办案机关书面申请变更、解除强制措施或者释放犯罪嫌疑人、被告人的,应当写明律师事务所名称、律师姓名、通信地址及联系方式、犯罪嫌疑人、被告人姓名和所涉嫌或指控的罪名、申请事实及理由、保证方式等。

辩护律师不宜为犯罪嫌疑人、被告人担任保证人。

第58条 辩护律师申请变更、解除强制措施或释放犯罪嫌疑人、被告人的,可以要求办案机关在3日内作出同意或者不同意的答复。对于不同意的,辩护律师可以要求其说明不同意的理由。

第59条 犯罪嫌疑人被逮捕后,辩护律师可以向检察机关提出羁押必要性审查的意见。

第2章 侦查期间的辩护工作

第60条 侦查期间,律师接受委托后,自犯罪嫌疑人被第1次讯问或者采取强制措施之日起,可以向侦查机关了解案件情况,包括犯罪嫌疑人涉嫌的罪名、已查明的主要事实、犯罪嫌疑人被采取、变更、解除强制措施、延长侦查羁押期限等。

第61条 辩护律师为犯罪嫌疑人提供法律咨询,应当告知其基本诉讼权利,主要包括以下内容:

(一)犯罪嫌疑人有不被强迫证实自己有罪的权利;(二)犯罪嫌疑人有对办案机关侵权行为、程序违法提出申诉和控告的权利;(三)犯罪嫌疑人有申请侦查人员回避的权利;(四)犯罪嫌疑人有知悉鉴定意见和提出异议的权利;(五)犯罪嫌疑人有对刑事案件管辖提出异议的权利;(六)有关刑事和解的权利。

第62条 辩护律师为犯罪嫌疑人提供关于强制措施的法律咨询,主要包括以下内容:

(一)强制措施的种类;(二)强制措施的条件、适用程序的法律规定;(三)强制措施期限的法律规定;(四)申请变更强制措施的权利及条件。

第63条 辩护律师为犯罪嫌疑人提供关于侦查机关讯问方面的法律咨询,主要包括以下内容:

(一)犯罪嫌疑人对侦查人员的讯问有如实回答的义务,对与本案无关的问题有拒绝回答的权利;(二)犯罪嫌疑人对侦查人员制作的讯问笔录有核对、补充、更正的权利以及在确认笔录没有错误后应当签名的义务;(三)犯罪嫌疑人有要求自行书写供述和辩解的权利;(四)犯罪嫌疑人有如实供述犯罪事实可以获得从宽处罚的权利。

第64条 辩护律师为犯罪嫌疑人提供关于犯罪构成与证据方面的法律咨询,主要包括以下内容:

(一)刑法及相关司法解释关于犯罪嫌疑人所涉嫌罪名的相关规定;(二)刑法及相关司法解释关于从重、从轻、减轻以及免予处罚的相关规定;(三)关于刑事案件的举证责任的相关规定;(四)关于证据的含义、种类及收集、使用的相关规定;(五)关于非法证据排除的相关规定。

第65条 侦查期间,辩护律师收集到有关犯罪嫌疑人不在犯罪现场、未达到刑事责任年龄、属于依法不负刑事责任的精神病人的证据材料时,应当及时向侦查机关提出无罪或不予追究刑事责任的辩护意见,并同时要求侦查机关释放犯罪嫌疑人或对其变更强制措施。

第66条 在案件侦查期间和侦查终结前,辩护律师向侦查机关就实体和程序问题提出辩护意见的,可以口头或书面的方式提出。

对于非法证据,辩护律师可以提出予以排除的意见。

第67条 辩护律师应当对案件管辖合法性进行审查,发现侦查机关管辖违反法律规定的,应当以书面方式向侦查机关提出异议。

第68条 在审查批捕过程中,辩护律师认为具备下列情形的,可以向检察机关提出不批准逮捕或不予逮捕的意见:

(一)犯罪嫌疑人不构成犯罪;(二)可能被判处1年有期徒刑以下刑罚的;(三)无社会危险性,(四)不适宜羁押。

第69条 辩护律师对于侦查机关及其工作人员有下列行为的,可以向该机关申诉或者控告:

(一)采取强制措施法定期限届满,不予以解除、变更强制措施或者释放犯罪嫌疑人的;(二)应当退还取保候审保证金不予退还的;(三)对与案件无关的财物采取查封、扣押、冻结措施的;(四)应当解除查封、扣押、冻结不予解除的;(五)贪污、挪用、私分、调换或其他违反规定使用查封、扣押、冻结财物的。

辩护律师可以要求受理申诉或者控告的侦查机关及时处理,对不及时处理或对处理结果不服的,可以向同级人民检察院申诉;人民检察院直接受理的案件,可以向上一级人民检察院申诉。

第3章 审查起诉期间的辩护工作

第70条 审查起诉期间,辩护律师应当及时查阅、摘抄、复制案卷材料,并根据案件情况会见犯罪嫌疑人核实证据。

第71条 辩护律师在侦查期间未能会见犯罪嫌疑人的,在审查起诉期间会见犯罪嫌疑人提供咨询的适用本规范第61条至第64条之规定。

第72条 审查起诉期间,辩护律师可以从程序、实体等方面向检察机关提出口头或书面辩护意见。

对于以非法方法收集的证据,辩护律师应当及时向检察机关提出对该证据予以排除的意见。

第73条 审查起诉期间,辩护律师收集到有关犯罪嫌疑人不在犯罪现场、未达到刑事责任年龄、属于依法不负刑事责任的精神病人的证据材料时,应当及时向检察机关提出无罪或不予追究刑事责任的辩护意见,并同时要求检察机关释放犯罪嫌疑人或对其变更强制措施。

第74条 审查起诉期间,辩护律师认为犯罪嫌疑人没有犯罪事实,或者符合《刑事诉讼法》第十五条规定的情形之一的,应当向检察机关提出不起诉的意见。

第75条 审查起诉期间,辩护律师认为犯罪嫌疑人犯罪情节轻微,依照刑法规定不需要判处刑罚或者免除刑罚的,应当向检察机关提出不起诉的意见。

第76条 审查起诉期间,对于经1次或2次补充侦查的案件,辩护律师认为证据不足,不符合起诉条件的,应当向检察机关提出不起诉的意见。

第4章 公诉一审案件的辩护工作

第1节 庭前准备

第77条 在开庭审理前,辩护律师应当研究证据材料、有关法律、判例,熟悉案件涉及的专业知识,拟定辩护方案,准备发问提纲、质证提纲、举证提纲、辩护提纲等。

第78条 人民法院召集庭前会议的,辩护律师可以就下列事项提出意见或申请:

(一)案件管辖异议;(二)申请回避;(三)申请调取证据;(四)是否适用简易程序;(五)是否公开审理;(六)开庭时间;(七)申请通知证人出庭作证;(八)申请鉴定人出庭作证;(九)申请具有专门知识的人员出庭;(十)是否延长审限;(十一)申请查看讯问过程的同步录音、录像;(十二)申请非法证据排除;(十三)举证、质证方式的磋商;(十四)参与附带民事诉讼的调解;(十五)其他与审理相关的事项。

第79条 人民法院未召开庭前会议,辩护律师认为有上述相关事由的,可以申请人民法院召开庭前会议。

第80条 人民法院没有通知被告人参加庭前会议,但庭前会议的内容和决定影响被告人行使诉讼权利的,辩护律师应当申请人民法院通知被告人参加庭前会议。

被告人未参加庭前会议的,辩护律师未经特别授权不得代表被告人对实体、证据和程序性问题发表意见。

辩护律师出席庭前会议应当严格遵守《刑事诉讼法》关于庭前会议的有关规定,不得就依法应当在开庭审理过程中解决的问题发表意见。

第81条 辩护律师申请人民法院通知证人、鉴定人、有专门知识的人等出庭的,应当制作上述人员名单,注明身份、住址、通讯方式等,并说明出庭目的。

第82条 辩护律师拟当庭宣读、出示、播放的证据，可以制作目录并说明所要证明的事实，在开庭前提交人民法院。

第83条 辩护律师接到出庭通知书后应当按时出庭，因下列正当理由不能出庭的，应当提前向人民法院提出并说明理由，申请调整开庭日期：

(一)辩护律师收到两个以上出庭通知，只能按时参加其中之一的；(二)庭审前发现新的证据线索，需进一步调查取证或拟出庭的有专门知识的人、证人因故不能出庭的；(三)因其他正当理由无法按时出庭的。

辩护律师申请调整开庭日期，未获准许又确实不能出庭的，应当与委托人协商，妥善解决。

第84条 辩护律师收到出庭通知书距开庭时间不满3日的，可以建议人民法院更改开庭日期。

第85条 辩护律师有权了解公诉人、合议庭组成人员、书记员、鉴定人和翻译人员等情况，协助被告人确定有无申请回避的事由及是否提出回避的申请。

第2节 参加法庭调查

第86条 辩护律师参加有两名以上被告人案件的审理，应当按起诉书指控被告人的顺序依次就座。

第87条 合议庭组成人员、书记员、公诉人、鉴定人和翻译人员具有法定回避情形的，在审判长宣布被告人的诉讼权利后，辩护律师可以根据情况提出，并说明理由。

第88条 法庭核对被告人年龄、身份、有无前科劣迹等情况有误，可能影响案件审理的，律师应当认真记录，在法庭调查时予以澄清。

第89条 辩护律师在公诉人、被害人及其代理律师发问后，经审判长许可，有权向被告人发问。

第90条 在法庭调查过程中，经审判长许可，辩护律师有权对证人、鉴定人、被害人、有专门知识的人发问。

第91条 公诉人、其他辩护人、诉讼代理人、审判人员以威胁、诱导或其他不当方式发问的，或发问问题与本案无关、损害被告人人格尊严的，辩护律师可以提出异议并申请审判长予以制止。

第92条 辩护律师发问应当简洁、清楚，重点围绕与定罪量刑相关的事实进行发问。

第93条 对出庭的证人、鉴定人等，辩护律师应当按照法庭安排发问。发问内容应当重点针对定罪量刑相关的问题进行。

第94条 公诉人对辩护律师的发问提出反对或异议的，辩护律师可以进行反驳。法庭作出决定的，辩护律师应当服从。

第95条 辩护律师可以就举证质证方式与公诉人、审判人员进行协商，根据案件不同情况既可以对单个证据发表质证意见，也可以就一组证据、一类证据，或涉及某一待证事实的多份证据发表综合质证意见。

辩护律师应当围绕证据的真实性、合法性、关联性，就证据资格、证明力以及证明目的、证明标准、证明体系等发表质证意见。

对公诉人及其他诉讼参与人发表的不同的质证意见，辩护律师可以进行辩论。

第96条 辩护律师认为可能存在以非法方法收集证据情形的，应当申请排除非法证据。

辩护律师申请排除非法证据的，可以在开庭审理前提出；在庭审期间发现相关线索或者材料的，可以在开庭审理过程中提出。

被告人申请排除非法证据的,辩护律师应当向被告人了解涉嫌非法取证的人员、时间、地点、方式、内容等相关线索或者材料。

申请排除非法证据的,可以申请法庭通知侦查人员出庭说明情况,调取、播放侦查讯问录音、录像以及调取其他相关证据。

第97条 对证人证言,应当重点从以下方面进行质证:

(一)证人证言与待证事实的关系;(二)证人与案件当事人、案件处理结果有无利害关系;(三)证人证言之间以及与其他证据之间能否相互印证,有无矛盾;(四)证人证言内容是否为证人直接感知;(五)证人感知案件事实时的环境、条件和精神状态;(六)证人的感知力、记忆力和表达力;(七)证人作证是否受到外界的干扰或影响;(八)证人的年龄以及生理上、精神上是否有缺陷;(九)证人证言是否前后矛盾;(十)证人证言是否以暴力、威胁等非法方法收集;(十一)证人证言的取得程序、方式是否符合法律及有关规定;(十二)证人不能出庭作证的原因及对本案的影响;(十三)需要质证的其他情形。

第98条 公诉人提出在案证据材料中证人名单以外的证人出庭作证的,辩护律师有权要求法庭延期审理。

对于当事人、辩护律师、公诉人有异议且对定罪量刑有重大影响的证人证言,辩护律师可以申请法庭通知证人出庭作证。

第99条 对被害人陈述的质证,适用对证人证言质证的有关规范。

第100条 对被告人供述和辩解,应当重点从以下方面质证:

(一)讯问的时间、地点和讯问人的身份等是否符合法律、司法解释及有关规定;(二)讯问笔录的制作、修改是否符合法律、司法解释及有关规定;(三)被告人的供述有无以刑讯逼供等非法手段获取的情形;(四)被告人的所有供述和辩解是否均已随案移送,供述是否前后一致;(五)被告人的供述和辩解是否符合常理,有无矛盾;(六)被告人的供述和辩解与同案被告人的供述和辩解以及其他证据能否相互印证,有无矛盾;(七)有同步录音录像资料的,可以结合相关录音录像资料进行质证;(八)需要质证的其他情形。

第101条 辩护律师对鉴定意见有异议,且该鉴定意见对被告人定罪量刑有影响的,可以申请人民法院通知鉴定人出庭作证。

对鉴定意见,应当重点从以下方面质证:

(一)鉴定人与案件有无利害关系;(二)鉴定人与被告人、被害人有无利害关系;(三)鉴定机构和鉴定人有无合法资质;(四)鉴定程序、过程、方法是否符合法律、法规的规定以及专业规范要求;(五)检材的来源、取得、保管、送检是否符合法律及有关规定;(六)鉴定意见是否明确,形式要件是否完备;(七)鉴定意见与案件待证事实有无关联;(八)鉴定意见与其他证据之间有无矛盾;(九)需要质证的其他情形。

第102条 辩护律师可以向法庭申请有专门知识的人出庭协助质证,对鉴定意见提出意见。

第103条 对物证,应当重点从以下方面质证:

(一)物证是否为原物;(二)物证与待证事实的关系;(三)物证与其他证据之间能否相互印证,有无矛盾;(四)物证的来源、收集程序、方式是否合法;(五)物证是否受到破坏或者改变;(六)物证收集是否完整全面;(七)物证的照片、录像、复制品是否能反映原物的外形和特征;(八)勘验、检查、搜查、扣押的物证是否附有相关笔录清单,是否经侦查人员、持有人、见证人签名,物品的名称、特征、数量、质量等是否注明清楚;(九)需要质证的其他情形。

第104条 对于书证,应当重点从以下方面质证:

(一)书证是否为原件;(二)书证是否有更改或更改的迹象;(三)书证与待证事实的关

系;(四)书证与其他证据之间能否相互印证,有无矛盾;(五)书证的副本、复制件是否与原件核对无误,或经鉴定为真实或者以其他方式确定为真实;(六)书证的来源、收集程序、方式是否合法;(七)书证是否受到破坏或者改变;(八)与案件事实有关联的书证是否全部收集;(九)勘验、检查、搜查提取的书证是否附有相关笔录,是否经侦查人员、持有人、见证人签名;(十)需要质证的其他情形。

第105条 对勘验、检查笔录,应当重点从以下方面质证:

(一)勘验、检查是否依法进行,笔录的制作是否符合法律及有关规定的要求;(二)勘验、检查笔录的内容是否全面、详细、准确、规范;(三)固定证据的形式、方法是否科学、规范;(四)补充勘验、检查是否说明理由,前后有无矛盾;(五)勘验、检查笔录中记载的情况与其他证据能否印证,有无矛盾;(六)勘验、检查笔录是否经勘验、检查人员和见证人签名或盖章;(七)需要质证的其他情形。

第106条 对辨认笔录,应当重点从以下方面质证:

(一)辨认是否在侦查人员主持下进行;(二)辨认人有无在辨认前见到辨认对象或详细询问辨认对象的具体特征;(三)辨认活动是否单独进行;(四)辨认对象或对象数量是否符合规定;(五)有无给辨认人暗示或指认的情形;(六)有无制作规范的辨认笔录;(七)需要质证的其他情形。

第107条 对侦查实验笔录,应当重点从以下方面质证:

(一)实验的过程、方法、笔录的制作是否符合有关规定;(二)侦查实验的条件与事件发生时的条件有无明显差异;(三)是否存在影响实验科学结论的其他情形。

第108条 对视听资料,应当重点从以下方面质证:

(一)视听资料的形成及时间、地点和周围的环境;(二)视听资料的来源及提取过程是否合法,制作过程中当事人有无受到威胁、引诱等违反法律及有关规定的情形;(三)是否为原件,制作人、原视听资料持有人是否签字或盖章;(四)内容和制作过程是否真实、完整,有无伪造、变造、剪辑、增减等;(五)内容与待证事实的关系;(六)播放视听资料的设备是否影响播放效果等;(七)视听资料为复制件的,是否附有无法调取原件的原因、复制件制作过程和原件存放地点的说明;(八)需要质证的其他情形。

第109条 对电子证据,应当重点从以下方面质证:

(一)原始存储介质是否随案移送;(二)制作、储存、传递、获得、收集、出示等程序和环节是否符合技术规范、是否合法;(三)内容是否真实、有无变造、伪造、删除、修改、增减等情形;(四)电子证据与案件事实有无关联;(五)与案件事实有关联的电子数据是否全面依法收集;(六)需要质证的其他情形。

第110条 对勘验、检查笔录、辨认笔录、侦查实验笔录、视听资料及电子证据有疑问的,辩护律师可以申请人民法院通知勘验、检查等相关人员出庭作证。

第111条 公诉人出示庭前未提交证据的,辩护律师可以申请法庭休庭或延期审理。

第112条 法庭进行庭外调查并通知控辩双方到场的,辩护律师应当到场。

第113条 在公诉人举证完毕后,辩护律师有权向法庭举证,也可以申请法庭通知证人出庭作证。辩护律师向法庭出示的证据,可以是自行依法收集的证据,也可以是检察机关向法院移送但没有在法庭上出示的证据。

第114条 辩护律师举证时,应当向法庭说明证据的名称、内容、来源以及拟证明的事实。非言词证据应当出示原件、原物,不能出示原件、原物的应当说明理由。

第3节 参加法庭辩论

第115条 辩护律师应当根据法庭对案件事实调查的情况,针对公诉人及其他诉讼参与人发表的辩论意见,结合案件争议焦点事实、证据、程序及法律适用问题,充分发表辩论意见。

第116条 辩护律师对于起诉书指控犯罪持有异议,提出无罪辩护或者依法不应当追究刑事责任的辩护,可以从以下方面发表辩论意见:

(一)被告人没有犯罪事实的意见;(二)指控的事实不清,证据不足的意见;(三)指控被告人的行为依法不构成犯罪的意见;(四)被告人未达到法定刑事责任年龄的意见;(五)被告人属于依法不负刑事责任的精神病人的意见;(六)具有《刑事诉讼法》第15条规定的情形,不应当追究刑事责任的意见:情节显著轻微、危害不大,不认为是犯罪的;犯罪已过追诉时效期限的;经特赦令免除刑罚的;依照刑法告诉才处理的犯罪,没有告诉或者撤回告诉的;犯罪嫌疑人、被告人死亡的;其他法律规定免予追究刑事责任的。

第117条 辩护律师对于起诉书指控的罪名不持异议,可以从量刑方面发表辩论意见,包括针对检察机关提出的量刑建议及其理由发表意见。

第118条 辩护律师做无罪辩护的案件,法庭辩论时,辩护律师可以先就定罪问题发表辩论意见,然后就量刑问题发表意见。

第119条 辩护律师认为起诉书指控的犯罪罪名不成立,但指控的犯罪事实构成其他处罚较轻的罪名,在事先征得被告人同意的情况下,可以提出改变罪名的辩护意见。

第120条 辩护律师认为案件诉讼程序存在违法情形对定罪量刑有影响或具有依法应当排除的非法证据,可以在法庭辩论时发表意见。

第121条 辩护律师发表辩护意见所依据的证据、引用的法律要清楚、准确。

第122条 辩护律师的辩护意见应当观点明确,重点突出,论据充分,论证有力,逻辑严谨,用词准确,语言简洁。

第123条 辩护律师在与公诉人相互辩论中,重点针对控诉方的新问题、新观点,结合案件争议焦点发表意见。

第124条 一审宣判前,辩护律师发现有新的或遗漏的事实、证据需要查证的,可以申请恢复法庭调查。

第125条 在法庭审理过程中,被告人当庭拒绝辩护或提出更换律师的,辩护律师应当建议休庭,与当事人协商妥善处理。

在法庭审理过程中,出现本规范第12条第2款事由的,辩护律师可以请求法庭休庭,与当事人协商妥善处理。

第4节 庭后工作

第126条 休庭后,辩护律师应当就当庭出示、宣读的证据及时与法庭办理交接手续;及时阅读庭审笔录,认为记录有遗漏或差错的,应当要求书记员补充或者改正,确认无误后签名。

第127条 休庭后,辩护律师应当尽快整理书面辩护意见,提交法庭。

第128条 人民法院宣告判决后,辩护律师应当及时收取判决书。

在上诉期间,一审辩护律师、拟担任二审辩护人的律师可以会见被告人,听取其对判决书的意见及是否上诉的意见并提出建议。

第5章 公诉二审案件的辩护工作

第129条 一审辩护律师在上诉期内受被告人、被告人的法定代理人的委托担任二审辩护人的,应当协助被告人提出上诉,包括协助确定上诉的请求和理由,代写上诉状等。

一审辩护律师经被告人同意,在法定上诉期内可以提出上诉。

受委托担任二审辩护人的律师,应当及时与二审人民法院取得联系,提交委托手续,及时参与二审诉讼活动。

第130条 二审程序启动后,辩护律师应当及时到法院查阅案卷材料,会见上诉人、原审被告人,必要时调查收集相关证据材料。

第131条 经过阅卷、会见上诉人、调查收集相关证据材料,二审案件具有下列情形之一的,辩护律师应当以书面形式向人民法院提出开庭审理的意见并说明具体理由:

(一)上诉人、上诉人的法定代理人对一审认定的事实、证据提出异议,可能影响定罪量刑的;(二)辩护律师认为一审认定的事实、证据存在错误,可能影响定罪量刑的;(三)人民检察院或者上诉人及其辩护律师提交新证据的;(四)其他应当开庭审理的情形。

第132条 人民法院决定开庭审理的二审案件,包括一般上诉案件,被告人被判处死刑的上诉案件,人民检察院抗诉的案件以及其他法院决定开庭的案件,辩护律师应当在开庭前认真做好相关准备工作。

第133条 辩护律师出席二审案件开庭审理活动,应当根据引起二审程序的诉由确定辩护思路和重点,展开辩护:

(一)对上诉案件,应当重点围绕上诉所涉及的事实、证据及法律适用问题展开辩护活动,请求二审人民法院撤销原判,进行改判;对于事实不清、证据不足的,可以请求二审人民法院发回原审法院重新审判;已经发回重审过1次的案件应当直接要求人民法院按疑罪从无原则宣告被告人无罪;(二)对抗诉案件,应当根据抗诉对原审被告人产生的影响确定辩护思路和意见。对不利原审被告人的抗诉,应当维护原审判决,请求二审人民法院驳回抗诉,维持原判;对有利原审被告人的抗诉,应当支持抗诉,以期二审人民法院撤销原判,作出对被告人有利的改判;(三)对既有上诉又有抗诉的案件,应当重点围绕上诉请求和理由展开辩护活动,同时兼顾抗诉请求和理由,分别不同情况,支持有利上诉人、原审被告人的抗诉,反对不利上诉人、原审被告人的抗诉。

第134条 人民法院决定不开庭审理的二审案件,辩护律师应当及时向人民法院提交书面辩护意见。必要时可以提出向办案法官当面陈述辩护意见的要求。

第135条 在二审程序中,辩护律师发现一审人民法院的审理存在下列违反法定诉讼程序的情形之一,并且经上诉人、原审被告人同意,可以向二审人民法院提出撤销原判,发回重审的意见:

(一)违反《刑事诉讼法》有关公开审判的规定的;(二)违反回避制度的;(三)剥夺或限制当事人的法定诉讼权利,可能影响公正审判的;(四)审判组织的组成不合法的;(五)其他违反法定诉讼程序,可能影响公正审判的。

被告人不同意发回重审的,辩护律师可以发表辩护意见。

第6章 公诉案件的诉讼代理工作

第136条 律师可以接受公诉案件被害人、已死亡被害人的近亲属、无行为能力或限制行为能力被害人的法定代理人的委托,担任刑事案件的诉讼代理人。

律师可以担任刑事附带民事诉讼案件原告人或被告人的诉讼代理人。

第137条 律师接受委托后,应当向委托人提供法律咨询和其他法律帮助,及时与承办法院取得联系、提交委托手续。

第138条 公诉案件被害人的代理律师收到出庭通知距开庭时间不满3日的,可以要求人民法院更改开庭日期;如在法定期间内收到出庭通知的,应当按时出庭;如因正当理由不能出庭,可以要求人民法院更改开庭日期。

人民法院已决定开庭而不通知被害人及其代理律师出庭的,代理律师可以要求人民法院依法通知,保证被害人及其代理律师出庭参加庭审的权利。

第139条 代理律师可以在开庭前向人民法院了解案件是否公开审理。如果案件涉及被害人隐私、商业秘密的,应当要求人民法院不公开审理。

第140条 代理律师应当告知被害人有权对合议庭组成人员、书记员、公诉人、鉴定人和翻译人员申请回避,并协助被害人行使权利。

第141条 在法庭审理过程中,代理律师应当依法指导、协助或代理委托人行使以下诉讼权利:

(一)申请召集、参加庭前会议;(二)陈述案件事实;(三)出示、宣读有关证据;(四)请求法庭通知未到庭证人、鉴定人和勘验检查笔录制作人出庭作证;(五)经审判长许可,向被告人、证人、鉴定人、勘验检查笔录制作人发问;(六)对被告人及其辩护律师向被害人提出的威胁性、诱导性、有损人格或与本案无关的发问提出异议;(七)对各项证据发表质证意见;(八)发表辩论意见;(九)申请通知新的证人到庭、调取新的证据、申请重新鉴定或者勘验;(十)申请法庭通知有专门知识的人出庭,就鉴定人作出的鉴定意见提出意见;(十一)必要时,请求法庭延期理;(十二)申请人民法院对以非法方法收集的证据依法予以排除等。

第142条 在法庭审理中,代理律师可以与被告人及其辩护律师展开辩论。代理律师意见与公诉人意见不一致的,代理律师应当从维护被害人的合法权益出发,独立发表代理意见。

第143条 代理律师认为被害人或代理律师的诉讼权利受到侵犯的,可以依据《刑事诉讼法》相关规定,向人民检察院提出申诉或者控告。

第144条 代理律师应当告知当事人核对庭审笔录,补充遗漏或修改差错,确认无误后签名。

代理律师应当就当庭出示、宣读的证据及时与法庭办理交接手续;及时阅读庭审笔录,认为记录有遗漏或差错的,可以请求补充或者改正,确认无误后应当签名。

第145条 人民法院宣告判决后,代理律师应当及时收取判决书。

被害人及其法定代理人不服一审判决的,代理律师可以协助或代理其在收到判决书后5日内,请求人民检察院抗诉。

第146条 公诉案件进入二审程序后,律师的代理工作参照本规范一审相关规定进行。

第7章 自诉案件的代理和辩护工作

第1节 自诉案件的代理工作

第147条 律师可以接受自诉人及其法定代理人的委托,担任其诉讼代理人。接受委托前,律师应当审查案件是否符合法定自诉案件范围和立案条件。

第148条 代理律师应当帮助自诉人分析案情,确定被告人和管辖法院,调查、了解有关事实和证据,代写刑事自诉状。自诉状应当包括以下内容:

(一)自诉人和被告人的姓名、年龄、民族、籍贯、出生地、文化程度、职业、工作单位、住址等自然情况;(二)被告人的犯罪事实,包括时间、地点、手段、危害后果等;(三)被告人行为所触犯的罪名;(四)具体的诉讼请求;(五)致送人民法院的名称和具状时间;(六)证人的姓名、住址;(七)证据的名称、件数、来源等。

被告人是两人以上的,应当按被告人的人数提供自诉状的副本。

第149条 自诉人同时要求民事赔偿的,代理律师可以协助其制作刑事附带民事起诉状,写明被告人犯罪行为所造成的损害、具体赔偿请求及计算依据。

第150条 律师代理提起自诉时,应当准备下列材料和文件:

(一)自诉人身份证明文件;(二)刑事自诉状;(三)证据材料及目录;(四)委托书;(五)律师事务所证明;(六)律师执业证书等。

同时提起刑事附带民事诉讼的,应当提交刑事附带民事起诉状。

第151条 人民法院对自诉案件进行审查后,要求自诉人补充证据或撤回自诉的,代理律师应当协助自诉人作好补充证据工作或与自诉人协商是否撤回自诉。

对于有共同侵害人,但自诉人只对部分侵害人起诉的,以及有共同被害人,只有部分自诉人提起诉讼的,应当向自诉人提供法律咨询、解释法律规定,告知法律风险及后果。

第152条 对于人民法院作出的不予受理或者驳回起诉的裁定不服的,协助自诉人提起上诉。

第153条 人民法院决定开庭前,代理律师应当作好开庭前准备工作。对于无法取得的证据,可以申请人民法院依法调查取证。

第154条 刑事自诉案件,被告人提起反诉的,代理律师可以接受反诉被告人的委托,可以同时担任其辩护律师。

第155条 代理律师应当向自诉人告知有关自诉案件开庭的法律规定,避免因自诉人拒不到庭或擅自中途退庭导致人民法院按自动撤诉处理的法律后果。自诉人不到庭的,代理律师仍应按时出庭履行职责。

第156条 自诉案件开庭审理时,代理律师应当协助自诉人充分行使控诉职能,运用证据证明自诉人的指控成立。

第157条 自诉案件依法可以适用简易程序的,代理律师可以代理自诉人要求人民法院适用简易程序。自诉案件依法不应当适用简易程序的,代理律师可以代理自诉人对于法院适用简易程序的决定提出异议。

第158条 自诉案件法庭辩论结束后,代理律师可以根据委托人授权参加法庭调解。

第159条 代理律师应当协助自诉人在法院宣告判决前决定是否与被告人和解或者撤回自诉。

第2节 自诉案件的辩护工作

第160条 律师可以接受自诉案件被告人及其法定代理人或者近亲属的委托担任被告人的辩护律师。

第161条 担任自诉案件被告人的辩护律师,应当适用公诉案件辩护律师的工作规范,并注意以下事项:

(一)自诉案件被告人有权提起反诉;(二)自诉人经两次合法传唤无正当理由不到庭或者未经法庭许可中途退庭的,按撤诉处理;(三)自诉案件可以调解;(四)自诉人可以同被告人自行和解,或者撤回自诉。

第162条 对于被羁押的自诉案件被告人,辩护律师应当会见,并为其申请变更强制措施。

第8章 刑事附带民事诉讼的代理工作

第1节 刑事附带民事诉讼原告人的代理工作

第163条 律师可以接受符合法定条件的刑事附带民事诉讼原告人的委托,在一审、二审程序中,担任刑事附带民事诉讼的诉讼代理人参与附带民事部分的审判活动。在办理委托手续时应当明确代理权限。

第164条 律师接受委托时,应当审查下列可以作为附带民事诉讼审理的事项是否存在:

(一)作为刑事附带民事诉讼前提的刑事诉讼是否存在;(二)刑事附带民事诉讼的被告人是否符合法定条件;(三)被害人的物质损失是否与被告人的行为存在因果关系;(四)刑事附带民事诉讼提起的时间是否在刑事案件立案之后第一审判决宣告之前;(五)是否符合法定的刑事附带民事诉讼的范围。

第165条 律师接受委托后,应当代理委托人撰写附带民事起诉状,内容包括:

(一)刑事附带民事诉讼原告人、被告人的基本情况;(二)具体诉讼请求;(三)事实和理由;(四)致送人民法院的名称和具状时间;(五)相关的证据材料等。

第166条 对人民法院决定不予立案的刑事附带民事诉讼,可以建议委托人另行提起民事诉讼,要求办案机关追缴或采取其他救济措施。

第167条 代理律师根据案件情况,可以自行或协助委托人依法收集证据,展开调查,申请鉴定。

第168条 在提起刑事附带民事诉讼时,代理律师可以建议或协助委托人申请人民法院对被告人的财产采取查封、扣押或冻结等保全措施。

第169条 律师担任刑事附带民事诉讼当事人的诉讼代理人,应当告知委托人可能导致按自动撤诉处理的下列法定事项:

(一)刑事附带民事诉讼原告人经人民法院两次传唤无正当理由拒不到庭的;(二)刑事附带民事诉讼原告人未经法庭许可中途退庭的。

第170条 代理律师在庭审过程中,可以根据案件情况从事下列工作:

(一)经委托人授权可以对本案合议庭组成人员、书记员、公诉人、鉴定人和翻译人员提出回避申请;(二)陈述案件事实;(三)出示、宣读本方证据;(四)申请法庭通知本方证人出庭作证;(五)经审判长许可对被告人、证人、鉴定人发问;(六)对刑事附带民事诉讼被告方的证据提出质证意见;(七)对刑事附带民事诉讼被告方的不当发问提出异议;(八)发表代理意见;(九)经委托人授权,可以与被告方和解等。

第171条 委托人参加诉讼的,代理律师应当指导委托人参加调解,准备调解方案。

第172条 原告人对于一审判决、裁定中刑事附带民事诉讼部分不服的,代理律师应当根据委托协助其提起上诉。

第2节 刑事附带民事诉讼被告人的代理工作

第173条 律师可以接受刑事附带民事诉讼的被告人及其法定代理人或者近亲属的委托,在一审、二审程序中,担任诉讼代理人。在办理委托手续时应当明确代理权限。

刑事附带民事诉讼被告人是法人或其他组织的,代理律师除向法庭出示律师执业证书,提交律师事务所证明、委托书外,还需提交法定代表人身份证明等单位负责人身份证明、营业执照等证明单位存续的文书复印件。

第174条 刑事诉讼被告人的辩护律师可以接受委托,同时担任刑事附带民事诉讼被告人的诉讼代理人,但应当另行办理委托手续。

第175条 代理律师根据案件情况,可以进行调查取证、申请鉴定;应当撰写答辩状,参加庭审,举证质证,进行辩论,发表代理意见;经被告人同意,提出反诉以及与对方和解。

第176条 刑事附带民事诉讼被告人对于一审判决刑事附带民事诉讼部分不服的,代理律师根据委托可以协助其提起上诉。

第9章 简易程序中的辩护工作

第177条 律师可以接受当事人、近亲属或其法定代理人的委托,担任辩护人,参与人民法院适用简易程序审理的案件。

第178条 辩护律师应当及时向被告人释明关于适用简易程序的法律规定及法律后果。

第179条 辩护律师应当依据《刑事诉讼法》第208条的规定,审查适用简易程序是否符合法律规定。认为不应当适用简易程序的,应当及时提出异议,请求人民法院依法适用普通程序。

第180条 辩护律师办理适用简易程序审理的案件,在审判期间发现以下情形时,应当建议法庭转为普通程序审理:

(一)被告人对适用简易程序有异议的;(二)被告人的行为可能不构成犯罪的;(三)案件事实不清、证据不足的;(四)被告人可能不负刑事责任的;(五)被告人是盲、聋、哑人,或者是尚未完全丧失辨认或者控制自己行为能力的精神病人的;(六)被告人当庭对起诉书指控的犯罪事实予以否认的;(七)共同犯罪案件中部分被告人不认罪的;(八)有重大社会影响的;(九)其他不应当适用简易程序的。

第181条 适用简易程序审理的公诉案件,辩护律师可以对有异议的证据进行质证;经审判人员许可,辩护律师可以同公诉人、诉讼代理人互相辩论。

第10章 认罪认罚从宽制度中的辩护工作

第182条 适用刑事速裁程序的案件,辩护律师应当在接受委托或指派之日起3个工作日内会见犯罪嫌疑人、被告人;审查起诉、审判期间,辩护律师应当在接受委托或指派之日起3个工作日内完成阅卷。

第183条 辩护律师认为案件符合刑事速裁适用条件时,经犯罪嫌疑人同意,可以主动建议人民检察院按刑事速裁程序办理。

第184条 辩护律师在会见犯罪嫌疑人、被告人时,应当向犯罪嫌疑人、被告人详细解释刑事速裁程序的内容和要求,告知选择刑事速裁程序对其诉讼权利及实体权益带来的后果,包括承认指控的犯罪事实、同意人民检察院的量刑建议、签署具结书、起诉书简化、由审判员1人独任审判、开庭时不进行法庭调查和法庭辩论、审理期限及送达期限等缩短、开庭时被告人有最后陈述的权利等。

辩护律师应当全面了解犯罪嫌疑人、被告人的意愿,确保其真实、自愿认罪。

第185条 犯罪嫌疑人、被告人自愿认罪,同意适用刑事速裁程序,且辩护律师经全面审查后也同意适用刑事速裁程序时,辩护律师则不再做无罪辩护。

辩护律师认为犯罪嫌疑人、被告人无罪或犯罪嫌疑人、被告人认罪是因受威胁、引诱、欺骗或刑讯逼供等非法方式形成时,应当对刑事速裁程序提出异议,提交书面意见和相关的证据材料。

第186条 辩护律师发现案件有不宜适用速裁程序情形的,应当及时向办案机关提出,要求变更程序。

第187条 辩护律师办理适用刑事速裁程序案件时,应当积极为犯罪嫌疑人、被告人申请取保候审、监视居住,参与犯罪嫌疑人签署具结书的过程,参与同被害人及其亲属的和解过程。

第188条 在审查起诉期间,辩护律师在与犯罪嫌疑人、被告人充分沟通后,经犯罪嫌疑人、被告人同意,可以向检察机关提出量刑意见。

在审判阶段,辩护律师可以主要围绕量刑问题发表辩护意见。

第189条 辩护律师应当向犯罪嫌疑人、被告人具体介绍认罪认罚从宽制度,重点包括以下内容:

(一)适用认罪认罚从宽制度犯罪嫌疑人、被告人必须自愿认罪,同意被指控的犯罪事实和量刑建议,签署具结书;(二)认罪认罚从宽制度适用于刑事速裁程序、简易程序及普通程序;(三)犯罪嫌疑人、被告人有程序选择权及选择不同程序相应的法律权利及后果;(四)犯罪嫌疑人、被告人依法享有辩护权和其他诉讼权利,有权获得有效法律帮助;(五)犯罪嫌疑人自愿如实供述涉嫌犯罪的事实,有重大立功或者案件涉及国家重大利益的,经层报公安部提请最高人民检察院批准,侦查机关可以撤销案件;在审查起诉期间,报经最高人民检察院批准,人民检察院可以作出不起诉决定;(六)法律规定不适用认罪认罚从宽制度的情形。

第190条 适用认罪认罚从宽制度的案件,辩护律师应当全面阅卷,了解案情,认真审核犯罪嫌疑人、被告人被指控的事实是否构成犯罪以及犯罪嫌疑人、被告人认罪认罚是否出于自愿,有无受到暴力、威胁、引诱等非法取证等情况,及时为犯罪嫌疑人、被告人提供法律咨询和建议。

第191条 在侦查过程中,辩护律师可以与侦查机关商讨犯罪嫌疑人认罪认罚问题。犯罪嫌疑人自愿认罪认罚的,辩护律师应当及时告知侦查机关。辩护律师应当提示侦查机关在移送审查起诉意见书中写明犯罪嫌疑人自愿认罪认罚的情况。

第192条 在审查起诉过程中,辩护律师应当积极参与犯罪嫌疑人与检察机关的认罪认罚协商、诉讼程序的选择、量刑建议以及具结书的签署等活动,提示检察机关在起诉书中写明被告人认罪认罚的情况、量刑建议,并移送具结书等相关材料。

第193条 在审判期间,辩护律师应当重点开展以下辩护工作:

(一)核实被告人认罪认罚的自愿性和认罪认罚具结书的合法性,并向人民法院提出意见;(二)审核案件是否依法应当适用速裁程序或简易程序,并提出意见;对于不应当适用速裁程序或简易程序审理的,应及时向人民法院提出变更程序;(三)向人民法院提出量刑建议或者对人民检察院的量刑建议发表同意或不同意的意见,最大限度地为被告人争取减轻、从轻处罚,包括主刑和附加刑;(四)参加二审辩护工作。

第194条 在办理认罪认罚案件中,辩护律师如发现存在刑讯逼供、暴力取证或者徇私枉法等情况的,应当及时告知办案机关,终止认罪认罚程序。

第195条 在认罪认罚案件中,辩护律师应当特别重视关于强制措施的辩护工作。在侦查期间、审查起诉期间、审判期间,均应当积极提出犯罪嫌疑人、被告人没有社会危险性,应当准予取保候审或者监视居住的意见。

第196条 在办理认罪认罚从宽制度的案件中,辩护律师应当积极建议和参与同被害人及其家属的和解协商,争取被害人方面的谅解。

第197条 在办理认罪认罚从宽制度的案件中,辩护律师应当关注犯罪嫌疑人、被告人财产被查封、扣押、冻结的情况。对于查封、扣押、冻结措施不当的,应当及时向办案机关提出,要求纠正。

第198条 犯罪嫌疑人、被告人认罪认罚后又表示反悔的,辩护律师应当及时了解情况并告知办案机关。

第11章 死刑复核案件的辩护工作

第199条 律师可以接受案件当事人及其近亲属的委托、法律援助机构的指派,担任死刑立即执行案件和死刑缓期执行案件的被告人的辩护人。

第200条 辩护律师办理死刑复核案件,可以约见被告人的近亲属及其他人了解案件情况,可以要求被告人的近亲属提供相关的案件材料,可以到人民法院复制案卷材料,也可以向原承办律师请求提供案卷材料等,案件原承办律师应当给予工作上的便利和必要的协助。

第201条 辩护律师办理死刑复核案件,应当按照下列情形分别开展工作:

(一)中级人民法院判处死刑缓期执行的第一审案件,被告人未上诉、人民检察院未抗诉的,辩护律师应当在上诉、抗诉期满后,高级人民法院核准期间内,向高级人民法院提交委托手续和书面辩护意见;(二)中级人民法院判处死刑立即执行的第一审案件,被告人未上诉、人民检察院未抗诉的,辩护律师应当在上诉、抗诉期满后,高级人民法院复核期间内,向高级人民法院提交委托手续和书面辩护意见。高级人民法院同意判处死刑立即执行的,辩护律师应当在其作出裁定后,最高人民法院复核期间内,向最高人民法院提交委托手续和书面辩护意见;(三)中级人民法院判处死刑立即执行的第一审案件,被告人上诉或者人民检察院抗诉,高级人民法院裁定维持的,辩护律师应当在收到裁定后、最高人民法院复核期间内,向最高人民法院提交委托手续和书面辩护意见;(四)高级人民法院判处死刑立即执行的第一审案件,被告人未上诉、人民检察院未抗诉的,辩护律师应当在上诉、抗诉期满后向最高人民法院提交委托手续和书面辩护意见。

第202条 辩护律师办理死刑复核案件,应当认真查阅案卷材料,重点审查以下内容并提出相应的辩护意见:

(一)被告人涉嫌犯罪时的年龄、被告人有无刑事责任能力、审判时是否系怀孕的妇女、审判时是否年满75周岁;(二)原判认定的事实是否清楚,证据是否确实、充分,是否已经排除合理怀疑;(三)犯罪情节、后果及危害程度;(四)原判适用法律是否正确,是否必须判处死刑立即执行;(五)有无法定、酌定从轻或者减轻处罚的情节,包括自首、立功、被害人有无过错、是否赔偿被害人、被害人是否表示谅解等;(六)诉讼程序是否合法;(七)其他应当审查的情况。

第203条 在死刑复核期间,辩护律师除应当向合议庭提交书面辩护意见外,还可以依法约见合议庭成员当面陈述辩护意见。

第204条 在死刑复核期间,辩护律师会见被告人时,除与被告人核实相关事实、证据外,还应当告知其如有检举、揭发重大案件等立功表现的,可以从轻或减轻处罚;辩护律师知悉被告人有检举、揭发的情形,应当及时形成书面材料,报请原审人民法院或复核人民法院调查核实。

第205条 在死刑复核期间,辩护律师发现新的或者遗漏可能导致无罪、罪轻、从轻、减轻、免除处罚的事实或证据,应当及时形成书面材料,连同该证据向原审人民法院或复核人民法院提供并请求调查核实。

第12章 未成年人案件的辩护和代理工作

第206条 律师可以接受未成年当事人及其法定代理人、近亲属的委托或接受法律援助机构的指派,担任未成年人的辩护律师。

第207条 辩护律师办理未成年人案件,应当充分注意未成年人的身心特点以应当与成年人分别关押、分别管理、分别教育等依法享有的特殊权利。

第208条 辩护律师应当对涉案未成年人的资料予以保密,不得以任何方式公开或者传播,包括涉案未成年人的姓名、住所、照片、图像及可能推断出该未成年人身份的其他资料等。

第209条 律师担任未成年人的辩护人,应当重点审查以下内容并提出相应的辩护意见:

(一)未成年人实施被指控的犯罪行为时是否已满14周岁、16周岁、18周岁;(二)讯问和开庭时,是否通知未成年人的法定代理人到场;法定代理人因无法通知或其他情况不能到场的,是否有合适成年人到场;(三)讯问女性未成年人,是否有女性工作人员在场;(四)是否具备不逮捕条件,包括罪行较轻,具备有效监护条件或者社会帮教措施,没有社会危险性或者社会危险性较小,不逮捕不致妨害诉讼正常进行;(五)人民法院决定适用简易程序审理的,是否征求了未成年被告人及其法定代理人和辩护律师的意见;(六)在法庭上,是否存在未成年被告人人身危险性不大,不可能妨碍庭审活动而被使用械具的情况;(七)法庭审理过程中,是否有对未成年被告人诱供、训斥、讽刺或者威胁等情形;(八)被告人是否属于被指控的犯罪发生时不满18周岁、人民法院立案时不满20周岁等应当由少年法庭审理的情形等。

第210条 辩护律师根据案件需要,可以对未成年人的性格特点、家庭情况、社会交往、成长经历、犯罪原因、犯罪前后的表现、监护教育等情况依法进行调查并制作调查报告提交办案机关。

第211条 未成年犯罪嫌疑人具备有效监护条件或者社会帮教措施,具有下列情形之一,不逮捕不致妨害诉讼正常进行的,辩护律师应当向人民检察院、人民法院提出不予批准逮捕或不予逮捕的意见:

(一)初次犯罪、过失犯罪的;(二)犯罪预备、中止、未遂的;(三)有自首或者立功表现的;(四)犯罪后如实交代罪行,真诚悔罪,积极退赃,尽力减少和赔偿损失,被害人谅解的;(五)不属于共同犯罪的主犯或者集团犯罪中的首要分子的;(六)属于已满14周岁不满16周岁的未成年人或者系在校学生的;(七)其他可以不批准逮捕的情形。

第212条 未成年人被逮捕后,辩护律师应当根据案件情况,依据《刑事诉讼法》第93条的规定,及时向人民检察院提出羁押必要性审查的申请。

第213条 辩护律师办理未成年人案件过程中,发现采取强制措施不当的,应当依据《刑事诉讼法》第94条的规定,及时向办案机关提出变更或撤销强制措施的申请。

第214条 在审查起诉期间,辩护律师可以向人民检察院提出辩护意见。

辩护律师认为未成年犯罪嫌疑人符合《刑事诉讼法》第271条第1款规定条件的,应当向人民检察院建议作出附条件不起诉的决定。

未成年人犯罪嫌疑人及其法定代理人对人民检察院决定附条件不起诉有异议的,辩护律师应当依据《刑事诉讼法》第271条第3款的规定,协助其及时提出异议。

附条件不起诉考验期满后,辩护律师应当申请人民检察院作出不起诉决定。

第215条 审查起诉期间,辩护律师认为未成年犯罪嫌疑人具有下列情形之一的,应当向检察机关提出不起诉的意见:

(一)未成年犯罪嫌疑人没有犯罪事实;(二)未成年犯罪嫌疑人符合《刑事诉讼法》第15条规定的情形之一;(三)未成年犯罪嫌疑人犯罪情节轻微,依照刑法规定不需要判处刑罚或者免除刑罚的;(四)经1次或2次补充侦查的未成年人犯罪案件,仍然证据不足,不符合起诉条件的。

第216条 辩护律师可以根据案件情况,向法庭提供有关未成年被告人能够获得监护、帮教以及对所居住社区无重大不良影响的书面材料,提出对未成年被告人判处管制、缓刑等量刑建议。

第217条 开庭前和休庭时,辩护律师可以建议法庭安排未成年被告人与其法定代理人或者《刑事诉讼法》第270条第1款规定的其他成年亲属、代表会见。

第218条 符合《刑事诉讼法》第275条规定的案件,辩护律师应当要求司法机关对相关犯罪记录予以封存。辩护律师复制的档案也应当封存。

第219条 办理未成年人刑事案件,除本节特别规定的以外,适用本规范的有关规定。

第220条 被害人是未成年人的刑事案件,适用本章的有关规定。

第13章　当事人和解的公诉案件的辩护和代理工作

第221条　律师办理符合《刑事诉讼法》第277条规定的公诉案件,可以建议当事人自行和解或向人民法院提出和解申请。

第222条　律师可以参与促成双方当事人和解。双方当事人自行和解的,可以协助其制作书面文件提交办案机关审查,或者提请办案机关主持制作和解协议书。

第223条　律师应当告知当事人,公诉案件的和解可以作为从宽处理的依据。

双方当事人在侦查、审查起诉期间达成和解的,辩护律师及代理律师可以提请办案机关向下一诉讼程序办案机关出具从宽处理建议书。

对于犯罪情节轻微的,辩护律师可以提请人民检察院作出不起诉决定。

第224条　律师参与当事人和解的公诉案件,对和解协议中的赔偿损失内容,双方当事人要求保密的,不得以任何方式公开。

第14章　违法所得没收程序中的代理工作

第225条　在犯罪嫌疑人、被告人逃匿、死亡案件违法所得的没收程序中,律师可以接受犯罪嫌疑人、被告人的近亲属或其他利害关系人的委托担任诉讼代理人。

第226条　律师接受犯罪嫌疑人、被告人的近亲属委托的,应当协助其收集、整理、提交与犯罪嫌疑人、被告人关系的证明材料。

律师接受利害关系人委托的,应当协助其收集、整理、提交没收的财产系其所有的证据材料。

委托人在公告期满后申请参加诉讼的,律师应当协助其说明合理原因。

第227条　律师接受委托后,应当重点审查以下内容并提出相应的代理意见:

(一)犯罪嫌疑人、被告人是否实施了贪污贿赂犯罪、恐怖活动犯罪等重大犯罪后逃匿且在通缉1年后不能到案;(二)犯罪嫌疑人、被告人是否死亡;(三)是否属于依法应当追缴的违法所得及其他涉案财产;(四)是否符合法律关于管辖的规定;(五)违法所得及其他涉案财产的种类、数量、所在地及相关证据材料;(六)查封、扣押、冻结违法所得及其他涉案财产的清单和相关法律手续;(七)委托人是否在6个月公告期内提出申请等。

第228条　律师接受利害关系人委托的,可以依照《刑事诉讼法》第281条第3款的规定,要求人民法院开庭审理;律师接受犯罪嫌疑人、被告人近亲属委托的,可以申请人民法院开庭审理。

第229条　律师参加申请没收违法所得案件的开庭审理,在法庭主持下,按照下列程序进行:

(一)在检察员宣读申请书后,发表意见;(二)对检察员出示的有关证据,发表质证意见,并可以出示相关证据;(三)法庭辩论期间,在检察员发言后,发表代理意见并进行辩论。

第230条　对没收违法所得的裁定,律师可以接受犯罪嫌疑人、被告人的近亲属和其他利害关系人的委托,自收到裁定书之日起5日内提出上诉。

第15章　强制医疗程序中的代理工作

第231条　强制医疗案件,律师可以接受被申请人、被告人及其法定代理人、近亲属的委托担任诉讼代理人或接受法律援助机构的指派担任诉讼代理人。

第232条　律师接受委托后,应当重点审查以下内容并提出相应的代理意见:

(一)被申请人或者被告人是否实施了暴力行为,是否危害公共安全或者严重危害公民人身安全;(二)被申请人或者被告人是否属于经法定程序鉴定依法不负刑事责任的精神病人;(三)被申请人或者被告人是否有继续危害社会的可能等。

第233条 律师参加强制医疗案件的开庭审理,在法庭主持下,按照下列程序进行:

(一)在检察员宣读申请书后,发表意见;(二)对检察员出示的有关证据,发表质证意见,并可以出示相关证据;(三)法庭辩论期间,在检察员发言后,发表代理意见并进行辩论。

第234条 被决定强制医疗的人、被害人及其法定代理人、近亲属对强制医疗决定不服的,律师可以接受其委托,自收到决定书之日起5日内向上一级人民法院申请复议。

第235条 律师可以接受被强制医疗的人及其近亲属的委托,协助其向决定强制医疗的人民法院提出申请解除强制医疗。

提出申请的,应当提交对被强制医疗的人的诊断评估报告或申请人民法院调取。必要时,可以申请人民法院委托鉴定机构对被强制医疗的人进行鉴定。

第16章　申诉案件的代理工作

第236条 当事人及其法定代理人、近亲属对已经发生法律效力的判决、裁定不服的,律师可以接受委托代理其向人民法院或者人民检察院提出申诉。

第237条 律师认为申诉符合下列情形之一的,可以申请人民法院提起再审程序,也可以提请人民检察院抗诉:

(一)有新的证据证明原判决、裁定认定的事实确有错误,可能影响定罪量刑的;(二)据以定罪量刑的证据不确实、不充分、依法应当排除的;(三)证明案件事实的主要证据之间存在矛盾的;(四)主要事实依据被依法变更或者撤销的;(五)认定罪名错误的;(六)量刑明显不当的;(七)违反法律关于溯及力规定及其他适用法律错误的;(八)违反法律规定的诉讼程序,可能影响公正裁判的;(九)审判人员在审理该案件时有贪污受贿、徇私舞弊、枉法裁判行为的。

第238条 律师代理申诉案件,应当向原审终审人民法院提出申诉;

案件疑难、复杂、重大的,可以向终审人民法院的上一级人民法院提出申诉。

第239条 人民法院决定再审复查的,律师可以申请异地复查、查阅案卷、召开听证会,及时提出律师意见。

第240条 律师办理再审案件,应当按照本规范相关程序的规定进行辩护或代理,但应当另行办理委托手续。

第17章　权利救济与执业纪律

第1节　权利救济

第241条 律师参与刑事诉讼,依照《刑事诉讼法》及《律师法》的规定,在职责范围内依法享有知情权、申请权、申诉权,以及会见、阅卷、收集证据和发问、质证、辩论等方面的执业权利。任何机关不得阻碍律师依法履行辩护、代理职责,不得侵害律师合法权利。

第242条 律师认为办案机关及其工作人员有下列阻碍其依法行使执业权利、诉讼权利行为之一的,可以向同级或者上一级人民检察院申诉或者控告:

(一)对律师提出的回避要求不予受理或者对不予回避决定不服的复议申请不予受理的;(二)未依法告知犯罪嫌疑人、被告人有权委托辩护人的;(三)未转达在押的或者被监视居住的犯罪嫌疑人、被告人委托辩护人的要求的;(四)应当通知而不通知法律援助机构为符合条件的犯罪嫌疑人、被告人或者被申请强制医疗的人指派律师提供辩护或者法律援助的;(五)在规定时间内不受理、不答复辩护人提出的变更强制措施申请或者解除强制措施要求的;(六)未依法告知辩护律师犯罪嫌疑人涉嫌的罪名和案件有关情况的;(七)违法限制辩护律师同在押、被监视居住的犯罪嫌疑人、被告人会见和通信的;(八)违法不允许辩护律师查阅、摘抄、复制本案的案卷材料的;(九)违法限制辩护律师收集、核实有关证据材料的;(十)没有正当理由不同意辩护律师提出的收集、调取证据或者通知证人出庭作证的申请,或者不答复、不说明理由的;(十一)未依法提交证明犯罪嫌疑人、被告人无罪或者罪轻的证据材料的;(十二)未依法听取律师的意见的;(十三)未依法将开庭的时间、地点及时通知律师的;(十四)未依法向律师及时送达案件的法律文书或者及时告知案件移送情况的;(十五)阻碍律师在法庭审理过程中依法发问、举证、质证、发表辩护或代理意见及行使其他诉讼权利的;(十六)其他阻碍律师依法行使诉讼权利的行为等。

第243条 庭审参加人员侵犯被告人的权利的,审判人员未按法律规定的程序、方式进行审理的,辩护律师可以向法庭指出并要求予以纠正,也可以向同级或者上一级人民检察院申诉、控告。

第244条 律师可以在庭审中对程序性问题提出意见或异议。法庭决定驳回的,律师可以当庭提出复议。经复议后律师应当尊重法庭决定。律师坚持认为法庭决定不当的,可以提请法庭将其意见详细记入法庭笔录,作为上诉理由。休庭后律师可以视违法情形向同级或者上一级人民检察院申诉、控告。

第245条 律师认为被训诫、被带出法庭理由不当的,可以向上级人民法院申诉,也可以向人民检察院控告。

第246条 律师向人民检察院提出申诉或者控告后,可以要求人民检察院在10日以内将处理情况作出书面答复。逾期不答复的,可以向上级人民检察院申诉或者控告。

第247条 律师认为办案机关及其工作人员阻碍其依法行使执业权利的,可以向其注册地的市级司法行政机关、所属的律师协会申请维护执业权利。情况紧急的,可以向事发地的司法行政机关、律师协会申请维护执业权利。事发地的司法行政机关、律师协会应当给予协助。

第248条 律师在执业过程中遇有以下情形,认为其执业权利受到侵犯的,可以向相关律师协会申请维护执业权利:

(一)知情权、申请权、申诉权,控告权,以及会见、通信、阅卷、收集证据和发问、质证、辩论、提出法律意见等合法执业权利受到限制、阻碍、侵害、剥夺的;(二)受到侮辱、诽谤、威胁、报复、人身伤害的;(三)在法庭审理过程中,被违反规定打断或者制止按程序发言的;(四)被违反规定强行带出法庭的;(五)被非法关押、扣留、拘禁或者以其他方式限制人身自由的;(六)其他妨碍依法履行辩护、代理职责,侵犯执业权利的。

第249条 律师认为办案机关及其工作人员明显违反法律规定,阻碍律师依法履行辩护、代理职责,侵犯律师执业权利的,可以向办案机关或者其上一级机关投诉;向同级或者上一级人民检察院申诉、控告;向注册地的市级司法行政机关、所属的律师协会申请维护执业权利。律师向事发地司法行政机关、律师协会提出申请的,相关司法行政机关、律师协会应当予以接待,并于24小时以内将其申请移交注册地的市级司法行政机关、所属律师协会。情况紧急的,应当即时移交。

第2节 执业纪律

第250条 律师与办案机关及其工作人员接触交往,应当遵守法律及相关规定。

不得违反规定会见办案机关工作人员,向其行贿、许诺提供利益、介绍贿赂,指使、诱导当事人行贿,或者向其打探办案机关内部对案件的办理意见,承办其介绍的案件,利用与其的特殊关系,影响依法办理案件。

第251条 律师承办业务,应当引导当事人通过合法的途径、方式解决争议。

不得采取煽动、教唆和组织当事人或者其他人员到司法机关或者其他国家机关静坐、举牌、打横幅、喊口号、声援、围观等扰乱公共秩序、危害公共安全的非法手段,聚众滋事,制造影响,向有关部门施加压力。

第252条 律师应当依照法定程序履行职责,不得以下列不正当方式影响依法办理案件:

(一)未经当事人委托或者法律援助机构指派,以律师名义为当事人提供法律服务、介入案件,干扰依法办理案件;(二)对本人或者其他律师正在办理的案件进行歪曲、有误导性的宣传和评论,恶意炒作案件;(三)以串联组团、联署签名、发表公开信、组织网上聚集、声援等方式或者借个案研讨之名,制造舆论压力,攻击、诋毁司法机关和司法制度;(四)违反规定披露、散布不公开审理案件的信息、材料,或者本人、其他律师在办案过程中获悉的有关案件重要信息、证据材料。

第253条 律师参与诉讼活动,应当遵守法庭纪律和相关规定,不得有下列妨碍、干扰诉讼活动正常进行的行为:

(一)无正当理由,拒不按照人民法院通知出庭参与诉讼,或者违反法庭规则,擅自退庭;(二)聚众哄闹、冲击法庭,侮辱、诽谤、威胁、殴打司法工作人员或者诉讼参与人,或者有其他严重扰乱法庭秩序的行为;(三)故意向司法机关提供虚假证据或者威胁、利诱他人提供虚假证据,妨碍对方当事人合法取得证据;(四)法律规定的妨碍、干扰诉讼活动正常进行的其他行为。

第254条 律师应当按照有关规定接受业务,不得为争揽业务哄骗、唆使当事人提起诉讼,制造、扩大矛盾,影响社会稳定。

第255条 律师应当尊重同行,公平竞争。不得以诋毁其他律师事务所、律师;支付介绍费;向当事人明示或者暗示与办案机关、政府部门及其工作人员有特殊关系;或者在司法机关、监管场所周边违规设立办公场所、散发广告、举牌等不正当手段承揽业务。

第256条 律师对在执业活动中知悉的委托人和其他人不愿泄露的有关情况和信息,应当予以保密。

第257条 律师当庭陈述意见应当尊重法庭,以理服人,尊重其他诉讼参与人。不得侮辱、诽谤、威胁他人,不得发表与案件无关的意见,不得发表严重扰乱法庭秩序的言论。

第258条 律师对案件公开发表言论,应当依法、客观、公正、审慎。

第259条 律师办理刑事案件应当遵守本规范的规定,违反执业纪律的相关内容,由其注册地司法行政机关或律师协会按《律师法》、《律师执业管理办法》及《律师协会会员违规行为处分规则(试行)》进行行政处罚或行业处分。

第18章 附　　则

第260条 本规范适用于全国律师承办刑事辩护与代理业务。对本规范理解与适用有争议的,由中华全国律师协会负责解释。

第261条 本规范经第9届中华全国律师协会常务理事会第8次全体会议审议通过,自2017年8月27日起施行。2000年中华全国律师协会修订发布的《律师办理刑事案件规范》同时废止。

16. 最高人民法院《关于全面推进以审判为中心的刑事诉讼制度改革的实施意见》(法发〔2017〕5号)

为贯彻落实《最高人民法院、最高人民检察院、公安部、国家安全部、司法部关于推进以审判为中心的刑事诉讼制度改革的意见》，确保有罪的人受到公正惩罚、无罪的人不受刑事追究，实现公正司法，依照法律规定，结合审判实际，对人民法院全面推进以审判为中心的刑事诉讼制度改革提出如下意见：

一、坚持严格司法原则，树立依法裁判理念

1. 坚持证据裁判原则，认定案件事实，必须以证据为根据。重证据，重调查研究，不轻信口供，没有证据不得认定案件事实。

2. 坚持非法证据排除原则，不得强迫任何人证实自己有罪。经审查认定的非法证据，应当依法予以排除，不得作为定案的根据。

3. 坚持疑罪从无原则，认定被告人有罪，必须达到犯罪事实清楚，证据确实、充分的证明标准。不得因舆论炒作、上访闹访等压力作出违反法律的裁判。

4. 坚持程序公正原则，通过法庭审判的程序公正实现案件裁判的实体公正。发挥庭审在查明事实、认定证据、保护诉权、公正裁判中的决定性作用，确保诉讼证据出示在法庭、案件事实查明在法庭、诉辩意见发表在法庭、裁判结果形成在法庭。

二、规范庭前准备程序，确保法庭集中审理

5. 对被告人及其辩护人申请排除非法证据，证据材料较多、案情重大复杂，或者社会影响重大等案件，人民法院可以召开庭前会议。

庭前会议在法庭或者其他办案场所进行，由审判人员主持，控辩双方参加，必要时可以通知被告人到场。

6. 人民法院可以在庭前会议中组织控辩双方展示证据，听取控辩双方对在案证据的意见，并梳理存在争议的证据。对控辩双方在庭前会议中没有争议的证据，可以在庭审中简化举证、质证。

人民法院可以在庭前会议中听取控辩双方对与审判相关问题的意见，询问控辩双方是否提出申请或者异议，并归纳控辩双方的争议焦点。对控辩双方没有争议或者达成一致意见的事项，可以在庭审中简化审理。

被害方提起附带民事诉讼的，可以在庭前会议中进行调解。

7. 控辩双方对管辖、回避、出庭证人名单等事项提出申请或者异议，可能导致庭审中断的，人民法院可以在庭前会议中对有关事项依法作出处理，确保法庭集中、持续审理。

对案件中被告人及其辩护人申请排除非法证据的情形，人民法院可以在庭前会议中核实情况、听取意见。人民检察院可以决定撤回有关证据；撤回的证据，没有新的理由，不得在庭审中出示。被告人及其辩护人可以撤回排除非法证据的申请；撤回申请后，没有新的线索或者材料，不得再次对有关证据提出排除申请。

8. 人民法院在庭前会议中听取控辩双方对案件事实证据的意见后，对明显事实不清、证据不足的案件，可以建议人民检察院补充侦查或者撤回起诉。

对人民法院在庭前会议中建议撤回起诉的案件，人民检察院不同意的，人民法院开庭审理后，没有新的事实和理由，一般不准许撤回起诉。

9. 控辩双方在庭前会议中就相关事项达成一致意见，又在庭审中提出异议的，应当说明理由。

召开庭前会议应当制作笔录，由参加人员核对后签名。

审判人员应当制作庭前会议报告，说明庭前会议的基本情况、程序性事项的处理结果、控辩双方的争议焦点以及就相关事项达成的一致意见。

10. 对召开庭前会议的案件，在法庭调查开始前，法庭应当宣布庭前会议报告的主要内容，实现庭前会议与庭审的衔接。

三、规范普通审理程序，确保依法公正审判

11. 证明被告人有罪或者无罪、罪轻或者罪重的证据，都应当在法庭上出示，依法保障控辩双方的质证权。

对影响定罪量刑的关键证据和控辩双方存在争议的证据，一般应当单独质证。

12. 法庭应当依照法定程序审查、核实、认定证据。证据未经当庭出示、辨认、质证等法庭调查程序查证属实，不得作为定案的根据。

13. 采取技术侦查措施收集的证据，当庭质证可能危及有关人员的人身安全，或者可能产生其他严重后果的，应当采取不暴露有关人员身份、不公开技术侦查措施和方法等保护措施。

法庭决定在庭外对技术侦查证据进行核实的，可以召集公诉人、侦查人员和辩护律师到场。在场人员应当履行保密义务。

14. 控辩双方对证人证言有异议，人民法院认为证人证言对案件定罪量刑有重大影响的，应当通知证人出庭作证。控辩双方申请证人出庭的，人民法院通知证人出庭后，申请方应当负责协助相关证人到庭。

证人没有正当理由不出庭作证的，人民法院在必要时可以强制证人到庭。

根据案件情况，可以实行远程视频作证。

15. 控辩双方对鉴定意见有异议，人民法院认为鉴定人有必要出庭的，应当通知鉴定人出庭作证。

16. 证人、鉴定人、被害人因出庭作证，本人或者其近亲属的人身安全面临危险的，人民法院应当采取不公开其真实姓名、住址、工作单位和联系方式等个人信息，或者不暴露其外貌、真实声音等保护措施。必要时，可以建议有关机关采取专门性保护措施。

人民法院应当建立证人出庭作证补助专项经费机制，对证人出庭作证所支出的交通、住宿、就餐等合理费用给予补助。

17. 人民法院应当依法履行指定辩护和通知辩护职责，确保被告人依法获得法律援助。

配合有关部门逐步扩大法律援助范围，健全法律援助值班律师制度，为派驻人民法院的值班律师提供办公场所及必要的工作条件。

18. 法庭应当依法保障控辩双方在庭审中的发问、质证、辩论等诉讼权利。对控辩双方当庭提出的申请或者异议，法庭应当作出处理。

法庭可以在审理过程中归纳控辩双方的争议焦点，引导控辩双方针对影响定罪量刑的实质性问题进行辩论。对控辩双方的发言与案件无关、重复或者扰乱法庭秩序等情形，法庭应当予以提醒、制止。

19. 法庭应当充分听取控辩双方的量刑建议和意见，根据查明的事实、情节，参照量刑指导意见规范量刑，保证量刑公正。

20. 法庭应当加强裁判说理，通过裁判文书展现法庭审理过程。对控辩双方的意见和争议，应当说明采纳与否的理由。对证据采信、事实认定、定罪量刑等实质性问题，应当阐释裁判的理由和依据。

四、完善证据认定规则，切实防范冤假错案

21. 采取刑讯逼供、暴力、威胁等非法方法收集的言词证据，应当予以排除。

收集物证、书证不符合法定程序，可能严重影响司法公正，不能补正或者作出合理解释的，对有关证据应当予以排除。

22. 被告人在侦查终结前接受检察人员对讯问合法性的核查询问时，明确表示侦查阶段不存在刑讯逼供、非法取证情形，在审判阶段又提出排除非法证据申请，法庭经审查对证据收集的合法性没有疑问的，可以驳回申请。

检察人员在侦查终结前未对讯问合法性进行核查，或者未对核查过程全程同步录音录像，被告人在审判阶段提出排除非法证据申请，人民法院经审查对证据收集的合法性存在疑问的，应当依法进行调查。

23. 法庭决定对证据收集的合法性进行调查的，应当先行当庭调查。但为防止庭审过分迟延，也可以在法庭调查结束前进行调查。

24. 法庭对证据收集的合法性进行调查的，应当重视对讯问过程录音录像的审查。讯问笔录记载的内容与讯问录音录像存在实质性差异的，以讯问录音录像为准。

对于法律规定应当对讯问过程录音录像的案件，公诉人没有提供讯问录音录像，或者讯问录音录像存在选择性录制、剪接、删改等情形，现有证据不能排除以非法方法收集证据情形的，对有关供述应当予以排除。

25. 现有证据材料不能证明证据收集合法性的，人民法院可以通知有关侦查人员出庭说明情况。不得以侦查人员签名并加盖公章的说明材料替代侦查人员出庭。

经人民法院通知，侦查人员不出庭说明情况，不能排除以非法方法收集证据情形的，对有关证据应当予以排除。

26. 法庭对证据收集的合法性进行调查后，应当当庭作出是否排除有关证据的决定。必要时，可以宣布休庭，由合议庭评议或者提交审判委员会讨论，再次开庭时宣布决定。

在法庭作出是否排除有关证据的决定前，不得对有关证据宣读、质证。

27. 通过勘验、检查、搜查等方式收集的物证、书证等证据，未通过辨认、鉴定等方式确定其与案件事实的关联的，不得作为定案的根据。

28. 收集证据的程序、方式存在瑕疵，严重影响证据真实性，不能补正或者作出合理解释的，有关证据不得作为定案的根据。

29. 证人没有出庭作证，其庭前证言真实性无法确认的，不得作为定案的根据。证人当庭作出的证言与其庭前证言矛盾，证人能够作出合理解释，并与相关证据印证的，可以采信其庭审证言；不能作出合理解释，而其庭前证言与相关证据印证的，可以采信其庭前证言。

经人民法院通知，鉴定人拒不出庭作证的，鉴定意见不得作为定案的根据。

30. 人民法院作出有罪判决，对于定罪事实应当综合全案证据排除合理怀疑。

定罪证据不足的案件，不能认定被告人有罪，应当作出证据不足、指控的犯罪不能成立的无罪判决。定罪证据确实、充分，量刑证据存疑的，应当作出有利于被告人的认定。

五、完善繁简分流机制，优化司法资源配置

31. 推进速裁程序改革，逐步扩大速裁程序适用范围，完善速裁程序运行机制。

对被告人认罪的轻微案件，探索实行快速审理和简便裁判机制。

32. 推进认罪认罚从宽制度改革，对适用速裁程序、简易程序或者普通程序简化审理的被告人认罪案件，法庭应当告知被告人享有的诉讼权利，依法审查被告人认罪认罚的自愿性和真实性，确认被告人了解认罪认罚的性质和法律后果。

法庭确认被告人自愿认罪认罚，同意适用简化审理程序的，应当落实从宽处罚的法律制度。被告人当庭不认罪或者不同意适用简化审理程序的，应当适用普通程序审理。

33. 适用速裁程序审理的案件，应当当庭宣判。适用简易程序审理的案件，一般应当当庭宣判。适用普通程序审理的案件，逐步提高当庭宣判率。

17. 最高人民法院、最高人民检察院、公安部、国家安全部、司法部《关于推进以审判为中心的刑事诉讼制度改革的意见》(法发〔2016〕18号)

为贯彻落实《中共中央关于全面推进依法治国若干重大问题的决定》的有关要求，推进以审判为中心的刑事诉讼制度改革，依据宪法法律规定，结合司法工作实际，制定本意见。

一、未经人民法院依法判决,对任何人都不得确定有罪。人民法院、人民检察院和公安机关办理刑事案件,应当分工负责,互相配合,互相制约,保证准确、及时地查明犯罪事实,正确应用法律,惩罚犯罪分子,保障无罪的人不受刑事追究。

二、严格按照法律规定的证据裁判要求,没有证据不得认定犯罪事实。侦查机关侦查终结,人民检察院提起公诉,人民法院作出有罪判决,都应当做到犯罪事实清楚,证据确实、充分。

侦查机关、人民检察院应当按照裁判的要求和标准收集、固定、审查、运用证据,人民法院应当按照法定程序认定证据,依法作出裁判。

人民法院作出有罪判决,对于证明犯罪构成要件的事实,应当综合全案证据排除合理怀疑,对于量刑证据存疑的,应当作出有利于被告人的认定。

三、建立健全符合裁判要求、适应各类案件特点的证据收集指引。探索建立命案等重大案件检查、搜查、辨认、指认等过程录音录像制度。完善技术侦查证据的移送、审查、法庭调查和使用规则以及庭外核实程序。统一司法鉴定标准和程序。完善见证人制度。

四、侦查机关应当全面、客观、及时收集与案件有关的证据。

侦查机关应当依法收集证据。对采取刑讯逼供、暴力、威胁等非法方法收集的言词证据,应当依法予以排除。侦查机关收集物证、书证不符合法定程序,可能严重影响司法公正,不能补正或者作出合理解释的,应当依法予以排除。

对物证、书证等实物证据,一般应当提取原物、原件,确保证据的真实性。需要鉴定的,应当及时送检。证据之间有矛盾的,应当及时查证。所有证据应当妥善保管,随案移送。

五、完善讯问制度,防止刑讯逼供,不得强迫任何人证实自己有罪。严格按照有关规定要求,在规范的讯问场所讯问犯罪嫌疑人。严格依照法律规定对讯问过程全程同步录音录像,逐步实行对所有案件的讯问过程全程同步录音录像。

探索建立重大案件侦查终结前对讯问合法性进行核查制度。对公安机关、国家安全机关和人民检察院侦查的重大案件,由人民检察院驻看守所检察人员询问犯罪嫌疑人,核查是否存在刑讯逼供、非法取证情形,并同步录音录像。经核查,确有刑讯逼供、非法取证情形的,侦查机关应当及时排除非法证据,不得作为提请批准逮捕、移送审查起诉的根据。

六、在案件侦查终结前,犯罪嫌疑人提出无罪或者罪轻的辩解,辩护律师提出犯罪嫌疑人无罪或者依法不应追究刑事责任的意见,侦查机关应当依法予以核实。

七、完善补充侦查制度。进一步明确退回补充侦查的条件,建立人民检察院退回补充侦查引导和说理机制,明确补充侦查方向、标准和要求。规范补充侦查行为,对于确实无法查明的事项,公安机关、国家安全机关应当书面向人民检察院说明理由。对于2次退回补充侦查后,仍然证据不足、不符合起诉条件的,依法作出不起诉决定。

八、进一步完善公诉机制,被告人有罪的举证责任,由人民检察院承担。对被告人不认罪的,人民检察院应当强化庭前准备和当庭讯问、举证、质证。

九、完善不起诉制度,对未达到法定证明标准的案件,人民检察院应当依法作出不起诉决定,防止事实不清、证据不足的案件进入审判程序。完善撤回起诉制度,规范撤回起诉的条件和程序。

十、完善庭前会议程序,对适用普通程序审理的案件,健全庭前证据展示制度,听取出庭证人名单、非法证据排除等方面的意见。

十一、规范法庭调查程序,确保诉讼证据出示在法庭、案件事实查明在法庭。证明被告人有罪或者无罪、罪轻或者罪重的证据,都应当在法庭上出示,依法保障控辩双方的质证权利。对定罪量刑的证据,控辩双方存在争议的,应当单独质证;对庭前会议中控辩双方没有异议的证据,可以简化举证、质证。

十二、完善对证人、鉴定人的法庭质证规则。落实证人、鉴定人、侦查人员出庭作证制度,提高出庭作证率。公诉人、当事人或者辩护人、诉讼代理人对证人证言有异议,人民法院认为该证人证言对案件定罪量刑有重大影响的,证人应当出庭作证。

健全证人保护工作机制,对因作证面临人身安全等危险的人员依法采取保护措施。建立证人、鉴定人等作证补助专项经费划拨机制。完善强制证人到庭制度。

十三、完善法庭辩论规则,确保控辩意见发表在法庭。法庭辩论应当围绕定罪、量刑分别进行,对被告人认罪的案件,主要围绕量刑进行。法庭应当充分听取控辩双方意见,依法保障被告人及其辩护人的辩论辩护权。

十四、完善当庭宣判制度,确保裁判结果形成在法庭。适用速裁程序审理的案件,除附带民事诉讼的案件以外,一律当庭宣判;适用简易程序审理的案件一般应当当庭宣判;适用普通程序审理的案件逐步提高当庭宣判率。规范定期宣判制度。

十五、严格依法裁判。人民法院经审理,对案件事实清楚,证据确实、充分,依据法律认定被告人有罪的,应当作出有罪判决。依据法律规定认定被告人无罪的,应当作出无罪判决。证据不足,不能认定被告人有罪的,应当按照疑罪从无原则,依法作出无罪判决。

十六、完善人民检察院对侦查活动和刑事审判活动的监督机制。建立健全对强制措施的监督机制。加强人民检察院对逮捕后羁押必要性的审查,规范非羁押性强制措施的适用。进一步规范和加强人民检察院对人民法院确有错误的刑事判决和裁定的抗诉工作,保证刑事抗诉的及时性、准确性和全面性。

十七、健全当事人、辩护人和其他诉讼参与人的权利保障制度。

依法保障当事人和其他诉讼参与人的知情权、陈述权、辩论辩护权、申请权、申诉权。犯罪嫌疑人、被告人有权获得辩护,人民法院、人民检察院、公安机关、国家安全机关有义务保证犯罪嫌疑人、被告人获得辩护。

依法保障辩护人会见、阅卷、收集证据和发问、质证、辩论辩护等权利,完善便利辩护人参与诉讼的工作机制。

十八、辩护人或者其他任何人,不得帮助犯罪嫌疑人、被告人隐匿、毁灭、伪造证据或者串供,不得威胁、引诱证人作伪证以及进行其他干扰司法机关诉讼活动的行为。对于实施上述行为的,应当依法追究法律责任。

十九、当事人、诉讼参与人和旁听人员在庭审活动中应当服从审判长或独任审判员的指挥,遵守法庭纪律。对扰乱法庭秩序、危及法庭安全等违法行为,应当依法处理;构成犯罪的,依法追究刑事责任。

二十、建立法律援助值班律师制度,法律援助机构在看守所、人民法院派驻值班律师,为犯罪嫌疑人、被告人提供法律帮助。

完善法律援助制度,健全依申请法律援助工作机制和办案机关通知辩护工作机制。对未履行通知或者指派辩护职责的办案人员,严格实行责任追究。

二十一、推进案件繁简分流,优化司法资源配置。完善刑事案件速裁程序和认罪认罚从宽制度,对案件事实清楚、证据充分的轻微刑事案件,或者犯罪嫌疑人、被告人自愿认罪认罚的,可以适用速裁程序、简易程序或者普通程序简化审理。

18. 最高人民法院《人民法院办理刑事案件排除非法证据规程(试行)》(法发〔2017〕31号)

为贯彻落实最高人民法院、最高人民检察院、公安部、国家安全部、司法部《关于推进以审判为中心的刑事诉讼制度改革的意见》和《关于办理刑事案件严格排除非法证据若干问题的规定》,规范非法证据排除程序,准确惩罚犯罪,切实保障人权,有效防范冤错案件,根据法律规定,结合司法实际,制定本规程。

第1条 采用下列非法方法收集的被告人供述,应当予以排除:

(一)采用殴打、违法使用戒具等暴力方法或者变相肉刑的恶劣手段,使被告人遭受难以忍受的痛苦而违背意愿作出的供述;(二)采用以暴力或者严重损害本人及其近亲属合法权益等进行威胁的方法,使被告人遭受难以忍受的痛苦而违背意愿作出的供述;(三)采用非法拘禁等非法限制人身自由的方法收集的供述。

第2条 采用暴力、威胁以及非法限制人身自由等非法方法收集的证人证言、被害人陈述,应当予以排除。

第3条 收集物证、书证不符合法定程序,可能严重影响司法公正的,应当予以补正或者作出合理解释;不能补正或者作出合理解释的,对有关证据应当予以排除。

第4条 经依法予以排除的证据,不得出示、宣读,不得作为判决的依据。

第5条 被告人及其辩护人申请排除非法证据,应当提供相关线索或者材料,但不承担刑讯逼供等非法取证的举证责任。相关"线索"是指涉嫌非法取证的人员、时间、地点、方式等线索。相关"材料"是指能够反映非法取证的伤情照片、体检记录、医院病历、讯问笔录、讯问录音录像或者同监室人员的证言等材料。

被告人及其辩护人申请排除非法证据,应当向人民法院提交书面申请书。被告人没有辩护人且书写确有困难的,可以口头提出申请,上述情况应当记录在案,并由被告人签名或者捺印。

第6条 证据收集合法性的举证责任由人民检察院承担。

人民法院对证据收集的合法性进行调查,人民检察院未提供证据证明证据收集的合法性,或者提供的证据不能证明证据收集的合法性,经法庭审理,确认或者不能排除以非法方法收集证据情形的,对有关证据应当予以排除。

第7条 开庭审理前,承办法官应当阅卷,并对证据收集的合法性进行审查:

(一)被告人在侦查、审查起诉阶段是否提出排除非法证据申请;提出申请的,是否提供相关线索或者材料。(二)侦查机关、人民检察院是否对证据收集的合法性进行调查核实;调查核实的,是否作出调查结论。(三)对于重大案件,人民检察院驻看守所检察人员在侦查终结前是否核查讯问的合法性,是否对核查过程同步录音录像;进行核查的,是否作出核查结论。(四)人民检察院在审查逮捕、审查起诉阶段排除的非法证据是否随案移送并写明为依法排除的非法证据。(五)被告人提出排除非法证据申请,并提供相关线索或者材料的,是否已经委托辩护人或者申请法律援助。

人民法院对证据收集的合法性进行审查后,认为需要补充证据材料的,应当通知人民检察院在3日内补送。

第8条 人民法院向被告人及其辩护人送达起诉书副本时,应当告知其有权在开庭审理前申请排除非法证据,对提出申请的,应当告知其提供相关线索或者材料。上述情况应当记录在案。

被告人申请排除非法证据,但没有辩护人的,人民法院可以通知法律援助机构指派律师为其提供辩护。

第9条 被告人及其辩护人申请排除非法证据,应当在开庭审理前提出,但在庭审期间发现相关线索或者材料等情形除外。

第10条 被告人及其辩护人申请排除非法证据,未提供相关线索或者材料,或者提供的线索或者材料不符合要求的,人民法院应当告知其补充提交。被告人及其辩护人未能补充或者补充后仍然不符合要求的,人民法院对申请不予受理,并在开庭审理前告知被告人及其辩护人。上述情况应当记录在案。

被告人及其辩护人申请排除非法证据,并提供相关线索或者材料的,人民法院应当召开庭前会议,并在召开庭前会议3日前将申请书和相关线索或者材料的复制件送交人民检察院。

第11条 对于可能判处无期徒刑、死刑或者黑社会性质组织犯罪、严重毒品犯罪等重大案件,被告人在驻看守所检察人员对讯问的合法性进行核查询问时,明确表示侦查阶段不存在刑讯逼供等非法取证情形,在审判阶段又提出排除非法证据申请的,应当说明理由。人民法院经审查对证据收集的合法性没有疑问的,可以驳回申请。

驻看守所检察人员在重大案件侦查终结前未对讯问的合法性进行核查询问,或者未对核查询问过程同步录音录像,被告人及其辩护人在审判阶段提出排除非法证据申请,提供相关线索或者材料,人民法院对证据收集的合法性有疑问的,应当依法进行调查。

第12条 在庭前会议中,人民法院对证据收集的合法性进行审查的,一般按照以下步骤进行:

(一)被告人及其辩护人说明排除非法证据的申请及相关线索或者材料;(二)公诉人提供证明证据收集合法性的证据材料;(三)控辩双方对证据收集的合法性发表意见;(四)控辩双方对证据收集的合法性未达成一致意见的,审判人员归纳争议焦点。

第13条 在庭前会议中,人民检察院应当通过出示有关证据材料等方式,有针对性地对证据收集的合法性作出说明。人民法院可以听取意见、核实情况,经控辩双方申请,可以有针对性地播放讯问录音录像。

人民检察院可以决定撤回有关证据。撤回的证据,应当随案移送并写明为撤回的证据,没有新的理由,不得在庭审中出示。

被告人及其辩护人可以撤回排除非法证据的申请撤回申请后,没有新的线索或者材料,不得再次对有关证据提出排除申请。

第14条 审判人员应当在庭前会议报告中说明证据收集合法性的审查情况,主要包括控辩双方的争议焦点以及就相关事项达成的一致意见等内容。

第15条 法庭在庭前会议中对证据收集合法性进行审查的,应当在法庭调查开始前宣布审查情况。对于庭前会议中对证据收集合法性达成一致意见的,法庭向控辩双方核实后当庭予以确认;对于未达成一致意见的,法庭可以归纳争议焦点,听取控辩双方意见,并依法作出处理。

控辩双方在庭前会议中对证据收集是否合法达成一致意见后,又在庭审中提出异议的,除有正当理由外,法庭一般不再进行审查。

第16条 控辩双方在庭前会议中对证据收集是否合法未达成一致意见,公诉人提供的相关证据材料不能明确排除非法取证情形,人民法院对证据收集的合法性有疑问的,应当在庭审中进行调查;公诉人提供的相关证据材料能够明确排除非法取证情形,人民法院对证据收集的合法性没有疑问,且没有新的线索或材料表明可能存在非法取证的,可以不再进行调查。

第17条 被告人及其辩护人在开庭审理前未申请排除非法证据,在庭审过程中又提出申请的,应当说明理由。人民法院经审查,对证据收集的合法性有疑问的,应当进行调查;没有疑问的,应当驳回申请。

人民法院驳回排除非法证据的申请后,被告人及其辩护人没有新的线索或者材料,以相同理由再次提出申请的,人民法院不再审查。

第 18 条 人民法院决定对证据收集的合法性进行法庭调查的,应当先行当庭调查。

为防止庭审过分迟延,有下列情形之一的,可以在法庭调查结束前进行调查:

(一)多名被告人及其辩护人申请排除非法证据的;(二)其他犯罪事实与被申请排除的证据没有关联的。

在对证据收集合法性的法庭调查程序结束前,不得对有关证据出示、宣读。

第 19 条 法庭决定对证据收集的合法性进行调查的,一般按照以下步骤进行:

(一)开庭前会议的案件,法庭宣布庭前会议中对证据收集合法性的审查情况,以及控辩双方的争议焦点;(二)被告人及其辩护人在庭审中提出排除非法证据申请的,法庭应当说明启动调查程序的理由,并确定调查重点;(三)公诉人出示证明证据收集合法性的证据材料,被告人及其辩护人可以对相关证据进行质证,经审判长准许,可以向出庭的侦查人员或者其他人员发问;(四)控辩双方对证据收集的合法性进行质证、辩论。

第 20 条 公诉人可以出示讯问笔录、提讯登记、体检记录、采取强制措施或者侦查措施的法律文书、侦查终结前对讯问合法性的核查材料等证据材料,也可以针对被告人及其辩护人提出异议的讯问时段播放讯问录音录像,提请法庭通知侦查人员或者其他人员出庭说明情况。不得以侦查人员签名并加盖公章的说明材料替代侦查人员出庭。

庭审中,公诉人当庭不能举证或者为提供新的证据需要补充侦查,建议延期审理的,法庭可以同意。

第 21 条 被告人及其辩护人可以出示相关线索或者材料,并申请法庭播放特定讯问时段的讯问录音录像。

被告人及其辩护人向人民法院申请调取侦查机关、人民检察院收集但未提交的讯问录音录像、体检记录等证据材料,人民法院经审查认为该证据材料与证据收集的合法性有关的,应当予以调取;认为与证据收集的合法性无关的,应当决定不予调取,并向被告人及其辩护人说明理由。

被告人及其辩护人申请人民法院通知侦查人员或者其他人员出庭说明情况,人民法院认为确有必要的,可以通知上述人员出庭。

第 22 条 法庭对证据收集的合法性进行调查的,应当重视对讯问录音录像的审查,重点审查以下内容:

(一)讯问录音录像是否依法制作。对于可能判处无期徒刑、死刑的案件或者其他重大犯罪案件,是否对讯问过程进行录音录像并全部随案移送。(二)讯问录音录像是否完整。是否对每一次讯问过程录音录像,录音录像是否全程不间断进行,是否有选择性录制、剪接、删改等情形。(三)讯问录音录像是否同步制作。录音录像是否自讯问开始时制作,至犯罪嫌疑人核对讯问笔录、签字确认后结束;讯问笔录记载的起止时间是否与讯问录音录像反映的起止时间一致。(四)讯问录音录像与讯问笔录的内容是否存在差异。对与定罪量刑有关的内容,讯问笔录记载的内容与讯问录音录像是否存在差异;存在实质性差异的,以讯问录音录像为准。

第 23 条 侦查人员或者其他人员出庭的,应当向法庭说明证据收集过程,并就相关情况接受发问。对发问方式不当或者内容与证据收集的合法性无关的,法庭应当制止。

经人民法院通知,侦查人员不出庭说明情况,不能排除以非法方法收集证据情形的,对有关证据应当予以排除。

第 24 条 人民法院对控辩双方提供的证据来源、内容等有疑问的,可以告知控辩双方补充证据或者作出说明;确有核实必要的,可以宣布休庭,对证据进行调查核实。庭外调查、核实情况,必要时可以通知公诉人、辩护人到场,公诉人或者辩护人不到场的,应当记录在案。

控辩双方补充和庭外调查核实取得的证据,未经当庭出示、质证等法庭调查程序查证属实,不得作为证明证据收集合法性的根据。

第25条 人民法院对证据收集的合法性进行调查后,应当当庭作出是否排除有关证据的决定。必要时可以宣布休庭,由合议庭评议或者提交审判委员会讨论,再次开庭时宣布决定。

第26条 经法庭审理,具有下列情形之一的,对有关证据应当予以排除:

(一)确认属于以非法方法收集证据情形的;(二)对于应当对讯问过程录音录像的案件没有提供讯问录音录像,或者讯问录音录像存在选择性录制、剪接、删改等情形,现有证据不能排除以非法方法收集证据情形的;(三)对于侦察机关没有在规定的办案场所讯问,现有证据不能排除以非法方法收集证据情形的;(四)对于检察人员在重大案件侦查终结前未对讯问合法性进行核查,或者未对核查过程同步录音录像,或者录音录像存在选择性录制、剪接、删改等情形,现有证据不能排除以非法方法收集证据情形的;(五)其他不能排除存在以非法方法收集证据情形的。

第27条 人民法院对证人证言、被害人陈述、物证、书证等证据收集合法性的审查、调查,参照上述规定。

第28条 人民检察院、被告人及其法定代理人提出抗诉、上诉,对第一审人民法院有关证据收集合法性的审查、调查结论提出异议的,第二审人民法院应当审查。

第29条 被告人及其辩护人在第一审程序中未提出排除非法证据的申请,在第二审程序中提出申请,有下列情形之一的,第二审人民法院应当审查:

(一)第一审人民法院没有依法告知被告人申请排除非法证据的权利的;(二)被告人及其办护人在第一审庭审后发现涉嫌非法取证的相关线索或者材料的。

第30条 人民检察院应当在第一审程序中全面出示证明证据收集合法性的证据材料。

人民检察院在第一审程序中未出示证明证据收集合法性的证据,第一审人民法院依法排除有关证据的,人民检察院在第二审程序中不得出示之前未出示的证据,但在第一审程序后发现的除外。

第31条 第二审人民法院对证据收集合法性的调查,参照上述第一审程序的规定。

第32条 第一审人民法院对被告人及其辩护人排除非法证据的申请未予审查,并以有关证据作为定案的根据,可能影响公正审判的,第二审人民法院可以裁定撤销原判,发回原审人民法院重新审判。

第33条 第一审人民法院对依法应当排除的非法证据未予排除的,第二审人民法院可以依法排除相关证据。排除非法证据后,应当按照下列情形分别作出处理:

(一)原判决认定事实和适用法律正确、量刑适当的,应当裁定驳回上诉或者杭诉,维持原判;(二)原判决认定事实没有错误,但适用法律有错误,或者量刑不当的,应当改判;(三)原判决事实不清或者证据不足的,可以在查清事实后改判;也可以裁定撤销原判,发回原审人民法院重新审判。

第34条 审判监督程序,死刑复核程序中对证据收集合法性的审查、调查,参照上述规定。

第35条 本规程自2018年1月1日起试行。

19. 最高人民法院、司法部《关于开展律师调解试点工作的意见》(司发通〔2017〕105号)

为贯彻落实《中共中央关于全面推进依法治国若干重大问题的决定》以及中共中央办公厅、国务院办公厅《关于完善矛盾纠纷多元化解机制的意见》《关于深化律师制度改革的意见》和最高人民法院《关于人民法院进一步深化多元化纠纷解决机制改革的意见》,充分发挥律师在预防和化解矛盾纠纷中的专业优势、职业优势和实践优势，健全完善律师调解制度，推动形成中国特色的多元化纠纷解决体系，现就开展律师调解试点工作提出以下意见。

一、总体要求

1. 指导思想。全面贯彻党的十八大和十八届三中、四中、五中、六中全会精神，深入贯彻习近平总书记系列重要讲话和对律师工作的重要指示精神，围绕全面推进依法治国总目标，深化多元化纠纷解决机制改革，健全诉调对接工作机制，充分发挥律师职能作用，建立律师调解工作模式，创新律师调解方式方法，有效化解各类矛盾纠纷，维护当事人合法权益，促进社会公平正义，维护社会和谐稳定。

2. 基本原则。坚持依法调解。律师调解工作应当依法进行，不得违反法律法规的禁止性规定，不得损害国家利益、社会公共利益和当事人及其他利害关系人的合法权益。

坚持平等自愿。律师开展调解工作，应当充分尊重各方当事人的意愿，尊重当事人对解决纠纷程序的选择权，保障其诉讼权利。

坚持调解中立。律师调解应当保持中立，不得有偏向任何一方当事人的言行，维护调解结果的客观性、公正性和可接受性。

坚持调解保密。除当事人一致同意或法律另有规定的外，调解事项、调解过程、调解协议内容等一律不公开，不得泄露当事人的个人隐私或商业秘密。

坚持便捷高效。律师运用专业知识开展调解工作，应当注重工作效率，根据纠纷的实际情况，灵活确定调解方式方法和程序，建立便捷高效的工作机制。

坚持有效对接。加强律师调解与人民调解、行政调解、行业调解、商事调解、诉讼调解等有机衔接，充分发挥各自特点和优势，形成程序衔接、优势互补、协作配合的纠纷解决机制。

二、建立律师调解工作模式

律师调解是指律师、依法成立的律师调解工作室或者律师调解中心作为中立第三方主持调解，协助纠纷各方当事人通过自愿协商达成协议解决争议的活动。

3. 在人民法院设立律师调解工作室。试点地区的各级人民法院要将律师调解与诉讼服务中心建设结合起来，在人民法院诉讼服务中心、诉调对接中心或具备条件的人民法庭设立律师调解工作室，配备必要的工作设施和工作场所。

4. 在公共法律服务中心(站)设立律师调解工作室。试点地区的县级公共法律服务中心、乡镇公共法律服务站应当设立专门的律师调解工作室，由公共法律服务中心(站)指派律师调解员提供公益性调解服务。

5. 在律师协会设立律师调解中心。试点地区的省级、设区的市级律师协会设立律师调解中心。律师调解中心在律师协会的指导下，组织律师作为调解员，接受当事人申请或人民法院移送，参与矛盾化解和纠纷调解。

6. 律师事务所设立调解工作室。鼓励和支持有条件的律师事务所设立调解工作室，组成调解团队，可以将接受当事人申请调解作为一项律师业务开展，同时可以承接人民法院、行政机关移送的调解案件。

三、健全律师调解工作机制

7. 明确律师调解案件范围。律师调解可以受理各类民商事纠纷，包括刑事附带民事纠纷的民事部分，但是婚姻关系、身份关系确认案件以及其他依案件性质不能进行调解的除外。

8. 建立健全律师调解工作资质管理制度。试点地区省级司法行政机关、律师协会会同人民法院研究制定管理办法，明确承办律师调解工作的律师事务所和律师资质条件，包括人员规模、执业年限、办案数量、诚信状况等。司法行政机关、律师协会会同人民法院建立承办律师调解工作的律师事务所和律师调解员名册。

9. 规范律师调解工作程序。人民法院、公共法律服务中心(站)、律师协会和律师事务所应当向当事人提供承办律师调解工作的律师事务所和律师调解员名册,并在公示栏、官方网站等平台公开名册信息,方便当事人查询和选择。

律师事务所和律师接受相关委托代理或参与矛盾纠纷化解时,应当告知当事人优先选择调解或其他非诉讼方式解决纠纷。

律师调解一般由1名调解员主持。对于重大、疑难、复杂或者当事人要求由两名以上调解员共同调解的案件,可以由两名以上调解员调解,并由律师调解工作室或律师调解中心指定1名调解员主持。当事人具有正当理由的,可以申请更换律师调解员。律师调解员根据调解程序依法开展调解工作,律师调解的期限为30日,双方当事人同意延长调解期限的,不受此限。经调解达成协议的,出具调解协议书;期限届满无法达成调解协议,当事人不同意继续调解的,终止调解。

律师调解员组织调解,应当用书面形式记录争议事项和调解情况,并经双方当事人签字确认。律师调解工作室或律师调解中心应当建立完整的电子及纸质书面调解档案,供当事人查询。调解程序终结时,当事人未达成调解协议的,律师调解员在征得各方当事人同意后,可以用书面形式记载调解过程中双方没有争议的事实,并由当事人签字确认。在诉讼程序中,除涉及国家利益、社会公共利益和他人合法权益的外,当事人无需对调解过程中已确认的无争议事实举证。

在公共法律服务中心(站)、律师协会和律师事务所设立的律师调解组织受理当事人直接申请,主持调解纠纷的,参照上述程序开展。

10. 鼓励调解协议即时履行。经律师调解工作室或律师调解中心调解,当事人达成调解协议的,律师调解员应当鼓励和引导当事人及时履行协议。当事人无正当理由拒绝或者拖延履行的,调解和执行的相关费用由未履行协议一方当事人全部或部分负担。

11. 完善调解协议与支付令对接机制。经律师调解达成的和解协议、调解协议中,具有金钱或者有价证券给付内容的,债权人依据民事诉讼法及其司法解释的规定,向有管辖权的基层人民法院申请支付令的,人民法院应当依法发出支付令;债务人未在法定期限内提出书面异议且逾期不履行支付令的,人民法院可以强制执行。

12. 完善调解协议司法确认程序。经律师调解工作室或律师调解中心调解达成的具有民事合同性质的协议,当事人可以向律师调解工作室或律师调解中心所在地基层人民法院或者人民法庭申请确认其效力,人民法院应当依法确认调解协议效力。

13. 建立律师调解员回避制度。律师调解员具有以下情形的,当事人有权申请回避:系一方当事人或者其代理人的近亲属的;与纠纷有利害关系的;与纠纷当事人、代理人有其他关系,可能影响公正调解的。律师调解员具有上述情形,当事人要求回避的,律师调解员应当回避,当事人没有要求回避的,律师调解员应当及时告知当事人并主动回避。当事人一致同意继续调解的,律师调解员可以继续主持调解。

律师调解员不得再就该争议事项或与该争议有密切联系的其他纠纷接受一方当事人的委托,担任仲裁或诉讼的代理人,也不得担任该争议事项后续解决程序的人民陪审员、仲裁员、证人、鉴定人以及翻译人员等。

14. 建立科学的经费保障机制。在律师事务所设立的调解工作室受理当事人直接申请调解纠纷的,可以按照有偿和低价的原则向双方当事人收取调解费,一方当事人同意全部负担的除外。调解费的收取标准和办法由各试点地区根据实际情况确定,并报相关部门批准备案。

在公共法律服务中心(站)设立的律师调解工作室和在律师协会设立的律师调解中心受

理当事人直接申请调解纠纷的，由司法行政机关、律师协会通过政府采购服务的方式解决经费。律师调解员调解法律援助案件的经费，由法律援助机构通过政府采购服务渠道予以解决。

在人民法院设立律师调解工作室的，人民法院应根据纠纷调解的数量、质量与社会效果，由政府采购服务渠道解决调解经费，并纳入人民法院专项预算，具体办法由各试点地区根据实际情况确定。

15. 发挥诉讼费用杠杆作用。当事人达成和解协议申请撤诉的，人民法院免收诉讼费。诉讼中经调解当事人达成调解协议的，人民法院可以减半收取诉讼费用。一方当事人无正当理由不参与调解，或者有明显恶意导致调解不成的，人民法院可以根据具体情况对无过错方依法提出的赔偿合理的律师费用等正当要求予以支持。

四、加强工作保障

16. 加强组织领导。试点地区的人民法院、司法行政机关和律师协会要高度重视这项改革工作，加强制度建设和工作协调，有力推进试点工作顺利开展。要在律师调解制度框架内，创新工作方式方法，制定适合本地区特点的实施意见，不断总结经验，积极探索，为向全国推广提供可复制、可借鉴的制度和经验。

17. 积极引导参与。试点地区的人民法院、司法行政机关和律师协会要积极引导律师参与矛盾纠纷多元化解，鼓励和推荐律师在人民调解组织、仲裁机构、商事调解组织、行业调解组织中担任调解员，鼓励律师借助现代科技手段创新调解工作方式、积极参与在线调解试点工作，促使律师主动承担社会责任、体现社会价值，充分调动律师从事调解工作的积极性，实现律师调解工作可持续性发展。

18. 加强队伍管理。加强对律师调解员职业道德、执业纪律、调解技能等方面的培训，建设高水平的调解律师队伍，确保调解案件质量。探索建立律师参与公益性调解的考核表彰激励机制。人民法院、司法行政机关、律师协会应当对表现突出的律师调解工作室、律师调解中心组织和律师调解员给予物质或荣誉奖励。

19. 加强责任追究。律师调解员违法调解，违反回避制度，泄露当事人隐私或秘密，或者具有其他违反法律、违背律师职业道德行为的，应当视情节限期或禁止从事调解业务，或由律师协会、司法行政机关依法依规给予行业处分和行政处罚。律师协会应当制定实施细则并报当地司法行政机关备案。

20. 加强宣传工作。试点地区的人民法院、司法行政机关和律师协会要大力宣传律师调解制度的作用与优势，鼓励公民、法人和其他组织优先选择律师调解快速有效解决争议，为律师开展调解工作营造良好执业环境。

21. 加强指导监督。最高人民法院、司法部将对试点工作进行指导督促，认真研究试点中存在的突出问题，全面评估试点方案的实际效果，总结各地多元化纠纷解决机制改革的成功经验，推动改革实践成果制度化、法律化。

22. 本试点工作在北京、黑龙江、上海、浙江、安徽、福建、山东、湖北、湖南、广东、四川等11个省(直辖市)进行。试点省(直辖市)可以在全省(直辖市)或者选择部分地区开展试点工作，试点方案报最高人民法院和司法部备案。

20. 最高人民法院《关于充分发挥审判职能作用为企业家创新创业营造良好法治环境的通知》(法〔2018〕1号)

2017年9月8日，中共中央、国务院印发《关于营造企业家健康成长环境弘扬优秀企业家精神更好发挥企业家作用的意见》(以下简称《意见》)，这是推进供给侧结构性改革、实施创新发展战略、促进经济持续平稳健康发展的重要举措。为深入贯彻党的十九大精神和《意见》

的要求，充分发挥审判职能作用，依法平等保护企业家合法权益，为企业家创新创业营造良好法治环境，现通知如下。

一、深刻认识依法平等保护企业家合法权益的重大意义。企业家是经济活动的重要主体。改革开放以来，一大批优秀企业家在市场竞争中迅速成长，为积累社会财富、创造就业岗位、促进经济社会发展、增强综合国力做出了重要贡献。人民法院充分发挥审判职能作用，依法平等保护企业家合法权益，为企业家创新创业营造良好法治环境，对于增强企业家人身及财产财富安全感，稳定社会预期，使企业家安心经营、放心投资、专心创业，充分发挥企业家在建设现代化经济体系、促进经济持续平稳健康发展中的作用具有重大意义。

二、依法保护企业家的人身自由和财产权利。严格执行刑事法律和司法解释，坚决防止利用刑事手段干预经济纠纷。坚持罪刑法定原则，对企业家在生产、经营、融资活动中的创新创业行为，只要不违反刑事法律的规定，不得以犯罪论处。严格非法经营罪、合同诈骗罪的构成要件，防止随意扩大适用。对于在合同签订、履行过程中产生的民事争议，如无确实充分的证据证明符合犯罪构成的，不得作为刑事案件处理。严格区分企业家违法所得和合法财产，没有充分证据证明为违法所得的，不得判决追缴或者责令退赔。严格区分企业家个人财产和企业法人财产，在处理企业犯罪时不得牵连企业家个人合法财产和家庭成员财产。

三、依法保护诚实守信企业家的合法权益。妥善认定政府与企业签订的合同效力，对有关政府违反承诺，特别是仅因政府换届、领导人员更替等原因违约、毁约的，依法支持企业的合理诉求。妥善审理因政府规划调整、政策变化引发的民商事、行政纠纷案件，对于确因政府规划调整、政策变化导致当事人签订的民商事合同不能履行的，依法支持当事人解除合同的请求。对于当事人请求返还已经支付的国有土体使用权出让金、投资款、租金或者承担损害赔偿责任的，依法予以支持。对企业家财产被征收征用的，要综合运用多种方式进行公平合理的补偿。

四、依法保护企业家的知识产权。完善符合知识产权案件特点的诉讼证据规则，着力破解知识产权权利人“举证难”问题。推进知识产权民事、刑事、行政案件审判三合一，增强知识产权司法保护的整体效能。建立以知识产权市场价值为指引，补偿为主、惩罚为辅的侵权损害司法认定机制，提高知识产权侵权赔偿标准。探索建立知识产权惩罚性赔偿制度，着力解决实践中存在的侵权成本低、企业家维权成本高的问题。坚持依法维护劳动者合法权益与促进企业生存发展并重的原则，依法保护用人单位的商业秘密等合法权益。

五、依法保护企业家的自主经营权。加强金融审判工作，促进金融服务实体经济。对商业银行、典当公司、小额贷款公司等金融机构以不合理收费变相收取高息的，参照民间借贷利率标准处理，降低企业融资成本。加强破产案件审理，对于暂时经营困难但是适应市场需要具有发展潜力和经营价值的企业，综合运用重整、和解等手段，促进生产要素的优化组合和企业转型升级。对违法违规向企业收费或者以各种监督检查的名义非法干预企业自主经营权的，依法予以纠正。严格依法采取财产保全、行为保全等强制措施，防止当事人恶意利用保全手段侵害企业正常生产经营。对资金暂时周转困难、尚有经营发展前景的负债企业，慎用冻结、划拨流动资金等手段。加强对虚假诉讼和恶意诉讼的审查力度，对于恶意利用诉讼打击竞争企业，破坏企业家信誉的，要区分情况依法处理。

六、努力实现企业家的胜诉权益。综合运用各种强制执行措施，加快企业债权实现。强化对失信被执行人的信用惩戒力度，推动完善让失信主体“一处失信、处处受限”的信用惩戒大格局。同时，营造鼓励创新、宽容失败的社会氛围。对已经履行生效裁判文书义务或者申请人滥用失信被执行人名单的，要及时恢复企业家信用。对经营失败无偿债能力但无故意规避执行情形的企业家，要及时从失信被执行人名单中删除。

七、切实纠正涉企业家产权冤错案件。进一步加大涉企业家产权冤错案件的甄别纠正工作力度，对于涉企业家产权错案冤案，要依法及时再审，尽快纠正。准确适用国家赔偿法，及时启动国家赔偿程序，公正高效审理涉及企业家的国家赔偿案件，加大赔偿决定执行力度，依法保障企业家的合法权益。

八、不断完善保障企业家合法权益的司法政策。进一步加快"智慧法院"建设，充分利用信息技术，深入调研涉企业家案件的审判执行疑难问题，及时总结审判经验，健全裁判规则。加大制定司法解释、发布指导性案例工作力度，统一司法尺度和裁判标准。在制定有关司法政策、司法解释过程中要充分听取企业家的意见、建议。

九、推动形成依法保障企业家合法权益的良好社会氛围。进一步通过公开开庭等生动直观的形式，大力宣传党和国家依法平等保护企业家合法权益弘扬优秀企业家精神的方针政策。持续强化以案释法工作，及时公布一批依法保护企业家合法权益的典型案例和好做法、好经验，推动形成企业家健康成长良好法治环境和社会氛围。

十、增强企业家依法维护权益、依法经营的意识。加大对企业家的法治宣传和培训力度，提高企业家依法维护自身合法权益的意识和能力。依法打击破坏市场秩序、不正当竞争等违法行为，积极引导企业家在经营活动中遵纪守法、诚实守信、公平竞争、恪尽责任，弘扬优秀企业家精神。

各级人民法院要加强组织领导，制定工作方案，切实将依法保障企业家合法权益的工作落到实处。在审判执行工作中遇到新情况新问题的，请及时层报最高人民法院。

21. 公安部《公安机关执法公开规定》(公通字〔2018〕26号)

第1章　总　　则

第1条　为了规范公安机关执法公开行为，促进公安机关严格规范公正文明执法，保障公民、法人和其他组织依法获取执法信息，实现便民利民，制定本规定。

第2条　本规定适用于公安机关主动公开执法信息，以及开展网上公开办事。

公民、法人或者其他组织申请获取执法信息的，公安机关应当依照《中华人民共和国政府信息公开条例》的规定办理。

第3条　执法公开应当遵循合法有序、及时准确、便民利民的原则。

第4条　公安机关应当采取措施使社会广为知晓执法公开的范围、期限和途径，方便公民、法人和其他组织依法获取执法信息。

第5条　对涉及公共利益、公众普遍关注、需要社会知晓的执法信息，应当主动向社会公开；对不宜向社会公开，但涉及特定对象权利义务、需要特定对象知悉的执法信息，应当主动向特定对象告知或者提供查询服务。

第6条　公安机关不得公开涉及国家秘密或者警务工作秘密，以及可能影响国家安全、公共安全、经济安全和社会稳定或者妨害执法活动的执法信息。

公安机关不得向权利人以外的公民、法人或者其他组织公开涉及商业秘密、个人隐私的执法信息。但是，权利人同意公开，或者公安机关认为不公开可能对公共利益造成重大影响的，可以公开。

第7条　公安机关公开执法信息涉及其他部门的，应当在公开前与有关部门确认；公开执法信息依照国家有关规定需要批准的，应当在批准后公开。

第8条　公安机关应当对执法公开情况进行检查评估。执法信息不应当公开而公开的，应当立即撤回；公开的执法信息错误或者发生变更的，应当立即纠正或者更新；执法信息公开后可能或者已经造成严重后果的，应当依法紧急处置。

第2章 向社会公开

第9条 公安机关应当主动向社会公开下列信息：

（一）公安机关的职责权限，人民警察的权利义务、纪律要求和职业道德规范；（二）涉及公民、法人和其他组织权利义务的规范性文件；（三）刑事、行政、行政复议、国家赔偿等案件的受理范围、受理部门及其联系方式、申请条件及要求、办理程序及期限和对外法律文书式样，以及当事人的权利义务和监督救济渠道；（四）行政管理相对人的权利义务和监督救济渠道；（五）与执法相关的便民服务措施；（六）举报投诉的方式和途径；（七）承担对外执法任务的内设机构和派出机构的名称及其职责权限；（八）窗口单位的办公地址、工作时间、联系方式以及民警姓名、警号；（九）固定式交通技术监控设备的设置信息；（十）采取限制交通措施、交通管制和现场管制的方式、区域、起止时间等信息；（十一）法律、法规、规章和其他规范性文件规定应当向社会公开的其他执法信息。

前款第1项至第5项所列执法信息，上级机关公开后，下级公安机关可以通过适当途径使社会广为知晓。

第10条 公安机关应当向社会公开涉及公共利益、社会高度关注的重大案事件调查进展和处理结果，以及打击违法犯罪活动的重大决策和行动。但公开后可能影响国家安全、公共安全、经济安全和社会稳定或者妨害正常执法活动的除外。

第11条 公安机关可以向社会公开辖区治安状况、道路交通安全形势、安全防范预警等信息。

第12条 公安机关应当逐步向社会公开行政处罚决定、行政复议结果的生效法律文书。适用简易程序作出的行政处罚决定生效法律文书可以不向社会公开。

第13条 法律文书有下列情形之一的，不得向社会公开：

（一）案件事实涉及国家秘密或者警务工作秘密的；（二）被行政处罚人、行政复议申请人是未成年人的；（三）经本机关负责人批准不予公开的其他情形。

第14条 向社会公开法律文书，应当对文书中载明的自然人姓名作隐名处理，保留姓氏，名字以“某”替代。

第15条 向社会公开法律文书，应当删除文书中载明的下列信息：

（一）自然人的住所地详址、工作单位、家庭成员、联系方式、公民身份号码、健康状况、机动车号牌号码，以及其他能够判明其身份和具体财产的信息；（二）法人或者其他组织的涉及具体财产的信息；（三）涉及公民个人隐私和商业秘密的信息；（四）案件事实中涉及有伤风化的内容，以及可能诱发违法犯罪的细节描述；（五）公安机关印章或者工作专用章；（六）公安机关认为不宜公开的其他信息。

删除前款所列信息影响对文书正确理解的，可以用符号“×”作部分替代。相关信息外，应当保持与原文书内容一致。

第16条 向社会公开法律文书，除按照本规定第14条、第15条隐匿、删除相关信息外，应当保持与原文书内容一致。

第17条 向社会公开执法信息，应当自该信息形成或者变更之日起20个工作日内进行。公众需要即时知晓的限制交通措施、交通管制和现场管制的信息，应当即时公开；辖区治安状况、道路交通安全形势和安全防范预警等信息，可以定期公开。法律、法规、规章和其他规范性文件对公开期限另有规定的，从其规定。

第18条 向社会公开执法信息，应当通过互联网政府公开平台进行，同时可以通过公报、发布会、官方微博、移动客户端、自助终端，以及报刊、广播、电视等便于公众知晓的方式公布。

第19条 向社会公开执法信息,由制作或者获取该信息的内设机构或者派出机构负责。必要时,征求政务公开、法制、保密部门的意见,并经本机关负责人批准。

第20条 公安机关发现可能影响社会稳定、扰乱社会管理秩序的虚假或者不完整信息,应当在职责范围内及时发布准确信息予以澄清。

第3章 向特定对象公开

第21条 公安机关办理刑事、行政、行政复议、国家赔偿等案件,或者开展行政管理活动,法律、法规、规章和其他规范性文件规定向特定对象告知执法信息的,应当依照有关规定执行。

第22条 除按照本规定第21条向特定对象告知执法信息外,公安机关应当通过提供查询的方式,向报案或者控告的被害人、被侵害人或者其监护人、家属公开下列执法信息:

(一)办案单位名称、地址和联系方式;(二)刑事立案、移送审查起诉、终止侦查、撤销案件等情况,对犯罪嫌疑人采取刑事强制措施的种类;(三)行政案件受案、办理结果。

公安机关在接受报案时,应当告知报案或者控告的被害人、被侵害人或者其监护人、家属前款所列执法信息的查询方式和途径。

第23条 向特定对象提供执法信息查询服务,应当自该信息形成或者变更之日起5个工作日内进行。法律、法规和规范性文件对期限另有规定的,从其规定。

第24条 向特定对象提供执法信息查询服务,应当通过互联网政府公开平台进行,同时可以通过移动客户端、自助终端等方式进行。

第25条 向特定对象公开执法信息,由制作或者获取该信息的内设机构或者派出机构负责。

第4章 网上公开办事

第26条 公安机关应当开展行政许可、登记、备案等行政管理事项的网上办理。

除法律、法规、规章规定申请人应当到现场办理的事项或者环节外,公安机关不得要求申请人到现场办理。

第27条 网上公开办事应当提供下列服务:

(一)公开网上办事事项的名称、依据、申请条件、申请途径或者方式、申请需要提交材料清单、办理程序及期限,提供申请文书式样及示范文本;(二)公开行政事业性收费事项的名称、依据、收费标准、办事程序和期限;(三)网上咨询,解答相关法律政策、注意事项等常见问题;(四)网上预约办理;(五)申请文书的在线下载、网上制作,实现网上申请;结果等执法信息的网上查询。法律、法规、规章和其他规范性文件规定向申请人告知执法信息的,还应当依照有关规定告知。

公安机关在网上或者窗口单位接受办事事项申请时,应当告知申请人执法信息的查询方式和途径。

第28条 向申请人提供办事事项执法信息查询服务,应当自该信息形成或者变更之日起5个工作日内进行。法律、法规、规章和其他规范性文件另有规定的,从其规定。

第29条 开展网上公开办事,应当通过互联网政府网站进行,同时可以通过移动客户端、自助终端等方式进行。

向申请人告知办事事项执法信息,除依照法律、法规、规章和其他规范性文件规定的方式执行外,同时可以通过移动客户端、电话、电子邮件等方式告知。

第5章　监督和保障

第30条　公安机关应当指定专门机构,负责组织、协调、推动执法公开工作,并为开展执法公开提供必要的人员、物质保障。

第31条　公安机关应当建立执法公开审核审批、保密审查、信息发布协调的程序和机制,实现执法公开规范化。

第32条　公安机关应当建设互联网政府公开平台,统一公开本机关执法信息。上级公安机关或者本级人民政府提供统一互联网公开平台的,可以通过该平台公开。

公安机关应当完善互联网政府网站办事服务功能,统一提供本机关网上办事服务。上级公安机关或者本级人民政府提供统一互联网办事服务载体的,可以通过该载体提供。

第33条　公安机关应当推动发展信息安全交互技术,为高效便捷开展执法公开提供技术支持。

第34条　公安机关应当开展执法公开满意度测评,可以通过互联网公开平台或者政府网站、移动客户端、自助终端、电话等方式进行,也可以在窗口单位现场进行。

第35条　公安机关可以委托第3方机构对执法公开情况进行评估,并参考评估结果改进工作。

第36条　公安机关应当将执法公开情况纳入执法质量考评和绩效考核范围,建立完善奖惩机制。

第37条　公民、法人或者其他组织认为公安机关未按照本规定履行执法公开义务的,可以向该公安机关或者其上一级公安机关投诉。

第38条　有下列情形之一的,应当立即改正;情节严重的,依照有关规定对主管人员和其他责任人员予以处理:

(一)未按照本规定履行执法公开义务的;(二)公开的信息错误、不准确且不及时更正,或者弄虚作假的;(三)公开不应当公开的信息且不及时撤回的;(四)违反本规定的其他行为。

第6章　附　　则

第39条　各省、自治区、直辖市公安厅、局,新疆生产建设兵团公安局可以根据本规定,结合本地实际,制定实施细则。

第40条　本规定未涉及的公开事项,依照有关法律、法规、规章和其他规范性文件的规定执行。

第41条　本规定自2018年12月1日起施行,2012年8月18日印发的《公安机关执法公开规定》同时废止。

22. 最高人民法院、司法部《关于依法保障律师诉讼权利和规范律师参与庭审活动的通知》(司发通〔2018〕36号)

为进一步保障律师诉讼权利,规范律师参与庭审活动,充分发挥律师维护当事人合法权益、维护法律正确实施和司法公正的职能作用,现就有关事项通知如下。

一、各级人民法院及其工作人员要尊重和保障律师诉讼权利,严格执行法定程序,平等对待诉讼各方,合理分配各方发问、质证、陈述和辩论、辩护的时间,充分听取律师意见。对于律师在法庭上就案件事实认定和法律适用的正常发问、质证和发表的辩护代理意见,法官不随意打断或者制止;但是,攻击党和国家政治制度、法律制度的,发表的意见已在庭前会议达成一致、与案件无关或者侮辱、诽谤、威胁他人,故意扰乱法庭秩序的,审判长或者独任审判员可以根据情况予以制止。律师明显以诱导方式发问,公诉人提出异议的,审判长或者独任审判员审查确认后，可以制止。

二、律师参加庭审不得对庭审活动进行录音、录像、拍照或使用移动通信工具等传播庭审活动，不得进行其他违反法庭规则和不服从法庭指令的行为。律师对庭审活动进行录音、录像、拍照或使用移动通信工具等传播庭审活动的，人民法院可以暂扣其使用的设备及存储介质，删除相关内容。

三、法庭审理过程中，法官应当尊重律师，不得侮辱、嘲讽律师。审判长或者独任审判员认为律师在法庭审理过程中违反法庭规则、法庭纪律的，应当依法给予警告、训诫等，确有必要时可以休庭处置，除当庭攻击党和国家政治制度、法律制度等严重扰乱法庭秩序的，不采取责令律师退出法庭或者强行带出法庭措施。确需司法警察当庭对律师采取措施维持法庭秩序的，有关执法行为要规范、文明，保持必要、合理限度。律师被依法责令退出法庭、强行带出法庭或者被处以罚款后，具结保证书，保证服从法庭指令、不再扰乱法庭秩序的，经法庭许可，可以继续担任同一案件的辩护人、诉讼代理人；具有擅自退庭、无正当理由不按时出庭参加诉讼、被拘留或者具结保证书后再次被依法责令退出法庭、强行带出法庭的，不得继续担任同一案件的辩护人、诉讼代理人。人民法院应当对庭审活动进行全程录像或录音，对律师在庭审活动中违反法定程序的情形应当记录在案。

四、律师认为法官在审判过程中有违法违规行为的，可以向相关人民法院或其上一级人民法院监察部门投诉、举报，人民法院应当依法作出处理并及时将处理情况答复律师本人，同时通报当地司法行政机关、律师协会。对社会高度关注的，应当公布结果。律师认为法官侵犯其诉讼权利的，应当在庭审结束后，向司法行政机关、律师协会申请维护执业权利，不得以维权为由干扰庭审的正常进行，不得通过网络以自己名义或通过其他人、媒体发表声明、公开信、敦促书等炒作案件。

五、人民法院认为律师有违法违规行为的，应当向司法行政机关、律师协会提出司法建议，并移交庭审录音录像、庭审记录等相关证据材料。对需要进一步调查核实的，应配合、协助司法行政机关、律师协会有关调查取证工作。司法行政机关、律师协会接到当事人投诉举报、人民法院司法建议书的，应当及时立案调查，对违法违规的要依法依规作出行政处罚或行业惩戒。处理结果应当及时书面告知当事人、人民法院。对公开谴责以上行业惩戒和行政处罚的决定一律向社会公开披露，各地司法行政机关、律师协会主动发现律师违法违规行为的，要及时立案查处。

六、司法行政机关应当会同人民法院、律师协会建立分级分类处理机制。对于发生在当地的律师维权和违法违规事件，由所在地人民法院、司法行政机关按有关要求依法及时作出处理能即时纠正的应当依法立即纠正。对于跨区域的律师维权和违法违规事件，行为发生地司法行政机关发现律师涉嫌违法违规执业的，应当向注册地司法行政机关提出处罚意见和建议，注册地司法行政机关收到意见建议后应当立案调查，并将查处结果反馈行为发生地司法行政机关。行为发生地司法行政机关不同意处罚意见的，应当报共同上级司法行政机关审查。上级司法行政机关应当对两地司法行政机关意见和相关证据材料进行审查，提出处理意见。跨省（区、市）的律师维权与违规交织等重大复杂事件，可以由司法部会同最高人民法院、全国律协，必要时商请事件发生地的省（区、市）党委政法委牵头组成联合调查组，负责事件调查处理工作。省（区、市）内跨区域重大复杂事件参照上述做法办理。

七、重大敏感复杂案件开庭审理时，根据人民法院通知，对律师具有管理监督职责的司法行政机关或律师协会应当派员旁听，进行现场指导监督。

八、各级人民法院，司法行政机关要注重发现宣传人民法院依法尊重、保障律师诉讼权利和律师尊重法庭权威，遵守庭审纪律的典型，大力表彰先进，发挥正面引领作用。同时，要通报人民法院、司法行政机关侵犯律师正当权利、处置律师违法违规行为不当以及律师违法违规执业受到处罚处分的典型,教育引导法官和律师自觉树立正确观念,彼此尊重、相互支持、相互监督,为法院依法审判、律师依法履职营造良好环境。

23. 国务院办公厅《关于全面推行行政执法公示制度执法全过程记录制度重大执法决定法制审核制度的指导意见》(国办发〔2018〕118号)

(全文略)

24. 最高人民检察院《关于指派、聘请有专门知识的人参与办案若干问题的规定(试行)》(2018年2月11日最高人民检察院第十二届检察委员会第七十三次会议通过)

第1条 为了规范和促进人民检察院指派、聘请有专门知识的人参与办案,根据《中华人民共和国刑事诉讼法》《中华人民共和国民事诉讼法》《中华人民共和国行政诉讼法》等法律规定,结合检察工作实际,制定本规定。

第2条 本规定所称"有专门知识的人",是指运用专门知识参与人民检察院的办案活动,协助解决专门性问题或者提出意见的人,但不包括以鉴定人身份参与办案的人。

本规定所称"专门知识",是指特定领域内的人员理解和掌握的、具有专业技术性的认识和经验等。

第3条 人民检察院可以指派、聘请有鉴定资格的人员,或者经本院审查具备专业能力的其他人员,作为有专门知识的人参与办案。有下列情形之一的人员,不得作为有专门知识的人参与办案:

(一)因违反职业道德,被主管部门注销鉴定资格、撤销鉴定人登记,或者吊销其他执业资格、近3年以内被处以停止执业处罚的;(二)无民事行为能力或者限制民事行为能力的;(三)近3年以内违反本规定第18条至第21条规定的;(四)以办案人员等身份参与过本案办理工作的;(五)不宜作为有专门知识的人参与办案的其他情形。

第4条 人民检察院聘请检察机关以外的人员作为有专门知识的人参与办案,应当核实其有效身份证件和能够证明符合本规定第3条第1款要求的材料。

第5条 具备条件的人民检察院可以明确专门部门,负责建立有专门知识的人推荐名单库。

第6条 有专门知识的人的回避,适用《中华人民共和国刑事诉讼法》《中华人民共和国民事诉讼法》《中华人民共和国行政诉讼法》等法律规定中有关鉴定人回避的规定。

第7条 人民检察院办理刑事案件需要收集证据的,可以指派、聘请有专门知识的人开展下列工作:

(一)在检察官的主持下进行勘验或者检查;(二)就需要鉴定、但没有法定鉴定机构的专门性问题进行检验;(三)其他必要的工作。

第8条 人民检察院在审查起诉时,发现涉及专门性问题的证据材料有下列情形之一的,可以指派、聘请有专门知识的人进行审查,出具审查意见:

(一)对定罪量刑有重大影响的;(二)与其他证据之间存在无法排除的矛盾的;(三)就同一专门性问题有两份或者两份以上的鉴定意见,且结论不一致的;(四)当事人、辩护人、诉讼代理人有异议的;(五)其他必要的情形。

第9条 人民检察院在人民法院决定开庭后,可以指派、聘请有专门知识的人,协助公诉人做好下列准备工作:

(一)掌握涉及专门性问题证据材料的情况;(二)补充审判中可能涉及的专门知识;(三)拟定讯问被告人和询问证人、鉴定人、其他有专门知识的人的计划;(四)拟定出示、播放、演示涉及专门性问题证据材料的计划;(五)制定质证方案;(六)其他必要的工作。

第 10 条 刑事案件法庭审理中,人民检察院可以申请人民法院通知有专门知识的人出庭,就鉴定人作出的鉴定意见提出意见。

第 11 条 刑事案件法庭审理中,公诉人出示、播放、演示涉及专门性问题的证据材料需要协助的,人民检察院可以指派、聘请有专门知识的人进行操作。

第 12 条 人民检察院在对公益诉讼案件决定立案和调查收集证据时,就涉及专门性问题的证据材料或者专业问题,可以指派、聘请有专门知识的人协助开展下列工作:

(一)对专业问题进行回答、解释、说明;(二)对涉案专门性问题进行评估、审计;(三)对涉及复杂、疑难、特殊技术问题的鉴定事项提出意见;(四)在检察官的主持下勘验物证或者现场;(五)对行政执法卷宗材料中涉及专门性问题的证据材料进行审查;(六)其他必要的工作。

第 13 条 公益诉讼案件法庭审理中,人民检察院可以申请人民法院通知有专门知识的人出庭,就鉴定人作出的鉴定意见或者专业问题提出意见。

第 14 条 人民检察院在下列办案活动中,需要指派、聘请有专门知识的人的,可以适用本规定:

(一)办理控告、申诉、国家赔偿或者国家司法救助案件;(二)办理监管场所发生的被监管人重伤、死亡案件;(三)办理民事、行政诉讼监督案件;(四)检察委员会审议决定重大案件和其他重大问题;(五)需要指派、聘请有专门知识的人的其他办案活动。

第 15 条 人民检察院应当为有专门知识的人参与办案提供下列必要条件:

(一)介绍与涉案专门性问题有关的情况;(二)提供涉及专门性问题的证据等案卷材料;(三)明确要求协助或者提出意见的问题;(四)有专门知识的人参与办案所必需的其他条件。

第 16 条 人民检察院依法保障接受指派、聘请参与办案的有专门知识的人及其近亲属的安全。

对有专门知识的人及其近亲属进行威胁、侮辱、殴打、打击报复等,构成违法犯罪的,人民检察院应当移送公安机关处理;情节轻微的,予以批评教育、训诫。

第 17 条 有专门知识的人因参与办案而支出的交通、住宿、就餐等费用,由人民检察院承担。对于聘请的有专门知识的人,应当给予适当报酬。

上述费用从人民检察院办案业务经费中列支。

第 18 条 有专门知识的人参与办案,应当遵守法律规定,遵循技术标准和规范,恪守职业道德,坚持客观公正原则。

第 19 条 有专门知识的人应当保守参与办案中所知悉的国家秘密、商业秘密、个人隐私以及其他不宜公开的内容。

第 20 条 有专门知识的人应当妥善保管、使用并及时退还参与办案中所接触的证据等案卷材料。

第 21 条 有专门知识的人不得在同一案件中同时接受刑事诉讼当事人、辩护人、诉讼代理人,民事、行政诉讼对方当事人、诉讼代理人,或者人民法院的委托。

第 22 条 有专门知识的人违反本规定第 18 条至第 21 条的规定,出现重大过错,影响正常办案的,人民检察院应当停止其作为有专门知识的人参与办案,并从推荐名单库中除名。必要时,可以建议其所在单位或者有关部门给予行政处分或者其他处分。构成违法犯罪的,依法追究行政责任或者刑事责任。

第 23 条 各省、自治区、直辖市人民检察院可以依照本规定,结合本地实际,制定具体实施办法,并报最高人民检察院备案。

第 24 条 本规定由最高人民检察院负责解释。

第 25 条 本规定自公布之日起试行。

25.《中华人民共和国刑事诉讼法》(1979 年 7 月 1 日第五届全国人大第二次会议通过;1996 年 3 月 17 日第八届全国人大第四次会议《关于修改〈中华人民共和国刑事诉讼法〉的决定》第一次修正;2012 年 3 月 14 日第十一届全国人大第五次会议《关于修改〈中华人民共和国刑事诉讼法〉的决定》第二次修正;2018 年 10 月 26 日第十三届全国人大常委会第六次会议《关于修改〈中华人民共和国刑事诉讼法〉的决定》第三次修正)

(全文略)

26. 最高人民检察院《关于充分发挥检察职能为民营企业发展提供司法保障——检察机关办理涉民营企业案件有关法律政策问题解答》(2018 年 11 月)

近年来,检察机关坚持把服务和保障非公有制经济健康发展作为服务大局的重要内容,先后制定实施了《关于充分发挥检察职能依法保障和促进非公有制经济健康发展的意见》《关于充分履行检察职能加强产权司法保护的意见》《关于充分发挥职能作用营造保护企业家合法权益的法治环境支持企业家创新创业的通知》等意见。为进一步统一、规范涉民营企业案件的执法司法标准,最高人民检察院法律政策研究室就办理此类案件相关法律政策问题,作如下解答。

一、办理涉民营企业案件,如何准确区分经营活动中的正当融资行为与非法集资犯罪?

答:民营企业在经营活动中的正当融资行为,应当与非法集资犯罪严格区分。对民营企业生产、经营、融资等经济活动,除法律、行政法规明确禁止外,不得以违法犯罪对待。例如,张文中案的依法改判,就把民营企业执行和利用国家政策谋发展中的偏差与钻改革空子实施犯罪的界限作了严格区分。实践中,要做到"三个严格把握":第一,严格把握非法集资"非法性"的认定。民营企业的融资行为是否具有"非法性",应当以商业银行法、非法金融机构和非法金融业务活动取缔办法等国家金融管理法律法规作为依据,同时可以参考中国人民银行、中国银行保险监督管理委员会、中国证券监督管理委员会等行政主管部门依照国家金融管理法律法规制定的部门规章或者国家有关金融管理的规定、办法、实施细则等规范性文件。上述法律法规和规范性文件以外的规定,一般不得作为企业非法融资的认定依据,防止任意扩大对民营企业融资行为的刑事打击面。第二,严格把握正当融资行为与非法吸收公众存款罪的界限。对于民营企业的融资行为以及用款还款中发生的纠纷,要慎用刑事手段解决。对民营企业的融资行为,必须具有以下情形的,才能认定为非法吸收公众存款:1. 未经有关部门依法批准或者借用合法经营的形式吸收资金;2. 通过媒体、推介会、传单、手机短信等途径向社会公开宣传;3. 承诺在一定期限内以货币、实物、股权等方式还本付息或者给付回报;4. 向社会公众即社会不特定对象吸收资金。需要注意的是,对于民营企业非法吸收公众存款,主要用于正常的生产经营活动,能够及时清退所吸收资金的,可以不起诉或者免予刑事处罚;情节显著轻微的,不作为犯罪处理。第三,严格把握正当融资行为与集资诈骗罪的界限。民营企业的正当融资行为是为了企业开展正常生产经营活动,而集资诈骗是以企业生产经营活动的名义,骗取集资款并非法占有的行为。对民营企业的融资行为,只有证据证明确系以非法占有为目的的,才能以集资诈骗罪认定。实践中,查证犯罪嫌疑人、被告人是否具有集资诈骗非法占有目的,可以重点围绕民营企业融资项目真实性、资金去向、归还能力等事实,综合以下情形予以认定:1. 大部分资金未用于生产经营活动,或者名义上投入生产经营但又通过各种方式抽逃转移资金的;2. 资金使用成本过高,生产经营活动的盈利能力不具有支付全部本息的现实可能性的;3. 对资金使用的决策极度不负责任或肆意挥霍造成资金缺口较大的;4. 归还本息主要通过借新还旧来实现的;5. 其他依照有关法律和司法解释可以认定为非法占有目的的情形。

二、办理涉民营企业案件，如何严格适用非法经营罪、合同诈骗罪，防止刑事打击扩大化？

答：办理涉民营企业案件要坚持罪刑法定、法律面前人人平等、罪责刑相适应和不溯及既往等刑法基本原则，严格区分案件性质及其应承担的责任类型。民营企业的经营行为涉嫌违法犯罪的，要从经济安全、公共利益、市场秩序等方面准确、合理认定行为的社会危害性，综合考虑政策调整、经营不善、市场风险等市场主体意志以外的因素。要积极顺应"放管服"改革趋势，鼓励创新、宽容失败，对民营企业合法经营中出现的失误失败给予更多理解、宽容、帮助。避免以刑事违法取代行政违法、民事违法，以刑事追究代替行政处理、民事处罚。第一，严格适用非法经营罪。民营企业的经营行为，法律和司法解释没有作出明确禁止性规定的，不得以非法经营罪追究刑事责任。实践中，民营企业涉嫌非法经营罪，要注意审查以下几点：1. 严格按照刑法规定，理解和适用非法经营罪中的"违反国家规定"。根据刑法第 96 条的规定，"违反国家规定"，是指违反全国人民代表大会及其常务委员会制定的法律和决定，国务院制定的行政法规、规定的行政措施、发布的决定和命令。实践中，应当结合《最高人民法院关于准确理解和适用刑法中"国家规定"的有关问题的通知》把握。"国务院规定的行政措施"应当由国务院决定，通常以行政法规或者国务院制发文件的形式加以规定。以国务院办公厅名义制发的文件，符合有明确的法律依据或者同相关行政法规不相抵触，经国务院常务会议讨论通过或者经国务院批准，在国务院公报上公开发布等条件的，也应视为刑法中的"国家规定"。2. 严格按照法律和司法解释，慎用刑法第 225 条第 4 项"其他严重扰乱市场秩序的非法经营行为"的兜底条款，严格把握适用范围。对于法律和司法解释没有明确规定，办案中对是否认定为非法经营行为存在分歧的，应当作为法律适用问题向最高人民检察院请示。3. 严格把握认定标准，坚决防止以未经批准登记代替违反国家规定的认定，对不属于违反国家规定的禁止性行为的，不能按照非法经营罪进行刑事追究。第二，严格适用合同诈骗罪。民营企业的经营行为，不具有非法占有目的的，不得认定为合同诈骗罪。实践中，民营企业是否涉嫌合同诈骗罪，要注意以下几点：1. 防止客观归罪，避免片面关注行为结果而忽略主观上是否具有非法占有的目的，或者以造成损失后果代替非法占有目的的认定。2. 注重收集证明行为人具有非法占有目的的客观证据。除按照刑法第 224 条规定推定行为人具有非法占有目的外，可以从标的物用途、是否具有履约能力、有无实际履约行为、是否存在转移资产、资金去向等方面，综合认定行为人是否具有诈骗的主观目的。3. 严格审查行为人在签订、履行合同的过程中是否具有虚构事实、隐瞒真相的行为，是否符合刑法第 224 条合同诈骗罪规定的五种情形之一。

三、民营企业为开展正常经营活动而给付"回扣""好处费"的，如何处理？

答：依法保护民营企业合法权益和正常经营活动，增强企业信心和财富安全感，是检察机关的重要职责。办理涉民营企业案件，要以"谦抑、审慎、文明"理念作为办案指导思想。对企业为开展正常经营活动而给付"回扣""好处费"的行为，既要在法律允许范围内讲政策、给出路，又要防止片面强调保护企业经营而放纵犯罪。民营企业在经营活动中，违反国家规定，给予各种名义的"回扣""好处费"，涉嫌行贿犯罪的，要区分个人犯罪和单位犯罪，要从起因目的、行贿数额、次数、时间、对象、谋利性质及用途等方面综合考虑其社会危害性。具有以下情形之一的，依法从宽处理：1. 情节较轻，积极主动配合有关机关调查的；2. 对办理受贿案件起关键作用的；3. 因国家工作人员不作为而不得已行贿的；4. 具有认罪认罚等情形的。特别需要注意的是，因被勒索给予国家工作人员以财物，没有获得不正当利益的，不能认定为行贿犯罪。

四、办理涉民营企业案件，如何准确区分民营企业参与国有企业重组改制过程中的产权纠纷与恶意侵占国有资产犯罪？

答：检察机关要落实中央"鼓励民营企业依法进入更多领域，引入非国有资本参与国有企业改革,更好激发非公有制经济活力和创造力”的相关要求,准确把握产权纠纷与恶意侵占国有资产犯罪的界限。第一,严格把握刑法关于恶意侵占国有资产犯罪的本质特征,对于不符合贪污罪等职务犯罪构成要件的,依法不能定罪处罚。对于民营企业依据法律、行政法规参与国有企业重组改制产生的民事纠纷,不应当以犯罪处理。第二,严格把握恶意侵占国有资产犯罪的罪名适用。民营企业负责人与国有企业人员相勾结,共同侵吞国有资产的,以贪污罪等相关职务犯罪的共犯论处。例如,国有企业中的国家工作人员或者受国有企业委托管理、经营国有财产的人员利用职务上的便利,在企业改制过程中故意通过低估资产、隐瞒债权、虚设债务、虚构产权交易等方式隐匿公司、企业财产,转为本人持有股份的改制后公司、企业所有的,以贪污罪定罪处罚;民营企业负责人与上述人员共同实施的,以贪污罪的共犯处理。民营企业在参与国有企业重组改制过程中,为谋取侵吞国有资产给予国有企业人员财物的,以相关行贿犯罪处理。

五、办理涉民营企业案件,如何准确区分个人犯罪和单位犯罪?

答:办理涉民营企业案件,准确区分是民营企业实施的单位犯罪还是民营企业负责人实施的个人犯罪,直接决定案件的处罚范围和刑事责任的承担方式,需要严格把握。第一,根据刑法第30条的规定,法律规定为单位犯罪的,才能以单位犯罪论处。民营企业实施犯罪行为,但刑法分则和其他法律未规定追究单位刑事责任的,不得以单位犯罪追究民营企业的刑事责任。只有以企业名义实施刑法规定的单位犯罪,违法所得归企业所有的,才能依法追究民营企业的刑事责任。第二,民营企业单位犯罪的,还要准确区分民营企业和民营企业分支机构的责任。民营企业分支机构具备独立法人资格,不符合单位犯罪特征的,不能作为单位犯罪追究刑事责任;民营企业分支机构不具备独立法人资格,违法所得完全归分支机构的上级企业所有并支配的,分支机构不能作为单位犯罪追究刑事责任。第三,民营企业单位犯罪的,还要严格区分企业财产和民营企业负责人个人财产的界限,不能将企业财产和个人财产相混淆,不能将对企业判处罚金和对民营企业直接负责的主管人员和其他直接责任人员判处的罚金相混淆。

六、办理涉民营企业案件,如何通过立案监督防止以刑事手段插手经济纠纷?

答:办理涉民营企业案件,不能简单地就案办案,既要查明犯罪事实、查实犯罪嫌疑人,还要注重将办案的政治效果、法律效果、社会效果统一起来。检察机关负有立案监督的职责,有权监督纠正公安机关不应当立案而立案的行为。民营企业认为公安机关不应当立案而立案,向人民检察院提出的,人民检察院应当受理并进行审查。有证据证明公安机关可能存在违法动用刑事手段插手民事、经济纠纷,或者利用立案实施报复陷害、敲诈勒索以及谋取其他非法利益等违法立案情形的,应当要求公安机关书面说明立案理由。人民检察院认为公安机关立案理由不能成立的,应当通知公安机关撤销案件。

七、办理涉民营企业案件,检察机关如何帮助民营企业防控风险?

答:人民检察院在办理涉民营企业案件时,要做好风险防控预案,针对案件存在的矛盾点、风险点,提出防范对策,避免引发和加剧民营企业经营风险,避免因办案时机或者方式的把握不当,严重影响民营企业正常生产、工作秩序或者引发群体性、突发性事件。同时,在办案过程中要积极采取有效措施,充分做好以案释法工作,帮助民营企业化解矛盾、实现民营企业经营管理权平稳过渡,尽快恢复民营企业正常经营秩序。要慎重发布涉及民营企业案件的新闻,对涉及案件情况的相关报道失实的,应当及时采取适当方式澄清事实,在法律允许的范围内合理顾及民营企业关切,最大限度地维护民营企业的声誉,最大限度地减少对民营企业正常生产经营活动的影响,促进企业长远发展。

八、办理涉民营企业案件,怎样慎重使用查封、扣押、冻结等强制性措施?

答:办理涉民营企业案件,应当坚持谦抑性原则,尽可能减少对民营企业经营活动的影响,能够采取较为轻缓、宽和的措施,就尽量不采用限制人身、财产权利的强制性措施,具体措施的采取必须综合考量案件证据的收集情况、犯罪的轻重程度以及犯罪嫌疑人的社会危险性等因素。在自行补充侦查过程中,需要查封、扣押、冻结财产的,应当做到严格区分违法所得、其他涉案财产与合法财产,严格区分民营企业法人财产与个人财产,严格区分涉案民营企业负责人个人财产与家庭成员财产,不得超权限、超范围、超数额、超时限查封、扣押、冻结,并注意保护民营企业利害关系人的合法权益。需要查封、扣押、冻结的,一般应当为民营企业预留必要的流动资金和往来账户,减少对正常生产经营活动的影响;对于涉案民营企业正在投入生产运营和正在用于科技创新、产品研发的设备、资金和技术资料等,原则上不予查封、扣押、冻结,确需提取犯罪证据的,可以采取拍照、复制等方式提取。对公安机关违反有关规定查封、扣押、冻结涉案财物的,应当依法提出纠正意见。

九、办理涉民营企业案件,哪些情况下检察机关可以不批准逮捕?

答:检察机关办理涉民营企业案件,要严格审查是否符合法律规定的逮捕条件,应当准确适用刑事诉讼法、《人民检察院刑事诉讼规则(试行)》关于应当不批准逮捕、可以不批准逮捕的相关规定,贯彻宽严相济刑事政策,严把事实关、证据关、程序关和法律适用关,防止"构罪即捕""一捕了之"。对不符合逮捕条件,或者具有刑事诉讼法第16条规定情形之一的民营企业负责人,应当依法不批准逮捕;对有自首、立功表现,认罪态度好,没有社会危险性的民营企业负责人,一般不批准逮捕;对符合监视居住条件,不羁押不致发生社会危险性的民营企业负责人,可以不批准逮捕。对已经批准逮捕的民营企业负责人,应当依法履行羁押必要性审查职责。对不需要继续羁押的,应当及时建议公安机关予以释放或者变更强制措施。对已作出的批准逮捕决定发现确有错误的,人民检察院应当撤销原批准逮捕决定,送达公安机关执行。

十、办理涉民营企业案件,哪些情况下检察机关可以不起诉?

答:办理涉民营企业案件要严格落实罪刑法定、疑罪从无等法律原则和制度,坚决防止将经济纠纷当作犯罪处理,坚决防止将民事责任变为刑事责任,厘清罪与非罪的界限,加强社会危险性分析,保障不起诉权的依法、规范行使,确保企业正常生产经营秩序。第一,经审查认定案件不构成犯罪,包括涉案民营企业负责人没有犯罪事实,或者具有刑事诉讼法第16条规定的情形之一,或者具有其他法律规定的免予追究刑事责任情形的,应当作出不起诉决定。第二,经审查认定案件构成犯罪,但犯罪情节轻微,依照刑法规定不需要判处刑罚或者免除刑罚的,可以作出不起诉决定,防止"入罪即诉""一诉了之"。第三,经审查认定案件事实不清、证据不足,经过2次补充侦查仍然证据不足,不符合起诉条件,或者经过1次退回补充侦查,仍然证据不足,不符合起诉条件且无再次退回补充侦查必要的,应当作出不起诉决定,坚决防止"带病起诉"。第四,经审查认定案件符合刑事诉讼法第182条的规定,涉案民营企业负责人自愿如实供述涉嫌犯罪的事实,有重大立功或者案件涉及国家重大利益的,经最高人民检察院核准,人民检察院可以作出不起诉决定。

十一、办理涉民营企业案件,检察机关如何落实刑事诉讼法有关认罪认罚从宽的规定?

答:办理涉民营企业案件,应当根据修改后刑事诉讼法的相关规定,结合认罪认罚从宽制度试点实践经验,落实认罪认罚从宽的相关要求。第一,坚持平等保护,对所有经济主体一视同仁,不能因不同经济主体而在认罪认罚从宽适用范围上有所不同。修改后的刑事诉讼法将认罪认罚从宽作为一项刑事政策,并未限定适用的罪名。凡是符合条件的案件,都可以适用,不能因案件罪轻、罪重或者罪名特殊等原因剥夺犯罪嫌疑人自愿认罪认罚、获得从宽处理的机会。第二,准确认定"认罪""认罚"。修改后刑事诉讼法规定,"犯罪嫌疑人自愿如实供述自己的罪行，承认指控的犯罪事实，愿意接受处罚的，可以依法从宽处理”。关于“认罪”，具体可以根据刑法中关于自首、坦白中“如实供述自己的罪行”来把握。涉案民营企业负责人承认指控的主要犯罪事实，仅对个别细节提出异议的，或者对犯罪事实没有异议，仅对罪名认定提出异议的，不影响“认罪”的认定。关于“认罚”，体现为涉案民营企业负责人同意量刑建议，签署具结书，对检察机关建议判处的刑罚种类、幅度及刑罚执行方式没有异议。第三，充分体现“从宽”原则。一是适用强制措施从宽。对于涉案民营企业负责人认罪认罚的，应当将认罪认罚情况作为社会危险性的考虑因素。对于能够主动配合检察机关调查取证，认罪态度好，没有社会危险性的涉案民营企业负责人，不采取拘留、逮捕措施。二是量刑从宽。没有特殊理由的，都应当体现法律规定和政策精神，在量刑上从宽处罚。第四，注意提高办案效率，减少对民营企业的负面影响。对于符合速裁程序和简易程序条件的涉民营企业案件，应当依法从速办理，切实防止久押不决、久拖不决，最大程度减少对民营企业正常生产经营活动造成的负面影响。同时，也要注意尊重涉案民营企业负责人的程序自主权，涉案民营企业负责人对认罪认罚无异议，但对适用速裁程序、简易程序有异议的，检察机关应当建议法院适用普通程序审理。无论依法适用哪种程序，都要注意处理好办案与民营企业正常生产经营的关系，不能因办案程序的简化或者办案时间的冗长而使民营企业遭受不必要的损失。

27. 公安部《公安机关维护民警执法权威工作规定》(公安部令〔2018〕第153号)

第1条 为保障公安民警依法履行职责、行使职权，维护国家法律尊严和民警执法权威，依据《中华人民共和国人民警察法》《公安机关督察条例》等法律法规，制定本规定。

第2条 公安机关及其民警应当严格依法履行职责、行使职权，树立严格规范公正文明的执法形象，提升执法公信力和执法权威。

第3条 公安民警依法履行职责、行使职权受法律保护，不受妨害、阻碍，民警及其近亲属的人身财产安全不因民警依法履行职责、行使职权行为受到威胁、侵犯，民警及其近亲属的人格尊严不因民警依法履行职责、行使职权行为受到侮辱、贬损。

第4条 县级以上人民政府公安机关应当成立由督察长为主任，警务督察和法制、警令指挥、警务保障、政工人事、教育训练、新闻宣传及执法办案等部门为成员的维护民警执法权威工作委员会。

维护民警执法权威工作委员会办公室设在警务督察部门，具体负责协调督办侵犯民警执法权威案件，受理调查相关民警的申请申诉，为受到侵犯的民警提供救济、恢复名誉、挽回损失。

第5条 公安机关应当与检察机关、审判机关、宣传部门等建立维护民警执法权威工作协调联动机制，加强工作沟通与协作。

第6条 公安机关可以通过聘请法律顾问、专职律师等形式，为民警依法履行职责、行使职权提供法律服务，强化维护民警执法权威工作法律保障。

第7条 公安机关应当建立完善维护民警执法权威新闻发布机制，由警务督察部门会同新闻宣传、法制等部门及时发布相关信息，回应社会关切，加强普法教育。

第8条 民警在依法履行职责、行使职权过程中或者因依法履行职责、行使职权遇到以下情形的，公安机关应当积极维护民警执法权威：

(一)受到暴力袭击的；(二)被车辆冲撞、碾轧、拖拽、剐蹭的；(三)被聚众哄闹、围堵拦截、冲击、阻碍的；(四)受到扣押、撕咬、拉扯、推搡等侵害的；(五)本人及其近亲属受到威胁、恐吓、侮辱、诽谤、骚扰的；(六)本人及其近亲属受到诬告陷害、打击报复的；(七)被恶意投诉、炒作的；(八)本人及其近亲属个人隐私被侵犯的；(九)被错误追究责任或者受到不公正处分、处理的；(十)执法权威受到侵犯的其他情形。

第9条 行为人实施侵犯民警执法权威的行为，构成犯罪的，依法追究刑事责任；尚不构成犯罪,构成违反治安管理行为的,依法给予治安管理处罚。

民警由于行为人的行为遭受人身或者财产损失的,公安机关应当支持民警通过提起刑事附带民事诉讼或者民事诉讼等法律途径,维护自身合法权益。

公安机关办理侵犯民警执法权威的刑事案件、治安案件,适用《刑事诉讼法》《治安管理处罚法》《人民警察法》关于回避的规定。

第10条 民警因依法履行职责、行使职权,本人或者其近亲属遭遇恐吓威胁、滋事骚扰、尾随跟踪,或者人身、财产受到侵害的,民警所在公安机关和有管辖权的公安机关应当及时采取保护措施,依法追究行为人的法律责任。

第11条 民警在执法执勤现场受到不法侵害的,民警及其所在部门应当依法采取措施制止侵害并立即向所属公安机关指挥部门报告。公安机关指挥部门应当迅速组织力量进行处置,同时通报警务督察部门。警务督察部门视情派员赴现场初步查明情况,协助控制事态,督促依法处置。

第12条 公安机关应当协调医疗卫生机构建立民警因公负伤紧急救治畅通机制,为负伤民警提供及时、有效的医疗救治。

第13条 公安机关办理侵犯民警执法权威的刑事案件、治安案件时,法制部门应当根据情况的复杂程度、造成后果的严重程度,视情提前介入,加强审核把关,对案件定性、取证、处理等进行指导,确保案件办理事实清楚、证据确凿、程序合法、法律适用准确。

第14条 民警按照法定条件和程序履行职责、行使职权,对公民、法人或者其他组织合法权益造成损害的,民警个人不承担法律责任,由其所属公安机关按照国家有关规定对造成的损害给予补偿。

第15条 公安机关应当严格依法依规开展执法过错责任追究工作。非因法定事由、非经法定程序,不得对民警采取停止执行职务、禁闭等措施,不得作出处分或者免职、降职、辞退等处理。

公安机关不应当受舆论炒作、信访投诉等人为因素影响,不当或者变相追究民警责任,加重对民警的处分、处理。

第16条 公安机关应当根据行为事实、情节、后果,综合考虑主客观因素,客观评价民警行为性质,区分执法过错、瑕疵、意外,依法依规作出责任认定。

对于民警依法履职尽责,受主观认知、客观条件、外来因素影响造成一定损失和负面影响的行为或者出现的失误,以及民警非因故意违法违规履职,及时发现并主动纠正错误,积极采取措施避免或者减轻危害后果与影响的,公安机关应当从轻、减轻或免于追究民警的责任,或者向检察机关、审判机关提出从轻、减轻或者免于追究民警刑事责任的建议。

第17条 对于民警行为是否属于依法履行职责、行使职权行为,以及执法是否存在过错等问题存在较大争议的,公安机关维护民警执法权威工作委员会应当组织相关专业人员成立专家组进行审查,出具书面论证意见,作为公安机关内部责任认定的重要参考依据。纪检监察机关、检察机关介入调查的,公安机关应当及时提供论证意见,加强沟通。

第18条 民警对因履行职责、行使职权行为受到记大过以上处分、辞退有异议并提出申诉的,民警所在公安机关维护民警执法权威工作委员会应当听取当事民警的陈述、申辩,对事实、理由、依据和程序进行全面复核,认为处分、处理决定不当的,应当向作出决定部门提供复核意见。不得因民警提出申诉而对其加重处分、处理,或者变相打击报复。

第19条 民警因履行职责、行使职权行为受到检察机关调查时或者其他必要情形下,公安法制部门和公安机关聘请的法律顾问、专职律师应当在职责范围内为事件的调查处理提供必要的法律配合。

第20条 民警认为因依法履行职责、行使职权受到侵害的,民警及其近亲属或者民警所在单位可以向所属公安机关警务督察部门提出维护执法权威申请,一般情况下应当通过书面形式提出,紧急情况下可以口头提出。

警务督察部门在工作中发现民警执法权威受到侵犯的情形、线索,应当主动启动相关工作程序。

第21条 警务督察部门在办理维护民警执法权威事项过程中,认为应当由上一级公安机关警务督察部门协调处理的,可以提请上一级公安机关警务督察部门协调处理。

上一级公安机关警务督察部门可以指令下一级公安机关警务督察部门对专门事项进行调查,必要时可以直接开展调查。

第22条 民警因依法履行职责、行使职权行为受到公安机关内部不公正处分、处理,经核查属实的,警务督察部门应当督促相关部门限期纠正。

第23条 民警因履行职责、行使职权行为受到不实投诉、诬告诽谤、侮辱、恶意炒作,以及被错误审查调查、追究责任后,相关部门予以纠正的,警务督察部门应当通过公开的形式,在一定范围内澄清事实,消除影响。受到公安机关内部处分、处理的,公安机关应当及时撤销相关决定并恢复民警公职身份和原职务、职级。

第24条 公安机关应当建立维护民警执法权威抚慰金制度,规范审批和管理使用。民警所属公安机关及其政工人事部门、警务督察部门负责人应当出面抚慰因依法履行职责、行使职权受到侵害的民警。

第25条 公安机关应当聘请专业人员,在必要时对因依法履行职责、行使职权受到侵害的民警及其近亲属开展心理干预和治疗,缓解和疏导心理压力、负担。

第26条 公安机关应当经常开展常用法律法规培训和安全防护理念教育,加强民警基础体能、基本技能、常见警情处置、现场警务指挥等警务技战术训练,规范现场执法执勤行为,提升安全防护能力和现场处置水平。

第27条 公安机关应当加强对侵犯民警执法权威行为规律特点的分析研究,评估执法风险,加强安全指引和预警防范。

第28条 有下列行为之一的,依照有关规定追究相关领导和责任人的责任:

(一)因制度不落实、保障不到位、指挥错误导致民警执法权威受到侵犯的;(二)不按要求向上级公安机关报告有关情况的;(三)不及时采取善后救助措施的;(四)阻碍、干扰侵犯民警执法权威案件办理的;(五)因工作不力、推诿拖延对侵犯民警执法权威案件办理造成严重影响的;(六)违法违规不处理、降格处理侵犯民警执法权威行为人的。

第29条 先期处置过程中,受到不法侵害的,公安机关依照本规定维护其执法权威。

第30条 本规定所称"近亲属"是指夫、妻、父、母、子、女、同胞兄弟姊妹。

第31条 警务辅助人员在协助民警依法履行职责、行使职权过程中受到不法侵害的,参照本规定开展相关工作。

第32条 各省、自治区、直辖市公安厅、局,新疆生产建设兵团公安局,各行业公安局,根据本规定制定实施办法。

第33条 本规定自2019年2月1日起施行。本规定发布前公安部制定的有关规定与本规定不一致的,以本规定为准。

28. 中央纪委《中国共产党纪律检查机关监督执纪工作规则》(自2019年1月1日起施行;2017年1月15日中央纪委印发的《中国共产党纪律检查机关监督执纪工作规则(试行)》同时废止)(部分内容摘录)

第7条 监督执纪工作实行分级负责制:

(一)中央纪委国家监委负责监督检查和审查调查中央委员、候补中央委员,中央纪委委员,中央管理的领导干部,党中央工作部门、党中央批准设立的党组(党委),各省、自治区、直辖市党委、纪委等党组织的涉嫌违纪或者职务违法、职务犯罪问题。

(二)地方各级纪委监委负责监督检查和审查调查同级党委委员、候补委员,同级纪委委员,同级党委管理的党员、干部以及监察对象,同级党委工作部门、党委批准设立的党组(党委),下一级党委、纪委等党组织的涉嫌违纪或者职务违法、职务犯罪问题。

(三)基层纪委负责监督检查和审查同级党委管理的党员,同级党委下属的各级党组织的涉嫌违纪问题;未设立纪律检查委员会的党的基层委员会,由该委员会负责监督执纪工作。地方各级纪委监委依照规定加强对同级党委履行职责、行使权力情况的监督。

第8条 对党的组织关系在地方、干部管理权限在主管部门的党员、干部以及监察对象涉嫌违纪违法问题,应当按照谁主管谁负责的原则进行监督执纪,由设在主管部门、有管辖权的纪检监察机关进行审查调查,主管部门认为有必要的,可以与地方纪检监察机关联合审查调查。地方纪检监察机关接到问题线索反映的,经与主管部门协调,可以对其进行审查调查,也可以与主管部门组成联合审查调查组,审查调查情况及时向对方通报。

第9条 上级纪检监察机关有权指定下级纪检监察机关对其他下级纪检监察机关管辖的党组织和党员、干部以及监察对象涉嫌违纪或者职务违法、职务犯罪问题进行审查调查,必要时也可以直接进行审查调查。上级纪检监察机关可以将其直接管辖的事项指定下级纪检监察机关进行审查调查。

纪检监察机关之间对管辖事项有争议的,由其共同的上级纪检监察机关确定;认为所管辖的事项重大、复杂,需要由上级纪检监察机关管辖的,可以报请上级纪检监察机关管辖。

第40条 审查调查组可以依照党章党规和监察法,经审批进行谈话、讯问、询问、留置、查询、冻结、搜查、调取、查封、扣押(暂扣、封存)、勘验检查、鉴定,提请有关机关采取技术调查、通缉、限制出境等措施。

承办部门应当建立台账,记录使用措施情况,向案件监督管理部门定期备案。

案件监督管理部门应当核对检查,定期汇总重要措施使用情况并报告纪委监委领导和上一级纪检监察机关,发现违规违纪违法使用措施的,区分不同情况进行处理,防止擅自扩大范围、延长时限。

第41条 需要对被审查调查人采取留置措施的,应当依据监察法进行,在24小时内通知其所在单位和家属,并及时向社会公开发布。因可能毁灭、伪造证据,干扰证人作证或者串供等有碍调查情形而不宜通知或者公开的,应当按程序报批并记录在案。有碍调查的情形消失后,应当立即通知被留置人员所在单位和家属。

第42条 审查调查工作应当依照规定由两人以上进行,按照规定出示证件,出具书面通知。

第43条 立案审查调查方案批准后,应当由纪检监察机关相关负责人或者部门负责人与被审查调查人谈话,宣布立案决定,讲明党的政策和纪律,要求被审查调查人端正态度、配合审查调查。

审查调查应当充分听取被审查调查人陈述,保障其饮食、休息,提供医疗服务,确保安全。严格禁止使用违反党章党规党纪和国家法律的手段,严禁逼供、诱供、侮辱、打骂、虐待、体罚或者变相体罚。

第44条 审查调查期间,对被审查调查人以同志相称,安排学习党章党规党纪以及相关法律法规,开展理想信念宗旨教育,通过深入细致的思想政治工作,促使其深刻反省、认识错误、交代问题,写出忏悔反思材料。

第45条 外查工作必须严格按照外查方案执行,不得随意扩大审查调查范围、变更审查调查对象和事项,重要事项应当及时请示报告。

外查工作期间,未经批准,监督执纪人员不得单独接触任何涉案人员及其特定关系人,不得擅自采取审查调查措施,不得从事与外查事项无关的活动。

第46条 纪检监察机关应当严格依规依纪依法收集、鉴别证据,做到全面、客观,形成相互印证、完整稳定的证据链。

调查取证应当收集原物原件,逐件清点编号,现场登记,由在场人员签字盖章,原物不便搬运、保存或者取得原件确有困难的,可以将原物封存并拍照录像或者调取原件副本、复印件;谈话应当现场制作谈话笔录并由被谈话人阅看后签字。已调取证据必须及时交审查调查组统一保管。

严禁以威胁、引诱、欺骗以及其他违规违纪违法方式收集证据;严禁隐匿、损毁、篡改、伪造证据。

第47条 查封、扣押(暂扣、封存)、冻结、移交涉案财物,应当严格履行审批手续。

执行查封、扣押(暂扣、封存)措施,监督执纪人员应当会同原财物持有人或者保管人、见证人,当面逐一拍照、登记、编号,现场填写登记表,由在场人员签名。对价值不明物品应当及时鉴定,专门封存保管。

纪检监察机关应当设立专用账户、专门场所,指定专门人员保管涉案财物,严格履行交接、调取手续,定期对账核实。严禁私自占有、处置涉案财物及其孳息。

第48条 对涉嫌严重违纪或者职务违法、职务犯罪问题的审查调查谈话、搜查、查封、扣押(暂扣、封存)涉案财物等重要取证工作应当全过程进行录音录像,并妥善保管,及时归档,案件监督管理部门定期核查。

第49条 对涉嫌严重违纪或者职务违法、职务犯罪问题的审查调查,监督执纪人员未经批准并办理相关手续,不得将被审查调查人或者其他重要的谈话、询问对象带离规定的谈话场所,不得在未配置监控设备的场所进行审查调查谈话或者其他重要的谈话、询问,不得在谈话期间关闭录音录像设备。

第50条 监督检查、审查调查部门主要负责人、分管领导应当定期检查审查调查期间的录音录像、谈话笔录、涉案财物登记资料,发现问题及时纠正并报告。

纪检监察机关相关负责人应当通过调取录音录像等方式,加强对审查调查全过程的监督。

第51条 查明涉嫌违纪或者职务违法、职务犯罪问题后,审查调查组应当撰写事实材料,与被审查调查人见面,听取意见。被审查调查人应当在事实材料上签署意见,对签署不同意见或者拒不签署意见的,审查调查组应当作出说明或者注明情况。

审查调查工作结束,审查调查组应当集体讨论,形成审查调查报告,列明被审查调查人基本情况、问题线索来源及审查调查依据、审查调查过程,主要违纪或者职务违法、职务犯罪事实,被审查调查人的态度和认识,处理建议及党纪法律依据,并由审查调查组组长以及有关人员签名。

对审查调查过程中发现的重要问题和意见建议,应当形成专题报告。

第52条 审查调查报告以及忏悔反思材料,违纪或者职务违法、职务犯罪事实材料,涉案财物报告等,应当按程序报纪检监察机关主要负责人批准,连同全部证据和程序材料,依照规定移送审理。

审查调查全过程形成的材料应当案结卷成、事毕归档。

第54条 坚持审慎调查与审理相分离的原则,审查调查人员不得参与审理。纪检监察机关案件审理部门对涉嫌违纪或者职务违法、职务犯罪问题，依照规定应当给予纪律处理或者处分的案件和复议复查案件进行审核处理。

第55条 审理工作按照以下程序进行：

（一）案件审理部门收到审查调查报告后，经审核符合移送条件的予以受理，不符合移送条件的可以暂缓受理或者不予受理。（二）对于重大、复杂、疑难案件，监督检查、审查调查部门已查清主要违纪或者职务违法、职务犯罪事实并提出倾向性意见的；对涉嫌违纪或者职务违法、职务犯罪行为性质认定分歧较大的，经批准案件审理部门可以提前介入。（三）案件审理部门受理案件后，应当成立由两人以上组成的审理组，全面审理案卷材料，提出审理意见。（四）坚持集体审议原则，在民主讨论基础上形成处理意见；对争议较大的应当及时报告，形成一致意见后再作出决定。案件审理部门根据案件审理情况，应当与被审查调查人谈话，核对违纪或者职务违法、职务犯罪事实，听取辩解意见，了解有关情况。（五）对主要事实不清、证据不足的，经纪检监察机关主要负责人批准，退回监督检查、审查调查部门重新审查调查；需要补充完善证据的，经纪检监察机关相关负责人批准，退回监督检查、审查调查部门补充审查调查。（六）审理工作结束后应当形成审理报告，内容包括被审查调查人基本情况、审查调查简况、违纪违法或者职务犯罪事实、涉案财物处置、监督检查或者审查调查部门意见、审理意见等。审理报告应当体现党内审查特色，依据《中国共产党纪律处分条例》认定违纪事实性质，分析被审查调查人违反党章、背离党的性质宗旨的错误本质，反映其态度、认识以及思想转变过程。涉嫌职务犯罪需要追究刑事责任的，还应当形成《起诉意见书》，作为审理报告附件。

对给予同级党委委员、候补委员，同级纪委委员、监委委员处分的，在同级党委审议前，应当与上级纪委监委沟通并形成处理意见。

审理工作应当在受理之日起1个月内完成，重大复杂案件经批准可以适当延长。

第56条 审理报告报经纪检监察机关主要负责人批准后，提请纪委常委会会议审议。需报同级党委审批的，应当在报批前以纪检监察机关办公厅（室）名义征求同级党委组织部门和被审查调查人所在党委（党组）意见。

处分决定作出后，纪检监察机关应当通知受处分党员所在党委（党组），抄送同级党委组织部门，并依照规定在1个月内向其所在党的基层组织中的全体党员以及本人宣布。处分决定执行情况应当及时报告。

第57条 被审查调查人涉嫌职务犯罪的，应当由案件监督管理部门协调办理移送司法机关事宜。对于采取留置措施的案件，在人民检察院对犯罪嫌疑人先行拘留后，留置措施自动解除。

案件移送司法机关后，审查调查部门应当跟踪了解处理情况，发现问题及时报告，不得违规过问、干预处理工作。

审理工作完成后，对涉及的其他问题线索，经批准应当及时移送有关纪检监察机关处置。

第58条 对被审查调查人违规违纪违法所得财物，应当依规依纪依法予以收缴、责令退赔或者登记上交。

对涉嫌职务犯罪所得财物，应当随案移送司法机关。

对经认定不属于违规违纪违法所得的，应当在案件审结后依规依纪依法予以返还，并办理签收手续。

第59条 对不服处分决定的申诉，由批准或者决定处分的党委（党组）或者纪检监察机关受理；需要复议复查的，由纪检监察机关相关负责人批准后受理。

申诉办理部门成立复查组，调阅原案案卷，必要时可以进行取证，经集体研究后，提出办理意见,报纪检监察机关相关负责人批准或者纪委常委会会议研究决定,作出复议复查决定。决定应当告知申诉人,抄送相关单位,并在一定范围内宣布。

坚持复议复查与审查审理分离,原案审查、审理人员不得参与复议复查。

复议复查工作应当在3个月内办结。

第65条 严格执行回避制度。审查调查审理人员是被审查调查人或者检举人近亲属、本案证人、利害关系人,或者存在其他可能影响公正审查调查审理情形的,不得参与相关审查调查审理工作,应当主动申请回避,被审查调查人、检举人以及其他有关人员也有权要求其回避。选用借调人员、看护人员、审查场所,应当严格执行回避制度。

第66条 审查调查组需要借调人员的,一般应当从审查调查人才库选用,由纪检监察机关组织部门办理手续,实行一案一借,不得连续多次借调。加强对借调人员的管理监督,借调结束后由审查调查组写出鉴定。借调单位和党员干部不得干预借调人员岗位调整、职务晋升等事项。

第69条 纪检监察机关开展谈话应当做到全程可控。谈话前做好风险评估、医疗保障、安全防范工作以及应对突发事件的预案;谈话中及时研判谈话内容以及案情变化,发现严重职务违法、职务犯罪,依照监察法需要采取留置措施的,应当及时采取留置措施;谈话结束前做好被谈话人思想工作,谈话后按程序与相关单位或者人员交接,并做好跟踪回访等工作。

第71条 对纪检监察干部越权接触相关地区、部门、单位党委(党组)负责人,私存线索、跑风漏气、违反安全保密规定,接受请托、干预审查调查、以案谋私、办人情案,侮辱、打骂、虐待、体罚或者变相体罚被审查调查人,以违规违纪违法方式收集证据,截留挪用、侵占私分涉案财物,接受宴请和财物等行为,依规依纪严肃处理;涉嫌职务违法、职务犯罪的,依法追究法律责任。

第72条 纪检监察机关在维护监督执纪工作纪律方面失职失责的,予以严肃问责。

第73条 对案件处置出现重大失误,纪检监察干部涉嫌严重违纪或者职务违法、职务犯罪的,开展"一案双查",既追究直接责任,还应当严肃追究有关领导人员责任。

建立办案质量责任制,对滥用职权、失职失责造成严重后果的,实行终身问责。

第77条 本规则自2019年1月1日起施行。2017年1月15日中央纪委印发的《中国共产党纪律检查机关监督执纪工作规则(试行)》同时废止。此前发布的其他有关纪检监察机关监督执纪工作的规定,凡与本规则不一致的,按照本规则执行。(全文略)

29. 公安部《公安机关办理刑事案件电子数据取证规则》(公通字〔2018〕41号)

(全文略)

30. 最高人民检察院《人民检察院检察建议工作规定》(高检发释字〔2019〕1号)

(全文略)

31. 最高人民法院《关于健全完善人民法院审判委员会工作机制的意见》(法发〔2019〕20号)

为贯彻落实中央关于深化司法体制综合配套改革的总体部署,健全完善人民法院审判委员会工作机制,进一步全面落实司法责任制,根据人民法院组织法、刑事诉讼法、民事诉讼法、行政诉讼法等法律及司法解释规定,结合人民法院工作实际,制定本意见。

一、基本原则

1. 坚持党的领导。坚持以习近平新时代中国特色社会主义思想为指导,增强"四个意识"、坚定"四个自信"、做到"两个维护",坚持党对人民法院工作的绝对领导,坚定不移走中国特色社会主义法治道路,健全公正高效权威的社会主义司法制度。

2. 实行民主集中制。坚持充分发扬民主和正确实行集中有机结合,健全完善审判委员会议事程序和议事规则,确保审判委员会委员客观、公正、独立、平等发表意见,防止和克服议而不决、决而不行,切实发挥民主集中制优势。

3. 遵循司法规律。优化审判委员会人员组成,科学定位审判委员会职能,健全审判委员会运行机制,全面落实司法责任制,推动建立权责清晰、权责统一、运行高效、监督有力的工作机制。

4. 恪守司法公正。认真总结审判委员会制度改革经验,不断完善工作机制,坚持以事实为根据、以法律为准绳,坚持严格公正司法,坚持程序公正和实体公正相统一,充分发挥审判委员会职能作用,努力让人民群众在每一个司法案件中感受到公平正义。

二、组织构成

5. 各级人民法院设审判委员会。审判委员会由院长、副院长和若干资深法官组成,成员应当为单数。

审判委员会可以设专职委员。

6. 审判委员会会议分为全体会议和专业委员会会议。

专业委员会会议是审判委员会的一种会议形式和工作方式。中级以上人民法院根据审判工作需要,可以召开刑事审判、民事行政审判等专业委员会会议。

专业委员会会议组成人员应当根据审判委员会委员的专业和工作分工确定。审判委员会委员可以参加不同的专业委员会会议。专业委员会会议全体组成人员应当超过审判委员会全体委员的二分之一。

三、职能定位

7. 审判委员会的主要职能是:

(1)总结审判工作经验;(2)讨论决定重大、疑难、复杂案件的法律适用;(3)讨论决定本院已经发生法律效力的判决、裁定、调解书是否应当再审;(4)讨论决定其他有关审判工作的重大问题。

最高人民法院审判委员会通过制定司法解释、规范性文件及发布指导性案例等方式,统一法律适用。

8. 各级人民法院审理的下列案件,应当提交审判委员会讨论决定:

(1)涉及国家安全、外交、社会稳定等敏感案件和重大、疑难、复杂案件;(2)本院已经发生法律效力的判决、裁定、调解书等确有错误需要再审的案件;(3)同级人民检察院依照审判监督程序提出抗诉的刑事案件;(4)法律适用规则不明的新类型案件;(5)拟宣告被告人无罪的案件;(6)拟在法定刑以下判处刑罚或者免予刑事处罚的案件。

高级人民法院、中级人民法院拟判处死刑的案件,应当提交本院审判委员会讨论决定。

9. 各级人民法院审理的下列案件,可以提交审判委员会讨论决定:

(1)合议庭对法律适用问题意见分歧较大,经专业(主审)法官会议讨论难以作出决定的案件;(2)拟作出的裁判与本院或者上级法院的类案裁判可能发生冲突的案件;(3)同级人民检察院依照审判监督程序提出抗诉的重大、疑难、复杂民事案件及行政案件;(4)指令再审或者发回重审的案件;(5)其他需要提交审判委员会讨论决定的案件。

四、运行机制

10. 合议庭或者独任法官认为案件需要提交审判委员会讨论决定的,由其提出申请,层报院长批准;未提出申请,院长认为有必要的,可以提请审判委员会讨论决定。

其他事项提交审判委员会讨论决定的,参照案件提交程序执行。

11. 拟提请审判委员会讨论决定的案件,应当有专业(主审)法官会议研究讨论的意见。

专业(主审)法官会议意见与合议庭或者独任法官意见不一致的,院长、副院长、庭长可以按照审判监督管理权限要求合议庭或者独任法官复议；经复议仍未采纳专业(主审)法官会议意见的，应当按程序报请审判委员会讨论决定。

12. 提交审判委员会讨论的案件，合议庭应当形成书面报告。书面报告应当客观全面反映案件事实、证据、当事人或者控辩双方的意见，列明需要审判委员会讨论决定的法律适用问题、专业(主审)法官会议意见、类案与关联案件检索情况，有合议庭拟处理意见和理由。有分歧意见的，应归纳不同的意见和理由。

其他事项提交审判委员会讨论之前，承办部门应在认真调研并征求相关部门意见的基础上提出办理意见。

13. 对提交审判委员会讨论决定的案件或者事项，审判委员会工作部门可以先行审查是否属于审判委员会讨论范围并提出意见，报请院长决定。

14. 提交审判委员会讨论决定的案件，审判委员会委员有应当回避情形的，应当自行回避并报院长决定；院长的回避，由审判委员会决定。

审判委员会委员的回避情形，适用有关法律关于审判人员回避情形的规定。

15. 审判委员会委员应当提前审阅会议材料，必要时可以调阅相关案卷、文件及庭审音频视频资料。

16. 审判委员会召开全体会议和专业委员会会议，应当有其组成人员的过半数出席。

17. 审判委员会全体会议及专业委员会会议应当由院长或者院长委托的副院长主持。

18. 下列人员应当列席审判委员会会议：

(1)承办案件的合议庭成员、独任法官或者事项承办人；(2)承办案件、事项的审判庭或者部门负责人；(3)其他有必要列席的人员。

审判委员会召开会议，必要时可以邀请人大代表、政协委员、专家学者等列席。

经主持人同意，列席人员可以提供说明或者表达意见，但不参与表决。

19. 审判委员会举行会议时，同级人民检察院检察长或者其委托的副检察长可以列席。

20. 审判委员会讨论决定案件和事项，一般按照以下程序进行：

(1)合议庭、承办人汇报；(2)委员就有关问题进行询问；(3)委员按照法官等级和资历由低到高顺序发表意见，主持人最后发表意见；(4)主持人作会议总结，会议作出决议。

21. 审判委员会全体会议和专业委员会会议讨论案件或者事项，一般按照各自全体组成人员过半数的多数意见作出决定，少数委员的意见应当记录在卷。

经专业委员会会议讨论的案件或者事项，无法形成决议或者院长认为有必要的，可以提交全体会议讨论决定。

经审判委员会全体会议和专业委员会会议讨论的案件或者事项，院长认为有必要的，可以提请复议。

22. 审判委员会讨论案件或者事项的决定，合议庭、独任法官或者相关部门应当执行。审判委员会工作部门发现案件处理结果与审判委员会决定不符的，应当及时向院长报告。

23. 审判委员会会议纪要或者决定由院长审定后，发送审判委员会委员、相关审判庭或者部门。

同级人民检察院检察长或者副检察长列席审判委员会的，会议纪要或者决定抄送同级人民检察院检察委员会办事机构。

24. 审判委员会讨论案件的决定及其理由应当在裁判文书中公开，法律规定不公开的除外。

25. 经审判委员会讨论决定的案件，合议庭、独任法官应及时审结，并将判决书、裁定书、调解书等送审判委员会工作部门备案。

26. 各级人民法院应当建立审判委员会会议全程录音录像制度，按照保密要求进行管理。审判委员会议题的提交、审核、讨论、决定等纳入审判流程管理系统，实行全程留痕。

27. 各级人民法院审判委员会工作部门负责处理审判委员会日常事务性工作，根据审判委员会授权，督促检查审判委员会决定执行情况，落实审判委员会交办的其他事项。

五、保障监督

28. 审判委员会委员依法履职行为受法律保护。

29. 领导干部和司法机关内部人员违法干预、过问、插手审判委员会委员讨论决定案件的，应当予以记录、通报，并依纪依法追究相应责任。

30. 审判委员会委员因依法履职遭受诬告陷害或者侮辱诽谤的，人民法院应当会同有关部门及时采取有效措施，澄清事实真相，消除不良影响，并依法追究相关单位或者个人的责任。

31. 审判委员会讨论案件，合议庭、独任法官对其汇报的事实负责，审判委员会委员对其本人发表的意见和表决负责。

32. 审判委员会委员有贪污受贿、徇私舞弊、枉法裁判等严重违纪违法行为的，依纪依法严肃追究责任。

33. 各级人民法院应当将审判委员会委员出席会议情况纳入考核体系，并以适当形式在法院内部公示。

34. 审判委员会委员、列席人员及其他与会人员应严格遵守保密工作纪律，不得泄露履职过程中知悉的审判工作秘密。因泄密造成严重后果的，严肃追究纪律责任和法律责任。

六、附则

35. 本意见关于审判委员会委员的审判责任范围、认定及追究程序，依据《最高人民法院关于完善人民法院司法责任制的若干意见》及法官惩戒相关规定等执行。

36. 各级人民法院可以根据本意见，结合本院审判工作实际，制定工作细则。

37. 本意见自2019年8月2日起施行。最高人民法院以前发布的规范性文件与本意见不一致的，以本意见为准。

32. 公安部、司法部《关于进一步保障和规范看守所律师会见工作的通知》(公监管〔2019〕372号)

近年来，全国公安机关、司法行政机关切实加强协作配合，按照最高人民法院、最高人民检察院、公安部、国家安全部、司法部《关于依法保障律师执业权利的规定》(司发〔2015〕14号)要求，不断创新协作机制、完善保障制度、加强硬件建设，严格依法保障律师在看守所会见在押犯罪嫌疑人、被告人的权利，取得明显成效。但随着刑事案件律师辩护全覆盖、法律援助值班律师等新制度的实施，看守所律师会见量急剧增多，一些看守所律师会见排队时间过长，甚至出现个别变相限制律师会见的现象，影响了律师的正常执业。同时，个别律师违反会见管理相关规定，甚至发生假冒律师会见等问题，影响了监所安全。对此，公安部、司法部经共同协商研究，现就进一步保障和规范看守所律师会见工作的相关要求通知如下：

一、依法安排及时会见，保障律师正常执业。

辩护律师到看守所要求会见在押的犯罪嫌疑人、被告人，看守所在核验律师执业证书、律师事务所证明和委托书或者法律援助公函后，应当及时安排会见，能当时安排的应当时安排，不能当时安排的应向辩护律师说明情况，并保证辩护律师在48小时内会见到在押的犯罪嫌疑人、被告人。看守所安排会见不得附加其他条件或者变相要求辩护律师提交法律规定以外的其他文件、材料，不得以未收到办案部门通知为由拒绝安排辩护律师会见。在押犯罪嫌疑人、被告人提出解除委托关系的，辩护律师要求当面向其确认解除委托关系的，看守所应当安排会见;犯罪嫌疑人、被告人书面拒绝会见的,看守所应当将有关书面材料转交辩护律师。

二、加强制度硬件建设,满足律师会见需求。

要加强制度建设,看守所应设立律师会见预约平台,在确保在押人员信息安全的前提下,通过网络、微信、电话等方式为律师预约会见,但不得以未预约为由拒绝安排律师会见,有条件的地方可以探索视频会见。要加强会见场所建设,新建看守所律师会见室数量要按照设计押量每百人4间的标准建设,老旧看守所要因地制宜、挖掘潜力,通过改建、扩建等办法,进一步增加律师会见室数量。在律师会见室不足的情况下,经书面征得律师同意,可以使用讯问室安排律师会见,但应当关闭录音、监听设备。律师会见量较大的看守所可设置快速会见室,对于会见时间不超过30分钟的会见申请,看守所应安排快速会见。要加强服务保障,有条件的看守所可设立律师等候休息区,并配备一些必要的服务设施及办公设备,最大限度为律师会见提供便利。律师可以携带个人电脑会见,但应当遵守相关法律法规的规定,确保会见安全。在正常工作时间内无法满足律师会见需求的,经看守所所长批准可适当延长工作时间,或利用公休日安排律师会见。

三、加强信息共享和协作配合,确保羁押秩序和安全。

公安部、司法部建立全国律师信息共享机制,共享全国律师的执业资格、执业状态等相关信息,并进一步规范辩护委托书、会见介绍信和刑事法律援助辩护(代理)函等文书的格式。律师应当遵守看守所安全管理规定,严禁携带违禁物品进入会见区,严禁带经办案单位核实或许可的律师助理、翻译以外的其他人员参加会见,严禁将通讯工具提供给犯罪嫌疑人、被告人使用或者传递违禁物品、文件。发现律师在会见中有违规行为的,看守所应立即制止,并及时通报同级司法行政机关、律师协会。律师认为自己的会见权利受到侵害的,可以向看守所及所属公安机关、司法行政机关、律师协会或者检察机关投诉,公安机关应当公开受理律师投诉的机构名称和具体联系人、联系方式等。司法行政机关和律师协会要协同相关部门依法整治看守所周边违法设点执业的律师事务所,严肃查处违规执业、以不正当手段争揽业务和扰乱正常会见秩序等行为。

各地贯彻落实情况及工作中遇到的问题,请及时报公安部监所管理局、司法部律师工作局。

33. 最高人民检察院、公安部《关于加强和规范补充侦查工作的指导意见》(2020年3月27日)

第1条 为进一步完善以证据为核心的刑事指控体系,加强和规范补充侦查工作,提高办案质效,根据《中华人民共和国刑事诉讼法》《人民检察院刑事诉讼规则》《公安机关办理刑事案件程序规定》等有关规定,结合办案实践,制定本指导意见。

第2条 补充侦查是依照法定程序,在原有侦查工作的基础上,进一步查清事实,补充完善证据的诉讼活动。

人民检察院审查逮捕提出补充侦查意见,审查起诉退回补充侦查、自行补充侦查,要求公安机关提供证据材料,要求公安机关对证据的合法性作出说明等情形,适用本指导意见的相关规定。

第3条 开展补充侦查工作应当遵循以下原则:

1. 必要性原则。补充侦查工作应当具备必要性,不得因与案件事实、证据无关的原因退回补充侦查。

2. 可行性原则。要求补充侦查的证据材料应当具备收集固定的可行性,补充侦查工作应当具备可操作性,对于无法通过补充侦查收集证据材料的情形,不能适用补充侦查。

3. 说理性原则。补充侦查提纲应当写明补充侦查的理由、案件定性的考虑、补充侦查的方向、每一项补证的目的和意义,对复杂问题、争议问题作适当阐明,具备条件的,可以写明补充侦查的渠道、线索和方法。

4. 配合性原则。人民检察院、公安机关在补充侦查之前和补充侦查过程中,应当就案件事实、证据、定性等方面存在的问题和补充侦查的相关情况,加强当面沟通、协作配合,共同确保案件质量。

5. 有效性原则。人民检察院、公安机关应当以增强补充侦查效果为目标,把提高证据质量、解决证据问题贯穿于侦查、审查逮捕、审查起诉全过程。

第4条 人民检察院开展补充侦查工作,应当书面列出补充侦查提纲。补充侦查提纲应当分别归入检察内卷、侦查内卷。

第5条 公安机关提请人民检察院审查批准逮捕的,人民检察院应当接收。经审查,不符合批捕条件的,应当依法作出不批准逮捕决定。人民检察院对于因证据不足作出不批准逮捕决定,需要补充侦查的,应当制作补充侦查提纲,列明证据体系存在的问题、补充侦查方向、取证要求等事项并说明理由。公安机关应当按照人民检察院的要求开展补充侦查。补充侦查完毕,认为符合逮捕条件的,应当重新提请批准逮捕。对于人民检察院不批准逮捕而未说明理由的,公安机关可以要求人民检察院说明理由。对人民检察院不批准逮捕的决定认为有错误的,公安机关可以依法要求复议、提请复核。

对于作出批准逮捕决定的案件,确有必要的,人民检察院可以根据案件证据情况,就完善证据体系、补正证据合法性、全面查清案件事实等事项,向公安机关提出捕后侦查意见。逮捕之后,公安机关应当及时开展侦查工作。

第6条 人民检察院在审查起诉期间发现案件存在事实不清、证据不足或者存在遗漏罪行、遗漏同案犯罪嫌疑人等情形需要补充侦查的,应当制作补充侦查提纲,连同案卷材料一并退回公安机关并引导公安机关进一步查明案件事实、补充收集证据。

人民检察院第1次退回补充侦查时,应当向公安机关列明全部补充侦查事项。在案件事实或证据发生变化、公安机关未补充侦查到位,或者重新报送的材料中发现矛盾和问题的,可以第2次退回补充侦查。

第7条 退回补充侦查提纲一般包括以下内容:

(一)阐明补充侦查的理由,包括案件事实不清、证据不足的具体表现和问题;(二)阐明补充侦查的方向和取证目的;(三)明确需要补充侦查的具体事项和需要补充收集的证据目录;(四)根据起诉和审判的证据标准,明确补充、完善证据需要达到的标准和必备要素;(五)有遗漏罪行的,应当指出在起诉意见书中没有认定的犯罪嫌疑人的罪行;(六)有遗漏同案犯罪嫌疑人需要追究刑事责任的,应当建议补充移送;(七)其他需要列明的事项。补充侦查提纲、捕后侦查意见可参照本条执行。

第8条 案件退回补充侦查后,人民检察院和公安机关的办案人员应当加强沟通,及时就取证方向、落实补证要求等达成一致意见。公安机关办案人员对于补充侦查提纲有异议的,双方及时沟通。

对于事实证据发生重大变化的案件,可能改变定性的案件,证据标准难以把握的重大、复杂、疑难、新型案件,以及公安机关提出请求的案件,人民检察院在退回补充侦查期间,可以了解补充侦查开展情况,查阅证据材料,对补充侦查方向、重点、取证方式等提出建议,必要时可列席公安机关的案件讨论并发表意见。

第9条 具有下列情形之一的,一般不退回补充侦查:

(一)查清的事实足以定罪量刑或者与定罪量刑有关的事实已经查清,不影响定罪量刑的事实无法查清的;(二)作案工具、赃物去向等部分事实无法查清,但有其他证据足以认定,不影响定罪量刑的;(三)犯罪嫌疑人供述和辩解、证人证言、被害人陈述的主要情节能够相互印证,只有个别情节不一致但不影响定罪量刑的;(四)遗漏同案犯罪嫌疑人或者同案犯罪嫌疑人在逃,在案犯罪嫌疑人定罪量刑的事实已经查清且符合起诉条件,公安机关不能及时补充移送同案犯罪嫌疑人的;(五)补充侦查事项客观上已经没有查证可能性的;(六)其他没有必要退回补充侦查的。

第10条 对于具有以下情形可以及时调取的有关证据材料,人民检察院可以发出《调取证据材料通知书》,通知公安机关直接补充相关证据并移送,以提高办案效率:

(一)案件基本事实清楚,虽欠缺某些证据,但收集、补充证据难度不大且在审查起诉期间内能够完成的;(二)证据存在书写不规范、漏填、错填等瑕疵,公安机关可以在审查起诉期间补正、说明的;(三)证据材料制作违反程序规定但程度较轻微,通过补正可以弥补的;(四)案卷诉讼文书存在瑕疵,需进行必要的修改或补充的;(五)缺少前科材料、释放证明、抓获经过等材料,侦查人员能够及时提供的;(六)其他可以通知公安机关直接补充相关证据的。

第11条 人民检察院在审查起诉过程中,具有下列情形之一,自行补充侦查更为适宜的,可以依法自行开展侦查工作:

(一)影响定罪量刑的关键证据存在灭失风险,需要及时收集和固定证据,人民检察院有条件自行侦查的;(二)经退回补充侦查未达到要求,自行侦查具有可行性的;(三)有证据证明或者有迹象表明侦查人员可能存在利用侦查活动插手民事、经济纠纷、实施报复陷害等违法行为和刑讯逼供、非法取证等违法行为,不宜退回补充侦查的;(四)其他需要自行侦查的。

人民检察院开展自行侦查工作应依法规范开展。

第12条 自行侦查由检察官组织实施,必要时可以调配办案人员。开展自行侦查的检察人员不得少于2人。自行侦查过程中,需要技术支持和安全保障的,由检察机关的技术部门和警务部门派员协助。

人民检察院通过自行侦查方式补强证据的,公安机关应当依法予以配合。

人民检察院自行侦查,适用《中华人民共和国刑事诉讼法》规定的讯问、询问、勘验、检查、查封、扣押、鉴定等侦查措施,应当遵循法定程序,在法定期限内侦查完毕。

第13条 人民检察院对公安机关移送的案件进行审查后,在法院作出生效判决前,认为需要补充审判所必需的证据材料的,可以发出《调取证据材料通知书》,要求公安机关提供。人民检察院办理刑事审判监督案件,可以向公安机关发出《调取证据材料通知书》。

第14条 人民检察院在办理刑事案件过程中,发现可能存在《中华人民共和国刑事诉讼法》第56条规定的以非法方法收集证据情形的,可以要求公安机关对证据收集的合法性作出书面说明或者提供相关证明材料,必要时,可以自行调查核实。

第15条 公安机关经补充侦查重新移送后,人民检察院应当接收,及时审查公安机关制作的书面补充侦查报告和移送的补充证据,根据补充侦查提纲的内容核对公安机关应补充侦查事项是否补查到位,补充侦查活动是否合法,补充侦查后全案证据是否已确实、充分。经审查,公安机关未能按要求开展补充侦查工作,无法达到批捕标准的,应当依法作出不批捕决定;经2次补充侦查仍然证据不足,不符合起诉条件的,人民检察院应当依法作出不起诉决定。对人民检察院不起诉决定认为错误的,公安机关可以依法复议、复核。

对公安机关要求复议的不批准逮捕案件、不起诉案件,人民检察院应当另行指派检察官办理。人民检察院办理公安机关对不批准逮捕决定和不起诉决定要求复议、提请复核的案件,应当充分听取公安机关的意见,相关意见应当附卷备查。

第16条 公安机关开展补充侦查工作,应当按照人民检察院补充侦查提纲的要求,及时、认真补充完善相关证据材料;对于补充侦查提纲不明确或者有异议的,应当及时与人民检察院沟通;对于无法通过补充侦查取得证据的,应当书面说明原因、补充侦查过程中所做的工作以及采取的补救措施。公安机关补充侦查后,应当单独立卷移送人民检察院,人民检察院应当依法接收案卷。

第17条 对公安机关未及时有效开展补充侦查工作的,人民检察院应当进行口头督促,对公安机关不及时补充侦查导致证据无法收集影响案件处理的,必要时可以发出检察建议;公安机关存在非法取证等情形的,应当依法启动调查核实程序,根据情节,依法向公安机关发出纠正违法通知书,涉嫌犯罪的,依法进行侦查。

公安机关以非法方法收集的犯罪嫌疑人供述、被害人陈述、证人证言等证据材料,人民检察院应当依法排除并提出纠正意见,同时可以建议公安机关另行指派侦查人员重新调查取证,必要时人民检察院也可以自行调查取证。公安机关发现办案人员非法取证的,应当依法作出处理,并可另行指派侦查人员重新调查取证。

第18条 案件补充侦查期限届满,公安机关认为原认定的犯罪事实有重大变化,不应当追究刑事责任而未将案件重新移送审查起诉的,应当以书面形式告知人民检察院,并说明理由。公安机关应当将案件重新移送审查起诉而未重新移送审查起诉的,人民检察院应当要求公安机关说明理由。人民检察院认为公安机关理由不成立的,应当要求公安机关重新移送审查起诉。人民检察院发现公安机关不应当撤案而撤案的,应当进行立案监督。公安机关未重新移送审查起诉,且未及时以书面形式告知并说明理由的,人民检察院应当提出纠正意见。

第19条 人民检察院、公安机关在自行侦查、补充侦查工作中,根据工作需要,可以提出协作要求或者意见、建议,加强沟通协调。

第20条 人民检察院、公安机关应当建立联席会议、情况通报会等工作机制,定期通报补充侦查工作总体情况,评析证据收集和固定上存在的问题及争议。针对补充侦查工作中发现的突出问题,适时组织联合调研检查,共同下发问题通报并督促整改,加强沟通,统一认识,共同提升补充侦查工作质量。

推行办案人员旁听法庭审理机制,了解指控犯罪、定罪量刑的证据要求和审判标准。

第21条 人民检察院各部门之间应当加强沟通,形成合力,提升补充侦查工作质效。人民检察院需要对技术性证据和专门性证据补充侦查的,可以先由人民检察院技术部门或有专门知识的人进行审查,根据审查意见,开展补充侦查工作。

第22条 本指导意见自下发之日起实施。

34. 最高人民法院《关于统一法律适用加强类案检索的指导意见(试行)》(2020年7月27日)

为统一法律适用,提升司法公信力,结合审判工作实际,就人民法院类案检索工作提出如下意见。

一、本意见所称类案,是指与待决案件在基本事实、争议焦点、法律适用问题等方面具有相似性,且已经人民法院裁判生效的案件。

二、法院办理案件具有下列情形之一,应当进行类案检索:

(一)拟提交专业(主审)法官会议或者审判委员会讨论的;(二)缺乏明确裁判规则或者尚未形成统一裁判规则的;(三)院长、庭长根据审判监督管理权限要求进行类案检索的;(四)其他需要进行类案检索的。

三、承办法官依托中国裁判文书网、审判案例数据库等进行类案检索,并对检索的真实性、准确性负责。

四、类案检索范围一般包括:(一)最高人民法院发布的指导性案例;(二)最高人民法院发布的典型案例及裁判生效的案件;(三)本省(自治区、直辖市)高级人民法院发布的参考性案例及裁判生效的案件;(四)上一级人民法院及本院裁判生效的案件。

除指导性案例以外,优先检索近3年的案例或者案件;已经在前一顺位中检索到类案的,可以不再进行检索。

五、类案检索可以采用关键词检索、法条关联案件检索、案例关联检索等方法。

六、承办法官应当将待决案件与检索结果进行相似性识别和比对,确定是否属于类案。

七、对本意见规定的应当进行类案检索的案件,承办法官应当在合议庭评议、专业(主审)法官会议讨论及审理报告中对类案检索情况予以说明,或者制作专门的类案检索报告,并随案归档备查。

八、类案检索说明或者报告应当客观、全面、准确,包括检索主体、时间、平台、方法、结果,类案裁判要点以及待决案件争议焦点等内容,并对是否参照或者参考类案等结果运用情况予以分析说明。

九、检索到的类案为指导性案例的,人民法院应当参照作出裁判,但与新的法律、行政法规、司法解释相冲突或者为新的指导性案例所取代的除外。

检索到其他类案的,人民法院可以作为作出裁判的参考。

十、公诉机关、案件当事人及其辩护人、诉讼代理人等提交指导性案例作为控(诉)辩理由的,人民法院应当在裁判文书说理中回应是否参照并说明理由;提交其他类案作为控(诉)辩理由的,人民法院可以通过释明等方式予以回应。

十一、检索到的类案存在法律适用不一致的,人民法院可以综合法院层级、裁判时间、是否经审判委员会讨论等因素,依照《最高人民法院关于建立法律适用分歧解决机制的实施办法》等规定,通过法律适用分歧解决机制予以解决。

十二、各级人民法院应当积极推进类案检索工作,加强技术研发和应用培训,提升类案推送的智能化、精准化水平。

各高级人民法院应当充分运用现代信息技术,建立审判案例数据库,为全国统一、权威的审判案例数据库建设奠定坚实基础。

十三、各级人民法院应当定期归纳整理类案检索情况,通过一定形式在本院或者辖区法院公开,供法官办案参考,并报上一级人民法院审判管理部门备案。

十四、本意见自2020年7月31日起试行。

35. 国务院《行政执法机关移送涉嫌犯罪案件的规定》(2001年7月9日国务院令第310号公布;2020年8月7日《国务院关于修改〈行政执法机关移送涉嫌犯罪案件的规定〉的决定》修订)

第1条 为了保证行政执法机关向公安机关及时移送涉嫌犯罪案件,依法惩罚破坏社会主义市场经济秩序罪、妨害社会管理秩序罪以及其他罪,保障社会主义建设事业顺利进行,制定本规定。

第2条 本规定所称行政执法机关,是指依照法律、法规或者规章的规定,对破坏社会主义市场经济秩序、妨害社会管理秩序以及其他违法行为具有行政处罚权的行政机关,以及法律、法规授权的具有管理公共事务职能、在法定授权范围内实施行政处罚的组织。

第3条 行政执法机关在依法查处违法行为过程中,发现违法事实涉及的金额、违法事实的情节、违法事实造成的后果等,根据刑法关于破坏社会主义市场经济秩序罪、妨害社会管理秩序罪等罪的规定和最高人民法院、最高人民检察院关于破坏社会主义市场经济秩序罪、妨害社会管理秩序罪等罪的司法解释以及最高人民检察院、公安部关于经济犯罪案件的追诉标准等规定,涉嫌构成犯罪,依法需要追究刑事责任的,必须依照本规定向公安机关移送。

知识产权领域的违法案件,行政执法机关根据调查收集的证据和查明的案件事实,认为存在犯罪的合理嫌疑,需要公安机关采取措施进一步获取证据以判断是否达到刑事案件立案追诉标准的,应当向公安机关移送。

第4条 行政执法机关在查处违法行为过程中,必须妥善保存所收集的与违法行为有关的证据。

行政执法机关对查获的涉案物品,应当如实填写涉案物品清单,并按照国家有关规定予以处理。对易腐烂、变质等不宜或者不易保管的涉案物品,应当采取必要措施,留取证据;对需要进行检验、鉴定的涉案物品,应当由法定检验、鉴定机构进行检验、鉴定,并出具检验报告或者鉴定结论。

第5条 行政执法机关对应当向公安机关移送的涉嫌犯罪案件,应当立即指定2名或者2名以上行政执法人员组成专案组专门负责,核实情况后提出移送涉嫌犯罪案件的书面报告,报经本机关正职负责人或者主持工作的负责人审批。

行政执法机关正职负责人或者主持工作的负责人应当自接到报告之日起3日内作出批准移送或者不批准移送的决定。决定批准的,应当在24小时内向同级公安机关移送;决定不批准的,应当将不予批准的理由记录在案。

第6条 行政执法机关向公安机关移送涉嫌犯罪案件,应当附有下列材料:

(一)涉嫌犯罪案件移送书;(二)涉嫌犯罪案件情况的调查报告;(三)涉案物品清单;(四)有关检验报告或者鉴定结论;(五)其他有关涉嫌犯罪的材料。

第7条 公安机关对行政执法机关移送的涉嫌犯罪案件,应当在涉嫌犯罪案件移送书的回执上签字;其中,不属于本机关管辖的,应当在24小时内转送有管辖权的机关,并书面告知移送案件的行政执法机关。

第8条 公安机关应当自接受行政执法机关移送的涉嫌犯罪案件之日起3日内,依照刑法、刑事诉讼法以及最高人民法院、最高人民检察院关于立案标准和公安部关于公安机关办理刑事案件程序的规定,对所移送的案件进行审查。认为有犯罪事实,需要追究刑事责任,依法决定立案的,应当书面通知移送案件的行政执法机关;认为没有犯罪事实,或者犯罪事实显著轻微,不需要追究刑事责任,依法不予立案的,应当说明理由,并书面通知移送案件的行政执法机关,相应退回案卷材料。

第9条 行政执法机关接到公安机关不予立案的通知书后,认为依法应当由公安机关决定立案的,可以自接到不予立案通知书之日起3日内,提请作出不予立案决定的公安机关复议,也可以建议人民检察院依法进行立案监督。

作出不予立案决定的公安机关应当自收到行政执法机关提请复议的文件之日起3日内作出立案或者不予立案的决定,并书面通知移送案件的行政执法机关。移送案件的行政执法机关对公安机关不予立案的复议决定仍有异议的,应当自收到复议决定通知书之日起3日内建议人民检察院依法进行立案监督。

公安机关应当接受人民检察院依法进行的立案监督。

第10条 行政执法机关对公安机关决定不予立案的案件,应当依法作出处理;其中,依照有关法律、法规或者规章的规定应当给予行政处罚的,应当依法实施行政处罚。

第11条 行政执法机关对应当向公安机关移送的涉嫌犯罪案件,不得以行政处罚代替移送。

行政执法机关向公安机关移送涉嫌犯罪案件前已经作出的警告,责令停产停业,暂扣或者吊销许可证、暂扣或者吊销执照的行政处罚决定,不停止执行。

依照行政处罚法的规定,行政执法机关向公安机关移送涉嫌犯罪案件前,已经依法给予当事人罚款的,人民法院判处罚金时,依法折抵相应罚金。

第12条 行政执法机关对公安机关决定立案的案件,应当自接到立案通知书之日起3日内将涉案物品以及与案件有关的其他材料移交公安机关,并办结交接手续;法律、行政法规另有规定的,依照其规定。

第13条 公安机关对发现的违法行为,经审查,没有犯罪事实,或者立案侦查后认为犯罪事实显著轻微,不需要追究刑事责任,但依法应当追究行政责任的,应当及时将案件移送同级行政执法机关,有关行政执法机关应当依法作出处理。

第14条 行政执法机关移送涉嫌犯罪案件,应当接受人民检察院和监察机关依法实施的监督。

任何单位和个人对行政执法机关违反本规定,应当向公安机关移送涉嫌犯罪案件而不移送的,有权向人民检察院、监察机关或者上级行政执法机关举报。

第15条 行政执法机关违反本规定,隐匿、私分、销毁涉案物品的,由本级或者上级人民政府,或者实行垂直管理的上级行政执法机关,对其正职负责人根据情节轻重,给予降级以上的处分;构成犯罪的,依法追究刑事责任。

对前款所列行为直接负责的主管人员和其他直接责任人员,比照前款的规定给予处分;构成犯罪的,依法追究刑事责任。

第16条 行政执法机关违反本规定,逾期不将案件移送公安机关的,由本级或者上级人民政府,或者实行垂直管理的上级行政执法机关,责令限期移送,并对其正职负责人或者主持工作的负责人根据情节轻重,给予记过以上的处分;构成犯罪的,依法追究刑事责任。

行政执法机关违反本规定,对应当向公安机关移送的案件不移送,或者以行政处罚代替移送的,由本级或者上级人民政府,或者实行垂直管理的上级行政执法机关,责令改正,给予通报;拒不改正的,对其正职负责人或者主持工作的负责人给予记过以上的处分;构成犯罪的,依法追究刑事责任。

对本条第1款、第2款所列行为直接负责的主管人员和其他直接责任人员,分别比照前两款的规定给予处分;构成犯罪的,依法追究刑事责任。

第17条 公安机关违反本规定,不接受行政执法机关移送的涉嫌犯罪案件,或者逾期不作出立案或者不予立案的决定的,除由人民检察院依法实施立案监督外,由本级或者上级人民政府责令改正,对其正职负责人根据情节轻重,给予记过以上的处分;构成犯罪的,依法追究刑事责任。

对前款所列行为直接负责的主管人员和其他直接责任人员,比照前款的规定给予处分;构成犯罪的,依法追究刑事责任。

第18条 有关机关存在本规定第15条、第16条、第17条所列违法行为,需要由监察机关依法给予违法的公职人员政务处分的,该机关及其上级主管机关或者有关人民政府应当依照有关规定将相关案件线索移送监察机关处理。

第19条 行政执法机关在依法查处违法行为过程中,发现公职人员有贪污贿赂、失职渎职或者利用职权侵犯公民人身权利和民主权利等违法行为,涉嫌构成职务犯罪的,应当依照刑法、刑事诉讼法、监察法等法律规定及时将案件线索移送监察机关或者人民检察院处理。

第20条 本规定自公布之日起施行。

36. 公安部《公安机关适用继续盘问规定》(2004年7月12日公安部令第75号发布;2020年8月6日公安部令第160号《公安部关于废止和修改部分规章的决定》修订)

第1章 总 则

第1条 为了规范继续盘问工作,保证公安机关依法履行职责和行使权限,维护社会治安秩序,保护公民的合法权益,根据《中华人民共和国人民警察法》,制定本规定。

第2条 本规定所称继续盘问,是指公安机关的人民警察为了维护社会治安秩序,对有违法犯罪嫌疑的人员当场盘问、检查后,发现具有法定情形而将其带至公安机关继续进行盘问的措施。

第3条 公安机关适用继续盘问,应当遵循依法、公正、及时、文明和确保安全的原则,做到适用对象准确、程序合法、处理适当。

第4条 继续盘问工作由公安机关主管公安派出所工作的部门负责业务指导和归口管理。

第5条 继续盘问工作由人民警察执行。严禁不具有人民警察身份的人员从事有关继续盘问的执法工作。

第6条 公安机关适用继续盘问,依法接受人民检察院、行政监察机关以及社会和公民的监督。

第2章 适用对象和时限

第7条 为维护社会治安秩序,公安机关的人民警察对有违法犯罪嫌疑的人员,经表明执法身份后,可以当场盘问、检查。

未穿着制式服装的人民警察在当场盘问、检查前,必须出示执法证件表明人民警察身份。

第8条 对有违法犯罪嫌疑的人员当场盘问、检查后,不能排除其违法犯罪嫌疑,且具有下列情形之一的,人民警察可以将其带至公安机关继续盘问:

(一)被害人、证人控告或者指认其有犯罪行为的;(二)有正在实施违反治安管理或者犯罪行为嫌疑的;(三)有违反治安管理或者犯罪嫌疑且身份不明的;(四)携带的物品可能是违反治安管理或者犯罪的赃物的。

第9条 对具有下列情形之一的人员,不得适用继续盘问:

(一)有违反治安管理或者犯罪嫌疑,但未经当场盘问、检查的;(二)经过当场盘问、检查,已经排除违反治安管理和犯罪嫌疑的;(三)涉嫌违反治安管理行为的法定最高处罚为警告、罚款或者其他非限制人身自由的行政处罚的;(四)从其住处、工作地点抓获以及其他应当依法直接适用传唤或者拘传的;(五)已经到公安机关投案自首的;(六)明知其所涉案件已经作为治安案件受理或者已经立为刑事案件的;(七)不属于公安机关管辖的案件或者事件当事人的;(八)患有精神病、急性传染病或者其他严重疾病的;(九)其他不符合本规定第8条所列条件的。

第10条 对符合本规定第8条所列条件,同时具有下列情形之一的人员,可以适用继续盘问,但必须在带至公安机关之时起的4小时以内盘问完毕,且不得送入候问室:

(一)怀孕或者正在哺乳自己不满1周岁婴儿的妇女;(二)不满16周岁的未成年人;(三)已满70周岁的老年人。

对前款规定的人员在晚上9点至次日早上7点之间释放的,应当通知其家属或者监护人领回;对身份不明或者没有家属和监护人而无法通知的,应当护送至其住地。

第11条 继续盘问的时限一般为12小时;对在12小时以内确实难以证实或者排除其违法犯罪嫌疑的,可以延长至24小时;对不讲真实姓名、住址、身份,且在24小时以内仍不能证实或者排除其违法犯罪嫌疑的,可以延长至48小时。

前款规定的时限自有违法犯罪嫌疑的人员被带至公安机关之时起,至被盘问人可以自由离开公安机关之时或者被决定刑事拘留、逮捕、行政拘留、强制戒毒而移交有关监管场所执行之时止,包括呈报和审批继续盘问、延长继续盘问时限、处理决定的时间。

第12条 公安机关应当严格依照本规定的适用范围和时限适用继续盘问,禁止实施下列行为:

(一)超适用范围继续盘问;(二)超时限继续盘问;(三)适用继续盘问不履行审批、登记手续;(四)以继续盘问代替处罚;(五)将继续盘问作为催要罚款、收费的手段;(六)批准继续盘问后不立即对有违法犯罪嫌疑的人员继续进行盘问;(七)以连续继续盘问的方式变相拘禁他人。

第3章 审批和执行

第13条 公安派出所的人民警察对符合本规定第八条所列条件,确有必要继续盘问的有违法犯罪嫌疑的人员,可以立即带回,并制作《当场盘问、检查笔录》、填写《继续盘问审批表》报公安派出所负责人审批决定继续盘问12小时。对批准继续盘问的,应当将《继续盘问审批表》复印、传真或者通过计算机网络报所属县、市、旗公安局或者城市公安分局主管公安派出所工作的部门备案。

县、市、旗公安局或者城市公安分局其他办案部门和设区的市级以上公安机关及其内设机构的人民警察对有违法犯罪嫌疑的人员,应当依法直接适用传唤、拘传、刑事拘留、逮捕、取保候审或者监视居住,不得适用继续盘问;对符合本规定第8条所列条件,确有必要继续盘问的有违法犯罪嫌疑的人员,可以带至就近的公安派出所,按照本规定适用继续盘问。

第14条 对有违法犯罪嫌疑的人员批准继续盘问的,公安派出所应当填写《继续盘问通知书》,送达被盘问人,并立即通知其家属或者单位;未批准继续盘问的,应当立即释放。

对被盘问人身份不明或者没有家属和单位而无法通知的,应当在《继续盘问通知书》上注明,并由被盘问人签名或者捺指印。但是,对因身份不明而无法通知的,在继续盘问期间查明身份后,应当依照前款的规定通知其家属或者单位。

第15条 被盘问人的家属为老年人、残疾人、精神病人、不满16周岁的未成年人或者其他没有独立生活能力的人,因公安机关实施继续盘问而使被盘问人的家属无人照顾的,公安机关应当通知其亲友予以照顾或者采取其他适当办法妥善安排,并将安排情况及时告知被盘问人。

第16条 对有违法犯罪嫌疑的人员批准继续盘问后,应当立即结合当场盘问、检查的情况继续对其进行盘问,以证实或者排除其违法犯罪嫌疑。

对继续盘问的情况,应当制作《继续盘问笔录》,并载明被盘问人被带至公安机关的具体时间,由被盘问人核对无误后签名或者捺指印。对被盘问人拒绝签名和捺指印的,应当在笔录上注明。

第17条 对符合本规定第11条所列条件,确有必要将继续盘问时限延长至24小时的,公安派出所应当填写《延长继续盘问时限审批表》,报县、市、旗公安局或者城市公安分局的值班负责人审批;确有必要将继续盘问时限从24小时延长至48小时的,公安派出所应当填写《延长继续盘问时限审批表》,报县、市、旗公安局或者城市公安分局的主管负责人审批。

县、市、旗公安局或者城市公安分局的值班或者主管负责人应当在继续盘问时限届满前作出是否延长继续盘问时限的决定,但不得决定将继续盘问时限直接从12小时延长至48小时。

第18条 除具有《中华人民共和国人民警察使用警械和武器条例》规定的情形外,对被盘问人不得使用警械或者武器。

第19条 对具有下列情形之一的,应当立即终止继续盘问,并立即释放被盘问人或者依法作出处理决定:

(一)继续盘问中发现具有本规定第9条所列情形之一的;(二)已经证实有违法犯罪行为

的;(三)有证据证明有犯罪嫌疑的。

对经过继续盘问已经排除违法犯罪嫌疑,或者经过批准的继续盘问、延长继续盘问时限届满,尚不能证实其违法犯罪嫌疑的,应当立即释放被盘问人。

第20条 对终止继续盘问或者释放被盘问人的,应当在《继续盘问登记表》上载明终止继续盘问或者释放的具体时间、原因和处理结果,由被盘问人核对无误后签名或者捺指印。被盘问人拒绝签名和捺指印的,应当在《继续盘问登记表》上注明。

第21条 在继续盘问期间对被盘问人依法作出刑事拘留、逮捕或者行政拘留、强制戒毒决定的,应当立即移交有关监管场所执行;依法作出取保候审、监视居住或者警告、罚款等行政处罚决定的,应当立即释放。

第22条 在继续盘问期间,公安机关及其人民警察应当依法保障被盘问人的合法权益,严禁实施下列行为:

(一)对被盘问人进行刑讯逼供;(二)殴打、体罚、虐待、侮辱被盘问人;(三)敲诈勒索或者索取、收受贿赂;(四)侵吞、挪用、损毁被盘问人的财物;(五)违反规定收费或者实施处罚;(六)其他侵犯被盘问人合法权益的行为。

第23条 对在继续盘问期间突患疾病或者受伤的被盘问人,公安派出所应当立即采取措施予以救治,通知其家属或者单位,并向县、市、旗公安局或者城市公安分局负责人报告,做好详细记录。对被盘问人身份不明或者没有家属和单位而无法通知的,应当在《继续盘问登记表》上注明。

救治费由被盘问人或者其家属承担。但是,由于公安机关或者他人的过错导致被盘问人患病、受伤的,救治费由有过错的一方承担。

第24条 被盘问人在继续盘问期间死亡的,公安派出所应当做好以下工作:

(一)保护好现场,保管好尸体;(二)立即报告所属县、市、旗公安局或者城市公安分局的主管负责人或者值班负责人、警务督察部门和主管公安派出所工作的部门;(三)立即通知被盘问人的家属或者单位。

第25条 县、市、旗公安局或者城市公安分局接到被盘问人死亡的报告后,应当做好以下工作:

(一)立即通报同级人民检察院;(二)在24小时以内委托具有鉴定资格的人员进行死因鉴定;(三)在作出鉴定结论后3日以内将鉴定结论送达被盘问人的家属或者单位。对被盘问人身份不明或者没有家属和单位而无法通知的,应当在鉴定结论上注明。

被盘问人的家属或者单位对鉴定结论不服的,可以在收到鉴定结论后的7日以内向上一级公安机关申请重新鉴定。上一级公安机关接到申请后,应当在3日以内另行委托具有鉴定资格的人员进行重新鉴定。

第4章 候问室的设置和管理

第26条 县、市、旗公安局或者城市公安分局经报请设区的市级以上公安机关批准,可以在符合下列条件的公安派出所设置候问室:

(一)确有维护社会治安秩序的工作需要;(二)警力配置上能够保证在使用候问室时由人民警察值班、看管和巡查。

县、市、旗公安局或者城市公安分局以上公安机关及其内设机构,不得设置候问室。

第27条 候问室的建设必须达到以下标准:

(一)房屋牢固、安全、通风、透光,单间使用面积不得少于6平方米,层高不低于2.55米;(二)室内应当配备固定的坐具,并保持清洁、卫生;(三)室内不得有可能被直接用以行凶、自杀、自伤的物品;(四)看管被盘问人的值班室与候问室相通,并采用栏杆分隔,以便于观察室内情况。

对有违法犯罪嫌疑的人员继续盘问12小时以上的,应当为其提供必要的卧具。

候问室应当标明名称,并在明显位置公布有关继续盘问的规定、被盘问人依法享有的权利和候问室管理规定。

第28条 候问室必须经过设区的市级以上公安机关验收合格后,才能投入使用。

第29条 候问室应当建立以下日常管理制度,依法严格、文明管理:

(一)设立《继续盘问登记表》,载明被盘问人的姓名、性别、年龄、住址、单位,以及办案部门、承办人、批准人、继续盘问的原因、起止时间、处理结果等情况;(二)建立值班、看管和巡查制度,明确值班岗位责任,候问室有被盘问人时,应当由人民警察值班、看管和巡查,如实记录有关情况,并做好交接工作;(三)建立档案管理制度,对《继续盘问登记表》等有关资料按照档案管理的要求归案保存,以备查验。

第30条 除本规定第10条所列情形外,在继续盘问间隙期间,应当将被盘问人送入候问室;未设置候问室的,应当由人民警察在讯问室、办公室看管,或者送入就近公安派出所的候问室。

禁止将被盘问人送入看守所、拘役所、拘留所、强制戒毒所或者其他监管场所关押,以及将不同性别的被盘问人送入同一个候问室。

第31条 被盘问人被送入候问室时,看管的人民警察应当问清其身体状况,并做好记录;发现被盘问人有外伤、有严重疾病发作的明显症状的,或者具有本规定第10条所列情形之一的,应当立即报告县、市、旗公安局或者城市公安分局警务督察部门和主管公安派出所工作的部门,并做好详细记录。

第32条 将被盘问人送入候问室时,对其随身携带的物品,公安机关应当制作《暂存物品清单》,经被盘问人签名或者捺指印确认后妥为保管,不得侵吞、挪用或者损毁。

继续盘问结束后,被盘问人的物品中属于违法犯罪证据或者违禁品的,应当依法随案移交或者作出处理,并在《暂存物品清单》上注明;与案件无关的,应当立即返还被盘问人,并在《暂存物品清单》上注明,由被盘问人签名或者捺指印。

第33条 候问室没有厕所和卫生用具的,人民警察带领被盘问人离开候问室如厕时,必须严加看管,防止发生事故。

第34条 在继续盘问期间,公安机关应当为被盘问人提供基本的饮食。

第5章 执法监督

第35条 公安机关应当将适用继续盘问的情况纳入执法质量考核评议范围,建立和完善办案责任制度、执法过错责任追究制度及其他内部执法监督制度。

第36条 除本规定第24条、第31条所列情形外,发生被盘问人重伤、逃跑、自杀、自伤等事故以及继续盘问超过批准时限的,公安派出所必须立即将有关情况报告县、市、旗公安局或者城市公安分局警务督察部门和主管公安派出所工作的部门,并做好详细记录。

县、市、旗公安局或者城市公安分局警务督察部门应当在接到报告后立即进行现场督察。

第37条 警务督察部门负责对继续盘问的下列情况进行现场督察:

(一)程序是否合法,法律手续是否齐全;(二)继续盘问是否符合法定的适用范围和时限;(三)候问室的设置和管理是否违反本规定;(四)有无刑讯逼供或者殴打、体罚、虐待、侮辱被盘问人的行为;(五)有无违法使用警械、武器的行为;(六)有无违反规定收费或者实施处罚的行为;(七)有无其他违法违纪行为。

第38条 警务督察部门在现场督察时,发现办案部门或者人民警察在继续盘问中有违法违纪行为的,应当按照有关规定,采取当场制止、纠正、发督察法律文书、责令停止执行职务或者禁闭等督察措施进行处理;对需要给予处分或者追究刑事责任的,应当依法移送有关部门处理。

第39条 对在适用继续盘问中有下列情形之一的,公安机关应当依照《公安机关督察条例》、《公安机关人民警察执法过错责任追究规定》追究有关责任人员的执法过错责任,并依照《中华人民共和国人民警察法》、《国家公务员暂行条例》和其他有关规定给予处分;构成犯罪的,依法追究直接负责的主管人员和其他直接责任人员的刑事责任:

(一)违法使用警械、武器,或者实施本规定第12条、第22条、第30条第2款所列行为之一的;(二)未经批准设置候问室,或者将被盘问人送入未经验收合格的候问室的;(三)不按照本规定第14条、第15条的规定通知被盘问人家属或者单位、安排被盘问人无人照顾的家属的;(四)不按照本规定第19条、第21条的规定终止继续盘问、释放被盘问人的;(五)不按照本规定第23条、第24条、第31条和第36条的规定报告情况的;(六)因疏于管理导致发生被盘问人伤亡、逃跑、自杀、自伤等事故的;(七)指派不具有人民警察身份的人员从事有关继续盘问的执法工作的;(八)警务督察部门不按照规定进行现场督察、处理或者在现场督察中对违法违纪行为应当发现而没有发现的;(九)有其他违反本规定或者违法违纪行为的。

因违法使用警械、武器或者疏于管理导致被盘问人在继续盘问期间自杀身亡、被殴打致死或者其他非正常死亡的,除依法追究有关责任人员的法律责任外,应当对负有直接责任的人民警察予以开除,对公安派出所的主要负责人予以撤职,对所属公安机关的分管负责人和主要负责人予以处分,并取消该公安派出所及其所属公安机关参加本年度评选先进的资格。

第40条 被盘问人认为公安机关及其人民警察违法实施继续盘问侵犯其合法权益造成损害,依法向公安机关申请国家赔偿的,公安机关应当依照国家赔偿法的规定办理。

公安机关依法赔偿损失后,应当责令有故意或者重大过失的人民警察承担部分或者全部赔偿费用,并对有故意或者重大过失的责任人员,按照本规定第39条追究其相应的责任。

第6章 附 则

第41条 本规定所称"以上"、"以内",均包含本数或者本级。

第42条 本规定涉及的有关法律文书格式,由公安部统一制定。

第43条 各省、自治区、直辖市公安厅、局和新疆生产建设兵团公安局可以根据本规定,制定具体操作规程、候问室建设标准和管理规定,报公安部备案审查后施行。

第44条 本规定自2004年10月1日起施行。公安部以前制定的关于继续盘问或者留置的规定,凡与本规定不一致的同时废止。

37. 最高人民法院、最高人民检察院、公安部、国家安全部、司法部《法律援助值班律师工作办法》(司规〔2020〕6号)

第1章 总 则

第1条 为保障犯罪嫌疑人、被告人依法享有的诉讼权利,加强人权司法保障,进一步规范值班律师工作,根据《中华人民共和国刑事诉讼法》《中华人民共和国律师法》等规定,制定本办法。

第2条 本办法所称值班律师,是指法律援助机构在看守所、人民检察院、人民法院等场所设立法律援助工作站,通过派驻或安排的方式,为没有辩护人的犯罪嫌疑人、被告人提供法律帮助的律师。

第3条 值班律师工作应当坚持依法、公平、公正、效率的原则,值班律师应当提供符合标准的法律服务。

第4条 公安机关(看守所)、人民检察院、人民法院、司法行政机关应当保障没有辩护人的犯罪嫌疑人、被告人获得值班律师法律帮助的权利。

第5条 值班律师工作由司法行政机关牵头组织实施,公安机关(看守所)、人民检察院、人民法院应当依法予以协助。

第2章 值班律师工作职责

第6条 值班律师依法提供以下法律帮助:

(一)提供法律咨询;(二)提供程序选择建议;(三)帮助犯罪嫌疑人、被告人申请变更强制措施;(四)对案件处理提出意见;(五)帮助犯罪嫌疑人、被告人及其近亲属申请法律援助;(六)法律法规规定的其他事项。

值班律师在认罪认罚案件中,还应当提供以下法律帮助:

(一)向犯罪嫌疑人、被告人释明认罪认罚的性质和法律规定;(二)对人民检察院指控罪名、量刑建议、诉讼程序适用等事项提出意见;(三)犯罪嫌疑人签署认罪认罚具结书时在场。

值班律师办理案件时,可以应犯罪嫌疑人、被告人的约见进行会见,也可以经办案机关允许主动会见;自人民检察院对案件审查起诉之日起可以查阅案卷材料、了解案情。

第7条 值班律师提供法律咨询时,应当告知犯罪嫌疑人、被告人有关法律帮助的相关规定,结合案件所在的诉讼阶段解释相关诉讼权利和程序规定,解答犯罪嫌疑人、被告人咨询的法律问题。

犯罪嫌疑人、被告人认罪认罚的,值班律师应当了解犯罪嫌疑人、被告人对被指控的犯罪事实和罪名是否有异议,告知被指控罪名的法定量刑幅度,释明从宽从重处罚的情节以及认罪认罚的从宽幅度,并结合案件情况提供程序选择建议。

值班律师提供法律咨询的,应当记录犯罪嫌疑人、被告人涉嫌的罪名、咨询的法律问题、提供的法律解答。

第8条 在审查起诉阶段,犯罪嫌疑人认罪认罚的,值班律师可以就以下事项向人民检察院提出意见:

(一)涉嫌的犯罪事实、指控罪名及适用的法律规定;(二)从轻、减轻或者免除处罚等从宽处罚的建议;(三)认罪认罚后案件审理适用的程序;(四)其他需要提出意见的事项。

值班律师对前款事项提出意见的,人民检察院应当记录在案并附卷,未采纳值班律师意见的,应当说明理由。

第9条 犯罪嫌疑人、被告人提出申请羁押必要性审查的,值班律师应当告知其取保候审、监视居住、逮捕等强制措施的适用条件和相关法律规定、人民检察院进行羁押必要性审查的程序;犯罪嫌疑人、被告人已经被逮捕的,值班律师可以帮助其向人民检察院提出羁押必要性审查申请,并协助提供相关材料。

第10条 犯罪嫌疑人签署认罪认罚具结书时,值班律师对犯罪嫌疑人认罪认罚自愿性、人民检察院量刑建议、程序适用等均无异议的,应当在具结书上签名,同时留存1份复印件归档。

值班律师对人民检察院量刑建议、程序适用有异议的,在确认犯罪嫌疑人系自愿认罪认罚后,应当在具结书上签字,同时可以向人民检察院提出法律意见。

犯罪嫌疑人拒绝值班律师帮助的,值班律师无需在具结书上签字,应当将犯罪嫌疑人签字拒绝法律帮助的书面材料留存1份归档。

第11条 对于被羁押的犯罪嫌疑人、被告人,在不同诉讼阶段,可以由派驻看守所的同一值班律师提供法律帮助。对于未被羁押的犯罪嫌疑人、被告人,前一诉讼阶段的值班律师可以在后续诉讼阶段继续为犯罪嫌疑人、被告人提供法律帮助。

第3章 法律帮助工作程序

第12条 公安机关、人民检察院、人民法院应当在侦查、审查起诉和审判各阶段分别告知没有辩护人的犯罪嫌疑人、被告人有权约见值班律师获得法律帮助,并为其约见值班律师提供便利。

第13条 看守所应当告知犯罪嫌疑人、被告人有权约见值班律师,并为其约见值班律师提供便利。

看守所应当将值班律师制度相关内容纳入在押人员权利义务告知书,在犯罪嫌疑人、被告人入所时告知其有权获得值班律师的法律帮助。

犯罪嫌疑人、被告人要求约见值班律师的,可以书面或者口头申请。书面申请的,看守所应当将其填写的法律帮助申请表及时转交值班律师。口头申请的,看守所应当安排代为填写法律帮助申请表。

第14条 犯罪嫌疑人、被告人没有委托辩护人并且不符合法律援助机构指派律师为其提供辩护的条件,要求约见值班律师的,公安机关、人民检察院、人民法院应当及时通知法律援助机构安排。

第15条 依法应当通知值班律师提供法律帮助而犯罪嫌疑人、被告人明确拒绝的,公安机关、人民检察院、人民法院应当记录在案。

前一诉讼程序犯罪嫌疑人、被告人明确拒绝值班律师法律帮助的,后一诉讼程序的办案机关仍需告知其有权获得值班律师法律帮助的权利,有关情况应当记录在案。

第16条 公安机关、人民检察院、人民法院需要法律援助机构通知值班律师为犯罪嫌疑人、被告人提供法律帮助的,应当向法律援助机构出具法律帮助通知书,并附相关法律文书。

单次批量通知的,可以在一份法律帮助通知书后附多名犯罪嫌疑人、被告人相关信息的材料。

除通知值班律师到羁押场所提供法律帮助的情形外,人民检察院、人民法院可以商法律援助机构简化通知方式和通知手续。

第17条 司法行政机关和法律援助机构应当根据当地律师资源状况、法律帮助需求,会同看守所、人民检察院、人民法院合理安排值班律师的值班方式、值班频次。

值班方式可以采用现场值班、电话值班、网络值班相结合的方式。现场值班的,可以采取固定专人或轮流值班,也可以采取预约值班。

第18条 法律援助机构应当综合律师政治素质、业务能力、执业年限等确定值班律师人选,建立值班律师名册或值班律师库。并将值班律师库或名册信息、值班律师工作安排,提前告知公安机关(看守所)、人民检察院、人民法院。

第19条 公安机关、人民检察院、人民法院应当在确定的法律帮助日期前3个工作日,将法律帮助通知书送达法律援助机构,或者直接送达现场值班律师。

该期间没有安排现场值班律师的,法律援助机构应当自收到法律帮助通知书之日起两个工作日内确定值班律师,并通知公安机关、人民检察院、人民法院。

公安机关、人民检察院、人民法院和法律援助机构之间的送达及通知方式,可以协商简化。

适用速裁程序的案件、法律援助机构需要跨地区调配律师等特殊情形的通知和指派时限，不受前款限制。

第20条 值班律师在人民检察院、人民法院现场值班的，应当按照法律援助机构的安排，或者人民检察院、人民法院送达的通知，及时为犯罪嫌疑人、被告人提供法律帮助。

犯罪嫌疑人、被告人提出法律帮助申请，看守所转交给现场值班律师的，值班律师应当根据看守所的安排及时提供法律帮助。

值班律师通过电话、网络值班的，应当及时提供法律帮助，疑难案件可以另行预约咨询时间。

第21条 侦查阶段，值班律师可以向侦查机关了解犯罪嫌疑人涉嫌的罪名及案件有关情况；案件进入审查起诉阶段后，值班律师可以查阅案卷材料，了解案情，人民检察院、人民法院应当及时安排，并提供便利。已经实现卷宗电子化的地方，人民检察院、人民法院可以安排在线阅卷。

第22条 值班律师持律师执业证或者律师工作证、法律帮助申请表或者法律帮助通知书到看守所办理法律帮助会见手续，看守所应当及时安排会见。

危害国家安全犯罪、恐怖活动犯罪案件，侦查期间值班律师会见在押犯罪嫌疑人的，应当经侦查机关许可。

第23条 值班律师提供法律帮助时，应当出示律师执业证或者律师工作证或者相关法律文书，表明值班律师身份。

第24条 值班律师会见犯罪嫌疑人、被告人时不被监听。

第25条 值班律师在提供法律帮助过程中，犯罪嫌疑人、被告人向值班律师表示愿意认罪认罚的，值班律师应当及时告知相关的公安机关、人民检察院、人民法院。

第4章 值班律师工作保障

第26条 在看守所、人民检察院、人民法院设立的法律援助工作站，由同级司法行政机关所属的法律援助机构负责派驻并管理。

看守所、人民检察院、人民法院等机关办公地点临近的，法律援助机构可以设立联合法律援助工作站派驻值班律师。

看守所、人民检察院、人民法院应当为法律援助工作站提供必要办公场所和设施。有条件的人民检察院、人民法院，可以设置认罪认罚等案件专门办公区域，为值班律师设立专门会见室。

第27条 法律援助工作站应当公示法律援助条件及申请程序、值班律师工作职责、当日值班律师基本信息等，放置法律援助格式文书及宣传资料。

第28条 值班律师提供法律咨询、查阅案卷材料、会见犯罪嫌疑人或者被告人、提出书面意见等法律帮助活动的相关情况应当记录在案，并随案移送。

值班律师应当将提供法律帮助的情况记入工作台账或者形成工作卷宗，按照规定时限移交法律援助机构。

公安机关（看守所）、人民检察院、人民法院应当与法律援助机构确定工作台账格式，将值班律师履行职责情况记录在案，并定期移送法律援助机构。

第29条 值班律师提供法律帮助时，应当遵守相关法律法规、执业纪律和职业道德，依法保守国家秘密、商业秘密和个人隐私，不得向他人泄露工作中掌握的案件情况，不得向受援人收取财物或者谋取不正当利益。

第30条 司法行政机关应当会同财政部门，根据直接费用、基本劳务费等因素合理制定值班律师法律帮助补贴标准，并纳入预算予以保障。

值班律师提供法律咨询、转交法律援助申请等法律帮助的补贴标准按工作日计算;为认罪认罚案件的犯罪嫌疑人、被告人提供法律帮助的补贴标准,由各地结合本地实际情况按件或按工作日计算。

法律援助机构应当根据值班律师履行工作职责情况,按照规定支付值班律师法律帮助补贴。

第31条 法律援助机构应当建立值班律师准入和退出机制,建立值班律师服务质量考核评估制度,保障值班律师服务质量。

法律援助机构应当建立值班律师培训制度,值班律师首次上岗前应当参加培训,公安机关、人民检察院、人民法院应当提供协助。

第32条 司法行政机关和法律援助机构应当加强本行政区域值班律师工作的监督和指导。对律师资源短缺的地区,可采取在省、市范围内统筹调配律师资源,建立政府购买值班律师服务机制等方式,保障值班律师工作有序开展。

第33条 司法行政机关会同公安机关、人民检察院、人民法院建立值班律师工作会商机制,明确专门联系人,及时沟通情况,协调解决相关问题。

第34条 司法行政机关应当加强对值班律师的监督管理,对表现突出的值班律师给予表彰;对违法违纪的值班律师,依职权或移送有权处理机关依法依规处理。

法律援助机构应当向律师协会通报值班律师履行职责情况。

律师协会应当将值班律师履行职责、获得表彰情况纳入律师年度考核及律师诚信服务记录,对违反职业道德和执业纪律的值班律师依法依规处理。

第5章 附 则

第35条 国家安全机关、中国海警局、监狱履行刑事诉讼法规定职责,涉及值班律师工作的,适用本办法有关公安机关的规定。

第36条 本办法自发布之日起施行。《关于开展法律援助值班律师工作的意见》(司发通〔2017〕84号)同时废止。

38. 最高人民法院《关于部分指导性案例不再参照的通知》(法〔2020〕343号)

为保证国家法律统一正确适用,根据《中华人民共和国民法典》等有关法律规定和审判实际,经最高人民法院审判委员会讨论决定,9号、20号指导性案例不再参照。但该指导性案例的裁判以及参照该指导性案例作出的裁判仍然有效。

本通知自2021年1月1日起施行。

39. 最高人民检察院《关于推进行政执法与刑事司法衔接工作的规定》(高检发释字〔2021〕4号)

第1条 为了健全行政执法与刑事司法衔接工作机制,根据《中华人民共和国人民检察院组织法》《中华人民共和国行政处罚法》《中华人民共和国刑事诉讼法》等有关规定,结合《行政执法机关移送涉嫌犯罪案件的规定》,制定本规定。

第2条 人民检察院开展行政执法与刑事司法衔接工作,应当严格依法、准确及时,加强与监察机关、公安机关、司法行政机关和行政执法机关的协调配合,确保行政执法与刑事司法有效衔接。

第3条 人民检察院开展行政执法与刑事司法衔接工作由负责捕诉的部门按照管辖案件类别办理。负责捕诉的部门可以在办理时听取其他办案部门的意见。

本院其他办案部门在履行检察职能过程中,发现涉及行政执法与刑事司法衔接线索的,应当及时移送本院负责捕诉的部门。

第4条 人民检察院依法履行职责时,应当注意审查是否存在行政执法机关对涉嫌犯罪案件应当移送公安机关立案侦查而不移送,或者公安机关对行政执法机关移送的涉嫌犯罪案件应当立案侦查而不立案侦查的情形。

第5条 公安机关收到行政执法机关移送涉嫌犯罪案件后应当立案侦查而不立案侦查,行政执法机关建议人民检察院依法监督的,人民检察院应当依法受理并进行审查。

第6条 对于行政执法机关应当依法移送涉嫌犯罪案件而不移送,或者公安机关应当立案侦查而不立案侦查的举报,属于本院管辖且符合受理条件的,人民检察院应当受理并进行审查。

第7条 人民检察院对本规定第4条至第6条的线索审查后,认为行政执法机关应当依法移送涉嫌犯罪案件而不移送的,经检察长批准,应当向同级行政执法机关提出检察意见,要求行政执法机关及时向公安机关移送案件并将有关材料抄送人民检察院。人民检察院应当将检察意见抄送同级司法行政机关,行政执法机关实行垂直管理的,应当将检察意见抄送其上级机关。

行政执法机关收到检察意见后无正当理由仍不移送的,人民检察院应当将有关情况书面通知公安机关。

对于公安机关可能存在应当立案而不立案情形的,人民检察院应当依法开展立案监督。

第8条 人民检察院决定不起诉的案件,应当同时审查是否需要对被不起诉人给予行政处罚。对被不起诉人需要给予行政处罚的,经检察长批准,人民检察院应当向同级有关主管机关提出检察意见,自不起诉决定作出之日起3日以内连同不起诉决定书一并送达。人民检察院应当将检察意见抄送同级司法行政机关,主管机关实行垂直管理的,应当将检察意见抄送其上级机关。

检察意见书应当写明采取和解除刑事强制措施,查封、扣押、冻结涉案财物以及对被不起诉人予以训诫或者责令具结悔过、赔礼道歉、赔偿损失等情况。对于需要没收违法所得的,人民检察院应当将查封、扣押、冻结的涉案财物一并移送。对于在办案过程中收集的相关证据材料,人民检察院可以一并移送。

第9条 人民检察院提出对被不起诉人给予行政处罚的检察意见,应当要求有关主管机关自收到检察意见书之日起2个月以内将处理结果或者办理情况书面回复人民检察院。因情况紧急需要立即处理的,人民检察院可以根据实际情况确定回复期限。

第10条 需要向上级有关单位提出检察意见的,应当层报其同级人民检察院决定并提出,或者由办理案件的人民检察院制作检察意见书后,报上级有关单位的同级人民检察院审核并转送。

需要向下级有关单位提出检察意见的,应当指令对应的下级人民检察院提出。

需要异地提出检察意见的,应当征求有关单位所在地同级人民检察院意见。意见不一致的,层报共同的上级人民检察院决定。

第11条 有关单位在要求的期限内不回复或者无正当理由不作处理的,经检察长决定,人民检察院可以将有关情况书面通报同级司法行政机关,或者提请上级人民检察院通报其上级机关。必要时可以报告同级党委和人民代表大会常务委员会。

第12条 人民检察院发现行政执法人员涉嫌职务违法、犯罪的,应当将案件线索移送监察机关处理。

第13条 行政执法机关就刑事案件立案追诉标准、证据收集固定保全等问题咨询人民检察院,或者公安机关就行政执法机关移送的涉嫌犯罪案件主动听取人民检察院意见建议的,人民检察院应当及时答复。书面咨询的,人民检察院应当在7日以内书面回复。

人民检察院在办理案件过程中，可以就行政执法专业问题向相关行政执法机关咨询。

第14条 人民检察院应当定期向有关单位通报开展行政执法与刑事司法衔接工作的情况。发现存在需要完善工作机制等问题的，可以征求被建议单位的意见，依法提出检察建议。

第15条 人民检察院根据工作需要，可以会同有关单位研究分析行政执法与刑事司法衔接工作中的问题，提出解决方案。

第16条 人民检察院应当配合司法行政机关建设行政执法与刑事司法衔接信息共享平台。已经接入信息共享平台的人民检察院，应当自作出相关决定之日起7日以内，录入相关案件信息。尚未建成信息共享平台的人民检察院，应当及时向有关单位通报相关案件信息。

第17条 本规定自公布之日起施行，《人民检察院办理行政执法机关移送涉嫌犯罪案件的规定》（高检发释字〔2001〕4号）同时废止。

40. 最高人民检察院、公安部《关于健全完善侦查监督与协作配合机制的意见》（2021年10月31日）

为贯彻落实《中共中央关于加强新时代检察机关法律监督工作的意见》和《中共中央关于加强新时代公安工作的意见》，最高人民检察院、公安部联合就进一步健全完善侦查监督与协作配合机制制定本意见。

一、目标任务

为深入贯彻习近平法治思想，践行为大局服务、为人民司法要求，加快推进执法司法责任体系改革，构建规范高效的执法司法制约监督体系，各级人民检察院、公安机关要积极适应以审判为中心的刑事诉讼制度改革要求，坚持双赢多赢共赢理念，协同构建以证据为核心的刑事指控体系，进一步健全完善侦查监督与协作配合机制，推动提升公安执法和检察监督规范化水平，确保依法履行刑事诉讼职能，实现惩罚犯罪与保障人权并重的目标，努力让人民群众在每一个司法案件中都能感受到公平正义。

二、总体要求

人民检察院、公安机关进行刑事诉讼，应当坚持分工负责、互相配合、互相制约，以保证准确有效执行法律。公安机关依法负责对刑事案件的侦查、拘留、执行逮捕、预审。人民检察院依法负责检察、批准逮捕、提起公诉，依法对刑事诉讼实行法律监督。

人民检察院、公安机关要严格遵守《刑事诉讼法》《人民检察院刑事诉讼规则》和《公安机关办理刑事案件程序规定》等法律和规定，明确责任分工，依法规范开展侦查活动和侦查监督工作。要加强协作配合，坚持科学务实的执法司法理念，互相理解、支持，统一认识、消除分歧、形成合力，在充分遵循执法司法权力运行规律，尊重侦查规律、监督需要和司法实践的基础上，为公安机关依法及时高效开展侦查、检察机关依法全面履行监督职责提供必要便利和保障。要提升监督效能，坚持问题导向、目标导向与效果导向，注重加强公安机关执法监督与人民检察院侦查监督的相互衔接，实现监督的同向化、系统化，以及时、准确、有效的监督共同推动提升公安执法规范化水平和检察监督能力，保障刑事案件办理质效。

三、机制完善

（一）健全完善监督制约机制

1. 依法履行监督职责。人民检察院要依法开展立案监督、侦查活动监督工作，及时发现和纠正应当立案而不立案、不应当立案而立案、长期“挂案”和以刑事手段插手经济纠纷等违法情形；及时发现和纠正刑讯逼供、非法取证等侦查违法行为，从源头上防范冤假错案发生；规范强制措施和侦查手段适用，切实保障人权。

2. 规范开展监督工作。人民检察院要严格按照法律规定开展立案监督、侦查活动监督工作，坚决防止不应当监督而监督、应当监督而未监督、不当升格或者降格监督等情况发生。开展监督工作过程中，不得干涉侦查人员依法办案，不得干扰和妨碍侦查活动正常进行。

3. 切实保障监督效果。人民检察院接到报案、控告、举报或者工作中发现监督线索，需要进行调查核实的，应当及时通知公安机关，公安机关应当予以支持配合。人民检察院在调查核实过程中，应当加强与公安机关沟通，充分听取办案人员意见。经依法调查核实后，需要监督纠正的，应当及时向公安机关提出监督意见、检察建议。公安机关对人民检察院提出的监督意见和检察建议，应当及时纠正整改并将纠正整改情况通知或回复人民检察院。

4. 加强内外监督衔接。人民检察院、公安机关应当建立刑事案件侦查监督与执法监督相衔接机制，强化对侦查活动内外部监督的衔接配合，推动检察机关法律监督与公安机关执法监督有机贯通、相互协调。必要时，人民检察院、公安机关可以联合就不批捕不起诉案件开展案件质量评查，针对同时涉及公安机关和人民检察院办案、监督工作的突出问题开展专项检查、监督。

5. 规范落实制约机制。公安机关对人民检察院的不批捕不起诉决定、立案监督意见、纠正侦查违法等监督意见有异议的，可以依据法律规定要求说明理由或者要求复议、提请复核、申请复查，人民检察院应当认真审查并及时回复或者作出决定。人民检察院在审查过程中应当加强与公安机关的沟通，必要时，可以以联席会议等形式充分听取办案人员意见。经复议、复核、复查认为原监督意见确有错误的，应当及时将变更决定通知公安机关或及时撤销原纠正意见。

（二）健全完善协作配合机制

1. 重大疑难案件听取意见机制。公安机关办理重大、疑难案件，可以商请人民检察院派员通过审查证据材料等方式，就案件定性、证据收集、法律适用等提出意见建议。

对于人民检察院派员审查提出意见的案件，公安机关应当全面介绍案件情况，提供相关文书和证据材料，及时向检察机关通报案件侦查进展情况，配合人民检察院的审查工作；根据人民检察院提出的意见建议，进一步收集、固定证据，完善证据体系；对人民检察院提出的证据瑕疵或取证、强制措施适用违反规定程序等确实存在的问题，应当及时进行补正、纠正。人民检察院应当指派具有丰富刑事法律实务经验的检察官对重大疑难案件审查提出意见建议，就公安机关开展侦查取证等工作提出的意见建议应当必要、明确、可行。

办理社会关注度高、敏感性强的刑事案件时，人民检察院、公安机关应当落实刑事案件应急处置协调机制要求，共同做好依法办理、舆论引导和社会面管控工作。

2. 建立联合督办机制。对于重大、疑难案件，必要时可由上级人民检察院和公安机关联合挂牌督办。承办案件的人民检察院和公安机关应当严格按照督办要求，做好案件办理工作，在案件办理关键节点和取得重大进展时应当及时报告。

3. 加强办案衔接配合。人民检察院、公安机关要加强刑事侦查与审查逮捕、审查起诉等诉讼环节的衔接配合，统一执法司法理念标准。对于公安机关移送的案件，人民检察院应当依法及时接收。对于违反相关规定拒不收卷的，公安机关可以提请负责办理案件的人民检察院或者其上级人民检察院纠正。人民检察院在审查逮捕、审查起诉过程中，应当加强与公安机关的沟通，认为需要补充侦查、拟作不批准逮捕或者不起诉决定的，应当充分听取办案人员意见，加强不批捕不起诉说理，规范制发必要、明确、可行的补充侦查文书。公安机关应当按照人民检察院补充侦查文书的要求及时、规范、有效开展补充侦查。人民检察院自行补充侦查、要求公安机关补充证据材料的，公安机关应当积极配合。庭审阶段，经人民检察院提请人民法院通知有关侦查人员出庭就证据收集的合法性说明情况的，侦查人员应当出庭。

4. 建立健全刑事案件统一对口衔接机制。公安机关要深化完善刑事案件法制部门统一审核、统一出口工作机制。向人民检察院提请批准逮捕、移送审查起诉、要求说明理由、要求复议、提请复核、申请复查等重要事项，由公安机关法制部门统一向人民检察院相关部门提出；人民检察院在审查批准逮捕、审查起诉、法律监督工作中需要与公安机关对接的事项，由公安机关法制部门统一接收与回复。人民检察院、公安机关应当加强沟通协调、理顺衔接流程、健全工作机制、形成工作合力，确保刑事诉讼活动依法、规范进行。

5. 建立业务研判通报制度。人民检察院、公安机关应当加强对刑事办案业务信息的研判、共享，建立健全业务信息、简报、通报的共享交换机制，定期或不定期互相通报交流各自部门就犯罪形势、刑事立案、强制措施适用、类案办理、侦查监督等方面业务分析研判情况。

6. 建立完善联席会议制度。人民检察院和公安机关应当建立联席会议制度，定期或根据工作需要适时召开联席会议，共同分析研判执法办案中出现的新情况、新问题，加强对刑事案件特别是重大、疑难案件和新型案件的证据收集、法律适用、刑事政策等问题的研究，强化类案指导，必要时以制定会议纪要、指导意见等方式明确执法、司法标准；开展案件质量分析，梳理侦查活动和侦查监督、批捕起诉工作中存在的突出问题并分析原因，制定整改方案；分析研判一段时期内刑事案件规律、特点，研究专项打击、防范对策和措施，就专项活动相关事宜进行会商。

7. 共同提升业务能力。人民检察院和公安机关可以通过组织庭审观摩评议、开展联合调研、举办同堂培训、共同编发办案指引、典型案例和指导性案例等方式，统一更新执法监督理念标准，共同促进双方业务能力提升。

（三）健全完善信息共享机制

1. 加快推进跨部门大数据协同办案机制。人民检察院、公安机关要协同加强信息化、智能化建设，运用大数据、区块链等技术推进政法机关跨部门大数据协同办案，实现案件的网上办理、流转，按照有关规定推动实现案件信息共享的常态化、制度化、规范化。

2. 健全完善办案数据信息共享保障机制。依照有关规定，严格规范检察人员、公安民警获取、使用刑事办案、监督相关数据信息的权限。在严格规范信息查询程序、保障办案信息安全、明确失泄密责任的基础上，以信息化手段保障侦查监督职能全面有效发挥。同步健全完善检察机关监督办案数据与公安机关共享的制度机制。实现数据双向交换、共享，保障侦查监督与协作配合机制长期、稳定、有效运行。

四、设立侦查监督与协作配合办公室

人民检察院刑事检察部门与公安机关法制部门共同牵头设立侦查监督与协作配合办公室。办公室依托公安机关执法办案管理中心，由人民检察院指派的常驻检察官和公安机关法制部门指定的专门人员共同负责。办公室应当明确责任分工，建立健全办公室制度规范和工作台账，主要职责：

（一）组织协调。组织协调人民检察院、公安机关相关部门、所队依法开展侦查监督、协作配合等相关工作，组织保障执法办案和侦查监督数据的共享通报。

（二）监督协作。根据办公室人员配置和地方实际，积极开展侦查监督和协作配合相关工作；协调人民检察院、公安机关相关部门加强对重大、疑难案件的会商指导。

（三）督促落实。负责对检察机关补充侦查意见的跟踪指导和督促落实；对联合督办案件的沟通协调、信息通报、督促办理；对监督意见和检察建议整改落实情况的跟踪督促；对公安机关要求说明理由、要求复议、提请复核、申请复查和提出意见建议的跟踪督促和及时反馈；对庭审阶段侦查人员出庭的协调督促。

（四）咨询指导。对公安机关、人民检察院办理刑事案件过程中遇到的疑难复杂问题，以及轻微刑事案件犯罪嫌疑人是否需要提请批准逮捕、移送审查起诉等问题及时提供法律咨询和指导解答。

（五）其他职责。充分发挥协作沟通的平台机制优势，积极推进人民检察院与公安机关加强监督制约、协作配合、信息共享等其他相关制度机制的健全完善和贯彻落实。

五、工作要求

（一）加强组织领导。各地人民检察院、公安机关要把党的领导贯穿在健全完善侦查监督与协作配合机制的全过程，主动向党委政法委请示报告，争取党委、政府的理解支持，推动地方党委将侦查监督与协作配合机制一体纳入司法体制改革部署统筹推进。市县两级人民检察院、公安机关要高度重视相关机制平台的建立健全和推进落实。

（二）加强沟通协调。人民检察院、公安机关要坚持共建共享理念，从双赢多赢共赢的角度求同存异，以求真务实的态度加强沟通协调，互相理解、互相支持，防止因认识分歧影响工作推进。负责内部牵头的刑事检察和法制部门要分别协调本单位内部各部门、警种、所队共同参与、密切配合办公室工作，确保侦查监督和协作配合机制落到实处、取得实效。

（三）抓好贯彻落实。各省级人民检察院、公安厅（局）要结合本地情况，抓好全省工作的谋划部署和督促落实，协调、指导下级单位及时解决遇到的困难问题。市县两级单位要加快推进侦查监督与协作配合办公室的机构设立，健全完善侦查监督与协作配合相关制度机制，细化办公室工作流程、规范，以制度化、规范化保障检警机关监督制约、协作配合、信息共享等机制在执法司法实践中充分有效发挥作用。在工作推进过程中遇到的问题，要及时向上级机关请示报告。

第2条 【刑法任务】 中华人民共和国刑法的任务，是用刑罚同一切犯罪行为作斗争，以保卫国家安全，保卫人民民主专政的政权和社会主义制度，保护国有财产和劳动群众集体所有的财产，保护公民私人所有的财产，保护公民的人身权利、民主权利和其他权利，维护社会秩序、经济秩序，保障社会主义建设事业的顺利进行。

• 释义

刑法的任务也就是在追求立法者设定目的时刑法所承担的功能。我国刑法实现其任务的工具是刑罚，也就是用刑罚来惩罚犯罪，保护法益。

• 关联法律

1.《中华人民共和国国家赔偿法》（1994年5月12日第八届全国人大常委会第七次会议通过；2010年4月29日第十一届全国人大常委会第十四次会议《关于修改〈中华人民共和国国家赔偿法〉的决定》第一次修正；2012年10月26日第十一届全国人大常委会第二十九次会议《关于修改〈中华人民共和国国家赔偿法〉的决定》第二次修正）

（全文略）

2. 司法部《外国籍罪犯会见通讯规定》（司法部令〔2002〕第76号）

第1章 总 则

第1条 根据《中华人民共和国监狱法》和我国参加的有关国际公约及对外缔结的双边领事条约的有关规定，制定本规定。

第2条 本规定所称外国籍罪犯，是指经我国人民法院依法判处刑罚，在我国监狱内服刑的外国公民。

在监狱内服刑的无国籍罪犯，比照外国籍罪犯执行。

第3条 外国籍罪犯经批准可以与所属国驻华使、领馆外交、领事官员，亲属或者监护人会见、通讯。

第4条 办理外交、领事官员与本国籍罪犯的会见、通讯，应当遵照以下原则：与我国缔结领事条约的，按照条约并结合本规定办理；未与我国缔结领事条约但参加《维也纳领事关系公约》的，按照《维也纳领事关系公约》并结合本规定办理；未与我国缔结领事条约，也未参加《维也纳领事关系公约》，但与我国有外交关系的，应当按照互惠对等原则，根据本规定并参照国际惯例办理。

第5条 外交、领事官员或者亲属、监护人索要有关法律、法规、规章的，省、自治区、直辖市监狱管理局或者监狱应当提供。

第2章 会 见

第1节 会见的申请

第6条 外交、领事官员要求会见正在服刑的本国公民，应当向省、自治区、直辖市监狱管理局提出书面申请。申请应当说明：驻华使、领馆名称，参与会见的人数、姓名及职务，会见人的证件名称、证件号码，被会见人的姓名、罪名、刑期、服刑地点，申请会见的日期，会见所用语言。

第7条 外国籍罪犯的非中国籍亲属或者监护人首次要求会见的，应当通过驻华使、领馆向省、自治区、直辖市监狱管理局提出书面申请。申请应当说明：亲属或者监护人的姓名和身份证件名称、证件号码，与被会见人的关系，被会见人的姓名、罪名、刑期、服刑地点，申请会见的日期，会见所用语言，并应同时提交与被会见人关系的证明材料。

第8条 外国籍罪犯的中国籍亲属或者监护人首次要求会见的，应当向省、自治区、直辖市监狱管理局提出书面申请，同时提交本人身份和与被会见人关系的证明材料。

第9条 外国籍罪犯的亲属或者监护人再次要求会见的，可以直接向监狱提出申请。

第2节 会见的答复

第10条 省、自治区、直辖市监狱管理局收到外交、领事官员要求会见的书面申请后，应当在5个工作日内作出准予或者不准予会见的决定，并书面答复。准予会见的，应当在答复中确认：收到申请的时间，被会见人的姓名、服刑地点，会见人的人数及其姓名，会见的时间、地点安排，并告知应当携带的证件。

外国籍罪犯拒绝与外交、领事官员会见的，应当由本人写出书面声明，由省、自治区、直辖市监狱管理局通知驻华使、领馆，并附书面声明复印件。通知及附件同时抄送地方外事办公室备案。

第11条 省、自治区、直辖市监狱管理局收到外国籍罪犯的亲属或者监护人首次要求会见的书面申请后，应当在5个工作日内作出准予或者不准予会见的决定，并书面答复。准予会见的，应当在答复中确认：会见人和被会见人的姓名，会见的时间、地点安排，并告知应当携带的证件。

外国籍罪犯的亲属或者监护人再次要求会见，直接向监狱提出申请的，监狱应当在2个工作日内予以答复。

第3节 会见的安排

第12条 外交、领事官员会见正在服刑的本国公民，一般每月可以安排1至2次，每次前来会见的人员一般不超过3人。要求增加会见次数或者人数的，应当提出书面申请，省、自治区、直辖市监狱管理局可以酌情安排。

亲属或者监护人会见外国籍罪犯，一般每月可以安排1至2次，每次前来会见的人员一般不超过3人。要求增加会见次数或者人数的，监狱可以酌情安排。

第13条 每次会见的时间不超过1小时。要求延时的，经监狱批准，可以适当延长。

第14条 会见一般安排在监狱会见室。

第4节 会见的执行

第15条 会见人应当按照省、自治区、直辖市监狱管理局或者监狱的安排到监狱会见。

外交、领事官员因故变更会见时间或者会见人的，应当提前提出申请，由省、自治区、直辖市监狱管理局重新安排。

亲属或者监护人因故变更会见时间的，应当提前提出申请，由省、自治区、直辖市监狱管理局或者监狱重新安排；变更会见人的，应当重新办理申请手续。

第16条 会见时应当遵守中国籍罪犯会见的有关规定。

第17条 会见开始前，监狱警察应当向会见人通报被会见人近期的服刑情况和健康状况，告知会见有关事项。

第18条 会见可以使用本国语言，也可以使用中国语言。

第19条 会见人和被会见人需要相互转交信件、物品，应当提前向监狱申明，并按规定将信件、物品提交检查，经批准后方可交会见人或者被会见人。

第20条 会见人向被会见人提供药品，应当同时提供中文或者英文药品使用说明，经审查后，由监狱转交被会见人。

第21条 会见人或者被会见人违反会见规定，经警告无效的，监狱可以中止会见。

第22条 监狱应当安排监狱警察陪同会见。

第3章 通　　讯

第23条 监狱对外国籍罪犯与所属国驻华使、领馆外交、领事官员的往来信件，应当按照《维也纳领事关系公约》以及我国缔结的双边领事条约的规定，及时转交。

监狱对外国籍罪犯与亲属或者监护人的往来信件要进行检查。对正常的往来信件，应当及时邮寄转交；对有违反监狱管理规定内容的信件，可以将其退回，同时应当书面或者口头说明理由，并记录备案。

第24条 外国籍罪犯的申诉、控告、检举信以及写给监狱的上级机关和司法机关的信件，不受监狱检查。监狱应当及时转交。

第25条 经监狱批准，外国籍罪犯可以与所属国驻华使、领馆外交、领事官员或者亲属、监护人拨打电话。通话时应当遵守中国籍罪犯通话的有关规定。通话费用由本人承担。

第4章 附　　则

第26条 在司法部直属监狱服刑的外国籍罪犯的会见、通讯，由司法部监狱管理机构和直属监狱根据本规定办理。

第27条 本规定由司法部解释。

第28条 本规定自发布之日起施行。

3. 最高人民法院、最高人民检察院、公安部《关于严格依法履行职责，切实保障刑事案件办案质量的通知》(法〔2004〕196号)

修正后的刑事诉讼法实施以来，各级人民法院、人民检察院、公安机关高度重视，认真履行法定职责，有力打击了各种刑事犯罪活动，为维护社会稳定作出了重要贡献。总体上看，刑事案件的办案质量是好的。但由于执法观念、执法水平、执法标准等方面的原因，在办案质量方面仍然存在一些问题，如办案程序违法，收集、固定证据不及时、不全面，对案件审查不细，把关不严等，导致实践中一些刑事案件事实不清，证据不够确实、充分，严重影响了刑事案件的办案质量和办案效率，是造成办案超法定期限的重要原因之一。为进一步强调人民法院、人民检察院、公安机关严格依法履行职责，切实保障刑事案件办案质量，有效打击犯罪，维护司法公正，现就有关问题通知如下：

一、牢固树立司法为民、执法为民的观念，充分认识保障刑事案件办案质量的重要意义

办理刑事案件是公检法机关的法定职责，确保刑事案件办案质量既关系到准确打击犯罪、维护社会稳定，以及依法保障犯罪嫌疑人、被告人的合法权利，也关系到人民法院、人民检察院、公安机关乃至国家的形象，责任重大，绝不能掉以轻心。各级人民法院、人民检察院、公安机关必须坚持以"三个代表"重要思想为指导，坚持司法为民、执法为民的工作要求，充分认识保障刑事案件办案质量的重要意义，切实把好刑事案件的事实关、证据关、程序关、适用法律关，维护人民法院、人民检察院、公安机关的公正形象，维护司法公正。

二、认真履行法定职责，严格依法办案

公安机关、人民检察院、人民法院在刑事诉讼中分别履行侦查、检察、审判职责，每个阶段的工作都关系到刑事案件的办案质量。因此，要本着对刑事案件办案质量高度负责的态度，严格遵守法律、法律解释、司法解释和有关规定，在刑事诉讼中的每一个环节，在案件事实、证据、程序、适用法律等方面严格履行法定职责，从严、从细、从实地办理每一起案件。

要把查明案件事实与遵守法定程序联系起来，严格执行刑事诉讼法及司法解释有关管辖的规定，避免因管辖混乱造成案件久拖不决；严格依照规定收集、审查、认定证据，避免出现非法证据和瑕疵证据。以刑讯逼供或者威胁、引诱、欺骗等非法的方法收集的犯罪嫌疑人、被告人供述、证人证言、被害人陈述，绝不能作为定案的根据。对案件存在的疑点、矛盾的证据以及辩护人提供的证据材料等，必须给予高度重视，认真、及时进行核实，保证证明案件事实的证据确实、充分。对应当办理换押手续的，办案机关必须及时依照有关规定办理换押手续；因法定事由需要延长、重新计算办案期限的，办案机关应当及时书面通知看守所。对犯罪嫌疑人、被告人被羁押的案件，不能在刑事诉讼法规定的侦查羁押、审查起诉、第一审、第二审期限内办结，需要继续查证、审理的，要依法将强制措施变更为取保候审或者监视居住。

对于刑事案件办案质量的评定，应当根据全案事实、证据、程序和适用法律等方面进行综合判断，不能单纯以破案率、批捕率、起诉率或者定罪率作为衡量办案质量的标准。

三、公安机关要依法全面、及时收集证据，确保移送审查起诉的案件事实清楚，证据确实、充分

公安机关应当依照刑事诉讼法、司法解释及其他有关规定的程序，严把案件侦查关，全面、及时收集与案件相关的证据，收集证明犯罪嫌疑人有罪或者无罪、罪重或者罪轻等涉及案件事实的所有证据。有条件的单位，可以采取同期录音、录像等有效措施固定证据。

公安机关在侦查过程中，对符合法定逮捕条件的，应当提请批准逮捕。对于采取取保候审、监视居住等方法，足以防止发生社会危险性而没有逮捕必要的，侦查终结后可以直接移送人民检察院审查起诉。

公安机关要高度重视批捕后的侦查工作和退回补充侦查工作。对于人民检察院退回补充侦查或者要求提供法庭审判所必需的证据材料的，应当按照要求及时补充证据或有关材料；确实无法补充的，应当说明理由。

对于侦查终结移送审查起诉的案件，应当做到犯罪事实清楚，证据确实、充分，犯罪性质和罪名认定明确,法律手续完备。对于案件事实不清、证据不足,不能移送人民检察院审查起诉的,应当继续进行侦查工作;待查清案件事实,证据确实、充分后,再移送人民检察院审查起诉。

公安机关要积极推行侦查人员旁听案件制度,从所办案件的法庭审判中检验办案质量。

四、人民检察院要全面审查案件,确保向人民法院提起公诉的案件事实清楚,证据确实、充分

人民检察院应当依法全面、正确掌握逮捕条件,对于公安机关提请批准逮捕的犯罪嫌疑人,经审查符合法定批捕条件的,依法作出批准逮捕的决定。

人民检察院审查批准逮捕,在必要的时候,可以派人参加公安机关对重大案件的讨论,对调查取证和适用法律提出意见,公安机关应做好证据的全面收集、审查和固定工作,确保案件依法及时移送人民检察院审查起诉。

人民检察院对于公安机关移送起诉和直接受理侦查终结的案件,应当按照有关规定认真进行审查,严把案件起诉关。审查后,对犯罪嫌疑人的犯罪事实已经查清,证据确实、充分,依法应当追究刑事责任的,应当作出起诉决定,向人民法院提起公诉;对于符合不起诉条件的,依法作出不起诉决定。

对于案件事实不清、证据不足的案件,人民检察院要求公安机关补充侦查的,应当提出补充侦查提纲,列明需要补充侦查的事项和目的。对于经过两次补充侦查的案件,人民检察院仍然认为证据不足,不符合起诉条件的,应当依法作出不起诉的决定。

在审判过程中,对于需要补充提供法庭审判所必需的证据或者补充侦查的,人民检察院应当依法补充侦查,必要时可以要求公安机关提供帮助。

五、人民法院要严格依法办实,确保案件最终得到公正处理

人民法院在审理案件过程中,应当严格依照刑事诉讼法和司法解释的规定开庭审判,除因法定事由延长审理期限的以外,必须严格遵守法律规定的审理期限。在庭审过程中,要对证据仔细核实,认真听取公诉人、当事人和辩护人以及其他诉讼参与人的意见,查清案件事实,确保案件最终得到公正处理,严把案件审判关。

人民法院要根据已经审理查明的事实、证据和有关的法律规定,准确适用法律,对案件事实清楚,证据确实、充分,依据法律认定被告人有罪或者无罪的,依法作出认定被告人有罪或者无罪的判决;对于经过查证,只有部分犯罪事实清楚,证据确实、充分的案件,要就该部分事实和证据进行认定和判决;对于查证以后,仍然证据不足,在法律规定的审理期限内无法再行收集充分的证据,不能认定被告人有罪的,除人民检察院提出补充侦查建议的以外,应当依法作出证据不足、指控的犯罪不能成立的无罪判决。

人民法院作出的判决生效以后,对被扣押、冻结的赃款赃物及其孳息,依照刑事诉讼法的有关规定处理。

六、加强业务培训工作,进一步提高办案人员的业务水平

办案人员的业务素质、业务能力和业务水平是保障刑事案件办案质量的重要因素。各级公安机关、人民检察院、人民法院应当加强对办案人员的业务培训,必要时可以采取联合培训的方式,逐步使培训工作制度化、规范化。要经常性地组织疑难、复杂案件和新类型案件法律适用问题的研讨、庭审观摩、办案质量评比等活动。侦查人员、检察人员和审判人员应当认真总结办案经验,共同提高办案水平。

七、建立、健全工作联系机制,加强相互配合和制约

为切实保障刑事案件的办案质量,加强相互之间的配合,公检法机关之间应当建立、健全工作联系机制,如联席会议制度、信息通报制度等,加强业务上的交流。同时,对工作中遇到的问题,应当及时沟通,互相支持。对不批捕、不起诉、判决无罪及二审、再审改判的案件,相关公安机关、人民检察院、人民法院应当认真分析原因,总结经验教训。公检法机关之间既要各负其责,又要互相配合,互相制约,共同把好刑事案件的质量关。

八、严格执行办案质量责任追究制度

对于故意违反法律和本通知的规定,或者由于不负责任,严重影响刑事案件的办案质量,造成严重后果的,对直接负责的主管人员和其他直接责任人员,由其所在单位或者上级主管机关依照有关规定予以行政处分或者纪律处分;构成犯罪的,依法追究刑事责任。

4. 最高人民检察院《司法解释工作规定》(高检发办字〔2019〕55号)

第1章　一般规定

第1条　为加强和规范司法解释工作,统一法律适用标准,维护司法公正,根据《中华人民共和国人民检察院组织法》《全国人民代表大会常务委员会关于加强法律解释工作的决议》等法律规定,结合检察工作实际,制定本规定。

第2条　人民检察院在检察工作中具体应用法律的问题,由最高人民检察院作出司法解释。

地方人民检察院、专门人民检察院不得制定司法解释和司法解释性质文件。

第3条　司法解释应当主要针对具体的法律条文,并符合立法的目的、原则和原意。

第4条　司法解释工作应当依法接受全国人民代表大会及其常务委员会的监督。

全国人民代表大会及其常务委员会认为司法解释违反法律规定的,最高人民检察院应当及时予以修改或者废止。

研究制定司法解释过程中,对于法律规定需要进一步明确具体含义,或者法律制定后出现新情况,需要明确适用法律依据的,最高人民检察院应当向全国人民代表大会常务委员会提出法律解释的要求或者提出制定、修改有关法律的议案。

第5条　最高人民检察院制定并发布的司法解释具有法律效力。人民检察院在起诉书、抗诉书、检察建议书等法律文书中,需要引用法律和司法解释的,应当先援引法律,后援引司法解释。

第6条　司法解释采用"解释""规则""规定""批复""决定"等形式,统一编排最高人民检察院司法解释文号。

对检察工作中如何具体应用某一法律或者对某一类案件、某一类问题如何应用法律制定的司法解释,采用"解释""规则"的形式。

对检察工作中需要制定的办案规范、意见等司法解释,采用"规定"的形式。

对省级人民检察院(包括解放军军事检察院、新疆生产建设兵团人民检察院)就检察工作中具体应用法律问题的请示制定的司法解释,采用"批复"的形式。

修改或者废止司法解释,采用"决定"的形式。

第7条　对于同时涉及检察工作和审判工作中具体应用法律的问题,最高人民检察院应当商请最高人民法院联合制定司法解释。对于最高人民法院商请最高人民检察院联合制定司法解释的,最高人民检察院应当及时研究,提出意见。

最高人民检察院与最高人民法院联合制定的司法解释需要修改、补充或者废止的,应当与最高人民法院协商。

第8条　司法解释的研究起草工作由最高人民检察院法律政策研究室和各检察厅分别负责。法律政策研究室主要负责涉及多部门业务的综合性司法解释的研究起草工作,各检察厅主要负责本部门业务范围的司法解释的研究起草工作。

司法解释的立项、审核、编号、备案、清理等工作由法律政策研究室负责。

地方人民检察院、专门人民检察院应当配合最高人民检察院法律政策研究室和各检察厅做好司法解释有关工作。

第2章 司法解释的立项

第9条 制定司法解释,应当立项。

最高人民检察院制定司法解释的立项来源包括:

(一)最高人民检察院检察委员会关于制定司法解释的决定;(二)最高人民检察院检察长关于制定司法解释的批示;(三)最高人民检察院法律政策研究室、各检察厅提出制定司法解释的建议;(四)省级人民检察院向最高人民检察院提出制定司法解释的请示;(五)全国人大代表、全国政协委员提出制定司法解释的建议或者提案;(六)有关机关、社会团体或者其他组织以及公民提出制定司法解释的建议;(七)最高人民检察院认为需要制定司法解释的其他情形。

省级以下人民检察院认为需要制定司法解释的,应当层报省级人民检察院,由省级人民检察院审查决定是否向最高人民检察院提出请示。

第10条 最高人民检察院检察委员会决定制定司法解释或者最高人民检察院检察长批示制定司法解释的,由最高人民检察院法律政策研究室直接立项。

其他制定司法解释的立项建议,由最高人民检察院法律政策研究室提出审查意见,报检察长决定。

第11条 各检察厅需要制定司法解释的,应当于每年年底前提出下一年度的立项建议。

根据工作需要,临时制定司法解释的,应当及时提出立项建议。

第12条 法律政策研究室根据立项情况,于每年年初起草本年度司法解释工作计划,报检察长决定提交检察委员会审议。

根据工作需要,经检察长或者检察委员会决定,可以对司法解释工作计划进行补充或者调整。

第13条 司法解释应当按照年度工作计划完成。不能按照年度工作计划完成的,司法解释起草部门应当及时作出书面说明,由法律政策研究室提出是否继续立项的意见,报检察长决定。

第3章 司法解释的起草、审核

第14条 已经立项的司法解释,起草部门应当及时开展调研起草工作,形成司法解释意见稿。

第15条 司法解释意见稿应当报送全国人民代表大会相关专门委员会或者全国人民代表大会常务委员会相关工作机构征求意见。

司法解释意见稿应当征求有关机关以及地方人民检察院、专门人民检察院的意见;根据情况,可以征求人大代表、政协委员以及专家学者等的意见。

涉及广大人民群众切身利益的司法解释,经检察长决定,可以在报纸、互联网等媒体上公开征求意见。

第16条 司法解释起草部门在征求意见和对司法解释意见稿进行修改完善后,认为可以提交检察委员会审议的,应当形成司法解释送审稿,撰写起草说明,附典型案例等相关材料,经分管副检察长同意,送法律政策研究室审核。

第17条 司法解释送审稿的起草说明包括以下内容:

(一)立项来源和背景;(二)研究起草和修改过程;(三)司法解释送审稿的逐条说明,包括各方面意见、争议焦点、起草部门研究意见和理由;(四)司法解释通过后进行发布和培训的工作方案。

第18条 法律政策研究室应当对司法解释送审稿及其起草说明进行审核。认为需要进一步修改、补充、论证的,提出书面意见,退回起草部门。

认为需要征求有关机关意见的,报分管副检察长批准,以最高人民检察院或者最高人民检察院办公厅名义征求意见。

认为可以提交检察委员会审议的,形成司法解释审议稿,报检察长决定提交检察委员会审议。

第4章 检察委员会审议

第19条 最高人民检察院发布的司法解释应当经最高人民检察院检察委员会审议通过。

检察委员会审议司法解释,由法律政策研究室汇报,起草部门说明相关问题,回答委员询问。

第20条 对检察委员会审议通过的司法解释,法律政策研究室根据审议意见对司法解释审议稿进行修改后,报检察长签发。

第21条 检察委员会经审议,认为制定司法解释的条件尚不成熟的,可以决定进一步研究论证或者撤销立项。

第5章 司法解释的发布、备案

第22条 最高人民检察院的司法解释以最高人民检察院公告的形式,在《最高人民检察院公报》和最高人民检察院官方网站公布。

第23条 司法解释以最高人民检察院发布公告的日期为生效时间。司法解释另有规定的除外。

第24条 司法解释应当自公布之日起30日以内报送全国人民代表大会常务委员会备案。

第6章 其他相关工作

第25条 最高人民检察院法律政策研究室应当对地方人民检察院和专门人民检察院执行司法解释的情况和效果进行检查评估,检查评估情况向检察长或者检察委员会报告。

第26条 法律制定、修改、废止后,相关司法解释与现行法律规定相矛盾的内容自动失效;最高人民检察院对相关司法解释应当及时予以修改或者废止。

第27条 最高人民检察院定期对司法解释进行清理,并对现行有效的司法解释进行汇编。司法解释清理参照司法解释制定程序的相关规定办理。

司法解释清理情况应当及时报送全国人民代表大会常务委员会。

第28条 本规定自印发之日起施行。

5. 最高人民法院《关于司法解释工作的规定》(法发〔2007〕12号;法发〔2021〕20号修改)

一、一般规定

第1条 为进一步规范和完善司法解释工作,根据《中华人民共和国人民法院组织法》、《中华人民共和国各级人民代表大会常务委员会监督法》和《全国人民代表大会常务委员会关于加强法律解释工作的决议》等有关规定,制定本规定。

第2条 人民法院在审判工作中具体应用法律的问题,由最高人民法院作出司法解释。

第3条 司法解释应当根据法律和有关立法精神,结合审判工作实际需要制定。

第4条 最高人民法院发布的司法解释,应当经审判委员会讨论通过。

第5条 最高人民法院发布的司法解释,具有法律效力。

第6条 司法解释的形式分为"解释"、"规定"、"规则"、"批复"和"决定"5种。

对在审判工作中如何具体应用某一法律或者对某一类案件、某一类问题如何应用法律制定的司法解释,采用"解释"的形式。

根据立法精神对审判工作中需要制定的规范、意见等司法解释,采用"规定"的形式。

对规范人民法院审判执行活动等方面的司法解释,可以采用"规则"的形式。

对高级人民法院、解放军军事法院就审判工作中具体应用法律问题的请示制定的司法解释,采用"批复"的形式。

修改或者废止司法解释,采用"决定"的形式。

第7条 最高人民法院与最高人民检察院共同制定司法解释的工作,应当按照法律规定和双方协商一致的意见办理。

第8条 司法解释立项、审核、协调等工作由最高人民法院研究室统一负责。

二、立项

第9条 制定司法解释,应当立项。

第10条 最高人民法院制定司法解释的立项来源:

(一)最高人民法院审判委员会提出制定司法解释的要求;(二)最高人民法院各审判业务部门提出制定司法解释的建议;(三)各高级人民法院、解放军军事法院提出制定司法解释的建议或者对法律应用问题的请示;(四)全国人大代表、全国政协委员提出制定司法解释的议案、提案;(五)有关国家机关、社会团体或者其他组织以及公民提出制定司法解释的建议;(六)最高人民法院认为需要制定司法解释的其他情形。

基层人民法院和中级人民法院认为需要制定司法解释的,应当层报高级人民法院,由高级人民法院审查决定是否向最高人民法院提出制定司法解释的建议或者对法律应用问题进行请示。

第11条 最高人民法院审判委员会要求制定司法解释的,由研究室直接立项。

对其他制定司法解释的立项来源,由研究室审查是否立项。

第12条 最高人民法院各审判业务部门拟制定"解释"、"规定"类司法解释的,应当于每年年底前提出下一年度的立项建议送研究室。

研究室汇总立项建议,草拟司法解释年度立项计划,经分管院领导审批后提交审判委员会讨论决定。

因特殊情况,需要增加或者调整司法解释立项的,有关部门提出建议,由研究室报分管院领导审批后报常务副院长或者院长决定。

第13条 最高人民法院各审判业务部门拟对高级人民法院、解放军军事法院的请示制定批复的,应当及时提出立项建议,送研究室审查立项。

第14条 司法解释立项计划应当包括以下内容:立项来源,立项的必要性,需要解释的主要事项,司法解释起草计划,承办部门以及其他必要事项。

第15条 司法解释应当按照审判委员会讨论通过的立项计划完成。未能按照立项计划完成的,起草部门应当及时写出书面说明,由研究室报分管院领导审批后提交审判委员会决定是否继续立项。

三、起草与报送

第16条 司法解释起草工作由最高人民法院各审判业务部门负责。

涉及不同审判业务部门职能范围的综合性司法解释，由最高人民法院研究室负责起草或者组织、协调相关部门起草。

第17条 起草司法解释，应当深入调查研究，认真总结审判实践经验，广泛征求意见。

涉及人民群众切身利益或者重大疑难问题的司法解释，经分管院领导审批后报常务副院长或者院长决定，可以向社会公开征求意见。

第18条 司法解释送审稿应当送全国人民代表大会相关专门委员会或者全国人民代表大会常务委员会相关工作部门征求意见。

第19条 司法解释送审稿在提交审判委员会讨论前，起草部门应当将送审稿及其说明送研究室审核。

司法解释送审稿及其说明包括：立项计划、调研情况报告、征求意见情况、分管副院长对是否送审的审查意见、主要争议问题和相关法律、法规、司法解释以及其他相关材料。

第20条 研究室主要审核以下内容：

（一）是否符合宪法、法律规定；（二）是否超出司法解释权限；（三）是否与相关司法解释重复、冲突；（四）是否按照规定程序进行；（五）提交的材料是否符合要求；（六）是否充分、客观反映有关方面的主要意见；（七）主要争议问题与解决方案是否明确；（八）其他应当审核的内容。

研究室应当在1个月内提出审核意见。

第21条 研究室认为司法解释送审稿需要进一步修改、论证或者协调的，应当会同起草部门进行修改、论证或者协调。

第22条 研究室对司法解释送审稿审核形成草案后，由起草部门报分管院领导和常务副院长审批后提交审判委员会讨论。

四、讨论

第23条 最高人民法院审判委员会应当在司法解释草案报送之次日起3个月内进行讨论。逾期未讨论的，审判委员会办公室可以报常务副院长批准延长。

第24条 司法解释草案经审判委员会讨论通过的，由院长或者常务副院长签发。

司法解释草案经审判委员会讨论原则通过的，由起草部门会同研究室根据审判委员会讨论决定进行修改，报分管副院长审核后，由院长或者常务副院长签发。

审判委员会讨论认为制定司法解释的条件尚不成熟的，可以决定进一步论证、暂缓讨论或撤销立项。

五、发布、施行与备案

第25条 司法解释以最高人民法院公告形式发布。

司法解释应当在《最高人民法院公报》和《人民法院报》刊登。

司法解释自公告发布之日起施行，但司法解释另有规定的除外。

第26条 司法解释应当自发布之日起30日内报全国人民代表大会常务委员会备案。

备案报送工作由办公厅负责，其他相关工作由研究室负责。

第27条 司法解释施行后，人民法院作为裁判依据的，应当在司法文书中援引。

人民法院同时引用法律和司法解释作为裁判依据的，应当先援引法律，后援引司法解释。

第28条 最高人民法院对地方各级人民法院和专门人民法院在审判工作中适用司法解释的情况进行监督。上级人民法院对下级人民法院在审判工作中适用司法解释的情况进行监督。

六、编纂、修改、废止

第29条 司法解释的编纂由审判委员会决定，具体工作由研究室负责，各审判业务部门参加。

第30条 司法解释需要修改、废止的,参照司法解释制定程序的相关规定办理,由审判委员会讨论决定。

第31条 本规定自2007年4月1日起施行。1997年7月1日发布的《最高人民法院关于司法解释工作的若干规定》同时废止。

6. 最高人民法院《关于进一步加强刑事审判工作的决定》(法发〔2007〕28号)

(全文略)

7. 最高人民法院《关于案例指导工作的规定》(法发〔2010〕51号)

为总结审判经验,统一法律适用,提高审判质量,维护司法公正,根据《中华人民共和国人民法院组织法》等法律规定,就开展案例指导工作,制定本规定。

第1条 对全国法院审判、执行工作具有指导作用的指导性案例,由最高人民法院确定并统一发布。

第2条 本规定所称指导性案例,是指裁判已经发生法律效力,并符合以下条件的案例:

(一)社会广泛关注的;(二)法律规定比较原则的;(三)具有典型性的;(四)疑难复杂或者新类型的;(五)其他具有指导作用的案例。

第3条 最高人民法院设立案例指导工作办公室,负责指导性案例的遴选、审查和报审工作。

第4条 最高人民法院各审判业务单位对本院和地方各级人民法院已经发生法律效力的裁判,认为符合本规定第2条规定的,可以向案例指导工作办公室推荐。

各高级人民法院、解放军军事法院对本院和本辖区内人民法院已经发生法律效力的裁判,认为符合本规定第2条规定的,经本院审判委员会讨论决定,可以向最高人民法院案例指导工作办公室推荐。

中级人民法院、基层人民法院对本院已经发生法律效力的裁判,认为符合本规定第2条规定的,经本院审判委员会讨论决定,层报高级人民法院,建议向最高人民法院案例指导工作办公室推荐。

第5条 人大代表、政协委员、专家学者、律师,以及其他关心人民法院审判、执行工作的社会各界人士对人民法院已经发生法律效力的裁判,认为符合本规定第2条规定的,可以向作出生效裁判的原审人民法院推荐。

第6条 案例指导工作办公室对于被推荐的案例,应当及时提出审查意见。符合本规定第2条规定的,应当报请院长或者主管副院长提交最高人民法院审判委员会讨论决定。

最高人民法院审判委员会讨论决定的指导性案例,统一在《最高人民法院公报》、最高人民法院网站、《人民法院报》上以公告的形式发布。

第7条 最高人民法院发布的指导性案例,各级人民法院审判类似案例时应当参照。

第8条 最高人民法院案例指导工作办公室每年度对指导性案例进行编纂。

第9条 本规定施行前,最高人民法院已经发布的对全国法院审判、执行工作具有指导意义的案例,根据本规定清理、编纂后,作为指导性案例公布。

第10条 本规定自公布之日起施行。

8. 最高人民检察院《关于案例指导工作的规定》(2010年7月29日最高人民检察院第十一届检察委员会第四十次会议通过;2015年12月9日最高人民检察院第十二届检察委员会第四十四次会议第一次修订;2019年3月20日最高人民检察院第十三届检察委员会第十六次会议第二次修订)

第1条 为了加强和规范检察机关案例指导工作,发挥指导性案例对检察办案工作的示范引领作用,促进检察机关严格公正司法,保障法律统一正确实施,根据《中华人民共和国人民检察院组织法》等法律规定,结合检察工作实际,制定本规定。

第2条 检察机关指导性案例由最高人民检察院发布。指导性案例应当符合以下条件:

(一)案件处理结果已经发生法律效力;(二)办案程序符合法律规定;(三)在事实认定、证据运用、法律适用、政策把握、办案方法等方面对办理类似案件具有指导意义;(四)体现检察机关职能作用,取得良好政治效果、法律效果和社会效果。

第3条 指导性案例的体例,一般包括标题、关键词、要旨、基本案情、检察机关履职过程、指导意义和相关规定等部分。

第4条 发布指导性案例,应当注意保守国家秘密和商业秘密,保护涉案人员隐私。

第5条 省级人民检察院负责本地区备选指导性案例的收集、整理、审查和向最高人民检察院推荐工作。办理案件的人民检察院或者检察官可以向省级人民检察院推荐备选指导性案例。

省级人民检察院各检察部和法律政策研究室向最高人民检察院对口部门推荐备选指导性案例,应当提交以下材料:

(一)指导性案例推荐表;(二)按照规定体例撰写的案例文本;(三)有关法律文书和工作文书。

最高人民检察院经初步审查认为可以作为备选指导性案例的,应当通知推荐案例的省级人民检察院报送案件卷宗。

第6条 人大代表、政协委员、人民监督员、专家咨询委员以及社会各界人士,可以向办理案件的人民检察院或者其上级人民检察院推荐备选指导性案例。

接受推荐的人民检察院应当及时告知推荐人备选指导性案例的后续情况。

第7条 最高人民检察院法律政策研究室统筹协调指导性案例的立项、审核、发布、清理工作。

最高人民检察院各检察厅和法律政策研究室分工负责指导性案例的研究编制工作。各检察厅研究编制职责范围内的指导性案例,法律政策研究室研究编制涉及多个检察厅业务或者院领导指定专题的指导性案例。

第8条 最高人民检察院各检察厅和法律政策研究室研究编制指导性案例,可以征求本业务条线、相关内设机构、有关机关对口业务部门和人大代表、专家学者等的意见。

第9条 最高人民检察院设立案例指导工作委员会。案例指导工作委员会由最高人民检察院分管法律政策研究室的副检察长、检察委员会专职委员、部分检察厅负责人或者全国检察业务专家以及法学界专家组成。

提请检察委员会审议的备选指导性案例,应当经案例指导工作委员会讨论同意。

案例指导工作委员会应当定期研究案例指导工作,每年度专题向检察委员会作出报告。

案例指导工作委员会的日常工作由法律政策研究室承担。

第10条 最高人民检察院各检察厅和法律政策研究室认为征集的案例符合备选指导性案例条件的,应当按照指导性案例体例进行编写,报分管副检察长同意后,提交案例指导工作委员会讨论。

第11条 案例指导工作委员会同意作为备选指导性案例提请检察委员会审议的,承办部门应当按照案例指导工作委员会讨论意见对备选指导性案例进行修改,送法律政策研究室审核,并根据审核意见进一步修改后,报检察长决定提交检察委员会审议。

第12条 检察委员会审议备选指导性案例时,由承办部门汇报案例研究编制情况,并就案例发布后的宣传培训提出建议。

第13条 检察委员会审议通过的指导性案例,承办部门应当根据审议意见进行修改完善,送法律政策研究室进行法律核稿、统一编号后,报分管副检察长审核,由检察长签发。

第14条 最高人民检察院发布的指导性案例,应当在《最高人民检察院公报》和最高人民检察院官方网站公布。

第15条 各级人民检察院应当参照指导性案例办理类似案件,可以引述相关指导性案例进行释法说理,但不得代替法律或者司法解释作为案件处理决定的直接依据。

各级人民检察院检察委员会审议案件时,承办检察官应当报告有无类似指导性案例,并说明参照适用情况。

第16条 最高人民检察院建立指导性案例数据库,为各级人民检察院和社会公众检索、查询、参照适用指导性案例提供便利。

第17条 各级人民检察院应当将指导性案例纳入业务培训,加强对指导性案例的学习应用。

第18条 最高人民检察院在开展案例指导工作中,应当加强与有关机关的沟通。必要时,可以商有关机关就互涉法律适用问题共同发布指导性案例。

第19条 指导性案例具有下列情形之一的,最高人民检察院应当及时宣告失效,并在《最高人民检察院公报》和最高人民检察院官方网站公布:

(一)案例援引的法律或者司法解释废止;(二)与新颁布的法律或者司法解释冲突;(三)被新发布的指导性案例取代;(四)其他应当宣告失效的情形。

宣告指导性案例失效,由最高人民检察院检察委员会决定。

第20条 本规定自印发之日起施行。

9. 最高人民法院《关于充分发挥刑事审判职能作用深入推进社会矛盾化解的若干意见》(法发〔2010〕63号)

党的十七届五中全会确定了我国“十二五”时期发展的目标任务,并把加强社会建设作为推动解决当前面临的突出问题和实现国家长治久安的重大举措。全国政法工作会议要求,围绕科学发展主题和转变经济发展方式主线,抓住人民群众最关心的公共安全、权益保障、社会公平正义问题,深化社会矛盾化解、社会管理创新、公正廉洁执法3项重点工作,为实现经济社会又好又快发展,创造和谐稳定的社会环境、公平正义的法治环境和优质高效的服务环境。人民法院刑事审判是党领导人民依法治理国家和管理社会的重要渠道和有效手段,必须摆到社会建设的整体格局中来谋划,放到3项重点工作的总体部署中来推进,通过依法公正审判刑事案件,妥善化解社会矛盾,积极创新社会管理,维护社会公平正义,促进社会和谐稳定。为贯彻落实党的十七届五中全会和全国政法工作会议精神,充分发挥人民法院刑事审判职能作用,深入推进社会矛盾化解工作,特提出如下意见。

一、化解社会矛盾是人民法院刑事审判的重要职责

1. 刑事审判必须高度注重社会矛盾化解。刑事犯罪由社会矛盾衍生,是社会矛盾的集中反映和极端表现。人民法院依法惩罚犯罪,本身就是在平息和化解社会矛盾,但犯罪受到惩罚并不等于案件中的所有矛盾必然得到了有效化解,案件处理不当还可能导致矛盾进一步激化,甚至引发新的矛盾冲突。“十二五”时期是全面建设小康社会的关键期,是深化改革开放和加快转变经济发展方式的攻坚期,也是人民内部矛盾凸显、刑事犯罪高发、对敌斗争复杂的时期。新的形势要求人民法院必须创新刑事审判,树立通过刑事审判化解社会矛盾的观念,把化解社会矛盾作为刑事审判工作的重要职责,作为检验和评价审判质量和效果的重要标准。这是对人民法院刑事审判工作提出的更高要求。

2. 充分发挥刑事审判职能作用,深入推进社会矛盾化解,必须坚持以邓小平理论和“三个代表”重要思想为指导,深入贯彻落实科学发展观,正确把握国内外形势的新变化新特点,积极践行“三个至上”指导思想和“为大局服务,为人民司法”工作主题,准确把握宽严相济刑事政策,切实做到公正廉洁文明司法,充分发挥刑事审判能动作用,最大限度地化解矛盾,减少对抗,促进和谐,维护稳定。

3. 充分发挥刑事审判职能作用,深入推进社会矛盾化解,必须坚持以下原则:一是依法审判与化解矛盾并重。充分发挥刑罚惩治和预防犯罪功能的同时,高度重视矛盾化解工作,注重分析和把握社会治安形势、社会矛盾的成因和态势,根据案件的不同性质、特点,综合运用法律、政策等手段和教育、疏导等办法,全力化解案件矛盾,促进社会和谐稳定。二是惩罚犯罪与保障人权并重。依法对犯罪分子定罪量刑的同时,尊重和保障被告人的人格尊严和诉讼权益,通过公开、公平、公正的审判活动促使其认罪服法,改过自新;重视和加强对被害人的权益保护,尽最大可能修复被犯罪破坏的社会关系。三是审判工作与群众工作并重。人民法院是党和国家做群众工作的特殊职能机构,是当事人解决纠纷、维护权益、寻求公正的地方。刑事审判既是专业性的司法工作,又是经常性的群众工作,必须坚持尊重群众、贴近群众、相信群众、依靠群众,善于从群众意见中寻求化解矛盾的智慧和经验,使案件处理既符合法律规定和政策,又体现群众意愿和要求,运用全部刑事审判活动宣传党和国家的政策法律,教育、引导群众增强法制观念。四是法律效果与社会效果并重。严格准确适用法律的同时,充分考虑国情民意,切实贯彻宽严相济刑事政策,既着眼于解决现实矛盾,又着眼于实现长治久安,确保裁判结果得到群众的认同,经得起历史的检验。

4. 把化解社会矛盾工作贯穿于刑事审判各个环节。刑事案件的一审、二审、执行、再审以及处理申诉、信访都是化解社会矛盾的过程。必须做到依法公正履职,准确适用法律,确保每一起案件事实清楚,证据确凿,定罪准确,量刑适当,程序合法。与此同时,认真分析裁断案件反映出来的各种社会矛盾,深入了解当事人实际诉求和案发地群众反映,有针对性地做好矛盾化解工作,依法惩罚犯罪,维护合法权益,恢复社会秩序,实现案结事了。积极参与社会治安综合治理,加强司法建议,注重判后回访反馈,促进社会管理完善创新,拓展化解社会矛盾的司法手段,扩大刑事审判工作的社会效果。

5. 把增强化解社会矛盾的意识和能力作为刑事审判队伍建设重要内容。如何有效化解社会矛盾,是刑事审判面临的新挑战、新课题。要加强思想政治工作,使刑事法官牢固树立大局意识和责任意识,切实增强通过审判化解矛盾的主动性和自觉性。深化审判管理改革,建立健全能够激励和反映社会矛盾化解工作的绩效考评机制。加强刑事审判业务培训,不断提高刑事法官认识和把握工作大局、社会矛盾、社情民意、法律精神的能力,着力增强做群众工作和化解矛盾的能力。总结推广化解社会矛盾成功有效的经验做法,对化解社会矛盾成绩突出的刑事法官给予表彰奖励。

二、准确把握宽严相济刑事政策

6. 继续坚持依法严惩严重刑事犯罪的方针。对危害国家安全犯罪、恐怖犯罪、黑社会性质组织犯罪以及爆炸、杀人、抢劫、绑架、毒品等严重危害社会治安、严重影响人民群众安全感的犯罪,始终保持高压态势,依法从严打击。对以农村留守妇女、儿童、老人及社会弱势群体为侵害对象,人民群众深恶痛绝的犯罪,坚决依法严惩。

对国家工作人员贪污贿赂、滥用职权、失职渎职的严重犯罪,包庇纵容黑恶势力犯罪、重大安全责任事故、制售伪劣食品、药品所涉及的国家工作人员职务犯罪,发生在社会保障、征地拆迁、灾后重建、企业改制、医疗、教育、就业等领域严重损害群众利益、社会影响恶劣的国家工作人员职务犯罪,发生在经济社会建设重点领域、重点行业的严重商业贿赂犯罪,依法从严惩处。

对集资诈骗、贷款诈骗、制贩假币等严重危害金融秩序的犯罪,生产、销售假药、劣药、有毒有害食品等严重危害食品药品安全的犯罪,严重侵犯知识产权和制售假冒伪劣商品犯罪,造成严重后果的重大安全责任事故犯罪,重大环境污染、非法采矿、盗伐林木等严重破坏生态环境的犯罪,依法从严惩处。对受害群众较多的涉众型案件,积极配合有关部门做好善后处置工作,最大限度地维护群众的合法权益。

7. 区别对待不同性质的犯罪,做到该宽则宽,当严则严,宽严相济,罚当其罪。对严重刑事犯罪依法严厉惩处的同时,对具有法定或酌定从宽处罚情节的被告人,依法在量刑时予以考虑,最大限度地分化、瓦解犯罪分子,最大限度地减少社会对立面。对较轻刑事犯罪依法从轻处罚的同时,充分考虑被告人是否具有屡教不改、严重滋扰社会、群众反映强烈等酌定从严处罚的情况,在量刑上有所体现,使犯罪分子受到应有处罚。

对因生产生活、邻里纠纷、婚姻家庭等民间矛盾激化引发,事出有因、针对特定对象,对社会治安秩序没有重大影响的犯罪,要着眼于和谐稳定,下大力气做好矛盾化解工作。被害人及其亲属对被告人表示谅解的,应作为酌定从轻情节,量刑时充分考虑。

8. 精心审理刑事大案要案。对案情敏感、社会高度关注的刑事案件,在严格依法办案的前提下,充分运用政治智慧和法律智慧,确保裁判法律效果和社会效果高度统一,使案件的审理成为执行国家法律和政策的典范。案件审理过程中,及时回应社会关切,加强司法宣传和舆论引导,营造有利于案件依法妥善处理的良好环境。

三、进一步做好附带民事诉讼审理工作

9. 附带民事诉讼制度的功能作用。审理附带民事诉讼案件,要在依法妥善解决损害赔偿问题,弥补被害人物质损失的同时,借助附带民事诉讼提供的对话平台,积极做好法律政策的宣传解释工作,充分听取被害人的民事诉求和对刑事裁判的意见,促使被告人认罪悔罪、争取被害人及其亲属谅解,从而有效化解矛盾,促进社会和谐。

10. 注重运用调解手段化解矛盾纠纷。将调解作为审理附带民事诉讼案件的必经程序,贯穿于案件审理的整个过程,力争把矛盾化解在基层,化解在一审,化解在裁判生效前。充分发挥被告人、被害人所在单位、社区基层组织、辩护人、诉讼代理人及当事人亲属、朋友在促进调解、化解矛盾方面的积极作用,形成做好调解疏导工作的合力。

11. 审理附带民事诉讼案件,应当依照刑法的有关规定,根据情况判处赔偿经济损失。确定赔偿数额,要根据被害人因犯罪行为遭受的物质损失并适当考虑被告人的赔偿能力。附带民事诉讼当事人就民事赔偿问题达成的调解协议,只要不违反法律规定,应当予以确认,以有利社会矛盾化解,更好慰藉被害人一方。

12. 妥善处理附带民事赔偿与量刑的关系。被告人案发后对被害人积极赔偿,并认罪、悔罪的,依法可以作为酌定量刑情节予以考虑,对轻微刑事案件的被告人,应当考虑适用非监禁刑。被告人认罪、悔罪、赔礼道歉、积极赔偿,取得被害人谅解的,依法可以从宽处理。对于严重危害社会治安、人民群众反映强烈、依法应当从严惩处的犯罪,不能仅以经济赔偿作为决定从轻处罚的条件。

四、积极探索和开展刑事和解工作

13. 重视发挥刑事和解在化解社会矛盾方面的积极作用。人民法院审理轻微刑事案件,通过当事人双方充分交流、协商,自愿达成和解协议并履行到位,有助于切实保护被害人合法权益,有效化解双方仇怨,避免产生新的矛盾,应当积极推进。

14. 积极探索、推进刑事和解工作。适用刑事和解,既要考虑当事人双方的意愿,也要考虑案件的性质和社会公众的接受能力。现阶段,对自诉案件和可能判处3年有期徒刑以下刑罚的侵犯公民个人权利案件、交通肇事案件,应当积极适用刑事和解,同时注重发挥刑事和解对化解当事人的矛盾、减少社会对抗、促进被告人改造的普遍功能。

15. 注重发挥司法能动作用促进和解。对符合和解条件的案件，做好法律、政策释明工作，在征得双方同意后，调动一切有利于矛盾化解的因素促进和解，引导双方以赔礼道歉、赔偿物质损失、履行特定义务等多种形式达成谅解，及时审查、确认和解协议效力，监督协议履行情况，确保被害人权益得到切实保护。

五、强化未成年人审判工作

16. 继续坚持"教育、感化、挽救"方针和"教育为主，惩罚为辅"原则。根据未成年人实施的具体犯罪行为后果、情节、性质，充分考虑其实施犯罪的动机和目的、犯罪时的年龄、是否初次犯罪、犯罪后的悔罪表现、个人成长经历、一贯表现等，从有利于未成年人教育、矫正的角度正确适用刑罚。

17. 注重保障未成年被告人的合法权益。严格执行未成年人犯罪案件不公开审理的相关规定，积极探索未成年人轻罪犯罪记录消灭制度，保证失足未成年人在升学、就业等方面免受歧视，更加顺利地回归社会、重塑人生。

18. 重视法庭教育和判后跟踪帮教。采取圆桌审判等适应未成年人身心特点的审理方式，视情邀请有利于教育、感化、挽救未成年被告人的人员参与庭审，寓教于审。协助未成年犯管教所或社区矫正部门做好帮教工作，确保改造效果，有效预防重新犯罪。

六、依法正确适用非监禁刑

19. 重视依法适用非监禁刑。充分发挥非监禁刑轻缓、经济、执行多样的优势，使罪行较轻者避免因被监禁与其他罪犯"交叉感染"，尽可能减少对其家庭、社会关系的影响，减少社会对立面。

20. 依法正确把握非监禁刑适用的对象。对于犯罪性质恶劣、罪行严重、主观恶性深、人身危险性大，或者具有法定、酌定从重处罚情节，以及依法大幅度减轻处罚后的被告人，一般不适用非监禁刑。对于依法减轻处罚后判处3年有期徒刑以下刑罚的职务犯罪案件，严格控制缓刑适用。

21. 确保非监禁刑执行效果。配合有关部门积极推动社区矫正工作，充分利用社会力量帮助罪犯顺利回归社会。适用非监禁刑时，除考虑案件本身的性质、情节、社会危害等因素外，应注意当地非监禁刑的执行条件、实施社区矫正的可行性，保证非监禁刑执行到位，避免脱管、漏管。

七、认真落实刑事被害人救助工作

22. 尽快落实、不断深化刑事被害人救助工作。对遭受犯罪行为侵害、无法及时获得有效赔偿、生活陷入困境的刑事被害人及其近亲属，及时给予适当经济资助，有效化解矛盾纠纷，体现党和政府的关怀、人民司法的温暖。

23. 建立与当地经济发展状况、刑事犯罪发案情况相适应的救助制度。确保有限的救助资金用于最需要救助的对象，救助的提起、审批、发放、管理、监督等各个环节，有章可循，有据可依。

24. 充分发挥刑事被害人救助在贯彻宽严相济刑事政策方面的积极作用。对于因婚姻家庭、邻里纠纷等民间矛盾激化引发的案件，特别是被害人一方有明显过错、对矛盾激化有直接责任，或者被告人有法定从轻处罚情节的，通过及时救助，舒缓被害人及其近亲属的情绪，保证案件正常审理。对于严重危害社会治安的恶性犯罪，必须毫不动摇地依法严惩犯罪分子，同时注重通过及时救助，切实维护被害人的合法权益，促进社会和谐、稳定。

10. 最高人民法院、最高人民检察院、公安部、司法部《社区矫正实施办法》(司发通〔2012〕12号)

[《中华人民共和国社区矫正法实施办法》(司发通〔2020〕59号)已声明该文件废止]

11. 最高人民法院《关于在审判执行工作中切实规范自由裁量权行使保障法律统一适用的指导意见》(法发〔2012〕7号)

中国特色社会主义法律体系如期形成,标志着依法治国基本方略的贯彻实施进入了一个新阶段,人民法院依法履行职责、维护法制统一、建设社会主义法治国家的责任更加重大。我国正处在重要的社会转型期,审判工作中不断出现新情况、新问题;加之,我国地域辽阔、人口众多、民族多样性等诸多因素,造成经济社会发展不平衡。这就要求人民法院在强化法律统一适用的同时,正确运用司法政策,规范行使自由裁量权,充分发挥自由裁量权在保障法律正确实施,维护当事人合法权益,维护司法公正,提升司法公信力等方面的积极作用。现就人民法院在审判执行工作中切实规范自由裁量权行使,保障法律统一适用的若干问题,提出以下指导意见:

一、正确认识自由裁量权。自由裁量权是人民法院在审理案件过程中,根据法律规定和立法精神,秉持正确司法理念,运用科学方法,对案件事实认定、法律适用以及程序处理等问题进行分析和判断,并最终作出依法有据、公平公正、合情合理裁判的权力。

二、自由裁量权的行使条件。人民法院在审理案件过程中,对下列情形依法行使自由裁量权:

(一)法律规定由人民法院根据案件具体情况进行裁量的;(二)法律规定由人民法院从几种法定情形中选择其一进行裁量,或者在法定的范围、幅度内进行裁量的;(三)根据案件具体情况需要对法律精神、规则或者条文进行阐释的;(四)根据案件具体情况需要对证据规则进行阐释或者对案件涉及的争议事实进行裁量认定的;(五)根据案件具体情况需要行使自由裁量权的其他情形。

三、自由裁量权的行使原则。

(一)合法原则。要严格依据法律规定,遵循法定程序和正确裁判方法,符合法律、法规和司法解释的精神以及基本法理的要求,行使自由裁量权。不能违反法律明确、具体的规定。(二)合理原则。要从维护社会公平正义的价值观出发,充分考虑公共政策、社会主流价值观念、社会发展的阶段性、社会公众的认同度等因素,坚持正确的裁判理念,努力增强行使自由裁量权的确定性和可预测性,确保裁判结果符合社会发展方向。(三)公正原则。要秉持司法良知,恪守职业道德,坚持实体公正与程序公正并重。坚持法律面前人人平等,排除干扰,保持中立,避免偏颇。注重裁量结果与社会公众对公平正义普遍理解的契合性,确保裁判结果符合司法公平正义的要求。(四)审慎原则。要严把案件事实关、程序关和法律适用关,在充分理解法律精神、依法认定案件事实的基础上,审慎衡量、仔细求证,同时注意司法行为的适当性和必要性,努力实现办案的法律效果和社会效果的有机统一。

四、正确运用证据规则。行使自由裁量权,要正确运用证据规则,从保护当事人合法权益、有利查明事实和程序正当的角度,合理分配举证责任,全面、客观、准确认定证据的证明力,严格依证据认定案件事实,努力实现法律事实与客观事实的统一。

五、正确运用法律适用方法。行使自由裁量权,要处理好上位法与下位法、新法与旧法、特别法与一般法的关系,正确选择所应适用的法律;难以确定如何适用法律的,应按照立法法的规定报请有关机关裁决,以维护社会主义法制的统一。对同一事项同一法律存在一般规定和特别规定的,应优先适用特别规定。要正确把握法律、法规和司法解释中除明确列举之外的概括性条款规定,确保适用结果符合立法原意。

六、正确运用法律解释方法。行使自由裁量权,要结合立法宗旨和立法原意、法律原则、国家政策、司法政策等因素,综合运用各种解释方法,对法律条文作出最能实现社会公平正义、最具现实合理性的解释。

七、正确运用利益衡量方法。行使自由裁量权，要综合考量案件所涉各种利益关系，对相互冲突的权利或利益进行权衡与取舍，正确处理好公共利益与个人利益、人身利益与财产利益、生存利益与商业利益的关系，保护合法利益，抑制非法利益，努力实现利益最大化、损害最小化。

八、强化诉讼程序规范。行使自由裁量权，要严格依照程序法的规定，充分保障各方当事人的诉讼权利。要充分尊重当事人的处分权，依法保障当事人的辩论权，对可能影响当事人实体性权利或程序性权利的自由裁量事项，应将其作为案件争议焦点，充分听取当事人的意见；要完善相对独立的量刑程序，将量刑纳入庭审过程；要充分保障当事人的知情权，并根据当事人的要求，向当事人释明行使自由裁量权的依据、考量因素等事项。

九、强化审判组织规范。要进一步强化合议庭审判职责，确保全体成员对案件审理、评议、裁判过程的平等参与，充分发挥自由裁量权行使的集体把关机制。自由裁量权的行使涉及对法律条文的阐释、对不确定概念的理解、对证据规则的把握以及其他可能影响当事人重大实体性权利或程序性权利事项，且有重大争议的，可报请审判委员会讨论决定，确保法律适用的统一。

十、强化裁判文书规范。要加强裁判文书中对案件事实认定理由的论证，使当事人和社会公众知悉法院对证据材料的认定及采信理由。要公开援引和适用的法律条文，并结合案件事实阐明法律适用的理由，充分论述自由裁量结果的正当性和合理性，提高司法裁判的公信力和权威性。

十一、强化审判管理。要加强院长、庭长对审判活动的管理。要将自由裁量权的行使纳入案件质量评查范围，建立健全长效机制，完善评查标准。对自由裁量内容不合法、违反法定程序、结果显失公正以及其他不当行使自由裁量权的情形，要结合审判质量考核的相关规定予以处理；裁判确有错误，符合再审条件的，要按照审判监督程序进行再审。

十二、合理规范审级监督。要正确处理依法改判与维护司法裁判稳定性的关系，不断总结和规范二审、再审纠错原则，努力实现裁判标准的统一。下级人民法院依法正当行使自由裁量权作出的裁判结果，上级人民法院应当依法予以维持；下级人民法院行使自由裁量权明显不当的，上级人民法院可以予以撤销或变更；原审人民法院行使自由裁量权显著不当的，要按照审判监督程序予以撤销或变更。

十三、加强司法解释。最高人民法院要针对审判实践中的新情况、新问题，及时开展有针对性的司法调研。通过司法解释或司法政策，细化立法中的原则性条款和幅度过宽条款，规范选择性条款和授权条款，统一法律适用标准。要进一步提高司法解释和司法政策的质量，及时清理已过时或与新法产生冲突的司法解释，避免引起歧义或规则冲突。

十四、加强案例指导。各级人民法院要及时收集、整理涉及自由裁量权行使的典型案例，逐级上报最高人民法院。最高人民法院在公布的指导性案例中，要有针对性地筛选出在诉讼程序展开、案件事实认定和法律适用中涉及自由裁量事项的案例，对考量因素和裁量标准进行类型化。上级人民法院要及时掌握辖区内自由裁量权的行使情况，不断总结审判经验，提高自由裁量权行使的质量。

十五、不断统一裁判标准。各级人民法院内部对同一类型案件行使自由裁量权的，要严格、准确适用法律、司法解释，参照指导性案例，努力做到类似案件类似处理。下级人民法院对所审理的案件，认为存在需要统一裁量标准的，要书面报告上级人民法院。在案件审理中，发现不同人民法院对同类案件的处理存在明显不同裁量标准的，要及时将情况逐级上报共同的上级人民法院予以协调解决。自由裁量权的行使涉及具有普遍法律适用意义的新型、疑难问题的，要逐级书面报告最高人民法院。

十六、加强法官职业保障。要严格执行宪法、法官法的规定,增强法官职业荣誉感,保障法官正当行使自由裁量权。要大力建设学习型法院,全面提升司法能力。要加强法制宣传,引导社会和公众正确认识自由裁量权在司法审判中的必要性、正当性,不断提高社会公众对依法行使自由裁量权的认同程度。

十七、防止权力滥用。要进一步拓展司法公开的广度和深度,自觉接受人大、政协、检察机关和社会各界的监督。要深入开展廉洁司法教育,建立健全执法过错责任追究和防止利益冲突等制度规定,积极推进人民法院廉政风险防控机制建设,切实加强对自由裁量权行使的监督,对滥用自由裁量权并构成违纪违法的人员,要依据有关法律法规及纪律规定进行严肃处理。

12. 最高人民法院、最高人民检察院、公安部、司法部《关于全面推进社区矫正工作的意见》(司发〔2014〕13号)

(全文略)

13. 最高人民法院《第9批指导性案例朱某蔚申请无罪逮捕赔偿案》(指导案例42号;法〔2014〕337号)

【裁判要点】

1. 国家机关及其工作人员行使职权时侵犯公民人身自由权,严重影响受害人正常的工作、生活,导致其精神极度痛苦,属于造成精神损害严重后果。

2. 赔偿义务机关支付精神损害抚慰金的数额,应当根据侵权行为的手段、场合、方式等具体情节,侵权行为造成的影响、后果,以及当地平均生活水平等综合因素确定。

【裁判理由】

最高人民法院认为:赔偿请求人朱某蔚于2011年3月15日向赔偿义务机关广东省人民检察院提出赔偿请求,本案应适用修订后的《中华人民共和国国家赔偿法》。朱某蔚被实际羁押时间为875天,广东省人民检察院计算为873天有误,应予纠正。根据《最高人民法院关于人民法院执行〈中华人民共和国国家赔偿法〉几个问题的解释》第6条规定,赔偿委员会变更赔偿义务机关尚未生效的赔偿决定,应以作出本赔偿决定时的上年度即2011年度全国职工日平均工资162.65元为赔偿标准。因此,广东省人民检察院应按照2011年度全国职工日平均工资标准向朱某蔚支付侵犯人身自由875天的赔偿金142318.75元。朱某蔚被宣告无罪后,广东省人民检察院已决定向朱某蔚以口头方式赔礼道歉,并为其恢复生产提供方便,从而在侵权行为范围内为朱某蔚消除影响、恢复名誉,该项决定应予维持。朱某蔚另要求广东省人民检察院以登报方式赔礼道歉,不予支持。

朱某蔚被羁押875天,正常的家庭生活和公司经营也因此受到影响,导致其精神极度痛苦,应认定精神损害后果严重。对朱某蔚主张的精神损害抚慰金,根据自2005年朱某蔚被羁押以来深圳一和实业有限公司不能正常经营,朱某蔚之女患抑郁症未愈,以及粤高法〔2011〕382号《关于在国家赔偿工作中适用精神损害抚慰金若干问题的座谈会纪要》明确的广东省赔偿精神损害抚慰金的参考标准,结合赔偿协商协调情况以及当地平均生活水平等情况,确定为50000元。朱某蔚提出的其他请求,不予支持。

14. 最高人民法院《关于充分发挥审判职能作用切实维护公共安全的若干意见》(法发〔2015〕12号)

为充分发挥人民法院职能作用,切实维护公共安全,保障人民群众合法权益,营造和谐稳定的社会环境,提出以下意见。

一、提高思想认识,切实增强维护公共安全的责任感和使命感

1. 充分认识维护公共安全的重大意义。公共安全是人民安居乐业、社会安定有序、国家长治久安的重要保障。党的十八大以来，以习近平同志为总书记的党中央高度重视公共安全问题，把维护公共安全摆在了更加突出的位置，作出了一系列重要部署。在中共中央政治局第23次集体学习时，习近平总书记发表重要讲话，深刻阐述了维护公共安全的重要意义，科学分析了公共安全形势，明确指出了当前维护公共安全需要重点做好的各项工作任务。各级人民法院和广大干警要站在为"四个全面"战略布局提供有效司法服务和保障的高度，自觉把维护公共安全放在维护最广大人民根本利益的高度上来认识，坚持居安思危、未雨绸缪，不断增强维护公共安全的责任感和使命感。

2. 准确把握发挥审判职能作用维护公共安全的基本要求。要坚持立足本职。人民法院的主要职能是审判案件，案件是社会矛盾的集中反映，也是凸显社会安全的风险点，要通过依法公正高效审判，实现惩治犯罪、化解矛盾、防范风险；要坚持问题导向。坚持从人民群众反映最强烈、现实社会最突出的问题入手，扎实做好有关农产品质量安全、食品药品安全、生产安全、环境安全、网络安全等案件的审判工作，根据不同时期、不同地方公共安全的形势和特点，有针对性地强化相关案件审判工作；要延伸审判职能。综合运用庭审直播、案例发布等方式，增强案件裁判的法律和社会效果，开展法制宣传和公共安全教育，推动健全多元化纠纷解决体系，积极参与社会治安综合治理，推进社会治安综合防控体系建设，着力解决影响社会安定的深层次问题。

二、依法严惩严重刑事犯罪，有效维护社会稳定

3. 依法严惩暴力恐怖犯罪活动。暴力恐怖犯罪严重危害广大人民群众的生命财产安全，严重危害社会和谐稳定。对暴力恐怖犯罪活动，要坚持严打方针不动摇，对首要分子、骨干成员、罪行重大者，该判处重刑乃至死刑的应当依法判处；要立足打早打小打苗头，对已经构成犯罪的一律依法追究刑事责任，对因被及时发现、采取预防措施而没有造成实际损害的暴恐分子，只要符合犯罪构成条件的，该依法重判的也要依法重判；要注意区别对待，对自动投案、检举揭发，特别是主动交代、协助抓捕幕后指使的，要体现政策依法从宽处理。要通过依法裁判，树立法治威严，坚决打掉暴恐分子的嚣张气焰，有效维护人民权益和社会安宁。

4. 依法严惩严重危害社会治安犯罪。依法严惩故意杀人、故意伤害、抢劫、绑架、爆炸等严重暴力犯罪，严惩盗窃、抢夺、诈骗等多发侵财性犯罪，切实增强人民群众安全感。依法严惩黑恶势力犯罪，坚决打掉其赖以生存、坐大的保护伞和经济基础，有效维护社会秩序。依法惩治组织、利用邪教破坏国家法律实施，进行杀人、强奸、诈骗的犯罪，努力消除邪教危害。依法严惩拐卖妇女、儿童和性侵儿童犯罪，加大对收买被拐卖的妇女、儿童犯罪的惩治力度，强化对妇女、儿童的司法保护。依法严惩毒品犯罪以及因吸毒诱发的故意杀人、故意伤害、抢劫、盗窃、以危险方法危害公共安全等次生犯罪，坚决遏制毒品蔓延势头。

5. 强化涉众型犯罪案件的审判工作。针对社会公众实施的非法吸收公众存款、集资诈骗、电信诈骗、操纵证券、期货市场及组织、领导传销等涉众型犯罪，影响面广、危害性大、关注度高，要精心组织好相关案件的审判工作。要加大对此类犯罪的惩治力度，对犯罪数额特别巨大、犯罪情节特别恶劣、危害后果特别严重的，依法判处重刑。要高度重视犯罪分子的违法所得追缴和涉案财物的依法处置工作，最大限度维护人民群众的合法权益，稳定社会秩序。要强化司法公开力度，及时披露有关信息，回应社会关切。

三、依法惩治危害安全生产犯罪，促进安全生产形势根本好转

6. 加大对危害安全生产犯罪的惩治力度。坚持发展是第一要务，安全是第一保障。针对近年来非法、违法生产，忽视生产安全的现象十分突出，造成群死群伤的重特大生产安全责任事故屡有发生的严峻形势，充分发挥刑罚的惩罚和预防功能，加大对各类危害安全生产犯罪的惩治力度，用严肃、严格、严厉的责任追究和法律惩罚，推动安全生产责任制的有效落实，促进安全生产形势根本好转,确保人民生命财产安全。

7.准确把握打击重点。结合当前形势并针对犯罪原因,既要重点惩治发生在危险化学品、民爆器材、烟花爆竹、电梯、煤矿、非煤矿山、油气运送管道、建筑施工、消防、粉尘涉爆等重点行业领域企业,以及港口、码头、人员密集场所等重点部位的危害安全生产犯罪,更要从严惩治发生在这些犯罪背后的国家机关工作人员贪污贿赂和渎职犯罪。既要依法追究直接造成损害的从事生产、作业的责任人员,更要依法从严惩治对生产、作业负有组织、指挥或者管理职责的负责人、管理人、实际控制人、投资人。既要加大对各类安全生产犯罪的惩治力度,更要从严惩治因安全生产条件不符合国家规定被处罚而又违规生产,关闭或者故意破坏安全警示设备,事故发生后不积极抢救人员或者毁灭、伪造、隐藏影响事故调查证据,通过行贿非法获取相关生产经营资质等情节的危害安全生产的犯罪。

8.依法妥善审理与重大责任事故有关的赔偿案件。对当事人因重大责任事故遭受人身、财产损失而提起诉讼要求赔偿的,应当依法及时受理,保障当事人诉权。对两人以上实施危及他人人身、财产安全的行为,其中1人或者数人的行为造成他人损害,能够确定具体责任人的,由责任人承担赔偿责任,不能确定具体责任人的,由行为人承担连带责任。被告人因重大责任事故既承担刑事、行政责任,又承担民事责任的,其财产应当优先承担民事责任。原告因重大责任事故遭受损失而无法及时履行赡养、抚养等义务,申请先予执行的,应当依法支持。

四、做好涉民生案件审判工作,切实保障人民群众合法权益

9.妥善审理涉农案件。依法严惩针对农村留守老人、妇女、儿童实施的抢劫、盗窃、强奸、猥亵、拐卖等犯罪,确保农村社会秩序稳定和农民生命财产安全。依法严惩向农村地区贩卖毒品犯罪,坚决遏制毒品向农村地区蔓延的势头。依法严惩生产、销售伪劣农药、化肥、种子以及其他农用物资等坑农、害农犯罪,保证农业生产顺利进行。依法审理、执行好涉及"三农"的民事、行政案件,切实维护农民合法权益。

10.依法惩治危害食品药品安全犯罪。食品药品安全形势不容乐观,重大、恶性食品药品安全犯罪案件时有发生,党中央高度关注,人民群众反映强烈。要以"零容忍"的态度,坚持最严厉的处罚、最严肃的问责,依法严惩生产、销售有毒、有害食品、不符合卫生标准的食品,以及生产、销售假药、劣药等犯罪。要充分认识此类犯罪的严重社会危害,严格缓刑、免刑等非监禁刑的适用。要采取有效措施依法追缴违法犯罪所得,充分适用财产刑,坚决让犯罪分子在经济上无利可图、得不偿失。要依法适用禁止令,有效防范犯罪分子再次危害社会。

11.强化生态环境司法保护。保护生态环境,建设美丽中国,事关广大人民群众的生命健康,事关中华民族的永续发展,是实现中华民族伟大复兴中国梦的重要内容。全面加强环境资源审判工作,扎实推进生态环境建设,回应民众关切,增进人民福祉。依法惩治污染环境、乱砍滥伐、非法猎杀野生动物、乱采滥挖矿产等破坏环境资源犯罪。依法公正审理环境侵权案件,落实全面赔偿规定,探索建立环境修复、惩罚性赔偿等制度,依法严肃追究违法者的法律责任。充分保障环境公益诉讼原告诉权,及时受理、依法审理环境公益诉讼案件;会同检察机关积极稳妥地开展检察机关提起公益诉讼的试点工作,有效维护国家利益和社会公共利益。

12.从严惩治危害民生的职务犯罪。对于制售伪劣食品药品、破坏环境资源所涉及的国家工作人员渎职犯罪,发生在社会保障、征地拆迁、灾后重建、企业改制、医疗、教育、就业等领域严重损害群众利益、社会影响恶劣、群众反映强烈的国家工作人员贪污贿赂犯罪、渎职犯罪,发生在事关民生和公共安全的重点领域、重点行业的严重商业贿赂犯罪等,要依法从严惩处。

五、依法惩治信息网络犯罪,维护社会秩序

13.依法惩治利用网络实施的各类犯罪。网络空间是现实社会的延伸,网络秩序是公共秩序的有机组成部分。要针对近年来利用信息网络实施的各类违法犯罪活动日益突出,危害十分严重的实际,坚决依法打击网上造谣、传谣行为,惩治利用网络实施的盗窃、诈骗、敲诈勒索、寻衅滋事、贩卖毒品、传播淫秽信息等犯罪,切实维护网络秩序,净化网络空间,决不允许网络成为法外之地。

14. 依法惩治网络攻击破坏犯罪。信息时代,网络已深度融入经济社会的各个方面,网络安全已成为公共安全的重要组成部分,与广大人民群众的信息安全、财产安全乃至人身安全密切相关。要依法打击非法侵入、破坏计算机信息系统以及制作、销售、使用“伪基站”设备等犯罪活动,从严惩治针对基础信息网络、重要行业和领域的重要信息系统、军事网络、重要政务网络、用户数量众多的商业网络的攻击破坏活动,从严惩治利用攻击破坏非法获取国家秘密、商业秘密、公民个人信息等犯罪活动。

六、积极参与社会治安综合治理,促进健全公共安全体系

15. 积极参与社会治安防控体系建设。按照系统治理、依法治理、综合治理、源头治理的总体思路,扎实做好审判环节的社会治安综合治理工作。积极参与禁毒、打拐、打黑除恶、治爆缉枪、打击“两抢一盗”等专项整治活动。充分运用传统媒体和微信、微博、新闻客户端等新媒体,通过公开审判、以案说法、发布典型案例等形式,强化法制宣传,震慑违法犯罪。加强未成年人刑事审判工作,会同有关部门做好刑满释放人员、社区矫正对象等特殊人群的帮教管理,预防再次犯罪,消除社会治安隐患。

16. 加强司法建议、司法调研工作。针对审判执行工作中发现的管理漏洞、治安隐患,要及时向有关单位或职能部门提出完善规章制度、强化日常管控、加强源头治理的意见和建议,推动公共安全体系的健全完善。不断加强人民法院信息化建设,推进信息技术与审判业务深度融合,充分利用信息技术手段和审判信息大数据,强化司法统计和调研工作,准确研判公共安全形势,为建立健全公共安全形势分析制度,及时消除公共安全隐患提供决策参考。

17. 做好人民法院自身安全工作。人民法院安全工作事关涉诉群众和法院干警的切身利益,是公共安全的重要组成部分。要始终坚持司法为民,切实改进工作作风,强化司法便民利民,决不允许因自身工作问题引发群体性、突发性和个人极端事件。要不断提高安全防范意识,认真吸取各类公共安全事件的教训,深入研判法院安全工作面临的新情况、新问题,严格落实安全管理各项制度,健全完善法院安全人防、物防、技防网络,确保人民法院人员安全、场所安全、信息安全。

15. 最高人民法院、最高人民检察院《关于办理刑事赔偿案件适用法律若干问题的解释》(法释〔2015〕24号)

根据国家赔偿法以及有关法律的规定,结合刑事赔偿工作实际,对办理刑事赔偿案件适用法律的若干问题解释如下:

第1条 赔偿请求人因行使侦查、检察、审判职权的机关以及看守所、监狱管理机关及其工作人员行使职权的行为侵犯其人身权、财产权而申请国家赔偿,具备国家赔偿法第17条、第18条规定情形的,属于本解释规定的刑事赔偿范围。

第2条 解除、撤销拘留或者逮捕措施后虽尚未撤销案件、作出不起诉决定或者判决宣告无罪,但是符合下列情形之一的,属于国家赔偿法第17条第1项、第2项规定的终止追究刑事责任:

(一)办案机关决定对犯罪嫌疑人终止侦查的;(二)解除、撤销取保候审、监视居住、拘留、逮捕措施后,办案机关超过1年未移送起诉、作出不起诉决定或者撤销案件的;(三)取保候审、监视居住法定期限届满后,办案机关超过1年未移送起诉、作出不起诉决定或者撤销案件的;(四)人民检察院撤回起诉超过30日未作出不起诉决定的;(五)人民法院决定按撤诉处理后超过30日,人民检察院未作出不起诉决定的;(六)人民法院准许刑事自诉案件自诉人撤诉的,或者人民法院决定对刑事自诉案件按撤诉处理的。

赔偿义务机关有证据证明尚未终止追究刑事责任,且经人民法院赔偿委员会审查属实的,应当决定驳回赔偿请求人的赔偿申请。

第3条 对财产采取查封、扣押、冻结、追缴等措施后,有下列情形之一,且办案机关未依法解除查封、扣押、冻结等措施或者返还财产的,属于国家赔偿法第18条规定的侵犯财产权:

(一)赔偿请求人有证据证明财产与尚未终结的刑事案件无关,经审查属实的;(二)终止侦查、撤销案件、不起诉、判决宣告无罪终止追究刑事责任的;(三)采取取保候审、监视居住、拘留或者逮捕措施,在解除、撤销强制措施或者强制措施法定期限届满后超过一年未移送起诉、作出不起诉决定或者撤销案件的;(四)未采取取保候审、监视居住、拘留或者逮捕措施,立案后超过两年未移送起诉、作出不起诉决定或者撤销案件的;(五)人民检察院撤回起诉超过30日未作出不起诉决定的;(六)人民法院决定按撤诉处理后超过30日,人民检察院未作出不起诉决定的;(七)对生效裁决没有处理的财产或者对该财产违法进行其他处理的。

有前款第3项至第6项规定情形之一,赔偿义务机关有证据证明尚未终止追究刑事责任,且经人民法院赔偿委员会审查属实的,应当决定驳回赔偿请求人的赔偿申请。

第4条 赔偿义务机关作出赔偿决定,应当依法告知赔偿请求人有权在30日内向赔偿义务机关的上一级机关申请复议。赔偿义务机关未依法告知,赔偿请求人收到赔偿决定之日起两年内提出复议申请的,复议机关应当受理。

人民法院赔偿委员会处理赔偿申请,适用前款规定。

第5条 对公民采取刑事拘留措施后终止追究刑事责任,具有下列情形之一的,属于国家赔偿法第17条第1项规定的违法刑事拘留:

(一)违反刑事诉讼法规定的条件采取拘留措施的;(二)违反刑事诉讼法规定的程序采取拘留措施的;(三)依照刑事诉讼法规定的条件和程序对公民采取拘留措施,但是拘留时间超过刑事诉讼法规定的时限。

违法刑事拘留的人身自由赔偿金自拘留之日起计算。

第6条 数罪并罚的案件经再审改判部分罪名不成立,监禁期限超出再审判决确定的刑期,公民对超期监禁申请国家赔偿的,应当决定予以赔偿。

第7条 根据国家赔偿法第19条第2项、第3项的规定,依照刑法第17条、第18条规定不负刑事责任的人和依照刑事诉讼法第15条、第173条第2款规定不追究刑事责任的人被羁押,国家不承担赔偿责任。但是,对起诉后经人民法院错判拘役、有期徒刑、无期徒刑并已执行的,人民法院应当对该判决确定后继续监禁期间侵犯公民人身自由权的情形予以赔偿。

第8条 赔偿义务机关主张依据国家赔偿法第19条第1项、第5项规定的情形免除赔偿责任的,应当就该免责事由的成立承担举证责任。

第9条 受害的公民死亡,其继承人和其他有扶养关系的亲属有权申请国家赔偿。

依法享有继承权的同一顺序继承人有数人时,其中一人或者部分人作为赔偿请求人申请国家赔偿的,申请效力及于全体。

赔偿请求人为数人时,其中一人或者部分赔偿请求人非经全体同意,申请撤回或者放弃赔偿请求,效力不及于未明确表示撤回申请或者放弃赔偿请求的其他赔偿请求人。

第10条 看守所及其工作人员在行使职权时侵犯公民合法权益造成损害的,看守所的主管机关为赔偿义务机关。

第11条 对公民采取拘留措施后又采取逮捕措施,国家承担赔偿责任的,作出逮捕决定的机关为赔偿义务机关。

第12条 一审判决有罪，二审发回重审后具有下列情形之一的，属于国家赔偿法第21条第4款规定的重审无罪赔偿，作出一审有罪判决的人民法院为赔偿义务机关：

（一）原审人民法院改判无罪并已发生法律效力的；（二）重审期间人民检察院作出不起诉决定的；（三）人民检察院在重审期间撤回起诉超过30日或者人民法院决定按撤诉处理超过30日未作出不起诉决定的。

依照审判监督程序再审后作无罪处理的，作出原生效判决的人民法院为赔偿义务机关。

第13条 医疗费赔偿根据医疗机构出具的医药费、治疗费、住院费等收款凭证，结合病历和诊断证明等相关证据确定。赔偿义务机关对治疗的必要性和合理性提出异议的，应当承担举证责任。

第14条 护理费赔偿参照当地护工从事同等级别护理的劳务报酬标准计算，原则上按照1名护理人员的标准计算护理费；但医疗机构或者司法鉴定人有明确意见的，可以参照确定护理人数并赔偿相应的护理费。

护理期限应当计算至公民恢复生活自理能力时止。公民因残疾不能恢复生活自理能力的，可以根据其年龄、健康状况等因素确定合理的护理期限，一般不超过20年。

第15条 残疾生活辅助器具费赔偿按照普通适用器具的合理费用标准计算。伤情有特殊需要的，可以参照辅助器具配制机构的意见确定。

辅助器具的更换周期和赔偿期限参照配制机构的意见确定。

第16条 误工减少收入的赔偿根据受害公民的误工时间和国家上年度职工日平均工资确定，最高为国家上年度职工年平均工资的5倍。

误工时间根据公民接受治疗的医疗机构出具的证明确定。公民因伤致残持续误工的，误工时间可以计算至作为赔偿依据的伤残等级鉴定确定前1日。

第17条 造成公民身体伤残的赔偿，应当根据司法鉴定人的伤残等级鉴定确定公民丧失劳动能力的程度，并参照以下标准确定残疾赔偿金：

（一）按照国家规定的伤残等级确定公民为1级至4级伤残的，视为全部丧失劳动能力，残疾赔偿金幅度为国家上年度职工年平均工资的10倍至20倍；（二）按照国家规定的伤残等级确定公民为5级至10级伤残的，视为部分丧失劳动能力。5级至6级的，残疾赔偿金幅度为国家上年度职工年平均工资的5倍至10倍；7级至10级的，残疾赔偿金幅度为国家上年度职工年平均工资的5倍以下。

有扶养义务的公民部分丧失劳动能力的，残疾赔偿金可以根据伤残等级并参考被扶养人生活来源丧失的情况进行确定，最高不超过国家上年度职工年平均工资的20倍。

第18条 受害的公民全部丧失劳动能力的，对其扶养的无劳动能力人的生活费发放标准，参照作出赔偿决定时被扶养人住所地所属省级人民政府确定的最低生活保障标准执行。

能够确定扶养年限的，生活费可协商确定并一次性支付。不能确定扶养年限的，可按照20年上限确定扶养年限并一次性支付生活费，被扶养人超过60周岁的，年龄每增加1岁，扶养年限减少1年；被扶养人年龄超过确定扶养年限的，被扶养人可逐年领取生活费至死亡时止。

第19条 侵犯公民、法人和其他组织的财产权造成损害的，应当依照国家赔偿法第36条的规定承担赔偿责任。

财产不能恢复原状或者灭失的，财产损失按照损失发生时的市场价格或者其他合理方式计算。

第20条 返还执行的罚款或者罚金、追缴或者没收的金钱，解除冻结的汇款的，应当支付银行同期存款利息，利率参照赔偿义务机关作出赔偿决定时中国人民银行公布的人民币整存整取定期存款一年期基准利率确定，不计算复利。

复议机关或者人民法院赔偿委员会改变原赔偿决定,利率参照新作出决定时中国人民银行公布的人民币整存整取定期存款1年期基准利率确定。

计息期间自侵权行为发生时起算,至作出生效赔偿决定时止;但在生效赔偿决定作出前侵权行为停止的,计算至侵权行为停止时止。

被罚没、追缴的资金属于赔偿请求人在金融机构合法存款的,在存款合同存续期间,按照合同约定的利率计算利息。

第21条 国家赔偿法第33条、第34条规定的上年度,是指赔偿义务机关作出赔偿决定时的上一年度;复议机关或者人民法院赔偿委员会改变原赔偿决定,按照新作出决定时的上一年度国家职工平均工资标准计算人身自由赔偿金。

作出赔偿决定、复议决定时国家上一年度职工平均工资尚未公布的,以已经公布的最近年度职工平均工资为准。

第22条 下列赔偿决定、复议决定是发生法律效力的决定:

(一)超过国家赔偿法第24条规定的期限没有申请复议或者向上一级人民法院赔偿委员会申请国家赔偿的赔偿义务机关的决定;(二)超过国家赔偿法第25条规定的期限没有向人民法院赔偿委员会申请国家赔偿的复议决定;(三)人民法院赔偿委员会作出的赔偿决定。

发生法律效力的赔偿义务机关的决定和复议决定,与发生法律效力的赔偿委员会的赔偿决定具有同等法律效力,依法必须执行。

第23条 本解释自2016年1月1日起施行。本解释施行前最高人民法院、最高人民检察院发布的司法解释与本解释不一致的,以本解释为准。

16. 公安部《关于改革完善受案立案制度的意见》(公通字〔2015〕32号)

为有效解决受案立案工作中存在的突出问题,依法惩治违法犯罪活动,切实维护人民群众合法权益,结合公安工作实际,现就改革完善公安机关受案立案制度提出如下意见。

一、任务目标和基本原则

(一)任务目标

认真贯彻落实党的十八届四中全会精神,着眼建设法治公安目标,进一步规范受案立案工作流程,提高信息化应用水平,强化监督管理,使受案立案工作更加规范、高效、便民、公开,不断提升公安机关执法公信力和人民群众对公安工作的满意度。

(二)基本原则

1. 突出问题导向。聚焦人民群众反映强烈的报案不接、接案后不受案不立案、违法受案立案等问题,采取有效措施加以解决,切实提高受案立案工作效能。

2. 遵循办案规律。根据公安机关管辖案件范围广、数量多、类型杂、差异大的特点,结合各警种部门案件来源形式、紧急程度等具体情形,健全完善符合办案规律和公安工作实际的受案立案制度。

3. 坚持质效并重。既要规范工作流程,提高受案立案质量,保证公安机关依法如实受案立案,也要方便人民群众报案,保障公安机关及时高效制止和惩处违法犯罪,保护人民群众合法权益。

4. 强化监督管理。明确受案立案监督主管部门,综合运用事前审核、事中监控、事后纠错、执法质量考评等监督管理手段,通过网上统一管理,全面加强对受案立案工作的流程管控和问题整治。

二、主要内容

(一)规范工作流程

1. 健全接报案登记。各省级公安机关依托警务信息综合应用平台,建立完善全省区市统一的接报案、受案立案功能模块。对于群众报案、控告、举报、扭送,违法犯罪嫌疑人投案,以及上级机关交办案件或者其他机关移送的案件,属于公安机关管辖的,各办案警种、部门都必须接受并依照有关规定办理,不得推诿。对于上述接受的案件以及工作中发现的案件,除性质和事实涉及国家秘密的以外,都必须进行网上登记。涉嫌犯罪的,按照刑事案件进行立案审查;涉嫌行政违法的,按照行政案件进行受案审查。群众上门报案的,应当当场进行接报案登记,当场接受证据材料,当场出具接报案回执并告知查询案件进展情况的方式和途径。对明显不属于公安机关职责范围的报案事项,应当立即告知报案人向其他有关主管机关报案。对重复报案、案件正在办理或者已经办结的,应当向报案人作出解释,不再重复接报案登记。

2. 及时审查办理。接报案件后,应当立即进行受案立案审查。对于违法犯罪事实清楚的案件,公安机关各办案警种、部门应当即受即立即办,不得推诿拖延。行政案件受案审查期限原则上不超过24小时,疑难复杂案件受案审查期限不超过3日。刑事案件立案审查期限原则上不超过3日;涉嫌犯罪线索需要查证的,立案审查期限不超过7日;重大疑难复杂案件,经县级以上公安机关负责人批准,立案审查期限可以延长至30日。法律、法规、规章等对受案立案审查期限另有规定的,从其规定。决定不予受案立案后又发现新的事实证据,或者发现原认定事实错误,需要追究行政、刑事责任的,应当及时受案立案处理。

3. 紧急情况处置。对于违法犯罪活动正在进行以及其他情况紧急的案件,接到报案后应当先进行紧急处置,第一时间制止违法犯罪,控制嫌疑人,救治伤员,保护现场,及时开展现场调查取证等工作。紧急处置完毕后,应当在24小时内完成接报案登记;符合受案立案条件的,依法及时受案立案。

(二)强化监督管理

1. 明确主管部门。各级公安法制部门是公安机关受案立案工作监督管理的主管部门,主要履行以下职责:通过受案立案信息系统掌握、监督和管理本级公安机关各办案警种、部门受案立案情况,及时发现、预警和纠正受案立案环节的执法问题;对经济犯罪案件以及其他易出问题、有争议的案件是否受案立案进行审核监督;统一接受检察机关通知立案的案件;协调解决本级公安机关各办案警种、部门之间的案件管辖争议;办理不予立案复议复核案件。

2. 形成监督合力。各有关警种、部门要结合自身职能,积极发挥作用,分工负责,密切配合,共同做好受案立案监督管理工作。指挥中心要通过回访报警人、检查处警警情反馈等形式,及时发现受案立案问题;督察部门要通过执法检查、网上督察等方式加强对接报案、受案立案工作的现场督察,运用督察手段及时处理群众对接报案、受案立案工作的投诉;纪检监察部门要及时查处受案立案工作中存在的违纪违法问题;信访部门要认真组织调查处理受案立案信访事项。

3. 改进考评机制。坚决取消发案数、破案率等影响依法如实受案立案的不科学、不合理考评指标,增加案件当事人对公安机关接报案、受案立案工作满意度的评价比重,树立正确的考核评价激励导向,促进和保障依法如实受案立案。

4. 严格追究责任。完善受案立案工作责任制,明确接报案登记、受案立案审查工作责任。对于报案不接、接报案后不登记不受案不立案、受案立案后不查处,越权管辖、违法受案立案、插手经济纠纷,以及虚报接报案和受案立案统计数据等违法违纪行为,依照有关规定追究相关领导和直接责任人员的责任。

(三)提高信息化水平

1. 完善系统功能。省级公安机关要抓紧建立完善接报案、受案立案功能模块,实现接报案、受案立案工作信息全要素网上记载、全流程网上运转,并与接处警、办案、结案等上下游流程信息整合贯通,满足办案部门网上接报案登记、受案立案审查和法制部门实行受案立案网上监督管理的工作需求。要逐步实现将110接报警电话、现场处置执法记录仪、接受群众上门报案监控等视听资料、电子数据自动导入警务信息综合应用平台,并与警情登记、接报案登记、受案立案审查、案件办理等信息智能关联,实现接报案和受案立案办案结案全过程可溯式管理。

2. 深化执法公开。充分利用公安机关政务网站、微信公众号、手机APP等各种互联网平台和移动终端,为案件当事人提供互联网查询接报案、受案立案及案件办理情况服务,依法及时向案件控告人、被害人及其家属公开案件相关信息。在公安机关及派出所提供电脑信息终端,方便群众自助查询案件信息。建立完善受案立案公开制度,定期公布公安机关受案立案数据和分析研判情况,发挥治安预警作用,提高公众防范意识。

(四)完善刑事案件立案标准

各级公安机关应当按照刑事案件立案标准与人民检察院、人民法院的追诉、定罪标准相协调原则,提高刑事执法效能。要严格执行和不断完善最高人民检察院、公安部联合下发的有关刑事案件立案追诉标准。依法可由省级公安机关制定、细化的刑事案件立案标准,省级公安机关要与同级人民检察院、人民法院协商一致后确定。

三、工作要求

(一)提高认识

受案立案制度改革是中央全面深化公安改革的重要内容,事关人民群众切身利益,事关社会公平正义,对于破解长期以来人民群众反映强烈的受案立案环节突出问题具有重要意义。各级公安机关要从全面推进依法治国的战略高度,切实增强执法为民理念,把思想认识统一到中央决策部署上来,以高度的责任感和使命感推进受案立案制度改革,确保这项改革尽快改、改到位、改出成效。

(二)加强领导

受案立案改革是一项涉及公安工作全局的重要改革,需要各级公安机关和各警种、部门高度重视,整体联动,共同抓好贯彻落实。各级公安机关要加强组织领导,结合本地实际,抓紧研究制定实施方案,强化督导检查,确保改革措施落实到位。要通盘考虑,加强统筹,将受案立案制度改革与其他执法权力运行机制改革任务结合起来,确保改革任务协调有序推进。公安机关各办案警种、部门要结合各自办理案件的特点和规律,健全完善本警种、部门受案立案的具体操作规程。上级公安机关业务主管部门要加强检查指导,督促下级公安机关业务主管部门依法如实受案立案,在职责范围内协调解决与受案立案有关的跨区域执法争议。

(三)强化保障

各级公安机关要积极推动在法制部门增设受案立案管理机构,选派责任心强、熟悉执法办案业务、熟练使用执法办案信息系统的民警从事受案立案监督管理工作。要尽快修订、制定相关法律文书,修改完善受案立案功能模块,为受案立案工作和监督管理提供有力的信息化手段支撑和必要的基础保障。要充分发挥基层法制员的职能作用,切实加强对受案立案情况的日常监督管理。要将改革要求及时报告党委、政府,不断优化平安建设、综合治理中涉及公安机关受案立案工作的考评指标,积极争取党委、政府对公安机关受案立案改革的支持。要做好宣传工作,向全社会和广大民警宣传好受案立案制度改革的意义,正确解读改革的内容和要求,为推进改革营造良好氛围。

17. 最高人民检察院、公安部《关于逮捕社会危险性条件若干问题的规定(试行)》(高检会〔2015〕9号)

第1条 为了规范逮捕社会危险性条件证据收集、审查认定,依法准确适用逮捕措施,依照《中华人民共和国刑事诉讼法》、《人民检察院刑事诉讼规则(试行)》、《公安机关办理刑事案件程序规定》，制定本规定。

第2条 人民检察院办理审查逮捕案件，应当全面把握逮捕条件，对有证据证明有犯罪事实、可能判处徒刑以上刑罚的犯罪嫌疑人，除刑诉法第79条第2、3款规定的情形外，应当严格审查是否具备社会危险性条件。公安机关侦查刑事案件，应当收集、固定犯罪嫌疑人是否具有社会危险性的证据。

第3条 公安机关提请逮捕犯罪嫌疑人的，应当同时移送证明犯罪嫌疑人具有社会危险性的证据。对于证明犯罪事实的证据能够证明犯罪嫌疑人具有社会危险性的，应当在提请批准逮捕书中专门予以说明。对于证明犯罪事实的证据不能证明犯罪嫌疑人具有社会危险性的，应当收集、固定犯罪嫌疑人具备社会危险性条件的证据，并在提请逮捕时随卷移送。

第4条 人民检察院审查认定犯罪嫌疑人是否具有社会危险性，应当以公安机关移送的社会危险性相关证据为依据，并结合案件具体情况综合认定。必要时可以通过讯问犯罪嫌疑人、询问证人等诉讼参与人、听取辩护律师意见等方式，核实相关证据。依据在案证据不能认定犯罪嫌疑人符合逮捕社会危险性条件的，人民检察院可以要求公安机关补充相关证据，公安机关没有补充移送的，应当作出不批准逮捕的决定。

第5条 犯罪嫌疑人"可能实施新的犯罪"，应当具有下列情形之一：

（一）案发前或者案发后正在策划、组织或者预备实施新的犯罪的；（二）扬言实施新的犯罪的；（三）多次作案、连续作案、流窜作案的；（四）1年内曾因故意实施同类违法行为受到行政处罚的；（五）以犯罪所得为主要生活来源的；（六）有吸毒、赌博等恶习的；（七）其他可能实施新的犯罪的情形。

第6条 犯罪嫌疑人"有危害国家安全、公共安全或者社会秩序的现实危险"，应当具有下列情形之一：

（一）案发前或者案发后正在积极策划、组织或者预备实施危害国家安全、公共安全或者社会秩序的重大违法犯罪行为的；（二）曾因危害国家安全、公共安全或者社会秩序受到刑事处罚或者行政处罚的；（三）在危害国家安全、黑恶势力、恐怖活动、毒品犯罪中起组织、策划、指挥作用或者积极参加的；（四）其他有危害国家安全、公共安全或者社会秩序的现实危险的情形。

第7条 犯罪嫌疑人"可能毁灭、伪造证据，干扰证人作证或者串供"，应当具有下列情形之一：

（一）曾经或者企图毁灭、伪造、隐匿、转移证据的；（二）曾经或者企图威逼、恐吓、利诱、收买证人，干扰证人作证的；（三）有同案犯罪嫌疑人或者与其在事实上存在密切关联犯罪的犯罪嫌疑人在逃，重要证据尚未收集到位的；（四）其他可能毁灭、伪造证据，干扰证人作证或者串供的情形。

第8条 犯罪嫌疑人"可能对被害人、举报人、控告人实施打击报复"，应当具有下列情形之一：

（一）扬言或者准备、策划对被害人、举报人、控告人实施打击报复的；（二）曾经对被害人、举报人、控告人实施打击、要挟、迫害等行为的；（三）采取其他方式滋扰被害人、举报人、控告人的正常生活、工作的；（四）其他可能对被害人、举报人、控告人实施打击报复的情形。

第9条 犯罪嫌疑人"企图自杀或者逃跑"，应当具有下列情形之一：

（一）着手准备自杀、自残或者逃跑的；（二）曾经自杀、自残或者逃跑的；（三）有自杀、自残或者逃跑的意思表示的；（四）曾经以暴力、威胁手段抗拒抓捕的；（五）其他企图自杀或者逃跑的情形。

第10条 人民检察院对于以无社会危险性不批准逮捕的，应当向公安机关说明理由，必要时可以向被害人说明理由。对于社会关注的重大敏感案件或者可能引发群体性事件的,在作出不捕决定前应当进行风险评估并做好处置预案。

第11条 本规定自下发之日起施行。

18. 最高人民法院《〈案例指导工作规定〉实施细则》(法〔2015〕130号)

第1条 为了具体实施《最高人民法院关于案例指导工作的规定》,加强、规范和促进案例指导工作,充分发挥指导性案例对审判工作的指导作用,统一法律适用标准,维护司法公正,制定本实施细则。

第2条 指导性案例应当是裁判已经发生法律效力,认定事实清楚,适用法律正确,裁判说理充分,法律效果和社会效果良好,对审理类似案件具有普遍指导意义的案例。

第3条 指导性案例由标题、关键词、裁判要点、相关法条、基本案情、裁判结果、裁判理由以及包括生效裁判审判人员姓名的附注等组成。指导性案例体例的具体要求另行规定。

第4条 最高人民法院案例指导工作办公室(以下简称案例指导办公室)负责指导性案例的征集、遴选、审查、发布、研究和编纂,以及对全国法院案例指导工作的协调和指导等工作。最高人民法院各审判业务单位负责指导性案例的推荐、审查等工作,并指定专人负责联络工作。各高级人民法院负责辖区内指导性案例的推荐、调研、监督等工作。各高级人民法院向最高人民法院推荐的备选指导性案例,应当经审判委员会讨论决定或经审判委员会过半数委员审核同意。中级人民法院、基层人民法院应当通过高级人民法院推荐备选指导性案例,并指定专人负责案例指导工作。

第5条 人大代表、政协委员、人民陪审员、专家学者、律师,以及其他关心人民法院审判、执行工作的社会各界人士,对于符合指导性案例条件的案例,可以向作出生效裁判的原审人民法院推荐,也可以向案例指导办公室提出推荐建议。

案例指导工作专家委员会委员对于符合指导性案例条件的案例,可以向案例指导办公室提出推荐建议。

第6条 最高人民法院各审判业务单位、高级人民法院向案例指导办公室推荐备选指导性案例,应当提交下列材料:

(一)《指导性案例推荐表》;(二)按照规定体例编写的案例文本及其编选说明;(三)相关裁判文书。

以上材料需要纸质版一式3份,并附电子版。

推荐法院可以提交案件审理报告、相关新闻报道及研究资料等。

第7条 案例指导办公室认为有必要进一步研究的备选指导性案例,可以征求相关国家机关、部门、社会组织以及案例指导工作专家委员会委员、专家学者的意见。

第8条 备选指导性案例由案例指导办公室按照程序报送审核。经最高人民法院审判委员会讨论通过的指导性案例,印发各高级人民法院,并在《最高人民法院公报》《人民法院报》和最高人民法院网站上公布。

第9条 各级人民法院正在审理的案件,在基本案情和法律适用方面,与最高人民法院发布的指导性案例相类似的,应当参照相关指导性案例的裁判要点作出裁判。

第10条 各级人民法院审理类似案件参照指导性案例的,应当将指导性案例作为裁判理由引述,但不作为裁判依据引用。

第11条 在办理案件过程中,案件承办人员应当查询相关指导性案例。在裁判文书中引述相关指导性案例的,应在裁判理由部分引述指导性案例的编号和裁判要点。

公诉机关、案件当事人及其辩护人、诉讼代理人引述指导性案例作为控(诉)辩理由的,案件承办人员应当在裁判理由中回应是否参照了该指导性案例并说明理由。

第12条 指导性案例有下列情形之一的,不再具有指导作用:

(一)与新的法律、行政法规或者司法解释相冲突的;(二)为新的指导性案例所取代的;

第13条 最高人民法院建立指导性案例纸质档案与电子信息库,为指导性案例的参照适用、查询、检索和编纂提供保障。

第14条 各级人民法院对于案例指导工作中做出突出成绩的单位和个人,应当依照《中华人民共和国法官法》等规定给予奖励。

第15条 本实施细则自印发之日起施行。

19. 最高人民法院、最高人民检察院、公安部、司法部《关于进一步加强社区矫正工作衔接配合管理的意见》(司发通〔2016〕88号)

为进一步加强社区矫正工作衔接配合,确保社区矫正依法适用、规范运行,根据刑法、刑事诉讼法以及最高人民法院、最高人民检察院、公安部、司法部《社区矫正实施办法》等有关规定,结合工作实际,制定本意见。

一、加强社区矫正适用前的衔接配合管理

1. 人民法院、人民检察院、公安机关、监狱对拟适用或者提请适用社区矫正的被告人、犯罪嫌疑人或者罪犯,需要调查其对所居住社区影响的,可以委托其居住地县级司法行政机关调查评估。对罪犯提请假释的,应当委托其居住地县级司法行政机关调查评估。对拟适用社区矫正的被告人或者罪犯,裁定或者决定机关应当核实其居住地。

委托调查评估时,委托机关应当发出调查评估委托函,并附下列材料:

(1)人民法院委托时,应当附带起诉书或者自诉状;(2)人民检察院委托时,应当附带起诉意见书;(3)看守所、监狱委托时,应当附带判决书、裁定书、执行通知书、减刑裁定书复印件以及罪犯在服刑期间表现情况材料。

2. 调查评估委托函应当包括犯罪嫌疑人、被告人、罪犯及其家属等有关人员的姓名、住址、联系方式、案由以及委托机关的联系人、联系方式等内容。

调查评估委托函不得通过案件当事人、法定代理人、诉讼代理人或者其他利害关系人转交居住地县级司法行政机关。

3. 居住地县级司法行政机关应当自收到调查评估委托函及所附材料之日起10个工作日内完成调查评估,提交评估意见。对于适用刑事案件速裁程序的,居住地县级司法行政机关应当在5个工作日内完成调查评估,提交评估意见。评估意见同时抄送居住地县级人民检察院。

需要延长调查评估时限的,居住地县级司法行政机关应当与委托机关协商,并在协商确定的期限内完成调查评估。

调查评估意见应当客观公正反映被告人、犯罪嫌疑人、罪犯适用社区矫正对其所居住社区的影响。委托机关应当认真审查调查评估意见,作为依法适用或者提请适用社区矫正的参考。

4. 人民法院在作出暂予监外执行决定前征求人民检察院意见时,应当附罪犯的病情诊断、妊娠检查或者生活不能自理的鉴别意见等有关材料。

二、加强对社区服刑人员交付接收的衔接配合管理

5. 对于被判处管制、宣告缓刑、假释的罪犯,人民法院、看守所、监狱应当书面告知其到居住地县级司法行政机关报到的时间期限以及逾期报到的后果,并在规定期限内将有关法律文书送达居住地县级司法行政机关,同时抄送居住地县级人民检察院和公安机关。

社区服刑人员前来报到时,居住地县级司法行政机关未收到法律文书或者法律文书不齐全,可以先记录在案,并通知人民法院、监狱或者看守所在5日内送达或者补齐法律文书。

6. 人民法院决定暂予监外执行或者公安机关、监狱管理机关批准暂予监外执行的，交付时应当将罪犯的病情诊断、妊娠检查或者生活不能自理的鉴别意见等有关材料复印件一并送达居住地县级司法行政机关。

7. 人民法院、公安机关、司法行政机关在社区服刑人员交付接收工作中衔接脱节，或者社区服刑人员逃避监管、未按规定时间期限报到，造成没有及时执行社区矫正的，属于漏管。

8. 居住地社区矫正机构发现社区服刑人员漏管，应当及时组织查找，并由居住地县级司法行政机关通知有关人民法院、公安机关、监狱、居住地县级人民检察院。

社区服刑人员逃避监管、不按规定时间期限报到导致漏管的，居住地县级司法行政机关应当给予警告；符合收监执行条件的，依法提出撤销缓刑、撤销假释或者对暂予监外执行收监执行的建议。

9. 人民检察院应当加强对社区矫正交付接收中有关机关履职情况的监督，发现有下列情形之一的，依法提出纠正意见：

(1)人民法院、公安机关、监狱未依法送达交付执行法律文书，或者未向社区服刑人员履行法定告知义务；(2)居住地县级司法行政机关依法应当接收社区服刑人员而未接收；(3)社区服刑人员未在规定时间期限报到，居住地社区矫正机构未及时组织查找；(4)人民法院决定暂予监外执行，未通知居住地社区矫正机构与有关公安机关，致使未办理交接手续；(5)公安机关、监狱管理机关批准罪犯暂予监外执行，罪犯服刑的看守所、监狱未按规定与居住地社区矫正机构办理交接手续；(6)其他未履行法定交付接收职责的情形。

三、加强对社区服刑人员监督管理的衔接配合

10. 社区服刑人员在社区矫正期间脱离居住地社区矫正机构的监督管理下落不明，或者虽能查找到其下落但拒绝接受监督管理的，属于脱管。

11. 居住地社区矫正机构发现社区服刑人员脱管，应当及时采取联系本人、其家属亲友，走访有关单位和人员等方式组织追查，做好记录，并由县级司法行政机关视情形依法给予警告、提请治安管理处罚、提请撤销缓刑、撤销假释或者对暂予监外执行的提请收监执行。

12. 人民检察院应当加强对社区矫正监督管理活动的监督，发现有下列情形之一的，依法提出纠正意见：

(1)社区服刑人员报到后，居住地县级司法行政机关未向社区服刑人员履行法定告知义务，致使其未按照有关规定接受监督管理；(2)居住地社区矫正机构违反规定批准社区服刑人员离开所居住的市、县，或者违反人民法院禁止令的内容批准社区服刑人员进入特定区域或者场所；(3)居住地县级司法行政机关对违反社区矫正规定的社区服刑人员，未依法给予警告、提请治安管理处罚；(4)其他未履行法定监督管理职责的情形。

13. 司法行政机关应当会同人民法院、人民检察院、公安机关健全完善联席会议制度、情况通报制度，每月通报核对社区服刑人员人数变动、漏管脱管等数据信息，及时协调解决工作中出现的问题。

14. 司法行政机关应当建立完善社区服刑人员的信息交换平台，推动与人民法院、人民检察院、公安机关互联互通，利用网络及时准确传输交换有关法律文书，根据需要查询社区服刑人员脱管漏管、被治安管理处罚、犯罪等情况，共享社区矫正工作动态信息，实现网上办案、网上监管、网上监督。对社区服刑人员采用电子定位方式实施监督，应当采用相应技术，防止发生人机分离，提高监督管理的有效性和安全性。

15. 社区服刑人员被依法决定行政拘留、司法拘留、收容教育、强制隔离戒毒等或者因涉嫌犯新罪、发现判决宣告前还有其他罪没有判决被采取强制措施的，决定机关应当自作出决定之日起3日内将有关情况通知居住地县级司法行政机关和居住地县级人民检察院。

四、加强对社区服刑人员收监执行的衔接配合管理

16.社区服刑人员符合收监执行条件的,居住地社区矫正机构应当及时按照规定,向原裁判人民法院或者公安机关、监狱管理机关送达撤销缓刑、撤销假释建议书或者对暂予监外执行的收监执行建议书并附相关证明材料。人民法院、公安机关、监狱管理机关应当在规定期限内依法作出裁定或者决定,并将法律文书送达居住地县级司法行政机关,同时抄送居住地县级人民检察院、公安机关。

17.社区服刑人员因违反监督管理规定被依法撤销缓刑、撤销假释或者暂予监外执行被决定收监执行的,应当本着就近、便利、安全的原则,送交其居住地所属的省(区、市)的看守所、监狱执行刑罚。

18.社区服刑人员被裁定撤销缓刑的,居住地社区矫正机构应当向看守所、监狱移交撤销缓刑裁定书和执行通知书、撤销缓刑建议书以及原判决书、裁定书和执行通知书、起诉书副本、结案登记表以及社区矫正期间表现情况等文书材料。

社区服刑人员被裁定撤销假释的,居住地社区矫正机构应当向看守所、监狱移交撤销假释裁定书和执行通知书,撤销假释建议书、社区矫正期间表现情况材料,原判决书、裁定书和执行通知书、起诉书副本、结案登记表复印件等文书材料。罪犯收监后,居住地社区矫正机构通知罪犯原服刑看守所、监狱将罪犯假释前的档案材料移交撤销假释后的服刑看守所、监狱。

暂予监外执行社区服刑人员被人民法院决定收监执行的,居住地社区矫正机构应当向看守所、监狱移交收监执行决定书和执行通知书以及原判决书、裁定书和执行通知书、起诉书副本、结案登记表、社区矫正期间表现等文书材料。

暂予监外执行社区服刑人员被公安机关、监狱管理机关决定收监执行的,居住地社区矫正机构应当向看守所、监狱移交社区服刑人员在接受矫正期间的表现情况等文书材料。

19.撤销缓刑、撤销假释裁定书或者对暂予监外执行罪犯收监执行决定书应当在居住地社区矫正机构教育场所公示。属于未成年或者犯罪的时候不满18周岁被判处5年有期徒刑以下刑罚的社区服刑人员除外。

20.被裁定、决定收监执行的社区服刑人员在逃的,居住地社区矫正机构应当在收到人民法院、公安机关、监狱管理机关的裁定、决定后,立即通知居住地县级公安机关,由其负责实施追捕。

撤销缓刑、撤销假释裁定书和对暂予监外执行罪犯收监执行决定书,可以作为公安机关网上追逃依据。公安机关根据案情决定是否实施网上追逃。

21.社区服刑人员被行政拘留、司法拘留、收容教育、强制隔离戒毒等行政处罚或者强制措施期间,人民法院、公安机关、监狱管理机关依法作出对其撤销缓刑、撤销假释的裁定或者收监执行决定的,居住地社区矫正机构应当将人民法院、公安机关、监狱管理机关的裁定书、决定书送交作出上述决定的机关,由有关部门依法收监执行刑罚。

22.人民检察院应当加强对社区矫正收监执行活动的监督,发现有下列情形之一的,依法提出纠正意见:

(1)居住地县级司法行政机关未依法向人民法院、公安机关、监狱管理机关提出撤销缓刑、撤销假释建议或者对暂予监外执行的收监执行建议;(2)人民法院、公安机关、监狱管理机关未依法作出裁定、决定,或者未依法送达;(3)居住地县级司法行政机关、公安机关未依法将罪犯送交看守所、监狱,或者未依法移交被收监执行罪犯的文书材料;(4)看守所、监狱未依法收监执行;(5)公安机关未依法协助送交收监执行罪犯,或者未依法对在逃的收监执行罪犯实施追捕;(6)其他违反收监执行规定的情形。

23.对社区服刑人员实行社区矫正,本意见未明确的程序和事项,按照有关法律法规以及最高人民法院、最高人民检察院、公安部、司法部《社区矫正实施办法》,最高人民法院、最高人民检察院、公安部、司法部、国家卫生计生委《暂予监外执行规定》等执行。

24. 本意见自发布之日起施行。

20. 最高人民检察院《人民检察院办理延长侦查羁押期限案件的规定》(高检发侦监字〔2016〕9号)

第1条 为了规范人民检察院办理延长侦查羁押期限案件,保障刑事诉讼活动依法进行,维护犯罪嫌疑人的合法权益,根据《中华人民共和国刑事诉讼法》《人民检察院刑事诉讼规则(试行)》等规定,结合工作实际,制定本规定。

第2条 人民检察院办理延长侦查羁押期限案件,应当坚持惩罚犯罪与保障人权并重、监督制约与支持配合并重、程序审查与实体审查并重的原则。

第3条 侦查机关依照《中华人民共和国刑事诉讼法》第154条规定提请延长犯罪嫌疑人侦查羁押期限的案件,由同级人民检察院受理审查并提出意见后,报上一级人民检察院审查决定。

人民检察院直接受理立案侦查的案件,依照《中华人民共和国刑事诉讼法》第154条规定提请延长犯罪嫌疑人侦查羁押期限的,由本院审查提出意见后,报上一级人民检察院审查决定。

第4条 侦查机关需要延长侦查羁押期限的,应当在侦查羁押期限届满7日前,向同级人民检察院移送以下材料:

(一)提请批准延长侦查羁押期限意见书和延长侦查羁押期限案情报告;(二)立案决定书、逮捕证以及重新计算侦查羁押期限决定书等相关法律文书复印件;(三)罢免、辞去县级以上人大代表或者报请许可对其采取强制措施手续等文书;(四)案件的其他情况说明。

人民检察院直接受理立案侦查的案件,需要延长侦查羁押期限的,侦查部门应当依照本条第1款的规定向本院侦查监督部门移送延长侦查羁押期限意见书和前款规定的有关材料。

第5条 侦查机关应当在延长侦查羁押期限案情报告中详细写明犯罪嫌疑人基本情况、采取强制措施的具体情况、主要案情和捕后侦查工作进展情况、下一步侦查工作计划、延长侦查羁押期限的具体理由和法律依据、继续羁押的必要以及提请批准延长侦查羁押期限的起止日期。

人民检察院直接受理立案侦查的案件,侦查部门应当在延长侦查羁押期限意见书中详细写明前款规定的内容。

第6条 受理案件的人民检察院侦查监督部门应当制作提请批准延长侦查羁押期限报告书和提请延长侦查羁押期限案件审查报告,连同审查逮捕意见书以及侦查机关(部门)移送的材料,经本院案件管理部门报上一级人民检察院审查。

第7条 上一级人民检察院案件管理部门收到案件材料后,应当及时审核,符合报送材料要求的,移交本院侦查监督部门办理。发现材料不全的,应当要求在规定的时间内予以补充。

对于未及时补充或者未按规定时间移送材料的,应当及时告知侦查监督部门,由侦查监督部门决定是否予以受理。

对于侦查机关(部门)超过法定羁押期限仍提请延长侦查羁押期限的,上一级人民检察院不予受理。

第8条 人民检察院侦查监督部门应当在提请延长侦查羁押期限案件审查报告中详细写明受案和审查过程、犯罪嫌疑人基本情况、采取强制措施的情况和羁押地点、主要案情、延长侦查羁押期限的理由和法律依据、继续羁押的必要、提请批准延长侦查羁押期限的起止日期以及审查意见。

第9条 人民检察院侦查监督部门办理延长侦查羁押期限案件,应当审查以下内容:

(一)本院或者下级人民检察院的逮捕决定是否符合法律规定;(二)犯罪嫌疑人逮捕后侦查工作进展情况;(三)下一步侦查计划是否具体明确;(四)延长侦查羁押期限的理由、日期是否符合法律规定;(五)犯罪嫌疑人有无继续羁押的必要;(六)有无超期羁押等违法情况;(七)其他需要审查的内容。

第10条 人民检察院侦查监督部门办理延长侦查羁押期限案件,应当由承办检察官提出审查意见,报检察长决定。

第11条 人民检察院侦查监督部门审查延长侦查羁押期限案件,对于案件是否符合延长侦查羁押期限条件有疑问或者侦查活动可能存在重大违法等情形的,可以讯问犯罪嫌疑人,听取律师意见、侦查机关(部门)意见,调取案卷及相关材料。

第12条 经审查,同时具备下列条件的案件,人民检察院应当作出批准延长侦查羁押期限1个月的决定:

(一)符合《中华人民共和国刑事诉讼法》第154条的规定;(二)符合逮捕条件;(三)犯罪嫌疑人有继续羁押的必要。

第13条 经审查,对于不符合《中华人民共和国刑事诉讼法》第154条规定、犯罪嫌疑人不符合逮捕条件或者犯罪嫌疑人没有继续羁押必要的,人民检察院应当作出不批准延长侦查羁押期限决定。

对于犯罪嫌疑人虽然符合逮捕条件,但经审查,侦查机关(部门)在犯罪嫌疑人逮捕后2个月以内未有效开展侦查工作或者侦查取证工作没有实质进展的,人民检察院可以作出不批准延长侦查羁押期限的决定。

对于犯罪嫌疑人不符合逮捕条件,需要撤销下级人民检察院逮捕决定的,上一级人民检察院作出不批准延长侦查羁押期限决定后,应当作出撤销逮捕决定,或者通知下级人民检察院撤销逮捕决定。

第14条 《中华人民共和国刑事诉讼法》第154条规定的"案情复杂、期限届满不能终结的案件",包括以下情形之一:

(一)影响定罪量刑的重要证据无法在侦查羁押期限内调取到的;(二)共同犯罪案件,犯罪事实需要进一步查清的;(三)犯罪嫌疑人涉嫌多起犯罪或者多个罪名,犯罪事实需要进一步查清的;(四)涉外案件,需要境外取证的;(五)与其他重大案件有关联,重大案件尚未侦查终结,影响本案或者其他重大案件处理的。

第15条 有决定权的人民检察院在侦查羁押期限届满前作出是否批准延长侦查羁押期限的决定后,交由受理案件的人民检察院侦查监督部门送达侦查机关(部门)。

受理案件的人民检察院侦查监督部门在收到批准延长侦查羁押期限决定书或者不批准延长侦查羁押期限决定书的同时,应当书面告知本院刑事执行检察部门。

第16条 逮捕后侦查羁押期限日期的计算,应当自对犯罪嫌疑人执行逮捕的第2日起,至2个月后对应日期的前1日止,无对应日期的,以该月的最后1日为截止日。

延长侦查羁押期限的起始日应当与延长前侦查羁押期限的截止日连续计算。

第17条 人民检察院侦查监督部门在审查延长侦查羁押期限案件中发现侦查机关(部门)的侦查活动存在违法情形的,应当向侦查机关(部门)提出纠正违法意见。

第18条 依照《中华人民共和国刑事诉讼法》第156条、第157条规定提请批准延长侦查羁押期限的案件,参照本规定办理。

第19条 本规定由最高人民检察院负责解释。

第20条 本规定自印发之日起施行。最高人民检察院以前发布的有关规定与本规定不一致的,以本规定为准。

21. 最高人民检察院《第7批指导性案例于某生申诉案》(检例第25号;2016年5月31日)

【要旨】

坚守防止冤假错案底线,是保障社会公平正义的重要方面。检察机关既要依法监督纠正确有错误的生效刑事裁判,又要注意在审查逮捕、审查起诉等环节有效发挥监督制约作用,努力从源头上防止冤假错案发生。在监督纠正冤错案件方面,要严格把握纠错标准,对于被告人供述反复,有罪供述前后矛盾,且有罪供述的关键情节与其他在案证据存在无法排除的重大矛盾,不能排除有其他人作案可的,应当依法进行监督。

【指导意义】

1. 对案件事实结论应当坚持"唯一性"证明标准。刑事诉讼法第195条第1项规定:"案件事实清楚,证据确实、充分,依据法律认定被告人有罪的,应当作出有罪判决。"刑事诉讼法第53条第2款对于认定"证据确实、充分"的条件进行了规定:"(一)定罪量刑的事实都有证据证明;(二)据以定案的证据均经法定程序查证属实;(三)综合全案证据,对所认定的案件事实已排除合理怀疑。"排除合理怀疑,要求对于认定的案件事实,从证据角度已经没有符合常理的、有根据的怀疑,特别在是否存在犯罪事实和被告人是否实施了犯罪等关键问题上,确信证据指向的案件结论具有唯一性。只有坚持对案件事实结论的唯一性标准,才能够保证裁判认定的案件事实与客观事实相符,最大限度避免冤假错案的发生。

2. 坚持全面收集证据,严格把握纠错标准。在复查刑事申诉案件过程中,除全面审查原有证据外,还应当注意补充收集、调取能够证实被告人有罪或者无罪、犯罪情节轻重的新证据,通过正向肯定与反向否定,检验原审裁判是否做到案件事实清楚,证据确实、充分。要坚持疑罪从无原则,严格把握纠错标准,对于被告人有罪供述出现反复且前后矛盾,关键情节与其他在案证据存在无法排除的重大矛盾,不能排除有其他人作案可能的,应当认为认定主要案件事实的结论不具有唯一性。人民法院据此判决被告人有罪的,人民检察院应当按照审判监督程序向人民法院提出抗诉,或者向同级人民法院提出再审检察建议。

22. 最高人民检察院《第7批指导性案例陈某申诉案》(检例第26号;2016年5月31日)

【要旨】

证据是刑事诉讼的基石,认定案件事实,必须以证据为根据。证据未经当庭出示、辨认、质证等法庭调查程序查证属实,不能作为定案的根据。对于在案发现场提取的物证等实物证据,未经鉴定,且在诉讼过程中丢失或者毁灭,无法在庭审中出示、质证,有罪供述的主要情节又得不到其他证据印证,而原审裁判认定被告人有罪的,应当依法进行监督。

【指导意义】

1. 切实强化证据裁判和证据审查意识。证据裁判原则是现代刑事诉讼的一项基本原则,是正确惩治犯罪,防止冤假错案的重要保障。证据裁判原则不仅要求认定案件事实必须以证据为依据,而且所依据的证据必须客观真实、合法有效。我国刑事诉讼法第48条第3款规定:"证据必须经过查证属实,才能作为定案的根据。"这是证据使用的根本原则,违背这一原则就有可能导致冤假错案,放纵罪犯或者侵犯公民的合法权利。检察机关审查逮捕、审查起诉和复查刑事申诉案件,都必须注意对证据的客观性、合法性进行审查,及时防止和纠正冤假错案。对于刑事申诉案件,经审查,如果原审裁判据以定案的有关证据,在原审过程中未经法定程序证明其真实性、合法性,而人民法院据此认定被告人有罪的,人民检察院应当依法进行监督。

2. 坚持综合审查判断证据规则。刑事诉讼法第195条第1项规定:"案件事实清楚,证据确实、充分,依据法律认定被告人有罪的,应当作出有罪判决。"证据确实、充分,不仅是对单一证据的要求,而且是对审查判断全案证据的要求。只有使各项证据相互印证,合理解释消除证据之间存在的矛盾,才能确保查明案件事实真相,避免出现冤假错案。特别是在将犯罪嫌疑人、被告人有罪供述作为定罪主要证据的案件中,尤其要重视以客观性证据检验补强口供等言词证据。只有口供而没有其他客观性证据,或者口供与其他客观性证据相互矛盾、不能相互印证,对所认定的事实不能排除合理怀疑的,应当坚持疑罪从无原则,不能认定被告人有罪。

23. 最高人民检察院《第7批指导性案例王某雷不批准逮捕案》(检例第27号;2016年5月31日)

【要旨】

检察机关办理审查逮捕案件,要严格坚持证据合法性原则,既要善于发现非法证据,又要坚决排除非法证据。非法证据排除后,其他在案证据不能证明犯罪嫌疑人实施犯罪行为的,应当依法对犯罪嫌疑人作出不批准逮捕的决定。要加强对审查逮捕案件的跟踪监督,引导侦查机关全面及时收集证据,促进侦查活动依法规范进行。

【指导意义】

1. 严格坚持非法证据排除规则。根据我国刑事诉讼法第79条规定,逮捕的证据条件是"有证据证明有犯罪事实",这里的"证据"必须是依法取得的合法证据,不包括采取刑讯逼供、暴力取证等非法方法取得的证据。检察机关在审查逮捕过程中,要高度重视对证据合法性的审查,如果接到犯罪嫌疑人及其辩护人或者证人、被害人等关于刑讯逼供、暴力取证等非法行为的控告、举报及提供的线索,或者在审查案件材料时发现可能存在非法取证行为,以及刑事执行检察部门反映可能存在违法提讯情况的,应当认真进行审查,通过当面讯问犯罪嫌疑人、查看犯罪嫌疑人身体状况、识别犯罪嫌疑人供述是否自然可信以及调阅提审登记表、犯罪嫌疑人入所体检记录等途径,及时发现非法证据,坚决排除非法证据。

2. 严格把握作出批准逮捕决定的条件。构建以客观证据为核心的案件事实认定体系,高度重视无法排除合理怀疑的矛盾证据,注意利用收集在案的客观证据验证、比对全案证据,守住"犯罪事实不能没有、犯罪嫌疑人不能搞错"的逮捕底线。要坚持惩罚犯罪与保障人权并重的理念,重视犯罪嫌疑人不在犯罪现场、没有作案时间等方面的无罪证据以及侦查机关可能存在的非法取证行为的线索。综合审查全案证据,不能证明犯罪嫌疑人实施了犯罪行为的,应当依法作出不批准逮捕的决定。要结合办理审查逮捕案件,注意发挥检察机关侦查监督作用,引导侦查机关及时收集、补充其他证据,促进侦查活动依法规范进行。

24. 司法部《罪犯会见通信规定》(司发通〔2016〕118号)

第1章 总 则

第1条 为规范罪犯会见通信管理工作,保障罪犯合法权益,提高罪犯改造质量,根据《中华人民共和国监狱法》,结合监狱工作实际,制定本规定。

第2条 本规定所称会见,是指罪犯与会见人会面交谈,会见方式包括隔透明装置电话会见、面对面会见、视频会见等。所称通信,是指罪犯收寄信件、通话等。

第3条 监狱人民警察在会见通信管理工作中应当秉公执法,严格按照规定的条件和程序办理。有违法违纪行为的,依法依规纪处理;涉嫌犯罪的,依法追究刑事责任。

第2章 会 见

第4条 罪犯在监狱服刑期间,可以会见亲属、监护人。

第5条 监狱应当自收监之日起5个工作日内通知罪犯亲属、监护人会见,通知应当包括会见人范围、会见时间安排、会见办理流程、所需相关证件等内容。

罪犯亲属、监护人,可以向监狱提出会见申请。

第6条 罪犯亲属、监护人首次会见的,凭本人居民身份证、户口簿等能证明本人身份和与罪犯关系的有效证件、证明办理会见手续。非首次会见的,凭本人居民身份证会见,未成年人可以凭户口簿会见。

第7条 视频会见的,罪犯可以向监狱提出申请,监狱准予会见的,应当确定会见时间,通知亲属、监护人居住地县级司法行政机关,司法行政机关应当及时通知亲属、监护人。

亲属、监护人可以就近向居住地县级司法行政机关或者司法所提出申请,司法行政机关应当审核其身份,符合会见条件的,通知罪犯所在监狱。监狱准予会见的,司法行政机关应当及时通知罪犯亲属、监护人。

亲属、监护人应当在监狱确定的会见时间到司法行政机关办公场所与罪犯视频会见。

第8条 会见一般每月1次,每次会见时间一般不超过30分钟,每次会见人数一般不超过3人。未成年罪犯会见的次数和时间,可以适当放宽。

因罪犯家庭出现变故等原因需要延长会见时间或者在非规定时间会见的,应当经监狱长批准。

第9条 监狱应当查验会见人的有效证件和相关证明,对进入会见场所的会见人进行安全检查。会见人应当遵守监狱会见管理规定,违反规定的,不得进行会见。

第10条 会见应当在监狱会见室进行。罪犯因患精神病、严重传染病或者病重不适宜在会见室会见的,监狱安排在指定的安全场所会见。

第11条 监狱应当向社会公开会见日具体安排,会见室应当设置候见区域、物品寄存柜、咨询台、狱务公开查询平台等,为会见人提供便利。

第12条 有下列情形之一的,监狱可以暂停会见:

(一)罪犯被立案侦查、起诉、审判期间;(二)罪犯被禁闭期间;(三)其他影响监狱安全或者有碍罪犯改造的情形。

第13条 罪犯会见时,监狱应当实时监视、全程录音。

根据监管改造需要可以实时监听,没有实时监听的,应当在两天内复听录音。视频会见的,监狱应当实时监视、监听。

第14条 会见过程中有下列情形之一的,监狱应当中止会见,并视情节在1至3个月内暂停会见:

(一)传递违禁物品的;(二)扰乱会见场所秩序的;(三)使用隐语、暗语或者非规定语种交谈,不听劝阻的;(四)携带或者使用手机、录音、摄影(像)设备的;(五)其他违反监狱会见管理规定的情形。

第3章 通　　信

第15条 罪犯在监狱服刑期间,可以收寄信件,与亲属、监护人通话。

第16条 监狱对罪犯拟邮寄的信件经检查后寄出,对收到的信件应当及时登记,经检查后转交给罪犯。罪犯写给监狱的上级机关和司法机关的信件,不受检查。

第17条 对夹带违禁物品、不利于罪犯改造或者影响监狱安全的信件,监狱应当扣留。

监狱对扣留的罪犯信件,应当登记、存档,对违禁物品按照有关规定予以没收或者移交有关部门处理。

第18条 罪犯通话一般每月不超过1次,每次通话时间一般不超过10分钟。未成年罪犯通话的次数,可以适当放宽。

第19条 因罪犯家庭出现变故等原因需要增加通话次数、延长通话时间或者与其他人员通话的,应当经监狱长批准。

第20条 罪犯通话应当使用监狱指定的通话设施,通话号码限于已在监狱登记备案的亲属、监护人的电话号码。

第21条 有下列情形之一的,监狱可以暂停通话:

(一)罪犯被立案侦查、起诉、审判期间;(二)罪犯被禁闭期间;(三)其他影响监狱安全或者有碍罪犯改造的情形。

第22条 罪犯通话时,监狱应当监听。通话过程中有下列情形之一的,监狱应当中止通话,并视情节在1至3个月内暂停通话:

(一)使用隐语、暗语或者非规定语种交谈,不听劝阻的;(二)通话内容不利于罪犯改造的;(三)通话内容违反法律法规或者影响监狱安全的。

第4章 附 则

第23条 外国籍罪犯的会见通信,按照司法部《外国籍罪犯会见通讯规定》(2003年司法部令第76号)执行。律师会见罪犯,按照司法部《律师会见监狱在押罪犯暂行规定》(司发通〔2004〕31号)执行。

第24条 本规定所称亲属是指婚姻、血缘、法律拟制与罪犯形成的社会关系,包括配偶、父母、子女、兄弟姐妹等。

第25条 各省、自治区、直辖市司法厅(局)可以根据本规定,结合本地区情况,制定实施细则。

第26条 本规定自发布之日起施行。此前罪犯会见有关规定与本规定不一致的,以本规定为准。

25. 司法部、财政部《关于律师开展法律援助工作的意见》(司发通〔2017〕15号)

(全文略)

26. 司法部《律师会见监狱在押罪犯规定》(司发通〔2017〕124号)

第1条 为了依法保障律师执业及在押罪犯的权利,根据《中华人民共和国刑事诉讼法》、《中华人民共和国监狱法》和《中华人民共和国律师法》以及有关规定,制定本规定。

第2条 监狱依法保障律师会见在押罪犯的权利。律师会见在押罪犯应当遵守监狱管理的有关规定。

第3条 监狱应当公开律师会见预约方式,为律师会见提供便利。律师会见在押罪犯,应当在监狱内进行。监狱应当合理安排律师会见场所,方便律师会见、阅卷等事务。

第4条 有下列情形之一的,律师接受在押罪犯委托或者法律援助机构指派,可以会见在押罪犯:

(一)在刑事诉讼程序中,担任辩护人或者代理人;(二)在民事、行政诉讼程序中,担任代理人;(三)代理调解、仲裁;(四)代理各类诉讼案件申诉;(五)提供非诉讼法律服务;(六)解答有关法律询问、代写诉讼文书和有关法律事务其他文书。

其他案件的代理律师,需要向监狱在押罪犯调查取证的,可以会见在押罪犯。

罪犯的监护人、近亲属可以代为委托律师。

第5条 律师需要会见在押罪犯,可以传真、邮寄或者直接提交的方式,向罪犯所在监狱提交下列材料的复印件,并于会见之日向监狱出示原件:

(一)律师执业证书;(二)律师事务所证明;(三)罪犯本人或者其监护人、近亲属的委托书或者法律援助公函或者另案调查取证的相关证明文件。

监狱应当留存律师事务所出具的律师会见在押罪犯证明原件。

罪犯的监护人、近亲属代为委托律师的,律师第1次会见时,应当向罪犯本人确认是否建立委托关系。

第6条 律师会见在押罪犯需要助理随同参加的,律师应当向监狱提交律师事务所出具的律师助理会见在押罪犯的证明和律师执业证书或者申请律师执业人员实习证。

第7条 律师会见在押罪犯需要翻译人员随同参加的,律师应当提前向监狱提出申请,并提交能够证明其翻译人员身份的证明文件。

监狱应当及时审查并在3日以内作出是否批准的决定。批准参加的,应当及时通知律师。不批准参加的,应当向律师书面说明理由。

随同律师参加会见的翻译人员,应当持监狱批准通知书和本人身份证明参加会见。

第8条 监狱收到律师提交的本规定第5条所列的材料后,对于符合本规定第4条规定情形的,应当及时安排会见。能当时安排的,应当当时安排;不能当时安排的,监狱应当说明情况,在48小时内安排会见。

第9条 在押罪犯可以委托一至两名律师。委托两名律师的,两名律师可以共同会见,也可以单独会见。律师可以带一名律师助理协助会见。

第10条 律师会见在押罪犯,应当遵守监狱的作息时间。监狱应当保障律师履行职责需要的会见时间和次数。

第11条 律师会见在押罪犯时,监狱可以根据案件情况和工作需要决定是否派警察在场。

辩护律师会见被立案侦查、起诉、审判的在押罪犯时,不被监听,监狱不得派警察在场。

第12条 律师会见在押罪犯,认为监狱及其工作人员阻碍其依法行使执业权利的,可以向监狱或者其上级主管机关投诉,也可以向其所执业律师事务所所在地的市级司法行政机关申请维护执业权利。情况紧急的,可以向事发地的司法行政机关申请维护执业权利。

第13条 律师会见在押罪犯,应当遵守监狱管理的有关规定,恪守律师执业道德和执业纪律,不得有下列行为:

(一)传递违禁物品;(二)私自为在押罪犯传递书信、钱物;(三)将通讯工具提供给在押罪犯使用;(四)未经监狱和在押罪犯同意对会见进行录音、录像和拍照;(五)实施与受委托职责无关的行为;(六)其他违反法律、法规、规章以及妨碍监狱管理秩序的行为。

第14条 监狱发现律师会见在押罪犯过程中有第13条规定行为的,应当警告并责令改正。警告无效的,应当中止会见。监狱可以向律师所在律师事务所的主管司法行政机关或者律师协会通报。

第15条 本规定所称律师助理,是指辩护、代理律师所在律师事务所的其他律师或申请律师执业实习人员。所称近亲属,是指夫妻、父母、子女、同胞兄弟姊妹。

第16条 本规定自发布之日起施行。司法部2004年3月19日印发的《律师会见监狱在押罪犯暂行规定》(司发通〔2004〕31号)同时废止。

27. 最高人民法院《关于国家赔偿监督程序若干问题的规定》(法释〔2017〕9号)

为了保障赔偿请求人和赔偿义务机关的申诉权,规范国家赔偿监督程序,根据《中华人民共和国国家赔偿法》及有关法律规定,结合国家赔偿工作实际,制定本规定。

第1条 依照国家赔偿法第30条的规定,有下列情形之一的,适用本规定予以处理:

(一)赔偿请求人或者赔偿义务机关认为赔偿委员会生效决定确有错误,向上一级人民法院赔偿委员会提出申诉的;(二)赔偿委员会生效决定违反国家赔偿法规定,经本院院长决定或者上级人民法院指令重新审理，以及上级人民法院决定直接审理的；（三）最高人民检察院对各级人民法院赔偿委员会生效决定，上级人民检察院对下级人民法院赔偿委员会生效决定，发现违反国家赔偿法规定，向同级人民法院赔偿委员会提出重新审查意见的。

行政赔偿案件的审判监督依照行政诉讼法的相关规定执行。

第2条 赔偿请求人或者赔偿义务机关对赔偿委员会生效决定，认为确有错误的，可以向上一级人民法院赔偿委员会提出申诉。申诉审查期间，不停止生效决定的执行。

第3条 赔偿委员会决定生效后，赔偿请求人死亡或者其主体资格终止的，其权利义务承继者可以依法提出申诉。

赔偿请求人死亡，依法享有继承权的同一顺序继承人有数人时，其中1人或者部分人申诉的，申诉效力及于全体；但是申请撤回申诉或者放弃赔偿请求的，效力不及于未明确表示撤回申诉或者放弃赔偿请求的其他继承人。

赔偿义务机关被撤销或者职权变更的，继续行使其职权的机关可以依法提出申诉。

第4条 赔偿请求人、法定代理人可以委托1至2人作为代理人代为申诉。申诉代理人的范围包括：

（一）律师、基层法律服务工作者；（二）赔偿请求人的近亲属或者工作人员；（三）赔偿请求人所在社区、单位以及有关社会团体推荐的公民。

赔偿义务机关可以委托本机关工作人员、法律顾问、律师1至2人代为申诉。

第5条 赔偿请求人或者赔偿义务机关申诉，应当提交以下材料：

（一）申诉状。申诉状应当写明申诉人和被申诉人的基本信息，申诉的法定事由，以及具体的请求、事实和理由；书写申诉状确有困难的，可以口头申诉，由人民法院记入笔录。（二）身份证明及授权文书。赔偿请求人申诉的，自然人应当提交身份证明，法人或者其他组织应当提交营业执照、组织机构代码证书、法定代表人或者主要负责人身份证明；赔偿义务机关申诉的，应当提交法定代表人或者主要负责人身份证明；委托他人申诉的，应当提交授权委托书和代理人身份证明。（三）法律文书。即赔偿义务机关、复议机关及赔偿委员会作出的决定书等法律文书。（四）其他相关材料。以有新的证据证明原决定认定的事实确有错误为由提出申诉的，应当同时提交相关证据材料。

申诉材料不符合前款规定的，人民法院应当一次性告知申诉人需要补正的全部内容及补正期限。补正期限一般为15日，最长不超过1个月。申诉人对必要材料拒绝补正或者未能在规定期限内补正的，不予审查。收到申诉材料的时间自人民法院收到补正后的材料之日起计算。

第6条 申诉符合下列条件的，人民法院应当在收到申诉材料之日起7日内予以立案：

（一）申诉人具备本规定的主体资格；（二）受理申诉的人民法院是作出生效决定的人民法院的上一级人民法院；（三）提交的材料符合本规定第5条的要求。

申诉不符合上述规定的，人民法院不予受理并应当及时告知申诉人。

第7条 赔偿请求人或者赔偿义务机关申诉，有下列情形之一的，人民法院不予受理：（一）赔偿委员会驳回申诉后，申诉人再次提出申诉的；（二）赔偿请求人对作为赔偿义务机关的人民法院作出的决定不服，未在法定期限内向其上一级人民法院赔偿委员会申请作出赔偿决定，在赔偿义务机关的决定发生法律效力后直接向人民法院赔偿委员会提出申诉的；（三）赔偿请求人、赔偿义务机关对最高人民法院赔偿委员会作出的决定不服提出申诉的；（四）赔偿请求人对行使侦查、检察职权的机关以及看守所主管机关、监狱管理机关作出的决定，未在法定期限内向其上一级机关申请复议，或者申请复议后复议机关逾期未作出决定或者复议机关已作出复议决定，但赔偿请求人未在法定期限内向复议机关所在地的同级人民法院赔偿委员会申请作出赔偿决定，在赔偿义务机关、复议机关的相关决定生效后直接向人民法院赔偿委员会申诉的。

第8条 赔偿委员会对于立案受理的申诉案件,应当着重围绕申诉人的申诉事由进行审查。必要时,应当对原决定认定的事实、证据和适用法律进行全面审查。

第9条 赔偿委员会审查申诉案件采取书面审查的方式,根据需要可以听取申诉人和被申诉人的陈述和申辩。

第10条 赔偿委员会审查申诉案件,一般应当在3个月内作出处理,至迟不得超过6个月。有特殊情况需要延长的,由本院院长批准。

第11条 有下列情形之一的,应当决定重新审理:

(一)有新的证据,足以推翻原决定的;(二)原决定认定的基本事实缺乏证据证明的;(三)原决定认定事实的主要证据是伪造的;(四)原决定适用法律确有错误的;(五)原决定遗漏赔偿请求,且确实违反国家赔偿法规定的;(六)据以作出原决定的法律文书被撤销或者变更的;(七)审判人员在审理该案时有贪污受贿、徇私舞弊、枉法裁判行为的;(八)原审理程序违反法律规定,可能影响公正审理的。

第12条 申诉人在申诉阶段提供新的证据,应当说明逾期提供的理由。

申诉人提供的新的证据,能够证明原决定认定的基本事实或者处理结果错误的,应当认定为本规定第11条第1项规定的情形。

第13条 赔偿委员会经审查,对申诉人的申诉按照下列情形分别处理:

(一)申诉人主张的重新审理事由成立,且符合国家赔偿法和本规定的申诉条件的,决定重新审理。重新审理包括上级人民法院赔偿委员会直接审理或者指令原审人民法院赔偿委员会重新审理。(二)申诉人主张的重新审理事由不成立,或者不符合国家赔偿法和本规定的申诉条件的,书面驳回申诉。(三)原决定不予受理或者驳回赔偿申请错误的,撤销原决定,指令原审人民法院赔偿委员会依法审理。

第14条 人民法院院长发现本院赔偿委员会生效决定违反国家赔偿法规定,认为需要重新审理的,应当提交审判委员会讨论决定。

最高人民法院对各级人民法院赔偿委员会生效决定,上级人民法院对下级人民法院赔偿委员会生效决定,发现违反国家赔偿法规定的,有权决定直接审理或者指令下级人民法院赔偿委员会重新审理。

第15条 最高人民检察院对各级人民法院赔偿委员会生效决定,上级人民检察院对下级人民法院赔偿委员会生效决定,向同级人民法院赔偿委员会提出重新审查意见的,同级人民法院赔偿委员会应当决定直接审理,并将决定书送达提出意见的人民检察院。

第16条 赔偿委员会重新审理案件,适用国家赔偿法和相关司法解释关于赔偿委员会审理程序的规定;本规定依据国家赔偿法和相关法律对重新审理程序有特别规定的,适用本规定。

原审人民法院赔偿委员会重新审理案件,应当另行指定审判人员。

第17条 决定重新审理的案件,可以根据案件情形中止原决定的执行。

第18条 赔偿委员会重新审理案件,采取书面审理的方式,必要时可以向有关单位和人员调查情况、收集证据,听取申诉人、被申诉人或者赔偿请求人、赔偿义务机关的陈述和申辩。有本规定第11条第1项、第3项情形,或者赔偿委员会认为确有必要的,可以组织申诉人、被申诉人或者赔偿请求人、赔偿义务机关公开质证。

对于人民检察院提出意见的案件,赔偿委员会组织质证时应当通知提出意见的人民检察院派员出席。

第19条 赔偿委员会重新审理案件,应当对原决定认定的事实、证据和适用法律进行全面审理。

第20条 赔偿委员会重新审理的案件，应当在两个月内依法作出决定。

第21条 案件经重新审理后，应当根据下列情形分别处理：（一）原决定认定事实清楚、适用法律正确的，应当维持原决定；（二）原决定认定事实、适用法律虽有瑕疵，但决定结果正确的，应当在决定中纠正瑕疵后予以维持；（三）原决定认定事实、适用法律错误，导致决定结果错误的，应当撤销、变更、重新作出决定；（四）原决定违反国家赔偿法规定，对不符合案件受理条件的赔偿申请进行实体处理的，应当撤销原决定，驳回赔偿申请；（五）申诉人、被申诉人或者赔偿请求人、赔偿义务机关经协商达成协议的，赔偿委员会依法审查并确认后，应当撤销原决定，根据协议作出新决定。

第22条 赔偿委员会重新审理后作出的决定，应当及时送达申诉人、被申诉人或者赔偿请求人、赔偿义务机关和提出意见的人民检察院。

第23条 在申诉审查或者重新审理期间，有下列情形之一的，赔偿委员会应当决定中止审查或者审理：

（一）申诉人、被申诉人或者原赔偿请求人、原赔偿义务机关死亡或者终止，尚未确定权利义务承继者的；（二）申诉人、被申诉人或者赔偿请求人丧失行为能力，尚未确定法定代理人的；（三）宣告无罪的案件，人民法院决定再审或者人民检察院按照审判监督程序提出抗诉的；（四）申诉人、被申诉人或者赔偿请求人、赔偿义务机关因不可抗拒的事由，在法定审限内不能参加案件处理的；（五）其他应当中止的情形。

中止的原因消除后，赔偿委员会应当及时恢复审查或者审理，并通知申诉人、被申诉人或者赔偿请求人、赔偿义务机关和提出意见的人民检察院。

第24条 在申诉审查期间，有下列情形之一的，赔偿委员会应当决定终结审查：（一）申诉人死亡或者终止，无权利义务承继者或者权利义务承继者声明放弃申诉的；（二）据以申请赔偿的撤销案件决定、不起诉决定或者无罪判决被撤销的；（三）其他应当终结的情形。

在重新审理期间，有上述情形或者人民检察院撤回意见的，赔偿委员会应当决定终结审理。

第25条 申诉人在申诉审查或者重新审理期间申请撤回申诉的，赔偿委员会应当依法审查并作出是否准许的决定。

赔偿委员会准许撤回申诉后，申诉人又重复申诉的，不予受理，但有本规定第11条第1项、第3项、第6项、第7项规定情形，自知道或者应当知道该情形之日起6个月内提出的除外。

第26条 赔偿请求人在重新审理期间申请撤回赔偿申请的，赔偿委员会应当依法审查并作出是否准许的决定。准许撤回赔偿申请的，应当一并撤销原决定。

赔偿委员会准许撤回赔偿申请的决定送达后，赔偿请求人又重复申请国家赔偿的，不予受理。

第27条 本规定自2017年5月1日起施行。最高人民法院以前发布的司法解释和规范性文件，与本规定不一致的，以本规定为准。

28. 公安部《公安机关办理行政案件程序规定》（2012年12月19日公安部令第125号修订发布；2014年6月29日公安部令第132号《公安部关于修改部分部门规章的决定》第一次修正；2018年11月25日公安部令第149号《公安部关于修改〈公安机关办理行政案件程序规定〉的决定》第二次修正；2020年8月6日公安部令第160号《公安部关于废止和修改部分规章的决定》第三次修正）

第1章 总 则

第1条 为了规范公安机关办理行政案件程序，保障公安机关在办理行政案件中正确履行职责,保护公民、法人和其他组织的合法权益,根据《中华人民共和国行政处罚法》《中华人民共和国行政强制法》《中华人民共和国治安管理处罚法》等有关法律、行政法规,制定本规定。

第2条 本规定所称行政案件,是指公安机关依照法律、法规和规章的规定对违法行为人决定行政处罚以及强制隔离戒毒等处理措施的案件。

本规定所称公安机关,是指县级以上公安机关、公安派出所、依法具有独立执法主体资格的公安机关业务部门以及出入境边防检查站。

第3条 办理行政案件应当以事实为根据,以法律为准绳。

第4条 办理行政案件应当遵循合法、公正、公开、及时的原则,尊重和保障人权,保护公民的人格尊严。

第5条 办理行政案件应当坚持教育与处罚相结合的原则,教育公民、法人和其他组织自觉守法。

第6条 办理未成年人的行政案件,应当根据未成年人的身心特点,保障其合法权益。

第7条 办理行政案件,在少数民族聚居或者多民族共同居住的地区,应当使用当地通用的语言进行询问。对不通晓当地通用语言文字的当事人,应当为他们提供翻译。

第8条 公安机关及其人民警察在办理行政案件时,对涉及的国家秘密、商业秘密或者个人隐私,应当保密。

第9条 公安机关人民警察在办案中玩忽职守、徇私舞弊、滥用职权、索取或者收受他人财物的,依法给予处分;构成犯罪的,依法追究刑事责任。

第2章 管　　辖

第10条 行政案件由违法行为地的公安机关管辖。由违法行为人居住地公安机关管辖更为适宜的,可以由违法行为人居住地公安机关管辖,但是涉及卖淫、嫖娼、赌博、毒品的案件除外。

违法行为地包括违法行为发生地和违法结果发生地。违法行为发生地,包括违法行为的实施地以及开始地、途经地、结束地等与违法行为有关的地点;违法行为有连续、持续或者继续状态的,违法行为连续、持续或者继续实施的地方都属于违法行为发生地。违法结果发生地,包括违法对象被侵害地、违法所得的实际取得地、藏匿地、转移地、使用地、销售地。

居住地包括户籍所在地、经常居住地。经常居住地是指公民离开户籍所在地最后连续居住1年以上的地方,但在医院住院就医的除外。

移交违法行为人居住地公安机关管辖的行政案件,违法行为地公安机关在移交前应当及时收集证据,并配合违法行为人居住地公安机关开展调查取证工作。

第11条 针对或者利用网络实施的违法行为,用于实施违法行为的网站服务器所在地、网络接入地以及网站建立者或者管理者所在地,被侵害的网络及其运营者所在地,违法过程中违法行为人、被侵害人使用的网络及其运营者所在地,被侵害人被侵害时所在地,以及被侵害人财产遭受损失地公安机关可以管辖。

第12条 行驶中的客车上发生的行政案件,由案发后客车最初停靠地公安机关管辖;必要时,始发地、途经地、到达地公安机关也可以管辖。

第13条 行政案件由县级公安机关及其公安派出所、依法具有独立执法主体资格的公安机关业务部门以及出入境边防检查站按照法律、行政法规、规章授权和管辖分工办理,但法律、行政法规、规章规定由设区的市级以上公安机关办理的除外。

第14条 几个公安机关都有权管辖的行政案件,由最初受理的公安机关管辖。必要时,可以由主要违法行为地公安机关管辖。

第15条 对管辖权发生争议的,报请共同的上级公安机关指定管辖。

对于重大、复杂的案件,上级公安机关可以直接办理或者指定管辖。

上级公安机关直接办理或者指定管辖的,应当书面通知被指定管辖的公安机关和其他有关的公安机关。

原受理案件的公安机关自收到上级公安机关书面通知之日起不再行使管辖权,并立即将案卷材料移送被指定管辖的公安机关或者办理的上级公安机关,及时书面通知当事人。

第16条 铁路公安机关管辖列车上,火车站工作区域内,铁路系统的机关、厂、段、所、队等单位内发生的行政案件,以及在铁路线上放置障碍物或者损毁、移动铁路设施等可能影响铁路运输安全、盗窃铁路设施的行政案件。对倒卖、伪造、变造火车票案件,由最初受理的铁路或者地方公安机关管辖。必要时,可以移送主要违法行为发生地的铁路或者地方公安机关管辖。

交通公安机关管辖港航管理机构管理的轮船上、港口、码头工作区域内和港航系统的机关、厂、所、队等单位内发生的行政案件。

民航公安机关管辖民航管理机构管理的机场工作区域以及民航系统的机关、厂、所、队等单位内和民航飞机上发生的行政案件。

国有林区的森林公安机关管辖林区内发生的行政案件。

海关缉私机构管辖阻碍海关缉私警察依法执行职务的治安案件。

第3章 回　避

第17条 公安机关负责人、办案人民警察有下列情形之一的,应当自行提出回避申请,案件当事人及其法定代理人有权要求他们回避:

(一)是本案的当事人或者当事人近亲属的;(二)本人或者其近亲属与本案有利害关系的;(三)与本案当事人有其他关系,可能影响案件公正处理的。

第18条 公安机关负责人、办案人民警察提出回避申请的,应当说明理由。

第19条 办案人民警察的回避,由其所属的公安机关决定;公安机关负责人的回避,由上一级公安机关决定。

第20条 当事人及其法定代理人要求公安机关负责人、办案人民警察回避的,应当提出申请,并说明理由。口头提出申请的,公安机关应当记录在案。

第21条 对当事人及其法定代理人提出的回避申请,公安机关应当在收到申请之日起2日内作出决定并通知申请人。

第22条 公安机关负责人、办案人民警察具有应当回避的情形之一,本人没有申请回避,当事人及其法定代理人也没有申请其回避的,有权决定其回避的公安机关可以指令其回避。

第23条 在行政案件调查过程中,鉴定人和翻译人员需要回避的,适用本章的规定。

鉴定人、翻译人员的回避,由指派或者聘请的公安机关决定。

第24条 在公安机关作出回避决定前,办案人民警察不得停止对行政案件的调查。

作出回避决定后,公安机关负责人、办案人民警察不得再参与该行政案件的调查和审核、审批工作。

第25条 被决定回避的公安机关负责人、办案人民警察、鉴定人和翻译人员,在回避决定作出前所进行的与案件有关的活动是否有效,由作出回避决定的公安机关根据是否影响案件依法公正处理等情况决定。

第4章 证　　据

第26条 可以用于证明案件事实的材料,都是证据。公安机关办理行政案件的证据包括:

(一)物证;(二)书证;(三)被侵害人陈述和其他证人证言;(四)违法嫌疑人的陈述和申辩;(五)鉴定意见;(六)勘验、检查、辨认笔录,现场笔录;(七)视听资料、电子数据。

证据必须经过查证属实,才能作为定案的根据。

第27条 公安机关必须依照法定程序,收集能够证实违法嫌疑人是否违法、违法情节轻重的证据。

严禁刑讯逼供和以威胁、欺骗等非法方法收集证据。采用刑讯逼供等非法方法收集的违法嫌疑人的陈述和申辩以及采用暴力、威胁等非法方法收集的被侵害人陈述、其他证人证言,不能作为定案的根据。收集物证、书证不符合法定程序,可能严重影响执法公正的,应当予以补正或者作出合理解释;不能补正或者作出合理解释的,不能作为定案的根据。

第28条 公安机关向有关单位和个人收集、调取证据时,应当告知其必须如实提供证据,并告知其伪造、隐匿、毁灭证据,提供虚假证词应当承担的法律责任。

需要向有关单位和个人调取证据的,经公安机关办案部门负责人批准,开具调取证据通知书,明确调取的证据和提供时限。被调取人应当在通知书上盖章或者签名,被调取人拒绝的,公安机关应当注明。必要时,公安机关应当采用录音、录像等方式固定证据内容及取证过程。

需要向有关单位紧急调取证据的,公安机关可以在电话告知人民警察身份的同时,将调取证据通知书连同办案人民警察的人民警察证复印件通过传真、互联网通讯工具等方式送达有关单位。

第29条 收集调取的物证应当是原物。在原物不便搬运、不易保存或者依法应当由有关部门保管、处理或者依法应当返还时,可以拍摄或者制作足以反映原物外形或者内容的照片、录像。

物证的照片、录像,经与原物核实无误或者经鉴定证明为真实的,可以作为证据使用。

第30条 收集、调取的书证应当是原件。在取得原件确有困难时,可以使用副本或者复制件。

书证的副本、复制件,经与原件核实无误或者经鉴定证明为真实的,可以作为证据使用。书证有更改或者更改迹象不能作出合理解释的,或者书证的副本、复制件不能反映书证原件及其内容的,不能作为证据使用。

第31条 物证的照片、录像,书证的副本、复制件,视听资料的复制件,应当附有关制作过程及原件、原物存放处的文字说明,并由制作人和物品持有人或者持有单位有关人员签名。

第32条 收集电子数据,能够扣押电子数据原始存储介质的,应当扣押。

无法扣押原始存储介质的,可以提取电子数据。提取电子数据,应当制作笔录,并附电子数据清单,由办案人民警察、电子数据持有人签名。持有人无法或者拒绝签名的,应当在笔录中注明。

由于客观原因无法或者不宜依照前两款规定收集电子数据的,可以采取打印、拍照或者录像等方式固定相关证据,并附有关原因、过程等情况的文字说明,由办案人民警察、电子数据持有人签名。持有人无法或者拒绝签名的,应当注明情况。

第33条 刑事案件转为行政案件办理的,刑事案件办理过程中收集的证据材料,可以作为行政案件的证据使用。

第34条 凡知道案件情况的人，都有作证的义务。

生理上、精神上有缺陷或者年幼，不能辨别是非、不能正确表达的人，不能作为证人。

第5章 期间与送达

第35条 期间以时、日、月、年计算，期间开始之时或者日不计算在内。法律文书送达的期间不包括路途上的时间。期间的最后1日是节假日的，以节假日后的第1日为期满日期，但违法行为人被限制人身自由的期间，应当至期满之日为止，不得因节假日而延长。

第36条 送达法律文书，应当遵守下列规定：(一)依照简易程序作出当场处罚决定的，应当将决定书当场交付被处罚人，并由被处罚人在备案的决定书上签名或者捺指印；被处罚人拒绝的，由办案人民警察在备案的决定书上注明；(二)除本款第1项规定外，作出行政处罚决定和其他行政处理决定，应当在宣告后将决定书当场交付被处理人，并由被处理人在附卷的决定书上签名或者捺指印，即为送达；被处理人拒绝的，由办案人民警察在附卷的决定书上注明；被处理人不在场的，公安机关应当在作出决定的7日内将决定书送达被处理人，治安管理处罚决定应当在2日内送达。

送达法律文书应当首先采取直接送达方式，交给受送达人本人；受送达人不在的，可以交付其成年家属、所在单位的负责人员或者其居住地居(村)民委员会代收。受送达人本人或者代收人拒绝接收或者拒绝签名和捺指印的，送达人可以邀请其邻居或者其他见证人到场，说明情况，也可以对拒收情况进行录音录像，把文书留在受送达人处，在附卷的法律文书上注明拒绝的事由、送达日期，由送达人、见证人签名或者捺指印，即视为送达。

无法直接送达的，委托其他公安机关代为送达，或者邮寄送达。经受送达人同意，可以采用传真、互联网通讯工具等能够确认其收悉的方式送达。

经采取上述送达方式仍无法送达的，可以公告送达。公告的范围和方式应当便于公民知晓，公告期限不得少于60日。

第6章 简易程序和快速办理

第1节 简易程序

第37条 违法事实确凿，且具有下列情形之一的，人民警察可以当场作出处罚决定，有违禁品的，可以当场收缴：

(一)对违反治安管理行为人或者道路交通违法行为人处200元以下罚款或者警告的；(二)出入境边防检查机关对违反出境入境管理行为人处500元以下罚款或者警告的；(三)对有其他违法行为的个人处50元以下罚款或者警告、对单位处1000元以下罚款或者警告的；(四)法律规定可以当场处罚的其他情形。

涉及卖淫、嫖娼、赌博、毒品的案件，不适用当场处罚。

第38条 当场处罚，应当按照下列程序实施：

(一)向违法行为人表明执法身份；(二)收集证据；(三)口头告知违法行为人拟作出行政处罚决定的事实、理由和依据，并告知违法行为人依法享有的陈述权和申辩权；(四)充分听取违法行为人的陈述和申辩。违法行为人提出的事实、理由或者证据成立的，应当采纳；(五)填写当场处罚决定书并当场交付被处罚人；(六)当场收缴罚款的，同时填写罚款收据，交付被处罚人；未当场收缴罚款的，应当告知被处罚人在规定期限内到指定的银行缴纳罚款。

第39条 适用简易程序处罚的，可以由人民警察1人作出行政处罚决定。

人民警察当场作出行政处罚决定的，应当于作出决定后的24小时内将当场处罚决定书报所属公安机关备案,交通警察应当于作出决定后的2日内报所属公安机关交通管理部门备案。在旅客列车、民航飞机、水上作出行政处罚决定的,应当在返回后的24小时内报所属公安机关备案。

第2节 快速办理

第40条 对不适用简易程序,但事实清楚,违法嫌疑人自愿认错认罚,且对违法事实和法律适用没有异议的行政案件,公安机关可以通过简化取证方式和审核审批手续等措施快速办理。

第41条 行政案件具有下列情形之一的,不适用快速办理:

(一)违法嫌疑人系盲、聋、哑人,未成年人或者疑似精神病人的;(二)依法应当适用听证程序的;(三)可能作出10日以上行政拘留处罚的;(四)其他不宜快速办理的。

第42条 快速办理行政案件前,公安机关应当书面告知违法嫌疑人快速办理的相关规定,征得其同意,并由其签名确认。

第43条 对符合快速办理条件的行政案件,违法嫌疑人在自行书写材料或者询问笔录中承认违法事实、认错认罚,并有视音频记录、电子数据、检查笔录等关键证据能够相互印证的,公安机关可以不再开展其他调查取证工作。

第44条 对适用快速办理的行政案件,可以由专兼职法制员或者办案部门负责人审核后,报公安机关负责人审批。

第45条 对快速办理的行政案件,公安机关可以根据不同案件类型,使用简明扼要的格式询问笔录,尽量减少需要文字记录的内容。

被询问人自行书写材料的,办案单位可以提供样式供其参考。

使用执法记录仪等设备对询问过程录音录像的,可以替代书面询问笔录,必要时,对视听资料的关键内容和相应时间段等作文字说明。

第46条 对快速办理的行政案件,公安机关可以根据违法行为人认错悔改、纠正违法行为、赔偿损失以及被侵害人谅解情况等情节,依法对违法行为人从轻、减轻处罚或者不予行政处罚。

对快速办理的行政案件,公安机关可以采用口头方式履行处罚前告知程序,由办案人民警察在案卷材料中注明告知情况,并由被告知人签名确认。

第47条 对快速办理的行政案件,公安机关应当在违法嫌疑人到案后48小时内作出处理决定。

第48条 公安机关快速办理行政案件时,发现不适宜快速办理的,转为一般案件办理。快速办理阶段依法收集的证据,可以作为定案的根据。

第7章 调查取证

第1节 一般规定

第49条 对行政案件进行调查时,应当合法、及时、客观、全面地收集、调取证据材料,并予以审查、核实。

第50条 需要调查的案件事实包括:

(一)违法嫌疑人的基本情况;(二)违法行为是否存在;(三)违法行为是否为违法嫌疑人实施;(四)实施违法行为的时间、地点、手段、后果以及其他情节;(五)违法嫌疑人有无法定从重、从轻、减轻以及不予行政处罚的情形;(六)与案件有关的其他事实。

第51条 公安机关调查取证时,应当防止泄露工作秘密。

第52条 公安机关进行询问、辨认、检查、勘验,实施行政强制措施等调查取证工作时,人民警察不得少于2人,并表明执法身份。接报案、受案登记、接受证据、信息采集、调解、送达文书等工作,可以由1名人民警察带领警务辅助人员进行,但应当全程录音录像。

第53条 对查获或者到案的违法嫌疑人应当进行安全检查,发现违禁品或者管制器具、武器、易燃易爆等危险品以及与案件有关的需要作为证据的物品的,应当立即扣押;对违法嫌疑人随身携带的与案件无关的物品,应当按照有关规定予以登记、保管、退还。安全检查不需要开具检查证。

前款规定的扣押适用本规定第55条和第56条以及本章第7节的规定。

第54条 办理行政案件时,可以依法采取下列行政强制措施:

(一)对物品、设施、场所采取扣押、扣留、查封、先行登记保存、抽样取证、封存文件资料等强制措施,对恐怖活动嫌疑人的存款、汇款、债券、股票、基金份额等财产还可以采取冻结措施;(二)对违法嫌疑人采取保护性约束措施、继续盘问、强制传唤、强制检测、拘留审查、限制活动范围,对恐怖活动嫌疑人采取约束措施等强制措施。

第55条 实施行政强制措施应当遵守下列规定:

(一)实施前须依法向公安机关负责人报告并经批准。(二)通知当事人到场,当场告知当事人采取行政强制措施的理由、依据以及当事人依法享有的权利、救济途径。当事人不到场的,邀请见证人到场,并在现场笔录中注明。(三)听取当事人的陈述和申辩。(四)制作现场笔录,由当事人和办案人民警察签名或者盖章,当事人拒绝的,在笔录中注明。当事人不在场的,由见证人和办案人民警察在笔录上签名或者盖章。(五)实施限制公民人身自由的行政强制措施的,应当当场告知当事人家属实施强制措施的公安机关、理由、地点和期限;无法当场告知的,应当在实施强制措施后立即通过电话、短信、传真等方式通知;身份不明、拒不提供家属联系方式或者因自然灾害等不可抗力导致无法通知的,可以不予通知。告知、通知家属情况或者无法通知家属的原因应当在询问笔录中注明。(六)法律、法规规定的其他程序。

勘验、检查时实施行政强制措施,制作勘验、检查笔录的,不再制作现场笔录。

实施行政强制措施的全程录音录像,已经具备本条第1款第2项、第3项规定的实质要素的,可以替代书面现场笔录,但应当对视听资料的关键内容和相应时间段等作文字说明。

第56条 情况紧急,当场实施行政强制措施的,办案人民警察应当在24小时内依法向其所属的公安机关负责人报告,并补办批准手续。当场实施限制公民人身自由的行政强制措施的,办案人民警察应当在返回单位后立即报告,并补办批准手续。公安机关负责人认为不应当采取行政强制措施的,应当立即解除。

第57条 为维护社会秩序,人民警察对有违法嫌疑的人员,经表明执法身份后,可以当场盘问、检查。对当场盘问、检查后,不能排除其违法嫌疑,依法可以适用继续盘问的,可以将其带至公安机关,经公安派出所负责人批准,对其继续盘问。对违反出境入境管理的嫌疑人依法适用继续盘问的,应当经县级以上公安机关或者出入境边防检查机关负责人批准。

继续盘问的时限一般为12小时;对在12小时以内确实难以证实或者排除其违法犯罪嫌疑的,可以延长至24小时;对不讲真实姓名、住址、身份,且在24小时以内仍不能证实或者排除其违法犯罪嫌疑的,可以延长至48小时。

第58条 违法嫌疑人在醉酒状态中,对本人有危险或者对他人的人身、财产或者公共安全有威胁的,可以对其采取保护性措施约束至酒醒,也可以通知其家属、亲友或者所属单位将其领回看管,必要时,应当送医院醒酒。对行为举止失控的醉酒人,可以使用约束带或者警绳等进行约束,但是不得使用手铐、脚镣等警械。

约束过程中，应当指定专人严加看护。确认醉酒人酒醒后，应当立即解除约束，并进行询问。约束时间不计算在询问查证时间内。

第59条 对恐怖活动嫌疑人实施约束措施，应当遵守下列规定：

（一）实施前须经县级以上公安机关负责人批准；（二）告知嫌疑人采取约束措施的理由、依据以及其依法享有的权利、救济途径；（三）听取嫌疑人的陈述和申辩；（四）出具决定书。

公安机关可以采取电子监控、不定期检查等方式对被约束人遵守约束措施的情况进行监督。

约束措施的期限不得超过3个月。对不需要继续采取约束措施的，应当及时解除并通知被约束人。

第2节 受 案

第60条 县级公安机关及其公安派出所、依法具有独立执法主体资格的公安机关业务部门以及出入境边防检查站对报案、控告、举报、群众扭送或者违法嫌疑人投案，以及其他国家机关移送的案件，应当及时受理并按照规定进行网上接报案登记。对重复报案、案件正在办理或者已经办结的，应当向报案人、控告人、举报人、扭送人、投案人作出解释，不再登记。

第61条 公安机关应当对报案、控告、举报、群众扭送或者违法嫌疑人投案分别作出下列处理，并将处理情况在接报案登记中注明：

（一）对属于本单位管辖范围内的案件，应当立即调查处理，制作受案登记表和受案回执，并将受案回执交报案人、控告人、举报人、扭送人；（二）对属于公安机关职责范围，但不属于本单位管辖的，应当在24小时内移送有管辖权的单位处理，并告知报案人、控告人、举报人、扭送人、投案人；（三）对不属于公安机关职责范围的事项，在接报案时能够当场判断的，应当立即口头告知报案人、控告人、举报人、扭送人、投案人向其他主管机关报案或者投案，报案人、控告人、举报人、扭送人、投案人对口头告知内容有异议或者不能当场判断的，应当书面告知，但因没有联系方式、身份不明等客观原因无法书面告知的除外。

在日常执法执勤中发现的违法行为，适用前款规定。

第62条 属于公安机关职责范围但不属于本单位管辖的案件，具有下列情形之一的，受理案件或者发现案件的公安机关及其人民警察应当依法先行采取必要的强制措施或者其他处置措施，再移送有管辖权的单位处理：

（一）违法嫌疑人正在实施危害行为的；（二）正在实施违法行为或者违法后即时被发现的现行犯被扭送至公安机关的；（三）在逃的违法嫌疑人已被抓获或者被发现的；（四）有人员伤亡，需要立即采取救治措施的；（五）其他应当采取紧急措施的情形。

行政案件移送管辖的，询问查证时间和扣押等措施的期限重新计算。

第63条 报案人不愿意公开自己的姓名和报案行为的，公安机关应当在受案登记时注明，并为其保密。

第64条 对报案人、控告人、举报人、扭送人、投案人提供的有关证据材料、物品等应当登记，出具接受证据清单，并妥善保管。必要时，应当拍照、录音、录像。移送案件时，应当将有关证据材料和物品一并移交。

第65条 对发现或者受理的案件暂时无法确定为刑事案件或者行政案件的，可以按照行政案件的程序办理。在办理过程中，认为涉嫌构成犯罪的，应当按照《公安机关办理刑事案件程序规定》办理。

第3节 询 问

第66条 询问违法嫌疑人，可以到违法嫌疑人住处或者单位进行，也可以将违法嫌疑人传唤到其所在市、县内的指定地点进行。

第67条 需要传唤违法嫌疑人接受调查的，经公安派出所、县级以上公安机关办案部门或者出入境边防检查机关负责人批准，使用传唤证传唤。对现场发现的违法嫌疑人，人民警察经出示人民警察证，可以口头传唤，并在询问笔录中注明违法嫌疑人到案经过、到案时间和离开时间。

单位违反公安行政管理规定，需要传唤其直接负责的主管人员和其他直接责任人员的，适用前款规定。对无正当理由不接受传唤或者逃避传唤的违反治安管理、出境入境管理的嫌疑人以及法律规定可以强制传唤的其他违法嫌疑人，经公安派出所、县级以上公安机关办案部门或者出入境边防检查机关负责人批准，可以强制传唤。强制传唤时，可以依法使用手铐、警绳等约束性警械。

公安机关应当将传唤的原因和依据告知被传唤人，并通知其家属。公安机关通知被传唤人家属适用本规定第55条第1款第5项的规定。

第68条 使用传唤证传唤的，违法嫌疑人被传唤到案后和询问查证结束后，应当由其在传唤证上填写到案和离开时间并签名。拒绝填写或者签名的，办案人民警察应当在传唤证上注明。

第69条 对被传唤的违法嫌疑人，应当及时询问查证，询问查证的时间不得超过8小时；案情复杂，违法行为依法可能适用行政拘留处罚的，询问查证的时间不得超过24小时。

不得以连续传唤的形式变相拘禁违法嫌疑人。

第70条 对于投案自首或者群众扭送的违法嫌疑人，公安机关应当立即进行询问查证，并在询问笔录中记明违法嫌疑人到案经过、到案和离开时间。询问查证时间适用本规定第69条第1款的规定。

对于投案自首或者群众扭送的违法嫌疑人，公安机关应当适用本规定第55条第1款第5项的规定通知其家属。

第71条 在公安机关询问违法嫌疑人，应当在办案场所进行。

询问查证期间应当保证违法嫌疑人的饮食和必要的休息时间，并在询问笔录中注明。

在询问查证的间隙期间，可以将违法嫌疑人送入候问室，并按照候问室的管理规定执行。

第72条 询问违法嫌疑人、被侵害人或者其他证人，应当个别进行。

第73条 首次询问违法嫌疑人时，应当问明违法嫌疑人的姓名、出生日期、户籍所在地、现住址、身份证件种类及号码，是否为各级人民代表大会代表，是否受过刑事处罚或者行政拘留、强制隔离戒毒、社区戒毒、收容教养等情况。必要时，还应当问明其家庭主要成员、工作单位、文化程度、民族、身体状况等情况。

违法嫌疑人为外国人的，首次询问时还应当问明其国籍、出入境证件种类及号码、签证种类、入境时间、入境事由等情况。必要时，还应当问明其在华关系人等情况。

第74条 询问时，应当告知被询问人必须如实提供证据、证言和故意作伪证或者隐匿证据应负的法律责任，对与本案无关的问题有拒绝回答的权利。

第75条 询问未成年人时，应当通知其父母或者其他监护人到场，其父母或者其他监护人不能到场的，也可以通知未成年人的其他成年亲属，所在学校、单位、居住地基层组织或者未成年人保护组织的代表到场，并将有关情况记录在案。确实无法通知或者通知后未到场的，应当在询问笔录中注明。

第76条 询问聋哑人，应当有通晓手语的人提供帮助，并在询问笔录中注明被询问人的聋哑情况以及翻译人员的姓名、住址、工作单位和联系方式。

对不通晓当地通用的语言文字的被询问人，应当为其配备翻译人员，并在询问笔录中注明翻译人员的姓名、住址、工作单位和联系方式。

第77条 询问笔录应当交被询问人核对,对没有阅读能力的,应当向其宣读。记录有误或者遗漏的,应当允许被询问人更正或者补充,并要求其在修改处捺指印。被询问人确认笔录无误后,应当在询问笔录上逐页签名或者捺指印。拒绝签名和捺指印的,办案人民警察应当在询问笔录中注明。

办案人民警察应当在询问笔录上签名,翻译人员应当在询问笔录的结尾处签名。

询问时,可以全程录音、录像,并保持录音、录像资料的完整性。

第78条 询问违法嫌疑人时,应当听取违法嫌疑人的陈述和申辩。对违法嫌疑人的陈述和申辩,应当核查。

第79条 询问被侵害人或者其他证人,可以在现场进行,也可以到其单位、学校、住所、其居住地居(村)民委员会或者其提出的地点进行。必要时,也可以书面、电话或者当场通知其到公安机关提供证言。

在现场询问的,办案人民警察应当出示人民警察证。

询问前,应当了解被询问人的身份以及其与被侵害人、其他证人、违法嫌疑人之间的关系。

第80条 违法嫌疑人、被侵害人或者其他证人请求自行提供书面材料的,应当准许。必要时,办案人民警察也可以要求违法嫌疑人、被侵害人或者其他证人自行书写。违法嫌疑人、被侵害人或者其他证人应当在其提供的书面材料的结尾处签名或者捺指印。对打印的书面材料,违法嫌疑人、被侵害人或者其他证人应当逐页签名或者捺指印。办案人民警察收到书面材料后,应当在首页注明收到日期,并签名。

第4节 勘验、检查

第81条 对于违法行为案发现场,必要时应当进行勘验,提取与案件有关的证据材料,判断案件性质,确定调查方向和范围。

现场勘验参照刑事案件现场勘验的有关规定执行。

第82条 对与违法行为有关的场所、物品、人身可以进行检查。检查时,人民警察不得少于2人,并应当出示人民警察证和县级以上公安机关开具的检查证。对确有必要立即进行检查的,人民警察经出示人民警察证,可以当场检查;但检查公民住所的,必须有证据表明或者有群众报警公民住所内正在发生危害公共安全或者公民人身安全的案(事)件,或者违法存放危险物质,不立即检查可能会对公共安全或者公民人身、财产安全造成重大危害。

对机关、团体、企业、事业单位或者公共场所进行日常执法监督检查,依照有关法律、法规和规章执行,不适用前款规定。

第83条 对违法嫌疑人,可以依法提取或者采集肖像、指纹等人体生物识别信息;涉嫌酒后驾驶机动车、吸毒、从事恐怖活动等违法行为的,可以依照《中华人民共和国道路交通安全法》《中华人民共和国禁毒法》《中华人民共和国反恐怖主义法》等规定提取或者采集血液、尿液、毛发、脱落细胞等生物样本。人身安全检查和当场检查时已经提取、采集的信息,不再提取、采集。

第84条 对违法嫌疑人进行检查时,应当尊重被检查人的人格尊严,不得以有损人格尊严的方式进行检查。

检查妇女的身体,应当由女性工作人员进行。

依法对卖淫、嫖娼人员进行性病检查,应当由医生进行。

第85条 检查场所或者物品时,应当注意避免对物品造成不必要的损坏。

检查场所时,应当有被检查人或者见证人在场。

第86条 检查情况应当制作检查笔录。检查笔录由检查人员、被检查人或者见证人签名;被检查人不在场或者拒绝签名的,办案人民警察应当在检查笔录中注明。

检查时的全程录音录像可以替代书面检查笔录,但应当对视听资料的关键内容和相应时间段等作文字说明。

第5节 鉴 定

第87条 为了查明案情,需要对专门性技术问题进行鉴定的,应当指派或者聘请具有专门知识的人员进行。

需要聘请本公安机关以外的人进行鉴定的,应当经公安机关办案部门负责人批准后,制作鉴定聘请书。

第88条 公安机关应当为鉴定提供必要的条件,及时送交有关检材和比对样本等原始材料,介绍与鉴定有关的情况,并且明确提出要求鉴定解决的问题。

办案人民警察应当做好检材的保管和送检工作,并注明检材送检环节的责任人,确保检材在流转环节中的同一性和不被污染。

禁止强迫或者暗示鉴定人作出某种鉴定意见。

第89条 对人身伤害的鉴定由法医进行。

卫生行政主管部门许可的医疗机构具有执业资格的医生出具的诊断证明,可以作为公安机关认定人身伤害程度的依据,但具有本规定第90条规定情形的除外。

对精神病的鉴定,由有精神病鉴定资格的鉴定机构进行。

第90条 人身伤害案件具有下列情形之一的,公安机关应当进行伤情鉴定:(一)受伤程度较重,可能构成轻伤以上伤害程度的;(二)被侵害人要求作伤情鉴定的;(三)违法嫌疑人、被侵害人对伤害程度有争议的。

第91条 对需要进行伤情鉴定的案件,被侵害人拒绝提供诊断证明或者拒绝进行伤情鉴定的,公安机关应当将有关情况记录在案,并可以根据已认定的事实作出处理决定。

经公安机关通知,被侵害人无正当理由未在公安机关确定的时间内作伤情鉴定的,视为拒绝鉴定。

第92条 对电子数据涉及的专门性问题难以确定的,由司法鉴定机构出具鉴定意见,或者由公安部指定的机构出具报告。

第93条 涉案物品价值不明或者难以确定的,公安机关应当委托价格鉴证机构估价。

根据当事人提供的购买发票等票据能够认定价值的涉案物品,或者价值明显不够刑事立案标准的涉案物品,公安机关可以不进行价格鉴证。

第94条 对涉嫌吸毒的人员,应当进行吸毒检测,被检测人员应当配合;对拒绝接受检测的,经县级以上公安机关或者其派出机构负责人批准,可以强制检测。采集女性被检测人检测样本,应当由女性工作人员进行。

对涉嫌服用国家管制的精神药品、麻醉药品驾驶机动车的人员,可以对其进行体内国家管制的精神药品、麻醉药品含量检验。

第95条 对有酒后驾驶机动车嫌疑的人,应当对其进行呼气酒精测试,对具有下列情形之一的,应当立即提取血样,检验血液酒精含量:

(一)当事人对呼气酒精测试结果有异议的;(二)当事人拒绝配合呼气酒精测试的;(三)涉嫌醉酒驾驶机动车的;(四)涉嫌饮酒后驾驶机动车发生交通事故的。

当事人对呼气酒精测试结果无异议的,应当签字确认。事后提出异议的,不予采纳。

第96条 鉴定人鉴定后,应当出具鉴定意见。鉴定意见应当载明委托人、委托鉴定的事项、提交鉴定的相关材料、鉴定的时间、依据和结论性意见等内容,并由鉴定人签名或者盖章。通过分析得出鉴定意见的,应当有分析过程的说明。鉴定意见应当附有鉴定机构和鉴定人的资质证明或者其他证明文件。

鉴定人对鉴定意见负责,不受任何机关、团体、企业、事业单位和个人的干涉。多人参加鉴定,对鉴定意见有不同意见的,应当注明。

鉴定人故意作虚假鉴定的,应当承担法律责任。

第97条 办案人民警察应当对鉴定意见进行审查。

对经审查作为证据使用的鉴定意见,公安机关应当在收到鉴定意见之日起5日内将鉴定意见复印件送达违法嫌疑人和被侵害人。

医疗机构出具的诊断证明作为公安机关认定人身伤害程度的依据的,应当将诊断证明结论书面告知违法嫌疑人和被侵害人。

违法嫌疑人或者被侵害人对鉴定意见有异议的,可以在收到鉴定意见复印件之日起3日内提出重新鉴定的申请,经县级以上公安机关批准后,进行重新鉴定。同一行政案件的同一事项重新鉴定以1次为限。

当事人是否申请重新鉴定,不影响案件的正常办理。

公安机关认为必要时,也可以直接决定重新鉴定。

第98条 具有下列情形之一的,应当进行重新鉴定:

(一)鉴定程序违法或者违反相关专业技术要求,可能影响鉴定意见正确性的;(二)鉴定机构、鉴定人不具备鉴定资质和条件的;(三)鉴定意见明显依据不足的;(四)鉴定人故意作虚假鉴定的;(五)鉴定人应当回避而没有回避的;(六)检材虚假或者被损坏的;(七)其他应当重新鉴定的。

不符合前款规定情形的,经县级以上公安机关负责人批准,作出不准予重新鉴定的决定,并在作出决定之日起的3日以内书面通知申请人。

第99条 重新鉴定,公安机关应当另行指派或者聘请鉴定人。

第100条 鉴定费用由公安机关承担,但当事人自行鉴定的除外。

第6节 辨　　认

第101条 为了查明案情,办案人民警察可以让违法嫌疑人、被侵害人或者其他证人对与违法行为有关的物品、场所或者违法嫌疑人进行辨认。

第102条 辨认由2名以上办案人民警察主持。

组织辨认前,应当向辨认人详细询问辨认对象的具体特征,并避免辨认人见到辨认对象。

第103条 多名辨认人对同一辨认对象或者1名辨认人对多名辨认对象进行辨认时,应当个别进行。

第104条 辨认时,应当将辨认对象混杂在特征相类似的其他对象中,不得给辨认人任何暗示。

辨认违法嫌疑人时,被辨认的人数不得少于7人;对违法嫌疑人照片进行辨认的,不得少于10人的照片。

辨认每1件物品时,混杂的同类物品不得少于5件。

同一辨认人对与同一案件有关的辨认对象进行多组辨认的,不得重复使用陪衬照片或者陪衬人。

第105条 辨认人不愿意暴露身份的,对违法嫌疑人的辨认可以在不暴露辨认人的情况下进行,公安机关及其人民警察应当为其保守秘密。

第106条 辨认经过和结果,应当制作辨认笔录,由办案人民警察和辨认人签名或者捺指印。必要时,应当对辨认过程进行录音、录像。

第7节 证据保全

第107条 对下列物品,经公安机关负责人批准,可以依法扣押或者扣留:

(一)与治安案件、违反出境入境管理的案件有关的需要作为证据的物品;(二)道路交通安全法律、法规规定适用扣留的车辆、机动车驾驶证;(三)《中华人民共和国反恐怖主义法》等法律、法规规定适用扣押或者扣留的物品。

对下列物品,不得扣押或者扣留:

(一)与案件无关的物品;(二)公民个人及其所扶养家属的生活必需品;(三)被侵害人或者善意第3人合法占有的财产。

对具有本条第2款第2项、第3项情形的,应当予以登记,写明登记财物的名称、规格、数量、特征,并由占有人签名或者捺指印。必要时,可以进行拍照。但是,与案件有关必须鉴定的,可以依法扣押,结束后应当立即解除。

第108条 办理下列行政案件时,对专门用于从事无证经营活动的场所、设施、物品,经公安机关负责人批准,可以依法查封。但对与违法行为无关的场所、设施,公民个人及其扶养家属的生活必需品不得查封:

(一)擅自经营按照国家规定需要由公安机关许可的行业的;(二)依照《娱乐场所管理条例》可以由公安机关采取取缔措施的;(三)《中华人民共和国反恐怖主义法》等法律、法规规定适用查封的其他公安行政案件。

场所、设施、物品已被其他国家机关依法查封的,不得重复查封。

第109条 收集证据时,经公安机关办案部门负责人批准,可以采取抽样取证的方法。

抽样取证应当采取随机的方式,抽取样品的数量以能够认定本品的品质特征为限。

抽样取证时,应当对抽样取证的现场、被抽样物品及被抽取的样品进行拍照或者对抽样过程进行录像。

对抽取的样品应当及时进行检验。经检验,能够作为证据使用的,应当依法扣押、先行登记保存或者登记;不属于证据的,应当及时返还样品。样品有减损的,应当予以补偿。

第110条 在证据可能灭失或者以后难以取得的情况下,经公安机关办案部门负责人批准,可以先行登记保存。

先行登记保存期间,证据持有人及其他人员不得损毁或者转移证据。

对先行登记保存的证据,应当在7日内作出处理决定。逾期不作出处理决定的,视为自动解除。

第111条 实施扣押、扣留、查封、抽样取证、先行登记保存等证据保全措施时,应当会同当事人查点清楚,制作并当场交付证据保全决定书。必要时,应当对采取证据保全措施的证据进行拍照或者对采取证据保全的过程进行录像。证据保全决定书应当载明下列事项:

(一)当事人的姓名或者名称、地址;(二)抽样取证、先行登记保存、扣押、扣留、查封的理由、依据和期限;(三)申请行政复议或者提起行政诉讼的途径和期限;(四)作出决定的公安机关的名称、印章和日期。

证据保全决定书应当附清单,载明被采取证据保全措施的场所、设施、物品的名称、规格、数量、特征等,由办案人民警察和当事人签名后,一份交当事人,一份附卷。有见证人的,还应当由见证人签名。当事人或者见证人拒绝签名的,办案人民警察应当在证据保全清单上注明。

对可以作为证据使用的录音带、录像带，在扣押时应当予以检查，记明案由、内容以及录取和复制的时间、地点等，并妥为保管。

对扣押的电子数据原始存储介质，应当封存，保证在不解除封存状态的情况下，无法增加、删除、修改电子数据，并在证据保全清单中记录封存状态。

第112条 扣押、扣留、查封期限为30日，情况复杂的，经县级以上公安机关负责人批准，可以延长30日；法律、行政法规另有规定的除外。延长扣押、扣留、查封期限的，应当及时书面告知当事人，并说明理由。

对物品需要进行鉴定的，鉴定期间不计入扣押、扣留、查封期间，但应当将鉴定的期间书面告知当事人。

第113条 公安机关对恐怖活动嫌疑人的存款、汇款、债券、股票、基金份额等财产采取冻结措施的，应当经县级以上公安机关负责人批准，向金融机构交付冻结通知书。

作出冻结决定的公安机关应当在3日内向恐怖活动嫌疑人交付冻结决定书。冻结决定书应当载明下列事项：

（一）恐怖活动嫌疑人的姓名或者名称、地址；（二）冻结的理由、依据和期限；（三）冻结的账号和数额；（四）申请行政复议或者提起行政诉讼的途径和期限；（五）公安机关的名称、印章和日期。

第114条 自被冻结之日起2个月内，公安机关应当作出处理决定或者解除冻结；情况复杂的，经上一级公安机关负责人批准，可以延长1个月。

延长冻结的决定应当及时书面告知恐怖活动嫌疑人，并说明理由。

第115条 有下列情形之一的，公安机关应当立即退还财物，并由当事人签名确认；不涉及财物退还的，应当书面通知当事人解除证据保全：

（一）当事人没有违法行为的；（二）被采取证据保全的场所、设施、物品、财产与违法行为无关的；（三）已经作出处理决定，不再需要采取证据保全措施的；（四）采取证据保全措施的期限已经届满的；（五）其他不再需要采取证据保全措施的。

作出解除冻结决定的，应当及时通知金融机构。

第116条 行政案件变更管辖时，与案件有关的财物及其孳息应当随案移交，并书面告知当事人。移交时，由接收人、移交人当面查点清楚，并在交接单据上共同签名。

第8节 办案协作

第117条 办理行政案件需要异地公安机关协作的，应当制作办案协作函件。负责协作的公安机关接到请求协作的函件后，应当办理。

第118条 需要到异地执行传唤的，办案人民警察应当持传唤证、办案协作函件和人民警察证，与协作地公安机关联系，在协作地公安机关的协作下进行传唤。协作地公安机关应当协助将违法嫌疑人传唤到其所在市、县内的指定地点或者到其住处、单位进行询问。

第119条 需要异地办理检查、查询，查封、扣押或者冻结与案件有关的财物、文件的，应当持相关的法律文书、办案协作函件和人民警察证，与协作地公安机关联系，协作地公安机关应当协助执行。

在紧急情况下，可以将办案协作函件和相关的法律文书传真或者通过执法办案信息系统发送至协作地公安机关，协作地公安机关应当及时采取措施。办案地公安机关应当立即派员前往协作地办理。

第120条 需要进行远程视频询问、处罚前告知的，应当由协作地公安机关事先核实被询问、告知人的身份。办案地公安机关应当制作询问、告知笔录并传输至协作地公安机关。询问、告知笔录经被询问、告知人确认并逐页签名或者捺指印后，由协作地公安机关协作人员签名或者盖章，并将原件或者电子签名笔录提供给办案地公安机关。办案地公安机关负责询问、告知的人民警察应当在首页注明收到日期，并签名或者盖章。询问、告知过程应当全程录音录像。

第121条 办案地公安机关可以委托异地公安机关代为询问、向有关单位和个人调取电子数据、接收自行书写材料、进行辨认、履行处罚前告知程序、送达法律文书等工作。

委托代为询问、辨认、处罚前告知的，办案地公安机关应当列出明确具体的询问、辨认、告知提纲，提供被辨认对象的照片和陪衬照片。

委托代为向有关单位和个人调取电子数据的，办案地公安机关应当将办案协作函件和相关法律文书传真或者通过执法办案信息系统发送至协作地公安机关，由协作地公安机关办案部门审核确认后办理。

第122条 协作地公安机关依照办案地公安机关的要求，依法履行办案协作职责所产生的法律责任，由办案地公安机关承担。

第8章 听证程序

第1节 一般规定

第123条 在作出下列行政处罚决定之前，应当告知违法嫌疑人有要求举行听证的权利：

（一）责令停产停业；（二）吊销许可证或者执照；（三）较大数额罚款；（四）法律、法规和规章规定违法嫌疑人可以要求举行听证的其他情形。

前款第3项所称“较大数额罚款”，是指对个人处以2000元以上罚款，对单位处以1万元以上罚款，对违反边防出境入境管理法律、法规和规章的个人处以6000元以上罚款。对依据地方性法规或者地方政府规章作出的罚款处罚，适用听证的罚款数额按照地方规定执行。

第124条 听证由公安机关法制部门组织实施。

依法具有独立执法主体资格的公安机关业务部门以及出入境边防检查站依法作出行政处罚决定的，由其非本案调查人员组织听证。

第125条 公安机关不得因违法嫌疑人提出听证要求而加重处罚。

第126条 听证人员应当就行政案件的事实、证据、程序、适用法律等方面全面听取当事人陈述和申辩。

第2节 听证人员和听证参加人

第127条 听证设听证主持人1名，负责组织听证；记录员1名，负责制作听证笔录。必要时，可以设听证员1至2名，协助听证主持人进行听证。

本案调查人员不得担任听证主持人、听证员或者记录员。

第128条 听证主持人决定或者开展下列事项：

（一）举行听证的时间、地点；（二）听证是否公开举行；（三）要求听证参加人到场参加听证，提供或者补充证据；（四）听证的延期、中止或者终止；（五）主持听证，就案件的事实、理由、证据、程序、适用法律等组织质证和辩论；（六）维持听证秩序，对违反听证纪律的行为予以制止；（七）听证员、记录员的回避；（八）其他有关事项。

第129条 听证参加人包括：

（一）当事人及其代理人；（二）本案办案人民警察；（三）证人、鉴定人、翻译人员；（四）其他有关人员。

第130条 当事人在听证活动中享有下列权利：

(一)申请回避；(二)委托1至2人代理参加听证；(三)进行陈述、申辩和质证；(四)核对、补正听证笔录；(五)依法享有的其他权利。

第131条 与听证案件处理结果有直接利害关系的其他公民、法人或者其他组织，作为第三人申请参加听证的，应当允许。为查明案情，必要时，听证主持人也可以通知其参加听证。

第3节 听证的告知、申请和受理

第132条 对适用听证程序的行政案件，办案部门在提出处罚意见后，应当告知违法嫌疑人拟作出的行政处罚和有要求举行听证的权利。

第133条 违法嫌疑人要求听证的，应当在公安机关告知后3日内提出申请。

第134条 违法嫌疑人放弃听证或者撤回听证要求后，处罚决定作出前，又提出听证要求的，只要在听证申请有效期限内，应当允许。

第135条 公安机关收到听证申请后，应当在2日内决定是否受理。认为听证申请人的要求不符合听证条件，决定不予受理的，应当制作不予受理听证通知书，告知听证申请人。逾期不通知听证申请人的，视为受理。

第136条 公安机关受理听证后，应当在举行听证的7日前将举行听证通知书送达听证申请人，并将举行听证的时间、地点通知其他听证参加人。

第4节 听证的举行

第137条 听证应当在公安机关收到听证申请之日起10日内举行。

除涉及国家秘密、商业秘密、个人隐私的行政案件外，听证应当公开举行。

第138条 听证申请人不能按期参加听证的，可以申请延期，是否准许，由听证主持人决定。

第139条 2个以上违法嫌疑人分别对同一行政案件提出听证要求的，可以合并举行。

第140条 同一行政案件中有2个以上违法嫌疑人，其中部分违法嫌疑人提出听证申请的，应当在听证举行后一并作出处理决定。

第141条 听证开始时，听证主持人核对听证参加人；宣布案由；宣布听证员、记录员和翻译人员名单；告知当事人在听证中的权利和义务；询问当事人是否提出回避申请；对不公开听证的行政案件，宣布不公开听证的理由。

第142条 听证开始后，首先由办案人民警察提出听证申请人违法的事实、证据和法律依据及行政处罚意见。

第143条 办案人民警察提出证据时，应当向听证会出示。对证人证言、鉴定意见、勘验笔录和其他作为证据的文书，应当当场宣读。

第144条 听证申请人可以就办案人民警察提出的违法事实、证据和法律依据以及行政处罚意见进行陈述、申辩和质证，并可以提出新的证据。

第3人可以陈述事实，提出新的证据。

第145条 听证过程中，当事人及其代理人有权申请通知新的证人到会作证，调取新的证据。对上述申请，听证主持人应当当场作出是否同意的决定；申请重新鉴定的，按照本规定第7章第5节有关规定办理。

第146条 听证申请人、第3人和办案人民警察可以围绕案件的事实、证据、程序、适用法律、处罚种类和幅度等问题进行辩论。

第147条 辩论结束后，听证主持人应当听取听证申请人、第3人、办案人民警察各方最后陈述意见。

第148条 听证过程中，遇有下列情形之一，听证主持人可以中止听证：

（一）需要通知新的证人到会、调取新的证据或者需要重新鉴定或者勘验的；（二）因回避致使听证不能继续进行的；（三）其他需要中止听证的。

中止听证的情形消除后，听证主持人应当及时恢复听证。

第149条 听证过程中，遇有下列情形之一，应当终止听证：

（一）听证申请人撤回听证申请的；（二）听证申请人及其代理人无正当理由拒不出席或者未经听证主持人许可中途退出听证的；（三）听证申请人死亡或者作为听证申请人的法人或者其他组织被撤销、解散的；（四）听证过程中，听证申请人或者其代理人扰乱听证秩序，不听劝阻，致使听证无法正常进行的；（五）其他需要终止听证的。

第150条 听证参加人和旁听人员应当遵守听证会场纪律。对违反听证会场纪律的，听证主持人应当警告制止；对不听制止，干扰听证正常进行的旁听人员，责令其退场。

第151条 记录员应当将举行听证的情况记入听证笔录。听证笔录应当载明下列内容：

（一）案由；（二）听证的时间、地点和方式；（三）听证人员和听证参加人的身份情况；（四）办案人民警察陈述的事实、证据和法律依据以及行政处罚意见；（五）听证申请人或者其代理人的陈述和申辩；（六）第3人陈述的事实和理由；（七）办案人民警察、听证申请人或者其代理人、第3人质证、辩论的内容；（八）证人陈述的事实；（九）听证申请人、第3人、办案人民警察的最后陈述意见；（十）其他事项。

第152条 听证笔录应当交听证申请人阅读或者向其宣读。听证笔录中的证人陈述部分，应当交证人阅读或者向其宣读。听证申请人或者证人认为听证笔录有误的，可以请求补充或者改正。听证申请人或者证人审核无误后签名或者捺指印。听证申请人或者证人拒绝的，由记录员在听证笔录中记明情况。

听证笔录经听证主持人审阅后，由听证主持人、听证员和记录员签名。

第153条 听证结束后，听证主持人应当写出听证报告书，连同听证笔录一并报送公安机关负责人。

听证报告书应当包括下列内容：

（一）案由；（二）听证人员和听证参加人的基本情况；（三）听证的时间、地点和方式；（四）听证会的基本情况；（五）案件事实；（六）处理意见和建议。

第9章　行政处理决定

第1节　行政处罚的适用

第154条 违反治安管理行为在6个月内没有被公安机关发现，其他违法行为在2年内没有被公安机关发现的，不再给予行政处罚。

前款规定的期限，从违法行为发生之日起计算，违法行为有连续、继续或者持续状态的，从行为终了之日起计算。

被侵害人在违法行为追究时效内向公安机关控告，公安机关应当受理而不受理的，不受本条第1款追究时效的限制。

第155条 实施行政处罚时，应当责令违法行为人当场或者限期改正违法行为。

第156条 对违法行为人的同一个违法行为，不得给予两次以上罚款的行政处罚。

第157条 不满14周岁的人有违法行为的，不予行政处罚，但是应当责令其监护人严加管教,并在不予行政处罚决定书中载明。已满14周岁不满18周岁的人有违法行为的,从轻或者减轻行政处罚。

第158条 监护人严加看管和治疗,并在不予行政处罚决定书中载明。间歇性精神病人在精神正常时有违法行为的,应当给予行政处罚。尚未完全丧失辨认或者控制自己行为能力的精神病人有违法行为的,应当予以行政处罚,但可以从轻或者减轻行政处罚。

第159条 违法行为人有下列情形之一的,应当从轻、减轻处罚或者不予行政处罚:

(一)主动消除或者减轻违法行为危害后果,并取得被侵害人谅解的;(二)受他人胁迫或者诱骗的;(三)有立功表现的;(四)主动投案,向公安机关如实陈述自己的违法行为的;(五)其他依法应当从轻、减轻或者不予行政处罚的。

违法行为轻微并及时纠正,没有造成危害后果的,不予行政处罚。

盲人或者又聋又哑的人违反治安管理的,可以从轻、减轻或者不予行政处罚;醉酒的人违反治安管理的,应当给予处罚。

第160条 违法行为人有下列情形之一的,应当从重处罚:

(一)有较严重后果的;(二)教唆、胁迫、诱骗他人实施违法行为的;(三)对报案人、控告人、举报人、证人等打击报复的;(四)6个月内曾受过治安管理处罚或者1年内因同类违法行为受到两次以上公安行政处罚的;(五)刑罚执行完毕3年内,或者在缓刑期间,违反治安管理的。

第161条 1人有两种以上违法行为的,分别决定,合并执行,可以制作1份决定书,分别写明对每种违法行为的处理内容和合并执行的内容。

一个案件有多个违法行为人的,分别决定,可以制作一式多份决定书,写明给予每个人的处理决定,分别送达每一个违法行为人。

第162条 行政拘留处罚合并执行的,最长不超过20日。

行政拘留处罚执行完毕前,发现违法行为人有其他违法行为,公安机关依法作出行政拘留决定的,与正在执行的行政拘留合并执行。

第163条 对决定给予行政拘留处罚的人,在处罚前因同一行为已经被采取强制措施限制人身自由的时间应当折抵。限制人身自由1日,折抵执行行政拘留1日。询问查证、继续盘问和采取约束措施的时间不予折抵。

被采取强制措施限制人身自由的时间超过决定的行政拘留期限的,行政拘留决定不再执行。

第164条 违法行为人具有下列情形之一,依法应当给予行政拘留处罚的,应当作出处罚决定,但不送拘留所执行:

(一)已满14周岁不满16周岁的;(二)已满16周岁不满18周岁,初次违反治安管理或者其他公安行政管理的。但是,曾被收容教养、被行政拘留依法不执行行政拘留或者曾因实施扰乱公共秩序,妨害公共安全,侵犯人身权利、财产权利,妨害社会管理的行为被人民法院判决有罪的除外;(三)70周岁以上的;(四)孕妇或者正在哺乳自己婴儿的妇女。

第2节 行政处理的决定

第165条 公安机关办理治安案件的期限,自受理之日起不得超过30日;案情重大、复杂的,经上一级公安机关批准,可以延长30日。办理其他行政案件,有法定办案期限的,按照相关法律规定办理。

为了查明案情进行鉴定的期间,不计入办案期限。

对因违反治安管理行为人不明或者逃跑等客观原因造成案件在法定期限内无法作出行

政处理决定的,公安机关应当继续进行调查取证,并向被侵害人说明情况,及时依法作出处理决定。

第166条 违法嫌疑人不讲真实姓名、住址,身份不明,但只要违法事实清楚、证据确实充分的,可以按其自报的姓名并贴附照片作出处理决定,并在相关法律文书中注明。

第167条 在作出行政处罚决定前,应当告知违法嫌疑人拟作出行政处罚决定的事实、理由及依据,并告知违法嫌疑人依法享有陈述权和申辩权。单位违法的,应当告知其法定代表人、主要负责人或者其授权的人员。

适用一般程序作出行政处罚决定的,采用书面形式或者笔录形式告知。

依照本规定第172条第1款第3项作出不予行政处罚决定的,可以不履行本条第1款规定的告知程序。

第168条 对违法行为事实清楚,证据确实充分,依法应当予以行政处罚,因违法行为人逃跑等原因无法履行告知义务的,公安机关可以采取公告方式予以告知。自公告之日起7日内,违法嫌疑人未提出申辩的,可以依法作出行政处罚决定。

第169条 违法嫌疑人有权进行陈述和申辩。对违法嫌疑人提出的新的事实、理由和证据,公安机关应当进行复核。

公安机关不得因违法嫌疑人申辩而加重处罚。

第170条 对行政案件进行审核、审批时,应当审查下列内容:

(一)违法嫌疑人的基本情况;(二)案件事实是否清楚,证据是否确实充分;(三)案件定性是否准确;(四)适用法律、法规和规章是否正确;(五)办案程序是否合法;(六)拟作出的处理决定是否适当。

第171条 法制员或者办案部门指定的人员、办案部门负责人、法制部门的人员可以作为行政案件审核人员。

初次从事行政处罚决定审核的人员,应当通过国家统一法律职业资格考试取得法律职业资格。

第172条 公安机关根据行政案件的不同情况分别作出下列处理决定:

(一)确有违法行为,应当给予行政处罚的,根据其情节和危害后果的轻重,作出行政处罚决定;(二)确有违法行为,但有依法不予行政处罚情形的,作出不予行政处罚决定;有违法所得和非法财物、违禁品、管制器具的,应当予以追缴或者收缴;(三)违法事实不能成立的,作出不予行政处罚决定;(四)对需要给予社区戒毒、强制隔离戒毒、收容教养等处理的,依法作出决定;(五)违法行为涉嫌构成犯罪的,转为刑事案件办理或者移送有权处理的主管机关、部门办理,无需撤销行政案件。公安机关已经作出行政处理决定的,应当附卷;(六)发现违法行为人有其他违法行为的,在依法作出行政处理决定的同时,通知有关行政主管部门处理。

对已经依照前款第3项作出不予行政处罚决定的案件,又发现新的证据的,应当依法及时调查;违法行为能够认定的,依法重新作出处理决定,并撤销原不予行政处罚决定。

治安案件有被侵害人的,公安机关应当在作出不予行政处罚或者处罚决定之日起2日内将决定书复印件送达被侵害人。无法送达的,应当注明。

第173条 行政拘留处罚由县级以上公安机关或者出入境边防检查机关决定。依法应当对违法行为人予以行政拘留的,公安派出所、依法具有独立执法主体资格的公安机关业务部门应当报其所属的县级以上公安机关决定。

第174条 对县级以上的各级人民代表大会代表予以行政拘留的,作出处罚决定前应当经该级人民代表大会主席团或者人民代表大会常务委员会许可。

对乡、民族乡、镇的人民代表大会代表予以行政拘留的,作出决定的公安机关应当立即报告乡、民族乡、镇的人民代表大会。

第175条 作出行政处罚决定的，应当制作行政处罚决定书。决定书应当载明下列内容：(一)被处罚人的姓名、性别、出生日期、身份证件种类及号码、户籍所在地、现住址、工作单位、违法经历以及被处罚单位的名称、地址和法定代表人；(二)违法事实和证据以及从重、从轻、减轻等情节；(三)处罚的种类、幅度和法律依据；(四)处罚的执行方式和期限；(五)对涉案财物的处理结果及对被处罚人的其他处理情况；(六)对处罚决定不服，申请行政复议、提起行政诉讼的途径和期限；(七)作出决定的公安机关的名称、印章和日期。

作出罚款处罚的，行政处罚决定书应当载明逾期不缴纳罚款依法加处罚款的标准和最高限额；对涉案财物作出处理的，行政处罚决定书应当附没收、收缴、追缴物品清单。

第176条 作出行政拘留处罚决定的，应当及时将处罚情况和执行场所或者依法不执行的情况通知被处罚人家属。

作出社区戒毒决定的，应当通知被决定人户籍所在地或者现居住地的城市街道办事处、乡镇人民政府。作出强制隔离戒毒、收容教养决定的，应当在法定期限内通知被决定人的家属、所在单位、户籍所在地公安派出所。

被处理人拒不提供家属联系方式或者不讲真实姓名、住址，身份不明的，可以不予通知，但应当在附卷的决定书中注明。

第177条 公安机关办理的刑事案件，尚不够刑事处罚，依法应当给予公安行政处理的，经县级以上公安机关负责人批准，依照本章规定作出处理决定。

第10章 治安调解

第178条 对于因民间纠纷引起的殴打他人、故意伤害、侮辱、诽谤、诬告陷害、故意损毁财物、干扰他人正常生活、侵犯隐私、非法侵入住宅等违反治安管理行为，情节较轻，且具有下列情形之一的，可以调解处理：

(一)亲友、邻里、同事、在校学生之间因琐事发生纠纷引起的；(二)行为人的侵害行为系由被侵害人事前的过错行为引起的；(三)其他适用调解处理更易化解矛盾的。

对不构成违反治安管理行为的民间纠纷，应当告知当事人向人民法院或者人民调解组织申请处理。

对情节轻微、事实清楚、因果关系明确，不涉及医疗费用、物品损失或者双方当事人对医疗费用和物品损失的赔付无争议，符合治安调解条件，双方当事人同意当场调解并当场履行的治安案件，可以当场调解，并制作调解协议书。当事人基本情况、主要违法事实和协议内容在现场录音录像中明确记录的，不再制作调解协议书。

第179条 具有下列情形之一的，不适用调解处理：

(一)雇凶伤害他人的；(二)结伙斗殴或者其他寻衅滋事的；(三)多次实施违反治安管理行为的；(四)当事人明确表示不愿意调解处理的；(五)当事人在治安调解过程中又针对对方实施违反治安管理行为的；(六)调解过程中，违法嫌疑人逃跑的；(七)其他不宜调解处理的。

第180条 调解处理案件，应当查明事实，收集证据，并遵循合法、公正、自愿、及时的原则，注重教育和疏导，化解矛盾。

第181条 当事人中有未成年人的，调解时应当通知其父母或者其他监护人到场。但是，当事人为年满16周岁以上的未成年人，以自己的劳动收入为主要生活来源，本人同意不通知的，可以不通知。

被侵害人委托其他人参加调解的，应当向公安机关提交委托书，并写明委托权限。违法嫌疑人不得委托他人参加调解。

第182条 对因邻里纠纷引起的治安案件进行调解时,可以邀请当事人居住地的居(村)民委员会的人员或者双方当事人熟悉的人员参加帮助调解。

第183条 调解一般为1次。对1次调解不成,公安机关认为有必要或者当事人申请的,可以再次调解,并应当在第一次调解后的7个工作日内完成。

第184条 调解达成协议的,在公安机关主持下制作调解协议书,双方当事人应当在调解协议书上签名,并履行调解协议。

调解协议书应当包括调解机关名称、主持人、双方当事人和其他在场人员的基本情况,案件发生时间、地点、人员、起因、经过、情节、结果等情况、协议内容、履行期限和方式等内容。

对调解达成协议的,应当保存案件证据材料,与其他文书材料和调解协议书一并归入案卷。

第185条 调解达成协议并履行的,公安机关不再处罚。对调解未达成协议或者达成协议后不履行的,应当对违反治安管理行为人依法予以处罚;对违法行为造成的损害赔偿纠纷,公安机关可以进行调解,调解不成的,应当告知当事人向人民法院提起民事诉讼。

调解案件的办案期限从调解未达成协议或者调解达成协议不履行之日起开始计算。

第186条 对符合本规定第178条规定的治安案件,当事人申请人民调解或者自行和解,达成协议并履行后,双方当事人书面申请并经公安机关认可的,公安机关不予治安管理处罚,但公安机关已依法作出处理决定的除外。

第11章 涉案财物的管理和处理

第187条 对于依法扣押、扣留、查封、抽样取证、追缴、收缴的财物以及由公安机关负责保管的先行登记保存的财物,公安机关应当妥善保管,不得使用、挪用、调换或者损毁。造成损失的,应当承担赔偿责任。

涉案财物的保管费用由作出决定的公安机关承担。

第188条 县级以上公安机关应当指定一个内设部门作为涉案财物管理部门,负责对涉案财物实行统一管理,并设立或者指定专门保管场所,对涉案财物进行集中保管。涉案财物集中保管的范围,由地方公安机关根据本地区实际情况确定。

对价值较低、易于保管,或者需要作为证据继续使用,以及需要先行返还被侵害人的涉案财物,可以由办案部门设置专门的场所进行保管。办案部门应当指定不承担办案工作的民警负责本部门涉案财物的接收、保管、移交等管理工作;严禁由办案人员自行保管涉案财物。

对查封的场所、设施、财物,可以委托第3人保管,第3人不得损毁或者擅自转移、处置。因第3人的原因造成的损失,公安机关先行赔付后,有权向第3人追偿。

第189条 公安机关涉案财物管理部门和办案部门应当建立电子台账,对涉案财物逐一编号登记,载明案由、来源、保管状态、场所和去向。

第190条 办案人民警察应当在依法提取涉案财物后的24小时内将财物移交涉案财物管理人员,并办理移交手续。对查封、冻结、先行登记保存的涉案财物,应当在采取措施后的24小时内,将法律文书复印件及涉案财物的情况送交涉案财物管理人员予以登记。

在异地或者在偏远、交通不便地区提取涉案财物的,办案人民警察应当在返回单位后的24小时内移交。

对情况紧急,需要在提取涉案财物后的24小时内进行鉴定、辨认、检验、检查等工作的,经办案部门负责人批准,可以在完成上述工作后的24小时内移交。

在提取涉案财物后的24小时内已将涉案财物处理完毕的,不再移交,但应当将处理涉案财物的相关手续附卷保存。

因询问、鉴定、辨认、检验、检查等办案需要,经办案部门负责人批准,办案人民警察可以调用涉案财物,并及时归还。

第191条 对容易腐烂变质及其他不易保管的物品、危险物品,经公安机关负责人批准,在拍照或者录像后依法变卖或者拍卖,变卖或者拍卖的价款暂予保存,待结案后按有关规定处理。

对易燃、易爆、毒害性、放射性等危险物品应当存放在符合危险物品存放条件的专门场所。

对属于被侵害人或者善意第3人合法占有的财物,应当在登记、拍照或者录像、估价后及时返还,并在案卷中注明返还的理由,将原物照片、清单和领取手续存卷备查。

对不宜入卷的物证,应当拍照入卷,原物在结案后按照有关规定处理。

第192条 有关违法行为查证属实后,对有证据证明权属明确且无争议的被侵害人合法财物及其孳息,凡返还不损害其他被侵害人或者利害关系人的利益,不影响案件正常办理的,应当在登记、拍照或者录像和估价后,及时发还被侵害人。办案人民警察应当在案卷材料中注明返还的理由,并将原物照片、清单和被侵害人的领取手续附卷。

第193条 在作出行政处理决定时,应当对涉案财物一并作出处理。

第194条 对在办理行政案件中查获的下列物品应当依法收缴:

(一)毒品、淫秽物品等违禁品;(二)赌具和赌资;(三)吸食、注射毒品的用具;(四)伪造、变造的公文、证件、证明文件、票证、印章等;(五)倒卖的车船票、文艺演出票、体育比赛入场券等有价票证;(六)主要用于实施违法行为的本人所有的工具以及直接用于实施毒品违法行为的资金;(七)法律、法规规定可以收缴的其他非法财物。

前款第6项所列的工具,除非有证据表明属于他人合法所有,可以直接认定为违法行为人本人所有。对明显无价值的,可以不作出收缴决定,但应当在证据保全文书中注明处理情况。

违法所得应当依法予以追缴或者没收。

多名违法行为人共同实施违法行为,违法所得或者非法财物无法分清所有人的,作为共同违法所得或者非法财物予以处理。

第195条 收缴由县级以上公安机关决定。但是,违禁品,管制器具,吸食、注射毒品的用具以及非法财物价值在500元以下且当事人对财物价值无异议的,公安派出所可以收缴。

追缴由县级以上公安机关决定。但是,追缴的财物应当退还被侵害人的,公安派出所可以追缴。

第196条 对收缴和追缴的财物,经原决定机关负责人批准,按照下列规定分别处理:(一)属于被侵害人或者善意第3人的合法财物,应当及时返还;(二)没有被侵害人的,登记造册,按照规定上缴国库或者依法变卖、拍卖后,将所得款项上缴国库;(三)违禁品、没有价值的物品,或者价值轻微,无法变卖、拍卖的物品,统一登记造册后销毁;(四)对无法变卖或者拍卖的危险物品,由县级以上公安机关主管部门组织销毁或者交有关厂家回收。

第197条 对应当退还原主或者当事人的财物,通知原主或者当事人在6个月内来领取;原主不明确的,应当采取公告方式告知原主认领。在通知原主、当事人或者公告后6个月内,无人认领的,按无主财物处理,登记后上缴国库,或者依法变卖或者拍卖后,将所得款项上缴国库。遇有特殊情况的,可酌情延期处理,延长期限最长不超过3个月。

第12章 执 行

第1节 一般规定

第198条 公安机关依法作出行政处理决定后,被处理人应当在行政处理决定的期限内予以履行。逾期不履行的,作出行政处理决定的公安机关可以依法强制执行或者申请人民法院强制执行。

第199条 被处理人对行政处理决定不服申请行政复议或者提起行政诉讼的,行政处理决定不停止执行,但法律另有规定的除外。

第200条 公安机关在依法作出强制执行决定或者申请人民法院强制执行前,应当事先催告被处理人履行行政处理决定。催告以书面形式作出,并直接送达被处理人。被处理人拒绝接受或者无法直接送达被处理人的,依照本规定第5章的有关规定送达。

催告书应当载明下列事项:

(一)履行行政处理决定的期限和方式;(二)涉及金钱给付的,应当有明确的金额和给付方式;(三)被处理人依法享有的陈述权和申辩权。

第201条 被处理人收到催告书后有权进行陈述和申辩。公安机关应当充分听取并记录、复核。被处理人提出的事实、理由或者证据成立的,公安机关应当采纳。

第202条 经催告,被处理人无正当理由逾期仍不履行行政处理决定,法律规定由公安机关强制执行的,公安机关可以依法作出强制执行决定。

在催告期间,对有证据证明有转移或者隐匿财物迹象的,公安机关可以作出立即强制执行决定。

强制执行决定应当以书面形式作出,并载明下列事项:

(一)被处理人的姓名或者名称、地址;(二)强制执行的理由和依据;(三)强制执行的方式和时间;(四)申请行政复议或者提起行政诉讼的途径和期限;(五)作出决定的公安机关名称、印章和日期。

第203条 依法作出要求被处理人履行排除妨碍、恢复原状等义务的行政处理决定,被处理人逾期不履行,经催告仍不履行,其后果已经或者将危害交通安全的,公安机关可以代履行,或者委托没有利害关系的第3人代履行。

代履行应当遵守下列规定:

(一)代履行前送达决定书,代履行决定书应当载明当事人的姓名或者名称、地址,代履行的理由和依据、方式和时间、标的、费用预算及代履行人;(二)代履行3日前,催告当事人履行,当事人履行的,停止代履行;(三)代履行时,作出决定的公安机关应当派员到场监督;(四)代履行完毕,公安机关到场监督人员、代履行人和当事人或者见证人应当在执行文书上签名或者盖章。

代履行的费用由当事人承担。但是,法律另有规定的除外。

第204条 需要立即清理道路的障碍物,当事人不能清除的,或者有其他紧急情况需要立即履行的,公安机关可以决定立即实施代履行。当事人不在场的,公安机关应当在事后立即通知当事人,并依法作出处理。

第205条 实施行政强制执行,公安机关可以在不损害公共利益和他人合法权益的情况下,与当事人达成执行协议。执行协议可以约定分阶段履行;当事人采取补救措施的,可以减免加处的罚款。

执行协议应当履行。被处罚人不履行执行协议的,公安机关应当恢复强制执行。

第206条 当事人在法定期限内不申请行政复议或者提起行政诉讼,又不履行行政处理决定的,法律没有规定公安机关强制执行的,作出行政处理决定的公安机关可以自期限届满之日起3个月内,向所在地有管辖权的人民法院申请强制执行。因情况紧急,为保障公共安全,公安机关可以申请人民法院立即执行。

强制执行的费用由被执行人承担。

第207条 申请人民法院强制执行前,公安机关应当催告被处理人履行义务,催告书送达10日后被处理人仍未履行义务的,公安机关可以向人民法院申请强制执行。

第208条 公安机关向人民法院申请强制执行,应当提供下列材料:

(一)强制执行申请书;(二)行政处理决定书及作出决定的事实、理由和依据;(三)当事人的意见及公安机关催告情况;(四)申请强制执行标的情况;(五)法律、法规规定的其他材料。

强制执行申请书应当由作出处理决定的公安机关负责人签名,加盖公安机关印章,并注明日期。

第209条 公安机关对人民法院不予受理强制执行申请、不予强制执行的裁定有异议的,可以在15日内向上一级人民法院申请复议。

第210条 具有下列情形之一的,中止强制执行:

(一)当事人暂无履行能力的;(二)第3人对执行标的主张权利,确有理由的;(三)执行可能对他人或者公共利益造成难以弥补的重大损失的;(四)其他需要中止执行的。

中止执行的情形消失后,公安机关应当恢复执行。对没有明显社会危害,当事人确无能力履行,中止执行满3年未恢复执行的,不再执行。

第211条 具有下列情形之一的,终结强制执行:

(一)公民死亡,无遗产可供执行,又无义务承受人的;(二)法人或者其他组织终止,无财产可供执行,又无义务承受人的;(三)执行标的灭失的;(四)据以执行的行政处理决定被撤销的;(五)其他需要终结执行的。

第212条 在执行中或者执行完毕后,据以执行的行政处理决定被撤销、变更,或者执行错误,应当恢复原状或者退还财物;不能恢复原状或者退还财物的,依法给予赔偿。

第213条 除依法应当销毁的物品外,公安机关依法没收或者收缴、追缴的违法所得和非法财物,必须按照国家有关规定处理或者上缴国库。

罚款、没收或者收缴的违法所得和非法财物拍卖或者变卖的款项和没收的保证金,必须全部上缴国库,不得以任何形式截留、私分或者变相私分。

第2节 罚款的执行

第214条 公安机关作出罚款决定,被处罚人应当自收到行政处罚决定书之日起15日内,到指定的银行缴纳罚款。具有下列情形之一的,公安机关及其办案人民警察可以当场收缴罚款,法律另有规定的,从其规定:

(一)对违反治安管理行为人处50元以下罚款和对违反交通管理的行人、乘车人和非机动车驾驶人处罚款,被处罚人没有异议的;(二)对违反治安管理、交通管理以外的违法行为人当场处20元以下罚款的;(三)在边远、水上、交通不便地区、旅客列车上或者口岸,被处罚人向指定银行缴纳罚款确有困难,经被处罚人提出的;(四)被处罚人在当地没有固定住所,不当场收缴事后难以执行的。

对具有前款第1项和第3项情形之一的,办案人民警察应当要求被处罚人签名确认。

第215条 公安机关及其人民警察当场收缴罚款的,应当出具省级或者国家财政部门统一制发的罚款收据。对不出具省级或者国家财政部门统一制发的罚款收据的,被处罚人有权拒绝缴纳罚款。

第216条 人民警察应当自收缴罚款之日起2日内,将当场收缴的罚款交至其所属公安机关;在水上当场收缴的罚款,应当自抵岸之日起2日内将当场收缴的罚款交至其所属公安机关;在旅客列车上当场收缴的罚款,应当自返回之日起2日内将当场收缴的罚款交至其所属公安机关。

公安机关应当自收到罚款之日起2日内将罚款缴付指定的银行。

第217条 被处罚人确有经济困难,经被处罚人申请和作出处罚决定的公安机关批准,可以暂缓或者分期缴纳罚款。

第218条 被处罚人未在本规定第214条规定的期限内缴纳罚款的,作出行政处罚决定的公安机关可以采取下列措施:

(一)将依法查封、扣押的被处罚人的财物拍卖或者变卖抵缴罚款。拍卖或者变卖的价款超过罚款数额的,余额部分应当及时退还被处罚人;(二)不能采取第1项措施的,每日按罚款数额的百分之三加处罚款,加处罚款总额不得超出罚款数额。

拍卖财物,由公安机关委托拍卖机构依法办理。

第219条 依法加处罚款超过30日,经催告被处罚人仍不履行的,作出行政处罚决定的公安机关可以按照本规定第206条的规定向所在地有管辖权的人民法院申请强制执行。

第3节 行政拘留的执行

第220条 对被决定行政拘留的人,由作出决定的公安机关送达拘留所执行。对抗拒执行的,可以使用约束性警械。

对被决定行政拘留的人,在异地被抓获或者具有其他有必要在异地拘留所执行情形的,经异地拘留所主管公安机关批准,可以在异地执行。

第221条 对同时被决定行政拘留和社区戒毒或者强制隔离戒毒的人员,应当先执行行政拘留,由拘留所给予必要的戒毒治疗,强制隔离戒毒期限连续计算。

拘留所不具备戒毒治疗条件的,行政拘留决定机关可以直接将被行政拘留人送公安机关管理的强制隔离戒毒所代为执行行政拘留,强制隔离戒毒期限连续计算。

第222条 被处罚人不服行政拘留处罚决定,申请行政复议或者提起行政诉讼的,可以向作出行政拘留决定的公安机关提出暂缓执行行政拘留的申请;口头提出申请的,公安机关人民警察应当予以记录,并由申请人签名或者捺指印。

被处罚人在行政拘留执行期间,提出暂缓执行行政拘留申请的,拘留所应当立即将申请转交作出行政拘留决定的公安机关。

第223条 公安机关应当在收到被处罚人提出暂缓执行行政拘留申请之时起24小时内作出决定。公安机关认为暂缓执行行政拘留不致发生社会危险,且被处罚人或者其近亲属提出符合条件的担保人,或者按每日行政拘留200元的标准交纳保证金的,应当作出暂缓执行行政拘留的决定。

对同一被处罚人,不得同时责令其提出保证人和交纳保证金。

被处罚人已送达拘留所执行的,公安机关应当立即将暂缓执行行政拘留决定送达拘留所,拘留所应当立即释放被处罚人。

第224条 被处罚人具有下列情形之一的,应当作出不暂缓执行行政拘留的决定,并告知申请人:

(一)暂缓执行行政拘留后可能逃跑的;(二)有其他违法犯罪嫌疑,正在被调查或者侦查的;(三)不宜暂缓执行行政拘留的其他情形。

第225条 行政拘留并处罚款的,罚款不因暂缓执行行政拘留而暂缓执行。

第226条 在暂缓执行行政拘留期间,被处罚人应当遵守下列规定:

(一)未经决定机关批准不得离开所居住的市、县;(二)住址、工作单位和联系方式发生变动的,在24小时以内向决定机关报告;(三)在行政复议和行政诉讼中不得干扰证人作证、伪造证据或者串供;(四)不得逃避、拒绝或者阻碍处罚的执行。

在暂缓执行行政拘留期间,公安机关不得妨碍被处罚人依法行使行政复议和行政诉讼权利。

第227条 暂缓执行行政拘留的担保人应当符合下列条件:

(一)与本案无牵连;(二)享有政治权利,人身自由未受到限制或者剥夺;(三)在当地有常住户口和固定住所;(四)有能力履行担保义务。

第228条 公安机关经过审查认为暂缓执行行政拘留的担保人符合条件的,由担保人出具保证书,并到公安机关将被担保人领回。

第229条 暂缓执行行政拘留的担保人应当履行下列义务:

(一)保证被担保人遵守本规定第226条的规定;(二)发现被担保人伪造证据、串供或者逃跑的,及时向公安机关报告。

暂缓执行行政拘留的担保人不履行担保义务,致使被担保人逃避行政拘留处罚执行的,公安机关可以对担保人处以3000元以下罚款,并对被担保人恢复执行行政拘留。

暂缓执行行政拘留的担保人履行了担保义务,但被担保人仍逃避行政拘留处罚执行的,或者被处罚人逃跑后,担保人积极帮助公安机关抓获被处罚人的,可以从轻或者不予行政处罚。

第230条 暂缓执行行政拘留的担保人在暂缓执行行政拘留期间,不愿继续担保或者丧失担保条件的,行政拘留的决定机关应当责令被处罚人重新提出担保人或者交纳保证金。不提出担保人又不交纳保证金的,行政拘留的决定机关应当将被处罚人送拘留所执行。

第231条 保证金应当由银行代收。在银行非营业时间,公安机关可以先行收取,并在收到保证金后的3日内存入指定的银行账户。

公安机关应当指定办案部门以外的法制、装备财务等部门负责管理保证金。严禁截留、坐支、挪用或者以其他任何形式侵吞保证金。

第232条 行政拘留处罚被撤销或者开始执行时,公安机关应当将保证金退还交纳人。

被决定行政拘留的人逃避行政拘留处罚执行的,由决定行政拘留的公安机关作出没收或者部分没收保证金的决定,行政拘留的决定机关应当将被处罚人送拘留所执行。

第233条 被处罚人对公安机关没收保证金的决定不服的,可以依法申请行政复议或者提起行政诉讼。

第4节　其他处理决定的执行

第234条 作出吊销公安机关发放的许可证或者执照处罚的,应当在被吊销的许可证或者执照上加盖吊销印章后收缴。被处罚人拒不缴销证件的,公安机关可以公告宣布作废。吊销许可证或者执照的机关不是发证机关的,作出决定的机关应当在处罚决定生效后及时通知发证机关。

第235条 作出取缔决定的,可以采取在经营场所张贴公告等方式予以公告,责令被取缔者立即停止经营活动;有违法所得的,依法予以没收或者追缴。拒不停止经营活动的,公安机关可以依法没收或者收缴其专门用于从事非法经营活动的工具、设备。已经取得营业执照的,公安机关应当通知工商行政管理部门依法撤销其营业执照。

第236条 对拒不执行公安机关依法作出的责令停产停业决定的,公安机关可以依法强制执行或者申请人民法院强制执行。

第237条 对被决定强制隔离戒毒、收容教养的人员,由作出决定的公安机关送强制隔离戒毒场所、收容教养场所执行。

对被决定社区戒毒的人员,公安机关应当责令其到户籍所在地接受社区戒毒,在户籍所在地以外的现居住地有固定住所的,可以责令其在现居住地接受社区戒毒。

第13章　涉外行政案件的办理

第238条　办理涉外行政案件,应当维护国家主权和利益,坚持平等互利原则。

第239条　对外国人国籍的确认,以其入境时有效证件上所表明的国籍为准;国籍有疑问或者国籍不明的,由公安机关出入境管理部门协助查明。

对无法查明国籍、身份不明的外国人,按照其自报的国籍或者无国籍人对待。

第240条　违法行为人为享有外交特权和豁免权的外国人的,办案公安机关应当将其身份、证件及违法行为等基本情况记录在案,保存有关证据,并尽快将有关情况层报省级公安机关,由省级公安机关商请同级人民政府外事部门通过外交途径处理。

对享有外交特权和豁免权的外国人,不得采取限制人身自由和查封、扣押的强制措施。

第241条　办理涉外行政案件,应当使用中华人民共和国通用的语言文字。对不通晓我国语言文字的,公安机关应当为其提供翻译;当事人通晓我国语言文字,不需要他人翻译的,应当出具书面声明。

经县级以上公安机关负责人批准,外国籍当事人可以自己聘请翻译,翻译费由其个人承担。

第242条　外国人具有下列情形之一,经当场盘问或者继续盘问后不能排除嫌疑,需要作进一步调查的,经县级以上公安机关或者出入境边防检查机关负责人批准,可以拘留审查:

(一)有非法出境入境嫌疑的;(二)有协助他人非法出境入境嫌疑的;(三)有非法居留、非法就业嫌疑的;(四)有危害国家安全和利益,破坏社会公共秩序或者从事其他违法犯罪活动嫌疑的。

实施拘留审查,应当出示拘留审查决定书,并在24小时内进行询问。

拘留审查的期限不得超过30日,案情复杂的,经上一级公安机关或者出入境边防检查机关批准可以延长至60日。对国籍、身份不明的,拘留审查期限自查清其国籍、身份之日起计算。

第243条　具有下列情形之一的,应当解除拘留审查:

(一)被决定遣送出境、限期出境或者驱逐出境的;(二)不应当拘留审查的;(三)被采取限制活动范围措施的;(四)案件移交其他部门处理的;(五)其他应当解除拘留审查的。

第244条　外国人具有下列情形之一的,不适用拘留审查,经县级以上公安机关或者出入境边防检查机关负责人批准,可以限制其活动范围:

(一)患有严重疾病的;(二)怀孕或者哺乳自己婴儿的;(三)未满16周岁或者已满70周岁的;(四)不宜适用拘留审查的其他情形。

被限制活动范围的外国人,应当按照要求接受审查,未经公安机关批准,不得离开限定的区域。限制活动范围的期限不得超过60日。对国籍、身份不明的,限制活动范围期限自查清其国籍、身份之日起计算。

第245条　被限制活动范围的外国人应当遵守下列规定:

(一)未经决定机关批准,不得变更生活居所,超出指定的活动区域;(二)在传唤的时候及时到案;(三)不得以任何形式干扰证人作证;(四)不得毁灭、伪造证据或者串供。

第246条　外国人具有下列情形之一的,经县级以上公安机关或者出入境边防检查机关负责人批准,可以遣送出境:

(一)被处限期出境,未在规定期限内离境的;(二)有不准入境情形的;(三)非法居留、非法就业的;(四)违反法律、行政法规需要遣送出境的。

其他境外人员具有前款所列情形之一的,可以依法遣送出境。

被遣送出境的人员,自被遣送出境之日起1至5年内不准入境。

第247条 被遣送出境的外国人可以被遣送至下列国家或者地区:

(一)国籍国;(二)入境前的居住国或者地区;(三)出生地国或者地区;(四)入境前的出境口岸的所属国或者地区;(五)其他允许被遣送出境的外国人入境的国家或者地区。

第248条 具有下列情形之一的外国人,应当羁押在拘留所或者遣返场所:

(一)被拘留审查的;(二)被决定遣送出境或者驱逐出境但因天气、交通运输工具班期、当事人健康状况等客观原因或者国籍、身份不明,不能立即执行的。

第249条 外国人对继续盘问、拘留审查、限制活动范围、遣送出境措施不服的,可以依法申请行政复议,该行政复议决定为最终决定。

其他境外人员对遣送出境措施不服,申请行政复议的,适用前款规定。

第250条 外国人具有下列情形之一的,经县级以上公安机关或者出入境边防检查机关决定,可以限期出境:

(一)违反治安管理的;(二)从事与停留居留事由不相符的活动的;(三)违反中国法律、法规规定,不适宜在中国境内继续停留居留的。

对外国人决定限期出境的,应当规定外国人离境的期限,注销其有效签证或者停留居留证件。限期出境的期限不得超过30日。

第251条 外国人违反治安管理或者出境入境管理,情节严重,尚不构成犯罪的,承办的公安机关可以层报公安部处以驱逐出境。公安部作出的驱逐出境决定为最终决定,由承办机关宣布并执行。

被驱逐出境的外国人,自被驱逐出境之日起10年内不准入境。

第252条 对外国人处以罚款或者行政拘留并处限期出境或者驱逐出境的,应当于罚款或者行政拘留执行完毕后执行限期出境或者驱逐出境。

第253条 办理涉外行政案件,应当按照国家有关办理涉外案件的规定,严格执行请示报告、内部通报、对外通知等各项制度。

第254条 对外国人作出行政拘留、拘留审查或者其他限制人身自由以及限制活动范围的决定后,决定机关应当在48小时内将外国人的姓名、性别、入境时间、护照或者其他身份证件号码,案件发生的时间、地点及有关情况,违法的主要事实,已采取的措施及其法律依据等情况报告省级公安机关;省级公安机关应当在规定期限内,将有关情况通知该外国人所属国家的驻华使馆、领馆,并通报同级人民政府外事部门。当事人要求不通知使馆、领馆,且我国与当事人国籍国未签署双边协议规定必须通知的,可以不通知,但应当由其本人提出书面请求。

第255条 外国人在被行政拘留、拘留审查或者其他限制人身自由以及限制活动范围期间死亡的,有关省级公安机关应当通知该外国人所属国家驻华使馆、领馆,同时报告公安部并通报同级人民政府外事部门。

第256条 外国人在被行政拘留、拘留审查或者其他限制人身自由以及限制活动范围期间,其所属国家驻华外交、领事官员要求探视的,决定机关应当及时安排。该外国人拒绝其所属国家驻华外交、领事官员探视的,公安机关可以不予安排,但应当由其本人出具书面声明。

第257条 办理涉外行政案件,本章未作规定的,适用其他各章的有关规定。

第14章 案件终结

第258条 行政案件具有下列情形之一的,应当予以结案:

（一）作出不予行政处罚决定的；（二）按照本规定第10章的规定达成调解、和解协议并已履行的；（三）作出行政处罚等处理决定，且已执行的；（四）违法行为涉嫌构成犯罪，转为刑事案件办理的；（五）作出处理决定后，因执行对象灭失、死亡等客观原因导致无法执行或者无需执行的。

第259条 经过调查，发现行政案件具有下列情形之一的，经公安派出所、县级公安机关办案部门或者出入境边防检查机关以上负责人批准，终止调查：

（一）没有违法事实的；（二）违法行为已过追究时效的；（三）违法嫌疑人死亡的；（四）其他需要终止调查的情形。

终止调查时，违法嫌疑人已被采取行政强制措施的，应当立即解除。

第260条 对在办理行政案件过程中形成的文书材料，应当按照1案1卷原则建立案卷，并按照有关规定在结案或者终止案件调查后将案卷移交档案部门保管或者自行保管。

第261条 行政案件的案卷应当包括下列内容：

（一）受案登记表或者其他发现案件的记录；（二）证据材料；（三）决定文书；（四）在办理案件中形成的其他法律文书。

第262条 行政案件的法律文书及定性依据材料应当齐全完整，不得损毁、伪造。

第15章 附　　则

第263条 省级公安机关应当建立并不断完善统一的执法办案信息系统。

办案部门应当按照有关规定将行政案件的受理、调查取证、采取强制措施、处理等情况以及相关文书材料录入执法办案信息系统，并进行网上审核审批。

公安机关可以使用电子签名、电子指纹捺印技术制作电子笔录等材料，可以使用电子印章制作法律文书。对案件当事人进行电子签名、电子指纹捺印的过程，公安机关应当同步录音录像。

第264条 执行本规定所需要的法律文书式样，由公安部制定。公安部没有制定式样，执法工作中需要的其他法律文书，省级公安机关可以制定式样。

第265条 本规定所称"以上"、"以下"、"内"皆包括本数或者本级。

第266条 本规定自2013年1月1日起施行，依照《中华人民共和国出境入境管理法》新设定的制度自2013年7月1日起施行。2006年8月24日发布的《公安机关办理行政案件程序规定》同时废止。

公安部其他规章对办理行政案件程序有特别规定的，按照特别规定办理；没有特别规定的，按照本规定办理。

29. 司法部《〈罪犯会见通信规定〉的补充规定》（2019年9月3日）

为进一步做好罪犯视频会见工作，现对《罪犯会见通信规定》（司发通〔2016〕118号）补充规定如下：

第1条 视频会见是指罪犯在监狱内通过现代信息技术手段与其亲属、监护人进行可视化会面交谈。罪犯亲属、监护人原则上在居住地县级司法行政机关指定的地点与罪犯视频会见。

第2条 罪犯可以向服刑监狱，罪犯亲属、监护人可以向居住地县级司法行政机关提出视频会见申请，经批准进行视频会见。视频会见，监狱和各级司法行政机关不得向罪犯及其亲属、监护人收取任何费用。

第3条 罪犯向监狱提出视频会见申请，应当说明拟会见的亲属、监护人的姓名以及与本人的关系。

监狱应当对罪犯申请进行审批,作出是否批准会见的决定。批准会见的,应当将会见时间、会见人员,及时通知罪犯亲属、监护人居住地县级司法行政机关;不批准会见的,应当告知理由。

县级司法行政机关应当及时将会见时间、会见地点通知亲属、监护人,并将亲属、监护人是否同意会见的信息及时反馈监狱。

第4条 亲属、监护人向居住地县级司法行政机关首次提出视频会见申请的,应当说明罪犯服刑监狱名称,并持本人居民身份证、户口簿等能证明本人身份和与罪犯关系的有效证件、证明,进行实人认证后办理申请手续;非首次申请的,持本人居民身份证(未成年人凭户口簿)在县级司法行政机关办理申请手续,也可以进行网上申请。

县级司法行政机关应当按照《罪犯会见通信规定》,对提出会见申请的亲属、监护人是否符合会见条件进行审核。对符合条件的,应当将申请通知罪犯服刑监狱;对不符合条件的,应当及时告知理由。

监狱收到县级司法行政机关转来的会见申请后,应当及时审批。批准会见的,应当确定会见时间,及时通知县级司法行政机关;不批准会见的,也应当告知不批准的理由。

县级司法行政机关收到监狱审批结果后,应当及时通知罪犯亲属、监护人,并将亲属、监护人是否同意会见的信息及时反馈监狱。

第5条 亲属、监护人应当持本人居民身份证(未成年人凭户口簿),在监狱确定的视频会见时间前,到达县级司法行政机关指定的会见场所,办理会见手续。逾期不到的,视为放弃本次会见。

罪犯提出视频会见申请,其亲属、监护人与罪犯关系未经县级司法行政机关审核的,亲属、监护人办理会见手续时,还应当提供能够证明与罪犯关系的有效证件、证明。

第6条 视频会见前,县级司法行政机关应当查验、核实亲属、监护人身份证件,进行安全检查,告知其应当遵守监狱和县级司法行政机关会见管理规定,组织有序会见。

第7条 亲属、监护人和罪犯分别在县级司法行政机关和监狱设定的会见场所进行视频会见。视频会见时,监狱和县级司法行政机关应当实时监视监听,全程录音录像。

第8条 视频会见过程中,有下列情形之一的,监狱或县级司法行政机关应当立即中止会见,监狱可以视情节在1至3个月内暂停会见:

(一)扰乱会见场所秩序的;(二)使用隐语、暗语或者非规定语种交谈,不听劝阻的;(三)携带或使用手机、录音、摄影(像)设备的;(四)其他违反会见管理规定的情形。

第9条 省、自治区、直辖市司法厅(局)应当在监狱和县级司法行政机关设置专门的视频会见场所,按照司法部统一标准建设省级视频会见系统,落实安保措施。跨省(区、市)视频会见平台由司法部负责建设、管理。

第10条 本补充规定自发布之日起施行。

30. 中共中央政法委员会、最高人民法院、最高人民检察院《关于加强司法权力运行监督管理的意见》(中政委〔2019〕25号)

为贯彻党的十九大和十九届二中、三中全会精神,深化司法体制综合配套改革,全面落实司法责任制,正确处理有序放权和有效监管的关系,根据有关法律法规和司法工作实际,就进一步加强司法权力运行监督管理,提出以下意见。

一、明确职责权限,规范司法权力配置

(一)突出法官、检察官办案主体地位。独任审理案件的裁判文书由独任法官签署,合议庭审理案件的裁判文书由该案合议庭法官签署。除审委会讨论决定的案件以外,院长、庭长不签发其未直接参加审理案件的裁判文书。坚持突出检察官的办案主体地位与检察长领导检察院工作相统一。检察官对检察长负责,在职权范围内决定办案事项,确保检察官在授权范围内依法、独立行使相应职权。

(二)明确法院院长、庭长的监督管理权限。法院院长、庭长除依照法律规定履行相关审判职责外,还应当履行审核批准程序性事项、综合指导审判工作、督促统一裁判标准、全程监管审判质效、排除案外因素对审判活动的干扰等审判监督管理职责,保障和促进审判组织依法独立公正行使审判权。院长、庭长行使审判监督管理职责的时间、内容、节点、处理结果等,应当在办公办案平台上全程留痕、长期保存。

(三)明确检察院检察长、业务部门负责人的监督管理权限。检察长有权对检察官办理的案件进行审核,检察长不同意检察官处理意见的,可以提出复核意见,或者提交检委会讨论,必要时也可以直接作出决定。检察长要求复核的意见、决定应当以书面形式作出,归入案件卷宗。业务部门负责人可以组织部门内检察官进行业务研讨,召集检察官联席会议,行使业务管理职责。主办检察官组织、指挥、协调办案组承办案件的办理及对办案成员的管理工作。检察长、业务部门负责人行使监督管理职责的时间、内容、节点、处理结果等,应当在办公办案平台上全程留痕、长期保存。

(四)规范审委会、检委会的职能范围。明确审委会统一裁判标准的职能,强化审委会总结审判经验、加强审判管理、研究审判工作重大事项的宏观指导职常,涉及国家安全、外交、社会稳定等敏感案件和重大疑难复杂案件,由审委会讨论决定。检委会对重大案件和其他重大问题负有决策、指导和监督职能。检委会讨论决定的案件,主要是本院办理的重大疑难复杂案件,涉及国家安全、外交、社会稳定的案件,下一级检察院提请抗诉、提请复议的案件。

二、完善工作机制,加强案件监督管理

(五)健全案件承办确定机制。完善随机分案为主、指定分案为辅的案件分配机制。根据案件类型和繁简分流安排,随机确定案件承办人,非因法定回避情形或者工作调动、身体健康、廉政风险等事由,不得变更。如需对随机分案结果进行调整,应当由院长、庭长和检察长、业务部门负责人按权限审批决定,调整理由及结果应当及时通知当事人并在统一办案平台公示。重大疑难复杂案件可以指定分案。明确指定分案的范围和条件,指定分案的情况应当在统一办案平台中留痕。

(六)完善办案留痕和节点监控机制。编制涵盖主要办案程序的流程标准,推进办案工作规范化、标准化、流程化。实时准确记录法官、检察官司法活动,院长、庭长和检察长、业务部门负责人行使监督管理职权,以及审委会、检委会讨论决定案件情况。充分运用信息化平台,实现办案全流程、各环节的记录全覆盖、可查询、可追溯。全面梳理办案流程、审限管理、司法公开等关键节点,分析研判每个节点可能存在的办案风险,有针对性地进行预警提示,实现监管具体化、明确化、精细化。

(七)发挥专业法官会议、检察官联席会议的作用。建全专业法官会议、检察官联席会议制度,对重大疑难复杂案件及其他重要司法事项进行讨论,为承办法官、检察官提供参考意见。经院长、检察长同意,可组成跨部门专业法官会议、检察官联席会议。专业法官会议、检察官联席会议讨论情况和意见应当全面记录,经参加会议的法官、检察官签名后附卷保存。

(八)加强对特殊案件的监督。对于有下列情形之一的案件,院长、庭长和检察长、业务部门负责人有权要求法官、检察官报告案件进展及处理意见,法官、检察官应当提请监督:

(1)疑难、复杂、敏感且在社会上有重大影响的;(2)可能对国家安全和社会稳定、政法机关形象和执法司法公信力产生重大影响的;(3)可能与本院、上级院类案处理结果发生冲突的;(4)公安机关、检察院、法院对案件处理存在重大意见分歧的;(5)发回重审的;(6)有关单位或个人反映法官、检察官有违法行为的。

院长、庭长和检察长、业务部门负责人对案案件办理过程及处理意见有异议的,可以依职权将案件提交专业法官会议、检察官联席会议、审委会、检委会进行讨论。院长、庭长和检察长、业务部门负责人对上述案件监督建议的时间、内容、处理结果等,应当在案卷和办公办案平台上全程留痕。

(九)依法充分保障当事人诉讼权利。严格执行送达、举证质证、保全、审计、评估、拍卖、司法鉴定,以及审查逮捕、移送起诉、退回补充侦查、提请抗诉等方面的法律规定,确保诉讼全流程符合法定程序。严格审限中止、扣除、延长和重新计算的流程审批及后续跟踪,对多次延长、扣除审限的案件进行重点监控。依法保障律师会见权、阅卷权和申请收集、调取证据的权利,建立健全律师辩护与代理预约平台,充分听取并合理采纳律师的意见建议。保障人民陪审员、人民监督员有序参与司法,促进司法公正。除特殊案件外,各级法院应逐步提高当庭裁判率,缩短办案周期,排除外部干扰干扰,提升办案质效。

(十)加强上级法院对下级法院的审级监督指导。强化上级法院对下级法院的审级监督,建立健全上下级法院之间改判、发回重审、指令再审案件的信息通报、跟踪督办、异议反馈制度机制,完善双向沟通协调及分析研判机制。探索上级法院将发回重审、指令再审案件交由其他法院重新审理机制。原审法院应当加强对发回重审、指令再审案件的讨论、研究,促进审判水平提高和裁判尺度统一。上级法院通过加强裁判文书说理、发布典型案例等方式,统一本辖区内法院裁判标准。

(十一)加强上级检察院对下级检察院司法办案工作的领导。上级检察院可以指令下级检察院纠正错误决定,或依法撤销、变更下级检察院对案件的决定;可以对下级检察院管辖的案件指定异地管辖;可以在辖区内各检察院之间调配检察官异地履行职务。上级检察院对下级检察院司法办案工作的重要指令,应当由检察长决定或由检委会讨论决定,以上级检察院的名义作出。

三、加强考核评查,严格司法责任追究

(十二)健全司法绩效考核评价体制。紧紧围绕质量和效率进行考核,综合考虑案件类型、难易程度等因素,制定科学合理、简便易行的绩效考核办法。考核信息动态管理、全程留痕,并在系统平台公开。考核结果记入司法业绩档案,作为法官、检察官等级升降、评优奖励及员额退出的重要依据。绩效考核奖金金分配坚持向一线办案人员倾斜,体现工作实绩,按考核档次适当拉开差距。

(十三)加强案件质量评查。健全案件质量评估体系和评价机制,完善案件质量评查的标准和程序。定期分析审判、检察质量运行态势,通过常规抽查、重点评查、专项评查等方式对办案质量进行专业评价。改进评查方式,扩大案件评查范围。聘请第三方专业人士参与案件质量评查。案件质量评查结果作为评价法官、检察官办案业绩和能力、水平的重要依据,纳入业绩考核评价体系,并记入司法业绩档案。

(十四)强化廉政风险防控。加强内部廉政风险防控体系建设,梳理编制廉政风险较大的岗位、领域、环节清单,找准廉政风险点,合理分解、科学配置司法权力。完善组织人事、纪检监察、督察、审计、案件管理部门与业务部门的协调配合机制,强化廉政风险监督管管理。严格落实领导干部干预司法活动、司法机关内部人员过问案件、司法人员不正当接触交往的通报和责任追究规定,严肃执纪问责。

(十五)规范司法责任定和追究。法官、检察官职责责范围内对办案质量终身负责。负有监监督管理职责的法官、检察官因故意或重大过失怠于行使或不当行使监督管理权,导致司法办案工作出现严重错误的,应当承担相应的司法责任。司法辅助人员参与司法办案工作的,根据职权和分工承担相应的责任;法官、检察官有审核把关责任的,应当承担相应的责任。

健全法官、检察官惩戒制度，发挥好惩戒委员会作用。对于各类审判人员、检察人员承担司法责任的具体情形、追究方式，应严格依照《关于完善人民法院司法责任制的若干意见》《关于完善人民检察院司法责任制的若干意见》确定。

四、深化科技运用，提高监督管理水平

（十六）加强人工智能辅助办案平台建设。推广网上办案和卷宗同步数字化，加强刑事、民事、行政智能辅助办案系统建设，借助大数据、人工智能手段，将办案标准嵌人业务系统，促进实现实时、动态、智能化的证据校验、法条案例推送、裁判偏离度预警、办案瑕疵提示、文书纠错功能，在提高办案效率的同时，进一步统一办案标准、规范司法行为，全方位提升办案质量。

（十七）完善智能化案件监督机制。借助信息化手段，将监督事项嵌入办案业务系统，实现办案信息全程记录、庭审规范自动巡查、司法活动完整留痕、违规操作及时拦截、办案风险实时提示，加大对海量司法数据的挖掘开发，总结办案风险规律，推动司法管理监督由盯人盯案、层层审批向全院、全员、全过程监程实时动态监管转变，提升对办案不规范、不廉洁行为的发现、防控能力，确保司法权依法规范行使。

（十八）构建开放动态透明的阳光司法机制。坚持公开为原则、不公开为例外，依托信息技术，加强审判公开、检务公开平台建设，主动及时公开立案信息、办案流程信息和执行信息。强化庭审直播、生效法效法律文书公开，完善案件公开审查、公开答复制度，全方位接受当事人和社会监督。

31. 应急管理部、公安部、最高人民法院、最高人民检察院《安全生产行政执法与刑事司法衔接工作办法》（应急〔2019〕54号）

第1章　总　　则

第1条　为了建立健全安全生产行政执法与刑事司法衔接工作机制，依法惩治安全生产违法犯罪行为，保障人民群众生命财产安全和社会稳定，依据《中华人民共和国刑法》《中华人民共和国刑事诉讼法》《中华人民共和国安全生产法》《中华人民共和国消防法》和《行政执法机关移送涉嫌犯罪案件的规定》《生产安全事故报告和调查处理条例》《最高人民法院　最高人民检察院关于办理危害生产安全刑事案件适用法律若干问题的解释》等法律、行政法规、司法解释及有关规定，制定本办法。

第2条　本办法适用于应急管理部门、公安机关、人民法院、人民检察院办理的涉嫌安全生产犯罪案件。

应急管理部门查处违法行为时发现的涉嫌其他犯罪案件，参照本办法办理。

本办法所称应急管理部门，包括煤矿安全监察机构、消防机构。

属于《中华人民共和国监察法》规定的公职人员在行使公权力过程中发生的依法由监察机关负责调查的涉嫌安全生产犯罪案件，不适用本办法，应当依法及时移送监察机关处理。

第3条　涉嫌安全生产犯罪案件主要包括下列案件：

（一）重大责任事故案件；（二）强令违章冒险作业案件；（三）重大劳动安全事故案件；（四）危险物品肇事案件；（五）消防责任事故、失火案件；（六）不报、谎报安全事故案件；（七）非法采矿，非法制造、买卖、储存爆炸物，非法经营，伪造、变造、买卖国家机关公文、证件、印章等涉嫌安全生产的其他犯罪案件。

第4条　人民检察院对应急管理部门移送涉嫌安全生产犯罪案件和公安机关有关立案活动，依法实施法律监督。

第5条　各级应急管理部门、公安机关、人民检察院、人民法院应当加强协作，统一法律适用,不断完善案件移送、案情通报、信息共享等工作机制。

第 6 条 应急管理部门在行政执法过程中发现行使公权力的公职人员涉嫌安全生产犯罪的问题线索,或者应急管理部门、公安机关、人民检察院在查处有关违法犯罪行为过程中发现行使公权力的公职人员涉嫌贪污贿赂、失职渎职等职务违法或者职务犯罪的问题线索,应当依法及时移送监察机关处理。

第 2 章 日常执法中的案件移送与法律监督

第 7 条 应急管理部门在查处违法行为过程中发现涉嫌安全生产犯罪案件的,应当立即指定 2 名以上行政执法人员组成专案组专门负责,核实情况后提出移送涉嫌犯罪案件的书面报告。应急管理部门正职负责人或者主持工作的负责人应当自接到报告之日起 3 日内作出批准移送或者不批准移送的决定。批准移送的,应当在 24 小时内向同级公安机关移送;不批准移送的,应当将不予批准的理由记录在案。

第 8 条 应急管理部门向公安机关移送涉嫌安全生产犯罪案件,应当附下列材料,并将案件移送书抄送同级人民检察院。

(一)案件移送书,载明移送案件的应急管理部门名称、违法行为涉嫌犯罪罪名、案件主办人及联系电话等。案件移送书应当附移送材料清单,并加盖应急管理部门公章;(二)案件调查报告,载明案件来源、查获情况、嫌疑人基本情况、涉嫌犯罪的事实、证据和法律依据、处理建议等;(三)涉案物品清单,载明涉案物品的名称、数量、特征、存放地等事项,并附采取行政强制措施、现场笔录等表明涉案物品来源的相关材料;(四)附有鉴定机构和鉴定人资质证明或者其他证明文件的检验报告或者鉴定意见;(五)现场照片、询问笔录、电子数据、视听资料、认定意见、责令整改通知书等其他与案件有关的证据材料。

对有关违法行为已经作出行政处罚决定的,还应当附行政处罚决定书。

第 9 条 公安机关对应急管理部门移送的涉嫌安全生产犯罪案件,应当出具接受案件的回执或者在案件移送书的回执上签字。

第 10 条 公安机关审查发现移送的涉嫌安全生产犯罪案件材料不全的,应当在接受案件的 24 小时内书面告知应急管理部门在 3 日内补正。

公安机关审查发现涉嫌安全生产犯罪案件移送材料不全、证据不充分的,可以就证明有犯罪事实的相关证据要求等提出补充调查意见,由移送案件的应急管理部门补充调查。根据实际情况,公安机关可以依法自行调查。

第 11 条 公安机关对移送的涉嫌安全生产犯罪案件,应当自接受案件之日起 3 日内作出立案或者不予立案的决定;涉嫌犯罪线索需要查证的,应当自接受案件之日起 7 日内作出决定;重大疑难复杂案件,经县级以上公安机关负责人批准,可以自受案之日起 30 日内作出决定。依法不予立案的,应当说明理由,相应退回案件材料。

对属于公安机关管辖但不属于本公安机关管辖的案件,应当在接受案件后 24 小时内移送有管辖权的公安机关,并书面通知移送案件的应急管理部门,抄送同级人民检察院。对不属于公安机关管辖的案件,应当在 24 小时内退回移送案件的应急管理部门。

第 12 条 公安机关作出立案、不予立案决定的,应当自作出决定之日起 3 日内书面通知应急管理部门,并抄送同级人民检察院。

对移送的涉嫌安全生产犯罪案件,公安机关立案后决定撤销案件的,应当将撤销案件决定书送达移送案件的应急管理部门,并退回案卷材料。对依法应当追究行政法律责任的,可以同时提出书面建议。有关撤销案件决定书应当抄送同级人民检察院。

第 13 条 应急管理部门应当自接到公安机关立案通知书之日起 3 日内将涉案物品以及

与案件有关的其他材料移交公安机关，并办理交接手续。

对保管条件、保管场所有特殊要求的涉案物品，可以在公安机关采取必要措施固定留取证据后，由应急管理部门代为保管。应急管理部门应当妥善保管涉案物品，并配合公安机关、人民检察院、人民法院在办案过程中对涉案物品的调取、使用及鉴定等工作。

第14条 应急管理部门接到公安机关不予立案的通知书后，认为依法应当由公安机关决定立案的，可以自接到不予立案通知书之日起3日内提请作出不予立案决定的公安机关复议，也可以建议人民检察院进行立案监督。

公安机关应当自收到提请复议的文件之日起3日内作出复议决定，并书面通知应急管理部门。应急管理部门对公安机关的复议决定仍有异议的，应当自收到复议决定之日起3日内建议人民检察院进行立案监督。

应急管理部门对公安机关逾期未作出是否立案决定以及立案后撤销案件决定有异议的，可以建议人民检察院进行立案监督。

第15条 应急管理部门建议人民检察院进行立案监督的，应当提供立案监督建议书、相关案件材料，并附公安机关不予立案通知、复议维持不予立案通知或者立案后撤销案件决定及有关说明理由材料。

第16条 人民检察院应当对应急管理部门立案监督建议进行审查，认为需要公安机关说明不予立案、立案后撤销案件的理由的，应当要求公安机关在7日内说明理由。公安机关应当书面说明理由，回复人民检察院。

人民检察院经审查认为公安机关不予立案或者立案后撤销案件理由充分，符合法律规定情形的，应当作出支持不予立案、撤销案件的检察意见。认为有关理由不能成立的，应当通知公安机关立案。

公安机关收到立案通知书后，应当在15日内立案，并将立案决定书送达人民检察院。

第17条 人民检察院发现应急管理部门不移送涉嫌安全生产犯罪案件的，可以派员查询、调阅有关案件材料，认为应当移送的，应当提出检察意见。应急管理部门应当自收到检察意见后3日内将案件移送公安机关，并将案件移送书抄送人民检察院。

第18条 人民检察院对符合逮捕、起诉条件的犯罪嫌疑人，应当依法批准逮捕、提起公诉。

人民检察院对决定不起诉的案件，应当自作出决定之日起3日内，将不起诉决定书送达公安机关和应急管理部门。对依法应当追究行政法律责任的，可以同时提出检察意见，并要求应急管理部门及时通报处理情况。

第3章 事故调查中的案件移送与法律监督

第19条 事故发生地有管辖权的公安机关根据事故的情况，对涉嫌安全生产犯罪的，应当依法立案侦查。

第20条 事故调查中发现涉嫌安全生产犯罪的，事故调查组或者负责火灾调查的消防机构应当及时将有关材料或者其复印件移交有管辖权的公安机关依法处理。

事故调查过程中，事故调查组或者负责火灾调查的消防机构可以召开专题会议，向有管辖权的公安机关通报事故调查进展情况。

有管辖权的公安机关对涉嫌安全生产犯罪案件立案侦查的，应当在3日内将立案决定书抄送同级应急管理部门、人民检察院和组织事故调查的应急管理部门。

第21条 对有重大社会影响的涉嫌安全生产犯罪案件，上级公安机关采取挂牌督办、派员参与等方法加强指导和督促，必要时，可以按照有关规定直接组织办理。

第22条 组织事故调查的应急管理部门及同级公安机关、人民检察院对涉嫌安全生产犯罪案件的事实、性质认定、证据采信、法律适用以及责任追究有意见分歧的,应当加强协调沟通。必要时,可以就法律适用等方面问题听取人民法院意见。

第23条 对发生1人以上死亡的情形,经依法组织调查,作出不属于生产安全事故或者生产安全责任事故的书面调查结论的,应急管理部门应当将该调查结论及时抄送同级监察机关、公安机关、人民检察院。

第4章 证据的收集与使用

第24条 在查处违法行为的过程中,有关应急管理部门应当全面收集、妥善保存证据材料。对容易灭失的痕迹、物证,应当采取措施提取、固定;对查获的涉案物品,如实填写涉案物品清单,并按照国家有关规定予以处理;对需要进行检验、鉴定的涉案物品,由法定检验、鉴定机构进行检验、鉴定,并出具检验报告或者鉴定意见。

在事故调查的过程中,有关部门根据有关法律法规的规定或者事故调查组的安排,按照前款规定收集、保存相关的证据材料。

第25条 在查处违法行为或者事故调查的过程中依法收集制作的物证、书证、视听资料、电子数据、检验报告、鉴定意见、勘验笔录、检查笔录等证据材料以及经依法批复的事故调查报告,在刑事诉讼中可以作为证据使用。

事故调查组依照有关规定提交的事故调查报告应当由其成员签名。没有签名的,应当予以补正或者作出合理解释。

第26条 当事人及其辩护人、诉讼代理人对检验报告、鉴定意见、勘验笔录、检查笔录等提出异议,申请重新检验、鉴定、勘验或者检查的,应当说明理由。人民法院经审理认为有必要的,应当同意。人民法院同意重新鉴定申请的,应当及时委托鉴定,并将鉴定意见告知人民检察院、当事人及其辩护人、诉讼代理人;也可以由公安机关自行或者委托相关机构重新进行检验、鉴定、勘验、检查等。

第5章 协作机制

第27条 各级应急管理部门、公安机关、人民检察院、人民法院应当建立安全生产行政执法与刑事司法衔接长效工作机制。明确本单位的牵头机构和联系人,加强日常工作沟通与协作。定期召开联席会议,协调解决重要问题,并以会议纪要等方式明确议定事项。

各省、自治区、直辖市应急管理部门、公安机关、人民检察院、人民法院应当每年定期联合通报辖区内有关涉嫌安全生产犯罪案件移送、立案、批捕、起诉、裁判结果等方面信息。

第28条 应急管理部门对重大疑难复杂案件,可以就刑事案件立案追诉标准、证据的固定和保全等问题咨询公安机关、人民检察院;公安机关、人民检察院可以就案件办理中的专业性问题咨询应急管理部门。受咨询的机关应当及时答复;书面咨询的,应当在7日内书面答复。

第29条 人民法院应当在有关案件的判决、裁定生效后,按照规定及时将判决书、裁定书在互联网公布。适用职业禁止措施的,应当在判决、裁定生效后10日内将判决书、裁定书送达罪犯居住地的县级应急管理部门和公安机关,同时抄送罪犯居住地的县级人民检察院。具有国家工作人员身份的,应当将判决书、裁定书送达罪犯原所在单位。

第30条 人民检察院、人民法院发现有关生产经营单位在安全生产保障方面存在问题或者有关部门在履行安全生产监督管理职责方面存在违法、不当情形的,可以发出检察建议、司法建议。有关生产经营单位或者有关部门应当按规定及时处理,并将处理情况书面反馈提出建议的人民检察院、人民法院。

第31条 各级应急管理部门、公安机关、人民检察院应当运用信息化手段，逐步实现涉嫌安全生产犯罪案件的网上移送、网上受理和网上监督。

第6章 附 则

第32条 各省、自治区、直辖市的应急管理部门、公安机关、人民检察院、人民法院可以根据本地区实际情况制定实施办法。

第33条 本办法自印发之日起施行。

32. 公安部、司法部《关于进一步保障和规范看守所律师会见工作的通知》(公监管〔2019〕372号)

(全文略)

33. 最高人民法院《全国法院民商事审判工作会议纪要》(法〔2019〕254号)

十二、关于民刑交叉案件的程序处理

会议认为，近年来，在民间借贷、P2P等融资活动中，与涉嫌诈骗、合同诈骗、票据诈骗、集资诈骗、非法吸收公众存款等犯罪有关的民商事案件的数量有所增加，出现了一些新情况和新问题。在审理案件时，应当依照《最高人民法院关于在审理经济纠纷案件中涉及经济犯罪嫌疑若干问题的规定》《最高人民法院关于审理非法集资刑事案件具体应用法律若干问题的解释》《最高人民法院最高人民检察院公安部关于办理非法集资刑事案件适用法律若干问题的意见》以及民间借贷司法解释等规定，处理好民刑交叉案件之间的程序关系。

128.【分别审理】同一当事人因不同事实分别发生民商事纠纷和涉嫌刑事犯罪，民商事案件与刑事案件应当分别审理，主要有下列情形：

(1)主合同的债务人涉嫌刑事犯罪或者刑事裁判认定其构成犯罪，债权人请求担保人承担民事责任的；

(2)行为人以法人、非法人组织或者他人名义订立合同的行为涉嫌刑事犯罪或者刑事裁判认定其构成犯罪，合同相对人请求该法人、非法人组织或者他人承担民事责任的；

(3)法人或者非法人组织的法定代表人、负责人或者其他工作人员的职务行为涉嫌刑事犯罪或者刑事裁判认定其构成犯罪，受害人请求该法人或者非法人组织承担民事责任的；

(4)侵权行为人涉嫌刑事犯罪或者刑事裁判认定其构成犯罪，被保险人、受益人或者其他赔偿权利人请求保险人支付保险金的；

(5)受害人请求涉嫌刑事犯罪的行为人之外的其他主体承担民事责任的。

审判实践中出现的问题是，在上述情形下，有的人民法院仍然以民商事案件涉嫌刑事犯罪为由不予受理，已经受理的，裁定驳回起诉。对此，应予纠正。

129.【涉众型经济犯罪与民商事案件的程序处理】2014年颁布实施的《最高人民法院最高人民检察院公安部关于办理非法集资刑事案件适用法律若干问题的意见》和2019年1月颁布实施的《最高人民法院最高人民检察院公安部关于办理非法集资刑事案件若干问题的意见》规定的涉嫌集资诈骗、非法吸收公众存款等涉众型经济犯罪，所涉人数众多、当事人分布地域广、标的额特别巨大、影响范围广，严重影响社会稳定，对于受害人就同一事实提起的以犯罪嫌疑人或者刑事被告人为被告的民事诉讼，人民法院应当裁定不予受理，并将有关材料移送侦查机关、检察机关或者正在审理该刑事案件的人民法院。受害人的民事权利保护应当通过刑事追赃、退赔的方式解决。正在审理民商事案件的人民法院发现有上述涉众型经济犯罪线索的，应当及时将犯罪线索和有关材料移送侦查机关。侦查机关作出立案决定前，人民法院应当中止审理；作出立案决定后，应当裁定驳回起诉；侦查机关未及时立案的，人民法院必要时可以将案件报请党委政法委协调处理。除上述情形人民法院不予受理外,要防止通过刑事手段干预民商事审判,搞地方保护,影响营商环境。

当事人因租赁、买卖、金融借款等与上述涉众型经济犯罪无关的民事纠纷,请求上述主体承担民事责任的,人民法院应予受理。

130.【民刑交叉案件中民商事案件中止审理的条件】人民法院在审理民商事案件时,如果民商事案件必须以相关刑事案件的审理结果为依据,而刑事案件尚未审结的,应当根据《民事诉讼法》第150条第5项的规定裁定中止诉讼。待刑事案件审结后,再恢复民商事案件的审理。如果民商事案件不是必须以相关的刑事案件的审理结果为依据,则民商事案件应当继续审理。(节选,全文略)

34. 最高人民检察院《人民检察院办案活动接受人民监督员监督的规定》(高检发〔2019〕11号)

第1条 为了健全检察权运行的外部监督制约机制,保障人民监督员依法履行职责,促进司法公正,提升司法公信,根据《中华人民共和国人民检察院组织法》等规定,制定本规定。

第2条 人民检察院的办案活动依照法律和本规定接受人民监督员的监督。

第3条 人民监督员依法、独立、公正履行监督职责。

人民监督员行使监督权受法律保护。

人民监督员履行监督职责,应当遵守国家法律、法规和保密规定。

第4条 人民检察院应当保障人民监督员履行监督职责,自觉接受人民监督员的监督。

第5条 人民监督员的选任和培训、考核等管理工作,依照相关规定由司法行政机关负责,人民检察院予以配合协助。

第6条 各级人民检察院应当明确负责人民监督员工作的机构。人民监督员工作机构的主要职责是:

(一)组织人民监督员监督办案活动;(二)通报检察工作情况;(三)受理、审查、办理人民监督员提出的监督要求和相关材料;(四)协调、督促相关部门办理监督事项;(五)反馈监督案件处理结果;(六)有关人民监督员履职的其他工作。

第7条 人民监督员对检察办案活动实行监督,应当遵守有关人民监督员回避的规定。

第8条 人民检察院下列工作可以安排人民监督员依法进行监督:

(一)案件公开审查、公开听证;(二)检察官出庭支持公诉;(三)巡回检察;(四)检察建议的研究提出、督促落实等相关工作;(五)法律文书宣告送达;(六)案件质量评查;(七)司法规范化检查;(八)检察工作情况通报;(九)其他相关司法办案工作。

第9条 人民检察院对不服检察机关处理决定的刑事申诉案件、拟决定不起诉的案件、羁押必要性审查案件等进行公开审查,或者对有重大影响的审查逮捕案件、行政诉讼监督案件等进行公开听证的,应当邀请人民监督员参加,听取人民监督员对案件事实、证据的认定和案件处理的意见。

第10条 人民检察院对检察官出席法庭的公开审理案件,可以协调人民法院安排人民监督员旁听,对检察官的出庭活动进行监督,庭审结束后应当听取人民监督员对检察官出庭行为规范、文书质量、讯问询问、举证答辩等指控证明犯罪情况的意见建议。

第11条 人民检察院对监狱、看守所等进行巡回检察的,可以邀请人民监督员参加,听取人民监督员对巡回检察工作的意见建议。

第12条 人民检察院研究提出检察建议、督促落实检察建议等相关工作的,可以邀请人民监督员参加,听取人民监督员对检察建议必要性、可行性、说理性等方面的意见建议,或者对检察建议督促落实方案、效果等方面的意见建议。

第13条 人民检察院组织开展法律文书宣告送达活动的，可以邀请人民监督员参加，听取人民监督员对法律文书说理工作的意见建议。

第14条 人民检察院组织开展案件质量评查活动的，可以邀请人民监督员担任评查员，听取人民监督员对评查工作的意见建议，或者对检察办案活动的意见建议。

第15条 人民检察院组织开展司法规范化检查活动的，可以邀请人民监督员参加，听取人民监督员对检查方式、内容、效果等方面的意见建议，或者对检察办案活动的意见建议。

第16条 人民检察院应当建立健全检察工作通报机制，向人民监督员通报重大工作部署、司法办案总体情况以及开展检察建议、案件质量评查、巡回检察等工作情况，听取人民监督员的意见建议。

第17条 人民监督员通过其他方式对检察办案活动提出意见建议的，人民检察院人民监督员工作机构应当受理审查，及时转交办理案件的检察官办案组或者独任检察官审查处理。

第18条 人民监督员监督检察办案活动，依法独立发表监督意见，人民检察院应当如实记录在案，列入检察案卷。

第19条 人民检察院应当认真研究人民监督员的监督意见，依法作出处理。监督意见的采纳情况应当及时告知人民监督员。

人民检察院经研究未采纳监督意见的，应当向人民监督员作出解释说明。人民监督员对于解释说明仍有异议的，相关部门或者检察官办案组、独任检察官应当报请检察长决定。

第20条 人民检察院邀请人民监督员监督办案活动的，应当根据具体情况确定人民监督员的人数。

第21条 省、自治区、直辖市人民检察院和设区的市级人民检察院接受人民监督员监督办案活动的，由本院协调联络同级司法行政机关抽选人民监督员并组织开展监督；基层人民检察院或者直辖市人民检察院分院接受人民监督员监督办案活动的，由设区的市级人民检察院或者直辖市人民检察院协调同级司法行政机关抽选人民监督员，具体联络、组织开展监督等工作由基层人民检察院或者直辖市人民检察院分院负责。

第22条 人民检察院人民监督员工作机构根据本规定第8条规定拟安排人民监督员开展监督活动，应当组织、协调相关部门或者检察官办案组、独任检察官在工作中予以配合。相关部门或者检察官办案组、独任检察官也可以视具体工作，主动邀请人民监督员依照本规定进行监督，并提前告知人民监督员工作机构做好联络安排工作。

人民监督员工作机构应当通知相关部门或者检察官办案组、独任检察官提供与监督有关的材料并及时送交人民监督员。

第23条 人民检察院应当提前将邀请参加监督活动的人民监督员人数、监督时间、地点以及其他有关事项通知同级司法行政机关，由司法行政机关依照相关规定，从人民监督员信息库中随机抽选和联络确定参加监督工作的人民监督员。

第24条 人民检察院应当严格依照本规定接受人民监督员的监督，不得限制、规避人民监督员对办案活动的监督，不得干扰人民监督员依法独立发表监督意见，不得违反规定泄露人民监督员监督办案活动情况。

第25条 人民检察院应当为人民监督员提供履行监督职责所必需的工作场所以及其他必要条件。

第26条 人民检察院应当加强人民监督员监督工作信息化建设，为人民监督员实时了解相关司法办案信息提供技术支持。

第27条 人民监督员监督检察办案活动的经费，除依照相关规定由司法行政机关予以补助外,列入人民检察院检察业务经费保障范围。

第28条 人民检察院应当定期将人民监督员监督检察办案活动情况通报司法行政机关。

第29条 本规定由最高人民检察院负责解释。

第30条 本规定自公布之日起施行,2016年印发的《最高人民检察院关于人民监督员监督工作的规定》同时废止。

35. 最高人民检察院《人民检察院刑事诉讼规则》(高检发释字〔2019〕4号)

(全文略)

36. 最高人民法院《关于在执行工作中进一步强化善意文明执行理念的意见》(法发〔2019〕35号)

为贯彻落实《中共中央、国务院关于完善产权保护制度依法保护产权的意见》《中共中央、国务院关于营造更好发展环境支持民营企业改革发展的意见》等文件精神,进一步提升人民法院严格规范公正文明执行水平,推动执行工作持续健康高水平运行,为经济社会发展提供更加优质司法服务和保障,根据民事诉讼法及有关司法解释,结合人民法院执行工作实际,提出以下意见。

一、充分认识善意文明执行的重要意义和精神实质

1. 充分认识善意文明执行重要意义。执行是公平正义最后一道防线的最后一个环节。强化善意文明执行理念,在依法保障胜诉当事人合法权益同时,最大限度减少对被执行人权益影响,实现法律效果与社会效果有机统一,是维护社会公平正义、促进社会和谐稳定的必然要求,是完善产权保护制度、建立健全市场化法治化国际化营商环境和推动高质量发展的应有之义,对全面推进依法治国、推进国家治理体系和治理能力现代化具有重要意义。

2. 准确把握善意文明执行精神实质。执行工作是依靠国家强制力实现胜诉裁判的重要手段。当前,被执行人规避执行、逃避执行仍是执行工作中的主要矛盾和突出问题。突出执行工作的强制性,持续加大执行力度,及时保障胜诉当事人实现合法权益,依然是执行工作的工作重心和主线。但同时要注意到,执行工作对各方当事人影响重大,人民法院在执行过程中也要强化善意文明执行理念,严格规范公正保障各方当事人合法权益;要坚持比例原则,找准双方利益平衡点,避免过度执行;要提高政治站位,着眼于党和国家发展战略全局,提升把握司法政策的能力和水平,实现依法履职与服务大局、促进发展相统一。要采取有效措施坚决纠正实践中出现的超标的查封、乱查封现象,畅通人民群众反映问题渠道,对有关线索实行"一案双查",对不规范行为依法严肃处理。

人民法院在强化善意文明执行理念过程中,要充分保障债权人合法权益,维护执行权威和司法公信力,把强制力聚焦到对规避执行、逃避执行、抗拒执行行为的依法打击和惩处上来。要坚决防止执行人员以"善意文明执行"为借口消极执行、拖延执行,或者以降低对被执行人影响为借口无原则促成双方当事人和解,损害债权人合法权益。

二、严禁超标的查封和乱查封

3. 合理选择执行财产。被执行人有多项财产可供执行的,人民法院应选择对被执行人生产生活影响较小且方便执行的财产执行。在不影响执行效率和效果的前提下,被执行人请求人民法院先执行某项财产的,应当准许;未准许的,应当有合理正当理由。

执行过程中,人民法院应当为被执行人及其扶养家属保留必需的生活费用。要严格按照中央有关产权保护的精神,严格区分企业法人财产与股东个人财产,严禁违法查封案外人财产,严禁对不得查封的财产采取执行措施,切实保护民营企业等企业法人、企业家和各类市场主体合法权益。要注意到,信托财产在信托存续期间独立于委托人、受托人各自的固有财产,并且受益人对信托财产享有的权利表现为信托受益权，信托财产并非受益人的责任财产。因此，当事人因其与委托人、受托人或者受益人之间的纠纷申请对存管银行或信托公司专门账户中的信托资金采取保全或执行措施的，除符合《中华人民共和国信托法》第17条规定的情形外，人民法院不应准许。

4. 严禁超标的查封。强制执行被执行人的财产，以其价值足以清偿生效法律文书确定的债权额为限，坚决杜绝明显超标的查封。冻结被执行人银行账户内存款的，应当明确具体冻结数额，不得影响冻结之外资金的流转和账户的使用。需要查封的不动产整体价值明显超出债权额的，应当对该不动产相应价值部分采取查封措施；相关部门以不动产登记在同一权利证书下为由提出不能办理分割查封的，人民法院在对不动产进行整体查封后，经被执行人申请，应当及时协调相关部门办理分割登记并解除对超标的部分的查封。相关部门无正当理由拒不协助办理分割登记和查封的，依照民事诉讼法第114条采取相应的处罚措施。

5. 灵活采取查封措施。对能"活封"的财产，尽量不进行"死封"，使查封财产能够物尽其用，避免社会资源浪费。查封被执行企业厂房、机器设备等生产资料的，被执行人继续使用对该财产价值无重大影响的，可以允许其使用。对资金周转困难、暂时无力偿还债务的房地产开发企业，人民法院应按照下列情形分别处理：

(1) 查封在建工程后，原则上应当允许被执行人继续建设。

(2) 查封在建工程后，对其采取强制变价措施虽能实现执行债权人债权，但会明显贬损财产价值、对被执行人显失公平的，应积极促成双方当事人达成暂缓执行的和解协议，待工程完工后再行变价；无法达成和解协议，但被执行人提供相应担保并承诺在合理期限内完成建设的，可以暂缓采取强制变价措施。

(3) 查封在建商品房或现房后，在确保能够控制相应价款的前提下，可以监督被执行人在一定期限内按照合理价格自行销售房屋。人民法院在确定期限时，应当明确具体的时间节点，避免期限过长影响执行效率、损害执行债权人合法权益。

6. 充分发挥查封财产融资功能。人民法院查封财产后，被保全人或被执行人申请用查封财产融资的，按照下列情形分别处理：

(1) 保全查封财产后，被保全人申请用查封财产融资替换查封财产的，在确保能够控制相应融资款的前提下，可以监督被保全人按照合理价格进行融资。

(2) 执行过程中，被执行人申请用查封财产融资清偿债务，经执行债权人同意或者融资款足以清偿所有执行债务的，可以准许。

被保全人或被执行人利用查封财产融资，出借人要求先办理财产抵押或质押登记再放款的，人民法院应积极协调有关部门做好财产解封、抵押或质押登记等事宜，并严格控制融资款。

7. 严格规范上市公司股票冻结。为维护资本市场稳定，依法保障债权人合法权益和债务人投资权益，人民法院在冻结债务人在上市公司的股票时，应当依照下列规定严格执行：

(1) 严禁超标的冻结。冻结上市公司股票，应当以其价值足以清偿生效法律文书确定的债权额为限。股票价值应当以冻结前一交易日收盘价为基准，结合股票市场行情，一般在不超过20%的幅度内合理确定。股票冻结后，其价值发生重大变化的，经当事人申请，人民法院可以追加冻结或者解除部分冻结。

(2) 可售性冻结。保全冻结上市公司股票后，被保全人申请将冻结措施变更为可售性冻结的，应当准许，但应当提前将被保全人在证券公司的资金账户在明确具体的数额范围内予以冻结。在执行过程中，被执行人申请通过二级市场交易方式自行变卖股票清偿债务的，人民法院可以按照前述规定办理，但应当要求其在10个交易日内变卖完毕。特殊情形下，可以适当延长。

(3)已质押股票的冻结。上市公司股票存在质押且质权人非本案保全申请人或申请执行人,目前,人民法院在采取冻结措施时,由于需要计入股票上存在的质押债权且该债权额往往难以准确计算,尤其是当股票存在多笔质押时还需指定对哪一笔质押股票进行冻结,为保障普通债权人合法权益,人民法院一般会对质押股票进行全部冻结,这既存在超标的冻结的风险,也会对质押债权人自行实现债权造成影响,不符合执行经济原则。

最高人民法院经与中国证券监督管理委员会沟通协调,由中国证券登记结算有限公司(以下简称中国结算公司)对现有冻结系统进行改造,确立了质押股票新型冻结方式,并在系统改造完成后正式实施。具体内容如下:

第一,债务人持有的上市公司股票存在质押且质权人非本案保全申请人或申请执行人,人民法院对质押股票冻结时,应当依照7(1)规定的计算方法冻结相应数量的股票,无需将质押债权额计算在内。冻结质押股票时,人民法院应当提前冻结债务人在证券公司的资金账户,并明确具体的冻结数额,不得对资金账户进行整体冻结。

第二,股票冻结后,不影响质权人变价股票实现其债权。质权人解除任何一部分股票质押的,冻结效力在冻结股票数量范围内对解除质押部分的股票自动生效。质权人变价股票实现其债权后变价款有剩余的,冻结效力在本案债权额范围内对剩余变价款自动生效。

第三,在执行程序中,为实现本案债权,人民法院可以在质押债权和本案债权额范围内对相应数量的股票采取强制变价措施,并在优先实现质押债权后清偿本案债务。

第四,两个以上国家机关冻结同一质押股票的,按照在证券公司或中国结算公司办理股票冻结手续的先后确定冻结顺位,依次满足各国家机关的冻结需求。两个以上国家机关在同一交易日分别在证券公司、中国结算公司冻结同一质押股票的,在先在证券公司办理股票冻结手续的为在先冻结。

第五,人民法院与其他国家机关就冻结质押股票产生争议的,由最高人民法院主动与最高人民检察院、公安部等部门依法协调解决。争议协调解决期间,证券公司或中国结算公司控制产生争议的相关股票,不协助任何一方执行。争议协调解决完成,证券公司或中国结算公司按照争议机关协商的最终结论处理。

第六,系统改造完成前已经完成的冻结不适用前述规定。案件保全申请人或申请执行人为质权人的,冻结措施不适用前述规定。

三、依法适当采取财产变价措施

8.合理确定财产处置参考价。执行过程中,人民法院应当按照《最高人民法院关于人民法院确定财产处置参考价若干问题的规定》合理确定财产处置参考价。要在不损害第三人合法权益的情况下,积极促成双方当事人就参考价达成一致意见,以进一步提高确定参考价效率,避免后续产生争议。财产有计税基准价、政府定价或政府指导价,当事人议价不能、不成或者双方当事人一致要求定向询价的,人民法院应当积极协调有关机构办理询价事宜。定向询价结果严重偏离市场价格的,可以进行适当修正。实践证明,网络询价不仅效率高,而且绝大多数询价结果基本能够反映市场真实价格,对于财产无需由专业人员现场勘验或鉴定的,人民法院应积极引导当事人通过网络询价确定参考价,并对询价报告进行审查。

经委托评估确定参考价,被执行人认为评估价严重背离市场价格并提起异议的,为提高工作效率,人民法院可以以评估价为基准,先促成双方当事人就参考价达成一致意见。无法快速达成一致意见的,依法提交评估机构予以书面说明。评估机构逾期未做说明或者被执行人仍有异议的,应及时提交相关行业协会组织专业技术评审。在确定财产处置参考价过程中,人民法院应当依法履行监督职责,发现当事人、竞拍人与相关机构、人员恶意串通压低参考价的,应当及时查处和纠正。

9. 适当增加财产变卖程序适用情形。要在坚持网络司法拍卖优先原则的基础上,综合考虑变价财产实际情况、是否损害执行债权人、第三人或社会公共利益等因素,适当采取直接变卖或强制变卖等措施。

(1)被执行人申请自行变卖查封财产清偿债务的,在确保能够控制相应价款的前提下,可以监督其在一定期限内按照合理价格变卖。变卖期限由人民法院根据财产实际情况、市场行情等因素确定,但最长不得超过60日。

(2)被执行人申请对查封财产不经拍卖直接变卖的,经执行债权人同意或者变卖款足以清偿所有执行债务的,人民法院可以不经拍卖直接变卖。

(3)被执行人认为网络询价或评估价过低,申请以不低于网络询价或评估价自行变卖查封财产清偿债务的,人民法院经审查认为不存在被执行人与他人恶意串通低价处置财产情形的,可以监督其在一定期限内进行变卖。

(4)财产经拍卖后流拍且执行债权人不接受抵债,第三人申请以流拍价购买的,可以准许。

(5)网络司法拍卖第2次流拍后,被执行人提出以流拍价融资的,人民法院应结合拍卖财产基本情况、流拍价与市场价差异程度以及融资期限等因素,酌情予以考虑。准许融资的,暂不启动以物抵债或强制变卖程序。

被执行人依照9(3)规定申请自行变卖,经人民法院准许后,又依照《最高人民法院关于人民法院确定财产处置参考价若干问题的规定》第22、23条规定向人民法院提起异议的,不予受理;被执行人就网络询价或评估价提起异议后,又依照9(3)规定申请自行变卖的,不应准许。

10. 充分吸引更多主体参与竞买。拍卖过程中,人民法院应当全面真实披露拍卖财产的现状、占有使用情况、附随义务、已知瑕疵和权利负担、竞买资格等事项,严禁故意隐瞒拍品瑕疵诱导竞买人竞拍,严禁故意夸大拍品瑕疵误导竞买人竞拍。拍卖财产为不动产且被执行人或他人无权占用的,人民法院应当依法负责腾退,不得在公示信息中载明"不负责腾退交付"等信息。要充分发挥网拍平台、拍卖辅助机构的专业优势,做好拍品视频宣介、向专业市场主体定向推送拍卖信息、实地看样等相关工作,以吸引更多市场主体参与竞拍。

11. 最大限度实现财产真实价值。同一类型的执行财产数量较多,被执行人认为分批次变价或者整体变价能够最大限度实现其价值的,人民法院可以准许。尤其是对体量较大的整栋整层楼盘、连片商铺或别墅等不动产,已经分割登记或事后可以分割登记的,被执行人认为分批次变价能够实现不动产最大价值的,一般应当准许。多项财产分别变价时,其中部分财产变价款足以清偿债务的,应当停止变价剩余财产,但被执行人同意全部变价的除外。

12. 准确把握不动产收益权质权变价方式。生效法律文书确定申请执行人对被执行人的公路、桥梁、隧道等不动产收益权享有质权,申请执行人自行扣划收益权收费账户内资金实现其质押债权,其他债权人以申请执行人仅对收费权享有质权而对收费账户内资金不享有质权为由,向人民法院提起异议的,不予支持。在执行过程中,人民法院可以扣划收益权收费账户内资金实现申请执行人质押债权,收费账户内资金足以清偿债务的,不应对被执行人的收益权进行强制变价。

四、充分用好执行和解及破产重整等制度

13. 依法用好执行和解和破产重整等相关制度。要在依法采取执行措施的同时,妥善把握执行时机、讲究执行策略、注意执行方法。对资金链暂时断裂,但仍有发展潜力、存在救治可能的企业,可以通过和解分期履行、兼并重组、引入第三方资金等方式盘活企业资产。要加大破产保护理念宣传,通过强化释明等方式引导执行债权人或被执行人同意依法将案件转入破产程序。对具有营运价值的企业通过破产重整、破产和解解决债务危机,充分发挥破产制度的拯救功能,帮助企业走出困境,平衡债权人、债务人、出资人、员工等利害关系人的利益,通过市场实现资源配置优化和社会整体价值最大化。

五、严格规范纳入失信名单和限制消费措施

14. 严格适用条件和程序。采取纳入失信名单或限制消费措施,必须严格依照民事诉讼法、《最高人民法院关于公布失信被执行人名单信息的若干规定》(以下简称失信名单规定)、《最高人民法院关于限制被执行人高消费及有关消费的若干规定》等规定的条件和程序进行。对于不符合法定条件的被执行人,坚决不得采取纳入失信名单或限制消费惩戒措施。对于符合法定条件的被执行人,决定采取惩戒措施的,应当制作决定书或限制消费令,并依法由院长审核后签发。

需要特别指出的是,根据司法解释规定,虽然纳入失信名单决定书由院长签发后即生效,但应当依照民事诉讼法规定的送达方式送达当事人,坚决杜绝只签发、不送达等不符合法定程序的现象发生。

15. 适当设置一定的宽限期。各地法院可以根据案件具体情况,对于决定纳入失信名单或者采取限制消费措施的被执行人,可以给予其1至3个月的宽限期。在宽限期内,暂不发布其失信或者限制消费信息;期限届满,被执行人仍未履行生效法律文书确定义务的,再发布其信息并采取相应惩戒措施。

16. 不采取惩戒措施的几类情形。被执行人虽然存在有履行能力而拒不履行生效法律文书确定义务、无正当理由拒不履行和解协议的情形,但人民法院已经控制其足以清偿债务的财产或者申请执行人申请暂不采取惩戒措施的,不得对被执行人采取纳入失信名单或限制消费措施。单位是失信被执行人的,人民法院不得将其法定代表人、主要负责人、影响债务履行的直接责任人员、实际控制人等纳入失信名单。全日制在校生因"校园贷"纠纷成为被执行人的,一般不得对其采取纳入失信名单或限制消费措施。

17. 解除限制消费措施的几类情形。人民法院在对被执行人采取限制消费措施后,被执行人及其有关人员申请解除或暂时解除的,按照下列情形分别处理:

(1)单位被执行人被限制消费后,其法定代表人、主要负责人、影响债务履行的直接责任人员、实际控制人以因私消费为由提出以个人财产从事消费行为,经审查属实的,应予准许。

(2)单位被执行人被限制消费后,其法定代表人、主要负责人确因经营管理需要发生变更,原法定代表人、主要负责人申请解除对其本人的限制消费措施的,应举证证明其并非单位的实际控制人、影响债务履行的直接责任人员。人民法院经审查属实的,应予准许,并对变更后的法定代表人、主要负责人依法采取限制消费措施。

(3)被限制消费的个人因本人或近亲属重大疾病就医,近亲属丧葬,以及本人执行或配合执行公务,参加外事活动或重要考试等紧急情况亟需赴外地,向人民法院申请暂时解除乘坐飞机、高铁限制措施,经严格审查并经本院院长批准,可以给予其最长不超过一个月的暂时解除期间。

上述人员在向人民法院提出申请时,应当提交充分有效的证据并按要求作出书面承诺;提供虚假证据或者违反承诺从事消费行为的,人民法院应当及时恢复对其采取的限制消费措施,同时依照民事诉讼法第111条从重处理,并对其再次申请不予批准。

18. 畅通惩戒措施救济渠道。自然人、法人或其他组织对被纳入失信名单申请纠正的,人民法院应当依照失信名单规定第12条规定的程序和时限及时审查并作出处理决定。对被采取限制消费措施申请纠正的,参照失信名单规定第12条规定办理。

人民法院发现纳入失信名单、采取限制消费措施可能存在错误的,应当及时进行自查并作出相应处理;上级法院发现下级法院纳入失信名单、采取限制消费措施存在错误的,应当责令其及时纠正,也可以依法直接纠正。

19. 及时删除失信信息。失信名单信息依法应当删除(屏蔽)的,应当及时采取删除(屏蔽)措施。超过3个工作日采取删除(屏蔽)措施,或者虽未超过3个工作日但能够立即采取措施却未采取造成严重后果的,依法追究相关人员责任。

被执行人因存在多种失信情形,被同时纳入有固定期限的失信名单和无固定期限的失信名单的,其主动履行完毕生效法律文书确定义务后,一般应当将有固定期限的名单信息和无固定期限的名单信息同时删除(屏蔽)。

20. 准确理解限制被执行人子女就读高收费学校。限制被执行人子女就读高收费学校,是指限制其子女就读超出正常收费标准的学校,虽然是私立学校,但如果其收费未超出正常标准,也不属于限制范围。人民法院在采取此项措施时,应当依法严格审查,不得影响被执行人子女正常接受教育的权利;在新闻媒体对人民法院采取此项措施存在误报误读时,应当及时予以回应和澄清。人民法院经依法审查,决定限制被执行人子女就读高收费学校的,应当做好与被执行人子女、学校的沟通工作,尽量避免给被执行人子女带来不利影响。

21. 探索建立惩戒分级分类机制和守信激励机制。各地法院可以结合工作实际,积极探索根据案件具体情况对被执行人分级分类采取失信惩戒、限制消费措施,让失信惩戒、限制消费措施更具有精准性,更符合比例原则。

各地法院在依法开展失信惩戒的同时,可以结合工作实际,探索开展出具自动履行生效法律文书证明、将自动履行信息向征信机构推送、对诚信债务人依法酌情降低诉讼保全担保金额等守信激励措施,营造鼓励自动履行、支持诚实守信的良好氛围。

六、加大案款发放工作力度

22. 全面推行"一案一账户"系统。案款到账后且无争议的,人民法院应当按照规定在一个月内及时发还给执行债权人;部分案款有争议的,应当先将无争议部分及时发放。目前,最高人民法院正在全面推行"一案一账户"系统,各地法院要按照规定的时间节点和标准要求,严格落实系统部署与使用工作,确保案款收发公开透明、及时高效、全程留痕,有效堵塞案款管理漏洞,消除廉政风险隐患,最大限度保障各方当事人合法权益。

37. 司法部《关于进一步规范和完善司法鉴定人出庭作证活动的指导意见》(司规〔2020〕2号)

为了规范和指导司法行政机关登记管理的司法鉴定人出庭作证活动,保障诉讼活动的顺利进行,根据《全国人民代表大会常务委员会关于司法鉴定管理问题的决定》和有关法律、法规的规定,制定本指导意见。

一、本指导意见所称的司法鉴定人出庭作证是指经司法行政机关审核登记,取得司法鉴定人执业证的司法鉴定人经人民法院依法通知,在法庭上对自己作出的鉴定意见,从鉴定依据、鉴定步骤、鉴定方法、可靠程度等方面进行解释和说明,并在法庭上当面回答质询和提问的行为。

二、人民法院出庭通知已指定出庭作证鉴定人的,要由被指定的鉴定人出庭作证;未指定出庭作证的鉴定人时,由鉴定机构指定一名或多名在司法鉴定意见书上签名的鉴定人出庭作证。

司法鉴定机构要为鉴定人出庭提供必要条件。

三、人民法院通知鉴定人到庭作证后,有下列情形之一的,鉴定人可以向人民法院提出不到庭书面申请:

(一)未按照法定时限通知到庭的;(二)因健康原因不能到庭的;(三)路途特别遥远,交通不便难以到庭的;(四)因自然灾害等不可抗力不能到庭的;(五)有其他正当理由不能到庭的。

经人民法院同意,未到庭的鉴定人可以提交书面答复或者说明,或者使用视频传输等技术作证。

四、鉴定人出庭前,要做好如下准备工作:

(一)了解、查阅与鉴定事项有关的情况和资料;(二)了解出庭的相关信息和质证的争议焦点;(三)准备需要携带的有助于说明鉴定的辅助器材和设备;(四)其他需要准备的工作。

五、鉴定人出庭要做到:

(一)遵守法律、法规,恪守职业道德,实事求是,尊重科学,尊重事实;(二)按时出庭,举止文明,遵守法庭纪律;(三)配合法庭质证,如实回答与鉴定有关的问题;(四)妥善保管出庭所需的鉴定材料、样本和鉴定档案资料;(五)所回答问题涉及执业活动中知悉的国家秘密、商业秘密和个人隐私的,应当向人民法院阐明;经人民法院许可的,应当如实回答;(六)依法应当做到的其他事项。

六、鉴定人到庭作证时,要按照人民法院的要求,携带本人身份证件、司法鉴定人执业证和人民法院出庭通知等材料,并在法庭指定的鉴定人席就座。

七、在出庭过程中,鉴定人遇有下列情形的,可以及时向人民法院提出请求:

(一)认为本人或者其近亲属的人身安全面临危险,需要请求保护的;(二)受到诉讼参与人或者其他人以言语或者行为进行侮辱、诽谤,需要予以制止的。

八、鉴定人出庭作证时,要如实回答涉及下列内容的问题:

(一)与本人及其所执业鉴定机构执业资格和执业范围有关的问题;(二)与鉴定活动及其鉴定意见有关的问题;(三)其他依法应当回答的问题。

九、法庭质证中,鉴定人无法当庭回答质询或者提问的,经法庭同意,可以在庭后提交书面意见。

十、鉴定人退庭后,要对法庭笔录中鉴定意见的质证内容进行确认。

经确认无误的,应当签名;发现记录有差错的,可以要求补充或者改正。

十一、出庭结束后,鉴定机构要将鉴定人出庭作证相关材料归档。

十二、司法行政机关要监督、指导鉴定人依法履行出庭作证义务,定期或者不定期了解掌握鉴定人履行出庭作证义务情况。

十三、司法行政机关要健全完善与人民法院的衔接机制,加强鉴定人出庭作证信息共享,及时研究解决鉴定人出庭作证中的相关问题,保障鉴定人依法履行出庭作证义务。

十四、司法行政机关接到人民法院有关鉴定人无正当理由拒不出庭的通报、司法建议,或公民、法人和其他组织有关投诉、举报的,要依法进行调查处理。

在调查中发现鉴定人存在经人民法院依法通知,拒绝出庭作证情形的,要依法给予其停止从事司法鉴定业务3个月以上1年以下的处罚;情节严重的,撤销登记。

十五、司法鉴定行业协会要根据本指导意见,制定鉴定人出庭作证的行业规范,加强鉴定人出庭作证行业自律管理。

十六、本指导意见自公布之日起实施。

38. 司法部《物证类司法鉴定执业分类规定》(司规〔2020〕5号)

第1章 总 则

第1条 为规范物证类司法鉴定机构和鉴定人的执业活动,根据《全国人民代表大会常务委员会关于司法鉴定管理问题的决定》等规定,结合司法鉴定工作实际制定本规定。

第2条 物证类司法鉴定是在诉讼活动中鉴定人运用物理学、化学、文件检验学、痕迹检验学、理化检验技术等原理、方法和专门知识,对文书物证、痕迹物证、微量物证等涉及的专门性问题进行鉴别和判断并提供鉴定意见的活动。

第3条 物证类司法鉴定解决的专门性问题包括:文书物证的书写人、制作工具、制作材料、制作方法,及其内容、性质、状态、形成过程、制作时间等鉴定;痕迹物证的勘验提取,造痕体和承痕体的性质、状况及其形成痕迹的同一性、形成原因、形成过程、相互关系等鉴定;微量物证的物理性质、化学性质和成分组成等鉴定。

第2章 文书鉴定

第4条 文书鉴定是指鉴定人运用文件检验学的理论、方法和专门知识,对可疑文件(检材)的书写人、制作工具、制作材料、制作方法、内容、性质、状态、形成过程、制作时间等问题进行检验检测、分析鉴别和判断并提供鉴定意见的活动。

文书鉴定包括笔迹鉴定、印章印文鉴定、印刷文件鉴定、篡改(污损)文件鉴定、文件形成方式鉴定、特种文件鉴定、朱墨时序鉴定、文件材料鉴定、基于痕迹特征的文件形成时间鉴定、基于材料特性的文件形成时间鉴定、文本内容鉴定等。

第5条 笔迹鉴定。包括依据笔迹同一性鉴定标准,必要时结合笔迹形成方式的检验鉴定结果,判断检材之间或检材与样本之间的笔迹是否同一人书写或者是否出自于同一人。

第6条 印章印文鉴定。包括依据印章印文同一性鉴定标准,必要时结合印文形成方式的检验鉴定结果,判断检材之间或检材与样本之间的印文是否同一枚印章盖印或者是否出自于同一枚印章。

第7条 印刷文件鉴定。包括依据印刷方式鉴定标准判断检材是何种印刷方式印制形成,如制版印刷中的凹、凸、平、孔版印刷等,现代办公机具印刷中的复印、打印、传真等;依据印刷机具种类鉴定标准判断检材是何种机具印制形成;依据印刷机具或印版同一性鉴定标准判断检材之间或检材与样本之间是否同一机具或同一印版印制形成等。

第8条 篡改(污损)文件鉴定。包括依据变造文件鉴定标准判断检材是否存在添改、刮擦、拼凑、掩盖、换页、密封、消退、伪老化等变造现象;依据污损文件鉴定标准对破损、烧毁、浸损等污损检材进行清洁整理、整复固定、显现和辨识原始内容等;依据模糊记载鉴定标准对检材褪色记载、无色记载等模糊记载内容进行显现和辨识;依据压痕鉴定标准对检材压痕内容进行显现和辨识等。

第9条 文件形成方式鉴定。包括依据笔迹形成方式鉴定标准判断检材笔迹是书写形成还是复制形成;依据印章印文形成方式鉴定标准判断检材印文是盖印形成还是复制形成;依据指印形成方式鉴定标准判断文件上有色检材指印是否复制形成等。

第10条 特种文件鉴定。包括依据特种文件鉴定标准判断检材货币、证照、票据、商标、银行卡及其他安全标记等的真伪。

第11条 朱墨时序鉴定。包括依据朱墨时序鉴定标准判断检材上文字、印文、指印等之间的形成先后顺序。

第12条 文件材料鉴定。包括依据文件材料鉴定标准对需检纸张、墨水墨迹、油墨墨迹、墨粉墨迹、粘合剂等文件材料的特性进行检验检测及比较检验等。

第13条 基于痕迹特征的文件形成时间鉴定。包括依据印章印文盖印时间鉴定标准判断检材印文的盖印时间;依据打印文件印制时间鉴定标准判断检材打印文件的打印时间;依据静电复印文件印制时间鉴定标准判断检材静电复印文件的复印时间;依据检材某要素的发明、生产时间或时间标记信息判断其文件要素的形成时间等。

第14条 基于材料特性的文件形成时间鉴定。包括综合运用光谱、色谱、质谱等仪器检测分析技术，根据墨水墨迹、油墨墨迹、墨粉墨迹、印文色料、纸张等文件材料的某种(些)理化特性随时间的变化规律，依据相应的判定方法，分析判断检材的形成时间。

第15条 文本内容鉴定。包括通过书面言语分析，判断检材文本作者的地域、年龄、文化程度、职业等属性；通过文本格式、内容、书面言语特征等的比较检验，分析判断检材之间或检材与样本之间文本的相互关系等。

第3章 痕迹鉴定

第16条 痕迹鉴定是指鉴定人运用痕迹检验学的理论、方法和专门知识，对痕迹物证进行勘验提取，并对其性质、状况及其形成痕迹的同一性、形成原因、形成过程、相互关系等进行检验检测、分析鉴别和判断并提供鉴定意见的活动。

痕迹鉴定包括手印鉴定、潜在手印显现、足迹鉴定、工具痕迹鉴定、整体分离痕迹鉴定、枪弹痕迹鉴定、爆炸痕迹鉴定、火灾痕迹鉴定、人体特殊痕迹鉴定、日用物品损坏痕迹鉴定、交通事故痕迹物证鉴定等。

第17条 手印鉴定。包括通过比较检验判断检材之间或检材与样本之间的指印是否同一；通过比较检验判断检材之间或检材与样本之间的掌印是否同一；通过对检材指掌印的检验判断其形成过程。

第18条 潜在手印显现。包括使用物理学、化学或专用设备等方法显色增强潜在手印。

第19条 足迹鉴定。包括通过比较检验判断检材之间或检材与样本之间的赤足印是否同一；通过比较检验判断检材之间或检材与样本之间的鞋、袜印是否同一。

第20条 工具痕迹鉴定。包括通过勘查和检验判断检材线形痕迹、凹陷痕迹、断裂变形痕迹等的形成原因；通过比较检验判断检材线形痕迹、凹陷痕迹、断裂变形痕迹等是否为某一造痕体形成。

第21条 整体分离痕迹鉴定。包括通过检验判断分离物体之间是否存在整体分离关系。

第22条 枪弹痕迹鉴定。包括枪械射击弹头/弹壳痕迹检验、枪弹识别检验、枪支性能检验、利用射击弹头/弹壳痕迹认定发射枪支检验、利用射击弹头/弹壳痕迹认定发射枪种检验、枪击弹孔检验、枪支号码显现，以及通过对枪击现场的勘查和检验分析，必要时结合所涉射击残留物的理化特性检验检测结果，综合判断枪击事件中痕迹的形成过程及与事件之间的因果关系等。

第23条 爆炸痕迹鉴定。包括炸药爆炸力及炸药量检验、雷管及导火(爆)索检验、爆炸装置检验，以及通过对爆炸现场的勘查和检验分析，必要时结合所涉爆炸物的理化特性检验检测结果，综合判断爆炸事件中痕迹的形成过程及与事件之间的因果关系等。

第24条 火灾痕迹鉴定。包括通过火灾现场、监控信息等，对现场烟熏痕迹、倒塌痕迹、炭化痕迹、变形变色痕迹、熔化痕迹以及其他燃烧残留物进行勘查和检验分析，必要时结合火灾微量物证鉴定结果，综合判断火灾事故中痕迹形成过程及与事故之间的因果关系等。

第25条 人体特殊痕迹鉴定。包括除手印、脚印外的其他人体部位形成的痕迹鉴定，如牙齿痕迹鉴定、唇纹痕迹鉴定、耳廓痕迹鉴定等。

第26条 日用物品损坏痕迹鉴定。包括运用痕迹检验学的原理和技术方法，必要时结合所涉日用物品材料的理化特性检验检测结果，对日常生活中使用的玻璃物品、纺织物品、陶瓷物品、塑料物品、金属物品等的损坏痕迹的形态进行勘查和检验分析，综合判断其损坏原因。

第27条 交通事故痕迹物证鉴定。包括车辆安全技术状况鉴定;交通设施安全技术状况鉴定;交通事故痕迹鉴定;车辆速度鉴定;交通事故痕迹物证综合鉴定等。非交通事故的相关鉴定可参照本条款。

交通事故痕迹物证鉴定包括的具体项目内容如下:

(一)车辆安全技术状况鉴定。包括判断涉案车辆的类型(如机动车、非机动车);对车辆安全技术状况进行检验;判断车辆相关技术状况或性能的符合性(如制动系、转向系、行驶系、灯光、信号装置等)。(二)交通设施安全技术状况鉴定。包括对交通事故现场或事故发生地点等相关区域进行勘查、测量;对路基、路面、桥涵、隧道、交通工程及沿线交通附属设施的安全技术状况进行检验(如道路线形、护栏、标志、标线等);判断事故相关区域交通设施的技术状况或性能的符合性(如材料、设置位置、几何尺寸、力学性能等)。(三)交通事故痕迹鉴定。包括通过对涉案车辆唯一性检查,对涉案车辆、交通设施、人员及穿戴物等为承痕体、造痕体的痕迹和整体分离痕迹进行检验分析,必要时结合交通事故微量物证鉴定、法医学鉴定等结果,判断痕迹的形成过程和原因(如是否发生过接触碰撞、接触碰撞部位和形态等)。(四)车辆速度鉴定。运用动力学、运动学、经验公式、模拟实验等方法,根据道路交通事故现场痕迹和资料、视频图像、车辆行驶记录信息等,判断事故瞬间速度(如碰撞、倾覆或坠落等瞬间的速度),采取避险措施时的速度(如采取制动、转向等避险措施时的速度),在某段距离、时间或过程的平均行驶速度及速度变化状态等。(五)交通事故痕迹物证综合鉴定。基于以上交通事故痕迹物证鉴定项目的检验鉴定结果,必要时结合交通事故微量物证鉴定、声像资料鉴定、法医学鉴定等结果,综合判断涉案人员、车辆、设施等交通要素在事故过程中的状态、痕迹物证形成过程及原因等,包括交通行为方式、交通信号灯指示状态、事故车辆起火原因、轮胎破损原因等。

第4章 微量物证鉴定

第28条 微量物证鉴定简称微量鉴定,是指鉴定人运用理化检验的原理、方法或专门知识,使用专门的分析仪器,对物质的物理性质、化学性质和成分组成进行检验检测和分析判断并提供鉴定意见的活动。其中,物理性质包括物质的外观、重量、密度、力学性质、热学性质、光学性质和电磁学性质等;化学性质包括物质的可燃性、助燃性、稳定性、不稳定性、热稳定性、酸性、碱性、氧化性和还原性等;成分组成包括物质中所含有机物、无机物的种类和含量等。

微量物证鉴定包括化工产品类鉴定、金属和矿物类鉴定、纺织品类鉴定、日用化学品类鉴定、文化用品类鉴定、食品类鉴定、易燃物质类鉴定、爆炸物类鉴定、射击残留物类鉴定、交通事故微量物证鉴定和火灾微量物证鉴定。

第29条 化工产品类鉴定。包括塑料、橡胶、涂料(油漆)、玻璃、陶瓷、胶黏剂、填料、化学试剂以及化工原料、化工中间体、化工成品等的物理性质、化学性质和成分组成的检验检测,以及上述材料的比较检验和种类判别。

第30条 金属和矿物类鉴定。包括金属、合金、泥土、砂石、灰尘等的物理性质、化学性质和成分组成的检验检测,以及上述材料的比较检验和种类判别。

第31条 纺织品类鉴定。包括纤维、织物等的物理性质、化学性质和成分组成的检验检测,以及上述材料的比较检验和种类判别。

第32条 日用化学品类鉴定。包括洗涤剂、化妆品、香精香料等的物理性质、化学性质和成分组成的检验检测,以及上述材料的比较检验和种类判别。

第33条 文化用品类鉴定。包括墨水、油墨、墨粉、纸张、粘合剂等的物理性质、化学性质和成分组成的检验检测,以及上述材料的比较检验和种类判别。

第34条 食品类鉴定。包括食品的营养成分、重金属、添加剂、药物残留、毒素、微生物等的检验检测。

第35条 易燃物质类鉴定。包括易燃气体、易燃液体和易燃固体及其残留物的物理性质、化学性质和成分组成的检验检测,以及上述材料的比较检验和种类判别。

第36条 爆炸物类鉴定。包括易爆物质及其爆炸残留物的物理性质、化学性质和成分组成的检验检测,以及上述材料的比较检验和种类判别。

第37条 射击残留物类鉴定。包括射击残留物的物理性质、化学性质和成分组成的检验检测,以及上述材料的比较检验和种类判别。

第38条 交通事故微量物证鉴定。包括交通事故涉及的油漆、橡胶、塑料、玻璃、纤维、金属、易燃物质等的物理性质、化学性质和成分组成的检验检测,以及上述材料的比较检验和种类判别。

第39条 火灾微量物证鉴定。包括火灾现场涉及的易燃物质类、化工产品类、金属等的物理性质、化学性质和成分组成的检验检测,以及上述材料的比较检验和种类判别。

第5章 附 则

第40条 本规定自公布之日起施行。

附表:物证类司法鉴定执业分类目录(略)

39. 司法部《声像资料司法鉴定执业分类规定》(司规〔2020〕5号)

第1章 总 则

第1条 为规范声像资料司法鉴定机构和鉴定人的执业活动,根据《全国人民代表大会常务委员会关于司法鉴定管理问题的决定》等规定,结合司法鉴定工作实际制定本规定。

第2条 声像资料司法鉴定是指在诉讼活动中鉴定人运用物理学、语言学、信息科学与技术、同一认定理论等原理、方法和专门知识,对录音、图像、电子数据等涉及的专门性问题进行鉴别和判断并提供鉴定意见的活动。

第3条 声像资料司法鉴定包括录音鉴定、图像鉴定、电子数据鉴定。解决的专门性问题包括:录音和图像(录像/视频、照片/图片)的真实性、同一性、相似性、所反映的内容等鉴定;电子数据的存在性、真实性、功能性、相似性等鉴定。

第2章 录音鉴定

第4条 录音鉴定是指鉴定人运用物理学、语言学、信息科学与技术、同一认定理论等原理、方法和专门知识,对检材录音的真实性、同一性、相似性及所反映的内容等问题进行检验、分析、鉴别和判断并提供鉴定意见的活动。

录音鉴定包括录音处理、录音真实性鉴定、录音同一性鉴定、录音内容分析、录音作品相似性鉴定等。

第5条 录音处理。包括依据录音处理方法,对检材录音进行降噪、增强等清晰化处理,以改善听觉或声谱质量。

第6条 录音真实性鉴定。包括依据录音原始性鉴定方法,判断检材录音是否为原始录音;依据录音完整性鉴定方法,判断检材录音是否经过剪辑处理。

第7条 录音同一性鉴定。包括依据语音同一性鉴定方法,判断检材与样本之间或检材之间的语音是否同一;参照语音同一性鉴定方法,判断检材与样本之间或检材之间的其他声音是否同一。

第8条 录音内容分析。包括依据录音内容辨听方法,结合录音处理和录音同一性鉴定结果,综合分析辨识并整理检材录音所反映的相关内容;依据说话人的口头言语特征,分析说话人的地域、性别、年龄、文化程度、职业等属性。

第9条 录音作品相似性鉴定。包括综合运用录音内容分析、录音同一性鉴定等鉴定技术,通过检材与样本之间或检材之间录音作品的比较检验综合判断是否来源于同一个作品或相似程度。

第3章 图像鉴定

第10条 图像鉴定是指鉴定人运用物理学、信息科学与技术、同一认定理论等原理、方法和专门知识,对检材图像(录像/视频、照片/图片)的真实性、同一性、相似性及所反映的内容等专门性问题进行检验、分析、鉴别和判断并提供鉴定意见的活动。

图像鉴定包括图像处理、图像真实性鉴定、图像同一性鉴定、图像内容分析、图像作品相似性鉴定、特种照相检验等。

第11条 图像处理。包括依据图像处理方法,对检材图像进行降噪、增强、还原等清晰化处理,以改善视觉效果。

第12条 图像真实性鉴定。包括依据图像原始性鉴定方法,判断检材图像是否为原始图像;依据图像完整性鉴定方法,判断检材图像是否经过剪辑处理。

第13条 图像同一性鉴定。包括依据人像同一性鉴定方法,判断检材与样本之间或检材之间记载的人像是否同一;依据物像同一性鉴定方法,判断检材与样本之间或检材之间记载的物体是否同一。

第14条 图像内容分析。包括依据图像内容分析方法,结合图像处理和图像同一性鉴定结果,综合判断检材图像所记载的人、物的状态和变化情况及事件发展过程,如案事件图像中的人物行为和事件过程、交通事故图像中的交通参与者行为及涉案车辆速度、火灾现场图像中的起火部位及火灾过程等。

第15条 图像作品相似性鉴定。包括综合运用图像内容分析、图像同一性鉴定等鉴定技术,通过检材与样本之间或检材之间图像作品的比较检验综合判断是否来源于同一个作品或相似程度。

第16条 特种照相检验。运用特种照相技术,包括红外照相、紫外照相、光致发光照相和光谱成像等技术对物证进行照相检验。

第4章 电子数据鉴定

第17条 电子数据鉴定是指鉴定人运用信息科学与技术和专门知识,对电子数据的存在性、真实性、功能性、相似性等专门性问题进行检验、分析、鉴别和判断并提供鉴定意见的活动。

电子数据鉴定包括电子数据存在性鉴定、电子数据真实性鉴定、电子数据功能性鉴定、电子数据相似性鉴定等。

第18条 电子数据存在性鉴定。包括电子数据的提取、固定与恢复及电子数据的形成与关联分析。其中电子数据的提取、固定与恢复包括对存储介质(硬盘、光盘、优盘、磁带、存储卡、存储芯片等)和电子设备(手机、平板电脑、可穿戴设备、考勤机、车载系统等)中电子数据的提取、固定与恢复,以及对公开发布的或经所有权人授权的网络数据的提取和固定;电子数据的形成与关联分析包括对计算机信息系统的数据生成、用户操作、内容关联等进行分析。

第19条 电子数据真实性鉴定。包括对特定形式的电子数据，如电子邮件、即时通信、电子文档、数据库数据等的真实性或修改情况进行鉴定；依据相应验证算法对特定形式的电子签章，如电子签名、电子印章等进行验证。

第20条 电子数据功能性鉴定。包括对软件、电子设备、计算机信息系统和破坏性程序的功能进行鉴定。

第21条 电子数据相似性鉴定。包括对软件(含代码)、数据库、电子文档等的相似程度进行鉴定；对集成电路布图设计的相似程度进行鉴定。

第5章 附 则

第22条 本规定自公布之日起施行。

附表：声像资料司法鉴定执业分类目录(略)

40. 最高人民检察院《关于充分发挥检察职能服务保障“六稳”“六保”的意见》(高检发〔2020〕10号)

为贯彻落实党中央关于做好“六稳”工作、落实“六保”任务的重大决策部署，主动服务统筹推进疫情防控和经济社会发展工作，克服新冠肺炎疫情带来的不利影响，促进恢复正常经济社会秩序，现就充分发挥检察职能，服务保障“六稳”“六保”提出如下意见：

1. 依法惩治妨害社会生产生活秩序的相关犯罪。落实在疫情防控常态化条件下加快恢复生产生活秩序的要求，依法惩治破坏复工复产和经济社会发展等刑事犯罪，为“六稳”“六保”营造稳定的社会环境。一是对妨害复工复产、损害企业合法权益的犯罪，依法从严从快追诉，最大程度帮助企业挽回损失。突出惩治欺行霸市、强买强卖、恶意阻工、破坏交通等扰乱复工复产秩序的犯罪，以及利用提供虚假就业、兼职信息，虚假订立公司企业合同，虚假提供中小企业贷款等手段实施的诈骗犯罪。二是结合疫情防控常态化要求，把握好司法政策与法律标准，依法及时处理妨害传染病防治和国境卫生检疫，非法捕杀、交易野生动物，制售伪劣防治防护产品物资、假药劣药以及不符合标准医用器材等犯罪。依法严惩以暴力、威胁方法侵犯医务人员安全、扰乱医疗秩序的犯罪行为，对主观恶性大、社会影响恶劣的行为人，坚决从严追诉，从重提出量刑建议。三是针对近年来特别是疫情期间网络犯罪数量大幅上升，加大对电信网络诈骗、网络传销、侵犯个人信息、网络“黄赌毒”等各类违法犯罪行为惩治力度，积极配合公安、工信等部门坚决整治网络黑灰产业链，强化源头治理，营造清朗网络空间。四是充分考虑经济下行和疫情影响等因素，对“职业放贷人”采取非法手段催收高利放贷债务及其他法律不予保护的债务，不法分子通过虚增借贷金额、恶意制造违约、肆意认定违约、毁匿还款证据等方式制造“套路贷”等违法犯罪行为，从严追诉，加大打击力度。

2. 依法妥善化解涉疫矛盾纠纷。以学习贯彻民法典为契机，坚持运用法治思维和法治方式，积极推进涉疫矛盾纠纷化解，维护社会和谐稳定。一是依法办理与疫情防控、经济社会发展密切相关的合同履行、劳动争议、医疗损害、消费者权益保护等领域民事诉讼监督案件，准确适用不可抗力、情势变更、诉讼时效等法律规定，支持和监督法院依法审判。二是以民法典为重要标尺，加强对履行职责中发现的行政违法行为的监督。在办案中发现行政执法行为损害公民、组织合法权益和社会公共利益的，及时提出检察建议，促进行政机关依法行政。三是坚持和发展新时代“枫桥经验”，在司法办案中加强释法说理、化解矛盾、消弭对抗。结合办案深入剖析相关领域违法犯罪的主要特点、发案规律和深层次原因，及时提出加强监管、完善治理的检察建议，推动完善长效制度机制。

3. 依法保护企业正常生产经营活动。深刻认识“六稳”“六保”最重要的是稳就业、保就业，关键在于保企业，努力落实让企业“活下来”“留得住”“经营得好”的目标。一是加大力度惩治各类侵犯企业财产、损害企业利益的犯罪。依法严格追诉职务侵占、非国家工作人员受贿和挪用资金犯罪，根据犯罪数额和情节，综合考虑犯罪行为对民营企业经营发展、商业信誉、内部治理、外部环境的影响程度，精准提出量刑建议。对提起公诉前退还挪用资金或者具有其他情节轻微情形的，可以依法不起诉；对数额特别巨大拒不退还或者具有其他情节特别严重情形的，依法从严追诉。二是依法慎重处理贷款类犯罪案件。在办理骗取贷款等犯罪案件时，充分考虑企业“融资难”“融资贵”的实际情况，注意从借款人采取的欺骗手段是否属于明显虚构事实或者隐瞒真相，是否与银行工作人员合谋、受其指使，是否非法影响银行放贷决策、危及信贷资金安全，是否造成重大损失等方面，合理判断其行为危害性，不苛求企业等借款人。对于借款人因生产经营需要，在贷款过程中虽有违规行为，但未造成实际损失的，一般不作为犯罪处理。对于借款人采取欺骗手段获取贷款，虽给银行造成损失，但证据不足以认定借款人有非法占有目的的，不能以贷款诈骗罪定性处理。三是依法慎重处理拒不支付劳动报酬犯罪案件。充分考虑企业生产经营实际，注意把握企业因资金周转困难拖欠劳动报酬与恶意欠薪的界限，灵活采取检察建议、督促履行、协调追欠追赃垫付等形式，既有效维护劳动者权益，又保障企业生产经营。对恶意欠薪涉嫌犯罪，但在提起公诉前支付劳动报酬，并依法承担相应赔偿责任的，可以依法不起诉。四是严格把握涉企业生产经营、创新创业的新类型案件的法律政策界限。对于企业创新产品与现有国家标准难以对应的，应当深入调查，进行实质性评估，加强请示报告，准确认定产品属性和质量，防止简单化“对号入座”，以生产、销售伪劣产品定罪处罚。

4. 加大知识产权司法保护力度。充分认识知识产权保护在疫情防控常态化条件下对企业生存发展、创新创业的重要意义，坚决惩治侵犯知识产权犯罪。一是依法着力保护与疫情防控相关的诊断检测技术、抗病毒药物、医用呼吸防护产品、环境消毒与废物处理、疫苗研制等领域的知识产权。二是对涉及高新技术、关键核心技术，以及网络侵权、链条式产业化有组织侵权等严重侵权假冒犯罪开展重点打击，对以侵犯知识产权为业或者侵犯知识产权犯罪链条中的生产制造者，以及具有多次、恶意侵权等情形的行为人，依法从严追诉并提出限制缓刑适用或者适用禁止令、职业禁止的量刑建议。推进侵犯知识产权刑事案件权利人诉讼权利告知试点，提升案件办理透明度。三是强化对商业秘密的保护。加大对采用盗窃、利诱、欺诈、胁迫、电子侵入或者其他不正当手段侵犯商业秘密犯罪的打击力度，综合权利人因被侵权遭受的销售利润损失、商业秘密的合理许可使用费等因素，正确认定权利人损失数额和侵权人违法所得。四是依法妥善办理科研人员涉嫌职务犯罪案件，为激发科技创新活力营造宽松有序的环境。对科研经费管理使用中的问题，坚持以科研经费政策为遵循，严格区分罪与非罪界限，不以形式违规简单依数额作犯罪评价。

5. 依法惩治破坏金融管理秩序犯罪。深刻认识“稳金融”在“六稳”“六保”中的重要支撑和促进作用，依法惩治金融犯罪，切实维护金融安全。一是加大对证券期货领域金融犯罪的惩治力度。依法“全链条”从严追诉欺诈发行股票、债券，违规披露、不披露重要信息和提供虚假证明文件等扰乱资本市场秩序、侵害投资者利益的犯罪行为，既追究惩治具体实施造假的公司、企业，又追究惩治组织、指使造假的控股股东、实际控制人，同时还要追究惩治帮助造假的中介组织，全面落实对资本市场违法犯罪“零容忍”的要求。二是依法从严惩治严重扰乱金融秩序犯罪。严惩不法分子借互联网金融名义实施的非法吸收公众存款、集资诈骗等犯罪，从严追诉组织者、领导者。按照依法追缴、应追尽追、鼓励退赔、统一返还等原则，持续推进非法集资涉案财物追缴处置工作，配合有关部门最大限度追赃挽损，最大限度减少集资参与人的实际损失。三是加大惩治洗钱犯罪的力度。切实转变“重上游犯罪，轻洗钱犯罪”的做法，办理上游犯罪案件时要同步审查是否涉嫌洗钱犯罪，上游犯罪共犯以及掩饰、隐瞒犯罪所得、非法经营地下钱庄等行为同时构成洗钱罪的，择一重罪依法从严追诉。

6. 依法维护有利于对外开放的法治化营商环境。充分认识“稳外贸”“稳外资”“稳投资”对稳定宏观经济、扩大对外开放的重大意义，有效维护相关领域的市场秩序。一是围绕自贸试验区、海南自由贸易港、粤港澳大湾区建设等重大战略，依法惩治侵害外国投资者和外商投资企业合法权益，以及扰乱投资秩序、妨害项目推进的各类犯罪，保障外商投资法顺利施行，营造安全、透明的投资环境。二是聚焦当前对外贸易、外商投资领域的新形势，依法惩治利用外贸合同诈骗，虚开出口退税、抵扣税款发票，骗取出口退税以及对外贸易经营活动中的走私、逃汇骗汇等犯罪，促进稳住外贸基本盘，保障外贸产业链、供应链、资金流畅通运转。三是依法慎重处理企业涉税案件。注意把握一般涉税违法行为与以骗取国家税款为目的的涉税犯罪的界限，对于有实际生产经营活动的企业为虚增业绩、融资、贷款等非骗税目的且没有造成税款损失的虚开增值税专用发票行为，不以虚开增值税专用发票罪定性处理，依法作出不起诉决定的，移送税务机关给予行政处罚。

7. 努力为决战决胜脱贫攻坚提供司法保障。深刻认识打赢精准脱贫攻坚战对保障民生底线、全面建成小康社会的重大意义，充分发挥检察职能，助力脱贫攻坚。一是突出对重点领域和弱势群体的司法保护。依法严惩贪污侵占、截留挪用扶贫惠农、救灾救济资金等侵害群众切身利益的腐败犯罪。加强扶贫领域涉案财物依法快速返还工作，审查起诉时及时审查认定权属关系，符合快速返还条件的，依法作出决定并于5日内将涉案财物返还给被侵害的个人或单位。二是突出对困难群体的司法救助。对故意杀人、故意伤害、绑架、抢劫、强奸等严重暴力犯罪造成被害人重伤、死亡的，或者被害人家庭因案致贫、因案返贫的，结合具体案情及时、主动给予司法救助，并积极协调有关部门落实多元救助措施，保障困难当事人的基本生活。三是突出对未成年人的司法保护。持续推进“一号检察建议”落实，加大对侵害农村留守儿童、困境儿童等犯罪打击力度。对拉拢、诱迫未成年人参与有组织犯罪的，一律依法从严追诉、从重提出量刑建议。联合各方力量开展有针对性的帮扶救助，监督推动贫困地区将“控辍保学”、关爱重点儿童群体等相关政策落到实处。

8. 积极促进基层依法治理。深刻认识基层有效运转对统筹推进疫情防控和经济社会发展工作的重要意义，发挥检察监督职能，为基层运转提供法治保障。一是依法严惩“蝇贪”“蚁贪”。对发生在基层、影响恶劣的贪污贿赂犯罪尤其是吃拿卡要型索贿犯罪，坚决依法从严追诉。深入开展扫黑除恶专项斗争，严惩“村霸”和宗族恶势力，维护基层政权的稳固。加强对基层执法司法活动的法律监督，从严“破网打伞”，依法查办司法工作人员利用职权实施的侵害公民权利、损害司法公正的犯罪。二是深入推进行政争议实质性化解。聚焦保护企业权益、保障基本民生等重点领域，对诉求合法合理、有化解可能的行政申诉案件，通过促进和解、公开听证、司法救助、释法说理等方式实质性化解行政争议，促进基层依法行政，提高公共服务能力。

9. 落实“少捕”“少押”“慎诉”的司法理念。适应新时期犯罪形势变化，在保持对少数严重暴力犯罪和恶性犯罪从严打击绝不放过的同时，对认罪认罚、轻刑犯罪充分适用依法从宽的刑事政策，促进社会综合治理。一是坚持依法能不捕的不捕。审查批捕环节，注重将犯罪嫌疑人认罪认罚积极复工复产、开展生产自救、努力保就业岗位作为审查判断有无社会危险性的重要考量因素。二是积极探索总结非羁押性强制措施适用经验。推动完善取保候审制度，进一步探索使用电子手铐、赔偿保证金等措施，积极推广适用电子监控措施执行监视居住。认真履行羁押必要性审查职责，减少不必要的羁押。三是坚持依法能不诉的不诉。依法行使不起诉裁量权，逐步扩大酌定不起诉在认罪认罚案件中的适用，鼓励和促使更多的犯罪嫌疑人、被告人认罪服法,化解社会矛盾,减少社会对抗,提升司法效率,确保办案效果。四是综合运用刑事追诉和行政处罚、经济处罚措施。依法作出酌定不起诉决定的,要根据案件情况,对被不起诉人予以训诫或者责令具结悔过、赔礼道歉、赔偿损失。需要给予行政处罚的,提出检察意见移送有关主管机关处理,防止不起诉后一放了之。

10. 依法合理采取更加灵活务实的司法措施。立足当前经济社会发展需求,充分考虑涉案企业经营发展,在办案中依法采取更加灵活务实、及时高效的司法措施。一是慎重适用涉财产强制性措施。对涉嫌犯罪但仍在正常生产经营的各类企业,原则上不采取查封、扣押、冻结措施。对确需查封、扣押、冻结涉案财物的,应当严格区分合法财产与非法财产、股东个人财产与企业法人财产、犯罪嫌疑人个人财产与家庭成员财产,不得超权限、超范围、超数额、超时限查封、扣押、冻结财产。对于相关部门违法采取查封、扣押、冻结等措施的,要依法提出纠正意见。二是优化刑罚执行环节司法措施。扩大涉企服刑人员假释的适用,对于同时符合减刑和假释条件的,依法建议适用假释。会同司法行政机关研究具体措施,为接受社区矫正的民营企业人员从事相关生产经营活动提供必要便利,简化批准流程。三是妥善采取公益诉讼案件司法措施。加强检察机关与有关部门沟通协调,在检察建议及诉讼请求中,慎重采取关停涉案企业等影响企业生存和正常生产经营的措施,帮助协调解决涉案企业异地安置、补偿等实际困难。完善公益诉讼与生态环境损害赔偿等制度的衔接机制,向相关企业主张生态修复费用及惩罚性赔偿时,探索通过分期支付、替代性修复等方法促使其接受惩罚、守法经营、健康发展。

11. 加大对涉民营企业各类案件的法律监督力度。紧盯重点环节和重点领域,强化检察监督,维护、促进司法公正。一是加强立案监督,着重纠正涉及民营企业案件不应当立而立和应立不立等突出问题。坚决防止和纠正以刑事案件名义插手民事纠纷、经济纠纷等各类违法行为,重点监督纠正以非法立案为利害关系人追款讨债,干预法院正在审理或者已经裁判的经济纠纷,将合同纠纷立为诈骗、民事侵权立为职务侵占、行业拆借立为挪用资金、买卖纠纷立为强迫交易、正常经营行为立为非法经营等问题。二是加大清理涉民营企业刑事诉讼"挂案"力度。对既不依法推进诉讼程序,又不及时依法撤销案件的"挂案",摸清底数,消化存量,杜绝增量,精准监督,推动建立长效机制,维护企业和当事人合法权益。三是加强涉企行政非诉执行监督。强化对行政非诉执行活动受理、审查、裁定和执行环节的监督,防止企业因不当强制执行措施陷入生产经营困境。四是加强控告申诉案件办理答复工作。做实做细群众来信件件有回复和信访积案清理工作,对涉及民营企业的控告申诉案件进行集中清理和统一管理,做到逐案交办、逐案督办,件件有回音,事事有着落。健全检察环节涉产权冤错案件有效防范和常态化纠正机制,做到应纠尽纠。

41. 最高人民检察院《人民检察院办理刑事申诉案件规定》(高检发办字〔2020〕55号)

第1章　总　　则

第1条　为依法履行法律监督职能,完善内部制约机制,规范刑事申诉案件办理程序,根据《中华人民共和国刑事诉讼法》《中华人民共和国人民检察院组织法》和有关法律规定,结合人民检察院办理刑事申诉案件工作实际,制定本规定。

第2条　本规定所称刑事申诉,是指对人民检察院诉讼终结的刑事处理决定或者人民法院已经发生法律效力的刑事判决、裁定不服,向人民检察院提出的申诉。

第3条　人民检察院通过办理刑事申诉案件,纠正错误的决定、判决和裁定,维护正确的决定、判决和裁定,保护当事人的合法权益,促进司法公正,维护社会和谐稳定,保障国家法律的统一正确实施。

第4条 人民检察院办理刑事申诉案件,应当遵循下列原则:

(一)原案办理与申诉办理相分离;(二)全案复查,公开公正;(三)实事求是,依法纠错;(四)释法说理,化解矛盾。

第5条 人民检察院办理刑事申诉案件,应当根据案件具体情况进行审查和复查,繁简分流,规范有序,切实提高案件办理质效。

第6条 人民检察院办理刑事申诉案件,根据办案工作需要,可以采取公开听证、公开答复等方式,公开、公正处理案件。

第7条 人民检察院办理刑事申诉案件,应当依法保障律师执业权利。

第2章 管　辖

第8条 人民检察院管辖的下列刑事申诉,按照本规定办理:

(一)不服人民检察院因犯罪嫌疑人没有犯罪事实,或者符合《中华人民共和国刑事诉讼法》第16条规定情形而作出的不批准逮捕决定的申诉;(二)不服人民检察院不起诉决定的申诉;(三)不服人民检察院撤销案件决定的申诉;(四)不服人民检察院其他诉讼终结的刑事处理决定的申诉;(五)不服人民法院已经发生法律效力的刑事判决、裁定的申诉。

上述情形之外的其他与人民检察院办理案件有关的申诉,不适用本规定,按照《人民检察院刑事诉讼规则》等规定办理。

第9条 不服人民检察院诉讼终结的刑事处理决定的申诉,由作出决定的人民检察院管辖,本规定另有规定的除外。

不服人民法院已经发生法律效力的刑事判决、裁定的申诉,由作出生效判决、裁定的人民法院的同级人民检察院管辖。

不服人民检察院刑事申诉案件审查或者复查结论的申诉,由上一级人民检察院管辖。

第10条 被害人及其法定代理人、近亲属不服人民检察院不起诉决定,在收到不起诉决定书后7日以内提出申诉的,由作出不起诉决定的人民检察院的上一级人民检察院管辖。

第11条 上级人民检察院在必要时,可以将本院管辖的刑事申诉案件交下级人民检察院办理,也可以直接办理由下级人民检察院管辖的刑事申诉案件。

第3章 受　理

第12条 人民检察院对符合下列条件的申诉,应当受理,本规定另有规定的除外:

(一)属于本规定第2条规定的刑事申诉;(二)符合本规定第2章管辖规定;(三)申诉人是原案的当事人及其法定代理人、近亲属;(四)申诉材料符合受理要求。

申诉人委托律师代理申诉,且符合上述条件的,应当受理。

第13条 申诉人向人民检察院提出申诉时,应当递交申诉书、身份证明、相关法律文书及证据材料或者证据线索。

身份证明是指自然人的居民身份证、军官证、士兵证、护照等能够证明本人身份的有效证件;法人或者其他组织的营业执照副本和法定代表人或者主要负责人的身份证明等有效证件。申诉人系正在服刑的罪犯,有效证件由刑罚执行机关保存的,可以提供能够证明本人身份的有效证件的复印件。对身份证明,人民检察院经核对无误留存复印件。

相关法律文书是指人民检察院作出的决定书、刑事申诉审查、复查结论文书,或者人民法院作出的刑事判决书、裁定书等法律文书。

第14条 申诉人递交的申诉书应当写明下列事项:

(一)申诉人的姓名、性别、出生日期、工作单位、住址、有效联系方式,法人或者其他组织的名称、所在地址和法定代表人或者主要负责人的姓名、职务、有效联系方式;(二)申诉请求和所依据的事实与理由;(三)申诉人签名、盖章或者捺指印及申诉时间。

申诉人不具备书写能力口头提出申诉的,应当制作笔录,并由申诉人签名或者捺指印。

第15条 自诉案件当事人及其法定代理人、近亲属对人民法院已经发生法律效力的刑事判决、裁定不服提出的申诉,刑事附带民事诉讼当事人及其法定代理人、近亲属对人民法院已经发生法律效力的刑事附带民事判决、裁定不服提出的申诉,人民检察院应当受理,但是申诉人对人民法院因原案当事人及其法定代理人自愿放弃诉讼权利或者没有履行相应诉讼义务而作出的判决、裁定不服的申诉除外。

第16条 刑事申诉由控告申诉检察部门统一接收。控告申诉检察部门对接收的刑事申诉应当在7个工作日以内分别情况予以处理并告知申诉人:

(一)属于本院管辖并符合受理条件的,予以受理;(二)属于本院管辖的不服生效刑事判决、裁定的申诉,申诉人已向人民法院提出申诉,人民法院已经受理且正在办理程序中的,告知待人民法院处理完毕后如不服再提出申诉;(三)属于人民检察院管辖但是不属于本院管辖的,移送有管辖权的人民检察院处理;(四)不属于人民检察院管辖的,移送其他机关处理。

第4章 审 查

第17条 对受理的刑事申诉案件,控告申诉检察部门应当进行审查。

审查刑事申诉案件,应当审查申诉材料、原案法律文书,可以调取相关人民检察院审查报告、案件讨论记录等材料,可以听取申诉人、原案承办人员意见。

对于首次向人民检察院提出的刑事申诉案件,应当调阅原案卷宗进行审查,并听取申诉人或者其委托代理律师意见。必要时可以采用公开听证方式进行审查。

第18条 经审查,具有下列情形之一的,应当审查结案:

(一)原判决、裁定或者处理决定认定事实清楚,证据确实充分,处理适当的;(二)原案虽有瑕疵,但不足以影响原判决、裁定或者处理决定结论的;(三)其他经审查认为原判决、裁定或者处理决定正确的。

对已经两级人民检察院审查或者复查,作出的结论正确,且已对申诉人提出的申诉理由作出合法合理答复,申诉人未提出新的理由的刑事申诉案件,可以审查结案。

第19条 控告申诉检察部门经审查,具有下列情形之一的,应当移送刑事检察部门办理:

(一)原判决、裁定或者处理决定存在错误可能的;(二)不服人民检察院诉讼终结的刑事处理决定首次提出申诉的;(三)被害人及其法定代理人、近亲属、被不起诉人及其法定代理人、近亲属不服不起诉决定,在收到不起诉决定书后7日以内提出申诉的。

第20条 原判决、裁定或者处理决定是否存在错误可能,应当从以下方面进行审查:

(一)原判决、裁定或者处理决定认定事实是否清楚、适用法律是否正确;(二)据以定案的证据是否确实、充分,是否存在矛盾或者可能是非法证据;(三)处理结论是否适当;(四)是否存在严重违反诉讼程序的情形;(五)申诉人是否提出了可能改变原处理结论的新的证据;(六)办案人员在办理该案件过程中是否存在贪污受贿、徇私舞弊、枉法裁判行为。

第21条 对决定移送的刑事申诉案件,应当制作刑事申诉案件移送函,连同申诉书,原判决、裁定、处理决定,人民检察院审查、复查文书等申诉材料移送刑事检察部门。

刑事申诉案件移送函应当载明案件来源、受理时间、申诉理由、审查情况、移送理由等内容。

对决定移送的刑事申诉案件,控告申诉检察部门应当调取原案卷宗,一并移送刑事检察部门。

第22条 对移送的刑事申诉案件,刑事检察部门应当对原案卷宗进行审查。经审查,认为原判决、裁定或者处理决定正确的,经检察官联席会议讨论后决定审查结案;认为原判决、裁定或者处理决定存在错误可能的,决定进行复查。

对不服人民检察院诉讼终结的刑事处理决定首次提出申诉的,或者被害人及其法定代理人、近亲属、被不起诉人及其法定代理人、近亲属不服不起诉决定,在收到不起诉决定书后7日以内提出申诉的,应当决定进行复查。

第23条 控告申诉检察部门审查刑事申诉案件,应当自受理之日起3个月以内作出审查结案或者移送刑事检察部门办理的决定,并告知申诉人。

刑事检察部门对移送的刑事申诉案件,应当自收到案件之日起3个月以内作出审查结案或者进行复查的决定,并告知申诉人。

重大、疑难、复杂案件,报检察长决定,可以适当延长办理期限。

调取卷宗期间不计入办案期限。

第24条 经审查,具有下列情形之一的,上级人民检察院可以交由下级人民检察院重新办理:

(一)首次办理刑事申诉的人民检察院应当调卷审查而未调卷的,或者应当进行复查而未复查的;(二)对申诉人提出的申诉理由未进行审查,或者未作出合法合理答复的;(三)其他办案质量不高,认为应当重新办理的。

接受交办的人民检察院应当将重新办理结果向交办的上级人民检察院报告。

第25条 审查刑事申诉案件应当制作刑事申诉审查报告。听取意见、释法说理、公开听证等活动应当制作笔录。

第5章 复　　查

第1节 一般规定

第26条 复查刑事申诉案件应当由检察官或者检察官办案组办理,原案承办人员和原申诉案件承办人员不应参与办理。

第27条 复查刑事申诉案件应当全面审查申诉材料和全部案卷。

第28条 经审查,具有下列情形之一,认为需要调查核实的,应当拟定调查提纲进行调查:(一)原案事实不清、证据不足的;(二)申诉人提供了新的事实、证据或者证据线索的;(三)有其他问题需要调查核实的。

第29条 对与案件有关的勘验、检查、辨认、侦查实验等笔录和鉴定意见,认为需要复核的,可以进行复核,也可以对专门问题进行鉴定或者补充鉴定。

第30条 复查刑事申诉案件可以询问原案当事人、证人和其他有关人员。

对原判决、裁定确有错误,认为需要提请抗诉、提出抗诉或者提出再审检察建议的,应当询问或者讯问原审被告人。

第31条 复查刑事申诉案件应当听取申诉人及其委托代理律师意见,核实相关问题。

第32条 复查刑事申诉案件可以听取原申诉案件办理部门或者原案承办人员、原案承办部门意见,全面了解案件办理情况。

第33条 复查刑事申诉案件过程中进行的询问、讯问等调查活动,应当制作调查笔录。调查笔录应当经被调查人确认无误后签名或者捺指印。

第34条 刑事申诉案件经复查,案件事实、证据、适用法律和诉讼程序以及其他可能影响案件公正处理的情形已经审查清楚,能够得出明确复查结论的,应当复查终结。

第35条 复查终结刑事申诉案件,承办检察官应当制作刑事申诉复查终结报告,在规定的职权范围作出决定;重大、疑难、复杂案件,报检察长或者检察委员会决定。

经检察委员会决定的案件,应当将检察委员会决定事项通知书及讨论记录附卷。

第36条 复查刑事申诉案件,应当自决定复查之日起3个月以内办结。3个月以内不能办结的,报检察长决定,可以延长3个月,并告知申诉人。

重大、疑难、复杂案件,在前款规定期限内仍不能办结,确需延长办理期限的,报检察长决定延长办理期限。

第37条 接受交办的人民检察院对上级人民检察院交办的刑事申诉案件应当依法办理并报告结果。对属于本院管辖的刑事申诉案件应当进行复查。

对交办的刑事申诉案件,应当自收到交办文书之日起3个月以内办结。确需延长办理期限的,应当报检察长决定,延长期限不得超过3个月。延期办理的,应当向交办的上级人民检察院书面说明情况。

第2节 不服人民检察院诉讼终结的刑事处理决定申诉案件的复查

第38条 被害人及其法定代理人、近亲属不服不起诉决定,在收到不起诉决定书后7日以内提出申诉的,由作出不起诉决定的人民检察院的上一级人民检察院进行复查。

第39条 被不起诉人及其法定代理人、近亲属不服不起诉决定,在收到不起诉决定书后七日以内提出申诉的,由作出不起诉决定的人民检察院进行复查。

第40条 被害人及其法定代理人、近亲日属、被不起诉人及其法定代理人、近亲属不服不起诉决定,在收到不起诉决定书后7日以内均提出申诉的,由作出不起诉决定的人民检察院的上一级人民检察院进行复查。

第41条 被害人及其法定代理人、近亲属、被不起诉人及其法定代理人、近亲属不服不起诉决定,在收到不起诉决定书后7日以内提出申诉的,控告申诉检察部门应当制作刑事申诉案件移送函,连同申诉材料移送刑事检察部门进行复查。

被害人及其法定代理人、近亲属向作出不起诉决定的人民检察院提出申诉的,作出决定的人民检察院刑事检察部门应当将申诉材料连同案卷一并报送上一级人民检察院刑事检察部门进行复查。

第42条 被害人及其法定代理人、近亲属、被不起诉人及其法定代理人、近亲属不服不起诉决定,在收到不起诉决定书7日以后提出申诉的,由作出不起诉决定的人民检察院控告申诉检察部门进行审查。经审查,认为不起诉决定正确的,应当审查结案;认为不起诉决定存在错误可能的,制作刑事申诉案件移送函,连同申诉材料移送刑事检察部门进行复查。

不服人民检察院其他诉讼终结的刑事处理决定的申诉案件,依照前款规定办理。

第43条 对不服人民检察院诉讼终结的刑事处理决定的申诉案件进行复查后,应当分别作出如下处理:

(一)原处理决定正确的,予以维持;(二)原处理决定正确,但所认定的部分事实或者适用法律错误的,应当纠正错误的部分,维持原处理决定;(三)原处理决定错误的,予以撤销;需要重新进入诉讼程序的,将案件移送有管辖权的人民检察院或者本院有关部门依法办理。

第3节 不服人民法院已经发生法律效力的刑事判决、裁定申诉案件的复查

第44条 最高人民检察院对不服各级人民法院已经发生法律效力的刑事判决、裁定的申诉,上级人民检察院对不服下级人民法院已经发生法律效力的刑事判决、裁定的申诉,经复

查决定提出抗诉的，应当按照审判监督程序向同级人民法院提出抗诉，或者指令作出生效判决、裁定的人民法院的上一级人民检察院向同级人民法院提出抗诉。

第45条 经复查认为人民法院已经发生法律效力的刑事判决、裁定确有错误，具有下列情形之一的，应当按照审判监督程序向人民法院提出抗诉：

（一）原判决、裁定认定事实、适用法律确有错误致裁判不公或者原判决、裁定的主要事实依据被依法变更或者撤销的；（二）认定罪名错误且明显影响量刑的；（三）量刑明显不当的；（四）据以定罪量刑的证据不确实、不充分，或者主要证据之间存在矛盾，或者依法应当予以排除的；（五）有新的证据证明原判决、裁定认定的事实确有错误，可能影响定罪量刑的；（六）违反法律关于追诉时效期限的规定的；（七）违反法律规定的诉讼程序，可能影响公正审判的；（八）审判人员在审理案件的时候有贪污受贿、徇私舞弊、枉法裁判行为的。

经复查认为人民法院已经发生法律效力的刑事判决、裁定，符合前款规定情形之一，经检察长决定，可以向人民法院提出再审检察建议。再审检察建议未被人民法院采纳的，可以提请上一级人民检察院抗诉。

第46条 经复查认为需要向同级人民法院提出抗诉或者提出再审检察建议的，承办检察官应当提出意见，报检察长决定。

第47条 地方各级人民检察院对不服同级人民法院已经发生法律效力的刑事判决、裁定的申诉案件复查后，认为需要提出抗诉的，承办检察官应当提出意见，报检察长决定后，提请上一级人民检察院抗诉。提请抗诉的案件，应当制作提请抗诉报告书，连同案卷报送上一级人民检察院。

上一级人民检察院对提请抗诉的案件审查后，承办检察官应当制作审查提请抗诉案件报告，提出处理意见，报检察长决定。对提请抗诉的案件作出决定后，承办检察官应当制作审查提请抗诉通知书，将审查结果通知提请抗诉的人民检察院。

第48条 人民检察院决定抗诉后，承办检察官应当制作刑事抗诉书，向同级人民法院提出抗诉。

以有新的证据证明原判决、裁定认定事实确有错误提出抗诉的，提出抗诉时应当随附相关证据材料。

第49条 上级人民检察院审查提请抗诉的案件，应当自收案之日起3个月以内作出决定。

对事实、证据有重大变化或者特别复杂的刑事申诉案件，可以不受前款规定期限限制。

对不服人民法院已经发生法律效力的死刑缓期2年执行判决、裁定的申诉案件，需要加重原审被告人刑罚的，一般应当在死刑缓期执行期限届满前作出决定。

第50条 地方各级人民检察院经复查提请抗诉的案件，上级人民检察院审查提请抗诉案件的期限不计入提请抗诉的人民检察院的复查期限。

第51条 人民检察院办理按照审判监督程序抗诉的案件，认为需要对原审被告人采取强制措施的，按照《人民检察院刑事诉讼规则》相关规定办理。

第52条 对按照审判监督程序提出抗诉的刑事申诉案件，或者人民法院依据人民检察院再审检察建议决定再审的刑事申诉案件，人民法院开庭审理时，由同级人民检察院刑事检察部门派员出席法庭，并对人民法院再审活动实行法律监督。

第53条 对按照审判监督程序提出抗诉的刑事申诉案件，或者人民法院依据人民检察院再审检察建议决定再审的刑事申诉案件，人民法院经重新审理作出的判决、裁定，由派员出席法庭的人民检察院刑事检察部门审查并提出意见。

经审查认为人民法院作出的判决、裁定仍然确有错误，需要提出抗诉的，报检察长决定。

如果案件是依照第一审程序审判的,同级人民检察院应当按照第二审程序向上一级人民法院提出抗诉;如果案件是依照第二审程序审判的,应当提请上一级人民检察院按照审判监督程序提出抗诉。

第6章 其他规定

第54条 人民检察院审查结案和复查终结的刑事申诉案件,应当制作刑事申诉结果通知书,于10日以内送达申诉人,并做好释法说理工作。

下级人民检察院应当协助上级人民检察院做好释法说理、息诉息访工作。

对移送的刑事申诉案件,刑事检察部门应当将刑事申诉结果通知书抄送控告申诉检察部门。

第55条 对提请抗诉的案件,提请抗诉的人民检察院应当在上一级人民检察院作出是否抗诉的决定后制作刑事申诉结果通知书。

第56条 对不服人民检察院诉讼终结的刑事处理决定的申诉案件进行复查后,依照本规定第43条第2项、第3项规定变更原处理决定认定事实、适用法律或者撤销原处理决定的,应当将刑事申诉结果通知书抄送相关人民检察院。

第57条 对重大、疑难、复杂的刑事申诉案件,人民检察院可以进行公开听证,对涉案事实、证据、法律适用等有争议问题进行公开陈述、示证、论证和辩论,充分听取各方意见,依法公正处理案件。

第58条 申诉人对处理结论有异议的刑事申诉案件,人民检察院可以进行公开答复,做好解释、说明和教育工作,预防和化解社会矛盾。

第59条 人民检察院对具有下列情形之一的刑事申诉案件,可以中止办理:

(一)人民法院对原判决、裁定正在审查的;(二)无法与申诉人及其代理人取得联系的;(三)申诉的自然人死亡,需要等待其他申诉权利人表明是否继续申诉的;(四)申诉的法人或者其他组织终止,尚未确定权利义务承继人的;(五)由于其他原因,致使案件在较长时间内无法继续办理的。

决定中止办理的案件,应当制作刑事申诉中止办理通知书,通知申诉人;确实无法通知的,应当记录在案。

中止办理的事由消除后,应当立即恢复办理。中止办理的期间不计入办案期限。

第60条 人民检察院对具有下列情形之一的刑事申诉案件,经检察长决定,应当终止办理:

(一)人民检察院因同一案件事实对撤销案件的犯罪嫌疑人重新立案侦查的,对不批准逮捕的犯罪嫌疑人重新作出批准逮捕决定的,或者对不起诉案件的被不起诉人重新起诉的;(二)人民检察院收到人民法院受理被害人对被不起诉人起诉的通知的;(三)人民法院决定再审的;(四)申诉人自愿撤回申诉,且不损害国家利益、社会公共利益或者他人合法权益的;(五)申诉的自然人死亡,没有其他申诉权利人或者申诉权利人明确表示放弃申诉的,但是有证据证明原案被告人是无罪的除外;(六)申诉的法人或者其他组织终止,没有权利义务承继人或者权利义务承继人明确表示放弃申诉的,但是有证据证明原案被告人是无罪的除外;(七)其他应当终止办理的情形。

决定终止办理的案件,应当制作刑事申诉终止办理通知书,通知申诉人;确实无法通知的,应当记录在案。

终止办理的事由消除后,申诉人再次提出申诉,符合刑事申诉受理条件的,应当予以受理。

第61条 办理刑事申诉案件中发现原案存在执法司法瑕疵等问题的,可以依照相关规定向原办案单位提出检察建议或者纠正意见。

第62条 办理刑事申诉案件中发现原案办理过程中有贪污贿赂、渎职等违法违纪行为的,应当移送有关机关处理。

第63条 办理刑事申诉案件中发现原案遗漏罪行或者同案犯罪嫌疑人的,应当移送有关机关处理。

第64条 刑事申诉案件相关法律文书应当在统一业务应用系统内制作。

第7章 附 则

第65条 本规定由最高人民检察院负责解释。

第66条 本规定自发布之日起施行。2014年10月27日发布的《人民检察院复查刑事申诉案件规定》(高检发〔2014〕18号)同时废止;本院此前发布的有关办理刑事申诉案件的其他规定与本规定不一致的,以本规定为准。

42. 最高人民检察院《人民检察院审查案件听证工作规定》(2020年10月20日)

第1章 总 则

第1条 为深化履行法律监督职责,进一步加强和规范人民检察院以听证方式审查案件工作,切实促进司法公开,保障司法公正,提升司法公信,落实普法责任,促进矛盾化解,根据《中华人民共和国人民检察院组织法》等法律规定,结合检察工作实际,制定本规定。

第2条 本规定中的听证,是指人民检察院对于符合条件的案件,组织召开听证会,就事实认定、法律适用和案件处理等问题听取听证员和其他参加人意见的案件审查活动。

第3条 人民检察院以听证方式审查案件,应当秉持客观公正立场,以事实为根据,以法律为准绳,做到依法独立行使检察权与保障人民群众的知情权、参与权和监督权相结合。

第4条 人民检察院办理羁押必要性审查案件、拟不起诉案件、刑事申诉案件、民事诉讼监督案件、行政诉讼监督案件、公益诉讼案件等,在事实认定、法律适用、案件处理等方面存在较大争议,或者有重大社会影响,需要当面听取当事人和其他相关人员意见的,经检察长批准,可以召开听证会。

人民检察院办理审查逮捕案件,需要核实评估犯罪嫌疑人是否具有社会危险性、是否具有社会帮教条件的,可以召开听证会。

第5条 拟不起诉案件、刑事申诉案件、民事诉讼监督案件、行政诉讼监督案件、公益诉讼案件的听证会一般公开举行。

审查逮捕案件、羁押必要性审查案件以及当事人是未成年人案件的听证会一般不公开举行。

第2章 听证会参加人

第6条 人民检察院应当根据案件具体情况,确定听证会参加人。听证会参加人除听证员外,可以包括案件当事人及其法定代理人、诉讼代理人、辩护人、第三人、相关办案人员、证人和鉴定人以及其他相关人员。

第7条 人民检察院可以邀请与案件没有利害关系并同时具备下列条件的社会人士作为听证员:

(一)年满23周岁的中国公民;(二)拥护中华人民共和国宪法和法律;(三)遵纪守法、品行良好、公道正派;(四)具有正常履行职责的身体条件。

有下列情形之一的,不得担任听证员:

(一)受过刑事处罚的;(二)被开除公职的;(三)被吊销律师、公证员执业证书的;(四)其他有严重违法违纪行为,可能影响司法公正的。

参加听证会的听证员一般为3至7人。

第8条 人民检察院可以邀请人民监督员参加听证会,依照有关规定接受人民监督员监督。

第3章 听证会程序

第9条 人民检察院可以根据案件办理需要,决定召开听证会。当事人及其辩护人、代理人向审查案件的人民检察院申请召开听证会的,人民检察院应当及时作出决定,告知申请人。不同意召开听证会的,应当向申请人说明理由。

第10条 人民检察院决定召开听证会的,应当做好以下准备工作:

(一)制定听证方案,确定听证会参加人;(二)在听证3日前告知听证会参加人案由、听证时间和地点;(三)告知当事人主持听证会的检察官及听证员的姓名、身份;(四)公开听证的,发布听证会公告。

第11条 听证员确定后,人民检察院应当向听证员介绍案件情况、需要听证的问题和相关法律规定。

第12条 听证会一般在人民检察院检察听证室举行。有特殊情形的,经检察长批准也可以在其他场所举行。

听证会席位设置按照有关规定执行。

第13条 听证会一般由承办案件的检察官或者办案组的主办检察官主持。

检察长或者业务机构负责人承办案件的,应当担任主持人。

第14条 听证会开始前,人民检察院应当确认听证员、当事人和其他参加人是否到场,宣布听证会的程序和纪律。

第15条 听证会一般按照下列步骤进行:

(一)承办案件的检察官介绍案件情况和需要听证的问题;(二)当事人及其他参加人就需要听证的问题分别说明情况;(三)听证员向当事人或者其他参加人提问;(四)主持人宣布休会,听证员就听证事项进行讨论;(五)主持人宣布复会,根据案件情况,可以由听证员或者听证员代表发表意见;(六)当事人发表最后陈述意见;(七)主持人对听证会进行总结。

第16条 听证员的意见是人民检察院依法处理案件的重要参考。拟不采纳听证员多数意见的,应当向检察长报告并获同意后作出决定。

第17条 人民检察院充分听取各方意见后,根据已经查明的事实、证据和有关法律规定,能够当场作出决定的,应当由听证会主持人当场宣布决定并说明理由;不能当场作出决定的,应当在听证会后依法作出决定,向当事人宣告、送达,并将作出的决定和理由告知听证员。

第18条 听证过程应当由书记员制作笔录,并全程录音录像。

听证笔录由听证会主持人、承办检察官、听证会参加人和记录人签名或者盖章。笔录应当归入案件卷宗。

第19条 公开听证的案件,公民可以申请旁听,人民检察院可以邀请媒体旁听。经检察长批准,人民检察院可以通过中国检察听证网和其他公共媒体,对听证会进行图文、音频、视频直播或者录播。

公开听证直播、录播涉及的相关技术和工作规范,依照有关规定执行。

第20条 听证的期间计入办案期限。

第4章 附 则

第21条 人民检察院听证活动经费按照人民检察院财务管理办法有关规定执行，不得向当事人收取费用。

第22条 参加不公开听证的人员应当严格遵守有关保密规定。

故意或者过失泄露国家秘密、商业秘密或者办案秘密的，依纪依法追究责任人员的纪律责任和法律责任。

第23条 本规定自公布之日起施行。

最高人民检察院以前发布的相关规范性文件与本规定不一致的，以本规定为准。

43. 公安部《公安机关异地办案协作"六个严禁"》(公通字〔2020〕6号)

一、严禁未履行协作手续，跨县及以上行政区域执行传唤、拘传、拘留、逮捕。

二、严禁未履行协作手续，跨县及以上行政区域查封、扣押、冻结与案件有关的财物、文件。

三、严禁在管辖争议解决前，擅自派警跨所属公安机关管辖区域办案。依法依规进行先期处置的除外。

四、严禁对异地公安机关依法提出且法律手续完备的办案协作请求不予配合、故意阻挠、制造管辖争议、争夺案源战果，或者设置条件、收取费用、推诿拖拉。

五、严禁违反保密规定泄露异地公安机关提出的办案协作请求信息。

六、严禁未按规定报经批准，佩带枪支跨所属公安机关管辖区域执行任务。现场紧急情况除外。

违反上述规定的，一律对责任人及其所属公安机关予以通报批评；发生正面冲突、引发舆论炒作、造成人员伤亡或恶劣影响等严重后果的，一律对责任人采取停止执行职务或禁闭措施，依规依纪依法从严追究有关人员的直接责任和领导责任；构成犯罪的，一律依法追究刑事责任。

附：相关法律法规

①《中华人民共和国刑事诉讼法》(2018年版)(节选)

第83条 公安机关在异地执行拘留、逮捕的时候，应当通知被拘留、逮捕人所在地的公安机关，被拘留、逮捕人所在地的公安机关应当予以配合。

②《公安机关办理刑事案件程序规定》(公安部令〔2020〕第159号)(节选)

第346条 公安机关在异地执行传唤、拘传、拘留、逮捕，开展勘验、检查、搜查、查封、扣押、冻结、讯问等侦查活动，应当向当地公安机关提出办案协作请求，并在当地公安机关协助下进行，或者委托当地公安机关代为执行。

开展查询、询问、辨认等侦查活动或者送达法律文书的，也可以向当地公安机关提出办案协作请求，并按照有关规定进行通报。

第347条 需要异地公安机关协助的，办案地公安机关应当制作办案协作函件，连同有关法律文书和人民警察证复印件一并提供给协作地公安机关。必要时，可以将前述法律手续传真或者通过公安机关有关信息系统传输至协作地公安机关。

请求协助执行传唤、拘传、拘留、逮捕的，应当提供传唤证、拘传证、拘留证、逮捕证；请求协助开展搜查、查封、扣押、查询、冻结等侦查活动的，应当提供搜查证、查封决定书、扣押决定书、协助查询财产通知书、协助冻结财产通知书；请求协助开展勘验、检查、讯问、询问等侦查活动的，应当提供立案决定书。

第348条 公安机关应当指定一个部门归口接收协作请求，并进行审核。对符合本规定

第347条规定的协作请求,应当及时交主管业务部门办理。

异地公安机关提出协作请求的,只要法律手续完备,协作地公安机关就应当及时无条件予以配合,不得收取任何形式的费用或者设置其他条件。

第349条 对协作过程中获取的犯罪线索,不属于自己管辖的,应当及时移交有管辖权的公安机关或者其他有关部门。

第350条 异地执行传唤、拘传的,协作地公安机关应当协助将犯罪嫌疑人传唤、拘传到本市、县公安机关执法办案场所或者到他的住处进行讯问。

异地执行拘留、逮捕的,协作地公安机关应当派员协助执行。

第351条 已被决定拘留、逮捕的犯罪嫌疑人在逃的,可以通过网上工作平台发布犯罪嫌疑人相关信息、拘留证或者逮捕证。各地公安机关发现网上逃犯的,应当立即组织抓捕。

协作地公安机关抓获犯罪嫌疑人后,应当立即通知办案地公安机关。办案地公安机关应当立即携带法律文书及时提解,提解的侦查人员不得少于2人。

办案地公安机关不能及时到达协作地的,应当委托协作地公安机关在拘留、逮捕后24小时以内进行讯问。

第352条 办案地公安机关请求代为讯问、询问、辨认的,协作地公安机关应当制作讯问、询问、辨认笔录,交被讯问、询问人和辨认人签名、捺指印后,提供给办案地公安机关。

办案地公安机关可以委托协作地公安机关协助进行远程视频讯问、询问,讯问、询问过程应当全程录音录像。

第353条 办案地公安机关请求协查犯罪嫌疑人的身份、年龄、违法犯罪经历等情况的,协作地公安机关应当在接到请求后7日以内将协查结果通知办案地公安机关;交通十分不便的边远地区,应当在15日以内将协查结果通知办案地公安机关。

办案地公安机关请求协助调查取证或者查询犯罪信息、资料的,协作地公安机关应当及时协查并反馈。

第354条 对不履行办案协作程序或者协作职责造成严重后果的,对直接负责的主管人员和其他直接责任人员,应当给予处分;构成犯罪的,依法追究刑事责任。

第355条 协作地公安机关依照办案地公安机关的协作请求履行办案协作职责所产生的法律责任,由办案地公安机关承担。但是,协作行为超出协作请求范围,造成执法过错的,由协作地公安机关承担相应法律责任。

第356条 办案地和协作地公安机关对于案件管辖、定性处理等发生争议的,可以进行协商。协商不成的,提请共同的上级公安机关决定。

③《公安机关办理行政案件程序规定》(公安部令〔2020〕第159号)(节选)

第118条 需要到异地执行传唤的,办案人民警察应当持传唤证、办案协作函件和人民警察证,与协作地公安机关联系,在协作地公安机关的协作下进行传唤。协作地公安机关应当协助将违法嫌疑人传唤到其所在市、县内的指定地点或者到其住处、单位进行询问。

44.《中华人民共和国社区矫正法实施办法》(司发通〔2020〕59号)

第1条 为了推进和规范社区矫正工作,根据《中华人民共和国刑法》、《中华人民共和国刑事诉讼法》、《中华人民共和国社区矫正法》等有关法律规定,制定本办法。

第2条 社区矫正工作坚持党的绝对领导,实行党委政府统一领导、司法行政机关组织实施、相关部门密切配合、社会力量广泛参与、检察机关法律监督的领导体制和工作机制。

第3条 地方人民政府根据需要设立社区矫正委员会,负责统筹协调和指导本行政区域内的社区矫正工作。

司法行政机关向社区矫正委员会报告社区矫正工作开展情况,提请社区矫正委员会协调解决社区矫正工作中的问题。

第4条 司法行政机关依法履行以下职责：

(一)主管本行政区域内社区矫正工作；(二)对本行政区域内设置和撤销社区矫正机构提出意见；(三)拟定社区矫正工作发展规划和管理制度，监督检查社区矫正法律法规和政策的执行情况；(四)推动社会力量参与社区矫正工作；(五)指导支持社区矫正机构提高信息化水平；(六)对在社区矫正工作中作出突出贡献的组织、个人，按照国家有关规定给予表彰、奖励；(七)协调推进高素质社区矫正工作队伍建设；(八)其他依法应当履行的职责。

第5条 人民法院依法履行以下职责：

(一)拟判处管制、宣告缓刑、决定暂予监外执行的，可以委托社区矫正机构或者有关社会组织对被告人或者罪犯的社会危险性和对所居住社区的影响，进行调查评估，提出意见，供决定社区矫正时参考；(二)对执行机关报请假释的，审查执行机关移送的罪犯假释后对所居住社区影响的调查评估意见；(三)核实并确定社区矫正执行地；(四)对被告人或者罪犯依法判处管制、宣告缓刑、裁定假释、决定暂予监外执行；(五)对社区矫正对象进行教育，及时通知并送达法律文书；(六)对符合撤销缓刑、撤销假释或者暂予监外执行收监执行条件的社区矫正对象，作出判决、裁定和决定；(七)对社区矫正机构提请逮捕的，及时作出是否逮捕的决定；(八)根据社区矫正机构提出的减刑建议作出裁定；(九)其他依法应当履行的职责。

第6条 人民检察院依法履行以下职责：

(一)对社区矫正决定机关、社区矫正机构或者有关社会组织的调查评估活动实行法律监督；(二)对社区矫正决定机关判处管制、宣告缓刑、裁定假释、决定或者批准暂予监外执行活动实行法律监督；(三)对社区矫正法律文书及社区矫正对象交付执行活动实行法律监督；(四)对监督管理、教育帮扶社区矫正对象的活动实行法律监督；(五)对变更刑事执行、解除矫正和终止矫正的活动实行法律监督；(六)受理申诉、控告和举报，维护社区矫正对象的合法权益；(七)按照刑事诉讼法的规定，在对社区矫正实行法律监督中发现司法工作人员相关职务犯罪，可以立案侦查直接受理的案件；(八)其他依法应当履行的职责。

第7条 公安机关依法履行以下职责：

(一)对看守所留所服刑罪犯拟暂予监外执行的，可以委托开展调查评估；(二)对看守所留所服刑罪犯拟暂予监外执行的，核实并确定社区矫正执行地；对符合暂予监外执行条件的，批准暂予监外执行；对符合收监执行条件的，作出收监执行的决定；(三)对看守所留所服刑罪犯批准暂予监外执行的，进行教育，及时通知并送达法律文书；依法将社区矫正对象交付执行；(四)对社区矫正对象予以治安管理处罚；到场处置经社区矫正机构制止无效，正在实施违反监督管理规定或者违反人民法院禁止令等违法行为的社区矫正对象；协助社区矫正机构处置突发事件；(五)协助社区矫正机构查找失去联系的社区矫正对象；执行人民法院作出的逮捕决定；被裁定撤销缓刑、撤销假释和被决定收监执行的社区矫正对象逃跑的，予以追捕；(六)对裁定撤销缓刑、撤销假释，或者对人民法院、公安机关决定暂予监外执行收监的社区矫正对象，送交看守所或者监狱执行；(七)执行限制社区矫正对象出境的措施；(八)其他依法应当履行的职责。

第8条 监狱管理机关以及监狱依法履行以下职责：

(一)对监狱关押罪犯拟提请假释的，应当委托进行调查评估；对监狱关押罪犯拟暂予监外执行的，可以委托进行调查评估；(二)对监狱关押罪犯拟暂予监外执行的，依法核实并确定社区矫正执行地；对符合暂予监外执行条件的，监狱管理机关作出暂予监外执行决定；(三)对监狱关押罪犯批准暂予监外执行的，进行教育，及时通知并送达法律文书；依法将社区矫正对象交付执行；(四)监狱管理机关对暂予监外执行罪犯决定收监执行的，原服刑或者接收其档案的监狱应当立即将罪犯收监执行;(五)其他依法应当履行的职责。

第9条 社区矫正机构是县级以上地方人民政府根据需要设置的,负责社区矫正工作具体实施的执行机关。社区矫正机构依法履行以下职责:

(一)接受委托进行调查评估,提出评估意见;(二)接收社区矫正对象,核对法律文书、核实身份、办理接收登记,建立档案;(三)组织入矫和解矫宣告,办理入矫和解矫手续;(四)建立矫正小组、组织矫正小组开展工作,制定和落实矫正方案;(五)对社区矫正对象进行监督管理,实施考核奖惩;审批会客、外出、变更执行地等事项;了解掌握社区矫正对象的活动情况和行为表现;组织查找失去联系的社区矫正对象,查找后依情形作出处理;(六)提出治安管理处罚建议,提出减刑、撤销缓刑、撤销假释、收监执行等变更刑事执行建议,依法提请逮捕;(七)对社区矫正对象进行教育帮扶,开展法治道德等教育,协调有关方面开展职业技能培训、就业指导,组织公益活动等事项;(八)向有关机关通报社区矫正对象情况,送达法律文书;(九)对社区矫正工作人员开展管理、监督、培训,落实职业保障;(十)其他依法应当履行的职责。

设置和撤销社区矫正机构,由县级以上地方人民政府司法行政部门提出意见,按照规定的权限和程序审批。社区矫正日常工作由县级社区矫正机构具体承担;未设置县级社区矫正机构的,由上一级社区矫正机构具体承担。省、市两级社区矫正机构主要负责监督指导、跨区域执法的组织协调以及与同级社区矫正决定机关对接的案件办理工作。

第10条 司法所根据社区矫正机构的委托,承担社区矫正相关工作。

第11条 社区矫正机构依法加强信息化建设,运用现代信息技术开展监督管理和教育帮扶。

社区矫正工作相关部门之间依法进行信息共享,人民法院、人民检察院、公安机关、司法行政机关依法建立完善社区矫正信息交换平台,实现业务协同、互联互通,运用现代信息技术及时准确传输交换有关法律文书,根据需要实时查询社区矫正对象交付接收、监督管理、教育帮扶、脱离监管、被治安管理处罚、被采取强制措施、变更刑事执行、办理再犯罪案件等情况,共享社区矫正工作动态信息,提高社区矫正信息化水平。

第12条 对拟适用社区矫正的,社区矫正决定机关应当核实社区矫正对象的居住地。社区矫正对象在多个地方居住的,可以确定经常居住地为执行地。没有居住地,居住地、经常居住地无法确定或者不适宜执行社区矫正的,应当根据有利于社区矫正对象接受矫正、更好地融入社会的原则,确定社区矫正执行地。被确定为执行地的社区矫正机构应当及时接收。

社区矫正对象的居住地是指其实际居住的县(市、区)。社区矫正对象的经常居住地是指其经常居住的,有固定住所、固定生活来源的县(市、区)。

社区矫正对象应如实提供其居住、户籍等情况,并提供必要的证明材料。

第13条 社区矫正决定机关对拟适用社区矫正的被告人、罪犯,需要调查其社会危险性和对所居住社区影响的,可以委托拟确定为执行地的社区矫正机构或者有关社会组织进行调查评估。社区矫正机构或者有关社会组织收到委托文书后应当及时通知执行地县级人民检察院。

第14条 社区矫正机构、有关社会组织接受委托后,应当对被告人或者罪犯的居所情况、家庭和社会关系、犯罪行为的后果和影响、居住地村(居)民委员会和被害人意见、拟禁止的事项、社会危险性、对所居住社区的影响等情况进行调查了解,形成调查评估意见,与相关材料一起提交委托机关。调查评估时,相关单位、部门、村(居)民委员会等组织、个人应当依法为调查评估提供必要的协助。

社区矫正机构、有关社会组织应当自收到调查评估委托函及所附材料之日起10个工作日内完成调查评估,提交评估意见。对于适用刑事案件速裁程序的,应当在5个工作日内完成调查评估，提交评估意见。评估意见同时抄送执行地县级人民检察院。需要延长调查评估时限的，社区矫正机构、有关社会组织应当与委托机关协商，并在协商确定的期限内完成调查评估。因被告人或者罪犯的姓名、居住地不真实、身份不明等原因，社区矫正机构、有关社会组织无法进行调查评估的，应当及时向委托机关说明情况。社区矫正决定机关对调查评估意见的采信情况，应当在相关法律文书中说明。

对调查评估意见以及调查中涉及的国家秘密、商业秘密、个人隐私等信息，应当保密，不得泄露。

第15条 社区矫正决定机关应当对社区矫正对象进行教育，书面告知其到执行地县级社区矫正机构报到的时间期限以及逾期报到或者未报到的后果，责令其按时报到。

第16条 社区矫正决定机关应当自判决、裁定或者决定生效之日起5日内通知执行地县级社区矫正机构，并在10日内将判决书、裁定书、决定书、执行通知书等法律文书送达执行地县级社区矫正机构，同时抄送人民检察院。收到法律文书后，社区矫正机构应当在5日内送达回执。

社区矫正对象前来报到时，执行地县级社区矫正机构未收到法律文书或者法律文书不齐全，应当先记录在案，为其办理登记接收手续，并通知社区矫正决定机关在5日内送达或者补齐法律文书。

第17条 被判处管制、宣告缓刑、裁定假释的社区矫正对象到执行地县级社区矫正机构报到时，社区矫正机构应当核对法律文书、核实身份，办理登记接收手续。对社区矫正对象存在因行动不便、自行报到确有困难等特殊情况的，社区矫正机构可以派员到其居住地等场所办理登记接收手续。

暂予监外执行的社区矫正对象，由公安机关、监狱或者看守所依法移送至执行地县级社区矫正机构，办理交付接收手续。罪犯原服刑地与居住地不在同一省、自治区、直辖市，需要回居住地暂予监外执行的，原服刑地的省级以上监狱管理机关或者设区的市一级以上公安机关应当书面通知罪犯居住地的监狱管理机关、公安机关，由其指定一所监狱、看守所接收社区矫正对象档案，负责办理其收监、刑满释放等手续。对看守所留所服刑罪犯暂予监外执行，原服刑地与居住地在同一省、自治区、直辖市的，可以不移交档案。

第18条 执行地县级社区矫正机构接收社区矫正对象后，应当建立社区矫正档案，包括以下内容：

（一）适用社区矫正的法律文书；（二）接收、监管审批、奖惩、收监执行、解除矫正、终止矫正等有关社区矫正执行活动的法律文书；（三）进行社区矫正的工作记录；（四）社区矫正对象接受社区矫正的其他相关材料。

接受委托对社区矫正对象进行日常管理的司法所应当建立工作档案。

第19条 执行地县级社区矫正机构、受委托的司法所应当为社区矫正对象确定矫正小组，与矫正小组签订矫正责任书，明确矫正小组成员的责任和义务，负责落实矫正方案。

矫正小组主要开展下列工作：

（一）按照矫正方案，开展个案矫正工作；（二）督促社区矫正对象遵纪守法，遵守社区矫正规定；（三）参与对社区矫正对象的考核评议和教育活动；（四）对社区矫正对象走访谈话，了解其思想、工作和生活情况，及时向社区矫正机构或者司法所报告；（五）协助对社区矫正对象进行监督管理和教育帮扶；（六）协助社区矫正机构或者司法所开展其他工作。

第20条 执行地县级社区矫正机构接收社区矫正对象后，应当组织或者委托司法所组织入矫宣告。

入矫宣告包括以下内容：

（一）判决书、裁定书、决定书、执行通知书等有关法律文书的主要内容；（二）社区矫正期限；（三）社区矫正对象应当遵守的规定、被剥夺或者限制行使的权利、被禁止的事项以及违反规定的法律后果；（四）社区矫正对象依法享有的权利；（五）矫正小组人员组成及职责；（六）其他有关事项。

宣告由社区矫正机构或者司法所的工作人员主持，矫正小组成员及其他相关人员到场，按照规定程序进行。宣告后，社区矫正对象应当在书面材料上签字，确认已经了解所宣告的内容。

第21条 社区矫正机构应当根据社区矫正对象被判处管制、宣告缓刑、假释和暂予监外执行的不同裁判内容和犯罪类型、矫正阶段、再犯罪风险等情况，进行综合评估，划分不同类别，实施分类管理。

社区矫正机构应当把社区矫正对象的考核结果和奖惩情况作为分类管理的依据。

社区矫正机构对不同类别的社区矫正对象，在矫正措施和方法上应当有所区别，有针对性地开展监督管理和教育帮扶工作。

第22条 执行地县级社区矫正机构、受委托的司法所要根据社区矫正对象的性别、年龄、心理特点、健康状况、犯罪原因、悔罪表现等具体情况，制定矫正方案，有针对性地消除社区矫正对象可能重新犯罪的因素，帮助其成为守法公民。

矫正方案应当包括社区矫正对象基本情况、对社区矫正对象的综合评估结果、对社区矫正对象的心理状态和其他特殊情况的分析、拟采取的监督管理、教育帮扶措施等内容。

矫正方案应当根据分类管理的要求、实施效果以及社区矫正对象的表现等情况，相应调整。

第23条 执行地县级社区矫正机构、受委托的司法所应当根据社区矫正对象的个人生活、工作及所处社区的实际情况，有针对性地采取通信联络、信息化核查、实地查访等措施，了解掌握社区矫正对象的活动情况和行为表现。

第24条 社区矫正对象应当按照有关规定和社区矫正机构的要求，定期报告遵纪守法、接受监督管理、参加教育学习、公益活动和社会活动等情况。发生居所变化、工作变动、家庭重大变故以及接触对其矫正可能产生不利影响人员等情况时，应当及时报告。被宣告禁止令的社区矫正对象应当定期报告遵守禁止令的情况。

暂予监外执行的社区矫正对象应当每个月报告本人身体情况。保外就医的，应当到省级人民政府指定的医院检查，每3个月向执行地县级社区矫正机构、受委托的司法所提交病情复查情况。执行地县级社区矫正机构根据社区矫正对象的病情及保证人等情况，可以调整报告身体情况和提交复查情况的期限。延长1个月至3个月以下的，报上一级社区矫正机构批准；延长3个月以上的，逐级上报省级社区矫正机构批准。批准延长的，执行地县级社区矫正机构应当及时通报同级人民检察院。

社区矫正机构根据工作需要，可以协调对暂予监外执行的社区矫正对象进行病情诊断、妊娠检查或者生活不能自理的鉴别。

第25条 未经执行地县级社区矫正机构批准，社区矫正对象不得接触其犯罪案件中的被害人、控告人、举报人，不得接触同案犯等可能诱发其再犯罪的人。

第26条 社区矫正对象未经批准不得离开所居住市、县。确有正当理由需要离开的，应当经执行地县级社区矫正机构或者受委托的司法所批准。

社区矫正对象外出的正当理由是指就医、就学、参与诉讼、处理家庭或者工作重要事务等。

前款规定的市是指直辖市的城市市区、设区的市的城市市区和县级市的辖区。在设区的同一市内跨区活动的,不属于离开所居住的市、县。

第27条 社区矫正对象确需离开所居住的市、县的,一般应当提前3日提交书面申请,并如实提供诊断证明、单位证明、入学证明、法律文书等材料。

申请外出时间在7日内的,经执行地县级社区矫正机构委托,可以由司法所批准,并报执行地县级社区矫正机构备案;超过7日的,由执行地县级社区矫正机构批准。执行地县级社区矫正机构每次批准外出的时间不超过30日。

因特殊情况确需外出超过30日的,或者两个月内外出时间累计超过30日的,应报上一级社区矫正机构审批。上一级社区矫正机构批准社区矫正对象外出的,执行地县级社区矫正机构应当及时通报同级人民检察院。

第28条 在社区矫正对象外出期间,执行地县级社区矫正机构、受委托的司法所应当通过电话通讯、实时视频等方式实施监督管理。

执行地县级社区矫正机构根据需要,可以协商外出目的地社区矫正机构协助监督管理,并要求社区矫正对象在到达和离开时向当地社区矫正机构报告,接受监督管理。外出目的地社区矫正机构在社区矫正对象报告后,可以通过电话通讯、实地查访等方式协助监督管理。

社区矫正对象应在外出期限届满前返回居住地,并向执行地县级社区矫正机构或者司法所报告,办理手续。因特殊原因无法按期返回的,应及时向社区矫正机构或者司法所报告情况。发现社区矫正对象违反外出管理规定的,社区矫正机构应当责令其立即返回,并视情节依法予以处理。

第29条 社区矫正对象确因正常工作和生活需要经常性跨市、县活动的,应当由本人提出书面申请,写明理由、经常性去往市县名称、时间、频次等,同时提供相应证明,由执行地县级社区矫正机构批准,批准1次的有效期为6个月。在批准的期限内,社区矫正对象到批准市、县活动的,可以通过电话、微信等方式报告活动情况。到期后,社区矫正对象仍需要经常性跨市、县活动的,应当重新提出申请。

第30条 社区矫正对象因工作、居所变化等原因需要变更执行地的,一般应当提前1个月提出书面申请,并提供相应证明材料,由受委托的司法所签署意见后报执行地县级社区矫正机构审批。

执行地县级社区矫正机构收到申请后,应当在5日内书面征求新执行地县级社区矫正机构的意见。新执行地县级社区矫正机构接到征求意见函后,应当在5日内核实有关情况,作出是否同意接收的意见并书面回复。执行地县级社区矫正机构根据回复意见,作出决定。执行地县级社区矫正机构对新执行地县级社区矫正机构的回复意见有异议的,可以报上一级社区矫正机构协调解决。

经审核,执行地县级社区矫正机构不同意变更执行地的,应在决定作出之日起5日内告知社区矫正对象。同意变更执行地的,应对社区矫正对象进行教育,书面告知其到新执行地县级社区矫正机构报到的时间期限以及逾期报到或者未报到的后果,责令其按时报到。

第31条 同意变更执行地的,原执行地县级社区矫正机构应当在作出决定之日起5日内,将有关法律文书和档案材料移交新执行地县级社区矫正机构,并将有关法律文书抄送社区矫正决定机关和原执行地县级人民检察院、公安机关。新执行地县级社区矫正机构收到法律文书和档案材料后,在5日内送达回执,并将有关法律文书抄送所在地县级人民检察院、公安机关。

同意变更执行地的,社区矫正对象应当自收到变更执行地决定之日起7日内,到新执行地县级社区矫正机构报到。新执行地县级社区矫正机构应当核实身份、办理登记接收手续。发现社区矫正对象未按规定时间报到的,新执行地县级社区矫正机构应当立即通知原执行地县级社区矫正机构,由原执行地县级社区矫正机构组织查找。未及时办理交付接收,造成社区矫正对象脱管漏管的,原执行地社区矫正机构会同新执行地社区矫正机构妥善处置。

对公安机关、监狱管理机关批准暂予监外执行的社区矫正对象变更执行地的,公安机关、监狱管理机关在收到社区矫正机构送达的法律文书后,应与新执行地同级公安机关、监狱管理机关办理交接。新执行地的公安机关、监狱管理机关应指定一所看守所、监狱接收社区矫正对象档案,负责办理其收监、刑满释放等手续。看守所、监狱在接收档案之日起5日内,应当将有关情况通报新执行地县级社区矫正机构。对公安机关批准暂予监外执行的社区矫正对象在同一省、自治区、直辖市变更执行地的,可以不移交档案。

第32条 社区矫正机构应当根据有关法律法规、部门规章和其他规范性文件,建立内容全面、程序合理、易于操作的社区矫正对象考核奖惩制度。

社区矫正机构、受委托的司法所应当根据社区矫正对象认罪悔罪、遵守有关规定、服从监督管理、接受教育等情况,定期对其考核。对于符合表扬条件、具备训诫、警告情形的社区矫正对象,经执行地县级社区矫正机构决定,可以给予其相应奖励或者处罚,作出书面决定。对于涉嫌违反治安管理行为的社区矫正对象,执行地县级社区矫正机构可以向同级公安机关提出建议。社区矫正机构奖励或者处罚的书面决定应当抄送人民检察院。

社区矫正对象的考核结果与奖惩应当书面通知其本人,定期公示,记入档案,做到准确及时、公开公平。社区矫正对象对考核奖惩提出异议的,执行地县级社区矫正机构应当及时处理,并将处理结果告知社区矫正对象。社区矫正对象对处理结果仍有异议的,可以向人民检察院提出。

第33条 社区矫正对象认罪悔罪、遵守法律法规、服从监督管理、接受教育表现突出的,应当给予表扬。

社区矫正对象接受社区矫正6个月以上并且同时符合下列条件的,执行地县级社区矫正机构可以给予表扬:

(一)服从人民法院判决,认罪悔罪;(二)遵守法律法规;(三)遵守关于报告、会客、外出、迁居等规定,服从社区矫正机构的管理;(四)积极参加教育学习等活动,接受教育矫正的。

社区矫正对象接受社区矫正期间,有见义勇为、抢险救灾等突出表现,或者帮助他人、服务社会等突出事迹的,执行地县级社区矫正机构可以给予表扬。对于符合法定减刑条件的,由执行地县级社区矫正机构依照本办法第42条的规定,提出减刑建议。

第34条 社区矫正对象具有下列情形之一的,执行地县级社区矫正机构应当给予训诫:

(一)不按规定时间报到或者接受社区矫正期间脱离监管,未超过10日的;(二)违反关于报告、会客、外出、迁居等规定,情节轻微的;(三)不按规定参加教育学习等活动,经教育仍不改正的;(四)其他违反监督管理规定,情节轻微的。

第35条 社区矫正对象具有下列情形之一的,执行地县级社区矫正机构应当给予警告:

(一)违反人民法院禁止令,情节轻微的;(二)不按规定时间报到或者接受社区矫正期间脱离监管,超过10日的;(三)违反关于报告、会客、外出、迁居等规定,情节较重的;(四)保外就医的社区矫正对象无正当理由不按时提交病情复查情况,经教育仍不改正的;(五)受到社区矫正机构两次训诫,仍不改正的;(六)其他违反监督管理规定,情节较重的。

第36条 社区矫正对象违反监督管理规定或者人民法院禁止令,依法应予治安管理处罚的,执行地县级社区矫正机构应当及时提请同级公安机关依法给予处罚,并向执行地同级人民检察院抄送治安管理处罚建议书副本,及时通知处理结果。

第37条 电子定位装置是指运用卫星等定位技术,能对社区矫正对象进行定位等监管,并具有防拆、防爆、防水等性能的专门的电子设备,如电子定位腕带等,但不包括手机等设备。

对社区矫正对象采取电子定位装置进行监督管理的，应当告知社区矫正对象监管的期限、要求以及违反监管规定的后果。

第38条 发现社区矫正对象失去联系的，社区矫正机构应当立即组织查找，可以采取通信联络、信息化核查、实地查访等方式查找，查找时要做好记录，固定证据。查找不到的，社区矫正机构应当及时通知公安机关，公安机关应当协助查找。社区矫正机构应当及时将组织查找的情况通报人民检察院。

查找到社区矫正对象后，社区矫正机构应当根据其脱离监管的情形，给予相应处置。虽能查找到社区矫正对象下落但其拒绝接受监督管理的，社区矫正机构应当视情节依法提请公安机关予以治安管理处罚，或者依法提请撤销缓刑、撤销假释、对暂予监外执行的收监执行。

第39条 社区矫正机构根据执行禁止令的需要，可以协调有关的部门、单位、场所、个人协助配合执行禁止令。

对禁止令确定需经批准才能进入的特定区域或者场所，社区矫正对象确需进入的，应当经执行地县级社区矫正机构批准，并通知原审人民法院和执行地县级人民检察院。

第40条 发现社区矫正对象有违反监督管理规定或者人民法院禁止令等违法情形的，执行地县级社区矫正机构应当调查核实情况，收集有关证据材料，提出处理意见。

社区矫正机构发现社区矫正对象有撤销缓刑、撤销假释或者暂予监外执行收监执行的法定情形的，应当组织开展调查取证工作，依法向社区矫正决定机关提出撤销缓刑、撤销假释或者暂予监外执行收监执行建议，并将建议书抄送同级人民检察院。

第41条 社区矫正对象被依法决定行政拘留、司法拘留、强制隔离戒毒等或者因涉嫌犯新罪、发现判决宣告前还有其他罪没有判决被采取强制措施的，决定机关应当自作出决定之日起3日内将有关情况通知执行地县级社区矫正机构和执行地县级人民检察院。

第42条 社区矫正对象符合法定减刑条件的，由执行地县级社区矫正机构提出减刑建议书并附相关证据材料，报经地(市)社区矫正机构审核同意后，由地(市)社区矫正机构提请执行地的中级人民法院裁定。

依法应由高级人民法院裁定的减刑案件，由执行地县级社区矫正机构提出减刑建议书并附相关证据材料，逐级上报省级社区矫正机构审核同意后，由省级社区矫正机构提请执行地的高级人民法院裁定。

人民法院应当自收到减刑建议书和相关证据材料之日起30日内依法裁定。

社区矫正机构减刑建议书和人民法院减刑裁定书副本，应当同时抄送社区矫正执行地同级人民检察院、公安机关及罪犯原服刑或者接收其档案的监狱。

第43条 社区矫正机构、受委托的司法所应当充分利用地方人民政府及其有关部门提供的教育帮扶场所和有关条件，按照因人施教的原则，有针对性地对社区矫正对象开展教育矫正活动。

社区矫正机构、司法所应当根据社区矫正对象的矫正阶段、犯罪类型、现实表现等实际情况，对其实施分类教育；应当结合社区矫正对象的个体特征、日常表现等具体情况，进行个别教育。

社区矫正机构、司法所根据需要可以采用集中教育、网上培训、实地参观等多种形式开展集体教育；组织社区矫正对象参加法治、道德等方面的教育活动；根据社区矫正对象的心理健康状况，对其开展心理健康教育、实施心理辅导。

社区矫正机构、司法所可以通过公开择优购买服务或者委托社会组织执行项目等方式，对社区矫正对象开展教育活动。

第44条 执行地县级社区矫正机构、受委托的司法所按照符合社会公共利益的原则，可以根据社区矫正对象的劳动能力、健康状况等情况,组织社区矫正对象参加公益活动。

第45条 执行地县级社区矫正机构、受委托的司法所依法协调有关部门和单位,根据职责分工,对遇到暂时生活困难的社区矫正对象提供临时救助;对就业困难的社区矫正对象提供职业技能培训和就业指导;帮助符合条件的社区矫正对象落实社会保障措施;协助在就学、法律援助等方面遇到困难的社区矫正对象解决问题。

第46条 社区矫正对象在缓刑考验期内,有下列情形之一的,由执行地同级社区矫正机构提出撤销缓刑建议:

(一)违反禁止令,情节严重的;(二)无正当理由不按规定时间报到或者接受社区矫正期间脱离监管,超过1个月的;(三)因违反监督管理规定受到治安管理处罚,仍不改正的;(四)受到社区矫正机构两次警告,仍不改正的;(五)其他违反有关法律、行政法规和监督管理规定,情节严重的情形。

社区矫正机构一般向原审人民法院提出撤销缓刑建议。如果原审人民法院与执行地同级社区矫正机构不在同一省、自治区、直辖市的,可以向执行地人民法院提出建议,执行地人民法院作出裁定的,裁定书同时抄送原审人民法院。

社区矫正机构撤销缓刑建议书和人民法院的裁定书副本同时抄送社区矫正执行地同级人民检察院。

第47条 社区矫正对象在假释考验期内,有下列情形之一的,由执行地同级社区矫正机构提出撤销假释建议:

(一)无正当理由不按规定时间报到或者接受社区矫正期间脱离监管,超过1个月的;(二)受到社区矫正机构两次警告,仍不改正的;(三)其他违反有关法律、行政法规和监督管理规定,尚未构成新的犯罪的。

社区矫正机构一般向原审人民法院提出撤销假释建议。如果原审人民法院与执行地同级社区矫正机构不在同一省、自治区、直辖市的,可以向执行地人民法院提出建议,执行地人民法院作出裁定的,裁定书同时抄送原审人民法院。

社区矫正机构撤销假释的建议书和人民法院的裁定书副本同时抄送社区矫正执行地同级人民检察院、公安机关、罪犯原服刑或者接收其档案的监狱。

第48条 被提请撤销缓刑、撤销假释的社区矫正对象具备下列情形之一的,社区矫正机构在提出撤销缓刑、撤销假释建议书的同时,提请人民法院决定对其予以逮捕:

(一)可能逃跑的;(二)具有危害国家安全、公共安全、社会秩序或者他人人身安全现实危险的;(三)可能对被害人、举报人、控告人或者社区矫正机构工作人员等实施报复行为的;(四)可能实施新的犯罪的。

社区矫正机构提请人民法院决定逮捕社区矫正对象时,应当提供相应证据,移送人民法院审查决定。

社区矫正机构提请逮捕、人民法院作出是否逮捕决定的法律文书,应当同时抄送执行地县级人民检察院。

第49条 暂予监外执行的社区矫正对象有下列情形之一的,由执行地县级社区矫正机构提出收监执行建议:

(一)不符合暂予监外执行条件的;(二)未经社区矫正机构批准擅自离开居住的市、县,经警告拒不改正,或者拒不报告行踪,脱离监管的;(三)因违反监督管理规定受到治安管理处罚,仍不改正的;(四)受到社区矫正机构两次警告的;(五)保外就医期间不按规定提交病情复查情况,经警告拒不改正的;(六)暂予监外执行的情形消失后,刑期未满的;(七)保证人丧失保证条件或者因不履行义务被取消保证人资格,不能在规定期限内提出新的保证人的;

（八）其他违反有关法律、行政法规和监督管理规定，情节严重的情形。

社区矫正机构一般向执行地社区矫正决定机关提出收监执行建议。如果原社区矫正决定机关与执行地县级社区矫正机构在同一省、自治区、直辖市的，可以向原社区矫正决定机关提出建议。

社区矫正机构的收监执行建议书和决定机关的决定书，应当同时抄送执行地县级人民检察院。

第50条 人民法院裁定撤销缓刑、撤销假释或者决定暂予监外执行收监执行的，由执行地县级公安机关本着就近、便利、安全的原则，送交社区矫正对象执行地所属的省、自治区、直辖市管辖范围内的看守所或者监狱执行刑罚。

公安机关决定暂予监外执行收监执行的，由执行地县级公安机关送交存放或者接收罪犯档案的看守所收监执行。

监狱管理机关决定暂予监外执行收监执行的，由存放或者接收罪犯档案的监狱收监执行。

第51条 撤销缓刑、撤销假释的裁定和收监执行的决定生效后，社区矫正对象下落不明的，应当认定为在逃。

被裁定撤销缓刑、撤销假释和被决定收监执行的社区矫正对象在逃的，由执行地县级公安机关负责追捕。撤销缓刑、撤销假释裁定书和对暂予监外执行罪犯收监执行决定书，可以作为公安机关追逃依据。

第52条 社区矫正机构应当建立突发事件处置机制，发现社区矫正对象非正常死亡、涉嫌实施犯罪、参与群体性事件的，应当立即与公安机关等有关部门协调联动、妥善处置，并将有关情况及时报告上一级社区矫正机构，同时通报执行地人民检察院。

第53条 社区矫正对象矫正期限届满，且在社区矫正期间没有应当撤销缓刑、撤销假释或者暂予监外执行收监执行情形的，社区矫正机构依法办理解除矫正手续。

社区矫正对象一般应当在社区矫正期满30日前，作出个人总结，执行地县级社区矫正机构应当根据其在接受社区矫正期间的表现等情况作出书面鉴定，与安置帮教工作部门做好衔接工作。

执行地县级社区矫正机构应当向社区矫正对象发放解除社区矫正证明书，并书面通知社区矫正决定机关，同时抄送执行地县级人民检察院和公安机关。

公安机关、监狱管理机关决定暂予监外执行的社区矫正对象刑期届满的，由看守所、监狱依法为其办理刑满释放手续。

社区矫正对象被赦免的，社区矫正机构应当向社区矫正对象发放解除社区矫正证明书，依法办理解除矫正手续。

第54条 社区矫正对象矫正期满，执行地县级社区矫正机构或者受委托的司法所可以组织解除矫正宣告。

解矫宣告包括以下内容：

（一）宣读对社区矫正对象的鉴定意见；（二）宣布社区矫正期限届满，依法解除社区矫正；（三）对判处管制的，宣布执行期满，解除管制；对宣告缓刑的，宣布缓刑考验期满，原判刑罚不再执行；对裁定假释的，宣布考验期满，原判刑罚执行完毕。

宣告由社区矫正机构或者司法所工作人员主持，矫正小组成员及其他相关人员到场，按照规定程序进行。

第55条 社区矫正机构、受委托的司法所应当根据未成年社区矫正对象的年龄、心理特点、发育需要、成长经历、犯罪原因、家庭监护教育条件等情况，制定适应未成年人特点的矫正方案，采取有益于其身心健康发展、融入正常社会生活的矫正措施。

社区矫正机构、司法所对未成年社区矫正对象的相关信息应当保密。对未成年社区矫正对象的考核奖惩和宣告不公开进行。对未成年社区矫正对象进行宣告或者处罚时，应通知其监护人到场。

社区矫正机构、司法所应当选任熟悉未成年人身心特点，具有法律、教育、心理等专业知识的人员负责未成年人社区矫正工作，并通过加强培训、管理，提高专业化水平。

第56条 社区矫正工作人员的人身安全和职业尊严受法律保护。

对任何干涉社区矫正工作人员执法的行为，社区矫正工作人员有权拒绝，并按照规定如实记录和报告。对于侵犯社区矫正工作人员权利的行为，社区矫正工作人员有权提出控告。

社区矫正工作人员因依法履行职责遭受不实举报、诬告陷害、侮辱诽谤，致使名誉受到损害的，有关部门或者个人应当及时澄清事实，消除不良影响，并依法追究相关单位或者个人的责任。

对社区矫正工作人员追究法律责任，应当根据其行为的危害程度、造成的后果，以及责任大小予以确定，实事求是，过罚相当。社区矫正工作人员依法履职的，不能仅因社区矫正对象再犯罪而追究其法律责任。

第57条 有关单位对人民检察院的书面纠正意见在规定的期限内没有回复纠正情况的，人民检察院应当督促回复。经督促被监督单位仍不回复或者没有正当理由不纠正的，人民检察院应当向上一级人民检察院报告。

有关单位对人民检察院的检察建议在规定的期限内经督促无正当理由不予整改或者整改不到位的，检察机关可以将相关情况报告上级人民检察院，通报被建议单位的上级机关、行政主管部门或者行业自律组织等，必要时可以报告同级党委、人大，通报同级政府、纪检监察机关。

第58条 本办法所称“以上”、“内”，包括本数；“以下”、“超过”不包括本数。

第59条 本办法自2020年7月1日起施行。最高人民法院、最高人民检察院、公安部、司法部2012年1月10日印发的《社区矫正实施办法》（司发通〔2012〕12号）同时废止。

45. 国家监察委员会、最高人民法院、最高人民检察院、公安部《关于加强和完善监察执法与刑事司法衔接机制的意见（试行）》（2021年1月）

（全文略）

46. 最高人民法院、司法部《关于为律师提供一站式诉讼服务的意见》（法发〔2021〕3号）

为深入贯彻落实党中央关于深化律师制度改革要求，进一步落实《最高人民法院、最高人民检察院、公安部、国家安全部、司法部关于依法保障律师执业权利的规定》《最高人民法院关于依法切实保障律师诉讼权利的规定》等规定，完善便利律师参与诉讼机制，为律师提供更加优质的诉讼服务，充分发挥律师在全面依法治国中的重要作用，更好地维护人民群众合法权益，制定本意见。

第1条 人民法院为依法执业的律师（含公职律师、公司律师）提供集约高效、智慧便捷的一站式诉讼服务，并为律师助理在辩护、代理律师授权范围内开展辅助性工作提供必要的诉讼服务。

律师助理包括辩护、代理律师所在律师事务所的其他律师和申请律师执业实习人员。

基层法律服务工作者在司法部规定的业务范围和执业区域内参与诉讼活动时，参照本意见执行。

第2条 司法部中国律师身份核验平台（以下简称律师身份核验平台）为律师参与诉讼提供“实时实人实证”的律师执业身份核验服务。

律师通过人民法院线上线下诉讼服务平台办理诉讼事务前，应当自行或者由人民法院依托律师身份核验平台完成身份核验。

第3条 律师身份一次核验后，可以通过人民法院律师服务平台（以下简称律师服务平台）、诉讼服务大厅、12368诉讼服务热线等线上线下方式在全国法院通办各类诉讼事务。

第4条 人民法院建立律师参与诉讼专门通道，为律师提供"一码通"服务。律师可以使用律师服务平台生成动态二维码，通过扫码或者其他便捷方式快速进入人民法院诉讼服务场所和审判法庭。

司法行政机关与人民法院积极推动应用律师电子执业证，支持律师使用律师身份核验平台亮证功能或者律师电子执业证快速进入人民法院，办理各类诉讼事务。

第5条 对于入驻人民法院开展诉讼辅导、调解、法律援助、代理申诉等公益性服务的律师，应当为其设立专门工作场所，提供扫描、打印、复印、刻录等服务。有条件的人民法院可以提供停车、就餐等服务。

第6条 依托12368诉讼服务热线一号通办功能，为律师提供查询、咨询、诉讼事务办理等服务，并将支持律师在律师服务平台查看通过12368诉讼服务热线申请的诉讼事务办理情况。

第7条 积极为律师提供一网通办服务。律师可以通过律师服务平台办理立案、调解、庭审、阅卷、保全、鉴定，申请回避、撤诉，申请人民法院调查收集证据、延长举证期限、延期开庭、核实代理关系等事务，以及在线查收人民法院电子送达材料等，实现诉讼事务在线办理、网上流转、全程留痕。

律师服务平台实时接收律师在线提交的电子材料。受理案件的人民法院对确有核实、归档需要的身份证明、授权委托书或者书证、鉴定意见等需要质证的证据，以及对方当事人提出异议且有合理理由的诉讼材料和证据材料，可以要求律师提供原件。

第8条 进一步完善网上立案工作，为律师提供一审民事、行政、刑事自诉、申请执行和国家赔偿案件的网上立案服务。对不符合要求的材料，做到一次性告知补正事项。对律师通过律师服务平台或者诉讼服务大厅提交电子化诉讼材料的，实行快速办理。

进一步畅通网上交退费渠道，支持通过网银、支付宝、微信等线上支付方式交纳诉讼费用。

第9条 充分发挥律师在预防化解矛盾纠纷中的专业优势、职业优势和实践优势，依托人民法院调解平台加大律师在线调解工作力度，打造党员律师、骨干律师调解品牌。纳入特邀调解员名册的律师，可以接受人民法院委派或者委托，在调解平台上调解案件。律师依法按程序出具的调解协议，当事人可以在线申请司法确认。

第10条 具备在线庭审条件的人民法院，对适宜通过在线方式进行庭审、庭前会议或者询问等诉讼环节的案件，应当为律师提供在线庭审服务。

依托律师服务平台为律师在全国法院参加庭审以及其他诉讼活动提供排期避让提醒服务。对有冲突的排期自动向人民法院作出提醒，律师也可以根据传票等信息在律师服务平台自助添加开庭时间等，主动向人民法院提供需要避让的信息。人民法院根据案件实际审理情况合理排期。

第11条 加强网上阅卷工作，逐步为律师提供电子诉讼档案在线查看、打印、下载等服务。对依法可以公开的民事、行政、刑事、申请执行和国家赔偿案件材料，律师可以通过律师服务平台申请网上阅卷。

在律师服务平台建立个人案件空间。推进对正在审理中、依法可以公开的案件电子卷宗同步上传至案件空间，供担任诉讼代理人的律师随时查阅。

第12条 律师服务平台为律师关联可公开的代理案件，提供立案、开庭、结案等节点信息查看服务，方便律师一键获取代理案件的诉讼信息。

第13条 律师服务平台支持律师通过文字、语音等方式在线联系法官，支持多种格式电子文档批量上传，提供证据网盘以及立案材料指引、诉状模板、诉状助手、诉讼费用计算、法律法规查询等智能工具辅助律师办案。律师还可以根据需要设置个人常用事项导航窗口。

第14条 律师服务平台在律师账号下设有律师助理账号。每名律师可以申请开通3个律师助理账号，由律师一案一指定并授权使用诉讼材料提交、诉讼费用交纳、案卷查阅以及智能辅助工具等。

律师应当定期管理和更新律师账号及律师助理账号。

第15条 建立健全律师诉讼权利救济机制。律师可以通过12368诉讼服务热线、律师服务平台对诉讼服务事项进行满意度评价，或者提出意见建议。对律师反映的重大问题或者提出的意见建议由人民法院工作人员及时予以回复。

第16条 加强律师诚信诉讼建设。对律师在诉讼活动中存在提供虚假材料、故意拖延诉讼、串通调解、滥用诉权、虚假诉讼、规避或者抗拒执行以及其他违反职业道德和执业纪律等行为，或者因管理律师账号及律师助理账号不当造成严重不良影响的，人民法院将限制律师使用律师服务平台相关功能，同时通报许可律师执业的司法行政机关，并将相关信息推送全国律师综合管理信息系统。

进一步完善律师执业监督管理。省级司法行政机关应当建立健全律师执业信息线上采集和更新机制，实时、准确、完整地向全国律师综合管理信息系统汇聚律师执业许可、变更、吊销、注销、受到停止执业处罚和处罚期间等信息，并将律师诚信诉讼情况纳入律师事务所年度检查考核和律师年度考核内容。

第17条 人民法院与司法行政机关应当为律师在参与诉讼过程中提交的电子材料和律师个人信息等提供安全保障，确保数据在存储和流转等过程中的真实性、有效性和安全性。

第18条 人民法院、司法行政机关、律师协会应当加强协调配合，建立常态化联席会议工作机制，定期召开会议，充分听取律师对人民法院和司法行政机关的意见建议，及时研究解决诉讼服务过程中律师反映的新情况新问题，不断提升一站式服务律师的能力水平。

47. 最高人民法院《关于适用〈中华人民共和国刑事诉讼法〉的解释》(法释〔2021〕1号)

(全文略)

48. 最高人民法院《人民法院在线诉讼规则》(法释〔2021〕12号)

为推进和规范在线诉讼活动，完善在线诉讼规则，依法保障当事人及其他诉讼参与人等诉讼主体的合法权利，确保公正高效审理案件，根据《中华人民共和国刑事诉讼法》《中华人民共和国民事诉讼法》《中华人民共和国行政诉讼法》等相关法律规定，结合人民法院工作实际，制定本规则。

第1条 【在线诉讼含义及效力】人民法院、当事人及其他诉讼参与人等可以依托电子诉讼平台(以下简称“诉讼平台”)，通过互联网或者专用网络在线完成立案、调解、证据交换、询问、庭审、送达等全部或者部分诉讼环节。

在线诉讼活动与线下诉讼活动具有同等法律效力。

第2条 【在线诉讼的基本原则】人民法院开展在线诉讼应当遵循以下原则：

(一)公正高效原则。严格依法开展在线诉讼活动，完善审判流程，健全工作机制，加强技术保障，提高司法效率，保障司法公正。(二)合法自愿原则。尊重和保障当事人及其他诉讼参与人对诉讼方式的选择权，未经当事人及其他诉讼参与人同意，人民法院不得强制或者变相强制适用在线诉讼。(三)权利保障原则。充分保障当事人各项诉讼权利，强化提示、说明、告知义务,不得随意减少诉讼环节和减损当事人诉讼权益。(四)便民利民原则。优化在线诉讼服务,完善诉讼平台功能,加强信息技术应用,降低当事人诉讼成本,提升纠纷解决效率。统筹兼顾不同群体司法需求,对未成年人、老年人、残障人士等特殊群体加强诉讼引导,提供相应司法便利。(五)安全可靠原则。依法维护国家安全,保护国家秘密、商业秘密、个人隐私和个人信息,有效保障在线诉讼数据信息安全。规范技术应用,确保技术中立和平台中立。

第3条 【在线诉讼适用案件范围】人民法院综合考虑案件情况、当事人意愿和技术条件等因素,可以对以下案件适用在线诉讼:

(一)民事、行政诉讼案件;(二)刑事速裁程序案件,减刑、假释案件,以及因其他特殊原因不宜线下审理的刑事案件;(三)民事特别程序、督促程序、破产程序和非诉执行审查案件;(四)民事、行政执行案件和刑事附带民事诉讼执行案件;(五)其他适宜采取在线方式审理的案件。

第4条 【在线诉讼适用条件】人民法院开展在线诉讼,应当征得当事人同意,并告知适用在线诉讼的具体环节、主要形式、权利义务、法律后果和操作方法等。

人民法院应当根据当事人对在线诉讼的相应意思表示,作出以下处理:

(一)当事人主动选择适用在线诉讼的,人民法院可以不再另行征得其同意,相应诉讼环节可以直接在线进行;(二)各方当事人均同意适用在线诉讼的,相应诉讼环节可以在线进行;(三)部分当事人同意适用在线诉讼,部分当事人不同意的,相应诉讼环节可以采取同意方当事人线上、不同意方当事人线下的方式进行;(四)当事人仅主动选择或者同意对部分诉讼环节适用在线诉讼的,人民法院不得推定其对其他诉讼环节均同意适用在线诉讼。

对人民检察院参与的案件适用在线诉讼的,应当征得人民检察院同意。

第5条 【在线诉讼与线下诉讼的转换】在诉讼过程中,如存在当事人欠缺在线诉讼能力、不具备在线诉讼条件或者相应诉讼环节不宜在线办理等情形之一的,人民法院应当将相应诉讼环节转为线下进行。

当事人已同意对相应诉讼环节适用在线诉讼,但诉讼过程中又反悔的,应当在开展相应诉讼活动前的合理期限内提出。经审查,人民法院认为不存在故意拖延诉讼等不当情形的,相应诉讼环节可以转为线下进行。

在调解、证据交换、询问、听证、庭审等诉讼环节中,一方当事人要求其他当事人及诉讼参与人在线下参与诉讼的,应当提出具体理由。经审查,人民法院认为案件存在案情疑难复杂、需证人现场作证、有必要线下举证质证、陈述辩论等情形之一的,相应诉讼环节可以转为线下进行。

第6条 【同意在线诉讼的法律效果】当事人已同意适用在线诉讼,但无正当理由不参与在线诉讼活动或者不作出相应诉讼行为,也未在合理期限内申请提出转为线下进行的,应当依照法律和司法解释的相关规定承担相应法律后果。

第7条 【身份认证】参与在线诉讼的诉讼主体应当先行在诉讼平台完成实名注册。人民法院应当通过证件证照在线比对、身份认证平台认证等方式,核实诉讼主体的实名手机号码、居民身份证件号码、护照号码、统一社会信用代码等信息,确认诉讼主体身份真实性。诉讼主体在线完成身份认证后,取得登录诉讼平台的专用账号。

参与在线诉讼的诉讼主体应当妥善保管诉讼平台专用账号和密码。除有证据证明存在账号被盗用或者系统错误的情形外,使用专用账号登录诉讼平台所作出的行为,视为被认证人本人行为。

人民法院在线开展调解、证据交换、庭审等诉讼活动,应当再次验证诉讼主体的身份;确有必要的,应当在线下进一步核实身份。

第8条 【在线调解】人民法院、特邀调解组织、特邀调解员可以通过诉讼平台、人民法院调解平台等开展在线调解活动。在线调解应当按照法律和司法解释相关规定进行,依法保护国家秘密、商业秘密、个人隐私和其他不宜公开的信息。

第9条 【在线立案】当事人采取在线方式提交起诉材料的,人民法院应当在收到材料后的法定期限内,在线作出以下处理:

(一)符合起诉条件的,登记立案并送达案件受理通知书、交纳诉讼费用通知书、举证通知书等诉讼文书;(二)提交材料不符合要求的,及时通知其补正,并一次性告知补正内容和期限,案件受理时间自收到补正材料后次日重新起算;(三)不符合起诉条件或者起诉材料经补正仍不符合要求,原告坚持起诉的,依法裁定不予受理或者不予立案。

当事人已在线提交符合要求的起诉状等材料的,人民法院不得要求当事人再提供纸质件。

上诉、申请再审、特别程序、执行等案件的在线受理规则,参照本条第1款、第2款规定办理。

第10条 【在线应诉】案件适用在线诉讼的,人民法院应当通知被告、被上诉人或者其他诉讼参与人,询问其是否同意以在线方式参与诉讼。被通知人同意采用在线方式的,应当在收到通知的3日内通过诉讼平台验证身份、关联案件,并在后续诉讼活动中通过诉讼平台了解案件信息、接收和提交诉讼材料,以及实施其他诉讼行为。

被通知人未明确表示同意采用在线方式,且未在人民法院指定期限内注册登录诉讼平台的,针对被通知人的相关诉讼活动在线下进行。

第11条 【电子材料提交】当事人可以在诉讼平台直接填写录入起诉状、答辩状、反诉状、代理意见等诉讼文书材料。

当事人可以通过扫描、翻拍、转录等方式,将线下的诉讼文书材料或者证据材料作电子化处理后上传至诉讼平台。诉讼材料为电子数据,且诉讼平台与存储该电子数据的平台已实现对接的,当事人可以将电子数据直接提交至诉讼平台。

当事人提交电子化材料确有困难的,人民法院可以辅助当事人将线下材料作电子化处理后导入诉讼平台。

第12条 【电子化材料的视同原件效力】当事人提交的电子化材料,经人民法院审核通过后,可以直接在诉讼中使用。诉讼中存在下列情形之一的,人民法院应当要求当事人提供原件、原物:

(一)对方当事人认为电子化材料与原件、原物不一致,并提出合理理由和依据的;(二)电子化材料呈现不完整、内容不清晰、格式不规范的;(三)人民法院卷宗、档案管理相关规定要求提供原件、原物的;(四)人民法院认为有必要提交原件、原物的。

第13条 【电子化材料形式真实性审核】当事人提交的电子化材料,符合下列情形之一的,人民法院可以认定符合原件、原物形式要求:

(一)对方当事人对电子化材料与原件、原物的一致性未提出异议的;(二)电子化材料形成过程已经过公证机构公证的;(三)电子化材料已在之前诉讼中提交并经人民法院确认的;(四)电子化材料已通过在线或者线下方式与原件、原物比对一致的;(五)有其他证据证明电子化材料与原件、原物一致的。

第14条 【在线证据交换方式与效力】人民法院根据当事人选择和案件情况,可以组织当事人开展在线证据交换,通过同步或者非同步方式在线举证、质证。

各方当事人选择同步在线交换证据的,应当在人民法院指定的时间登录诉讼平台,通过在线视频或者其他方式,对已经导入诉讼平台的证据材料或者线下送达的证据材料副本,集中发表质证意见。

各方当事人选择非同步在线交换证据的,应当在人民法院确定的合理期限内,分别登录诉讼平台,查看已经导入诉讼平台的证据材料,并发表质证意见。

各方当事人均同意在线证据交换,但对具体方式无法达成一致意见的,适用同步在线证据交换。

第15条 【证据材料的认定】当事人作为证据提交的电子化材料和电子数据,人民法院应当按照法律和司法解释的相关规定,经当事人举证质证后,依法认定其真实性、合法性和关联性。未经人民法院查证属实的证据,不得作为认定案件事实的根据。

第16条 【区块链技术存储数据的效力】当事人作为证据提交的电子数据系通过区块链技术存储,并经技术核验一致的,人民法院可以认定该电子数据上链后未经篡改,但有相反证据足以推翻的除外。

第17条 【区块链技术存储数据的审核规则】当事人对区块链技术存储的电子数据上链后的真实性提出异议,并有合理理由的,人民法院应当结合下列因素作出判断:

(一)存证平台是否符合国家有关部门关于提供区块链存证服务的相关规定;(二)当事人与存证平台是否存在利害关系,并利用技术手段不当干预取证、存证过程;(三)存证平台的信息系统是否符合清洁性、安全性、可靠性、可用性的国家标准或者行业标准;(四)存证技术和过程是否符合相关国家标准或者行业标准中关于系统环境、技术安全、加密方式、数据传输、信息验证等方面的要求。

第18条 【上链前数据的真实性审查】当事人提出电子数据上链存储前已不具备真实性,并提供证据证明或者说明理由的,人民法院应当予以审查。

人民法院根据案件情况,可以要求提交区块链技术存储电子数据的一方当事人,提供证据证明上链存储前数据的真实性,并结合上链存储前数据的具体来源、生成机制、存储过程、公证机构公证、第三方见证、关联印证数据等情况作出综合判断。当事人不能提供证据证明或者作出合理说明,该电子数据也无法与其他证据相互印证的,人民法院不予确认其真实性。

第19条 【区块链存储数据真实性补强认定】当事人可以申请具有专门知识的人就区块链技术存储电子数据相关技术问题提出意见。人民法院可以根据当事人申请或者依职权,委托鉴定区块链技术存储电子数据的真实性,或者调取其他相关证据进行核对。

第20条 【非同步审理的适用范围和条件】经各方当事人同意,人民法院可以指定当事人在一定期限内,分别登录诉讼平台,以非同步的方式开展调解、证据交换、调查询问、庭审等诉讼活动。

适用小额诉讼程序或者民事、行政简易程序审理的案件,同时符合下列情形的,人民法院和当事人可以在指定期限内,按照庭审程序环节分别录制参与庭审视频并上传至诉讼平台,非同步完成庭审活动:

(一)各方当事人同时在线参与庭审确有困难;(二)一方当事人提出书面申请,各方当事人均表示同意;(三)案件经过在线证据交换或者调查询问,各方当事人对案件主要事实和证据不存在争议。

第21条 【在线庭审适用范围、条件和方式】人民法院开庭审理的案件,应当根据当事人意愿、案件情况、社会影响、技术条件等因素,决定是否采取视频方式在线庭审,但具有下列情形之一的,不得适用在线庭审:

(一)各方当事人均明确表示不同意,或者一方当事人表示不同意且有正当理由的;(二)各方当事人均不具备参与在线庭审的技术条件和能力的;(三)需要通过庭审现场查明身份、核对原件、查验实物的;(四)案件疑难复杂、证据繁多,适用在线庭审不利于查明事实和适用法律的;(五)案件涉及国家安全、国家秘密的;(六)案件具有重大社会影响,受到广泛关注的;(七)人民法院认为存在其他不宜适用在线庭审情形的。

采取在线庭审方式审理的案件,审理过程中发现存在上述情形之一的,人民法院应当及时转为线下庭审。已完成的在线庭审活动具有法律效力。

在线询问的适用范围和条件参照在线庭审的相关规则。

第22条 【在线庭审活动】适用在线庭审的案件,应当按照法律和司法解释的相关规定开展庭前准备、法庭调查、法庭辩论等庭审活动,保障当事人申请回避、举证、质证、陈述、辩论等诉讼权利。

第23条 【公告送达案件适用在线庭审】需要公告送达的案件,人民法院可以在公告中明确线上或者线下参与庭审的具体方式,告知当事人选择在线庭审的权利。被公告方当事人未在开庭前向人民法院表示同意在线庭审的,被公告方当事人适用线下庭审。其他同意适用在线庭审的当事人,可以在线参与庭审。

第24条 【在线庭审环境】在线开展庭审活动,人民法院应当设置环境要素齐全的在线法庭。在线法庭应当保持国徽在显著位置,审判人员及席位名称等在视频画面合理区域。因存在特殊情形,确需在在线法庭之外的其他场所组织在线庭审的,应当报请本院院长同意。

出庭人员参加在线庭审,应当选择安静、无干扰、光线适宜、网络信号良好、相对封闭的场所,不得在可能影响庭审音频视频效果或者有损庭审严肃性的场所参加庭审。必要时,人民法院可以要求出庭人员到指定场所参加在线庭审。

第25条 【在线庭审纪律】出庭人员参加在线庭审应当尊重司法礼仪,遵守法庭纪律。人民法院根据在线庭审的特点,适用《中华人民共和国人民法院法庭规则》相关规定。

除确属网络故障、设备损坏、电力中断或者不可抗力等原因外,当事人无正当理由不参加在线庭审,视为"拒不到庭";在庭审中擅自退出,经提示、警告后仍不改正的,视为"中途退庭",分别按照相关法律和司法解释的规定处理。

第26条 【证人在线出庭】证人通过在线方式出庭的,人民法院应当通过指定在线出庭场所、设置在线作证室等方式,保证其不旁听案件审理和不受他人干扰。当事人对证人在线出庭提出异议且有合理理由的,或者人民法院认为确有必要的,应当要求证人线下出庭作证。

鉴定人、勘验人、具有专门知识的人在线出庭的,参照前款规定执行。

第27条 【在线庭审公开】适用在线庭审的案件,应当按照法律和司法解释的相关规定公开庭审活动。

对涉及国家安全、国家秘密、个人隐私的案件,庭审过程不得在互联网上公开。对涉及未成年人、商业秘密、离婚等民事案件,当事人申请不公开审理的,在线庭审过程可以不在互联网上公开。

未经人民法院同意,任何人不得违法违规录制、截取、传播涉及在线庭审过程的音频视频、图文资料。

第28条 【妨害在线诉讼秩序】在线诉讼参与人故意违反本规则第8条、第24条、第25条、第26条、第27条的规定,实施妨害在线诉讼秩序行为的,人民法院可以根据法律和司法解释关于妨害诉讼的相关规定作出处理。

第29条 【电子送达方式、范围和条件】经受送达人同意,人民法院可以通过送达平台,向受送达人的电子邮箱、即时通讯账号、诉讼平台专用账号等电子地址,按照法律和司法解释的相关规定送达诉讼文书和证据材料。

具备下列情形之一的,人民法院可以确定受送达人同意电子送达:

(一)受送达人明确表示同意的;(二)受送达人在诉讼前对适用电子送达已作出约定或者

承诺的;(三)受送达人在提交的起诉状、上诉状、申请书、答辩状中主动提供用于接收送达的电子地址的;(四)受送达人通过回复收悉、参加诉讼等方式接受已经完成的电子送达,并且未明确表示不同意电子送达的。

第30条 【电子送达确认】人民法院可以通过电话确认、诉讼平台在线确认、线下发送电子送达确认书等方式,确认受送达人是否同意电子送达,以及受送达人接收电子送达的具体方式和地址,并告知电子送达的适用范围、效力、送达地址变更方式以及其他需告知的送达事项。

第31条 【电子送达生效标准】人民法院向受送达人主动提供或者确认的电子地址送达的,送达信息到达电子地址所在系统时,即为送达。

受送达人未提供或者未确认有效电子送达地址,人民法院向能够确认为受送达人本人的电子地址送达的,根据下列情形确定送达是否生效:

(一)受送达人回复已收悉,或者根据送达内容已作出相应诉讼行为的,即为完成有效送达;(二)受送达人的电子地址所在系统反馈受送达人已阅知,或者有其他证据可以证明受送达人已经收悉的,推定完成有效送达,但受送达人能够证明存在系统错误、送达地址非本人使用或者非本人阅知等未收悉送达内容的情形除外。

人民法院开展电子送达,应当在系统中全程留痕,并制作电子送达凭证。电子送达凭证具有送达回证效力。

对同一内容的送达材料采取多种电子方式发送受送达人的,以最先完成的有效送达时间作为送达生效时间。

第32条 【电子送达的附随通知】人民法院适用电子送达,可以同步通过短信、即时通讯工具、诉讼平台提示等方式,通知受送达人查阅、接收、下载相关送达材料。

第33条 【在线签名、确认和签收】适用在线诉讼的案件,各方诉讼主体可以通过在线确认、电子签章等方式,确认和签收调解协议、笔录、电子送达凭证及其他诉讼材料。

第34条 【电子笔录】适用在线诉讼的案件,人民法院应当在调解、证据交换、庭审、合议等诉讼环节同步形成电子笔录。电子笔录以在线方式核对确认后,与书面笔录具有同等法律效力。

第35条 【电子卷宗档案】适用在线诉讼的案件,人民法院应当利用技术手段随案同步生成电子卷宗,形成电子档案。电子档案的立卷、归档、存储、利用等,按照档案管理相关法律法规的规定执行。

案件无纸质材料或者纸质材料已经全部转化为电子材料的,第一审人民法院可以采用电子卷宗代替纸质卷宗进行上诉移送。

适用在线诉讼的案件存在纸质卷宗材料的,应当按照档案管理相关法律法规立卷、归档和保存。

第36条 【在线执行程序】执行裁决案件的在线立案、电子材料提交、执行和解、询问当事人、电子送达等环节,适用本规则的相关规定办理。

人民法院可以通过财产查控系统、网络询价评估平台、网络拍卖平台、信用惩戒系统等,在线完成财产查明、查封、扣押、冻结、划扣、变价和惩戒等执行实施环节。

第37条 【刑事案件在线审理】符合本规定第3条第2项规定的刑事案件,经公诉人、当事人、辩护人同意,可以根据案件情况,采取在线方式讯问被告人、开庭审理、宣判等。

案件采取在线方式审理的,按照以下情形分别处理:

(一)被告人、罪犯被羁押的,可以在看守所、监狱等羁押场所在线出庭;(二)被告人、罪犯未被羁押的,因特殊原因确实无法到庭的,可以在人民法院指定的场所在线出庭;(三)证人、鉴定人一般应当在线下出庭,但法律和司法解释另有规定的除外。

第38条 【在线诉讼数据保护】参与在线诉讼的相关主体应当遵守数据安全和个人信息保护的相关法律法规,履行数据安全和个人信息保护义务。除人民法院依法公开的以外,任何人不得违法违规披露、传播和使用在线诉讼数据信息。出现上述情形的,人民法院可以根据具体情况,依照法律和司法解释关于数据安全、个人信息保护以及妨害诉讼的规定追究相关单位和人员法律责任,构成犯罪的,依法追究刑事责任。

第39条 【附则】本规则自2021年8月1日起施行。最高人民法院之前发布的司法解释涉及在线诉讼的规定与本规则不一致的,以本规则为准。

49. 公安部《公安机关办理犯罪记录查询工作规定》(公通字〔2021〕19号)

第1章 总 则

第1条 为适应经济社会发展需要,方便有关单位和个人开展、从事相关活动,规范公安机关办理犯罪记录查询工作,根据《中华人民共和国刑法》《中华人民共和国刑事诉讼法》等有关法律,制定本规定。

第2条 本规定所称的犯罪记录,是指我国国家专门机关对犯罪人员的客观记载。除人民法院生效裁判文书确认有罪外,其他情况均应当视为无罪。

有关人员涉嫌犯罪,但人民法院尚未作出生效判决、裁定,或者人民检察院作出不起诉决定,或者办案单位撤销案件、撤回起诉、对其终止侦查的,属于无犯罪记录人员。

第3条 公安部建立犯罪人员信息查询平台。查询结果只反映查询时平台录入和存在的信息。

第2章 申请与受理

第4条 个人可以查询本人犯罪记录,也可以委托他人代为查询,受托人应当具有完全民事行为能力。

单位可以查询本单位在职人员或者拟招录人员的犯罪记录,但应当符合法律、行政法规关于从业禁止的规定。

行政机关实施行政许可、授予职业资格,公证处办理犯罪记录公证时,可以依法查询相关人员的犯罪记录。有关查询程序参照单位查询的相关规定。

第5条 中国公民申请查询,由户籍地或者居住地公安派出所受理;在中国境内居留180天(含)以上的外国人申请查询,由居住地县级以上公安出入境管理部门受理;委托他人查询的,由委托人户籍地或者居住地受理。

单位申请查询,由住所地公安派出所受理。查询对象为外国人的,由单位住所地县级以上公安出入境管理部门受理。

各地根据本地工作实际和便民服务需要,可以增加查询受理单位,也可以采取线上办理、自助办理等方式开展犯罪记录查询工作。

第6条 公民在户籍地申请查询的,应当提交本人有效身份证明和查询申请表;在居住地申请查询的,应当提交本人有效身份证明、居住证和查询申请表。外国人申请查询的,应当提交本人有效身份证明和查询申请表。委托他人查询的,还应当提交委托书和受托人有效身份证明。

个人在1年内申请查询3次以上的,应当提交开具证明系用于合理用途的有关材料。

单位申请查询的,应当提交单位介绍信、经办人有效身份证明、加盖单位公章的查询申请表,以及查询对象系单位在职人员或者拟招录人员的有关材料。查询申请表应当列明申请查询依据的具体法律条款。

第7条 受理单位对申请单位或者申请人提交的相关材料,应当认真审查。材料齐全的,予以受理;材料不全的,一次性告知应当补充的材料;对于单位查询不符合法定情形的,不予受理,并向申请单位说明理由。

第3章 查询与告知

第8条 受理单位能够当场办理的,应当当场办理;无法当场办理的,应当向申请单位或者申请人出具《受理回执》,并在3个工作日内办结。

情况复杂的,经县级以上公安机关负责人批准,可以进行调查核实。调查核实的时间不计入办理期限。调查核实需要当事人配合的,当事人应当配合。

第9条 对于个人查询,未发现申请人有犯罪记录的,应当出具《无犯罪记录证明》;发现申请人有犯罪记录,应当出具《不予出具无犯罪记录证明通知书》。

对于单位查询,查询结果以《查询告知函》的形式告知查询单位。

第10条 查询结果的反馈,应当符合《中华人民共和国刑事诉讼法》关于未成年人犯罪记录封存的规定。

对于个人查询,申请人有犯罪记录,但犯罪的时候不满18周岁,被判处5年有期徒刑以下刑罚的,受理单位应当出具《无犯罪记录证明》。

对于单位查询,被查询对象有犯罪记录,但犯罪的时候不满18周岁,被判处5年有期徒刑以下刑罚的,受理单位应当出具《查询告知函》,并载明查询对象无犯罪记录。法律另有规定的,从其规定。

第4章 异议与投诉

第11条 当事人对查询结果不服的,可以向原受理单位提出书面异议,申请复查。提出异议的,异议申请人应当配合公安机关开展复查工作。

第12条 原受理单位对于查询异议应当进行复查,复查结果应当在受理后15个工作日内书面答复异议申请人。情况复杂,不能在规定期限内查清并做出答复的,经县级以上公安机关负责人批准,可以适当延长,并告知异议申请人,但延长期限最多不超过30个工作日。

第13条 对于开具的《无犯罪记录证明》《不予出具无犯罪记录证明通知书》《查询告知函》确有错误,经查证属实的,出具文书的公安机关或者其上级公安机关应当及时予以撤销并重新出具有关文书。

第14条 异议申请人认为受理单位不予出具无犯罪记录证明依据的法院判决有误,符合法定申诉条件的,受理单位可以告知异议申请人按照法定程序向有关法院、检察院申诉。

第5章 法律责任

第15条 任何单位和个人不得采用编造事实、隐瞒真相、提供虚假材料、冒用身份等申请查询犯罪记录,或伪造、变造《查询告知函》《无犯罪记录证明》。查证属实的,依法给予处罚;构成犯罪的,依法追究刑事责任。

第16条 有关单位和个人应当严格依照本规范规定的程序开展查询,并对查询获悉的有关犯罪信息保密,不得散布或者用于其他用途。违反规定的,依法追究相应责任;构成犯罪的,依法追究刑事责任。

第17条 有关单位和个人违规开展查询工作,造成严重后果的,应当依法追究有关单位和个人的责任;构成犯罪的,依法追究刑事责任。

第6章　附　　则

第18条　各地可以结合本地实际和工作需要,制定实施细则。

第19条　国家有关单位对特定事项的犯罪记录工作有专门查询规定的,从其规定。

第20条　本规定自2021年12月31日起施行。

50. 最高人民法院、全国妇联、教育部、公安部、民政部、司法部、卫生健康委《关于加强人身安全保护令制度贯彻实施的意见》(法发〔2022〕10号)

为进一步做好预防和制止家庭暴力工作,依法保护家庭成员特别是妇女、未成年人、老年人、残疾人的合法权益,维护平等、和睦、文明的家庭关系,促进家庭和谐、社会稳定,现就加强人身安全保护令制度贯彻实施提出如下意见:

一、坚持以习近平新时代中国特色社会主义思想为指导。深入贯彻习近平法治思想和习近平总书记关于注重家庭家教家风建设的重要论述精神,在家庭中积极培育和践行社会主义核心价值观,涵养优良家风,弘扬家庭美德,最大限度预防和制止家庭暴力。

二、坚持依法、及时、有效保护受害人原则。各部门在临时庇护、法律援助、司法救助等方面要持续加大对家庭暴力受害人的帮扶力度,建立多层次、多样化、立体式的救助体系。要深刻认识家庭暴力的私密性、突发性特点,提高家庭暴力受害人证据意识,指导其依法及时保存、提交证据。

三、坚持尊重受害人真实意愿原则。各部门在接受涉家庭暴力投诉、反映、求助以及受理案件、转介处置等工作中,应当就采取何种安全保护措施、是否申请人身安全保护令、对加害人的处理方式等方面听取受害人意见,加大对受害人的心理疏导。

四、坚持保护当事人隐私原则。各部门在受理案件、协助执行、履行强制报告义务等工作中应当注重保护当事人尤其是未成年人的隐私。受害人已搬离与加害人共同住所的,不得将受害人的行踪或者联系方式告知加害人,不得在相关文书、回执中列明受害人的现住所。人身安全保护令原则上不得公开。

五、推动建立各部门协同的反家暴工作机制。积极推动将家庭暴力防控纳入社会治安综合治理体系,发挥平安建设考评机制作用。完善人民法院、公安机关、民政部门、司法行政部门、教育部门、卫生部门和妇女联合会等单位共同参与的反家暴工作体系。充分利用信息化建设成果,加强各部门间数据的协同共享。探索通过专案专档、分级预警等方式精准跟踪、实时监督。

六、公安机关应当强化依法干预家庭暴力的观念和意识,加大家庭暴力警情处置力度,强化对加害人的告诫,依法依规出具家庭暴力告诫书。注重搜集、固定证据,积极配合人民法院依职权调取证据,提供出警记录、告诫书、询(讯)问笔录等。有条件的地方可以与人民法院、民政部门、妇女联合会等建立家暴警情联动机制和告诫通报机制。

七、民政部门应当加强对居民委员会、村民委员会、社会工作服务机构、救助管理机构、福利机构等的培训和指导。居民委员会、村民委员会、社会工作服务机构、救助管理机构、福利机构及其工作人员在工作中发现无民事行为能力人、限制民事行为能力人遭受或者疑似遭受家庭暴力的,应当及时向公安机关报案。贯彻落实《关于做好家庭暴力受害人庇护救助工作的指导意见》,加强临时庇护场所建设和人员、资金配备,为家庭暴力受害人及时提供转介安置、法律援助、婚姻家庭纠纷调解等救助服务。

八、司法行政部门应当加大对家庭暴力受害人的法律援助力度,畅通法律援助申请渠道,健全服务网络。各地可以根据实际情况依托当地妇女联合会等建立法律援助工作站或者联络点,方便家庭暴力受害人就近寻求法律援助。加强对反家庭暴力法、未成年人保护法、妇女权益保障法、老年人权益保障法等法律法规的宣传。充分发挥人民调解优势作用,扎实做好婚姻家庭纠纷排查化解工作,预防家庭暴力发生。

九、医疗机构在诊疗过程中,发现可能遭受家庭暴力的伤者,要详细做好伤者的信息登记和诊疗记录,将伤者的主诉、伤情和治疗过程,准确、客观、全面地记录于病历资料。建立医警联动机制,在诊疗过程中发现无民事行为能力人或者限制民事行为能力人遭受或者疑似遭受家庭暴力的,应当及时向公安机关报案,并积极配合公安机关做好医疗诊治资料收集工作。

十、学校、幼儿园应当加强对未成年人保护法、预防未成年人犯罪法、反家庭暴力法等法律法规的宣传教育。注重家校、家园协同。在发现未成年人遭受或者疑似遭受家庭暴力的,应当根据《未成年人学校保护规定》,及时向公安、民政、教育等有关部门报告。注重保护未成年人隐私,加强心理疏导、干预力度。

十一、人民法院应当建立人身安全保护令案件受理"绿色通道",加大依职权调取证据力度,依法及时作出人身安全保护令。各基层人民法院及其派出人民法庭应当在立案大厅或者诉讼服务中心为当事人申请人身安全保护令提供导诉服务。

十二、坚持最有利于未成年人原则。各部门就家庭暴力事实听取未成年人意见或制作询问笔录时,应当充分考虑未成年人身心特点,提供适宜的场所环境,采取未成年人能够理解的问询方式,保护其隐私和安全。必要时,可安排心理咨询师或社会工作者协助开展工作。未成年人作为受害人的人身安全保护令案件中,人民法院可以通知法律援助机构为其提供法律援助。未成年子女作为证人提供证言的,可不出庭作证。

十三、各部门在接受涉家庭暴力投诉、反映、求助或者处理婚姻家庭纠纷过程中,发现当事人遭受家庭暴力或者面临家庭暴力现实危险的,应当主动告知其可以向人民法院申请人身安全保护令。

十四、人民法院在作出人身安全保护令后,应当在24小时内向当事人送达,同时送达当地公安派出所、居民委员会、村民委员会,也可以视情况送达当地妇女联合会、学校、未成年人保护组织、残疾人联合会、依法设立的老年人组织等。

十五、人民法院在送达人身安全保护令时,应当注重释明和说服教育,督促被申请人遵守人身安全保护令,告知其违反人身安全保护令的法律后果。被申请人不履行或者违反人身安全保护令的,申请人可以向人民法院申请强制执行。被申请人违反人身安全保护令,尚不构成犯罪的,人民法院应当给予训诫,可以根据情节轻重处以1000元以下罚款、15日以下拘留。

十六、人民法院在送达人身安全保护令时,可以向当地公安派出所、居民委员会、村民委员会、妇女联合会、学校等一并送达协助执行通知书,协助执行通知书中应当明确载明协助事项。相关单位应当按照协助执行通知书的内容予以协助。

十七、人身安全保护令有效期内,公安机关协助执行的内容可以包括:协助督促被申请人遵守人身安全保护令;在人身安全保护令有效期内,被申请人违反人身安全保护令的,公安机关接警后应当及时出警,制止违法行为;接到报警后救助、保护受害人,并搜集、固定证据;发现被申请人违反人身安全保护令的,将情况通报人民法院等。

十八、人身安全保护令有效期内,居民委员会、村民委员会、妇女联合会、学校等协助执行的内容可以包括:在人身安全保护令有效期内进行定期回访、跟踪记录等,填写回访单或记录单,期满由当事人签字后向人民法院反馈;发现被申请人违反人身安全保护令的,应当对其进行批评教育、填写情况反馈表,帮助受害人及时与人民法院、公安机关联系;对加害人进行法治教育,必要时对加害人、受害人进行心理辅导等。

十九、各部门在接受涉家庭暴力投诉、反映、求助或者处理婚姻家庭纠纷过程中,可以探索引入社会工作和心理疏导机制,缓解受害人以及未成年子女的心理创伤,矫治施暴者认识行为偏差，避免暴力升级，从根本上减少恶性事件发生。

二十、各部门应当充分认识人身安全保护令制度的重要意义，加大学习培训力度，熟悉人身安全保护令申请主体、作出程序以及协助执行的具体内容等，加强人身安全保护令制度普法宣传。

第3条 【罪刑法定】 法律明文规定为犯罪行为的，依照法律定罪处刑；法律没有明文规定为犯罪行为的，不得定罪处刑。

• 释义

罪刑法定原则的基本含义是“法无明文规定不为罪，法无明文规定不处罚”，即犯罪法定化与刑罚法定化。罪刑法定原则具体内容分为“形式侧面”与“实质侧面”。

罪刑法定原则的“形式侧面”旨在限制刑事司法权，防止司法人员恣意枉断，任意出入人罪，使公民的合法权益得到切实保障。其内容包括：

一是法律主义，法官只能根据成文法律定罪量刑；

二是禁止溯及既往，不能适用事后法；

三是禁止类推，不得对法律未规定但与之相类似的行为定罪量刑；

四是禁止绝对不定期刑，不得判处犯罪人绝对不确定的刑期。

罪刑法定原则的“实质侧面”主要在于限制立法权，反对恶法亦法，是实质法治的表现。其内容包括：

一是刑事法规的明确性原则，即刑事法律条文必须清楚明确，使人能确切了解违法行为的内容，准确地判定犯罪行为与非犯罪行为的范围；

二是禁止处罚不当罚的行为，即立法者只能将当罚的行为规定为犯罪，而不能将不当罚的行为规定为犯罪；

三是禁止不均衡的、残虐的刑罚。需要注意的是，本条的前半段虽然被称为“积极的罪刑法定原则”，但是其理念与保护人权的罪刑法定原则（消极意义上的罪刑法定原则）大相径庭，严格来说不属于罪刑法定原则，而是严格司法的表述与强调。

• 关联法律

1. 最高人民法院《关于依法不再核准类推案件的通知》（法发〔1997〕23号）

最高人民法院《关于废止1997年7月1日至2011年12月3日期间发布的部分司法解释和司法解释性质文件（第10批）的决定》（法释〔2013〕7号）已声明该文件废止。

2. 公安部《关于如何处理无法查清身份的外国籍犯罪嫌疑人问题的批复》（公复字〔1999〕1号）

吉林省公安厅：

你厅《关于打击拐卖朝鲜妇女犯罪中有关问题的请示》（公吉明发〔98〕2239号）收悉。

经研究，现就如何处理无法查清身份的外国籍犯罪嫌疑人问题，批复如下：

公安机关在办理刑事案件过程中，需要确认外国籍犯罪嫌疑人身份的，如果我国与该犯罪嫌疑人所称的国籍国签订的有关司法协助条约或者共同缔结或参加的国际公约有规定，可以按照有关司法协助条约或者国际公约的规定，请求该国协助查明其身份。如果没有司法协助条约或者国际公约规定，可以通过外交途径或者国际刑警组织渠道办理。

公安机关应当尽可能地查明外国籍犯罪嫌疑人的身份，避免引起外交交涉。如果确实无法查清或者有关国家拒绝协助，可以根据《刑事诉讼法》第128条第2款的规定处理，即犯罪嫌疑人不讲真实姓名、住址,身份不明,但犯罪事实清楚,证据确实、充分的,也可以按其自报的姓名移送人民检察院审查起诉。

3. 公安部经济犯罪侦查局《关于对人民法院判决生效的经济纠纷案件发现有经济犯罪嫌疑可否立案侦查问题的批复》(公经〔2002〕1104号)

广西壮族自治区公安厅:

你厅《关于对人民法院判决生效后发现有经济犯罪嫌疑的经济纠纷案件可否立案侦查的请示》(桂公请〔2002〕85号)收悉。

现批复如下:对人民法院判决生效的经济纠纷案件,公安机关发现有经济犯罪嫌疑时,应严格按照《刑法》、《刑事诉讼法》的相关规定以及1987年3月11日最高人民法院、最高人民检察院、公安部联合下发的《关于在审理经济纠纷案件中发现经济犯罪必须及时移送的通知》[法(研)发〔1987〕7号文件]精神办理。

4. 最高人民法院《关于依法惩处生产销售伪劣食品、药品等严重破坏市场经济秩序犯罪的通知》(法〔2004〕118号)

全国开展整顿和规范市场经济秩序工作以来,各级人民法院充分发挥审判职能,及时依法惩处了一大批各种严重破坏市场经济秩序的犯罪分子,维护了社会主义市场经济秩序,保障了公民、法人和其他组织的合法权益,为整顿和规范市场经济秩序工作提供了有力的司法保障。前不久,全国整顿和规范市场经济秩序工作领导小组第二次会议要求,进一步加大整治工作力度,紧紧抓住关系人民群众身体健康、生命安全和切身利益的突出问题,以开展食品卫生专项整治、打击"血头血霸"和非法采血供血、加强知识产权保护等为重点,扎扎实实推进今年的整顿和规范市场经济秩序工作。5月13日国务院召开全国食品安全专项整治电视电话会议,部署在全国范围内深入开展食品安全专项整治工作。及时审理好生产、销售伪劣食品、药品等犯罪案件,依法惩处严重破坏市场经济秩序的犯罪分子,是人民法院当前一项重要的审判工作。为此,特通知如下:

一、提高认识,把审理生产、销售伪劣食品、药品等破坏市场经济秩序犯罪案件的工作切实抓紧抓好各种破坏社会主义市场经济秩序的犯罪,不但直接影响国民经济的健康运行,而且严重损害人民群众的切身利益。今年以来,安徽省阜阳市发生的劣质奶粉致多名婴儿死亡事件和广东省广州市发生的有毒白酒致死人命事件,一再提醒我们,整顿和规范市场经济秩序是一项长期的、艰巨的任务,必须以对人民高度负责的精神,抓紧抓好,常抓不懈。各级人民法院一定要从践行"三个代表"重要思想、落实司法为民要求的高度,充分认识整顿和规范市场经济秩序工作的重要性、必要性、紧迫性和长期性,把依法及时审理好破坏社会主义市场经济秩序犯罪案件作为一项经常性的重要工作,切实加强领导,安排得力审判力量,保证起诉到法院的生产、销售伪劣食品、药品等犯罪案件及时依法审结,有力打击犯罪分子的嚣张气焰,保障食品安全等专项整治工作的顺利进行。

二、突出重点,依法惩处严重破坏社会主义市场经济秩序的犯罪分子各级法院要坚定不移地贯彻依法从严惩处的方针,对严重破坏社会主义市场经济秩序的犯罪分子严格依照刑法的规定定罪判刑。当前,要重点打击生产销售有毒有害食品以及不符合卫生标准的食品的犯罪;生产销售假药、劣药以及不符合卫生标准的医用器械犯罪;生产销售伪劣农药、兽药、化肥、种子的犯罪;生产销售不符合安全标准的产品以及其他伪劣产品的犯罪;强迫卖血、非法组织卖血和非法采集、制作、供应血液及血液制品犯罪;假冒注册商标、销售侵权复制品以及伪造、擅自制造他人注册商标标识等侵犯知识产权犯罪。对起诉到法院的走私、偷税、抗税、骗税、合同诈骗、金融诈骗、非法传销和变相传销等严重破坏市场经济秩序的犯罪分子,要继续依法从严惩处。各地法院要根据实际确定打击重点,注重实效。要把犯罪数额巨大、情节恶劣、危害严重、群众反映强烈，给国家和人民利益造成重大损失的案件，特别是有国家工作人员参与或者包庇纵容的案件，作为大案要案，抓紧及时审理，依法从严判处。依法应当重判的，要坚决重判。在依法适用主刑的同时，必须充分适用财产刑。法律规定应当并处罚金或者没收财产的，要坚决判处罚金或者没收财产；法律规定可以并处罚金或者没收财产的，一般也要判处罚金或者没收财产。对犯罪分子违法所得的财物要依法追缴或者责令退赔；对其用于犯罪的本人财物要依法予以没收。

三、依法妥善处理涉及众多受害人的案件对于涉及大量受害群众的案件，在审理过程中一定要注意严格依法办事，妥善慎重处理；做好群众工作，确保社会稳定。被害人对涉嫌生产销售伪劣商品和侵犯知识产权等犯罪案件，直接向人民法院起诉的，人民法院应当依法立案并审理；如果属于严重危害社会秩序和国家利益或者受害群众较多的，应当依靠当地党委并与有关部门及时协调，依法通过公诉案件审理程序处理。要重视刑事附带民事诉讼的审理。注意最大限度依法挽回受害人和受害单位的损失。被告人和被告单位积极、主动赔偿受害人和受害单位损失的，可以酌情、适当从轻处罚。

四、通过审判活动积极参与市场经济秩序的综合治理整顿和规范市场经济秩序是一项综合性的系统工程，既要治标，又要治本。人民法院的审判活动在治标和治本上都能发挥重要的作用。各级法院要精心做好破坏市场经济秩序犯罪案件的开庭审判工作，通过公开审理、公开宣判、庭审直播等形式，扩大审判的社会效果；在办案的同时，要注意发现在市场管理制度和环节上存在漏洞和隐患，及时提出司法建议，提醒和督促有关部门和单位健全制度，加强管理，防止发生犯罪；要注意选择具有教育意义的典型案件到案发当地公开宣判，并通过新闻媒体，采取就案说法等各种形式，广泛宣传法律，教育广大群众，提高全体公民运用法律保障和维护自身合法权益的意识和能力。要注意通过审判活动，大力加强法制宣传，增强全民法治观念和诚信观念，在全社会形成自觉守法和诚实守信的社会主义商业道德风尚。

近年来，最高人民法院在指导各级法院审理好与整顿和规范市场经济秩序有关案件的同时，选择典型案件，通过新闻媒体定期向社会公布，取得了很好的社会效果。各高级人民法院要进一步加强对辖区内有关督办案件的指导，严格按照最高人民法院有关通知的要求，确定联络员，加强信息沟通，随时了解审理进度，及时报送审判信息，对最高人民法院挂牌督办的案件和其他有重大影响的案件，一旦起诉到法院即应将受理情况层报最高人民法院。被最高人民法院确定为宣传报道的案件，有关法院要积极配合最高人民法院搞好大要案件督办和通过中央新闻媒体公布判决结果的工作。

5. 最高人民检察院公诉厅《关于公诉案件撤回起诉若干问题的指导意见》(〔2007〕高检诉发18号)

第1条 根据《中华人民共和国刑事诉讼法》、《人民检察院刑事诉讼规则》等法律、司法解释的有关规定，结合人民检察院公诉工作实际，制定本意见。

第2条 撤回起诉是指人民检察院在案件提起公诉后、人民法院作出判决前，因出现一定法定事由，决定对提起公诉的全部或者部分被告人撤回处理的诉讼活动。

第3条 对于提起公诉的案件，发现下列情形之一的，人民检察院可以撤回起诉：

(一)不存在犯罪事实的；(二)犯罪事实并非被告人所为的；(三)情节显著轻微、危害不大，不认为是犯罪的；(四)证据不足或证据发生变化，不符合起诉条件的；(五)被告人因未达到刑事责任年龄，不负刑事责任的；(六)被告人是精神病人，在不能辨认或者不能控制自己行为的时候造成危害结果，经法定程序鉴定确认，不负刑事责任的；(七)法律、司法解释发生变化导致不应当追究被告人刑事责任的；(八)其他不应当追究被告人刑事责任的。

第4条 对于人民法院建议人民检察院撤回起诉或拟作无罪判决的，人民检察院应当认真审查并与人民法院交换意见；对于符合本意见第3条规定的撤回起诉条件的，可以撤回起诉；认为犯罪事实清楚，证据确实、充分，依法应当追究刑事责任的，由人民法院依法判决。

第5条 案件提起公诉后出现如下情况的，不得撤回起诉，应当依照有关规定分别作出处理：

（一）人民检察院发现被告人的真实身份或者犯罪事实与起诉书中叙述的身份或者指控犯罪事实不符的，可以要求变更起诉；发现遗漏的同案犯罪嫌疑人或者罪行可以一并起诉和审理的，可以要求追加起诉；（二）人民法院在审理中发现新的犯罪事实，可能影响定罪量刑，建议人民检察院追加或变更起诉，人民检察院经审查同意的，应当提出追加或变更起诉；不同意的，应当要求人民法院就起诉指控的犯罪事实依法判决；（三）人民法院认为不属于其管辖或者改变管辖的，由人民法院决定将案件退回人民检察院，由原提起公诉的人民检察院移送有管辖权的人民检察院审查起诉；（四）公诉人符合回避条件的，由人民检察院作出变更公诉人的决定；（五）因被告人患精神病或者其他严重疾病以及被告人脱逃，致使案件在较长时间内无法继续审理的，由人民法院裁定中止审理；（六）对于犯罪已过追诉时效期限并且不是必须追诉的，经特赦令免除刑罚的，依照刑法告诉才处理的犯罪没有告诉或者撤回告诉的，或者被告人在宣告判决前死亡的，由人民法院裁定终止审理。

第6条 对于人民检察院决定变更起诉、追加起诉的案件，应当书面通知人民法院，并制作变更起诉书或追加起诉书。变更起诉书、追加起诉书文号分别编为：×检刑变诉（××××）×号、×检刑追诉（××××）×号。在案件提起公诉后、作出判决前，发现被告人存在新的犯罪事实需要追究刑事责任的，人民检察院如果在法定期限内能够追加起诉的，原则上应当合并审理。如果人民法院在法定期限内不能将追加部分与原案件一并审结的，可以另行起诉，原案件诉讼程序继续进行。

第7条 在法庭审判过程中，人民检察院发现提起公诉的案件证据不足或者证据发生变化，需要补充侦查的，应当要求法庭延期审理；经补充侦查后，仍然认为证据不足，不符合起诉条件的，可以作出撤回起诉决定。

第8条 对于提起公诉的案件拟撤回起诉的，应当由承办人制作撤回起诉报告，写明撤回起诉的理由以及处理意见，经公诉部门负责人审核后报本院检察长或检察委员会决定。

第9条 人民检察院决定撤回起诉的，应当制作《人民检察院撤回起诉决定书》，加盖院章后送达人民法院。人民法院要求书面说明撤回起诉理由的，人民检察院应当书面说明。对于人民法院认为人民检察院决定撤回起诉的理由不充分，不同意撤回起诉并决定继续审理的，人民检察院应当继续参与刑事诉讼，建议人民法院依法裁判。

第10条 对于撤回起诉的案件，没有新的事实或者新的证据，人民检察院不得再行起诉。新的事实，是指原起诉书中未指控的犯罪事实。该犯罪事实触犯的罪名既可以是原指控罪名的同种罪名，也可以是异种罪名；新的证据，是指撤回起诉后收集、调取的足以证明原指控犯罪事实能够认定的证据。因为发现新的证据而重新起诉的，应当重新编号，制作新的起诉书。重新起诉的起诉书应当列明原提起公诉以及撤回起诉等诉讼经过。

第11条 对于撤回起诉的案件，人民检察院应当在撤回起诉后7日内作出不起诉决定，或者书面说明理由将案卷退回侦查机关（部门）处理，并提出重新侦查或者撤销案件的建议。

第12条 对于退回侦查机关（部门）提出重新侦查意见的案件，人民检察院应当及时督促侦查机关（部门）作出撤销、解除或者变更强制措施的决定。对于退回侦查机关（部门）提出撤销案件意见的案件，人民检察院应当及时督促侦查机关（部门）作出撤销强制措施的决定，依法处理对财物的扣押、冻结。

第13条 对于撤回起诉的案件，应当在撤回起诉后30日内将撤回起诉案件分析报告，连同起诉意见书、起诉书、撤回起诉决定书等相关法律文书报上一级人民检察院公诉部门备案。

附:《人民检察院刑事诉讼规则》(高检发释字〔2019〕4号)

第424条 人民法院宣告判决前,人民检察院发现具有下列情形之一的,经检察长批准,可以撤回起诉:

(一)不存在犯罪事实的;(二)犯罪事实并非被告人所为的;(三)情节显著轻微、危害不大,不认为是犯罪的;(四)证据不足或证据发生变化,不符合起诉条件的;(五)被告人因未达到刑事责任年龄,不负刑事责任的;(六)法律、司法解释发生变化导致不应当追究被告人刑事责任的;(七)其他不应当追究被告人刑事责任的。

对于撤回起诉的案件,人民检察院应当在撤回起诉后30日以内作出不起诉决定。需要重新调查或者侦查的,应当在作出不起诉决定后将案卷材料退回监察机关或者公安机关,建议监察机关或者公安机关重新调查或者侦查,并书面说明理由。

对于撤回起诉的案件,没有新的事实或者新的证据,人民检察院不得再行起诉。

新的事实是指原起诉书中未指控的犯罪事实。该犯罪事实触犯的罪名既可以是原指控罪名的同一罪名,也可以是其他罪名。

新的证据是指撤回起诉后收集、调取的足以证明原指控犯罪事实的证据。

6. 公安部《公安机关讯问犯罪嫌疑人录音录像工作规定》(公通字〔2014〕33号)

第1章 总 则

第1条 为保证公安机关依法讯问取证,规范讯问犯罪嫌疑人录音录像工作,保障犯罪嫌疑人的合法权益,根据《中华人民共和国刑事诉讼法》、《公安机关办理刑事案件程序规定》的有关规定,制定本规定。

第2条 讯问犯罪嫌疑人录音录像,是指公安机关讯问犯罪嫌疑人,在文字记录的同时,利用录音录像设备对讯问过程进行全程音视频同步记录。

第3条 对讯问过程进行录音录像,应当对每一次讯问全程不间断进行,保持完整性,不得选择性地录制,不得剪接、删改。

第4条 对下列重大犯罪案件,应当对讯问过程进行录音录像:

(一)可能判处无期徒刑、死刑的案件;(二)致人重伤、死亡的严重危害公共安全犯罪、严重侵犯公民人身权利犯罪案件;(三)黑社会性质组织犯罪案件,包括组织、领导黑社会性质组织,入境发展黑社会组织,包庇、纵容黑社会性质组织等犯罪案件;(四)严重毒品犯罪案件,包括走私、贩卖、运输、制造毒品,非法持有毒品数量大的,包庇走私、贩卖、运输、制造毒品的犯罪分子情节严重的,走私、非法买卖制毒物品数量大的犯罪案件;(五)其他故意犯罪案件,可能判处10年以上有期徒刑的。

前款规定的"讯问",既包括在执法办案场所进行的讯问,也包括对不需要拘留、逮捕的犯罪嫌疑人在指定地点或者其住处进行的讯问,以及紧急情况下在现场进行的讯问。

本条第1款规定的"可能判处无期徒刑、死刑的案件"和"可能判处10年以上有期徒刑的案件",是指应当适用的法定刑或者量刑档次包含无期徒刑、死刑、10年以上有期徒刑的案件。

第5条 在办理刑事案件过程中,在看守所讯问或者通过网络视频等方式远程讯问犯罪嫌疑人的,应当对讯问过程进行录音录像。

第6条 对具有下列情形之一的案件,应当对讯问过程进行录音录像:

(一)犯罪嫌疑人是盲、聋、哑人,未成年人或者尚未完全丧失辨认或者控制自己行为能力的精神病人,以及不通晓当地通用的语言文字的;(二)犯罪嫌疑人反侦查能力较强或者供述不稳定,翻供可能性较大的;(三)犯罪嫌疑人作无罪辩解和辩护人可能作无罪辩护的;(四)犯罪嫌疑人、被害人、证人对案件事实、证据存在较大分歧的;(五)共同犯罪中难以区分犯罪嫌疑人相关责任的;(六)引发信访、舆论炒作风险较大的;(七)社会影响重大、舆论关注度高的;(八)其他重大、疑难、复杂情形。

第7条 各级公安机关应当积极创造条件,尽快实现对所有刑事案件讯问过程全程录音录像。装备财务、警务保障、科技、信通等部门应当为讯问录音录像工作提供保障和支持。

第2章 录 制

第8条 对讯问过程进行录音录像,可以使用专门的录制设备,也可以通过声像监控系统进行。

第9条 讯问开始前,应当做好录音录像的准备工作,对讯问场所及录音录像设备进行检查和调试,确保设备运行正常、时间显示准确。

第10条 录音录像应当自讯问开始时开始,至犯罪嫌疑人核对讯问笔录、签字捺指印后结束。讯问笔录记载的起止时间应当与讯问录音录像资料反映的起止时间一致。

第11条 对讯问过程进行录音录像,应当对侦查人员、犯罪嫌疑人、其他在场人员、讯问场景和计时装置、温度计显示的信息进行全面摄录,图像应当显示犯罪嫌疑人正面中景。有条件的地方,可以通过画中画技术同步显示侦查人员正面画面。

讯问过程中出示证据和犯罪嫌疑人辨认证据、核对笔录、签字捺指印的过程应当在画面中予以反映。

第12条 讯问录音录像的图像应当清晰稳定,话音应当清楚可辨,能够真实反映讯问现场的原貌,全面记录讯问过程,并同步显示日期和24小时制时间信息。

第13条 在制作讯问笔录时,侦查人员可以对犯罪嫌疑人的供述进行概括,但涉及犯罪的时间、地点、作案手段、作案工具、被害人情况、主观心态等案件关键事实的,讯问笔录记载的内容应当与讯问录音录像资料记录的犯罪嫌疑人供述一致。

第14条 讯问过程中,因存储介质空间不足、技术故障等客观原因导致不能录音录像的,应当中止讯问,并视情及时采取更换存储介质、排除故障、调换讯问室、更换移动录音录像设备等措施。

对于本规定第4条规定以外的案件,因案情紧急、排除中止情形所需时间过长等原因不宜中止讯问的,可以继续讯问。有关情况应当在讯问笔录中载明,并由犯罪嫌疑人签字确认。

第15条 中止讯问的情形消失后继续讯问的,应当同时进行录音录像。侦查人员应当在录音录像开始后,口头说明中断的原因、起止时间等情况,在讯问笔录中载明并由犯罪嫌疑人签字确认。

第3章 资料管理和使用

第16条 办案部门应当指定办案人员以外的人员保管讯问录音录像资料,不得由办案人员自行保管。讯问录音录像资料的保管条件应当符合公安声像档案管理有关规定,保密要求应当与本案讯问笔录一致。

有条件的地方,可以对讯问录音录像资料实行信息化管理,并与执法办案信息系统关联。

案件侦查终结后,应当将讯问录音录像资料和案件卷宗一并移交档案管理部门保管。

第17条 讯问录音录像资料应当刻录光盘保存或者利用磁盘等存储设备存储。

刻录光盘保存的,应当制作一式两份,在光盘标签或者封套上标明制作单位、制作人、制作时间、被讯问人、案件名称及案件编号,一份装袋密封作为正本,一份作为副本。对一起案件中的犯罪嫌疑人多次讯问的,可以将多次讯问的录音录像资料刻录在同一张光盘内。刻录完成后，办案人员应当在24小时内将光盘移交保管人员，保管人员应当登记入册并与办案人员共同签名。

利用磁盘等存储设备存储的，应当在讯问结束后立即上传到专门的存储设备中，并制作数据备份；必要时，可以转录为光盘。

第18条 刑事诉讼过程中，除因副本光盘损坏、灭失需要重新复制，或者对副本光盘的真实性存在疑问需要查阅外，不得启封正本光盘。确需调取正本光盘的，应当经办案部门负责人批准，使用完毕后应当及时重新封存。

第19条 公安机关办案和案件审核、执法监督、核查信访投诉等工作需要使用讯问录音录像资料的，可以调取副本光盘或者通过信息系统调阅。

人民法院、人民检察院依法调取讯问录音录像资料的，办案部门应当在3日内将副本光盘移交人民法院、人民检察院。利用磁盘等存储设备存储的，应当转录为光盘后移交。

第20条 调取光盘时，保管人员应当在专门的登记册上登记调取人员、时间、事由、预计使用时间、审批人等事项，并由调取人员和保管人员共同签字。

对调取、使用的光盘，有关单位应当妥善保管，并在使用完毕后及时交还保管人员。

调取人归还光盘时，保管人员应当进行检查、核对，有损毁、调换、灭失等情况的，应当如实记录，并报告办案部门负责人。

第21条 通过信息系统调阅讯问录音录像资料的，应当综合考虑部门职责、岗位性质、工作职权等因素，严格限定使用权限，严格落实管理制度。

第4章 监督与责任

第22条 讯问录音录像工作和讯问录音录像资料的管理使用情况，应当纳入所在单位案件审核和执法质量考评范围。

对本规定第4条规定的案件，办案部门在报送审核时应当同时提交讯问录音录像资料。审核部门应当重点审查是否存在以下情形：

（一）以刑讯逼供等非法方法收集证据；（二）未在讯问室讯问犯罪嫌疑人；（三）未保证犯罪嫌疑人的饮食和必要的休息时间；（四）讯问笔录记载的起止时间与讯问录音录像资料反映的起止时间不一致；（五）讯问笔录与讯问录音录像资料内容严重不符。

对本规定第4条规定以外的案件，存在刑讯逼供等非法取证嫌疑的，审核部门应当对讯问录音录像资料进行审查。

第23条 审核部门发现具有下列情形之一的，不得将犯罪嫌疑人供述作为提请批准逮捕、移送审查起诉的依据：

（一）存在本规定第22条第2款第1项情形的；（二）存在本规定第22条第2款第2项至第5项情形而未进行补正、解释，或者经补正、解释后仍不能有效证明讯问过程合法性的。

第24条 对违反本规定，具有下列情形之一的，应当根据有关规定追究有关单位和人员的责任：

（一）未对本规定第4条规定的案件讯问过程进行录音录像，导致有关证据被人民法院、人民检察院依法排除的；（二）讯问笔录与讯问录音录像资料内容严重不符，影响证据效力的；（三）对讯问录音录像资料进行剪接、删改的；（四）未按规定保管，致使讯问录音录像资料毁损、灭失、泄露的；（五）私自或者违规调取、使用、披露讯问录音录像资料，影响案件办理或者侵犯当事人合法权益的；（六）其他违反本规定，应当追究责任的。

第5章 附　　则

第25条 公安机关办理刑事案件，需要对询问被害人、证人过程进行录音录像的，适用本规定。

第26条 公安机关办理行政案件,需要对询问违法嫌疑人、被侵害人、证人过程进行录音录像的,参照本规定执行。

第27条 本规定自2014年10月1日起施行。各地公安机关可以根据本规定,结合本地实际制定实施细则,并报上一级公安机关备案。

7.最高人民检察院《人民检察院讯问职务犯罪嫌疑人实行全程同步录音录像的规定》(高检发反贪字〔2014〕213号)

(全文略)

8.最高人民法院《关于建立健全防范刑事冤假错案工作机制的意见的通知》(法发〔2013〕11号)

为依法准确惩治犯罪,尊重和保障人权,实现司法公正,根据《中华人民共和国刑事诉讼法》和相关司法解释等规定,结合司法实际,对人民法院建立健全防范刑事冤假错案的工作机制提出如下意见:

一、坚持刑事诉讼基本原则,树立科学司法理念

1.坚持尊重和保障人权原则。尊重被告人的诉讼主体地位,维护被告人的辩护权等诉讼权利,保障无罪的人不受刑事追究。

2.坚持依法独立行使审判权原则。必须以事实为根据,以法律为准绳。不能因为舆论炒作、当事方上访闹访和地方"维稳"等压力,作出违反法律的裁判。

3.坚持程序公正原则。自觉遵守刑事诉讼法有关规定,严格按照法定程序审判案件,保证准确有效地执行法律。

4.坚持审判公开原则。依法保障当事人的诉讼权利和社会公众的知情权,审判过程、裁判文书依法公开。

5.坚持证据裁判原则。认定案件事实,必须以证据为根据。应当依照法定程序审查、认定证据。认定被告人有罪,应当适用证据确实、充分的证明标准。

二、严格执行法定证明标准,强化证据审查机制

6.定罪证据不足的案件,应当坚持疑罪从无原则,依法宣告被告人无罪,不得降格作出"留有余地"的判决。

定罪证据确实、充分,但影响量刑的证据存疑的,应当在量刑时作出有利于被告人的处理。

死刑案件,认定对被告人适用死刑的事实证据不足的,不得判处死刑。

7.重证据,重调查研究,切实改变"口供至上"的观念和做法,注重实物证据的审查和运用。只有被告人供述,没有其他证据的,不能认定被告人有罪。

8.采用刑讯逼供或者冻、饿、晒、烤、疲劳审讯等非法方法收集的被告人供述,应当排除。

除情况紧急必须现场讯问以外,在规定的办案场所外讯问取得的供述,未依法对讯问进行全程录音录像取得的供述,以及不能排除以非法方法取得的供述,应当排除。

9.现场遗留的可能与犯罪有关的指纹、血迹、精斑、毛发等证据,未通过指纹鉴定、DNA鉴定等方式与被告人、被害人的相应样本作同一认定的,不得作为定案的根据。涉案物品、作案工具等未通过辨认、鉴定等方式确定来源的,不得作为定案的根据。

对于命案,应当审查是否通过被害人近亲属辨认、指纹鉴定、DNA鉴定等方式确定被害人身份。

三、切实遵守法定诉讼程序,强化案件审理机制

10.庭前会议应当归纳事实、证据争点。控辩双方有异议的证据,庭审时重点调查;没有异议的,庭审时举证、质证适当简化。

11. 审判案件应当以庭审为中心。事实证据调查在法庭,定罪量刑辩论在法庭,裁判结果形成于法庭。

12. 证据未经当庭出示、辨认、质证等法庭调查程序查证属实,不得作为定案的根据。

采取技术侦查措施收集的证据,除可能危及有关人员的人身安全,或者可能产生其他严重后果,由人民法院依职权庭外调查核实的外,未经法庭调查程序查证属实,不得作为定案的根据。

13. 依法应当出庭作证的证人没有正当理由拒绝出庭或者出庭后拒绝作证,其庭前证言真实性无法确认的,不得作为定案的根据。

14. 保障被告人及其辩护人在庭审中的发问、质证、辩论等诉讼权利。对于被告人及其辩护人提出的辩解理由、辩护意见和提交的证据材料,应当当庭或者在裁判文书中说明采纳与否及理由。

15. 定罪证据存疑的,应当书面建议人民检察院补充调查。人民检察院在2个月内未提交书面材料的,应当根据在案证据依法作出裁判。

四、认真履行案件把关职责,完善审核监督机制

16. 合议庭成员共同对案件事实负责。承办法官为案件质量第一责任人。

合议庭成员通过庭审或者阅卷等方式审查事实和证据,独立发表评议意见并说明理由。

死刑案件,由经验丰富的法官承办。

17. 审判委员会讨论案件,委员依次独立发表意见并说明理由,主持人最后发表意见。

18. 原判事实不清、证据不足,第二审人民法院查清事实的,不得发回重新审判。以事实不清、证据不足为由发回重新审判的案件,上诉、抗诉后,不得再次发回重新审判。

19. 不得通过降低案件管辖级别规避上级人民法院的监督。不得就事实和证据问题请示上级人民法院。

20. 复核死刑案件,应当讯问被告人。辩护律师提出要求的,应当听取意见。证据存疑的,应当调查核实,必要时到案发地调查。

21. 重大、疑难、复杂案件,不能在法定期限内审结的,应当依法报请延长审理期限。

22. 建立科学的办案绩效考核指标体系,不得以上诉率、改判率、发回重审率等单项考核指标评价办案质量和效果。

五、充分发挥各方职能作用,建立健全制约机制

23. 严格依照法定程序和职责审判案件,不得参与公安机关、人民检察院联合办案。

24. 切实保障辩护人会见、阅卷、调查取证等辩护权利。辩护人申请调取可能证明被告人无罪、罪轻的证据,应当准许。

25. 重大、疑难、复杂案件,可以邀请人大代表、政协委员、基层群众代表等旁听观审。

26. 对确有冤错可能的控告和申诉,应当依法复查。原判决、裁定确有错误的,依法及时纠正。

27. 建立健全审判人员权责一致的办案责任制。审判人员依法履行职责,不受追究。审判人员办理案件违反审判工作纪律或者徇私枉法的,依照有关审判工作纪律和法律的规定追究责任。

9. 最高人民检察院《人民检察院对指定居所监视居住实行监督的规定》(高检发执检字〔2015〕18号)

第1章 总 则

第1条 为了加强和规范人民检察院对指定居所监视居住决定和执行的监督,根据《中华人民共和国刑事诉讼法》等有关规定,结合检察工作实际,制定本规定。

第2条 公安机关、人民检察院、人民法院对犯罪嫌疑人、被告人适用指定居所监视居住的,人民检察院应当依法对指定居所监视居住的决定和执行是否合法实行监督。

第3条 对指定居所监视居住决定的监督,由人民检察院侦查监督部门、公诉部门负责。对指定居所监视居住执行的监督,由人民检察院刑事执行检察部门负责。

第4条 指定的居所应当具备正常的生活、休息条件,与审讯场所分离;安装监控设备,便于监视、管理;具有安全防范措施,保证办案安全。

第2章 对指定居所监视居住决定的监督

第5条 对于公安机关决定对无固定住处的犯罪嫌疑人指定居所监视居住的,由同级人民检察院侦查监督部门依法对该决定是否合法实行监督。

对于上一级公安机关批准对涉嫌危害国家安全犯罪、恐怖活动犯罪的犯罪嫌疑人决定指定居所监视居住的,由作出批准决定公安机关的同级人民检察院侦查监督部门依法对该决定是否合法实行监督。

第6条 对于人民检察院决定对无固定住处的犯罪嫌疑人指定居所监视居住的,由上一级人民检察院侦查监督部门依法对该决定是否合法实行监督。

对于上一级人民检察院批准对涉嫌特别重大贿赂犯罪的犯罪嫌疑人决定指定居所监视居住的,由作出批准决定的人民检察院侦查监督部门依法对该决定是否合法实行监督。

第7条 具有以下情形之一的,人民检察院应当对指定居所监视居住决定是否合法启动监督:

(一)犯罪嫌疑人及其法定代理人、近亲属或者辩护人认为指定居所监视居住决定违法,向人民检察院提出控告、举报、申诉的;(二)人民检察院通过介入侦查、审查逮捕、审查起诉、刑事执行检察、备案审查等工作,发现侦查机关(部门)作出的指定居所监视居住决定可能违法的;(三)人民监督员认为指定居所监视居住决定违法,向人民检察院提出监督意见的;(四)其他应当启动监督的情形。

第8条 人民检察院对无固定住处的犯罪嫌疑人决定指定居所监视居住的,侦查部门应当在三日以内将立案决定书、指定居所监视居住决定书等法律文书副本以及主要证据复印件报送上一级人民检察院侦查监督部门。对特别重大贿赂犯罪嫌疑人指定居所监视居住的,作出批准决定的人民检察院侦查部门应当在3日以内将上述材料抄送本院侦查监督部门。

人民检察院监督公安机关指定居所监视居住决定时,可以要求公安机关提供上述材料。

第9条 人民检察院对指定居所监视居住决定进行监督,可以采取以下方式:

(一)查阅相关案件材料;(二)听取侦查机关(部门)作出指定居所监视居住决定的理由和事实依据;(三)听取犯罪嫌疑人及其法定代理人、近亲属或者辩护人的意见;(四)其他方式。

第10条 人民检察院监督指定居所监视居住决定是否合法,应当审查该决定是否符合刑事诉讼法第72条、第69条第3款规定的指定居所监视居住的条件,并进一步审查是否符合以下情形:

(一)犯罪嫌疑人在办案机关所在的市、县无固定住处的;(二)涉嫌危害国家安全犯罪、恐怖活动犯罪或者特别重大贿赂犯罪的犯罪嫌疑人,在其住处执行有碍侦查,经上一级公安机关或者人民检察院批准指定居所监视居住的。

第11条 人民检察院侦查监督部门审查指定居所监视居住决定是否合法,应当在启动监督后7日以内作出决定。

第12条 人民检察院经审查,对于公安机关决定指定居所监视居住不符合法定条件的,应当报经检察长批准后,向公安机关发出纠正违法通知书,并建议公安机关撤销指定居所监视居住决定。

对于本院或者下一级人民检察院决定指定居所监视居住不符合法定条件的,人民检察院侦查监督部门应当报经检察长决定后,通知本院侦查部门或者下一级人民检察院撤销指定居所监视居住决定。通知下一级人民检察院撤销指定居所监视居住决定的,应当通报本院侦查部门。

第13条 对于上一级人民检察院的纠正意见,下一级人民检察院应当立即执行,并将执行情况报告上一级人民检察院侦查监督部门。

下一级人民检察院认为上一级人民检察院对于指定居所监视居住决定的纠正意见有错误的,可以在收到纠正意见后3日以内报请上一级人民检察院重新审查。上一级人民检察院应当另行指派检察人员审查,并在5日以内作出是否变更的决定。

第14条 对人民检察院在审查起诉过程中作出的指定居所监视居住决定的监督,由本院侦查监督部门按照本规定执行。

对人民法院作出的指定居所监视居住决定的监督,由同级人民检察院公诉部门按照本规定执行。

第3章 对指定居所监视居住执行的监督

第15条 对指定居所监视居住执行的监督,由执行监视居住的公安机关的同级人民检察院刑事执行检察部门负责。

第16条 人民检察院对指定居所监视居住执行进行监督,应当包括以下内容:

(一)指定居所监视居住决定书、执行通知书等法律文书是否齐全;(二)执行的场所、期限、执行人员是否符合规定;(三)被监视居住人的合法权利是否得到保障;(四)是否有在指定的居所进行讯问、体罚虐待被监视居住人等违法行为;(五)其他依法应当监督的内容。

第17条 人民检察院对指定居所监视居住执行活动进行监督,可以采取以下方式:

(一)查阅相关法律文书和被监视居住人的会见、通讯、外出情况、身体健康检查记录等材料;(二)实地检查指定的居所是否符合法律规定;(三)查看有关监控录像等资料,必要时对被监视居住人进行体表检查;(四)与被监视居住人、执行人员、办案人员或者其他有关人员谈话,调查了解有关情况。

第18条 人民检察院案件管理部门收到公安机关、人民法院的指定居所监视居住决定书副本后,应当在24小时以内移送本院刑事执行检察部门。

人民检察院侦查部门、公诉部门以本院名义作出指定居所监视居住决定的,应当在24小时以内将监视居住决定书副本抄送刑事执行检察部门,并告知其指定居所的地址。

第19条 人民检察院刑事执行检察部门在收到指定居所监视居住决定书副本后24小时以内,应当指派检察人员实地检查并填写监督情况检查记录。对指定居所监视居住的执行活动应当进行巡回检察,巡回检察每周不少于1次,检察人员不得少于2人。

检察指定居所监视居住执行活动时,不得妨碍侦查办案工作的正常进行。

第20条 人民检察院在指定居所监视居住执行监督时发现下列情形之一的,应当依法向执行机关或者办案机关提出纠正意见:

(一)执行机关收到指定居所监视居住决定书、执行通知书等法律文书后不派员执行或者不及时派员执行的;(二)除无法通知的以外,没有在执行指定居所监视居住后24小时以内通知被监视居住人的家属的;(三)在看守所、拘留所、监狱以及留置室、办案区或者在不符合指定居所规定的其他场所执行监视居住的;(四)违反规定安排辩护律师同被监视居住人会见、通信,或者违法限制被监视居住人与辩护律师会见、通信的;(五)诉讼阶段发生变化,新的办案机关应当依法重新作出指定居所监视居住决定而未及时作出的;(六)办案机关作出解除或者变更指定居所监视居住决定并通知执行机关,执行机关没有及时解除监视居住并通知被监视居住人的;(七)要求被监视居住人或者其家属支付费用的;(八)其他违法情形。

人民检察院刑事执行检察部门发现本院侦查部门、公诉部门具有上述情形之一的,应当报经检察长批准后提出纠正意见。

第21条 人民检察院刑事执行检察部门发现指定居所监视居住执行中存在执法不规范、安全隐患等问题,应当报经检察长批准后向执行机关或者办案机关提出检察建议。

第22条 发出纠正违法通知书或者检察建议书的,应当抄报上一级人民检察院,同时抄送执行机关或者办案机关的上一级机关。

第23条 被监视居住人在指定居所监视居住期间死亡的,参照最高人民检察院关于监管场所被监管人死亡检察程序的规定办理。

第24条 人民法院、人民检察院指派司法警察协助公安机关执行指定居所监视居住的,人民检察院刑事执行检察部门应当对其协助执行活动进行监督。

第4章 附 则

第25条 对于犯罪嫌疑人及其法定代理人、近亲属或者辩护人提出的对指定居所监视居住决定和执行的控告、举报、申诉,人民检察院应当及时办理并答复。

第26条 人民检察院侦查监督部门、公诉部门发现指定居所监视居住执行可能存在违法情形的,应当及时通报刑事执行检察部门。刑事执行检察部门发现指定居所监视居住决定可能存在违法情形的,应当及时通报侦查监督部门或者公诉部门。

第27条 人民检察院在指定居所监视居住决定和执行监督工作中发现办案人员、执行人员有违纪违法行为的,应当报请检察长决定后及时移送有关部门处理;构成犯罪的,应当依法追究刑事责任。

第28条 检察人员在指定居所监视居住决定和执行监督工作中有违纪违法行为的,应当按照有关规定追究违法违纪责任;构成犯罪的,应当依法追究刑事责任。

第29条 人民检察院对指定居所监视居住决定和执行的监督,应当在检察机关统一业务应用系统上办理。人民检察院案件管理部门应当定期进行统计分析、质量评查,并及时通报有关部门。

第30条 本规定自发布之日起施行。

10. 司法部《司法鉴定程序通则》(司法部令〔2016〕第132号)

(全文略)

11. 公安部《关于对涉刑强制隔离戒毒人员剩余强制隔离戒毒期限继续执行有关问题的批复》(公复字〔2016〕1号)

(详见本书《刑法》第347条相关内容)

12. 公安部《公安机关现场执法视音频记录工作规定》(公通字〔2016〕14号)

第1章 总 则

第1条 为进一步加强现场执法视音频记录工作,规范公安机关现场执法活动,维护人民群众合法权益,根据《公安机关办理行政案件程序规定》、《公安机关办理刑事案件程序规定》等有关规定,制定本规定。

第2条 现场执法视音频记录工作,是指公安机关利用现场执法记录设备对现场执法活动进行全过程视音频同步记录,并对现场执法视音频资料进行收集、保存、管理、使用等工作。

第3条 公安机关应当按照规定配备单警执法记录仪等现场执法记录设备和现场执法视音频资料自动传输、存储、管理等设备。

第4条 对于以下现场执法活动,公安机关应当进行现场执法视音频记录:

(一)接受群众报警或者110指令后处警;(二)当场盘问、检查;(三)对日常工作中发现的违反治安管理、出入境管理、消防管理、道路交通安全管理等违法犯罪行为和道路交通事故等进行现场处置、当场处罚;(四)办理行政、刑事案件进行现场勘验、检查、搜查、扣押、辨认、扣留;(五)消防管理、道路交通安全管理等领域的排除妨害、恢复原状和强制停止施工、停止使用、停产停业等行政强制执行;(六)处置重大突发事件、群体性事件。

地方公安机关和各警种可以根据本地区、本警种实际情况,确定其他进行现场执法视音频记录的情形。

第5条 公安机关执法办案部门负责本部门开展现场执法视音频记录,以及有关设备、现场执法视音频资料的使用管理工作;警务督察部门负责对公安机关现场执法视音频记录活动进行督察;法制部门负责对现场执法视音频记录的范围和现场执法视音频资料的管理、使用进行指导和监督;警务保障部门负责现场执法记录设备的配备、维护升级和使用培训;科信部门负责现场执法视音频资料管理系统的建设和相关技术标准的制定。

第2章 记　　录

第6条 开展现场执法视音频记录时,应当对执法过程进行全程不间断记录,自到达现场开展执法活动时开始,至执法活动结束时停止;从现场带回违法犯罪嫌疑人的,应当记录至将违法犯罪嫌疑人带入公安机关执法办案场所办案区时停止。

第7条 现场执法视音频记录应当重点摄录以下内容:

(一)执法现场环境;(二)违法犯罪嫌疑人、被害人、被侵害人和证人等现场人员的体貌特征和言行举止;(三)重要涉案物品及其主要特征,以及其他可以证明违法犯罪行为的证据;(四)执法人员现场开具、送达法律文书和对有关人员、财物采取措施情况;(五)其他应当记录的重要内容。

第8条 现场执法视音频记录过程中,因设备故障、损坏,天气情况恶劣或者电量、存储空间不足等客观原因而中止记录的,重新开始记录时应当对中断原因进行语音说明。确实无法继续记录的,应当立即向所属部门负责人报告,并在事后书面说明情况。

第3章 管　　理

第9条 公安机关应当建立现场执法记录设备和现场执法视音频资料管理制度。执法办案部门应当指定专门人员作为管理员,负责管理设备、资料。

第10条 公安机关执法办案部门应当对现场执法记录设备进行统一存放、分类管理。民警应当在开展执法活动前领取现场执法记录设备,并对电量、存储空间、日期时间设定等情况进行检查;发现设备故障、损坏的,应当及时报告管理员。

对现场执法记录设备应当妥善保管、定期维护。

第11条 民警应当在当天执法活动结束后,将现场执法视音频资料导出保存。连续工作、异地执法办案或者在偏远、交通不便地区执法办案,确实无法及时移交资料的,应当在返回单位后24小时内移交。

第12条 公安机关应当依托警综平台建立现场执法视音频资料管理系统,对现场执法视音频资料进行集中统一管理和分案分类存储,并与执法办案、110接处警等系统关联共享。

第13条 现场执法视音频资料的保存期限原则上应当不少于6个月。

对于记录以下情形的现场执法视音频资料,应当永久保存:

(一)作为行政、刑事案件证据使用的;(二)当事人或者现场其他人员有阻碍执法、妨害公务行为的;(三)处置重大突发事件、群体性事件的;(四)其他重大、疑难、复杂的警情。

第14条 对现场执法视音频资料,应当综合考虑部门职责、岗位性质、工作职权等因素,严格限定使用权限。

因工作需要,超出本人权限调阅、复制本部门采集的现场执法视音频资料的,应当经部门负责人批准;调阅、复制其他部门采集的现场执法视音频资料的,应当经采集资料的部门负责人批准。

纪委、警务督察、法制、信访等部门因案件审核、执法监督、核查信访投诉等工作需要,可以要求采集资料的部门提供有关现场执法视音频资料。

因对社会宣传、教育培训等工作需要向公安机关以外的部门提供现场执法视音频资料的,应当经县级以上公安机关负责人批准;对于内容复杂、敏感,易引发社会争议的,应当报经上级公安机关批准。

第15条 公安机关将现场执法视音频资料作为证据使用的,应当按照视听资料审查与认定的有关要求,制作文字说明材料,注明制作人、提取人、提取时间等信息,并将其复制为光盘后附卷。

第16条 调阅、复制现场执法视音频资料,应当由管理员统一办理。管理员应当详细登记调阅人、复制人、审批人、时间、事由等事项。

第17条 任何单位和个人不得剪接、删改原始现场执法视音频资料,未经批准不得擅自对外提供或者通过互联网及其他传播渠道发布现场执法视音频资料。

现场执法视音频资料涉及国家秘密、商业秘密、个人隐私的,应当按照有关法律法规的要求予以保密。

第4章 监督与责任

第18条 公安机关应当对以下工作进行经常性监督检查,按一定比例对现场执法视音频资料进行抽查,并纳入执法质量考评:

(一)对规定事项是否进行现场执法视音频记录;(二)对执法过程是否进行全程不间断记录;(三)现场执法视音频资料的移交、管理、使用情况。

现场执法记录设备的配备、维护、管理情况,以及对民警使用现场执法记录设备的培训、检查、考核情况,应当记入单位或者民警执法档案。

第19条 对违反本规定,具有下列情形之一的,应当依照有关规定,追究相关单位和人员的责任:

(一)对应当进行现场记录的执法活动未予记录,影响案事件处理或者造成其他不良影响的;(二)剪接、删改、损毁、丢失现场执法视音频资料的;(三)擅自对外提供或者公开发布现场执法视音频资料的。

第5章 附　　则

第20条 本规定自2016年7月1日起施行。各地公安机关和各警种可以根据本规定,结合本地、本部门实际制定实施细则,并报上一级公安机关或者上一级部门备案。

13. 公安部《公安机关受理行政执法机关移送涉嫌犯罪案件规定》(公通字〔2016〕16号)

第1条 为规范公安机关受理行政执法机关移送涉嫌犯罪案件工作,完善行政执法与刑事司法衔接工作机制,根据有关法律、法规,制定本规定。

第2条 对行政执法机关移送的涉嫌犯罪案件,公安机关应当接受,及时录入执法办案信息系统,并检查是否附有下列材料:

(一)案件移送书,载明移送机关名称、行政违法行为涉嫌犯罪罪名、案件主办人及联系电话等。案件移送书应当附移送材料清单,并加盖移送机关公章;(二)案件调查报告,载明案件来源、查获情况、嫌疑人基本情况、涉嫌犯罪的事实、证据和法律依据、处理建议等;(三)涉案物品清单,载明涉案物品的名称、数量、特征、存放地等事项,并附采取行政强制措施、现场笔录等表明涉案物品来源的相关材料;(四)附有鉴定机构和鉴定人资质证明或者其他证明文件的检验报告或者鉴定意见;(五)现场照片、询问笔录、电子数据、视听资料、认定意见、责令整改通知书等其他与案件有关的证据材料。

移送材料表明移送案件的行政执法机关已经或者曾经作出有关行政处罚决定的,应当检查是否附有有关行政处罚决定书。

对材料不全的,应当在接受案件的24小时内书面告知移送的行政执法机关在3日内补正。但不得以材料不全为由,不接受移送案件。

第3条 对接受的案件,公安机关应当按照下列情形分别处理:

(一)对属于本公安机关管辖的,迅速进行立案审查;(二)对属于公安机关管辖但不属于本公安机关管辖的,移送有管辖权的公安机关,并书面告知移送案件的行政执法机关;(三)对不属于公安机关管辖的,退回移送案件的行政执法机关,并书面说明理由。

第4条 对接受的案件,公安机关应当立即审查,并在规定的时间内作出立案或者不立案的决定。

决定立案的,应当书面通知移送案件的行政执法机关。对决定不立案的,应当说明理由,制作不予立案通知书,连同案卷材料在3日内送达移送案件的行政执法机关。

第5条 公安机关审查发现涉嫌犯罪案件移送材料不全、证据不充分的,可以就证明有犯罪事实的相关证据要求等提出补充调查意见,商请移送案件的行政执法机关补充调查。必要时,公安机关可以自行调查。

第6条 对决定立案的,公安机关应当自立案之日起3日内与行政执法机关交接涉案物品以及与案件有关的其他证据材料。

对保管条件、保管场所有特殊要求的涉案物品,公安机关可以在采取必要措施固定留取证据后,商请行政执法机关代为保管。

移送案件的行政执法机关在移送案件后,需要作出责令停产停业、吊销许可证等行政处罚,或者在相关行政复议、行政诉讼中,需要使用已移送公安机关证据材料的,公安机关应当协助。

第7条 单位或者个人认为行政执法机关办理的行政案件涉嫌犯罪,向公安机关报案、控告、举报或者自首的,公安机关应当接受,不得要求相关单位或者人员先行向行政执法机关报案、控告、举报或者自首。

第8条 对行政执法机关移送的涉嫌犯罪案件,公安机关立案后决定撤销案件的,应当将撤销案件决定书连同案卷材料送达移送案件的行政执法机关。对依法应当追究行政法律责任的,可以同时向行政执法机关提出书面建议。

第9条 公安机关应当定期总结受理审查行政执法机关移送涉嫌犯罪案件情况,分析衔接工作中存在的问题,并提出意见建议,通报行政执法机关、同级人民检察院。必要时,同时通报本级或者上一级人民政府,或者实行垂直管理的行政执法机关的上一级机关。

第10条 公安机关受理行政执法机关移送涉嫌犯罪案件,依法接受人民检察院的法律监督。

第11条 公安机关可以根据法律法规,联合同级人民检察院、人民法院、行政执法机关制定行政执法机关移送涉嫌犯罪案件类型、移送标准、证据要求、法律文书等文件。

第12条 本规定自印发之日起实施。

14. 最高人民法院《关于人民法院办理接收在台湾地区服刑的大陆居民回大陆服刑案件的规定》(法释〔2016〕11号)

为落实《海峡两岸共同打击犯罪及司法互助协议》,保障接收在台湾地区服刑的大陆居民回大陆服刑工作顺利进行,根据《中华人民共和国刑法》《中华人民共和国刑事诉讼法》等有关法律,制定本规定。

第1条 人民法院办理接收在台湾地区服刑的大陆居民(以下简称被判刑人)回大陆服刑案件(以下简称接收被判刑人案件),应当遵循一个中国原则,遵守国家法律的基本原则,秉持人道和互惠原则,不得违反社会公共利益。

第2条 接收被判刑人案件由最高人民法院指定的中级人民法院管辖。

第3条 申请机关向人民法院申请接收被判刑人回大陆服刑,应当同时提交以下材料:

(一)申请机关制作的接收被判刑人申请书,其中应当载明:1. 台湾地区法院认定的被判刑人实施的犯罪行为及判决依据的具体条文内容;2. 该行为在大陆依据刑法也构成犯罪、相应的刑法条文、罪名及该行为未进入大陆刑事诉讼程序的说明;3. 建议转换的具体刑罚;4. 其他需要说明的事项。(二)被判刑人系大陆居民的身份证明。(三)台湾地区法院对被判刑人定罪处刑的裁判文书、生效证明和执行文书。(四)被判刑人或其法定代理人申请或者同意回大陆服刑的书面意见,且法定代理人与被判刑人的意思表示一致。(五)被判刑人或其法定代理人所作的关于被判刑人在台湾地区接受公正审判的权利已获得保障的书面声明。(六)两岸有关业务主管部门均同意被判刑人回大陆服刑的书面意见。(七)台湾地区业务主管部门出具的有关刑罚执行情况的说明,包括被判刑人交付执行前的羁押期、已服刑期、剩余刑期,被判刑人服刑期间的表现、退赃退赔情况,被判刑人的健康状况、疾病与治疗情况。(八)根据案件具体情况需要提交的其他材料。

申请机关提交材料齐全的,人民法院应当在7日内立案。提交材料不全的,应当通知申请机关在15日内补送,至迟不能超过2个月;逾期未补送的,不予立案,并于7日内书面告知申请机关。

第4条 人民法院应当组成合议庭审理接收被判刑人案件。

第5条 人民法院应当在立案后1个月内就是否准予接收被判刑人作出裁定,情况复杂、特殊的,可以延长1个月。

人民法院裁定准予接收的,应当依据台湾地区法院判决认定的事实并参考其所定罪名,根据刑法就相同或者最相似犯罪行为规定的法定刑,按照下列原则对台湾地区法院确定的无期徒刑或者有期徒刑予以转换:

(一)原判处刑罚未超过刑法规定的最高刑,包括原判处刑罚低于刑法规定的最低刑的,以原判处刑罚作为转换后的刑罚;(二)原判处刑罚超过刑法规定的最高刑的,以刑法规定的最高刑作为转换后的刑罚;(三)转换后的刑罚不附加适用剥夺政治权利。

前款所称的最高刑,如台湾地区法院认定的事实依据刑法应当认定为一个犯罪的,是指刑法对该犯罪规定的最高刑;如应当认定为多个犯罪的,是指刑法对数罪并罚规定的最高刑。

对人民法院立案前,台湾地区有关业务主管部门对被判刑人在服刑期间作出的减轻刑罚决定,人民法院应当一并予以转换,并就最终应当执行的刑罚作出裁定。

第6条 被判刑人被接收回大陆服刑前被实际羁押的期间,应当以1日折抵转换后的刑期1日。

第7条 被判刑人被接收回大陆前已在台湾地区被假释或保外就医的，或者被判刑人或其法定代理人在申请或者同意回大陆服刑的书面意见中同时申请暂予监外执行的，人民法院应当根据刑法、刑事诉讼法的规定一并审查，并作出是否假释或者暂予监外执行的决定。

第8条 人民法院作出裁定后，应当在7日内送达申请机关。裁定一经送达，立即生效。

第9条 被判刑人回大陆服刑后，有关减刑、假释、暂予监外执行、赦免等事项，适用刑法、刑事诉讼法及相关司法解释的规定。

第10条 被判刑人回大陆服刑后，对其在台湾地区已被判处刑罚的行为，人民法院不再审理。

第11条 本规定自2016年5月1日起施行。

15. 最高人民法院、司法部《关于建立司法鉴定管理与使用衔接机制的意见》（司发通〔2016〕98号）

一、加强沟通协调，促进司法鉴定管理与使用良性互动

建立司法鉴定管理与使用衔接机制，规范司法鉴定工作，提高司法鉴定质量，是发挥司法鉴定作用，适应以审判为中心的诉讼制度改革的重要举措。人民法院和司法行政机关要充分认识司法鉴定管理与使用衔接机制对于促进司法公正、提高审判质量与效率的重要意义，立足各自职能定位，加强沟通协调，共同推动司法鉴定工作健康发展，确保审判活动的顺利进行。

司法行政机关要严格按照《决定》规定履行登记管理职能，切实加强对法医类、物证类、声像资料、环境损害司法鉴定以及根据诉讼需要由司法部商最高人民法院、最高人民检察院确定的其他应当实行登记管理的鉴定事项的管理，严格把握鉴定机构和鉴定人准入标准，加强对鉴定能力和质量的管理，规范鉴定行为，强化执业监管，健全淘汰退出机制，清理不符合规定的鉴定机构和鉴定人，推动司法鉴定工作依法有序进行。

人民法院要根据审判工作需要，规范鉴定委托，完善鉴定材料的移交程序，规范技术性证据审查工作，规范庭审质证程序，指导和保障鉴定人出庭作证，加强审查判断鉴定意见的能力，确保司法公正。

人民法院和司法行政机关要以问题为导向，进一步理顺司法活动与行政管理的关系，建立常态化的沟通协调机制，开展定期和不定期沟通会商，协调解决司法鉴定委托与受理、鉴定人出庭作证等实践中的突出问题，不断健全完善相关制度。

人民法院和司法行政机关要积极推动信息化建设，建立信息交流机制，开展有关司法鉴定程序规范、名册编制、公告等政务信息和相关资料的交流传阅，加强鉴定机构和鉴定人执业资格、能力评估、奖惩记录、鉴定人出庭作证等信息共享，推动司法鉴定管理与使用相互促进。

二、完善工作程序，规范司法鉴定委托与受理

委托与受理是司法鉴定的关键环节，是保障鉴定活动顺利实施的重要条件。省级司法行政机关要适应人民法院委托鉴定需要，依法科学、合理编制鉴定机构和鉴定人名册，充分反映鉴定机构和鉴定人的执业能力和水平，在向社会公告的同时，提供多种获取途径和检索服务，方便人民法院委托鉴定。

人民法院要加强对委托鉴定事项特别是重新鉴定事项的必要性和可行性的审查，择优选择与案件审理要求相适应的鉴定机构和鉴定人。

司法行政机关要严格规范鉴定受理程序和条件，明确鉴定机构不得违规接受委托；无正当理由不得拒绝接受人民法院的鉴定委托；接受人民法院委托鉴定后，不得私自接收当事人提交而未经人民法院确认的鉴定材料；鉴定机构应规范鉴定材料的接收和保存，实现鉴定过程和检验材料流转的全程记录和有效控制;鉴定过程中需要调取或者补充鉴定材料的,由鉴定机构或者当事人向委托法院提出申请。

三、加强保障监督,确保鉴定人履行出庭作证义务

鉴定人出庭作证对于法庭通过质证解决鉴定意见争议具有重要作用。人民法院要加强对鉴定意见的审查,通过强化法庭质证解决鉴定意见争议,完善鉴定人出庭作证的审查、启动和告知程序,在开庭前合理期限以书面形式告知鉴定人出庭作证的相关事项。人民法院要为鉴定人出庭提供席位、通道等,依法保障鉴定人出庭作证时的人身安全及其他合法权益。经人民法院同意,鉴定人可以使用视听传输技术或者同步视频作证室等作证。刑事法庭可以配置同步视频作证室,供依法应当保护或其他确有保护必要的鉴定人作证时使用,并可采取不暴露鉴定人外貌、真实声音等保护措施。

鉴定人在人民法院指定日期出庭发生的交通费、住宿费、生活费和误工补贴,按照国家有关规定应当由当事人承担的,由人民法院代为收取。

司法行政机关要监督、指导鉴定人依法履行出庭作证义务。对于无正当理由拒不出庭作证的,要依法严格查处,追究鉴定人和鉴定机构及机构代表人的责任。

四、严处违法违规行为,维持良好司法鉴定秩序

司法鉴定事关案件当事人切身利益,对于司法鉴定违法违规行为必须及时处置,严肃查处。司法行政机关要加强司法鉴定监督,完善处罚规则,加大处罚力度,促进鉴定人和鉴定机构规范执业。监督信息应当向社会公开。鉴定人和鉴定机构对处罚决定有异议的,可依法申请行政复议或者提起行政诉讼。人民法院在委托鉴定和审判工作中发现鉴定机构或鉴定人存在违规受理、无正当理由不按照规定或约定时限完成鉴定、经人民法院通知无正当理由拒不出庭作证等违法违规情形的,可暂停委托其从事人民法院司法鉴定业务,并告知司法行政机关或发出司法建议书。司法行政机关按照规定的时限调查处理,并将处理结果反馈人民法院。鉴定人或者鉴定机构经依法认定有故意作虚假鉴定等严重违法行为的,由省级人民政府司法行政部门给予停止从事司法鉴定业务3个月至1年的处罚;情节严重的,撤销登记;构成犯罪的,依法追究刑事责任;人民法院可视情节不再委托其从事人民法院司法鉴定业务;在执业活动中因故意或者重大过失给当事人造成损失的,依法承担民事责任。

人民法院和司法行政机关要根据本地实际情况,切实加强沟通协作,根据本意见建立灵活务实的司法鉴定管理与使用衔接机制,发挥司法鉴定在促进司法公正、提高司法公信力、维护公民合法权益和社会公平正义中的重要作用。

16. 最高人民法院、最高人民检察院、公安部《关于办理刑事案件收集提取和审查判断电子数据若干问题的规定》(法发〔2016〕22号)

为规范电子数据的收集提取和审查判断,提高刑事案件办理质量,根据《中华人民共和国刑事诉讼法》等有关法律规定,结合司法实际,制定本规定。

一、一般规定

第1条 电子数据是案件发生过程中形成的,以数字化形式存储、处理、传输的,能够证明案件事实的数据。

电子数据包括但不限于下列信息、电子文件:

(一)网页、博客、微博客、朋友圈、贴吧、网盘等网络平台发布的信息;(二)手机短信、电子邮件、即时通信、通讯群组等网络应用服务的通信信息;(三)用户注册信息、身份认证信息、电子交易记录、通信记录、登录日志等信息;(四)文档、图片、音视频、数字证书、计算机程序等电子文件。

以数字化形式记载的证人证言、被害人陈述以及犯罪嫌疑人、被告人供述和辩解等证据,不属于电子数据。确有必要的,对相关证据的收集、提取、移送、审查,可以参照适用本规定。

第2条 侦查机关应当遵守法定程序,遵循有关技术标准,全面、客观、及时地收集、提取电子数据;人民检察院、人民法院应当围绕真实性、合法性、关联性审查判断电子数据。

第3条 人民法院、人民检察院和公安机关有权依法向有关单位和个人收集、调取电子数据。有关单位和个人应当如实提供。

第4条 电子数据涉及国家秘密、商业秘密、个人隐私的,应当保密。

第5条 对作为证据使用的电子数据,应当采取以下1种或者几种方法保护电子数据的完整性:

(一)扣押、封存电子数据原始存储介质;(二)计算电子数据完整性校验值;(三)制作、封存电子数据备份;(四)冻结电子数据;(五)对收集、提取电子数据的相关活动进行录像;(六)其他保护电子数据完整性的方法。

第6条 初查过程中收集、提取的电子数据,以及通过网络在线提取的电子数据,可以作为证据使用。

二、电子数据的收集与提取

第7条 收集、提取电子数据,应当由2名以上侦查人员进行。取证方法应当符合相关技术标准。

第8条 收集、提取电子数据,能够扣押电子数据原始存储介质的,应当扣押、封存原始存储介质,并制作笔录,记录原始存储介质的封存状态。

封存电子数据原始存储介质,应当保证在不解除封存状态的情况下,无法增加、删除、修改电子数据。封存前后应当拍摄被封存原始存储介质的照片,清晰反映封口或者张贴封条处的状况。

封存手机等具有无线通信功能的存储介质,应当采取信号屏蔽、信号阻断或者切断电源等措施。

第9条 具有下列情形之一,无法扣押原始存储介质的,可以提取电子数据,但应当在笔录中注明不能扣押原始存储介质的原因、原始存储介质的存放地点或者电子数据的来源等情况,并计算电子数据的完整性校验值:

(一)原始存储介质不便封存的;(二)提取计算机内存数据、网络传输数据等不是存储在存储介质上的电子数据的;(三)原始存储介质位于境外的;(四)其他无法扣押原始存储介质的情形。

对于原始存储介质位于境外或者远程计算机信息系统上的电子数据,可以通过网络在线提取。

为进一步查明有关情况,必要时,可以对远程计算机信息系统进行网络远程勘验。进行网络远程勘验,需要采取技术侦查措施的,应当依法经过严格的批准手续。

第10条 由于客观原因无法或者不宜依据第8条、第9条的规定收集、提取电子数据的,可以采取打印、拍照或者录像等方式固定相关证据,并在笔录中说明原因。

第11条 有下列情形之一的,经县级以上公安机关负责人或者检察长批准,可以对电子数据进行冻结:

(一)数据量大,无法或者不便提取的;(二)提取时间长,可能造成电子数据被篡改或者灭失的;(三)通过网络应用可以更为直观地展示电子数据的;(四)其他需要冻结的情形。

第12条 冻结电子数据,应当制作协助冻结通知书,注明冻结电子数据的网络应用账号等信息,送交电子数据持有人、网络服务提供者或者有关部门协助办理。解除冻结的,应当在3日内制作协助解除冻结通知书,送交电子数据持有人、网络服务提供者或者有关部门协助办理。

冻结电子数据,应当采取以下1种或者几种方法:

(一)计算电子数据的完整性校验值;(二)锁定网络应用账号;(三)其他防止增加、删除、修改电子数据的措施。

第13条 调取电子数据,应当制作调取证据通知书,注明需要调取电子数据的相关信息,通知电子数据持有人、网络服务提供者或者有关部门执行。

第14条 收集、提取电子数据,应当制作笔录,记录案由、对象、内容、收集、提取电子数据的时间、地点、方法、过程,并附电子数据清单,注明类别、文件格式、完整性校验值等,由侦查人员、电子数据持有人(提供人)签名或者盖章;电子数据持有人(提供人)无法签名或者拒绝签名的,应当在笔录中注明,由见证人签名或者盖章。有条件的,应当对相关活动进行录像。

第15条 收集、提取电子数据,应当根据刑事诉讼法的规定,由符合条件的人员担任见证人。由于客观原因无法由符合条件的人员担任见证人的,应当在笔录中注明情况,并对相关活动进行录像。

针对同一现场多个计算机信息系统收集、提取电子数据的,可以由1名见证人见证。

第16条 对扣押的原始存储介质或者提取的电子数据,可以通过恢复、破解、统计、关联、比对等方式进行检查。必要时,可以进行侦查实验。

电子数据检查,应当对电子数据存储介质拆封过程进行录像,并将电子数据存储介质通过写保护设备接入到检查设备进行检查;有条件的,应当制作电子数据备份,对备份进行检查;无法使用写保护设备且无法制作备份的,应当注明原因,并对相关活动进行录像。

电子数据检查应当制作笔录,注明检查方法、过程和结果,由有关人员签名或者盖章。进行侦查实验的,应当制作侦查实验笔录,注明侦查实验的条件、经过和结果,由参加实验的人员签名或者盖章。

第17条 对电子数据涉及的专门性问题难以确定的,由司法鉴定机构出具鉴定意见,或者由公安部指定的机构出具报告。对于人民检察院直接受理的案件,也可以由最高人民检察院指定的机构出具报告。

具体办法由公安部、最高人民检察院分别制定。

三、电子数据的移送与展示

第18条 收集、提取的原始存储介质或者电子数据,应当以封存状态随案移送,并制作电子数据的备份一并移送。

对网页、文档、图片等可以直接展示的电子数据,可以不随案移送打印件;人民法院、人民检察院因设备等条件限制无法直接展示电子数据的,侦查机关应当随案移送打印件,或者附展示工具和展示方法说明。

对冻结的电子数据,应当移送被冻结电子数据的清单,注明类别、文件格式、冻结主体、证据要点、相关网络应用账号,并附查看工具和方法的说明。

第19条 对侵入、非法控制计算机信息系统的程序、工具以及计算机病毒等无法直接展示的电子数据,应当附电子数据属性、功能等情况的说明。

对数据统计量、数据同一性等问题,侦查机关应当出具说明。

第20条 公安机关报请人民检察院审查批准逮捕犯罪嫌疑人,或者对侦查终结的案件移送人民检察院审查起诉的,应当将电子数据等证据一并移送人民检察院。人民检察院在审查批准逮捕和审查起诉过程中发现应当移送的电子数据没有移送或者移送的电子数据不符合相关要求的,应当通知公安机关补充移送或者进行补正。

对于提起公诉的案件,人民法院发现应当移送的电子数据没有移送或者移送的电子数据不符合相关要求的,应当通知人民检察院。

公安机关、人民检察院应当自收到通知后3日内移送电子数据或者补充有关材料。

第21条 控辩双方向法庭提交的电子数据需要展示的,可以根据电子数据的具体类型,借助多媒体设备出示、播放或者演示。必要时,可以聘请具有专门知识的人进行操作,并就相关技术问题作出说明。

四、电子数据的审查与判断

第22条 对电子数据是否真实,应当着重审查以下内容:

(一)是否移送原始存储介质;在原始存储介质无法封存、不便移动时,有无说明原因,并注明收集、提取过程及原始存储介质的存放地点或者电子数据的来源等情况;(二)电子数据是否具有数字签名、数字证书等特殊标识;(三)电子数据的收集、提取过程是否可以重现;(四)电子数据如有增加、删除、修改等情形的,是否附有说明;(五)电子数据的完整性是否可以保证。

第23条 对电子数据是否完整,应当根据保护电子数据完整性的相应方法进行验证:

(一)审查原始存储介质的扣押、封存状态;(二)审查电子数据的收集、提取过程,查看录像;(三)比对电子数据完整性校验值;(四)与备份的电子数据进行比较;(五)审查冻结后的访问操作日志;(六)其他方法。

第24条 对收集、提取电子数据是否合法,应当着重审查以下内容:

(一)收集、提取电子数据是否由2名以上侦查人员进行,取证方法是否符合相关技术标准;(二)收集、提取电子数据,是否附有笔录、清单,并经侦查人员、电子数据持有人(提供人)、见证人签名或者盖章;没有持有人(提供人)签名或者盖章的,是否注明原因;对电子数据的类别、文件格式等是否注明清楚;(三)是否依照有关规定由符合条件的人员担任见证人,是否对相关活动进行录像;(四)电子数据检查是否将电子数据存储介质通过写保护设备接入到检查设备;有条件的,是否制作电子数据备份,并对备份进行检查;无法制作备份且无法使用写保护设备的,是否附有录像。

第25条 认定犯罪嫌疑人、被告人的网络身份与现实身份的同一性,可以通过核查相关IP地址、网络活动记录、上网终端归属、相关证人证言以及犯罪嫌疑人、被告人供述和辩解等进行综合判断。

认定犯罪嫌疑人、被告人与存储介质的关联性,可以通过核查相关证人证言以及犯罪嫌疑人、被告人供述和辩解等进行综合判断。

第26条 公诉人、当事人或者辩护人、诉讼代理人对电子数据鉴定意见有异议,可以申请人民法院通知鉴定人出庭作证。人民法院认为鉴定人有必要出庭的,鉴定人应当出庭作证。

经人民法院通知,鉴定人拒不出庭作证的,鉴定意见不得作为定案的根据。对没有正当理由拒不出庭作证的鉴定人,人民法院应当通报司法行政机关或者有关部门。

公诉人、当事人或者辩护人、诉讼代理人可以申请法庭通知有专门知识的人出庭,就鉴定意见提出意见。

对电子数据涉及的专门性问题的报告,参照适用前3款规定。

第27条 电子数据的收集、提取程序有下列瑕疵,经补正或者作出合理解释的,可以采用;不能补正或者作出合理解释的,不得作为定案的根据:

(一)未以封存状态移送的;(二)笔录或者清单上没有侦查人员、电子数据持有人(提供人)、见证人签名或者盖章的;(三)对电子数据的名称、类别、格式等注明不清的;(四)有其他瑕疵的。

第28条 电子数据具有下列情形之一的,不得作为定案的根据:

(一)电子数据系篡改、伪造或者无法确定真伪的;(二)电子数据有增加、删除、修改等情形,影响电子数据真实性的;(三)其他无法保证电子数据真实性的情形。

五、附则

第29条 本规定中下列用语的含义:

(一)存储介质,是指具备数据信息存储功能的电子设备、硬盘、光盘、优盘、记忆棒、存储卡、存储芯片等载体。(二)完整性校验值,是指为防止电子数据被篡改或者破坏,使用散列算法等特定算法对电子数据进行计算,得出的用于校验数据完整性的数据值。(三)网络远程勘验,是指通过网络对远程计算机信息系统实施勘验,发现、提取与犯罪有关的电子数据,记录计算机信息系统状态,判断案件性质,分析犯罪过程,确定侦查方向和范围,为侦查破案、刑事诉讼提供线索和证据的侦查活动。(四)数字签名,是指利用特定算法对电子数据进行计算,得出的用于验证电子数据来源和完整性的数据值。(五)数字证书,是指包含数字签名并对电子数据来源、完整性进行认证的电子文件。(六)访问操作日志,是指为审查电子数据是否被增加、删除或者修改,由计算机信息系统自动生成的对电子数据访问、操作情况的详细记录。

第30条 本规定自2016年10月1日起施行。之前发布的规范性文件与本规定不一致的,以本规定为准。

17. 最高人民法院、最高人民检察院、公安部、司法部《关于对因犯罪在大陆受审的台湾居民依法适用缓刑实行社区矫正有关问题的意见》(法发〔2016〕33号)

为维护因犯罪在大陆受审的台湾居民的合法权益,保障缓刑的依法适用和执行,根据《中华人民共和国刑法》《中华人民共和国刑事诉讼法》和《社区矫正实施办法》等有关规定,结合工作实际,制定本意见。

第1条 对因犯罪被判处拘役、3年以下有期徒刑的台湾居民,如果其犯罪情节较轻、有悔罪表现、没有再犯罪的危险且宣告缓刑对所居住社区没有重大不良影响的,人民法院可以宣告缓刑,对其中不满18周岁的人、怀孕的妇女和已满75周岁的人,应当宣告缓刑。

第2条 人民检察院建议对被告人宣告缓刑的,应当说明依据和理由。

被告人及其法定代理人、辩护人提出宣告缓刑的请求,应当说明理由,必要时需提交经过台湾地区公证机关公证的被告人在台湾地区无犯罪记录证明等相关材料。

第3条 公安机关、人民检察院、人民法院需要委托司法行政机关调查评估宣告缓刑对社区影响的,可以委托犯罪嫌疑人、被告人在大陆居住地的县级司法行政机关,也可以委托适合协助社区矫正的下列单位或者人员所在地的县级司法行政机关:

(一)犯罪嫌疑人、被告人在大陆的工作单位或者就读学校;(二)台湾同胞投资企业协会、台湾同胞投资企业;(三)其他愿意且有能力协助社区矫正的单位或者人员。

已经建立涉台社区矫正专门机构的地方,可以委托该机构所在地的县级司法行政机关调查评估。

根据前两款规定仍无法确定接受委托的调查评估机关的,可以委托办理案件的公安机关、人民检察院、人民法院所在地的县级司法行政机关。

第4条 司法行政机关收到委托后,一般应当在10个工作日内向委托机关提交调查评估报告;对提交调查评估报告的时间另有规定的,从其规定。

司法行政机关开展调查评估,可以请当地台湾同胞投资企业协会、台湾同胞投资企业以及犯罪嫌疑人、被告人在大陆的监护人、亲友等协助提供有关材料。

第5条 人民法院对被告人宣告缓刑时,应当核实其居住地或者本意见第3条规定的有关单位、人员所在地,书面告知被告人应当自判决、裁定生效后10日内到社区矫正执行地的县级司法行政机关报到，以及逾期报到的法律后果。

缓刑判决、裁定生效后，人民法院应当在10日内将判决书、裁定书、执行通知书等法律文书送达社区矫正执行地的县级司法行政机关，同时抄送该地县级人民检察院和公安机关。

第6条 对被告人宣告缓刑的，人民法院应当及时作出不准出境决定书，同时依照有关规定办理边控手续。

实施边控的期限为缓刑考验期限。

第7条 对缓刑犯的社区矫正，由其在大陆居住地的司法行政机关负责指导管理、组织实施；在大陆没有居住地的，由本意见第3条规定的有关司法行政机关负责。

第8条 为缓刑犯确定的社区矫正小组可以吸收下列人员参与：

（一）当地台湾同胞投资企业协会、台湾同胞投资企业的代表；（二）在大陆居住或者工作的台湾同胞；（三）缓刑犯在大陆的亲友；（四）其他愿意且有能力参与社区矫正工作的人员。

第9条 根据社区矫正需要，司法行政机关可以会同相关部门，协调台湾同胞投资企业协会、台湾同胞投资企业等，为缓刑犯提供工作岗位、技能培训等帮助。

第10条 对于符合条件的缓刑犯，可以依据《海峡两岸共同打击犯罪及司法互助协议》，移交台湾地区执行。

第11条 对因犯罪在大陆受审、执行刑罚的台湾居民判处管制、裁定假释、决定或者批准暂予监外执行，实行社区矫正的，可以参照适用本意见的有关规定。

第12条 本意见自2017年1月1日起施行。

18. 最高人民法院《关于人民法院庭审录音录像的若干规定》（法释〔2017〕5号）

（详见本书《刑法》第383条相关内容）

19. 最高人民法院、最高人民检察院、公安部、国家安全部、司法部《关于办理刑事案件严格排除非法证据若干问题的规定》（法发〔2017〕15号）

为准确惩罚犯罪，切实保障人权，规范司法行为，促进司法公正，根据《中华人民共和国刑事诉讼法》及有关司法解释等规定，结合司法实际，制定如下规定。

一、一般规定

第1条 严禁刑讯逼供和以威胁、引诱、欺骗以及其他非法方法收集证据，不得强迫任何人证实自己有罪。对一切案件的判处都要重证据，重调查研究，不轻信口供。

第2条 采取殴打、违法使用戒具等暴力方法或者变相肉刑的恶劣手段，使犯罪嫌疑人、被告人遭受难以忍受的痛苦而违背意愿作出的供述，应当予以排除。

第3条 采用以暴力或者严重损害本人及其近亲属合法权益等进行威胁的方法，使犯罪嫌疑人、被告人遭受难以忍受的痛苦而违背意愿作出的供述，应当予以排除。

第4条 采用非法拘禁等非法限制人身自由的方法收集的犯罪嫌疑人、被告人供述，应当予以排除。

第5条 采用刑讯逼供方法使犯罪嫌疑人、被告人作出供述，之后犯罪嫌疑人、被告人受该刑讯逼供行为影响而作出的与该供述相同的重复性供述，应当一并排除，但下列情形除外：

（一）侦查期间，根据控告、举报或者自己发现等，侦查机关确认或者不能排除以非法方法收集证据而更换侦查人员，其他侦查人员再次讯问时告知诉讼权利和认罪的法律后果，犯罪嫌疑人自愿供述的；（二）审查逮捕、审查起诉和审判期间，检察人员、审判人员讯问时告知诉讼权利和认罪的法律后果，犯罪嫌疑人、被告人自愿供述的。

第6条 采用暴力、威胁以及非法限制人身自由等非法方法收集的证人证言、被害人陈述，应当予以排除。

第7条 收集物证、书证不符合法定程序，可能严重影响司法公正的，应当予以补正或者作出合理解释；不能补正或者作出合理解释的，对有关证据应当予以排除。

二、侦查

第8条 侦查机关应当依照法定程序开展侦查，收集、调取能够证实犯罪嫌疑人有罪或者无罪、罪轻或者罪重的证据材料。

第9条 拘留、逮捕犯罪嫌疑人后，应当按照法律规定送看守所羁押。犯罪嫌疑人被送交看守所羁押后，讯问应当在看守所讯问室进行。因客观原因侦查机关在看守所讯问室以外的场所进行讯问的，应当作出合理解释。

第10条 侦查人员在讯问犯罪嫌疑人的时候，可以对讯问过程进行录音录像；对于可能判处无期徒刑、死刑的案件或者其他重大犯罪案件，应当对讯问过程进行录音录像。

侦查人员应当告知犯罪嫌疑人对讯问过程录音录像，并在讯问笔录中写明。

第11条 对讯问过程录音录像，应当不间断进行，保持完整性，不得选择性地录制，不得剪接、删改。

第12条 侦查人员讯问犯罪嫌疑人，应当依法制作讯问笔录。讯问笔录应当交犯罪嫌疑人核对，对于没有阅读能力的，应当向他宣读。对讯问笔录中有遗漏或者差错等情形，犯罪嫌疑人可以提出补充或者改正。

第13条 看守所应当对提讯进行登记，写明提讯单位、人员、事由、起止时间以及犯罪嫌疑人姓名等情况。

看守所收押犯罪嫌疑人，应当进行身体检查。检查时，人民检察院驻看守所检察人员可以在场。检查发现犯罪嫌疑人有伤或者身体异常的，看守所应当拍照或者录像，分别由送押人员、犯罪嫌疑人说明原因，并在体检记录中写明，由送押人员、收押人员和犯罪嫌疑人签字确认。

第14条 犯罪嫌疑人及其辩护人在侦查期间可以向人民检察院申请排除非法证据。对犯罪嫌疑人及其辩护人提供相关线索或者材料的，人民检察院应当调查核实。调查结论应当书面告知犯罪嫌疑人及其辩护人。对确有以非法方法收集证据情形的，人民检察院应当向侦查机关提出纠正意见。

侦查机关对审查认定的非法证据，应当予以排除，不得作为提请批准逮捕、移送审查起诉的根据。

对重大案件，人民检察院驻看守所检察人员应当在侦查终结前询问犯罪嫌疑人，核查是否存在刑讯逼供、非法取证情形，并同步录音录像。经核查，确有刑讯逼供、非法取证情形的，侦查机关应当及时排除非法证据，不得作为提请批准逮捕、移送审查起诉的根据。

第15条 对侦查终结的案件，侦查机关应当全面审查证明证据收集合法性的证据材料，依法排除非法证据。排除非法证据后，证据不足的，不得移送审查起诉。

侦查机关发现办案人员非法取证的，应当依法作出处理，并可另行指派侦查人员重新调查取证。

三、审查逮捕、审查起诉

第16条 审查逮捕、审查起诉期间讯问犯罪嫌疑人，应当告知其有权申请排除非法证据，并告知诉讼权利和认罪的法律后果。

第17条 审查逮捕、审查起诉期间，犯罪嫌疑人及其辩护人申请排除非法证据，并提供相关线索或者材料的，人民检察院应当调查核实。调查结论应当书面告知犯罪嫌疑人及其辩护人。

人民检察院在审查起诉期间发现侦查人员以刑讯逼供等非法方法收集证据的，应当依法排除相关证据并提出纠正意见，必要时人民检察院可以自行调查取证。

人民检察院对审查认定的非法证据，应当予以排除，不得作为批准或者决定逮捕、提起公诉的根据。被排除的非法证据应当随案移送，并写明为依法排除的非法证据。

第18条 人民检察院依法排除非法证据后，证据不足，不符合逮捕、起诉条件的，不得批准或者决定逮捕、提起公诉。

对于人民检察院排除有关证据导致对涉嫌的重要犯罪事实未予认定，从而作出不批准逮捕、不起诉决定，或者对涉嫌的部分重要犯罪事实决定不起诉的，公安机关、国家安全机关可要求复议、提请复核。

四、辩护

第19条 犯罪嫌疑人、被告人申请提供法律援助的，应当按照有关规定指派法律援助律师。

法律援助值班律师可以为犯罪嫌疑人、被告人提供法律帮助，对刑讯逼供、非法取证情形代理申诉、控告。

第20条 犯罪嫌疑人、被告人及其辩护人申请排除非法证据，应当提供涉嫌非法取证的人员、时间、地点、方式、内容等相关线索或者材料。

第21条 辩护律师自人民检察院对案件审查起诉之日起，可以查阅、摘抄、复制讯问笔录、提讯登记、采取强制措施或者侦查措施的法律文书等证据材料。其他辩护人经人民法院、人民检察院许可，也可以查阅、摘抄、复制上述证据材料。

第22条 犯罪嫌疑人、被告人及其辩护人向人民法院、人民检察院申请调取公安机关、国家安全机关、人民检察院收集但未提交的讯问录音录像、体检记录等证据材料，人民法院、人民检察院经审查认为犯罪嫌疑人、被告人及其辩护人申请调取的证据材料与证明证据收集的合法性有联系的，应当予以调取；认为与证明证据收集的合法性没有联系的，应当决定不予调取并向犯罪嫌疑人、被告人及其辩护人说明理由。

五、审判

第23条 人民法院向被告人及其辩护人送达起诉书副本时，应当告知其有权申请排除非法证据。

被告人及其辩护人申请排除非法证据，应当在开庭审理前提出，但在庭审期间发现相关线索或者材料等情形除外。人民法院应当在开庭审理前将申请书和相关线索或者材料的复制件送交人民检察院。

第24条 被告人及其辩护人在开庭审理前申请排除非法证据，未提供相关线索或者材料，不符合法律规定的申请条件的，人民法院对申请不予受理。

第25条 被告人及其辩护人在开庭审理前申请排除非法证据，按照法律规定提供相关线索或者材料的，人民法院应当召开庭前会议。人民检察院应当通过出示有关证据材料等方式，有针对性地对证据收集的合法性作出说明。人民法院可以核实情况，听取意见。

人民检察院可以决定撤回有关证据，撤回的证据，没有新的理由，不得在庭审中出示。

被告人及其辩护人可以撤回排除非法证据的申请。撤回申请后，没有新的线索或者材料，不得再次对有关证据提出排除申请。

第26条 公诉人、被告人及其辩护人在庭前会议中对证据收集是否合法未达成一致意见，人民法院对证据收集的合法性有疑问的，应当在庭审中进行调查；人民法院对证据收集的合法性没有疑问，且没有新的线索或者材料表明可能存在非法取证的，可以决定不再进行调查。

第27条 被告人及其辩护人申请人民法院通知侦查人员或者其他人员出庭，人民法院认为现有证据材料不能证明证据收集的合法性，确有必要通知上述人员出庭作证或者说明情况的,可以通知上述人员出庭。

第28条 公诉人宣读起诉书后,法庭应当宣布开庭审理前对证据收集合法性的审查及处理情况。

第29条 被告人及其辩护人在开庭审理前未申请排除非法证据,在法庭审理过程中提出申请的,应当说明理由。

对前述情形,法庭经审查,对证据收集的合法性有疑问的,应当进行调查;没有疑问的,应当驳回申请。

法庭驳回排除非法证据申请后,被告人及其辩护人没有新的线索或者材料,以相同理由再次提出申请的,法庭不再审查。

第30条 庭审期间,法庭决定对证据收集的合法性进行调查的,应当先行当庭调查。但为防止庭审过分迟延,也可以在法庭调查结束前进行调查。

第31条 公诉人对证据收集的合法性加以证明,可以出示讯问笔录、提讯登记、体检记录、采取强制措施或者侦查措施的法律文书、侦查终结前对讯问合法性的核查材料等证据材料,有针对性地播放讯问录音录像,提请法庭通知侦查人员或者其他人员出庭说明情况。

被告人及其辩护人可以出示相关线索或者材料,并申请法庭播放特定时段的讯问录音录像。

侦查人员或者其他人员出庭,应当向法庭说明证据收集过程,并就相关情况接受发问。对发问方式不当或者内容与证据收集的合法性无关的,法庭应当制止。

公诉人、被告人及其辩护人可以对证据收集的合法性进行质证、辩论。

第32条 法庭对控辩双方提供的证据有疑问的,可以宣布休庭,对证据进行调查核实。必要时,可以通知公诉人、辩护人到场。

第33条 法庭对证据收集的合法性进行调查后,应当当庭作出是否排除有关证据的决定。必要时,可以宣布休庭,由合议庭评议或者提交审判委员会讨论,再次开庭时宣布决定。

在法庭作出是否排除有关证据的决定前,不得对有关证据宣读、质证。

第34条 经法庭审理,确认存在本规定所规定的以非法方法收集证据情形的,对有关证据应当予以排除。法庭根据相关线索或者材料对证据收集的合法性有疑问,而人民检察院未提供证据或者提供的证据不能证明证据收集的合法性,不能排除存在本规定所规定的以非法方法收集证据情形的,对有关证据应当予以排除。

对依法予以排除的证据,不得宣读、质证,不得作为判决的根据。

第35条 人民法院排除非法证据后,案件事实清楚,证据确实、充分,依据法律认定被告人有罪的,应当作出有罪判决;证据不足,不能认定被告人有罪的,应当作出证据不足、指控的犯罪不能成立的无罪判决;案件部分事实清楚,证据确实、充分的,依法认定该部分事实。

第36条 人民法院对证据收集合法性的审查、调查结论,应当在裁判文书中写明,并说明理由。

第37条 人民法院对证人证言、被害人陈述等证据收集合法性的审查、调查,参照上述规定。

第38条 人民检察院、被告人及其法定代理人提出抗诉、上诉,对第一审人民法院有关证据收集合法性的审查、调查结论提出异议的,第二审人民法院应当审查。

被告人及其辩护人在第一审程序中未申请排除非法证据,在第二审程序中提出申请的,应当说明理由。第二审人民法院应当审查。

人民检察院在第一审程序中未出示证据证明证据收集的合法性,第一审人民法院依法排除有关证据的,人民检察院在第二审程序中不得出示之前未出示的证据,但在第一审程序后发现的除外。

第39条 第二审人民法院对证据收集合法性的调查,参照上述第一审程序的规定。

第40条 第一审人民法院对被告人及其辩护人排除非法证据的申请未予审查,并以有关证据作为定案根据,可能影响公正审判的,第二审人民法院可以裁定撤销原判,发回原审人民法院重新审判。

第一审人民法院对依法应当排除的非法证据未予排除的,第二审人民法院可以依法排除非法证据。排除非法证据后,原判决认定事实和适用法律正确、量刑适当的,应当裁定驳回上诉或者抗诉,维持原判;原判决认定事实没有错误,但适用法律有错误,或者量刑不当的,应当改判;原判决事实不清楚或者证据不足的,可以裁定撤销原判,发回原审人民法院重新审判。

第41条 审判监督程序、死刑复核程序中对证据收集合法性的审查、调查,参照上述规定。

第42条 本规定自2017年6月27日起施行。

20. 最高人民检察院《第24批指导性案例许某某、包某某串通投标立案监督案》(检例第90号;2020年12月21日)

(全文详见本书《刑法》第223条相关内容)

> **第4条 【适用刑法人人平等】**对任何人犯罪,在适用法律上一律平等。不允许任何人有超越法律的特权。

• 释义

法律面前人人平等原则在我国宪法中已有规定,本条是法律面前人人平等原则在刑法中的具体体现。刑法面前人人平等是刑事司法公正、平等的基础和前提。刑法面前人人平等原则有两层含义:一是刑事司法公正。人民法院、人民检察院、公安机关对犯罪的任何人,不分民族、种族、职业、出身、性别、宗教信仰、教育程度、财产情况和职位高低等,都应予以刑事追究,公正、平等地适用法律。二是不允许任何人有超越法律的特权。反对特权思想,反对以言代法、以权代法的现象。

> **第5条 【罪责刑相适应】**刑罚的轻重,应当与犯罪分子所犯罪行和承担的刑事责任相适应。

• 释义

罪刑相当原则亦被称为罪责刑相适应原则。罪刑相当就是指罪重的量刑要重,罪轻的量刑要轻,各个法律条文之间对罪刑要统一平等,不能罪重的量刑比罪轻的轻,也不能罪轻的量刑比罪重的重。罪刑相当的提法无疑是正确的,但是这种提法只揭示了罪与刑的关系,而未揭示出刑事责任与刑罚的关系。因此,现在多以罪责刑相适应替代罪刑相当的提法。罪责刑相适应比罪刑相当的提法更全面,不仅指出刑罚的轻重要和犯罪行为的不法程度相适应,而且还提出刑罚要与行为人的刑事责任相适应,即结合行为人的主观恶性和人身危险性的大小,把握行为不法和行为人各个方面的因素,确定刑罚。简言之,就是法官量刑时既要考虑罪行的轻重,又要考虑犯罪人的人身危险性。罪行也就是不法本身的轻重是由犯罪的主客观事实本身所决定的,而刑事责任的轻重虽然主要是由犯罪的主客观事实决定,可是许多案件外的表明犯罪人人身危险性程度的事实或情节,也能够说明刑事责任的轻重,却不能说明罪行的轻重。例如,自首与立功可以说明行为人的人身危险性减轻,但不表明其所犯罪行减轻。与罪行的轻重相适应,是报应刑的要求;与犯罪人人身危险性相适应,是目的刑的要求。而报应刑思想与目的刑思想均是我国刑罚合理性的根据。

• 关联法律

1. 最高人民检察院《关于在检察工作中贯彻宽严相济刑事司法政策的若干意见》(高检发研字〔2007〕2号)

为了在检察工作中全面贯彻宽严相济的刑事司法政策,更好地为构建社会主义和谐社会服务,根据刑法、刑事诉讼法及有关规定,结合检察工作实际,提出以下意见。

一、检察机关贯彻宽严相济刑事司法政策的指导思想和原则

1. 检察机关贯彻宽严相济的刑事司法政策,必须坚持以邓小平理论、"三个代表"重要思想和科学发展观为指导,牢固树立社会主义法治理念和正确的稳定观,把促进社会和谐作为检验检察工作的重要标准,充分履行法律监督职能,有效地遏制、预防和减少犯罪,最大限度地增加和谐因素,最大限度地减少不和谐因素,为构建社会主义和谐社会提供有力的司法保障。

2. 宽严相济是我们党和国家的重要刑事司法政策,是检察机关正确执行国家法律的重要指针。检察机关贯彻宽严相济的刑事司法政策,就是要根据社会治安形势和犯罪分子的不同情况,在依法履行法律监督职能中实行区别对待,注重宽与严的有机统一,该严则严,当宽则宽,宽严互补,宽严有度,对严重犯罪依法从严打击,对轻微犯罪依法从宽处理,对严重犯罪中的从宽情节和轻微犯罪中的从严情节也要依法分别予以宽严体现,对犯罪的实体处理和适用诉讼程序都要体现宽严相济的精神。

3. 检察机关要按照构建社会主义和谐社会的要求,认识和把握宽严相济刑事司法政策在新的形势下对检察工作的重要指导意义,在对严重犯罪依法严厉打击的同时,对犯罪分子依法能争取的尽量争取,能挽救的尽量挽救,能从宽处理的尽量从宽处理,最大限度地化消极因素为积极因素,为构建社会主义和谐社会服务。

4. 检察机关贯彻宽严相济的刑事司法政策应当坚持以下原则:

全面把握。宽严相济刑事司法政策中的宽与严是一个有机统一的整体,二者相辅相成,必须全面理解,全面把握,全面落实。既要防止只讲严而忽视宽,又要防止只讲宽而忽视严,防止一个倾向掩盖另一个倾向。

区别对待。宽严相济刑事司法政策的核心是区别对待。应当综合考虑犯罪的社会危害性(包括犯罪侵害的客体、情节、手段、后果等)、犯罪人的主观恶性(包括犯罪时的主观方面、犯罪后的态度、平时表现等)以及案件的社会影响,根据不同时期、不同地区犯罪与社会治安的形势,具体情况具体分析,依法予以从宽或者从严处理。

严格依法。贯彻宽严相济的刑事司法政策,必须坚持罪刑法定、罪刑相适应、法律面前人人平等原则,实现政策指导与严格执法的有机统一,宽要有节,严要有度,宽和严都必须严格依照法律,在法律范围内进行,做到宽严合法,于法有据。

注重效果。贯彻宽严相济的刑事司法政策,应当做到惩治犯罪与保障人权的有机统一,法律效果与社会效果的有机统一,保护犯罪嫌疑人、被告人的合法权利与保护被害人的合法权益的有机统一,特殊预防与一般预防的有机统一,执法办案与化解矛盾的有机统一,以有利于维护稳定,化解矛盾,减少对抗,促进和谐。

二、在履行法律监督职能中全面贯彻宽严相济刑事司法政策

5. 依法严厉打击严重危害社会治安的犯罪和严重破坏市场经济秩序等犯罪。"严打"是宽严相济刑事司法政策的重要内容和有机组成部分,是贯彻宽严相济刑事司法政策的重要体现,必须坚定不移地坚持。必须依法从重从快打击黑社会性质组织犯罪、恐怖犯罪、毒品犯罪以及杀人、爆炸、抢劫、强奸、绑架、投放危险物质等严重危害社会治安的刑事犯罪,依法严厉惩治严重破坏金融秩序、侵犯知识产权、制售严重危害人身安全和人体健康的伪劣商品等严重破坏社会主义市场经济秩序的犯罪,依法打击重大环境污染等破坏环境资源犯罪。该批捕的要坚决批捕,该起诉的要坚决起诉,及时、准确、有力地予以打击。

6. 依法严肃查处贪污贿赂、渎职侵权等国家工作人员职务犯罪。加大对职务犯罪的查处力度,提高侦破率,降低漏网率,有效遏制、震慑职务犯罪。严肃查办党政领导干部的职务犯罪,国家工作人员利用人事权、司法权、行政审批权、行政执法权进行权钱交易的职务犯罪,充当黑恶势力"保护伞"的职务犯罪,重大安全责任事故所涉及的职务犯罪,放纵制售伪劣商品的职务犯罪,企业改制、征地拆迁、资源审批和社会保障等工作中侵害国家利益和人民群众切身利益的职务犯罪,发生在基层或者社会关注的行业以及人民群众反映强烈的职务犯罪。对罪行严重、拒不认罪、拒不退赃或者负案潜逃以及进行串供、毁证等妨害诉讼活动的,要果断采取必要的侦查、控制手段或者拘留、逮捕等措施。对于罪行较轻、真诚悔罪、证据稳定的,特别是其中的过失犯罪,可以依法不予逮捕或者及时变更强制措施。

7. 严格把握"有逮捕必要"的逮捕条件,慎重适用逮捕措施。逮捕是最严厉的刑事强制措施,能用其他强制措施的尽量使用其他强制措施。审查批捕要严格依据法律规定,在把握事实证据条件、可能判处刑罚条件的同时,注重对"有逮捕必要"条件的正确理解和把握。具体可以综合考虑以下因素:一是主体是否属于未成年人或者在校学生、老年人、严重疾病患者、盲聋哑人、初犯、从犯或者怀孕、哺乳自己婴儿的妇女等;二是法定刑是否属于较轻的刑罚;三是情节是否具有中止、未遂、自首、立功等法定从轻、减轻或者免除处罚等情形;四是主观方面是否具有过失、受骗、被胁迫等;五是犯罪后是否具有认罪、悔罪表现,是否具有重新危害社会或者串供、毁证、妨碍作证等妨害诉讼进行的可能;六是犯罪嫌疑人是否属于流窜作案、有无固定住址及帮教、管教条件;七是案件基本证据是否已经收集固定、是否有翻供翻证的可能等。对于罪行严重、主观恶性较大、人身危险性大或者有串供、毁证、妨碍作证等妨害诉讼顺利进行可能,符合逮捕条件的,应当批准逮捕。对于不采取强制措施或者采取其他强制措施不致于妨害诉讼顺利进行的,应当不予批捕。对于可捕可不捕的坚决不捕。

8. 正确把握起诉和不起诉条件,依法适用不起诉。在审查起诉工作中,严格依法掌握起诉条件,充分考虑起诉的必要性,可诉可不诉的不诉。对于初犯、从犯、预备犯、中止犯、防卫过当、避险过当、未成年人犯罪、老年人犯罪以及亲友、邻里、同学同事等纠纷引发的案件,符合不起诉条件的,可以依法适用不起诉,并可以根据案件的不同情况,对被不起诉人予以训诫或者责令具结悔过、赔礼道歉、赔偿损失。确需提起公诉的,可以依法向人民法院提出从宽处理、适用缓刑等量刑方面的意见。

9. 突出立案监督的重点。完善立案监督机制,将监督的重点放在严重犯罪或者社会影响恶劣以及违法立案造成严重后果的案件上,加强对侦查机关落实立案监督情况的跟踪监督,确保违法立案案件及时得到纠正。

10. 在抗诉工作中正确贯彻宽严相济的刑事司法政策。既要重视对有罪判无罪、量刑畸轻的案件及时提出抗诉,又要重视对无罪判有罪、量刑畸重的案件及时提出抗诉。对于被告人认罪并积极赔偿损失、被害人谅解的案件、未成年人犯罪案件以及具有法定从轻、减轻情节的案件,人民法院处罚偏轻的,一般不提出抗诉。对于第一审宣判后人民检察院在法定期限内未提出抗诉,或者判决、裁定发生法律效力后6个月内未提出抗诉的案件,没有发现新的事实或者证据的,一般也不得为加重被告人刑罚而依照审判监督程序提出抗诉。

11. 对未成年人犯罪案件依法从宽处理。办理未成年人犯罪案件,应当坚持"教育、感化、挽救"的方针和"教育为主、惩罚为辅"的原则。要对未成年犯罪嫌疑人的情况进行调查,了解未成年人的性格特点、家庭情况、社会交往、成长经历以及有无帮教条件等情况,除主观恶性大、社会危害严重的以外,根据案件具体情况,可捕可不捕的不捕,可诉可不诉的不诉。对确需提起公诉的未成年被告人,应当根据情况依法向人民法院提出从宽处理、适用缓刑等量刑方面的意见。

12. 对因人民内部矛盾引发的轻微刑事案件依法从宽处理。对因亲友、邻里及同学同事之间纠纷引发的轻微刑事案件,要本着"冤家宜解不宜结"的精神,着重从化解矛盾、解决纠纷的角度正确处理。对于轻微刑事案件中犯罪嫌疑人认罪悔过、赔礼道歉、积极赔偿损失并得到被害人谅解或者双方达成和解并切实履行,社会危害性不大的,可以依法不予逮捕或者不起诉。确需提起公诉的,可以依法向人民法院提出从宽处理的意见。对属于被害人可以提起自诉的轻微刑事案件,由公安机关立案侦查并提请批捕、移送起诉的,人民检察院可以促使双方当事人在民事赔偿和精神抚慰方面和解,及时化解矛盾,依法从宽处理。

13. 对轻微犯罪中的初犯、偶犯依法从宽处理。对于初次实施轻微犯罪、主观恶性小的犯罪嫌疑人,特别是对因生活无着偶然发生的盗窃等轻微犯罪,犯罪嫌疑人人身危险性不大的,一般可以不予逮捕;符合法定条件的,可以依法不起诉。确需提起公诉的,可以依法向人民法院提出从宽处理的意见。

14. 正确处理群体性事件中的犯罪案件。处理群体性事件中的犯罪案件,应当坚持惩治少数,争取、团结、教育大多数的原则。对极少数插手群体性事件,策划、组织、指挥闹事的严重犯罪分子以及进行打砸抢等犯罪活动的首要分子或者骨干分子,要依法严厉打击。对一般参与者,要慎重适用强制措施和提起公诉;确需提起公诉的,可以依法向人民法院提出从宽处理的意见。

三、建立健全贯彻宽严相济刑事司法政策的检察工作机制和办案方式

15. 进一步健全检察环节贯彻"严打"方针的经常性工作机制。加强对社会治安形势的分析,因地制宜地确定打击犯罪的重点,坚持什么犯罪突出就重点打击什么犯罪,增强打击的针对性。对严重刑事犯罪坚持依法快捕、快诉,增强打击的时效性。

16. 加强侦查机制建设,提高发现和查办职务犯罪的能力。推进侦查工作一体化机制建设,突出抓好案件线索的统一管理、侦查活动的统一组织指挥、跨地域侦查的统一协调配合、侦查资源的统一配置使用等各项工作,建立健全纵向指挥有力、横向协作紧密、信息畅通灵敏、运转高效有序的职务犯罪侦查指挥协作机制。加强职务犯罪侦查队伍的专业化建设,提高侦查队伍的侦查技能与水平。加强侦查装备现代化建设,依法规范侦查技术的运用,进一步提高运用科技手段侦查破案的能力。

17. 推进办案专业化,建立快速办理轻微刑事案件的工作机制。在审查逮捕、审查起诉中改进办案分工,对案件实行繁简分流,指定人员专门办理轻微案件,集中力量办理重大、疑难、复杂案件。建立轻微案件审查逮捕、审查起诉的快速办理机制,对案情简单、事实清楚、证据确实充分、可能判处3年有期徒刑以下刑罚、犯罪嫌疑人认罪的案件,简化审查逮捕、审查起诉的办案文书,缩短办案期限,提高诉讼效率。

18. 依法正确适用简易程序和简化审理程序。对于符合法定条件的轻微刑事案件,人民检察院应当建议适用简易程序;被告人及其辩护人提出适用简易程序,人民检察院经审查认为符合法定条件的,应当同意并向人民法院提出建议;人民法院建议适用简易程序,人民检察院经审查认为符合法定条件的,应当同意。对于被告人认罪的普通刑事案件,符合有关规定条件的,人民检察院应当建议适用简化审理程序。

19. 改革完善未成年人犯罪案件的办案方式。对未成年人犯罪案件,应当设立专门工作机构、专门工作小组或者指定专人办理。建立适合未成年人特点的审查逮捕、审查起诉工作机制。对成年人与未成年人共同犯罪案件,原则上实行分案处理。对未成年人犯罪案件适用简易程序的,公诉人一般应当出庭支持公诉并开展庭审教育活动。对于因犯罪情节轻微决定不起诉的未成年人,要落实帮教措施。

20. 在办理刑事案件中强化化解矛盾的工作。检察机关在办理刑事案件中,应当加强对与犯罪有关的社会矛盾、纠纷的化解和调处工作,将矛盾化解情况和达成协议及履行情况作为考虑从宽处理的一个重要因素。对有直接被害人的案件作从宽处理或者决定不起诉的,可以要求犯罪嫌疑人向被害人赔礼道歉、赔偿损失,取得被害人的谅解,检察机关也要做好对被害人的解释、说明工作,防止产生新的涉法上访。

21. 完善对监外执行、社区矫正的法律监督机制。适应监外执行、社区矫正人员可能增多的趋势,配合有关部门完善相关工作机制,加强对监外执行、社区矫正的法律监督,防止对被监外执行犯罪分子的脱管、漏管和违法管理。

22. 完善办案的考核评价体系。要按照司法规律和检察工作规律管理检察业务工作,从有利于贯彻宽严相济的刑事司法政策出发,科学确定考核各项检察业务工作的指标体系,改进考评办法,保证依法正确适用不批捕、不起诉,改变不适当地控制不捕率、不起诉率的做法,实现办案数量、质量和效果的有机统一。

四、转变观念,加强指导,保障正确贯彻落实宽严相济刑事司法政策

23. 各级检察机关和检察人员特别是领导干部和执法办案人员,应当自觉按照构建社会主义和谐社会的要求,全面准确地理解宽严相济的刑事司法政策,把贯彻落实宽严相济的刑事司法政策与推进司法体制机制改革、加强执法规范化建设结合起来,不断增强惩治犯罪、保护人民、化解矛盾、促进和谐的能力。

24. 最高人民检察院有关业务部门和各省级人民检察院应当结合本部门、本地区的实际情况,深入调查研究,加强对本部门、本地区贯彻宽严相济刑事司法政策的工作指导、检查和监督。上级人民检察院应当及时总结、发现实践中的经验和问题,强化日常管理和定期考核,完善监督制约机制,防止贯彻落实中出现偏差,严肃查处借贯彻宽严相济刑事司法政策名义所进行的徇私枉法、滥用职权等犯罪活动,保证宽严相济刑事司法政策的正确贯彻落实。

25. 各级检察机关应当加强与公安机关、人民法院、司法行政机关等部门的联系与协调,建立经常性的协调配合工作机制,共同研究在刑事诉讼活动中贯彻宽严相济刑事司法政策的具体工作措施,及时解决在贯彻宽严相济刑事司法政策中出现的问题。

26. 要大力加强贯彻宽严相济刑事司法政策的理论研究工作,不断提高运用宽严相济刑事司法政策指导办理刑事案件的水平。同时,要加强对刑事和解、逮捕条件、附条件不起诉、抗诉条件、简易程序以及其他有关问题的研究,积极提出完善贯彻宽严相济刑事司法政策相关法律制度的建议。

2. 最高人民法院《关于贯彻宽严相济刑事政策的若干意见》(法发〔2010〕9号)

宽严相济刑事政策是我国的基本刑事政策,贯穿于刑事立法、刑事司法和刑罚执行的全过程,是惩办与宽大相结合政策在新时期的继承、发展和完善,是司法机关惩罚犯罪,预防犯罪,保护人民,保障人权,正确实施国家法律的指南。为了在刑事审判工作中切实贯彻执行这一政策,特制定本意见。

一、贯彻宽严相济刑事政策的总体要求

1. 贯彻宽严相济刑事政策,要根据犯罪的具体情况,实行区别对待,做到该宽则宽,当严则严,宽严相济,罚当其罪,打击和孤立极少数,教育、感化和挽救大多数,最大限度地减少社会对立面,促进社会和谐稳定,维护国家长治久安。

2. 要正确把握宽与严的关系,切实做到宽严并用。既要注意克服重刑主义思想影响,防止片面从严,也要避免受轻刑化思想影响,一味从宽。

3. 贯彻宽严相济刑事政策,必须坚持严格依法办案,切实贯彻落实罪刑法定原则、罪刑相适应原则和法律面前人人平等原则,依照法律规定准确定罪量刑。从宽和从严都必须依照法律规定进行,做到宽严有据,罚当其罪。

4. 要根据经济社会的发展和治安形势的变化,尤其要根据犯罪情况的变化,在法律规定的范围内,适时调整从宽和从严的对象、范围和力度。要全面、客观把握不同时期不同地区的经济社会状况和社会治安形势,充分考虑人民群众的安全感以及惩治犯罪的实际需要,注重从严打击严重危害国家安全、社会治安和人民群众利益的犯罪。对于犯罪性质尚不严重,情节较轻和社会危害性较小的犯罪,以及被告人认罪、悔罪,从宽处罚更有利于社会和谐稳定的,依法可以从宽处理。

5. 贯彻宽严相济刑事政策,必须严格依法进行,维护法律的统一和权威,确保良好的法律效果。同时,必须充分考虑案件的处理是否有利于赢得广大人民群众的支持和社会稳定,是否有利于瓦解犯罪,化解矛盾,是否有利于罪犯的教育改造和回归社会,是否有利于减少社会对抗,促进社会和谐,争取更好的社会效果。要注意在裁判文书中充分说明裁判理由,尤其是从宽或从严的理由,促使被告人认罪服法,注重教育群众,实现案件裁判法律效果和社会效果的有机统一。

二、准确把握和正确适用依法从“严”的政策要求

6. 宽严相济刑事政策中的从“严”,主要是指对于罪行十分严重、社会危害性极大,依法应当判处重刑或死刑的,要坚决地判处重刑或死刑;对于社会危害大或者具有法定、酌定从重处罚情节,以及主观恶性深、人身危险性大的被告人,要依法从严惩处。在审判活动中通过体现依法从“严”的政策要求,有效震慑犯罪分子和社会不稳定分子,达到有效遏制犯罪、预防犯罪的目的。

7. 贯彻宽严相济刑事政策,必须毫不动摇地坚持依法严惩严重刑事犯罪的方针。对于危害国家安全犯罪、恐怖组织犯罪、邪教组织犯罪、黑社会性质组织犯罪、恶势力犯罪、故意危害公共安全犯罪等严重危害国家政权稳固和社会治安的犯罪,故意杀人、故意伤害致人死亡、强奸、绑架、拐卖妇女儿童、抢劫、重大抢夺、重大盗窃等严重暴力犯罪和严重影响人民群众安全感的犯罪,走私、贩卖、运输、制造毒品等毒害人民健康的犯罪,要作为严惩的重点,依法从重处罚。尤其对于极端仇视国家和社会,以不特定人为侵害对象,所犯罪行特别严重的犯罪分子,该重判的要坚决依法重判,该判处死刑的要坚决依法判处死刑。

8. 对于国家工作人员贪污贿赂、滥用职权、失职渎职的严重犯罪,黑恶势力犯罪、重大安全责任事故、制售伪劣食品药品所涉及的国家工作人员职务犯罪,发生在社会保障、征地拆迁、灾后重建、企业改制、医疗、教育、就业等领域严重损害群众利益、社会影响恶劣、群众反映强烈的国家工作人员职务犯罪,发生在经济社会建设重点领域、重点行业的严重商业贿赂犯罪等,要依法从严惩处。

对于国家工作人员职务犯罪和商业贿赂犯罪中性质恶劣、情节严重、涉案范围广、影响面大的,或者案发后隐瞒犯罪事实、毁灭证据、订立攻守同盟、负案潜逃等拒不认罪悔罪的,要坚决依法从严惩处。

对于被告人犯罪所得数额不大,但对国家财产和人民群众利益造成重大损失、社会影响极其恶劣的职务犯罪和商业贿赂犯罪案件,也应依法从严惩处。

要严格掌握职务犯罪法定减轻处罚情节的认定标准与减轻处罚的幅度,严格控制依法减轻处罚后判处3年以下有期徒刑适用缓刑的范围,切实规范职务犯罪缓刑、免予刑事处罚的适用。

9. 当前和今后一段时期,对于集资诈骗、贷款诈骗、制贩假币以及扰乱、操纵证券、期货市场等严重危害金融秩序的犯罪,生产、销售假药、劣药、有毒有害食品等严重危害食品药品安全的犯罪,走私等严重侵害国家经济利益的犯罪,造成严重后果的重大安全责任事故犯罪,重大环境污染、非法采矿、盗伐林木等各种严重破坏环境资源的犯罪等,要依法从严惩处,维护国家的经济秩序,保护广大人民群众的生命健康安全。

10. 严惩严重刑事犯罪,必须充分考虑被告人的主观恶性和人身危险性。对于事先精心预谋、策划犯罪的被告人,具有惯犯、职业犯等情节的被告人,或者因故意犯罪受过刑事处罚、在缓刑、假释考验期内又犯罪的被告人,要依法严惩,以实现刑罚特殊预防的功能。

11. 要依法从严惩处累犯和毒品再犯。凡是依法构成累犯和毒品再犯的,即使犯罪情节较轻,也要体现从严惩处的精神。尤其是对于前罪为暴力犯罪或被判处重刑的累犯,更要依法从严惩处。

12. 要注重综合运用多种刑罚手段,特别是要重视依法适用财产刑,有效惩治犯罪。对于法律规定有附加财产刑的,要依法适用。对于侵财型和贪利型犯罪,更要注重通过依法适用财产刑使犯罪分子受到经济上的惩罚,剥夺其重新犯罪的能力和条件。要切实加大财产刑的执行力度,确保刑罚的严厉性和惩罚功能得以实现。被告人非法占有、处置被害人财产不能退赃的,在决定刑罚时,应作为重要情节予以考虑,体现从严处罚的精神。

13. 对于刑事案件被告人,要严格依法追究刑事责任,切实做到不枉不纵。要在确保司法公正的前提下,努力提高司法效率。特别是对于那些严重危害社会治安,引起社会关注的刑事案件,要在确保案件质量的前提下,抓紧审理,及时宣判。

三、准确把握和正确适用依法从"宽"的政策要求

14. 宽严相济刑事政策中的从"宽",主要是指对于情节较轻、社会危害性较小的犯罪,或者罪行虽然严重,但具有法定、酌定从宽处罚情节,以及主观恶性相对较小、人身危险性不大的被告人,可以依法从轻、减轻或者免除处罚;对于具有一定社会危害性,但情节显著轻微危害不大的行为,不作为犯罪处理;对于依法可不监禁的,尽量适用缓刑或者判处管制、单处罚金等非监禁刑。

15. 被告人的行为已经构成犯罪,但犯罪情节轻微,或者未成年人、在校学生实施的较轻犯罪,或者被告人具有犯罪预备、犯罪中止、从犯、胁从犯、防卫过当、避险过当等情节,依法不需要判处刑罚的,可以免予刑事处罚。对免予刑事处罚的,应当根据刑法第37条规定,做好善后、帮教工作或者交由有关部门进行处理,争取更好的社会效果。

16. 对于所犯罪行不重、主观恶性不深、人身危险性较小、有悔改表现、不致再危害社会的犯罪分子,要依法从宽处理。对于其中具备条件的,应当依法适用缓刑或者管制、单处罚金等非监禁刑。同时配合做好社区矫正,加强教育、感化、帮教、挽救工作。

17. 对于自首的被告人,除了罪行极其严重、主观恶性极深、人身危险性极大,或者恶意地利用自首规避法律制裁者以外,一般均应当依法从宽处罚。

对于亲属以不同形式送被告人归案或协助司法机关抓获被告人而认定为自首的,原则上都应当依法从宽处罚;有的虽然不能认定为自首,但考虑到被告人亲属支持司法机关工作,促使被告人到案、认罪、悔罪,在决定对被告人具体处罚时,也应当予以充分考虑。

18. 对于被告人检举揭发他人犯罪构成立功的,一般均应当依法从宽处罚。对于犯罪情节不是十分恶劣,犯罪后果不是十分严重的被告人立功的,从宽处罚的幅度应当更大。

19. 对于较轻犯罪的初犯、偶犯,应当综合考虑其犯罪的动机、手段、情节、后果和犯罪时的主观状态,酌情予以从宽处罚。对于犯罪情节轻微的初犯、偶犯,可以免予刑事处罚;依法应当予以刑事处罚的,也应当尽量适用缓刑或者判处管制、单处罚金等非监禁刑。

20. 对于未成年人犯罪,在具体考虑其实施犯罪的动机和目的、犯罪性质、情节和社会危害程度的同时,还要充分考虑其是否属于初犯,归案后是否悔罪,以及个人成长经历和一贯表现等因素,坚持"教育为主、惩罚为辅"的原则和"教育、感化、挽救"的方针进行处理。对于偶尔盗窃、抢夺、诈骗,数额刚达到较大的标准,案发后能如实交代并积极退赃的,可以认定为情节显著轻微,不作为犯罪处理。对于罪行较轻的,可以依法适当多适用缓刑或者判处管制、单处罚金等非监禁刑;依法可免予刑事处罚的,应当免予刑事处罚。对于犯罪情节严重的未成年人,也应当依照刑法第17条第3款的规定予以从轻或者减轻处罚。对于已满14周岁不满16周岁的未成年犯罪人,一般不判处无期徒刑。

21. 对于老年人犯罪,要充分考虑其犯罪的动机、目的、情节、后果以及悔罪表现等,并结合其人身危险性和再犯可能性,酌情予以从宽处罚。

22. 对于因恋爱、婚姻、家庭、邻里纠纷等民间矛盾激化引发的犯罪,因劳动纠纷、管理失当等原因引发、犯罪动机不属恶劣的犯罪,因被害方过错或者基于义愤引发的或者具有防卫因素的突发性犯罪,应酌情从宽处罚。

23. 被告人案发后对被害人积极进行赔偿,并认罪、悔罪的,依法可以作为酌定量刑情节予以考虑。因婚姻家庭等民间纠纷激化引发的犯罪,被害人及其家属对被告人表示谅解的,应当作为酌定量刑情节予以考虑。犯罪情节轻微,取得被害人谅解的,可以依法从宽处理,不需判处刑罚的,可以免予刑事处罚。

24. 对于刑事被告人,如果采取取保候审、监视居住等非羁押性强制措施足以防止发生社会危险性,且不影响刑事诉讼正常进行的,一般可不采取羁押措施。对人民检察院提起公诉而被告人未被采取逮捕措施的,除存在被告人逃跑、串供、重新犯罪等具有人身危险性或者可能影响刑事诉讼正常进行的情形外,人民法院一般可不决定逮捕被告人。

四、准确把握和正确适用宽严"相济"的政策要求

25. 宽严相济刑事政策中的"相济",主要是指在对各类犯罪依法处罚时,要善于综合运用宽和严两种手段,对不同的犯罪和犯罪分子区别对待,做到严中有宽、宽以济严;宽中有严、严以济宽。

26. 在对严重刑事犯罪依法从严惩处的同时,对被告人具有自首、立功、从犯等法定或酌定从宽处罚情节的,还要注意宽以济严,根据犯罪的具体情况,依法应当或可以从宽的,都应当在量刑上予以充分考虑。

27. 在对较轻刑事犯罪依法从轻处罚的同时,要注意严以济宽,充分考虑被告人是否具有屡教不改、严重滋扰社会、群众反映强烈等酌定从严处罚的情况,对于不从严不足以有效惩戒者,也应当在量刑上有所体现,做到济之以严,使犯罪分子受到应有处罚,切实增强改造效果。

28. 对于被告人同时具有法定、酌定从严和法定、酌定从宽处罚情节的案件,要在全面考察犯罪的事实、性质、情节和对社会危害程度的基础上,结合被告人的主观恶性、人身危险性、社会治安状况等因素,综合作出分析判断,总体从严,或者总体从宽。

29. 要准确理解和严格执行"保留死刑,严格控制和慎重适用死刑"的政策。对于罪行极其严重的犯罪分子,论罪应当判处死刑的,要坚决依法判处死刑。要依法严格控制死刑的适用,统一死刑案件的裁判标准,确保死刑只适用于极少数罪行极其严重的犯罪分子。拟判处死刑的具体案件定罪或者量刑的证据必须确实、充分,得出唯一结论。对于罪行极其严重,但只要是依法可不立即执行的,就不应当判处死刑立即执行。

30. 对于恐怖组织犯罪、邪教组织犯罪、黑社会性质组织犯罪和进行走私、诈骗、贩毒等犯罪活动的犯罪集团,在处理时要分别情况,区别对待:对犯罪组织或集团中的为首组织、指挥、策划者和骨干分子,要依法从严惩处,该判处重刑或死刑的要坚决判处重刑或死刑;对受欺骗、胁迫参加犯罪组织、犯罪集团或只是一般参加者,在犯罪中起次要、辅助作用的从犯,依法应当从轻或减轻处罚,符合缓刑条件的,可以适用缓刑。

对于群体性事件中发生的杀人、放火、抢劫、伤害等犯罪案件,要注意重点打击其中的组织、指挥、策划者和直接实施犯罪行为的积极参与者;对因被煽动、欺骗、裹胁而参加,情节较轻,经教育确有悔改表现的,应当依法从宽处理。

31. 对于一般共同犯罪案件,应当充分考虑各被告人在共同犯罪中的地位和作用,以及在主观恶性和人身危险性方面的不同,根据事实和证据能分清主从犯的,都应当认定主从犯。有多名主犯的,应在主犯中进一步区分出罪行最为严重者。对于多名被告人共同致死一名被害人的案件,要进一步分清各被告人的作用,准确确定各被告人的罪责,以做到区别对待;不能以分不清主次为由,简单地一律判处重刑。

32. 对于过失犯罪,如安全责任事故犯罪等,主要应当根据犯罪造成危害后果的严重程度、被告人主观罪过的大小以及被告人案发后的表现等,综合掌握处罚的宽严尺度。对于过失犯罪后积极抢救、挽回损失或者有效防止损失进一步扩大的,要依法从宽。对于造成的危害后果虽然不是特别严重,但情节特别恶劣或案发后故意隐瞒案情,甚至逃逸,给及时查明事故原因和迅速组织抢救造成贻误的,则要依法从重处罚。

33. 在共同犯罪案件中,对于主犯或首要分子检举、揭发同案地位、作用较次犯罪分子构成立功的,从轻或者减轻处罚应当从严掌握,如果从轻处罚可能导致全案量刑失衡的,一般不予从轻处罚;如果检举、揭发的是其他犯罪案件中罪行同样严重的犯罪分子,或者协助抓获的是同案中的其他主犯、首要分子的,原则上应予依法从轻或者减轻处罚。对于从犯或犯罪集团中的一般成员立功,特别是协助抓获主犯、首要分子的,应当充分体现政策,依法从轻、减轻或者免除处罚。

34. 对于危害国家安全犯罪、故意危害公共安全犯罪、严重暴力犯罪、涉众型经济犯罪等严重犯罪;恐怖组织犯罪、邪教组织犯罪、黑恶势力犯罪等有组织犯罪的领导者、组织者和骨干分子;毒品犯罪再犯的严重犯罪者;确有执行能力而拒不依法积极主动缴付财产执行财产刑或确有履行能力而不积极主动履行附带民事赔偿责任的,在依法减刑、假释时,应当从严掌握。对累犯减刑时,应当从严掌握。拒不交代真实身份或对减刑、假释材料弄虚作假,不符合减刑、假释条件的,不得减刑、假释。

对于因犯故意杀人、爆炸、抢劫、强奸、绑架等暴力犯罪,致人死亡或严重残疾而被判处死刑缓期2年执行或无期徒刑的罪犯,要严格控制减刑的频度和每次减刑的幅度,要保证其相对较长的实际服刑期限,维护公平正义,确保改造效果。

对于未成年犯、老年犯、残疾罪犯、过失犯、中止犯、胁从犯、积极主动缴付财产执行财产刑或履行民事赔偿责任的罪犯、因防卫过当或避险过当而判处徒刑的罪犯以及其他主观恶性不深、人身危险性不大的罪犯,在依法减刑、假释时,应当根据悔改表现予以从宽掌握。对认罪服法,遵守监规,积极参加学习、劳动,确有悔改表现的,依法予以减刑,减刑的幅度可以适当放宽,间隔的时间可以相应缩短。符合刑法第81条第1款规定的假释条件的,应当依法多适用假释。

五、完善贯彻宽严相济刑事政策的工作机制

35. 要注意总结审判经验,积极稳妥地推进量刑规范化工作。要规范法官的自由裁量权,逐步把量刑纳入法庭审理程序,增强量刑的公开性和透明度,充分实现量刑的公正和均衡,不断提高审理刑事案件的质量和效率。

36. 最高人民法院将继续通过总结审判经验，制发典型案例，加强审判指导，并制定关于案例指导制度的规范性文件，推进对贯彻宽严相济刑事政策案例指导制度的不断健全和完善。

37. 要积极探索人民法庭受理轻微刑事案件的工作机制，充分发挥人民法庭便民、利民和受案、审理快捷的优势，进一步促进轻微刑事案件及时审判，确保法律效果和社会效果的有机统一。

38. 要充分发挥刑事简易程序节约司法资源、提高审判效率、促进司法公正的功能，进一步强化简易程序的适用。对于被告人对被指控的基本犯罪事实无异议，并自愿认罪的第一审公诉案件，要依法进一步强化普通程序简化审的适用力度，以保障符合条件的案件都能得到及时高效的审理。

39. 要建立健全符合未成年人特点的刑事案件审理机制，寓教于审，惩教结合，通过科学、人性化的审理方式，更好地实现“教育、感化、挽救”的目的，促使未成年犯罪人早日回归社会。要积极推动有利于未成年犯罪人改造和管理的各项制度建设。对公安部门针对未成年人在缓刑、假释期间违法犯罪情况报送的拟撤销未成年犯罪人的缓刑或假释的报告，要及时审查，并在法定期限内及时做出决定，以真正形成合力，共同做好未成年人犯罪的惩戒和预防工作。

40. 对于刑事自诉案件，要尽可能多做化解矛盾的调解工作，促进双方自行和解。对于经过司法机关做工作，被告人认罪悔过，愿意赔偿被害人损失，取得被害人谅解，从而达成和解协议的，可以由自诉人撤回起诉，或者对被告人依法从轻或免予刑事处罚。对于可公诉、也可自诉的刑事案件，检察机关提起公诉的，人民法院应当依法进行审理，依法定罪处罚。对民间纠纷引发的轻伤害等轻微刑事案件，诉至法院后当事人自行和解的，应当予以准许并记录在案。人民法院也可以在不违反法律规定的前提下，对此类案件尝试做一些促进和解的工作。

41. 要尽可能把握一切有利于附带民事诉讼调解结案的积极因素，多做促进当事人双方和解的辨法析理工作，以更好地落实宽严相济刑事政策，努力做到案结事了。要充分发挥被告人、被害人所在单位、社区基层组织、辩护人、诉讼代理人和近亲属在附带民事诉讼调解工作中的积极作用，协调各方共同做好促进调解工作，尽可能通过调解达成民事赔偿协议并以此取得被害人及其家属对被告人的谅解，化解矛盾，促进社会和谐。

42. 对于因受到犯罪行为侵害、无法及时获得有效赔偿、存在特殊生活困难的被害人及其亲属，由有关方面给予适当的资金救助，有利于化解矛盾纠纷，促进社会和谐稳定。各地法院要结合当地实际，在党委、政府的统筹协调和具体指导下，落实好、执行好刑事被害人救助制度，确保此项工作顺利开展，取得实效。

43. 对减刑、假释案件，要采取开庭审理与书面审理相结合的方式。对于职务犯罪案件，尤其是原为县处级以上领导干部罪犯的减刑、假释案件，要一律开庭审理。对于故意杀人、抢劫、故意伤害等严重危害社会治安的暴力犯罪分子，有组织犯罪案件中的首要分子和其他主犯以及其他重大、有影响案件罪犯的减刑、假释，原则上也要开庭审理。书面审理的案件，拟裁定减刑、假释的，要在羁押场所公示拟减刑、假释人员名单，接受其他在押罪犯的广泛监督。

44. 要完善对刑事审判人员贯彻宽严相济刑事政策的监督机制，防止宽严失当、枉法裁判、以权谋私。要改进审判考核考评指标体系，完善错案认定标准和错案责任追究制度，完善法官考核机制。要切实改变单纯以改判率、发回重审率的高低来衡量刑事审判工作质量和法官业绩的做法。要探索建立既能体现审判规律、符合法官职业特点，又能准确反映法官综合素质和司法能力的考评体制，对法官审理刑事案件质量，落实宽严相济刑事政策，实现刑事审判法律效果和社会效果有机统一进行全面、科学的考核。

45. 各级人民法院要加强与公安机关、国家安全机关、人民检察院、司法行政机关等部门的联系和协调,建立经常性的工作协调机制,共同研究贯彻宽严相济刑事政策的工作措施,及时解决工作中出现的具体问题。要根据“分工负责、相互配合、相互制约”的法律原则,加强与公安机关、人民检察院的工作联系,既各司其职,又进一步形成合力,不断提高司法公信,维护司法权威。要在律师辩护代理、法律援助、监狱提请减刑假释、开展社区矫正等方面加强与司法行政机关的沟通和协调,促进宽严相济刑事政策的有效实施。

3. 最高人民法院刑一庭课题组《刑事诉讼中认罪认罚从宽制度的适用》(《人民司法》2018年第34期)

完善刑事诉讼中认罪认罚从宽制度,是党的十八届四中全会作出的重大改革部署。之后,相关制度机制不断完善,在及时有效惩治犯罪、加强人权司法保障、促进公平正义、优化司法资源配置方面取得了显著成效。

2018年10月26日,十三届全国人大常委会第六次会议通过《关于修改〈中华人民共和国刑事诉讼法〉的决定》,系统吸纳了试点经验,确立了认罪认罚可以依法从宽的处理原则,并增加了速裁程序、值班律师等规定,以法律形式巩固了改革成果。

完善刑事诉讼中认罪认罚从宽制度,是党的十八届四中全会作出的重大改革部署。2014年6月,十二届全国人大常委会第九次会议通过决定,授权最高人民法院、最高人民检察院在北京等18个地区开展刑事案件速裁程序试点工作。2016年7月,中央全面深化改革领导小组第二十六次会议审议通过《关于认罪认罚从宽制度改革试点方案》(以下简称《试点方案》)。2016年9月,十二届全国人大常委会第二十二次会议通过决定,授权最高人民法院、最高人民检察院在前述地区开展刑事案件认罪认罚从宽制度试点工作,速裁程序试点纳入其中继续试行。同年11月,最高人民法院、最高人民检察院、公安部、国家安全部、司法部联合印发了《关于在部分地区开展刑事案件认罪认罚从宽制度试点工作的办法》(以下简称《试点办法》),试点工作正式启动。

截至2018年7月,18个试点地区法院共适用认罪认罚从宽制度审结刑事案件181177件,占试点法院同期审结刑事案件的52.3%。试点“从无到有”“从少到多”,试点案件数量、比例稳步上升,相关制度机制不断完善,在及时有效惩治犯罪、加强人权司法保障、促进公平正义、优化司法资源配置方面取得了显著成效。2018年10月26日,十三届全国人大常委会第六次会议通过《关于修改〈中华人民共和国刑事诉讼法〉的决定》(以下简称《决定》),系统吸纳了试点经验,确立了认罪认罚可以依法从宽的处理原则,并增加了速裁程序、值班律师等规定,以法律形式巩固了改革成果。在全国推开施行之际,课题组结合此前试点情况,对认罪认罚从宽制度适用的相关问题进行梳理(更全面、具体的内容见人民法院出版社即将出版的《认罪认罚从宽制度理解与适用》一书),有助于厘清思路,统一认识,正确理解、准确适用该制度。

一、关于制度定位和基本内涵

认罪认罚从宽制度是对自愿如实认罪、真诚悔罪认罚的犯罪嫌疑人、被告人依法从宽处理的法律制度,是实体规范和程序保障一体构建的综合性法律制度。从制度定位讲,是对坦白从宽刑事政策的制度化和深化发展。坦白从宽是党和国家一贯坚持的重要刑事政策,我国刑法相应规定了自首从宽制度,2011年刑法修正案(8)从实体法角度规定了坦白从宽,最高人民法院《关于常见犯罪的量刑指导意见》对自首、坦白、退赃退赔等情节,都规定了相对明确的处理原则和从宽幅度;刑事诉讼法针对认罪案件规定了简易程序以及刑事和解程序,此次修法增设的速裁程序,也是针对认罪认罚的轻罪案件设计的诉讼程序。以认罪认罚从宽制度为抓手,将坦白从宽的法律规定、政策要求加以系统化、制度化,从实体处理和程序适用两方面,强化认罪认罚的法律途径和法律效果,更好落实坦白从宽,全面贯彻宽严相济;构建认罪认罚案件的分流程序和处理机制,推进繁简分流,优化司法资源配置,是在更高层次上实现公正与效率相统一的制度安排。

此次刑事诉讼法修改，在第1编第1章"任务和基本原则"中增设1条作为第15条："犯罪嫌疑人、被告人自愿如实供述自己的罪行，承认指控的犯罪事实，愿意接受处罚的，可以依法从宽处理。"将认罪认罚从宽确立为刑事诉讼法的重要原则，并在诉讼程序和操作规范中作相应规定，形成认罪认罚从宽的制度激励和程序保障，从程序法角度完善了认罪认罚从宽制度，丰富了认罪认罚从宽的制度内涵。

一是认罪认罚案件在程序上可以从宽处理。首先是简化审判程序。对于基层人民法院管辖的认罪认罚案件，可以适用简易程序或者速裁程序进行审判；对于其他认罪认罚案件，适用普通程序简化审理。从简、从快处理是从宽处理的重要方面，对于被告人特别是被羁押的被告人，其有获得公正审判的权利，也有获得迅速审判的权利。在确保案件质量的前提下简化诉讼程序，可以有效减少讼累，缩减审前羁押时间，避免"关多久判多久"现象。其次，强制措施适用相对宽缓化，将犯罪嫌疑人、被告人认罪认罚情况作为采取强制措施时判断其社会危险性的考虑因素，对认罪认罚的犯罪嫌疑人、被告人优先考虑适用非羁押强制措施。再次，附条件提前终止诉讼。犯罪嫌疑人自愿如实供述涉嫌犯罪事实，有重大立功或者案件涉及国家重大利益的，经最高人民检察院核准，公安机关可以撤销案件，人民检察院可以作出不起诉决定，也可以对涉嫌数罪中的一项或者多项不起诉。二是认罪认罚案件在实体上可以依法从宽处罚。犯罪嫌疑人认罪认罚的，人民检察院应当根据犯罪的事实、性质、情节和对社会的危害程度以及认罪认罚情况，依法提出从宽处罚的建议。人民法院作出判决时，一般应当采纳人民检察院指控的罪名和量刑建议，但被告人不构成犯罪或者不应当追究刑事责任、违背意愿认罪认罚、否认指控犯罪事实、起诉指控罪名与审理认定罪名不一致以及其他可能影响公正审判的情形除外。三是诉讼全程规范保障认罪认罚的自愿性。首先，规范权利告知程序。要求侦查人员在讯问时告知犯罪嫌疑人享有的诉讼权利、如实供述自己罪行可以从宽处理的法律规定和认罪认罚的法律后果；人民检察院审查案件时也要履行告知程序，新修改的刑事诉讼法第120条、第173条作了相应规定。其次，强化认罪认罚自愿性审查。人民法院开庭审理时，应当告知被告人享有的诉讼权利和认罪认罚的法律后果，审查认罪认罚的自愿性和认罪认罚具结书内容的真实性、合法性。再次，强化律师参与和法律帮助。刑事诉讼法第174条规定，犯罪嫌疑人签署认罪认罚具结书时，应当有辩护人或者值班律师在场。同时，在第36条值班律师指派及职责中明确，应指派值班律师为没有辩护人的犯罪嫌疑人、被告人提供法律帮助，确保犯罪嫌疑人、被告人获得有效法律帮助、自愿认罪认罚，防止无辜者受到错误追究。

实践中，要正确把握认罪认罚从宽制度与国外辩诉交易等制度的区别。认罪认罚从宽制度是宽严相济、坦白从宽刑事政策的深化发展和制度化，是我国刑事法律制度自然演进的结果。当然，也适当借鉴了国外辩诉交易、认罪协商等诉讼制度中的一些合理因素，如，强化认罪认罚的法律效果、完善相关法律程序、尊重被告人的诉讼主体地位和程序选择权，但这绝不是辩诉交易的翻版。从制度定位上看，认罪认罚从宽的根本目的是确保公安机关、人民检察院、人民法院依法、及时、公正履行追诉、惩罚犯罪的职责，犯罪嫌疑人、被告人只是通过认罪认罚来争取从宽，而不是就定罪量刑进行讨价还价。而国外的辩诉交易，是当事人主义诉讼模式的产物，犯罪嫌疑人、被告人与检察官可以就诉讼结果进行协商处分、交易还价，以避免诉讼风险。从适用标准上看，认罪认罚从宽制度，坚持以事实为根据、以法律为准绳，贯彻证据裁判要求，是否从宽及从宽的具体幅度，都要依照法律规定和政策要求来把握。而国外的辩诉交易，赋予了检察官较大的自由裁量权，有的案件从宽幅度具有较大的不确定性。从职权配置上看，认罪认罚案件的定罪量刑，由检察机关提出建议，人民法院要在严格审查的基础上依法作出裁判。而国外的辩诉交易,法官对交易结果一般只进行形式审查。只有正确把握两者间的本质区别,才能准确理解适用认罪认罚从宽制度。

二、关于适用范围

认罪认罚从宽制度适用没有特别的范围限制,这是其制度定位所决定的。认罪认罚从宽制度是宽严相济、坦白从宽刑事政策的具体化和制度化,而宽严相济是贯穿于刑事立法和刑事司法的基本刑事政策,适用于所有刑事案件,就像自首、坦白一样,没有特别的范围限制。因此,认罪认罚从宽制度原则上没有限定适用的罪名和刑罚。这也是《决定》在刑事诉讼法“任务和基本原则”中规定认罪认罚从宽处理原则的考虑,明确适用于各类刑事案件,贯穿指导刑事诉讼各阶段。

犯罪嫌疑人、被告人具备以下条件的,可以考虑适用认罪认罚从宽制度:

(一)自愿如实供述自己的罪行,承认指控的犯罪事实,即“认罪”。实践中,可以表现为自首、坦白,也可以是当庭自愿认罪等形式。承认指控的主要犯罪事实,仅对个别细节提出异议的,或者对犯罪事实没有异议,仅对行为性质提出辩解的,不影响“认罪”的认定。(二)愿意接受处罚,即“认罚”。这里的“罚”,指的是刑罚,既包括主刑,也包括附加刑。实践中,“认罚”考察的重点是犯罪嫌疑人、被告人的悔罪态度和悔罪表现。犯罪嫌疑人、被告人真诚悔罪,接受检察机关量刑建议,尽力退赃退赔的,应当认定为“认罚”;犯罪嫌疑人、被告人表面上接受量刑建议、承诺缴纳罚金,背后却隐匿、转移财产致使财产刑无法执行的,显无真诚悔罪态度,不宜认定为“认罚”。

认罪认罚从宽制度没有限定适用的对象,未成年犯罪嫌疑人、被告人可以适用认罪认罚从宽制度。对认罪认罚的未成年犯罪嫌疑人、被告人依法从宽处理,符合宽严相济刑事政策,也符合未成年人司法“教育、感化、挽救”方针政策。需要注意的是,刑事诉讼法第 174 条第 2 款第(2)项规定,未成年犯罪嫌疑人的法定代理人、辩护人对其认罪认罚提出异议的,不需要签署认罪认罚具结书。该规定并未排除对未成年人适用认罪认罚从宽制度,只是从未成年人心智不成熟、最大限度保护角度考虑,不要求未成年人签署认罪认罚具结书,不能因为未成年人没有签署具结就排除适用认罪认罚从宽制度。

犯罪嫌疑人、被告人是盲、聋、哑人,尚未完全丧失辨认或者控制自己行为能力的精神病人的,不排除适用认罪认罚从宽制度。对于盲聋哑人、限制刑事责任能力人能否适用认罪认罚从宽制度,存在较大争议。第 1 种意见认为,这几类人有生理缺陷或者精神障碍,在一定程度上影响其诉讼能力,应排除适用认罪认罚从宽制度。第 2 种意见认为,有些盲聋哑人、限制刑事责任能力人能够自主、理性表达认罪认罚意愿,一律排除有违法律平等适用的原则。《决定》采纳了第 2 种意见,未排除对特殊群体适用认罪认罚从宽制度,同时在刑事诉讼法第 174 条第 2 款第(1)项中规定,前述人员认罪认罚的,不需要签署认罪认罚具结书,并明确对此类人员不适用速裁程序或者简易程序审理,以保障其诉讼权利。

三、关于适用原则

在试点授权审议和前期调研时,一些同志对认罪认罚从宽制度适用存在顾虑,担心量刑把握不准,不加区分一律从宽,出现“重罪轻判”“花钱买刑”,造成打击不力或者权钱交易;担心证据把握不严,过分依赖口供,不加审查即予定罪,放松证明要求,疑罪降格处理,甚至造成错案。为确保试点正确实施,在《试点方案》框架下,《试点办法》进一步明确适用范围、规范程序标准,确立了坚持宽严相济、坚持罪责刑相适应和坚持证据裁判三个原则,为改革依法稳妥有序开展提供了基本遵循和有力保障。认罪认罚从宽制度全面推开施行,要正确把握其适用原则。一是贯彻宽严相济刑事政策。避免“一律从宽”“一味从严”两种错误倾向。对于认罪认罚“从宽”的把握,需要注意以下几方面:首先,是依法从宽,而非法外从宽。刑事诉讼法规定了认罪认罚依法从宽的处理原则,具体如何从宽,还要根据刑法、刑事诉讼法等具体规定进行把握。如前所述,认罪认罚从宽不是单一的法律制度,而是自首、坦白、速裁程序、和解程序等法律制度和诉讼程序的集合,认罪认罚也不是单一的量刑情节,要分别适用自首、坦白、当庭自愿认罪、真诚悔罪认罚、取得谅解和解等法定、酌定从宽情节,依法决定是否从宽、怎么从宽、从宽多少,特别是减轻、免除处罚,必须于法有据。其次,是可以从宽,而非一律从宽。如同自首从宽一样,都是"可以"从宽,要依据事实和法律综合考量。"可以"从宽应当理解为一般应当从宽,没有特殊理由的,都应当体现法律规定和政策精神,从宽处罚。对那些犯罪性质恶劣、犯罪手段残忍、社会危害严重、群众反映强烈的犯罪分子,其认罪坦白不足以从轻处罚的,必须依法严惩。二是坚持罪责刑相适应原则。对认罪认罚的被告人量刑,要根据犯罪的事实、性质、情节和对社会的危害程度,综合考虑认罪认罚的具体情况,依法确定是否从宽以及从宽幅度。要考虑其所犯罪行的轻重、应负刑事责任的大小和人身危险性的大小,做到罪责刑相适应。一方面要看认罪认罚的主动性、及时性、稳定性、全面性,是否确有悔罪表现,以及对及时侦破案件的作用,来决定是否从宽及具体幅度。例如,主动投案与被动归案,到案即供述与多次讯问后才供述,始终稳定供述与时供时翻,全部供述犯罪事实与隐瞒次要犯罪事实,在确凿罪证面前才认罪与带领公安人员找到重要物证、人证,对于这些情形,在确定从宽幅度时应当有适当区别。另一方面要看罪行的严重程度,罪行较轻、人身危险性较小的,特别是初犯、偶犯,从宽幅度可以大一些;罪行较重、人身危险性较大的,以及累犯、再犯,从宽幅度可以小一些,甚至不考虑从宽。三是坚持证据裁判原则。根据刑事诉讼法第六条的规定,办理任何刑事案件,都必须以事实为根据,以法律为准绳。认罪认罚案件也不例外,应当坚持证据裁判原则。公安、检察机关应当依法全面收集、固定、审查、运用证据,人民法院应当按照法定程序认定和采纳证据,统一适用"事实清楚,证据确实、充分"的法定证明标准。所有刑事案件,无论被告人认罪与否、刑罚轻重,都应当适用同一证明标准。不能因为被告人认罪,就降低证明标准,对疑罪降格认定处理。这个原则底线,任何时候都不能突破。同时,也要防止对本可定罪的案件,因司法人员业务水平不高、能力不够、经验不足,而作为疑案处理。在具体审查把握上,要注意被告人认罪对取证、举证、认证的影响。首先,证明方式相对简便,一定程度降低取证、举证、认证难度。司法证明可分两种方式:一是通过对直接证据所包含的证据事实进行印证和补强,从而达到证明待证事实的效果;二是通过将若干间接证据所包含的证据事实进行逻辑推理,使其形成较为完整的证据锁链,从而排他性地认定待证事实的存在。在许多案件特别是轻罪案件中,口供往往是最全面、详细的直接证据,有了真实、自愿、合法的口供,可以大大增强内心确信,再加上其他证据补强,一般就可以定案,比不认罪案件需要排疑完成反向证明,相对简单些。其次,审查程序可以简化,适用速裁或者简易程序审理认罪认罚案件,省略、简化庭审举证、质证环节。

四、关于审判程序

对于被告人认罪认罚的一审案件,应当根据案件情况,区分适用速裁程序、简易程序或者普通程序简化审理。截至2018年7月,18个地区审结的试点案件中,适用速裁程序审结的占68.5%,适用简易程序审结的占24.9%,适用普通程序审结的占6.6%,形成速裁程序、简易程序、普通程序有序衔接的多层次诉讼程序体系。此次刑事诉讼法修改,在第3编第2章"第一审程序"增加第4节"速裁程序",成为普通程序、简易程序之后的第3种法定审判程序。

人民法院开庭审理认罪认罚案件,无论适用何种程序,都应当审查认罪认罚的自愿性和认罪认罚具结书内容的真实性、合法性,这是认罪认罚案件审理与其他案件审理的重要区别。适用普通程序或者简易程序审理认罪认罚案件,在法定审理规程基础上,要注意加强认罪认罚自愿性审查。速裁程序是专门针对被告人认罪认罚的轻罪案件设计的审判程序,也就是说,认罪认罚是速裁程序适用的前提,其他案件不能适用。实践中,要重点把握好以下问题:关于速裁程序的适用范围。根据刑事诉讼法第222条第1款规定,认罪认罚案件同时符合以下条件的,可以适用速裁程序进行审理:一是基层人民法院管辖的可能判处3年有期徒刑以下刑罚的案件,即危害国家安全、暴力恐怖犯罪以外的可能判处3年有期徒刑以下刑罚的案件。二是案件事实清楚,证据确实、充分,如果事实不清、证据存疑,不能适用速裁程序。三是被告人同意适用速裁程序,确保被告人的程序选择权。

关于排除适用的情形。根据刑事诉讼法第223条,有下列情形之一的,不适用速裁程序:

(一)被告人是盲、聋、哑人,或者是尚未完全丧失辨认或者控制自己行为能力的精神病人的;(二)被告人是未成年人的;(三)案件有重大社会影响的;(四)共同犯罪案件中部分被告人对指控的犯罪事实、罪名、量刑建议或者适用速裁程序有异议的;(五)被告人与被害人或者其法定代理人没有就附带民事诉讼赔偿等事项达成调解或者和解协议的;(六)其他不宜适用速裁程序的情形。

对第4种情形排除适用速裁程序,主要考虑:适用速裁程序的案件,必须事实证据、适用法律、程序选择均无争议,否则不能省略法庭调查、法庭辩论环节。多名被告人的共同犯罪案件往往案情复杂,证据相互关联,被告人供述也需相互印证核实。为慎重公正处理,只要其中1名被告人对指控事实、罪名、量刑建议或者适用程序有异议,就不能适用速裁程序。

对第5种情形排除适用速裁程序,主要考虑:被害人或者其法定代理人有权提起附带民事诉讼,参加法庭调查、法庭辩论,而速裁程序简化庭审、当庭宣判,如果附带民事诉讼部分没有达成和解、调解,被害人基本权益难以保障。而且,积极赔偿被害人,也是被告人悔罪认罚的重要表现,故将当事人没有达成和解或者调解协议规定为排除适用速裁程序的情形。有意见认为,不应以当事人达成和解为前提,只要被告人积极尽力赔偿,即便未达成和解,也可以适用速裁程序。考虑认定被告人"积极尽力赔偿",实践中不好把握,而且我国被害人救助制度还有待不断完善,如果被告人赔偿不到位,被害人救助也未落实,被害人权益几无保障,故对未达成和解、调解的案件排除适用速裁程序。同时需要明确,此类案件仍有可能适用认罪认罚从宽制度,但要适用简易程序或者普通程序审理。另需说明的是,因被害方无法查找、未提起附带民事诉讼而未达成和解、调解协议的,不属于本条规定的排除情形,不影响速裁程序适用。

关于速裁程序的启动。速裁程序是审判程序,适用的决定权在人民法院,人民检察院有建议权。刑事诉讼法第222条第2款规定,人民检察院在提起公诉的时候,可以建议人民法院适用速裁程序。人民检察院在提起公诉前,经审查,认为被告人符合本条第1款规定条件的,在提起公诉时,可以建议人民法院对提起公诉的案件适用速裁程序进行审理。对于最终是否适用速裁程序,由人民法院根据案件和被告人意见作出决定。检察机关没有提出建议,人民法院经审查认为可以适用速裁程序的,在征得被告人同意后,也可决定适用速裁程序。

关于省略法庭调查辩论。适用速裁程序审理案件,不进行法庭调查、法庭辩论,是指人民法院可以根据审理案件的实际需要,不进行法庭调查、法庭辩论。需要注意的是,这是授权性规定,根据实际审理需要,一般不进行法庭调查辩论,当然必要时也可以进行。对被告人认罪认罚的自愿性、真实性,对拟判处非监禁刑被告人的人身危险性,对被告人的法庭教育,应当在庭审中查清说明,发挥庭审的应有功能。有意见认为,速裁程序简化庭审,省略法庭调查、法庭辩论,有悖以审判为中心刑事诉讼制度改革精神。课题组认为,速裁程序不仅符合以审判为中心改革精神,而且是推进改革的重要举措。以审判为中心,就是要发挥庭审应有的功能和作用,推进庭审实质化。诉讼的主要目的在于解决争议,法庭审理的功能主要在于查明事实、解决争议。对于认罪认罚案件,定罪量刑均无争议,应当尽量简化庭审,避免繁冗流于形式。疑难复杂案件的庭审过于简略,这是一种“走过场”,而简单轻微案件的庭审过于烦琐,则是另一种意义上的“走过场”,关键还是要区分案件,区别对待。

关于速裁程序和简易程序的关系。简易程序是以认罪为程序分流点,速裁程序是以认罪、认罚为程序分流点,是对认罪案件分流处理的层次化、精细化改造,在简易程序基础上,将认罪并且认罚的案件分流出来,进一步简化诉讼程序,是简易程序的再简化。具体讲,主要区别如下:一是适用范围不同,此毋庸赘言。二是适用条件不同。适用速裁程序的案件,不仅要求被告人认罪,而且还要认罚,适用法律无争议,才可适用速裁程序。简易程序仅要求被告人认罪,无论适用法律是否存在争议,均可适用简易程序。三是诉讼程序不同。速裁程序比简易程序更为简略,体现在4个方面。其一,省略法庭调查、法庭辩论环节。其二,送达期限不受刑事诉讼法规定的限制。根据刑事诉讼法及相关司法解释,人民法院适用简易程序审理刑事案件,开庭通知应当提前3日进行。速裁程序对开庭通知时间不作限制,法院应当提前将开庭的时间、地点通知人民检察院、被告人、辩护人,但无须提前3日。其三,适当缩短办案期限。根据刑事诉讼法相关规定,人民检察院审查起诉的期限为1个月,简易程序案件人民法院审理期限为20日,对可能判处的有期徒刑超过3年的,可以延长至一个半月,与普通程序案件无异。而速裁案件人民检察院审查起诉的期限为10日,最长不超过15日;人民法院审理期限为10日,最长不超过15日。其四,适用简易程序的案件,按相关司法解释,庭前要当面询问被告人对指控犯罪事实及适用简易程序的意见,而适用速裁程序的案件,被告人签署认罪认罚具结书,明确同意适用速裁程序,庭前法官仅进行书面审查,无须再讯问被告人听取意见,这样就为“一步到庭”创造了条件。如天津法院试点探索“直接到庭”的速裁模式,法官收到案件后,先阅卷,符合速裁程序适用条件的,直接排期、电话通知,开庭当天将被告人传唤或提押到庭后送达起诉书,然后直接开庭、当庭宣判。

关于速裁案件二审程序。速裁程序试点中,被告人上诉率很低,仅为2%左右,且相当一部分被告人对判决本身并无意见,只是为了留所服刑或者拖延判决生效时间而提出上诉,给审判工作带来被动。课题组认为,速裁案件事实证据、法律适用均无争议,通过法律帮助、告知权利、书面具结、当庭询问、最后陈述等途径,已充分保障了被告人选择程序、发表意见、参与诉讼的权利,因此,二审应以不开庭审理为原则。原判认定事实和适用法律正确、量刑适当的,应当裁定驳回上诉,维持原判;原判认定事实没有错误,但适用法律有错误,或者量刑不当的,应当改判;原判事实不清或者证据不足的,应当裁定撤销原判,发回原审人民法院适用普通程序重新审判。二审在判断原判是否属于事实不清、证据不足时,可以重点审查被告人一审时认罪认罚的自愿性、真实性、合法性,以及二审时是否出现新的影响定罪量刑的事实、证据等问题。因速裁程序审理的特殊性,二审发回重审不应作为考核一审法院的指标。

五、关于自愿性审查

《决定》在刑事诉讼法第3编第2章第1节公诉案件开庭程序一条中增加了第2款:“被告人认罪认罚的,审判长应当告知被告人享有的诉讼权利和认罪认罚的法律后果,审查认罪认罚的自愿性和认罪认罚具结书内容的真实性、合法性。”强化认罪认罚自愿性审查,是认罪认罚从宽制度有效运行的关键,也是以往程序中没有专门涉及的环节。不论是普通程序、简易程序还是速裁程序,对认罪认罚案件,庭审的对象重点和功能定位,都要作相应调整,庭审时要重点对认罪认罚的自愿性和认罪认罚具结书内容的真实性、合法性进行审查核实。前期试点中,一些地方法院针对认罪认罚案件的特点,并参考国外认罪答辩程序的有益经验,探索在庭审中从知悉性、自愿性、事实基础等方面加强认罪认罚自愿性审查。

关于知悉性审查。保障被告人的知情权,确保其知悉自己享有的诉讼权利和认罪认罚的法律后果,是被告人自愿、稳定认罪认罚的前提基础。实践中,有的被告人存在模糊认识,草率认罪认罚、签署具结书后又反悔,影响认罪认罚从宽制度的适用和效果。主要通过以下方式保障被告人的知情权:一是公安机关、检察机关告知;二是辩护人或者值班律师咨询;三是人民法院开庭时告知。开展知悉性审查,除了开庭时告知诉讼权利和法律后果外,还可围绕被告人知情权是否得以保障,法定告知主体是否履行告知义务、提供法律咨询来进行审查;除了当庭询问核实,也可审查相关诉讼文书,如诉讼权利告知书、提供法律帮助通知书,等等。

关于自愿性审查,即狭义上的自愿性审查,审查被告人作出认罪认罚是否受到利诱、威胁或者强制,确保认罪认罚的自愿性,防止无辜者被迫认罪、受到错误追究。实践中,可通过庭前阅卷和当庭核实,审查被告人认罪认罚、签署具结书是否出于自己的意愿,是否受到人身伤害、暴力威胁或者精神强制。要注意审查认罪认罚具结书是否有辩护人或者值班律师在场见证签署。根据刑事诉讼法第174条的规定,犯罪嫌疑人认罪认罚的,应当在辩护人或者值班律师在场的情况下签署认罪认罚具结书,保障犯罪嫌疑人自愿认罪认罚、签署具结书,这是审查认罪认罚自愿性和具结书形式真实性、合法性的重要方面。

关于事实基础审查。这是认罪认罚从宽制度准确适用的关键,是审查认罪认罚具结书内容真实性、合法性的重要方式。通过事实基础审查,确保被告人认罪认罚具有事实基础。缺乏事实基础的认罪认罚,可分为两类:一是缺乏定罪事实基础的认罪,如被告人被迫认罪、代人顶罪、冒名顶替等;二是缺乏量刑事实基础的认罚,如被告人接受检察机关明显不当的量刑建议。对于认罪认罚案件,人民法院应当全面审查案卷材料,严格审查涉及定罪、量刑的关键事实和证据,确保被告人认罪认罚具有事实基础。如果事实基础存疑,可能存在被告人不构成犯罪、违背意愿认罪认罚等情形,应当适用普通程序进行审理,核查清楚后依法作出判决。不能因为被告人认罪认罚,就放松对事实证据、定罪量刑的审查把关。

六、关于量刑建议审查

强化认罪认罚的法律途径和法律效果,是认罪认罚从宽制度改革的重要内容,而规范检察机关量刑建议工作机制,则是强化认罪认罚法律效果的重要保障。《决定》在刑事诉讼法第176条中增加1款:"犯罪嫌疑人认罪认罚的,人民检察院应当就主刑、附加刑、是否适用缓刑等提出量刑建议,并随案移送认罪认罚具结书等材料。"并增加第201条规定:"对于认罪认罚案件,人民法院依法作出判决时,一般应当采纳人民检察院指控的罪名和量刑建议,但有下列情形的除外:(一)被告人的行为不构成犯罪或者不应当追究其刑事责任的;(二)被告人违背意愿认罪认罚的;(三)被告人否认指控的犯罪事实的;(四)诉指控的罪名与审理认定的罪名不一致的;(五)其他可能影响公正审判的情形。人民法院经审理认为量刑建议明显不当,或者被告人、辩护人对量刑建议提出异议的,人民检察院可以调整量刑建议。人民检察院不调整量刑建议或者调整量刑建议后仍然明显不当的,人民法院应当依法作出判决。"

关于量刑建议的范围和形式。量刑建议是人民检察院对提起公诉的被告人,依法就其适用的刑罚种类、幅度及执行方式等向人民法院提出的建议。量刑建议与犯罪指控一样,都是公诉权的有机组成部分,是人民检察院依法履行公诉职能的重要途径。2012年最高人民法院《关于适用〈中华人民共和国刑事诉讼法〉的解释》(以下简称《解释》)、《人民检察院刑事诉讼规则》(以下简称《规则》)均对量刑建议作了原则性规定,明确人民检察院可以向人民法院提出量刑建议。对于量刑建议的形式,《解释》要求量刑建议一般应当具有一定的幅度,即"幅度刑"建议,《规则》要求量刑建议可以具有一定的幅度,也可以提出具体确定的建议,即"确定刑"建议。这两个规定总体上是统一的,量刑建议一般应有一定幅度,特殊情况也可以提出具体确定的量刑建议。

认罪认罚从宽制度试点时,进一步明确了量刑建议的范围和形式。考虑认罪认罚案件的特点,要求量刑建议一般应当包括主刑、附加刑,并明确刑罚执行方式,即是否适用缓刑;可以提出相对明确的量刑幅度,也可以根据案件具体情况,提出确定刑期的量刑建议。刑罚执行方式是量刑重要内容,提前明确量刑意见,方便案件后续处理,及时启动社会调查评估,为法院适用缓刑提供重要参考。试点中,有些地方对量刑建议形式存在不同认识,有的检察机关更倾向对轻罪案件提出确定量刑建议,也有的认为提出确定量刑建议有难度,更倾向提出幅度量刑建议。

《决定》采纳试点做法,明确犯罪嫌疑人认罪认罚的,检察机关应当就主刑、附加刑、是否适用缓刑等提出量刑建议。检察机关提出量刑建议,是办理认罪认罚案件的必经环节。对于量刑建议的形式,课题组认为,应当根据案件具体情况确定,可以是确定刑,也可为幅度刑,还可附条件,如区分达成和解与未达成和解、预缴罚金与未缴纳罚金等情形,这样既符合量刑规律,又方便灵活把握,更好地适应实践需要。要求轻罪案件原则上应当提出确定刑期的量刑建议,不符合司法实际。许多罪名尚未有量刑指导意见,即便有量刑指导意见的案件,还允许存在一定幅度的裁量权。对有量刑指导意见、量刑标准相对成熟的轻罪案件,有把握的可以提出确定量刑建议,其他案件最好提出幅度量刑建议。当然,幅度也不宜过大。需要指出的是,根据《规则》第400条的规定,检察机关提出量刑建议,应当说明依据和理由,利于促成被告人认罪认罚,也方便法院审查。

关于量刑建议的审查采纳标准。《决定》强化了检察机关量刑建议的法律效果,明确了人民法院对认罪认罚案件的裁判原则。对于认罪认罚案件,人民法院依法作出判决时,一般应当采纳人民检察院指控的罪名和量刑建议,但有可能影响公正审判的除外;量刑建议明显不当的,可以建议调整,或者依法作出判决。需要指出的是,办理认罪认罚案件,公检法之间的相互制约关系没有变化,裁判权仍是人民法院的法定职权。定罪量刑是审判权的核心内容,检察机关提出建议,由人民法院依法判决。要充分发挥审判特别是庭审对侦查、公诉活动的把关、制约作用,对起诉指控的事实清楚、罪名准确、量刑建议适当的案件,应当采纳起诉指控和量刑建议作出有罪判决。对于被告人不构成犯罪或者不应当追究刑事责任、违背意愿认罪认罚、否认指控犯罪事实,以及其他可能影响公正审判的情形,人民法院应当依法作出判决;对量刑建议明显不当的,或者被告人、辩护人对量刑建议提出异议的,可以建议检察机关调整,或者直接依法作出判决,但在判决前应当听取控辩双方意见,保障被告人及其辩护人充分行使辩护权。

七、关于值班律师

有辩护人或者值班律师参与,是认罪认罚案件的必备条件,是确保认罪认罚自愿性的重要保障,也是确保程序正当性的关键所在。实践中,一些犯罪嫌疑人、被告人往往不具备法律常识,对案件及认罪认罚的实体和程序后果难有客观准确的理解和把握,更需要律师提供专业的法律帮助。为保障犯罪嫌疑人、被告人权益,从2014年速裁程序试点开始,法律援助机构在试点地区看守所、人民法院派驻值班律师,为没有辩护人的犯罪嫌疑人、被告人提供法律帮助,确保其知悉诉讼权利、自愿认罪认罚。2017年,最高人民法院、司法部联合印发《关于开展刑事案件律师辩护全覆盖试点工作的办法》,在北京等8个省市试点普通程序辩护律师全覆盖、简易速裁程序值班律师全覆盖。同年,"两高"会同公安部、国家安全部、司法部出台《关于开展法律援助值班律师工作的意见》(以下简称《意见》),对值班律师工作职责、监督管理作了规定。

此次刑事诉讼法修改,在总结试点经验基础上,增加了值班律师的规定:"法律援助机构可以在人民法院、看守所等场所派驻值班律师。犯罪嫌疑人、被告人没有委托辩护人,法律援助机构没有指派律师为其提供辩护的,由值班律师为犯罪嫌疑人、被告人提供法律咨询、程序选择建议、申请变更强制措施、对案件处理提出意见等法律帮助。"进一步扩大值班律师覆盖面,从认罪认罚案件扩大至所有刑事案件,并细化明确了值班律师的职责定位。

关于值班律师的职责定位。从刑事诉讼法规定和此前试点把握看,值班律师不同于辩护律师,其职责是为犯罪嫌疑人、被告人提供"法律帮助",而非提供"辩护",是一种新型的法律援助服务。根据刑事诉讼法及《意见》规定,值班律师的主要职责包括:一是即时解答法律咨询,为犯罪嫌疑人、被告人提供法律咨询,帮其了解有关法律规定,向其解释有关法律问题。具体到认罪认罚案件,就是告知、释明相关法律规定,包括犯罪嫌疑人、被告人享有的诉讼权利和认罪认罚的法律后果、诉讼程序等。二是提供程序性法律帮助,包括为犯罪嫌疑人、被告人申请变更强制措施,为其选择适用程序提供建议,引导犯罪嫌疑人、被告人申请法律援助,对刑讯逼供、非法取证情形代理申诉控告等。对于认罪认罚案件,犯罪嫌疑人签署认罪认罚具结书时应当有值班律师在场。三是提供实体性法律帮助,在认罪认罚案件中,主要指对犯罪嫌疑人涉嫌的犯罪事实、罪名和检察机关从宽处罚建议等提出意见。

关于值班律师的权利。对于值班律师是否有权阅卷和会见在押的犯罪嫌疑人、被告人,存在不同意见。一种意见认为,阅卷和会见是值班律师履职的需要,应当予以保障。特别是值班律师要对案件处理提意见,不了解案件情况,无法提出专业意见。一种意见认为,值班律师不是辩护人,其提供的是初步、低限度服务,服务对象全覆盖,一律赋予阅卷权和会见权,既不现实也无必要,考虑到值班律师法律服务的多样性,应区分情况进行规定。《决定》基本采纳了第2种意见,未明确值班律师有权阅卷和会见在押的犯罪嫌疑人、被告人,但根据值班律师履职内容和实际需要,对其权利作了灵活规定。一是在刑事诉讼法第173条第3款中规定,人民检察院就犯罪嫌疑人涉嫌犯罪事实、罪名和从宽处罚建议等听取值班律师意见的,应当提前为值班律师了解案件有关情况提供必要的便利。二是在刑事诉讼法第36条第2款中规定,犯罪嫌疑人、被告人有权约见值班律师,人民法院、人民检察院、看守所应当为犯罪嫌疑人、被告人约见值班律师提供便利。依犯罪嫌疑人、被告人申请,值班律师可以会见犯罪嫌疑人、被告人,符合其职责定位,也能满足履职需要。

关于值班律师转任辩护人。值班律师法律帮助是一种新型的法律援助服务,拓宽了法律援助的渠道和形式。对没有委托辩护人的犯罪嫌疑人、被告人,符合应当指派辩护条件的,由法律援助机构指派律师为其提供辩护;不符合应当指派辩护条件的,指派值班律师为犯罪嫌疑人、被告人提供法律帮助。这是当前律师资源有限、分布不平衡等现实条件下,实现法律援助全覆盖的合理选择。从试点情况看,值班律师为试点顺利开展提供了重要保障,但实施中也遇到一些问题和困难。如值班律师往往不跟案、多为值班制,不同诉讼阶段由不同律师担任,无法参与案件诉讼全程,工作缺乏连续性,实质参与度不够,发挥作用有限。针对这些问题,一些律师资源相对充足的地方,如北京、杭州、福州等地,探索值班律师转任辩护人机制,对可能判处3年有期徒刑以上刑罚的认罪认罚案件,协调指派值班律师出庭辩护,取得了良好效果。考虑认罪认罚案件的特殊性,课题组认为,对于有条件的地方,在刑事诉讼法框架基础上,可以探索值班律师转任辩护人机制,简单轻罪案件指派值班律师提供法律帮助,复杂重罪案件可以指派值班律师转任辩护人,提供辩护服务,提升法律援助的针对性和实效性。

八、关于被害人参与

适用认罪认罚从宽制度,要注意维护被害人的合法权益。试点中明确要求,办理认罪认罚案件,应当听取被害人及其代理人意见,并将犯罪嫌疑人、被告人是否与被害人达成和解协议或者赔偿被害人损失,取得被害人谅解,作为量刑的重要考虑因素。一方面,保障了被害人的有效参与;另一方面,能激励犯罪嫌疑人、被告人尽力退赃退赔、赔礼道歉,有效保护被害人权益。据统计,试点审结的侵犯公民人身权利、民主权利犯罪案件中,当事人达成和解调解的占32.9%,被告人积极赔偿但未达成和解调解的占2.8%;附带民事原告人上诉率不足0.01%。

要正确处理赔偿和解与从宽处罚的关系。赔偿损失、达成和解是量刑重要因素，特别是对民间矛盾激化引发的案件，量刑时一般要予以充分考虑。被告人对检察机关指控犯罪事实及量刑建议没有异议，但未能退赃退赔、赔偿损失的，虽然也有可能构成认罪认罚，但从宽幅度要与取得谅解、达成和解的案件适当区别。当然也要注意具体情况具体分析，不能将赔偿与从宽完全等同起来，特别是对严重破坏社会治安犯罪，不能仅仅因为赔偿被害人损失，就一律给予从宽处罚；也不能仅仅因为被告人没有取得谅解，特别是因被害人漫天要价未达成和解的，就排除适用认罪认罚从宽制度。基于此，《试点办法》规定赔偿和解是量刑的重要考虑因素，是酌定情节，而非认罪认罚从宽的前提条件。被告人真诚悔罪认罚，接受量刑建议，有赔偿意愿，但无赔偿能力，不影响适用认罪认罚从宽制度，可对其酌情从宽处罚。被告人认罪认罚，符合形式要件，也有赔偿能力，但拒不赔偿的，实无悔罪表现，一般不宜从宽处罚。

4. 最高人民法院、最高人民检察院、公安部、国家安全部、司法部《关于适用认罪认罚从宽制度的指导意见》(高检发〔2019〕13号)

适用认罪认罚从宽制度，对准确及时惩罚犯罪、强化人权司法保障、推动刑事案件繁简分流、节约司法资源、化解社会矛盾、推动国家治理体系和治理能力现代化，具有重要意义。为贯彻落实修改后刑事诉讼法，确保认罪认罚从宽制度正确有效实施，根据法律和有关规定，结合司法工作实际，制定本意见。

一、基本原则

1. 贯彻宽严相济刑事政策。落实认罪认罚从宽制度，应当根据犯罪的具体情况，区分案件性质、情节和对社会的危害程度，实行区别对待，做到该宽则宽，当严则严，宽严相济，罚当其罪。对可能判处3年有期徒刑以下刑罚的认罪认罚案件，要尽量依法从简从快从宽办理，探索相适应的处理原则和办案方式；对因民间矛盾引发的犯罪，犯罪嫌疑人、被告人自愿认罪、真诚悔罪并取得谅解、达成和解、尚未严重影响人民群众安全感的，要积极适用认罪认罚从宽制度，特别是对其中社会危害不大的初犯、偶犯、过失犯、未成年犯，一般应当体现从宽；对严重危害国家安全、公共安全犯罪，严重暴力犯罪，以及社会普遍关注的重大敏感案件，应当慎重把握从宽，避免案件处理明显违背人民群众的公平正义观念。

2. 坚持罪责刑相适应原则。办理认罪认罚案件，既要考虑体现认罪认罚从宽，又要考虑其所犯罪行的轻重、应负刑事责任和人身危险性的大小，依照法律规定提出量刑建议，准确裁量刑罚，确保罚当其罪，避免罪刑失衡。特别是对于共同犯罪案件，主犯认罪认罚，从犯不认罪认罚的，人民法院、人民检察院应当注意两者之间的量刑平衡，防止因量刑失当严重偏离一般的司法认知。

3. 坚持证据裁判原则。办理认罪认罚案件，应当以事实为根据，以法律为准绳，严格按照证据裁判要求，全面收集、固定、审查和认定证据。坚持法定证明标准，侦查终结、提起公诉、作出有罪裁判应当做到犯罪事实清楚，证据确实、充分，防止因犯罪嫌疑人、被告人认罪而降低证据要求和证明标准。对犯罪嫌疑人、被告人认罪认罚，但证据不足，不能认定其有罪的，依法作出撤销案件、不起诉决定或者宣告无罪。

4. 坚持公、检、法三机关配合制约原则。办理认罪认罚案件，公、检、法三机关应当分工负责、互相配合、互相制约，保证犯罪嫌疑人、被告人自愿认罪认罚，依法推进从宽落实。要严格执法、公正司法，强化对自身执法司法办案活动的监督，防止产生"权权交易"、"权钱交易"等司法腐败问题。

二、适用范围和适用条件

5. 适用阶段和适用案件范围。认罪认罚从宽制度贯穿刑事诉讼全过程，适用于侦查、起诉、审判各个阶段。

认罪认罚从宽制度没有适用罪名和可能判处刑罚的限定,所有刑事案件都可以适用,不能因罪轻、罪重或者罪名特殊等原因而剥夺犯罪嫌疑人、被告人自愿认罪认罚获得从宽处理的机会。但"可以"适用不是一律适用,犯罪嫌疑人、被告人认罪认罚后是否从宽,由司法机关根据案件具体情况决定。

6."认罪"的把握。认罪认罚从宽制度中的"认罪",是指犯罪嫌疑人、被告人自愿如实供述自己的罪行,对指控的犯罪事实没有异议。承认指控的主要犯罪事实,仅对个别事实情节提出异议,或者虽然对行为性质提出辩解但表示接受司法机关认定意见的,不影响"认罪"的认定。犯罪嫌疑人、被告人犯数罪,仅如实供述其中一罪或部分罪名事实的,全案不作"认罪"的认定,不适用认罪认罚从宽制度,但对如实供述的部分,人民检察院可以提出从宽处罚的建议,人民法院可以从宽处罚。

7."认罚"的把握。认罪认罚从宽制度中的"认罚",是指犯罪嫌疑人、被告人真诚悔罪,愿意接受处罚。"认罚",在侦查阶段表现为表示愿意接受处罚;在审查起诉阶段表现为接受人民检察院拟作出的起诉或不起诉决定,认可人民检察院的量刑建议,签署认罪认罚具结书;在审判阶段表现为当庭确认自愿签署具结书,愿意接受刑罚处罚。

"认罚"考察的重点是犯罪嫌疑人、被告人的悔罪态度和悔罪表现,应当结合退赃退赔、赔偿损失、赔礼道歉等因素来考量。犯罪嫌疑人、被告人虽然表示"认罚",却暗中串供、干扰证人作证、毁灭、伪造证据或者隐匿、转移财产,有赔偿能力而不赔偿损失,则不能适用认罪认罚从宽制度。犯罪嫌疑人、被告人享有程序选择权,不同意适用速裁程序、简易程序的,不影响"认罚"的认定。

三、认罪认罚后"从宽"的把握

8."从宽"的理解。从宽处理既包括实体上从宽处罚,也包括程序上从简处理。"可以从宽",是指一般应当体现法律规定和政策精神,予以从宽处理。但可以从宽不是一律从宽,对犯罪性质和危害后果特别严重、犯罪手段特别残忍、社会影响特别恶劣的犯罪嫌疑人、被告人,认罪认罚不足以从轻处罚的,依法不予从宽处罚。

办理认罪认罚案件,应当依照刑法、刑事诉讼法的基本原则,根据犯罪的事实、性质、情节和对社会的危害程度,结合法定、酌定的量刑情节,综合考虑认罪认罚的具体情况,依法决定是否从宽、如何从宽。对于减轻、免除处罚,应当于法有据;不具备减轻处罚情节的,应当在法定幅度以内提出从轻处罚的量刑建议和量刑;对其中犯罪情节轻微不需要判处刑罚的,可以依法作出不起诉决定或者判决免予刑事处罚。

9.从宽幅度的把握。办理认罪认罚案件,应当区别认罪认罚的不同诉讼阶段、对查明案件事实的价值和意义、是否确有悔罪表现,以及罪行严重程度等,综合考量确定从宽的限度和幅度。在刑罚评价上,主动认罪优于被动认罪,早认罪优于晚认罪,彻底认罪优于不彻底认罪,稳定认罪优于不稳定认罪。

认罪认罚的从宽幅度一般应当大于仅有坦白,或者虽认罪但不认罚的从宽幅度。对犯罪嫌疑人、被告人具有自首、坦白情节,同时认罪认罚的,应当在法定刑幅度内给予相对更大的从宽幅度。认罪认罚与自首、坦白不作重复评价。

对罪行较轻、人身危险性较小的,特别是初犯、偶犯,从宽幅度可以大一些;罪行较重、人身危险性较大的,以及累犯、再犯,从宽幅度应当从严把握。

四、犯罪嫌疑人、被告人辩护权保障

10.获得法律帮助权。人民法院、人民检察院、公安机关办理认罪认罚案件,应当保障犯罪嫌疑人、被告人获得有效法律帮助,确保其了解认罪认罚的性质和法律后果,自愿认罪认罚。

犯罪嫌疑人、被告人自愿认罪认罚，没有辩护人的，人民法院、人民检察院、公安机关(看守所)应当通知值班律师为其提供法律咨询、程序选择建议、申请变更强制措施等法律帮助。符合通知辩护条件的，应当依法通知法律援助机构指派律师为其提供辩护。

人民法院、人民检察院、公安机关(看守所)应当告知犯罪嫌疑人、被告人有权约见值班律师，获得法律帮助，并为其约见值班律师提供便利。犯罪嫌疑人、被告人及其近亲属提出法律帮助请求的，人民法院、人民检察院、公安机关(看守所)应当通知值班律师为其提供法律帮助。

11. 派驻值班律师。法律援助机构可以在人民法院、人民检察院、看守所派驻值班律师。人民法院、人民检察院、看守所应当为派驻值班律师提供必要办公场所和设施。

法律援助机构应当根据人民法院、人民检察院、看守所的法律帮助需求和当地法律服务资源，合理安排值班律师。值班律师可以定期值班或轮流值班，律师资源短缺的地区可以通过探索现场值班和电话、网络值班相结合，在人民法院、人民检察院毗邻设置联合工作站，省内和市内统筹调配律师资源，以及建立政府购买值班律师服务机制等方式，保障法律援助值班律师工作有序开展。

12. 值班律师的职责。值班律师应当维护犯罪嫌疑人、被告人的合法权益，确保犯罪嫌疑人、被告人在充分了解认罪认罚性质和法律后果的情况下，自愿认罪认罚。值班律师应当为认罪认罚的犯罪嫌疑人、被告人提供下列法律帮助：

(一)提供法律咨询，包括告知涉嫌或指控的罪名、相关法律规定，认罪认罚的性质和法律后果等；(二)提出程序适用的建议；(三)帮助申请变更强制措施；(四)对人民检察院认定罪名、量刑建议提出意见；(五)就案件处理，向人民法院、人民检察院、公安机关提出意见；(六)引导、帮助犯罪嫌疑人、被告人及其近亲属申请法律援助；(七)法律法规规定的其他事项。

值班律师可以会见犯罪嫌疑人、被告人，看守所应当为值班律师会见提供便利。危害国家安全犯罪、恐怖活动犯罪案件，侦查期间值班律师会见在押犯罪嫌疑人的，应当经侦查机关许可。自人民检察院对案件审查起诉之日起，值班律师可以查阅案卷材料、了解案情。人民法院、人民检察院应当为值班律师查阅案卷材料提供便利。

值班律师提供法律咨询、查阅案卷材料、会见犯罪嫌疑人或者被告人、提出书面意见等法律帮助活动的相关情况应当记录在案，并随案移送。

13. 法律帮助的衔接。对于被羁押的犯罪嫌疑人、被告人，在不同诉讼阶段，可以由派驻看守所的同一值班律师提供法律帮助。对于未被羁押的犯罪嫌疑人、被告人，前一诉讼阶段的值班律师可以在后续诉讼阶段继续为犯罪嫌疑人、被告人提供法律帮助。

14. 拒绝法律帮助的处理。犯罪嫌疑人、被告人自愿认罪认罚，没有委托辩护人，拒绝值班律师帮助的，人民法院、人民检察院、公安机关应当允许，记录在案并随案移送。但是审查起诉阶段签署认罪认罚具结书时，人民检察院应当通知值班律师到场。

15. 辩护人职责。认罪认罚案件犯罪嫌疑人、被告人委托辩护人或者法律援助机构指派律师为其辩护的，辩护律师在侦查、审查起诉和审判阶段，应当与犯罪嫌疑人、被告人就是否认罪认罚进行沟通，提供法律咨询和帮助，并就定罪量刑、诉讼程序适用等向办案机关提出意见。

五、被害方权益保障

16. 听取意见。办理认罪认罚案件，应当听取被害人及其诉讼代理人的意见，并将犯罪嫌疑人、被告人是否与被害方达成和解协议、调解协议或者赔偿被害方损失，取得被害方谅解，作为从宽处罚的重要考虑因素。人民检察院、公安机关听取意见情况应当记录在案并随案移送。

17. 促进和解谅解。对符合当事人和解程序适用条件的公诉案件，犯罪嫌疑人、被告人认罪认罚的,人民法院、人民检察院、公安机关应当积极促进当事人自愿达成和解。对其他认罪认罚案件,人民法院、人民检察院、公安机关可以促进犯罪嫌疑人、被告人通过向被害方赔偿损失、赔礼道歉等方式获得谅解,被害方出具的谅解意见应当随案移送。

人民法院、人民检察院、公安机关在促进当事人和解谅解过程中,应当向被害方释明认罪认罚从宽、公诉案件当事人和解适用程序等具体法律规定,充分听取被害方意见,符合司法救助条件的,应当积极协调办理。

18. 被害方异议的处理。被害人及其诉讼代理人不同意对认罪认罚的犯罪嫌疑人、被告人从宽处理的,不影响认罪认罚从宽制度的适用。犯罪嫌疑人、被告人认罪认罚,但没有退赃退赔、赔偿损失,未能与被害方达成调解或者和解协议的,从宽时应当予以酌减。犯罪嫌疑人、被告人自愿认罪并且愿意积极赔偿损失,但由于被害方赔偿请求明显不合理,未能达成调解或者和解协议的,一般不影响对犯罪嫌疑人、被告人从宽处理。

六、强制措施的适用

19. 社会危险性评估。人民法院、人民检察院、公安机关应当将犯罪嫌疑人、被告人认罪认罚作为其是否具有社会危险性的重要考虑因素。对于罪行较轻、采用非羁押性强制措施足以防止发生刑事诉讼法第 81 条第 1 款规定的社会危险性的犯罪嫌疑人、被告人,根据犯罪性质及可能判处的刑罚,依法可不适用羁押性强制措施。

20. 逮捕的适用。犯罪嫌疑人认罪认罚,公安机关认为罪行较轻、没有社会危险性的,应当不再提请人民检察院审查逮捕。对提请逮捕的,人民检察院认为没有社会危险性不需要逮捕的,应当作出不批准逮捕的决定。

21. 逮捕的变更。已经逮捕的犯罪嫌疑人、被告人认罪认罚的,人民法院、人民检察院应当及时审查羁押的必要性,经审查认为没有继续羁押必要的,应当变更为取保候审或者监视居住。

七、侦查机关的职责

22. 权利告知和听取意见。公安机关在侦查过程中,应当告知犯罪嫌疑人享有的诉讼权利、如实供述罪行可以从宽处理和认罪认罚的法律规定,听取犯罪嫌疑人及其辩护人或者值班律师的意见,记录在案并随案移送。

对在非讯问时间、办案人员不在场情况下,犯罪嫌疑人向看守所工作人员或者辩护人、值班律师表示愿意认罪认罚的,有关人员应当及时告知办案单位。

23. 认罪教育。公安机关在侦查阶段应当同步开展认罪教育工作,但不得强迫犯罪嫌疑人认罪,不得作出具体的从宽承诺。犯罪嫌疑人自愿认罪,愿意接受司法机关处罚的,应当记录在案并附卷。

24. 起诉意见。对移送审查起诉的案件,公安机关应当在起诉意见书中写明犯罪嫌疑人自愿认罪认罚情况。认为案件符合速裁程序适用条件的,可以在起诉意见书中建议人民检察院适用速裁程序办理,并简要说明理由。

对可能适用速裁程序的案件,公安机关应当快速办理,对犯罪嫌疑人未被羁押的,可以集中移送审查起诉,但不得为集中移送拖延案件办理。

对人民检察院在审查逮捕期间或者重大案件听取意见中提出的开展认罪认罚工作的意见或建议,公安机关应当认真听取,积极开展相关工作。

25. 执法办案管理中心建设。加快推进公安机关执法办案管理中心建设,探索在执法办案管理中心设置速裁法庭,对适用速裁程序的案件进行快速办理。

八、审查起诉阶段人民检察院的职责

26. 权利告知。案件移送审查起诉后,人民检察院应当告知犯罪嫌疑人享有的诉讼权利和认罪认罚的法律规定,保障犯罪嫌疑人的程序选择权。告知应当采取书面形式,必要时应当充分释明。

27. 听取意见。犯罪嫌疑人认罪认罚的,人民检察院应当就下列事项听取犯罪嫌疑人、辩护人或者值班律师的意见,记录在案并附卷:

(一)涉嫌的犯罪事实、罪名及适用的法律规定;(二)从轻、减轻或者免除处罚等从宽处罚的建议;(三)认罪认罚后案件审理适用的程序;(四)其他需要听取意见的情形。

人民检察院未采纳辩护人、值班律师意见的,应当说明理由。

28. 自愿性、合法性审查。对侦查阶段认罪认罚的案件,人民检察院应当重点审查以下内容:

(一)犯罪嫌疑人是否自愿认罪认罚,有无因受到暴力、威胁、引诱而违背意愿认罪认罚;(二)犯罪嫌疑人认罪认罚时的认知能力和精神状态是否正常;(三)犯罪嫌疑人是否理解认罪认罚的性质和可能导致的法律后果;(四)侦查机关是否告知犯罪嫌疑人享有的诉讼权利,如实供述自己罪行可以从宽处理和认罪认罚的法律规定,并听取意见;(五)起诉意见书中是否写明犯罪嫌疑人认罪认罚情况;(六)犯罪嫌疑人是否真诚悔罪,是否向被害人赔礼道歉。

经审查,犯罪嫌疑人违背意愿认罪认罚的,人民检察院可以重新开展认罪认罚工作。存在刑讯逼供等非法取证行为的,依照法律规定处理。

29. 证据开示。人民检察院可以针对案件具体情况,探索证据开示制度,保障犯罪嫌疑人的知情权和认罪认罚的真实性及自愿性。

30. 不起诉的适用。完善起诉裁量权,充分发挥不起诉的审前分流和过滤作用,逐步扩大相对不起诉在认罪认罚案件中的适用。对认罪认罚后没有争议,不需要判处刑罚的轻微刑事案件,人民检察院可以依法作出不起诉决定。人民检察院应当加强对案件量刑的预判,对其中可能判处免刑的轻微刑事案件,可以依法作出不起诉决定。

对认罪认罚后案件事实不清、证据不足的案件,应当依法作出不起诉决定。

31. 签署具结书。犯罪嫌疑人自愿认罪,同意量刑建议和程序适用的,应当在辩护人或者值班律师在场的情况下签署认罪认罚具结书。犯罪嫌疑人被羁押的,看守所应当为签署具结书提供场所。具结书应当包括犯罪嫌疑人如实供述罪行、同意量刑建议、程序适用等内容,由犯罪嫌疑人、辩护人或者值班律师签名。

犯罪嫌疑人认罪认罚,有下列情形之一的,不需要签署认罪认罚具结书:

(一)犯罪嫌疑人是盲、聋、哑人,或者是尚未完全丧失辨认或者控制自己行为能力的精神病人的;(二)未成年犯罪嫌疑人的法定代理人、辩护人对未成年人认罪认罚有异议的;(三)其他不需要签署认罪认罚具结书的情形。

上述情形犯罪嫌疑人未签署认罪认罚具结书的,不影响认罪认罚从宽制度的适用。

32. 提起公诉。人民检察院向人民法院提起公诉的,应当在起诉书中写明被告人认罪认罚情况,提出量刑建议,并移送认罪认罚具结书等材料。量刑建议书可以另行制作,也可以在起诉书中写明。

33. 量刑建议的提出。犯罪嫌疑人认罪认罚的,人民检察院应当就主刑、附加刑、是否适用缓刑等提出量刑建议。人民检察院提出量刑建议前,应当充分听取犯罪嫌疑人、辩护人或者值班律师的意见,尽量协商一致。

办理认罪认罚案件,人民检察院一般应当提出确定刑量刑建议。对新类型、不常见犯罪案件,量刑情节复杂的重罪案件等,也可以提出幅度刑量刑建议。提出量刑建议,应当说明理由和依据。

犯罪嫌疑人认罪认罚没有其他法定量刑情节的,人民检察院可以根据犯罪的事实、性质等,在基准刑基础上适当减让提出确定刑量刑建议。有其他法定量刑情节的,人民检察院应当综合认罪认罚和其他法定量刑情节,参照相关量刑规范提出确定刑量刑建议。

犯罪嫌疑人在侦查阶段认罪认罚的,主刑从宽的幅度可以在前款基础上适当放宽;被告人在审判阶段认罪认罚的,在前款基础上可以适当缩减。建议判处罚金刑的,参照主刑的从宽幅度提出确定的数额。

34. 速裁程序的办案期限。犯罪嫌疑人认罪认罚,人民检察院经审查,认为符合速裁程序适用条件的,应当在10日以内作出是否提起公诉的决定;对可能判处的有期徒刑超过1年的,可以在15日以内作出是否提起公诉的决定。

九、社会调查评估

35. 侦查阶段的社会调查。犯罪嫌疑人认罪认罚,可能判处管制、宣告缓刑的,公安机关可以委托犯罪嫌疑人居住地的社区矫正机构进行调查评估。

公安机关在侦查阶段委托社区矫正机构进行调查评估,社区矫正机构在公安机关移送审查起诉后完成调查评估的,应当及时将评估意见提交受理案件的人民检察院或者人民法院,并抄送公安机关。

36. 审查起诉阶段的社会调查。犯罪嫌疑人认罪认罚,人民检察院拟提出缓刑或者管制量刑建议的,可以及时委托犯罪嫌疑人居住地的社区矫正机构进行调查评估,也可以自行调查评估。人民检察院提起公诉时,已收到调查材料的,应当将材料一并移送,未收到调查材料的,应当将委托文书随案移送;在提起公诉后收到调查材料的,应当及时移送人民法院。

37. 审判阶段的社会调查。被告人认罪认罚,人民法院拟判处管制或者宣告缓刑的,可以及时委托被告人居住地的社区矫正机构进行调查评估,也可以自行调查评估。

社区矫正机构出具的调查评估意见,是人民法院判处管制、宣告缓刑的重要参考。对没有委托社区矫正机构进行调查评估或者判决前未收到社区矫正机构调查评估报告的认罪认罚案件,人民法院经审理认为被告人符合管制、缓刑适用条件的,可以判处管制、宣告缓刑。

38. 司法行政机关的职责。受委托的社区矫正机构应当根据委托机关的要求,对犯罪嫌疑人、被告人的居所情况、家庭和社会关系、一贯表现、犯罪行为的后果和影响、居住地村(居)民委员会和被害人意见、拟禁止的事项等进行调查了解,形成评估意见,及时提交委托机关。

十、审判程序和人民法院的职责

39. 审判阶段认罪认罚自愿性、合法性审查。办理认罪认罚案件,人民法院应当告知被告人享有的诉讼权利和认罪认罚的法律规定,听取被告人及其辩护人或者值班律师的意见。庭审中应当对认罪认罚的自愿性、具结书内容的真实性和合法性进行审查核实,重点核实以下内容:

(一)被告人是否自愿认罪认罚,有无因受到暴力、威胁、引诱而违背意愿认罪认罚;(二)被告人认罪认罚时的认知能力和精神状态是否正常;(三)被告人是否理解认罪认罚的性质和可能导致的法律后果;(四)人民检察院、公安机关是否履行告知义务并听取意见;(五)值班律师或者辩护人是否与人民检察院进行沟通,提供了有效法律帮助或者辩护,并在场见证认罪认罚具结书的签署。

庭审中审判人员可以根据具体案情,围绕定罪量刑的关键事实,对被告人认罪认罚的自愿性、真实性等进行发问,确认被告人是否实施犯罪,是否真诚悔罪。

被告人违背意愿认罪认罚,或者认罪认罚后又反悔,依法需要转换程序的,应当按照普通程序对案件重新审理。发现存在刑讯逼供等非法取证行为的,依照法律规定处理。

40. 量刑建议的采纳。对于人民检察院提出的量刑建议,人民法院应当依法进行审查。对于事实清楚,证据确实、充分,指控的罪名准确,量刑建议适当的,人民法院应当采纳。具有下列情形之一的,不予采纳:

(一)被告人的行为不构成犯罪或者不应当追究刑事责任的;(二)被告人违背意愿认罪认

罚的；（三）被告人否认指控的犯罪事实的；（四）起诉指控的罪名与审理认定的罪名不一致的；（五）其他可能影响公正审判的情形。

对于人民检察院起诉指控的事实清楚，量刑建议适当，但指控的罪名与审理认定的罪名不一致的，人民法院可以听取人民检察院、被告人及其辩护人对审理认定罪名的意见，依法作出裁判。

人民法院不采纳人民检察院量刑建议的，应当说明理由和依据。

41. 量刑建议的调整。人民法院经审理，认为量刑建议明显不当，或者被告人、辩护人对量刑建议有异议且有理有据的，人民法院应当告知人民检察院，人民检察院可以调整量刑建议。人民法院认为调整后的量刑建议适当的，应当予以采纳；人民检察院不调整量刑建议或者调整后仍然明显不当的，人民法院应当依法作出判决。

适用速裁程序审理的，人民检察院调整量刑建议应当在庭前或者当庭提出。调整量刑建议后，被告人同意继续适用速裁程序的，不需要转换程序处理。

42. 速裁程序的适用条件。基层人民法院管辖的可能判处3年有期徒刑以下刑罚的案件，案件事实清楚，证据确实、充分，被告人认罪认罚并同意适用速裁程序的，可以适用速裁程序，由审判员一人独任审判。人民检察院提起公诉时，可以建议人民法院适用速裁程序。

有下列情形之一的，不适用速裁程序办理：

（一）被告人是盲、聋、哑人，或者是尚未完全丧失辨认或者控制自己行为能力的精神病人的；（二）被告人是未成年人的；（三）案件有重大社会影响的；（四）共同犯罪案件中部分被告人对指控的犯罪事实、罪名、量刑建议或者适用速裁程序有异议的；（五）被告人与被害人或者其法定代理人没有就附带民事诉讼赔偿等事项达成调解或者和解协议的；（六）其他不宜适用速裁程序办理的案件。

43. 速裁程序的审理期限。适用速裁程序审理案件，人民法院应当在受理后10日以内审结；对可能判处的有期徒刑超过1年的，应当在15日以内审结。

44. 速裁案件的审理程序。适用速裁程序审理案件，不受刑事诉讼法规定的送达期限的限制，一般不进行法庭调查、法庭辩论，但在判决宣告前应当听取辩护人的意见和被告人的最后陈述意见。

人民法院适用速裁程序审理案件，可以在向被告人送达起诉书时一并送达权利义务告知书、开庭传票，并核实被告人自然信息等情况。根据需要，可以集中送达。

人民法院适用速裁程序审理案件，可以集中开庭，逐案审理。人民检察院可以指派公诉人集中出庭支持公诉。公诉人简要宣读起诉书后，审判人员应当当庭询问被告人对指控事实、证据、量刑建议以及适用速裁程序的意见，核实具结书签署的自愿性、真实性、合法性，并核实附带民事诉讼赔偿等情况。

适用速裁程序审理案件，应当当庭宣判。集中审理的，可以集中当庭宣判。宣判时，根据案件需要，可以由审判员进行法庭教育。裁判文书可以简化。

45. 速裁案件的二审程序。被告人不服适用速裁程序作出的第一审判决提出上诉的案件，可以不开庭审理。第二审人民法院审查后，按照下列情形分别处理：

（一）发现被告人以事实不清、证据不足为由提出上诉的，应当裁定撤销原判，发回原审人民法院适用普通程序重新审理，不再按认罪认罚案件从宽处罚；（二）发现被告人以量刑不当为由提出上诉的，原判量刑适当的，应当裁定驳回上诉，维持原判；原判量刑不当的，经审理后依法改判。

46. 简易程序的适用。基层人民法院管辖的被告人认罪认罚案件，事实清楚、证据充分，被告人对适用简易程序没有异议的，可以适用简易程序审判。

适用简易程序审理认罪认罚案件,公诉人可以简要宣读起诉书,审判人员当庭询问被告人对指控的犯罪事实、证据、量刑建议及适用简易程序的意见,核实具结书签署的自愿性、真实性、合法性。法庭调查可以简化,但对有争议的事实和证据应当进行调查、质证,法庭辩论可以仅围绕有争议的问题进行。裁判文书可以简化。

47. 普通程序的适用。适用普通程序办理认罪认罚案件,可以适当简化法庭调查、辩论程序。公诉人宣读起诉书后,合议庭当庭询问被告人对指控的犯罪事实、证据及量刑建议的意见,核实具结书签署的自愿性、真实性、合法性。公诉人、辩护人、审判人员对被告人的讯问、发问可以简化。对控辩双方无异议的证据,可以仅就证据名称及证明内容进行说明;对控辩双方有异议,或者法庭认为有必要调查核实的证据,应当出示并进行质证。法庭辩论主要围绕有争议的问题进行,裁判文书可以适当简化。

48. 程序转换。人民法院在适用速裁程序审理过程中,发现有被告人的行为不构成犯罪或者不应当追究刑事责任、被告人违背意愿认罪认罚、被告人否认指控的犯罪事实情形的,应当转为普通程序审理。发现其他不宜适用速裁程序但符合简易程序适用条件的,应当转为简易程序重新审理。

发现有不宜适用简易程序审理情形的,应当转为普通程序审理。

人民检察院在人民法院适用速裁程序审理案件过程中,发现有不宜适用速裁程序审理情形的,应当建议人民法院转为普通程序或者简易程序重新审理;发现有不宜适用简易程序审理情形的,应当建议人民法院转为普通程序重新审理。

49. 被告人当庭认罪认罚案件的处理。被告人在侦查、审查起诉阶段没有认罪认罚,但当庭认罪,愿意接受处罚的,人民法院应当根据审理查明的事实,就定罪和量刑听取控辩双方意见,依法作出裁判。

50. 第二审程序中被告人认罪认罚案件的处理。被告人在第一审程序中未认罪认罚,在第二审程序中认罪认罚的,审理程序依照刑事诉讼法规定的第二审程序进行。第二审人民法院应当根据其认罪认罚的价值、作用决定是否从宽,并依法作出裁判。确定从宽幅度时应当与第一审程序认罪认罚有所区别。

十一、认罪认罚的反悔和撤回

51. 不起诉后反悔的处理。因犯罪嫌疑人认罪认罚,人民检察院依照刑事诉讼法第177条第2款作出不起诉决定后,犯罪嫌疑人否认指控的犯罪事实或者不积极履行赔礼道歉、退赃退赔、赔偿损失等义务的,人民检察院应当进行审查,区分下列情形依法作出处理:

(一)发现犯罪嫌疑人没有犯罪事实,或者符合刑事诉讼法第16条规定的情形之一的,应当撤销原不起诉决定,依法重新作出不起诉决定;(二)认为犯罪嫌疑人仍属于犯罪情节轻微,依照刑法规定不需要判处刑罚或者免除刑罚的,可以维持原不起诉决定;(三)排除认罪认罚因素后,符合起诉条件的,应当根据案件具体情况撤销原不起诉决定,依法提起公诉。

52. 起诉前反悔的处理。犯罪嫌疑人认罪认罚,签署认罪认罚具结书,在人民检察院提起公诉前反悔的,具结书失效,人民检察院应当在全面审查事实证据的基础上,依法提起公诉。

53. 审判阶段反悔的处理。案件审理过程中,被告人反悔不再认罪认罚的,人民法院应当根据审理查明的事实,依法作出裁判。需要转换程序的,依照本意见的相关规定处理。

54. 人民检察院的法律监督。完善人民检察院对侦查活动和刑事审判活动的监督机制,加强对认罪认罚案件办理全过程的监督,规范认罪认罚案件的抗诉工作,确保无罪的人不受刑事追究、有罪的人受到公正处罚。

十二、未成年人认罪认罚案件的办理

55. 听取意见。人民法院、人民检察院办理未成年人认罪认罚案件,应当听取未成年犯罪嫌疑人、被告人的法定代理人的意见,法定代理人无法到场的,应当听取合适成年人的意见,但受案时犯罪嫌疑人已经成年的除外。

56. 具结书签署。未成年犯罪嫌疑人签署认罪认罚具结书时,其法定代理人应当到场并签字确认。法定代理人无法到场的,合适成年人应当到场签字确认。法定代理人、辩护人对未成年人认罪认罚有异议的,不需要签署认罪认罚具结书。

57. 程序适用。未成年人认罪认罚案件,不适用速裁程序,但应当贯彻教育、感化、挽救的方针,坚持从快从宽原则,确保案件及时办理,最大限度保护未成年人合法权益。

58. 法治教育。办理未成年人认罪认罚案件,应当做好未成年犯罪嫌疑人、被告人的认罪服法、悔过教育工作,实现惩教结合目的。

十三、附则

59. 国家安全机关、军队保卫部门、中国海警局、监狱办理刑事案件,适用本意见的有关规定。

60. 本指导意见由会签单位协商解释,自发布之日起施行。

5. 最高人民检察院《关于印发第22批指导性案例的通知》(2020年11月24日)

各级人民检察院:经2020年9月28日最高人民检察院第十三届检察委员会第五十二次会议决定,现将无锡F警用器材公司虚开增值税专用发票案等四件指导性案例(检例第81-84号)作为第22批指导性案例(检察机关适用认罪认罚从宽制度主题)发布,供参照适用。

附:1.《检例第81号:无锡F警用器材公司虚开增值税专用发票案》(内容详见本书《刑法》第205条);2.《检例第82号:钱某故意伤害案》(内容详见本书《刑法》第234条);3.《检例第83号:琚某忠盗窃案》(内容详见本书《刑法》第264条)、《检例第84号:林某彬等人组织、领导、参加黑社会性质组织案》(内容详见本书《刑法》第294条)。

第6条 【属地管辖权】 凡在中华人民共和国领域内犯罪的,除法律有特别规定的以外,都适用本法。

凡在中华人民共和国船舶或者航空器内犯罪的,也适用本法。

犯罪的行为或者结果有一项发生在中华人民共和国领域内的,就认为是在中华人民共和国领域内犯罪。

• 释义

这里所说的"领域",是指我国国境以内的全部区域,包括领陆、领水和领空。这里所说的"法律有特别规定"而不适用"本法"事实上包括3类情况:第1类是不适用中国刑法(广义刑法)的情况;第2类是不适用大陆刑法的情况;第3类是不适用刑法典部分条文的情况。

不适用中国刑法的情况是指,对于享有外交特权和豁免权的外国人不适用中国刑法;不适用大陆刑法(包括刑法典及其他仅在大陆适用的特别刑法)的情况是指,对于香港、澳门和台湾地区不适用大陆刑法;不适用中国刑法典部分条文的第一种情况是,当刑法典颁布后国家立法机关制定了特别刑法,与刑法典的部分条文出现法条竞合的情况时,根据"特别法优于普通法"的原则,不适用刑法典,而适用特别刑法。

• 关联法律

1. 最高人民法院研究室《关于铁路运输高级法院撤销以后刑事申诉案件管辖问题的电话答复》(1989年1月7日)

(法释〔2019〕11号已声明该文件废止)

2.《中华人民共和国香港特别行政区基本法》(1990年4月4日主席令第26号公布;1997年7月1日起施行)

第19条 香港特别行政区享有独立的司法权和终审权。

香港特别行政区法院除继续保持香港原有法律制度和原则对法院审判权所作的限制外,对香港特别行政区所有的案件均有审判权。

香港特别行政区法院对国防、外交等国家行为无管辖权。香港特别行政区法院在审理案件中遇有涉及国防、外交等国家行为的事实,应取得行政长官就该等问题发出的证明文件,上述文件对法院有约束力。行政长官在发出证明文件前,须取得中央人民政府的证明书。(全文略)

3.《中华人民共和国澳门特别行政区基本法》(1993年3月31日主席令第3号公布;1999年12月20日起施行)

第19条 澳门特别行政区享有独立的司法权和终审权。

澳门特别行政区法院除继续保持澳门原有法律制度和原则对法院审判权所作的限制外,对澳门特别行政区所有的案件均有审判权。

澳门特别行政区法院对国防、外交等国家行为无管辖权。澳门特别行政区法院在审理案件中遇有涉及国防、外交等国家行为的事实,应取得行政长官就该等问题发出的证明文件,上述文件对法院有约束力。行政长官在发出证明文件前,须取得中央人民政府的证明书。(全文略)

4.《中华人民共和国香港特别行政区驻军法》(1996年12月30日主席令第80号公布;1997年7月1日起施行)

第20条 香港驻军人员犯罪的案件由军事司法机关管辖;但是,香港驻军人员非执行职务的行为,侵犯香港居民、香港驻军以外的其他人的人身权、财产权以及其他违反香港特别行政区法律构成犯罪的案件,由香港特别行政区法院以及有关的执法机关管辖。

军事司法机关和香港特别行政区法院以及有关的执法机关对各自管辖的香港驻军人员犯罪的案件,如果认为由对方管辖更为适宜,经双方协商一致后,可以移交对方管辖。

军事司法机关管辖的香港驻军人员犯罪的案件中,涉及的被告人中的香港居民、香港驻军人员以外的其他人,由香港特别行政区法院审判。(全文略)

5.中国人民解放军总政治部、军事法院、军事检察院《关于〈中华人民共和国刑法〉第10章所列刑事案件管辖范围的通知》(〔1998〕军检字第17号)

为了保证修订的《中华人民共和国刑法》分则第10章关于军人违反职责罪规定的贯彻实施,根据《中华人民共和国刑事诉讼法》第18条的规定,以及最高人民法院、最高人民检察院、公安部、国家安全部、司法部、全国人大常委会法制工作委员会《关于刑事诉讼法实施中若干问题的规定》中关于刑事案件管辖分工的规定精神,结合军队司法工作的实际情况,对军人违反职责罪一章所列案件管辖分工范围通知如下:

一、保卫部负责侦查下列案件:

1.战时违抗命令案(第421条);

2.隐瞒、谎报军情案(第422条);

3.拒传、假传军令案(第422条);

4.投降案(第423条);

5.战时临阵脱逃案(第424条);

6.阻碍执行军事职务案(第426条);

7.军人判逃案(第430条);

8. 非法获取军事秘密案(第431条第1款);
9. 为境外窃取、刺探、收买、非法提供军事秘密案(第431条第2款);
10. 故意泄露军事秘密案(第432条);
11. 战时造谣惑众案(第433条);
12. 战时自伤案(第434条);
13. 逃离部队案(第435条);
14. 武器装备肇事案(第436条);
15. 盗窃、抢夺武器装备、军用物资案(第438条);
16. 非法出卖、转让武器装备案(第439条);
17. 遗弃武器装备案(第440条);
18. 遗失武器装备案(第441条);
19. 战时残害居民、掠夺居民财物案(第446条);
20. 私放俘虏案(第447条)。

二、军事检察院直接受理下列案件:

1. 擅自、玩忽军事职守案(第425条);
2. 指使部属违反职责案(第427条);
3. 违令作战消极案(第428条);
4. 拒不救援友邻部队案(第429条);
5. 过失泄露军事秘密案(第432条);
6. 擅自改变武器装备编配用途案(第437条);
7. 擅自出卖、转让军队房地产案(第442条);
8. 虐待部属案(第443条);
9. 战时拒不救治伤病军人案(第445条);
10. 军官、警官、文职干部利用职权实施的其他重大的犯罪案件,需要由军事检察院受理的时候,经解放军军事检察院决定,可以由军事检察院立案侦查。

三、军事法院直接受理下列案件:

1. 遗弃伤病军人案(第444条);
2. 虐待俘虏案(第448条)。

本通知自1998年8月12日起施行,原《关于惩治军人违反职责罪暂行条例所列案件的管辖范围的通知》即日废止。

6. 公安部《公安部刑事案件管辖分工规定》(公通字〔1998〕80号)

(公通字〔2020〕9号已声明该文件废止)

7.《中华人民共和国澳门特别行政区驻军法》(1999年6月28日主席令第18号公布;1999年12月20日施行)

第20条 澳门驻军人员犯罪的案件由军事司法机关管辖;但是,澳门驻军人员非执行职务的行为,侵犯澳门居民、澳门驻军以外的其他人的人身权、财产权以及其他违反澳门特别行政区法律构成犯罪的案件,由澳门特别行政区司法机关管辖。

军事司法机关和澳门特别行政区司法机关对各自管辖的澳门驻军人员犯罪的案件,如果认为由对方管辖更为适宜,经双方协商一致后,可以移交对方管辖。

军事司法机关管辖的澳门驻军人员犯罪的案件中,涉及的被告人中的澳门居民、澳门驻军以外的其他人,由澳门特别行政区法院审判。

8. 最高人民法院《关于审理拐卖妇女案件适用法律有关问题的解释》(法释〔2000〕1号)

为依法惩治拐卖妇女的犯罪行为,根据刑法和刑事诉讼法的有关规定,现就审理拐卖妇女案件具体适用法律的有关问题解释如下:

第1条 刑法第240条规定的拐卖妇女罪中的"妇女",既包括具有中国国籍的妇女,也包括具有外国国籍和无国籍的妇女。被拐卖的外国妇女没有身份证明的,不影响对犯罪分子的定罪处罚。

第2条 外国人或者无国籍人拐卖外国妇女到我国境内被查获的,应当根据刑法第6条的规定,适用我国刑法定罪处罚。

第3条 对于外国籍被告人身份无法查明或者其国籍国拒绝提供有关身份证明,人民检察院根据刑事诉讼法第128条第2款的规定起诉的案件,人民法院应当依法受理。

9. 公安部《关于受害人居住地公安机关可否对诈骗犯罪案件立案侦查问题的批复》(公复字〔2000〕10号)

广西壮族自治区公安厅:

你厅《关于被骗受害人居住地的公安机关可否对诈骗犯罪案件立案侦查的请示》(桂公请〔2000〕77号)收悉。

现批复如下:《公安机关办理刑事案件程序规定》第15条规定:"刑事案件由犯罪地的公安机关管辖。如果由犯罪嫌疑人居住地的公安机关管辖更为适宜的,可以由犯罪嫌疑人居住地的公安机关管辖。"根据《中华人民共和国刑法》第6条第3款的规定,犯罪地包括犯罪行为地和犯罪结果地。根据上述规定,犯罪行为地、犯罪结果地以及犯罪嫌疑人居住地的公安机关可以依法对属于公安机关管辖的刑事案件立案侦查。诈骗犯罪案件的犯罪结果地是指犯罪嫌疑人实际取得财产地。因此,除诈骗行为地、犯罪嫌疑人实际取得财产的结果发生地和犯罪嫌疑人居住地外,其他地方公安机关不能对诈骗犯罪案件立案侦查,但对于公民扭送、报案、控告、举报或者犯罪嫌疑人自首的,都应当立即受理,经审查认为有犯罪事实的,移送有管辖权的公安机关处理。

10. 公安部《关于计算机犯罪案件管辖分工问题的通知》(公通字〔2000〕63号)

随着计算机及信息网络技术的迅速发展,非法侵入计算机信息系统,破坏计算机信息系统功能或数据,制作、传播计算机病毒以及利用计算机信息系统从事危害国家安全、泄露国家秘密等刑事案件大幅度上升,对我国社会稳定、经济建设和信息化发展的危害越来越大。为充分发挥公安机关公共信息网络安全监察部门的职能作用和技术、人才、管理上的优势,更加及时、有效地打击和预防计算机犯罪活动,公安部决定将《刑法》规定的非法侵入计算机信息系统案(第285条)和破坏计算机信息系统案(第286条)交由部公共信息网络安全监察局管辖。在有条件的省级以下公安机关,上述案件交由公共信息网络安全监察部门管辖,刑事侦查部门应予以配合和支持;公共信息网络安全监察部门暂不具备接受上述案件条件的,仍由刑事侦查部门管辖,公共信息网络安全监督部门应积极协助、配合。

各地在执行中遇到的问题,请及时报部。

11. 最高人民法院、最高人民检察院、公安部《关于旅客列车上发生的刑事案件管辖问题的通知》(公通字〔2001〕70号)

为维护旅客列车的治安秩序,及时、有效地处理发生在旅客列车上的刑事案件,现对旅客列车上发生的刑事案件的管辖问题规定如下:

一、列车上发生的刑事案件,由负责该车乘务的乘警队所属的铁路公安机关立案,列车乘警应及时收集案件证据,填写有关法律文书。对于已经查获犯罪嫌疑人的,列车乘警应对犯罪嫌疑人认真盘查,制作盘查笔录。对被害人、证人要进行询问,制作询问笔录,或者由被害人、证人书写被害经过、证言。取证结束后,列车乘警应当将犯罪嫌疑人及盘查笔录、被害人、证人的证明材料以及其他与案件有关证据一并移交前方停车站铁路公安机关。对于未查获犯罪嫌疑人的案件,列车乘警应当及时收集案件线索及证据,并由负责该车乘务的乘警队所属的铁路公安机关继续侦查。

二、车站铁路公安机关对于法律手续齐全并附有相关证据材料的交站处理案件应当受理。经审查和进一步侦查,认为需要逮捕犯罪嫌疑人或者移送审查起诉的,应当依法向同级铁路运输检察院提请批准逮捕或者移送审查起诉。

三、铁路运输检察院对同级公安机关提请批准逮捕或者移送审查起诉的交站处理案件应当受理。经审查符合逮捕条件的,应当依法批准逮捕;符合起诉条件的,应当依法提起公诉或者将案件移送有管辖权的铁路运输检察院审查起诉。

四、铁路运输法院对铁路运输检察院提起公诉的交站处理案件,经审查认为符合受理条件的,应当受理并依法审判。

各地接本通知后,请认真贯彻执行。执行中遇到的问题,请及时分别报告最高人民法院、最高人民检察院、公安部。

12. 最高人民检察院《关于新疆生产建设兵团各级人民检察院案件管辖权的规定》(高检发研字〔2001〕2号)

根据《全国人民代表大会常务委员会关于新疆维吾尔自治区生产建设兵团设置人民法院和人民检察院的决定》和《中华人民共和国刑事诉讼法》的规定,现对新疆生产建设兵团各级人民检察院案件管辖作如下规定:

一、兵团所属的国家工作人员职务犯罪案件,属检察机关管辖的,由兵团检察机关立案侦查。

二、兵团各级检察机关的案件管辖范围,由兵团人民检察院依照《刑事诉讼法》、《人民检察院刑事诉讼规则》以及最高人民检察院其他有关案件管辖问题的规定另行规定。

三、兵团检察机关直接立案侦查的案件侦查终结后,依照刑事诉讼法有关管辖的规定,由与审判管辖相适应的兵团检察机关或者地方检察机关审查起诉。

四、对于兵团所属的国家工作人员与地方国家工作人员共同实施的职务犯罪案件,依据主要犯罪地或者在共同犯罪中起主要作用的犯罪嫌疑人工作单位所在地确定侦查管辖。侦查终结后,由与审判管辖相适应的兵团检察机关或者地方检察机关审查起诉。

五、发生在垦区内的案件,由兵团检察机关依照刑事诉讼法关于管辖的规定审查起诉。

六、兵团单位发生贪污贿赂、渎职等职务犯罪案件以外的其他刑事案件,所在城区未设兵团检察分院和基层检察院的,由地方人民检察院依照刑事诉讼法的有关规定审查逮捕、审查起诉。

七、根据宪法和法律关于上级检察机关领导下级检察机关的规定,兵团检察机关与新疆地方检察机关对案件管辖有争议的,由自治区人民检察院决定。

13. 公安部《关于调整部分妨害国(边)境管理犯罪案件管辖分工的通知》(公通字〔2002〕7号)

为了充分发挥公安机关出入境管理部门的职能作用和管理优势,加强国际执法合作,加强刑事侦查和出入境管理部门的配合,更加及时、有效地打击和预防妨害国(边)境管辖秩序的违法犯罪活动,公安部决定对部分妨害国(边)境管理秩序罪案件管辖分工进行调整,将《公安部关于印发〈公安部刑事案件管辖分工规定〉的通知》(公通字〔1998〕80号)规定的由公安部刑事侦查局管辖的《刑法》规定的骗取出境证件案(第319条),提供伪造、变造的出入境证件案(第320条),出售出入境证件案(第320条),边境地区和沿海地区(限于地、市行政辖区)

以外发生的组织他人偷越国(边)境案(第318条),运送他人偷越国(边)境案(第321条)调整为由公安刑事侦查局和出入境管理局共同管辖。出入境管理工作任务和非法移民问题突出的省、自治区、直辖市公安机关应当在省、地级公安机关出入境管理部门组建办案机构,充实办案力量。在出入境管理部门组建办案机构前,上述案件仍由刑事侦查部门负责侦办;出入境管理部门组建专门办案机构后,上述案件由出入境管理部门负责侦办。对上述案件的侦办,应当按照"谁立案、谁负责"的原则,一查到底。重大案件由省级公安机关统一组织侦办。

在办理上述案件中,出入境管理部门和刑事侦查部门要紧密配合、互相协作,形成合力,切实加强打击出入境违法犯罪活动的工作力度。各地在执行中遇到的问题,请及时报部。

14. 公安部经济犯罪侦查局《关于对非国家工作人员职务犯罪案件管辖权问题的意见》(公经〔2003〕436号)

近来,有多地公安机关就非国家工作人员涉嫌职务犯罪案件,犯罪嫌疑人工作单位所在地公安机关是否有管辖权问题请示部经侦局。对于该问题,部经侦局曾于2001年3月正式批复,此批复征求过最高人民检察院研究室的意见,最高人民检察院研究室同意部经侦局意见,即非国家工作人员涉嫌职务犯罪案件中,犯罪嫌疑人工作单位所在地公安机关具有管辖权。现予网上公布,请各地参照执行。

15. 最高人民法院《关于新疆生产建设兵团人民法院案件管辖权问题的若干规定》(法释〔2005〕4号)

根据《全国人民代表大会常务委员会关于新疆维吾尔自治区生产建设兵团设置人民法院和人民检察院的决定》第3条的规定,对新疆生产建设兵团各级人民法院案件管辖权问题规定如下:

第1条 新疆生产建设兵团基层人民法院和中级人民法院分别行使地方基层人民法院和中级人民法院的案件管辖权,管辖兵团范围内的各类案件。

新疆维吾尔自治区高级人民法院生产建设兵团分院管辖原应当由高级人民法院管辖的兵团范围内的第一审案件、上诉案件和其他案件,其判决和裁定是新疆维吾尔自治区高级人民法院的判决和裁定。但兵团各中级人民法院判处死刑(含死缓)的案件的上诉案件以及死刑复核案件由新疆维吾尔自治区高级人民法院管辖。

第2条 兵团人民检察院提起公诉的第一审刑事案件,由兵团人民法院管辖。

兵团人民法院对第一审刑事自诉案件、第二审刑事案件以及再审刑事案件的管辖,适用刑事诉讼法的有关规定。

第3条 兵团人民法院管辖以下民事案件:

(一)垦区范围内发生的案件;(二)城区内发生的双方当事人均为兵团范围内的公民、法人或者其他组织的案件;(三)城区内发生的双方当事人一方为兵团范围内的公民、法人或者其他组织,且被告住所地在兵团工作区、生活区或者管理区内的案件。

对符合协议管辖和专属管辖条件的案件,依照民事诉讼法的有关规定确定管辖权。

第4条 以兵团的行政机关作为被告的行政案件由该行政机关所在地的兵团人民法院管辖,其管辖权限依照行政诉讼法的规定办理。

第5条 兵团人民法院管辖兵团范围内发生的涉外案件。新疆维吾尔自治区高级人民法院生产建设兵团分院根据最高人民法院的有关规定确定管辖涉外案件的兵团法院。

第6条 兵团各级人民法院与新疆维吾尔自治区地方各级人民法院之间因管辖权发生争议的,由争议双方协商解决;协商不成的,报请新疆维吾尔自治区高级人民法院决定管辖。

第7条 新疆维吾尔自治区高级人民法院生产建设兵团分院所管辖第一审案件的上诉法院是最高人民法院。

第8条 对于新疆维吾尔自治区高级人民法院生产建设兵团分院审理再审案件所作出的判决、裁定,新疆维吾尔自治区高级人民法院不再进行再审。

第9条 本规定自发布之日起实施。人民法院关于兵团人民法院案件管辖的其他规定与本规定不一致的,以本规定为准。

16. 最高人民检察院《关于新疆生产建设兵团人民检察院对新疆维吾尔自治区高级人民法院生产建设兵团分院审理的案件实施法律监督有关问题的批复》(高检发释字〔2006〕1号)

新疆生产建设兵团人民检察院:

你院新兵检发〔2005〕23号《新疆生产建设兵团人民检察院关于对新疆维吾尔自治区高级人民法院生产建设兵团分院审理的案件实施法律监督有关问题的请示》收悉。经研究,现批复如下:新疆生产建设兵团人民检察院认为新疆维吾尔自治区高级人民法院生产建设兵团分院刑事第一审的判决、裁定确有错误的时候,应当向最高人民法院提出抗诉。

新疆生产建设兵团人民检察院如果发现新疆维吾尔自治区高级人民法院生产建设兵团分院已经发生法律效力的判决和裁定确有错误,可以向最高人民检察院提请抗诉。

17. 最高人民法院、最高人民检察院、公安部《关于办理海上发生的违法犯罪案件有关问题的通知》(公通字〔2007〕60号)

为维护我国国家安全和海域治安秩序,保护公共财产和公民人身财产安全,及时、有效地办理发生在海上的违法犯罪案件,现就有关问题通知如下:

一、公安机关海上执法任务由沿海省、自治区、直辖市公安边防总队及其所属的海警支队、海警大队承担。在办理海上治安行政案件和刑事案件时,公安边防总队行使地(市)级人民政府公安机关的职权,海警支队行使县级人民政府公安机关的职权,海警大队行使公安派出所的职权,分别以自己名义作出决定和制作法律文书。

二、对省、自治区、直辖市公安边防总队及其下设的海警支队管辖海域的划分,应当充分考虑执法办案工作的需要,可以不受行政区划海域划分的限制。

海警支队的管辖海域由其隶属的省、自治区、直辖市公安边防总队划定,报公安部边防管理局和所在省、自治区、直辖市公安厅、局备案,并抄送所在地省、自治区、直辖市高级人民法院、人民检察院。

沿海省、自治区、直辖市公安边防总队的管辖海域由公安部边防管理局划定,并抄送最高人民法院、最高人民检察院。

三、海上发生的一般治安行政案件,由违法行为发生海域海警大队管辖;重大、复杂、涉外的治安行政案件,由违法行为发生海域海警支队管辖;如果由违法嫌疑人居住地公安机关管辖更为适宜的,可以由违法嫌疑人居住地的公安机关管辖。

海上发生的刑事案件,由犯罪行为发生海域海警支队管辖;如果由犯罪嫌疑人居住地或者主要犯罪行为发生地公安机关管辖更为适宜的,可以由犯罪嫌疑人居住地或者主要犯罪行为发生地的公安机关管辖;对管辖有争议或者情况特殊的刑事案件,可报请上级公安机关指定管辖。

同一省、自治区、直辖市内跨海警支队管辖海域的行政案件和刑事案件,由违法犯罪行为发生海域海警支队协商确定管辖;协商不成的,由省、自治区、直辖市公安边防总队指定管辖。

跨省、自治区、直辖市管辖海域的行政案件和刑事案件,由违法犯罪行为发生海域省、自治区、直辖市公安边防总队协商确定管辖;协商不成的,由公安部边防管理局指定管辖。

四、海警支队办理刑事案件,需要提请批准逮捕或者移送审查起诉的,依法向所在地人民检察院提请或者移送,人民检察院应当依法进行审查并作出决定。

人民检察院提起公诉的海上犯罪案件,同级人民法院依法审判。人民法院判处管制、剥夺政治权利以及决定暂予监外执行、缓刑、假释的，由罪犯居住地公安机关执行。

五、公民、法人或者其他组织对海警大队作出的具体行政行为不服而依法申请行政复议的，由该海警大队隶属的海警支队依法办理。

公民、法人或者其他组织对海警支队作出的具体行政行为不服而依法申请行政复议的，由该海警支队隶属的省、自治区、直辖市公安边防总队依法办理。

六、公民、法人或者其他组织认为公安边防海警作出的具体行政行为侵犯其合法权益的，可以依法提起行政诉讼。作出决定的公安边防海警应当依法出庭应诉。

七、公民、法人或者其他组织认为公安边防海警违法行使职权侵犯其合法权益造成损害而向公安机关申请国家赔偿的，由作出决定的公安边防海警依法办理。

对公安边防海警作出的有关刑事赔偿决定不服的，可以向其上一级机关申请复议。对复议决定不服的，可以向人民法院赔偿委员会提出赔偿申请。

对公安边防海警作出的有关行政赔偿决定不服的，可以向人民法院提起行政赔偿诉讼。对具体的行政行为不服的，可以在申请行政复议和提起行政诉讼时，一并提出行政赔偿请求。

八、对海上违法犯罪案件的调查处理、侦查、提起公诉和审判，分别依照《刑事诉讼法》《治安管理处罚法》等相关法律、法规、规章和司法解释的规定办理。

公安边防海警办理行政复议、参与行政诉讼、进行国家赔偿等，分别依照《行政诉讼法》《行政复议法》《国家赔偿法》等相关法律、法规、规章和司法解释的规定办理。

各地接本通知后，请认真贯彻执行。执行中遇到的问题，请及时分别报告最高人民法院、最高人民检察院、公安部。

18. 公安部《关于印发〈公安部刑事案件管辖分工补充规定〉的通知》（公通字〔2008〕9号）

（公通字〔2020〕9号已声明该文件废止）

19. 最高人民法院、最高人民检察院、公安部、国家安全部、司法部、解放军总政治部《关于印发〈办理军队和地方互涉刑事案件规定〉的通知》（政保〔2009〕1号）

为进一步规范办理军队和地方互涉刑事案件工作，依法及时有效打击犯罪，保护国家军事利益，维护军队和社会稳定，现将《办理军队和地方互涉刑事案件规定》印发你们，请遵照执行。

本规定自2009年8月1日起施行。以往相关规定与本规定不一致的，以本规定为准。

第1条 为了规范办理军队和地方互涉刑事案件（以下简称军地互涉案件）工作，依法及时有效打击犯罪，保护国家军事利益，维护军队和社会稳定，根据刑法、刑事诉讼法和其他有关规定，制定本规定。

第2条 本规定适用于下列案件：

（一）军人与地方人员共同犯罪的；（二）军人在营区外犯罪的；（三）军人在营区侵害非军事利益犯罪的；（四）地方人员在营区犯罪的；（五）地方人员在营区外侵害军事利益犯罪的；（六）其他需要军队和地方协作办理的案件。

第3条 办理军地互涉案件，应当坚持分工负责、相互配合、及时规范、依法处理的原则。

第4条 对军人的侦查、起诉、审判，由军队保卫部门、军事检察院、军事法院管辖。军队文职人员、非现役公勤人员、在编职工、由军队管理的离退休人员，以及执行军事任务的预备役人员和其他人员，按照军人确定管辖。

对地方人员的侦查、起诉、审判，由地方公安机关、国家安全机关、人民检察院、人民法院管辖。

第5条 发生在营区的案件，由军队保卫部门或者军事检察院立案侦查；其中犯罪嫌疑人不明确且侵害军事利益的，由军队保卫部门或者军事检察院与地方公安机关或者国家安全机关、人民检察院，按照管辖分工共同组织侦查，查明犯罪嫌疑人属于本规定第4条第2款规定管辖的，移交地方公安机关或者国家安全机关、人民检察院处理。

发生在营区外的案件，由地方公安机关或者国家安全机关、人民检察院立案侦查；查明犯罪嫌疑人属于本规定第4条第1款规定管辖的，移交军队保卫部门或者军事检察院处理。

第6条 军队和地方共同使用的营房、营院、机场、码头等区域发生的案件，发生在军队管理区域的，按照本规定第5条第1款的规定办理；发生在地方管理区域的，按照本规定第5条第2款的规定办理。管理区域划分不明确的，由军队和地方主管机关协商办理。

军队在地方国家机关和单位设立的办公场所、对外提供服务的场所、实行物业化管理的住宅小区，以及在地方执行警戒勤务任务的部位、住处发生的案件，按照本规定第5条第2款的规定办理。

第7条 军人入伍前涉嫌犯罪需要依法追究刑事责任的，由地方公安机关、国家安全机关、人民检察院提供证据材料，送交军队军级以上单位保卫部门、军事检察院审查后，移交地方公安机关、国家安全机关、人民检察院处理。

军人退出现役后，发现其在服役期内涉嫌犯罪的，由地方公安机关、国家安全机关、人民检察院处理；但涉嫌军人违反职责罪的，由军队保卫部门、军事检察院处理。

第8条 军地互涉案件管辖不明确的，由军队军区级以上单位保卫部门、军事检察院、军事法院与地方省级公安机关、国家安全机关、人民检察院、人民法院协商确定管辖；管辖有争议或者情况特殊的案件，由总政治部保卫部与公安部、国家安全部协商确定，或者由解放军军事检察院、解放军军事法院报请最高人民检察院、最高人民法院指定管辖。

第9条 军队保卫部门、军事检察院、军事法院和地方公安机关、国家安全机关、人民检察院、人民法院对于军地互涉案件的报案、控告、举报或者犯罪嫌疑人自首的，都应当接受。对于不属于自己管辖的应当移送主管机关处理，并通知报案人、控告人、举报人；对于不属于自己管辖而又必须采取紧急措施的，应当先采取紧急措施，然后移送主管机关处理。

第10条 军人在营区外作案被当场抓获或者有重大犯罪嫌疑的，地方公安机关、国家安全机关、人民检察院可以对其采取紧急措施，24小时内通知军队有关部门，及时移交军队保卫部门、军事检察院处理；地方人员在营区作案被当场抓获或者有重大犯罪嫌疑的，军队保卫部门、军事检察院可以对其采取紧急措施，24小时内移交地方公安机关国家安全机关、人民检察院处理。

第11条 地方人员涉嫌非法生产、买卖军队制式服装，伪造、盗窃、买卖或者非法提供、使用军队车辆号牌等专用标志，伪造、变造、买卖或者盗窃、抢夺军队公文、证件、印章，非法持有属于军队绝密、机密的文件、资料或者其他物品，冒充军队单位和人员犯罪等被军队当场查获的，军队保卫部门可以对其采取紧急措施，核实身份后24小时内移交地方公安机关处理。

第12条 军队保卫部门、军事检察院办理案件，需要在营区外采取侦查措施的，应当通报地方公安机关、国家安全机关、人民检察院，地方公安机关、国家安全机关、人民检察院应当协助实施。

地方公安机关、国家安全机关、人民检察院办理案件，需要在营区采取侦查措施的，应当通报军队保卫部门、军事检察院，军队保卫部门、军事检察院应当协助实施。

第13条 军队保卫部门、军事检察院、军事法院和地方公安机关、国家安全机关、人民检察院、人民法院相互移交案件时，应当将有关证据材料和赃款赃物等随案移交。

军队保卫部门、军事检察院、军事法院和地方公安机关、国家安全机关、人民检察院、人民法院依法获取的证据材料、制作的法律文书等，具有同等法律效力。

第14条 军队保卫部门、军事检察院、军事法院和地方公安机关、国家安全机关、人民检察院、人民法院办理案件,经军队军区级以上单位保卫部门、军事检察院、军事法院与地方省级以上公安机关、国家安全机关、人民检察院、人民法院协商同意后,可以凭相关法律手续相互代为羁押犯罪嫌疑人、被告人。

第15条 军队保卫部门、军事检察院、军事法院和地方公安机关、国家安全机关、人民检察院、人民法院对共同犯罪的军人和地方人员分别侦查、起诉、审判的,应当及时协调,依法处理。

第16条 军人因犯罪被判处刑罚并开除军籍的,除按照有关规定在军队执行刑罚的以外,移送地方执行刑罚。

地方人员被军事法院判处刑罚的,除掌握重要军事秘密的以外,移送地方执行刑罚。

军队和地方需要相互代为对罪犯执行刑罚、调整罪犯关押场所的,由总政治部保卫部与司法部监狱管理部门或者公安部、国家安全部监所管理部门协商同意后,凭相关法律手续办理。

第17条 战时发生的侵害军事利益或者危害军事行动安全的军地互涉案件,军队保卫部门、军事检察院可先行对涉嫌犯罪的地方人员进行必要的调查和采取相应的强制措施。查清主要犯罪事实后,移交地方公安机关、国家安全机关、人民检察院处理。

第18条 军队保卫部门、军事检察院、军事法院和地方公安机关、国家安全机关、人民检察院、人民法院应当建立健全办案协作机制,加强信息通报、技术支持和协作配合。

第19条 本规定所称军人,是指中国人民解放军的现役军官、文职干部、士兵及具有军籍的学员和中国人民武装警察部队的现役警官、文职干部、士兵及具有军籍的学员;军人身份自批准入伍之日获取,批准退出现役之日终止。

第20条 本规定所称营区,是指由军队管理使用的区域,包括军事禁区、军事管理区,以及军队设立的临时驻地等。

第21条 中国人民武装警察部队(除公安边防、消防、警卫部队外)保卫部门、军事检察院、军事法院办理武警部队与地方互涉刑事案件,适用本规定。

第22条 本规定自2009年8月1日起施行。1982年11月25日最高人民法院、最高人民检察院、公安部、总政治部《关于军队和地方互涉案件几个问题的规定》和1987年12月21日最高人民检察院、公安部、总政治部《关于军队和地方互涉案件侦查工作的补充规定》同时废止。

20. 最高人民法院、最高人民检察院、公安部《关于公安部证券犯罪侦查局直属分局办理经济犯罪案件适用刑事诉讼程序若干问题的通知》(公通字〔2009〕51号)

根据《国务院办公厅关于印发公安部主要职责内设机构和人员编制规定的通知》(国办发〔2008〕59号)要求,公安部证券犯罪侦查局设立第1、第2、第3分局,分别派驻北京、上海、深圳,按管辖区域承办需要公安部侦查的有关经济犯罪案件。为了规范公安部证券犯罪侦查局第1、第2、第3分局(以下简称"直属分局")的办案工作,进一步加大打击经济犯罪的力度,现就直属分局办理经济犯罪案件适用刑事诉讼程序的若干问题通知如下:

一、直属分局行使《刑事诉讼法》赋予公安机关的刑事侦查权,按管辖区域立案侦查公安部交办的证券领域以及其他领域重大经济犯罪案件。

二、直属分局管辖区域分别是:第1分局:北京、天津、河北、山西、内蒙古、辽宁、吉林、黑龙江、陕西、甘肃、青海、宁夏、新疆(含生产建设兵团);第2分局:上海、江苏、浙江、安徽、福建、江西、山东、河南、湖北、湖南;第3分局:广东、广西、海南、重庆、四川、贵州、云南、西藏。经公安部指定,直属分局可以跨区域管辖案件。

三、直属分局依法对本通知第1条规定的案件立案、侦查、预审。对犯罪嫌疑人分别依法决定传唤、拘传、取保候审、监视居住、拘留;认为需要逮捕的,提请人民检察院审查批准;对依法不追究刑事责任的不予立案,已经立案的予以撤销案件;对侦查终结应当起诉的案件,移送人民检察院审查决定。

四、直属分局依照《刑事诉讼法》和《公安机关办理刑事案件程序规定》等有关规定出具和使用刑事法律文书,冠以"公安部证券犯罪侦查局第×分局"字样,加盖"公安部证券犯罪侦查局第×分局"印章,需要加盖直属分局局长印章的,加盖直属分局局长印章。

五、直属分局在侦查办案过程中,需要逮捕犯罪嫌疑人的,应当按照《刑事诉讼法》及《公安机关办理刑事案件程序规定》的有关规定,制作相应的法律文书,连同有关案卷材料、证据,一并移送犯罪地的人民检察院审查批准。如果由犯罪嫌疑人居住地的人民检察院办理更为适宜的,可以移送犯罪嫌疑人居住地的人民检察院审查批准。

六、直属分局对于侦查终结的案件,犯罪事实清楚,证据确实、充分的,应当按照《刑事诉讼法》的有关规定,制作《起诉意见书》,连同案卷材料、证据,一并移送犯罪地的人民检察院审查决定。如果由犯罪嫌疑人居住地的人民检察院办理更为适宜的,可以移送犯罪嫌疑人居住地的人民检察院审查决定。

七、人民检察院认为直属分局移送的案件,犯罪事实已经查清,证据确实、充分,依法应当追究刑事责任的,应当依照《刑事诉讼法》有关管辖的规定向人民法院提起公诉。人民法院应当依法作出判决。

八、案情重大、复杂或者确有特殊情况需要改变管辖的,人民法院可以依照《刑事诉讼法》第23条、第26条的规定决定。

九、对经侦查不构成犯罪和人民检察院依法决定不起诉或者人民法院依法宣告无罪、免予刑事处罚的刑事案件,需要追究行政责任的,依照有关行政法规的规定,移送有关部门处理。

十、本通知自2010年1月1日起施行。2005年2月28日下发的《关于公安部证券犯罪侦查局直属分局办理证券期货领域刑事案件适用刑事诉讼程序若干问题的通知》(公通字〔2005〕11号)同时废止。

21. 最高人民法院、最高人民检察院、公安部、国家安全部、工业和信息化部、中国人民银行、中国银行业监督管理委员会《关于办理流动性团伙性跨区域性犯罪案件有关问题的意见》(公通字〔2011〕14号)

为有效惩治流动性、团伙性、跨区域性犯罪活动,保障公民合法权益,维护社会治安稳定,根据《中华人民共和国刑法》、《中华人民共和国刑事诉讼法》等有关法律规定,结合工作实际,制定本意见。

第1条 流动性、团伙性、跨区域性犯罪案件,由犯罪地的公安机关、人民检察院、人民法院管辖。如果由犯罪嫌疑人、被告人居住地的公安机关、人民检察院、人民法院管辖更为适宜的,可以由犯罪嫌疑人、被告人居住地的公安机关、人民检察院、人民法院管辖。犯罪地包括犯罪行为发生地和犯罪结果发生地。犯罪嫌疑人、被告人居住地包括经常居住地、户籍所在地。

前款中所称"犯罪行为发生地"包括被害人接到诈骗、敲诈勒索电话、短信息、电子邮件、信件、传真等犯罪信息的地方,以及犯罪行为持续发生的开始地、流转地、结束地;"犯罪结果发生地"包括被害人向犯罪嫌疑人、被告人指定的账户转账或存款的地方,以及犯罪所得的实际取得地、藏匿地、转移地、使用地、销售地。

第2条 几个公安机关都有管辖权的案件,由最初受理的公安机关管辖。对管辖有争议的,应当本着有利于查清犯罪事实,有利于诉讼的原则,协商解决。经协商无法达成一致的,报共同的上级公安机关指定管辖。

第3条 有下列情形之一的,主办地公安机关可以依照法律和有关规定对全部人员和全部案件一并立案侦查,需要提请批准逮捕、移送审查起诉、提起公诉的,由该公安机关所在地的同级人民检察院、人民法院受理:

(一)1人在两个以上县级行政区域作案的;(二)1人在一地利用电话、网络、信件等通讯工具和媒介以非接触性的方式作案,涉及两个以上县级行政区域的被害人的;(三)2人以上结伙在2个以上县级行政区域共同作案的;(四)2人以上结伙在一地利用电话、网络、信件等通讯工具和媒介以非接触性的方式共同作案,涉及2个以上县级行政区域的被害人的;(五)3人以上时分时合,交叉结伙在2个以上县级行政区域作案的;(六)跨区域实施的涉及同一犯罪对象的盗窃、抢劫、抢夺、诈骗、敲诈勒索以及掩饰、隐瞒犯罪所得、犯罪所得收益行为的。

第4条 人民检察院对于公安机关移送审查起诉的案件,人民法院对于已进入审判程序的案件,当事人、法定代理人、诉讼代理人、辩护人提出管辖异议的,或者办案单位发现没有管辖权的,受案的人民检察院、人民法院经审查,可以报请与有管辖权的人民检察院、人民法院共同的上级人民检察院、人民法院指定管辖。

第5条 办案地公安机关跨区域查询、调取银行账户、网站等信息,或者跨区域查询、冻结涉案银行存款、汇款,可以通过公安机关信息化应用系统传输加盖电子签章的办案协作函和相关法律文书及凭证,或者将办案协作函和相关法律文书及凭证电传至协作地县级以上公安机关。办理跨区域查询、调取电话信息的,由地市以上公安机关办理。

协作地公安机关接收后,经审查确认,在传来法律文书上加盖本地公安机关印章,到银行、电信等部门查询、调取相关证据或者查询、冻结银行存款、汇款,银行、电信等部门应当予以配合。

第6条 办案地公安机关夸区域调取犯罪嫌疑人、被告人的户籍证明,可以通过公安机关信息化应用系统获取,加盖本地公安机关印章。调取时不得少于2人,并应当记载调取的时间、使用的电脑等相关信息,经审核证明真实的,可以作为诉讼证据。

有下列情形之一的,应当调取原始户籍证明,但犯罪嫌疑人、被告人没有户籍或者真实姓名无法查明的除外:

(一)犯罪嫌疑人、被告人可能是未满18周岁或者已满75周岁人的;(二)可能判处5年有期徒刑以上刑罚的;(三)犯罪嫌疑人、被告人、被害人、辩护人和诉讼代理人对采取本条第1款规定方式所调取的户籍证明提出异议的。

第7条 对部分共同犯罪嫌疑人、被告人在逃的案件,现有证据能够认定已到案犯罪嫌疑人、被告人为共同犯罪的,可以先行追究已到案犯罪嫌疑人、被告人的刑事责任。

第8条 本意见所称的"流动性犯罪案件",是指跨县级行政区域连续作案,或者在居住地作案后逃跑到其他县级行政区域继续作案;"团伙性犯罪案件",是指2人以上共同作案或者3人以上交叉结伙作案;"跨区域性犯罪案件",是指犯罪案件涉及两个以上县级行政区域。

第9条 本意见所称以上、以下,包括本数在内。

第10条 国家安全机关侦办流动性、团伙性、跨区域性犯罪案件适用本意见。涉及跨区域调取有关犯罪嫌疑人户籍证明的,公安机关应予以配合。

第11条 本意见自2011年5月1日起施行。

22. 最高人民法院、最高人民检察院、公安部、中国证监会《关于办理证券期货违法犯罪案件工作若干问题的意见》(证监发〔2011〕30号)

为加强办理证券期货违法犯罪案件工作,完善行政执法与刑事司法的衔接机制,进一步

依法有效惩治证券期货违法犯罪,提出如下意见:

一、证券监管机构依据行政机关移送涉嫌犯罪案件的有关规定,在办理可能移送公安机关查处的证券期货违法案件过程中,经履行批准程序,可商请公安机关协助查询、复制被调查对象的户籍、出入境信息等资料,对有关涉案人员按照相关规定采取边控、报备措施。证券监管机构向公安机关提出请求时,应当明确协助办理的具体事项,提供案件情况及相关材料。

二、证券监管机构办理证券期货违法案件,案情重大、复杂、疑难的,可商请公安机关就案件性质、证据等问题提出参考意见;对有证据表明可能涉嫌犯罪的行为人可能逃匿或者销毁证据的,证券监管机构应当及时通知公安机关;涉嫌犯罪的,公安机关应当及时立案侦查。

三、证券监管机构与公安机关建立和完善协调会商机制。证券监管机构依据行政机关移送涉嫌犯罪案件的有关规定,在向公安机关移送重大、复杂、疑难的涉嫌证券期货犯罪案件前,应当启动协调会商机制,就行为性质认定、案件罪名适用、案件管辖等问题进行会商。

四、公安机关、人民检察院和人民法院在办理涉嫌证券期货犯罪案件过程中,可商请证券监管机构指派专业人员配合开展工作,协助查阅、复制有关专业资料。证券监管机构可以根据司法机关办案需要,依法就案件涉及的证券期货专业问题向司法机关出具认定意见。

五、司法机关对证券监管机构随案移送的物证、书证、鉴定结论、视听资料、现场笔录等证据要及时审查,作出是否立案的决定;随案移送的证据,经法定程序查证属实的,可作为定案的根据。

六、证券监管机构依据行政机关移送涉嫌犯罪案件的有关规定向公安机关移交证据,应当制作证据移交清单,双方经办人员应当签字确认,加盖公章,相关证据随证据移交清单一并移交。

七、对涉众型证券期货犯罪案件,在已收集的证据能够充分证明基本犯罪事实的前提下,公安机关可在被调查对象范围内按一定比例收集和调取书证、被害人陈述、证人证言等相关证据。

八、以证券交易所、期货交易所、证券登记结算机构、期货保证金监控机构以及证券公司、期货公司留存的证券期货委托记录和交易记录、登记存管结算资料等电子数据作为证据的,数据提供单位应以电子光盘或者其他载体记录相关原始数据,并说明制作方法、制作时间及制作人等信息,并由复制件制作人和原始电子数据持有人签名或盖章。

九、发行人、上市公司或者其他信息披露义务人在证券监管机构指定的信息披露媒体、信息披露义务人或证券交易所网站发布的信息披露公告,其打印件或据此制作的电子光盘,经核对无误后,说明其来源、制作人、制作时间、制作地点等的,可作为刑事证据使用,但有其他证据证明打印件或光盘内容与公告信息不一致的除外。

十、涉嫌证券期货犯罪的第一审案件,由中级人民法院管辖,同级人民检察院负责提起公诉,地(市)级以上公安机关负责立案侦查。

23. 最高人民法院、最高人民检察院、公安部《关于信用卡诈骗犯罪管辖有关问题的通知》(公通字〔2011〕29号)

近年来,信用卡诈骗流窜作案逐年增多,受害人在甲地申领的信用卡,被犯罪嫌疑人在乙地盗取了信用卡信息,并在丙地被提现或消费。犯罪嫌疑人企图通过空间的转换逃避刑事打击。为及时有效打击此类犯罪,现就有关案件管辖问题通知如下:对以窃取、收买等手段非法获取他人信用卡信息资料后在异地使用的信用卡诈骗犯罪案件,持卡人信用卡申领地的公安机关、人民检察院、人民法院可以依法立案侦查、起诉、审判。

24. 最高人民法院、最高人民检察院《关于贯彻执行〈关于办理证券期货违法犯罪案件工作若干问题的意见〉有关问题的通知》(法发〔2012〕8号)

最高人民法院、最高人民检察院、公安部、中国证监会《关于办理证券期货违法犯罪案件工作若干问题的意见》(证监发〔2011〕30号,以下简称《意见》)已于2011年12月下发各地执行。为正确适用《意见》,做好证券期货犯罪案件起诉审判工作,现就贯彻执行《意见》的有关问题通知如下:

一、《意见》第10条中的"证券期货犯罪",是指刑法第160条、第161条、第169条之一、第178条第2款、第179条、第180条、第181条、第182条、第185条之一第1款规定的犯罪。

二、2012年1月1日以后,证券期货犯罪的第一审案件,适用《意见》第10条的规定,由中级人民法院管辖,同级人民检察院负责提起公诉。

三、2011年12月31日以前已经提起公诉的证券期货犯罪案件,不适用《意见》第10条关于级别管辖的规定。

四、各级人民法院、人民检察院在贯彻执行《意见》的过程中,应当注意总结办案经验,加强调查研究。对于贯彻执行过程中遇到的疑难问题,请及时报告最高人民法院、最高人民检察院。最高人民法院、最高人民检察院将在进一步总结司法审判经验的基础上,通过有关工作会议、司法文件、公布典型案例等方式,对证券期货犯罪案件司法审判工作加强指导,以更好地服务经济社会发展和依法惩处证券期货违法犯罪工作的需要。

25. 最高人民法院《关于铁路运输法院案件管辖范围的若干规定》(法释〔2012〕10号)

为确定铁路运输法院管理体制改革后的案件管辖范围,根据《中华人民共和国刑事诉讼法》、《中华人民共和国民事诉讼法》,规定如下:

第1条 铁路运输法院受理同级铁路运输检察院依法提起公诉的刑事案件。

下列刑事公诉案件,由犯罪地的铁路运输法院管辖:

(一)车站、货场、运输指挥机构等铁路工作区域发生的犯罪;(二)针对铁路线路、机车车辆、通讯、电力等铁路设备、设施的犯罪;(三)铁路运输企业职工在执行职务中发生的犯罪。

在列车上的犯罪,由犯罪发生后该列车最初停靠的车站所在地或者目的地的铁路运输法院管辖;但在国际列车上的犯罪,按照我国与相关国家签订的有关管辖协定确定管辖,没有协定的,由犯罪发生后该列车最初停靠的中国车站所在地或者目的地的铁路运输法院管辖。

第2条 本规定第1条第2、3款范围内发生的刑事自诉案件,自诉人向铁路运输法院提起自诉的,铁路运输法院应当受理。

第3条 下列涉及铁路运输、铁路安全、铁路财产的民事诉讼,由铁路运输法院管辖:

(一)铁路旅客和行李、包裹运输合同纠纷;(二)铁路货物运输合同和铁路货物运输保险合同纠纷;(三)国际铁路联运合同和铁路运输企业作为经营人的多式联运合同纠纷;(四)代办托运、包装整理、仓储保管、接取送达等铁路运输延伸服务合同纠纷;(五)铁路运输企业在装卸作业、线路维修等方面发生的委外劳务、承包等合同纠纷;(六)与铁路及其附属设施的建设施工有关的合同纠纷;(七)铁路设备、设施的采购、安装、加工承揽、维护、服务等合同纠纷;(八)铁路行车事故及其他铁路运营事故造成的人身、财产损害赔偿纠纷;(九)违反铁路安全保护法律、法规,造成铁路线路、机车车辆、安全保障设施及其他财产损害的侵权纠纷;(十)因铁路建设及铁路运输引起的环境污染侵权纠纷;(十一)对铁路运输企业财产权属发生争议的纠纷。

第4条 铁路运输基层法院就本规定第1条至第2条所列案件作出的判决、裁定,当事人提起上诉或铁路运输检察院提起抗诉的二审案件,由相应的铁路运输中级法院受理。

第5条 省、自治区、直辖市高级人民法院可以指定辖区内的铁路运输基层法院受理本规定第3条以外的其他第一审民事案件,并指定该铁路运输基层法院驻在地的中级人民法院或铁路运输中级法院受理对此提起上诉的案件。此类案件发生管辖权争议的,由该高级人民法院指定管辖。

省、自治区、直辖市高级人民法院可以指定辖区内的铁路运输中级法院受理对其驻在地基层人民法院一审民事判决、裁定提起上诉的案件。

省、自治区、直辖市高级人民法院对本院及下级人民法院的执行案件,认为需要指定执行的,可以指定辖区内的铁路运输法院执行。

第6条 各高级人民法院指定铁路运输法院受理案件的范围,报最高人民法院批准后实施。

第7条 本院以前作出的有关规定与本规定不一致的,以本规定为准。

本规定施行前,各铁路运输法院依照此前的规定已经受理的案件,不再调整。

26. 公安部《公安部刑事案件管辖分工补充规定(2)》(公通字〔2012〕10号)

(公通字〔2020〕9号已声明该文件废止)

27. 最高人民法院《关于适用〈中华人民共和国刑事诉讼法〉的解释》(法释〔2012〕21号)

[被最高人民法院2021年1月26日发布的《关于适用〈中华人民共和国刑事诉讼法〉的解释》(法释〔2021〕1号)废止]

28. 最高人民法院、最高人民检察院、公安部、国家安全部、司法部《关于外国人犯罪案件管辖问题的通知》(法发〔2013〕2号)

为贯彻实施好修改后刑事诉讼法关于犯罪案件管辖的规定,确保外国人犯罪案件办理质量,结合外国人犯罪案件的特点和案件办理工作实际,现就外国人犯罪案件管辖的有关事项通知如下:

一、第一审外国人犯罪案件,除刑事诉讼法第20条至第22条规定的以外,由基层人民法院管辖。外国人犯罪案件较多的地区,中级人民法院可以指定辖区内1个或者几个基层人民法院集中管辖第一审外国人犯罪案件;外国人犯罪案件较少的地区,中级人民法院可以依照刑事诉讼法第23条的规定,审理基层人民法院管辖的第一审外国人犯罪案件。

二、外国人犯罪案件的侦查,由犯罪地或者犯罪嫌疑人居住地的公安机关或者国家安全机关负责。需要逮捕犯罪嫌疑人的,由负责侦查的公安机关或者国家安全机关向所在地同级人民检察院提请批准逮捕;侦查终结需要移送审查起诉的案件,应当向侦查机关所在地的同级人民检察院移送。人民检察院受理同级侦查机关移送审查起诉的案件,按照刑事诉讼法的管辖规定和本通知要求,认为应当由上级人民检察院或者同级其他人民检察院起诉的,应当将案件移送有管辖权的人民检察院审查起诉。

三、辖区内集中管辖第一审外国人犯罪案件的基层人民法院,应当由中级人民法院商同级人民检察院、公安局、国家安全局、司法局综合考虑办案质量、效率、工作衔接配合等因素提出,分别报高级人民法院、省级人民检察院、公安厅(局)、国家安全厅(局)、司法厅(局)同意后确定,并报最高人民法院、最高人民检察院、公安部、国家安全部、司法部备案。

各高级人民法院、省级人民检察院、公安厅(局)、国家安全厅(局)要切实加强对基层人民法院、人民检察院、公安机关、国家安全机关办理外国人犯罪案件工作的监督、指导。司法行政机关要加强对外国人犯罪案件中律师辩护、代理工作的指导、监督。对于遇到的法律适用等重大问题要及时层报最高人民法院、最高人民检察院、公安部、国家安全部、司法部。

29. 最高人民法院、最高人民检察院、公安部《关于办理网络犯罪案件适用刑事诉讼程序若干问题的意见》(公通字〔2014〕10号)

(法发〔2022〕23号已声明该文件废止)

30. 最高人民法院、最高人民检察院、公安部、司法部《关于监狱办理刑事案件有关问题的规定》(司发通〔2014〕80号)

为依法惩治罪犯在服刑期间的犯罪活动,确保监狱持续安全稳定,根据有关法律规定,结

合工作实际,现就监狱办理刑事案件有关问题规定如下:

一、对监狱在押罪犯与监狱工作人员(监狱警察、工人)或者狱外人员共同犯罪案件,涉案的在押罪犯由监狱立案侦查,涉案的监狱工作人员或者狱外人员由人民检察院或者公安机关立案侦查,在侦查过程中,双方应当相互协作。侦查终结后,需要追究刑事责任的,由侦查机关分别向当地人民检察院移送审查起诉。如果案件适宜合并起诉的,有关人民检察院可以并案向人民法院提起公诉。

二、罪犯在监狱内犯罪,办理案件期间该罪犯原判刑期即将届满需要逮捕的,在侦查阶段由监狱在刑期届满前提请人民检察院审查批准逮捕,在审查起诉阶段由人民检察院决定逮捕,在审判阶段由人民法院决定逮捕;批准或者决定逮捕后,监狱将被逮捕人送监狱所在地看守所羁押。

三、罪犯在监狱内犯罪,假释期间被发现的,由审判新罪的人民法院撤销假释,并书面通知原裁定假释的人民法院和社区矫正机构。撤销假释的决定作出前,根据案件情况需要逮捕的,由人民检察院或者人民法院批准或者决定逮捕,公安机关执行逮捕,并将被逮捕人送监狱所在地看守所羁押,同时通知社区矫正机构。

刑满释放后被发现,需要逮捕的,由监狱提请人民检察院审查批准逮捕,公安机关执行逮捕后,将被逮捕人送监狱所在地看守所羁押。

四、在押罪犯脱逃后未实施其他犯罪的,由监狱立案侦查,公安机关抓获后通知原监狱押回,监狱所在地人民检察院审查起诉。罪犯脱逃期间又实施其他犯罪,在捕回监狱前发现的,由新罪犯罪地公安机关侦查新罪,并通知监狱;监狱对脱逃罪侦查终结后移送管辖新罪的公安机关,由公安机关一并移送当地人民检察院审查起诉,人民法院判决后,送当地监狱服刑,罪犯服刑的原监狱应当配合。

五、监狱办理罪犯在监狱内犯罪案件,需要相关刑事技术支持的,由监狱所在地公安机关提供协助。需要在监狱外采取侦查措施的,应当通报当地公安机关,当地公安机关应当协助实施。

31.《中华人民共和国反恐怖主义法》(2015年12月27日第十二届全国人大常委会第十八次会议通过;2018年4月27日第十三届全国人大常委会第二次会议《关于修改〈中华人民共和国国境卫生检疫法〉等六部法律的决定》修正)

第11条 对在中华人民共和国领域外对中华人民共和国国家、公民或者机构实施的恐怖活动犯罪,或者实施的中华人民共和国缔结、参加的国际条约所规定的恐怖活动犯罪,中华人民共和国行使刑事管辖权,依法追究刑事责任。

32.公安部《关于印发〈公安部刑事案件管辖分工补充规定(3)〉的通知》(公通字〔2015〕36号)

(公通字〔2020〕9号已声明该文件废止)

33.最高人民法院《关于审理发生在我国管辖海域相关案件若干问题的规定(1)》(法释〔2016〕16号)

为维护我国领土主权、海洋权益,平等保护中外当事人合法权利,明确我国管辖海域的司法管辖与法律适用,根据《中华人民共和国领海及毗连区法》《中华人民共和国专属经济区和大陆架法》《中华人民共和国刑法》《中华人民共和国出境入境管理法》《中华人民共和国治安管理处罚法》《中华人民共和国刑事诉讼法》《中华人民共和国民事诉讼法》《中华人民共和国海事诉讼特别程序法》《中华人民共和国行政诉讼法》及中华人民共和国缔结或者参加的有关国际条约,结合审判实际,制定本规定。

第1条 本规定所称我国管辖海域,是指中华人民共和国内水、领海、毗连区、专属经济区、大陆架,以及中华人民共和国管辖的其他海域。

第2条 中国公民或组织在我国与有关国家缔结的协定确定的共同管理的渔区或公海从事捕捞等作业的,适用本规定。

第3条 中国公民或者外国人在我国管辖海域实施非法猎捕、杀害珍贵濒危野生动物或者非法捕捞水产品等犯罪的,依照我国刑法追究刑事责任。

第4条 有关部门依据出境入境管理法、治安管理处罚法,对非法进入我国内水从事渔业生产或者渔业资源调查的外国人,作出行政强制措施或行政处罚决定,行政相对人不服的,可分别依据出境入境管理法第64条和治安管理处罚法第102条的规定,向有关机关申请复议或向有管辖权的人民法院提起行政诉讼。

第5条 因在我国管辖海域内发生海损事故,请求损害赔偿提起的诉讼,由管辖该海域的海事法院、事故船舶最先到达地的海事法院、船舶被扣押地或者被告住所地海事法院管辖。

因在公海等我国管辖海域外发生海损事故,请求损害赔偿在我国法院提起的诉讼,由事故船舶最先到达地、船舶被扣押地或者被告住所地海事法院管辖。

事故船舶为中华人民共和国船舶的,还可以由船籍港所在地海事法院管辖。

第6条 在我国管辖海域内,因海上航运、渔业生产及其他海上作业造成污染,破坏海洋生态环境,请求损害赔偿提起的诉讼,由管辖该海域的海事法院管辖。

污染事故发生在我国管辖海域外,对我国管辖海域造成污染或污染威胁,请求损害赔偿或者预防措施费用提起的诉讼,由管辖该海域的海事法院或采取预防措施地的海事法院管辖。

第7条 本规定施行后尚未审结的案件,适用本规定;本规定施行前已经终审,当事人申请再审或者按照审判监督程序决定再审的案件,不适用本规定。

第8条 本规定自2016年8月2日起施行。

34.最高人民法院《关于审理发生在我国管辖海域相关案件若干问题的规定(2)》(法释〔2016〕17号)

为正确审理发生在我国管辖海域相关案件,维护当事人合法权益,根据《中华人民共和国刑法》《中华人民共和国渔业法》《中华人民共和国民事诉讼法》《中华人民共和国刑事诉讼法》《中华人民共和国行政诉讼法》,结合审判实际,制定本规定。

第1条 当事人因船舶碰撞、海洋污染等事故受到损害,请求侵权人赔偿渔船、渔具、渔货损失以及收入损失的,人民法院应予支持。

当事人违反渔业法第23条,未取得捕捞许可证从事海上捕捞作业,依照前款规定主张收入损失的,人民法院不予支持。

第2条 人民法院在审判执行工作中,发现违法行为,需要有关单位对其依法处理的,应及时向相关单位提出司法建议,必要时可以抄送该单位的上级机关或者主管部门。违法行为涉嫌犯罪的,依法移送刑事侦查部门处理。

第3条 违反我国国(边)境管理法规,非法进入我国领海,具有下列情形之一的,应当认定为刑法第322条规定的"情节严重":

(一)经驱赶拒不离开的;(二)被驱离后又非法进入我国领海的;(三)因非法进入我国领海被行政处罚或者被刑事处罚后,1年内又非法进入我国领海的;(四)非法进入我国领海从事捕捞水产品等活动,尚不构成非法捕捞水产品等犯罪的;(五)其他情节严重的情形。

第4条 违反保护水产资源法规,在海洋水域,在禁渔区、禁渔期或者使用禁用的工具、方法捕捞水产品,具有下列情形之一的,应当认定为刑法第340条规定的"情节严重":

(一)非法捕捞水产品1万公斤以上或者价值10万元以上的;(二)非法捕捞有重要经济

价值的水生动物苗种、怀卵亲体2000公斤以上或者价值2万元以上的;(三)在水产种质资源保护区内捕捞水产品2000公斤以上或者价值2万元以上的;(四)在禁渔区内使用禁用的工具或者方法捕捞的;(五)在禁渔期内使用禁用的工具或者方法捕捞的;(六)在公海使用禁用渔具从事捕捞作业,造成严重影响的;(七)其他情节严重的情形。

第5条 非法采捕珊瑚、砗磲或者其他珍贵、濒危水生野生动物,具有下列情形之一的,应当认定为刑法第341条第1款规定的"情节严重":

(一)价值在50万元以上的;(二)非法获利20万元以上的;(三)造成海域生态环境严重破坏的;(四)造成严重国际影响的;(五)其他情节严重的情形。

实施前款规定的行为,具有下列情形之一的,应当认定为刑法第341条第1款规定的"情节特别严重":

(一)价值或者非法获利达到本条第1款规定标准5倍以上的;(二)价值或者非法获利达到本条第1款规定的标准,造成海域生态环境严重破坏的;(三)造成海域生态环境特别严重破坏的;(四)造成特别严重国际影响的;(五)其他情节特别严重的情形。

第6条 非法收购、运输、出售珊瑚、砗磲或者其他珍贵、濒危水生野生动物及其制品,具有下列情形之一的,应当认定为刑法第341条第1款规定的"情节严重":

(一)价值在50万元以上的;(二)非法获利在20万元以上的;(三)具有其他严重情节的。

非法收购、运输、出售珊瑚、砗磲或者其他珍贵、濒危水生野生动物及其制品,具有下列情形之一的,应当认定为刑法第341条第1款规定的"情节特别严重":

(一)价值在250万元以上的;(二)非法获利在100万元以上的;(三)具有其他特别严重情节的。

第7条 对案件涉及的珍贵、濒危水生野生动物的种属难以确定的,由司法鉴定机构出具鉴定意见,或者由国务院渔业行政主管部门指定的机构出具报告。

珍贵、濒危水生野生动物或者其制品的价值,依照国务院渔业行政主管部门的规定核定。核定价值低于实际交易价格的,以实际交易价格认定。

本解释所称珊瑚、砗磲,是指列入《国家重点保护野生动物名录》中国家1、2级保护的,以及列入《濒危野生动植物种国际贸易公约》附录1、附录2中的珊瑚、砗磲的所有种,包括活体和死体。

第8条 实施破坏海洋资源犯罪行为,同时构成非法捕捞罪、非法猎捕、杀害珍贵、濒危野生动物罪、组织他人偷越国(边)境罪、偷越国(边)境罪等犯罪的,依照处罚较重的规定定罪处罚。

有破坏海洋资源犯罪行为,又实施走私、妨害公务等犯罪的,依照数罪并罚的规定处理。

第9条 行政机关在行政诉讼中提交的于中华人民共和国领域外形成的,符合我国相关法律规定的证据,可以作为人民法院认定案件事实的依据。

下列证据不得作为定案依据:

(一)调查人员不具有所在国法律规定的调查权;(二)证据调查过程不符合所在国法律规定,或者违反我国法律、法规的禁止性规定;(三)证据不完整,或保管过程存在瑕疵,不能排除篡改可能的;(四)提供的证据为复制件、复制品,无法与原件核对,且所在国执法部门亦未提供证明复制件、复制品与原件一致的公函;(五)未履行中华人民共和国与该国订立的有关条约中规定的证明手续,或者未经所在国公证机关证明,并经中华人民共和国驻该国使领馆认证;(六)不符合证据真实性、合法性、关联性的其他情形。

第10条 行政相对人未依法取得捕捞许可证擅自进行捕捞,行政机关认为该行为构成渔业法第41条规定的"情节严重"情形的,人民法院应当从以下方面综合审查,并作出认定:

(一)是否未依法取得渔业船舶检验证书或渔业船舶登记证书;(二)是否故意遮挡、涂改船名、船籍港;(三)是否标写伪造、变造的渔业船舶船名、船籍港,或者使用伪造、变造的渔业船舶证书;(四)是否标写其他合法渔业船舶的船名、船籍港或者使用其他渔业船舶证书;(五)是否非法安装挖捕珊瑚等国家重点保护水生野生动物设施;(六)是否使用相关法律、法规、规章禁用的方法实施捕捞;(七)是否非法捕捞水产品、非法捕捞有重要经济价值的水生动物苗种、怀卵亲体或者在水产种质资源保护区内捕捞水产品,数量或价值较大;(八)是否于禁渔区、禁渔期实施捕捞;(九)是否存在其他严重违法捕捞行为的情形。

第11条 行政机关对停靠在渔港,无船名、船籍港和船舶证书的船舶,采取禁止离港、指定地点停放等强制措施,行政相对人以行政机关超越法定职权为由提起诉讼的,人民法院不予支持。

第12条 无船名、无船籍港、无渔业船舶证书的船舶从事非法捕捞,行政机关经审慎调查,在无相反证据的情况下,将现场负责人或者实际负责人认定为违法行为人的,人民法院应予支持。

第13条 行政机关有证据证明行政相对人采取将装载物品倒入海中等故意毁灭证据的行为,但行政相对人予以否认的,人民法院可以根据行政相对人的行为给行政机关举证造成困难的实际情况,适当降低行政机关的证明标准或者决定由行政相对人承担相反事实的证明责任。

第14条 外国公民、无国籍人、外国组织,认为我国海洋、公安、海关、渔业行政主管部门及其所属的渔政监督管理机构等执法部门在行政执法过程中侵害其合法权益的,可以依据行政诉讼法等相关法律规定提起行政诉讼。

第15条 本规定施行后尚未审结的一审、二审案件,适用本规定;本规定施行前已经终审,当事人申请再审或者按照审判监督程序决定再审的案件,不适用本规定。

第16条 本规定自2016年8月2日起施行。

35.最高人民法院、最高人民检察院、公安部《关于办理电信网络诈骗等刑事案件适用法律若干问题的意见》(法发〔2016〕32号)

五、依法确定案件管辖

(一)电信网络诈骗犯罪案件一般由犯罪地公安机关立案侦查,如果由犯罪嫌疑人居住地公安机关立案侦查更为适宜的,可以由犯罪嫌疑人居住地公安机关立案侦查。犯罪地包括犯罪行为发生地和犯罪结果发生地。

"犯罪行为发生地"包括用于电信网络诈骗犯罪的网站服务器所在地,网站建立者、管理者所在地,被侵害的计算机信息系统或其管理者所在地,犯罪嫌疑人、被害人使用的计算机信息系统所在地,诈骗电话、短信息、电子邮件等的拨打地、发送地、到达地、接受地,以及诈骗行为持续发生的实施地、预备地、开始地、途经地、结束地。

"犯罪结果发生地"包括被害人被骗时所在地,以及诈骗所得财物的实际取得地、藏匿地、转移地、使用地、销售地等。

(二)电信网络诈骗最初发现地公安机关侦办的案件,诈骗数额当时未达到"数额较大"标准,但后续累计达到"数额较大"标准,可由最初发现地公安机关立案侦查。

(三)具有下列情形之一的,有关公安机关可以在其职责范围内并案侦查:

1. 1人犯数罪的;

2. 共同犯罪的;

3. 共同犯罪的犯罪嫌疑人还实施其他犯罪的;

4. 多个犯罪嫌疑人实施的犯罪存在直接关联,并案处理有利于查明案件事实的。

（四）对因网络交易、技术支持、资金支付结算等关系形成多层级链条、跨区域的电信网络诈骗等犯罪案件，可由共同上级公安机关按照有利于查清犯罪事实、有利于诉讼的原则，指定有关公安机关立案侦查。

（五）多个公安机关都有权立案侦查的电信网络诈骗等犯罪案件，由最初受理的公安机关或者主要犯罪地公安机关立案侦查。有争议的，按照有利于查清犯罪事实、有利于诉讼的原则，协商解决。经协商无法达成一致的，由共同上级公安机关指定有关公安机关立案侦查。

（六）在境外实施的电信网络诈骗等犯罪案件，可由公安部按照有利于查清犯罪事实、有利于诉讼的原则，指定有关公安机关立案侦查。

（七）公安机关立案、并案侦查，或因有争议，由共同上级公安机关指定立案侦查的案件，需要提请批准逮捕、移送审查起诉、提起公诉的，由该公安机关所在地的人民检察院、人民法院受理。

对重大疑难复杂案件和境外案件，公安机关应在指定立案侦查前，向同级人民检察院、人民法院通报。

（八）已确定管辖的电信诈骗共同犯罪案件，在逃的犯罪嫌疑人归案后，一般由原管辖的公安机关、人民检察院、人民法院管辖。（全文详见本书《刑法》第266条相关内容）

36. 最高人民检察院《关于人民检察院立案侦查司法工作人员相关职务犯罪案件若干问题的规定》（2018年11月24日）

2018年10月26日，第十三届全国人民代表大会常务委员会第六次会议审议通过了《关于修改〈中华人民共和国刑事诉讼法〉的决定》。修改后的《刑事诉讼法》第19条第2款规定："人民检察院在对诉讼活动实行法律监督中发现的司法工作人员利用职权实施的非法拘禁、刑讯逼供、非法搜查等侵犯公民权利、损害司法公正的犯罪，可以由人民检察院立案侦查。"为做好人民检察院与监察机关员会案件管辖范围的衔接，对在诉讼监督中发现的司法工作人员利用职权实施的侵犯公民权利、损害司法公正的犯罪依法履行侦查职责，作出如下规定：

一、案件管辖范围

人民检察院在对诉讼活动实行法律监督中，发现司法工作人员涉嫌利用职权实施的下列侵犯公民权利、损害司法公正的犯罪案件，可以立案侦查：

1. 非法拘禁罪（刑法第238条）（非司法工作人员除外）；
2. 非法搜查罪（刑法第245条）（非司法工作人员除外）；
3. 刑讯逼供罪（刑法第247条）；
4. 暴力取证罪（刑法第247条）；
5. 虐待被监管人罪（刑法第248条）；
6. 滥用职权罪（刑法第397条）（非司法工作人员滥用职权侵犯公民权利、损害司法公正的情形除外）；
7. 玩忽职守罪（刑法第397条）（非司法工作人员玩忽职守侵犯公民权利、损害司法公正的情形除外）；
8. 徇私枉法罪（刑法第399条第1款）；
9. 民事、行政枉法裁判罪（刑法第399条第2款）；
10. 执行判决、裁定失职罪（刑法第399条第3款）；
11. 执行判决、裁定滥用职权罪（刑法第399条第3款）；
12. 私放在押人员罪（刑法第400条第1款）；
13. 失职致使在押人员脱逃罪（刑法第400条第2款）；
14. 徇私舞弊减刑、假释、暂予监外执行罪（刑法第401条）。

二、级别管辖和侦查部门

本规定所列犯罪案件,由设区的市级人民检察院立案侦查。基层人民检察院发现犯罪线索的,应当报设区的市级人民检察院决定立案侦查。设区的市级人民检察院也可以将案件交由基层人民检察院立案侦查,或者由基层人民检察院协助侦查。最高人民检察院、省级人民检察院发现犯罪线索的,可以自行决定立案侦查,也可以将案件线索交由指定的省级人民检察院、设区的市级人民检察院立案侦查。

本规定所列犯罪案件,由人民检察院负责刑事检察工作的专门部门负责侦查。

设区的市级以上人民检察院侦查终结的案件,可以交有管辖权的基层人民法院相对应的基层人民检察院提起公诉;需要指定其他基层人民检察院提起公诉的,应当与同级人民法院协商指定管辖;依法应当由中级人民法院管辖的案件,应当由设区的市级人民检察院提起公诉。

三、案件线索的移送和互涉案件的处理

人民检察院立案侦查本规定所列犯罪时,发现犯罪嫌疑人同时涉嫌监察机关员会管辖的职务犯罪线索的,应当及时与同级监察机关员会沟通,一般应当由监察机关员会为主调查,人民检察院予以协助。经沟通,认为全案由监察机关员会管辖更为适宜的,人民检察院应当撤销案件,将案件和相应职务犯罪线索一并移送监察机关员会;认为由监察机关员会和人民检察院分别管辖更为适宜的,人民检察院应当将监察机关员会管辖的相应职务犯罪线索移送监察机关员会,对依法由人民检察院管辖的犯罪案件继续侦查。人民检察院应当及时将沟通情况报告上一级人民检察院。沟通期间,人民检察院不得停止对案件的侦查。监察机关员会和人民检察院分别管辖的案件,调查(侦查)终结前,人民检察院应当就移送审查起诉有关事宜与监察机关员会加强沟通,协调一致,由人民检察院依法对全案审查起诉。

人民检察院立案侦查本规定所列犯罪时,发现犯罪嫌疑人同时涉嫌公安机关管辖的犯罪线索的,依照现行有关法律和司法解释的规定办理。

四、办案程序

(一)人民检察院办理本规定所列犯罪案件,不再适用对直接受理立案侦查案件决定立案报上一级人民检察院备案,逮捕犯罪嫌疑人报上一级人民检察院审查决定的规定。

(二)对本规定所列犯罪案件,人民检察院拟作撤销案件、不起诉决定的,应当报上一级人民检察院审查批准。

(三)人民检察院负责刑事检察工作的专门部门办理本规定所列犯罪案件,认为需要逮捕犯罪嫌疑人的,应当由相应的刑事检察部门审查,报检察长或者检察委员会决定。

(四)人民检察院办理本规定所列犯罪案件,应当依法接受人民监督员的监督。

最高人民检察院此前印发的规范性文件与本规定不一致的,以本规定为准。

37. 最高人民法院、最高人民检察院、中国海警局《关于海上刑事案件管辖等有关问题的通知》(2020年2月20日)

为依法惩治海上犯罪,维护国家主权、安全、海洋权益和海上秩序,根据《中华人民共和国刑事诉讼法》《全国人民代表大会常务委员会关于中国海警局行使海上维权执法职权的决定》以及其他相关法律,现就海上刑事案件管辖等有关问题通知如下:

一、对海上发生的刑事案件,按照下列原则确定管辖:

(一)在中华人民共和国内水、领海发生的犯罪,由犯罪地或者被告人登陆地的人民法院管辖,如果由被告人居住地的人民法院审判更为适宜的,可以由被告人居住地的人民法院管辖;(二)在中华人民共和国领域外的中国船舶内的犯罪,由该船舶最初停泊的中国口岸所在地或者被告人登陆地、入境地的人民法院管辖;(三)中国公民在中华人民共和国领海以外的海域犯罪,由其登陆地、入境地、离境前居住地或者现居住地的人民法院管辖;被害人是中国公民的,也可以由被害人离境前居住地或者现居住地的人民法院管辖;(四)外国人在中华人民共和国领海以外的海域对中华人民共和国国家或者公民犯罪,根据《中华人民共和国刑法》应当受到处罚的,由该外国人登陆地、入境地、入境后居住地的人民法院管辖,也可以由被害人离境前居住地或者现居住地的人民法院管辖;(五)对中华人民共和国缔结或者参加的国际条约所规定的罪行,中华人民共和国在所承担的条约义务的范围内行使刑事管辖权的,由被告人被抓获地、登陆地或者入境地的人民法院管辖。

前款第1项规定的犯罪地包括犯罪行为发生地和犯罪结果发生地。前款第2项至第5项规定的入境地,包括进入我国陆地边境、领海以及航空器降落在我国境内的地点。

二、海上发生的刑事案件的立案侦查,由海警机构根据本通知第1条规定的管辖原则进行。依据第1条规定确定的管辖地未设置海警机构的,由有关海警局商同级人民检察院、人民法院指定管辖。

三、沿海省、自治区、直辖市海警局办理刑事案件,需要提请批准逮捕或者移送起诉的,依法向所在地省级人民检察院提请或者移送。

沿海省、自治区、直辖市海警局下属海警局,中国海警局各分局、直属局办理刑事案件,需要提请批准逮捕或者移送起诉的,依法向所在地设区的市级人民检察院提请或者移送。

海警工作站办理刑事案件,需要提请批准逮捕或者移送起诉的,依法向所在地基层人民检察院提请或者移送。

四、人民检察院对于海警机构移送起诉的海上刑事案件,按照刑事诉讼法、司法解释以及本通知的有关规定进行审查后,认为应当由其他人民检察院起诉的,应当将案件移送有管辖权的人民检察院。

需要按照刑事诉讼法、司法解释以及本通知的有关规定指定审判管辖的,海警机构应当在移送起诉前向人民检察院通报,由人民检察院协商同级人民法院办理指定管辖有关事宜。

五、对人民检察院提起公诉的海上刑事案件,人民法院经审查认为符合刑事诉讼法、司法解释以及本通知有关规定的,应当依法受理。

六、海警机构办理刑事案件应当主动接受检察机关监督,与检察机关建立信息共享平台,定期向检察机关通报行政执法与刑事司法衔接,刑事立案、破案,采取强制措施等情况。海警机构所在地的人民检察院依法对海警机构的刑事立案、侦查活动实行监督。

海警机构办理重大、疑难、复杂的刑事案件,可以商请人民检察院介入侦查活动,并听取人民检察院的意见和建议。人民检察院认为确有必要时,可以派员介入海警机构的侦查活动,对收集证据、适用法律提出意见,监督侦查活动是否合法,海警机构应当予以配合。

本通知自印发之日起施行。各地接本通知后,请认真贯彻执行。执行中遇到的问题,请及时分别报告最高人民法院、最高人民检察院、中国海警局。

38. 最高人民检察院《第18批指导性案例张某闵等52人电信网络诈骗案》(检例第67号;2020年4月8日)

(详见本书《刑法》第266条相关内容)

39. 公安部《关于印发〈公安部刑事案件管辖分工规定〉的通知》(公通字〔2020〕9号)

各省、自治区直辖市公安厅、局,新疆生产建设兵团公安局:

根据《刑法》《刑事诉讼法》及其他有关规定,结合国家监察体制改革、公安机关机构改革、公安部机关内设机构改革情况,从加强对刑事案件发案形势、发案规律、打防策略研究和组织、指导、监督地方公安机关办理刑事案件的实际需要出发,公安部对各有关业务部门刑事案件管辖分工进行了调整,制定了《公安部刑事案件管辖分工规定》,现印发给你们,并就确定刑事案件管辖分工的原则和有关工作要求通知如下：

一、关于确定刑事案件管辖分工的原则

（一）权责一致、分工明确。各业务部门管辖的刑事案件范围应当与其职责权限、管理职能保持一致，坚持防范与打击并重，做到权责一致、打防结合，提升发现、打击犯罪的效率和能力。（二）统一管辖、减少交叉。将同类刑事案件统一划归一个业务部门管辖，取消共同管辖的规定，避免因职责交叉引发争议或者责任不清。（三）结合实际、合理配置。统筹考虑发案形势、案件管辖历史沿革、机构职能设置以及各业务部门办案力量等实际情况，合理配置刑事案件管辖范围。

二、关于管辖的几类特殊情况

（一）关于并案管辖。各业务部门在办理本部门管辖的案件过程中，发现其他业务部门管辖的犯罪，符合《公安机关办理刑事案件程序规定》有关并案侦查规定的，可以一并办理，不再移交；对没有直接关联的案件，应当移交主管的业务部门办理。（二）关于行业公安机关管辖。根据《公安机关办理刑事案件程序规定》和行业公安机关管理体制调整情况，本规定明确了铁路公安局、海关总署缉私局和中国民用航空局公安局的管辖范围。其中，铁路公安局管辖铁路运营安全事故案，中国民用航空局公安局管辖重大飞行事故案；海关总署缉私局增加管辖逃避商检案、妨害国境卫生检疫案、妨害动植物检疫案。此外，在治安管理局管辖案件范围中规定，治安管理局指导长江航运公安机关，办理长江干线跨区域的中央管理水域发生的刑事案件。（三）关于专案和专项打击工作。各业务部门牵头办理专案或者开展专项打击工作，根据有关工作专门要求办理或者指导办理相关案件。（四）关于与其他机关共同管辖的案件。根据《刑事诉讼法》《监察法》《监狱法》等法律和有关文件的规定，部分罪名存在公安机关与监察机关、人民法院、检察机关、国家安全机关、军队保卫部门、海警机构、监狱等共同管辖的情况，工作中要根据不同的犯罪主体、发生区域、危害后果等情形，区分、确定管辖权，必要时征求有关机关意见。

三、有关工作要求

（一）明确本地管辖分工。各地公安机关根据本通知要求，结合自身机构设置情况和职责任务，抓紧确定刑事案件内部管辖分工，报上级公安机关备案，并认真贯彻执行。（二）加强办案协作配合。要正确处理管辖分工与相互配合的关系，形成打击犯罪的有效合力。各业务部门要依法积极履职，对本业务部门管辖的案件加强政策、法律研究，强化犯罪预防与打击查处。对业务部门提出的办案协助、配合请求，相关业务部门和技术部门要依照职权及时予以办理。（三）协商解决管辖争议。各级公安机关业务部门之间对案件管辖发生争议的，要从有利于打击犯罪、维护社会稳定、保护公民合法权益的角度出发，予以协商解决；达不成一致意见的，由所属公安机关确定管辖部门。

本通知自印发之日起施行。执行中遇到的问题，请及时报公安部。《公安部关于印发〈公安部刑事案件管辖分工规定〉的通知》（公通字〔1998〕80号）、《公安部关于印发〈公安部刑事案件管辖分工补充规定〉的通知》（公通字〔2008〕9号）、《公安部关于印发〈公安部刑事案件管辖分工补充规定（二）〉的通知》（公通字〔2012〕10号）、《公安部关于印发〈公安部刑事案件管辖分工补充规定（三）〉的通知》（公通字〔2015〕36号）同时废止。

《公安部最新刑事案件管辖分工规定》（公安部2020年9月1日）

根据《刑法》《刑事诉讼法》及最高人民法院、最高人民检察院、公安部、国家安全部、司法部、全国人大常委会法制工作委员会《关于实施刑事诉讼法若干问题的规定》，以及最高人民法院、最高人民检察院关于执行《刑法》确定罪名的有关司法解释等规定，结合公安部组织、指导、监督地方公安机关办理刑事案件的实际需要，对公安部刑事案件管辖分工作如下规定：

一、政治安全保卫局管辖案件范围(共30种)

(一)《刑法》分则第1章危害国家安全罪中的下列案件：

1. 背叛国家案(第102条)；
2. 分裂国家案(第103条第1款)；
3. 煽动分裂国家案(第103条第2款)；
4. 武装叛乱、暴乱案(第104条)；
5. 颠覆国家政权案(第105条第1款)；
6. 煽动颠覆国家政权案(第105条第2款)；
7. 资助危害国家安全犯罪活动案(第107条)；
8. 投敌叛变案(第108条)；
9. 叛逃案(第109条)；
10. 间谍案(第110条)；
11. 为境外窃取、刺探、收买、非法提供国家秘密、情报案(第111条)；
12. 资敌案(第112条)；

(二)《刑法》分则第2章危害公共安全罪中的下列案件：

13. 宣扬极端主义案(第120条之三)；
14. 利用极端主义破坏法律实施案(第120条之四)；
15. 强制穿戴宣扬极端主义服饰、标志案(第120条之五)；
16. 非法持有宣扬极端主义物品案(第120条之六)；

(三)《刑法》分则第4章侵犯公民人身权利、民主权利罪中的下列案件：

17. 诽谤案(告诉才处理的除外)(第246条)；
18. 煽动民族仇恨、民族歧视案(第249条)；
19. 出版歧视、侮辱少数民族作品案(第250条)；

(四)《刑法》分则第6章妨害社会管理秩序罪中的下列案件：

第一节　扰乱公共秩序罪中的下列案件：

20. 非法获取国家秘密案(第282条第1款)；
21. 非法持有国家绝密、机密文件、资料、物品案(第282条第2款)；
22. 非法生产、销售专用间谍器材案(第283条)；
23. 非法使用窃听、窃照专用器材案(第284条)；
24. 侮辱国旗、国徽案(第299条第1款)；
25. 侮辱国歌案(第299条第2款)；

第二节　妨害司法罪中的下列案件：

26. 拒绝提供间谍犯罪、极端主义犯罪证据案(第311条)；

(五)《刑法》分则第7章危害国防利益罪中的下列案件：

27. 战时故意提供虚假敌情案(第377条)；
28. 战时造谣扰乱军心案(第378条)；

(六)《刑法》分则第9章渎职罪中的下列案件：

29. 故意泄露国家秘密案(第398条第2款)；
30. 过失泄露国家秘密案(第398条第2款)；

二、经济犯罪侦查局管辖案件范围(共77种)

(一)《刑法》分则第2章危害公共安全罪中的下列案件：

1. 帮助恐怖活动案(以资助方式实施的帮助行为,第120条之一第1款);

(二)《刑法》分则第3章破坏社会主义市场经济秩序罪中的下列案件:

第二节 走私罪中的下列案件:

2. 走私假币案(第151条第1款);

第三节 妨害对公司、企业的管理秩序罪中的下列案件:

3. 虚报注册资本案(第158条);
4. 虚假出资、抽逃出资案(第159条);
5. 欺诈发行股票、债券案(第160条);
6. 违规披露、不披露重要信息案(第161条);
7. 妨害清算案(第162条);
8. 隐匿、故意销毁会计凭证、会计账簿、财务会计报告案(第162条之一);
9. 虚假破产案(第162条之二);
10. 非国家工作人员受贿案(第163条);
11. 对非国家工作人员行贿案(第164条第1款);
12. 对外国公职人员、国际公共组织官员行贿案(第164条第2款);
13. 背信损害上市公司利益案(第169条之一);

第四节 破坏金融管理秩序罪中的下列案件:

14. 伪造货币案(第170条);
15. 出售、购买、运输假币案(第171条第1款);
16. 金融工作人员购买假币、以假币换取货币案(第171条第2款);
17. 持有、使用假币案(第172条);
18. 变造货币案(第173条);
19. 擅自设立金融机构案(第174条第1款);
20. 伪造、变造、转让金融机构经营许可证、批准文件案(第174条第2款);
21. 高利转贷案(第175条);
22. 骗取贷款、票据承兑、金融票证案(第175条之一);
23. 非法吸收公众存款案(第176条);
24. 伪造、变造金融票证案(第177条);
25. 妨害信用卡管理案(第177条之一第1款);
26. 窃取、收买、非法提供信用卡信息案(第177条之一第2款);
27. 伪造、变造国家有价证券案(第178条第1款);
28. 伪造、变造股票、公司、企业债券案(第178条第2款);
29. 擅自发行股票、公司、企业债券案(第179条);
30. 内幕交易、泄露内幕信息案(第180条第1款);
31. 利用未公开信息交易案(第180条第4款);
32. 编造并传播证券、期货交易虚假信息案(第181条第1款);
33. 诱骗投资者买卖证券、期货合约案(第181条第2款);
34. 操纵证券、期货市场案(第182条);
35. 背信运用受托财产案(第185条之一第1款);
36. 违法运用资金案(第185条之一第2款);
37. 违法发放贷款案(第186条);
38. 吸收客户资金不入账案(第187条);

39. 违规出具金融票证案(第 188 条);

40. 对违法票据承兑、付款、保证案(第 189 条);

41. 骗购外汇案(《全国人民代表大会常务委员会关于惩治骗购外汇、逃汇和非法买卖外汇犯罪的决定》第 1 条);

42. 逃汇案(第 190 条);

43. 洗钱案(第 191 条);

第五节 金融诈骗罪中的下列案件:

44. 集资诈骗案(第 192 条);

45. 贷款诈骗案(第 193 条);

46. 票据诈骗案(第 194 条第 1 款);

47. 金融凭证诈骗案(第 194 条第 2 款);

48. 信用证诈骗案(第 195 条);

49. 信用卡诈骗案(第 196 条);

50. 有价证券诈骗案(第 197 条);

51. 保险诈骗案(第 198 条);

第六节 危害税收征管罪中的下列案件:

52. 逃税案(第 201 条);

53. 抗税案(第 202 条);

54. 逃避追缴欠税案(第 203 条);

55. 骗取出口退税案(第 204 条);

56. 虚开增值税专用发票、用于骗取出口退税、抵扣税款发票案(第 205 条);

57. 虚开发票案(第 205 条之一);

58. 伪造、出售伪造的增值税专用发票案(第 206 条);

59. 非法出售增值税专用发票案(第 207 条);

60. 非法购买增值税专用发票、购买伪造的增值税专用发票案(第 208 条第 1 款);

61. 非法制造、出售非法制造的用于骗取出口退税、抵扣税款发票案(第 209 条第 1 款);

62. 非法制造、出售非法制造的发票案(第 209 条第 2 款);

63. 非法出售用于骗取出口退税、抵扣税款发票案(第 209 条第 3 款);

64. 非法出售发票案(第 209 条第 4 款);

65. 持有伪造的发票案(第 210 条之一);

第八节 扰乱市场秩序罪中的下列案件:

66. 损害商业信誉、商品声誉案(第 221 条);

67. 虚假广告案(第 222 条);

68. 串通投标案(第 223 条);

69. 合同诈骗案(第 224 条);

70. 组织、领导传销活动案(第 224 条之一);

71. 非法经营案(第 225 条);

72. 非法转让、倒卖土地使用权案(第 228 条);

73. 提供虚假证明文件案(第 229 条第 1 款);

74. 出具证明文件重大失实案(第 229 条第 3 款);

(三)《刑法》分则第 5 章侵犯财产罪中的下列案件:

75. 职务侵占案(第 271 条第 1 款);

76. 挪用资金案(第272条第1款);

(四)《刑法》分则第6章妨害社会管理秩序罪中的下列案件:

第二节　妨害司法罪中的下列案件:

77. 虚假诉讼案(第307条之一);

三、治安管理局管辖案件范围(共76种)

(一)《刑法》分则第2章危害公共安全罪中的下列案件:

1. 非法制造、买卖、运输、储存危险物质案(第125条第2款);
2. 违规制造、销售枪支案(第126条);
3. 非法持有、私藏枪支、弹药案(第128条第1款);
4. 非法出租、出借枪支案(第128条第2款、第3款);
5. 丢失枪支不报案(第129条);
6. 非法携带枪支、弹药、管制刀具、危险物品危及公共安全案(第130条);
7. 重大责任事故案(第134条第1款);
8. 强令违章冒险作业案(第134条第2款);
9. 重大劳动安全事故案(第135条);
10. 大型群众性活动重大安全事故案(第135条之一);
11. 危险物品肇事案(第136条);
12. 工程重大安全事故案(第137条);
13. 教育设施重大安全事故案(第138条);
14. 不报、谎报安全事故案(第139条之一);

(二)《刑法》分则第3章破坏社会主义市场经济秩序罪中的下列案件:

第二节　走私罪中的下列案件:

15. 走私淫秽物品案(第152条第1款);

第八节　扰乱市场秩序罪中的下列案件:

16. 强迫交易案(第226条);
17. 伪造、倒卖伪造的有价票证案(第227条第1款);
18. 倒卖车票、船票案(第227条第2款);

(三)《刑法》分则第4章侵犯公民人身权利、民主权利罪中的下列案件:

19. 强迫劳动案(第244条);
20. 雇用童工从事危重劳动案(第244条之一);

(四)《刑法》分则第5章侵犯财产罪中的下列案件:

21. 故意毁坏财物案(第275条);
22. 破坏生产经营案(第276条);
23. 拒不支付劳动报酬案(第276条之一);

(五)《刑法》分则第6章妨害社会管理秩序罪中的下列案件:

第一节　扰乱公共秩序罪中的下列案件:

24. 非法生产、买卖警用装备案(第281条);
25. 代替考试案(第284条之一第4款);
26. 聚众扰乱社会秩序案(第290条第1款);
27. 聚众冲击国家机关案(第290条第2款);
28. 扰乱国家机关工作秩序案(第290条第3款);
29. 组织、资助非法聚集案(第290条第4款);

30. 聚众扰乱公共场所秩序、交通秩序案（第 291 条）；
31. 聚众斗殴案（第 292 条）；
32. 寻衅滋事案（第 293 条）；
33. 非法集会、游行、示威案（第 296 条）；
34. 非法携带武器、管制刀具、爆炸物参加集会、游行、示威案（第 297 条）；
35. 破坏集会、游行、示威案（第 298 条）；
36. 聚众淫乱案（第 301 条第 1 款）；
37. 引诱未成年人聚众淫乱案（第 301 条第 2 款）；
38. 赌博案（第 303 条第 1 款）；
39. 开设赌场案（第 303 条第 2 款）；
40. 故意延误投递邮件案（第 304 条）；

第四节　妨害文物管理罪中的下列案件：

41. 故意损毁文物案（第 324 条第 1 款）；
42. 故意损毁名胜古迹案（第 324 条第 2 款）；
43. 过失损毁文物案（第 324 条第 3 款）；

第五节　危害公共卫生罪中的下列案件：

44. 妨害传染病防治案（第 330 条）；
45. 非法组织卖血案（第 333 条）；
46. 强迫卖血案（第 333 条）；
47. 非法采集、供应血液、制作、供应血液制品案（第 334 条第 1 款）；
48. 采集、供应血液、制作、供应血液制品事故案（第 334 条第 2 款）；
49. 医疗事故案（第 335 条）；
50. 非法行医案（第 336 条第 1 款）；
51. 非法进行节育手术案（第 336 条第 2 款）；

第八节　组织、强迫、引诱、容留、介绍卖淫罪中的下列案件：

52. 组织卖淫案（第 358 条第 1 款）；
53. 强迫卖淫案（第 358 条第 1 款）；
54. 协助组织卖淫案（第 358 条第 4 款）；
55. 引诱、容留、介绍卖淫案（第 359 条第 1 款）；
56. 引诱幼女卖淫案（第 359 条第 2 款）；
57. 传播性病案（第 360 条）；

第九节　制作、贩卖、传播淫秽物品罪中的下列案件：

58. 制作、复制、出版、贩卖、传播淫秽物品牟利案（第 363 条第 1 款）；
59. 为他人提供书号出版淫秽书刊案（第 363 条第 2 款）；
60. 传播淫秽物品案（第 364 条第 1 款）；
61. 组织播放淫秽音像制品案（第 364 条第 2 款）；
62. 组织淫秽表演案（第 365 条）；

（六）《刑法》分则第 7 章危害国防利益罪中的下列案件：

63. 故意提供不合格武器装备、军事设施案（第 370 条第 1 款）；
64. 过失提供不合格武器装备、军事设施案（第 370 条第 2 款）；
65. 聚众冲击军事禁区案（第 371 条第 1 款）；
66. 聚众扰乱军事管理区秩序案（第 371 条第 2 款）；

67. 煽动军人逃离部队案(第373条);
68. 雇用逃离部队军人案(第373条);
69. 接送不合格兵员案(第374条);
70. 非法生产、买卖武装部队制式服装案(第375条第2款);
71. 伪造、盗窃、买卖、非法提供、非法使用武装部队专用标志案(第375条第3款);
72. 战时拒绝、逃避征召、军事训练案(第376条第1款);
73. 战时拒绝、逃避服役案(第376条第2款);
74. 战时窝藏逃离部队军人案(第379条);
75. 战时拒绝、故意延误军事订货案(第380条);
76. 战时拒绝军事征收、征用案(第381条);

治安管理局指导长江航运公安机关,办理长江干线跨区域的中央管理水域发生的刑事案件。

四、防范和处理邪教犯罪工作局管辖案件范围(共2种)

《刑法》分则第6章第1节扰乱公共秩序罪中的下列案件:

1. 组织、利用会道门、邪教组织、利用迷信破坏法律实施案(第300条第1款);
2. 组织、利用会道门、邪教组织、利用迷信致人重伤、死亡案(第300条第2款);

五、刑事侦查局管辖案件范围(共119种)

(一)《刑法》分则第2章危害公共安全罪中的下列案件:

1. 放火案(第114条、第115条第1款);
2. 决水案(第114条、第115条第1款);
3. 爆炸案(第114条、第115条第1款);
4. 投放危险物质案(第114条、第115条第1款);
5. 以危险方法危害公共安全案(第114条、第115条第1款);
6. 失火案(第115条第2款);
7. 过失决水案(第115条第2款);
8. 过失爆炸案(第115条第2款);
9. 过失投放危险物质案(第115条第2款);
10. 过失以危险方法危害公共安全案(第115条第2款);
11. 破坏交通工具案(第116条、第119条第1款);
12. 破坏交通设施案(第117条、第119条第1款);
13. 破坏电力设备案(第118条、第119条第1款);
14. 破坏易燃易爆设备案(第118条、第119条第1款);
15. 过失损坏交通工具案(第119条第2款);
16. 过失损坏交通设施案(第119条第2款);
17. 过失损坏电力设备案(第119条第2款);
18. 过失损坏易燃易爆设备案(第119条第2款);
19. 劫持航空器案(第121条);
20. 劫持船只、汽车案(第122条);
21. 暴力危及飞行安全案(第123条);
22. 破坏广播电视设施、公用电信设施案(第124条第1款);
23. 过失损坏广播电视设施、公用电信设施案(第124条第2款);
24. 非法制造、买卖、运输、邮寄、储存枪支、弹药、爆炸物案(第125条第1款);
25. 盗窃、抢夺枪支、弹药、爆炸物、危险物质案(第127条第1款);

26. 抢劫枪支、弹药、爆炸物、危险物质案(第127条第2款);
27. 消防责任事故案(第139条);

(二)《刑法》分则第3章第2节走私罪中的下列案件:

28. 走私武器、弹药案(第151条第1款);
29. 走私核材料案(第151条第1款);
30. 走私文物案(第151条第2款);
31. 走私贵重金属案(第151条第2款);
32. 走私珍贵动物、珍贵动物制品案(第151条第2款);
33. 走私国家禁止进出口的货物、物品案(第151条第3款);
34. 走私废物案(第152条第2款);

(三)《刑法》分则第4章侵犯公民人身权利、民主权利罪中的下列案件:

35. 故意杀人案(第232条);
36. 过失致人死亡案(第233条);
37. 故意伤害案(第234条);
38. 组织出卖人体器官案(第234条之一第1款);
39. 过失致人重伤案(第235条);
40. 强奸案(第236条);
41. 强制猥亵、侮辱案(第237条第1款、第2款);
42. 猥亵儿童案(第237条第3款);
43. 非法拘禁案(第238条);
44. 绑架案(第239条);
45. 拐卖妇女、儿童案(第240条);
46. 收买被拐卖的妇女、儿童案(第241条);
47. 聚众阻碍解救被收买的妇女、儿童案(第242条第2款);
48. 诬告陷害案(第243条);
49. 非法搜查案(第245条);
50. 非法侵入住宅案(第245条);
51. 侮辱案(告诉才处理的除外)(第246条);
52. 侵犯通信自由案(第252条);
53. 私自开拆、隐匿、毁弃邮件、电报案(第253条第1款);
54. 破坏选举案(第256条);
55. 暴力干涉婚姻自由案(告诉才处理的除外)(第257条);
56. 重婚案(第258条);
57. 破坏军婚案(第259条第1款);
58. 虐待案(第260条);
59. 虐待被监护、看护人案(第260条之一);
60. 遗弃案(第261条);
61. 拐骗儿童案(第262条);
62. 组织残疾人、儿童乞讨案(第262条之一);
63. 组织未成年人进行违反治安管理活动案(第262条之二);

(四)《刑法》分则第5章侵犯财产罪中的下列案件:

64. 抢劫案(第263条);

65. 盗窃案(第264条);
66. 诈骗案(第266条);
67. 抢夺案(第267条);
68. 聚众哄抢案(第268条);
69. 敲诈勒索案(第274条);

(五)《刑法》分则第6章妨害社会管理秩序罪中的下列案件:

第一节　扰乱公共秩序罪中的下列案件:

70. 妨害公务案(第277条);
71. 煽动暴力抗拒法律实施案(第278条);
72. 招摇撞骗案(第279条);
73. 伪造、变造、买卖国家机关公文、证件、印章案(第280条第1款);
74. 盗窃、抢夺、毁灭国家机关公文、证件、印章案(第280条第1款);
75. 伪造公司、企业、事业单位、人民团体印章案(第280条第2款);
76. 伪造、变造、买卖身份证件案(第280条第3款);
77. 使用虚假身份证件、盗用身份证件案(第280条之一);
78. 非法生产、销售窃听、窃照专用器材案(第283条);
79. 扰乱无线电通讯管理秩序案(第288条);
80. 投放虚假危险物质案(第291条之一第1款);
81. 编造、故意传播虚假恐怖信息案(第291条之一第1款);
82. 组织、领导、参加黑社会性质组织案(第294条第1款);
83. 入境发展黑社会组织案(第294条第2款);
84. 包庇、纵容黑社会性质组织案(第294条第3款);
85. 传授犯罪方法案(第295条);
86. 盗窃、侮辱、故意毁坏尸体、尸骨、骨灰案(第302条);

第二节　妨害司法罪中的下列案件:

87. 伪证案(第305条);
88. 辩护人、诉讼代理人毁灭证据、伪造证据、妨害作证案(第306条);
89. 妨害作证案(第307条第1款);
90. 帮助毁灭、伪造证据案(第307条第2款);
91. 打击报复证人案(第308条);
92. 泄露不应公开的案件信息案(第308条之一第1款);
93. 披露、报道不应公开的案件信息案(第308条之一第3款);
94. 扰乱法庭秩序案(第309条);
95. 窝藏、包庇案(第310条);
96. 掩饰、隐瞒犯罪所得、犯罪所得收益案(第312条);
97. 拒不执行判决、裁定案(第313条);
98. 非法处置查封、扣押、冻结的财产案(第314条);
99. 破坏监管秩序案(第315条);
100. 脱逃案(第316条第1款);
101. 劫夺被押解人员案(第316条第2款);
102. 组织越狱案(第317条第1款);
103. 暴动越狱案(第317条第2款);

104. 聚众持械劫狱案(第 317 条第 2 款);

第三节　妨害国(边)境管理罪中的下列案件:

105. 破坏永久性测量标志案(第 323 条);

第四节　妨害文物管理罪中的下列案件:

106. 非法向外国人出售、赠送珍贵文物案(第 325 条);

107. 倒卖文物案(第 326 条);

108. 非法出售、私赠文物藏品案(327 条);

109. 盗掘古文化遗址、古墓葬案(第 328 条第 1 款);

110. 盗掘古人类化石、古脊椎动物化石案(第 328 条第 2 款);

111. 抢夺、窃取国有档案案(第 329 条第 1 款);

112. 擅自出卖、转让国有档案案(第 329 条第 2 款);

(六)《刑法》分则第 7 章危害国防利益罪中的下列案件:

113. 阻碍军人执行职务案(第 368 条第 1 款);

114. 阻碍军事行动案(第 368 条第 2 款);

115. 破坏武器装备、军事设施、军事通信案(第 369 条第 1 款);

116. 过失损坏武器装备、军事设施、军事通信案(第 369 条第 2 款);

117. 冒充军人招摇撞骗案(第 372 条);

118. 伪造、变造、买卖武装部队公文、证件、印章案(第 375 条第 1 款);

119. 盗窃、抢夺武装部队公文、证件、印章案(第 375 条第 1 款);

六、反恐怖局管辖案件范围(共 7 种)

(一)《刑法》分则第 2 章危害公共安全罪中的下列案件:

1. 组织、领导、参加恐怖组织案(第 120 条);

2. 帮助恐怖活动案(以培训招募、运送人员方式实施的帮助行为,第 120 条之一第 2 款);

3. 准备实施恐怖活动案(第 120 条之二);

4. 宣扬恐怖主义、煽动实施恐怖活动案(第 120 条之三);

5. 强制穿戴宣扬恐怖主义服饰、标志案(第 120 条之五);

6. 非法持有宣扬恐怖主义物品案(第 120 条之六);

(二)《刑法》分则第 6 章第 2 节妨害司法罪中的下列案件:

7. 拒绝提供恐怖主义犯罪证据案(第 311 条);

七、食品药品犯罪侦查局管辖案件范围(共 33 种)

(一)《刑法》分则第 3 章破坏社会主义市场经济秩序罪中的下列案件:

第一节　生产、销售伪劣商品罪中的下列案件:

1. 生产、销售伪劣产品案(第 140 条);

2. 生产、销售假药案(第 141 条);

3. 生产、销售劣药案(第 142 条);

4. 生产、销售不符合安全标准的食品案(第 143 条);

5. 生产、销售有毒、有害食品案(第 144 条);

6. 生产、销售不符合标准的医用器材案(第 145 条);

7. 生产、销售不符合安全标准的产品案(第 146 条);

8. 生产、销售伪劣农药、兽药、化肥、种子案(第 147 条);

9. 生产、销售不符合卫生标准的化妆品案(第 148 条);

第七节　侵犯知识产权罪中的下列案件：

10. 假冒注册商标案(第213条)；

11. 销售假冒注册商标的商品案(第214条)；

12. 非法制造、销售非法制造的注册商标标识案(第215条)；

13. 假冒专利案(第216条)；

14. 侵犯著作权案(第217条)；

15. 销售侵权复制品案(第218条)；

16. 侵犯商业秘密案(第219条)；

(二)《刑法》分则第6章妨害社会管理秩序罪中的下列案件：

第五节　危害公共卫生罪中的下列案件：

17. 传染病菌种、毒种扩散案(第331条)；

18. 妨害动植物防疫案(第337条)；

第六节　破坏环境资源保护罪中的下列案件：

19. 污染环境案(第338条)；

20. 非法处置进口的固体废物案(第339条第1款)；

21. 擅自进口固体废物案(第339条第2款)；

22. 非法捕捞水产品案(第340条)；

23. 非法猎捕、杀害珍贵、濒危野生动物案(第341条第1款)；

24. 非法收购、运输、出售珍贵、濒危野生动物、珍贵、濒危野生动物制品案(第341条第1款)；

25. 非法狩猎案(第341条第2款)；

26. 非法占用农用地案(第342条)；

27. 非法采矿案(第343条第1款)；

28. 破坏性采矿案(第343条第2款)；

29. 非法采伐、毁坏国家重点保护植物案(第344条)；

30. 非法收购、运输、加工、出售国家重点保护植物、国家重点保护植物制品案(第344条)；

31. 盗伐林木案(第345条第1款)；

32. 滥伐林木案(第345条第2款)；

33. 非法收购、运输盗伐、滥伐的林木案(第345条第3款)；

八、铁路公安局管辖案件范围

(一)铁路系统的机关、厂、段、院、校、所、队、工区等单位发生的刑事案件；

(二)车站工作区域内、列车内发生的刑事案件；

(三)铁路沿线发生的盗窃或者破坏铁路、通信、电力线路和其他重要设施的刑事案件；

(四)内部职工在铁路线上工作时发生的刑事案件；

(五)铁路系统的计算机信息系统延伸到地方涉及铁路业务的网点，其计算机信息系统发生的刑事案件；

(六)《刑法》分则第2章危害公共安全罪中的下列案件：

1. 铁路运营安全事故案(第132条)；

九、网络安全保卫局管辖案件范围(共11种)

(一)《刑法》分则第4章侵犯公民人身权利、民主权利罪中的下列案件：

1. 侵犯公民个人信息案(第253条之一)；

(二)《刑法》分则第6章第1节扰乱公共秩序罪中的下列案件:

2. 组织考试作弊案(第284条之一第1款);
3. 非法出售、提供试题、答案案(第284条之一第3款);
4. 非法侵入计算机信息系统案(第285条第1款);
5. 非法获取计算机信息系统数据、非法控制计算机信息系统案(第285条第2款);
6. 提供侵入、非法控制计算机信息系统程序、工具案(第285条第3款);
7. 破坏计算机信息系统案(第286条);
8. 拒不履行信息网络安全管理义务案(第286条之一);
9. 非法利用信息网络案(第287条之一);
10. 帮助信息网络犯罪活动案(第287条之二);
11. 编造、故意传播虚假信息案(第291条之一第2款);

十、海关总署缉私局管辖案件范围(共15种)

(一)海关关境内发生的《刑法》分则第3章第2节走私罪中的下列案件:

1. 走私普通货物、物品案(第153条、第154条);

(二)海关监管区内发生的《刑法》分则第3章第2节走私罪和第6章第7节走私、贩卖、运输、制造毒品罪中的下列案件:

2. 走私武器、弹药案(第151条第1款);
3. 走私核材料案(第151条第1款);
4. 走私假币案(第151条第1款);
5. 走私文物案(第151条第2款);
6. 走私贵重金属案(第151条第2款);
7. 走私珍贵动物、珍贵动物制品案(第151条第2款);
8. 走私国家禁止进出口的货物、物品案(第151条第3款);
9. 走私淫秽物品案(第152条第1款);
10. 走私废物案(第152条第2款);
11. 走私毒品案(第347条);
12. 走私制毒物品案(第350条);

(三)《刑法》分则第3章第8节扰乱市场秩序罪中的下列案件:

13. 逃避商检案(第230条);

(四)《刑法》分则第6章第5节危害公共卫生罪中的下列案件:

14. 妨害国境卫生检疫案(第332条);
15. 妨害动植物检疫案(第337条);

十一、中国民用航空局公安局管辖案件范围

(一)民航系统的机关、厂、段、院、校、所、队、工区等单位发生的刑事案件;

(二)机场工作区域内、民航飞机内发生的刑事案件;

(三)《刑法》分则第2章危害公共安全罪中的下列案件:

1. 重大飞行事故案(第131条);

十二、交通管理局管辖案件范围(共2种)

《刑法》分则第2章危害公共安全罪中的下列案件:

1. 交通肇事案(第133条);
2. 危险驾驶案(第133条之一);

十三、禁毒局管辖案件范围(共11种)

《刑法》分则第6章第7节走私、贩卖、运输、制造毒品罪中的下列案件:

1. 走私、贩卖、运输、制造毒品案(第347条);
2. 非法持有毒品案(第348条);
3. 包庇毒品犯罪分子案(第349条第1款);
4. 窝藏、转移、隐瞒毒品、毒赃案(第349条第1款);
5. 非法生产、买卖、运输制毒物品、走私制毒物品案(第350条);
6. 非法种植毒品原植物案(第351条);
7. 非法买卖、运输、携带、持有毒品原植物种子、幼苗案(第352条);
8. 引诱、教唆、欺骗他人吸毒案(第353条第1款);
9. 强迫他人吸毒案(第353条第2款);
10. 容留他人吸毒案(第354条);
11. 非法提供麻醉药品、精神药品案(第355条);

十四、国家移民管理局管辖案件范围(共7种)

《刑法》分则第6章第3节妨害国(边)境管理罪中的下列案件:

1. 组织他人偷越国(边)境案(第318条);
2. 骗取出境证件案(第319条)
3. 提供伪造、变造的出入境证件案(第320条);
4. 出售出入境证件案(第320条);
5. 运送他人偷越国(边)境案(第321条);
6. 偷越国(边)境案(第322条);
7. 破坏界碑、界桩案(第323条)。

40. 最高人民检察院《人民检察院办理网络犯罪案件规定》(2021年1月22日)

第5条 网络犯罪案件的管辖适用刑事诉讼法及其他相关规定。

有多个犯罪地的,按照有利于查清犯罪事实、有利于保护被害人合法权益、保证案件公正处理的原则确定管辖。

因跨区域犯罪、共同犯罪、关联犯罪等原因存在管辖争议的,由争议的人民检察院协商解决,协商不成的,报请共同的上级人民检察院指定管辖。(全文详见本书《刑法》第285条相关内容)

41. 最高人民法院《关于适用〈中华人民共和国刑事诉讼法〉的解释》(法释〔2021〕1号)

第1章 管 辖

第1条 人民法院直接受理的自诉案件包括:

(一)告诉才处理的案件:

1. 侮辱、诽谤案(刑法第246条规定的,但严重危害社会秩序和国家利益的除外);2. 暴力干涉婚姻自由案(刑法第257条第1款规定的);3. 虐待案(刑法第260条第1款规定的,但被害人没有能力告诉或者因受到强制、威吓无法告诉的除外);4. 侵占案(刑法第270条规定的)。

(二)人民检察院没有提起公诉,被害人有证据证明的轻微刑事案件:

1. 故意伤害案(刑法第234条第1款规定的);2. 非法侵入住宅案(刑法第245条规定的);3. 侵犯通信自由案(刑法第252条规定的);4. 重婚案(刑法第258条规定的);5. 遗弃案(刑法第261条规定的);6. 生产、销售伪劣商品案(刑法分则第3章第1节规定的,但严重危害社会秩序和国家利益的除外）；7. 侵犯知识产权案（刑法分则第3章第7节规定的，但严重危害社会秩序和国家利益的除外）；8. 刑法分则第4章、第5章规定的，可能判处3年有期徒刑以下刑罚的案件。

本项规定的案件，被害人直接向人民法院起诉的，人民法院应当依法受理。对其中证据不足，可以由公安机关受理的，或者认为对被告人可能判处3年有期徒刑以上刑罚的，应当告知被害人向公安机关报案，或者移送公安机关立案侦查。

（三）被害人有证据证明对被告人侵犯自己人身、财产权利的行为应当依法追究刑事责任，且有证据证明曾经提出控告，而公安机关或者人民检察院不予追究被告人刑事责任的案件。

第2条　犯罪地包括犯罪行为地和犯罪结果地。

针对或者主要利用计算机网络实施的犯罪，犯罪地包括用于实施犯罪行为的网络服务使用的服务器所在地，网络服务提供者所在地，被侵害的信息网络系统及其管理者所在地，犯罪过程中被告人、被害人使用的信息网络系统所在地，以及被害人被侵害时所在地和被害人财产遭受损失地等。

第3条　被告人的户籍地为其居住地。经常居住地与户籍地不一致的，经常居住地为其居住地。经常居住地为被告人被追诉前已连续居住1年以上的地方，但住院就医的除外。

被告单位登记的住所地为其居住地。主要营业地或者主要办事机构所在地与登记的住所地不一致的，主要营业地或者主要办事机构所在地为其居住地。

第4条　在中华人民共和国内水、领海发生的刑事案件，由犯罪地或者被告人登陆地的人民法院管辖。由被告人居住地的人民法院审判更为适宜的，可以由被告人居住地的人民法院管辖。

第5条　在列车上的犯罪，被告人在列车运行途中被抓获的，由前方停靠站所在地负责审判铁路运输刑事案件的人民法院管辖。必要时，也可以由始发站或者终点站所在地负责审判铁路运输刑事案件的人民法院管辖。

被告人不是在列车运行途中被抓获的，由负责该列车乘务的铁路公安机关对应的审判铁路运输刑事案件的人民法院管辖；被告人在列车运行途经车站被抓获的，也可以由该车站所在地负责审判铁路运输刑事案件的人民法院管辖。

第6条　在国际列车上的犯罪，根据我国与相关国家签订的协定确定管辖；没有协定的，由该列车始发或者前方停靠的中国车站所在地负责审判铁路运输刑事案件的人民法院管辖。

第7条　在中华人民共和国领域外的中国船舶内的犯罪，由该船舶最初停泊的中国口岸所在地或者被告人登陆地、入境地的人民法院管辖。

第8条　在中华人民共和国领域外的中国航空器内的犯罪，由该航空器在中国最初降落地的人民法院管辖。

第9条　中国公民在中国驻外使领馆内的犯罪，由其主管单位所在地或者原户籍地的人民法院管辖。

第10条　中国公民在中华人民共和国领域外的犯罪，由其登陆地、入境地、离境前居住地或者现居住地的人民法院管辖；被害人是中国公民的，也可以由被害人离境前居住地或者现居住地的人民法院管辖。

第11条　外国人在中华人民共和国领域外对中华人民共和国国家或者公民犯罪，根据《中华人民共和国刑法》应当受处罚的，由该外国人登陆地、入境地或者入境后居住地的人民法院管辖，也可以由被害人离境前居住地或者现居住地的人民法院管辖。

第12条　对中华人民共和国缔结或者参加的国际条约所规定的罪行，中华人民共和国在所承担条约义务的范围内行使刑事管辖权的,由被告人被抓获地、登陆地或者入境地的人民法院管辖。

第13条 正在服刑的罪犯在判决宣告前还有其他罪没有判决的,由原审地人民法院管辖;由罪犯服刑地或者犯罪地的人民法院审判更为适宜的,可以由罪犯服刑地或者犯罪地的人民法院管辖。

罪犯在服刑期间又犯罪的,由服刑地的人民法院管辖。

罪犯在脱逃期间又犯罪的,由服刑地的人民法院管辖。但是,在犯罪地抓获罪犯并发现其在脱逃期间犯罪的,由犯罪地的人民法院管辖。

第14条 人民检察院认为可能判处无期徒刑、死刑,向中级人民法院提起公诉的案件,中级人民法院受理后,认为不需要判处无期徒刑、死刑的,应当依法审判,不再交基层人民法院审判。

第15条 1人犯数罪、共同犯罪或者其他需要并案审理的案件,其中1人或者一罪属于上级人民法院管辖的,全案由上级人民法院管辖。

第16条 上级人民法院决定审判下级人民法院管辖的第一审刑事案件的,应当向下级人民法院下达改变管辖决定书,并书面通知同级人民检察院。

第17条 基层人民法院对可能判处无期徒刑、死刑的第一审刑事案件,应当移送中级人民法院审判。

基层人民法院对下列第一审刑事案件,可以请求移送中级人民法院审判:

(一)重大、复杂案件;

(二)新类型的疑难案件;

(三)在法律适用上具有普遍指导意义的案件。

需要将案件移送中级人民法院审判的,应当在报请院长决定后,至迟于案件审理期限届满15日以前书面请求移送。中级人民法院应当在接到申请后10日以内作出决定。不同意移送的,应当下达不同意移送决定书,由请求移送的人民法院依法审判;同意移送的,应当下达同意移送决定书,并书面通知同级人民检察院。

第18条 有管辖权的人民法院因案件涉及本院院长需要回避或者其他原因,不宜行使管辖权的,可以请求移送上一级人民法院管辖。上一级人民法院可以管辖,也可以指定与提出请求的人民法院同级的其他人民法院管辖。

第19条 两个以上同级人民法院都有管辖权的案件,由最初受理的人民法院审判。必要时,可以移送主要犯罪地的人民法院审判。

管辖权发生争议的,应当在审理期限内协商解决;协商不成的,由争议的人民法院分别层报共同的上级人民法院指定管辖。

第20条 管辖不明的案件,上级人民法院可以指定下级人民法院审判。

有关案件,由犯罪地、被告人居住地以外的人民法院审判更为适宜的,上级人民法院可以指定下级人民法院管辖。

第21条 上级人民法院指定管辖,应当将指定管辖决定书送达被指定管辖的人民法院和其他有关的人民法院。

第22条 原受理案件的人民法院在收到上级人民法院改变管辖决定书、同意移送决定书或者指定其他人民法院管辖的决定书后,对公诉案件,应当书面通知同级人民检察院,并将案卷材料退回,同时书面通知当事人;对自诉案件,应当将案卷材料移送被指定管辖的人民法院,并书面通知当事人。

第23条 第二审人民法院发回重新审判的案件,人民检察院撤回起诉后,又向原第一审人民法院的下级人民法院重新提起公诉的,下级人民法院应当将有关情况层报原第二审人民法院。原第二审人民法院根据具体情况,可以决定将案件移送原第一审人民法院或者其他人民法院审判。

第24条 人民法院发现被告人还有其他犯罪被起诉的,可以并案审理;涉及同种犯罪的,一般应当并案审理。

人民法院发现被告人还有其他犯罪被审查起诉、立案侦查、立案调查的,可以参照前款规定协商人民检察院、公安机关、监察机关并案处理,但可能造成审判过分迟延的除外。

根据前两款规定并案处理的案件,由最初受理地的人民法院审判。必要时,可以由主要犯罪地的人民法院审判。

第25条 第二审人民法院在审理过程中,发现被告人还有其他犯罪没有判决的,参照前条规定处理。第二审人民法院决定并案审理的,应当发回第一审人民法院,由第一审人民法院作出处理。

第26条 军队和地方互涉刑事案件,按照有关规定确定管辖。

……

第655条 本解释自2021年3月1日起施行。最高人民法院2012年12月20日发布的《关于适用〈中华人民共和国刑事诉讼法〉的解释》(法释〔2012〕21号)同时废止。最高人民法院以前发布的司法解释和规范性文件,与本解释不一致的,以本解释为准。

42. 最高人民法院、最高人民检察院、公安部、国家移民管理局《关于依法惩治妨害国(边)境管理违法犯罪的意见》(法发〔2022〕18号)

三、关于妨害国(边)境管理刑事案件的管辖

13. 妨害国(边)境管理刑事案件由犯罪地的公安机关立案侦查。如果由犯罪嫌疑人居住地的公安机关立案侦查更为适宜的,可以由犯罪嫌疑人居住地的公安机关立案侦查。

妨害国(边)境管理犯罪的犯罪地包括妨害国(边)境管理犯罪行为的预备地、过境地、查获地等与犯罪活动有关的地点。

14. 对于有多个犯罪地的妨害国(边)境管理刑事案件,由最初受理的公安机关或者主要犯罪地的公安机关立案侦查。有争议的,按照有利于查清犯罪事实、有利于诉讼的原则,由共同上级公安机关指定有关公安机关立案侦查。

15. 具有下列情形之一的,有关公安机关可以在其职责范围内并案侦查:

(1)1人犯数罪的;(2)共同犯罪的;(3)共同犯罪的犯罪嫌疑人、被告人还实施其他犯罪的;(4)多个犯罪嫌疑人、被告人实施的犯罪存在关联,并案处理有利于查明案件事实的。

(全文详见本书《刑法》第318条相关内容)

43. 最高人民法院、最高人民检察院、公安部《关于办理信息网络犯罪案件适用刑事诉讼程序若干问题的意见》(法发〔2022〕23号)

为依法惩治信息网络犯罪活动,根据《中华人民共和国刑法》《中华人民共和国刑事诉讼法》以及有关法律、司法解释的规定,结合侦查、起诉、审判实践,现就办理此类案件适用刑事诉讼程序问题提出以下意见。

一、关于信息网络犯罪案件的范围

1. 本意见所称信息网络犯罪案件包括:(1)危害计算机信息系统安全犯罪案件;(2)拒不履行信息网络安全管理义务、非法利用信息网络、帮助信息网络犯罪活动的犯罪案件;(3)主要行为通过信息网络实施的诈骗、赌博、侵犯公民个人信息等其他犯罪案件。

二、关于信息网络犯罪案件的管辖

2. 信息网络犯罪案件由犯罪地公安机关立案侦查。必要时,可以由犯罪嫌疑人居住地公安机关立案侦查。

信息网络犯罪案件的犯罪地包括用于实施犯罪行为的网络服务使用的服务器所在地,网络服务提供者所在地,被侵害的信息网络系统及其管理者所在地,犯罪过程中犯罪嫌疑人、被害人或者其他涉案人员使用的信息网络系统所在地,被害人被侵害时所在地以及被害人财产遭受损失地等。

涉及多个环节的信息网络犯罪案件,犯罪嫌疑人为信息网络犯罪提供帮助的,其犯罪地、居住地或者被帮助对象的犯罪地公安机关可以立案侦查。

3. 有多个犯罪地的信息网络犯罪案件,由最初受理的公安机关或者主要犯罪地公安机关立案侦查。有争议的,按照有利于查清犯罪事实、有利于诉讼的原则,协商解决;经协商无法达成一致的,由共同上级公安机关指定有关公安机关立案侦查。需要提请批准逮捕、移送审查起诉、提起公诉的,由立案侦查的公安机关所在地的人民检察院、人民法院受理。

4. 具有下列情形之一的,公安机关、人民检察院、人民法院可以在其职责范围内并案处理:(1)一人犯数罪的;(2)共同犯罪的;(3)共同犯罪的犯罪嫌疑人、被告人还实施其他犯罪的;(4)多个犯罪嫌疑人、被告人实施的犯罪行为存在关联,并案处理有利于查明全部案件事实的。

对为信息网络犯罪提供程序开发、互联网接入、服务器托管、网络存储、通讯传输等技术支持,或者广告推广、支付结算等帮助,涉嫌犯罪的,可以依照第1款的规定并案侦查。

有关公安机关依照前两款规定并案侦查的案件,需要提请批准逮捕、移送审查起诉、提起公诉的,由该公安机关所在地的人民检察院、人民法院受理。

5. 并案侦查的共同犯罪或者关联犯罪案件,犯罪嫌疑人人数众多、案情复杂的,公安机关可以分案移送审查起诉。分案移送审查起诉的,应当对并案侦查的依据、分案移送审查起诉的理由作出说明。

对于前款规定的案件,人民检察院可以分案提起公诉,人民法院可以分案审理。

分案处理应当以有利于保障诉讼质量和效率为前提,并不得影响当事人质证权等诉讼权利的行使。

6. 依照前条规定分案处理,公安机关、人民检察院、人民法院在分案前有管辖权的,分案后对相关案件的管辖权不受影响。根据具体情况,分案处理的相关案件可以由不同审级的人民法院分别审理。

7. 对于共同犯罪或者已并案侦查的关联犯罪案件,部分犯罪嫌疑人未到案,但不影响对已到案共同犯罪或者关联犯罪的犯罪嫌疑人、被告人的犯罪事实认定的,可以先行追究已到案犯罪嫌疑人、被告人的刑事责任。之前未到案的犯罪嫌疑人、被告人归案后,可以由原办案机关所在地公安机关、人民检察院、人民法院管辖其所涉及的案件。

8. 对于具有特殊情况,跨省(自治区、直辖市)指定异地公安机关侦查更有利于查清犯罪事实、保证案件公正处理的重大信息网络犯罪案件,以及在境外实施的信息网络犯罪案件,公安部可以商最高人民检察院和最高人民法院指定侦查管辖。

9. 人民检察院对于审查起诉的案件,按照刑事诉讼法的管辖规定,认为应当由上级人民检察院或者同级其他人民检察院起诉的,应当将案件移送有管辖权的人民检察院,并通知移送起诉的公安机关。人民检察院认为需要依照刑事诉讼法的规定指定审判管辖的,应当协商同级人民法院办理指定管辖有关事宜。

10. 犯罪嫌疑人被多个公安机关立案侦查的,有关公安机关一般应当协商并案处理,并依法移送案件。协商不成的,可以报请共同上级公安机关指定管辖。

人民检察院对于审查起诉的案件,发现犯罪嫌疑人还有犯罪被异地公安机关立案侦查的，应当通知移送审查起诉的公安机关。

人民法院对于提起公诉的案件，发现被告人还有其他犯罪被审查起诉、立案侦查的，可以协商人民检察院、公安机关并案处理，但可能造成审判过分迟延的除外。决定对有关犯罪并案处理，符合《中华人民共和国刑事诉讼法》第 204 条规定的，人民检察院可以建议人民法院延期审理。

三、关于信息网络犯罪案件的调查核实

11. 公安机关对接受的案件或者发现的犯罪线索，在审查中发现案件事实或者线索不明，需要经过调查才能够确认是否达到刑事立案标准的，经公安机关办案部门负责人批准，可以进行调查核实；经过调查核实达到刑事立案标准的，应当及时立案。

12. 调查核实过程中，可以采取询问、查询、勘验、检查、鉴定、调取证据材料等不限制被调查对象人身、财产权利的措施，不得对被调查对象采取强制措施，不得查封、扣押、冻结被调查对象的财产，不得采取技术侦查措施。

13. 公安机关在调查核实过程中依法收集的电子数据等材料，可以根据有关规定作为证据使用。

调查核实过程中收集的材料作为证据使用的，应当随案移送，并附批准调查核实的相关材料。

调查核实过程中收集的证据材料经查证属实，且收集程序符合有关要求的，可以作为定案依据。

四、关于信息网络犯罪案件的取证

14. 公安机关向网络服务提供者调取电子数据的，应当制作调取证据通知书，注明需要调取的电子数据的相关信息。调取证据通知书及相关法律文书可以采用数据电文形式。跨地域调取电子数据的，可以通过公安机关信息化系统传输相关数据电文。

网络服务提供者向公安机关提供电子数据的，可以采用数据电文形式。采用数据电文形式提供电子数据的，应当保证电子数据的完整性，并制作电子证明文件，载明调证法律文书编号、单位电子公章、完整性校验值等保护电子数据完整性方法的说明等信息。

数据电文形式的法律文书和电子证明文件，应当使用电子签名、数字水印等方式保证完整性。

15. 询（讯）问异地证人、被害人以及与案件有关联的犯罪嫌疑人的，可以由办案地公安机关通过远程网络视频等方式进行并制作笔录。

远程询（讯）问的，应当由协作地公安机关事先核实被询（讯）问人的身份。办案地公安机关应当将询（讯）问笔录传输至协作地公安机关。询（讯）问笔录经被询（讯）问人确认并逐页签名、捺指印后，由协作地公安机关协作人员签名或者盖章，并将原件提供给办案地公安机关。询（讯）问人员收到笔录后，应当在首页右上方写明“于×年×月×日收到”，并签名或者盖章。

远程询（讯）问的，应当对询（讯）问过程同步录音录像，并随案移送。

异地证人、被害人以及与案件有关联的犯罪嫌疑人亲笔书写证词、供词的，参照执行本条第 2 款规定。

16. 人民检察院依法自行侦查、补充侦查，或者人民法院调查核实相关证据的，适用本意见第 14 条、第 15 条的有关规定。

17. 对于依照本意见第 14 条的规定调取的电子数据，人民检察院、人民法院可以通过核验电子签名、数字水印、电子数据完整性校验值及调证法律文书编号是否与证明文件相一致等方式，对电子数据进行审查判断。

对调取的电子数据有疑问的，由公安机关、提供电子数据的网络服务提供者作出说明，或者由原调取机关补充收集相关证据。

五、关于信息网络犯罪案件的其他问题

18. 采取技术侦查措施收集的材料作为证据使用的，应当随案移送，并附采取技术侦查措施的法律文书、证据材料清单和有关说明材料。

移送采取技术侦查措施收集的视听资料、电子数据的，应当由两名以上侦查人员制作复制件，并附制作说明，写明原始证据材料、原始存储介质的存放地点等信息，由制作人签名，并加盖单位印章。

19. 采取技术侦查措施收集的证据材料，应当经过当庭出示、辨认、质证等法庭调查程序查证。

当庭调查技术侦查证据材料可能危及有关人员的人身安全，或者可能产生其他严重后果的，法庭应当采取不暴露有关人员身份和技术侦查措施使用的技术设备、技术方法等保护措施。必要时，审判人员可以在庭外对证据进行核实。

20. 办理信息网络犯罪案件，对于数量特别众多且具有同类性质、特征或者功能的物证、书证、证人证言、被害人陈述、视听资料、电子数据等证据材料，确因客观条件限制无法逐一收集的，应当按照一定比例或者数量选取证据，并对选取情况作出说明和论证。

人民检察院、人民法院应当重点审查取证方法、过程是否科学。经审查认为取证不科学的，应当由原取证机关作出补充说明或者重新取证。

人民检察院、人民法院应当结合其他证据材料，以及犯罪嫌疑人、被告人及其辩护人所提辩解、辩护意见，审查认定取得的证据。经审查，对相关事实不能排除合理怀疑的，应当作出有利于犯罪嫌疑人、被告人的认定。

21. 对于涉案人数特别众多的信息网络犯罪案件，确因客观条件限制无法收集证据逐一证明、逐人核实涉案账户的资金来源，但根据银行账户、非银行支付账户等交易记录和其他证据材料，足以认定有关账户主要用于接收、流转涉案资金的，可以按照该账户接收的资金数额认定犯罪数额，但犯罪嫌疑人、被告人能够作出合理说明的除外。案外人提出异议的，应当依法审查。

22. 办理信息网络犯罪案件，应当依法及时查封、扣押、冻结涉案财物，督促涉案人员退赃退赔，及时追赃挽损。

公安机关应当全面收集证明涉案财物性质、权属情况、依法应予追缴、没收或者责令退赔的证据材料，在移送审查起诉时随案移送并作出说明。其中，涉案财物需要返还被害人的，应当尽可能查明被害人损失情况。人民检察院应当对涉案财物的证据材料进行审查，在提起公诉时提出处理意见。人民法院应当依法作出判决，对涉案财物作出处理。

对应当返还被害人的合法财产，权属明确的，应当依法及时返还；权属不明的，应当在人民法院判决、裁定生效后，按比例返还被害人，但已获退赔的部分应予扣除。

23. 本意见自2022年9月1日起施行。《最高人民法院、最高人民检察院、公安部关于办理网络犯罪案件适用刑事诉讼程序若干问题的意见》（公通字〔2014〕10号）同时废止。

44. 最高人民法院、最高人民检察院、公安部、国家文物局《关于办理妨害文物管理等刑事案件若干问题的意见》（公通字〔2022〕18号）

四、文物犯罪案件管辖

文物犯罪案件一般由犯罪地的公安机关管辖，包括文物犯罪的预谋地、工具准备地、勘探地、盗掘地、盗窃地、途经地、交易地、倒卖信息发布地、出口（境）地、涉案不可移动文物的所在地、涉案文物的实际取得地、藏匿地、转移地、加工地、储存地、销售地等。多个公安机关都有权立案侦查的文物犯罪案件，由主要犯罪地公安机关立案侦查。

具有下列情形之一的，有关公安机关可以在其职责范围内并案处理：

(1)1人犯数罪的；(2)共同犯罪的；(3)共同犯罪的犯罪嫌疑人还实施其他犯罪的；(4)3人以上时分时合，交叉结伙作案的；(5)多个犯罪嫌疑人实施的盗掘、盗窃、倒卖、掩饰、隐瞒、走私等犯罪存在直接关联，或者形成多层级犯罪链条，并案处理有利于查明案件事实的。(全文详见本书《刑法》第328条相关内容)

第7条　【属人管辖权】中华人民共和国公民在中华人民共和国领域外犯本法规定之罪的，适用本法，但是按本法规定的最高刑为3年以下有期徒刑的，可以不予追究。

中华人民共和国国家工作人员和军人在中华人民共和国领域外犯本法规定之罪的，适用本法。

• 释义

属人管辖权是指我国公民在我国领域外犯我国刑法规定之罪的，不论按照当地法律是否认为是犯罪，也不论其所犯罪行侵犯的是何国或者何国公民的利益，原则上都适用我国《刑法》。只是按照我国《刑法》的规定，该公民所犯之罪法定最高刑为3年以下有期徒刑的，可以不予追究。所谓"可以不予追究"，并非绝对不追究，而是保留追究的可能性，认为必要时，也可以追究。但如果是我国的国家工作人员和军人在域外犯罪，则不论其所犯之罪的法定最高刑是否为3年以下有期徒刑，一律适用我国刑法追究其刑事责任。

• 关联法律

参见本书《刑法》第6条相关内容。

第8条　【保护管辖权】外国人在中华人民共和国领域外对中华人民共和国国家或者公民犯罪，而按本法规定的最低刑为3年以上有期徒刑的，可以适用本法，但是按照犯罪地的法律不受处罚的除外。

• 释义

保护管辖权是指外国人在我国领域外对我国国家或者公民犯罪，我国《刑法》有权管辖，但是这种管辖权有两条限制：

一是这种犯罪按照我国刑法规定的最低刑必须是3年以上有期徒刑；二是按照犯罪地的法律也应受刑罚处罚。

• 关联法律

1. 外交部、最高人民法院、最高人民检察院、公安部、国家安全部、司法部《关于处理涉外案件若干问题的规定》(外发〔1995〕17号)

随着我国改革开放的不断深化，涉外案件工作中出现了许多新情况、新问题。为进一步妥善处理涉外案件的有关问题，明确分工，减少中间环节，提高效率，便于操作，特制定如下规定。

一、总则

(一)本规定中"涉外案件"是指在我国境内发生的涉及外国、外国人(自然人及法人)的刑事、民事、经济、行政、治安等案件及死亡事件。

(二)处理涉外案件,必须维护我国主权和利益,维护我国国家、法人、公民及外国国家、法人、公民在华合法权益,严格依照我国法律、法规,做到事实清楚,证据确凿,适用法律正确,法律手续完备。

(三)处理涉外案件,在对等互惠原则的基础上,严格履行我国所承担的国际条约义务。当国内法或者我内部规定同我国所承担的国际条约义务发生冲突时,应当适用国际条约的有关规定(我国声明保留的条款除外)。各主管部门不应当以国内法或者内部规定为由拒绝履行我国所承担的国际条约规定的义务。

(四)处理涉外案件,必须依照有关规定和分工,密切配合,互相协调,严格执行请示报告、征求意见和通报情况等制度。

(五)对应当通知外国驻华使、领馆的涉外案件,必须按规定和分工及时通知。

(六)与我国无外交关系的,按对等互惠原则办理。

二、关于涉外案件的内部通报问题

(一)遇有下列情况之一,公安机关、国家安全机关、人民检察院、人民法院,以及其他主管机关应当将有关案情、处理情况,以及对外表态口径于受理案件或采取措施的48小时内报上一级主管机关,同时通报同级人民政府外事办公室。

1. 对外国人实行行政拘留、刑事拘留、司法拘留、拘留审查、逮捕、监视居住、取保候审、扣留护照、限期出境、驱逐出境的案件;

2. 外国船舶因在我国内水或领海损毁或搁浅,发生海上交通、污染等事故、走私及其他违法或违反国际公约的行为,被我主管部门扣留或采取其他强制措施的案件;

3. 外国渔船在我管辖水域违法捕捞,发生碰撞或海事纠纷,被我授权执法部门扣留的案件;

4. 外国船舶因经济纠纷被我法院扣留、拍卖的案件;

5. 外国人在华死亡事件或案件;

6. 涉及外国人在华民事和经济纠纷的案件;

7. 其他认为应当通报的案件。

同级人民政府外事办公室在接到通报后应当立即报外交部。案件了结后,也应当尽快向外交部通报结果。

(二)重大涉外案件,或外国政府已向我驻外使、领馆提出交涉或已引起国内外新闻界关注的涉外案件,在案件受理、办理、审理过程中,以及在判决公布前,中央一级主管部门经商外交部后,应当单独或者会同外交部联名将案件进展情况、对外表态口径等及时通报我驻外使、领馆,并答复有关文电。

三、关于通知外国驻华使、领馆问题

(一)凡与我国订有双边领事条约的,按条约的规定办理;未与我签订双边领事条约,但参加《维也纳领事关系公约》的,按照《维也纳领事关系公约》的规定办理;未与我国签订领事条约,也未参加《维也纳领事关系公约》,但与我国有外交关系的,可按互惠和对等原则,根据有关规定和国际惯例办理。

在外国驻华领事馆领区内发生的涉外案件,应通知有关外国驻该地区的领事馆;在外国领事馆领区外发生的涉外案件应通知有关外国驻华大使馆。与我国有外交关系,但未设使、领馆的国家,可通知其代管国家驻华使、领馆。无代管国家或代管国家不明的,可不通知。当事人本人要求不通知的,可不通知,但应当由其本人提出书面要求。

(二)通知内容

外国人的外文姓名、性别、入境时间、护照或证件号码、案件发生的时间、地点及有关情况,当事人违章违法犯罪的主要事实,已采取的法律措施及法律依据,各有关主管部门可根据需要制定固定的通知格式。

(三)通知时限

双边领事条约明确规定期限的(4天或7天),应当在条约规定的期限内通知;如无双边领事条约规定,也应当根据或者参照《维也纳领事关系公约》和国际惯例尽快通知,不应超过7天。

(四)通知机关

1. 公安机关、国家安全机关对外国人依法作出行政拘留、刑事拘留、拘留审查、监视居住、取保候审的决定的,由有关省、自治区、直辖市公安厅(局)、国家安全厅(局)通知有关外国驻华使、领馆。

公安机关、国家安全机关对外国人执行逮捕的,由有关省、自治区、直辖市公安厅(局)、国家安全厅(局)通知有关外国驻华使、领馆。

人民法院对外国人依法作出司法拘留、监视居住、取保候审决定的,人民检察院依法对外国人作出监视居住、取保候审决定的,由有关省、自治区、直辖市高级人民法院、人民检察院通知有关外国驻华使、领馆。

依照本规定应予通报并决定开庭审理的涉外案件,人民法院在一审开庭日期确定后,应即报告高级人民法院,由高级人民法院在开庭7日以前,将开庭审理日期通知有关外国驻华使、领馆。

2. 外国船舶因在我国内水或领海损毁、搁浅或发生重大海上交通、污染等事故,各港务监督局应立即报告中华人民共和国港务监督局,由该局通知有关外国驻华使馆。

3. 外国船舶在我国内水或领海走私或有其他违法行为,被我海关、公安机关扣留,有关海关、公安机关应当立即逐级上报海关总署和公安部,由所在省、自治区、直辖市海关或者公安厅(局)通知有关外国驻华使、领馆。

4. 外国渔船在我管辖水域违法捕捞,被我授权执法部门扣留,由公安边防部门监护,渔政渔港监督管理部门处理。有关情况应立即上报国家渔政渔港监督管理局,由该局通知有关外国驻华使馆。

5. 外国船舶因经济纠纷被我海事法院扣留、拍卖的,由海事法院通知有关外国驻华使、领馆。如船籍国与我有外交关系,不论是否订有双边领事条约,均应通知。

6. 外国人在华正常死亡,由接待或者聘用单位通知有关外国驻华使、领馆。如死者在华无接待或者聘用单位,由有关省、自治区、直辖市公安厅(局)通知。

外国人在华非正常死亡,由有关省、自治区、直辖市公安厅(局)通知有关外国驻华使、领馆;在羁押期间或者案件审理中死亡,分别由受理案件的省、自治区、直辖市公安厅(局)、国家安全厅(局)、人民检察院或者高级人民法院通知;在监狱服刑期间死亡的,由省、自治区、直辖市司法厅(局)通知。

外国人在灾难性事故(包括陆上交通事故,空、海难事故)中死亡的,由当事部门通知有关外国驻华使、领馆。省、自治区、直辖市外事办公室予以协助。

7. 在对无有效证件证实死者或者被取保候审、监视居住、拘留审查、拘留、逮捕的人犯的国籍,或者其主要证件存在明显伪造、变造疑点的情况下,我主管机关可以通过查询的方式通告有关外国驻华使、领馆。

外国边民在我边境地区死亡或者被取保候审、监视居住、拘留审查、拘留、逮捕的,按双边条约规定办理。如无双边条约规定的,也可考虑通过边防会晤的方式通知有关国家。

四、外国驻华使、领馆索要材料、交涉等问题

(一)外国驻华使、领馆如向我索要其公民被取保候审、拘留审查、监视居住、拘留或逮捕等有关材料，请其向省、自治区、直辖市高级人民法院、人民检察院、公安厅（局）、国家安全厅（局）或司法厅（局）提出。凡公开的材料或者法律规定可以提供的材料，我应予提供。地方外事办公室或者外交部予以协助。

（二）如外国驻华使、领馆索要一审和终审判决书副本，可请其向省、自治区、直辖市高级人民法院提出，我可以提供。

（三）外国驻华使馆就有关案件进行交涉，可请其向外交部或者省级外事办公室提出，或者向中央或者省级主管部门直接提出。外国驻华使馆向主管部门提出的重要交涉，主管部门商外交部后答复外国驻华使馆。外国驻华领馆只同其领区内省级主管部门联系。外事办公室与主管部门之间互通情况，共商对外表态口径及交涉事宜。

五、关于探视被监视居住、拘留审查、拘留、逮捕或正在监狱服刑的外国公民以及与其通信问题

（一）外国驻华外交、领事官员要求探视被监视居住、拘留、拘留审查、逮捕或正在服刑的本国公民，我主管部门应在双边领事条约规定的时限内予以安排，如无条约规定，亦应尽快安排。如当事人拒绝其所属国家驻华外交、领事官员探视的，我可拒绝安排，但应由其本人提出书面意见。探视要求可请其向省、自治区、直辖市高级人民法院、人民检察院、公安厅（局）、国家安全厅（局）、司法厅（局）提出。地方外事办公室或者外交部可予以协助。外国驻华外交、领事官员探视时应遵守我有关探视规定。

（二）在侦查终结前的羁押期间，探视的有关事宜由立案侦查的公安机关、国家安全机关或者人民检察院安排；侦查终结后移送人民检察院审查起诉的羁押期间，探视的有关事宜由审查起诉的人民检察院安排；人民法院受理案件后在作出终审判决前的羁押期间，探视的有关事宜由审理案件的人民法院安排；人民法院将案件退回人民检察院，或者人民检察院将案件退回公安机关、国家安全机关补充侦查的羁押期间，探视的有关事宜由补充侦查的人民检察院、公安机关、国家安全机关安排；经人民法院判决后在监狱服刑期间，探视的有关事宜由司法行政机关安排。

（三）主办机关需要就探视事宜同有关外国驻华使、领馆联系时，应当分别经过各省、自治区、直辖市高级人民法院、人民检察院、公安厅（局）、国家安全厅（局）、司法厅（局）进行。地方外事办公室或者外交部予以协助。

（四）外国驻华外交、领事官员与其本国在华被监视居住、拘留审查、拘留、逮捕或者正在服刑的本国公民往来信件，我主管部门应按有关领事条约及《维也纳领事关系公约》的规定迅速转交。

六、旁听、新闻报道、司法协助、扣留护照等问题

（一）外国驻华使、领馆官员要求旁听涉外案件的公开审理，应向各省、自治区、直辖市高级人民法院提出申请，有关法院应予安排。旁听者应遵守人民法院的法庭规则。

对于依法不公开审理的涉外案件，外国驻华使、领馆官员要求旁听的，如有关国家与我国已签订的领事条约中明确承担有关义务的，应履行义务；未明确承担有关义务的，应根据我国法律规定，由主管部门商同级外事部门解决。

（二）主管部门就重大涉外案件发布新闻或者新闻单位对于上述案件进行报道，要从严掌握，应当事先报请省级主管机关审核，征求外事部门的意见。对危害国家安全的涉外案件的新闻报道，由主管部门商外交部后定。对于应通知外国驻华使、领馆的案件，应当在按规定通知有关外国驻华使、领馆后，再公开报道。

（三）对与我国订有双边司法协助协定、条约或者我与其共同参加载有司法协助条款的公约的国家，我中央机关和各主管部门应按照协定、条约或者公约的有关规定办理。未签订上述协定或条约、也未共同参加上述公约的,在对等互惠的基础上通过外交途径解决。

(四)扣留外国人护照问题

根据《中华人民共和国外国人入境出境管理法》和最高人民法院、最高人民检察院、公安部、国家安全部《关于依法限制外国人和中国公民出境问题的若干规定》([87]公发16号),除我公安机关、国家安全机关、司法机关以及法律明确授权的机关外,其他任何单位或者个人都无权扣留外国人护照,也不得以任何方式限制外国人的人身自由;公安机关、国家安全机关、司法机关以及法律明确授权的机关扣留外国人护照,必须按照规定的权限报批,履行必要的手续,发给本人扣留护照的证明,并把有关情况及时上报上级主管部门,通报同级人民政府外事办公室,有关外事办公室应当及时报告外交部。

七、本规定自发文之日起生效。以前有关规定凡与本规定相抵的,一律以本规定为准。1987年《关于处理涉外案件若干问题的规定》(外发[1987]54号)同时废止。

附件一:

《外国人在华死亡后的处理程序》

一、死亡的确定

死亡分正常死亡和非正常死亡。因健康原因自然死亡的,谓正常死亡;因意外事故或突发事件死亡的,谓非正常死亡。

发现外国人在华死亡,发现人(包括个人或单位)应立即报告死者接待或聘用单位或当地公安机关、人民政府外事办公室。如属正常死亡,善后处理工作由接待或聘用单位负责。无接待或聘用单位的(包括零散游客),由公安机关会同有关部门共同处理。如属非正常死亡,应保护好现场,由公安机关进行取证并处理。

尸体在处理前应妥为保存(如防腐、冷冻)。

二、通知外国驻华使、领馆及死者家属

根据《维也纳领事关系公约》或双边领事条约的规定,以及国际惯例,外国人在华死亡后应尽快通知死者家属及其所属国家驻华使、领馆。

外国人在华正常死亡,在通报公安机关和地方外办后,由接待或聘用单位负责通知;如死者在华无接待或聘用单位,由有关省、自治区、直辖市公安厅(局)负责通知。

凡属非正常死亡的,由案件查处机关负责通知,在案件审理中死亡的,由案件审理机关负责通知,在监狱服刑过程中死亡的,由司法行政机关负责通知。

通知时限。如死者所属国家已同我国签订领事条约,应按条约规定办;如条约中没有规定,或无双边领事条约,应按《维也纳领事关系公约》的规定和国际惯例尽快通知,但不应超过7天。

通知内容应简单明了。如死因不明,需要调查后方能确定的,可先通知死亡事,同时告死因正在调查中。

三、尸体解剖

正常死亡者或死因明确的非正常死亡者,一般不需作尸体解剖。若死者家属或其所属国家驻华使、领馆要求解剖,我可同意,但必须有死者家属或其所属国家驻华使、领馆有关官员签字的书面要求。

死因不明的非正常死亡者,为查明死因,需进行解剖时由公安、司法机关按有关规定办理。

四、出具证明

正常死亡,由县级或县级以上医院出具"死亡证明书"。如死者生前曾住医院治疗或抢救,应其家属要求,医院可提供"诊断书"或"病历摘要"。

非正常死亡,由公安机关的法医出具"死亡鉴定书"。案件审理中正常死亡,由案件审理机关的法医出具“死亡鉴定书”。在监狱服刑中死亡,由司法行政机关的法医出具“死亡鉴定书”。如案件审理机关或司法行政机关没有法医,可由公安机关代为出具。

“死亡证明书”、“死亡鉴定书”交死者家属或死者所属国家驻华使、领馆。对外公布死因要慎重。如死因尚不明确,或有其他致死原因,待查清或内部意见统一后,再向外公布和提供证明。

外国人死在我村、镇或公民家中,县级或县级以上医院无法出具“死亡证明书”,或者死者所属国家要求或者有关驻华使、领馆提出办理“死亡公证书”时,则应办理“死亡公证书”等公证文件。

“诊断证书”、“病历摘要”、“死亡证明书”、“死亡鉴定书”、“防腐证明书”等证明,如办理认证手续,必须先在死者居所地公证处申办公证,而后办理外交部领事司或外国驻华领馆领区内我地方外办的认证和有关外国驻华使、领馆认证。在“死亡证明书”或“死亡鉴定书”中注明尸体已进行防腐处理的,可不再另行办理“防腐证明书”。

五、对尸体的处理

在华死亡外国人的尸体,可在当地火化,亦可运回其国内。处理时,应尊重死者家属或所属国家驻华使、领馆的意愿。

尸体火化应由死者家属或所属国家驻华使、领馆提出书面要求并签字,由当地殡仪馆负责火化,骨灰由他们带回或运回其国内。

如外方不愿火化,可将尸体运回其国内。运输(尸体及骨灰)手续和费用原则上均由外方自理。接待或聘用单位可在办理手续等方面给予必要的协助。

为做好外方工作和从礼节上考虑,对受聘或有接待单位的死者,在尸体火化或运回其国内前,可由聘用或接待单位酌情为死者举行简单的追悼仪式。有关单位可送花圈。可将追悼仪式拍照送死者家属。

如外方要求举行宗教仪式,应视当地条件,如有教堂和相应的神职人员,条件允许,可安排举行一个简单的宗教仪式。宗教仪式应在我规定的宗教场所举行。

如外方要求将死者在我国土葬,可以我国殡葬改革,提倡火葬为由,予以婉拒。

如外方要求将骨灰埋或撒在我国土地上,一般亦予以婉拒。但如死者是对我国作出特殊贡献的友好知名人士,应报请省级或中央民政部门决定。

六、骨灰和尸体运输出境

(一)骨灰运输:托运人必须提供医院出具的“死亡证明书”或法医出具的“死亡鉴定书”,及殡葬部门出具的“火化证明书”。各证明书1式2份,1份留始发站,1份附在货运单后,随骨灰盒带往目的站。

骨灰应装在封妥的罐内或盒内,外面用木箱套装。

骨灰自带出境,亦需备妥上述证明。

(二)尸体运输:可由中国国际运尸网络服务中心办理(见民事发〔1993〕2号文),也可由其他适当途径办理。尸体运输的包装要求是:首先应做防腐处理,然后装入厚塑料袋中密封,放入金属箱内。箱内应放木屑或碎木炭等吸湿物。连接处用锌焊牢,以防气味或液体外溢。金属箱应套装木棺,木棺两侧应装有便于搬运的把手。

尸体、棺柩出境须备以下证明:

(1)由医院或公安、司法机关出具的“死亡证明书”或者“死亡鉴定书”,亦可由有关涉外公证处出具的“死亡公证书”代替上述证明书;(2)由殡仪部门出具的“防腐证明书”;(3)由防疫部门出具的“尸体检疫证明书”;(4)海关凭检疫机关出具的“尸体、棺柩出境许可证明书”放行。

七、遗物的清点和处理

清点死者遗物应有死者家属或其所属国家驻华使、领馆官员和我方人员在场。如家属或者驻华使、领馆官员明确表示不能到场时,可请公证处人员到场,并由公证员将上述人员不能到场的事实和原因注明。遗物清点必须造册,列出清单,清点人均应签字。移交遗物要开出移交书,一式二份,注明移交时间、地点、在场人、物品件数、种类和特征等。签字后办理公证手续。如死者有遗嘱,应将遗嘱拍照或复制,原件交死者家属或其所属国家驻华使、领馆。

八、写出《死亡善后处理情况报告》

死者善后事宜处理结束后,由接待或聘用单位写出《死亡善后处理情况报告》。无接待或聘用单位的,由处理死者善后事宜的公安机关或者司法机关写出。《死亡善后处理情况报告》,内容应包括死亡原因、抢救措施、诊断结果、善后处理情况,以及外方反应等。上述死亡报告应报上级主管单位、地方外办、公安厅(局),抄外交部。

附件二:《维也纳领事关系公约》有关条款(略)。

附件三:参加《维也纳领事关系公约》国家名单(略)。

附件四:中国与有关国家签订的领事条约中关于死亡、拘留、逮捕通知时限表(略)。

附件五:中国与有关国家签订的司法协助条约一览表(略)。

附件六:外国驻华领馆领区一览表(略)。

2. 公安部《关于对三资企业能否构成涉外经济犯罪案件的涉外因素及如何确定涉外经济犯罪案件级别管辖问题的批复》(公经〔2004〕651 号)

浙江省公安厅经侦总队:

你总队《关于三资企业能否构成涉外经济犯罪案件的涉外因素及如何确定级别管辖问题的请示》(浙公经〔2004〕84 号)收悉。

经研究,现批复如下:

1. 三资企业为犯罪主体或侵害对象是否构成涉外犯罪案件。三资企业属中国法人,无论其是经济犯罪案件中的犯罪嫌疑人还是被害人,均不能仅因该三资企业有外方投资或合作的背景,而将案件定性为涉外案件。

2. 如何确定涉外经济犯罪案件的级别管辖。根据《公安机关办理刑事案件程序规定》第 18 条、第 325 条之规定,涉外经济犯罪案件中的外国人犯罪案件和重大案件应由地(市)级以上公安机关负责侦查,其他涉外经济犯罪案件可由县级公安机关负责侦查。

3. 最高人民法院、最高人民检察院、公安部、国家安全部、司法部《关于外国人犯罪案件管辖问题的通知》(法发〔2013〕2 号)

(详见本书《刑法》第 6 条相关内容)

4.《中华人民共和国反恐怖主义法》(2015 年 12 月 27 日第十二届全国人大常委会第十八次会议通过;2018 年 4 月 27 日第十三届全国人大常委会第二次会议《关于修改〈中华人民共和国国境卫生检疫法〉等六部法律的决定》修正)

第 11 条 对在中华人民共和国领域外对中华人民共和国国家、公民或者机构实施的恐怖活动犯罪,或者实施的中华人民共和国缔结、参加的国际条约所规定的恐怖活动犯罪,中华人民共和国行使刑事管辖权,依法追究刑事责任。

5. 最高人民法院《关于适用〈中华人民共和国刑事诉讼法〉的解释》(法释〔2021〕11 号)

第 11 条 外国人在中华人民共和国领域外对中华人民共和国国家或者公民犯罪,根据《中华人民共和国刑法》应当受处罚的,由该外国人登陆地、入境地或者入境后居住地的人民法院管辖,也可以由被害人离境前居住地或者现居住地的人民法院管辖。

6. 参见本书《刑法》第 6 条相关内容。

第 9 条 【普遍管辖权】 对于中华人民共和国缔结或者参加的国际条约所规定的罪行,中华人民共和国在所承担条约义务的范围内行使刑事管辖权的,适用本法。

• 释义

普遍管辖权是指国家一般依据属地原则或者属人原则对在本国领土上发生的或者由本国人实施的犯罪行使刑事管辖权,但是,随着情况的变化,有时,国家有必要对发生在本国领土以外、由外国人所犯且并未损害本国国家或国民利益的特定罪行进行管辖。

• 关联法律

参见本书《刑法》第 6 条至第 8 条相关内容。

第 10 条 【对外国刑事判决的消极承认】 凡在中华人民共和国领域外犯罪,依照本法应当负刑事责任的,虽然经过外国审判,仍然可以依照本法追究,但是在外国已经受过刑罚处罚的,可以免除或者减轻处罚。

• 释义

承认与执行外国刑事判决是指一国对他国司法机关宣告的刑事处罚裁决赋予与本国刑事处罚裁决相同的法律效力,并对其加以落实的司法制度。对外国刑事判决的消极承认,是指外国确定的刑事判决不制约本国刑罚权的实现,即不管外国确定的是有罪判决还是无罪判决,对同一行为本国可行使审判权,但对外国判决及刑罚执行的事实,给予考虑。

• 关联法律

1. 公安部《关于我国公民在国外犯罪经外国审判后回国如何依法处理问题的批复》(公复字〔1996〕9 号)

山东省公安厅:

你厅《关于对外国法院判决的刑事案件不服申请国内司法机关重新审理应如何办理的请示》(鲁公明发〔1996〕879 号)收悉。

经研究,现批复如下:

1. 根据我国刑法第 7 条的规定,凡在中华人民共和国领域外犯罪,依照我国刑法应当负刑事责任的,虽然经过外国审判,仍然可以依照我国刑法处理,因此,对姚某晔可以依照我国刑法追究其刑事责任。但是,鉴于姚在外国已经受过刑罚处罚,可以依法减轻或者免除处罚。

2. 根据《中华人民共和国和乌克兰关于民事和刑事司法协助条约》的规定,我国可以请求乌克兰提供刑事司法协助,我司法机关可以请求乌克兰将证人证言、鉴定结果、被告人供述以及物证、书证等证据材料移交我国,然后,按照我国刑事诉讼法有关管辖的规定办理,并履行必要的法律手续。对于属于公安机关管辖的刑事案件,应当由公安机关立案侦查。公安机关根据乌克兰移交的证据材料,认为不需要继续侦查,可以结案的,可直接制作《起诉意见书》,移送人民检察院提起公诉。

2. 参见本书《刑法》第 6 条至第 8 条相关内容。

第 11 条 【外交代表刑事管辖豁免】 享有外交特权和豁免权的外国人的刑事责任,通过外交途径解决。

• **释义**

所谓外交特权和豁免权,是指根据国际公约,在国家间互惠的基础上,为保证驻在本国的外交代表机构及其工作人员正常执行职务而给予的一种特别权利和待遇。这种特殊权利和豁免权包括:人身不可侵犯,办公处、住处和文书档案不可侵犯,免纳关税,不受驻在国的司法管辖等。

第12条 【**溯及力**】中华人民共和国成立以后本法施行以前的行为,如果当时的法律不认为是犯罪的,适用当时的法律;如果当时的法律认为是犯罪的,依照本法总则第四章第八节的规定应当追诉的,按照当时的法律追究刑事责任,但是如果本法不认为是犯罪或者处刑较轻的,适用本法。

本法施行以前,依照当时的法律已经作出的生效判决,继续有效。

• **释义**

刑法的溯及力,是指刑法生效后,对它生效前未经审判、判决未确定或者未裁定的行为是否具有追溯适用效力,如果具有适用效力,则是有溯及力,否则就是没有溯及力。罪刑法定原则禁止不利于行为人的溯及既往,但允许有利于行为人的溯及既往。我国《刑法》第12条关于溯及力的规定采取了从旧兼从轻的原则。

• **关联法律**

1. 最高人民检察院《关于检察工作中具体适用修订刑法第12条若干问题的通知》(高检发释字〔1997〕4号)

根据修订刑法第12条的规定,现对发生在1997年9月30日以前,1997年10月1日后尚未处理或者正在处理的行为如何适用法律的若干问题通知如下:

一、如果当时的法律(包括1979年刑法,中华人民共和国惩治军人违反职责罪暂行条例,全国人大常委会关于刑事法律的决定、补充规定,民事、经济、行政法律中"依照"、"比照"刑法有关条款追究刑事责任的法律条文,下同)、司法解释认为是犯罪,修订刑法不认为是犯罪的,依法不再追究刑事责任。已经立案、侦查的,撤销案件;已批准逮捕的,撤销批准逮捕决定,并建议公安机关撤销案件;审查起诉的,作出不起诉决定;已经起诉的,建议人民法院退回案件,予以撤销;已经抗诉的,撤回抗诉。

二、如果当时的法律、司法解释认为是犯罪,修订刑法也认为是犯罪的,按从旧兼从轻的原则依法追究刑事责任:1. 罪名、构成要件、情节以及法定刑没有变化的,适用当时的法律追究刑事责任。2. 罪名、构成要件、情节以及法定刑已经变化的,根据从轻原则,确定适用当时的法律或者修订刑法追究刑事责任。

三、如果当时的法律不认为是犯罪,修订刑法认为是犯罪的,适用当时的法律;但行为连续或者继续到1997年10月1日以后的,对10月1日以后构成犯罪的行为适用修订刑法追究刑事责任。

2. 最高人民法院《关于适用刑法时间效力规定若干问题的解释》(法释〔1997〕5号)

为正确适用刑法,现就人民法院1997年10月1日以后审理的刑事案件,具体适用修订前的刑法或者修订后的刑法的有关问题规定如下:

第1条 对于行为人1997年9月30日以前实施的犯罪行为,在人民检察院、公安机关、国家安全机关立案侦查或者在人民法院受理案件以后,行为人逃避侦查或者审判,超过追诉期限或者被害人在追诉期限内提出控告,人民法院、人民检察院、公安机关应当立案而不予立案,超过追诉期限的,是否追究行为人的刑事责任,适用修订前的刑法第77条的规定。

第2条 犯罪分子1997年9月30日以前犯罪,不具有法定减轻处罚情节,但是根据案件的具体情况需要在法定刑以下判处刑罚的,适用修订前的刑法第59条第2款的规定。

第3条 前罪判处的刑罚已经执行完毕或者赦免,在1997年9月30日以前又犯应当判处有期徒刑以上刑罚之罪,是否构成累犯,适用修订前的刑法第61条的规定;1997年10月1日以后又犯应当判处有期徒刑以上刑罚之罪的,是否构成累犯,适用刑法第65条的规定。

第4条 1997年9月30日以前被采取强制措施的犯罪嫌疑人、被告人或者1997年9月30日以前犯罪,1997年10月1日以后仍在服刑的罪犯,如实供述司法机关还未掌握的本人其他罪行的,适用刑法第67条第2款的规定。

第5条 1997年9月30日以前犯罪的犯罪分子,有揭发他人犯罪行为,或者提供重要线索,从而得以侦破其他案件等立功表现的,适用刑法第68条的规定。

第6条 1997年9月30日以前犯罪被宣告缓刑的犯罪分子,在1997年10月1日以后的缓刑考验期间又犯新罪、被发现漏罪或者违反法律、行政法规或者国务院公安部门有关缓刑的监督管理规定,情节严重的,适用刑法第77条的规定,撤销缓刑。

第7条 1997年9月30日以前犯罪,1997年10月1日以后仍在服刑的犯罪分子,因特殊情况,需要不受执行刑期限制假释的,适用刑法第81条第1款的规定,报经最高人民法院核准。

第8条 1997年9月30日以前犯罪,1997年10月1日以后仍在服刑的累犯以及因杀人、爆炸、抢劫、强奸、绑架等暴力性犯罪被判处10年以上有期徒刑、无期徒刑的犯罪分子,适用修订前的刑法第73条的规定,可以假释。

第9条 1997年9月30日以前被假释的犯罪分子,在1997年10月1日以后的假释考验期内,又犯新罪、被发现漏罪或者违反法律、行政法规或者国务院公安部门有关假释的监督管理规定的,适用刑法第86条的规定,撤销假释。

第10条 按照审判监督程序重新审判的案件,适用行为时的法律。

3. 最高人民法院《关于适用刑法第12条几个问题的解释》(法释〔1997〕12号)

修订后的《中华人民共和国刑法》1997年10月1日施行以来,一些地方法院就刑法第12条适用中的几个具体问题向我院请示。现解释如下:

第1条 刑法第12条规定的"处刑较轻",是指刑法对某种犯罪规定的刑罚即法定刑比修订前刑法轻。法定刑较轻是指法定最高刑较轻;如果法定最高刑相同,则指法定最低刑较轻。

第2条 如果刑法规定的某一犯罪只有一个法定刑幅度,法定最高刑或者最低刑是指该法定刑幅度的最高刑或者最低刑;如果刑法规定的某一犯罪有两个以上的法定刑幅度,法定最高刑或者最低刑是指具体犯罪行为应当适用的法定刑幅度的最高刑或者最低刑。

第3条 1997年10月1日以后审理1997年9月30日以前发生的刑事案件,如果刑法规定的定罪处刑标准、法定刑与修订前刑法相同的,应当适用修订前的刑法。

4. 最高人民法院《关于在裁判文书中如何引用修订前、后刑法名称的通知》(法〔1997〕192号)

[被最高人民法院《关于在裁判文书中如何表述修正前后刑法条文的批复》(法释〔2012〕7号)废止]

5. 最高人民检察院《关于对跨越修订刑法施行日期的继续犯罪、连续犯罪以及其他同种数罪应如何具体适用刑法问题的批复》(高检发释字〔1998〕6号)

四川省人民检察院:

你院川检发研〔1998〕10号《关于对连续犯罪、继续犯罪如何具体适用刑法第12条的有关问题的请示》收悉,经研究,批复如下:

对于开始于1997年9月30日以前,继续或者连续到1997年10月1日以后的行为,以及在1997年10月1日前后分别实施的同种类数罪,如果原刑法和修订刑法都认为是犯罪并且应当追诉,按照下列原则决定如何适用法律:

一、对于开始于1997年9月30日以前,继续到1997年10月1日以后终了的继续犯罪,应当适用修订刑法一并进行追诉。

二、对于开始于1997年9月30日以前,连续到1997年10月1日以后的连续犯罪,或者在1997年10月1日前后分别实施的同种类数罪,其中罪名、构成要件、情节以及法定刑均没有变化的,应当适用修订刑法,一并进行追诉;罪名、构成要件、情节以及法定刑已经变化的,也应当适用修订刑法,一并进行追诉,但是修订刑法比原刑法所规定的构成要件和情节较为严格,或者法定刑较重的,在提起公诉时应当提出酌情从轻处理意见。

6. 最高人民法院、最高人民检察院、公安部《关于办理骗汇、逃汇犯罪案件联席会议纪要》(公通字〔1999〕39号)

二、全国人大常委会《关于惩治骗购外汇、逃汇和非法买卖外汇犯罪的决定》(以下简称《决定》)公布施行后发生的犯罪行为,应当依照《决定》办理;对于《决定》公布施行前发生的公布后尚未处理或者正在处理的行为,依照修订后的刑法第12条第1款规定的原则办理。

最高人民法院1998年8月28日发布的《关于审理骗购外汇、非法买卖外汇刑事案件具体应用法律若干问题的解释》(以下简称《解释》),是对具体应用修订后的刑法有关问题的司法解释,适用于依照修订后的刑法判处的案件。各执法部门对于《解释》应当准确理解,严格执行。

《解释》第4条规定:"公司、企业或者其他单位,违反有关外贸代理业务的规定,采用非法手段、或者明知是伪造、变造的凭证、商业单据,为他人向外汇指定银行骗购外汇,数额在500万美元以上或者违法所得50万元人民币以上的,按照刑法第225条第(3)项的规定定罪处罚;居间介绍骗购外汇100万美元以上或者违法所得10万元人民币以上的,按照刑法第225条第(3)项的规定定罪处罚。"上述所称"采用非法手段",是指有国家批准的进出口经营权的外贸代理企业在经营代理进口业务时,不按国家经济主管部门有关规定履行职责,放任被代理方自带客户、自带货源、自带汇票、自行报关,在不见进口产品、不见供货货主、不见外商的情况下代理进口业务,或者采取法律、行政法规和部门规章禁止的其他手段代理进口业务。

认定《解释》第4条所称的"明知",要结合案件的具体情节予以综合考虑,不能仅仅因为行为人不供述就不予认定。报关行为先于签订外贸代理协议的,或者委托方提供的购汇凭证明显与真实凭证、商业单据不符的,应当认定为明知。

《解释》第4条所称"居间介绍骗购外汇",是指收取他人人民币、以虚假购汇凭证委托外贸公司、企业骗购外汇,获取非法收益的行为。

7. 公安部《关于刑事追诉期限有关问题的批复》(公复字〔2000〕11号)

陕西省公安厅:

你厅《关于刑事追诉期限有关问题的请示》(陕公法发〔2000〕29号)收悉。现批复如下:

根据从旧兼从轻原则,对1997年9月30日以前实施的犯罪行为,追诉期限问题应当适用1979年刑法第77条的规定,即在人民法院、人民检察院、公安机关采取强制措施以后逃避侦查或者审判的,不受追诉期限的限制。

8. 最高人民检察院《关于〈全国人民代表大会常务委员会关于《中华人民共和国刑法》第93条第2款的解释〉的时间效力的批复》(高检发研字〔2000〕15号)

天津市人民检察院:

你院《关于〈全国人民代表大会常务委员会关于《中华人民共和国刑法》第93条第2款的解释〉的实施时间问题的请示》收悉。经研究,批复如下:

《全国人民代表大会常务委员会关于〈中华人民共和国刑法〉第93条第2款的解释》是对刑法第93条第2款关于“其他依照法律从事公务的人员”规定的进一步明确，并不是对刑法的修改。因此，该《解释》的效力适用于修订刑法的施行日期，其溯及力适用修订刑法第12条的规定。

9. 最高人民法院、最高人民检察院《关于适用刑事司法解释时间效力问题的规定》(高检发释字〔2001〕5号)

为正确适用司法解释办理案件，现对适用刑事司法解释时间效力问题提出如下意见：

一、司法解释是最高人民法院对审判工作中具体应用法律问题和最高人民检察院对检察工作中具体应用法律问题所作的具有法律效力的解释，自发布或者规定之日起施行，效力适用于法律的施行期间。

二、对于司法解释实施前发生的行为，行为时没有相关司法解释，司法解释施行后尚未处理或者正在处理的案件，依照司法解释的规定办理。

三、对于新的司法解释实施前发生的行为，行为时已有相关司法解释，依照行为时的司法解释办理，但适用新的司法解释对犯罪嫌疑人、被告人有利的，适用新的司法解释。

四、对于在司法解释施行前已办结的案件，按照当时的法律和司法解释，认定事实和适用法律没有错误的，不再变动。

10. 最高人民检察院《关于认真贯彻执行〈中华人民共和国刑法修正案(4)〉和〈全国人大常委会关于中华人民共和国刑法第9章渎职罪主体适用问题的解释〉的通知》(高检发研字〔2003〕1号)

第九届全国人民代表大会常务委员会第三十一次会议于2002年12月28日通过了《中华人民共和国刑法修正案(4)》和《全国人民代表大会常务委员会关于〈中华人民共和国刑法〉第9章渎职罪主体适用问题的解释》(以下分别简称《刑法修正案(4)》和《解释》)。为保证《刑法修正案(4)》和《解释》的正确贯彻实施，现就有关问题通知如下：

一、要认真组织学习，正确领会立法精神。《刑法修正案(4)》和《解释》的颁布实施，对于依法惩治破坏社会主义市场经济秩序、妨害社会管理秩序和国家机关工作人员的渎职犯罪行为，保障社会主义现代化建设事业的顺利进行，保障公民的人身安全，促进国家机关工作人员的廉政勤政，都具有十分重要的意义。各级检察机关要及时组织广大干警认真学习《刑法修正案(4)》和《解释》的有关内容，正确领会立法精神。

二、要严格依法办案，充分发挥检察机关的职能作用。《刑法修正案(4)》将走私液态废物、气态废物行为、非法雇用童工行为、非法采伐、毁坏国家重点保护的植物行为、非法收购、运输、加工、出售珍贵树木或者国家重点保护的其他植物及其制品行为和非法运输盗伐、滥伐的林木行为，特别是将枉法执行判决、裁定行为，作为单独犯罪专门作了规定。《刑法修正案(4)》还加大了对生产、销售不符合标准的医用器材罪、走私罪、非法收购盗伐、滥伐的林木罪的打击力度。《解释》对刑法第9章渎职罪主体的适用问题作了明确规定。各级检察机关在办理相关案件的过程中，要严格按照《刑法修正案(4)》和《解释》的有关规定，依法进行立案侦查和批捕、起诉工作。要进一步加大查办和预防职务犯罪的工作力度，对于《解释》所规定的人员在代表国家机关行使职权时侵犯公民人身权利、民主权利，构成犯罪的，也应当依照刑法有关规定追究刑事责任。

三、要准确把握《刑法修正案(4)》和《解释》的时间效力，正确适用法律。《刑法修正案(4)》是对《刑法》有关条文的修改和补充，实践中办理相关案件时，应当依照《刑法》第12条规定的原则正确适用法律。对于1997年修订刑法施行以后、《刑法修正案(4)》施行以前发生的枉法执行判决、裁定犯罪行为，应当依照《刑法》第397条的规定追究刑事责任。根据《立法法》第47条的规定,法律解释的时间效力与它所解释的法律的时间效力相同。对于在1997年修订刑法施行以后、《解释》施行以前发生的行为,在《解释》施行以后尚未处理或者正在处理的案件,应当依照《解释》的规定办理。对于在《解释》施行前已经办结的案件,不再变动。

四、各级检察机关在办理《刑法修正案(4)》和《解释》规定的相关案件的过程中,要注意及时总结办案经验,努力提高执法水平;上级检察机关要加强对下级检察机关办理有关案件特别是办理渎职侵权犯罪案件的指导。

11. 最高人民法院《关于九七刑法实施后发生的非法买卖枪支案件,审理时新的司法解释尚未作出,是否可以参照1995年9月20日最高人民法院〈关于办理非法制造、买卖、运输非军用枪支、弹药刑事案件适用法律问题的解释〉的规定审理案件请示的复函》(刑立他字〔2003〕第8号)

安徽省高级人民法院:

你院〔2003〕皖刑监字第1号《关于九七刑法实施后发生的非法买卖枪支案件,审理时新的司法解释尚未作出,是否可以参照1995年9月20日最高人民法院〈关于办理非法制造、买卖、运输非军用枪支、弹药刑事案件适用法律问题的解释〉的规定审理案件的请示报告》收悉。经研究,答复如下:

原审被告人侯磊非法买卖枪支的行为发生在修订后的《刑法》实施以后,而该案审理时《最高人民法院关于审理非法制造、买卖、运输枪支、弹药、爆炸物等刑事案件具体应用法律若干问题的解释》尚未颁布,因此,依照我院法发〔1997〕3号《关于认真学习宣传贯彻修订的〈中华人民共和国刑法〉的通知》的精神,该案应参照1995年9月20日最高人民法院法发〔1995〕20号《关于办理非法制造、买卖、运输非军用枪支、弹药刑事案件适用法律问题的解释》的规定办理。

12. 最高人民法院《关于在裁判文书中如何引用刑法修正案的批复》(法释〔2007〕7号)

[被最高人民法院《关于在裁判文书中如何表述修正前后刑法条文的批复》(法释〔2012〕7号)废止]

13. 最高人民法院《关于〈中华人民共和国刑法修正案(8)〉时间效力问题的解释》(法释〔2011〕9号)

为正确适用《中华人民共和国刑法修正案(8)》,根据刑法有关规定,现就人民法院2011年5月1日以后审理的刑事案件,具体适用刑法的有关问题规定如下:

第1条 对于2011年4月30日以前犯罪,依法应当判处管制或者宣告缓刑的,人民法院根据犯罪情况,认为确有必要同时禁止犯罪分子在管制期间或者缓刑考验期内从事特定活动,进入特定区域、场所,接触特定人的,适用修正后刑法第38条第2款或者第72条第2款的规定。

犯罪分子在管制期间或者缓刑考验期内,违反人民法院判决中的禁止令的,适用修正后刑法第38条第4款或者第77条第2款的规定。

第2条 2011年4月30日以前犯罪,判处死刑缓期执行的,适用修正前刑法第50条的规定。

被告人具有累犯情节,或者所犯之罪是故意杀人、强奸、抢劫、绑架、放火、爆炸、投放危险物质或者有组织的暴力性犯罪,罪行极其严重,根据修正前刑法判处死刑缓期执行不能体现罪刑相适应原则,而根据修正后刑法判处死刑缓期执行同时决定限制减刑可以罚当其罪的,适用修正后刑法第50条第2款的规定。

第3条 被判处有期徒刑以上刑罚,刑罚执行完毕或者赦免以后,在2011年4月30日以前再犯应当判处有期徒刑以上刑罚之罪的,是否构成累犯,适用修正前刑法第65条的规定;但是,前罪实施时不满18周岁的,是否构成累犯,适用修正后刑法第65条的规定。

曾犯危害国家安全犯罪,刑罚执行完毕或者赦免以后,在2011年4月30日以前再犯危害国家安全犯罪的，是否构成累犯，适用修正前刑法第66条的规定。

曾被判处有期徒刑以上刑罚，或者曾犯危害国家安全犯罪、恐怖活动犯罪、黑社会性质的组织犯罪，在2011年5月1日以后再犯罪的，是否构成累犯，适用修正后刑法第65条、第66条的规定。

第4条 2011年4月30日以前犯罪，虽不具有自首情节，但是如实供述自己罪行的，适用修正后刑法第67条第3款的规定。

第5条 2011年4月30日以前犯罪，犯罪后自首又有重大立功表现的，适用修正前刑法第68条第2款的规定。

第6条 2011年4月30日以前一人犯数罪，应当数罪并罚的，适用修正前刑法第69条的规定定；2011年4月30日以后1人犯数罪，其中1罪发生在2011年5月1日以后的，适用修正后刑法第69条的规定。

第7条 2011年4月30日以前犯罪，被判处无期徒刑的罪犯，减刑以后或者假释前实际执行的刑期，适用修正前刑法第78条第2款、第81条第1款的规定。

第8条 2011年4月30日以前犯罪，因具有累犯情节或者系故意杀人、强奸、抢劫、绑架、放火、爆炸、投放危险物质或者有组织的暴力性犯罪并被判处10年以上有期徒刑、无期徒刑的犯罪分子，2011年5月1日以后仍在服刑的，能否假释，适用修正前刑法第81条第2款的规定；2011年4月30日以前犯罪，因其他暴力性犯罪被判处10年以上有期徒刑、无期目徒刑的犯罪分子，2011年5月1日以后仍在服刑的，能否假释，适用修正后刑法第81条第2款、第3款的规定。

14. 最高人民法院研究室《关于假释时间效力法律适用问题的答复》(法研〔2011〕97号)

安徽省高级人民法院：

你院〔2011〕皖刑他字第10号《关于假释时间效力法律适用问题的请示》收悉。经研究，答复如下：

一、根据刑法第12条的规定，应当以行为实施时，而不是审判时，作为新旧法选择适用的判断基础。故《最高人民法院关于适用刑法时间效力规定若干问题的解释》第8条规定的“1997年9月30日以前犯罪，1997年10月1日以后仍在服刑的累犯以及因杀人、爆炸、抢劫、强奸、绑架等暴力性犯罪被判处10年以上有期徒刑、无期徒刑的犯罪分子”，包括1997年9月30日以前犯罪，已被羁押尚未判决的犯罪分子。

二、经《中华人民共和国刑法修正案(八)》修正前刑法第81条第2款规定的“暴力性犯罪”，不仅包括杀人、爆炸、抢劫、强奸、绑架5种，也包括故意伤害等其他暴力性犯罪。

15. 最高人民法院《关于在裁判文书中如何表述修正前后刑法条文的批复》(法释〔2012〕7号)

近来，一些法院就在裁判文书中引用修正前后刑法条文如何具体表述问题请示我院。经研究，批复如下：

一、根据案件情况，裁判文书引用1997年3月14日第八届全国人民代表大会第五次会议修订的刑法条文，应当根据具体情况分别表述：

(一)有关刑法条文在修订的刑法施行后未经修正，或者经过修正，但引用的是现行有效条文，表述为“《中华人民共和国刑法》第××条”。

(二)有关刑法条文经过修正，引用修正前的条文，表述为“1997年修订的《中华人民共和国刑法》第××条”。

(三)有关刑法条文经两次以上修正，引用经修正、且为最后一次修正前的条文，表述为“经××××年《中华人民共和国刑法修正案(×)》修正的《中华人民共和国刑法》第××条”。

二、根据案件情况，裁判文书引用1997年3月14日第八届全国人民代表大会第五次会议修订前的刑法条文，应当表述为“1979年《中华人民共和国刑法》第××条”。

三、根据案件情况，裁判文书引用有关单行刑法条文，应当直接引用相应该条例、补充规定或者决定的具体条款。

四、《最高人民法院关于在裁判文书中如何引用修订前、后刑法名称的通知》（法〔1997〕192号）、《最高人民法院关于在裁判文书中如何引用刑法修正案的批复》（法释〔2007〕7号）不再适用。

16. 最高人民法院《关于〈中华人民共和国刑法修正案（9）〉时间效力问题的解释》（法释〔2015〕19号）

为正确适用《中华人民共和国刑法修正案（9）》，根据《中华人民共和国刑法》第12条规定，现就人民法院2015年11月1日以后审理的刑事案件，具体适用修正前后刑法的有关问题规定如下：

第1条 对于2015年10月31日以前因利用职业便利实施犯罪，或者实施违背职业要求的特定义务的犯罪的，不适用修正后刑法第37条之一第1款的规定。其他法律、行政法规另有规定的，从其规定。

第2条 对于被判处死刑缓期执行的犯罪分子，在死刑缓期执行期间，且在2015年10月31日以前故意犯罪的，适用修正后刑法第50条第1款的规定。

第3条 对于2015年10月31日以前一人犯数罪，数罪中有判处有期徒刑和拘役，有期徒刑和管制，或者拘役和管制，予以数罪并罚的，适用修正后刑法第69条第2款的规定。

第4条 对于2015年10月31日以前通过信息网络实施的刑法第246条第1款规定的侮辱、诽谤行为，被害人向人民法院告诉，但提供证据确有困难的，适用修正后刑法第246条第3款的规定。

第5条 对于2015年10月31日以前实施的刑法第260条第1款规定的虐待行为，被害人没有能力告诉，或者因受到强制、威吓无法告诉的，适用修正后刑法第260条第3款的规定。

第6条 对于2015年10月31日以前组织考试作弊，为他人组织考试作弊提供作弊器材或者其他帮助，以及非法向他人出售或者提供考试试题、答案，根据修正前刑法应当以非法获取国家秘密罪、非法生产、销售间谍专用器材罪或者故意泄露国家秘密罪等追究刑事责任的，适用修正前刑法的有关规定。但是，根据修正后刑法第284条之一的规定处刑较轻的，适用修正后刑法的有关规定。

第7条 对于2015年10月31日以前以捏造的事实提起民事诉讼，妨害司法秩序或者严重侵害他人合法权益，根据修正前刑法应当以伪造公司、企业、事业单位、人民团体印章罪或者妨害作证罪等追究刑事责任的，适用修正前刑法的有关规定。但是，根据修正后刑法第307条之一的规定处刑较轻的，适用修正后刑法的有关规定。

实施第1款行为，非法占有他人财产或者逃避合法债务，根据修正前刑法应当以诈骗罪、职务侵占罪或者贪污罪等追究刑事责任的，适用修正前刑法的有关规定。

第8条 对于2015年10月31日以前实施贪污、受贿行为，罪行极其严重，根据修正前刑法判处死刑缓期执行不能体现罪刑相适应原则，而根据修正后刑法判处死刑缓期执行同时决定在其死刑缓期执行2年期满依法减为无期徒刑后，终身监禁，不得减刑、假释可以罚当其罪的，适用修正后刑法第383条第4款的规定。根据修正前刑法判处死刑缓期执行足以罚当其罪的，不适用修正后刑法第383条第4款的规定。

第9条 本解释自2015年11月1日起施行。

17. 最高人民检察院《第6批指导性案例马某龙（抢劫）核准追诉案》（检例第20号；2015年7月3日）

【核准追诉案件办理过程】

案发后马某龙逃往黑龙江省七台河市打工。公安机关没有立案，也未对马某龙采取强制措施。2014年3月10日,吉林省公主岭市公安局接到黑龙江省七台河市桃山区桃山街派出所移交案件:当地民警在对辖区内一名叫“李红”的居民进行盘查时,“李红”交代其真实姓名为马某龙,1989年5月伙同他人闯入吉林省公主岭市苇子沟街獾子洞村李某振家抢劫,并将李某振用刀扎死后逃跑。当日,公主岭市公安局对马某龙立案侦查,3月18日通过公主岭市人民检察院层报最高人民检察院核准追诉。

公主岭市人民检察院、四平市人民检察院、吉林省人民检察院对案件进行审查并开展了必要的调查。2014年4月8日,吉林省人民检察院报最高人民检察院对马某龙核准追诉。

另据查明:(一)被害人妻子王某和儿子因案发时受到惊吓患上精神病,靠捡破烂为生,生活非常困难,王某强烈要求追究马某龙刑事责任。(二)案发地群众表示,李某振被抢劫杀害一案在当地造成很大恐慌,影响至今没有消除,对犯罪嫌疑人应当追究刑事责任。

最高人民检察院审查认为:犯罪嫌疑人马某龙伙同他人入室抢劫,造成1人死亡的严重后果,依据《刑法》第12条、1979年《中华人民共和国刑法》第150条规定,应当适用的法定量刑幅度的最高刑为死刑。本案对被害人家庭和亲属造成严重伤害,在案发当地造成恶劣影响,虽然经过20年追诉期限,被害方以及案发地群众反映强烈,社会影响没有消失,不追诉可能严重影响社会稳定或者产生其他严重后果。综合上述情况,依据1979年《中华人民共和国刑法》第76条第4项规定,决定对犯罪嫌疑人马某龙核准追诉。

【要旨】

故意杀人、抢劫、强奸、绑架、爆炸等严重危害社会治安的犯罪,经过20年追诉期限,仍然严重影响人民群众安全感,被害方、案发地群众、基层组织等强烈要求追究犯罪嫌疑人刑事责任,不追诉可能影响社会稳定或者产生其他严重后果的,对犯罪嫌疑人应当追诉。(收录部分内容)

18. 最高人民检察院《第6批指导性案例丁某山等(故意伤害)核准追诉案》(检例第21号;2015年7月3日)

【核准追诉案件办理过程】

案发后丁某山等四名犯罪嫌疑人潜逃。莫旗公安局当时没有立案手续,也未对犯罪嫌疑人采取强制措施。2010年全国追逃行动期间,莫旗公安局经对未破命案进行梳理,并通过网上信息研判、证人辨认,确定了丁某山等四名犯罪嫌疑人下落。2013年12月25日,犯罪嫌疑人丁某山、丁某义、闫某军被抓获归案;2014年1月17日,犯罪嫌疑人常某龙被抓获归案。2014年1月25日,莫旗公安局通过莫旗检察院层报最高人民检察对丁某山等四名犯罪嫌疑人核准追诉。

莫旗人民检察院、呼伦贝尔市人民检察院、内蒙古自治区人民检察院对案件进行审查并开展了必要的调查。2014年4月10日,内蒙古自治区人民检察院报最高人民检察院对丁某山等四名犯罪嫌疑人核准追诉。

另据查明:(一)案发后四名犯罪嫌疑人即逃跑,在得知李某山死亡后分别更名潜逃到黑龙江、陕西等地,其间对于死伤者及其家属未给予任何赔偿。(二)被害人家属强烈要求严惩犯罪嫌疑人。(三)案发地部分村民及村委会出具证明表示,本案虽然过了20多年,但在当地造成的影响没有消失。

最高人民检察院审查认为:犯罪嫌疑人丁某山、丁某义、常某龙、闫某军涉嫌故意伤害罪,并造成1人死亡的严重后果,依据《中华人民共和国刑法》第12条、1979年《中华人民共和国刑法》第134条、全国人民代表大会常务委员会《关于严惩严重危害社会治安的犯罪分子的决定》第1条规定,应当适用的法定量刑幅度的最高刑为死刑。本案情节恶劣、后果严重,虽然已过20年追诉期限,但社会影响没有消失,不追诉可能严重影响社会稳定或者产生其他严重后果。本案系共同犯罪,四名犯罪嫌疑人具有共同犯罪故意,共同实施了故意伤害行为,应当对犯罪结果共同承担责任。综合上述情况,依据1979年《中华人民共和国刑法》第76条第4项规定,决定对犯罪嫌疑人丁某山、常某龙、丁某义、闫某军核准追诉。

【要旨】

涉嫌犯罪情节恶劣、后果严重,并且犯罪后积极逃避侦查,经过20年追诉期限,犯罪嫌疑人没有明显悔罪表现,也未通过赔礼道歉、赔偿损失等获得被害方谅解,犯罪造成的社会影响没有消失,不追诉可能影响社会稳定或者产生其他严重后果的,对犯罪嫌疑人应当追诉。

19. 最高人民检察院《第6批指导性案例杨某云(故意杀人)不核准追诉案》(检例第22号;2015年7月3日)

【核准追诉案件办理过程】

杨某云潜逃后辗转多地,后被拐卖嫁与安徽省凤阳县农民曹某。2013年3月,吴某禄亲属得知杨某云联系方式、地址后,多次到简阳市公安局、资阳市公安局进行控告,要求追究杨某云刑事责任。同年4月22日,简阳市及资阳市公安局在安徽省凤阳县公安机关协助下将杨某云抓获,后依法对其刑事拘留、逮捕,并通过简阳市检察院层报最高检核准追诉。

简阳市检察院、资阳市检察院、四川省检察院先后对案件进行审查并开展了必要的调查。2013年6月8日,四川省检察院报最高检对杨某云核准追诉。

另据查明:(一)杨某云与吴某禄之子吴某得知自己身世后,恳求吴某禄父母及其他亲属原谅杨某云。吴某禄的父母等亲属向公安机关递交谅解书,称鉴于杨某云将吴某抚养成人,成立家庭,不再要求追究杨某云刑事责任。(二)案发地部分群众表示,吴某禄被杀害,当时社会影响很大,现在事情过去20多年,已经没有什么影响。

最高检审查认为:犯罪嫌疑人杨某云故意非法剥夺他人生命,依据《刑法》第12条、1979年《中华人民共和国刑法》第132条规定,应当适用的法定量刑幅度的最高刑为死刑。本案虽然情节、后果严重,但属于因家庭矛盾引发的刑事案件,且多数被害人家属已经表示原谅杨某云,被害人与犯罪嫌疑人杨某云之子吴某也要求不追究杨某云刑事责任。案发地群众反映案件造成的社会影响已经消失。综合上述情况,本案不属于必须追诉的情形,依据1979年《中华人民共和国刑法》第76条第4项规定,决定对杨某云不予核准追诉。

【要旨】

1. 因婚姻家庭等民间矛盾激化引发的犯罪,经过20年追诉期限,犯罪嫌疑人没有再犯罪危险性,被害人及其家属对犯罪嫌疑人表示谅解,不追诉有利于化解社会矛盾、恢复正常社会秩序,同时不会影响社会稳定或者产生其他严重后果的,对犯罪嫌疑人可以不再追诉。

2. 须报请最高人民检察院核准追诉的案件,侦查机关在核准之前可以依法对犯罪嫌疑人采取强制措施。侦查机关报请核准追诉并提请逮捕犯罪嫌疑人,人民检察院经审查认为必须追诉而且符合法定逮捕条件的,可以依法批准逮捕。

20. 最高人民检察院《第6批指导性案例蔡某星、陈某辉等(抢劫)不核准追诉案》(检例第23号;2015年7月3日)

【核准追诉案件办理过程】

1991年3月12日,被害人林某忠到芜湖市公安局报案,4月18日芜湖市公安局对犯罪嫌疑人李某忠、蔡某文、陈某城进行通缉,4月23日对3人作出刑事拘留决定。李某忠于2011年9月21日被江苏省连云港市公安局抓获,蔡某文、陈某城于2011年12月8日在福建省莆田市投案(3名犯罪嫌疑人另案处理,均已判刑)。李某忠、蔡某文、陈某城到案后,供出同案犯罪嫌疑人蔡某星、陈某辉、林某雄(已死亡)3人。莆田市公安局于2012年3月9日将犯罪嫌疑人蔡某星、陈某辉抓获。2012年3月12日,芜湖市公安局对两名犯罪嫌疑人刑事拘留

(后取保候审),并通过芜湖市人民检察院层报最高人民检察院核准追诉。

芜湖市人民检察院、安徽省人民检察院分别对案件进行审查并开展了必要的调查。2012年12月4日,安徽省人民检察院报最高人民检察院对蔡某星、陈某辉核准追诉。

另据查明:(一)犯罪嫌疑人蔡某星、陈某辉与被害人(林某忠等当年集资做生意的群众)达成和解协议,并支付被害人40余万元赔偿金(包括直接损失和间接损失),各被害人不再要求追究其刑事责任。(二)蔡某星、陈某辉居住地基层组织未发现2人有违法犯罪行为,建议司法机关酌情不予追诉。

最高人民检察院审查认为:犯罪嫌疑人蔡某星、陈某辉伙同他人入户抢劫14万余元,依据《中华人民共和国刑法》第12条、1979年《中华人民共和国刑法》第150条规定,应当适用的法定量刑幅度的最高刑为死刑。本案发生在1991年3月12日,案发后公安机关只发现了犯罪嫌疑人李某忠、蔡某文、陈某城,在追诉期限内没有发现犯罪嫌疑人蔡某星、陈某辉2人在案发后也没有再犯罪,因此已超过20年追诉期限。本案虽然犯罪数额巨大,但未造成被害人人身伤害等其他严重后果。犯罪嫌疑人与被害人达成和解协议,并实际赔偿了被害人损失,被害人不再要求追究其刑事责任。综合上述情况,本案不属于必须追诉的情形,依据1979年《中华人民共和国刑法》第76条第4项规定,决定对蔡某星、陈某辉不予核准追诉。

【要旨】

1. 涉嫌犯罪已过20年追诉期限,犯罪嫌疑人没有再犯罪危险性,并且通过赔礼道歉、赔偿损失等方式积极消除犯罪影响,被害方对犯罪嫌疑人表示谅解,犯罪破坏的社会秩序明显恢复,不追诉不会影响社会稳定或者产生其他严重后果的,对犯罪嫌疑人可以不再追诉。

2. 1997年9月30日以前实施的共同犯罪,已被司法机关采取强制措施的犯罪嫌疑人逃避侦查或者审判的,不受追诉期限限制。司法机关在追诉期限内未发现或者未采取强制措施的犯罪嫌疑人,应当受追诉期限限制;涉嫌犯罪应当适用的法定量刑幅度的最高刑为无期徒刑、死刑,犯罪行为发生20年以后认为必须追诉的,须报请最高人民检察院核准。

21. 最高人民检察院《第34批指导性案例仇某侵害英雄烈士名誉、荣誉案》(检例第136号;2022年1月26日)

(详见本书《刑法》第299条之一相关内容)

第二章 犯　罪

第一节 犯罪和刑事责任

第13条 【犯罪概念】一切危害国家主权、领土完整和安全,分裂国家、颠覆人民民主专政的政权和推翻社会主义制度,破坏社会秩序和经济秩序,侵犯国有财产或者劳动群众集体所有的财产,侵犯公民私人所有的财产,侵犯公民的人身权利、民主权利和其他权利,以及其他危害社会的行为,依照法律应当受刑罚处罚的,都是犯罪,但是情节显著轻微危害不大的,不认为是犯罪。

• 释义

我国刑法对犯罪概念采取"实质+形式"的定义方式。理论上犯罪具有社会危害性与形式违法性两个基本特征，其中社会危害性揭示犯罪的本质特征，形式违法性展示犯罪的形式特征。另外，我国《刑法》中的犯罪概念又采取了"定性加定量"的犯罪定义模式，既对行为性质进行界定，又对行为程度进行规定，犯罪构成要件中包含一定的定量因素。在总则中具体表现为本条但书所概括的："情节显著轻微危害不大的，不认为是犯罪。"

• 关联法律

1. 最高人民法院《关于人民法院应否受理当事人不服治安管理处罚而提起的刑事自诉问题的批复》(法复〔1993〕8号)

(法释〔2019〕11号已声明该文件废止)

2. 最高人民法院《关于在审理经济纠纷案件中涉及经济犯罪嫌疑若干问题的规定》(法释〔1998〕7号)

(法释〔2020〕17号已对该文件修正)

3. 公安部《关于对公安机关因侦查破案需要可否检查军车问题的批复》(公复字〔1998〕9号)

广东省公安厅：

你厅《关于公安机关因侦查破案需要可否检查军车的请示》(粤公请字〔1998〕86号)收悉。经研究并征求总政保卫部意见，现批复如下：

军队是国家的武装力量，担负着保卫国家安全的重要任务，公安机关一般不直接对军车进行检查。对已立案侦查或有充分证据证明犯罪嫌疑人、被告人或者罪犯利用军车犯罪、隐藏证据或者逃逸的，公安机关应当及时通报军车所属部队保卫部门或当地军队的警备部门，并与其共同组织进行检查；如果案情特别重大且情况紧急，不立即进行检查可能导致犯罪嫌疑人、被告人、罪犯逃逸或者造成其他严重危害后果的，经县级以上公安机关负责人批准可直接对军车进行检查，但应同时通报军车所属部队保卫部门或者当地军队的警备部门。检查时，应注意工作态度和方法，避免发生冲突。检查后，应及时将有关情况通报军车所属部队保卫部门或当地军队的警备部门，并按照军地互涉案件的有关规定处理，同时报省公安厅备案。

4. 公安部《关于监视居住期满后能否对犯罪嫌疑人采取取保候审强制措施问题的批复》(公复字〔2000〕13号)

广东省公安厅：

你厅《关于监视居住期满后能否转取保候审问题的请示》(粤公请字〔2000〕109号)收悉。现批复如下：

公安机关因侦查犯罪需要，对于监视居住期限届满的犯罪嫌疑人，如果确有必要采取取保候审强制措施，并且符合取保候审条件的，可以依法决定取保候审，但是不得未经依法变更就转为取保候审，不能中止对案件的侦查。

5. 公安部《关于如何没收逃跑犯罪嫌疑人保证金问题的批复》(公复字〔2001〕22号)

辽宁省公安厅：

你厅《关于在被取保候审犯罪嫌疑人逃跑而无法告知其复核权的情况下可否没收保证金问题的请示》(辽公明发〔2001〕977号)收悉。现批复如下：

公安机关没收犯罪嫌疑人取保候审保证金，应当严格按照《刑事诉讼法》和公安部《公安机关办理刑事案件程序规定》进行。如果犯罪嫌疑人在逃的，公安机关应当按照《刑事诉讼法》第81条和《公安机关办理刑事案件程序规定》第80条的规定,由犯罪嫌疑人的家属、法定代理人或者单位负责人代收《没收保证金决定书》,并告知其犯罪嫌疑人对没收保证金决定不服的,可以在5日以内向上一级公安机关申请复核1次。复核期限已过,犯罪嫌疑人没有提出复核申请的,应当依法没收其保证金。

6. 公安部《关于人民检察院不起诉人民法院终止审理或者判决无罪的案件公安机关已采取的取保候审是否合法及应否退还已没收的保证金问题的答复》(2003年12月31日)

广西、广东公安厅法制处:

广西公安厅《关于人民检察院不起诉的案件公安机关已采取的刑事强制措施是否合法的请示》(桂公请〔2002〕109号)和广东省公安厅法制处《关于犯罪嫌疑人违反规定被没收保证金后被宣判无罪是否应当退还保证金问题的请示》收悉。经研究,答复如下:

一、关于取保候审的合法性问题

根据刑事诉讼法第51条、第141条、第162条的规定,取保候审的条件与起诉、作出有罪判决的条件不同,对事实和证据的要求也存在较大差异,不能简单地根据人民检察院不起诉、人民法院终止审理或者作出无罪判决认定公安机关采取的取保候审违法。取保候审是否合法应当依据刑事诉讼法的规定来确认。

二、关于是否退还保证金问题

对于人民检察院不起诉、人民法院终止审理或者判决无罪的案件,公安机关应否退还已经没收的取保候审保证金问题,应当分析具体情况,分别处理:

(一)被取保候审人在取保候审期间未违反刑事诉讼法第56条规定,也未故意重新犯罪,而被没收保证金的,没收的保证金应当退还。(二)被取保候审人在取保候审期间违反刑事诉讼法第56条的规定,被依法没收保证金的,原则上不退还;如果被取保候审人确实无罪,且违反规定行为的情节较为轻微,其被没收的保证金可以退还。

7. 最高人民法院《关于刑事案件终审判决和裁定何时发生法律效力问题的批复》(法释〔2004〕7号)

近来,有的法院反映,关于刑事案件终审判决和裁定何时发生法律效力问题不明确。经研究,批复如下:

根据《中华人民共和国刑事诉讼法》第163条、第195条和第208条规定的精神,终审的判决和裁定自宣告之日起发生法律效力。

8. 公安部《关于正确执行〈公安机关办理刑事案件程序规定〉第199条的批复》(公复字〔2008〕5号)

黑龙江省公安厅:

你厅《关于〈公安机关办理刑事案件程序规定〉第199条应如何理解的请示》(黑公传发〔2008〕521号)收悉。现批复如下:

一、根据《公安机关办理刑事案件程序规定》第199条的规定,死者家属无正当理由拒不到场或者拒绝签名、盖章的,不影响解剖或者开棺检验,公安机关可以在履行规定的审批程序后,解剖尸体;但应当认真核实死者家属提出的不到场或者拒绝签名、盖章的理由,对于有正当理由的,应当予以妥善处理,争取家属的配合,而不能简单地作为无正当理由对待。

二、对于重大、疑难、复杂的案件,可能引起争议的案件,或者死者家属无正当理由拒不到场或者拒绝签名、盖章的案件,为确保取得良好的社会效果,公安机关在进行尸体解剖、开棺检验、死因鉴定时,应当进行全程录音录像,商请检察机关派员到场,并邀请与案件无关的第3方或者死者家属聘请的律师到场见证。

9. 最高人民检察院、公安部《关于〈公安机关管辖的刑事案件立案追诉标准的规定(1)〉的通知》(公通字〔2008〕36号)

为及时、准确地打击犯罪,根据《中华人民共和国刑法》、《中华人民共和国刑法修正案(2)》、《中华人民共和国刑法修正案(3)》、《中华人民共和国刑法修正案(4)》、《中华人民共和国刑法修正案(6)》和《中华人民共和国刑事诉讼法》的规定,最高人民检察院、公安部制定了《最高人民检察院、公安部关于公安机关管辖的刑事案件立案追诉标准的规定(1)》,对公安机关治安部门、消防部门管辖的刑事案件立案追诉标准作出了规定。现印发给你们,请遵照执行。各级公安机关应当依照此规定立案侦查,各级人民检察院以当依照此规定审查批捕、审查起诉。各地在执行中遇到的问题,请及时分别报最高人民检察院和公安部。

最高人民检察院、公安部《关于公安机关管辖的刑事案件立案追诉标准的规定(1)》:

一、危害公共安全案

第1条 [失火案(刑法第115条第2款)]过失引起火灾,涉嫌下列情形之一的,应予立案追诉:

(一)导致死亡1人以上,或者重伤3人以上的;(二)造成公共财产或者他人财产直接经济损失50万元以上的;(三)造成10户以上家庭的房屋以及其他基本生活资料烧毁的;(四)造成森林火灾,过火有林地面积2公顷以上,或者过火疏林地、灌木林地、未成林地、苗圃地面积4公顷以上的;(五)其他造成严重后果的情形。

本条和本规定第15条规定的"有林地"、"疏林地"、"灌木林地"、"未成林地"、"苗圃地",按照国家林业主管部门的有关规定确定。

第2条 [非法制造、买卖、运输、储存危险物质案(刑法第125条第2款)]非法制造、买卖、运输、储存毒害性、放射性、传染病病原体等物质,危害公共安全,涉嫌下列情形之一的,应予立案追诉:

(一)造成人员重伤或者死亡的;(二)造成直接经济损失10万元以上的;(三)非法制造、买卖、运输、储存毒鼠强、氟乙酰胺、氟乙酰钠、毒鼠硅、甘氟原粉、原液、制剂50克以上,或者饵料2000克以上的;(四)造成急性中毒、放射性疾病或者造成传染病流行、暴发的;(五)造成严重环境污染的;(六)造成毒害性、放射性、传染病病原体等危险物质丢失、被盗、被抢或者被他人利用进行违法犯罪活动的;(七)其他危害公共安全的情形。

第3条 [违规制造、销售枪支案(刑法第126条)]依法被指定、确定的枪支制造企业、销售企业,违反枪支管理规定,以非法销售为目的,超过限额或者不按照规定的品种制造、配售枪支,或者以非法销售为目的,制造无号、重号、假号的枪支,或者非法销售枪支或者在境内销售为出口制造的枪支,涉嫌下列情形之一的,应予立案追诉:

(一)违规制造枪支5支以上的;(二)违规销售枪支2支以上的;(三)虽未达到上述数量标准,但具有造成严重后果等其他恶劣情节的。

本条和本规定第4条、第7条规定的"枪支",包括枪支散件。成套枪支散件,以相应数量的枪支计;非成套枪支散件,以每30件为一成套枪支散件计。

第4条 [非法持有、私藏枪支、弹药案(刑法第128条第1款)]违反枪支管理规定,非法持有、私藏枪支、弹药,涉嫌下列情形之一的,应予立案追诉:

(一)非法持有、私藏军用枪支1支以上的;(二)非法持有、私藏以火药为动力发射枪弹的非军用枪支1支以上,或者以压缩气体等为动力的其他非军用枪支2支以上的;(三)非法持有、私藏军用子弹20发以上、气枪铅弹1000发以上或者其他非军用子弹200发以上的;(四)非法持有、私藏手榴弹、炸弹、地雷、手雷等具有杀伤性弹药1枚以上的;(五)非法持有、私藏的弹药造成人员伤亡、财产损失的。

本条规定的“非法持有”，是指不符合配备、配置枪支、弹药条件的人员，擅自持有枪支、弹药的行为；“私藏”，是指依法配备、配置枪支、弹药的人员，在配备、配置枪支、弹药的条件消除后，私自藏匿所配备、配置的枪支、弹药且拒不交出的行为。

第5条 [非法出租、出借枪支案（刑法第128条第2、3、4款）]依法配备公务用枪的人员或单位，非法将枪支出租、出借给未取得公务用枪配备资格的人员或单位，或者将公务用枪用作借债质押物的，应予立案追诉。

依法配备公务用枪的人员或单位，非法将枪支出租、出借给具有公务用枪配备资格的人员或单位，以及依法配置民用枪支的人员或单位，非法出租、出借民用枪支，涉嫌下列情形之一的，应予立案追诉：

（一）造成人员轻伤以上伤亡事故的；（二）造成枪支丢失、被盗、被抢的；（三）枪支被他人利用进行违法犯罪活动的；（四）其他造成严重后果的情形。

第6条 [丢失枪支不报案（刑法第129条）]依法配备公务用枪的人员，丢失枪支不及时报告，涉嫌下列情形之一的，应予立案追诉：

（一）丢失的枪支被他人使用造成人员轻伤以上伤亡事故的；（二）丢失的枪支被他人利用进行违法犯罪活动的；（三）其他造成严重后果的情形。

第7条 [非法携带枪支、弹药、管制刀具、危险物品危及公共安全案（刑法第130条）]非法携带枪支、弹药、管制刀具或者爆炸性、易燃性、放射性、毒害性、腐蚀性物品，进入公共场所或者公共交通工具，危及公共安全，涉嫌下列情形之一的，应予立案追诉：

（一）携带枪支1支以上或者手榴弹、炸弹、地雷、手雷等具有杀伤性弹药1枚以上的；（二）携带爆炸装置1套以上的；（三）携带炸药、发射药、黑火药500克以上或者烟火药1000克以上、雷管20枚以上或者导火索、导爆索20米以上，或者虽未达到上述数量标准，但拒不交出的；（四）携带的弹药、爆炸物在公共场所或者公共交通工具上发生爆炸或者燃烧，尚未造成严重后果的；（五）携带管制刀具20把以上，或者虽未达到上述数量标准，但拒不交出，或者用来进行违法活动尚未构成其他犯罪的；（六）携带的爆炸性、易燃性、放射性、毒害性、腐蚀性物品在公共场所或者公共交通工具上发生泄漏、遗洒，尚未造成严重后果的；（七）其他情节严重的情形。

第8条 [重大责任事故案（刑法第134条第1款）]在生产、作业中违反有关安全管理的规定，涉嫌下列情形之一的，应予立案追诉：

（一）造成死亡1人以上，或者重伤3人以上；（二）造成直接经济损失50万元以上的；（三）发生矿山生产安全事故，造成直接经济损失100万元以上的；（四）其他造成严重后果的情形。

第9条 [强令违章冒险作业案（刑法第134条第2款）]强令他人违章冒险作业，涉嫌下列情形之一的，应予立案追诉：

（一）造成死亡1人以上，或者重伤3人以上；（二）造成直接经济损失50万元以上的；（三）发生矿山生产安全事故，造成直接经济损失100万元以上的；（四）其他造成严重后果的情形。

第10条 [重大劳动安全事故案（刑法第135条）]安全生产设施或者安全生产条件不符合国家规定，涉嫌下列情形之一的，应予立案追诉：

（一）造成死亡1人以上，或者重伤3人以上；（二）造成直接经济损失50万元以上的；（三）发生矿山生产安全事故，造成直接经济损失100万元以上的；（四）其他造成严重后果的情形。

第11条 [大型群众性活动重大安全事故案（刑法第135条之一）]举办大型群众性活动

违反安全管理规定,涉嫌下列情形之一的,应予立案追诉:

(一)造成死亡1人以上,或者重伤3人以上;(二)造成直接经济损失50万元以上的;(三)其他造成严重后果的情形。

第12条 [危险物品肇事案(刑法第136条)]违反爆炸性、易燃性、放射性、毒害性、腐蚀性物品的管理规定,在生产、储存、运输、使用中发生重大事故,涉嫌下列情形之一的,应予立案追诉:

(一)造成死亡1人以上,或者重伤3人以上;(二)造成直接经济损失50万元以上的;(三)其他造成严重后果的情形。

第13条 [工程重大安全事故案(刑法第137条)]建设单位、设计单位、施工单位、工程监理单位违反国家规定,降低工程质量标准,涉嫌下列情形之一的,应予立案追诉:

(一)造成死亡1人以上,或者重伤3人以上;(二)造成直接经济损失50万元以上的;(三)其他造成严重后果的情形。

第14条 [教育设施重大安全事故案(刑法第138条)]明知校舍或者教育教学设施有危险,而不采取措施或者不及时报告,涉嫌下列情形之一的,应予立案追诉:

(一)造成死亡1人以上、重伤3人以上或者轻伤10人以上的;(二)其他致使发生重大伤亡事故的情形。

第15条 [消防责任事故案(刑法第139条)]违反消防管理法规,经消防监督机构通知采取改正措施而拒绝执行,涉嫌下列情形之一的,应予立案追诉:

(一)造成死亡1人以上,或者重伤3人以上;(二)造成直接经济损失50万元以上的;(三)造成森林火灾,过火有林地面积2公顷以上,或者过火疏林地、灌木林地、未成林地、苗圃地面积4公顷以上的;(四)其他造成严重后果的情形。

二、破坏社会主义市场经济案

第16条 [生产、销售伪劣产品案(刑法第140条)]生产者、销售者在产品中掺杂、掺假,以假充真,以次充好或者以不合格产品冒充合格产品,涉嫌下列情形之一的,应予立案追诉:

(一)伪劣产品销售金额5万元以上的;(二)伪劣产品尚未销售,货值金额15万元以上的;(三)伪劣产品销售金额不满5万元,但将已销售金额乘以3倍后,与尚未销售的伪劣产品货值金额合计15万元以上的。

本条规定的"在产品中掺杂、掺假",是指在产品中掺入杂质或者异物,致使产品质量不符合国家法律、法规或者产品明示质量标准规定的质量要求,降低、失去应有使用性能的行为;"以假充真",是指以不具有某种使用性能的产品冒充具有该种使用性能的产品的行为;"以次充好",是指以低等级、低档次产品冒充高等级、高档次产品,或者以残次、废旧零配件组合、拼装后冒充正品或者新产品的行为;"不合格产品",是指不符合《中华人民共和国产品质量法》第26条第2款规定的质量要求的产品。

对本条规定的上述行为难以确定的,应当委托法律、行政法规规定的产品质量检验机构进行鉴定。本条规定的"销售金额",是指生产者、销售者出售伪劣产品后所得和应得的全部违法收入;"货值金额",以违法生产、销售的伪劣产品的标价计算;没有标价的,按照同类合格产品的市场中间价格计算。货值金额难以确定的,按照《扣押、追缴、没收物品估价管理办法》的规定,委托估价机构进行确定。

第17条 [生产、销售假药案(刑法第141条)]生产(包括配制)、销售假药,涉嫌下列情形之一的,应予立案追诉:

(一)含有超标准的有毒有害物质的;(二)不含所标明的有效成分,可能贻误诊治的;(三)所标明的适应症或者功能主治超出规定范围,可能造成贻误诊治的;(四)缺乏所标明的急救必需的有效成分的;(五)其他足以严重危害人体健康或者对人体健康造成严重危害的情形。

本条规定的“假药”,是指依照《中华人民共和国药品管理法》的规定属于假药和按假药处理的药品、非药品。

第18条 [生产、销售劣药案(刑法第142条)]生产(包括配制)、销售劣药,涉嫌下列情形之一的,应予立案追诉:

(一)造成人员轻伤、重伤或者死亡的;(二)其他对人体健康造成严重危害的情形。

本条规定的劣药,是指依照《中华人民共和国药品管理法》的规定,药品成分的含量不符合国家药品标准的药品和按劣药论处的药品。

第19条 [生产、销售不符合卫生标准的食品案(刑法第143条)]生产、销售不符合卫生标准的食品,涉嫌下列情形之一的,应予立案追诉:

(一)含有可能导致严重食物中毒事故或者其他严重食源性疾患的超标准的有害细菌的;(二)含有可能导致严重食物中毒事故或者其他严重食源性疾患的超标准的其他污染物的。

本条规定的“不符合卫生标准的食品”,由省级以上卫生行政部门确定的机构进行鉴定。

第20条 [生产、销售有毒、有害食品案(刑法第144条)]在生产、销售的食品中掺入有毒、有害的非食品原料的,或者销售明知掺有有毒、有害的非食品原料的食品的,应予立案追诉。

使用盐酸克仑特罗(俗称“瘦肉精”)等禁止在饲料和动物饮用水中使用的药品或者含有该类药品的饲料养殖供人食用的动物,或者销售明知是使用该类药品或者含有该类药品的饲料养殖的供人食用的动物的,应予立案追诉。

明知是使用盐酸克仑特罗等禁止在饲料和动物饮用水中使用的药品或者含有该类药品的饲料养殖的供人食用的动物,而提供屠宰等加工服务,或者销售其制品的,应予立案追诉。

第21条 [生产、销售不符合标准的医用器材案(刑法第145条)]生产不符合保障人体健康的国家标准、行业标准的医疗器械、医用卫生材料,或者销售明知是不符合保障人体健康的国家标准、行业标准的医疗器械、医用卫生材料,涉嫌下列情形之一的,应予立案追诉:

(一)进入人体的医疗器械的材料中含有超过标准的有毒有害物质的;(二)进入人体的医疗器械的有效性指标不符合标准要求,导致治疗、替代、调节、补偿功能部分或者全部丧失,可能造成贻误诊治或者人体严重损伤的;(三)用于诊断、监护、治疗的有源医疗器械的安全指标不合符强制性标准要求,可能对人体构成伤害或者潜在危害的;(四)用于诊断、监护、治疗的有源医疗器械的主要性能指标不合格,可能造成贻误诊治或者人体严重损伤的;(五)未经批准,擅自增加功能或者适用范围,可能造成贻误诊治或者人体严重损伤的;(六)其他足以严重危害人体健康或者对人体健康造成严重危害的情形。

医疗机构或者个人知道或者应当知道是不符合保障人体健康的国家标准、行业标准的医疗器械、医用卫生材料而购买并有偿使用的,视为本条规定的“销售”。

第22条 [生产、销售不符合安全标准的产品案(刑法第146条)]生产不符合保障人身、财产安全的国家标准、行业标准的电器、压力容器、易燃易爆或者其他不符合保障人身、财产安全的国家标准、行业标准的产品,或者销售明知是以上不符合保障人身、财产安全的国家标准、行业标准的产品,涉嫌下列情形之一的,应予立案追诉:

(一)造成人员重伤或者死亡的;(二)造成直接经济损失10万元以上的;(三)其他造成严重后果的情形。

第23条 [生产、销售伪劣农药、兽药、化肥、种子案(刑法第147条)]生产假农药、假兽药、假化肥,销售明知是假的或者失去使用效能的农药、兽药、化肥、种子,或者生产者、销售者以不合格的农药、兽药、化肥、种子冒充合格的农药、兽药、化肥、种子，涉嫌下列情形之一的，应予立案追诉：

(一)使生产遭受损失2万元以上的；(二)其他使生产遭受较大损失的情形。

第24条 [生产、销售不符合卫生标准的化妆品案(刑法第148条)]生产不符合卫生标准的化妆品，或者销售明知是不符合卫生标准的化妆品，涉嫌下列情形之一的，应予立案追诉：

(一)造成他人容貌毁损或者皮肤严重损伤的；(二)造成他人器官组织损伤导致严重功能障碍的；(三)致使他人精神失常或者自杀、自残造成重伤、死亡的；(四)其他造成严重后果的情形。

第25条 [走私淫秽物品案(刑法第152条第1款)]以牟利或者传播为目的，走私淫秽的影片、录像带、录音带、图片、书刊或者其他通过文字、声音、形象等形式表现淫秽内容的影碟、音碟、电子出版物等物品，涉嫌下列情形之一的，应予立案追诉：

(一)走私淫秽录像带、影碟50盘(张)以上的；(二)走私淫秽录音带、音碟100盘(张)以上的；(三)走私淫秽扑克、书刊、画册100副(册)以上的；(四)走私淫秽照片、画片500张以上的；(五)走私其他淫秽物品相当于上述数量的；(六)走私淫秽物品数量虽未达到本条第(一)项至第(四)项规定标准，但分别达到其中两项以上标准的百分之五十以上的。

第26条 [侵犯著作权案(刑法第271条)]以营利为目的，未经著作权人许可，复制发行其文字作品、音乐、电影、电视、录像作品、计算机软件及其他作品，或者出版他人享有专有出版权的图书，或者未经录音、录像制作者许可，复制发行其制作的录音、录像，或者制作、出售假冒他人署名的美术作品，涉嫌下列情形之一的，应予立案追诉：

(一)违法所得数额3万元以上的；(二)非法经营数额5万元以上的；(三)未经著作权人许可，复制发行其文字作品、音乐、电影、电视、录像作品、计算机软件及其他作品，复制品数量合计500张(份)以上的；(四)未经录音录像制作者许可，复制发行其制作的录音录像制品，复制品数量合计500张(份)以上的；(五)其他情节严重的情形。

以刊登收费广告等方式直接或者间接收取费用的情形，属于本条规定的"以营利为目的"。

本条规定的"未经著作权人许可"，是指没有得到著作权人授权或者伪造、涂改著作权人授权许可文件或者超出授权许可范围的情形。

本条规定的"复制发行"，包括复制、发行或者既复制又发行的行为。

通过信息网络向公众传播他人文字作品、音乐、电影、电视、录像作品、计算机软件及其他作品，或者通过信息网络传播他人制作的录音录像制品的行为，应当视为本条规定的"复制发行"。

侵权产品的持有人通过广告、征订等方式推销侵权产品的，属于本条规定的"发行"。

本条规定的"非法经营数额"，是指行为人在实施侵犯知识产权行为过程中，制造、储存、运输、销售侵权产品的价值。已销售的侵权产品的价值，按照实际销售的价格计算。制造、储存、运输和未销售的侵权产品的价值，按照标价或者已经查清的侵权产品的实际销售平均价格计算。侵权产品没有标价或者无法查清其实际销售价格的，按照被侵权产品的市场中间价格计算。

第27条 [销售侵权复制品案(刑法第218条)]以营利为目的，销售明知是刑法第217条规定的侵权复制品，涉嫌下列情形之一的，应予立案追诉：

(一)违法所得数额10万元以上的；(二)违法所得数额虽未达到上述数额标准，但尚未销售的侵权复制品货值金额达到30万元以上的。

第28条 [强迫交易案(刑法第226条)]以暴力、威胁手段强买强卖商品、强迫他人提供服务或者强迫他人接受服务，涉嫌下列情形之一的，应予立案追诉：

（一）造成被害人轻微伤或者其他严重后果的；（二）造成直接经济损失2000元以上的；（三）强迫交易3次以上或者强迫3人以上交易的；（四）强迫交易数额1万元以上，或者违法所得数额2000元以上的；（五）强迫他人购买伪劣商品数额5000元以上，或者违法所得数额1000元以上的；（六）其他情节严重的情形。

第29条 ［伪造、倒卖伪造的有价票证案（刑法第227条第1款）］伪造或者倒卖伪造的车票、船票、邮票或者其他有价票证，涉嫌下列情形之一的，应予立案追诉：

（一）车票、船票票面数额累计2000元以上，或者数量累计50张以上的；（二）邮票票面数额累计5000元以上，或者数量累计1000枚以上的；（三）其他有价票证价额累计5000元以上，或者数量累计100张以上的；（四）非法获利累计1000元以上的；（五）其他数额较大的情形。

第30条 ［倒卖车票、船票案（刑法第227条第2款）］倒卖车票、船票或者倒卖车票坐席、卧铺签字号以及订购车票、船票凭证，涉嫌下列情形之一的，应予立案追诉：

（一）票面数额累计5000元以上的；（二）非法获利累计2000元以上的；（三）其他情节严重的情形。

三、侵犯公民人身权利、民主权利案

第31条 ［强迫职工劳动案（刑法第244条）］用人单位违反劳动管理法规，以限制人身自由方法强迫职工劳动，涉嫌下列情形之一的，应予立案追诉：

（一）强迫他人劳动，造成人员伤亡或者患职业病的；（二）采用殴打、胁迫、扣发工资、扣留身份证件等手段限制人身自由，强迫他人劳动的；（三）强迫妇女从事井下劳动、国家规定的第四级体力劳动强度的劳动或者其他禁忌从事的劳动，或者强迫处于经期、孕期和哺乳期妇女从事国家规定的第三级体力劳动强度以上的劳动或者其他禁忌从事的劳动的；（四）强迫已满16周岁未满18周岁的未成年人从事国家规定的第四级体力劳动强度的劳动，或者从事高空、井下劳动，或者在爆炸性、易燃性、放射性、毒害性等危险环境下从事劳动的；（五）其他情节严重的情形。

第32条 ［雇用童工从事危重劳动案（刑法第244条之一）］违反劳动管理法规，雇用未满16周岁的未成年人从事国家规定的第四级体力劳动强度的劳动，或者从事高空、井下劳动，或者在爆炸性、易燃性、放射性、毒害性等危险环境下从事劳动，涉嫌下列情形之一的，应予立案追诉：

（一）造成未满16周岁的未成年人伤亡或者对其身体健康造成严重危害的；（二）雇用未满16周岁的未成年人3人以上的；（三）以强迫、欺骗等手段雇用未满16周岁的未成年人从事危重劳动的；（四）其他情节严重的情形。

四、侵犯财产案

第33条 ［故意毁坏财物案（刑法第275条）］故意毁坏公私财物，涉嫌下列情形之一的，应予立案追诉：

（一）造成公私财物损失5000元以上的；（二）毁坏公私财物3次以上的；（三）纠集3人以上公然毁坏公私财物的；（四）其他情节严重的情形。

第34条 ［破坏生产经营案（刑法第276条）］由于泄愤报复或者其他个人目的，毁坏机器设备、残害耕畜或者以其他方法破坏生产经营，涉嫌下列情形之一的，应予立案追诉：

（一）造成公私财物损失5000元以上的；（二）破坏生产经营3次以上的；（三）纠集3人以上公然破坏生产经营的；（四）其他破坏生产经营应予追究刑事责任的情形。

五、妨害社会管理秩序案

第35条 ［非法生产、买卖警用装备案（刑法第281条）］非法生产、买卖人民警察制式服装、车辆号牌等专用标志、警械，涉嫌下列情形之一的，应予立案追诉：

（一）成套制式服装30套以上，或者非成套制式服装100件以上的；（二）手铐、脚镣、警用抓捕网、警用催泪喷射器、警灯、警报器单种或者合计10件以上的；（三）警棍50根以上的；（四）警衔、警号、胸章、臂章、帽徽等警用标志单种或者合计100件以上的；（五）警用号牌、省级以上公安机关专段民用车辆号牌1副以上，或者其他公安机关专段民用车辆号牌3副以上的；（六）非法经营数额5000元以上，或者非法获利1000元以上的；（七）被他人利用进行违法犯罪活动的；（八）其他情节严重的情形。

第36条 ［聚众斗殴案（刑法第292条第1款）］组织、策划、指挥或者积极参加聚众斗殴的，应予立案追诉。

第37条 ［寻衅滋事案（刑法第293条）］寻衅滋事，破坏社会秩序，涉嫌下列情形之一的，应予立案追诉：

（一）随意殴打他人造成他人身体伤害、持械随意殴打他人或者具有其他恶劣情节的；（二）追逐、拦截、辱骂他人，严重影响他人正常工作、生产、生活，或者造成他人精神失常、自杀或者具有其他恶劣情节的；（三）强拿硬要或者任意损毁、占用公私财物价值2000元以上，强拿硬要或者任意损毁、占用公私财物3次以上或者具有其他严重情节的；（四）在公共场所起哄闹事，造成公共场所秩序严重混乱的。

第38条 ［非法集会、游行、示威案（刑法第296条）］举行集会、游行、示威，未依照法律规定申请或者申请未获许可，或者未按照主管机关许可的起止时间、地点、路线进行，又拒不服从解散命令，严重破坏社会秩序的，应予立案追诉。

第39条 ［非法携带武器、管制刀具、爆炸物参加集会、游行、示威案（刑法第297条）］违反法律规定，携带武器、管制刀具或者爆炸物参加集会、游行、示威的，应予立案追诉。

第40条 ［破坏集会、游行、示威案（刑法第298条）］扰乱、冲击或者以其他方法破坏依法举行的集会、游行、示威，造成公共秩序严重混乱的，应予立案追诉。

第41条 ［聚众淫乱案（刑法第301条第1款）］组织、策划、指挥3人以上进行淫乱活动或者参加聚众淫乱活动3次以上的，应予立案追诉。

第42条 ［引诱未成年人聚众淫乱案（刑法第301条第2款）］引诱未成年人参加聚众淫乱活动的，应予立案追诉。

第43条 ［赌博案（刑法第303条第1款）］以营利为目的，聚众赌博，涉嫌下列情形之一的，应予立案追诉：

（一）组织3人以上赌博，抽头渔利数额累计5000元以上的；（二）组织3人以上赌博，赌资数额累计5万元以上；（三）组织3人以上赌博，参赌人数累计20人以上的；（四）组织中华人民共和国公民10人以上赴境外赌博，从中收取回扣、介绍费的；（五）其他聚众赌博应予追究刑事责任的情形。

以营利为目的，以赌博为业的，应予立案追诉。

赌博犯罪中用作赌注的款物、换取筹码的款物和通过赌博赢取的款物属于赌资。通过计算机网络实施赌博犯罪的，赌资数额可以按照在计算机网络上投注或者赢取的点数乘以每一点实际代表的金额认定。

第44条 ［开设赌场案（刑法第303条第2款）］开设赌场的，应予立案追诉。

在计算机网络上建立赌博网站，或者为赌博网站担任代理，接受投注的，属于本条规定的“开设赌场”。

第45条 ［故意延误投递邮件案（刑法第304条）］邮政工作人员严重不负责任，故意延误投递邮件，涉嫌下列情形之一的，应予立案追诉：

(一)造成直接经济损失2万元以上的;(二)延误高校录取通知书或者其他重要邮件投递,致使他人失去高校录取资格或者造成其他无法挽回的重大损失的;(三)严重损害国家声誉或者造成其他恶劣社会影响的;(四)其他致使公共财产、国家和人民利益遭受重大损失的情形。

第 46 条 [故意损毁文物案(刑法第 324 条第 1 款)]故意损毁国家保护的珍贵文物或者被确定为全国重点文物保护单位、省级文物保护单位的文物的,应予立案追诉。

第 47 条 [故意损毁名胜古迹案(刑法第 324 条第 2 款)]故意损毁国家保护的名胜古迹,涉嫌下列情形之一的,应予立案追诉:

(一)造成国家保护的名胜古迹严重损毁的;(二)损毁国家保护的名胜古迹3次以上或者3处以上,尚未造成严重损毁后果的;(三)损毁手段特别恶劣的;(四)其他情节严重的情形。

第 48 条 [过失损毁文物案(刑法第 324 条第 3 款)]过失损毁国家保护的珍贵文物或者被确定为全国重点文物保护单位、省级文物保护单位的文物,涉嫌下列情形之一的,应予立案追诉:

(一)造成珍贵文物严重损毁的;(二)造成全国重点文物保护单位、省级文物保护单位的文物严重损毁的;(三)造成珍贵文物损毁3件以上的;(四)其他造成严重后果的情形。

第 49 条 [妨害传染病防治案(刑法第 330 条)]违反传染病防治法的规定,引起甲类或者按照甲类管理的传染病传播或者有传播严重危险,涉嫌下列情形之一的,应予立案追诉:

(一)供水单位供应的饮用水不符合国家规定的卫生标准的;(二)拒绝按照疾病预防控制机构提出的卫生要求,对传染病病原体污染的污水、污物、粪便进行消毒处理的;(三)准许或者纵容传染病病人、病原携带者和疑似传染病病人从事国务院卫生行政部门规定禁止从事的易使该传染病扩散的工作的;(四)拒绝执行疾病预防控制机构依照传染病防治法提出的预防、控制措施的。

本条和本规定第50条规定的"甲类传染病",是指鼠疫、霍乱;"按甲类管理的传染病",是指乙类传染病中传染性非典型肺炎、炭疽中的肺炭疽、人感染高致病性禽流感以及国务院卫生行政部门根据需要报经国务院批准公布实施的其他需要按甲类管理的乙类传染病和突发原因不明的传染病。

第 50 条 [传染病菌种、毒种扩散案(刑法第 331 条)]从事实验、保藏、携带、运输传染病菌种、毒种的人员,违反国务院卫生行政部门的有关规定,造成传染病菌种、毒种扩散,涉嫌下列情形之一的,应予立案追诉:

(一)导致甲类和按甲类管理的传染病传播的;(二)导致乙类、丙类传染病流行、暴发的;(三)造成人员重伤或者死亡的;(四)严重影响正常的生产、生活秩序的;(五)其他造成严重后果的情形。

第 51 条 [妨害国境卫生检疫案(刑法第 332 条)]违反国境卫生检疫规定,引起检疫传染病传播或者有传播严重危险的,应予立案追诉。

第 52 条 [非法组织卖血案(刑法第 333 条第 1 款)]非法组织他人出卖血液,涉嫌下列情形之一的,应予立案追诉:

(一)组织卖血3人次以上的;(二)组织卖血非法获利2000元以上的;(三)组织未成年人卖血的;(四)被组织卖血的人的血液含有艾滋病病毒、乙型肝炎病毒、丙型肝炎病毒、梅毒螺旋体等病原微生物的;(五)其他非法组织卖血应予追究刑事责任的情形。

第 53 条 [强迫卖血案(刑法第 333 条第 1 款)]以暴力、威胁方法强迫他人出卖血液的,应予立案追诉。

第 54 条 [非法采集、供应血液、制作、供应血液制品案(刑法第 334 条第 1 款)]非法采

集、供应血液或者制作、供应血液制品,涉嫌下列情形之一的,应予立案追诉:

(一)采集、供应的血液含有艾滋病病毒、乙型肝炎病毒、丙型肝炎病毒、梅毒螺旋体等病原微生物的;(二)制作、供应的血液制品含有艾滋病病毒、乙型肝炎病毒、丙型肝炎病毒、梅毒螺旋体等病原微生物,或者将含有上述病原微生物的血液用于制作血液制品的;(三)使用不符合国家规定的药品、诊断试剂、卫生器材,或者重复使用1次性采血器材采集血液,造成传染病传播危险的;(四)违反规定对献血者、供血浆者超量、频繁采集血液、血浆,足以危害人体健康的;(五)其他不符合国家有关采集、供应血液或者制作、供应血液制品的规定,足以危害人体健康或者对人体健康造成严重危害的情形。

未经国家主管部门批准或者超过批准的业务范围,采集、供应血液或者制作、供应血液制品的,属于本条规定的"非法采集、供应血液、制作、供应血液制品"。

本条和本规定第52条、第53条、第55条规定的"血液",是指全血、成分血和特殊血液成分。

本条和本规定第55条规定的"血液制品",是指各种人血浆蛋白制品。

第55条 [采集、供应血液、制作、供应血液制品事故案(刑法第334条第2款)]经国家主管部门批准采集、供应血液或者制作、供应血液制品的部门,不依照规定进行检测或者违背其他操作规定,涉嫌下列情形之一的,应予立案追诉:

(一)造成献血者、供血浆者、受血者感染艾滋病病毒、乙型肝炎病毒、丙型肝炎病毒、梅毒螺旋体或者其他经血液传播的病原微生物的;(二)造成献血者、供血浆者、受血者重度贫血、造血功能障碍或者其他器官组织损伤导致功能障碍等身体严重危害的;(三)其他造成危害他人身体健康后果的情形。

经国家主管部门批准的采供血机构和血液制品生产经营单位,属于本条规定的"经国家主管部门批准采集、供应血液或者制作、供应血液制品的部门"。采供血机构包括血液中心、中心血站、脐带血造血干细胞库和国家卫生行政主管部门根据医学发展需要批准、设置的其他类型血库、单采血浆站。

具有下列情形之一的,属于本条规定的"不依照规定进行检测或者违背其他操作规定":

(一)血站未用两个企业生产的试剂对艾滋病病毒抗体、乙型肝炎病毒表面抗原、丙型肝炎病毒抗体、梅毒抗体进行两次检测的;(二)单采血浆站不依照规定对艾滋病病毒抗体、乙型肝炎病毒表面抗原、丙型肝炎病毒抗体、梅毒抗体进行检测的;(三)血液制品生产企业在投料生产前未用主管部门批准和检定合格的试剂进行复检的;(四)血站、单采血浆站和血液制品生产企业使用的诊断试剂没有生产单位名称、生产批准文号或者经检定不合格的;(五)采供血机构在采集检验样本、采集血液和成分血分离时,使用没有生产单位名称、生产批准文号或者超过有效期的一次性注射器等采血器材的;(六)不依照国家规定的标准和要求包装、储存、运输血液、原料血浆的;(七)对国家规定检测项目结果呈阳性的血液未及时按照规定予以清除的;(八)不具备相应资格的医务人员进行采血、检验操作的;(九)对献血者、供血浆者超量、频繁采集血液、血浆的;(十)采供血机构采集血液、血浆前,未对献血者或者供血浆者进行身份识别,采集冒名顶替者、健康检查不合格者血液、血浆的;(十一)血站擅自采集原料血浆,单采血浆站擅自采集临床用血或者向医疗机构供应原料血浆的;(十二)重复使用一次性采血器材的;(十三)其他不依照规定进行检测或者违背操作规定的。

第56条 [医疗事故案(刑法第335条)]医务人员由于严重不负责任,造成就诊人死亡或者严重损害就诊人身体健康的,应予立案追诉。

具有下列情形之一的,属于本条规定的"严重不负责任":

(一)擅离职守的;(二)无正当理由拒绝对危急就诊人实行必要的医疗救治的;(三)未经

批准擅自开展试验性治疗的;(四)严重违反查对、复核制度的;(五)使用未经批准使用的药品、消毒药剂、医疗器械的;(六)严重违反国家法律法规及有明确规定的诊疗技术规范、常规的;(七)其他严重不负责任的情形。

本条规定的“严重损害就诊人身体健康”,是指造成就诊人严重残疾、重伤、感染艾滋病、病毒性肝炎等难以治愈的疾病或者其他严重损害就诊人身体健康的后果。

第57条 [非法行医案(刑法第336条第1款)]未取得医生执业资格的人非法行医,涉嫌下列情形之一的,应予立案追诉:

(一)造成就诊人轻度残疾、器官组织损伤导致一般功能障碍,或者中度以上残疾、器官组织损伤导致严重功能障碍,或者死亡的;(二)造成甲类传染病传播、流行或者有传播、流行危险的;(三)使用假药、劣药或不符合国家规定标准的卫生材料、医疗器械,足以严重危害人体健康的;(四)非法行医被卫生行政部门行政处罚两次以后,再次非法行医的;(五)其他情节严重的情形。

具有下列情形之一的,属于本条规定的“未取得医生执业资格的人非法行医”:

(一)未取得或者以非法手段取得医师资格从事医疗活动的;(二)个人未取得《医疗机构执业许可证》开办医疗机构的;(三)被依法吊销医师执业证书期间从事医疗活动的;(四)未取得乡村医生执业证书,从事乡村医疗活动的;(五)家庭接生员实施家庭接生以外的医疗活动的。

本条规定的“轻度残疾、器官组织损伤导致一般功能障碍”、“中度以上残疾、器官组织损伤导致严重功能障碍”,参照卫生部《医疗事故分级标准(试行)》认定。

第58条 [非法进行节育手术案(刑法第336条第2款)]未取得医生执业资格的人擅自为他人进行节育复通手术、假节育手术、终止妊娠手术或者摘取宫内节育器,涉嫌下列情形之一的,应予立案追诉:

(一)造成就诊人轻伤、重伤、死亡或者感染艾滋病、病毒性肝炎等难以治愈的疾病的;(二)非法进行节育复通手术、假节育手术、终止妊娠手术或者摘取宫内节育器五人次以上的;(三)致使他人超计划生育的;(四)非法进行选择性别的终止妊娠手术的;(五)非法获利累计5000元以上的;(六)其他情节严重的情形。

第59条 [逃避动植物检疫案(刑法第337条)]违反进出境动植物检疫法的规定,逃避动植物检疫,涉嫌下列情形之一的,应予立案追诉:

(一)造成国家规定的《进境动物一、二类传染病、寄生虫病名录》中所列的动物疫病传入或者对农、牧、渔业生产以及人体健康、公共安全造成严重危害的其他动物疫病在国内暴发流行的;(二)造成国家规定的《进境植物检疫性有害生物名录》中所列的有害生物传入或者对农、林业生产、生态环境以及人体健康有严重危害的其他有害生物在国内传播扩散的。

第60条 [重大环境污染事故案(刑法第338条)]违反国家规定,向土地、水体、大气排放、倾倒或者处置有放射性的废物、含传染病病原体的废物、有毒物质或者其他危险废物,造成重大环境污染事故,涉嫌下列情形之一,应予立案追诉:

(一)致使公私财产损失30万元以上的;(二)致使基本农田、防护林地、特种用途林地5亩以上,其他农用地10亩以上,其他土地20亩以上基本功能丧失或者遭受永久性破坏的;(三)致使森林或者其他林木死亡50立方米以上,或者幼树死亡2500株以上的;(四)致使1人以上死亡、3人以上重伤、10人以上轻伤,或者1人以上重伤并且5人以上轻伤的;(五)致使传染病发生、流行或者人员中毒达到《国家突发公共卫生事件应急预案》中突发公共卫生事件分级Ⅲ级以上情形,严重危害人体健康的;(六)其他致使公私财产遭受重大损失或者人身伤亡的严重后果的情形。

本条和本规定第62条规定的“公私财产损失”,包括污染环境直接造成的财产损毁、减少的实际价值,为防止污染扩散以及消除污染而采取的必要的、合理的措施而发生的费用。

第61条 [非法处置进口的固体废物案(刑法第339条第1款)]违反国家规定,将境外的固体废物进境倾倒、堆放、处置的,应予立案追诉。

第62条 [擅自进口固体废物案(刑法第339条第2款)]未经国务院有关主管部门许可,擅自进口固体废物用作原料,造成重大环境污染事故,涉嫌下列情形之一的,应予立案追诉:

(一)致使公私财产损失30万元以上的;(二)致使基本农田、防护林地、特种用途林地5亩以上,其他农用地10亩以上,其他土地20亩以上基本功能丧失或者遭受永久性破坏的;(三)致使森林或者其他林木死亡50立方米以上,或者幼树死亡2500株以上的;(四)致使1人以上死亡、3人以上重伤、10人以上轻伤,或者1人以上重伤并且5人以上轻伤的;(五)致使传染病发生、流行或者人员中毒达到《国家突发公共卫生事件应急预案》中突发公共卫生事件分级Ⅲ级以上情形,严重危害人体健康的;(六)其他致使公私财产遭受重大损失或者严重危害人体健康的情形。

第63条 [非法捕捞水产品案(刑法第340条)]违反保护水产资源法规,在禁渔区、禁渔期或者使用禁用的工具、方法捕捞水产品,涉嫌下列情形之一的,应予立案追诉:

(一)在内陆水域非法捕捞水产品500公斤以上或者价值5000元以上的,或者在海洋水域非法捕捞水产品2000公斤以上或者价值2万元以上的;(二)非法捕捞有重要经济价值的水生动物苗种、怀卵亲体或者在水产种质资源保护区内捕捞水产品,在内陆水域50公斤以上或者价值500元以上,或者在海洋水域200公斤以上或者价值2000元以上的;(三)在禁渔区内使用禁用的工具或者禁用的方法捕捞的;(四)在禁渔期内使用禁用的工具或者禁用的方法捕捞的;(五)在公海使用禁用渔具从事捕捞作业,造成严重影响的;(六)其他情节严重的情形。

第64条 [非法猎捕、杀害珍贵、濒危野生动物案(刑法第341条第1款)]非法猎捕、杀害国家重点保护的珍贵、濒危野生动物的,应予立案追诉。

本条和本规定第65条规定的“珍贵、濒危野生动物”,包括列入《国家重点保护野生动物名录》的国家一、二级保护野生动物、列入《濒危野生动植物种国际贸易公约》附录1、附录2的野生动物以及驯养繁殖的上述物种。

第65条 [非法收购、运输、出售珍贵、濒危野生动物、珍贵、濒危野生动物制品案(刑法第341条第1款)]非法收购、运输、出售国家重点保护的珍贵、濒危野生动物及其制品的,应予立案追诉。

本条规定的“收购”,包括以营利、自用等为目的的购买行为;“运输”,包括采用携带、邮寄、利用他人、使用交通工具等方法进行运送的行为;“出售”,包括出卖和以营利为目的的加工利用行为。

第66条 [非法狩猎案(刑法第341条第2款)]违反狩猎法规,在禁猎区、禁猎期或者使用禁用的工具、方法进行狩猎,破坏野生动物资源,涉嫌下列情形之一的,应予立案追诉:

(一)非法狩猎野生动物20只以上的;(二)在禁猎区内使用禁用的工具或者禁用的方法狩猎的;(三)在禁猎期内使用禁用的工具或者禁用的方法狩猎的;(四)其他情节严重的情形。

第67条 [非法占用农用地案(刑法第342条)]违反土地管理法规,非法占用耕地、林地等农用地,改变被占用土地用途,造成耕地、林地等农用地大量毁坏,涉嫌下列情形之一的,应予立案追诉:

(一)非法占用基本农5亩以上或者基本农田以外的耕地10亩以上的;(二)非法占用防

护林地或者特种用途林地数量单种或者5亩以上的;(三)非法占用其他林10亩以上的;(四)非法占用本款第(二)项、第(三)项规定的林地,其中1项数量达到相应规定的数量标准的50%以上,且两项数量合计达到该项规定的数量标准的;(五)非法占用其他农用地数量较大的情形。

违反土地管理法规,非法占用耕地建窑、建坟、建房、挖沙、采石、采矿、取土、堆放固体废弃物或者进行其他非农业建设,造成耕地种植条件严重毁坏或者严重污染,被毁坏耕地数量达到以上规定的,属于本条规定的"造成耕地大量毁坏"。

违反土地管理法规,非法占用林地,改变被占用林地用途,在非法占用的林地上实施建窑、建坟、建房、挖沙、采石、采矿、取土、种植农之五、堆放或者排泄废弃物等行为或者进行其他非林业生产、建设,造成林地的原有植被或者林业种植条件严重毁坏或者严重污染,被毁坏林地数量达到以上规定的,属于本条规定的"造成林地大量毁坏"。

第68条 [非法采矿案(刑法第343条第1款)]违反矿产资源法的规定,未取得采矿许可证擅自采矿的,或者擅自进入国家规划矿区、对国民经济具有重要价值的矿区和他人矿区范围采矿的,或者擅自开采国家规定实行保护性开采的特定矿种,经责令停止开采后拒不停止开采,造成矿产资源破坏的价值数额在5万元至10万元以上的,应予立案追诉。

具有下列情形之一的,属于本条规定的"未取得采矿许可证擅自采矿":

(一)无采矿许可证开采矿产资源的;(二)采矿许可证被注销、吊销后继续开采矿产资源的;(三)超越采矿许可证规定的矿区范围开采矿产资源的;(四)未按采矿许可证规定的矿种开采矿产资源的(共生、伴生矿种除外);(五)其他未取得采矿许可证开采矿产资源的情形。

在采矿许可证被依法暂扣期间擅自开采的,视为本条规定的"未取得采矿许可证擅自采矿"。

造成矿产资源破坏的价值数额,由省级以上地质矿产主管部门出具鉴定结论,经查证属实后予以认定。

第69条 [破坏性采矿案(刑法第343条第2款)]违反矿产资源法的规定,采取破坏性的开采方法开采矿产资源,造成矿产资源严重破坏,价值在30万元至50万元以上的,应予立案追诉。

本条规定的"采取破坏性的开采方法开采矿产资源",是指行为人违反地质矿产主管部门审查批准的矿产资源开发利用方案开采矿产资源,并造成矿产资源严重破坏的行为。

破坏性的开采方法以及造成矿产资源严重破坏的价值数额,由省级以上地质矿产主管部门出具鉴定结论,经查证属实后予以认定。

第70条 [非法采伐、毁坏国家重点保护植物案(刑法第344条)]违反国家规定,非法采伐、毁坏珍贵树木或者国家重点保护的其他植物的,应予立案追诉。

本条和本规定第71条规定的"珍贵树木或者国家重点保护的其他植物",包括由省级以上林业主管部门或者其他部门确定的具有重大历史纪念意义、科学研究价值或者年代久远的古树名木,国家禁止、限制出口的珍贵树木以及列入《国家重点保护野生植物名录》的树木或者其他植物。

第71条 [非法收购、运输、加工、出售国家重点保护植物、国家重点保护植物制品案(刑法第344条)]违反国家规定,非法收购、运输、加工、出售珍贵树木或者国家重点保护的其他植物及其制品的,应予立案追诉。

第72条 [盗伐林木案(刑法第345条第1款)]盗伐森林或者其他林木,涉嫌下列情形之一的,应予立案追诉:

(一)盗伐2至5立方米以上的;(二)盗伐幼树100至200株以上的。

以非法占有为目的，具有下列情形之一的，属于本条规定的“盗伐森林或者其他林木”：

（一）擅自砍伐国家、集体、他人所有或者他人承包经营管理的森林或者其他林木的；（二）擅自砍伐本单位或者本人承包经营管理的森林或者其他林木的；（三）在林木采伐许可证规定的地点以外采伐国家、集体、他人所有或者他人承包经营管理的森林或者其他林木的。

本条和本规定第73条、第74条规定的林木数量以立木蓄积计算，计算方法为：原木材积除以该树种的出材率；“幼树”，是指胸径5厘米以下的树木。

第73条　［滥伐林木案（刑法第345条第2款）］违反森林法的规定，滥伐森林或者其他林木，涉嫌下列情形之一的，应予立案追诉：

（一）滥伐10至20立方米以上的；（二）滥伐幼500至1000株以上的。

违反森林法的规定，具有下列情形之一的，属于本条规定的“滥伐森林或其他林木”：

（一）未经林业行政主管部门及法律规定的其他主管部门批准并核发林木采伐许可证，或者虽持有林木采伐许可证，但违反林木采伐许可证规定的时间、数量、树种或者方式，任意采伐本单位所有或者本人所有的森林或者其他林木的；（二）超过林木采伐许可证规定的数量采伐他人所有的森林或者其他林木的。

违反森林法的规定，在林木采伐许可证规定的地点以外，采伐本单位或者本人所有的森林或者其他林木的，除农村居民采伐自留地和房前屋后个人所有的零星林木以外，属于本条第二款第（一）项“未经林业行政主管部门及法律规定的其他主管部门批准并核发林木采伐许可证”规定的情形。

林木权属争议一方在林木权属确权之前，擅自砍伐森林或者其他林木的，属于本条规定的“滥伐森林或者其他林木”。

滥伐林木的数量，应在伐区调查设计允许的误差额以上计算。

第74条　［非法收购、运输盗伐、滥伐的林木案（刑法第345条第3款）］非法收购、运输明知是盗伐、滥伐的林木，涉嫌下列情形之一的，应予立案追诉：

（一）非法收购、运输盗伐、滥伐的林木20立方米以上或者幼树1000株以上的；（二）其他情节严重的情形。

本条规定的“非法收购”的“明知”，是指知道或者应当知道。具有下列情形之一的，可以视为应当知道，但是有证据证明确属被蒙骗的除外：

（一）在非法的木材交易场所或者销售单位收购木材的；（二）收购以明显低于市场价格出售的木材的；（三）收购违反规定出售的木材的。

第75条　［组织卖淫案（刑法第358条第1款）］以招募、雇佣、强迫、引诱、容留等手段，组织他人卖淫的，应予立案追诉。

第76条　［强迫卖淫案（刑法第358条第1款）］以暴力、胁迫等手段强迫他人卖淫的，应予立案追诉。

第77条　［协助组织卖淫案（刑法第358条第3款）］在组织卖淫的犯罪活动中，充当保镖、打手、管账人等，起帮助作用的，应予立案追诉。

第78条　［引诱、容留、介绍卖淫案（刑法第359条第1款）］引诱、容留、介绍他人卖淫，涉嫌下列情形之一的，应予立案追诉：

（一）引诱、容留、介绍2人次以上卖淫的；（二）引诱、容留、介绍已满14周岁未满18周岁的未成年人卖淫的；（三）被引诱、容留、介绍卖淫的人患有艾滋病或者患有梅毒、淋病等严重性病；（四）其他引诱、容留、介绍卖淫应予追究刑事责任的情形。

第79条　［引诱幼女卖淫案（刑法第359条第2款）］引诱不满14周岁的幼女卖淫的，应予立案追诉。

第80条 ［传播性病案(刑法第360条第1款)］明知自己患有梅毒、淋病等严重性病卖淫、嫖娼的,应予立案追诉。

具有下列情形之一的,可以认定为本条规定的“明知”:

(一)有证据证明曾到医疗机构就医,被诊断为患有严重性病的;(二)根据本人的知识和经验,能够知道自己患有严重性病的;(三)通过其他方法能够证明是“明知”的。

第81条 ［嫖宿幼女案(刑法第360条第2款)］行为人知道被害人是或者可能是不满14周岁的幼女而嫖宿的,应予立案追诉。

第82条 ［制作、复制、出版、贩卖、传播淫秽物品牟利案(刑法第363条第1款、第2款)］以牟利为目的,制作、复制、出版、贩卖、传播淫秽物品,涉嫌下列情形之一的,应予立案追诉:

(一)制作、复制、出版淫秽影碟、软件、录像带50至100张(盒)以上,淫秽音碟、录音带100至200张(盒)以上,淫秽扑克、书刊、画册100至200副(册)以上,淫秽照片、画片500至1000张以上的;(二)贩卖淫秽影碟、软件、录像带100至200张(盒)以上,淫秽音碟、录音带200至400张(盒)以上,淫秽扑克、书刊、画册200至400副(册)以上,淫秽照片、画片1000至2000张以上的;(三)向他人传播淫秽物品达200至500人次以上,或者组织播放淫秽影、像达10至20场次以上的;(四)制作、复制、出版、贩卖、传播淫秽物品,获利5000至1万元以上的。

以牟利为目的,利用互联网、移动通讯终端制作、复制、出版、贩卖、传播淫秽电子信息,涉嫌下列情形之一的,应予立案追诉:

(一)制作、复制、出版、贩卖、传播淫秽电影、表演、动画等视频文件20个以上的;(二)制作、复制、出版、贩卖、传播淫秽音频文件100个以上的;(三)制作、复制、出版、贩卖、传播淫秽电子刊物、图片、文章、短信息等200件以上的;(四)制作、复制、出版、贩卖、传播的淫秽电子信息,实际被点击数达到1万次以上的;(五)以会员制方式出版、贩卖、传播淫秽电子信息,注册会员达200人以上的;(六)利用淫秽电子信息收取广告费、会员注册费或者其他费用,违法所得1万元以上的;(七)数量或者数额虽未达到本款第(一)项至第(六)项规定标准,但分别达到其中两项以上标准的50%以上的;(八)造成严重后果的。

利用聊天室、论坛、即时通信软件、电子邮件等方式,实施本条第2款规定行为的,应予立案追诉。

以牟利为目的,通过声讯台传播淫秽语音信息,涉嫌下列情形之一的,应予立案追诉:

(一)向100人次以上传播的;(二)违法所得1万元以上的;(三)造成严重后果的。

明知他人用于出版淫秽书刊而提供书号、刊号的,应予立案追诉。

第83条 ［为他人提供书号出版淫秽书刊案(刑法第363条第2款)］为他人提供书号、刊号出版淫秽书刊,或者为他人提供版号出版淫秽音像制品的,应予立案追诉。

第84条 ［传播淫秽物品案(刑法第364第1款)］传播淫秽的书刊、影片、音像、图片或者其他淫秽物品,涉嫌下列情形之一的,应予立案追诉:

(一)向他人传播300至600人次以上的;(二)造成恶劣社会影响的。

不以牟利为目的,利用互联网、移动通讯终端传播淫秽电子信息,涉嫌下列情形之一的,应予立案追诉:

(一)数量达到本规定第82条第2款第(1)项至第(5)项规定标准2倍以上的;(二)数量分别达到本规定第82条第2款第(1)项至第(5)项两项以上标准的;(三)造成严重后果的。

利用聊天室、论坛、即时通信软件、电子邮件等方式,实施本条第2款规定行为的,应予立案追诉。

第85条 ［组织播放淫秽音像制品案(刑法第364条第2款)］组织播放淫秽的电影、录像等音像制品，涉嫌下列情形之一的，应予立案追诉：

（一）组织播放15至30场次以上的；（二）造成恶劣社会影响的。

第86条 ［组织淫秽表演案（刑法第365条）］以策划、招募、强迫、雇佣、引诱、提供场地、提供资金等手段，组织进行淫秽表演，涉嫌下列情形之一的，应予立案追诉：

（一）组织表演者进行裸体表演的；（二）组织表演者利用性器官进行诲淫性表演的；（三）组织表演者半裸体或者变相裸体表演并通过语言、动作具体描绘性行为的；（四）其他组织进行淫秽表演应予追究刑事责任的情形。

六、危害国防利益案

第87条 ［故意提供不合格武器装备、军事设施案（刑法第370条第1款）］明知是不合格的武器装备、军事设施而提供给武装部队，涉嫌下列情形之一的，应予立案追诉：

（一）造成人员轻伤以上的；（二）造成直接经济损失10万元以上的；（三）提供不合格的枪支3支以上、子弹199发以上、雷管500枚以上、炸药5000克以上或者其他重要武器装备、军事设施的；（四）影响作战、演习、抢险救灾等重大任务完成的；（五）发生在战时的；（六）其他故意提供不合格武器装备、军事设施应予追究刑事责任的情形。

第88条 ［过失提供不合格武器装备、军事设施案（刑法第370条第2款）］过失提供不合格武器装备、军事设施给武装部队，涉嫌下列情形之一的，应予立案追诉：

（一）造成死亡1人或者重3人以上的；（二）造成直接经济损失30万元以上的；（三）严重影响作战、演习、抢险救灾等重大任务完成的；（四）其他造成严重后果的情形。

第89条 ［聚众冲击军事禁区案（刑法第371条第1款）］组织、策划、指挥聚众冲击军事禁区或者积极参加聚众冲击军事禁区，严重扰乱军事禁区秩序，涉嫌下列情形之一的，应予立案追诉：（一）冲击3次以上或者1次冲击持续时间较长的；（二）持械或者采取暴力手段冲击的；（三）冲击重要军事禁区的；（四）发生在战时的；（五）其他严重扰乱军事禁区秩序应予追究刑事责任的情形。

第90条 ［聚众扰乱军事管理区秩序案（刑法第371条第2款）］组织、策划、指挥聚众扰乱军事管理区秩序或者积极参加聚众扰乱军事管理区秩序，致使军事管理区工作无法进行，造成严重损失，涉嫌下列情形之一的，应予立案追诉：

（一）造成人员轻伤以上的；（二）扰乱3次以上或者1次扰乱持续时间较长的；（三）造成直接经济损失5万元以上的；（四）持械或者采取暴力手段的；（五）扰乱重要军事管理区秩序的；（六）发生在战时的；（七）其他聚众扰乱军事管理区秩序应予追究刑事责任的情形。

第91条 ［煽动军人逃离部队案（刑法第373条）］煽动军人逃离部队，涉嫌下列情形之一的，应予立案追诉：

（一）煽动3人以上逃离部队的；（二）煽动指挥人员、值班执勤人员或者其他负有重要职责人员逃离部队的；（三）影响重要军事任务完成的；（四）发生在战时的；（五）其他情节严重的情形。

第92条 ［雇用逃离部队军人案（刑法第373条）］明知是逃离部队的军人而雇用，涉嫌下列情形之一的，应予立案追诉：

（一）雇用1人6个月以上的；（二）雇用3人以上的；（三）明知是逃离部队的指挥人员、值班执勤人员或者其他负有重要职责人员而雇用的；（四）阻碍部队将被雇用军人带回的；（五）其他情节严重的情形。

第93条 ［接送不合格兵员案（刑法第374条）］在征兵工作中徇私舞弊，接送不合格兵员，涉嫌下列情形之一的，应予立案追诉：

（一）接送不合格特种条件兵员1名以上或者普通兵员3名以上的；（二）发生在战时的；

(三)造成严重后果的;(四)其他情节严重的情形。

第94条 [非法生产、买卖军用标志案(刑法第375条第2款)]非法生产、买卖武装部队制式服装、车辆号牌等军用标志,涉嫌下列情形之一的,应予立案追诉:

(一)成套制式服装30套以上,或者非成套制式服装100件以上的;(二)军徽、军旗、肩章、星徽、帽徽、军种符号或者其他军用标志单种或者合计100件以上的;(三)军以上领导机关专用车辆号牌1副以上或者其他军用车辆号牌3副以上的;(四)非法经营数额5000元以上,或者非法获利1000元以上的;(五)被他人利用进行违法犯罪活动的;(六)其他情节严重的情形。

第95条 [战时拒绝、逃避征召、军事训练案(刑法第376条第1款)]预备役人员战时拒绝、逃避征召或者军事训练,涉嫌下列情形之一的,应予立案追诉:

(一)无正当理由经教育仍拒绝、逃避征召或者军事训练的;(二)以暴力、威胁、欺骗等手段,或者采取自伤、自残等方式拒绝、逃避征召或者军事训练的;(三)联络、煽动他人共同拒绝、逃避征召或者军事训练的;(四)其他情节严重的情形。

第96条 [战时拒绝、逃避服役案(刑法第376条第2款)]公民战时拒绝、逃避服役,涉嫌下列情形之一的,应予立案追诉:

(一)无正当理由经教育仍拒绝、逃避服役的;(二)以暴力、威胁、欺骗等手段,或者采取自伤、自残等方式拒绝、逃避服役的;(三)联络、煽动他人共同拒绝、逃避服役的;(四)其他情节严重的情形。

第97条 [战时窝藏逃离部队军人案(刑法第379条)]战时明知是逃离部队的军人而为其提供隐蔽处所、财物,涉嫌下列情形之一的,应予立案追诉:

(一)窝藏3人次以上的;(二)明知是指挥人员、值班执勤人员或者其他负有重要职责人员而窝藏的;(三)有关部门查找时拒不交出的;(四)其他情节严重的情形。

第98条 [战时拒绝、故意延误军事订货案(刑法第380条)]战时拒绝或者故意延误军事订货,涉嫌下列情形之一的,应予立案追诉:

(一)拒绝或者故意延误军事订货3次以上的;(二)联络、煽动他人共同拒绝或者故意延误军事订货的;(三)拒绝或者故意延误重要军事订货,影响重要军事任务完成的;(四)其他情节严重的情形。

第99条 [战时拒绝军事征用案(刑法第381条)]战时拒绝军事征用,涉嫌下列情形之一的,应予立案追诉:

(一)无正当理由拒绝军事征用3次以上的;(二)采取暴力、威胁、欺骗等手段拒绝军事征用的;(三)联络、煽动他人共同拒绝军事征用的;(四)拒绝重要军事征用,影响重要军事任务完成的;(五)其他情节严重的情形。

附　则

第100条 本规定中的立案追诉标准,除法律、司法解释另有规定的以外,适用于相关的单位犯罪。

第101条 本规定中的"以上",包括本数。

第102条 本规定自印发之日起施行。

10. 公安部办公厅《关于若干经济犯罪案件如何统计涉案总价值、挽回经济损失数额的批复》(公经〔2008〕214号)

云南省公安厅警令部:

《云南省公安厅警令部关于经济犯罪案件如何统计涉案金额、挽回经济损失数等有关问

题的请示》(云公警令〔2008〕22号)收悉。经研究,批复如下:

一、虚报注册资本案按照虚报数额统计涉案总价值;虚假出资、抽逃出资案按照虚假或抽逃的出资数额统计涉案总价值。

二、贷款诈骗案按照诈骗的贷款数额统计涉案总价值。

三、走私假币案、伪造货币案、出售、购买、运输假币案、金融工作人员购买假币、以假币换取货币案、持有、使用假币案、变造货币案,按照已经查证属实的伪造、变造的货币的面值统计涉案总价值。

伪造、变造的外国货币以及我国香港特区、澳门特区、台湾地区货币的面值,按照立案时国家外汇管理机关公布的外汇牌价折算成人民币后统计。

四、危害税收征管案按照以下方法统计涉案总价值:

(一)偷税案按照偷税数额统计涉案总价值。(二)抗税案按照拒缴税款额统计涉案总价值。(三)逃避追缴欠税案按照欠缴税款额统计涉案总价值。(四)骗取出口退税案按照骗取税款额统计涉案总价值。(五)虚开增值税专用发票、用于骗取出口退税、抵扣税款发票案按照价税合计额统计涉案总价值。(六)伪造、出售伪造的增值税专用发票案、非法出售增值税专用发票案、非法购买增值税专用发票、购买伪造的增值税专用发票案,发票已经填开或打印金额的,按照价税合计额统计涉案总价值;发票未填开或打印金额的,不统计涉案总价值。(七)非法制造、出售非法制造的用于骗取出口退税、抵扣税款发票案、非法出售用于骗取出口退税、抵扣税款发票案,发票已经填开或打印、印刷金额的,按照票面金额统计涉案总价值;票面既有价款额又有税款额的,按照价税合计额统计涉案总价值;发票未填开或打印、印刷金额的,不统计涉案总价值。(八)非法制造、出售非法制造的发票案、非法出售发票案,发票已经填开或打印、印刷金额的,按照票面金额统计涉案总价值;发票未填开或打印、印刷金额的,不统计涉案总价值。

五、挽回经济损失额按照实际追缴的赃款以及赃物折价统计。

11. 公安部《关于刑事案件现场勘验检查中正确适用提取和扣押措施的批复》(公复字〔2009〕3号)

广东省公安厅:

你厅《关于刑事案件现场勘验检查过程中如何适用扣押或提取的请示》(粤公请字〔2008〕319号)收悉。现批复如下:

一、对于刑事案件现场勘验、检查中发现的与犯罪有关的痕迹、物品和文件,以及《公安机关刑事案件现场勘验检查规则》第60条规定的物品,都应当提取,并填写《现场勘验检查笔录》中的《现场勘验检查提取痕迹物证登记表》。

二、对于刑事案件现场勘验、检查中提取的物品或者文件,属于下列情形之一的,应当扣押,并当场开具《扣押物品、文件清单》1式3份,其中1份装订在现场勘验、检查卷宗中。

(一)经过现场调查、检验甄别,认为该物品或者文件可用以证明犯罪嫌疑人有罪或者无罪的;(二)现场难以确定有关物品或者文件可否用以证明犯罪嫌疑人有罪或者无罪,需要进一步甄别和采取控制保全措施的;(三)法律、法规禁止持有的物品、文件。

12. 最高人民法院《关于贯彻宽严相济刑事政策的若干意见》(法发〔2010〕9号)

三、准确把握和正确适用依法从"宽"的政策要求

14. 宽严相济刑事政策中的从"宽",主要是指对于情节较轻、社会危害性较小的犯罪,或者罪行虽然严重,但具有法定、酌定从宽处罚情节,以及主观恶性相对较小、人身危险性不大的被告人,可以依法从轻、减轻或者免除处罚;对于具有一定社会危害性,但情节显著轻微危害不大的行为,不作为犯罪处理;对于依法可不监禁的,尽量适用缓刑或者判处管制、单处罚

金等非监禁刑。(全文详见本书《刑法》第5条相关内容)

13. 最高人民检察院、公安部《关于公安机关管辖的刑事案件立案追诉标准的规定(2)》(公通字〔2010〕23号)

为及时、准确打击经济犯罪,根据《中华人民共和国刑法》、《中华人民共和国刑事诉讼法》等有关法律规定,最高人民检察院、公安部制定了《最高人民检察院、公安部关于公安机关管辖的刑事案件立案追诉标准的规定(2)》,对公安机关经济犯罪侦查部门管辖的刑事案件立案追诉标准作出了规定,现印发给你们,请遵照执行。各级公安机关应当依照此规定立案侦查,各级检察机关应当依照此规定审查批捕、审查起诉。各地在执行中遇到的问题,请及时分别报最高人民检察院和公安部。

一、危害公共安全案

第1条 [资助恐怖活动案(刑法第120条之一)]资助恐怖活动组织或者实施恐怖活动的个人的,应予立案追诉。

本条规定的“资助”,是指为恐怖活动组织或者实施恐怖活动的个人筹集、提供经费、物资或者提供场所以及其他物质便利的行为。“实施恐怖活动的个人”,包括预谋实施、准备实施和实际实施恐怖活动的个人。

二、破坏社会主义市场经济秩序案

第2条 [走私假币案(刑法第151条第1款)]走私伪造的货币,总面额在2000元以上或者币量在200张(枚)以上的,应予立案追诉。

第3条 [虚报注册资本案(刑法第158条)]申请公司登记使用虚假证明文件或者采取其他欺诈手段虚报注册资本,欺骗公司登记主管部门,取得公司登记,涉嫌下列情形之一的,应予立案追诉:

(一)超过法定出资期限,实缴注册资本不足法定注册资本最低限额,有限责任公司虚报数额在30万元以上并占其应缴出资数额60%以上的,股份有限公司虚报数额在300万元以上并占其应缴出资数额30%以上的。(二)超过法定出资期限,实缴注册资本达到法定注册资本最低限额,但仍虚报注册资本,有限责任公司虚报数额在100万元以上并占其应缴出资数额60%以上的,股份有限公司虚报数额在1000万元以上并占其应缴出资数额30%以上的。(三)造成投资者或者其他债权人直接经济损失累计数额在10万元以上的。(四)虽未达到上述数额标准,但具有下列情形之一的:1. 两年内因虚报注册资本受过行政处罚2次以上,又虚报注册资本的;2. 向公司登记主管人员行贿的;3. 为进行违法活动而注册的。(五)其他后果严重或者有其他严重情节的情形。

第4条 [虚假出资、抽逃出资案(刑法第159条)]公司发起人、股东违反公司法的规定未交付货币、实物或者未转移财产权,虚假出资,或者在公司成立后又抽逃其出资,涉嫌下列情形之一的,应予立案追诉:

(一)超过法定出资期限,有限责任公司股东虚假出资数额在30万元以上并占其应缴出资数额60%以上的,股份有限公司发起人、股东虚假出资数额在300万元以上并占其应缴出资数额30%以上的。(二)有限责任公司股东抽逃出资数额在30万元以上并占其实缴出资数额60%以上的,股份有限公司发起人、股东抽逃出资数额在300万元以上并占其实缴出资数额30%以上的。(三)造成公司、股东、债权人的直接经济损失累计数额在10万元以上的。(四)虽未达到上述数额标准,但具有下列情形之一的:1. 致使公司资不抵债或者无法正常经营的;2. 公司发起人、股东合谋虚假出资、抽逃出资的;3. 两年内因虚假出资、抽逃出资受过行政处罚2次以上,又虚假出资、抽逃出资的;4. 利用虚假出资、抽逃出资所得资金进行违法活动的。(五)其他后果严重或者有其他严重情节的情形。

第5条 [欺诈发行股票、债券案(刑法第160条)]在招股说明书、认股书、公司、企业债券募集办法中隐瞒重要事实或者编造重大虚假内容,发行股票或者公司、企业债券,涉嫌下列情形之一的,应予立案追诉:

(一)发行数额在500万元以上的;(二)伪造、变造国家机关公文、有效证明文件或者相关凭证、单据的;(三)利用募集的资金进行违法活动的;(四)转移或者隐瞒所募集资金的;(五)其他后果严重或者有其他严重情节的情形。

第6条 [违规披露、不披露重要信息案(刑法第161条)]依法负有信息披露义务的公司、企业向股东和社会公众提供虚假的或者隐瞒重要事实的财务会计报告,或者对依法应当披露的其他重要信息不按照规定披露,涉嫌下列情形之一的,应予立案追诉:

(一)造成股东、债权人或者其他人直接经济损失数额累计在50万元以上的;(二)虚增或者虚减资产达到当期披露的资产总额30%以上的;(三)虚增或者虚减利润达到当期披露的利润总额30%以上的;(四)未按照规定披露的重大诉讼、仲裁、担保、关联交易或者其他重大事项所涉及的数额或者连续12个月的累计数额占净资产50%以上的;(五)致使公司发行的股票、公司债券或者国务院依法认定的其他证券被终止上市交易或者多次被暂停上市交易的;(六)致使不符合发行条件的公司、企业骗取发行核准并且上市交易的;(七)在公司财务会计报告中将亏损披露为盈利,或者将盈利披露为亏损的;(八)多次提供虚假的或者隐瞒重要事实的财务会计报告,或者多次对依法应当披露的其他重要信息不按照规定披露的;(九)其他严重损害股东、债权人或者其他人利益,或者有其他严重情节的情形。

第7条 [妨害清算案(刑法第162条)]公司、企业进行清算时,隐匿财产,对资产负债表或者财产清单作虚伪记载或者在未清偿债务前分配公司、企业财产,涉嫌下列情形之一的,应予立案追诉:

(一)隐匿财产价值在50万元以上的;(二)对资产负债表或者财产清单作虚伪记载涉及金额在50万元以上的;(三)在未清偿债务前分配公司、企业财产价值在50万元以上的;(四)造成债权人或者其他人直接经济损失数额累计在10万元以上的;(五)虽未达到上述数额标准,但应清偿的职工的工资、社会保险费用和法定补偿金得不到及时清偿,造成恶劣社会影响的;(六)其他严重损害债权人或者其他人利益的情形。

第8条 [隐匿、故意销毁会计凭证、会计账簿、财务会计报告案(刑法第162条之一)]隐匿或者故意销毁依法应当保存的会计凭证、会计账簿、财务会计报告,涉嫌下列情形之一的,应予立案追诉:

(一)隐匿、故意销毁的会计凭证、会计账簿、财务会计报告涉及金额在50万元以上的;(二)依法应当向司法机关、行政机关、有关主管部门等提供而隐匿、故意销毁或者拒不交出会计凭证、会计账簿、财务会计报告的;(三)其他情节严重的情形。

第9条 [虚假破产案(刑法第162条之二)]公司、企业通过隐匿财产、承担虚构的债务或者以其他方法转移、处分财产,实施虚假破产,涉嫌下列情形之一的,应予立案追诉:

(一)隐匿财产价值在50万元以上的;(二)承担虚构的债务涉及金额在50万元以上的;(三)以其他方法转移、处分财产价值在50万元以上的;(四)造成债权人或者其他人直接经济损失数额累计在10万元以上的;(五)虽未达到上述数额标准,但应清偿的职工的工资、社会保险费用和法定补偿金得不到及时清偿,造成恶劣社会影响的;(六)其他严重损害债权人或者其他人利益的情形。

第10条 [非国家工作人员受贿案(刑法第163条)]公司、企业或者其他单位的工作人员利用职务上的便利,索取他人财物或者非法收受他人财物,为他人谋取利益,或者在经济往来中,利用职务上的便利,违反国家规定,收受各种名义的回扣、手续费,归个人所有,数额在

5000元以上的,应予立案追诉。

第11条 [对非国家工作人员行贿案(刑法第164条)]为谋取不正当利益,给予公司、企业或者其他单位的工作人员以财物,个人行贿数额在1万元以上的,单位行贿数额在20万元以上的,应予立案追诉。

第12条 [非法经营同类营业案(刑法第165条)]国有公司、企业的董事、经理利用职务便利,自己经营或者为他人经营与其所任职公司、企业同类的营业,获取非法利益,数额在10万元以上的,应予立案追诉。

第13条 [为亲友非法牟利案(刑法第166条)]国有公司、企业、事业单位的工作人员,利用职务便利,为亲友非法牟利,涉嫌下列情形之一的,应予立案追诉:

(一)造成国家直接经济损失数额在10万元以上的;(二)使其亲友非法获利数额在20万元以上的;(三)造成有关单位破产,停业、停产6个月以上,或者被吊销许可证和营业执照、责令关闭、撤销、解散的;(四)其他致使国家利益遭受重大损失的情形。

第14条 [签订、履行合同失职被骗案(刑法第167条)]国有公司、企业、事业单位直接负责的主管人员,在签订、履行合同过程中,因严重不负责任被诈骗,涉嫌下列情形之一的,应予立案追诉:

(一)造成国家直接经济损失数额在50万元以上的;(二)造成有关单位破产,停业、停产6个月以上,或者被吊销许可证和营业执照、责令关闭、撤销、解散的;(三)其他致使国家利益遭受重大损失的情形。

金融机构、从事对外贸易经营活动的公司、企业的工作人员严重不负责任,造成100万美元以上外汇被骗购或者逃汇1000万美元以上的,应予立案追诉。

本条规定的"诈骗",是指对方当事人的行为已经涉嫌诈骗犯罪,不以对方当事人已经被人民法院判决构成诈骗犯罪作为立案追诉的前提。

第15条 [国有公司、企业、事业单位人员失职案(刑法第168条)]国有公司、企业、事业单位的工作人员,严重不负责任,涉嫌下列情形之一的,应予立案追诉:

(一)造成国家直接经济损失数额在50万元以上的;(二)造成有关单位破产,停业、停产1年以上,或者被吊销许可证和营业执照、责令关闭、撤销、解散的;(三)其他致使国家利益遭受重大损失的情形。

第16条 [国有公司、企业、事业单位人员滥用职权案(刑法第168条)]国有公司、企业、事业单位的工作人员,滥用职权,涉嫌下列情形之一的,应予立案追诉:

(一)造成国家直接经济损失数额在30万元以上的;(二)造成有关单位破产,停业、停产6个月以上,或者被吊销许可证和营业执照、责令关闭、撤销、解散的;(三)其他致使国家利益遭受重大损失的情形。

第17条 [徇私舞弊低价折股、出售国有资产案(刑法第169条)]国有公司、企业或者其上级主管部门直接负责的主管人员,徇私舞弊,将国有资产低价折股或者低价出售,涉嫌下列情形之一的,应予立案追诉:

(一)造成国家直接经济损失数额在30万元以上的;(二)造成有关单位破产,停业、停产6个月以上,或者被吊销许可证和营业执照、责令关闭、撤销、解散的;(三)其他致使国家利益遭受重大损失的情形。

第18条 [背信损害上市公司利益案(刑法第169条之一)]上市公司的董事、监事、高级管理人员违背对公司的忠实义务,利用职务便利,操纵上市公司从事损害上市公司利益的行为,以及上市公司的控股股东或者实际控制人,指使上市公司董事、监事、高级管理人员实施损害上市公司利益的行为,涉嫌下列情形之一的,应予立案追诉:

(一)无偿向其他单位或者个人提供资金、商品、服务或者其他资产,致使上市公司直接经济损失数额在150万元以上的;(二)以明显不公平的条件,提供或者接受资金、商品、服务或者其他资产,致使上市公司直接经济损失数额在150万元以上的;(三)向明显不具有清偿能力的单位或者个人提供资金、商品、服务或者其他资产,致使上市公司直接经济损失数额在150万元以上的;(四)为明显不具有清偿能力的单位或者个人提供担保,或者无正当理由为其他单位或者个人提供担保,致使上市公司直接经济损失数额在150万元以上的;(五)无正当理由放弃债权、承担债务,致使上市公司直接经济损失数额在150万元以上的;(六)致使公司发行的股票、公司债券或者国务院依法认定的其他证券被终止上市交易或者多次被暂停上市交易的;(七)其他致使上市公司利益遭受重大损失的情形。

第19条 [伪造货币案(刑法第170条)]伪造货币,涉嫌下列情形之一的,应予立案追诉:

(一)伪造货币,总面额在2000元以上或者币量在200张(枚)以上的;(二)制造货币版样或者为他人伪造货币提供版样的;(三)其他伪造货币应予追究刑事责任的情形。

本规定中的"货币"是指流通的以下货币:

(一)人民币(含普通纪念币、贵金属纪念币)、港元、澳门元、新台币;(二)其他国家及地区的法定货币。

贵金属纪念币的面额以中国人民银行授权中国金币总公司的初始发售价格为准。

第20条 [出售、购买、运输假币案(刑法第171条第1款)]出售、购买伪造的货币或者明知是伪造的货币而运输,总面额在4000元以上或者币量在400张(枚)以上的,应予立案追诉。

在出售假币时被抓获的,除现场查获的假币应认定为出售假币的数额外,现场之外在行为人住所或者其他藏匿地查获的假币,也应认定为出售假币的数额。

第21条 [金融工作人员购买假币、以假币换取货币案(刑法第171条第2款)]银行或者其他金融机构的工作人员购买伪造的货币或者利用职务上的便利,以伪造的货币换取货币,总面额在2000元以上或者币量在200张(枚)以上的,应予立案追诉。

第22条 [持有、使用假币案(刑法第172条)]明知是伪造的货币而持有、使用,总面额在4000元以上或者币量在400张(枚)以上的,应予立案追诉。

第23条 [变造货币案(刑法第173条)]变造货币,总面额在2000元以上或者币量在200张(枚)以上的,应予立案追诉。

第24条 [擅自设立金融机构案(刑法第174条第1款)]未经国家有关主管部门批准,擅自设立金融机构,涉嫌下列情形之一的,应予立案追诉:

(一)擅自设立商业银行、证券交易所、期货交易所、证券公司、期货公司、保险公司或者其他金融机构的;(二)擅自设立商业银行、证券交易所、期货交易所、证券公司、期货公司、保险公司或者其他金融机构筹备组织的。

第25条 [伪造、变造、转让金融机构经营许可证、批准文件案(刑法第174条第2款)]伪造、变造、转让商业银行、证券交易所、期货交易所、证券公司、期货公司、保险公司或者其他金融机构的经营许可证或者批准文件的,应予立案追诉。

第26条 [高利转贷案(刑法第175条)]以转贷牟利为目的,套取金融机构信贷资金高利转贷他人,涉嫌下列情形之一的,应予立案追诉:

(一)高利转贷,违法所得数额在10万元以上的;(二)虽未达到上述数额标准,但两年内因高利转贷受过行政处罚2次以上,又高利转贷的。

第27条 [骗取贷款、票据承兑、金融票证案(刑法第175条之一)]以欺骗手段取得银行或者其他金融机构贷款、票据承兑、信用证、保函等，涉嫌下列情形之一的，应予立案追诉：

（一）以欺骗手段取得贷款、票据承兑、信用证、保函等，数额在100万元以上的；（二）以欺骗手段取得贷款、票据承兑、信用证、保函等，给银行或者其他金融机构造成直接经济损失数额在20万元以上的；（三）虽未达到上述数额标准，但多次以欺骗手段取得贷款、票据承兑、信用证、保函等的；（四）其他给银行或者其他金融机构造成重大损失或者有其他严重情节的情形。

第28条 ［非法吸收公众存款案（刑法第176条）］非法吸收公众存款或者变相吸收公众存款，扰乱金融秩序，涉嫌下列情形之一的，应予立案追诉：

（一）个人非法吸收或者变相吸收公众存款数额在20万元以上的，单位非法吸收或者变相吸收公众存款数额在100万元以上的；（二）个人非法吸收或者变相吸收公众存款30户以上的，单位非法吸收或者变相吸收公众存款150户以上的；（三）个人非法吸收或者变相吸收公众存款给存款人造成直接经济损失数额在10万元以上的，单位非法吸收或者变相吸收公众存款给存款人造成直接经济损失数额在50万元以上的；（四）造成恶劣社会影响的；（五）其他扰乱金融秩序情节严重的情形。

第29条 ［伪造、变造金融票证案（刑法第177条）］伪造、变造金融票证，涉嫌下列情形之一的，应予立案追诉：

（一）伪造、变造汇票、本票、支票，或者伪造、变造委托收款凭证、汇款凭证、银行存单等其他银行结算凭证，或者伪造、变造信用证或者附随的单据、文件，总面额在1万元以上或者数量在10张以上的；（二）伪造信用卡1张以上，或者伪造空白信用卡10张以上的。

第30条 ［妨害信用卡管理案（刑法第177条之一第1款）］妨害信用卡管理，涉嫌下列情形之一的，应予立案追诉：

（一）明知是伪造的信用卡而持有、运输的；（二）明知是伪造的空白信用卡而持有、运输，数量累计在10张以上的；（三）非法持有他人信用卡，数量累计在5张以上的；（四）使用虚假的身份证明骗领信用卡的；（五）出售、购买、为他人提供伪造的信用卡或者以虚假的身份证明骗领的信用卡的。

违背他人意愿，使用其居民身份证、军官证、士兵证、港澳居民往来内地通行证、台湾居民来往大陆通行证、护照等身份证明申领信用卡的，或者使用伪造、变造的身份证明申领信用卡的，应当认定为“使用虚假的身份证明骗领信用卡”。

第31条 ［窃取、收买、非法提供信用卡信息案（刑法第177条之一第2款）］窃取、收买或者非法提供他人信用卡信息资料，足以伪造可进行交易的信用卡，或者足以使他人以信用卡持卡人名义进行交易，涉及信用卡1张以上的，应予立案追诉。

第32条 ［伪造、变造国家有价证券案（刑法第178条第1款）］伪造、变造国库券或者国家发行的其他有价证券，总面额在2000元以上的，应予立案追诉。

第33条 ［伪造、变造股票、公司、企业债券案（刑法第178条第2款）］伪造、变造股票或者公司、企业债券，总面额在5000元以上的，应予立案追诉。

第34条 ［擅自发行股票、公司、企业债券案（刑法第179条）］未经国家有关主管部门批准，擅自发行股票或者公司、企业债券，涉嫌下列情形之一的，应予立案追诉：

（一）发行数额在50万元以上的；（二）虽未达到上述数额标准，但擅自发行致使30人以上的投资者购买了股票或者公司、企业债券的；（三）不能及时清偿或者清退的；（四）其他后果严重或者有其他严重情节的情形。

第35条 ［内幕交易、泄露内幕信息案（刑法第180条第1款）］证券、期货交易内幕信息的知情人员、单位或者非法获取证券、期货交易内幕信息的人员、单位，在涉及证券的发行，证券、期货交易或者其他对证券、期货交易价格有重大影响的信息尚未公开前，买入或者卖出该证券，或者从事与该内幕信息有关的期货交易，或者泄露该信息，或者明示、暗示他人从事上述交易活动，涉嫌下列情形之一的，应予立案追诉：

（一）证券交易成交额累计在50万元以上的；（二）期货交易占用保证金数额累计在30万元以上的；（三）获利或者避免损失数额累计在15万元以上的；（四）多次进行内幕交易、泄露内幕信息的；（五）其他情节严重的情形。

第36条 ［利用未公开信息交易案（刑法第180条第4款）］证券交易所、期货交易所、证券公司、期货公司、基金管理公司、商业银行、保险公司等金融机构的从业人员以及有关监管部门或者行业协会的工作人员，利用因职务便利获取的内幕信息以外的其他未公开的信息，违反规定，从事与该信息相关的证券、期货交易活动，或者明示、暗示他人从事相关交易活动，涉嫌下列情形之一的，应予立案追诉：

（一）证券交易成交额累计在50万元以上的；（二）期货交易占用保证金数额累计在30万元以上的；（三）获利或者避免损失数额累计在15万元以上的；（四）多次利用内幕信息以外的其他未公开信息进行交易活动的；（五）其他情节严重的情形。

第37条 ［编造并传播证券、期货交易虚假信息案（刑法第181条第1款）］编造并且传播影响证券、期货交易的虚假信息，扰乱证券、期货交易市场，涉嫌下列情形之一的，应予立案追诉：

（一）获利或者避免损失数额累计在5万元以上的；（二）造成投资者直接经济损失数额在5万元以上的；（三）致使交易价格和交易量异常波动的；（四）虽未达到上述数额标准，但多次编造并且传播影响证券、期货交易的虚假信息的；（五）其他造成严重后果的情形。

第38条 ［诱骗投资者买卖证券、期货合约案（刑法第181条2款）］证券交易所、期货交易所、证券公司、期货公司的从业人员，证券业协会、期货业协会或者证券期货监督管理部门的工作人员，故意提供虚假信息或者伪造、变造、销毁交易记录，诱骗投资者买卖证券、期货合约，涉嫌下列情形之一的，应予立案追诉：

（一）获利或者避免损失数额累计在5万元以上的；（二）造成投资者直接经济损失数额在5万元以上的；（三）致使交易价格和交易量异常波动的；（四）其他造成严重后果的情形。

第39条 ［操纵证券、期货市场案（刑法第182条）］操纵证券、期货市场，涉嫌下列情形之一的，应予立案追诉：

（一）单独或者合谋，持有或者实际控制证券的流通股份数达到该证券的实际流通股份总量30%以上，且在该证券连续20个交易日内联合或者连续买卖股份数累计达到该证券同期总成交量百分之30%以上的；（二）单独或者合谋，持有或者实际控制期货合约的数量超过期货交易所业务规则限定的持仓量50%以上，且在该期货合约连续20个交易日内联合或者连续买卖期货合约数累计达到该期货合约同期总成交量30%以上的；（三）与他人串通，以事先约定的时间、价格和方式相互进行证券或者期货合约交易，且在该证券或者期货合约连续20个交易日内成交量累计达到该证券或者期货合约同期总成交量20%以上的；（四）在自己实际控制的账户之间进行证券交易，或者以自己为交易对象，自买自卖期货合约，且在该证券或者期货合约连续20个交易日内成交量累计达到该证券或者期货合约同期总成交量20%以上的；（五）单独或者合谋，当日连续申报买入或者卖出同一证券、期货合约并在成交前撤回申报，撤回申报量占当日该种证券总申报量或者该种期货合约总申报量50%以上的；（六）上市公司及其董事、监事、高级管理人员、实际控制人、控股股东或者其他关联人单独或者合谋，利用信息优势，操纵该公司证券交易价格或者证券交易量的；（七）证券公司、证券投资咨询机构、专业中介机构或者从业人员，违背有关从业禁止的规定，买卖或者持有相关证券，通过对证券或者其发行人、上市公司公开作出评价、预测或者投资建议，在该证券的交易中谋取利益，情节严重的；（八）其他情节严重的情形。

第40条 ［背信运用受托财产案（刑法第185条之一第1款）］商业银行、证券交易所、期货交易所、证券公司、期货公司、保险公司或者其他金融机构，违背受托义务，擅自运用客户资金或者其他委托、信托的财产，涉嫌下列情形之一的，应予立案追诉：

（一）擅自运用客户资金或者其他委托、信托的财产数额在30万元以上的；（二）虽未达到上述数额标准，但多次擅自运用客户资金或者其他委托、信托的财产，或者擅自运用多个客户资金或者其他委托、信托的财产的；（三）其他情节严重的情形。

第41条 ［违法运用资金案（刑法第185条之一第2款）］社会保障基金管理机构、住房公积金管理机构等公众资金管理机构，以及保险公司、保险资产管理公司、证券投资基金管理公司，违反国家规定运用资金，涉嫌下列情形之一的，应予立案追诉：

（一）违反国家规定运用资金数额在30万元以上的；（二）虽未达到上述数额标准，但多次违反国家规定运用资金的；（三）其他情节严重的情形。

第42条 ［违法发放贷款案（刑法第186条）］银行或者其他金融机构及其工作人员违反国家规定发放贷款，涉嫌下列情形之一的，应予立案追诉：

（一）违法发放贷款，数额在100万元以上的；（二）违法发放贷款，造成直接经济损失数额在20万元以上的。

第43条 ［吸收客户资金不入账案（刑法第187条）］银行或者其他金融机构及其工作人员吸收客户资金不入账，涉嫌下列情形之一的，应予立案追诉：

（一）吸收客户资金不入账，数额在100万元以上的；（二）吸收客户资金不入账，造成直接经济损失数额在20万元以上的。

第44条 ［违规出具金融票证案（刑法第188条）］银行或者其他金融机构及其工作人员违反规定，为他人出具信用证或者其他保函、票据、存单、资信证明，涉嫌下列情形之一的，应予立案追诉：

（一）违反规定为他人出具信用证或者其他保函、票据、存单、资信证明，数额在100万元以上的；（二）违反规定为他人出具信用证或者其他保函、票据、存单、资信证明，造成直接经济损失数额在20万元以上的；（三）多次违规出具信用证或者其他保函、票据、存单、资信证明的；（四）接受贿赂违规出具信用证或者其他保函、票据、存单、资信证明的；（五）其他情节严重的情形。

第45条 ［对违法票据承兑、付款、保证案（刑法第189条）］银行或者其他金融机构及其工作人员在票据业务中，对违反票据法规定的票据予以承兑、付款或者保证，造成直接经济损失数额在20万元以上的，应予立案追诉。

第46条 ［逃汇案（刑法第190条）］公司、企业或者其他单位，违反国家规定，擅自将外汇存放境外，或者将境内的外汇非法转移到境外，单笔在200万美元以上或者累计数额在500万美元以上的，应予立案追诉。

第47条 ［骗购外汇案（全国人民代表大会常务委员会《关于惩治骗购外汇、逃汇和非法买卖外汇犯罪的决定》第1条）］骗购外汇，数额在50万美元以上的，应予立案追诉。

第48条 ［洗钱案（刑法第191条）］明知是毒品犯罪、黑社会性质的组织犯罪、恐怖活动犯罪、走私犯罪、贪污贿赂犯罪、破坏金融管理秩序犯罪、金融诈骗犯罪的所得及其产生的收益，为掩饰、隐瞒其来源和性质，涉嫌下列情形之一的，应予立案追诉：

（一）提供资金账户的；（二）协助将财产转换为现金、金融票据、有价证券的；（三）通过转账或者其他结算方式协助资金转移的；（四）协助将资金汇往境外的；（五）以其他方法掩饰、隐瞒犯罪所得及其收益的来源和性质的。

第49条 ［集资诈骗案(刑法第192条)］以非法占有为目的,使用诈骗方法非法集资,涉嫌下列情形之一的,应予立案追诉:

(一)个人集资诈骗,数额在10万元以上的;(二)单位集资诈骗,数额在50万元以上的。

第50条 ［贷款诈骗案(刑法第193条)］以非法占有为目的,诈骗银行或者其他金融机构的贷款,数额2万元以上的,应予立案追诉。

第51条 ［票据诈骗案(刑法第194条第1款)］进行金融票据诈骗活动,涉嫌下列情形之一的,应予立案追诉:

(一)个人进行金融票据诈骗,数额在1万元以上的;(二)单位进行金融票据诈骗,数额10万元以上的。

第52条 ［金融凭证诈骗案(刑法第194条第2款)］使用伪造、变造的委托收款凭证、汇款凭证、银行存单等其他银行结算凭证进行诈骗活动,涉嫌下列情形之一的,应予立案追诉:

(一)个人进行金融凭证诈骗,数额在1万元以上的;(二)单位进行金融凭证诈骗,数额在10万元以上的。

第53条 ［信用证诈骗案(刑法第195条)］进行信用证诈骗活动,涉嫌下列情形之一的,应予立案追诉:

(一)使用伪造、变造的信用证或者附随的单据、文件的;(二)使用作废的信用证的;(三)骗取信用证的;(四)以其他方法进行信用证诈骗活动的。

第54条 ［信用卡诈骗案(刑法第196条)］进行信用卡诈骗活动,涉嫌下列情形之一的,应予立案追诉:

(一)使用伪造的信用卡,或者使用以虚假的身份证明骗领的信用卡,或者使用作废的信用卡,或者冒用他人信用卡,进行诈骗活动,数额在5000元以上的;(二)恶意透支,数额在1万元以上的。

本条规定的"恶意透支",是指持卡人以非法占有为目的,超过规定限额或者规定期限透支,并且经发卡银行两次催收后超过3个月仍不归还的。

恶意透支,数额在1万元以上不满10万元的,在公安机关立案前已偿还全部透支款息,情节显著轻微的,可以依法不追究刑事责任。

第55条 ［有价证券诈骗案(刑法第197条)］使用伪造、变造的国库券或者国家发行的其他有价证券进行诈骗活动,数额在1万元以上的,应予立案追诉。

第56条 ［保险诈骗案(刑法第198条)］进行保险诈骗活动,涉嫌下列情形之一的,应予立案追诉:

(一)个人进行保险诈骗,数额在1万元以上的;(二)单位进行保险诈骗,数额在5万元以上的。

第57条 ［逃税案(刑法第201条)］逃避缴纳税款,涉嫌下列情形之一的,应予立案追诉:

(一)纳税人采取欺骗、隐瞒手段进行虚假纳税申报或者不申报,逃避缴纳税款,数额在5万元以上并且占各税种应纳税总额10%以上,经税务机关依法下达追缴通知后,不补缴应纳税款、不缴纳滞纳金或者不接受行政处罚的;(二)纳税人5年内因逃避缴纳税款受过刑事处罚或者被税务机关给予2次以上行政处罚,又逃避缴纳税款,数额在5万元以上并且占各税种应纳税总额10%以上的;(三)扣缴义务人采取欺骗、隐瞒手段,不缴或者少缴已扣、已收税款,数额在5万元以上的。

纳税人在公安机关立案后再补缴应纳税款、缴纳滞纳金或者接受行政处罚的,不影响刑事责任的追究。

第58条 ［抗税案（刑法第202条）］以暴力、威胁方法拒不缴纳税款，涉嫌下列情形之一的，应予立案追诉：

（一）造成税务工作人员轻微伤以上的；（二）以给税务工作人员及其亲友的生命、健康、财产等造成损害为威胁，抗拒缴纳税款的；（三）聚众抗拒缴纳税款的；（四）以其他暴力、威胁方法拒不缴纳税款的。

第59条 ［逃避追缴欠税案（刑法第203条）］纳税人欠缴应纳税款，采取转移或者隐匿财产的手段，致使税务机关无法追缴欠缴的税款，数额在1万元以上的，应予立案追诉。

第60条 ［骗取出口退税案（刑法第204条第1款）］以假报出口或者其他欺骗手段，骗取国家出口退税款，数额在5万元以上的，应予立案追诉。

第61条 ［虚开增值税专用发票、用于骗取出口退税、抵扣税款发票案（刑法第205条）］虚开增值税专用发票或者虚开用于骗取出口退税、抵扣税款的其他发票，虚开的税款数额在1万元以上或者致使国家税款被骗数额在5000元以上的，应予立案追诉。

第62条 ［伪造、出售伪造的增值税专用发票案（刑法第206条）］伪造或者出售伪造的增值税专用发票25份以上或者票面额累计在10万元以上的，应予立案追诉。

第63条 ［非法出售增值税专用发票案（刑法第207条）］非法出售增值税专用发票25份以上或者票面额累计10万元以上的，应予立案追诉。

第64条 ［非法购买增值税专用发票、购买伪造的增值税专用发票案（刑法第208条第1款）］非法购买增值税专用发票或者购买伪造的增值税专用发票25份以上或者票面额累计在10万元以上的，应予立案追诉。

第65条 ［非法制造、出售非法制造的用于骗取出口退税、抵扣税款发票案（刑法第209条第1款）］伪造、擅自制造或者出售伪造、擅自制造的可以用于骗取出口退税、抵扣税款的非增值税专用发票50份以上或者票面额累计在20万元以上的，应予立案追诉。

第66条 ［非法制造、出售非法制造的发票案（刑法第209条第2款）］伪造、擅自制造或者出售伪造、擅自制造的不具有骗取出口退税、抵扣税款功能的普通发票100份以上或者票面额累计在40万元以上的，应予立案追诉。

第67条 ［非法出售用于骗取出口退税、抵扣税款发票案（刑法第209条第3款）］非法出售可以用于骗取出口退税、抵扣税款的非增值税专用发票50份以上或者票面额累计在20万元以上的，应予立案追诉。

第68条 ［非法出售发票案（刑法第209条第4款）］非法出售普通发票100份以上或者票面额累计在40万元以上的，应予立案追诉。

第69条 ［假冒注册商标案（刑法第213条）］未经注册商标所有人许可，在同一种商品上使用与其注册商标相同的商标，涉嫌下列情形之一的，应予立案追诉：

（一）非法经营数额在5万元以上或者违法所得数额在3万元以上的；（二）假冒两种以上注册商标，非法经营数额在3万元以上或者违法所得数额在2万元以上的；（三）其他情节严重的情形。

第70条 ［销售假冒注册商标的商品案（刑法第214条）］销售明知是假冒注册商标的商品，涉嫌下列情形之一的，应予立案追诉：

（一）销售金额在5万元以上的；（二）尚未销售，货值金额在15万元以上的；（三）销售金额不满5万元，但已销售金额与尚未销售的货值金额合计在15万元以上的。

第71条 ［非法制造、销售非法制造的注册商标标识案（刑法第215条）］伪造、擅自制造他人注册商标标识或者销售伪造、擅自制造的注册商标标识，涉嫌下列情形之一的，应予立案追诉：

（一）伪造、擅自制造或者销售伪造、擅自制造的注册商标标识数量在2万件以上，或者非法经营数额在5万元以上，或者违法所得数额在3万元以上的；（二）伪造、擅自制造或者销售伪造、擅自制造两种以上注册商标标识数量在1万件以上，或者非法经营数额在3万元以上，或者违法所得数额在2万元以上的；（三）其他情节严重的情形。

第72条 ［假冒专利案（刑法第216条）］假冒他人专利，涉嫌下列情形之一的，应予立案追诉：

（一）非法经营数额在20万元以上或者违法所得数额在10万元以上的；（二）给专利权人造成直接经济损失在50万元以上的；（三）假冒两项以上他人专利，非法经营数额在10万元以上或者违法所得数额在5万元以上的；（四）其他情节严重的情形。

第73条 ［侵犯商业秘密案（刑法第219条）］侵犯商业秘密，涉嫌下列情形之一的，应予立案追诉：

（一）给商业秘密权利人造成损失数额在50万元以上的；（二）因侵犯商业秘密违法所得数额在50万元以上的；（三）致使商业秘密权利人破产的；（四）其他给商业秘密权利人造成重大损失的情形。

第74条 ［损害商业信誉、商品声誉案（刑法第221条）］捏造并散布虚伪事实，损害他人的商业信誉、商品声誉，涉嫌下列情形之一的，应予立案追诉：

（一）给他人造成直接经济损失数额在50万元以上的。（二）虽未达到上述数额标准，但具有下列情形之一的：1. 利用互联网或者其他媒体公开损害他人商业信誉、商品声誉的；2. 造成公司、企业等单位停业、停6个月以上，或者破产的。（三）其他给他人造成重大损失或者有其他严重情节的情形。

第75条 ［虚假广告案（刑法第222条）］广告主、广告经营者、广告发布者违反国家规定，利用广告对商品或者服务作虚假宣传，涉嫌下列情形之一的，应予立案追诉：

（一）违法所得数额在10万元以上的；（二）给单个消费者造成直接经济损失数额在5万元以上的，或者给多个消费者造成直接经济损失数额累计在20万元以上的；（三）假借预防、控制突发事件的名义，利用广告作虚假宣传，致使多人上当受骗，违法所得数额在3万元以上的；（四）虽未达到上述数额标准，但两年内因利用广告作虚假宣传，受过行政处罚2次以上，又利用广告作虚假宣传的；（五）造成人身伤残的；（六）其他情节严重的情形。

第76条 ［串通投标案（刑法第223条）］投标人相互串通投标报价，或者投标人与招标人串通投标，涉嫌下列情形之一的，应予立案追诉：

（一）损害招标人、投标人或者国家、集体、公民的合法利益，造成直接经济损失数额在50万元以上的；（二）违法所得数额在10万元以上的；（三）中标项目金额在200万元以上的；（四）采取威胁、欺骗或者贿赂等非法手段的；（五）虽未达到上述数额标准，但两年内因串通投标，受过行政处罚2次以上，又串通投标的；（六）其他情节严重的情形。

第77条 ［合同诈骗案（刑法第224条）］以非法占有为目的，在签订、履行合同过程中，骗取对方当事人财物，数额在2万元以上的，应予立案追诉。

第78条 ［组织、领导传销活动案（刑法第224条之一）］组织、领导以推销商品、提供服务等经营活动为名，要求参加者以缴纳费用或者购买商品、服务等方式获得加入资格，并按照一定顺序组成层级，直接或者间接以发展人员的数量作为计酬或者返利依据，引诱、胁迫参加者继续发展他人参加，骗取财物，扰乱经济社会秩序的传销活动，涉嫌组织、领导的传销活动人员在30人以上且层级在3级以上的，对组织者、领导者，应予立案追诉。

本条所指的传销活动的组织者、领导者，是指在传销活动中起组织、领导作用的发起人、决策人、操纵人，以及在传销活动中担负策划、指挥、布置、协调等重要职责，或者在传销活动实施中起到关键作用的人员。

第79条 ［非法经营案(刑法第225条)］违反国家规定,进行非法经营活动,扰乱市场秩序,涉嫌下列情形之一的,应予立案追诉:

(一)违反国家有关盐业管理规定,非法生产、储运、销售食盐,扰乱市场秩序,具有下列情形之一的:1. 非法经营食盐数量在20吨以上的;2. 曾因非法经营食盐行为受过2次以上行政处罚又非法经营食盐,数量在10吨以上的。(二)违反国家烟草专卖管理法律法规,未经烟草专卖行政主管部门许可,无烟草专卖生产企业许可证、烟草专卖批发企业许可证、特种烟草专卖经营企业许可证、烟草专卖零售许可证等许可证明,非法经营烟草专卖品,具有下列情形之一的:1. 非法经营数额在5万元以上,或者违法所得数额在2万元以上的;2. 非法经营卷烟20万支以上的;3. 曾因非法经营烟草专卖品3年内受过2次以上行政处罚,又非法经营烟草专卖品且数额在3万元以上的。(三)未经国家有关主管部门批准,非法经营证券、期货、保险业务,或者非法从事资金支付结算业务,具有下列情形之一的:1. 非法经营证券、期货、保险业务,数额在30万元以上的;2. 非法从事资金支付结算业务,数额在200万元以上的;3. 违反国家规定,使用销售点终端机具(POS机)等方法,以虚构交易、虚开价格、现金退货等方式向信用卡持卡人直接支付现金,数额在100万元以上的,或者造成金融机构资金20万元以上逾期未还的,或者造成金融机构经济损失10万元以上的;4. 违法所得数额5万元以上的。(四)非法经营外汇,具有下列情形之一的:1. 在外汇指定银行和中国外汇交易中心及其分中心以外买卖外汇,数额在20万美元以上的,或者违法所得数额在5万元以上的;2. 公司、企业或者其他单位违反有关外贸代理业务的规定,采用非法手段,或者明知是伪造、变造的凭证、商业单据,为他人向外汇指定银行骗购外汇,数额在500万美元以上或者违法所得数额在50万元以上的;3. 居间介绍骗购外汇,数额在100万美元以上或者违法所得数额在10万元以上的。(五)出版、印刷、复制、发行严重危害社会秩序和扰乱市场秩序的非法出版物,具有下列情形之一的:1. 个人非法经营数额在5万元以上的,单位非法经营数额在15万元以上的;2. 个人违法所得数额在2万元以上的,单位违法所得数额在5万元以上的;3. 个人非法经营报纸5000份或者期刊5000本或者图书2000册或者音像制品、电子出版物500张(盒)以上的,单位非法经营报纸15000份或者期刊15000本或者图书5000册或者音像制品、电子出版物1500张(盒)以上的;4. 虽未达到上述数额标准,但具有下列情形之一的:(1)两年内因出版、印刷、复制、发行非法出版物受过行政处罚2次以上的,又出版、印刷、复制、发行非法出版物的;(2)因出版、印刷、复制、发行非法出版物造成恶劣社会影响或者其他严重后果的。(六)非法从事出版物的出版、印刷、复制、发行业务,严重扰乱市场秩序,具有下列情形之一的:1. 个人非法经营数额在15万元以上的,单位非法经营数额在50万元以上的;2. 个人违法所得数额在5万元以上的,单位违法所得数额在15万元以上的;3. 个人非法经营报纸15000份或者期刊15000本或者图书5000册或者音像制品、电子出版物1500张(盒)以上的,单位非法经营报纸5万份或者期刊5万本或者图书15000册或者音像制品、电子出版物5000张(盒)以上的;4. 虽未达到上述数额标准,两年内因非法从事出版物的出版、印刷、复制、发行业务受过行政处罚2次以上的,又非法从事出版物的出版、印刷、复制、发行业务的。(七)采取租用国际专线、私设转接设备或者其他方法,擅自经营国际电信业务或者涉港澳台电信业务进行营利活动,扰乱电信市场管理秩序,具有下列情形之一的:经营去话业务数额在100万元以上的,经营来话业务造成电信资费损失数额在100万元以上的;3. 虽未达到上述数额标准,但具有下列情形之一的:(1)两年内因非法经营国际电信业务或者涉港澳台电信业务行为受过行政处罚2次以上,又非法经营国际电信业务或者涉港澳台电信业务的;(2)因非法经营国际电信业务或者涉港澳台电信业务行为造成其他严重后果的。(八)从事其他非法经营活动,具有下列情形之一的:1.个人非法经营数额在5万元以上,或者违法所得数额在1万元以上的;2.单位非法经营数额在50万元以上,或者违法所得数额在10万元以上的;3.虽未达到上述数额标准,但两年内因同种非法经营行为受过2次以上行政处罚,又进行同种非法经营行为的;4.其他情节严重的情形。

第80条 [非法转让、倒卖土地使用权案(刑法第228条)]以牟利为目的,违反土地管理法规,非法转让、倒卖土地使用权,涉嫌下列情形之一的,应予立案追诉:

(一)非法转让、倒卖基本农5亩以上的;(二)非法转让、倒卖基本农田以外的耕地10亩以上的;(三)非法转让、倒卖其他土地20亩以上的;(四)违法所得数额在50万元以上的;(五)虽未达到上述数额标准,但因非法转让、倒卖土地使用权受过行政处罚,又非法转让、倒卖土地的;(六)其他情节严重的情形。

第81条 [提供虚假证明文件案(刑法第229条第1款、第2款)]承担资产评估、验资、验证、会计、审计、法律服务等职责的中介组织的人员故意提供虚假证明文件,涉嫌下列情形之一的,应予立案追诉:

(一)给国家、公众或者其他投资者造成直接经济损失数额在50万元以上的。(二)违法所得数额在10万元以上的。(三)虚假证明文件虚构数额在100万元且占实际数额30%以上的。(四)虽未达到上述数额标准,但具有下列情形之一的:1.在提供虚假证明文件过程中索取或者非法接受他人财物的;2.两年内因提供虚假证明文件,受过行政处罚2次以上,又提供虚假证明文件的。(五)其他情节严重的情形。

第82条 [出具证明文件重大失实案(刑法第229条第3款)]承担资产评估、验资、验证、会计、审计、法律服务等职责的中介组织的人员严重不负责任,出具的证明文件有重大失实,涉嫌下列情形之一的,应予立案追诉:

(一)给国家、公众或者其他投资者造成直接经济损失数额在100万元以上的;(二)其他造成严重后果的情形。

第83条 [逃避商检案(刑法第230条)]违反进出口商品检验法的规定,逃避商品检验,将必须经商检机构检验的进口商品未报经检验而擅自销售、使用,或者将必须经商检机构检验的出口商品未报经检验合格而擅自出口,涉嫌下列情形之一的,应予立案追诉:

(一)给国家、单位或者个人造成直接经济损失数额在50万元以上的;(二)逃避商检的进出口货物货值金额在300万元以上的;(三)导致病疫流行、灾害事故的;(四)多次逃避商检的;(五)引起国际经济贸易纠纷,严重影响国家对外贸易关系,或者严重损害国家声誉的;(六)其他情节严重的情形。

三、侵犯财产案

第84条 [职务侵占案(刑法第271条第1款)]公司、企业或者其他单位的人员,利用职务上的便利,将本单位财物非法占为己有,数额在5000元至1万元以上的,应予立案追诉。

第85条 [挪用资金案(刑法第272条第1款)]公司、企业或者其他单位的工作人员,利用职务上的便利,挪用本单位资金归个人使用或者借贷给他人,涉嫌下列情形之一的,应予立案追诉:

(一)挪用本单位资金数额在1万元至3万元以上,超过3个月未还的;(二)挪用本单位资金数额在1万元至3万元以上,进行营利活动的;(三)挪用本单位资金数额在5000元至2万元以上,进行非法活动的。

具有下列情形之一的,属于本条规定的"归个人使用":

(一)将本单位资金供本人、亲友或者其他自然人使用的;(二)以个人名义将本单位资金供其他单位使用的;(三)个人决定以单位名义将本单位资金供其他单位使用,谋取个人利益的。

第86条 ［挪用特定款物案(刑法第273条)］挪用用于救灾、抢险、防汛、优抚、扶贫、移民、救济款物,涉嫌下列情形之一的,应予立案追诉:

(一)挪用特定款物数额在5000元以上的;(二)造成国家和人民群众直接经济损失数额在5万元以上的;(三)虽未达到上述数额标准,但多次挪用特定款物的,或者造成人民群众的生产、生活严重困难的;(四)严重损害国家声誉,或者造成恶劣社会影响的;(五)其他致使国家和人民群众利益遭受重大损害的情形。

附 则

第87条 本规定中的"多次",是指3次以上。

第88条 本规定中的"虽未达到上述数额标准",是指接近上述数额标准且已达到该数额的80%以上的。

第89条 对于预备犯、未遂犯、中止犯,需要追究刑事责任的,应予立案追诉。

第90条 本规定中的立案追诉标准,除法律、司法解释、本规定中另有规定的以外,适用于相应的单位犯罪。

第91条 本规定中的"以上",包括本数。

第92条 本规定自印发之日起施行。2001年4月18日最高人民检察院、公安部印发的《关于经济犯罪案件追诉标准的规定》(公发〔2001〕11号)和2008年3月5日最高人民检察院、公安部印发的《关于经济犯罪案件追诉标准的补充规定》(高检会〔2008〕2号)同时废止。

14. 最高人民法院《关于在经济犯罪审判中参照适用〈最高人民检察院、公安部关于公安机关管辖的刑事案件立案追诉标准的规定(2)〉的通知》(法发〔2010〕22号)

今年5月18日,最高人民检察院、公安部印发了《最高人民检察院、公安部关于公安机关管辖的刑事案件立案追诉标准的规定(2)》(以下简称《标准2》)。《标准2》规定了公安机关经济犯罪侦查部门管辖的86种刑事案件的立案追诉标准。为切实做好经济犯罪审判工作,及时、准确打击经济犯罪,有效维护市场经济秩序,现就人民法院在审理经济犯罪案件中参照适用《标准2》的有关问题通知如下:

一、最高人民法院对相关经济犯罪的定罪量刑标准没有规定的,人民法院在审理经济犯罪案件时,可以参照适用《标准2》的规定。

二、各级人民法院在参照适用《标准2》的过程中,如认为《标准2》的有关规定不能适应案件审理需要的,要结合案件具体情况和本地实际,依法审慎稳妥处理好案件的法律适用和政策把握,争取更好的社会效果。

三、最高人民法院将在进一步总结审判经验的基础上,对审判实践中亟需的相关经济犯罪定罪量刑标准作出具体规定。在此之前,拟通过有关工作会议、司法文件、公布典型案例等方式,对人民法院经济犯罪案件审判工作加强指导,以不断提高经济犯罪案件审判水平,更好地服务经济社会发展和依法惩处经济犯罪工作的需要。

特此通知。

15. 最高人民法院《关于个人违法建房出售行为如何适用法律问题的答复》(法〔2010〕395号)

贵州省高级人民法院:

你院《关于个人违法建房出售行为如何适用法律的请示》(〔2010〕黔高法研请字第2号)收悉。经研究,并征求相关部门意见,答复如下:

一、你院请示的在农村宅基地、责任田上违法建房出售如何处理的问题,涉及面广,法律、政策性强。据了解,有关部门正在研究制定政策意见和处理办法,在相关文件出台前,不宜以犯罪追究有关人员的刑事责任。

二、从来函反映的情况看,此类案件在你省部分地区发案较多。案件处理更应当十分慎重。要积极争取在党委统一领导下,有效协调有关方面,切实做好案件处理的善后工作,确保法律效果与社会效果的有机统一。

三、办理案件中,发现负有监管职责的国家机关工作人员有渎职、受贿等涉嫌违法犯罪的,要依法移交相关部门处理;发现有关部门在履行监管职责方面存在问题的,要结合案件处理,提出司法建议,促进完善社会管理。

此复。

16. 最高人民检察院、公安部《关于公安机关管辖的刑事案件立案追诉标准的规定(2)的补充规定》(公通字〔2011〕47号)

为及时、准确打击经济犯罪,根据《中华人民共和国刑法修正案(8)》和《中华人民共和国刑事诉讼法》的规定,最高人民检察院、公安部制定了《最高人民检察院、公安部关于公安机关管辖的刑事案件立案追诉标准的规定(2)的补充规定》,对《最高人民检察院、公安部关于公安机关管辖的刑事案件立案追诉标准的规定(2)》作了补充。现印发给你们,请遵照执行。

一、在《最高人民检察院、公安部关于公安机关管辖的刑事案件立案追诉标准的规定(2)》(以下简称《立案追诉标准(2)》)中增加第11条之一:[对外国公职人员、国际公共组织官员行贿案(刑法第164条第2款)]

为谋取不正当商业利益,给予外国公职人员或者国际公共组织官员以财物,个人行贿数额在1万元以上的,单位行贿数额在20万元以上的,应予立案追诉。

二、在《立案追诉标准(2)》中增加第61条之一:[虚开发票案(刑法第205条之一)]虚开刑法第205条规定以外的其他发票,涉嫌下列情形之一的,应予立案追诉:

(一)虚开发票100份以上或者虚开金额累计在40万元以上的;(二)虽未达到上述数额标准,但5年内因虚开发票行为受过行政处罚2次以上,又虚开发票的;(三)其他情节严重的情形。

三、在《立案追诉标准(2)》中增加第68条之一:[持有伪造的发票案(刑法第210条之一)]明知是伪造的发票而持有,具有下列情形之一的,应予立案追诉:

(一)持有伪造的增值税专用发票50份以上或者票面额累计在20万元以上的,应予立案追诉;(二)持有伪造的可以用于骗取出口退税、抵扣税款的其他发票100份以上或者票面额累计在40万元以上的,应予立案追诉;(三)持有伪造的第(1)项、第(2)项规定以外的其他发票200份以上或者票面额累计在80万元以上的,应予立案追诉。

17. 最高人民法院、最高人民检察院、公安部、国家安全部、司法部《关于建立犯罪人员犯罪记录制度的意见》(法发〔2012〕10号)

犯罪记录是国家专门机关对犯罪人员情况的客观记载。犯罪记录制度是现代社会管理制度中的一项重要内容。为适应新时期经济社会发展的需要,进一步推进社会管理创新,维护社会稳定,促进社会和谐,现就建立我国犯罪人员犯罪记录制度提出如下意见。

一、建立犯罪人员犯罪记录制度的重要意义和基本要求

建立犯罪人员犯罪记录制度,对犯罪人员信息进行合理登记和有效管理,既有助于国家有关部门充分掌握与运用犯罪人员信息,适时制定和调整刑事政策及其他公共政策,改进和完善相关法律法规,有效防控犯罪,维护社会秩序,也有助于保障有犯罪记录的人的合法权利,帮助其顺利回归社会。

近年来,我国犯罪人员犯罪记录工作取得较大进展,有关部门为建立犯罪人员犯罪记录制度进行了积极探索。认真总结并推广其中的有益做法,在全国范围内开展犯罪人员信息的登记和管理工作,逐步建立和完善犯罪记录制度,对司法工作服务大局,促进社会矛盾化解,推进社会管理机制创新,具有重要意义。

建立犯罪人员犯罪记录制度,开展有关犯罪记录的工作,要按照深入贯彻落实科学发展观和构建社会主义和谐社会的总体要求,在司法体制和工作机制改革的总体框架内,全面落实宽严相济刑事政策,促进社会和谐稳定,推动经济社会健康发展。要立足国情,充分考虑现阶段我国经济社会发展的状况和人民群众的思想观念,注意与现有法律法规和其他制度的衔接。要充分认识我国的犯罪记录制度以及有关工作尚处于起步阶段这一现状,抓住重点,逐步推进,确保此项工作能够稳妥、有序开展,为进一步完善我国犯罪记录制度,健全犯罪记录工作机制创造条件。

二、犯罪人员犯罪记录制度的主要内容

(一)建立犯罪人员信息库

为加强对犯罪人员信息的有效管理,依托政法机关现有网络和资源,由公安机关、国家安全机关、人民检察院、司法行政机关分别建立有关记录信息库,并实现互联互通,待条件成熟后建立全国统一的犯罪信息库。

犯罪人员信息登记机关录入的信息应当包括以下内容:犯罪人员的基本情况、检察机关(自诉人)和审判机关的名称、判决书编号、判决确定日期、罪名、所判处刑罚以及刑罚执行情况等。

(二)建立犯罪人员信息通报机制

人民法院应当及时将生效的刑事裁判文书以及其他有关信息通报犯罪人员信息登记机关。

监狱、看守所应当及时将《刑满释放人员通知书》寄送被释放人员户籍所在地犯罪人员信息登记机关。

县级司法行政机关应当及时将《社区服刑人员矫正期满通知书》寄送被解除矫正人员户籍所在地犯罪人员信息登记机关。

国家机关基于办案需要,向犯罪人员信息登记机关查询有关犯罪信息,有关机关应当予以配合。

(三)规范犯罪人员信息查询机制

公安机关、国家安全机关、人民检察院和司法行政机关分别负责受理、审核和处理有关犯罪记录的查询申请。

上述机关在向社会提供犯罪信息查询服务时,应当严格依照法律法规关于升学、入伍、就业等资格、条件的规定进行。

辩护律师为依法履行辩护职责,要求查询本案犯罪嫌疑人、被告人的犯罪记录的,应当允许,涉及未成年人的犯罪记录被执法机关依法封存的除外。

(四)建立未成年人犯罪记录封存制度

为深入贯彻落实党和国家对违法犯罪未成年人的"教育、感化、挽救"方针和"教育为主、惩罚为辅"原则,切实帮助失足青少年回归社会,根据刑事诉讼法的有关规定,结合我国未成年人保护工作的实际,建立未成年人轻罪犯罪记录封存制度,对于犯罪时不满18周岁,被判处5年有期徒刑以下刑罚的未成年人的犯罪记录,应当予以封存。犯罪记录被封存后,不得向任何单位和个人提供,但司法机关为办案需要或者有关单位根据国家规定进行查询的除外。依法进行查询的单位,应当对被封存的犯罪记录的情况予以保密。

执法机关对未成年人的犯罪记录可以作为工作记录予以保存。

(五)明确违反规定处理犯罪人员信息的责任

负责提供犯罪人员信息的部门及其工作人员应当及时、准确地向犯罪人员信息登记机关提供有关信息。不按规定提供信息,或者故意提供虚假、伪造信息,情节严重或者造成严重后果的，应当依法追究相关人员的责任。

负责登记和管理犯罪人员信息的部门及其工作人员应当认真登记、妥善管理犯罪人员信息。不按规定登记犯罪人员信息、提供查询服务，或者违反规定泄露犯罪人员信息，情节严重或者造成严重后果的，应当依法追究相关人员的责任。

使用犯罪人员信息的单位和个人应当按照查询目的使用有关信息并对犯罪人员信息予以保密。不按规定使用犯罪人员信息，情节严重或者造成严重后果的，应当依法追究相关人员的责任。

三、扎实推进犯罪人员犯罪记录制度的建立与完善

犯罪记录制度是我国一项崭新的法律制度，在建立和实施过程中不可避免地会遇到各种各样的问题和困难，有关部门要高度重视，精心组织，认真实施，并结合自身工作的性质和特点，研究制定具体实施办法或实施细则，循序渐进，在实践中不断健全、完善，确保取得实效。

犯罪记录制度的建立是一个系统工程，各有关部门要加强协调，互相配合，处理好在工作起步以及推进中可能遇到的各种问题。要充分利用政法网以及各部门现有的网络基础设施，逐步实现犯罪人员信息的网上录入、查询和文件流转，实现犯罪人员信息的共享。要处理好犯罪人员信息与被劳动教养、治安管理处罚、不起诉人员信息以及其他信息库之间的关系。要及时总结，适时调整工作思路和方法，保障犯罪记录工作的顺利展开，推动我国犯罪记录制度的发展与完善。

18. 最高人民检察院、公安部《关于公安机关管辖的刑事案件立案追诉标准的规定(3)》(公通字〔2012〕26号)

为及时、准确打击毒品犯罪，根据《中华人民共和国刑法》、《中华人民共和国刑事诉讼法》等有关法律规定，最高人民检察院、公安部制定了《最高人民检察院、公安部关于公安机关管辖的刑事案件立案追诉标准的规定(3)》，对公安机关毒品犯罪侦查部门管辖的刑事案件立案追诉标准作出了规定，现印发给你们，请遵照执行。各级公安机关应当依照此规定立案侦查，各级检察机关应当依照此规定审查批捕、审查起诉。

第1条 ［走私、贩卖、运输、制造毒品案(刑法第347条)］走私、贩卖、运输、制造毒品，无论数量多少，都应予立案追诉。

本条规定的“走私”是指明知是毒品而非法将其运输、携带、寄递进出国(边)境的行为。直接向走私人非法收购走私进口的毒品，或者在内海、领海、界河、界湖运输、收购、贩卖毒品的，以走私毒品罪立案追诉。

本条规定的“贩卖”是指明知是毒品而非法销售或者以贩卖为目的而非法收买的行为。

有证据证明行为人以牟利为目的，为他人代购仅用于吸食、注射的毒品，对代购者以贩卖毒品罪立案追诉。不以牟利为目的，为他人代购仅用于吸食、注射的毒品，毒品数量达到本规定第2条规定的数量标准的，对托购者和代购者以非法持有毒品罪立案追诉。明知他人实施毒品犯罪而为其居间介绍、代购代卖的，无论是否牟利，都应以相关毒品犯罪的共犯立案追诉。

本条规定的“运输”是指明知是毒品而采用携带、寄递、托运、利用他人或者使用交通工具等方法非法运送毒品的行为。

本条规定的“制造”是指非法利用毒品原植物直接提炼或者用化学方法加工、配制毒品，或者以改变毒品成分和效用为目的，用混合等物理方法加工、配制毒品的行为。为了便于隐蔽运输、销售、使用、欺骗购买者，或者为了增重，对毒品掺杂使假，添加或者去除其他非毒品物质，不属于制造毒品的行为。

为了制造毒品而采用生产、加工、提炼等方法非法制造易制毒化学品的，以制造毒品罪

(预备)立案追诉。购进制造毒品的设备和原材料,开始着手制造毒品,尚未制造出毒品或者半成品的,以制造毒品罪(未遂)立案追诉。明知他人制造毒品而为其生产、加工、提炼、提供醋酸酐、乙醚、三氯甲烷等制毒物品的,以制造毒品罪的共犯立案追诉。

走私、贩卖、运输毒品主观故意中的"明知",是指行为人知道或者应当知道所实施的是走私、贩卖、运输毒品行为。具有下列情形之一,结合行为人的供述和其他证据综合审查判断,可以认定其"应当知道",但有证据证明确属被蒙骗的除外:

(一)执法人员在口岸、机场、车站、港口、邮局和其他检查站点检查时,要求行为人申报携带、运输、寄递的物品和其他疑似毒品物,并告知其法律责任,而行为人未如实申报,在其携带、运输、寄递的物品中查获毒品的;(二)以伪报、藏匿、伪装等蒙蔽手段逃避海关、边防等检查,在其携带、运输、寄递的物品中查获毒品的;(三)执法人员检查时,有逃跑、丢弃携带物品或者逃避、抗拒检查等行为,在其携带、藏匿或者丢弃的物品中查获毒品的;(四)体内或者贴身隐秘处藏匿毒品的;(五)为获取不同寻常的高额或者不等值的报酬为他人携带、运输、寄递、收取物品,从中查获毒品的;(六)采用高度隐蔽的方式携带、运输物品,从中查获毒品的;(七)采用高度隐蔽的方式交接物品,明显违背合法物品惯常交接方式,从中查获毒品的;(八)行程路线故意绕开检查站点,在其携带、运输的物品中查获毒品的;(九)以虚假身份、地址或者其他虚假方式办理托运、寄递手续,在托运、寄递的物品中查获毒品的;(十)有其他证据足以证明行为人应当知道的。

制造毒品主观故意中的"明知",是指行为人知道或者应当知道所实施的是制造毒品行为。有下列情形之一,结合行为人的供述和其他证据综合审查判断,可以认定其"应当知道",但有证据证明确属被蒙骗的除外:

(一)购置了专门用于制造毒品的设备、工具、制毒物品或者配制方案的;(二)为获取不同寻常的高额或者不等值的报酬为他人制造物品,经检验是毒品的;(三)在偏远、隐蔽场所制造,或者采取对制造设备进行伪装等方式制造物品,经检验是毒品的;(四)制造人员在执法人员检查时,有逃跑、抗拒检查等行为,在现场查获制造出的物品,经检验是毒品的;(五)有其他证据足以证明行为人应当知道的。

走私、贩卖、运输、制造毒品罪是选择性罪名,对同一宗毒品实施了两种以上犯罪行为,并有相应确凿证据的,应当按照所实施的犯罪行为的性质并列适用罪名,毒品数量不重复计算。对同一宗毒品可能实施了两种以上犯罪行为,但相应证据只能认定其中一种或者几种行为,认定其他行为的证据不够确实充分的,只按照依法能够认定的行为的性质适用罪名。对不同宗毒品分别实施了不同种犯罪行为的,应对不同行为并列适用罪名,累计计算毒品数量。

第2条 [非法持有毒品案(刑法第348条)]明知是毒品而非法持有,涉嫌下列情形之一的,应予立案追诉:

(一)鸦片200克以上、海洛因、可卡因或者甲基苯丙胺10克以上;(二)二亚甲基双氧安非他明(MDMA)等苯丙胺类毒品(甲基苯丙胺除外)、吗啡20克以上;(三)度冷丁(杜冷丁)50克以上(针剂100mg/支规格的500支以上,50mg/支规格的1000支以上;片剂25mg/片规格的2000片以上,50mg/片规格的1000片以上);(四)盐酸二氢埃托啡2毫克以上(针剂或者片剂20mg/支、片规格的100支、片以上);(五)氯胺酮、美沙酮200克以上;(六)三唑仑、安眠酮10千克以上;(七)咖啡因50千克以上;(八)氯氮卓、艾司唑仑、地西泮、溴西泮100千克以上;(九)大麻油1000克以上,大麻脂2000克以上,大麻叶及大麻烟30千克以上;(十)罂粟壳50千克以上;(十一)上述毒品以外的其他毒品数量较大的。

非法持有两种以上毒品,每种毒品均没有达到本条第1款规定的数量标准,但按前款规定的立案追诉数量比例折算成海洛因后累计相加达到10克以上的,应予立案追诉。

本条规定的“非法持有”，是指违反国家法律和国家主管部门的规定，占有、携带、藏有或者以其他方式持有毒品。

非法持有毒品主观故意中的“明知”，依照本规定第1条第8款的有关规定予以认定。

第3条 ［包庇毒品犯罪分子案（刑法第349条）］包庇走私、贩卖、运输、制造毒品的犯罪分子，涉嫌下列情形之一的，应予立案追诉：

（一）作虚假证明，帮助掩盖罪行的；（二）帮助隐藏、转移或者毁灭证据的；（三）帮助取得虚假身份或者身份证件的；（四）以其他方式包庇犯罪分子的。

实施前款规定的行为，事先通谋的，以走私、贩卖、运输、制造毒品罪的共犯立案追诉。

第4条 ［窝藏、转移、隐瞒毒品、毒赃案（刑法第349条）］为走私、贩卖、运输、制造毒品的犯罪分子窝藏、转移、隐瞒毒品或者犯罪所得的财物的，应予立案追诉。

实施前款规定的行为，事先通谋的，以走私、贩卖、运输、制造毒品罪的共犯立案追诉。

第5条 ［走私制毒物品案（刑法第350条）］违反国家规定，非法运输、携带制毒物品进出国（边）境，涉嫌下列情形之一的，应予立案追诉：

（一）1-苯基-2-丙酮5000克以上；（二）麻黄碱、伪麻黄碱及其盐类和单方制剂5000克以上，麻黄浸膏、麻黄浸膏粉100千克以上；（三）3,4-亚甲基二氧苯基-2-丙酮、去甲麻黄素（去甲麻黄碱）、甲基麻黄素（甲基麻黄碱）、羟亚胺及其盐类10千克以上；（四）胡椒醛、黄樟素、黄樟油、异黄樟素、麦角酸、麦角胺、麦角新碱、苯乙酸20千克以上；（五）N-乙酰邻氨基苯酸、邻氨基苯甲酸、哌啶150千克以上；（六）醋酸酐、三氯甲烷200千克以上；（七）乙醚、甲苯、丙酮、甲基乙基酮、高锰酸钾、硫酸、盐酸400千克以上；（八）其他用于制造毒品的原料或者配剂相当数量的。

非法运输、携带两种以上制毒物品进出国（边）境，每种制毒物品均没有达到本条第1款规定的数量标准，但按前款规定的立案追诉数量比例折算成1种制毒物品后累计相加达到上述数量标准的，应予立案追诉。

为了走私制毒物品而采用生产、加工、提炼等方法非法制造易制毒化学品的，以走私制毒物品罪（预备）立案追诉。

实施走私制毒物品行为，有下列情形之一，且查获了易制毒化学品，结合行为人的供述和其他证据综合审查判断，可以认定其“明知”是制毒物品而走私或者非法买卖，但有证据证明确属被蒙骗的除外：

（一）改变产品形状、包装或者使用虚假标签、商标等产品标志的；（二）以藏匿、夹带、伪装或者其他隐蔽方式运输、携带易制毒化学品逃避检查的；（三）抗拒检查或者在检查时丢弃货物逃跑的；（四）以伪报、藏匿、伪装等蒙蔽手段逃避海关、边防等检查的；（五）选择不设海关或者边防检查站的路段绕行出入境的；（六）以虚假身份、地址或者其他虚假方式办理托运、寄递手续的；（七）以其他方法隐瞒真相，逃避对易制毒化学品依法监管的。

明知他人实施走私制毒物品犯罪，而为其运输、储存、代理进出口或者以其他方式提供便利的，以走私制毒物品罪的共犯立案追诉。

第6条 ［非法买卖制毒物品案（刑法第350条）］违反国家规定，在境内非法买卖制毒物品，数量达到本规定第5条第1款规定情形之一的，应予立案追诉。

非法买卖两种以上制毒物品，每种制毒物品均没有达到本条第1款规定的数量标准，但按前款规定的立案追诉数量比例折算成一种制毒物品后累计相加达到上述数量标准的，应予立案追诉。

违反国家规定，实施下列行为之一的，认定为本条规定的非法买卖制毒物品行为：

（一）未经许可或者备案，擅自购买、销售易制毒化学品的；（二）超出许可证明或者备案证明的品种、数量范围购买、销售易制毒化学品的;(三)使用他人的或者伪造、变造、失效的许可证明或者备案证明购买、销售易制毒化学品的;(四)经营单位违反规定,向无购买许可证明、备案证明的单位、个人销售易制毒化学品的,或者明知购买者使用他人的或者伪造、变造、失效的许可证明或者备案证明,向其销售易制毒化学品的;(五)以其他方式非法买卖易制毒化学品的。易制毒化学品生产、经营、使用单位或者个人未办理许可证明或者备案证明,购买、销售易制毒化学品,如果有证据证明确实用于合法生产、生活需要,依法能够办理只是未及时办理许可证明或者备案证明,且未造成严重社会危害的,可不以非法买卖制毒物品罪立案追诉。

为了非法买卖制毒物品而采用生产、加工、提炼等方法非法制造易制毒化学品的,以非法买卖制毒物品罪(预备)立案追诉。

非法买卖制毒物品主观故意中的"明知",依照本规定第5条第4款的有关规定予以认定。

明知他人实施非法买卖制毒物品犯罪,而为其运输、储存、代理进出口或者以其他方式提供便利的,以非法买卖制毒物品罪的共犯立案追诉。

第7条 [非法种植毒品原植物案(刑法第351条)]非法种植罂粟、大麻等毒品原植物,涉嫌下列情形之一的,应予立案追诉:

(一)非法种植罂粟500株以上的;(二)非法种植大麻5000株以上的;(三)非法种植其他毒品原植物数量较大的;(四)非法种植罂粟200平方米以上、大麻2000平方米以上或者其他毒品原植物面积较大,尚未出苗的;(五)经公安机关处理后又种植的;(六)抗拒铲除的。

本条所规定的"种植",是指播种、育苗、移栽、插苗、施肥、灌溉、割取津液或者收取种子等行为。非法种植毒品原植物的株数一般应以实际查获的数量为准。因种植面积较大,难以逐株清点数目的,可以抽样测算每平方米平均株数后按实际种植面积测算出种植总株数。

非法种植罂粟或者其他毒品原植物,在收获前自动铲除的,可以不予立案追诉。

第8条 [非法买卖、运输、携带、持有毒品原植物种子、幼苗案(刑法第352条)]非法买卖、运输、携带、持有未经灭活的罂粟等毒品原植物种子或者幼苗,涉嫌下列情形之一的,应予立案追诉:

(一)罂粟种子50克以上、罂粟幼苗5000株以上;(二)大麻种子50千克以上、大麻幼苗5万株以上;(三)其他毒品原植物种子、幼苗数量较大的。

第9条 [引诱、教唆、欺骗他人吸毒案(刑法第353条)]引诱、教唆、欺骗他人吸食、注射毒品的,应予立案追诉。

第10条 [强迫他人吸毒案(刑法第353)]违背他人意志,以暴力、胁迫或者其他强制手段,迫使他人吸食、注射毒品的,应予立案追诉。

第11条 [容留他人吸毒案(刑法第354条)]提供场所,容留他人吸食、注射毒品,涉嫌下列情形之一的,应予立案追诉:

(一)容留他人吸食、注射毒品2次以上的;(二)1次容留3人以上吸食、注射毒品的;(三)因容留他人吸食、注射毒品被行政处罚,又容留他人吸食、注射毒品的;(四)容留未成年人吸食、注射毒品的;(五)以牟利为目的容留他人吸食、注射毒品的;(六)容留他人吸食、注射毒品造成严重后果或者其他情节严重的。

第12条 [非法提供麻醉药品、精神药品案(刑法第355条)]依法从事生产、运输、管理、使用国家管制的麻醉药品、精神药品的个人或者单位,违反国家规定,向吸食、注射毒品的人员提供国家规定管制的能够使人形成瘾癖的麻醉药品、精神药品,涉嫌下列情形之一的,应予立案追诉:

(一)非法提供鸦片20克以上、吗啡2克以上、度冷丁(杜冷丁)5克以上(针剂100mg/支规格的50支以上,50mg/支规格的100支以上;片剂25mg/片规格的200片以上,50mg/片规格的100片以上)、盐酸二氢埃托啡0.2毫克以上(针剂或者片剂20mg/支、片规格的10支、片以上)、氯胺酮、美沙酮20克以上、三唑仑、安眠酮1000克以上、咖啡因5000克以上、氯氮卓、艾司唑仑、地西泮、溴西泮10千克以上,以及其他麻醉药品和精神药品数量较大的;(二)虽未达到上述数量标准,但非法提供麻醉药品、精神药品两次以上,数量累计达到前项规定的数量标准80%以上的;(三)因非法提供麻醉药品、精神药品被行政处罚,又非法提供麻醉药品、精神药品的;(四)向吸食、注射毒品的未成年人提供麻醉药品、精神药品的;(五)造成严重后果或者其他情节严重的。依法从事生产、运输、管理、使用国家管制的麻醉药品、精神药品的人员或者单位,违反国家规定,向走私、贩卖毒品的犯罪分子提供国家规定管制的能够使人形成瘾癖的麻醉药品、精神药品的,或者以牟利为目的,向吸食、注射毒品的人提供国家规定管制的能够使人形成瘾癖的麻醉药品、精神药品的,以走私、贩卖毒品罪立案追诉。

第13条 本规定中的毒品是指鸦片、海洛因、甲基苯丙胺(冰毒)、吗啡、大麻、可卡因以及国家规定管制的其他能够使人形成瘾癖的麻醉药品和精神药品。具体品种以国家食品药品监督管理局、公安部、卫生部发布的《麻醉药品品种目录》、《精神药品品种目录》为依据。

本规定中的"制毒物品"是指刑法第350条第1款规定的醋酸酐、乙醚、三氯甲烷或者其他用于制造毒品的原料或者配剂,具体品种范围按照国家关于易制毒化学品管理的规定确定。

第14条 本规定中未明确立案追诉标准的毒品,有条件折算为海洛因的,参照有关麻醉药品和精神药品折算标准进行折算。

第15条 本规定中的立案追诉标准,除法律、司法解释另有规定的以外,适用于相关的单位犯罪。

第16条 本规定中的"以上",包括本数。

第17条 本规定自印发之日起施行。

19.《中华人民共和国反间谍法》(2014年11月1日第十二届全国人大常委会第十一次会议通过;1993年2月22日第七届全国人大常委会第三十次会议通过的《中华人民共和国国家安全法》同时废止)

第6条 境外机构、组织、个人实施或者指使、资助他人实施的,或者境内机构、组织、个人与境外机构、组织、个人相勾结实施的危害中华人民共和国国家安全的间谍行为,都必须受到法律追究。

第28条 在境外受胁迫或者受诱骗参加敌对组织、间谍组织,从事危害中华人民共和国国家安全的活动,及时向中华人民共和国驻外机构如实说明情况,或者入境后直接或者通过所在单位及时向国家安全机关、公安机关如实说明情况,并有悔改表现的,可以不予追究。

第29条 明知他人有间谍犯罪行为,在国家安全机关向其调查有关情况、收集有关证据时,拒绝提供的,由其所在单位或者上级主管部门予以处分,或者由国家安全机关处15日以下行政拘留;构成犯罪的,依法追究刑事责任。

第30条 以暴力、威胁方法阻碍国家安全机关依法执行任务的,依法追究刑事责任。
故意阻碍国家安全机关依法执行任务,未使用暴力、威胁方法,造成严重后果的,依法追究刑事责任;情节较轻的,由国家安全机关处15日以下行政拘留。

第31条 泄露有关反间谍工作的国家秘密的,由国家安全机关处15日以下行政拘留;构成犯罪的,依法追究刑事责任。

第32条 对非法持有属于国家秘密的文件、资料和其他物品的,以及非法持有、使用专用间谍器材的,国家安全机关可以依法对其人身、物品、住处和其他有关的地方进行搜查;对其非法持有的属于国家秘密的文件、资料和其他物品,以及非法持有、使用的专用间谍器材予以没收。非法持有属于国家秘密的文件、资料和其他物品，构成犯罪的，依法追究刑事责任；尚不构成犯罪的，由国家安全机关予以警告或者处15日以下行政拘留。

第33条 隐藏、转移、变卖、损毁国家安全机关依法查封、扣押、冻结的财物的，或者明知是间谍活动的涉案财物而窝藏、转移、收购、代为销售或者以其他方法掩饰、隐瞒的，由国家安全机关追回。构成犯罪的，依法追究刑事责任。

第40条 本法自公布之日起施行。1993年2月22日第七届全国人民代表大会常务委员会第三十次会议通过的《中华人民共和国国家安全法》同时废止。

20.最高人民检察院、公安部《关于规范刑事案件"另案处理"适用的指导意见》(高检会〔2014〕1号)

第1条 为进一步规范刑事案件"另案处理"的适用，促进严格公正司法，根据《中华人民共和国刑事诉讼法》、《人民检察院刑事诉讼规则(试行)》、《公安机关办理刑事案件程序规定》等有关规定，结合实际工作，制定本意见。

第2条 本意见所称"另案处理"，是指在办理刑事案件过程中，对于涉嫌共同犯罪案件或者与该案件有牵连关系的部分犯罪嫌疑人，由于法律有特殊规定或者案件存在特殊情况等原因，不能或者不宜与其他同案犯罪嫌疑人同案处理，而从案件中分离出来单独或者与其他案件并案处理的情形。

第3条 涉案的部分犯罪嫌疑人有下列情形之一的，可以适用"另案处理"：

(一)依法需要移送管辖处理的；(二)系未成年人需要办案办理的；(三)在同案犯罪嫌疑人被提请批准逮捕或者移送审查起诉时在逃，无法到案的；(四)涉嫌其他犯罪，需要进一步侦查，不宜与同案犯罪嫌疑人一并提请批准逮捕或者移送审查起诉，或者其他犯罪更为严重，另案处理更为适宜的；(五)涉嫌犯罪的现有证据暂不符合提请批准逮捕或者移送审查起诉标准，需要继续侦查，而同案犯罪嫌疑人符合提请批准逮捕或者移送审查起诉标准的；(六)其他适用"另案处理"更为适宜的情形。

第4条 对于下列情形，不适用"另案处理"，但公安机关应当在提请批准逮捕书、起诉意见书中注明处理结果，并将有关法律文书复印件及相关说明材料随案移送人民检察院：

(一)现有证据表明行为人在本案中的行为不构成犯罪或者情节显著轻微、危害不大，依法不应当或者不需要追究刑事责任，拟作或者已经作出行政处罚、终止侦查或者其他处理的；(二)行为人在本案中所涉犯罪行为，之前已被司法机关依法作不起诉决定、刑事判决等处理并生效的。

第5条 公安机关在办理刑事案件时，发现其中部分犯罪嫌疑人符合本意见第3条规定的情形之一，拟作"另案处理"的，应当提出书面意见并附下列证明材料，经审核后报县级以上公安机关负责人审批：

(一)依法需要移送管辖的，提供移送管辖通知书、指定管辖决定书等材料；(二)系未成年人需要分案处理的，提供未成年人户籍证明、立案决定书、提请批准逮捕书、起诉意见书等材料；(三)犯罪嫌疑人在逃的，提供拘留证、上网追逃信息等材料；(四)犯罪嫌疑人涉嫌其他犯罪，需要进一步侦查的，提供立案决定书等材料；(五)涉嫌犯罪的现有证据暂不符合提请批准逮捕或者移送审查起诉标准，需要继续侦查的，提供相应说明材料；(六)因其他原因暂不能提请批准逮捕或者移送审查起诉的，提供相应说明材料。

第6条 公安机关对适用"另案处理"案件进行审核时，应当重点审核以下内容：

(一)是否符合适用"另案处理"条件；(二)适用"另案处理"的相关证明材料是否齐全；(三)对本意见第3条第3项、第5项规定的情形适用"另案处理"的，是否及时开展相关工作。

对于审核中发现的问题，办案部门应当及时纠正。

第7条 公安机关对下列案件应当进行重点审核:

(一)一案中存在多名适用"另案处理"人员的;(二)适用"另案处理"的人员涉嫌黑社会性质的组织犯罪以及故意杀人、强奸、抢劫、绑架等严重危及人身安全的暴力犯罪的;(三)适用"另案处理"可能引起当事人及其法定代理人、辩护人、诉讼代理人、近亲属或者其他相关人员投诉的;(四)适用"另案处理"的案件受到社会广泛关注,敏感复杂的。

第8条 公安机关在提请批准逮捕、移送审查起诉案件时,对适用"另案处理"的犯罪嫌疑人,应当在提请批准逮捕书、起诉意见书中注明"另案处理",并将其涉嫌犯罪的主要证据材料的复印件,连同本意见第5条规定的相关证明材料一并随案移送。

对未批准适用"另案处理"的刑事案件,应当对符合逮捕条件的全部犯罪嫌疑人一并移送审查起诉。

第9条 在提请人民检察院批准逮捕时已对犯罪嫌疑人作"另案处理",但在移送审查起诉时"另案处理"的原因已经消失的,公安机关应当对其一并移送审查起诉;"另案处理"原因仍然存在的,公安机关应当继续适用"另案处理",并予以书面说明。

第10条 人民检察院在审查逮捕、审查起诉时,对于适用"另案处理"的案件,应当一并对适用"另案处理"是否合法、适当进行审查。人民检察院审查的重点适用本意见第6条、第7条的规定。

第11条 人民检察院对于缺少本意见第5条规定的相关材料的案件,应当要求公安机关补送,公安机关应当及时补送。

第12条 人民检察院发现公安机关在办案过程中适用"另案处理"存在违法或者不当的,应当向公安机关提出书面纠正意见或者检察建议。公安机关应当认真审查,并将结果及时反馈人民检察院。

第13条 对于本意见第4条规定的情形,人民检察院应当对相关人员的处理情况及相关法律文书进行审查,发现依法需要追究刑事责任的,应当依法予以法律监督。

第14条 人民检察院对于犯罪嫌疑人长期在逃或者久侦不结的"另案处理"案件,可以适时向公安机关发函催办。公安机关应当及时将开展工作情况函告人民检察院。

第15条 人民检察院和公安机关应当建立信息通报制度,相互通报"另案处理"案件数量、工作开展情况、案件处理结果等信息,共同研究办理"另案处理"案件过程中存在的突出问题。对于案情重大、复杂、敏感案件,人民检察院和公安机关可以根据实际情况会商研究。

第16条 人民检察院和公安机关应当建立对"另案处理"案件的动态管理和核销制度。公安机关应当及时向人民检察院通报案件另案处理结果并提供法律文书等相关材料。市、县级人民检察院与公安机关每6个月对办理的"另案处理"案件进行1次清理核对。对"另案处理"原因已经消失或者已作出相关处理的案件,应当及时予以核销。

第17条 在办理"另案处理"案件中办案人员涉嫌徇私舞弊、失职、渎职等违法违纪行为的,由有关部门依法依纪处理;构成犯罪的,依法追究刑事责任。

第18条 各地人民检察院、公安机关可以根据本意见并结合本地工作实际,制定"另案处理"的具体实施办法。

第19条 本意见自下发之日起施行。

21. 最高人民法院《关于充分发挥审判职能作用切实加强产权司法保护的意见》(法发〔2016〕27号)

产权制度是社会主义市场经济的基石,保护产权是坚持社会主义基本经济制度的必然要求。党的十八大以来,以习近平同志为核心的党中央高度重视产权保护工作。党的十八届三中、四中、五中全会明确提出,国家保护各种所有制经济产权和合法利益,强调要健全以公平为核心原则的产权保护制度,推进产权保护法治化。2016 年 11 月 4 日,中共中央、国务院印发《关于完善产权保护制度依法保护产权的意见》,对完善产权保护制度、推进产权保护法治化有关工作进行了全面部署。为充分发挥审判职能作用,切实加强产权司法保护,增强人民群众财产财富安全感,促进经济社会持续健康发展,制定如下意见。

一、坚持产权司法保护的基本原则

1. 坚持平等保护。坚持各种所有制经济权利平等、机会平等、规则平等,对各类产权主体的诉讼地位和法律适用一视同仁,确保公有制经济和非公有制经济财产权不可侵犯。注重对非公有制产权的平等保护。妥善审理各类涉外案件,平等保护中外当事人的诉讼权利和实体权益。

2. 坚持全面保护。既要保护物权、债权、股权,也要保护知识产权及其他各种无形财产权。通过刑事、民事、行政等各种审判及执行活动,依法明确产权归属,制裁各类侵犯产权的违法犯罪行为,特别是利用公权力侵犯私有产权的违法犯罪行为。

3. 坚持依法保护。结合各个时期经济发展的形势和政策,准确把握立法精神,严格公正司法,妥善处理涉及产权保护的各类案件。结合案件审判和司法调研,促进社会主义市场经济法律制度不断健全,推动完善产权保护制度。

二、准确把握、严格执行产权保护的司法政策

4. 依法惩治各类侵犯产权犯罪,平等保护各种所有制经济产权。依法惩治侵吞、瓜分、贱卖国有、集体资产的犯罪,促进资产监督管理制度不断健全。加大对非公有财产的刑法保护力度,依法惩治侵犯非公有制企业产权以及侵犯非公有制经济投资者、管理者、从业人员财产权益的犯罪。对非法占有、处置、毁坏财产的,不论是公有财产还是私有财产,均依法及时追缴发还被害人,或者责令退赔。

5. 客观看待企业经营的不规范问题,对定罪依据不足的依法宣告无罪。对改革开放以来各类企业特别是民营企业因经营不规范所引发的问题,要以历史和发展的眼光客观看待,严格遵循罪刑法定、疑罪从无、从旧兼从轻等原则,依法公正处理。对虽属违法违规、但不构成犯罪,或者罪与非罪不清的,应当宣告无罪。对在生产、经营、融资等活动中的经济行为,除法律、行政法规明确禁止的,不得以犯罪论处。

6. 严格区分经济纠纷与刑事犯罪,坚决防止把经济纠纷当作犯罪处理。充分考虑非公有制经济特点,严格把握刑事犯罪的认定标准,严格区分正当融资与非法集资、合同纠纷与合同诈骗、民营企业参与国有企业兼并重组中涉及的经济纠纷与恶意侵占国有资产等的界限,坚决防止把经济纠纷认定为刑事犯罪,坚决防止利用刑事手段干预经济纠纷。对于各类经济纠纷,特别是民营企业与国有企业之间的纠纷,不论实际损失多大,都要始终坚持依法办案,排除各种干扰,确保公正审判。

7. 依法慎用强制措施和查封、扣押、冻结措施,最大限度降低对企业正常生产经营活动的不利影响。对涉案企业和人员,应当综合考虑行为性质、危害程度以及配合诉讼的态度等情况,依法慎重决定是否适用强制措施和查封、扣押、冻结措施。在刑事审判中,对已被逮捕的被告人,符合取保候审、监视居住条件的,应当变更强制措施。在刑事、民事、行政审判中,确需采取查封、扣押、冻结措施的,除依法需责令关闭的企业外,在条件允许的情况下可以为企业预留必要的流动资金和往来账户。不得查封、扣押、冻结与案件无关的财产。

8. 严格规范涉案财产的处置,依法维护涉案企业和人员的合法权益。严格区分违法所得和合法财产,对于经过审理不能确认为违法所得的,不得判决追缴或者责令退赔。严格区分个人财产和企业法人财产,处理股东、企业经营管理者等自然人犯罪不得任意牵连企业法人财产,处理企业犯罪不得任意牵连股东、企业经营管理者个人合法财产。严格区分涉案人员个人财产和家庭成员财产,处理涉案人员犯罪不得牵连其家庭成员合法财产。按照公开公正和规范高效的要求，严格执行、不断完善涉案财物保管、鉴定、估价、拍卖、变卖制度。

9. 依法公正审理行政协议案件，促进法治政府和政务诚信建设。对因招商引资、政府与社会资本合作等活动引发的纠纷，要认真审查协议不能履行的原因和违约责任，切实维护行政相对人的合法权益。对政府违反承诺，特别是仅因政府换届、领导人员更替等原因违约毁约的，要坚决依法支持行政相对人的合理诉求。对确因国家利益、公共利益或者其他法定事由改变政府承诺的，要依法判令补偿财产损失。

10. 依法公正审理财产征收征用案件，维护被征收征用者的合法权益。准确把握立法精神，合理把握征收征用适用的公共利益范围，坚决防止公共利益扩大化。遵循及时合理补偿原则，对土地征收和房屋拆迁补偿标准明显偏低的，要综合运用多种方式进行公平合理补偿，充分保护被征收征用者的合法权益。

11. 依法制裁知识产权违法犯罪，加大知识产权保护力度。按照"司法主导、严格保护、分类施策、比例协调"的知识产权司法保护基本政策，加大保护力度，推进知识产权强国建设。积极参与相关法律修订工作，推动完善知识产权侵权损害赔偿制度。适时发布司法解释和指导性案例，通过排除侵权证据妨碍、合理分配当事人的举证责任等途径，依法推进惩罚性赔偿制度的适用。依法审理商标侵权，加强品牌商誉保护。依法审理反不正当竞争纠纷案件，破除行业垄断和市场分割。依法惩治知识产权犯罪，加大对链条式、产业化知识产权犯罪惩治力度。

12. 依法处理历史形成的产权申诉案件，坚决落实有错必纠的要求。建立专门工作机制，抓紧甄别纠正一批社会反映强烈的产权纠纷申诉案件。对涉及重大财产处置的产权纠纷申诉案件、民营企业和投资人犯罪的申诉案件，经审查确属事实不清、证据不足、适用法律错误的，依法及时予以纠正并赔偿当事人损失。严格落实司法责任制，对存在违法审判情形的依法依纪严肃追究，同时完善审判管理，从源头上、制度上有效防范冤错案件的发生。

13. 提高审判执行效率，切实防止因诉讼拖延影响企业生产经营。强化审限监管，严格审限延长、扣除、中止等情形的审批，不断提高审限内结案率，切实解决"隐性"超审限问题。持续开展长期未结诉讼案件和久押不决刑事案件专项清理工作，建立定期通报和督办机制。进一步完善繁简分流审判机制，对符合条件的案件依法适用简易程序、速裁程序。加大执行力度，提升执行速度，及时有效维护胜诉当事人的合法权益。

三、加强产权司法保护的机制建设

14. 坚持党的领导，积极参与产权保护协调工作机制。要主动向党委汇报加强产权司法保护的各项工作部署，积极参与党委牵头，人大、政府、司法机关共同参加的产权保护协调工作机制，形成工作合力。认真听取人大代表、政协委员和专家学者的意见建议，加强与工商联、行业协会的沟通，确保产权司法保护各项举措落到实处、收到实效。

15. 优化资源配置，提升涉产权保护案件审判的专业性和公信力。对法律适用难度较大的涉产权民刑交叉、民行交叉案件，统筹审判资源，组成民刑、民行综合合议庭，确保厘清法律关系、准确适用法律。充分发挥北京、上海、广州知识产权法院的示范、引领作用，加快知识产权派出法庭建设，探索设立知识产权上诉法院，完善知识产权审判工作体制机制。推动知识产权民事、行政和刑事案件审判"三合一"，提高知识产权司法保护的整体效能。落实京津冀知识产权技术类案件集中管辖，合理布局全国法院知识产权案件管辖，提升知识产权司法保护水平。

16. 做好司法调研，不断完善产权保护司法政策。推进信息技术与审判业务深度融合，充分利用大数据、云计算等信息技术，准确研判涉产权案件的审判形势。深入调研涉产权审判执行工作中的疑难问题，及时总结司法审判经验，切实加强产权保护司法政策研究，不断健全产权司法保护规则。通过制定司法解释、发布指导性案例等方式，统一涉产权案件的司法尺度、裁判标准。

17. 强化法治宣传，推动形成保护产权的良好社会氛围。利用裁判文书上网、庭审直播等司法公开平台，结合案件审判，大力宣传党和国家平等保护各种所有制经济产权的方针政策和法律法规，使平等保护、全面保护、依法保护观念深入人心，营造公平、公正、透明、稳定的法治环境。总结宣传一批依法有效保护产权的好做法、好经验、好案例，推动形成保护产权的良好社会氛围。

22. 最高人民检察院《关于充分发挥检察职能依法保障和促进科技创新的意见》(高检发〔2016〕9号)

党的十八大以来，党中央深入实施创新驱动发展战略，高度重视和加快推进科技创新。习近平总书记在全国科技创新大会、两院院士大会、中国科协第九次全国代表大会上发表重要讲话，对加快建设创新型国家和世界科技强国进行了总动员，对全面贯彻创新发展理念和实施创新驱动发展战略作出了总部署。全国各级检察机关要认真学习贯彻习近平总书记重要讲话精神，充分认识科技创新在国家发展全局中的核心位置，明确建成创新型国家和世界科技强国的奋斗目标，找准检察机关保障、促进和服务科技创新的定位和切入点，善于运用法治思维和法治方式，支持创新探索，宽容创新失误，保护创新成果，为科研机构、研究型大学、创新型企业(以下统称“科研单位”)和科技工作者(以下简称“科研人员”)营造良好创新环境，提供有力司法保障。为此，提出以下意见：

一、加强知识产权的司法保护，保障科技创新主体合法权益

1. 依法惩治侵犯知识产权犯罪，加大对科技创新主体合法权益的法律保护。依法惩治侵犯商标权的犯罪，加强对商标权人的平等保护；依法惩治侵犯著作权的犯罪，加大对互联网文学、音乐、影视、游戏、动漫、软件等领域网络侵权盗版犯罪的打击力度；依法惩治假冒专利权的犯罪，加大对涉及国家重大战略需求、重大科研项目和工程、关键核心技术以及优势产业等领域的假冒专利犯罪的打击力度；依法惩治侵犯商业秘密的犯罪，加大对采用盗窃、利诱、胁迫等非法手段侵犯科技创新主体商业秘密犯罪的打击力度。对于涉及高新技术、关键核心技术，事关国家和社会利益，直接关系人民群众生命安全和健康，以及网络侵权、跨地区跨国境有组织侵权等严重侵权假冒犯罪开展重点打击和专项整治。

2. 强化对涉及知识产权案件的法律监督。加强对行政执法机关移送涉嫌侵权假冒犯罪的监督，着力纠正有案不移、以罚代刑、降格处理的问题。加强对公安机关办理侵权假冒犯罪案件立案和侦查活动的监督，着力纠正有案不立、立而不侦、久侦不决以及适用强制措施、查封扣押冻结款物不当等问题。加强对人民法院刑事审判活动的监督，对于认定罪与非罪错误或者量刑畸轻畸重的侵权假冒犯罪案件，依法提出抗诉。加强对涉及科技创新资金和收益分配纠纷、创新创业人才劳动争议、科技创新主体知识产权纠纷、军民技术纠纷等民事、行政案件的审判和执行活动的监督。依法严肃查处涉及科技创新的虚假诉讼、恶意诉讼案件。对于履职中发现的行政机关违法行使职权或者不行使职权的行为，依法督促纠正，确保知识产权保护措施正确及时有效执行。

3. 推进知识产权领域行政执法与刑事司法衔接机制建设。积极利用知识产权行政执法与刑事司法衔接信息共享平台、侵权假冒行政处罚案件信息公开制度，推动实现涉嫌侵权假冒犯罪案件“网上移送、网上受理、网上监督”。加强跨地区、跨部门执法司法协作与联动机制建设，完善线索通报、信息共享、证据移交、案件协调等协作机制，着力打击链条式、产业化侵犯知识产权犯罪，建立行政执法与司法优势互补、有机衔接的知识产权保护体系。

二、积极发挥查办和预防职务犯罪职能，为科技创新营造良好法治环境

4. 依法惩治国家工作人员利用审批、监管、执法司法等职权妨害科技创新发展的职务犯罪。依法惩治产业技术体系创新中的职务犯罪，培育、建设一流科研单位、国家重点研发平台过程中的职务犯罪,侵权假冒行为背后的滥用职权、玩忽职守、徇私舞弊不移交刑事案件、放纵制售伪劣商品犯罪行为等职务犯罪。依法惩治知识产权申报和重大科研项目申报、实施中,利用审批、验收等职权索贿、受贿的犯罪,以及行政管理人员贪污、挪用、私分国家科研项目投资基金、科研经费的犯罪。依法惩治知识产权诉讼中司法人员枉法裁判、执行判决裁定失职渎职等犯罪。重点查办创新驱动、转型发展中不作为、乱作为,特别是国家工作人员违反科研规律干预科研活动,导致重大科研项目流产,造成重大损失的失职渎职犯罪,以及泄露国家重大科技秘密的犯罪。对于涉及国家经济命脉、国家安全的重大科研项目的职务犯罪涉案人员,要采取有效措施,防止其潜逃境外;已经潜逃境外的,要充分运用引渡、劝返、遣返和异地起诉等方式依法将其缉捕归案。

5. 依法查办危害科技创新发展公平竞争环境的行贿犯罪。重点查办为谋取科研项目、资金进行行贿的犯罪,科技创新成果验收、转化、应用、推广过程中的行贿犯罪,知识产权申报、审查和诉讼等过程中的行贿犯罪,以及技术职称评定、科技带头人评选中谋取竞争优势的行贿犯罪。要加大对行贿数额巨大或者向多人、多次行贿犯罪的打击力度,促进形成有利于激发科技创新活力的公平竞争环境。

6. 积极做好相关职务犯罪预防工作。结合查办各类妨害科技创新发展的职务犯罪,深入剖析案发规律,运用检察建议、年度报告、专项报告等,督促行业主管、监管部门加强改进管理监督。对科研单位管理不完善、制度不健全、不落实,存在犯罪隐患的,及时提出对策建议,帮助科研单位建章立制、堵塞漏洞、完善内部监督制约和管理机制。

三、准确把握法律政策界限,改进司法办案方式方法

7. 准确把握法律政策界限。充分考虑科技创新工作的体制机制和行业特点,认真研究科技创新融资、科研成果资本化产业化、科研成果转化收益中的新情况、新问题,保护科研人员凭自己的聪明才智和创新成果获取的合法收益。办案中要正确区分罪与非罪界限:对于身兼行政职务的科研人员特别是学术带头人,要区分其科研人员与公务人员的身份,特别是要区分科技创新活动与公务管理,正确把握科研人员以自身专业知识提供咨询等合法兼职获利的行为,与利用审批、管理等行政权力索贿受贿的界限;要区分科研人员合法的股权分红、知识产权收益、科技成果转化收益分配与贪污、受贿之间的界限;要区分科技创新探索失败、合理损耗与骗取科研立项、虚增科研经费投入的界限;要区分突破现有规章制度,按照科技创新需求使用科研经费与贪污、挪用、私分科研经费的界限;要区分风险投资、创业等造成的正常亏损与失职渎职的界限。坚持罪刑法定原则和刑法谦抑性原则,禁止以刑事手段插手民事经济纠纷。对于法律和司法解释规定不明确、法律政策界限不明、罪与非罪界限不清的,不作为犯罪处理;对于认定罪与非罪争议较大的案件,及时向上级检察机关请示报告。

8. 切实贯彻宽严相济刑事政策。对于锐意创新探索,但出现决策失误、偏差,造成一定损失的行为,要区分情况慎重对待。没有徇私舞弊、中饱私囊,或者没有造成严重后果的,不作为犯罪处理。在科研项目实施中突破现有制度,但有利于实现创新预期成果的,应当予以宽容。在创新过程中发生轻微犯罪、过失犯罪但完成重大科研创新任务的,应当依法从宽处理。对于科技创新中发生的共同犯罪案件,重点追究主犯的刑事责任,对于从犯和犯罪情节较轻的,依法从宽处理。对于以科技创新为名骗取、套取、挥霍国家科研项目投资,严重危害创新发展的犯罪,应当依法打击。

9. 注重改进司法办案方式方法。要尊重科技创新规律,保护科技创新主体积极性、创造性,努力实现办案的最佳效果。查办涉及科技创新的犯罪,要慎重选择办案时机和方式,注意听取行业主管、监管部门以及科技专家、法律专家等意见,防止因办案时机和方式不当影响正常的科技创新工作。对于正在承担重大科研项目攻关、重大科技发展规划制定、重大涉外项目实施等职责的涉案科研人员,检察机关在做好相关保密和防逃工作的同时,可以根据具体情况确定办案时机。对于重点科研单位、重大科研项目关键岗位的涉案科研人员,尽量不使用拘留、逮捕等强制措施;必须采取拘留、逮捕等措施的,应当及时通报有关部门做好科研攻关的衔接工作,确有必要的,可以在不影响诉讼正常进行的前提下,为其指导科研攻关提供一定条件。对于被采取逮捕措施的涉案科研人员,检察机关应当依照有关规定对羁押必要性开展审查。对于科研单位用于科技创新、产品研发的设备、资金和技术资料,一般不予以查封、扣押、冻结;确实需要查封、扣押、冻结的,应当为其预留必要的流动资金、往来账户和关键设备资料,防止因办案造成科研项目中断、停滞,或者因处置不当造成科研成果流失。

四、综合发挥检察职能,提高服务科技创新的能力水平

10. 拓展法律服务渠道,加强对科技创新主体合法权益的司法救济。充分运用检察机关视频接访系统、12309举报网络平台等诉求表达渠道,为科技创新主体寻求法律咨询、司法救济等提供更加便捷高效的服务。及时审查相关的控告、申诉和举报,严格依法办理,保障其人身和财产合法权益。畅通科技创新主体对检察工作提出批评和意见建议的渠道,对于有关单位和人员反映的突出问题,要高度关注、认真督办,及时反馈情况。

11. 落实普法责任制,主动开展普法活动。坚持预防为主,积极为科技创新主体提供法律服务。认真落实检察官以案释法制度,结合司法办案,采取多种形式,帮助和促进科技创新主体强化知识产权保护意识,明确法律红线和法律风险,提高其依法开展科技创新、依法维护自身合法权益的意识和能力。着眼目前已设立的国家自主创新示范区、经济技术开发区、高新技术开发区、"双创"基地等创新要素集聚地,积极开展法治宣传、预防咨询,促进科技创新工作在法治轨道上实施运行。

12. 努力提高法律服务能力水平。办理涉及科技创新犯罪案件政策性、专业性较强,检察人员要加强相关专业知识学习和对有关犯罪的研究。探索建立专门的知识产权办案机构或者办案小组,有条件的地区试行知识产权案件集中管辖。培养、选拔专家型人才和业务骨干从事涉及科技创新案件的办理工作。探索利用大数据分析等技术手段,提高互联网条件下电子证据的收集、固定和综合运用能力。细化侵犯知识产权犯罪案件和其他妨害科技创新犯罪案件证据收集、固定、审查运用的标准,强化办案指引。推行对重大疑难复杂犯罪案件介入侦查引导取证机制,确保侦查取证的合法性、有效性和案件定性的准确性。探索建立知识产权专家库,建立健全专家证人、专家咨询、技术鉴定等案件办理机制,完善有专门知识的人出庭作证制度,为办案提供智力支持。

五、强化组织领导,确保对科技创新的司法保障落到实处

13. 加强对办理涉及科技创新案件的组织领导和业务指导。坚持把综合发挥检察职能、服务科技创新发展作为检察机关当前的一项重要任务,切实加强领导,强化措施,狠抓落实。上级人民检察院特别是省级人民检察院要深入研究分析保障和促进科技创新发展中遇到的新情况、新问题,加强对下业务指导。对于重大侵犯知识产权犯罪案件、重大妨害科技创新职务犯罪案件挂牌督办,确保办案质量和效率。下级人民检察院对于办案中遇到的困难和问题,应当及时向上级人民检察院请示报告,必要时层报最高人民检察院。

14. 加强协作配合,形成保障和促进科技创新发展的合力。加强与政府科技、教育等部门的工作联系,深入分析和把握影响科技创新发展的深层次问题,对于体制机制及政策制定、执行中的问题,及时向主管部门通报,完善服务科技创新的监管措施。加强与各级科协的联系,建立健全联席会议、定期通报、共同调研等常态化工作机制,及时了解科技创新最新政策、发展情况和问题,准确把握科研单位和科研人员的司法需求,在职责范围内积极主动地为科研单位和科研人员排忧解难,切实提高检察机关服务科技创新的自觉性和能动性。

15. 加强宣传工作,营造重视和支持科技创新的良好环境。大力宣传党和国家创新驱动发展战略,宣传有关保护和促进科技创新发展的方针政策和法律法规,使创新发展理念深入人心。充分利用报刊、广播、电视和门户网站、微信、微博、新闻客户端等媒体,加强宣传检察机关保障和促进科技创新发展的新思路、新举措和新成效。审慎发布涉及科技创新主体犯罪案件的新闻信息,及时引导和疏解有关舆情,推动全社会形成依法保障和促进科技创新发展的司法环境和社会氛围。

23. 最高人民法院、最高人民检察院《关于适用犯罪嫌疑人、被告人逃匿、死亡案件违法所得没收程序若干问题的规定》(法释〔2017〕1号)

为依法适用犯罪嫌疑人、被告人逃匿、死亡案件违法所得没收程序,根据《中华人民共和国刑事诉讼法》《中华人民共和国刑法》《中华人民共和国民事诉讼法》等法律规定,现就办理相关案件具体适用法律若干问题规定如下:

第1条 下列犯罪案件,应当认定为刑事诉讼法第280条第1款规定的“犯罪案件”:

(一)贪污、挪用公款、巨额财产来源不明、隐瞒境外存款、私分国有资产、私分罚没财物犯罪案件;(二)受贿、单位受贿、利用影响力受贿、行贿、对有影响力的人行贿、对单位行贿、介绍贿赂、单位行贿犯罪案件;(三)组织、领导、参加恐怖组织,帮助恐怖活动,准备实施恐怖活动,宣扬恐怖主义、极端主义、煽动实施恐怖活动,利用极端主义破坏法律实施,强制穿戴宣扬恐怖主义、极端主义服饰、标志,非法持有宣扬恐怖主义、极端主义物品犯罪案件;(四)危害国家安全、走私、洗钱、金融诈骗、黑社会性质的组织、毒品犯罪案件。

电信诈骗、网络诈骗犯罪案件,依照前款规定的犯罪案件处理。

第2条 在省、自治区、直辖市或者全国范围内具有较大影响,或者犯罪嫌疑人、被告人逃匿境外的,应当认定为刑事诉讼法第280条第1款规定的“重大”。

第3条 犯罪嫌疑人、被告人为逃避侦查和刑事追究潜逃、隐匿,或者在刑事诉讼过程中脱逃的,应当认定为刑事诉讼法第280条第1款规定的“逃匿”。

犯罪嫌疑人、被告人因意外事故下落不明满2年,或者因意外事故下落不明,经有关机关证明其不可能生存的,依照前款规定处理。

第4条 犯罪嫌疑人、被告人死亡,依照刑法规定应当追缴其违法所得及其他涉案财产的,人民检察院可以向人民法院提出没收违法所得的申请。

第5条 公安机关发布通缉令或者公安部通过国际刑警组织发布红色国际通报,应当认定为刑事诉讼法第280条第1款规定的“通缉”。

第6条 通过实施犯罪直接或者间接产生、获得的任何财产,应当认定为刑事诉讼法第280条第1款规定的“违法所得”。

违法所得已经部分或者全部转变、转化为其他财产的,转变、转化后的财产应当视为前款规定的“违法所得”。

来自违法所得转变、转化后的财产收益,或者来自已经与违法所得相混合财产中违法所得相应部分的收益,应当视为第1款规定的“违法所得”。

第7条 刑事诉讼法第281条第3款规定的“利害关系人”包括犯罪嫌疑人、被告人的近亲属和其他对申请没收的财产主张权利的自然人和单位。

刑事诉讼法第281条第2款、第282条第2款规定的“其他利害关系人”是指前款规定的“其他对申请没收的财产主张权利的自然人和单位”。

第8条 人民检察院向人民法院提出没收违法所得的申请,应当制作没收违法所得申请书。

没收违法所得申请书应当载明以下内容:

(一)犯罪嫌疑人、被告人的基本情况;(二)案由及案件来源;(三)犯罪嫌疑人、被告人涉嫌犯罪的事实及相关证据材料;(四)犯罪嫌疑人、被告人逃匿、被通缉、脱逃、下落不明、死亡的情况;(五)申请没收的财产的种类、数量、价值、所在地以及已查封、扣押、冻结财产清单和相关法律手续;(六)申请没收的财产属于违法所得及其他涉案财产的相关事实及证据材料;(七)提出没收违法所得申请的理由和法律依据;(八)有无利害关系人以及利害关系人的姓名、身份、住址、联系方式;(九)其他应当载明的内容。

上述材料需要翻译件的,人民检察院应当将翻译件随没收违法所得申请书一并移送人民法院。

第9条 对于没收违法所得的申请,人民法院应当在30日内审查完毕,并根据以下情形分别处理:

(一)属于没收违法所得申请受案范围和本院管辖,且材料齐全、有证据证明有犯罪事实的,应当受理;(二)不属于没收违法所得申请受案范围或者本院管辖的,应当退回人民检察院;(三)对于没收违法所得申请不符合"有证据证明有犯罪事实"标准要求的,应当通知人民检察院撤回申请,人民检察院应当撤回;(四)材料不全的,应当通知人民检察院在7日内补送,7日内不能补送的,应当退回人民检察院。

第10条 同时具备以下情形的,应当认定为本规定第9条规定的"有证据证明有犯罪事实":

(一)有证据证明发生了犯罪事实;(二)有证据证明该犯罪事实是犯罪嫌疑人、被告人实施的;(三)证明犯罪嫌疑人、被告人实施犯罪行为的证据真实、合法。

第11条 人民法院受理没收违法所得的申请后,应当在15日内发布公告,公告期为6个月。公告期间不适用中止、中断、延长的规定。

公告应当载明以下内容:

(一)案由、案件来源以及属于本院管辖;(二)犯罪嫌疑人、被告人的基本情况;(三)犯罪嫌疑人、被告人涉嫌犯罪的事实;(四)犯罪嫌疑人、被告人逃匿、被通缉、脱逃、下落不明、死亡的情况;(五)申请没收的财产的种类、数量、价值、所在地以及已查封、扣押、冻结财产的清单和相关法律手续;(六)申请没收的财产属于违法所得及其他涉案财产的相关事实;(七)申请没收的理由和法律依据;(八)利害关系人申请参加诉讼的期限、方式以及未按照该期限、方式申请参加诉讼可能承担的不利法律后果;(九)其他应当公告的情况。

第12条 公告应当在全国公开发行的报纸、信息网络等媒体和最高人民法院的官方网站刊登、发布,并在人民法院公告栏张贴。必要时,公告可以在犯罪地、犯罪嫌疑人、被告人居住地或者被申请没收财产所在地张贴。公告最后被刊登、发布、张贴日期为公告日期。人民法院张贴公告的,应当采取拍照、录像等方式记录张贴过程。

人民法院已经掌握境内利害关系人联系方式的,应当直接送达含有公告内容的通知;直接送达有困难的,可以委托代为送达、邮寄送达。经受送达人同意的,可以采用传真、电子邮件等能够确认其收悉的方式告知其公告内容,并记录在案;人民法院已经掌握境外犯罪嫌疑人、被告人、利害关系人联系方式,经受送达人同意的,可以采用传真、电子邮件等能够确认其收悉的方式告知其公告内容,并记录在案;受送达人未作出同意意思表示,或者人民法院未掌握境外犯罪嫌疑人、被告人、利害关系人联系方式,其所在地国(区)主管机关明确提出应当向受送达人送达含有公告内容的通知的,受理没收违法所得申请案件的人民法院可以决定是否送达。决定送达的,应当将公告内容层报最高人民法院,由最高人民法院依照刑事司法协助条约、多边公约,或者按照对等互惠原则,请求受送达人所在地国(区)的主管机关协助送达。

第13条 利害关系人申请参加诉讼的,应当在公告期间内提出,并提供与犯罪嫌疑人、被告人关系的证明材料或者证明其可以对违法所得及其他涉案财产主张权利的证据材料。

利害关系人可以委托诉讼代理人参加诉讼。利害关系人在境外委托的,应当委托具有中华人民共和国律师资格并依法取得执业证书的律师,依照《最高人民法院关于适用〈中华人民共和国刑事诉讼法〉的解释》第403条的规定对授权委托进行公证、认证。

利害关系人在公告期满后申请参加诉讼,能够合理说明理由的,人民法院应当准许。

第14条 人民法院在公告期满后由合议庭对没收违法所得申请案件进行审理。

利害关系人申请参加及委托诉讼代理人参加诉讼的,人民法院应当开庭审理。利害关系人及其诉讼代理人无正当理由拒不到庭,且无其他利害关系人和其他诉讼代理人参加诉讼的,人民法院可以不开庭审理。

人民法院对没收违法所得申请案件开庭审理的,人民检察院应当派员出席。

人民法院确定开庭日期后,应当将开庭的时间、地点通知人民检察院、利害关系人及其诉讼代理人、证人、鉴定人员、翻译人员。通知书应当依照本规定第12条第2款规定的方式至迟在开庭审理3日前送达;受送达人在境外的,至迟在开庭审理30日前送达。

第15条 出庭的检察人员应当宣读没收违法所得申请书,并在法庭调查阶段就申请没收的财产属于违法所得及其他涉案财产等相关事实出示、宣读证据。

对于确有必要出示但可能妨碍正在或者即将进行的刑事侦查的证据,针对该证据的法庭调查不公开进行。

利害关系人及其诉讼代理人对申请没收的财产属于违法所得及其他涉案财产等相关事实及证据有异议的,可以提出意见;对申请没收的财产主张权利的,应当出示相关证据。

第16条 人民法院经审理认为,申请没收的财产属于违法所得及其他涉案财产的,除依法应当返还被害人的以外,应当予以没收;申请没收的财产不属于违法所得或者其他涉案财产的,应当裁定驳回申请,解除查封、扣押、冻结措施。

第17条 申请没收的财产具有高度可能属于违法所得及其他涉案财产的,应当认定为本规定第16条规定的"申请没收的财产属于违法所得及其他涉案财产"。

巨额财产来源不明犯罪案件中,没有利害关系人对违法所得及其他涉案财产主张权利,或者利害关系人对违法所得及其他涉案财产虽然主张权利但提供的相关证据没有达到相应证明标准的,应当视为本规定第16条规定的"申请没收的财产属于违法所得及其他涉案财产"。

第18条 利害关系人非因故意或者重大过失在第一审期间未参加诉讼,在第二审期间申请参加诉讼的,人民法院应当准许,并发回原审人民法院重新审判。

第19条 犯罪嫌疑人、被告人逃匿境外,委托诉讼代理人申请参加诉讼,且违法所得或者其他涉案财产所在地国(区)主管机关明确提出意见予以支持的,人民法院可以准许。

人民法院准许参加诉讼的,犯罪嫌疑人、被告人的诉讼代理人依照本规定关于利害关系人的诉讼代理人的规定行使诉讼权利。

第20条 人民检察院、利害关系人对第一审裁定认定的事实、证据没有争议的,第二审人民法院可以不开庭审理。

第二审人民法院决定开庭审理的,应当将开庭的时间、地点书面通知同级人民检察院和利害关系人。

第二审人民法院应当就上诉、抗诉请求的有关事实和适用法律进行审查。

第21条 第二审人民法院对不服第一审裁定的上诉、抗诉案件,经审理,应当按照下列情形分别处理:

(一)第一审裁定认定事实清楚和适用法律正确的,应当驳回上诉或者抗诉,维持原裁定;

(二)第一审裁定认定事实清楚,但适用法律有错误的,应当改变原裁定;(三)第一审裁定认定事实不清的,可以在查清事实后改变原裁定,也可以撤销原裁定,发回原审人民法院重新审判;(四)第一审裁定违反法定诉讼程序,可能影响公正审判的,应当撤销原裁定,发回原审人民法院重新审判。

第一审人民法院对于依照前款第3项规定发回重新审判的案件作出裁定后,第二审人民法院对不服第一审人民法院裁定的上诉、抗诉,应当依法作出裁定,不得再发回原审人民法院重新审判。

第22条 违法所得或者其他涉案财产在境外的,负责立案侦查的公安机关、人民检察院等侦查机关应当制作查封、扣押、冻结的法律文书以及协助执行查封、扣押、冻结的请求函,层报公安、检察院等各系统最高上级机关后,由公安、检察院等各系统最高上级机关依照刑事司法协助条约、多边公约,或者按照对等互惠原则,向违法所得或者其他涉案财产所在地国(区)的主管机关请求协助执行。

被请求国(区)的主管机关提出,查封、扣押、冻结法律文书的制发主体必须是法院的,负责立案侦查的公安机关、人民检察院等侦查机关可以向同级人民法院提出查封、扣押、冻结的申请,人民法院经审查同意后制作查封、扣押、冻结令以及协助执行查封、扣押、冻结令的请求函,层报最高人民法院后,由最高人民法院依照刑事司法协助条约、多边公约,或者按照对等互惠原则,向违法所得或者其他涉案财产所在地国(区)的主管机关请求协助执行。

请求函应当载明以下内容:

(一)案由以及查封、扣押、冻结法律文书的发布主体是否具有管辖权;(二)犯罪嫌疑人、被告人涉嫌犯罪的事实及相关证据,但可能妨碍正在或者即将进行的刑事侦查的证据除外;(三)已发布公告的,发布公告情况、通知利害关系人参加诉讼以及保障诉讼参与人依法行使诉讼权利等情况;(四)请求查封、扣押、冻结的财产的种类、数量、价值、所在地等情况以及相关法律手续;(五)请求查封、扣押、冻结的财产属于违法所得及其他涉案财产的相关事实及证据材料;(六)请求查封、扣押、冻结财产的理由和法律依据;(七)被请求国(区)要求载明的其他内容。

第23条 违法所得或者其他涉案财产在境外,受理没收违法所得申请案件的人民法院经审理裁定没收的,应当制作没收令以及协助执行没收令的请求函,层报最高人民法院后,由最高人民法院依照刑事司法协助条约、多边公约,或者按照对等互惠原则,向违法所得或者其他涉案财产所在地国(区)的主管机关请求协助执行。

请求函应当载明以下内容:

(一)案由以及没收令发布主体具有管辖权;(二)属于生效裁定;(三)犯罪嫌疑人、被告人涉嫌犯罪的事实及相关证据,但可能妨碍正在或者即将进行的刑事侦查的证据除外;(四)犯罪嫌疑人、被告人逃匿、被通缉、脱逃、死亡的基本情况;(五)发布公告情况、通知利害关系人参加诉讼以及保障诉讼参与人依法行使诉讼权利等情况;(六)请求没收违法所得及其他涉案财产的种类、数量、价值、所在地等情况以及查封、扣押、冻结相关法律手续;(七)请求没收的财产属于违法所得及其他涉案财产的相关事实及证据材料;(八)请求没收财产的理由和法律依据;(九)被请求国(区)要求载明的其他内容。

第24条 单位实施本规定第1条规定的犯罪后被撤销、注销,单位直接负责的主管人员和其他直接责任人员逃匿、死亡,导致案件无法适用刑事诉讼普通程序进行审理的,依照本规定第4条的规定处理。

第25条 本规定自2017年1月5日起施行。之前发布的司法解释与本规定不一致的,以本规定为准。

24. 最高人民检察院《关于充分履行检察职能加强产权司法保护的意见》(高检发〔2017〕1号)

党的十八大以来,以习近平同志为核心的党中央高度重视产权保护,提出加强对各种所有制组织和自然人财产权的保护。为深入贯彻党的十八大,十八届三中、四中、五中、六中全会精神和习近平总书记系列重要讲话精神,落实《关于完善产权保护制度依法保护产权的意见》和中央经济工作会议的部署要求,充分履行检察职能,加强产权司法保护,提出如下意见:

一、深刻认识产权制度重要意义,明确产权保护的总体要求

1. 充分认识加强产权司法保护的重要意义。依法保护产权是完善中国特色社会主义市场经济体制的内在要求,是坚持稳中求进工作总基调,促进经济转型升级、全面深化改革、全面建成小康社会的客观需要。各级检察机关要把思想和行动统一到党中央重要决策、部署和要求上来,牢固树立和贯彻落实新发展理念,主动适应经济发展新常态,切实把防控风险、服务发展摆在更加突出位置,为保护企业和个人合法产权、促进经济平稳健康发展和社会和谐稳定提供优质的司法服务。

2. 严格落实加强产权司法保护的总体要求。各级检察机关要坚持依法保护原则,充分发挥惩治、预防、监督、教育、保护等检察职能,加强对产权的司法保护。坚持平等保护原则,平等保护各种所有制组织和自然人的财产权,确保各类产权主体的诉讼地位和诉讼权利平等、法律适用和法律责任平等、法律保护和法律服务平等。坚持全面保护原则,全面保护物权、债权、股权、知识产权等各种类型的财产权,切实维护产权主体的合法权益。

二、准确把握法律政策界限,规范改进司法行为,注重产权司法保护实效

3. 严格把握产权案件罪与非罪的界限标准。各级检察机关办理有关产权刑事案件,要严格区分经济纠纷与经济犯罪的界限,企业正当融资与非法集资的界限,民营企业参与国有企业兼并重组中涉及的产权纠纷与恶意侵占国有资产的界限,执行和利用国家政策谋发展中的偏差与钻改革空子实施犯罪的界限。坚持主客观相一致原则,避免客观归罪。对民营企业生产、经营、融资等经济行为,除法律、行政法规明确禁止外,不以违法犯罪对待。对于正在办理的涉产权刑事案件,法律和司法解释规定不明确、法律界限不明、罪与非罪界限不清的,不作为犯罪处理。

4. 依法妥善处理历史形成的产权案件。以发展眼光客观看待和依法妥善处理改革开放以来各类企业,特别是民营企业经营发展过程中存在的不规范问题。办案中坚持罪刑法定、法不溯及既往、从旧兼从轻、疑罪从无原则,对于确属事实不清、证据不足、适用法律错误的错案冤案,坚决予以纠正。对于没有犯罪事实或者具有《刑事诉讼法》第15条规定的情形之一的,或者犯罪情节轻微不需要判处刑罚的,或者经过补充侦查仍达不到起诉证据标准的,依法不起诉。对于构成犯罪但认罪认罚的,依法从宽处理。对于历史形成的产权案件,社会反映强烈、当事人长期申诉的,要抓紧组织力量进行甄别,对确属错案冤案的,坚决依法纠正并赔偿当事人的损失。

5. 规范自身司法行为,改进办案方式方法,最大程度减少对产权主体合法权益和正常经济活动的损害及影响。严禁以刑事手段插手经济纠纷。严禁使用当事人的交通通讯工具、办公设备,或者以办案为名到发案单位吃、拿、卡、要、报。严禁干预涉案企业正常生产经营活动。慎重选择办案时机和方式,慎重使用搜查、查封、扣押、冻结、拘留、逮捕等强制性措施。对于涉嫌犯罪的各类产权主体主动配合调查,认罪态度好,犯罪情节较轻,且没有社会危险性的,一律不采取拘留、逮捕、指定居所监视居住等强制措施;对于不涉案的款物、账户,包括企业生产经营资料、涉案人员近亲属的合法财产等,一律不查封、扣押、冻结。对于涉及企业和投资、生产、经营者、科技创新人员犯罪的举报,经查证失实的,及时澄清事实。

三、依法履行刑事检察职能，加大惩治侵犯产权犯罪力度

6. 加强审查逮捕、起诉工作，确保依法、准确、及时、有效打击侵犯产权犯罪。依法惩治破坏市场经济秩序、侵犯各类产权主体财产权的犯罪，突出打击非法吸收公众存款、集资诈骗、组织领导传销等涉众型经济犯罪，以商业贿赂、金融诈骗、虚假诉讼、强迫交易等不法手段破坏公平市场营商环境的犯罪，以及通过内幕交易、利用未公开信息交易、操纵证券期货市场等手段，严重损害公众投资者特别是中小投资者权益的犯罪。依法惩治侵犯知识产权和制售假冒伪劣商品犯罪，突出打击链条式、产业化侵犯知识产权犯罪，以及具有反复侵权、恶意侵权、网络侵权、有组织侵权等恶劣情节的犯罪，加大对涉外知识产权犯罪打击力度。对利用公权力严重侵害私有产权，勾结黑恶势力在特定经济领域形成非法控制，受害者人数众多，引发群体性事件等严重侵犯产权的犯罪案件，要实行挂牌督办，第一时间介入侦查，引导侦查机关全面收集固定证据，确保办案效率和质量。

7. 正确适用法律和刑事政策，提升审查逮捕、起诉工作质量。准确理解和适用法律，贯彻宽严相济刑事政策，严把事实关、证据关、程序关和法律适用关。细化涉产权犯罪案件审查逮捕质量标准，严格审查是否具备社会危险性条件，对构成犯罪但无社会危险性的一般不批准逮捕。建立涉产权犯罪案件审查逮捕质量分析评查制度，对逮捕后撤案、不起诉、判无罪和公安机关提请复议复核、当事人提出申诉的案件实时监控、及时分析，有针对性地改进工作。严格依法把握起诉条件，从经济安全、公共利益、市场秩序等方面准确认定社会危害性，综合考虑政策调整、经营不善、市场风险等市场主体意志以外的因素，对符合不起诉条件的，依法适用不起诉。保障涉案当事人及其委托人的诉讼权利，尊重犯罪嫌疑人、被告人的诉讼地位和人格尊严，保障律师依法履行职责。进一步推进刑事速裁程序、认罪认罚从宽制度的试点工作，对于轻微案件简化诉讼程序，加快诉讼进程，切实维护各类产权主体的合法权益。

8. 针对薄弱环节和突出问题，延伸审查逮捕、起诉工作产权保护效果。

结合审查逮捕、起诉工作，加强对侵犯产权犯罪活动的分析研判，提高产权司法保护的精准度。积极参与社会治安防控体系建设，采取检察建议等形式，帮助各类产权主体强化产权保护意识，促进国有企业健全内部监督制度和内控机制、规范国有资产流转程序和交易行为，促进集体经济组织建立健全集体资产管理制度和财务管理监督制度，促进民营企业提高依法规范经营和维护自身合法权益的意识和能力，从源头上预防和治理侵犯产权犯罪。

四、加强侦查预防工作，依法惩治侵犯产权职务犯罪

9. 严肃查办侵犯产权的职务犯罪。重点惩治利用国有产权所有者和代理人关系不明晰，国有企业财务、采购、营销、投资等方面内部监督制度不健全实施的贪污、受贿、挪用公款、私分国有资产等犯罪，以及通过内部人控制、关联交易、利益输送、利益交换等方式，以市场行为掩盖非法目的，导致国有资产严重流失的犯罪。重点惩治发生在金融、土地、财税、能源、资源等重要领域行政审批、管理过程中侵犯产权的失职渎职犯罪。重点惩治发生在国有资产、集体资产清产核资、登记、保管、使用、处置过程中的职务犯罪，以及利用农村产权流转交易侵犯农村集体产权、侵犯农民权益的职务犯罪。

10. 严格规范涉案财产处置的法律程序，最大限度降低对产权主体正常生产经营活动的不利影响。对于涉案企业和人员正在投入生产运营或者正在用于科技创新、产品研发的设备、资金和技术资料等，能够采取非强制性措施即可达到保障诉讼目的的，不使用强制性措施。加强查封、扣押、冻结涉案财产甄别审查工作，最大限度缩短甄别审查期限，确保合法财产不受牵连。办案中要注意听取有关行业主管、监管部门的意见，对争议大的案件及时向上级检察机关请示报告。

11. 通过查办职务犯罪发现产权保护制度机制的漏洞和风险点，从源头上减少涉产权职务犯罪。要结合办案开展职务犯罪预防工作,既支持企业和企业家创业创新谋发展,又引导企业和企业家依法规范经营。围绕国有产权、农村集体产权和自然资源资产产权等重点领域,深入剖析典型案件和发案规律,开展有针对性的职务犯罪预防工作。结合办案,对产权保护中存在的普遍性问题,组织开展专题预防活动,积极运用检察建议、年度报告、专项报告等方式,督促产权登记、审批、监管、保护等部门完善制度机制,加强改进产权保护工作,增强预防工作整体效果。

五、强化刑事诉讼监督,保障涉案产权主体的合法权益

12. 加强立案监督和侦查活动监督。加强对刑事立案活动的监督,重点监督侦查机关以刑事手段插手经济纠纷、选择性执法等妨害产权平等保护的问题,加大对该立不立、不该立乱立等执法不严、司法不公问题的监督纠正力度。加强对侦查活动的监督,贯彻落实非法证据排除等办案制度,坚决纠正刑讯逼供、非法取证、漏捕漏诉、滥用强制措施、查封扣押冻结财物不当等侦查违法行为。对于因涉嫌犯罪被逮捕的各种所有制组织的投资者、生产者、经营者、专业技术人员等,切实履行好羁押必要性审查职责,发现不需要继续羁押的,应当依法予以释放或者变更强制措施。

13. 加强刑事审判和刑事执行监督。加强对刑事审判活动的监督,重点监督判决、裁定在认定事实、采信证据、适用法律方面确有错误的案件,做到敢于监督、善于监督、依法监督和规范监督,对符合法定条件的案件依法提出抗诉。加强对刑事执行活动的监督,重点监督涉产权案件生效判决、裁定的执行活动,发现人民法院执行财产刑过程中,存在应当执行而不执行,不应当执行而执行,非法处置被执行人或者案外人财产等侵犯产权违法情形的,应当依法提出纠正意见,确保财产刑执行到位。依法保障各类产权主体在服刑期间的申诉权,防止其因申诉而被限制或者剥夺依法获得减刑的权利。对于犯罪的民营企业投资人,依法保障其在服刑期间行使财产权利等民事权利。

六、加强民事行政检察工作,形成多元化产权保护格局

14. 依法履行民事行政检察职责,加强对产权诉讼案件的法律监督。依法保障各类产权主体申请监督权,规范民事行政诉讼监督案件的受理和审查程序,注重倾听当事人意见,畅通申请监督渠道,积极通过抗诉、提出检察建议等方式加强对涉产权民事、行政案件的审判监督,有效保障产权主体的合法权益。加强对民事、行政执行活动的监督,重点监督因不依法履行执行职责及错误采取执行措施、错误处置执行标的物、错误追加被执行人,致使当事人或利害关系人、案外人等财产权受到侵害的案件。加大对涉产权虚假诉讼、恶意诉讼监督力度,重点审查双方当事人恶意串通,通过以物抵债等方式损害案外人产权案件,督促人民法院依法惩治虚假诉讼行为,维护司法公正和司法权威。

15. 依法推进公益诉讼试点,积极探索开展对行政强制措施和履行职责中发现的行政违法行为的监督。稳步推进公益诉讼试点工作,以国有资产保护、国有土地使用权出让等产权领域为重点,积极运用诉前程序和提起公益诉讼的方式,维护被民事、行政违法行为侵害的国家和社会公共利益。积极探索对涉及人身、财产权益的行政强制措施和在履行职责中发现的行政机关违法行使职权或不行使职权行为的监督措施,防止和纠正违法行政行为对各类产权主体合法权益的侵害。

七、加强控告申诉检察工作,依法化解产权纠纷引发的社会矛盾

16. 畅通诉求表达渠道,依法受理历史形成产权案件的申诉,做到有错必纠。打造"信、访、网、电"四位一体的诉求表达体系,为产权人寻求法律咨询、权利救济提供更加便捷高效的服务。对社会反映强烈的涉及产权的刑事申诉案件,依法导入法律程序,按照诉求性质、案件管辖和法律程序及时审查办理。凡是违反法律政策侵犯产权、不利于经济发展的决定、判决、裁定,要依法监督纠正。

17. 依法办理涉产权保护的国家赔偿案件。坚持法定赔偿原则,保障符合赔偿条件的产权主体依法获得赔偿。支持人民法院对涉产权国家赔偿案件依法进行审理。依法办理检察机关作为赔偿义务机关的刑事赔偿案件,积极履行赔偿义务,保障符合法定赔偿条件的产权主体及时获得赔偿。依法受理和审查产权主体对人民法院作出的赔偿决定和行政赔偿判决、裁定提出申诉的案件,并依法提出监督意见。

18. 拓展控告申诉工作模式,有效化解社会矛盾。建立涉产权民事、行政申诉案件引导当事人和解机制,积极推动建立社会帮扶、政府扶贫等化解矛盾机制,推动建立健全与人民调解组织、行业调解组织的衔接联动机制,引导当事人向调解组织提出调解申请,并根据调解情况依法作出相应处理。推动律师参与代理和化解涉及产权纠纷信访案件工作,鼓励社会各界共同参与,有效解决产权纠纷。

八、加强组织领导和协调配合,确保产权保护措施落到实处

19. 加强组织领导。各级检察机关要把充分履行检察职能、加强产权司法保护作为当前一项重要政治任务,狠抓落实。切实加强对产权保护法律政策界限和工作措施的研究、协调和推进,加大保护和纠错力度。积极参与民法典编纂研究工作,推动产权保护法律制度的健全完善。及时对相关司法解释和规范性文件进行清理,凡是不符合依法保护产权的,应当废止或者修改。要深入研究分析产权司法保护中的新情况、新问题,发挥检察一体化优势,加强对下业务指导。对重大侵犯产权刑事犯罪案件、重大妨害产权保护职务犯罪案件,实行挂牌督办。下级人民检察院对办案中遇到的有关困难和问题,应当及时向上级人民检察院请示报告,必要时层报最高人民检察院。

20. 加强工作机制建设。各级检察机关要立足检察职能建立健全产权司法保护的长效机制。加强办理产权案件的能力建设和队伍建设,注重培养选拔专家型人才和业务骨干办理产权案件。严格落实司法责任制,完善办案质量终身负责制和错案责任倒查问责制。推进检务公开,及时回应社会关切,自觉接受人大监督、民主监督和社会监督,增强司法公信力,维护司法公正和权威。

21. 加强协调配合。积极参与党委牵头,人大、政府、司法机关共同参加的产权保护协调工作机制,形成工作合力。对办案中发现的体制性、政策性等重大问题和事项,及时向党委报告。加强与纪检、审判、公安、行政执法部门的协作配合,加强产权领域行政执法与刑事司法衔接机制建设。加强与各级工商联、相关行业协会的密切联系,建立健全联席会议、定期通报情况、共同开展调研等常态化机制,支持开展对涉及产权纠纷的中小企业维权援助工作。广泛听取人大代表、政协委员、专家学者、律师、企业人士等方面意见,增强产权司法保护的针对性和实效性。

22. 加强法治宣传。落实"谁执法谁普法"的普法责任制,把培育全社会尊重产权、保护产权意识作为以案释法、法治宣传教育的一项基础性工作。充分利用检察机关宣传主阵地、"两微一端"、微电影、微视频等媒体平台,加强与主流媒体、重点商业网络和自媒体的联系协作,深入宣传解读党和国家加强产权保护的政策和法律法规,及时报道检察机关工作部署、举措、进展和成效。选择检察机关依法纠正侵害企业产权的有重大影响的错案冤案典型,适时向社会公布,释放保护产权的积极信号,增强人民群众财产财富安全感,增强社会信心。着力宣传和营造法治、透明、公平的体制政策环境和社会舆论环境,保护企业家精神,支持企业家专心创新创业。

25. 最高人民检察院、公安部《关于公安机关管辖的刑事案件立案追诉标准的规定(1)的补充规定》(公通字〔2017〕12号)

为及时、准确打击犯罪,根据《中华人民共和国刑法》《中华人民共和国刑法修正案(7)》

《中华人民共和国刑法修正案(8)》《中华人民共和国刑法修正案(9)》等法律规定，最高人民检察院、公安部制定了《最高人民检察院、公安部关于公安机关管辖的刑事案件立案追诉标准的规定(1)的补充规定》。

《最高人民检察院、公安部关于公安机关管辖的刑事案件立案追诉标准的规定(1)》和《最高人民检察院、公安部关于公安机关管辖的刑事案件立案追诉标准的规定(1)的补充规定》印发后，公安机关管辖的上述刑事案件立案追诉标准有司法解释或者司法解释性质文件作出进一步明确规定的，依照司法解释或者司法解释性质文件的规定掌握相关案件的立案追诉标准。

一、在《最高人民检察院、公安部关于公安机关管辖的刑事案件立案追诉标准的规定(1)》(以下简称《立案追诉标准(1)》)第15条后增加一条，作为第15条之一：[不报、谎报安全事故案(刑法第139条之一)]在安全事故发生后，负有报告职责的人员不报或者谎报事故情况，贻误事故抢救，涉嫌下列情形之一的，应予立案追诉：

(一)导致事故后果扩大，增加死亡1人以上，或者增加重伤3人以上，或者增加直接经济损失100万元以上的；(二)实施下列行为之一，致使不能及时有效开展事故抢救的：1.决定不报、迟报、谎报事故情况或者指使、串通有关人员不报、迟报、谎报事故情况的；2.在事故抢救期间擅离职守或者逃匿的；3.伪造、破坏事故现场，或者转移、藏匿、毁灭遇难人员尸体，或者转移、藏匿受伤人员的；4.毁灭、伪造、隐匿与事故有关的图纸、记录、计算机数据等资料以及其他证据的；(三)其他不报、谎报安全事故情节严重的情形。

本条规定的“负有报告职责的人员”，是指负有组织、指挥或者管理职责的负责人、管理人员、实际控制人、投资人，以及其他负有报告职责的人员。

二、将《立案追诉标准(1)》第17条修改为：[生产、销售假药案(刑法第141条)]生产、销售假药的，应予立案追诉。但销售少量根据民间传统配方私自加工的药品，或者销售少量未经批准进口的国外、境外药品，没有造成他人伤害后果或者延误诊治，情节显著轻微危害不大的除外。

以生产、销售假药为目的，具有下列情形之一的，属于本条规定的“生产”：

(一)合成、精制、提取、储存、加工炮制药品原料的；(二)将药品原料、辅料、包装材料制成成品过程中，进行配料、混合、制剂、储存、包装的；(三)印制包装材料、标签、说明书的。

医疗机构、医疗机构工作人员明知是假药而有偿提供给他人使用，或者为出售而购买、储存的，属于本条规定的“销售”。

本条规定的“假药”，是指依照《中华人民共和国药品管理法》的规定属于假药和按假药处理的药品、非药品。是否属于假药难以确定的，可以根据地市级以上药品监督管理部门出具的认定意见等相关材料进行认定。必要时，可以委托省级以上药品监督管理部门设置或者确定的药品检验机构进行检验。

三、将《立案追诉标准(1)》第19条修改为：[生产、销售不符合安全标准的食品案(刑法第143条)]生产、销售不符合食品安全标准的食品，涉嫌下列情形之一的，应予立案追诉：

(一)食品含有严重超出标准限量的致病性微生物、农药残留、兽药残留、重金属、污染物质以及其他危害人体健康的物质的；(二)属于病死、死因不明或者检验检疫不合格的畜、禽、兽、水产动物及其肉类、肉类制品的；(三)属于国家为防控疾病等特殊需要明令禁止生产、销售的食品的；(四)婴幼儿食品中生长发育所需营养成分严重不符合食品安全标准的；(五)其他足以造成严重食物中毒事故或者严重食源性疾病的情形。

在食品加工、销售、运输、贮存等过程中，违反食品安全标准，超限量或者超范围滥用食品添加剂，足以造成严重食物中毒事故或者其他严重食源性疾病的，应予立案追诉。

在食用农产品种植、养殖、销售、运输、贮存等过程中，违反食品安全标准，超限量或者超范围滥用添加剂、农药、兽药等，足以造成严重食物中毒事故或者其他严重食源性疾病的，应予立案追诉。

四、将《立案追诉标准(1)》第20条修改为：[生产、销售有毒、有害食品案(刑法第144条)]在生产、销售的食品中掺入有毒、有害的非食品原料的，或者销售明知掺有有毒、有害的非食品原料的食品的，应予立案追诉。

在食品加工、销售、运输、贮存等过程中，掺入有毒、有害的非食品原料，或者使用有毒、有害的非食品原料加工食品的，应予立案追诉。

在食用农产品种植、养殖、销售、运输、贮存等过程中，使用禁用农药、兽药等禁用物质或者其他有毒、有害物质的，应予立案追诉。

在保健食品或者其他食品中非法添加国家禁用药物等有毒、有害物质的，应予立案追诉。

下列物质应当认定为本条规定的“有毒、有害的非食品原料”：

(一)法律、法规禁止在食品生产经营活动中添加、使用的物质；(二)国务院有关部门公布的《食品中可能违法添加的非食用物质名单》《保健食品中可能非法添加的物质名单》中所列物质；(三)国务院有关部门公告禁止使用的农药、兽药以及其他有毒、有害物质；(四)其他危害人体健康的物质。

五、将《立案追诉标准(1)》第28条修改为：[强迫交易案(刑法第226条)]以暴力、威胁手段强买强卖商品，强迫他人提供服务或者接受服务，涉嫌下列情形之一的，应予立案追诉：

(一)造成被害人轻微伤的；(二)造成直接经济损失2000元以上的；(三)强迫交易3次以上或者强迫3人以上交易的；(四)强迫交易数额1万元以上，或者违法所得数额2000元以上的；(五)强迫他人购买伪劣商品数额5000元以上，或者违法所得数额1000元以上的；(六)其他情节严重的情形。

以暴力、威胁手段强迫他人参与或者退出投标、拍卖，强迫他人转让或者收购公司、企业的股份、债券或者其他资产，强迫他人参与或者退出特定的经营活动，具有多次实施、手段恶劣、造成严重后果或者恶劣社会影响等情形之一的，应予立案追诉。

六、将《立案追诉标准(1)》第31条修改为：[强迫劳动案(刑法第244条)]以暴力、威胁或者限制人身自由的方法强迫他人劳动的，应予立案追诉。

明知他人以暴力、威胁或者限制人身自由的方法强迫他人劳动，为其招募、运送人员或者有其他协助强迫他人劳动行为的，应予立案追诉。

七、在《立案追诉标准(1)》第34条后增加1条，作为第34条之一：[拒不支付劳动报酬案(刑法第276条之一)]以转移财产、逃匿等方法逃避支付劳动者的劳动报酬或者有能力支付而不支付劳动者的劳动报酬，经政府有关部门责令支付仍不支付，涉嫌下列情形之一的，应予立案追诉：

(一)拒不支付1名劳动者3个月以上的劳动报酬且数额在5000元至2万元以上的；(二)拒不支付10名以上劳动者的劳动报酬且数额累计在3万元至10万元以上的。

不支付劳动者的劳动报酬，尚未造成严重后果，在刑事立案前支付劳动者的劳动报酬，并依法承担相应赔偿责任的，可以不予立案追诉。

八、将《立案追诉标准(1)》第37条修改为：[寻衅滋事案(刑法第293条)]随意殴打他人，破坏社会秩序，涉嫌下列情形之一的，应予立案追诉：

(一)致1人以上轻伤或者2人以上轻微伤的；(二)引起他人精神失常、自杀等严重后果的；(三)多次随意殴打他人的；(四)持凶器随意殴打他人的；(五)随意殴打精神病人、残疾人、流浪乞讨人员、老年人、孕妇、未成年人，造成恶劣社会影响的；(六)在公共场所随意殴打他人,造成公共场所秩序严重混乱的;(七)其他情节恶劣的情形。

追逐、拦截、辱骂、恐吓他人,破坏社会秩序,涉嫌下列情形之一的,应予立案追诉:

(一)多次追逐、拦截、辱骂、恐吓他人,造成恶劣社会影响的;(二)持凶器追逐、拦截、辱骂、恐吓他人的;(三)追逐、拦截、辱骂、恐吓精神病人、残疾人、流浪乞讨人员、老年人、孕妇、未成年人,造成恶劣社会影响的;(四)引起他人精神失常、自杀等严重后果的;(五)严重影响他人的工作、生活、生产、经营的;(六)其他情节恶劣的情形。

强拿硬要或者任意损毁、占用公私财物,破坏社会秩序,涉嫌下列情形之一的,应予立案追诉:

(一)强拿硬要公私财物价值1000元以上,或者任意损毁、占用公私财物价值2000元以上的;(二)多次强拿硬要或者任意损毁、占用公私财物,造成恶劣社会影响的;(三)强拿硬要或者任意损毁、占用精神病人、残疾人、流浪乞讨人员、老年人、孕妇、未成年人的财物,造成恶劣社会影响的。

在车站、码头、机场、医院、商场、公园、影剧院、展览会、运动场或者其他公共场所起哄闹事,应当根据公共场所的性质、公共活动的重要程度、公共场所的人数、起哄闹事的时间、公共场所受影响的范围与程度等因素,综合判断是否造成公共场所秩序严重混乱。

九、将《立案追诉标准(1)》第59条修改为:[妨害动植物防疫、检疫案(刑法第337条)]违反有关动植物防疫、检疫的国家规定,引起重大动植物疫情的,应予立案追诉。

违反有关动植物防疫、检疫的国家规定,有引起重大动植物疫情危险,涉嫌下列情形之一的,应予立案追诉:

(一)非法处置疫区内易感动物或者其产品,货值金额5万元以上的;(二)非法处置因动植物防疫、检疫需要被依法处理的动植物或者其产品,货值金额2万元以上的;(三)非法调运、生产、经营感染重大植物检疫性有害生物的林木种子、苗木等繁殖材料或者森林植物产品的;(四)输入《中华人民共和国进出境动植物检疫法》规定的禁止进境物逃避检疫,或者对特许进境的禁止进境物未有效控制与处置,导致其逃逸、扩散的;(五)进境动植物及其产品检出有引起重大动植物疫情危险的动物疫病或者植物有害生物后,非法处置导致进境动植物及其产品流失的;(六)1年内携带或者寄递《中华人民共和国禁止携带、邮寄进境的动植物及其产品名录》所列物品进境逃避检疫两次以上,或者窃取、抢夺、损毁、抛洒动植物检疫机关截留的《中华人民共和国禁止携带、邮寄进境的动植物及其产品名录》所列物品的;(七)其他情节严重的情形。

本条规定的"重大动植物疫情",按照国家行政主管部门的有关规定认定。

十、将《立案追诉标准(1)》第60条修改为:[污染环境案(刑法第338条)]违反国家规定,排放、倾倒或者处置有放射性的废物、含传染病病原体的废物、有毒物质或者其他有害物质,涉嫌下列情形之一的,应予立案追诉:

(一)在饮用水水源一级保护区、自然保护区核心区排放、倾倒、处置有放射性的废物、含传染病病原体的废物、有毒物质的;(二)非法排放、倾倒、处置危险废物3吨以上的;(三)排放、倾倒、处置含铅、汞、镉、铬、砷、铊、锑的污染物,超过国家或者地方污染物排放标准3倍以上的;(四)排放、倾倒、处置含镍、铜、锌、银、钒、锰、钴的污染物,超过国家或者地方污染物排放标准10倍以上的;(五)通过暗管、渗井、渗坑、裂隙、溶洞、灌注等逃避监管的方式排放、倾倒、处置有放射性的废物、含传染病病原体的废物、有毒物质的;(六)2年内曾因违反国家规定,排放、倾倒、处置有放射性的废物、含传染病病原体的废物、有毒物质受过两次以上行政处罚,又实施前列行为的;(七)重点排污单位篡改、伪造自动监测数据或者干扰自动监测设施,排放化学需氧量、氨氮、二氧化硫、氮氧化物等污染物的;(八)违法减少防治污染设施运行支出100万元以上的;(九)违法所得或者致使公私财产损失30万元以上的;(十)造成生态环境严重损害的;(十一)致使乡镇以上集中式饮用水水源取水中断12小时以上的;(十二)致使基本农田、防护林地、特种用途林地5亩以上,其他农用地10亩以上,其他土地20亩以上基本功能丧失或者遭受永久性破坏的;(十三)致使森林或者其他林木死亡50立方米以上,或者幼树死亡2500株以上的;(十四)致使疏散、转移群众5000人以上的;(十五)致使30人以上中毒的;(十六)致使3人以上轻伤、轻度残疾或者器官组织损伤导致一般功能障碍的;(十七)致使1人以上重伤、中度残疾或者器官组织损伤导致严重功能障碍的;(十八)其他严重污染环境的情形。

本条规定的"有毒物质",包括列入国家危险废物名录或者根据国家规定的危险废物鉴别标准和鉴别方法认定的具有危险特性的废物,《关于持久性有机污染物的斯德哥尔摩公约》附件所列物质,含重金属的污染物,以及其他具有毒性可能污染环境的物质。

本条规定的"非法处置危险废物",包括无危险废物经营许可证,以营利为目的,从危险废物中提取物质作为原材料或者燃料,并具有超标排放污染物、非法倾倒污染物或者其他违法造成环境污染情形的行为。

本条规定的"重点排污单位",是指设区的市级以上人民政府环境保护主管部门依法确定的应当安装、使用污染物排放自动监测设备的重点监控企业及其他单位。

本条规定的"公私财产损失",包括直接造成财产损毁、减少的实际价值,为防止污染扩大、消除污染而采取必要合理措施所产生的费用,以及处置突发环境事件的应急监测费用。

本条规定的"生态环境损害",包括生态环境修复费用,生态环境修复期间服务功能的损失和生态环境功能永久性损害造成的损失,以及其他必要合理费用。

本条规定的"无危险废物经营许可证",是指未取得危险废物经营许可证,或者超出危险废物经营许可证的经营范围。

十一、将《立案追诉标准(1)》第68条修改为:[非法采矿案(刑法第343条第1款)]违反矿产资源法的规定,未取得采矿许可证擅自采矿,或者擅自进入国家规划矿区、对国民经济具有重要价值的矿区和他人矿区范围采矿,或者擅自开采国家规定实行保护性开采的特定矿种,涉嫌下列情形之一的,应予立案追诉:

(一)开采的矿产品价值或者造成矿产资源破坏的价值在10万元至30万元以上的;(二)在国家规划矿区、对国民经济具有重要价值的矿区采矿,开采国家规定实行保护性开采的特定矿种,或者在禁采区、禁采期内采矿,开采的矿产品价值或者造成矿产资源破坏的价值在5万元至15万元以上的;(三)2年内曾因非法采矿受过两次以上行政处罚,又实施非法采矿行为的;(四)造成生态环境严重损害的;(五)其他情节严重的情形。

在河道管理范围内采砂,依据相关规定应当办理河道采砂许可证而未取得河道采砂许可证,或者应当办理河道采砂许可证和采矿许可证,既未取得河道采砂许可证又未取得采矿许可证,具有本条第1款规定的情形之一,或者严重影响河势稳定危害防洪安全的,应予立案追诉。

采挖海砂,未取得海砂开采海域使用权证且未取得采矿许可证,具有本条第1款规定的情形之一,或者造成海岸线严重破坏的,应予立案追诉。具有下列情形之一的,属于本条规定的"未取得采矿许可证":

(一)无许可证的;(二)许可证被注销、吊销、撤销的;(三)超越许可证规定的矿区范围或者开采范围的;(四)超出许可证规定的矿种的(共生、伴生矿种除外);(五)其他未取得许可证的情形。

多次非法采矿构成犯罪,依法应当追诉的,或者2年内多次非法采矿未经处理的,价值数额累计计算。

非法开采的矿产品价值，根据销赃数额认定；无销赃数额，销赃数额难以查证，或者根据销赃数额认定明显不合理的，根据矿产品价格和数量认定。

矿产品价值难以确定的，依据价格认证机构，省级以上人民政府国土资源、水行政、海洋等主管部门，或者国务院水行政主管部门在国家确定的重要江河、湖泊设立的流域管理机构出具的报告，结合其他证据作出认定。

十二、将《立案追诉标准(1)》第77条修改为：[协助组织卖淫案(刑法第358条第4款)]在组织卖淫的犯罪活动中，帮助招募、运送、培训人员3人以上，或者充当保镖、打手、管账人等，起帮助作用的，应予立案追诉。

十三、将《立案追诉标准(1)》第81条删除。

十四、将《立案追诉标准(1)》第94条修改为：[非法生产、买卖武装部队制式服装案(刑法第375条第2款)]非法生产、买卖武装部队制式服装，涉嫌下列情形之一的，应予立案追诉：

(一)非法生产、买卖成套制式服装30套以上，或者非成套制式服装100件以上的；(二)非法生产、买卖帽徽、领花、臂章等标志服饰合计100件(副)以上的；(三)非法经营数额2万元以上的；(四)违法所得数额5000元以上的；(五)其他情节严重的情形。

买卖仿制的现行装备的武装部队制式服装，情节严重的，应予立案追诉。

十五、在《立案追诉标准(1)》第94条后增加1条，作为第94条之一：[伪造、盗窃、买卖、非法提供、非法使用武装部队专用标志案(刑法第375条第3款)]伪造、盗窃、买卖或者非法提供、使用武装部队车辆号牌等专用标志，涉嫌下列情形之一的，应予立案追诉：

(一)伪造、盗窃、买卖或者非法提供、使用武装部队军以上领导机关车辆号牌1副以上或者其他车辆号牌3副以上的；(二)非法提供、使用军以上领导机关车辆号牌之外的其他车辆号牌累计6个月以上的；(三)伪造、盗窃、买卖或者非法提供、使用军徽、军旗、军种符号或者其他军用标志合计100件(副)以上的；(四)造成严重后果或者恶劣影响的。

盗窃、买卖、提供、使用伪造、变造的武装部队车辆号牌等专用标志，情节严重的，应予立案追诉。

十六、将《立案追诉标准(1)》第99条修改为：[战时拒绝军事征收、征用案(刑法第381条)]战时拒绝军事征收、征用，涉嫌下列情形之一的，应予立案追诉：

(一)无正当理由拒绝军事征收、征用3次以上的；(二)采取暴力、威胁、欺骗等手段拒绝军事征收、征用的；(三)联络、煽动他人共同拒绝军事征收、征用的；(四)拒绝重要军事征收、征用，影响重要军事任务完成的；(五)其他情节严重的情形。

26. 最高人民法院《关于在审理经济纠纷案件中涉及经济犯罪嫌疑若干问题的规定》(法释〔2020〕17号)

根据《中华人民共和国民法典》《中华人民共和国刑法》《中华人民共和国民事诉讼法》《中华人民共和国刑事诉讼法》等有关规定，对审理经济纠纷案件中涉及经济犯罪嫌疑问题作以下规定：

第1条 同一自然人、法人或非法人组织因不同的法律事实，分别涉及经济纠纷和经济犯罪嫌疑的，经济纠纷案件和经济犯罪嫌疑案件应当分开审理。

第2条 单位直接负责的主管人员和其他直接责任人员，以为单位骗取财物为目的，采取欺骗手段对外签订经济合同，骗取的财物被该单位占有、使用或处分构成犯罪的，除依法追究有关人员的刑事责任，责令该单位返还骗取的财物外，如给被害人造成经济损失的，单位应当承担赔偿责任。

第3条 单位直接负责的主管人员和其他直接责任人员，以该单位的名义对外签订经济合同，将取得的财物部分或全部占为己有构成犯罪的，除依法追究行为人的刑事责任外，该单位对行为人因签订、履行该经济合同造成的后果,依法应当承担民事责任。

第4条 个人借用单位的业务介绍信、合同专用章或者盖有公章的空白合同书,以出借单位名义签订经济合同,骗取财物归个人占有、使用、处分或者进行其他犯罪活动,给对方造成经济损失构成犯罪的,除依法追究借用人的刑事责任外,出借业务介绍信、合同专用章或者盖有公章的空白合同书的单位,依法应当承担赔偿责任。但是,有证据证明被害人明知签订合同对方当事人是借用行为,仍与之签订合同的除外。

第5条 行为人盗窃、盗用单位的公章、业务介绍信、盖有公章的空白合同书,或者私刻单位的公章签订经济合同,骗取财物归个人占有、使用、处分或者进行其他犯罪活动构成犯罪的,单位对行为人该犯罪行为所造成的经济损失不承担民事责任。

行为人私刻单位公章或者擅自使用单位公章、业务介绍信、盖有公章的空白合同书以签订经济合同的方法进行的犯罪行为,单位有明显过错,且该过错行为与被害人的经济损失之间具有因果关系的,单位对该犯罪行为所造成的经济损失,依法应当承担赔偿责任。

第6条 企业承包、租赁经营合同期满后,企业按规定办理了企业法定代表人的变更登记,而企业法人未采取有效措施收回其公章、业务介绍信、盖有公章的空白合同书,或者没有及时采取措施通知相对人,致原企业承包人、租赁人得以用原承包、租赁企业的名义签订经济合同,骗取财物占为己有构成犯罪的,该企业对被害人的经济损失,依法应当承担赔偿责任。但是,原承包人、承租人利用擅自保留的公章、业务介绍信、盖有公章的空白合同书以原承包、租赁企业的名义签订经济合同,骗取财物占为己有构成犯罪的,企业一般不承担民事责任。

单位聘用的人员被解聘后,或者受单位委托保管公章的人员被解除委托后,单位未及时收回其公章,行为人擅自利用保留的原单位公章签订经济合同,骗取财物占为己有构成犯罪,如给被害人造成经济损失的,单位应当承担赔偿责任。

第7条 单位直接负责的主管人员和其他直接责任人员,将单位进行走私或其他犯罪活动所得财物以签订经济合同的方法予以销售,买方明知或者应当知道的,如因此造成经济损失,其损失由买方自负。但是,如果买方不知该经济合同的标的物是犯罪行为所得财物而购买的,卖方对买方所造成的经济损失应当承担民事责任。

第8条 根据《中华人民共和国刑事诉讼法》第101条第1款的规定,被害人或其法定代理人、近亲属对本规定第2条因单位犯罪行为造成经济损失的,对第4条、第5条第1款、第6条应当承担刑事责任的被告人未能返还财物而遭受经济损失提起附带民事诉讼的,受理刑事案件的人民法院应当依法一并审理。被害人或其法定代理人、近亲属因被害人遭受经济损失也有权对单位另行提起民事诉讼。若被害人或其法定代理人、近亲属另行提起民事诉讼的,有管辖权的人民法院应当依法受理。

第9条 被害人请求保护其民事权利的诉讼时效在公安机关、检察机关查处经济犯罪嫌疑期间中断。如果公安机关决定撤销涉嫌经济犯罪案件或者检察机关决定不起诉的,诉讼时效从撤销案件或决定不起诉之次日起重新计算。

第10条 人民法院在审理经济纠纷案件中,发现与本案有牵连,但与本案不是同一法律关系的经济犯罪嫌疑线索、材料,应将犯罪嫌疑线索、材料移送有关公安机关或检察机关查处,经济纠纷案件继续审理。

第11条 人民法院作为经济纠纷受理的案件,经审理认为不属经济纠纷案件而有经济犯罪嫌疑的,应当裁定驳回起诉,将有关材料移送公安机关或检察机关。

第12条 人民法院已立案审理的经济纠纷案件,公安机关或检察机关认为有经济犯罪嫌疑,并说明理由附有关材料函告受理该案的人民法院的,有关人民法院应当认真审查。经过审查,认为确有经济犯罪嫌疑的,应当将案件移送公安机关或检察机关,并书面通知当事人，退还案件受理费；如认为确属经济纠纷案件的，应当依法继续审理，并将结果函告有关公安机关或检察机关。

第14条 【故意犯罪】明知自己的行为会发生危害社会的结果，并且希望或者放任这种结果发生，因而构成犯罪的，是故意犯罪。

故意犯罪，应当负刑事责任。

• **释义**

按照行为人在行为时的心理状态，犯罪可以分为故意犯罪和过失犯罪。本条规定了故意这种罪过形态。故意犯罪必须同时具备以下两个特征：

1. 行为人对自己的行为会发生危害社会的结果，必须是明知的。这种明知既包括明知必然会发生危害社会的结果，也包括明知可能会发生危害社会的结果。

2. 行为人必须是希望或者放任这种危害结果的发生。不论行为人明知的是危害结果必然发生，还是可能发生，只要希望或者放任这种危害结果的发生，就构成故意犯罪。希望危害结果发生和放任危害结果发生在程度上是有区别的，这种区别就是刑法上通常说的“直接故意”和“间接故意”。“直接故意”是指行为人明知自己的行为必然或者可能会发生危害社会的结果，而希望这种结果的发生。“间接故意”是指行为人明知自己的行为可能会发生危害社会的结果，而采取漠不关心，听之任之的放任态度，结果发不发生，都不违背行为人的意志。

第15条 【过失犯罪】应当预见自己的行为可能发生危害社会的结果，因为疏忽大意而没有预见，或者已经预见而轻信能够避免，以致发生这种结果的，是过失犯罪。

过失犯罪，法律有规定的才负刑事责任。

• **释义**

过失犯罪从刑法的这一定义可以看出，构成我国刑法上的过失犯罪，行为人主观上应当具备注意能力和注意义务两个基本要素。这里的注意能力，是指行为人主观上具备对自己行为的社会危害后果的预见能力，是过失犯罪成立的主观要件之一。

我国刑法将过失犯罪明确地划分为两种类型，即疏忽大意的过失犯罪和过于自信的过失犯罪。疏忽大意的过失，又称无认识的过失，是指行为人应当预见自己的行为可能发生危害社会的结果，因为疏忽大意而没有预见，以致发生危害结果的心理态度。过于自信的过失，是指行为人已经预见到自己的行为可能发生危害社会的结果，但轻信能够避免，以致发生了某种危害结果的心理态度。

我国刑法以处罚故意犯罪为原则，以处罚过失犯罪为例外。只有在法律明文规定的前提下，才可以处罚过失犯罪。

• **关联法律**

最高人民法院《关于贯彻宽严相济刑事政策的若干意见》（法发〔2010〕9号）

对于过失犯罪，如安全责任事故犯罪等，主要应当根据犯罪造成危害后果的严重程度、被告人主观罪过的大小以及被告人案发后的表现等，综合掌握处罚的宽严尺度。对于过失犯罪后积极抢救、挽回损失或者有效防止损失进一步扩大的，要依法从宽。对于造成的危害后果虽然不是特别严重，但情节特别恶劣或案发后故意隐瞒案情，甚至逃逸，给及时查明

事故原因和迅速组织抢救造成贻误的，则要依法从重处罚。（全文详见本书《刑法》第5条相关内容）

第16条 【不可抗力和意外事件】行为在客观上虽然造成了损害结果，但是不是出于故意或者过失，而是由于不能抗拒或者不能预见的原因所引起的，不是犯罪。

• 释义

不可抗力和意外事件的本条规定说明，哪怕产生了多么严重的损害结果，只要造成这种结果的行为人没有故意或过失，行为人都不构成犯罪。也就是说，行为人是否犯罪完全取决于他在主观方面是否具有罪过，即故意或过失。

第17条 【刑事责任年龄】已满16周岁的人犯罪，应当负刑事责任。

已满14周岁不满16周岁的人，犯故意杀人、故意伤害致人重伤或者死亡、强奸、抢劫、贩卖毒品、放火、爆炸、投放危险物质罪的，应当负刑事责任。

已满12周岁不满14周岁的人，犯故意杀人、故意伤害罪，致人死亡或者以特别残忍手段致人重伤造成严重残疾，情节恶劣，经最高人民检察院核准追诉的，应当负刑事责任。

对依照前3款规定追究刑事责任的不满18周岁的人，应当从轻或者减轻处罚。

因不满16周岁不予刑事处罚的，责令其父母或者其他监护人加以管教；在必要的时候，依法进行专门矫治教育。

（本条根据《中华人民共和国刑法修正案(11)》修改）

• 释义

刑事责任年龄是指刑法规定的一些年龄节点，法律拟定达到这些年龄节点的行为人具有相应的刑事责任能力。刑法对刑事责任年龄的规定采取四分法：

1. 绝对无刑事责任年龄，即不满12周岁的行为人，对任何犯罪行为不负刑事责任。

2. 相对刑事责任年龄，即仅对特定的犯罪负刑事责任。相对刑事责任年龄又分两个区间，第一个区间是已满12周岁不满14周岁，他们负刑事责任的前提有两个：一是实施了故意杀人、故意伤害，致人死亡或者以特别残忍手段致人重伤造成严重残疾，情节恶劣的行为；二是最高人民检察院核准需要追诉。第二个区间是已满14周岁不满16周岁，这个年龄区间的行为人对故意杀人、故意伤害致人重伤或者死亡、强奸、抢劫、贩卖毒品、放火、爆炸、投放危险物质这八类犯罪行为负刑事责任。

3. 减轻刑事责任年龄，即已满12周岁不满18周岁以及75周岁以上。年龄在前一个区间的犯罪行为人，对其应当从轻或者减轻处罚。对已满75周岁的犯罪行为人，如果是故意犯罪的，可以从轻或者减轻处罚，如果是过失犯罪，应当从轻或者减轻处罚。

4. 完全负刑事责任年龄，即已满16周岁的，犯任何罪都应该负刑事责任。但犯罪时未满18周岁，不适用死刑。

• 关联法律

1. 最高人民法院《关于15岁的未成年人过失致人重伤是否应负刑事责任的批复》[法(研)复〔1990〕5号]

广东省高级人民法院：

你院关于15岁的未成年人,因玩弄汽枪过失致人重伤(眼瞎),是否应负刑事责任的请示收悉。

经研究,我们认为,刑法第14条第2款规定:“已满14周岁不满16周岁的人,犯杀人、重伤、抢劫、放火、盗窃罪或者其他严重破坏社秩序罪,应当负刑事责任。”这里说的“重伤”是指故意伤害他人身体造成重伤,不包括过失致人重伤。15岁的未成年人过失致人重伤的行为,不应当负刑事责任,但应责令他的家长或者监护人加以管教;在必要的时候,也可以由政府收容教养。涉及民事赔偿的问题,按有关民事法律规定处理。

2.《中华人民共和国未成年人保护法》(1991年9月4日第七届全国人大常委会第二十一次会议通过;2006年12月29日第十届全国人大常委会第二十五次会议第一次修订;2012年10月26日第十一届全国人大常委会第二十九次会议第二次修正;2020年10月17日第十三届全国人大常委会第二十二次会议第三次修订)

第2条 本法所称未成年人是指未满18周岁的公民。

第4条 保护未成年人,应当坚持最有利于未成年人的原则。处理涉及未成年人事项,应当符合下列要求:

(一)给予未成年人特殊、优先保护;(二)尊重未成年人人格尊严;(三)保护未成年人隐私权和个人信息;(四)适应未成年人身心健康发展的规律和特点;(五)听取未成年人的意见;(六)保护与教育相结合。

第7条 未成年人的父母或者其他监护人依法对未成年人承担监护职责。

国家采取措施指导、支持、帮助和监督未成年人的父母或者其他监护人履行监护职责。

第10条 共产主义青年团、妇女联合会、工会、残疾人联合会、关心下一代工作委员会、青年联合会、学生联合会、少年先锋队以及其他人民团体、有关社会组织,应当协助各级人民政府及其有关部门、人民检察院、人民法院做好未成年人保护工作,维护未成年人合法权益。

第11条 任何组织或者个人发现不利于未成年人身心健康或者侵犯未成年人合法权益的情形,都有权劝阻、制止或者向公安、民政、教育等有关部门提出检举、控告。

国家机关、居民委员会、村民委员会、密切接触未成年人的单位及其工作人员,在工作中发现未成年人身心健康受到侵害、疑似受到侵害或者面临其他危险情形的,应当立即向公安、民政、教育等有关部门报告。

有关部门接到涉及未成年人的检举、控告或者报告,应当依法及时受理、处置,并以适当方式将处理结果告知相关单位和人员。

第16条 未成年人的父母或者其他监护人应当履行下列监护职责:

(一)为未成年人提供生活、健康、安全等方面的保障;(二)关注未成年人的生理、心理状况和情感需求;(三)教育和引导未成年人遵纪守法、勤俭节约,养成良好的思想品德和行为习惯;(四)对未成年人进行安全教育,提高未成年人的自我保护意识和能力;(五)尊重未成年人受教育的权利,保障适龄未成年人依法接受并完成义务教育;(六)保障未成年人休息、娱乐和体育锻炼的时间,引导未成年人进行有益身心健康的活动;(七)妥善管理和保护未成年人的财产;(八)依法代理未成年人实施民事法律行为;(九)预防和制止未成年人的不良行为和违法犯罪行为,并进行合理管教;(十)其他应当履行的监护职责。

第17条 未成年人的父母或者其他监护人不得实施下列行为:

(一)虐待、遗弃、非法送养未成年人或者对未成年人实施家庭暴力;(二)放任、教唆或者利用未成年人实施违法犯罪行为;(三)放任、唆使未成年人参与邪教、迷信活动或者接受恐怖主义、分裂主义、极端主义等侵害;(四)放任、唆使未成年人吸烟(含电子烟,下同)、饮酒、赌博、流浪乞讨或者欺凌他人;(五)放任或者迫使应当接受义务教育的未成年人失学、辍学;

(六)放任未成年人沉迷网络,接触危害或者可能影响其身心健康的图书、报刊、电影、广播电视节目、音像制品、电子出版物和网络信息等;(七)放任未成年人进入营业性娱乐场所、酒吧、互联网上网服务营业场所等不适宜未成年人活动的场所;(八)允许或者迫使未成年人从事国家规定以外的劳动;(九)允许、迫使未成年人结婚或者为未成年人订立婚约;(十)违法处分、侵吞未成年人的财产或者利用未成年人牟取不正当利益;(十一)其他侵犯未成年人身心健康、财产权益或者不依法履行未成年人保护义务的行为。

第21条 未成年人的父母或者其他监护人不得使未满8周岁或者由于身体、心理原因需要特别照顾的未成年人处于无人看护状态,或者将其交由无民事行为能力、限制民事行为能力、患有严重传染性疾病或者其他不适宜的人员临时照护。

未成年人的父母或者其他监护人不得使未满16周岁的未成年人脱离监护单独生活。

第22条 未成年人的父母或者其他监护人因外出务工等原因在一定期限内不能完全履行监护职责的,应当委托具有照护能力的完全民事行为能力人代为照护;无正当理由的,不得委托他人代为照护。

未成年人的父母或者其他监护人在确定被委托人时,应当综合考虑其道德品质、家庭状况、身心健康状况、与未成年人生活情感上的联系等情况,并听取有表达意愿能力未成年人的意见。

具有下列情形之一的,不得作为被委托人:

(一)曾实施性侵害、虐待、遗弃、拐卖、暴力伤害等违法犯罪行为;(二)有吸毒、酗酒、赌博等恶习;(三)曾拒不履行或者长期怠于履行监护、照护职责;(四)其他不适宜担任被委托人的情形。

第24条 未成年人的父母离婚时,应当妥善处理未成年子女的抚养、教育、探望、财产等事宜,听取有表达意愿能力未成年人的意见。不得以抢夺、藏匿未成年子女等方式争夺抚养权。

未成年人的父母离婚后,不直接抚养未成年子女的一方应当依照协议、人民法院判决或者调解确定的时间和方式,在不影响未成年人学习、生活的情况下探望未成年子女,直接抚养的一方应当配合,但被人民法院依法中止探望权的除外。

第26条 幼儿园应当做好保育、教育工作,遵循幼儿身心发展规律,实施启蒙教育,促进幼儿在体质、智力、品德等方面和谐发展。

第27条 学校、幼儿园的教职员工应当尊重未成年人人格尊严,不得对未成年人实施体罚、变相体罚或者其他侮辱人格尊严的行为。

第28条 学校应当保障未成年学生受教育的权利,不得违反国家规定开除、变相开除未成年学生。

学校应当对尚未完成义务教育的辍学未成年学生进行登记并劝返复学;劝返无效的,应当及时向教育行政部门书面报告。

第39条 学校应当建立学生欺凌防控工作制度,对教职员工、学生等开展防治学生欺凌的教育和培训。

学校对学生欺凌行为应当立即制止,通知实施欺凌和被欺凌未成年学生的父母或者其他监护人参与欺凌行为的认定和处理;对相关未成年学生及时给予心理辅导、教育和引导;对相关未成年学生的父母或者其他监护人给予必要的家庭教育指导。

对实施欺凌的未成年学生,学校应当根据欺凌行为的性质和程度,依法加强管教。对严重的欺凌行为,学校不得隐瞒,应当及时向公安机关、教育行政部门报告,并配合相关部门依法处理。

第40条 学校、幼儿园应当建立预防性侵害、性骚扰未成年人工作制度。对性侵害、性骚扰未成年人等违法犯罪行为,学校、幼儿园不得隐瞒,应当及时向公安机关、教育行政部门报告,并配合相关部门依法处理。

学校、幼儿园应当对未成年人开展适合其年龄的性教育,提高未成年人防范性侵害、性骚扰的自我保护意识和能力。对遭受性侵害、性骚扰的未成年人,学校、幼儿园应当及时采取相关的保护措施。

第50条 禁止制作、复制、出版、发布、传播含有宣扬淫秽、色情、暴力、邪教、迷信、赌博、引诱自杀、恐怖主义、分裂主义、极端主义等危害未成年人身心健康内容的图书、报刊、电影、广播电视节目、舞台艺术作品、音像制品、电子出版物和网络信息等。

第51条 任何组织或者个人出版、发布、传播的图书、报刊、电影、广播电视节目、舞台艺术作品、音像制品、电子出版物或者网络信息,包含可能影响未成年人身心健康内容的,应当以显著方式作出提示。

第52条 禁止制作、复制、发布、传播或者持有有关未成年人的淫秽色情物品和网络信息。

第53条 任何组织或者个人不得刊登、播放、张贴或者散发含有危害未成年人身心健康内容的广告;不得在学校、幼儿园播放、张贴或者散发商业广告;不得利用校服、教材等发布或者变相发布商业广告。

第54条 禁止拐卖、绑架、虐待、非法收养未成年人,禁止对未成年人实施性侵害、性骚扰。

禁止胁迫、引诱、教唆未成年人参加黑社会性质组织或者从事违法犯罪活动。

禁止胁迫、诱骗、利用未成年人乞讨。

第55条 生产、销售用于未成年人的食品、药品、玩具、用具和游戏游艺设备、游乐设施等,应当符合国家或者行业标准,不得危害未成年人的人身安全和身心健康。上述产品的生产者应当在显著位置标明注意事项,未标明注意事项的不得销售。

第56条 未成年人集中活动的公共场所应当符合国家或者行业安全标准,并采取相应安全保护措施。对可能存在安全风险的设施,应当定期进行维护,在显著位置设置安全警示标志并标明适龄范围和注意事项;必要时应当安排专门人员看管。

大型的商场、超市、医院、图书馆、博物馆、科技馆、游乐场、车站、码头、机场、旅游景区景点等场所运营单位应当设置搜寻走失未成年人的安全警报系统。场所运营单位接到求助后,应当立即启动安全警报系统,组织人员进行搜寻并向公安机关报告。

公共场所发生突发事件时,应当优先救护未成年人。

第57条 旅馆、宾馆、酒店等住宿经营者接待未成年人入住,或者接待未成年人和成年人共同入住时,应当询问父母或者其他监护人的联系方式、入住人员的身份关系等有关情况;发现有违法犯罪嫌疑的,应当立即向公安机关报告,并及时联系未成年人的父母或者其他监护人。

第58条 学校、幼儿园周边不得设置营业性娱乐场所、酒吧、互联网上网服务营业场所等不适宜未成年人活动的场所。营业性歌舞娱乐场所、酒吧、互联网上网服务营业场所等不适宜未成年人活动场所的经营者,不得允许未成年人进入;游艺娱乐场所设置的电子游戏设备,除国家法定节假日外,不得向未成年人提供。经营者应当在显著位置设置未成年人禁入、限入标志;对难以判明是否是未成年人的,应当要求其出示身份证件。

第59条 学校、幼儿园周边不得设置烟、酒、彩票销售网点。禁止向未成年人销售烟、酒、彩票或者兑付彩票奖金。烟、酒和彩票经营者应当在显著位置设置不向未成年人销售烟、酒或者彩票的标志;对难以判明是否是未成年人的,应当要求其出示身份证件。

任何人不得在学校、幼儿园和其他未成年人集中活动的公共场所吸烟、饮酒。

第60条 禁止向未成年人提供、销售管制刀具或者其他可能致人严重伤害的器具等物品。经营者难以判明购买者是否是未成年人的,应当要求其出示身份证件。

第61条 任何组织或者个人不得招用未满16周岁未成年人,国家另有规定的除外。

营业性娱乐场所、酒吧、互联网上网服务营业场所等不适宜未成年人活动的场所不得招用已满16周岁的未成年人。

招用已满16周岁未成年人的单位和个人应当执行国家在工种、劳动时间、劳动强度和保护措施等方面的规定,不得安排其从事过重、有毒、有害等危害未成年人身心健康的劳动或者危险作业。

任何组织或者个人不得组织未成年人进行危害其身心健康的表演等活动。经未成年人的父母或者其他监护人同意,未成年人参与演出、节目制作等活动,活动组织方应当根据国家有关规定,保障未成年人合法权益。

第62条 密切接触未成年人的单位招聘工作人员时,应当向公安机关、人民检察院查询应聘者是否具有性侵害、虐待、拐卖、暴力伤害等违法犯罪记录;发现其具有前述行为记录的,不得录用。

密切接触未成年人的单位应当每年定期对工作人员是否具有上述违法犯罪记录进行查询。通过查询或者其他方式发现其工作人员具有上述行为的,应当及时解聘。

第63条 任何组织或者个人不得隐匿、毁弃、非法删除未成年人的信件、日记、电子邮件或者其他网络通讯内容。

除下列情形外,任何组织或者个人不得开拆、查阅未成年人的信件、日记、电子邮件或者其他网络通讯内容:

(一)无民事行为能力未成年人的父母或者其他监护人代未成年人开拆、查阅;(二)因国家安全或者追查刑事犯罪依法进行检查;(三)紧急情况下为了保护未成年人本人的人身安全。

第66条 网信部门及其他有关部门应当加强对未成年人网络保护工作的监督检查,依法惩处利用网络从事危害未成年人身心健康的活动,为未成年人提供安全、健康的网络环境。

第68条 新闻出版、教育、卫生健康、文化和旅游、网信等部门应当定期开展预防未成年人沉迷网络的宣传教育,监督网络产品和服务提供者履行预防未成年人沉迷网络的义务,指导家庭、学校、社会组织互相配合,采取科学、合理的方式对未成年人沉迷网络进行预防和干预。

任何组织或者个人不得以侵害未成年人身心健康的方式对未成年人沉迷网络进行干预。

第72条 信息处理者通过网络处理未成年人个人信息的,应当遵循合法、正当和必要的原则。处理不满14周岁未成年人个人信息的,应当征得未成年人的父母或者其他监护人同意,但法律、行政法规另有规定的除外。

未成年人、父母或者其他监护人要求信息处理者更正、删除未成年人个人信息的,信息处理者应当及时采取措施予以更正、删除,但法律、行政法规另有规定的除外。

第73条 网络服务提供者发现未成年人通过网络发布私密信息的,应当及时提示,并采取必要的保护措施。

第74条 网络产品和服务提供者不得向未成年人提供诱导其沉迷的产品和服务。

网络游戏、网络直播、网络音视频、网络社交等网络服务提供者应当针对未成年人使用其服务设置相应的时间管理、权限管理、消费管理等功能。

以未成年人为服务对象的在线教育网络产品和服务,不得插入网络游戏链接,不得推送广告等与教学无关的信息。

第75条 网络游戏经依法审批后方可运营。

国家建立统一的未成年人网络游戏电子身份认证系统。网络游戏服务提供者应当要求未成年人以真实身份信息注册并登录网络游戏。

网络游戏服务提供者应当按照国家有关规定和标准,对游戏产品进行分类,作出适龄提示,并采取技术措施,不得让未成年人接触不适宜的游戏或者游戏功能。

网络游戏服务提供者不得在每日22时至次日8时向未成年人提供网络游戏服务。

第76条 网络直播服务提供者不得为未满16周岁的未成年人提供网络直播发布者账号注册服务;为年满16周岁的未成年人提供网络直播发布者账号注册服务时,应当对其身份信息进行认证,并征得其父母或者其他监护人同意。

第77条 任何组织或者个人不得通过网络以文字、图片、音视频等形式,对未成年人实施侮辱、诽谤、威胁或者恶意损害形象等网络欺凌行为。

遭受网络欺凌的未成年人及其父母或者其他监护人有权通知网络服务提供者采取删除、屏蔽、断开链接等措施。网络服务提供者接到通知后,应当及时采取必要的措施制止网络欺凌行为,防止信息扩散。

第92条 具有下列情形之一的,民政部门应当依法对未成年人进行临时监护:

(一)未成年人流浪乞讨或者身份不明,暂时查找不到父母或者其他监护人;(二)监护人下落不明且无其他人可以担任监护人;(三)监护人因自身客观原因或者因发生自然灾害、事故灾难、公共卫生事件等突发事件不能履行监护职责,导致未成年人监护缺失;(四)监护人拒绝或者怠于履行监护职责,导致未成年人处于无人照料的状态;(五)监护人教唆、利用未成年人实施违法犯罪行为,未成年人需要被带离安置;(六)未成年人遭受监护人严重伤害或者面临人身安全威胁,需要被紧急安置;(七)法律规定的其他情形。

第93条 对临时监护的未成年人,民政部门可以采取委托亲属抚养、家庭寄养等方式进行安置,也可以交由未成年人救助保护机构或者儿童福利机构进行收留、抚养。

临时监护期间,经民政部门评估,监护人重新具备履行监护职责条件的,民政部门可以将未成年人送回监护人抚养。

第94条 具有下列情形之一的,民政部门应当依法对未成年人进行长期监护:

(一)查找不到未成年人的父母或者其他监护人;(二)监护人死亡或者被宣告死亡且无其他人可以担任监护人;(三)监护人丧失监护能力且无其他人可以担任监护人;(四)人民法院判决撤销监护人资格并指定由民政部门担任监护人;(五)法律规定的其他情形。

第95条 民政部门进行收养评估后,可以依法将其长期监护的未成年人交由符合条件的申请人收养。收养关系成立后,民政部门与未成年人的监护关系终止。

第98条 国家建立性侵害、虐待、拐卖、暴力伤害等违法犯罪人员信息查询系统,向密切接触未成年人的单位提供免费查询服务。

第100条 公安机关、人民检察院、人民法院和司法行政部门应当依法履行职责,保障未成年人合法权益。

第101条 公安机关、人民检察院、人民法院和司法行政部门应当确定专门机构或者指定专门人员,负责办理涉及未成年人案件。办理涉及未成年人案件的人员应当经过专门培训,熟悉未成年人身心特点。专门机构或者专门人员中,应当有女性工作人员。

公安机关、人民检察院、人民法院和司法行政部门应当对上述机构和人员实行与未成年人保护工作相适应的评价考核标准。

第102条 公安机关、人民检察院、人民法院和司法行政部门办理涉及未成年人案件,应当考虑未成年人身心特点和健康成长的需要,使用未成年人能够理解的语言和表达方式,听取未成年人的意见。

第104条 对需要法律援助或者司法救助的未成年人,法律援助机构或者公安机关、人民检察院、人民法院和司法行政部门应当给予帮助,依法为其提供法律援助或者司法救助。

法律援助机构应当指派熟悉未成年人身心特点的律师为未成年人提供法律援助服务。

法律援助机构和律师协会应当对办理未成年人法律援助案件的律师进行指导和培训。

第105条 人民检察院通过行使检察权,对涉及未成年人的诉讼活动等依法进行监督。

第106条 未成年人合法权益受到侵犯,相关组织和个人未代为提起诉讼的,人民检察院可以督促、支持其提起诉讼;涉及公共利益的,人民检察院有权提起公益诉讼。

第107条 人民法院审理继承案件,应当依法保护未成年人的继承权和受遗赠权。

人民法院审理离婚案件,涉及未成年子女抚养问题的,应当尊重已满八周岁未成年子女的真实意愿,根据双方具体情况,按照最有利于未成年子女的原则依法处理。

第108条 未成年人的父母或者其他监护人不依法履行监护职责或者严重侵犯被监护的未成年人合法权益的,人民法院可以根据有关人员或者单位的申请,依法作出人身安全保护令或者撤销监护人资格。

被撤销监护人资格的父母或者其他监护人应当依法继续负担抚养费用。

第109条 人民法院审理离婚、抚养、收养、监护、探望等案件涉及未成年人的,可以自行或者委托社会组织对未成年人的相关情况进行社会调查。

第110条 公安机关、人民检察院、人民法院讯问未成年犯罪嫌疑人、被告人,询问未成年被害人、证人,应当依法通知其法定代理人或者其成年亲属、所在学校的代表等合适成年人到场,并采取适当方式,在适当场所进行,保障未成年人的名誉权、隐私权和其他合法权益。

人民法院开庭审理涉及未成年人案件,未成年被害人、证人一般不出庭作证;必须出庭的,应当采取保护其隐私的技术手段和心理干预等保护措施。

第111条 公安机关、人民检察院、人民法院应当与其他有关政府部门、人民团体、社会组织互相配合,对遭受性侵害或者暴力伤害的未成年被害人及其家庭实施必要的心理干预、经济救助、法律援助、转学安置等保护措施。

第112条 公安机关、人民检察院、人民法院办理未成年人遭受性侵害或者暴力伤害案件,在询问未成年被害人、证人时,应当采取同步录音录像等措施,尽量一次完成;未成年被害人、证人是女性的,应当由女性工作人员进行。

第113条 对违法犯罪的未成年人,实行教育、感化、挽救的方针,坚持教育为主、惩罚为辅的原则。

对违法犯罪的未成年人依法处罚后,在升学、就业等方面不得歧视。

第114条 公安机关、人民检察院、人民法院和司法行政部门发现有关单位未尽到未成年人教育、管理、救助、看护等保护职责的,应当向该单位提出建议。被建议单位应当在1个月内作出书面回复。

第115条 公安机关、人民检察院、人民法院和司法行政部门应当结合实际,根据涉及未成年人案件的特点,开展未成年人法治宣传教育工作。

第116条 国家鼓励和支持社会组织、社会工作者参与涉及未成年人案件中未成年人的心理干预、法律援助、社会调查、社会观护、教育矫治、社区矫正等工作。

第117条 违反本法第11条第2款规定,未履行报告义务造成严重后果的,由上级主管部门或者所在单位对直接负责的主管人员和其他直接责任人员依法给予处分。

第118条 未成年人的父母或者其他监护人不依法履行监护职责或者侵犯未成年人合法权益的，由其居住地的居民委员会、村民委员会予以劝诫、制止；情节严重的，居民委员会、村民委员会应当及时向公安机关报告。

公安机关接到报告或者公安机关、人民检察院、人民法院在办理案件过程中发现未成年人的父母或者其他监护人存在上述情形的，应当予以训诫，并可以责令其接受家庭教育指导。

第119条 学校、幼儿园、婴幼儿照护服务等机构及其教职员工违反本法第27条、第28条、第39条规定的，由公安、教育、卫生健康、市场监督管理等部门按照职责分工责令改正；拒不改正或者情节严重的，对直接负责的主管人员和其他直接责任人员依法给予处分。

第120条 违反本法第44条、第45条、第47条规定，未给予未成年人免费或者优惠待遇的，由市场监督管理、文化和旅游、交通运输等部门按照职责分工责令限期改正，给予警告；拒不改正的，处1万元以上10万元以下罚款。

第121条 违反本法第50条、第51条规定的，由新闻出版、广播电视、电影、网信等部门按照职责分工责令限期改正，给予警告，没收违法所得，可以并处10万元以下罚款；拒不改正或者情节严重的，责令暂停相关业务、停产停业或者吊销营业执照、吊销相关许可证，违法所得100万元以上的，并处违法所得1倍以上10倍以下的罚款，没有违法所得或者违法所得不足100万元的，并处10万元以上100万元以下罚款。

第122条 场所运营单位违反本法第56条第2款规定、住宿经营者违反本法第57条规定的，由市场监督管理、应急管理、公安等部门按照职责分工责令限期改正，给予警告；拒不改正或者造成严重后果的，责令停业整顿或者吊销营业执照、吊销相关许可证，并处1万元以上10万元以下罚款。

第123条 相关经营者违反本法第58条、第59条第1款、第60条规定的，由文化和旅游、市场监督管理、烟草专卖、公安等部门按照职责分工责令限期改正，给予警告，没收违法所得，可以并处5万元以下罚款；拒不改正或者情节严重的，责令停业整顿或者吊销营业执照、吊销相关许可证，可以并处5万元以上50万元以下罚款。

第124条 违反本法第59条第2款规定，在学校、幼儿园和其他未成年人集中活动的公共场所吸烟、饮酒的，由卫生健康、教育、市场监督管理等部门按照职责分工责令改正，给予警告，可以并处500元以下罚款；场所管理者未及时制止的，由卫生健康、教育、市场监督管理等部门按照职责分工给予警告，并处1万元以下罚款。

第125条 违反本法第61条规定的，由文化和旅游、人力资源和社会保障、市场监督管理等部门按照职责分工责令限期改正，给予警告，没收违法所得，可以并处10万元以下罚款；拒不改正或者情节严重的，责令停产停业或者吊销营业执照、吊销相关许可证，并处10万元以上100万元以下罚款。

第126条 密切接触未成年人的单位违反本法第62条规定，未履行查询义务，或者招用、继续聘用具有相关违法犯罪记录人员的，由教育、人力资源和社会保障、市场监督管理等部门按照职责分工责令限期改正，给予警告，并处5万元以下罚款；拒不改正或者造成严重后果的，责令停业整顿或者吊销营业执照、吊销相关许可证，并处5万元以上50万元以下罚款，对直接负责的主管人员和其他直接责任人员依法给予处分。

第127条 信息处理者违反本法第72条规定，或者网络产品和服务提供者违反本法第73条、第74条、第75条、第76条、第77条、第80条规定的，由公安、网信、电信、新闻出版、广播电视、文化和旅游等有关部门按照职责分工责令改正，给予警告，没收违法所得，违法所得100万元以上的，并处违法所得1倍以上10倍以下罚款，没有违法所得或者违法所得不足100万元的，并处10万元以上100万元以下罚款，对直接负责的主管人员和其他责任人员处1万元以上10万元以下罚款;拒不改正或者情节严重的,并可以责令暂停相关业务、停业整顿、关闭网站、吊销营业执照或者吊销相关许可证。

第128条 国家机关工作人员玩忽职守、滥用职权、徇私舞弊,损害未成年人合法权益的,依法给予处分。

第129条 违反本法规定,侵犯未成年人合法权益,造成人身、财产或者其他损害的,依法承担民事责任。

违反本法规定,构成违反治安管理行为的,依法给予治安管理处罚;构成犯罪的,依法追究刑事责任。

第130条 本法中下列用语的含义:

(一)密切接触未成年人的单位,是指学校、幼儿园等教育机构;校外培训机构;未成年人救助保护机构、儿童福利机构等未成年人安置、救助机构;婴幼儿照护服务机构、早期教育服务机构;校外托管、临时看护机构;家政服务机构;为未成年人提供医疗服务的医疗机构;其他对未成年人负有教育、培训、监护、救助、看护、医疗等职责的企业事业单位、社会组织等。(二)学校,是指普通中小学、特殊教育学校、中等职业学校、专门学校。(三)学生欺凌,是指发生在学生之间,一方蓄意或者恶意通过肢体、语言及网络等手段实施欺压、侮辱,造成另一方人身伤害、财产损失或者精神损害的行为。

第131条 对中国境内未满18周岁的外国人、无国籍人,依照本法有关规定予以保护。(全文略)

3. 最高人民法院研究室《关于已满14岁不满16岁的人所犯罪行特别严重的能否判处无期徒刑问题的答复》(1991年4月17日)

[被最高人民法院《关于废止1980年1月1日至1997年6月30日期间发布的部分司法解释和司法解释性质文件(第9批)的决定》(法释〔2013〕2号)废止]

4. 最高人民法院研究室《关于如何认定被告人犯罪时年龄问题的答复》(1991年7月22日)

[被最高人民法院《关于废止1980年1月1日至1997年6月30日期间发布的部分司法解释和司法解释性质文件(第9批)的决定》(法释〔2013〕2号)废止]

5. 最高人民法院《关于已满14岁不满16岁的人犯走私、贩卖、运输、制造毒品罪应当如何适用法律问题的批复》(法复〔1992〕3号)

[被最高人民法院《关于废止1980年1月1日至1997年6月30日期间发布的部分司法解释和司法解释性质文件(第9批)的决定》(法释〔2013〕2号)废止]

6.《中华人民共和国预防未成年人犯罪法》(1999年6月28日第九届全国人大常委会第十次会议通过;2012年10月26日第十一届全国人大常委会第二十九次会议《关于修改〈中华人民共和国预防未成年人犯罪法〉的决定》修正;2020年12月26日第十三届全国人大常委会第二十四次会议修订)

第6条 国家加强专门学校建设,对有严重不良行为的未成年人进行专门教育。专门教育是国民教育体系的组成部分,是对有严重不良行为的未成年人进行教育和矫治的重要保护处分措施。

省级人民政府应当将专门教育发展和专门学校建设纳入经济社会发展规划。县级以上地方人民政府成立专门教育指导委员会,根据需要合理设置专门学校。

专门教育指导委员会由教育、民政、财政、人力资源社会保障、公安、司法行政、人民检察院、人民法院、共产主义青年团、妇女联合会、关心下一代工作委员会、专门学校等单位,以及律师、社会工作者等人员组成,研究确定专门学校教学、管理等相关工作。

专门学校建设和专门教育具体办法,由国务院规定。

第7条 公安机关、人民检察院、人民法院、司法行政部门应当由专门机构或者经过专业培训、熟悉未成年人身心特点的专门人员负责预防未成年人犯罪工作。

第28条 本法所称不良行为,是指未成年人实施的不利于其健康成长的下列行为:

(一)吸烟、饮酒;(二)多次旷课、逃学;(三)无故夜不归宿、离家出走;(四)沉迷网络;(五)与社会上具有不良习性的人交往,组织或者参加实施不良行为的团伙;(六)进入法律法规规定未成年人不宜进入的场所;(七)参与赌博、变相赌博,或者参加封建迷信、邪教等活动;(八)阅览、观看或者收听宣扬淫秽、色情、暴力、恐怖、极端等内容的读物、音像制品或者网络信息等;(九)其他不利于未成年人身心健康成长的不良行为。

第33条 未成年学生偷窃少量财物,或者有殴打、辱骂、恐吓、强行索要财物等学生欺凌行为,情节轻微的,可以由学校依照本法第31条规定采取相应的管理教育措施。

第38条 本法所称严重不良行为,是指未成年人实施的有刑法规定、因不满法定刑事责任年龄不予刑事处罚的行为,以及严重危害社会的下列行为:

(一)结伙斗殴,追逐、拦截他人,强拿硬要或者任意损毁、占用公私财物等寻衅滋事行为;(二)非法携带枪支、弹药或者弩、匕首等国家规定的管制器具;(三)殴打、辱骂、恐吓,或者故意伤害他人身体;(四)盗窃、哄抢、抢夺或者故意损毁公私财物;(五)传播淫秽的读物、音像制品或者信息等;(六)卖淫、嫖娼,或者进行淫秽表演;(七)吸食、注射毒品,或者向他人提供毒品;(八)参与赌博赌资较大;(九)其他严重危害社会的行为。

第41条 对有严重不良行为的未成年人,公安机关可以根据具体情况,采取以下矫治教育措施:

(一)予以训诫;(二)责令赔礼道歉、赔偿损失;(三)责令具结悔过;(四)责令定期报告活动情况;(五)责令遵守特定的行为规范,不得实施特定行为、接触特定人员或者进入特定场所;(六)责令接受心理辅导、行为矫治;(七)责令参加社会服务活动;(八)责令接受社会观护,由社会组织、有关机构在适当场所对未成年人进行教育、监督和管束;(九)其他适当的矫治教育措施。

第43条 对有严重不良行为的未成年人,未成年人的父母或者其他监护人、所在学校无力管教或者管教无效的,可以向教育行政部门提出申请,经专门教育指导委员会评估同意后,由教育行政部门决定送入专门学校接受专门教育。

第44条 未成年人有下列情形之一的,经专门教育指导委员会评估同意,教育行政部门会同公安机关可以决定将其送入专门学校接受专门教育:

(一)实施严重危害社会的行为,情节恶劣或者造成严重后果;(二)多次实施严重危害社会的行为;(三)拒不接受或者配合本法第41条规定的矫治教育措施;(四)法律、行政法规规定的其他情形。

第45条 未成年人实施刑法规定的行为、因不满法定刑事责任年龄不予刑事处罚的,经专门教育指导委员会评估同意,教育行政部门会同公安机关可以决定对其进行专门矫治教育。

省级人民政府应当结合本地的实际情况,至少确定一所专门学校按照分校区、分班级等方式设置专门场所,对前款规定的未成年人进行专门矫治教育。

前款规定的专门场所实行闭环管理,公安机关、司法行政部门负责未成年人的矫治工作,教育行政部门承担未成年人的教育工作。

第46条 专门学校应当在每个学期适时提请专门教育指导委员会对接受专门教育的未成年学生的情况进行评估。对经评估适合转回普通学校就读的,专门教育指导委员会应当向原决定机关提出书面建议，由原决定机关决定是否将未成年学生转回普通学校就读。

原决定机关决定将未成年学生转回普通学校的，其原所在学校不得拒绝接收；因特殊情况，不适宜转回原所在学校的，由教育行政部门安排转学。

第47条 专门学校应当对接受专门教育的未成年人分级分类进行教育和矫治，有针对性地开展道德教育、法治教育、心理健康教育，并根据实际情况进行职业教育；对没有完成义务教育的未成年人，应当保证其继续接受义务教育。

专门学校的未成年学生的学籍保留在原学校，符合毕业条件的，原学校应当颁发毕业证书。

第48条 专门学校应当与接受专门教育的未成年人的父母或者其他监护人加强联系，定期向其反馈未成年人的矫治和教育情况，为父母或者其他监护人、亲属等看望未成年人提供便利。

第49条 未成年人及其父母或者其他监护人对本章规定的行政决定不服的，可以依法提起行政复议或者行政诉讼。

第51条 公安机关、人民检察院、人民法院办理未成年人刑事案件，可以自行或者委托有关社会组织、机构对未成年犯罪嫌疑人或者被告人的成长经历、犯罪原因、监护、教育等情况进行社会调查；根据实际需要并经未成年犯罪嫌疑人、被告人及其法定代理人同意，可以对未成年犯罪嫌疑人、被告人进行心理测评。

社会调查和心理测评的报告可以作为办理案件和教育未成年人的参考。

第52条 公安机关、人民检察院、人民法院对于无固定住所、无法提供保证人的未成年人适用取保候审的，应当指定合适成年人作为保证人，必要时可以安排取保候审的未成年人接受社会观护。

第53条 对被拘留、逮捕以及在未成年犯管教所执行刑罚的未成年人，应当与成年人分别关押、管理和教育。对未成年人的社区矫正，应当与成年人分别进行。

对有上述情形且没有完成义务教育的未成年人，公安机关、人民检察院、人民法院、司法行政部门应当与教育行政部门相互配合，保证其继续接受义务教育。

第59条 未成年人的犯罪记录依法被封存的，公安机关、人民检察院、人民法院和司法行政部门不得向任何单位或者个人提供，但司法机关因办案需要或者有关单位根据国家有关规定进行查询的除外。依法进行查询的单位和个人应当对相关记录信息予以保密。

未成年人接受专门矫治教育、专门教育的记录，以及被行政处罚、采取刑事强制措施和不起诉的记录，适用前款规定。

第60条 人民检察院通过依法行使检察权，对未成年人重新犯罪预防工作等进行监督。

第61条 公安机关、人民检察院、人民法院在办理案件过程中发现实施严重不良行为的未成年人的父母或者其他监护人不依法履行监护职责的，应当予以训诫，并可以责令其接受家庭教育指导。

第62条 学校及其教职员工违反本法规定，不履行预防未成年人犯罪工作职责，或者虐待、歧视相关未成年人的，由教育行政等部门责令改正，通报批评；情节严重的，对直接负责的主管人员和其他直接责任人员依法给予处分。构成违反治安管理行为的，由公安机关依法予以治安管理处罚。

教职员工教唆、胁迫、引诱未成年人实施不良行为或者严重不良行为，以及品行不良、影响恶劣的，教育行政部门、学校应当依法予以解聘或者辞退。

第63条 违反本法规定，在复学、升学、就业等方面歧视相关未成年人的，由所在单位或者教育、人力资源社会保障等部门责令改正；拒不改正的，对直接负责的主管人员或者其他直接责任人员依法给予处分。

第64条 有关社会组织、机构及其工作人员虐待、歧视接受社会观护的未成年人，或者出具虚假社会调查、心理测评报告的，由民政、司法行政等部门对直接负责的主管人员或者其他直接责任人员依法给予处分，构成违反治安管理行为的，由公安机关予以治安管理处罚。

第65条 教唆、胁迫、引诱未成年人实施不良行为或者严重不良行为，构成违反治安管理行为的，由公安机关依法予以治安管理处罚。

第66条 国家机关及其工作人员在预防未成年人犯罪工作中滥用职权、玩忽职守、徇私舞弊的，对直接负责的主管人员和其他直接责任人员，依法给予处分。

第67条 违反本法规定，构成犯罪的，依法追究刑事责任。（全文略）

7. 最高人民法院《关于审理强奸案件有关问题的解释》（法释〔2000〕4号）

（法释〔2013〕7号已声明该文件废止）

8. 最高人民检察院《关于"骨龄鉴定"能否作为确定刑事责任年龄证据使用的批复》（高检发研字〔2000〕6号）

宁夏回族自治区人民检察院：

你院《关于"骨龄鉴定"能否作为证据使用的请示》收悉，经研究，批复如下：

犯罪嫌疑人不讲真实姓名、住址，年龄不明的，可以委托进行骨龄鉴定或其他科学鉴定，经审查，鉴定结论能够准确确定犯罪嫌疑人实施犯罪行为时的年龄的，可以作为判断犯罪嫌疑人年龄的证据使用。如果鉴定结论不能准确确定犯罪嫌疑人实施犯罪行为时的年龄，而且鉴定结论又表明犯罪嫌疑人年龄在刑法规定的应负刑事责任年龄上下的，应当依法慎重处理。

9. 全国人大常委会法制工作委员会《关于已满14周岁不满16周岁的人承担刑事责任范围问题的答复意见》（法工委复字〔2002〕12号）

最高人民检察院：

关于你单位4月8日来函收悉，经研究，现答复如下：

刑法第17条第2款规定的8种犯罪：是指具体犯罪行为而不是具体罪名。刑法第17条中规定的"犯故意杀人、故意伤害致人重伤或者死亡"，是指只要故意实施了杀人、伤害行为并且造成了致人重伤、死亡后果的，都应负刑事责任。而不是指只有犯故意杀人罪、故意伤害罪的，才负刑事责任，绑架撕票的，不负刑事责任。对司法实践中出现的已满14周岁不满16周岁的人绑架人质后杀害被绑架人，拐卖妇女、儿童而故意造成被拐卖妇女、儿童重伤或死亡的行为，依据刑法是应当追究其刑事责任的。

10. 最高人民检察院《关于已满14周岁不满16周岁的人承担刑事责任范围问题的复函》（高检发研字〔2002〕17号）

四川省人民检察院：

你院关于已满14周岁不满16周岁的人承担刑事责任范围问题的请示（川检发研〔2001〕13号）收悉。我们就此问题询问了全国人民代表大会常务委员会法制工作委员会，现将全国人民代表大会常务委员会法制工作委员会的答复意见转发你院，请遵照执行。

附件：全国人大常委会法制工作委员会关于已满14周岁不满16周岁的人承担刑事责任范围问题的答复意见（法工委复字〔2002〕12号）

最高人民检察院：

关于你单位4月8日来函收悉，经研究，现答复如下：

刑法第17条第2款规定的8种犯罪，是指具体犯罪行为而不是具体罪名。对于刑法第17条中规定的"犯故意杀人、故意伤害致人重伤或者死亡"，是指只要故意实施了杀人、伤害行为并且造成了致人重伤、死亡后果的，都应负刑事责任。而不是指只有犯故意杀人罪、故意伤害罪的，才负刑事责任，绑架撕票的，不负刑事责任。对司法实践中出现的已满14周岁不满16周岁的人绑架人质后杀害被绑架人、拐卖妇女、儿童而故意造成被拐卖妇女、儿童重伤或死亡的行为，依据刑法是应当追究其刑事责任的。

2002年7月24日
全国人大常委会法制工作委员会

11. 最高人民检察院研究室《关于相对刑事责任年龄的人承担刑事责任范围有关问题的答复》(〔2003〕高检研发第13号)

四川省人民检察院研究室：

你院关于相对刑事责任年龄的人承担刑事责任范围问题的请示(川检发办〔2002〕47号)收悉。经研究，答复如下：

一、相对刑事责任年龄的人实施了刑法第17条第2款规定的行为，应当追究刑事责任的，其罪名应当根据所触犯的刑法分则具体条文认定。对于绑架后杀害被绑架人的，其罪名应认定为绑架罪。

二、相对刑事责任年龄的人实施了刑法第269条规定的行为的，应当依照刑法第263条的规定，以抢劫罪追究刑事责任。但对情节显著轻微，危害不大的，可根据法第13条的规定，不予追究刑事责任。

12. 最高人民法院《对甘肃省高级人民法院〔2003〕甘行终字第98号请示的答复》(〔2004〕行他字第10号)

甘肃省高级人民法院：

你院〔2003〕甘行终字第98号《关于胡某立不服甘肃省公安厅少年收容教养决定上诉一案的请示》已收悉。经研究，答复如下：

《刑法》第17条第4款关于"因不满16周岁不予刑事处罚的……在必要的时候，可以由政府收容教养"的规定，适用于因不满14周岁不予刑事处罚的情形。

13 最高人民法院《关于审理未成年人刑事案件具体应用法律若干问题的解释》(法释〔2006〕1号)

为正确审理未成年人刑事案件，贯彻"教育为主，惩罚为辅"的原则，根据刑法等有关法律的规定，现就审理未成年人刑事案件具体应用法律的若干问题解释如下：

第1条 本解释所称未成年人刑事案件，是指被告人实施被指控的犯罪时已满14周岁不满18周岁的案件。

第2条 刑法第17条规定的"周岁"，按照公历的年、月、日计算，从周岁生日的第2天起算。

第3条 审理未成年人刑事刑事案件，应当查明被告人实施被指控的犯罪时的年龄。裁判文书中应当写明被告人出生的年、月、日。

第4条 对于没有充分证据证明被告人实施被指控的犯罪时已经达到法定刑事责任年龄且确实无法查明的，应当推定其没有达到相应法定刑事责任年龄。

相关证据足以证明被告人实施被指控的犯罪时已经达到法定刑事责任年龄，但是无法准确查明被告人具体出生日期的，应当认定其达到相应法定刑事责任年龄。

第5条 已满14周岁不满16周岁的人实施刑法第17条第2款规定以外的行为，如果同时触犯了刑法第17条第2款规定的，应当依照刑法第17条第2款的规定确定罪名，定罪处罚。

第6条 已满14周岁不满16周岁的人偶尔与幼女发生性行为，情节轻微、未造成严重后果的，不认为是犯罪。

第7条 已满14周岁不满16周岁的人使用轻微暴力或者威胁，强行索要其他未成年人随身携带的生活、学习用品或者钱财数量不大，且未造成被害人轻微伤以上或者不敢正常到校学习、生活等危害后果的，不认为是犯罪。

已满16周岁不满18周岁的人具有前款规定情形的，一般也不认为是犯罪。

第8条 已满16周岁不满18周岁的人出于以大欺小、以强凌弱或者寻求精神刺激，随意殴打其他未成年人、多次对其他未成年人强拿硬要或者任意损毁公私财物，扰乱学校及其他公共场所秩序，情节严重的，以寻衅滋事罪定罪处罚。

第9条 已满16周岁不满18周岁的人实施盗窃行为未超过3次，盗窃数额虽已达到"数额较大"标准，但案发后能如实供述全部盗窃事实并积极退赃，且具有下列情形之一的，可以认定为"情节显著轻微危害不大"，不认为是犯罪：

(一)系又聋又哑的人或者盲人；(二)在共同盗窃中起次要或者辅助作用，或者被胁迫；(三)具有其他轻微情节的。

已满16周岁不满18周岁的人盗窃未遂或者中止的，可不认为是犯罪。

已满16周岁不满18周岁的人盗窃自己家庭或者近亲属财物，或者盗窃其他亲属财物但其他亲属要求不予追究的，可不按犯罪处理。

第10条 已满14周岁不满16周岁的人盗窃、诈骗、抢夺他人财物，为窝藏赃物、抗拒抓捕或者毁灭罪证，当场使用暴力，故意伤害致人重伤或者死亡，或者故意杀人的，应当分别以故意伤害罪或者故意杀人罪定罪处罚。

已满16周岁不满18周岁的人犯盗窃、诈骗、抢夺罪，为窝藏赃物、抗拒抓捕或者毁灭罪证而当场使用暴力或者以暴力相威胁的，应当依照刑法第269条的规定定罪处罚；情节轻微的，可不以抢劫罪定罪处罚。

第11条 对未成年罪犯适用刑罚，应当充分考虑是否有利于未成年罪犯的教育和矫正。

对未成年罪犯量刑应当依照刑法第61条的规定，并充分考虑未成年人实施犯罪行为的动机和目的、犯罪时的年龄、是否初次犯罪、犯罪后的悔罪表现、个人成长经历和一贯表现等因素。对符合管制、缓刑、单处罚金或者免予刑事处罚适用条件的未成年罪犯，应当依法适用管制、缓刑、单处罚金或者免予刑事处罚。

第12条 行为人在达到法定刑事责任龄前后均实施了危害社会的行为，只能依法追究其达到法定刑事责任年龄后实施的危害社会行为的刑事责任。

行为人在年满18周岁前后实施了不同种犯罪行为，对其年满18周岁以前实施的犯罪应当依法从轻或者减轻处罚。行为人在年满18周岁前后实施了同种犯罪行为，在量刑时应当考虑对年满18周岁以前实施的犯罪，适当给予从轻或者减轻处罚。

第13条 未成年人犯罪只有罪行极其严重的，才可以适用无期徒刑。对已满14周岁不满16周岁的人犯罪一般不判处无期徒刑。

第14条 除刑法规定"应当"附加剥夺政治权利外，对未成年罪犯一般不判处附加剥夺政治权利。

如果对未成年罪犯判处附加剥夺政治权利的，应当依法从轻判处。

对实施被指控犯罪时未成年、审判时已成年的罪犯判处附加剥夺政治权利，适用前款的规定。

第15条 对未成年罪犯实施刑法规定的"并处"没收财产或者罚金的犯罪，应当依法判处相应的财产刑；对未成年罪犯实施刑法规定的"可以并处"没收财产或者罚金的犯罪，一般不判处财产刑。

对未成年罪犯判处罚金刑时,应当依法从轻或者减轻判处,并根据犯罪情节,综合考虑其缴纳罚金的能力,确定罚金数额。但罚金的最低数额不得少于500元人民币。

对被判处罚金刑的未成年罪犯,其监护人或者其他人自愿代为垫付罚金的,人民法院应当允许。

第16条 对未成年罪犯符合刑法第72条第1款规定的,可以宣告缓刑。如果同时具有下列情形之一,对其适用缓刑确实不致再危害社会的,应当宣告缓刑:

(一)初次犯罪;(二)积极退赃或赔偿被害人经济损失;(三)具备监护、帮教条件。

第17条 未成年罪犯根据其所犯罪行,可能被判处拘役、3年以下有期徒刑,如果悔罪表现好,并具有下列情形之一的,应当依照刑法第37条的规定免予刑事处罚:

(一)系又聋又哑的人或者盲人;(二)防卫过当或者避险过当;(三)犯罪预备、中止或者未遂;(四)共同犯罪中从犯、胁从犯;(五)犯罪后自首或者有立功表现;(六)其他犯罪情节轻微不需要判处刑罚的。

第18条 对未成年罪犯的减刑、假释,在掌握标准上可以比照成年罪犯依法适度放宽。

未成年罪犯能认罪服法,遵守监规,积极参加学习、劳动的,即可视为"确有悔改表现"予以减刑,其减刑的幅度可以适当放宽,间隔的时间可以相应缩短。符合刑法第81条第1款规定的,可以假释。

未成年罪犯在服刑期间已经成年的,对其减刑、假释可以适用上述规定。

第19条 刑事附带民事案件的未成年被告人有个人财产的,应当由本人承担民事赔偿责任,不足部分由监护人予以赔偿,但单位担任监护人的除外。

被告人对被害人物质损失的赔偿情况,可以作为量刑情节予以考虑。

第20条 本解释自公布之日起施行。《最高人民法院关于办理未成年人刑事案件适用法律的若干问题的解释》(法发〔1995〕9号)自本解释公布之日起不再执行。

14. 最高人民检察院《关于在检察工作中贯彻宽严相济刑事司法政策的若干意见》(高检发研字〔2007〕2号)

11. 对未成年人犯罪案件依法从宽处理。办理未成年人犯罪案件,应当坚持"教育、感化、挽救"的方针和"教育为主、惩罚为辅"的原则。要对未成年犯罪嫌疑人的情况进行调查,了解未成年人的性格特点、家庭情况、社会交往、成长经历以及有无帮教条件等情况,除主观恶性大、社会危害严重的以外,根据案件具体情况,可捕可不捕的不捕,可诉可不诉的不诉。对确需提起公诉的未成年被告人,应当根据情况依法向人民法院提出从宽处理、适用缓刑等量刑方面的意见。

19. 改革完善未成年人犯罪案件的办案方式。对未成年人犯罪案件,应当设立专门工作机构、专门工作小组或者指定专人办理。建立适合未成年人特点的审查逮捕、审查起诉工作机制。对成年人与未成年人共同犯罪案件,原则上实行分案处理。对未成年人犯罪案件适用简易程序的,公诉人一般应当出庭支持公诉并开展庭审教育活动。对于因犯罪情节轻微决定不起诉的未成年人,要落实帮教措施。(全文详见本书《刑法》第5条相关内容)

15. 最高人民法院《关于贯彻宽严相济刑事政策的若干意见》(法发〔2010〕9号)

15. 被告人的行为已经构成犯罪,但犯罪情节轻微,或者未成年人、在校学生实施的较轻犯罪,或者被告人具有犯罪预备、犯罪中止、从犯、胁从犯、防卫过当、避险过当等情节,依法不需要判处刑罚的,可以免予刑事处罚。对免予刑事处罚的,应当根据刑法第37条规定,做好善后、帮教工作或者交由有关部门进行处理,争取更好的社会效果。

20. 对于未成年人犯罪,在具体考虑其实施犯罪的动机和目的、犯罪性质、情节和社会危害程度的同时,还要充分考虑其是否属于初犯,归案后是否悔罪,以及个人成长经历和一贯表现等因素,坚持“教育为主、惩罚为辅”的原则和“教育、感化、挽救”的方针进行处理。对于偶尔盗窃、抢夺、诈骗,数额刚达到较大的标准,案发后能如实交代并积极退赃的,可以认定为情节显著轻微,不作为犯罪处理。对于罪行较轻的,可以依法适当多适用缓刑或者判处管制、单处罚金等非监禁刑;依法可免予刑事处罚的,应当免予刑事处罚。对于犯罪情节严重的未成年人,也应当依照刑法第 17 条第 3 款的规定予以从轻或者减轻处罚。对于已满 14 周岁不满 16 周岁的未成年犯罪人,一般不判处无期徒刑。(全文详见本书《刑法》第 5 条相关内容)

16. 最高人民检察院《关于对涉嫌盗窃的不满 16 周岁未成年人采取刑事拘留强制措施是否违法问题的批复》(高检发释字〔2011〕1 号)

北京市人民检察院:

你院京检字〔2010〕107 号《关于对涉嫌盗窃的不满 16 周岁未成年人采取刑事拘留强制措施是否违法的请示》收悉。经研究,批复如下:

根据刑法、刑事诉讼法、未成年人保护法等有关法律规定,对于实施犯罪时未满 16 周岁的未成年人,且未犯刑法第 17 条第 2 款规定之罪的,公安机关查明犯罪嫌疑人实施犯罪时年龄确系未满 16 周岁依法不负刑事责任后仍予以刑事拘留的,检察机关应当及时提出纠正意见。

17. 最高人民法院、最高人民检察院、公安部、国家安全部、司法部《关于〈建立犯罪人员犯罪记录制度的意见〉的通知》(法发〔2012〕10 号)

(三)规范犯罪人员信息查询机制

公安机关、国家安全机关、人民检察院和司法行政机关分别负责受理、审核和处理有关犯罪记录的查询申请。

上述机关在向社会提供犯罪信息查询服务时,应当严格依照法律法规关于升学、入伍、就业等资格、条件的规定进行。

辩护律师为依法履行辩护职责,要求查询本案犯罪嫌疑人、被告人的犯罪记录的,应当允许,涉及未成年人的犯罪记录被执法机关依法封存的除外。

(四)建立未成年人犯罪记录封存制度

为深入贯彻落实党和国家对违法犯罪未成年人的“教育、感化、挽救”方针和“教育为主、惩罚为辅”原则,切实帮助失足青少年回归社会,根据刑事诉讼法的有关规定,结合我国未成年人保护工作的实际,建立未成年人轻罪犯罪记录封存制度,对于犯罪时不满 18 周岁,被判处 5 年有期徒刑以下刑罚的未成年人的犯罪记录,应当予以封存。犯罪记录被封存后,不得向任何单位和个人提供,但司法机关为办案需要或者有关单位根据国家规定进行查询的除外。依法进行查询的单位,应当对被封存的犯罪记录的情况予以保密。

执法机关对未成年人的犯罪记录可以作为工作记录予以保存。

(五)明确违反规定处理犯罪人员信息的责任

负责提供犯罪人员信息的部门及其工作人员应当及时、准确地向犯罪人员信息登记机关提供有关信息。不按规定提供信息,或者故意提供虚假、伪造信息,情节严重或者造成严重后果的,应当依法追究相关人员的责任。

负责登记和管理犯罪人员信息的部门及其工作人员应当认真登记、妥善管理犯罪人员信息。不按规定登记犯罪人员信息、提供查询服务,或者违反规定泄露犯罪人员信息,情节严重或者造成严重后果的,应当依法追究相关人员的责任。

使用犯罪人员信息的单位和个人应当按照查询目的使用有关信息并对犯罪人员信息予以保密。不按规定使用犯罪人员信息,情节严重或者造成严重后果的,应当依法追究相关人员的责任。(全文详见本书《刑法》第 13 条相关内容)

18. 最高人民检察院《人民检察院办理未成年人刑事案件的规定》(2013年修订)(高检发研字〔2013〕7号)

第1章 总 则

第1条 为了切实保障未成年犯罪嫌疑人、被告人和未成年人罪犯的合法权益,正确履行检察职责,根据《中华人民共和国刑法》《中华人民共和国刑事诉讼法》《中华人民共和国未成年人保护法》《中华人民共和国预防未成年人犯罪法》《人民检察院刑事诉讼规则(试行)》等有关规定,结合人民检察院办理未成年人刑事案件工作实际,制定本规定。

第2条 人民检察院办理未成年人刑事案件,实行教育、感化、挽救的方针,坚持教育为主、惩罚为辅和特殊保护的原则。在严格遵守法律规定的前提下,按照最有利于未成年人和适合未成年人身心特点的方式进行,充分保障未成年人合法权益。

第3条 人民检察院办理未成年人刑事案件,应当保障未成年人依法行使其诉讼权利,保障未成年人得到法律帮助。

第4条 人民检察院办理未成年人刑事案件,应当在依照法定程序和保证办案质量的前提下,快速办理,减少刑事诉讼对未成年人的不利影响。

第5条 人民检察院办理未成年人刑事案件,应当依法保护涉案未成年人的名誉,尊重其人格尊严,不得公开或者传播涉案未成年人的姓名、住所、照片、图像及可能推断出该未成年人的资料。

人民检察院办理刑事案件,应当依法保护未成年被害人、证人以及其他与案件有关的未成年人的合法权益。

第6条 人民检察院办理未成年人刑事案件,应当加强与公安机关、人民法院以及司法行政机关的联系,注意工作各环节的衔接和配合,共同做好对涉案未成年人的教育、感化、挽救工作。

人民检察院应当加强同政府有关部门、共青团、妇联、工会等人民团体,学校、基层组织以及未成年人保护组织的联系和配合,加强对违法犯罪的未成年人的教育和挽救,共同做好未成年人犯罪预防工作。

第7条 人民检察院办理未成年人刑事案件,发现有关单位或者部门在预防未成年人违法犯罪等方面制度不落实、不健全,存在管理漏洞的,可以采取检察建议等方式向有关单位或者部门提出预防违法犯罪的意见和建议。

第8条 省级、地市级人民检察院和未成年人刑事案件较多的基层人民检察院,应当设立独立的未成年人刑事检察机构。地市级人民检察院也可以根据当地实际,指定一个基层人民检察院设立独立机构,统一办理辖区范围内的未成年人刑事案件;条件暂不具备的,应当成立专门办案组或者指定专人办理。对于专门办案组或者专人,应当保证其集中精力办理未成年人刑事案件,研究未成年人犯罪规律,落实对涉案未成年人的帮教措施等工作。

各级人民检察院应当选任经过专门培训,熟悉未成年人身心特点,具有犯罪学、社会学、心理学、教育学等方面知识的检察人员承办未成年人刑事案件,并加强对办案人员的培训和指导。

第9条 人民检察院根据情况可以对未成年犯罪嫌疑人的成长经历、犯罪原因、监护教育等情况进行调查,并制作社会调查报告,作为办案和教育的参考。

人民检察院开展社会调查,可以委托有关组织和机构进行。开展社会调查应当尊重和保护未成年人名誉,避免向不知情人员泄露未成年犯罪嫌疑人的涉罪信息。

人民检察院应当对公安机关移送的社会调查报告进行审查,必要时可以进行补充调查。

提起公诉的案件,社会调查报告应当随案移送人民法院。

第10条 人民检察院办理未成年人刑事案件,可以应犯罪嫌疑人家属、被害人及其家属的要求,告知其审查逮捕、审查起诉的进展情况,并对有关情况予以说明和解释。

第11条 人民检察院受理案件后,应当向未成年犯罪嫌疑人及其法定代理人了解其委托辩护人的情况,并告知其有权委托辩护人。

未成年犯罪嫌疑人没有委托辩护人的,人民检察院应当书面通知法律援助机构指派律师为其提供辩护。

第12条 人民检察院办理未成年人刑事案件,应当注重矛盾化解,认真听取被害人的意见,做好释法说理工作。对于符合和解条件的,要发挥检调对接平台作用,积极促使双方当事人达成和解。

人民检察院应当充分维护未成年被害人的合法权益。对于符合条件的被害人,应当及时启动刑事被害人救助程序,对其进行救助。对于未成年被害人,可以适当放宽救助条件、扩大救助的案件范围。

人民检察院根据需要,可以对未成年犯罪嫌疑人、未成年被害人进行心理疏导。必要时,经未成年犯罪嫌疑人及其法定代理人同意,可以对未成年犯罪嫌疑人进行心理测评。

在办理未成年人刑事案件时,人民检察院应当加强办案风险评估预警工作,主动采取适当措施,积极回应和引导社会舆论,有效防范执法办案风险。

第2章 未成年人刑事案件的审查逮捕

第13条 人民检察院办理未成年犯罪嫌疑人审查逮捕案件,应当根据未成年犯罪嫌疑人涉嫌犯罪的事实、主观恶性、有无监护与社会帮教条件等,综合衡量其社会危险性,严格限制适用逮捕措施,可捕可不捕的不捕。

第14条 审查逮捕未成年犯罪嫌疑人,应当重点审查其是否已满14、16、18周岁。

对犯罪嫌疑人实际年龄难以判断,影响对该犯罪嫌疑人是否应当负刑事责任认定的,应当不批准逮捕。需要补充侦查的,同时通知公安机关。

第15条 审查逮捕未成年犯罪嫌疑人,应当审查公安机关依法提供的证据和社会调查报告等材料。公安机关没有提供社会调查报告的,人民检察院根据案件情况可以要求公安机关提供,也可以自行或者委托有关组织和机构进行调查。

第16条 审查逮捕未成年犯罪嫌疑人,应当注意是否有被胁迫、引诱的情节,是否存在成年人教唆犯罪、传授犯罪方法或者利用未成年人实施犯罪的情况。

第17条 人民检察院办理未成年犯罪嫌疑人审查逮捕案件,应当讯问未成年犯罪嫌疑人,听取辩护律师的意见,并制作笔录附卷。

讯问未成年犯罪嫌疑人,应当根据该未成年人的特点和案件情况,制定详细的讯问提纲,采取适宜该未成年人的方式进行,讯问用语应当准确易懂。

讯问未成年犯罪嫌疑人,应当告知其依法享有的诉讼权利,告知其如实供述案件事实的法律规定和意义,核实其是否有自首、立功、坦白等情节,听取其有罪的供述或者无罪、罪轻的辩解。

讯问未成年犯罪嫌疑人,应当通知其法定代理人到场,告知法定代理人依法享有的诉讼权利和应当履行的义务。无法通知、法定代理人不能到场或者法定代理人是共犯的,也可以通知未成年犯罪嫌疑人的其他成年亲属,所在学校、单位或者居住地的村民委员会、居民委员会、未成年人保护组织的代表等合适成年人到场,并将有关情况记录在案。到场的法定代理人可以代为行使未成年犯罪嫌疑人的诉讼权利,行使时不得侵犯未成年犯罪嫌疑人的合法权益。

未成年犯罪嫌疑人明确拒绝法定代理人以外的合适成年人到场,人民检察院可以准许,但应当另行通知其他合适成年人到场。

到场的法定代理人或者其他人员认为办案人员在讯问中侵犯未成年犯罪嫌疑人合法权益的,可以提出意见。讯问笔录应当交由到场的法定代理人或者其他人员阅读或者向其宣读,并由其在笔录上签字、盖章或者捺指印确认。

讯问女性未成年犯罪嫌疑人,应当有女性检察人员参加。

询问未成年被害人、证人,适用本条第4款至第7款的规定。

第18条 讯问未成年犯罪嫌疑人一般不得使用械具。对于确有人身危险性,必须使用械具的,在现实危险消除后,应当立即停止使用。

第19条 对于罪行较轻,具备有效监护条件或者社会帮教措施,没有社会危险性或者社会危险性较小,不逮捕不致妨害诉讼正常进行的未成年犯罪嫌疑人,应当不批准逮捕。

对于罪行比较严重,但主观恶性不大,有悔罪表现,具备有效监护条件或者社会帮教措施,具有下列情形之一,不逮捕不致妨害诉讼正常进行的未成年犯罪嫌疑人,可以不批准逮捕:

(一)初次犯罪、过失犯罪的;(二)犯罪预备、中止、未遂的;(三)有自首或者立功表现的;(四)犯罪后如实交代罪行,真诚悔罪,积极退赃,尽力减少和赔偿损失,被害人谅解的;(五)不属于共同犯罪的主犯或者集团犯罪中的首要分子的;(六)属于已满14周岁不满16周岁的未成年人或者系在校学生的;(七)其他可以不批准逮捕的情形。

对于不予批准逮捕的案件,应当说明理由,连同案卷材料送达公安机关执行。需要补充侦查的,应当同时通知公安机关。必要时可以向被害方作说明解释。

第20条 适用本规定第19条的规定,在作出不批准逮捕决定前,应当审查其监护情况,参考其法定代理人、学校、居住地公安派出所及居民委员会、村民委员会的意见,并在审查逮捕意见书中对未成年犯罪嫌疑人是否具备有效监护条件或者社会帮教措施进行具体说明。

第21条 对未成年犯罪嫌疑人作出批准逮捕决定后,应当依法进行羁押必要性审查。对不需要继续羁押的,应当及时建议予以释放或者变更强制措施。

第3章 未成年人刑事案件的审查起诉与出庭支持公诉

第1节 审 查

第22条 人民检察院审查起诉未成年人刑事案件,自收到移送审查起诉的案件材料之日起3日以内,应当告知被害人及其法定代理人或者其近亲属、附带民事诉讼的当事人及其法定代理人有权委托诉讼代理人。

对未成年被害人或者其法定代理人提出聘请律师意向,但因经济困难或者其他原因没有委托诉讼代理人的,应当帮助其申请法律援助。

未成年犯罪嫌疑人被羁押的,人民检察院应当审查是否有必要继续羁押。对不需要继续羁押的,应当予以释放或者变更强制措施。

审查起诉未成年犯罪嫌疑人,应当听取其父母或者其他法定代理人、辩护人、被害人及其法定代理人的意见。

第23条 人民检察院审查起诉未成年人刑事案件,应当讯问未成年犯罪嫌疑人。讯问未成年犯罪嫌疑人适用本规定第17条、第18条的规定。

第24条 移送审查起诉的案件具备以下条件之一,且其法定代理人、近亲属等与本案无

牵连的,经公安机关同意,检察人员可以安排在押的未成年犯罪嫌疑人与其法定代理人、近亲属等进行会见、通话:

(一)案件事实已基本查清,主要证据确实、充分,安排会见、通话不会影响诉讼活动正常进行;(二)未成年犯罪嫌疑人有认罪、悔罪表现,或者虽尚未认罪、悔罪,但通过会见、通话有可能促使其转化,或者通过会见、通话有利于社会、家庭稳定;(三)未成年犯罪嫌疑人的法定代理人、近亲属对其犯罪原因、社会危害性以及后果有一定的认识,并能配合司法机关进行教育。

第25条 在押的未成年犯罪嫌疑人同其法定代理人、近亲属等进行会见、通话时,检察人员应当告知其会见、通话不得有串供或者其他妨碍诉讼的内容。会见、通话时检察人员可以在场。会见、通话结束后,检察人员应当将有关内容及时整理并记录在案。

第2节 不起诉

第26条 对于犯罪情节轻微,具有下列情形之一,依照刑法规定不需要判处刑罚或者免除刑罚的未成年犯罪嫌疑人,一般应当依法作出不起诉决定:

(一)被胁迫参与犯罪的;(二)犯罪预备、中止、未遂的;(三)在共同犯罪中起次要或者辅助作用的;(四)系又聋又哑的人或者盲人的;(五)因防卫过当或者紧急避险过当构成犯罪的;(六)有自首或者立功表现的;(七)其他依照刑法规定不需要判处刑罚或者免除刑罚的情形。

第27条 对于未成年人实施的轻伤害案件、初次犯罪、过失犯罪、犯罪未遂的案件以及被诱骗或者被教唆实施的犯罪案件等,情节轻微,犯罪嫌疑人确有悔罪表现,当事人双方自愿就民事赔偿达成协议并切实履行或者经被害人同意并提供有效担保,符合刑法第37条规定的,人民检察院可以依照刑事诉讼法第173条第2款的规定作出不起诉决定,并可以根据案件的不同情况,予以训诫或者责令具结悔过、赔礼道歉、赔偿损失,或者由主管部门予以行政处罚。

第28条 不起诉决定书应当向被不起诉的未成年人及其法定代理人宣布,并阐明不起诉的理由和法律依据。

不起诉决定书应当送达公安机关,被不起诉的未成年人及其法定代理人、辩护人,被害人或者其近亲属及其诉讼代理人。

送达时,应当告知被害人或者其近亲属及其诉讼代理人,如果对不起诉决定不服,可以自收到不起诉决定书后7日以内向上一级人民检察院申诉,也可以不经申诉,直接向人民法院起诉;告知被不起诉的未成年人及其法定代理人,如果对不起诉决定不服,可以自收到不起诉决定书后7日以内向人民检察院申诉。

第3节 附条件不起诉

第29条 对于犯罪时已满14周岁不满18周岁的未成年人,同时符合下列条件的,人民检察院可以作出附条件不起诉决定:

(一)涉嫌刑法分则第4章、第5章、第6章规定的犯罪;(二)根据具体犯罪事实、情节,可能被判处1年有期徒刑以下刑罚;(三)犯罪事实清楚,证据确实、充分,符合起诉条件;(四)具有悔罪表现。

第30条 人民检察院在作出附条件不起诉的决定以前,应当听取公安机关、被害人、未成年犯罪嫌疑人的法定代理人、辩护人的意见,并制作笔录附卷。被害人是未成年人的,还应当听取被害人的法定代理人、诉讼代理人的意见。

第31条 公安机关或者被害人对附条件不起诉有异议或争议较大的案件,人民检察院可以召集侦查人员、被害人及其法定代理人、诉讼代理人、未成年犯罪嫌疑人及其法定代理人、辩护人举行不公开听证会,充分听取各方的意见和理由。

对于决定附条件不起诉可能激化矛盾或者引发不稳定因素的,人民检察院应当慎重适用。

第32条 适用附条件不起诉的审查意见,应当由办案人员在审查起诉期限届满15日前提出,并根据案件的具体情况拟定考验期限和考察方案,连同案件审查报告、社会调查报告等,经部门负责人审核,报检察长或者检察委员会决定。

第33条 人民检察院作出附条件不起诉的决定后,应当制作附条件不起诉决定书,并在3日以内送达公安机关、被害人或者其近亲属及其诉讼代理人、未成年犯罪嫌疑人及其法定代理人、辩护人。

送达时,应当告知被害人或者其近亲属及其诉讼代理人,如果对附条件不起诉决定不服,可以自收到附条件不起诉决定书后7日以内向上一级人民检察院申诉。

人民检察院应当当面向未成年犯罪嫌疑人及其法定代理人宣布附条件不起诉决定,告知考验期限、在考验期内应当遵守的规定和违反规定应负的法律责任,以及可以对附条件不起诉决定提出异议,并制作笔录附卷。

第34条 未成年犯罪嫌疑人在押的,作出附条件不起诉决定后,人民检察院应当作出释放或者变更强制措施的决定。

第35条 公安机关认为附条件不起诉决定有错误,要求复议的,人民检察院未成年人刑事检察机构应当另行指定检察人员进行审查并提出审查意见,经部门负责人审核,报请检察长或者检察委员会决定。

人民检察院应当在收到要求复议意见书后的30日以内作出复议决定,通知公安机关。

第36条 上一级人民检察院收到公安机关对附条件不起诉决定提请复核的意见书后,应当交由未成年人刑事检察机构办理。未成年人刑事检察机构应当指定检察人员进行审查并提出审查意见,经部门负责人审核,报请检察长或者检察委员会决定。

上一级人民检察院应当在收到提请复核意见书后的30日以内作出决定,制作复核决定书送交提请复核的公安机关和下级人民检察院。经复核改变下级人民检察院附条件不起诉决定的,应当撤销下级人民检察院作出的附条件不起诉决定,交由下级人民检察院执行。

第37条 被害人不服附条件不起诉决定,在收到附条件不起诉决定书后7日以内申诉的,由作出附条件不起诉决定的人民检察院的上一级人民检察院未成年人刑事检察机构立案复查。

被害人向作出附条件不起诉决定的人民检察院提出申诉的,作出决定的人民检察院应当将申诉材料连同案卷一并报送上一级人民检察院受理。

被害人不服附条件不起诉决定,在收到附条件不起诉决定书7日后提出申诉的,由作出附条件不起诉决定的人民检察院未成年人刑事检察机构另行指定检察人员审查后决定是否立案复查。

未成年人刑事检察机构复查后应当提出复查意见,报请检察长决定。

复查决定书应当送达被害人、被附条件不起诉的未成年犯罪嫌疑人及其法定代理人和作出附条件不起诉决定的人民检察院。

上级人民检察院经复查作出起诉决定的,应当撤销下级人民检察院的附条件不起诉决定,由下级人民检察院提起公诉,并将复查决定抄送移送审查起诉的公安机关。

第38条 未成年犯罪嫌疑人及其法定代理人对人民检察院决定附条件不起诉有异议的,人民检察院应当作出起诉的决定。

第39条 人民检察院在作出附条件不起诉决定后,应当在10日内将附条件不起诉决定书报上级人民检察院主管部门备案。

上级人民检察院认为下级人民检察院作出的附条件不起诉决定不适当的,应当及时撤销下级人民检察院作出的附条件不起诉决定,下级人民检察院应当执行。

第40条 人民检察院决定附条件不起诉的,应当确定考验期。考验期为6个月以上1年以下,从人民检察院作出附条件不起诉的决定之日起计算。考验期不计入案件审查起诉期限。

考验期的长短应当与未成年犯罪嫌疑人所犯罪行的轻重、主观恶性的大小和人身危险性的大小、一贯表现及帮教条件等相适应,根据未成年犯罪嫌疑人在考验期的表现,可以在法定期限范围内适当缩短或者延长。

第41条 被附条件不起诉的未成年犯罪嫌疑人,应当遵守下列规定:

(一)遵守法律法规,服从监督;(二)按照考察机关的规定报告自己的活动情况;(三)离开所居住的市、县或者迁居,应当报经考察机关批准;(四)按照考察机关的要求接受矫治和教育。

第42条 人民检察院可以要求被附条件不起诉的未成年犯罪嫌疑人接受下列矫治和教育:

(一)完成戒瘾治疗、心理辅导或者其他适当的处遇措施;(二)向社区或者公益团体提供公益劳动;(三)不得进入特定场所,与特定的人员会见或者通信,从事特定的活动;(四)向被害人赔偿损失、赔礼道歉等;(五)接受相关教育;(六)遵守其他保护被害人安全以及预防再犯的禁止性规定。

第43条 在附条件不起诉的考验期内,人民检察院应当对被附条件不起诉的未成年犯罪嫌疑人进行监督考察。未成年犯罪嫌疑人的监护人应当对未成年犯罪嫌疑人加强管教,配合人民检察院做好监督考察工作。

人民检察院可以会同未成年犯罪嫌疑人的监护人、所在学校、单位、居住地的村民委员会、居民委员会、未成年人保护组织等的有关人员定期对未成年犯罪嫌疑人进行考察、教育,实施跟踪帮教。

第44条 未成年犯罪嫌疑人经批准离开所居住的市、县或者迁居,作出附条件不起诉决定的人民检察院可以要求迁入地的人民检察院协助进行考察,并将考察结果函告作出附条件不起诉决定的人民检察院。

第45条 考验期届满,办案人员应当制作附条件不起诉考察意见书,提出起诉或者不起诉的意见,经部门负责人审核,报请检察长决定。

人民检察院应当在审查起诉期限内作出起诉或者不起诉的决定。

作出附条件不起诉决定的案件,审查起诉期限自人民检察院作出附条件不起诉决定之日起中止计算,自考验期限届满之日起或者人民检察院作出撤销附条件不起诉决定之日起恢复计算。

第46条 被附条件不起诉的未成年犯罪嫌疑人,在考验期内有下列情形之一的,人民检察院应当撤销附条件不起诉的决定,提起公诉:

(一)实施新的犯罪的;(二)发现决定附条件不起诉以前还有其他犯罪需要追诉的;(三)违反治安管理规定,造成严重后果,或者多次违反治安管理规定的;(四)违反考察机关有关附条件不起诉的监督管理规定,造成严重后果,或者多次违反考察机关有关附条件不起诉的监督管理规定的。

第47条 对于未成年犯罪嫌疑人在考验期内实施新的犯罪或者在决定附条件不起诉以

前还有其他犯罪需要追诉的,人民检察院应当移送侦查机关立案侦查。

第48条 被附条件不起诉的未成年犯罪嫌疑人,在考验期内没有本规定第46条规定的情形,考验期满的,人民检察院应当作出不起诉的决定。

第49条 对于附条件不起诉的案件,不起诉决定宣布后6个月内,办案人员可以对被不起诉的未成年人进行回访,巩固帮教效果,并做好相关记录。

第50条 对人民检察院依照刑事诉讼法第173条第2款规定作出的不起诉决定和经附条件不起诉考验期满不起诉的,在向被不起诉的未成年人及其法定代理人宣布不起诉决定书时,应当充分阐明不起诉的理由和法律依据,并结合社会调查,围绕犯罪行为对被害人、对本人及家庭、对社会等造成的危害,导致犯罪行为发生的原因及应当吸取的教训等,对被不起诉的未成年人开展必要的教育。如果侦查人员、合适成年人、辩护人、社工等参加有利于教育被不起诉未成年人的,经被不起诉的未成年人及其法定代理人同意,可以邀请他们参加,但要严格控制参与人范围。

对于犯罪事实清楚,但因未达刑事责任年龄不起诉、年龄证据存疑而不起诉的未成年犯罪嫌疑人,参照上述规定举行不起诉宣布教育仪式。

第4节 提起公诉

第51条 人民检察院审查未成年人与成年人共同犯罪案件,一般应当将未成年人与成年人分案起诉。但是具有下列情形之一的,可以不分案起诉:

(一)未成年人系犯罪集团的组织者或者其他共同犯罪中的主犯的;(二)案件重大、疑难、复杂,分案起诉可能妨碍案件审理的;(三)涉及刑事附带民事诉讼,分案起诉妨碍附带民事诉讼部分审理的;(四)具有其他不宜分案起诉情形的。

对分案起诉至同一人民法院的未成年人与成年人共同犯罪案件,由未成年人刑事检察机构一并办理更为适宜的,经检察长决定,可以由未成年人刑事检察机构一并办理。

分案起诉的未成年人与成年人共同犯罪案件,由不同机构分别办理的,应当相互了解案件情况,提出量刑建议时,注意全案的量刑平衡。

第52条 对于分案起诉的未成年人与成年人共同犯罪案件,一般应当同时移送人民法院。对于需要补充侦查的,如果补充侦查事项不涉及未成年犯罪嫌疑人所参与的犯罪事实,不影响对未成年犯罪嫌疑人提起公诉的,应当对未成年犯罪嫌疑人先予提起公诉。

第53条 对于分案起诉的未成年人与成年人共同犯罪案件,在审查起诉过程中可以根据全案情况制作一个审结报告,起诉书以及出庭预案等应当分别制作。

第54条 人民检察院对未成年人与成年人共同犯罪案件分别提起公诉后,在诉讼过程中出现不宜分案起诉情形的,可以建议人民法院并案审理。

第55条 对于符合适用简易程序审理条件的未成年人刑事案件,人民检察院应当在提起公诉时向人民法院提出适用简易程序审理的建议。

第56条 对提起公诉的未成年人刑事案件,应当认真做好下列出席法庭的准备工作:

(一)掌握未成年被告人的心理状态,并对其进行接受审判的教育,必要时,可以再次讯问被告人;(二)与未成年被告人的法定代理人、合适成年人、辩护人交换意见,共同做好教育、感化工作;(三)进一步熟悉案情,深入研究本案的有关法律政策问题,根据案件性质,结合社会调查情况,拟定讯问提纲、询问被害人、证人、鉴定人提纲、举证提纲、答辩提纲、公诉意见书和针对未成年被告人进行法制教育的书面材料。

第57条 公诉人出席未成年人刑事审判法庭,应当遵守公诉人出庭行为规范要求,发言时应当语调温和,并注意用语文明、准确,通俗易懂。

公诉人一般不提请未成年证人、被害人出庭作证。确有必要出庭作证的，应当建议人民法院采取相应的保护措施。

第58条 在法庭审理过程中，公诉人的讯问、询问、辩论等活动，应当注意未成年人的身心特点。对于未成年被告人情绪严重不稳定，不宜继续接受审判的，公诉人可以建议法庭休庭。

第59条 对于具有下列情形之一，依法可能判处拘役、3年以下有期徒刑，有悔罪表现，宣告缓刑对所居住社区没有重大不良影响，具备有效监护条件或者社会帮教措施，适用缓刑确实不致再危害社会的未成年被告人，人民检察院应当建议人民法院适用缓刑：

（一）犯罪情节较轻，未造成严重后果的；（二）主观恶性不大的初犯或者胁从犯、从犯；（三）被害人同意和解或者被害人有明显过错的；（四）其他可以适用缓刑的情节。

建议宣告缓刑，可以根据犯罪情况，同时建议禁止未成年被告人在缓刑考验期限内从事特定活动，进入特定区域、场所，接触特定的人。

人民检察院提出对未成年被告人适用缓刑建议的，应当将未成年被告人能够获得有效监护、帮教的书面材料于判决前移送人民法院。

第60条 公诉人在依法指控犯罪的同时，要剖析未成年被告人犯罪的原因、社会危害性，适时进行法治教育，促使其深刻反省，吸取教训。

第61条 人民检察院派员出席未成年人刑事案件二审法庭适用本节的相关规定。

第62条 犯罪的时候不满18周岁，被判处5年有期徒刑以下刑罚的，人民检察院应当在收到人民法院生效判决后，对犯罪记录予以封存。

对于二审案件，上级人民检察院封存犯罪记录时，应当通知下级人民检察院对相关犯罪记录予以封存。

第63条 人民检察院应当将拟封存的未成年人犯罪记录、卷宗等相关材料装订成册，加密保存，不予公开，并建立专门的未成年人犯罪档案库，执行严格的保管制度。

第64条 除司法机关为办案需要或者有关单位根据国家规定进行查询的以外，人民检察院不得向任何单位和个人提供封存的犯罪记录，并不得提供未成年人有犯罪记录的证明。

司法机关或者有关单位需要查询犯罪记录的，应当向封存犯罪记录的人民检察院提出书面申请，人民检察院应当在7日以内作出是否许可的决定。

第65条 对被封存犯罪记录的未成年人，符合下列条件之一的，应当对其犯罪记录解除封存：

（一）实施新的犯罪，且新罪与封存记录之罪数罪并罚后被决定执行5年有期徒刑以上刑罚的；（二）发现漏罪，且漏罪与封存记录之罪数罪并罚后被决定执行5年有期徒刑以上刑罚的。

第66条 人民检察院对未成年犯罪嫌疑人作出不起诉决定后，应当对相关记录予以封存。具体程序参照本规定第62条至第65条规定办理。

第4章 未成年人刑事案件的法律监督

第67条 人民检察院审查批准逮捕、审查起诉未成年犯罪嫌疑人，应当同时依法监督侦查活动是否合法，发现有下列违法行为的，应当提出纠正意见；构成犯罪的，依法追究刑事责任：

（一）违法对未成年犯罪嫌疑人采取强制措施或者采取强制措施不当的；（二）未依法实行对未成年犯罪嫌疑人与成年犯罪嫌疑人分别关押、管理的；（三）对未成年犯罪嫌疑人采取刑事拘留、逮捕措施后，在法定时限内未进行讯问，或者未通知其家属的；（四）讯问未成年犯罪嫌疑人或者询问未成年被害人、证人时,未依法通知其法定代理人或者合适成年人到场的;(五)讯问或者询问女性未成年人时,没有女性检察人员参加;(六)未依法告知未成年犯罪嫌疑人有权委托辩护人的;(七)未依法通知法律援助机构指派律师为未成年犯罪嫌疑人提供辩护的;(八)对未成年犯罪嫌疑人威胁、体罚、侮辱人格、游行示众,或者刑讯逼供、指供、诱供的;(九)利用未成年人认知能力低而故意制造冤、假、错案的;(十)对未成年被害人、证人以暴力、威胁、诱骗等非法手段收集证据或者侵害未成年被害人、证人的人格尊严及隐私权等合法权益的;(十一)违反羁押和办案期限规定的;(十二)已作出不批准逮捕、不起诉决定,公安机关不立即释放犯罪嫌疑人的;(十三)在侦查中有其他侵害未成年人合法权益行为的。

第68条 对依法不应当公开审理的未成年人刑事案件公开审理的,人民检察院应当在开庭前提出纠正意见。

公诉人出庭支持公诉时,发现法庭审判有下列违反法律规定的诉讼程序的情形之一的,应当在休庭后及时向本院检察长报告,由人民检察院向人民法院提出纠正意见:

(一)开庭或者宣告判决时未通知未成年被告人的法定代理人到庭的;(二)人民法院没有给聋、哑或者不通晓当地通用的语言文字的未成年被告人聘请或者指定翻译人员的;(三)未成年被告人在审判时没有辩护人的;对未成年被告人及其法定代理人依照法律和有关规定拒绝辩护人为其辩护,合议庭未另行通知法律援助机构指派律师的;(四)法庭未告知未成年被告人及其法定代理人依法享有的申请回避、辩护、提出新的证据、申请重新鉴定或者勘验、最后陈述、提出上诉等诉讼权利的;(五)其他违反法律规定的诉讼程序的情形。

第69条 人民检察院发现有关机关对未成年人犯罪记录应当封存而未封存的,不应当允许查询而允许查询的或者不应当提供犯罪记录而提供的,应当依法提出纠正意见。

第70条 人民检察院依法对未成年犯管教所实行驻所检察。在刑罚执行监督中,发现关押成年罪犯的监狱收押未成年人罪犯的,未成年犯管教所违法收押成年罪犯的,或者对年满18周岁时余刑在2年以上的罪犯留在未成年犯管教所执行剩余刑期的,应当依法提出纠正意见。

第71条 人民检察院在看守所检察中,发现没有对未成年犯罪嫌疑人、被告人与成年犯罪嫌疑人、被告人分别关押、管理或者对未成年犯留所执行刑罚的,应当依法提出纠正意见。

第72条 人民检察院应当加强对未成年犯管教所、看守所监管未成年人罪犯活动的监督,依法保障未成年人罪犯的合法权益,维护监管改造秩序和教学、劳动、生活秩序。

人民检察院配合未成年犯管教所、看守所加强对未成年人罪犯的政治、法律、文化教育,促进依法、科学、文明监管。

第73条 人民检察院依法对未成年人的社区矫正进行监督,发现有下列情形之一的,应当依法向公安机关、人民法院、监狱、社区矫正机构等有关部门提出纠正意见:

(一)没有将未成年人的社区矫正与成年人分开进行的;(二)对实行社区矫正的未成年人脱管、漏管或者没有落实帮教措施的;(三)没有对未成年社区矫正人员给予身份保护,其矫正宣告公开进行,矫正档案未进行保密,公开或者传播其姓名、住所、照片等可能推断出该未成年人的其他资料以及矫正资料等情形的;(四)未成年社区矫正人员的矫正小组没有熟悉青少年成长特点的人员参加的;(五)没有针对未成年人的年龄、心理特点和身心发育需要等特殊情况采取相应的监督管理和教育矫正措施的;(六)其他违法情形。

第74条 人民检察院依法对未成年犯的减刑、假释、暂予监外执行等活动实行监督。对符合减刑、假释、暂予监外执行法定条件的,应当建议执行机关向人民法院、监狱管理机关或者公安机关提请;发现提请或者裁定、决定不当的,应当依法提出纠正意见;对徇私舞弊减刑、假释、暂予监外执行等构成犯罪的,依法追究刑事责任。

第5章　未成年人案件的刑事申诉检察

第75条　人民检察院依法受理未成年人及其法定代理人提出的刑事申诉案件和国家赔偿案件。

人民检察院对未成年人刑事申诉案件和国家赔偿案件,应当指定专人及时办理。

第76条　人民检察院复查未成年人刑事申诉案件,应当直接听取未成年人及其法定代理人的陈述或者辩解,认真审核、查证与案件有关的证据和线索,查清案件事实,依法作出处理。

案件复查终结作出处理决定后,应当向未成年人及其法定代理人当面送达法律文书,做好释法说理和教育工作。

第77条　对已复查纠正的未成年人刑事申诉案件,应当配合有关部门做好善后工作。

第78条　人民检察院办理未成年人国家赔偿案件,应当充分听取未成年人及其法定代理人的意见,对于依法应当赔偿的案件,应当及时作出和执行赔偿决定。

第6章　附　　则

第79条　本规定所称未成年人刑事案件,是指犯罪嫌疑人、被告人实施涉嫌犯罪行为时已满14周岁、未满18周岁的刑事案件,但在有关未成年人诉讼权利和体现对未成年人程序上特殊保护的条文中所称的未成年人,是指在诉讼过程中未满18周岁的人。犯罪嫌疑人实施涉嫌犯罪行为时未满18周岁,在诉讼过程中已满18周岁的,人民检察院可以根据案件的具体情况适用本规定。

第80条　实施犯罪行为的年龄,一律按公历的年、月、日计算。从周岁生日的第2天起,为已满××周岁。

第81条　未成年人刑事案件的法律文书和工作文书,应当注明未成年人的出生年月日、法定代理人或者到场的合适成年人、辩护人基本情况。

对未成年犯罪嫌疑人、被告人、未成年人罪犯的有关情况和办案人员开展教育感化工作的情况,应当记录在卷,随案移送。

第82条　本规定由最高人民检察院负责解释。

第83条　本规定自发布之日起施行,最高人民检察院2007年1月9日发布的《人民检察院办理未成年人刑事案件的规定》同时废止。

19. 最高人民法院、最高人民检察院、公安部、司法部《关于依法惩治性侵害未成年人犯罪的意见》(法发〔2013〕12号)

为依法惩治性侵害未成年人犯罪,保护未成年人合法权益,根据刑法、刑事诉讼法和未成年人保护法等法律和司法解释的规定,结合司法实践经验,制定本意见。

一、基本要求

1. 本意见所称性侵害未成年人犯罪,包括刑法第236条、第237条、第358条、第359条、第360条第2款规定的针对未成年人实施的强奸罪,强制猥亵、侮辱妇女罪,猥亵儿童罪,组织卖淫罪,强迫卖淫罪,引诱、容留、介绍卖淫罪,引诱幼女卖淫罪,嫖宿幼女罪等。

2. 对于性侵害未成年人犯罪,应当依法从严惩治。

3. 办理性侵害未成年人犯罪案件,应当充分考虑未成年被害人身心发育尚未成熟、易受伤害等特点,贯彻特殊、优先保护原则,切实保障未成年人的合法权益。

4. 对于未成年人实施性侵害未成年人犯罪的,应当坚持双向保护原则,在依法保护未成年被害人的合法权益时,也要依法保护未成年犯罪嫌疑人、未成年被告人的合法权益。

5. 办理性侵害未成年人犯罪案件，对于涉及未成年被害人、未成年犯罪嫌疑人和未成年被告人的身份信息及可能推断出其身份信息的资料和涉及性侵害的细节等内容，审判人员、检察人员、侦查人员、律师及其他诉讼参与人应当予以保密。

对外公开的诉讼文书，不得披露未成年被害人的身份信息及可能推断出其身份信息的其他资料，对性侵害的事实注意以适当的方式叙述。

6. 性侵害未成年人犯罪案件，应当由熟悉未成年人身心特点的审判人员、检察人员、侦查人员办理，未成年被害人系女性的，应当有女性工作人员参与。

人民法院、人民检察院、公安机关设有办理未成年人刑事案件专门工作机构或者专门工作小组的，可以优先由专门工作机构或者专门工作小组办理性侵害未成年人犯罪案件。

7. 各级人民法院、人民检察院、公安机关和司法行政机关应当加强与民政、教育、妇联、共青团等部门及未成年人保护组织的联系和协作，共同做好性侵害未成年人犯罪预防和未成年被害人的心理安抚、疏导工作，从有利于未成年人身心健康的角度，对其给予必要的帮助。

8. 上级人民法院、人民检察院、公安机关和司法行政机关应当加强对下指导和业务培训。各级人民法院、人民检察院、公安机关和司法行政机关要增强对未成年人予以特殊、优先保护的司法理念，完善工作机制，提高办案能力和水平。

二、办案程序要求

9. 对未成年人负有监护、教育、训练、救助、看护、医疗等特殊职责的人员（以下简称负有特殊职责的人员）以及其他公民和单位，发现未成年人受到性侵害的，有权利也有义务向公安机关、人民检察院、人民法院报案或者举报。

10. 公安机关接到未成年人被性侵害的报案、控告、举报，应当及时受理，迅速进行审查。经审查，符合立案条件的，应当立即立案侦查。

公安机关发现可能有未成年人被性侵害或者接报相关线索的，无论案件是否属于本单位管辖，都应当及时采取制止违法犯罪行为、保护被害人、保护现场等紧急措施，必要时，应当通报有关部门对被害人予以临时安置、救助。

11. 人民检察院认为公安机关应当立案侦查而不立案侦查的，或者被害人及其法定代理人、对未成年人负有特殊职责的人员据此向人民检察院提出异议的，人民检察院应当要求公安机关说明不立案的理由。人民检察院认为不立案理由不成立的，应当通知公安机关立案，公安机关接到通知后应当立案。

12. 公安机关侦查未成年人被性侵害案件，应当依照法定程序，及时、全面收集固定证据。及时对性侵害犯罪现场进行勘查，对未成年被害人、犯罪嫌疑人进行人身检查，提取体液、毛发、被害人和犯罪嫌疑人指甲内的残留物等生物样本，指纹、足迹、鞋印等痕迹，衣物、纽扣等物品；及时提取住宿登记表等书证，现场监控录像等视听资料；及时收集被害人陈述、证人证言和犯罪嫌疑人供述等证据。

13. 办案人员到未成年被害人及其亲属、未成年证人所在学校、单位、居住地调查取证的，应当避免驾驶警车、穿着制服或者采取其他可能暴露被害人身份、影响被害人名誉、隐私的方式。

14. 询问未成年被害人，审判人员、检察人员、侦查人员和律师应当坚持不伤害原则，选择未成年人住所或者其他让未成年人心理上感到安全的场所进行，并通知其法定代理人到场。无法通知、法定代理人不能到场或者法定代理人是性侵害犯罪嫌疑人、被告人的，也可以通知未成年被害人的其他成年亲属或者所在学校、居住地基层组织、未成年人保护组织的代表等有关人员到场，并将相关情况记录在案。

询问未成年被害人，应当考虑其身心特点，采取和缓的方式进行。对与性侵害犯罪有关的事实应当进行全面询问,以1次询问为原则,尽可能避免反复询问。

15. 人民法院、人民检察院办理性侵害未成年人案件,应当及时告知未成年被害人及其法定代理人或者近亲属有权委托诉讼代理人,并告知其如果经济困难,可以向法律援助机构申请法律援助。对需要申请法律援助的,应当帮助其申请法律援助。法律援助机构应当及时指派熟悉未成年人身心特点的律师为其提供法律帮助。

16. 人民法院、人民检察院、公安机关办理性侵害未成年人犯罪案件,除有碍案件办理的情形外,应当将案件进展情况、案件处理结果及时告知被害人及其法定代理人,并对有关情况予以说明。

17. 人民法院确定性侵害未成年人犯罪案件开庭日期后,应当将开庭的时间、地点通知未成年被害人及其法定代理人。未成年被害人的法定代理人可以陪同或者代表未成年被害人参加法庭审理,陈述意见,法定代理人是性侵害犯罪被告人的除外。

18. 人民法院开庭审理性侵害未成年人犯罪案件,未成年被害人、证人确有必要出庭的,应当根据案件情况采取不暴露外貌、真实声音等保护措施。有条件的,可以采取视频等方式播放未成年人的陈述、证言,播放视频亦应采取保护措施。

三、准确适用法律

19. 知道或者应当知道对方是不满14周岁的幼女,而实施奸淫等性侵害行为的,应当认定行为人"明知"对方是幼女。

对于不满12周岁的被害人实施奸淫等性侵害行为的,应当认定行为人"明知"对方是幼女。

对于已满12周岁不满14周岁的被害人,从其身体发育状况、言谈举止、衣着特征、生活作息规律等观察可能是幼女,而实施奸淫等性侵害行为的,应当认定行为人"明知"对方是幼女。

20. 以金钱财物等方式引诱幼女与自己发生性关系的;知道或者应当知道幼女被他人强迫卖淫而仍与其发生性关系的,均以强奸罪论处。

21. 对幼女负有特殊职责的人员与幼女发生性关系的,以强奸罪论处。

对已满14周岁的未成年女性负有特殊职责的人员,利用其优势地位或者被害人孤立无援的境地,迫使未成年被害人就范,而与其发生性关系的,以强奸罪定罪处罚。

22. 实施猥亵儿童犯罪,造成儿童轻伤以上后果,同时符合刑法第234条或者第232条的规定,构成故意伤害罪、故意杀人罪的,依照处罚较重的规定定罪处罚。

对已满14周岁的未成年男性实施猥亵,造成被害人轻伤以上后果,符合刑法第234条或者第232条规定的,以故意伤害罪或者故意杀人罪定罪处罚。

23. 在校园、游泳馆、儿童游乐场等公共场所对未成年人实施强奸、猥亵犯罪,只要有其他多人在场,不论在场人员是否实际看到,均可以依照刑法第236条第3款、第237条的规定,认定为在公共场所"当众"强奸妇女,强制猥亵、侮辱妇女,猥亵儿童。

24. 介绍、帮助他人奸淫幼女、猥亵儿童的,以强奸罪、猥亵儿童罪的共犯论处。

25. 针对未成年人实施强奸、猥亵犯罪的,应当从重处罚,具有下列情形之一的,更要依法从严惩处:

(1)对未成年人负有特殊职责的人员、与未成年人有共同家庭生活关系的人员、国家工作人员或者冒充国家工作人员,实施强奸、猥亵犯罪的;(2)进入未成年人住所、学生集体宿舍实施强奸、猥亵犯罪的;(3)采取暴力、胁迫、麻醉等强制手段实施奸淫幼女、猥亵儿童犯罪的;(4)对不满12周岁的儿童、农村留守儿童、严重残疾或者精神智力发育迟滞的未成年人,实施强奸、猥亵犯罪的;(5)猥亵多名未成年人,或者多次实施强奸、猥亵犯罪的;(6)造成未成年被害人轻伤、怀孕、感染性病等后果的;(7)有强奸、猥亵犯罪前科劣迹的。

26. 组织、强迫、引诱、容留、介绍未成年人卖淫构成犯罪的,应当从重处罚。强迫幼女卖淫、引诱幼女卖淫的,应当分别按照刑法第358条第1款第(2)项、第359条第2款的规定定罪处罚。

对未成年人负有特殊职责的人员、与未成年人有共同家庭生活关系的人员、国家工作人员,实施组织、强迫、引诱、容留、介绍未成年人卖淫等性侵害犯罪的,更要依法从严惩处。

27. 已满14周岁不满16周岁的人偶尔与幼女发生性关系,情节轻微、未造成严重后果的,不认为是犯罪。

四、其他事项

28. 对于强奸未成年人的成年犯罪分子判处刑罚时,一般不适用缓刑。

对于性侵害未成年人的犯罪分子确定是否适用缓刑,人民法院、人民检察院可以委托犯罪分子居住地的社区矫正机构,就对其宣告缓刑对所居住社区是否有重大不良影响进行调查。受委托的社区矫正机构应当及时组织调查,在规定的期限内将调查评估意见提交委托机关。

对于判处刑罚同时宣告缓刑的,可以根据犯罪情况,同时宣告禁止令,禁止犯罪分子在缓刑考验期内从事与未成年人有关的工作、活动,禁止其进入中小学校区、幼儿园园区及其他未成年人集中的场所,确因本人就学、居住等原因,经执行机关批准的除外。

29. 外国人在我国领域内实施强奸、猥亵未成年人等犯罪的,应当依法判处,在判处刑罚时,可以独立适用或者附加适用驱逐出境。对于尚不构成犯罪但构成违反治安管理行为的,或者因实施性侵害未成年人犯罪不适宜在中国境内继续停留居留的,公安机关可以依法适用限期出境或者驱逐出境。

30. 对于判决已生效的强奸、猥亵未成年人犯罪案件,人民法院在依法保护被害人隐私的前提下,可以在互联网公布相关裁判文书,未成年人犯罪的除外。

31. 对于未成年人因被性侵害而造成的人身损害,为进行康复治疗所支付的医疗费、护理费、交通费、误工费等合理费用,未成年被害人及其法定代理人、近亲属提出赔偿请求的,人民法院依法予以支持。

32. 未成年人在幼儿园、学校或者其他教育机构学习、生活期间被性侵害而造成人身损害,被害人及其法定代理人、近亲属据此向人民法院起诉要求上述单位承担赔偿责任的,人民法院依法予以支持。

33. 未成年人受到监护人性侵害,其他具有监护资格的人员、民政部门等有关单位和组织向人民法院提出申请,要求撤销监护人资格,另行指定监护人的,人民法院依法予以支持。

34. 对未成年被害人因性侵害犯罪而造成人身损害,不能及时获得有效赔偿,生活困难的,各级人民法院、人民检察院、公安机关可会同有关部门,优先考虑予以司法救助。

20. 最高人民检察院、公安部《关于规范刑事案件"另案处理"适用的指导意见》(高检会〔2014〕1号)

第3条 涉案的部分犯罪嫌疑人有下列情形之一的,可以适用"另案处理":

(一)依法需要移送管辖处理的;(二)系未成年人需要分案办理的;(三)在同案犯罪嫌疑人被提请批准逮捕或者移送审查起诉时在逃,无法到案的;(四)涉嫌其他犯罪,需要进一步侦查,不宜与同案犯罪嫌疑人一并提请批准逮捕或者移送审查起诉,或者其他犯罪更为严重,另案处理更为适宜的;(五)涉嫌犯罪的现有证据暂不符合提请批准逮捕或者移送审查起诉标准,需要继续侦查,而同案犯罪嫌疑人符合提请批准逮捕或者移送审查起诉标准的;(六)其他适用"另案处理"更为适宜的情形。(全文详见本书《刑法》第13条相关内容)

21. 全国人大常委会《关于〈中华人民共和国刑事诉讼法〉第271条第2款的解释》(2014年4月24日第十二届全国人大常委会第八次会议通过)

全国人民代表大会常务委员会根据司法实践中遇到的情况，讨论了刑事诉讼法第271条第2款的含义及被害人对附条件不起诉的案件能否依照第176条的规定向人民法院起诉的问题，解释如下：

人民检察院办理未成年人刑事案件，在作出附条件不起诉的决定以前，应当听取被害人的意见。被害人对人民检察院对未成年犯罪嫌疑人作出的附条件不起诉的决定和不起诉的决定，可以向上一级人民检察院申诉，不适用刑事诉讼法第176条关于被害人可以向人民法院起诉的规定。

22. 最高人民法院、最高人民检察院、公安部、民政部《关于依法处理监护人侵害未成年人权益行为若干问题的意见》(法发〔2014〕24号)

为切实维护未成年人合法权益，加强未成年人行政保护和司法保护工作，确保未成年人得到妥善监护照料，根据民法通则、民事诉讼法、未成年人保护法等法律规定，现就处理监护人侵害未成年人权益行为(以下简称监护侵害行为)的有关工作制定本意见。

一、一般规定

1. 本意见所称监护侵害行为，是指父母或者其他监护人(以下简称监护人)性侵害、出卖、遗弃、虐待、暴力伤害未成年人，教唆、利用未成年人实施违法犯罪行为，胁迫、诱骗、利用未成年人乞讨，以及不履行监护职责严重危害未成年人身心健康等行为。

2. 处理监护侵害行为，应当遵循未成年人最大利益原则，充分考虑未成年人身心特点和人格尊严，给予未成年人特殊、优先保护。

3. 对于监护侵害行为，任何组织和个人都有权劝阻、制止或者举报。

公安机关应当采取措施，及时制止在工作中发现以及单位、个人举报的监护侵害行为，情况紧急时将未成年人带离监护人。

民政部门应当设立未成年人救助保护机构(包括救助管理站、未成年人救助保护中心)，对因受到监护侵害进入机构的未成年人承担临时监护责任，必要时向人民法院申请撤销监护人资格。

人民法院应当依法受理人身安全保护裁定申请和撤销监护人资格案件并作出裁判。

人民检察院对公安机关、人民法院处理监护侵害行为的工作依法实行法律监督。

人民法院、人民检察院、公安机关设有办理未成年人案件专门工作机构的，应当优先由专门工作机构办理监护侵害案件。

4. 人民法院、人民检察院、公安机关、民政部门应当充分履行职责，加强指导和培训，提高保护未成年人的能力和水平；加强沟通协作，建立信息共享机制，实现未成年人行政保护和司法保护的有效衔接。

5. 人民法院、人民检察院、公安机关、民政部门应当加强与妇儿工委、教育部门、卫生部门、共青团、妇联、关工委、未成年人住所地村(居)民委员会等的联系和协作，积极引导、鼓励、支持法律服务机构、社会工作服务机构、公益慈善组织和志愿者等社会力量，共同做好受监护侵害的未成年人的保护工作。

二、报告和处置

6. 学校、医院、村(居)民委员会、社会工作服务机构等单位及其工作人员，发现未成年人受到监护侵害的，应当及时向公安机关报案或者举报。

其他单位及其工作人员、个人发现未成年人受到监护侵害的，也应当及时向公安机关报案或者举报。

7. 公安机关接到涉及监护侵害行为的报案、举报后,应当立即出警处置,制止正在发生的侵害行为并迅速进行调查。符合刑事立案条件的,应当立即立案侦查。

8. 公安机关在办理监护侵害案件时,应当依照法定程序,及时、全面收集固定证据,保证办案质量。

询问未成年人,应当考虑未成年人的身心特点,采取和缓的方式进行,防止造成进一步伤害。

未成年人有其他监护人的,应当通知其他监护人到场。其他监护人无法通知或者未能到场的,可以通知未成年人的其他成年亲属、所在学校、村(居)民委员会、未成年人保护组织的代表以及专业社会工作者等到场。

9. 监护人的监护侵害行为构成违反治安管理行为的,公安机关应当依法给予治安管理处罚,但情节特别轻微不予治安管理处罚的,应当给予批评教育并通报当地村(居)民委员会;构成犯罪的,依法追究刑事责任。

10. 对于疑似患有精神障碍的监护人,已实施危害未成年人安全的行为或者有危害未成年人安全危险的,其近亲属、所在单位、当地公安机关应当立即采取措施予以制止,并将其送往医疗机构进行精神障碍诊断。

11. 公安机关在出警过程中,发现未成年人身体受到严重伤害、面临严重人身安全威胁或者处于无人照料等危险状态的,应当将其带离实施监护侵害行为的监护人,就近护送至其他监护人、亲属、村(居)民委员会或者未成年人救助保护机构,并办理书面交接手续。未成年人有表达能力的,应当就护送地点征求未成年人意见。

负责接收未成年人的单位和人员(以下简称临时照料人)应当对未成年人予以临时紧急庇护和短期生活照料,保护未成年人的人身安全,不得侵害未成年人合法权益。

公安机关应当书面告知临时照料人有权依法向人民法院申请人身安全保护裁定和撤销监护人资格。

12. 对身体受到严重伤害需要医疗的未成年人,公安机关应当先行送医救治,同时通知其他有监护资格的亲属照料,或者通知当地未成年人救助保护机构开展后续救助工作。

监护人应当依法承担医疗救治费用。其他亲属和未成年人救助保护机构等垫付医疗救治费用的,有权向监护人追偿。

13. 公安机关将受监护侵害的未成年人护送至未成年人救助保护机构的,应当在5个工作日内提供案件侦办查处情况说明。

14. 监护侵害行为可能构成虐待罪的,公安机关应当告知未成年人及其近亲属有权告诉或者代为告诉,并通报所在地同级人民检察院。

未成年人及其近亲属没有告诉的,由人民检察院起诉。

三、临时安置和人身安全保护裁定

15. 未成年人救助保护机构应当接收公安机关护送来的受监护侵害的未成年人,履行临时监护责任。

未成年人救助保护机构履行临时监护责任一般不超过1年。

16. 未成年人救助保护机构可以采取家庭寄养、自愿助养、机构代养或者委托政府指定的寄宿学校安置等方式,对未成年人进行临时照料,并为未成年人提供心理疏导、情感抚慰等服务。

未成年人因临时监护需要转学、异地入学接受义务教育的,教育行政部门应当予以保障。

17. 未成年人的其他监护人、近亲属要求照料未成年人的,经公安机关或者村(居)民委员会确认其身份后,未成年人救助保护机构可以将未成年人交由其照料,终止临时监护。

关系密切的其他亲属、朋友要求照料未成年人的,经未成年人父、母所在单位或者村(居)

民委员会同意,未成年人救助保护机构可以将未成年人交由其照料,终止临时监护。

未成年人救助保护机构将未成年人送交亲友临时照料的,应当办理书面交接手续,并书面告知临时照料人有权依法向人民法院申请人身安全保护裁定和撤销监护人资格。

18. 未成年人救助保护机构可以组织社会工作服务机构等社会力量,对监护人开展监护指导、心理疏导等教育辅导工作,并对未成年人的家庭基本情况、监护情况、监护人悔过情况、未成年人身心健康状况以及未成年人意愿等进行调查评估。监护人接受教育辅导及后续表现情况应当作为调查评估报告的重要内容。

有关单位和个人应当配合调查评估工作的开展。

19. 未成年人救助保护机构应当与公安机关、村(居)民委员会、学校以及未成年人亲属等进行会商,根据案件侦办查处情况说明、调查评估报告和监护人接受教育辅导等情况,并征求有表达能力的未成年人意见,形成会商结论。

经会商认为本意见第 11 条第 1 款规定的危险状态已消除,监护人能够正确履行监护职责的,未成年人救助保护机构应当及时通知监护人领回未成年人。监护人应当在 3 日内领回未成年人并办理书面交接手续。会商形成结论前,未成年人救助保护机构不得将未成年人交由监护人领回。

经会商认为监护侵害行为属于本意见第 35 条规定情形的,未成年人救助保护机构应当向人民法院申请撤销监护人资格。

20. 未成年人救助保护机构通知监护人领回未成年人的,应当将相关情况通报未成年人所在学校、辖区公安派出所、村(居)民委员会,并告知其对通报内容负有保密义务。

21. 监护人领回未成年人的,未成年人救助保护机构应当指导村(居)民委员会对监护人的监护情况进行随访,开展教育辅导工作。

未成年人救助保护机构也可以组织社会工作服务机构等社会力量,开展前款工作。

22. 未成年人救助保护机构或者其他临时照料人可以根据需要,在诉讼前向未成年人住所地、监护人住所地或者侵害行为地人民法院申请人身安全保护裁定。

未成年人救助保护机构或者其他临时照料人也可以在诉讼中向人民法院申请人身安全保护裁定。

23. 人民法院接受人身安全保护裁定申请后,应当按照民事诉讼法第 100 条、第 101 条、第 102 条的规定作出裁定。经审查认为存在侵害未成年人人身安全危险的,应当作出人身安全保护裁定。

人民法院接受诉讼前人身安全保护裁定申请后,应当在 48 小时内作出裁定。接受诉讼中人身安全保护裁定申请,情况紧急的,也应当在 48 小时内作出裁定。人身安全保护裁定应当立即执行。

24. 人身安全保护裁定可以包括下列内容中的一项或者多项:

(一)禁止被申请人暴力伤害、威胁未成年人及其临时照料人;(二)禁止被申请人跟踪、骚扰、接触未成年人及其临时照料人;(三)责令被申请人迁出未成年人住所;(四)保护未成年人及其临时照料人人身安全的其他措施。

25. 被申请人拒不履行人身安全保护裁定,危及未成年人及其临时照料人人身安全或者扰乱未成年人救助保护机构工作秩序的,未成年人、未成年人救助保护机构或者其他临时照料人有权向公安机关报告,由公安机关依法处理。

被申请人有其他拒不履行人身安全保护裁定行为的,未成年人、未成年人救助保护机构或者其他临时照料人有权向人民法院报告,人民法院根据民事诉讼法第 111 条、第 115 条、第 116 条的规定,视情节轻重处以罚款、拘留;构成犯罪的,依法追究刑事责任。

26. 当事人对人身安全保护裁定不服的，可以申请复议1次。复议期间不停止裁定的执行。

四、申请撤销监护人资格诉讼

27. 下列单位和人员（以下简称有关单位和人员）有权向人民法院申请撤销监护人资格：（一）未成年人的其他监护人，祖父母、外祖父母、兄、姐，关系密切的其他亲属、朋友；（二）未成年人住所地的村（居）民委员会，未成年人父、母所在单位；（三）民政部门及其设立的未成年人救助保护机构；（四）共青团、妇联、关工委、学校等团体和单位。

申请撤销监护人资格，一般由前款中负责临时照料未成年人的单位和人员提出，也可以由前款中其他单位和人员提出。

28. 有关单位和人员向人民法院申请撤销监护人资格的，应当提交相关证据。

有包含未成年人基本情况、监护存在问题、监护人悔过情况、监护人接受教育辅导情况、未成年人身心健康状况以及未成年人意愿等内容的调查评估报告的，应当一并提交。

29. 有关单位和人员向公安机关、人民检察院申请出具相关案件证明材料的，公安机关、人民检察院应当提供证明案件事实的基本材料或者书面说明。

30. 监护人因监护侵害行为被提起公诉的案件，人民检察院应当书面告知未成年人及其临时照料人有权依法申请撤销监护人资格。

对于监护侵害行为符合本意见第35条规定情形而相关单位和人员没有提起诉讼的，人民检察院应当书面建议当地民政部门或者未成年人救助保护机构向人民法院申请撤销监护人资格。

31. 申请撤销监护人资格案件，由未成人住所地、监护人住所地或者侵害行为地基层人民法院管辖。

人民法院受理撤销监护人资格案件，不收取诉讼费用。

五、撤销监护人资格案件审理和判后安置

32. 人民法院审理撤销监护人资格案件，比照民事诉讼法规定的特别程序进行，在1个月内审理结案。有特殊情况需要延长的，由本院院长批准。

33. 人民法院应当全面审查调查评估报告等证据材料，听取被申请人、有表达能力的未成年人以及村（居）民委员会、学校、邻居等的意见。

34. 人民法院根据案件需要可以聘请适当的社会人士对未成年人进行社会观护，并可以引入心理疏导和测评机制，组织专业社会工作者、儿童心理问题专家等专业人员参与诉讼，为未成年人和被申请人提供心理辅导和测评服务。

35. 被申请人有下列情形之一的，人民法院可以判决撤销其监护人资格：（一）性侵害、出卖、遗弃、虐待、暴力伤害未成年人，严重损害未成年人身心健康的；（二）将未成年人置于无人监管和照看的状态，导致未成年人面临死亡或者严重伤害危险，经教育不改的；（三）拒不履行监护职责长达6个月以上，导致未成年人流离失所或者生活无着的；（四）有吸毒、赌博、长期酗酒等恶习无法正确履行监护职责或者因服刑等原因无法履行监护职责，且拒绝将监护职责部分或者全部委托给他人，致使未成年人处于困境或者危险状态的；（五）胁迫、诱骗、利用未成年人乞讨，经公安机关和未成年人救助保护机构等部门3次以上批评教育拒不改正，严重影响未成年人正常生活和学习的；（六）教唆、利用未成年人实施违法犯罪行为，情节恶劣的；（七）有其他严重侵害未成年人合法权益行为的。

36. 判决撤销监护人资格，未成年人有其他监护人的，应当由其他监护人承担监护职责。其他监护人应当采取措施避免未成年人继续受到侵害。

没有其他监护人的，人民法院根据最有利于未成年人的原则，在民法通则第16条第2款、第4款规定的人员和单位中指定监护人。指定个人担任监护人的,应当综合考虑其意愿、品行、身体状况、经济条件、与未成年人的生活情感联系以及有表达能力的未成年人的意愿等。

没有合适人员和其他单位担任监护人的,人民法院应当指定民政部门担任监护人,由其所属儿童福利机构收留抚养。

37. 判决不撤销监护人资格的,人民法院可以根据需要走访未成年人及其家庭,也可以向当地民政部门、辖区公安派出所、村(居)民委员会、共青团、妇联、未成年人所在学校、监护人所在单位等发出司法建议,加强对未成年人的保护和对监护人的监督指导。

38. 被撤销监护人资格的侵害人,自监护人资格被撤销之日起3个月至1年内,可以书面向人民法院申请恢复监护人资格,并应当提交相关证据。

人民法院应当将前款内容书面告知侵害人和其他监护人、指定监护人。

39. 人民法院审理申请恢复监护人资格案件,按照变更监护关系的案件审理程序进行。

人民法院应当征求未成年人现任监护人和有表达能力的未成年人的意见,并可以委托申请人住所地的未成年人救助保护机构或者其他未成年人保护组织,对申请人监护意愿、悔改表现、监护能力、身心状况、工作生活情况等进行调查,形成调查评估报告。

申请人正在服刑或者接受社区矫正的,人民法院应当征求刑罚执行机关或者社区矫正机构的意见。

40. 人民法院经审理认为申请人确有悔改表现并且适宜担任监护人的,可以判决恢复其监护人资格,原指定监护人的监护人资格终止。

申请人具有下列情形之一的,一般不得判决恢复其监护人资格:

(一)性侵害、出卖未成年人的;(二)虐待、遗弃未成年人6个月以上、多次遗弃未成年人,并且造成重伤以上严重后果的;(三)因监护侵害行为被判处5年有期徒刑以上刑罚的。

41. 撤销监护人资格诉讼终结后6个月内,未成年人及其现任监护人可以向人民法院申请人身安全保护裁定。

42. 被撤销监护人资格的父、母应当继续负担未成年人的抚养费用和因监护侵害行为产生的各项费用。相关单位和人员起诉的,人民法院应予支持。

43. 民政部门应当根据有关规定,将符合条件的受监护侵害的未成年人纳入社会救助和相关保障范围。

44. 民政部门担任监护人的,承担抚养职责的儿童福利机构可以送养未成年人。

送养未成年人应当在人民法院作出撤销监护人资格判决1年后进行。侵害人有本意见第40条第2款规定情形的,不受1年后送养的限制。

23. 最高人民检察院《关于进一步加强未成年人刑事检察工作的通知》(高检发诉字〔2014〕28号)

(全文略)

24. 最高人民检察院《第5批指导性案例张某、沈某某等7人抢劫案》(检例第19号;2014年9月10日)

【抗诉理由】

一审宣判后,上海市静安区人民检察院审查认为,一审判决对犯罪情节相对较轻的胡某某判处7年有期徒刑量刑失衡,对未成年被告人沈某某、胡某某、许某判处罚金刑未依法从宽处罚,属适用法律错误,量刑不当,遂依法向上海市第二中级人民法院提出抗诉;上海市人民检察院第二分院支持抗诉。抗诉和支持抗诉的理由是:

1. 一审判决量刑失衡,对被告人胡某某量刑偏重。本案中,被告人胡某某、沈某某均参与了4次抢劫犯罪,虽然均系主犯,但是被告人胡某某行为的社会危害性及人身危险性均小于被告人沈某某。从犯罪情节看,沈某某实施抢劫过程中直接用砍刀造成1名被害人轻伤,1名被害人轻微伤;被告人胡某某只有持刀威胁及撬车锁的行为。从犯罪时年龄看,沈某某已满15周岁,胡某某尚未满15周岁。从人身危险性看,沈某某因抢劫罪于2010年3月4日被判处拘役6个月,缓刑6个月,缓刑期间又犯新罪;胡某某系初犯。一审判决分别以抢劫罪判胡某某有期徒刑7年、沈某某有期徒刑5年6个月,属于量刑不当。

2. 一审判决适用法律错误,对未成年被告人罚金刑的适用既没有体现依法从宽,也没有体现与成年被告人罚金刑适用的区别。根据最高人民法院《关于适用财产刑若干问题的规定》、《关于审理未成年人刑事案件具体应用法律若干问题的解释》的规定,对未成年人犯罪应当从轻或者减轻判处罚金。一审判决对未成年被告人判处罚金未依法从宽,均是按照同案成年被告人罚金的标准判处5000元以上的罚金,属于适用法律错误。

此外,2010年12月21日一审判决认定未成年被告人许某系累犯正确,但审判后刑法有所修改。根据2011年2月全国人大常委会通过的《中华人民共和国刑法修正案(8)》和2011年5月最高人民法院《关于〈中华人民共和国刑法修正案(8)〉时间效力问题的解释》的有关规定,被告人许某实施犯罪时不满18周岁,依法不构成累犯。

【要旨】

1. 办理未成年人与成年人共同犯罪案件,一般应当将未成年人与成年人分案起诉,但对于未成年人系犯罪集团的组织者或者其他共同犯罪中的主犯,或者具有其他不宜分案起诉情形的,可以不分案起诉。

2. 办理未成年人与成年人共同犯罪案件,应当根据未成年人在共同犯罪中的地位、作用,综合考量未成年人实施犯罪行为的动机和目的、犯罪时的年龄、是否属于初犯、偶犯、犯罪后的悔罪表现、个人成长经历和一贯表现等因素,依法从轻或者减轻处罚。

3. 未成年人犯罪不构成累犯。(收录部分内容)

25. 最高人民检察院《关于检察机关加强未成年人司法保护8项措施》(高检发诉字〔2015〕3号)

一、严厉惩处各类侵害未成年人的犯罪。

对成年人性侵害、拐卖、绑架、遗弃、伤害、虐待未成年人以及教唆、胁迫、诱骗、利用未成年人犯罪等严重侵害未成年人身心健康和合法权益犯罪,坚持零容忍态度,依法从严从快批捕、起诉,加大指控犯罪力度,充分发挥法律威慑和震慑作用,坚决斩断伸向未成年人的黑手。同时,加大对侵害未成年人权益、怠于落实未成年人保护制度方面职务犯罪的查处力度,依法严惩侵吞、挪用、违法发放未成年人专项救助、救济资金等贪污犯罪,对国家工作人员发现或者应当发现未成年人权益受到侵害或可能受到侵害,应当采取措施而未采取措施,导致未成年人重伤或者死亡等严重后果的,应当依法及时查办,保证国家对未成年人保护的法律规定、福利政策落实到位。

二、努力保护救助未成年被害人。

依法保障未成年被害人及其法定代理人参与权、知情权等各项诉讼权利,保护未成年被害人的名誉权、隐私权等合法权利,避免在办案中造成"2次伤害"。对于性侵未成年人等刑事案件,有条件的地方检察机关可以会同公安机关建立询问未成年被害人同步录音录像制度。同时,要注重加强与司法、民政、教育、卫生等相关部门和未成年人保护组织的联系和协作,推动落实法律援助、司法救助、身体康复、心理疏导、转移安置、技能培训、经济帮扶等综合救助工作,努力帮助未成年被害人恢复正常的生活和学习。

三、最大限度教育挽救涉罪未成年人。

贯彻国家对犯罪未成年人"教育、感化、挽救"方针和"教育为主、惩罚为辅"原则,坚持依法对涉罪未成年人"少捕慎诉少监禁",落实专业化办理、法律援助、合适成年人到场、社会调查、亲情会见、附条件不起诉、社会观护、帮扶教育、犯罪记录封存等特殊保护制度,最大限度促进涉罪未成年人悔过自新、回归社会。对于因年龄原因不负刑事责任的未成年人,应当与公安机关以及家庭、学校、社会保护组织等加强协调、配合,通过加强管教、社会观护等措施,预防再犯罪。

四、充分发挥法律监督职能优势。

强化对各类侵害未成年人犯罪的立案、侦查和刑事审判、刑事附带民事审判活动的法律监督,坚决监督纠正有罪不究、以罚代刑、漏捕漏诉、重罪轻判等执法不严、司法不公问题,促进有关部门严格执法、公正司法。对公安机关、人民法院处理监护侵害行为的工作加强法律监督,确保未成年人得到妥善监护照料。

五、积极参与犯罪预防和普法宣传工作。

结合办案注意查找未成年人权益保护和犯罪预防方面存在的隐患,通过检察建议等形式,督促相关部门建章立制、堵塞漏洞,推动有关部门更加重视对农村留守儿童、城乡流动乞讨儿童、正在服刑人员的子女等重点未成年人群体的保护,努力营造关爱保护未成年人的社会环境;建立"谁执法谁普法"的普法责任制,广泛开展以案释法、法制讲座、法治进社区、进学校、进幼儿园、进农村、进家庭等宣讲活动,培育尊重未成年人权益的文化,提高未成年人明辨是非和自我保护的意识和能力。

六、建立检察机关内部保护未成年人联动机制。

未检部门在工作中发现侵害未成年人合法权益的职务犯罪线索时,应当及时移送职务犯罪侦查部门予以查处,并协调相关部门做好保护未成年人善后工作;各部门在审查逮捕、审查起诉、职务犯罪侦查等工作中,发现犯罪嫌疑人、被告人家中有无人照料的未成年人,或者发现未成年人合法权益保护方面存在漏洞和隐患的,应当及时通知并协助未检部门介入干预,防止在检察环节存在保护真空。对于涉及未成年人权益保护的职务犯罪案件、具有重大社会影响案件等,上级检察院要加大对下业务指导和案件督办。

七、推动完善政法机关衔接配合以及与政府部门、未成年人保护组织等跨部门合作机制。

进一步加强与公安机关、人民法院、司法行政机关的沟通协调,在工作评价标准、法律援助、社会调查、讯问(询问)未成年人同步录音录像、逮捕必要性证据收集与移送、合适成年人选聘、分案起诉、观护帮教、犯罪记录封存等需要配合的制度机制上相互衔接,形成保护未成年人合法权益的工作体系;积极与政府各部门、未成年人保护组织等加强联系,推动建立跨部门合作的长效机制,促进司法保护与家庭保护、学校保护、社会保护的紧密衔接,形成保护未成年人合法权益、救助困境儿童、挽救失足未成年人以及预防和减少未成年人犯罪的工作合力。

八、推动建立未成年人司法借助社会专业力量的长效机制。

大力支持青少年事务社会工作专业人才队伍建设工作,主动与青少年事务社会工作专业机构链接,以政府购买服务等方式,将社会调查、合适成年人参与未成年人刑事诉讼、心理疏导、观护帮教、附条件不起诉监督考察等工作,交由专业社会力量承担,提高未成年人权益保护和犯罪预防的专业水平,逐步建立司法借助社会专业力量的长效机制。

26.《中华人民共和国反家庭暴力法》(2015年12月27日第十二届全国人大常委会第十八次会议通过)

(全文略)

27.教育部、中央综治办、最高人民法院、最高人民检察院、公安部、民政部、司法部、共青团中央、全国妇联《关于防治中小学生欺凌和暴力的指导意见》(教基一〔2016〕6号)

在党中央、国务院的正确领导下,在各级党委政府及教育、综治、公安、司法等有关部门和共青团、妇联等群团组织的共同努力下,发生在中小学生之间的欺凌和暴力事件得到遏制,预防青少年违法犯罪工作取得明显成效。但是,由于在落实主体责任、健全制度措施、实施教育惩戒、形成工作合力等方面还存在薄弱环节,少数地方学生之间欺凌和暴力问题仍时有发生,损害了学生身心健康,造成了不良社会影响。为全面贯彻党的教育方针,落实立德树人根本任务,切实防治学生欺凌和暴力事件的发生,现提出如下指导意见。

一、积极有效预防学生欺凌和暴力

1. 切实加强中小学生思想道德教育、法治教育和心理健康教育。各地要紧密联系中小学生的思想实际,积极培育和践行社会主义核心价值观。落实《中小学生守则》(2015年修订),引导全体中小学生从小知礼仪、明是非、守规矩,做到珍爱生命、尊重他人、团结友善、不恃强凌弱,弘扬公序良俗、传承中华美德。落实《中小学法制教育指导纲要》、《青少年法治教育大纲》,开展"法治进校园"全国巡讲活动,让学生知晓基本的法律边界和行为底线,消除未成年人违法犯罪不需要承担任何责任的错误认识,养成遵规守法的良好行为习惯。落实《中小学心理健康教育指导纲要》(2012年修订),培养学生健全人格和积极心理品质,对有心理困扰或心理问题的学生开展科学有效的心理辅导,提高其心理健康水平。切实加强家庭教育,家长要注重家风建设,加强对孩子的管教,注重孩子思想品德教育和良好行为习惯培养,从源头上预防学生欺凌和暴力行为发生。

2. 认真开展预防欺凌和暴力专题教育。各地要在专项整治的基础上,结合典型案例,集中开展预防学生欺凌和暴力专题教育。要强化学生校规校纪教育,通过课堂教学、专题讲座、班团队会、主题活动、编发手册、参观实践等多种形式,提高学生对欺凌和暴力行为严重危害性的认识,增强自我保护意识和能力,自觉遵守校规校纪,做到不实施欺凌和暴力行为。研制学校防治学生欺凌和暴力的指导手册,全面加强教职工特别是班主任专题培训,提高教职工有效防治学生欺凌和暴力的责任意识和能力水平。要通过家访、家长会、家长学校等途径,帮助家长了解防治学生欺凌和暴力知识,增强监护责任意识,提高防治能力。要加强中小学生违法犯罪预防综合基地和人才建设,为开展防治学生欺凌和暴力专题教育提供支持和帮助。

3. 严格学校日常安全管理。中小学校要制定防治学生欺凌和暴力工作制度,将其纳入学校安全工作统筹考虑,健全应急处置预案,建立早期预警、事中处理及事后干预等机制。要加强师生联系,密切家校沟通,及时掌握学生思想情绪和同学关系状况,特别要关注学生有无学习成绩突然下滑、精神恍惚、情绪反常、无故旷课等异常表现及产生的原因,对可能的欺凌和暴力行为做到早发现、早预防、早控制。严格落实值班、巡查制度,禁止学生携带管制刀具等危险物品进入学校,针对重点学生、重点区域、重点时段开展防治工作。对发现的欺凌和暴力事件线索和苗头要认真核实、准确研判,对早期发现的轻微欺凌事件,实施必要的教育、惩戒。

4. 强化学校周边综合治理。各级综治组织要加大新形势下群防群治工作力度,实现人防物防技防在基层综治中心的深度融合,动员社会各方面力量做好校园周边地区安全防范工作。要依托全国社会治安综合治理信息系统,整合各有关部门信息资源,发挥青少年犯罪信息数据库作用,加强对重点青少年群体的动态研判。进一步加强校园及周边地区社会治安防控体系建设,作为公共安全视频监控建设联网应用示范工作的重要内容,推进校园及周边地区公共安全视频监控系统全覆盖,加大视频图像集成应用力度,实现对青少年违法犯罪活动的预测预警、实时监控、轨迹追踪及动态管控。把学校周边作为社会治安重点地区排查整治工作的重点,加强组织部署和检查考核。要对中小学生欺凌和暴力问题突出的地区和单位,根据《中共中央办公厅　国务院办公厅关于印发〈健全落实社会治安综合治理领导责任制规定〉的通知》要求,通过通报、约谈、挂牌督办、实施一票否决权制等方式进行综治领导责任督导和追究。公安机关要在治安情况复杂、问题较多的学校周边设置警务室或治安岗亭,密切与学校的沟通协作,积极配合学校排查发现学生欺凌和暴力隐患苗头,并及时预防处置。要加强学生上下学重要时段、学生途经重点路段的巡逻防控和治安盘查,对发现的苗头性、倾向性欺凌和暴力问题,要采取相应防范措施并通知学校和家长,及时干预,震慑犯罪。

二、依法依规处置学生欺凌和暴力事件

5. 保护遭受欺凌和暴力学生身心安全。各地要建立中小学生欺凌和暴力事件及时报告制度,一旦发现学生遭受欺凌和暴力,学校和家长要及时相互通知,对严重的欺凌和暴力事件,要向上级教育主管部门报告,并迅速联络公安机关介入处置。报告时相关人员有义务保护未成年人合法权益,学校、家长、公安机关及媒体应保护遭受欺凌和暴力学生以及知情学生的身心安全,严格保护学生隐私,防止泄露有关学生个人及其家庭的信息。特别要防止网络传播等因素导致事态蔓延,造成恶劣社会影响,使受害学生再次受到伤害。

6. 强化教育惩戒威慑作用。对实施欺凌和暴力的中小学生必须依法依规采取适当的矫治措施予以教育惩戒,既做到真情关爱、真诚帮助,力促学生内心感化、行为转化,又充分发挥教育惩戒措施的威慑作用。对实施欺凌和暴力的学生,学校和家长要进行严肃的批评教育和警示谈话,情节较重的,公安机关应参与警示教育。对屡教不改、多次实施欺凌和暴力的学生,应登记在案并将其表现记入学生综合素质评价,必要时转入专门学校就读。对构成违法犯罪的学生,根据《刑法》、《治安管理处罚法》、《预防未成年人犯罪法》等法律法规予以处置,区别不同情况,责令家长或者监护人严加管教,必要时可由政府收容教养,或者给予相应的行政、刑事处罚,特别是对犯罪性质和情节恶劣、手段残忍、后果严重的,必须坚决依法惩处。对校外成年人教唆、胁迫、诱骗、利用在校中小学生违法犯罪行为,必须依法从重惩处,有效遏制学生欺凌和暴力等案事件发生。各级公安、检察、审判机关要依法办理学生欺凌和暴力犯罪案件,做好相关侦查、审查逮捕、审查起诉、诉讼监督、审判和犯罪预防工作。

7. 实施科学有效的追踪辅导。欺凌和暴力事件妥善处置后,学校要持续对当事学生追踪观察和辅导教育。对实施欺凌和暴力的学生,要充分了解其行为动机和深层原因,有针对性地进行教育引导和帮扶,给予其改过机会,避免歧视性对待。对遭受欺凌和暴力的学生及其家人提供帮助,及时开展相应的心理辅导和家庭支持,帮助他们尽快走出心理阴影,树立自信,恢复正常学习生活。对确实难以回归本校本班学习的当事学生,教育部门和学校要妥善做好班级调整和转学工作。要认真做好学生欺凌和暴力典型事件通报工作,既要充分发挥警示教育作用,又要注意不过分渲染事件细节。

三、切实形成防治学生欺凌和暴力的工作合力

8. 加强部门统筹协调。各地要把防治学生欺凌和暴力工作作为全面依法治国,建设社会主义和谐社会的重要任务。教育、综治、人民法院、人民检察院、公安、民政、司法、共青团、妇联等部门组织,应成立防治学生欺凌和暴力工作领导小组,明确任务分工,强化工作职责,完善防治办法,加强考核检查,健全工作机制,形成政府统一领导、相关部门齐抓共管、学校家庭社会三位一体的工作合力。

9. 依法落实家长监护责任。管教孩子是家长的法定监护职责。引导广大家长要增强法治意识,掌握科学的家庭教育理念,尽量多安排时间与孩子相处交流,及时了解孩子的日常表现和思想状况,积极与学校沟通情况,自觉发挥榜样作用,切实加强对孩子的管教,特别要做好孩子离校后的监管看护教育工作,避免放任不管、缺教少护、教而不当。要落实监护人责任追究制度,根据《民法》等相关法律法规,未成年学生对他人的人身和财产造成损害的,依法追究其监护人的法律责任。

10. 加强平安文明校园建设。中小学校要把防治学生欺凌和暴力作为加强平安文明校园建设的重要内容。学校党组织要充分发挥政治核心作用,加强组织协调和教育引导。校长是学校防治学生欺凌和暴力的第一责任人，分管法治教育副校长和班主任是直接责任人，要充分调动全体教职工的积极性，明确相关岗位职责，将学校防治学生欺凌和暴力的各项工作落实到每个管理环节、每位教职工。要努力创造温馨和谐、积极向上的校园环境，重视校园绿化、美化和人文环境建设。加强优良校风、教风、学风建设，开展内容健康、格调高雅、丰富多彩的校园活动，形成团结向上、互助友爱、文明和谐的校园氛围，激励学生爱学校、爱老师、爱同学，提高校园整体文明程度。要健全各项管理制度、校规校纪，落实《义务教育学校管理标准》，提高学校治理水平，推进依法依规治校，建设无欺凌和暴力的平安文明校园。

11. 全社会共同保护未成年学生健康成长。要建立学校、家庭、社区（村）、公安、司法、媒体等各方面沟通协作机制，畅通信息共享渠道，进一步加强对学生保护工作的正面宣传引导，防止媒体过度渲染报道事件细节，避免学生欺凌和暴力通过网络新媒体扩散演变为网络欺凌，消除暴力文化通过不良出版物、影视节目、网络游戏侵蚀、影响学生的心理和行为，引发连锁性事件。要依托各地12355青少年服务台，开设自护教育热线，组织专业社会工作者、公益律师、志愿者开展有针对性的自护教育、心理辅导和法律咨询。坚持标本兼治、常态长效，净化社会环境，强化学校周边综合治理，切实为保护未成年人平安健康成长提供良好社会环境。

28. 最高人民检察院《未成年人刑事检察工作指引（试行）》（高检发未检字〔2017〕1号）

第1章　总　　则

第1节　目的与范围

第1条　【目的】为进一步提高人民检察院未成年人刑事检察（以下简称未检）工作专业化、规范化水平，细化未检工作的具体标准和操作程序，确保未检工作的质量和效果，根据《中华人民共和国宪法》、《中华人民共和国刑法》、《中华人民共和国刑事诉讼法》、《中华人民共和国未成年人保护法》、《中华人民共和国预防未成年人犯罪法》、《人民检察院刑事诉讼规则》等法律及司法解释、规范性文件的规定，结合未检工作实际，制定本指引。

第2条　【适用范围】人民检察院未检部门办理未成年人刑事案件和不宜分案办理的未成年人与成年人共同犯罪案件、侵害未成年人人身权利案件以及开展相关诉讼监督、帮教救助、犯罪预防等工作，适用本指引。

第3条　【参照适用】对于实施犯罪时未满18周岁，但诉讼过程中已满18周岁，实际由未检部门受理的，根据案件具体情况，可以参照本指引办理。

第4条　【未成年人刑事案件】本指引所称未成年人刑事案件，是指犯罪嫌疑人实施涉嫌犯罪行为时不满18周岁的刑事案件。

已满14周岁不满16周岁的未成年人，实施刑法第17条第2款规定犯罪的，应当承担刑事责任，适用本指引。

第5条　【侵害未成年人人身权利案件】本指引所称侵害未成年人人身权利案件，是指由成年人实施、未成年人是被害人的刑法分则第4章“侵犯公民人身权利、民主权利罪”规定的犯罪以及其他章节规定的实际侵害未成年人身心健康的以危险方法危害公共安全（刑法第114条、第115条）、危险驾驶（刑法第133条之一）、教育设施重大安全事故（刑法第138条）、抢劫（刑法第263条）、向未成年人传授犯罪方法（刑法第295条）、引诱未成年人聚众淫乱（刑法第301条）、非法组织、强迫未成年人出卖血液（刑法第333条）、强迫、引诱、教唆、欺骗、容留未成年人吸毒（刑法第353条、第354条）、组织、强迫、引诱、容留、介绍未成年人卖淫（刑法

第358条、第359条)、向未成年人传播淫秽物品(刑法第364条)、组织未成年人进行淫秽表演(刑法第365条)等犯罪案件。

第6条 【未达刑事责任年龄的处理】人民检察院对于犯罪时未达到刑事责任年龄的未成年人,应当加强与公安机关、学校、社会保护组织等单位及未成年人家庭的协调、配合,通过责令加以管教、政府收容教养、实施社会观护等措施,预防其再犯罪。

第2节 模式与机制

第7条 【工作模式】人民检察院未检部门实行捕、诉、监、防一体化工作模式,同一个检察官或者检察官办案组负责同一刑事案件的审查逮捕、审查起诉、诉讼监督和犯罪预防等工作,以利于全面掌握未成年人案件情况和未成年人身心状况,有针对性地开展帮助、教育,切实提高工作质量和效果。

第8条 【专用工作设施】人民检察院应当建立适合未成年人身心特点的未检专用工作室,配备同步录音录像、心理疏导、心理测评等相关办案装备和设施,为讯问、询问未成年人,教育感化涉罪未成年人和保护救助未成年被害人,司法听证、宣布、训诫提供合适场所和环境。

第9条 【内部联动机制】人民检察院未检部门在工作中发现侵害未成年人合法权益的犯罪线索,应当及时移送有关部门予以查处,并协调做好保护未成年人工作。其他检察业务部门在工作中发现侵害未成年人合法权益或者涉案未成年人需要心理疏导、救助帮教等情况,应当及时移送未检部门处理或者通知未检部门介入协助干预。

对于涉及未成年人权益保护的具有重大社会影响、疑难复杂等案件,上级人民检察院要加大对下级人民检察院的业务指导和案件督办。下级人民检察院应当及时将有关情况报告上级人民检察院。

第10条 【异地协作机制】对于异地检察机关提出协助进行社会调查、附条件不起诉监督考察、观护帮教、社区矫正监督、犯罪记录封存、被害人救助等请求的,协作地检察机关应当及时予以配合。

委托地检察机关应当主动与协作地检察机关就委托事项的办理进行充分沟通,提供相应法律文书、工作文书、情况说明等材料。必要时,可以通过委托地和协作地共同的上级检察机关未检部门进行沟通协调。

第11条 【外部联动机制】人民检察院应当加强与政法机关及教育、民政等政府部门、未成年人保护组织等机构的联系,积极促进和完善合作机制,形成司法保护与家庭保护、学校保护、政府保护、社会保护的衔接一致。

第12条 【借助专业力量】人民检察院可以通过政府购买服务、聘请专业人士等方式,将社会调查、合适成年人到场、心理疏导、心理测评、观护帮教、附条件不起诉监督考察等工作,交由社工、心理专家等专业社会力量承担或者协助进行,提高未成年人权益保护和犯罪预防的专业化水平,推动建立健全司法借助社会专业力量的长效机制。

第3节 基本要求

第13条 【特殊、优先保护】人民检察院应当根据未成年人的身心特点给予特殊、优先保护。对于确有特殊困难、特殊需求的未成年人,应当予以特殊帮助。

第14条 【平等对待】人民检察院应当对所有涉案未成年人进行全面保护。不论未成年人性别、民族、种族、户籍、家庭财产状况、宗教信仰等,应当平等对待,不得有任何歧视或者忽视。

第15条 【教育挽救】人民检察院办理未成年人刑事案件要切实贯彻"教育、感化、挽救"方针和"教育为主、惩罚为辅"原则，落实好刑事诉讼法规定的特殊制度、程序和要求。坚持教育和保护优先，为涉罪未成年人重返社会创造机会，最大限度地减少羁押措施、刑罚尤其是监禁刑的适用。

第16条 【诉讼权利保障】人民检察院应当充分保障未成年人行使其诉讼权利，保证未成年人得到充分的法律帮助。

第17条 【区别对待】人民检察院办理未成年人刑事案件，应当区别于成年人，充分考虑未成年人的身心特点、认知水平，在事实认定、证据采信、罪与非罪、此罪与彼罪、情节把握等方面，提出有针对性的意见。

第18条 【分案处理】人民检察院办理未成年人与成年人共同犯罪案件时，一般应当将未成年人与成年人分案处理。不宜分案处理的，应当对未成年人采取特殊保护措施。

对于被拘留、逮捕和被执行刑罚的未成年人，应当监督相关机关落实与成年人分别关押、分别管理、分别教育的规定。

第19条 【隐私保护】人民检察院应当依法保护涉案未成年人的名誉、隐私和个人信息，尊重其人格尊严，不得公开或者传播能够单独或者与其他信息结合识别未成年人个人身份的各种信息，包括姓名、出生日期、身份证号码、个人生物识别信息、住址、电话号码、照片、图像等。

第20条 【快速办理】在保证教育、挽救和保护救助效果的前提下，人民检察院办理涉及未成年人的案件，应当快速办理，不得有任何不必要的拖延，尽可能减少未成年人的诉讼负累。

第21条 【双向保护】人民检察院办理未成年人刑事案件，既要注重保护涉罪未成年人的合法权益，也要注重维护社会利益，积极化解矛盾，使被害人得到平等保护，尤其要注重对未成年被害人的权益维护和帮扶救助。

第22条 【综合施策】人民检察院应当加强与有关单位、组织的联系与配合，充分发挥社会力量的作用，采取经济、行政、刑事等各种手段，综合解决未成年人违法犯罪、权益保护等问题。

第23条 【风险评估】人民检察院办理未成年人刑事案件，应当加强办案风险评估预警工作，主动采取适当措施，积极回应和引导社会舆论，有效防范执法办案风险。

第2章 特殊检察制度

第1节 法律援助

第24条 【基本要求】人民检察院办理未成年人刑事案件，应当保障未成年犯罪嫌疑人得到法律帮助，并加强与辩护人的沟通，认真听取辩护人的意见，共同做好涉罪未成年人的教育、感化、挽救工作。

人民检察院应当加强与公安机关、人民法院、司法行政机关的沟通协调，通过建立法律援助律师值班制度、完善法律援助相互衔接机制、组建专业化未成年人法律援助律师队伍等措施，确保强制辩护和被害人法律援助制度有效落实。

第25条 【及时通知】人民检察院办理未成年人刑事案件，应当首先了解未成年犯罪嫌疑人委托辩护人及得到法律援助的情况。没有委托辩护人的，应当及时告知未成年犯罪嫌疑人及其法定代理人有权委托辩护人。未成年犯罪嫌疑人及其法定代理人没有委托辩护人且没有得到法律援助的，应当及时通知所在地法律援助机构指派律师为其提供辩护。

第26条 【督促公安机关】对于公安机关在侦查环节未通知法律援助机构指派律师为未成年人提供辩护的,人民检察院应当认真履行监督职责,依法督促公安机关予以纠正。

第27条 【另行指定】未成年犯罪嫌疑人拒绝法律援助机构指派的律师为其辩护的,人民检察院应当查明原因,有正当理由的,应当准许;同时告知未成年犯罪嫌疑人及其法定代理人另行委托辩护人。未成年犯罪嫌疑人及其法定代理人未另行委托辩护人的,应当及时书面通知法律援助机构另行指派律师为其提供辩护。未成年犯罪嫌疑人再次拒绝且无正当理由的,不予准许。

对于法律援助律师怠于履行职责、泄露隐私和违规辩护的,人民检察院应当依法履行监督职责,通知法律援助机构变更法律援助律师,并书面建议司法行政机关依法作出相应处理。

第2节 社会调查

第28条 【基本要求】人民检察院办理未成年人刑事案件,应当对公安机关或者辩护人提供的社会调查报告及相关材料进行认真审查,并作为审查逮捕、审查起诉、提出量刑建议以及帮教等工作的重要参考。

第29条 【应当调查】对于未成年人刑事案件,一般应当进行社会调查,但未成年人犯罪情节轻微,且在调查案件事实的过程中已经掌握未成年犯罪嫌疑人的成长经历、犯罪原因、监护教育等情况的,可以不进行专门的社会调查。

第30条 【督促调查】对于卷宗中没有证明未成年犯罪嫌疑人的成长经历、犯罪原因、监护教育等情况的材料或者材料不充分的,人民检察院应当要求公安机关提供或者补充提供。

未成年犯罪嫌疑人不讲真实姓名、住址,身份不明,无法进行社会调查的,人民检察院应当要求公安机关出具书面情况说明。无法进行调查的原因消失后,应当督促公安机关开展社会调查。

第31条 【自行调查】人民检察院对于公安机关移送审查起诉的未成年人刑事案件,未随案移送社会调查报告及其附属材料,经发函督促7日内仍不补充移送的;或者随案移送的社会调查报告不完整,需要补充调查的;或者人民检察院认为应当进行社会调查的,可以进行调查或补充调查。

第32条 【知情权保护】开展社会调查应当充分保障未成年人及其法定代理人的知情权,并在调查前将调查人员的组成、调查程序、调查内容及对未成年人隐私保护等情况及时告知未成年人及其法定代理人。

第33条 【隐私权保护】开展社会调查时,调查人员不得驾驶警车、穿着检察制服,应当尊重和保护未成年人名誉,避免向不知情人员泄露未成年人的涉罪信息。

第34条 【调查方式、程序】人民检察院自行开展社会调查的,调查人员不得少于2人。

开展社会调查应当走访未成年犯罪嫌疑人的监护人、亲友、邻居、老师、同学、被害人或者其近亲属等相关人员。必要时可以通过电话、电子邮件或者其他方式向身在外地的被害人或其他人员了解情况。

经被调查人同意,可以采取拍照、同步录音录像等形式记录调查内容。

第35条 【心理测评】社会调查过程中,根据需要,经未成年犯罪嫌疑人及其法定代理人同意,可以进行心理测评。

第36条 【调查内容】社会调查主要包括以下内容:

(一)个人基本情况,包括未成年人的年龄、性格特点、健康状况、成长经历(成长中的重大事件)、生活习惯、兴趣爱好、教育程度、学习成绩、一贯表现、不良行为史、经济来源等;(二)社会生活状况,包括未成年人的家庭基本情况(家庭成员、家庭教育情况和管理方式、未成年人在家庭中的地位和遭遇、家庭成员之间的感情和关系、监护人职业、家庭经济状况、家庭成员有无重大疾病或遗传病史等)、社区环境(所在社区治安状况、邻里关系、在社区的表现、交往对象及范围等)、社会交往情况(朋辈交往、在校或者就业表现、就业时间、职业类别、工资待遇、与老师、同学或者同事的关系等);(三)与涉嫌犯罪相关的情况,包括犯罪目的、动机、手段、与被害人的关系等;犯罪后的表现,包括案发后、羁押或取保候审期间的表现、悔罪态度、赔偿被害人损失等;社会各方意见,包括被害方的态度、所在社区基层组织及辖区派出所的意见等,以及是否具备有效监护条件、社会帮教措施;(四)认为应当调查的其他内容。

第37条 【调查笔录】调查情况应当制作笔录,并由被调查人进行核对。被调查人确认无误,签名后捺手印。

以单位名义出具的证明材料,由材料出具人签名,并加盖单位印章。以个人名义出具的证明材料,由材料出具人签名,并附个人身份证复印件。

第38条 【制作报告】社会调查结束后,应当制作社会调查报告,由调查人员签名,并加盖单位印章。

社会调查报告的主要内容包括:

(一)调查主体、方式及简要经过;(二)调查内容;(三)综合评价,包括对未成年犯罪嫌疑人的身心健康、认知、解决问题能力、可信度、自主性、与他人相处能力以及社会危险性、再犯可能性等情况的综合分析;(四)意见建议,包括对未成年犯罪嫌疑人的处罚和教育建议等。

社会调查人员意见不一致的,应当在报告中写明。

调查笔录或者其他能够印证社会调查报告内容的书面材料,应当附在社会调查报告之后。

第39条 【委托调查】人民检察院开展社会调查可以委托有关组织或者机构进行。当地有青少年事务社会工作等专业机构的,应当主动与其联系,以政府购买服务等方式,将社会调查交由其承担。

委托调查的,应当向受委托的组织或者机构发出社会调查委托函,载明被调查对象的基本信息、案由、基本案情、调查事项、调查时限等,并要求其在社会调查完成后,将社会调查报告、原始材料包括调查笔录、调查问卷、社会调查表、有关单位和个人出具的证明材料、书面材料、心理评估报告、录音录像资料等,一并移送委托的人民检察院。

第40条 【保密及回避原则】人民检察院委托进行社会调查的,应当明确告知受委托组织或机构为每一个未成年人指派两名社会调查员进行社会调查;不得指派被调查人的近亲属或者与本案有利害关系的人员进行调查。社会调查时,社会调查员应当出示社会调查委托函、介绍信和工作证,不得泄露未成年犯罪嫌疑人的犯罪信息、个人隐私等情况,并对社会调查的真实性负法律责任。

第41条 【了解情况】经人民检察院许可,社会调查员可以查阅部分诉讼文书并向未检检察官了解案件基本情况。

社会调查员进行社会调查,应当会见被调查的未成年犯罪嫌疑人,当面听取其陈述。未成年犯罪嫌疑人未被羁押的,可以到未成年犯罪嫌疑人的住所或者其他适当场所进行会见。未成年犯罪嫌疑人被羁押的,经公安机关审查同意,可以到羁押场所进行会见。

会见未在押的未成年犯罪嫌疑人,应征得其法定代理人的同意。

第42条 【审查认定】人民检察院收到公安机关或者受委托调查组织或者机构移送的社会调查报告及相关材料后,应当认真审查材料是否齐全、内容是否真实,听取未成年犯罪嫌疑人及其法定代理人或者其他到场人员、辩护人的意见,并记录在案。

第43条 【重新调查】对公安机关或者受委托调查组织或者机构出具的社会调查报告,

经审查有下列情形之一的,人民检察院应当重新进行社会调查:

(一)调查材料有虚假成分的;(二)社会调查结论与其他证据存在明显矛盾的;(三)调查人员系案件当事人的近亲属或与案件有利害关系,应当回避但没有回避的;(四)人民检察院认为需要重新调查的其他情形。

第44条 【文书表述】承办人应当在案件审查报告中对开展社会调查的情况进行详细说明,并在决定理由部分写明对社会调查报告提出的处罚建议的采纳情况及理由。

人民检察院在制作附条件不起诉决定书、不起诉决定书、起诉书等法律文书时,应当叙述通过社会调查或者随案调查查明的未成年犯罪嫌疑人、被不起诉人、被告人的成长经历、犯罪原因、监护教育等内容。

第45条 【移送法院】人民检察院提起公诉的案件,社会调查报告及相关资料应当随案移送人民法院。

社会调查报告的内容应当在庭审中宣读,必要时可以通知调查人员出庭说明情况。委托调查的,可以要求社会调查员出庭宣读社会调查报告。

第3节 法定代理人、合适成年人到场

第46条 【基本要求】人民检察院办理涉及未成年人的刑事案件,应当依法通知未成年犯罪嫌疑人、被害人、证人的法定代理人在场,见证、监督整个讯问或者询问过程,维护未成年人合法权益。

对于法定代理人具有下列情形之一,不能或者不宜到场的,要保证未成年人的其他成年亲属,所在学校、单位或者居住地的村民委员会、居民委员会、未成年人保护组织的代表等合适成年人到场,并将有关情况记录在案:

(一)与未成年犯罪嫌疑人构成共同犯罪的;(二)已经死亡、宣告失踪或者无监护能力的;(三)因身份、住址或联系方式不明无法通知的;(四)因路途遥远或者其他原因无法及时到场的;(五)经通知明确拒绝到场的;(六)阻扰讯问或者询问活动正常进行,经劝阻不改的;(七)未成年人有正当理由拒绝法定代理人到场的;(八)到场可能影响未成年人真实陈述的;(九)其他不能或者不宜到场的情形。

讯问、询问女性未成年人的,一般应当选择女性合适成年人到场。

通知到场的法定代理人或者合适成年人一般为1名。

法定代理人不能或者不宜到场的情形消失后,人民检察院应当及时通知法定代理人到场。

第47条 【权利义务】到场的合适成年人享有下列权利:

(一)向办案机关了解未成年人的成长经历、家庭环境、个性特点、社会活动以及其他与案件有关的情况;(二)讯问或者询问前,可以在办案人员陪同下会见未成年人,了解其健康状况、是否告知权利义务、合法权益是否被侵害等情况;(三)向未成年人解释有关法律规定,并告知其行为可能导致的法律后果;(四)对未成年人进行法制宣传,有针对性地进行提醒教育;(五)发现办案机关存在诱供、逼供或其他侵害未成年人合法权益的情形,可以当场提出意见,也可以在笔录上载明自己的意见,并向办案机关主管部门反映情况;(六)阅读讯问、询问笔录或者要求向其宣读讯问、询问笔录;(七)法律法规规定的其他权利。

到场的合适成年人应当履行下列义务:(一)接到参与刑事诉讼通知后持有效证件及时到场;(二)向未成年人表明自己的身份和承担的职责;(三)在场发挥监督作用和见证整个讯问、询问过程,维护未成年人基本权利;(四)抚慰未成年人,帮助其消除恐惧心理和抵触情绪;(五)帮助未成年人正确理解讯问或者询问程序,但不得以诱导、暗示等方式妨碍其独立思考

回答问题,不得非法干涉办案机关正当的诉讼活动;(六)保守案件秘密,不得泄露案情或者未成年人的个人信息;(七)发现本人与案件存在利害关系或者其他不宜担任合适成年人的情况后,应当及时告知办案机关或者所在地未成年人保护组织;(八)法律法规规定的其他义务。

到场的法定代理人除了具有上述规定的权利义务外,还可以代为行使未成年犯罪嫌疑人、被告人的诉讼权利。

第48条 【同一原则】人民检察院对同一名未成年人进行多次讯问、询问的,一般应当由同一合适成年人到场。

合适成年人参与其他诉讼活动的,参照上述规定。

第49条 【人员变更】未成年人要求更换合适成年人且有正当理由的,应当予以准许。

未成年人虽然没有提出更换合适成年人,但表露出对合适成年人抗拒、不满等情形,导致诉讼活动不能正常进行的,检察人员可以在征询未成年人的意见后,及时更换合适成年人。

更换合适成年人原则上以两次为限,但合适成年人不能正确行使权利、履行义务,不能依法保障未成年人合法权益的除外。

第50条 【人员选择】选择合适成年人应当重点考虑未成年人的意愿和实际需要,优先选择未成年人的近亲属。

近亲属之外的合适成年人一般由熟悉未成年人身心特点,掌握一定未成年人心理、教育或者法律知识,具有较强社会责任感,并经过必要培训的社工、共青团干部、教师、居住地基层组织的代表、律师及其他热心未成年人保护工作的人员担任。所在地政府部门或者未成年人保护委员会等组织组建了青少年社工或者合适成年人队伍的,应当从社工或者确定的合适成年人名册中选择确定。

人民检察院应当加强与有关单位的沟通协调,制作合适成年人名册,健全运行管理机制,并开展相关培训,建立起一支稳定的合适成年人队伍。

第51条 【选任限制】人民检察院应当对到场合适成年人的情况进行审查。有下列情形之一的,不得担任合适成年人:

(一)刑罚尚未执行完毕或者处于缓刑、假释考验期间的;(二)依法被剥夺、限制人身自由的;(三)无行为能力或者限制行为能力的;(四)案件的诉讼代理人、辩护人、证人、鉴定人员、翻译人员以及公安机关、检察机关、法院、司法行政机关的工作人员;(五)与案件处理结果有利害关系的;(六)其他不适宜担任合适成年人的情形。

第52条 【支持保障】由社会组织的代表担任合适成年人的,其在人民检察院审查逮捕、审查起诉阶段因履行到场职责而支出的交通、住宿、就餐等费用,人民检察院应当给予补助。

对上述合适成年人因履职所需要的其他必要条件,人民检察院应当予以保障。

第53条 【加强监督】人民检察院应当对侦查活动中合适成年人到场以及履职情况进行认真审查。发现讯问未成年犯罪嫌疑人、询问未成年被害人应当有合适成年人到场但没有到场,笔录内容无法和同步录音录像相互印证,且无法作出合理解释的,对该证据应当予以排除。

发现询问未成年证人应当有合适成年人到场但没有到场的,或者应当通知法定代理人而通知合适成年人的,应当要求侦查机关进行解释,不能作出合理解释的,对该证据予以排除。

人民检察院应当认真履行监督职责,依法督促公安机关予以纠正。

第4节 亲情会见

第54条 【会见条件】人民检察院对于具备下列条件之一,且未成年犯罪嫌疑人的法定代理人、近亲属等与本案无牵连的,经公安机关同意,可以安排在押的未成年犯罪嫌疑人与其法定代理人、近亲属等进行会见：

（一）案件事实已基本查清，主要证据确实、充分，安排会见、通话不会影响诉讼活动正常进行的；（二）未成年犯罪嫌疑人有认罪、悔罪表现，或者虽尚未认罪、悔罪，但通过会见有可能促使其转化，或者通过会见有利于社会、家庭稳定的；（三）未成年犯罪嫌疑人的法定代理人、近亲属对其犯罪原因、社会危害性以及后果有一定的认识，并能配合司法机关进行教育的；（四）其他可以安排会见的情形。

第55条 【审查答复】未成年犯罪嫌疑人及其法定代理人或近亲属提出要求进行亲情会见的，人民检察院应当及时审查。对于符合条件的，原则上应当在3个工作日内安排会见。不符合条件的，要对有关情况予以说明和解释。

审查及答复过程应当记录在案。

第56条 【会见安排】安排会见应当提前告知看守所会见的时间、人员、地点和方式。

亲情会见可以通过进入羁押场所会见或者视频会见以及通电话等形式进行。

审查逮捕、审查起诉阶段原则上可以各安排1次会见，参加会见的法定代理人或者近亲属限3人以下，每次会见时间一般不超过1个小时。

第57条 【会见要求】会见前，应当同未成年犯罪嫌疑人的法定代理人、近亲属等就会见的内容进行沟通交流，告知其会见不得有串供、谈论案情或者其他妨碍诉讼行为，了解其能否使用普通话或者办案当地通俗易懂的方言。对于不能通晓普通话或办案当地通俗易懂方言的，人民检察院可以安排翻译人员在场，以便更好地对未成年犯罪嫌疑人进行教育、感化和挽救。

会见时，应当有检察人员在场进行引导、监督。确定使用电话方式进行亲情会见的，一般应当采用免提通话形式。

会见人员违反法律或者会见场所规定、影响案件办理的，在场检察人员有权提出劝阻或警告；对不听劝阻或警告的，应当终止会见。

会见结束后，检察人员应当将有关内容及时整理并记录在案。

第5节　心理测评与心理疏导

第58条 【基本要求】人民检察院根据需要可以对涉罪未成年人（包括未达法定刑事责任年龄而不负刑事责任的未成年人）、未成年被害人、未成年证人（特别是目睹暴力者）进行心理疏导。必要时，经未成年人及其法定代理人同意，可以对未成年人进行心理测评。心理测评应当由具有心理咨询师资质的检察人员或者委托具有执业资质的心理咨询师进行。

对于遭受性侵害的未成年被害人，人民检察院尤其应当做好心理安抚、疏导工作。

第59条 【心理危机干预】对于在工作中发现未成年人有自杀、自残倾向或者相关行为表现的，人民检察院应当及时指派或者委托具有专业知识的人员进行心理危机干预。

第60条 【流程步骤】开展心理测评前，应当告知被测评人员测评的原则、目的，消除其紧张情绪。

心理测评后，应当及时出具心理测评报告，由测评人员签字，为进一步开展心理干预、心理疏导、心理矫正工作提供依据，并可以根据需要以合适的方式向涉案未成年人及其法定代理人反馈和解释。

对涉案未成年人进行心理疏导时应当记录工作情况，并可以根据情况开展后续跟踪心理矫正工作。

对依法提起公诉的案件，可以将办案过程中形成的心理测评报告、心理疏导、矫正记录等材料移送人民法院，保证工作的连续性。

第61条 【亲职教育】对因家庭成员沟通和相处方式存在明显问题，影响涉案未成年人心理健康发育的，经涉案未成年人的法定代理人、监护人同意，可以对涉案未成年人及其法定代理人、监护人共同开展家庭教育和相处方式的心理咨询，并联合社会帮教力量启动亲职教育和亲子沟通辅导，帮助构建和谐健康的家庭模式。

第62条 【工作延伸】人民检察院在提前介入侦查活动、审查逮捕时发现未成年犯罪嫌疑人需要进行心理测评、心理疏导的，应当及时通知侦查机关，建议开展心理测评、心理疏导工作；有条件的地区也可以自行开展心理测评、心理疏导工作。发现未成年被害人存在严重心理障碍的，应当及时进行心理疏导。

第63条 【资料管理】心理测评、心理疏导工作记录，应当连同相关表格、报告等资料单独建档，妥善保存，并严格执行保密制度。

第64条 【保障机制】各级人民检察院应当鼓励未检工作人员积极参加心理学专业知识培训以及考取心理咨询师专业资格，并按照规定解决相关费用。

第6节　当事人和解

第65条 【基本要求】人民检察院办理未成年人刑事案件，应当注重化解矛盾，修复社会关系，鼓励未成年犯罪嫌疑人及其法定代理人通过赔礼道歉、赔偿损失等方式获得被害人谅解，积极促成双方当事人达成和解。

第66条 【目标把握】对于未成年人刑事案件的和解，人民检察院应当在充分关注被害人需要、促进恢复被损害的社会关系同时，注重对未成年犯罪嫌疑人的教育、感化和挽救，促使其认识错误、真诚悔悟，从而为其重新回归社会、健康成长创造有利条件。

第67条 【适用范围及告知】对于符合下列条件的未成年人刑事案件，一方当事人请求和解，或者未成年犯罪嫌疑人真诚悔罪的，人民检察院可以主动征求未成年犯罪嫌疑人及其法定代理人、被害人及其法定代理人适用和解程序的意见，告知其相关法律依据、法律后果以及当事人的权利、义务等，并记入笔录附卷：

（一）案件事实清楚、证据确实充分；（二）涉嫌刑法分则第4章、第5章规定的犯罪，可能被判处3年有期徒刑以下刑罚；（三）过失犯罪。

被害人死亡的，其法定代理人、近亲属可以与未成年犯罪嫌疑人和解。被害人系无行为能力或者限制行为能力人的，其法定代理人可以代为和解。

第68条 【促成和解】对于符合条件的未成年人刑事案件，人民检察院可以应双方当事人的申请促成和解或者通过人民调解委员会等中立的第3方进行和解。申请可以口头提出，也可以书面提出，均应记录在案。

开展和解应当不公开进行。人民检察院应当告知参与人不得泄露未成年人的案件信息。

第69条 【和解协议】对于当事人双方自愿达成和解协议的，人民检察院可以依法主持制作和解协议书。

协议书应当包括如下内容：

（一）未成年犯罪嫌疑人认罪并向被害方赔礼道歉；（二）有赔偿或补偿内容的，明确具体数额、履行方式和具体时间；（三）被害方（包括未成年被害人）表示对未成年犯罪嫌疑人的谅解，以及对犯罪嫌疑人从宽处理的明确意见。

和解协议书1式3份，当事人及代理人签字、盖章确认后，涉案双方各持1份，另1份附卷。

第70条 【和解审查】对于双方当事人自行达成和解，或者在人民调解组织、村（居）民委员会、当事人所在单位等相关组织调解后达成和解的，人民检察院应当对和解的自愿性、合法性、真实性进行审查,对符合条件的,认可其效力,并将和解协议书附卷备查;对不符合条件的,不予认可。

人民检察院在和解过程中,应当充分尊重当事人和解的意愿,尤其要维护和解协议达成的自愿性、合法性。

第71条 【和解效力】对于达成和解协议的未成年人刑事案件,人民检察院可以作出不批准逮捕的决定;已经逮捕的,应当进行羁押必要性审查,对于不需要继续羁押的,及时建议公安机关释放或者自行变更强制措施。

符合法律规定条件的,人民检察院可以决定不起诉或者附条件不起诉;依法提起公诉的,人民检察院应当向人民法院提出从轻、减轻或者免除处罚的量刑建议。

对案件审查终结前,和解协议未能全部履行完毕,且需要依法提起公诉的,人民检察院应当在量刑建议中向人民法院说明情况,将刑事和解协议及已履行部分的证明材料随案移送人民法院。

因客观原因无法履行和解协议或者加害方有和解意愿,但因客观原因无法达成和解协议的,可以参照上述规定执行。

第72条 【加强监督】对于下列情形,人民检察院认为处理不当、不利于保护涉案未成年人合法权益的,应当按照法律规定提出纠正意见:

(一)侦查机关适用刑事和解而撤销案件的;(二)和解违背当事人自愿原则的;(三)和解内容侵害第3方合法权益或者违背公序良俗的;(四)人民检察院认为应当予以监督的其他情形。

第73条 【反悔应对】人民检察院对于达成和解后当事人反悔的,应当根据不同情况采取不同措施。

对于未成年犯罪嫌疑人骗取被害人信任并与之签订协议,在得到司法机关从轻、减轻或者免除处罚后,故意拖延履行或者不履行协议的,应当撤销相关决定,依法重新作出处理。对于被害人获得经济赔偿后,又要求司法机关继续追究未成年犯罪嫌疑人的刑事责任的,应当认真审查,综合全案事实、情节,对相关决定进行评估,依法作出处理。

第7节 被害人救助

第74条 【基本要求】人民检察院应当充分维护未成年被害人的合法权益,协调相关部门,综合运用司法救助、心理救助、社会救助等多种方式和手段,帮助其健康成长。

第75条 【法律援助】人民检察院应当自收到移送审查起诉的案件材料之日起3日内,书面告知被害人及其法定代理人或者其他近亲属有权委托诉讼代理人,电话告知的应当记录在案;未成年被害人及其法定代理人因经济困难或者其他原因没有委托诉讼代理人的,人民检察院应当帮助其申请法律援助。

遭受性侵害的女性未成年被害人,一般应由女性律师提供法律援助。

第76条 【司法救助】未成年被害人具有下列情形之一的,人民检察院应当告知未成年被害人及其法定代理人或者其他近亲属有权申请司法救助:

(一)受到犯罪侵害急需救治,无力承担医疗救治费用的;(二)因遭受犯罪侵害导致受伤或者财产遭受重大损失,造成生活困难或者学业难以为继的;(三)赔偿责任人死亡或者没有赔偿能力、不能履行赔偿责任,或者虽履行部分赔偿责任,但不足以解决未成年被害人生活困难的;(四)人民检察院认为应当救助的其他情形。

未成年被害人及其法定代理人或者其他近亲属提出司法救助申请的,未成年人检察部门应当及时将当事人情况、案件基本事实及救助申请等材料转交刑事申诉检察部门办理。

对于符合救助条件但未成年被害人及其法定代理人或者其他近亲属未提出申请的,未成年人检察部门可以主动启动救助程序,收集相关材料,提出救助意见,移送刑事申诉检察部门办理。

第77条 【心理救助】人民检察院对于遭受性侵害、监护侵害以及其他犯罪侵害,严重影响心理健康的未成年被害人,应当按照本章第5节的规定对其进行心理救助。

第78条 【社会救助】人民检察院可以根据未成年被害人的特殊困难及本地实际情况,协调有关部门按照社会救助相关规定进行救助。

未成年被害人家庭符合最低生活保障条件或者本人未满16周岁,符合特困供养人员条件的,人民检察院可以帮助被害人向有关部门提出申请。

未成年被害人的监护人无法履行监护职责、生活无着的,人民检察院可以征询其本人意见,协调有关部门安置或者将其妥善送交其他愿意接收的亲属。

适龄未成年被害人有劳动、创业等意愿但缺乏必要的技能或者资金的,人民检察院可以协调有关部门为其提供技能培训、就业岗位申请等帮助。

第79条 【综合救助】未成年被害人同时面临多种严重困难的,人民检察院应当协调有关部门进行综合救助。

对于未成年人进行救助的情况应当记录在案,并随案将救助情况移送有关部门。

第80条 【回访监督】人民检察院应当定期对接受救助的被害人进行回访,了解其实际情况,考察救助效果。

发现有其他严重困难需要继续救助的,应当积极协调相关部门予以救助。

发现未成年被害人及其法定代理人或者近亲属采用虚报、隐瞒或者伪造证据等方式骗取救助的,应当给予严肃批评,及时建议相关部门撤回救助;情节严重,构成犯罪的,移送有关部门处理。

第81条 【参照适用】对未成年犯罪嫌疑人需要救助的,可以参照本节规定适用。

第8节 犯罪记录封存

第82条 【基本要求】对于犯罪时不满18周岁,被判处5年有期徒刑以下刑罚以及免除刑事处罚的未成年人的犯罪记录,人民检察院应当在收到人民法院生效判决后,对犯罪记录予以封存。

对于犯罪记录封存的未成年人,人民检察院应当告知其在入学、入伍、就业时,免除报告自己曾受过刑事处罚的义务。

对于二审案件,上级人民检察院封存犯罪记录时,应当通知下级人民检察院对相关犯罪记录予以封存。

对于在年满18周岁前后实施数个行为,构成一罪或者数罪,被判处5年有期徒刑以下刑罚的以及免除刑事处罚的未成年人的犯罪记录,人民检察院可以不适用犯罪记录封存规定。

第83条 【具体操作】人民检察院应当将拟封存的有关未成年人个人信息、涉嫌犯罪或者犯罪的全部案卷、材料,均装订成册,加盖"封存"字样印章后,交由档案部门统一加密保存,执行严格的保管制度,不予公开,并应在相关电子信息系统中加设封存模块,实行专门的管理及查询制度。未经法定查询程序,不得对封存的犯罪记录及相关电子信息进行查询。

有条件的地方可以建立专门的未成年人犯罪档案库或者管理区,封存相关档案。

第84条 【共同犯罪封存】对于未分案处理的未成年人与成年人共同犯罪案件中有未成年人涉罪记录需要封存的,应当将全案卷宗等材料予以封存。分案处理的,在封存未成年人材料的同时,应当在未封存的成年人卷宗封皮标注"含犯罪记录封存信息",并对相关信息采取必要保密措施。

对不符合封存条件的其他未成年人、成年人犯罪记录,应当依照相关规定录入全国违法犯罪人员信息系统。

第85条 【封存效力】未成年人犯罪记录封存后,没有法定事由、未经法定程序不得解封。

除司法机关为办案需要或者有关单位根据国家规定进行查询的以外,人民检察院不得向任何单位和个人提供封存的犯罪记录,并不得提供未成年人有犯罪记录的证明。

前款所称国家规定,是指全国人民代表大会及其常务委员会制定的法律和决定,国务院制定的行政法规、规定的行政措施、发布的决定和命令。

第86条 【不起诉封存】人民检察院对未成年犯罪嫌疑人作出不起诉决定后,应当对相关记录予以封存。具体程序参照本指引第82条至第85条规定办理。

第87条 【其他封存】其他民事、行政与刑事案件,因案件需要使用被封存的未成年人犯罪记录信息的,应当在相关卷宗中标明“含犯罪记录封存信息”,并对相关信息采取必要保密措施。

第88条 【出具无犯罪记录的证明】被封存犯罪记录的未成年人本人或者其法定代理人申请为其出具无犯罪记录证明的,人民检察院应当出具无犯罪记录的证明。如需要协调公安机关、人民法院为其出具无犯罪记录证明的,人民检察院应当积极予以协助。

第89条 【查询封存记录】司法机关或者有关单位需要查询犯罪记录的,应当向封存犯罪记录的人民检察院提出书面申请,列明查询理由、依据和目的,人民检察院应当在受理之后7日内作出是否许可的答复。

对司法机关为办理案件需要申请查询的,可以依法允许其查阅、摘抄、复制相关案卷材料和电子信息。

其他单位查询人民检察院不起诉决定的,应当不许可查询。

依法不许可查询的,人民检察院应当向查询单位出具不许可查询决定书,并说明理由。

许可查询的,查询后,档案管理部门应当登记相关查询情况,并按照档案管理规定将有关申请、审批材料一同存入卷宗归档保存。

第90条 【共同犯罪查询】确需查询已封存的共同犯罪记录中成年同案犯或者被判处5年有期徒刑以上刑罚未成年同案犯犯罪信息的,人民检察院可以参照本指引第89条的规定履行相关程序。

第91条 【保密要求】对于许可查询被封存的未成年人犯罪记录的,人民检察院应当告知查询犯罪记录的单位及相关人员严格按照查询目的和使用范围使用有关信息,严格遵守保密义务,并要求其签署保密承诺书。不按规定使用所查询的犯罪记录或者违反规定泄露相关信息,情节严重或者造成严重后果的,应当依法追究相关人员的责任。

第92条 【解除封存】对被封存犯罪记录的未成年人,符合下列条件之一的,应当对其犯罪记录解除封存:

(一)实施新的犯罪,且新罪与封存记录之罪数罪并罚后被决定执行5年有期徒刑以上刑罚的;(二)发现漏罪,且漏罪与封存记录之罪数罪并罚后被决定执行5年有期徒刑以上刑罚的。

第93条 【封存监督】未成年人及其法定代理人向人民检察院提出或者人民检察院发现应当封存未成年人犯罪记录而未依法封存的,或者相关单位违法出具未成年人有犯罪记录的证明的,人民检察院应当依法履行法律监督职责,提出纠正意见,督促相关部门依法落实未成年人犯罪记录封存制度。

第3章 讯问未成年犯罪嫌疑人

第1节 一般规定

第94条 【基本原则】人民检察院讯问未成年犯罪嫌疑人,应当充分照顾不同年龄段未成年人的身心特点,注意营造信任、宽松的沟通氛围,采用平和的讯问方式和通俗易懂的语言,做到耐心倾听、理性引导。

第95条 【主要任务】讯问未成年犯罪嫌疑人,不仅要查明犯罪事实、核实主体身份以及是否有自首、立功、坦白等情节,听取其有罪的供述或者无罪、罪轻的辩解,还应当深入了解未成年犯罪嫌疑人的成长经历、犯罪原因、监护教育等相关情况,充分获取其不良行为、违法犯罪、是否曾经遭受侵害以及回归社会的实际需求、有利条件、不利因素等方面的信息,并适时对未成年犯罪嫌疑人进行教育引导。

第96条 【人员要求】讯问未成年犯罪嫌疑人,应当由两名熟悉未成年人身心特点的检察人员进行。讯问女性未成年犯罪嫌疑人,应当有女性检察人员参加。

讯问聋、哑或者不通晓当地语言、文字的未成年犯罪嫌疑人,应当有通晓聋、哑手势或者当地语言、文字且与本案无利害关系的人员进行翻译。未成年犯罪嫌疑人的聋、哑或者不通晓当地语言、文字以及翻译人员的姓名、性别、工作单位和职业等情况应当记录在案。

第97条 【地点选择】讯问未被羁押的未成年犯罪嫌疑人,一般应当在检察机关专设的未成年人检察工作室进行。未成年犯罪嫌疑人及其法定代理人的住所、学校或者其他场所更为适宜的,也可以在上述地点进行讯问。

讯问被羁押的未成年犯罪嫌疑人,羁押场所设有专门讯问室的,应当在专门讯问室进行;没有设立的,应当协调公安机关设立适合未成年犯罪嫌疑人身心特点的专门讯问室。

第98条 【时间要求】讯问未成年犯罪嫌疑人的时间应当以减少对其不利影响为前提。未成年人为在校学生的,应当避免在正常教学期间进行讯问。

在讯问过程中,应当根据未成年犯罪嫌疑人的心理状态、情绪变化等实际情况,及时调整讯问的时间和节奏,避免对其身心造成负面影响,保证讯问活动顺利进行。

第99条 【尊重人格】讯问未成年犯罪嫌疑人要维护其人格尊严,不得使用带有暴力性、贬损性色彩的语言。

讯问未成年犯罪嫌疑人一般不得使用械具。对于确有人身危险性,必须使用械具的,在现实危险消除后,应当立即停止使用。

第100条 【隐私保护】讯问未成年犯罪嫌疑人可以不着检察制服,但着装应当朴素、简洁、大方。

办案人员到未成年犯罪嫌疑人住所、学校或者工作单位进行讯问的,应当避免穿着制服、驾驶警车或者采取其他可能暴露未成年犯罪嫌疑人身份、隐私,影响其名誉的方式。

第101条 【讯问方式】讯问未成年犯罪嫌疑人的语言要符合未成年人的认知能力,能够被未成年人充分理解。

讯问可以采取圆桌或座谈的方式进行。

讯问未成年犯罪嫌疑人应当采取非对抗的讯问方式,详细告知其如实供述案件事实的法律规定和国家对未成年人的保护政策,鼓励其理性决策。

讯问过程中要注意耐心倾听,让未成年犯罪嫌疑人有充分的机会表达自己观点。对于未成年犯罪嫌疑人提出的疑问或者法律问题,应当充分予以解释和说明。

第102条 【专家辅助】根据案件具体情况,人民检察院在讯问未成年犯罪嫌疑人时可以聘请心理专家给予必要的辅助,并记录在案。

第103条 【心理疏导和测评】讯问过程中,应当全程对未成年犯罪嫌疑人的生理、心理、精神状态予以关注,必要时可以进行心理疏导和测评。

第104条 【录音录像】有下列情形之一的,可以对讯问未成年犯罪嫌疑人的过程进行录音录像:

(一)犯罪嫌疑人不认罪的;(二)犯罪嫌疑人前后供述不一的;(三)辩护人提出曾受到刑讯逼供、诱供的;(四)其他必要的情形。

录音录像应当全程不间断进行,保持完整性,不得选择性地录制,不得剪接、删改。

第2节 讯问前准备

第105条 【了解情况】讯问前,办案人员应当认真审查案卷材料。必要时可以调取公安机关同步录音录像资料,并与公安侦查人员、管教干警、法定代理人、法律援助律师等进行沟通,了解未成年犯罪嫌疑人的相关情况;也可以通过电话、信函、走访等方式开展调查,以提高讯问的针对性。

第106条 【制定讯问提纲】办案人员应当根据案件具体情况和未成年犯罪嫌疑人身心特点、成长经历、家庭情况等,制定详细的讯问提纲或者讯问方案。

第107条 【告知文书】讯问未成年犯罪嫌疑人应当准备以下告知法律文书:

(一)未成年犯罪嫌疑人权利义务告知书;(二)法定代理人或者合适成年人到场通知书;(三)法定代理人或者合适成年人权利义务告知书;(四)传唤证或者提讯提解证;(五)根据案件具体情况应当准备的其他告知文书,如心理测评告知书等。

第108条 【通知到场】讯问未成年犯罪嫌疑人,应当通知其法定代理人到场。无法通知、法定代理人不能到场或者法定代理人是共犯的,可以通知合适成年人到场,并将有关情况记录在案。

讯问前应当将讯问的时间、地点提前通知法定代理人或者合适成年人,并要求其携带到场通知书、身份证或者工作证、户口簿等身份证明文件。

需要对到场参与讯问的法定代理人取证的,应当先行对其进行询问并制作笔录。

目睹案件发生过程,提供证人证言的,不适宜担任合适成年人。

第3节 讯　　问

第109条 【介绍参与人员】讯问开始时,办案人员应当首先向未成年犯罪嫌疑人表明身份,告知其讯问人员的姓名、单位、法律职务。

合适成年人到场的,办案人员应当向未成年犯罪嫌疑人介绍合适成年人的身份、职业等基本情况以及合适成年人制度的法律意义等,并让合适成年人与未成年犯罪嫌疑人就生活、学习、家庭等非涉案情况进行短暂交流。交谈情况应当记录在案。

第110条 【权利义务告知】办案人员应当告知未成年犯罪嫌疑人及其法定代理人或者合适成年人依法享有的诉讼权利、相关法律规定以及案件的进展情况。告知时,应当以未成年人可以理解的语言进行解释说明,并通过由未成年犯罪嫌疑人亲笔书写告知内容或者让其复述等方式,以确保未成年人真正理解其诉讼权利、义务以及供述可能产生的法律后果。告知的情形应当记录在案。

第111条 【缓解情绪】正式讯问开始前,办案人员应当尽可能缓解未成年犯罪嫌疑人的紧张情绪,与其建立信任友善关系,为正式讯问打下良好的基础。

第112条 【核查主体】讯问未成年犯罪嫌疑人主体方面内容应当注意:

(一)核实未成年犯罪嫌疑人的年龄身份情况,问明出生年月日、公历还是农历、生肖属相、每年何时过生日、就学就业经历、家庭成员的年龄情况等;(二)掌握未成年犯罪嫌疑人的健康情况,问明是否有影响羁押的严重疾病、生理发育是否有缺陷、是否有病史特别是精神病史、女性未成年犯罪嫌疑人是否处于怀孕或者哺乳期等;(三)核实未成年犯罪嫌疑人的前科情况;(四)了解未成年犯罪嫌疑人的监护状况,问明其法定代理人的基本情况及联系方式、父母和亲属是否在本地、是否具备监护能力或者有无其他愿意承担监护责任的人选等;(五)了解未成年犯罪嫌疑人的生活背景、成长经历,问明其家庭环境、学校教育、社区环境、社会交往、兴趣爱好、脾气性格等;(六)其他应当注意的内容。

第113条 【核查客观方面】讯问未成年犯罪嫌疑人客观方面内容应当注意:

(一)讯问实施犯罪行为的具体时间、地点,参与人员、侵害对象、手段、结果,以及在共同犯罪中的地位与作用;(二)了解被害人是否有过错以及过错程度;(三)讯问犯罪对象、作案工具的主要特征、与犯罪有关的财物的来源、数量以及去向,核实退赔赃款赃物的情况;(四)其他应当注意的问题。

第114条 【核查主观方面】讯问未成年犯罪嫌疑人主观方面内容应当注意:

(一)详细讯问未成年犯罪嫌疑人的作案动机目的,实施犯罪行为时所持有的心理态度等;(二)共同犯罪的,要问明是否有预谋和分工,是否被他人胁迫、引诱或者被教唆;(三)问明中止犯罪的原因及案发后到案的情况,以及是否具有自首、立功表现等;(四)有犯罪前科的,要问明再犯罪的原因,以及犯罪后的主观悔罪认识。

第115条 【探究犯罪原因】讯问过程中,应当以预防再犯罪为目标,深入探究未成年人走上犯罪道路的主客观原因以及回归社会的不利因素和有利条件。

第116条 【自书供述】未成年犯罪嫌疑人请求自行书写供述的,办案人员应当准许。必要时,办案人员也可以要求其亲笔书写供述。

第117条 【适时教育】主要犯罪事实讯问完毕后,办案人员可以结合案情及未成年犯罪嫌疑人个体情况,有针对性地开展教育。

讯问过程中要注意把握教育感化的契机,适时向其讲解相关法律,帮助其明辨是非,促使其认罪悔罪,增强法治意识。

第118条 【及时鼓励】办案人员要注意掌握未成年犯罪嫌疑人的优点、特长并予以肯定,未成年犯罪嫌疑人认错悔罪或者表现好时,应予及时鼓励。

第119条 【写致歉信】为释放未成年犯罪嫌疑人的心理压力,促使其深刻反省错误,办案人员根据情况可以建议其给被害人写致歉信。

第120条 【掌控情境】讯问过程中,要注意防止未成年犯罪嫌疑人发生抵触、烦躁、悲观等消极情况。如果发生,应当保持冷静,及时予以安抚、引导。

第121条 【在场监督】法定代理人或者合适成年人认为办案人员的讯问行为侵犯了未成年犯罪嫌疑人的合法权益时,可以提出意见。对于合理意见,办案人员应当接受并纠正;对于不合理意见,应当说明理由。相关内容应当记录在案。

第122条 【中止讯问】当未成年犯罪嫌疑人出现恐慌、紧张、激动、疲劳等不宜继续讯问的情形时,办案人员应当及时中止讯问,在法定代理人或者合适成年人协助下消除上述情形后再行讯问。必要时,可以由具有心理咨询师资质的检察人员或者专门的心理咨询师进行心理干预和情绪疏导。

第123条 【制作笔录】办案人员应当忠实记录讯问过程,讯问笔录应当充分体现未成年人的语言风格。

第124条 【签名确认】讯问完毕后,讯问笔录应当交未成年犯罪嫌疑人、到场的法定代理人或者合适成年人阅读或者向其宣读。经未成年犯罪嫌疑人、法定代理人、合适成年人核对无误后,分别在讯问笔录上签名并捺指印确认。

第4章 询问未成年被害人、证人

第1节 一般规定

第125条 【主要任务】询问未成年被害人,不仅要查明案件事实,还应当深入了解未成年人因犯罪行为在身体、心理、生活等方面所遭受的不良影响以及确保健康成长的需求等情况,并注重对其合法权益的保护。

第126条 【地点选择】询问未成年被害人应当选择未成年人住所或者其他让未成年人感到安全的场所进行。

经未成年人及其法定代理人同意,可以通知未成年被害人到检察机关专设的未成年人检察工作室接受询问。

第127条 【时间要求】询问未成年被害人的时间应当以不伤害其身心健康为前提。

询问不满14周岁未成年人,由办案人员根据其生理、心理等表现确定时间,每次正式询问持续时间一般不超过1小时,询问间隔可以安排适当的休息。

询问过程中,应当根据未成年被害人的心理状态、情绪变化等实际情况,及时调整询问节奏,避免对其身心造成负面影响,保证询问活动顺利进行。

第128条 【呵护身心】询问未成年被害人要注意呵护其身心健康,维护人格尊严。

第129条 【次数限制】询问未成年被害人应当以1次询问为原则,尽可能避免反复询问造成2次伤害。公安机关已询问未成年被害人并制作笔录的,除特殊情况外一般不再重复询问。

第130条 【参与询问】对于性侵害等严重侵害未成年人人身权利的犯罪案件,可以通过提前介入侦查的方式参与公安机关询问未成年被害人工作。对询问过程一般应当进行录音录像,尽量避免在检察环节重复询问。

第131条 【语言方式】询问未成年被害人的语言要符合未成年人的认知能力,能够被未成年人所充分理解。

询问可以采取圆桌或者座谈的方式进行。

询问过程中要注意耐心倾听,让未成年被害人有充分的机会表达自己观点。尽可能避免程式化的一问一答取证方式,确保其陈述的连贯性和完整性。

对于未成年被害人提出的疑问或者法律问题,应当认真予以解释和说明。

第132条 【录音录像】询问未成年被害人时,一般应当对询问过程进行录音录像,录音录像应当全程不间断进行,保持完整性,不得选择性地录制,不得剪接、删改。

第133条 【依照办理】询问被害人时的基本原则、人员选择、隐私保护、专家辅助、心里疏导和测评等方面的内容依照第3章第1节的有关规定办理。

第2节 询问前准备

第134条 【询问提纲】办案人员应当根据案件具体情况和未成年被害人身心特点、成长经历、家庭情况等制定详细的询问提纲或者询问方案。

第135条 【告知文书】询问未成年被害人应当告知的法律文书主要包括:

(一)未成年被害人诉讼权利义务告知书;(二)法定代理人或者合适成年人到场通知书;(三)法定代理人或者合适成年人权利义务告知书;(四)询问通知书;(五)根据案件具体情况

需要准备的其他告知文书,如心理测评告知书等。

第136条 【通知到场】询问未成年被害人,有关通知其法定代理人或者合适成年人到场的要求依照本指引第108条的规定办理。

第3节 询 问

第137条 【权利告知】办案人员应当告知未成年人及其法定代理人或者合适成年人依法享有的诉讼权利、相关法律规定以及案件的进展情况,并要求未成年人及其法定代理人或者合适成年人在权利义务告知书上签字确认(年幼的未成年人可以由法定代理人或合适成年人代签)。告知诉讼权利时,应当进行解释说明,重点告知未成年被害人及其法定代理人提起附带民事诉讼及获得赔偿的权利。告知的情形应当记录在案。

第138条 【作证能力评估】询问年幼的未成年被害人,要认真评估其理解能力和作证能力,并制定交流的基本规则,未成年人的回答可以是"我不理解"。

第139条 【询问内容】询问未成年被害人主要有以下内容:

(一)核实未成年人,特别是性侵害案件未成年被害人的年龄身份情况,问明具体出生年月日、公历还是农历、生肖属相、每年何时过生日、就学就业经历、家庭成员的年龄情况等;(二)了解未成年人的健康状况,问明生理发育是否有缺陷、是否有病史特别是精神病史,受侵害后身体、心理康复及生活状况等;(三)问明案发时间、地点、经过、被侵害具体情况,尤其是侵害者是谁。要根据未成年人的年龄和心理特点突出询问重点,对与定罪量刑有关的事实应当进行全面询问;(四)了解未成年被害人案发后获得赔偿的情况及其对侵害人的处理意见;(五)其他应当询问的内容。

第140条 【不同策略】对不同年龄段的未成年人要采取不同的询问策略,防止机械、武断的成年人思维方式和行为伤害到未成年人的身心健康及合法权益。

第141条 【注意事项】询问中应当尽量使用开放性问题,便于未成年人自由叙述回答,以此获取准确信息。注意避免诱导性询问或者暗示性询问以及对同一问题的反复询问,防止其因产生熟悉感而作出虚假性陈述。对未成年人的回答,办案人员不得用明示或者暗示的方式予以赞赏或者表示失望。

第142条 【适时引导】询问过程中,对于有过错的未成年被害人,办案人员应当结合具体案情及未成年被害人的个体情况,适时开展有针对性的行为规范和法治教育。

第143条 【依照适用】询问未成年被害人、证人时,有关介绍参与人员、缓解情绪、在场监督、中止询问、制作笔录及签名确认的要求依照本指引第3章第3节的有关规定办理。

询问未成年证人,适用本章规定。

第5章 未成年人刑事案件审查逮捕

第1节 一般规定

第144条 【基本要求】人民检察院审查逮捕未成年犯罪嫌疑人,应当根据其涉嫌的犯罪事实、主观恶性、成长经历、犯罪原因以及有无监护或者社会帮教条件等,综合衡量其妨碍诉讼或者继续危害社会的可能性大小,严格限制适用逮捕措施,可捕可不捕的不捕。

对于依法批准逮捕未成年人的,应当认真做好跟踪帮教考察工作,进行羁押必要性审查,一旦发现不需要继续羁押的,及时建议公安机关释放或者变更强制措施。

第145条 【法律援助】人民检察院受理审查逮捕未成年人刑事案件后,应当首先了解未成年犯罪嫌疑人是否有辩护人,没有辩护人的,应当通知公安机关纠正,并可以在24小时内通知法律援助机构指派律师。

第146条 【再行提请】公安机关对不在案的未成年犯罪嫌疑人提请批准逮捕的，可以要求公安机关在未成年犯罪嫌疑人归案后再行提请批准逮捕。

第147条 【应当讯问】人民检察院审查逮捕未成年犯罪嫌疑人，应当对其进行讯问，并制作笔录附卷。

第2节　案件审查

第148条 【听取意见】人民检察院审查逮捕未成年犯罪嫌疑人，应当听取辩护人意见，并制作笔录附卷。

对辩护人提出的意见及提供的证据材料，应当在审查逮捕意见书中说明是否采纳的情况及理由。必要时可以对辩护人进行说明解释。

对于被害人是未成年人的案件，应当听取被害人及其法定代理人的意见。

第149条 【及时帮助】人民检察院发现未成年犯罪嫌疑人身体存在严重疾患的，应当及时提供必要的帮助。发现未成年人心理存在问题的，可以根据需要，督促公安机关委托或者自行委托专业人员对其进行心理测评和疏导。

第150条 【精神病鉴定】人民检察院发现未成年犯罪嫌疑人可能存在精神疾患或者智力发育严重迟滞的，应当作出不批准逮捕决定，并通知公安机关依法进行鉴定。

第151条 【社会调查】人民检察院应当督促公安机关全面收集未成年人犯罪原因、违法情况、不良行为史、成长经历、家庭背景等相关材料。对于公安机关没有提供社会调查报告的，人民检察院应当要求公安机关提供，也可以自行或者委托有关组织和机构进行调查。必要时可以介入侦查，引导取证。

第152条 【年龄审查】人民检察院审查未成年人刑事案件，应当注重对未成年人年龄证据的审查，重点审查是否已满14、16、18周岁。

对于未成年人年龄证据，一般应当以公安机关加盖公章、附有未成年人照片的户籍证明为准。当户籍证明与其他证据存在矛盾时，应当遵循以下原则：

（一）可以调取医院的分娩记录、出生证明、户口簿、户籍登记底卡、居民身份证、临时居住证、护照、入境证明、港澳居民来往内地通行证、台湾居民来往大陆通行证、中华人民共和国旅行证、学籍卡、计生台账、防疫证、（家）族谱等证明文件，收集接生人员、邻居、同学等其他无利害关系人的证言，综合审查判断，排除合理怀疑，采纳各证据共同证实的相对一致的年龄。（二）犯罪嫌疑人不讲真实姓名、住址，年龄不明的，可以委托进行骨龄鉴定或者其他科学鉴定。经审查，鉴定意见能够准确确定犯罪嫌疑人实施犯罪行为时的年龄的，可以作为判断犯罪嫌疑人年龄的证据参考。若鉴定意见不能准确确定犯罪嫌疑人实施犯罪行为时的年龄，而且显示犯罪嫌疑人年龄在法定应负刑事责任年龄上下，但无法查清真实年龄的，应当作出有利于犯罪嫌疑人的认定。

第153条 【事实证据审查】人民检察院在审查批准逮捕过程中，应当着重查清以下事实：

（一）现有证据是否足以证明有犯罪事实的发生；（二）现有证据是否足以证实发生的犯罪事实是犯罪嫌疑人所为；（三）证明犯罪嫌疑人实施犯罪行为的证据是否已经查证属实。

第154条 【监护帮教审查】符合下列条件之一的，可以认定为具有有效监护或者帮教条件：

（一）能够提供有固定住所和稳定收入、具有监护帮教条件的成年亲友作为保证人的；（二）未成年犯罪嫌疑人在本地就读、就业，案发后父母亲或者其他监护人表示愿意到本地生活,对犯罪嫌疑人实施有效监护,或者学校、就业单位愿意对其进行观护和帮教的;(三)居民委员会、村民委员会、社会团体、企事业单位等机构和组织愿意提供条件进行帮教的;(四)公安、司法机关能够为未成年犯罪嫌疑人提供帮教场所或者临时监护人的;(五)其他具有有效监护或者帮教条件的。

第155条 【社会危险性审查】人民检察院应当从以下方面审查未成年犯罪嫌疑人的社会危险性:

(一)审查公安机关提供的社会危险性证明材料,包括被害人、被害单位或者案发地社区出具的相关意见,未成年犯罪嫌疑人认罪、悔罪表现等。公安机关没有提供社会危险性证明材料,或者提供的材料不充分的,人民检察院应当要求公安机关提供或者补充;(二)审查社会调查报告;(三)审查未成年犯罪嫌疑人实施犯罪行为的情节、严重程度、犯罪次数等;(四)审查其他证明未成年犯罪嫌疑人具有社会危险性的材料。

第156条 【不公开听证】人民检察院对于在押的未成年犯罪嫌疑人是否应当逮捕存在较大争议的,可以举行不公开听证,当面听取各方面意见。

决定举行不公开听证的,一般应当通知未成年犯罪嫌疑人及其法定代理人或者合适成年人、辩护人、侦查人员、被害人及未成年被害人的法定代理人、诉讼代理人等到场。必要时,可以通知羁押场所监管人员、社会调查员等到场。

听证过程应当形成书面记录,交听证参与各方签字确认。听证情况应当在审查逮捕意见书中载明。

对犯罪嫌疑人没有在押的,不宜进行听证。犯罪嫌疑人在押的,可以在看守所举行听证,也可以采用远程视频方式进行听证。

第157条 【查清犯罪诱因】审查逮捕未成年犯罪嫌疑人,应当注意查明是否有被胁迫、引诱的情节,是否存在他人教唆犯罪、传授犯罪方法或者利用未成年人实施犯罪等情况。

第3节　作出决定

第158条 【应当不捕】对具有下列情形之一的未成年犯罪嫌疑人,应当作出不批准逮捕决定:

(一)未达刑事责任年龄的;(二)不存在犯罪事实或者犯罪事实非其所为的;(三)情节显著轻微、危害不大,不认为是犯罪的;(四)犯罪已过追诉时效期限的;(五)经特赦令免除刑罚的;(六)依照刑法规定告诉才处理的犯罪,没有告诉或者撤回告诉的;(七)其他法律规定免予追究刑事责任的情形。

第159条 【证据不足不捕】对于现有证据不足以证明有犯罪事实,或者不足以证明犯罪行为系未成年犯罪嫌疑人所为的,应当作出不批准逮捕决定。

对犯罪嫌疑人实际年龄难以判断,影响对该犯罪嫌疑人是否应当负刑事责任认定的,应当不批准逮捕。需要补充侦查的,同时通知公安机关。

第160条 【无社会危险性不捕】对于未成年犯罪嫌疑人可能被判处3年有期徒刑以下刑罚,具备有效监护条件或者社会帮教措施,不逮捕不致再危害社会和妨害诉讼正常进行的,人民检察院一般应当不批准逮捕。

对于罪行较重,但主观恶性不大,有悔罪表现,具备有效监护条件或者社会帮教措施,具有下列情形之一,不逮捕不致再危害社会和妨害诉讼正常进行的,可以不批准逮捕:

(一)初次犯罪、过失犯罪的;(二)犯罪预备、中止、未遂的;(三)防卫过当、避险过当的;(四)犯罪后有自首或者立功表现的;(五)犯罪后如实交代罪行,真诚悔罪,积极退赃,尽力减少和赔偿损失,与被害人达成和解的;(六)不属于共同犯罪的主犯或者集团犯罪中的首要分子的;(七)属于已满14周岁不满16周岁的未成年人或者系在校学生的;(八)身体状况不适宜羁押的;(九)系生活不能自理人的唯一扶养人的;(十)其他可以不批准逮捕的情形。

对于罪行较轻,具备有效监护条件或者社会帮教措施,没有社会危险性或者社会危险性较小,不逮捕不致妨害诉讼正常进行的,应当不批准逮捕。

依据在案证据不能认定未成年犯罪嫌疑人符合逮捕社会危险性条件的,应当要求公安机关补充相关证据,公安机关没有补充移送的,应当作出不批准逮捕的决定。

第161条 【说理解释】人民检察院对于不批准逮捕的案件,应当制作不批准逮捕理由说明书,连同案卷材料送达公安机关。需要补充侦查的,应当同时通知公安机关。必要时可以向被害人释法说理。

不批准逮捕理由说明书一般应当从事实、证据和法律等方面阐明,但侧重点应当有所不同:

(一)应当不批准逮捕案件。重点围绕不具备犯罪构成要件或者符合刑事诉讼法第15条规定的不追究刑事责任情形进行说理。(二)证据不足不批准逮捕案件。重点围绕证据客观性、关联性、合法性进行说理。证据不足的,应当向公安机关提出补充侦查建议;存在瑕疵证据的,应当要求公安机关说明情况予以补证;因非法证据而予以排除的,应当指出违法行为,并说明排除的理由。(三)无社会危险性不捕案件。重点围绕涉嫌犯罪的性质、社会危害程度、认罪悔罪表现、法定从轻或者减轻、免除处罚情节,以及具备取保候审、监视居住条件、不羁押不致危害社会或者妨碍诉讼、存在不适宜羁押情形等进行说理。因公安机关不移送证明逮捕必要性的证据决定不捕的,应当明确指出。

第162条 【复议复核】公安机关认为人民检察院不批准逮捕决定有错误要求复议的,人民检察院应当另行指派检察人员进行全面审查,并在收到提请复议意见书和案卷材料后7日内作出决定,并通知公安机关。

公安机关因复议意见不被接受向上一级人民检察院提请复核的,上级人民检察院应当在收到提请复核意见书和案卷材料后15日内,作出是否变更的决定,通知下级人民检察院和公安机关执行。

第163条 【不捕帮教】对于作出不批准逮捕决定的未成年犯罪嫌疑人,人民检察院应当进行帮教。必要时可以会同家庭、学校、公安机关或者社会组织等组成帮教小组,制订帮教计划,共同开展帮教。

(一)对于犯罪情节轻微,无逮捕必要而不批准逮捕的,帮助其稳定思想和情绪,促使其认罪悔罪,保障刑事诉讼的顺利进行。(二)对于确有违法行为,且认知和行为偏差已达到一定程度,因证据不足而未被批准逮捕的,在敦促其配合侦查取证的同时,应加强教育矫治。(三)对于因未达刑事责任年龄而作出不批准逮捕决定的,责令其家长或者监护人加以管教。根据案件的不同情况,予以训诫或者责令赔礼道歉、赔偿损失、具结悔过等,并开展教育矫治工作。必要时,可以交由政府收容教养。(四)对于情节显著轻微,危害不大,不认为是犯罪的未成年人,应当对其加强法治教育,预防其违法犯罪。

第164条 【应当逮捕】人民检察院对有证据证明有犯罪事实,可能判处徒刑以上刑罚的未成年犯罪嫌疑人,采取取保候审尚不足以防止发生下列情形的,应当予以逮捕:

(一)可能实施新的犯罪的;(二)有危害国家安全、公共安全或者社会秩序的现实危险的;(三)可能毁灭、伪造证据,干扰证人作证或者串供的;(四)可能对被害人、举报人、控告人实施打击报复的;(五)企图自杀或者逃跑的。

有证据证明有犯罪事实是指同时具备下列情形:

(一)有证据证明发生了犯罪事实;(二)有证据证明该犯罪事实是犯罪嫌疑人实施的;

(三)证明犯罪嫌疑人实施犯罪行为的证据已经查证属实的。

犯罪事实既可以是单一犯罪行为的事实,也可以是数个犯罪行为中任何一个犯罪行为的事实。

对有证据证明有犯罪事实,可能判处10年有期徒刑以上刑罚的,或者有证据证明有犯罪事实,可能判处徒刑以上刑罚,曾经故意犯罪或者身份不明的,应当予以逮捕。但是,曾经故意犯罪被判处5年有期徒刑以下刑罚,经帮教真诚悔罪的,可以不予逮捕。

身份不明是指犯罪嫌疑人不讲身份信息,通过指纹比对、网上户籍信息查询等方式无法确定其真实身份或者虽有供述,但经调查,明显虚假或者无法核实的。

第165条 【可以转捕】未成年犯罪嫌疑人有下列违反监视居住、取保候审规定行为,人民检察院可以予以逮捕:

(一)故意实施新的犯罪的;(二)企图自杀、自残的;(三)毁灭、伪造证据、串供或者企图逃跑的;(四)对被害人、证人、举报人、控告人及其他人员实施打击报复的。

未成年犯罪嫌疑人有下列违反取保候审、监视居住规定的行为,属于刑事诉讼法第79条第3款规定中的"情节严重",人民检察院可以予以逮捕:(一)未经批准,擅自离开所居住的市、县或者执行监视居住的处所,造成严重后果的;(二)两次未经批准,无正当理由擅自离开所居住的市、县或者执行监视居住的处所的;(三)未经批准,擅自会见他人或者通信,造成严重后果的;(四)经传讯无正当理由两次不到案的;(五)经过批评教育后依然违反规定进入特定场所、从事特定活动,或者发现隐藏有关证件,严重妨碍诉讼程序正常进行的。

对于符合上述规定情形的,人民检察院应当核实原因,并结合帮教效果等有关情况慎重作出逮捕决定。

第166条 【作出逮捕决定】人民检察院办理未成年犯罪嫌疑人审查逮捕案件,应当制作审查逮捕意见书,作出批准逮捕决定的,应当制作批准逮捕决定书,连同案卷材料送达公安机关执行,执行回执附卷。

第6章 未成年人刑事案件审查起诉

第1节 一般规定

第167条 【基本要求】人民检察院审查起诉未成年人刑事案件,应当全面审查起诉意见书、案卷证据以及社会调查报告等材料,根据其涉嫌犯罪的性质、情节、主观恶性以及其年龄、身心发育状况、成长经历、犯罪原因、有无监护或者社会帮教条件等,综合衡量起诉的必要性,尽可能作出不起诉或者附条件不起诉的决定。对于确有起诉必要的,应当起诉并依法提出量刑建议;对于可以不判处监禁刑的,应当依法提出适用非监禁刑的建议。

第168条 【羁押必要性审查】对于未成年犯罪嫌疑人被羁押的,人民检察院应当审查是否有必要继续羁押。对不需要继续羁押的,应当予以释放或者变更强制措施。

第169条 【法律援助】人民检察院受理审查起诉未成年人刑事案件后,应当首先审查未成年犯罪嫌疑人是否有辩护人。没有辩护人的,应当告知未成年犯罪嫌疑人及其法定代理人可以委托1至2人作为辩护人。未成年犯罪嫌疑人及其法定代理人未明确表示委托辩护人的,人民检察院应当通知法律援助机构指派律师为其提供辩护。

第170条 【讯问询问】人民检察院审查起诉未成年人刑事案件,应当讯问未成年犯罪嫌疑人,并制作笔录附卷。

必要时,可以询问未成年被害人、证人,并制作笔录附卷。

第171条 【听取意见】人民检察院审查起诉未成年人刑事案件,应当当面听取未成年犯罪嫌疑人的法定代理人、辩护人、未成年被害人及其法定代理人、诉讼代理人的意见,并记录在案。未成年犯罪嫌疑人的法定代理人、辩护人、未成年被害人及其法定代理人、诉讼代理人提出书面意见的,应当附卷。

当面听取意见有困难的,可以通知未成年犯罪嫌疑人的法定代理人、辩护人、被害人及其法定代理人、诉讼代理人及时提出书面意见,或者电话联系听取意见,并制作电话记录附卷。电话联系听取意见的,应当有2名检察人员在场,并在电话记录上签字。

第172条 【精神病鉴定】在审查起诉过程中,发现未成年犯罪嫌疑人可能存在精神疾患或者智力发育严重迟滞的,人民检察院应当退回公安机关委托或者自行委托鉴定机构对未成年犯罪嫌疑人进行精神病鉴定。

未成年犯罪嫌疑人的法定代理人、辩护人或者近亲属以该未成年犯罪嫌疑人可能患有精神疾病而申请对其进行鉴定的,人民检察院应当委托鉴定机构对未成年犯罪嫌疑人进行鉴定,鉴定费用由申请方承担。

第173条 【及时帮助】人民检察院在审查起诉中发现未成年犯罪嫌疑人、未成年被害人身体存在严重疾患的,应当及时提供必要的帮助;发现未成年犯罪嫌疑人、未成年被害人心理存在问题的,应当及时对其进行心理疏导,或者委托专业机构或者有资质的人员对其进行心理疏导。

第2节 不起诉

第174条 【绝对不起诉】人民检察院经审查后,对于符合以下情形之一的未成年犯罪嫌疑人,经检察长或者检察委员会决定,应当对其作出不起诉决定:

(一)未达法定刑事责任年龄的;(二)不存在犯罪事实或者犯罪事实非其所为的;(三)情节显著轻微、危害不大,不认为是犯罪的;(四)犯罪已过追诉时效期限的;(五)经特赦令免除刑罚的;(六)依照刑法规定告诉才处理的犯罪,没有告诉或者撤回告诉的;(七)犯罪嫌疑人死亡的;(八)其他法律规定免予追究刑事责任的情形。

发现犯罪事实并非未成年犯罪嫌疑人所为,需要重新侦查的,应当在作出不起诉决定后书面说明理由,将案卷材料退回公安机关并建议公安机关重新侦查。

第175条 【存疑不起诉】人民检察院对于2次退回补充侦查的案件,仍然认为证据不足,不符合起诉条件的,经检察长或者检察委员会决定,应当作出不起诉决定。

人民检察院对于经过1次退回补充侦查的案件,认为证据不足,不符合起诉条件,且没有退回补充侦查必要的,可以作出不起诉决定。

第176条 【相对不起诉】对于犯罪情节轻微,具有下列情形之一,依照刑法规定不需要判处刑罚或者免除刑罚的未成年犯罪嫌疑人,一般应当依法作出不起诉决定:

(一)被胁迫参与犯罪的;(二)犯罪预备、中止、未遂的;(三)在共同犯罪中起次要或者辅助作用的;(四)系又聋又哑的人或者盲人的;(五)因防卫过当或者紧急避险过当构成犯罪的;(六)有自首或者立功表现的;(七)其他依照刑法规定不需要判处刑罚或者免除刑罚的情形。

对于未成年人轻伤害、初次犯罪、过失犯罪、犯罪未遂以及被诱骗或者被教唆实施犯罪等,情节轻微,确有悔罪表现,当事人双方自愿就民事赔偿达成协议并切实履行,或者经被害人同意并提供有效担保,符合刑法第37条规定的,人民检察院可以依照刑事诉讼法第173条第2款的规定作出不起诉决定,并根据案件的不同情况,予以训诫或者责令具结悔过、赔礼道歉、赔偿损失,或者由主管部门予以行政处罚。

第177条 【不公开听证会】人民检察院对于社会影响较大或者争议较大的案件,在作出相对不起诉决定前,可以邀请侦查人员、未成年犯罪嫌疑人及其法定代理人、合适成年人、辩护人、被害人及其法定代理人、诉讼代理人、社会调查员、帮教人员等,召开不起诉听证会,充分听取各方的意见和理由,并制作听证笔录,由参与人员签字确认。

不起诉听证会应当不公开进行。人民检察院应当告知参与人员不得泄露涉案信息,注意保护未成年人的隐私。

第178条 【送达告知】人民检察院决定不起诉的案件,应当制作不起诉决定书,并在3日内送达公安机关、被害人或者其近亲属及其诉讼代理人、被不起诉的未成年人及其法定代理人、辩护人。

送达时应当告知被害人或者其近亲属及其诉讼代理人,如果对不起诉决定不服,可以自收到不起诉决定书后7日以内向上一级人民检察院申诉,也可以不经申诉,直接向人民法院起诉;告知被不起诉的未成年人及其法定代理人,如果对不起诉决定不服,可以自收到不起诉决定书后7日以内向人民检察院申诉。

送达时应当告知被送达人,检察机关将对被不起诉未成年人的不起诉记录予以封存,被送达人不得泄露未成年人的隐私;告知被不起诉的未成年人及其法定代理人,如有单位或个人泄露已被封存的不起诉记录,可以向检察机关反映情况。

上述告知情况应当记录在案。

第179条 【宣布教育】对于决定不起诉的案件,人民检察院应当举行不起诉宣布教育仪式,向被不起诉的未成年人及其法定代理人宣布不起诉决定书,阐明不起诉的理由和法律依据,并结合社会调查等情况,围绕犯罪行为对被害人、被不起诉的未成年人及其家庭、社会等造成的危害,导致犯罪行为发生的原因及应当吸取的教训等,对被不起诉的未成年人开展必要的教育。如果侦查人员、合适成年人、辩护人、帮教人员等参加有利于教育被不起诉的未成年人的,可以邀请他们参加,但要严格控制参与人员范围并告知其负有保密义务。

人民检察院可以根据案件的不同情况,对被不起诉的未成年人予以训诫或者责令具结悔过、赔礼道歉、赔偿损失,必要时,可以责令家长严加管教。

未成年犯罪嫌疑人没有犯罪事实,或者证据不足以证实其存在违法犯罪事实或者不良行为的,不适用前款规定。

第180条 【后续处理】不起诉决定书自公开宣布之日起生效。被不起诉人在押的,应当立即释放,被采取其他强制措施的,应当通知执行机关解除。

对被不起诉人需要给予行政处罚或者需要没收其违法所得的,应当提出检察意见,连同不起诉决定书一并移送有关主管机关处理,并要求有关主管机关及时通知处理结果。

对于扣押、查封、冻结的财产,应当书面通知作出扣押、查封、冻结决定的机关或者执行扣押、查封、冻结决定的机关解除扣押、查封、冻结。

第3节 附条件不起诉

第181条 【适用条件】对于符合以下条件的案件,人民检察院可以作出附条件不起诉的决定:

(一)犯罪嫌疑人实施犯罪行为时系未成年人的;(二)涉嫌刑法分则第4章、第5章、第6章规定的犯罪的;(三)可能被判处1年有期徒刑以下刑罚的;(四)犯罪事实清楚,证据确实、充分,符合起诉条件的;(五)犯罪嫌疑人具有悔罪表现的。

人民检察院可以参照《最高人民法院关于常见犯罪的量刑指导意见》并综合考虑全案情况和量刑情节,衡量是否"可能判处1年有期徒刑以下刑罚"。

具有下列情形之一的,一般认为具有悔罪表现:

(一)犯罪嫌疑人认罪认罚的;(二)向被害人赔礼道歉、积极退赃、尽力减少或者赔偿损失的;(三)取得被害人谅解的;(四)具有自首或者立功表现的;(五)犯罪中止的;(六)其他具有悔罪表现的情形。

对于符合附条件不起诉条件,实施犯罪行为时未满18周岁,但诉讼时已成年的犯罪嫌疑人,人民检察院可以作出附条件不起诉决定。

第182条 【积极适用】人民检察院对于符合条件的未成年人刑事案件,应当依法积极适用附条件不起诉,促使未成年犯罪嫌疑人积极自我改造,从而达到教育挽救的目的。对于不具备有效监护条件或者社会帮教措施的未成年犯罪嫌疑人,人民检察院应当积极为其创造条件,实现对未成年人的平等保护。

第183条 【结合适用】人民检察院可以将附条件不起诉制度与当事人和解制度相结合,通过促使未成年犯罪嫌疑人认真悔罪、赔礼道歉或者赔偿损失等方式,化解矛盾纠纷,修复受损的社会关系,达到对被害人精神抚慰、物质补偿的同时,加速未成年犯罪嫌疑人回归社会的进程。

第184条 【具体把握】人民检察院对于既可以附条件不起诉也可以起诉的未成年犯罪嫌疑人,应当优先适用附条件不起诉。

对于既可以相对不起诉也可以附条件不起诉的未成年犯罪嫌疑人,应当优先适用相对不起诉。如果未成年犯罪嫌疑人存在一定的认知偏差等需要矫正,确有必要接受一定时期监督考察的,可以适用附条件不起诉。

第185条 【征求意见】人民检察院在作出附条件不起诉决定前,应当征求未成年犯罪嫌疑人及其法定代理人、辩护人的意见。征求意见时应当让其全面获知和理解拟附条件不起诉决定的基本内容,包括适用附条件不起诉的法律依据、适用程序、救济程序、考察程序、附加义务及附条件不起诉的法律后果等,并给予一定的时间保障。必要时,可以建议未成年犯罪嫌疑人及其法定代理人与其辩护人进行充分沟通,在准确理解和全面权衡的基础上,提出意见。

未成年犯罪嫌疑人及其法定代理人应当在人民检察院书面征求意见书上签署意见,明确表明真实意愿,且一般应当由未成年犯罪嫌疑人及其法定代理人同时签署。确因特殊情况只能以口头方式提出的,人民检察院应当记录在案。

对于未成年犯罪嫌疑人与其法定代理人意见存在分歧的,人民检察院可以综合案件情况,本着有利于对未成年犯罪嫌疑人教育挽救的原则作出决定。

第186条 【异议处理】对于未成年犯罪嫌疑人及其法定代理人对附条件不起诉决定提出异议的,应当区别对待:

(一)未成年犯罪嫌疑人及其法定代理人对于犯罪事实认定、法律适用有异议并提出无罪意见或辩解的,人民检察院应当认真审查后依法提起公诉。(二)未成年犯罪嫌疑人及其法定代理人对案件作附条件不起诉处理没有异议,仅对所附条件及考验期有异议的,人民检察院可以依法采纳其合理的意见,对考察的内容、方式、时间等进行调整。但其意见不利于对未成年犯罪嫌疑人帮教的,应当进行耐心的释法说理工作。经说理解释后,若未成年犯罪嫌疑人及其法定代理人仍有异议坚持要起诉的,应当提起公诉。(三)未成年犯罪嫌疑人及其法定代理人对于适用附条件不起诉有异议的,应当审查后决定是否起诉。

人民检察院作出起诉决定前,未成年犯罪嫌疑人及其法定代理人可以撤回异议。撤回异议的,应当制作笔录附卷,由未成年犯罪嫌疑人及其法定代理人签字确认。

第187条 【听取意见】人民检察院在作出附条件不起诉决定前,应当听取公安机关、被害人及其法定代理人、诉讼代理人、辩护人的意见。

对公安机关应当采用书面征求意见的方式听取意见,并要求公安机关书面反馈意见。

对被害人及其法定代理人、诉讼代理人听取意见,参照本指引第171条办理。

对于被害人不同意附条件不起诉的,人民检察院可以作出附条件不起诉决定,但要做好释法说理和化解矛盾工作。

对于审查起诉阶段无法联系到被害人,经审查符合附条件不起诉条件的,可以作出附条件不起诉决定。

第188条 【不公开听证】对于公安机关或者被害人对附条件不起诉有异议,或者案件本身争议、社会影响较大等,人民检察院可以举行不公开听证会。具体要求参照本指引第177条。

第189条 【决定程序】适用附条件不起诉的审查意见,应当由办案人员在审查起诉期限届满15日前提出,并根据案件的具体情况拟定考验期限和考察方案,连同案件审查报告、社会调查报告等,报请检察长或者检察委员会决定。

第190条 【送达宣布】人民检察院决定附条件不起诉的案件,应当制作附条件不起诉决定书,并在3日内送达公安机关、被害人或者其近亲属及其诉讼代理人、未成年犯罪嫌疑人及其法定代理人、辩护人。

送达时,应当告知被害人或者其近亲属及其诉讼代理人如果对附条件不起诉决定不服的,可以自收到附条件不起诉决定书后7日内向上一级人民检察院申诉,并进行必要的释法说理。

人民检察院应当当面向未成年犯罪嫌疑人及其法定代理人宣布附条件不起诉决定,同时告知考验期限、在考验期内应当遵守的规定和违反规定可能产生的法律后果,以及可以对附条件不起诉决定提出异议等,并制作宣布笔录。

第191条 【复议、复核】公安机关认为附条件不起诉决定有错误的,可以向同级人民检察院要求复议。人民检察院应当另行指定检察人员进行审查并提出审查意见,报请检察长或者检察委员会决定。人民检察院应当在收到要求复议意见书后的30日内作出复议决定,并通知公安机关。

公安机关对人民检察院的复议结果不服的,可以向上一级人民检察院提请复核。上一级人民检察院收到公安机关对附条件不起诉决定提请复核的意见书后,应当交由未成年人检察部门办理。未成年人检察部门应当指定检察人员进行审查并提出审查意见,报请检察长或者检察委员会决定。上一级人民检察院应当在收到提请复核意见书后的30日内作出决定,制作复核决定书送交提请复核的公安机关和下级人民检察院。经复核改变下级人民检察院附条件不起诉决定的,应当撤销下级人民检察院作出的附条件不起诉决定,交由下级人民检察院执行。

第192条 【被害人申诉】被害人不服附条件不起诉决定,在收到附条件不起诉决定书后7日以内申诉的,由作出附条件不起诉决定的人民检察院的上一级人民检察院立案复查。

被害人向作出附条件不起诉决定的人民检察院提出申诉的,作出决定的人民检察院应当将申诉材料连同案卷一并报送上一级人民检察院受理。

上述申诉的审查由未成年人检察部门负责。承办人员审查后应当提出意见,报请检察长决定后制作复查决定书。

复查决定书应当送达被害人、被附条件不起诉的未成年犯罪嫌疑人及其法定代理人和作出附条件不起诉决定的人民检察院。

被害人不服附条件不起诉决定,在收到附条件不起诉决定书7日后提出申诉的,由作出附条件不起诉决定的人民检察院未成年人检察部门另行指定检察人员审查后决定是否立案复查。

上级人民检察院经复查作出起诉决定的,应当撤销下级人民检察院的附条件不起诉决定,由下级人民检察院提起公诉,并将复查决定抄送移送审查起诉的公安机关。

被害人不能向人民法院提起自诉。

第 193 条 【强制措施】未成年犯罪嫌疑人在押的,作出附条件不起诉决定后,人民检察院应当作出释放或者变更强制措施的决定。

考验期未满、取保候审期限届满的,应当解除取保候审强制措施,继续进行监督考察。

第 194 条 【考验期确定】附条件不起诉考验期为 6 个月以上 1 年以下,考验期的长短应当与未成年犯罪嫌疑人所犯罪行的性质、情节和主观恶性的大小相适应。可能判处的刑罚在 6 个月以下的,一般应当将考验期限确定为 6 个月;可能判处的刑罚在 6 个月以上的,可以参考未成年犯罪嫌疑人可能判处的刑期确定具体考察期限。

考验期从人民检察院作出附条件不起诉的决定之日起计算。考验期不计入审查起诉期限。

在考验期的前两个月要密切关注被附条件不起诉的未成年犯罪嫌疑人的表现,帮助、督促其改正不良行为,形成良好习惯。根据未成年犯罪嫌疑人在考验期内的表现和教育挽救的需要,人民检察院作出决定后可以在法定期限范围内适当缩短或延长考验期。

第 195 条 【所附条件】人民检察院对被附条件不起诉的未成年犯罪嫌疑人应当附下列条件:

(一)遵守法律法规,服从监督;(二)按照考察机关的规定报告自己的活动情况;(三)离开所居住的市、区(县)或者迁居,应当报经考察机关批准;(四)按照考察机关的要求接受矫治和教育。

前款第 4 项"按照考察机关的要求接受矫治和教育"包括以下内容:

(一)完成戒瘾治疗、心理辅导或者其他适当的处遇措施;(二)向社区或者公益团体提供公益劳动;(三)不得进入特定场所、与特定的人员会见或者通信、从事特定的活动;(四)向被害人赔偿损失、赔礼道歉等;(五)接受相关教育;(六)遵守其他保护被害人安全以及预防再犯的禁止性规定。

所附条件应当有针对性,注意考虑未成年犯罪嫌疑人的特殊需求,尤其避免对其就学、就业和正常生活造成负面影响。

第 196 条 【监督考察】在附条件不起诉的考验期内,人民检察院应当对被附条件不起诉的未成年犯罪嫌疑人进行监督考察。监督未成年犯罪嫌疑人履行义务、接受帮教的情况,并督促未成年犯罪嫌疑人的监护人对未成年犯罪嫌疑人加强管教,配合人民检察院做好监督考察工作。

人民检察院可以会同司法社工、社会观护基地、公益组织或者未成年犯罪嫌疑人所在学校、单位、居住地的村民委员会、居民委员会、未成年人保护组织等相关机构成立考察帮教小组,明确分工及职责,定期进行考察、教育,实施跟踪帮教。

考察帮教小组应当为考察对象制作个人帮教档案,对考察帮教活动情况及时、如实、全面记录,并在考察期届满后 3 个工作日内对考察对象进行综合评定,出具书面报告。

第 197 条 【心理学运用】人民检察院在附条件不起诉决定适用、监督考察等过程中,可以运用心理测评、心理疏导等方式,提高决策的科学性和考察帮教的针对性。

第 198 条 【考察届满】考验期届满,检察人员应当制作附条件不起诉考察意见书,提出起诉或者不起诉的意见,报请检察长决定。

人民检察院应当在审查起诉期限内作出起诉或者不起诉的决定。

作出附条件不起诉决定的案件,审查起诉期限自人民检察院作出附条件不起诉的决定之日起中止计算,自考验期届满之日起或者撤销附条件不起诉决定之日起恢复计算。

第199条 【不起诉决定】被附条件不起诉的未成年犯罪嫌疑人在考验期内没有本指引所列撤销附条件不起诉的情形,考验期满后,承办人应当制作附条件不起诉考察意见书,报请检察长作出不起诉决定。作出不起诉决定之前,应当听取被害人意见。

第200条 【送达告知】人民检察院对于考验期满后决定不起诉的,应当制作不起诉决定书,并在3日内送达公安机关、被害人或者其近亲属及其诉讼代理人、被不起诉的未成年犯罪嫌疑人及其法定代理人、辩护人。

送达时,应当告知被送达人,检察机关将对未成年犯罪嫌疑人涉嫌犯罪的不起诉记录予以封存,被送达人不得泄露未成年犯罪嫌疑人的隐私;告知未成年犯罪嫌疑人及其法定代理人,如有单位或者个人泄露已被封存的不起诉记录,可以向检察机关投诉;告知被害人及其诉讼代理人或者其近亲属,如果对不起诉决定不服,可以自收到不起诉决定书后7日以内向上一级人民检察院申诉。上述告知情况应当记录在案。

第201条 【宣布教育】对被不起诉人应当举行宣布教育仪式,具体依照本指引第179条规定办理。

第202条 【申诉办理】被害人对不起诉决定不服申诉的,依照本指引第192条规定办理。

第203条 【回访帮教】人民检察院对于经过附条件不起诉考察后作出不起诉决定的,可以与被不起诉的未成年人及其监护人、学校、单位等建立定期联系,在不起诉决定宣布后的6个月内,随时掌握未成年人的思想状态和行为表现,共同巩固帮教成果,并做好相关记录。经被不起诉的未成年人同意,可以在3年以内跟踪了解其回归社会情况,但应当注意避免对其造成负面影响。

第204条 【撤销附条件不起诉】在考验期内,发现被附条件不起诉的未成年犯罪嫌疑人有下列情形之一的,案件承办人应当制作附条件不起诉考察意见书,报请检察长或者检察委员会作出撤销附条件不起诉、提起公诉的决定:

(一)实施新的犯罪并经人民检察院查证属实的;(二)发现决定附条件不起诉以前还有其他犯罪需要追诉并经人民检察院查证属实的;(三)违反治安管理规定,造成严重后果,或者多次违反治安管理规定的;(四)违反考察机关有关附条件不起诉的监督管理规定,造成严重后果,或者多次违反的。

未成年犯罪嫌疑人如实供述其他犯罪行为,但因证据不足不予认定,在被作出附条件不起诉决定后查证属实的,可以不作出撤销附条件不起诉、提起公诉的决定。

第205条 【漏罪或新罪的处理】人民检察院发现被附条件不起诉的未成年犯罪嫌疑人在考验期内实施新的犯罪或者在决定附条件不起诉以前还有其他犯罪需要追诉的,应当将案件线索依法移送有管辖权的公安机关立案侦查。

被附条件不起诉的未成年犯罪嫌疑人在考验期内实施新的犯罪或者在决定附条件不起诉以前还有其他犯罪,经查证属实的,人民检察院应当将案件退回公安机关补充侦查。原移送审查起诉的公安机关对新罪或者漏罪无管辖权的,应当通知其与有管辖权的公安机关协商,依法确定管辖权,并案侦查。

对于被附条件不起诉的未成年犯罪嫌疑人在考验期内因实施新的犯罪或者因决定附条件不起诉以前实施的其他犯罪被公安机关立案侦查,能够在审查起诉期间内将新罪、漏罪查清的,人民检察院可以一并提起公诉;不能查清的,应当对前罪作出不起诉处理,新罪、漏罪查清后另行起诉。

第4节 提起公诉

第206条 【提起公诉】人民检察院对于犯罪事实清楚,证据确实、充分,未成年犯罪嫌疑人可能被判处1年有期徒刑以上刑罚的,综合考虑犯罪的性质、情节、主观恶性及其成长经历、犯罪原因、监护教育等情况,认为起诉有利于对其矫治的;或者虽然未成年犯罪嫌疑人可能被判处1年有期徒刑以下刑罚,但不符合附条件不起诉条件或者未成年犯罪嫌疑人及其法定代理人不同意检察机关作出附条件不起诉决定的,人民检察院应当提起公诉。

第207条 【量刑建议】对提起公诉的未成年人刑事案件,可以综合衡量犯罪事实、情节和未成年被告人的具体情况,依法提出量刑建议。对符合法定条件的,可以提出适用非监禁刑或者缓刑的建议,并视情况建议判处禁止令。

第208条 【分案起诉】人民检察院审查未成年人与成年人共同犯罪案件,一般应当将未成年人与成年人分案起诉,并由同一个公诉人出庭。但是具有下列情形之一的,可以不分案起诉:

(一)未成年人系犯罪集团的组织者或者其他共同犯罪中的主犯的;(二)案件重大、疑难、复杂,分案起诉可能妨碍案件审理的;(三)涉及刑事附带民事诉讼,分案起诉妨碍附带民事诉讼部分审理的;(四)具有其他不宜分案起诉的情形。

第209条 【分案审查】共同犯罪的未成年人与成年人分别由不同级别的人民检察院审查起诉的,未成年人犯罪部分的承办人应当及时了解案件整体情况;提出量刑建议时,应当注意全案的量刑平衡。

第210条 【先予起诉】对于分案起诉的未成年人与成年人共同犯罪案件,一般应当同时移送人民法院。对于需要补充侦查的,如果补充侦查事项不涉及未成年犯罪嫌疑人所参与的犯罪事实,不影响对未成年犯罪嫌疑人提起公诉的,应当对未成年犯罪嫌疑人先予提起公诉。

第211条 【文书制作】对于分案起诉的未成年人与成年人共同犯罪案件,在审查起诉过程中可以根据全案情况制作1份审查报告,起诉书以及量刑建议书等应当分别制作。

第212条 【并案审理】人民检察院对未成年人与成年人共同犯罪案件分别提起公诉后,在诉讼过程中出现不宜分案起诉情形的,可以建议人民法院并案审理。

第213条 【简易程序】人民检察院对于符合下列条件的未成年人刑事案件,应当建议人民法院适用简易程序审理:

(一)案件事实清楚,证据确实、充分的;(二)犯罪嫌疑人承认自己所犯罪行,对被指控的犯罪事实没有异议的;(三)犯罪嫌疑人及其法定代理人或者合适成年人、辩护人对适用简易程序没有异议的。

第214条 【建议适用缓刑】对于具有下列情形之一,依法可能判处拘役、3年以下有期徒刑,有悔罪表现,宣告缓刑对所居住社区没有重大不良影响,具备有效监护条件或者社会帮教措施,适用缓刑确实不致再危害社会的未成年被告人,人民检察院应当建议人民法院适用缓刑:

(一)犯罪情节较轻,未造成严重后果的;(二)主观恶性不大的初犯或者胁从犯、从犯;(三)被害人同意和解或者被害人有明显过错的;(四)其他可以适用缓刑的情形。

人民检察院提出对未成年被告人适用缓刑建议的,应当将未成年被告人能够获得有效监护、帮教的书面材料于判决前移送人民法院。

第215条 【建议适用禁止令】人民检察院根据未成年被告人的犯罪原因、犯罪性质、犯罪手段、犯罪后的认罪悔罪表现、个人一贯表现等情况,充分考虑与未成年被告人所犯罪行的关联程度,可以有针对性地建议人民法院判处未成年被告人在管制执行期间、缓刑考验期限内适用禁止令:

(一)禁止从事以下1项或者几项活动:

1. 因无监护人监管或监护人监管不力,经常夜不归宿的,禁止在未经社区矫正机构批准的情况下在外留宿过夜；

2. 因沉迷暴力、色情等网络游戏诱发犯罪的，禁止接触网络游戏；

3. 附带民事赔偿义务未履行完毕，违法所得未追缴、退赔到位，或者罚金尚未足额缴纳的，禁止进行高消费活动。高消费的标准可根据当地居民人均收入和支出水平确定；

4. 其他确有必要禁止从事的活动。

（二）禁止进入以下一类或者几类区域、场所：

1. 因出入未成年人不宜进入的场所导致犯罪的，禁止进入夜总会、歌舞厅、酒吧、迪厅、营业性网吧、游戏机房、溜冰场等场所；

2. 经常以大欺小、以强凌弱进行寻衅滋事，在学校周边实施违法犯罪行为的，禁止进入中小学校区、幼儿园园区及周边地区。确因本人就学、居住等原因的除外；

3. 其他确有必要禁止进入的区域、场所。

（三）禁止接触以下一类或者几类人员：

1. 因受同案犯不良影响导致犯罪的，禁止除正常工作、学习外接触同案犯；

2. 为保护特定人员，禁止在未经对方同意的情况下接触被害人、证人、控告人、举报人及其近亲属；

3. 禁止接触其他可能遭受其侵害、滋扰的人或者可能诱发其再次危害社会的人。

建议适用禁止令，应当把握好禁止令的针对性、可行性和预防性，并向未成年被告人及其法定代理人阐明适用禁止令的理由，督促法定代理人协助司法机关加强监管，促进未成年被告人接受矫治和回归社会。

第5节　出席法庭

第216条　【圆桌审判】人民检察院对于符合下列条件之一的未成年人刑事案件，在提起公诉时，可以建议人民法院采取圆桌审判方式审理：

（一）适用简易程序的；（二）16周岁以下未成年人犯罪的；（三）可能判处5年有期徒刑以下刑罚或者过失犯罪的；（四）犯罪情节轻微，事实清楚，证据确实、充分，被告人对被指控的犯罪事实无异议的；（五）犯罪性质较为严重，但被告人系初犯或者偶犯，平时表现较好，主观恶性不大的；（六）其他适合的案件。

第217条　【庭前准备】提起公诉的未成年人刑事案件，检察人员应当认真做好下列出席法庭的准备工作：

（一）掌握未成年被告人的心理状态，并对其进行接受审判的教育。必要时，可以再次讯问被告人；（二）进一步熟悉案情，深入研究本案的有关法律政策，根据案件性质，结合社会调查情况，拟定讯问提纲、询问被害人、证人、鉴定人提纲、举证提纲、答辩提纲、公诉意见书和法庭教育词。

法庭教育词可以包括以下内容：

（一）刑事违法性，即未成年被告人的行为已经触犯刑法，具有应受刑罚处罚的必要性，促使其正确对待判决，树立法治意识；（二）社会危害性，包括对被害人、未成年被告人本人及其家庭、社会等造成的伤害，促使其深刻反思；（三）犯罪原因及应当吸取的教训；（四）未成年被告人自身优点，对今后工作、学习、生活提出有针对性的要求，增强其回归社会的信心；（五）对监护人的教养方式等提出建议；（六）其他有针对性的教育、感化、挽救内容。

适用简易程序的，可以根据实际需要简化操作。

第218条　【庭前沟通】提起公诉的未成年人刑事案件，可以在开庭前与未成年被告人的法定代理人、合适成年人、辩护人等交换意见，共同做好教育、感化工作。

充分听取未成年被告人及其法定代理人意见后,可以与审判人员沟通是否有选择地通知未成年被告人所在学校、单位、居住地基层组织或者未成年人保护组织代表、社区矫正部门人员等到场。

第219条 【庭前会议】人民法院通知人民检察院派员参加庭前会议的,由出席法庭的检察人员参加,必要时可以配备书记员担任记录。

人民检察院可以根据案件具体情况,建议人民法院通知未成年被告人及其法定代理人参加庭前会议。

第220条 【出庭要求】出席未成年人刑事案件法庭,出庭检察人员应当根据未成年被告人的智力发育程度和心理状态,使用适合未成年人的语言表达方式。发言时应当语调平和,所提问题简要、明确,并注意用语文明、准确,通俗易懂。

出庭检察人员在庭审活动中,既要严格执行庭审程序,树立法律权威,体现法律的严肃性;又要结合未成年人的身心特点,避免给未成年被告人造成不良影响。遇到未成年被告人及其法定代理人、辩护人等辩护意见不正确时,以正面说理为主,做到有理、有节。必要时,可以建议审判长休庭,针对法定代理人、辩护人的错误行为,在庭下予以纠正,并引导他们从未成年人长远利益的角度考虑问题,帮助未成年被告人树立法治观念和正确价值观。

对于与被害人、诉讼代理人意见不一致的,应当认真听取被害人、诉讼代理人的意见,并阐明检察机关的意见和理由。说理时要温和、理性,避免造成2次伤害。

对于未成年被告人情绪严重不稳定,不宜继续接受审判的,出庭检察人员应当建议休庭。休庭后及时安抚未成年被告人的情绪,在法定代理人或者合适成年人、辩护人的协助下消除上述情形后继续开庭审理。必要时,由具有心理咨询师资质的检察人员或委托专门的心理咨询师进行心理干预和疏导。

第221条 【法庭教育】出庭检察人员在整个庭审过程中,应当在依法指控犯罪的同时,将有关法律规定、社会危害后果、未成年被告人的犯罪原因及其应当吸取的教训等予以充分阐述,尤其对未成年被告人在庭审中暴露出的错误认识,要及时、耐心地予以纠正。

根据具体情况,出庭检察人员可以提请法庭安排社会调查员、帮教人员、心理疏导人员等发言,对未成年被告人进行帮助教育。

在法庭作出有罪判决后,出庭检察人员应当配合法庭对未成年被告人进行教育。在此阶段,可以依据庭审中所查明的犯罪事实,对未成年被告人进行认罪服法或悔过教育,使其认识到自己的犯罪性质、危害后果和应受处罚。重点是指明今后的出路,使未成年被告人感到司法机关不仅仅是对其进行审判,而且还对其进行教育和挽救,使其树立改过自新的信心和决心,实现惩教结合的目的。

29. 最高人民法院《关于公布失信被执行人名单信息的若干规定》(法释〔2013〕17号;法释〔2017〕7号修正)

第4条 被执行人为未成年人的,人民法院不得将其纳入失信被执行人名单。

30. 最高人民检察院《关于全面加强未成年人国家司法救助工作的意见》(高检发刑申字〔2018〕1号)

为进一步加强未成年人司法保护,深入推进检察机关国家司法救助工作,根据《中华人民共和国未成年人保护法》和中央政法委、财政部、最高人民法院、最高人民检察院、公安部、司法部《关于建立完善国家司法救助制度的意见(试行)》《最高人民检察院关于贯彻实施〈关于建立完善国家司法救助制度的意见(试行)〉的若干意见》《人民检察院国家司法救助工作细则(试行)》,结合检察工作实际,现就全面加强未成年人国家司法救助工作,提出如下意见。

一、充分认识未成年人国家司法救助工作的重要意义

未成年人是祖国的未来,未成年人的健康成长直接关系到亿万家庭对美好生活的向往,关系到国家的富强和民族的复兴,关系到新时代社会主义现代化强国的全面建成。保护未成年人,既是全社会的共同责任,也是检察机关的重要职责。近年来,对未成年人的司法保护取得长足进展,但未成年人及其家庭因案返贫致困情况仍然存在,甚至出现生活无着、学业难继等问题,严重损害了未成年人合法权益,妨害了未成年人健康成长。对此,各地检察机关积极开展国家司法救助工作,及时帮扶司法过程中陷入困境的未成年人,取得明显成效,收到良好效果。各级检察机关要充分总结经验,进一步提高认识,切实增强开展未成年人国家司法救助工作的责任感和自觉性,以救助工作精细化、救助对象精准化、救助效果最优化为目标,突出未成年人保护重点,全面履行办案机关的司法责任,采取更加有力的措施,不断提升未成年人国家司法救助工作水平,在司法工作中充分反映党和政府的民生关怀,切实体现人民司法的温度、温情和温暖,帮助未成年人走出生活困境,迈上健康快乐成长的人生道路。

二、牢固树立特殊保护、及时救助的理念

未成年人身心未臻成熟,个体应变能力和心理承受能力较弱,容易受到不法侵害且往往造成严重后果。检察机关办理案件时,对特定案件中符合条件的未成年人,应当依职权及时开展国家司法救助工作,根据未成年人身心特点和未来发展需要,给予特殊、优先和全面保护。既立足于帮助未成年人尽快摆脱当前生活困境,也应着力改善未成年人的身心状况、家庭教养和社会环境,促进未成年人健康成长。既立足于帮助未成年人恢复正常生活学习,也应尊重未成年人的人格尊严、名誉权和隐私权等合法权利,避免造成"2次伤害"。既立足于发挥检察机关自身职能作用,也应充分连通其他相关部门和组织,调动社会各方面积极性,形成未成年人社会保护工作合力。

三、明确救助对象,实现救助范围全覆盖

对下列未成年人,案件管辖地检察机关应当给予救助:

(一)受到犯罪侵害致使身体出现伤残或者心理遭受严重创伤,因不能及时获得有效赔偿,造成生活困难的。(二)受到犯罪侵害急需救治,其家庭无力承担医疗救治费用的。(三)抚养人受到犯罪侵害致死,因不能及时获得有效赔偿,造成生活困难的。(四)家庭财产受到犯罪侵害遭受重大损失,因不能及时获得有效赔偿,且未获得合理补偿、救助,造成生活困难的。(五)因举报、作证受到打击报复,致使身体受到伤害或者家庭财产遭受重大损失,因不能及时获得有效赔偿,造成生活困难的。(六)追索抚育费,因被执行人没有履行能力,造成生活困难的。(七)因道路交通事故等民事侵权行为造成人身伤害,无法通过诉讼获得有效赔偿,造成生活困难的。(八)其他因案件造成生活困难,认为需要救助的。

四、合理确定救助标准,确保救助金专款专用

检察机关决定对未成年人支付救助金的,应当根据未成年人家庭的经济状况,综合考虑其学习成长所需的合理费用,以案件管辖地所在省、自治区、直辖市上一年度职工月平均工资为基准确定救助金,一般不超过36个月的工资总额。对身体重伤或者严重残疾、家庭生活特别困难的未成年人,以及需要长期进行心理治疗或者身体康复的未成年人,可以突破救助限额,并依照有关规定报批。相关法律文书需要向社会公开的,应当隐去未成年人及其法定代理人、监护人的身份信息。

要加强对救助金使用情况的监督,必要时可以采用分期发放、第3方代管等救助金使用监管模式,确保救助金用作未成年人必需的合理支出。对截留、侵占、私分或者挪用救助金的单位和个人,严格依纪依法追究责任,并追回救助金。

五、积极开展多元方式救助,提升救助工作实效

未成年人健康快乐成长,既需要物质帮助,也需要精神抚慰和心理疏导;既需要解决生活面临的急迫困难,也需要安排好未来学习成长。检察机关在开展未成年人国家司法救助工作中,要增强对未成年人的特殊、优先保护意识,避免“给钱了事”的简单化做法,针对未成年人的具体情况,依托有关单位,借助专业力量,因人施策,精准帮扶,切实突出长远救助效果。

对下列因案件陷入困境的未成年人,检察机关可以给予相应方式帮助:

(一)对遭受性侵害、监护侵害以及其他身体伤害的,进行心理安抚和疏导;对出现心理创伤或者精神损害的,实施心理治疗。(二)对没有监护人、监护人没有监护能力或者原监护人被撤销资格的,协助开展生活安置、提供临时照料、指定监护人等相关工作。(三)对未完成义务教育而失学辍学的,帮助重返学校;对因经济困难可能导致失学辍学的,推动落实相关学生资助政策;对需要转学的,协调办理相关手续。(四)对因身体伤残出现就医、康复困难的,帮助落实医疗、康复机构,促进身体康复。(五)对因身体伤害或者财产损失提起附带民事诉讼的,帮助获得法律援助;对单独提起民事诉讼的,协调减免相关诉讼费用。(六)对适龄未成年人有劳动、创业等意愿但缺乏必要技能的,协调有关部门提供技能培训等帮助。(七)对符合社会救助条件的,给予政策咨询、帮扶转介,帮助协调其户籍所在地有关部门按规定纳入相关社会救助范围。(八)认为合理、有效的其他方式。

六、主动开展救助工作,落实内部职责分工

国家司法救助工作是检察机关的重要职能,对未成年人进行司法保护是检察机关的应尽职责,开展好未成年人国家司法救助工作,需要各级检察机关、检察机关各相关职能部门和广大检察人员积极参与,群策群力,有效合作,共同推进。

刑事申诉检察部门负责受理、审查救助申请、提出救助审查意见和发放救助金等有关工作,未成年人检察工作部门负责给予其他方式救助等有关工作。侦查监督、公诉、刑事执行检察、民事行政检察、控告检察等办案部门要增强依职权主动救助意识,全面掌握未成年人受害情况和生活困难情况,对需要支付救助金的,及时交由刑事申诉检察部门按规定办理;对需要给予其他方式帮助的,及时交由未成年人检察工作部门按规定办理,或者通知未成年人检察工作部门介入。

刑事申诉检察部门和未成年人检察工作部门要注意加强沟通联系和协作配合,保障相关救助措施尽快落实到位。

七、积极调动各方力量,构建外部合作机制

检察机关开展未成年人国家司法救助工作,要坚持党委政法委统一领导,加强与法院、公安、司法行政部门的衔接,争取教育、民政、财政、人力资源和社会保障、卫计委等部门支持,对接共青团、妇联、关工委、工会、律协等群团组织和学校、医院、社区等相关单位,引导社会组织尤其是未成年人保护组织、公益慈善组织、社会工作服务机构、志愿者队伍等社会力量,搭建形成党委领导、政府支持、各有关方面积极参与的未成年人国家司法救助支持体系。

要主动运用相关公益项目和利用公共志愿服务平台,充分发挥其资源丰富、方法灵活、形式多样的优势,进一步拓展未成年人国家司法救助工作的深度和广度。

要坚持政府主导、社会广泛参与的救助资金筹措方式,不断加大筹措力度,拓宽来源渠道,积极鼓励爱心企业、爱心人士捐助救助资金。接受、使用捐助资金,应当向捐助人反馈救助的具体对象和救助金额,确保资金使用的透明度和公正性。

八、加强组织领导,健康有序推进救助工作

各级检察机关要以高度的政治责任感,加强和改善对未成年人国家司法救助工作的领导,精心组织、周密部署、抓好落实,努力形成各相关部门分工明确、衔接有序、紧密配合、协同推进的工作格局。上级检察机关要切实履行对本地区未成年人国家司法救助工作的组织、指导职责,加强对下级检察机关开展救助工作的督导,全面掌握救助工作进展情况,及时解决问题,总结推广经验,着力提升本地区未成年人国家司法救助工作水平。要加强宣传引导,展示典型案例和积极成效,努力创造全社会关注、关心和关爱未成年人国家司法救助工作的良好氛围。

31.《中华人民共和国社区矫正法》(2019年12月28日第十三届全国人大常委会第十五次会议通过)

第7章　未成年人社区矫正特别规定

第52条　社区矫正机构应当根据未成年社区矫正对象的年龄、心理特点、发育需要、成长经历、犯罪原因、家庭监护教育条件等情况,采取针对性的矫正措施。

社区矫正机构为未成年社区矫正对象确定矫正小组,应当吸收熟悉未成年人身心特点的人员参加。

对未成年人的社区矫正,应当与成年人分别进行。

第53条　未成年社区矫正对象的监护人应当履行监护责任,承担抚养、管教等义务。

监护人怠于履行监护职责的,社区矫正机构应当督促、教育其履行监护责任。监护人拒不履行监护职责的,通知有关部门依法作出处理。

第54条　社区矫正机构工作人员和其他依法参与社区矫正工作的人员对履行职责过程中获得的未成年人身份信息应当予以保密。

除司法机关办案需要或者有关单位根据国家规定查询外,未成年社区矫正对象的档案信息不得提供给任何单位或者个人。依法进行查询的单位,应当对获得的信息予以保密。

第55条　对未完成义务教育的未成年社区矫正对象,社区矫正机构应当通知并配合教育部门为其完成义务教育提供条件。未成年社区矫正对象的监护人应当依法保证其按时入学接受并完成义务教育。

年满16周岁的社区矫正对象有就业意愿的,社区矫正机构可以协调有关部门和单位为其提供职业技能培训,给予就业指导和帮助。

第56条　共产主义青年团、妇女联合会、未成年人保护组织应当依法协助社区矫正机构做好未成年人社区矫正工作。

国家鼓励其他未成年人相关社会组织参与未成年人社区矫正工作,依法给予政策支持。

第57条　未成年社区矫正对象在复学、升学、就业等方面依法享有与其他未成年人同等的权利,任何单位和个人不得歧视。有歧视行为的,应当由教育、人力资源和社会保障等部门依法作出处理。

第58条　未成年社区矫正对象在社区矫正期间年满18周岁的,继续按照未成年人社区矫正有关规定执行。(全文详见本书《刑法》第38条相关内容)

32.最高人民检察院、最高人民法院、公安部、国家安全部、司法部《关于适用认罪认罚从宽制度的指导意见》(高检发〔2019〕13号)

十二、未成年人认罪认罚案件的办理

55.听取意见。人民法院、人民检察院办理未成年人认罪认罚案件,应当听取未成年犯罪嫌疑人、被告人的法定代理人的意见,法定代理人无法到场的,应当听取合适成年人的意见,但受案时犯罪嫌疑人已经成年的除外。

56.具结书签署。未成年犯罪嫌疑人签署认罪认罚具结书时,其法定代理人应当到场并签字确认。法定代理人无法到场的,合适成年人应当到场签字确认。法定代理人、辩护人对未成年人认罪认罚有异议的,不需要签署认罪认罚具结书。

57. 程序适用。未成年人认罪认罚案件，不适用速裁程序，但应当贯彻教育、感化、挽救的方针，坚持从快从宽原则，确保案件及时办理，最大限度保护未成年人合法权益。

58. 法治教育。办理未成年人认罪认罚案件，应当做好未成年犯罪嫌疑人、被告人的认罪服法、悔过教育工作，实现惩教结合目的。（全文详见本书《刑法》第5条相关内容）

33. 最高人民法院、最高人民检察院、公安部、司法部《关于依法严惩利用未成年人实施黑恶势力犯罪的意见》（2020年4月23日）

扫黑除恶专项斗争开展以来，各级人民法院、人民检察院、公安机关和司法行政机关坚决贯彻落实中央部署，严格依法办理涉黑涉恶案件，取得了显著成效。近期，不少地方在办理黑恶势力犯罪案件时，发现一些未成年人被胁迫、利诱参与、实施黑恶势力犯罪，严重损害了未成年人健康成长，严重危害社会和谐稳定。为保护未成年人合法权益，依法从严惩治胁迫、教唆、引诱、欺骗等利用未成年人实施黑恶势力犯罪的行为，根据有关法律规定，制定本意见。

一、突出打击重点，依法严惩利用未成年人实施黑恶势力犯罪的行为

（一）黑社会性质组织、恶势力犯罪集团、恶势力，实施下列行为之一的，应当认定为"利用未成年人实施黑恶势力犯罪"：

1. 胁迫、教唆未成年人参加黑社会性质组织、恶势力犯罪集团、恶势力，或者实施黑恶势力违法犯罪活动的；

2. 拉拢、引诱、欺骗未成年人参加黑社会性质组织、恶势力犯罪集团、恶势力，或者实施黑恶势力违法犯罪活动的；

3. 招募、吸收、介绍未成年人参加黑社会性质组织、恶势力犯罪集团、恶势力，或者实施黑恶势力违法犯罪活动的；

4. 雇佣未成年人实施黑恶势力违法犯罪活动的；

5. 其他利用未成年人实施黑恶势力犯罪的情形。

黑社会性质组织、恶势力犯罪集团、恶势力，根据刑法和《最高人民法院、最高人民检察院、公安部、司法部关于办理黑恶势力犯罪案件若干问题的指导意见》《最高人民法院、最高人民检察院、公安部、司法部关于办理恶势力刑事案件若干问题的意见》等法律、司法解释性质文件的规定认定。

（二）利用未成年人实施黑恶势力犯罪，具有下列情形之一的，应当从重处罚：

1. 组织、指挥未成年人实施故意杀人、故意伤害致人重伤或者死亡、强奸、绑架、抢劫等严重暴力犯罪的；

2. 向未成年人传授实施黑恶势力犯罪的方法、技能、经验的；

3. 利用未达到刑事责任年龄的未成年人实施黑恶势力犯罪的；

4. 为逃避法律追究，让未成年人自首、做虚假供述顶罪的；

5. 利用留守儿童、在校学生实施犯罪的；

6. 利用多人或者多次利用未成年人实施犯罪的；

7. 针对未成年人实施违法犯罪的；

8. 对未成年人负有监护、教育、照料等特殊职责的人员利用未成年人实施黑恶势力违法犯罪活动的；

9. 其他利用未成年人违法犯罪应当从重处罚的情形。

（三）黑社会性质组织、恶势力犯罪集团利用未成年人实施犯罪的，对犯罪集团首要分子，按照集团所犯的全部罪行，从重处罚。对犯罪集团的骨干成员，按照其组织、指挥的犯罪，从重处罚。

恶势力利用未成年人实施犯罪的，对起组织、策划、指挥作用的纠集者，恶势力共同犯罪中罪责严重的主犯，从重处罚。

黑社会性质组织、恶势力犯罪集团、恶势力成员直接利用未成年人实施黑恶势力犯罪的，从重处罚。

（四）有胁迫、教唆、引诱等利用未成年人参加黑社会性质组织、恶势力犯罪集团、恶势力，或者实施黑恶势力犯罪的行为，虽然未成年人并没有加入黑社会性质组织、恶势力犯罪集团、恶势力，或者没有实际参与实施黑恶势力违法犯罪活动，对黑社会性质组织、恶势力犯罪集团、恶势力的首要分子、骨干成员、纠集者、主犯和直接利用的成员，即便有自首、立功、坦白等从轻减轻情节的，一般也不予从轻或者减轻处罚。

（五）被黑社会性质组织、恶势力犯罪集团、恶势力利用，偶尔参与黑恶势力犯罪活动的未成年人，按其所实施的具体犯罪行为定性，一般不认定为黑恶势力犯罪组织成员。

二、严格依法办案，形成打击合力

（一）人民法院、人民检察院、公安机关和司法行政机关要加强协作配合，对利用未成年人实施黑恶势力犯罪的，在侦查、起诉、审判、执行各阶段，要全面体现依法从严惩处精神，及时查明利用未成年人的犯罪事实，避免纠缠细枝末节。要加强对下指导，对利用未成年人实施黑恶势力犯罪的重特大案件，可以单独或者联合挂牌督办。对于重大疑难复杂和社会影响较大的案件，办案部门应当及时层报上级人民法院、人民检察院、公安机关和司法行政机关。

（二）公安机关要注意发现涉黑涉恶案件中利用未成年人犯罪的线索，落实以审判为中心的刑事诉讼制度改革要求，强化程序意识和证据意识，依法收集、固定和运用证据，并可以就案件性质、收集证据和适用法律等听取人民检察院意见建议。从严掌握取保候审、监视居住的适用，对利用未成年人实施黑恶势力犯罪的首要分子、骨干成员、纠集者、主犯和直接利用的成员，应当依法提请人民检察院批准逮捕。

（三）人民检察院要加强对利用未成年人实施黑恶势力犯罪案件的立案监督，发现应当立案而不立案的，应当要求公安机关说明理由，认为理由不能成立的，应当依法通知公安机关立案。对于利用未成年人实施黑恶势力犯罪的案件，人民检察院可以对案件性质、收集证据和适用法律等提出意见建议。对于符合逮捕条件的依法坚决批准逮捕，符合起诉条件的依法坚决起诉。不批准逮捕要求公安机关补充侦查、审查起诉阶段退回补充侦查的，应当分别制作详细的补充侦查提纲，写明需要补充侦查的事项、理由、侦查方向、需要补充收集的证据及其证明作用等，送交公安机关开展相关侦查补证活动。

（四）办理利用未成年人实施黑恶势力犯罪案件要将依法严惩与认罪认罚从宽有机结合起来。对利用未成年人实施黑恶势力犯罪的，人民检察院要考虑其利用未成年人的情节，向人民法院提出从严处罚的量刑建议。对于虽然认罪，但利用未成年人实施黑恶势力犯罪，犯罪性质恶劣、犯罪手段残忍、严重损害未成年人身心健康，不足以从宽处罚的，在提出量刑建议时要依法从严从重。对被黑恶势力利用实施犯罪的未成年人，自愿如实认罪、真诚悔罪，愿意接受处罚的，应当依法提出从宽处理的量刑建议。

（五）人民法院要对利用未成年人实施黑恶势力犯罪案件及时审判，从严处罚。严格掌握缓刑、减刑、假释的适用，严格掌握暂予监外执行的适用条件。依法运用财产刑、资格刑，最大限度铲除黑恶势力"经济基础"。对于符合刑法第37条之一规定的，应当依法禁止其从事相关职业。

三、积极参与社会治理，实现标本兼治

（一）认真落实边打边治边建要求，积极参与社会治理。深挖黑恶势力犯罪分子利用未成年人实施犯罪的根源，剖析重点行业领域监管漏洞，及时预警预判，及时通报相关部门、提出加强监管和行政执法的建议，从源头遏制黑恶势力向未成年人群体侵蚀蔓延。对被黑恶势力利用尚未实施犯罪的未成年人,要配合有关部门及早发现、及时挽救。对实施黑恶势力犯罪但未达到刑事责任年龄的未成年人,要通过落实家庭监护、强化学校教育管理、送入专门学校矫治、开展社会化帮教等措施做好教育挽救和犯罪预防工作。

(二)加强各职能部门协调联动,有效预防未成年人被黑恶势力利用。建立与共青团、妇联、教育等部门的协作配合工作机制,开展针对未成年人监护人的家庭教育指导、针对教职工的法治教育培训,教育引导未成年人远离违法犯罪。推动建立未成年人涉黑涉恶预警机制,及时阻断未成年人与黑恶势力的联系,防止未成年人被黑恶势力诱导利用。推动网信部门开展专项治理,加强未成年人网络保护。加强与街道、社区等基层组织的联系,重视和发挥基层组织在预防未成年人涉黑涉恶犯罪中的重要作用,进一步推进社区矫正机构对未成年社区矫正对象采取有针对性的矫正措施。

(三)开展法治宣传教育,为严惩利用未成年人实施黑恶势力犯罪营造良好社会环境。充分发挥典型案例的宣示、警醒、引领、示范作用,通过以案释法,选择典型案件召开新闻发布会,向社会公布严惩利用未成年人实施黑恶势力犯罪的经验和做法,揭露利用未成年人实施黑恶势力犯罪的严重危害性。加强重点青少年群体的法治教育,在黑恶势力犯罪案件多发的地区、街道、社区等,强化未成年人对黑恶势力违法犯罪行为的认识,提高未成年人防范意识和法治观念,远离黑恶势力及其违法犯罪。

34. 最高人民检察院、教育部、公安部《关于建立教职员工准入查询性侵违法犯罪信息制度的意见》(2020 年 8 月 20 日)

第 1 章　总　　则

第 1 条　为贯彻未成年人特殊、优先保护原则,加强对学校教职员工的管理,预防利用职业便利实施的性侵未成年人违法犯罪,根据《中华人民共和国刑法》《中华人民共和国刑事诉讼法》《中华人民共和国未成年人保护法》《中华人民共和国治安管理处罚法》《中华人民共和国教师法》《中华人民共和国劳动合同法》等法律,制定本意见。

第 2 条　最高人民检察院、教育部与公安部联合建立信息共享工作机制。教育部统筹、指导各级教育行政部门及教师资格认定机构实施教职员工准入查询制度。公安部协助教育部开展信息查询工作。最高人民检察院对相关工作情况开展法律监督。

第 3 条　本意见所称的学校,是指中小学校(含中等职业学校和特殊教育学校)、幼儿园。

第 2 章　内容与方式

第 4 条　本意见所称的性侵违法犯罪信息,是指符合下列条件的违法犯罪信息,公安部根据本条规定建立性侵违法犯罪人员信息库:

(一)因触犯刑法第 236 条、第 237 条规定的强奸,强制猥亵,猥亵儿童犯罪行为被人民法院依法作出有罪判决的人员信息;(二)因触犯刑法第 236 条、第 237 条规定的强奸,强制猥亵,猥亵儿童犯罪行为被人民检察院根据刑事诉讼法第 177 条第 2 款之规定作出不起诉决定的人员信息;(三)因触犯治安管理处罚法第 44 条规定的猥亵行为被行政处罚的人员信息。

符合刑事诉讼法第 286 条规定的未成年人犯罪记录封存条件的信息除外。

第 5 条　学校新招录教师、行政人员、勤杂人员、安保人员等在校园内工作的教职员工,在入职前应当进行性侵违法犯罪信息查询。

在认定教师资格前,教师资格认定机构应当对申请人员进行性侵违法犯罪信息查询。

第 6 条　教育行政部门应当做好在职教职员工性侵违法犯罪信息的筛查。

第 3 章　查询与异议

第 7 条　教育部建立统一的信息查询平台，与公安部部门间信息共享与服务平台对接，实现性侵违法犯罪人员信息核查，面向地方教育行政部门提供教职员工准入查询服务。

地方教育行政部门主管本行政区内的教职员工准入查询。

根据属地化管理原则，县级及以上教育行政部门根据拟聘人员和在职教职员工的授权，对其性侵违法犯罪信息进行查询。

对教师资格申请人员的查询，由受理申请的教师资格认定机构组织开展。

第 8 条　公安部根据教育部提供的最终查询用户身份信息和查询业务类别，向教育部信息查询平台反馈被查询人是否有性侵违法犯罪信息。

第 9 条　查询结果只反映查询时性侵违法犯罪人员信息库里录入和存在的信息。

第 10 条　查询结果告知的内容包括：

（一）有无性侵违法犯罪信息；（二）有性侵违法犯罪信息的，应当根据本意见第 4 条规定标注信息类型；（三）其他需要告知的内容。

第 11 条　被查询人对查询结果有异议的，可以向其授权的教育行政部门提出复查申请，由教育行政部门通过信息查询平台提交申请，由教育部统一提请公安部复查。

第 4 章　执行与责任

第 12 条　学校拟聘用人员应当在入职前进行查询。对经查询发现有性侵违法犯罪信息的，教育行政部门或学校不得录用。在职教职员工经查询发现有性侵违法犯罪信息的，应当立即停止其工作，按照规定及时解除聘用合同。

教师资格申请人员取得教师资格前应当进行教师资格准入查询。对经查询发现有性侵违法犯罪信息的，应当不予认定。已经认定的按照法律法规和国家有关规定处理。

第 13 条　地方教育行政部门未对教职员工性侵违法犯罪信息进行查询，或者经查询有相关违法犯罪信息，地方教育行政部门或学校仍予以录用的，由上级教育行政部门责令改正，并追究相关教育行政部门和学校相关人员责任。

教师资格认定机构未对申请教师资格人员性侵违法犯罪信息进行查询，或者未依法依规对经查询有相关违法犯罪信息的人员予以处理的，由上级教育行政部门予以纠正，并报主管部门依法依规追究相关人员责任。

第 14 条　有关单位和个人应当严格按照本意见规定的程序和内容开展查询，并对查询获悉的有关性侵违法犯罪信息保密，不得散布或者用于其他用途。违反规定的，依法追究相应责任。

第 5 章　其他规定

第 15 条　最高人民检察院、教育部、公安部应当建立沟通联系机制，及时总结工作情况，研究解决存在的问题，指导地方相关部门及学校开展具体工作，促进学校安全建设和保护未成年人健康成长。

第 16 条　教师因对学生实施性骚扰等行为，被用人单位解除聘用关系或者开除，但其行为不属于本意见第 4 条规定情形的，具体处理办法由教育部另行规定。

第 17 条　对高校教职员工以及面向未成年人的校外培训机构工作人员的性侵违法犯罪信息查询，参照本意见执行。

第 18 条　各地正在开展的其他密切接触未成年人行业入职查询工作，可以按照原有方式继续实施。

35. 最高人民检察院《第23批指导性案例北京市海淀区人民检察院督促落实未成年人禁烟保护案》(检例第88号;2020年12月3日)

【要旨】

未成年人合法权益受到侵犯涉及公共利益的,人民检察院应当提起公益诉讼予以司法保护。校园周边存在向未成年人出售烟草制品等违法行为时,检察机关可以采取提出检察建议的方式,督促相关行政部门依法履职,加强校园周边环境整治,推进未成年人权益保护。

【指导意义】

(一)检察机关可以运用公益诉讼的方式,依法保护未成年人权益。未成年人司法保护是未成年人权益保护的重要内容。2020年10月17日第十三届全国人民代表大会常务委员会第二十二次会议修订通过的《未成年人保护法》第59条规定:"学校、幼儿园周边不得设置烟、酒、彩票销售网点。禁止向未成年人销售烟、酒、彩票或者兑付彩票奖金。烟、酒和彩票经营者应当在显著位置设置不向未成年人销售烟、酒或者彩票的标志;对难以判明是否是未成年人的,应当要求其出示身份证件。"第106条规定:"未成年人合法权益受到侵犯,相关组织和个人未代为提起诉讼的,人民检察院可以督促、支持其提起诉讼;涉及公共利益的,人民检察院有权提起公益诉讼。"根据法律规定,检察机关可以针对校园周边存在售卖烟、酒制品,销售彩票,售卖不合格食品,不审查未成年人身份即允许未成年人进入网吧等常见的侵犯未成年人权益的问题,依法运用公益诉讼的方式,提出诉前检察建议,督促行政机关依法履职,切断未成年人获取烟酒等的途径,防止未成年人沉溺网络,实现社会问题的前端治理。

(二)检察机关在办案中要注重沟通协作,强化部门联动,确保监督效果。在公益诉讼案件办理过程中,应当通过事前全面调查取证,事中充分沟通协调,事后严格跟踪监督,凝聚各方共识,确保有效发挥公益诉讼诉前检察建议实效,督促行政机关切实依法履职,最大限度提高检察机关办理行政公益诉讼案件的质量和效率。

(三)检察机关就办案中发现的社会问题,要推动建立健全长效工作机制。为切实净化未成年人成长环境,助力未成年人健康成长,检察机关可以结合办理的案件,推动搭建多部门配合协作的平台,实现"检察+行政+学校+社会"的多维度联动协调,形成良性互动的工作机制,推进社会治理的改善。

36.《中华人民共和国刑法修正案(11)》(2020年12月26日第十三届全国人大常委会第二十四次会议通过)

一、将刑法第17条修改为:已满16周岁的人犯罪,应当负刑事责任。

已满14周岁不满16周岁的人,犯故意杀人、故意伤害致人重伤或者死亡、强奸、抢劫、贩卖毒品、放火、爆炸、投放危险物质罪的,应当负刑事责任。

已满12周岁不满14周岁的人,犯故意杀人、故意伤害罪,致人死亡或者以特别残忍手段致人重伤造成严重残疾,情节恶劣,经最高人民检察院核准追诉的,应当负刑事责任。

对依照前3款规定追究刑事责任的不满18周岁的人,应当从轻或者减轻处罚。

因不满16周岁不予刑事处罚的,责令其父母或者其他监护人加以管教;在必要的时候,依法进行专门矫治教育。

(原条文:已满16周岁的人犯罪,应当负刑事责任。

已满14周岁不满16周岁的人,犯故意杀人、故意伤害致人重伤或者死亡、强奸、抢劫、贩卖毒品、放火、爆炸、投毒罪的,应当负刑事责任。

已满14周岁不满18周岁的人犯罪,应当从轻或者减轻处罚。

因不满16周岁不予刑事处罚的,责令他的家长或者监护人加以管教;在必要的时候,也可以由政府收容教养。)

37. 最高人民法院《关于加强新时代未成年人审判工作的意见》(法发〔2020〕45 号)

6. 被告人实施被指控的犯罪时不满 18 周岁且人民法院立案时不满 20 周岁的刑事案件,应当由少年法庭审理。

7. 下列刑事案件可以由少年法庭审理:

(1) 人民法院立案时不满 22 周岁的在校学生犯罪案件;(2) 强奸、猥亵等性侵未成年人犯罪案件;(3) 杀害、伤害、绑架、拐卖、虐待、遗弃等严重侵犯未成年人人身权利的犯罪案件;(4) 上述刑事案件罪犯的减刑、假释、暂予监外执行、撤销缓刑等刑罚执行变更类案件;(5) 涉及未成年人,由少年法庭审理更为适宜的其他刑事案件。

未成年人与成年人共同犯罪案件,一般应当分案审理。

8. 下列民事案件由少年法庭审理:

(1) 涉及未成年人抚养、监护、探望等事宜的婚姻家庭纠纷案件,以及适宜由少年法庭审理的离婚案件;(2) 一方或双方当事人为未成年人的人格权纠纷案件;(3) 侵权人为未成年人的侵权责任纠纷案件,以及被侵权人为未成年人,由少年法庭审理更为适宜的侵权责任纠纷案件;(4) 涉及未成年人的人身安全保护令案件;(5) 涉及未成年人权益保护的其他民事案件。

9. 当事人为未成年人的行政诉讼案件,有条件的法院,由少年法庭审理。(全文略)

38. 最高人民检察院《第 27 批指导性案例胡某某抢劫案》(检例第 103 号;2021 年 3 月 2 日)

【要旨】

办理附条件不起诉案件,应当准确把握其与不起诉的界限。对于涉罪未成年在校学生附条件不起诉,应当坚持最有利于未成年人健康成长原则,找准办案、帮教与保障学业的平衡点,灵活掌握办案节奏和考察帮教方式。要阶段性评估帮教成效,根据被附条件不起诉人角色转变和个性需求,动态调整考验期限和帮教内容。

【指导意义】

(一) 办理附条件不起诉案件,应当注意把握附条件不起诉与不起诉之间的界限。根据刑事诉讼法第 177 条第 2 款,检察机关对于犯罪情节轻微,依照刑法规定不需要判处刑罚或者可以免除刑罚的犯罪嫌疑人,可以决定不起诉。而附条件不起诉的适用条件是可能判处 1 年有期徒刑以下刑罚,符合起诉条件,但有悔罪表现的未成年犯罪嫌疑人,且只限定于涉嫌刑法分则第 4 章、第 5 章、第 6 章规定的犯罪。对于犯罪情节轻微符合不起诉条件的未成年犯罪嫌疑人,应依法适用不起诉,不能以附条件不起诉代替不起诉。对于未成年犯罪嫌疑人涉嫌刑法分则第 4 章、第 5 章、第 6 章规定的犯罪,根据犯罪情节和悔罪表现,尚未达到不需要判处刑罚或者可以免除刑罚程度,综合考虑可能判处 1 年有期徒刑以下刑罚,适用附条件不起诉能更好地达到矫正效果,促使其再社会化的,应依法适用附条件不起诉。

(二) 对涉罪未成年在校学生适用附条件不起诉,应当最大限度减少对其学习、生活的影响。坚持最有利于未成年人健康成长原则,立足涉罪在校学生教育矫治和回归社会,应尽可能保障其正常学习和生活。在法律规定的办案期限内,检察机关可灵活掌握办案节奏和方式,利用假期和远程方式办案帮教,在心理疏导、隐私保护等方面提供充分保障,达到教育、管束和保护的有机统一。

(三) 对于已确定的考验期限和考察帮教措施,经评估后认为不能适应教育矫治需求的,可以适时动态调整。对于在考验期中经历考试、升学、求职等角色转变的被附条件不起诉人,应当及时对考察帮教情况、效果进行评估,根据考察帮教的新情况和新变化,有针对性地调整考验期限和帮教措施,巩固提升帮教成效,促其早日顺利回归社会。考验期限和帮教措施在调整前,应当充分听取各方意见。

39. 最高人民检察院《第27批指导性案例庄某等人敲诈勒索案》(检例第104号;2021年3月2日)

【要旨】

检察机关对共同犯罪的未成年人适用附条件不起诉时,应当遵循精准帮教的要求对每名涉罪未成年人设置个性化附带条件。监督考察时,要根据涉罪未成年人回归社会的不同需求,督促制定所附条件执行的具体计划,分阶段评估帮教效果,发现问题及时调整帮教方案,提升精准帮教实效。

【指导意义】

(一)附条件不起诉设定的附带条件,应根据社会调查情况合理设置,具有个性化,体现针对性。检察机关办理附条件不起诉案件,应当坚持因案而异,根据社会调查情况,针对涉罪未成年人的具体犯罪原因和回归社会的具体需求等设置附带条件。对共同犯罪未成年人既要针对其共同存在的问题,又要考虑每名涉罪未成年人的实际情况,设定符合个体特点的附带条件并制定合理的帮教计划,做到"对症下药",确保附条件不起诉制度教育矫治功能的实现。

(二)加强沟通,争取未成年犯罪嫌疑人及其法定代理人、学校的理解、配合和支持。检察机关应当就附带条件、考验期限等与未成年犯罪嫌疑人充分沟通,使其自觉遵守并切实执行。未成年犯罪嫌疑人的法定代理人和其所在学校是参与精准帮教的重要力量,检察机关应当通过释法说理、开展家庭教育指导等工作,与各方达成共识,形成帮教合力。

(三)加强对附带条件执行效果的动态监督,实现精准帮教。检察机关对于附条件不起诉所附带条件的执行要加强全程监督、指导,掌握落实情况,动态评估帮教效果,发现问题及时调整帮教方式和措施。为保证精准帮教目标的实现,可以联合其他社会机构、组织、爱心企业等共同开展帮教工作,帮助涉罪未成年人顺利回归社会。

40. 最高人民检察院《第27批指导性案例李某诈骗、传授犯罪方法,牛某等人诈骗案》(检例第105号;2021年3月2日)

【要旨】

对于1人犯数罪符合起诉条件,但根据其认罪认罚等情况,可能判处1年有期徒刑以下刑罚的,检察机关可以依法适用附条件不起诉。对于涉罪未成年人存在家庭教育缺位或者不当问题的,应当突出加强家庭教育指导,因案因人进行精准帮教。通过个案办理和法律监督,积极推进社会支持体系建设。

【指导意义】

(一)办理未成年人犯罪案件,对于涉嫌数罪但认罪认罚,可能判处1年有期徒刑以下刑罚的,也可以适用附条件不起诉。检察机关应当根据涉罪未成年人的犯罪行为性质、情节、后果,并结合犯罪原因、犯罪前后的表现等,综合评估可能判处的刑罚。"1年有期徒刑以下刑罚"是指将犯罪嫌疑人交付审判,法院对其可能判处的刑罚。目前刑法规定的量刑幅度均是以成年人犯罪为基准设计,检察机关对涉罪未成年人刑罚的预估要充分考虑"教育、感化、挽救"的需要及其量刑方面的特殊性。对于既可以附条件不起诉也可以起诉的,应当优先适用附条件不起诉。存在数罪情形时,要全面综合考量犯罪事实、性质和情节以及认罪认罚等情况,认为并罚后其刑期仍可能为1年有期徒刑以下刑罚的,可以依法适用附条件不起诉,以充分发挥附条件不起诉制度的特殊功能,促使涉罪未成年人及早摆脱致罪因素,顺利回归社会。

(二)加强家庭教育指导,提升考察帮教效果。未成年人犯罪原因往往关联家庭,预防涉罪未成年人再犯,同样需要家长配合。检察机关在办理附条件不起诉案件中,不仅要做好对涉罪未成年人自身的考察帮教,还要通过家庭教育指导,争取家长的信任理解,引导家长转变家庭教育方式,自愿配合监督考察,及时解决问题少年背后的家庭问题,让涉罪未成年人知法悔过的同时,在重温亲情中获取自新力量,真正实现矫治教育预期目的。

(三)依托个案办理整合帮教资源,推动未成年人检察工作社会支持体系建设。检察机关办理未成年人犯罪案件,要在社会调查、人格甄别、认罪教育、不公开听证、监督考察、跟踪帮教等各个环节,及时引入司法社工、心理咨询师等各种专门力量,积极与教育、民政、团委、妇联、关工委等各方联合,依托党委、政府牵头搭建的多元化协作平台,做到专业化办案与社会化支持相结合,最大限度地实现对涉罪未成年人的教育、感化和挽救。

41. 最高人民检察院《第 27 批指导性案例牛某非法拘禁案》(检例第 106 号;2021 年 3 月 2 日)

【要旨】

检察机关对于公安机关移送的社会调查报告应当认真审查,报告内容不能全面反映未成年人成长经历、犯罪原因、监护教育等情况的,可以商公安机关补充调查,也可以自行或者委托其他有关组织、机构补充调查。对实施犯罪行为时系未成年人但诉讼过程中已满 18 周岁的犯罪嫌疑人,符合条件的,可以适用附条件不起诉。对于外地户籍未成年犯罪嫌疑人,办案检察机关可以委托未成年人户籍所在地检察机关开展异地协作考察帮教,两地检察机关要各司其职,密切配合,确保帮教取得实效。

【指导意义】

(一)办理附条件不起诉案件,应当进行社会调查,社会调查报告内容不完整的,应当补充开展社会调查。社会调查报告是检察机关认定未成年犯罪嫌疑人主观恶性大小、是否适合作附条件不起诉以及附什么样的条件、如何制定具体的帮教方案等的重要参考。社会调查报告的内容主要包括涉罪未成年人个人基本情况、家庭情况、成长经历、社会生活状况、犯罪原因、犯罪前后表现、是否具备有效监护条件、社会帮教条件等,应具有个性化和针对性。公安机关、人民检察院、人民法院办理未成年人刑事案件,根据法律规定和案件情况可以进行社会调查。公安机关侦查未成年人犯罪案件,检察机关可以商请公安机关进行社会调查。认为公安机关随案移送的社会调查报告内容不完整、不全面的,可以商请公安机关补充进行社会调查,也可以自行补充开展社会调查。

(二)对于犯罪时系未成年人但诉讼过程中已满 18 周岁的犯罪嫌疑人,可以适用附条件不起诉。刑事诉讼法第 282 条规定,对于涉嫌刑法分则第 4 章、第 5 章、第 6 章规定的犯罪,可能判处 1 年有期徒刑以下刑罚,符合起诉条件,但有悔罪表现的未成年人刑事案件,可以作出附条件不起诉决定。未成年人刑事案件是指犯罪嫌疑人实施犯罪时系未成年人的案件。对于实施犯罪行为时未满 18 周岁,但诉讼中已经成年的犯罪嫌疑人,符合适用附条件不起诉案件条件的,人民检察院可以作出附条件不起诉决定。

(三)对外地户籍未成年人,可以开展异地协作考察帮教,确保帮教效果。被附条件不起诉人户籍地或经常居住地与办案检察机关属于不同地区,被附条件不起诉人希望返回户籍地或经常居住地生活工作的,办案检察机关可以委托其户籍地或经常居住地检察机关协助进行考察帮教,户籍地或经常居住地检察机关应当予以支持。两地检察机关应当根据被附条件不起诉人的具体情况,共同制定有针对性的帮教方案并积极沟通协作。当地检察机关履行具体考察帮教职责,重点关注未成年人行踪轨迹、人际交往、思想动态等情况,定期走访被附条件不起诉人的法定代理人以及所在社区、单位,并将考察帮教情况及时反馈办案检察机关。办案检察机关应当根据考察帮教需要提供协助。考验期届满前,当地检察机关应当出具被附条件不起诉人考察帮教情况总结报告,作为办案检察机关对被附条件不起诉人是否最终作出不起诉决定的重要依据。

42. 最高人民检察院《第27批指导性案例唐某等人聚众斗殴案》(检例第107号;2021年3月3日)

【要旨】

对于被附条件不起诉人在考验期内多次违反监督管理规定,逃避或脱离矫治和教育,经强化帮教措施后仍无悔改表现,附条件不起诉的挽救功能无法实现,符合"违反考察机关监督管理规定,情节严重"的,应当依法撤销附条件不起诉决定,提起公诉。

【指导意义】

(一)针对被附条件不起诉人的实际表现,及时调整监督矫治措施,加大帮教力度。检察机关对干预矫治的情形和再犯风险应当进行动态评估,发现被附条件不起诉人在考验期内违反帮教协议的相关规定时,要及时分析原因,对仍有帮教可能性的,应当调整措施,通过延长帮教期限、心理疏导、司法训诫、家庭教育指导等多种措施加大帮教力度,及时矫正被附条件不起诉未成年人的行为认知偏差。

(二)准确把握"违反考察机关监督管理规定"行为频次、具体情节、有无继续考察帮教必要等因素,依法认定"情节严重"。检察机关经调查核实、动态评估后发现被附条件不起诉人多次故意违反禁止性监督管理规定,或者进入特定场所后违反治安管理规定,或者违反指示性监督管理规定,经检察机关采取训诫提醒、心理疏导等多种措施后仍无悔改表现,脱离、拒绝帮教矫治,导致通过附条件不起诉促进涉罪未成年人悔过自新、回归社会的功能无法实现时,应当认定为刑事诉讼法第284条第1款第(2)项规定的"情节严重",依法撤销附条件不起诉决定,提起公诉。

43. 最高人民法院、最高人民检察院《关于常见犯罪的量刑指导意见(试行)》(法发〔2021〕21号)

三、常见量刑情节的适用

(一)对于未成年犯罪,综合考虑未成年人对犯罪的认知能力、实施犯罪行为的动机和目的、犯罪时的年龄、是否初犯、偶犯、悔罪表现、个人成长经历和一贯表现等情况,应当予以从宽处理。

1. 已满12周岁不满16周岁的未成年人犯罪,减少基准刑的30%-60%;

2. 已满16周岁不满18周岁的未成年人犯罪,减少基准刑的10%-50%;

……

(十七)对于犯罪对象为未成年人、老年人、残疾人、孕妇等弱势人员的,综合考虑犯罪的性质、犯罪的严重程度等情况,可以增加基准刑的20%以下。(全文详见本书《刑法》第61条相关内容)

44. 公安部《公安机关办理犯罪记录查询工作规定》(2021年12月3日)

第10条 查询结果的反馈,应当符合《中华人民共和国刑事诉讼法》关于未成年人犯罪记录封存的规定。

对于个人查询,申请人有犯罪记录,但犯罪的时候不满18周岁,被判处5年有期徒刑以下刑罚的,受理单位应当出具《无犯罪记录证明》。

对于单位查询,被查询对象有犯罪记录,但犯罪的时候不满18周岁,被判处5年有期徒刑以下刑罚的,受理单位应当出具《查询告知函》,并载明查询对象无犯罪记录。法律另有规定的,从其规定。(全文详见本书《刑法》第2条相关内容)

45. 最高人民法院、最高人民检察院、公安部、司法部《关于未成年人犯罪记录封存的实施办法》(2022年5月24日)

第1条 为了贯彻对违法犯罪未成年人教育、感化、挽救的方针,加强对未成年人的特殊、优先保护,坚持最有利于未成年人原则,根据刑法、刑事诉讼法、未成年人保护法、预防未成年人犯罪法等有关法律规定,结合司法工作实际,制定本办法。

第2条 本办法所称未成年人犯罪记录,是指国家专门机关对未成年犯罪人员情况的客观记载。应当封存的未成年人犯罪记录,包括侦查、起诉、审判及刑事执行过程中形成的有关未成年人犯罪或者涉嫌犯罪的全部案卷材料与电子档案信息。

第3条 不予刑事处罚、不追究刑事责任、不起诉、采取刑事强制措施的记录,以及对涉罪未成年人进行社会调查、帮教考察、心理疏导、司法救助等工作的记录,按照本办法规定的内容和程序进行封存。

第4条 犯罪的时候不满18周岁,被判处5年有期徒刑以下刑罚以及免予刑事处罚的未成年人犯罪记录,应当依法予以封存。

对在年满18周岁前后实施数个行为,构成一罪或者一并处理的数罪,主要犯罪行为是在年满18岁周岁前实施的,被判处或者决定执行5年有期徒刑以下刑罚以及免予刑事处罚的未成年人犯罪记录,应当对全案依法予以封存。

第5条 对于分案办理的未成年人与成年人共同犯罪案件,在封存未成年人案卷材料和信息的同时,应当在未封存的成年人卷宗封面标注"含犯罪记录封存信息"等明显标识,并对相关信息采取必要保密措施。对于未分案办理的未成年人与成年人共同犯罪案件,应当在全案卷宗封面标注"含犯罪记录封存信息"等明显标识,并对相关信息采取必要保密措施。

第6条 其他刑事、民事、行政及公益诉讼案件,因办案需要使用了被封存的未成年人犯罪记录信息的,应当在相关卷宗封面标明"含犯罪记录封存信息",并对相关信息采取必要保密措施。

第7条 未成年人因事实不清、证据不足被宣告无罪的案件,应当对涉罪记录予以封存;但未成年被告人及其法定代理人申请不予封存或者解除封存的,经人民法院同意,可以不予封存或者解除封存。

第8条 犯罪记录封存决定机关在作出案件处理决定时,应当同时向案件被告人或犯罪嫌疑人及其法定代理人或近亲属释明未成年人犯罪记录封存制度,并告知其相关权利义务。

第9条 未成年人犯罪记录封存应当贯彻及时、有效的原则。对于犯罪记录被封存的未成年人,在入伍、就业时免除犯罪记录的报告义务。

被封存犯罪记录的未成年人因涉嫌再次犯罪接受司法机关调查时,应当主动、如实地供述其犯罪记录情况,不得回避、隐瞒。

第10条 对于需要封存的未成年人犯罪记录,应当遵循《中华人民共和国个人信息保护法》不予公开,并建立专门的未成年人犯罪档案库,执行严格的保管制度。

对于电子信息系统中需要封存的未成年人犯罪记录数据,应当加设封存标记,未经法定查询程序,不得进行信息查询、共享及复用。

封存的未成年人犯罪记录数据不得向外部平台提供或对接。

第11条 人民法院依法对犯罪时不满18周岁的被告人判处5年有期徒刑以下刑罚以及免予刑事处罚的,判决生效后,应当将刑事裁判文书、《犯罪记录封存通知书》及时送达被告人,并同时送达同级人民检察院、公安机关,同级人民检察院、公安机关在收到上述文书后应当在3日内统筹相关各级检察机关、公安机关将涉案未成年人的犯罪记录整体封存。

第12条 人民检察院依法对犯罪时不满18周岁的犯罪嫌疑人决定不起诉后,应当将《不起诉决定书》、《犯罪记录封存通知书》及时送达被不起诉人,并同时送达同级公安机关,同级公安机关收到上述文书后应当在3日内将涉案未成年人的犯罪记录封存。

第13条 对于被判处管制、宣告缓刑、假释或者暂予监外执行的未成年罪犯,依法实行社区矫正,执行地社区矫正机构应当在刑事执行完毕后3日内将涉案未成年人的犯罪记录封存。

第14条 公安机关、人民检察院、人民法院和司法行政机关分别负责受理、审核和处理各自职权范围内有关犯罪记录的封存、查询工作。

第15条 被封存犯罪记录的未成年人本人或者其法定代理人申请为其出具无犯罪记录证明的,受理单位应当在3个工作日内出具无犯罪记录的证明。

第16条 司法机关为办案需要或者有关单位根据国家规定查询犯罪记录的,应当向封存犯罪记录的司法机关提出书面申请,列明查询理由、依据和使用范围等,查询人员应当出示单位公函和身份证明等材料。

经审核符合查询条件的,受理单位应当在3个工作日内开具有/无犯罪记录证明。许可查询的,查询后,档案管理部门应当登记相关查询情况,并按照档案管理规定将有关申请、审批材料、保密承诺书等一同存入卷宗归档保存。依法不许可查询的,应当在3个工作日内向查询单位出具不许可查询决定书,并说明理由。

对司法机关为办理案件、开展重新犯罪预防工作需要申请查询的,封存机关可以依法允许其查阅、摘抄、复制相关案卷材料和电子信息。对司法机关以外的单位根据国家规定申请查询的,可以根据查询的用途、目的与实际需要告知被查询对象是否受过刑事处罚、被判处的罪名、刑期等信息,必要时,可以提供相关法律文书复印件。

第17条 对于许可查询被封存的未成年人犯罪记录的,应当告知查询犯罪记录的单位及相关人员严格按照查询目的和使用范围使用有关信息,严格遵守保密义务,并要求其签署保密承诺书。不按规定使用所查询的犯罪记录或者违反规定泄露相关信息,情节严重或者造成严重后果的,应当依法追究相关人员的责任。

因工作原因获知未成年人封存信息的司法机关、教育行政部门、未成年人所在学校、社区等单位组织及其工作人员、诉讼参与人、社会调查员、合适成年人等,应当做好保密工作,不得泄露被封存的犯罪记录,不得向外界披露该未成年人的姓名、住所、照片,以及可能推断出该未成年人身份的其他资料。违反法律规定披露被封存信息的单位或个人,应当依法追究其法律责任。

第18对被封存犯罪记录的未成年人,符合下列条件之一的,封存机关应当对其犯罪记录解除封存:

(一)在未成年时实施新的犯罪,且新罪与封存记录之罪数罪并罚后被决定执行刑罚超过5年有期徒刑的;(二)发现未成年时实施的漏罪,且漏罪与封存记录之罪数罪并罚后被决定执行刑罚超过5年有期徒刑的;(三)经审判监督程序改判5年有期徒刑以上刑罚的;

被封存犯罪记录的未成年人,成年后又故意犯罪的,人民法院应当在裁判文书中载明其之前的犯罪记录。

第19条 符合解除封存条件的案件,自解除封存条件成立之日起,不再受未成年人犯罪记录封存相关规定的限制。

第20条 承担犯罪记录封存以及保护未成年人隐私、信息工作的公职人员,不当泄露未成年人犯罪记录或者隐私、信息的,应当予以处分;造成严重后果,给国家、个人造成重大损失或者恶劣影响的,依法追究刑事责任。

第21条 涉案未成年人应当封存的信息被不当公开,造成未成年人在就学、就业、生活保障等方面未受到同等待遇的,未成年人及其法定代理人可以向相关机关、单位提出封存申请,或者向人民检察院申请监督。

第22条 人民检察院对犯罪记录封存工作进行法律监督。对犯罪记录应当封存而未封存,或者封存不当,或者未成年人及其法定代理人提出异议的,人民检察院应当进行审查,对确实存在错误的,应当及时通知有关单位予以纠正。

有关单位应当自收到人民检察院的纠正意见后及时审查处理。经审查无误的,应当向人民检察院说明理由;经审查确实有误的,应当及时纠正,并将纠正措施与结果告知人民检察院。

第 23 条 对于 2012 年 12 月 31 日以前办结的案件符合犯罪记录封存条件的,应当按照本办法的规定予以封存。

第 24 条 本办法所称"5 年有期徒刑以下"含本数。

第 25 条 本办法由最高人民法院、最高人民检察院、公安部、司法部共同负责解释。

第 26 条 本办法自 2022 年 5 月 30 日起施行。

附件:1. 无犯罪记录证明(略)

2. 保密承诺书(略)

第 17 条之一 【已满 75 周岁的人的刑事责任】已满 75 周岁的人犯故意犯罪的,可以从轻或者减轻处罚,过失犯罪的,应当从轻或者减轻处罚。

(本条为《中华人民共和国刑法修正案(8)》增加)

• 释义

本条是关于 75 周岁以上的老年人刑事责任的特殊规定。

对已满 75 周岁的犯罪行为人,如果是故意犯罪的,可以从轻或者减轻处罚,如果是过失犯罪,应当从轻或者减轻处罚。但刑法对已满 75 周岁的犯罪行为人没有禁止适用死刑。

• 关联法律

1. 最高人民法院《关于贯彻宽严相济刑事政策的若干意见》(法发〔2010〕9 号)

21. 对于老年人犯罪,要充分考虑其犯罪的动机、目的、情节、后果以及悔罪表现等,并结合其人身危险性和再犯可能性,酌情予以从宽处罚。(全文详见本书《刑法》第 5 条相关内容)

2.《中华人民共和国刑法修正案(8)》(2011 年 2 月 25 日第十一届全国人大常委会第十九次会议通过)

本条为《中华人民共和国刑法修正案(8)》增加。

内容:1. 在刑法第 17 条后增加 1 条,作为第 17 条之一:"已满 75 周岁的人故意犯罪的,可以从轻或者减轻处罚;过失犯罪的,应当从轻或者减轻处罚。"

3.《中华人民共和国反家庭暴力法》(2015 年 12 月 27 日第十二届全国人大常委会第十八次会议通过)

(全文略)

4. 最高人民法院、最高人民检察院《关于常见犯罪的量刑指导意见(试行)》(法发〔2021〕21 号)第三部分(2)

三、常见量刑情节的适用

(二)对于年满 75 周岁以上的老年人故意犯罪,综合考虑犯罪的性质、情节、后果等情况,可以减少基准刑的 40%以下;过失犯罪的,减少基准刑的 20%-50%。(全文详见本书《刑法》第 61 条相关内容)

第18条 【特殊人员的刑事责任能力】 精神病人在不能辨认或者不能控制自己行为的时候造成危害结果,经法定程序鉴定确认的,不负刑事责任,但是应当责令他的家属或者监护人严加看管和医疗;在必要的时候,由政府强制医疗。

间歇性的精神病人在精神正常的时候犯罪,应当负刑事责任。

尚未完全丧失辨认或者控制自己行为能力的精神病人犯罪的,应当负刑事责任,但是可以从轻或者减轻处罚。

醉酒的人犯罪,应当负刑事责任。

• 释义

刑事责任能力,是指行为人构成犯罪和承担刑事责任所必须具备的刑法意义上辨认和控制自己行为的能力,不具备刑事责任能力者即使实施了客观上危害社会的行为,也不能成为犯罪主体,不能被追究刑事责任;刑事责任能力减弱者,其刑事责任也要相应地适当减轻。

根据该条规定,精神病人的刑事责任能力按照其行为时的精神状态分为:1. 完全无刑事责任能力:当精神病人在不能辨认或者不能控制自己行为的时候造成危害结果时。2. 完全有刑事责任能力:间歇性的精神病人在精神正常的时候犯罪,应当负刑事责任。醉酒的人犯罪,应当负刑事责任。3. 限制刑事责任能力:尚未完全丧失辨认或者控制自己行为能力的精神病人犯罪的,应当负刑事责任,但是可以从轻或者减轻处罚。

• 关联法律

1. 最高人民法院、最高人民检察院,公安部,司法部、卫生部《关于精神疾病司法鉴定暂行规定》(卫医字〔1989〕第17号)

第19条 刑事案件被鉴定人责任能力的评定:被鉴定人实施危害行为时,经鉴定患有精神疾病,由于严重的精神活动障碍,致使不能辨认或者不能控制自己行为的,为无刑事责任能力。被鉴定人实施危害行为时,经鉴定属于下列情况之一的,为具有责任能力:1. 具有精神疾病的既往史,但实施危害行为时并无精神异常;2. 精神疾病的间歇期,精神症状已经完全消失。(全文略)

2. 最高人民检察院《关于审查起诉期间犯罪嫌疑人脱逃或者患有严重疾病的应当如何处理的批复》(高检发释字〔2013〕4号)

北京市人民检察院:你院京检字〔2013〕75号《关于审查起诉期间犯罪嫌疑人潜逃或身患严重疾病应如何处理的请示》收悉。经研究,批复如下:

一、人民检察院办理犯罪嫌疑人被羁押的审查起诉案件,应当严格依照法律规定的期限办结。未能依法办结的,应当根据刑事诉讼法第96条的规定予以释放或者变更强制措施。

二、人民检察院对于侦查机关移送审查起诉的案件,如果犯罪嫌疑人脱逃的,应当根据《人民检察院刑事诉讼规则(试行)》第154条第3款的规定,要求侦查机关采取措施保证犯罪嫌疑人到案后再移送审查起诉。

三、人民检察院在审查起诉过程中发现犯罪嫌疑人脱逃的,应当及时通知侦查机关,要求侦查机关开展追捕活动。

人民检察院应当及时全面审阅案卷材料。经审查,对于案件事实不清、证据不足的,可以根据刑事诉讼法第171条第2款、《人民检察院刑事诉讼规则(试行)》第380条的规定退回侦查机关补充侦查。

侦查机关补充侦查完毕移送审查起诉的,人民检察院应当按照本批复第2条的规定进行审查。

共同犯罪中的部分犯罪嫌疑人脱逃的,对其他犯罪嫌疑人的审查起诉应当照常进行。

四、犯罪嫌疑人患有精神病或者其他严重疾病丧失诉讼行为能力不能接受讯问的,人民检察院可以依法变更强制措施。对实施暴力行为的精神病人,人民检察院可以商请公安机关采取临时的保护性约束措施。

经审查,应当按照下列情形分别处理:

(一)经鉴定系依法不负刑事责任的精神病人的,人民检察院应当作出不起诉决定。符合刑事诉讼法第284条规定的条件的,可以向人民法院提出强制医疗的申请;(二)有证据证明患有精神病的犯罪嫌疑人尚未完全丧失辨认或者控制自己行为的能力,或者患有间歇性精神病的犯罪嫌疑人实施犯罪行为时精神正常,符合起诉条件的,可以依法提起公诉;(三)案件事实不清、证据不足的,可以根据刑事诉讼法第171条第2款、《人民检察院刑事诉讼规则(试行)》第380条的规定退回侦查机关补充侦查。

五、人民检察院在审查起诉期间,犯罪嫌疑人脱逃或者死亡,符合刑事诉讼法第280条第1款规定的条件的,人民检察院可以向人民法院提出没收违法所得的申请。

3. 最高人民检察院《关于〈人民检察院强制医疗执行检察办法(试行)〉的通知》(高检发执检字〔2016〕9号)

第1章 总 则

第1条 为了加强和规范强制医疗执行检察工作,根据《中华人民共和国刑法》、《中华人民共和国刑事诉讼法》等法律规定,结合检察工作实际,制定本办法。

第2条 人民检察院强制医疗执行检察的任务,是保证国家法律法规在强制医疗执行活动中正确实施,维护被强制医疗人的合法权利,保障强制医疗执行活动依法进行。

第3条 人民检察院强制医疗执行检察的职责是:

(一)对人民法院、公安机关的交付执行活动是否合法实行监督;(二)对强制医疗机构的收治、医疗、监管等活动是否合法实行监督;(三)对强制医疗执行活动中发生的职务犯罪案件进行侦查,开展职务犯罪预防工作;(四)受理被强制医疗人及其法定代理人、近亲属的控告、举报和申诉;(五)其他依法应当履行的监督职责。

第4条 对人民法院、公安机关交付执行活动的监督,由同级人民检察院负责。

对强制医疗执行活动的监督,由人民检察院刑事执行检察部门负责。

第5条 人民检察院案件管理部门收到人民法院的强制医疗决定书副本后,应当在1个工作日内移送本院刑事执行检察部门。刑事执行检察部门应当及时填写《强制医疗交付执行告知表》,连同强制医疗决定书复印件一并送达承担强制医疗机构检察任务的人民检察院刑事执行检察部门。

第6条 对强制医疗所的强制医疗执行活动,人民检察院可以实行派驻检察或者巡回检察。对受政府指定临时履行强制医疗职能的精神卫生医疗机构的强制医疗执行活动,人民检察院应当实行巡回检察。

检察强制医疗执行活动时,检察人员不得少于2人,其中至少1人应当为检察官。

第2章 交付执行检察

第7条 人民法院作出强制医疗决定后,人民检察院应当对下列强制医疗交付执行活动实行监督:

(一)人民法院的交付执行活动是否符合有关法律规定;(二)公安机关是否依法将被决定

强制医疗的人送交强制医疗机构执行;(三)强制医疗机构是否依法收治被决定强制医疗的人;(四)其他应当检察的内容。

第8条 交付执行检察的方法:

(一)赴现场进行实地检察;(二)审查强制医疗决定书、强制医疗执行通知书、证明被强制医疗人无刑事责任能力的鉴定意见书等相关法律文书;(三)与有关人员谈话;(四)其他方法。

第9条 人民法院、公安机关、强制医疗机构在交付执行活动中有下列情形之一的,人民检察院应当依法及时提出纠正意见:

(一)人民法院在作出强制医疗决定后5日以内未向公安机关送达强制医疗决定书和强制医疗执行通知书的;(二)公安机关没有依法将被决定强制医疗的人送交强制医疗机构执行的;(三)交付执行的相关法律文书及其他手续不完备的;(四)强制医疗机构对被决定强制医疗的人拒绝收治的;(五)强制医疗机构收治未被人民法院决定强制医疗的人的;(六)其他违法情形。

第3章 医疗、监管活动检察

第10条 医疗、监管活动检察的内容:

(一)强制医疗机构的医疗、监管活动是否符合有关规定;(二)强制医疗机构是否依法开展诊断评估等相关工作;(三)被强制医疗人的合法权利是否得到保障;(四)其他应当检察的内容。

第11条 医疗、监管活动检察的方法:

(一)查阅被强制医疗人名册、有关法律文书、被强制医疗人的病历、诊断评估意见、会见、通信登记等材料;(二)赴被强制医疗人的医疗、生活现场进行实地检察;(三)与强制医疗机构工作人员谈话,了解情况,听取意见;(四)与被强制医疗人或者其法定代理人、近亲属谈话,了解有关情况;(五)其他方法。

第12条 人民检察院发现强制医疗机构有下列情形之一的,应当依法及时提出纠正意见:

(一)强制医疗工作人员的配备以及医疗、监管安全设施、设备不符合有关规定的;(二)没有依照法律法规对被强制医疗人实施必要的医疗的;(三)没有依照规定保障被强制医疗人生活标准的;(四)没有依照规定安排被强制医疗人与其法定代理人、近亲属会见、通信的;(五)殴打、体罚、虐待或者变相体罚、虐待被强制医疗人,违反规定对被强制医疗人使用约束措施,或者有其他侵犯被强制医疗人合法权利行为的;(六)没有依照规定定期对被强制医疗人进行诊断评估的;(七)对被强制医疗人及其法定代理人、近亲属提出的解除强制医疗的申请,没有及时审查处理,或者没有及时转送作出强制医疗决定的人民法院的;(八)其他违法情形。

第4章 解除强制医疗活动检察

第13条 解除强制医疗活动检察的内容:

(一)对于已不具有人身危险性,不需要继续强制医疗的被强制医疗人,强制医疗机构是否依法及时提出解除意见,报送作出强制医疗决定的人民法院;(二)强制医疗机构对被强制医疗人解除强制医疗的活动是否符合有关法律规定;(三)被解除强制医疗的人离开强制医疗机构有无相关凭证;(四)其他应当检察的内容。

第14条 解除强制医疗活动检察的方法:

(一)查阅强制医疗机构解除强制医疗的法律文书和登记;(二)与被解除强制医疗的人进行个别谈话,了解情况;(三)其他方法。

第15条 民检察院发现强制医疗机构有下列情形之一的，应当依法及时提出纠正意见：

（一）对于不需要继续强制医疗的被强制医疗人，没有及时向作出强制医疗决定的人民法院提出解除意见，或者对需要继续强制医疗的被强制医疗人，不应当提出解除意见而向人民法院提出解除意见的；（二）收到人民法院作出的解除强制医疗决定书后，不立即解除强制医疗的；（三）被解除强制医疗的人没有相关凭证或者凭证不全的；（四）被解除强制医疗的人与相关凭证不符的；（五）其他违法情形。

第5章 事故、死亡检察

第16条 强制医疗事故检察的内容：

（一）被强制医疗人脱逃的；（二）被强制医疗人发生群体性病疫的；（三）被强制医疗人非正常死亡的；（四）被强制医疗人伤残的；（五）其他事故。

第17条 强制医疗事故检察的方法：

（一）检察人员接到事故报告后，应当立即赶赴现场了解情况，并及时报告检察长和上一级人民检察院；（二）深入现场，调查取证；（三）与强制医疗机构共同分析事故原因，研究对策，完善医疗、监管措施。

第18条 被强制医疗人在强制医疗期间死亡的，依照最高人民检察院关于监管场所被监管人死亡检察程序的规定进行检察。

第6章 受理控告、举报和申诉

第19条 人民检察院应当依法受理被强制医疗人及其法定代理人、近亲属的控告、举报和申诉，并及时审查处理。人民检察院刑事执行检察部门应当自受理之日起15个工作日以内将处理情况书面反馈控告人、举报人、申诉人。

人民检察院刑事执行检察部门对不服强制医疗决定的申诉，应当移送作出强制医疗决定的人民法院的同级人民检察院公诉部门办理，并跟踪督促办理情况和办理结果，及时将办理情况书面反馈控告人、举报人、申诉人。

第20条 人民检察院应当在强制医疗机构设立检察官信箱，接收控告、举报、申诉等有关信件。检察人员应当定期开启检察官信箱。

检察人员应当及时与要求约见的被强制医疗人或者其法定代理人、近亲属等谈话，听取情况反映，受理控告、举报、申诉。

第21条 人民检察院收到被强制医疗人或者其法定代理人、近亲属提出的解除强制医疗的申请后，应当在3个工作日以内转交强制医疗机构审查，并监督强制医疗机构是否及时审查申请、诊断评估、提出解除意见等活动是否合法。

第22条 人民检察院在强制医疗执行监督中发现被强制医疗人不符合强制医疗条件，人民法院作出的强制医疗决定可能错误的，应当在5个工作日以内报经检察长批准，将有关材料转交作出强制医疗决定的人民法院的同级人民检察院。收到材料的人民检察院公诉部门应当在20个工作日以内进行审查，并将审查情况和处理意见书面反馈负责强制医疗执行监督的人民检察院。

第7章 纠正违法和检察建议

第23条 人民检察院在强制医疗执行检察中，发现违法情形的，应当按照下列程序处理：

（一）检察人员发现轻微违法情况且被监督单位可以现场纠正的，可以当场提出口头纠正意见,并及时向刑事执行检察部门负责人或者检察长报告,填写《检察纠正违法情况登记表》;(二)发现严重违法情况,或者在提出口头纠正意见后被监督单位在7日以内未予纠正且不说明理由的,应当报经检察长批准,及时发出纠正违法通知书,并将纠正违法通知书副本抄送被监督单位的上一级机关;(三)人民检察院发出纠正违法通知书后15日以内,被监督单位仍未纠正或者回复意见的,应当及时向上一级人民检察院报告,上一级人民检察院应当监督纠正。

对严重违法情况,刑事执行检察部门应当填写《严重违法情况登记表》,向上一级人民检察院刑事执行检察部门报告。

第24条 被监督单位对人民检察院的纠正违法意见书面提出异议的,人民检察院应当及时复议,并将复议决定通知被监督单位。

被监督单位对于复议结论仍然有异议的,可以向上一级人民检察院申请复核。上一级人民检察院应当及时作出复核决定,并通知被监督单位和下一级人民检察院。

人民检察院刑事执行检察部门具体承办复议、复核工作。

第25条 人民检察院发现强制医疗执行活动中存在执法不规范、安全隐患等问题的,应当报经检察长批准,向有关单位提出检察建议。

第26条 人民检察院发现公安机关、人民法院、强制医疗机构的工作人员在强制医疗活动中有违纪违法行为的,应当报请检察长决定后及时移送有关部门处理;构成犯罪的,应当依法追究刑事责任。

第8章 附　　则

第27条 被强制医疗人是指被人民法院依照刑事诉讼法的规定决定强制医疗并送强制医疗机构执行的精神病人。

第28条 对2012年12月31日以前公安机关依据《中华人民共和国刑法》第18条的规定决定强制医疗且2013年1月1日以后仍在强制医疗机构被执行强制医疗的精神病人,人民检察院应当对其被执行强制医疗的活动实行监督。

第29条 公安机关在强制医疗机构内对涉案精神病人采取临时保护性约束措施的,人民检察院参照本办法对临时保护性约束措施的执行活动实行监督,发现违法情形的,应当提出纠正意见。

第30条 检察人员在强制医疗执行检察工作中有违纪违法行为的,应当按照有关规定追究违纪违法责任;构成犯罪的,应当依法追究刑事责任。

第31条 本办法自发布之日起试行。

4. 最高人民检察院《强制医疗决定程序监督工作规定》(高检发诉字〔2018〕1号)

第1条 为了规范人民检察院强制医疗决定程序监督工作,维护公共安全,维护诉讼参与人的合法权利,保障强制医疗程序的正确实施,根据《中华人民共和国刑法》《中华人民共和国刑事诉讼法》等规定,结合检察工作实际,制定本规定。

第2条 强制医疗决定程序的监督,由人民检察院公诉部门负责。涉及未成年人的,由未成年人检察部门负责。

第3条 人民检察院办理公安机关移送的强制医疗案件,应当审查公安机关移送的强制医疗意见书,以及鉴定意见等证据材料,并注意发现和纠正以下违法情形:

(一)对涉案精神病人的鉴定程序违反法律规定的;(二)对涉案精神病人采取临时保护性约束措施不当的;(三)其他违反法律规定的情形。

第4条 人民检察院办理公安机关移送的强制医疗案件,可以会见涉案精神病人,询问办案人员、鉴定人,听取涉案精神病人法定代理人、诉讼代理人意见,向涉案精神病人的主治医生、近亲属、邻居、其他知情人员或者基层组织等了解情况，向被害人及其法定代理人、近亲属等了解情况，就有关专门性技术问题委托具有法定资质的鉴定机构、鉴定人进行鉴定，开展相关调查。

相关调查情况应当记录并附卷。

第5条 人民检察院发现公安机关应当启动强制医疗程序而不启动的，可以要求公安机关在7日以内书面说明不启动的理由。

经审查，认为公安机关不启动理由不能成立的，应当通知公安机关启动强制医疗程序。公安机关收到启动强制医疗程序通知书后，未按要求启动强制医疗程序的，人民检察院应当向公安机关提出纠正意见。

第6条 人民检察院办理公安机关移送的强制医疗案件，发现公安机关对涉案精神病人进行鉴定的程序有下列情形之一的，应当依法提出纠正意见：

(一)鉴定机构不具备法定资质，或者精神病鉴定超出鉴定机构业务范围、技术条件的；(二)鉴定人不具备法定资质，精神病鉴定超出鉴定人业务范围，或者违反回避规定的；(三)鉴定程序违反法律、有关规定，鉴定的过程和方法违反相关专业的规范要求的；(四)鉴定文书不符合法定形式要件的；(五)鉴定意见没有依法及时告知相关人员的；(六)鉴定人故意作虚假鉴定的；(七)其他违反法律规定的情形。

人民检察院对精神病鉴定程序进行监督，可以要求公安机关补充鉴定或者重新鉴定，必要时，可以询问鉴定人并制作笔录，或者委托具有法定资质的鉴定机构进行补充鉴定或者重新鉴定。

第7条 人民检察院发现公安机关对涉案精神病人采取临时保护性约束措施，有下列情形之一的，应当依法提出纠正意见：

(一)不应当采取而采取临时保护性约束措施的；(二)采取临时保护性约束措施的方式、方法和力度不当，超过避免和防止危害他人和精神病人自身安全的必要限度的；(三)对已无继续危害社会可能，解除约束措施后不致发生社会危害性的涉案精神病人，未及时解除保护性约束措施的；(四)其他违反法律规定的情形。

人民检察院认为公安机关有必要采取临时保护性约束措施而公安机关尚未采取的，可以建议公安机关采取临时保护性约束措施。

第8条 人民检察院对人民法院强制医疗案件审理活动实行监督，主要发现和纠正以下违法情形：

(一)未通知被申请人或者被告人的法定代理人到场的；(二)被申请人或者被告人没有委托诉讼代理人，未通知法律援助机构指派律师为其提供法律帮助的；(三)未组成合议庭或者合议庭组成人员不合法的；(四)未经被申请人、被告人的法定代理人请求直接作出不开庭审理决定的；(五)未会见被申请人的；(六)被申请人、被告人要求出庭且具备出庭条件，未准许其出庭的；(七)违反法定审理期限的；(八)收到人民检察院对强制医疗决定不当的书面纠正意见后，未另行组成合议庭审理或者未在1个月以内作出复议决定的；(九)人民法院作出的强制医疗决定或者驳回强制医疗申请决定不当的；(十)其他违反法律规定的情形。

人民检察院发现人民法院强制医疗案件审理活动有前款规定的违法情形的，应当依法提出纠正意见。

第9条 人民法院对强制医疗案件开庭审理的，人民检察院应当派员出席法庭，审查人民法院作出的强制医疗决定、驳回强制医疗申请的决定、宣告被告人依法不负刑事责任的判决是否符合法律规定。

第10条 人民检察院对人民法院强制医疗案件审理活动实行监督，可以参照本规定第4

条规定的方式开展调查。相关调查情况应当记录并附卷。

第11条 出席法庭的检察人员发现人民法院审理强制医疗案件违反法律规定的诉讼程序,应当记录在案,并在休庭后及时向检察长报告,由人民检察院在庭审后向人民法院提出纠正意见。

第12条 人民法院拟不开庭审理的强制医疗案件,人民检察院认为开庭审理更为适宜的,可以建议人民法院开庭审理。

第13条 人民检察院认为被申请人的身体和精神状况适宜到庭,且到庭更有利于查明案件事实的,可以建议人民法院准许其到庭。

第14条 人民检察院审查同级人民法院强制医疗决定书或者驳回强制医疗申请决定书,可以听取被害人及其法定代理人、近亲属的意见并记录附卷。

第15条 人民检察院发现人民法院作出的强制医疗的决定或者驳回强制医疗申请的决定,有下列情形之一的,应当在收到决定书副本后20日以内向人民法院提出书面纠正意见:

(一)据以作出决定的事实不清或者确有错误的;(二)据以作出决定的证据不确实、不充分的;(三)据以作出决定的证据依法应当予以排除的;(四)据以作出决定的主要证据之间存在矛盾的;(五)有确实、充分的证据证明应当决定强制医疗而予以驳回的,或者不应当决定强制医疗而决定强制医疗的;(六)审理过程中严重违反法定诉讼程序,可能影响公正审理和决定的。

第16条 对于人民检察院提起公诉的案件,人民法院在审理案件过程中发现被告人可能符合强制医疗条件,决定依法适用强制医疗程序进行审理的,人民检察院应当在庭审中发表意见。

对人民法院作出的宣告被告人无罪或者不负刑事责任的判决、强制医疗决定,人民检察院应当进行审查。对判决确有错误的,应当依法提出抗诉,对强制医疗决定或者未作出强制医疗的决定不当的,应当提出书面纠正意见。

人民法院未适用强制医疗程序对案件进行审理,或者未判决宣告被告人不负刑事责任,直接作出强制医疗决定的,人民检察院应当提出书面纠正意见。

第17条 在强制医疗执行过程中发现强制医疗决定确有错误的,由作出决定的人民法院的同级人民检察院向人民法院提出书面纠正意见。

前款规定的工作由人民检察院公诉部门办理。

第18条 人民法院收到被决定强制医疗的人、被害人及其法定代理人、近亲属复议申请后,未组成合议庭审理,或者未在1个月内作出复议决定,或者有其他违法行为的,由收到复议决定的人民法院的同级人民检察院向人民法院提出书面纠正意见。

第19条 人民检察院在办理强制医疗案件中发现公安机关的违法情形,对于情节较轻的,可以由检察人员以口头方式向侦查人员或者公安机关负责人提出纠正意见,并及时向本部门负责人汇报;必要的时候,由部门负责人提出。对于情节较重的违法情形,应当报请检察长批准后,向公安机关发出纠正违法通知书。构成犯罪的,移送有关部门依法追究刑事责任。

人民检察院在办理强制医疗案件中发现人民法院的违法情形,参照前款规定执行。

人民检察院在强制医疗执行监督中发现被强制医疗的人不符合强制医疗条件或者需要依法追究刑事责任,将有关材料转交作出强制医疗决定的人民法院的同级人民检察院的,收到材料的人民检察院公诉部门应当在20日以内进行审查,并将审查情况和处理意见反馈负责强制医疗执行监督的人民检察院。

第20条 公安机关、人民法院对纠正意见申请复查的,人民检察院应当在7日以内进行复查,并将复查结果及时通知申请复查机关。经过复查,认为纠正意见正确的,应当及时向上一级人民检察院报告;认为纠正意见错误的,应当及时予以撤销。

上一级人民检察院经审查,认为下级人民检察院纠正意见正确的,应当及时通知同级人民法院、公安机关督促下级人民法院、公安机关根据纠正意见进行纠正;认为下级人民检察院纠正意见不正确的,应当书面通知下级人民检察院予以撤销,下级人民检察院应当执行,并及时向人民法院、公安机关及有关人员说明情况。有申诉人、控告人的,应当将处理结果及时回复申诉人、控告人。

第21条 人民检察院应当及时了解公安机关、人民法院对纠正意见的执行情况。

人民检察院提出的纠正意见,公安机关和人民法院没有正当理由不纠正的,应当向上一级人民检察院报告。上级人民检察院认为下级人民检察院意见正确的,应当及时通知同级公安机关、人民法院督促下级公安机关、人民法院纠正;上级人民检察院认为下级人民检察院纠正违法的意见错误的,应当通知下级人民检察院撤销书面纠正意见,并通知同级公安机关、人民法院。

第22条 各省、自治区、直辖市人民检察院可以结合本地实际,对实施强制医疗决定程序监督的检察官权力清单作出规定。

第23条 本规定由最高人民检察院负责解释。

第24条 本规定自印发之日起施行。

5.最高人民法院《第13批指导性案例徐加富强制医疗案》(指导案例63号;法〔2016〕214号)

【裁判要点】审理强制医疗案件,对被申请人或者被告人是否"有继续危害社会可能",应当综合被申请人或者被告人所患精神病的种类、症状,案件审理时其病情是否已经好转,以及其家属或者监护人有无严加看管和自行送医治疗的意愿和能力等情况予以判定。

【裁判理由】

法院生效裁判认为:本案被申请人徐加富实施了故意杀人的暴力行为后,经鉴定属于依法不负刑事责任的精神疾病人,其妄想他人欲对其加害而必须携带刀等防卫工具外出的行为,在其病症未能减轻并需继续治疗的情况下,认定其放置社会有继续危害社会的可能。成都市武侯区人民检察院提出对被申请人强制医疗的申请成立,予以支持。诉讼代理人提出了被申请人是否有继续危害社会的可能应由医疗机构作出评估,本案没有医疗机构的评估报告,对被申请人的强制医疗的证据不充分的辩护意见。法院认为,在强制医疗中如何认定被申请人是否有继续危害社会的可能,需要根据以往被申请人的行为及本案的证据进行综合判断,而医疗机构对其评估也只是对其病情痊愈的评估,法律没有赋予医疗机构对患者是否有继续危害社会可能性方面的评估权利。本案被申请人的病症是被害幻觉妄想症,经常假想要被他人杀害,外出害怕被害必带刀等防卫工具。如果不加约束治疗,被申请人不可能不外出,其外出必携带刀的行为,具有危害社会的可能,故诉讼代理人的意见不予采纳。(收录部分内容)

第19条 【又聋又哑的人或盲人犯罪的刑事责任】 又聋又哑的人或者盲人犯罪,可以从轻、减轻或者免除处罚。

• 释义

又聋又哑的人和盲人,不属于无刑事责任能力的人。他们具有辨认或者控制自己行为的能力。因此,他们应对其实施的危害行为负刑事责任。另外,由于他们生理上的缺陷,他们在接受教育以及参加社会实践活动等方面必然受到一定的局限,其辨认是非的能力比正常人要差，所以，法律规定对他们的犯罪可以从轻、减轻或者免除处罚。

• 关联法律

1. 最高人民检察院、中国残疾人联合会《关于在检察工作中切实维护残疾人合法权益的意见》（高检会〔2015〕11号）

为进一步落实司法为民宗旨，促进社会和谐稳定，根据《中华人民共和国残疾人保障法》及相关规定，现就检察工作中依法维护残疾人的合法权益提出如下意见。

一、人民检察院办理涉及残疾人的案件，应当严格依照法律的规定，贯彻党和国家关于残疾人权益保护的各项政策，注重关爱、扶助残疾人，方便其诉讼，采取有效措施防止侵害残疾人权益的行为，保障残疾人平等、充分地参与诉讼活动和社会生活，促进残疾人各项合法权益的享有和实现。

二、人民检察院可以指定专人或者设立专门小组办理涉及残疾人的案件。办案工作中，应当加强同残疾人联合会等人民团体、政府有关部门以及涉案残疾人所在单位、社区、村民委员会的沟通联系，主动了解情况，听取意见，共同做好维护残疾人合法权益工作。

三、对侵害残疾人生命财产安全的刑事犯罪，特别是严重侵害残疾人权益的重大案件、侵害残疾人群体利益的案件，依法从严从快批捕、起诉，加大指控犯罪力度。

四、对强迫智力残疾人劳动，拐卖残疾妇女、儿童，以暴力、胁迫手段组织残疾人乞讨，故意伤害致人伤残后组织乞讨，组织、胁迫、教唆残疾人进行犯罪活动等案件，依法从重打击。

五、加大对侵害残疾人权益的职务犯罪的查处和预防，依法严惩挪用、克扣、截留、侵占残疾人教育、康复、就业、社会保障等资金和物资以及发生在涉及残疾人事业的设备采购、工程建设中的职务犯罪行为。

六、人民检察院在办理案件过程中发现有关单位存在侵犯残疾人合法权益行为的，应当依法及时向有关单位发出检察建议，督促其纠正。侵犯残疾人合法权益情节严重，尚不构成犯罪的，人民检察院应当建议相关部门对责任人员给予相应处分；构成犯罪的，依法追究刑事责任。

七、对于残疾人涉嫌职务犯罪案件，人民检察院在对残疾犯罪嫌疑人进行第1次讯问或者采取强制措施时，应当告知其有权委托辩护人，并告知其如果符合《最高人民法院、最高人民检察院、公安部、司法部关于刑事诉讼法律援助工作的规定》第2条规定，本人及其近亲属可以向法律援助机构申请法律援助。

人民检察院自收到移送审查起诉的案件材料之日起3日以内，应当告知残疾犯罪嫌疑人有权委托辩护人，并告知其如果符合《最高人民法院、最高人民检察院、公安部、司法部关于刑事诉讼法律援助工作的规定》第2条规定，本人及其近亲属可以向法律援助机构申请法律援助。对于残疾被害人，应当告知其本人及其法定代理人或者近亲属有权委托诉讼代理人，并告知其如果经济困难，可以向法律援助机构申请法律援助。

对于盲、聋、哑犯罪嫌疑人，人民检察院应当采取适宜方式进行权利告知，确保其准确理解相关规定。对于智力残疾、患精神病犯罪嫌疑人以及未成年残疾犯罪嫌疑人，应当向其法定代理人履行告知义务。

八、犯罪嫌疑人是未成年残疾人，盲、聋、哑人，尚未完全丧失辨认或者控制自己行为能力的精神病人，或者是可能被判处无期徒刑、死刑的残疾人，没有委托辩护人的，人民检察院应当及时通知法律援助机构指派律师为其提供辩护。

九、人民检察院讯问残疾犯罪嫌疑人时应当慎用械具。对于确有人身危险性，必须使用械具的，在现实危险消除后，应当立即停止使用。

十、人民检察院审查逮捕残疾犯罪嫌疑人，除按照《中华人民共和国刑事诉讼法》第79条第1款的规定审查是否具备逮捕条件外,还应当根据犯罪嫌疑人涉嫌犯罪的性质、事实、情节、主观恶性和犯罪嫌疑人身体状况是否适宜羁押等因素综合考量是否确有逮捕必要,必要时可以对残疾犯罪嫌疑人的犯罪原因、生活环境等开展社会调查以作参考。对于不采取强制措施或者采取其他强制措施不妨碍诉讼顺利进行的,应当作出不批准逮捕或者不予逮捕的决定。对于可捕可不捕的应当不捕。但是,对于反复故意实施犯罪,不羁押不足以防止发生社会危险性的,应当依法批准或决定逮捕。

十一、残疾犯罪嫌疑人、被告人被逮捕后,人民检察院应当对羁押必要性定期开展审查,综合考虑侦查取证的进展情况,案件事实、情节和证据的变化情况,残疾犯罪嫌疑人、被告人的身体健康状况等因素,对不需要或者不适宜继续羁押的,应当依法变更强制措施或者建议有关机关变更强制措施。

十二、对于残疾人犯罪案件,符合《人民检察院刑事诉讼规则(试行)》规定的条件,双方当事人达成和解协议的,人民检察院应当依法从宽处理。符合法律规定的不起诉条件的,应当决定不起诉;依法必须提起公诉的,应当向人民法院提出从轻、减轻或者免除处罚的量刑建议。

十三、对于残疾被告人认罪并积极赔偿损失、被害人谅解的案件,未成年残疾人犯罪案件以及残疾人实施的具有法定从轻、减轻处罚情节的案件,人民法院量刑偏轻的,人民检察院一般不提出抗诉。

十四、人民检察院发现看守所、监狱等监管机关在羁押管理和教育改造残疾在押人员等活动中有违法行为的,应当依法提出纠正意见;发现看守所、监狱等监管场所没有对残疾在押人员在生活、医疗上给予相应照顾,没有采取适当保护措施的,应当通过检察建议等方式督促监管机关改正。

对残疾罪犯开展减刑、假释、暂予监外执行检察工作,可以依法适当从宽掌握,但是,反复故意实施犯罪的残疾罪犯除外。

十五、人民检察院在开展社区矫正法律监督活动中,发现社区矫正机构工作人员对残疾社区矫正人员有殴打、体罚、虐待、侮辱人格、强迫其参加超时间或者超体力社区服务等行为的,应当依法提出纠正意见。情节严重,构成犯罪的,依法追究刑事责任。

十六、人民检察院发现强制医疗机构工作人员殴打、体罚、虐待或者变相体罚、虐待被强制医疗的精神病人,违反规定对被强制医疗的精神病人使用械具、约束措施等行为的,应当依法提出纠正意见。情节严重,构成犯罪的,依法追究刑事责任。

十七、对于残疾人控告、举报、申诉案件应当依法快速办理,缩短办案周期。对于不属于本院管辖的案件,应当先行接收,然后及时转送有管辖权的机关,并告知提出控告、举报、申诉的残疾人。

十八、复查涉及残疾人的刑事申诉案件,应当认真听取残疾申诉人或者其代理人的意见,核实相关问题,并可以听取原案承办部门、原复查部门或者原承办人员意见,全面了解原案办理情况,认真审核、查证与案件有关的证据和线索,查清案件事实,依法作出处理。

十九、对于已经发生法律效力的民事、行政裁判书、调解书,残疾当事人依法向人民检察院申请提出检察建议、抗诉,或者认为人民法院的执行活动违反法律规定、审判人员存在违法行为而向人民检察院申请监督的,人民检察院应当及时受理和审查,对确有违法情形的,依法提出检察建议或者抗诉,切实维护残疾人的合法权益。

二十、对于残疾人申请国家赔偿的案件,符合受理条件的,应当依法快速办理,充分听取残疾人或者其代理人的意见。对于依法应当赔偿的案件,应当及时作出和执行赔偿决定。

二十一、对于残疾人涉法涉诉信访案件,人民检察院应当按照中央政法委《关于建立律师参与化解和代理涉法涉诉信访案件制度的意见(试行)》的要求,为残疾人寻求律师帮助提供便利,对律师阅卷、咨询了解案情等合理要求提供支持,对律师提出的处理意见认真研究,及时反馈意见。对确有错误或者瑕疵的案件,及时导入法律程序予以解决。

二十二、人民检察院在办理案件、处理涉法涉诉信访问题过程中,应当主动了解残疾当事人的家庭生活状况,对符合国家司法救助条件的残疾人,应当告知其有权提出救助申请。对残疾人提出的救助申请,应当快速受理审查;对符合救助条件而没有提出申请的,应当依职权启动救助程序。符合救助条件的,应当及时提出给予救助以及具体救助金额的意见,履行有关审批手续后及时予以发放。

二十三、各级人民检察院新建接待场所应当符合无障碍设施的相关要求,现有接待场所不符合无障碍要求的要逐步加以改造,以方便残疾人出入。

二十四、本意见中的残疾规定的残疾人。

2. 最高人民法院、中国残疾人联合会《关于在审判执行工作中切实维护残疾人合法权益的意见》(法发〔2018〕15号)

残疾人是社会特殊困难群体,需要全社会格外关心、加倍爱护。切实维护残疾人合法权益,是人民法院深入贯彻党的十九大精神和习近平新时代中国特色社会主义思想,坚持以人为本、司法为民的重要使命。为切实保障残疾人合法权益,方便残疾人参加诉讼活动,依据《中华人民共和国残疾人保障法》等法律规定,提出以下意见。

1. 基本要求。人民法院应当按照诉讼两便原则和国家保障残疾人的法律、政策,坚持问题导向,因案施策,积极回应残疾人的司法需求,保障残疾人平等、充分、方便地参与诉讼活动,不断提升为残疾人提供司法服务和保障工作的能力和水平。残疾人联合会应当依法履责,积极为残疾人参加诉讼活动提供支持和帮助。

2. 加强沟通协作。办理涉残疾人案件,应加强同残疾人联合会等人民团体、政府有关部门以及残疾人所在单位、社区、居民委员会、村民委员会等的沟通联系,全面了解情况,充分沟通协调,推动解决残疾当事人的实际困难,合力做好维护残疾人合法权益工作。

3. 方便残疾人立案。对交通不便的涉残疾人案件,可由人民法庭直接立案;积极采用网上立案、上门立案、电话立案等绿色通道快速立案。残疾人书写起诉状确有困难的,可以口头起诉,由人民法院记入笔录;提交的起诉状内容有欠缺或者错误的,应当一次性告知需要补正的内容,并予以指导。

4. 加强诉讼引导。对残疾当事人要加强诉讼程序的引导和释明,保障其依法行使诉讼权利。对确有困难无法自行收集证据的残疾当事人,依法放宽职权调查取证的条件。对残疾当事人申请保全的,根据案件具体情况和残疾当事人的实际,依法合理确定保全担保的方式。

5. 依法适用监护制度。无民事行为能力、限制民事行为能力的残疾人参加诉讼的,应由其监护人作为法定代理人代为诉讼。事先没有确定监护人的,可以由有监护资格的人协商确定。协商不成的,按照最有利于被监护人的原则,尊重被监护人的真实意愿,在依法具有监护资格的人中指定监护人。没有依法具有监护资格的人的,可以依照民法总则第32条规定指定有关组织担任诉讼代理人。

6. 方便参与诉讼。采用相对灵活的审判工作机制,方便残疾人参加诉讼。大力推广车载法庭、就地审理、上门调解等巡回审判模式,力促当庭结案,就地化解矛盾。充分运用信息化手段,通过网上开庭、网上调解等远程视频形式方便残疾当事人诉讼。

7. 加快审理流程。对涉残疾当事人的案件,依法繁简分流,提高诉讼效率。及早开庭、及时判决、尽快结案,缩短办案周期。充分运用小额诉讼程序,发挥一审终审优势,尽快实现残疾当事人的合法权益。对事实清楚、债权债务关系明确的金钱给付案件,依法引导残疾当事人申请适用督促程序,以支付令方式快速结案。对追索赡养费、扶养费、抚育费、抚恤金、医疗费用、劳动报酬以及需要立即返还社会保险金、社会救助资金的,依法先予执行。

8. 加大执行力度。残疾当事人胜诉案件,当事人不自动履行的,要直接移送执行,尽快进入执行程序,加大执行力度,依法从快执结,及时实现残疾人合法权益。

9. 加强法律援助。自受理刑事案件之日起3日内,依法告知残疾被告人有权委托辩护人;对于因经济困难或者其他原因没有委托辩护人的,告知其向当地法律援助机构申请法律援助或者向当地残疾人联合会申请法律救助。刑事案件的残疾被害人、残疾自诉人以及民事、行政案件的残疾当事人,因经济困难没有委托诉讼代理人的,应当告知其可以向当地法律援助机构或者向当地残疾人联合会申请法律救助。接到残疾当事人提出法律援助申请的,应当依法及时转交法律援助机构。

10. 加强司法救助。对经济确有困难、符合相应条件的残疾当事人,应当依法为其缓、减、免诉讼费用。对符合司法救助条件的残疾人,应当告知其有权提出救助申请。对已经提供法律援助的残疾当事人,应当进行司法救助。

11. 及时指定辩护人。刑事被告人是未成年残疾人,或者是盲、聋、哑、不能完全辨认或控制自己行为的成年残疾人,或者是可能被判处无期徒刑、死刑的残疾人,没有委托辩护人的,应当依法通知法律援助机构指派律师提供辩护。

12. 严厉惩处侵害残疾人的犯罪。对侵害残疾人权益的犯罪,特别是以暴力、威胁或者限制人身自由的方法强迫残疾人劳动,以暴力、胁迫手段组织残疾人乞讨以及组织未成年残疾人进行盗窃、诈骗、抢夺、敲诈勒索等违反治安管理活动的犯罪,依法严厉惩处,切实保护残疾人的人身财产安全。

13. 依法对残疾被告人从宽量刑。刑事案件中的残疾被告人,犯罪情节轻微依法不需要判处刑罚的,可以免予刑事处罚;尚未完全丧失辨认或者控制自己行为能力的精神病人犯罪的,可以从轻或者减轻处罚;又聋又哑的人或者盲人犯罪的,可以从轻、减轻或者免除处罚。

14. 办理好残疾人申请国家赔偿案件。对于残疾人申请国家赔偿的案件,认真对待残疾人提出的各项权利诉求,符合受理条件的,应当依法尽快受理。充分听取残疾人关于赔偿方式、赔偿项目和赔偿数额意见,依法及时作出赔偿决定。

15. 健全涉残疾人纠纷多元化解机制。对于涉残疾人的民事案件,应当积极开展诉前调解、委托调解、多元调解,大力借助残疾人联合会、人民调解委员会、基层司法所等组织以及公安交通、劳动保障、医疗卫生等有关部门力量,合力化解纠纷。

16. 发挥好司法建议作用。在审判执行工作中发现有关单位存在侵犯残疾人合法权益的行为或者维护残疾人权益工作不到位等情况的,应当及时向有关单位以及当地政府主管部门、残疾人联合会等通报情况,必要时发出司法建议,并跟踪反馈督促落实。

17. 依法妥善处理涉残疾人涉诉信访案件。对于残疾信访当事人,人民法院应当做到特别关照,及时接待,有诉必理。要认真审查信访材料,听取意见,及时记录来访信息。对能够当场解答的问题,应即问即答;不能当场解答的,告知按规定期限等待处理。

18. 完善诉讼无障碍设施及服务。大力推进法院接待场所、审判场所的无障碍设施建设,方便残疾人参加诉讼。积极推进信息交流无障碍环境建设,根据案件情况,允许相关辅助、陪护人员陪同残疾当事人出庭。

19. 支持残疾人联合会依法履责。残疾人联合会应当积极帮助残疾人获得法律服务。残疾人联合会收到法律救助申请的,应当依法依规予以办理。残疾人联合会可以应要求协助残疾人向人民法院提出司法救助申请。

20. 残疾人联合会应当主动担负起为残疾人提供法律救助服务的职责,积极配合和支持人民法院办理涉残疾人案件。残疾人联合会应当积极对残疾当事人做好诉讼引导、答疑解惑、释法说理等工作。

21. 残疾人联合会和残疾人法律救助工作站主动可以支持民事权益受损害的残疾人、残疾人组织、残疾人服务机构依法向人民法院提起诉讼;可以依法参与巡回审判、网上开庭、就地调解、网上调解等诉讼活动,为残疾当事人提供必要的协助和支持。

22. 残疾人联合会应当积极配合人民法院联系、聘请辅助人员为残疾当事人提供手语、盲文等诉讼辅助服务,方便残疾人参加诉讼活动。

3. 最高人民法院、最高人民检察院《关于常见犯罪的量刑指导意见(试行)》(法发〔2021〕21号)

三、常见量刑情节的适用

(三)对于又聋又哑的人或者盲人犯罪,综合考虑犯罪性质、情节、后果以及聋哑人或者盲人犯罪时的控制能力等情况,可以减少基准刑的50%以下;犯罪较轻的,可以减少基准刑的50%以上或者依法免除处罚。(全文详见本书《刑法》第61条相关内容)

第20条　【正当防卫】为了使国家、公共利益、本人或者他人的人身、财产和其他权利免受正在进行的不法侵害,而采取的制止不法侵害的行为,对不法侵害人造成损害的,属于正当防卫,不负刑事责任。

正当防卫明显超过必要限度造成重大损害的,应当负刑事责任,但是应当减轻或者免除处罚。

对正在进行行凶、杀人、抢劫、强奸、绑架以及其他严重危及人身安全的暴力犯罪,采取防卫行为,造成不法侵害人伤亡的,不属于防卫过当,不负刑事责任。

• 释义

【正当防卫】本条分为3款。第1款是关于什么是正当防卫和正当防卫不负刑事责任的规定。

一、什么是正当防卫行为。根据本款的规定,实行正当防卫应当同时具备以下条件:

(一)实施防卫行为必须是出于使国家、公共利益、本人或者他人的人身、财产和其他权利免受不法侵害的正当动机,针对不法侵害者及其不法侵害行为。对不具有不法的行为或合法行为不能实行正当防卫,如不能针对紧急避险行为或依法拘留、逮捕、依法没收财产等实施正当防卫;

(二)防卫行为所针对的不法侵害必须是正在进行的,对尚未开始实施或者已经停止或结束不法侵害的不法侵害人,不能采取正当防卫行为;

(三)实行防卫以制止住不法侵害行为为限,不法侵害的行为被制止后,不能继续采取防卫行为。

二、采取上述防卫行为,对不法侵害人造成损害的,属于正当防卫,不负刑事责任。由于正当防卫是出于维护合法利益,制止不法侵害的正当目的,是对国家和人民有益的行为,因此本款规定,“正当防卫,不负刑事责任”。第2款是关于防卫过当及其刑事责任的规定。本款规定了三层意思:

(一)什么是防卫过当行为。根据本款规定,“防卫过当”应当同时具备以下特征:

(1)“防卫过当”必须是明显地超过必要限度。所谓“必要限度”是指为有效地制止不法侵害所必需的防卫的强度。“明显超过必要限度”是指一般人都能够认识到其防卫强度已经超过了正当防卫所必需的强度。(2)对不法侵害人造成了重大损害。“重大损害”是指由于防卫人明显超过必要限度的防卫行为造成不法侵害人或者其他人人身伤亡及其他能够避免的严重的损害。

(二)防卫过当的行为应当负刑事责任。由于防卫过当的行为所造成的损害,是超出正当防卫所必需的防卫强度造成的,给人身和财产造成不必要的重大损失,因此应当按照相应的罪名负刑事责任。

(三)对防卫过当的行为应当减轻或者免除处罚。防卫过当的行为虽然具有一定的社会危害性,但动机是出于正当防卫,不是出于犯罪的目的,其主观恶性较小,因此应当减轻或者免除处罚。第3款是关于无限防卫权或特殊防卫权的规定。根据本款的规定,对正在进行行凶、杀人、抢劫、强奸、绑架及其他严重危及人身安全的暴力犯罪,采取防卫行为,造成不法侵害人伤亡的,不负刑事责任。

• 关联法律

1. 最高人民法院、最高人民检察院、公安部、国家安全部、司法部《关于人民警察执行职务中实行正当防卫的具体规定》([1983]公发[研]109号)

《中华人民共和国刑法》第17条关于对不法侵害采取正当防卫行为的规定,适用于全体公民。鉴于人民警察是武装性质的国家治安行政力量,在打击和制止犯罪、维护社会治安、保护公共利益和公民合法权益、保卫国家政权和社会主义现代化建设方面,负有特定责任,现对人民警察执行任务中实行正当防卫问题,做如下具体规定。

一、遇有下列情形之一,人民警察必须采取正当防卫行为,使正在进行不法侵害行为的人丧失侵害能力或者中止侵害行为:

(一)暴力劫持或控制飞机、船舰、火车、电车、汽车等交通工具,危害公共安全时;(二)驾驶交通工具蓄意危害公共安全时;(三)正在实施纵火、爆炸、凶杀、抢劫以及其他严重危害公共安全、人身安全和财产安全的行为时;(四)人民警察保卫的特定对象、目标受到暴力侵袭或者有受到暴力侵袭的紧迫危险时;(五)执行收容、拘留、逮捕、审讯、押解人犯和追捕逃犯,遇有以暴力抗拒、抢夺武器、行凶等非常情况时;(六)聚众劫狱或看守所、拘役所、拘留所、监狱和劳改、劳教场所的被监管人员暴动、行凶、抢夺武器时;(七)人民警察遭到暴力侵袭,或佩带的枪支、警械被抢夺时。

二、人民警察执行职务中实行正当防卫,可以按照1980年7月5日国务院批准的《人民警察使用武器和警械的规定》,使用警械直至开枪射击。

三、遇有下列情形之一时,应当停止防卫行为:(一)不法侵害行为已经结束;(二)不法侵害行为确已自动中止;(三)不法侵害人已经被制服,或者已经丧失侵害能力。

四、人民警察在必须实行正当防卫行为的时候,放弃职守,致使公共财产、国家和人民利益遭受严重损失的,依法追究刑事责任;后果轻微的,由主管部门酌情给予行政处分。

五、人民警察采取的正当防卫行为,不负刑事责任。防卫超过必要限度造成不应有的危害的,应当负刑事责任,但是应当酌情减轻或者免除处罚。

六、人民警察在使用武器或者其他警械实防卫时,必须注意避免伤害其他人。

七、本规定也适用于国家审判机关、检察机关、公安机关、国家安全机关和司法行政机关其他依法执行执行职务的人员。

2.《中华人民共和国人民警察使用警械和武器条例》(国务院令[1996]第191号)

第1章 总 则

第1条 为了保障人民警察依法履行职责,正确使用警械和武器,及时有效地制止违法犯罪行为,维护公共安全和社会秩序,保护公民的人身安全和合法财产,保护公共财产,根据《中华人民共和国人民警察法》和其他有关法律的规定,制定本条例。

第2条 人民警察制止违法犯罪行为,可以采取强制手段;根据需要,可以依照本条例的规定使用警械;使用警械不能制止,或者不使用武器制止,可能发生严重危害后果的,可以依照本条例的规定使用武器。

第3条 本条例所称警械,是指人民警察按照规定装备的警棍、催泪弹、高压水枪、特种防暴枪、手铐、脚镣、警绳等警用器械;所称武器,是指人民警察按照规定装备的枪支、弹药等致命性警用武器。

第4条 人民警察使用警械和武器,应当以制止违法犯罪行为,尽量减少人员伤亡、财产损失为原则。

第5条 人民警察依法使用警械和武器的行为,受法律保护。

人民警察不得违反本条例的规定使用警械和武器。

第6条 人民警察使用警械和武器前,应当命令在场无关人员躲避;在场无关人员应当服从人民警察的命令,避免受到伤害或者其他损失。

第2章 警械的使用

第7条 人民警察遇有下列情形之一,经警告无效的,可以使用警棍、催泪弹、高压水枪、特种防暴枪等驱逐性、制服性警械:

(一)结伙斗殴、殴打他人、寻衅滋事、侮辱妇女或者进行其他流氓活动的;(二)聚众扰乱车站、码头、民用航空站、运动场等公共场所秩序的;(三)非法举行集会、游行、示威的;(四)强行冲越人民警察为履行职责设置的警戒线的;(五)以暴力方法抗拒或者阻碍人民警察依法履行职责的;(六)袭击人民警察的;(七)危害公共安全、社会秩序和公民人身安全的其他行为,需要当场制止的;(八)法律、行政法规规定可以使用警械的其他情形。

人民警察依照前款规定使用警械,应当以制止违法犯罪行为为限度;当违法犯罪行为得到制止时,应当立即停止使用。

第8条 人民警察依法执行下列任务,遇有违法犯罪分子可能脱逃、行凶、自杀、自伤或者有其他危险行为的,可以使用手铐、脚镣、警绳等约束性警械:

(一)抓获违法犯罪分子或者犯罪重大嫌疑人的;(二)执行逮捕、拘留、看押、押解、审讯、拘传、强制传唤的;(三)法律、行政法规规定可以使用警械的其他情形。

人民警察依照前款规定使用警械,不得故意造成人身伤害。

第3章 武器的使用

第9条 人民警察判明有下列暴力犯罪行为的紧急情形之一,经警告无效的,可以使用武器:

(一)放火、决水、爆炸等严重危害公共安全的;(二)劫持航空器、船舰、火车、机动车或者驾驶车、船等机动交通工具,故意危害公共安全的;(三)抢夺、抢劫枪支弹药、爆炸、剧毒等危险物品,严重危害公共安全的;(四)使用枪支、爆炸、剧毒等危险物品实施犯罪或者以使用枪支、爆炸、剧毒等危险物品相威胁实施犯罪的;(五)破坏军事、通讯、交通、能源、防险等重要设施,足以对公共安全造成严重、紧迫危险的;(六)实施凶杀、劫持人质等暴力行为,危及公民生命安全的;(七)国家规定的警卫、守卫、警戒的对象和目标受到暴力袭击、破坏或者有受到暴力袭击、破坏的紧迫危险的;(八)结伙抢劫或者持械抢劫公私财物的;(九)聚众械斗、暴乱等严重破坏社会治安秩序,用其他方法不能制止的;(十)以暴力方法抗拒或者阻碍人民警察依法履行职责或者暴力袭击人民警察，危及人民警察生命安全的；（十一）在押人犯、罪犯聚众骚乱、暴乱、行凶或者脱逃的；（十二）劫夺在押人犯、罪犯的；（十三）实施放火、决水、爆炸、凶杀、抢劫或者其他严重暴力犯罪行为后拒捕、逃跑的；（十四）犯罪分子携带枪支、爆炸、剧毒等危险物品拒捕、逃跑的；（十五）法律、行政法规规定可以使用武器的其他情形。

人民警察依照前款规定使用武器，来不及警告或者警告后可能导致更为严重危害后果的，可以直接使用武器。

第10条 人民警察遇有下列情形之一的，不得使用武器：

（一）发现实施犯罪的人为怀孕妇女、儿童的，但是使用枪支、爆炸、剧毒等危险物品实施暴力犯罪的除外；（二）犯罪分子处于群众聚集的场所或者存放大量易燃、易爆、剧毒、放射性等危险物品的场所的，但是不使用武器予以制止，将发生更为严重危害后果的除外。

第11条 人民警察遇有下列情形之一的，应当立即停止使用武器：

（一）犯罪分子停止实施犯罪，服从人民警察命令的；（二）犯罪分子失去继续实施犯罪能力的。

第12条 人民警察使用武器造成犯罪分子或者无辜人员伤亡的，应当及时抢救受伤人员，保护现场，并立即向当地公安机关或者该人民警察所属机关报告。

当地公安机关或者该人民警察所属机关接到报告后，应当及时进行勘验、调查，并及时通知当地人民检察院。

当地公安机关或者该人民警察所属机关应当将犯罪分子或者无辜人员的伤亡情况，及时通知其家属或者其所在单位。

第13条 人民警察使用武器的，应当将使用武器的情况如实向所属机关书面报告。

第4章 法律责任

第14条 人民警察违法使用警械、武器，造成不应有的人员伤亡、财产损失，构成犯罪的，依法追究刑事责任；尚不构成犯罪的，依法给予行政处分；对受到伤亡或者财产损失的人员，由该人民警察所属机关依照《中华人民共和国国家赔偿法》的有关规定给予赔偿。

第15条 人民警察依法使用警械、武器，造成无辜人员伤亡或者财产损失的，由该人民警察所属机关参照《中华人民共和国国家赔偿法》的有关规定给予补偿。

第5章 附　　则

第16条 中国人民武装警察部队执行国家赋予的安全保卫任务时使用警械和武器，适用本条例的有关规定。

第17条 本条例自发布之日起施行。1980年7月5日公布施行的《人民警察使用武器和警械的规定》同时废止。

3. 最高人民法院《人民法院司法警察刑事审判警务保障规则》（法发〔2009〕46号）

第18条 在警务保障工作中发生突发紧急情况，司法警察必须果断予以处置，待险情消除后，立即向司法警察部门领导或审判长、独任审判员报告或请示，根据命令或指令采取进一步措施。

第19条 在警务保障工作中，遇有下列情况之一，经警告无效，司法警察可以根据《中华人民共和国人民警察使用警械和武器条例》使用警械：

（一）被告人、罪犯脱逃的；（二）被告人、罪犯或其他人员企图袭击审判人员、公诉人、辩护人或其他诉讼参与人的；（三）围堵、攻击执行警务保障任务的司法警察的；（四）强行冲越司法警察为履行警务保障职责设置的警戒线的；（五）其它危害法庭秩序、人民法院工作秩序的行为,需要当场制止的;(六)法律、行政法规规定可以使用警械的其他情形。

司法警察依照前款规定使用警械,应当以制止违法犯罪行为为限度,当违法犯罪行为得到制止时,应当立即停止使用。

第20条 在警务保障工作中,遇有下列紧急情况之一,经警告无效,司法警察可以根据《中华人民共和国人民警察使用警械和武器条例》使用武器:

(一)被告人、罪犯实施凶杀、劫持人质等暴力行为的;(二)被告人、罪犯脱逃,非使用武器不能制止的;(三)劫夺被告人、罪犯的;(四)抢劫、抢夺枪支、弹药,严重危害公共安全的;(五)以暴力方法抗拒或者阻碍司法警察依法履行职责或者暴力袭击司法警察,危及司法警察生命安全的;(六)法律、行政法规规定可以使用武器的其他情形。

司法警察依照前款规定使用武器,来不及警告或者警告后可能导致更为严重危害后果的,可以直接使用武器。

司法警察使用武器时,遇有《中华人民共和国人民警察使用警械和武器条例》规定的不得使用武器和立即停止使用武器的情形时,禁止使用武器和应当立即停止使用武器。(节选,全文略)

4. 最高人民法院《关于贯彻宽严相济刑事政策的若干意见》(法发〔2010〕9号)

15. 被告人的行为已经构成犯罪,但犯罪情节轻微,或者未成年人、在校学生实施的较轻犯罪,或者被告人具有犯罪预备、犯罪中止、从犯、胁从犯、防卫过当、避险过当等情节,依法不需要判处刑罚的,可以免予刑事处罚。对免予刑事处罚的,应当根据刑法第37条规定,做好善后、帮教工作或者交由有关部门进行处理,争取更好的社会效果。

22. 对于因恋爱、婚姻、家庭、邻里纠纷等民间矛盾激化引发的犯罪,因劳动纠纷、管理失当等原因引发、犯罪动机不属恶劣的犯罪,因被害方过错或者基于义愤引发的或者具有防卫因素的突发性犯罪,应酌情从宽处罚。(全文详见本书《刑法》第5条相关内容)

5. 最高人民法院、最高人民检察院、公安部、司法部《关于依法办理家庭暴力犯罪案件的意见》(法发〔2015〕4号)

19. 准确认定对家庭暴力的正当防卫。为了使本人或者他人的人身权利免受不法侵害,对正在进行的家庭暴力采取制止行为,只要符合刑法规定的条件,就应当依法认定为正当防卫,不负刑事责任。防卫行为造成施暴人重伤、死亡,且明显超过必要限度,属于防卫过当,应当负刑事责任,但是应当减轻或者免除处罚。

认定防卫行为是否"明显超过必要限度",应当以足以制止并使防卫人免受家庭暴力不法侵害的需要为标准,根据施暴人正在实施家庭暴力的严重程度、手段的残忍程度,防卫人所处的环境、面临的危险程度、采取的制止暴力的手段、造成施暴人重大损害的程度,以及既往家庭暴力的严重程度等进行综合判断。

20. 充分考虑案件中的防卫因素和过错责任。对于长期遭受家庭暴力后,在激愤、恐惧状态下为了防止再次遭受家庭暴力,或者为了摆脱家庭暴力而故意杀害、伤害施暴人,被告人的行为具有防卫因素,施暴人在案件起因上具有明显过错或者直接责任的,可以酌情从宽处罚。对于因遭受严重家庭暴力,身体、精神受到重大损害而故意杀害施暴人;或者因不堪忍受长期家庭暴力而故意杀害施暴人,犯罪情节不是特别恶劣,手段不是特别残忍的,可以认定为刑法第二百三十二条规定的故意杀人"情节较轻"。在服刑期间确有悔改表现的,可以根据其家庭情况,依法放宽减刑的幅度,缩短减刑的起始时间与间隔时间;符合假释条件的,应当假释。被杀害施暴人的近亲属表示谅解的,在量刑、减刑、假释时应当予以充分考虑。(全文详见本书《刑法》第38条相关内容)

6. 最高人民法院、最高人民检察院、公安部《关于依法惩治妨害公共交通工具安全驾驶违法犯罪行为的指导意见》(公通字〔2019〕1号)

一、准确认定行为性质,依法从严惩处妨害安全驾驶犯罪

(四)对正在进行的妨害安全驾驶的违法犯罪行为,乘客等人员有权采取措施予以制止。制止行为造成违法犯罪行为人损害,符合法定条件的,应当认定为正当防卫。

7. 最高人民检察院《第12批指导性案例陈某正当防卫案》(检例第45号;2018年12月18日)

【要旨】

在被人殴打、人身权利受到不法侵害的情况下,防卫行为虽然造成了重大损害的客观后果,但是防卫措施并未明显超过必要限度的,不属于防卫过当,依法不负刑事责任。

【指导意义】

刑法第20条第1款规定,"为了使国家、公共利益、本人或者他人的人身、财产和其他权利免受正在进行的不法侵害,而采取的制止不法侵害的行为,对不法侵害人造成损害的,属于正当防卫,不负刑事责任"。司法实践通常称这种正当防卫为"一般防卫"。

一般防卫有限度要求,超过限度的属于防卫过当,需要负刑事责任。刑法规定的限度条件是"明显超过必要限度造成重大损害",具体而言,行为人的防卫措施虽明显超过必要限度但防卫结果客观上并未造成重大损害,或者防卫结果虽客观上造成重大损害但防卫措施并未明显超过必要限度,均不能认定为防卫过当。本案中,陈某为了保护自己的人身安全而持刀反击,就所要保护的权利性质以及与侵害方的手段强度比较来看,不能认为防卫措施明显超过了必要限度,所以即使防卫结果在客观上造成了重大损害,也不属于防卫过当。

正当防卫既可以是为了保护自己的合法权益,也可以是为了保护他人的合法权益。《中华人民共和国未成年人保护法》第6条第2款也规定,"对侵犯未成年人合法权益的行为,任何组织和个人都有权予以劝阻、制止或者向有关部门提出检举或者控告"。对于未成年人正在遭受侵害的,任何人都有权介入保护,成年人更有责任予以救助。但是,冲突双方均为未成年人的,成年人介入时,应当优先选择劝阻、制止的方式;劝阻、制止无效的,在隔离、控制或制服侵害人时,应当注意手段和行为强度的适度。

检察机关办理正当防卫案件遇到争议时,应当根据《最高人民检察院关于实行检察官以案释法制度的规定》,适时、主动进行释法说理工作。对事实认定、法律适用和办案程序等问题进行答疑解惑,开展法治宣传教育,保障当事人和其他诉讼参与人的合法权利,努力做到案结事了。

人民检察院审查逮捕时,应当严把事实关、证据关和法律适用关。根据查明的事实,犯罪嫌疑人的行为属于正当防卫,不负刑事责任的,应当依法作出不批准逮捕的决定,保障无罪的人不受刑事追究。

8. 最高人民检察院《第12批指导性案例朱凤山故意伤害(防卫过当)案》(检例第46号;2018年12月18日)

【要旨】

在民间矛盾激化过程中,对正在进行的非法侵入住宅、轻微人身侵害行为,可以进行正当防卫,但防卫行为的强度不具有必要性并致不法侵害人重伤、死亡的,属于明显超过必要限度造成重大损害,应当负刑事责任,但是应当减轻或者免除处罚。

【指导意义】

刑法第20条第2款规定,"正当防卫明显超过必要限度造成重大损害的,应当负刑事责任,但是应当减轻或者免除处罚”。司法实践通常称本款规定的情况为“防卫过当”。

防卫过当中,重大损害是指造成不法侵害人死亡、重伤的后果,造成轻伤及以下损伤的不属于重大损害;明显超过必要限度是指,根据所保护的权利性质、不法侵害的强度和紧迫程度等综合衡量,防卫措施缺乏必要性,防卫强度与侵害程度对比也相差悬殊。司法实践中,重大损害的认定比较好把握,但明显超过必要限度的认定相对复杂,对此应当根据不法侵害的性质、手段、强度和危害程度,以及防卫行为的性质、手段、强度、时机和所处环境等因素,进行综合判断。本案中,朱凤山为保护住宅安宁和免受可能的一定人身侵害,而致侵害人丧失生命,就防卫与侵害的性质、手段、强度和结果等因素的对比来看,既不必要也相差悬殊,属于明显超过必要限度造成重大损害。

民间矛盾引发的案件极其复杂,涉及防卫性质争议的,应当坚持依法、审慎的原则,准确作出判断和认定,从而引导公民理性平和解决争端,避免在争议纠纷中不必要地使用武力。针对实践当中的常见情形,可注意把握以下几点:一是应作整体判断,即分清前因后果和是非曲直,根据查明的事实,当事人的行为具有防卫性质的,应当依法作出认定,不能惟结果论,也不能因矛盾暂时没有化解等因素而不去认定或不敢认定;二是对于近亲属之间发生的不法侵害,对防卫强度必须结合具体案情作出更为严格的限制;三是对于被害人有无过错与是否正在进行的不法侵害,应当通过细节的审查、补查,作出准确的区分和认定。

人民检察院办理刑事案件,必须高度重视犯罪嫌疑人、被告人及其辩护人所提正当防卫或防卫过当的意见,对于所提意见成立的,应当及时予以采纳或支持,依法保障当事人的合法权利。

9. 最高人民检察院《第12批指导性案例于海明正当防卫案》(检例第47号;2018年12月18日)

【要旨】

对于犯罪故意的具体内容虽不确定,但足以严重危及人身安全的暴力侵害行为,应当认定为刑法第20条第3款规定的“行凶”。行凶已经造成严重危及人身安全的紧迫危险,即使没有发生严重的实害后果,也不影响正当防卫的成立。

【指导意义】

刑法第20条第3款规定,“对正在进行行凶、杀人、抢劫、强奸、绑架以及其他严重危及人身安全的暴力犯罪,采取防卫行为,造成不法侵害人伤亡的,不属于防卫过当,不负刑事责任”。司法实践通常称这种正当防卫为“特殊防卫”。

刑法作出特殊防卫的规定,目的在于进一步体现“法不能向不法让步”的秩序理念,同时肯定防卫人以对等或超过的强度予以反击,即使造成不法侵害人伤亡,也不必顾虑可能成立防卫过当因而构成犯罪的问题。司法实践中,如果面对不法侵害人“行凶”性质的侵害行为,仍对防卫人限制过苛,不仅有违立法本意,也难以取得制止犯罪,保护公民人身权利不受侵害的效果。

适用本款规定,“行凶”是认定的难点,对此应当把握以下两点:一是必须是暴力犯罪,对于非暴力犯罪或一般暴力行为,不能认定为行凶;二是必须严重危及人身安全,即对人的生命、健康构成严重危险。在具体案件中,有些暴力行为的主观故意尚未通过客观行为明确表现出来,或者行为人本身就是持概括故意予以实施,这类行为的故意内容虽不确定,但已表现出多种故意的可能,其中只要有现实可能造成他人重伤或死亡的,均应当认定为“行凶”。

正当防卫以不法侵害正在进行为前提。所谓正在进行,是指不法侵害已经开始但尚未结束。不法侵害行为多种多样、性质各异,判断是否正在进行,应就具体行为和现场情境作具体分析。判断标准不能机械地对刑法上的着手与既遂作出理解、判断,因为着手与既遂侧重的是侵害人可罚性的行为阶段问题,而侵害行为正在进行,侧重的是防卫人的利益保护问题。所以,不能要求不法侵害行为已经加诸被害人身上,只要不法侵害的现实危险已经迫在眼前,或者已达既遂状态但侵害行为没有实施终了的,就应当认定为正在进行。

需要强调的是,特殊防卫不存在防卫过当的问题,因此不能作宽泛的认定。对于因民间矛盾引发、不法与合法对立不明显以及夹杂泄愤报复成分的案件,在认定特殊防卫时应当十分慎重。

10. 最高人民检察院《第12批指导性案例侯雨秋正当防卫案》(检例第48号;2018年12月18日)

【要旨】

单方聚众斗殴的,属于不法侵害,没有斗殴故意的一方可以进行正当防卫。单方持械聚众斗殴,对他人的人身安全造成严重危险的,应当认定为刑法第20条第3款规定的"其他严重危及人身安全的暴力犯罪"。

【指导意义】

刑法第20条第3款规定的"其他严重危及人身安全的暴力犯罪"的认定,除了在方法上,以本款列举的4种罪行为参照,通过比较暴力程度、危险程度和刑法给予惩罚的力度作出判断以外,还应当注意把握以下几点:一是不法行为侵害的对象是人身安全,即危害人的生命权、健康权、自由权和性权利。人身安全之外的财产权利、民主权利等其他合法权利不在其内,这也是特殊防卫区别于一般防卫的一个重要特征;二是不法侵害行为具有暴力性,且应达到犯罪的程度。对本款列举的杀人、抢劫、强奸、绑架应作广义的理解,即不仅指这四种具体犯罪行为,也包括以此种暴力行为作为手段,而触犯其他罪名的犯罪行为,如以抢劫为手段的抢劫枪支、弹药、爆炸物的行为,以绑架为手段的拐卖妇女、儿童的行为,以及针对人的生命、健康而采取的放火、爆炸、决水等行为;三是不法侵害行为应当达到一定的严重程度,即有可能造成他人重伤或死亡的后果。需要强调的是,不法侵害行为是否已经造成实际伤害后果,不必然影响特殊防卫的成立。此外,针对不法侵害行为对他人人身安全造成的严重危险,可以实施特殊防卫。

在共同不法侵害案件中,"行凶"与"其他严重危及人身安全的暴力犯罪",在认定上可以有一定交叉,具体可结合全案行为特征和各侵害人的具体行为特征作综合判定。另外,对于寻衅滋事行为,不宜直接认定为"其他严重危及人身安全的暴力犯罪",寻衅滋事行为暴力程度较高、严重危及他人人身安全的,可分别认定为刑法第20条第3款规定中的行凶、杀人或抢劫。需要说明的是,侵害行为最终成立何种罪名,对防卫人正当防卫的认定没有影响。

人民检察院审查起诉时,应当严把事实关、证据关和法律适用关。根据查明的事实,犯罪嫌疑人的行为属于正当防卫,不负刑事责任的,应当依法作出不起诉的决定,保障无罪的人不受刑事追究。

11. 最高人民法院《第18批指导性案例于欢故意伤害案》(指导案例93号;法〔2018〕164号)

【裁判要点】

1. 对正在进行的非法限制他人人身自由的行为,应当认定为刑法第20条第1款规定的"不法侵害",可以进行正当防卫。

2. 对非法限制他人人身自由并伴有侮辱、轻微殴打的行为,不应当认定为刑法第20条第3款规定的"严重危及人身安全的暴力犯罪"。

3. 判断防卫是否过当,应当综合考虑不法侵害的性质、手段、强度、危害程度,以及防卫行为的性质、时机、手段、强度、所处环境和损害后果等情节。对非法限制他人人身自由并伴有侮辱、轻微殴打,且并不十分紧迫的不法侵害,进行防卫致人死亡重伤的,应当认定为刑法第20条第2款规定的"明显超过必要限度造成重大损害"。

4. 防卫过当案件,如系因被害人实施严重贬损他人人格尊严或者亵渎人伦的不法侵害引发的,量刑时对此应予充分考虑,以确保司法裁判既经得起法律检验,也符合社会公平正义观念。

【裁判理由】

法院生效裁判认为:被告人于欢持刀捅刺杜某2等四人,属于制止正在进行的不法侵害,其行为具有防卫性质;其防卫行为造成1人死亡、2人重伤、1人轻伤的严重后果,明显超过必要限度造成重大损害,构成故意伤害罪,依法应负刑事责任。鉴于于欢的行为属于防卫过当,于欢归案后如实供述主要罪行,且被害方有以恶劣手段侮辱于欢之母的严重过错等情节,对于欢依法应当减轻处罚。原判认定于欢犯故意伤害罪正确,审判程序合法,但认定事实不全面,部分刑事判项适用法律错误,量刑过重,遂依法改判于欢有期徒刑五年。

本案在法律适用方面的争议焦点主要有两个方面:一是于欢的捅刺行为性质,即是否具有防卫性、是否属于特殊防卫、是否属于防卫过当;二是如何定罪处罚。

一、关于于欢的捅刺行为性质

《中华人民共和国刑法》(以下简称《刑法》)第20条第1款规定:"为了使国家、公共利益、本人或者他人的人身、财产和其他权利免受正在进行的不法侵害,而采取的制止不法侵害的行为,对不法侵害人造成损害的,属于正当防卫,不负刑事责任。"由此可见,成立正当防卫必须同时具备以下5项条件:一是防卫起因,不法侵害现实存在。不法侵害是指违背法律的侵袭和损害,既包括犯罪行为,又包括一般违法行为;既包括侵害人身权利的行为,又包括侵犯财产及其他权利的行为。二是防卫时间,不法侵害正在进行。正在进行是指不法侵害已经开始并且尚未结束的这段时期。对尚未开始或已经结束的不法侵害,不能进行防卫,否则即是防卫不适时。三是防卫对象,即针对不法侵害者本人。正当防卫的对象只能是不法侵害人本人,不能对不法侵害人之外的人实施防卫行为。在共同实施不法侵害的场合,共同侵害具有整体性,可对每一个共同侵害人进行正当防卫。四是防卫意图,出于制止不法侵害的目的,有防卫认识和意志。五是防卫限度,尚未明显超过必要限度造成重大损害。这就是说正当防卫的成立条件包括客观条件、主观条件和限度条件。客观条件和主观条件是定性条件,确定了正当防卫"正"的性质和前提条件,不符合这些条件的不是正当防卫;限度条件是定量条件,确定了正当防卫"当"的要求和合理限度,不符合该条件的虽然仍有防卫性质,但不是正当防卫,属于防卫过当。防卫过当行为具有防卫的前提条件和制止不法侵害的目的,只是在制止不法侵害过程中,没有合理控制防卫行为的强度,明显超过正当防卫必要限度,并造成不应有的重大损害后果,从而转化为有害于社会的违法犯罪行为。根据本案认定的事实、证据和我国刑法有关规定,于欢的捅刺行为虽然具有防卫性,但属于防卫过当。

首先,于欢的捅刺行为具有防卫性。案发当时杜某2等人对于欢、苏某持续实施着限制人身自由的非法拘禁行为,并伴有侮辱人格和对于欢推搡、拍打等行为;民警到达现场后,于欢和苏某想随民警走出接待室时,杜某等人阻止2人离开,并对于欢实施推拉、围堵等行为,在于欢持刀警告时仍出言挑衅并逼近,实施正当防卫所要求的不法侵害客观存在并正在进行;于欢是在人身自由受到违法侵害、人身安全面临现实威胁的情况下持刀捅刺,且捅刺的对象都是在其警告后仍向其靠近围逼的人。因此,可以认定其是为了使本人和其母亲的人身权利免受正在进行的不法侵害,而采取的制止不法侵害行为,具备正当防卫的客观和主观条件,具有防卫性质。

其次,于欢的捅刺行为不属于特殊防卫。《刑法》第20条第3款规定:"对正在进行行凶、杀人、抢劫、强奸、绑架以及其他严重危及人身安全的暴力犯罪,采取防卫行为,造成不法侵害人伤亡的,不属于防卫过当,不负刑事责任。”根据这一规定,特殊防卫的适用前提条件是存在严重危及本人或他人人身安全的暴力犯罪。本案中,虽然杜某2等人对于欢母子实施了非法限制人身自由、侮辱、轻微殴打等人身侵害行为,但这些不法侵害不是严重危及人身安全的暴力犯罪。其一,杜某2等人实施的非法限制人身自由、侮辱等不法侵害行为,虽然侵犯了于欢母子的人身自由、人格尊严等合法权益,但并不具有严重危及于欢母子人身安全的性质;其二,杜某2等人按肩膀、推拉等强制或者殴打行为,虽然让于欢母子的人身安全、身体健康权遭受了侵害,但这种不法侵害只是轻微的暴力侵犯,既不是针对生命权的不法侵害,又不是发生严重侵害于欢母子身体健康权的情形,因而不属于严重危及人身安全的暴力犯罪。其三,苏某、于某1系主动通过他人协调、担保,向吴某借贷,自愿接受吴某所提10%的月息。既不存在苏某、于某1被强迫向吴某高息借贷的事实,又不存在吴某强迫苏某、于某1借贷的事实,与司法解释以借贷为名采用暴力、胁迫手段获取他人财物以抢劫罪论处的规定明显不符。可见杜某2等人实施的多种不法侵害行为,符合可以实施一般防卫行为的前提条件,但不具备实施特殊防卫的前提条件,故于欢的捅刺行为不属于特殊防卫。

最后,于欢的捅刺行为属于防卫过当。《刑法》第20条第2款规定:“正当防卫明显超过必要限度造成重大损害的,应当负刑事责任,但是应当减轻或者免除处罚。”由此可见,防卫过当是在具备正当防卫客观和主观前提条件下,防卫反击明显超越必要限度,并造成致人重伤或死亡的过当结果。认定防卫是否“明显超过必要限度”,应当从不法侵害的性质、手段、强度、危害程度,以及防卫行为的性质、时机、手段、强度、所处环境和损害后果等方面综合分析判定。本案中,杜某2一方虽然人数较多,但其实施不法侵害的意图是给苏某夫妇施加压力以催讨债务,在催债过程中未携带、使用任何器械;在民警朱某等进入接待室前,杜某2一方对于欢母子实施的是非法限制人身自由、侮辱和对于欢拍打面颊、揪抓头发等行为,其目的仍是逼迫苏某夫妇尽快还款;在民警进入接待室时,双方没有发生激烈对峙和肢体冲突,当民警警告不能打架后,杜某2一方并无打架的言行;在民警走出接待室寻找报警人期间,于欢和讨债人员均可透过接待室玻璃清晰看见停在院内的警车警灯闪烁,应当知道民警并未离开;在于欢持刀警告不要逼过来时,杜某2等人虽有出言挑衅并向于欢围逼的行为,但并未实施强烈的攻击行为。因此,于欢面临的不法侵害并不紧迫和严重,而其却持刃长15.3厘米的单刃尖刀连续捅刺四人,致1人死亡、2人重伤、1人轻伤,且其中1人系被背后捅伤,故应当认定于欢的防卫行为明显超过必要限度造成重大损害,属于防卫过当。

二、关于定罪量刑

首先,关于定罪。本案中,于欢连续捅刺4人,但捅刺对象都是当时围逼在其身边的人,未对离其较远的其他不法侵害人进行捅刺,对不法侵害人每人捅刺一刀,未对同一不法侵害人连续捅刺。可见,于欢的目的在于制止不法侵害并离开接待室,在案证据不能证实其具有追求或放任致人死亡危害结果发生的故意,故于欢的行为不构成故意杀人罪,但他为了追求防卫效果的实现,对致多人伤亡的过当结果的发生持听之任之的态度,已构成防卫过当情形下的故意伤害罪。认定于欢的行为构成故意伤害罪,既是严格司法的要求,又符合人民群众的公平正义观念。

其次,关于量刑。《刑法》第20条第2款规定:“正当防卫明显超过必要限度造成重大损害的,应当负刑事责任,但是应当减轻或者免除处罚。”综合考虑本案防卫权益的性质、防卫方法、防卫强度、防卫起因、损害后果、过当程度、所处环境等情节,对于欢应当减轻处罚。

被害方对引发本案具有严重过错。本案案发前,吴某、赵某1指使杜某2等人实施过侮辱苏某、干扰源大公司生产经营等逼债行为,苏某多次报警,吴某等人的不法逼债行为并未收敛。案发当日,杜某2等人对于欢、苏某实施非法限制人身自由、侮辱及对于欢间有推搡、拍打、卡颈部等行为,于欢及其母亲苏某连日来多次遭受催逼、骚扰、侮辱,导致于欢实施防卫行为时难免带有恐惧、愤怒等因素。尤其是杜某2裸露下体侮辱苏某对引发本案有重大过错。案发当日,杜某2当着于欢之面公然以裸露下体的方式侮辱其母亲苏某。虽然距于欢实施防卫行为已间隔约20分钟,但于欢捅刺杜某2等人时难免带有报复杜某2辱母的情绪,故杜某2裸露下体侮辱苏某的行为是引发本案的重要因素,在刑罚裁量上应当作为对于欢有利的情节重点考虑。

杜某2的辱母行为严重违法、亵渎人伦,应当受到惩罚和谴责,但于欢在民警尚在现场调查,警车仍在现场闪烁警灯的情形下,为离开接待室摆脱围堵而持刀连续捅刺四人,致1人死亡、2人重伤、1人轻伤,且其中1重伤者系于欢从背部捅刺,损害后果严重,且除杜某2以外,其他三人并未实施侮辱于欢母亲的行为,其防卫行为造成损害远远大于其保护的合法权益,防卫明显过当。于欢及其母亲的人身自由和人格尊严应当受到法律保护,但于欢的防卫行为明显超过必要限度并造成多人伤亡严重后果,超出法律所容许的限度,依法也应当承担刑事责任。

根据我国刑法规定,故意伤害致人死亡的,处10年以上有期徒刑、无期徒刑或者死刑;防卫过当的,应当减轻或者免除处罚。如上所述,于欢的防卫行为明显超过必要限度造成重大伤亡后果,减轻处罚依法应当在三至十年有期徒刑的法定刑幅度内量刑。鉴于于欢归案后如实供述主要罪行,且被害方有以恶劣手段侮辱于欢之母的严重过错等可以从轻处罚情节,综合考虑于欢犯罪的事实、性质、情节和危害后果,遂判处于欢有期徒刑5年。(收录部分内容)

12. 最高人民法院、最高人民检察院、公安部《关于依法适用正当防卫制度的指导意见》(法发〔2020〕31号)

为依法准确适用正当防卫制度,维护公民的正当防卫权利,鼓励见义勇为,弘扬社会正气,把社会主义核心价值观融入刑事司法工作,根据《中华人民共和国刑法》和《中华人民共和国刑事诉讼法》的有关规定,结合工作实际,制定本意见。

一、总体要求

1. 把握立法精神,严格公正办案。正当防卫是法律赋予公民的权利。要准确理解和把握正当防卫的法律规定和立法精神,对于符合正当防卫成立条件的,坚决依法认定。要切实防止"谁能闹谁有理""谁死伤谁有理"的错误做法,坚决捍卫"法不能向不法让步"的法治精神。

2. 立足具体案情,依法准确认定。要立足防卫人防卫时的具体情境,综合考虑案件发生的整体经过,结合一般人在类似情境下的可能反应,依法准确把握防卫的时间、限度等条件。要充分考虑防卫人面临不法侵害时的紧迫状态和紧张心理,防止在事后以正常情况下冷静理性、客观精确的标准去评判防卫人。

3. 坚持法理情统一,维护公平正义。认定是否构成正当防卫、是否防卫过当以及对防卫过当裁量刑罚时,要注重查明前因后果,分清是非曲直,确保案件处理于法有据、于理应当、于情相容,符合人民群众的公平正义观念,实现法律效果与社会效果的有机统一。

4. 准确把握界限,防止不当认定。对于以防卫为名行不法侵害之实的违法犯罪行为,要坚决避免认定为正当防卫或者防卫过当。对于虽具有防卫性质,但防卫行为明显超过必要限度造成重大损害的,应当依法认定为防卫过当。

二、正当防卫的具体适用

5. 准确把握正当防卫的起因条件。正当防卫的前提是存在不法侵害。不法侵害既包括侵犯生命、健康权利的行为,也包括侵犯人身自由、公私财产等权利的行为;既包括犯罪行为,也包括违法行为。不应将不法侵害不当限缩为暴力侵害或者犯罪行为。对于非法限制他人人身自由、非法侵入他人住宅等不法侵害,可以实行防卫。不法侵害既包括针对本人的不法侵害,也包括危害国家、公共利益或者针对他人的不法侵害。对于正在进行的拉拽方向盘、殴打司机等妨害安全驾驶、危害公共安全的违法犯罪行为,可以实行防卫。成年人对于未成年人正在实施的针对其他未成年人的不法侵害,应当劝阻、制止;劝阻、制止无效的,可以实行防卫。

6. 准确把握正当防卫的时间条件。正当防卫必须是针对正在进行的不法侵害。对于不法侵害已经形成现实、紧迫危险的,应当认定为不法侵害已经开始;对于不法侵害虽然暂时中断或者被暂时制止,但不法侵害人仍有继续实施侵害的现实可能性的,应当认定为不法侵害仍在进行;在财产犯罪中,不法侵害人虽已取得财物,但通过追赶、阻击等措施能够追回财物的,可以视为不法侵害仍在进行;对于不法侵害人确已失去侵害能力或者确已放弃侵害的,应当认定为不法侵害已经结束。对于不法侵害是否已经开始或者结束,应当立足防卫人在防卫时所处情境,按照社会公众的一般认知,依法作出合乎情理的判断,不能苛求防卫人。对于防卫人因为恐慌、紧张等心理,对不法侵害是否已经开始或者结束产生错误认识的,应当根据主客观相统一原则,依法作出妥当处理。

7. 准确把握正当防卫的对象条件。正当防卫必须针对不法侵害人进行。对于多人共同实施不法侵害的,既可以针对直接实施不法侵害的人进行防卫,也可以针对在现场共同实施不法侵害的人进行防卫。明知侵害人是无刑事责任能力人或者限制刑事责任能力人的,应当尽量使用其他方式避免或者制止侵害;没有其他方式可以避免、制止不法侵害,或者不法侵害严重危及人身安全的,可以进行反击。

8. 准确把握正当防卫的意图条件。正当防卫必须是为了使国家、公共利益、本人或者他人的人身、财产和其他权利免受不法侵害。对于故意以语言、行为等挑动对方侵害自己再予以反击的防卫挑拨,不应认定为防卫行为。

9. 准确界分防卫行为与相互斗殴。防卫行为与相互斗殴具有外观上的相似性,准确区分两者要坚持主客观相统一原则,通过综合考量案发起因、对冲突升级是否有过错、是否使用或者准备使用凶器、是否采用明显不相当的暴力、是否纠集他人参与打斗等客观情节,准确判断行为人的主观意图和行为性质。

因琐事发生争执,双方均不能保持克制而引发打斗,对于有过错的一方先动手且手段明显过激,或者一方先动手,在对方努力避免冲突的情况下仍继续侵害的,还击一方的行为一般应当认定为防卫行为。

双方因琐事发生冲突,冲突结束后,一方又实施不法侵害,对方还击,包括使用工具还击的,一般应当认定为防卫行为。不能仅因行为人事先进行防卫准备,就影响对其防卫意图的认定。

10. 防止将滥用防卫权的行为认定为防卫行为。对于显著轻微的不法侵害,行为人在可以辨识的情况下,直接使用足以致人重伤或者死亡的方式进行制止的,不应认定为防卫行为。不法侵害系因行为人的重大过错引发,行为人在可以使用其他手段避免侵害的情况下,仍故意使用足以致人重伤或者死亡的方式还击的,不应认定为防卫行为。

三、防卫过当的具体适用

11. 准确把握防卫过当的认定条件。根据刑法第20条第2款的规定,认定防卫过当应当同时具备"明显超过必要限度"和"造成重大损害"两个条件,缺一不可。

12. 准确认定"明显超过必要限度"。防卫是否"明显超过必要限度",应当综合不法侵害的性质、手段、强度、危害程度和防卫的时机、手段、强度、损害后果等情节,考虑双方力量对比,立足防卫人防卫时所处情境,结合社会公众的一般认知作出判断。在判断不法侵害的危害程度时,不仅要考虑已经造成的损害,还要考虑造成进一步损害的紧迫危险性和现实可能性。不应当苛求防卫人必须采取与不法侵害基本相当的反击方式和强度。通过综合考量,对于防卫行为与不法侵害相差悬殊、明显过激的,应当认定防卫明显超过必要限度。

13. 准确认定"造成重大损害"。"造成重大损害"是指造成不法侵害人重伤、死亡。造成轻伤及以下损害的,不属于重大损害。防卫行为虽然明显超过必要限度但没有造成重大损害的,不应认定为防卫过当。

14. 准确把握防卫过当的刑罚裁量。防卫过当应当负刑事责任,但是应当减轻或者免除处罚。要综合考虑案件情况,特别是不法侵害人的过错程度、不法侵害的严重程度以及防卫人面对不法侵害的恐慌、紧张等心理,确保刑罚裁量适当、公正。对于因侵害人实施严重贬损他人人格尊严、严重违反伦理道德的不法侵害,或者多次、长期实施不法侵害所引发的防卫过当行为,在量刑时应当充分考虑,以确保案件处理既经得起法律检验,又符合社会公平正义观念。

四、特殊防卫的具体适用

15. 准确理解和把握"行凶"。根据刑法第 20 条第 3 款的规定,下列行为应当认定为"行凶":

(一)使用致命性凶器,严重危及他人人身安全的;(二)未使用凶器或者未使用致命性凶器,但是根据不法侵害的人数、打击部位和力度等情况,确已严重危及他人人身安全的。虽然尚未造成实际损害,但已对人身安全造成严重、紧迫危险的,可以认定为"行凶"。

16. 准确理解和把握"杀人、抢劫、强奸、绑架"。刑法第 20 条第 3 款规定的"杀人、抢劫、强奸、绑架",是指具体犯罪行为而不是具体罪名。在实施不法侵害过程中存在杀人、抢劫、强奸、绑架等严重危及人身安全的暴力犯罪行为的,如以暴力手段抢劫枪支、弹药、爆炸物或者以绑架手段拐卖妇女、儿童的,可以实行特殊防卫。有关行为没有严重危及人身安全的,应当适用一般防卫的法律规定。

17. 准确理解和把握"其他严重危及人身安全的暴力犯罪"。刑法第 20 条第 3 款规定的"其他严重危及人身安全的暴力犯罪",应当是与杀人、抢劫、强奸、绑架行为相当,并具有致人重伤或者死亡的紧迫危险和现实可能的暴力犯罪。

18. 准确把握一般防卫与特殊防卫的关系。对于不符合特殊防卫起因条件的防卫行为,致不法侵害人伤亡的,如果没有明显超过必要限度,也应当认定为正当防卫,不负刑事责任。

五、工作要求

19. 做好侦查取证工作。公安机关在办理涉正当防卫案件时,要依法及时、全面收集与案件相关的各类证据,为案件的依法公正处理奠定事实根基。取证工作要及时,对冲突现场有视听资料、电子数据等证据材料的,应当第一时间调取;对冲突过程的目击证人,要第一时间询问。取证工作要全面,对证明案件事实有价值的各类证据都应当依法及时收集,特别是涉及判断是否属于防卫行为、是正当防卫还是防卫过当以及有关案件前因后果等的证据。

20. 依法公正处理案件。要全面审查事实证据,认真听取各方意见,高度重视犯罪嫌疑人、被告人及其辩护人提出的正当防卫或者防卫过当的辩解、辩护意见,并及时核查,以准确认定事实、正确适用法律。要及时披露办案进展等工作信息,回应社会关切。对于依法认定为正当防卫的案件,根据刑事诉讼法的规定,及时作出不予立案、撤销案件、不批准逮捕、不起诉的决定或者被告人无罪的判决。对于防卫过当案件,应当依法适用认罪认罚从宽制度;对于犯罪情节轻微,依法不需要判处刑罚或者免除刑罚的,人民检察院可以作出不起诉决定。对于不法侵害人涉嫌犯罪的,应当依法及时追诉。人民法院审理第一审的涉正当防卫案件,社会影响较大或者案情复杂的,由人民陪审员和法官组成合议庭进行审理;社会影响重大的,由人民陪审员和法官组成7人合议庭进行审理。

21. 强化释法析理工作。要围绕案件争议焦点和社会关切,以事实为根据、以法律为准绳,准确、细致地阐明案件处理的依据和理由,强化法律文书的释法析理,有效回应当事人和社会关切,使办案成为全民普法的法治公开课,达到办理一案、教育一片的效果。要尽最大可能做好矛盾化解工作,促进社会和谐稳定。

22. 做好法治宣传工作。要认真贯彻"谁执法、谁普法"的普法责任制,做好以案说法工作,使正当防卫案件的处理成为全民普法和宣扬社会主义核心价值观的过程。要加大涉正当防卫指导性案例、典型案例的发布力度,旗帜鲜明保护正当防卫者和见义勇为人的合法权益,弘扬社会正气,同时引导社会公众依法、理性、和平解决琐事纠纷,消除社会戾气,增进社会和谐。

附:7个典型案例:(涉正当防卫典型案例目录)

案一、汪某佑正当防卫案(正当防卫起因条件的把握)

一、基本案情

被告人汪某佑与汪某某系邻居,双方曾因汪某某家建房产生矛盾,后经调解解决。2017年8月6日20时许,汪某某的女婿燕某某驾车与赵某、杨某某来到汪某佑家北门口,准备质问汪某佑。下车后,燕某某与赵某敲汪某佑家北门,汪某佑因不认识燕某某和赵某,遂询问2人有什么事,但燕某某等始终未表明身份,汪某佑拒绝开门。燕某某、赵某踹开纱门,闯入汪某佑家过道屋。汪某佑被突然开启的纱门打伤右脸,从过道屋西侧橱柜上拿起一铁质摩托车减震器,与燕某某、赵某厮打。汪某佑用摩托车减震器先后将燕某某和赵某头部打伤,致赵某轻伤一级、燕某某轻微伤。其间,汪某佑的妻子电话报警。

二、处理结果

河北省昌黎县人民法院判决认为:被害人燕某某、赵某等人于天黑时,未经允许,强行踹开纱门闯入被告人汪某佑家过道屋。在本人和家人的人身、财产安全受到不法侵害的情况下,汪某佑为制止不法侵害,将燕某某、赵某打伤,致1人轻伤1级、1人轻微伤的行为属于正当防卫,不负刑事责任。该判决已发生法律效力。

三、典型意义

根据《刑法》第20条第1款的规定,正当防卫的前提是存在不法侵害,这是正当防卫的起因条件。司法适用中,要准确把握正当防卫的起因条件,既要防止对不法侵害作不当限缩,又要防止将以防卫为名行不法侵害之实的违法犯罪行为错误认定为防卫行为。

第一,准确把握不法侵害的范围。不法侵害既包括侵犯生命、健康权利的行为,也包括侵犯人身自由、公私财产等权利的行为;既包括针对本人的不法侵害,也包括危害国家、公共利益或者针对他人的不法侵害。要防止将不法侵害限缩为暴力侵害或者犯罪行为,进而排除对轻微暴力侵害或者非暴力侵害以及违法行为实行正当防卫。对于非法侵入他人住宅等不法侵害,可以实行防卫。本案中,燕某某、赵某与汪某佑并不相识,且不表明身份、天黑时强行踹开纱门闯入汪某佑家,该非法侵入住宅的行为不仅侵害了他人的居住安宁,而且已对他人的人身、财产造成严重威胁,应当认定为"不法侵害",可以进行防卫。因此,汪某佑为制止不法侵害,随手拿起摩托车减震器,在双方厮打过程中将燕某某、赵某打伤,致1人轻伤1级、1人轻微伤的行为属于正当防卫。

第二,妥当认定因琐事引发的防卫行为。实践中,对于因琐事发生争执,引发打斗的案件,判断行为人的行为是否系防卫行为,较之一般案件更为困难,须妥当把握。特别是,不能认为因琐事发生争执、冲突,引发打斗的,就不再存在防卫的空间。双方因琐事发生冲突,冲突结束后,一方又实施不法侵害,对方还击,包括使用工具还击的,一般应当认定为防卫行为。

本案中,汪某佑与汪某某系邻居,双方曾因汪某某家建房产生矛盾,但矛盾已经调解解决。此后,汪某某的女婿燕某某驾车与赵某、杨某某来到汪某佑家准备质问纠纷一事,进而实施了非法侵入住宅的行为。综合全案可以发现,汪某佑随手拿起摩托车减震器实施的还击行为,系为制止不法侵害,并无斗殴意图,故最终认定其还击行为属于正当防卫。

案二、盛某平正当防卫案(正当防卫时间条件、限度条件的把握)

一、基本案情

2018年7月30日,传销人员郭某(已判刑)以谈恋爱为名将盛某平骗至杭州市桐庐县。根据以“天津天狮”名义活动的传销组织安排,郭某等人接站后将盛某平诱至传销窝点。盛某平进入室内先在客厅休息,郭某、唐某某(已判刑)、成某某等传销人员多次欲将其骗入卧室,意图通过采取“洗脑”、恐吓、体罚、殴打等“抖新人”措施威逼其加入传销组织,盛某平发觉情况异常予以拒绝。后在多次请求离开被拒并遭唐某某等人逼近时,拿出随身携带的水果刀予以警告,同时提出愿交付随身携带的钱财以求离开,但仍遭拒绝。之后,事先躲藏的传销人员邓某某、郭某某、刘某某(已判刑)等人也先后来到客厅。成某某等人陆续向盛某平逼近,盛某平被逼后退,当成某某上前意图夺刀时,盛某平持刀挥刺,划伤成某某右手腕及左颈,刺中成某某的左侧胸部,致心脏破裂。随后,盛某平放弃随身行李趁乱逃离现场。

当晚,传销人员将成某某送医院治疗。医院对成某某伤口进行处治后,嘱咐其回当地医院进行康复治疗。同年8月4日,成某某出院,未遵医嘱继续进行康复治疗。同年8月11日,成某某在传销窝点突发昏迷经送医抢救无效于当晚死亡。经法医鉴定:成某某系左胸部遭受锐器刺戳作用致心脏破裂,在愈合过程中继续出血,最终引起心包填塞而死亡。

二、处理结果

公安机关以盛某平涉嫌故意伤害罪(防卫过当)向检察机关移送审查起诉。浙江省杭州市人民检察院认定盛某平的行为构成正当防卫,作出不起诉决定。

三、典型意义

通常认为,成立正当防卫,应当同时符合起因、时间、主观、对象、限度等5个条件。本案在诸多方面,对于正确把握正当防卫的成立条件具有指导和参考意义。

第一,关于正当防卫的起因条件。正当防卫的前提是存在不法侵害。不法侵害既包括侵犯生命、健康权利的行为,也包括侵犯人身自由、公私财产等权利的行为;既包括犯罪行为,也包括违法行为。就本案而言,本案案发开始时和案发过程中盛某平并不知道成某某、郭某等人是传销组织人员,也不了解他们的意图。在整个过程中,盛某平始终不能明确认识到自己陷入的是传销窝点,甚至以为对方要摘自己的器官,其感受到人身安全面临不法侵害是有事实根据的。而且,盛某平进入传销窝点后即被控制,随着成某某、郭某等人行为的持续,盛某平的恐惧感不断增强。盛某平到桐庐是和郭某初次见面,且进入郭某自称的住处后,盛某平提出上厕所、给家里人打电话,均被制止,此时其已经感觉到了危险。之后1名陌生男子不断劝盛某平进入里面房间,而里面又出来1名陌生男子,盛某平感觉到危险升级,拒绝他们靠近。而后房间内又出来3名陌生男子逼近,对盛某平而言,不断升级的危险不仅客观而且紧迫。盛某平拿出随身携带的刀具警告阻吓不法侵害人无效后,精神紧张状态进一步增强。传销人员不断逼近,成某某上前夺刀。从当时情境看,盛某平面临客观存在且威胁、危害程度不断升级的不法侵害,其行为符合正当防卫的起因条件。

第二,关于正当防卫的时间条件。正当防卫必须是针对正在进行的不法侵害。对于不法侵害已经形成现实、紧迫危险的,应当认定为不法侵害已经开始。本案中,传销组织得知盛某平来杭后,一边指令郭某前去接站诱进,一边准备实施以恐吓、体罚、殴打和长期拘禁等违法犯罪行为为主要内容的“抖新人”措施威逼盛某平加入传销组织,系正在进行的有组织侵害行为。盛某平进入案发现场后,即遭多人逼近实施拘禁,其遂拿出随身携带的水果刀,警告阻吓传销人员放其离开,而传销组织人员反而增加人手进一步逼近,侵害手段不断升级。由此可见,本案中的不法侵害已经开始、正在进行,且危险程度不断升级,符合正当防卫的时间条件。

第三,关于正当防卫的对象条件。正当防卫必须针对不法侵害人进行。对于多人共同实施不法侵害的,既可以针对直接实施不法侵害的人进行防卫,也可以针对在现场共同实施不法侵害的人进行防卫。本案中,一群以"天津天狮"为名义的传销人员有组织地共同实施不法侵害。其中,成某某不仅参与围逼盛某平,而且当盛某平拿出随身携带的刀具警告时,还上前意图夺刀。此时,盛某平对其实施防卫,属于该种情境下一般人的正常反应,完全符合正当防卫的对象条件。

第四,关于正当防卫的限度条件。防卫是否"明显超过必要限度",应当综合不法侵害的性质、手段、强度、危害程度和防卫的时机、手段、强度、损害后果等情节,考虑双方力量对比,立足防卫人防卫时所处情境,结合社会公众的一般认知作出判断。在判断不法侵害的危害程度时,不仅要考虑已经造成的损害,还要考虑造成进一步损害的紧迫危险性和现实可能性。

本案中,多名传销组织人员对盛某平实施人身控制,盛某平在多次请求离开被拒并遭唐某某等人逼近时,拿出随身携带的水果刀予以警告,同时提出愿交付随身携带的钱财以求离开,但仍遭拒绝。其后,又有多名传销人员来到客厅。成某某等人陆续向盛某平逼近,并意图夺刀。此种情形下,盛某平持刀挥刺,划伤成某某右手腕及左颈,刺中成某某的左侧胸部,致心脏破裂。成某某受伤后经住院治疗,已经出院,但未遵医嘱继续进行康复治疗,导致心脏在愈合过程中继续出血,最终于出院一周后因心包填塞而死亡。考虑案发当场双方力量对比情况,特别是盛某平所面临的不法侵害的严重程度,同时考虑成某某的死亡过程和原因,应当认为盛某平的防卫行为没有明显超过必要限度,符合正当防卫的限度条件。

案三、陈某杰正当防卫案(正当防卫与相互斗殴的界分)

一、基本案情

2014年3月12日晚,被告人陈某杰和其妻子孙某某等水泥工在海南省三亚市某工地加班搅拌、运送混凝土。22时许,被害人周某某、容某甲、容某乙(殁年19岁)和纪某某饮酒后,看到孙某某1人卸混凝土,便言语调戏孙某某。陈某杰推着手推车过来装混凝土时,孙某某将被调戏的情况告诉陈某杰。陈某杰便生气地叫容某乙等人离开,但容某乙等人不予理会。此后,周某某摸了一下孙某某的大腿,陈某杰遂与周某某等人发生争吵。周某某冲上去要打陈某杰,陈某杰也准备反击,孙某某和从不远处跑过来的刘某甲站在中间,将双方架开。周某某从工地上拿起一把铁铲(长约2米,木柄),冲向陈某杰,但被孙某某拦住,周某某就把铁铲扔了,空手冲向陈某杰。孙某某在劝架时被周某某推倒在地,哭了起来,陈某杰准备上前去扶孙某某时,周某某、容某乙和纪某某先后冲过来对陈某杰拳打脚踢,陈某杰边退边用拳脚还击。接着,容某乙、纪某某从地上捡起钢管(长约1米,空心,直径约4厘米)冲上去打陈某杰,在场的孙某某、刘某甲、容某甲都曾阻拦,容某甲阻拦周某某时被挣脱,纪某某被刘某甲抱着,但是一直挣扎往前冲。当纪某某和刘某甲挪动到陈某杰身旁时,纪某某将刘某甲甩倒在地并持钢管朝陈某杰的头部打去。因陈某杰头戴黄色安全帽,钢管顺势滑下打到陈某杰的左上臂。在此过程中,陈某杰半蹲着用左手护住孙某某,右手拿出随身携带的1把折叠式单刃小刀(打开长约15厘米,刀刃长约6厘米)乱挥、乱捅,致容某乙、周某某、纪某某、刘某甲受伤。水泥工刘某乙闻讯拿着1把铲子和其他同事赶到现场,周某某、容某乙和纪某某见状便逃离现场,逃跑时还拿石头、酒瓶等物品对着陈某杰砸过来。容某乙被陈某杰持小刀捅伤后跑到工地的地下室里倒地,后因失血过多死亡。经鉴定,周某某的伤情属于轻伤2级;纪某某、刘某甲、陈某杰的伤情均属于轻微伤。

二、处理结果

海南省三亚市城郊人民法院一审判决、三亚市中级人民法院二审裁定认为：被害人容某乙等人酒后滋事，调戏被告人陈某杰的妻子，辱骂陈某杰，不听劝阻，使用足以严重危及他人人身安全的凶器殴打陈某杰。陈某杰在被殴打时，持小刀还击，致容某乙死亡、周某某轻伤、纪某某轻微伤，属于正当防卫，依法不负刑事责任。

三、典型意义

第一，准确区分正当防卫与相互斗殴。正当防卫与相互斗殴在外观上具有相似性，但性质存在本质差异。对于因琐事发生争执，引发打斗的，在判断行为人的行为是互殴还是防卫时，要综合考量案发的起因、对冲突升级是否有过错、是否使用或者准备使用凶器、是否采用明显不相当的暴力、是否纠集他人参与打斗等客观情节，准确判断行为人的主观意图和行为性质。本案中，陈某杰在其妻子孙某某被调戏、其被辱骂的情况下，面对冲上来欲对其殴打的周某某，陈某杰也欲还击，被孙某某和刘某甲拦开。陈某杰在扶劝架时被推倒在地的孙某某时，周某某、容某乙和纪某某先后冲过来对陈某杰拳打脚踢，继而持械殴打陈某杰。陈某杰持刀捅伤被害人时，正是被容某乙等人持械殴打的紧迫期间。因此，陈某杰是在其妻子被羞辱、自己被打后为维护自己与妻子的尊严、保护自己与妻子的人身安全，防止不法侵害而被动进行的还击，其行为属于防卫而非斗殴。

第二，准确把握特殊防卫的起因条件。本案还涉及特殊防卫适用的相关问题。有观点提出，从双方关系和起因、容某乙等人选择打击的部位及强度看，容某乙等人的行为不属于严重危及人身安全的暴力犯罪。根据《刑法》规定，不能要求只有在不法侵害已经对人身安全实际造成严重危害时才能进行特殊防卫，在不法侵害足以严重危及人身安全的情况下就可以进行特殊防卫。本案中，容某乙等人持械击打的是陈某杰的头部，是人体的重要部位，在陈某杰戴安全帽的情况下致头部轻微伤，钢管打到安全帽后滑到手臂，仍致手臂皮内、皮下出血，可见打击力度之大。在当时的情形下，陈某杰只能根据对方的人数、所持的工具来判断自身所面临的处境。容某乙、纪某某、周某某3人都喝了酒，气势汹汹，并持足以严重危及他人重大人身安全的凶器，在场的孙某某、刘某甲都曾阻拦，但孙某某阻拦周某某、刘某甲阻拦纪某某时均被甩倒。而且，陈某杰是半蹲着左手护住其妻孙某某、右手持小刀进行防卫的，这种姿势不是一种主动攻击的姿势，而是一种被动防御的姿势，且手持的是一把刀刃只有6厘米左右的小刀，只要对方不主动靠近攻击就不会被捅刺到。综上，应当认为本案符合特殊防卫的适用条件，陈某杰的防卫行为造成不法侵害人伤亡的，不属于防卫过当，不负刑事责任。

第三，要准确把握正当防卫的对象条件。正当防卫必须针对不法侵害人进行。对于多人共同实施不法侵害的，既可以针对直接实施不法侵害的人进行防卫，也可以针对在现场共同实施不法侵害的人进行防卫。本案中，击打到陈某杰头部的虽然只是纪某某，但容某乙当时也围在陈某杰身边，手持钢管殴打陈某杰，亦属于不法侵害人，陈某杰可对其实行防卫。当时陈某杰被围打，疲于应对，场面混乱。容某乙等人持足以严重危及他人人身安全的凶器主动攻击陈某杰，严重侵犯陈某杰、孙某某的人身权利。此时，陈某杰用小刀刺、划正在对其围殴的容某乙等人，符合正当防卫的对象条件，属于正当防卫。

案四、杨某伟故意伤害、杨某平正当防卫案（准备工具防卫与准备工具斗殴的界分）

一、基本案情

被告人杨某伟系被告人杨某平胞弟，住处相邻。2016年2月28日13时许，杨某伟、杨某平坐在杨某平家门前聊天，因杨某平摸了经过其身边的1条狼狗而遭到狗的主人彭某某（殁年45岁）指责，兄弟2人与彭某某发生口角。彭某某扬言要找人报复，杨某伟即回应“那你来打啊”，后彭某某离开。杨某伟返回住所将1把单刃尖刀、1把折叠刀藏于身上。10分钟后，彭某某返回上述地点，其邀约的黄某、熊某某、王某持洋镐把跟在身后10余米。彭某某手指坐在自家门口的杨某平，杨某平未予理睬。彭某某接着走向杨某伟家门口，击打杨某伟面部一拳，杨某伟即持单刃尖刀刺向彭某某的胸、腹部，黄某、熊某某、王某见状持洋镐把冲过去对杨某伟进行围殴，彭某某从熊某某处夺过洋镐把对杨某伟进行殴打，双方打斗至杨某伟家门外的马路边。熊某某拳击，彭某某、黄某、王某持洋镐把，4人继续围殴杨某伟，致其头部流血倒地。彭某某持洋镐把殴打杨某伟，洋镐把被打断，彭某某失去平衡倒地。杨某平见杨某伟被打倒在地，便从家中取来1把双刃尖刀，冲向刚从地上站起来的彭某某，朝其胸部捅刺。杨某平刺第2刀时，彭某某用左臂抵挡。后彭某某受伤逃离，杨某平持刀追撵并将刀扔向彭某某未中，该刀掉落在地。黄某、熊某某、王某持洋镐把追打杨某平，杨某平捡起该刀边退边还击，杨某伟亦持随身携带的1把折叠刀参与还击。随后黄某、熊某某、王某逃离现场。经法医鉴定，被害人彭某某身有7处刀伤，且其系被他人以单刃锐器刺伤胸腹部造成胃破裂、肝破裂、血气胸致急性失血性休克死亡。另杨某伟、黄某、熊某某均受轻微伤。

二、处理结果

湖北省武汉市中级人民法院二审判决认为：被告人杨某伟持刀捅刺彭某某等人，属于制止正在进行的不法侵害，其行为具有防卫性质；其防卫行为是造成1人死亡、2人轻微伤的主要原因，明显超过必要限度造成重大损害，依法应负刑事责任，构成故意伤害罪。被告人杨某平为了使他人的人身权利免受正在进行的不法侵害，而采取制止不法侵害的行为，对不法侵害人造成损害，属于正当防卫，不负刑事责任。杨某伟的行为系防卫过当，具有自首情节，依法应当减轻处罚。据此，以故意伤害罪判处被告人杨某伟有期徒刑4年，并宣告被告人杨某平无罪。

三、典型意义

双方因琐事发生争执、冲突，引发打斗，特别是一方事先准备工具的，究竟是防卫行为还是相互斗殴，准确界分存在一定困难。司法适用中，要注意把握正当防卫的意图条件，准确界分防卫行为与相互斗殴、准备工具防卫与准备工具斗殴，以准确认定正当防卫、防卫过当。

第一，正当防卫必须出于免受不法侵害的正当动机。根据《刑法》第20条第1款的规定，正当防卫的意图既包括使本人的人身、财产和其他权利免受不法侵害，也包括使国家、公共利益或者他人的人身、财产和其他权利免受不法侵害。本案中，彭某某返回现场用手指向杨某平，面对挑衅，杨某平未予理会。彭某某与杨某伟发生打斗时，杨某平仍未参与。彭某某等4人持洋镐把围殴杨某伟并将其打倒在地，致其头部流血，双方力量明显悬殊，此时杨某平持刀刺向彭某某。杨某平的行为是为了制止杨某伟正在遭受的严重不法侵害，符合正当防卫的意图条件。彭某某被刺后逃离，黄某等人对杨某伟的攻击并未停止，杨某平继续追赶彭某某的行为应认定为正当防卫。综上，杨某平的行为系正当防卫，不负刑事责任。

第二，妥当界分准备工具防卫与准备工具斗殴。实践中，防卫行为在客观上也可能表现为双方相互打斗，具有互殴的形式与外观。二者界分的关键就在于行为人是具有防卫意图还是斗殴意图。本案中，彭某某与杨某伟兄弟2人并不相识，突发口角，彭某某扬言要找人报复时，杨某伟回应"那你来打啊"，该回应不能认定杨某伟系与彭某某相约打斗。行为人为防卫可能发生的不法侵害，准备防卫工具的，不必然影响正当防卫的认定。杨某伟在彭某某出言挑衅，并扬言报复后，准备刀具系出于防卫目的。彭某某带人持械返回现场，冲至杨某伟家门口拳击其面部，杨某伟才持刀刺向彭某某胸腹部，该行为是为了制止正在进行的不法侵害，应当认定为防卫行为。

第三，把握正当防卫的限度条件以准确认定防卫过当。根据《刑法》第20条第2款的规定，防卫过当应当同时具备"明显超过必要限度"和"造成重大损害"两个条件，缺一不可。本案中,彭某某空手击打杨某伟面部,杨某伟此时并非面临严重的不法侵害,却持刀捅刺彭某某胸、腹部等要害部位,杨某伟的防卫行为明显超过必要限度。杨某伟的防卫行为并非制止彭某某空手击打的不法侵害所必需,从损害后果看,彭某某要害部位多处致命刀伤系杨某伟所致,是其死亡的主要原因,杨某伟的防卫行为明显超过必要限度造成重大损害,属于防卫过当,构成故意伤害罪。具体而言,杨某伟对防卫行为明显超过必要限度造成重大损害主观上持故意,但对于造成死亡结果系过失,故对其防卫过当行为应当以故意伤害致人死亡作出评价。第四,妥当把握防卫过当的刑罚裁量。根据《刑法》第 20 条第 2 款的规定,防卫过当应当负刑事责任,但是应当减轻或者免除处罚。要综合考虑案件情况,特别是不法侵害人的过错,以确保刑罚裁量的准确和公正。本案中,杨某伟的防卫行为过当,构成故意伤害罪,对其减轻处罚,应当在 3 年以上 10 年以下有期徒刑的幅度内裁量刑罚。杨某伟明知他人报案,仍在案发现场等待,到案后能够如实供述主要犯罪事实,成立自首。综合考虑本案的犯罪事实、性质、情节和危害后果,以故意伤害罪判处杨某伟有期徒刑 4 年,符合社会公平正义观念,实现了法律效果与社会效果的有机统一。

案五、刘某胜故意伤害案(滥用防卫权行为的认定)

一、基本案情

被告人刘某胜与黄某甲非婚生育 4 名子女。2016 年 10 月 1 日 21 时许,被告人刘某胜与黄某甲因家庭、情感问题发生争吵,刘某胜打了黄某甲两耳光。黄某甲来到其兄长黄某乙的水果店,告知黄某乙其被刘某胜打了两耳光,让黄某乙出面调处其与刘某胜分手、孩子抚养等问题。黄某乙于是叫上在水果店聊天的被害人李某某、毛某某、陈某某,由黄某甲带领,于 22 时许来到刘某胜的租住处。黄某乙质问刘某胜,双方发生争吵。黄某乙、李某某各打了坐在床上的刘某胜一耳光,刘某胜随即从被子下拿出 1 把菜刀砍伤黄某乙头部,黄某乙逃离现场。李某某见状欲跑,刘某胜拽住李某某,持菜刀向李某某头部连砍 3 刀。毛某某、陈某某、黄某甲随即上前劝阻刘某胜,毛某某、陈某某抱住刘某胜并夺下菜刀后紧随李某某跑下楼报警。经鉴定,黄某乙的伤情属于轻伤一级,李某某的伤情属于轻伤 2 级。

二、处理结果

广东省佛山市禅城区人民法院判决认为:正当防卫以存在现实的不法侵害为前提,对轻微不法侵害直接施以暴力予以反击,能否认定为正当防卫,应当结合具体案情评判。黄某乙、李某某各打被告人刘某胜一耳光,显属发生在一般争吵中的轻微暴力。此种情况下,刘某胜径直手持菜刀连砍他人头部,不应认定为防卫行为。综合案件具体情况,以故意伤害罪判处被告人刘某胜有期徒刑 1 年。该判决已发生法律效力。

三、典型意义

根据《刑法》第 20 条第 1 款的规定,正当防卫是针对正在进行的不法侵害,而采取的对不法侵害人造成损害的制止行为。司法适用中,既要依法维护公民的正当防卫权利,也要注意把握界限,防止滥用防卫权,特别是对于针对轻微不法侵害实施致人死伤的还击行为,要根据案件具体情况,准确认定是正当防卫、防卫过当还是一般违法犯罪行为。

第一,注意把握界限,防止权利滥用。本案中,黄某乙、李某某打刘某胜耳光的行为,显属发生在一般争吵中的轻微暴力,有别于以给他人身体造成伤害为目的的攻击性不法侵害行为。因此,刘某胜因家庭婚姻情感问题矛盾激化被打了两耳光便径直手持菜刀连砍他人头部,致人轻伤的行为,没有防卫意图,属于泄愤行为,不应当认定为防卫行为。

第二,注重查明前因后果,分清是非曲直。办理涉正当防卫案件,要根据整体案情,结合社会公众的一般认知,做到依法准确认定。要坚持法理情统一,确保案件的定性处理于法有据、于理应当、于情相容,符合人民群众的公平正义观念。对于因恋爱、婚姻、家庭、邻里纠纷等民间矛盾激化或者因劳动纠纷、管理失当等原因引发的不法侵害,特别是发生在亲友之间的,要求优先选择其他制止手段,而非径直选择致人死伤的还击行为,符合人民群众的公平正义观念,契合我国文化传统。对于相关案件,在认定是否属于正当防卫以及防卫过当时,要综合案件具体情况、特别是被害方有无过错以及过错大小进行判断。本案中,刘某胜与黄某甲因家庭、情感问题发生争吵,刘某胜打了黄某甲两耳光,这是引发后续黄某乙、李某某等实施上门质问争吵行为的直接原因。换言之,本案因家庭琐事引发,且刘某胜具有重大过错。据此,法院对刘某胜致人轻伤的行为,以故意伤害罪判处其有期徒刑1年,契合人民群众公平正义观念,实现了法律效果与社会效果的有机统一。

案六、赵某正当防卫案("明显超过必要限度"的认定)

一、基本案情

2018年12月26日23时许,李某与在此前相识的女青年邹某一起饮酒后,一同到达福州市晋安区某公寓邹某的暂住处,2人在室内发生争吵,随后李某被邹某关在门外。李某强行踹门而入,谩骂殴打邹某,引来邻居围观。暂住在楼上的赵某闻声下楼查看,见李某把邹某摁在墙上并殴打其头部,即上前制止并从背后拉拽李某,致李某倒地。李某起身后欲殴打赵某,威胁要叫人"弄死你们",赵某随即将李某推倒在地,朝李某腹部踩一脚,又拿起凳子欲砸李某,被邹某劝阻住,后赵某离开现场。经鉴定,李某腹部横结肠破裂,伤情属于重伤2级;邹某面部挫伤,伤情属于轻微伤。

二、处理结果

公安机关以赵某涉嫌故意伤害罪立案侦查,侦查终结后,以赵某涉嫌过失致人重伤罪向检察机关移送审查起诉。福建省福州市晋安区人民检察院认定赵某防卫过当,对赵某作出相对不起诉决定。福州市检察院经审查认定赵某属于正当防卫,依法指令晋安区人民检察院对赵某作出绝对不起诉决定。

三、典型意义

根据《刑法》第20条第2款的规定,防卫过当应当同时具备"明显超过必要限度"和"造成重大损害"两个条件,缺一不可。造成重大损害是指造成不法侵害人重伤、死亡,对此不难判断。实践中较难把握的是相关防卫行为是否明显超过必要限度,不少案件处理中存在认识分歧。司法适用中,要注意综合考虑案件具体情况,结合社会公众的一般认知,对防卫行为是否"明显超过必要限度"作出准确判断。

第一,防卫过当仍属于防卫行为,只是明显超过必要限度并造成重大损害。本案中,李某强行踹门进入他人住宅,将邹某摁在墙上殴打其头部,赵某闻声下楼查看,为了制止李某对邹某以强欺弱,出手相助,拉拽李某。赵某的行为属于为了使他人的人身权利免受正在进行的不法侵害,而采取的制止不法侵害的行为,符合正当防卫的起因条件、时间条件、对象条件和意图条件等要件,具有防卫性质。

第二,对防卫行为"明显超过必要限度"的判断,应当坚持综合考量原则。防卫是否"明显超过必要限度",应当综合不法侵害的性质、手段、强度、危害程度和防卫的时机、手段、强度、损害后果等情节,考虑双方力量对比,立足防卫人防卫时所处情境,结合社会公众的一般认知作出判断。在判断不法侵害的危害程度时,不仅要考虑已经造成的损害,还要考虑造成进一步损害的紧迫危险性和现实可能性。不应当苛求防卫人必须采取与不法侵害基本相当的反击方式和强度,更不能机械地理解为反击行为与不法侵害行为的方式要对等,强度要精准。防卫行为虽然超过必要限度但并不明显的,不能认定为防卫过当。本案虽然造成了李某重伤2级的后果,但是,从赵某的行为手段、行为目的、行为过程、行为强度等具体情节来看,没有"明显超过必要限度"。赵某在阻止、拉拽李某的过程中,致李某倒地,在李某起身后欲殴打赵某,并用言语威胁的情况下,赵某随即将李某推倒在地,朝李某腹部踩一脚,导致李某横结肠破裂,属于重伤2级。从行为手段上看,双方都是赤手空拳,赵某的拉拽行为与李某的不法侵害行为基本相当。从赵某的行为过程来看,赵某制止李某的不法侵害行为是连续的,自然而然发生的,是在当时场景下的本能反应。李某倒地后,并未完全被制服,仍然存在起身后继续实施不法侵害的现实可能性。此时,赵某朝李某腹部踩一脚,其目的是阻止李某继续实施不法侵害,并没有泄愤报复等个人目的,应当认定为正当防卫。

案七、陈某浮正当防卫案(特殊防卫的具体适用)

一、基本案情

2009年1月25日2时许,被害人陈某某酒后来到被告人陈某浮家,用随身携带的1把菜刀敲击陈某浮家铁门,叫陈某浮出来打架。陈某浮的妻子下楼,佯称陈某浮不在家。陈某某继续敲击铁门,陈某浮便下楼打开铁门,陈某某遂用菜刀砍中陈某浮脸部,致陈某浮轻伤。陈某某再次砍向陈某浮时,被陈某浮挡开,菜刀掉在地上,陈某浮上前拳击陈某某的胸部等部位,2人在地上扭打。后陈某某因钝性物体作用胸部致心包、心脏破裂致失血性休克死亡。

二、处理结果

广东省普宁市人民法院一审判决、揭阳市中级人民法院二审裁定认为:陈某某无故持刀上门砍伤陈某浮,陈某浮为了使本人的人身免受正在进行的不法侵害,对正在进行的危害人身安全的暴力犯罪采取防卫行为,造成不法侵害人陈某某死亡的,不属于防卫过当,不负刑事责任。

三、典型意义

根据《刑法》第20条第3款的规定,对正在进行行凶、杀人、抢劫、强奸、绑架以及其他严重危及人身安全的暴力犯罪,采取防卫行为,造成不法侵害人伤亡的,不属于防卫过当,不负刑事责任。司法适用中,要妥当把握特殊防卫的起因条件,准确理解和把握“行凶”。第一,根据《刑法》规定,特殊防卫的起因条件限于正在进行的行凶、杀人、抢劫、强奸、绑架以及其他严重危及人身安全的暴力犯罪。与一般防卫不同,特殊防卫起因条件的实质在于不法侵害系“严重危及人身安全”的暴力犯罪。需要注意的是,行凶、杀人、抢劫、强奸、绑架等不法侵害必须严重危及人身安全且系暴力犯罪,才能实行特殊防卫;相关不法侵害没有严重危及人身安全的,应当适用一般防卫的法律规定。对于相关不法侵害是否严重危及人身安全,应当注意从不法侵害是否具有暴力性、是否严重危及人身安全、是否达到犯罪程度等方面作出判断。本案中,陈某某无故持菜刀凌晨上门砍伤陈某浮,属于使用致命性凶器实施的严重危及他人人身安全的不法侵害,应当认定为“行凶”,对此陈某浮可以实行特殊防卫。

第二,《刑法》第20条第3款规定的“行凶”,可以是使用致命性凶器实施的严重危及他人人身安全的行为,也可以是以其他形式实施的严重危及他人人身安全的行为。不法侵害人的具体故意内容不确定,但根据侵害行为发生的时间、地点及不法侵害人持有凶器判断,暴力侵害行为足以严重危及人身安全的,防卫人可以实行特殊防卫。本案中,陈某某持菜刀砍中陈某浮脸部致其轻伤,陈某某再次砍向陈某浮时被其挡开,菜刀掉到地上。此时,要求陈某浮被菜刀砍伤后保持高度冷静,在将行凶者打倒之后,还要仔细判断行凶者有没有继续行凶的能力,这对于在黑夜之中高度惊恐的防卫人,是强人所难。因此,综合考虑案件的具体情况,应当认为在陈某某菜刀掉到地上之后仍然可以实行防卫。

第三,准确理解和把握正当防卫的刑法规定和立法精神,对于符合正当防卫认定条件的,坚决依法认定。实践中,受“人死为大”观念的影响,在处理因防卫致人死亡的案件时,办案机关往往面临外部压力,存有心理顾虑,以致有的情况下将原本属于正当防卫的行为认定为防卫过当,甚至连防卫因素也不予认定。这是极端错误的。作为司法机关,严格依法办案是天职，决不能为了所谓的“息事宁人”牺牲法律原则。否则，既不利于维护法律的尊严，也不利于为全社会树立正确导向，对正当防卫人来说更是有失公正。对于确系正当防卫的案件，应当勇于担当，严格公正司法，坚决依法认定。实践证明，只有依法判决，才能赢得好的效果；只要依法判决，就能赢得好的效果。本案就是例证，依法宣判陈某浮不负刑事责任后，获得了社会公众的普遍肯定，弘扬了社会主义核心价值观，实现了法律效果与社会效果的有机统一。

13. 最高人民法院《第26批指导性案例张某某拉正当防卫案》（指导案例144号；法〔2020〕352号）

【裁判要点】

1. 对于使用致命性凶器攻击他人要害部位，严重危及他人人身安全的行为，应当认定为刑法第20条第3款规定的“行凶”，可以适用特殊防卫的有关规定。

2. 对于多人共同实施不法侵害，部分不法侵害人已被制伏，但其他不法侵害人仍在继续实施侵害的，仍然可以进行防卫。

【裁判理由】

法院生效裁判认为，张某某拉的行为系正当防卫行为，而且是《刑法》第20条第3款规定的特殊防卫行为。本案中，张某某拉是在周某强、陈某2新等人突然闯入其私人场所，实施严重不法侵害的情况下进行反击的。周某强、陈某2新等4人均提前准备了作案工具，进入现场时两人分别手持长约50厘米的砍刀，一人持铁锨，一人持铁锤，而张某某拉一方是并无任何思想准备的。周某强一方闯入屋内后径行对张某某拉实施拖拽，并在张某某拉转身向后挣脱时，使用所携带的凶器砸砍张某某拉后脑部。从侵害方人数、所持凶器、打击部位等情节看，以普通人的认识水平判断，应当认为不法侵害已经达到现实危害张某某拉的人身安全、危及其生命安全的程度，属于《刑法》第20条第3款规定的“行凶”。张某某拉为制止正在进行的不法侵害，顺手从身边抓起一把平时生活所用刀具捅刺不法侵害人，具有正当性，属于正当防卫。

另外，监控录像显示陈某2新倒地后，周某强跑向屋外后仍然挥舞砍刀，此时张某某拉及其兄张某1人身安全面临的危险并没有完全排除，其在屋外打伤周某强的行为仍然属于防卫行为。

根据刑法第20条第3款的规定，对正在进行行凶、杀人、抢劫、强奸、绑架以及其他严重危及人身安全的暴力犯罪，采取防卫行为，造成不法侵害人伤亡的，不属于防卫过当，不负刑事责任。本案中，张某某拉的行为虽然造成了1死1伤的后果，但是属于制止不法侵害的正当防卫行为，依法不负刑事责任。

> **第21条　【紧急避险】**为了使国家、公共利益、本人或者他人的人身、财产和其他权利免受正在发生的危险，不得已采取的紧急避险行为，造成损害的，不负刑事责任。
>
> 紧急避险超过必要限度造成不应有的损害的，应当负刑事责任，但是应当减轻或者免除处罚。
>
> 第1款中关于避免本人危险的规定，不适用于职务上、业务上负有特定责任的人。

• 释义

根据第21条规定，紧急避险是指行为人在遇到某种危险的情况下，为了防止国家、公共利益、本人或者他人的合法权利遭受损害，不得已而采取的侵犯另一个较小的合法权利，以保护较大的合法权利的行为。本条分为3款。第1款是关于什么是紧急避险行为及紧急避险行为不负刑事责任的规定。本款包含两层意思：1. 紧急避险成立要件。根据本款的规定，采取紧急避险行为应当符合以下条件;(1)避险的目的是为了使国家、公共利益、本人或者他人的人身、财产和其他权利免受危险;(2)"危险"正在发生,使上述合法权益受到威胁。对尚未发生的危险、已经结束的危险,以及假想的危险或者推测的危险,都不能采取紧急避险行为;(3)紧急避险所造成的损害必须小于避免的损害。2. 采取紧急避险行为造成损害的,不负刑事责任。由于紧急避险造成的损害必须小于避免的损害,对社会是有益的,不具有刑法意义上的社会危害性,而具有合法性。第2款是关于紧急避险超过必要限度造成不应有的损害的应当负刑事责任和处罚原则的规定。本款规定了两层意思:1. 采取紧急避险行为超过必要限度造成不应有的损害的,应当负刑事责任。这里规定的"超过必要限度"和"造成不应有的损害"是一致的。所谓"不应有的损害"是指紧急避险行为造成的损害大于了避免的损害。造成不应有的损害的,已经失去紧急避险的意义,具有一定的社会危害性,因此应当负刑事责任。2. 对超过必要限度,应当负刑事责任的紧急避险行为,应当减轻或者免除处罚。超过必要限度造成不应有的损害的紧急避险行为,虽然具有一定的社会危害性,但由于紧急状态下情绪紧张、时间短促来不及做出正确的反应等原因造成避险超出限度,责任相对较小所以应当减轻或者免除处罚。第3款是排除职务业务上负有特定责任人避险权力的规定。即对正在发生的危险负有特定职责的人,不能为了使自己避免这种危险而采取紧急避险的行为。所谓"职务上、业务上负有特定责任"是指担任的职务或者从事的业务要求其对一定的危险负有排除的职责,同一定危险作斗争是其职业义务。为了避免个人遭受危险,不履行职业义务,而牺牲国家、公共利益或者他人利益的行为,是怠忽职守的行为,造成危害后果,构成犯罪的,应当依法追究其刑事责任。

• 关联法律

1. 最高人民法院《关于贯彻宽严相济刑事政策的若干意见》(法发〔2010〕9号)

15. 被告人的行为已经构成犯罪,但犯罪情节轻微,或者未成年人、在校学生实施的较轻犯罪,或者被告人具有犯罪预备、犯罪中止、从犯、胁从犯、防卫过当、避险过当等情节,依法不需要判处刑罚的,可以免予刑事处罚。对免予刑事处罚的,应当根据刑法第37条规定,做好善后、帮教工作或者交由有关部门进行处理,争取更好的社会效果。(全文详见本书《刑法》第5条相关内容)

2. 最高人民法院、最高人民检察院、公安部《关于依法惩治妨害公共交通工具安全驾驶违法犯罪行为的指导意见》(公通字〔2019〕1号)

一、准确认定行为性质,依法从严惩处妨害安全驾驶犯罪

(五)正在驾驶公共交通工具的驾驶人员遭到妨害安全驾驶行为侵害时,为避免公共交通工具倾覆或者人员伤亡等危害后果发生,采取紧急制动或者躲避措施,造成公共交通工具、交通设施损坏或者人身损害,符合法定条件的,应当认定为紧急避险。(七)本意见所称公共交通工具,是指公共汽车、公路客运车,大、中型出租车等车辆。

第二节　犯罪的预备、未遂和中止

第22条　【犯罪预备】为了犯罪,准备工具、制造条件的,是犯罪预备。

对于预备犯,可以比照既遂犯从轻、减轻处罚或者免除处罚。

• **释义**

犯罪预备具有4个特征：

一、主观上为了实行犯罪；

二、客观上实施了犯罪预备行为；

三、事实上未能着手实施犯罪；

四、未能着手实行犯罪是由于行为人意志以外的原因。

对预备犯，应当追究其刑事责任，可以比照既遂犯从轻、减轻处罚或者免除处罚。由于预备犯仅处于犯罪的预备阶段，犯罪结果尚未发生，其社会危害程度要低于既遂犯，因此对预备犯的处罚要轻于既遂犯。

• **关联法律**

最高人民法院《关于贯彻宽严相济刑事政策的若干意见》(法发〔2010〕9号)

15. 被告人的行为已经构成犯罪，但犯罪情节轻微，或者未成年人、在校学生实施的较轻犯罪，或者被告人具有犯罪预备、犯罪中止、从犯、胁从犯、防卫过当、避险过当等情节，依法不需要判处刑罚的，可以免予刑事处罚。对免予刑事处罚的，应当根据刑法第37条规定，做好善后、帮教工作或者交由有关部门进行处理，争取更好的社会效果。(全文详见本书《刑法》第5条相关内容)

> **第 23 条　【犯罪未遂】**已经着手实行犯罪，由于犯罪分子意志以外的原因而未得逞的，是犯罪未遂。
>
> 对于未遂犯，可以比照既遂犯从轻或者减轻处罚。

• **释义**

犯罪未遂具备3个特征：

一、已经着手实行犯罪；

二、犯罪未得逞；

三、犯罪未得逞是由于犯罪分子意志以外原因。犯罪未遂与犯罪预备的主要界限在于行为人是否已经着手实行犯罪。

由于犯罪未遂的结果是犯罪未能得逞，其社会危害性要小于犯罪既遂，因此，对未遂犯可以比照既遂犯从轻或者减轻处罚。

• **关联法律**

1. 最高人民法院《关于贯彻宽严相济刑事政策的若干意见》(法发〔2010〕9号)

15. 被告人的行为已经构成犯罪，但犯罪情节轻微，或者未成年人、在校学生实施的较轻犯罪，或者被告人具有犯罪预备、犯罪中止、从犯、胁从犯、防卫过当、避险过当等情节，依法不需要判处刑罚的，可以免予刑事处罚。对免予刑事处罚的，应当根据刑法第37条规定，做好善后、帮教工作或者交由有关部门进行处理，争取更好的社会效果。(全文详见本书《刑法》第5条相关内容)

2. 最高人民法院《第13批指导性案例王某明合同诈骗案》(指导案例62号；法〔2016〕214号；2016年6月30日)

【裁判要点】

在数额犯中，犯罪既遂部分与未遂部分分别对应不同法定刑幅度的，应当先决定对未遂部分是否减轻处罚，确定未遂部分对应的法定刑幅度，再与既遂部分对应的法定刑幅度进行比较，选择适用处罚较重的法定刑幅度，并酌情从重处罚；二者在同一量刑幅度的，以犯罪既遂酌情从重处罚。

【裁判理由】

法院生效裁判认为：王某明以非法占有为目的，冒用他人名义签订合同，其行为已构成合同诈骗罪。一审判决事实清楚，证据确实、充分，定性准确，审判程序合法，但未评价未遂70万元的犯罪事实不当，予以纠正。根据刑法及司法解释的有关规定，考虑王某明合同诈骗既遂30万元，未遂70万元但可对该部分减轻处罚，王某明如实供述犯罪事实，退赔全部赃款取得被害人的谅解等因素，原判量刑在法定刑幅度之内，且抗诉机关亦未对量刑提出异议，故应予维持。北京市石景山区人民检察院的抗诉意见及北京市人民检察院第一分院的支持抗诉意见，酌予采纳。鉴于二审期间王某明申请撤诉，撤回上诉的申请符合法律规定，故二审法院裁定依法准许撤回上诉，维持原判。

本案争议焦点是，在数额犯中犯罪既遂与未遂并存时如何量刑。最高人民法院、最高人民检察院《关于办理诈骗刑事案件具体应用法律若干问题的解释》第6条规定："诈骗既有既遂，又有未遂，分别达到不同量刑幅度的，依照处罚较重的规定处罚；达到同一量刑幅度的，以诈骗罪既遂处罚。"因此，对于数额犯中犯罪行为既遂与未遂并存且均构成犯罪的情况，在确定全案适用的法定刑幅度时，先就未遂部分进行是否减轻处罚的评价，确定未遂部分所对应的法定刑幅度，再与既遂部分对应的法定刑幅度比较，确定全案适用的法定刑幅度。如果既遂部分对应的法定刑幅度较重或者二者相同的，应当以既遂部分对应的法定刑幅度确定全案适用的法定刑幅度，将包括未遂部分在内的其他情节作为确定量刑起点的调节要素进而确定基准刑。如果未遂部分对应的法定刑幅度较重的，应当以未遂部分对应的法定刑幅度确定全案适用的法定刑幅度，将包括既遂部分在内的其他情节，连同未遂部分的未遂情节一并作为量刑起点的调节要素进而确定基准刑。

本案中，王某明的合同诈骗犯罪行为既遂部分为30万元，根据司法解释及北京市的具体执行标准，对应的法定刑幅度为有期徒刑3年以上10年以下；未遂部分为70万元，结合本案的具体情况，应当对该未遂部分减一档处罚，未遂部分法定刑幅度应为有期徒刑3年以上10年以下，与既遂部分30万元对应的法定刑幅度相同。因此，以合同诈骗既遂30万元的基本犯罪事实确定对王某明适用的法定刑幅度为有期徒刑3年以上10年以下，将未遂部分70万元的犯罪事实，连同其如实供述犯罪事实、退赔全部赃款、取得被害人谅解等一并作为量刑情节，故对王某明从轻处罚，判处有期徒刑6年，并处罚金人民币6万元。（收录部分内容）

3. 最高人民法院、最高人民检察院、公安部、司法部、生态环境部《关于办理环境污染刑事案件有关问题座谈会纪要》（2019年2月20日）

2. 关于犯罪未遂的认定。会议针对当前办理环境污染犯罪案件中，能否认定污染环境罪（未遂）的问题进行了讨论。会议认为，当前环境执法工作形势比较严峻，一些行为人拒不配合执法检查、接受检查时弄虚作假、故意逃避法律追究的情形时有发生，因此对于行为人已经着手实施非法排放、倾倒、处置有毒有害污染物的行为，由于有关部门查处或者其他意志以外的原因未得逞的情形，可以污染环境罪（未遂）追究刑事责任。

4. 最高人民检察院《第26批指导性案例邓某城、双善食品（厦门）有限公司等销售假冒注册商标的商品案》（检例第98号；2021年2月4日）

（全文详见本书《刑法》第214条相关内容）

5. 最高人民法院、最高人民检察院《关于常见犯罪的量刑指导意见(试行)》(法发〔2021〕21 号)

三、常见量刑情节的适用

(四)对于未遂犯,综合考虑犯罪行为的实行程度、造成损害的大小、犯罪未得逞的原因等情况,可以比照既遂犯减少基准刑的 50%以下。(全文详见本书《刑法》第 61 条相关内容)

第 24 条 【犯罪中止】在犯罪过程中,自动放弃犯罪或者自动有效地防止犯罪结果发生的,是犯罪中止。

对于中止犯,没有造成损害的,应当免除处罚;造成损害的,应当减轻处罚。

● 释义

犯罪中止应当同时具备以下特征;

一、犯罪中止发生在犯罪过程中。犯罪中止是故意犯罪发展过程中的一种犯罪形态,它可能发生在犯罪的预备阶段,也可能发生在犯罪的实行阶段。所谓"犯罪过程中"是犯罪既遂之前的整个犯罪过程中。犯罪既遂后的任何主动弥补损失的行为都不是犯罪中止,只是悔罪的表现。

二、犯罪中止必须是犯罪分子自动放弃犯罪或者自动有效地防止犯罪结果的发生。

法律对中止犯的处罚,采取了"应当免除"或"应当减轻"的从宽原则。因为行为人自动放弃了犯罪,又避免了犯罪结果的发生,说明其人身危险已经消除或者减弱,处理上应当进一步从宽;同时,规定较轻的处罚,有利于鼓励行为人中止犯罪,以减少犯罪的社会危害。

● 关联法律

最高人民法院《关于贯彻宽严相济刑事政策的若干意见》(法发〔2010〕9 号)

15. 被告人的行为已经构成犯罪,但犯罪情节轻微,或者未成年人、在校学生实施的较轻犯罪,或者被告人具有犯罪预备、犯罪中止、从犯、胁从犯、防卫过当、避险过当等情节,依法不需要判处刑罚的,可以免予刑事处罚。对免予刑事处罚的,应当根据刑法第 37 条规定,做好善后、帮教工作或者交由有关部门进行处理,争取更好的社会效果。(全文详见本书《刑法》第 5 条相关内容)

第三节 共同犯罪

第 25 条 【共同犯罪概念】共同犯罪是指 2 人以上共同故意犯罪。

2 人以上共同过失犯罪,不以共同犯罪论处;应当负刑事责任的,按照他们所犯的罪分别处罚。

● 释义

我国刑法的共同犯罪是指 2 人以上共同故意犯罪。所以共同犯罪成立的条件是;

一、主体是 2 人(包括)以上,"人"既包括自然人也包括法人、单位等法律拟制的人。

二、必须具有共同的犯罪故意。包括各个共同犯罪人不仅认识到自己在实施某种犯罪,而且还认识到有其他共同犯罪人与自己一道在共同实施该种犯罪；各个共同犯罪人认识到自己的行为和他人的共同犯罪行为结合会发生危害社会的结果，并且对结果的发生都抱有希望或者放任的态度。

三、各共同犯罪人必须有共同的犯罪行为。所谓共同犯罪行为，是指各个共同犯罪人在参加共同犯罪时，不论其分工如何，参与程度如何，所有共同犯罪人的行为总是有机联系的，在整个犯罪的链条中，这些行为都是必不可少的环节。

• 关联法律

1. 最高人民法院、最高人民检察院、公安部《关于当前办理集团犯罪案件中具体应用法律的若干问题的解答》(〔84〕法研字第9号)

《中华人民共和国刑法》第2章第3节"共同犯罪"的有关条文：

第22条第1款：共同犯罪是指2人以上共同故意犯罪。

第23条：组织、领导犯罪集团进行犯罪活动的或者在共同犯罪中起主要作用的，是主犯。

对于主犯，除本法分则已有规定的以外，应当从重处罚。

第24条：在共同犯罪中起次要或者辅助作用的，是从犯。

对于从犯，应当比照主犯从轻、减轻处罚或者免除处罚。

第25条：对于被胁迫、被诱骗参加犯罪的，应当按照他的犯罪情节，比照从犯减轻处罚或者免除处罚。

第26条第1款：教唆他人犯罪的，应当按照他在共同犯罪中所起的作用处罚。教唆不满18岁的人犯罪的，应当从重处罚。

《中华人民共和国刑法》第5章"其他规定"的有关条文：

第86条：本法所说的首要分子是指在犯罪集团或者聚众犯罪中起组织、策划、指挥作用的犯罪分子。

一、怎样办理团伙犯罪的案件？

办理团伙犯罪案件，应当在党的方针政策指导下，依照刑法和《全国人民代表大会常务委员会关于严惩严重危害社会治安的犯罪分子的决定》的有关规定执行。鉴于在刑法和全国人大常委会的有关决定中，只有共同犯罪和犯罪集团的规定，在法律文书中，应当统一使用法律规定的提法。即：办理团伙犯罪案件，凡其中符合刑事犯罪集团基本特征的，应按犯罪集团处理；不符合犯罪集团基本特征的，就按一般共同犯罪处理，并根据其共同犯罪的事实和情节，该重判的重判，该轻判的轻判。

对犯罪团伙既要坚决打击，又必须打准。不要把3人以上共同犯罪，且罪行较轻、危害较小的案件当作犯罪团伙，进而当作"犯罪集团"来严厉打击。

二、在办案实践中怎样认定刑事犯罪集团？

刑事犯罪集团一般应具备下列基本特征；

(1)人数较多(3人以上)，重要成员固定或基本固定。(2)经常纠集一起进行一种或数种严重的刑事犯罪活动。(3)有明显的首要分子。有的首要分子是在纠集过程中形成的，有的首要分子在纠集开始时就是组织者和领导者。(4)有预谋地实施犯罪活动。(5)不论作案次数多少，对社会造成的危害或其具有的危险性都很严重。

刑事犯罪集团的首要分子，是指在该集团中起组织、策划、指挥作用的犯罪分子(见刑法第23条、第86条)。首要分子可以是1名，也可以不只1名。首要分子应对该集团经过预谋、有共同故意的全部罪行负责。集团的其他成员，应按其地位和作用，分别对其参与实施的具体罪行负责。如果某个成员实施了该集团共同故意犯罪范围以外的其他犯罪，则应由他个人负责。

对单一的犯罪集团,应按其所犯的罪定性;对一个犯罪集团犯多种罪的,应按其主罪定性;犯罪集团成员或一般共同犯罪的共犯,犯数罪的,分别按数罪并罚的原则处罚。

三、为什么对共同犯罪的案件必须坚持全案审判?

办理共同犯罪案件特别是集团犯罪案件,除对其中已逃跑的成员可以另案处理外,一定要把全案的事实查清,然后对应当追究刑事责任的同案人,全案起诉,全案判处。切不要全案事实还没有查清,就急于杀掉首要分子或主犯,或者把案件拆散,分开处理。这样做,不仅可能造成定罪不准,量刑失当,而且会造成死无对证,很容易漏掉同案成员的罪行,甚至漏掉罪犯,难以做到依法"从重从快,一网打尽。"

四、办理犯罪集团和一般共同犯罪中的重大案件,怎样执行党的政策,做到区别对待?

办理上述两类案件,应根据犯罪分子在犯罪活动中的地位、作用及危害大小,依照党的政策和刑法、全国人大常委会有关决定的规定,实行区别对待。

对犯罪集团的首要分子和其他主犯,一般共同犯罪中的重大案件的主犯,应依法从重严惩,其中罪行特别严重、不杀不足以平民愤的,应依法判处死刑。

上述两类案件的从犯,应根据其不同的犯罪情节,比照主犯依法从轻、减轻或者免除刑罚。对于胁从犯,应比照从犯依法减轻处罚或免除处罚。犯罪情节轻微,不需要追究刑事责任的,可以免予起诉或由公安部门作其他处理。

对于同犯罪集团成员有一般来往,而无犯罪行为的人,不要株连。

五、有些犯罪分子参加几起共同犯罪活动,应如何办理这些案件?

对这类案件,应分案判处,不能凑合成一案处理。某罪犯主要参加哪个案件的共同犯罪活动,就列入哪个案件去处理(在该犯参加的其他案件中可注明该犯已另案处理)(本文件引用的刑法已修改)

2. 公安部、最高人民法院,最高人民检察院、司法部《关于办理流窜犯罪案件中一些问题的意见的通知》(〔89〕公发27号)

各省、自治区、直辖市公安厅、局,高级人民法院,人民检察院,司法厅、局;流窜犯罪是当前严重危害社会治安的一个突出问题,必须依法予以严厉打击。流窜犯具有易地作案,骚扰面广,社会危害大等特点。这类案件,一般抓获难、查证更难,往往给侦查、批捕、起诉、审判工作带来诸多困难。为了及时有效地惩处流窜犯罪分子,现对办理流窜犯罪案件中的一些具体问题,提出以下意见:

一、关于流窜犯的认定

流窜犯是指跨市、县管辖范围作案的犯罪分子。

凡构成犯罪且符合下列条件之一的,属于流窜犯罪分子:

1. 跨市、县管辖范围连续作案的;2. 在居住地作案后,逃跑到外省、市、县继续作案的。

有下列情形之一的,不视为流窜犯罪分子:

1. 确属到外市、县旅游、经商、做工等,在当地偶尔犯罪的;2. 在其居住地与外市、县的交界处边沿结合部进行犯罪的。

二、关于流窜犯罪团伙案件的认定和处理

凡3人以上经常纠结在一起进行流窜犯罪活动的,为流窜犯罪团伙。对流窜犯罪团伙案件,只要符合犯罪集团基本特征的按犯罪集团处理。不符合犯罪集团特征的按共同犯罪处理。对于只抓获了流窜犯罪团伙的一部分案犯,短期内不能将全部案犯抓获归案的案件,可根据已查清的犯罪事实,证据,分清罪责,对已抓获的该逮捕、起诉、判刑的案犯,要先行批捕、起诉、审判。对在逃的案犯,待抓获后再依法另行处理。

三、关于流窜犯罪案件的定案处理

1. 对流窜犯罪事实和证据材料,公安机关要认真调查核实,对其主要犯罪事实应做到证据充分、确凿。在人民检察院批捕、起诉,人民法院审判以及律师辩护过程中,均应考虑到流窜犯罪分子易地作案,查证十分困难的实际情况,只要基本事实清楚和基本证据确凿,应及时批捕、起诉、审判。对抓获的案犯,如有个别犯罪事实一时难以查清的,可暂不认定,就已经查证核实的事实,依法及时作出处理。对于共同犯罪案件,原则上应一案处理。如果有的同案犯在短期内不能追捕归案的,可对已抓获的案犯就已查清的犯罪事实依法处理,不能久拖不决。2. 涉及刑事责任年龄界限的案件,必须查清核实被告人的出生年月日。经调查,确实无法查清的,可先按被告人交代的年龄收审、批捕,但是需要定罪量刑的,必须查证清楚。3. 流窜犯因盗窃或扒窃被抓获后,赃款赃物虽未查获,但其供述的事实、情节与被害人的陈述(包括报案登记)和其他间接证据相一致的,应予认定。4. 被查获的流窜犯供述的盗窃或扒窃事实、情节与缴获的赃款赃物、同案人人的供述相一致,或者被告人的供述与缴获的赃款赃物和其他间接证据相一致,如果找不到被害人和报案登记的,也应予以认定。5. 流窜犯在盗窃或扒窃时被当场抓获,除缴获当次作案的赃款赃物外,还从其身上或其临时落脚点搜获的其他数额较大的款物,被告人否认系作案所得,但不能说明其合法来法来源的,只要这些款物在名称、品种、特征、数量等方面均与被害人的陈述或报案登记、同案人的供述相吻合,亦应认定为赃款赃物。6. 流窜犯作案虽未被当场抓获,但同案人的供述,被害人的陈述、其他间接证据能相互吻合,确能证实其作案所得的赃款赃物数额的,也应予以认定。7. 对于需要判处死刑的罪犯,在查证核实时,应当特别慎重,务必把事实和证据搞清、搞准、搞扎实。

四、关于认定流窜犯罪赃款赃物的数额

在办理流窜盗窃或者扒窃案件时,既要看其作案所得的数额,又应看其作案的手段、情节及社会危害程度。对那些抓获时作案所得的款物数额虽略低于当地非流窜犯罪的同类案件的数额标准,但情节恶劣、构成犯罪的,也要依法定罪判刑;对多次作案,属惯犯、累犯的,亦应依法从重惩处。

五、关于流窜犯罪案件的管辖范围

根据《刑事诉讼法》有关规定,对罪该逮捕、判刑的流窜犯罪分子,原则上由抓获地处理。流出地和其他犯罪地公安机关应负责向抓获地公安机关提供有关违法犯罪证据材料。在逃劳改犯、劳教人员流窜多处进行犯罪被抓获后,可由主罪地公安、司法机关处理,处理后原则上仍送回原劳改、劳教单位执行。抓获的在逃未决犯、通缉案犯,已批准逮捕、刑事拘留和收容审查潜逃的案犯,除重新犯罪罪行特别严重者由抓获地处理外,原则上由原办案单位公安机关提回处理。案件管辖不明的,由最先发现的公安机关或上级指定的公安机关办理。

3. 最高人民法院《全国法院维护农村稳定刑事审判工作座谈会纪要》(法〔1999〕217 号)

三

会议在认真分析了农村中犯罪、农民犯罪的原因和特点的基础上,结合我国农村基层组织的作用和现状,对处理农村中犯罪案件和农民犯罪案件应当把握的政策界限进行了研究,对正确处理以下问题取得了一致意见:

(一)关于正确处理干群关系矛盾引发的刑事案件问题

开庭审理此类案件,一般要深入发案地,认真查清事实,了解案件发生的真实原因,分清双方责任,合情、合理、合法地予以处理。

对利用手中掌握的权力欺压百姓、胡作非为,严重损害群众和集体利益,构成犯罪的,要依法严惩;对只是因工作方法简单粗暴构成犯罪的,要做好工作,取得群众谅解后,酌情予以处理。

对抗拒基层组织正常管理,纯属打击报复农村干部的犯罪分子,一定要依法严惩;对事出有因而构成犯罪的农民被告人,则要体现从宽政策。群体事件中,处罚的应只是构成犯罪的极少数为首者和组织者;对于其他一般参与的群众,要以教育为主,不作犯罪处理。

要充分依靠当地党委和政府,充分征求有关部门对此类案件判决的意见。对当地政府强烈要求判处死刑的案件,要了解有关背景。对于依法应当判处死刑的,不能因为担心被告方人多势众会闹事而不判处死刑;相反,对不应当判处死刑的,也不能因为被害方闹事就判处死刑。要依靠党政部门努力做好法制宣传教育工作,在未做好群众思想工作的情况下,不要急于下判。

4. 最高人民法院《关于审理贪污、职务侵占案件如何认定共同犯罪几个问题的解释》(法释〔2000〕15 号)

为依法审理贪污或者职务侵占犯罪案件,现就这类案件如何认定共同犯罪问题解释如下:

第 1 条 行为人与国家工作人员勾结,利用国家工作人员的职务便利,共同侵吞、窃取、骗取或者以其他手段非法占有公共财物的,以贪污罪共犯论处。

第 2 条 行为人与公司、企业或者其他单位的人员勾结,利用公司、企业或者其他单位人员的职务便利,共同将该单位财物非法占为已有,数额较大的,以职务侵占罪共犯论处。

第 3 条 公司、企业或者其他单位中,不具有国家工作人员身份的人与国家工作人员勾结,分别利用各自的职务便利,共同将本单位财物非法占为已有的,按照主犯的犯罪性质定罪。

5. 最高人民法院《关于贯彻宽严相济刑事政策的若干意见》(法发〔2010〕9 号)

31. 对于一般共同犯罪案件,应当充分考虑各被告人在共同犯罪中的地位和作用,以及在主观恶性和人身危险性方面的不同,根据事实和证据能分清主从犯的,都应当认定主从犯。有多名主犯的,应在主犯中进一步区分出罪行最为严重者。对于多名被告人共同致死一名被害人的案件,要进一步分清各被告人的作用,准确确定各被告人的罪责,以做到区别对待;不能以分不清主次为由,简单地一律判处重刑。

33. 共同犯罪案件中,对于主犯或首要分子检举、揭发同案地位、作用较次犯罪分子构成立功的,从轻或者减轻处罚应当从严掌握,如果从轻处罚可能导致全案量刑失衡的,一般不予从轻处罚;如果检举、揭发的是其他犯罪案件中罪行同样严重的犯罪分或者协助抓获的是同案中的其他主犯、首要分子的,原则上应予依法从轻或者减轻处罚。对于从犯或犯罪集团中的一般成员立功,特别是协助抓获主犯、首要分子的,应当充分体现政策,依法从轻、减轻或者免除处罚。(全文详见本书《刑法》第 5 条相关内容)

6. 最高人民检察院、公安部《关于规范刑事案件“另案处理”适用的指导意见》(高检会〔2014〕1 号)

第 2 条 本意见所称“另案处理”,是指在办理刑事案件过程中,对于涉嫌共同犯罪案件或者与该案件有牵连关系的部分犯罪嫌疑人,由于法律有特殊规定或者案件存在特殊情况等原因,不能或者不宜与其他同案犯罪嫌疑人同案处理,而从案件中分离出来单独或者与其他案件并案处理的情形。

第 3 条 涉案的部分犯罪嫌疑人有下列情形之一的,可以适用“另案处理”:

(一)依法需要移送管辖处理的;(二)系未成年人需要办案办理的;(三)在同案犯罪嫌疑人被提请批准逮捕或者移送审查起诉时在逃,无法到案的;(四)涉嫌其他犯罪,需要进一步侦查,不宜与同案犯罪嫌疑人一并提请批准逮捕或者移送审查起诉,或者其他犯罪更为严重,另案处理更为适宜的;(五)涉嫌犯罪的现有证据暂不符合提请批准逮捕或者移送审查起诉标准,需要继续侦查,而同案犯罪嫌疑人符合提请批准逮捕或者移送审查起诉标准的;(六)其他适用“另案处理”更为适宜的情形。

第5条 公安机关在办理刑事案件时,发现其中部分犯罪嫌疑人符合本意见第3条规定的情形之一,拟作“另案处理”的,应当提出书面意见并附下列证明材料,经审核后报县级以上公安机关负责人审批:

(一)依法需要移送管辖的,提供移送管辖通知书、指定管辖决定书等材料;(二)系未成年人需要分案处理的,提供未成年人户籍证明、立案决定书、提请批准逮捕书、起诉意见书等材料;(三)犯罪嫌疑人在逃的,提供拘留证、上网追逃信息等材料;(四)犯罪嫌疑人涉嫌其他犯罪,需要进一步侦查的,提供立案决定书等材料;(五)涉嫌犯罪的现有证据暂不符合提请批准逮捕或者移送审查起诉标准,需要继续侦查的,提供相应说明材料;(六)因其他原因暂不能提请批准逮捕或者移送审查起诉的,提供相应说明材料。

第7条 公安机关对下列案件应当进行重点审核:

(一)一案中存在多名适用“另案处理”人员的;(二)适用“另案处理”的人员涉嫌黑社会性质的组织犯罪以及故意杀人、强奸、抢劫、绑架等严重危及人身安全的暴力犯罪的;(三)适用“另案处理”可能引起当事人及其法定代理人、辩护人、诉讼代理人、近亲属或者其他相关人员投诉的;(四)适用“另案处理”的案件受到社会广泛关注,敏感复杂的。

第8条 公安机关在提请批准逮捕、移送审查起诉案件时,对适用“另案处理”的犯罪嫌疑人,应当在提请批准逮捕书、起诉意见书中注明“另案处理”,并将其涉嫌犯罪的主要证据材料的复印件,连同本意见第5条规定的相关证明材料一并随案移送。

对未批准适用“另案处理”的刑事案件,应当对符合逮捕条件的全部犯罪嫌疑人一并移送审查起诉。

第9条 在提请人民检察院批准逮捕时已对犯罪嫌疑人作“另案处理”,但在移送审查起诉时“另案处理”的原因已经消失的,公安机关应当对其一并移送审查起诉;“另案处理”原因仍然存在的,公安机关应当继续适用“另案处理”,并予以书面说明。

第10条 人民检察院在审查逮捕、审查起诉时,对于适用“另案处理”的案件,应当一并对适用“另案处理”是否合法、适当进行审查。人民检察院审查的重点适用本意见第6条、第7条的规定。(全文详见本书《刑法》第13条相关内容)

7. 最高人民检察院《第5批指导性案例张某、沈某某等7人抢劫案》(检例第19号;2014年9月10日)

(详见本书《刑法》第17条相关内容)

8. 最高人民法院、最高人民检察院、公安部《关于办理电信网络诈骗等刑事案件适用法律若干问题的意见》(法发〔2016〕32号)

四、准确认定共同犯罪与主观故意

(一)3人以上为实施电信网络诈骗犯罪而组成的较为固定的犯罪组织,应依法认定为诈骗犯罪集团。对组织、领导犯罪集团的首要分子,按照集团所犯的全部罪行处罚。对犯罪集团中组织、指挥、策划者和骨干分子依法从严惩处。

对犯罪集团中起次要、辅助作用的从犯,特别是在规定期限内投案自首、积极协助抓获主犯、积极协助追赃的,依法从轻或减轻处罚。

对犯罪集团首要分子以外的主犯,应当按照其所参与的或者组织、指挥的全部犯罪处罚。全部犯罪包括能够查明具体诈骗数额的事实和能够查明发送诈骗信息条数、拨打诈骗电话人次数、诈骗信息网页浏览次数的事实。

(二)多人共同实施电信网络诈骗,犯罪嫌疑人、被告人应对其参与期间该诈骗团伙实施的全部诈骗行为承担责任。在其所参与的犯罪环节中起主要作用的,可以认定为主犯;起次要作用的,可以认定为从犯。

上述规定的“参与期间”,从犯罪嫌疑人、被告人着手实施诈骗行为开始起算。

(三)明知他人实施电信网络诈骗犯罪,具有下列情形之一的,以共同犯罪论处,但法律和司法解释另有规定的除外:1.提供信用卡、资金支付结算账户、手机卡、通讯工具的;2.非法获取、出售、提供公民个人信息的;3.制作、销售、提供“木马”程序和“钓鱼软件”等恶意程序的;4.提供“伪基站”设备或相关服务的;5.提供互联网接入、服务器托管、网络存储、通讯传输等技术支持,或者提供支付结算等帮助的;6.在提供改号软件、通话线路等技术服务时,发现主叫号码被修改为国内党政机关、司法机关、公共服务部门号码,或者境外用户改为境内号码,仍提供服务的;7.提供资金、场所、交通、生活保障等帮助的;8.帮助转移诈骗犯罪所得及其产生的收益,套现、取现的。

上述规定的“明知他人实施电信网络诈骗犯罪”,应当结合被告人的认知能力,既往经历,行为次数和手段,与他人关系,获利情况,是否曾因电信网络诈骗受过处罚,是否故意规避调查等主客观因素进行综合分析认定。

(四)负责招募他人实施电信网络诈骗犯罪活动,或者制作、提供诈骗方案、术语清单、语音包、信息等的,以诈骗共同犯罪论处。

(五)部分犯罪嫌疑人在逃,但不影响对已到案共同犯罪嫌疑人、被告人的犯罪事实认定的,可以依法先行追究已到案共同犯罪嫌疑人、被告人的刑事责任。(全文详见本书《刑法》第266条内容)

9.最高人民法院、最高人民检察院、公安部、司法部《关于办理恶势力刑事案件若干问题的意见》(法发〔2014〕10号)

为认真贯彻落实中央开展扫黑除恶专项斗争的部署要求,正确理解和适用最高人民法院、最高人民检察院、公安部、司法部《关于办理黑恶势力犯罪案件若干问题的指导意见》(法发〔2018〕1号,以下简称《指导意见》),根据刑法、刑事诉讼法及有关司法解释、规范性文件的规定,现对办理恶势力刑事案件若干问题提出如下意见:

一、办理恶势力刑事案件的总体要求

1.人民法院、人民检察院、公安机关和司法行政机关要深刻认识恶势力违法犯罪的严重社会危害,毫不动摇地坚持依法严惩方针,在侦查、起诉、审判、执行各阶段,运用多种法律手段全面体现依法从严惩处精神,有力震慑恶势力违法犯罪分子,有效打击和预防恶势力违法犯罪。

2.人民法院、人民检察院、公安机关和司法行政机关要严格坚持依法办案,确保在案件事实清楚,证据确实、充分的基础上,准确认定恶势力和恶势力犯罪集团,坚决防止人为拔高或者降低认定标准。要坚持贯彻落实宽严相济刑事政策,根据犯罪嫌疑人、被告人的主观恶性、人身危险性、在恶势力、恶势力犯罪集团中的地位、作用以及在具体犯罪中的罪责,切实做到宽严有据,罚当其罪,实现政治效果、法律效果和社会效果的统一。

3.人民法院、人民检察院、公安机关和司法行政机关要充分发挥各自职能,分工负责,互相配合,互相制约,坚持以审判为中心的刑事诉讼制度改革要求,严格执行“三项规程”,不断强化程序意识和证据意识,有效加强法律监督,确保严格执法、公正司法,充分保障当事人、诉讼参与人的各项诉讼权利。

二、恶势力、恶势力犯罪集团的认定标准

4.恶势力,是指经常纠集在一起,以暴力、威胁或者其他手段,在一定区域或者行业内多次实施违法犯罪活动,为非作恶,欺压百姓,扰乱经济、社会生活秩序,造成较为恶劣的社会影响,但尚未形成黑社会性质组织的违法犯罪组织。

5.单纯为牟取不法经济利益而实施的“黄、赌、毒、盗、抢、骗”等违法犯罪活动,不具有为非作恶、欺压百姓特征的,或者因本人及近亲属的婚恋纠纷、家庭纠纷、邻里纠纷、劳动纠纷、合法债务纠纷而引发以及其他确属事出有因的违法犯罪活动,不应作为恶势力案件处理。

6. 恶势力一般为3人以上,纠集者相对固定。纠集者,是指在恶势力实施的违法犯罪活动中起组织、策划、指挥作用的违法犯罪分子。成员较为固定且符合恶势力其他认定条件,但多次实施违法犯罪活动是由不同的成员组织、策划、指挥,也可以认定为恶势力,有前述行为的成员均可以认定为纠集者。

恶势力的其他成员,是指知道或应当知道与他人经常纠集在一起是为了共同实施违法犯罪,仍按照纠集者的组织、策划、指挥参与违法犯罪活动的违法犯罪分子,包括已有充分证据证明但尚未归案的人员,以及因法定情形不予追究法律责任,或者因参与实施恶势力违法犯罪活动已受到行政或刑事处罚的人员。仅因临时雇佣或被雇佣、利用或被利用以及受蒙蔽参与少量恶势力违法犯罪活动的,一般不应认定为恶势力成员。

7. "经常纠集在一起,以暴力、威胁或者其他手段,在一定区域或者行业内多次实施违法犯罪活动",是指犯罪嫌疑人、被告人于2年之内,以暴力、威胁或者其他手段,在一定区域或者行业内多次实施违法犯罪活动,且包括纠集者在内,至少应有2名相同的成员多次参与实施违法犯罪活动。对于"纠集在一起"时间明显较短,实施违法犯罪活动刚刚达到"多次"标准,且尚不足以造成较为恶劣影响的,一般不应认定为恶势力。

8. 恶势力实施的违法犯罪活动,主要为强迫交易、故意伤害、非法拘禁、敲诈勒索、故意毁坏财物、聚众斗殴、寻衅滋事,但也包括具有为非作恶、欺压百姓特征,主要以暴力、威胁为手段的其他违法犯罪活动。

恶势力还可能伴随实施开设赌场、组织卖淫、强迫卖淫、贩卖毒品、运输毒品、制造毒品、抢劫、抢夺、聚众扰乱社会秩序、聚众扰乱公共场所秩序、交通秩序以及聚众"打砸抢"等违法犯罪活动,但仅有前述伴随实施的违法犯罪活动,且不能认定具有为非作恶、欺压百姓特征的,一般不应认定为恶势力。

9. 办理恶势力刑事案件,"多次实施违法犯罪活动"至少应包括1次犯罪活动。对于反复实施强迫交易、非法拘禁、敲诈勒索、寻衅滋事等单一性质的违法行为,单次情节、数额尚不构成犯罪,但按照刑法或者有关司法解释、规范性文件的规定累加后应作为犯罪处理的,在认定是否属于"多次实施违法犯罪活动"时,可将已用于累加的违法行为计为1次犯罪活动,其他违法行为单独计算违法活动的次数。

已被处理或者已作为民间纠纷调处,后经查证确属恶势力违法犯罪活动的,均可以作为认定恶势力的事实依据,但不符合法定情形的,不得重新追究法律责任。

10. 认定"扰乱经济、社会生活秩序,造成较为恶劣的社会影响",应当结合侵害对象及其数量、违法犯罪次数、手段、规模、人身损害后果、经济损失数额、违法所得数额、引起社会秩序混乱的程度以及对人民群众安全感的影响程度等因素综合把握。

11. 恶势力犯罪集团,是指符合恶势力全部认定条件,同时又符合犯罪集团法定条件的犯罪组织。

恶势力犯罪集团的首要分子,是指在恶势力犯罪集团中起组织、策划、指挥作用的犯罪分子。恶势力犯罪集团的其他成员,是指知道或者应当知道是为共同实施犯罪而组成的较为固定的犯罪组织,仍接受首要分子领导、管理、指挥,并参与该组织犯罪活动的犯罪分子。

恶势力犯罪集团应当有组织地实施多次犯罪活动,同时还可能伴随实施违法活动。恶势力犯罪集团所实施的违法犯罪活动,参照《指导意见》第10条第2款的规定认定。

12. 全部成员或者首要分子、纠集者以及其他重要成员均为未成年人、老年人、残疾人的,认定恶势力、恶势力犯罪集团时应当特别慎重。

三、正确运用宽严相济刑事政策的有关要求

13. 对于恶势力的纠集者、恶势力犯罪集团的首要分子、重要成员以及恶势力、恶势力犯罪集团共同犯罪中罪责严重的主犯,要正确运用法律规定加大惩处力度,对依法应当判处重刑或死刑的,坚决判处重刑或死刑。同时要严格掌握取保候审,严格掌握不起诉,严格掌握缓刑、减刑、假释,严格掌握保外就医适用条件,充分利用资格刑、财产刑等法律手段全方位从严惩处。对于符合刑法第37条之一规定的,可以依法禁止其从事相关职业。

对于恶势力、恶势力犯罪集团的其他成员,在共同犯罪中罪责相对较小、人身危险性、主观恶性相对不大的,具有自首、立功、坦白、初犯等法定或酌定从宽处罚情节,可以依法从轻、减轻或免除处罚。认罪认罚或者仅参与实施少量的犯罪活动且只起次要、辅助作用,符合缓刑条件的,可以适用缓刑。

14. 恶势力犯罪集团的首要分子检举揭发与该犯罪集团及其违法犯罪活动有关联的其他犯罪线索,如果在认定立功的问题上存在事实、证据或法律适用方面的争议,应当严格把握。依法应认定为立功或者重大立功的,在决定是否从宽处罚、如何从宽处罚时,应当根据罪责刑相一致原则从严掌握。可能导致全案量刑明显失衡的,不予从宽处罚。

恶势力犯罪集团的其他成员如果能够配合司法机关查办案件,有提供线索、帮助收集证据或者其他协助行为,并在侦破恶势力犯罪集团案件、查处"保护伞"等方面起到较大作用的,即使依法不能认定立功,一般也应酌情对其从轻处罚。

15. 犯罪嫌疑人、被告人同时具有法定、酌定从严和法定、酌定从宽处罚情节的,量刑时要根据所犯具体罪行的严重程度,结合被告人在恶势力、恶势力犯罪集团中的地位、作用、主观恶性、人身危险性等因素整体把握。对于恶势力的纠集者、恶势力犯罪集团的首要分子、重要成员,量刑时要体现总体从严。对于在共同犯罪中罪责相对较小、人身危险性、主观恶性相对不大,且能够真诚认罪悔罪的其他成员,量刑时要体现总体从宽。

16. 恶势力刑事案件的犯罪嫌疑人、被告人自愿如实供述自己的罪行,承认指控的犯罪事实,愿意接受处罚的,可以依法从宽处理,并适用认罪认罚从宽制度。对于犯罪性质恶劣、犯罪手段残忍、社会危害严重的犯罪嫌疑人、被告人,虽然认罪认罚,但不足以从轻处罚的,不适用该制度。

四、办理恶势力刑事案件的其他问题

17. 人民法院、人民检察院、公安机关经审查认为案件符合恶势力认定标准的,应当在起诉意见书、起诉书、判决书、裁定书等法律文书中的案件事实部分明确表述,列明恶势力的纠集者、其他成员、违法犯罪事实以及据以认定的证据;符合恶势力犯罪集团认定标准的,应当在上述法律文书中明确定性,列明首要分子、其他成员、违法犯罪事实以及据以认定的证据,并引用刑法总则关于犯罪集团的相关规定。被告人及其辩护人对恶势力定性提出辩解和辩护意见,人民法院可以在裁判文书中予以评析回应。

恶势力刑事案件的起诉意见书、起诉书、判决书、裁定书等法律文书,可以在案件事实部分先概述恶势力、恶势力犯罪集团的概括事实,再分述具体的恶势力违法犯罪事实。

18. 对于公安机关未在起诉意见书中明确认定,人民检察院在审查起诉期间发现构成恶势力或者恶势力犯罪集团,且相关违法犯罪事实已经查清,证据确实、充分,依法应追究刑事责任的,应当作出起诉决定,根据查明的事实向人民法院提起公诉,并在起诉书中明确认定为恶势力或者恶势力犯罪集团。人民检察院认为恶势力相关违法犯罪事实不清、证据不足,或者存在遗漏恶势力违法犯罪事实、遗漏同案犯罪嫌疑人等情形需要补充侦查的,应当提出具体的书面意见,连同案卷材料一并退回公安机关补充侦查;人民检察院也可以自行侦查,必要时可以要求公安机关提供协助。

对于人民检察院未在起诉书中明确认定,人民法院在审判期间发现构成恶势力或恶势力犯罪集团的,可以建议人民检察院补充或者变更起诉;人民检察院不同意或者在7日内未回复意见的,人民法院不应主动认定,可仅就起诉指控的犯罪事实依照相关规定作出判决、裁定。

审理被告人或者被告人的法定代理人、辩护人、近亲属上诉的案件时,一审判决认定黑社会性质组织有误的,二审法院应当纠正,符合恶势力、恶势力犯罪集团认定标准,应当作出相应认定;一审判决认定恶势力或恶势力犯罪集团有误的,应当纠正,但不得升格认定;一审判决未认定恶势力或恶势力犯罪集团的,不得增加认定。

19. 公安机关、人民检察院、人民法院应当分别以起诉意见书、起诉书、裁判文书所明确的恶势力、恶势力犯罪集团,作为相关数据的统计依据。20. 本意见自2019年4月9日起施行。

10. 最高人民检察院《第18批指导性案例张某闵等52人电信网络诈骗案》(检例第67号;2020年4月8日)

(详见本书《刑法》第285条相关内容)

11. 最高人民检察院《第25批指导性案例黄某某等人重大责任事故、谎报安全事故案》(检例第96号;2021年1月20日)

(全文详见本书《刑法》第134条相关内容)

12. 最高人民检察院《第26批指导性案例姚某龙等5人假冒注册商标案》(检例第101号;2021年2月4日)

(全文详见本书《刑法》第213条相关内容)

第26条 【主犯】组织、领导犯罪集团进行犯罪活动的或者在共同犯罪中起主要作用的,是主犯。

3人以上为共同实施犯罪而组成的较为固定的犯罪组织,是犯罪集团。

对组织、领导犯罪集团的首要分子,按照集团所犯的全部罪行处罚。

对于第3款规定以外的主犯,应当按照其所参与的或者组织、指挥的全部犯罪处罚。

• 释义

共同犯罪包括一般共犯和特殊共犯,即犯罪集团。

一般共犯是指2人以上共同故意犯罪,而3人以上为共同实施犯罪而组成的较为固定的犯罪组织,是犯罪集团。在一般共犯中主犯是指在共同犯罪中起主要作用的人;在犯罪集团中主犯是指组织、领导犯罪集团进行犯罪活动的人,其中组织、领导犯罪集团的首要分子当然是主犯,除此之外,在犯罪集团中组织领导部分犯罪活动的人也是主犯。

对首要分子按照集团所犯全部罪行进行处罚,即除了对自己直接实施的具体犯罪及其结果承担刑事责任外,还要对集团成员按该集团犯罪计划所犯的全部罪行承担刑事责任。对于犯罪集团的首要分子以外的主犯,应分为两种情况处罚;对于组织、指挥共同犯罪的人,应当按照其组织、指挥的全部犯罪处罚;对于没有从事组织、指挥活动但在共同犯罪中起主要作用的人,应按其参与的全部犯罪处罚。

• 关联法律

1. 最高人民法院《关于贯彻宽严相济刑事政策的若干意见》(法发〔2010〕9号)

30. 对于恐怖组织犯罪、邪教组织犯罪、黑社会性质组织犯罪和进行走私、诈骗、贩毒等犯罪活动的犯罪集团,在处理时要分别情况,区别对待;对犯罪组织或集团中的为为首组织、指挥、策划者和骨干分子,要依法从严惩处,该判处重刑或死刑的要坚决判处重刑或死刑;对受欺骗、胁迫参加犯罪组织、犯罪集团或只是参加者,在犯罪中起次要、辅助作用的从犯,依法应当从轻或减轻处罚,符合缓刑条件的,可以适用缓刑。对于群体性事件中发生的杀人、放火、抢劫、伤害等犯罪案件,要注意重点打击其中的组织、指挥、策划者和直接实施犯罪行为的积极参与者;对因被煽动、欺骗、裹胁而参加,情节较轻,经教育确有悔改表现的,应当依法从宽处理。

31. 对于一般共同犯罪;罪案件,应当充分考虑各被告人在共同犯罪中的地位和作用,以及在主观恶性和人身危险性方面的不同,根据事实和证据能分清主从犯的,都应当认定主从犯。有多名主犯的,应在主犯中进一步区分出罪行最为严重者。对于多名被告人共同致死一名被害人的案件,要进一步分清各被告人的作用,准确确定各被告人的罪责,以做到区别对待;不能以分不清主次为由,简单地一律判处重刑。

33. 在共同犯罪案件中,对于主犯或首要分子检举、揭发同案地位、作用较次犯罪分子构成立功的,从轻或者减轻处罚应当从严姆掌握,如果从轻处罚可能导致全案量刑失衡的,一般不予从轻处罚;如果检举、揭发的是其他犯罪案件中罪行同样严重的犯罪分子,或者协助抓获的是同案中的其他主犯、首要分子的,原则上应予依法从轻或者减轻处罚。对于从犯或犯罪集团中的一般成员立功,特别是协助抓获主犯、首要分子的,应当充分体现政策,依法从轻、减轻或者免除处罚。(全文详见本书《刑法》第5条相关内容)

2. 最高人民法院《关于办理黑恶势力犯罪案件若干问题的指导意见》(法发〔2018〕1号)

三、依法惩处恶势力犯罪

14. 具有下列情形的组织,应当认定为"恶势力":经常纠集在一起,以暴力、威胁或者其他手段,在一定区域或者行业内多次实施违法犯罪活动,为非作恶,欺压百姓,扰乱经济、社会生活秩序,造成较为恶劣的社会影响,但尚未形成黑社会性质组织的违法犯罪组织。恶势力一般为3人以上,纠集者相对固定,违法犯罪活动主要为强迫交易、故意伤害、非法拘禁、敲诈勒索、故意毁坏财物、聚众斗殴、寻衅滋事等,同时还可能伴随实施开设赌场、组织卖淫、强迫卖淫、贩卖毒品、运输毒品、制造毒品、抢劫、抢夺、聚众扰乱社会秩序、聚众扰乱公共场所秩序、交通秩序以及聚众"打砸抢"等。

在相关法律文书中的犯罪事实认定部分,可使用"恶势力"等表述加以描述。

15. 恶势力犯罪集团是符合犯罪集团法定条件的恶势力犯罪组织,其特征表现为:有3名以上的组织成员,有明显的首要分子,重要成员较为固定,组织成员经常纠集在一起,共同故意实施3次以上恶势力惯常实施的犯罪活动或者其他犯罪活动。

16. 公安机关、人民检察院、人民法院在办理恶势力犯罪案件时,应当依照上述规定,区别于普通刑事案件,充分运用《刑法》总则关于共同犯罪和犯罪集团的规定,依法从严惩处。(全文详见本书《刑法》第294条相关内容)

3. 最高人民检察院《第18批指导性案例张某闵等52人电信网络诈骗案》(检例第67号;2020年4月8日)

(详见本书《刑法》第266条相关内容)

4. 最高人民检察院《第26批指导性案例邓某城、双善食品(厦门)有限公司等销售假冒注册商标的商品案》(检例第98号;2021年2月4日)

(全文详见本书《刑法》第214条相关内容)

第27条 【从犯】在共同犯罪中起次要或者辅助作用的,是从犯。

对于从犯,应当从轻、减轻处罚或者免除处罚。

• 释义

从犯包括两种人：一是在共同犯罪中起次要作用的犯罪分子，即对共同犯罪的形成与共同犯罪行为的实施、完成起次于主犯作用的犯罪分子；二是在共同犯罪中起辅助作用的犯罪分子，即为共同犯罪提供有利条件的犯罪分子，通常是指帮助犯。从犯是相对于主犯而言的。主犯是共同犯罪中的核心人物，没有主犯就不可能成立共同犯罪。在共同犯罪中，只有主犯（须2人以上）没有从犯的现象是存在的，而只有从犯没有主犯的现象则不可能存在。从犯也应对自己参与的全部犯罪承担刑事责任，但根据刑法第27条第2款的规定，对于从犯，应当从轻、减轻或者免除处罚。

• 关联法律

1. 最高人民法院《关于贯彻宽严相济刑事政策的若干意见》（法发〔2010〕9号）

15. 被告人的行为已经构成犯罪，但犯罪情节轻微，或者未成年人、在校学生实施的较轻犯罪，或者被告人具有犯罪预备、犯罪中止、从犯、胁从犯、防卫过当、避险过当等情节，依法不需要判处刑罚的，可以免予刑事处罚。对免予刑事处罚的，应当根据刑法第37条规定，做好善后、帮教工作或者交由有关部门进行处理，争取更好的社会效果。（全文详见本书《刑法》第5条相关内容）

2. 最高人民检察院《第26批指导性案例邓某城、双善食品（厦门）有限公司等销售假冒注册商标的商品案》（检例第98号；2021年2月4日）

（全文详见本书《刑法》第214条相关内容）

3. 最高人民检察院《第26批指导性案例姚某龙等5人假冒注册商标案》（检例第101号；2021年2月4日）

（全文详见本书《刑法》第213条相关内容）

4. 最高人民法院、最高人民检察院《关于常见犯罪的量刑指导意见（试行）》（法发〔2021〕21号）

三、常见量刑情节的适用

（五）对于从犯，综合考虑其在共同犯罪中的地位、作用等情况，应当予以从宽处罚，减少基准刑的20%-50%；犯罪较轻的，可以减少基准刑的50%以上或者依法免除处罚。（全文详见本书《刑法》第61条相关内容）

第28条　【胁从犯】 对于被胁迫参加犯罪的，应当按照他的犯罪情节减轻处罚或者免除处罚。

• 释义

胁从犯是被胁迫参加犯罪的人，即在他人威胁下不完全自愿地参加共同犯罪，并且在共同犯罪中起较小作用的人。如果行为人起先是因为被胁迫而参加共同犯罪，但后来发生变化，积极主动实施犯罪行为，在共同犯罪中起主要作用，则不宜认定为胁从犯。由于胁从犯是共犯人的一种，具有犯罪故意与犯罪行为，故行为人身体完全受强制、完全丧失意志自由时实施的某种行为，以及符合紧急避险条件的行为，不成立胁从犯。

• 关联法律

最高人民法院《关于贯彻宽严相济刑事政策的若干意见》（法发〔2010〕9号）

15. 被告人的行为已经构成犯罪，但犯罪情节轻微，或者未成年人、在校学生实施的较轻犯罪,或者被告人具有犯罪预备、犯罪中止、从犯、胁从犯、防卫过当、避险过当等情节,依法不需要判处刑罚的,可以免予刑事处罚。对免予刑事处罚的,应当根据刑法第37条规定,做好善后、帮教工作或者交由有关部门进行处理,争取更好的社会效果。(全文详见本书《刑法》第5条相关内容)

第29条 【教唆犯】教唆他人犯罪的,应当按照他在共同犯罪中所起的作用处罚。教唆不满18周岁的人犯罪的,应当从重处罚。

如果被教唆的人没有犯被教唆的罪,对于教唆犯,可以从轻或者减轻处罚。

●释义

教唆犯是指以劝说、利诱、授意、怂恿、收买、威胁以及其他方法,将自己的犯罪意图灌输给本来没有犯意或者虽有犯意但犯意不坚定的人,使其决意实施犯罪的人。

成立教唆犯要满足以下条件:

(一)客观上具有教唆他人犯罪行为。(二)教唆的对象是本无犯罪意图或者虽有犯罪意图但犯罪意志尚不坚决的人。(三)主观上具有教唆他人犯罪的故意。

过失不能成立教唆犯。

对于教唆犯,应当按照他在共同犯罪中所起的作用处罚,即实际起主要作用的,按主犯处罚;实际起次要作用的,则按从犯处罚。这是对教唆犯处罚的一般原则。教唆不满18周岁的人犯罪的,应当从重处罚,这里指教唆已满14不满18周岁达到刑事责任年龄的未成年人犯罪的情况。

如果教唆没有达到刑事责任年龄的人犯罪或者教唆没有刑事责任能力的精神病人犯罪的,如果有强迫行为,应按间接正犯处罚;如果没有强迫行为,根据共犯限制从属性学说,仍然成立教唆犯。

如果被教唆的人没有犯被教唆的罪,对于教唆犯,可以从轻或者减轻处罚。刑法理论称之为"教唆未遂"。

●关联法律

最高人民法院、最高人民检察院、公安部、民政部《关于依法处理监护人侵害未成年人权益行为若干问题的意见》(法发〔2014〕24号)

(全文详见本书《刑法》第17条相关内容)

第四节 单位犯罪

第30条 【单位负刑事责任的范围】公司、企业、事业单位、机关、团体实施的危害社会的行为,法律规定为单位犯罪的,应当负刑事责任。

●释义

实施犯罪的主体除自然人以外,还有单位。但只有法律明文规定为单位可以成为犯罪主体的犯罪,单位才有此主体资格。

单位犯罪分纯正的单位犯罪(只能由单位构成)和非纯正的单位犯罪(与自然人结合构成犯罪)。

• 关联法律

1. 最高人民法院研究室《关于企业犯罪后被合并应当如何追究刑事责任问题的答复》(1998年11月18日)

人民检察院起诉时该犯罪企业已被合并到一个新企业的,仍应依法追究原犯罪企业及其直接负责的主管人员和其他直接人员的刑事责任。人民法院审判时,对被告单位应列原犯罪企业名称,但注明已被并入新的企业,对被告单位所判处的罚金数额以其并入新的企业的财产及收益为限。

2. 最高人民法院《关于在审理经济纠纷案件中涉及经济犯罪嫌疑若干问题的规定》(法释〔1998〕7号)

(法释〔2020〕17号已对该文件修正)

3. 最高人民法院《关于审理单位犯罪案件具体应用法律有关问题的解释》(法释〔1999〕14号)

为依法惩治单位犯罪活动,根据刑法的有关规定,现对审理单位犯罪案件具体应用法律的有关问题解释如下:

第1条 刑法第30条规定的"公司、企业、事业单位",既包括国有、集体所有的公司、企业、事业单位,也包括依法设立的合资经营、合作经营企业和具有法人资格的独资、私营等公司、企业、事业单位。

第2条 个人为进行违法犯罪活动而设立的公司、企业、事业单位实施犯罪的,或者公司、企业、事业单位设立后,以实施犯罪为主要活动的,不以单位犯罪论处。

第3条 盗用单位名义实施犯罪,违法所得由实施犯罪的个人私分的,依照刑法有关自然人犯罪的规定定罪处罚。

4. 最高人民法院《关于审理单位犯罪案件对其直接负责的主管人员和其他直接责任人员是否区分主犯、从犯问题的批复》(法释〔2000〕31号)

湖北省高级人民法院:你院鄂高法〔1999〕374号《关于单位犯信用证诈骗罪案件中对其"直接负责的主管人员"和"其他直接责任人员"是否划分主从犯问题的请示》收悉。经研究,答复如下:在审理单位故意犯罪案件时,对其直接负责的主管人员和其他直接责任人员,可不区分主犯、从犯,按照其在单位犯罪中所起的作用判处刑罚。

5. 最高人民法院《全国法院审理金融犯罪案件工作座谈会纪要》(法〔2001〕8号)

(一)关于单位犯罪问题

根据刑法和《最高人民法院关于审理单位犯罪案件具体应用法律有关问题的解释》的规定,以单位名义实施犯罪,违法所得归单位所有的,是单位犯罪。

1. 单位的分支机构或者内设机构、部门实施犯罪行为的处理。以单位的分支机构或者内设机构、部门的名义实施犯罪,违法所得亦归分支机构或者内设机构、部门所有的,应认定为单位犯罪。不能因为单位的分支机构或者内设机构、部门没有可供执行罚金的财产,就不将其认定为单位犯罪,而按照个人犯罪处理。

2. 单位犯罪直接负责的主管人员和其他直接责任人员的认定:直接负责的主管人员,是在单位实施的犯罪中起决定、批准、授意、纵容、指挥等作用的人员,一般是单位的主管负责人,包括法定代表人。其他直接责任人员,是在单位犯罪中具体实施犯罪并起较大作用的人员,既可以是单位的经营管理人员,也可以是单位的职工,包括聘任、雇佣的人员。应当注意的是,在单位犯罪中,对于受单位领导指派或奉命而参与实施了一定犯罪行为的人员,一般不宜作为直接责任人员追究刑事责任。对单位犯罪中的直接负责的主管人员和其他直接责任人员,应根据其在单位犯罪中的地位、作用和犯罪情节,分别处以相应的刑罚,主管人员与直接责任人员,在个案中,不是当然的主、从犯关系,有的案件,主管人员与直接责任人员在实施犯罪行为的主从关系不明显的,可不分主、从犯。但具体案件可以分清主、从犯,且不分清主、从犯,在同一法定刑档次、幅度内量刑无法做到罪刑相适应的,应当分清主、从犯,依法处罚。

3. 对未作为单位犯罪起诉的单位犯罪案件的处理。对于应当认定为单位犯罪的案件,检察机关只作为自然人犯罪案件起诉的,人民法院应及时与检察机关协商,建议检察机关对犯罪单位补充起诉。如检察机关不补充起诉的,人民法院仍应依法审理,对被起诉的自然人根据指控的犯罪事实、证据及庭审查明的事实,依法按单位犯罪中的直接负责的主管人员或者其他直接责任人员追究刑事责任,并应引用刑罚分则关于单位犯罪追究直接负责的主管人员和其他直接责任人员刑事责任的有关条款。

4. 单位共同犯罪的处理。两个以上单位以共同故意实施的犯罪,应根据各单位在共同犯罪中的地位、作用大小,确定犯罪单位的主、从犯。(全文详见本书《刑法》第170条相关内容)

6. 最高人民检察院《关于涉嫌犯罪单位被撤销、注销、吊销营业执照或者宣告破产的应如何进行追诉问题的批复》(高检发释字〔2002〕4号)

四川省人民检察院:

你院《关于对已注销的单位原犯罪行为是否应当追诉的请示》(川检发研〔2001〕25号)收悉。

经研究,批复如下:涉嫌犯罪的单位被撤销、注销、吊销营业执照或者宣告破产的,应当根据刑法关于单位犯罪的相关规定,对实施犯罪行为的该单位直接负责的主管人员和其他直接责任人员追究刑事责任,对该单位不再追诉。

7. 最高人民检察院《关于单位有关人员组织实施盗窃行为如何适用法律问题的批复》(高检发释字〔2002〕5号)

近来,一些省人民检察院就单位有关人员为谋取单位利益组织实施盗窃行为如何适用法律问题向我院请示。根据刑法有关规定,现批复如下:单位有关人员为谋取单位利益组织实施盗窃行为,情节严重的,应当依照刑法第264条的规定以盗窃罪追究直接责任人员的刑事责任。

8. 最高人民法院、最高人民检察院、海关总署《关于办理走私刑事案件适用法律若干问题的意见》(法〔2002〕139号)

十七、关于单位走私犯罪案件诉讼代表人的确定及其相关问题

单位走私犯罪案件的诉讼代表人,应当是单位的法定代表人或者主要负责人。单位的法定代表人或者主要负责人被依法追究刑事责任或者因其他原因无法参与刑事诉讼的,人民检察院应当另行确定被告单位的其他负责人作为诉讼代表人参加诉讼。

接到出庭通知的被告单位的诉讼代表人应当出庭应诉。拒不出庭的,人民法院在必要的时候,可以拘传到庭。

对直接负责的主管人员和其他直接责任人员均无法归案的单位走私犯罪案件,只要单位走私犯罪的事实清楚、证据确实充分,且能够确定诉讼代表人代表单位参与刑事诉讼活动的,可以先行追究该单位的刑事责任。

被告单位没有合适人选作为诉讼代表人出庭的,因不具备追究该单位刑事责任的诉讼条件,可按照单位犯罪的条款先行追究单位犯罪中直接负责的主管人员或者其他直接责任人员的刑事责任。人民法院在对单位犯罪中直接负责的主管人员或者直接责任人员进行判决时,对于扣押、冻结的走私货物、物品、违法所得以及属于犯罪单位所有的走私犯罪工具，应当一并判决予以追缴、没收。

十八、关于单位走私犯罪及其直接负责的主管人员和直接责任人员的认定问题

具备下列特征的，可以认定为单位走私犯罪：(1)以单位的名义实施走私犯罪，即由单位集体研究决定，或者由单位的负责人或者被授权的其他人员决定、同意；(2)为单位谋取不正当利益或者违法所得大部分归单位所有。

依照《最高人民法院关于审理单位犯罪案件具体应用法律有关问题的解释》第2条的规定，个人为进行违法犯罪活动而设立的公司、企业、事业单位实施犯罪的，或者个人设立公司、企业、事业单位后，以实施犯罪为主要活动的，不以单位犯罪论处。单位是否以实施犯罪为主要活动，应根据单位实施走私行为的次数、频度、持续时间、单位进行合法经营的状况等因素综合考虑认定。

根据单位人员在单位走私犯罪活动中所发挥的不同作用，对其直接负责的主管人员和其他直接责任人员，可以确定为1人或者数人。对于受单位领导指派而积极参与实施走私犯罪行为的人员，如果其行为在走私犯罪的主要环节起重要作用的，可以认定为单位犯罪的直接责任人员。

十九、关于单位走私犯罪后发生分立、合并或者其他资产重组情形以及单位被依法注销、宣告破产等情况下，如何追究刑事责任的问题

单位走私犯罪后，单位发生分立、合并或者其他资产重组等情况的，只要承受该单位权利义务的单位存在，应当追究单位走私犯罪的刑事责任。走私单位发生分立、合并或者其他资产重组后，原单位名称发生更改的，仍以原单位(名称)作为被告单位。承受原单位权利义务的单位法定代表人或者负责人为诉讼代表人。

单位走私犯罪后，发生分立、合并或者其他资产重组情形，以及被依法注销、宣告破产等情况的，无论承受该单位权利义务的单位是否存在，均应追究原单位直接负责的主管人员和其他直接责任人员的刑事责任。

人民法院对原走私单位判处罚金的，应当将承受原单位权利义务的单位作为被执行人。罚金超出新单位所承受的财产的，可在执行中予以减除。

二十、关于单位与个人共同走私普通货物、物品案件的处理问题

单位和个人(不包括单位直接负责的主管人员和其他直接责任人员)共同走私的，单位和个人均应对共同走私所偷逃应缴税额负责。

对单位和个人共同走私偷逃应缴税额为5万元以上不满25万元的，应当根据其在案件中所起的作用，区分不同情况做出处理。单位起主要作用的，对单位和个人均不追究刑事责任，由海关予以行政处理；个人起主要作用的，对个人依照刑法有关规定追究刑事责任，对单位由海关予以行政处理。无法认定单位或个人起主要作用的，对个人和单位分别按个人犯罪和单位犯罪的标准处理。

单位和个人共同走私偷逃应缴税额超过25万元且能区分主、从犯的，应当按照型法关于主、从犯的有关规定，对从犯从轻、减轻处罚或者免除处罚。

二十一、关于单位走私犯罪案件自首的认定问题

在办理单位走私犯罪案件中，对单位集体决定自首的，或者单位直接负责的主管人员自首的，应当认定单位自首。认定单位自首后，如实交代主要犯罪事实的单位负责的其他主管人员和其他直接责任人员，可视为自首，但对拒不交代主要犯罪事实或逃避法律追究的人员，不以自首论。(全文详见本书《刑法》第151条相关内容)

9. 国家统计局《关于对国有公司企业认定意见的函》(国统函〔2003〕44 号)

公安部:

你部《关于征求对国有公司企业认定问题意见的函》(公经〔2003〕368 号)收悉。经研究,现提出如下意见:我们认为,国有企业有广义、狭义之分。广义的国有企业是指具有国家资本金的企业,可分为三个层次:

一、纯国有企业。包括国有独资企业、国有独资公司和国有联营企业 3 种形式,企业的资本金全部为国家所有。

二、国有控股企业。根据国家统计局《关于统计上国有经济控股情况的分类办法》的规定,国有控股包括国有绝对控股和国有相对控股两种形式。

国有绝对控股企业是指在企业的全部资本中,国家资本(股本)所占比例大于 50% 的企业。

国有相对控股企业(含协议控制)是指在企业的全部资本中,国家资本(股本)所占的比例虽未大于 50%,但相对大于企业中的其他经济成分所占比例的企业(相对控股);或者虽不大于其他经济成分,但根据协议规定,由国家拥有实际控制权的企业(协议控制)。

三、国有参股企业。是指具有部分国家资本金,但国家不控股的企业。国有与其他所有制的联营企业,按照上述原则分别划归第二、三层次中。

狭义的国有企业,仅指纯国有企业。

10. 最高人民法院研究室《关于外国公司、企业、事业单位在我国领域内犯罪如何适用法律问题的答复》(法研〔2003〕153 号)

天津市高级人民法院:

你院津高法〔2003〕30 号《关于韩国注册企业在我国犯走私普通货物罪能否按单位犯罪处理的请示》收悉。经研究,答复如下:

符合我国法人资格条件的外国公司、企业、事业单位,在我国领域内实施危害社会的行为,符合我国《刑法》构成犯罪的,应当依照我国《刑法》关于单位犯罪的规定追究刑事责任。

个人在我国领域内进行违法犯罪活动而设立的外国公司、企业、事业单位实施犯罪的,或者外国公司、企业、事业单位设立后在我国领域内以实施违法犯罪为主要活动的,不以单位犯罪论处。

11. 公安部《关于对三资企业能否构成涉外经济犯罪案件的涉外因素及如何确定涉外经济犯罪案件级别管辖问题的批复》(公经〔2004〕651 号)

(详见本书《刑法》第 8 条相关内容)

12. 最高人民检察院法律政策研究室《关于国有单位的内设机构能否构成单位受贿罪主体问题的答复》(〔2006〕高检研发 8 号)

陕西省人民检察院法律政策研究室:你室《关于国家机关、国有公司、企业、事业单位、人民团体的内设机构能否构成单位受贿罪主体的请示》(陕检研发〔2005〕13 号)收悉。

经研究,答复如下:国有单位的内设机构利用其行使职权的便利,索取、非法收受他人财物并归该内设机构所有或者支配,为他人谋取利益,情节严重的,依照刑法第 387 条的规定以单位受贿罪追究刑事责任。

上述内设机构在经济往来中,在账外暗中收受各种名义的回扣、手续费的,以受贿论。

13. 公安部《关于村民委员会可否构成单位犯罪主体问题的批复》(公复字〔2007〕1 号)

内蒙古自治区公安厅:

你厅《关于村支书、村主任以村委会的名义实施犯罪可否构成单位犯罪的请示》(内公字〔2006〕164 号)收悉。现批复如下:

根据《刑法》第30条的规定,单位犯罪主体包括公司、企业、事业单位、机关、团体。按照《村民委员会组织法》第2条的规定,村民委员会是村民自我管理、自我教育、自我服务的基层群众性自治组织,不属于《刑法》第30条列举的范围。因此,对以村民委员会名义实施犯罪的,不应以单位犯罪论,可以依法追究直接负责的主管人员和其他直接责任人员的刑事责任。

14. 全国人大常委会《关于〈中华人民共和国刑法〉第30条的解释》(2014年4月24日第十二届全国人大常委会第八次会议通过)

全国人民代表大会常务委员会根据司法实践中遇到的情况,讨论了刑法第30条的含义及公司、企业、事业业单位、机关、团体等单位实施刑法规定的危害社会的行为,法律未规定追究单位的刑事责任的,如何适用刑法有关规定的问题,解释如下;

公司、企业、事业单位、机关、团体等单位实施刑法规定的危害社会的行为,刑法分则和其他法律未规定追究单位的刑事责任的,对组织、策划、实施该危害社会行为的人依法追究刑事责任。

15. 最高人民法院研究室《关于如何认定以"挂靠"有关公司名义实施经营活动并让有关公司为自己虚开增值税专用发票行为的性质征求意见的复函》(法研〔2015〕58号)

公安部经济犯罪侦查局:贵局《关于如何认定以"挂靠"有关公司名义实施经营活动并让有关公司为自己虚开增值税专用发票行为的性质的函》(公经财税〔2015〕40号)收悉,经研究,现提出如下意见:

一、挂靠方以挂靠形式向受票方实际销售货物,被挂靠方向受票方开具增值税专用发票的,不属于刑法第205条规定的"虚开增值税专用发票"。

主要考虑;(一)由挂靠方适用被挂靠方的经营资格进行经营活动,并向挂靠方支付挂靠费的经营方式在实践中客观存在,且带有一定普遍性。相关法律并未明确禁止以挂靠形式从事经营活动。(二)虚开增值税专用发票罪是行政犯,对相关入罪要件的判断,应当依据、参照相关行政法规、部门规章等,而根据《国家税务总局关于纳税人对外开具增值税专用发票有关问题的公告》(国家税务总局公告2014年第39号),挂靠方以挂靠形式向受票方实际销售货物,被挂靠方向受票方开具增值税专用发票的,不属于虚开。

二、行为人利用他人的名义从事经营活动,并以他人名义开具增值税专用发票的,即便行为人与该他人之间不存在挂靠关系,但如行为人进行了实际的经营活动,主观上并无骗取抵扣税款的故意,客观上也未造成国家增值税款损失的,不宜认定为刑法第205条规定的"虚开增值税专用发票";符合逃税罪等其他犯罪构成条件的,可以其他犯罪论处。

主要考虑;(一)虚开增值税发票罪的危害实质在于通过虚开行为骗取抵扣税款,对于有实际交易存在的代开行为,如行为人主观上并无骗取的扣税款的故意,客观上未造成国家增值税款损失的,不宜以虚开增值税专用发票罪论处。虚开增值税专用发票罪的法定最高刑为无期徒刑,系严重犯罪,如将该罪理解为行为犯,只要虚开增值税专用发票,侵犯增值税专用发票管理秩序的,即构成犯罪并要判处重刑,也不符合罪刑责相适应原则。(二)1996年10月17日《关于适用〈全国人民代表大会常务委员会关于惩治虚开、伪造和非法出售增值税专用发票犯罪的决定〉的若干问题的解释》虽然未被废止,但该解释制定于1997年刑法施行前,根据我院《关于认真学习宣传贯彻修订的〈中华人民共和国刑法〉的通知》(法发(1997]3号)第5条"修订的刑法实施后,对已明令废止的全国人大常委会有关决定和补充规定,最高人民法院原作出的有关司法解释不再适用,但是如果修订的刑法有关条文实质内容没有变化的,人民法院在刑事审判工作中,在没有新的司法解释前,可参照执行。其他对于与修订的刑法规定相抵触的司法解释,不再适用"的规定,应当根据现行刑法第205条关于虚开增值税专用发票罪的规定,合理选择该解释中可以继续参照适用的条文。其中,该解释中关于"进行了实际经营活动,但让他人为自己代开增值税专用发票”也属于虚开的规定,与虚开增值税专用发票罪的规定不符,不应继续适用;如继续适用该解释的上述规定,则对于挂靠代开案件也要以犯罪论处,显然有失妥当。(三)《刑事审判参考》曾刊登“芦才兴虚开抵扣税款发票案”。该案例提出,虚开可以用于抵扣税款的发票冲减营业额偷逃税款的行为。主观上明知所虚开的运输发票均不用于抵扣税款,客观上使用虚开发票冲减营业额的方法偷逃应纳税款,其行为不符合虚开用于抵扣税款发票罪的构成要件,属于偷税行为。2001年福建高院请示的泉州市松苑绵涤实业有限公司等虚开增值税专用发票案,被告单位不以抵扣税款为目的,而是为了显示公司实力以达到在与外商谈判中处于有利地位的目的而虚开增值税发票。我院答复认为该公司的行为不构成犯罪。以上意见供参考。

16. 最高人民检察院《关于办理涉互联网金融犯罪案件有关问题座谈会纪要》(高检诉〔2017〕14号)

三、依法认定单位犯罪及其责任人员

20. 涉互联网金融犯罪案件多以单位形式组织实施,所涉单位数量众多、层级复杂,其中还包括大量分支机构和关联单位,集团化特征明显。有的涉互联网金融犯罪案件中分支机构遍布全国,既有具备法人资格的,又有不具备法人资格的;既有受总公司直接领导的,又有受总公司的下属单位领导的。公安机关在立案时做法不一,有的对单位立案,有的不对单位立案,有的被立案的单位不具有独立法人资格,有的仅对最上层的单位立案而不对分支机构立案。对此,检察机关公诉部门在审查起诉时,应当从能够全面揭示犯罪行为基本特征、全面覆盖犯罪活动、准确界定区分各层级人员的地位作用、有利于有力指控犯罪、有利于追缴违法所得等方面依法具体把握,确定是否以单位犯罪追究。

21. 涉互联网金融犯罪所涉罪名中,刑法规定应当追究单位刑事责任的,对同时具备以下情形且具有独立法人资格的单位,可以以单位犯罪追究:

(1)犯罪活动经单位决策实施;(2)单位的员工主要按照单位的决策实施具体犯罪活动;(3)违法所得归单位所有,经单位决策使用,收益亦归单位所有。但是,单位设立后专门从事违法犯罪活动的,应当以自然人犯罪追究刑事责任。

22. 对参与涉互联网金融犯罪,但不具有独立法人资格的分支机构,是否追究其刑事责任,可以区分两种情形处理:

(1)全部或部分违法所得归分支机构所有并支配,分支机构作为单位犯罪主体追究刑事责任;(2)违法所得完全归分支机构上级单位所有并支配的,不能对分支机构作为单位犯罪主体追究刑事责任,而是应当对分支机构的上级单位(符合单位犯罪主体资格)追究刑事责任。

23. 分支机构认定为单位犯罪主体的,该分支机构相关涉案人员应当作为该分支机构的“直接负责的主管人员”或者“其他直接责任人员”追究刑事责任。仅将分支机构的上级单位认定为单位犯罪主体的,该分支机构相关涉案人员可以作为该上级单位的“其他直接责任人员”追究刑事责任。

24. 对符合追诉条件的分支机构(包括具有独立法人资格的和不具有独立法人资格)及其所属单位,公安机关均没有作为犯罪嫌疑单位移送审查起诉,仅将其所属单位的上级单位作为犯罪嫌疑单位移送审查起诉的,对相关分支机构涉案人员可以区分以下情形处理:

(一)有证据证明被立案的上级单位(比如总公司)在业务、财务、人事等方面对下属单位及其分支机构进行实际控制,下属单位及其分支机构涉案人员可以作为被移送审查起诉的上级单位的“其他直接责任人员”追究刑事责任。在证明实际控制关系时,应当收集、运用公司决策、管理、考核等相关文件,OA系统等电子数据,资金往来记录等证据。对不同地区同一单位的分支机构涉案人员起诉时,证明实际控制关系的证据体系、证明标准应基本一致。

(二)据现有证据无法证明被立案的上级单位与下属单位及其分支机构之间存在实际控制关系的,对符合单位犯罪构成要件的下属单位或分支机构应当补充起诉,下属单位及其分支机构已不具备补充起诉条件的,可以将下属单位及其分支机构的涉案犯罪嫌疑人直接起诉。(全文详见本书《刑法》第176条相关内容)

17. 最高人民法院、最高人民检察院、公安部《关于办理非法集资刑事案件若干问题的意见》(高检会〔2019〕2号)

二、关于单位犯罪的认定问题

单位实施非法集资犯罪活动,全部或者大部分违法所得归单位所有的,应当认定为单位犯罪。

个人为进行非法集资犯罪活动而设立的单位实施犯罪的,或者单位设立后,以实施非法集资犯罪活动为主要活动的,不以单位犯罪论处,对单位中组织、策划、实施非法集资犯罪活动的人员应当以自然人犯罪依法追究刑事责任。

判断单位是否以实施非法集资犯罪活动为主要活动,应当根据单位实施非法集资的次数、频度、持续时间、资金规模、资金流向、投入人力物力情况、单位进行正当经营的状况以及犯罪活动的影响、后果等因素综合考虑认定。

三、关于涉案下属单位的处理问题

办理非法集资刑事案件中,人民法院、人民检察院、公安机关应当全面查清涉案单位,包括上级单位(总公司、母公司)和下属单位(分公司、子公司)的主体资格、层级、关系、地位、作用、资金流向等,区分情况依法作出处理。

上级单位已被认定为单位犯罪,下属单位实施非法集资犯罪活动,且全部或者大部分违法所得归下属单位所有的,对该下属单位也应当认定为单位犯罪。上级单位和下属单位构成共同犯罪的,应当根据犯罪单位的地位、作用,确定犯罪单位的刑事责任。

上级单位已被认定为单位犯罪,下属单位实施非法集资犯罪活动,但全部或者大部分违法所得归上级单位所有的,对下属单位不单独认定为单位犯罪。下属单位中涉嫌犯罪的人员,可以作为上级单位的其他直接责任人员依法追究刑事责任。

上级单位未被认定为单位犯罪,下属单位被认定为单位犯罪的,对上级单位中组织、策划、实施非法集资犯罪的人员,一般可以与下属单位按照自然人与单位共同犯罪处理。

上级单位与下属单位均未被认定为单位犯罪的,一般以上级单位与下属单位中承担组织、领导、管理、协调职责的主管人员和发挥主要作用的人员作为主犯,以其他积极参加非法集资犯罪的人员作为从犯,按照自然人共同犯罪处理。(全文略)

18. 最高人民法院、最高人民检察院、公安部、司法部、生态环境部《关于办理环境污染刑事案件有关问题座谈会纪要》(2019年2月20日)

1. 关于单位犯罪的认定

会议针对一些地方存在追究自然人犯罪多,追究单位犯罪少,单位犯罪认定难的情况和问题进行了讨论。会议认为,办理环境污染犯罪案件,认定单位犯罪时,应当依法合理把握追究刑事责任的范围,贯彻宽严相济刑事政策,重点打击出资者、经营者和主要获利者,既要防止不当缩小追究刑事责任的人员范围,又要防止打击面过大。

为了单位利益,实施环境污染行为,并具有下列情形之一的,应当认定为单位犯罪;(1)经单位决策机构按照决策程序决定的;(2)经单位实际控制人、主要负责人或者授权的分管负责人决定、同意的;(3)单位实际控制人、主要负责人或者授权的分管负责人得知单位成员个人实施环境污染犯罪行为,并未加以制止或者及时采取措施,而是予以追认、纵容或者默许的;(4)使用单位营业执照、合同书、公章、印鉴等对外开展活动,并调用单位车辆、船舶、生产设备、原辅材料等实施环境污染犯罪行为的。

单位犯罪中的“直接负责的主管人员”,一般是指对单位犯罪起决定、批准、组织、策划、指挥、授意、纵容等作用的主管人员,包括单位实际控制人、主要负责人或者授权的分管负责人、高级管理人员等;“其他直接责任人员”,一般是指在直接负责的主管人员的指挥、授意下积极参与实施单位犯罪或者对具体实施单位犯罪起较大作用的人员。

对于应当认定为单位犯罪的环境污染犯罪案件,公安机关未作为单位犯罪移送审查起诉的,人民检察院应当退回公安机关补充侦查。对于应当认定为单位犯罪的环境污染犯罪案件,人民检察院只作为自然人犯罪起诉的,人民法院应当建议人民检察院对犯罪单位补充起诉。(全文详见本书《刑法》第338条相关内容)

19. 最高人民检察院《第17批指导性案例博元投资股份有限公司、余某妮等人违规披露、不披露重要信息案》(检例第66号;2020年3月25日)

(详见本书《刑法》第161条相关内容)

20. 最高人民检察院《第20批指导性案例浙江省某县图书馆及赵某、徐某某单位受贿、私分国有资产、贪污案》(检例第73号;2020年7月21日)

(详见本书《刑法》第383条相关内容)

21. 最高人民法院《关于适用〈中华人民共和国刑事诉讼法〉的解释》(法释〔2012〕21号)

第11章 单位犯罪案件的审理

第335条 人民法院受理单位犯罪案件,除依照本解释第218条的有关规定进行审查外,还应当审查起诉书是否列明被告单位的名称、住所地、联系方式,法定代表人、实际控制人、主要负责人以及代表被告单位出庭的诉讼代表人的姓名、职务、联系方式。需要人民检察院补充材料的,应当通知人民检察院在3日以内补送。

第336条 被告单位的诉讼代表人,应当是法定代表人、实际控制人或者主要负责人;法定代表人、实际控制人或者主要负责人被指控为单位犯罪直接责任人员或者因客观原因无法出庭的,应当由被告单位委托其他负责人或者职工作为诉讼代表人。但是,有关人员被指控为单位犯罪直接责任人员或者知道案件情况、负有作证义务的除外。

依据前款规定难以确定诉讼代表人的,可以由被告单位委托律师等单位以外的人员作为诉讼代表人。

诉讼代表人不得同时担任被告单位或者被指控为单位犯罪直接责任人员的有关人员的辩护人。

第337条 开庭审理单位犯罪案件,应当通知被告单位的诉讼代表人出庭;诉讼代表人不符合前条规定的,应当要求人民检察院另行确定。

被告单位的诉讼代表人不出庭的,应当按照下列情形分别处理:

(一)诉讼代表人系被告单位的法定代表人、实际控制人或者主要负责人,无正当理由拒不出庭的,可以拘传其到庭;因客观原因无法出庭,或者下落不明的,应当要求人民检察院另行确定诉讼代表人;(二)诉讼代表人系其他人员的,应当要求人民检察院另行确定诉讼代表人。

第338条 被告单位的诉讼代表人享有刑事诉讼法规定的有关被告人的诉讼权利。开庭时,诉讼代表人席位置于审判台前左侧,与辩护人席并列。

第339条 被告单位委托辩护人的,参照适用本解释的有关规定。

第340条 对应当认定为单位犯罪的案件,人民检察院只作为自然人犯罪起诉的,人民法院应当建议人民检察院对犯罪单位追加起诉。人民检察院仍以自然人犯罪起诉的,人民法院应当依法审理,按照单位犯罪直接负责的主管人员或者其他直接责任人员追究刑事责任,并援引刑法分则关于追究单位犯罪中直接负责的主管人员和其他直接责任人员刑事责任的条款。

第341条 被告单位的违法所得及其他涉案财物，尚未被依法追缴或者查封、扣押、冻结的，人民法院应当决定追缴或者查封、扣押、冻结。

第342条 为保证判决的执行，人民法院可以先行查封、扣押、冻结被告单位的财产，或者由被告单位提出担保。

第343条 采取查封、扣押、冻结等措施，应当严格依照法定程序进行，最大限度降低对被告单位正常生产经营活动的影响。

第344条 审判期间，被告单位被吊销营业执照、宣告破产但尚未完成清算、注销登记的，应当继续审理；被告单位被撤销、注销的，对单位犯罪直接负责的主管人员和其他直接责任人员应当继续审理。

第345条 审判期间，被告单位合并、分立的，应当将原单位列为被告单位，并注明合并、分立情况。对被告单位所判处的罚金以其在新单位的财产及收益为限。

第346条 审理单位犯罪案件，本章没有规定的，参照适用本解释的有关规定。（全文略）

22. 最高人民检察院《第26批指导性案例姚某龙等5人假冒注册商标案》（检例第101号；2021年2月4日）

（全文详见本书《刑法》第213条相关内容）

第31条 【单位犯罪的处罚原则】 单位犯罪的，对单位判处罚金，并对其直接负责的主管人员和其他直接责任人员判处刑罚。本法分则和其他法律另有规定的，依照规定。

• 释义

刑法对单位犯罪在绝大部分情况下采取双罚制。在双罚制中，对单位的刑罚是判处罚金，判处罚金采取无限额罚金制，即对罚金的数额未作规定。在双罚制中，对直接负责的主管人员和其他直接责任人员是判处刑罚，这里的刑罚包括自由刑与罚金刑。

刑法对单位犯罪在个别情况下采取单罚制。纯正单罚制的刑法条文有：

1. 第135条：重大劳动安全事故罪；2. 第137条：工程重大安全事故罪；3. 第138条：教育设施重大安全事故罪；4. 第139条：消防责任事故罪；5. 第161条：提供虚假财会报告罪；6. 第162条：妨害清算罪；7. 第162条之二（《刑法修正案（6）》）：虚假破产罪；8. 第244条：强迫职工劳动罪、雇用童工从事危重劳动罪；9. 第396条：私分国有资产罪、私分罚没财物罪；10. 涉嫌单位犯罪被撤销、注销、吊销营业执照或者宣告破产的。

• 关联法律

1. 最高人民检察院《第17批指导性案例博元投资股份有限公司、余某妮等人违规披露、不披露重要信息案》（检例第66号；2020年3月25日）

（详见本书《刑法》第161条相关内容）

2. 最高人民检察院《第20批指导性案例浙江省某县图书馆及赵某、徐某某单位受贿、私分国有资产、贪污案》（检例第73号；2020年7月21日）

（详见本书《刑法》第383条相关内容）

3. 最高人民法院《关于审理非法集资刑事案件具体应用法律若干问题的解释》（法释〔2010〕18号；法释〔2022〕5号修正）

第14条 单位实施非法吸收公众存款、集资诈骗犯罪的，依照本解释规定的相应自然人犯罪的定罪量刑标准，对单位判处罚金，并对其直接负责的主管人员和其他直接责任人员定

罪处罚。(全文详见本书《刑法》第 176 条相关内容)

4. 参见本书《刑法》第 30 条该节内容。

第三章　刑　　罚

第一节　刑罚的种类

第 32 条　【主刑和附加刑】 刑罚分为主刑和附加刑。

• 释义

主刑,是指只能独立适用,不能附加适用的刑罚。主刑只能独立适用,不能附加适用;一个罪只能适用一个主刑,不能同时适用两个以上主刑。

附加刑指刑法规定,补充主刑适用的刑罚方法。其特点是既能独立适用,也能附加适用。

第 33 条　【主刑种类】 主刑的种类如下:

(一)管制;

(二)拘役;

(三)有期徒刑;

(四)无期徒刑;

(五)死刑。

• 释义

(一)管制:对犯罪人不实行关押,但限制其一定自由,主要由公安机关执行和群众监督改造的刑罚方法。

(二)拘役:短期剥夺犯罪分子的人身自由,就近实行教育改造的刑罚方法。介于管制和有期徒刑之间的一种较轻的刑罚方法,由公安机关就近执行。

(三)有期徒刑是剥夺犯罪分子一定期限的人身自由,实行强制劳动和教育改造的刑罚方法。

(四)无期徒刑是剥夺犯罪分子终身自由,实行强制劳动和教育改造的刑罚方法。是自由刑中最严厉的刑法方法,不可能孤立适用,即对于被判处无期徒刑的犯罪人,应当剥夺政治权利终身。

(五)死刑是剥夺犯罪分子生命的刑罚方法。只有刑法规定了死刑的犯罪,才可能判处死刑;由中级以上人民法院进行一审,基层人民法院不得判处被告人死刑;除依法由最高人民法院判决的以外,都应当报请最高人民法院核准。

第34条 【附加刑种类】附加刑的种类如下：
（一）罚金；
（二）剥夺政治权利；
（三）没收财产。
附加刑也可以独立适用。

• 释义

（一）罚金是强制犯罪分子向国家缴纳一定数额金钱，对罪犯进行经济制裁的一种刑罚方法。主要适用于破坏社会主义经济秩序的犯罪和其他非法牟利的犯罪。

（二）剥夺政治权利是指依法剥夺犯罪分子一定期限参加国家管理和政治活动权利的刑罚方法。主要适用于危害国家安全和其他严重危害社会治安的犯罪分子。

（三）没收财产是指将犯罪分子个人所有的财产的一部分或者全部强行无偿地收归国有的一种刑罚方法。主要适用于危害国家安全罪、破坏社会主义经济秩序罪、侵犯财产罪及妨害社会管理秩序罪中较严重的犯罪。

附加刑一般是随主刑附加适用的，但也可以独立适用。

• 关联法律

1. 最高人民法院《关于适用财产刑若干问题的规定》（法释〔2000〕45号）

为正确理解和执行刑法有关财产刑的规定，现就适用财产刑的若干问题规定如下：

第1条 刑法规定“并处”没收财产或者罚金的犯罪，人民法院在对犯罪分子判处主刑的同时，必须依法判处相应的财产刑；刑法规定“可以并处”没收财产或者罚金的犯罪，人民法院应当根据案件具体情况及犯罪分子的财产状况，决定是否适用财产刑。

第2条 人民法院应当根据犯罪情节，如违法所得数额、造成损失的大小等，并综合考虑犯罪分子缴纳罚金的能力，依法判处罚金。刑法没有明确规定罚金数额标准的，罚金的最低数额不能少于1000元。

对未成年人犯罪应当从轻或者减轻判处罚金，但罚金的最低数额不能少于500元。

第3条 依法对犯罪分子所犯数罪分别判处罚金的，应当实行并罚，将所判处的罚金数额相加，执行总和数额。

1人犯数罪依法同时并处罚金和没收财产的，应当合并执行；但并处没收全部财产的，只执行没收财产刑。

第4条 犯罪情节较轻，适用单处罚金不致再危害社会并具有下列情形之一的，可以依法单处罚金：

（一）偶犯或者初犯；（二）自首或者有立功表现的；（三）犯罪时不满18周岁的；（四）犯罪预备、中止或者未遂的；（五）被胁迫参加犯罪的；（六）全部退赃并有悔罪表现的；（七）其他可以依法单处罚金的情形。

第5条 刑法第53条规定的“判决指定的期限”应当在判决书中予以确定；“判决指定的期限”应为从判决发生法律效力第2日起最长不超过3个月。

第6条 刑法第53条规定的“由于遭遇不能抗拒的灾祸缴纳确实有困难的”，主要是指因遭受火灾、水灾、地震等灾祸而丧失财产；罪犯因重病、伤残等而丧失劳动能力，或者需要罪犯抚养的近亲属患有重病，需支付巨额医药费等，确实没有财产可供执行的情形。

具有刑法第53条规定“可以酌情减少或者免除”事由的，由罪犯本人、亲属或者犯罪单位向负责执行的人民法院提出书面申请，并提供相应的证明材料。人民法院审查以后，根据实际情况，裁定减少或者免除应当缴纳的罚金数额。

第7条 刑法第60条规定的“没收财产以前犯罪分子所负的正当债务”，是指犯罪分子在判决生效前所负他人的合法债务。

第8条 罚金刑的数额应当以人民币为计算单位。

第9条 人民法院认为依法应当判处被告人财产刑的，可以在案件审理过程中，决定扣押或者冻结被告人的财产。

第10条 财产刑由第1审人民法院执行。

犯罪分子的财产在异地的，第一审人民法院可以委托财产所在地人民法院代为执行。

第11条 自判决指定的期限届满第2日起，人民法院对于没有法定减免事由不缴纳罚金的，应当强制其缴纳。

对于隐藏、转移、变卖、损毁已被扣押、冻结财产情节严重的，依照刑法第314条的规定追究刑事责任。

2. 最高人民法院《关于刑事第二审判决改变第一审判决认定的罪名后能否加重附加刑的批复》（法释〔2008〕8号）

近来，有的高级人民法院请示，在审理被告人提起上诉的第二审刑事案件时，第二审人民法院判决改变第一审判决认定罪名的，能否增加适用附加刑或者将罚金刑改为没收财产刑等问题不明确。

经研究，批复如下：根据刑事诉讼法第190条的规定，第二审人民法院审判被告人或者他的法定代理人、辩护人、近亲属上诉的案件，不得加重被告人的刑罚。因此，第一审人民法院没有判处附加刑的，第二审人民法院判决改变罪名后，不得判处附加刑；第一审人民法院原判附加刑较轻的，第二审人民法院不得改判较重的附加刑，也不得以事实不清或者证据不足发回第一审人民法院重新审理；必须依法改判的，应当在第二审判决、裁定生效后，按照审判监督程序重新审判。

第35条 【驱逐出境】对于犯罪的外国人，可以独立适用或者附加适用驱逐出境。

• 释义

驱逐出境是强迫犯罪的外国人或无国籍人离开本国国（边）境的一种刑罚。此种附加刑只适用于不具有中国国籍的，但在中华人民共和国领域内犯罪的外国公民和无国籍公民。驱逐出境可以独立适用，也可以附加适用。

• 关联法律

1. 最高人民民法院、最高人民检察院、公安部、外交部、司法部、财政部《关于强制外国人出境的执行办法的规定》（公发〔1992〕第18号）

兹对违法犯罪的外国人强制出境的执行问题，作如下规定：

一、适用范围

有下列情形之一需要强制出境的外国人，均按本规定执行：

（一）依据我国刑法的规定，由人民法院对犯罪的外国人判处独立适用或者附加适用驱逐出境刑罚的；（二）依据《中华人民共和国外国人入境出境管理法》的规定，由公安部对违法的外国人处以限期出境或者驱逐出境的；（三）依据《中华人民共和国外国人入境出境管理法》以及其他有关法律的规定，由公安机关决定遣送出境或者缩短停留期限、取消居留资格的外国人,未在指定的期限内自动离境,需强制出境的;(四)我国政府已按照国际条约或《中华人民共和国外交特权与豁免条例》的规定,对享有外交或领事特权和豁免的外国人宣布为不受欢迎的人或者不可接受并拒绝承认其外交或领事人员身份、责令限期出境的人,无正当理由逾期不自动出境的。

二、执行机关

执行和监视强制外国人出境的工作,由公安机关依据有关法律文书或者公文进行:

(一)对判处独立适用驱逐出境刑罚的外国人,人民法院应当自该判决生效之日起15日内,将对该犯的刑事判决书、执行通知书的副本交会所在地省级公安机关,由省级公安机关指定的公安机关执行。(二)被判处徒刑的外国人,其主刑执行期满后应执行驱逐出境附加刑的的,应在主刑刑期届满的1个月前,由原羁押监狱的主管部门将该犯的原判决书、执行通知书副本或者复印本送交所在地省级公安机关,由省级公安机关指定的公安机关执行。

三、执行前的准备工作

(一)对被强制出境的外国人持有的准予在我国居留的证件,一律收缴。对护照上的签证应当缩短有效期,加盖不准延期章,或者旨予以注销。(二)凡被驱逐出境的外国人,均须列入不准入境者名单,具体办法按照公安部制订的《关于通报不准外籍人入境者名单的具体办法》(〔1989〕公境字87号)执行。对其他强制出境的外国人,需要列人不准入境者名单的,按规定报批。凡被列入不准入境者名单的外国人,执行的公安机关应当在执行前向其宣布不准入境年限。(三)对被强制出境的外国人,执行机关必须查验其本人的有效护照或者其他替代护照的身份证件,以及过境国家或者地区的有效签证。不具备上述签证或者证件的,应事先同其本国驻华使、领馆联系,由使、领馆负责办理。在华有接待单位的,由接待单位同使、领馆联系。没有接待单位的,由公安部出入境管理局或者使、领馆所在地公安机关同使、领馆联系。在华无使、领馆或者使、领馆不予配合的,应层报外交部或公安部,通过外交途径解决。对与我毗邻国家的公民从边境口岸或者通道出境的,可以不办理对方的证件或者签证。(四)被强制出境的外国人应当办妥离境的机票、车票、船票,费用由本人负担。本人负担不了的,也不属于按协议由我有关单位提供旅费的,须由其本国使、领馆负责解决(同使、领馆联系解决的办法,与前项相同)对使、领馆拒绝承担费用或者在华无使、领馆的,由我国政府承担。(五)对已被决定强制出境的外国人,事由和日期是否需要通知其驻华使、领馆,可由当地外事部门请示外交部决定。(六)对有可能引起外交交涉或者纷争的案件,主管机关应及时将有关案情和商定的对外表态的口径等通知当地外事部门。需对外报道的,须经公安部、外交部批准。

四、执行期限

负责具体执行的公安机关,应当按照交付机关确定的期限立即执行。如有特殊情况,需要延期执行的,报省、自治区、直辖市公安厅、局核准。

五、出境口岸

(一)对被强制出境的外国人,其出境的口岸,应事先确定,就近安排。(二)如果被强制出境的外国人前往与我国接壤的国家,也可以安排从边境口岸出境。(三)执行机关应当事先与出境口岸公安机关和边防检查站联系,通报被强制出境人员的情况,抵达口岸时间、交通工具班次,出境乘用的航班号、车次、时间,以及其他与协助执行有关的事项。出境口岸公安机关和边防检查站应当协助安排有关出境事项。(四)出境时间应当尽可能安排在抵达口岸的当天。无法在当天出出境的,口岸所在地公安机关应当协助采取必要的监护措施。

六、执行方式及有关事项

(一)被人民法院判决独立适用驱逐出境和被公安部处以驱逐出境的外国人,由公安机关看守所武警和外事民警共同押送;对主刑执行期满后再驱逐出境的外国人由原羁押监狱的管教干警、看守武警和公安机关外事民警共同押送。对上述两类人员押送途中确有必要时,可以使用手铐。对其他被责令出境的外国人,需要押送的,由执行机关派外事民警押送;不需要押送的,可以在离境时派出外事民警,临场监督。(二)执行人员的数量视具体情况而定,原则上应不少于2人。(三)押送人员应提高警惕,保障安全,防止发生逃逸、行凶、自杀、自伤等事故。(四)边防检查站凭对外国人强制出境的执行通知书、决定书或者裁决书以及被强制出境人的护照、证件安排放行。(五)执行人员要监督被强制出境的外国人登上交通工具并离境后方可离开。从边境通道出境的,要监督其离开我国境后方可离开。(六)对被驱逐出境的外国人入出境交通工具等具体情况,应拍照,有条件的也可录像存查。

七、经费

执行强制外国人出境所需的费用(包括押送人员食宿、交通费,以及其本人无力承担费用而驻华使、领馆拒不承担或者在华没有使、领馆的外国人在中国境内的食宿、交通费、临时看押场所的租赁费、国际旅费等),应当按照现行财政体制,由办案地财政部门负责解决。

八、执行强制出境任务的人民警察和工作人员,要仪表庄重,严于职守,讲究文明,遵守外事纪律。

今后有关强制外国人出境的执行工作,统一遵照本规定执行。

2. 最高人民法院、最高人民检察院、公安部、司法部《关于依法惩治性侵害未成年人犯罪的意见》(法发〔2013〕12号)

四、其他事项

29. 外国人在我国领域内实施强奸、猥亵未成年人等犯罪的,应当依法判处,在判处刑罚时,可以独立适用或者附加适用驱逐出境。对于尚不构成犯罪但构成违反治安管理行为的,或者因实施性侵害未成年人犯罪不适宜在中国境内继续停留居留的,公安机关可以依法适用限期出境或者驱逐出境。(全文详见本书《刑法》第17条相关内容)

3.《中华人民共和国反间谍法》(2014年11月1日第十二届全国人大常委会第十一次会议通过;1993年2月22日第七届全国人大常委会第三十次会议通过的《中华人民共和国国家安全法》同时废止)

第34条 境外人员违反本法的,可以限期离境或者驱逐出境。

第40条 本法自公布之日起施行。1993年2月22日第七届全国人民代表大会常务委员会第三十次会议通过的《中华人民共和国国家安全法》同时废止。

第36条 【赔偿经济损失与民事优先原则】 由于犯罪行为而使被害人遭受经济损失的,对犯罪分子除依法给予刑事处罚外,并应根据情况判处赔偿经济损失。

承担民事赔偿责任的犯罪分子,同时被判处罚金,其财产不足以全部支付的,或者被判处没收财产的,应当先承担对被害人的民事赔偿责任。

•释义

赔偿经济损失是非刑事处罚措施。赔偿的是被害人遭受的经济损失,而不包括精神损失。适用的对象必须是依法被判处刑罚的犯罪分子。

刑事责任(这里指罚金或没收财产)与民事责任(赔偿经济损失)竞合且其财产不足以全部支付的情况下,实行民事赔偿优先的原则,显然有利于保护被害人利益。

人身损害赔偿的项目具体包括:医疗费、误工费、护理费、交通费、住宿费、住院期间伙食补助费、营养费、残疾赔偿金、残疾辅助器具费、丧葬费、被抚养人生活费、死亡赔偿金、精神损害抚慰金等。

医疗费是指为了使直接遭受人身伤害的人恢复健康、进行医疗诊治的过程中所花费的必要费用。计算公式:医疗费=诊疗费+医药费+住院费;

误工费是指受害人因遭受人身伤害,致使无法进行正常工作或进行正常经营活动而丧失的工资收入或者经营收入。是一种积极的财产减损,表现为财产的应增加而未增加。计算公式:1. 受害人有固定收入的误工费赔偿金额=受害人工资(元/天)×误工时间(天)。2. 受害人无同定收入的,根据其能否举证证明其最近3年的平均收入状况,区分处理。(一)能证明的:误工费赔偿金额=受害人最近3年平均收入(元/天)×误工时间(天),(二)不能证明的,误工费参照受诉法院所在地相同或者相近行业上一年职工的平均工资计算,误工费赔偿金额=受诉法院所在地相同或者相近行业上一年职工的平均工资(元/天)×误工时间(天)。3. 在确定误工时间时,一般以医院建休为准。如果受害人因伤致残的,则误工时间可以定至定残日的前一天;

护理费是指受害入因遭受相当程度的人身损害,其行动能力和自理能力有了一定程度的降低。为了帮助其进行正常的生活,在医疗诊治和修养康复期间,根据医院的意见或司法鉴定,委派专人对其进行护理,并因此所需支出的费用。护理费只发生在某些程度的人身损害中,一般以生活能力是否减损为判断标准。在伤残等重大伤害中,护理费的发生是必须的。计算标准:护理费的计算可以依据护理人员有无收入而区别对待:1. 护理人员有收入的,参照误工费的规定计算,护理费赔偿金额=护理人工资(元/天)×护理期限(天)。2、护理人员没有收入或者雇佣护工的,参照当地护工从事同等级别护理的劳务报酬标准计算,护理费赔偿金额=护理标准(元/天)×护理期限(天);

交通费是指受害人及其必要的陪护人在就医或者转院治疗过程中,因需乘坐交通工具而实际发生的费用。计算公式:交通费赔偿金额=就医、转院实际发生的交通费用,在工伤事故中,交通费由所在单位按照本单位职工因公出差标准报销;

住宿费是指在人身伤害事件发生后,受害人及其必要的陪护人员有必要到外地进行治疗时,因客观原因不能住院而需要居住在旅馆或者招待所等地所支出的费用。计算公式:住宿费赔偿金额=国家机关一般工作人员出差住宿标准×住宿时间,在工伤事故中,食宿费用由所在单位按照本单位职工因公出差标准报销。

住院伙食补助费是指受害人在住院治疗期间因为必要的饮食消费而有权要求的补助。在受害人确有必要到外地治疗,因客观原因不能住院的情况下,受害人本人及其护理人员实际发生的住宿费和伙食费,也属于住院伙食补助费的范畴。计算公式:住院伙食补助费=当地国家机关一般工作人员出差伙食补助标准×住院天数;

营养费是指受害人在诊疗期间,为了及时恢复健康,在医生的指导和要求下,为购买营养物品所支出的费用。营养费=实际发生的必要营养费用;

残疾赔偿金是指由于相当严重的人身损害,致使受害人身体残疾或者丧失劳动能力而导致其收入减少或者生活来源丧失,在此种情况下给予受害人一定数额的财产损害性质的赔偿。计算公式:残疾赔偿金=受诉法院所在地上年度城镇居民(农村居民)人均可支配收入×赔偿年限×伤残系数;

残疾辅助器具费是指在受害人因人身伤害致残的情况下,为补偿其丧失的器官功能,辅助其实现生活自理或者从事生产劳动而购买、配备的生活自助器具,如假肢、轮椅等并因此而支出的费用。计算公式:残疾辅助器具费=普通适用器具的合理费用;

丧葬费是指受害人因人身伤害失去生命,受害人的亲属为了处理其丧葬后事而支出的必要费用。计算公式:丧葬费赔偿额=受诉法院所在地上一年度职工月平均工资(元/月)×6个月;

被抚养人生活费是指在受害人因人身伤害致残丧失劳动能力或者死亡的情况下,对于受害人依法应当承担抚养义务的未成年人或者丧失劳动能力又无其他生活来源的成年近亲属一定数额的生活费用,以维持其正常生活。计算公式:(一)不满18周岁的人员被扶养人生活费=城镇居民人均消费性支出(农村人均年生活消费性支出)×(18-实际年龄)。(二)18周岁至60周岁被扶养人无劳动能力又无其他生活来源的生活费=城镇居民人均消费性支出(农村人均年生活消费性支出)×20年。(三)60周岁至75周岁被扶养人无劳动能力又无其他生活来源的生活费=城镇居民人均消费性支出(农村人均年生活消费性支出)×(20-(实际年龄-60)]年。(四)75周岁以上被扶养人无劳动能力又无其他生活来源的生活费=城镇居民人均消费性支出(农村人均年生活消费性支出)×5年。(五)有其他扶养人时,赔偿义务人承担的被扶养人生活费=被扶养人生活费÷扶养人数。(六)被扶养人有数人时,赔偿义务承担的年赔偿总额≤城镇居民人均消费性支出(农村居民人均年生活消费性支出);

死亡赔偿金是指在受害人因遭受人身伤害失去生命的情形下,由赔偿义务人给予其家属的一定赔偿费用。计算公式:死亡赔偿金=受诉法院所在地上一年度城镇居民人均可支配收入(农村居民人均纯收入)×赔偿年限,受害人是60周岁以上的,年龄每增加1年赔偿年限就减少1年,最少5年。

精神损害抚慰金是指在受害人遭受严重的人身伤害、可能深受残疾或者死亡的情形下,受害人及其近亲属在精神上遭受巨大创伤,并基于此而要求赔偿义务人给予受害人及其近亲属一定数额的赔偿。

• 关联法律

1. 最高人民法院《关于被告人亲属主动为被告人退缴赃款应如何处理的批复》(法(研)复〔1987〕32号)

广东省高级人民法院:你院〔1986〕粤法刑经文字第42号《关于被告人亲属主动为被告人退缴赃款法院应如何处理的请示报告》收悉。经研究,答复如下:

一、被告人是成年人,其违法所得都由自己挥霍,无法追缴的,应责令被告人退赔,其家属没有代为退赔的义务。被告人在家庭共同财产中有其个人应有部分的,只能在其个人应有部分的范围内,责令被告人退赔。二、如果被告人的违法所得有一部分用于家庭日常生活,对这部分违法所得,被告人和家属均有退赔义务。三、如果被告人对责令其本人退赔的违法所得已无实际上的退赔能力,但其亲属应被告人的请求,或者主动提出并征得被告人的同意,自愿代被告人退赔部分或者全部违法所得的,法院也可考虑其具体情况,收下其亲属自愿代被告人退赔的款项,并视为被告人主动退赔的款项。四、属于以上3种情况,已作了退赔的,均可视为被告人退赃较好,可以依法适当从宽处罚。五、如果被告人的罪行应当判处死刑,并必须执行,属于以上第1、2两种情况的,法院可以接收退赔的款项;属于以上第3种情况的,其亲属自愿代为退赔的款项,法院不应接收。

2. 最高人民法院《关于贯彻执行〈中华人民共和国民法通则〉若干问题的意见(试行)》(法办发〔1988〕6号)

被《最高人民法院关于废止部分司法解释及相关规范性文件的决定》(法释〔2020〕16号)废止。

3. 最高人民法院《关于在审理经济纠纷案件中涉及经济犯罪嫌疑若干问题的规定》(法释〔1998〕7号;法释〔2020〕17号修正)

(详见本书《刑法》第13条相关内容)

4. 最高人民法院《全国法院维护农村稳定刑事审判工作座谈会纪要》(法〔1999〕217号)

(五)关于刑事附带民事诉讼问题

人民法院审理附带民事诉讼案件的受案范围,应只限于被害人因人身权利受到犯罪行为侵犯和财物被犯罪行为损毁而遭受的物质损失,不包括因犯罪分子非法占有、处置被害人财产而使其遭受的物质损失。对因犯罪分子非法占有、处置被害人财产而使其遭受的物质损失,应当根据刑法第64条的规定处理,即应通过追缴赃款赃物、责令退赔的途径解决。如赃款赃物尚在的,应一律追缴;已被用掉、毁坏或挥霍的,应责令退赔。无法退赃的,在决定刑罚时,应作为酌定从重处罚的情节予以考虑。

关于附带民事诉讼的赔偿范围,在没有司法解释规之前,应注意把握以下原则:一是要充分运用现有法律规定,在法律许可的范围内最大限度地补偿被害人因被告人的犯罪行为而遭受的物质损失。物质损失应包括已造成的损失,也包括将来必然遭受的损失。二是赔偿只限于犯罪行为直接造成的物质损失,不包括精神损失和间接造成的物质损失。三是要适当考虑被告人的赔偿能力。被告人的赔偿能力包括现在的赔偿能力和将来的赔偿能力,对未成年被告人还应考虑到其监护人的赔偿能力,以避免数额过大的空判引起的负面效应,被告人的民事赔偿情况可作为量刑的酌定情节。四是要切实维护被害人的合法权益。附带民事原告人提出起诉的,对于没有构成犯罪的共同致害人,也要追究其民事赔偿责任。未成年致害人由其法定代表人或者监护人承担赔偿责任。但是,在逃的同案犯不应列为附带民事诉讼的被告人。关于赔偿责任的分担:共同致害人应当承担连带赔偿责任;在学校等单位内部发生犯罪造成受害人损失,在管理上有过错责任的学校等单位有赔偿责任,但不承担连带赔偿责任;交通肇事犯罪的车辆所有人(单位)在犯罪分子无赔偿能力的情况下,承担代为赔偿或者垫付的责任。

5. 最高人民法院《关于刑事附带民事诉讼范围问题的规定》(法释〔2000〕47号)

被《最高人民法院关于废止部分司法解释和司法解释性质文件(第十一批)的决定》(法释〔2015〕2号)废止。

6. 最高人民法院《关于人民法院是否受理刑事案件被害人提起精神损害赔偿民事诉讼问题的批复》(法释〔2002〕17号)

被《最高人民法院关于废止部分司法解释和司法解释性质文件(第十一批)的决定》(法释〔2015〕2号)废止。

7. 最高人民法院《关于行政机关工作人员执行职务致人伤亡构成犯罪的赔偿诉讼程序问题的批复》(法释〔2002〕28号)

山东省高级人民法院:你院鲁高法函〔1998〕132号《关于对行政机关工作人员执行职务时致人伤、亡,法院以刑事附带民事判决赔偿损失后,受害人或其亲属能否再提起行政赔偿诉讼的请示》收悉。经研究,答复如下:

一、行政机关工作人员在执行职务中致人伤、亡已构成犯罪,受害人或其亲属提起刑事附带民事赔偿诉讼的,人民法院对民事赔偿诉讼请求不予受理。但应当告知其可以依据《中华人民共和国国家赔偿法》的有关规定向人民法院提起行政赔偿诉讼。

二、本批复公布以前发生的此类案件,人民法院已作刑事附带民事赔偿处理,受害人或其亲属再提起行政赔偿诉讼的,人民法院不受理。

8. 最高人民法院《关于审理人身损害赔偿案件适用法律若干问题的解释》(法释〔2003〕20号;最高人民法院《关于修改〈最高人民法院关于在民事审判工作中适用《中华人民共和国工会法》若干问题的解释〉等27件民事类司法解释的决定(法释〔2020〕17号)》第23条第一次修改;2022年2月15日最高人民法院审判委员会第1864次会议通过的《最高人民法院关于修改〈最高人民法院关于审理人身损害赔偿案件适用法律若干问题的解释〉的决定》修正)

为正确审理人身损害赔偿案件,依法保护当事人的合法权益,根据《中华人民共和国民法典》《中华人民共和国民事诉讼法》等有关法律规定,结合审判实践,制定本解释。

第1条 因生命、身体、健康遭受侵害,赔偿权利人起诉请求赔偿义务人赔偿物质损害和精神损害的,人民法院应予受理。

本条所称"赔偿权利人",是指因侵权行为或者其他致害原因直接遭受人身损害的受害人以及死亡受害人的近亲属。

本条所称"赔偿义务人",是指因自己或者他人的侵权行为以及其他致害原因依法应当承担民事责任的自然人、法人或者非法人组织。

第2条 赔偿权利人起诉部分共同侵权人的,人民法院应当追加其他共同侵权人作为共同被告。赔偿权利人在诉讼中放弃对部分共同侵权人的诉讼请求的,其他共同侵权人对被放弃诉讼请求的被告应当承担的赔偿份额不承担连带责任。责任范围难以确定的,推定各共同侵权人承担同等责任。

人民法院应当将放弃诉讼请求的法律后果告知赔偿权利人,并将放弃诉讼请求的情况在法律文书中叙明。

第3条 依法应当参加工伤保险统筹的用人单位的劳动者,因工伤事故遭受人身损害,劳动者或者其近亲属向人民法院起诉请求用人单位承担民事赔偿责任的,告知其按《工伤保险条例》的规定处理。

因用人单位以外的第三人侵权造成劳动者人身损害,赔偿权利人请求第三人承担民事赔偿责任的,人民法院应予支持。

第4条 无偿提供劳务的帮工人,在从事帮工活动中致人损害的,被帮工人应当承担赔偿责任。被帮工人承担赔偿责任后向有故意或者重大过失的帮工人追偿的,人民法院应予支持。被帮工人明确拒绝帮工的,不承担赔偿责任。

第5条 无偿提供劳务的帮工人因帮工活动遭受人身损害的,根据帮工人和被帮工人各自的过错承担相应的责任;被帮工人明确拒绝帮工的,被帮工人不承担赔偿责任,但可以在受益范围内予以适当补偿。

帮工人在帮工活动中因第三人的行为遭受人身损害的,有权请求第三人承担赔偿责任,也有权请求被帮工人予以适当补偿。被帮工人补偿后,可以向第三人追偿。

第6条 医疗费根据医疗机构出具的医药费、住院费等收款凭证,结合病历和诊断证明等相关证据确定。赔偿义务人对治疗的必要性和合理性有异议的,应当承担相应的举证责任。

医疗费的赔偿数额,按照一审法庭辩论终结前实际发生的数额确定。器官功能恢复训练所必要的康复费、适当的整容费以及其他后续治疗费,赔偿权利人可以待实际发生后另行起诉。但根据医疗证明或者鉴定结论确定必然发生的费用,可以与已经发生的医疗费一并予以赔偿。

第7条 误工费根据受害人的误工时间和收入状况确定。

误工时间根据受害人接受治疗的医疗机构出具的证明确定。受害人因伤致残持续误工的,误工时间可以计算至定残日前一天。

受害人有固定收入的,误工费按照实际减少的收入计算。受害人无固定收入的,按照其最近三年的平均收入计算;受害人不能举证证明其最近三年的平均收入状况的,可以参照受诉法院所在地相同或者相近行业上一年度职工的平均工资计算。

第8条 护理费根据护理人员的收入状况和护理人数、护理期限确定。

护理人员有收入的,参照误工费的规定计算;护理人员没有收入或者雇佣护工的,参照当地护工从事同等级别护理的劳务报酬标准计算。护理人员原则上为一人,但医疗机构或者鉴定机构有明确意见的,可以参照确定护理人员人数。

护理期限应计算至受害人恢复生活自理能力时止。受害人因残疾不能恢复生活自理能力的,可以根据其年龄、健康状况等因素确定合理的护理期限,但最长不超过二十年。

受害人定残后的护理,应当根据其护理依赖程度并结合配制残疾辅助器具的情况确定护理级别。

第9条 交通费根据受害人及其必要的陪护人员因就医或者转院治疗实际发生的费用计算。交通费应当以正式票据为凭;有关凭据应当与就医地点、时间、人数、次数相符合。

第10条 住院伙食补助费可以参照当地国家机关一般工作人员的出差伙食补助标准予以确定。

受害人确有必要到外地治疗,因客观原因不能住院,受害人本人及其陪护人员实际发生的住宿费和伙食费,其合理部分应予赔偿。

第11条 营养费根据受害人伤残情况参照医疗机构的意见确定。

第12条 残疾赔偿金根据受害人丧失劳动能力程度或者伤残等级,按照受诉法院所在地上一年度城镇居民人均可支配收入标准,自定残之日起按二十年计算。但六十周岁以上的,年龄每增加一岁减少一年;七十五周岁以上的,按五年计算。

受害人因伤致残但实际收入没有减少,或者伤残等级较轻但造成职业妨害严重影响其劳动就业的,可以对残疾赔偿金作相应调整。

第13条 残疾辅助器具费按照普通适用器具的合理费用标准计算。伤情有特殊需要的,可以参照辅助器具配制机构的意见确定相应的合理费用标准。

辅助器具的更换周期和赔偿期限参照配制机构的意见确定。

第14条 丧葬费按照受诉法院所在地上一年度职工月平均工资标准,以六个月总额计算。

第15条 死亡赔偿金按照受诉法院所在地上一年度城镇居民人均可支配收入标准,按二十年计算。但六十周岁以上的,年龄每增加一岁减少一年;七十五周岁以上的,按五年计算。

第16条 被扶养人生活费计入残疾赔偿金或者死亡赔偿金。

第17条 被扶养人生活费根据扶养人丧失劳动能力程度,按照受诉法院所在地上一年度城镇居民人均消费支出标准计算。被扶养人为未成年人的,计算至十八周岁;被扶养人无劳动能力又无其他生活来源的,计算二十年。但六十周岁以上的,年龄每增加一岁减少一年;七十五周岁以上的,按五年计算。

被扶养人是指受害人依法应当承担扶养义务的未成年人或者丧失劳动能力又无其他生活来源的成年近亲属。被扶养人还有其他扶养人的,赔偿义务人只赔偿受害人依法应当负担的部分。被扶养人有数人的,年赔偿总额累计不超过上一年度城镇居民人均消费支出额。

第18条 赔偿权利人举证证明其住所地或者经常居住地城镇居民人均可支配收入高于受诉法院所在地标准的,残疾赔偿金或者死亡赔偿金可以按照其住所地或者经常居住地的相关标准计算。

被扶养人生活费的相关计算标准,依照前款原则确定。

第19条 超过确定的护理期限、辅助器具费给付年限或者残疾赔偿金给付年限,赔偿权利人向人民法院起诉请求继续给付护理费、辅助器具费或者残疾赔偿金的,人民法院应予受理。赔偿权利人确需继续护理、配制辅助器具,或者没有劳动能力和生活来源的,人民法院应当判令赔偿义务人继续给付相关费用五至十年。

第20条 赔偿义务人请求以定期金方式给付残疾赔偿金、辅助器具费的,应当提供相应的担保。人民法院可以根据赔偿义务人的给付能力和提供担保的情况,确定以定期金方式给付相关费用。但是,一审法庭辩论终结前已经发生的费用、死亡赔偿金以及精神损害抚慰金,应当一次性给付。

第 21 条 人民法院应当在法律文书中明确定期金的给付时间、方式以及每期给付标准。执行期间有关统计数据发生变化的,给付金额应当适时进行相应调整。

定期金按照赔偿权利人的实际生存年限给付,不受本解释有关赔偿期限的限制。

第 22 条 本解释所称"城镇居民人均可支配收入""城镇居民人均消费支出""职工平均工资",按照政府统计部门公布的各省、自治区、直辖市以及经济特区和计划单列市上一年度相关统计数据确定。

"上一年度",是指一审法庭辩论终结时的上一统计年度。

第 23 条 精神损害抚慰金适用《最高人民法院关于确定民事侵权精神损害赔偿责任若干问题的解释》予以确定。

第 24 条 本解释自 2022 年 5 月 1 日起施行。施行后发生的侵权行为引起的人身损害赔偿案件适用本解释。

本院以前发布的司法解释与本解释不一致的,以本解释为准。

9. 最高人民法院研究室《关于对参加聚众斗殴受重伤或死亡的人及其家属提出的民事赔偿请求能否予以支持问题的答复》(法研〔2004〕179 号)

江苏省高级人民法院:你院苏高法〔2004〕296 号《关于对聚众斗殴案件中受伤或死亡的当事人及其家属提出的民事赔偿请求能否予以支持问题的请示》收悉。经研究,答复如下:

根据《刑法》第 292 条第 1 款的规定,聚众斗殴的参加者,无论是否首要分子,均明知自己的行为有可能产生伤害他人以及自己被他人的行为伤害的后果,其仍然参加聚众斗殴的,应当自行承担相应的刑事和民事责任。根据《刑法》第 292 条第 2 款的规定,对于参加聚众斗殴,造成他人重伤或者死亡的,行为性质发生变化,应认定为故意伤害罪或者故意杀人罪。聚众斗殴中受重伤或者死亡的人,既是故意伤害罪或者故意杀人罪的受害人,又是聚众斗殴犯罪的的行为人。对于参加聚众斗殴受重伤或者死亡的人或其家属提出的民事赔偿请求,依法应予支持,并适用混合过错责任原则。

10. 最高人民法院《关于审理未成年人刑事案件具体应用法律若干问题的解释》(法释〔2006〕1 号)

第 19 条 刑事附带民事案件的未成年被告人有个人财产的,应当由本人承担民事赔偿责任,不足部分由监护人予以赔偿,但单位担任监护人的除外。

被告人对被害人物质损失的赔偿情况,可以作为量刑情节予以考虑。

11. 最高人民法院《关于贯彻宽严相济刑事政策的若干意见》(法发〔2010〕9 号)

二、准确把握和正确适用依法从"严"的政策要求

12. 要注重综合运用多种刑罚手段,特别是要重视依法适用财产刑,有效惩治犯罪。对于法律规定有附加财产刑的,要依法适用。对于侵财型和贪利型犯罪,更要注重通过依法适用财产刑使犯罪分子受到经济上的惩罚,剥夺其重新犯罪的能力和条件。要切实加大财产刑的执行力度,确保刑罚的严厉性和惩罚功能得以实现。被告人非法占有、处置被害人财产不能退赃的,在决定刑罚时,应作为重要情节予以考虑,体现从严处罚的精神。

三、准确把握和正确适用依法从"宽"的政策要求

23. 被告人案发后对被害人积极进行赔偿,并认罪、悔罪的,依法可以作为酌定量刑情节予以考虑。因婚姻家庭等民间纠纷激化引发的犯罪,被害人及其家属对被告人表示谅解的,应当作为酌定量刑情节予以考虑。犯罪情节轻微,取得被害人谅解的,可以依法从宽处理,不需判处刑罚的,可以免予刑事处罚。

五、完善贯彻宽严相济刑事政策的工作机制

41. 要尽可能把握一切有利于附带民事诉讼调解结案的积极因素，多做促进当事人双方和解的辨法析理工作，以更好地落实宽严相济刑事政策，努力做到案结事了。要充分发挥被告人、被害人所在单位、社区基层组织、辩护人、诉讼代理人和近亲属在附带民事诉讼调解工作中的积极作用，协调各方共同做好促进调解工作，尽可能通过调解达成民事赔偿协议并以此取得被害人及其家属对被告人的谅解，化解矛盾，促进社会和谐。（全文详见本书《刑法》第5条相关内容）

12. 最高人民法院《关于充分发挥刑事审判职能作用深入推进社会矛盾化解的若干意见》（法发〔2010〕63号）第3部分第11、12点

三、进一步做好附带民事诉讼审理工作

11. 审理附带民事诉讼案件，应当依照刑法的有关规定，根据情况判处赔偿经济损失。确定赔偿数额，要根据被害人因犯罪行为遭受的物质损失并适当考虑被告人的赔偿能力。附带民事诉讼当事人就民事赔偿问题达成的调解协议，只要不违反法律规定，应当予以确认，以有利社会矛盾化解，更好慰藉被害人一方。

12. 妥善处理附带民事赔偿与量刑的关系。被告人案发后对被害人积极赔偿，并认罪、悔罪的，依法可以作为酌定量刑情节予以考虑，对轻微刑事案件的被告人，应当考虑适用非监禁刑。被告人认罪、悔罪、赔礼道歉、积极赔偿，取得被害人谅解的，依法可以从宽处理。对于严重危害社会治安、人民群众反映强烈、依法应当从严惩处的犯罪，不能仅以经济赔偿作为决定从轻处罚的条件。（全文详见本书《刑法》第2条相关内容）

13. 最高人民法院、最高人民检察院、公安部、司法部《关于依法惩治性侵害未成年人犯罪的意见》（法发〔2013〕12号）

四、其他事项

31. 对于未成年人因被性侵害而造成的人身损害，为进行康复治疗所支付的医疗费、护理费、交通费、误工费等合理费用，未成年被害人及其法定代理人、近亲属提出赔偿请求的，人民法院依法予以支持。

32. 未成年人在幼儿园、学校或者其他教育机构学习、生活期间被性侵害而造成人身损害，被害人及其法定代理人、近亲属据此向人民法院起诉要求上述单位承担赔偿责任的，人民法院依法予以支持。（全文详见本书《刑法》第17条相关内容）

14. 最高人民法院《关于交通肇事刑事案件附带民事赔偿范围问题的答复》（法研〔2014〕30号）

湖北省高级人民法院：你院鄂高法〔2013〕280号《关于交通肇事刑事案件附带民事赔偿范围的请示》收悉，经研究，答复如下：

根据刑事诉讼法第99条、第101条和《最高人民法院关于适用〈中华人民共和国刑事诉讼法〉的解释》第155条的规定，交通肇事刑事案件的附带民事诉讼当事人未能就民事赔偿问题达成调解、和解协议的，无论附带民事诉讼被告人是否投保机动车第三者强制责任保险，均可将死亡赔偿金、残疾赔偿金纳入判决赔偿的范围。

15. 最高人民法院《第9批指导性案例卜某光申请刑事违法追缴赔偿案》（指导案例44号；法〔2014〕337号）

【裁判要点】

公安机关根据人民法院生效刑事判决将判令追缴的赃物发还被害单位，并未侵犯赔偿请求人的合法权益，不属于《中华人民共和国国家赔偿法》第18条第1项规定的情形，不应承担国家赔偿责任。

【裁判理由】

最高人民法院认为：卜某光在承包经营安信证券部期间，未经安信公司授权，私刻安信公司印章并冒用，违反金融管理法规向他人开具虚假的资信证明，利用职务之便，挪用安信证券部资金9173.2286万元，已被合肥市中级人民法院〔2001〕合刑初字第68号刑事判决认定构成伪造印章罪、非法出具金融票证罪、挪用资金罪，对包括卜某光以新晖公司名义投资的"深坑村土地"使用权在内的、共计价值8106.05万元（其中土地使用权价值1950万元）的赃款、赃物判决予以追缴。卜某光以新晖公司出资购买的该土地部分使用权属其个人合法财产的理由不成立，人民法院生效刑事判决已将新晖公司投资的"深坑村土地"价值1950万元的使用权作为卜某光挪用资金罪的赃款、赃物的一部分予以追缴，卜某光无权对人民法院生效判决追缴的财产要求国家赔偿。

关于卜某光主张安徽省公安厅以"深坑村土地"抵偿其欠深发行800万元，造成直接财产损失316.6万元的主张。在卜某光涉嫌犯罪案发后，深发行起诉卜某光及安信证券部、安信公司800万元债券回购协议案，深圳市中级人民法院作出〔1998〕深中法经一初字第311号民事判决并已执行。该案与深圳市中级人民法院于2001年9月21日移送安徽省公安厅侦办的〔2000〕深中法经调初字第72号，深发行起诉卜某光及安信证券部、安信公司拆借2500万元的债务纠纷案，不是同一民事案件。安徽省公安厅在刑事判决生效后，将判决追缴的价值1950万元的"深坑村土地"使用权发还给其侦办的卜某光以安信证券部名义拆借深发行2500万元资金案的被害单位，具有事实依据，没有损害其利益。卜某光主张安徽省公安厅以"深坑村土地"抵偿其欠深发行800万元，与事实不符。卜某光要求安徽省公安厅赔偿违法返还"深坑村土地"造成其316.6万元损失无事实与法律依据。

综上，"深坑村土地"已经安徽省高级人民法院〔2002〕皖刑终字第34号刑事裁定予以追缴，赔偿请求人卜某光主张安徽省公安厅违法返还土地给其造成316.6万元的损失没有法律依据，其他请求没有事实根据，不符合国家赔偿法的规定，不予支持。

16. 最高人民法院《关于审理医疗损害责任纠纷案件适用法律若干问题的解释》（法释〔2017〕20号；最高人民法院《关于修改〈最高人民法院关于在民事审判工作中适用《中华人民共和国工会法》若干问题的解释〉等27件民事类司法解释的决定（法释〔2020〕17号）》第8条修改）

为正确审理医疗损害责任纠纷案件，依法维护当事人的合法权益，推动构建和谐医患关系，促进卫生健康事业发展，根据《中华人民共和国民法典》《中华人民共和国民事诉讼法》等法律规定，结合审判实践，制定本解释。

第1条 患者以在诊疗活动中受到人身或者财产损害为由请求医疗机构，医疗产品的生产者、销售者、药品上市许可持有人或者血液提供机构承担侵权责任的案件，适用本解释。

患者以在美容医疗机构或者开设医疗美容科室的医疗机构实施的医疗美容活动中受到人身或者财产损害为由提起的侵权纠纷案件，适用本解释。

当事人提起的医疗服务合同纠纷案件，不适用本解释。

第2条 患者因同一伤病在多个医疗机构接受诊疗受到损害，起诉部分或者全部就诊的医疗机构的，应予受理。

患者起诉部分就诊的医疗机构后，当事人依法申请追加其他就诊的医疗机构为共同被告或者第3人的，应予准许。必要时，人民法院可以依法追加相关当事人参加诉讼。

第3条 患者因缺陷医疗产品受到损害，起诉部分或者全部医疗产品的生产者、销售者、药品上市许可持有人和医疗机构的，应予受理。

患者仅起诉医疗产品的生产者、销售者、药品上市许可持有人、医疗机构中部分主体，当事人依法申请追加其他主体为共同被告或者第三人的，应予准许。必要时，人民法院可以依法追加相关当事人参加诉讼。

患者因输入不合格的血液受到损害提起侵权诉讼的，参照适用前两款规定。

第 4 条 患者依据民法典第 1218 条规定主张医疗机构承担赔偿责任的，应当提交到该医疗机构就诊、受到损害的证据。

患者无法提交医疗机构或者其医务人员有过错、诊疗行为与损害之间具有因果关系的证据，依法提出医疗损害鉴定申请的，人民法院应予准许。

医疗机构主张不承担责任的，应当就民法典第 1224 条第 1 款规定情形等抗辩事由承担举证证明责任。

第 5 条 患者依据民法典第 1219 条规定主张医疗机构承担赔偿责任的，应当按照前条第 1 款规定提交证据。

实施手术、特殊检查、特殊治疗的，医疗机构应当承担说明义务并取得患者或者患者近亲属明确同意，但属于民法典第 1220 条规定情形的除外。医疗机构提交患者或者患者近亲属明确同意证据的，人民法院可以认定医疗机构尽到说明义务，但患者有相反证据足以反驳的除外。

第 6 条 民法典第 1222 条规定的病历资料包括医疗机构保管的门诊病历、住院志、体温单、医嘱单、检验报告、医学影像检查资料、特殊检查（治疗）同意书、手术同意书、手术及麻醉记录、病理资料、护理记录、出院记录以及国务院卫生行政主管部门规定的其他病历资料。

患者依法向人民法院申请医疗机构提交由其保管的与纠纷有关的病历资料等，医疗机构未在人民法院指定期限内提交的，人民法院可以依照民法典第 1222 条第 2 项规定推定医疗机构有过错，但是因不可抗力等客观原因无法提交的除外。

第 7 条 患者依据民法典第 1223 条规定请求赔偿的，应当提交使用医疗产品或者输入血液、受到损害的证据。

患者无法提交使用医疗产品或者输入血液与损害之间具有因果关系的证据，依法申请鉴定的，人民法院应予准许。

医疗机构，医疗产品的生产者、销售者、药品上市许可持有人或者血液提供机构主张不承担责任的，应当对医疗产品不存在缺陷或者血液合格等抗辩事由承担举证证明责任。

第 8 条 当事人依法申请对医疗损害责任纠纷中的专门性问题进行鉴定的，人民法院应予准许。

当事人未申请鉴定，人民法院对前款规定的专门性问题认为需要鉴定的，应当依职权委托鉴定。

第 9 条 当事人申请医疗损害鉴定的，由双方当事人协商确定鉴定人。

当事人就鉴定人无法达成一致意见，人民法院提出确定鉴定人的方法，当事人同意的，按照该方法确定；当事人不同意的，由人民法院指定。

鉴定人应当从具备相应鉴定能力、符合鉴定要求的专家中确定。

第 10 条 委托医疗损害鉴定的，当事人应当按照要求提交真实、完整、充分的鉴定材料。提交的鉴定材料不符合要求的，人民法院应当通知当事人更换或者补充相应材料。

在委托鉴定前，人民法院应当组织当事人对鉴定材料进行质证。

第 11 条 委托鉴定书，应当有明确的鉴定事项和鉴定要求。鉴定人应当按照委托鉴定的事项和要求进行鉴定。

下列专门性问题可以作为申请医疗损害鉴定的事项：

（一）实施诊疗行为有无过错；（二）诊疗行为与损害后果之间是否存在因果关系以及原因

力大小;(三)医疗机构是否尽到了说明义务、取得患者或者患者近亲属明确同意的义务;(四)医疗产品是否有缺陷、该缺陷与损害后果之间是否存在因果关系以及原因力的大小;(五)患者损伤残疾程度;(六)患者的护理期、休息期、营养期;(七)其他专门性问题。

鉴定要求包括鉴定人的资质、鉴定人的组成、鉴定程序、鉴定意见、鉴定期限等。

第12条 鉴定意见可以按照导致患者损害的全部原因、主要原因、同等原因、次要原因、轻微原因或者与患者损害无因果关系,表述诊疗行为或者医疗产品等造成患者损害的原因力大小。

第13条 鉴定意见应当经当事人质证。

当事人申请鉴定人出庭作证,经人民法院审查同意,或者人民法院认为鉴定人有必要出庭的,应当通知鉴定人出庭作证。双方当事人同意鉴定人通过书面说明、视听传输技术或者视听资料等方式作证的,可以准许。

鉴定人因健康原因、自然灾害等不可抗力或者其他正当理由不能按期出庭的,可以延期开庭;经人民法院许可,也可以通过书面说明、视听传输技术或者视听资料等方式作证。

无前款规定理由,鉴定人拒绝出庭作证,当事人对鉴定意见又不认可的,对该鉴定意见不予采信。

第14条 当事人申请通知1至2名具有医学专门知识的人出庭,对鉴定意见或者案件的其他专门性事实问题提出意见,人民法院准许的,应当通知具有医学专门知识的人出庭。

前款规定的具有医学专门知识的人提出的意见,视为当事人的陈述,经质证可以作为认定案件事实的根据。

第15条 当事人自行委托鉴定人作出的医疗损害鉴定意见,其他当事人认可的,可予采信。

当事人共同委托鉴定人作出的医疗损害鉴定意见,一方当事人不认可的,应当提出明确的异议内容和理由。经审查,有证据足以证明异议成立的,对鉴定意见不予采信;异议不成立的,应予采信。

第16条 对医疗机构或者其医务人员的过错,应当依据法律、行政法规、规章以及其他有关诊疗规范进行认定,可以综合考虑患者病情的紧急程度、患者个体差异、当地的医疗水平、医疗机构与医务人员资质等因素。

第17条 医务人员违反民法典第1219条第1款规定义务,但未造成患者人身损害,患者请求医疗机构承担损害赔偿责任的,不予支持。

第18条 因抢救生命垂危的患者等紧急情况且不能取得患者意见时,下列情形可以认定为民法典第1220条规定的不能取得患者近亲属意见:

(一)近亲属不明的;(二)不能及时联系到近亲属的;(三)近亲属拒绝发表意见的;(四)近亲属达不成一致意见的;(五)法律、法规规定的其他情形。

前款情形,医务人员经医疗机构负责人或者授权的负责人批准立即实施相应医疗措施,患者因此请求医疗机构承担赔偿责任的,不予支持;医疗机构及其医务人员怠于实施相应医疗措施造成损害,患者请求医疗机构承担赔偿责任的,应予支持。

第19条 两个以上医疗机构的诊疗行为造成患者同一损害,患者请求医疗机构承担赔偿责任的,应当区分不同情况,依照民法典第1168条、第1171条或者第1172条的规定,确定各医疗机构承担的赔偿责任。

第20条 医疗机构邀请本单位以外的医务人员对患者进行诊疗,因受邀医务人员的过错造成患者损害的,由邀请医疗机构承担赔偿责任。

第21条 因医疗产品的缺陷或者输入不合格血液受到损害,患者请求医疗机构,缺陷医疗产品的生产者、销售者、药品上市许可持有人或者血液提供机构承担赔偿责任的,应予支持。

医疗机构承担赔偿责任后,向缺陷医疗产品的生产者、销售者、药品上市许可持有人或者血液提供机构追偿的,应予支持。

因医疗机构的过错使医疗产品存在缺陷或者血液不合格,医疗产品的生产者、销售者、药品上市许可持有人或者血液提供机构承担赔偿责任后,向医疗机构追偿的,应予支持。

第22条 缺陷医疗产品与医疗机构的过错诊疗行为共同造成患者同一损害,患者请求医疗机构与医疗产品的生产者、销售者、药品上市许可持有人承担连带责任的,应予支持。

医疗机构或者医疗产品的生产者、销售者、药品上市许可持有人承担赔偿责任后,向其他责任主体追偿的,应当根据诊疗行为与缺陷医疗产品造成患者损害的原因力大小确定相应的数额。

输入不合格血液与医疗机构的过错诊疗行为共同造成患者同一损害的,参照适用前两款规定。

第23条 医疗产品的生产者、销售者、药品上市许可持有人明知医疗产品存在缺陷仍然生产、销售,造成患者死亡或者健康严重损害,被侵权人请求生产者、销售者、药品上市许可持有人赔偿损失及2倍以下惩罚性赔偿的,人民法院应予支持。

第24条 被侵权人同时起诉两个以上医疗机构承担赔偿责任,人民法院经审理,受诉法院所在地的医疗机构依法不承担赔偿责任,其他医疗机构承担赔偿责任的,残疾赔偿金、死亡赔偿金的计算,按下列情形分别处理:

(一)一个医疗机构承担责任的,按照该医疗机构所在地的赔偿标准执行;(二)两个以上医疗机构均承担责任的,可以按照其中赔偿标准较高的医疗机构所在地标准执行。

第25条 患者死亡后,其近亲属请求医疗损害赔偿的,适用本解释;支付患者医疗费、丧葬费等合理费用的人请求赔偿该费用的,适用本解释。

本解释所称的"医疗产品"包括药品、消毒产品、医疗器械等。

第26条 本院以前发布的司法解释与本解释不一致的,以本解释为准。

本解释施行后尚未终审的案件,适用本解释;本解释施行前已经终审,当事人申请再审或者按照审判监督程序决定再审的案件,不适用本解释。

17. 最高人民法院《关于人民法院确定财产处置参考价若干问题的规定》(法释〔2018〕15号)

(全文略)

18. 最高人民法院《关于审理国家赔偿案件确定精神损害赔偿责任适用法律若干问题的解释》(法释〔2021〕3号)

为正确适用《中华人民共和国国家赔偿法》有关规定,合理确定精神损害赔偿责任,结合国家赔偿审判实际,制定本解释。

第1条 公民以人身权受到侵犯为由提出国家赔偿申请,依照国家赔偿法第35条的规定请求精神损害赔偿的,适用本解释。

法人或者非法人组织请求精神损害赔偿的,人民法院不予受理。

第2条 公民以人身权受到侵犯为由提出国家赔偿申请,未请求精神损害赔偿,或者未同时请求消除影响、恢复名誉、赔礼道歉以及精神损害抚慰金的,人民法院应当向其释明。经释明后不变更请求,案件审结后又基于同一侵权事实另行提出申请的,人民法院不予受理。

第3条 赔偿义务机关有国家赔偿法第3条、第17条规定情形之一,依法应当承担国家赔偿责任的,可以同时认定该侵权行为致人精神损害。但是赔偿义务机关有证据证明该公民不存在精神损害,或者认定精神损害违背公序良俗的除外。

第4条 侵权行为致人精神损害,应当为受害人消除影响、恢复名誉或者赔礼道歉;侵权行为致人精神损害并造成严重后果,应当在支付精神损害抚慰金的同时,视案件具体情形,为受害人消除影响、恢复名誉或者赔礼道歉。

消除影响、恢复名誉与赔礼道歉,可以单独适用,也可以合并适用,并应当与侵权行为的具体方式和造成的影响范围相当。

第5条 人民法院可以根据案件具体情况,组织赔偿请求人与赔偿义务机关就消除影响、恢复名誉或者赔礼道歉的具体方式进行协商。

协商不成作出决定的,应当采用下列方式:

(一)在受害人住所地或者所在单位发布相关信息;(二)在侵权行为直接影响范围内的媒体上予以报道;(三)赔偿义务机关有关负责人向赔偿请求人赔礼道歉。

第6条 决定为受害人消除影响、恢复名誉或者赔礼道歉的,应当载入决定主文。

赔偿义务机关在决定作出前已为受害人消除影响、恢复名誉或者赔礼道歉,或者原侵权案件的纠正被媒体广泛报道,客观上已经起到消除影响、恢复名誉作用,且符合本解释规定的,可以在决定书中予以说明。

第7条 有下列情形之一的,可以认定为国家赔偿法第35条规定的"造成严重后果":

(一)无罪或者终止追究刑事责任的人被羁押6个月以上;(二)受害人经鉴定为轻伤以上或者残疾;(三)受害人经诊断、鉴定为精神障碍或者精神残疾,且与侵权行为存在关联;(四)受害人名誉、荣誉、家庭、职业、教育等方面遭受严重损害,且与侵权行为存在关联。

受害人无罪被羁押10年以上;受害人死亡;受害人经鉴定为重伤或者残疾1至4级,且生活不能自理;受害人经诊断、鉴定为严重精神障碍或者精神残疾1至2级,生活不能自理,且与侵权行为存在关联的,可以认定为后果特别严重。

第8条 致人精神损害,造成严重后果的,精神损害抚慰金一般应当在国家赔偿法第33条、第34条规定的人身自由赔偿金、生命健康赔偿金总额的50%以下(包括本数)酌定;后果特别严重,或者虽然不具有本解释第7条第2款规定情形,但是确有证据证明前述标准不足以抚慰的,可以在50%以上酌定。

第9条 精神损害抚慰金的具体数额,应当在兼顾社会发展整体水平的同时,参考下列因素合理确定:

(一)精神受到损害以及造成严重后果的情况;(二)侵权行为的目的、手段、方式等具体情节;

(三)侵权机关及其工作人员的违法、过错程度、原因力比例;(四)原错判罪名、刑罚轻重、羁押时间;(五)受害人的职业、影响范围;(六)纠错的事由以及过程;(七)其他应当考虑的因素。

第10条 精神损害抚慰金的数额一般不少于1000元;数额在1000元以上的,以千为计数单位。

赔偿请求人请求的精神损害抚慰金少于1000元,且其请求事由符合本解释规定的造成严重后果情形,经释明不予变更的,按照其请求数额支付。

第11条 受害人对损害事实和后果的发生或者扩大有过错的,可以根据其过错程度减少或者不予支付精神损害抚慰金。

第12条 决定中载明的支付精神损害抚慰金及其他责任承担方式,赔偿义务机关应当履行。

第13条 人民法院审理国家赔偿法第38条所涉侵犯公民人身权的国家赔偿案件,以及作为赔偿义务机关审查处理国家赔偿案件,涉及精神损害赔偿的,参照本解释规定。

第14条 本解释自2021年4月1日起施行。本解释施行前的其他有关规定与本解释不一致的,以本解释为准。

19. 最高人民法院、最高人民检察院《关于常见犯罪的量刑指导意见(试行)》(法发〔2021〕21号)

三、常见量刑情节的适用

(十)对于退赃、退赔的,应当综合考虑犯罪性质、退赃、退赔行为对损害结果所能弥补的程度,退赃、退赔的数额及主动程度等情况,可以减少基准刑的30%以下。对抢劫等严重危害社会治安犯罪的,应当从严掌握。

(十一)对于积极赔偿被害人经济损失并取得谅解的,综合考虑犯罪性质、赔偿数额、赔偿能力以及认罪悔罪表现等情况,可以减少基准刑的40%以下;积极赔偿但没有取得谅解的,可以减少基准刑的30%以下;尽管没有赔偿,但取得谅解的,可以减少基准刑的20%以下。对抢劫、强奸等严重危害社会治安犯罪的,应当从严掌握。

(十二)对于当事人根据刑事诉讼法第288条达成刑事和解协议的,综合考虑犯罪性质、赔偿数额、赔礼道歉以及真诚悔罪等情况,可以减少基准刑的50%以下;犯罪较轻的,可以减少基准刑的50%以上或者依法免除处罚。(全文详见本书《刑法》第61条相关内容)

20. 最高人民法院《关于审理人身损害赔偿案件适用法律若干问题的解释》(法释〔2022〕14号)

(2003年12月4日最高人民法院审判委员会第1299次会议通过;根据2020年12月23日最高人民法院审判委员会第1823次会议通过的《最高人民法院关于修改〈最高人民法院关于在民事审判工作中适用《中华人民共和国工会法》若干问题的解释〉等27件民事类司法解释的决定》修正;根据2022年2月15日最高人民法院审判委员会第1864次会议通过的《最高人民法院关于修改〈最高人民法院关于审理人身损害赔偿案件适用法律若干问题的解释〉的决定》修正,该修正自2022年5月1日起施行)

为正确审理人身损害赔偿案件,依法保护当事人的合法权益,根据《中华人民共和国民法典》《中华人民共和国民事诉讼法》等有关法律规定,结合审判实践,制定本解释。

第1条 因生命、身体、健康遭受侵害,赔偿权利人起诉请求赔偿义务人赔偿物质损害和精神损害的,人民法院应予受理。

所称"赔偿权利人",是指因侵权行为或者其他致害原因直接遭受人身损害的受害人以及死亡受害人的近亲属。

本条所称"赔偿义务人",是指因自己或者他人的侵权行为以及其他致害原因依法应当承担民事责任的自然人、法人或者非法人组织。

第2条 赔偿权利人起诉部分共同侵权人的,人民法院应当追加其他共同侵权人作为共同被告。赔偿权利人在诉讼中放弃对部分共同侵权人的诉讼请求的,其他共同侵权人对被放弃诉讼请求的被告应当承担的赔偿份额不承担连带责任。责任范围难以确定的,推定各共同侵权人承担同等责任。

人民法院应当将放弃诉讼请求的法律后果告知赔偿权利人,并将放弃诉讼请求的情况在法律文书中叙明。

第3条 依法应当参加工伤保险统筹的用人单位的劳动者,因工伤事故遭受人身损害,劳动者或者其近亲属向人民法院起诉请求用人单位承担民事赔偿责任的,告知其按《工伤保险条例》的规定处理。

因用人单位以外的第三人侵权造成劳动者人身损害,赔偿权利人请求第三人承担民事赔偿责任的,人民法院应予支持。

第4条 无偿提供劳务的帮工人,在从事帮工活动中致人损害的,被帮工人应当承担赔偿责任。被帮工人承担赔偿责任后向有故意或者重大过失的帮工人追偿的,人民法院应予支持。被帮工人明确拒绝帮工的,不承担赔偿责任。

第5条 无偿提供劳务的帮工人因帮工活动遭受人身损害的,根据帮工人和被帮工人各自的过错承担相应的责任;被帮工人明确拒绝帮工的,被帮工人不承担赔偿责任,但可以在受益范围内予以适当补偿。

帮工人在帮工活动中因第三人的行为遭受人身损害的,有权请求第三人承担赔偿责任,也有权请求被帮工人予以适当补偿。被帮工人补偿后,可以向第三人追偿。

第6条 医疗费根据医疗机构出具的医药费、住院费等收款凭证,结合病历和诊断证明等相关证据确定。赔偿义务人对治疗的必要性和合理性有异议的,应当承担相应的举证责任。

医疗费的赔偿数额,按照一审法庭辩论终结前实际发生的数额确定。器官功能恢复训练所必要的康复费、适当的整容费以及其他后续治疗费,赔偿权利人可以待实际发生后另行起诉。但根据医疗证明或者鉴定结论确定必然发生的费用,可以与已经发生的医疗费一并予以赔偿。

第7条 误工费根据受害人的误工时间和收入状况确定。

误工时间根据受害人接受治疗的医疗机构出具的证明确定。受害人因伤致残持续误工的,误工时间可以计算至定残日前1天。

受害人有固定收入的,误工费按照实际减少的收入计算。受害人无固定收入的,按照其最近3年的平均收入计算;受害人不能举证证明其最近3年的平均收入状况的,可以参照受诉法院所在地相同或者相近行业上一年度职工的平均工资计算。

第8条 护理费根据护理人员的收入状况和护理人数、护理期限确定。

护理人员有收入的,参照误工费的规定计算;护理人员没有收入或者雇佣护工的,参照当地护工从事同等级别护理的劳务报酬标准计算。护理人员原则上为一人,但医疗机构或者鉴定机构有明确意见的,可以参照确定护理人员人数。

护理期限应计算至受害人恢复生活自理能力时止。受害人因残疾不能恢复生活自理能力的,可以根据其年龄、健康状况等因素确定合理的护理期限,但最长不超过20年。

受害人定残后的护理,应当根据其护理依赖程度并结合配制残疾辅助器具的情况确定护理级别。

第9条 交通费根据受害人及其必要的陪护人员因就医或者转院治疗实际发生的费用计算。交通费应当以正式票据为凭;有关凭据应当与就医地点、时间、人数、次数相符合。

第10条 住院伙食补助费可以参照当地国家机关一般工作人员的出差伙食补助标准予以确定。

受害人确有必要到外地治疗,因客观原因不能住院,受害人本人及其陪护人员实际发生的住宿费和伙食费,其合理部分应予赔偿。

第11条 营养费根据受害人伤残情况参照医疗机构的意见确定。

第12条 残疾赔偿金根据受害人丧失劳动能力程度或者伤残等级,按照受诉法院所在地上一年度城镇居民人均可支配收入标准,自定残之日起按20年计算。但60周岁以上的,年龄每增加1岁减少1年;75周岁以上的,按5年计算。

受害人因伤致残但实际收入没有减少,或者伤残等级较轻但造成职业妨害严重影响其劳动就业的,可以对残疾赔偿金作相应调整。

第13条 残疾辅助器具费按照普通适用器具的合理费用标准计算。伤情有特殊需要的,可以参照辅助器具配制机构的意见确定相应的合理费用标准。

辅助器具的更换周期和赔偿期限参照配制机构的意见确定。

第14条 丧葬费按照受诉法院所在地上一年度职工月平均工资标准,以6个月总额计算。

第15条 死亡赔偿金按照受诉法院所在地上一年度城镇居民人均可支配收入标准,按20年计算。但60周岁以上的,年龄每增加1岁减少1年;75周岁以上的,按5年计算。

第16条 被扶养人生活费计入残疾赔偿金或者死亡赔偿金。

第17条 被扶养人生活费根据扶养人丧失劳动能力程度,按照受诉法院所在地上一年度城镇居民人均消费支出标准计算。被扶养人为未成年人的,计算至18周岁;被扶养人无劳动能力又无其他生活来源的,计算20年。但60周岁以上的,年龄每增加1岁减少1年;75周岁以上的,按5年计算。

被扶养人是指受害人依法应当承担扶养义务的未成年人或者丧失劳动能力又无其他生活来源的成年近亲属。被扶养人还有其他扶养人的,赔偿义务人只赔偿受害人依法应当负担的部分。被扶养人有数人的,年赔偿总额累计不超过上一年度城镇居民人均消费支出额。

第18条 赔偿权利人举证证明其住所地或者经常居住地城镇居民人均可支配收入高于受诉法院所在地标准的,残疾赔偿金或者死亡赔偿金可以按照其住所地或者经常居住地的相关标准计算。

被扶养人生活费的相关计算标准,依照前款原则确定。

第19条 超过确定的护理期限、辅助器具费给付年限或者残疾赔偿金给付年限,赔偿权利人向人民法院起诉请求继续给付护理费、辅助器具费或者残疾赔偿金的,人民法院应予受理。赔偿权利人确需继续护理、配制辅助器具,或者没有劳动能力和生活来源的,人民法院应当判令赔偿义务人继续给付相关费用5至10年。

第20条 赔偿义务人请求以定期金方式给付残疾赔偿金、辅助器具费的,应当提供相应的担保。人民法院可以根据赔偿义务人的给付能力和提供担保的情况,确定以定期金方式给付相关费用。但是,一审法庭辩论终结前已经发生的费用、死亡赔偿金以及精神损害抚慰金,应当一次性给付。

第21条 人民法院应当在法律文书中明确定期金的给付时间、方式以及每期给付标准。执行期间有关统计数据发生变化的,给付金额应当适时进行相应调整。

定期金按照赔偿权利人的实际生存年限给付,不受本解释有关赔偿期限的限制。

第22条 本解释所称"城镇居民人均可支配收入""城镇居民人均消费支出""职工平均工资",按照政府统计部门公布的各省、自治区、直辖市以及经济特区和计划单列市上一年度相关统计数据确定。

"上一年度",是指一审法庭辩论终结时的上一统计年度。

第23条 精神损害抚慰金适用《最高人民法院关于确定民事侵权精神损害赔偿责任若干问题的解释》予以确定。

第24条 本解释自2022年5月1日起施行。施行后发生的侵权行为引起的人身损害赔偿案件适用本解释。

本院以前发布的司法解释与本解释不一致的,以本解释为准。

第37条 【非刑罚性处置措施】 对于犯罪情节轻微不需要判处刑罚的,可以免予刑事处罚,但是可以根据案件的不同情况,予以训诫或者责令具结悔过、赔礼道歉、赔偿损失,或者由主管部门予以行政处罚或者行政处分。

• 释义

非刑罚处置措施是相对于刑罚对犯罪人剥夺性惩罚而言的,它不是独立的刑种,而是刑罚的必要补充或替代措施。从非刑罚处置措施设置的目的来看,它是针对一些情节轻微,不需要判处刑罚的犯罪，用刑罚以外的方法进行处理，从而使制裁手段多样化、缓和化，以尽可能地减少刑罚的弊端。

•关联法律

1. 最高人民法院《全国法院维护农村稳定刑事审判工作座谈会纪要》(法〔1999〕217号)

三、(二)关于对农民被告人依法判处缓刑、管制、免予刑事处罚问题

对农民被告人适用刑罚，既要严格遵循罪刑相适应的原则，又要充分考虑到农民犯罪主体的特殊性。要依靠当地党委做好相关部门的工作，依法适当多适用非监禁刑罚。对于已经构成犯罪，但不需要判处刑罚的，或者法律规定有管制刑的，应当依法免予刑事处罚或判处管制刑。对于罪行较轻且认罪态度好，符合宣告缓刑条件的，应当依法适用缓刑。

要努力配合有关部门落实非监禁刑的监管措施。在监管措施落实问题上可以探索多种有效的方式，如在城市应加强与适用缓刑的犯罪人原籍的政府和基层组织联系落实帮教措施；在农村应通过基层组织和被告人亲属、家属、好友做好帮教工作等等。(全文详见本书《刑法》第232条相关内容)

2. 最高人民法院《关于审理未成年人刑事案件具体应用法律若干问题的解释》(法释〔2006〕1号) 第17条

第17条 未成年罪犯根据其所犯罪行，可能被判处拘役、3年以下有期徒刑，如果悔罪表现好，并具有下列情形之一的，应当依照刑法第37条的规定免予刑事处罚：

(一)系又聋又哑的人或者盲人；(二)防卫过当或者避险过当；(三)犯罪预备、中止或者未遂；(四)共同犯罪中从犯、胁从犯；(五)犯罪后自首或者有立功表现；(六)其他犯罪情节轻微不需要判处刑罚的。(全文详见本书《刑法》第17条相关内容)

3. 最高人民法院《关于贯彻宽严相济刑事政策的若干意见》(法发〔2010〕9号) 第3部分第15点

三、准确把握和正确适用依法从"宽"的政策要求

15. 被告人的行为已经构成犯罪，但犯罪情节轻微，或者未成年人、在校学生实施的较轻犯罪，或者被告人具有犯罪预备、犯罪中止、从犯、胁从犯、防卫过当、避险过当等情节，依法不需要判处刑罚的，可以免予刑事处罚。对免予刑事处罚的，应当根据刑法第37条规定，做好善后、帮教工作或者交由有关部门进行处理，争取更好的社会效果。(全文详见本书《刑法》第5条相关内容)

4. 最高人民检察院《第22批指导性案例无锡F警用器材公司虚开增值税专用发票案》(检例第81号；2020年11月24日)

(详见本书《刑法》第205条该节内容)

第37条之一 【利用职业便利实施犯罪的禁业限制】 因利用职业便利实施犯罪，或者实施违背职业要求的特定义务的犯罪被判处刑罚的，人民法院可以根据犯罪情况和预防再犯罪的需要。禁止其自刑罚执行完毕之日或者假释之日起从事相关职业，期限为3年至5年。

被禁止从事相关职业的人违反人民法院依照前款规定作出的决定的，由公安机关依法给予处罚；情节严重的，依照本法第313条的规定定罪处罚。

其他法律、行政法规对其从事相关职业另有禁止或者限制性规定的，从其规定。

(本条为《中华人民共和国刑法修正案(9)》增加)

•释义

被禁止从事相关职业的人如果违反禁止职业的判决会受到行政处罚，情节严重的构成拒不执行判决、裁定罪。

职业禁止属于“非刑罚处罚措施”，旨在将利用职业便利或违背职业要求的特定义务而实施犯罪的人员，从特定的职业领域或行业中清除出去，避免其利用特定职业再犯罪。从规定适用的基础看，职业禁止主要适用于刑罚执行完毕后，这完全是基于对行为人人身危险性的考虑。从处罚措施来看，职业禁止强制行为人在3年到5年内不能继续从事相关职业，且该种强制得到刑事法律强有力的保障。可以说，职业禁止本质上是一种强制性的隔离措施，以消除或减少可能再次引发的危险状态。

- **关联法律**

1.《中华人民共和国刑法修正案(9)》(2015年8月29日第十二届全国人大常委会第十六次会议通过)

本条为《中华人民共和国刑法修正案(9)》第1条增加。

内容：一、在刑法第37条后增加1条，作为第37条之一：“因利用职业便利实施犯罪，或者实施违背职业要求的特定义务的犯罪被判处刑罚的，人民法院可以根据犯罪情况和预防再犯罪的需要，禁止其自刑罚执行完毕之日或者假释之日起从事相关职业，期限为3年至5年。

被禁止从事相关职业的人违反人民法院依照前款规定作出的决定的，由公安机关依法给予处罚；情节严重的，依照本法第313条的规定定罪处罚。

“其他法律、行政法规对其从事相关职业另有禁止或者限制性规定的，从其规定。”

2.最高人民法院《关于〈中华人民共和国刑法修正案(9)〉时间效力问题的解释》(法释〔2015〕19号)

第1条 对于2015年10月31日以前因利用职业便利实施犯罪，或者实施违背职业要求的特定义务的犯罪的，不适用修正后刑法第37条之一第1款的规定。其他法律、行政法规另有规定的，从其规定。(全文详见本书《刑法》第12条相关内容)

3.最高人民法院、最高人民检察院《关于办理危害生产安全刑事案件适用法律若干问题的解释》(法释〔2015〕22号)

第16条 对于实施危害生产安全犯罪适用缓刑的犯罪分子，可以根据犯罪情况，禁止其在缓刑考验期限内从事与安全生产相关联的特定活活动；对于被判处刑罚的犯罪分子，可以根据犯罪情况和预防再再犯罪的需要，禁止其自刑罚执行完毕之日或者假释之日起三年至五年内从事与安全生产相关的职业。(全文详见本书《刑法》第132条相关内容)

4.《中华人民共和国慈善法》(2016年3月16日全国人大第十二届第四次会议通过)第16条

第16条 有下列情形之一的，不得担任慈善组织的负责人：

(一)无民事行为能力或者限制民事行为能力的；(二)因故意犯罪被判处刑罚，自刑罚执行完毕之日起未逾5年的；(三)在被吊销登记证书或者被取缔的组织担任负责人，自该组织被吊销登记证书或者被取缔之日起未逾5年的；(四)法律、行政法规规定的其他情形。(全文略)

5.最高人民法院、最高人民检察院、公安部、司法部《关于办理“套路贷”刑事案件若干问题的意见》(法发〔2019〕11号)

二、依法严惩“套路贷”犯罪

9.对于“套路贷”犯罪分子，应当根据其所触犯的具体罪名，依法加大财产刑适用力度。符合刑法第37条之一规定的，可以依法禁止从事相关职业。(全文略)

6.最高人民法院、最高人民检察院、公安部、司法部《关于依法严惩利用未成年人实施黑恶势力犯罪的意见》(2020年4月23日)

二、严格依法办案，形成打击合力

(五)人民法院要对利用未成年人实施黑恶势力犯罪案件及时审判，从严处罚。严格掌握缓刑、减刑、假释的适用,严格掌握暂予监外执行的适用条件。依法运用财产刑、资格刑,最大限度铲除黑恶势力"经济基础"。对于符合刑法第37条之一规定的,应当依法禁止其从事相关职业。(全文详见本书《刑法》第114条相关内容)

7. 最高人民检察院《关于充分发挥检察职能服务保障"六稳""六保"的意见》(2020年7月22日)第4点

(详见本书《刑法》第219条相关内容)

第二节 管 制

第38条 【管制的期限、禁止令与社区矫正】 管制的期限,为3个月以上2年以下。

判处管制,可以根据犯罪情况,同时禁止犯罪分子在执行期间从事特定活动,进入特定区域、场所,接触特定的人。

对判处管制的犯罪分子,依法实行社区矫正。

违反第2款规定的禁止令的,由公安机关依照《中华人民共和国治安管理处罚法》的规定处罚。

(本条第2款为《中华人民共和国刑法修正案(8)》修改增加)

• 释义

管制的期限是3个月至2年。

对管制对象的禁止令和社区矫正规定是《刑法修正案(8)》新加入的。对于判处管制、宣告缓刑的犯罪分子,人民法院根据犯罪情况,认为从促进犯罪分子教育矫正、有效维护社会秩序的需要出发,确有必要禁止其在管制执行期间、缓刑考验期限内从事特定活动,进入特定区域、场所,接触特定人的,可以在判处管制或缓刑同时宣告禁止令。违反禁止令的,要根据《中华人民共和国治安管理处罚法》给与行政处罚。

根据2012年3月《刑事诉讼法》第258条,对被判处管制、宣告缓刑、假释或者暂予监外执行的罪犯,依法实行社区矫正,由社区矫正机构负责执行。又根据2012年1月10日最高人民法院、最高人民检察院、公安部、司法部《社区矫正实施办法》第3条:县级司法行政机关社区矫正机构对社区矫正人员进行监督管理和教育帮助。司法所承担社区矫正日常工作。

• 关联法律

1. 最高人民法院,最高人民检察院、公安部、劳动人事部《关于被判处管制,剥夺政治权利和宣告缓刑、假释的犯罪分子能否外出经商等问题的通知》[〔1986〕高检会(三)字第2号]

近年来,不少地方对被判处管制、剥夺政治权利和宣告缓刑、假释的犯罪分子在监督改造或考察期间,能否外出经商,能否搞承包或从事其他个体劳动,能否担任国营企业或乡镇企业的领导职务等问题,屡有请示。对此,现特作如下通知:

一、对被判处管制、剥夺政治权利和宣告缓刑、假释的犯罪分子,公安机关和有关单位要依法对其实行经常性的监督改造或考察。被管制、假释的犯罪分子,不能外出经商;被剥夺政治权利和宣告缓刑的犯罪分子,按现行规定,属于允许经商范围之内的,如外出经商,需事先经公安机关允许。

二、犯罪分子在被管制、剥夺政治权利、缓刑、假释期间,若原所在单位确有特殊情况不能安排工作的，在不影响对其实行监督考察的情况下，经工商管理部门批准，可以在常住户口所在地自谋生计；家在农村的，亦可就地从事或承包一些农副业生产。

三、犯罪分子在被管制、剥夺政治权利、缓刑、假释期间，不能担任国营或集体企事业单位的领导职务。

2. 最高人民检察院《关于被判处管制、剥夺政治权利和宣告缓刑、假释的犯罪分子能否担任中外合资、合作经营企业领导职务问题的答复》(高检发研字〔1991〕4号)

四川省人民检察院：你院川检研〔1991〕18号《关于犯罪分子在被管制、剥夺政治权利、缓刑、假释期间能否担任中外合资经营企业经理、副经理的请示》收悉。经研究，并征求有关部门意见，现答复如下：

最高人民法院、最高人民检察院、公安部、劳动人事部(86)高检会(三)字第2号《关于被判处管制、剥夺政治权利和宣告缓刑、假释的犯罪分子能否外出经商等问题的通知》第3条所规定的不能担任领导职务的原则，可适用于中外合资、中外合作企业(包括我方与港、澳、台商合资、合作企业)。

3.《中华人民共和国刑法修正案(8)》(2011年2月25日第十一届全国人大常委会第十九次会议通过)

本条为《中华人民共和国刑法修正案(8)》修改。

内容：二、在刑法第38条中增加1款作为第2款："判处管制，可以根据犯罪情况，同时禁止犯罪分子在执行期间从事特定活动，进入特定区域、场所，接触特定的人。"

原第2款作为第3款，修改为："对判处管制的犯罪分子，依法实行社区矫正。"

增加1款作为第4款："违反第2款规定的禁止令的，由公安机关依照《中华人民共和国治安管理处罚法》的规定处罚。"

4. 最高人民法院《关于〈中华人民共和国刑法修正案(8)〉时间效力问题的解释》(法释〔2011〕9号)第1条

第1条 对于2011年4月30日以前犯罪，依法应当判处管制或者宣告缓刑的，人民法院根据犯罪情况，认为确有必要同时禁止犯罪分子在管制期间或者缓刑考验期内从事特定活动，进入特定区域、场所，接触特定人的，适用修正后刑法第38条第2款或者第72条第2款的规定。

犯罪分子在管制期间或者缓刑考验期内，违反人民法院判决中的禁止令的，适用修正后刑法第38条第4款或者第77条第2款的规定。(全文详见本书《刑法》第12条相关内容)

5. 最高人民法院、最高人民检察院、公安部、司法部《关于对判处管制、宣告缓刑的犯罪分子适用禁止令有关问题的规定(试行)》(法发〔2011〕9号)

为正确适用《中华人民共和国刑法修正案(8)》，确保管制和缓刑的执行效果，根据刑法和刑事诉讼法的有关规定，现就判处管制、宣告缓刑的犯罪分子适用禁止令的有关问题规定如下：

第1条 对判处管制、宣告缓刑的犯罪分子，人民法院根据犯罪情况，认为从促进犯罪分子教育矫正、有效维护社会秩序的需要出发，确有必要禁止其在管制执行期间、缓刑考验期限内从事特定活动，进入特定区域、场所，接触特定人的，可以根据刑法第38条第2款、第72条第2款的规定，同时宣告禁止令。

第2条 人民法院宣告禁止令，应当根据犯罪分子的犯罪原因、犯罪性质、犯罪手段、犯罪后的悔罪表现、个人一贯表现等情况，充分考虑与犯罪分子所犯罪行的关联程度，有针对性地决定禁止其在管制执行期间、缓刑考验期限内"从事特定活动，进入特定区域、场所，接触特定的人"的一项或者几项内容。

第3条 人民法院可以根据犯罪情况,禁止判处管制、宣告缓刑的犯罪分子在管制执行期间、缓刑考验期限内从事以下一项或者几项活动:

(一)个人为进行违法犯罪活动而设立公司、企业、事业单位或者在设立公司、企业、事业单位后以实施犯罪为主要活动的,禁止设立公司、企业、事业单位;(二)实施证券犯罪、贷款犯罪、票据犯罪、信用卡犯罪等金融犯罪的,禁止从事证券交易、申领贷款、使用票据或者申领、使用信用卡等金融活动;(三)利用从事特定生产经营活动实施犯罪的,禁止从事相关生产经营活动;(四)附带民事赔偿义务未履行完毕,违法所得未追缴、退赔到位,或者罚金尚未足额缴纳的,禁止从事高消费活动;(五)其他确有必要禁止从事的活动。

第4条 人民法院可以根据犯罪情况,禁止判处管制、宣告缓刑的犯罪分子在管制执行期间、缓刑考验期限内进入以下一类或者几类区域、场所:

(一)禁止进入夜总会、酒吧、迪厅、网吧等娱乐场所;(二)未经执行机关批准,禁止进入举办大型群众性活动的场所;(三)禁止进入中小学校区、幼儿园园区及周边地区,确因本人就学、居住等原因,经执行机关批准的除外;(四)其他确有必要禁止进入的区域、场所。

第5条 人民法院可以根据犯罪情况,禁止判处管制、宣告缓刑的犯罪分子在管制执行期间、缓刑考验期限内接触以下一类或者几类人员:

(一)未经对方同意,禁止接触被害人及其法定代理人、近亲属;(二)未经对方同意,禁止接触证人及其法定代理人、近亲属;(三)未经对方同意,禁止接触控告人、批评人、举报人及其法定代理人、近亲属;(四)禁止接触同案犯;(五)禁止接触其他可能遭受其侵害、滋扰的人或者可能诱发其再次危害社会的人。

第6条 禁止令的期限,既可以与管制执行、缓刑考验的期限相同,也可以短于管制执行、缓刑考验的期限,但判处管制的,禁止令的期限不得少于3个月,宣告缓刑的,禁止令的限不得少于2个月。

判处管制的犯罪分子在判决执行以前先行羁押以致管制执行的期限少于3个月的,禁止令的期限不受前款规定的最短期限的限制。

禁止令的执行期限,从管制、缓刑执行之日起计算。

第7条 人民检察院在提起公诉时,对可能判处管制、宣告缓刑的被告人可以提出宣告禁止令的建议。当事人、辩护人、诉讼代理人可以就应否对被告人宣告禁止令提出意见,并说明理由。

公安机关在移送审查起诉时,可以根据犯罪嫌疑人涉嫌犯罪的情况,就应否宣告禁止令及宣告何种禁止令,向人民检察院提出意见。

第8条 人民法院对判处管制、宣告缓刑的被告人宣告禁止令的,应当在裁判文书主文部分单独作为一项予以宣告。

第9条 禁止令由司法行政机关指导管理的社区矫正机构负责执行。

第10条 人民检察院对社区矫正机构执行禁止令的活动实行监督。发现有违反法律规定的情况,应当通知社区矫正机构纠正。

第11条 判处管制的犯罪分子违反禁止令,或者被宣告缓刑的犯罪分子违反禁止令尚不属情节严重的,由负责执行禁止令的社区矫正机构所在地的公安机关依照《中华人民共和国治安管理处罚法》第60条的规定处罚。

第12条 被宣告缓刑的犯罪分子违反禁止令,情节严重的,应当撤销缓刑,执行原判刑罚。原作出缓刑裁判的人民法院应当自收到当地社区矫正机构提出的撤销缓刑建议书之日起1个月内依法作出裁定。人民法院撤销缓刑的裁定一经作出,立即生效。违反禁止令,具有下列情形之一的,应当认定为"情节严重":

（一）3次以上违反禁止令的；（二）因违反禁止令被治安管理处罚后，再次违反禁止令的；（三）违反禁止令，发生较为严重危害后果的；（四）其他情节严重的情形。

第13条 被宣告禁止令的犯罪分子被依法减刑时，禁止令的期限可以相应缩短，由人民法院在减刑裁定中确定新的禁止令期限。

6.《中华人民共和国治安管理处罚法》（2005年8月28日第十届全国人大常委会第十七次会议通过；2012年10月26日第十一届全国人大常委会第二十九次会议通过关于修改〈中华人民共和国治安管理处罚法〉的决定》修正）

第60条 有下列行为之一的，处5日以上10日以下拘留，并处200元以上500元以下罚款：

（一）隐藏、转移、变卖或者损毁行政执法机关依法扣押、查封、冻结的财物的；（二）伪造、隐匿、毁灭证据或者提供虚假证言、谎报案情，影响行政执法机关依法办案的；（三）明知是赃物而窝藏、转移或者代为销售的；（四）被依法执行管制、剥夺政治权利或者在缓刑、暂予监外执行中的罪犯或者被依法采取刑事强制措施的人，有违反法律、行政法规或者国务院有关部门的监督管理规定的行为。

7.最高人民法院、最高人民检察院、公安部、司法部《关于依法办理家庭暴力犯罪案件的意见》（法发〔2015〕4号）

发生在家庭成员之间，以及具有监护、扶养、寄养、同居等关系的共同生活人员之间的家庭暴力犯罪，严重侵害公民人身权利，破坏家庭关系，影响社会和谐稳定。人民法院、人民检察院、公安机关、司法行政机关应当严格履行职责，充分运用法律，积极预防和有效惩治各种家庭暴力犯罪，切实保障人权，维护社会秩序。为此，根据刑法、刑事诉讼法、婚姻法、未成年人保护法、老年人权益保障法、妇女权益保障法等法律，结合司法实践经验，制定本意见。

一、基本原则

1.依法及时、有效干预。针对家庭暴力持续反复发生，不断恶化升级的特点，人民法院、人民检察院、公安机关、司法行政机关对已发现的家庭暴力，应当依法采取及时、有效的措施，进行妥善处理，不能以家庭暴力发生在家庭成员之间，或者属于家务事为由而置之不理，互相推诿。

2.保护被害人安全和隐私。办理家庭暴力犯罪案件，应当首先保护被害人的安全。通过对被害人进行紧急救治、临时安置，以及对施暴人采取刑事强制措施、判处刑罚、宣告禁止令等措施，制止家庭暴力并防止再次发生，消除家庭暴力的现实侵害和潜在危险。对与案件有关的个人隐私，应当保密，但法律有特别规定的除外。

3.尊重被害人意愿。办理家庭暴力犯罪案件，既要严格依法进行，也要尊重被害人的意愿。在立案、采取刑事强制措施、提起公诉、判处刑罚、减刑、假释时，应当充分听取被害人意见，在法律规定的范围内作出合情、合理的处理。对法律规定可以调解、和解的案件，应当在当事人双方自愿的基础上进行调解、和解。

4.对未成年人、老年人、残疾人、孕妇、哺乳期妇女、重病患者特殊保护。办理家庭暴力犯罪案件，应当根据法律规定和案件情况，通过代为告诉、法律援助等措施，加大对未成年人、老年人、残疾人、孕妇、哺乳期妇女、重病患者的司法保护力度，切实保障他们的合法权益。

二、案件受理

5.积极报案、控告和举报。依照刑事诉讼法第108条第1款“任何单位和个人发现有犯罪事实或者犯罪嫌疑人，有权利也有义务向公安机关、人民检察院或者人民法院报案或者举报”的规定，家庭暴力被害人及其亲属、朋友、邻居、同事，以及村（居）委会、人民调解委员会、妇联、共青团、残联、医院、学校、幼儿园等单位、组织，发现家庭暴力，有权利也有义务及时向公安机关、人民检察院、人民法院报案、控告或者举报。

公安机关、人民检察院、人民法院对于报案人、控告人和举报人不愿意公开自己的姓名和报案、控告、举报行为的，应当为其保守秘密，保护报案人、控告人和举报人的安全。

6. 迅速审查、立案和转处。公安机关、人民检察院、人民法院接到家庭暴力的报案、控告或者举报后，应当立即问明案件的初步情况，制作笔录，迅速进行审查，按照刑事诉讼法关于立案的规定，根据自己的管辖范围，决定是否立案。对于符合立案条件的，要及时立案。对于可能构成犯罪但不属于自己管辖的，应当移送主管机关处理，并且通知报案人、控告人或者举报人；对于不属于自己管辖而又必须采取紧急措施的，应当先采取紧急措施，然后移送主管机关。

经审查，对于家庭暴力行为尚未构成犯罪，但属于违反治安管理行为的，应当将案件移送公安机关，依照治安管理处罚法的规定进行处理，同时告知被害人可以向人民调解委员会提出申请，或者向人民法院提起民事诉讼，要求施暴人承担停止侵害、赔礼道歉、赔偿损失等民事责任。

7. 注意发现犯罪案件。公安机关在处理人身伤害、虐待、遗弃等行政案件过程中，人民法院在审理婚姻家庭、继承、侵权责任纠纷等民事案件过程中，应当注意发现可能涉及的家庭暴力犯罪。一旦发现家庭暴力犯罪线索，公安机关应当将案件转为刑事案件办理，人民法院应当将案件移送公安机关；属于自诉案件的，公安机关、人民法院应当告知被害人提起自诉。

8. 尊重被害人的程序选择权。对于被害人有证据证明的轻微家庭暴力犯罪案件，在立案审查时，应当尊重被害人选择公诉或者自诉的权利。被害人要求公安机关处理的，公安机关应当依法立案、侦查。在侦查过程中，被害人不再要求公安机关处理或者要求转为自诉案件的，应当告知被害人向公安机关提交书面申请。经审查确系被害人自愿提出的，公安机关应当依法撤销案件。被害人就这类案件向人民法院提起自诉的，人民法院应当依法受理。

9. 通过代为告诉充分保障被害人自诉权。对于家庭暴力犯罪自诉案件，被害人无法告诉或者不能亲自告诉的，其法定代理人、近亲属可以告诉或者代为告诉；被害人是无行为能力人、限制行为能力人，其法定代理人、近亲属没有告诉或者代为告诉的，人民检察院可以告诉；侮辱、暴力干涉婚姻自由等告诉才处理的案件，被害人因受强制、威吓无法告诉的，人民检察院也可以告诉。人民法院对告诉或者代为告诉的，应当依法受理。

10. 切实加强立案监督。人民检察院要切实加强对家庭暴力犯罪案件的立案监督，发现公安机关应当立案而不立案的，或者被害人及其法定代理人、近亲属，有关单位、组织就公安机关不予立案向人民检察院提出异议的，人民检察院应当要求公安机关说明不立案的理由。人民检察院认为不立案理由不成立的，应当通知公安机关立案，公安机关接到通知后应当立案；认为不立案理由成立的，应当将理由告知提出异议的被害人及其法定代理人、近亲属或者有关单位、组织。

11. 及时、全面收集证据。公安机关在办理家庭暴力案件时，要充分、全面地收集、固定证据，除了收集现场的物证、被害人陈述、证人证言等证据外，还应当注意及时向村（居）委会、人民调解委员会、妇联、共青团、残联、医院、学校、幼儿园等单位、组织的工作人员，以及被害人的亲属、邻居等收集涉及家庭暴力的处理记录、病历、照片、视频等证据。

12. 妥善救治、安置被害人。人民法院、人民检察院、公安机关等负有保护公民人身安全职责的单位和组织，对因家庭暴力受到严重伤害需要紧急救治的被害人，应当立即协助联系医疗机构救治；对面临家庭暴力严重威胁，或者处于无人照料等危险状态，需要临时安置的被害人或者相关未成年人，应当通知并协助有关部门进行安置。

13. 依法采取强制措施。人民法院、人民检察院、公安机关对实施家庭暴力的犯罪嫌疑人、被告人,符合拘留、逮捕条件的,可以依法拘留、逮捕;没有采取拘留、逮捕措施的,应当通过走访、打电话等方式与被害人或者其法定代理人、近亲属联系,了解被害人的人身安全状况。对于犯罪嫌疑人、被告人再次实施家庭暴力的,应当根据情况,依法采取必要的强制措施。

人民法院、人民检察院、公安机关决定对实施家庭暴力的犯罪嫌疑人、被告人取保候审的,为了确保被害人及其子女和特定亲属的安全,可以依照刑事诉讼法第69条第2款的规定,责令犯罪嫌疑人、被告人不得再次实施家庭暴力;不得侵扰被害人的生活、工作、学习;不得进行酗酒、赌博等活动;经被害人申请且有必要的,责令不得接近被害人及其未成年子女。

14. 加强自诉案件举证指导。家庭暴力犯罪案件具有案发周期较长、证据难以保存,被害人处于相对弱势、举证能力有限,相关事实难以认定等特点。有些特点在自诉案件中表现得更为突出。因此,人民法院在审理家庭暴力自诉案件时,对于因当事人举证能力不足等原因,难以达到法律规定的证据要求的,应当及时对当事人进行举证指导,告知需要收集的证据及收集证据的方法。对于因客观原因不能取得的证据,当事人申请人民法院调取的,人民法院应当认真审查,认为确有必要的,应当调取。

15. 加大对被害人的法律援助力度。人民检察院自收到移送审查起诉的案件材料之日起3日内,人民法院自受理案件之日起3日内,应当告知被害人及其法定代理人或者近亲属有权委托诉讼代理人,如果经济困难,可以向法律援助机构申请法律援助;对于被害人是未成年人、老年人、重病患者或者残疾人等,因经济困难没有委托诉讼代理人的,人民检察院、人民法院应当帮助其申请法律援助。

法律援助机构应当依法为符合条件的被害人提供法律援助,指派熟悉反家庭暴力法律法规的律师办理案件。

三、定罪处罚

16. 依法准确定罪处罚。对故意杀人、故意伤害、强奸、猥亵儿童、非法拘禁、侮辱、暴力干涉婚姻自由、虐待、遗弃等侵害公民人身权利的家庭暴力犯罪,应当根据犯罪的事实、犯罪的性质、情节和对社会的危害程度,严格依照刑法的有关规定判处。对于同一行为同时触犯多个罪名的,依照处罚较重的规定定罪处罚。

17. 依法惩处虐待犯罪。采取殴打、冻饿、强迫过度劳动、限制人身自由、恐吓、侮辱、谩骂等手段,对家庭成员的身体和精神进行摧残、折磨,是实践中较为多发的虐待性质的家庭暴力。根据司法实践,具有虐待持续时间较长、次数较多;虐待手段残忍;虐待造成被害人轻微伤或者患较严重疾病;对未成年人、老年人、残疾人、孕妇、哺乳期妇女、重病患者实施较为严重的虐待行为等情形,属于刑法第260条第1款规定的虐待"情节恶劣",应当依法以虐待罪定罪处罚。

准确区分虐待犯罪致人重伤、死亡与故意伤害、故意杀人犯罪致人重伤、死亡的界限,要根据被告人的主观故意、所实施的暴力手段与方式、是否立即或者直接造成被害人伤亡后果等进行综合判断。对于被告人主观上不具有侵害被害人健康或者剥夺被害人生命的故意,而是出于追求被害人肉体和精神上的痛苦,长期或者多次实施虐待行为,逐渐造成被害人身体损害,过失导致被害人重伤或者死亡的;或者因虐待致使被害人不堪忍受而自残、自杀,导致重伤或者死亡的,属于刑法第260条第2款规定的虐待"致使被害人重伤、死亡",应当以虐待罪定罪处罚。对于被告人虽然实施家庭暴力呈现出经常性、持续性、反复性的特点,但其主观上具有希望或者放任被害人重伤或者死亡的故意,持凶器实施暴力,暴力手段残忍,暴力程度较强,直接或者立即造成被害人重伤或者死亡的,应当以故意伤害罪或者故意杀人罪定罪处罚。

依法惩处遗弃犯罪。负有扶养义务且有扶养能力的人,拒绝扶养年幼、年老、患病或者其他没有独立生活能力的家庭成员,是危害严重的遗弃性质的家庭暴力。根据司法实践,具有对被害人长期不予照顾、不提供生活来源;驱赶、逼迫被害人离家,致使被害人流离失所或者生存困难;遗弃患严重疾病或者生活不能自理的被害人;遗弃致使被害人身体严重损害或者造成其他严重后果等情形,属于刑法第261条规定的遗弃"情节恶劣",应当依法以遗弃罪定罪处罚。

准确区分遗弃罪与故意杀人罪的界限,要根据被告人的主观故意、所实施行为的时间与地点、是否立即造成被害人死亡,以及被害人对被告人的依赖程度等进行综合判断。对于只是为了逃避扶养义务,并不希望或者放任被害人死亡,将生活不能自理的被害人弃置在福利院、医院、派出所等单位或者广场、车站等行人较多的场所,希望被害人得到他人救助的,一般以遗弃罪定罪处罚。对于希望或者放任被害人死亡,不履行必要的扶养义务,致使被害人因缺乏生活照料而死亡,或者将生活不能自理的被害人带至荒山野岭等人迹罕至的场所扔弃,使被害人难以得到他人救助的,应当以故意杀人罪定罪处罚。

18. 切实贯彻宽严相济刑事政策。对于实施家庭暴力构成犯罪的,应当根据罪刑法定、罪刑相适应原则,兼顾维护家庭稳定、尊重被害人意愿等因素综合考虑,宽严并用,区别对待。根据司法实践,对于实施家庭暴力手段残忍或者造成严重后果;出于恶意侵占财产等卑劣动机实施家庭暴力;因酗酒、吸毒、赌博等恶习而长期或者多次实施家庭暴力;曾因实施家庭暴力受到刑事处罚、行政处罚;或者具有其他恶劣情形的,可以酌情从重处罚。对于实施家庭暴力犯罪情节较轻,或者被告人真诚悔罪,获得被害人谅解,从轻处罚有利于被扶养人的,可以酌情从轻处罚;对于情节轻微不需要判处刑罚的,人民检察院可以不起诉,人民法院可以判处免予刑事处罚。

对于实施家庭暴力情节显著轻微危害不大不构成犯罪的,应当撤销案件、不起诉,或者宣告无罪。

人民法院、人民检察院、公安机关应当充分运用训诫,责令施暴人保证不再实施家庭暴力,或者向被害人赔礼道歉、赔偿损失等非刑罚处罚措施,加强对施暴人的教育与惩戒。

19. 准确认定对家庭暴力的正当防卫。为了使本人或者他人的人身权利免受不法侵害,对正在进行的家庭暴力采取制止行为,只要符合刑法规定的条件,就应当依法认定为正当防卫,不负刑事责任。防卫行为造成施暴人重伤、死亡,且明显超过必要限度,属于防卫过当,应当负刑事责任,但是应当减轻或者免除处罚。

认定防卫行为是否"明显超过必要限度",应当以足以制止并使防卫人免受家庭暴力不法侵害的需要为标准,根据施暴人正在实施家庭暴力的严重程度、手段的残忍程度,防卫人所处的环境、面临的危险程度、采取的制止暴力的手段、造成施暴人重大损害的程度,以及既往家庭暴力的严重程度等进行综合判断。

20. 充分考虑案件中的防卫因素和过错责任。对于长期遭受家庭暴力后,在激愤、恐惧状态下为了防止再次遭受家庭暴力,或者为了摆脱家庭暴力而故意杀害、伤害施暴人,被告人的行为具有防卫因素,施暴人在案件起因上具有明显过错或者直接责任的,可以酌情从宽处罚。对于因遭受严重家庭暴力,身体、精神受到重大损害而故意杀害施暴人;或者因不堪忍受长期家庭暴力而故意杀害施暴人,犯罪情节不是特别恶劣,手段不是特别残忍的,可以认定为刑法第232条规定的故意杀人"情节较轻"。在服刑期间确有悔改表现的,可以根据其家庭情况,依法放宽减刑的幅度,缩短减刑的起始时间与间隔时间;符合假释条件的,应当假释。被杀害施暴人的近亲属表示谅解的,在量刑、减刑、假释时应当予以充分考虑。

四、其他措施

21. 充分运用禁止令措施。人民法院对实施家庭暴力构成犯罪被判处管制或者宣告缓刑的犯罪分子，为了确保被害人及其子女和特定亲属的人身安全，可以依照刑法第38条第2款、第72条第2款的规定，同时禁止犯罪分子再次实施家庭暴力，侵扰被害人的生活、工作、学习，进行酗酒、赌博等活动；经被害人申请且有必要的，禁止接近被害人及其未成年子女。

22. 告知申请撤销施暴人的监护资格。人民法院、人民检察院、公安机关对于监护人实施家庭暴力，严重侵害被监护人合法权益的，在必要时可以告知被监护人及其他有监护资格的人员、单位，向人民法院提出申请，要求撤销监护人资格，依法另行指定监护人。

23. 充分运用人身安全保护措施。人民法院为了保护被害人的人身安全，避免其再次受到家庭暴力的侵害，可以根据申请，依照民事诉讼法等法律的相关规定，作出禁止施暴人再次实施家庭暴力、禁止接近被害人、迁出被害人的住所等内容的裁定。对于施暴人违反裁定的行为，如对被害人进行威胁、恐吓、殴打、伤害、杀害，或者未经被害人同意拒不迁出住所的，人民法院可以根据情节轻重予以罚款、拘留；构成犯罪的，应当依法追究刑事责任。

24. 充分运用社区矫正措施。社区矫正机构对因实施家庭暴力构成犯罪被判处管制、宣告缓刑、假释或者暂予监外执行的犯罪分子，应当依法开展家庭暴力行为矫治，通过制定有针对性的监管、教育和帮助措施，矫正犯罪分子的施暴心理和行为恶习。

25. 加强反家庭暴力宣传教育。人民法院、人民检察院、公安机关、司法行政机关应当结合本部门工作职责，通过以案说法、社区普法、针对重点对象法制教育等多种形式，开展反家庭暴力宣传教育活动，有效预防家庭暴力，促进平等、和睦、文明的家庭关系，维护社会和谐、稳定。

8. 最高人民法院《关于〈中华人民共和国刑法修正案(9)〉时间效力问题的解释》(法释〔2015〕19号)

第3条 对于2015年10月31日以前一人犯数罪，数罪中有判处有期徒刑和拘役，有期徒刑和管制，或者拘役和管制，予以数罪并罚的，适用修正后刑法第69条第2款的规定。(全文详见本书《刑法》第12条相关内容)

9.《中华人民共和国社区矫正法》(2019年12月28日第十三届全国人大常委会第十五次会议通过)

第1章　总　　则

第1条 为了推进和规范社区矫正工作，保障刑事判决、刑事裁定和暂予监外执行决定的正确执行，提高教育矫正质量，促进社区矫正对象顺利融入社会，预防和减少犯罪，根据宪法，制定本法。

第2条 对被判处管制、宣告缓刑、假释和暂予监外执行的罪犯，依法实行社区矫正。

对社区矫正对象的监督管理、教育帮扶等活动，适用本法。

第3条 社区矫正工作坚持监督管理与教育帮扶相结合，专门机关与社会力量相结合，采取分类管理、个别化矫正，有针对性地消除社区矫正对象可能重新犯罪的因素，帮助其成为守法公民。

第4条 社区矫正对象应当依法接受社区矫正，服从监督管理。

社区矫正工作应当依法进行，尊重和保障人权。社区矫正对象依法享有的人身权利、财产权利和其他权利不受侵犯，在就业、就学和享受社会保障等方面不受歧视。

第5条 国家支持社区矫正机构提高信息化水平，运用现代信息技术开展监督管理和教育帮扶。社区矫正工作相关部门之间依法进行信息共享。

第6条 各级人民政府应当将社区矫正经费列入本级政府预算。

居民委员会、村民委员会和其他社会组织依法协助社区矫正机构开展工作所需的经费应当按照规定列入社区矫正机构本级政府预算。

第7条 对在社区矫正工作中做出突出贡献的组织、个人,按照国家有关规定给予表彰、奖励。

第2章 机构、人员和职责

第8条 国务院司法行政部门主管全国的社区矫正工作。县级以上地方人民政府司法行政部门主管本行政区域内的社区矫正工作。

人民法院、人民检察院、公安机关和其他有关部门依照各自职责,依法做好社区矫正工作。人民检察院依法对社区矫正工作实行法律监督。

地方人民政府根据需要设立社区矫正委员会,负责统筹协调和指导本行政区域内的社区矫正工作。

第9条 县级以上地方人民政府根据需要设置社区矫正机构,负责社区矫正工作的具体实施。社区矫正机构的设置和撤销,由县级以上地方人民政府司法行政部门提出意见,按照规定的权限和程序审批。

司法所根据社区矫正机构的委托,承担社区矫正相关工作。

第10条 社区矫正机构应当配备具有法律等专业知识的专门国家工作人员(以下称社区矫正机构工作人员),履行监督管理、教育帮扶等执法职责。

第11条 社区矫正机构根据需要,组织具有法律、教育、心理、社会工作等专业知识或者实践经验的社会工作者开展社区矫正相关工作。

第12条 居民委员会、村民委员会依法协助社区矫正机构做好社区矫正工作。

社区矫正对象的监护人、家庭成员,所在单位或者就读学校应当协助社区矫正机构做好社区矫正工作。

第13条 国家鼓励、支持企业事业单位、社会组织、志愿者等社会力量依法参与社区矫正工作。

第14条 社区矫正机构工作人员应当严格遵守宪法和法律,忠于职守,严守纪律,清正廉洁。

第15条 社区矫正机构工作人员和其他参与社区矫正工作的人员依法开展社区矫正工作,受法律保护。

第16条 国家推进高素质的社区矫正工作队伍建设。社区矫正机构应当加强对社区矫正工作人员的管理、监督、培训和职业保障,不断提高社区矫正工作的规范化、专业化水平。

第3章 决定和接收

第17条 社区矫正决定机关判处管制、宣告缓刑、裁定假释、决定或者批准暂予监外执行时应当确定社区矫正执行地。

社区矫正执行地为社区矫正对象的居住地。社区矫正对象在多个地方居住的,可以确定经常居住地为执行地。

社区矫正对象的居住地、经常居住地无法确定或者不适宜执行社区矫正的,社区矫正决定机关应当根据有利于社区矫正对象接受矫正、更好地融入社会的原则,确定执行地。

本法所称社区矫正决定机关,是指依法判处管制、宣告缓刑、裁定假释、决定暂予监外执行的人民法院和依法批准暂予监外执行的监狱管理机关、公安机关。

第18条 社区矫正决定机关根据需要,可以委托社区矫正机构或者有关社会组织对被告人或者罪犯的社会危险性和对所居住社区的影响,进行调查评估,提出意见,供决定社区矫正时参考。居民委员会、村民委员会等组织应当提供必要的协助。

第19条 社区矫正决定机关判处管制、宣告缓刑、裁定假释、决定或者批准暂予监外执行,应当按照刑法、刑事诉讼法等法律规定的条件和程序进行。

社区矫正决定机关应当对社区矫正对象进行教育,告知其在社区矫正期间应当遵守的规定以及违反规定的法律后果,责令其按时报到。

第20条 社区矫正决定机关应当自判决、裁定或者决定生效之日起5日内通知执行地社区矫正机构,并在10日内送达有关法律文书,同时抄送人民检察院和执行地公安机关。社区矫正决定地与执行地不在同一地方的,由执行地社区矫正机构将法律文书转送所在地的人民检察院、公安机关。

第21条 人民法院判处管制、宣告缓刑、裁定假释的社区矫正对象,应当自判决、裁定生效之日起10日内到执行地社区矫正机构报到。

人民法院决定暂予监外执行的社区矫正对象,由看守所或者执行取保候审、监视居住的公安机关自收到决定之日起10日内将社区矫正对象移送社区矫正机构。

监狱管理机关、公安机关批准暂予监外执行的社区矫正对象,由监狱或者看守所自收到批准决定之日起10日内将社区矫正对象移送社区矫正机构。

第22条 社区矫正机构应当依法接收社区矫正对象,核对法律文书、核实身份、办理接收登记、建立档案,并宣告社区矫正对象的犯罪事实、执行社区矫正的期限以及应当遵守的规定。

第4章 监督管理

第23条 社区矫正对象在社区矫正期间应当遵守法律、行政法规,履行判决、裁定、暂予监外执行决定等法律文书确定的义务,遵守国务院司法行政部门关于报告、会客、外出、迁居、保外就医等监督管理规定,服从社区矫正机构的管理。

第24条 社区矫正机构应当根据裁判内容和社区矫正对象的性别、年龄、心理特点、健康状况、犯罪原因、犯罪类型、犯罪情节、悔罪表现等情况,制定有针对性的矫正方案,实现分类管理、个别化矫正。矫正方案应当根据社区矫正对象的表现等情况相应调整。

第25条 社区矫正机构应当根据社区矫正对象的情况,为其确定矫正小组,负责落实相应的矫正方案。

根据需要,矫正小组可以由司法所、居民委员会、村民委员会的人员,社区矫正对象的监护人、家庭成员,所在单位或者就读学校的人员以及社会工作者、志愿者等组成。社区矫正对象为女性的,矫正小组中应有女性成员。

第26条 社区矫正机构应当了解掌握社区矫正对象的活动情况和行为表现。社区矫正机构可以通过通信联络、信息化核查、实地查访等方式核实有关情况,有关单位和个人应当予以配合。

社区矫正机构开展实地查访等工作时,应当保护社区矫正对象的身份信息和个人隐私。

第27条 社区矫正对象离开所居住的市、县或者迁居,应当报经社区矫正机构批准。社区矫正机构对于有正当理由的,应当批准;对于因正常工作和生活需要经常性跨市、县活动的,可以根据情况,简化批准程序和方式。

因社区矫正对象迁居等原因需要变更执行地的,社区矫正机构应当按照有关规定作出变更决定。社区矫正机构作出变更决定后,应当通知社区矫正决定机关和变更后的社区矫正机构,并将有关法律文书抄送变更后的社区矫正机构。变更后的社区矫正机构应当将法律文书转送所在地的人民检察院、公安机关。

第28条 社区矫正机构根据社区矫正对象的表现,依照有关规定对其实施考核奖惩。社区矫正对象认罪悔罪、遵守法律法规、服从监督管理、接受教育表现突出的,应当给予表扬。社区矫正对象违反法律法规或者监督管理规定的,应当视情节依法给予训诫、警告、提请公安机关予以治安管理处罚,或者依法提请撤销缓刑、撤销假释、对暂予监外执行的收监执行。

对社区矫正对象的考核结果,可以作为认定其是否确有悔改表现或者是否严重违反监督管理规定的依据。

第29条 社区矫正对象有下列情形之一的,经县级司法行政部门负责人批准,可以使用电子定位装置,加强监督管理:

(一)违反人民法院禁止令的;(二)无正当理由,未经批准离开所居住的市、县的;(三)拒不按照规定报告自己的活动情况,被给予警告的;(四)违反监督管理规定,被给予治安管理处罚的;(五)拟提请撤销缓刑、假释或者暂予监外执行收监执行的。

前款规定的使用电子定位装置的期限不得超过3个月。对于不需要继续使用的,应当及时解除;对于期限届满后,经评估仍有必要继续使用的,经过批准,期限可以延长,每次不得超过3个月。

社区矫正机构对通过电子定位装置获得的信息应当严格保密,有关信息只能用于社区矫正工作,不得用于其他用途。

第30条 社区矫正对象失去联系的,社区矫正机构应当立即组织查找,公安机关等有关单位和人员应当予以配合协助。查找到社区矫正对象后,应当区别情形依法作出处理。

第31条 社区矫正机构发现社区矫正对象正在实施违反监督管理规定的行为或者违反人民法院禁止令等违法行为的,应当立即制止;制止无效的,应当立即通知公安机关到场处置。

第32条 社区矫正对象有被依法决定拘留、强制隔离戒毒、采取刑事强制措施等限制人身自由情形的,有关机关应当及时通知社区矫正机构。

第33条 社区矫正对象符合刑法规定的减刑条件的,社区矫正机构应当向社区矫正执行地的中级以上人民法院提出减刑建议,并将减刑建议书抄送同级人民检察院。

人民法院应当在收到社区矫正机构的减刑建议书后30日内作出裁定,并将裁定书送达社区矫正机构,同时抄送人民检察院、公安机关。

第34条 开展社区矫正工作,应当保障社区矫正对象的合法权益。社区矫正的措施和方法应当避免对社区矫正对象的正常工作和生活造成不必要的影响;非依法律规定,不得限制或者变相限制社区矫正对象的人身自由。

社区矫正对象认为其合法权益受到侵害的,有权向人民检察院或者有关机关申诉、控告和检举。受理机关应当及时办理,并将办理结果告知申诉人、控告人和检举人。

第5章 教育帮扶

第35条 县级以上地方人民政府及其有关部门应当通过多种形式为教育帮扶社区矫正对象提供必要的场所和条件,组织动员社会力量参与教育帮扶工作。

有关人民团体应当依法协助社区矫正机构做好教育帮扶工作。

第36条 社区矫正机构根据需要,对社区矫正对象进行法治、道德等教育,增强其法治观念,提高其道德素质和悔罪意识。

对社区矫正对象的教育应当根据其个体特征、日常表现等实际情况,充分考虑其工作和生活情况,因人施教。

第37条 社区矫正机构可以协调有关部门和单位,依法对就业困难的社区矫正对象开展职业技能培训、就业指导,帮助社区矫正对象中的在校学生完成学业。

第 38 条 居民委员会、村民委员会可以引导志愿者和社区群众，利用社区资源，采取多种形式，对有特殊困难的社区矫正对象进行必要的教育帮扶。

第 39 条 社区矫正对象的监护人、家庭成员，所在单位或者就读学校应当协助社区矫正机构做好对社区矫正对象的教育。

第 40 条 社区矫正机构可以通过公开择优购买社区矫正社会工作服务或者其他社会服务，为社区矫正对象在教育、心理辅导、职业技能培训、社会关系改善等方面提供必要的帮扶。

社区矫正机构也可以通过项目委托社会组织等方式开展上述帮扶活动。国家鼓励有经验和资源的社会组织跨地区开展帮扶交流和示范活动。

第 41 条 国家鼓励企业事业单位、社会组织为社区矫正对象提供就业岗位和职业技能培训。招用符合条件的社区矫正对象的企业，按照规定享受国家优惠政策。

第 42 条 社区矫正机构可以根据社区矫正对象的个人特长，组织其参加公益活动，修复社会关系，培养社会责任感。

第 43 条 社区矫正对象可以按照国家有关规定申请社会救助、参加社会保险、获得法律援助，社区矫正机构应当给予必要的协助。

第 6 章 解除和终止

第 44 条 社区矫正对象矫正期满或者被赦免的，社区矫正机构应当向社区矫正对象发放解除社区矫正证明书，并通知社区矫正决定机关、所在地的人民检察院、公安机关。

第 45 条 社区矫正对象被裁定撤销缓刑、假释，被决定收监执行，或者社区矫正对象死亡的，社区矫正终止。

第 46 条 社区矫正对象具有刑法规定的撤销缓刑、假释情形的，应当由人民法院撤销缓刑、假释。

对于在考验期限内犯新罪或者发现判决宣告以前还有其他罪没有判决的，应当由审理该案件的人民法院撤销缓刑、假释，并书面通知原审人民法院和执行地社区矫正机构。

对于有第 2 款规定以外的其他需要撤销缓刑、假释情形的，社区矫正机构应当向原审人民法院或者执行地人民法院提出撤销缓刑、假释建议，并将建议书抄送人民检察院。社区矫正机构提出撤销缓刑、假释建议时，应当说明理由，并提供有关证据材料。

第 47 条 被提请撤销缓刑、假释的社区矫正对象可能逃跑或者可能发生社会危险的，社区矫正机构可以在提出撤销缓刑、假释建议的同时，提请人民法院决定对其予以逮捕。

人民法院应当在 48 小时内作出是否逮捕的决定。决定逮捕的，由公安机关执行。逮捕后的羁押期限不得超过 30 日。

第 48 条 人民法院应当在收到社区矫正机构撤销缓刑、假释建议书后 30 日内作出裁定，将裁定书送达社区矫正机构和公安机关，并抄送人民检察院。

人民法院拟撤销缓刑、假释的，应当听取社区矫正对象的申辩及其委托的律师的意见。

人民法院裁定撤销缓刑、假释的，公安机关应当及时将社区矫正对象送交监狱或者看守所执行。执行以前被逮捕的，羁押 1 日折抵刑期 1 日。

人民法院裁定不予撤销缓刑、假释的，对被逮捕的社区矫正对象，公安机关应当立即予以释放。

第 49 条 暂予监外执行的社区矫正对象具有刑事诉讼法规定的应当予以收监情形的，社区矫正机构应当向执行地或者原社区矫正决定机关提出收监执行建议，并将建议书抄送人民检察院。

社区矫正决定机关应当在收到建议书后 30 日内作出决定，将决定书送达社区矫正机构和公安机关,并抄送人民检察院。

人民法院、公安机关对暂予监外执行的社区矫正对象决定收监执行的,由公安机关立即将社区矫正对象送交监狱或者看守所收监执行。

监狱管理机关对暂予监外执行的社区矫正对象决定收监执行的,监狱应当立即将社区矫正对象收监执行。

第50条 被裁定撤销缓刑、假释和被决定收监执行的社区矫正对象逃跑的,由公安机关追捕,社区矫正机构、有关单位和个人予以协助。

第51条 社区矫正对象在社区矫正期间死亡的,其监护人、家庭成员应当及时向社区矫正机构报告。社区矫正机构应当及时通知社区矫正决定机关、所在地的人民检察院、公安机关。

第7章 未成年人社区矫正特别规定

第52条 社区矫正机构应当根据未成年社区矫正对象的年龄、心理特点、发育需要、成长经历、犯罪原因、家庭监护教育条件等情况,采取针对性的矫正措施。

社区矫正机构为未成年社区矫正对象确定矫正小组,应当吸收熟悉未成年人身心特点的人员参加。

对未成年人的社区矫正,应当与成年人分别进行。

第53条 未成年社区矫正对象的监护人应当履行监护责任,承担抚养、管教等义务。

监护人怠于履行监护职责的,社区矫正机构应当督促、教育其履行监护责任。监护人拒不履行监护职责的,通知有关部门依法作出处理。

第54条 社区矫正机构工作人员和其他依法参与社区矫正工作的人员对履行职责过程中获得的未成年人身份信息应当予以保密。

除司法机关办案需要或者有关单位根据国家规定查询外,未成年社区矫正对象的档案信息不得提供给任何单位或者个人。依法进行查询的单位,应当对获得的信息予以保密。

第55条 对未完成义务教育的未成年社区矫正对象,社区矫正机构应当通知并配合教育部门为其完成义务教育提供条件。未成年社区矫正对象的监护人应当依法保证其按时入学接受并完成义务教育。

年满16周岁的社区矫正对象有就业意愿的,社区矫正机构可以协调有关部门和单位为其提供职业技能培训,给予就业指导和帮助。

第56条 共产主义青年团、妇女联合会、未成年人保护组织应当依法协助社区矫正机构做好未成年人社区矫正工作。

国家鼓励其他未成年人相关社会组织参与未成年人社区矫正工作,依法给予政策支持。

第57条 未成年社区矫正对象在复学、升学、就业等方面依法享有与其他未成年人同等的权利,任何单位和个人不得歧视。有歧视行为的,应当由教育、人力资源和社会保障等部门依法作出处理。

第58条 未成年社区矫正对象在社区矫正期间年满18周岁的,继续按照未成年人社区矫正有关规定执行。

第8章 法律责任

第59条 社区矫正对象在社区矫正期间有违反监督管理规定行为的,由公安机关依照《中华人民共和国治安管理处罚法》的规定给予处罚;具有撤销缓刑、假释或者暂予监外执行收监情形的,应当依法作出处理。

第60条 社区矫正对象殴打、威胁、侮辱、骚扰、报复社区矫正机构工作人员和其他依法参与社区矫正工作的人员及其近亲属,构成犯罪的,依法追究刑事责任;尚不构成犯罪的,由公安机关依法给予治安管理处罚。

第61条 社区矫正机构工作人员和其他国家工作人员有下列行为之一的,应当给予处分;构成犯罪的,依法追究刑事责任:

(一)利用职务或者工作便利索取、收受贿赂的;(二)不履行法定职责的;(三)体罚、虐待社区矫正对象,或者违反法律规定限制或者变相限制社区矫正对象的人身自由的;(四)泄露社区矫正工作秘密或者其他依法应当保密的信息的;(五)对依法申诉、控告或者检举的社区矫正对象进行打击报复的;(六)有其他违纪违法行为的。

第62条 人民检察院发现社区矫正工作违反法律规定的,应当依法提出纠正意见、检察建议。有关单位应当将采纳纠正意见、检察建议的情况书面回复人民检察院,没有采纳的应当说明理由。

第9章 附 则

第63条 本法自2020年7月1日起施行。

10.《中华人民共和国社区矫正法实施办法》(司发通〔2020〕59号)

(全文详见本节《刑法》第2条相关内容)

第39条 【被管制犯的义务与权利】 被判处管制的犯罪分子,在执行期间,应当遵守下列规定:

(一)遵守法律、行政法规,服从监督;

(二)未经执行机关批准,不得行使言论、出版、集会、结社、游行、示威自由的权利;

(三)按照执执行机关规定报告自己的活动情况;

(四)遵守执行机关关于会客的规定;

(五)离开所居住的市、县或者迁居,应当报经执行机关批准。

对于被判处管制的犯罪分子,在劳动中应当同工同酬。

• 释义

本条规定了被管制者在其刑罚执行期间应尽的义务。另外,由于被判处管制者仍在原单位工作、劳动,因此在其工作量与犯罪前没有区别的情况下,应当在经济待遇上对其一视同仁,不应因犯罪而在经济上对其歧视。

• 关联法律

1.最高人民法院研究室《关于因错判在服刑期“脱逃”后确有犯罪其错判服刑期限可否与后判刑期折抵问题的电话答复》(1983年8月31日)

湖北省高级人民法院:你院1983年8月12日鄂法研字(83)第19号《对因错判在服刑期“脱逃”后确有犯罪其错判服刑期限可否与后判刑期折抵的请示》已收悉。

我们同意你院报告中所提出的意见,即:对被错判徒刑的在服刑期间“脱逃”的行为,可不以脱逃论罪判刑;但在脱逃期间犯罪的,应依法定罪判刑;对被错判已服刑的日期与后来犯罪所判处的刑期不宜折抵,可在量刑时酌情考虑从轻或减轻处罚。

2.最高人民法院、最高人民检察院、公安部、劳动人事部《关于被判处管制、剥夺政治权利和宣告缓刑、假释的犯罪分子能否外出经商等问题的通知》[〔86〕高检会(三)字第2号]

近年来,不少地方对被判处管制、剥夺政治权利和宣告缓刑、假释的犯罪分子在监督改造或考察期间，能否外出经商，能否搞承包或从事其他个体劳动，能否担任国营企事业或乡镇企业的领导职务等问题，屡有请示。对此，现特作如下通知：

一、对被判处管制、剥夺政治权利和宣告缓刑、假释的犯罪分子，公安机关和有关单位要依法对其实行经常性的监督改造或考察。被管制、假释的犯罪分子，不能外出经商；被剥夺政治权利和宣告缓刑的犯罪分子，按现行规定，属于允许经商范围之内的，如外出经商，需事先经公安机关允许。二、犯罪分子在被管制、剥夺政治权利、缓刑、假释期间，若原所在单位确有特殊情况不能安排工作的，在不影响对其实行监督考察的情况下，经工商管理部门批准，可以在常住户口所在地自谋生计；家在农村的，亦可就地从事或承包一些农副业生产。三、犯罪分子在被管制、剥夺政治权利、缓刑、假释期间，不能担任国营或集体企事业单位的领导职务。

3. 最高人民法院研究室《关于行政拘留日期折抵刑期问题的电话答复》(1988年2月23日)

[被最高人民法院《关于废止部分司法解释(第13批)的决定》(法释〔2019〕11号)废止]

4. 最高人民检察院《关于被判处管制、剥夺政治权利和宣告缓刑、假释的犯罪分子能否担任中外合资、合作经营企业领导职务问题的答复》(高检发研字〔1991〕4号)

四川省人民检察院：你院川检研〔1991〕18号《关于犯罪分子在被管制、剥夺政治权利、缓刑、假释期间能否担任中外合资经营企业经理、副经理的请示》收悉。经研究，并征求有关部门意见，现答复如下：

最高人民法院、最高人民检察院、公安部、劳动人事部〈86〉高检会(三)字第2号《关于被判处管制、剥夺政治权利和宣告缓刑、假释的犯罪分子能否外出经商等问题的通知》第3条所规定的不能担任领导职务的原则，可适用于中外合资、中外合作企业(包括我方与港、澳、台客商合资、合作企业)。

5. 公安部《关于被判处管制的罪犯在管制执行期间实施违法行为如何处理有关问题的批复》(公复字〔2001〕15号)

[被公安部《关于废止部分有关劳动教养的规范性文件的通知》(公通字〔2002〕49号)废止]

6. 最高人民法院《关于刑事裁判文书中刑期起止日期如何表述问题的批复》(法释〔2000〕7号)

你院赣高法〔1999〕第151号《关于裁判文书中刑期起止时间如何表述的请示》收悉。经研究，答复如下：根据刑法第41条、第44条、第47条和《法院刑事诉讼文书样式》(样本)的规定，判处管制、拘役、有期徒刑的，应当在刑事裁判文书中写明刑种、刑期和主刑刑期的起止日期及折抵办法。刑期从判决执行之日起计算。判决执行以前先行羁押的，羁押1日折抵刑期1日(判处管制刑的，羁押1日折抵刑期2日)，即自××××年××月××日(羁押之日)起至××××年××月××日止。羁押期间取保候审的，刑期的终止日顺延。

7. 最高人民法院研究室《关于监视居住期间可否折抵刑期问题的答复》(法研〔2001〕99号)

[被最高人民法院《关于废止1997年7月1日至2011年12月31日期间发布的部分司法解释和司法解释性质文件(第十批)的决定》(法释〔2013〕7号)废止]

第40条 【管制期满解除】 被判处管制的犯罪分子，管制期满，执行机关应即向本人和其所在单位或者居住地的群众宣布解除管制。

• **释义**

这条规定要求执行管制的机关，对被判处管制的犯罪分子，一旦管制期满，应当立即向本人和其所在单位或者居住地的群众宣布解除管制。这一规定，有利于防止拖延管制期限，损害被解除管制人的合法权利。是唯一需要在执行期满后宣布解除的刑罚。

• **关联法律**

详见本书《刑法》第39条内容。

第41条 【管制刑期的计算和折抵】 管制的刑期，从判决执行之日起计算；判决执行以前先行羁押的，羁押1日折抵刑期2日。

• **释义**

根据本条的规定，管制的刑期，从判决执行之日起计算，即判决开始执行的当日起计算，当日包括在刑期之内；判决执行以前先行羁押的，羁押1日折抵管制刑期2日。这样规定是考虑判决执行以前的先行羁押，是实行关押的剥夺人身自由，而管制则是不实行关押的限制人身自由，因此规定先行羁押1日折抵管制刑期2日是合理的。这里规定的"先行羁押"是指判决开始执行以前，针对被判处刑罚的同一行为而实行的关押。

• **关联法律**

参见本书《刑法》第39条相关内容。

第三节 拘 役

第42条 【拘役的期限】 拘役的期限，为1个月以上6个月以下。

• **释义**

跟有期徒刑期限相衔接，拘役的期限是1至6个月。

• **关联法律**

1. 最高人民法院研究室《关于对拘役犯在缓刑期间发现其隐瞒余罪判处有期徒刑应如何执行问题的电话答复》(1984年9月17日)

［被最高人民法院《关于废止部分司法解释（第13批）的决定》（法释〔2019〕11号）废止］

2. 公安部《关于刑事拘留时间可否折抵行政拘留时间问题的批复》(公复字〔2004〕1号)

安徽省公安厅：你厅《关于刑事拘留时间已超过治安拘留期限不再给予治安拘留处罚有关问题的请示》(公办〔2003〕384号)收悉。经征得全国人民代表大会常务委员会法制工作委员会同意，现批复如下：如果行为人依法被刑事拘留的行为与依法被行政拘留的行为系同一行为，公安机关在依法对其裁决行政拘留时，应当将其刑事拘留的时间折抵行政拘留时间。如果行为人依法被刑事拘留的时间已超过依法被裁决的行政拘留时间的，则其行政拘留不再执行,但必须将行政拘留裁决书送达被处罚人。

对没有犯罪事实或者没有事实证明有犯罪重大嫌疑的人错误刑事拘留的,应当依法给予国家赔偿。但是,如果因同一行为依法被裁决行政拘留,且刑事拘留时间已经折抵行政拘留时间的,已经折抵的刑事拘留时间不再给予国家赔偿。

自本批复下发之日起,《公安部关于对刑事拘留时间可否折抵治安拘留时间有关问题的批复》(公复字〔1997〕9号)同时废止。

3. 最高人民法院《关于刑事裁判文书中刑期起止日期如何表述问题的批复》(法释〔2000〕7号)

(详见本书《刑法》第39条相关内容)

4.《中华人民共和国社区矫正法》(2019年12月28日第十三届全国人大常委会第十五次会议通过)

(详见本书《刑法》第38条相关内容)

第43条 【拘役的执行】 被判处拘役的犯罪分子,由公安机关就近执行。

在执行期间,被判处拘役的犯罪分子每月可以回家1天至2天;参加劳动的,可以酌量发给报酬。

• 释义

拘役刑由公安机关执行,而不交给司法行政部门的监狱执行。"就近执行",是指由犯罪分子所在地的县、市或市辖区的公安机关设置的拘役所执行,没有建立拘役所的,可放在公安机关的看守所执行。

被判处拘役的犯罪分子,每月回家的天数,应当计算在刑期之内。同时要尽量组织他们参加生产劳动,并根据他们的劳动表现,技术水平等情况"酌量发给报酬"。这里规定的"可以"酌量发给报酬,不是必须发给报酬。如果劳动效益较差,收人较少,罪犯在劳动中表现较差的,也可以不发给报酬。这与被判处管制的犯罪分子,在劳动中"同工同酬"的规定,是有差别的。

• 关联法律

1. 公安部《关于对被判处拘役的罪犯在执行期间回家问题的批复》(公复字〔2001〕2号)

北京市公安局:你局《关于加拿大籍罪犯秦典华在拘役期间回家问题的请示》(京公法字〔2001〕24号)收悉。现批复如下:

《刑法》第43条第2款规定:"在执行期间,被判处拘役的犯罪分子每月可以回家1天至两天。"根据上述规定,是否准许被判处拘役的罪犯回家,应当根据其在服刑期间表现以及准许其回家是否会影响剩余刑期的继续执行等情况综合考虑,由负责执行的拘役所、看守所提出建议,报其所属的县级以上公安机关决定。被判处拘役的外国籍罪犯提出回家申请的,由地市级以上公安机关决定,并由决定机关将有关情况报上级公安机关备案。对于准许回家的,应当发给回家证明,告知其应当按时返回监管场所和不按时返回将要承担的法律责任,并将准许回家的决定送同级人民检察院。被判处拘役的罪犯在决定机关辖区内有固定住处的,可允许其回固定住处,没有固定住处的,可在决定机关为其指定的居所每月与其家人团聚1天至两天。拘役所、看守所根据被判处拘役的罪犯在服刑及回家期间表现,认为不宜继续准许其回家的,应当提出建议,报原决定机关决定。对于被判处拘役的罪犯在回家期间逃跑的,应当按照《刑法》第316条的规定以脱逃罪追究其刑事责任。

2. 最高人民法院《关于刑事裁判文书中刑期起止日期如何表述问题的批复》(法释〔2000〕7号)

(详见本书《刑法》第39条相关内容)

第44条 【拘役刑期的计算和折抵】 拘役的刑期,从判决执行之日起计算;判决执行以前先行羁押的,羁押1日折抵刑期1日。

• 释义

拘役的刑期,从判决执行之日起计算,即判决开始执行的当日起计算,当日包括在刑期之内;判决执行以前先行羁押的,羁押1日折抵拘役刑期1日。

• 关联法律

参见本书《刑法》第43条相关内容。

第四节 有期徒刑、无期徒刑

第45条 【有期徒刑的期限】 有期徒刑的期限,除本法第50条、第69条规定外,为6个月以上15年以下。

• 释义

有期徒刑的最低期限为6个月,与拘役相衔接;最高期限为15年。但是本条规定有两种情形除外,一是根据本法第50条的规定,被判处死刑缓期执行的罪犯,在死缓执行期间,如果确有重大立功表现,2年期满后可以减为25年有期徒刑;二是根据本法第69条的规定,即犯罪分子1人犯数罪的,实行数罪并罚的有期徒刑最高不能超过20年(总和刑期不满35年的)或25年(总和刑期满35年的)。

• 关联法律

1. 全国人大常委会《关于〈中华人民共和国刑事诉讼法〉第79条第3款的解释》(2014年4月24日第十二届全国人大常委会第八次会议通过)

全国人民代表大会常务委员会根据司法实践中遇到的情况,讨论了刑事诉讼法第79条第3款关于违反取保候审、监视居住规定情节严重可以逮捕的规定,是否适用于可能判处徒刑以下刑罚的犯罪嫌疑人、被告人的问题,解释如下:

根据刑事诉讼法第79条第3款的规定,对于被取保候审、监视居住的可能判处徒刑以下刑罚的犯罪嫌疑人、被告人,违反取保候审、监视居住规定,严重影响诉讼活动正常进行的,可以予以逮捕。

2. 最高人民法院《关于对无期徒刑犯减刑后原审法院发现原判决确有错误予以改判,原减刑裁定应否撤销问题的批复》(法[研]复〔1989〕2号)

(法释〔2019〕11号已声明该文件废止)

3. 最高人民法院《关于刑事裁判文书中刑期起止日期如何表述问题的批复》(法释〔2000〕7号)

(详见本书《刑法》第39条相关内容)

第46条 【有期徒刑与无期徒刑的执行】 被判处有期徒刑、无期徒刑的犯罪分子,在监狱或者其他执行场所执行;凡有劳动能力的,都应当参加劳动,接受教育和改造。

• 释义

有期徒刑、无期徒刑的主要执行场所是监狱。"其他执行场所",是指根据监狱法的规定,罪犯在被交付执行刑罚前,剩余刑期在1年以下的,由看守所代为执行;对未成年犯在未成年犯管教所执行刑罚。被判处有期徒刑、无期徒刑的犯罪分子,凡有劳动能力的,都应当参加劳动,接受教育和改造。

• 关联法律

1. 最高人民法院《关于审理未成年人刑事案件具体应用法律若干问题的解释》(法释〔2006〕1号) 第13条

第13条 未成年人犯罪只有罪行极其严重的,才可以适用无期徒刑。对已满14周不满16周岁的人犯罪一般不判处无期徒刑。

2. 公安部《看守所留所执行刑罚罪犯管理办法》(公安部令〔2013〕第128号)

第1章 总 则

第1条 为了规范看守所对留所执行刑罚罪犯的管理,做好罪犯改造工作,根据《中华人民共和国刑事诉讼法》、《中华人民共和国监狱法》、《中华人民共和国看守所条例》等有关法律、法规,结合看守所执行刑罚的实际,制定本办法。

第2条 被判处有期徒刑的成年和未成年罪犯,在被交付执行前,剩余刑期在3个月以下的,由看守所代为执行刑罚。

被判处拘役的成年和未成年罪犯,由看守所执行刑罚。

第3条 看守所应当设置专门监区或者监室监管罪犯。监区和监室应当设在看守所警戒围墙内。

第4条 看守所管理罪犯应当坚持惩罚与改造相结合、教育和劳动相结合的原则,将罪犯改造成为守法公民。

第5条 罪犯的人格不受侮辱,人身安全和合法财产不受侵犯,罪犯享有辩护、申诉、控告、检举以及其他未被依法剥夺或者限制的权利。

罪犯应当遵守法律、法规和看守所管理规定,服从管理,接受教育,按照规定参加劳动。

第6条 看守所应当保障罪犯的合法权益,为罪犯行使权利提供必要的条件。

第7条 看守所对提请罪犯减刑、假释,或者办理罪犯暂予监外执行,可能存在利用权力、钱财影响公正执法因素的,要依法从严审核、审批。

第8条 看守所对罪犯执行刑罚的活动依法接受人民检察院的法律监督。

第2章 刑罚的执行

第1节 收 押

第9条 看守所在收到交付执行的人民法院送达的人民检察院起诉书副本和人民法院判决书、裁定书、执行通知书、结案登记表的当日,应当办理罪犯收押手续,填写收押登记表,载明罪犯基本情况、收押日期等,并由民警签字后,将罪犯转入罪犯监区或者监室。

第10条 对于判决前未被羁押,判决后需要羁押执行刑罚的罪犯,看守所应当凭本办法第九条所列文书收押,并采集罪犯十指指纹信息。

第11条 按照本办法第十条收押罪犯时,看守所应当进行健康和人身、物品安全检查。对罪犯的非生活必需品,应当登记,通知其家属领回或者由看守所代为保管;对违禁品,应当予以没收。

对女性罪犯的人身检查,由女性人民警察进行。

第12条 办理罪犯收押手续时应当建立罪犯档案。羁押服刑过程中的法律文书和管理材料存入档案。罪犯档案1人1档,分为正档和副档。正档包括收押凭证、暂予监外执行决定书、减刑、假释裁定书、释放证明书等法律文书;副档包括收押登记、谈话教育、罪犯考核、奖惩、疾病治疗、财物保管登记等管理记录。

第13条 收押罪犯后,看守所应当在5日内向罪犯家属或者监护人发出罪犯执行刑罚地点通知书。对收押的外国籍罪犯,应当在24小时内报告所属公安机关。

第2节 对罪犯申诉、控告、检举的处理

第14条 罪犯对已经发生法律效力的判决、裁定不服,提出申诉的,看守所应当及时将申诉材料转递给人民检察院和作出生效判决的人民法院。罪犯也可以委托其法定代理人、近亲属提出申诉。

第15条 罪犯有权控告、检举违法犯罪行为。

看守所应当设置控告、检举信箱,接受罪犯的控告、检举材料。罪犯也可以直接向民警控告、检举。

第16条 对罪犯向看守所提交的控告、检举材料,看守所应当自收到材料之日起15日内作出处理;对罪犯向人民法院、人民检察院提交的控告、检举材料,看守所应当自收到材料之日起5日内予以转送。

看守所对控告、检举作出处理或者转送有关部门处理的,应当及时将有关情况或者处理结果通知具名控告、检举的罪犯。

第17条 看守所在执行刑罚过程中,发现判决可能有错误的,应当提请人民检察院或者人民法院处理。

第3节 暂予监外执行

第18条 罪犯符合《中华人民共和国刑事诉讼法》规定的暂予监外执行条件的,本人及其法定代理人、近亲属可以向看守所提出书面申请,管教民警或者看守所医生也可以提出书面意见。

第19条 看守所接到暂予监外执行申请或者意见后,应当召开所务会研究,初审同意后根据不同情形对罪犯进行病情鉴定、生活不能自理鉴定或者妊娠检查,未通过初审的,应当向提出书面申请或者书面意见的人员告知原因。

所务会应当有书面记录,并由与会人员签名。

第20条 对暂予监外执行罪犯的病情鉴定,应当到省级人民政府指定的医院进行;妊娠检查,应当到医院进行;生活不能自理鉴定,由看守所分管所领导、管教民警、看守所医生、驻所检察人员等组成鉴定小组进行;对正在哺乳自己婴儿的妇女,看守所应当通知罪犯户籍所在地或者居住地的公安机关出具相关证明。

生活不能自理,是指因病、伤残或者年老体弱致使日常生活中起床、用餐、行走、如厕等不能自行进行,必须在他人协助下才能完成。

对适用保外就医可能有社会危险性的罪犯,或者自伤自残的罪犯,不得保外就医。

第21条 罪犯需要保外就医的,应当由罪犯或者罪犯家属提出保证人。保证人由看守所审查确定。

第22条 保证人应当具备下列条件:

(一)愿意承担保证人义务,具有完全民事行为能力;(二)人身自由未受到限制,享有政治权利;(三)有固定的住所和收入,有条件履行保证人义务;(四)与被保证人共同居住或者居住在同一县级公安机关辖区。

第23条 保证人应当签署保外就医保证书。

第24条 罪犯保外就医期间,保证人应当履行下列义务:

(一)协助社区矫正机构监督被保证人遵守法律和有关规定;(二)发现被保证人擅自离开居住的市、县,变更居住地,有违法犯罪行为,保外就医情形消失,或者被保证人死亡的,立即向社区矫正机构报告;(三)为被保证人的治疗、护理、复查以及正常生活提供帮助;(四)督促和协助被保证人按照规定定期复查病情和向执行机关报告。

第25条 对需要暂予监外执行的罪犯,看守所应当填写暂予监外执行审批表,并附病情鉴定、妊娠检查证明、生活不能自理鉴定,或者哺乳自己婴儿证明;需要保外就医的,应当同时附保外就医保证书。县级看守所应当将有关材料报经所属公安机关审核同意后,报设区的市一级以上公安机关批准;设区的市一级以上看守所应当将有关材料报所属公安机关审批。

看守所在报送审批材料的同时,应当将暂予监外执行审批表副本、病情鉴定或者妊娠检查诊断证明、生活不能自理鉴定、哺乳自己婴儿证明、保外就医保证书等有关材料的复印件抄送人民检察院驻所检察室。

批准暂予监外执行的公安机关接到人民检察院认为暂予监外执行不当的意见后,应当对暂予监外执行的决定进行重新核查。

第26条 看守所收到批准、决定机关暂予监外执行决定书后,应当办理罪犯出所手续,发给暂予监外执行决定书,并告知罪犯应当遵守的规定。

第27条 暂予监外执行罪犯服刑地和居住地不在同一省级或者设区的市一级以上公安机关辖区,需要回居住地暂予监外执行的,服刑地的省级公安机关监管部门或者设区的市一级以上公安机关监管部门应当书面通知居住地的同级公安机关监管部门,由居住地的公安机关监管部门指定看守所接收罪犯档案、负责办理收监或者刑满释放等手续。

第28条 看守所应当将暂予监外执行罪犯送交罪犯居住地,与县级司法行政机关办理交接手续。

第29条 公安机关对暂予监外执行罪犯决定收监执行的,由罪犯居住地看守所将罪犯收监执行。

看守所对人民法院决定暂予监外执行罪犯收监执行的,应当是交付执行刑罚前剩余刑期在3个月以下的罪犯。

第30条 罪犯在暂予监外执行期间刑期届满的,看守所应当为其办理刑满释放手续。

第31条 罪犯暂予监外执行期间死亡的,看守所应当将执行机关的书面通知归入罪犯档案,并在登记表中注明。

第4节 减刑、假释的提请

第32条 罪犯符合减刑、假释条件的,由管教民警提出建议,报看守所所务会研究决定。所务会应当有书面记录,并由与会人员签名。

第33条 看守所所务会研究同意后,应当将拟提请减刑、假释的罪犯名单以及减刑、假释意见在看守所内公示。公示期限为3个工作日。公示期内,如有民警或者罪犯对公示内容提出异议,看守所应当重新召开所务会复核,并告知复核结果。

第34条 公示完毕,看守所所长应当在罪犯减刑、假释审批表上签署意见,加盖看守所公章,制作提请减刑、假释建议书,经设区的市一级以上公安机关审查同意后,连同有关材料一起提请所在地中级以上人民法院裁定,并将建议书副本和相关材料抄送人民检察院。

第35条 看守所提请人民法院审理减刑、假释案件时,应当送交下列材料:

(一)提请减刑、假释建议书;(二)终审人民法院的裁判文书、执行通知书、历次减刑裁定书的复制件;(三)证明罪犯确有悔改、立功或者重大立功表现具体事实的书面材料;(四)罪犯评审鉴定表、奖惩审批表等有关材料;(五)根据案件情况需要移送的其他材料。

第36条 在人民法院作出减刑、假释裁定前,看守所发现罪犯不符合减刑、假释条件的,应当书面撤回提请减刑、假释建议书;在减刑、假释裁定生效后,看守所发现罪犯不符合减刑、假释条件的,应当书面向作出裁定的人民法院提出撤销裁定建议。

第37条 看守所收到人民法院假释裁定书后,应当办理罪犯出所手续,发给假释证明书,并于3日内将罪犯的有关材料寄送罪犯居住地的县级司法行政机关。

第38条 被假释的罪犯被人民法院裁定撤销假释的,看守所应当在收到撤销假释裁定后将罪犯收监。

第39条 罪犯在假释期间死亡的,看守所应当将执行机关的书面通知归入罪犯档案,并在登记表中注明。

第5节 释 放

第40条 看守所应当在罪犯服刑期满前1个月内,将其在所内表现、综合评估意见、帮教建议等送至其户籍所在地县级公安机关和司法行政机关(安置帮教工作协调小组办公室)。

第41条 罪犯服刑期满,看守所应当按期释放,发给刑满释放证明书,并告知其在规定期限内,持刑满释放证明书到原户籍所在地的公安派出所办理户籍登记手续;有代管钱物的,看守所应当如数发还。

刑满释放人员患有重病的,看守所应当通知其家属接回。

第42条 外国籍罪犯被判处附加驱逐出境的,看守所应当在罪犯服刑期满前10日通知所属公安机关出入境管理部门。

第3章 管 理

第1节 分押分管

第43条 看守所应当将男性和女性罪犯、成年和未成年罪犯分别关押和管理。

有条件的看守所,可以根据罪犯的犯罪类型、刑罚种类、性格特征、心理状况、健康状况、改造表现等,对罪犯实行分别关押和管理。

第44条 看守所应当根据罪犯的改造表现,对罪犯实行宽严有别的分级处遇。对罪犯适用分级处遇,按照有关规定,依据对罪犯改造表现的考核结果确定,并应当根据情况变化适时调整。

对不同处遇等级的罪犯,看守所应当在其活动范围、会见通讯、接收物品、文体活动、奖励等方面,分别实施相应的处遇。

第2节 会见、通讯、临时出所

第45条 罪犯可以与其亲属或者监护人每月会见1至2次,每次不超过1小时。每次前来会见罪犯的人员不超过3人。因特殊情况需要延长会见时间,增加会见人数,或者其亲属、监护人以外的人要求会见的,应当经看守所领导批准。

第46条 罪犯与受委托的律师会见,由律师向看守所提出申请,看守所应当查验授权委托书、律师事务所介绍信和律师执业证,并在48小时内予以安排。

第47条 依据我国参加的国际公约和缔结的领事条约的有关规定,外国驻华使(领)馆官员要求探视其本国籍罪犯,或者外国籍罪犯亲属、监护人首次要求会见的,应当向省级公安机关提出书面申请。看守所根据省级公安机关的书面通知予以安排。外国籍罪犯亲属或者监护人再次要求会见的,可以直接向看守所提出申请。

外国籍罪犯拒绝其所属国驻华使(领)馆官员或者其亲属、监护人探视的,看守所不予安排,但罪犯应当出具本人签名的书面声明。

第48条 经看守所领导批准,罪犯可以用指定的固定电话与其亲友、监护人通话;外国籍罪犯还可以与其所属国驻华使(领)馆通话。通话费用由罪犯本人承担。

第49条 少数民族罪犯可以使用其本民族语言文字会见、通讯;外国籍罪犯可以使用其本国语言文字会见、通讯。

第50条 会见应当在看守所会见室进行。

罪犯近亲属、监护人不便到看守所会见,经其申请,看守所可以安排视频会见。

会见、通讯应当遵守看守所的有关规定。对违反规定的,看守所可以中止本次会见、通讯。

第51条 罪犯可以与其亲友或者监护人通信。看守所应当对罪犯的来往信件进行检查,发现有碍罪犯改造内容的信件可以扣留。

罪犯写给看守所的上级机关和司法机关的信件,不受检查。

第52条 办案机关因办案需要向罪犯了解有关情况的,应当出具办案机关证明和办案人员工作证,并经看守所领导批准后在看守所内进行。

第53条 因起赃、辨认、出庭作证、接受审判等需要将罪犯提出看守所的,办案机关应当出具公函,经看守所领导批准后提出,并当日送回。

侦查机关因办理其他案件需要将罪犯临时寄押到异地看守所取证,并持有侦查机关所在的设区的市一级以上公安机关公函的,看守所应当允许提出,并办理相关手续。

人民法院因再审开庭需要将罪犯提出看守所,并持有人民法院刑事再审决定书或者刑事裁定书,或者人民检察院抗诉书的,看守所应当允许提出,并办理相关手续。

第54条 被判处拘役的罪犯每月可以回家1至2日,由罪犯本人提出申请,管教民警签署意见,经看守所所长审核后,报所属公安机关批准。

第55条 被判处拘役的外国籍罪犯提出探亲申请的,看守所应当报设区的市一级以上公安机关审批。设区的市一级以上公安机关作出批准决定的,应当报上一级公安机关备案。

被判处拘役的外国籍罪犯探亲时,不得出境。

第56条 对于准许回家的拘役罪犯,看守所应当发给回家证明,并告知应当遵守的相关规定。

罪犯回家时间不能集中使用,不得将刑期末期作为回家时间,变相提前释放罪犯。

第57条 罪犯需要办理婚姻登记等必须由本人实施的民事法律行为的,应当向看守所提出书面申请,经看守所领导批准后出所办理,由2名以上民警押解,并于当日返回。

第58条 罪犯进行民事诉讼需要出庭时,应当委托诉讼代理人代为出庭。对于涉及人身关系的诉讼等必须由罪犯本人出庭的,凭人民法院出庭通知书办理临时离所手续,由人民法院司法警察负责押解看管,并于当日返回。

罪犯因特殊情况不宜离所出庭的,看守所可以与人民法院协商,根据《中华人民共和国民事诉讼法》121条的规定,由人民法院到看守所开庭审理。

第59条 罪犯遇有配偶、父母、子女病危或者死亡,确需本人回家处理的,由当地公安派出所出具证明,经看守所所属公安机关领导批准,可以暂时离所,由2名以上民警押解,并于当日返回。

第3节 生活、卫生

第60条 罪犯伙食按照国务院财政部门、公安部门制定的实物量标准执行。

第61条 罪犯应当着囚服。

第62条 对少数民族罪犯,应当尊重其生活、饮食习惯。罪犯患病治疗期间,看守所应当适当提高伙食标准。

第63条 看守所对罪犯收受的物品应当进行检查,非日常生活用品由看守所登记保管。罪犯收受的钱款,由看守所代为保管,并开具记账卡交与罪犯。

看守所检查、接收送给罪犯的物品、钱款后,应当开具回执交与送物人、送款人。

罪犯可以依照有关规定使用物品和支出钱款。罪犯刑满释放时,钱款余额和本人物品由其本人领回。

第64条 对患病的罪犯,看守所应当及时治疗;对患有传染病需要隔离治疗的,应当及时隔离治疗。

第65条 罪犯在服刑期间死亡的,看守所应当立即报告所属公安机关,并通知罪犯家属和人民检察院、原判人民法院。外国籍罪犯死亡的,应当立即层报至省级公安机关。

罪犯死亡的,由看守所所属公安机关或者医院对死亡原因作出鉴定。罪犯家属有异议的,可以向人民检察院提出。

第4节 考核、奖惩

第66条 看守所应当依照公开、公平、公正的原则,对罪犯改造表现实行量化考核。考核情况由管教民警填写。考核以罪犯认罪伏法、遵守监规、接受教育、参加劳动等情况为主要内容。

考核结果作为对罪犯分级处遇、奖惩和提请减刑、假释的依据。

第67条 罪犯有下列情形之一的,看守所可以给予表扬、物质奖励或者记功:

(一)遵守管理规定,努力学习,积极劳动,有认罪服法表现的;(二)阻止违法犯罪活动的;(三)爱护公物或者在劳动中节约原材料,有成绩的;(四)进行技术革新或者传授生产技术,有一定成效的;(五)在防止或者消除灾害事故中作出一定贡献的;(六)对国家和社会有其他贡献的。

对罪犯的物质奖励或者记功意见由管教民警提出,物质奖励由看守所领导批准,记功由看守所所务会研究决定。被判处有期徒刑的罪犯有前款所列情形之一,在服刑期间一贯表现好,离开看守所不致再危害社会的,看守所可以根据情况准其离所探亲。

第68条 罪犯申请离所探亲的,应当由其家属担保,经看守所所务会研究同意后,报所属公安机关领导批准。探亲时间不含路途时间,为3至7日。罪犯在探亲期间不得离开其亲属居住地,不得出境。

看守所所务会应当有书面记录,并由与会人员签名。

不得将罪犯离所探亲时间安排在罪犯刑期末期,变相提前释放罪犯。

第69条 对离所探亲的罪犯,看守所应当发给离所探亲证明书。罪犯应当在抵家的当日携带离所探亲证明书到当地公安派出所报到。返回看守所时,由该公安派出所将其离所探亲期间的表现在离所探亲证明书上注明。

第70条 罪犯有下列破坏监管秩序情形之一,情节较轻的,予以警告;情节较重的,予以记过;情节严重的,予以禁闭;构成犯罪的,依法追究刑事责任:

(一)聚众哄闹,扰乱正常监管秩序的;(二)辱骂或者殴打民警的;(三)欺压其他罪犯的;(四)盗窃、赌博、打架斗殴、寻衅滋事的;(五)有劳动能力拒不参加劳动或者消极怠工,经教育不改的;(六)以自伤、自残手段逃避劳动的;(七)在生产劳动中故意违反操作规程,或者有意损坏生产工具的;(八)有违反看守所管理规定的其他行为的。

对罪犯的记过、禁闭由管教民警提出意见,报看守所领导批准。禁闭时间为5至10日,禁闭期间暂停会见、通讯。

第71条 看守所对被禁闭的罪犯,应当指定专人进行教育帮助。对确已悔悟的,可以提前解除禁闭,由管教民警提出书面意见,报看守所领导批准;禁闭期满的,应当立即解除禁闭。

第4章 教育改造

第72条 看守所应当建立对罪犯的教育改造制度,对罪犯进行法制、道德、文化、技能等教育。

第73条 对罪犯的教育应当根据罪犯的犯罪类型、犯罪原因、恶性程度及其思想、行为、心理特征,坚持因人施教、以理服人、注重实效的原则,采取集体教育与个别教育相结合,所内教育与所外教育相结合的方法。

第74条 有条件的看守所应当设立教室、谈话室、文体活动室、图书室、阅览室、电化教育室、心理咨询室等教育改造场所,并配备必要的设施。

第75条 看守所应当结合时事、政治、重大事件等,适时对罪犯进行集体教育。

第76条 看守所应当根据每一名罪犯的具体情况,适时进行有针对性的教育。

第77条 看守所应当积极争取社会支持,配合看守所开展社会帮教活动。看守所可以组织罪犯到社会上参观学习,接受教育。

第78条 看守所应当根据不同情况,对罪犯进行文化教育,鼓励罪犯自学。

罪犯可以参加国家举办的高等教育自学考试,看守所应当为罪犯学习和考试提供方便。

第79条 看守所应当加强监区文化建设,组织罪犯开展适当的文体活动,创造有益于罪犯身心健康和发展的改造环境。

第80条 看守所应当组织罪犯参加劳动,培养劳动技能,积极创造条件,组织罪犯参加各类职业技术教育培训。

第81条 看守所对罪犯的劳动时间,参照国家有关劳动工时的规定执行。

罪犯有在法定节日和休息日休息的权利。

第82条 看守所对于参加劳动的罪犯,可以酌量发给报酬并执行国家有关劳动保护的规定。

第83条 罪犯在劳动中致伤、致残或者死亡的,由看守所参照国家劳动保险的有关规定处理。

第5章 附　　则

第84条 罪犯在看守所内又犯新罪的,由所属公安机关侦查。

第85条 看守所发现罪犯有判决前尚未发现的犯罪行为的,应当书面报告所属公安机关。

第 86 条 设区的市一级以上公安机关可以根据实际情况设置集中关押留所执行刑罚罪犯的看守所。

第 87 条 各省、自治区、直辖市公安厅、局和新疆生产建设兵团公安局可以依据本办法制定实施细则。

第 88 条 本办法自 2013 年 11 月 23 日起施行。2008 年 2 月 29 日发布的《看守所留所执行刑罚罪犯管理办法》(公安部令第 98 号)同时废止。

3. 最高人民法院《关于人民法院办理接收在台湾地区服刑的大陆居民回大陆服刑案件的规定》(法释〔2016〕11 号)

为落实《海峡两岸共同打击犯罪及司法互助协议》,保障接收在台湾地区服刑的大陆居民回大陆服刑工作顺利进行,根据《中华人民共和国刑法》《中华人民共和国刑事诉讼法》等有关法律,制定本规定。

第 1 条 人民法院办理接收在台湾地区服刑的大陆居民(以下简称被判刑人)回大陆服刑案件(以下简称接收被判刑人案件),应当遵循一个中国原则,遵守国家法律的基本原则,秉持人道和互惠原则,不得违反社会公共利益。

第 2 条 接收被判刑人案件由最高人民法院指定的中级人民法院管辖。

第 3 条 申请机关向人民法院申请接收被判刑人回大陆服刑,应当同时提交以下材料:

(一)申请机关制作的接收被判刑人申请书,其中应当载明:1. 台湾地区法院认定的被判刑人实施的犯罪行为及判决依据的具体条文内容;2. 该行为在大陆依据刑法也构成犯罪、相应的刑法条文、罪名及该行为未进入大陆刑事诉讼程序的说明;3. 建议转换的具体刑罚;4. 其他需要说明的事项。(二)被判刑人系大陆居民的身份证明;(三)台湾地区法院对被判刑人定罪处刑的裁判文书、生效证明和执行文书;(四)被判刑人或其法定代理人申请或者同意回大陆服刑的书面意见,且法定代理人与被判刑人的意思表示一致;(五)被判刑人或其法定代理人所作的关于被判刑人在台湾地区接受公正审判的权利已获得保障的书面声明;(六)两岸有关业务主管部门均同意被判刑人回大陆服刑的书面意见;(七)台湾地区业务主管部门出具的有关刑罚执行情况的说明,包括被判刑人交付执行前的羁押期、已服刑期、剩余刑期,被判刑人服刑期间的表现、退赃退赔情况,被判刑人的健康状况、疾病与治疗情况;(八)根据案件具体情况需要提交的其他材料。

申请机关提交材料齐全的,人民法院应当在 7 日内立案。提交材料不全的,应当通知申请机关在 15 日内补送,至迟不能超过两个月;逾期未补送的,不予立案,并于 7 日内书面告知申请机关。

第 4 条 人民法院应当组成合议庭审理接收被判刑人案件。

第 5 条 人民法院应当在立案后 1 个月内就是否准予接收被判刑人作出裁定,情况复杂、特殊的,可以延长 1 个月。

人民法院裁定准予接收的,应当依据台湾地区法院判决认定的事实并参考其所定罪名,根据刑法就相同或者最相似犯罪行为规定的法定刑,按照下列原则对台湾地区法院确定的无期徒刑或者有期徒刑予以转换:

(一)原判处刑罚未超过刑法规定的最高刑,包括原判处刑罚低于刑法规定的最低刑的,以原判处刑罚作为转换后的刑罚;(二)原判处刑罚超过刑法规定的最高刑的,以刑法规定的最高刑作为转换后的刑罚;(三)转换后的刑罚不附加适用剥夺政治权利。

前款所称的最高刑,如台湾地区法院认定的事实依据刑法应当认定为一个犯罪的,是指刑法对该犯罪规定的最高刑;如应当认定为多个犯罪的,是指刑法对数罪并罚规定的最高刑。

对人民法院立案前,台湾地区有关业务主管部门对被判刑人在服刑期间作出的减轻刑罚决定,人民法院应当一并予以转换,并就最终应当执行的刑罚作出裁定。

第6条 被判刑人被接收回大陆服刑前被实际羁押的期间,应当以1日折抵转换后的刑期1日。

第7条 被判刑人被接收回大陆前已在台湾地区被假释或保外就医的,或者被判刑人或其法定代理人在申请或者同意回大陆服刑的书面意见中同时申请暂予监外执行的,人民法院应当根据刑法、刑事诉讼法的规定一并审查,并作出是否假释或者暂予监外执行的决定。

第8条 人民法院作出裁定后,应当在7日内送达申请机关。裁定一经送达,立即生效。

第9条 被判刑人回大陆服刑后,有关减刑、假释、暂予监外执行、赦免等事项,适用刑法、刑事诉讼法及相关司法解释的规定。

第10条 被判刑人回大陆服刑后,对其在台湾地区已被判处刑罚的行为,人民法院不再审理。

第11条 本规定自2016年5月1日起施行。

4. 最高人民检察院《第33批指导性案例社区矫正对象崔某某暂予监外执行收监执行监督案》(检例第132号;2022年1月30日)

【要旨】

人民检察院开展社区矫正法律监督工作,应当加强对因患严重疾病被暂予监外执行以及变更执行地等社区矫正对象的监督管理活动的监督。人民检察院在监督工作中应当准确把握暂予监外执行适用条件,必要时聘请有专门知识的人辅助审查。发现社区矫正对象暂予监外执行情形消失且刑期未满的,应当依法提出收监执行的检察建议,维护刑罚执行公平公正。

【基本案情】

社区矫正对象崔某某,男,1958年8月出生,原山东某国有企业总经理。2015年6月2日因犯受贿罪被山东省淄博市博山区人民法院判处有期徒刑10年,刑期至2025年1月20日止。2015年7月4日,崔某某被交付山东省淄博监狱服刑。2016年5月6日,崔某某因在监狱中诊断患有胃癌被暂予监外执行,在山东省淄博市博山区某镇司法所接受社区矫正。因其儿子在上海工作并定居,崔某某被暂予监外执行后在上海接受手术及化疗。后为便于病情复查及照料看护,崔某某提出申请变更社区矫正执行地至上海市金山区。2017年3月6日,崔某某变更至上海市金山区某镇司法所接受社区矫正。崔某某在上海市金山区接受社区矫正期间能遵守社区矫正相关规定,按时向社区矫正机构报告病情复查情况,矫正表现良好。

2020年,金山区人民检察院结合病情诊断、专家意见和法医审查报告认为,崔某某化疗结束后3年期间未发现癌症复发或转移现象,暂予监外执行情形消失且刑期未满,依法监督社区矫正机构提请监狱管理机关将崔某某收监执行。

【检察机关履职过程】

线索发现 2020年7月,金山区人民检察院邀请区人大代表、政协委员、医师等,以辖区内被暂予监外执行的职务犯罪社区矫正对象监督管理工作为重点,开展专项监督。检察人员发现,崔某某自2017年6月化疗结束至2020年7月,由上海市静安区中心医院出具的历次复诊小结中,均未见明显的胃癌症状描述,其是否仍符合暂予监外执行情形需要进一步调查。

调查核实 为全面掌握崔某某身体健康状况和接受社区矫正情况,金山区人民检察院查阅了崔某某刑罚变更执行和接受日常监管矫正文书档案,以及原始病历资料和每3个月的病情复查材料等,询问了社区矫正工作人员及崔某某。同时为更精准判断崔某某暂予监外执行监督工作中所涉及的医学问题,金山区人民检察院邀请主任医师杨某某作为有专门知识的人全程参与,提出咨询意见。经调查核实,崔某某在社区矫正期间能够遵守各项规定,一直接受治疗,病情较为稳定。杨某某根据调查核实情况,出具"初步认为其胃癌术后恢复情况良好,无癌症复发指征”的专家意见。

监督意见 2020年9月23日,金山区人民检察院向金山区司法局提出检察建议,建议其组织对崔某某进行病情复查和鉴定。如鉴定结果为不再符合暂予监外执行情形,应当及时提请收监执行。金山区司法局采纳了检察建议,组织病情复查。复旦大学附属金山医院作出“目前癌症未发现明显复发或转移”的诊断结论。2020年10月15日,金山区司法局就崔某某收监执行征求金山区人民检察院意见。金山区人民检察院结合病情诊断、专家意见和法医审查报告认为,崔某某化疗结束后3年期间未发现癌症复发或转移现象,可以认定其暂予监外执行情形消失且刑期未满,符合收监执行情形,遂向金山区司法局制发《检察意见书》,同意对崔某某收监执行。

监督结果 2020年10月20日,金山区司法局向山东省监狱管理局发出《收监执行建议书》。2020年10月30日,山东省监狱管理局制发《暂予监外执行收监决定书》,决定将崔某某依法收监执行。2020年11月2日,崔某某被收监执行。

【指导意义】

(一)人民检察院开展社区矫正监督工作,对于保外就医的社区矫正对象是否符合暂予监外执行条件应当加强审查。对于交付社区矫正、变更执行地的保外就医社区矫正对象,检察机关应及时审查是否符合暂予监外执行条件。对于保外就医的职务犯罪、破坏金融管理秩序和金融诈骗犯罪、黑社会性质组织犯罪等社区矫正对象,特别是在监内服刑时间较短、剩余刑期较长的人员,应当予以重点审查。社区矫正期间,人民检察院应监督社区矫正机构及时掌握暂予监外执行社区矫正对象身体状况及疾病治疗等情况,每3个月审查保外就医社区矫正对象病情复查情况。必要时,人民检察院可以自行组织或者要求社区矫正机构对社区矫正对象重新组织诊断、检查或者鉴别。为保证相关结果客观公正,诊断、检查的医疗机构应当与暂予监外执行社区矫正对象日常就诊的医疗机构不同且不存在利益相关。对于暂予监外执行情形消失的,人民检察院应当及时提出收监执行的检察建议,防止“一保到底”,切实维护刑罚执行公平公正。

(二)人民检察院开展社区矫正监督工作,可充分结合专家意见,综合判断社区矫正对象是否符合继续保外就医条件。人民检察院在对保外就医社区矫正对象的监督管理活动开展法律监督时,要重点关注社区矫正对象的身体健康状况,依法判断是否仍属于《保外就医严重疾病范围》规定的严重疾病情形。人民检察院在甄别病情是否发生重大变化、保外就医情形是否消失时,可以邀请有专门知识的人参与,辅助对病情复查诊断书及相关化验单、影像学资料、病历、鉴定意见等材料进行审查,并充分考虑专家意见后进行综合判断。

(三)人民检察院应加强对变更社区矫正执行地的监督,切实防止通过变更执行地逃避刑罚执行问题的发生。为促进社区矫正对象顺利融入社会,因工作变动、居所变化、生活需要等正当理由,社区矫正对象可以申请变更社区矫正执行地。人民检察院应当加强对变更社区矫正执行地等情形的法律监督,重点审查变更理由是否合理、相关证明材料是否充分、变更审批手续、交付接收程序等是否合法规范,同时应当监督变更执行地后的社区矫正机构加强对社区矫正对象的监督管理。

5. 最高人民检察院《第33批指导性案例社区矫正对象管某某申请外出监督案》(检例第134号;2022年1月30日)

【要旨】

人民检察院开展社区矫正法律监督工作,应当监督社区矫正机构依法履行社区矫正对象申请外出的审批职责。社区矫正对象因生产经营需要等正当理由申请外出,社区矫正机构未予批准,申请人民检察院监督的,人民检察院应当在调查核实后依法监督社区矫正机构批准。

社区矫正机构批准外出的，人民检察院应当监督社区矫正机构加强对社区矫正对象外出期间的动态监督管理，确保社区矫正对象“放得出”“管得住”。

【基本案情】

社区矫正对象管某某，男，1970年5月出生，江苏某电子科技有限公司控股股东、实际控制人。2016年7月21日，管某某因犯虚开增值税专用发票罪被江苏省昆山市人民法院判处有期徒刑3年，宣告缓刑5年，缓刑考验期自2016年8月2日至2021年8月1日止。管某某在安徽省芜湖市湾沚区某司法所接受社区矫正。管某某在社区矫正期间遵纪守法，服从监督管理，表现良好。

2020年8月，芜湖市湾沚区人民检察院根据管某某的申请，依法对某司法所不批准管某某外出申请进行监督。经监督，社区矫正机构依法批准管某某外出申请。

【检察机关履职过程】

线索发现 2020年8月，湾沚区人民检察院接到社区矫正对象管某某反映，其经营的某电子公司因生产经营陷入困境，亟需本人赴上海、江苏等地洽谈业务，其向某司法所申请外出，未获批准，遂向湾沚区人民检察院提出法律监督申请。

调查核实 受理管某某的申请后，湾沚区人民检察院开展了以下调查核实工作：一是了解司法所不批准管某某外出的理由。主要是担心管某某外出后，可能发生脱管或重新犯罪等问题。二是调查管某某外出的必要性。经实地走访管某某经营的公司，查阅公司营业执照、纳税申报表和业务合同等材料，询问公司相关人员，查明管某某经营的公司共有员工近200名，年均销售额7000万元，年均纳税400余万元。管某某是公司的实际控制人，公司业务一直由管某某负责经营管理。另查明新冠疫情发生以来，其公司销售业绩下滑约40%，面临停产危险，亟需管某某赴上海、江苏等地拓展加工销售市场，帮助公司复工复产。三是评估管某某的社会危险性。经查阅管某某原刑事案件卷宗、社区矫正档案，走访社区矫正工作人员，综合分析其原犯罪事实、性质、情节、社会危害性、认罪悔罪态度等情况，同时查明管某某在犯罪后认罪悔罪态度较好，在社区矫正期间认真遵守法律法规和社区矫正监督管理规定，未发生漏管、脱管情况。

监督意见 湾沚区人民检察院审查认为，管某某因犯虚开增值税专用发票罪被判处有期徒刑3年，宣告缓刑5年，且为初犯，能认罪悔罪。同时，管某某在社区矫正期间，能严格遵守社区矫正监督管理规定，创业热情较高、回报社会意愿较强，现实表现良好，造成社会危险的可能性较小，其申请外出从事企业亟需开展的生产经营活动，符合《中华人民共和国社区矫正法》第27条第1款、《中华人民共和国社区矫正法实施办法》第26条关于申请外出的条件。2020年8月26日，湾沚区人民检察院与湾沚区司法局召开联席会议，检察机关结合管某某原判罪名情节、有期徒刑缓刑考验期间改造表现、申请外出事由等情形，提出社区矫正机构应依法批准管某某外出的检察意见，并与该区司法局就批准管某某请假外出事宜达成共识。

监督结果 2020年9月10日，某司法所批准管某某外出4天。之后，管某某又因生产经营需要申请外出共计11次，均被批准。管某某因外出开展经营业务，促进企业转型升级，在疫情防控常态化条件下，企业未出现停产、裁员情况，稳定提供就业岗位近两百个。

管某某外出期间，湾沚区人民检察院监督司法所建立社区矫正对象重点监督台账，并与司法所对接，通过登陆司法局社区矫正智慧矫正系统，动态获悉司法所对管某某的监督管理情况。该司法所通过电话通讯、微信实时定位、社区矫正智慧监管系统平台推送信息等方式，核查管某某行动轨迹，并将相关情况及时通报湾沚区人民检察院，实现对管某某的动态监管。

【指导意义】

（一）人民检察院开展社区矫正法律监督工作，应当监督社区矫正机构依法开展社区矫正对象外出申请审批工作。开展社区矫正法律监督,应当自觉服务保障经济社会发展大局,依法维护社区矫正对象合法权益,保障正常生产经营活动的开展。对于社区矫正对象因生产经营需要等有正当理由的外出申请,社区矫正机构未批准,申请人民检察院监督的,人民检察院可综合社区矫正对象所在企业经营状况、个人在企业经营中的职责地位、外出理由是否合理紧迫、原犯罪性质和情节、社区矫正期间表现等情况,判断申请外出的必要性和可能发生的社会危险性,准确提出监督意见。对于社区矫正对象确因生产经营、就医、就学等正当理由申请外出且无社会危险性的,应当认定为符合《中华人民共和国社区矫正法》第27条第1款规定,建议社区矫正机构依法予以批准。

(二)对于社区矫正机构批准社区矫正对象外出的,人民检察院应当监督社区矫正机构加强对外出社区矫正对象的动态监管。社区矫正对象经批准外出,仍应接受社区矫正机构的监督管理。人民检察院应当监督社区矫正机构将批准外出社区矫正对象列为重点监管对象,按照《中华人民共和国社区矫正法》和相关法律法规规定,采取电话联络、实时视频或者信息化大数据等高科技手段加强动态管理。必要时,可以建议外出目的地社区矫正机构协助进行监督管理,确保社区矫正对象"放得出""管得住"。

6. 最高人民检察院《第33批指导性案例社区矫正对象贾某某申请经常性跨市县活动监督案》(检例第135号;2022年1月30日)

【要旨】

人民检察院开展社区矫正法律监督工作,应当切实加强社区矫正对象合法权益保障,着力解决人民群众"急难愁盼"问题。对于社区矫正对象因正常工作、生活需要申请经常性跨市县(包含跨不同省份之间的市、县)活动的,人民检察院应当监督社区矫正机构依法予以批准,并简化批准程序和方式。

【基本案情】

社区矫正对象贾某某,男,1978年2月出生,汽车驾驶员。2020年11月2日,贾某某因犯非法侵入住宅罪被河南省滑县人民法院判处有期徒刑10个月,宣告缓刑1年,缓刑考验期自2020年12月3日至2021年12月2日止。贾某某在河南省滑县某镇司法所接受社区矫正。贾某某在社区矫正期间遵纪守法,服从监督管理,表现良好。

2021年1月,河南省滑县人民检察院根据贾某某的申请,依法对滑县司法局不批准贾某某经常性跨市、县活动申请进行监督。经监督,社区矫正机构依法简化批准程序和方式,批准贾某某经常性跨市、县活动申请。

【检察机关履职过程】

线索发现 2021年1月,河南省滑县人民检察院接到社区矫正对象贾某某反映,其以从事长途货运服务为生,在社区矫正期间,因正常工作和生活需要经常性跨市、县活动,于2020年12月8日向滑县司法局申请经常性跨市、县活动,未获批准。现已严重影响其工作和生活,申请检察机关对滑县司法局进行监督。

调查核实 滑县人民检察院受理申请后,开展以下调查核实工作:一是了解社区矫正机构不批准贾某某申请的理由。通过走访滑县司法局,询问社区工作人员,了解到滑县司法局不批准贾某某经常性跨市、县活动外出申请的理由为:根据《中华人民共和国社区矫正法》第27条、《中华人民共和国社区矫正法实施办法》第29条规定,社区矫正对象申请经常性跨市、县活动的,可以简化批准程序和方式,批准1次的有效期为6个月。但现行法律法规没有明确经常性跨市、县活动能否跨省,因此不予批准。贾某某可以在每次外出时,临时单独申请,社区矫正机构将根据申请予以审批。二是了解贾某某申请经常性跨市、县活动的必要性。通过调取贾某某家庭情况信息、父母及岳父母病历、贷款信息、银行流水,询问贾某某及其家属、村委会成员,了解到贾某某承包某运输公司滑县至江苏和山东某运输线路,每月需往返5至8次,频次较高;运输任务一般临时通知,接到任务后再向社区矫正机构申请外出,严重影响其按时完成运输任务。贾某某全家的生活支出主要依赖其工作收入,现因无法完成运输任务,收入锐减,已开始举债偿还每月1万余元的货车贷款和房贷,家庭正常生活开支难以维持。三是评估贾某某的社会危险性。经查阅贾某某原刑事案件卷宗、社区矫正档案,走访社区矫正工作人员,了解到贾某某犯非法侵入住宅罪系亲属之间矛盾引发,被宣告缓刑,社区矫正表现良好,社会危险性较小;其从事长途运输期间未发现违反交通运输法律法规行为。

监督意见 滑县人民检察院经审查认为,一是"经常性跨市、县活动"应当包含跨不同省份之间的市、县。《中华人民共和国社区矫正法》《中华人民共和国社区矫正法实施办法》规定"社区矫正对象因正常工作和生活需要,申请经常性跨市、县活动"的主要目的,是为了帮助社区矫正对象解决正常工作需要和日常生活中遇到的实际困难,让其更好地回归社会。因此,根据立法精神,可以将"经常性跨市、县活动"中的"跨市、县"理解为包含跨省份之间的市、县。二是贾某某申请经常性跨市、县活动确有必要。贾某某的运输任务一般临时通知,每次单独申请严重影响其正常工作需要。贾某某一直从事货运服务,运输收入为家庭生活的唯一来源,如无货运服务收入,其家庭生活将无以为继,不利于贾某某顺利融入社会,易产生社会不稳定因素。贾某某申请社区矫正机构简化批准程序和方式,一次性批准其6个月经常性跨市、县活动,确有必要。

2021年1月20日,滑县人民检察院邀请人大代表、政协委员、律师、纪检监察人员作为听证员,就贾某某申请经常性跨市、县活动的必要性、社会危险性等问题组织了听证会。听证员一致认为,贾某某确属因正常工作和生活需要经常性跨市、县活动,社会危险性较小,一次性批准其6个月内可以跨市、县活动,更有利于解决贾某某家庭困难问题,帮助其更好地回归社会。滑县人民检察院参考听证意见并研究后,依法向滑县司法局提出检察意见,建议滑县司法局批准贾某某经常性跨市、县活动的申请。

监督结果 2021年1月21日,滑县司法局就"经常性跨市、县活动"范围理解问题逐级请示上级司法行政部门后,批准贾某某经常性跨市、县活动6个月。2021年10月,河南省司法厅印发《河南省社区矫正对象外出审批管理办法》,明确社区矫正对象申请跨市、县活动范围包括但不限于本省。

贾某某外出活动期间,滑县人民检察院跟进监督滑县司法局加强对贾某某的教育管理措施,保证社区矫正效果。2021年5月,滑县人民检察院进行回访调查,了解到贾某某外出期间能够遵守法律法规,通过经常性跨市、县活动从事货运服务的收入保障了家庭正常生活。

【指导意义】

(一)人民检察院开展社区矫正法律监督工作,应当切实加强社区矫正对象合法权益保障,着力解决人民群众"急难愁盼"问题。回应新时代人民群众新要求,着力解决人民群众"急难愁盼"问题,是检察机关落实"司法为民"要求的重要体现。人民检察院履行社区矫正法律监督职责,要立足于厚植党的执政根基、维护社会秩序稳定,办理好事关社区矫正对象等人民群众切身利益的每一起"小案",努力解决人民群众操心事、烦心事、揪心事,不断提升人民群众的获得感、幸福感、安全感。

(二)准确把握立法精神,厘清"经常性跨市、县活动"界限。对社区矫正对象因正常工作和生活需要提出经常性跨市、县活动申请进行审批时,应当将经常性跨市、县活动所指的"市、县"理解为,既包括本省域内的市、县,也包括不同省份之间的市、县。对因正常工作和生活需要,以相对固定时间、频次经常性跨市、县活动的长途货运司机、物流押送员、销售员等特定社区矫正对象,人民检察院应当监督社区矫正机构依法履职,简化批准程序和方式,批准社区矫正对象经常性跨市、县活动的申请。

第 47 条 【有期徒刑刑期的计算与折抵】 有期徒刑的刑期，从判决执行之日起计算；判决执行以前先行羁押的，羁押 1 日折抵刑期 1 日。

• 释义

跟管制和拘役一样，有期徒刑的刑期，从判决执行之日起计算。这里所说的“判决执行之日”，是指罪犯被送交监狱或者其他执行机关执行刑罚之日，而不是指判决生效的日期。判决执行以前先行羁押的，即判决执行之前犯罪分子被采取刑事拘留、逮捕等剥夺人身自由措施的，羁押 1 日折抵刑期 1 日。

• 关联法律

1. 最高人民法院《关于罪犯在判刑前被公安机关收容审查，行政拘留的日期仍应折抵刑期的复函》（〔1981〕法研字第 26 号）

山东、甘肃省高级人民法院：你们〔81〕鲁法研字第 15 号和甘法研寄〔1981〕第 012 号报告均已收悉。关于罪犯在判刑前被公安机关收容审查和因同一犯罪行为被行政拘留的日期是否继续折抵刑期的问题，我们同意你们的意见，仍应按照我院 1978 年 7 月 11 日《关于罪犯在公安机关收容审查期间可否折抵刑期的批复》、1979 年 1 月 19 日《关于罪犯在公安机关收容审查期间折抵刑期两个具体问题的批复》和 1957 年 9 月 30 日《关于行政拘留日期应否折抵刑期等问题的批复》的规定，予以折抵刑期。

最高人民法院、最高人民检察院、公安部 1981 年 3 月 18 日《关于侦查羁押期限从何时起算问题的联合通知》，是解释刑事诉讼法第 92 条规定的对被告人在侦查中的羁押不得超过 2 个月的期限应从何时起算的问题。我院上述 3 个批复的规定，则是解决罪犯被收容审查和因同一犯罪行为被行政拘留而实际上剥夺了人身自由的时间也应计算折抵刑期的问题，这 3 个批复与《联合通知》并不矛盾，仍应继续执行。

2. 最高人民法院《关于依法监视居住期间可否折抵刑期问题的批复》（〔84〕法办研字第 28 号）

（法释〔2013〕2 号已声明该文件废止）

3. 最高人民法院《关于海关扣留走私罪嫌疑人的时间可否折抵刑期的批复》（法〔研〕复〔1988〕12 号）

（法释〔2013〕2 号已声明该文件废止）

4. 最高人民法院《关于劳动教养日期可否折抵刑期问题的批复》（〔1989〕法研字第 14 号）

（法释〔2019〕11 号文已声明该文件废止）

5. 最高人民法院《关于如何确定刑满释放日期的批复》（法〔研〕复〔1990〕14 号）

（法释〔2019〕11 号文已声明该文件废止）

6. 最高人民法院《关于监外执行的罪犯重新犯罪的时间是否计入服刑期问题的答复》（1990 年 3 月 30 日）

（法释〔2013〕2 号文已声明该文件废止）

7. 最高人民法院《关于刑事裁判文书中刑期起止日期如何表述问题的批复》（法释〔2000〕7 号）

（详见本书《刑法》第 39 条相关的内容）

8. 最高人民法院《关于撤销缓刑时罪犯在宣告缓刑前羁押的时间能否折抵刑期问题的批复》(法释〔2002〕11 号)

最近,有的法院反映,关于在撤销缓刑时罪犯在宣告缓刑前羁押的时间能否折抵刑期的问题不明确,经研究,批复如下:

根据刑法第 77 条的规定,对被宣告缓刑的犯罪分子撤销缓刑执行原判刑罚的,对其在宣告缓刑前羁押的时间应当折抵刑期。

9. 最高人民法院研究室《关于对刑罚已执行完毕,由于发现新的证据,又因同一事实被以新的罪名重新起诉的案件,应适用何种程序进行审理等问题的答复》(法研〔2002〕105 号)

安徽省高级人民法院:你院〔2001〕皖刑终字第 610 号《关于对刑罚已执行完毕的罪犯,又因同一案件被以新的罪名重新起诉,应适用何种程序进行审理及原服完的刑期在新刑罚中如何计算的请示》(以下简称《请示》)收悉。经研究,答复如下:

你院《请示》中涉及的案件是共同犯罪案件,因此,对于先行判决且刑罚已经执行完毕,由于同案犯归案发现新的证据,又因同一事实被以新的罪名重新起诉的被告人,原判人民法院应当按照审判监督程序撤销原判决、裁定,并将案件移送有管辖权的人民法院,按照第一审程序与其他同案被告人并案审理。

该被告人已经执行完毕的刑罚,由收案的人民法院在对被指控的新罪作出判决时依法折抵,被判处有期徒刑的,原执行完毕的刑期可以折抵刑期。

10. 公安部《关于刑事拘留时间可否折抵行政拘留时间问题的批复》(公复字〔2004〕1 号)

安徽省公安厅:你厅《关于刑事拘留时间已超过治安拘留期限不再给予治安拘留处罚有关问题的请示》(公办〔2003〕384 号)收悉。经征得全国人民代表大会常务委员会法制工作委员会同意,现批复如下:

如果行为人依法被刑事拘留的行为与依法被行政拘留的行为系同一行为,公安机关在依法对其裁决行政拘留时,应当将其刑事拘留的时间折抵行政拘留时间。如果行为人依法被刑事拘留的时间已超过依法被裁决的行政拘留时间的,则其行政拘留不再执行,但必须将行政拘留裁决书送达被处罚人。

对没有犯罪事实或者没有事实证明有犯罪重大嫌疑的人错误刑事拘留的,应当依法给予国家赔偿。但是,如果因同一行为依法被裁决行政拘留,且刑事拘留时间已经折抵行政拘留时间的,已经折抵的刑事拘留时间不再给予国家赔偿。

自本批复下发之日起,《公安部关于对刑事拘留时间可否折抵治安拘留时间有关问题的批复》(公复字〔1997〕9 号)同时废止。

第五节　死　　刑

第 48 条　【死刑、死缓的适用对象及核准程序】 死刑只适用于罪行极其严重的犯罪分子。对于应当判处死刑的犯罪分子,如果不是必须立即执行的,可以判处死刑同时宣告缓期 2 年执行。

死刑除依法由最高人民法院判决的以外,都应当报请最高人民法院核准。死刑缓期执行的,可以由高级人民法院判决或者核准。

• **释义**

本条严格限制了死刑的适用范围,即只能适用于罪行极其严重的犯罪分子。为了进一步限制适用死刑,本条还规定,对于应当判处死刑的犯罪分子,如果不是必须立即执行的,可以判处死刑同时宣告缓期2年执行。死刑缓期2年执行并不是一个独立的刑种,而是死刑的一种执行方式。

本条第2款是关于死刑核准程序的规定。死刑除依法由最高人民法院判决的以外,都应当报请最高人民法院核准。这对于保证死刑的正确适用、统一判处死刑标准和防止冤假错案的发生,有重要作用。对于死刑缓期执行的,可以由高级人民法院判决或者核准,既可由高级人民法院直接判决后核准,也可由中级人民法院判决,然后报高级人民法院核准。

• **关联法律**

1.《中华人民共和国刑事诉讼法》(1979年7月1日第五届全国人民代表大会第二次会议通过;1996年3月17日第八届全国人民代表大会第四次会议《关于修改〈中华人民共和国刑事诉讼法〉的决定》第一次修正;2012年3月14日第十一届全国人民代表大会第五次会议《关于修改〈中华人民共和国刑事诉讼法〉的决定》第二次修正;2018年10月26日第十三届全国人大常委会第六次会议《关于修改〈中华人民共和国刑事诉讼法〉的决定》第三次修正)

第263条 人民法院在交付执行死刑前,应当通知同级人民检察院派员临场监督。

死刑采用枪决或者注射等方法执行。

死刑可以在刑场或者指定的羁押场所内执行。

指挥执行的审判人员,对罪犯应当验明正身,讯问有无遗言、信札,然后交付执行人员执行死刑。在执行前,如果发现可能有错误,应当暂停执行,报请最高人民法院裁定。

执行死刑应当公布,不应示众。

执行死刑后,在场书记员应当写成笔录。交付执行的人民法院应当将执行死刑情况报告最高人民法院。

执行死刑后,交付执行的人民法院应当通知罪犯家属。

2.最高人民法院《关于对判处死刑缓期2年执行期满后,尚未裁定减刑前又犯新罪的罪犯能否执行死刑问题的批复》(法[研]复〔1987〕15号)

(法释〔2019〕11号文已声明该文件废止)

3.最高人民法院研究室《关于如何理解"审判的时候怀孕的妇女不适用死刑"问题的电话答复》(1991年3月18日)

广东省高级人民法院:你院〔1990〕粤法刑一文字第16号《关于如何理解"审判的时候怀孕的妇女不适用死刑"问题的请示》已收悉。经研究,现答复如下:

在羁押期间已是孕妇的被告人,无论其怀孕是否属于违反国家计划生育政策,也不论其是否自然流产或者经人工流产以及流产后移送起诉或审判期间的长短,仍应执行我院〔83〕法研字第18号《关于人民法院审判严重刑事犯罪案件中具体应用法律的若干问题的答复》中对第3个问题的答复:"对于这类案件,应当按照刑法第44条和刑事诉讼法第154条的规定办理,即:人民法院对'审判的时候怀孕的妇女,不适用死刑'。如果人民法院在审判时发现,在羁押受审时已是孕妇的,仍应依照上述法律规定,不适用死刑。"

4.最高人民法院研究室《关于死缓犯和无期徒刑犯经几次减刑后又改判原减刑裁定是否均应撤销问题的电话答复》(1992年4月1日)

(法释〔2019〕11号已声明该文件废止)

5. 最高人民法院《关于第二审人民法院审理死刑案件被告人没有委托辩护人的是否应为其指定辩护人问题的批复》(法释〔1997〕7号)

(法释〔2019〕11号已声明该文件废止)

6. 最高人民法院《关于对怀孕妇女在羁押期间自然流产审判时是否可以适用死刑问题的批复》(法释〔1998〕18号)

河北省高级人民法院:你院冀高法〔1998〕40号《关于审判时对怀孕妇女在公安预审羁押期间自然流产,是否适用死刑的请示》收悉。经研究,答复如下:

怀孕妇女因涉嫌犯罪在羁押期间自然流产后,又因同一事实被起诉、交付审判的,应当视为"审判的时候怀孕的妇女",依法不适用死刑。

7. 最高人民法院《全国法院维护农村稳定刑事审判工作座谈会纪要》(法〔1999〕217号) 第3部分(1)

三、会议在认真分析了农村中犯罪、农民犯罪的原因和特点的基础上,结合我国农村基层组织的作用和现状,对处理农村中犯罪案件和农民犯罪案件应当把握的政策界限进行了研究,对正确处理以下问题取得了一致意见:

(一)关于正确处理干群关系矛盾引发的刑事案件问题

开庭审理此类案件,一般要深入发案地,认真查清事实,了解案件发生真实原因,分清双方责任,合情、合理、合法地予以处理。

对利用手中掌握的权力欺压百姓、胡作非为,严重损害群众和集体利益,构成犯罪的,要依法严惩;对只是因工作方法简单粗暴构成犯罪的,要做好工作,取得群众谅解后,酌情予以处理。

对抗拒基层组织正常管理,纯属打击报复农村干部的犯罪分子,一定要依法严惩;对事出有因而构成犯罪的农民被告人,则要体现从宽政策。群体事件中,处罚的应只是构成犯罪的极少数为首者和组织者;对于其他一般参与的群众,要以教育为主,不作犯罪处理。

要充分依靠当地党委和政府,充分征求有关部门对此类案件判决的意见。对当地政府强烈要求判处死刑的案件,要了解有关背景。对于依法应当判处死刑的,不能因为担心被告方人多势众会闹事而不判处死刑;相反,对不应当判处死刑的,也不能因为被害方闹事就判处死刑。要依靠党政部门努力做好法制宣传教育工作,在未做好群众思想工作的情况下,不要急于下判。(全文详见本书《刑法》第232条相关内容)

8. 最高人民法院《关于统一行使死刑案件核准权有关问题的决定》(法释〔2006〕12号)

第十届全国人民代表大会常务委员会第二十四次会议通过了《关于修改〈中华人民共和国人民法院组织法〉的决定》,将人民法院组织法原第13条修改为第12条:"死刑除依法由最高人民法院判决的以外,应当报请最高人民法院核准。"修改人民法院组织法的决定自2007年1月1日起施行。根据修改后的人民法院组织法第12条的规定,现就有关问题决定如下:

(一)自2007年1月1日起,最高人民法院根据全国人民代表大会常务委员会有关决定和人民法院组织法原第13条的规定发布的关于授权高级人民法院和解放军军事法院核准部分死刑案件的通知(见附件),一律予以废止。(二)自2007年1月1日起,死刑除依法由最高人民法院判决的以外,各高级人民法院和解放军军事法院依法判决和裁定的,应当报请最高人民法院核准。(三)2006年12月31日以前,各高级人民法院和解放军军事法院已经核准的死刑立即执行的判决、裁定,依法仍由各高级人民法院、解放军军事法院院长签发执行死刑的命令。

附件:最高人民法院发布的下列关于授权高级人民法院核准部分死刑案件自本通知施行之日起予以废止:

1.《最高人民法院关于对几类现行犯授权高级人民法院核准死刑的若干具体规定的通

知》(发布日期:1980年3月18日)2.《最高人民法院关于执行全国人民代表大会常务委员会〈关于死刑案件核准问题的决定〉的几项通知》(发布日期:1981年6月11日)3.《最高人民法院关于授权高级人民法院核准部分死刑案件的通知》(发布日期:1983年9月7日)4.《最高人民法院关于授权云南省高级人民法院核准部分毒品犯罪死刑案件的通知》(发布日期:1991年6月6日)5.《最高人民法院关于授权广东省高级人民法院核准部分毒品犯罪死刑案件的通知》(发布日期:1993年8月18日)6.《最高人民法院关于授权广西壮族自治区、四川省、甘肃省高级人民法院核准部分毒品犯罪死刑案件的通知》7.《最高人民法院关于授权贵州省高级人民法院核准部分毒品犯罪死刑案件的通知》(发布日期:1997年6月23日)8.《最高人民法院关于授权高级人民法院和解放军军事法院核准部分死刑案件的通知》(发布日期:1997年9月26日)

9. 最高人民法院《关于复核死刑案件若干问题的规定》(法释〔2007〕4号)

[被最高人民法院《关于废止部分司法解释和司法解释性质文件(第十一批)的决定》(法释〔2015〕2号)废止]

10. 最高人民法院、最高人民检察院、公安部、司法部《关于进一步严格依法办案确保办理死刑案件质量的意见》(法发〔2007〕11号)

中央决定改革授权高级人民法院行使部分死刑案件核准权的做法,将死刑案件核准权统一收归最高人民法院行使,并要求严格依照法律程序办案,确保死刑案件的办理质量。2006年10月31日,全国人大常委会通过《关于修改〈中华人民共和国人民法院组织法〉的决定》,决定从2007年1月1日起由最高人民法院统一行使死刑案件核准权。为认真落实中央这一重大决策部署,现就人民法院、人民检察院、公安机关、司法行政机关严格依法办理死刑案件提出如下意见:

一、充分认识确保办理死刑案件质量的重要意义

1. 死刑是剥夺犯罪分子生命的最严厉的刑罚。中央决定将死刑案件核准权统一收归最高人民法院行使,是构建社会主义和谐社会,落实依法治国基本方略,尊重和保障人权的重大举措,有利于维护社会政治稳定,有利于国家法制统一,有利于从制度上保证死刑裁判的慎重和公正,对于保障在全社会实现公平和正义,巩固人民民主专政的政权,全面建设小康社会,具有十分重要的意义。

2. 最高人民法院统一行使死刑案件核准权,对人民法院、人民检察院、公安机关和司法行政机关的工作提出了新的、更高的要求求。办案质量是人民法院、人民检察院、公安机关、司法行政机关工作的生命线,死刑案件人命关天,质量问题尤为重要。确保办理死刑案件质量,是中央这一重大决策顺利实施的关键,也是最根本的要求。各级人民法院、人民检察院、公安机关和司法行政机关必须高度重视,统一思想,提高认识,将行动统一到中央决策上来,坚持以邓小平理论和"三个代表"重要思想为指导,全面落实科学发展观,牢固树立社会主义法治理念,依法履行职责,严格执行刑法和刑事诉讼法,切实把好死刑案件的事实关、证据关、程序关、适用法律关,使办理的每一起死刑案件都经得起历史的检验。

二、办理死刑案件应当遵循的原则要求

(一)坚持惩罚犯罪与保障人权相结合

3. 我国目前正处于全面建设小康社会、加快推进社会主义现代化建设的重要战略机遇期,同时又是人民内部矛盾凸显、刑事犯罪高发、对敌斗争复杂的时期,维护社会和谐稳定的任务相当繁重,必须继续坚持"严打"方针,正确运用死刑这一刑罚手段同严重刑事犯罪作斗争,有效遏制犯罪活动猖獗和蔓延势头。同时,要全面落实"国家尊重和保障人权"宪法原则,切实保障犯罪嫌疑人、被告人的合法权益。坚持依法惩罚犯罪和依法保障人权并重,坚持罪刑法定、罪刑相适应、适用刑法人人平等和审判公开、程序法定等基本原则,真正做到有罪依法惩处,无罪不受刑事追究。

(二)坚持保留死刑,严格控制和慎重适用死刑

4."保留死刑,严格控制死刑"是我国的基本死刑政策。实践证明,这一政策是完全正确的,必须继续贯彻执行。要完整、准确地理解和执行"严打"方针,依法严厉打击严重刑事犯罪,对极少数罪行极其严重的犯罪分子,坚决依法判处死刑。我国现在还不能废除死刑,但应逐步减少适用,凡是可杀可不杀的,一律不杀。办理死刑案件,必须根据构建社会主义和谐社会和维护社会稳定的要求,严谨审慎,既要保证根据证据正确认定案件事实,杜绝冤错案件的发生,又要保证定罪准确,量刑适当,做到少杀、慎杀。

(三)坚持程序公正与实体公正并重,保障犯罪嫌疑人、被告人的合法权利

5.人民法院、人民检察院和公安机关进行刑事诉讼,既要保证案件实体处理的正确性,也要保证刑事诉讼程序本身的正当性和合法性。在侦查、起诉、审判等各个阶段,必须始终坚持依法进行诉讼,坚决克服重实体、轻程序,重打击、轻保护的错误观念,尊重犯罪嫌疑人、被告人的诉讼地位,切实保障犯罪嫌疑人、被告人充分行使辩护权等诉讼权利,避免因剥夺或者限制犯罪嫌疑人、被告人的合法权利而导致冤错案件的发生。

(四)坚持证据裁判原则,重证据、不轻信口供

6.办理死刑案件,要坚持重证据、不轻信口供的原则。只有被告人供述,没有其他证据的,不能认定被告人有罪;没有被告人供述,其他证据确实充分的,可以认定被告人有罪。对刑讯逼供取得的犯罪嫌疑人供述、被告人供述和以暴力、威胁等非法方法收集的被害人陈述、证人证言,不能作为定案的根据。对被告人作出有罪判决的案件,必须严格按照刑事诉讼法第162条的规定,做到"事实清楚,证据确实、充分"。证据不足,不能认定被告人有罪的,应当作出证据不足、指控的犯罪不能成立的无罪判决。

(五)坚持宽严相济的刑事政策

7.对死刑案件适用刑罚时,既要防止重罪轻判,也要防止轻罪重判,做到罪刑相当,罚当其罪,重罪重判,轻罪轻判,无罪不罚。对罪行极其严重的被告人必须依法惩处,严厉打击;对具有法律规定"应当"从轻、减轻或者免除处罚情节的被告人,依法从宽处理;对具有法律规定"可以"从轻、减轻或者免除处罚情节的被告人,如果没有其他特殊情节,原则上依法从宽处理;对具有酌定从宽处罚情节的也依法予以考虑。

三、认真履行法定职责,严格依法办理死刑案件

(一)侦查

8.侦查机关应当依照刑事诉讼法、司法解释及其他有关规定所规定的程序,全面、及时收集证明犯罪嫌疑人有罪或者无罪、罪重或者罪轻等涉及案件事实的各种证据,严禁违法收集证据。

9.对可能属于精神病人、未成年人或者怀孕的妇女的犯罪嫌疑人,应当及时进行鉴定或者调查核实。

10.加强证据的收集、保全和固定工作。对证据的原物、原件要妥善保管,不得损毁、丢失或者擅自处理,对与查明案情有关需要鉴定的物品、文件、电子数据、痕迹、人身、尸体等,应当及时进行刑事科学技术鉴定,并将鉴定报告附卷。涉及命案的,应当通过被害人近亲属辨认、DNA鉴定、指纹鉴定等方式确定被害人身份。对现场遗留的与犯罪有关的具备同一认定检验鉴定条件的血迹、精斑、毛发、指纹等生物物证、痕迹、物品,应当通过DNA鉴定、指纹鉴定等刑事科学技术鉴定方式与犯罪嫌疑人的相应生物检材、生物特征、物品等作同一认定。侦查机关应当将用作证据的鉴定结论告知犯罪嫌疑人、被害人。如果犯罪嫌疑人、被害人提出申请,可以补充鉴定或者重新鉴定。

11. 提讯在押的犯罪嫌疑人，应当在羁押犯罪嫌疑人的看守所内进行。严禁刑讯逼供或者以其他非法方法获取供述。讯问犯罪嫌疑人，在文字记录的同时，可以根据需要录音录像。

12. 侦查人员询问证人、被害人，应当依照刑事诉讼法第97条的规定进行。严禁违法取证，严禁暴力取证。

13. 犯罪嫌疑人在被侦查机关第1次讯问后或者采取强制措施之日起，聘请律师或者经法律援助机构指派的律师为其提供法律咨询、代理申诉、控告的，侦查机关应当保障律师依法行使权利和履行职责。涉及国家秘密的案件，犯罪嫌疑人聘请律师或者申请法律援助，以及律师会见在押的犯罪嫌疑人，应当经侦查机关批准。律师发现有刑讯逼供情形的，可以向公安机关、人民检察院反映。

14. 侦查机关将案件移送人民检察院审查起诉时，应当将包括第1次讯问笔录及勘验、检查、搜查笔录在内的证明犯罪嫌疑人有罪或者无罪、罪重或者罪轻等涉及案件事实的所有证据一并移送。

15. 对于可能判处死刑的案件，人民检察院在审查逮捕工作中应当全面、客观地审查证据，对以刑讯逼供等非法方法取得的犯罪嫌疑人供述、被害人陈述、证人证言应当依法排除。对侦查活动中的违法行为，应当提出纠正意见。

（二）提起公诉

16. 人民检察院要依法履行审查起诉职责，严格把握案件的法定起诉标准。

17. 人民检察院自收到移送审查起诉的案件材料之日起3日以内，应当告知犯罪嫌疑人有权委托辩护人；犯罪嫌疑人经济困难的，应当告知其可以向法律援助机构申请法律援助。辩护律师自审查起诉之日起，可以查阅、摘抄、复制本案的诉讼文书、技术性鉴定材料，可以同在押的犯罪嫌疑人会见和通信。其他辩护人经人民检察院许可，也可以查阅、摘抄、复制上述材料，同在押的犯罪嫌疑人会见和通信。人民检察院应当为辩护人查阅、摘抄、复制材料提供便利。

18. 人民检察院审查案件，应当讯问犯罪嫌疑人，听取被害人和犯罪嫌疑人、被害人委托的人的意见，并制作笔录附卷。被害人和犯罪嫌疑人、被害人委托的人在审查起诉期间没有提出意见的，应当记明附卷。人民检察院对证人证言笔录存在疑疑问或者认为对证人的询问不具体或者有遗漏的，可以对证人进行询问并制作笔录。

19. 人民检察院讯问犯罪嫌疑人时，既要听取犯罪嫌疑人的有罪供述，又要听取犯罪嫌疑人无罪或罪轻的辩解。犯罪嫌疑人提出受到刑讯逼供的，可以要求侦查人员作出说明，必要时进行核查。对刑讯逼供取得的犯罪嫌疑人供述和以暴力、威胁等非法方法收集的被害人陈述、证人证言，不能作为指控犯罪的根据。

20. 对可能属于精神病人、未成年人或者怀孕的妇女的犯罪嫌疑人，应当及时委托鉴定或者调查核实。

21. 人民检察院审查案件的时候，对公安机关的勘验、检查，认为需要复验、复查的，应当要求公安机关复验、复查，人民检察院可以派员参加；也可以自行复验、复查，商请公安机关派员参加，必要时也可以聘请专门技术人员参加。

22. 人民检察院对物证、书证、视听资料、勘验、检查笔录存在疑问的，可以要求侦查人员提供获取、制作的有关情况。必要时可以询问提供物证、书证、视听资料的人员，对物证、书证、视听资料委托进行技术鉴定。询问过程及鉴定的情况应当附卷。

23. 人民检察院审查案件的时候，认为事不清、证据不足或者遗漏罪行、遗漏同案犯罪嫌疑人等情形，需要补充侦查的，应当提出需要补充侦查的具体意见，连同案卷材料一并退回公安机关补充侦查。公安机关应当在1个月以内补充侦查完毕。人民检察院也可以自行侦查,必要时要求公安机关提供协助。

24. 人民检察院对案件进行审查后,认为犯罪嫌疑人的犯罪事实已经查清,证据确实、充分,依法应当追究刑事责任的,应当作出起诉决定。具有下列情形之一的,可以确认犯罪事实已经查清:

(1)属于单一罪行的案件,查清的事实足以定罪量刑或者与定罪量刑有关的事实已经查清,不影响定罪量刑的事实无法查清的;(2)属于数个罪行的案件,部分罪行已经查清并符合起诉条件,其他罪行无法查清的;(3)作案工具无法起获或者赃物去向不明,但有其他证据足以对犯罪嫌疑人定罪量刑的;(4)证人证言、犯罪嫌疑疑人的供述和辩解、被害人陈述的内容中主要情节一致,只有个别情节不一致且不影响定罪的。对于符合第(2)项情形的,应当以已经查清的罪行起诉。

25. 人民检察院对于退回补充侦查的案件,经审查仍然认为不符合起诉条件的,可以作出不起诉决定。具有下列情形之一,不能确定犯罪嫌疑人构成犯罪和需要追究刑事责任的,属于证据不足,不符合起诉条件:

(一)据以定罪的证据存在疑问,无法查证属实的;(二)犯罪构成要件事实缺乏必要的证据予以证明的;(三)据以定罪的证据之间的矛盾不能合理排除的;(四)根据证据得出的结论具有其他可能性的。

26. 人民法院认为人民检察院起诉移送的有关材料不符合刑事诉讼法第150条规定的条件,向人民检察院提出书面意见要求补充提供的,人民检察院应当在收到通知之日起通知之日起3日以内补送。逾期不能提供的,人民检察院应当作出书面说明。

(三)辩护、提供法律帮助

27. 律师应当恪守职业道德和执业业纪律,办理死刑案件应当尽职尽责,做好会见、阅卷、调查取证、出庭辩护等工作,提高辩护质量,切实维护犯罪嫌疑人、被告人的合法权益。

28. 辩护律师经证人或者其他有关单位和个人同意,可以向他们收集证明犯罪嫌疑人、被告人无罪或者罪轻的证据,申请人民检察院、人民法院收集、调取证据,或者申请人民法院通知证人出庭作证,也可以申请人民检察院、人民法院依法委托鉴定机构对有异议的鉴定结论进行补充鉴定或者重新鉴定。对于辩护律师的上述申请,人民检察院、人民法院应当及时予以答复。

29. 被告人可能被判处死刑而没有委托辩护人的,人民法院应当通过法律援助机构指定承担法律援助义务的律师为其提供辩护。法律援助机构应当在收到指定辩护通知书3日以内,指派有刑事辩护经验的律师提供辩护。

30. 律师在提供法律帮助或者履行辩护职责中遇到困难和问题,司法行政机关应及时与公安机关、人民检察院、人民法院协调解决,保障律师依法履行职责。

(四)审判

31. 人民法院受理案件后,应当告知因犯罪行为遭受物质损失的被害人、已死亡被害人的近亲属、无行为能力或者限制行为能力被害人的法定代理人,有权提起附带民事诉讼和委托诉讼代理人。经济困难的,还应当告知其可以向法律援助机构申请法律援助。在审判过程中,注重发挥附带民事诉讼中民事调解的重要作用,做好被害人、被害人近亲属的安抚工作,切实加强刑事被害人的权益保护。

32. 人民法院应当通知下列情形的被害人、证人、鉴定人出庭作证:

(一)人民检察院、被告人及其辩护人对被害人陈述、证人证言、鉴定结论有异议,该被害人陈述、证人证言、鉴定结论对定罪量刑有重大影响的;(二)人民法院认为其他应当出庭作证的。经人民法院依法通知,被害人、证人、鉴定人应当出庭作证;不出庭作证的被害人、证人、鉴定人的书面陈述、书面证言、鉴定结论经质证无法确认的,不能作为定案的根据。

33. 人民法院审理案件,应当注重审查证据的合法性。对有线索或者证据表明可能存在刑讯逼供或者其他非法取证行为的,应当认真审查。人民法院向人民检察院调取相关证据时,人民检察院应当在3日以内提交。人民检察院如果没有相关材料,应当向人民法院说明情况。

34. 第一审人民法院和第二审人民法院审理死刑案件,合议庭应当提请院长决定提交审判委员会讨论。最高人民法院复核死刑案件。高级人民法院复核死刑缓期2年执行的案件,对于疑难、复杂的案件,合议庭认为难以作出决定的,应当提请院长决定提交审判委员会讨论决定。审判委员会讨论案件,同级人民检察院检察长、受检察长委托的副检察长均可列席会议。

35. 人民法院应当根据已经审理查明的事实、证据和有关的法律规定,依法作出裁判。对案件事实清楚,证据确实、充分,依据法律认定被告人有罪的,应当作出有罪判决;对依据法律认定被告人无罪的,应当作出无罪判决;证据不足,不能认定被告人有罪的,应当作出证据不足、指控的犯罪不能成立的无罪判决;定罪的证据确实,但影响量刑的证据存有疑点,处刑时应当留有余地。

36. 第二审人民法院应当及时查明被判处死刑立即执行的被告人是否委托了辩护人。没有委托辩护人的,应当告知被告人可以自行委托辩护人或者通知法律援助机构指定承担法律援助义务的律师为其提供辩护。人民法院应当通知人民检察院、被告人及其辩护人在开庭5日以前提供出庭作证的证人、鉴定人名单,在开庭3日以前送达传唤当事人的传票和通知辩护人、证人、鉴定人、翻译人员的通知书。

37. 审理死刑第二审案件,应当依照法律和有关规定实行开庭审理。人民法院必须在开庭10日以前通知人民检察院查阅案卷。同级人民检察院应当按照人民法院通知的时间派员出庭。

38. 第二审人民法院作出判决、裁定后,当庭宣告的,应当在5日以内将判决书或者裁定书送达当事人、辩护人和同级人民检察院;定期宣告的,应当在宣告后立即送达。

39. 复核死刑案件,应当对原审裁判的事实认定、法律适用和诉讼程序进行全面审查。

40. 死刑案件复核期间,被告人委托的辩护人提出听取意见要求的,应当听取辩护人的意见,并制作笔录附卷。辩护人提出书面意见的,应当附卷。

41. 复核死刑案件,合议庭成员应当阅卷,并提出书面意见存查。对证据有疑问的,应当对证据进行调查核实,必要时到案发现场调查。

42. 高级人民法院复核死刑案件,应当讯问被告人。最高人民法院复核死刑案件,原则上应当讯问被告人。

43. 人民法院在保证办案质量的前提下,要进一步提高办理死刑复核案件的效率,公正、及时地审理死刑复核案件。

44. 人民检察院按照法律规定加强对办理死刑案件的法律监督。

(五)执行

45. 人民法院向罪犯送达核准死刑的裁判文书时,应当告知罪犯有权申请会见其近亲属。罪犯提出会见申请并提供具体地址和联系方式的,人民法院应当准许;原审人民法院应当通知罪犯的近亲属。罪犯近亲属提出会见申请的,人民法院应当准许,并及时安排会见。

46. 第一审人民法院将罪犯交付执行死刑前,应当将核准死刑的裁判文书送同级人民检察院,并在交付执行3日以前通知同级人民检察院派员临场监督。

47. 第一审人民法院在执行死刑前,发现有刑事诉讼法第211条规定的情形的,应当停止执行,并且立即报告最高人民法院,由最高人民法院作出裁定。临场监督执行死刑的检察人员在执行死刑前,发现有刑事诉讼法第211条规定的情形的,应当建议人民法院停止执行。

48. 执行死刑应当公布。禁止游街示众或者其他有辱被执行人人格的行为。禁止侮辱尸体。

四、人民法院、人民检察院、公安机关依法互相配合和互相制约

49. 人民法院、人民检察院、公安机关办理死刑案件,应当切实贯彻"分工负责,互相配合,互相制约"的基本诉讼原则,既根据法律规定的明确分工,各司其职,各负其责,又互相支持,通力合作,以保证准确有效地执行法律,共同把好死刑案件的质量关。

50. 人民法院、人民检察院、公安机关应当按照诉讼职能分工和程序设置,互相制约,以防止发生错误或者及时纠正错误,真正做到不错不漏,不枉不纵。人民法院、人民检察院和公安机关的互相制约,应当体现在各机关法定的诉讼活动之中,不得违反程序干扰、干预、抵制其他机关依法履行职权的诉讼活动。

51. 在审判过程中,发现被告人可能有自首、立功等法定量刑情节,需要补充证据或者补充侦查的,人民检察院应当建议延期审理。延期审理的时间不能超过1个月。查证被告人揭发他人犯罪行为,人民检察院根据犯罪性质,可以依法自行查证,属于公安机关管辖的,可以交由公安机关查证。人民检察院应当将查证的情况在法律规定的期限内及时提交人民法院。

五、严格执行办案责任追究制度

52. 故意违反法律和本意见的规定,或者由于严重不负责任,影响办理死刑案件质量,造成严重后果的,对直接负责的主管人员和其他直接责任人员,由其所在单位或者上级主管机关依照有关规定予以行政处分或者纪律处分;徇私舞弊、枉法裁判构成犯罪的,依法追究刑事责任。

11. 最高人民法院《关于贯彻宽严相济刑事政策的若干意见》(法发〔2010〕9号)

29. 要准确理解和严格执行"保留死刑,严格控制和慎重适用死刑"的政策。对于罪行极其严重的犯罪分子,论罪应当判处死刑的,要坚决依法判处死刑。要依法严格控制死刑的适用,统一死刑案件的裁判标准,确保死刑只适用于极少数罪行极其严重的犯罪分子。拟判处死刑的具体案件定罪或者量刑的证据必须确实、充分,得出唯一结论。对于罪行极其严重,但只要是依法可不立即执行的,就不应当判处死刑立即执行。

30. 对于恐怖组织犯罪、邪教组织犯罪、黑社会性质组织犯罪和进行走私、诈骗、贩毒等犯罪活动的犯罪集团,在处理时要分别情况,区别对待:对犯罪组织或集团中的为首组织、指挥、策划者和骨干分子,要依法从严惩处,该判处重刑或死刑的要坚决判处重刑或死刑;对受欺骗、胁迫参加犯罪组织、犯罪集团或只是一般参加者,在犯罪中起次要、辅助作用的从犯,依法应当从轻或减轻处罚,符合缓刑条件的,可以适用缓刑。

对于群体性事件中发生的杀人、放火、抢劫、伤害等犯罪案件,要注意重点打击其中的组织、指挥、策划者和直接实施犯罪行为的积极参与者;对因被煽动、欺骗、裹胁而参加,情节较轻,经教育确有悔改表现的,应当依法从宽处理。(全文详见本书《刑法》第5条相关内容)

12. 最高人民法院、最高人民检察院、公安部、国家安全部、司法部《关于办理死刑案件审查判断证据若干问题的规定》(法发〔2010〕20号)

为依法、公正、准确、慎重地办理死刑案件,惩罚犯罪,保障人权,根据《中华人民共和国刑事诉讼法》等有关法律规定,结合司法实际,制定本规定。

一、一般规定

第1条 办理死刑案件,必须严格执行刑法和刑事诉讼法,切实做到事实清楚,证据确实、充分,程序合法,适用法律正确,确保案件质量。

第2条 认定案件事实,必须以证据为根据。

第3条 侦查人员、检察人员、审判人员应当严格遵守法定程序,全面、客观地收集、审查、核实和认定证据。

第4条 经过当庭出示、辨认、质证等法庭调查程序查证属实的证据,才能作为定罪量刑的根据。

第5条 办理死刑案件,对被告人犯罪事实的认定,必须达到证据确实、充分。

证据确实、充分是指:

(一)定罪量刑的事实都有证据证明;(二)每一个定案的证据均已经法定程序查证属实;(三)证据与证据之间、证据与案件事实之间不存在矛盾或者矛盾得以合理排除;(四)共同犯罪案件中,被告人的地位、作用均已查清;(五)根据证据认定案件事实的过程符合逻辑和经验规则,由证据得出的结论为唯一结论。

办理死刑案件,对于以下事实的证明必须达到证据确实、充分:

(一)被指控的犯罪事实的发生;(二)被告人实施了犯罪行为与被告人实施犯罪行为的时间、地点、手段、后果以及其他情节;(三)影响被告人定罪的身份情况;(四)被告人有刑事责任能力;(五)被告人的罪过;(六)是否共同犯罪及被告人在共同犯罪中的地位、作用;(七)对被告人从重处罚的事实。

二、证据的分类审查与认定

1. 物证、书证

第6条 对物证、书证应当着重审查以下内容:

(一)物证、书证是否为原物、原件,物证的照片、录像或者复制品及书证的副本、复制件与原物、原件是否相符;物证、书证是否经过辨认、鉴定;物证的照片、录像或者复制品和书证的副本、复制件是否由2人以上制作,有无制作人关于制作过程及原件、原物存放于何处的文字说明及签名。(二)物证、书证的收集程序、方式是否符合法律及有关规定;经勘验、检查、搜查提取、扣押的物证、书证,是否附有相关笔录或者清单;笔录或者清单是否有侦查人员、物品持有人、见证人签名,没有物品持有人签名的,是否注明原因;对物品的特征、数量、质量、名称等注明是否清楚。(三)物证、书证在收集、保管及鉴定过程中是否受到破坏或者改变。(四)物证、书证与案件事实有无关联。对现场遗留与犯罪有关的具备检验鉴定条件的血迹、指纹、毛发、体液等生物物证、痕迹、物品,是否通过DNA鉴定、指纹鉴定等鉴定方式与被告人或者被害人的相应生物检材、生物特征、物品等作同一认定。(五)与案件事实有关联的物证、书证是否全面收集。

第7条 对在勘验、检查、搜查中发现与案件事实可能有关联的血迹、指纹、足迹、字迹、毛发、体液、人体组织等痕迹和物品应当提取而没有提取,应当检验而没有检验,导致案件事实存疑的,人民法院应当向人民检察院说明情况,人民检察院依法可以补充收集、调取证据,作出合理的说明或者退回侦查机关补充侦查,调取有关证据。

第8条 据以定案的物证应当是原物。只有在原物不便搬运、不易保存或者依法应当由有关部门保管、处理或者依法应当返还时,才可以拍摄或者制作足以反映原物外形或者内容的照片、录像或者复制品。物证的照片、录像或者复制品,经与原物核实无误或者经鉴定证明为真实的,或者以其他方式确能证明其真实的,可以作为定案的根据。原物的照片、录像或者复制品,不能反映原物的外形和特征的,不能作为定案的根据。

据以定案的书证应当是原件。只有在取得原件确有困难时,才可以使用副本或者复制件。书证的副本、复制件,经与原件核实无误或者经鉴定证明为真实的,或者以其他方式确能证明其真实的,可以作为定案的根据。书证有更改或者更改迹象不能作出合理解释的,书证的副本、复制件不能反映书证原件及其内容的,不能作为定案的根据。

第9条 经勘验、检查、搜查提取、扣押的物证、书证,未附有勘验、检查笔录,搜查笔录,提取笔录,扣押清单,不能证明物证、书证来源的,不能作为定案的根据。

物证、书证的收集程序、方式存在下列瑕疵,通过有关办案人员的补正或者作出合理解释的,可以采用:

(一)收集调取的物证、书证,在勘验、检查笔录,搜查笔录,提取笔录,扣押清单上没有侦查人员、物品持有人、见证人签名或者物品特征、数量、质量、名称等注明不详的;(二)收集调取物证照片、录像或者复制品,书证的副本、复制件未注明与原件核对无异,无复制时间、无被收集、调取人(单位)签名(盖章)的;(三)物证照片、录像或者复制品,书证的副本、复制件没有制作人关于制作过程及原物、原件存放于何处的说明或者说明中无签名的;(四)物证、书证的收集程序、方式存在其他瑕疵的。

对物证、书证的来源及收集过程有疑问,不能作出合理解释的,该物证、书证不能作为定案的根据。

第10条 具备辨认条件的物证、书证应当交由当事人或者证人进行辨认,必要时应当进行鉴定。

2.证人证言

第11条 对证人证言应当着重审查以下内容:

(一)证言的内容是否为证人直接感知。(二)证人作证时的年龄、认知水平、记忆能力和表达能力,生理上和精神上的状态是否影响作证。(三)证人与案件当事人、案件处理结果有无利害关系。(四)证言的取得程序、方式是否符合法律及有关规定:有无使用暴力、威胁、引诱、欺骗以及其他非法手段取证的情形;有无违反询问证人应当个别进行的规定;笔录是否经证人核对确认并签名(盖章)、捺指印;询问未成年证人,是否通知了其法定代理人到场,其法定代理人是否在场等。(五)证人证言之间以及与其他证据之间能否相互印证,有无矛盾。

第12条 以暴力、威胁等非法手段取得的证人证言,不能作为定案的根据。

处于明显醉酒、麻醉品中毒或者精神药物麻醉状态,以致不能正确表达的证人所提供的证言,不能作为定案的根据。

证人的猜测性、评论性、推断性的证言,不能作为证据使用,但根据一般生活经验判断符合事实的除外。

第13条 具有下列情形之一的证人证言,不能作为定案的根据:

(一)询问证人没有个别进行而取得的证言;(二)没有经证人核对确认并签名(盖章)、捺指印的书面证言;(三)询问聋哑人或者不通晓当地通用语言、文字的少数民族人员、外国人,应当提供翻译而未提供的。

第14条 证人证言的收集程序和方式有下列瑕疵,通过有关办案人员的补正或者作出合理解释的,可以采用:

(一)没有填写询问人、记录人、法定代理人姓名或者询问的起止时间、地点的;(二)询问证人的地点不符合规定的;(三)询问笔录没有记录告知证人应当如实提供证言和有意作伪证或者隐匿罪证要负法律责任内容的;(四)询问笔录反映出在同一时间段内,同一询问人员询问不同证人的。

第15条 具有下列情形的证人,人民法院应当通知出庭作证;经依法通知不出庭作证证人的书面证言经质证无法确认的,不能作为定案的根据:

(一)人民检察院、被告人及其辩护人对证人证言有异议,该证人证言对定罪量刑有重大影响的;(二)人民法院认为其他应当出庭作证的。

证人在法庭上的证言与其庭前证言相互矛盾,如果证人当庭能够对其翻证作出合理解释,并有相关证据印证的,应当采信庭审证言。

对未出庭作证证人的书面证言,应当听取出庭检察人员、被告人及其辩护人的意见,并结合其他证据综合判断。未出庭作证证人的书面证言出现矛盾,不能排除矛盾且无证据印证的,不能作为定案的根据。

第16条 证人作证,涉及国家秘密或者个人隐私的,应当保守秘密。

证人出庭作证,必要时,人民法院可以采取限制公开证人信息、限制询问、遮蔽容貌、改变声音等保护性措施。

3. 被害人陈述

第17条 对被害人陈述的审查与认定适用前述关于证人证言的有关规定。

4. 被告人供述和辩解

第18条 对被告人供述和辩解应当着重审查以下内容:

(一)讯问的时间、地点、讯问人的身份等是否符合法律及有关规定,讯问被告人的侦查人员是否不少于2人,讯问被告人是否个别进行等。(二)讯问笔录的制作、修改是否符合法律及有关规定,讯问笔录是否注明讯问的起止时间和讯问地点,首次讯问时是否告知被告人申请回避、聘请律师等诉讼权利,被告人是否核对确认并签名(盖章)、捺指印,是否有不少于2人的讯问人签名等。(三)讯问聋哑人、少数民族人员、外国人时是否提供了通晓聋、哑手势的人员或者翻译人员,讯问未成年同案犯时,是否通知了其法定代理人到场,其法定代理人是否在场。(四)被告人的供述有无以刑讯逼供等非法手段获取的情形,必要时可以调取被告人进出看守所的健康检查记录、笔录。(五)被告人的供述是否前后一致,有无反复以及出现反复的原因;被告人的所有供述和辩解是否均已收集入卷;应当入卷的供述和辩解没有入卷的,是否出具了相关说明。(六)被告人的辩解内容是否符合案情和常理,有无矛盾。(七)被告人的供述和辩解与同案犯的供述和辩解以及其他证据能否相互印证,有无矛盾。

对于上述内容,侦查机关随案移送有录音录像资料的,应当结合相关录音录像资料进行审查。

第19条 采用刑讯逼供等非法手段取得的被告人供述,不能作为定案的根据。

第20条 具有下列情形之一的被告人供述,不能作为定案的根据:

(一)讯问笔录没有经被告人核对确认并签名(盖章)、捺指印的;(二)讯问聋哑人、不通晓当地通用语言、文字的人员时,应当提供通晓聋、哑手势的人员或者翻译人员而未提供的。

第21条 讯问笔录有下列瑕疵,通过有关办案人员的补正或者作出合理解释的,可以采用:

(一)笔录填写的讯问时间、讯问人、记录人、法定代理人等有误或者存在矛盾的;(二)讯问人没有签名的;(三)首次讯问笔录没有记录告知被讯问人诉讼权利内容的。

第22条 对被告人供述和辩解的审查,应当结合控辩双方提供的所有证据以及被告人本人的全部供述和辩解进行。

被告人庭前供述一致,庭审中翻供,但被告人不能合理说明翻供理由或者其辩解与全案证据相矛盾,而庭前供述与其他证据能够相互印证的,可以采信被告人庭前供述。

被告人庭前供述和辩解出现反复,但庭审中供认的,且庭审中的供述与其他证据能够印证的,可以采信庭审中的供述;被告人庭前供述和辩解出现反复,庭审中不供认,且无其他证据与庭前供述印证的,不能采信庭前供述。

5. 鉴定意见

第23条 对鉴定意见应当着重审查以下内容:

(一)鉴定人是否存在应当回避而未回避的情形。(二)鉴定机构和鉴定人是否具有合法的资质。(三)鉴定程序是否符合法律及有关规定。(四)检材的来源、取得、保管、送检是否符合法律及有关规定,与相关提取笔录、扣押物品清单等记载的内容是否相符,检材是否充足、可靠。(五)鉴定的程序、方法、分析过程是否符合本专业的检验鉴定规程和技术方法要求。(六)鉴定意见的形式要件是否完备,是否注明提起鉴定的事由、鉴定委托人、鉴定机构、鉴定要求、鉴定过程、检验方法、鉴定文书的日期等相关内容,是否由鉴定机构加盖鉴定专用章并由鉴定人签名盖章。(七)鉴定意见是否明确。(八)鉴定意见与案件待证事实有无关联。(九)鉴定意见与其他证据之间是否有矛盾,鉴定意见与检验笔录及相关照片是否有矛盾。(十)鉴定意见是否依法及时告知相关人员,当事人对鉴定意见是否有异议。

第24条 鉴定意见具有下列情形之一的,不能作为定案的根据:

(一)鉴定机构不具备法定的资格和条件,或者鉴定事项超出本鉴定机构项目范围或者鉴定能力的;(二)鉴定人不具备法定的资格和条件、鉴定人不具有相关专业技术或者职称、鉴定人违反回避规定的;(三)鉴定程序、方法有错误的;(四)鉴定意见与证明对象没有关联的;(五)鉴定对象与送检材料、样本不一致的;(六)送检材料、样本来源不明或者确实被污染且不具备鉴定条件的;(七)违反有关鉴定特定标准的;(八)鉴定文书缺少签名、盖章的;(九)其他违反有关规定的情形。

对鉴定意见有疑问的,人民法院应当依法通知鉴定人出庭作证或者由其出具相关说明,也可以依法补充鉴定或者重新鉴定。

6. 勘验、检查笔录

第25条 对勘验、检查笔录应当着重审查以下内容:

(一)勘验、检查是否依法进行,笔录的制作是否符合法律及有关规定的要求,勘验、检查人员和见证人是否签名或者盖章等。(二)勘验、检查笔录的内容是否全面、详细、准确、规范:是否准确记录了提起勘验、检查的事由,勘验、检查的时间、地点,在场人员、现场方位、周围环境等情况;是否准确记载了现场、物品、人身、尸体等的位置、特征等详细情况以及勘验、检查、搜查的过程;文字记载与实物或者绘图、录像、照片是否相符;固定证据的形式、方法是否科学、规范;现场、物品、痕迹等是否被破坏或者伪造,是否是原始现场;人身特征、伤害情况、生理状况有无伪装或者变化等。(三)补充进行勘验、检查的,前后勘验、检查的情况是否有矛盾,是否说明了再次勘验、检查的原由。(四)勘验、检查笔录中记载的情况与被告人供述、被害人陈述、鉴定意见等其他证据能否印证,有无矛盾。

第26条 勘验、检查笔录存在明显不符合法律及有关规定的情形,并且不能作出合理解释或者说明的,不能作为证据使用。

勘验、检查笔录存在勘验、检查没有见证人的,勘验、检查人员和见证人没有签名、盖章的,勘验、检查人员违反回避规定的等情形,应当结合案件其他证据,审查其真实性和关联性。

7. 视听资料

第27条 对视听资料应当着重审查以下内容:

(一)视听资料的来源是否合法,制作过程中当事人有无受到威胁、引诱等违反法律及有关规定的情形;(二)是否载明制作人或者持有人的身份,制作的时间、地点和条件以及制作方法;(三)是否为原件,有无复制及复制份数;调取的视听资料是复制件的,是否附有无法调取原件的原因、制作过程和原件存放地点的说明,是否有制作人和原视听资料持有人签名或者盖章;(四)内容和制作过程是否真实,有无经过剪辑、增加、删改、编辑等伪造、变造情形;

(五)内容与案件事实有无关联性。

对视听资料有疑问的,应当进行鉴定。

对视听资料,应当结合案件其他证据,审查其真实性和关联性。

第28条 具有下列情形之一的视听资料,不能作为定案的根据:

(一)视听资料经审查或者鉴定无法确定真伪的;(二)对视听资料的制作和取得的时间、地点、方式等有异议,不能作出合理解释或者提供必要证明的。

8. 其他规定

第29条 对于电子邮件、电子数据交换、网上聊天记录、网络博客、手机短信、电子签名、域名等电子证据,应当主要审查以下内容:

(一)该电子证据存储磁盘、存储光盘等可移动存储介质是否与打印件一并提交;(二)是否载明该电子证据形成的时间、地点、对象、制作人、制作过程及设备情况等;(三)制作、储存、传递、获得、收集、出示等程序和环节是否合法,取证人、制作人、持有人、见证人等是否签名或者盖章;(四)内容是否真实,有无剪裁、拼凑、篡改、添加等伪造、变造情形;(五)该电子证据与案件事实有无关联性。对电子证据有疑问的,应当进行鉴定。

对电子证据,应当结合案件其他证据,审查其真实性和关联性。

第30条 侦查机关组织的辨认,存在下列情形之一的,应当严格审查,不能确定其真实性的,辨认结果不能作为定案的根据:

(一)辨认不是在侦查人员主持下进行的;(二)辨认前使辨认人见到辨认对象的;(三)辨认人的辨认活动没有个别进行的;(四)辨认对象没有混杂在具有类似特征的其他对象中,或者供辨认的对象数量不符合规定的;尸体、场所等特定辨认对象除外;(五)辨认中给辨认人明显暗示或者明显有指认嫌疑的。

有下列情形之一的,通过有关办案人员的补正或者作出合理解释的,辨认结果可以作为证据使用:

(一)主持辨认的侦查人员少于2人的;(二)没有向辨认人详细询问辨认对象的具体特征的;(三)对辨认经过和结果没有制作专门的规范的辨认笔录,或者辨认笔录没有侦查人员、辨认人、见证人的签名或者盖章的;(四)辨认记录过于简单,只有结果没有过程的;(五)案卷中只有辨认笔录,没有被辨认对象的照片、录像等资料,无法获悉辨认的真实情况的。

第31条 对侦查机关出具的破案经过等材料,应当审查是否有出具该说明材料的办案人、办案机关的签字或者盖章。

对破案经过有疑问,或者对确定被告人有重大嫌疑的根据有疑问的,应当要求侦查机关补充说明。

三、证据的综合审查和运用

第32条 对证据的证明力,应当结合案件的具体情况,从各证据与待证事实的关联程度、各证据之间的联系等方面进行审查判断。

证据之间具有内在的联系,共同指向同一待证事实,且能合理排除矛盾的,才能作为定案的根据。

第33条 没有直接证据证明犯罪行为系被告人实施,但同时符合下列条件的可以认定被告人有罪:

(一)据以定案的间接证据已经查证属实;(二)据以定案的间接证据之间相互印证,不存在无法排除的矛盾和无法解释的疑问;(三)据以定案的间接证据已经形成完整的证明体系;(四)依据间接证据认定的案件事实,结论是唯一的,足以排除一切合理怀疑;(五)运用间接证据进行的推理符合逻辑和经验判断。

根据间接证据定案的，判处死刑应当特别慎重。

第34条 根据被告人的供述、指认提取到了隐蔽性很强的物证、书证，且与其他证明犯罪事实发生的证据互相印证，并排除串供、逼供、诱供等可能性的，可以认定有罪。

第35条 侦查机关依照有关规定采用特殊侦查措施所收集的物证、书证及其他证据材料，经法庭查证属实，可以作为定案的根据。

法庭依法不公开特殊侦查措施的过程及方法。

第36条 在对被告人作出有罪认定后，人民法院认定被告人的量刑事实，除审查法定情节外，还应审查以下影响量刑的情节：

（一）案件起因；（二）被害人有无过错及过错程度，是否对矛盾激化负有责任及责任大小；（三）被告人的近亲属是否协助抓获被告人；（四）被告人平时表现及有无悔罪态度；（五）被害人附带民事诉讼赔偿情况，被告人是否取得被害人或者被害人近亲属谅解；（六）其他影响量刑的情节。

既有从轻、减轻处罚等情节，又有从重处罚等情节的，应当依法综合相关情节予以考虑。

不能排除被告人具有从轻、减轻处罚等量刑情节的，判处死刑应当特别慎重。

第37条 对于有下列情形的证据应当慎重使用，有其他证据印证的，可以采信：

（一）生理上、精神上有缺陷的被害人、证人和被告人，在对案件事实的认知和表达上存在一定困难，但尚未丧失正确认知、正确表达能力而作的陈述、证言和供述；（二）与被告人有亲属关系或者其他密切关系的证人所作的对该被告人有利的证言，或者与被告人有利害冲突的证人所作的对该被告人不利的证言。

第38条 法庭对证据有疑问的，可以告知出庭检察人员、被告人及其辩护人补充证据或者作出说明；确有核实必要的，可以宣布休庭，对证据进行调查核实。法庭进行庭外调查时，必要时，可以通知出庭检察人员、辩护人到场。出庭检察人员、辩护人一方或者双方不到场的，法庭记录在案。

人民检察院、辩护人补充的和法庭庭外调查核实取得的证据，法庭可以庭外征求出庭检察人员、辩护人的意见。双方意见不一致，有一方要求人民法院开庭进行调查的，人民法院应当开庭。

第39条 被告人及其辩护人提出有自首的事实及理由，有关机关未予认定的，应当要求有关机关提供证明材料或者要求相关人员作证，并结合其他证据判断自首是否成立。

被告人是否协助或者如何协助抓获同案犯的证明材料不全，导致无法认定被告人构成立功的，应当要求有关机关提供证明材料或者要求相关人员作证，并结合其他证据判断立功是否成立。

被告人有检举揭发他人犯罪情形的，应当审查是否已经查证属实；尚未查证的，应当及时查证。

被告人累犯的证明材料不全，应当要求有关机关提供证明材料。

第40条 审查被告人实施犯罪时是否已满18周岁，一般应当以户籍证明为依据；对户籍证明有异议，并有经查证属实的出生证明文件、无利害关系人的证言等证据证明被告人不满18周岁的，应认定被告人不满18周岁；没有户籍证明以及出生证明文件的，应当根据人口普查登记、无利害关系人的证言等证据综合进行判断，必要时，可以进行骨龄鉴定，并将结果作为判断被告人年龄的参考。

未排除证据之间的矛盾，无充分证据证明被告人实施被指控的犯罪时已满18周岁且确实无法查明的，不能认定其已满18周岁。

第41条 本规定自2010年7月1日起施行。

13. 最高人民法院、最高人民检察院、公安部、国家安全部、司法部《关于办理刑事案件排除非法证据若干问题的规定》(法发〔2010〕20号)

为规范司法行为,促进司法公正,根据刑事诉讼法和相关司法解释,结合人民法院、人民检察院、公安机关、国家安全机关和司法行政机关办理刑事案件工作实际,制定本规定。

第1条 采用刑讯逼供等非法手段取得的犯罪嫌疑人、被告人供述和采用暴力、威胁等非法手段取得的证人证言、被害人陈述,属于非法言词证据。

第2条 经依法确认的非法言词证据,应当予以排除,不能作为定案的根据。

第3条 人民检察院在审查批准逮捕、审查起诉中,对于非法言词证据应当依法予以排除,不能作为批准逮捕、提起公诉的根据。

第4条 起诉书副本送达后开庭审判前,被告人提出其审判前供述是非法取得的,应当向人民法院提交书面意见。被告人书写确有困难的,可以口头告诉,由人民法院工作人员或者其辩护人作出笔录,并由被告人签名或者捺指印。

人民法院应当将被告人的书面意见或者告诉笔录复印件在开庭前交人民检察院。

第5条 被告人及其辩护人在开庭审理前或者庭审中,提出被告人审判前供述是非法取得的,法庭在公诉人宣读起诉书之后,应当先行当庭调查。

法庭辩论结束前,被告人及其辩护人提出被告人审判前供述是非法取得的,法庭也应当进行调查。

第6条 被告人及其辩护人提出被告人审判前供述是非法取得的,法庭应当要求其提供涉嫌非法取证的人员、时间、地点、方式、内容等相关线索或者证据。

第7条 经审查,法庭对被告人审判前供述取得的合法性有疑问的,公诉人应当向法庭提供讯问笔录、原始的讯问过程录音录像或者其他证据,提请法庭通知讯问时其他在场人员或者其他证人出庭作证,仍不能排除刑讯逼供嫌疑的,提请法庭通知讯问人员出庭作证,对该供述取得的合法性予以证明。公诉人当庭不能举证的,可以根据刑事诉讼法第165条的规定,建议法庭延期审理。

经依法通知,讯问人员或者其他人员应当出庭作证。

公诉人提交加盖公章的说明材料,未经有关讯问人员签名或者盖章的,不能作为证明取证合法性的证据。

控辩双方可以就被告人审判前供述取得的合法性问题进行质证、辩论。

第8条 法庭对于控辩双方提供的证据有疑问的,可以宣布休庭,对证据进行调查核实。必要时,可以通知检察人员、辩护人到场。

第9条 庭审中,公诉人为提供新的证据需要补充侦查,建议延期审理的,法庭应当同意。

被告人及其辩护人申请通知讯问人员、讯问时其他在场人员或者其他证人到庭,法庭认为有必要的,可以宣布延期审理。

第10条 经法庭审查,具有下列情形之一的,被告人审判前供述可以当庭宣读、质证:(一)被告人及其辩护人未提供非法取证的相关线索或者证据的;(二)被告人及其辩护人已提供非法取证的相关线索或者证据,法庭对被告人审判前供述取得的合法性没有疑问的;(三)公诉人提供的证据确实、充分,能够排除被告人审判前供述属非法取得的。

对于当庭宣读的被告人审判前供述,应当结合被告人当庭供述以及其他证据确定能否作为定案的根据。

第11条 对被告人审判前供述的合法性,公诉人不提供证据加以证明,或者已提供的证据不够确实、充分的,该供述不能作为定案的根据。

第12条 对于被告人及其辩护人提出的被告人审判前供述是非法取得的意见，第一审人民法院没有审查，并以被告人审判前供述作为定案根据的，第二审人民法院应当对被告人审判前供述取得的合法性进行审查。检察人员不提供证据加以证明，或者已提供的证据不够确实、充分的，被告人该供述不能作为定案的根据。

第13条 庭审中，检察人员、被告人及其辩护人提出未到庭证人的书面证言、未到庭被害人的书面陈述是非法取得的，举证方应当对其取证的合法性予以证明。

对前款所述证据，法庭应当参照本规定有关规定进行调查。

第14条 物证、书证的取得明显违反法律规定，可能影响公正审判的，应当予以补正或者作出合理解释，否则，该物证、书证不能作为定案的根据。

第15条 本规定自2010年7月1日起施行。

14. 最高人民检察院《第1批指导性案例忻某龙绑架案》(检例第2号;2010年12月31日)

【要旨】

对于死刑案件的抗诉，要正确把握适用死刑的条件，严格证明标准，依法履行刑事审判法律监督职责。

【诉讼过程】

被告人忻某龙绑架一案，由浙江省慈溪市公安局立案侦查，于2005年11月21日移送慈溪市人民检察院审查起诉。慈溪市人民检察院于同年11月22日告知了忻某龙有权委托辩护人等诉讼权利，也告知了被害人的近亲属有权委托诉讼代理人等诉讼权利。按照案件管辖的规定，同年11月28日，慈溪市人民检察院将案件报送宁波市人民检察院审查起诉。宁波市人民检察院依法讯问了被告人忻某龙，审查了全部案件材料。2006年1月4日，宁波市人民检察院以忻某龙涉嫌绑架罪向宁波市中级人民法院提起公诉。

2006年1月17日，浙江省宁波市中级人民法院依法组成合议庭，公开审理了此案。法庭审理认为：被告人忻某龙以勒索财物为目的，绑架并杀害他人，其行为已构成绑架罪。手段残忍、后果严重，依法应予严惩。检察机关指控的罪名成立。

2006年2月7日，宁波市中级人民法院作出一审判决：一、被告人忻某龙犯绑架罪，判处死刑，剥夺政治权利终身，并处没收个人全部财产。二、被告人忻某龙赔偿附带民事诉讼原告人杨某风、张某彬应得的被害人死亡赔偿金317640元、丧葬费11380元，合计人民币329020元。三、供被告人忻某龙犯罪使用的浙B3C751通宝牌面包车一辆及波导1220型手机一部，予以没收。

忻某龙对一审刑事部分的判决不服，向浙江省高级人民法院提出上诉。

2006年10月12日，浙江省高级人民法院依法组成合议庭，公开审理了此案。法庭审理认为：被告人忻某龙以勒索财物为目的，绑架并杀害他人，其行为已构成绑架罪。犯罪情节特别严重，社会危害极大，依法应予严惩。但鉴于本案的具体情况，对忻某龙判处死刑，可不予立即执行。2007年4月28日，浙江省高级人民法院作出二审判决：一、撤销浙江省宁波市中级人民法院(2006)甬刑初字第16号刑事附带民事判决中对忻某龙的量刑部分，维持判决的其余部分；二、被告人忻某龙犯绑架罪，判处死刑，缓期二年执行，剥夺政治权利终身。

被害人杨某风的父亲不服，于2007年6月25日向浙江省人民检察院申诉，请求提出抗诉。

浙江省人民检察院经审查认为，浙江省高级人民法院二审判决改判忻某龙死刑缓期二年执行确有错误，于2007年8月10日提请最高人民检察院按照审判监督程序提出抗诉。最高人民检察院派员到浙江专门核查了案件相关情况。最高人民检察院检察委员会两次审议了该案,认为被告人忻某龙绑架犯罪事实清楚,证据确实、充分,依法应当判处死刑立即执行,浙江省高级人民法院以“鉴于本案具体情况”为由改判忻某龙死刑缓期2年执行确有错误,应予纠正。理由如下:

一、忻某龙绑架犯罪事实清楚,证据确实、充分。本案定案的物证、书证、证人证言、被告人供述、鉴定结论、现场勘查笔录等证据能够形成完整的证据体系。公安机关根据忻某龙的供述找到被害人杨某风尸骨,忻某龙供述的诸多隐蔽细节,如埋尸地点、尸体在土中的姿势、尸体未穿鞋袜、埋尸坑中没有书包、打错勒索电话的原因、打勒索电话的通话次数、通话内容、接电话人的口音等,得到了其他证据的印证。

二、浙江省高级人民法院二审判决确有错误。二审改判是认为本案证据存在两个疑点。一是卖给忻某龙波导1220型手机的证人傅某红在证言中讲该手机的串号与公安人员扣押在案手机的串号不一致,手机的同一性存有疑问;二是证人宋某娟和艾某提尼牙孜证实,在案发当天看见一中年妇女将一个与被害人特征相近的小女孩带走,不能排除有他人作案的可能。经审查,这两个疑点均能够排除。一是关于手机同一性问题。经审查,公安人员在询问傅某红时,将波导1220型手机原机主洪某军的身份证号码误记为手机的串号。宁波市人民检察院移送给宁波市中级人民法院的《随案移送物品文件清单》中写明波导1220型手机的串号是350974114389275,且洪某军将手机卖给傅某红的《旧货交易凭证》等证据,清楚地证明了从忻某龙身上扣押的手机即是索要赎金时使用的手机,且手机就在宁波市中级人民法院,手机同一性的疑点能够排除。二是关于是否存在中年妇女作案问题。案卷原有证据能够证实宋某娟、艾某提尼牙孜证言证明的“中年妇女带走小女孩”与本案无关。宋某娟、艾某提尼牙孜证言证明的中年妇女带走小女孩的地点在绑架现场东侧200米左右,与忻某龙绑架杨某风并非同一地点。艾某提尼牙孜证言证明的是迪欧咖啡厅南边的电脑培训学校门口,不是忻某龙实施绑架的地点;宋某娟证言证明的中年妇女带走小女孩的地点是迪欧咖啡厅南边的十字路口,而不是老年大学北围墙外的绑架现场,因为宋某娟所在位置被建筑物阻挡,看不到老年大学北围墙外的绑架现场,此疑问也已经排除。此外,二人提到的小女孩的外貌特征等细节也与杨某风不符。

三、忻某龙所犯罪行极其严重,对其应当判处死刑立即执行。一是忻某龙精心预谋犯罪、主观恶性极深。忻某龙为实施绑架犯罪进行了精心预谋,多次到慈溪市“踩点”,并选择了相对僻静无人的地方作为行车路线。忻某龙以“陈老师找你”为由将杨某风骗上车实施绑架,与慈溪市老年大学剑桥英语培训班负责人陈老师的姓氏相符。忻某龙居住在宁波市的鄞州区,选择在宁波市的慈溪市实施绑架,选择在宁波市的北仑区杀害被害人,之后又精心实施勒索赎金行为,赴安徽省广德县购买波导1220型手机,使用异地购买的手机卡,赴安徽省宣城市、芜湖市打勒索电话并要求被害人父亲到浙江省长兴县交付赎金。二是忻某龙犯罪后果极其严重、社会危害性极大。忻某龙实施绑架犯罪后,为使自己的罪行不被发现,在得到被害人家庭信息后,当天就将年仅9岁的杨某风杀害,并烧掉了杨某风的书包,扔掉了杨某风挣扎时脱落的鞋子,实施了毁灭罪证的行为。忻某龙归案后认罪态度差。开始不供述犯罪,并隐瞒作案所用手机的来源,后来虽供述犯罪,但编造他人参与共同作案。忻某龙的犯罪行为不仅剥夺了被害人的生命、给被害人家属造成了无法弥补的巨大痛苦,也严重影响了当地群众的安全感。三是二审改判忻某龙死刑缓期二年执行不被被害人家属和当地群众接受。被害人家属强烈要求判处忻某龙死刑立即执行,当地群众对二审改判忻某龙死刑缓期二年执行亦难以接受,要求司法机关严惩忻某龙。

2008年10月22日,最高人民检察院依照《中华人民共和国刑事诉讼法》第205条第3款之规定,向最高人民法院提出抗诉。2009年3月18日,最高人民法院指令浙江省高级人民法院另行组成合议庭,对忻某龙案件进行再审。

2009年5月14日,浙江省高级人民法院另行组成合议庭公开开庭审理本案。法庭审理认为:被告人忻某龙以勒索财物为目的,绑架并杀害他人,其行为已构成绑架罪,且犯罪手段残忍、情节恶劣,社会危害极大,无任何悔罪表现,依法应予严惩。检察机关要求纠正二审判决的意见能够成立。忻某龙及其辩护人要求维持二审判决的意见,理由不足,不予采纳。

2009年6月26日,浙江省高级人民法院依照《中华人民共和国刑事诉讼法》第205条第2款、第206条、第189条第2项,《中华人民共和国刑法》第239条第1款、第57条第1款、第64条之规定,作出判决:一、撤销浙江省高级人民法院〔2006〕浙刑一终字第146号刑事判决中对原审被告人忻某龙的量刑部分,维持该判决的其余部分和宁波市中级人民法院〔2006〕甬刑初字第16号刑事附带民事判决;二、原审被告人忻某龙犯绑架罪,判处死刑,剥夺政治权利终身,并处没收个人全部财产,并依法报请最高人民法院核准。

最高人民法院复核认为:被告人忻某龙以勒索财物为目的,绑架并杀害他人的行为已构成绑架罪。其犯罪手段残忍,情节恶劣,后果严重,无法定从轻处罚情节。浙江省高级人民法院再审判决认定的事实清楚,证据确实、充分,定罪准确,量刑适当,审判程序合法。

2009年11月13日,最高人民法院依照《中华人民共和国刑事诉讼法》第199条和《最高人民法院关于复核死刑案件若干问题的规定》第2条第1款之规定,作出裁定:核准浙江省高级人民法院〔2009〕浙刑再字第3号以原审被告人忻某龙犯绑架罪,判处死刑,剥夺政治权利终身,并处没收个人全部财产的刑事判决。

2009年12月11日,被告人忻某龙被依法执行死刑。(收录部分内容)

15. 最高人民检察院《第5批指导性案例郭某先参加黑社会性质组织、故意杀人、故意伤害案》(检例第18号;2014年9月10日)

【诉讼过程】

2009年7月28日,郭某先因涉嫌故意伤害罪被四川省绵阳市安县公安局刑事拘留,同年8月18日被逮捕,经查犯罪嫌疑人郭某先还涉嫌王某华等人黑社会性质组织系列犯罪案件。四川省绵阳市安县公安局侦查终结后,移送四川省绵阳市安县人民检察院审查起诉。该院受理后,于2010年1月3日报送四川省绵阳市人民检察院审查起诉。2010年7月19日,四川省绵阳市人民检察院对王某华等人参与的黑社会性质组织系列犯罪案件向绵阳市中级人民法院提起公诉,其中指控该案被告人郭某先犯参加黑社会性质组织罪、故意伤害罪和故意杀人罪。

2010年12月17日,绵阳市中级人民法院一审认为,被告人郭某先1997年因犯盗窃罪被判处有期徒刑,2001年12月26日刑满释放后,又于2003年故意伤害他人,2008年故意杀人、参加黑社会性质组织,均应判处有期徒刑以上刑罚,系累犯,应当从重处罚。依法判决:被告人郭某先犯参加黑社会性质组织罪,处有期徒刑两年;犯故意杀人罪,处死刑,缓期2年执行,剥夺政治权利终身;犯故意伤害罪,处有期徒刑五年;数罪并罚,决定执行死刑,缓期2年执行,剥夺政治权利终身。

2010年12月30日,四川省绵阳市人民检察院认为一审判决对被告人郭某先量刑畸轻,依法向四川省高级人民法院提出抗诉。2012年4月16日,四川省高级人民法院二审判决采纳抗诉意见,改判郭某先死刑立即执行。2012年10月26日,最高人民法院裁定核准四川省高级人民法院对被告人郭某先的死刑判决。2012年11月22日,被告人郭某先被执行死刑。

【抗诉理由】

一审宣判后,四川省绵阳市人民检察院经审查认为原审判决对被告人郭某先量刑畸轻,依法向四川省高级人民法院提出抗诉;四川省人民检察院支持抗诉。抗诉和支持抗诉理由是:一审判处被告人郭某先死刑,缓期2年执行,量刑畸轻。郭某先1997年因犯盗窃罪被判有期徒刑5年6个月,2001年12月刑满释放后,不思悔改,继续犯罪。于2003年5月7日,伙同他人打砸三台县"经典歌城",并持刀行凶致1人重伤,1人轻伤,其行为构成故意伤害罪。负案潜逃期间,于2008年1月1日在三台县里程乡岩崖坪持刀行凶,致1人死亡,1人重伤,1人轻伤,其行为构成故意杀人罪和故意伤害罪。此后,又积极参加黑社会性质组织,充当他人打手,并于2009年5月17日受该组织安排,蒙面持刀行凶,致两人轻伤,其行为构成参加黑社会性质组织罪和故意伤害罪。根据本案事实和证据,被告人郭某先的罪行极其严重、犯罪手段残忍、犯罪后果严重,主观恶性极大,根据罪责刑相适应原则,应当依法判处其死刑立即执行。

【终审结果】

四川省高级人民法院二审认为,本案事实清楚,证据确实、充分,原审被告人郭某先犯参加黑社会性质组织罪、故意杀人罪、故意伤害罪,系累犯,主观恶性极深,依法应当从重处罚。检察机关认为"原判对郭某先量刑畸轻"的抗诉理由成立。据此,依法撤销一审判决关于原审被告人郭某先量刑部分,改判郭某先犯参加黑社会性质组织罪,处有期徒刑两年;犯故意杀人罪,处死刑;犯故意伤害罪,处有期徒刑5年;数罪并罚,决定执行死刑,并剥夺政治权利终身。经报最高人民法院核准,已被执行死刑。

【要旨】

死刑依法只适用于罪行极其严重的犯罪分子。对故意杀人、故意伤害、绑架、爆炸等涉黑、涉恐、涉暴刑事案件中罪行极其严重,严重危害国家安全和公共安全、严重危害公民生命权,或者严重危害社会秩序的被告人,依法应当判处死刑,人民法院未判处死刑的,人民检察院应当依法提出抗诉。(收录部分内容)

16. 最高人民法院、最高人民检察院、公安部、国家安全部、司法部《关于办理刑事案件严格排除非法证据若干问题的规定》(法发〔2017〕15号)

为准确惩罚犯罪,切实保障人权,规范司法行为,促进司法公正,根据《中华人民共和国刑事诉讼法》及有关司法解释等规定,结合司法实际,制定如下规定。

一、一般规定

第1条 严禁刑讯逼供和以威胁、引诱、欺骗以及其他非法方法收集证据,不得强迫任何人证实自己有罪。对一切案件的判处都要重证据,重调查研究,不轻信口供。

第2条 采取殴打、违法使用戒具等暴力方法或者变相肉刑的恶劣手段,使犯罪嫌疑人、被告人遭受难以忍受的痛苦而违背意愿作出的供述,应当予以排除。

第3条 采用以暴力或者严重损害本人及其近亲属合法权益等进行威胁的方法,使犯罪嫌疑人、被告人遭受难以忍受的痛苦而违背意愿作出的供述,应当予以排除。

第4条 采用非法拘禁等非法限制人身自由的方法收集的犯罪嫌疑人、被告人供述,应当予以排除。

第5条 采用刑讯逼供方法使犯罪嫌疑人、被告人作出供述,之后犯罪嫌疑人、被告人受该刑讯逼供行为影响而作出的与该供述相同的重复性供述,应当一并排除,但下列情形除外:

(一)侦查期间,根据控告、举报或者自己发现等,侦查机关确认或者不能排除以非法方法收集证据而更换侦查人员,其他侦查人员再次讯问时告知诉讼权利和认罪的法律后果,犯罪嫌疑人自愿供述的;(二)审查逮捕、审查起诉和审判期间,检察人员、审判人员讯问时告知诉讼权利和认罪的法律后果,犯罪嫌疑人、被告人自愿供述的。

第6条 采用暴力、威胁以及非法限制人身自由等非法方法收集的证人证言、被害人陈述,应当予以排除。

第7条 收集物证、书证不符合法定程序,可能严重影响司法公正的,应当予以补正或者作出合理解释;不能补正或者作出合理解释的,对有关证据应当予以排除。

二、侦查

第8条 侦查机关应当依照法定程序开展侦查,收集、调取能够证实犯罪嫌疑人有罪或者无罪、罪轻或者罪重的证据材料。

第9条 拘留、逮捕犯罪嫌疑人后,应当按照法律规定送看守所羁押。犯罪嫌疑人被送交看守所羁押后,讯问应当在看守所讯问室进行。因客观原因侦查机关在看守所讯问室以外的场所进行讯问的,应当作出合理解释。

第10条 侦查人员在讯问犯罪嫌疑人的时候,可以对讯问过程进行录音录像;对于可能判处无期徒刑、死刑的案件或者其他重大犯罪案件,应当对讯问过程进行录音录像。

侦查人员应当告知犯罪嫌疑人对讯问过程录音录像,并在讯问笔录中写明。

第11条 对讯问过程录音录像,应当不间断进行,保持完整性,不得选择性地录制,不得剪接、删改。

第12条 侦查人员讯问犯罪嫌疑人,应当依法制作讯问笔录。讯问笔录应当交犯罪嫌疑人核对,对于没有阅读能力的,应当向他宣读。对讯问笔录中有遗漏或者差错等情形,犯罪嫌疑人可以提出补充或者改正。

第13条 看守所应当对提讯进行登记,写明提讯单位、人员、事由、起止时间以及犯罪嫌疑人姓名等情况。

看守所收押犯罪嫌疑人,应当进行身体检查。检查时,人民检察院驻看守所检察人员可以在场。检查发现犯罪嫌疑人有伤或者身体异常的,看守所应当拍照或者录像,分别由送押人员、犯罪嫌疑人说明原因,并在体检记录中写明,由送押人员、收押人员和犯罪嫌疑人签字确认。

第14条 犯罪嫌疑人及其辩护人在侦查期间可以向人民检察院申请排除非法证据。对犯罪嫌疑人及其辩护人提供相关线索或者材料的,人民检察院应当调查核实。调查结论应当书面告知犯罪嫌疑人及其辩护人。对确有以非法方法收集证据情形的,人民检察院应当向侦查机关提出纠正意见。

侦查机关对审查认定的非法证据,应当予以排除,不得作为提请批准逮捕、移送审查起诉的根据。

对重大案件,人民检察院驻看守所检察人员应当在侦查终结前询问犯罪嫌疑人,核查是否存在刑讯逼供、非法取证情形,并同步录音录像。经核查,确有刑讯逼供、非法取证情形的,侦查机关应当及时排除非法证据,不得作为提请批准逮捕、移送审查起诉的根据。

第15条 对侦查终结的案件,侦查机关应当全面审查证明证据收集合法性的证据材料,依法排除非法证据。排除非法证据后,证据不足的,不得移送审查起诉。

侦查机关发现办案人员非法取证的,应当依法作出处理,并可另行指派侦查人员重新调查取证。

三、审查逮捕、审查起诉

第16条 审查逮捕、审查起诉期间讯问犯罪嫌疑人,应当告知其有权申请排除非法证据,并告知诉讼权利和认罪的法律后果。

第17条 审查逮捕、审查起诉期间,犯罪嫌疑人及其辩护人申请排除非法证据,并提供相关线索或者材料的,人民检察院应当调查核实。调查结论应当书面告知犯罪嫌疑人及其辩护人。

人民检察院在审查起诉期间发现侦查人员以刑讯逼供等非法方法收集证据的,应当依法排除相关证据并提出纠正意见,必要时人民检察院可以自行调查取证。

人民检察院对审查认定的非法证据,应当予以排除,不得作为批准或者决定逮捕、提起公诉的根据。被排除的非法证据应当随案移送,并写明为依法排除的非法证据。

第18条 人民检察院依法排除非法证据后,证据不足,不符合逮捕、起诉条件的,不得批准或者决定逮捕、提起公诉。

对于人民检察院排除有关证据导致对涉嫌的重要犯罪事实未予认定,从而作出不批准逮捕、不起诉决定,或者对涉嫌的部分重要犯罪事实决定不起诉的,公安机关、国家安全机关可要求复议、提请复核。

四、辩护

第19条 犯罪嫌疑人、被告人申请提供法律援助的,应当按照有关规定指派法律援助律师。

法律援助值班律师可以为犯罪嫌疑人、被告人提供法律帮助,对刑讯逼供、非法取证情形代理申诉、控告。

第20条 犯罪嫌疑人、被告人及其辩护人申请排除非法证据,应当提供涉嫌非法取证的人员、时间、地点、方式、内容等相关线索或者材料。

第21条 辩护律师自人民检察院对案件审查起诉之日起,可以查阅、摘抄、复制讯问笔录、提讯登记、采取强制措施或者侦查措施的法律文书等证据材料。其他辩护人经人民法院、人民检察院许可,也可以查阅、摘抄、复制上述证据材料。

第22条 犯罪嫌疑人、被告人及其辩护人向人民法院、人民检察院申请调取公安机关、国家安全机关、人民检察院收集但未提交的讯问录音录像、体检记录等证据材料,人民法院、人民检察院经审查认为犯罪嫌疑人、被告人及其辩护人申请调取的证据材料与证明证据收集的合法性有联系的,应当予以调取;认为与证明证据收集的合法性没有联系的,应当决定不予调取并向犯罪嫌疑人、被告人及其辩护人说明理由。

五、审判

第23条 人民法院向被告人及其辩护人送达起诉书副本时,应当告知其有权申请排除非法证据。

被告人及其辩护人申请排除非法证据,应当在开庭审理前提出,但在庭审期间发现相关线索或者材料等情形除外。人民法院应当在开庭审理前将申请书和相关线索或者材料的复制件送交人民检察院。

第24条 被告人及其辩护人在开庭审理前申请排除非法证据,未提供相关线索或者材料,不符合法律规定的申请条件的,人民法院对申请不予受理。

第25条 被告人及其辩护人在开庭审理前申请排除非法证据,按照法律规定提供相关线索或者材料的,人民法院应当召开庭前会议。人民检察院应当通过出示有关证据材料等方式,有针对性地对证据收集的合法性作出说明。人民法院可以核实情况,听取意见。

人民检察院可以决定撤回有关证据,撤回的证据,没有新的理由,不得在庭审中出示。

被告人及其辩护人可以撤回排除非法证据的申请。撤回申请后,没有新的线索或者材料,不得再次对有关证据提出排除申请。

第26条 公诉人、被告人及其辩护人在庭前会议中对证据收集是否合法未达成一致意见,人民法院对证据收集的合法性有疑问的,应当在庭审中进行调查;人民法院对证据收集的合法性没有疑问,且没有新的线索或者材料表明可能存在非法取证的,可以决定不再进行调查。

第27条 被告人及其辩护人申请人民法院通知侦查人员或者其他人员出庭,人民法院认为现有证据材料不能证明证据收集的合法性,确有必要通知上述人员出庭作证或者说明情况的,可以通知上述人员出庭。

第28条 公诉人宣读起诉书后,法庭应当宣布开庭审理前对证据收集合法性的审查及处理情况。

第29条 被告人及其辩护人在开庭审理前未申请排除非法证据,在法庭审理过程中提出申请的,应当说明理由。

对前述情形,法庭经审查,对证据收集的合法性有疑问的,应当进行调查;没有疑问的,应当驳回申请。

法庭驳回排除非法证据申请后,被告人及其辩护人没有新的线索或者材料,以相同理由再次提出申请的,法庭不再审查。

第30条 庭审期间,法庭决定对证据收集的合法性进行调查的,应当先行当庭调查。但为防止庭审过分迟延,也可以在法庭调查结束前进行调查。

第31条 公诉人对证据收集的合法性加以证明,可以出示讯问笔录、提讯登记、体检记录、采取强制措施或者侦查措施的法律文书、侦查终结前对讯问合法性的核查材料等证据材料,有针对性地播放讯问录音录像,提请法庭通知侦查人员或者其他人员出庭说明情况。

被告人及其辩护人可以出示相关线索或者材料,并申请法庭播放特定时段的讯问录音录像。

侦查人员或者其他人员出庭,应当向法庭说明证据收集过程,并就相关情况接受发问。对发问方式不当或者内容与证据收集的合法性无关的,法庭应当制止。

公诉人、被告人及其辩护人可以对证据收集的合法性进行质证、辩论。

第32条 法庭对控辩双方提供的证据有疑问的,可以宣布休庭,对证据进行调查核实。必要时,可以通知公诉人、辩护人到场。

第33条 法庭对证据收集的合法性进行调查后,应当当庭作出是否排除有关证据的决定。必要时,可以宣布休庭,由合议庭评议或者提交审判委员会讨论,再次开庭时宣布决定。

在法庭作出是否排除有关证据的决定前,不得对有关证据宣读、质证。

第34条 经法庭审理,确认存在本规定所规定的以非法方法收集证据情形的,对有关证据应当予以排除。法庭根据相关线索或者材料对证据收集的合法性有疑问,而人民检察院未提供证据或者提供的证据不能证明证据收集的合法性,不能排除存在本规定所规定的以非法方法收集证据情形的,对有关证据应当予以排除。

对依法予以排除的证据,不得宣读、质证,不得作为判决的根据。

第35条 人民法院排除非法证据后,案件事实清楚,证据确实、充分,依据法律认定被告人有罪的,应当作出有罪判决;证据不足,不能认定被告人有罪的,应当作出证据不足、指控的犯罪不能成立的无罪判决;案件部分事实清楚,证据确实、充分的,依法认定该部分事实。

第36条 人民法院对证据收集合法性的审查、调查结论,应当在裁判文书中写明,并说明理由。

第37条 人民法院对证人证言、被害人陈述等证据收集合法性的审查、调查,参照上述规定。

第38条 人民检察院、被告人及其法定代理人提出抗诉、上诉,对第一审人民法院有关证据收集合法性的审查、调查结论提出异议的,第二审人民法院应当审查。

被告人及其辩护人在第一审程序中未申请排除非法证据,在第二审程序中提出申请的,应当说明理由。第二审人民法院应当审查。

人民检察院在第一审程序中未出示证据证明证据收集的合法性,第一审人民法院依法排除有关证据的,人民检察院在第二审程序中不得出示之前未出示的证据,但在第一审程序后发现的除外。

第39条 第二审人民法院对证据收集合法性的调查,参照上述第一审程序的规定。

第40条 第一审人民法院对被告人及其辩护人排除非法证据的申请未予审查,并以有关证据作为定案根据,可能影响公正审判的,第二审人民法院可以裁定撤销原判,发回原审人民法院重新审判。

第一审人民法院对依法应当排除的非法证据未予排除的,第二审人民法院可以依法排除非法证据。排除非法证据后,原判决认定事实和适用法律正确、量刑适当的,应当裁定驳回上诉或者抗诉,维持原判;原判决认定事实没有错误,但适用法律有错误,或者量刑不当的,应当改判;原判决事实不清楚或者证据不足的,可以裁定撤销原判,发回原审人民法院重新审判。

第41条 审判监督程序、死刑复核程序中对证据收集合法性的审查、调查,参照上述规定。

第42条 本规定自2017年6月27日起施行。

17. 最高人民法院《关于死刑复核及执行程序中保障当事人合法权益的若干规定》(法释〔2019〕12号)

为规范死刑复核及执行程序,依法保障当事人合法权益,根据《中华人民共和国刑事诉讼法》和有关法律规定,结合司法实际,制定本规定。

第1条 高级人民法院在向被告人送达依法作出的死刑裁判文书时,应当告知其在最高人民法院复核死刑阶段有权委托辩护律师,并将告知情况记入宣判笔录;被告人提出由其近亲属代为委托辩护律师的,除因客观原因无法通知的以外,高级人民法院应当及时通知其近亲属,并将通知情况记录在案。

第2条 最高人民法院复核死刑案件,辩护律师应当自接受委托或者受指派之日起10日内向最高人民法院提交有关手续,并自接受委托或者指派之日起一个半月内提交辩护意见。

第3条 辩护律师提交相关手续、辩护意见及证据等材料的,可以经高级人民法院代收并随案移送,也可以寄送至最高人民法院。

第4条 最高人民法院复核裁定作出后,律师提交辩护意见及证据材料的,应当接收并出具接收清单;经审查,相关意见及证据材料可能影响死刑复核结果的,应当暂停交付执行或者停止执行,但不再办理接收委托辩护手续。

第5条 最高人民法院复核裁定下发后,受委托进行宣判的人民法院应当在宣判后五日内将裁判文书送达辩护律师。

对被害人死亡的案件,被害人近亲属申请获取裁判文书的,受委托进行宣判的人民法院应当提供。

第6条 第一审人民法院在执行死刑前,应当告知罪犯可以申请会见其近亲属。

罪犯申请会见并提供具体联系方式的,人民法院应当通知其近亲属。对经查找确实无法与罪犯近亲属取得联系的,或者其近亲属拒绝会见的,应当告知罪犯。罪犯提出通过录音录像等方式留下遗言的,人民法院可以准许。

通知会见的相关情况,应当记录在案。

第7条 罪犯近亲属申请会见的,人民法院应当准许,并在执行死刑前及时安排,但罪犯拒绝会见的除外。

罪犯拒绝会见的情况,应当记录在案并及时告知其近亲属,必要时应当进行录音录像。

第8条 罪犯提出会见近亲属以外的亲友,经人民法院审查,确有正当理由的,可以在确保会见安全的情况下予以准许。

第9条 罪犯申请会见未成年子女的,应当经未成年子女的监护人同意;会见可能影响未成年人身心健康的,人民法院可以采取视频通话等适当方式安排会见,且监护人应当在场。

第10条 会见由人民法院负责安排，一般在罪犯羁押场所进行。

第11条 会见罪犯的人员应当遵守羁押场所的规定。违反规定的，应当予以警告；不听警告的，人民法院可以终止会见。

实施威胁、侮辱司法工作人员，或者故意扰乱羁押场所秩序，妨碍执行公务等行为，情节严重的，依法追究法律责任。

第12条 会见情况应当记录在案，附卷存档。

第13条 本规定自2019年9月1日起施行。

最高人民法院以前发布的司法解释和规范性文件，与本规定不一致的，以本规定为准。

18. 最高人民法院、司法部《关于为死刑复核案件被告人依法提供法律援助的规定(试行)》(法〔2021〕348号)

为充分发挥辩护律师在死刑复核程序中的作用，切实保障死刑复核案件被告人的诉讼权利，根据《中华人民共和国刑事诉讼法》《中华人民共和国律师法》《中华人民共和国法律援助法》《最高人民法院关于适用〈中华人民共和国刑事诉讼法〉的解释》等法律及司法解释，制定本规定。

第1条 最高人民法院复核死刑案件，被告人申请法律援助的，应当通知司法部法律援助中心指派律师为其提供辩护。

法律援助通知书应当写明被告人姓名、案由、提供法律援助的理由和依据、案件审判庭和联系方式，并附二审或者高级人民法院复核审裁判文书。

第2条 高级人民法院在向被告人送达依法作出的死刑裁判文书时，应当书面告知其在最高人民法院复核死刑阶段可以委托辩护律师，也可以申请法律援助；被告人申请法律援助的，应当在10日内提出，法律援助申请书应当随案移送。

第3条 司法部法律援助中心在接到最高人民法院法律援助通知书后，应当采取适当方式指派律师为被告人提供辩护。

第4条 司法部法律援助中心在接到最高人民法院法律援助通知书后，应当在3日内指派具有3年以上刑事辩护执业经历的律师担任被告人的辩护律师，并函告最高人民法院。

司法部法律援助中心出具的法律援助公函应当写明接受指派的辩护律师的姓名、所属律师事务所及联系方式。

第5条 最高人民法院应当告知或者委托高级人民法院告知被告人为其指派的辩护律师的情况。被告人拒绝指派的律师为其辩护的，最高人民法院应当准许。

第6条 被告人在死刑复核期间自行委托辩护律师的，司法部法律援助中心应当作出终止法律援助的决定，并及时函告最高人民法院。

最高人民法院在复核死刑案件过程中发现有前款规定情形的，应当及时函告司法部法律援助中心。司法部法律援助中心应当作出终止法律援助的决定。

第7条 辩护律师应当在接受指派之日起10日内，通过传真或者寄送等方式，将法律援助手续提交最高人民法院。

第8条 辩护律师依法行使辩护权，最高人民法院应当提供便利

第9条 辩护律师在依法履行辩护职责中遇到困难和问题的，最高人民法院、司法部有关部门应当及时协调解决，切实保障辩护律师依法履行职责。

第10条 辩护律师应当在接受指派之日起一个半月内提交书面辩护意见或者当面反映辩护意见。辩护律师要求当面反映意见的，最高人民法院应当听取辩护律师的意见。

第11条 死刑复核案件裁判文书应当写明辩护律师姓名及所属律师事务所，并表述辩护律师的辩护意见。受委托宣判的人民法院应当在宣判后5日内将最高人民法院生效裁判

文书送达辩护律师。

第12条 司法部指导、监督全国死刑复核案件法律援助工作，司法部法律援助中心负责具体组织和实施。

第13条 本规定自2022年1月1日起施行。

第49条 【死刑适用对象的限制】犯罪的时候不满18周岁的人和审判的时候怀孕的妇女，不适用死刑。

审判的时候已满75周岁的人，不适用死刑，但以特别残忍手段致人死亡的除外。

（本条《中华人民共和国刑法修正案(8)》修改）

• 释义

根据本条对下列两种人绝对不能适用死刑：

一是犯罪时不满18周岁的未成年人。未成年人由于其生理和心理发育尚未成熟，社会阅历、社会经验也有限，规定对其不适用死刑（包括死刑缓期2年执行）。这样规定主要是出于对未成年人保护和刑事责任能力角度的考虑，而且也与我国已经批准加入的《儿童权利公约》中的有关规定相一致。不满18周岁，是决定是否适用死刑的年龄界限，在司法实践中应当一律按公历年、月、日计算实足年龄。必须是过了18岁生日的第2天起，才认为已满18周岁。二是对于在审判的时候怀孕的妇女，不适用死刑。这一规定，主要是出于人道主义考虑，未出生的胎儿是无辜的，不能因其母亲犯罪而剥夺其出生的权利。所谓"审判的时候怀孕的妇女"，是指在人民法院审判的时候被告人是怀孕的妇女，也包括审判前在羁押受审时已是怀孕的妇女。因此，对于犯罪的怀孕妇女，在她被羁押或者受审期间，无论其怀孕是否属于违反国家计划生育政策，也不论其是否自然流产或者经人工流产，以及流产后移送起诉或审判期间的长短，仍应视同审判时怀孕的妇女，不能适用死刑。

《刑法修正案(8)》增设一类相对不能适用死刑的对象，即审判时已满75周岁的人。但是如果杀人手段特别残忍，即使已满75周岁仍然可以适用死刑。"审判的时候"为已满75周岁的老年人应理解为"一审判决、二审判决或最高人民法院复核死刑案件裁决时均可"。

• 关联法律

1.《中华人民共和国刑法修正案(8)》(2011年2月25日第十一届全国人大常委会第十九次会议通过)

本条为《中华人民共和国刑法修正案(8)》第3条修改。

内容：三、在刑法第49条中增加1款作为第2款："审判的时候已满75周岁的人，不适用死刑，但以特别残忍手段致人死亡的除外。"

2. 参见本书《刑法》第48条该节内容。

第50条 【死缓变更】判处死刑缓期执行的，在死刑缓期执行期间，如果没有故意犯罪，2年期满以后，减为无期徒刑；如果确有重大立功表现，2年期满以后，减为25年有期徒刑；如果故意犯罪，情节恶劣的，报请最高人民法院核准后执行死刑；对于故意犯罪未执行死刑的，死刑缓期执行的期间重新计算，并报最高人民法院备案。

对被判处死刑缓期执行的累犯以及因故意杀人、强奸、抢劫、绑架、放火、爆炸、投放危险物质或者有组织的暴力性犯罪被判处死刑缓期执行的犯罪分子，人民法院根据犯罪情节等情况可以同时决定对其限制减刑。

(本条《中华人民共和国刑法修正案(8)》第 1 次修改;《中华人民共和国刑法修正案(9)》第 2 次修改)

• 释义

死刑缓期执行 2 年期满后根据不同情况,应分别进行减刑处理或者核准并执行死刑。如果在 2 年死刑缓期执行期间没有故意犯罪的,减为无期徒刑;如果确有重大立功表现,减为 25 年有期徒刑;如果在 2 年死刑缓期执行期间故意犯罪,并且情节恶劣的,报请最高人民法院核准后执行死刑;对于在 2 年死刑缓期执行期间故意犯罪但是情节不够恶劣、没有核准执行死刑的,死缓执行期限重新计算。

对于对累犯以及因故意杀人、强奸、抢劫、绑架、放火、爆炸、投放危险物质或者有组织的暴力性犯罪等 8 类重罪在宣告死缓变更时可以同时限制减刑。

• 关联法律

1. 最高人民法院研究室《关于死缓犯执行期起算问题的电话答复缓犯执行期起算问题的答复》(1991 年 3 月 14 日)

(法释〔2013〕2 号已声明该文件废止)

2. 最高人民法院研究室《关于判处死刑缓期 2 年执行的附带民事诉讼案件制作法律文书有关问题的答复》(法明传〔1993〕251 号)

(法释〔2019〕11 号已声明该文件废止)

3. 最高人民法院《关于报送按照审判监督程序改判死刑被告人在死缓考验期内故意犯罪应当执行死刑的复核案件的通知》(法〔2003〕177 号)

各省、自治区、直辖市高级人民法院,解放军军事法院:根据《中华人民共和团刑事诉讼法》第 206 条、第 200 条,《中华人民共和国刑法》第 50 条的规定,今后凡是按照审判监督程序改判被告人死刑,被告人在死缓考验期内故意犯罪应当执行死刑的死刑复核案件,一律报送最高人民法院核准。

4. 最高人民法院《关于死刑缓期执行的期间如何确定问题的批复》(法释〔2002〕34 号)

甘肃省高级人民法院:你院〔2000〕甘刑他字第 536 号《关于死缓生效日期如何确定的请示》收悉。经研究,答复如下:

根据刑法第 51 条的规定,死刑缓期执行的期间,从判决或者裁定核准死刑缓期 2 年执行的法律文书宣告或送达之日起计算。

5. 最高人民法院《关于死刑缓期执行限制减刑案件审理程序若干问题的规定》(法释〔2011〕8 号)

为正确适用《中华人民共和国刑法修正案(8)》关于死刑缓期执行限制减刑的规定,根据刑事诉讼法的有关规定,结合审判实践,现就相关案件审理程序的若干问题规定如下:

第 1 条 根据刑法第 50 条第 2 款的规定,对被判处死刑缓期执行的累犯以及因故意杀人、强奸、抢劫、绑架、放火、爆炸、投放危险物质或者有组织的暴力性犯罪被判处死刑缓期执行的犯罪分子,人民法院根据犯罪情节、人身危险性等情况,可以在作出裁判的同时决定对其限制减刑。

第 2 条 被告人对第一审人民法院作出的限制减刑判决不服的,可以提出上诉。被告人的辩护人和近亲属,经被告人同意,也可以提出上诉。

第 3 条 高级人民法院审理或者复核判处死刑缓期执行并限制减刑的案件,认为原判对被告人判处死刑缓期执行适当,但判决限制减刑不当的,应当改判,撤销限制减刑。

第4条 高级人民法院审理判处死刑缓期执行没有限制减刑的上诉案件,认为原判事实清楚、证据充分,但应当限制减刑的,不得直接改判,也不得发回重新审判。确有必要限制减刑的,应当在第二审判决、裁定生效后,按照审判监督程序重新审判。

高级人民法院复核判处死刑缓期执行没有限制减刑的案件,认为应当限制减刑的,不得以提高审级等方式对被告人限制减刑。

第5条 高级人民法院审理判处死刑的第二审案件,对被告人改判死刑缓期执行的,如果符合刑法第50条第2款的规定,可以同时决定对其限制减刑。

高级人民法院复核判处死刑后没有上诉、抗诉的案件,认为应当改判死刑缓期执行并限制减刑的,可以提审或者发回重新审判。

第6条 最高人民法院复核死刑案件,认为对被告人可以判处死刑缓期执行并限制减刑的,应当裁定不予核准,并撤销原判,发回重新审判。

一案中两名以上被告人被判处死刑,最高人民法院复核后,对其中部分被告人改判死刑缓期执行的,如果符合刑法第50条第2款的规定,可以同时决定对其限制减刑。

第7条 人民法院对被判处死刑缓期执行的被告人所作的限制减刑决定,应当在判决书主文部分单独作为1项予以宣告。

第8条 死刑缓期执行限制减刑案件审理程序的其他事项,依照刑事诉讼法和有关司法解释的规定执行。

6.《中华人民共和国刑法修正案(8)》(2011年2月25日第十一届全国人大常委会第十九次会议通过)

本条为《中华人民共和国刑法修正案(8)》第4条修改。

内容:四、将刑法第50条修改为:"判处死刑缓期执行的,在死刑缓期执行期间,如果没有故意犯罪,2年期满以后,减为无期徒刑;如果确有重大立功表现,2年期满以后,减为25年有期徒刑;如果故意犯罪,查证属实的,由最高人民法院核准,执行死刑。

对被判处死刑缓期执行的累犯以及因故意杀人、强奸、抢劫、绑架、放火、爆炸、投放危险物质或者有组织的暴力性犯罪被判处死刑缓期执行的犯罪分子,人民法院根据犯罪情节等情况可以同时决定对其限制减刑。"

7.最高人民法院《关于〈中华人民共和国刑法修正案(8)〉时间效力问题的解释》(法释〔2011〕9号)

第2条 2011年4月30日以前犯罪,判处死刑缓期执行的,适用修正前刑法第50条的规定。

被告人具有累犯情节,或者所犯之罪是故意杀人、强奸、抢劫、绑架、放火、爆炸、投放危险物质或者有组织的暴力性犯罪,罪行极其严重,根据修正前刑法判处死刑缓期执行不能体现罪刑相适应原则,而根据修正后刑法判处死刑缓期执行同时决定限制减刑可以罚当其罪的,适用修正后刑法第50条第2款的规定。(详见本书《刑法》第12条相关内容)

8.最高人民法院《第1批指导性案例王某才故意杀人案》(指导案例4号;法〔2011〕354号)

【裁判要点】

因恋爱、婚姻矛盾激化引发的故意杀人案件,被告人犯罪手段残忍,论罪应当判处死刑,但被告人具有坦白悔罪、积极赔偿等从轻处罚情节,同时被害人亲属要求严惩的,人民法院根据案件性质、犯罪情节、危害后果和被告人的主观恶性及人身危险性,可以依法判处被告人死刑,缓期2年执行,同时决定限制减刑,以有效化解社会矛盾,促进社会和谐。

【裁判理由】

山东省高级人民法院经重新审理认为:被告人王某才的行为已构成故意杀人罪,罪行极其严重,论罪应当判处死刑。鉴于本案系因婚恋纠纷引发,王某才求婚不成,恼怒并起意杀人,归案后坦白悔罪,积极赔偿被害方经济损失,且平时表现较好,故对其判处死刑,可不立即执行。同时考虑到王某才故意杀人手段特别残忍,被害人亲属不予谅解,要求依法从严惩处,为有效化解社会矛盾,依照《中华人民共和国刑法》第50条第2款等规定,判处被告人王某才死刑,缓期2年执行,同时决定对其限制减刑。

9.最高人民法院《第3批指导性案例李某故意杀人案》(指导案例12号;法〔2012〕227号)

【裁判要点】

对于因民间矛盾引发的故意杀人案件,被告人犯罪手段残忍,且系累犯,论罪应当判处死刑,但被告人亲属主动协助公安机关将其抓捕归案,并积极赔偿的,人民法院根据案件具体情节,从尽量化解社会矛盾角度考虑,可以依法判处被告人死刑,缓期2年执行,同时决定限制减刑。

【裁判理由】

黑龙江省高级人民法院经重新审理认为:被告人李某的行为已构成故意杀人罪,罪行极其严重,论罪应当判处死刑。本案系因民间矛盾引发的犯罪;案发后李某的母亲梁某某在得知李某杀人后的行踪时,主动、及时到公安机关反映情况,并积极配合公安机关将李某抓获归案;李某在公安机关对其进行抓捕时,顺从归案,没有反抗行为,并在归案后始终如实供述自己的犯罪事实,认罪态度好;在本案审理期间,李某的母亲代为赔偿被害方经济损失;李某虽系累犯,但此前所犯盗窃罪的情节较轻。综合考虑上述情节,可以对李某酌情从宽处罚,对其可不判处死刑立即执行。同时,鉴于其故意杀人手段残忍,又系累犯,且被害人亲属不予谅解,故依法判处被告人李某死刑,缓期2年执行,同时决定对其限制减刑。

10.最高人民法院《关于办理减刑、假释案件具体应用法律若干问题的规定》(法释〔2012〕2号)

被最高人民法院《关于废止部分司法解释(第13批)的决定》(法释〔2019〕11号)废止。

11.《中华人民共和国刑法修正案(9)》(2015年8月29日第十二届全国人大常委会第十六次会议通过)

本条为《中华人民共和国刑法修正案(9)》第2条修改。

内容:二、将刑法第50条第1款修改为:"判处死刑缓期执行的,在死刑缓期执行期间,如果没有故意犯罪,2年期满以后,减为无期徒刑;如果确有重大立功表现,2年期满以后,减为25年有期徒刑;如果故意犯罪,情节恶劣的,报请最高人民法院核准后执行死刑;对于故意犯罪未执行死刑的,死刑缓期执行的期间重新计算,并报最高人民法院备案。"

12.最高人民法院《关于〈中华人民共和国刑法修正案(9)〉时间效力问题的解释》(法释〔2015〕19号)

第2条 对于被判处死刑缓期执行的犯罪分子,在死刑缓期执行期间,且在2015年10月31日以前故意犯罪的,适用修正后刑法第50条第1款的规定。(详见本书《刑法》第12条相关内容)

13.最高人民法院《关于办理减刑、假释案件具体应用法律的规定》(法释〔2016〕23号)

(全文详见本书《刑法》第78条相关内容)

14.最高人民法院《关于办理减刑、假释案件具体应用法律的补充规定》(法释〔2019〕6号)

(全文详见本书《刑法》第78条相关内容)

15. 参见本书《刑法》第 48 条该节内容。

第 51 条 【死缓期间及减为有期徒刑的刑期计算】死刑缓期执行的期间,从判决确定之日起计算。死刑缓期执行减为有期徒刑的刑期,从死刑缓期执行期满之日起计算。

• 释义

死刑缓期执行的期间,从判决确定之日起计算。这里所说的"判决确定之日",即判决生效之日,而不是指判决执行之日。因此,罪犯在判决生效后尚未送监执行的期限应当计入 2 年考验期内;但是对罪犯在判决生效前先行羁押的日期不能折抵在 2 年考验期内。死刑缓期执行减为有期徒刑的,是指对确有重大立功表现直接减为有期徒刑的,其有期徒刑的刑期从死刑缓期执行期满之日起计算。

• 关联法律

参见本书《刑法》第 49 条该节内容。

第六节 罚 金

第 52 条 【罚金数额的裁量】判处罚金,应当根据犯罪情节决定罚金数额。

• 释义

罚金是一种重要的附加刑,不能单独判处罚金。罚金的数量由犯罪情节决定。

• 关联法律

1. 最高人民法院《全国法院维护农村稳定刑事审判工作座谈会纪要》(法〔1999〕217 号)第 3 部分(4)

三、会议在认真分析了农村中犯罪、农民犯罪的原因和特点的基础上,结合我国农村基层组织的作用和现状,对处理农村中犯罪案件和农民犯罪案件应当把握的政策界限进行了研究,对正确处理以下问题取得了一致意见:

(四)关于财产刑问题

凡法律规定并处罚金或者没收财产的,均应当依法并处,被告人的执行能力不能作为是否判处财产刑的依据。确实无法执行或不能执行的,可以依法执行终结或者减免。对法律规定主刑有死刑、无期徒刑和有期徒刑,同时并处没收财产或罚金的,如决定判处死刑,只能并处没收财产;判处无期徒刑的,可以并处没收财产,也可以并处罚金;判处有期徒刑的,只能并处罚金。

对于法律规定有罚金刑的犯罪,罚金的具体数额应根据犯罪的情节确定。刑法和司法解释有明确规定的,按规定判处;没有规定的,各地可依照法律规定的原则和具体情况,在总结审判经验的基础上统一规定参照执行的数额标准。对自由刑与罚金刑均可选择适用的案件,如盗窃罪,在决定刑罚时,既要避免以罚金刑代替自由刑,又要克服机械执法只判处自由刑的倾向。

对于可执行财产刑且罪行又不严重的初犯、偶犯、从犯等，可单处罚金刑。对于应当并处罚金刑的犯罪，如被告人能积极缴纳罚金，认罪态度较好，且判处的罚金数量较大，自由刑可适当从轻，或考虑宣告缓刑。这符合罪刑相适应原则，因为罚金刑也是刑罚。

被告人犯数罪的，应避免判处罚金刑的同时，判处没收部分财产。对于判处没收全部财产，同时判处罚金刑的，应决定执行没收全部财产，不再执行罚金刑。（全文详见本书《刑法》第232条相关内容）

2. 最高人民法院《全国法院审理金融犯罪案件工作座谈会纪要》（法〔2001〕8号）第5项

（五）财产刑的适用

金融犯罪是图利型犯罪，惩罚和预防此类犯罪，应当注重同时从经济上制裁犯罪分子。刑法对金融犯罪都规定了财产刑，人民法院应当严格依法判处。罚金的数额，应当根据被告人的犯罪情节，在法律规定的数额幅度内确定。对于具有从轻、减轻或者免除处罚情节的被告人，对于本应并处的罚金刑原则上也应当从轻、减轻或者免除。

单位金融犯罪中直接负责的主管人员和其他直接责任人员，是否适用罚金刑，应当根据刑法的具体规定。刑法分则条文规定有罚金刑，并规定对单位犯罪中直接负责的主管人员和其他直接责任人员依照自然人犯罪条款处罚的，应当判处罚金刑，但是对直接负责的主管人员和其他直接责任人员判处罚金的数额，应当低于对单位判处罚金的数额；刑法分则条文明确规定对单位犯罪中直接负责的主管人员和其他直接责任人员只判处自由刑的，不能附加判处罚金刑。（全文详见本书《刑法》第170条相关内容）

3. 最高人民法院《关于适用财产刑若干问题的规定》（法释〔2000〕45号）

为正确理解和执行刑法有关财产刑的规定，现就适用财产刑的若干问题规定如下：

第1条 刑法规定"并处"没收财产或者罚金的犯罪，人民法院在对犯罪分子判处主刑的同时，必须依法判处相应的财产刑；刑法规定"可以并处"没收财产或者罚金的犯罪，人民法院应当根据案件具体情况及犯罪分子的财产状况，决定是否适用财产刑。

第2条 人民法院应当根据犯罪情节，如违法所得数额、造成损失的大小等，并综合考虑犯罪分子缴纳罚金的能力，依法判处罚金。刑法没有明确规定罚金数额标准的，罚金的最低数额不能少于1000元。

对未成年人犯罪应当从轻或者减轻判处罚金，但罚金的最低数额不能少于500元。

第3条 依法对犯罪分子所犯数罪分别判处罚金的，应当实行并罚，将所判处的罚金数额相加，执行总和数额。

一人犯数罪依法同时并处罚金和没收财产的，应当合并执行；但并处没收全部财产的，只执行没收财产刑。

第4条 犯罪情节较轻，适用单处罚金不致再危害社会并具有下列情形之一的，可以依法单处罚金：

（一）偶犯或者初犯；（二）自首或者有立功表现的；（三）犯罪时不满18周岁的；（四）犯罪预备、中止或者未遂的；（五）被胁迫参加犯罪的；（六）全部退赃并有悔罪表现的；（七）其他可以依法单处罚金的情形。

第5条 刑法第53条规定的"判决指定的期限"应当在判决书中予以确定；"判决指定的期限"应为从判决发生法律效力第2日起最长不超过3个月。

第6条 刑法第53条规定的"由于遭遇不能抗拒的灾祸缴纳确实有困难的"，主要是指因遭受火灾、水灾、地震等灾祸而丧失财产；罪犯因重病、伤残等而丧失劳动能力，或者需要罪犯抚养的近亲属患有重病，需支付巨额医药费等，确实没有财产可供执行的情形。

具有刑法第53条规定"可以酌情减少或者免除"事由的，由罪犯本人、亲属或者犯罪单位向负责执行的人民法院提出书面申请,并提供相应的证明材料。人民法院审查以后,根据实际情况,裁定减少或者免除应当缴纳的罚金数额。

第7条 刑法第60条规定的"没收财产以前犯罪分子所负的正当债务",是指犯罪分子在判决生效前所负他人的合法债务。

第8条 罚金刑的数额应当以人民币为计算单位。

第9条 人民法院认为依法应当判处被告人财产刑的,可以在案件审理过程中,决定扣押或者冻结被告人的财产。

第10条 财产刑由第一审人民法院执行。

犯罪分子的财产在异地的,第一审人民法院可以委托财产所在地人民法院代为执行。

第11条 自判决指定的期限届满第2日起,人民法院对于没有法定减免事由不缴纳罚金的,应当强制其缴纳。

对于隐藏、转移、变卖、损毁已被扣押、冻结财产情节严重的,依照刑法第314条的规定追究刑事责任。

4. 最高人民法院《关于审理未成年人刑事案件具体应用法律若干问题的解释》(法释〔2006〕1号)

第15条 对未成年罪犯实施刑法规定的"并处"没收财产或者罚金的犯罪,应当依法判处相应的财产刑;对未成年罪犯实施刑法规定的"可以并处"没收财产或者罚金的犯罪,一般不判处财产刑。

对未成年罪犯判处罚金刑时,应当依法从轻或者减轻判处,并根据犯罪情节,综合考虑其缴纳罚金的能力,确定罚金数额。但罚金的最低数额不得少于500元人民币。

对被判处罚金刑的未成年罪犯,其监护人或者其他人自愿代为垫付罚金的,人民法院应当允许。(全文详见本书《刑法》第17条相关内容)

5. 最高人民法院《关于财产刑执行问题的若干规定》(法释〔2010〕4号)

[被最高人民法院《关于废止部分司法解释和司法解释性质文件(第八批)的决定》(法释〔2015〕2号)废止]

6. 最高人民法院《关于贯彻宽严相济刑事政策的若干意见》(法发〔2010〕9号)

二、准确把握和正确适用依法从"严"的政策要求

12. 要注重综合运用多种刑罚手段,特别是要重视依法适用财产刑,有效惩治犯罪。对于法律规定有附加财产刑的,要依法适用。对于侵财型和贪利型犯罪,更要注重通过依法适用财产刑使犯罪分子受到经济上的惩罚,剥夺其重新犯罪的能力和条件。要切实加大财产刑的执行力度,确保刑罚的严厉性和惩罚功能得以实现。被告人非法占有、处置被害人财产不能退赃的,在决定刑罚时,应作为重要情节予以考虑,体现从严处罚的精神。(全文详见本书《刑法》第5条相关内容)

第53条 【罚金的缴纳】 罚金在判决指定的期限内1次或者分期缴纳。期满不缴纳的,强制缴纳。对于不能全部缴纳罚金的,人民法院在任何时候发现被执行人有可以执行的财产,应当随时追缴。

由于遭遇不能抗拒的灾祸缴纳确实有困难的,经人民法院裁定,可以延期缴纳、酌情减少或者免除。

(本条《中民共和国刑法修正案(9)》修改)

• 释义

本条规定了罚金缴纳执行的4种情况：

(一)主动缴纳：即犯罪人在判决指定的期限内一次缴纳或者分期缴纳罚金；(二)犯罪人在判决指定的期限内有能力缴纳而不缴纳罚金，由人民法院强制缴纳，即人民法院采取查封、拍卖犯罪分子的财产，冻结存款，扣留、收缴工资或其他收入等办法，迫使犯罪分子缴纳罚金；(三)对于犯罪人隐匿、转移财产而使罚金不能全部缴纳的，人民法院可以随时追缴。上述第2、3种情况是对犯罪人的强制缴纳；(四)减免缴纳：在罚金缴纳期间，犯罪人由于遭遇无法抗拒的灾祸，缴纳确实有困难的，经人民法院裁定，可以延期、酌情减少或免除。其中，"不能抗拒的灾祸"，主要是指火灾、水灾、地震等自然灾害或者罪犯及其家属重病、伤残等。

• 关联法律

1. 最高人民法院《关于适用财产刑若干问题的规定》(法释〔2000〕45号)

第5条 刑法第53条规定的"判决指定的期限"应当在判决书中予以确定；"判决指定的期限"应为从判决发生法律效力第2日起最长不超过3个月。

第6条 刑法第53条规定的"由于遭遇不能抗拒的灾祸缴纳确实有困难的"，主要是指因遭受火灾、水灾、地震等灾祸而丧失财产；罪犯因重病、伤残等而丧失劳动能力，或者需要罪犯抚养的近亲属患有重病，需支付巨额医药费等，确实没有财产可供执行的情形。

具有刑法第53条规定"可以酌情减少或者免除"事由的，由罪犯本人、亲属或者犯罪单位向负责执行的人民法院提出书面申请，并提供相应的证明材料。人民法院审查以后，根据实际情况，裁定减少或者免除应当缴纳的罚金数额。

第8条 罚金刑的数额应当以人民币为计算单位。

第9条 人民法院认为依法应当判处被告人财产刑的，可以在案件审理过程中，决定扣押或者冻结被告人的财产。

第10条 财产刑由第一审人民法院执行。

犯罪分子的财产在异地的，第一审人民法院可以委托财产所在地人民法院代为执行。

第11条 自判决指定的期限届满第2日起，人民法院对于没有法定减免事由不缴纳罚金的，应当强制其缴纳。

对于隐藏、转移、变卖、损毁已被扣押、冻结财产情节严重的，依照刑法第314条的规定追究刑事责任。(全文详见本书《刑法》第52条相关内容)

2. 最高人民法院《关于刑事裁判涉财产部分执行的若干规定》(法释〔2014〕13号)

第9条 判处没收财产的，应当执行刑事裁判生效时被执行人合法所有的财产。

执行没收财产或罚金刑，应当参照被扶养人住所地政府公布的上年度当地居民最低生活费标准，保留被执行人及其所扶养家属的生活必需费用。(全文详见本书《刑法》第64条相关内容)

3.《中华人民共和国刑法修正案(9)》(2015年8月29日第十二届全国人大常委会第十六次会议通过)

本条为《中华人民共和国刑法修正案(9)》第3条修改。

内容：三、将刑法第53条修改为："罚金在判决指定的期限内1次或者分期缴纳。期满不缴纳的，强制缴纳。对于不能全部缴纳罚金的，人民法院在任何时候发现被执行人有可以执行的财产，应当随时追缴。

由于遭遇不能抗拒的灾祸等原因缴纳确实有困难的，经人民法院裁定，可以延期缴纳、酌情减少或者免除。”

4. 参见本书《刑法》第 52 条相关内容。

第七节 剥夺政治权利

第 54 条 【剥夺政治权利的含义】 剥夺政治权利是剥夺下列权利：

（一）选举权和被选举权；（二）言论、出版、集会、结社、游行、示威自由的权利；（三）担任国家机关职务的权利；（四）担任国有公司、企业、事业单位和人民团体领导职务的权利。

• 释义

剥夺政治权利是指剥夺犯罪人参加国家管理和政治活动的权利的一种刑罚方法，包括剥夺以下 4 项权利：

（一）选举权和被选举权。所谓“选举权与被选举权”，是指《选举法》规定的，公民可以参加选举活动，按照本人的自由意志投票选举人民代表等职务的权利，和被提名为人民代表等职务的候选人，当选为人民代表等职务的权利。选举权和被选举权是公民的一项基本政治权利。（二）言论、出版、集会、结社、游行、示威自由的权利。这六项自由是我国《宪法》规定的公民的基本政治自由，是人民发表意见、参加政治活动和国家管理的自由权利。（三）担任国家机关职务的权利，既包括领导职务，也包括其他职务。（四）担任国有公司、企业、事业单位和人民团体领导职务的权利。担任集体、私营公司、企业和事业单位领导职务的权利不属于被剥夺政治权利的范围。

• 关联法律

1. 全国人大常委会法制工作委员会、最高人民法院、最高人民检察院、公安部、司法部、民政部《关于正在服刑的罪犯和被羁押的人的选举权问题的联合通知》（法工委联字〔1984〕1 号）

各省、自治区、直辖市高级法院、检察院，公安、司法、民政厅（局）：

全国县、乡两级人民代表大会代表的选举工作，正在逐步展开。在当前严厉打击严重危害社会治安的刑事犯罪活动的情况下，对于过去已判刑、但没有附加剥夺政治权利的严重刑事罪犯和被羁押正在受侦查，起诉、审判的人是否准许行使选举权问题，有些地方提出一些问题和意见，经研究后，现做如下通知，望遵照执行：

一、1983 年 3 月全国人大常委会通过的《关于县级以下人民代表大会代表直接选举的若干规定》，对于已被判刑的罪犯和被羁押正在受侦查、起诉、审判的人的选举权问题已经作了规定。这一规定是根据宪法关于公民的选举权、被选举权的规定的原则确定的，是适当的，在这次县、乡直接选举工作中，仍应贯彻执行。

二、对这次严厉打击严重危害社会治安的刑事犯罪活动中因反革命案或者严重破坏社会秩序案被羁押正在受侦查、起诉、审判的人，应当依照法律规定经人民检察院或者人民法院决定，在被羁押期间停止行使选举权利；其他未经人民检察院或者人民法院决定停止行使选举权利的，应准予行使选举权利。

三、对正在服刑的反革命罪犯和被判处死刑、无期徒刑的其他罪犯，凡是没有附加剥夺政治权利的，应当由人民法院依照审判监督程序，判处附加剥夺政治权利；被判处有期徒刑（包括原判死缓、无期徒刑后减为有期徒刑的)、现正在服刑的故意杀人、强奸、放火、爆炸、投毒、抢劫、流氓、盗窃(重大)等严重破坏社会秩序的罪犯,凡是需要剥夺选举权利的,也可由人民法院依照审判监督程序,判处附加剥夺政治权利。如果原来是第一审生效的案件,应当由上一级人民法院提审;如果原来是第二审生效的案件,应当由第二审人民法院再审。根据《刑事诉讼法》第150条的规定,依照上述程序所做的判决、裁定,是终审的判决、裁定,不得上诉。

四、今后对于反革命罪犯和判处死刑、无期徒刑的其他罪犯,各级人民法院在审判时,应当依照《刑法》第52条、第53条的规定,一律同时判处附加剥夺政治权利;对于严重破坏社会秩序的罪犯,需要剥夺政治权利的,也应依照《刑法》第52条的规定,同时判处附加剥夺政治权利。

五、对准予行使选举权利的被羁押的人和正在服刑的罪犯,经选举委员会和执行羁押、监禁的机关共同决定,可以在原户口所在地参加选举,也可以在劳改场所参加选举;可以在流动票箱投票,也可以委托有选举权的亲属或者其他选民代为投票。

2. 最高人民法院研究室《关于剥夺政治权利期间是否可以获准出国定居问题的电话答复》(1987年12月1日)

公安部出入境管理局:你局来电话询问关于某人被判徒刑6年,剥夺政治权利2年,现刑满出狱,正在执行剥夺政治权利2年期间,申请出国定居,可否批准的问题。经研究,我们的意见是:

依照《中华人民共和国公民出境入境管理法》第8条的规定,被判处刑罚正在服刑的,不批准出境。剥夺政治权利虽属附加刑,仍是我国刑法规定的一种刑罚。该人虽已服完主刑,现对他开始执行附加刑,即执行剥夺政治权利2年的刑罚。因此,该人仍在服刑。请你们依照上述法律规定办理。

3. 最高人民法院《关于审理未成年人刑事案件具体应用法律若干问题的解释》(法释〔2006〕1号)

第14条 除刑法规定"应当"附加剥夺政治权利外,对未成年罪犯一般不判处附加剥夺政治权利。

如果对未成年罪犯判处附加剥夺政治权利的,应当依法从轻判处。

对实施被指控犯罪时未成年、审判时已成年的罪犯判处附加剥夺政治权利,适用前款的规定。

第55条 【剥夺政治权利的期限】 剥夺政治权利的期限,除本法第57条规定外,为1年以上5年以下。

判处管制附加剥夺政治权利的,剥夺政治权利的期限与管制的期限相等,同时执行。

• 释义

剥夺政治权利有一定的期限,被判处无期徒刑和拘役的犯罪人,剥夺政治权利的期限是1年到5年之间,并且剥夺政治权利的期限从主刑执行完毕之日起计算。但对于被判处管制附加剥夺政治权利的犯罪人,剥夺政治权利的期限与管制的期限相等且同时执行。

• 关联法律

1. 最高人民法院《关于在执行附加刑剥夺政治权利期间犯新罪应如何处理的批复》(法释〔2009〕10号)

上海市高级人民法院:你院《关于被告人在执行附加刑剥夺政治权利期间重新犯罪适用法律问题的请示》(沪高法〔2008〕24号)收悉。经研究,批复如下:

一、对判处有期徒刑并处剥夺政治权利的罪犯,主刑已执行完毕,在执行附加刑剥夺政治权利期间又犯新罪,如果所犯新罪无须附加剥夺政治权利的,依照刑法第71条的规定数罪并罚。二、前罪尚未执行完毕的附加刑剥夺政治权利的刑期从新罪的主刑有期徒刑执行之日起停止计算,并依照刑法第58条规定从新罪的主刑有期徒刑执行完毕之日或者假释之日起继续计算;附加刑剥夺政治权利的效力施用于新罪的主刑执行期间。三、对判处有期徒刑的罪犯,主刑已执行完毕,在执行附加刑剥夺政治权利期间又犯新罪,如果所犯新罪也剥夺政治权利的,依照刑法第55条、第57条、第71条的规定并罚。

第56条 【剥夺政治权利的附加、独立适用】 对于危害国家安全的犯罪分子应当附加剥夺政治权利;对于故意杀人、强奸、放火、爆炸、投毒、抢劫等严重破坏社会秩序的犯罪分子,可以附加剥夺政治权利。

独立适用剥夺政治权利的,依照本法分则的规定。

• 释义

根据本条规定,附加剥夺政治权利的对象包括两种:

(一)对于危害国家安全的犯罪分子,应当剥夺政治权利。此类犯罪分子公然与人民为敌,严重危害了国家利益,所以《刑法》规定对这类犯罪分子不论罪行轻重,都必须附加剥夺政治权利。(二)对于故意杀人、强奸、放火、爆炸、投毒、抢劫等严重破坏社会秩序的犯罪分子,可以附加剥夺政治权利。法院在适用时有一定的自由裁量的权力。此外,独立适用剥夺政治权利的,在《刑法》分则中有明确、具体的规定。

• 关联法律

1. 最高人民法院《关于对故意伤害、盗窃等严重破坏社会秩序的犯罪分子能否附加剥夺政治权利问题的批复》(法释〔1997〕11号)

福建省高级人民法院:你院《关于对故意伤害、盗窃(重大)等犯罪分子被判处有期徒刑的,能否附加剥夺政治权利的请示》收悉。经研究,答复如下:

根据刑法第56条规定,对于故意杀人、强奸、放火、爆炸、投毒、抢劫等严重破坏社会秩序的犯罪分子,可以附加剥夺政治权利。对故意伤害、盗窃等其他严重破坏社会秩序的犯罪,犯罪分子主观恶性较深、犯罪情节恶劣、罪行严重的,也可以依法附加剥夺政治权利。

2. 最高人民法院、最高人民检察院《关于办理组织和利用邪教组织犯罪案件具体应用法律若问题的解答》(法发〔2002〕7号)

[被(法释〔2017〕3号)废止]

3. 最高人民法院《关于审理未成年人刑事案件具体应用法律若干问题的解释》(法释〔2006〕1号)

第14条 除刑法规定“应当”附加剥夺政治权利外,对未成年罪犯一般不判处附加剥夺政权利。

如果对未成年罪犯判处附加剥夺政治权利的,应当依法从轻判处。

对实施被指控犯罪时未成年、审判时已成年的罪犯判处附加剥夺政治权利,适用前款的规定。

4. 最高人民法院、最高人民检察院《关于办理组织、利用邪教组织破坏法律实施等刑事案件适用法律若干问题的解释》(法释〔2017〕3号)

第14条 对于犯组织、利用邪教组织破坏法律实施罪、组织、利用邪教组织致人重伤、死亡罪,严重破坏社会秩序的犯罪分子,根据刑法第56条的规定,可以附加剥夺政治权利。

第57条 【对死刑、无期徒刑罪犯剥夺政治权利的适用】 对于被判处死刑、无期徒刑的犯罪分子,应当剥夺政治权利终身。

在死刑缓期执行减为有期徒刑或者无期徒刑减为有期徒刑的时候,应当把附加剥夺政治权利的期限改为3年以上10年以下。

• 释义

如果犯罪人被判处的是死刑或无期徒刑,则必须伴随剥夺政治权利终身的附加刑。但当死缓或者无期徒刑减为有期徒刑后,剥夺政治权利的期限要从终身改为3年到10年。

• 关联法律

1. 最高人民法院《关于在执行附加刑剥夺政治权利期间犯新罪应如何处理的批复》(法释〔2009〕10号)

(详见本书《刑法》第55条相关内容)

2. 最高人民检察院《第20批指导性案例李某波贪污案》(检例第74号;2020年7月21日)

(详见本书《刑法》第383条相关内容)

第58条 【剥夺政治权利的刑期计算与执行】 附加剥夺政治权利的刑期,从徒刑、拘役执行完毕之日或者从假释之日起计算;剥夺政治权利的效力当然施用于主刑执行期间。

被剥夺政治权利的犯罪分子,在执行期间,应当遵守法律、行政法规和国务院公安部门有关监督管理的规定,服从监督;不得行使本法第54条规定的各项权利。

• 释义

被剥夺政治权利的犯罪人在主刑执行期间也是不享有政治权利的,但是被剥夺政治权利的期限自主刑执行完之日起计算。

• 关联法律

1. 最高人民法院《关于在执行附加刑剥夺政治权利期间犯新罪应如何处理的批复》(法释〔2009〕10号)

(详见本书《刑法》第55条相关内容)

第八节 没收财产

第59条 【没收财产的范围】 没收财产是没收犯罪分子个人所有财产的一部或者全部。没收全部财产的,应当对犯罪分子个人及其扶养的家属保留必需的生活费用。

在判处没收财产的时候,不得没收属于犯罪分子家属所有或者应有的财产。

• 释义

判处没收财产附加刑时，要注意区分犯罪人和其家属的财产，只能没收属于犯罪人的财产的一部分或全部，并要对犯罪人及其抚养的家属保留必需的生活费用。

• 关联法律

1. 最高人民法院《全国法院维护农村稳定刑事审判工作座谈会纪要》(法〔1999〕217号)

(详见本书《刑法》第232条相关内容)

2. 最高人民法院《关于适用财产刑若干问题的规定》(法释〔2000〕45号)

第1条 刑法规定“并处”没收财产或者罚金的犯罪，人民法院在对犯罪分子判处主刑的同时，必须依法判处相应的财产刑；刑法规定“可以并处”没收财产或者罚金的犯罪，人民法院应当根据案件具体情况及犯罪分子的财产状况，决定是否适用财产刑。

3. 最高人民法院《关于审理未成年人刑事案件具体应用法律若干问题的解释》(法释〔2006〕1号)

第15条 对未成年罪犯实施刑法规定的“并处”没收财产或者罚金的犯罪，应当依法判处相应的财产刑；对未成年罪犯实施刑法规定的“可以并处”没收财产或者罚金的犯罪，一般不判处财产刑。

4. 最高人民法院《关于贯彻宽严相济刑事政策的若干意见》(法发〔2010〕9号) 第2部分第12条

二、准确把握和正确适用依法从“严”的政策要求

12. 要注重综合运用多种刑罚手段，特别是要重视依法适用财产刑，有效惩治犯罪。对于法律规定有附加财产刑的，要依法适用。对于侵财型和贪利型犯罪，更要注重通过依法适用财产刑使犯罪分子受到经济上的惩罚，剥夺其重新犯罪的能力和条件。要切实加大财产刑的执行力度，确保刑罚的严厉性和惩罚功能得以实现。被告人非法占有、处置被害人财产不能退赃的，在决定刑罚时，应作为重要情节予以考虑，体现从严处罚的精神。(全文详见本书《刑法》第5条相关内容)

5. 最高人民法院研究室《关于如何执行没收个人全部财产问题的研究意见》(《司法研究与指导》2012年第1辑[总第1辑])

有关部门就如何执行没收个人全部财产问题征求最高人民法院研究室意见。最高人民法院研究室经研究认为：

刑法第59条规定：“没收财产是没收犯罪分子个人所有财产的一部或者全部。没收全部财产的，应当对犯罪分子个人及其扶养的家属保留必需的生活费用。”“在判处没收财产的时候，不得没收属于犯罪分子家属所有或者应有的财产。”第64条规定：“犯罪分子违法所得的一切财物，应当予以追缴或者责令退赔。”据此，作为附加刑的没收个人全部财产，应当是没收犯罪分子个人合法所有的全部财产。如相关财产属于违法所得，应通过追缴、退赔程序予以追回；如相关财产确属犯罪分子家属所有或者应有的财产，也不得作为没收对象。在没收财产前，如犯罪分子的财产与其他家庭成员的财产处于共有状态，应当从中分割出属于犯罪分子个人所有的财产后予以没收。

6. 最高人民法院《关于刑事裁判涉财产部分执行的若干规定》(法释〔2014〕13号)

第6条 刑事裁判涉财产部分的裁判内容，应当明确、具体。涉案财物或者被害人人数较多，不宜在判决主文中详细列明的，可以概括叙明并另附清单。

判处没收部分财产的,应当明确没收的具体财物或者金额。

判处追缴或者责令退赔的,应当明确追缴或者退赔的金额或财物的名称、数量等相关情况。

第9条 判处没收财产的,应当执行刑事裁判生效时被执行人合法所有的财产。

执行没收财产或罚金刑,应当参照被扶养人住所地政府公布的上年度当地居民最低生活费标准,保留被执行人及其所扶养家属的生活必需费用。(全文详见本书《刑法》第64条相关内容)

7. 最高人民法院、最高人民检察院《关于适用犯罪嫌疑人、被告人逃匿、死亡案件违法所得没收程序若干问题的规定》(法释〔2017〕1号)

为依法适用犯罪嫌疑人、被告人逃匿、死亡案件违法所得没收程序,根据《中华人民共和国刑事诉讼法》《中华人民共和国刑法》《中华人民共和国民事诉讼法》等法律规定,现就办理相关案件具体适用法律若干问题规定如下:

第1条 下列犯罪案件,应当认定为刑事诉讼法第280条第1款规定的"犯罪案件":

(一)贪污、挪用公款、巨额财产来源不明、隐瞒境外存款、私分国有资产、私分罚没财物犯罪案件;(二)受贿、单位受贿、利用影响力受贿、行贿、对有影响力的人行贿、对单位行贿、介绍贿赂、单位行贿犯罪案件;(三)组织、领导、参加恐怖组织,帮助恐怖活动,准备实施恐怖活动,宣扬恐怖主义、极端主义、煽动实施恐怖活动,利用极端主义破坏法律实施,强制穿戴宣扬恐怖主义、极端主义服饰、标志,非法持有宣扬恐怖主义、极端主义物品犯罪案件;(四)危害国家安全、走私、洗钱、金融诈骗、黑社会性质的组织、毒品犯罪案件。

电信诈骗、网络诈骗犯罪案件,依照前款规定的犯罪案件处理。

第2条 在省、自治区、直辖市或者全国范围内具有较大影响,或者犯罪嫌疑人、被告人逃匿境外的,应当认定为刑事诉讼法第280条第1款规定的"重大"。

第3条 犯罪嫌疑人、被告人为逃避侦查和刑事追究潜逃、隐匿,或者在刑事诉讼过程中脱逃的,应当认定为刑事诉讼法第280条第1款规定的"逃匿"。

犯罪嫌疑人、被告人因意外事故下落不明满2年,或者因意外事故下落不明,经有关机关证明其不可能生存的,依照前款规定处理。

第4条 犯罪嫌疑人、被告人死亡,依照刑法规定应当追缴其违法所得及其他涉案财产的,人民检察院可以向人民法院提出没收违法所得的申请。

第5条 公安机关发布通缉令或者公安部通过国际刑警组织发布红色国际通报,应当认定为刑事诉讼法第280条第1款规定的"通缉"。

第6条 通过实施犯罪直接或者间接产生、获得的任何财产,应当认定为刑事诉讼法第280条第1款规定的"违法所得"。

违法所得已经部分或者全部转变、转化为其他财产的,转变、转化后的财产应当视为前款规定的"违法所得"。

来自违法所得转变、转化后的财产收益,或者来自已经与违法所得相混合财产中违法所得相应部分的收益,应当视为第1款规定的"违法所得"。

第7条 刑事诉讼法第281条第3款规定的"利害关系人"包括犯罪嫌疑人、被告人的近亲属和其他对申请没收的财产主张权利的自然人和单位。

刑事诉讼法第281条第2款、第282条第2款规定的"其他利害关系人"是指前款规定的"其他对申请没收的财产主张权利的自然人和单位"。

第8条 人民检察院向人民法院提出没收违法所得的申请,应当制作没收违法所得申请书。

没收违法所得申请书应当载明以下内容:

(一)犯罪嫌疑人、被告人的基本情况;(二)案由及案件来源;(三)犯罪嫌疑人、被告人涉嫌犯罪的事实及相关证据材料;(四)犯罪嫌疑人、被告人逃匿、被通缉、脱逃、下落不明、死亡的情况;(五)申请没收的财产的种类、数量、价值、所在地以及已查封、扣押、冻结财产清单和相关法律手续;(六)申请没收的财产属于违法所得及其他涉案财产的相关事实及证据材料;(七)提出没收违法所得申请的理由和法律依据;(八)有无利害关系人以及利害关系人的姓名、身份、住址、联系方式;(九)其他应当载明的内容。

上述材料需要翻译件的,人民检察院应当将翻译件随没收违法所得申请书一并移送人民法院。

第9条 对于没收违法所得的申请,人民法院应当在30日内审查完毕,并根据以下情形分别处理:

(一)属于没收违法所得申请受案范围和本院管辖,且材料齐全、有证据证明有犯罪事实的,应当受理;(二)不属于没收违法所得申请受案范围或者本院管辖的,应当退回人民检察院;(三)对于没收违法所得申请不符合"有证据证明有犯罪事实"标准要求的,应当通知人民检察院撤回申请,人民检察院应当撤回;(四)材料不全的,应当通知人民检察院在7日内补送,7日内不能补送的,应当退回人民检察院。

第10条 同时具备以下情形的,应当认定为本规定第9条规定的"有证据证明有犯罪事实":

(一)有证据证明发生了犯罪事实;(二)有证据证明该犯罪事实是犯罪嫌疑人、被告人实施的;(三)证明犯罪嫌疑人、被告人实施犯罪行为的证据真实、合法。

第11条 人民法院受理没收违法所得的申请后,应当在15日内发布公告,公告期为6个月。公告期间不适用中止、中断、延长的规定。

公告应当载明以下内容:

(一)案由、案件来源以及属于本院管辖;(二)犯罪嫌疑人、被告人的基本情况;(三)犯罪嫌疑人、被告人涉嫌犯罪的事实;(四)犯罪嫌疑人、被告人逃匿、被通缉、脱逃、下落不明、死亡的情况;(五)申请没收的财产的种类、数量、价值、所在地以及已查封、扣押、冻结财产的清单和相关法律手续;(六)申请没收的财产属于违法所得及其他涉案财产的相关事实;(七)申请没收的理由和法律依据;(八)利害关系人申请参加诉讼的期限、方式以及未按照该期限、方式申请参加诉讼可能承担的不利法律后果;(九)其他应当公告的情况。

第12条 公告应当在全国公开发行的报纸、信息网络等媒体和最高人民法院的官方网站刊登、发布,并在人民法院公告栏张贴。必要时,公告可以在犯罪地、犯罪嫌疑人、被告人居住地或者被申请没收财产所在地张贴。公告最后被刊登、发布、张贴日期为公告日期。人民法院张贴公告的,应当采取拍照、录像等方式记录张贴过程。

人民法院已经掌握境内利害关系人联系方式的,应当直接送达含有公告内容的通知;直接送达有困难的,可以委托代为送达、邮寄送达。经受送达人同意的,可以采用传真、电子邮件等能够确认其收悉的方式告知其公告内容,并记录在案;人民法院已经掌握境外犯罪嫌疑人、被告人、利害关系人联系方式,经受送达人同意的,可以采用传真、电子邮件等能够确认其收悉的方式告知其公告内容,并记录在案;受送达人未作出同意意思表示,或者人民法院未掌握境外犯罪嫌疑人、被告人、利害关系人联系方式,其所在地国(区)主管机关明确提出应当向受送达人送达含有公告内容的通知的,受理没收违法所得申请案件的人民法院可以决定是否送达。决定送达的,应当将公告内容层报最高人民法院,由最高人民法院依照刑事司法协助条约、多边公约,或者按照对等互惠原则,请求受送达人所在地国(区)的主管机关协助送达。

第13条 利害关系人申请参加诉讼的,应当在公告期间内提出,并提供与犯罪嫌疑人、被告人关系的证明材料或者证明其可以对违法所得及其他涉案财产主张权利的证据材料。

利害关系人可以委托诉讼代理人参加诉讼。利害关系人在境外委托的,应当委托具有中华人民共和国律师资格并依法取得执业证书的律师,依照《最高人民法院关于适用〈中华人民共和国刑事诉讼法〉的解释》第403条的规定对授权委托进行公证、认证。

利害关系人在公告期满后申请参加诉讼,能够合理说明理由的,人民法院应当准许。

第14条 人民法院在公告期满后由合议庭对没收违法所得申请案件进行审理。

利害关系人申请参加及委托诉讼代理人参加诉讼的,人民法院应当开庭审理。利害关系人及其诉讼代理人无正当理由拒不到庭,且无其他利害关系人和其他诉讼代理人参加诉讼的,人民法院可以不开庭审理。

人民法院对没收违法所得申请案件开庭审理的,人民检察院应当派员出席。

人民法院确定开庭日期后,应当将开庭的时间、地点通知人民检察院、利害关系人及其诉讼代理人、证人、鉴定人员、翻译人员。通知书应当依照本规定第12条第2款规定的方式至迟在开庭审理3日前送达;受送达人在境外的,至迟在开庭审理30日前送达。

第15条 出庭的检察人员应当宣读没收违法所得申请书,并在法庭调查阶段就申请没收的财产属于违法所得及其他涉案财产等相关事实出示、宣读证据。

对于确有必要出示但可能妨碍正在或者即将进行的刑事侦查的证据,针对该证据的法庭调查不公开进行。

利害关系人及其诉讼代理人对申请没收的财产属于违法所得及其他涉案财产等相关事实及证据有异议的,可以提出意见;对申请没收的财产主张权利的,应当出示相关证据。

第16条 人民法院经审理认为,申请没收的财产属于违法所得及其他涉案财产的,除依法应当返还被害人的以外,应当予以没收;申请没收的财产不属于违法所得或者其他涉案财产的,应当裁定驳回申请,解除查封、扣押、冻结措施。

第17条 申请没收的财产具有高度可能属于违法所得及其他涉案财产的,应当认定为本规定第16条规定的"申请没收的财产属于违法所得及其他涉案财产"。

巨额财产来源不明犯罪案件中,没有利害关系人对违法所得及其他涉案财产主张权利,或者利害关系人对违法所得及其他涉案财产虽然主张权利但提供的相关证据没有达到相应证明标准的,应当视为本规定第16条规定的"申请没收的财产属于违法所得及其他涉案财产"。

第18条 利害关系人非因故意或者重大过失在第一审期间未参加诉讼,在第二审期间申请参加诉讼的,人民法院应当准许,并发回原审人民法院重新审判。

第19条 犯罪嫌疑人、被告人逃匿境外,委托诉讼代理人申请参加诉讼,且违法所得或者其他涉案财产所在地国(区)主管机关明确提出意见予以支持的,人民法院可以准许。

人民法院准许参加诉讼的,犯罪嫌疑人、被告人的诉讼代理人依照本规定关于利害关系人的诉讼代理人的规定行使诉讼权利。

第20条 人民检察院、利害关系人对第一审裁定认定的事实、证据没有争议的,第二审人民法院可以不开庭审理。

第二审人民法院决定开庭审理的,应当将开庭的时间、地点书面通知同级人民检察院和利害关系人。

第二审人民法院应当就上诉、抗诉请求的有关事实和适用法律进行审查。

第21条 第二审人民法院对不服第一审裁定的上诉、抗诉案件,经审理,应当按照下列情形分别处理:

(一)第一审裁定认定事实清楚和适用法律正确的,应当驳回上诉或者抗诉,维持原裁定;(二)第一审裁定认定事实清楚,但适用法律有错误的,应当改变原裁定;(三)第一审裁定认定事实不清的,可以在查清事实后改变原裁定,也可以撤销原裁定,发回原审人民法院重新审判;(四)第一审裁定违反法定诉讼程序,可能影响公正审判的,应当撤销原裁定,发回原审人民法院重新审判。

第一审人民法院对于依照前款第3项规定发回重新审判的案件作出裁定后,第二审人民法院对不服第一审人民法院裁定的上诉、抗诉,应当依法作出裁定,不得再发回原审人民法院重新审判。

第22条 违法所得或者其他涉案财产在境外的,负责立案侦查的公安机关、人民检察院等侦查机关应当制作查封、扣押、冻结的法律文书以及协助执行查封、扣押、冻结的请求函,层报公安、检察院等各系统最高上级机关后,由公安、检察院等各系统最高上级机关依照刑事司法协助条约、多边公约,或者按照对等互惠原则,向违法所得或者其他涉案财产所在地国(区)的主管机关请求协助执行。

被请求国(区)的主管机关提出,查封、扣押、冻结法律文书的制发主体必须是法院的,负责立案侦查的公安机关、人民检察院等侦查机关可以向同级人民法院提出查封、扣押、冻结的申请,人民法院经审查同意后制作查封、扣押、冻结令以及协助执行查封、扣押、冻结令的请求函,层报最高人民法院后,由最高人民法院依照刑事司法协助条约、多边公约,或者按照对等互惠原则,向违法所得或者其他涉案财产所在地国(区)的主管机关请求协助执行。

请求函应当载明以下内容:

(一)案由以及查封、扣押、冻结法律文书的发布主体是否具有管辖权;(二)犯罪嫌疑人、被告人涉嫌犯罪的事实及相关证据,但可能妨碍正在或者即将进行的刑事侦查的证据除外;(三)已发布公告的,发布公告情况、通知利害关系人参加诉讼以及保障诉讼参与人依法行使诉讼权利等情况;(四)请求查封、扣押、冻结的财产的种类、数量、价值、所在地等情况以及相关法律手续;(五)请求查封、扣押、冻结的财产属于违法所得及其他涉案财产的相关事实及证据材料;(六)请求查封、扣押、冻结财产的理由和法律依据;(七)被请求国(区)要求载明的其他内容。

第23条 违法所得或者其他涉案财产在境外,受理没收违法所得申请案件的人民法院经审理裁定没收的,应当制作没收令以及协助执行没收令的请求函,层报最高人民法院后,由最高人民法院依照刑事司法协助条约、多边公约,或者按照对等互惠原则,向违法所得或者其他涉案财产所在地国(区)的主管机关请求协助执行。

请求函应当载明以下内容:

(一)案由以及没收令发布主体具有管辖权;(二)属于生效裁定;(三)犯罪嫌疑人、被告人涉嫌犯罪的事实及相关证据,但可能妨碍正在或者即将进行的刑事侦查的证据除外;(四)犯罪嫌疑人、被告人逃匿、被通缉、脱逃、死亡的基本情况;(五)发布公告情况、通知利害关系人参加诉讼以及保障诉讼参与人依法行使诉讼权利等情况;(六)请求没收违法所得及其他涉案财产的种类、数量、价值、所在地等情况以及查封、扣押、冻结相关法律手续;(七)请求没收的财产属于违法所得及其他涉案财产的相关事实及证据材料;(八)请求没收财产的理由和法律依据;(九)被请求国(区)要求载明的其他内容。

第24条 单位实施本规定第1条规定的犯罪后被撤销、注销,单位直接负责的主管人员和其他直接责任人员逃匿、死亡,导致案件无法适用刑事诉讼普通程序进行审理的,依照本规定第4条的规定处理。

第25条 本规定自2017年1月5日起施行。之前发布的司法解释与本规定不一致的,以本规定为准。

8. 最高人民法院、最高人民检察院、公安部、司法部《关于办理黑恶势力刑事案件中财产处置若干问题的意见》(2019年4月9日起施行)

(详见本书《刑法》第64条相关内容)

9. 最高人民检察院《第20批指导性案例李某波贪污案》(检例第74号;2020年7月21日)

(详见本书《刑法》第383条相关内容)

10. 最高人民检察院《第32批指导性案例白某贪污违法所得没收案(节选)》(检例第127号;2021年12月9日)

【要旨】检察机关提出没收违法所得申请,应有证据证明申请没收的财产直接或者间接来源于犯罪所得,或者能够排除财产合法来源的可能性。人民检察院出席申请没收违法所得案件庭审,应当重点对于申请没收的财产属于违法所得进行举证。对于专业性较强的案件,可以申请鉴定人出庭。

【诉讼过程】2013年9月9日,内蒙古自治区公安厅以涉嫌职务侵占罪对白某立案侦查,查明白某已于2013年7月31日逃匿境外。2013年12月7日,内蒙古自治区人民检察院对白某批准逮捕,同年12月17日国际刑警组织对白某发布红色通报。2019年2月2日,内蒙古自治区公安厅将白某涉嫌贪污罪线索移送内蒙古自治区监察委员会,同年2月28日,内蒙古自治区监察委员会对白某立案调查。同年5月20日,内蒙古自治区监察委员会向内蒙古自治区人民检察院移送没收违法所得意见书。同年5月24日,内蒙古自治区人民检察院将案件交由呼和浩特市人民检察院办理。同年6月6日,呼和浩特市人民检察院向呼和浩特市中级人民法院提出没收违法所得申请。利害关系人及其诉讼代理人在法院公告期间申请参加诉讼,对检察机关没收违法所得申请没有提出异议。2020年11月13日,呼和浩特市中级人民法院作出违法所得没收裁定,依法没收白某使用贪污违法所得购买的9套房产。

【指导意义】(一)准确把握认定违法所得的证明标准,依法提出没收申请。检察机关提出没收违法所得申请,应当有证据证明有犯罪事实。除因犯罪嫌疑人、被告人逃匿无法收集的证据外,其他能够证明犯罪事实的证据都应当收集在案。在案证据应能够证明申请没收的财产具有高度可能系直接或者间接来源于违法所得或者系犯罪嫌疑人、被告人非法持有的违禁品、供犯罪所用的本人财物。对于在案证据无法证明部分财产系犯罪嫌疑人、被告人违法所得及其他涉案财产的,则不应列入申请没收的财产范围。(二)证明申请没收的财产属于违法所得,是检察机关庭审举证的重点。人民法院开庭审理申请没收违法所得案件,人民检察院应当派员出席法庭承担举证责任。针对犯罪嫌疑人、被告人实施了法律规定的重大犯罪出示相关证据后,应当着重针对申请没收的财产属于违法所得进行举证。对于涉及金融证券类等重大复杂、专业性强的案件,检察机关可以申请人民法院通知鉴定人出庭作证,以增强证明效果。

11. 最高人民检察院《第32批指导性案例彭某峰受贿,贾某语受贿、洗钱违法所得没收案(节选)》(检例第128号;2021年12月9日)

【要旨】对于跨境转移贪污贿赂所得的洗钱犯罪案件,检察机关应当依法适用特别程序追缴贪污贿赂违法所得。对于犯罪嫌疑人、被告人转移至境外的财产,如果有证据证明具有高度可能属于违法所得及其他涉案财产的,可以依法申请予以没收。对于共同犯罪的主犯逃匿境外,其他共同犯罪人已经在境内依照普通刑事诉讼程序处理的案件,应当充分考虑主犯应对全案事实负责以及国际刑事司法协助等因素,依法审慎适用特别程序追缴违法所得。

【诉讼过程】2017年4月1日,湖南省岳阳市人民检察院以涉嫌受贿罪对彭某峰立案侦查,查明彭某峰已于同年3月24日逃匿境外。同年4月25日,湖南省人民检察院对彭某峰决定逮捕,同年5月10日,国际刑警组织对彭某峰发布红色通报。2017年4月21日,岳阳市人民检察院以涉嫌受贿罪、洗钱罪对贾某语立案侦查,查明贾某语已于同年3月10日逃匿境外。同年4月25日,湖南省人民检察院对贾某语决定逮捕,同年5月10日,国际刑警组织对贾某语发布红色通报。2018年9月5日,岳阳市人民检察院将本案移交岳阳市监察委员会办理。岳阳市监察委员会对彭某峰、贾某语涉嫌职务犯罪案件立案调查,并向岳阳市人民检察院移送没收违法所得意见书。2019年6月22日,岳阳市人民检察院向岳阳市中级人民法院提出没收违法所得申请。利害关系人贾某、蔡某、邱某某在法院公告期间申请参加诉讼。其中贾某、蔡某对在案扣押的38万元提出异议,认为在案证据不能证明该38万元属于违法所得,同时提出彭某峰、贾某语未成年儿子在国内由其夫妇抚养,请求法庭从没收财产中为其预留生活、教育费用;邱某某对检察机关没收违法所得申请无异议,建议司法机关在执行时将冻结的某商业有限公司40%股份变卖后,扣除7500万元违法所得,剩余部分返还给其公司。2020年1月3日,岳阳市中级人民法院作出违法所得没收裁定,依法没收彭某峰实施受贿犯罪、贾某语实施受贿、洗钱犯罪境内违法所得共计人民币1亿余元、黄金制品以及境外违法所得共计5处房产、250万欧元国债及孳息、50余万美元及孳息。同时对贾某、蔡某提出异议的38万元解除扣押,予以返还;对邱某某所提意见予以支持,在执行程序中依法处置。

【指导意义】(一)依法加大对跨境转移贪污贿赂所得的洗钱犯罪打击力度。犯罪嫌疑人、被告人逃匿境外的贪污贿赂犯罪案件,一般均已先期将巨额资产转移至境外,我国刑法第191条明确规定此类跨境转移资产行为属于洗钱犯罪。《最高人民法院、最高人民检察院关于适用犯罪嫌疑人、被告人逃匿、死亡案件违法所得没收程序若干问题的规定》明确规定对于洗钱犯罪案件,可以适用特别程序追缴违法所得及其他涉案财产。检察机关在办理贪污贿赂犯罪案件中,应当加大对涉嫌洗钱犯罪线索的审查力度,对于符合法定条件的,应积极适用违法所得没收程序追缴违法所得。(二)准确认定需要没收违法所得的境外财产。《最高人民法院、最高人民检察院关于适用犯罪嫌疑人、被告人逃匿、死亡案件违法所得没收程序若干问题的规定》明确规定对于适用违法所得没收程序案件,适用"具有高度可能"的证明标准。经审查,有证据证明犯罪嫌疑人、被告人将违法所得转移至境外,在境外购置财产的支出小于所转移的违法所得,且犯罪嫌疑人、被告人没有足以支付其在境外购置财产的其他收入来源的,可以认定其在境外购置的财产具有高度可能属于需要申请没收的违法所得。(三)对于主犯逃匿境外的共同犯罪案件,依法审慎适用特别程序追缴违法所得。共同犯罪中,主犯对全部案件事实负责,犯罪后部分犯罪嫌疑人、被告人逃匿境外,部分犯罪嫌疑人、被告人在境内被司法机关依法查办的,如果境内境外均有涉案财产,且逃匿的犯罪嫌疑人、被告人是共同犯罪的主犯,依法适用特别程序追缴共同犯罪违法所得,有利于全面把握涉案事实,取得较好办案效果。

12. 最高人民检察院《第32批指导性案例黄某兰贪污违法所得没收案(节选)》(检例第129号;2021年12月9日)

【要旨】检察机关在适用违法所得没收程序中,应当承担证明有犯罪事实以及申请没收的财产属于违法所得及其他涉案财产的举证责任。利害关系人及其诉讼代理人参加诉讼并主张权利,但不能提供合法证据或者其主张明显与事实不符的,应当依法予以辩驳。善意第三方对申请没收财产享有合法权利的,应当依法予以保护。

【诉讼过程】2002年8月14日,桂林市人民检察院以涉嫌贪污罪对黄某兰立案侦查,查明黄某兰已于2001年12月8日逃匿境外。2002年8月16日,桂林市人民检察院决定对黄某兰刑事拘留,同年12月30日决定逮捕。2005年5月23日,国际刑警组织对黄某兰发布红色通报。2016年12月23日,桂林市人民检察院向桂林市中级人民法院提出没收违法所得申请。利害关系人施某某、邓某某、A银行上海分行、B银行市南支行、C银行虹桥支行申请参加诉讼,对涉案财产主张权利。2018年11月15日,桂林市中级人民法院作出裁定,依法没收黄某兰实施贪污犯罪所得23套房产、银行账户内存款人民币90余万元、美元2.7万余元及利息,依法向A银行上海分行、B银行市南支行、C银行虹桥支行支付贷款欠款本金、利息及实现债权的费用。利害关系人施某某、邓某某不服提出上诉。2019年6月29日,广西壮族自治区高级人民法院驳回上诉,维持一审裁定。

【指导意义】(一)利害关系人对申请没收财产提出异议或主张权利的,检察人员出庭时应当作为质证重点。根据《最高人民法院、最高人民检察院关于适用犯罪嫌疑人、被告人逃匿、死亡案件违法所得没收程序若干问题的规定》第15条的规定,利害关系人在诉讼中对检察机关申请没收的财产属于违法所得及其他涉案财产等相关事实及证据有异议的,可以提出意见;对申请没收财产主张权利的,应当出示相关证据。对于其提供的证据不合法,或其异议明显与客观事实不符的,出庭检察人员应当围绕财产状态、财产来源、与违法犯罪的关系等内容,有针对性地予以驳斥,建议人民法院依法不予支持。(二)善意第三方对申请没收财产享有合法权益的,应当依法保护。对申请没收财产因抵押而享有优先受偿权的债权人,或者享有其他合法权利的利害关系人,如果在案证据能够证明其在抵押权设定时对该财产系违法所得不知情,或者有理由相信该财产为合法财产,依法应当认定为善意第三方,对其享有的担保物权或其他合法权利,依法应当予以保护。

13. 最高人民检察院《第32批指导性案例任某厚受贿、巨额财产来源不明违法所得没收案(节选)》(检例第130号;2021年12月9日)

【要旨】涉嫌巨额财产来源不明犯罪的人在立案前死亡,依照刑法规定应当追缴其违法所得及其他涉案财产的,可以依法适用违法所得没收程序。对涉案的巨额财产,可以由其近亲属或其他利害关系人说明来源。没有近亲属或其他利害关系人主张权利或者说明来源,或者近亲属或其他利害关系人主张权利所提供的证据达不到相应证明标准,或说明的来源经查证不属实的,依法认定为违法所得予以申请没收。违法所得与合法财产混同并产生孳息的,可以按照违法所得占比计算孳息予以申请没收。

【诉讼过程】2014年9月20日,任某厚因严重违纪被免职,同年9月30日因病死亡。经最高人民检察院指定管辖,江苏省人民检察院于2016年7月11日启动违法所得没收程序。同年10月19日,江苏省人民检察院将案件交由扬州市人民检察院办理。同年12月2日,扬州市人民检察院向扬州市中级人民法院提出没收违法所得申请。利害关系人任某一、任某二、袁某申请参加诉讼。2017年6月21日,扬州市中级人民法院公开开庭审理。同年7月25日,扬州市中级人民法院作出违法所得没收裁定,依法没收任某厚受贿犯罪所得人民币30万元及孳息;巨额财产来源不明犯罪所得人民币1265万余元、港元42万余元、美元104万余元、欧元21万余元、加元1万元及孳息,以及珠宝、玉石、黄金制品、字画、手表等物品135件。

【指导意义】(一)涉嫌贪污贿赂等重大犯罪的人立案前死亡的,依法可以适用违法所得没收程序。违法所得没收程序的目的在于解决违法所得及其他涉案财产的追缴问题,不是追究被申请人的刑事责任。涉嫌实施贪污贿赂等重大犯罪行为的人,依照刑法规定应当追缴其犯罪所得及其他涉案财产的,无论立案之前死亡或立案后作为犯罪嫌疑人、被告人在诉讼中死亡,都可以适用违法所得没收程序。(二)巨额财产来源不明犯罪案件中,本人因死亡不能对财产来源作出说明的,应当结合其近亲属说明的来源,或者其他利害关系人主张权利以及提供的证据情况,依法认定是否属于违法所得。已死亡人员的近亲属或其他利害关系人主张权利或说明来源的,应要求其提供相关证据或线索,并进行调查核实。没有近亲属或其他利害关系人主张权利或说明来源,或者近亲属或其他利害关系人虽然主张权利但提供的证据没有达到相应证明标准,或者说明的来源经查证不属实的,应当依法认定为违法所得,予以申请没收。(三)违法所得与合法财产混同并产生孳息的,可以按照比例计算违法所得孳息。在依法查封、扣押、冻结的犯罪嫌疑人财产中,对违法所得与合法财产混同后产生的孳息,可以按照全案中合法财产与违法所得的比例,计算违法所得的孳息数额,依法申请没收。对合法财产及其产生的孳息,及时予以返还。

第 60 条 【以没收的财产偿还债务】 没收财产以前犯罪分子所负的正当债务,需要以没收的财产偿还的,经债权人请求,应当偿还。

• 释义

该条继第 36 条后再次重申民事优先原则,以充分保护民事主体的利益,体现国不与民争利的立法精神。民事优先原则是指犯罪分子的民事债务和财产刑同时并存,而其财产又不足以全部满足偿还债务和执行财产刑刑罚时,应当优先清偿债务,然后再执行财产刑的原则。在财产刑执行中,被判处刑罚的犯罪分子对第 3 人负有正当债务的,执行机构应当将犯罪分子的财产优先清偿债务,剩余的财产可执行财产刑。

刑法第 36 条的规定,解决了民事赔偿案件的执行与罚金或没收财产刑冲突时,民事赔偿应当绝对优先。刑法第 60 条规定,没收财产刑与执行犯罪分子所负正当债务发生冲突时,正当债务的执行应当优先。刑法条文唯独未明确正当债务的执行,与罚金刑间的冲突解决。根据刑法第 60 条的立法意图,也应贯彻到罚金刑执行与正当债务发生竞合的解决机制中,全面确立私法债权执行优先原则。

• 关联法律

1. 最高人民法院《关于适用财产刑若干问题的规定》(法释〔2000〕45 号)

第 7 条 刑法第 60 条规定的“没收财产以前犯罪分子所负的正当债务”,是指犯罪分子在判决生效前所负他人的合法债务。(全文详见本书《刑法》第 64 条相关内容)

2. 最高人民法院《关于财产刑执行问题的若干规定》(法释〔2010〕4 号)

[被最高人民法院《关于废止部分司法解释和司法解释性质文件(第十一批)的决定》(法释〔2015〕2 号)废止]

第四章 刑罚的具体运用

第一节 量 刑

第 61 条 【量刑的事实根据与法律依据】 对于犯罪分子决定刑罚的时候,应当根据犯罪的事实、犯罪的性质、情节和对于社会的危害程度,依照本法的有关规定判处。

• 释义

本条是关于人民法院对犯罪分子量刑原则的规定,是本法第 5 条罪刑相应原则的具体体现。

犯罪事实,是指犯罪构成要件的全部事实。我国刑法分则根据犯罪行为的性质和社会危害程度,划分了十大类不同性质的犯罪,并在每类犯罪中规定了各种不同的罪名,同时也相应规定了不同的刑罚。正确认定犯罪性质,是准确裁量刑罚的前提。犯罪情节,是指实施犯罪的有关具体情况,包括犯罪过程、手段等。

第一种是法定情节,即法律规定的从重、从轻、减轻以及免除处罚的情节,如犯罪停止形态中的预备、既遂、未遂和中止,共同犯罪中的首犯、主犯、从犯、胁从犯和教唆犯,此外还有累犯、自首、立功等情节。对于犯罪行为具有法定情节的,必须依法确定其量刑的轻重。第二种是酌定情节,即不是法律中明确规定的情节,而是人民法院根据实际情况和审判实践,在量刑时予以考虑的情节。如犯罪动机、犯罪时的环境和条件、犯罪人的一贯表现、认罪态度等。对于社会的危害程度,是指犯罪行为对法律保护的社会关系损害的程度。对社会的危害程度一般包括两方面的内容:一是犯罪行为直接造成的危害后果;二是犯罪行为虽未直接造成危害后果,仍存在着潜在的危害。如刑法分则中规定的"足以造成火车倾覆"、"足以危害他人身体健康"的等。

• 关联法律

1. 最高人民法院研究室《关于因错判在服刑期"脱逃"后确有犯罪其错判服刑期限可否与后判刑期折抵问题的电话答复》(1983 年 8 月 31 日)

湖北省高级人民法院:你院 1983 年 8 月 12 日鄂法研字〔83〕第 19 号《对因错判在服刑期"脱逃"后确有犯罪其错判服刑期限可否与后判刑期折抵的请示》已收悉。

我们同意你院报告中所提出的意见,即:对被错判徒刑的在服刑期间"脱逃"的行为,可不以脱逃论罪判刑;但在脱逃期间犯罪的,应依法定罪判刑;对被错判已服刑的日期与后来犯罪所判处的刑期不宜折抵,可在量刑时酌情考虑从轻或减轻处罚。

2. 最高人民法院《关于被告人亲属主动为被告人退缴赃款应如何处理的批复》(1987 年 8 月 26 日)

(详见本书《刑法》第 36 条相关内容)

3. 最高人民法院研究室《关于行政拘留日期折抵刑期问题的电话答复》(1988 年 2 月 23 日)

(法释〔2019〕11 号已声明该文件废止)

4. 最高人民法院研究室《关于对再审改判前因犯新罪被加刑的罪犯再审时如何确定执行的刑罚问题的电话答复》(1989 年 5 月 24 日)

湖北省高级人民法院:你院鄂法研〔1988〕33 号《关于对再审改判前因犯新罪被加刑的罪犯再审时应如何确定执行的刑罚问题的请示报告》收悉。经研究,答复如下:

原则上同意你院意见,即对于再审改判前因犯新罪被加刑的罪犯,在对其前罪再审时,应当将罪犯犯新罪时的判决中关于前罪与新罪并罚的内容撤销,并把经再审改判后的前罪没有执行完的刑罚和新罪已判处的刑罚,按照刑法第 66 条的规定依法数罪并罚。关于原前罪与新罪并罚的判决由哪个法院撤销,应视具体情况确定:如果再审法院是对新罪作出判决的法院的上级法院,或者是对新罪作出判决的同一法院,可以由再审法院撤销;否则,应由对新罪作出判决的法院撤销。对于前罪经再审改判为无罪或者免予刑事处分的,其已执行的刑期可以折抵新罪的刑期。执行本答复中遇有新的情况或问题,请及时报告我们。

5. 最高人民法院研究室《关于如何理解和掌握“在法定刑以下减轻”处罚问题的电话答复》（1990 年 4 月 27 日）

（法释〔2013〕2 号已声明该文件废止）

6. 最高人民法院《关于适用刑法时间效力规定若干问题的解释》（法释〔1997〕5 号）

第 2 条 犯罪分子 1997 年 9 月 30 日以前犯罪，不具有法定减轻处罚情节，但是根据案件的具体情况需要在法定刑以下判处刑罚的，适用修订前的刑法第 59 条第 2 款的规定。

（1979 年刑法第 59 条第 2 款为：犯罪分子虽然不具有本法规定的减轻处罚情节，如果根据案件的具体情况，判处法定刑的最低刑还是过重的，经人民法院审判委员会决定，也可以在法定刑以下判处刑罚。）

7. 最高人民检察院《关于 CPS 多道心理测试鉴定结论能否作为诉讼证据使用问题的批复》（高检发研字〔1999〕12 号）

四川省人民检察院：你院川检发研〔1999〕20 号《关于 CPS 多道心理测试鉴定结论能否作为诉讼证据使用的请示》收悉。经研究，批复如下：

CPS 多道心理测试（俗称测谎）鉴定结论与刑事诉讼法规定的鉴定结论不同，不属于刑事诉讼法规定的证据种类。人民检察院办理案件，可以使用 CPS 多道心理测试鉴定结论帮助审查、判断证据，但不能将 CPS 多道心理测试鉴定结论作为证据使用。

8. 最高人民检察院《关于“骨龄鉴定”能否作为确定刑事责任年龄证据使用的批复》（高检发研字〔2000〕6 号）

（详见本书《刑法》第 17 条相关内容）

9. 最高人民法院、最高人民检察院、公安部、司法部、新闻出版署《关于公安部光盘生产源鉴定中心行使行政、司法鉴定权有关问题的通知》（公通字〔2000〕21 号）

为适应“扫黄”“打非”、保护知识产权工作的需要，解决目前各地办案过程中遇到的光盘生产源无法识别的问题，经中央机构编制委员会办公室批准，公安部组建了光盘生产源鉴定中心（设在广东省深圳市，以下简称鉴定中心）。目前，鉴定中心的各项筹备工作已完毕，所开发研制的光盘生产源识别方法已通过了由最高人民法院、最高人民检察院、公安部、司法部和国家新闻出版署派员组成的专家委员会的评审鉴定，具备了行政、司法鉴定能力。现将有关问题通知如下：

一、鉴定范围和内容

鉴定中心负责对各地人民法院、人民检察院、公安机关、司法行政机关、新闻出版行政机关、音像行政管理部门和其他行政执法机关在办理制黄贩黄、侵权盗版案件中所查获的光盘及母盘进行鉴定，确定送检光盘及母盘的生产企业。

企事业单位因业务工作需要，提出鉴定申请的，鉴定中心也可以进行上述鉴定。

二、鉴定程序

办案单位认为需要进行行政、司法鉴定的，应持有本单位所在地县级以上人民法院、人民检察院、公安机关、司法行政机关或其他行政执法机关出具的公函；新闻出版行政机关、音像行政管理部门办案需要鉴定的，由当地省级以上新闻出版机关、音像行政管理部门出具委托鉴定公函。企事业单位需要鉴定的，由本单位向鉴定中心出具委托鉴定公函。鉴定中心在接受鉴定委托后，应立即组织 2 名以上专业技术人员进行鉴定，在 30 天以内出具《中华人民共和国公安部光盘生产源鉴定书》（见附件），并报公安部治安管理局备案。

委托鉴定可通过寄递方式提出。

三、鉴定费用

鉴定中心接受人民法院、人民检察院、公安机关、司法行政机关、新闻出版行政机关、音像行政管理部门或其他行政执法机关委托鉴定的,不收取鉴定费用。

鉴定中心接受企事业单位委托鉴定的,按照国家有关规定收取鉴定费用。

四、鉴定的法律效力

鉴定中心出具的鉴定书可以作为定案依据。

本通知自发布之日起执行。

10. 全国人大常委会法制工作委员会《关于对法医类鉴定与医疗事故技术鉴定关系问题的意见》(法工委复字〔2005〕29号)

卫生部:你部2005年4月18日(卫政法函〔2005〕75号)来涵收悉。经研究,交换意见如下:《全国人民代表大会常务委员会关于司法鉴定管理问题的决定》第2条规定,国家对从事法医类鉴定的鉴定人和鉴定机构实行登记管理制度。医疗事故技术鉴定的组织方式与一般的法医类鉴定有很大区别,医疗事故技术鉴定的内容也不都属于法医类鉴定。但医疗事故技术鉴定中涉及的有关问题,如尸检、伤残等级鉴定等,属于法医类鉴定范围。对此类鉴定事项,在进行医疗事故技术鉴定时,由已列入鉴定人名册的法医参加鉴定为宜。

11. 最高人民法院《关于审理未成年人刑事案件具体应用法律若干问题的解释》(法释〔2006〕1号)

第11条 对未成年罪犯适用刑罚,应当充分考虑是否有利于未成年罪犯的教育和矫正。

对未成年罪犯量刑应当依照刑法第61条的规定,并充分考虑未成年人实施犯罪行为的动机和目的、犯罪时的年龄、是否初次犯罪、犯罪后的悔罪表现、个人成长经历和一贯表现等因素。对符合管制、缓刑、单处罚金或者免予刑事处罚适用条件的未成年罪犯,应当依法适用管制、缓刑、单处罚金或者免予刑事处罚。

第12条 行为人在达到法定刑事责任年龄前后均实施了犯罪行为,只能依法追究其达到法定刑事责任年龄后实施的犯罪行为的刑事责任。

行为人在年满18周岁前后实施了不同种犯罪行为,对其年满18周岁以前实施的犯罪应当依法从轻或者减轻处罚。行为人在年满18周岁前后实施了同种犯罪行为,在量刑时应当考虑对年满18周岁以前实施的犯罪,适当给予从轻或者减轻处罚。

第13条 未成年人犯罪只有罪行极其严重的,才可以适用无期徒刑。对已满14周岁不满16周岁的人犯罪一般不判处无期徒刑。

第14条 除刑法规定"应当"附加剥夺政治权利外,对未成年罪犯一般不判处附加剥夺政治权利。

如果对未成年罪犯判处附加剥夺政治权利的,应当依法从轻判处。

对实施被指控犯罪时未成年、审判时已成年的罪犯判处附加剥夺政治权利,适用前款的规定。(详见本书《刑法》第17条相关内容)

12. 最高人民法院《关于贯彻宽严相济刑事政策的若干意见》(法发〔2010〕9号)

二、准确把握和正确适用依法从"严"的政策要求

6. 宽严相济刑事政策中的从"严",主要是指对于罪行十分严重、社会危害性极大,依法应当判处重刑或死刑的,要坚决地判处重刑或死刑;对于社会危害大或者具有法定、酌定从重处罚情节,以及主观恶性深、人身危险性大的被告人,要依法从严惩处。在审判活动中通过体现依法从"严"的政策要求,有效震慑犯罪分子和社会不稳定分子,达到有效遏制犯罪、预防犯罪的目的。

7. 贯彻宽严相济刑事政策,必须毫不动摇地坚持依法严惩严重刑事犯罪的方针。对于危害国家安全犯罪、恐怖组织犯罪、邪教组织犯罪、黑社会性质组织犯罪、恶势力犯罪、故意危害公共安全犯罪等严重危害国家政权稳固和社会治安的犯罪,故意杀人、故意伤害致人死亡、强奸、绑架、拐卖妇女儿童、抢劫、重大抢夺、重大盗窃等严重暴力犯罪和严重影响人民群众安全感的犯罪，走私、贩卖、运输、制造毒品等毒害人民健康的犯罪，要作为严惩的重点，依法从重处罚。尤其对于极端仇视国家和社会，以不特定人为侵害对象，所犯罪行特别严重的犯罪分子，该重判的要坚决依法重判，该判处死刑的要坚决依法判处死刑。

8. 对于国家工作人员贪污贿赂、滥用职权、失职渎职的严重犯罪，黑恶势力犯罪、重大安全责任事故、制售伪劣食品药品所涉及的国家工作人员职务犯罪，发生在社会保障、征地拆迁、灾后重建、企业改制、医疗、教育、就业等领域严重损害群众利益、社会影响恶劣、群众反映强烈的国家工作人员职务犯罪，发生在经济社会建设重点领域、重点行业的严重商业贿赂犯罪等，要依法从严惩处。

对于国家工作人员职务犯罪和商业贿赂犯罪中性质恶劣、情节严重、涉案范围广、影响面大的，或者案发后隐瞒犯罪事实、毁灭证据、订立攻守同盟、负案潜逃等拒不认罪悔罪的，要坚决依法从严惩处。

对于被告人犯罪所得数额不大，但对国家财产和人民群众利益造成重大损失、社会影响极其恶劣的职务犯罪和商业贿赂犯罪案件，也应依法从严惩处。

要严格掌握职务犯罪法定减轻处罚情节的认定标准与减轻处罚的幅度，严格控制依法减轻处罚后判处3年以下有期徒刑适用缓刑的范围，切实规范职务犯罪缓刑、免予刑事处罚的适用。

9. 当前和今后一段时期，对于集资诈骗、贷款诈骗、制贩假币以及扰乱、操纵证券、期货市场等严重危害金融秩序的犯罪，生产、销售假药、劣药、有毒有害食品等严重危害食品药品安全的犯罪，走私等严重侵害国家经济利益的犯罪，造成严重后果的重大安全责任事故犯罪，重大环境污染、非法采矿、盗伐林木等各种严重破坏环境资源的犯罪等，要依法从严惩处，维护国家的经济秩序，保护广大人民群众的生命健康安全。

10. 严惩严重刑事犯罪，必须充分考虑被告人的主观恶性和人身危险性。对于事先精心预谋、策划犯罪的被告人，具有惯犯、职业犯等情节的被告人，或者因故意犯罪受过刑事处罚、在缓刑、假释考验期内又犯罪的被告人，要依法严惩，以实现刑罚特殊预防的功能。

11. 要依法从严惩处累犯和毒品再犯。凡是依法构成累犯和毒品再犯的，即使犯罪情节较轻，也要体现从严惩处的精神。尤其是对于前罪为暴力犯罪或被判处重刑的累犯，更要依法从严惩处。

12. 要注重综合运用多种刑罚手段，特别是要重视依法适用财产刑，有效惩治犯罪。对于法律规定有附加财产刑的，要依法适用。对于侵财型和贪利型犯罪，更要注重通过依法适用财产刑使犯罪分子受到经济上的惩罚，剥夺其重新犯罪的能力和条件。要切实加大财产刑的执行力度，确保刑罚的严厉性和惩罚功能得以实现。被告人非法占有、处置被害人财产不能退赃的，在决定刑罚时，应作为重要情节予以考虑，体现从严处罚的精神。

13. 对于刑事案件被告人，要严格依法追究刑事责任，切实做到不枉不纵。要在确保司法公正的前提下，努力提高司法效率。特别是对于那些严重危害社会治安，引起社会关注的刑事案件，要在确保案件质量的前提下，抓紧审理，及时宣判。

三、准确把握和正确适用依法从"宽"的政策要求

14. 宽严相济刑事政策中的从"宽"，主要是指对于情节较轻、社会危害性较小的犯罪，或者罪行虽然严重，但具有法定、酌定从宽处罚情节，以及主观恶性相对较小、人身危险性不大的被告人，可以依法从轻、减轻或者免除处罚；对于具有一定社会危害性，但情节显著轻微危害不大的行为，不作为犯罪处理；对于依法可不监禁的，尽量适用缓刑或者判处管制、单处罚金等非监禁刑。

15. 被告人的行为已经构成犯罪，但犯罪情节轻微，或者未成年人、在校学生实施的较轻犯罪,或者被告人具有犯罪预备、犯罪中止、从犯、胁从犯、防卫过当、避险过当等情节,依法不需要判处刑罚的,可以免予刑事处罚。对免予刑事处罚的,应当根据刑法第37条规定,做好善后、帮教工作或者交由有关部门进行处理,争取更好的社会效果。

16. 对于所犯罪行不重、主观恶性不深、人身危险性较小、有悔改表现、不致再危害社会的犯罪分子,要依法从宽处理。对于其中具备条件的,应当依法适用缓刑或者管制、单处罚金等非监禁刑。同时配合做好社区矫正,加强教育、感化、帮教、挽救工作。

17. 对于自首的被告人,除了罪行极其严重、主观恶性极深、人身危险性极大,或者恶意地利用自首规避法律制裁者以外,一般均应当依法从宽处罚。

对于亲属以不同形式送被告人归案或协助司法机关抓获被告人而认定为自首的,原则上都应当依法从宽处罚;有的虽然不能认定为自首,但考虑到被告人亲属支持司法机关工作,促使被告人到案、认罪、悔罪,在决定对被告人具体处罚时,也应当予以充分考虑。

18. 对于被告人检举揭发他人犯罪构成立功的,一般均应当依法从宽处罚。对于犯罪情节不是十分恶劣,犯罪后果不是十分严重的被告人立功的,从宽处罚的幅度应当更大。

19. 对于较轻犯罪的初犯、偶犯,应当综合考虑其犯罪的动机、手段、情节、后果和犯罪时的主观状态,酌情予以从宽处罚。对于犯罪情节轻微的初犯、偶犯,可以免予刑事处罚;依法应当予以刑事处罚的,也应当尽量适用缓刑或者判处管制、单处罚金等非监禁刑。

20. 对于未成年人犯罪,在具体考虑其实施犯罪的动机和目的、犯罪性质、情节和社会危害程度的同时,还要充分考虑其是否属于初犯,归案后是否悔罪,以及个人成长经历和一贯表现等因素,坚持"教育为主、惩罚为辅"的原则和"教育、感化、挽救"的方针进行处理。对于偶尔盗窃、抢夺、诈骗,数额刚达到较大的标准,案发后能如实交代并积极退赃的,可以认定为情节显著轻微,不作为犯罪处理。对于罪行较轻的,可以依法适当多适用缓刑或者判处管制、单处罚金等非监禁刑;依法可免予刑事处罚的,应当免予刑事处罚。对于犯罪情节严重的未成年人,也应当依照刑法第17条第3款的规定予以从轻或者减轻处罚。对于已满14周岁不满16周岁的未成年犯罪人,一般不判处无期徒刑。

21. 对于老年人犯罪,要充分考虑其犯罪的动机、目的、情节、后果以及悔罪表现等,并结合其人身危险性和再犯可能性,酌情予以从宽处罚。

22. 对于因恋爱、婚姻、家庭、邻里纠纷等民间矛盾激化引发的犯罪,因劳动纠纷、管理失当等原因引发、犯罪动机不属恶劣的犯罪,因被害方过错或者基于义愤引发的或者具有防卫因素的突发性犯罪,应酌情从宽处罚。

23. 被告人案发后对被害人积极进行赔偿,并认罪、悔罪的,依法可以作为酌定量刑情节予以考虑。因婚姻家庭等民间纠纷激化引发的犯罪,被害人及其家属对被告人表示谅解的,应当作为酌定量刑情节予以考虑。犯罪情节轻微,取得被害人谅解的,可以依法从宽处理,不需判处刑罚的,可以免予刑事处罚。

24. 对于刑事被告人,如果采取取保候审、监视居住等非羁押性强制措施足以防止发生社会危险性,且不影响刑事诉讼正常进行的,一般可不采取羁押措施。对人民检察院提起公诉而被告人未被采取逮捕措施的,除存在被告人逃跑、串供、重新犯罪等具有人身危险性或者可能影响刑事诉讼正常进行的情形外,人民法院一般可不决定逮捕被告人。

四、准确把握和正确适用宽严"相济"的政策要求

25. 宽严相济刑事政策中的"相济",主要是指在对各类犯罪依法处罚时,要善于综合运用宽和严两种手段,对不同的犯罪和犯罪分子区别对待,做到严中有宽、宽以济严;宽中有严、严以济宽。

26. 在对严重刑事犯罪依法从严惩处的同时,对被告人具有自首、立功、从犯等法定或酌定从宽处罚情节的，还要注意宽以济严，根据犯罪的具体情况，依法应当或可以从宽的，都应当在量刑上予以充分考虑。

27. 在对较轻刑事犯罪依法从轻处罚的同时，要注意严以济宽，充分考虑被告人是否具有屡教不改、严重滋扰社会、群众反映强烈等酌定从严处罚的情况，对于不从严不足以有效惩戒者，也应当在量刑上有所体现，做到济之以严，使犯罪分子受到应有处罚，切实增强改造效果。

28. 对于被告人同时具有法定、酌定从严和法定、酌定从宽处罚情节的案件，要在全面考察犯罪的事实、性质、情节和对社会危害程度的基础上，结合被告人的主观恶性、人身危险性、社会治安状况等因素，综合作出分析判断，总体从严，或者总体从宽。

29. 要准确理解和严格执行"保留死刑，严格控制和慎重适用死刑"的政策。对于罪行极其严重的犯罪分子，论罪应当判处死刑的，要坚决依法判处死刑。要依法严格控制死刑的适用，统一死刑案件的裁判标准，确保死刑只适用于极少数罪行极其严重的犯罪分子。拟判处死刑的具体案件定罪或者量刑的证据必须确实、充分，得出唯一结论。对于罪行极其严重，但只要是依法可不立即执行的，就不应当判处死刑立即执行。

30. 对于恐怖组织犯罪、邪教组织犯罪、黑社会性质组织犯罪和进行走私、诈骗、贩毒等犯罪活动的犯罪集团，在处理时要分别情况，区别对待：对犯罪组织或集团中的为首组织、指挥、策划者和骨干分子，要依法从严惩处，该判处重刑或死刑的要坚决判处重刑或死刑；对受欺骗、胁迫参加犯罪组织、犯罪集团或只是一般参加者，在犯罪中起次要、辅助作用的从犯，依法应当从轻或减轻处罚，符合缓刑条件的，可以适用缓刑。

对于群体性事件中发生的杀人、放火、抢劫、伤害等犯罪案件，要注意重点打击其中的组织、指挥、策划者和直接实施犯罪行为的积极参与者；对因被煽动、欺骗、裹胁而参加，情节较轻，经教育确有悔改表现的，应当依法从宽处理。

31. 对于一般共同犯罪案件，应当充分考虑各被告人在共同犯罪中的地位和作用，以及在主观恶性和人身危险性方面的不同，根据事实和证据能分清主从犯的，都应当认定主从犯。有多名主犯的，应在主犯中进一步区分出罪行最为严重者。对于多名被告人共同致死一名被害人的案件，要进一步分清各被告人的作用，准确确定各被告人的罪责，以做到区别对待；不能以分不清主次为由，简单地一律判处重刑。

32. 对于过失犯罪，如安全责任事故犯罪等，主要应当根据犯罪造成危害后果的严重程度、被告人主观罪过的大小以及被告人案发后的表现等，综合掌握处罚的宽严尺度。对于过失犯罪后积极抢救、挽回损失或者有效防止损失进一步扩大的，要依法从宽。对于造成的危害后果虽然不是特别严重，但情节特别恶劣或案发后故意隐瞒案情，甚至逃逸，给及时查明事故原因和迅速组织抢救造成贻误的，则要依法从重处罚。

33. 在共同犯罪案件中，对于主犯或首要分子检举、揭发同案地位、作用较次犯罪分子构成立功的，从轻或者减轻处罚应当从严掌握，如果从轻处罚可能导致全案量刑失衡的，一般不予从轻处罚；如果检举、揭发的是其他犯罪案件中罪行同样严重的犯罪分子，或者协助抓获的是同案中的其他主犯、首要分子的，原则上应予依法从轻或者减轻处罚。对于从犯或犯罪集团中的一般成员立功，特别是协助抓获主犯、首要分子的，应当充分体现政策，依法从轻、减轻或者免除处罚。

34. 对于危害国家安全犯罪、故意危害公共安全犯罪、严重暴力犯罪、涉众型经济犯罪等严重犯罪；恐怖组织犯罪、邪教组织犯罪、黑恶势力犯罪等有组织犯罪的领导者、组织者和骨干分子；毒品犯罪再犯的严重犯罪者；确有执行能力而拒不依法积极主动缴付财产执行财产刑或确有履行能力而不积极主动履行附带民事赔偿责任的，在依法减刑、假释时，应当从严掌握。对累犯减刑时，应当从严掌握。拒不交代真实身份或对减刑、假释材料弄虚作假，不符合减刑、假释条件的,不得减刑、假释。

对于因犯故意杀人、爆炸、抢劫、强奸、绑架等暴力犯罪,致人死亡或严重残疾而被判处死刑缓期2年执行或无期徒刑的罪犯,要严格控制减刑的频度和每次减刑的幅度,要保证其相对较长的实际服刑期限,维护公平正义,确保改造效果。

对于未成年犯、老年犯、残疾罪犯、过失犯、中止犯、胁从犯、积极主动缴付财产执行财产刑或履行民事赔偿责任的罪犯、因防卫过当或避险过当而判处徒刑的罪犯以及其他主观恶性不深、人身危险性不大的罪犯,在依法减刑、假释时,应当根据悔改表现予以从宽掌握。对认罪服法,遵守监规,积极参加学习、劳动,确有悔改表现的,依法予以减刑,减刑的幅度可以适当放宽,间隔的时间可以相应缩短。符合刑法第81条第1款规定的假释条件的,应当依法多适用假释。(详见本书《刑法》第5条相关内容)

13. 最高人民法院、最高人民检察院、公安部、国家安全部,司法部《关于规范量刑程序若干问题的意见(试行)》(法发〔2010〕35号)

(法发〔2020〕38号已声明该文废止)

14. 最高人民法院刑一庭《准确把握和正确适用依法从严政策》(2010年3月25日)

《最高人民法院关于贯彻宽严相济刑事政策的若干意见》(以下简称《意见》)指出:"贯彻宽严相济刑事政策,要根据犯罪的具体情况,实行区别对待,做到该宽则宽,当严则严,宽严相济,罚当其罪";"要全面客观把握不同时期不同地区的经济社会状况和社会治安形势,充分考虑人民群众的安全感以及惩治犯罪的实际需要,注重从严打击严重危害国家安全、社会治安和人民群众利益的犯罪。"这就给我们明确了宽严相济刑事政策下的依法从严要求。在审判活动中这一要求,对于罪行极其严重、社会危害性极大的犯罪分子依法判处重刑直至死刑,对于社会危害性大或者具有从重处罚情节、主观恶性深、人身危险性大的犯罪分子依法从严惩处,可以有效地震慑犯罪分子和社会不稳定分子,达到有效遏制和预防犯罪的目的。人民法院必须在党的领导下,根据新形势对刑事审判工作的新要求,根据人民群众对社会稳定的新期待,准确把握依法从严的政策要求,严惩严重刑事犯罪,维护社会和谐稳定。

一、从严惩处是宽严相济刑事政策的应有内容

贯彻宽严相济刑事政策,不仅要注重依法从宽的一面,还要注重依法从严的一面。依法从严是宽严相济刑事政策的题中应有之义。从一定程度上说,严是基础,是前提。没有惩罚,就谈不上宽大。正如《意见》指出的:"既要克服重刑主义思想影响,防止片面从严,也要避免轻刑化思想影响,防止一味从宽。"从严惩处严重刑事犯罪是社会治安形势的要求,是广大人民群众的期待。当前,我国仍处在社会转型期、矛盾凸显期、犯罪高发期,社会治安形势依然严峻。特别是严重刑事犯罪猖獗,严重危害人民群众生命财产安全,严重影响人民群众安全感,广大群众对此反应强烈。要遏制严重犯罪高发的势头,必须有严的一手。该严不严,该重不重,就起不到对犯罪的震慑作用,就会引起人民群众的不满,就不利于社会治安的根本好转。正如邓小平同志指出的那样:"搞得不疼不痒,不得人心。"因此,人民法院必须全面贯彻宽严相济刑事政策,既要有对较轻犯罪和具有从宽情节的犯罪分子从宽的一面,又要有对较重犯罪和具有从重情节的犯罪分子从严的一面,做到宽严并用,罚当其罪。

从严惩处要坚持审时度势的原则。《意见》指出:"要根据经济社会发展和治安形势的变化,根据犯罪情况的变化,在法律规定的范围内,适时调整从严的对象、范围和力度。"犯罪情况和社会治安情况不是一成不变的,而是随着经济社会的发展不断变化的。人民法院要根据犯罪和社会治安情况的变化,及时调整从严惩处的犯罪类型,适时调整从严惩处的幅度。要因地制宜、因时制宜,因人而异、因案而异,什么时期犯罪严重就在什么时期从严,什么地方犯罪严重就在什么地方从严,什么类型犯罪活动猖獗就严惩什么犯罪。在从严的力度上,也要根据犯罪形势的变化做出调整。在犯罪爆发增长时期,从严的力度要更大;在犯罪相对平稳时期,从严的力度要相对稳定。

从严惩处要坚持依法从严的原则。《意见》指出:“从宽和从严都必须依照法律规定进行,做到宽严有据,罚当其罪。”罪刑法定、罪刑相适应是刑法的基本原则,办理任何刑事案件包括严重刑事犯罪案件都必须严格遵守。从严惩处不是无限度的,不是越严越好、越重越好,而是有标准、有限度的。这个标准就是罪刑法定和罪刑相适应的刑法基本原则,就是刑法总则和分则中关于量刑情节和具体犯罪定罪量刑的规定,就是有关司法解释关于具体适用法律问题的规定。不能为了从严而突破法律的幅度和界限,任意或变相加重被告人的刑罚,否则,既不可能实现良好的法律效果,也不可能实现良好的社会效果。

二、准确把握从严惩处的重点

从严惩处不是对一切犯罪、一切犯罪分子都从严,而是要考虑社会治安形势,考虑人民群众的安全感以及惩治犯罪的实际需要。按照《意见》的要求,要“注重从严打击严重危害国家安全、社会治安和人民群众利益的犯罪”。当前,从严惩处的重点主要包括以下几个方面:一是依法严惩严重危害国家政权稳固和社会治安的犯罪、严重暴力犯罪和严重影响人民群众安全感的犯罪、严重危害人民群众健康的犯罪。国家安全、社会稳定是经济发展的基础,是广大人民群众的根本利益所在。因此,对于危害国家安全犯罪、恐怖组织犯罪、邪教组织犯罪、黑恶势力犯罪、故意危害公共安全犯罪等必须从严惩处。尤其对于极端仇视国家和社会,以不特定人为侵害对象,危害后果特别严重的犯罪分子,要坚决严惩直至判处死刑。严重暴力犯罪、重大侵财犯罪、毒品犯罪严重危害人民群众的生命、健康和财产安全,一直是司法机关打击的重点。当前,要严厉惩处故意杀人、故意伤害致人死亡的犯罪,保护公民的生命安全;严厉惩处强奸、拐卖妇女儿童的犯罪,保护妇女儿童的人身安全;严厉惩处抢劫、绑架、重大抢夺、重大盗窃犯罪,保护公民人身、财产安全;严厉惩处走私、贩卖、运输、制造毒品犯罪,保护公民身体健康。二是依法严惩严重职务犯罪和严重商业贿赂犯罪。严重职务犯罪侵害了公务人员职务的廉洁性、合法性,侵犯了公民的合法权利,损害了群众的切身利益,严重影响党和政府在人民群众中的威信和形象,必须依法严惩。当前,对于国家工作人员贪污贿赂犯罪以及充当黑恶势力保护伞、失职渎职造成重大安全责任事故、食品药品安全事故的,侵占挪用社会保险、保障基金、灾后重建经费的,对于利用企业改制侵吞国有资产或造成国有资产流失的,对于医疗、教育、就业等领域的严重商业贿赂犯罪等,要依法从严惩处。要严格职务犯罪减轻处罚、缓刑、免刑的条件和标准,规范减轻处罚、缓刑、免刑的适用,特别是对那些造成国家财产和人民群众利益重大损失、社会影响极其恶劣的职务犯罪和商业贿赂犯罪,一般不宜适用缓刑、免予刑事处罚,以防止造成不良社会效果。三是依法严惩严重经济犯罪,维护市场经济秩序,保障国家经济安全和金融安全。当前和今后一段时期,要依法严惩严重危害金融秩序的犯罪,主要是集资诈骗、贷款诈骗、制贩假币以及扰乱、操纵证券期货市场等犯罪,维护金融秩序;要严惩严重危害食品、药品安全的犯罪,主要是生产、销售假药劣药、有毒有害食品的犯罪,保护人民群众的身体健康;要严惩走私犯罪、重大安全责任事故犯罪、严重破坏环境资源犯罪,保护国家重大经济利益及生产秩序,保护自然资源环境。

三、准确把握从严案件的量刑

对犯罪的从严惩处主要体现在对犯罪分子的量刑上。要根据案件的事实和法律的规定,对于罪行、情节严重的犯罪体现从严的精神。《意见》指出:“严惩严重刑事犯罪,必须充分考虑被告人的主观恶性和人身危险性”;“要注重综合运用多种刑罚手段,特别是要重视依法适用财产刑,有效惩治犯罪。”

一是要充分考虑犯罪行为的社会危害性,对于犯罪造成国家利益和人民群众生命、健康、财产重大损失的，要依法从重量刑。同时，要充分考虑案件的法定或酌定从重处罚情节。对于被告人有法定或酌定从重处罚情节的，如共同犯罪中的主犯、集团犯罪中的组织、策划、指挥者和骨干分子等，要依法从重处罚。

二是要充分考虑被告人的主观恶性、人身危险性对量刑的影响。主观恶性的大小是犯罪分子应负刑事责任的重要根据。对于主观恶性大的犯罪分子，如犯罪情节恶劣、犯罪手段残忍、犯罪动机卑劣的，特别是对于事先精心预谋、策划犯罪的被告人，要依法从严惩处。人身危险性的大小是对犯罪分子进行特殊预防的重要依据，对于惯犯、职业犯、累犯、再犯、在缓刑假释考验期内又犯罪等人身危险性特别大的犯罪分子，也要依法从严惩处。

三是对于罪行极其严重的犯罪分子，要坚决地适用重刑直至死刑，以震慑犯罪、伸张正义、鼓舞人民群众与严重犯罪行为作斗争。死刑是对罪行极其严重的犯罪分子的一种最严厉的刑罚方法，虽然我国采取严格控制、慎重适用死刑的方针，但是基于犯罪的客观形势和人民群众的要求，我们仍然保留死刑并适度使用，不仅震慑了犯罪，也满足了群众的正义要求，社会效果是好的。因此，人民法院对于那些罪行极其严重、人身危险性极大的犯罪分子，依法应当判处死刑立即执行的，要毫不手软，坚决判处。

四是对严重犯罪分子不仅可以判处死刑、徒刑，还要依法适用财产刑，如没收财产、罚金等刑罚。对侵财型和贪利型犯罪，要依法没收犯罪分子的犯罪所得，以剥夺犯罪分子重新犯罪的能力和条件。要把犯罪分子的退赃情况作为对其量刑轻重的重要依据，对于拒不退赃的，要依法从重处罚，对于赃款被挥霍客观上不能退赃的，也要适度从严。

四、切实提高从严案件的审判质量和效率

质量是刑事审判工作的生命。从严惩处涉及到被告人的生命、自由、财产的严厉剥夺，更要弄清、搞准，做到不枉不纵。既要打得严、打得狠，又要打得稳、打得准，否则就可能造成冤假错案，影响司法机关的形象和司法公信力。因此，必须切实提高案件的审判质量，严把案件事实关、证据关、程序关和法律适用关。特别是对判处死刑的案件，要做到事实清楚，证据确实、充分，排除一切合理怀疑，真正做到“杀者不疑，疑者不杀”，把每个案件都办成经得起历史和实践检验的“铁案”。要注重裁判文书说理，尤其是从严的理由，以促使被告人认罪服法，减少涉诉上访，取得社会公众的认同和支持。

要不断提高审判效率。严重刑事犯罪造成社会秩序的严重破坏，引起人民群众的极度不安，必须迅速审判。对于那些严重危害社会治安、引起社会普遍关注的刑事案件，要在保证司法公正和办案质量的前提下，抓紧审理，在法律规定的期限内及时宣判，防止延迟耽搁和久拖不决。要根据情况选择一些依法从严、及时审结的案件进行充分的宣传报道，以震慑犯罪、教育群众、鼓舞民心，最大程度地实现法律效果和社会效果的有机统一。

15. 最高人民法院刑二庭《宽严相济在经济犯罪和职务犯罪案件审判中的具体贯彻》(2010年4月7日)

最高人民法院于2009年2月8日发布的《关于贯彻宽严相济刑事政策的若干意见》(以下称《意见》)，对宽严相济刑事政策的基本内涵作出了科学阐释，对宽严相济刑事政策的贯彻落实提出了明确要求，是新形势下刑事审判工作的一个纲领性文件，对于人民法院正确适用法律，充分发挥审判职能作用，最大限度地预防和减少犯罪、化解社会矛盾、维护社会和谐稳定，具有重要的实践指导意义。《意见》内涵深刻、内容丰富，为深入理解和正确适用本《意见》，现结合审判工作实际，就《意见》有关经济犯罪和职务犯罪案件审判工作中贯彻宽严相济刑事政策的规定说明如下：

一、宽严相济刑事政策在经济犯罪案件审判中的具体贯彻

(一)关于从严惩处的案件范围。根据《意见》第9条规定，发生在经济领域、需依法从严惩处的主要是指下列严重犯罪:以高利率或高回报为诱饵,针对社会公众实施的非法集资、非法证券、传销、地下“六合彩”等涉众型犯罪;制售假冒伪劣、有毒、有害食品、药品等损害群众切身利益的犯罪;制售伪劣农药、兽药、化肥、种子等坑农害农的犯罪;制贩假币、操纵证券期货市场、金融诈骗等严重危害金融秩序的犯罪;走私,逃税、骗税、虚开增值税专用发票等严重侵害国家经济利益的犯罪;重大环境污染、非法采矿、盗伐林木等各种严重破坏环境资源的犯罪。

(二)关于政策法律界限。对于当前金融危机背景下的经济违法行为,应当根据《意见》第4条规定的“审时度势”原则、第5条规定的“两个效果相统一”原则以及第14条、第23条规定的从宽要求,审慎分析判断其社会危害性,从有利于保障经济增长、维护社会稳定的角度依法准确定罪量刑。以非法集资案件为例说明如下:一是要准确界定非法集资与民间借贷、商业交易的政策法律界限。未经社会公开宣传,在单位职工或者亲友内部针对特定对象筹集资金的,一般可以不作为非法集资。二是要准确把握非法集资罪与非罪的界限。资金主要用于生产经营及相关活动,行为人有还款意愿,能够及时清退集资款项,情节轻微,社会危害不大的,可以免予刑事处罚或者不作为犯罪处理。此外,对于“边缘案”、“踩线案”、罪与非罪界限一时难以划清的案件,要从有利于促进企业生存发展、有利于保障员工生计、有利于维护社会和谐稳定的高度,依法妥善处理,可定可不定的,原则上不按犯罪处理。特别对于涉及企业、公司法定代表人、技术人员因政策界限不明而实施的轻微违法犯罪,更要依法慎重处理。

(三)关于刑罚适用。(1)根据《意见》第6条关于从严处理的原则性规定以及第29条关于死刑适用政策的规定,对于数额特别巨大、情节特别恶劣、危害后果特别严重的经济犯罪,要依法从严惩处,对于罪行极其严重的经济犯罪分子,依法应当判处死刑的,要坚决适用死刑;对假币犯罪累犯、惯犯、涉案假币数额巨大或者全部流入社会的犯罪分子,应当依法从重判处;对于伪造货币集团的首要分子、骨干分子,伪造假币数额特别巨大或者有其他特别严重情节,罪行极其严重的犯罪分子,应当判处死刑的,要坚决依法判处死刑;对数额特别巨大,肆意挥霍集资资金或者归案后拒不交代赃款去向,造成特别重大经济损失或者致使被害人自杀身亡等严重后果的集资诈骗犯罪分子,应当依法从重判处;对造成严重疾患、伤亡后果或者以婴幼儿、危重病人为对象,社会影响恶劣的制售有毒有害食品、假药劣药犯罪分子,应当依法从重判处。(2)根据《意见》第25条规定的宽严“相济”要求,应当区分犯罪行为的具体情形区别对待。以走私犯罪为例,对海上偷运走私、绕关走私等未向海关报关的走私与价格瞒骗走私,走私特殊物品与走私普通货物、物品在具体量刑时都应当有所区别;对进口走私象牙等珍贵动物制品犯罪在量刑时应当酌情考虑出口国家的法律规定以及行为人的主观认识因素。(3)要切实执行《意见》第12条有关“对于侵财型和贪利型犯罪,更要注重通过依法适用财产刑使犯罪分子受到经济上的惩罚”的规定,以最大限度地挽回国家和人民利益的损失,安抚受害群众。同时,此类犯罪的目的就是获得非法利益,有针对性地加大经济制裁,特别是执行的力度,以有效地剥夺犯罪分子重新犯罪的条件,发挥刑罚的预防犯罪功能。

二、宽严相济刑事政策在职务犯罪案件审判中的具体贯彻

(一)关于从严惩处的案件范围。保持惩治腐败的高压态势,依法从严惩治腐败,是我国惩治和预防腐败工作的一项长期政策。根据《意见》第8条第1款规定,当前要特别注意严肃惩处以下职务犯罪:发生在领导机关和领导干部中滥用职权、贪污贿赂、腐化堕落、失职渎职等职务犯罪;工程建设、土地出让、产权交易、医药购销、政府采购、资源开发和经销、金融等多发易发领域的商业贿赂犯罪;在扩内需、保增长,灾后恢复重建等专项工作中发生的贪污贿赂、挪用公款、渎职等职务犯罪;黑恶势力犯罪、重大安全生产事故、重大食品安全等群体性事件背后的行贿受贿、徇私舞弊、滥用职权、玩忽职守等职务犯罪;贪污、挪用、侵占农业投资专项资金等职务犯罪。

（二）关于政策法律界限。在坚持依法从严惩处职务犯罪的同时，同样需要根据《意见》第14条、第25条的规定，体现宽严"相济"，做到严中有宽、宽以济严。以贿赂犯罪为例说明如下：(1)对于收受财物后于案发前退还或上交所收财物的，应当区分情况做出不同处理：收受请托人财物后及时退还或者上交的，因其受贿故意不能确定，同时为了感化、教育潜在受贿犯罪分子，故不宜以受贿处理；受贿后因自身或者与其受贿有关联的人、事被查处，为掩饰犯罪而退还或者上交的，因受贿行为既已完毕，且无主动悔罪之意思，故不影响受贿罪的认定。(2)对于行业、领域内带有一定普遍性、涉案人员众多的案件，要注意区别对待，防止因打击面过宽导致不良的社会效果。特别是对于普通医生的商业贿赂犯罪问题，更要注意运用多种手段治理应对。对收受回扣数额大的；明知药品伪劣，但为收受回扣而要求医院予以采购的；为收受回扣而给病人大量开药或者使用不对症药品，造成严重后果的；收受回扣造成其他严重影响的等情形，应依法追究刑事责任。(3)对于性质恶劣、情节严重、涉案范围广、影响面大的商业贿赂犯罪案件，特别是对于顶风作案的，或者案发后隐瞒犯罪事实、毁灭证据、订立攻守同盟、负案潜逃等企图逃避法律追究的，应当依照《意见》第8条第2款的规定依法从严惩处的同时，对于在自查自纠中主动向单位、行业主管（监管）部门讲清问题、积极退赃的，或者检举、揭发他人犯罪行为，有自首、立功情节的，应当依照《意见》有关规定依法从轻、减轻或者免予处罚。

（三）关于自首、立功等量刑情节的运用。自首、立功是法定的从宽情节。实践中要注意依照《意见》第17条、第18条等规定，结合"两高"《关于办理职务犯罪案件认定自首、立功等量刑情节若干问题的意见》的规定，做好职务犯罪案件审判工作中宽严相济刑事政策与法律规定的有机结合，具体如下：(1)要严格掌握自首、立功等量刑情节的法定标准和认定程序，确保自首、立功等量刑情节认定的严肃性和规范性的。(2)对于具有自首情节的犯罪分子，应当根据犯罪事实并结合自动投案的动机、阶段、客观环境，交代犯罪事实的完整性、稳定性以及悔罪表现等具体情节，依法决定是否从轻、减轻或者免除处罚以及从轻、减轻处罚的幅度。(3)对于具有立功情节的犯罪分子，应当根据犯罪事实并结合立功表现所起作用的大小、所破获案件的罪行轻重、所抓获犯罪嫌疑人可能判处的法定刑以及立功的时机等具体情节，依法决定是否从轻、减轻或者免除处罚以及从轻、减轻处罚的幅度。(4)对于犯罪分子依法不成立自首，但主动交代犯罪事实的，应当视其主动交代的犯罪事实情况及对证据收集的作用大小，酌情从轻处罚。(5)赃款赃物追回的，应当注意区分贪污、受贿等不同性质的犯罪以及犯罪分子在追赃中的具体表现，决定是否从轻处罚以及从轻处罚的幅度。

（四）关于缓刑等非监禁刑的适用。在依照《意见》第14条、第15条、第16条规定适用缓刑等非监禁刑时，应当充分考虑到当前职务犯罪案件缓刑等非监禁刑适用比例偏高的实际情况，以及职务犯罪案件适用非监禁刑所需要的社会民意基础和过多适用非监禁刑可能带来的社会负面影响。贪污、受贿犯罪分子具有下列情形之一的，一般不得适用缓刑：致使国家、集体和人民利益遭受重大损失或者影响恶劣的；不退赃或者退赃不积极，无悔罪表现的；犯罪动机、手段等情节恶劣，或者将赃款用于非法经营、走私、赌博、行贿等违法犯罪活动的；属于共同犯罪中情节严重的主犯，或者犯有数罪的；曾因职务、经济违法犯罪行为受过行政处分或者刑事处罚的；犯罪涉及的财物属于救灾、抢险、防汛、防疫、优抚、扶贫、移民、救济、捐助、社会保险、教育、征地、拆迁等专项款项和物资的。渎职犯罪分子具有下列情形之一的，一般不适用缓刑：(1)依法减轻处罚后判处3年有期徒刑以下刑罚的；(2)渎职犯罪造成特别恶劣影响的；(3)渎职行为同时构成其他犯罪，以渎职犯罪一罪处理或者实行数罪并罚的。

16. 最高人民法院刑三庭《在审理故意杀人、伤害及黑社会性质组织犯罪案件中切实贯彻宽严相济刑事政策》(2010年4月14日)

2010年2月8日印发的《最高人民法院关于贯彻宽严相济刑事政策的若干意见》(以下简称《意见》),对于有效打击犯罪,增强人民群众安全感,减少社会对立面,促进社会和谐稳定,维护国家长治久安具有重要意义,是人民法院刑事审判工作的重要指南。现结合审判实践,就故意杀人、伤害及黑社会性质组织犯罪案件审判中如何贯彻《意见》的精神作简要阐释。

一、在3类案件中贯彻宽严相济刑事政策的总体要求

在故意杀人、伤害及黑社会性质组织犯罪案件的审判中贯彻宽严相济刑事政策,要落实《意见》第1条规定:根据犯罪的具体情况,实行区别对待,做到该宽则宽,当严则严,宽严相济,罚当其罪。落实这个总体要求,要注意把握以下几点:

1. 正确把握宽与严的对象。故意杀人和故意伤害犯罪的发案率高,社会危害大,是各级法院刑事审判工作的重点。黑社会性质组织犯罪在我国自20世纪80年代末出现以来,长时间保持快速发展势头,严厉打击黑社会性质组织犯罪,是法院刑事审判在当前乃至今后相当长一段时期内的重要任务。因此,对这3类犯罪总体上应坚持从严惩处的方针。但是在具体案件的处理上,也要分别案件的性质、情节和行为人的主观恶性、人身危险性等情况,把握宽严的范围。在确定从宽与从严的对象时,还应当注意审时度势,对经济社会的发展和治安形势的变化作出准确判断,为构建社会主义和谐社会的目标服务。

2. 坚持严格依法办案。3类案件的审判中,无论是从宽还是从严,都必须严格依照法律规定进行,做到宽严有据,罚当其罪,不能为追求打击效果,突破法律界限。比如在黑社会性质组织犯罪的审理中,黑社会性质组织的认定必须符合法律和立法解释规定的标准,既不能降格处理,也不能拔高认定。

3. 注重法律效果与社会效果的统一。严格依法办案,确保良好法律效果的同时,还应当充分考虑案件的处理是否有利于赢得人民群众的支持和社会稳定,是否有利于瓦解犯罪,化解矛盾,是否有利于罪犯的教育改造和回归社会,是否有利于减少社会对抗,促进社会和谐,争取更好的社会效果。比如在刑罚执行过程中,对于故意杀人、伤害犯罪及黑社会性质组织犯罪的领导者、组织者和骨干成员就应当从严掌握减刑、假释的适用,其他主观恶性不深、人身危险性不大的罪犯则可以从宽把握。

二、故意杀人、伤害案件审判中宽严相济的把握

1. 注意区分两类不同性质的案件。故意杀人、故意伤害侵犯的是人的生命和身体健康,社会危害大,直接影响到人民群众的安全感,《意见》第7条将故意杀人、故意伤害致人死亡犯罪作为严惩的重点是十分必要的。但是,实践中的故意杀人、伤害案件复杂多样,处理时要注意分别案件的不同性质,做到区别对待。

实践中,故意杀人、伤害案件从性质上通常可分为两类:一类是严重危害社会治安、严重影响人民群众安全感的案件,如极端仇视国家和社会,以不特定人为行凶对象的;一类是因婚姻家庭、邻里纠纷等民间矛盾激化引发的案件。对于前者应当作为严惩的重点,依法判处被告人重刑直至判处死刑。对于后者处理时应注意体现从严的精神,在判处重刑尤其是适用死刑时应特别慎重,除犯罪情节特别恶劣、犯罪后果特别严重、人身危险性极大的被告人外,一般不应当判处死刑。对于被害人在起因上存在过错,或者是被告人案发后积极赔偿,真诚悔罪,取得被害人或其家属谅解的,应依法从宽处罚,对同时有法定从轻、减轻处罚情节的,应考虑在无期徒刑以下裁量刑罚。同时应重视此类案件中的附带民事调解工作,努力化解双方矛盾,实现积极的"案结事了",增进社会和谐,达成法律效果与社会效果的有机统一。《意见》第23条是对此审判经验的总结。

此外,实践中一些致人死亡的犯罪是故意杀人还是故意伤害往往难以区分,在认定时除从作案工具、打击的部位、力度等方面进行判断外,也要注意考虑犯罪的起因等因素。对于民间纠纷引发的案件,如果难以区分是故意杀人还是故意伤害时,一般可考虑定故意伤害罪。

2. 充分考虑各种犯罪情节。犯罪情节包括犯罪的动机、手段、对象、场所及造成的后果等,不同的犯罪情节反映不同的社会危害性。犯罪情节多属酌定量刑情节,法律往往未作明确的规定,但犯罪情节是适用刑罚的基础,是具体案件决定从严或从宽处罚的基本依据,需要在案件审理中进行仔细甄别,以准确判断犯罪的社会危害性。有的案件犯罪动机特别卑劣,比如为了铲除政治对手而雇凶杀人的,也有一些人犯罪是出于义愤,甚至是"大义灭亲"、"为民除害"的动机杀人。有的案件犯罪手段特别残忍,比如采取放火、泼硫酸等方法把人活活烧死的故意杀人行为。犯罪后果也可以分为一般、严重和特别严重几档。在实际中一般认为故意杀人、故意伤害1人死亡的为后果严重,致2人以上死亡的为犯罪后果特别严重。特定的犯罪对象和场所也反映社会危害性的不同,如针对妇女、儿童等弱势群体或在公共场所实施的杀人、伤害,就具有较大的社会危害性。以上犯罪动机卑劣,或者犯罪手段残忍,或者犯罪后果严重,或者针对妇女、儿童等弱势群体作案等情节恶劣的,又无其他法定或酌定从轻情节应当依法从重判处。如果犯罪情节一般,被告人真诚悔罪,或有立功、自首等法定从轻情节的,一般应考虑从宽处罚。

实践中,故意杀人、伤害案件的被告人既有法定或酌定的从宽情节,又有法定或酌定从严情节的情形比较常见,此时,就应当根据《意见》第28条,在全面考察犯罪的事实、性质、情节和对社会危害程度的基础上,结合被告人的主观恶性、人身危险性、社会治安状况等因素,综合作出分析判断。

3. 充分考虑主观恶性和人身危险性。《意见》第10条、第16条明确了被告人的主观恶性和人身危险性是从严和从宽的重要依据,在适用刑罚时必须充分考虑。主观恶性是被告人对自己行为及社会危害性所抱的心理态度,在一定程度上反映了被告人的改造可能性。一般来说,经过精心策划的、有长时间计划的杀人、伤害,显示被告人的主观恶性深;激情犯罪,临时起意的犯罪,因被害人的过错行为引发的犯罪,显示的主观恶性较小。对主观恶性深的被告人要从严惩处,主观恶性较小的被告人则可考虑适用较轻的刑罚。

人身危险性即再犯可能性,可从被告人有无前科、平时表现及悔罪情况等方面综合判断。人身危险性大的被告人,要依法从重处罚。如累犯中前罪系暴力犯罪,或者曾因暴力犯罪被判重刑后又犯故意杀人、故意伤害致人死亡的;平时横行乡里,寻衅滋事杀人、伤害致人死亡的,应依法从重判处。人身危险性小的被告人,应依法体现从宽精神。如被告人平时表现较好,激情犯罪,系初犯、偶犯的;被告人杀人或伤人后有抢救被害人行为的,在量刑时应该酌情予以从宽处罚。

未成年人及老年人的故意杀人、伤害犯罪与一般人犯罪相比,主观恶性和人身危险性等方面有一定特殊性,在处理时应当依据《意见》的第20条、第21条考虑从宽。对犯故意杀人、伤害罪的未成年人,要坚持"教育为主,惩罚为辅"的原则和"教育、感化、挽救"的方针进行处罚。对于情节较轻、后果不重的伤害案件,可以依法适用缓刑、或者判处管制、单处罚金等非监禁刑。对于情节严重的未成年人,也应当从轻或减轻处罚。对于已满14周岁不满16周岁的未成年人,一般不判处无期徒刑。对于70周岁以上的老年人犯故意杀人、伤害罪的,由于其已没有再犯罪的可能,在综合考虑其犯罪情节和主观恶性、人身危险性的基础上,一般也应酌情从宽处罚。

4. 严格控制和慎重适用死刑。故意杀人和故意伤害犯罪在判处死刑的案件中所占比例最高,审判中要按照《意见》第29条的规定,准确理解和严格执行"保留死刑,严格控制和慎重适用死刑”的死刑政策,坚持统一的死刑适用标准,确保死刑只适用于极少数罪行极其严重的犯罪分子;坚持严格的证据标准,确保把每一起判处死刑的案件都办成铁案。对于罪行极其严重,但只要有法定、酌定从轻情节,依法可不立即执行的,就不应当判处死刑立即执行。

对于自首的故意杀人、故意伤害致人死亡的被告人,除犯罪情节特别恶劣,犯罪后果特别严重的,一般不应考虑判处死刑立即执行。对亲属送被告人归案或协助抓获被告人的,也应视为自首,原则上应当从宽处罚。对具有立功表现的故意杀人、故意伤害致死的被告人,一般也应当体现从宽,可考虑不判处死刑立即执行。但如果犯罪情节特别恶劣,犯罪后果特别严重的,即使有立功情节,也可以不予从轻处罚。

共同犯罪中,多名被告人共同致死1名被害人的,原则上只判处1人死刑。处理时,根据案件的事实和证据能分清主从犯的,都应当认定主从犯;有多名主犯的,应当在主犯中进一步区分出罪行最为严重者和较为严重者,不能以分不清主次为由,简单地一律判处死刑。

三、黑社会性质组织犯罪案件审判中宽严相济的把握

1. 准确认定黑社会性质组织。黑社会性质组织犯罪由于其严重的社会危害性,在打击处理上不能等其坐大后进行,要坚持“严打”的方针,坚持“打早打小”的策略。但黑社会性质组织的认定,必须严格依照刑法和《全国人民代表大会常务委员会关于〈中华人民共和国刑法〉第294条第1款的解释》的规定,从组织特征、经济特征、行为特征和非法控制特征4个方面进行分析。认定黑社会性质组织犯罪4个特征必须同时具备。当然,实践中许多黑社会性质组织并不是四个特征都很明显,在具体认定时,应根据立法本意,认真审查、分析黑社会性质组织4个特征相互间的内在联系,准确评价涉案犯罪组织所造成的社会危害。既要防止将已具备黑社会性质组织4个特征的案件“降格”处理,也不能因为强调严厉打击将不具备4个特征的犯罪团伙“拔高”认定为黑社会性质组织。在黑社会性质组织犯罪的审判中贯彻宽严相济刑事政策,要始终坚持严格依法办案,坚持法定标准,这是《意见》的基本要求。

2. 区别对待黑社会性质组织的不同成员。《意见》第30条明确了黑社会性质组织中不同成员的处理原则:分别情况,区别对待。对于组织者、领导者应依法从严惩处,其承担责任的犯罪不限于自己组织、策划、指挥和实施的犯罪,而应对组织所犯的全部罪行承担责任。实践中,一些黑社会性质组织的组织者、领导者,只是以其直接实施的犯罪起诉、审判,实际上是轻纵了他们的罪行。要在区分组织犯罪和组织成员犯罪的基础上,合理划定组织者、领导者的责任范围,做到不枉不纵。同时,还要注意责任范围和责任程度的区别,不能简单认为组织者、领导者就是具体犯罪中责任最重的主犯。对于组织成员实施的黑社会性质组织犯罪,组织者、领导者只是事后知晓,甚至根本不知晓,其就只应负有一般的责任,直接实施的成员无疑应负最重的责任。

对于积极参加者,应根据其在具体犯罪中的地位、作用,确定其应承担的刑事责任。确属黑社会性质组织骨干成员的,应依法从严处罚。对犯罪情节较轻的其他参加人员以及初犯、偶犯、未成年犯,则要依法从轻、减轻处罚。对于参加黑社会性质的组织,没有实施其他违法犯罪活动的,或者受蒙蔽、胁迫参加黑社会性质的组织,情节轻微的,则可以不作为犯罪处理。

此外,在处理黑社会性质组织成员间的检举、揭发问题上,既要考虑线索本身的价值,也要考虑检举、揭发者在黑社会性质组织犯罪中的地位、作用,防止出现全案量刑失衡的现象。组织者、领导者检举揭发与该黑社会性质组织及其违法犯罪活动有关联的其他犯罪线索,即使依法构成立功或者重大立功,在考虑是否从轻量刑时也应从严予以掌握。积极参加者、其他参加者配合司法机关查办案件,有提供线索、帮助收集证据或者其他协助行为,并对侦破黑社会性质组织犯罪案件起到一定作用的,即使依法不能认定立功,一般也应酌情对其从轻处罚。

17. 最高人民法院刑五庭《在毒品案件审判工作中切实贯彻宽严相济刑事政策》(2010年5月12日)

(详见本书《刑法》第347条相关内容)

18. 最高人民检察院《关于办理当事人达成和解的轻微刑事案件的若干意见》(高检发研字〔2011〕2号)

为了保证人民检察院在审查逮捕和公诉工作中依法正确办理当事人达成和解的轻微刑事案件,根据《中华人民共和国刑法》、《中华人民共和国刑事诉讼法》等有关法律规定,结合检察工作实际,提出如下意见:

一、指导思想和基本原则

人民检察院办理当事人达成和解的轻微刑事案件的指导思想是:按照中央关于深入推进3项重点工作的总体要求,正确贯彻宽严相济刑事政策,充分发挥检察机关在化解社会矛盾和构建社会主义和谐社会中的职能作用,维护社会公平正义、促进社会和谐稳定。

办理当事人达成和解的轻微刑事案件,必须坚持以下原则:

1. 依法办案与化解矛盾并重;

2. 惩罚犯罪与保证人权并重;

3. 实现法律效果与社会效果的有机统一。

二、关于适用范围和条件

对于依法可能判处3年以下有期徒刑、拘役、管制或者单处罚金的刑事公诉案件,可以适用本意见。

上述范围内的刑事案件必须同时符合下列条件:

1. 属于侵害特定被害人的故意犯罪或者有直接被害人的过失犯罪;

2. 案件事实清楚,证据确实、充分;

3. 犯罪嫌疑人、被告人真诚认罪,并且已经切实履行和解协议。对于和解协议不能即时履行的,已经提供有效担保或者调解协议经人民法院确认;

4. 当事人双方就赔偿损失、恢复原状、赔礼道歉、精神抚慰等事项达成和解;

5. 被害人及其法定代理人或者近亲属明确表示对犯罪嫌疑人、被告人予以谅解,要求或者同意对犯罪嫌疑人、被告人依法从宽处理。

以下案件不适用本意见:

1. 严重侵害国家、社会公共利益,严重危害公共安全或者危害社会公共秩序的犯罪案件;

2. 国家工作人员职务犯罪案件;

3. 侵害不特定多数人合法权益的犯罪案件。

三、关于当事人和解的内容

当事人双方可以就赔偿损失、恢复原状、赔礼道歉、精神抚慰等民事责任事项进行和解,并且可以就被害人及其法定代理人或者近亲属是否要求或者同意公安、司法机关对犯罪嫌疑人、被告人依法从宽处理达成一致,但不得对案件的事实认定、证据和法律适用、定罪量刑等依法属于公安、司法机关职权范围的事宜进行协商。

双方当事人或者其法定代理人有权达成和解,当事人的近亲属、聘请的律师以及其他受委托的人,可以代为进行协商和解等事宜。双方达成和解的,应当签订书面协议,并且必须得到当事人或者其法定代理人的确认。犯罪嫌疑人、被告人必须当面或者书面向被害人一方赔礼道歉、真诚悔罪。

和解协议中的损害赔偿一般应当与其承担的法律责任和对被害人造成的损害相适应,并且可以酌情考虑犯罪嫌疑人、被告人及其法定代理人的赔偿、补救能力。

四、关于当事人达成和解的途径与检调对接

当事人双方的和解,包括当事人双方自行达成和解,也包括经人民调解委员会、基层自治组织、当事人所在单位或者同事、亲友等组织或者个人调解后达成和解。

人民检察院应当与人民调解组织积极沟通、密切配合,建立工作衔接机制,及时告知双方当事人申请委托人民调解的权力、申请方式和操作程序以及达成调解协议后的案件处理方式,支持配合人民调解组织的工作。

人民检察院对于符合本意见适用范围和条件的下列案件,可以建议当事人进行和解,并告知相应的权力义务,必要时可以提供法律咨询:

1. 由公安机关立案侦查的刑事诉讼法第 170 条第 2 项规定的案件;

2. 未成年人、在校学生犯罪的轻微刑事案件;

3. 70 周岁以上老年人犯罪的轻微刑事案件。

犯罪嫌疑人、被告人或者其亲友、辩护人以暴力、威胁、欺骗或者其他非法方法强迫、引诱被害人和解,或者在协议履行完毕之后威胁、报复被害人的,不适用有关不捕不诉的规定,已经作出不逮捕或者不起诉决定的,人民检察院应当撤销原决定,依法对犯罪嫌疑人、被告人逮捕或者提起诉讼。

犯罪嫌疑人、被告人或者其亲友、辩护人实施前款行为情节严重的,依法追究其法律责任。

五、关于对当事人和解协议的审查

人民检察院对当事人双方达成的和解协议,应当重点从以下几个方面进行审查:

1. 当事人双方是否自愿;

2. 加害方的经济赔偿数额与其所造成的伤害是否相适应,是否酌情考虑其赔偿能力。犯罪嫌疑人、被告人是否真诚悔罪并且积极履行和解协议或者是否为协议履行提供有效担保或者调解协议经人民法院确认;

3. 被害人及其法定代理人或者近亲属是否明确表示对犯罪嫌疑人、被告人予以谅解;

4. 是否符合法律规定;

5. 是否损害国家、集体和社会公共利益或者他人的合法权益;

6. 是否符合社会公德。

审查时,应当当面听取当事人双方对和解的意见、告知被害人刑事案件可能从轻处理的法律后果和双方的权利义务,并记录在案。

六、关于检察机关对当事人达成和解案件的处理

对于公安机关提请批准逮捕的案件,符合本意见规定的适用范围和条件的,应当作为无逮捕必要的重要因素予以考虑,一般可以作出不批准逮捕的决定;已经批准逮捕,公安机关变更强制措施通知人民检察院的,应当依法实行监督;审查起诉阶段,在不妨碍诉讼顺利进行的前提下,可以依法变更强制措施。

对于公安机关立案侦查并移送审查起诉的刑事诉讼法第 170 条第 2 项规定的轻微刑事案件,符合本意见规定的适用范围和条件的,一般可以决定不起诉。

对于其他轻微刑事案件,符合本意见规定的适用范围和条件的,作为犯罪情节轻微,不需要判处刑罚或者免除刑罚的重要因素予以考虑,一般可以确定不起诉。对于依法必须提起公诉的,可以向人民法院提出在法定幅度范围内从宽处理的量刑建议。

对被不起诉人需要给予行政处罚、行政处分或者需要没收其违法所得的,应当提出检察意见,移送有关管理机关处理。

对于当事人双方达成和解、决定不起诉的案件,在宣布不起诉决定前应当再次听取双方当事人对和解的意见,并且查明犯罪嫌疑人是否真诚悔罪、和解协议是否履行或者为协议履行提供有效担保或者调解协议经人民法院确认。

对于依法可能判处3年以上有期徒刑刑罚的案件,当事人双方达成和解协议的,在提起诉讼时,可以向人民法院提出在法定幅度范围内从宽处理的量刑建议。对于情节特别恶劣,社会危害特别严重的犯罪,除了考虑和解因素,还应注意发挥刑法的教育和预防作用。

七、依法规范当事人达成和解案件的办理工作

人民检察院适用本意见办理案件,应当遵守《中华人民共和国刑事诉讼法》、《人民检察院刑事诉讼规则》等有关办案期限的规定。

根据本意见,拟对当事人达成和解的轻微刑事案件作出不批准逮捕或者不起诉决定的,应当由监察机关员会讨论决定。

人民检察院应当加强对审查批捕、审查起诉工作中办理当事人达成和解案件的监督检查,发现违法违纪,情节轻微的,应当给予批评教育;情节严重的,应当根据有关规定给予组织处理或者纪律处分;构成犯罪的,依法追究刑事责任。

19. 最高人民法院《关于在裁判文书中如何表述修正前后刑法条文的批复》(法释〔2012〕7号)

(详见本书《刑法》第1条相关内容)

20. 最高人民法院研究室《关于如何理解"在法定刑以下判处刑罚"问题的答复》(法研〔2012〕67号)

广东省高级人民法院:你院粤高法(〔2012〕120号《关于对具有减轻处罚情节的案件在法定刑以下判处刑罚问题的请示》收悉。经研究,答复如下:

刑法第63条第1款规定的"在法定刑以下判处刑罚",是指在法定量刑幅度的最低刑以下判处刑罚。刑法分则中规定的"处10年以上有期徒刑、无期徒刑或者死刑",是一个量刑幅度,而不是"10年以上有期徒刑"、"无期徒刑"和"死刑"3个量刑幅度。

21. 最高人民法院《关于常见犯罪的量刑指导意见》(法发〔2017〕7号)

[被最高人民法院、最高人民检察院《关于常见犯罪的量刑指导意见(试行)》(法发〔2021〕21号)废止]

22. 最高人民法院《关于常见犯罪的量刑指导意见(2)(试行)》(法〔2017〕74号)

为深入推进量刑规范化改革,进一步扩大量刑规范化范围,根据刑法、刑事司法解释等相关规定,结合刑事审判实践,制定本指导意见。

一、八种常见犯罪的量刑

(一)危险驾驶罪

1. 构成危险驾驶罪的,可以在1个月至2个月拘役幅度内确定量刑起点。

2. 在量刑起点的基础上,可以根据危险驾驶行为等其他影响犯罪构成的犯罪事实增加刑罚量,确定基准刑。

3. 对于醉酒驾驶机动车的被告人,应当综合考虑被告人的醉酒程度、机动车类型、车辆行驶道路、行车速度、是否造成实际损害以及认罪悔罪等情况,准确定罪量刑。对于情节显著轻微危害不大的,不予定罪处罚;犯罪情节轻微不需要判处刑罚的,可以免予刑事处罚。

(二)非法吸收公众存款罪

1. 构成非法吸收公众存款罪的,可以根据下列不同情形在相应的幅度内确定量刑起点:(1)犯罪情节一般的,可以在1年以下有期徒刑、拘役幅度内确定量刑起点。(2)达到数额巨大起点或者有其他严重情节的,可以在3年至4年有期徒刑幅度内确定量刑起点。

2. 在量刑起点的基础上,可以根据非法吸收存款数额等其他影响犯罪构成的犯罪事实增加刑罚量，确定基准刑。

（三）集资诈骗罪

1. 构成集资诈骗罪的，可以根据下列不同情形在相应的幅度内确定量刑起点：（1）达到数额较大起点的，可以在2年以下有期徒刑、拘役幅度内确定量刑起点。（2）达到数额巨大起点或者有其他严重情节的，可以在5年至6年有期徒刑幅度内确定量刑起点。（3）达到数额特别巨大起点或者有其他特别严重情节的，可以在10年至12年有期徒刑幅度内确定量刑起点。依法应当判处无期徒刑的除外。

2. 在量刑起点的基础上，根据集资诈骗数额等其他影响犯罪构成的犯罪事实增加刑罚量，确定基准刑。

（四）信用卡诈骗罪

1. 构成信用卡诈骗罪的，可以根据下列不同情形在相应的幅度内确定量刑起点：

（1）达到数额较大起点的，可以在2年以下有期徒刑、拘役幅度内确定量刑起点。（2）达到数额巨大起点或者有其他严重情节的，可以在5年至6年有期徒刑幅度内确定量刑起点。（3）达到数额特别巨大起点或者有其他特别严重情节的，可以在10年至12年有期徒刑幅度内确定量刑起点。依法应当判处无期徒刑的除外。

2. 在量刑起点的基础上，可以根据信用卡诈骗数额等其他影响犯罪构成的犯罪事实增加刑罚量，确定基准刑。

（五）合同诈骗罪

1. 构成合同诈骗罪的，可以根据下列不同情形在相应的幅度内确定量刑起点：

（1）达到数额较大起点的，可以在1年以下有期徒刑、拘役幅度内确定量刑起点。（2）达到数额巨大起点或者有其他严重情节的，可以在3年至4年有期徒刑幅度内确定量刑起点。（3）达到数额特别巨大起点或者有其他特别严重情节的，可以在10年至12年有期徒刑幅度内确定量刑起点。依法应当判处无期徒刑的除外。

2. 在量刑起点的基础上，可以根据合同诈骗数额等其他影响犯罪构成的犯罪事实增加刑罚量，确定基准刑。

（六）非法持有毒品罪

1. 构成非法持有毒品罪的，可以根据下列不同情形在相应的幅度内确定量刑起点：

（1）非法持有鸦片1000克、海洛因或者甲基苯丙胺50克或者其他毒品数量大的，可以在7年至9年有期徒刑幅度内确定量刑起点。依法应当判处无期徒刑的除外。（2）非法持有毒品情节严重的，可以在3年至4年有期徒刑幅度内确定量刑起点。（3）非法持有鸦片200克、海洛因或者甲基苯丙胺10克或者其他毒品数量较大的，可以在1年以下有期徒刑、拘役幅度内确定量刑起点。

2. 在量刑起点的基础上，可以根据毒品数量等其他影响犯罪构成的犯罪事实增加刑罚量，确定基准刑。

（七）容留他人吸毒罪

1. 构成容留他人吸毒罪的，可以在1年以下有期徒刑、拘役幅度内确定量刑起点。

2. 在量刑起点的基础上，可以根据容留他人吸毒的人数、次数等其他影响犯罪构成的犯罪事实增加刑罚量，确定基准刑。

（八）引诱、容留、介绍卖淫罪

1. 构成引诱、容留、介绍卖淫罪的，可以根据下列不同情形在相应的幅度内确定量刑起点：（1）情节一般的，可以在2年以下有期徒刑、拘役幅度内确定量刑起点。（2）情节严重的，可以在5年至7年有期徒刑幅度内确定量刑起点。

2. 在量刑起点基础上,可以根据引诱、容留、介绍卖淫的人数、次数等其他影响犯罪构成的犯罪事实增加刑罚量,确定基准刑。

3. 旅馆业、饮食服务业、文化娱乐业、出租汽车业等单位的主要负责人,利用本单位的条件,引诱、容留、介绍他人卖淫的,可以增加基准刑的10%-20%。

二、附则

1. 本指导意见规范上列8种犯罪判处有期徒刑、拘役的案件。

2. 各高级人民法院应当结合当地实际制定实施细则。

3. 本指导意见自2017年5月1日起试行。

4. 相关刑法条文:

第133条之一 【危险驾驶罪】在道路上驾驶机动车,有下列情形之一的,处拘役,并处罚金:(一)追逐竞驶,情节恶劣的;(二)醉酒驾驶机动车的;(三)从事校车业务或者旅客运输,严重超过额定乘员载客,或者严重超过规定时速行驶的;(四)违反危险化学品安全管理规定运输危险化学品,危及公共安全的。

机动车所有人、管理人对前款第3项、第4项行为负有直接责任的,依照前款的规定处罚。

有前两款行为,同时构成其他犯罪的,依照处罚较重的规定定罪处罚。

第176条 【非法吸收公众存款罪】非法吸收公众存款或者变相吸收公众存款,扰乱金融秩序的,处3年以下有期徒刑或者拘役,并处或者单处2万元以上20万元以下罚金;数额巨大或者有其他严重情节的,处3年以上10年以下有期徒刑,并处5万元以上50万元以下罚金。

单位犯前款罪的,对单位判处罚金,并对其直接负责的主管人员和其他直接责任人员,依照前款的规定处罚。

第192条 【集资诈骗罪】以非法占有为目的,使用诈骗方法非法集资,数额较大的,处5年以下有期徒刑或者拘役,并处2万元以上20万元以下罚金;数额巨大或者有其他严重情节的,处五年以上10年以下有期徒刑,并处5万元以上50万元以下罚金;数额特别巨大或者有其他特别严重情节的,处10年以上有期徒刑或者无期徒刑,并处5万元以上50万元以下罚金或者没收财产。

第196条 【信用卡诈骗罪】有下列情形之一,进行信用卡诈骗活动,数额较大的,处5年以下有期徒刑或者拘役,并处2万元以上20万元以下罚金;数额巨大或者有其他严重情节的,处5年以上10年以下有期徒刑,并处5万元以上50万元以下罚金;数额特别巨大或者有其他特别严重情节的,处10年以上有期徒刑或者无期徒刑,并处5万元以上50万元以下罚金或者没收财产:(一)使用伪造的信用卡,或者使用以虚假的身份证明骗领的信用卡的;(二)使用作废的信用卡的;(三)冒用他人信用卡的;(四)恶意透支的。

前款所称恶意透支,是指持卡人以非法占有为目的,超过规定限额或者规定期限透支,并且经发卡银行催收后仍不归还的行为。

盗窃信用卡并使用的,依照本法第264条的规定定罪处罚。

第224条 【合同诈骗罪】有下列情形之一,以非法占有为目的,在签订、履行合同过程中,骗取对方当事人财物,数额较大的,处3年以下有期徒刑或者拘役,并处或者单处罚金;数额巨大或者有其他严重情节的,处3年以上10年以下有期徒刑,并处罚金;数额特别巨大或者有其他特别严重情节的,处10年以上有期徒刑或者无期徒刑,并处罚金或者没收财产:(一)以虚构的单位或者冒用他人名义签订合同的;(二)以伪造、变造、作废的票据或者其他虚假的产权证明作担保的;(三)没有实际履行能力,以先履行小额合同或者部分履行合同的方法,诱骗对方当事人继续签订和履行合同的;(四)收受对方当事人给付的货物、货款、预付款或者担保财产后逃匿的;(五)以其他方法骗取对方当事人财物的。

第 348 条 【非法持有毒品罪】非法持有鸦片 1000 克以上、海洛因或者甲基苯丙胺 50 克以上或者其他毒品数量大的，处 7 年以上有期徒刑或者无期徒刑，并处罚金；非法持有鸦片 200 克以上不满 1000 克、海洛因或者甲基苯丙胺 10 克以上不满 50 克或者其他毒品数量较大的，处 3 年以下有期徒刑、拘役或者管制，并处罚金；情节严重的，处 3 年以上 7 年以下有期徒刑，并处罚金。

第 354 条 【容留他人吸毒罪】容留他人吸食、注射毒品的，处 3 年以下有期徒刑、拘役或者管制，并处罚金。

第 359 条 【引诱、容留、介绍卖淫罪】引诱、容留、介绍他人卖淫的，处 5 年以下有期徒刑、拘役或者管制，并处罚金；情节严重的，处 5 年以上有期徒刑，并处罚金。

引诱不满 14 周岁的幼女卖淫的，处 5 年以上有期徒刑，并处罚金。

23. 最高人民检察院《关于办理涉互联网金融犯罪案件有关问题座谈会纪要》(高检诉〔2017〕14 号)

四、综合运用定罪量刑情节

25. 在办理跨区域涉互联网金融犯罪案件时，在追诉标准、追诉范围以及量刑建议等方面应当注意统一平衡。对于同一单位在多个地区分别设立分支机构的，在同一省(自治区、直辖市)范围内应当保持基本一致。分支机构所涉犯罪嫌疑人与上级单位主要犯罪嫌疑人之间应当保持适度平衡，防止出现责任轻重“倒挂”的现象。

26. 单位犯罪中，直接负责的主管人员和其他直接责任人员在涉互联网金融犯罪案件中的地位、作用存在明显差别的，可以区分主犯和从犯。对起组织领导作用的总公司的直接负责的主管人员和发挥主要作用的其他直接责任人员，可以认定为全案的主犯，其他人员可以认定为从犯。

27. 最大限度减少投资人的实际损失是办理涉互联网金融犯罪案件特别是非法集资案件的重要工作。在决定是否起诉、提出量刑建议时，要重视对是否具有认罪认罚、主动退赃退赔等情节的考察。分支机构涉案人员积极配合调查、主动退还违法所得、真诚认罪悔罪的，应当依法提出从轻、减轻处罚的量刑建议。其中，对情节轻微、可以免予刑事处罚的，或者情节显著轻微、危害不大、不认为是犯罪的，应当依法作出不起诉决定。对被不起诉人需要给予行政处罚或者没收违法所得的，应当向行政主管部门提出检察意见。(全文详见本书《刑法》第 176 条相关内容)

24. 最高人民法院、最高人民检察院、公安部、国家安全部、司法部《关于适用认罪认罚从宽制度的指导意见》(高检发〔2019〕13 号)

适用认罪认罚从宽制度，对准确及时惩罚犯罪、强化人权司法保障、推动刑事案件繁简分流、节约司法资源、化解社会矛盾、推动国家治理体系和治理能力现代化，具有重要意义。为贯彻落实修改后刑事诉讼法，确保认罪认罚从宽制度正确有效实施，根据法律和有关规定，结合司法工作实际，制定本意见。

一、基本原则

1. 贯彻宽严相济刑事政策。落实认罪认罚从宽制度，应当根据犯罪的具体情况，区分案件性质、情节和对社会的危害程度，实行区别对待，做到该宽则宽，当严则严，宽严相济，罚当其罪。对可能判处三年有期徒刑以下刑罚的认罪认罚案件，要尽量依法从简从快从宽办理，探索相适应的处理原则和办案方式；对因民间矛盾引发的犯罪，犯罪嫌疑人、被告人自愿认罪、真诚悔罪并取得谅解、达成和解、尚未严重影响人民群众安全感的，要积极适用认罪认罚从宽制度，特别是对其中社会危害不大的初犯、偶犯、过失犯、未成年犯，一般应当体现从宽；对严重危害国家安全、公共安全犯罪，严重暴力犯罪，以及社会普遍关注的重大敏感案件，应当慎重把握从宽,避免案件处理明显违背人民群众的公平正义观念。

2. 坚持罪责刑相适应原则。办理认罪认罚案件,既要考虑体现认罪认罚从宽,又要考虑其所犯罪行的轻重、应负刑事责任和人身危险性的大小,依照法律规定提出量刑建议,准确裁量刑罚,确保罚当其罪,避免罪刑失衡。特别是对于共同犯罪案件,主犯认罪认罚,从犯不认罪认罚的,人民法院、人民检察院应当注意两者之间的量刑平衡,防止因量刑失当严重偏离一般的司法认知。

3. 坚持证据裁判原则。办理认罪认罚案件,应当以事实为根据,以法律为准绳,严格按照证据裁判要求,全面收集、固定、审查和认定证据。坚持法定证明标准,侦查终结、提起公诉、作出有罪裁判应当做到犯罪事实清楚,证据确实、充分,防止因犯罪嫌疑人、被告人认罪而降低证据要求和证明标准。对犯罪嫌疑人、被告人认罪认罚,但证据不足,不能认定其有罪的,依法作出撤销案件、不起诉决定或者宣告无罪。

4. 坚持公检法三机关配合制约原则。办理认罪认罚案件,公、检、法三机关应当分工负责、互相配合、互相制约,保证犯罪嫌疑人、被告人自愿认罪认罚,依法推进从宽落实。要严格执法、公正司法,强化对自身执法司法办案活动的监督,防止产生"权权交易"、"权钱交易"等司法腐败问题。

二、适用范围和适用条件

5. 适用阶段和适用案件范围。认罪认罚从宽制度贯穿刑事诉讼全过程,适用于侦查、起诉、审判各个阶段。

认罪认罚从宽制度没有适用罪名和可能判处刑罚的限定,所有刑事案件都可以适用,不能因罪轻、罪重或者罪名特殊等原因而剥夺犯罪嫌疑人、被告人自愿认罪认罚获得从宽处理的机会。但"可以"适用不是一律适用,犯罪嫌疑人、被告人认罪认罚后是否从宽,由司法机关根据案件具体情况决定。

6. "认罪"的把握。认罪认罚从宽制度中的"认罪",是指犯罪嫌疑人、被告人自愿如实供述自己的罪行,对指控的犯罪事实没有异议。承认指控的主要犯罪事实,仅对个别事实情节提出异议,或者虽然对行为性质提出辩解但表示接受司法机关认定意见的,不影响"认罪"的认定。犯罪嫌疑人、被告人犯数罪,仅如实供述其中一罪或部分罪名事实的,全案不作"认罪"的认定,不适用认罪认罚从宽制度,但对如实供述的部分,人民检察院可以提出从宽处罚的建议,人民法院可以从宽处罚。

7. "认罚"的把握。认罪认罚从宽制度中的"认罚",是指犯罪嫌疑人、被告人真诚悔罪,愿意接受处罚。"认罚",在侦查阶段表现为表示愿意接受处罚;在审查起诉阶段表现为接受人民检察院拟作出的起诉或不起诉决定,认可人民检察院的量刑建议,签署认罪认罚具结书;在审判阶段表现为当庭确认自愿签署具结书,愿意接受刑罚处罚。

"认罚"考察的重点是犯罪嫌疑人、被告人的悔罪态度和悔罪表现,应当结合退赃退赔、赔偿损失、赔礼道歉等因素来考量。犯罪嫌疑人、被告人虽然表示"认罚",却暗中串供、干扰证人作证、毁灭、伪造证据或者隐匿、转移财产,有赔偿能力而不赔偿损失,则不能适用认罪认罚从宽制度。犯罪嫌疑人、被告人享有程序选择权,不同意适用速裁程序、简易程序的,不影响"认罚"的认定。

三、认罪认罚后"从宽"的把握

8. "从宽"的理解。从宽处理既包括实体上从宽处罚,也包括程序上从简处理。"可以从宽",是指一般应当体现法律规定和政策精神,予以从宽处理。但可以从宽不是一律从宽,对犯罪性质和危害后果特别严重、犯罪手段特别残忍、社会影响特别恶劣的犯罪嫌疑人、被告人,认罪认罚不足以从轻处罚的,依法不予从宽处罚。

办理认罪认罚案件,应当依照刑法、刑事诉讼法的基本原则,根据犯罪的事实、性质、情节和对社会的危害程度,结合法定、酌定的量刑情节,综合考虑认罪认罚的具体情况,依法决定是否从宽、如何从宽。对于减轻、免除处罚,应当于法有据;不具备减轻处罚情节的,应当在法定幅度以内提出从轻处罚的量刑建议和量刑;对其中犯罪情节轻微不需要判处刑罚的,可以依法作出不起诉决定或者判决免予刑事处罚。

9. 从宽幅度的把握。办理认罪认罚案件,应当区别认罪认罚的不同诉讼阶段、对查明案件事实的价值和意义、是否确有悔罪表现,以及罪行严重程度等,综合考量确定从宽的限度和幅度。在刑罚评价上,主动认罪优于被动认罪,早认罪优于晚认罪,彻底认罪优于不彻底认罪,稳定认罪优于不稳定认罪。

认罪认罚的从宽幅度一般应当大于仅有坦白,或者虽认罪但不认罚的从宽幅度。对犯罪嫌疑人、被告人具有自首、坦白情节,同时认罪认罚的,应当在法定刑幅度内给予相对更大的从宽幅度。认罪认罚与自首、坦白不作重复评价。

对罪行较轻、人身危险性较小的,特别是初犯、偶犯,从宽幅度可以大一些;罪行较重、人身危险性较大的,以及累犯、再犯,从宽幅度应当从严把握。

四、犯罪嫌疑人、被告人辩护权保障

10. 获得法律帮助权。人民法院、人民检察院、公安机关办理认罪认罚案件,应当保障犯罪嫌疑人、被告人获得有效法律帮助,确保其了解认罪认罚的性质和法律后果,自愿认罪认罚。

犯罪嫌疑人、被告人自愿认罪认罚,没有辩护人的,人民法院、人民检察院、公安机关(看守所)应当通知值班律师为其提供法律咨询、程序选择建议、申请变更强制措施等法律帮助。符合通知辩护条件的,应当依法通知法律援助机构指派律师为其提供辩护。

人民法院、人民检察院、公安机关(看守所)应当告知犯罪嫌疑人、被告人有权约见值班律师,获得法律帮助,并为其约见值班律师提供便利。犯罪嫌疑人、被告人及其近亲属提出法律帮助请求的,人民法院、人民检察院、公安机关(看守所)应当通知值班律师为其提供法律帮助。

11. 派驻值班律师。法律援助机构可以在人民法院、人民检察院、看守所派驻值班律师。人民法院、人民检察院、看守所应当为派驻值班律师提供必要办公场所和设施。

法律援助机构应当根据人民法院、人民检察院、看守所的法律帮助需求和当地法律服务资源,合理安排值班律师。值班律师可以定期值班或轮流值班,律师资源短缺的地区可以通过探索现场值班和电话、网络值班相结合,在人民法院、人民检察院毗邻设置联合工作站,省内和市内统筹调配律师资源,以及建立政府购买值班律师服务机制等方式,保障法律援助值班律师工作有序开展。

12. 值班律师的职责。值班律师应当维护犯罪嫌疑人、被告人的合法权益,确保犯罪嫌疑人、被告人在充分了解认罪认罚性质和法律后果的情况下,自愿认罪认罚。值班律师应当为认罪认罚的犯罪嫌疑人、被告人提供下列法律帮助:

(一)提供法律咨询,包括告知涉嫌或指控的罪名、相关法律规定,认罪认罚的性质和法律后果等;(二)提出程序适用的建议;(三)帮助申请变更强制措施;(四)对人民检察院认定罪名、量刑建议提出意见;(五)就案件处理,向人民法院、人民检察院、公安机关提出意见;(六)引导、帮助犯罪嫌疑人、被告人及其近亲属申请法律援助;(七)法律法规规定的其他事项。

值班律师可以会见犯罪嫌疑人、被告人,看守所应当为值班律师会见提供便利。危害国家安全犯罪、恐怖活动犯罪案件,侦查期间值班律师会见在押犯罪嫌疑人的,应当经侦查机关许可。自人民检察院对案件审查起诉之日起,值班律师可以查阅案卷材料、了解案情。人民法院、人民检察院应当为值班律师查阅案卷材料提供便利。

值班律师提供法律咨询、查阅案卷材料、会见犯罪嫌疑人或者被告人、提出书面意见等法律帮助活动的相关情况应当记录在案,并随案移送。

13. 法律帮助的衔接。对于被羁押的犯罪嫌疑人、被告人,在不同诉讼阶段,可以由派驻看守所的同一值班律师提供法律帮助。对于未被羁押的犯罪嫌疑人、被告人,前一诉讼阶段的值班律师可以在后续诉讼阶段继续为犯罪嫌疑人、被告人提供法律帮助。

14. 拒绝法律帮助的处理。犯罪嫌疑人、被告人自愿认罪认罚,没有委托辩护人,拒绝值班律师帮助的,人民法院、人民检察院、公安机关应当允许,记录在案并随案移送。但是审查起诉阶段签署认罪认罚具结书时,人民检察院应当通知值班律师到场。

15. 辩护人职责。认罪认罚案件犯罪嫌疑人、被告人委托辩护人或者法律援助机构指派律师为其辩护的,辩护律师在侦查、审查起诉和审判阶段,应当与犯罪嫌疑人、被告人就是否认罪认罚进行沟通,提供法律咨询和帮助,并就定罪量刑、诉讼程序适用等向办案机关提出意见。

五、被害方权益保障

16. 听取意见。办理认罪认罚案件,应当听取被害人及其诉讼代理人的意见,并将犯罪嫌疑人、被告人是否与被害方达成和解协议、调解协议或者赔偿被害方损失,取得被害方谅解,作为从宽处罚的重要考虑因素。人民检察院、公安机关听取意见情况应当记录在案并随案移送。

17. 促进和解谅解。对符合当事人和解程序适用条件的公诉案件,犯罪嫌疑人、被告人认罪认罚的,人民法院、人民检察院、公安机关应当积极促进当事人自愿达成和解。对其他认罪认罚案件,人民法院、人民检察院、公安机关可以促进犯罪嫌疑人、被告人通过向被害方赔偿损失、赔礼道歉等方式获得谅解,被害方出具的谅解意见应当随案移送。

人民法院、人民检察院、公安机关在促进当事人和解谅解过程中,应当向被害方释明认罪认罚从宽、公诉案件当事人和解适用程序等具体法律规定,充分听取被害方意见,符合司法救助条件的,应当积极协调办理。

18. 被害方异议的处理。被害人及其诉讼代理人不同意对认罪认罚的犯罪嫌疑人、被告人从宽处理的,不影响认罪认罚从宽制度的适用。犯罪嫌疑人、被告人认罪认罚,但没有退赃退赔、赔偿损失,未能与被害方达成调解或者和解协议的,从宽时应当予以酌减。犯罪嫌疑人、被告人自愿认罪并且愿意积极赔偿损失,但由于被害方赔偿请求明显不合理,未能达成调解或者和解协议的,一般不影响对犯罪嫌疑人、被告人从宽处理。

六、强制措施的适用

19. 社会危险性评估。人民法院、人民检察院、公安机关应当将犯罪嫌疑人、被告人认罪认罚作为其是否具有社会危险性的重要考虑因素。对于罪行较轻、采用非羁押性强制措施足以防止发生刑事诉讼法第八十一条第一款规定的社会危险性的犯罪嫌疑人、被告人,根据犯罪性质及可能判处的刑罚,依法可不适用羁押性强制措施。

20. 逮捕的适用。犯罪嫌疑人认罪认罚,公安机关认为罪行较轻、没有社会危险性的,应当不再提请人民检察院审查逮捕。对提请逮捕的,人民检察院认为没有社会危险性不需要逮捕的,应当作出不批准逮捕的决定。

21. 逮捕的变更。已经逮捕的犯罪嫌疑人、被告人认罪认罚的,人民法院、人民检察院应当及时审查羁押的必要性,经审查认为没有继续羁押必要的,应当变更为取保候审或者监视居住。

七、侦查机关的职责

22. 权利告知和听取意见。公安机关在侦查过程中,应当告知犯罪嫌疑人享有的诉讼权利、如实供述罪行可以从宽处理和认罪认罚的法律规定，听取犯罪嫌疑人及其辩护人或者值班律师的意见，记录在案并随案移送。

对在非讯问时间、办案人员不在场情况下，犯罪嫌疑人向看守所工作人员或者辩护人、值班律师表示愿意认罪认罚的，有关人员应当及时告知办案单位。

23. 认罪教育。公安机关在侦查阶段应当同步开展认罪教育工作，但不得强迫犯罪嫌疑人认罪，不得作出具体的从宽承诺。犯罪嫌疑人自愿认罪，愿意接受司法机关处罚的，应当记录在案并附卷。

24. 起诉意见。对移送审查起诉的案件，公安机关应当在起诉意见书中写明犯罪嫌疑人自愿认罪认罚情况。认为案件符合速裁程序适用条件的，可以在起诉意见书中建议人民检察院适用速裁程序办理，并简要说明理由。

对可能适用速裁程序的案件，公安机关应当快速办理，对犯罪嫌疑人未被羁押的，可以集中移送审查起诉，但不得为集中移送拖延案件办理。

对人民检察院在审查逮捕期间或者重大案件听取意见中提出的开展认罪认罚工作的意见或建议，公安机关应当认真听取，积极开展相关工作。

25. 执法办案管理中心建设。加快推进公安机关执法办案管理中心建设，探索在执法办案管理中心设置速裁法庭，对适用速裁程序的案件进行快速办理。

八、审查起诉阶段人民检察院的职责

26. 权利告知。案件移送审查起诉后，人民检察院应当告知犯罪嫌疑人享有的诉讼权利和认罪认罚的法律规定，保障犯罪嫌疑人的程序选择权。告知应当采取书面形式，必要时应当充分释明。

27. 听取意见。犯罪嫌疑人认罪认罚的，人民检察院应当就下列事项听取犯罪嫌疑人、辩护人或者值班律师的意见，记录在案并附卷：

（一）涉嫌的犯罪事实、罪名及适用的法律规定；（二）从轻、减轻或者免除处罚等从宽处罚的建议；（三）认罪认罚后案件审理适用的程序；（四）其他需要听取意见的情形。

人民检察院未采纳辩护人、值班律师意见的，应当说明理由。

28. 自愿性、合法性审查。对侦查阶段认罪认罚的案件，人民检察院应当重点审查以下内容：

（一）犯罪嫌疑人是否自愿认罪认罚，有无因受到暴力、威胁、引诱而违背意愿认罪认罚；（二）犯罪嫌疑人认罪认罚时的认知能力和精神状态是否正常；（三）犯罪嫌疑人是否理解认罪认罚的性质和可能导致的法律后果；（四）侦查机关是否告知犯罪嫌疑人享有的诉讼权利，如实供述自己罪行可以从宽处理和认罪认罚的法律规定，并听取意见；（五）起诉意见书中是否写明犯罪嫌疑人认罪认罚情况；（六）犯罪嫌疑人是否真诚悔罪，是否向被害人赔礼道歉。

经审查，犯罪嫌疑人违背意愿认罪认罚的，人民检察院可以重新开展认罪认罚工作。存在刑讯逼供等非法取证行为的，依照法律规定处理。

29. 证据开示。人民检察院可以针对案件具体情况，探索证据开示制度，保障犯罪嫌疑人的知情权和认罪认罚的真实性及自愿性。

30. 不起诉的适用。完善起诉裁量权，充分发挥不起诉的审前分流和过滤作用，逐步扩大相对不起诉在认罪认罚案件中的适用。对认罪认罚后没有争议，不需要判处刑罚的轻微刑事案件，人民检察院可以依法作出不起诉决定。人民检察院应当加强对案件量刑的预判，对其中可能判处免刑的轻微刑事案件，可以依法作出不起诉决定。

对认罪认罚后案件事实不清、证据不足的案件，应当依法作出不起诉决定。

31. 签署具结书。犯罪嫌疑人自愿认罪，同意量刑建议和程序适用的，应当在辩护人或者值班律师在场的情况下签署认罪认罚具结书。犯罪嫌疑人被羁押的,看守所应当为签署具结书提供场所。具结书应当包括犯罪嫌疑人如实供述罪行、同意量刑建议、程序适用等内容,由犯罪嫌疑人、辩护人或者值班律师签名。

犯罪嫌疑人认罪认罚,有下列情形之一的,不需要签署认罪认罚具结书:

(一)犯罪嫌疑人是盲、聋、哑人,或者是尚未完全丧失辨认或者控制自己行为能力的精神病人的;(二)未成年犯罪嫌疑人的法定代理人、辩护人对未成年人认罪认罚有异议的;(三)其他不需要签署认罪认罚具结书的情形。

上述情形犯罪嫌疑人未签署认罪认罚具结书的,不影响认罪认罚从宽制度的适用。

32. 提起公诉。人民检察院向人民法院提起公诉的,应当在起诉书中写明被告人认罪认罚情况,提出量刑建议,并移送认罪认罚具结书等材料。量刑建议书可以另行制作,也可以在起诉书中写明。

33. 量刑建议的提出。犯罪嫌疑人认罪认罚的,人民检察院应当就主刑、附加刑、是否适用缓刑等提出量刑建议。人民检察院提出量刑建议前,应当充分听取犯罪嫌疑人、辩护人或者值班律师的意见,尽量协商一致。

办理认罪认罚案件,人民检察院一般应当提出确定刑量刑建议。对新类型、不常见犯罪案件,量刑情节复杂的重罪案件等,也可以提出幅度刑量刑建议。提出量刑建议,应当说明理由和依据。

犯罪嫌疑人认罪认罚没有其他法定量刑情节的,人民检察院可以根据犯罪的事实、性质等,在基准刑基础上适当减让提出确定刑量刑建议。有其他法定量刑情节的,人民检察院应当综合认罪认罚和其他法定量刑情节,参照相关量刑规范提出确定刑量刑建议。

犯罪嫌疑人在侦查阶段认罪认罚的,主刑从宽的幅度可以在前款基础上适当放宽;被告人在审判阶段认罪认罚的,在前款基础上可以适当缩减。建议判处罚金刑的,参照主刑的从宽幅度提出确定的数额。

34. 速裁程序的办案期限。犯罪嫌疑人认罪认罚,人民检察院经审查,认为符合速裁程序适用条件的,应当在10日以内作出是否提起公诉的决定;对可能判处的有期徒刑超过一年的,可以在15日以内作出是否提起公诉的决定。

九、社会调查评估

35. 侦查阶段的社会调查。犯罪嫌疑人认罪认罚,可能判处管制、宣告缓刑的,公安机关可以委托犯罪嫌疑人居住地的社区矫正机构进行调查评估。

公安机关在侦查阶段委托社区矫正机构进行调查评估,社区矫正机构在公安机关移送审查起诉后完成调查评估的,应当及时将评估意见提交受理案件的人民检察院或者人民法院,并抄送公安机关。

36. 审查起诉阶段的社会调查。犯罪嫌疑人认罪认罚,人民检察院拟提出缓刑或者管制量刑建议的,可以及时委托犯罪嫌疑人居住地的社区矫正机构进行调查评估,也可以自行调查评估。人民检察院提起公诉时,已收到调查材料的,应当将材料一并移送,未收到调查材料的,应当将委托文书随案移送;在提起公诉后收到调查材料的,应当及时移送人民法院。

37. 审判阶段的社会调查。被告人认罪认罚,人民法院拟判处管制或者宣告缓刑的,可以及时委托被告人居住地的社区矫正机构进行调查评估,也可以自行调查评估。

社区矫正机构出具的调查评估意见,是人民法院判处管制、宣告缓刑的重要参考。对没有委托社区矫正机构进行调查评估或者判决前未收到社区矫正机构调查评估报告的认罪认罚案件,人民法院经审理认为被告人符合管制、缓刑适用条件的,可以判处管制、宣告缓刑。

38. 司法行政机关的职责。受委托的社区矫正机构应当根据委托机关的要求,对犯罪嫌疑人、被告人的居所情况、家庭和社会关系、一贯表现、犯罪行为的后果和影响、居住地村(居)民委员会和被害人意见、拟禁止的事项等进行调查了解,形成评估意见,及时提交委托机关。

十、审判程序和人民法院的职责

39. 审判阶段认罪认罚自愿性、合法性审查。办理认罪认罚案件,人民法院应当告知被告人享有的诉讼权利和认罪认罚的法律规定,听取被告人及其辩护人或者值班律师的意见。庭审中应当对认罪认罚的自愿性、具结书内容的真实性和合法性进行审查核实,重点核实以下内容:

(一)被告人是否自愿认罪认罚,有无因受到暴力、威胁、引诱而违背意愿认罪认罚;(二)被告人认罪认罚时的认知能力和精神状态是否正常;(三)被告人是否理解认罪认罚的性质和可能导致的法律后果;(四)人民检察院、公安机关是否履行告知义务并听取意见;(五)值班律师或者辩护人是否与人民检察院进行沟通,提供了有效法律帮助或者辩护,并在场见证认罪认罚具结书的签署。

庭审中审判人员可以根据具体案情,围绕定罪量刑的关键事实,对被告人认罪认罚的自愿性、真实性等进行发问,确认被告人是否实施犯罪,是否真诚悔罪。

被告人违背意愿认罪认罚,或者认罪认罚后又反悔,依法需要转换程序的,应当按照普通程序对案件重新审理。发现存在刑讯逼供等非法取证行为的,依照法律规定处理。

40. 量刑建议的采纳。对于人民检察院提出的量刑建议,人民法院应当依法进行审查。对于事实清楚,证据确实、充分,指控的罪名准确,量刑建议适当的,人民法院应当采纳。具有下列情形之一的,不予采纳:

(一)被告人的行为不构成犯罪或者不应当追究刑事责任的;(二)被告人违背意愿认罪认罚的;(三)被告人否认指控的犯罪事实的;(四)起诉指控的罪名与审理认定的罪名不一致的;(五)其他可能影响公正审判的情形。

对于人民检察院起诉指控的事实清楚,量刑建议适当,但指控的罪名与审理认定的罪名不一致的,人民法院可以听取人民检察院、被告人及其辩护人对审理认定罪名的意见,依法作出裁判。

人民法院不采纳人民检察院量刑建议的,应当说明理由和依据。

41. 量刑建议的调整。人民法院经审理,认为量刑建议明显不当,或者被告人、辩护人对量刑建议有异议且有理有据的,人民法院应当告知人民检察院,人民检察院可以调整量刑建议。人民法院认为调整后的量刑建议适当的,应当予以采纳;人民检察院不调整量刑建议或者调整后仍然明显不当的,人民法院应当依法作出判决。

适用速裁程序审理的,人民检察院调整量刑建议应当在庭前或者当庭提出。调整量刑建议后,被告人同意继续适用速裁程序的,不需要转换程序处理。

42. 速裁程序的适用条件。基层人民法院管辖的可能判处三年有期徒刑以下刑罚的案件,案件事实清楚,证据确实、充分,被告人认罪认罚并同意适用速裁程序的,可以适用速裁程序,由审判员一人独任审判。人民检察院提起公诉时,可以建议人民法院适用速裁程序。

有下列情形之一的,不适用速裁程序办理:

(一)被告人是盲、聋、哑人,或者是尚未完全丧失辨认或者控制自己行为能力的精神病人的;(二)被告人是未成年人的;(三)案件有重大社会影响的;(四)共同犯罪案件中部分被告人对指控的犯罪事实、罪名、量刑建议或者适用速裁程序有异议的;(五)被告人与被害人或者其法定代理人没有就附带民事诉讼赔偿等事项达成调解或者和解协议的;(六)其他不宜适用速裁程序办理的案件。

43. 速裁程序的审理期限。适用速裁程序审理案件,人民法院应当在受理后十日以内审结;对可能判处的有期徒刑超过一年的,应当在十五日以内审结。

44. 速裁案件的审理程序。适用速裁程序审理案件,不受刑事诉讼法规定的送达期限的限制,一般不进行法庭调查、法庭辩论,但在判决宣告前应当听取辩护人的意见和被告人的最后陈述意见。

人民法院适用速裁程序审理案件,可以在向被告人送达起诉书时一并送达权利义务告知书、开庭传票,并核实被告人自然信息等情况。根据需要,可以集中送达。

人民法院适用速裁程序审理案件,可以集中开庭,逐案审理。人民检察院可以指派公诉人集中出庭支持公诉。公诉人简要宣读起诉书后,审判人员应当当庭询问被告人对指控事实、证据、量刑建议以及适用速裁程序的意见,核实具结书签署的自愿性、真实性、合法性,并核实附带民事诉讼赔偿等情况。

适用速裁程序审理案件,应当当庭宣判。集中审理的,可以集中当庭宣判。宣判时,根据案件需要,可以由审判员进行法庭教育。裁判文书可以简化。

45. 速裁案件的二审程序。被告人不服适用速裁程序作出的第一审判决提出上诉的案件,可以不开庭审理。第二审人民法院审查后,按照下列情形分别处理:

(一)发现被告人以事实不清、证据不足为由提出上诉的,应当裁定撤销原判,发回原审人民法院适用普通程序重新审理,不再按认罪认罚案件从宽处罚;(二)发现被告人以量刑不当为由提出上诉的,原判量刑适当的,应当裁定驳回上诉,维持原判;原判量刑不当的,经审理后依法改判。

46. 简易程序的适用。基层人民法院管辖的被告人认罪认罚案件,事实清楚、证据充分,被告人对适用简易程序没有异议的,可以适用简易程序审判。

适用简易程序审理认罪认罚案件,公诉人可以简要宣读起诉书,审判人员当庭询问被告人对指控的犯罪事实、证据、量刑建议及适用简易程序的意见,核实具结书签署的自愿性、真实性、合法性。法庭调查可以简化,但对有争议的事实和证据应当进行调查、质证,法庭辩论可以仅围绕有争议的问题进行。裁判文书可以简化。

47. 普通程序的适用。适用普通程序办理认罪认罚案件,可以适当简化法庭调查、辩论程序。公诉人宣读起诉书后,合议庭当庭询问被告人对指控的犯罪事实、证据及量刑建议的意见,核实具结书签署的自愿性、真实性、合法性。公诉人、辩护人、审判人员对被告人的讯问、发问可以简化。对控辩双方无异议的证据,可以仅就证据名称及证明内容进行说明;对控辩双方有异议,或者法庭认为有必要调查核实的证据,应当出示并进行质证。法庭辩论主要围绕有争议的问题进行,裁判文书可以适当简化。

48. 程序转换。人民法院在适用速裁程序审理过程中,发现有被告人的行为不构成犯罪或者不应当追究刑事责任、被告人违背意愿认罪认罚、被告人否认指控的犯罪事实情形的,应当转为普通程序审理。发现其他不宜适用速裁程序但符合简易程序适用条件的,应当转为简易程序重新审理。

发现有不宜适用简易程序审理情形的,应当转为普通程序审理。

人民检察院在人民法院适用速裁程序审理案件过程中,发现有不宜适用速裁程序审理情形的,应当建议人民法院转为普通程序或者简易程序重新审理;发现有不宜适用简易程序审理情形的,应当建议人民法院转为普通程序重新审理。

49. 被告人当庭认罪认罚案件的处理。被告人在侦查、审查起诉阶段没有认罪认罚,但当庭认罪,愿意接受处罚的,人民法院应当根据审理查明的事实,就定罪和量刑听取控辩双方意见,依法作出裁判。

50. 第二审程序中被告人认罪认罚案件的处理。被告人在第一审程序中未认罪认罚,在第二审程序中认罪认罚的,审理程序依照刑事诉讼法规定的第二审程序进行。第二审人民法院应当根据其认罪认罚的价值、作用决定是否从宽,并依法作出裁判。确定从宽幅度时应当与第一审程序认罪认罚有所区别。

十一、认罪认罚的反悔和撤回

51. 不起诉后反悔的处理。因犯罪嫌疑人认罪认罚,人民检察院依照刑事诉讼法第177条第2款作出不起诉决定后,犯罪嫌疑人否认指控的犯罪事实或者不积极履行赔礼道歉、退赃退赔、赔偿损失等义务的,人民检察院应当进行审查,区分下列情形依法作出处理:

(一)发现犯罪嫌疑人没有犯罪事实,或者符合刑事诉讼法第十六条规定的情形之一的,应当撤销原不起诉决定,依法重新作出不起诉决定;(二)认为犯罪嫌疑人仍属于犯罪情节轻微,依照刑法规定不需要判处刑罚或者免除刑罚的,可以维持原不起诉决定;(三)排除认罪认罚因素后,符合起诉条件的,应当根据案件具体情况撤销原不起诉决定,依法提起公诉。

52. 起诉前反悔的处理。犯罪嫌疑人认罪认罚,签署认罪认罚具结书,在人民检察院提起公诉前反悔的,具结书失效,人民检察院应当在全面审查事实证据的基础上,依法提起公诉。

53. 审判阶段反悔的处理。案件审理过程中,被告人反悔不再认罪认罚的,人民法院应当根据审理查明的事实,依法作出裁判。需要转换程序的,依照本意见的相关规定处理。

54. 人民检察院的法律监督。完善人民检察院对侦查活动和刑事审判活动的监督机制,加强对认罪认罚案件办理全过程的监督,规范认罪认罚案件的抗诉工作,确保无罪的人不受刑事追究、有罪的人受到公正处罚。

十二、未成年人认罪认罚案件的办理

55. 听取意见。人民法院、人民检察院办理未成年人认罪认罚案件,应当听取未成年犯罪嫌疑人、被告人的法定代理人的意见,法定代理人无法到场的,应当听取合适成年人的意见,但受案时犯罪嫌疑人已经成年的除外。

56. 具结书签署。未成年犯罪嫌疑人签署认罪认罚具结书时,其法定代理人应当到场并签字确认。法定代理人无法到场的,合适成年人应当到场签字确认。法定代理人、辩护人对未成年人认罪认罚有异议的,不需要签署认罪认罚具结书。

57. 程序适用。未成年人认罪认罚案件,不适用速裁程序,但应当贯彻教育、感化、挽救的方针,坚持从快从宽原则,确保案件及时办理,最大限度保护未成年人合法权益。

58. 法治教育。办理未成年人认罪认罚案件,应当做好未成年犯罪嫌疑人、被告人的认罪服法、悔过教育工作,实现惩教结合目的。

十三、附则

59. 国家安全机关、军队保卫部门、中国海警局、监狱办理刑事案件,适用本意见的有关规定。

60. 本指导意见由会签单位协商解释,自发布之日起施行。

25. 最高人民检察院《人民检察院办理认罪认罚案件监督管理办法》(高检发办字〔2020〕35号)

第1条 为健全办理认罪认罚案件检察权运行监督机制,加强检察官办案廉政风险防控,确保依法规范适用认罪认罚从宽制度,根据《刑事诉讼法》《人民检察院刑事诉讼规则》《关于加强司法权力运行监督管理的意见》等相关规定,结合检察工作实际,制定本办法。

第2条 加强对检察官办理认罪认罚案件监督管理,应当坚持以下原则:

(一)坚持加强对办案活动的监督管理与保障检察官依法行使职权相结合;(二)坚持检察官办案主体职责与分级分类监督管理职责相结合;(三)坚持案件管理、流程监控与信息留痕、公开透明相结合;(四)坚持加强检察机关内部监督管理与外部监督制约相结合。

第3条 办理认罪认罚案件,检察官应当依法履行听取犯罪嫌疑人、被告人及其辩护人或者值班律师、被害人及其诉讼代理人的意见等各项法定职责,依法保障犯罪嫌疑人、被告人诉讼权利和认罪认罚的自愿性、真实性和合法性。

听取意见可以采取当面或者电话、视频等方式进行,听取情况应当记录在案,对提交的书面意见应当附卷。对于有关意见,办案检察官应当认真审查,并将审查意见写入案件审查报告。

第4条 辩护人、被害人及其诉讼代理人要求当面反映意见的,检察官应当在工作时间和办公场所接待。确因特殊且正当原因需要在非工作时间或者非办公场所接待的,检察官应当依照相关规定办理审批手续并获批准后方可会见。因不明情况或者其他原因在非工作时间或者非工作场所接触听取相关意见的,应当在当日或者次日向本院检务督察部门报告有关情况。

辩护人、被害人及其诉讼代理人当面提交书面意见、证据材料的,检察官应当了解其提交材料的目的、材料的来源和主要内容等有关情况并记录在案,与相关材料一并附卷,并出具回执。

当面听取意见时,检察人员不得少于二人,必要时可进行同步录音或者录像。

第5条 办理认罪认罚案件,检察官应当依法在权限范围内提出量刑建议。在确定和提出量刑建议前,应当充分听取犯罪嫌疑人、被告人、辩护人或者值班律师的意见,切实开展量刑协商工作,保证量刑建议依法体现从宽、适当,并在协商一致后由犯罪嫌疑人签署认罪认罚具结书。

第6条 检察官提出量刑建议,应当与审判机关对同一类型、情节相当案件的判罚尺度保持基本均衡。在起诉文书中,应当对量刑建议说明理由和依据,其中拟以速裁程序审理的案件可以在起诉书中概括说明,拟以简易程序、普通程序审理的案件应当在起诉书或者量刑建议书中充分叙明。

第7条 案件提起公诉后,出现新的量刑情节,或者法官经审理认为量刑建议明显不当建议检察官作出调整的,或者被告人、辩护人对量刑建议提出异议的,检察官可以视情作出调整。若原量刑建议由检察官提出的,检察官调整量刑建议后应当向部门负责人报告备案;若原量刑建议由检察长(分管副检察长)决定的,由检察官报请检察长(分管副检察长)决定。

第8条 办理认罪认罚案件,出现以下情形的,检察官应当向部门负责人报告:

(一)案件处理结果可能与同类案件或者关联案件处理结果明显不一致的;(二)案件处理与监察机关、侦查机关、人民法院存在重大意见分歧的;(三)犯罪嫌疑人、被告人签署认罪认罚具结书后拟调整量刑建议的;(四)因案件存在特殊情形,提出的量刑建议与同类案件相比明显失衡的;(五)变更、补充起诉的;(六)犯罪嫌疑人、被告人自愿认罪认罚,拟不适用认罪认罚从宽制度办理的;(七)法院建议调整量刑建议,或者判决未采纳量刑建议的;(八)被告人、辩护人、值班律师对事实认定、案件定性、量刑建议存在重大意见分歧的;(九)一审判决后被告人决定上诉的;(十)其他应当报告的情形。

部门负责人、分管副检察长承办案件遇有以上情形的,应当向上一级领导报告。

第9条 对于犯罪嫌疑人罪行较轻且认罪认罚,检察官拟作出不批准逮捕或者不起诉决定的案件,应当报请检察长决定。报请检察长决定前,可以提请部门负责人召开检察官联席会议研究讨论。检察官联席会议可以由本部门全体检察官组成,也可以由三名以上检察官(不包括承办检察官)组成。

参加联席会议的检察官应当根据案件的类型、讨论重点等情况,通过查阅卷宗、案件审查报告、听取承办检察官介绍等方式,在全面准确掌握案件事实、情节的基础上参加讨论、发表意见,供承办检察官决策参考,并在讨论笔录上签字确认。

检察官联席会议讨论意见一致或者形成多数意见的,由承办检察官自行决定或者按检察官职权配置规定报请决定。承办检察官与多数意见分歧的,应当提交部门负责人审核后报请检察长(分管副检察长)决定。

第10条 对于下列拟作不批捕、不起诉的认罪认罚从宽案件,可以进行公开听证:(一)被害人不谅解、不同意从宽处理的;(二)具有一定社会影响,有必要向社会释法介绍案件情况的;(三)当事人多次涉诉信访,引发的社会矛盾尚未化解的;(四)食品、医疗、教育、环境等领域与民生密切相关,公开听证有利于宣扬法治、促进社会综合治理的;(五)具有一定典型性,有法治宣传教育意义的。

人民检察院办理认罪认罚案件应当按照规定接受人民监督员的监督。对公开听证的认罪认罚案件,可以邀请人民监督员参加,听取人民监督员对案件事实、证据认定和案件处理的意见。

第11条 检察长、分管副检察长和部门负责人要认真履行检察官办案中的监督管理责任,承担全面从严治党、全面从严治检主体责任,检务督察、案件管理等有关部门承担相应的监督管理责任,自觉接受派驻纪检监察机构的监督检查,对涉嫌违纪违法的依照规定及时移交派驻纪检监察机构处理。

第12条 部门负责人除作为检察官承办案件,履行检察官职责外,还应当履行以下监督管理职责:

(一)听取或者要求检察官报告办案情况;(二)对检察官办理的认罪认罚案件进行监督管理,必要时审阅案卷,调阅与案件有关材料,要求承办检察官对案件情况进行说明,要求检察官复核、补充、完善证据;(三)召集或者根据检察官申请召集并主持检察官联席会议;(四)对于应当由检察长(分管副检察长)决定的事项,经审核并提出处理意见后报检察长(分管副检察长)决定;(五)定期组织分析、汇总通报本部门办案情况,指导检察官均衡把握捕与不捕、诉与不诉法律政策、量刑建议等问题,提请检察委员会审议作出决定;(六)其他应当履行的职责,或者依据检察长(分管副检察长)授权履行的职责。

第13条 部门负责人、分管副检察长对检察官办理案件出现以下情形的,应当报请检察长决定:

(一)处理意见与检察官联席会议多数检察官意见存在分歧的;(二)案件处理与监察机关、侦查机关、人民法院存在重大意见分歧需要报请检察长(分管副检察长)决定的;(三)发现检察官提出的处理意见错误,量刑建议明显不当,或者明显失衡的,应当及时提示检察官,经提示后承办检察官仍然坚持原处理意见或者量刑建议的;(四)变更、补充起诉的;(五)其他应当报告的情形。

第14条 检察长(分管副检察长)除作为检察官承办案件,履行检察官职责外,还应当履行以下职责:

(一)听取或者要求检察官报告办案情况;(二)对检察官的办案活动进行监督管理;(三)发现检察官不正确履行职责的,应当予以纠正;(四)依据职权清单,在职权范围内对检察官办理的认罪认罚案件作出决定;(五)听取部门负责人关于认罪认罚案件办理情况的报告;(六)要求部门负责人对本院办理的认罪认罚案件定期分析、汇总通报,涉及法律、政策理解、适用的办案经验总结、规则明确等,提请检察委员会审议,必要时向上级检察院汇报;(七)其他应当履行的职责。

第15条 检察长(分管副检察长)发现检察官办理认罪认罚案件不适当的,可以要求检察官复核,也可以直接作出决定或者提请检察委员会讨论决定。检察长(分管副检察长)要求复核的意见、决定应当以书面形式作出并附卷。

第16条 案件管理部门对认罪认罚案件办理应当履行以下监督管理职责：

（一）进行案件流程监控，对案件办理期限、诉讼权利保障、文书制作的规范化等进行监督；（二）组织案件评查，对评查中发现的重要情况及时向检察长报告；（三）发现违反检察职责行为、违纪违法线索的，及时向相关部门移送；（四）其他应当履行的职责。

第17条 下列情形的案件应当作为重点评查案件，经检察长（分管副检察长）批准后进行评查，由案件管理部门或者相关办案部门组织开展：

（一）检察官超越授权范围、职权清单作出处理决定的；（二）经复议、复核、复查后改变原决定的；（三）量刑建议明显不当的；（四）犯罪嫌疑人、被告人认罪认罚后又反悔的；（五）当事人对人民检察院的处理决定不服提出申诉的；（六）人民法院裁判宣告无罪、改变指控罪名或者新发现影响定罪量刑重要情节的；（七）其他需要重点评查的。

第18条 检务督察部门应当指导办案部门做好认罪认罚案件廉政风险防控和检察官履职督查和失责惩戒工作，重点履行以下监督职责：

（一）对检察官办理认罪认罚案件执行法律、规范性文件和最高人民检察院规定、决定等情况进行执法督察；（二）在执法督察、巡视巡察、追责惩戒、内部审计中发现以及有关单位、个人举报投诉办案检察官违反检察职责的，依职权进行调查，提出处理意见；（三）对检察官违反检察职责和违规过问案件，不当接触当事人及其律师、特殊关系人、中介组织等利害关系人的，依职权进行调查，提出处理意见；（四）针对认罪认罚案件办案廉政风险，加强廉政风险防控制度建设和工作指导，开展司法办案廉政教育；（五）其他应当监督的情形。

第19条 上级人民检察院要履行对下级人民检察院办理认罪认罚案件指导、监督管理责任，定期分析、汇总通报本辖区内办案整体情况，通过案件指导、备案备查、专项检查、错案责任倒查、审核决定等方式，对下级人民检察院办理认罪认罚案件进行监督。对存在严重瑕疵或者不规范司法行为，提出监督纠正意见。案件处理决定确有错误的，依法通过指令下级人民检察院批准逮捕、提起公诉、提出抗诉或者撤销逮捕、撤回起诉等方式予以纠正。

第20条 人民检察院办理认罪认罚案件，应当按照规定公开案件程序性信息、重要案件信息和法律文书，接受社会监督。

第21条 严格落实领导干部干预司法活动、插手具体案件处理，司法机关内部或者其他人员过问案件，司法人员不正当接触交往的记录报告和责任追究等相关规定，对违反规定的严肃追责问责。

检察官对存在过问或者干预、插手办案活动，发现有与当事人、律师、特殊关系人、中介组织不当接触交往行为情况的，应当如实记录并及时报告部门负责人。

检察长、分管副检察长和部门负责人口头或者短信、微信、电话等形式向检察官提出指导性意见的，检察官记录在案后，依程序办理。

第22条 当事人、律师等举报、投诉检察官违反法律规定办理认罪认罚案件或者有过失行为并提供相关线索或者证据的，检察长（分管副检察长）可以要求检察官报告办案情况。检察长（分管副检察长）认为确有必要的，可以更换承办案件的检察官，将涉嫌违反检察职责行为、违纪违法线索向有关部门移送，并将相关情况记录在案。

第23条 对检察官办理认罪认罚案件的质量效果、办案活动等情况进行绩效考核，考核结果纳入司法业绩档案，作为检察官奖惩、晋升、调整职务职级和工资、离岗培训、免职、降职、辞退的重要依据。

第24条 检察官因故意违反法律法规或者因重大过失导致案件办理出现错误并造成严重后果的，应当承担司法责任。

检察官在事实认定、证据采信、法律适用、办案程序、文书制作以及司法作风等方面不符合法律和有关规定，存在司法瑕疵但不影响案件结论的正确性和效力的，依照相关纪律规定处理。

第25条 负有监督管理职责的检察人员因故意或者重大过失怠于行使或者不当行使职责，造成严重后果的，应当承担司法责任。

26. 最高人民法院、最高人民检察院、公安部、国家安全部、司法部《关于规范量刑程序若干问题的意见》（法发〔2020〕38号）

为深入推进以审判为中心的刑事诉讼制度改革，落实认罪认罚从宽制度，进一步规范量刑程序，确保量刑公开公正，根据刑事诉讼法和有关司法解释等规定，结合工作实际，制定本意见。

第1条 人民法院审理刑事案件，在法庭审理中应当保障量刑程序的相对独立性。

人民检察院在审查起诉中应当规范量刑建议。

第2条 侦查机关、人民检察院应当依照法定程序，全面收集、审查、移送证明犯罪嫌疑人、被告人犯罪事实、量刑情节的证据。

对于法律规定并处或者单处财产刑的案件，侦查机关应当根据案件情况对被告人的财产状况进行调查，并向人民检察院移送相关证据材料。人民检察院应当审查并向人民法院移送相关证据材料。

人民检察院在审查起诉时发现侦查机关应当收集而未收集量刑证据的，可以退回侦查机关补充侦查，也可以自行侦查。人民检察院退回补充侦查的，侦查机关应当按照人民检察院退回补充侦查提纲的要求及时收集相关证据。

第3条 对于可能判处管制、缓刑的案件，侦查机关、人民检察院、人民法院可以委托社区矫正机构或者有关社会组织进行调查评估，提出意见，供判处管制、缓刑时参考。

社区矫正机构或者有关社会组织收到侦查机关、人民检察院或者人民法院调查评估的委托后，应当根据委托机关的要求依法进行调查，形成评估意见，并及时提交委托机关。

对于没有委托进行调查评估或者判决前没有收到调查评估报告的，人民法院经审理认为被告人符合管制、缓刑适用条件的，可以依法判处管制、宣告缓刑。

第4条 侦查机关在移送审查起诉时，可以根据犯罪嫌疑人涉嫌犯罪的情况，就宣告禁止令和从业禁止向人民检察院提出意见。

人民检察院在提起公诉时，可以提出宣告禁止令和从业禁止的建议。被告人及其辩护人、被害人及其诉讼代理人可以就是否对被告人宣告禁止令和从业禁止提出意见，并说明理由。

人民法院宣告禁止令和从业禁止，应当根据被告人的犯罪原因、犯罪性质、犯罪手段、悔罪表现、个人一贯表现等，充分考虑与被告人所犯罪行的关联程度，有针对性地决定禁止从事特定的职业、活动，进入特定区域、场所，接触特定的人等。

第5条 符合下列条件的案件，人民检察院提起公诉时可以提出量刑建议；被告人认罪认罚的，人民检察院应当提出量刑建议：

（一）犯罪事实清楚，证据确实、充分；（二）提出量刑建议所依据的法定从重、从轻、减轻或者免除处罚等量刑情节已查清；（三）提出量刑建议所依据的酌定从重、从轻处罚等量刑情节已查清。

第6条 量刑建议包括主刑、附加刑、是否适用缓刑等。主刑可以具有一定的幅度，也可以根据案件具体情况，提出确定刑期的量刑建议。建议判处财产刑的，可以提出确定的数额。

第7条 对常见犯罪案件，人民检察院应当按照量刑指导意见提出量刑建议。对新类型、不常见犯罪案件,可以参照相关量刑规范提出量刑建议。提出量刑建议,应当说明理由和依据。

第8条 人民检察院指控被告人犯有数罪的,应当对指控的个罪分别提出量刑建议,并依法提出数罪并罚后决定执行的刑罚的量刑建议。

对于共同犯罪案件,人民检察院应当根据各被告人在共同犯罪中的地位、作用以及应当承担的刑事责任分别提出量刑建议。

第9条 人民检察院提出量刑建议,可以制作量刑建议书,与起诉书一并移送人民法院;对于案情简单、量刑情节简单的适用速裁程序的案件,也可以在起诉书中写明量刑建议。

量刑建议书中应当写明人民检察院建议对被告人处以的主刑、附加刑、是否适用缓刑等及其理由和依据。

人民检察院以量刑建议书方式提出量刑建议的,人民法院在送达起诉书副本时,应当将量刑建议书一并送达被告人。

第10条 在刑事诉讼中,自诉人、被告人及其辩护人、被害人及其诉讼代理人可以提出量刑意见,并说明理由,人民检察院、人民法院应当记录在案并附卷。

第11条 人民法院、人民检察院、侦查机关应当告知犯罪嫌疑人、被告人申请法律援助的权利,对符合法律援助条件的,依法通知法律援助机构指派律师为其提供辩护或者法律帮助。

第12条 适用速裁程序审理的案件,在确认被告人认罪认罚的自愿性和认罪认罚具结书内容的真实性、合法性后,一般不再进行法庭调查、法庭辩论,但在判决宣告前应当听取辩护人的意见和被告人的最后陈述意见。

适用速裁程序审理的案件,应当当庭宣判。

第13条 适用简易程序审理的案件,在确认被告人对起诉书指控的犯罪事实和罪名没有异议,自愿认罪且知悉认罪的法律后果后,法庭审理可以直接围绕量刑进行,不再区分法庭调查、法庭辩论,但在判决宣告前应当听取被告人的最后陈述意见。

适用简易程序审理的案件,一般应当当庭宣判。

第14条 适用普通程序审理的被告人认罪案件,在确认被告人了解起诉书指控的犯罪事实和罪名,自愿认罪且知悉认罪的法律后果后,法庭审理主要围绕量刑和其他有争议的问题进行,可以适当简化法庭调查、法庭辩论程序。

第15条 对于被告人不认罪或者辩护人做无罪辩护的案件,法庭调查和法庭辩论分别进行。

在法庭调查阶段,应当在查明定罪事实的基础上,查明有关量刑事实,被告人及其辩护人可以出示证明被告人无罪或者罪轻的证据,当庭发表质证意见。

在法庭辩论阶段,审判人员引导控辩双方先辩论定罪问题。在定罪辩论结束后,审判人员告知控辩双方可以围绕量刑问题进行辩论,发表量刑建议或者意见,并说明依据和理由。被告人及其辩护人参加量刑问题的调查的,不影响作无罪辩解或者辩护。

第16条 在法庭调查中,公诉人可以根据案件的不同种类、特点和庭审的实际情况,合理安排和调整举证顺序。定罪证据和量刑证据分开出示的,应当先出示定罪证据,后出示量刑证据。

对于有数起犯罪事实的案件的量刑证据,可以在对每起犯罪事实举证时分别出示,也可以对同类犯罪事实一并出示;涉及全案综合量刑情节的证据,一般应当在举证阶段最后出示。

第17条 在法庭调查中,人民法院应当查明对被告人适用具体法定刑幅度的犯罪事实以及法定或者酌定量刑情节。

第18条 人民法院、人民检察院、侦查机关或者辩护人委托有关方面制作涉及未成年人的社会调查报告的,调查报告应当在法庭上宣读,并进行质证。

第19条 在法庭审理中,审判人员对量刑证据有疑问的,可以宣布休庭,对证据进行调查核实,必要时也可以要求人民检察院补充调查核实。人民检察院补充调查核实有关证据,必要时可以要求侦查机关提供协助。

对于控辩双方补充的证据,应当经过庭审质证才能作为定案的根据。但是,对于有利于被告人的量刑证据,经庭外征求意见,控辩双方没有异议的除外。

第20条 被告人及其辩护人、被害人及其诉讼代理人申请人民法院调取在侦查、审查起诉阶段收集的量刑证据材料,人民法院认为确有必要的,应当依法调取;人民法院认为不需要调取的,应当说明理由。

第21条 在法庭辩论中,量刑辩论按照以下顺序进行:

(一)公诉人发表量刑建议,或者自诉人及其诉讼代理人发表量刑意见;(二)被害人及其诉讼代理人发表量刑意见;(三)被告人及其辩护人发表量刑意见。

第22条 在法庭辩论中,出现新的量刑事实,需要进一步调查的,应当恢复法庭调查,待事实查清后继续法庭辩论。

第23条 对于人民检察院提出的量刑建议,人民法院应当依法审查。对于事实清楚,证据确实、充分,指控的罪名准确,量刑建议适当的,人民法院应当采纳。

人民法院经审理认为,人民检察院的量刑建议不当的,可以告知人民检察院。人民检察院调整量刑建议的,应当在法庭审理结束前提出。人民法院认为人民检察院调整后的量刑建议适当的,应当予以采纳;人民检察院不调整量刑建议或者调整量刑建议后仍不当的,人民法院应当依法作出判决。

第24条 有下列情形之一,被告人当庭认罪,愿意接受处罚的,人民法院应当根据审理查明的事实,就定罪和量刑听取控辩双方意见,依法作出裁判:

(一)被告人在侦查、审查起诉阶段认罪认罚,但人民检察院没有提出量刑建议的;(二)被告人在侦查、审查起诉阶段没有认罪认罚的;(三)被告人在第一审程序中没有认罪认罚,在第二审程序中认罪认罚的;(四)被告人在庭审过程中不同意量刑建议的。

第25条 人民法院应当在刑事裁判文书中说明量刑理由。量刑说理主要包括:

(一)已经查明的量刑事实及其对量刑的影响;(二)是否采纳公诉人、自诉人、被告人及其辩护人、被害人及其诉讼代理人发表的量刑建议、意见及理由;(三)人民法院判处刑罚的理由和法律依据。

对于适用速裁程序审理的案件,可以简化量刑说理。

第26条 开庭审理的二审、再审案件的量刑程序,依照有关法律规定进行。法律没有规定的,参照本意见进行。

对于不开庭审理的二审、再审案件,审判人员在阅卷、讯问被告人、听取自诉人、辩护人、被害人及其诉讼代理人的意见时,应当注意审查量刑事实和证据。

第27条 对于认罪认罚案件量刑建议的提出、采纳与调整等,适用最高人民法院、最高人民检察院、公安部、国家安全部、司法部《关于适用认罪认罚从宽制度的指导意见》的有关规定。

第28条 本意见自2020年11月6日起施行。2010年9月13日最高人民法院、最高人民检察院、公安部、国家安全部、司法部《印发〈关于规范量刑程序若干问题的意见(试行)〉的通知》(法发〔2010〕35号)同时废止。

27. 最高人民法院、最高人民检察院《关于常见犯罪的量刑指导意见(试行)》(法发〔2021〕21号)

为进一步规范量刑活动,落实宽严相济刑事政策和认罪认罚从宽制度,增强量刑的公开性,实现量刑公正,根据刑法、刑事诉讼法和有关司法解释等规定,结合司法实践,制定本指导意见。

一、量刑的指导原则

(一)量刑应当以事实为根据,以法律为准绳,根据犯罪的事实、性质、情节和对于社会的危害程度,决定判处的刑罚。

(二)量刑既要考虑被告人所犯罪行的轻重,又要考虑被告人应负刑事责任的大小,做到罪责刑相适应,实现惩罚和预防犯罪的目的。

(三)量刑应当贯彻宽严相济的刑事政策,做到该宽则宽,当严则严,宽严相济,罚当其罪,确保裁判政治效果、法律效果和社会效果的统一。

(四)量刑要客观、全面把握不同时期不同地区的经济社会发展和治安形势的变化,确保刑法任务的实现;对于同一地区同一时期案情相似的案件,所判处的刑罚应当基本均衡。

二、量刑的基本方法

量刑时,应当以定性分析为主,定量分析为辅,依次确定量刑起点、基准刑和宣告刑。

(一)量刑步骤

1. 根据基本犯罪构成事实在相应的法定刑幅度内确定量刑起点。

2. 根据其他影响犯罪构成的犯罪数额、犯罪次数、犯罪后果等犯罪事实,在量刑起点的基础上增加刑罚量确定基准刑。

3. 根据量刑情节调节基准刑,并综合全案情况,依法确定宣告刑。

(二)调节基准刑的方法

1. 具有单个量刑情节的,根据量刑情节的调节比例直接调节基准刑。

2. 具有多个量刑情节的,一般根据各个量刑情节的调节比例,采用同向相加、逆向相减的方法调节基准刑;具有未成年人犯罪、老年人犯罪、限制行为能力的精神病人犯罪、又聋又哑的人或者盲人犯罪,防卫过当、避险过当、犯罪预备、犯罪未遂、犯罪中止,从犯、胁从犯和教唆犯等量刑情节的,先适用该量刑情节对基准刑进行调节,在此基础上,再适用其他量刑情节进行调节。

3. 被告人犯数罪,同时具有适用于个罪的立功、累犯等量刑情节的,先适用该量刑情节调节个罪的基准刑,确定个罪所应判处的刑罚,再依法实行数罪并罚,决定执行的刑罚。

(三)确定宣告刑的方法

1. 量刑情节对基准刑的调节结果在法定刑幅度内,且罪刑相适应的,可以直接确定为宣告刑;具有应当减轻处罚情节的,应当依法在法定最低刑以下确定宣告刑,有数个量刑幅度的,应当在法定量刑幅度的下一个量刑幅度内确定宣告刑。

2. 量刑情节在对基准刑的调节结果在法定最低刑以下,具有法定减轻处罚情节,且罪责刑相适应的,可以直接确定为宣告刑;只有从轻处罚情节的,可以依法确定法定最低刑为宣告刑;但是根据案件的特殊情况,经最高人民法院核准,也可以在法定刑以下判处刑罚。

3. 量刑情节对基准刑的调节结果在法定最高刑以上的,可以依法确定法定最高刑为宣告刑。

4. 综合考虑全案情况,独任审判员或合议庭可以在20%的幅度内对调节结果进行调整,确定宣告刑。当调节后的结果仍不符合罪责刑相适应原则的,应当提交审判委员会讨论,依法确定宣告刑。

5. 综合全案犯罪事实和量刑情节,依法应当判处无期徒刑以上刑罚、拘役、管制或者单处附加刑、缓刑、免予刑事处罚的,应当依法适用。

(四)判处罚金刑,应当以犯罪情节为根据,并综合考虑被告人缴纳罚金的能力,依法决定罚金数额。

(五)适用缓刑,应当综合考虑被告人的犯罪情节、悔罪表现、再犯罪的危险以及宣告缓刑对所居住社区的影响,依法作出决定。

三、常见量刑情节的适用

量刑时应当充分考虑各种法定和酌定量刑情节,根据案件的全部犯罪事实以及量刑情节的不同情形,依法确定量刑情节的适用及其调节比例。对黑恶势力犯罪、严重暴力犯罪、毒品犯罪、性侵未成年人犯罪等危害严重的犯罪,在确定从宽的幅度时,应当从严掌握;对犯罪情节较轻的犯罪,应当充分体现从宽。具体确定各个量刑情节的调节比例时,应当综合平衡调节幅度与实际增减刑罚量的关系,确保罪责刑相适应。

(一)对于未成年犯罪,综合考虑未成年人对犯罪的认知能力、实施犯罪行为的动机和目的、犯罪时的年龄、是否初犯、偶犯、悔罪表现、个人成长经历和一贯表现等情况,应当予以从宽处理。

1. 已满12周岁不满16周岁的未成年人犯罪,减少基准刑的30%-60%。

2. 已满16周岁不满18周岁的未成年人犯罪,减少基准刑的10%-50%。

(二)对于年满75周岁以上的老年人故意犯罪,综合考虑犯罪的性质、情节、后果等情况,可以减少基准刑的40%以下;过失犯罪的,减少基准刑的20%-50%。

(三)对于又聋又哑的人或者盲人犯罪的,综合考虑犯罪的性质、情节、后果以及聋哑人或者盲人犯罪时的控制能力等情况,可以减少基准刑的50%以下;情节较轻的,可以减少基准刑的50%以上或者依法免除处罚。

(四)对于未遂犯,综合考虑犯罪行为的实行程度、造成损害的大小、犯罪未得逞的原因等情况,可以比照既遂犯减少基准刑的50%以下。

(五)对于从犯,综合考虑其在共同犯罪中的地位、作用等情况,应当予以从宽处罚,减少基准刑的20%-50%;犯罪较轻的,可以减少基准刑的50%以上或者依法免除处罚。

(六)对于自首情节,综合考虑自首的动机、时间、方式、罪行轻重、如实供述罪行的程度以及悔罪表现等情况,可以减少基准刑的40%以下;犯罪较轻的,可以减少基准刑的40以上或者依法免除刑罚。恶意利用自首规避法律制裁等不足以从宽处理的除外。

(七)对于坦白情节,综合考虑如实供述罪行的阶段、程度、罪行轻重以及悔罪表现等情况,确定从宽的幅度。

1. 如实供述自己罪行的,可以减少基准刑的20%以下;

2. 如实供述司法机关尚未掌握的同种较重罪行的,可以减少基准刑的10%-30%;

3. 因如实供述自己罪行,避免特别严重后果发生的,可以减少基准刑的30%-50%。

(八)对于当庭自愿认罪的,根据犯罪的性质、罪行的轻重、认罪程度以及悔罪表现等情况,可以减少基准刑的10%以下。依法认定自首、坦白的除外。

(九)对于立功情节,综合考虑立功的大小、次数、内容、来源、效果以及罪行的轻重等情况,确定从宽的幅度。

1. 一般立功,可以减少基准刑的20%以下;2. 重大立功,可以减少基准刑的20%-50%;犯罪较轻的,减少基准刑的50%以上或者依法免除处罚。

(十)对于退赃、退赔的,应当综合考虑犯罪性质、退赃、退赔行为对损害结果所能弥补的程度,退赃、退赔的数额及主动程度等情况,可以减少基准刑的30%以下。对抢劫等严重危害社会治安犯罪的，应当从严掌握。

（十一）对于积极赔偿被害人经济损失并取得谅解的，综合考虑犯罪性质、赔偿数额、赔偿能力以及认罪悔罪表现等情况，可以减少基准刑的40%以下；积极赔偿但没有取得谅解的，可以减少基准刑的30%以下；尽管没有赔偿，但取得谅解的，可以减少基准刑的20%以下。对抢劫、强奸等严重危害社会治安犯罪的，应当从严掌握。

（十二）对于当事人根据刑事诉讼法第288条达成刑事和解协议的，综合考虑犯罪性质、赔偿数额、赔礼道歉以及真诚悔罪等情况，可以减少基准刑的50%以下；犯罪较轻的，可以减少基准刑的50%以上或者依法免除处罚。

（十三）对于被告人在羁押期间表现好的，可以减少基准刑的10%以下。

（十四）对于被告人认罪认罚的，综合考虑犯罪的性质、罪行的轻重、认罪认罚的阶段、程度、价值、悔罪表现等情况，可以减少基准刑的30%以下；具有自首、重大坦白、退赃退赔、赔偿谅解、刑事和解等情节的，可以减少基准刑的60%以下，犯罪较轻的，可以减少基准刑的60%以上或者依法免除处罚。认罪认罚与自首、坦白、当庭自愿认罪、退赃退赔、赔偿谅解、刑事和解、羁押期间表现好等量刑情节不作重复评价。

（十五）对于累犯，应当综合考虑前后罪的性质、刑罚执行完毕或者赦免以后至再犯罪时间的长短以及前后罪罪行轻重等情况，应当增加基准刑的10%-40%，一般不少于3个月。

（十六）对于有前科的，综合考虑前科的性质、时间间隔长短、次数、处罚轻重等情况，可以增加基准刑的10%以下。前科犯罪为过失犯罪和未成年人犯罪的除外。

（十七）对于犯罪对象为未成年人、老年人、残疾人、孕妇等弱势人员的，综合考虑犯罪的性质、犯罪的严重程度等情况，可以增加基准刑的20%以下。

（十八）对于在重大自然灾害，预防、控制突发传染病疫情等灾害期间故意犯罪的，根据案件的具体情况，可以增加基准刑的20%以下。

四、常见犯罪的量刑

（一）交通肇事罪

1. 构成交通肇事罪的，根据下列不同情形在相应的幅度内确定量刑起点：

（1）致人重伤、死亡或者使公私财产遭受重大损失的，在2年以下有期徒刑、拘役幅度内确定量刑起点。（2）交通运输肇事后逃逸或者有其他特别恶劣情节的，在3年至5年有期徒刑幅度内确定量刑起点。（3）因逃逸致1人死亡的，在7年至10年有期徒刑幅度内确定量刑起点。

2. 在量刑起点的基础上，根据事故责任、致人重伤、死亡的人数或者财产损失的数额以及逃逸等其他影响犯罪构成的犯罪事实增加刑罚量，确定基准刑。

3. 构成交通肇事罪的，综合考虑事故责任、危害后果、赔偿谅解等犯罪事实、量刑情节，以及被告人的主观恶性、人生危险性、认罪悔罪等因素，决定缓刑的适用。

（二）危险驾驶罪

1. 构成危险驾驶罪的，依法在1个月至6个月拘役幅度内确定宣告刑。

2. 构成危险驾驶罪的，根据危险驾驶行为、实际损害后果等犯罪情节，综合考虑被告人缴纳罚金的能力，决定罚金数额。

3. 构成危险驾驶罪的，综合考虑危险驾驶行为、危害后果等犯罪事实、量刑情节，以及被告人主观恶性、人身危险性、认罪悔罪表现等因素，决定缓刑的适用。

（三）非法吸收公众存款罪

1. 构成非法吸收公众存款罪的，根据下列不同情形在相应的幅度内确定量刑起点：

（1）犯罪情节一般的，在1年以下有期徒刑、拘役幅度内确定量刑起点。（2）达到数额巨大起点或者有其他严重情节的,在3年至4年有期徒刑幅度内确定量刑起点。(3)达到数额特别巨大起点或者有其他特别严重情节的,在10年至12年有期徒刑幅度内确定量刑起点。

2. 在量刑起点的基础上,根据犯罪构成的犯罪事实增加刑罚量,确定基准刑。

3. 对于在提起公诉前积极退账退赔,减少损害结果发生的,可以减少基准刑的40%以下;犯罪较轻的,可以减少基准刑的40以上或者依法免除处罚。

4. 构成非法吸收公众存款罪的,根据非法吸收公众存款数额、存款人人数、给存款人造成直接经济损失数额等犯罪情节,综合考虑被告人缴纳罚金的能力,决定罚金数额。

5. 构成非法吸收公众存款罪的,综合考虑非法吸收公众存款数额、存款人人数、给存款人造成直接经济损失数额、清退资金数额等犯罪情节、量刑情节,以及被告人的主观恶性、人身危险性、认罪悔罪表现等因素,决定缓刑的适用。

(四)集资诈骗罪

1. 构成集资诈骗罪的,根据下列不同情形在相应的幅度内确定量刑起点:

(1)达到数额较大起点的,在3年至4年有期徒刑幅度内确定量刑起点。(2)达到数额巨大起点或者有其他严重情节的,在7年至9年有期徒刑幅度内确定量刑起点。依法应当判处无期徒刑的除外。

2. 在量刑起点的基础上,根据集资诈骗数额等其他影响犯罪构成的犯罪事实增加刑罚量,确定基准刑。

3. 构成集资诈骗罪的,根据犯罪数额、危害后果等犯罪情节,综合考虑被告人缴纳罚金的能力,决定罚数额。

4. 构成集资诈骗罪的,综合考虑犯罪数额、诈骗对象、危害后果、退赃退赔等犯罪事实、量刑情节,以及被告人的主观恶性、人身危险性、认罪悔罪表现等因素,决定缓刑的适用。

(五)信用卡诈骗罪

1. 构成信用卡诈骗罪的,根据下列情形在相应的幅度内确定量刑起点:

(1)达到数额较大起点的,在2年以下有期徒刑、拘役幅度内确定量刑起点。(2)达到数额巨大起点或者有其他严重情节的,在5年至6年有期徒刑幅度内确定量刑起点。(3)达到数额特别巨大起点或者有其他特别严重情节的,在10年至12年有期徒刑幅度内确定量刑起点。依法应当判处无期徒刑的除外。

2. 在量刑起点的基础上,根据信用卡诈骗数额等其他影响犯罪构成的犯罪事实增加刑罚量,确定基准刑。

3. 构成信用卡诈骗罪的,根据诈骗手段、犯罪数额、危害后果等犯罪情节,综合考虑被告人缴纳罚金的能力,决定罚金数额。

4. 构成信用卡诈骗罪的,综合考虑诈骗手段、犯罪数额、危害后果、退赃退赔等犯罪事实、量刑情节,以及被告人的主观恶性、人身危险性、认罪悔罪表现等因素,决定缓刑的适用。

(六)合同诈骗罪

1. 构成合同诈骗罪的,根据下列情形在相应的幅度内确定量刑起点:

(1)达到数额较大起点的,在1年以下有期徒刑、拘役幅度内确定量刑起点。(2)达到数额巨大起点或者有其他严重情节的,在3年至4年有期徒刑幅度内确定量刑起点。(3)达到数额特别巨大起点或者有其他特别严重情节的,在10年至12年有期徒刑幅度内确定量刑起点。依法应当判处无期徒刑的除外。

2. 在量刑起点的基础上,根据合同诈骗数额等其他影响犯罪构成的犯罪事实增加刑罚量,确定基准刑。

3. 构成合同诈骗罪的,根据诈骗手段、犯罪数额、损失数额、危害后果等犯罪情节,综合考虑被告人缴纳罚金的能力,决定罚金数额。

4. 构成合同诈骗罪的,综合考虑诈骗手段、犯罪数额、危害后果、退赃退赔等犯罪事实、量刑情节,以及被告人的主观恶性、人身危险性、认罪悔罪表现等因素,决定缓刑的适用。

(七)故意伤害罪

1. 构成故意伤害罪的,根据下列不同情形在相应的幅度内确定量刑起点:

(1)故意伤害致1人轻伤的,在2年以下有期徒刑、拘役幅度内确定量刑起点。(2)故意伤害致1人重伤的,在3年至5年有期徒刑幅度内确定量刑起点。(3)以特别残忍手段故意伤害致1人重伤,造成6级严重残疾的,在10年至13年有期徒刑幅度内确定量刑起点。依法应当判处无期徒刑以上刑罚的除外。

2. 在量刑起点的基础上,根据伤害后果、伤残等级、手段残忍程度等其他影响犯罪构成的犯罪事实增加刑罚量,确定基准刑。

故意伤害致人轻伤的,伤残程度可在确定量刑起点时考虑,或者作为调节基准刑的量刑情节。

3. 构成故意伤害罪的,综合考虑故意伤害的起因、手段、危害后果、赔偿谅解等犯罪事实、量刑情节,以及被告人的主观恶性、人生危险性、认罪悔罪表现数额、危害后果、退赃退赔等犯罪事实、量刑情节,以及被告人的主观恶性、人身危险性、认罪悔罪表现等因素,决定缓刑的适用。

(八)强奸罪

1. 构成强奸罪的,根据下列情形在相应的幅度内确定量刑起点:

(1)强奸妇女1人的,可以在3年至6年有期徒刑幅度内确定量刑起点。奸淫幼女1人的,在4年至7年有期徒刑幅度内确定量刑起点。(2)有下列情形之一的,在10年至13年有期徒刑幅度内确定量刑起点:强奸妇女、奸淫幼女情节恶劣的;强奸妇女、奸淫幼女3人的;在公共场所当众强奸妇女的;2人以上轮奸妇女的;强奸致被害人重伤或者造成其他严重后果的。依法应当判处无期徒刑以上刑罚的除外。

2. 在量刑起点的基础上,根据强奸妇女、奸淫幼女情节恶劣程度、强奸人数、致人伤害后果等其他影响犯罪构成的犯罪事实增加刑罚量,确定基准刑。

强奸多人多次的,以强奸人数作为增加刑罚量的事实,强奸次数作为调节基准刑的量刑情节。

3. 构成强奸罪的,综合考虑强奸的手段、危害后果等犯罪事实、量刑情节,以及被告人的主观恶性、人身危险性、认罪悔罪表现等因素,从严把握缓刑的适用。

(九)非法拘禁罪

1. 构成非法拘禁罪的,根据下列情形在相应的幅度内确定量刑起点:

(1)犯罪情节一般的,在1年以下有期徒刑、拘役幅度内确定量刑起点。(2)致1人重伤的,在3年至5年有期徒刑幅度内确定量刑起点。(3)致1人死亡的,在10年至13年有期徒刑幅度内确定量刑起点。

2. 在量刑起点的基础上,根据非法拘禁人数、拘禁时间、致人伤亡后果等其他影响犯罪构成的犯罪事实增加刑罚量,确定基准刑。

非法拘禁多人多次的,以非法拘禁人数作为增加刑罚量的事实,非法拘禁次数作为调节基准刑的量刑情节。

3. 有下列情节之一的,增加基准刑的10%-20%:

(1)具有殴打、侮辱情节的;(2)国家机关工作人员利用职权非法扣押、拘禁他人的。

4. 构成非法拘禁罪的,综合考虑非法拘禁的起因、时间、危害后果等犯罪事实、量刑情节,以及被告人的主观恶性、人身危险性、认罪悔罪表现等因素,从严把握缓刑的适用。

(十)抢劫罪

1. 构成抢劫罪的,根据下列情形在相应的幅度内确定量刑起点:

(1)抢劫1次的,在3年至6年有期徒刑幅度内确定量刑起点。(2)有下列情形之一的,在10年至13年有期徒刑幅度内确定量刑起点:入户抢劫的;在公共交通工具上抢劫的;抢劫银行或者其他金融机构的;抢劫3次或者抢劫数额达到数额巨大起点的;抢劫致1人重伤的;冒充军警人员抢劫的;持枪抢劫的;抢劫军用物资或者抢险、救灾、救济物资的。依法应当判处无期徒州以上刑罚的除外。

2. 在量刑起点的基础上,根据抢劫情节严重程度、抢劫次数、数额、致人伤害后果等其他影响犯罪构成的犯罪事实增加刑罚量,确定基准刑。

3. 构成抢劫罪的,根据抢劫的数额、次数、手段、危害后果等犯罪情节,综合考虑被告人缴纳罚金的能力,决定罚金数额。

4. 构成抢劫罪的,综合考虑抢劫的起因、手段、危害后果等犯罪事实、量刑情节,以及被告人主观恶性、人身危险性、认罪悔罪表现等因素,决定缓刑的适用。

(十一)盗窃罪

1. 构成盗窃罪的,根据下列情形在相应的幅度内确定量刑起点:

(1)达到数额较大起点的,两年内3次盗窃的,入户盗窃的,携带凶器盗窃的,或者扒窃的,在1年以下有期徒刑、拘役幅度内确定量刑起点。(2)达到数额巨大起点或者有其他严重情节的,在3年至4年有期徒刑幅度内确定量刑起点。(3)达到数额特别巨大起点或者有其他特别严重情节的,在10年至12年有期徒刑幅度内确定量刑起点。依法应当判处无期徒刑的除外。

2. 在量刑起点的基础上,根据盗窃数额、次数、手段等其他影响犯罪构成的犯罪事实增加刑罚量,确定基准刑。

多次盗窃,数额达到较大以上的,以盗窃数额确定量刑起点,盗窃次数可作为调节基准刑的量刑情节;数额未达到较大的,以盗窃次数确定量刑起点,超过3次的次数作为增加刑罚量的事实。

3. 构成盗窃罪的,根据盗窃的数额、次数、手段、危害后果等犯罪情节,综合考虑被告人缴纳罚金的能力,在1000元以上盗窃数额2倍以下决定罚金数额;没有盗窃数额或者盗窃数额无法计算的,在1000元以上10万元以下判处罚金。

4. 构成盗窃罪的,综合考虑盗窃的起因、数额、次数、手段、退赃退赔等犯罪事实、量刑情节,以及被告人主观恶性、人身危险性、认罪悔罪表现等因素,决定缓刑的适用。

(十二)诈骗罪

1. 构成诈骗罪的,根据下列情形在相应的幅度内确定量刑起点:

(1)达到数额较大起点的,可以在1年以下有期徒刑、拘役幅度内确定量刑起点。(2)达到数额巨大起点或者有其他严重情节的,在3年至4年有期徒刑幅度内确定量刑起点。(3)达到数额特别巨大起点或者有其他特别严重情节的,在10年至12年有期徒刑幅度内确定量刑起点。依法应当判处无期徒刑的除外。

2. 在量刑起点的基础上,根据诈骗数额等其他影响犯罪构成的犯罪事实增加刑罚量,确定基准刑。

3. 构成诈骗罪的,根据诈骗的数额、手段、危害后果等犯罪情节,综合考虑被告人缴纳罚金的能力,决定罚金数额。

4. 构成诈骗罪的,综合考虑诈骗的起因、手段、数额、危害后果、退赃退赔等犯罪事实、量刑情节,以及被告人主观恶性、人身危险性、认罪悔罪表现等因素,决定缓刑的适用。对实施电信网络诈骗的,从严把握缓刑的适用。

(十三)抢夺罪

1. 构成抢夺罪的,根据下列情形在相应的幅度内确定量刑起点:

(1)达到数额较大起点的或者两年内3次抢夺的,在1年以下有期徒刑、拘役幅度内确定量刑起点。(2)达到数额巨大起点或者有其他严重情节的,在3年至5年有期徒刑幅度内确定量刑起点。(3)达到数额特别巨大起点或者有其他特别严重情节的,在10年至12年有期徒刑幅度内确定量刑起点。依法应当判处无期徒刑的除外。

2. 在量刑起点的基础上,根据抢夺数额、次数等其他影响犯罪构成的犯罪事实增加刑罚量,确定基准刑。

多次抢夺,数额达到较大以上的,以抢夺数额确定量刑起点,抢夺次数可作为调节基准刑的量刑情节;数额未达到较大的,以抢夺次数确定量刑起点,超过3次的次数作为增加刑罚量的事实。

3. 构成抢夺罪的,根据抢夺的数额、次数、手段、危害后果等犯罪情节,综合考虑被告人缴纳罚金的能力,决定罚金数额。

4. 构成抢夺罪的,综合考虑抢夺的起因、数额、手段、次数、危害后果、退赃退赔等犯罪事实、量刑情节,以及被告人主观恶性、人身危险性、认罪悔罪表现等因素,决定缓刑的适用。

(十四)职务侵占罪

1. 构成职务侵占罪的,根据下列情形在相应的幅度内确定量刑起点:

(1)达到数额较大起点的,在1年以下有期徒刑、拘役幅度内确定量刑起点。(2)达到数额巨大起点的,在3年至4年有期徒刑幅度内确定量刑起点。(3)达到数额特别巨大起点的,在10年至11年有期徒刑幅度内确定量刑起点。依法应当判处无期徒刑的除外。

2. 在量刑起点的基础上,根据职务侵占数额等其他影响犯罪构成的犯罪事实增加刑罚量,确定基准刑。

3. 构成做职务侵占罪的,根据职务侵占的数额、危害后果等犯罪情节,综合考虑被告人缴纳罚金的能力,决定罚金数额。

4. 构成职务侵占罪的,综合考虑职务侵占的数额、手段、危害后果、退赃退赔等犯罪事实、量刑情节,以及被告人主观恶性、人身危险性、认罪悔罪表现等因素,决定缓刑的适用。

(十五)敲诈勒索罪

1. 构成敲诈勒索罪的,根据下列情形在相应的幅度内确定量刑起点:

(1)达到数额较大起点的,或者2年内3次敲诈勒索的,在1年以下有期徒刑、拘役幅度内确定量刑起点。(2)达到数额巨大起点或者有其他严重情节的,在3年至5年有期徒刑幅度内确定量刑起点。(3)达到数额特别巨大起点或者有其他特别严重情节的,在10年至12年有期徒刑幅度内确定量刑起点。

2. 在量刑起点的基础上,根据敲诈勒索数额、次数、犯罪情节严重程度等其他影响犯罪构成的犯罪事实增加刑罚量,确定基准刑。

多次敲诈勒索,数额达到较大以上的,以敲诈勒索数额确定量刑起点,敲诈勒索次数可作为调节基准刑的量刑情节;数额未达到较大的,以敲诈勒索次数确定量刑起点,超过3次的次数作为增加刑罚量的事实。

3. 构成敲诈勒索罪的,根据敲诈勒索的数额、手段、次数、危害后果等犯罪情节,综合考虑被告人缴纳罚金的能力,在2000元以上敲诈勒索数额2倍以下决定罚金数额;被告人没有获得财物的,在2000元以上10万元以下判处罚金。

4. 构成敲诈勒索罪的，综合考虑敲诈勒索的手段、数额、次数、危害后果、退赃退赔等犯罪事实、量刑情节，以及被告人主观恶性、人身危险性、认罪悔罪表现等因素，决定缓刑的适用。

（十六）妨害公务罪

1. 构成妨害公务罪的，在2年以下有期徒刑、拘役幅度内确定量刑起点。

2. 在量刑起点的基础上，可以根据妨害公务造成的后果、犯罪情节严重程度等其他影响犯罪构成的犯罪事实增加刑罚量，确定基准刑。

3. 构成妨害公务罪的，依法单处罚金的，根据妨害公务的手段、危害后果、造成的人身伤害以及财物毁损情况等犯罪情节，综合考虑被告人缴纳罚金的能力，决定罚金数额。

4. 构成妨碍公务罪的，综合考虑妨害公务的手段、造成的人身伤害、财物的毁损及社会影响等犯罪事实、量刑情节，以及被告人主观恶性、人身危险性、认罪悔罪表现等因素，决定缓刑的适用。

（十七）聚众斗殴罪

1. 构成聚众斗殴罪的，根据下列情形在相应的幅度内确定量刑起点：

（1）犯罪情节一般的，可以在2年以下有期徒刑、拘役幅度内确定量刑起点。（2）有下列情形之一的，在3年至5年有期徒刑幅度内确定量刑起点：聚众斗殴3次的；聚众斗殴人数多，规模大，社会影响恶劣的；在公共场所或者交通要道聚众斗殴，造成社会秩序严重混乱的；持械聚众斗殴的。

2. 在量刑起点的基础上，可以根据聚众斗殴人数、次数、手段严重程度等其他影响犯罪构成的犯罪事实增加刑罚量，确定基准刑。

3. 构成聚众斗殴罪的，综合考虑聚众斗殴的手段、危害后果等犯罪事实、量刑情节，以及被告人主观恶性、人身危险性、认罪悔罪表现等因素，决定缓刑的适用。

（十八）寻衅滋事罪

1. 构成寻衅滋事罪的，根据下列情形在相应的幅度内确定量刑起点：

（1）寻衅滋事1次的，在3年以下有期徒刑、拘役幅度内确定量刑起点。（2）纠集他人3次寻衅滋事（每次都构成犯罪），严重破坏社会秩序的，在5年至7年有期徒刑幅度内确定量刑起点。

2. 在量刑起点的基础上，根据寻衅滋事次数、伤害后果、强拿硬要他人财物或任意损毁、占用公私财物数额等其他影响犯罪构成的犯罪事实增加刑罚量，确定基准刑。

3. 构成做寻衅滋事罪，判处5年以上10年以下有期徒刑，并处罚金的，根据寻衅滋事的次数、危害后果、对社会秩序的破坏程度等犯罪情节，综合考虑被告人缴纳罚金的能力，决定罚金数额。

4. 构成寻衅滋事罪的，综合考虑寻衅滋事的具体行为、危害后果、对社会秩序的破坏程度等犯罪事实、量刑情节，以及被告人主观恶性、人身危险性、认罪悔罪表现等因素，决定缓刑的适用。

（十九）掩饰、隐瞒犯罪所得、犯罪所得收益罪

1. 构成掩饰、隐瞒犯罪所得、犯罪所得收益罪的，根据下列不同情形在相应的幅度内确定量刑起点：

（1）犯罪情节一般的，在1年以下有期徒刑、拘役幅度内确定量刑起点。（2）情节严重的，在3年至4年有期徒刑幅度内确定量刑起点。

2. 在量刑起点的基础上，可以根据犯罪数额等其他影响犯罪构成的犯罪事实增加刑罚量，确定基准刑。

3. 构成掩饰、隐瞒犯罪所得、犯罪所得收益罪的，根据掩饰、隐瞒犯罪所得、犯罪所得收益

的数额、犯罪对象、危害后果等犯罪情节,综合考虑被告人缴纳罚金的能力,决定罚金数额。

4. 构成掩饰、隐瞒犯罪所得、犯罪所得收益罪的,综合考虑掩饰、隐瞒犯罪所得、犯罪所得收益的数额、危害后果、上游犯罪的危害程度等犯罪事实、量刑情节,以及被告人主观恶性、人身危险性、认罪悔罪表现等因素,决定缓刑的适用。

(二十)走私、贩卖、运输、制造毒品罪

1. 构成走私、贩卖、运输、制造毒品罪的,根据下列不同情形在相应的幅度内确定量刑起点:

(1)走私、贩卖、运输、制造鸦片1000克,海洛因、甲基苯丙胺50克或者其他毒品数量达到数量大起点的,量刑起点为15年有期徒刑。依法应当判处无期徒刑以上刑罚的除外。(2)走私、贩卖、运输、制造鸦片200克,海洛因、甲基苯丙胺10克或者其他毒品数量达到数量较大起点的,在7年至8年有期徒刑幅度内确定量刑起点。(3)走私、贩卖、运输、制造鸦片不满200克,海洛因、甲基苯丙胺不满10克或者其他少量毒品的,在3年以下有期徒刑、拘役幅度内确定量刑起点;情节严重的,可以在3年至4年有期徒刑幅度内确定量刑起点。

2. 在量刑起点的基础上,根据毒品犯罪次数、人次、毒品数量等其他影响犯罪构成的犯罪事实增加刑罚量,确定基准刑。

3. 有下列情节之一的,可以增加基准刑的10%~30%:

(1)利用、教唆未成年人走私、贩卖、运输、制造毒品的;(2)向未成年人出售毒品的;(3)毒品再犯。

4. 有下列情节之一的,可以减少基准刑的30%以下:

(1)受雇运输毒品的;(2)毒品含量明显偏低的;(3)存在数量引诱情形的。

(二十一)非法持有毒品罪

1. 构成非法持有毒品罪的,根据下列情形在相应的幅度内确定量刑起点:

(1)非法持有鸦片1000克、海洛因或者甲基苯丙胺50克或者其他毒品数量大的,在7年至9年有期徒刑幅度内确定量刑起点。依法应当判处无期徒刑的除外。(2)非法持有毒品情节严重的,在3年至4年有期徒刑幅度内确定量刑起点。(3)非法持有鸦片200克、海洛因或者甲基苯丙胺10克或者其他毒品数量较大的,可以在1年以下有期徒刑、拘役幅度内确定量刑起点。

2. 在量刑起点的基础上,根据毒品数量等其他影响犯罪构成的犯罪事实增加刑罚量,确定基准刑。

3. 构成非法持有毒品罪,根据非法持有毒品的种类、数量等犯罪情节,综合考虑被告人缴纳罚金的能力,决定罚金数额。

4. 构成非法持有毒品罪的,综合考虑非法持有毒品的种类、数量等犯罪事实、量刑情节,以及被告人主观恶性、人身危险性、认罪悔罪表现等因素,从严把握缓刑的适用。

(二十二)容留他人吸毒罪

1. 构成容留他人吸毒罪的,在1年以下有期徒刑、拘役幅度内确定量刑起点。

2. 在量刑起点的基础上,可以根据容留他人吸毒的人数、次数等其他影响犯罪构成的犯罪事实增加刑罚量,确定基准刑。

3. 构成容留他人吸毒罪,根据容留他人吸毒的人数、次数、违法所得数额、危害后果等犯罪情节,综合考虑被告人缴纳罚金的能力,决定罚金数额。

4. 构成容留他人吸毒罪的,综合考虑容留他人吸毒的人数、次数、危害后果等犯罪事实、量刑情节,以及被告人主观恶性、人身危险性、认罪悔罪表现等因素,决定缓刑的适用。

(二十三)引诱、容留、介绍卖淫罪

1. 构成引诱、容留、介绍卖淫罪的,根据下列情形在相应的幅度内确定量刑起点:

(1)情节一般的,在2年以下有期徒刑、拘役幅度内确定量刑起点。(2)情节严重的,在5年至7年有期徒刑幅度内确定量刑起点。

2. 在量刑起点基础上,根据引诱、容留、介绍卖淫的人数、次数等其他影响犯罪构成的犯罪事实增加刑罚量,确定基准刑。

3. 旅馆业、饮食服务业、文化娱乐业、出租汽车业等单位的主要负责人,利用本单位的条件,引诱、容留、介绍他人卖淫的,可以增加基准刑的10%-20%。

4. 构成引诱、容留、介绍卖淫罪,根据引诱、容留、介绍卖淫的人数、次数、违法所得数额、危害后果等犯罪情节,综合考虑被告人缴纳罚金的能力,决定罚金数额。

5. 构成引诱、容留、介绍卖淫罪的,综合考虑引诱、容留、介绍卖淫的人数、次数、危害后果等犯罪事实、量刑情节,以及被告人主观恶性、人身危险性、认罪悔罪表现等因素,决定缓刑的适用。

五、附则

(一)本指导意见规范上列23种犯罪判处有期徒刑的案件。其他判处有期徒刑的案件,可以参照量刑的指导原则、基本方法和常见量刑情节的适用规范量刑。

(二)各省、自治区、直辖市高级人民法院、人民检察院应当结合当地实际,共同制定实施细则。

(三)本指导意见自2021年7月1日起实施。最高人民法院2017年3月9日《关于实施修订后的〈关于常见犯罪的量刑指导意见〉(法发〔2017〕7号)同时废止。

28. 最高人民检察院《人民检察院办理认罪认罚案件听取意见同步录音录像规定》(2021年11月15日最高检第13届检委会第78次会议通过)

第1条 为规范人民检察院办理认罪认罚案件听取意见活动,依法保障犯罪嫌疑人、被告人诉讼权利,确保认罪认罚自愿性、真实性、合法性,根据法律和相关规定,结合办案实际,制定本规定。

第2条 人民检察院办理认罪认罚案件,对于检察官围绕量刑建议、程序适用等事项听取犯罪嫌疑人、被告人、辩护人或者值班律师意见、签署具结书活动,应当同步录音录像。

听取意见同步录音录像不包括讯问过程,但是讯问与听取意见、签署具结书同时进行的,可以一并录制。

多次听取意见的,至少要对量刑建议形成、确认以及最后的具结书签署过程进行同步录音录像。对依法不需要签署具结书的案件,应当对能够反映量刑建议形成的环节同步录音录像。

第3条 认罪认罚案件听取意见同步录音录像适用于所有认罪认罚案件。

第4条 同步录音录像一般应当包含如下内容:

(一)告知犯罪嫌疑人、被告人、辩护人或者值班律师对听取意见过程进行同步录音录像的情况;(二)告知犯罪嫌疑人、被告人诉讼权利义务和认罪认罚法律规定,释明认罪认罚的法律性质和法律后果的情况;(三)告知犯罪嫌疑人、被告人无正当理由反悔的法律后果的情况;(四)告知认定的犯罪事实、罪名、处理意见,提出的量刑建议、程序适用建议并进行说明的情况;(五)检察官听取犯罪嫌疑人、被告人、辩护人或者值班律师意见,犯罪嫌疑人、被告人听取辩护人或者值班律师意见的情况;(六)根据需要,开示证据的情况;(七)犯罪嫌疑人、被告人签署具结书及辩护人或者值班律师见证的情况;(八)其他需要录制的情况。

第5条 认罪认罚案件听取意见应当由检察官主持,检察官助理、检察技术人员、司法警察、书记员协助。犯罪嫌疑人、被告人、辩护人或者值班律师等人员参与。

同步录音录像由检察技术人员或其他检察辅助人员负责录制。

第6条 同步录音录像一般应当在羁押场所或者检察机关办案区进行,有条件的可以探索在上述地点单独设置听取意见室。

采取远程视频等方式听取意见的,应当保存视频音频作为同步录音录像资料。

第7条 听取意见前,人民检察院应当告知辩护人或者值班律师听取意见的时间、地点,并听取辩护人或者值班律师意见。

在听取意见过程中,人民检察院应当为辩护人或者值班律师会见犯罪嫌疑人、查阅案卷材料提供必要的便利。

第8条 同步录音录像,应当客观、全面地反映听取意见的参与人员、听取意见过程,画面完整、端正,声音和影像清晰可辨。同步录音录像应当保持完整、连续,不得选择性录制,不得篡改、删改。

第9条 同步录音录像的起始和结束由检察官宣布。开始录像前,应当告知犯罪嫌疑人、被告人、辩护人或者值班律师。

第10条 听取意见过程中发现可能影响定罪量刑的新情况,需要补充核实的,应当中止听取意见和同步录音录像。核实完毕后,视情决定重新或者继续听取意见并进行同步录音录像。

因技术故障无法录制的,一般应当中止听取意见,待故障排除后再行听取意见和录制。技术故障一时难以排除的,征得犯罪嫌疑人、被告人、辩护人或者值班律师同意,可以继续听取意见,但应当记录在案。

第11条 同步录音录像结束后,录制人员应当及时制作同步录音录像文件,交由案件承办人员办案使用,案件办结后由案件承办人员随案归档。同步录音录像文件的命名应当与全国检察业务应用系统内案件对应。各级人民检察院应当逐步建立同步录音录像文件管理系统,统一存储和保管同步录音录像文件。同步录音录像文件保存期限为10年。

第12条 同步录音录像文件是人民检察院办理认罪认罚案件的工作资料,实行有条件调取使用。因人民法院、犯罪嫌疑人、被告人、辩护人或者值班律师对认罪认罚自愿性、真实性、合法性提出异议或者疑问等原因,需要查阅同步录音录像文件的,人民检察院可以出示,也可以将同步录音录像文件移送人民法院,必要时提请法庭播放。

因案件质量评查、复查、检务督察等工作,需要查阅、调取、复制、出示同步录音录像文件的,应当履行审批手续并记录在案。

第13条 检察人员听取意见应当着检察制服,做到仪表整洁,举止严肃、端庄,用语文明、规范。

第14条 人民检察院刑事检察、检察技术、计划财务装备、案件管理、司法警察、档案管理等部门应当各司其职、各负其责、协调配合,保障同步录音录像工作规范、高效、有序开展。

第15条 人民检察院办理未成年人认罪认罚案件开展听取意见同步录音录像工作的,根据相关法律规定,结合未成年人检察工作实际,参照本规定执行。

第16条 本规定自2022年3月1日起实施。

29. 最高人民检察院《人民检察院羁押听证办法》(2021年4月8日最高检第十三届检委会第六十五次会议通过)

第1条 为了依法贯彻落实少捕慎诉慎押刑事司法政策,进一步加强和规范人民检察院羁押审查工作,准确适用羁押措施,依法保障犯罪嫌疑人、被告人的合法权利,根据《中华人民共和国刑事诉讼法》及有关规定,结合检察工作实际,制定本办法。

第2条 羁押听证是指人民检察院办理审查逮捕、审查延长侦查羁押期限、羁押必要性审查案件,以组织召开听证会的形式,就是否决定逮捕、是否批准延长侦查羁押期限、是否继续羁押听取各方意见的案件审查活动。

第3条 具有下列情形之一,且有必要当面听取各方意见,以依法准确作出审查决定的,可以进行羁押听证:

(一)需要核实评估犯罪嫌疑人、被告人是否具有社会危险性,未成年犯罪嫌疑人、被告人是否具有社会帮教条件的;(二)有重大社会影响的;(三)涉及公共利益、民生保障、企业生产经营等领域,听证审查有利于实现案件办理政治效果、法律效果和社会效果统一的;(四)在押犯罪嫌疑人、被告人及其法定代理人、近亲属或者辩护人申请变更强制措施的;(五)羁押必要性审查案件在事实认定、法律适用、案件处理等方面存在较大争议的;(六)其他有必要听证审查的。

第4条 羁押听证由负责办理案件的人民检察院组织开展。

经审查符合本办法第3条规定的羁押审查案件,经检察长批准,可以组织羁押听证。犯罪嫌疑人、被告人及其法定代理人、近亲属或者辩护人申请羁押听证的,人民检察院应当及时作出决定并告知申请人。

第5条 根据本办法开展的羁押听证一般不公开进行。人民检察院认为有必要公开的,经检察长批准,听证活动可以公开进行。

未成年人案件羁押听证一律不公开进行。

第6条 羁押听证由承办案件的检察官办案组的主办检察官或者独任办理案件的检察官主持。检察长或者部门负责人参加听证的,应当主持听证。

第7条 除主持听证的检察官外,参加羁押听证的人员一般包括参加案件办理的其他检察人员、侦查人员、犯罪嫌疑人、被告人及其法定代理人和辩护人、被害人及其诉讼代理人。

其他诉讼参与人,犯罪嫌疑人、被告人、被害人的近亲属,未成年犯罪嫌疑人、被告人的合适成年人等其他人员,经人民检察院许可,可以参加听证并发表意见。必要时,人民检察院可以根据相关规定邀请符合条件的社会人士作为听证员参加听证。

有重大影响的审查逮捕案件和羁押必要性审查案件的公开听证,应当邀请人民监督员参加。

第8条 决定开展听证审查的,承办案件的检察官办案组或者独任检察官应当做好以下准备工作:

(一)认真审查案卷材料,梳理、明确听证审查的重点问题;(二)拟定听证审查提纲,制定听证方案;(三)及时通知听证参加人员,并告知其听证案由、听证时间和地点。参加听证人员有书面意见或者相关证据材料的,要求其在听证会前提交人民检察院。

第9条 听证审查按照以下程序进行:

(一)主持人宣布听证审查开始,核实犯罪嫌疑人、被告人身份,介绍参加人员。(二)告知参加人员权利义务。(三)宣布听证程序和纪律要求。(四)介绍案件基本情况、明确听证审查重点问题。(五)侦查人员围绕听证审查重点问题,说明犯罪嫌疑人、被告人需要羁押或者延长羁押的事实和依据,出示证明社会危险性条件的证据材料。羁押必要性审查听证可以围绕事实认定出示相关证据材料。(六)犯罪嫌疑人、被告人及其法定代理人和辩护人发表意见,出示相关证据材料。(七)需要核实评估社会危险性和社会帮教条件的,参加听证的其他相关人员发表意见,提交相关证据材料。(八)检察官可以向侦查人员、犯罪嫌疑人、被告人、辩护人、被害人及其他相关人员发问。经主持人许可,侦查人员、辩护人可以向犯罪嫌疑人、被告人等相关人员发问。社会人士作为听证员参加听证的,可以向相关人员发问。(九)经主持人许可,被害人等其他参加人员可以发表意见。(十)社会人士作为听证员参加听证的,检察官应当听取其意见。必要时,听取意见可以单独进行。

两名以上犯罪嫌疑人、被告人参加听证审查的,应当分别进行。

第10条 涉及国家秘密、商业秘密、侦查秘密和个人隐私案件的羁押听证,参加人员应当严格限制在检察人员和侦查人员、犯罪嫌疑人、被告人及其法定代理人和辩护人、其他诉讼参与人范围内。听证审查过程中认为有必要的,检察官可以在听证会结束后单独听取意见、核实证据。

第11条 犯罪嫌疑人、被告人认罪认罚的,听证审查时主持听证的检察官应当核实认罪认罚的自愿性、合法性,并听取侦查人员对犯罪嫌疑人是否真诚认罪认罚的意见。

犯罪嫌疑人、被告人认罪认罚的情况是判断其是否具有社会危险性的重要考虑因素。

第12条 听证过程应当全程录音录像并由书记员制作笔录。

听证笔录由主持听证的检察官、其他参加人和记录人签名或者盖章,与录音录像、相关书面意见等归入案件卷宗。

第13条 听证员的意见是人民检察院依法提出审查意见和作出审查决定的重要参考。拟不采纳听证员多数意见的,应当向检察长报告并获同意后作出决定。

第14条 检察官充分听取各方意见后,综合案件情况,依法提出审查意见或者作出审查决定。

当场作出审查决定的,应当当场宣布并说明理由;在听证会后依法作出决定的,应当依照相关规定及时履行宣告、送达和告知义务。

第15条 人民监督员对羁押听证活动的监督意见,人民检察院应当依照相关规定及时研究处理并做好告知和解释说明等工作。

第16条 参加羁押听证的人员应当严格遵守有关保密规定,根据案件情况确有必要的,可以要求参加人员签订保密承诺书。

故意或者过失泄露国家秘密、商业秘密、侦查秘密、个人隐私的,依法依纪追究责任人员的法律责任和纪律责任。

第17条 犯罪嫌疑人、被告人被羁押的,羁押听证应当在看守所进行。犯罪嫌疑人、被告人未被羁押的,听证一般在人民检察院听证室进行。

羁押听证的安全保障、技术保障,由本院司法警察和技术信息等部门负责。

第18条 本办法自公布之日起施行。

第62条 【从重处罚与从轻处罚】 犯罪分子具有本法规定的从重处罚、从轻处罚情节的,应当在法定刑的限度以内判处刑罚。

• 释义

所谓从重处罚,是指在法定刑的幅度内,对犯罪分子适用相对较重的刑种或者处以相对较长的刑期。所谓从轻处罚,是指在法定刑的幅度内,对犯罪分子适用相对较轻的刑种或者处以较短的刑期。从重或从轻处罚的情节是法律明确规定的。

• 关联法律

参见本书《刑法》第61条该节内容。

第63条 【减轻处罚】犯罪分子具有本法规定的减轻处罚情节的,应当在法定刑以下判处刑罚;本法规定有数个量刑幅度的,应当在法定量刑幅度的下一个量刑幅度内判处刑罚。

犯罪分子虽然不具有本法规定的减轻处罚情节,但是根据案件的特殊情况,经最高人民法院核准,也可以在法定刑以下判处刑罚。

(本条《中华人民共和国刑法修正案(8)》修改)

• 释义

所谓减轻处罚,是指在法定最低刑以下判处刑罚。我国刑法规定的减轻处罚的情节有:预备犯、未遂犯、中止犯、从犯、胁从犯,犯罪后自首、立功的等。

第2款是关于犯罪分子没有法定减轻处罚的情节,但是根据案件的特殊情况,也可以在法定刑以下判处刑罚的规定。刑法规定的刑罚幅度是适用于实践中的各种情况的,由于具体犯罪情节千差万别,不排除个别案件中即使适用刑法规定的最低刑仍然过重,不符合罪刑相适应原则的情况。刑法作本款规定,就是为了赋予人民法院在特殊情况下,根据案件的特殊情况作出特殊处理。"经最高人民法院核准",主要是为了防止实践中扩大适用范围或滥用减轻处罚的规定,造成不良影响。

• 关联法律

1. 最高人民法院研究室《关于如何理解"在法定刑以下判处刑罚"问题的答复》(法研〔2012〕67号)

广东省高级人民法院:你院粤高法〔2012〕120号《关于对具有减轻处罚情节的案件在法定刑以下判处刑罚问题的请示》收悉。经研究,答复如下:

刑法第63条第1款规定的"在法定刑以下判处刑罚",是指在法定量刑幅度的最低刑以下判处刑罚。刑法分则中规定的"处10年以上有期徒刑、无期徒刑或者死刑",是一个量刑幅度,而不是"10年以上有期徒刑"、"无期徒刑"和"死刑"3个量刑幅度。

2.《中华人民共和国刑法修正案(8)》(2011年2月25日第十一届全国人大常委会第十九次会议通过)第5条

本条为《中华人民共和国刑法修正案(8)》第5条修改。

内容:五、将刑法第63条第1款修改为:"犯罪分子具有本法规定的减轻处罚情节的,应当在法定刑以下判处刑罚;本法规定有数个量刑幅度的,应当在法定量刑幅度的下一个量刑幅度内判处刑罚。"

3. 参见本书《刑法》第61条该节内容。

第64条 【犯罪物品的处理】犯罪分子违法所得的一切财物,应当予以追缴或者责令退赔;对被害人的合法财产,应当及时返还;违禁品和供犯罪所用的本人财物,应当予以没收。没收的财物和罚金,一律上缴国库,不得挪用和自行处理。

• 释义

所谓追缴,是指将犯罪分子的违法所得强制收归国有。"责令退赔",是指犯罪分子已将违法所得使用、挥霍或者毁坏的,也要责令其按违法所得财物的价值退赔。对于追缴和退赔的违法所得,如果是属于被害人的合法财物,应当及时返还。对违禁品,不管属于谁所有,法律规定都应予以没收。

"供犯罪所用的本人财物",是指供犯罪分子进行犯罪活动而使用的属于他本人所有的钱款和物品应予没收。对于依法没收的财物和罚金,一律上缴国库,不得私自挪用或者自行处理。

• 关联法律

1. 财政部《罚没财物和追回赃款赃物管理办法》(〔86〕财预字第228号)

[被〔2021〕财政部令第105号废止]

2. 最高人民法院《关于被告人亲属主动为被告人退缴赃款应如何处理的批复》(法[研]复〔1987〕32号)

(详见本书《刑法》第36条相关内容)

3. 最高人民检察院《关于检察机关受理后被告人死亡的经济犯罪案件赃款赃物如何处理问题的批复》(高检研发字〔1990〕第5号)

[被最高人民法院《关于废止1980年1月1日至1997年6月30日期间制发的部分司法解释和司法解释性质文件的决定》(高检发释字〔2013〕1号)废止]

4. 最高人民法院研究室《关于对诈骗后抵债的赃款能否判决追缴问题的电话答复》(1992年8月26日)

(法释〔2019〕11号已声明该文件废止)

5. 最高人民法院《关于滥伐自己所有权的林木其林木应如何处理的问题的批复》(法复〔1993〕5号)

吉林省高级人民法院:你院《关于宋允焕滥伐的林木如何处理的请示》收悉。

经研究,同意你院的第2种意见,即:属于个人所有的林木,也是国家森林资源的一部分。被告人滥伐属于自己所有权的林木,构成滥伐林木罪的,其行为已违反国家保护森林法规,破坏了国家的森林资源,所滥伐的林木即不再是个人的合法财产,而应当作为犯罪分子违法所得的财物,依照刑法第60条的规定予以追缴。

6. 最高人民法院、最高人民检察院、公安部、国家计委《关于统一赃物估价工作的通知》(法发〔1994〕9号)

为了进一步做好赃物估价工作,统一估价原则和估价标准,正确办理刑事案件,现就赃物估价工作的有关事项通知如下:

一、人民法院、人民检察院、公安机关在办理刑事案件过程中,对于价格不明或者价格难以确定的赃物应当估价。案件移送时,应附《赃物估价鉴定结论书》。

二、国家计委及地方各级政府物价管理部门是赃物估价的主管部门,其设立的价格事务所是指定的赃物估价机构。

三、人民法院、人民检察院、公安机关在办案中需要对赃物估价时,应当出具估价委托书,委托案件管辖地的同级物价管理部门设立的价格事务所进行估价。估价委托书一般应当载明赃物的品名、牌号、规格、数量、来源、购置时间、以及违法犯罪获得赃物的时间、地点等有关情况。

四、价格事务所应当参照最高人民法院、最高人民检察院1992年12月11日《关于办理盗窃案件具体应用法律的若干问题的解释》第3条的规定估价。价格事务所应当在接受估价委托后7日内作出估价鉴定结论,但另有约定的除外。

五、价格事务所对赃物估价后,应当出具统一制作的《赃物估鉴定结论书》,由估价工作人员签名并加盖价格事务所印章。

六、委托估价的机关应当对《赃物估价鉴定结论书》进行审查。如果对同级价格事务所出具的《赃物估价鉴定结论书》提出异议,可退回价格事务所重新鉴定或者委托上一级价格事务所复核。经审查,确认无误的赃物估价鉴定结论,才能作为定案的根据。国家计委指定的直属价格事务所是赃物估价的最终复核裁定机构。

七、赃物估价是一项严肃的工作。各级政府价格主管部门及其价格事务所应积极配合人民法院、人民检察院、公安机关认真做好这项工作。一些尚未组建价格事务所的地区,赃物估价工作暂由物价管理部门承担。

八、关于赃物估价的具体规定和办法,另行制定。

本通知自下达之日起执行。

7. 最高人民法院、最高人民检察院、公安部、国家工商行政管理局《关于依法查处盗窃、抢劫机动车案件的规定》(公通字〔1998〕31号)

十一、对犯罪分子盗窃、抢劫所得的机动车辆及其变卖价款,应当依照《刑法》第64条的规定予以追缴。(全文详见本书《刑法》第36条相关内容)

8. 国家计划委员会、最高人民法院、最高人民检察院、公安部《关于〈扣押、追缴、没收物品估价管理办法〉的通知》(计办〔1997〕808号)

第1章 总 则

第1条 为了加强对扣押、追缴、没收物品估价管理,规范扣押、追缴、没收物品估价工作,保障刑事诉讼活动的顺利进行,依据国家有关法律和最高人民法院、最高人民检察院、公安部、国家计委的有关规定,特制定本办法。

第2条 人民法院、人民检察院、公安机关各自管辖的刑事案件,对于价格不明或者价格难以确定的扣押、追缴、没收物品需要估价的,应当委托指定的估价机构估价。案件移送时,应当附有《扣押、追缴、没收物品估价鉴定结论书》。

第3条 公安机关移送人民检察院审查起诉和人民检察院向人民法院提起公诉的案件,对估价结论有异议的,应当由提出异议的机关自行委托估价机构重新估价。

第4条 对于扣押、追缴、没收的珍贵文物,珍贵、濒危动物及其制品,珍稀植物及其制品,毒品,淫秽物品,枪支、弹药等不以价格数额作为定罪量刑标准的,不需要估价。

第5条 国务院及地方人民政府价格部门是扣押、追缴、没收物品估价工作的主管部门,其设立的价格事务所是各级人民法院、人民检察院、公安机关指定的扣押、追缴、没收物品估价机构,其他任何机构或者个人不得对扣押、追缴、没收物品估价。

第6条 价格事务所出具的扣押、追缴、没收物品估价鉴定结论,经人民法院、人民检察院、公安机关确认,可以作为办理案件的依据。

第2章 委托程序

第7条 各级人民法院、人民检察院、公安机关遇有本办法第2条所列情形时,应当委托同级价格部门设立的价格事所进行估价。

第8条 委托机关在委托估价时,应当送交《扣押、追缴、没收物品估价委托书》。《扣押、追缴、没收物品估价委托书》应当包括以下内容:

(一)估价的理由和要求;(二)扣押、追缴、没收物品的品名、牌号、规格、种类、数量、来源,以及购置、生产、使用时间;(三)起获扣押、追缴、没收物品时其被使用、损坏程度的记录,重要的扣押、追缴、没收物品,应当附照片;(四)起获扣押、追缴、没收物品的时间、地点;(五)其他需要说明的情况。

委托机关送交的《扣押、追缴、没收物品估价委托书》必须加盖单位公章。

第9条 价格事务所接到人民法院、人民检察院、公安机关的《扣押、追缴、没收物品估价委托书》时，应当认真审核委托书的各项内容及要求，如委托书所提要求无法做到时，应当立即与委托机关协商。

第3章 估价程序

第10条 价格事务所在接受委托后，应当按照《扣押、追缴、没收物品估价委托书》载明的情况对实物进行查验，如发现差异，应立即与委托机关共同确认。

价格事务所一般不留存扣押、追缴、没收物品，如确需留存时，应当征得委托机关同意并严格办理交接手续。

第11条 价格事务所估价确实需要时，可以提请委托机关协助查阅有关的帐目、文件等资料。可以向与委托事项有关的单位和个人进行调查或索取证明材料。

第12条 价格事务所应当在接受估价委托之日起7日内作出扣押、追缴、收没物品估价鉴定结论；另有约定的，在约定期限内作出。

第13条 价格事务所办理的扣押、追缴、没收物品估价鉴定，应当由两名以上估价工作人员共同承办，出具的估价鉴定结论，必须经过内部审议。价格事务所估价人员，遇有下列情形之一的，应当回避：

(一)与估价事项当事人有亲属关系或与该估价事项有利害关系的；(二)与估价事项当事人有其他关系，可能影响对扣押、追缴、没收物品公正估价的。

第14条 价格事务所在完成估价后，应当向委托机关出具《扣押、追缴、没收物品估价鉴定结论书》。《扣押、追缴、没收物品估价鉴定结论书》应当包括以下内容：

(一)估价范围和内容；(二)估价依据；(三)估价方法和过程要述；(四)估价结论；(五)其他需要说明的问题及有关材料；(六)估价工作人员签名。

价格事务所出具的《扣押、追缴、没收物品估价鉴定结论书》必须加盖单位公章。

第15条 委托机关对价格事务所出具的《扣押、追缴、没收物品估价鉴定结论书》有异议的，可以向原估价机构要求补充鉴定或者重新鉴定，也可以直接委托上级价格部门设立的价格事务所复核或者重新估价。

第16条 接受委托的价格事务所认为必要时，在征得委托机关同意后，可以将委托事项转送上级价格部门设立的价格事务所进行估价，并将有关情况书面通知原委托估价机关。

第17条 国家计划委员会直属价格事务所是扣押、追缴、没收物品估价的最终复核裁定机构。

第4章 估价的基本原则

第18条 价格事务所必须按照国家的有关法律规定，以及最高人民法院、最高人民检察院制定的有关司法解释和各项价格法规，客观公正、准确及时地估定扣押、追缴、没收物品价格。

第19条 扣押、追缴、没收物品估价的基准日除法律、法规和司法解释另有规定外，应当由委托机关根据案件实际情况确定。

第20条 价格事务所对委托估价的文物、邮票、字画、贵重金银、珠宝及其制品等特殊物品，应当送有关专业部门作出技术、质量鉴定后，根据其提供的有关依据，作出估价结论。

第5章 组织管理

第21条 按照国家有关价格工作的管理规定,扣押、追缴、没收物品估价工作实行统一领导、分级管理。

第22条 国家计划委员会的主要职责:

(一)会同最高人民法院、最高人民检察院、公安部制定、解释扣押、追缴、没收物品估价工作的基本原则。(二)确定划分国家和地方价格部门在扣押、追缴、没收物品估价工作中的主要职责。(三)负责管理、指导、监督、检查全国扣押、追缴、没收物品估价工作。(四)其设立的价格事务所办理最高人民法院、最高人民检察院、公安部委托的扣押、追缴、没收物品估价;协调或者办理跨地区(省、自治区、直辖市)、跨部门的扣押、追缴、没收物品估价业务;办理疑难、重大案件涉及的扣押、追缴、没收物品估价。

第23条 各省、自治区、直辖市价格部门的主要职责:

(一)贯彻执行最高人民法院、最高人民检察院、公安部和国家计委对估价工作制定的各项方针、政策和基本原则,会同同级司法机关制定本地区有关扣押、追缴、没收物品估价的具体规定。(二)其设立的价格事务所办理同级人民法院、人民检察院、公安机关委托的扣押、追缴、没收物品估价;办理本地区内跨地(市)县,有相当难度的扣押、追缴、没收物品估价及复核工作;协助上级价格部门设立的价格事务所进行扣押、追缴、没收物品估价工作。

第24条 地(市)县(市、区)价格部门的职责:

(一)贯彻执行估价工作的有关规定,协助上级价格部门做好扣押、追缴、没收物品估价工作。接受上级价格部门对扣押、追缴、没收物品估价的管理、指导、监督、检查。(二)其设立的价格事务所办理同级人民法院、人民检察院、公安机关委托的扣押、追缴、没收物品估价,协助上级价格部门设立的价格事务所进行扣押、追缴、没收物品估价工作。

第6章 法律责任

第25条 严禁估价人员虚假鉴定、徇私舞弊、玩忽职守、泄露涉案秘密。凡违反规定,造成估价失实,或者对办理案件造成不良影响的,对责任人员将视情节,给予处分;构成犯罪的,依法追究刑事责任。

第26条 价格事务所和鉴定人对出具的《扣押、追缴、没收物品估价鉴定结论书》的内容分别承担相应法律责任。

第27条 价格事务所及其工作人员对估价工作中涉及的有关资料和情况负责保密。

第7章 附 则

第28条 其他涉案物品的估价,以及行政执法机关提请价格部门设立的价格事务所对收缴、罚没、扣押物品的估价,可以参照本办法执行。

第29条 价格事务所在进行扣押、追缴、没收物品估价时,可以向委托估价机关收取合理的估价鉴定费。估价鉴定收费办法由国家计委会同最高人民法院、最高人民检察院、公安部并商有关部门另行制定。

第30条 本办法自颁布之日起施行。

9. 最高人民法院《关于审理骗购外汇、非法买卖外汇刑事案件具体应用法律若干问题的解释》(法释〔1998〕20号)

第7条 根据刑法第64条规定,骗购外汇、非法买卖外汇的,其违法所得予以追缴,用于骗购外汇、非法买卖外汇的资金予以没收,上缴国库。

第8条 骗购、非法买卖不同币种的外汇的,以案发时国家外汇管理机关制定的统一折算率折合后依照本解释处罚。(全文详见本书《刑法》第151条相关内容)

10. 最高人民法院、最高人民检察院、公安部、国家工商行政管理局《关于依法查处盗窃、抢劫机动车案件的规定》(公通字〔1998〕31号)

十一、对犯罪分子盗窃、抢劫所得的机动车辆及其变卖价款,应当依照《刑法》第64条的规定予以追缴。

十二、对明知是赃车而购买的,应将车辆无偿追缴;对违反国家规定购买车辆,经查证是赃车的,公安机关可以根据《刑事诉讼法》第110条和第114条规定进行追缴和扣押。对不明知是赃车而购买的,结案后予以退还买主。

十三、对购买赃车后使用非法提供的入户、过户手续或者使用伪造、变造的入户、过户手续为赃车入户、过户的,应当吊销牌证,并将车辆无偿追缴;已将入户、过户车辆变卖的,追缴变卖所得并责令赔偿经济损失。(全文详见本书《刑法》第92条相关内容)

11. 国家发展计划委员会《涉案物品价格鉴定复核裁定管理办法》(计价费〔1998〕775号)

[被中华人民共和国国家发展和改革委员会《关于废止部分规章和行政规范性文件的决定》(〔2021〕令第42号)废止]

12. 国家发展计划委员会《涉案物品价格鉴定分级管理实施办法》(计价费〔1998〕776号)

[被国家发展和改革委员会公告(2016年第13号)宣布失效]

13.《全国法院维护农村稳定刑事审判工作座谈会纪要》(法〔1999〕217号)

(详见本书《刑法》第232条相关内容)

14. 最高人民法院《关于刑事附带民事诉讼范围问题的规定》(法释〔2000〕47号)

[被最高人民法院《关于废止部分司法解释和司法解释性质文件(第十一批)的决定》(法释〔2015〕2号)废止]

15. 最高人民法院、最高人民检察院、海关总署《关于办理走私刑事案件适用法律若干问题的意见》(法〔2002〕139号)

二十三、关于走私货物、物品、走私违法所得以及走私犯罪工具的处理问题

在办理走私犯罪案件过程中,对发现的走私货物、物品、走私违法所得以及属于走私犯罪分子所有的犯罪工具,走私犯罪侦查机关应当及时追缴,依法予以查扣、冻结。在移送审查起诉时应当将扣押物品文件清单、冻结存款证明文件等材料随案移送,对于扣押的危险品或者鲜活、易腐、易失效、易贬值等不宜长期保存的货物、物品,已经依法先行变卖、拍卖的,应当随案移送变卖、拍卖物品清单以及原物的照片或者录像资料;人民检察院在提起公诉时应当将上述扣押物品文件清单、冻结存款证明和变卖、拍卖物品清单一并移送;人民法院在判决走私罪案件时,应当对随案清单、证明文件中载明的款、物审查确认并依法判决予以追缴、没收;海关根据人民法院的判决和海关法的有关规定予以处理,上缴中央国库。

二十四、关于走私货物、物品无法扣押或者不便扣押情况下走私违法所得的追缴问题

在办理走私普通货物、物品犯罪案件中,对于走私货物、物品因流入国内市场或者投入使用,致使走私货物、物品无法扣押或者不便扣押的,应当按照走私货物、物品的进出口完税价格认定违法所得予以追缴;走私货物、物品实际销售价格高于进出口完税价格的,应当按照实际销售价格认定违法所得予以追缴。(详见本书《刑法》第151条相关内容)

16. 最高人民法院、最高人民检察院《关于办理赌博刑事案件具体应用法律若干问题的解释》(法释〔2005〕3号)

第8条 赌博犯罪中用作赌注的款物、换取筹码的款物和通过赌博赢取的款物属于赌资。通过计算机网络实施赌博犯罪的,赌资数额可以按照在计算机网络上投注或者赢取的点数乘以每一点实际代表的金额认定。赌资应当依法予以追缴;赌博用具、赌博违法所得以及赌博犯罪分子所有的专门用于赌博的资金、交通工具、通讯工具等,应当依法予以没收。(全文详见本书《刑法》第303条相关内容)

17. 最高人民法院《关于严格执行有关走私案件涉案财物处理规定的通知》(法〔2006〕114号)

日前,据海关总署反映,有的地方法院在审理走私刑事案件中有不判或部分判决涉案赃款赃物的现象。对人民法院没有判决追缴、没收的涉案财物,海关多以行政处罚的方式予以没收或收缴,从而导致行政诉讼等不良后果。为严肃规范执法,现就有关规定重申如下:关于刑事案件赃款赃物的处理问题,相关法律、司法解释已经规定的很明确。《海关法》第92条规定,"海关依法扣留的货物、物品、运输工具,在人民法院判决或者海关处罚决定作出之前,不得处理";"人民法院判决没收或者海关决定没收的走私货物、物品、违法所得、走私运输工具、特制设备,由海关依法统一处理,所得价款和海关决定处以的罚款,全部上缴中央国库。"《最高人民法院、最高人民检察院、海关总署关于办理走私刑事案件适用法律若干问题的意见》第23条规定,"人民法院在判决走私罪案件时,应当对随案清单、证明文件中载明的款、物审查确认并依法判决予以追缴、没收;海关根据人民法院的判决和海关法的有关规定予以处理,上缴中央国库。"

据此,地方各级人民法院在审理走私犯罪案件时,对涉案的款、物等,应当严格遵循并切实执行上述法律、司法解释的规定,依法作出追缴、没收的判决。对于在审理走私犯罪案件中遇到的新情况、新问题,要加强与海关等相关部门的联系和协调,对于遇到的适用法律的新问题,应当及时报告最高人民法院。

18. 最高人民法院、最高人民检察院、公安部、中国证监会《关于查询、冻结、扣划证券和证券交易结算资金有关问题的通知》(法发〔2008〕4号)

为维护正常的证券交易结算秩序,保护公民、法人和其他组织的合法权益,保障执法机关依法执行公务,根据《中华人民共和国刑事诉讼法》、《中华人民共和国民事诉讼法》、《中华人民共和国证券法》等法律以及司法解释的规定,现就人民法院、人民检察院、公安机关查询、冻结、扣划证券和证券交易结算资金的有关问题通知如下:

一、人民法院、人民检察院、公安机关在办理案件过程中,按照法定权限需要通过证券登记结算机构或者证券公司查询、冻结、扣划证券和证券交易结算资金的,证券登记结算机构或者证券公司应当依法予以协助。

二、人民法院要求证券登记结算机构或者证券公司协助查询、冻结、扣划证券和证券交易结算资金,人民检察院、公安机关要求证券登记结算机构或者证券公司协助查询、冻结证券和证券交易结算资金时,有关执法人员应当依法出具相关证件和有效法律文书。

执法人员证件齐全、手续完备的,证券登记结算机构或者证券公司应当签收有关法律文书并协助办理有关事项。

拒绝签收人民法院生效法律文书的,可以留置送达。

三、人民法院、人民检察院、公安机关可以依法向证券登记结算机构查询客户和证券公司的证券账户、证券交收账户和资金交收账户内已完成清算交收程序的余额、余额变动、开户资料等内容。

人民法院、人民检察院、公安机关可以依法向证券公司查询客户的证券账户和资金账户、证券交收账户和资金交收账户内的余额、余额变动、证券及资金流向、开户资料等内容。

查询自然人账户的,应当提供自然人姓名和身份证件号码;查询法人账户的,应当提供法人名称和营业执照或者法人注册登记证书号码。

证券登记结算机构或者证券公司应当出具书面查询结果并加盖业务专用章。查询机关对查询结果有疑问时,证券登记结算机构、证券公司在必要时应当进行书面解释并加盖业务专用章。

四、人民法院、人民检察院、公安机关按照法定权限冻结、扣划相关证券、资金时,应当明确拟冻结、扣划证券、资金所在的账户名称、账户号码、冻结期限,所冻结、扣划证券的名称、数量或者资金的数额。扣划时,还应当明确拟划入的账户名称、账号。

冻结证券和交易结算资金时,应当明确冻结的范围是否及于孳息。

本通知规定的以证券登记结算机构名义建立的各类专门清算交收账户不得整体冻结。

五、证券登记结算机构依法按照业务规则收取并存放于专门清算交收账户内的下列证券,不得冻结、扣划:

(一)证券登记结算机构设立的证券集中交收账户、专用清偿账户、专用处置账户内的证券。(二)证券公司在证券登记结算机构开设的客户证券交收账户、自营证券交收账户和证券处置账户内的证券。

六、证券登记结算机构依法按照业务规则收取并存放于专门清算交收账户内的下列资金,不得冻结、扣划:

(一)证券登记结算机构设立的资金集中交收账户、专用清偿账户内的资金;(二)证券登记结算机构依法收取的证券结算风险基金和结算互保金;(三)证券登记结算机构在银行开设的结算备付金专用存款账户和新股发行验资专户内的资金,以及证券登记结算机构为新股发行网下申购配售对象开立的网下申购资金账户内的资金;(四)证券公司在证券登记结算机构开设的客户资金交收账户内的资金;(五)证券公司在证券登记结算机构开设的自营资金交收账户内最低限额自营结算备付金及根据成交结果确定的应付资金。

七、证券登记结算机构依法按照业务规则要求证券公司等结算参与人、投资者或者发行人提供的回购质押券、价差担保物、行权担保物、履约担保物等担保物,在交收完成之前,不得冻结、扣划。

八、证券公司在银行开立的自营资金账户内的资金可以冻结、扣划。

九、在证券公司托管的证券的冻结、扣划,既可以在托管的证券公司办理,也可以在证券登记结算机构办理。不同的执法机关同一交易日分别在证券公司、证券登记结算机构对同一笔证券办理冻结、扣划手续的,证券公司协助办理的为在先冻结、扣划。

冻结、扣划未在证券公司或者其他托管机构托管的证券或者证券公司自营证券的,由证券登记结算机构协助办理。

十、证券登记结算机构受理冻结、扣划要求后,应当在受理日对应的交收日交收程序完成后根据交收结果协助冻结、扣划。

证券公司受理冻结、扣划要求后,应当立即停止证券交易,冻结时已经下单但尚未撮合成功的应当采取撤单措施。冻结后,根据成交结果确定的用于交收的应付证券和应付资金可以进行正常交收。在交收程序完成后,对于剩余部分可以扣划。同时,证券公司应当根据成交结果计算出同等数额的应收资金或者应收证券交由执法机关冻结或者扣划。

十一、已被人民法院、人民检察院、公安机关冻结的证券或证券交易结算资金,其他人民法院、人民检察院、公安机关或者同一机关因不同案件可以进行轮候冻结。冻结解除的,登记在先的轮候冻结自动生效。

轮候冻结生效后,协助冻结的证券登记结算机构或者证券公司应当书面通知做出该轮候冻结的机关。

十二、冻结证券的期限不得超过2年,冻结交易结算资金的期限不得超过6个月。

需要延长冻结期限的,应当在冻结期限届满前办理续行冻结手续,每次续行冻结的期限不得超过前款规定的期限。

十三、不同的人民法院、人民检察院、公安机关对同一笔证券或者交易结算资金要求冻结、扣划或者轮候冻结时,证券登记结算机构或者证券公司应当按照送达协助冻结、扣划通知书的先后顺序办理协助事项。

十四、要求冻结、扣划的人民法院、人民检察院、公安机关之间,因冻结、扣划事项发生争议的,要求冻结、扣划的机关应当自行协商解决。协商不成的,由其共同上级机关决定;没有共同上级机关的,由其各自的上级机关协商解决。

在争议解决之前,协助冻结的证券登记结算机构或者证券公司应当按照争议机关所送达法律文书载明的最大标的范围对争议标的进行控制。

十五、依法应当予以协助而拒绝协助,或者向当事人通风报信,或者与当事人通谋转移、隐匿财产的,对有关的证券登记结算机构或者证券公司和直接责任人应当依法进行制裁。

十六、以前规定与本通知规定内容不一致的,以本通知为准。

十七、本通知中所规定的证券登记结算机构,是指中国证券登记结算有限责任公司及其分公司。

十八、本通知自2008年3月1日起实施。

19. 国家发展改革委员会、最高人民法院、最高人民检察院、公安部、财政部《关于扣押追缴没收及收缴财物价格鉴定管理的补充通知》(发改厅〔2008〕1392号)

为了进一步规范扣押、追缴、没收及收缴财物价格鉴定管理工作,现就相关事项补充通知如下:

一、各级政府价格部门设立的价格鉴证机构为国家机关指定的涉案财物价格鉴定的机构,名称统一为"价格认证中心"。原国家计委、最高人民法院、最高人民检察院、公安部制定的《扣押、追缴、没收物品估价管理办法》(计办〔1997〕808号)中涉及的"价格事务所"相应更改为"价格认证中心"。

二、各司法、行政执法机关在办理各自管辖刑事案件中,涉及价格不明或者价格有争议、需要对涉案财物或标的进行价格鉴定的,办案机关应委托同级政府价格部门设立的价格鉴定机构进行价格鉴定。

政府价格部门设立的价格鉴定机构可以接受办案机关的委托,对非刑事案件中涉案财物或标的进行价格鉴定。

三、各级政府价格主管部门设立的价格鉴证机构从事国家机关委托的刑事案件涉案财物价格鉴定不收费,该项鉴定费用由同级财政部门根据价格认证中心业务量大小,核定专项经费拨款或补贴。

20. 最高人民法院、最高人民检察院《关于办理职务犯罪案件认定自首、立功等量刑情节若干问题的意见》(法发〔2009〕13号)

四、关于赃款赃物追缴等情形的处理:

贪污案件中赃款赃物全部或者大部分追缴的,一般应当考虑从轻处罚。

受贿案件中赃款赃物全部或者大部分追缴的,视具体情况可以酌定从轻处罚。

犯罪分子及其亲友主动退赃或者在办案机关追缴赃款赃物过程中积极配合的,在量刑时应当与办案机关查办案件过程中依职权追缴赃款赃物的有所区别。

职务犯罪案件立案后,犯罪分子及其亲友自行挽回的经济损失,司法机关或者犯罪分子所在单位及其上级主管部门挽回的经济损失,或者因客观原因减少的经济损失,不予扣减,但可以作为酌情从轻处罚的情节。(详见本书《刑法》第383条相关内容)

21. 中共中央纪委、国家发展改革委、监察部、财政部《纪检监察机关查办案件涉案财物价格认定工作暂行办法》(中纪发〔2010〕35号)

第1章 总 则

第1条 为规范纪检监察机关查办案件涉案财物价格认定工作,保证查办案件工作的顺利进行,根据《中国共产党纪律检查机关案件检查工作条例》、《中华人民共和国行政监察法》、《中华人民共和国价格法》等法律法规,制定本办法。

第2条 纪检监察机关查办案件涉案财物价格认定工作,适用本办法。

本办法所称价格认定,是指纪检监察机关在查办案件中,对价格不明,价格有争议的涉案财物,向人民政府价格主管部门设立的价格认证机构(以下简称价格认证机构)提出价格认定,由价格认证机构依法对涉案财物的价格进行测算,并作出认定结论的行为。

本办法所称涉案财物,是指可以证明违纪违法行为的财物和违纪违法所得的财物,包括房地产、金银珠宝、文物、艺术品、家具、电器、交通工具、通信工具、有价证券等。

第3条 纪检监察机关查办案件涉案财物价格认定工作,应当遵循依法、公正、科学、合理、保密的原则,按照规定的程序进行。

第4条 纪检监察机关工作人员和价格认证机构工作人员在价格认定工作中应当遵守保密法律、法规和纪律,不得泄露国家秘密、工作秘密,以及因工作掌握的商业秘密和个人隐私。

第5条 办理价格认定事项的纪检监察机关工作人员和价格认定人员,有下列情形之一的,应当自行回避,案件被调查人以及与价格认定事项有利害关系的公民、法人或者其他组织有权要求其回避:

(一)是被调查人近亲属的;(二)办理的价格认定事项与本人有利害关系的;(三)与办理的价格认定事项有其他关系,可能影响价格认定工作公正进行的。

纪检监察机关和价格认证机构发现其所属人员有应当回避的情形,可以直接决定该人员回避。

第2章 提出与受理

第6条 纪检监察机关查办案件,需要进行价格认定的,应当向本级价格认证机构提出协助请求;案件被调查人要求价格认定的,可以向承办案件的纪检监察机关提出。

涉案财物在外地的,承办案件的纪检监察机关可以向涉案财物所在地的纪检监察机关提请协助,并由涉案财物所在地的纪检监察机关向其本级价格认证机构提出并办理相关手续。

纪检监察机关派驻机构查办案件需要进行价格认定的,依照本条第1款、第2款的规定办理。

未设立价格认证机构的乡(镇),其纪委查处案件需要查行价格认定的,应当提请上一级纪检监察机关办理。

第7条 纪检监察机关向价格认证机构提出对涉案财物进行价格认定的,应当出具价格认定协助书以及价格认定所需的材料。

第8条 在价格认定过程中,需要对涉案财物先行作出技术、质量检测报告的,价格认证机构应当向纪检监察机关提出,纪检监察机关应当委托有关检测机构进行技术、质量检测;必要时,价格认证机构应当积极予以配合。

第9条 价格认证机构接到价格认定协助书和相关材料后,应当予以受理,经审查认为内容不完整的,应及时向纪检监察机关提出,由纪检监察机关予以补充。

第3章 价格认定

第10条 价格认定机构受理协助请求后,应当指派两名以上价格认定人员共同进行价格认定。

第11条 价格认定人员应当对需要进行价格认定的涉案财物进行勘验。如勘验结果与价格认定协助书所载事项不符,应及时向纪检监察机关提出,由纪检监察机关重新出具价格认定协助书。

第12条 价格认定机构一般不留存涉案财物,如确需留存,应当征得纪检监察机关同意并办理交接手续。

价格认证机构对留存的涉案财物应当妥善保管,不得调换、灭失和私自使用。价格认定工作结束后,应当将涉案财物退回纪检监察机关。

第13条 价格认定机构在勘验、调查等价格认定过程中,确需纪检监察机关配合的,纪检监察机关应当配合。

第14条 价格认定的期限,由纪检监察机关与价格认定机构约定,补充或者重新提取认定材料等,可以由双方商定延长期限。

第15条 因不可抗力或者其他原因致使价格认定暂时无法进行的,应当中止价格认定;确实无法进行的,应当终止价格认定。

价格认证机构中止或者终止价格认定的,应当向纪检监察机关出具通知书,纪检监察机关提出中止或者终止价格认定的,应当以书面形式通知价格认证机构。

价格认定中止事项消除后,应当恢复价格认定工作。终止价格认定的,价格认证机构应当将全部材料退还纪检监察机关。

第16条 纪检监察机关增加与原价格认定有关的内容的,可以向原价格认证机构提出补充价格认定。

第17条 价格认证机构完成价格认定后,应当向纪检监察机关出具价格认定结论书。结论书应载明复核裁定的受理机构。

第4章 重新认定和复核裁定

第18条 纪检监察机关对价格认定结论有异议的,可以向原价格认证机构提出重新认定,也可以直接向价格认定结论书中告知的复核裁定受理机构提出复核裁定。

对重新认定仍有异议的,应当向复核裁定受理机构提出复核裁定。

第19条 纪检监察机关对复核裁定结论仍有异议的,可以向国务院价格主管部门设立的价格认证机构再次提出复核裁定。

国务院价格主管部门设立的价格认证机构作出的复核裁定为最终复核裁定。

第20条 纪检监察机关在收到价格认定、重新认定或者复核裁定结论书后,应当告知案件被调查人。

案件被调查人对结论有异议的,应当在收到结论书之日起3日内向纪检监察机关提出。纪检监察机关根据具体情况决定是否向价格认证机构提出重新认定、复核裁定或者再次复核裁定。

第5章 纪律责任

第21条 纪检监察机关及其工作人员违反本办法,构成违纪的,对有关责任人员,依照有关规定给予党纪政纪处分;涉嫌犯罪的,移送司法机关依法处理。

第22条 价格认证机构及其工作人员违反本办法,有下列行为之一的,对有关责任人员,依照有关规定给予党纪政纪处分;涉嫌犯罪的,移送司法机关依法处理:

(一)出具虚假价格认定结论的;(二)违反规定造成价格认定结论严重失实的;(三)泄露价格认定工作中所掌握的国家秘密、工作秘密、商业秘密和个人隐私,造成不良后果的;(四)有其他滥用职权、徇私舞弊、玩忽职守行为的。

第6章 附　　则

第23条 价格认定机构对纪检监察机关查办案件涉案财物进行价格认定不收费,该项经费由同级财政预算安排。

第24条 本办法由中央纪委、国家发展改革委、监察部、财政部负责解释。

第25条 本办法自发布之日起施行。

22. 最高人民法院、最高人民检察院《关于办理诈骗刑事案件具体应用法律若干问题的解释》(法释〔2011〕7号)

第9条 案发后查封、扣押、冻结在案的诈骗财物及其孳息,权属明确的,应当发还被害人;权属不明确的,可按被骗款物占查封、扣押、冻结在案的财物及其孳息总额的比例发还被害人,但已获退赔的应予扣除。

第10条 行为人已将诈骗财物用于清偿债务或者转让给他人,具有下列情形之一的应当依法追缴:

(一)对方明知是诈骗财物而收取的;(二)对方无偿取得诈骗财物的;(三)对方以明显低于市场的价格取得诈骗财物的;(四)对方取得诈骗财物系源于非法债务或者违法犯罪活动的。

他人善意取得诈骗财物的,不予追缴。(全文详见本书《刑法》第266条内容)

23. 公安机关《办理刑事案件适用查封、冻结措施有关规定》(公通字〔2013〕30号)

第1章 总　　则

第1条 为进一步规范公安机关办理刑事案件适用查封、冻结措施,加强人民检察院的法律监督,保护公民、法人和其他组织的合法权益,保障刑事诉讼活动的顺利进行,根据《中华人民共和国刑事诉讼法》及其他有关法律、法规、规章,制定本规定。

第2条 根据侦查犯罪的需要,公安机关依法对涉案财物予以查封、冻结,有关部门、单位和个人应当协助和配合。

本规定所称涉案财物,是指公安机关在办理刑事案件过程中,依法以查封、冻结等方式固定的可用以证明犯罪嫌疑人有罪或者无罪的各种财产和物品,包括:

(一)犯罪所得及其孳息;(二)用于实施犯罪行为的工具;(三)其他可以证明犯罪行为是否发生以及犯罪情节轻重的财物。

第3条 查封、冻结以及保管、处置涉案财物,必须严格依照法定的适用条件和程序进行。与案件无关的财物不得查封、冻结。查封、冻结涉案财物,应当为犯罪嫌疑人及其所扶养的家属保留必要的生活费用和物品。

严禁在立案之前查封、冻结财物。对于境外司法、警察机关依据国际条约、协议或者互惠原则提出的查封、冻结请求,可以根据公安部的执行通知办理有关法律手续。

查封、冻结的涉案财物,除依法应当返还被害人或者经查明确实与案件无关的以外,不得在诉讼程序终结之前作出处理。法律和有关规定另有规定的除外。

第4条 查封、冻结的涉案财物涉及国家秘密、商业秘密、个人隐私的,应当保密。

第2章 查　　封

第5条　根据侦查犯罪的需要,公安机关可以依法查封涉案的土地、房屋等不动产,以及涉案的车辆、船舶、航空器和大型机器、设备等特定动产。必要时,可以一并扣押证明其财产所有权或者相关权益的法律文件和文书。

置于不动产上的设施、家具和其他相关物品,需要作为证据使用的,应当扣押;不宜移动的,可以一并查封。

第6条　查封涉案财物需要国土资源、房地产管理、交通运输、农业、林业、民航等有关部门协助的,应当经县级以上公安机关负责人批准,制作查封决定书和协助查封通知书,明确查封财物情况、查封方式、查封期限等事项,送交有关部门协助办理,并及时告知有关当事人。

涉案土地和房屋面积、金额较大的,应当经设区的市一级以上公安机关负责人批准,制作查封决定书和协助查封通知书。

第7条　查封期限不得超过2年。期限届满可以续封1次,续封应当经作出原查封决定的县级以上公安机关负责人批准,在期限届满前5日以内重新制作查封决定书和协助查封通知书,送交有关部门协助办理,续封期限最长不得超过1年。

案件重大复杂,确需再续封的,应当经设区的市一级以上公安机关负责人批准,在期限届满前5日以内重新制作查封决定书和协助查封通知书,且每次再续封的期限最长不得超过1年。

查封期限届满,未办理续封手续的,查封自动解除。

公安机关应当及时将续封决定告知有关当事人。

第8条　查封土地、房屋等涉案不动产,需要查询不动产权属情况的,应当经县级以上公安机关负责人批准,制作协助查询财产通知书。

侦查人员到国土资源、房地产管理等有关部门办理查询时,应当出示本人工作证件,提交协助查询财产通知书,依照相关规定办理查询事项。

需要查询其他涉案财物的权属登记情况的,参照上述规定办理。

第9条　国土资源、房地产管理等有关部门应当及时协助公安机关办理查询事项。公安机关查询并复制的有关书面材料,由权属登记机构或者权属档案管理机构加盖印章。

因情况特殊,不能当场提供查询的,应当在5日以内提供查询结果。

无法查询的,有关部门应当书面告知公安机关。

第10条　土地、房屋等涉案不动产的权属确认以国土资源、房地产管理等有关部门的不动产登记簿或者不动产权属证书为准。不动产权属证书与不动产登记簿不一致的,除有证据证明不动产登记簿确有错误外,以不动产登记簿为准。

第11条　国土资源、房地产管理等有关部门在协助公安机关办理查封事项时,认为查封涉案不动产信息有误无法办理的,可以暂缓办理协助事项,并向公安机关提出书面审查建议,公安机关应当及时审查处理。

第12条　查封土地、房屋等涉案不动产的,应当经县级以上公安机关负责人批准,制作协助查封通知书,明确涉案土地、房屋等不动产的详细地址、权属证书号、权利人姓名或者单位名称等事项,送交国土资源、房地产管理等有关部门协助办理,有关部门应当在相关通知书回执中注明办理情况。

侦查人员到国土资源、房地产管理等有关部门办理土地使用权或者房屋查封登记手续时,应当出示本人工作证件,提交查封决定书和协助查封通知书,依照有关办理查封事项。

第13条　查封土地、房屋等涉案不动产的侦查人员不得少于2人,持侦查人员工作证件和相关法律文书，通知有关当事人、见证人到场，制作查封笔录，并会同在场人员对被查封的财物查点清楚，当场开列查封清单1式3份，由侦查人员、见证人和不动产所有权人或者使用权人签名后，1份交给不动产所有权人或者使用权人，1份交给公安机关保管人员，1份连同照片、录像资料或者扣押的产权证照附卷备查，并且应当在不动产的显著位置张贴公告，必要时，可以张贴制式封条。

查封清单中应当写明涉案不动产的详细地址、相关特征和置于该不动产上不宜移动的设施、家具和其他相关物品清单，注明已经拍照或者录像以及是否扣押其产权证照等情况。

对于无法确定不动产相关权利人或者权利人拒绝签名的，应当在查封笔录中注明情况。

第14条 国土资源、房地产管理等有关部门对被公安机关依法查封的土地、房屋等涉案不动产，在查封期间不予办理变更、转让或者抵押权、地役权登记。

第15条 对依照有关规定可以分割的土地、房屋等涉案不动产，应当只对与案件有关的部分进行查封，并在协助查封通知书中予以明确；对依照有关规定不可分割的土地、房屋等涉案不动产，可以进行整体查封。

第16条 国土资源、房地产管理等有关部门接到协助查封通知书时，已经受理该土地、房屋等涉案不动产的转让登记申请，但尚未记载于不动产登记簿的，应当协助公安机关办理查封登记。

第17条 对下列尚未进行权属登记的房屋，公安机关可以按照本规定进行查封：

(一)涉案的房地产开发企业已经办理商品房预售许可证但尚未出售的房屋；(二)犯罪嫌疑人购买的已经由房地产开发企业办理房屋权属初始登记的房屋；(三)犯罪嫌疑人购买的已经办理商品房预售合同登记备案手续或者预购商品房预告登记的房屋。

第18条 查封地上建筑物的效力及于该地上建筑物占用范围内的建设用地使用权，查封建设用地使用权的效力及于地上建筑物，但建设用地使用权与地上建筑物的所有权分属不同权利人的除外。

地上建筑物和土地使用权的登记机构不是同一机构的，应当分别办理查封登记。

第19条 查封车辆、船舶、航空器以及大型机器、设备等特定动产的，应当制作协助查封通知书，明确涉案财物的名称、型号、权属、地址等事项，送交有关登记管理部门协助办理。必要时，可以扣押有关权利证书。

执行查封时，应当将涉案财物拍照或者录像后封存，或者交持有人、近亲属保管，或者委托第3方保管。有关保管人应当妥善保管，不得转移、变卖、损毁。

第20条 查封土地、房屋等涉案不动产或者车辆、船舶、航空器以及大型机器、设备等特定动产的，可以在保证侦查活动正常进行的同时，允许有关当事人继续合理使用，并采取必要保值保管措施。

第21条 对以公益为目的的教育、医疗、卫生以及福利机构等场所、设施，保障性住房，原则上不得查封。确有必要查封的，应当经设区的市一级以上公安机关负责人批准。

第22条 查封土地、房屋以外的其他涉案不动产的，参照本规定办理。查封共有财产、担保财产以及其他特殊财物的，依照相关规定办理。

第3章 冻　　结

第23条 根据侦查犯罪的需要，公安机关可以依法冻结涉案的存款、汇款、证券交易结算资金、期货保证金等资金，债券、股票、基金份额和国务院依法认定的其他证券，以及股权、保单权益和其他投资权益等财产。

第24条 在侦查工作中需要冻结财产的，应当经县级以上公安机关负责人批准，制作协助冻结财产通知书,明确冻结财产的账户名称、账户号码、冻结数额、冻结期限、冻结范围以及是否及于孳息等事项,送交银行业金融机构、特定非金融机构、邮政部门、证券公司、证券登记结算机构、证券投资基金管理公司、保险公司、信托公司、公司登记机关和银行间市场交易组织机构、银行间市场集中清算机构、银行间市场登记托管结算机构、经国务院批准或者同意设立的黄金交易组织机构和结算机构等单位协助办理,有关单位应当在相关通知书回执中注明办理情况。

第25条 有关单位接到公安机关协助冻结财产通知书后,应当立即对涉案财物予以冻结,办理相关手续,不得推诿拖延,不得泄露有关信息。有关单位办理完毕冻结手续后,在当事人查询时可以予以告知。

第26条 冻结存款、汇款、证券交易结算资金、期货保证金等资金,或者投资权益等其他财产的期限为6个月。需要延长期限的,应当经作出原冻结决定的县级以上公安机关负责人批准,在冻结期限届满前5日以内办理续冻手续。每次续冻期限最长不得超过6个月。

对重大、复杂案件,经设区的市一级以上公安机关负责人批准,冻结存款、汇款、证券交易结算资金、期货保证金等资金的期限可以为1年。需要延长期限的,应当按照原批准权限和程序,在冻结期限届满前5日以内办理续冻手续。每次续冻期限最长不是超过1年。

冻结债券、股票、基金份额等证券的期限为2年。需要延工冻结期限的,应当经作出原冻结决定的县级以上公安机关负责人批准,在冻结期限届满前5日以内办理续冻手续。每次续冻期限最长不得超过2年。

冻结期限届满,未办理续冻手续的,冻结自动解除。

第27条 冻结涉案账户的款项数额,应当与涉案金额相当。不得超出涉案金额范围冻结款项。

第28条 冻结股权的,应当经设区的市一级以上公安机关负责人批准,冻结上市公司股权应当经省级以上公安机关负责人批准,并在协助冻结财产通知书中载明公司名称、股东姓名或者名称、冻结数额或者股份等与登记事项有关的内容。冻结股权期限为6个月。需要延长期限的,应当按照原批准权限和程序,在冻结期限届满前5日以内办理续冻手续。每次续冻期限最长不得超过6个月。

第29条 冻结保单权益的,应当经设区的市一级以上公安机关负责人批准,冻结保单权益期限为6个月。需要延长期限的,应当按照原批准权限和程序,在冻结期限届满前5日以内办理续冻手续。每次续冻期限最长不得超过6个月。

冻结保单权益没有直接对应本人账户的,可以冻结相关受益人的账户,并要求有关单位协助,但不得变更受益人账户,不得损害第3方利益。

人寿险、养老险、交强险、机动车第3者责任险等提供基本保障的保单原则上不得冻结,确需冻结的,应当经省级以上公安机关负责人批准。

第30条 对下列账户和款项,不得冻结:

(一)金融机构存款准备金和备付金;(二)特定非金融机构备付金;(三)封闭贷款专用账户(在封闭贷款未结清期间);(四)商业汇票保证金;(五)证券投资者保障基金、保险保障基金、存款保险基金;(六)党、团费账户和工会经费集中户;(七)社会保险基金;(八)国有企业下岗职工基本生活保障资金;(九)住房公积金和职工集资建房账户资金;(十)人民法院开立的执行账户;(十一)军队、武警部队一类保密单位开设的"特种预算存款"、"特种其他存款"和连队账户的存款;(十二)金融机构质押给中国人民银行的债券、股票、贷款;(十三)证券登记结算机构、银行间市场交易组织机构、银行间市场集中清算机构、银行间市场登记托管结算机构、经国务院批准或者同意设立的黄金交易组织机构和结算机构等依法按照业务规则收取并存放于专门清算交收账户内的特定股票、债券、票据、贵金属等有价凭证、资产和资金,以及按照业务规则要求金融机构等登记托管结算参与人、清算参与人、投资者或者发行人提供的、在交收或者清算结算完成之前的保证金、清算基金、回购质押券、价差担保物、履约担保物等担保物,支付机构客户备付金。(十四)其他法律、行政法规、司法解释、部门规章规定不得冻结的账户和款项。

第31条 对金融机构账户、特定非金融机构账户和以证券登记结算机构、银行间市场交易组织机构、银行间市场集中清算机构、银行间市场登记托管结算机构、经国务院批准或者同意设立的黄金交易组织机构和结算机构、支付机构等名义开立的各类专门清算交收账户、保证金账户、清算基金账户、客户备付金账户,不得整体冻结,法律另有规定的除外。

第32条 办案地公安机关需要异地办理冻结的,应当由2名以上侦查人员持办案协作函、法律文书和工作证件前往协作地联系办理,协作地公安机关应当协助执行。

在紧急情况下,可以将办案协作函、相关法律文书和工作证件复印件通过传真、电传等方式发至协作地县级以上公安机关委托执行,或者通过信息化应用系统传输加盖电子签章的办案协作函、相关法律文书和工作证件扫描件。协作地公安机关收到材料后,经审查确定,应当在传来法律文书上加盖本地公安机关印章,及时到有关银行业金融机构执行冻结,有关银行金融机构应当予以协助。

第33条 根据侦查犯罪的需要,对于涉案账户较多,办案地公安机关需要对其集中冻结的,可以分别按照以下程序办理:涉案账户开户地属同一省、自治区、直辖市的,应当由办案地公安机关出具协助冻结财产通知书,填写冻结申请表,经该公安机关负责人审核,逐级上报省级公安机关批准后,由办案地公安机关指派2名以上侦查人员持工作证件,将冻结申请表、协助冻结财产通知书等法律文书送交有关银行业金融机构的省、区、市分行,该分行应当在24小时以内采取冻结措施,并将有关法律文书传至相关账户开户的分支机构。

涉案账户开户地分属不同省、自治区、直辖市的,应当由办案地公安机关出具协助冻结财产通知书,填写冻结申请表,经该公安机关负责人审核,逐级上报公安部按照规定程序批准后,由办案地公安机关指派2名以上侦查人员持工作证件,将冻结申请表、协助冻结财产通知书等法律文书送交有关银行业金融机构总部。该总部应当在24小时以内采取冻结措施,并将有关法律文书传至相关账户开户的分支机构。

有关银行业金融机构因技术条件等客观原因,无法按照前款要求及时采取冻结措施的,应当向公安机关书面说明原因,并立即向中国银行业监督管理委员会或者其派出机构报告。

第34条 冻结市场价格波动较大或者有效期限即将届满的债券、股票、基金份额等财产的,在送达协助冻结财产通知书的同时,应当书面告知当事人或者其法定代理人、委托代理人有权申请出售、如期受偿或者变现。如果当事人或者其法定代理人、委托代理人书面申请出售或者变现被冻结的债券、股票、基金份额等财产,不损害国家利益、被害人利益、其他权利人利益,不影响诉讼正常进行的,以及冻结的汇票、本票、支票的有效期即将届满的,经作出冻结决定的县级以上公安机关负责人批准,可以依法在3日以内予以出售或者变现,所得价款应当继续冻结在其对应的银行账户中;没有对应的银行账户的,所得价款由公安机关在银行专门账户保管,并及时告知当事人或者其近亲属。

第4章 解除查封冻结

第35条 公安机关在采取查封、冻结措施后,应当及时查清案件事实,在法定期限内对涉案财物依法作出处理。

经查明查封、冻结的财物确实与案件无关的,应当在3日以内解除查封、冻结。

第36条 对查封、冻结的涉案财物及其孳息,应当制作清单,随案移送。对作为证据使用的实物应当随案移送,对不宜移送的,应当将其清单、照片或者其他证明文件随案移送。对于随案移送的财物,人民检察院需要继续查封、冻结的,应当及时书面通知公安机关解除原查封、冻结措施,并同时依法重新作出查封、冻结决定。

第37条 人民检察院决定不起诉并对涉案财物解除查封、冻结的案件,公安机关应当在接到人民检察院的不起诉决定和解除查封、冻结财物的通知之日起3日以内对不宜移送而未随案移送的财物解除查封、冻结。对于人民检察院提出的对被不起诉人给予行政处罚、行政处分等检察意见中涉及查封、冻结涉案财物的,公安机关应当及时予以处理或者移送有关行政主管机关处理,并将处理结果通知人民检察院。

第38条 公安机关决定撤销案件或者对犯罪嫌疑人终止侦查的,除依照法律和有关规定另行处理的以外,应当在作出决定之日起3日以内对侦查中查封、冻结的涉案财物解除查封、冻结。需要给予行政处理的,应当及时予以处理或者移交有关行政主管机关处理。

第39条 解除查封的,应当在3日以内制作协助解除查封通知书,送交协助查封的有关部门办理,并通知所有权人或者使用权人。张贴制式封条的,启封时应当通知当事人到场;当事人经通知不到场,也未委托他人到场的,办案人员应当在见证人的见证下予以启封。提取的有关产权证照应当发还。必要时,可以予以公告。

第40条 解除冻结的,应当在3日以内制作协助解除冻结财产通知书,送交协助办理冻结的有关单位,同时通知被冻结财产的所有人。有关单位接到协助解除冻结财产通知书后,应当及时解除冻结。

第41条 需要解除集中冻结措施的,应当由作出冻结决定的公安机关出具协助解除冻结财产通知书,银行业金融机构应当协助解除冻结。

上级公安机关认为应当解除集中冻结措施的,可以责令下级公安机关解除。

第5章 协作配合

第42条 有关行政主管机关与公安机关在案件移送过程中,涉及查封、冻结涉案财物的,应当密切配合,加强协作,防止涉案财物发生转移、隐匿、损毁、灭失。

第43条 已被有关国家机关依法查封、冻结的涉案财物,不得重复查封、冻结。需要轮候查封、冻结的,应当依照有关部门共同发布的规定执行。查封、冻结依法解除或者到期解除后,按照时间顺序登记在先的轮候查封、冻结自动生效。

第44条 不同国家机关之间,对同一涉案财物要求查封、冻结的,协助办理的有关部门和单位应当按照送达相关通知书的先后顺序予以登记,协助首先送达通知书的国家机关办理查封、冻结手续,对后送达通知书的国家机关作轮候查封、冻结登记,并书面告知该涉案财物已被查封、冻结的有关情况。

第45条 查封、冻结生效后,协助办理的有关部门和单位应当在其他轮候查封、冻结的公安机关出具的查封、冻结通知书回执中注明该涉案财物已被查封、冻结以及轮候查封、冻结的有关情况。相关公安机关可以查询轮候查封、冻结的生效情况。

第46条 公安机关根据侦查犯罪的需要,对其已经查封、冻结的涉案财物,继续办理续封、续冻手续的,或者公安机关移送审查起诉,人民检察院需要重新办理查封、冻结手续的,应当在原查封、冻结期限届满前办理续时、续冻手续。申请轮候查封、冻结的其他国家机关不得以送达通知书在先为由,对抗相关办理续封、续冻手续的效力。

第47条 要求查封、冻结涉案财物的有关国家机关之间,因查封、冻结事项发生争议的,应当自行协商解决。协商不成的,由其共同上级机关决定;分属不同部门的,由其各自的上级机关协商解决。

协助执行的部门和单位按照有关争议机关协商一致后达成的书面意见办理。

第48条 需要查封、冻结的或者已被查封、冻结的涉案财物,涉及扣押或者民事诉讼中的抵押、质押或者民事执行等特殊情况的,公安机关应当根据查封、冻结财物的权属状态和争议问题,与相关国家机关协商解决。协商不成的,各自报请上级机关协商解决。

协助执行的部门和单位按照有关争议机关协商一致后达成的书面意见办理。

第6章 执法监督与法律责任

第49条 公安机关应当加强对办理刑事案件适用查封、冻结措施的执法监督。违法采取查封、冻结措施的,根据人民警察在办案中各自承担的职责,区分不同情况,分别追究案件审批人、审核人、办案人及其他直接责任人的责任。构成犯罪的,依法追究刑事责任。

需要异地办理查封、冻结措施的,应当严格办案协作的有关规定。违反办案协作的有关规定,造成严重后果的,按照前款规定处理。

第50条 公安机关应当严格执行有关规定,建立健全涉案财物管理制度,指定专门部门,建立专门台账,对涉案财物加强管理、妥善保管。任何单位和个人不得贪污、侵占、挪用、私分、调换、抵押或者违反规定使用、处置查封、冻结的涉案财物,造成查封、冻结的涉案财物损毁或者灭失的,应当承担相应的法律责任。

第51条 当事人和辩护人、诉讼代理人、利害关系人对于公安机关及其侦查人员有下列行为之一的,有权向该机关申诉或者控告:

(一)对与案件无关的财物采取查封、冻结措施的;(二)明显超出涉案范围查封、冻结财物的;(三)应当解除查封、冻结不解除的;(四)贪污、侵占、挪用、私分、调换、抵押、质押以及违反规定使用、处置查封、冻结财物的。

受理申诉或者控告的公安机关应当及时进行调查核实,并在收到申诉、控告之日起30日以内作出处理决定,书面回复申诉人、控告人。发现公安机关及其侦查人员有上述行为之一的,应当立即纠正。

当事人及其辩护律师、诉讼代理人、利害关系人对处理决定不服的,可以向上级公安机关或者同级人民检察申诉。上级公安机关发现下级公安机关存在前款规定的违法行为或者对申诉、控告事项不按照规定处理的,应当责令下级公安机关限期纠正,下级公安机关应当立即执行。必要时,上级公安机关可以就申诉、控告事项直接作出处理决定。人民检察院对申诉查证属实的,应当通知公安机关予以纠正。

第52条 公安机关办理刑事案件适用查封、冻结措施,因违反有关规定导致国家赔偿的,应当承担相应的赔偿责任,并依照《国家赔偿法》的规定向有关责任人员追偿部分或者全部赔偿费用,协助执行的部门和单位不承担赔偿责任。

第53条 国土资源、房地产管理等有关部门根据有关国家机关的协助查封通知书作出的协助查封行为,公民、法人或者其他组织不服提起行政诉讼的,人民法院不予受理,但公民、法人或者其他组织认为协助查封行为与协助查封文书内容不一致的除外。

第54条 根据本规定依法应当协助办理查封、冻结措施的有关部门、单位和个人有下列行为之一的,公安机关应当向有关部门和单位通报情况,依法追究相应责任:

(一)对应当查封、冻结的涉案财物不予查封、冻结,致使涉案财物转移的;(二)在查封冻结前向当事人泄露信息的;(三)帮助当事人转移、隐匿财产的;(四)其他无正当理由拒绝协助配合的。

第55条 公安机关对以暴力、威胁等方法阻碍有关部门和单位协助办理查封、冻结措施的行为,应当及时制止。依法查处。

第7章 附 则

第56条 对查封、冻结、保管和处理涉案财物,本规定未规范的,依照《公安机关办理刑事案件程序规定》等有关规定办理。此前有关公安机关查封、冻结的规范性文件与本规定不一致的,以本规定为准。

第57条 本规定施行后适用查封、冻结措施的,按照本规定办理。本规定施行前已生效的查封、冻结措施,依照措施适用时的有关规定执行。

第58条 国家安全机关依照法律规定,办理危害国家安全的刑事案件适用查封、冻结措施的,适用本规定。

第59条 本规定的"有关国家机关",是指人民法院、人民检察院、公安机关、国家安全机关,以及其他法律法规规定有权实施查封、冻结措施的行政机关或者具有管理公共事务职能的组织。

第60条 本规定自印发之日起施行。

24. 最高人民法院《关于适用刑法第64条有关问题的批复》(法〔2013〕229号)

河南省高级人民法院:你院关于刑法第64条法律适用问题的请示收悉。经研究,批复如下:

根据刑法第64条和《最高人民法院关于适用〈中华人民共和国刑事诉讼法〉第138条、第139条的规定,被告人非法占有、处置被害人财产的,应当依法予以追缴或者责令退赔。据此,追缴或者责令退赔的具体内容,应当在判决主文中写明:其中,判决前已经发还被害人的财产,应当注明。被害人提起附带民事诉讼,或者另行提起民事诉讼请求返还被非法占有、处置的财产的,人民法院不予受理。

25. 最高人民法院《关于刑事裁判涉财产部分执行的若干规定》(法释〔2014〕13号)

为进一步规范刑事裁判涉财产部分的执行,维护当事人合法权益,根据《中华人民共和国刑法》《中华人民共和国刑事诉讼法》等法律规定,结合人民法院执行工作实际,制定本规定。

第1条 本规定所称刑事裁判涉财产部分的执行,是指发生法律效力的刑事裁判主文确定的下列事项的执行:

(一)罚金、没收财产;(二)责令退赔;(三)处置随案移送的赃款赃物;(四)没收随案移送的供犯罪所用本人财物;(五)其他应当由人民法院执行的相关事项。

刑事附带民事裁判的执行,适用民事执行的有关规定。

第2条 刑事裁判涉财产部分,由第一审人民法院执行。第1审人民法院可以委托财产所在地的同级人民法院执行。

第3条 人民法院办理刑事裁判涉财产部分执行案件的期限为6个月。有特殊情况需要延长的,经本院院长批准,可以延长。

第4条 人民法院刑事审判中可能判处被告人财产刑、责令退赔的,刑事审判部门应当依法对被告人的财产状况进行调查;发现可能隐匿、转移财产的,应当及时查封、扣押、冻结其相应财产。

第5条 刑事审判或者执行中,对于侦查机关已经采取的查封、扣押、冻结,人民法院应当在期限届满前及时续行查封、扣押、冻结。人民法院续行查封、扣押、冻结的顺位与侦查机关查封、扣押、冻结的顺位相同。

对侦查机关查封、扣押、冻结的财产,人民法院执行中可以直接裁定处置,无需侦查机关出具解除手续,但裁定中应当指明侦查机关查封、扣押、冻结的事实。

第6条 刑事裁判涉财产部分的裁判内容,应当明确、具体。涉案财物或者被害人人数较多,不宜在判决主文中详细列明的,可以概括叙明并另附清单。

判处没收部分财产的,应当明确没收的具体财物或者金额。

判处追缴或者责令退赔的,应当明确追缴或者退赔的金额或财物的名称、数量等相关情况。

第7条 由人民法院执行机构负责执行的刑事裁判涉财产部分,刑事审判部门应当及时移送立案部门审查立案。

移送立案应当提交生效裁判文书及其附件和其他相关材料,并填写《移送执行表》。《移送执行表》应当载明以下内容:

(一)被执行人、被害人的基本信息;(二)已查明的财产状况或者财产线索;(三)随案移送的财产和已经处置财产的情况;(四)查封、扣押、冻结财产的情况;(五)移送执行的时间;(六)其他需要说明的情况。

人民法院立案部门经审查,认为属于移送范围且移送材料齐全的,应当在7日内立案,并移送执行机构。

第8条 人民法院可以向刑罚执行机关、社区矫正机构等有关单位调查被执行人的财产状况,并可以根据不同情形要求有关单位协助采取查封、扣押、冻结、划拨等执行措施。

第9条 判处没收财产的,应当执行刑事裁判生效时被执行人合法所有的财产。

执行没收财产或罚金刑,应当参照被扶养人住所地政府公布的上年度当地居民最低生活费标准,保留被执行人及其所扶养家属的生活必需费用。

第10条 对赃款赃物及其收益,人民法院应当一并追缴。

被执行人将赃款赃物投资或者置业,对因此形成的财产及其收益,人民法院应予追缴。

被执行人将赃款赃物与其他合法财产共同投资或者置业,对因此形成的财产中与赃款赃物对应的份额及其收益,人民法院应予追缴。

对于被害人的损失,应当按照刑事裁判认定的实际损失予以发还或者赔偿。

第11条 被执行人将刑事裁判认定为赃款赃物的涉案财物用于清偿债务、转让或者设置其他权利负担,具有下列情形之一的,人民法院应予追缴:

(一)第3人明知是涉案财物而接受的;(二)第3人无偿或者以明显低于市场的价格取得涉案财物的;(三)第3人通过非法债务清偿或者违法犯罪活动取得涉案财物的;(四)第3人通过其他恶意方式取得涉案财物的。

第三人善意取得涉案财物的,执行程序中不予追缴。作为原所有人的被害人对该涉案财物主张权利的,人民法院应当告知其通过诉讼程序处理。

第12条 被执行财产需要变价的,人民法院执行机构应当依法采取拍卖、变卖等变价措施。

涉案财物最后一次拍卖未能成交,需要上缴国库的,人民法院应当通知有关财政机关以该次拍卖保留价予以接收;有关财政机关要求继续变价的,可以进行无保留价拍卖。需要退赔被害人的,以该次拍卖保留价以物退赔;被害人不同意以物退赔的,可以进行无保留价拍卖。

第13条 被执行人在执行中同时承担刑事责任、民事责任,其财产不足以支付的,按照下列顺序执行:

(一)人身损害赔偿中的医疗费用;(二)退赔被害人的损失;(三)其他民事债务;(四)罚金;(五)没收财产。

债权人对执行标的依法享有优先受偿权,其主张优先受偿的,人民法院应当在前款第

(一)项规定的医疗费用受偿后,予以支持。

第14条 执行过程中,当事人、利害关系人认为执行行为违反法律规定,或者案外人对执行标的主张足以阻止执行的实体权利,向执行法院提出书面异议的,执行法院应当依照民事诉讼法第225条的规定处理。

人民法院审查案外人异议、复议,应当公开听证。

第15条 执行过程中,案外人或被害人认为刑事裁判中对涉案财物是否属于赃款赃物认定错误或者应予认定而未认定,向执行法院提出书面异议,可以通过裁定补正的,执行机构应当将异议材料移送刑事审判部门处理;无法通过裁定补正的,应当告知异议人通过审判监督程序处理。

第16条 人民法院办理刑事裁判涉财产部分执行案件,刑法、刑事诉讼法及有关司法解释没有相应规定的,参照适用民事执行的有关规定。

第17条 最高人民法院此前发布的司法解释与本规定不一致的,以本规定为准。

26. 中国银监会、最高人民检察院、公安部、国家安全部《关于〈银行业金融机构协助人民检察院、公安机关、国家安全机关查询冻结工作规定〉的通知》(银监发〔2014〕53号)

第1条 为规范银行业金融机构协助人民检察院、公安机关、国家安全机关查询、冻结单位或个人涉案存款、汇款等财产的行为,保障刑事侦查活动的顺利进行,保护存款人和其他客户的合法权益,根据《中华人民共和国刑事诉讼法》、《中华人民共和国商业银行法》、《中华人民共和国银行业监督管理法》等法律法规,制定本规定。

第2条 本规定所称银行业金融机构是指依法设立的商业银行、农村信用合作社、农村合作银行等吸收公众存款的金融机构以及政策性银行。

第3条 本规定所称“协助查询、冻结”是指银行业金融机构依法协助人民检察院、公安机关、国家安全机关查询、冻结单位或个人在本机构的涉案存款、汇款等财产的行为。

第4条 协助查询、冻结工作应当遵循依法合规、保护存款人和其他客户合法权益的原则。

第5条 银行业金融机构应当建立健全内部制度,完善信息系统,依法做好协助查询、冻结工作。

第6条 银行业金融机构应当在总部,省、自治区、直辖市、计划单列市分行和有条件的地市级分行指定专门受理部门和专人负责,在其他分支机构指定专门受理部门或者专人负责,统一接收和反馈人民检察院、公安机关、国家安全机关查询、冻结要求。

银行业金融机构应当将专门受理部门和专人信息及时报告银行业监督管理机构,并抄送同级人民检察院、公安机关、国家安全机关。上述信息发生变动的,应当及时报告。

第7条 银行业金融机构在接到协助查询、冻结财产法律文书后,应当严格保密,严禁向被查询、冻结的单位、个人或者第3方通风报信,帮助隐匿或者转移财产。

第8条 人民检察院、公安机关、国家安全机关要求银行业金融机构协助查询、冻结或者解除冻结时,应当由2名以上办案人员持有效的本人工作证或人民警察证和加盖县级以上人民检察院、公安机关、国家安全机关公章的协助查询财产或协助冻结/解除冻结财产法律文书,到银行业金融机构现场办理,但符合本规定第26条情形除外。

无法现场办理完毕的,可以由提出协助要求的人民检察院、公安机关、国家安全机关指派至少1名办案人员持有效的本人工作证或人民警察证和单位介绍信到银行业金融机构取回反馈结果。

第9条 银行业金融机构协助人民检察院、公安机关、国家安全机关办理查询、冻结或者解除冻结时,应当对办案人员的工作证或人民警察证以及协助查询财产或协助冻结/解除冻结财产法律文书进行形式审查。银行业金融机构应当留存上述法律文书原件及工作证或人民警察证复印件，并注明用途。银行业金融机构应当妥善保管留存的工作证或人民警察证复印件，不得挪作他用。

第10条 人民检察院、公安机关、国家安全机关需要跨地区办理查询、冻结的，可以按照本规定要求持协助查询财产或协助冻结/解除冻结财产法律文书、有效的本人工作证或人民警察证、办案协作函，与协作地县级以上人民检察院、公安机关、国家安全机关联系，协作地人民检察院、公安机关、国家安全机关应当协助执行。

办案地人民检察院、公安机关、国家安全机关可以通过人民检察院、公安机关、国家安全机关信息化应用系统传输加盖电子签章的办案协作函和相关法律文书，或者将办案协作函和相关法律文书及凭证传真至协作地人民检察院、公安机关、国家安全机关。协作地人民检察院、公安机关、国家安全机关接收后，经审查确认，在传来的协助查询财产或协助冻结/解除冻结财产法律文书上加盖本地人民检察院、公安机关、国家安全机关印章，由两名以上办案人员持有效的本人工作证或人民警察证到银行业金融机构现场办理，银行业金融机构应当予以配合。

第11条 对于涉案账户较多，办案地人民检察院、公安机关、国家安全机关需要对其集中查询、冻结的，可以分别按照以下程序办理：人民检察院、公安机关、国家安全机关需要查询、冻结的账户属于同一省、自治区、直辖市的，由办案地人民检察院、公安机关、国家安全机关出具协助查询财产或协助冻结/解除冻结财产法律文书，逐级上报并经省级人民检察院、公安机关、国家安全机关的相关业务部门批准后，由办案地人民检察院、公安机关、国家安全机关指派两名以上办案人员持有效的本人工作证或人民警察证和上述法律文书原件，到有关银行业金融机构的省、自治区、直辖市、计划单列市分行或其授权的分支机构要求办理。

人民检察院、公安机关、国家安全机关需要查询、冻结的账户分属不同省、自治区、直辖市的，由办案地人民检察院、公安机关、国家安全机关出具协助查询财产或协助冻结/解除冻结财产法律文书，逐级上报并经省级人民检察院、公安机关、国家安全机关负责人批准后，由办案地人民检察院、公安机关、国家安全机关指派两名以上办案人员持有效的本人工作证或人民警察证和上述法律文书原件，到有关银行业金融机构总部或其授权的分支机构要求办理。

第12条 对人民检察院、公安机关、国家安全机关提出的超出查询权限或者属于跨地区查询需求的，有条件的银行业金融机构可以通过内部协作程序，向有权限查询的上级机构或系统内其他分支机构提出协查请求，并通过内部程序反馈查询的人民检察院、公安机关、国家安全机关。

第13条 协助查询财产法律文书应当提供查询账号、查询内容等信息。

人民检察院、公安机关、国家安全机关无法提供具体账号时，银行业金融机构应当根据人民检察院、公安机关、国家安全机关提供的足以确定该账户的个人身份证件号码或者企业全称、组织机构代码等信息积极协助查询。没有所查询的账户的，银行业金融机构应当如实告知人民检察院、公安机关、国家安全机关，并在查询回执中注明。

第14条 银行业金融机构协助人民检察院、公安机关、国家安全机关查询的信息仅限于涉案财产信息，包括：被查询单位或者个人开户销户信息，存款余额、交易日期、交易金额、交易方式、交易对手账户及身份等信息，电子银行信息，网银登录日志等信息，POS机商户、自动机具相关信息等。

人民检察院、公安机关、国家安全机关根据需要可以抄录、复制、照相，并要求银行业金融机构在有关复制材料上加盖证明印章，但一般不得提取原件。人民检察院、公安机关、国家安全机关要求提供电子版查询结果的，银行业金融机构应当在采取必要加密措施的基础上提供,必要时可予以标注和说明。

涉案账户较多,需要批量查询的,人民检察院、公安机关、国家安全机关应当同时提供电子版查询清单。

第15条 银行业金融机构接到人民检察院、公安机关、国家安全机关协助查询需求后,应当及时办理。能够现场办理完毕的,应当现场办理并反馈。如无法现场办理完毕,对于查询单位或者个人开户销户信息、存款余额信息的,原则上应当在3个工作日以内反馈;对于查询单位或者个人交易日期、交易方式、交易对手账户及身份等信息、电子银行信息、网银登录日志等信息、POS机商户、自动机具相关信息的,原则上应当在10个工作日以内反馈。

对涉案账户较多,人民检察院、公安机关、国家安全机关办理集中查询的,银行业金融机构总部或有关省、自治区、直辖市、计划单列市分行应当在前款规定的时限内反馈。

因技术条件、不可抗力等客观原因,银行业金融机构无法在规定时限内反馈的,应当向人民检察院、公安机关、国家安全机关说明原因,并采取有效措施尽快反馈。

第16条 协助冻结财产法律文书应当明确冻结账户名称、冻结账号、冻结数额、冻结期限等要素。

冻结涉案账户的款项数额,应当与涉案金额相当。不得超出涉案金额范围冻结款项。冻结数额应当具体、明确。暂时无法确定具体数额的,人民检察院、公安机关、国家安全机关应当在协助冻结财产法律文书上明确注明"只收不付"。

人民检察院、公安机关、国家安全机关应当明确填写冻结期限起止时间,并应当给银行业金融机构预留必要的工作时间。

第17条 人民检察院、公安机关、国家安全机关提供手续齐全的,银行业金融机构应当立即办理冻结手续,并在协助冻结财产法律文书回执中注明办理情况。

对涉案账户较多,人民检察院、公安机关、国家安全机关办理集中冻结的,银行业金融机构总部或有关省、自治区、直辖市、计划单列市分行一般应当在24小时以内采取冻结措施。

如被冻结账户财产余额低于人民检察院、公安机关、国家安全机关要求数额时,银行业金融机构应当在冻结期内对该账户做"只收不付"处理,直至达到要求的冻结数额。

第18条 冻结涉案存款、汇款等财产的期限不得超过6个月。

有特殊原因需要延长的,作出原冻结决定的人民检察院、公安机关、国家安全机关应当在冻结期限届满前按照本规定第8条办理续冻手续。每次续冻期限不得超过6个月,续冻没有次数限制。

对于重大、复杂案件,经设区的市一级以上人民检察院、公安机关、国家安全机关负责人批准,冻结涉案存款、汇款等财产的期限可以为1年。需要延长期限的,应当按照原批准权限和程序,在冻结期限届满前办理续冻手续,每次续冻期限最长不得超过1年。

冻结期限届满,未办理续冻手续的,冻结自动解除。

第19条 被冻结的存款、汇款等财产在冻结期限内如需解冻,应当由作出原冻结决定的人民检察院、公安机关、国家安全机关出具协助解除冻结财产法律文书,由两名以上办案人员持有效的本人工作证或人民警察证和协助解除冻结财产法律文书到银行业金融机构现场办理,但符合本规定第26条情形除外。

在冻结期限内银行业金融机构不得自行解除冻结。

第20条 对已被冻结的涉案存款、汇款等财产,人民检察院、公安机关、国家安全机关不得重复冻结,但可以轮候冻结。冻结解除的,登记在先的轮候冻结自动生效。冻结期限届满前办理续冻的,优先于轮候冻结。

2个以上人民检察院、公安机关、国家安全机关要求对同一单位或个人的同一账户采取冻结措施时,银行业金融机构应当协助最先送达协助冻结财产法律文书且手续完备的人民检察院、公安机关、国家安全机关办理冻结手续。

第21条 下列财产和账户不得冻结:

(一)金融机构存款准备金和备付金;(二)特定非金融机构备付金;(三)封闭贷款专用账户(在封闭贷款未结清期间);(四)商业汇票保证金;(五)证券投资者保障基金、保险保障基金、存款保险基金、信托业保障基金;(六)党、团费账户和工会经费集中户;(七)社会保险基金;(八)国有企业下岗职工基本生活保障资金;(九)住房公积金和职工集资建房账户资金;(十)人民法院开立的执行账户;(十一)军队、武警部队一类保密单位开设的"特种预算存款"、"特种其他存款"和连队账户的存款;(十二)金融机构质押给中国人民银行的债券、股票、贷款;(十三)证券登记结算机构、银行间市场交易组织机构、银行间市场集中清算机构、银行间市场登记托管结算机构、经国务院批准或者同意设立的黄金交易组织机构和结算机构等依法按照业务规则收取并存放于专门清算交收账户内的特定股票、债券、票据、贵金属等有价凭证、资产和资金,以及按照业务规则要求金融机构等登记托管结算参与人、清算参与人、投资者或者发行人提供的、在交收或者清算结算完成之前的保证金、清算基金、回购质押券、价差担保物、履约担保物等担保物,支付机构客户备付金;(十四)其他法律、行政法规、司法解释、部门规章规定不得冻结的账户和款项。

第22条 对金融机构账户、特定非金融机构账户和以证券登记结算机构、银行间市场交易组织机构、银行间市场集中清算机构、银行间市场登记托管结算机构、经国务院批准或者同意设立的黄金交易组织机构和结算机构、支付机构等名义开立的各类专门清算交收账户、保证金账户、清算基金账户、客户备付金账户,不得整体冻结,法律另有规定的除外。

第23条 经查明冻结财产确实与案件无关的,人民检察院、公安机关、国家安全机关应当在3日以内按照本规定第19条的规定及时解除冻结,并书面通知被冻结财产的所有人;因此对被冻结财产的单位或者个人造成损失的,银行业金融机构不承担法律责任,但因银行业金融机构自身操作失误或设备故障造成被冻结财产的单位或者个人损失的除外。

上级人民检察院、公安机关、国家安全机关认为应当解除冻结措施的,应当责令作出冻结决定的下级人民检察院、公安机关、国家安全机关解除冻结。

第24条 银行业金融机构应当按照内部授权审批流程办理协助查询、冻结工作。

银行业金融机构应当对协助查询、冻结工作做好登记记录,妥善保存登记信息。

第25条 银行业金融机构在协助人民检察院、公安机关、国家安全机关办理完毕冻结手续后,在存款单位或者个人查询时,应当告知其账户被冻结情况。被冻结款项的单位或者个人对冻结有异议的,银行业金融机构应当告知其与作出冻结决定的人民检察院、公安机关、国家安全机关联系。

第26条 人民检察院、公安机关、国家安全机关可以与银行业金融机构建立快速查询、冻结工作机制,办理重大、紧急案件查询、冻结工作。具体办法由银监会会同最高人民检察院、公安部、国家安全部另行制定。

人民检察院、公安机关、国家安全机关可以与银行业金融机构建立电子化专线信息传输机制,查询、冻结(含续冻、解除冻结)需求发送和结果反馈原则上依托银监会及其派出机构与银行业金融机构的金融专网完成。

银监会会同最高人民检察院、公安部、国家安全部制定规范化的电子化信息交互流程,确保各方依法合规使用专线传输数据,保障专线运行和信息传输的安全性。

第27条 银行业金融机构接到人民检察院、公安机关、国家安全机关查询、冻结账户要求后,应当立即进行办理;发现存在文书不全、要素欠缺等问题,无法办理协助查询、冻结的,应当及时要求人民检察院、公安机关、国家安全机关采取必要的补正措施;确实无法补正的,银行业金融机构应当在回执上注明原因,退回人民检察院、公安机关、国家安全机关。

银行业金融机构对人民检察院、公安机关、国家安全机关提出的不符合本规定第21条、第22条的协助冻结要求有权拒绝,同时将相关理由告知办案人员。

银行业金融机构与人民检察院、公安机关、国家安全机关在协助查询、冻结工作中意见不一致的,应当先行办理查询、冻结,并提请银行业监督管理机构的法律部门协调解决。

第28条 银行业金融机构在协助人民检察院、公安机关、国家安全机关查询、冻结工作中有下列行为之一的,由银行业监督管理机构责令改正,并责令银行业金融机构对直接负责的主管人员和其他直接责任人员依法给予处分;必要时,予以通报批评;构成犯罪的,依法追究刑事责任:

(一)向被查询、冻结单位、个人或者第3方通风报信,伪造、隐匿、毁灭相关证据材料,帮助隐匿或者转移财产;(二)擅自转移或解冻已冻结的存款;(三)故意推诿、拖延,造成应被冻结的财产被转移的;(四)其他无正当理由拒绝协助配合、造成严重后果的。

第29条 人民检察院、公安机关、国家安全机关要求银行业金融机构协助开展相关工作时,应当符合法律、行政法规以及本规定。人民检察院、公安机关、国家安全机关违反法律、行政法规及本规定,强令银行业金融机构开展协助工作,其上级机关应当立即予以纠正;违反相关法律法规规定的,依法追究法律责任。

第30条 银行业金融机构应当将协助查询、冻结工作纳入考核,建立奖惩机制。

银行业监督管理机构和人民检察院、公安机关、国家安全机关对在协助查询、冻结工作中有突出贡献的银行业金融机构及其工作人员给予表彰。

第31条 此前有关银行业金融机构协助人民检察院、公安机关、国家安全机关查询、冻结工作的相关规定与本规定不一致的,以本规定为准。

第32条 非银行金融机构协助人民检察院、公安机关、国家安全机关查询、冻结单位或个人涉案存款、汇款等财产的,适用本规定。

第33条 本规定由国务院银行业监督管理机构和最高人民检察院、公安部、国家安全部共同解释。

第34条 本规定所称的"以上"、"以内"包括本数。

第35条 本规定自2015年1月1日起施行。

27. 最高人民法院、最高人民检察院《关于办理贪污贿赂刑事案件适用法律若干问题的解释》(法释〔2016〕9号)

第12条 贿赂犯罪中的"财物",包括货币、物品和财产性利益。财产性利益包括可以折算为货币的物质利益如房屋装修、债务免除等,以及需要支付货币的其他利益如会员服务、旅游等。后者的犯罪数额,以实际支付或者应当支付的数额计算。

第18条 贪污贿赂犯罪分子违法所得的一切财物,应当依照刑法第64条的规定予以追缴或者责令退赔,对被害人的合法财产应当及时返还。对尚未追缴到案或者尚未足额退赔的违法所得,应当继续追缴或者责令退赔。(全文详见本书《刑法》第383条内容)

28. 中国银监会、公安部《关于电信网络新型违法犯罪案件冻结资金返还若干规定》(银监发〔2016〕41号)

第1条 为维护公民、法人和其他组织的财产权益,减少电信网络新型违法犯罪案件被害人的财产损失,确保依法、及时、便捷返还冻结资金,根据《中华人民共和国刑法》、《中华人民共和国刑事诉讼法》、《中华人民共和国银行业监督管理法》、《中华人民共和国商业银行法》等法律、行政法规,制定本规定。

第2条 本规定所称电信网络新型违法犯罪案件,是指不法分子利用电信、互联网等技术,通过发送短信、拨打电话、植入木马等手段,诱骗(盗取)被害人资金汇(存)入其控制的银行账户,实施的违法犯罪案件。

本规定所称冻结资金,是指公安机关依照法律规定对特定银行账户实施冻结措施,并由银行业金融机构协助执行的资金。本规定所称被害人,包括自然人、法人和其他组织。

第3条 公安机关应当依照法律、行政法规和本规定的职责、范围、条件和程序,坚持客观、公正、便民的原则,实施涉案冻结资金返还工作。

银行业金融机构应当依照有关法律、行政法规和本规定,协助公安机关实施涉案冻结资金返还工作。

第4条 公安机关负责查清被害人资金流向,及时通知被害人,并作出资金返还决定,实施返还。

银行业监督管理机构负责督促、检查辖区内银行业金融机构协助查询、冻结、返还工作,并就执行中的问题与公安机关进行协调。

银行业金融机构依法协助公安机关查清被害人资金流向,将所涉资金返还至公安机关指定的被害人账户。

第5条 被害人在办理被骗(盗)资金返还过程中,应当提供真实有效的信息,配合公安机关和银行业金融机构开展相应的工作。

被害人应当由本人办理冻结资金返还手续。本人不能办理的,可以委托代理人办理;公安机关应当核实委托关系的真实性。

被害人委托代理人办理冻结资金返还手续的,应当出具合法的委托手续。

第6条 对电信网络新型违法犯罪案件,公安机关冻结涉案资金后,应当主动告知被害人。

被害人向冻结公安机关或者受理案件地公安机关提出冻结涉案资金返还请求的,应当填写《电信网络新型违法犯罪涉案资金返还申请表》(附件1)。

冻结公安机关应当对被害人的申请进行审核,经查明冻结资金确属被害人的合法财产,权属明确无争议的,制作《电信网络新型违法犯罪涉案资金流向表》和《呈请返还资金报告书》(附件2),由设区的市一级以上公安机关批准并出具《电信网络新型违法犯罪冻结资金返还决定书》(附件3)。

受理案件地公安机关与冻结公安机关不是同一机关的,受理案件地公安机关应当及时向冻结公安机关移交受、立案法律手续、询问笔录、被骗盗银行卡账户证明、身份信息证明、《电信网络新型违法犯罪涉案资金返还申请表》等相关材料,冻结公安机关按照前款规定进行审核决定。

冻结资金应当返还至被害人原汇出银行账户,如原银行账户无法接受返还,也可以向被害人提供的其他银行账户返还。

第7条 冻结公安机关对依法冻结的涉案资金,应当以转账时间戳(银行电子系统记载的时间点)为标记,核查各级转账资金走向,一一对应还原资金流向,制作《电信网络新型违法犯罪案件涉案资金流向表》。

第8条 冻结资金以溯源返还为原则,由公安机关区分不同情况按以下方式返还:(一)冻结账户内仅有单笔汇(存)款记录,可直接溯源被害人的,直接返还被害人;(二)冻结账户内有多笔汇(存)款记录,按照时间戳记载可以直接溯源被害人的,直接返还被害人;(三)冻结账户内有多笔汇(存)款记录,按照时间戳记载无法直接溯源被害人的,按照被害人被骗(盗)金额占冻结在案资金总额的比例返还(返还计算公式见附件4)。

按比例返还的,公安机关应当发出公告,公告期为30日,公告期间内被害人、其他利害关系人可就返还冻结提出异议,公安机关依法进行审核。

冻结账户返还后剩余资金在原冻结期内继续冻结;公安机关根据办案需要可以在冻结期满前依法办理续冻手续。如查清新的被害人,公安机关可以按照本规定启动新的返还程序。

第9条 被害人以现金通过自动柜员机或者柜台存入涉案账户内的,涉案账户交易明细账中的存款记录与被害人笔录核对相符的,可以依照本规定第八条的规定,予以返还。

第10条 公安机关办理资金返还工作时,应当制作《电信网络新型违法犯罪冻结资金协助返还通知书》(附件5),由两名以上公安机关办案人员持本人有效人民警察证和《电信网络新型违法犯罪冻结资金协助返还通知书》前往冻结银行办理返还工作。

第11条 立案地涉及多地,对资金返还存在争议的,应当由共同上级公安机关确定一个公安机关负责返还工作。

第12条 银行业金融机构办理返还时,应当对办案人员的人民警察证和《电信网络新型违法犯罪冻结资金协助返还通知书》进行审查。对于提供的材料不完备的,有权要求办案公安机关补正。

银行业金融机构应当及时协助公安机关办理返还。能够现场办理完毕的,应当现场办理;现场无法办理完毕的,应当在3个工作日内办理完毕。银行业金融机构应当将回执反馈公安机关。

银行业金融机构应当留存《电信网络新型违法犯罪冻结资金协助返还通知书》原件、人民警察证复印件,并妥善保管留存,不得挪作他用。

第13条 银行业金融机构应当指定专门机构和人员,承办电信网络新型违法犯罪涉案资金返还工作。

第14条 公安机关违法办理资金返还,造成当事人合法权益损失的,依法承担法律责任。

第15条 中国银监会和公安部应当加强对新型电信网络违法犯罪冻结资金返还工作的指导和监督。

银行业金融机构违反协助公安机关资金返还义务的,按照《银行业金融机构协助人民检察院公安机关国家安全机关查询冻结工作规定》第28条的规定,追究相应机构和人员的责任。

第16条 本规定由中国银监会和公安部共同解释。执行中遇有具体应用问题,可以向银监会法律部门和公安部刑事侦查局报告。

第17条 本规定自发布之日起施行。

29. 最高人民法院、最高人民检察院《关于办理非法采矿、破坏性采矿刑事案件适用法律若干问题的解释》(法释〔2016〕25号)

第12条 对非法采矿、破坏性采矿犯罪的违法所得及其收益,应当依法追缴或者责令退赔。

对用于非法采矿、破坏性采矿犯罪的专门工具和供犯罪所用的本人财物,应当依法没收。

(全文详见本书《刑法》第343条内容)

30. 最高人民法院、最高人民检察院、公安部《关于办理电信网络诈骗等刑事案件适用法律若干问题的意见》(法发〔2016〕32号)

七、涉案财物的处理

(一)公安机关侦办电信网络诈骗案件,应当随案移送涉案赃款赃物,并附清单。人民检察院提起公诉时,应一并移交受理案件的人民法院,同时就涉案赃款赃物的处理提出意见。

(二)涉案银行账户或者涉案第3方支付账户内的款项,对权属明确的被害人的合法财产,应当及时返还。确因客观原因无法查实全部被害人,但有证据证明该账户系用于电信网络诈骗犯罪,且被告人无法说明款项合法来源的,根据刑法第64条的规定,应认定为违法所得,予以追缴。(三)被告人已将诈骗财物用于清偿债务或者转让给他人,具有下列情形之一的,应当依法追缴:

1. 对方明知是诈骗财物而收取的;
2. 对方无偿取得诈骗财物的;
3. 对方以明显低于市场的价格取得诈骗财物的;
4. 对方取得诈骗财物系源于非法债务或者违法犯罪活动的。

他人善意取得诈骗财物的,不予追缴。(全文详见本书《刑法》第266条内容)

31. 最高人民法院、最高人民检察院《关于适用犯罪嫌疑人、被告人逃匿、死亡案件违法所得没收程序若干问题的规定》(法释〔2017〕1号)

为依法适用犯罪嫌疑人、被告人逃匿、死亡案件违法所得没收程序,根据《中华人民共和国刑事诉讼法》《中华人民共和国刑法》《中华人民共和国民事诉讼法》等法律规定,现就办理相关案件具体适用法律若干问题规定如下:

第1条 下列犯罪案件,应当认定为刑事诉讼法第280条第1款规定的"犯罪案件":

(一)贪污、挪用公款、巨额财产来源不明、隐瞒境外存款、私分国有资产、私分罚没财物犯罪案件;(二)受贿、单位受贿、利用影响力受贿、行贿、对有影响力的人行贿、对单位行贿、介绍贿赂、单位行贿犯罪案件;(三)组织、领导、参加恐怖组织,帮助恐怖活动,准备实施恐怖活动,宣扬恐怖主义、极端主义、煽动实施恐怖活动,利用极端主义破坏法律实施,强制穿戴宣扬恐怖主义、极端主义服饰、标志,非法持有宣扬恐怖主义、极端主义物品犯罪案件;(四)危害国家安全、走私、洗钱、金融诈骗、黑社会性质的组织、毒品犯罪案件。

电信诈骗、网络诈骗犯罪案件,依照前款规定的犯罪案件处理。

第2条 在省、自治区、直辖市或者全国范围内具有较大影响,或者犯罪嫌疑人、被告人逃匿境外的,应当认定为刑事诉讼法第280条第1款规定的"重大"。

第3条 犯罪嫌疑人、被告人为逃避侦查和刑事追究潜逃、隐匿,或者在刑事诉讼过程中脱逃的,应当认定为刑事诉讼法第280条第1款规定的"逃匿"。

犯罪嫌疑人、被告人因意外事故下落不明满2年,或者因意外事故下落不明,经有关机关证明其不可能生存的,依照前款规定处理。

第4条 犯罪嫌疑人、被告人死亡,依照刑法规定应当追缴其违法所得及其他涉案财产的,人民检察院可以向人民法院提出没收违法所得的申请。

第5条 公安机关发布通缉令或者公安部通过国际刑警组织发布红色国际通报,应当认定为刑事诉讼法第280条第1款规定的"通缉"。

第6条 通过实施犯罪直接或者间接产生、获得的任何财产,应当认定为刑事诉讼法第280条第1款规定的"违法所得"。

违法所得已经部分或者全部转变、转化为其他财产的,转变、转化后的财产应当视为前款规定的"违法所得"。

来自违法所得转变、转化后的财产收益,或者来自已经与违法所得相混合财产中违法所得相应部分的收益,应当视为第1款规定的"违法所得"。

第7条 刑事诉讼法第281条第3款规定的"利害关系人"包括犯罪嫌疑人、被告人的近亲属和其他对申请没收的财产主张权利的自然人和单位。

刑事诉讼法第281条第2款、第282条第2款规定的"其他利害关系人"是指前款规定的

"其他对申请没收的财产主张权利的自然人和单位"。

第8条 人民检察院向人民法院提出没收违法所得的申请，应当制作没收违法所得申请书。

没收违法所得申请书应当载明以下内容：

（一）犯罪嫌疑人、被告人的基本情况；（二）案由及案件来源；（三）犯罪嫌疑人、被告人涉嫌犯罪的事实及相关证据材料；（四）犯罪嫌疑人、被告人逃匿、被通缉、脱逃、下落不明、死亡的情况；（五）申请没收的财产的种类、数量、价值、所在地以及已查封、扣押、冻结财产清单和相关法律手续；（六）申请没收的财产属于违法所得及其他涉案财产的相关事实及证据材料；（七）提出没收违法所得申请的理由和法律依据；（八）有无利害关系人以及利害关系人的姓名、身份、住址、联系方式；（九）其他应当载明的内容。

上述材料需要翻译件的，人民检察院应当将翻译件随没收违法所得申请书一并移送人民法院。

第9条 对于没收违法所得的申请，人民法院应当在30日内审查完毕，并根据以下情形分别处理：

（一）属于没收违法所得申请受案范围和本院管辖，且材料齐全、有证据证明有犯罪事实的，应当受理；（二）不属于没收违法所得申请受案范围或者本院管辖的，应当退回人民检察院；（三）对于没收违法所得申请不符合"有证据证明有犯罪事实"标准要求的，应当通知人民检察院撤回申请，人民检察院应当撤回；（四）材料不全的，应当通知人民检察院在7日内补送，7日内不能补送的，应当退回人民检察院。

第10条 同时具备以下情形的，应当认定为本规定第9条规定的"有证据证明有犯罪事实"：

（一）有证据证明发生了犯罪事实；（二）有证据证明该犯罪事实是犯罪嫌疑人、被告人实施的；（三）证明犯罪嫌疑人、被告人实施犯罪行为的证据真实、合法。

第11条 人民法院受理没收违法所得的申请后，应当在15日内发布公告，公告期为六个月。公告期间不适用中止、中断、延长的规定。

公告应当载明以下内容：

（一）案由、案件来源以及属于本院管辖；（二）犯罪嫌疑人、被告人的基本情况；（三）犯罪嫌疑人、被告人涉嫌犯罪的事实；（四）犯罪嫌疑人、被告人逃匿、被通缉、脱逃、下落不明、死亡的情况；（五）申请没收的财产的种类、数量、价值、所在地以及已查封、扣押、冻结财产的清单和相关法律手续；（六）申请没收的财产属于违法所得及其他涉案财产的相关事实；（七）申请没收的理由和法律依据；（八）利害关系人申请参加诉讼的期限、方式以及未按照该期限、方式申请参加诉讼可能承担的不利法律后果；（九）其他应当公告的情况。

第12条 公告应当在全国公开发行的报纸、信息网络等媒体和最高人民法院的官方网站刊登、发布，并在人民法院公告栏张贴。必要时，公告可以在犯罪地、犯罪嫌疑人、被告人居住地或者被申请没收财产所在地张贴。公告最后被刊登、发布、张贴日期为公告日期。人民法院张贴公告的，应当采取拍照、录像等方式记录张贴过程。

人民法院已经掌握境内利害关系人联系方式的，应当直接送达含有公告内容的通知；直接送达有困难的，可以委托代为送达、邮寄送达。经受送达人同意的，可以采用传真、电子邮件等能够确认其收悉的方式告知其公告内容，并记录在案；人民法院已经掌握境外犯罪嫌疑人、被告人、利害关系人联系方式，经受送达人同意的，可以采用传真、电子邮件等能够确认其收悉的方式告知其公告内容，并记录在案；受送达人未作出同意意思表示，或者人民法院未掌握境外犯罪嫌疑人、被告人、利害关系人联系方式，其所在地国（区）主管机关明确提出应当向受送达人送达含有公告内容的通知的，受理没收违法所得申请案件的人民法院可以决定是否送达。决定送达的，应当将公告内容层报最高人民法院，由最高人民法院依照刑事司法协助条约、多边公约，或者按照对等互惠原则，请求受送达人所在地国（区）的主管机关协助送达。

第13条 利害关系人申请参加诉讼的，应当在公告期间内提出，并提供与犯罪嫌疑人、被告人关系的证明材料或者证明其可以对违法所得及其他涉案财产主张权利的证据材料。

利害关系人可以委托诉讼代理人参加诉讼。利害关系人在境外委托的，应当委托具有中华人民共和国律师资格并依法取得执业证书的律师，依照《最高人民法院关于适用〈中华人民共和国刑事诉讼法〉的解释》第403条的规定对授权委托进行公证、认证。

利害关系人在公告期满后申请参加诉讼，能够合理说明理由的，人民法院应当准许。

第14条 人民法院在公告期满后由合议庭对没收违法所得申请案件进行审理。

利害关系人申请参加及委托诉讼代理人参加诉讼的，人民法院应当开庭审理。利害关系人及其诉讼代理人无正当理由拒不到庭，且无其他利害关系人和其他诉讼代理人参加诉讼的，人民法院可以不开庭审理。

人民法院对没收违法所得申请案件开庭审理的，人民检察院应当派员出席。

人民法院确定开庭日期后，应当将开庭的时间、地点通知人民检察院、利害关系人及其诉讼代理人、证人、鉴定人员、翻译人员。通知书应当依照本规定第12条第2款规定的方式至迟在开庭审理3日前送达；受送达人在境外的，至迟在开庭审理30日前送达。

第15条 出庭的检察人员应当宣读没收违法所得申请书，并在法庭调查阶段就申请没收的财产属于违法所得及其他涉案财产等相关事实出示、宣读证据。

对于确有必要出示但可能妨碍正在或者即将进行的刑事侦查的证据，针对该证据的法庭调查不公开进行。

利害关系人及其诉讼代理人对申请没收的财产属于违法所得及其他涉案财产等相关事实及证据有异议的，可以提出意见；对申请没收的财产主张权利的，应当出示相关证据。

第16条 人民法院经审理认为，申请没收的财产属于违法所得及其他涉案财产的，除依法应当返还被害人的以外，应当予以没收；申请没收的财产不属于违法所得或者其他涉案财产的，应当裁定驳回申请，解除查封、扣押、冻结措施。

第17条 申请没收的财产具有高度可能属于违法所得及其他涉案财产的，应当认定为本规定第16条规定的“申请没收的财产属于违法所得及其他涉案财产”。

巨额财产来源不明犯罪案件中，没有利害关系人对违法所得及其他涉案财产主张权利，或者利害关系人对违法所得及其他涉案财产虽然主张权利但提供的相关证据没有达到相应证明标准的，应当视为本规定第16条规定的“申请没收的财产属于违法所得及其他涉案财产”。

第18条 利害关系人非因故意或者重大过失在第一审期间未参加诉讼，在第二审期间申请参加诉讼的，人民法院应当准许，并发回原审人民法院重新审判。

第19条 犯罪嫌疑人、被告人逃匿境外，委托诉讼代理人申请参加诉讼，且违法所得或者其他涉案财产所在地国（区）主管机关明确提出意见予以支持的，人民法院可以准许。

人民法院准许参加诉讼的，犯罪嫌疑人、被告人的诉讼代理人依照本规定关于利害关系人的诉讼代理人的规定行使诉讼权利。

第20条 人民检察院、利害关系人对第一审裁定认定的事实、证据没有争议的，第二审人民法院可以不开庭审理。

第二审人民法院决定开庭审理的，应当将开庭的时间、地点书面通知同级人民检察院和利害关系人。

第二审人民法院应当就上诉、抗诉请求的有关事实和适用法律进行审查。

第21条 第二审人民法院对不服第一审裁定的上诉、抗诉案件,经审理,应当按照下列情形分别处理:

(一)第一审裁定认定事实清楚和适用法律正确的,应当驳回上诉或者抗诉,维持原裁定;(二)第一审裁定认定事实清楚,但适用法律有错误的,应当改变原裁定;(三)第一审裁定认定事实不清的,可以在查清事实后改变原裁定,也可以撤销原裁定,发回原审人民法院重新审判;(四)第一审裁定违反法定诉讼程序,可能影响公正审判的,应当撤销原裁定,发回原审人民法院重新审判。

第一审人民法院对于依照前款第3项规定发回重新审判的案件作出裁定后,第二审人民法院对不服第一审人民法院裁定的上诉、抗诉,应当依法作出裁定,不得再发回原审人民法院重新审判。

第22条 违法所得或者其他涉案财产在境外的,负责立案侦查的公安机关、人民检察院等侦查机关应当制作查封、扣押、冻结的法律文书以及协助执行查封、扣押、冻结的请求函,层报公安、检察院等各系统最高上级机关后,由公安、检察院等各系统最高上级机关依照刑事司法协助条约、多边公约,或者按照对等互惠原则,向违法所得或者其他涉案财产所在地国(区)的主管机关请求协助执行。

被请求国(区)的主管机关提出,查封、扣押、冻结法律文书的制发主体必须是法院的,负责立案侦查的公安机关、人民检察院等侦查机关可以向同级人民法院提出查封、扣押、冻结的申请,人民法院经审查同意后制作查封、扣押、冻结令以及协助执行查封、扣押、冻结令的请求函,层报最高人民法院后,由最高人民法院依照刑事司法协助条约、多边公约,或者按照对等互惠原则,向违法所得或者其他涉案财产所在地国(区)的主管机关请求协助执行。

请求函应当载明以下内容:

(一)案由以及查封、扣押、冻结法律文书的发布主体是否具有管辖权;(二)犯罪嫌疑人、被告人涉嫌犯罪的事实及相关证据,但可能妨碍正在或者即将进行的刑事侦查的证据除外;(三)已发布公告的,发布公告情况、通知利害关系人参加诉讼以及保障诉讼参与人依法行使诉讼权利等情况;(四)请求查封、扣押、冻结的财产的种类、数量、价值、所在地等情况以及相关法律手续;(五)请求查封、扣押、冻结的财产属于违法所得及其他涉案财产的相关事实及证据材料;(六)请求查封、扣押、冻结财产的理由和法律依据;(七)被请求国(区)要求载明的其他内容。

第23条 违法所得或者其他涉案财产在境外,受理没收违法所得申请案件的人民法院经审理裁定没收的,应当制作没收令以及协助执行没收令的请求函,层报最高人民法院后,由最高人民法院依照刑事司法协助条约、多边公约,或者按照对等互惠原则,向违法所得或者其他涉案财产所在地国(区)的主管机关请求协助执行。

请求函应当载明以下内容:

(一)案由以及没收令发布主体具有管辖权;(二)属于生效裁定;(三)犯罪嫌疑人、被告人涉嫌犯罪的事实及相关证据,但可能妨碍正在或者即将进行的刑事侦查的证据除外;(四)犯罪嫌疑人、被告人逃匿、被通缉、脱逃、死亡的基本情况;(五)发布公告情况、通知利害关系人参加诉讼以及保障诉讼参与人依法行使诉讼权利等情况;(六)请求没收违法所得及其他涉案财产的种类、数量、价值、所在地等情况以及查封、扣押、冻结相关法律手续;(七)请求没收的财产属于违法所得及其他涉案财产的相关事实及证据材料;(八)请求没收财产的理由和法律依据;(九)被请求国(区)要求载明的其他内容。

第24条 单位实施本规定第1条规定的犯罪后被撤销、注销,单位直接负责的主管人员和其他直接责任人员逃匿、死亡,导致案件无法适用刑事诉讼普通程序进行审理的,依照本规定第4条的规定处理。

第25条 本规定自2017年1月5日起施行。之前发布的司法解释与本规定不一致的,以本规定为准。

32. 最高人民检察院、公安部《关于公安机关办理经济犯罪案件的若干规定》(公通字〔2017〕25号)

第6章 涉案财物的控制和处置

第46条 查封、扣押、冻结以及处置涉案财物,应当依照法律规定的条件和程序进行。除法律法规和规范性文件另有规定以外,公安机关不得在诉讼程序终结之前处置涉案财物。严格区分违法所得、其他涉案财产与合法财产,严格区分企业法人财产与股东个人财产,严格区分犯罪嫌疑人个人财产与家庭成员财产,不得超权限、超范围、超数额、超时限查封、扣押、冻结,并注意保护利害关系人的合法权益。

对涉众型经济犯罪案件,需要追缴、返还涉案财物的,应当坚持统一资产处置原则。公安机关移送审查起诉时,应当将有关涉案财物及其清单随案移送人民检察院。人民检察院提起公诉时,应当将有关涉案财物及其清单一并移送受理案件的人民法院,并提出处理意见。

第47条 对依照有关规定可以分割的土地、房屋等涉案不动产,应当只对与案件有关的部分进行查封。

对不可分割的土地、房屋等涉案不动产或者车辆、船舶、航空器以及大型机器、设备等特定动产,可以查封、扣押、冻结犯罪嫌疑人提供的与涉案金额相当的其他财物。犯罪嫌疑人不能提供的,可以予以整体查封。

冻结涉案账户的款项数额,应当与涉案金额相当。

第48条 对自动投案时主动提交的涉案财物和权属证书等,公安机关可以先行接收,如实登记并出具接收财物凭证,根据立案和侦查情况决定是否查封、扣押、冻结。

第49条 已被依法查封、冻结的涉案财物,公安机关不得重复查封、冻结,但是可以轮候查封、冻结。

已被人民法院采取民事财产保全措施的涉案财物,依照前款规定办理。

第50条 对不宜查封、扣押、冻结的经营性涉案财物,在保证侦查活动正常进行的同时,可以允许有关当事人继续合理使用,并采取必要的保值保管措施,以减少侦查办案对正常办公和合法生产经营的影响。必要时,可以申请当地政府指定有关部门或者委托有关机构代管。

第51条 对查封、扣押、冻结的涉案财物及其孳息,以及作为证据使用的实物,公安机关应当如实登记,妥善保管,随案移送,并与人民检察院及时交接,变更法律手续。

在查封、扣押、冻结涉案财物时,应当收集、固定与涉案财物来源、权属、性质等有关的证据材料并随案移送。对不宜移送或者依法不移送的实物,应当将其清单、照片或者其他证明文件随案移送。

第52条 涉嫌犯罪事实查证属实后,对有证据证明权属关系明确的被害人合法财产及其孳息,及时返还不损害其他被害人或者利害关系人的利益、不影响诉讼正常进行的,可以在登记、拍照或者录像、估价后,经县级以上公安机关负责人批准,开具发还清单,在诉讼程序终结之前返还被害人。办案人员应当在案卷中注明返还的理由,将原物照片、清单和被害人的领取手续存卷备查。具有下列情形之一的,不得在诉讼程序终结之前返还:

(一)涉嫌犯罪事实尚未查清的;(二)涉案财物及其孳息的权属关系不明确或者存在争议

的;(三)案件需要变更管辖的;(四)可能损害其他被害人或者利害关系人利益的;(五)可能影响诉讼程序正常进行的;(六)其他不宜返还的。

第53条 有下列情形之一的,除依照有关法律法规和规范性文件另行处理的以外,应当立即解除对涉案财物的查封、扣押、冻结措施,并及时返还有关当事人:

(一)公安机关决定撤销案件或者对犯罪嫌疑人终止侦查的;(二)人民检察院通知撤销案件或者作出不起诉决定的;(三)人民法院作出生效判决、裁定应当返还的。

第54条 犯罪分子违法所得的一切财物及其孳息,应当予以追缴或者责令退赔。

发现犯罪嫌疑人将经济犯罪违法所得和其他涉案财物用于清偿债务、转让或者设定其他权利负担,具有下列情形之一的,应当依法查封、扣押、冻结:

(一)他人明知是经济犯罪违法所得和其他涉案财物而接受的;(二)他人无偿或者以明显低于市场价格取得上述财物的;(三)他人通过非法债务清偿或者违法犯罪活动取得上述财物的;(四)他人通过其他恶意方式取得上述财物的。

他人明知是经济犯罪违法所得及其产生的收益,通过虚构债权债务关系、虚假交易等方式予以窝藏、转移、收购、代为销售或者以其他方法掩饰、隐瞒,构成犯罪的,应当依法追究刑事责任。

第55条 具有下列情形之一,依照刑法规定应当追缴其违法所得及其他涉案财物的,经县级以上公安机关负责人批准,公安机关应当出具没收违法所得意见书,连同相关证据材料一并移送同级人民检察院:

(一)重大的走私、金融诈骗、洗钱犯罪案件,犯罪嫌疑人逃匿,在通缉1年后不能到案的;(二)犯罪嫌疑人死亡的;(三)涉嫌重大走私、金融诈骗、洗钱犯罪的单位被撤销、注销,直接负责的主管人员和其他直接责任人员逃匿、死亡,导致案件无法适用普通刑事诉讼程序审理的。

犯罪嫌疑人死亡,现有证据证明其存在违法所得及其他涉案财物应当予以没收的,公安机关可以继续调查,并依法进行查封、扣押、冻结。(全文详见本书《刑法》第1条内容)

33. 最高人民法院《关于充分发挥审判职能作用为企业家创新创业营造良好法治环境的通知》(法〔2018〕1号)

二、依法保护企业家的人身自由和财产权利。

严格执行刑事法律和司法解释,坚决防止利用刑事手段干预经济纠纷。坚持罪刑法定原则,对企业家在生产、经营、融资活动中的创新创业行为,只要不违反刑事法律的规定,不得以犯罪论处。严格非法经营罪、合同诈骗罪的构成要件,防止随意扩大适用。对于在合同签订、履行过程中产生的民事争议,如无确实充分的证据证明符合犯罪构成的,不得作为刑事案件处理。严格区分企业家违法所得和合法财产,没有充分证据证明为违法所得的,不得判决追缴或者责令退赔。严格区分企业家个人财产和企业法人财产,在处理企业犯罪时不得牵连企业家个人合法财产和家庭成员财产。(全文详见本书《刑法》第1条内容)

34. 最高人民法院、最高人民检察院、公安部、司法部《关于办理黑恶势力犯罪案件若干问题的指导意见的通知》(法发〔2018〕1号)

七、依法处置涉案财产

26. 公安机关、人民检察院、人民法院根据黑社会性质组织犯罪案件的诉讼需要,应当依法查询、查封、扣押、冻结全部涉案财产。公安机关侦查期间,要会同工商、税务、国土、住建、审计、人民银行等部门全面调查涉黑组织及其成员的财产状况。

对于不宜查封、扣押、冻结的经营性资产,可以申请当地政府指定有关部门或者委托有关机构代管或者托管。

对黑社会性质组织及其成员聚敛的财产及其孳息、收益的数额,办案单位可以委托专门机构评估;确实无法准确计算的,可以根推有关法律规定及查明的事实、证据合理估算。

27. 对于依法查封、冻结、扣押的黑社会性质组织涉案财产,应当全面收集、审查证明其来源、性质、用途、权属及价值大小的有关证据。符合下列情形之一的,应当依法追缴、没收:

(一)组织及其成员通过违法犯罪活动或其他不正当手段聚敛的财产及其孳息、收益;(二)组织成员通过个人实施违法犯罪活动聚敛的财产及其孳息、收益;(三)其他单位、组织、个人为支持该组织活动资助或主动提供的财产;(四)通过合法的生产、经营活动获取的财产或者组织成员个人、家庭合法资产中,实际用于支持该组织活动的部分;(五)组织成员非法持有的违禁品以及供犯罪所用的本人财物;(六)其他单位、组织、个人利用黑社会性质组织及其成员的违法犯罪活动获取的财产及其孳息、收益;(七)其他应当追缴、没收的财产。

28. 违法所得已用于清偿债务或者转让给他人,具有下列情形之一的,应当依法造缴:

(一)对方明知是通过违法犯罪活动或者其他不正当手段聚敛的财产及其孳息、收益的;(二)对方无偿或者以明显低于市场价格取得的;(三)对方是因非法债务或者违法犯罪活动而取得的;(四)通过其他方式恶意取得的。

29. 依法应当追缴、没收的财产无法找到、被他人善意取得、价值灭失或者与其他合法财产混合且不可分割的,可以追缴、没收其他等值财产。

30. 黑社会性质组织犯罪嫌疑人、被告人逃匿,在通缉1年后不能到案,或者犯罪嫌疑人、被告人死亡的,应当依照法定程序没收其违法所得。

31. 对于依法查封、和押、冻结的涉案财产,有证据证明确属被害人合法财产,成者确与黑社会性质组织及其违法犯罪活动无关的应予以返还。(全文详见本书《刑法》第294条内容)

35. 最高人民法院、最高人民检察院、公安部、司法部《关于办理黑恶势力刑事案件中财产处置若干问题的意见》(2019年4月9日)

为认真贯彻中央关于开展扫黑除恶专项斗争的重大决策部署,彻底铲除黑恶势力犯罪的经济基础,根据刑法、刑事诉讼法及最高人民法院、最高人民检察院、公安部、司法部《关于办理黑恶势力犯罪案件若干问题的指导意见》(法发〔2018〕1号)等规定,现对办理黑恶势力刑事案件中财产处置若干问题提出如下意见:

一、总体工作要求

1. 公安机关、人民检察院、人民法院在办理黑恶势力犯罪案件时,在查明黑恶势力组织违法犯罪事实并对黑恶势力成员依法定罪量刑的同时,要全面调查黑恶势力组织及其成员的财产状况,依法对涉案财产采取查询、查封、扣押、冻结等措施,并根据查明的情况,依法作出处理。

前款所称处理既包括对涉案财产中犯罪分子违法所得、违禁品、供犯罪所用的本人财物以及其他等值财产等依法追缴、没收,也包括对被害人的合法财产等依法返还。

2. 对涉案财产采取措施,应当严格依照法定条件和程序进行。严禁在立案之前查封、扣押、冻结财物。凡查封、扣押、冻结的财物,都应当及时进行审查,防止因程序违法、工作瑕疵等影响案件审理以及涉案财产处置。

3. 对涉案财产采取措施,应当为犯罪嫌疑人、被告人及其所扶养的亲属保留必需的生活费用和物品。

根据案件具体情况,在保证诉讼活动正常进行的同时,可以允许有关人员继续合理使用有关涉案财产,并采取必要的保值保管措施,以减少案件办理对正常办公和合法生产经营的影响。

4. 要彻底摧毁黑社会性质组织的经济基础,防止其死灰复燃。对于组织者、领导者一般应当并处没收个人全部财产。对于确属骨干成员或者为该组织转移、隐匿资产的积极参加者,可以并处没收个人全部财产。对于其他组织成员,应当根据所参与实施违法犯罪活动的次数、性质、地位、作用、违法所得数额以及造成损失的数额等情节,依法决定财产刑的适用。

5. 要深挖细查并依法打击黑恶势力组织进行的洗钱以及掩饰、隐瞒犯罪所得、犯罪所得收益等转变涉案财产性质的关联犯罪。

二、依法采取措施全面收集证据

6. 公安机关侦查期间,要根据《公安机关办理刑事案件适用查封、冻结措施相关规定》(公通字〔2013〕30号)等有关规定,会同有关部门全面调查黑恶势力及其成员的财产状况,并可以根据诉讼需要,先行依法对下列财产采取查询、查封、扣押、冻结等措施:

(1)黑恶势力组织的财产;(2)犯罪嫌疑人个人所有的财产;(3)犯罪嫌疑人实际控制的财产;(4)犯罪嫌疑人出资购买的财产;(5)犯罪嫌疑人转移至他人名下的财产;(6)犯罪嫌疑人涉嫌洗钱以及掩饰、隐瞒犯罪所得、犯罪所得收益等犯罪涉及的财产;(7)其他与黑恶势力组织及其违法犯罪活动有关的财产。

7. 查封、扣押、冻结已登记的不动产、特定动产及其他财产,应当通知有关登记机关,在查封、扣押、冻结期间禁止被查封、扣押、冻结的财产流转,不得办理被查封、扣押、冻结财产权属变更、抵押等手续。必要时可以提取有关产权证照。

8. 公安机关对于采取措施的涉案财产,应当全面收集证明其来源、性质、用途、权属及价值的有关证据,审查判断是否应当依法追缴、没收。

证明涉案财产来源、性质、用途、权属及价值的有关证据一般包括:

(1)犯罪嫌疑人、被告人关于财产来源、性质、用途、权属、价值的供述;(2)被害人、证人关于财产来源、性质、用途、权属、价值的陈述、证言;(3)财产购买凭证、银行往来凭据、资金注入凭据、权属证明等书证;(4)财产价格鉴定、评估意见;(5)可以证明财产来源、性质、用途、权属、价值的其他证据。

9. 公安机关对应当依法追缴、没收的财产中黑恶势力组织及其成员聚敛的财产及其孳息、收益的数额,可以委托专门机构评估;确实无法准确计算的,可以根据有关法律规定及查明的事实、证据合理估算。

人民检察院、人民法院对于公安机关委托评估、估算的数额有不同意见的,可以重新委托评估、估算。

10. 人民检察院、人民法院根据案件诉讼的需要,可以依法采取上述相关措施。

三、准确处置涉案财产

11. 公安机关、人民检察院应当加强对在案财产审查甄别。在移送审查起诉、提起公诉时,一般应当对采取措施的涉案财产提出处理意见建议,并将采取措施的涉案财产及其清单随案移送。

人民检察院经审查,除对随案移送的涉案财产提出处理意见外,还需要对继续追缴的尚未被足额查封、扣押的其他违法所得提出处理意见建议。

涉案财产不宜随案移送的,应当按照相关法律、司法解释的规定,提供相应的清单、照片、录像、封存手续、存放地点说明、鉴定、评估意见、变价处理凭证等材料。

12. 对于不宜查封、扣押、冻结的经营性财产,公安机关、人民检察院、人民法院可以申请当地政府指定有关部门或者委托有关机构代管或者托管。

对易损毁、灭失、变质等不宜长期保存的物品,易贬值的汽车、船艇等物品,或者市场价格波动大的债券、股票、基金等财产,有效期即将届满的汇票、本票、支票等,经权利人同意或者申请,并经县级以上公安机关、人民检察院或者人民法院主要负责人批准,可以依法出售、变现或者先行变卖、拍卖,所得价款由扣押、冻结机关保管,并及时告知当事人或者其近亲属。

13. 人民检察院在法庭审理时应当对证明黑恶势力犯罪涉案财产情况进行举证质证，对于既能证明具体个罪又能证明经济特征的涉案财产情况相关证据在具体个罪中出示后，在经济特征中可以简要说明，不再重复出示。

14. 人民法院作出的判决，除应当对随案移送的涉案财产作出处理外，还应当在判决书中写明需要继续追缴尚未被足额查封、扣押的其他违法所得；对随案移送财产进行处理时，应当列明相关财产的具体名称、数量、金额、处置情况等。涉案财产或者有关当事人人数较多，不宜在判决书正文中详细列明的，可以概括叙述并另附清单。

15. 涉案财产符合下列情形之一的，应当依法追缴、没收：

(1)黑恶势力组织及其成员通过违法犯罪活动或者其他不正当手段聚敛的财产及其孳息、收益；(2)黑恶势力组织成员通过个人实施违法犯罪活动聚敛的财产及其孳息、收益；(3)其他单位、组织、个人为支持该黑恶势力组织活动资助或者主动提供的财产；(4)黑恶势力组织及其成员通过合法的生产、经营活动获取的财产或者组织成员个人、家庭合法财产中，实际用于支持该组织活动的部分；(5)黑恶势力组织成员非法持有的违禁品以及供犯罪所用的本人财物；(6)其他单位、组织、个人利用黑恶势力组织及其成员违法犯罪活动获取的财产及其孳息、收益；(7)其他应当追缴、没收的财产。

16. 应当追缴、没收的的财产已用于清偿债务或者转让、或者设置其他权利负担，具有下列情形之一的，应当依法追缴：

(1)第三人明知是违法犯罪所得而接受的；(2)第三人无偿或者以明显低于市场的价格取得涉案财物的；(3)第三人通过非法债务清偿或者违法犯罪活动取得涉案财物的；(4)第三人通过其他方式恶意取得涉案财物的。

17. 涉案财产符合下列情形之一的，应当依法返还：

(1)有证据证明确属被害人合法财产；(2)有证据证明确与黑恶势力及其违法犯罪活动无关。

18. 有关违法犯罪事实查证属实后，对于有证据证明权属明确且无争议的被害人、善意第三人或者其他人员合法财产及其孳息，凡返还不损害其他利害关系人的利益，不影响案件正常办理的，应当在登记、拍照或者录像后，依法及时返还。

四、依法追缴、没收其他等值财产

19. 有证据证明依法应当追缴、没收的涉案财产无法找到、被他人善意取得、价值灭失或者与其他合法财产混合且不可分割的，可以追缴、没收其他等值财产。

对于证明前款各种情形的证据，公安机关或者人民检察院应当及时调取。

20. 本意见第19条所称"财产无法找到"，是指有证据证明存在依法应当追缴、没收的财产，但无法查证财产去向、下落的。被告人有不同意见的，应当出示相关证据。

21. 追缴、没收的其他等值财产的数额，应当与无法直接追缴、没收的具体财产的数额相对应。

五、其他

22. 本意见所称孳息，包括天然孳息和法定孳息。

本意见所称收益，包括但不限于以下情形：

(1)聚敛、获取的财产直接产生的收益，如使用聚敛、获取的财产购买彩票中奖所得收益等；(2)聚敛、获取的财产用于违法犯罪活动产生的收益，如使用聚敛、获取的财产赌博赢利所得收益、非法放贷所得收益、购买并贩卖毒品所得收益等；(3)聚敛、获取的财产投资、置业形成的财产及其收益；(4)聚敛、获取的财产和其他合法财产共同投资或者置业形成的财产中，与聚敛、获取的财产对应的份额及其收益；(5)应当认定为收益的其他情形。

23. 本意见未规定的黑恶势力刑事案件财产处置工作其他事宜，根据相关法律法规、司法解释等规定办理。

24. 本意见自2019年4月9日起施行。

36. 最高人民检察院《第20批指导性案例李某波贪污案》(检例第74号;2020年7月21日)

(详见本书《刑法》第383条相关内容)

37. 最高人民检察院《关于充分发挥检察职能服务保障“六稳”“六保”的意见》(高检发〔2020〕10号)

(详见本书《刑法》第81条相关内容)

38. 最高人民法院、最高人民检察院、公安部《关于刑事案件涉扶贫领域财物依法快速返还的若干规定》(高检发〔2020〕12号)

第1条 为规范扶贫领域涉案财物快速返还工作，提高扶贫资金使用效能，促进国家惠民利民政策落实，根据《中华人民共和国刑法》《中华人民共和国刑事诉讼法》等法律和有关规定，制定本规定。

第2条 本规定所称涉案财物，是指办案机关办理有关刑事案件过程中，查封、扣押、冻结的与扶贫有关的财物及孳息，以及由上述财物转化而来的财产。

第3条 对于同时符合下列条件的涉案财物，应当依法快速返还有关个人、单位或组织：

(一)犯罪事实清楚，证据确实充分；(二)涉案财物权属关系已经查明；(三)有明确的权益被侵害的个人、单位或组织；(四)返还涉案财物不损害其他被害人或者利害关系人的利益；(五)不影响诉讼正常进行或者案件公正处理；(六)犯罪嫌疑人、被告人以及利害关系人对涉案财物快速返还没有异议。

第4条 人民法院、人民检察院、公安机关办理有关扶贫领域刑事案件，应当依法积极追缴涉案财物，对于本办案环节具备快速返还条件的，应当及时快速返还。

第5条 人民法院、人民检察院、公安机关对追缴到案的涉案财物，应当及时调查、审查权属关系。

对于权属关系未查明的，人民法院可以通知人民检察院，由人民检察院通知前一办案环节补充查证，或者由人民检察院自行补充侦查。

第6条 公安机关办理涉扶贫领域财物刑事案件期间，可以就涉案财物处理等问题听取人民检察院意见，人民检察院应当提出相关意见。

第7条 人民法院、人民检察院、公安机关认为涉案财物符合快速返还条件的，应当在作出返还决定5个工作日内返还有关个人、单位或组织。

办案机关返还涉案财物时，应当制作返还财物清单，注明返还理由，由接受个人、单位或组织在返还财物清单上签名或者盖章，并将清单、照片附卷。

第8条 公安机关、人民检察院在侦查阶段、审查起诉阶段返还涉案财物的，在案件移送人民检察院、人民法院时，应当将返还财物清单随案移送，说明返还的理由并附相关证据材料。

未快速返还而随案移送的涉案财物，移送机关应当列明权属情况、提出处理建议并附相关证据材料。

第9条 对涉案财物中易损毁、灭失、变质等不宜长期保存的物品，易贬值的汽车等物品，市场价格波动大的债券、股票、基金份额等财产，有效期即将届满的汇票、本票、支票等，经权利人同意或者申请，并经人民法院、人民检察院、公安机关主要负责人批准，可以及时依法出售、变现或者先行变卖、拍卖。所得款项依照本规定快速返还，或者按照有关规定处理。

第10条 人民法院、人民检察院应当跟踪了解有关单位和村(居)民委员会等组织对返还涉案财物管理发放情况,跟进开展普法宣传教育,对于管理环节存在漏洞的,要及时提出司法建议、检察建议,确保扶贫款物依法正确使用。

第11条 发现快速返还存在错误的,应当由决定快速返还的机关及时纠正,依法追回返还财物;侵犯财产权的,依据《中华人民共和国国家赔偿法》第18条及有关规定处理。

第12条 本规定自印发之日起施行。

39. 财政部《罚没财物管理办法》(财税〔2020〕54号)

第1章 总 则

第1条 为规范和加强罚没财物管理,防止国家财产损失,保护自然人、法人和非法人组织的合法权益,根据《中华人民共和国预算法》、《罚款决定与罚款收缴分离实施办法》(国务院令第235号)等有关法律、行政法规规定,制定本办法。

第2条 罚没财物移交、保管、处置、收入上缴、预算管理等,适用本办法。

第3条 本办法所称罚没财物,是指执法机关依法对自然人、法人和非法人组织作出行政处罚决定,没收、追缴决定或者法院生效裁定、判决取得的罚款、罚金、违法所得、非法财物,没收的保证金、个人财产等,包括现金、有价票证、有价证券、动产、不动产和其他财产权利等。

本办法所称执法机关,是指各级行政机关、监察机关、审判机关、检察机关,法律法规授权的具有管理公共事务职能的事业单位和组织。

本办法所称罚没收入是指罚款、罚金等现金收入,罚没财物处置收入及其孳息。

第4条 罚没财物管理工作应遵循罚款决定与罚款收缴相分离,执法与保管、处置岗位相分离,罚没收入与经费保障相分离的原则。

第5条 财政部负责制定全国罚没财物管理制度,指导、监督各地区、各部门罚没财物管理工作。中央有关执法机关可以根据本办法,制定本系统罚没财物管理具体实施办法,指导本系统罚没财物管理工作。

地方各级财政部门负责制定罚没财物管理制度,指导、监督本行政区内各有关单位的罚没财物管理工作。

各级执法机关、政府公物仓等单位负责制定本单位罚没财物管理操作规范,并在本单位职责范围内对罚没财物管理履行主体责任。

第2章 移交和保管

第6条 有条件的部门和地区可以设置政府公物仓对罚没物品实行集中管理。未设置政府公物仓的,由执法机关对罚没物品进行管理。

各级执法机关、政府公物仓按照安全、高效、便捷和节约的原则,使用下列罚没仓库存放保管罚没物品:

(一)执法机关罚没物品保管仓库;

(二)政府公物仓库;

(三)通过购买服务等方式选择社会仓库。

第7条 设置政府公物仓的地区,执法机关应当在根据行政处罚决定,没收、追缴决定,法院生效裁定、判决没收物品或者公告期满后,在同级财政部门规定的期限内,将罚没物品及其他必要的证明文件、材料,移送至政府公物仓,并向财政部门备案。

第8条 罚没仓库的保管条件、保管措施、管理方式应当满足防火、防水、防腐、防疫、防盗等基础安全要求,符合被保管罚没物品的特性。应当安装视频监控、防盗报警等安全设备。

第 9 条 执法机关、政府公物仓应当建立健全罚没物品保管制度,规范业务流程和单据管理,具体包括:

(一)建立台账制度,对接管的罚没物品必须造册、登记,清楚、准确、全面反映罚没物品的主要属性和特点,完整记录从入库到处置全过程。

(二)建立分类保管制度,对不同种类的罚没物品,应当分类保管。对文物、文化艺术品、贵金属、珠宝等贵重罚没物品,应当做到移交、入库、保管、出库全程录音录像,并做好密封工作。

(三)建立安全保卫制度,落实人员责任,确保物品妥善保管。

(四)建立清查盘存制度,做到账实一致,定期向财政部门报告罚没物品管理情况。

第 10 条 罚没仓库应当凭经执法机关或者政府公物仓按管理职责批准的书面文件或者单证办理出库手续,并在登记的出库清单上列明,由经办人与提货人共同签名确认,确保出库清单与批准文件、出库罚没物品一致。

罚没仓库无正当理由不得妨碍符合出库规定和手续的罚没物品出库。

第 11 条 执法机关、政府公物仓应当运用信息化手段,建立来源去向明晰、管理全程可控、全面接受监督的管理信息系统。

执法机关、政府公物仓的管理信息系统,应当逐步与财政部门的非税收入收缴系统等平台对接,实现互联互通和信息共享。

第 3 章　罚没财物处置

第 12 条 罚没财物的处置应当遵循公开、公平、公正原则,依法分类、定期处置,提高处置效率,降低仓储成本和处置成本,实现处置价值最大化。

第 13 条 各级执法机关、政府公物仓应当依照法律法规和本级人民政府规定的权限,按照本办法的规定处置罚没财物。

各级财政部门会同有关部门对本级罚没财物处置、收入收缴等进行监督,建立处置审批和备案制度。

财政部各地监管局对属地中央预算单位罚没财物的处置、收入收缴等进行监督。

第 14 条 除法律法规另有规定外,容易损毁、灭失、变质、保管困难或者保管费用过高、季节性商品等不宜长期保存的物品,长期不使用容易导致机械性能下降、价值贬损的车辆、船艇、电子产品等物品,以及有效期即将届满的汇票、本票、支票等,在确定为罚没财物前,经权利人同意或者申请,并经执法机关负责人批准,可以依法先行处置;权利人不明确的,可以依法公告,公告期满后仍没有权利人同意或者申请的,可以依法先行处置。先行处置所得款项按照涉案现金管理。

第 15 条 罚没物品处置前存在破损、污秽等情形的,在有利于加快处置的情况下,且清理、修复费用低于变卖收入的,可以进行适当清理、修复。

第 16 条 执法机关依法取得的罚没物品,除法律、行政法规禁止买卖的物品或者财产权利、按国家规定另行处置外,应当按照国家规定进行公开拍卖。公开拍卖应当符合下列要求:

(一)拍卖活动可以采取现场拍卖方式,鼓励有条件的部门和地区通过互联网和公共资源交易平台进行公开拍卖。

(二)公开拍卖应当委托具有相应拍卖资格的拍卖人进行,拍卖人可以通过摇珠等方式从具备资格条件的范围中选定,必要时可以选择多个拍卖人进行联合拍卖。

(三)罚没物品属于国家有强制安全标准或者涉及人民生命财产安全的,应当委托符合有关规定资格条件的检验检疫机构进行检验检测,不符合安全、卫生、质量或者动植物检疫标准的,不得进行公开拍卖。

(四)根据需要,可以采取"一物一拍"等方式对罚没物品进行拍卖。采用公开拍卖方式处置的,一般应当确定拍卖标的保留价。保留价一般参照价格认定机构或者符合资格条件的资产评估机构作出的评估价确定,也可以参照市场价或者通过互联网询价确定。

(五)公开拍卖发生流拍情形的,再次拍卖的保留价不得低于前次拍卖保留价的80%。发生3次(含)以上流拍情形的,经执法机关商同级财政部门确定后,可以通过互联网平台采取无底价拍卖或者转为其他处置方式。

第17条 属于国家规定的专卖商品等限制流通的罚没物品,应当交由归口管理单位统一变卖,或者变卖给按规定可以接受该物品的单位。

第18条 下列罚没物品,应当移交相关主管部门处置:

(一)依法没收的文物,应当移交国家或者省级文物行政管理部门,由其指定的国有博物馆、图书馆等文物收藏单位收藏或者按国家有关规定处置。经国家或者省级文物行政管理部门授权,市、县的文物行政管理部门或者有关国有博物馆、图书馆等文物收藏单位可以具体承办文物接收事宜。

(二)武器、弹药、管制刀具、毒品、毒具、赌具、禁止流通的易燃易爆危险品等,应当移交同级公安部门或者其他有关部门处置,或者经公安部门、其他有关部门同意,由有关执法机关依法处置。

(三)依法没收的野生动植物及其制品,应当交由野生动植物保护主管部门、海洋执法部门或者有关保护区域管理机构按规定处置,或者经有关主管部门同意,交由相关科研机构用于科学研究。

(四)其他应当移交相关主管部门处置的罚没物品。

第19条 罚没物品难以变卖或者变卖成本大于收入,且具有经济价值或者其他价值的,执法机关应当报送同级财政部门,经同级财政部门同意后,可以赠送有关公益单位用于公益事业;没有捐赠且能够继续使用的,由同级财政部门统一管理。

第20条 淫秽、反动物品,非法出版物,有毒有害的食品药品及其原材料,危害国家安全以及其他有社会危害性的物品,以及法律法规规定应当销毁的,应当由执法机关予以销毁。

对难以变卖且无经济价值或者其他价值的,可以由执法机关、政府公物仓予以销毁。

属于应销毁的物品经无害化或者合法化处理,丧失原有功能后尚有经济价值的,可以由执法机关、政府公物仓作为废旧物品变卖。

第21条 已纳入罚没仓库保管的物品,依法应当退还的,由执法机关、政府公物仓办理退还手续。

第22条 依法应当进行权属登记的房产、土地使用权等罚没财产和财产权利,变卖前可以依据行政处罚决定,没收、追缴决定,法院生效裁定、判决进行权属变更,变更后应当按本办法相关规定处置。

权属变更后的承接权属主体可以是执法机关、政府公物仓、同级财政部门或者其他指定机构,但不改变罚没财物的性质,承接单位不得占用、出租、出借。

第23条 罚没物品无法直接适用本办法规定处置的,执法机关与同级财政商有关部门后,提出处置方案,报上级财政部门备案。

第4章 罚没收入

第24条 罚没收入属于政府非税收入,应当按照国库集中收缴管理有关规定,全额上缴国库,纳入一般公共预算管理。

第 25 条 除依法可以当场收缴的罚款外,作出罚款决定的执法机关应当与收缴罚款的机构分离。

第 26 条 中央与省级罚没收入的划分权限,省以下各级政府间罚没收入的划分权限,按照现行预算管理有关规定确定。法律法规另有规定的,从其规定。

第 27 条 除以下情形外,罚没收入应按照执法机关的财务隶属关系缴入同级国库:

(一)海关、公安、中国海警、市场监管等部门取得的缉私罚没收入全额缴入中央国库。

(二)海关(除缉私外)、国家外汇管理部门、国家邮政部门、通信管理部门、气象管理部门、应急管理部所属煤矿安全监察部门、交通运输部所属海事部门中央本级取得的罚没收入全额缴入中央国库。省以下机构取得的罚没收入,50%缴入中央国库,50%缴入地方国库。

(三)国家烟草专卖部门取得的罚没收入全额缴入地方国库。

(四)应急管理部所属的消防救援部门取得的罚没收入,50%缴入中央国库,50%缴入地方国库。

(五)国家市场监督管理总局所属的反垄断部门与地方反垄断部门联合办理或者委托地方查办的重大案件取得的罚没收入,全额缴入中央国库。

(六)国有企业、事业单位监察机构没收、追缴的违法所得,按照国有企业、事业单位隶属关系全额缴入中央或者地方国库。

(七)中央政法机关交办案件按照有关规定执行。

(八)财政部规定的其他情形。

第 28 条 罚没物品处置收入,可以按扣除处置该罚没物品直接支出后的余额,作为罚没收入上缴;政府预算已经安排罚没物品处置专项经费的,不得扣除处置该罚没物品的直接支出。

前款所称处置罚没物品直接支出包括质量鉴定、评估和必要的修复费用。

第 29 条 罚没收入的缴库,按下列规定执行:

(一)执法机关取得的罚没收入,除当场收缴的罚款和财政部另有规定外,应当在取得之日缴入财政专户或者国库;

(二)执法人员依法当场收缴罚款的,执法机关应当自收到款项之日起 2 个工作日内缴入财政专户或者国库;

(三)委托拍卖机构拍卖罚没物品取得的变价款,由委托方自收到款项之日起 2 个工作日内缴入财政专户或者国库。

第 30 条 政府预算收入中罚没收入预算为预测性指标,不作为收入任务指标下达。执法机关的办案经费由本级政府预算统筹保障,执法机关经费预算安排不得与该单位任何年度上缴的罚没收入挂钩。

第 31 条 依法退还多缴、错缴等罚没收入,应当按照本级财政部门有关规定办理。

第 32 条 执法机关在罚没财物管理工作中,应当按照规定使用财政部门相关票据。

第 33 条 对向执法机关检举、揭发各类违法案件的人员,经查实后,按照相关规定给予奖励,奖励经费不得从案件罚没收入中列支。

第 5 章 附　　则

第 34 条 各级财政部门、执法机关、政府公物仓及其工作人员在罚没财物管理、处置工作中,存在违反本办法规定的行为,以及其他滥用职权、玩忽职守、徇私舞弊等违法违纪行为的,按照《中华人民共和国监察法》、《财政违法行为处罚处分条例》等国家有关规定追究相应责任;构成犯罪的,依法追究刑事责任。

第 35 条 执法机关扣押的涉案财物,有关单位、个人向执法机关声明放弃的或者无人认领的财物;党的纪律检查机关依据党内法规收缴的违纪所得以及按规定登记上交的礼品、礼金等财物;党政机关收到的采购、人事等合同违约金;党政机关根据国家赔偿法履行赔偿义务之后向故意或者有重大过失的工作人员、受委托的组织或者个人追偿的赔偿款等,参照罚没财物管理。国家另有规定的除外。

国有企业、事业单位党的纪检机构依据党内法规收缴的违纪所得,以及按规定登记上交的礼品、礼金等财物,按照国有企业、事业单位隶属关系全额缴入中央或者地方国库。

第 36 条 本办法自 2021 年 1 月 1 日起实施。

本办法实施前已经形成的罚没财物,尚未处置的,按照本办法执行。

40. 国家发展改革委价格认证中心《被盗财物价格认定规则》(发改价认办〔2020〕97 号)

(全文详见本书《刑法》第 264 条相关内容)

41. 最高人民检察院《第 26 批指导性案例姚某龙等 5 人假冒注册商标案》(检例第 101 号;2021 年 2 月 4 日)

(全文详见本书《刑法》第 213 条相关内容)

42. 财政部《关于废止〈罚没财物和追回赃款赃物管理办法〉的决定》(〔2021〕财政部令第 105 号)

为了适应依法行政、依法理财的需要,做好有关制度调整后的衔接工作,决定废止《罚没财物和追回赃款赃物管理办法》(〔86〕财预第 228 号)。

本决定自 2021 年 1 月 1 日起施行。

43. 最高人民检察院《第 37 批指导性案例王某贩卖、制造毒品案》(检例第 150 号;2022 年 6 月 21 日)

(详见本书《刑法》第 347 条相关内容)

第二节 累 犯

> **第 65 条 【一般累犯】** 被判处有期徒刑以上刑罚的犯罪分子,刑罚执行完毕或者赦免以后,在 5 年以内再犯应当判处有期徒刑以上刑罚之罪的,是累犯,应当从重处罚,但是过失犯罪和不满 18 周岁的人犯罪的除外。
>
> 前款规定的期限,对于被假释的犯罪分子,从假释期满之日起计算。

(本条《中华人民共和国刑法修正案(8)》修改)

• 释义

构成一般累犯必须同时具备以下几个条件:

1. 前罪和后罪必须都是被判处有期徒刑以上刑罚的。

2. 前罪和后罪的间隔时间为 5 年。后罪发生的时间必须在前罪的刑罚执行完毕或者赦免以后 5 年以内。在刑罚执行期间再犯罪的,不适用本款规定,应当依照本法关于数罪并罚的规定处罚。这里的"刑罚执行完毕"应当是指有期徒刑以上的刑罚。对于有期徒刑以上主刑已经执行完毕,但附加刑尚未执行完毕的,应以主刑执行完毕之日为累犯期间的起算时间。

3. 前罪和后罪必须都是故意犯罪。如果其中有一个罪是过失犯罪,就不符合累犯的条件。

根据本款规定,对于累犯应当在法定刑的幅度内从重处罚。

第2款是关于假释犯适用5年内的期限如何计算。根据本款的规定,对于被假释的犯罪分子,应当从假释期满之日计算。

• 关联法律

1. 最高人民法院研究室《关于对拘役犯在缓刑期间发现其隐瞒余罪判处有期徒刑应如何执行问题的电话答复》(1984年9月17日)

被最高人民法院《关于废止部分司法解释(第十三批)的决定》(法释〔2019〕11号)废止。

2. 最高人民法院研究室《关于缓刑考验期满3年内又犯应判处有期徒刑以上刑罚之罪的是否构成累犯问题的答复》(1989年10月25日)

(法释〔2013〕2号已声明该文件废止)

3. 最高人民法院《关于适用刑法时间效力规定若干问题的解释》(法释〔1997〕5号)

第3条 前罪判处的刑罚已经执行完毕或者赦免,在1997年9月30日以前又犯应当判处有期徒刑以上刑罚之罪,是否构成累犯,适用修订前的刑法第61条的规定;1997年10月1日以后又犯应当判处有期徒刑以上刑罚之罪的,是否构成累犯,适用刑法第65条的规定。附:1979年刑法第61条:

"被判处有期徒刑以上刑罚的犯罪分子,刑罚执行完毕或者赦免以后,在3年以内再犯应当判处有期徒刑以上刑罚之罪的,是累犯,应当从重处罚;但是过失犯罪除外。

前款规定的期限,对于被假释的犯罪分子,从假释期满之日起计算。"

4. 最高人民法院《全国部分法院审理毒品犯罪案件工作座谈会纪要》(法〔2008〕324号)

八、毒品再犯问题

根据刑法第356条规定,只要因走私、贩卖、运输、制造、非法持有毒品罪被判过刑,不论是在刑罚执行完毕后,还是在缓刑、假释或者暂予监外执行期间,又犯刑法分则第6章第7节规定的犯罪的,都是毒品再犯,应当从重处罚。

因走私、贩卖、运输、制造、非法持有毒品罪被判刑的犯罪分子,在缓刑、假释或者暂予监外执行期间又犯刑法分则第6章第7节规定的犯罪的,应当在对其所犯新的毒品犯罪适用刑法第356条从重处罚的规定确定刑罚后,再依法数罪并罚。

对同时构成累犯和毒品再犯的被告人,应当同时引用刑法关于累犯和毒品再犯的条款从重处罚。(全文详见本书《刑法》第347条相关内容)

5. 最高人民法院《关于贯彻宽严相济刑事政策的若干意见》(法发〔2010〕9号)

11. 要依法从严惩处累犯和毒品再犯。凡是依法构成累犯和毒品再犯的,即使犯罪情节较轻,也要体现从严惩处的精神。尤其是对于前罪为暴力犯罪或被判处重刑的累犯,更要依法从严惩处。(全文详见本书《刑法》第5条相关内容)

6.《中华人民共和国刑法修正案(8)》(2011年2月25日第十一届全国人大常委会第十九次会议通过)

本条为《中华人民共和国刑法修正案(8)》第6条修改。

内容:六、将刑法第65条第1款修改为:"被判处有期徒刑以上刑罚的犯罪分子,刑罚执行完毕或者赦免以后,在5年以内再犯应当判处有期徒刑以上刑罚之罪的,是累犯,应当从重处罚,但是过失犯罪和不满18周岁的人犯罪的除外。"

7. 最高人民法院《关于〈中华人民共和国刑法修正案(8)〉时间效力问题的解释》(法释〔2011〕9号)

第3条 被判处有期徒刑以上刑罚,刑罚执行完毕或者赦免以后,在2011年4月30日以前再犯应当判处有期徒刑以上刑罚之罪的,是否构成累犯,适用修正前刑法第65条的规定;但是,前罪实施时不满18周岁的,是否构成累犯,适用修正后刑法第65条的规定。

曾犯危害国家安全犯罪,刑罚执行完毕或者赦免以后,在2011年4月30日以前再犯危害国家安全犯罪的,是否构成累犯,适用修正前刑法第66条的规定。

曾被判处有期徒刑以上刑罚,或者曾犯危害国家安全犯罪、恐怖活动犯罪、黑社会性质的组织犯罪,在2011年5月1日以后再犯罪的,是否构成累犯,适用修正后刑法第65条、第66条的规定。

8. 最高人民检察院《第5批指导性案例张某、沈某某等7人抢劫案》(检例第19号;2014年9月10日)

(详见本书《刑法》第17条相关内容)

9. 最高人民法院《关于审理抢劫刑事案件适用法律若干问题的指导意见》(法发〔2016〕2号)

六、累犯等情节的适用

根据刑法第65条第1款的规定,对累犯应当从重处罚。抢劫犯罪被告人具有累犯情节的,适用刑罚时要综合考虑犯罪的情节和后果,所犯前后罪的性质、间隔时间及判刑轻重等情况,决定从重处罚的力度。

对于前罪系抢劫等严重暴力犯罪的累犯,应当依法加大从重处罚的力度。对于虽不构成累犯,但具有抢劫犯罪前科的,一般不适用减轻处罚和缓刑。对于可能判处死刑的罪犯具有累犯情节的也应慎重,不能只要是累犯就一律判处死刑立即执行;被告人同时具有累犯和法定从宽处罚情节的,判处死刑立即执行应当综合考虑,从严掌握。(全文详见本书《刑法》第263条相关内容)

10. 最高人民检察院《关于认定累犯如何确定刑罚执行完毕以后"5年以内"起始日期的批复》(高检发释字〔2018〕2号)

北京市人民检察院:你院《关于认定累犯如何确定刑罚执行完毕以后5年以内起始日期的请示》收悉。经研究,批复如下:

刑法第65条第1款规定的"刑罚执行完毕",是指刑罚执行到期应予释放之日。认定累犯,确定刑罚执行完毕以后"5年以内"的起始日期,应当从刑满释放之日起计算。

11. 最高人民法院、最高人民检察院《关于缓刑犯在考验期满后5年内再犯应当判处有期徒刑以上刑罚之罪应否认定为累犯问题的批复》(2020年1月17日)

近来,部分省、自治区、直辖市高级人民法院、人民检察院请示缓刑犯在考验期满后5年内再犯应当判处有期徒刑以上刑罚之罪应否认定为累犯的问题。经研究,批复如下:

被判处有期徒刑宣告缓刑的犯罪分子,在缓刑考验期满后五年内再犯应当判处有期徒刑以上刑罚之罪的,因前罪判处的有期徒刑并未执行,不具备刑法第65条规定的"刑罚执行完毕"的要件,故不应认定为累犯,但可作为对新罪确定刑罚的酌定从重情节予以考虑。

12. 最高人民法院、最高人民检察院《关于常见犯罪的量刑指导意见(试行)》(法发〔2021〕21号)

三、常见量刑情节的适用

(十五)对于累犯,应当综合考虑前后罪的性质、刑罚执行完毕或者赦免以后至再犯罪时间的长短以及前后罪罪行轻重等情况,应当增加基准刑的10%-40%,一般不少于3个月。

(十六)对于有前科的,综合考虑前科的性质、时间间隔长短、次数、处罚轻重等情况,可以增加基准刑的10%以下。前科犯罪为过失犯罪和未成年人犯罪的除外。(全文详见本书《刑法》第61条相关内容)

第 66 条 【特别累犯】危害国家安全犯罪、恐怖活动犯罪、黑社会性质的组织犯罪的犯罪分子,在刑罚执行完毕或者赦免以后,在任何时候再犯上述任一类罪的,都以累犯论处。

(本条《中华人民共和国刑法(8)》修改)

• 释义

特别累犯构成必须符合以下 3 个条件:

1. 犯罪分子所犯的前罪和后罪必须都是危害国家安全罪、恐怖活动犯罪、黑社会性质的组织犯罪的,其中一罪不是上述犯罪的不能构成特别累犯。

2. 不论是否判处刑罚、判处何种刑罚或者刑罚的轻重,只要构成犯罪即可,不受判处有期徒刑以上刑罚的限制。

3. 危害国家安全罪、恐怖活动犯罪、黑社会性质的组织犯罪的罪犯在前罪的刑罚执行完毕或者赦免之后,不论何时再犯上述罪的,都构成累犯,不受 5 年期限的限制。前罪和后罪在上述罪名范围内可以自由组合。

• 关联法律

1. 最高人民法院研究室《关于对再审改判前因犯新罪被加刑的罪犯再审时如何确定执行的刑罚问题的电话答复》(1989 年 5 月 24 日)

(详见本书《刑法》第 61 条相关内容)

2.《中华人民共和国刑法修正案(8)》(2011 年 2 月 25 日第十一届全国人大常委会第十九次会议通过)

本条为《中华人民共和国刑法修正案(8)》第 7 条修改。

内容:七、将刑法第 66 条修改为:"危害国家安全犯罪、恐怖活动犯罪、黑社会性质的组织犯罪的犯罪分子,在刑罚执行完毕或者赦免以后,在任何时候再犯上述任一类罪的,都以累犯论处。"

3. 参见本书《刑法》第 65 条该节内容。

第三节 自首和立功

第 67 条 【自首和坦白】犯罪以后自动投案,如实供述自己的罪行的,是自首。对于自首的犯罪分子,可以从轻或者减轻处罚。其中,犯罪较轻的,可以免除处罚。

被采取强制措施的犯罪嫌疑人、被告人和正在服刑的罪犯,如实供述司法机关还未掌握的本人其他罪行的,以自首论。

犯罪嫌疑人虽不具有前两款规定的自首情节,但是如实供述自己罪行,避免特别严重后果发生的,可以减轻处罚。

(本条《中华人民共和国刑法(8)》修改)

• 释义

一般自首成立条件是:

1. 犯罪以后自动投案。所谓自动投案,是指犯罪分子犯罪以后,犯罪事实未被司法机关发现以前;或者犯罪事实虽被发现,但不知何人所为;或者犯罪事实和犯罪分子均已被发现,但是尚未受到司法机关的传唤、讯问或者尚未采取强制措施之前,主动到司法机关或者所在单位、基层组织等投案,愿意接受审查和追诉的。

2. 如实供述自己的罪行。如实供述自己的罪行,是指犯罪分子投案以后,对于自己所犯的罪行,不管司法机关是否掌握,都必须如实地全部向司法机关供述,不能有任何隐瞒。对于犯有数罪的犯罪分子只供述自己所犯数罪中的部分犯罪的,则只能认定该部分犯罪为自首。

成立特殊自首,也就是以自首论的条件是:

1. 对象有以下3种人:即已经被司法机关采取强制措施的犯罪嫌疑人、被告人和正在服刑的罪犯。

2. 如实供述的内容是司法机关还未掌握的本人其他罪行的。

第3款规定了坦白的成立条件。如果犯罪嫌疑人不符合成立自首的条件,但是如实供述自己的罪行的,减轻了司法机关的办案障碍,可以从轻处罚,如果避免严重后果发生的也可以减轻处罚。

• 关联法律

1. 最高人民法院《关于适用刑法时间效力规定若干问题的解释》(法释〔1997〕5号)

第4条 1997年9月30日以前被采取强制措施的犯罪嫌疑人、被告人或者1997年9月30日以前犯罪,1997年10月1日以后仍在服刑的罪犯,如实供述司法机关还未掌握的本人其他罪行的,适用刑法第67条第2款的规定。

2. 最高人民法院《关于处理自首和立功具体应用法律若干问题的解释》(法释〔1998〕8号)

为正确认定自首和立功,对具有自首或者立功表现的犯罪分子依法适用刑罚,现就具体应用法律的若干问题解释如下:

第1条 根据刑法第67条第1款的规定,犯罪以后自动投案,如实供述自己的罪行的,是自首。

(一)自动投案,是指犯罪事实或者犯罪嫌疑人未被司法机关发觉,或者虽被发觉,但犯罪嫌疑人尚未受到讯问、未被采取强制措施时,主动、直接向公安机关、人民检察院或者人民法院投案。

犯罪嫌疑人向其所在单位、城乡基层组织或者其他有关负责人员投案的;犯罪嫌疑人因病、伤或者为了减轻犯罪后果,委托他人先代为投案,或者先以信电投案的;罪行尚未被司法机关发觉,仅因形迹可疑,被有关组织或者司法机关盘问、教育后,主动交代自己的罪行的;犯罪后逃跑,在被通缉、追捕过程中,主动投案的;经查实确已准备去投案,或者正在投案途中,被公安机关捕获的,应当视为自动投案。

并非出于犯罪嫌疑人主动,而是经亲友规劝、陪同投案的;公安机关通知犯罪嫌疑人的亲友,或者亲友主动报案后,将犯罪嫌疑人送去投案的,也应当视为自动投案。

犯罪嫌疑人自动投案后又逃跑的,不能认定为自首。

(二)如实供述自己的罪行,是指犯罪嫌疑人自动投案后,如实交代自己的主要犯罪事实。

犯有数罪的犯罪嫌疑人仅如实供述所犯数罪中部分犯罪的,只对如实供述部分犯罪的行为,认定为自首。

共同犯罪案件中的犯罪嫌疑人,除如实供述自己的罪行,还应当供述所知的同案犯,主犯则应当供述所知其他同案犯的共同犯罪事实,才能认定为自首。

犯罪嫌疑人自动投案并如实供述自己的罪行后又翻供的,不能认定为自首;但在一审判决前又能如实供述的,应当认定为自首。

第2条 根据刑法第67条第2款的规定,被采取强制措施的犯罪嫌疑人、被告人和已宣判的罪犯,如实供述司法机关尚未掌握的罪行,与司法机关已掌握的或者判决确定的罪行属不同种罪行的,以自首论。

第3条 根据刑法第67条第1款的规定,对于自首的犯罪分子,可以从轻或者减轻处罚;对于犯罪较轻的,可以免除处罚。具体确定从轻、减轻还是免除处罚,应当根据犯罪轻重,并考虑自首的具体情节。

第4条 被采取强制措施的犯罪嫌疑人与司法机关已掌握的或者判决确定的罪行属同种罪行的,可从轻处罚;如实供述的同种罪行较重的,一般应当从轻处罚。

第5条 根据刑法第68条第1款的规定,犯罪分子到案后有检举、揭发他人犯罪行为,包括共同犯罪案件中的犯罪分子揭发同案犯共同犯罪以外的其他犯罪,经查证属实;提供侦破其他案件的重要线索,经查证属实;阻止他人犯罪活动;协助司法机关抓捕其他犯罪嫌疑人(包括同案犯);具有其他有利于国家和社会的突出表现的,应当认定为有立功表现。

第6条 共同犯罪案件的犯罪分子到案后,揭发同案犯共同犯罪事实的,可以酌情予以从轻处罚。

第7条 根据刑法第68条第1款的规定,犯罪分子有检举、揭发他人重大犯罪行为,经查证属实;提供侦破其他重大案件的重要线索,经查证属实;阻止他人重大犯罪活动;协助司法机关抓捕其他重大犯罪嫌疑人(包括同案犯);对国家和社会有其他重大贡献等表现的,应当认定为有重大立功表现。

前款所称"重大犯罪"、"重大案件"、"重大犯罪嫌疑人"的标准,一般是指犯罪嫌疑人、被告人可能被判处无期徒刑以上刑罚或者案件在本省、自治区、直辖市或者全国范围内有较大影响等情形。

3. 最高人民法院、最高人民检察院、海关总署《关于办理走私刑事案件适用法律若干问题的意见》(法〔2002〕139号)

二十一、关于单位走私犯罪案件自首的认定问题

在办理单位走私犯罪案件中,对单位集体决定自首的,或者单位直接负责的主管人员自首的,应当认定单位自首。认定单位自首后,如实交代主要犯罪事实的单位负责的其他主管人员和其他直接责任人员,可视为自首,但对拒不交代主要犯罪事实或逃避法律追究的人员,不以自首论。(全文详见本书《刑法》第151条相关内容)

4. 最高人民法院研究室《关于如何理解犯罪嫌疑人自动投案的有关问题的答复》(法研〔2003〕132号)

[被最高人民法院《关于废止1997年7月1日至2011年12月31日期间发布的部分司法解释和司法解释性质文件(第十批)的决定》(法释〔2013〕7号)废止]

5. 最高人民法院《关于被告人对行为性质的辩解是否影响自首成立问题的批复》(法释〔2004〕2号)

广西壮族自治区高级人民法院:你院2003年6月10日《关于被告人对事实性质的辩解是否影响投案自首的成立的请示》收悉。经研究,答复如下:

根据《刑法》第67条第1款和最高人民法院《关于处理自首和立功具体应用法律若干问题的解释》第1条的规定,犯罪以后自动投案,如实供述自己的罪行的,是自首。被告人对行为性质的辩解不影响自首的成立。

6. 最高人民法院、最高人民检察院《关于办理职务犯罪案件认定自首、立功等量刑情节若干问题的意见》(法发〔2009〕13号)

为依法惩处贪污贿赂、渎职等职务犯罪,根据刑法和相关司法解释的规定,结合办案工作实际,现就办理职务犯罪案件有关自首、立功等量刑情节的认定和处理问题,提出如下意见:

一、关于自首的认定和处理

根据刑法第67条第1款的规定,成立自首需同时具备自动投案和如实供述自己的罪行两个要件。犯罪事实或者犯罪分子未被办案机关掌握,或者虽被掌握,但犯罪分子尚未受到调查谈话、讯问,或者未被宣布采取调查措施或者强制措施时,向办案机关投案的,是自动投案。在此期间如实交代自己的主要犯罪事实的,应当认定为自首。

犯罪分子向所在单位等办案机关以外的单位、组织或者有关负责人员投案的,应当视为自动投案。

没有自动投案,在办案机关调查谈话、讯问、采取调查措施或者强制措施期间,犯罪分子如实交代办案机关掌握的线索所针对的事实的,不能认定为自首。

没有自动投案,但具有以下情形之一的,以自首论:

(1)犯罪分子如实交代办案机关未掌握的罪行,与办案机关已掌握的罪行属不同种罪行的;(2)办案机关所掌握线索针对的犯罪事实不成立,在此范围外犯罪分子交代同种罪行的。

单位犯罪案件中,单位集体决定或者单位负责人决定而自动投案,如实交代单位犯罪事实的,或者单位直接负责的主管人员自动投案,如实交代单位犯罪事实的,应当认定为单位自首。单位自首的,直接负责的主管人员和直接责任人员未自动投案,但如实交代自己知道的犯罪事实的,可以视为自首;拒不交代自己知道的犯罪事实或者逃避法律追究的,不应当认定为自首。单位没有自首,直接责任人员自动投案并如实交代自己知道的犯罪事实的,对该直接责任人员应当认定为自首。

对于具有自首情节的犯罪分子,办案机关移送案件时应当予以说明并移交相关证据材料。

对于具有自首情节的犯罪分子,应当根据犯罪的事实、性质、情节和对于社会的危害程度,结合自动投案的动机、阶段、客观环境,交代犯罪事实的完整性、稳定性以及悔罪表现等具体情节,依法决定是否从轻、减轻或者免除处罚以及从轻、减轻处罚的幅度。

二、关于立功的认定和处理

立功必须是犯罪分子本人实施的行为。为使犯罪分子得到从轻处理,犯罪分子的亲友直接向有关机关揭发他人犯罪行为,提供侦破其他案件的重要线索,或者协助司法机关抓捕其他犯罪嫌疑人的,不应当认定为犯罪分子的立功表现。

据以立功的他人罪行材料应当指明具体犯罪事实;据以立功的线索或者协助行为对于侦破案件或者抓捕犯罪嫌疑人要有实际作用。犯罪分子揭发他人犯罪行为时没有指明具体犯罪事实的;揭发的犯罪事实与查实的犯罪事实不具有关联性的;提供的线索或者协助行为对于其他案件的侦破或者其他犯罪嫌疑人的抓捕不具有实际作用的,不能认定为立功表现。

犯罪分子揭发他人犯罪行为,提供侦破其他案件重要线索的,必须经查证属实,才能认定为立功。审查是否构成立功,不仅要审查办案机关的说明材料,还要审查有关事实和证据以及与案件定性处罚相关的法律文书,如立案决定书、逮捕决定书、侦查终结报告、起诉意见书、起诉书或者判决书等。

据以立功的线索、材料来源有下列情形之一的,不能认定为立功:

(1)本人通过非法手段或者非法途径获取的;(2)本人因原担任的查禁犯罪等职务获取的;(3)他人违反监管规定向犯罪分子提供的;(4)负有查禁犯罪活动职责的国家机关工作人

员或者其他国家工作人员利用职务便利提供的。

犯罪分子检举、揭发的他人犯罪,提供侦破其他案件的重要线索,阻止他人的犯罪活动,或者协助司法机关抓捕的其他犯罪嫌疑人,犯罪嫌疑人、被告人依法可能被判处无期徒刑以上刑罚的,应当认定为有重大立功表现。其中,可能被判处无期徒刑以上刑罚,是指根据犯罪行为的事实、情节可能判处无期徒刑以上刑罚。案件已经判决的,以实际判处的刑罚为准。但是,根据犯罪行为的事实、情节应当判处无期徒刑以上刑罚,因被判刑人有法定情节经依法从轻、减轻处罚后判处有期徒刑的,应当认定为重大立功。

对于具有立功情节的犯罪分子,应当根据犯罪的事实、性质、情节和对于社会的危害程度,结合立功表现所起作用的大小、所破获案件的罪行轻重、所抓获犯罪嫌疑人可能判处的法定刑以及立功的时机等具体情节,依法决定是否从轻、减轻或者免除处罚以及从轻、减轻处罚的幅度。

三、关于如实交代犯罪事实的认定和处理

犯罪分子依法不成立自首,但如实交代犯罪事实,有下列情形之一的,可以酌情从轻处罚:

(1)办案机关掌握部分犯罪事实,犯罪分子交代了同种其他犯罪事实的;(2)办案机关掌握的证据不充分,犯罪分子如实交代有助于收集定案证据的。

犯罪分子如实交代犯罪事实,有下列情形之一的,一般应当从轻处罚:

(1)办案机关仅掌握小部分犯罪事实,犯罪分子交代了大部分未被掌握的同种犯罪事实的;(2)如实交代对于定案证据的收集有重要作用的。

四、关于赃款赃物追缴等情形的处理

贪污案件中赃款赃物全部或者大部分追缴的,一般应当考虑从轻处罚。

受贿案件中赃款赃物全部或者大部分追缴的,视具体情况可以酌定从轻处罚。

犯罪分子及其亲友主动退赃或者在办案机关追缴赃款赃物过程中积极配合的,在量刑时应当与办案机关查办案件过程中依职权追缴赃款赃物的有所区别。

职务犯罪案件立案后,犯罪分子及其亲友自行挽回的经济损失,司法机关或者犯罪分子所在单位及其上级主管部门挽回的经济损失,或者因客观原因减少的经济损失,不予扣减,但可以作为酌情从轻处罚的情节。

7. 最高人民法院《关于贯彻宽严相济刑事政策的若干意见》(法发〔2010〕9号)

三、准确把握和正确适用依法从"宽"的政策要求

17. 对于自首的被告人,除了罪行极其严重、主观恶性极深、人身危险性极大,或者恶意地利用自首规避法律制裁者以外,一般均应当依法从宽处罚。

对于亲属以不同形式送被告人归案或协助司法机关抓获被告人而认定为自首的,原则上都应当依法从宽处罚;有的虽然不能认定为自首,但考虑到被告人亲属支持司法机关工作,促使被告人到案、认罪、悔罪,在决定对被告人具体处罚时,也应当予以充分考虑。(全文详见本书《刑法》第5条相关内容)

8. 最高人民法院《关于处理自首和立功若干具体问题的意见》(法发〔2010〕60号)

为规范司法实践中对自首和立功制度的运用,更好地贯彻落实宽严相济刑事政策,根据刑法、刑事诉讼法和《最高人民法院关于处理自首和立功具体应用法律若干问题的解释》(以下简称《解释》)等规定,对自首和立功若干具体问题提出如下处理意见:

一、关于"自动投案"的具体认定

《解释》第1条第(一)项规定7种应当视为自动投案的情形,体现了犯罪嫌疑人投案的主动性和自愿性。根据《解释》第1条第(一)项的规定,犯罪嫌疑人具有以下情形之一的,也应当视为自动投案:(1)犯罪后主动报案,虽未表明自己是作案人,但没有逃离现场,在司法机关询问时交代自己罪行的;(2)明知他人报案而在现场等待,抓捕时无拒捕行为,供认犯罪事实的;(3)在司法机关未确定犯罪嫌疑人,尚在一般性排查询问时主动交代自己罪行的;(4)因特定违法行为被采取劳动教养、行政拘留、司法拘留、强制隔离戒毒等行政、司法强制措施期间,主动向执行机关交代尚未被掌握的犯罪行为的;(5)其他符合立法本意,应当视为自动投案的情形。

罪行未被有关部门、司法机关发觉,仅因形迹可疑被盘问、教育后,主动交代了犯罪事实的,应当视为自动投案,但有关部门、司法机关在其身上、随身携带的物品、驾乘的交通工具等处发现与犯罪有关的物品的,不能认定为自动投案。

交通肇事后保护现场、抢救伤者,并向公安机关报告的,应认定为自动投案,构成自首的,因上述行为同时系犯罪嫌疑人的法定义务,对其是否从宽、从宽幅度要适当从严掌握。交通肇事逃逸后自动投案,如实供述自己罪行的,应认定为自首,但应依法以较重法定刑为基准,视情决定对其是否从宽处罚以及从宽处罚的幅度。

犯罪嫌疑人被亲友采用捆绑等手段送到司法机关,或者在亲友带领侦查人员前来抓捕时无拒捕行为,并如实供认犯罪事实的,虽然不能认定为自动投案,但可以参照法律对自首的有关规定酌情从轻处罚。

二、关于"如实供述自己的罪行"的具体认定

《解释》第1条第(二)项规定如实供述自己的罪行,除供述自己的主要犯罪事实外,还应包括姓名、年龄、职业、住址、前科等情况。犯罪嫌疑人供述的身份等情况与真实情况虽有差别,但不影响定罪量刑的,应认定为如实供述自己的罪行。犯罪嫌疑人自动投案后隐瞒自己的真实身份等情况,影响对其定罪量刑的,不能认定为如实供述自己的罪行。

犯罪嫌疑人多次实施同种罪行的,应当综合考虑已交代的犯罪事实与未交代的犯罪事实的危害程度,决定是否认定为如实供述主要犯罪事实。虽然投案后没有交代全部犯罪事实,但如实交代的犯罪情节重于未交代的犯罪情节,或者如实交代的犯罪数额多于未交代的犯罪数额,一般应认定为如实供述自己的主要犯罪事实。无法区分已交代的与未交代的犯罪情节的严重程度,或者已交代的犯罪数额与未交代的犯罪数额相当,一般不认定为如实供述自己的主要犯罪事实。

犯罪嫌疑人自动投案时虽然没有交代自己的主要犯罪事实,但在司法机关掌握其主要犯罪事实之前主动交代的,应认定为如实供述自己的罪行。

三、关于"司法机关还未掌握的本人其他罪行"和"不同种罪行"的具体认定

犯罪嫌疑人、被告人在被采取强制措施期间,向司法机关主动如实供述本人的其他罪行,该罪行能否认定为司法机关已掌握,应根据不同情形区别对待。如果该罪行已被通缉,一般应以该司法机关是否在通缉令发布范围内作出判断,不在通缉令发布范围内的,应认定为还未掌握,在通缉令发布范围内的,应视为已掌握;如果该罪行已录入全国公安信息网络在逃人员信息数据库,应视为已掌握。如果该罪行未被通缉、也未录入全国公安信息网络在逃人员信息数据库,应以该司法机关是否已实际掌握该罪行为标准。

犯罪嫌疑人、被告人在被采取强制措施期间如实供述本人其他罪行,该罪行与司法机关已掌握的罪行属同种罪行还是不同种罪行,一般应以罪名区分。虽然如实供述的其他罪行的罪名与司法机关已掌握犯罪的罪名不同,但如实供述的其他犯罪与司法机关已掌握的犯罪属选择性罪名或者在法律、事实上密切关联,如因受贿被采取强制措施后,又交代因受贿为他人谋取利益行为,构成滥用职权罪的,应认定为同种罪行。

四、关于立功线索来源的具体认定

犯罪分子通过贿买、暴力、胁迫等非法手段,或者被羁押后与律师、亲友会见过程中违反监管规定,获取他人犯罪线索并“检举揭发”的,不能认定为有立功表现。

犯罪分子将本人以往查办犯罪职务活动中掌握的,或者从负有查办犯罪、监管职责的国家工作人员处获取的他人犯罪线索予以检举揭发的,不能认定为有立功表现。

犯罪分子亲友为使犯罪分子“立功”,向司法机关提供他人犯罪线索、协助抓捕犯罪嫌疑人的,不能认定为犯罪分子有立功表现。

五、关于“协助抓捕其他犯罪嫌疑人”的具体认定

犯罪分子具有下列行为之一,使司法机关抓获其他犯罪嫌疑人的,属于《解释》第5条规定的“协助司法机关抓捕其他犯罪嫌疑人”:

(1)按照司法机关的安排,以打电话、发信息等方式将其他犯罪嫌疑人(包括同案犯)约至指定地点的;(2)按照司法机关的安排,当场指认、辨认其他犯罪嫌疑人(包括同案犯)的;(3)带领侦查人员抓获其他犯罪嫌疑人(包括同案犯)的;(4)提供司法机关尚未掌握的其他案件犯罪嫌疑人的联络方式、藏匿地址的,等等。

犯罪分子提供同案犯姓名、住址、体貌特征等基本情况,或者提供犯罪前、犯罪中掌握、使用的同案犯联络方式、藏匿地址,司法机关据此抓捕同案犯的,不能认定为协助司法机关抓捕同案犯。

六、关于立功线索的查证程序和具体认定

被告人在1、2审审理期间检举揭发他人犯罪行为或者提供侦破其他案件的重要线索,人民法院经审查认为该线索内容具体、指向明确的,应及时移交有关人民检察院或者公安机关依法处理。

侦查机关出具材料,表明在3个月内还不能查证并抓获被检举揭发的人,或者不能查实的,人民法院审理案件可不再等待查证结果。

被告人检举揭发他人犯罪行为或者提供侦破其他案件的重要线索经查证不属实,又重复提供同一线索,且没有提出新的证据材料的,可以不再查证。

根据被告人检举揭发破获的他人犯罪案件,如果已有审判结果,应当依据判决确认的事实认定是否查证属实;如果被检举揭发的他人犯罪案件尚未进入审判程序,可以依据侦查机关提供的书面查证情况认定是否查证属实。检举揭发的线索经查确有犯罪发生,或者确定了犯罪嫌疑人,可能构成重大立功,只是未能将犯罪嫌疑人抓获归案的,对可能判处死刑的被告人一般要留有余地,对其他被告人原则上应酌情从轻处罚。

被告人检举揭发或者协助抓获的人的行为构成犯罪,但因法定事由不追究刑事责任、不起诉、终止审理的,不影响对被告人立功表现的认定;被告人检举揭发或者协助抓获的人的行为应判处无期徒刑以上刑罚,但因具有法定、酌定从宽情节,宣告刑为有期徒刑或者更轻刑罚的,不影响对被告人重大立功表现的认定。

七、关于自首、立功证据材料的审查

人民法院审查的自首证据材料,应当包括被告人投案经过、有罪供述以及能够证明其投案情况的其他材料。投案经过的内容一般应包括被告人投案时间、地点、方式等。证据材料应加盖接受被告人投案的单位的印章,并有接受人员签名。

人民法院审查的立功证据材料,一般应包括被告人检举揭发材料及证明其来源的材料、司法机关的调查核实材料、被检举揭发人的供述等。被检举揭发案件已立案、侦破,被检举揭发人被采取强制措施、公诉或者审判的,还应审查相关的法律文书。证据材料应加盖接收被告人检举揭发材料的单位的印章,并有接收人员签名。

人民法院经审查认为证明被告人自首、立功的材料不规范、不全面的,应当由检察机关、侦查机关予以完善或者提供补充材料。

上述证据材料在被告人被指控的犯罪一、二审审理时已形成的,应当经庭审质证。

八、关于对自首、立功的被告人的处罚

对具有自首、立功情节的被告人是否从宽处罚、从宽处罚的幅度,应当考虑其犯罪事实、犯罪性质、犯罪情节、危害后果、社会影响、被告人的主观恶性和人身危险性等。自首的还应考虑投案的主动性、供述的及时性和稳定性等。立功的还应考虑检举揭发罪行的轻重、被检举揭发的人可能或者已经被判处的刑罚、提供的线索对侦破案件或者协助抓捕其他犯罪嫌疑人所起作用的大小等。

具有自首或者立功情节的,一般应依法从轻、减轻处罚;犯罪情节较轻的,可以免除处罚。类似情况下,对具有自首情节的被告人的从宽幅度要适当宽于具有立功情节的被告人。

虽然具有自首或者立功情节,但犯罪情节特别恶劣、犯罪后果特别严重、被告人主观恶性深、人身危险性大,或者在犯罪前即为规避法律、逃避处罚而准备自首、立功的,可以不从宽处罚。

对于被告人具有自首、立功情节,同时又有累犯、毒品再犯等法定从重处罚情节的,既要考虑自首、立功的具体情节,又要考虑被告人的主观恶性、人身危险性等因素,综合分析判断,确定从宽或者从严处罚。累犯的前罪为非暴力犯罪的,一般可以从宽处罚,前罪为暴力犯罪或者前、后罪为同类犯罪的,可以不从宽处罚。

在共同犯罪案件中,对具有自首、立功情节的被告人的处罚,应注意共同犯罪人以及首要分子、主犯、从犯之间的量刑平衡。犯罪集团的首要分子、共同犯罪的主犯检举揭发或者协助司法机关抓捕同案地位、作用较次的犯罪分子的,从宽处罚与否应当从严掌握,如果从轻处罚可能导致全案量刑失衡的,一般不从轻处罚;如果检举揭发或者协助司法机关抓捕的是其他案件中罪行同样严重的犯罪分子,一般应依法从宽处罚。对于犯罪集团的一般成员、共同犯罪的从犯立功的,特别是协助抓捕首要分子、主犯的,应当充分体现政策,依法从宽处罚。

9. 最高人民法院、最高人民检察院、公安部、司法部《关于限令拐卖妇女儿童犯罪人员投案自首的通告》(2011年1月1日)

为依法惩治拐卖妇女、儿童等犯罪,帮助更多的被拐卖妇女、儿童早日回归家庭和社会,切实贯彻落实宽严相济的刑事政策,增进社会和谐稳定,根据《中华人民共和国刑法》、《中华人民共和国刑事诉讼法》等法律及司法解释的规定,最高人民法院、最高人民检察院、公安部、司法部联合发布通告,限令拐卖妇女、儿童犯罪人员投案自首。通告内容如下:

一、限令实施或者参与拐卖妇女、儿童,收买被拐卖的妇女、儿童,聚众阻碍解救被拐卖的妇女、儿童的犯罪人员,自通告发布之日起至2011年3月31日到公安机关等有关单位、组织投案自首。

二、亲友应当积极规劝犯罪人员尽快投案自首,经亲友规劝、陪同投案的,或者亲友主动报案后将犯罪人员送去投案的,均视为自动投案。

三、在限令期限内自动投案的犯罪人员,如实供述自己罪行的,依法可以从轻或者减轻处罚;犯罪情节较轻的,可以免除处罚。被采取强制措施或正在服刑期间,如实供述司法机关尚未掌握的拐卖犯罪行为的,如果该罪行与司法机关已掌握的或者判决确定的罪行属不同种罪行的,以自首论;如果该罪行系司法机关尚未掌握的同种拐卖犯罪的,一般应当从轻处罚。

被追诉前主动向公安机关报案或者向有关单位反映,愿意让被收买妇女返回原居住地,或者将被收买儿童送回其家庭,或者将被收买妇女、儿童交给公安、民政、妇联等机关、组织,没有其他严重情节的,可以依法免予刑事处罚。

四、犯罪人员有检举、揭发他人拐卖妇女、儿童犯罪行为，经查证属实的，以及提供重要线索，从而得以侦破其他犯罪案件等立功表现的，或者协助司法机关抓获其他犯罪嫌疑人的，可以依法从轻或者减轻处罚；有重大立功表现的，可以依法减轻或者免除处罚。

犯罪后自首又有重大立功表现的，应当依法减轻或者免除处罚。

五、逾期拒不投案自首的，或者转移、藏匿被收买的妇女、儿童，阻碍其返回原居住地或者阻碍解救的，经查实，依法从严惩处。

六、鼓励广大人民群众积极举报、控告拐卖妇女、儿童犯罪。司法机关对举报人、控告人依法予以保护。对威胁、报复举报人、控告人的，应当依法追究刑事责任。

七、窝藏、包庇犯罪分子，帮助犯罪分子毁灭、伪造证据的，应当依法追究刑事责任。

八、本通告自发布之日起施行。

10.《中华人民共和国刑法修正案(8)》(2011 年 2 月 25 日第十一届全国人民代表大会常务委员会第十九次会议通过)

本条为《中华人民共和国刑法修正案(8)》第 8 条修改。

内容：八、在刑法第 67 条中增加 1 款作为第 3 款："犯罪嫌疑人虽不具有前两款规定的自首情节，但是如实供述自己罪行的，可以从轻处罚；因其如实供述自己罪行，避免特别严重后果发生的，可以减轻处罚。"

11. 最高人民法院《关于〈中华人民共和国刑法修正案(8)〉时间效力问题的解释》(法释〔2011〕9 号)

第 4 条 2011 年 4 月 30 日以前犯罪，虽不具有自首情节，但是如实供述自己罪行的，适用修正后刑法第 67 条第 3 款的规定。

12. 最高人民法院、最高人民检察院《关于办理行贿刑事案件具体应用法律若干问题的解释》(法释〔2012〕22 号)

第 8 条 行贿人被追诉后如实供述自己罪行的，依照刑法第 67 条第 3 款的规定，可以从轻处罚；因其如实供述自己罪行，避免特别严重后果发生的，可以减轻处罚。(全文详见本书《刑法》第 390 条相关内容)

13.《中华人民共和国反间谍法》(2014 年 11 月 1 日第十二届全国人大常委会第十一次会议通过；1993 年 2 月 22 日第七届全国人大常委会第三十次会议通过的《中华人民共和国国家安全法》同时废止)

第 27 条 境外机构、组织、个人实施或者指使、资助他人实施，或者境内机构、组织、个人与境外机构、组织、个人相勾结实施间谍行为，构成犯罪的，依法追究刑事责任。

实施间谍行为，有自首或者立功表现的，可以从轻、减轻或者免除处罚；有重大立功表现的，给予奖励。

第 40 条 本法自公布之日起施行。1993 年 2 月 22 日第七届全国人民代表大会常务委员会第三十次会议通过的《中华人民共和国国家安全法》同时废止。

14. 最高人民法院、最高人民检察院、公安部《关于敦促在逃人员投案自首的通告》(2019 年 7 月 23 日)

为贯彻落实宽严相济刑事政策，依法惩处犯罪行为，维护社会安定，保护人民群众生命财产安全，同时给在逃犯罪嫌疑人、被告人(以下统称"在逃人员")改过自新、争取宽大处理的机会，根据《中华人民共和国刑法》《中华人民共和国刑事诉讼法》的有关规定，特通告如下：

一、在逃人员自本通告发布之日起至 2019 年 10 月 31 日前自动投案，如实供述自己的罪行的，是自首。可以依法从轻或者减轻处罚；犯罪情节较轻的，可以依法免除处罚。

二、由于客观原因，本人不能在规定期限内到司法机关投案的，可以委托他人代为投案。

犯罪后逃跑,在被通缉、追捕过程中,主动投案的,经查实确已准备去投案,或者正在投案途中,被公安机关抓获的,视为自动投案。

三、在逃人员的亲友应当积极规劝其尽快投案自首。经亲友规劝、陪同投案的,或者亲友主动报案后将在逃人员送去投案的,视为自动投案。

四、在逃人员有检举、揭发他人犯罪行为,经查证属实的,以及提供重要线索,从而得以侦破其他案件,或者有积极协助司法机关抓获其他在逃人员等立功表现的,可以依法从轻或者减轻处罚;有重大立功表现的,可以依法减轻或者免除处罚。

五、在逃人员要认清形势,珍惜机会,尽快投案自首,争取从宽处理。在规定期限内拒不投案自首的,司法机关将依法惩处。任何人不得为在逃人员提供隐藏处所、财物、交通工具,为其通风报信或者作假证明包庇,或者提供其他便利条件帮助其逃匿。经查证属实,构成犯罪的,将依法追究刑事责任。

六、凡知悉在逃人员情况、信息的公民,都有义务向司法机关检举揭发。司法机关将对检举揭发人员依法予以保护和保密。对威胁、报复举报人、控告人,构成犯罪的,依法追究刑事责任。

七、本通告自发布之日起施行。

15. 中共中央纪律检查委员会《纪检监察机关处理主动投案问题的规定(试行)》(2019年7月)

第1条 为规范纪检监察机关在监督检查、审查调查中对主动投案的认定和处理,根据《中国共产党纪律处分条例》《中国共产党纪律检查机关监督执纪工作规则》等党内法规和《中华人民共和国监察法》等法律法规,结合工作实际,制定本规定。

第2条 本规定所称主动投案,是指:

(一)党员、监察对象的涉嫌违纪或者职务违法、职务犯罪问题,未被纪检监察机关掌握,或者虽被掌握,但尚未受到纪检监察机关的审查调查谈话、讯问或者尚未被采取留置措施时,主动向纪检监察机关投案;(二)涉案人员的涉嫌行贿犯罪或者共同职务违法、职务犯罪问题,未被纪检监察机关掌握,或者虽被掌握,但尚未受到纪检监察机关的询问、审查调查谈话、讯问或者尚未被采取留置措施时,主动向纪检监察机关投案。

第3条 本规定中的主动投案既包括涉嫌违纪或者职务违法人员向纪检监察机关投案的情形,也包括《中华人民共和国监察法》第31条规定的涉嫌职务犯罪人员向监察机关自动投案的情形。

第4条 有关人员主动向其所在党组织、单位或者有关负责人员投案,向有关巡视巡察机构投案,以及向公安机关、人民检察院、人民法院投案,视为主动投案。

第5条 有关人员具有以下情形之一的,应当视为主动投案:

(一)在初步核实阶段,尚未受到纪检监察机关谈话时主动投案的;(二)在纪检监察机关谈话函询过程中,主动交代纪检监察机关未掌握的涉嫌违纪或者职务违法、职务犯罪问题的;(三)因伤病等客观原因无法前往投案,先委托他人代为表达主动投案意愿,或者以书信、网络、电话、传真等方式表达主动投案意愿,后本人到纪检监察机关接受处理的;(四)涉嫌严重职务违法或者职务犯罪潜逃后又主动投案,包括在被通缉、抓捕过程中主动投案的;(五)经查实确已准备去投案,或者正在投案途中,被有关机关抓获的;(六)虽非完全出于本人主动,但经他人规劝、陪同投案的;(七)其他应当视为主动投案的情形。

第6条 涉嫌职务违法、职务犯罪的单位集体研究决定或者单位负责人决定而主动投案,或者单位直接负责的主管人员主动投案的,应当认定该单位主动投案。

单位主动投案的案件,需要追究相关人员责任的,参与集体研究并同意投案的人员、决定投案的单位负责人以及投案的单位直接负责的主管人员均应当认定为主动投案。

单位没有主动投案,直接责任人员主动投案的,该直接责任人员应当认定为个人主动投案。

第7条 纪检监察机关对有关人员进行初核谈话、审查调查谈话、讯问期间,或者采取留置措施后,有关人员主动交代纪检监察机关未掌握的本人涉嫌违纪或者职务违法、职务犯罪问题的,不认定为主动投案,但可以依规依纪依法从轻或者减轻处理。

主动投案后又有潜逃等逃避审查调查行为的,不认定为主动投案。

第8条 纪检监察机关的信访举报、监督检查、审查调查等部门,根据职责分工接待主动投案人员。纪检监察机关领导班子成员、巡视巡察机构也可以接待直接向其主动投案的人员。

第9条 有关人员向纪检监察机关信访举报、监督检查、审查调查等部门主动投案的,上述部门应当立即安排两名以上工作人员接待,核实其身份信息,简要了解拟交代的问题投案事由等,做好简要记录,并向本纪检监察机关相关负责人报告。

有关人员向巡视巡察机构主动投案的,有关巡视巡察机构按照前款的规定接待,向巡视巡察工作领导小组报告后通知有关纪检监察机关。

有关人员向纪检监察机关以外的组织、单位或者有关负责人员主动投案,有关组织、单位或者有关负责人员与纪检监察机关信访举报部门联系的,信访举报部门按照第一款的规定接待,报本纪检监察机关相关负责人批准,及时通知相关部门后将主动投案人接管带回。

第10条 信访举报部门接待主动投案人后,认为其交代的问题属于本纪检监察机关管辖的,报本纪检监察机关相关负人批准后,通知相关部门将主动投案人接管。

信访举报部门认为主动投案人交代的问题不属于本纪检监察机关管辖的,按照下列情形办理:

(一)属于上级纪检监察机关管辖的,报本纪检监察机关主要负责人批准后,逐级向上级纪检监察机关信访举报部门报告,根据上级纪检监察机关的意见办理;(二)属于下级纪检监察机关管辖的,应当报本纪检监察机关相关负责人审批后,及时通知下级纪检监察机关信访举报部门在24小时内将主动投案人接管,如认为由本机关管辖更为适宜的,报主要负责人批准后,可以通知本机关相关部门将主动投案人接管;(三)属于其他纪检监察机关管辖的,应当报本纪检监察机关相关负责人审批后,及时通知相关纪检监察机关信访举报部门在24小时内将主动投案人接管。

信访举报部门认为主动投案人交代的问题不属于纪检监察机关管辖的,应当及时通知有管辖权的机关将主动投案人接管。

相关纪检监察机关或者其他机关将主动投案人接管之前,由接待的纪检监察机关保障主动投案人的安全。

第11条 相关监督检查、审查调查部门根据职责分工安排人员与主动投案人开展谈话的,应当由两名以上工作人员在具备安全保障条件的场所进行,并形成谈话笔录。如有必要,可以由主动投案人另行写出书面说明。谈话过程原则上应当全程同步录音录像。

纪检监察机关领导班子成员接待主动投案人的,由该领导班子成员带领相关部门工作人员见面接谈后,将该主动投案人交由相关部门按前款规定的程序办理。

第12条 接谈部门综合分析主动投案人涉嫌违纪或者职务违法、职务犯罪的性质、数额、情节及其身体精神状况、串供、逃跑、安全风险等因素,按照以下情形提出处置建议并履行相应的审批程序:

(一)主动投案人交代的涉嫌违纪问题情节轻微,不需要给予纪律处分或者可能给予轻处分的,对其进行批评教育后由其自行离开;(二)主动投案人交代的涉嫌违纪或者职务违法、职务犯罪问题需要进一步核实,但情节较轻,主动投案人离开后不至于发生逃跑、自杀、串供或者伪造、隐匿、毁灭证据等情形的,安排"走读式"谈话;(三)主动投案人交代的涉嫌违纪或者职务违法、职务犯罪问题严重,存在安全等风险不适宜离开的,应当采取留置措施;(四)主动投案人还涉嫌其他机关管辖的违法犯罪的可以协调有关机关对其采取强制措施。

第13条 纪检监察机关应当制定快速采取留置措施的工作预案,需要尽快对主动投案人依法采取留置措施的,承办部门应当立即办理立案、留置相关手续。

情况紧急的,可以先以电话、内网邮件、传真等方式报批后采取留置措施,并在3个工作日内补办相关正式书面手续。

立案、留置须报中央批准的,应当在与主动投案人谈话的同时,以书面形式正式报批。

第14条 本规定适用于各级纪检监察机关和纪检监察机构。

第15条 本规定自印发之日起施行。

16.最高人民法院、最高人民检察院、公安部、司法部《关于跨省异地执行刑罚的黑恶势力罪犯坦白检举构成自首立功若干问题的意见》(2019年10月21日)

为认真贯彻落实中央开展扫黑除恶专项斗争的部署要求,根据刑法、刑事诉讼法和有关司法解释、规范性文件的规定,现对办理跨省异地执行刑罚的黑恶势力罪犯坦白交代本人犯罪和检举揭发他人犯罪案件提出如下意见:

一、总体工作要求

1.人民法院、人民检察院、公安机关、监狱要充分认识黑恶势力犯罪的严重社会危害,在办理案件中加强沟通协调,促使黑恶势力罪犯坦白交代本人犯罪和检举揭发他人犯罪,进一步巩固和扩大扫黑除恶专项斗争成果。

2.人民法院、人民检察院、公安机关、监狱在办理跨省异地执行刑罚的黑恶势力罪犯坦白、检举构成自首、立功案件中,应当贯彻宽严相济刑事政策,充分发挥职能作用,坚持依法办案,快办快结,保持密切配合,形成合力,实现政治效果、法律效果和社会效果的统一。

二、排查和移送案件线索

3.监狱应当依法从严管理跨省异地执行刑罚的黑恶势力罪犯,积极开展黑恶势力犯罪线索排查,加大政策宣讲力度,教育引导罪犯坦白交代司法机关还未掌握的本人其他犯罪行为,鼓励罪犯检举揭发他人犯罪行为。

4.跨省异地执行刑罚的黑恶势力罪犯检举揭发他人犯罪行为、提供重要线索,或者协助司法机关抓捕其他犯罪嫌疑人的,各部门在办案中应当采取必要措施,保护罪犯及其近亲属人身和财产安全。

5.跨省异地执行刑罚的黑恶势力罪犯坦白、检举的,监狱应当就基本犯罪事实、涉案人员和作案时间、地点等情况对罪犯进行询问,形成书面材料后报省级监狱管理机关。省级监狱管理机关根据案件性质移送原办案侦查机关所在地省级公安机关、人民检察院或者其他省级主管部门。

6.原办案侦查机关所在地省级公安机关、人民检察院收到监狱管理机关移送的案件线索材料后,应当进行初步审查。经审查认为属于公安机关或者人民检察院管辖的,应当按照有关管辖的规定处理。经审查认为不属于公安机关或者人民检察院管辖的,应当及时退回移送的省级监狱管理机关,并书面说明理由。

三、办理案件程序

7.办案侦查机关收到罪犯坦白、检举案件线索或者材料后,应当及时进行核实。依法不予立案的,应当说明理由,并将不予立案通知书送达罪犯服刑监狱。依法决定立案的,应当在立案后10日内,将立案情况书面告知罪犯服刑监狱。依法决定撤销案件的,应当将案件撤销情况书面告知罪犯服刑监狱。

8. 人民检察院审查起诉跨省异地执行刑罚的黑恶势力罪犯坦白、检举案件,依法决定不起诉的,应当在作出不起诉决定后10日内将有关情况书面告知罪犯服刑监狱。

9. 人民法院审理跨省异地执行刑罚的黑恶势力罪犯坦白案件,可以依法适用简易程序、速裁程序。有条件的地区,可以通过远程视频方式开庭审理。判决生效后10日内,人民法院应当向办案侦查机关和罪犯服刑监狱发出裁判文书。

10. 跨省异地执行刑罚的黑恶势力罪犯在服刑期间,检举揭发他人犯罪、提供重要线索,或者协助司法机关抓捕其他犯罪嫌疑人的,办案侦查机关应当在人民法院判决生效后10日内根据人民法院判决对罪犯是否构成立功或重大立功提出书面意见,与案件相关材料一并送交监狱。

11. 跨省异地执行刑罚的黑恶势力罪犯在原审判决生效前,检举揭发他人犯罪活动、提供重要线索,或者协助司法机关抓捕其他犯罪嫌疑人的,在原审判决生效后才被查证属实的,参照本意见第10条情形办理。

12. 跨省异地执行刑罚的黑恶势力罪犯检举揭发他人犯罪,构成立功或者重大立功的,监狱依法向人民法院提请减刑。对于检举他人犯罪行为基本属实,但未构成立功或者重大立功的,监狱可以根据有关规定给予日常考核奖励或者物质奖励。

13. 公安机关、人民检察院、人民法院认为需要提审跨省异地执行刑罚的黑恶势力罪犯的,提审人员应当持工作证等有效证件和县级以上公安机关、人民检察院、人民法院出具的介绍信等证明材料到罪犯服刑监狱进行提审。

14. 公安机关、人民检察院、人民法院认为需要将异地执行刑罚的黑恶势力罪犯跨省解回侦查、起诉、审判的,办案地省级公安机关、人民检察院、人民法院应当先将解回公函及相关材料送监狱所在地省级公安机关、人民检察院、人民法院审核。经审核确认无误的,监狱所在地省级公安机关、人民检察院、人民法院应当出具确认公函,与解回公函及材料一并转送监狱所在地省级监狱管理机关审批。监狱所在地省级监狱管理机关应当在收到上述材料后3日内作出是否批准的书面决定。批准将罪犯解回侦查、起诉、审判的,办案地公安机关、人民检察院、人民法院应当派员到监狱办理罪犯离监手续。案件办理结束后,除将罪犯依法执行死刑外,应当将罪犯押解回原服刑监狱继续服刑。

15. 本意见所称"办案侦查机关",是指依法对案件行使侦查权的公安机关、人民检察院。

17. 最高人民检察院《第20批指导性案例李某波贪污案》(检例第74号;2020年7月21日)

(详见本书《刑法》第383条相关内容)

18. 最高人民检察院《第20批指导性案例金某某受贿案》(检例第75号;2020年7月21日)

(详见本书《刑法》第383条相关内容)

19. 最高人民检察院《第20批指导性案例张某受贿,郭某行贿、职务侵占、诈骗案》(检例第76号;2020年7月21日)

(详见本书《刑法》第383条相关内容)

20. 最高人民检察院《第22批指导性案例钱某故意伤害案》(检例第82号;2020年11月24日)

(详见本书《刑法》第234条该节内容)

21. 最高人民检察院《第26批指导性案例姚某龙等5人假冒注册商标案》(检例第101号;2021年2月4日)

(全文详见本书《刑法》第213条相关内容)

22. 最高人民法院、最高人民检察院《关于常见犯罪的量刑指导意见(试行)》(法发〔2021〕21号)

三、常见量刑情节的适用

(六)对于自首情节,综合考虑自首的动机、时间、方式、罪行轻重、如实供述罪行的程度以及悔罪表现等情况,可以减少基准刑的40%以下;犯罪较轻的,可以减少基准刑的40%以上或者依法免除处罚。恶意利用自首规避法律制裁等不足以从宽处罚的除外。

(七)对于坦白情节,综合考虑如实供述罪行的阶段、程度、罪行轻重以及悔罪表现等情况,确定从宽的幅度。

1. 如实供述自己罪行的,可以减少基准刑的20%以下;

2. 如实供述司法机关尚未掌握的同种较重罪行的,可以减少基准刑的10%-30%;

3. 因如实供述自己罪行,避免特别严重后果发生的,可以减少基准刑的30%-50%。

(八)对于当庭自愿认罪的,根据犯罪的性质、罪行的轻重、认罪程度以及悔罪表现等情况,可以减少基准刑的10%以下。依法认定自首、坦白的除外。

(十四)对于被告人认罪认罚的,综合考虑犯罪的性质、罪行的轻重、认罪认罚的阶段、程度、价值、悔罪表现等情况,可以减少基准刑的30%以下;具有自首、重大坦白、退赃退赔、赔偿谅解、刑事和解等情节的,可以减少基准刑的60%以下,犯罪较轻的,可以减少基准刑的60%以上或者依法免除处罚。认罪认罚与自首、坦白、当庭自愿认罪、退赃退赔、赔偿谅解、刑事和解、羁押期间表现好等量刑情节不作重复评价。(全文详见本书(刑法)第61条相关内容)

第68条 【立功】犯罪分子有揭发他人犯罪行为,查证属实的,或者提供重要线索,从而得以侦破其他案件等立功表现的,可以从轻或者减轻处罚;有重大立功表现的,可以减轻或者免除处罚。

(本条《中华人民共和国刑法(8)》修改)

•释义

立功的一种形式是揭发他人的犯罪行为,并且经过查证属实。立功的另一表现形式是提供重要线索,从而得以侦破其他案件的。

对于有立功表现的犯罪分子,可以从轻或者减轻处罚;对于有重大立功表现的,可以减轻或者免除处罚。

•关联法律

1. 最高人民法院《关于适用刑法时间效力规定若干问题的解释》(法释〔1997〕5号)

第4条 1997年9月30日以前被采取强制措施的犯罪嫌疑人、被告人或者1997年9月30日以前犯罪,1997年10月1日以后仍在服刑的罪犯,如实供述司法机关还未掌握的本人其他罪行的,适用刑法第67条第2款的规定。

第5条 1997年9月30日以前犯罪的犯罪分子,有揭发他人犯罪行为,或者提供重要线索,从而得以侦破其他案件等立功表现的,适用刑法第68条的规定。

2. 最高人民法院《关于处理自首和立功具体应用法律若干问题的解释》(法释〔1998〕8号)第5条至第7条

第5条 根据刑法第68条第1款的规定,犯罪分子到案后有检举、揭发他人犯罪行为,包括共同犯罪案件中的犯罪分子揭发同案犯共同犯罪以外的其他犯罪,经查证属实;提供侦破其他案件的重要线索,经查证属实;阻止他人犯罪活动;协助司法机关抓捕其他犯罪嫌疑人(包括同案犯);具有其他有利于国家和社会的突出表现的,应当认定为有立功表现。

第6条 共同犯罪案件的犯罪分子到案后,揭发同案犯共同犯罪事实的,可以酌情予以从轻处罚。

第7条 根据刑法第68条第1款的规定,犯罪分子有检举、揭发他人重大犯罪行为,经查证属实;提供侦破其他重大案件的重要线索,经查证属实;阻止他人重大犯罪活动;协助司法机关抓捕其他重大犯罪嫌疑人(包括同案犯);对国家和社会有其他重大贡献等表现的,应当认定为有重大立功表现。

前款所称"重大犯罪"、"重大案件"、"重大犯罪嫌疑人"的标准,一般是指犯罪嫌疑人、被告人可能被判处无期徒刑以上刑罚或者案件在本省、自治区、直辖市或者全国范围内有较大影响等情形。

3. 最高人民法院《全国部分法院审理毒品犯罪案件工作座谈会纪要》(法〔2008〕324号)第7条

7. 毒品案件的立功问题

共同犯罪中同案犯的基本情况,包括同案犯姓名、住址、体貌特征、联络方式等信息,属于被告人应当供述的范围。公安机关根据被告人供述抓获同案犯的,不应认定其有立功表现。被告人在公安机关抓获同案犯过程中确实起到协助作用的,例如,经被告人现场指认、辨认抓获了同案犯;被告人带领公安人员抓获了同案犯;被告人提供了不为有关机关掌握或者有关机关按照正常工作程序无法掌握的同案犯藏匿的线索,有关机关据此抓获了同案犯;被告人交代了与同案犯的联系方式,又按要求与对方联络,积极协助公安机关抓获了同案犯等,属于协助司法机关抓获同案犯,应认定为立功。

关于立功从宽处罚的把握,应以功是否足以抵罪为标准。在毒品共同犯罪案件中,毒枭、毒品犯罪集团首要分子、共同犯罪的主犯、职业毒犯、毒品惯犯等,由于掌握同案犯、从犯、马仔的犯罪情况和个人信息,被抓获后往往能协助抓捕同案犯,获得立功或者重大立功。对其是否从宽处罚以及从宽幅度的大小,应当主要看功是否足以抵罪,即应结合被告人罪行的严重程度、立功大小综合考虑。要充分注意毒品共同犯罪人以及上、下家之间的量刑平衡。对于毒枭等严重毒品犯罪分子立功的,从轻或者减轻处罚应当从严掌握。如果其罪行极其严重,只有一般立功表现,功不足以抵罪的,可不予从轻处罚;如果其检举、揭发的是其他犯罪案件中罪行同样严重的犯罪分子,或者协助抓获的是同案中的其他首要分子、主犯,功足以抵罪的,原则上可以从轻或者减轻处罚;如果协助抓获的只是同案中的从犯或者马仔,功不足以抵罪,或者从轻处罚后全案处刑明显失衡的,不予从轻处罚。相反,对于从犯、马仔立功,特别是协助抓获毒枭、首要分子、主犯的,应当从轻处罚,直至依法减轻或者免除处罚。

被告人亲属为了使被告人得到从轻处罚,检举、揭发他人犯罪或者协助司法机关抓捕其他犯罪人的,不能视为被告人立功。同监犯将本人或者他人尚未被司法机关掌握的犯罪事实告知被告人,由被告人检举揭发的,如经查证属实,虽可认定被告人立功,但是否从宽处罚、从宽幅度大小,应与通常的立功有所区别。通过非法手段或者非法途径获取他人犯罪信息,如从国家工作人员处贿买他人犯罪信息,通过律师、看守人员等非法途径获取他人犯罪信息,由被告人检举揭发的,不能认定为立功,也不能作为酌情从轻处罚情节。(全文详见本书《刑法》

第347条相关内容)

4. 最高人民法院、最高人民检察院《关于办理职务犯罪案件认定自首、立功等量刑情节若干问题的意见》(法发〔2009〕13号)

二、关于立功的认定和处理

立功必须是犯罪分子本人实施的行为。为使犯罪分子得到从轻处理,犯罪分子的亲友直接向有关机关揭发他人犯罪行为,提供侦破其他案件的重要线索,或者协助司法机关抓捕其他犯罪嫌疑人的,不应当认定为犯罪分子的立功表现。

据以立功的他人罪行材料应当指明具体犯罪事实;据以立功的线索或者协助行为对于侦破案件或者抓捕犯罪嫌疑人要有实际作用。犯罪分子揭发他人犯罪行为时没有指明具体犯罪事实的;揭发的犯罪事实与查实的犯罪事实不具有关联性的;提供的线索或者协助行为对于其他案件的侦破或者其他犯罪嫌疑人的抓捕不具有实际作用的,不能认定为立功表现。

犯罪分子揭发他人犯罪行为,提供侦破其他案件重要线索的,必须经查证属实,才能认定为立功。审查是否构成立功,不仅要审查办案机关的说明材料,还要审查有关事实和证据以及与案件定性处罚相关的法律文书,如立案决定书、逮捕决定书、侦查终结报告、起诉意见书、起诉书或者判决书等。

据以立功的线索、材料来源有下列情形之一的,不能认定为立功:

(1)本人通过非法手段或者非法途径获取的;(2)本人因原担任的查禁犯罪等职务获取的;(3)他人违反监管规定向犯罪分子提供的;(4)负有查禁犯罪活动职责的国家机关工作人员或者其他国家工作人员利用职务便利提供的。

犯罪分子检举、揭发的他人犯罪,提供侦破其他案件的重要线索,阻止他人的犯罪活动,或者协助司法机关抓捕的其他犯罪嫌疑人,犯罪嫌疑人、被告人依法可能被判处无期徒刑以上刑罚的,应当认定为有重大立功表现。其中,可能被判处无期徒刑以上刑罚,是指根据犯罪行为的事实、情节可能判处无期徒刑以上刑罚。案件已经判决的,以实际判处的刑罚为准。但是,根据犯罪行为的事实、情节应当判处无期徒刑以上刑罚,因被判刑人有法定情节经依法从轻、减轻处罚后判处有期徒刑的,应当认定为重大立功。

对于具有立功情节的犯罪分子,应当根据犯罪的事实、性质、情节和对于社会的危害程度,结合立功表现所起作用的大小、所破获案件的罪行轻重、所抓获犯罪嫌疑人可能判处的法定刑以及立功的时机等具体情节,依法决定是否从轻、减轻或者免除处罚以及从轻、减轻处罚的幅度。(全文详见本书《刑法》第67条相关内容)

5. 最高人民法院《关于贯彻宽严相济刑事政策的若干意见》(法发〔2010〕9号)

18. 对于被告人检举揭发他人犯罪构成立功的,一般均应当依法从宽处罚。对于犯罪情节不是十分恶劣,犯罪后果不是十分严重的被告人立功的,从宽处罚的幅度应当更大。

33. 在共同犯罪案件中. 对于主犯或首要分子检举、揭发同案地位、作用较次犯罪分子构成立功的,从轻或者减轻处罚应当从严掌握,如果从轻处罚可能导致全案量刑失衡的,一般不予从轻处罚;如果检举、揭发的是其他犯罪案件中罪行同样严重的犯罪分或者协助抓获的是同案中的其他主犯、首要分子的,原则上应予依法从轻或者减轻处罚。对于从犯或犯罪集团中的一般成员立功,特别是协助抓获主犯、首要分子的,应当充分体现政策,依法从轻、减轻或者免除处罚。(全文详见本书《刑法》第5条相关内容)

6. 最高人民法院《关于处理自首和立功若干具体问题的意见》(法发〔2010〕60号)

(详见本书《刑法》第67条相关内容)

7. 最高人民法院、最高人民检察院、公安部、司法部《关于限令拐卖妇女儿童犯罪人员投案自首的通告》(2011年1月1日)

(详见本书《刑法》第67条相关内容)

8.《中华人民共和国刑法修正案(8)》(2011年2月25日第十一届全国人大常委会第十九次会议通过)第9条

本条为《中华人民共和国刑法修正案(8)》第9条修改。

内容:九、删去刑法第68条第2款。(修改前刑法第68条为:犯罪分子有揭发他人犯罪行为,查证属实的,或者提供重要线索,从而得以侦破其他案件等立功表现的,可以从轻或者减轻处罚;有重大立功表现的,可以减轻或者免除处罚。

犯罪后自首又有重大立功表现的,应当减轻或者免除处罚)

9. 最高人民法院《关于〈中华人民共和正案(8)〉时间效力问题的解释》(法释〔2011〕9号)

第5条 2011年4月30日以前犯罪,犯罪后自首又有重大立功表现的,适用修正前刑法第68条第2款的规定。

10. 最高人民法院研究室《关于罪犯在刑罚执行期间的发明创造能否按照重大立功表现作为对其漏罪审判时的量刑情节问题的答复》(法研〔2011〕79号)

青海省高级人民法院:你院(2010)青刑终字第62号《关于被告人在刑罚执行期间的发明创造能否按照重大立功表现作为对其漏罪审判时的量刑情节问题的请示》收悉。经研究,答复如下:罪犯在服刑期间的发明创造构成立功或者重大立功的,可以作为依法减刑的条件予以考虑,但不能作为追诉漏罪的法定量刑情节考虑。

11. 最高人民法院、最高人民检察院《关于办理行贿刑事案件具体应用法律若干问题的解释》(法释〔2012〕22号)

第9条 行贿人揭发受贿人与其行贿无关的其他犯罪行为,查证属实的,依照刑法第68条关于立功的规定,可以从轻、减轻或者免除处罚。(全文详见本书《刑法》第390条相关内容)

12.《中华人民共和国反间谍法》(2014年11月1日第十二届全国人大常委会第十一次会议通过;1993年2月22日第七届全国人大常委会第三十次会议通过的《中华人民共和国国家安全法》同时废止)

第27条 境外机构、组织、个人实施或者指使、资助他人实施,或者境内机构、组织、个人与境外机构、组织、个人相勾结实施间谍行为,构成犯罪的,依法追究刑事责任。

实施间谍行为,有自首或者立功表现的,可以从轻、减轻或者免除处罚;有重大立功表现的,给予奖励。

13. 最高人民法院、最高人民检察院《关于常见犯罪的量刑指导意见(试行)》(法发〔2021〕21号)

三、常见量刑情节的适用

(九)对于立功情节,综合考虑立功的大小、次数、内容、来源、效果以及罪行轻重等情况,确定从宽的幅度。

1. 一般立功的,可以减少基准刑的20%以下;

2. 重大立功的,可以减少基准刑的20%-50%;犯罪较轻的,减少基准刑的50%以上或者依法免除处罚。(全文详见本书《刑法》第61条相关内容)

第四节　数罪并罚

第69条　【判决宣告前一人犯数罪的并罚】 判决宣告以前1人犯数罪的，除判处死刑和无期徒刑的以外，应当在总和刑期以下、数刑中最高刑期以上，酌情决定执行的刑期，但是管制最高不能超过3年，拘役最高不能超过1年，有期徒刑总和刑期不满35年的，最高不能超过20年，总和刑期在35年以上的，最高不能超过25年。

数罪中有判处有期徒刑和拘役的，执行有期徒刑。数罪中有判处有期徒刑和管制，或者拘役和管制的，有期徒刑、拘役执行完毕后，管制仍须执行。

数罪中有判处附加刑的，附加刑仍须执行，其中附加刑种类相同的，合并执行，种类不同的，分别执行。

（本条《中华人民共和国刑法修正案(8)》第1次修改；《中华人民共和国刑法修正案(9)》第2次修改）

● 释义

判决宣告前1人犯数罪的刑期计算，一种情况是犯罪分子因其中一罪被判处死刑或无期徒刑，那么数罪并罚的结果就是判处死刑或无期徒刑；如果没有被判处死刑或无期徒刑，数罪并罚的刑期要在总和刑期以下、数刑中最高刑期以上，但是管制最高不能超过3年，拘役最高不能超过1年，有期徒刑总和刑期不满35年的，最高不能超过20年，总和刑期在35年以上的，最高不能超过25年。

数罪中的拘役刑可以被有期徒刑吸收，不再单独执行；但是数罪中的管制不能被拘役或有期徒刑吸收，仍然要在拘役或有期徒刑执行完毕后执行。

种类相同的附加刑要相加执行，种类不同的，分别执行。

● 关联法律

1. 最高人民法院《关于对数罪中有判处无期徒刑以上刑罚的案件如何实行数罪并罚的通知》（法(刑一)发〔1987〕16号）

（法释〔2013〕2号已声明该文件废止）

2. 最高人民法院研究室《关于一人犯数罪可否分别判处死刑、死缓再决定执行刑罚问题的答复》（1993年8月7日）

（法释〔2013〕2号已声明该文件废止）

3. 最高人民法院《关于在附加剥夺政治权利执行期间重新犯罪的被告人是否适用数罪并罚问题的批复》（法复〔1994〕8号）

（法释〔2013〕2号已声明该文件废止）

4. 最高人民检察院法律政策研究室《关于对数罪并罚决定执行刑期为3年以下有期徒刑的犯罪分子能否适用缓刑问题的复函》（〔1998〕高检研发第16号）

山东省人民检察院研究室：你院鲁检发研字〔1998〕第10号《关于对数罪并罚决定执行刑期3年以下的犯罪分子能否适用缓刑的请示》收悉，经研究，答复如下：

根据刑法第72条的规定，可以适用缓刑的对象是被判处拘役、3年以下有期徒刑的犯罪分子；条件是根据犯罪分子的犯罪情节和悔罪表现，适用缓刑确实不致再危害社会。对于判决宣告以前犯数罪的犯罪分子,只要判决执行的刑罚为拘役、3年以下有期徒刑,且符合根据犯罪分子的犯罪情节和悔罪表现,适用缓刑确实不致再危害社会的案件,依法可以适用缓刑。

5. 最高人民法院《关于适用财产刑若干问题的规定》(法释〔2000〕45号)

第3条 依法对犯罪分子所犯数罪分别判处罚金的,应当实行并罚,将所判处的罚金数额相加,执行总和数额。

一人犯数罪依法同时并处罚金和没收财产的,应当合并执行;但并处没收全部财产的,只执行没收财产刑。(全文详见本书《刑法》第64条相关内容)

6.《中华人民共和国刑法修正案(8)》(2011年2月25日第十一届全国人民代表大会常务委员会第十九次会议通过)

本条为《中华人民共和国刑法修正案(8)》第10条修改。

内容:十、将刑法第69条修改为:"判决宣告以前1人犯数罪的,除判处死刑和无期徒刑的以外,应当在总和刑期以下、数刑中最高刑期以上,酌情决定执行的刑期,但是管制最高不能超过3年,拘役最高不能超过1年,有期徒刑总和刑期不满35年的,最高不能超过20年,总和刑期在35年以上的,最高不能超过25年。

"数罪中有判处附加刑的,附加刑仍须执行,其中附加刑种类相同的,合并执行,种类不同的,分别执行。"

7. 最高人民法院《关于〈中华人民共和国刑法修正(8)〉时间效力问题的解释》(法释〔2011〕9号)

第6条 2011年4月30日以前1人犯数罪,应当数罪并罚的,适用修正前刑法第69条的规定;2011年4月30日前后一人犯数罪,其中一罪发生在2011年5月1日以后的,适用修正后刑法第69条的规定。

8. 最高人民法院《关于罪犯因漏罪、新罪数罪并罚时原减刑裁定应如何处理的意见》(法〔2012〕44号)

我院接到一些地方高级人民法院关于判决宣告以后,刑罚执行完毕以前,罪犯因漏罪或者又犯新罪数罪并罚时,原减刑裁定应如何处理的请示。为统一法律适用,经研究,提出如下意见:

罪犯被裁定减刑后,因被发现漏罪或者又犯新罪而依法进行数罪并罚时,经减刑裁定减去的刑期不计入已经执行的刑期。

在此后对因漏罪数罪并罚的罪犯依法减刑,决定减刑的频次、幅度时,应当对其原经减刑裁定减去的刑期酌予考虑。

9.《中华人民共和国刑法修正案(9)》(2015年8月29日第十二届全国人民代表大会常委会第十六次会议通过)

本条为《中华人民共和国刑法修正案(9)》第4条修改。

内容:四、在刑法第69条中增加1款作为第2款:"数罪中有判处有期徒刑和拘役的,执行有期徒刑。数罪中有判处有期徒刑和管制,或者拘役和管制的,有期徒刑、拘役执行完毕后,管制仍须执行。"

原第2款作为第3款。

10. 最高人民法院《关于〈中华人民共和国刑法修正案(9)〉时间效力问题的解释》(法释〔2015〕19号)

第3条 对于2015年10月31日以前1人犯数罪,数罪中有判处有期徒刑和拘役,有期徒刑和管制,或者拘役和管制,予以数罪并罚的,适用修正后刑法第69条第2款的规定。

11. 全国人大常委会法制工作委员会《关于对被告人在罚金刑执行完毕前又犯新罪的罚金应否与未执行完毕的罚金适用数罪并罚问题的答复意见》(法工办复〔2017〕2 号)

最高人民检察院办公厅:你厅《关于对被告人在罚金刑执行完毕前又犯新罪的罚金应否与未执行完毕的罚金适用数罪并罚问题征求意见的函》(高检办字〔2017〕281 号)收悉。经研究,答复如下:刑法第 71 条中的"刑罚执行完毕以前"应是指主刑执行完毕以前。如果被告人主刑已执行完毕,只是罚金尚未执行完毕的,根据刑法第 53 条的规定,人民法院在任何时候发现有可以执行的财产,应当随时追缴。因此,被告人前罪主刑已执行完毕,罚金尚未执行完毕的,应当由人民法院继续执行尚未执行完毕的罚金,不必与新罪判处的罚金数罪并罚。

12. 最高人民检察院《第 25 批指导性案例黄某某等人重大责任事故、谎报安全事故案》(检例第 96 号;2021 年 1 月 20 日)

(全文详见本书《刑法》第 134 条相关内容)

第 70 条 【判决宣告后发现漏罪的并罚】 判决宣告以后,刑罚执行完毕以前,发现被判刑的犯罪分子在判决宣告以前还有其他罪没有判决的,应当对新发现的罪作出判决,把前后两个判决所判处的刑罚,依照本法第 69 条的规定,决定执行的刑罚。已经执行的刑期,应当计算在新判决决定的刑期以内。

• 释义

宣判后发现漏罪的并罚原则是"先并后减",即将先后两个罪的刑罚合并,合并原则依照第 69 条,再减去已经执行的刑期,就是剩余要执行的刑期。

• 关联法律

1. 最高人民法院研究室《关于对拘役犯在缓刑期间发现其隐瞒余罪判处有期徒刑应如何执行问题的电话答复》(1984 年 9 月 17 日)

(法释〔2019〕11 号已声明该文件废止)

2. 最高人民法院《关于判决宣告后又发现判刑的犯罪分子的同种漏罪是否实行数罪并罚问题的批复》(法复〔1993〕3 号)

江西省高级人民法:你院赣高法〔1992〕39 号《关于判决宣告后又发现被判刑的犯罪分子的同种漏罪是否按数罪并罚处理的请示》收悉。经研究,批复如下:

人民法院的判决宣告并已发生法律效力以后,刑罚还没有执行完毕以前,发现被判刑的犯罪分子在判决宣告以前还有其他罪没有判决的,不论新发现的罪与原判决的罪是否属于同种罪,都应当依照刑法的规定实行数罪并罚。但如果在第一审人民法院的判决宣告以后,被告人提出上诉或者人民检察院提出抗诉,判决尚未发生法律效力的,第二审人民法院在审理期间,发现原审被告人在第一审判决宣告以前还有同种漏罪没有判决的,第二审人民法院应当依照刑事诉讼法的规定,裁定撤销原判,发回原审人民法院重新审判,第一审人民法院重新审判时,不适用刑法关于数罪并罚的规定。

3. 最高人民法院研究室《关于罪犯在刑罚执行期间的发明创造能否按照重大立功表现作为对其漏罪审判时的量刑情节问题的答复》(法研〔2011〕79 号)

青海省高级人民法院:你院〔2010〕青刑终字第 62 号《关于被告人在刑罚执行期间的发明创造能否按照重大立功表现作为对其漏罪审判时的量刑情节问题的请示》收悉。经研究,答复如下:

罪犯在服刑期间的发明创造构成立功或者重大立功的,可以作为依法减刑的条件予以考虑,但不能作为追诉漏罪的法定量刑情节考虑。

4. 最高人民法院《关于罪犯因漏罪、新罪数罪并罚时原减刑裁定应如何处理的意见》(法〔2012〕44号)

近期,我院接到一些地方高级人民法院关于判决宣告以后,刑罚执行完毕以前,罪犯因漏罪或者又犯新罪数罪并罚时,原减刑裁定应如何处理的请示。为统一法律适用,经研究,提出如下意见:

罪犯被裁定减刑后,因被发现漏罪或者又犯新罪而依法进行数罪并罚时,经减刑裁定减去的刑期不计入已经执行的刑期。

在此后对因漏罪数罪并罚的罪犯依法减刑,决定减刑的频次、幅度时,应当对其原经减刑裁定减去的刑期酌予考虑。

第71条 【判决宣告后又犯新罪的并罚】 判决宣告以后,刑罚执行完毕以前,被判刑的犯罪分子又犯罪的,应当对新犯的罪作出判决,把前罪没有执行的刑罚和后罪所判处的刑罚,依照本法第69条的规定,决定执行的刑罚。

• 释义

宣判后又犯新罪的并罚原则是"先减后并",即先减去已经执行的前罪刑罚,将剩余刑罚与后罪所判处的刑罚合并。合并原则依照第69条。

• 关联法律

1. 最高人民法院研究室《关于对再审改判前因犯新罪被加刑的罪犯再审时如何确定执行的刑罚问题的电话答复》(1989年5月24日)

湖北省高级人民法院:你院鄂法研〔1988〕33号《关于对再审改判前因犯新罪被加刑的罪犯再审时应如何确定执行的刑罚问题的请示报告》收悉。经研究,答复如下:

原则上同意你院意见,即对于再审改判前因犯新罪被加刑的罪犯,在对其前罪再审时,应当将罪犯犯新罪时的判决中关于前罪与新罪并罚的内容撤销,并把经再审改判后的前罪没有执行完的刑罚和新罪已判处的刑罚,按照刑法第66条的规定依法数罪并罚。关于原前罪与新罪并罚的判决由哪个法院撤销,应视具体情况确定:如果再审法院是对新罪作出判决的法院的上级法院,或者是对新罪作出判决的同一法院,可以由再审法院撤销;否则,应由对新罪作出判决的法院撤销。对于前罪经再审改判为无罪或者免予刑事处分的,其已执行的刑期可以折抵新罪的刑期。执行本答复中遇有新的情况或问题,请及时报告我们。

2. 最高人民法院《关于在执行附加刑剥夺政治权利期间犯新罪应如何处理的批复》(法释〔2009〕10号)

(详见本书《刑法》第55条相关内容)

3. 全国人大常委会法制工作委员会《关于对被告人在罚金刑执行完毕前又犯新罪的罚金应否与未执行完毕的罚金适用数罪并罚问题的答复意见》(法工办复〔2017〕2号)

(详见本书《刑法》第69条相关内容)

第五节 缓 刑

第 72 条 【缓刑的适用条件】 对于被判处拘役、3 年以下有期徒刑的犯罪分子，同时符合下列条件的，可以宣告缓刑，对其中不满 18 周岁的人、怀孕的妇女和已满 75 周岁的人，应当宣告缓刑：

（一）犯罪情节较轻；

（二）有悔罪表现；

（三）没有再犯罪的危险；

（四）宣告缓刑对所居住社区没有重大不良影响。

宣告缓刑，可以根据犯罪情况，同时禁止犯罪分子在缓刑考验期限内从事特定活动，进入特定区域、场所，接触特定的人。

被宣告缓刑的犯罪分子，如果被判处附加刑，附加刑仍须执行。

（本条《中华人民共和国刑法修正案(8)》修改）

• 释义

缓刑是一种刑罚执行制度，而不是一种刑罚。缓刑就是有条件的不执行刑罚。缓刑的适用条件有：

（一）适用缓刑的主体是被判处拘役或 3 年以下有期徒刑的犯罪分子；（二）犯罪情节较轻；（三）有悔罪表现；（四）没有再犯罪的危险；（五）宣告缓刑对所居住社区没有重大不良影响。

对于符合缓刑适用条件的不满 18 周岁的人、怀孕的妇女和已满 75 周岁的人，应当宣告缓刑，其他人可以适用缓刑。

• 关联法律

1. 最高人民法院《关于缓刑考验期内表现好的罪犯可否缩减其缓刑考验期限的批复》［法（研）复〔1985〕27 号］

（法释〔2013〕2 号已声明该文件废止）

2. 最高人民法院《关于对贪污、受贿、挪用公款犯罪分子依法正确适用缓刑的若干规定》（法发〔1996〕21 号）

被最高人民法院《关于废止 1980 年 1 月 1 日至 1997 年 6 月 30 日期间发布的司法解释和司法解释性质文件（第九批）的决定》（法释〔2013〕2 号）废止。

3. 最高人民检察院《关于被判处徒刑宣告缓刑仍留原单位工作的罪犯在缓刑考验期内能否调动工作的批复》（高检发释字〔1997〕2 号）

你院〔1996〕桂检监字第 21 号《关于被判处徒刑宣告缓刑后仍留原单位工作的人员在缓刑考验期内能否调动工作的请示》收悉。经研究，批复如下：

根据刑法第 70 条的规定，被宣告缓刑的犯罪分子，在缓刑考验期内，由公安机关交所在单位或者基层组织予以考察。为严肃缓刑的考察执行，被判处徒刑宣告缓刑仍留原单位工作的罪犯，在缓刑考验期内一般不得调动工作。对缓刑考验期已经过二分之一以上，并有认罪、悔罪态度，工作表现良好，确因工作特殊需要调动的，应当由所在单位报经负责执行的公安机关批准后办理调动手续。

4. 最高人民检察院研究室《关于数罪并罚决定执行3年以下有期徒刑的犯罪分子能否适用缓刑问题的复函》(〔1998〕高检研发第16号)

(详见本书《刑法》第69条相关内容)

5. 最高人民法院《关于撤销缓刑时罪犯在宣告缓刑前羁押的时间能否折抵刑期问题的批复》(法释〔2002〕11号)

(详见本书《刑法》第47条相关内容)

6. 最高人民法院《关于审理未成年人刑事案件具体应用法律若干问题的解释》(法释〔2006〕1号)

第16条 对未成年罪犯符合刑法第72条第1款规定的,可以宣告缓刑。如果同时具有下列情形之一,对其适用缓刑确实不致再危害社会的,应当宣告缓刑:

(一)初次犯罪;(二)积极退赃或赔偿被害人经济损失;(三)具备监护、帮教条件。

7. 中央社会治安综合治理委员会办公室、最高人民法院、最高人民检察院、公安部、司法部《关于加强和规范监外执行工作的意见》(高检会〔2009〕3号)

15. 被宣告缓刑、假释的罪犯在缓刑、假释考验期间有下列情形之一的,由与原裁判人民法院同级的执行地公安机关提出撤销缓刑、假释的建议:

(一)人民法院、监狱、看守所已书面告知罪犯应当按时到执行地公安机关报到,罪犯未在规定的时间内报到,脱离监管3个月以上的;(二)未经执行地公安机关批准擅自离开所居住的市、县或者迁居,脱离监管3个月以上的;(三)未按照执行地公安机关的规定报告自己的活动情况或者不遵守执行机关关于会客等规定,经过3次教育仍然拒不改正的;(四)有其他违反法律、行政法规或者国务院公安部门有关缓刑、假释的监督管理规定行为,情节严重的。(全文详见本书《刑法》第77条相关内容)

8.《中华人民共和国刑法修正案(8)》(2011年2月25日全国人大常委会第十一届第十九次会议通过)

本条为《中华人民共和国刑法修正案(8)》修改。

内容:十一、将刑法第72条修改为:"对于被判处拘役、3年以下有期徒刑的犯罪分子,同时符合下列条件的,可以宣告缓刑,对其中不满18周岁的人、怀孕的妇女和已满75周岁的人,应当宣告缓刑:"(一)犯罪情节较轻;(二)有悔罪表现;(三)没有再犯罪的危险;(四)宣告缓刑对所居住社区没有重大不良影响。

宣告缓刑,可以根据犯罪情况,同时禁止犯罪分子在缓刑考验期限内从事特定活动,进入特定区域、场所,接触特定的人。

被宣告缓刑的犯罪分子,如果被判处附加刑,附加刑仍须执行。"

9. 最高人民法院《关于〈中华人民共和国刑法修正案(8)〉时间效力问题的解释》(法释〔2011〕9号)

第1条第1款 对于2011年4月30日以前犯罪,依法应当判处管制或者宣告缓刑的,人民法院根据犯罪情况,认为确有必要同时禁止犯罪分子在管制期间或者缓刑考验期内从事特定活动,进入特定区域、场所,接触特定人的,适用修正后刑法第38条第2款或者第72条第2款的规定。

10. 最高人民法院、最高人民检察院、公安部、司法部《关于对判处管制、宣告缓刑的犯罪分子适用禁止令有关问题的规定(试行)》(法发〔2011〕9号)

第1条 对判处管制、宣告缓刑的犯罪分子,人民法院根据犯罪情况,认为从促进犯罪分子教育矫正、有效维护社会秩序的需要出发,确有必要禁止其在管制执行期间、缓刑考验期限内从事特定活动,进入特定区域、场所,接触特定人的,可以根据刑法第 38 条第 2 款、第 72 条第 2 款的规定,同时宣告禁止令。

第 12 条 被宣告缓刑的犯罪分子违反禁止令,情节严重的,应当撤销缓刑,执行原判刑罚。原作出缓刑裁判的人民法院应当自收到当地社区矫正机构提出的撤销缓刑建议书之日起 1 个月内依法作出裁定。人民法院撤销缓刑的裁定一经作出,立即生效。违反禁止令,具有下列情形之一的,应当认定为“情节严重”:

(一)3 次以上违反禁止令的;(二)因违反禁止令被治安管理处罚后,再次违反禁止令的;(三)违反禁止令,发生较为严重危害后果的;(四)其他情节严重的情形。(详见本书《刑法》第 38 条相关内容)

11. 最高人民法院《关于办理减刑、假释案件具体应用法律若干问题的规定》(法释〔2012〕2 号)

(法释〔2019〕11 号已声明该文件废止)

12. 最高人民法院、最高人民检察院《关于办理职务犯罪案件严格适用缓刑、免予刑事处罚若干问题的意见》(法发〔2012〕17 号)

为进一步规范贪污贿赂、渎职等职务犯罪案件缓刑、免予刑事处罚的适用,确保办理职务犯罪案件的法律效果和社会效果,根据刑法有关规定并结合司法工作实际,就职务犯罪案件缓刑、免予刑事处罚的具体适用问题,提出以下意见:

一、严格掌握职务犯罪案件缓刑、免予刑事处罚的适用。职务犯罪案件的刑罚适用直接关系反腐败工作的实际效果。人民法院、人民检察院要深刻认识职务犯罪的严重社会危害性,正确贯彻宽严相济刑事政策,充分发挥刑罚的惩治和预防功能。要在全面把握犯罪事实和量刑情节的基础上严格依照刑法规定的条件适用缓刑、免予刑事处罚,既要考虑从宽情节,又要考虑从严情节;既要做到刑罚与犯罪相当,又要做到刑罚执行方式与犯罪相当,切实避免缓刑、免予刑事处罚不当适用造成的消极影响。

二、具有下列情形之一的职务犯罪分子,一般不适用缓刑或者免予刑事处罚:

(一)不如实供述罪行的;(二)不予退缴赃款赃物或者将赃款赃物用于非法活动的;(三)属于共同犯罪中情节严重的主犯的;(四)犯有数个职务犯罪依法实行并罚或者以一罪处理的;(五)曾因职务违纪违法行为受过行政处分的;(六)犯罪涉及的财物属于救灾、抢险、防汛、优抚、扶贫、移民、救济、防疫等特定款物的;(七)受贿犯罪中具有索贿情节的;(八)渎职犯罪中徇私舞弊情节或者滥用职权情节恶劣的;(九)其他不应适用缓刑、免予刑事处罚的情形。

三、不具有本意见第 2 条规定的情形,全部退缴赃款赃物,依法判处 3 年有期徒刑以下刑罚,符合刑法规定的缓刑适用条件的贪污、受贿犯罪分子,可以适用缓刑;符合刑法第 383 条第 1 款第(3)项的规定,依法不需要判处刑罚的,可以免予刑事处罚。

不具有本意见第 2 条所列情形,挪用公款进行营利活动或者超过 3 个月未还构成犯罪,一审宣判前已将公款归还,依法判处 3 年有期徒刑以下刑罚,符合刑法规定的缓刑适用条件的,可以适用缓刑;在案发前已归还,情节轻微,不需要判处刑罚的,可以免予刑事处罚。

四、人民法院审理职务犯罪案件时应当注意听取检察机关、被告人、辩护人提出的量刑意见,分析影响性案件案发前后的社会反映,必要时可以征求案件查办等机关的意见。对于情节恶劣、社会反映强烈的职务犯罪案件,不得适用缓刑、免予刑事处罚。

五、对于具有本意见第 2 条规定的情形之一,但根据全案事实和量刑情节,检察机关认为确有必要适用缓刑或者免予刑事处罚并据此提出量刑建议的,应经检察委员会讨论决定;审理法院认为确有必要适用缓刑或者免予刑事处罚的,应经审判委员会讨论决定。

13. 最高人民法院《第 4 批指导性案例董某某、宋某某抢劫案》(指导案例 14 号;法〔2013〕24 号)

【裁判要点】

对判处管制或者宣告缓刑的未成年被告人,可以根据其犯罪的具体情况以及禁止事项与所犯罪行的关联程度,对其适用"禁止令"。对于未成年人因上网诱发犯罪的,可以禁止其在一定期限内进入网吧等特定场所。

【裁判理由】

法院生效裁判认为:被告人董某某、宋某某以非法占有为目的,以暴力威胁方法劫取他人财物,其行为均已构成抢劫罪。鉴于董某某、宋某某系持刀抢劫;犯罪时不满 18 周岁,且均为初犯,到案后认罪悔罪态度较好,宋某某还是在校学生,符合缓刑条件,决定分别判处 2 被告人有期徒刑 2 年 6 个月,缓刑 3 年。考虑到被告人主要是因上网吧需要网费而诱发了抢劫犯罪;二被告人长期迷恋网络游戏,网吧等场所与其犯罪有密切联系;如果将被告人与引发其犯罪的场所相隔离,有利于家长和社区在缓刑期间对其进行有效管教,预防再次犯罪;被告人犯罪时不满 18 周岁,平时自我控制能力较差,对其适用禁止令的期限确定为与缓刑考验期相同的 3 年,有利于其改过自新。因此,依法判决禁止二被告人在缓刑考验期内进入网吧等特定场所。

14. 最高人民法院、最高人民检察院、公安部、司法部《关于依法办理家庭暴力犯罪案件的意见》(法发〔2015〕4 号)

(详见本书《刑法》第 38 条相关内容)

15.《中华人民共和国社区矫正法》(2019 年 12 月 28 日第十三届全国人大常委会第十五次会议通过)

(详见本书《刑法》第 38 条相关内容)

16. 最高人民检察院《关于充分发挥检察职能服务保障"六稳""六保"的意见》(2020 年 7 月 22 日)

(详见本书《刑法》第 219 条相关内容)

17.《中华人民共和国社区矫正法实施办法》(司发通〔2020〕59 号)

(详见本书《刑法》第 2 条相关内容)

第 73 条　【缓刑考验期限】 拘役的缓刑考验期限为原判刑期以上 1 年以下,但是不能少于 2 个月。

有期徒刑的缓刑考验期限为原判刑期以上 5 年以下,但是不能少于 1 年。

缓刑考验期限,从判决确定之日起计算。

• 释义

缓刑考验期,是指法律规定的对宣告缓刑的犯罪分子在社会上对其进行考察的期限。本条规定了缓刑考验期的计算。

• 关联法律

1. 参见本书《刑法》第 72 条该节内容。

第 74 条　【累犯不适用缓刑】 对于累犯和犯罪集团的首要分子,不适用缓刑。

(本条《中华人民共和国刑法修正案(8)》修改)

• **释义**

有两类人不能适用缓刑,即累犯和犯罪集团的首要分子。

• **关联法律**

1.《中华人民共和国刑法修正案(8)》(2011年2月25日第十一届全国人大常委会第十九次会议通过)

本条为《中华人民共和国刑法修正案(8)》第12条修改。

内容:十二、将刑法第74条修改为:"对于累犯和犯罪集团的首要分子,不适用缓刑。"

2. 参见本书《刑法》第72条该节内容。

第75条 【缓刑犯应遵守的规定】 被宣告缓刑的犯罪分子,应当遵守下列规定:

(一)遵守法律、行政法规,服从监督;

(二)按照考察机关的规定报告自己的活动情况;

(三)遵守考察机关关于会客的规定;

(四)离开所居住的市、县或者迁居,应当报经考察机关批准。

• **释义**

根据本条规定,被宣告缓刑的犯罪分子,应当遵守下列规定:

一、遵守法律、行政法规,服从监督,是指遵守国家法律、国务院行政法规,自觉服从公安机关、所在单位以及基层组织监督。

二、按照考察机关的规定报告自己的活动情况,是指按照公安机关的规定报告自己的活动情况。

三、遵守考察机关关于会客的规定,是指遵守公安机关向其宣布的有关会客的要求和规定。

四、离开居住的市、县或者迁居,应当报经考察机关批准。未经批准不得擅自离开居住的市、县或者迁居。

• **关联法律**

1. 最高人民检察院《第33批指导性案例社区矫正对象孙某某撤销缓刑监督案》(检例第131号;2022年1月30日)

(详见本书《刑法》第77条相关内容)

2. 参见本书《刑法》第72条该节内容。

第76条 【缓刑的考验及其积极后果】 对宣告缓刑的犯罪分子,在缓刑考验期限内,依法实行社区矫正,如果没有本法第77条规定的情形,缓刑考验期满,原判的刑罚就不再执行,并公开予以宣告。

(本条《中华人民共和国刑法修正案(8)》修改)

• **释义**

在缓刑考验期内的犯罪分子要依法实行社区矫正。在缓刑考验期限内没有再犯新罪或者没有发现判决前有漏罪的,以及没有违反本法第77条规定的法律、行政法规和国务院公安部门有关缓刑的监督管理规定的情况,缓刑考验期满,原判刑罚就不再执行。应当向犯罪分子及其所在单位、居住地的居委会、村委会公开予以宣告。

● 关联法律

1.《中华人民共和国刑法修正案(8)》(2011年2月25日第十一届全国人大常委会第十九次会议通过)

本条为《中华人民共和国刑法修正案(8)》第13条修改。

内容:十三、将刑法第76条修改为:"对宣告缓刑的犯罪分子,在缓刑考验期限内,依法实行社区矫正,如果没有本法第77条规定的情形,缓刑考验期满,原判的刑罚就不再执行,并公开予以宣告。"

2. 参见本书《刑法》第72条该节内容。

第77条 【缓刑的撤销及其处理】 被宣告缓刑的犯罪分子,在缓刑考验期限内犯新罪或者发现判决宣告以前还有其他罪没有判决的,应当撤销缓刑,对新犯的罪或者新发现的罪作出判决,把前罪和后罪所判处的刑罚,依照本法第69条的规定,决定执行的刑罚。

被宣告缓刑的犯罪分子,在缓刑考验期限内,违反法律、行政法规或者国务院有关部门关于缓刑的监督管理规定,或者违反人民法院判决中的禁止令,情节严重的,应当撤销缓刑,执行原判刑罚。

(本条《中华人民共和国刑法修正案(8)》修改)

● 释义

缓刑在两种情况下应该被撤销:

1. 在缓刑考验期限内犯新罪或者发现判决宣告以前还有其他罪没有判决的;

2. 在缓刑考验期限内,违反法律、行政法规或者国务院有关部门关于缓刑的监督管理规定,或者违反人民法院判决中的禁止令,情节严重的。

● 关联法律

1. 最高人民法院《关于适用刑法时间效力规定若干问题的解释》(法释〔1997〕5号)

第6条 1997年9月30日以前犯罪被宣告缓刑的犯罪分子,在1997年10月1日以后的缓刑考验期间又犯新罪、被发现漏罪或者违反法律、行政法规或者国务院公安部门有关缓刑的监督管理规定,情节严重的,适用刑法第77条的规定,撤销缓刑。

2. 最高人民法院《关于撤销缓刑时罪犯在宣告缓刑前羁押的时间能否折抵刑期问题的批复》(法释〔2002〕11号)

最近,有的法院反映,关于在撤销缓刑时罪犯在宣告缓刑前羁押的时间能否折抵刑期的问题不明确。经研究,批复如下:

根据刑法第77条的规定,对被宣告缓刑的犯罪分子撤销缓刑执行原判刑罚的,对其在宣告缓刑前羁押的时间应当折抵刑期。

3. 中央社会治安综合治理委员会办公室、最高人民法院、最高人民检察院、公安部、司法部《关于加强和规范监外执行工作的意见》(高检会〔2009〕3号)

为加强和规范被判处管制、剥夺政治权利、宣告缓刑、假释、暂予监外执行罪犯的交付执行、监督管理及其检察监督等工作,保证刑罚的正确执行,根据《中华人民共和国刑法》、《中华人民共和国刑事诉讼法》、《中华人民共和国监狱法》、《中华人民共和国治安管理处罚法》等有关规定,结合工作实际,提出如下意见:

一、加强和规范监外执行的交付执行

1. 人民法院对罪犯判处管制、单处剥夺政治权利、宣告缓刑的,应当在判决、裁定生效后五个工作日内,核实罪犯居住地后将判决书、裁定书、执行通知书送达罪犯居住地县级公安机关主管部门,并抄送罪犯居住地县级人民检察院监所检察部门。

2. 监狱管理机关、公安机关决定罪犯暂予监外执行的,交付执行的监狱、看守所应当将罪犯押送至居住地,与罪犯居住地县级公安机关办理移交手续,并将暂予监外执行决定书等法律文书抄送罪犯居住地县级公安机关主管部门、县级人民检察院监所检察部门。

3. 罪犯服刑地与居住地不在同一省、自治区、直辖市,需要回居住地暂予监外执行的,服刑地的省级监狱管理机关、公安机关监所管理部门应当书面通知罪犯居住地的同级监狱管理机关、公安机关监所管理部门,由其指定一所监狱、看守所接收罪犯档案,负责办理该罪犯暂予监外执行情形消失后的收监、刑满释放等手续,并通知罪犯居住地县级公安机关主管部门、县级人民检察院监所检察部门。

4. 人民法院决定暂予监外执行的罪犯,判决、裁定生效前已被羁押的,由公安机关依照有关规定办理移交。判决、裁定生效前未被羁押的,由人民法院通知罪犯居住地的县级公安机关执行。人民法院应当在作出暂予监外执行决定后5个工作日内,将暂予监外执行决定书和判决书、裁定书、执行通知书送达罪犯居住地县级公安机关主管部门,并抄送罪犯居住地县级人民检察院监所检察部门。

5. 对于裁定假释的,人民法院应当将假释裁定书送达提请假释的执行机关和承担监所检察任务的人民检察院。监狱、看守所应当核实罪犯居住地,并在释放罪犯后5个工作日内将假释证明书副本、判决书、裁定书等法律文书送达罪犯居住地县级公安机关主管部门,抄送罪犯居住地县级人民检察院监所检察部门。对主刑执行完毕后附加执行剥夺政治权利的罪犯,监狱、看守所应当核实罪犯居住地,并在释放罪犯前1个月将刑满释放通知书、执行剥夺政治权利附加刑所依据的判决书、裁定书等法律文书送达罪犯居住地县级公安机关主管部门,抄送罪犯居住地县级人民检察院监所检察部门。

6. 被判处管制、剥夺政治权利、缓刑罪犯的判决、裁定作出后,以及被假释罪犯、主刑执行完毕后附加执行剥夺政治权利罪犯出监时,人民法院、监狱、看守所应当书面告知其必须按时到居住地公安派出所报到,以及不按时报到应承担的法律责任,并由罪犯本人在告知书上签字。自人民法院判决、裁定生效之日起或者监狱、看守所释放罪犯之日起,在本省、自治区、直辖市裁判或者服刑、羁押的应当在10日内报到,在外省、自治区、直辖市裁判或者服刑、羁押的应当在20日内报到。告知书一式3份,1份交监外执行罪犯本人,1份送达执行地县级公安机关,1份由告知机关存档。

7. 执行地公安机关收到人民法院、监狱、看守所送达的法律文书后,应当在5个工作日内送达回执。

二、加强和规范监外执行罪犯的监督管理

8. 监外执行罪犯未在规定时间内报到的,公安派出所应当上报县级公安机关主管部门,由县级公安机关通报作出判决、裁定或者决定的机关。

9. 执行地公安机关认为罪犯暂予监外执行条件消失的,应当及时书面建议批准、决定暂予监外执行的机关或者接收该罪犯档案的监狱的上级主管机关收监执行。批准、决定机关或者接收该罪犯档案的监狱的上级主管机关审查后认为需要收监执行的,应当制作收监执行决定书,分别送达执行地公安机关和负责收监执行的监狱。执行地公安机关收到收监执行决定书后,应当立即将罪犯收押,并通知监狱到羁押地将罪犯收监执行。

对于公安机关批准的暂予监外执行罪犯,暂予监外执行条件消失的,执行地公安机关应当及时制作收监执行通知书,通知负责收监执行的看守所立即将罪犯收监执行。

10. 公安机关对暂予监外执行罪犯未经批准擅自离开所居住的市、县,经警告拒不改正,或者拒不报告行踪、下落不明的,可以按照有关程序上网追逃。

11. 人民法院决定暂予监外执行罪犯收监执行的,由罪犯居住地公安机关根据人民法院的决定,剩余刑期在1年以上的送交暂予监外执行地就近监狱执行,剩余刑期在1年以下的送交暂予监外执行地看守所代为执行。

12. 暂予监外执行罪犯未经批准擅自离开所居住的市、县,经警告拒不改正的,或者拒不报告行踪、下落不明的,或者采取自伤、自残、欺骗、贿赂等手段骗取、拖延暂予监外执行的,或者两次以上无正当理由不按时提交医疗、诊断病历材料的,批准、决定机关应当根据执行地公安机关建议,及时作出对其收监执行的决定。

对公安机关批准的暂予监外执行罪犯发生上述情形的,执行地公安机关应当及时作出对其收监执行的决定。

13. 公安机关应当建立对监外执行罪犯的考核奖惩制度,根据考核结果,对表现良好的应当给予表扬奖励;对符合法定减刑条件的,应当依法提出减刑建议,人民法院应当依法裁定。执行机关减刑建议书副本和人民法院减刑裁定书副本应当抄送同级人民检察院监所检察部门。

14. 监外执行罪犯在执行期、考验期内,违反法律、行政法规或者国务院公安部门有关监督管理规定的,由公安机关依照《中华人民共和国治安管理处罚法》第60条的规定给予治安管理处罚。

15. 被宣告缓刑、假释的罪犯在缓刑、假释考验期间有下列情形之一的,由与原裁判人民法院同级的执行地公安机关提出撤销缓刑、假释的建议:

(1)人民法院、监狱、看守所已书面告知罪犯应当按时到执行地公安机关报到,罪犯未在规定的时间内报到,脱离监管3个月以上的;(2)未经执行地公安机关批准擅自离开所居住的市、县或者迁居,脱离监管3个月以上的;(3)未按照执行地公安机关的规定报告自己的活动情况或者不遵守执行机关关于会客等规定,经过3次教育仍然拒不改正的;(4)有其他违反法律、行政法规或者国务院公安部门有关缓刑、假释的监督管理规定行为,情节严重的。

16. 人民法院裁定撤销缓刑、假释后,执行地公安机关应当及时将罪犯送交监狱或者看守所收监执行。被撤销缓刑、假释并决定收监执行的罪犯下落不明的,公安机关可以按照有关程序上网追逃。

公安机关撤销缓刑、假释的建议书副本和人民法院撤销缓刑、假释的裁定书副本应当抄送罪犯居住地人民检察院监所检察部门。

17. 监外执行罪犯在缓刑、假释、暂予监外执行、管制或者剥夺政治权利期间死亡的,公安机关应当核实情况后通报原作出判决、裁定的人民法院和原关押监狱、看守所,或者接收该罪犯档案的监狱、看守所,以及执行地县级人民检察院监所检察部门。

18. 被判处管制、剥夺政治权利的罪犯执行期满的,公安机关应当通知其本人,并向其所在单位或者居住地群众公开宣布解除管制或者恢复政治权利;被宣告缓刑的罪犯缓刑考验期满,原判刑罚不再执行的,公安机关应当向其本人和所在单位或者居住地群众宣布,并通报原判决的人民法院;被裁定假释的罪犯假释考验期满,原判刑罚执行完毕的,公安机关应当向其本人和所在单位或者居住地群众宣布,并通报原裁定的人民法院和原执行的监狱、看守所。

19. 暂予监外执行的罪犯刑期届满的,执行地公安机关应当及时通报原关押监狱、看守所或者接收该罪犯档案的监狱、看守所,按期办理释放手续。人民法院决定暂予监外执行的罪犯刑期届满的,由执行地公安机关向原判决人民法院和执行地县级人民检察院通报,并按期办理释放手续。

三、加强和规范监外执行的检察监督

20. 人民检察院对人民法院、公安机关、监狱、看守所交付监外执行活动和监督管理监外执行罪犯活动实行法律监督,发现违法违规行为的,应当及时提出纠正意见。

21. 县级人民检察院对人民法院、监狱、看守所交付本县(市、区、旗)辖区执行监外执行的罪犯应当逐一登记,建立罪犯监外执行情况检察台账。

22. 人民检察院在监外执行检察中,应当依照有关规定认真受理监外执行罪犯的申诉、控告,妥善处理他们反映的问题,依法维护其合法权益。

23. 人民检察院应当采取定期和不定期相结合的方法进行监外执行检察,并针对存在的问题,区别不同情况,发出纠正违法通知书、检察建议书或者提出口头纠正意见。交付执行机关和执行机关对人民检察院提出的纠正意见、检察建议无异议的,应当在15日内纠正并告知纠正结果;对纠正意见、检察建议有异议的,应当在接到人民检察院纠正意见、检察建议后7日内向人民检察院提出,人民检察院应当复议,并在7日内作出复议决定;对复议结论仍然提出异议的,应当提请上一级人民检察院复核,上一级人民检察院应当在7日内作出复核决定。

24. 人民检察院发现有下列情形的,应当提出纠正意见:

(一)人民法院、监狱、看守所没有依法送达监外执行法律文书,没有依法将罪犯交付执行,没有依法告知罪犯权利义务的;(二)人民法院收到有关机关对监外执行罪犯的撤销缓刑、假释、暂予监外执行的建议后,没有依法进行审查、裁定、决定的;(三)公安机关没有及时接收监外执行罪犯,对监外执行罪犯没有落实监管责任、监管措施的;(四)公安机关对违法的监外执行罪犯依法应当给予处罚而没有依法作出处罚或者建议处罚的;(五)公安机关、监狱管理机关应当作出对罪犯收监执行决定而没有作出决定的;(六)监狱、看守所应当将罪犯收监执行而没有收监执行的;(七)对依法应当减刑的监外执行罪犯,公安机关没有提请减刑或者提请减刑不当的;(八)对依法应当减刑的监外执行罪犯,人民法院没有裁定减刑或者减刑裁定不当的;(九)监外执行罪犯刑期或者考验期满,公安机关、监狱、看守所未及时办理相关手续和履行相关程序的;(十)人民法院、公安机关、监狱、看守所在监外执行罪犯交付执行、监督管理过程中侵犯罪犯合法权益的;(十一)监外执行罪犯出现脱管、漏管情况的;(十二)其他依法应当提出纠正意见的情形。

25. 监外执行罪犯在监外执行期间涉嫌犯罪,公安机关依法应当立案而不立案的,人民检察院应当按照《中华人民共和国刑事诉讼法》第87条的规定办理。

四、加强监外执行的综合治理

26. 各级社会治安综合治理部门、人民法院、人民检察院、公安机关、司法行政机关应当充分认识加强和规范监外执行工作对于防止和纠正监外执行罪犯脱管、漏管问题,预防和减少重新犯罪,促进社会和谐稳定的重要意义,加强对这一工作的领导和检查;在监外执行的交付执行、监督管理、检察监督、综治考评等各个环节中,根据分工做好职责范围内的工作,形成各司其职、各负其责、协作配合、齐抓共管的工作格局。各级社会治安综合治理部门应当和人民检察院共同做好对监外执行的考评工作,并作为实绩评定的重要内容,强化责任追究,确保本意见落到实处。

27. 各级社会治安综合治理部门、人民法院、人民检察院、公安机关、司法行政机关应当每年定期召开联席会议,通报有关情况,研究解决监外执行工作中的问题。交付执行机关和县级公安机关应当每半年将监外执行罪犯的交付执行、监督管理情况书面通报同级社会治安综合治理部门和人民检察院监所检察部门。

28. 各省、自治区、直辖市应当按照中央有关部门的统一部署，认真开展并深入推进社区矫正试点工作，加强和规范对社区服刑人员的监督管理、教育矫正工作，努力发挥社区矫正在教育改造罪犯、预防重新违法犯罪方面的重要作用。社区矫正试点地区的社区服刑人员的交付执行、监督管理工作，参照本意见和依照社区矫正有关规定执行。

4.《中华人民共和国刑法修正案(8)》(2011 年 2 月 25 日第十一届全国人大常委会第十九次会议通过)

本条为《中华人民共和国刑法修正案(8)》第 14 条修改。

内容：十四、将刑法第 77 条第 2 款修改为："被宣告缓刑的犯罪分子，在缓刑考验期限内，违反法律、行政法规或者国务院有关部门关于缓刑的监督管理规定，或者违反人民法院判决中的禁止令，情节严重的，应当撤销缓刑，执行原判刑罚。"

(原条文：被宣告缓刑的犯罪分子，在缓刑考验期限内犯新罪或者发现判决宣告以前还有其他罪没有判决的，应当撤销缓刑，对新犯的罪或者新发现的罪作出判决，把前罪和后罪所判处的刑罚，依照本法第 69 条的规定，决定执行的刑罚。

被宣告缓刑的犯罪分子，在缓刑考验期限内，违反法律、行政法规或者国务院公安部门有关缓刑的监督管理规定，情节严重的，应当撤销缓刑，执行原判刑罚。)

5. 最高人民法院《关于〈中华人民共和国刑法修正案(8)〉时间效力问题的解释》(法释〔2011〕9 号)

第 1 条第 2 款 犯罪分子在管制期间或者缓刑考验期内，违反人民法院判决中的禁止令的，适用修正后刑法第 38 条第 4 款或者第 77 条第 2 款的规定。

6. 最高人民检察院《第 33 批指导性案例社区矫正对象孙某某撤销缓刑监督案》(检例第 131 号;2022 年 1 月 30 日)

【要旨】

人民检察院应当加强对社区矫正机构监督管理和教育帮扶社区矫正对象等社区矫正工作的法律监督，保证社区矫正活动依法进行。人民检察院开展社区矫正法律监督，应当综合运用查阅档案、调查询问、信息核查等多种方式，查明社区矫正中是否存在违法情形，精准提出监督意见。对宣告缓刑的社区矫正对象违反法律、行政法规和监督管理规定的，应当结合违法违规的客观事实和主观情节，准确认定是否属于"情节严重"应予撤销缓刑情形。对符合撤销缓刑情形但社区矫正机构未依法向人民法院提出撤销缓刑建议的，人民检察院应当向社区矫正机构提出纠正意见；对社区矫正工作中存在普遍性、倾向性违法问题或者有重大隐患的，人民检察院应当提出检察建议。

【基本案情】

社区矫正对象孙某某，男，1978 年 9 月出生，2016 年 7 月 6 日因犯非法买卖枪支罪被天津市滨海新区人民法院判处有期徒刑三年，宣告缓刑四年，缓刑考验期自 2016 年 7 月 17 日至 2020 年 7 月 16 日止。孙某某在北京市海淀区某镇司法所接受社区矫正。2019 年，北京市海淀区人民检察院在日常监督时发现孙某某存在未经批准擅自外出、出境等应当撤销缓刑情形，依法监督社区矫正机构提请人民法院对孙某某撤销缓刑，收监执行原判有期徒刑三年。

【检察机关履职过程】

线索发现 2019 年，海淀区人民检察院在日常监督中发现，社区矫正对象孙某某在被实施电子监管期间，电子定位轨迹出现中断情形，孙某某可能存在故意逃避监管等违法违规行为。

2019 年 3 月，北京市海淀区检察院办案检察官实地走访司法所，查看社区矫正综合管理平台。

调查核实 海淀区人民检察院开展了以下调查核实工作。一是通过查看社区矫正综合管理平台和社区矫正档案,发现司法所对孙某某进行监督管理时,缺乏实地查访、信息核查等监管措施。二是向铁路、航空、出入境等部门调取孙某某社区矫正期间出行信息,并与请假批准手续记录对比,发现孙某某在被实施电子监管期间故意对电子定位装置不充电擅自外出1次,在被摘除电子定位装置(因法律法规调整,孙某某不再符合使用电子定位装置条件)后又利用每个月到司法所当面报到的间隔期间擅自外出20余次,最长1次达19天,其中违法出境两次、累计11天。三是对孙某某进行询问,其对未经批准擅自外出的事实予以承认。

监督意见 海淀区人民检察院经审查认为,孙某某在社区矫正期间多次违规外出并两次违法出境,违反了《中华人民共和国刑法》第75条、《中华人民共和国出境入境管理法》第12条及《社区矫正实施办法》(2020年7月1日废止,有关规定内容被2020年7月1日起施行的《中华人民共和国社区矫正法实施办法》吸收)第25条规定,且情节严重,于2019年5月24日向海淀区司法局提出纠正意见,建议其向法院提出撤销缓刑建议。同时,向海淀区某镇司法所制发《纠正违法通知书》,依法纠正社区矫正监管教育措施落实不到位等问题。为促进本辖区社区矫正工作全面规范提升,海淀区人民检察院对近3年办理的社区矫正监督案件进行全面梳理,针对发现的监督管理中存在的普遍性、倾向性问题,于2019年10月21日向海淀区司法局发出《检察建议书》,建议:建立有效监督管理机制,综合运用实地查访、信息化核查、通信联络等方式,准确掌握社区矫正对象实际情况;加强与出入境管理部门以及公安派出所的沟通协作和信息互通,采取有效措施防止社区矫正对象违法出境和违规外出等问题的发生。

监督结果 2019年6月19日,海淀区司法局向天津市滨海新区人民法院制发《撤销缓刑建议书》。2019年7月22日,滨海新区人民法院作出刑事裁定,撤销孙某某宣告缓刑4年,收监执行原判有期徒刑3年。同时,海淀区司法局采纳检察建议进行了整改:一是完善自身督察机制。采取专项督察、定项督察、随机督察、派驻督察等方式,进一步强化社区矫正监管教育措施的落实。二是完善与出入境管理部门及公安派出所的协作和信息互通机制。在采取原有出入境备案措施基础上,全面落实社区矫正对象护照、港澳台通行证暂停使用制度;同时加强与公安派出所的信息互通机制,及时排查社区矫正对象有无违规出行和违法出境等情况。三是加强社区矫正与法律监督配合机制。邀请检察机关共同研判社区矫正执法风险、开展线上线下警示教育,形成司法合力,以监督促社区矫正规范提升。四是对相关责任人员予以党政纪处分。

【指导意义】

(一)人民检察院开展社区矫正法律监督工作,应依法全面履行法律监督职责,确保社区矫正法的正确实施。《中华人民共和国社区矫正法》规定,对被判处管制、宣告缓刑、假释和暂予监外执行的罪犯,依法实行社区矫正,并规定人民检察院依法对社区矫正工作实行法律监督。人民检察院应当加强对社区矫正机构监督管理和教育帮扶社区矫正对象等社区矫正工作的法律监督,保证社区矫正工作依法进行,促进社区矫正对象顺利融入社会,预防社区矫正对象再次违法犯罪。在开展社区矫正监督工作时,应当加强对社区矫正档案和信息管理平台中社区矫正对象的日常监管教育、请假外出审批、考核奖惩等有关情况的审查。对于发现的违法违规监督线索,要及时开展调查核实,查清违法违规事实,准确适用法律,精准提出监督意见,更好地满足人民群众对司法公正和社会和谐稳定的需求。

(二)人民检察院办理撤销缓刑监督案件时,应当全面考量行为人主客观情形,依法判断是否符合"其他违反有关法律、行政法规和监督管理规定,情节严重"的撤销缓刑情形。现行《中华人民共和国社区矫正法实施办法》第46条第1款第5项沿用了2012年3月1日实施的

《社区矫正实施办法》(2020年7月1日废止)第25条第1款第5项的规定,对社区矫正对象撤销缓刑情形规定了兜底性条款,即有“其他违反有关法律、行政法规和监督管理规定,情节严重的情形”,应当提出撤销缓刑建议。认定是否达到“情节严重”时,应当全面考量社区矫正对象违反有关法律、行政法规和监督管理规定行为的性质、次数、频率、手段、事由、后果等客观事实,并在准确把握其主观恶性大小的基础上作出综合认定。具有撤销缓刑情形而社区矫正机构未依法提出撤销缓刑建议的,人民检察院应当向社区矫正机构提出纠正意见,监督社区矫正机构向人民法院提出撤销缓刑建议。

(三)人民检察院应当依法监督社区矫正机构加强对社区矫正对象的监督管理,完善与公安机关等的沟通协作机制,防止社区矫正对象非法出境。社区矫正对象在社区矫正期间应当遵守外出、报告、会客等监管规定。依据《中华人民共和国出境入境管理法》规定,被判处刑罚尚未执行完毕的罪犯,不准出境。人民检察院应当监督社区矫正机构加强对社区矫正对象遵守禁止出境等规定情况的监督管理,督促社区矫正机构会同公安机关等部门完善沟通协作和信息互通机制,防止社区矫正对象非法出境。

(四)对社区矫正工作中存在的普遍性、倾向性违法问题和重大隐患,人民检察院应当充分运用检察建议等提升监督效果。检察建议是检察机关履行法律监督职责的重要方式。人民检察院办理社区矫正监督案件时,发现社区矫正机构存在的普遍性问题和管理漏洞,应充分运用检察建议,依法依规提出有针对性的建议,督促执行机关整改落实、规范管理、堵塞漏洞,最大限度地发挥法律监督促进社会治理的效果,实现法律监督工作和社区矫正工作的双促进、双提升。

7. 参见本书《刑法》第72条该节内容。

第六节 减 刑

第78条 【减刑适用条件与限度】 被判处管制、拘役、有期徒刑、无期徒刑的犯罪分子,在执行期间,如果认真遵守监规,接受教育改造,确有悔改表现的或者有立功表现的,可以减刑;有下列重大立功表现之一的,应当减刑:

(一)阻止他人重大犯罪活动的;

(二)检举监狱内外重大犯罪活动,经查证属实的;

(三)有发明创造或者重大技术革新的;

(四)在日常生产、生活中舍己救人的;

(五)在抗御自然灾害或者排除重大事故中,有突出表现的;

(六)对国家和社会有其他重大贡献的。

减刑以后实际执行的刑期不能少于下列期限:

(一)判处管制、拘役、有期徒刑的,不能少于原判刑期的二分之一;

(二)判处无期徒刑的,不能少于13年;

(三)人民法院依照本法第50条第2款规定限制减刑的死刑缓期执行的犯罪分子,缓期执行期满后依法减为无期徒刑的,不能少于25年,缓期执行期满后依法减为25年有期徒刑的,不能少于20年。

(本条《中华人民共和国刑法修正案(8)》修改)

• 释义

减刑的对象是被判处管制、拘役、有期徒刑、无期徒刑的犯罪分子。减刑的条件分为两类:第一类是有悔改或者立功表现可以减刑的。第二类是有重大立功表现应当减刑的。根据本条规定有下列重大立功表现之一的,应当予以减刑:

(一)阻止他人重大犯罪活动的;(二)检举监狱内外重大犯罪活动,经查证属实的;(三)有发明创造或者重大技术革新的;(四)在日常生产、生活中舍己救人的;(五)在抗御自然灾害或者排除重大事故中,有突出表现的;(六)对国家和社会有其他重大贡献的。

减刑限度也就是关于减刑后实际执行刑期的限制性规定。根据本条,减刑以后,判处管制、拘役、有期徒刑的犯罪分子实际执行的刑期,不能少于原判刑罚的二分之一;判处无期徒刑的,实际执行的刑期不能少于13年;由死缓减为无期的,实际执行刑期不能少于25年,由死缓减为25年有期徒刑的,实际执行刑期不能少于20年。

• 关联法律

1. 最高人民法院《关于对无期徒刑犯减刑后原审法院发现原判决确有错误予以改判,原减刑裁定应否撤销问题的批复》(法研复〔1989〕2号)

(法释〔2019〕11号已声明该文件废止)

2. 最高人民法院研究室《关于原判无期徒刑的罪犯经减刑后又改判应如何处理减刑问题的电话答复》(1992年1月20日)

(法释〔2019〕11号已声明该文件废止)

3. 最高人民法院研究室《关于死缓犯和无期徒刑犯经几次减刑后又改判原减刑裁定是否均应撤销问题的电话答复》(1992年4月1日)

(法释〔2019〕11号已声明该文件废止)

4. 最高人民法院研究室《关于有期徒刑犯减刑后又改判的原减刑裁定撤销后应如何办理减刑手续问题的电话答复》(1990年4月5日)

(法释〔2019〕11号已声明该文件废止)

5. 最高人民法院研究室《关于有期徒刑罪犯减刑后又改判应如何确定执行刑期问题的答复》(1994年6月14日)

(法释〔2019〕11号已声明该文件废止)

6. 最高人民法院研究室《关于对无期徒刑犯减刑后原审法院发现原判决有错误予以改判,原减刑裁定应如何适用法律条款予以撤销问题的答复》(1994年11月7日)

江西省高级人民法院:你院赣高法〔1994〕110号《关于撤销减刑裁定应当如何适用法律条款的请示》收悉。经研究,答复如下:

被判处无期徒刑的罪犯由服刑地的高级人民法院依法裁定减刑后,原审人民法院发现原判决确有错误并依照审判监督程序改判为有期徒刑的,应当依照我院法(研)复〔1989〕2号批复撤销原减刑裁定。鉴于原减刑裁定是在无期徒刑基础上的减刑,既然原判无期徒刑已被认定为错判,那么原减刑裁定在认定事实和适用法律上亦应视为确有错误。由此,由罪犯服刑地的高级人民法院根据刑事诉讼法第149条第1款的规定,按照审判监督程序撤销原减刑裁定是适宜的。

7. 最高人民法院研究室《关于原判有期徒刑的罪犯被裁定减刑后又经再审改判为无期徒刑应如何确定执行刑期问题的答复》(1995年12月25日)

(法释〔2019〕11号已声明该文件废止)

8. 最高人民法院《关于办理减刑、假释案件具体应用法律若干问题的规定》(法释〔1997〕6号)

(法释〔2013〕7号已声明废止)

9. 司法部《监狱提请减刑假释工作程序规定》(司法部令〔2003〕第77号;司法部令〔2014〕第130号修订)

第1章 总 则

第1条 为规范监狱提请减刑、假释工作程序,根据《中华人民共和国刑法》《中华人民共和国刑事诉讼法》《中华人民共和国监狱法》等有关规定,结合刑罚执行工作实际,制定本规定。

第2条 监狱提请减刑、假释,应当根据法律规定的条件和程序进行,遵循公开、公平、公正的原则,严格实行办案责任制。

第3条 被判处有期徒刑和被减刑为有期徒刑的罪犯的减刑、假释,由监狱提出建议,提请罪犯服刑地的中级人民法院裁定。

第4条 被判处死刑缓期2年执行的罪犯的减刑,被判处无期徒刑的罪犯的减刑、假释,由监狱提出建议,经省、自治区、直辖市监狱管理局审核同意后,提请罪犯服刑地的高级人民法院裁定。

第5条 省、自治区、直辖市监狱管理局和监狱分别成立减刑假释评审委员会,由分管领导及刑罚执行、狱政管理、教育改造、狱内侦查、生活卫生、劳动改造、政工、监察等有关部门负责人组成,分管领导任主任。监狱管理局、监狱减刑假释评审委员会成员不得少于9人。

第6条 监狱提请减刑、假释,应当由分监区或者未设分监区的监区人民警察集体研究,监区长办公会议审核,监狱刑罚执行部门审查,监狱减刑假释评审委员会评审,监狱长办公会议决定。

省、自治区、直辖市监狱管理局刑罚执行部门审查监狱依法定程序提请的减刑、假释建议并出具意见,报请分管副局长召集减刑假释评审委员会审核后,报局长审定,必要时可以召开局长办公会议决定。

第2章 监狱提请减刑、假释的程序

第7条 提请减刑、假释,应当根据法律规定的条件,结合罪犯服刑表现,由分监区人民警察集体研究,提出提请减刑、假释建议,报经监区长办公会议审核同意后,由监区报送监狱刑罚执行部门审查。

直属分监区或者未设分监区的监区,由直属分监区或者监区人民警察集体研究,提出提请减刑、假释建议,报送监狱刑罚执行部门审查。

分监区、直属分监区或者未设分监区的监区人民警察集体研究以及监区长办公会议审核情况,应当有书面记录,并由与会人员签名。

第8条 监区或者直属分监区提请减刑、假释,应当报送下列材料:

(一)《罪犯减刑(假释)审核表》;(二)监区长办公会议或者直属分监区、监区人民警察集体研究会议的记录;(三)终审法院裁判文书、执行通知书、历次减刑裁定书的复印件;(四)罪犯计分考核明细表、罪犯评审鉴定表、奖惩审批表和其他有关证明材料;(五)罪犯确有悔改表现或者立功、重大立功表现的具体事实的书面证明材料。

第9条 监狱刑罚执行部门收到监区或者直属分监区对罪犯提请减刑、假释的材料后,应当就下列事项进行审查:

(一)需提交的材料是否齐全、完备、规范;(二)罪犯确有悔改或者立功、重大立功表现的具体事实的书面证明材料是否来源合法;(三)罪犯是否符合法定减刑、假释的条件;(四)提请减刑、假释的建议是否适当。

经审查,对材料不齐全或者不符合提请条件的,应当通知监区或者直属分监区补充有关材料或者退回;对相关材料有疑义的,应当提讯罪犯进行核查;对材料齐全、符合提请条件的,应当出具审查意见,连同监区或者直属分监区报送的材料一并提交监狱减刑假释评审委员会评审。提请罪犯假释的,还应当委托县级司法行政机关对罪犯假释后对所居住社区影响进行调查评估,并将调查评估报告一并提交。

第10条 监狱减刑假释评审委员会应当召开会议,对刑罚执行部门审查提交的提请减刑、假释建议进行评审,提出评审意见。会议应当有书面记录,并由与会人员签名。

监狱可以邀请人民检察院派员列席减刑假释评审委员会会议。

第11条 监狱减刑假释评审委员会经评审后,应当将提请减刑、假释的罪犯名单以及减刑、假释意见在监狱内公示。公示内容应当包括罪犯的个人情况、原判罪名及刑期、历次减刑情况、提请减刑假释的建议及依据等。公示期限为5个工作日。公示期内,如有监狱人民警察或者罪犯对公示内容提出异议,监狱减刑假释评审委员会应当进行复核,并告知复核结果。

第12条 监狱应当在减刑假释评审委员会完成评审和公示程序后,将提请减刑、假释建议送人民检察院征求意见。征求意见后,监狱减刑假释评审委员会应当将提请减刑、假释建议和评审意见连同人民检察院意见,一并报请监狱长办公会议审议决定。监狱对人民检察院意见未予采纳的,应当予以回复,并说明理由。

第13条 监狱长办公会议决定提请减刑、假释的,由监狱长在《罪犯减刑(假释)审核表》上签署意见,加盖监狱公章,并由监狱刑罚执行部门根据法律规定制作《提请减刑建议书》或者《提请假释建议书》,连同有关材料一并提请人民法院裁定。人民检察院对提请减刑、假释提出的检察意见,应当一并移送受理减刑、假释案件的人民法院。

对本规定第4条所列罪犯决定提请减刑、假释的,监狱应当将《罪犯减刑(假释)审核表》连同有关材料报送省、自治区、直辖市监狱管理局审核。

第14条 监狱在向人民法院提请减刑、假释的同时,应当将提请减刑、假释的建议书副本抄送人民检察院。

第15条 监狱提请人民法院裁定减刑、假释,应当提交下列材料:

(一)《提请减刑建议书》或者《提请假释建议书》;(二)终审法院裁判文书、执行通知书、历次减刑裁定书的复印件;(三)罪犯计分考核明细表、评审鉴定表、奖惩审批表;(四)罪犯确有悔改或者立功、重大立功表现的具体事实的书面证明材料;(五)提请假释的,应当附有县级司法行政机关关于罪犯假释后对所居住社区影响的调查评估报告;(六)根据案件情况需要提交的其他材料。

对本规定第4条所列罪犯提请减刑、假释的,应当同时提交省、自治区、直辖市监狱管理局签署意见的《罪犯减刑(假释)审核表》。

第3章 监狱管理局审核提请减刑、假释建议的程序

第16条 省、自治区、直辖市监狱管理局刑罚执行部门收到监狱报送的提请减刑、假释建议的材料后,应当进行审查。审查中发现监狱报送的材料不齐全或者有疑义的,应当通知监狱补充有关材料或者作出说明。审查无误后,应当出具审查意见,报请分管副局长召集评审委员会进行审核。

第17条 监狱管理局分管副局长主持完成审核后,应当将审核意见报请局长审定;分管

副局长认为案件重大或者有其他特殊情况的,可以建议召开局长办公会议审议决定。

监狱管理局审核同意对罪犯提请减刑、假释的,由局长在《罪犯减刑(假释)审核表》上签署意见,加盖监狱管理局公章。

第4章　附　　则

第18条　人民法院开庭审理减刑、假释案件的,监狱应当派员参加庭审,宣读提请减刑、假释建议书并说明理由,配合法庭核实相关情况。

第19条　分监区、直属分监区或者未设分监区的监区人民警察集体研究会议、监区长办公会议、监狱评审委员会会议、监狱长办公会议、监狱管理局评审委员会会议、监狱管理局局长办公会议的记录和本规定第15条所列的材料,应当存入档案并永久保存。

第20条　违反法律规定和本规定提请减刑、假释,涉嫌违纪的,依照有关处分规定追究相关人员责任;涉嫌犯罪的,移送司法机关依法追究刑事责任。

第21条　监狱办理职务犯罪罪犯减刑、假释案件,应当按照有关规定报请备案审查。

第22条　本规定自2014年12月1日起施行。

10. 最高人民法院《关于审理未成年人刑事案件具体应用法律若干问题的解释》(法释〔2006〕1号)

第18条　对未成年罪犯的减刑、假释,在掌握标准上可以比照成年罪犯依法适度放宽。

未成年罪犯能认罪服法,遵守监规,积极参加学习、劳动的,即可视为"确有悔改表现"予以减刑,其减刑的幅度可以适当放宽,间隔的时间可以相应缩短。符合刑法第81条第1款规定的,可以假释。

未成年罪犯在服刑期间已经成年的,对其减刑、假释可以适用上述规定。

11. 最高人民法院《关于刘某占减刑一案的答复》(〔2006〕刑监他字第7号)

河北省高级人民法院:你院〔1999〕冀刑执字第486号减刑裁定,没有法定程序、法定理由撤销。

罪犯刘某占犯盗窃罪被判处无期徒刑,减为有期徒刑18年之后,发现其在判决宣告之前犯有强奸罪、抢劫罪。沧州市中级人民法院作出新的判决,对刘某占以强奸罪、抢劫罪分别定罪量刑,数罪并罚,决定对罪犯刘某占执行无期徒刑是正确的。

现监狱报请为罪犯刘某占减刑,你院在计算刑期时,应将罪犯刘某占第1次减为有期徒刑18年之后至漏罪判决之间已经执行的刑期予以扣除。

12. 最高人民法院审判监督庭《在减刑、假释工作中贯彻宽严相济刑事政策》(2010年5月5日)

宽严相济刑事政策是我国基本刑事政策,贯穿于刑事立法、刑事司法和刑罚执行的全过程。减刑、假释作为一种刑罚执行变更制度,是人民法院审判工作的重要组成部分,是贯彻宽严相济刑事政策"宽"的一面的重要切入点,是以"宽"济"严"的重要渠道。各级人民法院审理减刑、假释案件,务必要以宽严相济刑事政策为指导,充分发挥减刑、假释制度的积极功能,确保刑罚的执行效果。《最高人民法院关于贯彻宽严相济刑事政策的若干意见》(以下简称《意见》)第34条、第43条对减刑、假释审理工作如何贯彻宽严相济刑事政策作了规定,明确了"一个原则",体现了"三项新的精神",具有非常重要的指导意义和实践价值。各级人民法院要认真组织学习,将《意见》的精神不折不扣地贯彻到减刑、假释案件审理的全过程,力争实现减刑、假释审理工作的进一步发展。

一、明确了区别对待的原则

区别对待是宽严相济刑事政策的基础。在减刑、假释工作中贯彻宽严相济刑事政策,实行区别对待原则,是指以刑罚个别化原则为指导,从不同罪犯的犯罪和改造的实际情况出发,针对不同罪犯的不同情况,依法采取宽严不同的减刑、假释政策,确保在兼顾一般预防的前提下充分发挥刑罚的特殊预防功能,获取最佳的刑罚执行效果。为了实现刑罚的惩治功能,有效的预防犯罪,对具有严重社会危害性和人身危险性的犯罪分子,如犯有危害国家安全犯罪、故意危害公共安全犯罪、严重暴力犯罪、涉众型经济犯罪等严重犯罪的犯罪分子,恐怖组织犯罪、邪教组织犯罪、黑恶势力犯罪等有组织犯罪的领导者、组织者和骨干分子,毒品犯罪再犯的严重犯罪者,要"当严则严",在减刑、假释的条件,减刑的起始时间,减刑的幅度和减刑的频度等方面从严把握。另一方面,考虑到未成年罪犯可塑性较强,老年犯、残疾罪犯的再犯可能性较小,以及过失犯、中止犯、胁从犯、防卫过当或避险过当罪犯的主观恶性和人身危险性不大,在依法对他们进行减刑、假释时,要根据悔罪表现,在减刑、假释的条件,减刑的起始时间,减刑的幅度和减刑的频度等方面"该宽则宽"。

二、体现了三项新的精神

一是体现了减刑、假释与财产刑执行和民事赔偿责任履行情况挂钩的精神。当前,大部分法院在审理减刑、假释案件时,基本上不考虑罪犯财产刑执行和民事赔偿责任履行的情况。这种执(履)行与不执(履)行、执(履)行多与执(履)行少与减刑、假释不挂钩的局面,会形成错误的财产刑执行导向机制,加剧财产刑"空判"现象,进而损坏宽严相济刑事政策的落实。为了体现刑罚执行的严肃性和完整性,调动罪犯执行财产刑的积极性,《意见》将财产刑执行和附带民事赔偿责任履行情况作为"该款则宽、当严则严"的重要参考依据,规定:"确有执行能力而拒不依法积极主动缴付财产执行财产刑或确有履行能力而不积极主动履行附带民事赔偿责任的,在依法减刑、假释时,应当从严掌握;积极主动缴付财产执行财产刑或履行民事赔偿责任的罪犯,在依法减刑、假释时,应根据悔改表现予以从宽掌握。"二是体现了保证因暴力犯罪被判处死缓和无期徒刑罪犯较长服刑期限的精神。在"严格控制和限制死刑"的政策指导下,人民法院对一些故意杀人、爆炸、抢劫、强奸、绑架致人死亡或严重残疾的暴力犯罪的罪犯判处了死刑缓期执行或者无期徒刑。在我国的司法实践中,死缓犯的实际执行期限一般不会超过20年,有的甚至只有十三四年,无期徒刑罪犯一般服刑15年左右即可出狱,有的只有十一二年。这种"死刑过重,生刑过轻"的不平衡现象,不仅使得死刑缓期执行和无期徒刑应有的严厉性在实践中得不到保证,而且难以保证罪犯的改造效果。为了维护公平正义,确保罪犯的改造效果,《意见》体现了要保证因暴力犯罪被判处死缓和无期徒刑罪犯较长服刑期限的精神,规定:"对于因故意杀人、爆炸、抢劫、强奸、绑架等暴力犯罪,致人死亡或严重残疾而被判处死刑缓期两年执行或无期徒刑的罪犯,严格控制减刑的频度和每次减刑的幅度,保证其相对较长的实际服刑期限。"三是体现了程序公正的精神。程序是制约减刑、假释裁量权滥用的有效手段,是确保宽严相济刑事政策落到实处的重要保障。树立程序公正意识,构建程序公正机制是规范减刑、假释案件审理的必由之路。实践证明,对减刑、假释案件实行程序公正机制,具有非常积极的作用,不仅可以避免人民群众对减刑、假释审理工作"暗箱操作"的怀疑,增强人民群众对司法公正的信心,而且可以使人民法院在审理减刑、假释案件时听取多方面意见,使减刑、假释裁定最大程度地接近正义。因此,《意见》对减刑、假释的程序公正机制作了明确的规定。但是,由于面临案多人少的矛盾,要求所有减刑、假释案件一律实行开庭审理,目前尚不具备条件。因此,构建程序公正机制,必须要选好适用范围,才能取得预期的效果。针对实践中职务犯罪罪犯的减刑、假释,较之于普通罪犯,存在减刑幅度偏大、间隔时间偏短、减刑频率偏快、假释比例偏高等问题,《意见》要求对于职务犯罪案件,尤其是原为县处级以上领导干部罪犯的减刑、假释案件,要一律开庭审理。对于故意杀人、抢劫、故意伤害等严重危害社会治安的暴力犯罪分子,有组织犯罪案件的首要分子和其他主犯以及其他重大、有影响案件罪犯的减刑，假释，原则上也要开庭审理。对于由于条件所限，不能开庭审理的减刑、假释案件，要在羁押场所公示，接受其他在押罪犯的监督，确保司法权最大限度地在阳光下运行。

三、贯彻《意见》精神时要注意的几个突出问题

一是要注意全面审查，防止"唯分是举、以分折刑"。贯彻宽严相济的刑事政策，依法审理是前提，宽严有据是根本。要防止"想宽就宽、想严就严"的错误倾向，要做到宽严都有足够的事实和法律依据。目前，一些人民法院审理减刑、假释案件依然主要以百分考核的分数作为唯一的标准。我们认为，百分考核的分数不能全面准确反映出罪犯的思想改造情况，无法全面反映罪犯的社会危害性和人身危险性，不符合宽严相济刑事政策的精神。各级人民法院要坚决摒弃"唯分是举"的错误做法，要树立全面审查的原则，既要将罪犯的改造表现作为宽严相济的重要根据，也要充分考虑罪犯的原判犯罪性质、情节、主观恶性、犯罪原因、原判刑罚情况、人身危险性、罪前社会表现、年龄、身体状况以及被害人意见等因素。只有这样，才能做到宽严有理，宽严有据。二是要注意具体情况具体分析，力求宽严皆当，宽严有效。宽严"相济"是宽严相济刑事政策的精髓。贯彻宽严相济的刑事政策，要在"相济"上下工夫。要准确把握宽严相济刑事政策的精神，做到统筹兼顾、协调运用，不能只讲"宽"而忽视"严"，也不能只讲"严"而忽视"宽"。要理性认识犯罪现象，正确把握犯罪规律，科学判断当前和今后一个时期社会治安的态势，充分考虑人民群众的社会安全感，具体情况具体分析，做到严中有宽、宽以济严，宽中有严、严以济宽，防止片面化和绝对化。对具有严重社会危害性和人身危险性罪犯从严掌握的同时，也要注意宽的一面，要给出路、给希望，鼓励其悔过自新、积极改造，实现刑罚的教育和矫治功能。对于未成年罪犯、老病残罪犯等主观恶性不深、人身危险性不大的罪犯从宽掌握的同时，也要体现严的一面，防止一味从宽，以体现刑罚的惩罚和警示功能。三是要注意因地制宜，充分发挥假释的制度优势。假释是落实宽严相济刑事政策的一项重要制度。相对于减刑而言，假释在维持原判稳定性、促使罪犯自我改造和顺利回归社会、降低行刑成本方面具有一定的优势。但是，当前大部分人民法院假释的适用率不高，远远低于减刑适用率。针对这一情况，《意见》规定，符合刑法第 81 条第 1 款规定的假释条件的，应当依法多适用假释。在贯彻该意见时，首先，要克服害怕承担风险的心理。只要严格依照法定程序和正当程序审理假释案件，注意听取各方面的意见，正确行使裁量权，依法公正地进行裁决，严格遵守廉政规则和审判纪律，办案人员就不应当承担责任。其次，要正确把握假释的条件，综合考察原判犯罪的性质、情节、社会危害性等各种因素，具体分析，准确把握。此外，还要注重完善假释后的监管措施。最后，有必要指出的是，《意见》所说的依法"多"适用假释，不是对法律规定的假释条件的放宽，而是针对过去没有很好地发挥假释功能，假释适用比例过小的现象提出的要求。

13. 最高人民法院《关于贯彻宽严相济刑事政策的若干意见》(法发〔2010〕9 号)

四、准确把握和正确适用宽严"相济"的政策要求

34. 对于危害国家安全犯罪、故意危害公共安全犯罪、严重暴力犯罪、涉众型经济犯罪等严重犯罪；恐怖组织犯罪、邪教组织犯罪、黑恶势力犯罪等有组织犯罪的领导者、组织者和骨干分子；毒品犯罪再犯的严重犯罪者；确有执行能力而拒不依法积极主动缴付财产执行财产刑或确有履行能力而不积极主动履行附带民事赔偿责任的，在依法减刑、假释时，应当从严掌握。对累犯减刑时，应当从严掌握。拒不交代真实身份或对减刑、假释材料弄虚作假，不符合减刑、假释条件的，不得减刑、假释。

对于因犯故意杀人、爆炸、抢劫、强奸、绑架等暴力犯罪，致人死亡或严重残疾而被判处死刑缓期 2 年执行或无期徒刑的罪犯，要严格控制减刑的频度和每次减刑的幅度，要保证其相对较长的实际服刑期限,维护公平正义,确保改造效果。

对于未成年犯、老年犯、残疾罪犯、过失犯、中止犯、胁从犯、积极主动缴付财产执行财产刑或履行民事赔偿责任的罪犯、因防卫过当或避险过当而判处徒刑的罪犯以及其他主观恶性不深、人身危险性不大的罪犯,在依法减刑、假释时,应当根据悔改表现予以从宽掌握。对认罪伏法,遵守监规,积极参加学习、劳动,确有悔改表现的,依法予以减刑,减刑的幅度可以适当放宽,间隔的时间可以相应缩短。符合刑法第81条第1款规定的假释条件的,应当依法多适用假释。(全文详见本书《刑法》第5条相关内容)

14.《中华人民共和国刑法修正案(8)》(2011年2月25日第十一届全国人大常委会第十九次会议通过)

本条为《中华人民共和国刑法修正案(8)》修改。

内容:十五、将刑法第78条第2款修改为:“减刑以后实际执行的刑期不能少于下列期限:(一)判处管制、拘役、有期徒刑的,不能少于原判刑期的二分之一;(二)判处无期徒刑的,不能少于13年;(三)人民法院依照本法第50条第2款规定限制减刑的死刑缓期执行的犯罪分子,缓期执行期满后依法减为无期徒刑的,不能少于25年,缓期执行期满后依法减为25年有期徒刑的,不能少于20年。”

15.最高人民法院研究室《关于罪犯在刑罚执行期间的发明创造能否按照重大立功表现作为对其漏罪审判时的量刑情节问题的答复》(法研〔2011〕79号)

(详见本书《刑法》第68条相关内容)

16.最高人民法院《关于〈中华人民共和国刑法修正案(8)〉时间效力问题的解释》(法释〔2011〕9号)

第7条 2011年4月30日以前犯罪,被判处无期徒刑的罪犯,减刑以后或者假释前实际执行的刑期,适用修正前刑法第78条第2款、第81条第1款的规定。

17.最高人民法院《关于办理减刑、假释案件具体应用法律若干问题的规定》(法释〔2012〕2号)

(法释〔2019〕11号已声明该文件废止)

18.最高人民法院《关于罪犯因漏罪、新罪数罪并罚时原减刑裁定应如何处理的意见》(法〔2012〕44号

(详见本书《刑法》第69条相关内容)

19.最高人民法院《关于执行〈关于办理减刑、假释案件具体应用法律若干问题的规定〉有关问题的通知》(法〔2013〕201号)

为正确适用《最高人民法院关于办理减刑、假释案件具体应用法律若干问题的规定》(法释〔2012〕2号,以下简称《规定》)办理减刑、假释案件,根据刑法有关规定,现将有关问题通知如下:

1.原生效裁判在《中华人民共和国刑法修正案(8)》生效后作出的,适用《规定》。

2.原生效裁判在《中华人民共和国刑法修正案(8)》生效前作出的,适用1997年《最高人民法院关于办理减刑、假释案件具体应用法律若干问题的规定》(以下简称《1997年规定》)。但适用《规定》对罪犯有利的,适用《规定》。

20.最高人民检察院《关于对职务犯罪罪犯减刑、假释、暂予监外执行案件实行备案审查的规定》(高检发监字〔2014〕5号)

第1条 为了强化对职务犯罪罪犯减刑、假释、暂予监外执行的法律监督,加强上级人民检察院对下级人民检察院办理刑罚变更执行案件工作的领导,根据《中华人民共和国刑法》《中华人民共和国刑事诉讼法》和《中华人民共和国监狱法》等有关规定,结合检察工作实际,制定本规定。

第2条 人民检察院对职务犯罪罪犯减刑、假释、暂予监外执行案件实行备案审查,按照下列情形分别处理:

(一)对原厅局级以上职务犯罪罪犯减刑、假释、暂予监外执行的案件,人民检察院应当在收到减刑、假释裁定书或者暂予监外执行决定书后10日以内,逐案层报最高人民检察院备案审查;(二)对原县处级职务犯罪罪犯减刑、假释、暂予监外执行的案件,人民检察院应当在收到减刑、假释裁定书或者暂予监外执行决定书后10日以内,逐案层报省级人民检察院备案审查。

第3条 人民检察院报请备案审查减刑、假释案件,应当填写备案审查登记表,并附下列材料的复印件:

(一)刑罚执行机关提请减刑、假释建议书;(二)人民法院减刑、假释裁定书;(三)人民检察院向刑罚执行机关、人民法院提出的书面意见;罪犯有重大立功表现裁定减刑、假释的案件,还应当附重大立功表现相关证明材料的复印件。

第4条 人民检察院报请备案审查暂予监外执行案件,应当填写备案审查登记表,并附下列材料的复印件:

(一)刑罚执行机关提请暂予监外执行意见书或者审批表;(二)决定或者批准机关暂予监外执行决定书;(三)人民检察院向刑罚执行机关、暂予监外执行决定或者批准机关提出的书面意见;(四)罪犯的病情诊断、鉴定意见以及相关证明材料。

第5条 上级人民检察院认为有必要的,可以要求下级人民检察院补报相关材料。下级人民检察院应当在收到通知后3日以内,按照要求报送。

第6条 最高人民检察院和省级人民检察院收到备案审查材料后,应当指定专人进行登记和审查,并在收到材料后10日以内,分别作出以下处理:

(一)对于职务犯罪罪犯减刑、假释、暂予监外执行不当的,应当通知下级人民检察院依法向有关单位提出纠正意见。其中,省级人民检察院认为高级人民法院作出的减刑、假释裁定或者省级监狱管理局、省级公安厅(局)作出的暂予监外执行决定不当的,应当依法提出纠正意见;(二)对于职务犯罪罪犯减刑、假释、暂予监外执行存在疑点或者可能存在违法违规问题的,应当通知下级人民检察院依法进行调查核实。

第7条 下级人民检察院收到上级人民检察院对备案审查材料处理意见的通知后,应当立即执行,并在收到通知后30日以内,报告执行情况。

第8条 省级人民检察院应当将本年度原县处级以上职务犯罪罪犯减刑、假释、暂予监外执行的名单,以及本年度职务犯罪罪犯减刑、假释、暂予监外执行的数量和比例对比情况,与人民法院、公安机关、监狱管理机关等有关单位核对后,于次年1月底前,报送最高人民检察院。

第9条 对于职务犯罪罪犯减刑、假释、暂予监外执行的比例明显高于其他罪犯的相应比例的,人民检察院应当对职务犯罪罪犯减刑、假释、暂予监外执行案件进行逐案复查,查找和分析存在的问题,依法向有关单位提出意见或者建议。

第10条 最高人民检察院和省级人民检察院应当每年对职务犯罪罪犯减刑、假释、暂予监外执行情况进行分析和总结,指导和督促下级人民检察院落实有关要求。

第11条 本规定中的职务犯罪,是指贪污贿赂犯罪,国家工作人员的渎职犯罪,国家机关工作人员利用职权实施的非法拘禁、非法搜查、刑讯逼供、暴力取证、虐待被监管人、报复陷害、破坏选举的侵犯公民人身权利、公民民主权利的犯罪。

第12条 本规定自发布之日起施行。

21. 最高人民法院《关于减刑、假释案件审理程序的规定》(法释〔2014〕5号)

为进一步规范减刑、假释案件的审理程序,确保减刑、假释案件审理的合法、公正,根据《中华人民共和国刑法》《中华人民共和国刑事诉讼法》有关规定,结合减刑、假释案件审理工作实际,制定本规定。

第1条 对减刑、假释案件,应当按照下列情形分别处理:

(一)对被判处死刑缓期执行的罪犯的减刑,由罪犯服刑地的高级人民法院在收到同级监狱管理机关审核同意的减刑建议书后1个月内作出裁定;(二)对被判处无期徒刑的罪犯的减刑、假释,由罪犯服刑地的高级人民法院在收到同级监狱管理机关审核同意的减刑、假释建议书后1个月内作出裁定,案情复杂或者情况特殊的,可以延长1个月;(三)对被判处有期徒刑和被减为有期徒刑的罪犯的减刑、假释,由罪犯服刑地的中级人民法院在收到执行机关提出的减刑、假释建议书后1个月内作出裁定,案情复杂或者情况特殊的,可以延长1个月;(四)对被判处拘役、管制的罪犯的减刑,由罪犯服刑地中级人民法院在收到同级执行机关审核同意的减刑、假释建议书后1个月内作出裁定。

对暂予监外执行罪犯的减刑,应当根据情况,分别适用前款的有关规定。

第2条 人民法院受理减刑、假释案件,应当审查执行机关移送的下列材料:

(一)减刑或者假释建议书;(二)终审法院裁判文书、执行通知书、历次减刑裁定书的复印件;(三)罪犯确有悔改或者立功、重大立功表现的具体事实的书面证明材料;(四)罪犯评审鉴定表、奖惩审批表等;(五)其他根据案件审理需要应予移送的材料。

报请假释的,应当附有社区矫正机构或者基层组织关于罪犯假释后对所居住社区影响的调查评估报告。

人民检察院对报请减刑、假释案件提出检察意见的,执行机关应当一并移送受理减刑、假释案件的人民法院。

经审查,材料齐备的,应当立案;材料不齐的,应当通知执行机关在3日内补送,逾期未补送的,不予立案。

第3条 人民法院审理减刑、假释案件,应当在立案后5日内将执行机关报请减刑、假释的建议书等材料依法向社会公示。

公示内容应当包括罪犯的个人情况、原判认定的罪名和刑期、罪犯历次减刑情况、执行机关的建议及依据。

公示应当写明公示期限和提出意见的方式。公示期限为5日。

第4条 人民法院审理减刑、假释案件,应当依法由审判员或者由审判员和人民陪审员组成合议庭进行。

第5条 人民法院审理减刑、假释案件,除应当审查罪犯在执行期间的一贯表现外,还应当综合考虑犯罪的具体情节、原判刑罚情况、财产刑执行情况、附带民事裁判履行情况、罪犯退赃退赔等情况。

人民法院审理假释案件,除应当审查第1款所列情形外,还应当综合考虑罪犯的年龄、身体状况、性格特征、假释后生活来源以及监管条件等影响再犯罪的因素。

执行机关以罪犯有立功表现或重大立功表现为由提出减刑的,应当审查立功或重大立功表现是否属实。涉及发明创造、技术革新或者其他贡献的,应当审查该成果是否系罪犯在执行期间独立完成,并经有关主管机关确认。

第6条 人民法院审理减刑、假释案件,可以采取开庭审理或者书面审理的方式。但下列减刑、假释案件,应当开庭审理:

(一)因罪犯有重大立功表现报请减刑的;(二)报请减刑的起始时间、间隔时间或者减刑幅度不符合司法解释一般规定的;(三)公示期间收到不同意见的;(四)人民检察院有异议的;(五)被报请减刑、假释罪犯系职务犯罪罪犯,组织(领导、参加、包庇、纵容)黑社会性质组织犯罪罪犯,破坏金融管理秩序和金融诈骗犯罪罪犯及其他在社会上有重大影响或社会关注度高的;(六)人民法院认为其他应当开庭审理的。

第7条 人民法院开庭审理减刑、假释案件,应当通知人民检察院、执行机关及被报请减刑、假释罪犯参加庭审。

人民法院根据需要,可以通知证明罪犯确有悔改表现或者立功、重大立功表现的证人,公示期间提出不同意见的人,以及鉴定人、翻译人员等其他人员参加庭审。

第8条 开庭审理应当在罪犯刑罚执行场所或者人民法院确定的场所进行。有条件的人民法院可以采取视频开庭的方式进行。

在社区执行刑罚的罪犯因重大立功被报请减刑的,可以在罪犯服刑地或者居住地开庭审理。

第9条 人民法院对于决定开庭审理的减刑、假释案件,应当在开庭3日前将开庭的时间、地点通知人民检察院、执行机关、被报请减刑、假释罪犯和有必要参加庭审的其他人员,并于开庭3日前进行公告。

第10条 减刑、假释案件的开庭审理由审判长主持,应当按照以下程序进行:

(一)审判长宣布开庭,核实被报请减刑、假释罪犯的基本情况;(二)审判长宣布合议庭组成人员、检察人员、执行机关代表及其他庭审参加人;(三)执行机关代表宣读减刑、假释建议书,并说明主要理由;(四)检察人员发表检察意见;(五)法庭对被报请减刑、假释罪犯确有悔改表现或立功表现、重大立功表现的事实以及其他影响减刑、假释的情况进行调查核实;(六)被报请减刑、假释罪犯作最后陈述;(七)审判长对庭审情况进行总结并宣布休庭评议。

第11条 庭审过程中,合议庭人员对报请理由有疑问的,可以向被报请减刑、假释罪犯、证人、执行机关代表、检察人员提问。

庭审过程中,检察人员对报请理由有疑问的,在经审判长许可后,可以出示证据,申请证人到庭,向被报请减刑、假释罪犯及证人提问并发表意见。被报请减刑、假释罪犯对报请理由有疑问的,在经审判长许可后,可以出示证据,申请证人到庭,向证人提问并发表意见。

第12条 庭审过程中,合议庭对证据有疑问需要进行调查核实,或者检察人员、执行机关代表提出申请的,可以宣布休庭。

第13条 人民法院开庭审理减刑、假释案件,能够当庭宣判的应当当庭宣判;不能当庭宣判的,可以择期宣判。

第14条 人民法院书面审理减刑、假释案件,可以就被报请减刑、假释罪犯是否符合减刑、假释条件进行调查核实或听取有关方面意见。

第15条 人民法院书面审理减刑案件,可以提讯被报请减刑罪犯;书面审理假释案件,应当提讯被报请假释罪犯。

第16条 人民法院审理减刑、假释案件,应当按照下列情形分别处理:

(一)被报请减刑、假释罪犯符合法律规定的减刑、假释条件的,作出予以减刑、假释的裁定;(二)被报请减刑的罪犯符合法律规定的减刑条件,但执行机关报请的减刑幅度不适当的,对减刑幅度作出相应调整后作出予以减刑的裁定;(三)被报请减刑、假释罪犯不符合法律规定的减刑、假释条件的,作出不予减刑、假释的裁定。

在人民法院作出减刑、假释裁定前,执行机关书面申请撤回减刑、假释建议的,是否准许,由人民法院决定。

第17条 减刑、假释裁定书应当写明罪犯原判和历次减刑情况,确有悔改表现或者立功、重大立功表现的事实和理由,以及减刑、假释的法律依据。

裁定减刑的,应当注明刑期的起止时间;裁定假释的,应当注明假释考验期的起止时间。

裁定调整减刑幅度或者不予减刑、假释的,应当在裁定书中说明理由。

第18条 人民法院作出减刑、假释裁定后,应当在7日内送达报请减刑、假释的执行机关、同级人民检察院以及罪犯本人。作出假释裁定的,还应当送达社区矫正机构或者基层组织。

第19条 减刑、假释裁定书应当通过互联网依法向社会公布。

第20条 人民检察院认为人民法院减刑、假释裁定不当,在法定期限内提出书面纠正意见的,人民法院应当在收到纠正意见后另行组成合议庭审理,并在1个月内作出裁定。

第21条 人民法院发现本院已经生效的减刑、假释裁定确有错误的,应当依法重新组成合议庭进行审理并作出裁定;上级人民法院发现下级人民法院已经生效的减刑、假释裁定确有错误的,应当指令下级人民法院另行组成合议庭审理,也可以自行依法组成合议庭进行审理并作出裁定。

第22条 最高人民法院以前发布的司法解释和规范性文件,与本规定不一致的,以本规定为准。

22. 最高人民检察院《关于人民检察院办理减刑、假释案件规定》(高检发监字〔2014〕8号)

第1条 为了进一步加强和规范减刑、假释法律监督工作,确保刑罚变更执行合法、公正,根据《中华人民共和国刑法》、《中华人民共和国刑事诉讼法》和《中华人民共和国监狱法》等有关规定,结合检察工作实际,制定本规定。

第2条 人民检察院依法对减刑、假释案件的提请、审理、裁定等活动是否合法实行法律监督。

第3条 人民检察院办理减刑、假释案件,应当按照下列情形分别处理:

(一)对减刑、假释案件提请活动的监督,由对执行机关承担检察职责的人民检察院负责;(二)对减刑、假释案件审理、裁定活动的监督,由人民法院的同级人民检察院负责;同级人民检察院对执行机关不承担检察职责的,可以根据需要指定对执行机关承担检察职责的人民检察院派员出席法庭;下级人民检察院发现减刑、假释裁定不当的,应当及时向作出减刑、假释裁定的人民法院的同级人民检察院报告。

第4条 人民检察院办理减刑、假释案件,依照规定实行统一案件管理和办案责任制。

第5条 人民检察院收到执行机关移送的下列减刑、假释案件材料后,应当及时进行审查:

(一)执行机关拟提请减刑、假释意见;(二)终审法院裁判文书、执行通知书、历次减刑裁定书;(三)罪犯确有悔改表现、立功表现或者重大立功表现的证明材料;(四)罪犯评审鉴定表、奖惩审批表;(五)其他应当审查的案件材料。

对拟提请假释案件,还应当审查社区矫正机构或者基层组织关于罪犯假释后对所居住社区影响的调查评估报告。

第6条 具有下列情形之一的,人民检察院应当进行调查核实:

(一)拟提请减刑、假释罪犯系职务犯罪罪犯,破坏金融管理秩序和金融诈骗犯罪罪犯,黑社会性质组织犯罪罪犯,严重暴力恐怖犯罪罪犯,或者其他在社会上有重大影响、社会关注度高的罪犯;(二)因罪犯有立功表现或者重大立功表现拟提请减刑的;(三)拟提请减刑、假释罪犯的减刑幅度大、假释考验期长、起始时间早、间隔时间短或者实际执行刑期短的;(四)拟提请减刑、假释罪犯的考核计分高、专项奖励多或者鉴定材料、奖惩记录有疑点的;(五)收到控告、举报的;(六)其他应当进行调查核实的。

第7条 人民检察院可以采取调阅复制有关材料、重新组织诊断鉴别、进行文证鉴定、召开座谈会、个别询问等方式,对下列情况进行调查核实:

(一)拟提请减刑、假释罪犯在服刑期间的表现情况;(二)拟提请减刑、假释罪犯的财产刑执行、附带民事裁判履行、退赃退赔等情况;(三)拟提请减刑罪犯的立功表现、重大立功表现是否属实,发明创造、技术革新是否系罪犯在服刑期间独立完成并经有关主管机关确认;(四)拟提请假释罪犯的身体状况、性格特征、假释后生活来源和监管条件等影响再犯罪的因素;(五)其他应当进行调查核实的情况。

第8条 人民检察院可以派员列席执行机关提请减刑、假释评审会议,了解案件有关情况,根据需要发表意见。

第9条 人民检察院发现罪犯符合减刑、假释条件,但是执行机关未提请减刑、假释的,可以建议执行机关提请减刑、假释。

第10条 人民检察院收到执行机关抄送的减刑、假释建议书副本后,应当逐案进行审查,可以向人民法院提出书面意见。发现减刑、假释建议不当或者提请减刑、假释违反法定程序的,应当在收到建议书副本后10日以内,依法向审理减刑、假释案件的人民法院提出书面意见,同时将检察意见书副本抄送执行机关。案情复杂或者情况特殊的,可以延长10日。

第11条 人民法院开庭审理减刑、假释案件的,人民检察院应当指派检察人员出席法庭,发表检察意见,并对法庭审理活动是否合法进行监督。

第12条 出席法庭的检察人员不得少于2人,其中至少1人具有检察官职务。

第13条 检察人员应当在庭审前做好下列准备工作:

(一)全面熟悉案情,掌握证据情况,拟定法庭调查提纲和出庭意见;(二)对执行机关提请减刑、假释有异议的案件,应当收集相关证据,可以建议人民法院通知相关证人出庭作证。

第14条 庭审开始后,在执行机关代表宣读减刑、假释建议书并说明理由之后,检察人员应当发表检察意见。

第15条 庭审过程中,检察人员对执行机关提请减刑、假释有疑问的,经审判长许可,可以出示证据,申请证人出庭作证,要求执行机关代表出示证据或者作出说明,向被提请减刑、假释的罪犯及证人提问并发表意见。

第16条 法庭调查结束时,在被提请减刑、假释罪犯作最后陈述之前,经审判长许可,检察人员可以发表总结性意见。

第17条 庭审过程中,检察人员认为需要进一步调查核实案件事实、证据,需要补充鉴定或者重新鉴定,或者需要通知新的证人到庭的,应当建议休庭。

第18条 检察人员发现法庭审理活动违反法律规定的,应当在庭审后及时向本院检察长报告,依法向人民法院提出纠正意见。

第19条 人民检察院收到人民法院减刑、假释裁定书副本后,应当及时审查下列内容:

(一)人民法院对罪犯裁定予以减刑、假释,以及起始时间、间隔时间、实际执行刑期、减刑幅度或者假释考验期是否符合有关规定;(二)人民法院对罪犯裁定不予减刑、假释是否符合有关规定;(三)人民法院审理、裁定减刑、假释的程序是否合法;(四)按照有关规定应当开庭审理的减刑、假释案件,人民法院是否开庭审理;(五)人民法院减刑、假释裁定书是否依法送达执行并向社会公布。

第20条 人民检察院经审查认为人民法院减刑、假释裁定不当的,应当在收到裁定书副本后20日以内,依法向作出减刑、假释裁定的人民法院提出书面纠正意见。

第21条 人民检察院对人民法院减刑、假释裁定提出纠正意见的,应当监督人民法院在收到纠正意见后1个月以内重新组成合议庭进行审理并作出最终裁定。

第22条 人民检察院发现人民法院已经生效的减刑、假释裁定确有错误的,应当向人民法院提出书面纠正意见,提请人民法院按照审判监督程序依法另行组成合议庭重新审理并作出裁定。

第23条 人民检察院收到控告、举报或者发现司法工作人员在办理减刑、假释案件中涉嫌违法的,应当依法进行调查,并根据情况,向有关单位提出纠正违法意见,建议更换办案人,或者建议予以纪律处分;构成犯罪的,依法追究刑事责任。

第24条 人民检察院办理职务犯罪罪犯减刑、假释案件,按照有关规定实行备案审查。

第25条 本规定自发布之日起施行。最高人民检察院以前发布的有关规定与本规定不一致的,以本规定为准。

23. 中共中央政法委《关于严格规范减刑、假释、暂予监外执行切实防止司法腐败的意见》(中政委〔2014〕5号)

为严格规范减刑、假释、暂予监外执行,切实防止徇私舞弊、权钱交易等腐败行为,坚决杜绝社会反映强烈的"有权人"、"有钱人"被判刑后减刑快、假释及暂予监外执行比例高、实际服刑时间偏短等现象,确保司法公正,提高司法公信力,根据法律规定和刑事政策精神,结合实际,现提出如下意见。

一、从严把握减刑、假释、暂予监外执行的实体条件

1. 对职务犯罪、破坏金融管理秩序和金融诈骗犯罪、组织(领导、参加、包庇、纵容)黑社会性质组织犯罪等罪犯(以下简称三类罪犯)减刑、假释,必须从严把握法律规定的"确有悔改表现"、"立功表现"、"重大立功表现"的标准。

对三类罪犯"确有悔改表现"的认定,不仅应当考察其是否认罪悔罪,认真遵守法律法规及监规、接受教育改造,积极参加思想、文化、职业技术教育,积极参加劳动、努力完成劳动任务,而且应当考察其是否通过主动退赃、积极协助追缴境外赃款赃物、主动赔偿损失等方式,积极消除犯罪行为所产生的社会影响。对服刑期间利用个人影响力和社会关系等不正当手段企图获得减刑、假释机会的,不认定其"确有悔改表现"。

对三类罪犯拟按法律规定的"在生产、科研中进行技术革新,成绩突出"或者"对国家和社会有其他贡献"认定为"立功表现"的,该技术革新或者其他贡献必须是该罪犯在服刑期间独立完成,并经省级主管部门确认。

对三类罪犯拟按法律规定的"有发明创造或者重大技术革新"认定为"重大立功表现"的,该发明创造或者重大技术革新必须是该罪犯在服刑期间独立完成并经国家主管部门确认的发明专利,且不包括实用新型专利和外观设计专利;拟按法律规定的"对国家和社会有其他重大贡献"认定为"重大立功表现"的,该重大贡献必须是该罪犯在服刑期间独立完成并经国家主管部门确认的劳动成果。

2. 对三类罪犯与其他罪犯的计分考核应当平等、平衡。在三类罪犯计分考核项目和标准的设计上,不仅应当考虑对其他罪犯教育改造的普遍性要求,而且应当考虑对三类罪犯教育改造的特殊性要求,防止三类罪犯在考核中比其他罪犯容易得分。进一步限制、规范三类罪犯的加分项目,严格控制加分总量。对利用个人影响力和社会关系、提供虚假证明材料、贿赂等不正当手段企图获得加分的,不但不能加分,还要扣分。司法部应当根据上述要求,抓紧修改罪犯的计分考核办法。

3. 对依法可以减刑的三类罪犯,必须从严把握减刑的起始时间、间隔时间和幅度。被判处10年以下有期徒刑的,执行2年以上方可减刑,1次减刑不超过1年有期徒刑,两次减刑之间应当间隔1年以上。被判处10年以上有期徒刑的,执行2年以上方可减刑,1次减刑不超过1年有期徒刑,两次减刑之间应当间隔1年6个月以上。被判处无期徒刑的,执行3年以上方可减刑,可以减为20年以上22年以下有期徒刑;减为有期徒刑后,1次减刑不超过1年有期徒刑,两次减刑之间应当间隔2年以上。死刑缓期执行罪犯减为无期徒刑后,执行3年以上方可减刑,可以减为25年有期徒刑;减为有期徒刑后,1次减刑不超过1年有期徒刑,两次减刑之间应当间隔2年以上。

确有阻止或检举他人重大犯罪活动、舍己救人、发明创造或者重大技术革新、在抗御自然灾害或者排除重大事故中表现突出等重大立功表现的,可以不受上述减刑起始时间和间隔时间的限制。

4. 对三类罪犯适用保外就医,必须从严把握严重疾病范围和条件。虽然患有高血压、糖尿病、心脏病等疾病,但经诊断在短期内不致危及生命的,或者不积极配合刑罚执行机关安排的治疗的,或者适用保外就医可能有社会危险性的,或者自伤自残的,一律不得保外就医。

5. 从2014年1月开始,以省、自治区、直辖市和新疆生产建设兵团为单位,各地职务犯罪罪犯减刑、假释、暂予监外执行的比例,不得明显高于其他罪犯的相应比例。中央政法相关单位应当积极指导和督促本系统落实相关比例要求。

二、完善减刑、假释、暂予监外执行的程序规定

6. 对三类罪犯的计分考核、行政奖励、立功表现等信息,应当在罪犯服刑场所及时公开;拟提请减刑、假释的,一律提前予以公示。拟提请暂予监外执行的,除病情严重必须立即保外就医的,应当提前予以公示。减刑、假释裁定书及暂予监外执行决定书,一律上网公开。

7. 对三类罪犯中因重大立功而提请减刑、假释的案件,原县处级以上职务犯罪罪犯的减刑、假释案件,组织(领导、包庇、纵容)黑社会性质组织罪犯的减刑、假释案件,原判死刑缓期执行、无期徒刑的破坏金融管理秩序和金融诈骗犯罪罪犯的减刑、假释案件,一律开庭审理。

8. 健全检察机关对减刑、假释、暂予监外执行的同步监督制度。刑罚执行机关在决定提请减刑、假释、暂予监外执行前,审判机关在作出暂予监外执行决定前,应当征求检察机关意见。审判机关开庭审理减刑、假释案件,检察机关应当派员出庭并发表检察意见。刑罚执行机关、审判机关对检察机关提出的不同意见未予采纳的,应当予以回复或者在裁定书、决定书中说明理由。检察机关可以向有关单位和人员调查核实情况、调阅复制案卷材料、重新组织对病残罪犯的诊断鉴别,并依法作出处理。

9. 推进刑罚执行机关、审判机关、检察机关减刑、假释网上协同办案平台建设,对执法办案和考核奖惩中的重要事项、重点环节,实行网上录入、信息共享、"全程留痕",从制度和技术上确保监督到位。

10. 对原厅局级以上职务犯罪罪犯减刑、假释、暂予监外执行的,裁定、决定或者批准后10日内,由省级政法机关向相应中央政法机关逐案报请备案审查。对原县处级职务犯罪罪犯减刑、假释、暂予监外执行的,裁定、决定或者批准后10日内,由地市级政法机关向相应省级政法机关逐案报请备案审查(省级政法机关裁定、决定或者批准的除外)。中央和省级政法机关对报请备案审查的减刑、假释、暂予监外执行案件,应当认真审查,发现问题的,立即责令下求政法机关依法纠正。

三、强化减刑、假释、暂予监外执行各个环节的责任

11. 对减刑、假释、暂予监外执行各个环节的承办人、批准人等执法司法人员,实行"谁承办谁负责、谁主管谁负责、谁签字谁负责"制度,执法司法人员在职责范围内对执法办案质量终身负责。其中,执法司法人员因故意或者重大过失造成减刑、假释、暂予监外执行案件在认定事实或者适用法律上确有错误的,由该直接责任人员承担责任;经主管人员批准或者许可的,由该主管人员和有关直接责任人员承担责任;减刑、假释、暂予监外执行多个环节共同造成案件在认定事实或者适用法律上确有错误的,根据具体违法或过错情况分别追究责任;有关单位、部门集体讨论决定的减刑、假释、暂予监外执行案件确有错误的,由各相关单位、部门负责人承担责任。

12. 审判机关应当建立专门审理减刑、假释、暂予监外执行案件的审判庭。检察机关应当加强派驻监管场所检察室建设,明确派驻检察室人员配备标准,落实同步监督。刑罚执行机关应当充实机构人员,为实现减刑、假释、暂予监外执行逐人逐案依法常态化办理提供保障。

四、从严惩处减刑、假释、营予监外执行中的腐败行为

13. 检察机关对减刑、假释、暂予监外执行中有关执法司法人员涉嫌违法犯罪的举报、控告和相关线索,应当依法严查,并根据情况,向有关单位提出纠正违法或者不当的建议,或者建议更换办案人,并对涉嫌违法犯罪的,建议依纪予以纪律处分或者依法追究刑事责任。

14. 对执法司法人员在减刑、假释、暂予监外执行中捏造事实、伪造材料、收受财物或者接受吃请的,一律清除出执法司法队伍;徇私舞弊、权钱交易、失职渎职构成犯罪的,一律依法从重追究刑事责任,且原则上不适用缓刑或者免予刑事处罚。

15. 对非执法司法单位和个人,为罪犯减刑、假释、暂予监外执行出具虚假病情诊断证明等材料,违法违规提供便利条件的,或者在罪犯减刑、假释、暂予监外执行中搞权钱交易的,执法司法机关应当建议主管部门依法依纪追究责任,并有针对性地加强管理、堵塞漏洞;对构成犯罪的,依法追究刑事责任。

16. 对任何单位和个人干预减刑、假释、暂予监外执行,或者施加压力要求执法司法人员违法违规办理减刑、假释、暂予监外执行的,执法司法机关及其工作人员应当坚决抵制,并向其上级机关报告。有关机关应当依法严肃追究有关单位和个人的违纪违法责任。

17. 最高人民法院、最高人民检察院、公安部、国家安全部、司法部根据本意见,对相关司法解释、部门规章或者规范性文件相应作出修改,并建立健全相关监督检查制度,确保本意见切实得到执行。

24. 最高人民法院《关于办理减刑、假释案件具体应用法律的规定》(法释〔2016〕23号)

为确保依法公正办理减刑、假释案件,依据《中华人民共和国刑法》《中华人民共和国刑事诉讼法》《中华人民共和国监狱法》和其他法律规定,结合司法实践,制定本规定。

第1条 减刑、假释是激励罪犯改造的刑罚制度,减刑、假释的适用应当贯彻宽严相济刑事政策,最大限度地发挥刑罚的功能,实现刑罚的目的。

第2条 对于罪犯符合刑法第78条第1款规定"可以减刑"条件的案件,在办理时应当综合考察罪犯犯罪的性质和具体情节、社会危害程度、原判刑罚及生效裁判中财产性判项的履行情况、交付执行后的一贯表现等因素。

第3条 "确有悔改表现"是指同时具备以下条件:

(一)认罪悔罪;(二)遵守法律法规及监规,接受教育改造;(三)积极参加思想、文化、职业技术教育;(四)积极参加劳动,努力完成劳动任务。

对职务犯罪、破坏金融管理秩序和金融诈骗犯罪、组织(领导、参加、包庇、纵容)黑社会性质组织犯罪等罪犯,不积极退赃、协助追缴赃款赃物、赔偿损失,或者服刑期间利用个人影响力和社会关系等不正当手段意图获得减刑、假释的,不认定其"确有悔改表现"。

罪犯在刑罚执行期间的申诉权利应当依法保护,对其正当申诉不能不加分析地认为是不认罪悔罪。

第4条 具有下列情形之一的,可以认定为有"立功表现":

(一)阻止他人实施犯罪活动的;(二)检举、揭发监狱内外犯罪活动,或者提供重要的破案线索,经查证属实的;(三)协助司法机关抓捕其他犯罪嫌疑人的;(四)在生产、科研中进行技术革新,成绩突出的;(五)在抗御自然灾害或者排除重大事故中,表现积极的;(六)对国家和社会有其他较大贡献的。

第(4)项、第(6)项中的技术革新或者其他较大贡献应当由罪犯在刑罚执行期间独立或者为主完成,并经省级主管部门确认。

第5条 具有下列情形之一的,应当认定为有"重大立功表现":

(一)阻止他人实施重大犯罪活动的;(二)检举监狱内外重大犯罪活动,经查证属实的;(三)协助司法机关抓捕其他重大犯罪嫌疑人的;(四)有发明创造或者重大技术革新的;(五)在日常生产、生活中舍己救人的;(六)在抗御自然灾害或者排除重大事故中,有突出表现的;(七)对国家和社会有其他重大贡献的。

第(4)项中的发明创造或者重大技术革新应当是罪犯在刑罚执行期间独立或者为主完成并经国家主管部门确认的发明专利,且不包括实用新型专利和外观设计专利;第(7)项中的其他重大贡献应当由罪犯在刑罚执行期间独立或者为主完成,并经国家主管部门确认。

第6条 被判处有期徒刑的罪犯减刑起始时间为:不满5年有期徒刑的,应当执行1年以上方可减刑;5年以上不满10年有期徒刑的,应当执行1年6个月以上方可减刑;10年以上有期徒刑的,应当执行2年以上方可减刑。有期徒刑减刑的起始时间自判决执行之日起计算。

确有悔改表现或者有立功表现的,1次减刑不超过9个月有期徒刑;确有悔改表现并有立功表现的,1次减刑不超过1年有期徒刑;有重大立功表现的,1次减刑不超过1年6个月有期徒刑;确有悔改表现并有重大立功表现的,1次减刑不超过2年有期徒刑。

被判处不满10年有期徒刑的罪犯,两次减刑间隔时间不得少于1年;被判处10年以上有期徒刑的罪犯,两次减刑间隔时间不得少于1年6个月。减刑间隔时间不得低于上次减刑减去的刑期。

罪犯有重大立功表现的,可以不受上述减刑起始时间和间隔时间的限制。

第7条 对符合减刑条件的职务犯罪罪犯,破坏金融管理秩序和金融诈骗犯罪罪犯,组织、领导、参加、包庇、纵容黑社会性质组织犯罪罪犯,危害国家安全犯罪罪犯,恐怖活动犯罪罪犯,毒品犯罪集团的首要分子及毒品再犯,累犯,确有履行能力而不履行或者不全部履行生效裁判中财产性判项的罪犯,被判处10年以下有期徒刑的,执行2年以上方可减刑,减刑幅度应当比照本规定第6条从严掌握,1次减刑不超过1年有期徒刑,两次减刑之间应当间隔1年以上。

对被判处10年以上有期徒刑的前款罪犯,以及因故意杀人、强奸、抢劫、绑架、放火、爆炸、投放危险物质或者有组织的暴力性犯罪被判处10年以上有期徒刑的罪犯,数罪并罚且其中两罪以上被判处10年以上有期徒刑的罪犯,执行2年以上方可减刑,减刑幅度应当比照本规定第6条从严掌握,1次减刑不超过1年有期徒刑,两次减刑之间应当间隔1年6个月以上。

罪犯有重大立功表现的,可以不受上述减刑起始时间和间隔时间的限制。

第8条 被判处无期徒刑的罪犯在刑罚执行期间,符合减刑条件的,执行2年以上,可以减刑。减刑幅度为:确有悔改表现或者有立功表现的,可以减为22年有期徒刑;确有悔改表现并有立功表现的,可以减为21年以上22年以下有期徒刑;有重大立功表现的,可以减为20年以上21年以下有期徒刑;确有悔改表现并有重大立功表现的,可以减为19年以上20年以下有期徒刑。无期徒刑罪犯减为有期徒刑后再减刑时,减刑幅度依照本规定第6条的规定执行。两次减刑间隔时间不得少于2年。

罪犯有重大立功表现的,可以不受上述减刑起始时间和间隔时间的限制。

第9条 对被判处无期徒刑的职务犯罪罪犯,破坏金融管理秩序和金融诈骗犯罪罪犯,组织、领导、参加、包庇、纵容黑社会性质组织犯罪罪犯,危害国家安全犯罪罪犯,恐怖活动犯罪罪犯,毒品犯罪集团的首要分子及毒品再犯,累犯以及因故意杀人、强奸、抢劫、绑架、放火、爆炸、投放危险物质或者有组织的暴力性犯罪的罪犯,确有履行能力而不履行或者不全部履行生效裁判中财产性判项的罪犯,数罪并罚被判处无期徒刑的罪犯,符合减刑条件的,执行3年以上方可减刑,减刑幅度应当比照本规定第8条从严掌握,减刑后的刑期最低不得少于20年有期徒刑;减为有期徒刑后再减刑时,减刑幅度比照本规定第6条从严掌握,1次不超过1年有期徒刑,两次减刑之间应当间隔2年以上。

罪犯有重大立功表现的,可以不受上述减刑起始时间和间隔时间的限制。

第10条 被判处死刑缓期执行的罪犯减为无期徒刑后,符合减刑条件的,执行3年以上方可减刑。减刑幅度为:确有悔改表现或者有立功表现的,可以减为25年有期徒刑;确有悔改表现并有立功表现的,可以减为24年以上25年以下有期徒刑;有重大立功表现的,可以减为23年以上24年以下有期徒刑;确有悔改表现并有重大立功表现的,可以减为22年以上23年以下有期徒刑。

被判处死刑缓期执行的罪犯减为有期徒刑后再减刑时,比照本规定第8条的规定办理。

第11条 对被判处死刑缓期执行的职务犯罪罪犯,破坏金融管理秩序和金融诈骗犯罪罪犯,组织、领导、参加、包庇、纵容黑社会性质组织犯罪罪犯,危害国家安全犯罪罪犯,恐怖活动犯罪罪犯,毒品犯罪集团的首要分子及毒品再犯,累犯以及因故意杀人、强奸、抢劫、绑架、放火、爆炸、投放危险物质或者有组织的暴力性犯罪的罪犯,确有履行能力而不履行或者不全部履行生效裁判中财产性判项的罪犯,数罪并罚被判处死刑缓期执行的罪犯,减为无期徒刑后,符合减刑条件的,执行3年以上方可减刑,一般减为25年有期徒刑,有立功表现或者重大立功表现的,可以比照本规定第10条减为23年以上25年以下有期徒刑;减为有期徒刑后再减刑时,减刑幅度比照本规定第6条从严掌握,1次不超过1年有期徒刑,两次减刑之间应当间隔2年以上。

第12条 被判处死刑缓期执行的罪犯经过1次或者几次减刑后,其实际执行的刑期不得少于15年,死刑缓期执行期间不包括在内。

死刑缓期执行罪犯在缓期执行期间不服从监管、抗拒改造,尚未构成犯罪的,在减为无期徒刑后再减刑时应当适当从严。

第13条 被限制减刑的死刑缓期执行罪犯,减为无期徒刑后,符合减刑条件的,执行5年以上方可减刑。减刑间隔时间和减刑幅度依照本规定第11条的规定执行。

第14条 被限制减刑的死刑缓期执行罪犯,减为有期徒刑后再减刑时,1次减刑不超过6个月有期徒刑,两次减刑间隔时间不得少于2年。有重大立功表现的,间隔时间可以适当缩短,但1次减刑不超过1年有期徒刑。

第15条 对被判处终身监禁的罪犯,在死刑缓期执行期满依法减为无期徒刑的裁定中,应当明确终身监禁,不得再减刑或者假释。

第16条 被判处管制、拘役的罪犯,以及判决生效后剩余刑期不满2年有期徒刑的罪犯,符合减刑条件的,可以酌情减刑,减刑起始时间可以适当缩短,但实际执行的刑期不得少于原判刑期的二分之一。

第17条 被判处有期徒刑罪犯减刑时,对附加剥夺政治权利的期限可以酌减。酌减后剥夺政治权利的期限,不得少于1年。

被判处死刑缓期执行、无期徒刑的罪犯减为有期徒刑时,应当将附加剥夺政治权利的期限减为7年以上10年以下,经过1次或者几次减刑后,最终剥夺政治权利的期限不得少于3年。

第18条 被判处拘役或者3年以下有期徒刑,并宣告缓刑的罪犯,一般不适用减刑。

前款规定的罪犯在缓刑考验期内有重大立功表现的，可以参照刑法第78条的规定予以减刑，同时应当依法缩减其缓刑考验期。缩减后，拘役的缓刑考验期限不得少于2个月，有期徒刑的缓刑考验期限不得少于1年。

第19条 对在报请减刑前的服刑期间不满18周岁，且所犯罪行不属于刑法第81条第2款规定情形的罪犯，认罪悔罪，遵守法律法规及监规，积极参加学习、劳动，应当视为确有悔改表现。

对上述罪犯减刑时，减刑幅度可以适当放宽，或者减刑起始时间、间隔时间可以适当缩短，但放宽的幅度和缩短的时间不得超过本规定中相应幅度、时间的三分之一。

第20条 老年罪犯、患严重疾病罪犯或者身体残疾罪犯减刑时，应当主要考察其认罪悔罪的实际表现。

对基本丧失劳动能力，生活难以自理的上述罪犯减刑时，减刑幅度可以适当放宽，或者减刑起始时间、间隔时间可以适当缩短，但放宽的幅度和缩短的时间不得超过本规定中相应幅度、时间的三分之一。

第21条 被判处有期徒刑、无期徒刑的罪犯在刑罚执行期间又故意犯罪，新罪被判处有期徒刑的，自新罪判决确定之日起3年内不予减刑；新罪被判处无期徒刑的，自新罪判决确定之日起4年内不予减刑。

罪犯在死刑缓期执行期间又故意犯罪，未被执行死刑的，死刑缓期执行的期间重新计算，减为无期徒刑后，5年内不予减刑。

被判处死刑缓期执行罪犯减刑后，在刑罚执行期间又故意犯罪的，依照第1款规定处理。

第22条 办理假释案件，认定“没有再犯罪的危险”，除符合刑法第81条规定的情形外，还应当根据犯罪的具体情节、原判刑罚情况，在刑罚执行中的一贯表现，罪犯的年龄、身体状况、性格特征，假释后生活来源以及监管条件等因素综合考虑。

第23条 被判处有期徒刑的罪犯假释时，执行原判刑期二分之一的时间，应当从判决执行之日起计算，判决执行以前先行羁押的，羁押1日折抵刑期1日。

被判处无期徒刑的罪犯假释时，刑法中关于实际执行刑期不得少于13年的时间，应当从判决生效之日起计算。判决生效以前先行羁押的时间不予折抵。

被判处死刑缓期执行的罪犯减为无期徒刑或者有期徒刑后，实际执行15年以上，方可假释，该实际执行时间应当从死刑缓期执行期满之日起计算。死刑缓期执行期间不包括在内，判决确定以前先行羁押的时间不予折抵。

第24条 刑法第81条第1款规定的“特殊情况”，是指有国家政治、国防、外交等方面特殊需要的情况。

第25条 对累犯以及因故意杀人、强奸、抢劫、绑架、放火、爆炸、投放危险物质或者有组织的暴力性犯罪被判处10年以上有期徒刑、无期徒刑的罪犯，不得假释。

因前款情形和犯罪被判处死刑缓期执行的罪犯，被减为无期徒刑、有期徒刑后，也不得假释。

第26条 对下列罪犯适用假释时可以依法从宽掌握：

（一）过失犯罪的罪犯、中止犯罪的罪犯、被胁迫参加犯罪的罪犯；（二）因防卫过当或者紧急避险过当而被判处有期徒刑以上刑罚的罪犯；（三）犯罪时未满18周岁的罪犯；（四）基本丧失劳动能力、生活难以自理，假释后生活确有着落的老年罪犯、患严重疾病罪犯或者身体残疾罪犯；（五）服刑期间改造表现特别突出的罪犯；（六）具有其他可以从宽假释情形的罪犯。

罪犯既符合法定减刑条件，又符合法定假释条件的，可以优先适用假释。

第27条 对于生效裁判中有财产性判项，罪犯确有履行能力而不履行或者不全部履行的,不予假释。

第28条 罪犯减刑后又假释的,间隔时间不得少于1年;对1次减去1年以上有期徒刑后,决定假释的,间隔时间不得少于1年6个月。

罪犯减刑后余刑不足2年,决定假释的,可以适当缩短间隔时间。

第29条 罪犯在假释考验期内违反法律、行政法规或者国务院有关部门关于假释的监督管理规定的,作出假释裁定的人民法院,应当在收到报请机关或者检察机关撤销假释建议书后及时审查,作出是否撤销假释的裁定,并送达报请机关,同时抄送人民检察院、公安机关和原刑罚执行机关。

罪犯在逃的,撤销假释裁定书可以作为对罪犯进行追捕的依据。

第30条 依照刑法第86条规定被撤销假释的罪犯,一般不得再假释。但依照该条第2款被撤销假释的罪犯,如果罪犯对漏罪曾作如实供述但原判未予认定,或者漏罪系其自首,符合假释条件的,可以再假释。

被撤销假释的罪犯,收监后符合减刑条件的,可以减刑,但减刑起始时间自收监之日起计算。

第31条 年满80周岁、身患疾病或者生活难以自理、没有再犯罪危险的罪犯,既符合减刑条件,又符合假释条件的,优先适用假释;不符合假释条件的,参照本规定第20条有关的规定从宽处理。

第32条 人民法院按照审判监督程序重新审理的案件,裁定维持原判决、裁定的,原减刑、假释裁定继续有效。

再审裁判改变原判决、裁定的,原减刑、假释裁定自动失效,执行机关应当及时报请有管辖权的人民法院重新作出是否减刑、假释的裁定。重新作出减刑裁定时,不受本规定有关减刑起始时间、间隔时间和减刑幅度的限制。重新裁定时应综合考虑各方面因素,减刑幅度不得超过原裁定减去的刑期总和。

再审改判为死刑缓期执行或者无期徒刑的,在新判决减为有期徒刑之时,原判决已经实际执行的刑期一并扣减。

再审裁判宣告无罪的,原减刑、假释裁定自动失效。

第33条 罪犯被裁定减刑后,刑罚执行期间因故意犯罪而数罪并罚时,经减刑裁定减去的刑期不计入已经执行的刑期。原判死刑缓期执行减为无期徒刑、有期徒刑,或者无期徒刑减为有期徒刑的裁定继续有效。

第34条 罪犯被裁定减刑后,刑罚执行期间因发现漏罪而数罪并罚的,原减刑裁定自动失效。如漏罪系罪犯主动交代的,对其原减去的刑期,由执行机关报请有管辖权的人民法院重新作出减刑裁定,予以确认;如漏罪系有关机关发现或者他人检举揭发的,由执行机关报请有管辖权的人民法院,在原减刑裁定减去的刑期总和之内,酌情重新裁定。

第35条 被判处死刑缓期执行的罪犯,在死刑缓期执行期内被发现漏罪,依据刑法第70条规定数罪并罚,决定执行死刑缓期执行的,死刑缓期执行期间自新判决确定之日起计算,已经执行的死刑缓期执行期间计入新判决的死刑缓期执行期间内,但漏罪被判处死刑缓期执行的除外。

第36条 被判处死刑缓期执行的罪犯,在死刑缓期执行期满后被发现漏罪,依据刑法第70条规定数罪并罚,决定执行死刑缓期执行的,交付执行时对罪犯实际执行无期徒刑,死缓考验期不再执行,但漏罪被判处死刑缓期执行的除外。

在无期徒刑减为有期徒刑时,前罪死刑缓期执行减为无期徒刑之日起至新判决生效之日止已经实际执行的刑期,应当计算在减刑裁定决定执行的刑期以内。

原减刑裁定减去的刑期依照本规定第34条处理。

第37条 被判处无期徒刑的罪犯在减为有期徒刑后因发现漏罪,依据刑法第70条规定数罪并罚,决定执行无期徒刑的,前罪无期徒刑生效之日起至新判决生效之日止已经实际执行的刑期,应当在新判决的无期徒刑减为有期徒刑时,在减刑裁定决定执行的刑期内扣减。

无期徒刑罪犯减为有期徒刑后因发现漏罪判处3年有期徒刑以下刑罚,数罪并罚决定执行无期徒刑的,在新判决生效后执行1年以上,符合减刑条件的,可以减为有期徒刑,减刑幅度依照本规定第8条、第9条的规定执行。

原减刑裁定减去的刑期依照本规定第34条处理。

第38条 人民法院作出的刑事判决、裁定发生法律效力后,在依照刑事诉讼法第253条、第254条的规定将罪犯交付执行刑罚时,如果生效裁判中有财产性判项,人民法院应当将反映财产性判项执行、履行情况的有关材料一并随案移送刑罚执行机关。罪犯在服刑期间本人履行或者其亲属代为履行生效裁判中财产性判项的,应当及时向刑罚执行机关报告。刑罚执行机关报请减刑时应随案移送以上材料。

人民法院办理减刑、假释案件时,可以向原1审人民法院核实罪犯履行财产性判项的情况。原1审人民法院应当出具相关证明。

刑罚执行期间,负责办理减刑、假释案件的人民法院可以协助原1审人民法院执行生效裁判中的财产性判项。

第39条 本规定所称"老年罪犯",是指报请减刑、假释时年满65周岁的罪犯。

本规定所称"患严重疾病罪犯",是指因患有重病,久治不愈,而不能正常生活、学习、劳动的罪犯。

本规定所称"身体残疾罪犯",是指因身体有肢体或者器官残缺、功能不全或者丧失功能,而基本丧失生活、学习、劳动能力的罪犯,但是罪犯犯罪后自伤致残的除外。

对刑罚执行机关提供的证明罪犯患有严重疾病或者有身体残疾的证明文件,人民法院应当审查,必要时可以委托有关单位重新诊断、鉴定。

第40条 本规定所称"判决执行之日",是指罪犯实际送交刑罚执行机关之日。

本规定所称"减刑间隔时间",是指前1次减刑裁定送达之日起至本次减刑报请之日止的期间。

第41条 本规定所称"财产性判项"是指判决罪犯承担的附带民事赔偿义务判项,以及追缴、责令退赔、罚金、没收财产等判项。

第42条 本规定自2017年1月1日起施行。以前发布的司法解释与本规定不一致的,以本规定为准。

25. 司法部《关于计分考核罪犯的规定》(司发通〔2016〕68号)

第1章 总　　则

第1条 为了认真履行监狱管理、教育改造罪犯职责,完善计分考核制度,有效调动罪犯的改造积极性,提高改造质量,提高监狱执法公信力,根据《中华人民共和国监狱法》等法律、法规和规章,结合监狱工作实际,制定本规定。

第2条 计分考核工作应当坚持监狱工作方针,坚持依法、严格、规范、公正的原则,注重教育改造的原则,监狱人民警察直接考核和集体评议相结合的原则。

第3条 计分考核按月进行,自罪犯入监教育结束次日起实施。监狱根据计分考核结果对罪犯给予奖励,实施分级处遇,依法提请减刑、假释。

第4条 监狱人民警察在计分考核工作中应当秉公执法。有违法违纪行为的,依法给予处分;涉嫌犯罪的,依法移送司法机关追究刑事责任。

第2章 计分考核的内容和标准

第5条 计分考核内容分为教育改造和劳动改造两个部分,每月基础分为100分。

第6条 按照监狱管理规定,罪犯在服刑改造期间达到以下各项要求的,当月给予教育改造基础分65分:

(一)服从法院判决,认罪悔罪;(二)遵守监规纪律,遵守服刑人员行为规范;(三)服从管理,如实向监狱人民警察汇报改造情况;(四)爱护公共财物,讲究卫生,讲究文明礼貌;(五)参加思想、文化、技术学习,考核成绩合格;(六)参加文体活动,接受心理健康教育;(七)其他接受教育改造的情形。

第7条 按照监狱管理规定,罪犯在服刑改造期间达到以下各项要求的,当月给予劳动改造基础分35分:

(一)劳动态度端正,服从调配,按时出工劳动,参加劳动习艺;(二)按时完成核定的劳动任务,达到劳动质量要求,无劳动定额的,认真履行岗位职责;(三)遵守劳动操作规程和安全生产规定,爱护劳动工具和产品;(四)其他接受劳动改造的情形。

第8条 对老年、身体残疾(不含自伤致残)、患严重疾病等经鉴定没有劳动能力的罪犯,只考核其教育改造的表现,每月基础分为100分。

第3章 计分考核的组织和方法

第9条 监狱成立计分考核领导小组,由监狱长任组长,分管计分考核工作的副监狱长任副组长,有关部门负责人为成员,负责计分考核的重大事项,日常工作由狱政管理部门负责。

第10条 监区成立计分考核小组,由监区长任组长,相关监狱人民警察为成员,负责计分考核的具体实施。

第11条 监狱计分考核领导小组、监区计分考核小组研究计分考核事项时,作出的决定应当经三分之二以上组成人员同意后通过。

第12条 计分考核实行"日记载、周评议、月公示"。

监狱人民警察每日记载罪犯的改造表现及加分、扣分情况。

监区计分考核小组每周评议罪犯的改造表现,每月审定罪犯的考核得分,除检举违法违纪行为、提供有价值破案线索等不宜公示的情形外,及时在监区内公示。

第13条 计分考核采取"基础分分值+加分分值-扣分分值"的计分模式,依据考核的内容和标准,对符合标准的给予基础分,表现突出的给予加分,违反规定的给予扣分。积分总和为罪犯当月的考核得分。教育改造与劳动改造的分数不得相互替补。

第14条 对罪犯加分、扣分,由监狱人民警察提出建议,报监区计分考核小组决定。分值较大的加分、扣分由监区计分考核小组报监狱计分考核领导小组审批。

第15条 同一加分、扣分情形可以给予多项加分、扣分的,按照最高分值给予加分、扣分。

第16条 每部分考核内容月加分分值不得超过其基础分的50%。

第17条 罪犯有检举严重违法违纪行为、提供有价值破案线索等特殊情形的,经监狱计分考核领导小组审批,可以给予专项加分,每年度专项加分分值不得超过600分。

罪犯获得专项加分的,不影响其日常考核得分。

第18条 罪犯通过利用个人影响力和社会关系、提供虚假证明材料、贿赂等不正当手段获得考核分的,取消该项得分,并给予扣分。

第19条 罪犯受到警告、记过、禁闭处罚的,分别扣减考核分300分、600分、900分。受到禁闭处罚的,同时取消已有的考核积分和奖励,自禁闭结束次日起重新考核。禁闭期间的考核基础分记0分。

第20条 罪犯服刑期间又犯罪的,取消已有的考核积分和奖励,自判决生效次日起重新考核。考核积分为负分的,保留负分。

第21条 罪犯暂予监外执行期间不进行计分考核,自收监次日起继续计分考核,原有的考核积分和奖励有效。因违反暂予监外执行监督管理规定被收监执行的,扣减考核分600分。

第22条 罪犯因涉嫌违法犯罪被立案侦查,经查证有违法犯罪行为的,侦查期间的考核基础分记0分;经查证无违法犯罪行为的,按照罪犯立案前3个月的平均得分,计算其侦查期间的考核得分。

第23条 罪犯因办案机关办理案件需要被解回侦查、起诉或者审判,办案机关认定构成犯罪的,取消其已有的考核积分和奖励;办案机关认定不构成犯罪或者因作证等原因被办案机关解回的,保留已有的考核积分和奖励,并按照解回前3个月的平均得分,计算其解回期间的考核得分。

第24条 罪犯依法提出申诉和控告的,不影响其考核得分。

第25条 罪犯跨监狱调动的,调出监狱应当将罪犯计分考核情况移交接收监狱,由接收监狱继续考核。

第26条 罪犯对考核得分有异议的,可以自公示之日起3个工作日内向监区计分考核小组提出书面复查申请;监区计分考核小组应当进行复查,于5个工作日内作出书面复查意见。

罪犯对监区计分考核小组的复查意见有异议的,可以自收到复查意见之日起3个工作日内向监狱计分考核领导小组提出书面复核申请;监狱计分考核领导小组应当进行复核,于5个工作日内作出书面复核意见。监狱计分考核领导小组的复核意见为最终决定。

第4章 计分考核结果的运用

第27条 罪犯考核积分达到600分,且每部分考核得分不低于其基础分60%的,经监区计分考核小组审查并报监狱计分考核领导小组批准后,给予一次表扬;任何一部分考核得分低于其基础分60%的,仅给予物质奖励。

给予表扬或者物质奖励的,从罪犯考核积分中扣除600分,剩余积分转入下一个考核周期。

第28条 监狱给予罪犯表扬、物质奖励的,应当及时在监区内公示,公示时间不少于3个工作日。

第29条 监狱根据计分考核结果给予罪犯表扬、物质奖励的,及时将审批决定抄送派驻检察机构。

第30条 监狱根据计分考核结果,除给予罪犯表扬、物质奖励外,可以依照有关规定在活动范围、通讯会见、生活待遇、文体活动等方面给予罪犯不同的处遇。

第31条 监狱对罪犯的计分考核结果及相应表扬,作为依法提请减刑、假释的重要依据,提交人民法院。

第5章 附 则

第32条 各省、自治区、直辖市司法厅(局)可以根据本规定,结合本地区情况,制定实施细则。

第33条 本规定自2016年8月1日起施行。司法部1990年8月31日印发的《司法部关于计分考核奖罚罪犯的规定》(司发〔1990〕158号)同时废止)

26.最高人民法院《关于办理减刑、假释案件具体应用法律的补充规定》(法释〔2019〕6号)

为准确把握宽严相济刑事政策,严格执行《最高人民法院关于办理减刑、假释案件具体应用法律的规定》,现对《中华人民共和国刑法修正案(9)》施行后,依照刑法分则第8章贪污贿赂罪判处刑罚的原具有国家工作人员身份的罪犯的减刑、假释补充规定如下:

第1条 对拒不认罪悔罪的,或者确有履行能力而不履行或者不全部履行生效裁判中财产性判项的,不予假释,一般不予减刑。

第2条 被判处10年以上有期徒刑,符合减刑条件的,执行3年以上方可减刑;被判处不满10年有期徒刑,符合减刑条件的,执行2年以上方可减刑。

确有悔改表现或者有立功表现的,1次减刑不超过6个月有期徒刑;确有悔改表现并有立功表现的,1次减刑不超过9个月有期徒刑;有重大立功表现的,1次减刑不超过1年有期徒刑。

被判处10年以上有期徒刑的,两次减刑之间应当间隔2年以上;被判处不满10年有期徒刑的,两次减刑之间应当间隔1年6个月以上。

第3条 被判处无期徒刑,符合减刑条件的,执行4年以上方可减刑。

确有悔改表现或者有立功表现的,可以减为23年有期徒刑;确有悔改表现并有立功表现的,可以减为22年以上23年以下有期徒刑;有重大立功表现的,可以减为21年以上22年以下有期徒刑。

无期徒刑减为有期徒刑后再减刑时,减刑幅度比照本规定第2条的规定执行。两次减刑之间应当间隔2年以上。

第4条 被判处死刑缓期执行的,减为无期徒刑后,符合减刑条件的,执行4年以上方可减刑。

确有悔改表现或者有立功表现的,可以减为25年有期徒刑;确有悔改表现并有立功表现的,可以减为24年6个月以上25年以下有期徒刑;有重大立功表现的,可以减为24年以上24年6个月以下有期徒刑。

减为有期徒刑后再减刑时,减刑幅度比照本规定第2条的规定执行。两次减刑之间应当间隔2年以上。

第5条 罪犯有重大立功表现的,减刑时可以不受上述起始时间和间隔时间的限制。

第6条 对本规定所指贪污贿赂罪犯适用假释时,应当从严掌握。

第7条 本规定自2019年6月1日起施行。此前发布的司法解释与本规定不一致的,以本规定为准。

27.《中华人民共和国社区矫正法》(2019年12月28日第十三届全国人大常委会第十五次会议通过)

(详见本书《刑法》第38条相关内容)

28.最高人民检察院《第19批指导性案例宣告缓刑罪犯蔡某等12人减刑监督案》(检例第70号;2020年6月3日)

【要旨】

对于判处拘役或者3年以下有期徒刑并宣告缓刑的罪犯,在缓刑考验期内确有悔改表现或者有一般立功表现,一般不适用减刑。在缓刑考验期内有重大立功表现的,可以参照刑法第78条的规定予以减刑。人民法院对宣告缓刑罪犯裁定减刑适用法律错误的,人民检察院应当依法提出纠正意见。人民法院裁定维持原减刑裁定的,人民检察院应当继续予以监督。

【指导意义】

1. 人民法院减刑裁定适用法律错误,人民检察院应当依法监督纠正。人民检察院在办理减刑、假释案件时,应准确把握法院减刑、假释裁定所依据规范性文件。对于地方人民法院、人民检察院制定的司法解释性文件,应当根据《最高人民法院、最高人民检察院关于地方人民法院、人民检察院不得制定司法解释性质文件的通知》予以清理。人民法院依据地方人民法院、人民检察院制定的司法解释性文件作出裁定的,属于适用法律错误,人民检察院应当依法向人民法院提出书面监督纠正意见,监督人民法院重新组成合议庭进行审理。

2. 人民法院对没有重大立功表现的缓刑罪犯裁定减刑的,人民检察院应当予以监督纠正。减刑、假释是我国重要的刑罚执行制度,不符合法定条件和非经法定程序,不得减刑、假释。根据有关法律和司法解释的规定,判处拘役或者3年以下有期徒刑并宣告缓刑的罪犯,一般不适用减刑;在缓刑考验期限内有重大立功表现的,可以参照刑法第78条的规定,予以减刑。因此,对缓刑罪犯适用减刑的法定条件是在缓刑考验期限内有重大立功表现。根据《社区矫正法》的有关规定,人民检察院依法对社区矫正工作实行法律监督,发现社区矫正机构对宣告缓刑的罪犯向人民法院提出减刑建议不当的,应当依法提出纠正意见;发现人民法院对于确有悔改表现或者有一般立功表现但没有重大立功表现的缓刑罪犯裁定减刑的,应当依法向人民法院发出《纠正不当减刑裁定意见书》,申明监督理由、依据和意见,监督人民法院重新组成合议庭进行审理并作出最终裁定。

3. 人民检察院发现人民法院已经生效的减刑、假释裁定仍有错误的,应当继续向人民法院提出书面纠正意见。人民检察院对人民法院减刑、假释的裁定提出纠正意见后,应当监督人民法院在收到纠正意见后1个月内重新组成合议庭进行审理,并监督人民法院重新作出的裁定是否符合法律规定。人民法院重新作出的裁定仍不符合法律规定的,人民检察院应当继续向人民法院提出纠正意见,提请人民法院按照审判监督程序依法另行组成合议庭重新审理并作出裁定。对人民法院仍然不采纳纠正意见的,人民检察院应当提请上级人民检察院继续监督。

29. 最高人民法院、最高人民检察院、公安部、司法部《关于加强减刑、假释案件实质化审理的意见》(法发〔2021〕31号)

减刑、假释制度是我国刑罚执行制度的重要组成部分。依照我国法律规定,减刑、假释案件由刑罚执行机关提出建议书,报请人民法院审理裁定,人民检察院依法进行监督。为严格规范减刑、假释工作,确保案件审理公平、公正,现就加强减刑、假释案件实质化审理提出如下意见。

一、准确把握减刑、假释案件实质化审理的基本要求

1. 坚持全面依法审查。审理减刑、假释案件应当全面审查刑罚执行机关报送的材料,既要注重审查罪犯交付执行后的一贯表现,同时也要注重审查罪犯犯罪的性质、具体情节、社会危害程度、原判刑罚及生效裁判中财产性判项的履行情况等,依法作出公平、公正的裁定,切实防止将考核分数作为减刑、假释的唯一依据。

2. 坚持主客观改造表现并重。审理减刑、假释案件既要注重审查罪犯劳动改造、监管改造等客观方面的表现,也要注重审查罪犯思想改造等主观方面的表现,综合判断罪犯是否确有悔改表现。

3. 坚持严格审查证据材料。审理减刑、假释案件应当充分发挥审判职能作用,坚持以审判为中心,严格审查各项证据材料。认定罪犯是否符合减刑、假释法定条件,应当有相应证据予以证明;对于没有证据证实或者证据不确实、不充分的,不得裁定减刑、假释。

4. 坚持区别对待。审理减刑、假释案件应当切实贯彻宽严相济刑事政策，具体案件具体分析，区分不同情形，依法作出裁定，最大限度地发挥刑罚的功能，实现刑罚的目的。

二、严格审查减刑、假释案件的实体条件

5. 严格审查罪犯服刑期间改造表现的考核材料。对于罪犯的计分考核材料，应当认真审查考核分数的来源及其合理性等，如果存在考核分数与考核期不对应、加扣分与奖惩不对应、奖惩缺少相应事实和依据等情况，应当要求刑罚执行机关在规定期限内作出说明或者补充。对于在规定期限内不能作出合理解释的考核材料，不作为认定罪犯确有悔改表现的依据。

对于罪犯的认罪悔罪书、自我鉴定等自书材料，要结合罪犯的文化程度认真进行审查，对于无特殊原因非本人书写或者自书材料内容虚假的，不认定罪犯确有悔改表现。

对于罪犯存在违反监规纪律行为的，应当根据行为性质、情节等具体情况，综合分析判断罪犯的改造表现。罪犯服刑期间因违反监规纪律被处以警告、记过或者禁闭处罚的，可以根据案件具体情况，认定罪犯是否确有悔改表现。

6. 严格审查罪犯立功、重大立功的证据材料，准确把握认定条件。对于检举、揭发监狱内外犯罪活动，或者提供重要破案线索的，应当注重审查线索的来源。对于揭发线索来源存疑的，应当进一步核查，如果查明线索系通过贿买、暴力、威胁或者违反监规等非法手段获取的，不认定罪犯具有立功或者重大立功表现。

对于技术革新、发明创造，应当注重审查罪犯是否具备该技术革新、发明创造的专业能力和条件，对于罪犯明显不具备相应专业能力及条件、不能说明技术革新或者发明创造原理及过程的，不认定罪犯具有立功或者重大立功表现。

对于阻止他人实施犯罪活动，协助司法机关抓捕其他犯罪嫌疑人，在日常生产、生活中舍己救人，在抗御自然灾害或者排除重大事故中有积极或者突出表现的，除应当审查有关部门出具的证明材料外，还应当注重审查能够证明上述行为的其他证据材料，对于罪犯明显不具备实施上述行为能力和条件的，不认定罪犯具有立功或者重大立功表现。

严格把握“较大贡献”或者“重大贡献”的认定条件。该“较大贡献”或者“重大贡献”，是指对国家、社会具有积极影响，而非仅对个别人员、单位有贡献和帮助。对于罪犯在警示教育活动中现身说法的，不认定罪犯具有立功或者重大立功表现。

7. 严格审查罪犯履行财产性判项的能力。罪犯未履行或者未全部履行财产性判项，具有下列情形之一的，不认定罪犯确有悔改表现：

(1)拒不交代赃款、赃物去向；(2)隐瞒、藏匿、转移财产；(3)有可供履行的财产拒不履行。

对于前款罪犯，无特殊原因狱内消费明显超出规定额度标准的，一般不认定罪犯确有悔改表现。

8. 严格审查反映罪犯是否有再犯罪危险的材料。对于报请假释的罪犯，应当认真审查刑罚执行机关提供的反映罪犯服刑期间现实表现和生理、心理状况的材料，并认真审查司法行政机关或者有关社会组织出具的罪犯假释后对所居住社区影响的材料，同时结合罪犯犯罪的性质、具体情节、社会危害程度、原判刑罚及生效裁判中财产性判项的履行情况等，综合判断罪犯假释后是否具有再犯罪危险性。

9. 严格审查罪犯身份信息、患有严重疾病或者身体有残疾的证据材料。对于上述证据材料有疑问的，可以委托有关单位重新调查、诊断、鉴定。对原判适用《中华人民共和国刑事诉讼法》第160条第2款规定判处刑罚的罪犯，在刑罚执行期间不真心悔罪，仍不讲真实姓名、住址，且无法调查核实清楚的，除具有重大立功表现等特殊情形外，一律不予减刑、假释。

10. 严格把握罪犯减刑后的实际服刑刑期。正确理解法律和司法解释规定的最低服刑期限,严格控制减刑起始时间、间隔时间及减刑幅度,并根据罪犯前期减刑情况和效果,对其后续减刑予以总体掌握。死刑缓期执行、无期徒刑罪犯减为有期徒刑后再减刑时,在减刑间隔时间及减刑幅度上,应当从严把握。

三、切实强化减刑、假释案件办理程序机制

11. 充分发挥庭审功能。人民法院开庭审理减刑、假释案件,应当围绕罪犯实际服刑表现、财产性判项执行履行情况等,认真进行法庭调查。人民检察院应当派员出庭履行职务,并充分发表意见。人民法院对于有疑问的证据材料,要重点进行核查,必要时可以要求有关机关或者罪犯本人作出说明,有效发挥庭审在查明事实、公正裁判中的作用。

12. 健全证人出庭作证制度。人民法院审理减刑、假释案件,应当通知罪犯的管教干警、同监室罪犯、公示期间提出异议的人员以及其他了解情况的人员出庭作证。开庭审理前,刑罚执行机关应当提供前述证人名单,人民法院根据需要从名单中确定相应数量的证人出庭作证。证人到庭后,应当对其进行详细询问,全面了解被报请减刑、假释罪犯的改造表现等情况。

13. 有效行使庭外调查核实权。人民法院、人民检察院对于刑罚执行机关提供的罪犯确有悔改表现、立功表现等证据材料存有疑问的,根据案件具体情况,可以采取讯问罪犯、询问证人、调取相关材料、与监所人民警察座谈、听取派驻监所检察人员意见等方式,在庭外对相关证据材料进行调查核实。

14. 强化审判组织的职能作用。人民法院审理减刑、假释案件,合议庭成员应当对罪犯是否符合减刑或者假释条件、减刑幅度是否适当、财产性判项是否执行履行等情况,充分发表意见。对于重大、疑难、复杂的减刑、假释案件,合议庭必要时可以提请院长决定提交审判委员会讨论,但提请前应当先经专业法官会议研究。

15. 完善财产性判项执行衔接机制。人民法院刑事审判部门作出具有财产性判项内容的刑事裁判后,应当及时按照规定移送负责执行的部门执行。刑罚执行机关对罪犯报请减刑、假释时,可以向负责执行财产性判项的人民法院调取罪犯财产性判项执行情况的有关材料,负责执行的人民法院应当予以配合。刑罚执行机关提交的关于罪犯财产性判项执行情况的材料,可以作为人民法院认定罪犯财产性判项执行情况和判断罪犯是否具有履行能力的依据。

16. 提高信息化运用水平。人民法院、人民检察院、刑罚执行机关要进一步提升减刑、假释信息化建设及运用水平,充分利用减刑、假释信息化协同办案平台、执行信息平台及大数据平台等,采用远程视频开庭等方式,不断完善案件办理机制。同时,加强对减刑、假释信息化协同办案平台和减刑、假释、暂予监外执行信息网的升级改造,不断拓展信息化运用的深度和广度,为提升减刑、假释案件办理质效和加强权力运行制约监督提供科技支撑。

四、大力加强减刑、假释案件监督指导及工作保障

17. 不断健全内部监督。人民法院、人民检察院、刑罚执行机关要进一步强化监督管理职责,严格落实备案审查、专项检查等制度机制,充分发挥层级审核把关作用。人民法院要加强文书的释法说理,进一步提升减刑、假释裁定公信力。对于发现的问题及时责令整改,对于确有错误的案件,坚决依法予以纠正,对于涉嫌违纪违法的线索,及时移交纪检监察部门处理。

18. 高度重视外部监督。人民法院、人民检察院要自觉接受同级人民代表大会及其常委会的监督,主动汇报工作,对于人大代表关注的问题,认真研究处理并及时反馈,不断推进减刑、假释工作规范化开展;人民法院、刑罚执行机关要依法接受检察机关的法律监督,认真听取检察机关的意见、建议,支持检察机关巡回检察等工作,充分保障检察机关履行检察职责;人民法院、人民检察院、刑罚执行机关均要主动接受社会监督,积极回应人民群众关切。

19. 着力强化对下指导。人民法院、人民检察院、刑罚执行机关在减刑、假释工作中，遇到法律适用难点问题或者其他重大政策问题，应当及时向上级机关请示报告。上级机关应当准确掌握下级机关在减刑、假释工作中遇到的突出问题，加强研究和指导，并及时收集辖区内减刑、假释典型案例层报。最高人民法院、最高人民检察院应当适时发布指导性案例，为下级人民法院、人民检察院依法办案提供指导。

20. 切实加强工作保障。人民法院、人民检察院、刑罚执行机关应当充分认识减刑、假释工作所面临的新形势、新任务、新要求，坚持各司其职、分工负责、相互配合、相互制约的原则，不断加强沟通协作。根据工作需要，配足配强办案力量，加强对办案人员的业务培训，提升能力素质，建立健全配套制度机制，确保减刑、假释案件实质化审理公正、高效开展。

30. 最高人民检察院《第33批指导性案例社区矫正对象王某减刑监督案》(检例第133号;2022年1月30日)

【要旨】

人民检察院开展社区矫正法律监督工作，应当坚持客观公正立场，既监督纠正社区矫正中的违法行为，又依法维护社区矫正对象合法权益。发现宣告缓刑的社区矫正对象有见义勇为、抢险救灾等突出表现的，应当监督相关部门审查确定是否属于重大立功情形，是否符合减刑条件。对有重大社会影响的减刑监督案件，人民检察院可以召开听证会，围绕社区矫正对象是否符合重大立功等重点内容进行听证，结合原判罪名情节、社区矫正期间表现等依法提出检察建议。

【基本案情】

社区矫正对象王某，男，1989年6月出生，2018年3月14日因犯诈骗罪被浙江省德清县人民法院判处有期徒刑3年，宣告缓刑4年，并处罚金人民币6万元，缓刑考验期自2018年3月27日至2022年3月26日止。王某在浙江省德清县某街道司法所接受社区矫正。社区矫正期间，王某能够积极接受教育管理，各方面表现良好。

2019年11月12日上午，王某在德清县某街道进行社区服务时，发现社区卫生服务站门口的道路上，一辆正在施工的热熔划线工程车上的液化气罐突然起火，危及周边安全。王某见状主动上前施救，并成功排除险情。经德清县人民检察院监督，王某的行为被法院依法认定为重大立功，符合减刑的法定条件。湖州市中级人民法院依法裁定对王某减去有期徒刑6个月，缩减缓刑考验期1年。

【检察机关履职过程】

线索发现　救火事件经新闻媒体报道后，德清县人民检察院检察人员通过查看现场照片，并与德清县社区矫正机构确认，主动救火的人是社区矫正对象王某。德清县人民检察院认为，王某的行为可能构成重大立功情形，符合减刑条件。

2020年4月，浙江省德清县检察院组织召开案件公开听证会。

调查核实　德清县人民检察院将王某主动救火的情况向社区矫正机构反映，但社区矫正机构未及时进行核查。检察机关随即开展调查核实等工作。一是审查救火事件的基本事实和证据。通过走访事发现场，询问事发地社区工作人员、社区医生、道路施工人员、消防救援人员及周边群众，收集调取现场照片等证据，了解到当日工程车上的液化气罐突然起火，王某发现后3次往返火场灭火，最后爬上工程车徒手将有随时被引爆风险的7个液化气罐全部拧紧，成功排除一起重大火灾爆炸险情。灭火过程中，王某身体多处受伤。事发地位于德清县城闹市区，来往车辆和行人较多，周边均为居民区，一旦发生爆炸可能造成重大事故。二是审查王某在社区矫正期间的表现情况。全面调取王某的社区矫正档案材料，询问王某和社区矫正机构工作人员，了解到王某原判罚金刑已履行完毕，其在社区矫正期间能够认罪悔罪，遵守法律法规和监督管理规定,积极参加教育学习和社区服务,月度考核中多次获得表扬。三是论证是否符合重大立功情形。会同公安机关、人民法院和社区矫正机构等部门,就王某的行为是否属于重大立功表现等问题进行分析论证,推动社区矫正机构有针对性地开展调查取证。2019年12月25日,德清县人民检察院向德清县公安局发出王某见义勇为举荐书,德清县公安局核实后于2020年1月3日依法确定王某的行为系见义勇为。四是召开公开听证会。考虑到王某见义勇为行为已被媒体宣传报道,具有较大的社会影响,德清县人民检察院围绕是否构成重大立功等问题组织召开检察听证会,邀请省市县三级人大代表和政协委员、社区矫正机构代表等人员作为听证员,当事人及其代理律师也参加听证。听证员认为,王某见义勇为行为成功排除了一起重大事故,符合重大立功的条件,有力传播了社会正能量,建议德清县人民检察院依法监督德清县司法局对王某提请减刑。

监督意见 2020年4月17日,德清县人民检察院依法向德清县司法局提出对社区矫正对象王某提请减刑的检察建议。

监督结果 2020年7月1日,湖州市司法局在审查德清县司法局报送的减刑建议书后,向湖州市中级人民法院提出减刑建议。湖州市中级人民法院经审理认为,社区矫正对象王某在排除重大事故中有见义勇为行为,且表现突出,构成重大立功,符合减刑的法定条件。2020年7月13日,湖州市中级人民法院依法裁定对王某减去有期徒刑6个月,缩减缓刑考验期1年。

【指导意义】

(一)人民检察院开展社区矫正法律监督工作,发现宣告缓刑社区矫正对象有重大立功线索的,应当监督社区矫正机构进行调查核实,依法维护社区矫正对象合法权益。根据有关法律和司法解释的规定,宣告缓刑的罪犯,一般不适用减刑;在缓刑考验期内有重大立功表现的,可以参照《中华人民共和国刑法》第78条的规定,予以减刑。因此,人民检察院在监督工作中发现社区矫正对象有见义勇为等突出表现,可能构成重大立功的,应当监督社区矫正机构及时进行调查,依法予以确认。必要时,人民检察院可以自行开展调查核实。

(二)人民检察院在办理减刑监督案件时,可以通过公开听证方式听取各方意见,最大程度凝聚共识,确保案件办理质效。人民检察院办理有重大社会影响的社区矫正对象减刑监督案件,可以运用公开听证方式开展案件审查工作,广泛听取意见,并通过以案释法,弘扬社会主义核心价值观。在听证过程中,应重点围绕社区矫正对象的行为是否符合《中华人民共和国刑法》第78条规定的重大立功情形听取意见。人民检察院综合听证员意见,结合社区矫正对象见义勇为的具体表现、有效避免或阻止发生的危害后果,以及原判罪名情节、社会危害程度和社区矫正期间表现等因素,经审慎研究,依法认定符合减刑条件的,应当向刑罚执行机关提出提请减刑的检察建议。

第79条 【减刑程序】对于犯罪分子的减刑,由执行机关向中级以上人民法院提出减刑建议书。人民法院应当组成合议庭进行审理,对确有悔改或者立功事实的,裁定予以减刑。非经法定程序不得减刑。

• 释义

为使司法机关在办理减刑案件时有章可循,有法可依,减刑程序更加规范,刑法专门就减刑应当遵循的程序作出了规定,不经此程序不得减刑。本条规定,减刑建议必须由执行机关向中级以上人民法院提出,人民法院必须组成合议庭进行审理,减刑的决定应以裁定的形式作出。

- **关联法律**

参见本书《刑法》第 78 条该节内容。

第 80 条 【无期徒刑减刑的刑期计算】 无期徒刑减为有期徒刑的刑期，从裁定减刑之日起计算。

- **释义**

被判处无期徒刑的犯罪分子，裁定减为有期徒刑，其有期徒刑的服刑日期，应当从人民法院裁定减刑之日起计算。裁定减刑之日，即减刑裁定发生法律效力之日。裁定减刑前罪犯的服刑期间不得计入有期徒刑的刑期之内。

- **关联法律**

参见本书《刑法》第 78 条该节内容。

第七节　假　　释

第 81 条 【假释适用条件】 被判处有期徒刑的犯罪分子，执行原判刑期二分之一以上，被判处无期徒刑的犯罪分子，实际执行 13 年以上，如果认真遵守监规，接受教育改造，确有悔改表现，没有再犯罪的危险的，可以假释。如果有特殊情况，经最高人民法院核准，可以不受上述执行刑期的限制。

对累犯以及因故意杀人、强奸、抢劫、绑架、放火、爆炸、投放危险物质或者有组织的暴力性犯罪被判处 10 年以上有期徒刑、无期徒刑的犯罪分子，不得假释。

对犯罪分子决定假释时，应当考虑其假释后对所居住社区的影响。

（本条《中华人民共和国刑法修正案（8）》修改）

- **释义**

适用假释要符合下列条件：

（一）对象条件

适用假释的对象只能是被判处有期徒刑和无期徒刑的犯罪分子。在适用假释的对象条件中还有一个限制条件，即对累犯以及因杀人、爆炸、抢劫、强奸、绑架等暴力性犯罪被判处 10 年以上有期徒刑、无期徒刑的犯罪分子，不得假释。

（二）刑期条件

被判处有期徒刑、无期徒刑的犯罪分子只有执行了一定的刑期之后才能适用假释，因为只有通过一定时间的刑罚执行，才能确切地掌握犯罪分子是否有悔改表现，是否会再危害社会。被判处有期徒刑的犯罪分子，执行原判刑期二分之一以上，被判处无期徒刑的犯罪分子，实际执行 13 年以上。如果有特殊情况，经最高人民法院核准，可以不受上述执行刑期的限制。

（三）实质条件

被判处有期徒刑、无期徒刑的犯罪分子在刑罚执行期间，必须认真遵守监规，接受教育改造,确有悔改表现,不致再危害社会。

• 关联法律

1. 最高人民法院《关于办理假释案件几个问题的意见(试行)》(法〔1993〕28 号)

(法释〔2013〕12 号已声明该文件废止)

2. 最高人民法院《关于适用刑法时间效力规定若干问题的解释》(法释〔1997〕5 号)

第 7 条 1997 年 9 月 30 日以前犯罪,1997 年 10 月 1 日以后仍在服刑的犯罪分子,因特殊情况,需要不受执行刑期限制假释的,适用刑法第 81 条第 1 款的规定,报经最高人民法院核准。

第 8 条 1997 年 9 月 30 日以前犯罪,1997 年 10 月 1 日以后仍在服刑的累犯以及因杀人、爆炸、抢劫、强奸、绑架等暴力性犯罪被判处 10 年以上有期徒刑、无期徒刑的犯罪分子,适用修订前的刑法第 73 条的规定,可以假释。

3. 最高人民法院《关于办理减刑、假释案件具体应用法律若干问题的规定》(法释〔1997〕6 号)

(法释〔2013〕7 号已声明废止)

4. 司法部《关于监狱提请减刑假释工作程序规定》(司法部令〔2003〕第 77 号;司法部令〔2014〕第 130 号修订)

第 3 条 被判处有期徒刑和被减刑为有期徒刑的罪犯的减刑、假释,由监狱提出建议,提请罪犯服刑地的中级人民法院裁定。

第 4 条 被判处死刑缓期 2 年执行的罪犯的减刑,被判处无期徒刑的罪犯的减刑、假释,由监狱提出建议,经省、自治区、直辖市监狱管理局审核同意后,提请罪犯服刑地的高级人民法院裁定。

5. 最高人民法院《关于审理未成年人刑事案件具体应用法律若干问题的解释》(法释〔2006〕1 号)

第 18 条 对未成年罪犯的减刑、假释,在掌握标准上可以比照成年罪犯依法适度放宽。未成年罪犯能认罪服法,遵守监规,积极参加学习、劳动的,即可视为"确有悔改表现"予以减刑,其减刑的幅度可以适当放宽,间隔的时间可以相应缩短。符合刑法第 81 条第 1 款规定的,可以假释。

未成年罪犯在服刑期间已经成年的,对其减刑、假释可以适用上述规定。(见《刑法修正案(8)》第 16 条规定)

6. 最高人民法院审判监督庭《在减刑、假释工作中贯彻宽严相济刑事政策》(2010 年 5 月 5 日)

(详见本书《刑法》第 78 条相关内容)

7. 最高人民法院《关于贯彻宽严相济刑事政策的若干意见》(法发〔2010〕9 号)

(详见本书《刑法》第 5 条相关内容)

8.《中华人民共和国刑法修正案(8)》(2011 年 2 月 25 日第十一届全国人大常委会第十九次会议通过)

本条为《中华人民共和国刑法修正案(8)》第 16 条修改。

内容:十六、将刑法第 81 条修改为:"被判处有期徒刑的犯罪分子,执行原判刑期二分之一以上,被判处无期徒刑的犯罪分子,实际执行 13 年以上,如果认真遵守监规,接受教育改造,确有悔改表现,没有再犯罪的危险的,可以假释。如果有特殊情况,经最高人民法院核准,可以不受上述执行刑期的限制。

对累犯以及因故意杀人、强奸、抢劫、绑架、放火、爆炸、投放危险物质或者有组织的暴力性犯罪被判处10年以上有期徒刑、无期徒刑的犯罪分子,不得假释。

对犯罪分子决定假释时,应当考虑其假释后对所居住社区的影响。”

9. 最高人民法院《关于〈中华人民共和国刑法修正案(8)〉时间效力问题的解释》(法释〔2011〕9号)

第7条 2011年4月30日以前犯罪,被判处无期徒刑的罪犯,减刑以后或者假释前实际执行的刑期,适用修正前刑法第78条第2款、第81条第1款的规定。

第8条 2011年4月30日以前犯罪,因具有累犯情节或者系故意杀人、强奸、抢劫、绑架、放火、爆炸、投放危险物质或者有组织的暴力性犯罪并被判处10年以上有期徒刑、无期徒刑的犯罪分子,2011年5月1日以后仍在服刑的,能否假释,适用修正前刑法第81条第2款的规定;2011年4月30日以前犯罪,因其他暴力性犯罪被判处10年以上有期徒刑、无期徒刑的犯罪分子,2011年5月1日以后仍在服刑的,能否假释,适用修正后刑法第81条第2款、第3款的规定。

10. 最高人民法院研究室《关于假释时间效力法律适用问题的答复》(法研〔2011〕97号)

安徽省高级人民法院:你院〔2011〕皖刑他字第10号《关于假释时间效力法律适用问题的请示》收悉。经研究,答复如下:

一、根据刑法第12条的规定,应当以行为实施时,而不是审判时,作为新旧法选择适用的判断基础。故《最高人民法院关于适用刑法时间效力规定若干问题的解释》第8条规定的“1997年9月30日以前犯罪,1997年10月1日以后仍在服刑的累犯以及因杀人、爆炸、抢劫、强奸、绑架等暴力性犯罪被判处10年以上有期徒刑、无期徒刑的犯罪分子”,包括1997年9月30日以前犯罪,已被羁押尚未判决的犯罪分子。

二、经《中华人民共和国刑法修正案(8)》修正前刑法第81条第2款规定的“暴力性犯罪”,不仅包括杀人、爆炸、抢劫、强奸、绑架5种,也包括故意伤害等其他暴力性犯罪。

11. 最高人民法院《关于办理减刑、假释案件具体应用法律若干问题的规定》(法释〔2012〕2号)

(法释〔2019〕11号已声明该文件废止)

12. 公安部《看守所留所执行刑罚罪犯管理办法》(公安部令〔2013〕第128号)

(详见本书《刑法》第46条相关内容)

13. 最高人民法院关于执行《关于办理减刑、假释案件具体应用法律若干问题的规定有关问题的通知》(法〔2013〕201号)

(详见本书《刑法》第78条相关内容)

14. 最高人民法院《关于减刑、假释案件审理程序的规定》(法释〔2014〕5号)

(详见本书《刑法》第78条相关内容)

15. 最高人民法院《关于办理减刑、假释案件具体应用法律的规定》(法释〔2016〕23号)

第22条 办理假释案件,认定“没有再犯罪的危险”,除符合刑法第81条规定的情形外,还应当根据犯罪的具体情节、原判刑罚情况,在刑罚执行中的一贯表现,罪犯的年龄、身体状况、性格特征,假释后生活来源以及监管条件等因素综合考虑。

第23条 被判处有期徒刑的罪犯假释时,执行原判刑期二分之一的时间,应当从判决执行之日起计算,判决执行以前先行羁押的,羁押1日折抵刑期1日。

被判处无期徒刑的罪犯假释时,刑法中关于实际执行刑期不得少于13年的时间,应当从判决生效之日起计算。判决生效以前先行羁押的时间不予折抵。

被判处死刑缓期执行的罪犯减为无期徒刑或者有期徒刑后,实际执行15年以上,方可假释,该实际执行时间应当从死刑缓期执行期满之日起计算。死刑缓期执行期间不包括在内,判决确定以前先行羁押的时间不予折抵。

第24条 刑法第81条第1款规定的“特殊情况”,是指有国家政治、国防、外交等方面特殊需要的情况。

第25条 对累犯以及因故意杀人、强奸、抢劫、绑架、放火、爆炸、投放危险物质或者有组织的暴力性犯罪被判处10年以上有期徒刑、无期徒刑的罪犯,不得假释。

因前款情形和犯罪被判处死刑缓期执行的罪犯,被减为无期徒刑、有期徒刑后,也不得假释。

第26条 对下列罪犯适用假释时可以依法从宽掌握:

(一)过失犯罪的罪犯、中止犯罪的罪犯、被胁迫参加犯罪的罪犯;(二)因防卫过当或者紧急避险过当而被判处有期徒刑以上刑罚的罪犯;(三)犯罪时未满18周岁的罪犯;(四)基本丧失劳动能力、生活难以自理,假释后生活确有着落的老年罪犯、患严重疾病罪犯或者身体残疾罪犯;(五)服刑期间改造表现特别突出的罪犯;(六)具有其他可以从宽假释情形的罪犯。

罪犯既符合法定减刑条件,又符合法定假释条件的,可以优先适用假释。

第27条 对于生效裁判中有财产性判项,罪犯确有履行能力而不履行或者不全部履行的,不予假释。

第28条 罪犯减刑后又假释的,间隔时间不得少于1年;对1次减去1年以上有期徒刑后,决定假释的,间隔时间不得少于1年6个月。

罪犯减刑后余刑不足2年,决定假释的,可以适当缩短间隔时间。

第29条 罪犯在假释考验期内违反法律、行政法规或者国务院有关部门关于假释的监督管理规定的,作出假释裁定的人民法院,应当在收到报请机关或者检察机关撤销假释建议书后及时审查,作出是否撤销假释的裁定,并送达报请机关,同时抄送人民检察院、公安机关和原刑罚执行机关。

罪犯在逃的,撤销假释裁定书可以作为对罪犯进行追捕的依据。

第30条 依照刑法第86条规定被撤销假释的罪犯,一般不得再假释。但依照该条第2款被撤销假释的罪犯,如果罪犯对漏罪曾作如实供述但原判未予认定,或者漏罪系其自首,符合假释条件的,可以再假释。

被撤销假释的罪犯,收监后符合减刑条件的,可以减刑,但减刑起始时间自收监之日起计算。

第31条 年满80周岁、身患疾病或者生活难以自理、没有再犯罪危险的罪犯,既符合减刑条件,又符合假释条件的,优先适用假释;不符合假释条件的,参照本规定第20条有关的规定从宽处理。(全文详见本书《刑法》第78条相关内容)

16. 最高人民法院《关于罪犯生活不能自理鉴别标准的通知》(法〔2016〕305号)

2014年4月24日,第十二届全国人民代表大会常务委员会第八次会议通过《关于〈中华人民共和国刑事诉讼法〉第254条第5款、第257条第2款的解释》,规定罪犯在被交付执行前,因有严重疾病、妇女怀孕或正在哺乳自己婴儿、生活不能自理等原因,依法提出暂予监外执行申请的,有关病情诊断、妊娠检查和生活不能自理的鉴别,由人民法院负责组织进行。最高人民法院、最高人民检察院、公安部、司法部、卫生计生委于同年10月24日联合发布的《暂予监外执行规定》第17条规定,被告人及其辩护人提出暂予监外执行申请的,对其病情诊断、妊娠检查和生活不能自理的鉴别,由人民法院依照规定程序组织进行。为贯彻落实上述规定,最高人民法院已于2014年12月11日印发《最高人民法院关于罪犯交付执行前暂予监外执行组织诊断工作有关问题的通知》,现将《罪犯生活不能自理鉴别标准》予以印发,请认真贯彻执行。

罪犯交付执行前因生活不能自理依法提出暂予监外执行申请的,对生活不能自理的鉴别,由人民法院司法技术辅助部门根据《罪犯生活不能自理鉴别标准》,按照《最高人民法院关于罪犯交付执行前暂予监外执行组织诊断工作有关问题的通知》组织进行。在执行中遇到问题,请及时报告最高人民法院。

《罪犯生活不能自理鉴别标准(全文略)》

17. 司法部《关于计分考核罪犯的规定》(司发通〔2016〕68 号)

(全文详见本书《刑法》第 78 条相关内容)

18. 最高人民法院《关于办理减刑、假释案件具体应用法律的补充规定》(法释〔2019〕6 号)

(全文详见本书《刑法》第 78 条相关内容)

19.《中华人民共和国社区矫正法》(2019 年 12 月 28 日第十三届全国人大常委会第十五次会议通过)

(详见本书《刑法》第 38 条相关内容)

20. 最高人民检察院《第 19 批指导性案例罪犯康某假释监督案》(检例第 71 号;2020 年 6 月 3 日)

【要旨】

人民检察院办理未成年罪犯减刑、假释监督案件,应当比照成年罪犯依法适当从宽把握假释条件。对既符合法定减刑条件又符合法定假释条件的,可以建议刑罚执行机关优先适用假释。审查未成年罪犯是否符合假释条件时,应当结合犯罪的具体情节、原判刑罚情况、刑罚执行中的表现、家庭帮教能力和条件等因素综合认定。

【指导意义】

1. 罪犯既符合法定减刑条件又符合法定假释条件的,可以优先适用假释。减刑、假释都是刑罚变更执行的重要方式,与减刑相比,假释更有利于维护裁判的权威和促进罪犯融入社会、预防罪犯再犯罪。目前,世界其他法治国家多数是实行单一假释制度或者是假释为主、减刑为辅的刑罚变更执行制度。但在我国司法实践中,减刑、假释适用不平衡,罪犯减刑比例一般在 20%多,假释比例只有 1%左右,假释适用率低。人民检察院在办理减刑、假释案件时,应当充分发挥减刑、假释制度的不同价值功能,对既符合法定减刑条件又符合法定假释条件的罪犯,可以建议刑罚执行机关提请人民法院优先适用假释。2. 对犯罪时未满 18 周岁的罪犯适用假释可以依法从宽掌握,综合各种因素判断罪犯是否符合假释条件。人民检察院办理犯罪时未满十八周岁的罪犯假释案件,应当综合罪犯犯罪情节、原判刑罚、服刑表现、身心特点、监管帮教等因素依法从宽掌握。特别是对初犯、偶犯和在校学生等罪犯,假释后其家庭和社区具有帮教能力和条件的,可以建议刑罚执行机关和人民法院依法适用假释。对罪犯“假释后有无再犯罪危险”的审查判断,人民检察院应当根据相关法律和司法解释的规定,结合未成年罪犯犯罪的具体情节、原判刑罚情况,其在刑罚执行中的一贯表现、帮教条件(包括其身体状况、性格特征、被假释后生活来源以及帮教环境等因素)综合考虑。3. 对犯罪时未满 18 周岁的罪犯假释案件,人民检察院可以建议罪犯的父母参加假释庭审。将未成年人罪犯父母到庭制度引入假释案件审理中,有助于更好地调查假释案件相关情况,客观准确地适用法律,保障罪犯的合法权益,督促罪犯假释后社会帮教责任的落实,有利于发挥司法机关、家庭和社会对罪犯改造帮教的合力作用,促进罪犯的权益保护和改造教育,实现办案的政治效果、法律效果和社会效果的有机统一。4. 人民检察院应当做好罪犯监狱刑罚执行和社区矫正法律监督工作的衔接,继续加强对假释的罪犯社区矫正活动的法律监督。监狱罪犯被裁定假释实行社区矫正后,检察机关应当按照《中华人民共和国社区矫正法》的有关规定,监督有关部门做好罪犯的交付、接收等工作,并应当做好对社区矫正机构对罪犯社区矫正活动的监督,督促社区矫正机构对罪犯进行法治、道德等方面的教育,组织其参加公益活动,增强其法治观念,提高其道德素质和社会责任感,帮助其融入社会,预防和减少犯罪。(收录部分内容)

21. 最高人民检察院《关于充分发挥检察职能服务保障“六稳”“六保”的意见》(2020年7月22日)

10. 依法合理采取更加灵活务实的司法措施。

立足当前经济社会发展需求,充分考虑涉案企业经营发展,在办案中依法采取更加灵活务实、及时高效的司法措施。一是慎重适用涉财产强制性措施。对涉嫌犯罪但仍在正常生产经营的各类企业,原则上不采取查封、扣押、冻结措施。对确需查封、扣押、冻结涉案财物的,应当严格区分合法财产与非法财产、股东个人财产与企业法人财产、犯罪嫌疑人个人财产与家庭成员财产,不得超权限、超范围、超数额、超时限查封、扣押、冻结财产。对于相关部门违法采取查封、扣押、冻结等措施的,要依法提出纠正意见。二是优化刑罚执行环节司法措施。扩大涉企服刑人员假释的适用,对于同时符合减刑和假释条件的,依法建议适用假释。会同司法行政机关研究具体措施,为接受社区矫正的民营企业人员从事相关生产经营活动提供必要便利,简化批准流程。三是妥善采取公益诉讼案件司法措施。加强检察机关与有关部门沟通协调,在检察建议及诉讼请求中,慎重采取关停涉案企业等影响企业生存和正常生产经营的措施,帮助协调解决涉案企业异地安置、补偿等实际困难。完善公益诉讼与生态环境损害赔偿等制度的衔接机制,向相关企业主张生态修复费用及惩罚性赔偿时,探索通过分期支付、替代性修复等方法促使其接受惩罚、守法经营、健康发展。(全文详见本书《刑法》第2条相关内容)

22.《中华人民共和国社区矫正法实施办法》(司发通〔2020〕59号)

(详见本书《刑法》第2条相关内容)

23. 最高人民法院、最高人民检察院、公安部、司法部《关于加强减刑、假释案件实质化审理的意见》(法发〔2021〕31号)

(详见本书《刑法》第78条相关内容)

24. 参见本书《刑法》第78条该节内容。

第82条 【假释的程序条件】 对于犯罪分子的假释,依照本法第79条规定的程序进行。非经法定程序不得假释。

•释义

适用假释的程序条件。

对于犯罪分子的假释,依照刑法规定的程序进行。非经法定程序不得假释。假释的程序参照减刑的程序规则。

•关联法律

参见本书《刑法》第78条、第81条该节内容。

第83条 【假释的考验期限】 有期徒刑的假释考验期限,为没有执行完毕的刑期;无期徒刑的假释考验期限为10年。

假释考验期限,从假释之日起计算。

● **释义**

假释是对符合假释法定条件的犯罪分子附条件的提前释放，在刑期执行完毕之前对获得假释的罪犯制定一定期限的考察，这段期限就是假释考验期。我国刑法规定的假释考试期：被判有期徒刑的为没有执行完毕的刑期，被判无期徒刑的假释考验期为 10 年，假释考验期从假释宣告之日起计算。

● **关联法律**

参见本书《刑法》第 78 条、第 81 条该节内容。

第 84 条 【假释犯应遵守的规定】 被宣告假释的犯罪分子，应当遵守下列规定：
（一）遵守法律、行政法规，服从监督；
（二）按照监督机关的规定报告自己的活动情况；
（三）遵守监督机关关于会客的规定；
（四）离开所居住的市、县或者迁居，应当报经监督机关批准。

● **释义**

本条规定了被假释的犯罪分子在假释考验期限内应当遵守的规范。本条规定不仅是对于假释的犯罪分子在考验期限内应遵守的行为规范的规定，而且也是监督机关实施监督的法律依据。这一规定进一步完善了我国的假释制度。

● **关联法律**

参见本书《刑法》第 78 条、第 81 条该节内容。

第 85 条 【假释考验及其积极后果】 对假释的犯罪分子，在假释考验期限内，依法实行社区矫正，如果没有本法第 86 条规定的情形，假释考验期满，就认为原判刑罚已经执行完毕，并公开予以宣告。

（本条《中华人民共和国刑法修正案（8）》修改）

● **释义**

被假释的犯罪分子在假释考验期内，除应当遵守本法第 84 条的规定外，还应当接受公安机关的监督和管理。在假释考验期限内，如果被假释的犯罪分子没有本法第 86 条规定的情形，即犯罪分子在假释考验期限内没有再犯新罪，没有发现在判决宣告前还有漏罪没有判决，或者没有严重的违法行为的，假释考验期满，就认为犯罪分了的原判刑罚已经执行完毕。同时，监督机关应当向犯罪分子和当地群众、组织或其所在单位公开予以宣告假释期满、刑罚执行完毕。

● **关联法律**

1.《中华人民共和国刑法修正案（8）》（2011 年 2 月 25 日第十一届全国人大常委会第十九次会议通过）

本条为《中华人民共和国刑法修正案（8）》第 17 条修改。

内容：十七、将刑法第85条修改为："对假释的犯罪分子，在假释考验期限内，依法实行社区矫正，如果没有本法第86条规定的情形，假释考验期满，就认为原判刑罚已经执行完毕，并公开予以宣告。"

2. 参见本书《刑法》第78条、第81条该节内容。

第86条 【假释的撤销及其处理】 被假释的犯罪分子，在假释考验期限内犯新罪，应当撤销假释，依照本法第71条的规定实行数罪并罚。

在假释考验期限内，发现被假释的犯罪分子在判决宣告以前还有其他罪没有判决的，应当撤销假释，依照本法第70条的规定实行数罪并罚。

被假释的犯罪分子，在假释考验期限内，有违反法律、行政法规或者国务院有关部门关于假释的监督管理规定的行为，尚未构成新的犯罪的，应当依照法定程序撤销假释，收监执行未执行完毕的刑罚。

（本条《中华人民共和国刑法修正案（8）》修改）

• 释义

假释考验期间再犯新罪、发现被假释的犯罪分子在判决宣告以前还有其他罪没有判决的、被假释的犯罪分子有违反法律、行政法规或者国务院及公安部门等有关假释的监督管理规定的行为，尚未构成犯罪的，都应当依照撤销假释，分别处理。前两种情况要收监执行数罪并罚后的刑罚，第3种情况直接收监执行未执行完毕的刑罚。

• 关联法律

1. 最高人民法院《关于适用刑法时间效力规定若干问题的解释》（法释〔1997〕5号）

第9条 1997年9月30日以前被假释的犯罪分子，在1997年10月1日以后的假释考验期内，又犯新罪、被发现漏罪或者违反法律、行政法规或者国务院公安部门有关假释的监督管理规定的，适用刑法第86条的规定，撤销假释。

第10条 按照审判监督程序重新审判的案件，适用行为时的法律。

2.《中华人民共和国刑法修正案（8）》（2011年2月25日第十一届全国人大常委会第十九次会议通过）

本条为《中华人民共和国刑法修正案（8）》第18条修改。

内容：十八、将刑法第86条第3款修改为："被假释的犯罪分子，在假释考验期限内，有违反法律、行政法规或者国务院有关部门关于假释的监督管理规定的行为，尚未构成新的犯罪的，应当依照法定程序撤销假释，收监执行未执行完毕的刑罚。"

3. 最高人民法院《关于办理减刑、假释案件具体应用法律的规定》（法释〔2016〕23号）

第30条 依照刑法第86条规定被撤销假释的罪犯，一般不得再假释。但依照该条第2款被撤销假释的罪犯，如果罪犯对漏罪曾作如实供述但原判未予认定，或者漏罪系其自首，符合假释条件的，可以再假释。

被撤销假释的罪犯，收监后符合减刑条件的，可以减刑，但减刑起始时间自收监之日起计算。（全文详见本书《刑法》第78条相关内容）

4. 参见本书《刑法》第78条、第81条内容。

第八节　时　　效

第87条　【追诉时效期限】犯罪经过下列期限不再追诉：

（一）法定最高刑为不满5年有期徒刑的，经过5年；

（二）法定最高刑为5年以上不满10年有期徒刑的，经过10年；

（三）法定最高刑为10年以上有期徒刑的，经过15年；

（四）法定最高刑为无期徒刑、死刑的，经过20年。如果20年以后认为必须追诉的，须报请最高人民检察院核准。

• 释义

"追诉时效"是指依照法律规定对犯罪分子追究刑事责任的有效期限。在法定的追诉期限内，司法机关有权依法追究犯罪分子的刑事责任；超过法定追诉时限，不应再追究犯罪分子的刑事责任，已经追究的，应当撤销案件或者不起诉或者终止审理。

本条针对不同的犯罪行为分别规定了四种不同的追诉期限。

法定最高刑不是指罪犯应判决的具体刑期，而是根据犯罪分子的犯罪性质和法定情节，与其所犯罪行相对应的刑法分则条文规定的处刑档次中的最高刑。

法定最高刑也不是指某种犯罪法定刑中的最高刑，而是指某种性质犯罪中与该犯罪情况基本相适应的某一档处罚的最高刑。例如，犯杀人罪，法定最高刑有两档，一档是死刑，一档为10年，应根据犯罪情节确定最高法定刑是10年还是死刑。

• 关联法律

1. 最高人民法院、最高人民检察院、公安部《关于如何处理有同案犯在逃的共同犯罪案件的通知》（〔1982〕公发［审］53号）

据江西、安徽、浙江、福建、广东、黑龙江、湖北、陕西、河南、内蒙等地反映，有一些县、市公检法三机关在处理共同犯罪案件过程中，有的案件因同案犯在逃，影响了对在押犯的依法处理。其中有的超过法定羁押时限，长期拖延不决；有的不了了之，放纵了犯罪分子，引起群众不满。为了及时有力地打击刑事犯罪活动，保护国家和人民的利益，特对如何处理这类案件通知如下：

一、公安机关应对在逃的同案犯，组织力量，切实采取有力措施，积极追捕归案。

二、同案犯在逃，对在押犯的犯罪事实已查清并有确实、充分证据的，应按照刑事诉讼法规定的诉讼程序，该起诉的起诉，该定罪判刑的定罪判刑。

如在逃的同案犯逮捕归案后，对已按上项办法处理的罪犯查明还有其他罪没有判决时，可以按照刑事诉讼法规定的诉讼程序对新查明的罪行进行行起诉和判决。人民法院应依照刑法第65条和全国人民代表大会常务委员会《关于处理逃跑或者重新犯罪的劳改犯和劳教人员的决定》的有关规定判处这类案件。

三、由于同案犯在逃，在押犯主要犯罪事实情节不清并缺乏证据的，可根据不同情况，分别采取依法报请延长羁押期限、监视居住、取保候审等办法，继续侦查，抓紧结案。

四、由于同案犯在逃，没有确实证据证明在押犯的犯罪事实的，或已查明的情节显著轻微的，应予先行释放，在同案犯追捕归案、查明犯罪事实后再作处理。

2. 最高人民法院、最高人民检察院《关于不再追诉去台人员在中华人民共和国成立前的犯罪行为的公告》(1988年3月14日)

台湾同胞来祖国大陆探亲旅游的日益增多,这对于促进海峡两岸的"三通"和实现祖国和平统一大业将起到积极的作用。为此,对去台人员中在中华人民共和国成立前在大陆犯有罪行的,根据《中华人民共和国刑法》第76条关于对犯罪追诉时效的规定的精神,决定对其当时所犯罪行不再追诉。

来祖国大陆的台湾同胞应遵守国家的法律,其探亲、旅游、贸易、投资等正当活动,均受法律保护。(注:此公告中提及的《刑法》已修改。)

3. 最高人民法院、最高人民检察院《关于不再追诉去台人员在中华人民共和国成立后当地人民政权建立前的犯罪行为的公告》(〔89〕高检会研字第12号)

最高人民法院、最高人民检察院1988年3月14日《关于不再追诉去台人员在中华人民共和国成立前的犯罪行为的公告》发布以后,引起各方面的积极反响。为了进一步发展祖国大陆与台湾地区的经济、文化交流和人员往来,促祖国和平统一大业,现根据《中华人民共和国刑法》的规定,再次公告如下:

一、对去台人员在中华人民共和国成立后,犯罪地地方人民政权建立前所犯罪行,不再追诉。

二、去台人员在中华人民共和国成立后,犯罪地地方人民政权建立前犯有罪行,并连续或继续到当地人民政权建立后的,追诉期限从犯罪行为终了之日起计算。凡符合《中华人民共和国刑法》第76条规定的,不再追诉。其中法定最高刑为无期徒刑、死刑的,经过20年,也不再追诉。如果认为必须追诉的,由最高人民检察院核准。

三、对于去台湾以外其他地区和国家的人员在中华人民共和国成立前,或者在中华人民共和国成立后、犯罪地地方人民政权建立前所犯的罪行,分别按照最高人民法院、最高人民检察院《关于不再追诉去台人员在中华人民共和国成立前的犯罪行为的公告》精神和本公告第1条、第2条的规定办理。(注:此公告中提及的《刑法》已修改。)

4. 最高人民检察院《关于对跨越修订刑法施行日期的继续犯罪、连续犯罪以及其他同种数罪应如何具体适用刑法问题的批复》(高检发释字〔1998〕6号)

四川省人民检察院:你院川检发研〔1998〕10号《关于对连续犯罪、继续犯罪如何具体适用刑法第12条的有关问题的请示》收悉,经研究,批复如下:

对于开始于1997年9月30日以前,继续或者连续到1997年10月1日以后的行为,以及在1997年10月1日前后分别实施的同种类数罪,如果原刑法和修订刑法都认为是犯罪并且应当追诉,按照下列原则决定如何适用法律:

一、对于开始于1997年9月30日以前,继续到1997年10月1日以后终了的继续犯罪,应当适用修订刑法一并进行追诉。

二、对于开始于1997年9月30日以前,连续到1997年10月1日以后的连续犯罪,或者在1997年10月1日前后分别实施同种类数罪,其中罪名、构成要件、情节以及法定刑均没有变化的,应当适用修订刑法,一并进行追诉;罪名、构成要件、情节以及法定刑已经变化的,也应当适用修订刑法,一并进行追诉,但是修订刑法比原刑法所规定的构成要件和情节较为严格,或者法定刑较重的,在提起公诉时应当提出酌情从轻处理意见。

5. 公安部《关于刑事追诉期限有关问题的批复》(公复字〔2000〕11号)

陕西省公安厅:你厅《关于刑事追诉期限有关问题的请示》(陕公法发〔2000〕29号)收悉。现批复如下:

根据从旧兼从轻原则,对1997年9月30日以前实施的犯罪行为,追诉期限问题应当适用1979年刑法第77条的规定,即在人民法院、人民检察院、公安机关采取强制措施以后逃避侦查或者审判的，不受追诉期限的限制。

6. 最高人民法院《关于挪用公款犯罪如何计算追诉期限问题的批复》（法释〔2003〕16号）

天津市高级人民法院：你院津高法〔2002〕4号《关于挪用公款犯罪如何计算追诉期限问题的请示》收悉。经研究，答复如下：

根据刑法第89条、第384条的规定，挪用公款归个人使用，进行非法活动的，或者挪用公款数额较大、进行营利活动的，犯罪的追诉期限从挪用行为实施完毕之日起计算；挪用公款数额较大、超过3个月未还的，犯罪的追诉期限从挪用公款罪成立之日起计算。挪用公款行为有连续状态的，犯罪的追诉期限应当从最后1次挪用行为实施完毕之日或者犯罪成立之日起计算。

7. 最高人民法院刑事审判第二庭《关于国有公司人员滥用职权犯罪追溯期限等问题的答复》（2005年1月13日）

公安部经济犯罪侦查局：你局公经〔2004〕1914号《关于对一案件法律适用问题征求意见的函》收悉。经研究，答复如下：

一、对于本案行为人的行为应适用1999年12月25日《中华人民共和国刑法修正案（2）》的规定，以国有公司失职罪或滥用职权罪追究其刑事责任。

二、国有公司人员滥用职权或失职罪的追诉期限应从损失结果发生之日起计算。就本案而言，追诉期限应以法律意义上的损失发生为标准，即以人民法院民事终审判决之日起计算。

8. 最高人民检察院《关于办理核准追诉案件若干问题的规定》（高检发侦监字〔2012〕21号）

第1条　为了规范办理核准追诉案件工作，依法打击严重犯罪，保障国家利益和社会公共利益以及公民合法权利，根据《中华人民共和国刑法》《中华人民共和国刑事诉讼法》等有关规定，结合工作实际，制定本规定。

第2条　办理核准追诉案件应当严格依法、从严控制。

第3条　法定最高刑为无期徒刑、死刑的犯罪，已过20年追诉期限的，不再追诉。如果认为必须追诉的，须报请最高人民检察院核准。

第4条　须报请最高人民检察院核准追诉的案件在核准之前，侦查机关可以依法对犯罪嫌疑人采取强制措施。

侦查机关报请核准追诉并提请逮捕犯罪嫌疑人，人民检察院经审查认为必须追诉而且符合法定逮捕条件的，可以依法批准逮捕，同时要求侦查机关在报请核准追诉期间不停止对案件的侦查。

未经最高人民检察院核准，不得对案件提起公诉。

第5条　报请核准追诉的案件应当同时符合下列条件：

（一）有证据证明存在犯罪事实，且犯罪事实是犯罪嫌疑人实施的；（二）涉嫌犯罪的行为应当适用的法定量刑幅度的最高刑为无期徒刑或者死刑的；（三）涉嫌犯罪的性质、情节和后果特别严重，虽然已过20年追诉期限，但社会危害性和影响依然存在，不追诉会严重影响社会稳定或者产生其他严重后果，而必须追诉的；（四）犯罪嫌疑人能够及时到案接受追诉的。

第6条　侦查机关报请核准追诉的案件，由同级人民检察院受理并层报最高人民检察院审查决定。

第7条　人民检察院对侦查机关移送的报请核准追诉的案件，应当审查是否移送下列材料：

（一）报请核准追诉案件意见书；（二）证明犯罪事实的证据材料；（三）关于发案、立案、侦查、采取强制措施和犯罪嫌疑人是否重新犯罪等有关情况的书面说明及相关法律文书；

(四)被害方、案发地群众、基层组织等的意见和反映。

材料齐备的,应当受理案件;材料不齐备的,应当要求侦查机关补充移送。

第8条 地方各级人民检察院对侦查机关报请核准追诉的案件,应当及时进行审查并开展必要的调查,经检察委员会审议提出是否同意核准追诉的意见,在受理案件后10日之内制作《报请核准追诉案件报告书》,连同案件材料一并层报最高人民检察院。

第9条 最高人民检察院收到省级人民检察院报送的《报请核准追诉案件报告书》及案件材料后,应当及时审查,必要时派人到案发地了解案件有关情况。经检察长批准或者检察委员会审议,应当在受理案件后1个月之内作出是否核准追诉的决定,特殊情况下可以延长15日,并制作《核准追诉决定书》或者《不予核准追诉决定书》,逐级下达最初受理案件的人民检察院,送达报请核准追诉的侦查机关。

第10条 对已经批准逮捕的案件,侦查羁押期限届满不能做出是否核准追诉决定的,应当依法对犯罪嫌疑人变更强制措施或者延长侦查羁押期限。

第11条 最高人民检察院决定核准追诉的案件,最初受理案件的人民检察院应当监督侦查机关及时开展侦查取证。

最高人民检察院决定不予核准追诉,侦查机关未及时撤销案件的,同级人民检察院应当予以监督纠正。犯罪嫌疑人在押的,应当立即释放。

第12条 人民检察院直接立案侦查的案件报请最高人民检察院核准追诉的,参照本规定办理。

第13条 本规定自发布之日起施行。

9. 最高人民检察院《第6批指导性案例马某龙(抢劫)核准追诉案》(检例第20号;2015年7月3日)

【核准追诉案件办理过程】

案发后马某龙逃往黑龙江省七台河市打工。公安机关没有立案,也未对马某龙采取强制措施。2014年3月10日,吉林省公主岭市公安局接到黑龙江省七台河市桃山区桃山街派出所移交案件:当地民警在对辖区内一名叫"李红"的居民进行盘查时,"李红"交待其真实姓名为马某龙,1989年5月伙同他人闯入吉林省公主岭市苇子沟街獾子洞村李某振家抢劫,并将李某振用刀扎死后逃跑。当日,公主岭市公安局对马某龙立案侦查,3月18日通过公主岭市检察院层报最高人民检察院核准追诉。

公主岭市检察院、四平市检察院、吉林省检察院对案件进行审查并开展了必要的调查。2014年4月8日,吉林省检察院报最高人民检察院对马某龙核准追诉。

另据查明:(一)被害人妻子王某和儿子因案发时受到惊吓患上精神病,靠捡破烂为生,生活非常困难,王某强烈要求追究马某龙刑事责任。(二)案发地群众表示,李某振被抢劫杀害一案在当地造成很大恐慌,影响至今没有消除,对犯罪嫌疑人应当追究刑事责任。

最高人民检察院审查认为:犯罪嫌疑人马某龙伙同他人入室抢劫,造成1人死亡的严重后果,依据《刑法》第12条、79刑法第150条规定,应当适用的法定量刑幅度的最高刑为死刑。本案对被害人家庭和亲属造成严重伤害,在案发当地造成恶劣影响,虽然经过20年追诉期限,被害方以及案发地群众反映强烈,社会影响没有消失,不追诉可能严重影响社会稳定或者产生其他严重后果。综合上述情况,依据79刑法第76条第四项规定,决定对犯罪嫌疑人马某龙核准追诉。

【要旨】

故意杀人、抢劫、强奸、绑架、爆炸等严重危害社会治安的犯罪,经过20年追诉期限,仍然严重影响人民群众安全感,被害方、案发地群众、基层组织等强烈要求追究犯罪嫌疑人刑事责

任,不追诉可能影响社会稳定或者产生其他严重后果的,对犯罪嫌疑人应当追诉。(收录部分内容)

10. 最高人民检察院《第 6 批指导性案例丁某山等(故意伤害)核准追诉案》(检例第 21 号;2015 年 7 月 3 日)

【核准追诉案件办理过程】

案发后丁某山等四名犯罪嫌疑人潜逃。莫旗公安局当时没有立案手续,也未对犯罪嫌疑人采取强制措施。2010 年全国追逃行动期间,莫旗公安局经对未破命案进行梳理,并通过网上信息研判、证人辨认,确定了丁某山等四名犯罪嫌疑人下落。2013 年 12 月 25 日,犯罪嫌疑人丁某山、丁某义、闫某军被抓获归案;2014 年 1 月 17 日,犯罪嫌疑人常某龙被抓获归案。2014 年 1 月 25 日,莫旗公安局通过莫旗检察院层报最高人民检察院对丁某山等四名犯罪嫌疑人核准追诉。

莫旗检察院、呼伦贝尔市检察院、内蒙古自治区检察院对案件进行审查并开展了必要的调查。2014 年 4 月 10 日,内蒙古自治区检察院层报最高人民检察院对丁某山等 4 名犯罪嫌疑人核准追诉。

另据查明:(一)案发后四名犯罪嫌疑人即逃跑,在得知李某山死亡后分别更名潜逃到黑龙江、陕西等地,其间对于死伤者及其家属未给予任何赔偿。(二)被害人家属强烈要求严惩犯罪嫌疑人。(三)案发地部分村民及村委会出具证明表示,本案虽然过了 20 多年,但在当地造成的影响没有消失。

最高人民检察院审查认为:犯罪嫌疑人丁某山、丁某义、常某龙、闫某军涉嫌故意伤害罪,并造成 1 人死亡的严重后果,依据《刑法》第 12 条、79 刑法第 134 条、全国人民代表大会常务委员会《关于严惩严重危害社会治安的犯罪分子的决定》第 1 条规定,应当适用的法定量刑幅度的最高刑为死刑。本案情节恶劣、后果严重,虽然已过 20 年追诉期限,但社会影响没有消失,不追诉可能严重影响社会稳定或者产生其他严重后果。本案系共同犯罪,四名犯罪嫌疑人具有共同犯罪故意,共同实施了故意伤害行为,应当对犯罪结果共同承担责任。综合上述情况,依据 79 刑法第 76 条第四项规定,决定对犯罪嫌疑人丁某山、常某龙、丁某义、闫某军核准追诉。

【要旨】

涉嫌犯罪情节恶劣、后果严重,并且犯罪后积极逃避侦查,经过 20 年追诉期限,犯罪嫌疑人没有明显悔罪表现,也未通过赔礼道歉、赔偿损失等获得被害方谅解,犯罪造成的社会影响没有消失,不追诉可能影响社会稳定或者产生其他严重后果的,对犯罪嫌疑人应当追诉。(收录部分内容)

11. 最高人民检察院《第 6 批指导性案例杨某云(故意杀人)不核准追诉案》(检例第 22 号;2015 年 7 月 3 日)

【核准追诉案件办理过程】

杨某云潜逃后辗转多地,后被拐卖嫁与安徽省凤阳县农民曹某。2013 年 3 月,吴某禄亲属得知杨某云联系方式、地址后,多次到简阳市公安局、资阳市公安局进行控告,要求追究杨某云刑事责任。同年 4 月 22 日,简阳市及资阳市公安局在安徽省凤阳县公安机关协助下将杨某云抓获,后依法对其刑事拘留、逮捕,并通过简阳市人民检察院层报最高人民检察院核准追诉。

简阳市人民检察院、资阳市人民检察院、四川省人民检察院先后对案件进行审查并开展了必要的调查。2013 年 6 月 8 日,四川省人民检察院报最高人民检察院对杨某云核准追诉。

另据查明:(一)杨某云与吴某禄之子吴某得知自己身世后,恳求吴某禄父母及其他亲属原谅杨某云。吴某禄的父母等亲属向公安机关递交谅解书,称鉴于杨某云将吴某抚养成人,成立家庭,不再要求追究杨某云刑事责任。(二)案发地部分群众表示,吴某禄被杀害,当时社会影响很大,现在事情过去20多年,已经没有什么影响。

最高人民检察院审查认为:犯罪嫌疑人杨某云故意非法剥夺他人生命,依据《中华人民共和国刑法》第12条、1979年《中华人民共和国刑法》第132条规定,应当适用的法定量刑幅度的最高刑为死刑。本案虽然情节、后果严重,但属于因家庭矛盾引发的刑事案件,且多数被害人家属已经表示原谅杨某云,被害人与犯罪嫌疑人杨某云之子吴某也要求不追究杨某云刑事责任。案发地群众反映案件造成的社会影响已经消失。综合上述情况,本案不属于必须追诉的情形,依据1979年《中华人民共和国刑法》第76条第4项规定,决定对杨某云不予核准追诉。

【要旨】

1. 因婚姻家庭等民间矛盾激化引发的犯罪,经过20年追诉期限,犯罪嫌疑人没有再犯罪危险性,被害人及其家属对犯罪嫌疑人表示谅解,不追诉有利于化解社会矛盾、恢复正常社会秩序,同时不会影响社会稳定或者产生其他严重后果的,对犯罪嫌疑人可以不再追诉。2. 须报请最高人民检察院核准追诉的案件,侦查机关在核准之前可以依法对犯罪嫌疑人采取强制措施。侦查机关报请核准追诉并提请逮捕犯罪嫌疑人,人民检察院经审查认为必须追诉而且符合法定逮捕条件的,可以依法批准逮捕。(收录部分内容)

12. 最高人民检察院《第6批指导性案例蔡某星、陈某辉等(抢劫)不核准追诉案》(检例第23号;2015年7月3日)

【核准追诉案件办理过程】

1991年3月12日,被害人林某忠到芜湖市公安局报案,4月18日芜湖市公安局对犯罪嫌疑人李某忠、蔡某文、陈某城进行通缉,4月23日对3人作出刑事拘留决定。李某忠于2011年9月21日被江苏省连云港市公安局抓获,蔡某文、陈某城于2011年12月8日在福建省莆田市投案(3名犯罪嫌疑人另案处理,均已判刑)。李某忠、蔡某文、陈某城到案后,供出同案犯罪嫌疑人蔡某星、陈某辉、林某雄(已死亡)3人。莆田市公安局于2012年3月9日将犯罪嫌疑人蔡某星、陈某辉抓获。2012年3月12日,芜湖市公安局对两名犯罪嫌疑人刑事拘留(后取保候审),并通过芜湖市人民检察院层报最高人民检察院核准追诉。

芜湖市人民检察院、安徽省人民检察院分别对案件进行审查并开展了必要的调查。2012年12月4日,安徽省人民检察院报最高人民检察院对蔡某星、陈某辉核准追诉。

另据查明:(一)犯罪嫌疑人蔡某星、陈某辉与被害人(林某忠等当年集资做生意的群众)达成和解协议,并支付被害人40余万元赔偿金(包括直接损失和间接损失),各被害人不再要求追究其刑事责任。(二)蔡某星、陈某辉居住地基层组织未发现二人有违法犯罪行为,建议司法机关酌情不予追诉。

最高人民检察院审查认为:犯罪嫌疑人蔡某星、陈某辉伙同他人入户抢劫14万余元,依据《中华人民共和国刑法》第12条、1979年《中华人民共和国刑法》第150条规定,应当适用的法定量刑幅度的最高刑为死刑。本案发生在1991年3月12日,案发后公安机关只发现了犯罪嫌疑人李某忠、蔡某文、陈某城,在追诉期限内没有发现犯罪嫌疑人蔡某星、陈某辉,2人在案发后也没有再犯罪,因此已超过20年追诉期限。本案虽然犯罪数额巨大,但未造成被害人人身伤害等其他严重后果。犯罪嫌疑人与被害人达成和解协议,并实际赔偿了被害人损失,被害人不再要求追究其刑事责任。综合上述情况,本案不属于必须追诉的情形,依据1979年《中华人民共和国刑法》第七十六条第四项规定,决定对蔡某星、陈某辉不予核准追诉。

【要旨】

1. 涉嫌犯罪已过20年追诉期限,犯罪嫌疑人没有再犯罪危险性,并且通过赔礼道歉、赔偿损失等方式积极消除犯罪影响,被害方对犯罪嫌疑人表示谅解,犯罪破坏的社会秩序明显恢复,不追诉不会影响社会稳定或者产生其他严重后果的,对犯罪嫌疑人可以不再追诉。2. 1997年9月30日以前实施的共同犯罪,已被司法机关采取强制措施的犯罪嫌疑人逃避侦查或者审判的,不受追诉期限限制。司法机关在追诉期限内未发现或者未采取强制措施的犯罪嫌疑人,应当受追诉期限限制;涉嫌犯罪应当适用的法定量刑幅度的最高刑为无期徒刑、死刑,犯罪行为发生20年以后认为必须追诉的,须报请最高人民检察院核准。(收录部分内容)

13. 最高人民法院《关于被告人林某钦受贿请示一案的答复》(〔2016〕最高法刑他5934号)

福建省高级人民法院:你院闽高法〔2016〕250号《关于立案追诉后因法律司法解释修改导致追诉时效发生变化的案件法律适用问题的请示》收悉。经研究,答复如下:追诉时效是依照法律规定对犯罪分子追究刑事责任的期限,在追诉时效期限内,司法机关应当依法追究犯罪分子刑事责任。对于法院正在审理的贪污贿赂案件,应当依据司法机关立案侦查时的法律规定认定追诉时效。依据立案侦查时的法律规定未过时效,且已经进入诉讼程序的案件,在新的法律规定生效后应当继续审理。

第88条 【不受追诉时效限制】 在人民检察院、公安机关、国家安全机关立案侦查或者在人民法院受理案件以后,逃避侦查或者审判的,不受追诉期限的限制。

被害人在追诉期限内提出控告,人民法院、人民检察院、公安机关应当立案而不予立案的,不受追诉期限的限制。

• 释义

本条规定不受追究时效限制的有两种情况:1. 犯罪嫌疑人在人民检察院、公安机关和国家安全机关立案侦查或者被告人在人民法院受理案件以后,如果其从拘留所、看守所中逃跑,从自家中潜逃、隐藏起来或者采用其他方法逃避侦查或者审判的,在任何时候将其追捕归案后,都可以进行追诉。2. 被害人在追诉期限内提出控告的,遇有该立案而不予立案的情况,对犯罪分子的追诉就不受本法第87条规定的追诉期限的限制。

• 关联法律

参见本书《刑法》第87条该节内容。

第89条 【追诉期限的计算与中断】 追诉期限从犯罪之日起计算;犯罪行为有连续或者继续状态的,从犯罪行为终了之日起计算。

在追诉期限以内又犯罪的,前罪追诉的期限从犯后罪之日起计算。

• 释义

一般情况下追诉期限的起算时间是从犯罪之日起计算。"犯罪之日"是指犯罪行为完成或停止之日。

特殊情况下追诉期限的起算时间,有3种情形:

一、犯罪行为处于连续状态的,从犯罪行为终了之日起计算。就是说犯罪人连续实施同一罪名的犯罪,时效期限从其最后一个犯罪行为施行完毕时开始计算。如连续入室盗窃犯罪人,从被抓捕前最后1次入室盗窃起算。

二、犯罪行为处于继续状态的,从犯罪行为终了之日起计算。就是犯罪人的犯罪行为在一定时间处于持续状态的,时效期限自这种持续状态停止的时候起开始计算。如非法拘禁他人,从结束拘禁他人之日起计算。

三、在追诉期限内又犯罪的,前一犯罪的追诉期限从后罪的犯罪行为完成或停止之日计算。这里的前罪和后罪并未限定为同一种罪名,只要构成犯罪即可。只要再犯新罪,前罪开始计算的时效期限就归于无效,而从犯后罪之日起计算。

• 关联法律

参见本书《刑法》第 87 条该节内容。

第五章　　其他规定

> **第 90 条　【民族自治地方刑法适用的变通】** 民族自治地方不能全部适用本法规定的,可以由自治区或者省的人民代表大会根据当地民族的政治、经济、文化的特点和本法规定的基本原则,制定变通或者补充的规定,报请全国人民代表大会常务委员会批准施行。

• 释义

根据本条规定,对刑法制定变通或者补充的规定,必须符合以下条件:

一、制定变通或者补充的规定,必须根据刑法规定的基本原则,即刑法对犯罪及其刑罚规定的原则。制定变通或者补充规定的依据,是由于少数民族特点不能全部适用刑法的,而不是由于其他原因。

二、制定变通或者补充的规定,应由自治区或者省一级的人民代表大会制定,并报全国人大常委会批准后方可执行,其他任何机关都无权制定或批准变通、补充的规定。

三、制定变通或者补充的规定,既要考虑当地民族的政治、经济、文化的特点,还要考虑当地政治、经济、文化的进步和发展。

> **第 91 条　【公共财产的范围】** 本法所称公共财产,是指下列财产:
> (一)国有财产;
> (二)劳动群众集体所有的财产;
> (三)用于扶贫和其他公益事业的社会捐助或者专项基金的财产。
> 在国家机关、国有公司、企业、集体企业和人民团体管理、使用或者运输中的私人财产,以公共财产论。

• 释义

本条是关于公共财产具体包括哪些范围的规定。

本条规定的公共财产,包括以下 3 种情况:

一、国有财产,即国家所有的财产。主要包括国家机关、国有公司、企业、国有事业单位、人民团体中的财产。

二、劳动群众集体所有的财产。主要包括集体所有制的公司、企业、事业单位、经济组织中的财产。在经济活动中,公民多人合伙经营积累的财产,属于合伙人共有,不属于集体所有的财产。

三、用于扶贫和其他公益事业的社会捐助或者专项基金的财产。"公益事业"主要是指服务于社会公益的事业,如学校、残疾人康复中心、养老院以及希望工程等。"社会捐助"是指个人、组织或单位向社会公益事业以及向贫困地区所捐赠、赞助的款物。"专项基金"是指专门用于上述公益事业的各种基金。

本条还规定了在国家机关、国有公司、企业、集体企业和人民团体管理、使用、运输中的私人财产,以公共财产对待,按公共财产予以保护。因为这部分财产虽然属于私人所有,但当交由国家机关、国有公司、企业、集体企业和人民团体管理、使用、运输时,上述单位就有义务保护该财产,如果丢失、损毁,就应承担赔偿责任。

● 关联法律

1. 最高人民法院研究室《关于利用职务上的便利条件窃取技术资料转让获利是否构成犯罪问题的电话答复》(1992年5月19日)

(法释〔2019〕11号已声明该文件废止)

2. 国家统计局《关于对国有公司企业认定意见的函》(国统函〔2003〕44号)

(详见本书《刑法》第30条相关内容)

第92条 【公民私人所有财产的范围】 本法所称公民私人所有的财产,是指下列财产:

(一)公民的合法收入、储蓄、房屋和其他生活资料;

(二)依法归个人、家庭所有的生产资料;

(三)个体户和私营企业的合法财产;

(四)依法归个人所有的股份、股票、债券和其他财产。

● 释义

本条是关于公民私人所有的财产具体包括哪些范围的规定。

本条规定的公民私人所有的合法财产,包括以下四种情况:

一、公民的合法收入、储蓄、房屋和其他生活资料。"合法收入"是指公民个人的工资收入、劳动所得以及其他各种依法取得的收入,如接受继承、馈赠而获得的财产等。"储蓄"是指公民将其合法的收入存入银行、信用社及其所得的利息。"房屋"是指公民私人所有的住宅。"其他生活资料"主要是指公民的各种生活用品。上述生活资料的获得必须符合法律的规定,非法占有的生活资料不受法律保护。

二、依法归个人、家庭所有的生产资料。包括各种劳动工具和劳动对象,如拖拉机、收割机,耕种的庄稼,用于耕种的牲畜,饲养的家禽、家畜,自己种植的树木以及其他用于生产的原料等。

三、个体户和私营企业的合法财产。个体户包括个体工商户和农村承包经营户。私营企业是指生产资料属于私人所有,雇工8人以上的营利性的经济组织。

四、依法归个人所有的股份、股票、债券和其他财产。

"股票"是指股份有限公司依法发行的表明股东权利的有价证券。"债券"是国家或企业依法发行的,约定在到期时向持券人还本付息的有价证券。"个人所有的股票、债券",是指由公民个人购买的依法向社会公开发行的股票和债券。公民个人合法购买或通过继承、馈赠等合法获取的股票、债券，也属于公民私人所有的财产。

• 关联法律

1. 最高人民法院、最高人民检察院、公安部、国家工商行政管理局《关于依法查处盗窃、抢劫机动车案件的规定》(公通字〔1998〕31号)

为依法严厉打击盗窃、抢劫机动车犯罪活动，堵塞盗窃、抢劫机动车犯罪分子的销赃渠道，保护国家、集体财产和公民的合法财产，根据《中华人民共和国刑法》(以下简称《刑法》)、《中华人民共和国刑事诉讼法》(以下简称《刑事诉讼法》)和其他有关法律、法规的规定，制定本规定。

一、司法机关依法查处盗窃、抢劫机动车案件，任何单位和个人都应当予以协助。以暴力、威胁方法阻碍司法工作人员依法办案的，依照《刑法》第277条第1款的规定处罚。

二、明知是盗窃、抢劫所得机动车而予以窝藏、转移、收购或者代为销售的，依照《刑法》第312条的规定处罚。

对明知是盗窃、抢劫所得机动车而予以拆解、改装、拼装、典当、倒卖的，视为窝藏、转移、收购或者代为销售，依照《刑法》第312条的规定处罚。

三、国家指定的车辆交易市场、机动车经营企业(含典当、拍卖行)以及从事机动车修理、零部件销售企业的主管人员或者其他直接责任人员，明知是盗窃、抢劫的机动车而予以窝藏、转移、拆解、改装、拼装、收购或者代为销售的，依照《刑法》第312条的规定处罚。单位组织实施上述行为的，由工商行政管理机关予以处罚。

四、本规定第2条和第3条中的行为人事先与盗窃、抢劫机动车辆的犯罪分子通谋的，分别以盗窃、抢劫罪的共犯论处。

五、机动车交易必须在国家指定的交易市场或合法经营企业进行，其交易凭证经工商行政管理机关验证盖章后办理登记或过户手续，私下交易机动车辆属于违法行为，由工商行政管理机关依法处理。

明知是赃车而购买，以收购赃物罪定罪处罚。单位的主管人员或者其他直接责任人员明知是赃车购买的，以收购赃物罪定罪处罚。

明知是赃车而介绍买卖的，以收购、销售赃物罪的共犯论处。

六、非法出售机动车有关发票的，或者伪造、擅自制造或者出售伪造、擅自制造的机动车有关发票的，依照《刑法》第209条的规定处罚。

七、伪造、变造、买卖机动车牌证及机动车入户、过户、验证的有关证明文件的，依照《刑法》第280条第1款的规定处罚。

八、公安、工商行政管理人员利用职务上的便利，索取或者非法收受他人财物，为赃车入户、过户、验证构成犯罪的，依照《刑法》第385条、第386条的规定处罚。

九、公安、工商行政管理人员或者其他国家机关工作人员滥用职权或者玩忽职守、徇私舞弊，致使赃车入户、过户、验证的，给予行政处分；致使公共财产、国家和人民利益遭受重大损失的，依照《刑法》第397条的规定处罚。

十、公安人员对盗窃、抢劫的机动车辆，非法提供机动车牌证或者为其取得机动车牌证提供便利，帮助犯罪分子逃避处罚的，依照《刑法》第417条规定处罚。

十一、对犯罪分子盗窃、抢劫所得的机动车辆及其变卖价款，应当依照《刑法》第64条的规定予以追缴。

十二、对明知是赃车而购买的，应将车辆无偿追缴；对违反国家规定购买车辆，经查证是赃车的,公安机关可以根据《刑事诉讼法》第110条和第114条规定进行追缴和扣押。对不明知是赃车而购买的,结案后予以退还买主。

十三、对购买赃车后使用非法提供的入户、过户手续或者使用伪造、变造的入户、过户手续为赃车入户、过户的,应当吊销牌证,并将车辆无偿追缴;已将入户、过户车辆变卖的,追缴变卖所得并责令赔偿经济损失。

十四、对直接从犯罪分子处追缴的被盗窃、抢劫的机动车辆,经检验鉴定,查证属实后,可依法先行返还失主,移送案件时附清单、照片及其他证据。在返还失主前,按照赃物管理规定管理,任何单位和个人都不得挪用、损毁或者自行处理。

十五、盗窃、抢劫机动车案件,由案件发生地公安机关立案侦查,赃车流入地公安机关应当予以配合。跨地区系列盗窃、抢劫机动车案件,由最初受理的公安机关立案侦查;必要时,可由主要犯罪地公安机关立案侦查,或者由上级公安机关指定立案侦查。

十六、各地公安机关扣押或者协助管辖单位追回的被盗窃、抢劫的机动车应当移送管辖单位依法处理,不得以任何理由扣留或者索取费用。拖延不交的,给予单位领导行政处分。

十七、本规定所称的"明知",是指知道或者应当知道。有下列情形之一的,可视为应当知道,但有证据证明确属被蒙骗的除外:

(一)在非法的机动车交易场所和销售单位购买的;(二)机动车证件手续不全或者明显违反规定的;(三)机动车发动机号或者车说架号有更改痕迹,没有合法证明的;(四)以明显低于市场价格购买机动车的。

十八、本规定自公布之日起执行。对侵占、抢夺、诈骗机动车案件的查处参照本规定的原则办理。本规定公布后尚未办结的案件,适用本规定。

2. 公安部《关于公安机关在办理刑事案件中可否查封冻结不动产或投资权益问题的批复》(公复字〔2001〕17号)

广东省公安厅:你厅《关于我省深圳市公安局在办理一特大诈骗案件中对涉案资产依法进行查封、冻结问题的请示》(粤公[请]字〔2001〕40号]收悉。经征求最高人民法院、最高人民检察院意见,现批复如下:

根据《中华人民共和国刑事诉讼法》第114条和最高人民法院、最高人民检察院、公安部、司法部、国家安全部、全国人大常委会法制工作委员会《关于刑事诉讼法实施中若干问题的规定》第48条的规定,公安机关在办理刑事案件中有权依法查封、冻结犯罪嫌疑人以违法所得购买的不动产、获取的投资权益或股权。但由于投资权益或股权具有一定的风险性,对其采取冻结等侦查措施应严格依照法定的适用条件和程序,慎重使用。

3. 全国人大常委会法制工作委员会《对关于公司人员利用职务上的便利采取欺骗等手段非法占有股东股权的行为如何定性处理的批复的意见》(法工委发函〔2005〕105号)

最高人民检察院:你院法律政策研究室2005年8月26日来函收悉。经研究,答复如下:

据刑法第92条的规定,股份属于财产。采用各种非法手段侵吞、占有他人依法享有的股份,构成犯罪的,适用刑法有关非法侵犯他人财产的犯罪规定。

第93条 【国家工作人员的范围】 本法所称国家工作人员,是指国家机关中从事公务的人员。

国有公司、企业、事业单位、人民团体中从事公务的人员和国家机关、国有公司、企业、事业单位委派到非国有公司、企业、事业单位、社会团体从事公务的人员,以及其他依照法律从事公务的人员,以国家工作人员论。

• 释义

本条是关于国家工作人员定义的规定。

本条规定的"国家机关",是指国家的权力机关、行政机关、司法机关以及军事机关。国家机关是依据宪法和法律设立的,依法承担一定的国家和社会公共事务的管理职责和权力的组织。"从事公务的人员",是指在上述国家机关中行使一定职权、履行一定职务的人员。

"以国家工作人员论",主要包括3个方面:一是在国有公司、企业、事业单位、人民团体中从事公务的人员。二是国家机关、国有公司、企业、事业单位委派到非国有公司、企业、事业单位、社会团体从事公务的人员。三是其他依照法律从事公务的人员,这些人虽不是上述单位的人员,但依照法律规定从事国家事务工作的人员。

• 关联法律

1. 最高人民检察院《对关于中国证监会主体认定的请示的答复函》(高检发法字〔2000〕7号)

北京市人民检察院:你院京检字〔2000〕41号《关于中国证监会主体认定的请示》收悉,经我院发函向中央机构编制委员会办公室查询核定,中央机构编制委员会办公室已作出正式复函,答复如下:

"中国证券监督管理委员会为国务院直属事业单位,是全国证券期货市场的主管部门。其主要职责是统一管理证券期货市场,按规定对证券期货监管机构实行垂直领导,所以,它是具有行政职责的事业单位。据此,北京证券监督管理委员会干部应视同为国家机关工作人员。"请你们按中编办答复意见办。

(附:中央机构编制委员会办公室关于中国证券监督管理委员会机构性质问题的复函(中编办函〔2000〕84号)最高人民检察院:《关于中国证券监督管理委员会是否属于国家机关的函》(高检发法字〔2000〕5号)收悉,现答复如下:根据国办发〔1998〕131号文件的规定,中国证券监督管理委员会为国务院直属事业单位,是全国证券期货市场的主管部门。其主要职责是统一管理证券期货市场,按规定对证券期货监管机构实行垂直领导,所以,它是具有行政职责的事业单位。据此,北京证券监督管理委员会干部应视同为国家机关工作人员。)

2. 最高人民检察院《关于镇财政所所长是否适用国家机关工作人员的批复》(高检发研字〔2000〕9号)

上海市人民检察院:你院沪检发〔2000〕30号文收悉。经研究,批复如下:

对于属行政执法事业单位的镇财政所中按国家机关在编干部管理的工作人员,在履行政府行政公务活动中,滥用职权或玩忽职守构成犯罪的,应以国家机关工作人员论。

3. 最高人民法院《关于农村合作基金会从业人员犯罪如何定性问题的批复》(法释〔2000〕10号)

(法释〔2019〕11号已声明该文件废止)

4. 全国人大常委会《关于〈中华人民共和国刑法〉第93条第2款的解释》(2000年4月29日第九届全国人大常委会第十五次会议通过)

全国人民代表大会常务委员会讨论了村民委员会等村基层组织人员在从事哪些工作时属于刑法第93条第2款规定的"其他依照法律从事公务的人员",解释如下:

村民委员会等村基层组织人员协助人民政府从事下列行政管理工作,属于刑法第93条第2款规定的"其他依照法律从事公务的人员":

（一）救灾、抢险、防汛、优抚、扶贫、移民、救济款物的管理；（二）社会捐助公益事业款物的管理；（三）国有土地的经营和管理；（四）土地征用补偿费用的管理；（五）代征、代缴税款；（六）有关计划生育、户籍、征兵工作；（七）协助人民政府从事的其他行政管理工作。

村民委员会等村基层组织人员从事前款规定的公务，利用职务上的便利，非法占有公共财物、挪用公款、索取他人财物或者非法收受他人财物，构成犯罪的，适用刑法第382条和第383条贪污罪、第384条挪用公款罪、第385条和第386条受贿罪的规定。

5. 最高人民检察院《关于贯彻执行〈全国人大常委会（关于中华人民共和国刑法）第93条第2款的解释〉的通知》（高检发研字〔2000〕12号）

第九届全国人民代表大会常务委员会第十五次会议于2000年4月25日通过了《全国人民代表大会常务委员会关于〈中华人民共和国刑法〉第93条第2款的解释》（以下简称《解释》）。为认真贯彻执行《解释》，现就有关工作通知如下：

一、各级检察机关要认真学习《解释》和刑法的有关规定，深刻领会《解释》的精神，充分认识检察机关依法查处村民委员会等村基层组织人员贪污、受贿、挪用公款犯罪案件对于维护农村社会稳定、惩治腐败、保障农村经济发展的重要意义。

二、根据《解释》，检察机关对村民委员会等村基层组织人员协助人民政府从事《解释》所规定的行政管理工作中发生的利用职务上的便利，非法占有公共财物，挪用公款，索取他人财物或者非法收受他人财物，构成犯罪的案件，应直接受理，分别适用刑法第382条、第383条，第384条和第385条、第386条的规定，以涉嫌贪污罪、挪用公款罪、受贿罪立案侦查。

三、各级检察机关在依法查处村民委员会等村基层组织人员贪污、受贿、挪用公款犯罪案件过程中，要根据《解释》和其他有关法律的规定，严格把握界限，准确认定村民委员会等村基层组织人员的职务活动是否属于协助人民政府从事《解释》所规定的行政管理工作，并正确把握刑法第382条、第383条贪污罪、第394条挪用公款罪和第385条、第386条受贿罪的构成要件。对村民委员会等村基层组织人员从事属于村民自治范围的经营、管理活动不能适用《解释》的规定。

四、各级检察机关在依法查处村民委员会等村基层组织人员涉嫌贪污、受贿、挪用公款犯罪案件过程中，要注意维护农村社会的稳定，注重办案的法律效果与社会效果的统一。对疑难、复杂、社会影响大的案件，下级检察机关要及时向上级检察机关请示。上级检察机关要认真及时研究，加强指导，以准确适用法律，保证办案质量。

五、各省级检察院对执行《解释》和本通知过程中遇到的新情况、新问题，要及时报告最高人民检察院。

6. 最高人民法院研究室《关于国家工作人员在农村合作基金会兼职从事管理工作如何认定身份问题的答复》（法［研］明传〔2000〕12号）

四川省高级人民法院：你院川高法〔2000〕105号《关于具有国家工作人员身份的人员在农村基金会兼职从事管理活动应如何认定犯罪主体身份问题的请示》收悉。经研究，答复如下：

国家工作人员自行到农村合作基金会兼职从事管理工作的，因其兼职工作与国家工作人员身份无关，应认定为农村合作基金会会一般从业人员；国家机关、国有公司、企业、事业单位委派到农村合作基金会兼职从事管理工作的人员，以国家工作人员论。

7. 最高人民检察院《对关于中国保险监督管理委员会主体认定的请示的答复函》（高检发法字〔2000〕7号）

北京市人民检察院：你院《关于中国保险监督管理委员会主体认定的请示》（京检字法〔2000〕1号）收悉。经我院函请中央机构编制委员会办公室核定，中编办答复如下：

中国保险监督管理委员会为国务院直属事业单位. 是全国商业保险的主管部门根据国务院授权履行行政管理职能,依法对全国保险市场实行集中统一的监督管理,对中国保险监督管理委员会的派出机构实行垂直领导。所以,对于中国保险监督管理委员会可参照对国家机关的办法进行管理。据此,中国保险监督管理委员会干部应视同国家机关工作人员。

8. 最高人民检察院《关于〈全国人民代表大会常委员会关于〈中华人民共和国刑法〉第93条第2款的解释〉的时间效力的批复》(高检发研字〔2000〕15号)

天津市人民检察院:你院"关于《全国人民代表大会常务委会关于〈中华人民共和国刑法〉第93条2款的解释》的实施时间问题的请示"收收悉。经研究,批复如下:

《全国人民代表大会常务委员会关于〈中华人民共和国刑法〉第93条第2款的的释》是对刑法第93条第2款关于"其他依照法律从事公务的人员"规定的进一步明确,并不是对刑法的修改。因此,该《解释》的效力适用于修订刑法的施行日期,其溯及力适适用修订刑法第12条的规定。

9. 最高人民检察院《关于合同制民警能否成为玩忽职守罪主体问题的批复》(高检发研字〔2000〕20号)

辽宁省人民检察院:你院辽检发诉字〔1999〕76号《关于犯罪嫌疑人李某玩忽职守一案的请示》收悉。经研究,批复如下:

根据刑法第93条第2款的规定,合同制民警在依法执行公务期间,属其他依照法律从事公务的人员,应以国家机关工作人员论。对合同制民警在依法执行公务活动中的玩忽职守行为,符合刑法第397条规定的玩忽职守罪构成条件的,依法以玩忽职守罪追究刑事责任。

10. 最高人民法院《关于国家工作人员利用职务上的便利为他人谋取利益离退休后收受财物行为如何处理问题的批复》(法释〔2000〕21号)

江苏省高级人民法院:你院苏高法〔1999〕65号《关于国家工作人员在职时为他人谋利,离退休后收受财物是否构成受贿罪的请示》收悉。经研究,答复如下:

国家工作人员利用职务上的便利为请托人谋取利益,并与请托人事先约定,在其离退休后收受请托人财物,构成犯罪的,以受贿罪定罪处罚。

11. 最高人民检察院《关于属工人编制的乡(镇)工商所所长能否依照刑法第397条的规定追究刑事责任问题的批复》(高检发研字〔2000〕23号)

江西省人民检察院:你院赣检研发〔2000〕3号《关于乡(镇)工商所所长(工人编)是否属于国家机关工作人员的请示》收悉。经研究,批复如下:

根据刑法第93条第2款的规定,经人事部门任命,但为工人编制的乡(镇)工商所所长,依法履行工商行政管理职责时,属其他依照法律从事公务的人员,应以国家机关工作人员论。如果玩忽职守,致使公共财产、国家和人民利益遭受重大损失,可适用刑法第397条的规定,以玩忽职守罪追究刑事责任。

12. 最高人民法院《关于未被公安机关正式录用的人员、狱医能否构成失职致使在押人员脱逃罪主体问题的批复》(法释〔2000〕28号)

[被最高人民法院《关于废止部分司法解释(第十三批)的决定》(法释〔2019〕11号)废止]

13. 最高人民检察院《关于工人等非监管机关在编监管人员私放在押人员脱逃行为适用法律问题的解释》(高检发释字〔2001〕2号)

为依法办理私放在押人员犯罪案件和失职致使在押人员脱逃犯罪案件,对工人等非监管机关在编监管人员私放在押人员行为和失职致使在押人员脱逃行为如何适用法律问题解释如下:

工人等非监管机关在编监管人员在被监管机关聘用受委托履行监管职责的过程中私放

在押人员的,应当依照刑法第400条第1款的规定,以私放在押人员罪追究刑事责任;由于严重不负责任,致使在押人员脱逃,造成严重后果的,应当依照刑法第400条第2款的规定,以失职致使在押人员脱逃罪追究刑事责任。

14. 最高人民法院《关于在国有资本控股、参股的股份有限公司中从事管理工作的人员利用职务便利非法占有本公司财物如何定罪问题的批复》(法释〔2001〕17号)

重庆市高级人民法院:你院渝高法明传〔2000〕38号《关于在股份有限公司中从事管理工作的人员侵占本公司财物如何定性的请示》收悉。经研究,答复如下:

在国有资本控股、参股的股份有限公司中从事管理工作的人员,除受国家机关、国有公司、企业、事业单位委派从事公务的以外,不属于国家工作人员。对其利用职务上的便利,将本单位财物非法占为己有,数额较大的,应当依照刑法第271条第1款的规定,以职务侵占罪定罪处罚。

15. 最高人民检察院《关于企业事业单位的公安机构在机构改革过程中其工作人员能否构成渎职侵权犯罪主体问题的批复》(高检发释字〔2002〕3号)

陕西省人民检察院:你院陕检发研〔2001〕159号《关于对企业事业单位的公安机构在机构改革过程中其工作人员能否构成渎职侵权犯罪主体问题的请示》收悉。经研究,批复如下:

企业事业单位的公安机构在机构改革过程中虽尚未列入公安机关建制,其工作人员在行使侦查职责时,实施渎职侵权行为的,可以成为渎职侵权犯罪的主体。

16. 最高人民检察院《关于对海事局工作人员如何使用法律问题的答复》(〔2003〕高检研发第1号)

辽宁省人民检察院研究室:你院《关于辽宁海事局的工作人员是否为国家机关工作人员的主体认定请示》(辽检发渎检字〔2002〕1号)收悉。经研究,答复如下:

根据国办发〔1999〕90号、中编办函〔2000〕184号等文件的规定,海事局负责行使国家水上安全监督和防止船舶污染及海上设施检验、航海保障的管理职权,是国家执法监督机构。海事局及其分支机构工作人员在从事上述公务活动中,滥用职权或者玩忽职守,致使公共财产、国家和人民利益遭受重大损失的,应当依照刑法第397条的规定,以滥用职权罪或者玩忽职守罪追究刑事责任。

17. 最高人民检察院《关于认真贯彻执行〈中华人民共和国刑法修正案(四)〉和〈全国人大常委会关于(中华人民共和国刑法)第9章渎职罪主体适用问题的解释〉的通知》(高检发研字〔2003〕1号)

第九届全国人民代表大会常务委员会第三十一次会议于2002年12月28日通过了《中华人民共和国刑法修正案(4)》和《全国人民代表大会常务委员会关于〈中华人民共和国刑法〉第9章渎职罪主体适用问题的解释》(以下分别简称《刑法修正案(4)》和《解释》)。为保证《刑法修正案(4)》和《解释》的正确贯彻实施,现就有关问题通知如下:

一、要认真组织学习,正确领会立法精神。《刑法修正案(4)》和《解释》的颁布实施,对于依法惩治破坏社会主义市场经济秩序、妨害社会管理秩序和国家机关工作人员的渎职犯罪行为,保障社会主义现代化建设事业的顺利进行,保障公民的人身安全,促进国家机关工作人员的廉政勤政,都具有十分重要的意义。各级检察机关要及时组织广大干警认真学习《刑法修正案(4)》和《解释》的有关内容,正确领会立法精神。

二、要严格依法办案,充分发挥检察机关的职能作用。《刑法修正案(4)》将走私液态废物、气态废物行为、非法雇用童工行为、非法采伐、毁坏国家重点保护的植物行为、非法收购、运输、加工、出售珍贵树木或者国家重点保护的其他植物及其制品行为和非法运输盗伐、滥伐的林木行为,特别是将枉法执行判决、裁定行为,作为单独犯罪专门作了规定。《刑法修正案

(4)》还加大了对生产、销售不符合标准的医用器材罪、走私罪、非法收购盗伐、滥伐的林木罪的打击力度。《解释》对刑法第9章渎职罪主体的适用问题作了明确规定。各级检察机关在办理相关案件的过程中，要严格按照《刑法修正案(4)》和《解释》的有关规定，依法进行立案侦查和批捕、起诉工作。要进一步加大查办和预防职务犯罪的工作力度，对于《解释》所规定的人员在代表国家机关行使职权时侵犯公民人身权利、民主权利，构成犯罪的，也应当依照刑法有关规定追究刑事责任。

三、要准确把握《刑法修正案(4)》和《解释》的时间效力，正确适用法律。《刑法修正案(4)》是对《刑法》有关条文的修改和补充，实践中办理相关案件时，应当依照《刑法》第1条规定的原则正确适用法律。对于1997年修订刑法施行以后、《刑法修正案(4)》施行以前发生的枉法执行判决、裁定犯罪行为，应当依照《刑法》第397条的规定追究刑事责任。根据《立法法》第47条的规定，法律解释的时间效力与它所解释的法律的时间效力相同。对于在1997年修订刑法施行以后、《解释》施行以前发生的行为，在《解释》施行以后尚未处理或者正在处理的案件，应当依照《解释》的规定办理。对于在《解释》施行前已经办结的案件，不再变动。

四、各级检察机关在办理《刑法修正案(4)》和《解释》规定的相关案件的过程中，要注意及时总结办案经验，努力提高执法水平；上级检察机关要加强对下级检察机关办理有关案件特别是办理渎职侵权犯罪案件的指导。各地在执行《刑法修正案(4)》和《解释》中遇到的情况和问题，请及时层报最高人民检察院。

18. 最高人民检察院《关于佛教协会工作人员能否构成受贿罪或者公司、企业人员受贿罪主体问题的答复》(〔2003〕高检研发第2号)

浙江省人民检察院研究室：你室《关于佛教协会工作人员能否构成受贿罪或公司、企业人员受贿罪主体的请示》(检研请〔2002〕9号)收悉。经研究，答复如下：

佛教协会属于社会团体，其工作人员除符合刑法第93条第2款的规定属于受委托从事公务的人员外，既不属于国家工作人员，也不属于公司、企业人员。根据刑法的规定，对非受委托从事公务的佛教协会的工作人员利用职务之便收受他人财物，为他人谋取利益的行为，不能按受贿罪或者公司、企业人员受贿罪追究刑事责任。

19. 最高人民检察院法律政策研究室《关于集体性质的乡镇卫生院院长利用职务之便收受他人财物的行为如何适用法律问题的答复(函)》(〔2003〕高检研发第9号)

山东省人民检察院研究室：你院《关于工人身份的乡镇卫生院院长利用职务之便收受贿赂如何适用法律问题的请示》(鲁检发研字〔2001〕第10号)收悉。经研究，答复如下：

经过乡镇政府或者主管行政机关任命的乡镇卫生院院长，在依法从事本区域卫生工作的管理与业务技术指导，承担医疗预防保健服务工作等公务活动时，属于刑法第93条第2款规定的其他依照法律从事公务的人员。对其利用职务上的便利，索取他人财物的，或者非法收受他人财物，为他人谋取利益的，应当依照刑法第385条、第386条的规定，以受贿罪追究刑事责任。

20. 最高人民检察院《关于非司法工作人员是否可以构成徇私枉法罪共犯问题的答复》(〔2003〕高检研发第11号)

江西省人民检察院法律政策研究室：你院《关于非国家机关工作人员是否可以构成徇私枉法罪共犯问题的请示》(赣检发研字〔2002〕7号)收悉。经研究，答复如下：

非司法工作人员与司法工作人员勾结，共同实施徇私枉法行为，构成犯罪的，应当以徇私枉法罪的共犯追究刑事责任。

21. 最高人民法院《全国法院审理经济犯罪案件工作座谈会纪要》(法〔2003〕167号)

一、关于贪污贿赂犯罪和渎职犯罪的主体

(一)国家机关工作人员的认定

刑法中所称的国家机关工作人员。是指在国家机关中从事公务的人员、包括在各级国家权力机关、行政机关、司法机关和军事机关中队事公务的人员。

根据有关立法解释的规定,在依照法律、法规规定行使国家行政管理职权的组织中从事公务的人员,或者在受国家机关委托代表国家行使职权的组织中从事公务的人员、或者虽未列入国家机关人员编制但在国家机关中从事公务的人员,视为国家机关工作人员。在乡(镇)以上中国共产党机关、人民政协机关中从事公务的人员,司法实践中也应当视为国家机关工作人员。

(二)国家机关、国有公司、企业、事业单位委派到非国有公司、企业、事业单位、社会团体从事公务的人员的认定

所渭委派,即委任、派遣,其形式多种多样,如任命、指派、提名、批准等。不论被委派的人身份如何,只要是接受国家机关、国有公司、企业、事业单位委派,代表国家机关、国有公司、企业、事业单位在非国有公司、企业、事业单位、社会团体中从事组织、领导、监督、管理等工作,都可以认定为国家机关、国有公司、企业、事业单位委派到非国有公司、企业、事业单位、社会团体从事公务的人员—如国家机关、国有公司、企业、事业单位委派在国有控股或者参股的股份有限公司从事组织、领导、监督、管理等工作的人员,应当以国家工作人员论:国有公司、企业改制为股份有限公司后原国有公司、企业的工作人员和股份有限公司新任命的人员中,除代表国有投资主体行使监督、管理职权的人外不以国家工作人员论。

(三)“其他依照法律从事公务的人员”的认定

刑法第93条第2款规定的“其他依照法律从事公务的人员”应当具有两个特征:一是在特定条件下行使国家管理职能;二是依照法律规定从事公务。具体包括:

(1)依法履行职责的各级人民代表大会代表;(2)依法懂行审判职责的人民陪审员;(3)协助乡镇人民政府、街道办事处从事行政管理工作的村民委员会、居民委员会等农村和城市基层组织人员;(4)其他由法律授权从事公务的人员。

(四)关于“从事公务”的理解

从事公务,是指代表国家机关、国有公司、企业事业单位、人民团体等履行组织、领导、监督、管理等职责。公务主要表现为与职权相联系的公共事务以及监督、管理国有财产的职务活动。如国家机关工作人员依法履行职责,国有公司的董事、经理、监事、会计、出纳人员等管理、监督国有财产等活动,属于从事公务。那些不具备职权内容的劳务活动、技术服务工作,如售货员、售票员等所从事的工作,一般不认为是公务。

二、关于贪污罪

(一)贪污罪既遂与未遂的认定

贪污罪是一种以非法占有为目的的财产性职务犯罪,与盗窃、诈骗、抢夺等侵犯财产罪一样,应当以行为人是否实际控制财物作为区分贪污罪既遂与未遂的标准。对于行为人利用职务上的便利,实施了虚假平帐等贪污行为,但公共财物尚未实际转移,或者尚未被行为人控制就被查获的,应当认定为贪污未遂:行为人控制公共财物后,是否将财物据为已有,不影响贪污既遂的认定。

(二)“受委托管理、经营国有财产”的认定

刑法第382条第2款规定的“受委托管理、经营国有财产”,是指因承包、租赁、临时聘用等管理、经营国有财产。

(三)国家工作人员与非国家工作人员勾结共同非法占有单位财物行为的认定

对于国家工作人员与他人勾结,共同非法占有单位财物的行为,应当按照《最高人民法院关于审理贪污、职务侵占案件如何认定共同犯罪几个问题的解释》的规定定罪处罚。对于在公司、企业或者其他单位中,非国家工作人员与国家工作人员勾结,分别利用各自的职务便利,共同将本单位财物非法占有的,应当尽量区分主从犯,按照主犯的犯罪性质定罪。司法实践中,如果根据案件的实际情况。各共同犯罪人在共同犯罪中的地位、作用相当,难以区分主从犯的,可以贪污罪定罪处罚。

(四)共同贪污犯罪中"个人贪污数额"的认定

刑法第383条第1款规定的"个人贪污数额",在共同贪污犯罪案件中应理解为个人所参与或者组织、指挥共同贪污的数额,不能只按个人实际分得的赃款数额来认定。对共同贪污犯罪中的从犯,应当按照其所参与的共同贪污的数额确定量刑幅度,并依照刑法第27条第2款的规定,从轻、减轻处罚或者免除处罚。

三、关于受贿罪

(一)关于"利用职务上的便利"的认定

刑法第385条第1款规定的"利用职务上的便利",既包括利用本人职务上主管、负责、承办某项公共事务的职权,也包括利用职务上有隶属、制约关系的其他国家工作人员的职权。担任单位领导职务的国家工作人员通过不属自己主管的下级部门的国家工作人员的职务为他人谋取利益的,应当认定为"利用职务上的便利"为他人谋取利益。

(二)"为他人谋取利益"的认定

为他人谋取利益包括承诺、实施和实现三个阶段的行为。只要具有其中一个阶段的行为,如国家工作人员收受他人财物时,根据他人提出的具体请托事项,承诺为他人谋取利益的,就具备了为他人谋取利益的要件。明知他人有具体请托事项而收受其财物的,视为承诺为他人谋取利益。

(三)"利用职权或地位形成的便利条件"的认定

刑法第388条规定的"利用本人职权或者地位形成的便利条件",是指行为人与被其利用的国家工作人员之间在职务上虽然没有隶属、制约关系,但是行为人利用了本人职权或者地位产生的影响和一定的工作联系,如单位内不同部门的国家工作人员之间、上下级单位没有职务上隶属、制约关系的国家工作人员之间、有工作联系的不同单位的国家工作人员之间等。

(四)离职国家工作人员收受财物行为的处理

参照《最高人民法院关于国家工作人员利用职务上的便利为他人谋取利益离退休后收受财物行为如何处理问题的批复》规定的精神,国家工作人员利用职务上的便利为请托人谋取利益,并与请托人事先约定,在其离职后收受请托人财物,构成犯罪的,以受贿罪定罪处罚。

(五)共同受贿犯罪的认定

根据刑法关于共同犯罪的规定,非国家工作人员与国家工作人员勾结伙同受贿的,应当以受贿罪的共犯追究刑事责任。非国家工作人员是否构成受贿罪共犯,取决于双方有无共同受贿的故意和行为,国家工作人员的近亲属向国家工作人员代为转达请托事项,收受请托人财物并告知该国家工作人员。或者国家工作人员明知其近亲属收受了他人财物,仍按照近亲属的要求利用职权为他人谋取利益的,对该国家工作人员应认定为受贿罪,其近亲属以受贿罪共犯论处:近亲属以外的其他人与国家工作人员通谋,由国家工作人员利用职务上的便利为请托人谋取利益,收受请托人财物后双方共同占有的,构成受贿罪共犯,国家工作人员利用职务上的便利为他人谋取利益,并指定他人将财物送给其他人。构成犯罪的,应以受贿罪定罪处罚。

(六)以借款为名索取或者非法收受财物行为的认定

国家工作人员利用职务上的便利以借为名向他人索取财物,或者非法收受财物为他人谋取利益的,应当认定为受贿。具体认定时,不能仅仅看是否有书面借款手续,应当根据以下因素综合判定:

(1)有无正当、合理的借款事由;(2)款项的去向;(3)双方平时关系如何、有无经济往来;(4)出借方是否要求国家工作人员利用职务上的便利为其谋取利益;(5)借款后是否有归还的意思表示及行为;(6)是否有归还的能力;(7)未归还的原因;等等。

(七)涉及股票受贿案件的认定

在办理涉及股票的受贿案件时,应当注意:

(1)国家工作人员利用职务上的便利,索取或非法收受股票,没有支付股本金,为他人谋取利益,构成受贿罪的,其受贿数额按照收受股票时的实际价格计算。(2)行为人支付股本金而购买较有可能升值的股票,由于不是无偿收受请托人财物,不以受贿罪论处。(3)股票已上市且已升值,行为人仅支付股本金,其"购买"股票时的实际价格与股本金的差价部分应认定为受贿。

四、关于挪用公款罪

(一)单位决定将公款给个人使用行为的认定

经单位领导集体研究决定将公款给个人使用,或者单位负责人为了单位的利益,决定将公款给个人使用的,不以挪用公款罪定罪处罚。上述行为致使单位遭受重大损失,构成其他犯罪的,依照刑法的有关规定对责任人员定罪处罚。

(二)挪用公款供其他单位使用行为的认定

根据全国人大常委会《关于〈中华人民共和国刑法〉第384条第1款的解释》的规定,"以个人名义将公款供其他单位使用的"、"个人决定以单位名义将公款供其他单位使用谋取个人利益的",属于挪用公款"归个人使用"、在司法实践中,对于将公款供其他单位使用的,认定是否属于"以个人名义",不能只看形式,要从实质上把握。对于行为人逃避财务监管,或者与使用人约定以个人名义进行,或者借款、还款都以个人名义进行,将公款给其他单位使用的,应认定为"以个人名义"。"个人决定"既包括行为人在职权范围内决定,也包括超越职权范围决定。"谋取个人利益",既包括行为人与使用人事先约定谋取个人利益实际尚未获取的情况,也包括虽未事先约定但实际已获取了个人利益的情况、其中的"个人利益",既包括不正当利益,也包括正当利益;既包括财产性利益,也包括非财产性利益,但这种非财产性利益应当是具体的实际利益,如升学、就业等。

(三)国有单位领导向其主管的具有法人资格的下级单位借公款归个人使用的认定

国有单位领导利用职务上的便利指令具有法人资格的下级单位将公款供个人使用的,属于挪用公款行为,构成犯罪的,应以挪用公款罪定罪处罚。

(四)挪用有价证券、金融凭证用于质押行为性质的认定

挪用金融凭证、有价证券用于质押,使公款处于风险之中,与挪用公款为他人提供担保没有实质的区别,符合刑法关于挪用公款罪规定的,以挪用公款罪定罪处罚挪用公款数额以实际或者可能承担的风险数额认定。

(五)挪用公款归还个人欠款行为性质的认定

挪用公款归还个人欠款的,应当根据产生欠款的原因分别认定属于挪用公款的何种情形。归还个人进行非法活动或者进行营利活动产生的欠款,应当认定为挪用公款进行非法活动或者进行营利活动。

(六)挪用公款用于注册公司、企业行为性质的认定

申报注册资本是为进行生产经营活动作准备,属于成立公司、企业进行营利活动的组成部分:因此,挪用公款归个人用于公司、企业注册资本验资证明的,应当认定为挪用公款进行营利活动。

（七）挪用公款后尚未投入实际使用的行为性质的认定

挪用公款后尚未投入实际使用的，只要同时具备“数额较大”和“超过3个月未还”的构成要件，应当认定为挪用公款罪，但可以酌情从轻处罚。

（八）挪用公款转化为贪污的认定

挪用公款罪与贪污罪的主要区别在于行为人主观上是否具有非法占有公款的目的：挪用公款是否转化为贪污，应当按照主客观相一致的原则，具体判断和认定行为人主观上是否具有非法占有公款的目的—在司法实践中，具有以下情形之一的可以认定行为人具有非法占有公款的目的：

1. 根据《最高人民法院关于审理挪用公款案件具体应用法律若干问题的解释》第6条的规定行为人“携带挪用的公款潜逃的”，对其携带挪用的公款部分，以贪污罪定罪处罚。

2. 行为人挪用公款后采取虚假发票平帐、销毁有关帐目等手段，使所挪用的公款已难以在单位财务帐目上反映出来，且没有归还行为的，应当以贪污罪定罪处罚。

3. 行为人截取单位收入不入帐，非法占有，使所占有的公款难以在单位财务帐目上反映出来，且没有归还行为的，应当以贪污罪定罪处罚。

4. 有证据证明行为人有能力归还所挪用的公款而拒不归还，并隐瞒挪用的公款去向的，应当以贪污罪定罪处罚。

22. 最高人民检察院法律政策研究室《关于国家机关、国有公司、企业委派到非国有公司、企业从事公务但尚未依照规定程序获取该单位职务的人员是否适用刑法第93条第2款问题的答复》（〔2004〕高检研发第17号）

重庆市人民检察院法律政策研究室：你院〈关于受委派的国家工作人员未按法定程序取得非国有公司职务是否适用刑法第92条第2款以国家工作人员论的请示〉（渝检［研］〔2003〕6号）收悉。经研究，答复如下：

对于国家机关、国有公司、企业委派到非国有公司、企业从事公务但尚未依照规定程序获取该单位职务的人员，涉嫌职务犯罪的，可以依照刑法第93条第2款关于“国家机关、国有公司、企业委派到非国有公司、企业、事业单位、社会团体从事公务的人员”，“以国家工作人员论”的规定追究刑事责任。

23. 最高人民法院研究室《关于对行为人通过伪造国家机关公文、证件担任国家工作人员职务并利用职务上的便利侵占本单位财物、收受贿赂、挪用本单位资金等行为如何适用法律问题的答复》（法研〔2004〕38号）

北京市高级人民法院：你院〔2004〕15号《关于通过伪造国家机关公文、证件担任国家工作人员职务后利用职务便利侵占本单位财物、收受贿赂、挪用本单位资金的行为如何定性的请示》收悉。经研究，答复如下：

行为人通过伪造国家机关公文、证件担任国家工作人员职务以后，又利用职务上的便利实施侵占本单位财物、收受贿赂、挪用本单位资金等行为，构成犯罪的，应当分别以伪造国家机关公文、证件罪和相应的贪污罪、受贿罪、挪用公款罪等追究刑事责任，实行数罪并罚。

24. 全国人大常委会《关于〈中华人民共和国刑法〉第93条第2款的解释》（2000年4月29日；2009年8月27日修正）

全国人民代表大会常务委员会讨论了村民委员会等村基层组织人员在从事哪些工作时属于刑法第93条第2款规定的“其他依照法律从事公务的人员”，解释如下：

村民委员会等村基层组织人员协助人民政府从事下列行政管理工作时，属于刑法第93条第2款规定的“其他依照法律从事公务的人员”：

(一)救灾、抢险、防汛、优抚、扶贫、移民、救济款物的管理;

(二)社会捐助公益事业款物的管理;

(三)国有土地的经营和管理;

(四)土地征收、征用补偿费用的管理;

(五)代征、代缴税款;

(六)有关计划生育、户籍、征兵工作;

(七)协助人民政府从事的其他行政管理工作。

村民委员会等村基层组织人员从事前款规定的公务,利用职务上的便利,非法占有公共财物、挪用公款、索取他人财物或者非法收受他人财物,构成犯罪的,适用刑法第382条和第383条贪污罪,第384条挪用公款罪、第385条和第386条受贿罪的规定。

(**注**:2009年8月全国人民代表大会常务委员会《于修改部分法律的决定》决定:将《全国人民代表大会常务委员会关于〈中华人民共和国刑法〉第93条第2款的解释》中的"征用"修改为"征收、征用"。)

25. 最高人民法院《关于如何认定国有控股参股股份有限公司中的国有公司、企业人员的解释》(法释〔2005〕10号)

为准确认定刑法分则第3章第3节中的国有公司、企业人员,现对国有控股、参股的股份有限公司中的国有公司、企业人员解释如下:

国有公司、企业委派到国有控股、参股公司从事公务的人员,以国有公司、企业人员论。

26. 最高人民法院、最高人民检察院、公安部、国家安全部、司法部《关于对司法工作人员在诉讼活动中的渎职行为加强法律监督的若干规定(试行)》(高检会〔2010〕4号)

第1条 加强对司法工作人员在诉讼活动中的渎职行为的法律监督,完善和规范监督措施,保证司法工作人员公正司法,根据《中华人民共和国刑法》、《中华人民共和国刑事诉讼法》、《中华人民共和国民事诉讼法》、《中华人民共和国行政诉讼法》等有关法律的规定,制定本规定。

第2条 人民检察院依法对诉讼活动实行法律监督。对司法工作人员的渎职行为可以通过依法审查案卷材料、调查核实违法事实、提出纠正违法意见或者建议更换办案人、立案侦查职务犯罪等措施进行法律监督。

第3条 司法工作人员在诉讼活动中具有下列情形之一的,可以认定为司法工作人员具有涉嫌渎职的行为,人民检察院应当调查核实:

(一)徇私枉法、徇情枉法,对明知是无罪的人而使其受追诉,或者对明知是有罪的人而故意包庇不使其受追诉,或者在审判活动中故意违背事实和法律作枉法裁判的;(二)非法拘禁他人或者以其他方法非法剥夺他人人身自由的;(三)非法搜查他人身体、住宅,或者非法侵入他人住宅的;(四)对犯罪嫌疑人、被告人实行刑讯逼供或者使用暴力逼取证人证言,或者以暴力、威胁、贿买等方法阻止证人作证或者指使他人作伪证的,或者帮助当事人毁灭、伪造证据的;(五)侵吞或者违法处置被查封、扣押、冻结的款物的;(六)违反法律规定的拘留期限、侦查羁押期限或者办案期限,对犯罪嫌疑人、被告人超期羁押,情节较重的;(七)私放在押的犯罪嫌疑人、被告人、罪犯,或者严重不负责任,致使在押的犯罪嫌疑人、被告人、罪犯脱逃的;(八)徇私舞弊,对不符合减刑、假释、暂予监外执行条件的罪犯,违法提请或者裁定、决定、批准减刑、假释、暂予监外执行的;(九)在执行判决、裁定活动中严重不负责任或者滥用职权,不依法采取诉讼保全措施、不履行法定执行职责,或者违法采取诉讼保全措施、强制执行措施,致使当事人或者其他人的合法利益遭受损害的;(十)对被监管人进行殴打或者体罚虐待或者指使被监管人殴打、体罚虐待其他被监管人的;(十一)收受或者索取当事人及其近亲属或者其委托的人等的贿赂的;(十二)其他严重违反刑事诉讼法、民事诉讼法、行政诉讼法和刑法规定,不依法履行职务,损害当事人合法权利,影响公正司法的诉讼违法行为和职务犯罪行为。

第4条 人民检察院在开展法律监督工作中,发现有证据证明司法工作人员在诉讼活动中涉嫌渎职的,应当报经检察长批准,及时进行调查核实。

对于单位或者个人向人民检察院举报或者控告司法工作人员在诉讼活动中有渎职行为的,人民检察院应当受理并进行审查,对于需要进一步调查核实的,应当报经检察长批准,及时进行调查核实。

第5条 人民检察院认为需要核实国家安全机关工作人员在诉讼活动中的渎职行为的,应当报经检察长批准,委托国家安全机关进行调查。国家安全机关应当及时将调查结果反馈人民检察院。必要时,人民检察院可以会同国家安全机关共同进行调查。

对于公安机关工作人员办理危害国家安全犯罪案件中渎职行为的调查,比照前款规定执行。

第6条 人民检察院发现检察人员在诉讼活动中涉嫌渎职的,应当报经检察长批准,及时进行调查核实。

人民法院、公安机关、国家安全机关、司法行政机关有证据证明检察人员涉嫌渎职的,可以向人民检察院提出,人民检察院应当及时进行调查核实并反馈调查结果。

上一级人民检察院接到对检察人员在诉讼活动中涉嫌渎职行为的举报、控告的,可以直接进行调查,也可以交由下级人民检察院调查。交下级人民检察院调查的,下级人民检察院应当将调查结果及时报告上一级人民检察院。

第7条 人民检察院调查司法工作人员在诉讼活动中的渎职行为,可以询问有关当事人或者知情人,查阅、调取或者复制相关法律文书或者报案登记材料、案卷材料、罪犯改造材料,对受害人可以进行伤情检查,但是不得限制被调查人的人身自由或者财产权利。

人民检察院通过查阅、复制、摘录等方式能够满足调查需要的,一般不调取相关法律文书或者报案登记材料、案卷材料、罪犯改造材料。

人民检察院在调查期间,应当对调查内容保密。

第8条 人民检察院对司法工作人员在诉讼活动中的涉嫌渎职行为进行调查,调查期限不得超过1个月。确需延长调查期限的,可以报经检察长批准,延长2个月。

第9条 人民检察院对司法工作人员在诉讼活动中的涉嫌渎职行为进行调查,在查证属实并由有关机关作出停止执行职务的处理前,被调查人不停止执行职务。

第10条 人民检察院对司法工作人员在诉讼活动中的涉嫌渎职行为调查完毕后,应当制作调查报告,根据已经查明的情况提出处理意见,报检察长决定后作出处理。

(一)认为有犯罪事实需要追究刑事责任的,应当按照刑事诉讼法关于管辖的规定依法立案侦查或者移送有管辖权的机关立案侦查,并建议有关机关停止被调查人执行职务,更换办案人。(二)对于确有渎职违法行为,但是尚未构成犯罪的,应当依法向被调查人所在机关发出纠正违法通知书,并将证明其渎职行为的材料按照干部管理权限移送有关机关处理。对于确有严重违反法律的渎职行为,虽未构成犯罪,但被调查人继续承办案件将严重影响正在进行的诉讼活动的公正性,且有关机关未更换办案人的,应当建议更换办案人。(三)对于审判人员在审理案件时有贪污受贿、徇私舞弊、枉法裁判或者其他违反法律规定的诉讼程序的行为,可能影响案件正确判决、裁定的,应当分别依照刑事诉讼法、民事诉讼法和行政诉讼法规定的程序对该案件的判决、裁定提出抗诉。(四)对于举报、控告不实的,应当及时向被调查人所在机关说明情况。调查中询问过被调查人的,应当及时向被调查人本人说明情况,并采取适当方式在一定范围内消除不良影响。同时,将调查结果及时回复举报人、控告人。(五)对于举报人、控告人捏造事实诬告陷害,意图使司法工作人员受刑事追究,情节严重的,依法追究刑事责任。调查人员与举报人、控告人恶意串通,诬告陷害司法工作人员的,一并追究相关法律责任。

对于司法工作人员涉嫌渎职犯罪需要立案侦查的,对渎职犯罪的侦查和对诉讼活动的其他法律监督工作应当分别由不同的部门和人员办理。

第11条 被调查人不服人民检察院的调查结论的,可以向人民检察院提出申诉,人民检察院应当进行复查,并在10日内将复查决定反馈申诉人及其所在机关。申诉人不服人民检察院的复查决定的,可以向上一级人民检察院申请复核。上一级人民检察院应当进行复核,并在20日内将复核决定及时反馈申诉人,通知下级人民检察院。

第12条 人民检察院经过调查,认为作为案件证据材料的犯罪嫌疑人、被告人供述、证人证言、被害人陈述系司法工作人员采用暴力、威胁、引诱、欺骗等违法手段获取的,在审查或者决定逮捕、审查起诉时应当依法予以排除,不得作为认定案件事实的根据。有关调查材料应当存入诉讼卷宗,随案移送。

第13条 人民检察院提出纠正违法意见或者更换办案人建议的,有关机关应当在15日内作出处理并将处理情况书面回复人民检察院。对于人民检察院的纠正违法通知书和更换办案人建议书,有关机关应当存入诉讼卷宗备查。

有关机关对人民检察院提出的纠正违法意见有异议的,应当在收到纠正违法通知书后5日内将不同意见书面回复人民检察院,人民检察院应当在7日内进行复查。人民检察院经过复查,认为纠正违法意见正确的,应当立即向上一级人民检察院报告;认为纠正违法意见错误的,应当撤销纠正违法意见,并及时将撤销纠正违法意见书送达有关机关。

上一级人民检察院经审查,认为下级人民检察院的纠正违法意见正确的,应当及时与同级有关机关进行沟通,同级有关机关应当督促其下级机关进行纠正;认为下级人民检察院的纠正违法意见不正确的,应当书面通知下级人民检察院予以撤销,下级人民检察院应当执行,并依照本规定第10条第1款第4项的规定,说明情况,消除影响。

第14条 有关机关在查处本机关司法工作人员的违纪违法行为时,发现已经涉嫌职务犯罪的,应当及时将犯罪线索及相关材料移送人民检察院。人民检察院应当及时进行审查,符合立案条件的,依法立案侦查,并将有关情况反馈移送犯罪线索的机关。

第15条 检察人员对于司法工作人员在诉讼活动中的渎职行为不依法履行法律监督职责,造成案件被错误处理或者其他严重后果,或者放纵司法工作人员职务犯罪,或者滥用职权违法干扰有关司法机关依法办案的,人民检察院的纪检监察部门应当进行查处;构成犯罪的,依法追究刑事责任。

第16条 本规定所称的司法工作人员,是指依法负有侦查、检察、审判、监管和判决、裁定执行职责的国家工作人员。

第17条 本规定所称的对司法工作人员渎职行为的调查,是指人民检察院在对刑事诉讼、民事审判、行政诉讼活动进行法律监督中,为准确认定和依法纠正司法工作人员的渎职行为,而对该司法工作人员违反法律的事实是否存在及其性质、情节、后果等进行核实、查证的活动。

第18条 本规定自公布之日起试行。

27. 最高人民法院、最高人民检察院、公安部、国家安全部《关于机关事业单位工作人员被采取刑事强制措施和受刑事处罚实行向所在单位告知制度的通知》(高检会〔2015〕10号)

为确保机关事业单位及时规范处理本单位被采取刑事强制措施和受刑事处罚工作人员的工资待遇,有效预防和纠正机关事业单位工作人员“带薪羁押”问题,维护司法公正,提高司法公信力,根据法律规定和刑事政策精神,结合办案工作实际,人民法院、人民检察院、公安机关、国家安全机关对被采取刑事强制措施和受刑事处罚的机关事业单位工作人员,实行向所在单位告知的制度。现将有关事项通知如下:

一、机关事业单位工作人员范围

1. 本通知所称机关事业单位工作人员包括公务员、参照公务员法管理的机关(单位)工作人员、事业单位工作人员和机关工人。

二、告知情形及例外规定

2. 办案机关对涉嫌犯罪的机关事业单位工作人员采取取保候审、监视居住、刑事拘留或者逮捕等刑事强制措施的,应当在采取刑事强制措施后5日以内告知其所在单位。

办案机关对被采取刑事强制措施的机关事业单位工作人员,予以释放、解除取保候审、监视居住的,应当在解除刑事强制措施后5日以内告知其所在单位;变更刑事强制措施的,不再另行告知。

3. 办案机关决定撤销案件或者对犯罪嫌疑人终止侦查的,应当在作出撤销案件或者终止侦查决定后10日以内,告知机关事业单位工作人员所在单位。

人民检察院决定不起诉的,应当在作出不起诉决定后10日以内,告知机关事业单位工作人员所在单位。

人民法院作出有罪、无罪或者终止审理判决、裁定的,应当在判决、裁定生效后15日以内,告知机关事业单位工作人员所在单位。

4. 具有下列情形之一,有碍侦查的,办案机关不予告知:

(一)可能导致同案犯逃跑、自杀,毁灭、伪造证据的;(二)可能导致同案犯干扰证人作证或者串供的;(三)所在单位的其他人员与犯罪有牵连的;(四)其他有碍侦查的情形。

5. 具有下列情形之一,无法告知的,办案机关不予告知:

(一)办案机关无法确认其机关事业单位工作人员身份的;(二)受自然灾害等不可抗力阻碍的;(三)其他无法告知的情形。

6. 可能危害国家安全或者社会公共利益的,办案机关不予告知。

7. 不予告知的情形消失后,办案机关应当及时将机关事业单位工作人员被采取刑事强制措施和受刑事处罚情况告知其所在单位。

三、告知的程序规定

8. 公安机关决定取保候审、监视居住、刑事拘留、提请批准逮捕并经人民检察院批准、撤销案件或者终止侦查的,由公安机关负责告知;国家安全机关决定取保候审、监视居住、刑事拘留、提请批准逮捕并经人民检察院批准或者撤销案件的,由国家安全机关负责告知;人民检察院决定取保候审、监视居住、刑事拘留、逮捕、撤销案件或者不起诉的,由人民检察院负责告知;人民法院决定取保候审、监视居住、逮捕或者作出生效刑事裁判的,由人民法院负责告知。

9. 办案机关一般应当采取送达告知书的形式进行告知。采取或者解除刑事强制措施的,办案机关应当填写《机关事业单位工作人员被采取/解除刑事强制措施情况告知书》并加盖单位公章。公安机关决定撤销案件或者对犯罪嫌疑人终止侦查的,应当填写《机关事业单位工作人员涉嫌犯罪撤销案件/终止侦查情况告知书》并加盖单位公章。

人民检察院决定撤销案件、不起诉的,应当将撤销案件决定书、不起诉决定书送达机关事业单位工作人员所在单位,不再另行送达告知书。人民法院作出有罪、无罪或者终止审理判决、裁定的,应当将生效裁判文书送达机关事业单位工作人员所在单位,不再另行送达告知书。

10. 告知书一般应当由办案机关直接送达机关事业单位工作人员所在单位。告知书应当由所在单位负责人或经其授权的人签收,并在告知书回执上签名或者盖章。

收件人拒绝签收的,办案机关可以邀请见证人到场,说明情况,在告知书回执上注明拒收的事由和日期，由送达人、见证人签名或者盖章，将告知书留在机关事业单位工作人员所在单位。

直接送达告知书有困难的，可以邮寄告知或者传真告知的，通过传真告知的，应当随后及时将告知书原件送达。邮寄告知或者传真告知的，机关事业单位工作人员所在单位签收后，应将告知书回执寄送办案机关。

11. 办案机关应当将告知书回执归入工作卷，作为工作资料存档备查。

四、责任追究

12. 办案机关负责人或者上级办案机关应当督促办案人员及时履行告知责任，未按照上述规定进行告知，造成机关事业单位工作人员"带薪羁押"，情节严重或者造成恶劣社会影响的，应当根据有关规定追究相关责任人的纪律责任。

五、附则

13. 机关事业单位工作人员被收容教育或者行政拘留，参照本通知执行；被强制隔离戒毒的，依照《中华人民共和国禁毒法》、《禁毒条例》的相关规定执行，并送达告知书。

14. 本通知自发布之日施行。

第94条　【司法工作人员的范围】本法所称司法工作人员，是指有侦查、检察、审判、监管职责的工作人员。

● 释义

本条规定的司法工作人员，主要包括以下4种人员：

一、担任侦查职责的人员。主要是指公安机关、国家安全机关、检察机关依照刑事诉讼法规定的管辖分工，对犯罪嫌疑人的犯罪行为进行侦查的人员。

二、担任检察职责的人员。主要是指检察机关担任批准逮捕、审查起诉、出庭支持公诉、执法监督工作职责的人员。

三、担任审判职责的人员。主要是指在人民法院担任与审判工作有关的职务的人员，包括正副院长、正副庭长、审判委员会委员、审判员、书记员。

四、担任监管职责的人员。主要是指公安机关、国家安全机关以及司法行政部门所属的有关机关（监狱）中担任监管犯罪嫌疑人、被告人、罪犯职责的人员。

● 关联法律

1. 全国人大常委会法制工作委员会，最高人民法院，最高人民检察院、司法部《关于劳教工作干警适用刑法关于司法工作人员规定的通知》（法工委发文〔1986〕32号）

各省、自治区、直辖市高级人民法院、人民检察院、司法厅（局）：近几年，有些司法机关在处理劳教工作干警体罚虐待劳教人员的犯罪案件时，对劳教工作干警是否适用刑法关于司法工作人员的规定有不同认识，影响对案件的处理。根据实际情况和需要，经研究认为：

劳教工作干警担负着对劳教人员的管理、教育、改造工作，可适用刑法关于司法工作人员的规定。劳教工作干警违反监管法规，体罚虐待劳教人员，情节严重的，依照《刑法》第189条的规定处理。

过去对这类案件已经作过处理，与本通知规定不符的，不再变更。（**注：**此文件中提及的《刑法》已修改）

2. 最高人民检察院《关于企业事业单位的公安机构在机构改革过程中其工作人员能否构成渎职侵权犯罪主体问题的批复》（高检发释字〔2002〕3号）

陕西省人民检察院：你院陕检发研〔2001〕159号《关于对企业事业单位的公安机构在机

构改革过程中其工作人员能否构成渎职侵权犯罪主体问题的请示》收悉。经研究，批复如下：

企业事业单位的公安机构在机构改革过程中虽尚未列入公安机关建制，其工作人员在行使侦查职责时，实施渎职侵权行为的，可以成为渎职侵权犯罪的主体。

3. 参见本书《刑法》第93条相关内容。

第95条　【重伤】本法所称重伤，是指有下列情形之一的伤害：

（一）使人肢体残废或者毁人容貌的；

（二）使人丧失听觉、视觉或者其他器官机能的；

（三）其他对于人身健康有重大伤害的。

•释义

本条规定了属于"重伤"的3种情况：

一、使人肢体残废或者毁人容貌的。

二、使人丧失听觉、视觉或者其他器官机能的。

三、其他对于人身健康有重大伤害的。

关于"重伤"的定义和范围，1990年最高人民法院、最高人民检察院、公安部、司法部联合下发的《人体重伤鉴定标准》中作了较为详细的规定，办理关于重伤的刑事案件，应以本条和该文件作为衡量是否构成重伤的具体标准。

•关联法律

1. 司法部、最高人民法院、最高人民检察院、公安部《〈人体重伤鉴定标准〉（司发〔1990〕070号）；〈人体轻伤鉴定标准（试行）〉（法（司）发〔1990〕6号）；〈人体轻微伤的鉴定〉（GA/T146-1996）》（最高人民法院、最高人民检察院、公安部、国家安全部、司法部于2013年8月30日发布了《人体损伤程度鉴定标准》，该规定自2014年1月1日起施行，上列3个文件同时废止）

（全文略）

2. 最高人民法院、最高人民检察院《关于办理组织、强迫、引诱、容留、介绍卖淫刑事案件适用法律若干问题的解释》（法释〔2017〕13号）

第12条　明知自己患有艾滋病或者感染艾滋病病毒而卖淫、嫖娼的，依照刑法第360条的规定，以传播性病罪定罪，从重处罚。具有下列情形之一，致使他人感染艾滋病病毒的，认定为刑法第95条第3项"其他对于人身健康有重大伤害"所指的"重伤"，依照刑法第234条第2款的规定，以故意伤害罪定罪处罚：

（一）明知自己感染艾滋病病毒而卖淫、嫖娼的；（二）明知自己感染艾滋病病毒，故意不采取防范措施而与他人发生性关系的。（全文详见本书《刑法》第358条相关内容）

第96条　【违反国家规定之含义】本法所称违反国家规定，是指违反全国人民代表大会及其常务委员会制定的法律和决定，国务院制定的行政法规、规定的行政措施、发布的决定和命令。

•释义

本条关于违反国家规定主要包括两个方面：

一、违反全国人民代表大会及其常务委员会制定的法律和决定,包括由全国人民代表大会通过的法律,如宪法及其他基本法律,由全国人大常委会通过的法律、决定以及对现行法律的修改和补充的规定。宪法规定,立法权必须由全国人民代表大会及其常务委员会行使,法律是全国人民的意志表现,所以只有代表全体人民的最高国家权力机关才可以制定。

二、违反国务院制定的行政法规、规定的行政措施、发布的决定和命令,既包括由国务院直接制定的行政法规、规定的行政措施、发布的决定和命令,也包括由国务院直属的有关部委制定,经国务院批准并以国务院名义发布的。

• 关联法律

最高人民法院《关于准确理解和适用刑法中“国家规定”的有关问题的通知》(法发〔2011〕155号)

一、根据刑法第96条的规定,刑法中的“国家规定”是指,全国人民代表大会及其常务委员会制定的法律和决定,国务院制定的行政法规、规定的行政措施、发布的决定和命令。其中,“国务院规定的行政措施”应当由国务院决定,通常以行政法规或者国务院制发文件的形式加以规定。以国务院办公厅名义制发的文件,符合以下条件的,亦应视为刑法中的“国家规定”:

(一)有明确的法律依据或者同相关行政法规不相抵触;(二)经国务院常务会议讨论通过或者经国务院批准;(三)在国务院公报上公开发布。

二、各级人民法院在刑事审判工作中,对有关案件所涉及的“违反国家规定”的认定,要依照相关法律、行政法规及司法解释的规定准确把握。对于规定不明确的,要按照本通知的要求审慎认定。对于违反地方性法规、部门规章的行为,不得认定为“违反国家规定”。对被告人的行为是否“违反国家规定”存在争议的,应当作为法律适用问题,逐级向最高人民法院请示。

三、各级人民法院审理非法经营犯罪案件,要依法严格把握刑法第225条第(四)的适用范围。对被告人的行为是否属于刑法第225条第(四)规定的“其它严重扰乱市场秩序的非法经营行为”,有关司法解释未作明确规定的,应当作为法律适用问题,逐级向最高人民法院请示。

第97条 **【首要分子的范围】** 本法所称首要分子,是指在犯罪集团或者聚众犯罪中起组织、策划、指挥作用的犯罪分子。

• 释义

首要分子,也是共同犯罪中主犯的一种。在我国刑法中,首要分子分两种:

一、集团犯罪中的首要分子。这是指在犯罪集团中起组织、策划、指挥作用的人。

二、聚众犯罪中的首要分子。聚众犯罪,是指3人以上参加的犯罪活动,它不像犯罪集团有较严密的组织,但其中也有组织、策划、指挥者,对整个犯罪过程的整体性、一致性起着协调作用,这类人也是刑法所称的首要分子。

第98条 **【告诉才处理的含义】** 本法所称告诉才处理,是指被害人告诉才处理。如果被害人因受强制、威吓无法告诉的,人民检察院和被害人的近亲属也可以告诉。

● 释义

某些犯罪行为须由被害人向法院告诉，法院才追究被告人的刑事责任。比如，侮辱罪、诽谤罪（严重危害社会秩序和国家利益的除外），暴力干涉他人婚姻自由罪（致使被害人死亡的除外），虐待家庭成员罪（致使被害人重伤、死亡的除外），侵占罪，都是告诉才处理的犯罪。特殊情况下，人民检察院和被害人的近亲属也可以代为告诉。

第 99 条　【以上、以下、以内之界定】本法所称以上、以下、以内，包括本数。

● 释义

凡是我国刑法中出现以上、以下、以内等范围时，本数也要计算在内，如 3 年以上有期徒刑，指的是 3 年和 3 年以上。

第 100 条　【前科报告制度】依法受过刑事处罚的人，在入伍、就业的时候，应当如实向有关单位报告自己曾受过刑事处罚，不得隐瞒。

犯罪的时候不满 18 周岁被判处 5 年有期徒刑以下刑罚的人，免除前款规定的报告义务。

（本条《中华人民共和国刑法修正案（8）》修改）

● 释义

规定有过前科记录的人在就业和入伍时有如实的报告自己的犯罪记录的义务。《刑法修正案（8）》对该制度的义务主体做了限制，免除了部分人的前科报告义务。

● 关联法律

《中华人民共和国刑法修正案（8）》（2011 年 2 月 25 日第十一届全国人民代表大会常务委员会第十九次会议通过）

本条为《中华人民共和国刑法修正案（8）》第 19 条修改。

内容：十九、在刑法第 100 条中增加 1 款作为第 2 款："犯罪的时候不满 18 周岁被判处 5 年有期徒刑以下刑罚的人，免除前款规定的报告义务。"

第 101 条　【总则的效力】本法总则适用于其他有刑罚规定的法律，但是其他法律有特别规定的除外。

● 释义

刑法总则规定统摄所有刑事法律，既适用于刑法分则，也适用于单行刑法和附属刑法。

● 关联法律

1. 最高人民法院研究室《关于刑事第二审案件如何确定审判时限问题的电话答复》（1990 年 12 月 30 日）

（法释〔2019〕11 号已声明该文件废止）

2. 最高人民法院《关于刑事第二审判决改变第一审判决认定的罪名后能否加重附加刑的批复》(法释〔2008〕8号)

(法释〔2019〕11号已声明该文件废止)

3. 最高人民法院《关于刑事案件终审判决和裁定何时发生法律效力问题的批复》(法释〔2004〕7号)

近来,有的法院反映,关于刑事案件终审判决和裁定何时发生法律效力问题不明确。经研究,批复如下:

根据《中华人民共和国刑事诉讼法》第163条、第195条和第208条规定的精神,终审的判决和裁定自宣告之日起发生法律效力。

4. 最高人民法院《关于裁判文书引用法律、法规等规范性法律文件的规定》(法释〔2009〕14号)

为进一步规范裁判文书引用法律、法规等规范性法律文件的工作,提高裁判质量,确保司法统一,维护法律权威,根据《中华人民共和国立法法》等法律规定,制定本规定。

第1条 人民法院的裁判文书应当依法引用相关法律、法规等规范性法律文件作为裁判依据。引用时应当准确完整写明规范性法律文件的名称、条款序号,需要引用具体条文的,应当整条引用。

第2条 并列引用多个规范性法律文件的,引用顺序如下:法律及法律解释、行政法规、地方性法规、自治条例或者单行条例、司法解释。同时引用两部以上法律的,应当先引用基本法律,后引用其他法律。引用包括实体法和程序法的,先引用实体法,后引用程序法。

第3条 刑事裁判文书应当引用法律、法律解释或者司法解释。刑事附带民事诉讼裁判文书引用规范性法律文件,同时适用本规定第4条规定。

第4条 民事裁判文书应当引用法律、法律解释或者司法解释。对于应当适用的行政法规、地方性法规或者自治条例和单行条例,可以直接引用。

第5条 行政裁判文书应当引用法律、法律解释、行政法规或者司法解释。对于应当适用的地方性法规、自治条例和单行条例、国务院或者国务院授权的部门公布的行政法规解释或者行政规章,可以直接引用。

第6条 对于本规定第3条、第4条、第5条规定之外的规范性文件,根据审理案件的需要,经审查认定为合法有效的,可以作为裁判说理的依据。

第7条 人民法院制作裁判文书确需引用的规范性法律文件之间存在冲突,根据立法法等有关法律规定无法选择适用的,应当依法提请有决定权的机关做出裁决,不得自行在裁判文书中认定相关规范性法律文件的效力。

第8条 本院以前发布的司法解释与本规定不一致的,以本规定为准。

第二编　分　　则

第一章　危害国家公共安全罪

危害国家安全罪,是指故意危害中华人民共和国的主权、领土完整与安全,颠覆国家政权、推翻社会主义制度的行为。

本章保护的法益为国家安全,构成要件是实施危害国家安全的行为,造成危害国家安全的抽象危险或者具体危险,责任形式为故意,即明知自己的行为会发生危害国家安全的结果,并且希望或者放任这种结果发生。

第 102 条　【背叛国家罪】 勾结外国,危害中华人民共和国的主权、领土完整和安全的,处无期徒刑或者 10 年以上有期徒刑。

与境外机构、组织、个人相勾结,犯前款罪的,依照前款的规定处罚。

• 释义

背叛国家罪是指背叛国家罪勾结外国或与境外机构、组织、个人相勾结,危害中华人民共和国的主权、领土完整和安全的行为。

第 1 款规定的"勾结外国"针对国家重要领导人;

第 2 款规定的"与境外机构、组织、个人相勾结"针对一般主体。

"勾结"旨共同策划、取得资助、接受指使等。

• 管辖

国家安全机关、公安机关政治安全保卫部门。

• 关联法律

1.《中华人民共和国国家安全法》(1993 年 2 月 22 日第七届全国人大常委会第三十次会议通过;2014 年 11 月 1 日第十二届全国人大常委会第十一次会议通过《中华人民共和国反间谍法》,相应废止了 1993 年 2 月 22 日通过的《中华人民共和国国家安全法》;2015 年 7 月 1 日第十二届全国人大常委会第十五次会议通过新的《中华人民共和国国家安全法》。)

第 2 条　国家安全是指国家政权、主权、统一和领土完整、人民福祉、经济社会可持续发展和国家其他重大利益相对处于没有危险和不受内外威胁的状态,以及保障持续安全状态的能力。

第 13 条　国家机关工作人员在国家安全工作和涉及国家安全活动中,滥用职权、玩忽职守、徇私舞弊的,依法追究法律责任。

任何个人和组织违反本法和有关法律,不履行维护国家安全义务或者从事危害国家安全活动的，依法追究法律责任。

第15条 国家坚持中国共产党的领导，维护中国特色社会主义制度，发展社会主义民主政治，健全社会主义法治，强化权力运行制约和监督机制，保障人民当家作主的各项权利。

国家防范、制止和依法惩治任何叛国、分裂国家、煽动叛乱、颠覆或者煽动颠覆人民民主专政政权的行为；防范、制止和依法惩治窃取、泄露国家秘密等危害国家安全的行为；防范、制止和依法惩治境外势力的渗透、破坏、颠覆、分裂活动。

第27条 国家依法保护公民宗教信仰自由和正常宗教活动，坚持宗教独立自主自办的原则，防范、制止和依法惩治利用宗教名义进行危害国家安全的违法犯罪活动，反对境外势力干涉境内宗教事务，维护正常宗教活动秩序。

国家依法取缔邪教组织，防范、制止和依法惩治邪教违法犯罪活动。

第28条 国家反对一切形式的恐怖主义和极端主义，加强防范和处置恐怖主义的能力建设，依法开展情报、调查、防范、处置以及资金监管等工作，依法取缔恐怖活动组织和严厉惩治暴力恐怖活动。

第33条 国家依法采取必要措施，保护海外中国公民、组织和机构的安全和正当权益，保护国家的海外利益不受威胁和侵害。

第41条 人民法院依照法律规定行使审判权，人民检察院依照法律规定行使检察权，惩治危害国家安全的犯罪。

第42条 国家安全机关、公安机关依法搜集涉及国家安全的情报信息，在国家安全工作中依法行使侦查、拘留、预审和执行逮捕以及法律规定的其他职权。

有关军事机关在国家安全工作中依法行使相关职权。

第43条 国家机关及其工作人员在履行职责时，应当贯彻维护国家安全的原则。

国家机关及其工作人员在国家安全工作和涉及国家安全活动中，应当严格依法履行职责，不得超越职权、滥用职权，不得侵犯个人和组织的合法权益。（全文略）

第103条 **【分裂国家罪】** 组织、策划、实施分裂国家、破坏国家统一的，对首要分子或者罪行重大的，处无期徒刑或者10年以上有期徒刑；对积极参加的，处3年以上10年以下有期徒刑；对其他参加的，处3年以下有期徒刑、拘役、管制或者剥夺政治权利。

【煽动分裂国家罪】 煽动分裂国家、破坏国家统一的，处5年以下有期徒刑、拘役、管制或者剥夺政治权利；首要分子或者罪行重大的，处5年以上有期徒刑。

• 释义

分裂国家罪是指组织、策划、实施分裂国家、破坏国家统一的行为，或者组织和利用邪教组织，组织、策划、实施分裂国家、破坏国家统一的行为。

煽动分裂国家罪是指煽动分裂国家、破坏国家统一的行为。其中，由司法解释的具体规定包括：

（一）明知出版物中载有煽动分裂国家、破坏国家统一的内容，而予以出版、印刷、复制、发行、传播的；

（二）组织和利用邪教组织，煽动分裂国家、破坏国家统一的；

（三）利用突发传染病疫情等灾害，制造、传播谣言，或者利用互联网造谣、诽谤、发表、传播其他有害信息，煽动分裂国家、破坏国家统一的。

• 管辖

国家安全机关、公安机关政治安全保卫部门。

• 关联法律

1. 最高人民法院《关于审理非法出版物刑事案件具体应用法律若干问题的解释》(法释〔1998〕30号)

第1条 明知出版物中载有煽动分裂国家、破坏国家统一或者煽动颠覆国家政权、推翻社会主义制度的内容,而予以出版、印刷、复制、发行、传播的,依照刑法第103条第2款或者第105条第2款的规定,以煽动分裂国家罪或者煽动颠覆国家政权罪定罪处罚。(全文详见本书《刑法》第217条相关内容)

2. 最高人民法院、最高人民检察院《关于办理组织和利用邪教组织犯罪案件具体应用法律若干问题的解释》(法释〔1999〕18号)

(法释〔2017〕3号第16条已声明该文件废止)

3.《关于维护互联网安全的决定》(2000年12月28日第九届全国人大常委会第十九次会议通过,2009年8月27日第十一届全国人大常委会第十次会议《关于修改部分法律的决定》修正)

第2条 为了维护国家安全和社会稳定,对有下列行为之一,构成犯罪的,依照刑法有关规定追究刑事责任:

(一)利用互联网造谣、诽谤或者发表、传播其他有害信息,煽动颠覆国家政权、推翻社会主义制度,或者煽动分裂国家、破坏国家统一;

(二)通过互联网窃取、泄露国家秘密、情报或者军事秘密;

(三)利用互联网煽动民族仇恨、民族歧视,破坏民族团结;

(四)利用互联网组织邪教组织、联络邪教组织成员,破坏国家法律、行政法规实施。(全文详见本书《刑法》第141条相关内容)

4. 最高人民法院、最高人民检察院《关于办理组织和利用邪教组织犯罪案件具体应用法律若干问题的解释(2)》(法释〔2001〕19号)

(法释〔2017〕3号第16条已声明该文件废止)

5. 最高人民法院、最高人民检察院《关于办理组织和利用邪教组织犯罪案件具体应用法律若干问题的解答》(法发〔2002〕7号)

(法释〔2017〕3号第16条已声明该文件废止)

6. 最高人民法院、最高人民检察院《关于办理妨害预防、控制突发传染病疫情等灾害的刑事案件具体应用法律若干问题的解释》(法释〔2003〕8号)

第10条 编造与突发传染病疫情等灾害有关的恐怖信息,或者明知是编造的此类恐怖信息而故意传播,严重扰乱社会秩序的,依照刑法第291条之一的规定,以编造、故意传播虚假恐怖信息罪定罪处罚。

利用突发传染病疫情等灾害,制造、传播谣言,煽动分裂国家、破坏国家统一,或者煽动颠覆国家政权、推翻社会主义制度的,依照刑法第103条第2款、第105条第2款的规定,以煽动分裂国家罪或者煽动颠覆国家政权罪定罪处罚。(全文详见本书《刑法》第114条相关内容)

7.《反分裂国家法》(2005年3月14日第十届全国人大第三次会议通过)

(全文略)

8.最高人民法院《关于审理破坏广播电视设施等刑事案件具体应用法律若干问题的解释》(法释〔2011〕13号)

第7条 实施破坏广播电视设施犯罪,并利用广播电视设施实施煽动分裂国家、煽动颠覆国家政权、煽动民族仇恨、民族歧视或者宣扬邪教等行为,同时构成其他犯罪的,依照处罚较重的规定定罪处罚。

第8条 本解释所称广播电视台中直接关系节目播出的设施、广播电视传输网内的设施,参照国家广播电视行政主管部门和其他相关部门的有关规定确定。(全文详见本书《刑法》第124条相关内容)

9.最高人民法院、最高人民检察院、公安部《关于办理暴力恐怖和宗教极端刑事案件适用法律若干问题的意见》(公通字〔2014〕34号)

[被最高人民法院、最高人民检察院、公安部、司法部《〈关于办理恐怖活动和极端主义犯罪案件适用法律若干问题的意见〉的通知》(高检会〔2018〕1号)废止]

10.最高人民法院、最高人民检察院《关于办理组织、利用邪教组织破坏法律实施等刑事案件适用法律若干问题的解释》(法释〔2017〕3号)

第10条 组织、利用邪教组织破坏国家法律、行政法规实施过程中,又有煽动分裂国家、煽动颠覆国家政权或者侮辱、诽谤他人等犯罪行为的,依照数罪并罚的规定定罪处罚。

第13条 明知他人组织、利用邪教组织实施犯罪,而为其提供经费、场地、技术、工具、食宿、接送等便利条件或者帮助的,以共同犯罪论处。

第16条 本解释自2017年2月1日起施行。《最高人民法院、最高人民检察院关于办理组织和利用邪教组织犯罪案件具体应用法律若干问题的解释》(法释〔1999〕18号),《最高人民法院、最高人民检察院关于办理组织和利用邪教组织犯罪案件具体应用法律若干问题的解释(2)》(法释〔2001〕19号),以及《最高人民法院、最高人民检察院关于办理组织和利用邪教组织犯罪案件具体应用法律若干问题的解答》(法发〔2002〕7号)同时废止。

11.最高人民法院、最高人民检察院、公安部、司法部《关于办理恐怖活动和极端主义犯罪案件适用法律若干问题的意见》(高检会〔2018〕1号)

(全文详见本书《刑法》第120条相关内容)

12.最高人民法院、最高人民检察院、公安部、司法部《关于依法惩治妨害新型冠状病毒感染肺炎疫情防控违法犯罪的意见》(法发〔2020〕7号)

二、准确适用法律,依法严惩妨害疫情防控的各类违法犯罪

(六)依法严惩造谣传谣犯罪。编造虚假的疫情信息,在信息网络或者其他媒体上传播,或者明知是虚假疫情信息,故意在信息网络或者其他媒体上传播,严重扰乱社会秩序的,依照刑法第291条之一第2款的规定,以编造、故意传播虚假信息罪定罪处罚。

编造虚假信息,或者明知是编造的虚假信息,在信息网络上散布,或者组织、指使人员在信息网络上散布,起哄闹事,造成公共秩序严重混乱的,依照刑法第293条第1款第4项的规定,以寻衅滋事罪定罪处罚。

利用新型冠状病毒感染肺炎疫情,制造、传播谣言,煽动分裂国家、破坏国家统一,或者煽动颠覆国家政权、推翻社会主义制度的,依照刑法第103条第2款、第105条第2款的规定,以煽动分裂国家罪或者煽动颠覆国家政权罪定罪处罚。

网络服务提供者不履行法律、行政法规规定的信息网络安全管理义务,经监管部门责令采取改正措施而拒不改正,致使虚假疫情信息或者其他违法信息大量传播的,依照刑法第286条之一的规定,以拒不履行信息网络安全管理义务罪定罪处罚。

对虚假疫情信息案件,要依法、精准、恰当处置。对恶意编造虚假疫情信息,制造社会恐慌,挑动社会情绪,扰乱公共秩序,特别是恶意攻击党和政府,借机煽动颠覆国家政权、推翻社会主义制度的,要依法严惩。对于因轻信而传播虚假信息,危害不大的,不以犯罪论处。(全文详见本书《刑法》第114条相关内容)

第104条 【武装叛乱、暴乱罪】 组织、策划、实施武装叛乱或者武装暴乱的,对首要分子或者罪行重大的,处无期徒刑或者10年以上有期徒刑;对积极参加的,处3年以上10年以下有期徒刑;对其他参加的,处3年以下有期徒刑、拘役、管制或者剥夺政治权利。

策动、胁迫、勾引、收买国家机关工作人员、武装部队人员、人民警察、民兵进行武装叛乱或者武装暴乱的,依照前款的规定从重处罚。

• 释义

武装叛乱、暴乱罪是指组织、策划、实施武装叛乱、武装暴乱的行为。策动、胁迫、勾引、收买国家机关工作人员、武装部队人员、人民警察、民兵进行武装叛乱或者武装暴乱的,从重处罚。

• 管辖

国家安全机关、公安机关政治安全保卫部门。

• 关联法律

参见本书《刑法》第103条该节内容。

第105条 【颠覆国家政权罪】 组织、策划、实施颠覆国家政权、推翻社会主义制度的,对首要分子或者罪行重大的,处无期徒刑或者10年以上有期徒刑;对积极参加的,处3年以上10年以下有期徒刑;对其他参加的,处3年以下有期徒刑、拘役、管制或者剥夺政治权力。

【煽动颠覆国家政权罪】 以造谣、诽谤或者其他方式煽动颠覆国家政权、推翻社会主义制度的,处5年以下有期徒刑、拘役、管制或者剥夺政治权利;首要分子或者罪行重大的,处5年以上有期徒刑。

• 释义

颠覆国家政权罪是指组织、策划、实施颠覆国家政权、推翻社会主义制度的行为;或者组织和利用邪教组织,颠覆国家政权、推翻社会主义制度的行为。

煽动颠覆国家政权罪是指以造谣、诽谤或者其他方式煽动颠覆国家政权、推翻社会主义制度的行为。司法解释的具体规定包括:

(一)明知出版物中载有煽动颠覆国家政权、推翻社会主义制度的内容,而予以出版、印刷、复制、发行、传播的;

(二)组织和利用邪教组织,煽动颠覆国家政权、推翻社会主义制度的;

(三)利用突发传染病疫情等灾害,制造、传播谣言,或者利用互联网造谣、诽谤、发表、传播其他有害信息,煽动颠覆国家政权、推翻社会主义制度的。

• 管辖

国家安全机关、公安机关政治安全保卫部门。

• 关联法律

1. 最高人民法院、最高人民检察院、公安部、司法部《关于依法惩治妨害新型冠状病毒感染肺炎疫情防控违法犯罪的意见》(法发〔2020〕7号)

二、准确适用法律,依法严惩妨害疫情防控的各类违法犯罪

(六)依法严惩造谣传谣犯罪。编造虚假的疫情信息,在信息网络或者其他媒体上传播,或者明知是虚假疫情信息,故意在信息网络或者其他媒体上传播,严重扰乱社会秩序的,依照刑法第291条之一第2款的规定,以编造、故意传播虚假信息罪定罪处罚。

编造虚假信息,或者明知是编造的虚假信息,在信息网络上散布,或者组织、指使人员在信息网络上散布,起哄闹事,造成公共秩序严重混乱的,依照刑法第293条第1款第4项的规定,以寻衅滋事罪定罪处罚。

利用新型冠状病毒感染肺炎疫情,制造、传播谣言,煽动分裂国家、破坏国家统一,或者煽动颠覆国家政权、推翻社会主义制度的,依照刑法第103条第2款、第105条第2款的规定,以煽动分裂国家罪或者煽动颠覆国家政权罪定罪处罚。

网络服务提供者不履行法律、行政法规规定的信息网络安全管理义务,经监管部门责令采取改正措施而拒不改正,致使虚假疫情信息或者其他违法信息大量传播的,依照刑法第286条之一的规定,以拒不履行信息网络安全管理义务罪定罪处罚。

对虚假疫情信息案件,要依法、精准、恰当处置。对恶意编造虚假疫情信息,制造社会恐慌,挑动社会情绪,扰乱公共秩序,特别是恶意攻击党和政府,借机煽动颠覆国家政权、推翻社会主义制度的,要依法严惩。对于因轻信而传播虚假信息,危害不大的,不以犯罪论处。(全文详见本书《刑法》第114条相关内容)

2. 参见本书《刑法》第103条该节内容。

第106条 【与境外勾结的处罚规定】 与境外机构、组织、个人相勾结,实施本章第103条、第104条、第105条之罪的,依照各该条的规定从重处罚。

• 管辖

国家安全机关、公安机关政治安全保卫部门。

• 关联法律

参见本书《刑法》第103条、第104条、第105条各该节内容。

第107条 【资助危害国家安全犯罪活动罪】 境内外机构、组织或者个人资助实施本章第102条、第103条、第104条、第105条规定之罪的,对直接责任人员,处5年以下有期徒刑、拘役、管制或者剥夺政治权利;情节严重的,处5年以上有期徒刑。

(本条《中华人民共和国刑法修正案(8)》修改)

• 释义

资助危害国家安全犯罪活动罪是指境内外机构、组织、个人资助实施背叛国家罪、分裂国家罪、煽动分裂国家罪、武装叛乱、暴乱罪、颠覆国家政权罪、煽动颠覆国家政权罪的行为。

• 管辖

国家安全机关、公安机关政治安全保卫部门。

• 关联法律

1.《中华人民共和国国家安全法》(1993年2月22日第七届全国人大常委会第三十次会议通过《中华人民共和国国家安全法》;2014年11月1日第十二届全国人大常委会第十一次会议审议通过了《中华人民共和国反间谍法》,相应废止了1993年2月22日通过的国家安全法,2015年7月1日第十二届全国人大常委会第十五次会议通过了新的《中华人民共和国国家安全法》)

(全文略)

2.《中华人民共和国国家安全法实施细则》(1994年6月4日国务院令第157号发布;2017年11月22日修改)

第1章 总 则

第1条 根据《中华人民共和国国家安全法》(以下简称《国家安全法》),制定本实施细则。

第2条 国家安全机关负责本细则的实施。公安机关依照《国家安全法》第2条第2款的规定,执行国家安全工作任务时,适用本细则有关规定。

第3条 《国家安全法》所称的"境外机构、组织"包括境外机构、组织在中华人民共和国境内设立的分支(代表)机构和分支组织;"境外个人"包括居住在中华人民共和国境内不具有中华人民共和国国籍的人。

第4条 《国家安全法》所称的"间谍组织代理人",是指受间谍组织或者其成员的指使、委托、资助,进行或者授意、指使他人进行危害中华人民共和国国家安全活动的人。

间谍组织和间谍组织代理人由中华人民共和国国家安全部(以下简称国家安全部)确认。

第5条 《国家安全法》所称的"敌对组织",是指敌视中华人民共和国人民民主专政的政权和社会主义制度,危害国家安全的组织。

敌对组织由国家安全部或公安部确认。

第6条 《国家安全法》第4条所称"资助"实施危害国家安全的行为,是指境外机构、组织、个人的下列行为:

(一)向有危害国家安全行为的境内组织、个人提供经费、场所和物资的;(二)向境内组织、个人提供用于进行危害国家安全活动的经费、场所和物资的。

第7条 《国家安全法》第四条所称"勾结"实施危害国家安全的行为,是指境内组织、个人的下列行为:(一)与境外机构、组织、个人共同策划或者进行危害国家安全活动的;(二)接受境外机构、组织、个人的资助或者指使,进行危害国家安全活动的;(三)与境外机构、组织、个人建立联系,取得支持、帮助,进行危害国家安全活动。

第8条 下列行为属于《国家安全法》第4条所称"危害国家安全的其他破坏活动":

(一)组织、策划或者实施危害国家安全的恐怖活动的;(二)捏造、歪曲事实,发表、散布文字或者言论,或者制作、传播音像制品,危害国家安全的;(三)利用设立社会团体或者企业事业组织,进行危害国家安全活动的;(四)利用宗教进行危害国家安全活动的;(五)制造民族纠纷,煽动民族分裂,危害国家安全的;(六)境外个人违反有关规定,不听劝阻,擅自会见境内有危害国家安全行为或者有危害国家安全行为重大嫌疑的人员的。

第2章　国家安全机关在国家安全工作中的职权

第9条　境外个人被认为入境后可能进行危害中华人民共和国国家安全活动的，国家安全部可以决定其在一定时期内不得入境。

第10条　对背叛祖国、危害国家安全的犯罪分子，根据《国家安全法》第6条的规定，国家安全机关可以通缉、追捕。

第11条　国家安全机关工作人员依法执行国家安全工作任务时，对发现身份不明，有危害国家安全行为的嫌疑人员，可以检查其随带物品。

第12条　国家安全机关执行国家安全工作紧急任务的车辆，可以配置特别通行标志和警灯、警报器。

第13条　依据《国家安全法》第11条的规定，国家安全机关对查验中发现的不符合维护国家安全要求的电子通信工具、器材等设备、设施，可以责令有关组织和个人进行必要的技术处理；拒绝或者没有能力进行技术处理的，可以予以封存、扣押，依照有关法律、行政法规的规定处理。

第14条　国家安全机关工作人员依法执行国家安全工作任务的行为，不受其他组织和个人的非法干涉。

国家安全机关工作人员依法执行国家安全工作任务时，应当出示国家安全部侦察证或者其他相应证件。

国家安全机关及其工作人员在国家安全工作中，应当严格依法办事，不得超越职权、滥用职权，不得侵犯组织和个人的合法权益。

第3章　公民和组织维护国家安全的义务和权利

第15条　机关、团体和其他组织对本单位的人员进行维护国家安全的教育，动员、组织本单位的人员防范、制止危害国家安全行为的工作，应当接受国家安全机关的协调和指导。

第16条　公民发现危害国家安全的行为，向所在组织报告的，所在组织应当及时向国家安全机关或者公安机关报告，不得延误。

第17条　公民和组织支持、协助国家安全工作，有权要求国家安全机关、公安机关采取有效措施，防范、制止侵犯其合法权益的行为。

第18条　下列情形属于《国家安全法》第5条所称的"重大贡献"：

（一）为国家安全机关提供重要线索，发现、破坏严重危害国家安全的犯罪案件的；（二）为国家安全机关提供重要情况，防范、制止严重危害国家安全的行为发生的；（三）密切配合国家安全机关执行国家安全工作任务，表现突出的；（四）为维护国家安全，与危害国家安全的犯罪分子进行斗争，表现突出的；（五）在教育、动员、组织本单位的人员防范、制止危害国家安全行为的工作中，成绩显著的。

第19条　《国家安全法》第20条所称"非法持有属于国家秘密的文件、资料和其他物品"是指：

（一）不应知悉某项国家秘密的人员携带、存放属于该项国家秘密的文件、资料和其他物品的；（二）可以知悉某项国家秘密的人员，未经办理手续，私自携带、留存属于该项国家秘密的文件、资料和其他物品的。

第20条　《国家安全法》第21条所称"专用间谍器材"，是指进行间谍活动特殊需要的下列器材：

（一）暗藏式窃听、窃照器材；（二）突发式收发报机，1次性密码本、密写工具；（三）用于获取情报的电子监听、截收器材;(四)其他专用间谍器材。

专用间谍器材的确认,由国家安全部负责。

第4章　法律责任

第21条　实施危害国家安全行为所使用的工具和其他财物,或者本细则第6条所列的经费、场所和物资,国家安全机关可以予以查封、扣押、冻结;所查封、扣押、冻结的财物,根据不同情况,由国家安全机关予以没收或者移送司法机关依法处理。

国家安全机关没收的财物,一律上缴国库。

因泄露国家秘密所获取的财物,依照《中华人民共和国保守国家秘密法实施办法》第34条的规定处理。

第22条　实施危害国家安全的行为,构成犯罪的,依法追究刑事责任;不构成犯罪的,由其所在单位或者上级主管部门予以行政处分,国家安全机关也可以予以警告、训诫或者责令具结悔过。

第23条　下列情形属于《国家安全法》第24条所称的"立功表现":

(一)揭发、检举危害国家安全的其他犯罪分子,情况属实的;(二)提供重要线索、证据,使危害国家安全的行为得以发现和制止的;(三)协助国家安全机关、司法机关捕获其他危害国家安全的犯罪分子的;(四)对协助国家安全机关维护国家安全有重要作用的其他行为。

"重大立功表现",是指在前款所列立功表现的范围内对国家安全工作有特别重要作用的。

第24条　有证据证明知道他人有危害国家安全的犯罪行为,或者经国家安全机关明确告知他人有危害国家安全的犯罪行为,在国家安全机关向其调查有关情况、收集有关证据时,拒绝提供的,依照《国家安全法》第26条的规定处理。

第25条　国家安全机关依法执行国家安全工作任务时,公民和组织依法有义务提供便利条件或者其他协助,拒不提供或者拒不协助,构成故障阻碍国家安全机关依法执行国家安全工作任务的,依照《国家安全法》第27条第2款的规定处罚。

第26条　故意阻碍国家安全机关依法执行国家安全工作任务,造成国家安全机关工作人员人身伤害或者财物损失的,应当依法承担赔偿责任,并由司法机关或者国家安全机关依照《国家安全法》第27条第2款的规定予以处罚。

第27条　国家安全机关工作人员玩忽职守、徇私舞弊、非法拘禁、刑讯逼供,构成犯罪的,依法追究刑事责任。

第5章　附　　则

第28条　本细则自发布之日起施行。

3.《中华人民共和国刑法修正案(8)》(2011年2月25日第十一届全国人大常委会第十九次会议通过)

二十、将刑法第107条修改为:"境内外机构、组织或者个人资助实施本章第102条、第103条、第104条、第105条规定之罪的,对直接责任人员,处5年以下有期徒刑、拘役、管制或者剥夺政治权利;情节严重的,处5年以上有期徒刑。"

(1997年《刑法》原条文将本罪的资助对象限定为"境内组织或者个人",本次修订废除了这一限制。)

4.参见本书《刑法》第103条该节内容。

第108条 【投敌叛变罪】 投敌叛变的,处3年以上10年以下有期徒刑;情节严重或者带领武装部队人员、人民警察、民兵投敌叛变的,处10年以上有期徒刑或者无期徒刑。

• 释义

投敌叛变罪是指中国公民投奔敌人营垒进行危害国家安全的活动,或者在被敌人捕俘后投降敌人进行危害国家安全活动的行为。主体必须是中国公民;必须具有投降敌人危害国家安全的故意。

• 管辖

国家安全机关、公安机关政治安全保卫部门。

• 关联法律

参见本书《刑法》第103条、第107条该节内容。

第109条 【叛逃罪】 国家机关工作人员在履行公务期间,擅离岗位,叛逃境外或者在境外叛逃的,处5年以下有期徒刑、拘役、管制或者剥夺政治权利;情节严重的,处5年以上10年以下有期徒刑。

掌握国家秘密的国家工作人员叛逃境外或者在境外叛逃的,依照前款的规定从重处罚。

(本条《中华人民共和国刑法修正案(8)》修改)

• 释义

叛逃罪是指国家机关工作人员在履行公务期间,擅离岗位,叛逃境外或者在境外叛逃的行为。

从原重庆市公安局局长王某军案始,司法机关实际认定逃入我国境内的外国使、领馆的,可以构成本罪。

• 管辖

国家安全机关、公安机关政治安全保卫部门。

• 关联法律

1.《中华人民共和国刑法修正案(8)》(2011年2月25日第十一届全国人大常委会第十九次会议通过)

二十一、将刑法第109条修改为:"国家机关工作人员在履行公务期间,擅离岗位,叛逃境外或者在境外叛逃的,处5年以下有期徒刑、拘役、管制或者剥夺政治权利;情节严重的,处5年以上10年以下有期徒刑。

掌握国家秘密的国家工作人员叛逃境外或者在境外叛逃的,依照前款的规定从重处罚。"

(本次修订删除了原条文第1款中"危害中华人民共和国国家安全"的规定,并将原条文第2款"掌握国家秘密的国家工作人员犯前款罪的"修改为"掌握国家秘密的国家工作人员叛逃境外或者在境外叛逃的"。)

2. 参见本书《刑法》第 103 条、第 107 条该节内容。

> **第 110 条 【间谍罪】** 有下列间谍行为之一,危害国家安全的,处 10 年以上有期徒刑或者无期徒刑;情节较轻的,处 3 年以上 10 年以下有期徒刑:
> (一)参加间谍组织或者接受间谍组织及其代理人的任务的;
> (二)为敌人指示轰击目标的。

• 释义

间谍罪是指参加间谍组织、接受间谍组织及其代理人的任务,或者为敌人指示轰击目标,危害国家安全的行为。

• 管辖

国家安全机关、公安机关政治安全保卫部门。

• 关联法律

1.《中华人民共和国国家安全法实施细则》(1994 年 6 月 4 日国务院令第 157 号发布;2017 年 11 月 22 日重新修改施行)

(详见本书《刑法》第 107 条相关内容)

2.《关于维护互联网安全的决定》(2000 年 12 月 28 日第九届全国人大常委会第十九次会议通过,2009 年 8 月 27 日第十一届全国人大常委会第十次会议《关于修改部分法律的决定》修正)

(详见本书《刑法》第 103 条相关内容)

3. 最高人民法院《关于审理为境外窃取、刺探、收买、非法提供国家秘密,情报案件具体应用法律若干问题的解释》(法释〔2001〕4 号)

为依法惩治为境外的机构、组织、人员窃取、刺探、收买、非法提供国家秘密、情报犯罪活动,维护国家安全和利益,根据刑法有关规定,现就审理这类案件具体应用法律的若干问题解释如下:

第 1 条 刑法第 111 条规定的"国家秘密",是指《中华人民共和国保守国家秘密法》第 2 条、第 8 条以及《中华人民共和国保守国家秘密法实施办法》第 4 条确定的事项。

刑法第 111 条规定的"情报",是指关系国家安全和利益、尚未公开或者依照有关规定不应公开的事项。

对为境外机构、组织、人员窃取、刺探、收买、非法提供国家秘密之外的情报的行为,以为境外窃取、刺探、收买、非法提供情报罪定罪处罚。

第 2 条 为境外窃取、刺探、收买、非法提供国家秘密或者情报,具有下列情形之一的,属于"情节特别严重",处 10 年以上有期徒刑、无期徒刑,可以并处没收财产:

(一)为境外窃取、刺探、收买、非法提供绝密级国家秘密的;(二)为境外窃取、刺探、收买、非法提供 3 项以上机密级国家秘密的;(三)为境外窃取、刺探、收买、非法提供国家秘密或者情报,对国家安全和利益造成其他特别严重损害的。

实施前款行为,对国家和人民危害特别严重、情节特别恶劣的,可以判处死刑,并处没收财产。

第 3 条 为境外窃取、刺探、收买、非法提供国家秘密或者情报,具有下列情形之一的,处 5 年以上 10 年以下有期徒刑,可以并处没收财产:

(一)为境外窃取、刺探、收买、非法提供机密级国家秘密的;(二)为境外窃取、刺探、收买、非法提供3项以上秘密级国家秘密的;(三)为境外窃取、刺探、收买、非法提供国家秘密或者情报,对国家安全和利益造成其他严重损害的。

第4条 为境外窃取、刺探、收买、非法提供秘密级国家秘密或者情报,属于“情节较轻”,处5年以下有期徒刑、拘役、管制或者剥夺政治权利,可以并处没收财产。

第5条 行为人知道或者应当知道没有标明密级的事项关系国家安全和利益,而为境外窃取、刺探、收买、非法提供的,依照刑法第111条的规定以为境外窃取、刺探、收买、非法提供国家秘密罪定罪处罚。

第6条 通过互联网将国家秘密或者情报非法发送给境外的机构、组织、个人的,依照刑法第111条的规定定罪处罚;将国家秘密通过互联网予以发布,情节严重的,依照刑法第398条的规定定罪处罚。

第7条 审理为境外窃取、刺探、收买、非法提供国家秘密案件,需要对有关事项是否属于国家秘密以及属于何种密级进行鉴定的,由国家保密工作部门或者省、自治区、直辖市保密工作部门鉴定。

4. 最高人民法院、国家保密局《关于执行〈关于审理为境外窃取、刺探、收买、非法提供国家秘密、情报案件具体应用法律若干问题的解释〉有关问题的通知》(法发〔2001〕117号)

为正确执行最高人民法院法释〔2001〕4号《关于审理为境外窃取、刺探、收买、非法提供国家秘密、情报案件具体应用法律若干问题的解释》,审理好涉及情报的刑事案件,现就有关情报的鉴定问题通知如下:人民法院审理为境外窃取、刺探、收买、非法提供情报案件,需要对有关事项是否属于情报进行鉴定的,由国家保密工作部门或者省、自治区、直辖市保密工作部门鉴定。

5.《中华人民共和国反间谍法》(2014年11月1日第十二届全国人大常委会第十一次会议通过。1993年2月22日第七届全国人大常委会第三十次会议通过的《中华人民共和国国家安全法》同时废止)

第3条 国家安全机关是反间谍工作的主管机关。

第27条 境外机构、组织、个人实施或者指使、资助他人实施,或者境内机构、组织、个人与境外机构、组织、个人相勾结实施间谍行为,构成犯罪的,依法追究刑事责任。

实施间谍行为,有自首或者立功表现的,可以从轻、减轻或者免除处罚;有重大立功表现的,给予奖励。

第28条 在境外受胁迫或者受诱骗参加敌对组织、间谍组织,从事危害中华人民共和国国家安全的活动,及时向中华人民共和国驻外机构如实说明情况,或者入境后直接或者通过所在单位及时向国家安全机关、公安部门如实说明情况,并有悔改表现的,可以不予追究。

第29条 明知他人有间谍犯罪行为,在国家安全机关向其调查有关情况、收集有关证据时,拒绝提供的,由其所在单位或者上级主管部门予以处分,或者由国家安全机关处15日以下行政拘留,构成犯罪的,依法追究刑事责任。

第30条 以暴力、威胁方法阻碍国家安全机关依法执行任务的,依法追究刑事责任。

故意阻碍国家安全机关依法执行任务,未使用暴力、威胁方法,造成严重后果的,依法追究刑事责任;情节较轻的,由国家安全机关处15日以下行政拘留。

第31条 泄露有关反间谍工作的国家秘密的,由国家安全机关处15日以下行政拘留;构成犯罪的,依法追究刑事责任。

第32条 对非法持有属于国家秘密的文件、资料和其他物品的,以及非法持有、使用专用间谍器材的,国家安全机关可以依法对其人身、物品、住处和其他有关的地方进行搜查;对其非法持有的属于国家秘密的文件、资料和其他物品,以及非法持有、使用的专用间谍器材予以没收。非法持有属于国家秘密的文件、资料和其他物品,构成犯罪的,依法追究刑事责任;尚不构成犯罪的,由国家安全机关予以警告或者处15日以下行政拘留。

第33条 隐藏、转移、变卖、损毁国家安全机关依法查封、扣押、冻结的财物的,或者明知是间谍活动的涉案财物而窝藏、转移、收购、代为销售或者以其他方法掩饰、隐瞒的,由国家安全机关追回。构成犯罪的,依法追究刑事责任。

第38条 本法所称间谍行为,是指下列行为:

(一)间谍组织及其代理人实施或者指使、资助他人实施,或者境内外机构、组织、个人与其相勾结实施的危害中华人民共和国国家安全的活动;(二)参加间谍组织或者接受间谍组织及其代理人的任务的;(三)间谍组织及其代理人以外的其他境外机构、组织、个人实施或者指使、资助他人实施,或者境内机构、组织、个人与其相勾结实施的窃取、刺探、收买或者非法提供国家秘密或者情报,或者策动、引诱、收买国家工作人员叛变的活动;(四)为敌人指示攻击目标的;(五)进行其他间谍活动的。

第40条 本法自公布之日起施行。1993年2月22日第七届全国人民代表大会常务委员会第三十次会议通过的《中华人民共和国国家安全法》同时废止。(全文略)

6.《中华人民共和国国家安全法》(〔2015〕第29号主席令)

(全文略)

7.最高人民法院、最高人民检察院《关于办理组织、利用邪教组织破坏法律实施等刑事案件适用法律若干问题的解释》(法释〔2017〕3号)

(详见本书《刑法》第103条相关内容)

第111条 【为境外窃取、刺探、收买、非法提供国家秘密、情报罪】 为境外的机构、组织、人员窃取、刺探、收买、非法提供国家秘密或者情报的,处5年以上10年以下有期徒刑;情节特别严重的,处10年以上有期徒刑或者无期徒刑;情节较轻的,处5年以下有期徒刑、拘役、管制或者剥夺政治权利。

• 释义

为境外窃取、刺探、收买、非法提供国家秘密、情报罪是指为境外的机构、组织、或者个人窃取、刺探、收买、非法提供国家秘密或者情报的行为;或者通过互联网将国家秘密或者情报发送给境外的机构、组织、个人的行为。

国家秘密是指《保守国家秘密法实施办法》第4条确定的事项。情报是指关系国家安全和利益、尚未公开或者依照有关规定不应公开的事项。

审理为境外窃取、刺探、收买、非法提供国家秘密案件,需要对有关事项是否属于国家秘密以及属于何种密级进行鉴定的,由国家保密工作部门或者省、自治区、直辖市保密工作部门鉴定。

• 管辖

国家安全机关、公安机关政治安全保卫部门。

• 关联法律

参见本书《刑法》第110条相关内容。

第112条 【资敌罪】战时供给敌人武器装备、军用物资资敌的,处10年以上有期徒刑或者无期徒刑;情节较轻的,处3年以上10年以下有期徒刑。

• **释义**

资敌罪是指战时供给敌人武器装备、军用物资资敌的行为。

• **管辖**

国家安全机关、公安机关政治安全保卫部门。

• **关联法律**

参见本书《刑法》第110条相关内容。

第113条 【危害国家安全罪适用死刑、没收财产的规定】本章上述危害国家安全罪行中,除第103条第2款、第105条、第107条、第109条外,对国家和人民危害特别严重、情节特别恶劣的,可以判处死刑。

犯本章之罪的,可以并处没收财产。

• **管辖**

国家安全机关、公安机关政治安全保卫部门。

第二章　危害公共安全罪

危害公共安全罪是指故意或者过失地实施危害不特定或者多数人的生命、健康或者重大公私财产安全,以及公众生活的平稳与安宁的行为。

保护的法益是不特定或者多数人的生命、身体安全以及公众生活的平稳安宁;公共是指不特定或者多数人;不特定是指犯罪对象和结果事先无从确定、无法预料、难以控制;责任形式既有故意,也有过失。本章规定的具体危险犯中的故意,要求行为人认识到具体的公共危险。

第114条 【放火罪】【决水罪】【爆炸罪】【投放危险物质罪】【以危险方法危害公共安全罪】放火、决水、爆炸以及投放毒害性、放射性、传染病病原体等物质或者以其他危险方法危害公共安全,尚未造成严重后果的,处3年以上10年以下有期徒刑。

(本条《中华人民共和国刑法修正案(3)》修改)

• **释义**

放火罪是指故意引起火灾,危害公共安全的行为,或者邪教组织人员以自焚危害公共安全的行为。

决水罪是指利用水的破坏作用,制造水患,危害公共安全的行为爆炸罪是指故意引起爆炸物或其他设备、装置爆炸，危害公共安全的行为，或者邪教组织人员以自爆危害公共安全的行为。

投放危险物质罪是指故意投放毒害性、放射性、传染病病原体等物质，危害公共安全的行为。

以危险方法危害公共安全罪是指故意使用放火、决水、爆炸、投放危险物质以外的危险方法危害公共安全的行为；或者故意传播突发传染病病原体，危害公共安全的行为。“突发传染病疫情等灾害”是指突然发生，造成或者可能造成社会公众健康严重损害的重大传染病疫情、群体性不明原因疾病以及其他严重影响公众健康的灾害。

• 管辖

公安机关刑事侦查部门。

• 关联法律

1. 最高人民法院《关于执行〈中华人民共和国铁路法〉中刑事罚则若干问题的解释》（法发〔1993〕28号）

（法释〔2013〕2号已声明该文件废止）

2. 最高人民法院《关于审理破坏野生动物资源刑事案件具体应用法若干问题的解释》（法释〔2000〕37号）

第7条 使用爆炸、投毒、设置电网等危险方法破坏野生动物资源，构成非法猎捕、杀害珍贵、濒危野生动物罪或者非法狩猎罪，同时构成刑法第114条或者第115条规定之罪的，依照处罚较重的规定定罪处罚。（全文详见本书《刑法》第341条相关内容）

3.《中华人民共和国刑法修正案(3)》(2001年12月29日第九届全国人大常委会第二十五次会议通过) 第1条

一、将刑法第114条修改为：“放火、决水、爆炸以及投放毒害性、放射性、传染病病原体等物质或者以其他危险方法危害公共安全，尚未造成严重后果的，处3年以上10年以下有期徒刑。”

（1997年《刑法》第114条原文：放火、决水、爆炸、投毒或者以其他危险方法破坏工厂、矿场、油田、港口、河流、水源、仓库、住宅、森林、农场、谷场、牧场、重要管道、公共建筑物或者其他公私财产，危害公共安全，尚未造成严重后果的，处3年以上10年以下有期徒刑。）

4. 国家林业局、公安部《关于森林和陆生野生动物刑事案件管辖及立案追诉标准》（林安发〔2001〕156号）

见本条立案追诉标准内容。

5. 最高人民法院、最高人民检察院《关于办理妨害预防、控制突发传染病疫情等灾害的刑事案件具体应用法律若干问题的解释》（法释〔2003〕8号）

为依法惩治妨害预防、控制突发传染病疫情等灾害的犯罪活动，保障预防、控制突发传染病疫情等灾害工作的顺利进行，切实维护人民群众的身体健康和生命安全，根据《中华人民共和国刑法》等有关法律规定，现就办理相关刑事案件具体应用法律的若干问题解释如下：

第1条 故意传播突发传染病病原体，危害公共安全的，依照刑法第114条、第115条第1款的规定，按照以危险方法危害公共安全罪定罪处罚。

患有突发传染病或者疑似突发传染病而拒绝接受检疫、强制隔离或者治疗，过失造成传染病传播，情节严重，危害公共安全的，依照刑法第115条第2款的规定，按照过失以危险方法危害公共安全罪定罪处罚。

第2条 在预防、控制突发传染病疫情等灾害期间，生产、销售伪劣的防治、防护产品、物资，或者生产、销售用于防治传染病的假药、劣药，构成犯罪的，分别依照刑法第140条、第141条、第142条的规定，以生产、销售伪劣产品罪，生产、销售假药罪或者生产、销售劣药罪定罪，依法从重处罚。

第3条 在预防、控制突发传染病疫情等灾害期间，生产用于防治传染病的不符合保障人体健康的国家标准、行业标准的医疗器械、医用卫生材料，或者销售明知是用于防治传染病的不符合保障人体健康的国家标准、行业标准的医疗器械、医用卫生材料，不具有防护、救治功能，足以严重危害人体健康的，依照刑法第145条的规定，以生产、销售不符合标准的医用器材罪定罪，依法从重处罚。

医疗机构或者个人，知道或者应当知道系前款规定的不符合保障人体健康的国家标准、行业标准的医疗器械、医用卫生材料而购买并有偿使用的，以销售不符合标准的医用器材罪定罪，依法从重处罚。

第4条 国有公司、企业、事业单位的工作人员，在预防、控制突发传染病疫情等灾害的工作中，由于严重不负责任或者滥用职权，造成国有公司、企业破产或者严重损失，致使国家利益遭受重大损失的，依照刑法第168条的规定，以国有公司、企业、事业单位人员失职罪或者国有公司、企业、事业单位人员滥用职权罪定罪处罚。

第5条 广告主、广告经营者、广告发布者违反国家规定，假借预防、控制突发传染病疫情等灾害的名义，利用广告对所推销的商品或者服务作虚假宣传，致使多人上当受骗，违法所得数额较大或者有其他严重情节的，依照刑法第222条的规定，以虚假广告罪定罪处罚。

第6条 违反国家在预防、控制突发传染病疫情等灾害期间有关市场经营、价格管理等规定，哄抬物价、牟取暴利，严重扰乱市场秩序，违法所得数额较大或者有其他严重情节的，依照刑法第225条第(4)项的规定，以非法经营罪定罪，依法从重处罚。

第7条 在预防、控制突发传染病疫情等灾害期间，假借研制、生产或者销售用于预防、控制突发传染病疫情等灾害用品的名义，诈骗公私财物数额较大的，依照刑法有关诈骗罪的规定定罪，依法从重处罚。

第8条 以暴力、威胁方法阻碍国家机关工作人员、红十字会工作人员依法履行为防治突发传染病疫情等灾害而采取的防疫、检疫、强制隔离、隔离治疗等预防、控制措施的，依照刑法第277条第1款、第3款的规定，以妨害公务罪定罪处罚。

第9条 在预防、控制突发传染病疫情等灾害期间，聚众"打砸抢"，致人伤残、死亡的，依照刑法第289条、第234条、第232条的规定，以故意伤害罪或者故意杀人罪定罪，依法从重处罚。对毁坏或者抢走公私财物的首要分子，依照刑法第289条、第263条的规定，以抢劫罪定罪，依法从重处罚。

第10条 编造与突发传染病疫情等灾害有关的恐怖信息，或者明知是编造的此类恐怖信息而故意传播，严重扰乱社会秩序的，依照刑法第291条之一的规定，以编造、故意传播虚假恐怖信息罪定罪处罚。

利用突发传染病疫情等灾害，制造、传播谣言，煽动分裂国家、破坏国家统一，或者煽动颠覆国家政权、推翻社会主义制度的，依照刑法第103条第2款、第105条第2款的规定，以煽动分裂国家罪或者煽动颠覆国家政权罪定罪处罚。

第11条 在预防、控制突发传染病疫情等灾害期间，强拿硬要或者任意损毁、占用公私财物情节严重，或者在公共场所起哄闹事，造成公共场所秩序严重混乱的，依照刑法第293条的规定，以寻衅滋事罪定罪，依法从重处罚。

第12条 未取得医师执业资格非法行医，具有造成突发传染病病人、病原携带者、疑似突发传染病病人贻误诊治或者造成交叉感染等严重情节的,依照刑法第336条第1款的规定,以非法行医罪定罪,依法从重处罚。

第13条 违反传染病防治法等国家有关规定,向土地、水体、大气排放、倾倒或者处置含传染病病原体的废物、有毒物质或者其他危险废物,造成突发传染病传播等重大环境污染事故,致使公私财产遭受重大损失或者人身伤亡的严重后果的,依照刑法第338条的规定,以重大环境污染事故罪定罪处罚。

第14条 贪污、侵占用于预防、控制突发传染病疫情等灾害的款物或者挪用归个人使用,构成犯罪的,分别依照刑法第382条、第383条、第271条、第384条、第272条的规定,以贪污罪、侵占罪、挪用公款罪、挪用资金罪定罪,依法从重处罚。

挪用用于预防、控制突发传染病疫情等灾害的救灾、优抚、救济等款物,构成犯罪的,对直接责任人员,依照刑法第273条的规定,以挪用特定款物罪定罪处罚。

第15条 在预防、控制突发传染病疫情等灾害的工作中,负有组织、协调、指挥、灾害调查、控制、医疗救治、信息传递、交通运输、物资保障等职责的国家机关工作人员,滥用职权或者玩忽职守,致使公共财产、国家和人民利益遭受重大损失的,依照刑法第397条的规定,以滥用职权罪或者玩忽职守罪定罪处罚。

第16条 在预防、控制突发传染病疫情等灾害期间,从事传染病防治的政府卫生行政部门的工作人员,或者在受政府卫生行政部门委托代表政府卫生行政部门行使职权的组织中从事公务的人员,或者虽未列入政府卫生行政部门人员编制但在政府卫生行政部门从事公务的人员,在代表政府卫生行政部门行使职权时,严重不负责任,导致传染病传播或者流行,情节严重的,依照刑法第409条的规定,以传染病防治失职罪定罪处罚。

在国家对突发传染病疫情等灾害采取预防、控制措施后,具有下列情形之一的,属于刑法第409规定的"情节严重":

(一)对发生突发传染病疫情等灾害的地区或者突发传染病病人、病原携带者、疑似突发传染病病人,未按照预防、控制突发传染病疫情等灾害工作规范的要求做好防疫、检疫、隔离、防护、救治等工作,或者采取的预防、控制措施不当,造成传染范围扩大或者疫情、灾情加重的;(二)隐瞒、缓报、谎报或者授意、指使、强令他人隐瞒、缓报、谎报疫情、灾情,造成传染范围扩大或者疫情、灾情加重的;(三)拒不执行突发传染病疫情等灾害应急处理指挥机构的决定、命令,造成传染范围扩大或者疫情、灾情加重的;(四)具有其他严重情节的。

第17条 人民法院、人民检察院办理有关妨害预防、控制突发传染病疫情等灾害的刑事案件,对于有自首、立功等悔罪表现的,依法从轻、减轻、免除处罚或者依法作出不起诉决定。

第18条 本解释所称"突发传染病疫情等灾害",是指突然发生,造成或者可能造成社会公众健康严重损害的重大传染病疫情、群体性不明原因疾病以及其他严重影响公众健康的灾害。

6. 最高人民法院《关于醉酒驾车犯罪法律适用问题的意见》(法发〔2009〕47号)

为依法严肃处理醉酒驾车犯罪案件,统一法律适用标准,充分发挥刑罚惩治和预防犯罪的功能,有效遏制酒后和醉酒驾车犯罪的多发、高发态势,切实维护广大人民群众的生命健康安全,有必要对醉酒驾车犯罪法律适用问题作出统一规范。

一、准确适用法律,依法严惩醉酒驾车犯罪

刑法规定,醉酒的人犯罪,应当负刑事责任。行为人明知酒后驾车违法、醉酒驾车会危害公共安全,却无视法律醉酒驾车,特别是在肇事后继续驾车冲撞,造成重大伤亡,说明行为人主观上对持续发生的危害结果持放任态度,具有危害公共安全的故意。对此类醉酒驾车造成重大伤亡的,应依法以以危险方法危害公共安全罪定罪。

2009年9月8日公布的两起醉酒驾车犯罪案件中,被告人黎某全和被告人孙某铭都是在严重醉酒状态下驾车肇事,连续冲撞,造成重大伤亡。其中,黎某全驾车肇事后,不顾伤者及劝阻他的众多村民的安危,继续驾车行驶,致2人死亡,1人轻伤;孙某铭长期无证驾驶,多次违反交通法规,在醉酒驾车与其他车辆追尾后,为逃逸继续驾车超限速行驶,先后与4辆正常行驶的轿车相撞,造成4人死亡、1人重伤。被告人黎某全和被告人孙某铭在醉酒驾车发生交通事故后,继续驾车冲撞行驶,其主观上对他人伤亡的危害结果明显持放任态度,具有危害公共安全的故意。二被告人的行为均已构成以危险方法危害公共安全罪。

二、贯彻宽严相济刑事政策,适当裁量刑罚

根据刑法第115条第1款的规定,醉酒驾车,放任危害结果发生,造成重大伤亡事故,构成以危险方法危害公共安全罪的,应处以10年以上有期徒刑、无期徒刑或者死刑。具体决定对被告人的刑罚时,要综合考虑此类犯罪的性质、被告人的犯罪情节、危害后果及其主观恶性、人身危险性。一般情况下,醉酒驾车构成本罪的,行为人在主观上并不希望、也不追求危害结果的发生,属于间接故意犯罪,行为的主观恶性与以制造事端为目的而恶意驾车撞人并造成重大伤亡后果的直接故意犯罪有所不同,因此,在决定刑罚时,也应当有所区别。此外,醉酒状态下驾车,行为人的辨认和控制能力实际有所减弱,量刑时也应酌情考虑。

被告人黎某全和被告人孙某铭醉酒驾车犯罪案件,依法没有适用死刑,而是分别判处无期徒刑,主要考虑到二被告人均系间接故意犯罪,与直接故意犯罪相比,主观恶性不是很深,人身危险性不是很大;犯罪时驾驶车辆的控制能力有所减弱;归案后认罪、悔罪态度较好,积极赔偿被害方的经济损失,一定程度上获得了被害方的谅解。广东省高级人民法院和四州省高级人民法院的终审裁判对二被告人的量刑是适当的。

三、统一法律适用,充分发挥司法审判职能作用

为依法严肃处理醉酒驾车犯罪案件,遏制酒后和醉酒驾车对公共安全造成的严重危害,警示、教育潜在违规驾驶人员,今后,对醉酒驾车,放任危害结果的发生,造成重大伤亡的,一律按照本意见规定,并参照附发的典型案例,依法以危险方法危害公共安全罪定罪量刑。

为维护生效裁判的既判力,稳定社会关系,对于此前已经处理过的将特定情形的醉酒驾车认定为交通肇事罪的案件,应维持终审裁判,不再变动。

本意见执行中有何情况和问题,请及时层报最高人民法院。

7. 公安部《关于公安机关处置信访活动中违法犯罪行为适用法律的指导意见》(公通字〔2013〕25号)

为适应新形势下处置信访活动中违法犯罪行为需要,公安部对2008年7月6日下发的《关于公安机关处置信访活动中违法犯罪行为适用法律的指导意见》(公通字〔2008〕35号)进行了修订。现将修订后的《关于公安机关处置信访活动中违法犯罪行为适用法律的指导意见》印发给你们,请认真贯彻执行。

为保护信访人的合法权益,维护正常的信访秩序和社会秩序,依法处置信访活动中的违法犯罪行为,根据《刑法》、《治安管理处罚法》、《集会游行示威法》、《人民警察法》和《信访条例》等法律法规,制定本指导意见。

一、对扰乱信访工作秩序违法犯罪行为的处理

1. 违反《信访条例》第16条、第18条规定,越级走访,或者多人就同一信访事项到信访接待场所走访,拒不按照《信访条例》第18条第2款的规定推选代表,经有关国家机关工作人员劝阻、批评和教育无效的,依据《信访条例》第47条第2款规定,公安机关予以警告、训诫或者制止;符合《治安管理处罚法》第23条第1款第1项、第2款规定的,以扰乱单位秩序、聚众扰乱单位秩序依法予以治安管理处罚。

2. 违反《信访条例》第14条、第15条、第34条和第35条规定，拒不通过法定途径提出投诉请求，不依照法定程序请求信访事项复查、复核，或者信访诉求已经依法解决，仍然以同一事实和理由提出投诉请求，在信访接待场所多次缠访，经有关国家机关工作人员劝阻、批评和教育无效的，依据《信访条例》第47条第2款规定，公安机关予以警告、训诫或者制止；符合《治安管理处罚法》第23条第1款第1项规定的，以扰乱单位秩序依法予以治安管理处罚。

3. 在信访接待场所滞留、滋事，或者将年老、年幼、体弱、患有严重疾病、肢体残疾等生活不能自理的人弃留在信访接待场所，经有关国家机关工作人员劝阻、批评和教育无效的，依据《信访条例》第47条第2款规定，公安机关予以警告、训诫或者制止；符合《治安管理处罚法》第23条第1款第1项规定的，以扰乱单位秩序依法予以治安管理处罚。

4. 在信访接待场所摆放花圈、骨灰盒、遗像、祭品，焚烧冥币，或者停放尸体，不听有关国家机关工作人员劝阻、批评和教育，扰乱信访工作秩序，符合《治安管理处罚法》第23条第1款第1项、第65条第2项规定的，以扰乱单位秩序、违法停放尸体依法予以治安管理处罚。

5. 煽动、串联、胁迫、诱使他人采取过激方式表达诉求，扰乱信访工作秩序，符合《治安管理处罚法》第23条第1款第1项、第2款规定的，以扰乱单位秩序、聚众扰乱单位秩序依法予以治安管理处罚。

6. 聚众扰乱信访工作秩序，情节严重，符合《刑法》第290条第1款规定的，对首要分子和其他积极参加者以聚众扰乱社会秩序罪追究刑事责任。

二、对危害公共安全违法犯罪行为的处理

1. 为制造社会影响、发泄不满情绪、实现个人诉求，驾驶机动车在公共场所任意冲闯，危害公共安全，符合《刑法》第114条、第115条第1款规定的，以危险方法危害公共安全罪追究刑事责任。

2. 以递交信访材料、反映问题等为由，非法拦截、强登、扒乘机动车或者其他交通工具，或者乘坐交通工具时抛撒信访材料，影响交通工具正常行驶，符合《治安管理处罚法》第23条第1款第4项规定的，以妨碍交通工具正常行驶依法予以治安管理处罚。

3. 在信访接待场所、其他国家机关或者公共场所、公共交通工具上非法携带枪支、弹药、弓弩、匕首等管制器具，或者爆炸性、毒害性、放射性、腐蚀性等危险物质的，应当及时制止，收缴枪支、弹药、管制器具、危险物质；符合《治安管理处罚法》第32条、第30条规定的，以非法携带枪支、弹药、管制器具、非法携带危险物质依法予以治安管理处罚；情节严重，符合《刑法》第130条规定的，以非法携带枪支、弹药、管制刀具、危险物品危及公共安全罪追究刑事责任。

4. 采取放火、爆炸或者以其他危险方法自伤、自残、自杀，危害公共安全，符合《刑法》第114条和第115条第1款规定的，以放火罪、爆炸罪、以危险方法危害公共安全罪追究刑事责任。

三、对侵犯人身权利、财产权利违法犯罪行为的处理

1. 殴打他人或者故意伤害他人身体，符合《治安管理处罚法》第43条规定的，以殴打他人、故意伤害依法予以治安管理处罚；符合《刑法》第234条规定的，以故意伤害罪追究刑事责任。明知患有艾滋病或者其他严重传染疾病，故意以撕咬、抓挠等方式伤害他人，符合《刑法》第234条规定的，以故意伤害罪追究刑事责任。

2. 采取口头、书面等方式公然侮辱、诽谤他人，符合《治安管理处罚法》第42条第2项规定的，以侮辱、诽谤依法予以治安管理处罚；侮辱、诽谤情节严重，被害人要求公安机关立案侦查的，应当严格执行《公安部关于严格依法办理侮辱诽谤案件的通知》的规定，除严重危害社会秩序和国家利益的由公安机关立案侦查外，应当将有关案件材料移送人民法院，同时告知被害人自行向人民法院起诉。

3. 写恐吓信或者以其他方法威胁他人人身安全，或者多次发送侮辱、恐吓或者其他信息，干扰他人正常生活，符合《治安管理处罚法》第42条第1项、第5项规定的，以威胁人身安全、发送信息干扰正常生活依法予以治安管理处罚。

4. 偷窥、偷拍、窃听、散布他人隐私，符合《治安管理处罚法》第42条第6项规定的，以侵犯隐私依法予以治安管理处罚；情节严重，符合《刑法》第253条之一第2款规定的，以非法获取公民个人信息罪追究刑事责任。

5. 捏造、歪曲事实诬告陷害他人，企图使他人受到刑事追究或者受到治安管理处罚，符合《治安管理处罚法》第42条第3项规定的，以诬告陷害依法予以治安管理处罚；符合《刑法》第243条规定的，以诬告陷害罪追究刑事责任。

6. 在信访接待场所或者其他公共场所故意裸露身体，情节恶劣，符合《治安管理处罚法》第44条规定的，以在公共场所故意裸露身体予以治安管理处罚。

7. 故意损毁公私财物，符合《治安管理处罚法》第49条规定的，以故意损毁财物依法予以治安管理处罚；符合《刑法》第275条规定的，以故意毁坏财物罪追究刑事责任。

8. 以制造社会影响、采取极端闹访行为、持续缠访闹访等威胁、要挟手段，敲诈勒索，符合《治安管理处罚法》第49条规定的，以敲诈勒索依法予以治安管理处罚；符合《刑法》第274条规定的，以敲诈勒索罪追究刑事责任。

9. 以帮助信访为名骗取他人公私财物，符合《治安管理处罚法》第49条规定的，以诈骗依法予以治安管理处罚；符合《刑法》第266条规定的，以诈骗罪追究刑事责任。

四、对妨害社会管理秩序违法犯罪行为的处理

1. 在国家机关办公场所周围实施静坐，张贴、散发材料，呼喊口号，打横幅，穿着状衣、出示状纸，扬言自伤、自残、自杀等行为或者非法聚集，经有关国家机关工作人员劝阻、批评和教育无效的，依据《信访条例》第47条第2款规定，公安机关予以警告、训诫或者制止，收缴相关材料和横幅、状纸、状衣等物品；符合《治安管理处罚法》第23条第1款第1项、第2款规定的，以扰乱单位秩序、聚众扰乱单位秩序依法予以治安管理处罚；符合《刑法》第290条第1款规定的，对非法聚集的首要分子和其他积极参加者以聚众扰乱社会秩序罪追究刑事责任；聚集多人围堵、冲击国家机关，扰乱国家机关正常秩序，符合《刑法》第290条第2款规定的，对首要分子和其他积极参加者以聚众冲击国家机关罪追究刑事责任。

2. 在车站、码头、商场、公园、广场等公共场所张贴、散发材料，呼喊口号，打横幅，穿着状衣、出示状纸，或者非法聚集，以及在举办文化、体育等大型群众性活动或者国内、国际重大会议期间，在场馆周围、活动区域或者场内实施前述行为，经劝阻、批评和教育无效的，依据《信访条例》第47条第2款规定，公安机关予以警告、训诫或者制止，收缴相关材料和横幅、状纸、状衣等物品；符合《治安管理处罚法》第23条第1款第2项、第2款或者第24条第1款第1项、第3项、第5项规定的，以扰乱公共场所秩序、聚众扰乱公共场所秩序或者强行进入大型活动场所内、在大型活动场所内展示侮辱性物品、向大型活动场所内投掷杂物依法予以治安管理处罚；聚众扰乱公共场所秩序，抗拒、阻碍国家治安管理工作人员依法执行职务，情节严重，符合《刑法》第291条规定的，对首要分子以聚众扰乱公共场所秩序罪追究刑事责任。

3. 在信访接待场所、其他国家机关门前或者交通通道上堵塞、阻断交通或者非法聚集，影响交通工具正常行驶，符合《治安管理处罚法》第23条第1款第4项、第2款规定的，以妨碍交通工具正常行驶、聚众妨碍交通工具正常行驶依法予以治安管理处罚；符合《刑法》第291条规定的，对首要分子以聚众扰乱交通秩序罪追究刑事责任。

4. 在外国使领馆区、国际组织驻华机构所在地实施静坐，张贴、散发材料，呼喊口号，打横幅，穿着状衣、出示状纸等行为或者非法聚集的，应当立即制止，根据《人民警察法》第8条规定，迅速带离现场，并收缴相关材料和横幅、状纸、状衣等物品；符合《治安管理处罚法》第23条第1款第1项、第2款规定的，以扰乱公共场所秩序、聚众扰乱公共场所秩序依法予以治安管理处罚；符合《刑法》第290条第1款规定的，对首要分子和其他积极参加者以聚众扰乱社会秩序罪追究刑事责任。

5. 煽动、策划非法集会、游行、示威，不听劝阻，符合《治安管理处罚法》第55条规定的，以煽动、策划非法集会、游行、示威依法予以治安管理处罚；举行集会、游行、示威活动未经主管机关许可，未按照主管机关许可的目的、方式、标语、口号、起止时间、地点、路线进行，或者在进行中出现危害公共安全、破坏社会秩序情形的，根据《集会游行示威法》第27条规定予以制止、命令解散；不听制止，拒不解散的，依法强行驱散、强行带离现场或者立即予以拘留；符合《集会游行示威法》第28条规定的，对其负责人和直接责任人员依法予以警告或者拘留；拒不服从解散命令，符合《刑法》第296条规定的，对负责人和直接责任人员，以非法集会、游行、示威罪追究刑事责任。集会游行示威过程中实施其他违法犯罪行为的，依法追究法律责任。

6. 实施跳河、跳楼、跳桥，攀爬建筑物、铁塔、烟囱、树木，或者其他自伤、自残、自杀行为，制造社会影响的，应当积极组织解救；符合《治安管理处罚法》第23条第1款第1项、第2项规定的，以扰乱单位秩序、扰乱公共场所秩序依法予以治安管理处罚；符合《刑法》第290条第1款规定的，对首要分子和其他积极参加者以聚众扰乱社会秩序罪追究刑事责任；符合《刑法》第291条规定的，对首要分子以聚众扰乱公共场所秩序罪追究刑事责任。

7. 乘坐公共交通工具拒不按照规定购票，或者采取其他方式无理取闹，符合《治安管理处罚法》第23条第1款第3项规定的，以扰乱公共交通工具上的秩序依法予以治安管理处罚。

8. 散布谣言，谎报险情、疫情、警情，投放虚假的爆炸性、毒害性、放射性、腐蚀性物质或者传染病病原体等危险物质，扬言实施放火、爆炸、投放危险物质，制造社会影响、扰乱公共秩序，符合《治安管理处罚法》第25条规定的，以虚构事实扰乱公共秩序、投放虚假危险物质扰乱公共秩序、扬言实施放火、爆炸、投放危险物质扰乱公共秩序依法予以治安管理处罚；符合《刑法》第291条之一规定的，以投放虚假危险物质罪、编造、故意传播虚假恐怖信息罪追究刑事责任。

9. 阻碍国家机关工作人员依法执行职务，强行冲闯公安机关设置的警戒带、警戒区，或者阻碍执行紧急任务的消防车、救护车、工程抢险车、警车等车辆通行，符合《治安管理处罚法》第50条第1款第2项、第3项、第4项规定的，以阻碍执行职务、阻碍特种车辆通行、冲闯警戒带、警戒区依法予以治安管理处罚；阻碍人民警察依法执行职务的，从重处罚；使用暴力、威胁方法阻碍国家机关工作人员依法执行职务，符合《刑法》第277条规定的，以妨害公务罪追究刑事责任。

10. 任意损毁、占用信访接待场所、国家机关或者他人财物，符合《治安管理处罚法》第26条第3项规定的，以寻衅滋事依法予以治安管理处罚；符合《刑法》第293条规定的，以寻衅滋事罪追究刑事责任。

11. 煽动群众暴力抗拒国家法律、行政法规实施，符合《刑法》第278条规定的，以煽动暴力抗拒法律实施罪追究刑事责任。

五、对利用计算机信息网络实施违法犯罪行为的处理

通过网站、论坛、博客、微博、微信等制作、复制、传播有关信访事项的虚假消息，煽动、组织、策划非法聚集、游行、示威活动，编造险情、疫情、警情，扬言实施爆炸、放火、投放危险物质或者自伤、自残、自杀等，符合《计算机信息网络国际联网安全保护管理办法》第20条规定的，依法予以警告、罚款或者其他处罚；符合《治安管理处罚法》、《刑法》有关规定的，依法追究法律责任。在收集、固定证据后，要依法及时删除网上有害信息。

对在信访活动中或者以信访为名，实施本指导意见所列以外其他违法犯罪行为的，依照有关法律、法规的规定予以处置。教唆、胁迫、诱骗他人实施相关违法犯罪行为的，按照其教唆、胁迫、诱骗的行为处罚。

各地公安机关在处置上述信访活动中违法犯罪行为时，要把握好以下3点要求：

（一）坚持法制，讲究政策，保护合法，制止非法。畅通信访渠道，维护信访人的合法权益，不得限制合法信访活动，不得以组织学习、培训等方式非法剥夺、限制信访人的人身自由。对于初次实施违法行为、情节轻微的，以批评教育为主，依法予以警告、训诫或者制止；对于经警告、训诫、制止后，继续或者再次实施违法行为，严重危害社会治安秩序、威胁公共安全的，根据《人民警察法》第8条规定，可以强行带离现场、依法予以拘留或者采取法律规定的其他措施，防止造成更大危害；构成违反治安管理行为的，依法予以治安管理处罚；构成犯罪的，依法追究刑事责任。对组织聚众闹事、实施极端闹访等行为的，要依法从严惩处，切实增强依法处置的威慑力和效果。（二）强化证据意识，依照法定程序及时收集、固定相关证据。针对不同类型违法犯罪活动特点，全面收集违法犯罪嫌疑人的询问（讯问）笔录、现场目击证人证言、参与处置的有关国家机关工作人员的证言、现场笔录、民警出具的到案经过、记载违法行为的视听资料、扣押、收缴的管制刀具、危险物品及其他物品、鉴定材料等证据。对违法行为警告、训诫或者制止的，要同时收集、固定违法证据；对多次实施违法行为的，要注重每次违法行为证据的收集、固定和积累。要规范训诫书的制作和使用，训诫书应当载明违法行为事实，并加盖公安机关印章。（三）明确管辖责任，加强协作配合。

在处置信访活动中违法犯罪行为时，要严格执行《公安机关办理行政案件程序规定》和《公安机关办理刑事案件程序规定》的规定，由违法犯罪行为地公安机关管辖。由居住地公安机关管辖更为适宜的，可以由居住地公安机关管辖；行为地公安机关将案件移交居住地公安机关管辖的，应当与居住地公安机关协商，并配合开展调查取证等工作。各级公安机关要积极配合有关部门、单位，认真区分信访人的合理诉求和不合法表达方式，因情施策、各负其责、互相配合、依法处置，坚持慎用警力、慎用强制措施、慎用武器警械，避免激化矛盾、形成对立，力争把问题化解在初始阶段和萌芽状态。

8. 最高人民法院、最高人民检察院《关于办理组织、利用邪教组织破坏法律实施等刑事案件适用法律若干问题的解释》（法释〔2017〕3号）

第12条 邪教组织人员以自焚、自爆或者其他危险方法危害公共安全的，依照刑法第114条、第115条的规定，以放火罪、爆炸罪、以危险方法危害公共安全罪等定罪处罚。

第13条 明知他人组织、利用邪教组织实施犯罪，而为其提供经费、场地、技术、工具、食宿、接送等便利条件或者帮助的，以共同犯罪论处。

第14条 对于犯组织、利用邪教组织破坏法律实施罪、组织、利用邪教组织致人重伤、死亡罪，严重破坏社会秩序的犯罪分子，根据刑法第56条的规定，可以附加剥夺政治权利。

第16条 本解释自2017年2月1日起施行。《最高人民法院、最高人民检察院关于办理组织和利用邪教组织犯罪案件具体应用法律若干问题的解释》（法释〔1999〕18号），《最高人民法院、最高人民检察院关于办理组织和利用邪教组织犯罪案件具体应用法律若干问题的解释（2）》（法释〔2001〕19号），以及《最高人民法院、最高人民检察院关于办理组织和利用邪教组织犯罪案件具体应用法律若干问题的解答》（法发〔2002〕7号）同时废止。（全文详见本书《刑法》第300条相关内容）

9. 最高人民法院、最高人民检察院、公安部《关于依法惩治妨害公共交通工具安全驾驶违法犯罪行为的指导意见》（公通字〔2019〕1号）

近期，一些地方接连发生在公共交通工具上妨害安全驾驶的行为。有的乘客仅因琐事纷争,对正在驾驶公共交通工具的驾驶人员实施暴力干扰行为,造成重大人员伤亡、财产损失,严重危害公共安全,社会反响强烈。为依法惩治妨害公共交通工具安全驾驶违法犯罪行为,维护公共交通安全秩序,保护人民群众生命财产安全,根据有关法律规定,制定本意见。

一、准确认定行为性质,依法从严惩处妨害安全驾驶犯罪

(一)乘客在公共交通工具行驶过程中,抢夺方向盘、变速杆等操纵装置,殴打、拉拽驾驶人员,或者有其他妨害安全驾驶行为,危害公共安全,尚未造成严重后果的,依照刑法第114条的规定,以以危险方法危害公共安全罪定罪处罚;致人重伤、死亡或者使公私财产遭受重大损失的,依照刑法第115条第1款的规定,以以危险方法危害公共安全罪定罪处罚。

实施前款规定的行为,具有以下情形之一的,从重处罚:

1. 在夜间行驶或者恶劣天气条件下行驶的公共交通工具上实施的;

2. 在临水、临崖、急弯、陡坡、高速公路、高架道路、桥隧路段及其他易发生危险的路段实施的;

3. 在人员、车辆密集路段实施的;

4. 在实际载客10人以上或者时速60公里以上的公共交通工具上实施的;

5. 经他人劝告、阻拦后仍然继续实施的;

6. 持械袭击驾驶人员的;

7. 其他严重妨害安全驾驶的行为。

实施上述行为,即使尚未造成严重后果,一般也不得适用缓刑。

(二)乘客在公共交通工具行驶过程中,随意殴打其他乘客,追逐、辱骂他人,或者起哄闹事,妨害公共交通工具运营秩序,符合刑法第293条规定的,以寻衅滋事罪定罪处罚;妨害公共交通工具安全行驶,危害公共安全的,依照刑法第114条、第115条第1款的规定,以以危险方法危害公共安全罪定罪处罚。

(三)驾驶人员在公共交通工具行驶过程中,与乘客发生纷争后违规操作或者擅离职守,与乘客厮打、互殴,危害公共安全,尚未造成严重后果的,依照刑法第114条的规定,以以危险方法危害公共安全罪定罪处罚;致人重伤、死亡或者使公私财产遭受重大损失的,依照刑法第115条第1款的规定,以以危险方法危害公共安全罪定罪处罚。

(四)对正在进行的妨害安全驾驶的违法犯罪行为,乘客等人员有权采取措施予以制止。制止行为造成违法犯罪行为人损害,符合法定条件的,应当认定为正当防卫。

(五)正在驾驶公共交通工具的驾驶人员遭到妨害安全驾驶行为侵害时,为避免公共交通工具倾覆或者人员伤亡等危害后果发生,采取紧急制动或者躲避措施,造成公共交通工具、交通设施损坏或者人身损害,符合法定条件的,应当认定为紧急避险。

(六)以暴力、威胁方法阻碍国家机关工作人员依法处置妨害安全驾驶违法犯罪行为、维护公共交通秩序的,依照刑法第277条的规定,以妨害公务罪定罪处罚;暴力袭击正在依法执行职务的人民警察的,从重处罚。

(七)本意见所称公共交通工具,是指公共汽车、公路客运车,大、中型出租车等车辆。

二、加强协作配合,有效维护公共交通安全秩序

妨害公共交通工具安全驾驶行为具有高度危险性,极易诱发重大交通事故,造成重大人身伤亡、财产损失,严重威胁公共安全。各级人民法院、人民检察院和公安机关要高度重视妨害安全驾驶行为的现实危害,深刻认识维护公共交通秩序对于保障人民群众生命财产安全与社会和谐稳定的重大意义,准确认定行为性质,依法从严惩处,充分发挥刑罚的震慑、教育作用,预防、减少妨害安全驾驶不法行为发生。

公安机关接到妨害安全驾驶相关警情后要及时处警,采取果断措施予以处置;要妥善保护事发现场，全面收集、提取证据，特别是注意收集行车记录仪、道路监控等视听资料。人民检察院应当对公安机关的立案、侦查活动进行监督；对于公安机关提请批准逮捕、移送审查起诉的案件，符合逮捕、起诉条件的，应当依法予以批捕、起诉。人民法院应当及时公开、公正审判。对于妨害安全驾驶行为构成犯罪的，严格依法追究刑事责任；尚不构成犯罪但构成违反治安管理行为的，依法给予治安管理处罚。

在办理案件过程中，人民法院、人民检察院和公安机关要综合考虑公共交通工具行驶速度、通行路段情况、载客情况、妨害安全驾驶行为的严重程度及对公共交通安全的危害大小、行为人认罪悔罪表现等因素，全面准确评判，充分彰显强化保障公共交通安全的价值导向。

三、强化宣传警示教育，提升公众交通安全意识

人民法院、人民检察院、公安机关要积极回应人民群众关切，对于社会影响大、舆论关注度高的重大案件，在依法办案的同时要视情向社会公众发布案件进展情况。要广泛拓展传播渠道，尤其是充分运用微信公众号、微博等网络新媒体，及时通报案件信息、澄清事实真相，借助焦点案事件向全社会传递公安和司法机关坚决惩治妨害安全驾驶违法犯罪的坚定决心，提升公众的安全意识、规则意识和法治意识。

办案单位要切实贯彻"谁执法、谁普法"的普法责任制，以各种有效形式开展以案释法，选择妨害安全驾驶犯罪的典型案例进行庭审直播，或者邀请专家学者、办案人员进行解读，阐明妨害安全驾驶行为的违法性、危害性。要坚持弘扬社会正气，选择及时制止妨害安全驾驶行为的见义勇为事例进行褒扬，向全社会广泛宣传制止妨害安全驾驶行为的正当性、必要性。

各地各相关部门要认真贯彻执行。执行中遇有问题，请及时上报。

10. 最高人民法院、最高人民检察院、公安部、司法部、生态环境部《关于办理环境污染刑事案件有关问题座谈会纪要》(2019年2月20日)

六、关于投放危险物质罪的适用

会议强调，目前我国一些地方环境违法犯罪活动高发多发，刑事处罚威慑力不强的问题仍然突出，现阶段在办理环境污染犯罪案件时必须坚决贯彻落实中央领导同志关于重典治理污染的指示精神，把刑法和《环境解释》的规定用足用好，形成对环境污染违法犯罪的强大震慑。

会议认为，司法实践中对环境污染行为适用投放危险物质罪追究刑事责任时，应当重点审查判断行为人的主观恶性、污染行为恶劣程度、污染物的毒害性危险性、污染持续时间、污染结果是否可逆、是否对公共安全造成现实、具体、明确的危险或者危害等各方面因素。对于行为人明知其排放、倾倒、处置的污染物含有毒害性、放射性、传染病病原体等危险物质，仍实施环境污染行为放任其危害公共安全，造成重大人员伤亡、重大公私财产损失等严重后果，以污染环境罪论处明显不足以罚当其罪的，可以按投放危险物质罪定罪量刑。实践中，此类情形主要是向饮用水水源保护区，饮用水供水单位取水口和出水口，南水北调水库、干渠、涵洞等配套工程，重要渔业水体以及自然保护区核心区等特殊保护区域，排放、倾倒、处置毒害性极强的污染物，危害公共安全并造成严重后果的情形。(全文详见本书《刑法》第338条相关内容)

11. 最高人民法院《关于依法妥善审理高空抛物、坠物案件的意见》(法发〔2019〕25号)

近年来，高空抛物、坠物事件不断发生，严重危害公共安全，侵害人民群众合法权益，影响社会和谐稳定。为充分发挥司法审判的惩罚、规范和预防功能，依法妥善审理高空抛物、坠物案件，切实维护人民群众"头顶上的安全"，保障人民安居乐业，维护社会公平正义，依据《中华人民共和国刑法》《中华人民共和国侵权责任法》等相关法律，提出如下意见。

一、加强源头治理，监督支持依法行政，有效预防和惩治高空抛物、坠物行为

1. 树立预防和惩治高空抛物、坠物行为的基本理念。人民法院要切实贯彻以人民为中心的发展理念，将预防和惩治高空抛物、坠物行为作为当前和今后一段时期的重要任务，充分发挥司法职能作用,保护人民群众生命财产安全。要积极推动预防和惩治高空抛物、坠物行为的综合治理、协同治理工作,及时排查整治安全隐患,确保人民群众"头顶上的安全",不断增强人民群众的幸福感、安全感。要努力实现依法制裁、救济损害与维护公共安全、保障人民群众安居乐业的有机统一,促进社会和谐稳定。

2. 积极推动将高空抛物、坠物行为的预防与惩治纳入诉源治理机制建设。切实发挥人民法院在诉源治理中的参与、推动、规范和保障作用,加强与公安、基层组织等的联动,积极推动和助力有关部门完善防范高空抛物、坠物的工作举措,形成有效合力。注重发挥司法建议作用,对在审理高空抛物、坠物案件中发现行政机关、基层组织、物业服务企业等有关单位存在的工作疏漏、隐患风险等问题,及时提出司法建议,督促整改。

3. 充分发挥行政审判促进依法行政的职能作用。注重发挥行政审判对预防和惩治高空抛物、坠物行为的积极作用,切实保护受害人依法申请行政机关履行保护其人身权、财产权等合法权益法定职责的权利,监督行政机关依法行使行政职权、履行相应职责。受害人等行政相对方对行政机关在履职过程中违法行使职权或者不作为提起行政诉讼的,人民法院应当依法及时受理。

二、依法惩处构成犯罪的高空抛物、坠物行为,切实维护人民群众生命财产安全

4. 充分认识高空抛物、坠物行为的社会危害性。高空抛物、坠物行为损害人民群众人身、财产安全,极易造成人身伤亡和财产损失,引发社会矛盾纠纷。人民法院要高度重视高空抛物、坠物行为的现实危害,深刻认识运用刑罚手段惩治情节和后果严重的高空抛物、坠物行为的必要性和重要性,依法惩治此类犯罪行为,有效防范、坚决遏制此类行为发生。

5. 准确认定高空抛物犯罪。对于高空抛物行为,应当根据行为人的动机、抛物场所、抛掷物的情况以及造成的后果等因素,全面考量行为的社会危害程度,准确判断行为性质,正确适用罪名,准确裁量刑罚。

故意从高空抛弃物品,尚未造成严重后果,但足以危害公共安全的,依照刑法第114条规定的以危险方法危害公共安全罪定罪处罚;致人重伤、死亡或者使公私财产遭受重大损失的,依照刑法第115条第1款的规定处罚。为伤害、杀害特定人员实施上述行为的,依照故意伤害罪、故意杀人罪定罪处罚。

6. 依法从重惩治高空抛物犯罪。具有下列情形之一的,应当从重处罚,一般不得适用缓刑:(一)多次实施的;(二)经劝阻仍继续实施的;(三)受过刑事处罚或者行政处罚后又实施的;(四)在人员密集场所实施的;(五)其他情节严重的情形。

7. 准确认定高空坠物犯罪。过失导致物品从高空坠落,致人死亡、重伤,符合刑法第233条、第235条规定的,依照过失致人死亡罪、过失致人重伤罪定罪处罚。在生产、作业中违反有关安全管理规定,从高空坠落物品,发生重大伤亡事故或者造成其他严重后果的,依照刑法第134条第1款的规定,以重大责任事故罪定罪处罚。

三、坚持司法为民、公正司法,依法妥善审理高空抛物、坠物民事案件

8. 加强高空抛物、坠物民事案件的审判工作。人民法院在处理高空抛物、坠物民事案件时,要充分认识此类案件中侵权行为给人民群众生命、健康、财产造成的严重损害,把维护人民群众合法权益放在首位。针对此类案件直接侵权人查找难、影响面广、处理难度大等特点,要创新审判方式,坚持多措并举,依法严惩高空抛物行为人,充分保护受害人。

9. 做好诉讼服务与立案释明工作。人民法院对高空抛物、坠物案件,要坚持有案必立、有诉必理,为受害人线上线下立案提供方便。在受理从建筑物中抛掷物品、坠落物品造成他人损害的纠纷案件时,要向当事人释明尽量提供具体明确的侵权人,尽量限缩"可能加害的建筑物使用人"范围,减轻当事人诉累。对侵权人不明又不能依法追加其他责任人的,引导当事人通过多元化纠纷解决机制化解矛盾、补偿损失。

10. 综合运用民事诉讼证据规则。人民法院在适用侵权责任法第87条裁判案件时，对能够证明自己不是侵权人的"可能加害的建筑物使用人"，依法予以免责。要加大依职权调查取证力度，积极主动向物业服务企业、周边群众、技术专家等询问查证，加强与公安部门、基层组织等沟通协调，充分运用日常生活经验法则，最大限度查找确定直接侵权人并依法判决其承担侵权责任。

11. 区分坠落物、抛掷物的不同法律适用规则。建筑物及其搁置物、悬挂物发生脱落、坠落造成他人损害的，所有人、管理人或者使用人不能证明自己没有过错的，人民法院应当适用侵权责任法第85条的规定，依法判决其承担侵权责任；有其他责任人的，所有人、管理人或者使用人赔偿后向其他责任人主张追偿权的，人民法院应予支持。从建筑物中抛掷物品造成他人损害的，应当尽量查明直接侵权人，并依法判决其承担侵权责任。

12. 依法确定物业服务企业的责任。物业服务企业不履行或者不完全履行物业服务合同约定或者法律法规规定、相关行业规范确定的维修、养护、管理和维护义务，造成建筑物及其搁置物、悬挂物发生脱落、坠落致使他人损害的，人民法院依法判决其承担侵权责任。有其他责任人的，物业服务企业承担责任后，向其他责任人行使追偿权的，人民法院应予支持。物业服务企业隐匿、销毁、篡改或者拒不向人民法院提供相应证据，导致案件事实难以认定的，应当承担相应的不利后果。

13. 完善相关的审判程序机制。人民法院在审理疑难复杂或社会影响较大的高空抛物、坠物民事案件时，要充分运用人民陪审员、合议庭、主审法官会议等机制，充分发挥院、庭长的监督职责。涉及侵权责任法第87条适用的，可以提交院审判委员会讨论决定。

四、注重多元化解，坚持多措并举，不断完善预防和调处高空抛物、坠物纠纷的工作机制

14. 充分发挥多元解纷机制的作用。人民法院应当将高空抛物、坠物民事案件的处理纳入到建设一站式多元解纷机制的整体工作中，加强诉前、诉中调解工作，有效化解矛盾纠纷，努力实现法律效果与社会效果相统一。要根据每一个高空抛物、坠物案件的具体特点，带着对受害人的真挚感情，为当事人解难题、办实事，尽力做好调解工作，力促案结事了人和。

15. 推动完善社会救助工作。要充分运用诉讼费缓减免和司法救助制度，依法及时对经济上确有困难的高空抛物、坠物案件受害人给予救济。通过案件裁判、规则指引积极引导当事人参加社会保险转移风险、分担损失。支持各级政府有关部门探索建立高空抛物事故社会救助基金或者进行试点工作，对受害人损害进行合理分担。

16. 积极完善工作举措。要通过多种形式特别是人民群众喜闻乐见的方式加强法治宣传，持续强化以案释法工作，充分发挥司法裁判规范、指导、评价、引领社会价值的重要作用，大力弘扬社会主义核心价值观，形成良好社会风尚。要深入调研高空抛物、坠物案件的司法适用疑难问题，认真总结审判经验。对审理高空抛物、坠物案件中发现的新情况、新问题，及时层报最高人民法院。

12. 最高人民法院、最高人民检察院、公安部《关于依法惩治袭警违法犯罪行为的指导意见》(2019年12月27日)

一、对正在依法执行职务的民警实施下列行为的，属于刑法第277条第5款规定的"暴力袭击正在依法执行职务的人民警察"，应当以妨害公务罪定罪从重处罚：

1. 实施撕咬、踢打、抱摔、投掷等，对民警人身进行攻击的；

2. 实施打砸、毁坏、抢夺民警正在使用的警用车辆、警械等警用装备，对民警人身进行攻击的；对正在依法执行职务的民警虽未实施暴力袭击，但以实施暴力相威胁，符合刑法第277条第1款规定的，以妨害公务罪定罪处罚。

醉酒的人实施袭警犯罪行为,应当负刑事责任。

教唆、煽动他人实施袭警犯罪行为或者为他人实施袭警犯罪行为提供工具、帮助的,以共同犯罪论处。

对袭警情节轻微或者辱骂民警,尚不构成犯罪,但构成违反治安管理行为的,应当依法从重给予治安管理处罚。

二、实施暴力袭警行为,具有下列情形之一的,在第1条规定的基础上酌情从重处罚:

1. 使用凶器或者危险物品袭警、驾驶机动车袭警的;

2. 造成民警轻微伤或者警用装备严重毁损的;

3. 妨害民警依法执行职务,造成他人伤亡、公私财产损失或者造成犯罪嫌疑人脱逃、毁灭证据等严重后果的;

4. 造成多人围观、交通堵塞等恶劣社会影响的;

5. 纠集多人袭警或者袭击民警2人以上的;

6. 曾因袭警受过处罚,再次袭警的;

7. 实施其他严重袭警行为的。

实施上述行为,构成犯罪的,一般不得适用缓刑。

三、驾车冲撞、碾轧、拖拽、剐蹭民警,或者挤别、碰撞正在执行职务的警用车辆,危害公共安全或者民警生命、健康安全,符合刑法第114条、第115条、第232条、第234条规定的,应当以以危险方法危害公共安全罪、故意杀人罪或者故意伤害罪定罪,酌情从重处罚。

暴力袭警,致使民警重伤、死亡,符合刑法第234条、第232条规定的,应当以故意伤害罪、故意杀人罪定罪,酌情从重处罚。

四、抢劫、抢夺民警枪支,符合刑法第127条第2款规定的,应当以抢劫枪支罪、抢夺枪支罪定罪。

五、民警在非工作时间,依照《中华人民共和国人民警察法》等法律履行职责的,应当视为执行职务。

六、在民警非执行职务期间,因其职务行为对其实施暴力袭击、拦截、恐吓等行为,符合刑法第234条、第232条、第293条等规定的,应当以故意伤害罪、故意杀人罪、寻衅滋事罪等定罪,并根据袭警的具体情节酌情从重处罚。(全文详见本书《刑法》第277条相关内容)

13. 最高人民法院、最高人民检察院、公安部、司法部《关于依法惩治妨害新型冠状病毒感染肺炎疫情防控违法犯罪的意见》(法发〔2020〕7号)

为依法惩治妨害新型冠状病毒感染肺炎疫情防控违法犯罪行为,保障人民群众生命安全和身体健康,保障社会安定有序,保障疫情防控工作顺利开展,根据有关法律、司法解释的规定,制定本意见。

一、提高政治站位,充分认识疫情防控时期维护社会大局稳定的重大意义

各级人民法院、人民检察院、公安机关、司法行政机关要切实把思想和行动统一到习近平总书记关于新型冠状病毒感染肺炎疫情防控工作的系列重要指示精神上来,坚决贯彻落实党中央决策部署、中央应对新型冠状病毒感染肺炎疫情工作领导小组工作安排,按照中央政法委要求,增强"四个意识"、坚定"四个自信"、做到"两个维护",始终将人民群众的生命安全和身体健康放在第一位,坚决把疫情防控作为当前压倒一切的头等大事来抓,用足用好法律规定,依法及时、从严惩治妨害疫情防控的各类违法犯罪,为坚决打赢疫情防控阻击战提供有力法治保障。

二、准确适用法律,依法严惩妨害疫情防控的各类违法犯罪

(一)依法严惩抗拒疫情防控措施犯罪。故意传播新型冠状病毒感染肺炎病原体,具有下列情形之一,危害公共安全的,依照刑法第114条、第115条第1款的规定,以以危险方法危害公共安全罪定罪处罚：

1. 已经确诊的新型冠状病毒感染肺炎病人、病原携带者，拒绝隔离治疗或者隔离期未满擅自脱离隔离治疗，并进入公共场所或者公共交通工具的；

2. 新型冠状病毒感染肺炎疑似病人拒绝隔离治疗或者隔离期未满擅自脱离隔离治疗，并进入公共场所或者公共交通工具，造成新型冠状病毒传播的。

其他拒绝执行卫生防疫机构依照传染病防治法提出的防控措施，引起新型冠状病毒传播或者有传播严重危险的，依照刑法第330条的规定，以妨害传染病防治罪定罪处罚。

以暴力、威胁方法阻碍国家机关工作人员（含在依照法律、法规规定行使国家有关疫情防控行政管理职权的组织中从事公务的人员，在受国家机关委托代表国家机关行使疫情防控职权的组织中从事公务的人员，虽未列入国家机关人员编制但在国家机关中从事疫情防控公务的人员）依法履行为防控疫情而采取的防疫、检疫、强制隔离、隔离治疗等措施的，依照刑法第277条第1款、第3款的规定，以妨害公务罪定罪处罚。暴力袭击正在依法执行职务的人民警察的，以妨害公务罪定罪，从重处罚。

（二）依法严惩暴力伤医犯罪。在疫情防控期间，故意伤害医务人员造成轻伤以上的严重后果，或者对医务人员实施撕扯防护装备、吐口水等行为，致使医务人员感染新型冠状病毒的，依照刑法第234条的规定，以故意伤害罪定罪处罚。

随意殴打医务人员，情节恶劣的，依照刑法第293条的规定，以寻衅滋事罪定罪处罚。

采取暴力或者其他方法公然侮辱、恐吓医务人员，符合刑法第246条、第293条规定的，以侮辱罪或者寻衅滋事罪定罪处罚。

以不准离开工作场所等方式非法限制医务人员人身自由，符合刑法第238条规定的，以非法拘禁罪定罪处罚。

（三）依法严惩制假售假犯罪。在疫情防控期间，生产、销售伪劣的防治、防护产品、物资，或者生产、销售用于防治新型冠状病毒感染肺炎的假药、劣药，符合刑法第140条、第141条、第142条规定的，以生产、销售伪劣产品罪，生产、销售假药罪或者生产、销售劣药罪定罪处罚。

在疫情防控期间，生产不符合保障人体健康的国家标准、行业标准的医用口罩、护目镜、防护服等医用器材，或者销售明知是不符合标准的医用器材，足以严重危害人体健康的，依照刑法第145条的规定，以生产、销售不符合标准的医用器材罪定罪处罚。

（四）依法严惩哄抬物价犯罪。在疫情防控期间，违反国家有关市场经营、价格管理等规定，囤积居奇，哄抬疫情防控急需的口罩、护目镜、防护服、消毒液等防护用品、药品或者其他涉及民生的物品价格，牟取暴利，违法所得数额较大或者有其他严重情节，严重扰乱市场秩序的，依照刑法第225条第4项的规定，以非法经营罪定罪处罚。

（五）依法严惩诈骗、聚众哄抢犯罪。在疫情防控期间，假借研制、生产或者销售用于疫情防控的物品的名义骗取公私财物，或者捏造事实骗取公众捐赠款物，数额较大的，依照刑法第266条的规定，以诈骗罪定罪处罚。

在疫情防控期间，违反国家规定，假借疫情防控的名义，利用广告对所推销的商品或者服务作虚假宣传，致使多人上当受骗，违法所得数额较大或者有其他严重情节的，依照刑法第222条的规定，以虚假广告罪定罪处罚。

在疫情防控期间，聚众哄抢公私财物特别是疫情防控和保障物资，数额较大或者有其他严重情节的，对首要分子和积极参加者，依照刑法第268条的规定，以聚众哄抢罪定罪处罚。

（六）依法严惩造谣传谣犯罪。编造虚假的疫情信息，在信息网络或者其他媒体上传播，或者明知是虚假疫情信息，故意在信息网络或者其他媒体上传播，严重扰乱社会秩序的，依照刑法第291条之一第2款的规定，以编造、故意传播虚假信息罪定罪处罚。

编造虚假信息,或者明知是编造的虚假信息,在信息网络上散布,或者组织、指使人员在信息网络上散布,起哄闹事,造成公共秩序严重混乱的,依照刑法第293条第1款第4项的规定,以寻衅滋事罪定罪处罚。

利用新型冠状病毒感染肺炎疫情,制造、传播谣言,煽动分裂国家、破坏国家统一,或者煽动颠覆国家政权、推翻社会主义制度的,依照刑法第103条第2款、第105条第2款的规定,以煽动分裂国家罪或者煽动颠覆国家政权罪定罪处罚。

网络服务提供者不履行法律、行政法规规定的信息网络安全管理义务,经监管部门责令采取改正措施而拒不改正,致使虚假疫情信息或者其他违法信息大量传播的,依照刑法第286条之一的规定,以拒不履行信息网络安全管理义务罪定罪处罚。

对虚假疫情信息案件,要依法、精准、恰当处置。对恶意编造虚假疫情信息,制造社会恐慌,挑动社会情绪,扰乱公共秩序,特别是恶意攻击党和政府,借机煽动颠覆国家政权、推翻社会主义制度的,要依法严惩。对于因轻信而传播虚假信息,危害不大的,不以犯罪论处。

(七)依法严惩疫情防控失职渎职、贪污挪用犯罪。在疫情防控工作中,负有组织、协调、指挥、灾害调查、控制、医疗救治、信息传递、交通运输、物资保障等职责的国家机关工作人员,滥用职权或者玩忽职守,致使公共财产、国家和人民利益遭受重大损失的,依照刑法第397条的规定,以滥用职权罪或者玩忽职守罪定罪处罚。

卫生行政部门的工作人员严重不负责任,不履行或者不认真履行防治监管职责,导致新型冠状病毒感染肺炎传播或者流行,情节严重的,依照刑法第409条的规定,以传染病防治失职罪定罪处罚。

从事实验、保藏、携带、运输传染病菌种、毒种的人员,违反国务院卫生行政部门的有关规定,造成新型冠状病毒毒种扩散,后果严重的,依照刑法第331条的规定,以传染病毒种扩散罪定罪处罚。

国家工作人员,受委托管理国有财产的人员,公司、企业或者其他单位的人员,利用职务便利,侵吞、截留或者以其他手段非法占有用于防控新型冠状病毒感染肺炎的款物,或者挪用上述款物归个人使用,符合刑法第382条、第383条、第271条、第384条、第272条规定的,以贪污罪、职务侵占罪、挪用公款罪、挪用资金罪定罪处罚。挪用用于防控新型冠状病毒感染肺炎的救灾、优抚、救济等款物,符合刑法第273条规定的,对直接责任人员,以挪用特定款物罪定罪处罚。

(八)依法严惩破坏交通设施犯罪。在疫情防控期间,破坏轨道、桥梁、隧道、公路、机场、航道、灯塔、标志或者进行其他破坏活动,足以使火车、汽车、电车、船只、航空器发生倾覆、毁坏危险的,依照刑法第117条、第119条第1款的规定,以破坏交通设施罪定罪处罚。

办理破坏交通设施案件,要区分具体情况,依法审慎处理。对于为了防止疫情蔓延,未经批准擅自封路阻碍交通,未造成严重后果的,一般不以犯罪论处,由主管部门予以纠正。

(九)依法严惩破坏野生动物资源犯罪。非法猎捕、杀害国家重点保护的珍贵、濒危野生动物的,或者非法收购、运输、出售国家重点保护的珍贵、濒危野生动物及其制品的,依照刑法第341条第1款的规定,以非法猎捕、杀害珍贵、濒危野生动物罪或者非法收购、运输、出售珍贵、濒危野生动物、珍贵、濒危野生动物制品罪定罪处罚。

违反狩猎法规,在禁猎区、禁猎期或者使用禁用的工具、方法进行狩猎,破坏野生动物资源,情节严重的,依照刑法第341条第2款的规定,以非法狩猎罪定罪处罚。

违反国家规定,非法经营非国家重点保护野生动物及其制品(包括开办交易场所、进行网络销售、加工食品出售等),扰乱市场秩序,情节严重的,依照刑法第225条第4项的规定,以非法经营罪定罪处罚。

知道或者应当知道是国家重点保护的珍贵、濒危野生动物及其制品,为食用或者其他目的而非法购买,符合刑法第341条第1款规定的,以非法收购珍贵、濒危野生动物、珍贵、濒危野生动物制品罪定罪处罚。

知道或者应当知道是非法狩猎的野生动物而购买,符合刑法第312条规定的,以掩饰、隐瞒犯罪所得罪定罪处罚。

(十)依法严惩妨害疫情防控的违法行为。实施上述(1)至(9)规定的行为,不构成犯罪的,由公安机关根据治安管理处罚法有关虚构事实扰乱公共秩序,扰乱单位秩序、公共场所秩序、寻衅滋事,拒不执行紧急状态下的决定、命令,阻碍执行职务,冲闯警戒带、警戒区,殴打他人,故意伤害,侮辱他人,诈骗,在铁路沿线非法挖掘坑穴、采石取沙,盗窃、损毁路面公共设施,损毁铁路设施设备,故意损毁财物、哄抢公私财物等规定,予以治安管理处罚,或者由有关部门予以其他行政处罚。

对于在疫情防控期间实施有关违法犯罪的,要作为从重情节予以考量,依法体现从严的政策要求,有力惩治震慑违法犯罪,维护法律权威,维护社会秩序,维护人民群众生命安全和身体健康。

三、健全完善工作机制,保障办案效果和安全

(一)及时查处案件。公安机关对于妨害新型冠状病毒感染肺炎疫情防控的案件,要依法及时立案查处,全面收集固定证据。对于拒绝隔离治疗或者隔离期未满擅自脱离隔离治疗的人员,公安机关要依法协助医疗机构和有关部门采取强制隔离治疗措施。要严格规范公正文明执法。

(二)强化沟通协调。人民法院、人民检察院、公安机关、司法行政机关要加强沟通协调,确保案件顺利侦查、起诉、审判、交付执行。对重大、敏感、复杂案件,公安机关要及时听取人民检察院的意见建议。对社会影响大、舆论关注度高的重大案件,要加强组织领导,按照依法处置、舆论引导、社会面管控"三同步"要求,及时向社会通报案件进展情况,澄清事实真相,做好舆论引导工作。

(三)保障诉讼权利。要依法保障犯罪嫌疑人、被告人的各项诉讼权利特别是辩护权。要按照刑事案件律师辩护全覆盖的要求,积极组织律师为没有委托辩护人的被告人依法提供辩护或者法律帮助。各级司法行政机关要加强对律师辩护代理工作的指导监督,引导广大律师依法依规履行辩护代理职责,切实维护犯罪嫌疑人、被告人的合法权益,保障法律正确实施。

(四)加强宣传教育。人民法院、人民检察院、公安机关、司法行政机关要认真落实"谁执法谁普法"责任制,结合案件办理深入细致开展法治宣传教育工作。要选取典型案例,以案释法,加大警示教育,震慑违法犯罪分子,充分展示坚决依法严惩此类违法犯罪、维护人民群众生命安全和身体健康的决心。要引导广大群众遵纪守法,不信谣、不传谣,依法支持和配合疫情防控工作,为疫情防控工作的顺利开展营造良好的法治和社会环境。

(五)注重办案安全。在疫情防控期间,办理妨害新型冠状病毒感染肺炎疫情防控案件,办案人员要注重自身安全,提升防范意识,增强在履行接处警、抓捕、羁押、讯问、审判、执行等职能时的自我保护能力和防范能力。除依法必须当面接触的情形外,可以尽量采取书面审查方式,必要时,可以采取视频等方式讯问犯罪嫌疑人、询问被害人、证人、听取辩护律师意见。人民法院在疫情防控期间审理相关案件的,在坚持依法公开审理的同时,要最大限度减少人员聚集,切实维护诉讼参与人、旁听群众、法院干警的安全和健康。

14. 最高人民法院、最高人民检察院、公安部《关于办理涉窨井盖相关刑事案件的指导意见》(2020年3月16日)

二、盗窃、破坏人员密集往来的非机动车道、人行道以及车站、码头、公园、广场、学校、商业中心、厂区、社区、院落等生产生活、人员聚集场所的窨井盖,足以危害公共安全,尚未造成严重后果的,依照刑法第114条的规定,以以危险方法危害公共安全罪定罪处罚;致人重伤、死亡或者使公私财产遭受重大损失的,依照刑法第115条第1款的规定处罚。

过失致人重伤、死亡或者使公私财产遭受重大损失的,依照刑法第115条第2款的规定,以过失以危险方法危害公共安全罪定罪处罚。(全文详见本书《刑法》第233条相关内容)

15. 最高人民法院、最高人民检察院、公安部、工业和信息化部、住房和城乡建设部、交通运输部、应急管理部、国家铁路局、中国民用航空局、国家邮政局《关于依法惩治涉枪支、弹药、爆炸物、易燃易爆危险物品犯罪的意见》(法发〔2021〕35号)

8. 在水路、铁路、航空易燃易爆危险物品运输生产作业活动中违反有关安全管理的规定,有下列情形之一,明知存在重大事故隐患而不排除,足以危害公共安全的,依照刑法第114条的规定,以以危险方法危害公共安全罪定罪处罚;致人重伤、死亡或者使公私财产遭受重大损失的,依照刑法第115条第1款的规定处罚:

(1)未经依法批准或者许可,擅自从事易燃易爆危险物品运输的;(2)委托无资质企业或者个人承运易燃易爆危险物品的;(3)在托运的普通货物中夹带易燃易爆危险物品的;(4)将易燃易爆危险物品谎报或者匿报为普通货物托运的;(5)其他在水路、铁路、航空易燃易爆危险物品运输活动中违反有关安全管理规定的情形。

非法携带易燃易爆危险物品进入水路、铁路、航空公共交通工具或者有关公共场所,危及公共安全,情节严重的,依照刑法第130条的规定,以非法携带危险物品危及公共安全罪定罪处罚。

9. 通过邮件、快件夹带易燃易爆危险物品,或者将易燃易爆危险物品谎报为普通物品交寄,符合本意见第5条至第8条规定的,依照各该条的规定定罪处罚。(全文详见本书《刑法》第125条相关内容)

第115条 【放火罪】【决水罪】【爆炸罪】【投放危险物质罪】【以危险方法危害公共安全罪】 放火、决水、爆炸以及投放毒害性、放射性、传染病病原体等物质或者以其他危险方法致人重伤、死亡或者使公私财产遭受重大损失的,处10年以上有期徒刑、无期徒刑或者死刑。

【失火罪】【过失决水罪】【过失爆炸罪】【过失投放危险物质罪】【过失以危险方法危害公共安全罪】 过失犯前款罪的,处3年以上7年以下有期徒刑;情节较轻的,处3年以下有期徒刑或者拘役。

(本条《中华人民共和国刑法修正案(3)》修改)

• 释义

放火罪、决水罪、爆炸罪、投放危险物质罪、以危险方法危害公共安全罪(详见本书《刑法》第114条各释义内容)

失火罪是指过失引起火灾,危害公共安全,致人重伤、死亡或者使公私财产遭受重大损失的行为。

过失决水罪是指过失造成水患,危害公共安全,致人重伤、死亡或者使公私财产遭受重大损失的行为。

过失爆炸罪是指过失引起爆阼,危害公共受全,致人重伤、死亡或者使公私财产遭受重大损失的行为。

过失投放危险物质罪是指过失投放毒害性、放射性、传染病病原体等物质,危害公共安全,致人重伤、死亡或者使公私财产遭受重大损失的行为。

过失以危险方法危害公共安全罪是指过失使用放火、决水、爆炸、投放危险物质以外的危险方法危害公共安全,致致人重伤、死亡或者使公私财产遭受重大损失的行为;或者患有突发传染病或者者疑似突发传染病而拒绝接受检疫、强制隔离或治疗,过失造成传染病传播,情节严重,危害公共安全的行为。

- **管辖**

公安机关刑事侦查部门。

- **关联法律**

1.《中华人民共和国刑法修正案(3)》(2001年8月31日第九届全国人大常委会第二十三次会议通过)

二、将刑法第115条第1款修改为:"放火、决水、爆炸以及投放毒害性、放射性、传染病病原体等物质或者以其他危险方法致人重伤、死亡或者使公私财产遭受重大损失的,处10年以上有期徒刑、无期徒刑或者死刑。"

(1997年《刑法》第115条第1款:放火、决水、爆炸、投毒或者以其他危险方法致人重伤、死亡或者使公私财产遭受重大损失的,处10年以上有期徒刑、无期徒刑或者死刑。)

2.国家林业局、公安部《关于森林和陆生野生动物刑事案件铬辖及立案追诉标准》(林安发〔2001〕156号)

(见本条立案追诉标准内容)

3.最高人民法院、最高人民检察院《关于办理妨害预防、控制突发传染病疫情等灾害的刑事案件具体应用法律若干问题的解释》(法释〔2003〕8号)

第1条 故意传播突发传染病病原体,危害公共安全的,依照刑法第114条、第115条第1款的规定,按照以危险方法危害公共安全罪定罪处罚。

患有突发传染病或者疑似突发传染病而拒绝接受检疫、强制隔离或者治疗,过失造成传染病传播,情节严重,危害公共安全的,依照刑法第115条第2款的规定,按照过失以危险方法危害公共安全罪定罪处罚。

第2条 在预防、控制突发传染病疫情等灾害期间,生产、销售伪劣的防治、防护产品、物资,或者生产、销售用于防治传染病的假药、劣药,构成犯罪的,分别依照刑法第140条、第141条、第142条的规定,以生产、销售伪劣产品罪,生产、销售假药罪或者生产、销售劣药罪定罪,依法从重处罚。(全文详见本书《刑法》第114条相关内容)

4.最高人民检察院、公安部《关于公安机关管辖的刑事案件立案标准的规定(1)》(公通字〔2008〕36号)

见本条立案追诉标准内容。

5.最高人民法院《关于依法妥善审理高空抛物、坠物案件的意见》(法发〔2019〕25号)

一、依法惩处构成犯罪的高空抛物、坠物行为,切实维护人民群众生命财产安全

5.准确认定高空抛物犯罪。对于高空抛物行为,应当根据行为人的动机、抛物场所、抛掷物的情况以及造成的后果等因素,全面考量行为的社会危害程度,准确判断行为性质,正确适用罪名,准确裁量刑罚。

故意从高空抛弃物品,尚未造成严重后果,但足以危害公共安全的,依照刑法第114条规定的以危险方法危害公共安全罪定罪处罚;致人重伤、死亡或者使公私财产遭受重大损失的,依照刑法第115条第1款的规定处罚。为伤害、杀害特定人员实施上述行为的,依照故意伤害

罪、故意杀人罪定罪处罚。(全文详见本书《刑法》第114条相关内容)

6. 最高人民法院、最高人民检察院、公安部《关于依法惩治袭警违法犯罪行为的指导意见》(2019年12月27日)

一、对正在依法执行职务的民警实施下列行为的,属于刑法第277条第五款规定的“暴力袭击正在依法执行职务的人民警察”,应当以妨害公务罪定罪从重处罚:

1. 实施撕咬、踢打、抱摔、投掷等,对民警人身进行攻击的;2. 实施打砸、毁坏、抢夺民警正在使用的警用车辆、警械等警用装备,对民警人身进行攻击的;对正在依法执行职务的民警虽未实施暴力袭击,但以实施暴力相威胁,符合刑法第277条第1款规定的,以妨害公务罪定罪处罚。

醉酒的人实施袭警犯罪行为,应当负刑事责任。

教唆、煽动他人实施袭警犯罪行为或者为他人实施袭警犯罪行为提供工具、帮助的,以共同犯罪论处。

对袭警情节轻微或者辱骂民警,尚不构成犯罪,但构成违反治安管理行为的,应当依法从重给予治安管理处罚。

二、实施暴力袭警行为,具有下列情形之一的,在第1条规定的基础上酌情从重处罚:

1. 使用凶器或者危险物品袭警、驾驶机动车袭警的;2. 造成民警轻微伤或者警用装备严重毁损的;3. 妨害民警依法执行职务,造成他人伤亡、公私财产损失或者造成犯罪嫌疑人脱逃、毁灭证据等严重后果的;4. 造成多人围观、交通堵塞等恶劣社会影响的;5. 纠集多人袭警或者袭击民警2人以上的;6. 曾因袭警受过处罚,再次袭警的;7. 实施其他严重袭警行为的。

实施上述行为,构成犯罪的,一般不得适用缓刑。

三、驾车冲撞、碾轧、拖拽、剐蹭民警,或者挤别、碰撞正在执行职务的警用车辆,危害公共安全或者民警生命、健康安全,符合刑法第114条、第115条、第232条、第234条规定的,应当以以危险方法危害公共安全罪、故意杀人罪或者故意伤害罪定罪,酌情从重处罚。

暴力袭警,致使民警重伤、死亡,符合刑法第234条、第232条规定的,应当以故意伤害罪、故意杀人罪定罪,酌情从重处罚。

四、抢劫、抢夺民警枪支,符合刑法第127条第2款规定的,应当以抢劫枪支罪、抢夺枪支罪定罪。

五、民警在非工作时间,依照《中华人民共和国人民警察法》等法律履行职责的,应当视为执行职务。

六、在民警非执行职务期间,因其职务行为对其实施暴力袭击、拦截、恐吓等行为,符合刑法第234条、第232条、第293条等规定的,应当以故意伤害罪、故意杀人罪、寻衅滋事罪等定罪,并根据袭警的具体情节酌情从重处罚。(全文详见本书《刑法》第277条相关内容)

7. 最高人民法院、最高人民检察院、公安部、司法部《关于依法惩治妨害新型冠状病毒感染肺炎疫情防控违法犯罪的意见》(法发〔2020〕7号)

二、准确适用法律,依法严惩妨害疫情防控的各类违法犯罪

(一)依法严惩抗拒疫情防控措施犯罪。故意传播新型冠状病毒感染肺炎病原体,具有下列情形之一,危害公共安全的,依照刑法第114条、第115条第1款的规定,以以危险方法危害公共安全罪定罪处罚:

1. 已经确诊的新型冠状病毒感染肺炎病人、病原携带者,拒绝隔离治疗或者隔离期未满擅自脱离隔离治疗,并进入公共场所或者公共交通工具的;2. 新型冠状病毒感染肺炎疑似病人拒绝隔离治疗或者隔离期未满擅自脱离隔离治疗,并进入公共场所或者公共交通工具,造成新型冠状病毒传播的。

其他拒绝执行卫生防疫机构依照传染病防治法提出的防控措施，引起新型冠状病毒传播或者有传播严重危险的，依照刑法第330条的规定，以妨害传染病防治罪定罪处罚。

以暴力、威胁方法阻碍国家机关工作人员（含在依照法律、法规规定行使国家有关疫情防控行政管理职权的组织中从事公务的人员，在受国家机关委托代表国家机关行使疫情防控职权的组织中从事公务的人员，虽未列入国家机关人员编制但在国家机关中从事疫情防控公务的人员）依法履行为防控疫情而采取的防疫、检疫、强制隔离、隔离治疗等措施的，依照刑法第277条第1款、第3款的规定，以妨害公务罪定罪处罚。暴力袭击正在依法执行职务的人民警察的，以妨害公务罪定罪，从重处罚。（全文详见本书《刑法》第114条相关内容）

8. 最高人民法院、最高人民检察院、公安部《关于办理涉窨井盖相关刑事案件的指导意见》（2020年3月16日）

二、盗窃、破坏人员密集往来的非机动车道、人行道以及车站、码头、公园、广场、学校、商业中心、厂区、社区、院落等生产生活、人员聚集场所的窨井盖，足以危害公共安全，尚未造成严重后果的，依照刑法第114条的规定，以以危险方法危害公共安全罪定罪处罚；致人重伤、死亡或者使公私财产遭受重大损失的，依照刑法第115条第1款的规定处罚。

过失致人重伤、死亡或者使公私财产遭受重大损失的，依照刑法第115条第2款的规定，以过失以危险方法危害公共安全罪定罪处罚。（全文详见本书《刑法》第233条相关内容）

9. 最高人民法院、最高人民检察院、公安部、工业和信息化部、住房和城乡建设部、交通运输部、应急管理部、国家铁路局、中国民用航空局、国家邮政局《关于依法惩治涉枪支、弹药、爆炸物、易燃易爆危险物品犯罪的意见》（法发〔2021〕35号）

8. 在水路、铁路、航空易燃易爆危险物品运输生产作业活动中违反有关安全管理的规定，有下列情形之一，明知存在重大事故隐患而不排除，足以危害公共安全的，依照刑法第114条的规定，以以危险方法危害公共安全罪定罪处罚；致人重伤、死亡或者使公私财产遭受重大损失的，依照刑法第115条第1款的规定处罚：

（1）未经依法批准或者许可，擅自从事易燃易爆危险物品运输的；（2）委托无资质企业或者个人承运易燃易爆危险物品的；（3）在托运的普通货物中夹带易燃易爆危险物品的；（4）将易燃易爆危险物品谎报或者匿报为普通货物托运的；（5）其他在水路、铁路、航空易燃易爆危险物品运输活动中违反有关安全管理规定的情形。

非法携带易燃易爆危险物品进入水路、铁路、航空公共交通工具或者有关公共场所，危及公共安全，情节严重的，依照刑法第130条的规定，以非法携带危险物品危及公共安全罪定罪处罚。

9. 通过邮件、快件夹带易燃易爆危险物品，或者将易燃易爆危险物品谎报为普通物品交寄，符合本意见第5条至第8条规定的，依照各该条的规定定罪处罚。（全文详见本书《刑法》第125条相关内容）

10. 参见本书《刑法》第114条该节内容。

第116条 【破坏交通工具罪】 破坏火车、汽车、电车、船只、航空器，足以使火车、汽车、电车、船只、航空器发生倾覆、毁坏危险，尚未造成严重后果的，处3年以上10年以下有期徒刑。

• 释义

破坏交通工具罪是指故意破坏火车、汽车、电车、船只、航空器，足以使其发生倾覆、毁坏危险的行为。

• 管辖

公安机关刑事侦查部门。

• 关联法律

1. 最高人民检察院《关于破坏电力设备罪几个问题的批复》(高检研发字〔1986〕第16号)

[被最高人民检察院《关于废止1980年1月1日至1997年6月30日期间制发的部分司法解释和司法解释性质文件的决定》(高检发释字〔2013〕1号)废止]

2. 最高人民法院《关于破坏生产单位正在使用的电动机是否构成破坏电力设备罪问题的批复》(法明传〔1993〕241号)

(法释〔2013〕2号已声明该文件废止)

3.《中华人民共和国电力法》(1995年12月28日第八届全国人大常委会第十七次会议通过;2009年8月27日第十一届全国人大常委会第十次会议第一次修正;2015年4月24日第十二届全国人大常委会第十四次会议第二次修正,2018年12月29日第十三届全国人大常委会第七次会议第三次修正)

第72条 盗窃电力设施或者以其他方法破坏电力设施,危害公共安全的,依照刑法有关规定追究刑事责任。

4.《中华人民共和国电力设施保护条例》(1987年9月15日国务院发布;1998年1月7日《国务院关于修改〈电力设施保护条例〉的决定》第一次修订;2011年1月8日《国务院关于废止和修改部分行政法规的决定》第二次修订)

(全文略)

5. 最高人民法院《关于审理盗窃案件具体应用法律若干问题的解释》(法释〔1998〕4号)

(法释〔2013〕8号已声明该文件废止)

6. 最高人民法院《关于对采用破坏性手段盗窃正在使用的油田输油管道中油品的行为如何适用法律问题的批复》(法释〔2002〕10号)

(法释〔2013〕7号文件已声明该文件废止)

7. 最高人民法院《关于审理破坏电力设备刑事案件具体应用法律若干问题的解释》(法释〔2007〕15号)

第1条 破坏电力设备,具有下列情形之一的,属于刑法第119条第1款规定的"造成严重后果",以破坏电力设备罪判处10年以上有期徒刑、无期徒刑或者死刑:

(一)造成1人以上死亡、3人以上重伤或者10人以上轻伤的;(二)造成1万以上用户电力供应中断6小时以上,致使生产、生活受到严重影响的;(三)造成直接经济损失100万元以上的;(四)造成其他危害公共安全严重后果的。

第2条 过失损坏电力设备,造成本解释第1条规定的严重后果的,依照刑法第119条第2款的规定,以过失损坏电力设备罪判处3年以上7年以下有期徒刑;情节较轻的,处3年以下有期徒刑或者拘役。

第3条 盗窃电力设备,危害公共安全,但不构成盗窃罪的,以破坏电力设备罪定罪处罚;同时构成盗窃罪和破坏电力设备罪的,依照刑法处罚较重的规定定罪处罚。

盗窃电力设备,没有危及公共安全,但应当追究刑事责任的,可以根据案件的不同情况,按照盗窃罪等犯罪处理。

第4条 本解释所称电力设备,是指处于运行、应急等使用中的电力设备;已经通电使用,只是由于枯水季节或电力不足等原因暂停使用的电力设备;已经交付使用但尚未通电的电力设备。不包括尚未安装完毕,或者已经安装完毕但尚未交付使用的电力设备。

本解释中直接经济损失的计算范围,包括电量损失金额,被毁损设备材料的购置、更换、修复费用,以及因停电给用户造成的直接经济损失等。

第117条 【破坏交通设施罪】 破坏轨道、桥梁、隧道、公路、机场、航道、灯塔、标志或者进行其他破坏活动,足以使火车、汽车、电车、船只、航空器发生倾覆、毁坏危险,尚未造成严重后果的,处3年以上10年以下有期徒刑。

• 释义

破坏交通设施罪是指故意破坏轨道、桥梁、隧道、公路、机场、航道、灯塔、标志或者进行其他破坏活动,足以使火车、汽车、电车、船只、航空器发生倾覆、毁坏危险的行为。

• 管辖

公安机关刑事侦查部门。

• 关联法律

1. 最高人民法院、最高人民检察院、公安部、司法部《关于依法惩治妨害新型冠状病毒感染肺炎疫情防控违法犯罪的意见》(法发〔2020〕7号)

二、准确适用法律,依法严惩妨害疫情防控的各类违法犯罪

(八)依法严惩破坏交通设施犯罪。在疫情防控期间,破坏轨道、桥梁、隧道、公路、机场、航道、灯塔、标志或者进行其他破坏活动,足以使火车、汽车、电车、船只、航空器发生倾覆、毁坏危险的,依照刑法第117条、第119条第1款的规定,以破坏交通设施罪定罪处罚。

办理破坏交通设施案件,要区分具体情况,依法审慎处理。对于为了防止疫情蔓延,未经批准擅自封路阻碍交通,未造成严重后果的,一般不以犯罪论处,由主管部门予以纠正。(全文详见本书《刑法》第114条相关内容)

2. 最高人民法院、最高人民检察院、公安部《关于办理涉窨井盖相关刑事案件的指导意见》(2020年3月16日) 第1点

一、盗窃、破坏正在使用中的社会机动车通行道路上的窨井盖,足以使汽车、电车发生倾覆、毁坏危险,尚未造成严重后果的,依照刑法第117条的规定,以破坏交通设施罪定罪处罚;造成严重后果的,依照刑法第119条第1款的规定处罚。

过失造成严重后果的,依照刑法第119条第2款的规定,以过失损坏交通设施罪定罪处罚。(全文详见本书《刑法》第233条相关内容)

3. 参见本书《刑法》第116条该节内容。

第118条 【破坏电力设备罪】【破坏易燃易爆设备罪】 破坏电力、燃气或者其他易燃易爆设备,危害公共安全,尚未造成严重后果的,处3年以上10年以下有期徒刑。

• 释义

破坏电力设备罪是指故意破坏电力设备,危害公共电力安全的行为。盗窃电力设备,危害公共安全,但不构成盗窃罪的,以本罪定罪处罚;同时构成盗窃罪和本罪的,依照刑法处罚较重的规定定罪处罚。"电力设备"是指处于运行、应急等使用中;已经通电使用,只是由于枯

水季节或电力不足等原因暂停使用;已经交付使用但尚未通电。“直接经济损失”计算范围包括电量损失金额,被毁损设备材料的购置、更换、修复费用以及因停电给用户造成的直接经济损失等。

破坏易燃易爆设备罪是指故意破坏燃气或者其他易燃易爆设备,危害公共安全的行为,以及在实施盗窃油气等行为过程中,采用切割、打孔、撬砸、拆卸、开关等手段破坏正在使用的油气设备的行为。“油气”是指石油、天然气。其中,石油包括原油、成品油;天然气包括煤层气。“油气设备”是指用于石油、天然气生产、储存、运输等易燃易爆设备。

• 管辖

公安机关治安管理部门。

• 关联法律

1. 最高人民法院、最高人民检察院《关于办理盗窃油气、破坏油气设备等刑事案件具体应用法律若干问题的解释》(法释〔2007〕3 号)

为维护油气的生产、运输安全,依法惩治盗窃油气、破坏油气设备等犯罪,根据刑法有关规定,现就办理这类刑事案件具体应用法律的若干问题解释如下:

第 1 条 在实施盗窃油气等行为过程中,采用切割、打孔、撬砸、拆卸、开关等手段破坏正在使用的油气设备的,属于刑法第 118 条规定的“破坏燃气或者其他易燃易爆设备”行为;危害公共安全,尚未造成严重后果的,依刑法第 118 条的规定定罪处罚。

第 2 条 实施本解释第 1 条规定的行为,具有下列情形之一的,属于刑法第 119 条第 1 款规定的“造成严重后果”,依照刑法第 119 条第 1 款的规定定罪处罚:

(一)造成 1 人以上死亡、3 人以上重伤或者 10 人以上轻伤的;(二)造成井喷或者重大环境污染事故的;(三)造成直接经济损失数额在 50 万元以上的;(四)造成其他严重后果的。

第 3 条 盗窃油气或者正在使用的油气设备,构成犯罪,但未危害公共安全的,依照刑法第 264 条的规定,以盗窃罪定罪处罚。

盗窃油气,数额巨大但尚未运离现场的,以盗窃未遂定罪处罚。

为他人盗窃油气而偷开油气井、油气管道等油气设备阀门排放油气或者提供其他帮助的,以盗窃罪的共犯定罪处罚。

第 4 条 盗窃油气同时构成盗窃罪和破坏易燃易爆设备罪的,依照刑法处罚较重的规定定罪处罚。

第 5 条 明知是盗窃犯罪所得的油气或者油气设备,而予以窝藏、转移、收购、加工、代为销售或者以其他方法掩饰、隐瞒的,依照刑法第 312 条的规定定罪处罚。

实施前款规定的犯罪行为,事前通谋的,以盗窃犯罪的共犯定罪处罚。

第 6 条 违反矿产资源法的规定,非法开采或者破坏性开采石油、天然气资源的,依照刑法第 343 条以及《最高人民法院关于审理非法采矿、破坏性采矿刑事案件具体应用法律若干问题的解释》的规定追究刑事责任。

第 7 条 国家机关工作人员滥用职权或者玩忽职守,实施下列行为之一,致使公共财产、国家和人民利益遭受重大损失的,依照刑法第 397 条的规定,以滥用职权罪或者玩忽职守罪定罪处罚:

(一)超越职权范围,批准发放石油、天然气勘查、开采、加工、经营等许可证的;(二)违反国家规定,给不符合法定条件的单位、个人发放石油、天然气勘查、开采、加工、经营等许可证的;(三)违反《石油天然气管道保护条例》等国家规定,在油气设备安全保护范围内批准建设项目的;(四)对发现或者经举报查实的未经依法批准、许可擅自从事石油、天然气勘查、开采、加工、经营等违法活动不予查封、取缔的。

第8条 本解释所称的"油气",是指石油、天然气。其中,石油包括原油、成品油;天然气包括煤层气。

本解释所称"油气设备",是指用于石油、天然气生产、储存、运输等易燃易爆设备。

2. 最高人民法院《关于审理破坏电力设备刑事案件具体应用法律若干问题的解释》(法释〔2007〕15号)

第3条 盗窃电力设备,危害公共安全,但不构成盗窃罪的,以破坏电力设备罪定罪处罚;同时构成盗窃罪和破坏电力设备罪的,依照刑法处罚较重的规定定罪处罚。

第4条 本解释所称电力设备,是指处于运行、应急等使用中的电力设备;已经通电使用,只是由于枯水季节或电力不足等原因暂停使用的电力设备;已经交付使用但尚未通电的电力设备。不包括尚未安装完毕,或者已经安装完毕但尚未交付使用的电力设备。

本解释中直接经济损失的计算范围,包括电量损失金额,被毁损设备材料的购置、更换、修复费用,以及因停电给用户造成的直接经济损失等。(全文详见本书《刑法》第116条相关内容)

3. 最高人民法院、最高人民检察院、公安部《关于办理盗窃油气、破坏油气设备等刑事案件适用法律若干问题的意见》(法发〔2018〕18号)

为依法惩治盗窃油气、破坏油气设备等犯罪,维护公共安全、能源安全和生态安全,根据《中华人民共和国刑法》《中华人民共和国刑事诉讼法》和《最高人民法院、最高人民检察院关于办理盗窃油气、破坏油气设备等刑事案件具体应用法律若干问题的解释》等法律、司法解释的规定,结合工作实际,制定本意见。

一、关于危害公共安全的认定

在实施盗窃油气等行为过程中,破坏正在使用的油气设备,具有下列情形之一的,应当认定为刑法第118条规定的"危害公共安全":(一)采用切割、打孔、撬砸、拆卸手段的,但是明显未危害公共安全的除外;(二)采用开、关等手段,足以引发火灾、爆炸等危险的。

二、关于盗窃油气未遂的刑事责任

着手实施盗窃油气行为,由于意志以外的原因未得逞,具有下列情形之一的,以盗窃罪(未遂)追究刑事责任:

(一)以数额巨大的油气为盗窃目标的;(二)已将油气装入包装物或者运输工具,达到"数额较大"标准3倍以上的;(三)携带盗油卡子、手摇钻、电钻、电焊枪等切割、打孔、撬砸、拆卸工具的;(四)其他情节严重的情形。

三、关于共犯的认定

在共同盗窃油气、破坏油气设备等犯罪中,实际控制、为主出资或者组织、策划、纠集、雇佣、指使他人参与犯罪的,应当依法认定为主犯;对于其他人员,在共同犯罪中起主要作用的,也应当依法认定为主犯。

在输油输气管道投入使用前擅自安装阀门,在管道投入使用后将该阀门提供给他人盗窃油气的,以盗窃罪、破坏易燃易爆设备罪等有关犯罪的共同犯罪论处。

四、关于内外勾结盗窃油气行为的处理

行为人与油气企业人员勾结共同盗窃油气,没有利用油气企业人员职务便利,仅仅是利用其易于接近油气设备、熟悉环境等方便条件的,以盗窃罪的共同犯罪论处。

实施上述行为,同时构成破坏易燃易爆设备罪的,依照处罚较重的规定定罪处罚。

五、关于窝藏、转移、收购、加工、代为销售被盗油气行为的处理

明知是犯罪所得的油气而予以窝藏、转移、收购、加工、代为销售或者以其他方式掩饰、隐瞒,符合刑法第312条规定的,以掩饰、隐瞒犯罪所得罪追究刑事责任。

“明知”的认定,应当结合行为人的认知能力、所得报酬、运输工具、运输路线、收购价格、收购形式、加工方式、销售地点、仓储条件等因素综合考虑。

实施第1款规定的犯罪行为,事前通谋的,以盗窃罪、破坏易燃易爆设备罪等有关犯罪的共同犯罪论处。

六、关于直接经济损失的认定

《最高人民法院、最高人民检察院关于办理盗窃油气、破坏油气设备等刑事案件具体应用法律若干问题的解释》第2条第3项规定的“直接经济损失”包括因实施盗窃油气等行为直接造成的油气损失以及采取抢修堵漏等措施所产生的费用。

对于直接经济损失数额,综合油气企业提供的证据材料、犯罪嫌疑人、被告人及其辩护人所提辩解、辩护意见等认定;难以确定的,依据价格认证机构出具的报告,结合其他证据认定。

油气企业提供的证据材料,应当有工作人员签名和企业公章。

七、关于专门性问题的认定

对于油气的质量、标准等专门性问题,综合油气企业提供的证据材料、犯罪嫌疑人、被告人及其辩护人所提辩解、辩护意见等认定;难以确定的,依据司法鉴定机构出具的鉴定意见或者国务院公安部门指定的机构出具的报告,结合其他证据认定。

油气企业提供的证据材料,应当有工作人员签名和企业公章。

4. 参见本书《刑法》第116条该节相关内容。

第119条 【破坏交通工具罪】【破坏交通设施罪】【破坏电力设备罪】【破坏易燃易爆设备罪】 破坏交通工具、交通设施、电力设备、燃气设备、易燃易爆设备,造成严重后果的,处10年以上有期徒刑、无期徒刑或者死刑。

【过失损坏交通工具罪】【过失损坏交通设施罪】【过失损坏电力设备罪】【过失损坏易燃易爆设备罪】 过失犯前款罪的,处3年以上7年以下有期徒刑;情节较轻的,处3年以下有期徒刑或者拘役。

• 释义

破坏交通工具罪、破坏交通设施罪、破坏电力设备罪、破坏易燃易爆设备罪是指破坏电力设备造成1人以上死亡、3人以上重伤或10人以上轻伤的;造成1万以上用户电力供应中断6小时以上,致使生产、生活受到严重影响的;造成直接经济损失100万元以上的,处10年以上有期徒刑、无期徒刑或者死刑。在实施盗窃油气等行为过程中,采用切割、打孔、撬砸、拆卸、开关等手段破坏正在使用的油气设备,造成1人以上死亡、3人以上重伤或10人以上轻伤的;造成井喷或者重大环境污染事故的;造成直接经济损失数额在50万元以上的,处10年以上有期徒刑、无期徒刑或者死刑。

过失损坏交通工具罪是指过失破坏火车、汽车、电车、船只、航空器,危害交通运输安全,造成严重后果的行为。

过失损坏交通设施罪是指过失破坏轨道、桥梁、隧道、公路、机场、航道、灯塔、标志,危害交通运输安全,造成严重后果的行为。

过失损坏电力设备罪是指过失破坏电力设备,危害公共电力安全,造成严重后果的行为。

过失损坏易燃易爆设备罪是指过失破坏燃气或者其他易燃易爆设备,危害公共安全,造成严重后果的行为。

• 管辖

公安机关刑事侦查部门。

• 关联法律

1. 最高人民法院、最高人民检察院《关于办理盗窃油气、破坏油气设备等刑事案件具体应用法律若干问题的解释》(法释〔2007〕3号)

第1条 在实施盗窃油气等行为过程中,采用切割、打孔、撬砸、拆卸、开关等手段破坏正在使用的油气设备的,属于刑法第118条规定的"破坏燃气或者其他易燃易爆设备"的行为;危害公共安全,尚未造成严重后果的,依照刑法第118条的规定定罪处罚。

第2条 实施本解释第1条规定的行为,具有下列情形之一的,属于刑法第119条第1款规定的"造成严重后果",依照刑法第119条第1款的规定定罪处罚:

(一)造成1人以上死亡、3人以上重伤或者10人以上轻伤的;(二)造成井喷或者重大环境污染事故的;(三)造成直接经济损失数额在50万元以上的;(四)造成其他严重后果的。

第4条 盗窃油气同时构成盗窃罪和破坏易燃易爆设备罪的,依照刑法处罚较重的规定定罪处罚。(全文详见本书《刑法》第118条相关内容)

2. 最高人民法院《关于审理破坏电力设备刑事案件具体应用法律若干问题的解释》(法释〔2007〕15号)

第1条 破坏电力设备,具有下列情形之一的,属于刑法第119条第1款规定的"造成严重后果",以破坏电力设备罪判处10年以上有期徒刑、无期徒刑或者死刑:

(一)造成1人以上死亡、3人以上重伤或者10人以上轻伤的;(二)造成1万以上用户电力供应中断6小时以上,致使生产、生活受到严重影响的;(三)造成直接经济损失100万元以上的;(四)造成其他危害公共安全严重后果的。

第2条 过失损坏电力设备,造成本解释第1条规定的严重后果的,依照刑法第119条第2款的规定,以过失损坏电力设备罪处3年以上7年以下有期徒刑;情节较轻的,处3年以下有期徒刑或者拘役。(全文详见本书《刑法》第116条相关内容)

3. 最高人民法院、最高人民检察院、公安部、司法部《关于依法惩治妨害新型冠状病毒感染肺炎疫情防控违法犯罪的意见》(法发〔2020〕7号)

二、准确适用法律,依法严惩妨害疫情防控的各类违法犯罪

(八)依法严惩破坏交通设施犯罪。在疫情防控期间,破坏轨道、桥梁、隧道、公路、机场、航道、灯塔、标志或者进行其他破坏活动,足以使火车、汽车、电车、船只、航空器发生倾覆、毁坏危险的,依照刑法第117条、第119条第1款的规定,以破坏交通设施罪定罪处罚。

办理破坏交通设施案件,要区分具体情况,依法审慎处理。对于为了防止疫情蔓延,未经批准擅自封路阻碍交通,未造成严重后果的,一般不以犯罪论处,由主管部门予以纠正。(全文详见本书《刑法》第114条相关内容)

4. 最高人民法院、最高人民检察院、公安部《关于办理涉窨井盖相关刑事案件的指导意见》(高检发〔2020〕3号)

一、盗窃、破坏正在使用中的社会机动车通行道路上的窨井盖,足以使汽车、电车发生倾覆、毁坏危险,尚未造成严重后果的,依照刑法第117条的规定,以破坏交通设施罪定罪处罚;造成严重后果的,依照刑法第119条第1款的规定处罚。

过失造成严重后果的,依照刑法第119条第2款的规定,以过失损坏交通设施罪定罪处罚。(全文详见本书《刑法》第233条相关内容)

5. 参见本书《刑法》第 116 条、第 118 条该节相关内容。

第 120 条 【组织、领导、参加恐怖组织罪】 组织、领导恐怖活动组织的，处 10 年以上有期徒刑或者无期徒刑，并处没收财产；积极参加的，处 3 年以上 10 年以下有期徒刑，并处罚金；其他参加的，处 3 年以下有期徒刑、拘役、管制或者剥夺政治权利，可以并处罚金。

犯前款罪并实施杀人、爆炸、绑架等犯罪的，依照数罪并罚的规定处罚。

（本条《中华人民共和国刑法修正案（3）》第 1 次修改；《中华人民共和国刑法修正案（9）》第 2 次修改）

• 释义

组织、领导、参加恐怖组织罪是指组织、领导或者参加恐怖活动组织的行为；或者积极参加恐怖活动组织的行为。

责任形式为故意，但须以实施恐怖活动为目的。“恐怖活动组织”是以实施恐怖活动为目的而建立的，危害极为严重的犯罪组织；“恐怖活动”是指为达一定政治目的而对不特定无辜者使用暴力、胁迫等手段，以要挟政府或者造成社会恐惧的行为。

本条增加了刑罚种类：一、对组织、领导恐怖活动组织的，积极参加恐怖活动组织的，除自由刑外增加没收财产和罚金刑；二、其他参加恐怖活动组织的，除自由刑外可以并处罚金。

• 管辖

公安机关反恐怖部门。

• 关联法律

1.《中华人民共和国刑法修正案（3）》（2001 年 12 月 29 日第九届全国人大常委会第二十五次会议通过）

三、将刑法第 120 条第 1 款修改为：“组织、领导恐怖活动组织的，处 10 年以上有期徒刑或者无期徒刑；积极参加的，处 3 年以上 10 年以下有期徒刑；其他参加的，处 3 年以下有期徒刑、拘役、管制或者剥夺政治权利。”

（1997 年《刑法》原条：组织、领导和积极参加恐怖活动组织的，处 3 年以上 10 年以下有期徒刑；其他参加的，处 3 年以下有期徒刑、拘役或管制。）

2.《关于加强反恐怖工作有关问题的决定》（2011 年 10 月 29 日第十一届全国人大常委会第二十三次会议通过）

（2015 年 12 月 27 日第十二届全国人大常委会第十八次会议通过的《中华人民共和国反恐怖主义法》声明该决定废止）

3. 最高人民法院、最高人民检察院、公安部《关于办理暴力恐怖和宗教极端刑事案件适用法律若干问题的意见》（公通字〔2014〕34 号）

［被最高人民法院、最高人民检察院、公安部、司法部《〈关于办理恐怖活动和极端主义犯罪案件适用法律若干问题的意见〉的通知》（高检会〔2018〕1 号）废止］

4.《中华人民共和国刑法修正案（9）》（2015 年 8 月 29 日第十二届全国人大常委会第十六次会议通过）

五、将刑法第 120 条修改为：“组织、领导恐怖活动组织的，处 10 年以上有期徒刑或者无期徒刑，并处没收财产；积极参加的，处 3 年以上 10 年以下有期徒刑，并处罚金；其他参加的，处 3 年以下有期徒刑、拘役、管制或者剥夺政治权利，可以并处罚金。”

"犯前款罪并实施杀人、爆炸、绑架等犯罪的,依照数罪并罚的规定处罚。"

(原条文:资助恐怖活动组织或者实施恐怖活动的个人的,处5年以下有期徒刑、拘役、管制或者剥夺政治权利,并处罚金;情节严重的,处5年以上有期徒刑,并处罚金或者没收财产。

单位犯前款罪的,对单位判处罚金.并对其直接负责的主管人员和其他责任人员,依照前款的规定处罚。)

5.《中华人民共和国反恐怖主义法》(2015年12月27日第十二届全国人大常委会第十八次会议通过;2018年4月27日第十三届全国人大常委会第二次会议《关于修改〈中华人民共和国国境卫生检疫法〉等6部法律的决定》修正) 第2条、第3条、第8条、第11条至第16条、第18条至第30条、第39条、第40条、第45条至第54条、第58条、第62条、第63条、第66条、第70条至第72条、第79条至第97条

第2条 国家反对一切形式的恐怖主义,依法取缔恐怖活动组织,对任何组织、策划、准备实施、实施恐怖活动,宣扬恐怖主义,煽动实施恐怖活动,组织、领导、参加恐怖活动组织,为恐怖活动提供帮助的,依法追究法律责任。

国家不向任何恐怖活动组织和人员作出妥协,不向任何恐怖活动人员提供庇护或者给予难民地位。

第3条 本法所称恐怖主义,是指通过暴力、破坏、恐吓等手段,制造社会恐慌、危害公共安全、侵犯人身财产,或者胁迫国家机关、国际组织,以实现其政治、意识形态等目的的主张和行为。

本法所称恐怖活动,是指恐怖主义性质的下列行为:

(一)组织、策划、准备实施、实施造成或者意图造成人员伤亡、重大财产损失、公共设施损坏、社会秩序混乱等严重社会危害的活动的;(二)宣扬恐怖主义,煽动实施恐怖活动,或者非法持有宣扬恐怖主义的物品,强制他人在公共场所穿戴宣扬恐怖主义的服饰、标志的;(三)组织、领导、参加恐怖活动组织的;(四)为恐怖活动组织、恐怖活动人员、实施恐怖活动或者恐怖活动培训提供信息、资金、物资、劳务、技术、场所等支持、协助、便利的;(五)其他恐怖活动。

本法所称恐怖活动组织,是指3人以上为实施恐怖活动而组成的犯罪组织。

本法所称恐怖活动人员,是指实施恐怖活动的人和恐怖活动组织的成员。

本法所称恐怖事件,是指正在发生或者已经发生的造成或者可能造成重大社会危害的恐怖活动。

第8条 公安机关、国家安全机关和人民检察院、人民法院、司法行政机关以及其他有关国家机关,应当根据分工,实行工作责任制,依法做好反恐怖主义工作。

中国人民解放军、中国人民武装警察部队和民兵组织依照本法和其他有关法律、行政法规、军事法规以及国务院、中央军事委员会的命令,并根据反恐怖主义工作领导机构的部署,防范和处置恐怖活动。

有关部门应当建立联动配合机制,依靠、动员村民委员会、居民委员会、企业事业单位、社会组织,共同开展反恐怖主义工作。

第11条 对在中华人民共和国领域外对中华人民共和国国家、公民或者机构实施的恐怖活动犯罪,或者实施的中华人民共和国缔结、参加的国际条约所规定的恐怖活动犯罪,中华人民共和国行使刑事管辖权,依法追究刑事责任。

第12条 国家反恐怖主义工作领导机构根据本法第3条的规定,认定恐怖活动组织和人员,由国家反恐怖主义工作领导机构的办事机构予以公告。

第13条 国务院公安部门、国家安全部门、外交部门和省级反恐怖主义工作领导机构对于需要认定恐怖活动组织和人员的,应当向国家反恐怖主义工作领导机构提出申请。

第14条 金融机构和特定非金融机构对国家反恐怖主义工作领导机构的办事机构公告的恐怖活动组织和人员的资金或者其他资产,应当立即予以冻结,并按照规定及时向国务院公安部门、国家安全部门和反洗钱行政主管部门报告。

第15条 被认定的恐怖活动组织和人员对认定不服的,可以通过国家反恐怖主义工作领导机构的办事机构申请复核。国家反恐怖主义工作领导机构应当及时进行复核,作出维持或者撤销认定的决定。复核决定为最终决定。

国家反恐怖主义工作领导机构作出撤销认定的决定的,由国家反恐怖主义工作领导机构的办事机构予以公告;资金、资产已被冻结的,应当解除冻结。

第16条 根据刑事诉讼法的规定,有管辖权的中级以上人民法院在审判刑事案件的过程中,可以依法认定恐怖活动组织和人员。对于在判决生效后需要由国家反恐怖主义工作领导机构的办事机构予以公告的,适用本章的有关规定。

第18条 电信业务经营者、互联网服务提供者应当为公安机关、国家安全机关依法进行防范、调查恐怖活动提供技术接口和解密等技术支持和协助。

第19条 电信业务经营者、互联网服务提供者应当依照法律、行政法规规定,落实网络安全、信息内容监督制度和安全技术防范措施,防止含有恐怖主义、极端主义内容的信息传播;发现含有恐怖主义、极端主义内容的信息的,应当立即停止传输,保存相关记录,删除相关信息,并向公安机关或者有关部门报告。

网信、电信、公安、国家安全等主管部门对含有恐怖主义、极端主义内容的信息,应当按照职责分工,及时责令有关单位停止传输、删除相关信息,或者关闭相关网站、关停相关服务。有关单位应当立即执行,并保存相关记录,协助进行调查。对互联网上跨境传输的含有恐怖主义、极端主义内容的信息,电信主管部门应当采取技术措施,阻断传播。

第20条 铁路、公路、水上、航空的货运和邮政、快递等物流运营单位应当实行安全查验制度,对客户身份进行查验,依照规定对运输、寄递物品进行安全检查或者开封验视。对禁止运输、寄递,存在重大安全隐患,或者客户拒绝安全查验的物品,不得运输、寄递。

前款规定的物流运营单位,应当实行运输、寄递客户身份、物品信息登记制度。

第21条 电信、互联网、金融、住宿、长途客运、机动车租赁等业务经营者、服务提供者,应当对客户身份进行查验。对身份不明或者拒绝身份查验的,不得提供服务。

第22条 生产和进口单位应当依照规定对枪支等武器、弹药、管制器具、危险化学品、民用爆炸物品、核与放射物品作出电子追踪标识,对民用爆炸物品添加安检示踪标识物。

运输单位应当依照规定对运营中的危险化学品、民用爆炸物品、核与放射物品的运输工具通过定位系统实行监控。

有关单位应当依照规定对传染病病原体等物质实行严格的监督管理,严密防范传染病病原体等物质扩散或者流入非法渠道。对管制器具、危险化学品、民用爆炸物品,国务院有关主管部门或者省级人民政府根据需要,在特定区域、特定时间,可以决定对生产、进出口、运输、销售、使用、报废实施管制,可以禁止使用现金、实物进行交易或者对交易活动作出其他限制。

第23条 发生枪支等武器、弹药、危险化学品、民用爆炸物品、核与放射物品、传染病病原体等物质被盗、被抢、丢失或者其他流失的情形,案发单位应当立即采取必要的控制措施,并立即向公安机关报告,同时依照规定向有关主管部门报告。公安机关接到报告后,应当及时开展调查。有关主管部门应当配合公安机关开展工作。

任何单位和个人不得非法制作、生产、储存、运输、进出口、销售、提供、购买、使用、持有、报废、销毁前款规定的物品。公安机关发现的,应当予以扣押;其他主管部门发现的,应当予以扣押,并立即通报公安机关;其他单位、个人发现的,应当立即向公安机关报告。

第24条 国务院反洗钱行政主管部门、国务院有关部门、机构依法对金融机构和特定非金融机构履行反恐怖主义融资义务的情况进行监督管理。国务院反洗钱行政主管部门发现涉嫌恐怖主义融资的,可以依法进行调查,采取临时冻结措施。

第25条 审计、财政、税务等部门在依照法律、行政法规的规定对有关单位实施监督检查的过程中,发现资金流入流出涉嫌恐怖主义融资的,应当及时通报公安机关。

第26条 海关在对进出境人员携带现金和无记名有价证券实施监管的过程中,发现涉嫌恐怖主义融资的,应当立即通报国务院反洗钱行政主管部门和有管辖权的公安机关。

第27条 地方各级人民政府制定、组织实施城乡规划,应当符合反恐怖主义工作的需要。地方各级人民政府应当根据需要,组织、督促有关建设单位在主要道路、交通枢纽、城市公共区域的重点部位,配备、安装公共安全视频图像信息系统等防范恐怖袭击的技防、物防设备、设施。

第28条 公安机关和有关部门对宣扬极端主义,利用极端主义危害公共安全、扰乱公共秩序、侵犯人身财产、妨害社会管理的,应当及时予以制止,依法追究法律责任。

公安机关发现极端主义活动的,应当责令立即停止,将有关人员强行带离现场并登记身份信息,对有关物品、资料予以收缴,对非法活动场所予以查封。

任何单位和个人发现宣扬极端主义的物品、资料、信息的,应当立即向公安机关报告。

第29条 对被教唆、胁迫、引诱参与恐怖活动、极端主义活动,或者参与恐怖活动、极端主义活动情节轻微,尚不构成犯罪的人员,公安机关应当组织有关部门、村民委员会、居民委员会、所在单位、就读学校、家庭和监护人对其进行帮教。

监狱、看守所、社区矫正机构应当加强对服刑的恐怖活动罪犯和极端主义罪犯的管理、教育、矫正等工作。监狱、看守所对恐怖活动罪犯和极端主义罪犯,根据教育改造和维护监管秩序的需要,可以与普通刑事罪犯混合关押,也可以个别关押。

第30条 对恐怖活动罪犯和极端主义罪犯被判处徒刑以上刑罚的,监狱、看守所应当在刑满释放前根据其犯罪性质、情节和社会危害程度,服刑期间的表现,释放后对所居住社区的影响等进行社会危险性评估。进行社会危险性评估,应当听取有关基层组织和原办案机关的意见。经评估具有社会危险性的,监狱、看守所应当向罪犯服刑地的中级人民法院提出安置教育建议,并将建议书副本抄送同级人民检察院。

罪犯服刑地的中级人民法院对于确有社会危险性的,应当在罪犯刑满释放前作出责令其在刑满释放后接受安置教育的决定。决定书副本应当抄送同级人民检察院。被决定安置教育的人员对决定不服的,可以向上一级人民法院申请复议。

安置教育由省级人民政府组织实施。安置教育机构应当每年对被安置教育人员进行评估,对于确有悔改表现,不致再危害社会的,应当及时提出解除安置教育的意见,报决定安置教育的中级人民法院作出决定。被安置教育人员有权申请解除安置教育。

人民检察院对安置教育的决定和执行实行监督。

第39条 出入境证件签发机关、出入境边防检查机关对恐怖活动人员和恐怖活动嫌疑人员,有权决定不准其出境入境、不予签发出境入境证件或者宣布其出境入境证件作废。

第40条 海关、出入境边防检查机关发现恐怖活动嫌疑人员或者涉嫌恐怖活动物品的,应当依法扣留,并立即移送公安机关或者国家安全机关。

第45条 公安机关、国家安全机关、军事机关在其职责范围内,因反恐怖主义情报信息工作的需要,根据国家有关规定,经过严格的批准手续,可以采取技术侦察措施。

依照前款规定获取的材料,只能用于反恐怖主义应对处置和对恐怖活动犯罪、极端主义犯罪的侦查、起诉和审判,不得用于其他用途。

第46条 有关部门对于在本法第3章规定的安全防范工作中获取的信息,应当根据国家反恐怖主义情报中心的要求,及时提供。

第47条 国家反恐怖主义情报中心、地方反恐怖主义工作领导机构以及公安机关等有关部门应当对有关情报信息进行筛查、研判、核查、监控,认为有发生恐怖事件危险,需要采取相应的安全防范、应对处置措施的,应当及时通报有关部门和单位,并可以根据情况发出预警。有关部门和单位应当根据通报做好安全防范、应对处置工作。

第48条 反恐怖主义工作领导机构、有关部门和单位、个人应当对履行反恐怖主义工作职责、义务过程中知悉的国家秘密、商业秘密和个人隐私予以保密。

违反规定泄露国家秘密、商业秘密和个人隐私的,依法追究法律责任。

第49条 公安机关接到恐怖活动嫌疑的报告或者发现恐怖活动嫌疑,需要调查核实的,应当迅速进行调查。

第50条 公安机关调查恐怖活动嫌疑,可以依照有关法律规定对嫌疑人员进行盘问、检查、传唤,可以提取或者采集肖像、指纹、虹膜图像等人体生物识别信息和血液、尿液、脱落细胞等生物样本,并留存其签名。

公安机关调查恐怖活动嫌疑,可以通知了解有关情况的人员到公安机关或者其他地点接受询问。

第51条 公安机关调查恐怖活动嫌疑,有权向有关单位和个人收集、调取相关信息和材料。有关单位和个人应当如实提供。

第52条 公安机关调查恐怖活动嫌疑,经县级以上公安机关负责人批准,可以查询嫌疑人员的存款、汇款、债券、股票、基金份额等财产,可以采取查封、扣押、冻结措施。查封、扣押、冻结的期限不得超过2个月,情况复杂的,可以经上一级公安机关负责人批准延长1个月。

第53条 公安机关调查恐怖活动嫌疑,经县级以上公安机关负责人批准,可以根据其危险程度,责令恐怖活动嫌疑人员遵守下列1项或者多项约束措施:

(一)未经公安机关批准不得离开所居住的市、县或者指定的处所;(二)不得参加大型群众性活动或者从事特定的活动;(三)未经公安机关批准不得乘坐公共交通工具或者进入特定的场所;(四)不得与特定的人员会见或者通信;(五)定期向公安机关报告活动情况;(六)将护照等出入境证件、身份证件、驾驶证件交公安机关保存。

公安机关可以采取电子监控、不定期检查等方式对其遵守约束措施的情况进行监督。

采取前两款规定的约束措施的期限不得超过3个月。对不需要继续采取约束措施的,应当及时解除。

第54条 公安机关经调查,发现犯罪事实或者犯罪嫌疑人的,应当依照刑事诉讼法的规定立案侦查。本章规定的有关期限届满,公安机关未立案侦查的,应当解除有关措施。

第58条 发现恐怖事件或者疑似恐怖事件后,公安机关应当立即进行处置,并向反恐怖主义工作领导机构报告;中国人民解放军、中国人民武装警察部队发现正在实施恐怖活动的,应当立即予以控制并将案件及时移交公安机关。

反恐怖主义工作领导机构尚未确定指挥长的,由在场处置的公安机关职级最高的人员担任现场指挥员。公安机关未能到达现场的,由在场处置的中国人民解放军或者中国人民武装警察部队职级最高的人员担任现场指挥员。现场应对处置人员无论是否属于同一单位、系统,均应当服从现场指挥员的指挥。

指挥长确定后,现场指挥员应当向其请示、报告工作或者有关情况。

第 62 条 人民警察、人民武装警察以及其他依法配备、携带武器的应对处置人员，对在现场持枪支、刀具等凶器或者使用其他危险方法，正在或者准备实施暴力行为的人员，经警告无效的，可以使用武器；紧急情况下或者警告后可能导致更为严重危害后果的，可以直接使用武器。

第 63 条 恐怖事件发生、发展和应对处置信息，由恐怖事件发生地的省级反恐怖主义工作领导机构统一发布；跨省、自治区、直辖市发生的恐怖事件，由指定的省级反恐怖主义工作领导机构统一发布。

任何单位和个人不得编造、传播虚假恐怖事件信息；不得报道、传播可能引起模仿的恐怖活动的实施细节；不得发布恐怖事件中残忍、不人道的场景；在恐怖事件的应对处置过程中，除新闻媒体经负责发布信息的反恐怖主义工作领导机构批准外，不得报道、传播现场应对处置的工作人员、人质身份信息和应对处置行动情况。

第 66 条 公安机关应当及时对恐怖事件立案侦查，查明事件发生的原因、经过和结果，依法追究恐怖活动组织、人员的刑事责任。

第 70 条 涉及恐怖活动犯罪的刑事司法协助、引渡和被判刑人移管，依照有关法律规定执行。

第 71 条 经与有关国家达成协议，并报国务院批准，国务院公安部门、国家安全部门可以派员出境执行反恐怖主义任务。

中国人民解放军、中国人民武装警察部队派员出境执行反恐怖主义任务，由中央军事委员会批准。

第 72 条 通过反恐怖主义国际合作取得的材料可以在行政处罚、刑事诉讼中作为证据使用，但我方承诺不作为证据使用的除外。

第 79 条 组织、策划、准备实施、实施恐怖活动，宣扬恐怖主义，煽动实施恐怖活动，非法持有宣扬恐怖主义的物品，强制他人在公共场所穿戴宣扬恐怖主义的服饰、标志，组织、领导、参加恐怖活动组织，为恐怖活动组织、恐怖活动人员、实施恐怖活动或者恐怖活动培训提供帮助的，依法追究刑事责任。

第 80 条 参与下列活动之一，情节轻微，尚不构成犯罪的，由公安机关处 10 日以上 15 日以下拘留，可以并处 1 万元以下罚款：

（一）宣扬恐怖主义、极端主义或者煽动实施恐怖活动、极端主义活动的；（二）制作、传播、非法持有宣扬恐怖主义、极端主义的物品的；（三）强制他人在公共场所穿戴宣扬恐怖主义、极端主义的服饰、标志的；（四）为宣扬恐怖主义、极端主义或者实施恐怖主义、极端主义活动提供信息、资金、物资、劳务、技术、场所等支持、协助、便利的。

第 81 条 利用极端主义，实施下列行为之一，情节轻微，尚不构成犯罪的，由公安机关处 5 日以上 15 日以下拘留，可以并处 1 万元以下罚款：

（一）强迫他人参加宗教活动，或者强迫他人向宗教活动场所、宗教教职人员提供财物或者劳务的；（二）以恐吓、骚扰等方式驱赶其他民族或者有其他信仰的人员离开居住地的；（三）以恐吓、骚扰等方式干涉他人与其他民族或者有其他信仰的人员交往、共同生活的；（四）以恐吓、骚扰等方式干涉他人生活习俗、方式和生产经营的；（五）阻碍国家机关工作人员依法执行职务的；（六）歪曲、诋毁国家政策、法律、行政法规，煽动、教唆抵制人民政府依法管理的；（七）煽动、胁迫群众损毁或者故意损毁居民身份证、户口簿等国家法定证件以及人民币的；（八）煽动、胁迫他人以宗教仪式取代结婚、离婚登记的；（九）煽动、胁迫未成年人不接受义务教育的；（十）其他利用极端主义破坏国家法律制度实施的。

第 82 条 明知他人有恐怖活动犯罪、极端主义犯罪行为，窝藏、包庇，情节轻微，尚不构成犯罪的，或者在司法机关向其调查有关情况、收集有关证据时，拒绝提供的，由公安机关处10日以上15日以下拘留，可以并处1万元以下罚款。

第83条 金融机构和特定非金融机构对国家反恐怖主义工作领导机构的办事机构公告的恐怖活动组织及恐怖活动人员的资金或者其他资产，未立即予以冻结的，由公安机关处20万元以上50万元以下罚款，并对直接负责的董事、高级管理人员和其他直接责任人员处10万元以下罚款；情节严重的，处50万元以上罚款，并对直接负责的董事、高级管理人员和其他直接责任人员，处10万元以上50万元以下罚款，可以并处5日以上15日以下拘留。

第84条 电信业务经营者、互联网服务提供者有下列情形之一的，由主管部门处20万元以上50万元以下罚款，并对其直接负责的主管人员和其他直接责任人员处10万元以下罚款；情节严重的，处50万元以上罚款，并对其直接负责的主管人员和其他直接责任人员，处10万元以上50万元以下罚款，可以由公安机关对其直接负责的主管人员和其他直接责任人员，处5日以上15日以下拘留：

（一）未依照规定为公安机关、国家安全机关依法进行防范、调查恐怖活动提供技术接口和解密等技术支持和协助的；（二）未按照主管部门的要求，停止传输、删除含有恐怖主义、极端主义内容的信息，保存相关记录，关闭相关网站或者关停相关服务的；（三）未落实网络安全、信息内容监督制度和安全技术防范措施，造成含有恐怖主义、极端主义内容的信息传播，情节严重的。

第85条 铁路、公路、水上、航空的货运和邮政、快递等物流运营单位有下列情形之一的，由主管部门处10万元以上50万元以下罚款，并对其直接负责的主管人员和其他直接责任人员处10万元以下罚款：

（一）未实行安全查验制度，对客户身份进行查验，或者未依照规定对运输、寄递物品进行安全检查或者开封验视的；（二）对禁止运输、寄递，存在重大安全隐患，或者客户拒绝安全查验的物品予以运输、寄递的；（三）未实行运输、寄递客户身份、物品信息登记制度的。

第86条 电信、互联网、金融业务经营者、服务提供者未按规定对客户身份进行查验，或者对身份不明、拒绝身份查验的客户提供服务的，主管部门应当责令改正；拒不改正的，处20万元以上50万元以下罚款，并对其直接负责的主管人员和其他直接责任人员处10万元以下罚款；情节严重的，处50万元以上罚款，并对其直接负责的主管人员和其他直接责任人员，处10万元以上50万元以下罚款。

住宿、长途客运、机动车租赁等业务经营者、服务提供者有前款规定情形的，由主管部门处10万元以上50万元以下罚款，并对其直接负责的主管人员和其他直接责任人员处10万元以下罚款。

第87条 违反本法规定，有下列情形之一的，由主管部门给予警告，并责令改正；拒不改正的，处10万元以下罚款，并对其直接负责的主管人员和其他直接责任人员处1万元以下罚款：

（一）未依照规定对枪支等武器、弹药、管制器具、危险化学品、民用爆炸物品、核与放射物品作出电子追踪标识，对民用爆炸物品添加安检示踪标识物的；（二）未依照规定对运营中的危险化学品、民用爆炸物品、核与放射物品的运输工具通过定位系统实行监控的；（三）未依照规定对传染病病原体等物质实行严格的监督管理，情节严重的；（四）违反国务院有关主管部门或者省级人民政府对管制器具、危险化学品、民用爆炸物品决定的管制或者限制交易措施的。

第88条 防范恐怖袭击重点目标的管理、营运单位违反本法规定，有下列情形之一的，由公安机关给予警告，并责令改正；拒不改正的，处10万元以下罚款，并对其直接负责的主管

人员和其他直接责任人员处1万元以下罚款:

(一)未制定防范和应对处置恐怖活动的预案、措施的;(二)未建立反恐怖主义工作专项经费保障制度,或者未配备防范和处置设备、设施的;(三)未落实工作机构或者责任人员的;(四)未对重要岗位人员进行安全背景审查,或者未将有不适合情形的人员调整工作岗位的;(五)对公共交通运输工具未依照规定配备安保人员和相应设备、设施的;(六)未建立公共安全视频图像信息系统值班监看、信息保存使用、运行维护等管理制度的。

大型活动承办单位以及重点目标的管理单位未依照规定对进入大型活动场所、机场、火车站、码头、城市轨道交通站、公路长途客运站、口岸等重点目标的人员、物品和交通工具进行安全检查的,公安机关应当责令改正;拒不改正的,处10万元以下罚款,并对其直接负责的主管人员和其他直接责任人员处1万元以下罚款。

第89条 恐怖活动嫌疑人员违反公安机关责令其遵守的约束措施的,由公安机关给予警告,并责令改正;拒不改正的,处5日以上15日以下拘留。

第90条 新闻媒体等单位编造、传播虚假恐怖事件信息,报道、传播可能引起模仿的恐怖活动的实施细节,发布恐怖事件中残忍、不人道的场景,或者未经批准,报道、传播现场应对处置的工作人员、人质身份信息和应对处置行动情况的,由公安机关处20万元以下罚款,并对其直接负责的主管人员和其他直接责任人员,处5日以上15日以下拘留,可以并处5万元以下罚款。

个人有前款规定行为的,由公安机关处5日以上15日以下拘留,可以并处1万元以下罚款。

第91条 拒不配合有关部门开展反恐怖主义安全防范、情报信息、调查、应对处置工作的,由主管部门处2000元以下罚款;造成严重后果的,处5日以上15日以下拘留,可以并处1万元以下罚款。

单位有前款规定行为的,由主管部门处5万元以下罚款;造成严重后果的,处10万元以下罚款;并对其直接负责的主管人员和其他直接责任人员依照前款规定处罚。

第92条 阻碍有关部门开展反恐怖主义工作的,由公安机关处5日以上15日以下拘留,可以并处5万元以下罚款。

单位有前款规定行为的,由公安机关处20万元以下罚款,并对其直接负责的主管人员和其他直接责任人员依照前款规定处罚。

阻碍人民警察、人民解放军、人民武装警察依法执行职务的,从重处罚。

第93条 单位违反本法规定,情节严重的,由主管部门责令停止从事相关业务、提供相关服务或者责令停产停业;造成严重后果的,吊销有关证照或者撤销登记。

第94条 反恐怖主义工作领导机构、有关部门的工作人员在反恐怖主义工作中滥用职权、玩忽职守、徇私舞弊,或者有违反规定泄露国家秘密、商业秘密和个人隐私等行为,构成犯罪的,依法追究刑事责任;尚不构成犯罪的,依法给予处分。

反恐怖主义工作领导机构、有关部门及其工作人员在反恐怖主义工作中滥用职权、玩忽职守、徇私舞弊或者有其他违法违纪行为的,任何单位和个人有权向有关部门检举、控告。有关部门接到检举、控告后,应当及时处理并回复检举、控告人。

第95条 对依照本法规定查封、扣押、冻结、扣留、收缴的物品、资金等,经审查发现与恐怖主义无关的,应当及时解除有关措施,予以退还。

第96条 有关单位和个人对依照本法作出的行政处罚和行政强制措施决定不服的,可以依法申请行政复议或者提起行政诉讼。

第97条 本法自2016年1月1日起施行。2011年10月29日第十一届全国人民代表大

会常务委员会第二十三次会议通过的《全国人民代表大会常务委员会关于加强反恐怖工作有关问题的决定》同时废止。(全文略)

6. 最高人民法院、最高人民检察院、公安部、司法部《关于办理恐怖活动和极端主义犯罪案件适用法律若干问题的意见》(高检会〔2018〕1号)

为了依法惩治恐怖活动和极端主义犯罪,维护国家安全、社会稳定,保障人民群众生命财产安全,根据《中华人民共和国刑法》《中华人民共和国刑事诉讼法》《中华人民共和国反恐怖主义法》等法律规定,结合司法实践,制定本意见。

一、准确认定犯罪

(一)具有下列情形之一的,应当认定为刑法第120条规定的"组织、领导恐怖活动组织",以组织、领导恐怖组织罪定罪处罚:1. 发起、建立恐怖活动组织的;2. 恐怖活动组织成立后,对组织及其日常运行负责决策、指挥、管理的;3. 恐怖活动组织成立后,组织、策划、指挥该组织成员进行恐怖活动的;4. 其他组织、领导恐怖活动组织的情形。

具有下列情形之一的,应当认定为刑法第120条规定的"积极参加",以参加恐怖组织罪定罪处罚:

1. 纠集他人共同参加恐怖活动组织的;2. 多次参加恐怖活动组织的;3. 曾因参加恐怖活动组织、实施恐怖活动被追究刑事责任或者2年内受过行政处罚,又参加恐怖活动组织的;4. 在恐怖活动组织中实施恐怖活动且作用突出的;5. 在恐怖活动组织中积极协助组织、领导者实施组织、领导行为的;6. 其他积极参加恐怖活动组织的情形。

参加恐怖活动组织,但不具有前两款规定情形的,应当认定为刑法第120条规定的"其他参加",以参加恐怖组织罪定罪处罚。

犯刑法第120条规定的犯罪,又实施杀人、放火、爆炸、绑架、抢劫等犯罪的,依照数罪并罚的规定定罪处罚。

(二)具有下列情形之一的,依照刑法第120条之一的规定,以帮助恐怖活动罪定罪处罚:

1. 以募捐、变卖房产、转移资金等方式为恐怖活动组织、实施恐怖活动的个人、恐怖活动培训筹集、提供经费,或者提供器材、设备、交通工具、武器装备等物资,或者提供其他物质便利的;2. 以宣传、招收、介绍、输送等方式为恐怖活动组织、实施恐怖活动、恐怖活动培训招募人员的;3. 以帮助非法出入境,或者为非法出入境提供中介服务、中转运送、停留住宿、伪造身份证明材料等便利,或者充当向导、帮助探查偷越国(边)境路线等方式,为恐怖活动组织、实施恐怖活动、恐怖活动培训运送人员的;4. 其他资助恐怖活动组织、实施恐怖活动的个人、恐怖活动培训,或者为恐怖活动组织、实施恐怖活动、恐怖活动培训招募、运送人员的情形。

实施恐怖活动的个人,包括已经实施恐怖活动的个人,也包括准备实施、正在实施恐怖活动的个人。包括在我国领域内实施恐怖活动的个人,也包括在我国领域外实施恐怖活动的个人。包括我国公民,也包括外国公民和无国籍人。

帮助恐怖活动罪的主观故意,应当根据案件具体情况,结合行为人的具体行为、认知能力、一贯表现和职业等综合认定。

明知是恐怖活动犯罪所得及其产生的收益,为掩饰、隐瞒其来源和性质,而提供资金账户,协助将财产转换为现金、金融票据、有价证券,通过转账或者其他结算方式协助资金转移,协助将资金汇往境外的,以洗钱罪定罪处罚。事先通谋的,以相关恐怖活动犯罪的共同犯罪论处。

(三)具有下列情形之一的,依照刑法第120条之二的规定,以准备实施恐怖活动罪定罪处罚:

1. 为实施恐怖活动制造、购买、储存、运输凶器,易燃易爆易制爆品,腐蚀性、放射性、传染性、毒害性物品等危险物品,或者其他工具的;2. 以当面传授、开办培训班、组建训练营、开办论坛、组织收听收看音频视频资料等方式,或者利用网站、网页、论坛、博客、微博客、网盘、即时通信、通讯群组、聊天室等网络平台、网络应用服务组织恐怖活动培训的,或者积极参加恐怖活动心理体能培训,传授、学习犯罪技能方法或者进行恐怖活动训练的;3. 为实施恐怖活动,通过拨打电话、发送短信、电子邮件等方式,或者利用网站、网页、论坛、博客、微博客、网盘、即时通信、通讯群组、聊天室等网络平台、网络应用服务与境外恐怖活动组织、人员联络的;4. 为实施恐怖活动出入境或者组织、策划、煽动、拉拢他人出入境的;5. 为实施恐怖活动进行策划或者其他准备的情形。

(四)实施下列行为之一,宣扬恐怖主义、极端主义或者煽动实施恐怖活动的,依照刑法第120条之三的规定,以宣扬恐怖主义、极端主义、煽动实施恐怖活动罪定罪处罚:

1. 编写、出版、印刷、复制、发行、散发、播放载有宣扬恐怖主义、极端主义内容的图书、报刊、文稿、图片或者音频视频资料的;2. 设计、生产、制作、销售、租赁、运输、托运、寄递、散发、展示带有宣扬恐怖主义、极端主义内容的标识、标志、服饰、旗帜、徽章、器物、纪念品等物品的;3. 利用网站、网页、论坛、博客、微博客、网盘、即时通信、通讯群组、聊天室等网络平台、网络应用服务等登载、张贴、复制、发送、播放、演示载有恐怖主义、极端主义内容的图书、报刊、文稿、图片或者音频视频资料的;4. 网站、网页、论坛、博客、微博客、网盘、即时通信、通讯群组,聊天室等网络平台、网络应用服务的建立、所办、经营管理者,明知他人利用网络平台、网络应用服务散布、宣扬恐怖主义、极端主义内容,经相关行政主管部门处罚后仍允许或者放任他人发布的;5. 利用教经、讲经、解经、学经、婚礼、葬礼、纪念、聚会和文体活动等宣扬恐怖主义、极端主义、煽动实施恐怖活动的;6. 其他宣扬恐怖主义、极端主义、煽动实施恐怖活动的行为。

(五)利用极端主义,实施下列行为之一的,依照刑法第120条之四的规定,以利用极端主义破坏法律实施罪定罪处罚:

1. 煽动、胁迫群众以宗教仪式取代结婚、离婚登记,或者干涉婚姻自由的;2. 煽动、胁迫群众破坏国家法律确立的司法制度实施的;3. 煽动、胁迫群众干涉未成年人接受义务教育,或者破坏学校教育制度、国家教育考试制度等国家法律规定的教育制度的;4. 煽动、胁迫群众抵制人民政府依法管理,或者阻碍国家机关工作人员依法执行职务的;5. 煽动、胁迫群众损毁居民身份证、居民户口簿等国家法定证件以及人民币的;6. 煽动、胁迫群众驱赶其他民族、有其他信仰的人员离开居住地,或者干涉他人生活和生产经营的;7. 其他煽动、胁迫群众破坏国家法律制度实施的行为。

(六)具有下列情形之一的,依照刑法第120条之五的规定,以强制穿戴宣扬恐怖主义、极端主义服饰、标志罪定罪处罚:

1. 以暴力、胁迫等方式强制他人在公共场所穿着、佩戴宣扬恐怖主义、极端主义服饰的;2. 以暴力、胁迫等方式强制他人在公共场所穿着、佩戴含有恐怖主义、极端主义的文字、符号、图形、口号、徽章的服饰标志的;3. 其他强制他人穿戴宣扬恐怖主义、极端主义服饰、标志的情形。

(七)明知是载有宣扬恐怖主义、极端主义内容的图书、报刊、文稿、图片、音频视频资料、服饰、标志或者其他物品而非法持有,达到下列数量标准之一的,依照刑法第120条之六的规定,以非法持有宣扬恐怖主义、极端主义物品罪定罪处罚:

1. 图书、刊物20册以上,或者电子图书、刊物5册以上的;2. 报纸100份(张)以上,或者电子报纸20份(张)以上的;3. 文稿、图片100篇(张)以上,或者电子文稿、图片10篇(张)以上,或者电子文档50万字符以上的;4. 录音带、录像带等音像制品20个以上,或者电子音频视频资料5个以上,或者电子音频视频资料20分钟以上的;5. 服饰、标志20件以上的。

非法持有宣扬恐怖主义、极端主义的物品,虽未达到前款规定的数量标准,但具有多次持有,持有多类物品,造成严重后果或者恶劣社会影响,曾因实施恐怖活动、极端主义违法犯罪被追究刑事责任或者2年内受过行政处罚等情形之一的,也可以定罪处罚。

多次非法持有宣扬恐怖主义、极端主义的物品,未经处理的数量应当累计计算。非法持有宣扬恐怖主义、极端主义的物品涉及不同种类或者形式的,可以根据本条规定的不同数量标准的相应比例折算后累计计算。

非法持有宣扬恐怖主义、极端主义物品罪主观故意中的"明知",应当根据案件具体情况,以行为人实施的客观行为为基础,结合其一贯表现,具体行为、程度、手段、事后态度,以及年龄、认知和受教育程度、所从事的职业等综合审查判断。

具有下列情形之一,行为人不能做出合理解释的,可以认定其"明知",但有证据证明确属被蒙骗的除外:

1. 曾因实施恐怖活动、极端主义违法犯罪被追究刑事责任,或者2年内受过行政处罚,或者被责令改正后又实施的;2. 在执法人员检查时,有逃跑、丢弃携带物品或者逃避、抗拒检查等行为,在其携带、藏匿或者丢弃的物品中查获宣扬恐怖主义、极端主义的物品的;3. 采用伪装、隐匿、暗语、手势、代号等隐蔽方式制作、散发、持有宣扬恐怖主义、极端主义的物品的;4. 以虚假身份、地址或者其他虚假方式办理托运,寄递手续,在托运、寄递的物品中查获宣扬恐怖主义、极端主义的物品的;5. 有其他证据足以证明行为人应当知道的情形。

(八)犯刑法第120条规定的犯罪,同时构成刑法第120条之一至之六规定的犯罪的,依照处罚较重的规定定罪处罚。

犯刑法第120条之一至之六规定的犯罪,同时构成其他犯罪的,依照处罚较重的规定定罪处罚。

(九)恐怖主义、极端主义,恐怖活动,恐怖活动组织,根据《中华人民共和国反恐怖主义法》等法律法规认定。

二、正确适用程序

(一)组织、领导、参加恐怖组织罪,帮助恐怖活动罪,准备实施恐怖活动罪,宣扬恐怖主义、煽动实施恐怖活动罪,强制穿戴宣扬恐怖主义服饰、标志罪,非法持有宣扬恐怖主义物品罪的第一审刑事案件由中级人民法院管辖;宣扬极端主义罪,利用极端主义破坏法律实施罪,强制穿戴宣扬极端主义服饰、标志罪,非法持有宣扬极端主义物品罪的第一审刑事案件由基层人民法院管辖。高级人民法院可以根据级别管辖的规定,结合本地区社会治安状况、案件数量等情况,决定实行相对集中管辖,指定辖区内特定的中级人民法院集中审理恐怖活动和极端主义犯罪第一审刑事案件,或者指定辖区内特定的基层人民法院集中审理极端主义犯罪第一审刑事案件,并将指定法院名单报最高人民法院备案。(二)国家反恐怖主义工作领导机构对恐怖活动组织和恐怖活动人员作出认定并予以公告的,人民法院可以在办案中根据公告直接认定。国家反恐怖主义工作领导机构没有公告的,人民法院应当严格依照《中华人民共和国反恐怖主义法》有关恐怖活动组织和恐怖活动人员的定义认定,必要时,可以商地市级以上公安机关出具意见作为参考。(三)宣扬恐怖主义、极端主义的图书、音频视频资料,服饰、标志或者其他物品的认定,应当根据《中华人民共和国反恐怖主义法》有关恐怖主义、极端主义的规定,从其记载的内容外观特征等分析判断。公安机关应当对涉案物品全面审查并逐一标注或者摘录,提出审读意见,与扣押、移交物品清单及涉案物品原件一并移送人民检察院审查。人民检察院、人民法院可以结合在案证据、案件情况、办案经验等综合审查判断。(四)恐怖活动和极端主义犯罪案件初查过程中收集提取的电子数据,以及通过网络在线提取的电子数据,可以作为证据使用。对于原始存储介质位于境外或者远程计算机信息系统上的恐怖活动和极端主义犯罪电子数据,可以通过网络在线提取。必要时,可以对远程计算机信息系统进行网络远程勘验。立案后,经设区的市一级以上公安机关负责人批准,可以采取技术侦查措施。对于恐怖活动和极端主义犯罪电子数据量大或者提取时间长等需要冻结的,经县级以上公安机关负责人或者检察长批准,可以进行冻结。对于电子数据涉及的专门性问题难以确定的,由具备资格的司法鉴定机构出具鉴定意见,或者由公安部指定的机构出具报告。

三、完善工作机制

(一)人民法院、人民检察院和公安机关办理恐怖活动和极端主义犯罪案件,应当互相配合,互相制约,确保法律有效执行。对于主要犯罪事实、关键证据和法律适用等可能产生分歧或者重大、疑难、复杂的恐怖活动和极端主义犯罪案件,公安机关商请听取有管辖权的人民检察院意见和建议的,人民检察院可以提出意见和建议。(二)恐怖活动和极端主义犯罪案件一般由犯罪地公安机关管辖,犯罪嫌疑人居住地公安机关管辖更为适宜的,也可以由犯罪嫌疑人居住地公安机关管辖。移送案件应当1案1卷,将案件卷宗、提取物证和扣押物品等全部随案移交。移送案件的公安机关应当指派专人配合接收案件的公安机关开展后续案件办理工作。(三)人民法院、人民检察院和公安机关办理恐怖活动和极端主义犯罪案件,应当坚持对涉案人员区别对待,实行教育转化。对被教唆、胁迫、引诱参与恐怖活动、极端主义活动,或者参与恐怖活动、极端主义活动情节轻微,尚不构成犯罪的人员,公安机关应当组织有关部门、村民委员会、居民委员会、所在单位、就读学校、家庭和监护人对其进行帮教。对被判处有期徒刑以上刑罚的恐怖活动罪犯和极端主义罪犯,服刑地的中级人民法院应当根据其社会危险性评估结果和安置教育建议,在其刑满释放前作出是否安置教育的决定。人民检察院依法对安置教育进行监督,对于实施安置教育过程中存在违法行为的,应当及时提出纠正意见或者检察建议。

附:最高人民法院、最高人民检察院、公安部、司法部《〈关于办理恐怖活动和极端主义犯罪案件适用法律若干问题的意见〉的通知》(高检会〔2018〕1号)

近年来,我国恐怖活动和极端主义犯罪出现一些新变化新特点,对国家安全、社会稳定和人民群众生命财产安全造成严重危害和重大风险。为依法严惩恐怖活动和极端主义犯罪,深入推进打击整治工作,最高人民法院、最高人民检察院、公安部、司法部现联合印发《关于办理恐怖活动和极端主义犯罪案件适用法律若干问题的意见》,请结合实际认真贯彻执行。

本意见印发后,2014年9月9日《最高人民法院、最高人民检察院、公安部关于办理暴力恐怖和宗教极端刑事案件适用法律若干问题的意见》(公通字〔2014〕34号)同时废止。之前制定的规范性文件与本意见不一致的,以本意见为准。

第120条之一 【帮助恐怖活动罪】 资助恐怖活动组织、实施恐怖活动的个人的,或者资助恐怖活动培训的,处5年以下有期徒刑、拘役、管制或者剥夺政治权利,并处罚金;情节严重的,处5年以上有期徒刑,并处罚金或者没收财产。

为恐怖活动组织、实施恐怖活动或者恐怖活动培训招募、运送人员的,依照前款的规定处罚。

单位犯前两款罪的,对单位判处罚金,并对其直接负责的主管人员和其他直接责任人员,依照第1款的规定处罚。”

(本条《中华人民共和国刑法修正案(3)》增加;《中华人民共和国刑法修正案(9)》修改)

• 释义

帮助恐怖活动罪是指资助恐怖活动组织或者资助实施恐怖活动个人的行为，既包括资助恐怖活动的培训，也包括为恐怖活动培训招募、运送人员的行为。本罪构成单位犯罪。

本条增加了两处内容：

1. 行为部分，增加“资助恐怖活动培训的”内容。2. 增加条款，“为恐怖活动组织、实施恐怖活动或者恐怖活动培训招募、运送人员的”，按资助恐怖活动罪处理。从而成立资助恐怖活动罪的行为类型增加了。

在第120条之一后面增加5条刑法条文，旨在全面打击恐怖犯罪活动的预备行为，以及相关的宣扬恐怖主义、极端主义或煽动实施恐怖活动的行为。实质上是按“全环节犯罪”的立法思维，规制恐怖犯罪活动。

• 管辖

公安机关经济犯罪侦查部门（本条第1款罪）、反恐怖部门（本条第2款罪）。

• 立案追诉标准

资助恐怖活动组织或者实施恐怖活动的个人的，应予立案追诉。（注：“资助”是指为恐怖活动组织或者实施恐怖活动的个人筹集、提供经费、物资或者提供场所以及其他物质便利的行为。“实施恐怖活动的个人”，包括预谋实施、准备实施和实际实施恐怖活动的个人）。

• 关联法律

1.《中华人民共和国刑法修正案(3)》(2001年12月29日第九届全国人大常委会第二十五次会议通过)

四、刑法第120条后增加1条，作为第120条之一：“资助恐怖活动组织或者实施恐怖活动的个人的，处5年以下有期徒刑、拘役、管制或者剥夺政治权利，并处罚金；情节严重的，处5年以上有期徒刑，并处罚金或者没收财产。

“单位犯前款罪的，对单位判处罚金，并对其直接负责的主管人员和其他直接责任人员，依照前款的规定处罚。”

2. 最高人民法院《关于审理洗钱等刑事案件具体应用法律若干问题的解释》(法释〔2009〕15号)

第5条 刑法第120条之一规定的“资助”，是指为恐怖活动组织或者实施恐怖活动的个人筹集、提供经费、物资或者提供场所以及其他物质便利的行为。

刑法第120条之一规定的“实施恐怖活动的个人”，包括预谋实施、准备实施和实际实施恐怖活动的个人。（全文详见本书《刑法》第191条相关内容）

3. 最高人民检察院、公安部关于公安机关管辖的刑事案件立案追诉标准的规定(2)》(公通字〔2010〕23号)

公通字〔2022〕12号已声明《最高人民检察院、公安部关于公安机关管辖的刑事案件立案追诉标准的规定(2)》(公通字〔2010〕23号)和《最高人民检察院、公安部关于公安机关管辖的刑事案件立案追诉标准的规定(2)的补充规定》(公通字〔2011〕47号)同时废止。

4. 最高人民法院、最高人民检察院、公安部《关于办理暴力恐怖和宗教极端刑事案件适用法律若干问题的意见》(公通字〔2014〕34号)

［被最高人民法院、最高人民检察院、公安部、司法部《〈关于办理恐怖活动和极端主义犯

罪案件适用法律若干问题的意见〉的通知》(高检会〔2018〕1号)废止]

5.《中华人民共和国刑法修正案(9)》(2015年8月29日第十二届全国人大常委会第十六次会议通过)

六、将刑法第120条之一修改为:"资助恐怖活动组织、实施恐怖活动的个人的,或者资助恐怖活动培训的,处5年以下有期徒刑、拘役、管制或者剥夺政治权利,并处罚金;情节严重的,处5年以上有期徒刑,并处罚金或者没收财产。

"为恐怖活动组织、实施恐怖活动或者恐怖活动培训招募、运送人员的,依照前款的规定处罚。

"单位犯前两款罪的,对单位判处罚金,并对其直接负责的主管人员和其他直接责任人员,依照第1款的规定处罚。"

(原条文:资助恐怖活动组织或者实施恐怖活动的个人的,处5年以下有期徒刑、拘役、管制或者剥夺政治权利,并处罚金;情节严重的,处5年以上有期徒刑,并处罚金或者没收财产。

单位犯前款罪的,对单位判处罚金,并对其直接负责的主管人员和其他直接责任人员,依照前款的规定处罚。)

6. 最高人民法院、最高人民检察院《关于执行〈中华人民共和国刑法〉确定罪名的补充规定(6)》(法释〔2015〕20号)

根据《中华人民共和国刑法修正案(9)》(以下简称《刑法修正案(9)》)和《全国人民代表大会常务委员会关于修改部分法律的决定》的有关规定,现对最高人民法院《关于执行〈中华人民共和国刑法〉确定罪名的规定》、最高人民检察院《关于适用刑法分则规定的犯罪的罪名的意见》作如下补充、修改:第120条之一罪名为帮助恐怖活动罪(取消资助恐怖活动罪罪名);第120条之二罪名为准备实施恐怖活动罪;第120条之三罪名为宣扬恐怖主义、极端主义、煽动实施恐怖活动罪;第120条之四罪名为利用极端主义破坏法律实施罪;第120条之五罪名为强制穿戴宣扬恐怖主义、极端主义服饰、标志罪;第120条之六罪名为非法持有宣扬恐怖主义、极端主义物品罪。

7.《中华人民共和国反恐怖主义法》(2015年12月27日第十二届全国人大常委会第十八次会议通过;2018年4月27日《全国人大常委会关于修改〈中华人民共和国国境卫生检疫法〉等6部法律的决定》修正)

(详见本书《刑法》第120条相关内容)

8. 国务院办公厅《关于完善反洗钱、反恐怖融资、反逃税监管体制机制的意见》(国办函〔2017〕84号)

反洗钱、反恐怖融资、反逃税(以下统称"三反")监管体制机制是建设中国特色社会主义法治体系和现代金融监管体系的重要内容,是推进国家治理体系和治理能力现代化、维护经济社会安全稳定的重要保障,是参与全球治理、扩大金融业双向开放的重要手段。反洗钱法公布实施以来,我国"三反"监管体制机制建设取得重大进展,工作成效明显,与国际通行标准基本保持一致。同时也要看到,相关领域仍然存在一些突出矛盾和问题,主要是监管制度尚不健全、协调合作机制仍不顺畅、跨部门数据信息共享程度不高、履行反洗钱义务的机构(以下简称反洗钱义务机构)履职能力不足、国际参与度和话语权与我国国际地位不相称等。为深入持久推进"三反"监管体制机制建设,完善"三反"监管措施,经国务院同意,现提出如下意见。

一、总体要求

(一)指导思想。全面贯彻党的十八大和十八届三中、四中、五中、六中全会精神,以邓小平理论、"三个代表"重要思想、科学发展观为指导,深入贯彻习近平总书记系列重要讲话精神和治国理政新理念新思想新战略,认真落实党中央、国务院决策部署,坚持总体国家安全观,遵循推进国家治理体系和治理能力现代化的要求,完善"三反"监管体制机制。

(二)基本原则。坚持问题导向,发挥工作合力。进一步解放思想,从基本国情和实际工作需要出发,深入研究、有效解决"三反"监管体制机制存在的问题。反洗钱行政主管部门、税务机关、公安机关要切实履职,国务院银行业、证券、保险监督管理机构及其他相关单位要发挥工作积极性,形成"三反"合力。探索建立以金融情报为纽带、以资金监测为手段、以数据信息共享为基础、符合国家治理需要的"三反"监管体制机制。坚持防控为本,有效化解风险。开展全面科学的风险评估,根据风险水平和分布进一步优化监管资源配置,强化高风险领域监管。同时,不断优化风险评估机制和监测分析系统,健全风险预防体系,有效防控洗钱、恐怖融资和逃税风险。坚持立足国情,为双向开放提供服务保障。根据国内洗钱、恐怖融资和逃税风险实际情况,逐步建立健全"三反"法律制度和监管规则。根据有关国际条约或者按照平等互利原则开展国际合作。忠实履行我国应当承担的国际义务,严格执行国际标准,加强跨境监管合作,切实维护我国金融机构合法权益,为金融业双向开放保驾护航。坚持依法行政,充分发挥反洗钱义务机构主体作用。依法确定相关单位职责,确保各司其职,主动作为,严控风险。重视和发挥反洗钱义务机构在预防洗钱、恐怖融资和逃税方面的"第一道防线"作用。

(三)目标要求。到2020年,初步形成适应社会主义市场经济要求、适合中国国情、符合国际标准的"三反"法律法规体系,建立职责清晰、权责对等、配合有力的"三反"监管协调合作机制,有效防控洗钱、恐怖融资和逃税风险。

二、健全工作机制

(四)加强统筹协调,完善组织机制。进一步完善反洗钱工作部际联席会议制度,统筹"三反"监管工作。以反洗钱工作部际联席会议为依托,强化部门间"三反"工作组织协调机制,制定整体战略、重要政策和措施,推动贯彻落实,指导"三反"领域国际合作,加强监管合作。

(五)研究设计洗钱和恐怖融资风险评估体系,建立反洗钱和反恐怖融资战略形成机制。积极发挥风险评估在发现问题、完善体制机制、配置资源方面的基础性作用,开展风险导向的反洗钱和反恐怖融资战略研究。建立国家层面的洗钱和恐怖融资风险评估指标体系和评估机制,成立由反洗钱行政主管部门、税务机关、公安机关、国家安全机关、司法机关以及国务院银行业、证券、保险监督管理机构和其他行政机关组成的洗钱和恐怖融资风险评估工作组,定期开展洗钱和恐怖融资风险评估工作。以风险评估发现的问题为导向,制定并定期更新反洗钱和反恐怖融资战略,确定反洗钱和反恐怖融资工作的阶段性目标、主要任务和重大举措,明确任务分工,加大高风险领域反洗钱监管力度。建立多层次评估结果运用机制,由相关单位和反洗钱义务机构根据评估结果有针对性地完善反洗钱和反恐怖融资工作,提升资源配置效率,提高风险防控有效性。

(六)强化线索移送和案件协查,优化打击犯罪合作机制。加强反洗钱行政主管部门、税务机关与监察机关、侦查机关、行政执法机关间的沟通协调,进一步完善可疑交易线索合作机制,加强情报会商和信息反馈机制,分析洗钱、恐怖融资和逃税的形势与趋势,不断优化反洗钱调查的策略、方法和技术。反洗钱行政主管部门要加强可疑交易线索移送和案件协查工作,相关单位要加强对线索使用查处情况的及时反馈,形成打击洗钱、恐怖融资和逃税的合力,维护金融秩序和社会稳定。

(七)加强监管协调,健全监管合作机制。在行业监管规则中嵌入反洗钱监管要求,构建涵盖事前、事中、事后的完整监管链条。充分发挥反洗钱工作部际联席会议作用,加强反洗钱行政主管部门和金融监管部门之间的协调,完善监管制度、政策和措施,开展联合监管行动,共享监管信息，协调跨境监管合作。

（八）依法使用政务数据，健全数据信息共享机制。以依法合规为前提、资源整合为目标，探索研究“三反”数据信息共享标准和统计指标体系，明确相关单位的数据提供责任和数据使用权限。稳步推进数据信息共享机制建设，既要严格依法行政，保护商业秘密和个人隐私，又要推进相关数据库建设，鼓励各方参与共享。建立相关单位间的电子化网络，为实现安全、高效的数据信息共享提供支撑。

（九）优化监管资源配置，研究完善监管资源保障机制。按照金融领域全覆盖、特定非金融行业高风险领域重点监管的目标，适时扩大反洗钱、反恐怖融资监管范围。优化监管资源配置与使用，统筹考虑“三反”监管资源保障问题，为“三反”监管提供充足人力物力。

三、完善法律制度

（十）推动研究完善相关刑事立法，修改惩治洗钱犯罪和恐怖融资犯罪相关规定。按照我国参加的国际公约和明确承诺执行的国际标准要求，研究扩大洗钱罪的上游犯罪范围，将上游犯罪本犯纳入洗钱罪的主体范围。对照国际公约要求，根据我国反恐实际需要，推动逐步完善有关恐怖融资犯罪的刑事立法，加强司法解释工作。研究建立相关司法工作激励机制，提升反洗钱工作追偿效果。

（十一）明确执行联合国安理会反恐怖融资相关决议的程序。建立定向金融制裁名单的认定发布制度，明确相关单位在名单提交、审议、发布、监督执行、除名等方面的职责分工。完善和细化各行政主管部门、金融监管部门和反洗钱义务机构执行联合国安理会反恐怖融资决议要求的程序规定和监管措施，进一步明确资产冻结时效、范围、程序、善意第3人保护及相关法律责任，保证联合国安理会相关决议执行时效。

（十二）加强特定非金融机构风险监测，探索建立特定非金融机构反洗钱和反恐怖融资监管制度。加强反洗钱行政主管部门、税务机关与特定非金融行业主管部门间的协调配合，密切关注非金融领域的洗钱、恐怖融资和逃税风险变化情况，对高风险行业开展风险评估，研究分析行业洗钱、恐怖融资和逃税风险分布及发展趋势，提出“三反”监管政策建议。对于反洗钱国际标准明确提出要求的房地产中介、贵金属和珠宝玉石销售、公司服务等行业及其他存在较高风险的特定非金融行业，逐步建立反洗钱和反恐怖融资监管制度。按照“一业一策”原则，由反洗钱行政主管部门会同特定非金融行业主管部门发布特定行业的反洗钱和反恐怖融资监管制度，根据行业监管现状、被监管机构经营特点等确定行业反洗钱和反恐怖融资监管模式。积极发挥行业协会和自律组织的作用，指导行业协会制定本行业反洗钱和反恐怖融资工作指引。

（十三）加强监管政策配套，健全风险防控制度。研究建立各监管部门对新成立反洗钱义务机构、非营利组织及其董事、监事和高级管理人员的反洗钱背景审查制度，严格审核发起人、股东、实际控制人、最终受益人和董事、监事、高级管理人员背景，审查资金来源和渠道，从源头上防止不法分子通过创设组织机构进行洗钱、恐怖融资和逃税活动。研究各类无记名可转让有价证券的洗钱风险以及需纳入监管的重点，研究无记名可转让有价证券价值甄别和真伪核验技术，明确反洗钱行政主管部门与海关监管分工，推动对跨境携带无记名可转让有价证券的监管及通报制度尽快出台。制定海关向反洗钱行政主管部门、公安机关、国家安全机关通报跨境携带现金信息的具体程序，完善跨境异常资金监测制度。

四、健全预防措施

（十四）建立健全防控风险为本的监管机制，引导反洗钱义务机构有效化解风险。以有效防控风险为目标，持续优化反洗钱监管政策框架，合理确定反洗钱监管风险容忍度，建立健全监管政策传导机制，督促、引导、激励反洗钱义务机构积极主动加强洗钱和恐怖融资风险管理,充分发挥其在预防洗钱、恐怖融资和逃税方面的"第一道防线"作用。综合运用反洗钱监管政策工具,推行分类监管,完善风险预警和应急处置机制,切实强化对高风险市场、高风险业务和高风险机构的反洗钱监管。

(十五)强化法人监管措施,提升监管工作效率。反洗钱行政主管部门和国务院银行业、证券、保险监督管理机构要加强反洗钱监管,以促进反洗钱义务机构自我管理、自主管理风险为目标,逐步建立健全法人监管框架。围绕法人机构和分支机构、集团公司和子公司在风险管理中的不同定位和功能,对反洗钱监管政策适度分层分类。加强反洗钱义务机构总部内控机制要求,强化董事、监事和高级管理人员责任,督促反洗钱义务机构提高履行反洗钱义务的执行力。探索建立与法人监管相适应的监管分工合作机制,搭建满足法人监管需要的技术平台,逐步实现反洗钱监管信息跨区域共享。在严格遵守保密规定的前提下,研究建立反洗钱义务机构之间的反洗钱工作信息交流平台和交流机制。

(十六)健全监测分析体系,提升监测分析水平。不断拓宽反洗钱监测分析数据信息来源,依法推动数据信息在相关单位间的双向流动和共享。强化反洗钱监测分析工作的组织协调,有针对性地做好对重点领域、重点地区、重点人群的监测分析工作。不断延伸反洗钱监管触角,将相关单位关于可疑交易报告信息使用情况的反馈信息和评价意见,作为反洗钱行政主管部门开展反洗钱义务机构可疑交易报告评价工作的重要依据。丰富非现场监管政策工具,弥补书面审查工作的不足。发挥会计师事务所、律师事务所等专业服务机构在反洗钱监测预警和依法处置中的积极作用,研究专业服务机构有关反洗钱的制度措施。

(十七)鼓励创新和坚守底线并重,妥善应对伴随新业务和新业态出现的风险。建立健全反洗钱义务机构洗钱和恐怖融资风险自评估制度,对新产品、新业务、新技术、新渠道产生的洗钱和恐怖融资风险自主进行持续识别和评估,动态监测市场风险变化,完善有关反洗钱监管要求。强化反洗钱义务机构自主管理风险的责任,反洗钱义务机构推出新产品、新业务前,须开展洗钱和恐怖融资风险自评估,并按照风险评估结果采取有效的风险防控措施。鼓励反洗钱义务机构利用大数据、云计算等新技术提升反洗钱和反恐怖融资工作有效性。

(十八)完善跨境异常资金监控机制,预防打击跨境金融犯罪活动。以加强异常交易监测为切入点,综合运用外汇交易监测、跨境人民币交易监测和反洗钱资金交易监测等信息,及时发现跨境洗钱和恐怖融资风险。遵循反洗钱国际标准有关支付清算透明度的要求,指导金融机构加强风险管理,增强跨境人民币清算体系的"三反"监测预警功能,维护人民币支付清算体系的良好声誉,降低金融机构跨境业务风险。

(十九)建立健全培训教育机制,培养建设专业人才队伍。建立全面覆盖各类反洗钱义务机构的反洗钱培训教育机制,提升相关人员反洗钱工作水平。积极鼓励创新反洗钱培训教育形式,充分利用现代科技手段扩大受众范围,加大对基层人员的教育培训力度。

五、严惩违法犯罪活动

(二十)有效整合稽查资源,严厉打击涉税违法犯罪。建立健全随机抽查制度和案源管理制度,增强稽查质效。推行风险管理导向下的定向稽查模式,增强稽查的精准性和震慑力。防范和打击税基侵蚀及利润转移。在全国范围内开展跨部门、跨区域专项打击行动,联合查处一批骗取出口退税和虚开增值税专用发票重大案件,摧毁一批职业化犯罪团伙和网络,严惩一批违法犯罪企业和人员,挽回国家税款损失,有效遏制骗取出口退税和虚开增值税专用发票违法犯罪活动高发多发势头,维护国家税收秩序和税收安全。

(二十一)建立打击关税违法犯罪活动合作机制。加强反洗钱行政主管部门与海关缉私部门的协作配合,合力打击偷逃关税违法犯罪活动。反洗钱行政主管部门要与海关缉私部门联合开展有关偷逃关税非法资金流动特征模型的研究,提升对偷逃关税违法犯罪资金线索的监测分析能力,及时向海关缉私部门通报;会同国务院银行业监督管理机构积极协助海关缉私部门打击偷逃关税违法犯罪活动资金交易,扩大打击偷逃关税违法犯罪活动成果,形成打击合力。海关缉私部门要及时将工作中发现的洗钱活动线索通报反洗钱行政主管部门及相关有权机关,积极协助反洗钱行政主管部门及相关有权机关开展工作。

(二十二)加大反洗钱调查工作力度,建立健全洗钱类型分析工作机制。进一步规范反洗钱调查工作程序,完善反洗钱调查流程,优化调查手段,加强可疑交易线索分析研判,加强反洗钱调查和线索移送,积极配合有权机关的协查请求,不断增强反洗钱调查工作实效。加强洗钱类型分析和风险提示,指导反洗钱义务机构开展洗钱类型分析,及时向反洗钱义务机构发布洗钱风险提示,督促反洗钱义务机构加强风险预警。

六、深化国际合作

(二十三)做好反洗钱和反恐怖融资互评估,树立良好国际形象。切实履行成员义务,积极做好金融行动特别工作组(FATF)反洗钱和反恐怖融资互评估。将国际组织评估作为完善和改进反洗钱工作的重要契机,组织动员相关单位和反洗钱义务机构,严格对照反洗钱国际标准,结合我国实际情况,切实提高反洗钱工作合规性和有效性。

(二十四)深化反洗钱国际合作,促进我国总体战略部署顺利实施。进一步深入参与反洗钱国际标准研究、制定和监督执行,积极参与反洗钱国际(区域)组织内部治理改革和重大决策,提升我国在反洗钱国际(区域)组织中的话语权和影响力。继续加强反洗钱双边交流与合作,推进中美反洗钱和反恐怖融资监管合作。建立与部分重点国家(地区)的反洗钱监管合作机制,督促指导中资金融机构及其海外分支机构提升反洗钱工作意识和水平,维护其合法权益。配合"一带一路"倡议,做好与周边国家(地区)的反洗钱交流与合作。加强沟通协调,稳步推进加入埃格蒙特集团相关工作。利用国际金融情报交流平台,拓展反洗钱情报渠道。

(二十五)深化反逃税国际合作,维护我国税收权益。深度参与 20 国集团税制改革成果转化,积极参与国际税收规则制定,积极发出中国声音,提出中国方案,贡献中国智慧,切实提升中国税务话语权。加强双多边税收合作,充分发挥国际税收信息交换的作用,提高税收透明度,严厉打击国际逃避税,充分发挥反逃避税对反洗钱的积极作用,同时运用好反洗钱机制,不断提高反逃避税的精准度。

七、创造良好社会氛围

(二十六)加强自律管理,充分发挥自律组织积极作用。各主管部门要指导相关行业协会积极参与"三反"工作,制定反洗钱自律规则和工作指引,加强自律管理,强化反洗钱义务机构守法、诚信、自律意识,推动反洗钱义务机构积极参与和配合"三反"工作,促进反洗钱义务机构之间交流信息和经验,营造积极健康的反洗钱合规环境。

(二十七)持续开展宣传教育,提升社会公众参与配合意识。建立常态化的"三反"宣传教育机制,向社会公众普及"三反"基本常识,提示风险,提高社会公众自我保护能力。采取灵活多样的形式开展宣传教育,提升社会公众"三反"意识,增强其主动配合"三反"工作的意愿,为开展"三反"工作营造良好氛围。

9. 最高人民法院、最高人民检察院、公安部、司法部《关于办理恐怖活动和极端主义犯罪案件适用法律若干问题的意见》(高检会〔2018〕1 号)

(详见本书《刑法》第 120 条相关内容)

10. 最高人民法院、最高人民检察院《关于办理非法从事资金支付结算业务、非法买卖外汇刑事案件适用法律若干问题的解释》(法释〔2019〕1 号)

为依法惩治非法从事资金支付结算业务、非法买卖外汇犯罪活动,维护金融市场秩序,根据《中华人民共和国刑法》《中华人民共和国刑事诉讼法》的规定,现就办理非法从事资金支付结算业务、非法买卖外汇刑事案件适用法律的若干问题解释如下：

第1条 违反国家规定，具有下列情形之一的，属于刑法第225条第3项规定的“非法从事资金支付结算业务”：

（一）使用受理终端或者网络支付接口等方法，以虚构交易、虚开价格、交易退款等非法方式向指定付款方支付货币资金的；（二）非法为他人提供单位银行结算账户套现或者单位银行结算账户转个人账户服务的；（三）非法为他人提供支票套现服务的；（四）其他非法从事资金支付结算业务的情形。

第2条 违反国家规定，实施倒买倒卖外汇或者变相买卖外汇等非法买卖外汇行为，扰乱金融市场秩序，情节严重的，依照刑法第225条第4项的规定，以非法经营罪定罪处罚。

第3条 非法从事资金支付结算业务或者非法买卖外汇，具有下列情形之一的，应当认定为非法经营行为“情节严重”：

（一）非法经营数额在500万元以上的；（二）违法所得数额在10万元以上的。

非法经营数额在250万元以上，或者违法所得数额在5万元以上，且具有下列情形之一的，可以认定为非法经营行为“情节严重”：

（一）曾因非法从事资金支付结算业务或者非法买卖外汇犯罪行为受过刑事追究的；（二）2年内因非法从事资金支付结算业务或者非法买卖外汇违法行为受过行政处罚的；（三）拒不交代涉案资金去向或者拒不配合追缴工作，致使赃款无法追缴的；（四）造成其他严重后果的。

第4条 非法从事资金支付结算业务或者非法买卖外汇，具有下列情形之一的，应当认定为非法经营行为“情节特别严重”：

（一）非法经营数额在2500万元以上的；（二）违法所得数额在50万元以上的。

非法经营数额在1250万元以上，或者违法所得数额在25万元以上，且具有本解释第3条第2款规定的4种情形之一的，可以认定为非法经营行为“情节特别严重”。

第5条 非法从事资金支付结算业务或者非法买卖外汇，构成非法经营罪，同时又构成刑法第120条之一规定的帮助恐怖活动罪或者第191条规定的洗钱罪的，依照处罚较重的规定定罪处罚。

第6条 2次以上非法从事资金支付结算业务或者非法买卖外汇，依法应予行政处理或者刑事处理而未经处理的，非法经营数额或者违法所得数额累计计算。

同一案件中，非法经营数额、违法所得数额分别构成情节严重、情节特别严重的，按照处罚较重的数额定罪处罚。

第7条 非法从事资金支付结算业务或者非法买卖外汇违法所得数额难以确定的，按非法经营数额的千分之一认定违法所得数额，依法并处或者单处违法所得1倍以上5倍以下罚金。

第8条 符合本解释第3条规定的标准，行为人如实供述犯罪事实，认罪悔罪，并积极配合调查，退缴违法所得的，可以从轻处罚；其中犯罪情节轻微的，可以依法不起诉或者免予刑事处罚。

符合刑事诉讼法规定的认罪认罚从宽适用范围和条件的，依照刑事诉讼法的规定处理。

第9条 单位实施本解释第1条、第2条规定的非法从事资金支付结算业务、非法买卖外汇行为，依照本解释规定的定罪量刑标准，对单位判处罚金，并对其直接负责的主管人员和其他直接责任人员定罪处罚。

第10条 非法从事资金支付结算业务、非法买卖外汇刑事案件中的犯罪地，包括犯罪嫌疑人、被告人用于犯罪活动的账户开立地、资金接收地、资金过渡账户开立地、资金账户操作地,以及资金交易对手资金交付和汇出地等。

第11条 涉及外汇的犯罪数额,按照案发当日中国外汇交易中心或者中国人民银行授权机构公布的人民币对该货币的中间价折合成人民币计算。中国外汇交易中心或者中国人民银行授权机构未公布汇率中间价的境外货币,按照案发当日境内银行人民币对该货币的中间价折算成人民币,或者该货币在境内银行、国际外汇市场对美元汇率,与人民币对美元汇率中间价进行套算。

第12条 本解释自2019年2月1日起施行。《最高人民法院关于审理骗购外汇、非法买卖外汇刑事案件具体应用法律若干问题的解释》(法释〔1998〕20号)与本解释不一致的,以本解释为准。

11. 最高人民检察院、公安部《关于公安机关管辖的刑事案件立案追诉标准的规定(2)》(公通字〔2022〕12号)

第1条 [帮助恐怖活动案(刑法第120条之一第1款)]资助恐怖活动组织、实施恐怖活动的个人的,或者资助恐怖活动培训的,应予立案追诉。

第2条 [走私假币案(刑法第151条第1款)]走私伪造的货币,涉嫌下列情形之一的,应予立案追诉:

(一)总面额在2000元以上或者币量在200张(枚)以上的;(二)总面额在1000元以上或者币量在100张(枚)以上,2年内因走私假币受过行政处罚,又走私假币的;二(三)其他走私假币应予追究刑事责任的情形。

第3条 [虚报注册资本案(刑法第158条)]申请公司登记使用虚假证明文件或者采取其他欺诈手段虚报注册资本,欺骗公司登记主管部门,取得公司登记,涉嫌下列情形之一的,应予立案追诉:

(一)法定注册资本最低限额在600万元以下,虚报数额占其应缴出资数额60%以上的;(二)法定注册资本最低限额超过600万元,虚报数额占其应缴出资数额30%以上的;(三)造成投资者或者其他债权人直接经济损失累计数额在50万元以上的;(四)虽未达到上述数额标准,但具有下列情形之一的:1. 2年内因虚报注册资本受过2次以上行政处罚,又虚报注册资本的;2. 向公司登记主管人员行贿的;3. 为进行违法活动而注册的。(五)其他后果严重或者有其他严重情节的情形。

本条只适用于依法实行注册资本实缴登记制的公司。

第4条 [虚假出资、抽逃出资案(刑法第159条)]公司发起人、股东违反公司法的规定未交付货币、实物或者未转移财产权,虚假出资,或者在公司成立后又抽逃其出资,涉嫌下列情形之一的,应予立案追诉:

(一)法定注册资本最低限额在600万元以下,虚假出资、抽逃出资数额占其应缴出资数额60%以上的;(二)法定注册资本最低限额超过600万元,虚假出资、抽逃出资数额占其应缴出资数额30%以上的;(三)造成公司、股东、债权人的直接经济损失累计数额在50万元以上的;(四)虽未达到上述数额标准,但具有下列情形之一的:1. 致使公司资不抵债或者无法正常经营的;2. 公司发起人、股东合谋虚假出资、抽逃出资的;3. 2年内因虚假出资、抽逃出资受过2次以上行政处罚,又虚假出资、抽逃出资的;4. 利用虚假出资、抽逃出资所得资金进行违法活动的。(五)其他后果严重或者有其他严重情节的情形。

本条只适用于依法实行注册资本实缴登记制的公司。

第5条 [欺诈发行证券案(刑法第160条)]在招股说明书、认股书、公司、企业债券募集办法等发行文件中隐瞒重要事实或者编造重大虚假内容,发行股票或者公司、企业债券、存托凭证或者国务院依法认定的其他证券,涉嫌下列情形之一的,应予立案追诉:

(一)非法募集资金金额在1000万元以上的;(二)虚增或者虚减资产达到当期资产总额30%以上的;(三)虚增或者虚减营业收入达到当期营业收入总额30%以上的;(四)虚增或者虚减利润达到当期利润总额30%以上的;(五)隐瞒或者编造的重大诉讼、仲裁、担保、关联交易或者其他重大事项所涉及的数额或者连续12个月的累计数额达到最近一期披露的净资产50%以上的;(六)造成投资者直接经济损失数额累计在100万元以上的;(七)为欺诈发行证券而伪造、变造国家机关公文、有效证明文件或者相关凭证、单据的;(八)为欺诈发行证券向负有金融监督管理职责的单位或者人员行贿的;(九)募集的资金全部或者主要用于违法犯罪活动的;(十)其他后果严重或者有其他严重情节的情形。

第6条 [违规披露、不披露重要信息案(刑法第161条)]依法负有信息披露义务的公司、企业向股东和社会公众提供虚假的或者隐瞒重要事实的财务会计报告,或者对依法应当披露的其他重要信息不按照规定披露,涉嫌下列情形之一的,应予立案追诉:

(一)造成股东、债权人或者其他人直接经济损失数额累计在100万元以上的;(二)虚增或者虚减资产达到当期披露的资产总额30%以上的;(三)虚增或者虚减营业收入达到当期披露的营业收入总额30%以上的;(四)虚增或者虚减利润达到当期披露的利润总额30%以上的;(五)未按照规定披露的重大诉讼、仲裁、担保、关联交易或者其他重大事项所涉及的数额或者连续12个月的累计数额达到最近一期披露的净资产50%以上的;(六)致使不符合发行条件的公司、企业骗取发行核准或者注册并且上市交易的;(七)致使公司、企业发行的股票或者公司、企业债券、存托凭证或者国务院依法认定的其他证券被终止上市交易的;(八)在公司财务会计报告中将亏损披露为盈利,或者将盈利披露为亏损的;(九)多次提供虚假的或者隐瞒重要事实的财务会计报告,或者多次对依法应当披露的其他重要信息不按照规定披露的;(十)其他严重损害股东、债权人或者其他人利益,或者有其他严重情节的情形。

第7条 [妨害清算案(刑法第162条)]公司、企业进行清算时,隐匿财产,对资产负债表或者财产清单作虚伪记载或者在未清偿债务前分配公司、企业财产,涉嫌下列情形之一的,应予立案追诉:

(一)隐匿财产价值在50万元以上的;(二)对资产负债表或者财产清单作虚伪记载涉及金额在50万元以上的;(三)在未清偿债务前分配公司、企业财产价值在50万元以上的;(四)造成债权人或者其他人直接经济损失数额累计在10万元以上的;(五)虽未达到上述数额标准,但应清偿的职工的工资、社会保险费用和法定补偿金得不到及时清偿,造成恶劣社会影响的;(六)其他严重损害债权人或者其他人利益的情形。

第8条 [隐匿、故意销毁会计凭证、会计帐簿、财务会计报告案(刑法第162条之一)]隐匿或者故意销毁依法应当保存的会计凭证、会计帐簿、财务会计报告,涉嫌下列情形之一的,应予立案追诉:

(一)隐匿、故意销毁的会计凭证、会计帐簿、财务会计报告涉及金额在50万元以上的;(二)依法应当向监察机关、司法机关、行政机关、有关主管部门等提供而隐匿、故意销毁或者拒不交出会计凭证、会计帐簿、财务会计报告的;(三)其他情节严重的情形。

第9条 [虚假破产案(刑法第162条之二)]公司、企业通过隐匿财产、承担虚构的债务或者以其他方法转移、处分财产,实施虚假破产,涉嫌下列情形之一的,应予立案追诉:

(一)隐匿财产价值在50万元以上的;(二)承担虚构的债务涉及金额在50万元以上的;(三)以其他方法转移、处分财产价值在50万元以上的;(四)造成债权人或者其他人直接经济损失数额累计在10万元以上的;(五)虽未达到上述数额标准,但应清偿的职工的工资、社会保险费用和法定补偿金得不到及时清偿,造成恶劣社会影响的;(六)其他严重损害债权人或者其他人利益的情形。

第10条 [非国家工作人员受贿案(刑法第163条)]公司、企业或者其他单位的工作人员利用职务上的便利,索取他人财物或者非法收受他人财物,为他人谋取利益,或者在经济往来中,利用职务上的便利,违反国家规定,收受各种名义的回扣、手续费,归个人所有,数额在3万元以上的,应予立案追诉。

第11条 [对非国家工作人员行贿案(刑法第164条第1款)]为谋取不正当利益,给予公司、企业或者其他单位的工作人员以财物,个人行贿数额在3万元以上的,单位行贿数额在20万元以上的,应予立案追诉。

第12条 [对外国公职人员、国际公共组织官员行贿案(刑法第164条第2款)]为谋取不正当商业利益,给予外国公职人员或者国际公共组织官员以财物,个人行贿数额在3万元以上的,单位行贿数额在20万元以上的,应予立案追诉。

第13条 [背信损害上市公司利益案(刑法第169条之一)]上市公司的董事、监事、高级管理人员违背对公司的忠实义务,利用职务便利,操纵上市公司从事损害上市公司利益的行为,以及上市公司的控股股东或者实际控制人,指使上市公司董事、监事、高级管理人员实施损害上市公司利益的行为,涉嫌下列情形之一的,应予立案追诉:

(一)无偿向其他单位或者个人提供资金、商品、服务或者其他资产,致使上市公司直接经济损失数额在150万元以上的;(二)以明显不公平的条件,提供或者接受资金、商品、服务或者其他资产,致使上市公司直接经济损失数额在150万元以上的;(三)向明显不具有清偿能力的单位或者个人提供资金、商品、服务或者其他资产,致使上市公司直接经济损失数额在150万元以上的;(四)为明显不具有清偿能力的单位或者个人提供担保,或者无正当理由为其他单位或者个人提供担保,致使上市公司直接经济损失数额在150万元以上的;(五)无正当理由放弃债权、承担债务,致使上市公司直接经济损失数额在150万元以上的;(六)致使公司、企业发行的股票或者公司、企业债券、存托凭证或者国务院依法认定的其他证券被终止上市交易的;(七)其他致使上市公司利益遭受重大损失的情形。

第14条 [伪造货币案(刑法第170条)]伪造货币,涉嫌下列情形之一的,应予立案追诉:

(一)总面额在2000元以上或者币量在200张(枚)以上的;(二)总面额在1000元以上或者币量在100张(枚)以上,2年内因伪造货币受过行政处罚,又伪造货币的;(三)制造货币版样或者为他人伪造货币提供版样的;(四)其他伪造货币应予追究刑事责任的情形。

第15条 [出售、购买、运输假币案(刑法第171条第1款)]出售、购买伪造的货币或者明知是伪造的货币而运输,涉嫌下列情形之一的,应予立案追诉:

(一)总面额在4000元以上或者币量在400张(枚)以上的;(二)总面额在2000元以上或者币量在200张(枚)以上,2年内因出售、购买、运输假币受过行政处罚,又出售、购买、运输假币的;(三)其他出售、购买、运输假币应予追究刑事责任的情形。

在出售假币时被抓获的,除现场查获的假币应认定为出售假币的数额外,现场之外在行为人住所或者其他藏匿地查获的假币,也应认定为出售假币的数额。

第16条 [金融工作人员购买假币、以假币换取货币案(刑法第171条第2款)]银行或者其他金融机构的工作人员购买伪造的货币或者利用职务上的便利,以伪造的货币换取货币,总面额在2000元以上或者币量在200张(枚)以上的,应予立案追诉。

第17条 [持有、使用假币案(刑法第172条)]明知是伪造的货币而持有、使用,涉嫌下列情形之一的,应予立案追诉:

(一)总面额在4000元以上或者币量在400张(枚)以上的;(二)总面额在2000元以上或者币量在200张(枚)以上,2年内因持有、使用假币受过行政处罚,又持有、使用假币的;

(三)其他持有、使用假币应予追究刑事责任的情形。

第18条 [变造货币案(刑法第173条)]变造货币,涉嫌下列情形之一的,应予立案追诉:

(一)总面额在2000元以上或者币量在200张(枚)以上的;(二)总面额在1000元以上或者币量在100张(枚)以上,2年内因变造货币受过行政处罚,又变造货币的;(三)其他变造货币应予追究刑事责任的情形。

第19条 [擅自设立金融机构案(刑法第174条第1款)]未经国家有关主管部门批准,擅自设立金融机构,涉嫌下列情形之一的,应予立案追诉:

(一)擅自设立商业银行、证券交易所、期货交易所、证券公司、期货公司、保险公司或者其他金融机构的;(二)擅自设立金融机构筹备组织的。

第20条 [伪造、变造、转让金融机构经营许可证、批准文件案(刑法第174条第2款)]伪造、变造、转让商业银行、证券交易所、期货交易所、证券公司、期货公司、保险公司或者其他金融机构的经营许可证或者批准文件的,应予立案追诉。

第21条 [高利转贷案(刑法第175条)]以转贷牟利为目的,套取金融机构信贷资金高利转贷他人,违法所得数额在50万元以上的,应予立案追诉。

第22条 [骗取贷款、票据承兑、金融票证案(刑法第175条之一)]以欺骗手段取得银行或者其他金融机构贷款、票据承兑、信用证、保函等,给银行或者其他金融机构造成直接经济损失数额在50万元以上的,应予立案追诉。

第23条 [非法吸收公众存款案(刑法第176条)]非法吸收公众存款或者变相吸收公众存款,扰乱金融秩序,涉嫌下列情形之一的,应予立案追诉:

(一)非法吸收或者变相吸收公众存款数额在100万元以上的;(二)非法吸收或者变相吸收公众存款对象150人以上的;(三)非法吸收或者变相吸收公众存款,给集资参与人造成直接经济损失数额在50万元以上的;

非法吸收或者变相吸收公众存款数额在50万元以上或者给集资参与人造成直接经济损失数额在25万元以上,同时涉嫌下列情形之一的,应予立案追诉:

(一)因非法集资受过刑事追究的;(二)2年内因非法集资受过行政处罚的;(三)造成恶劣社会影响或者其他严重后果的。

第24条 [伪造、变造金融票证案(刑法第177条)]伪造、变造金融票证,涉嫌下列情形之一的,应予立案追诉:

(一)伪造、变造汇票、本票、支票,或者伪造、变造委托收款凭证、汇款凭证、银行存单等其他银行结算凭证,或者伪造、变造信用证或者附随的单据、文件,总面额在1万元以上或者数量在10张以上的;(二)伪造信用卡1张以上,或者伪造空白信用卡10张以上的。

第25条 [妨害信用卡管理案(刑法第177条之一第1款)]妨害信用卡管理,涉嫌下列情形之一的,应予立案追诉:

(一)明知是伪造的信用卡而持有、运输的;(二)明知是伪造的空白信用卡而持有、运输,数量累计在10张以上的;(三)非法持有他人信用卡,数量累计在5张以上的;(四)使用虚假的身份证明骗领信用卡的;(五)出售、购买、为他人提供伪造的信用卡或者以虚假的身份证明骗领的信用卡的。

违背他人意愿,使用其居民身份证、军官证、士兵证、港澳居民往来内地通行证、台湾居民来往大陆通行证、护照等身份证明申领信用卡的,或者使用伪造、变造的身份证明申领信用卡的,应当认定为“使用虚假的身份证明骗领信用卡”。

第26条 [窃取、收买、非法提供信用卡信息案(刑法第177条之一第2款)]窃取、收买或者非法提供他人信用卡信息资料，足以伪造可进行交易的信用卡，或者足以使他人以信用卡持卡人名义进行交易，涉及信用卡 1 张以上的，应予立案追诉。

第 27 条 [伪造、变造国家有价证券案(刑法第 178 条第 1 款)]伪造、变造国库券或者国家发行的其他有价证券，总面额在 2000 元以上的，应予立案追诉。

第 28 条 [伪造、变造股票、公司、企业债券案(刑法第 178 条第 2 款)]伪造、变造股票或者公司、企业债券，总面额在 3 万元以上的，应予立案追诉。

第 29 条 [擅自发行股票、公司、企业债券案(刑法第 179 条)]未经国家有关主管部门批准或者注册，擅自发行股票或者公司、企业债券，涉嫌下列情形之一的，应予立案追诉：

(一)非法募集资金金额在 100 万元以上的；(二)造成投资者直接经济损失数额累计在 50 万元以上的；(三)募集的资金全部或者主要用于违法犯罪活动的；(四)其他后果严重或者有其他严重情节的情形。

本条规定的"擅自发行股票或者公司、企业债券"，是指向社会不特定对象发行、以转让股权等方式变相发行股票或者公司、企业债券，或者向特定对象发行、变相发行股票或者公司、企业债券累计超过 200 人的行为。

第 30 条 [内幕交易、泄露内幕信息案(刑法第 180 条第 1 款)]证券、期货交易内幕信息的知情人员、单位或者非法获取证券、期货交易内幕信息的人员、单位，在涉及证券的发行，证券、期货交易或者其他对证券、期货交易价格有重大影响的信息尚未公开前，买入或者卖出该证券，或者从事与该内幕信息有关的期货交易，或者泄露该信息，或者明示、暗示他人从事上述交易活动，涉嫌下列情形之一的，应予立案追诉：

(一)获利或者避免损失数额在 50 万元以上的；(二)证券交易成交额在 200 万元以上的；(三)期货交易占用保证金数额在 100 万元以上的；(四)2 年内 3 次以上实施内幕交易、泄露内幕信息行为的；(五)明示、暗示 3 人以上从事与内幕信息相关的证券、期货交易活动的；(六)具有其他严重情节的。

内幕交易获利或者避免损失数额在 25 万元以上，或者证券交易成交额在 100 万元以上，或者期货交易占用保证金数额在 50 万元以上，同时涉嫌下列情形之一的，应予立案追诉：

(一)证券法规定的证券交易内幕信息的知情人实施或者与他人共同实施内幕交易行为的；(二)以出售或者变相出售内幕信息等方式，明示、暗示他人从事与该内幕信息相关的交易活动的；(三)因证券、期货犯罪行为受过刑事追究的；(四)2 年内因证券、期货违法行为受过行政处罚的；(五)造成其他严重后果的。

第 31 条 [利用未公开信息交易案(刑法第 180 条第 4 款)]证券交易所、期货交易所、证券公司、期货公司、基金管理公司、商业银行、保险公司等金融机构的从业人员以及有关监管部门或者行业协会的工作人员，利用因职务便利获取的内幕信息以外的其他未公开的信息，违反规定，从事与该信息相关的证券、期货交易活动，或者明示、暗示他人从事相关交易活动，涉嫌下列情形之一的，应予立案追诉：

(一)获利或者避免损失数额在 100 万元以上的；(二)2 年内 3 次以上利用未公开信息交易的；(三)明示、暗示 3 人以上从事相关交易活动的；(四)具有其他严重情节的。

利用未公开信息交易，获利或者避免损失数额在 50 万元以上，或者证券交易成交额在 500 万元以上，或者期货交易占用保证金数额在 100 万元以上，同时涉嫌下列情形之一的，应予立案追诉：

(一)以出售或者变相出售未公开信息等方式，明示、暗示他人从事相关交易活动的；(二)因证券、期货犯罪行为受过刑事追究的；(三)2 年内因证券、期货违法行为受过行政处罚的；(四)造成其他严重后果的。

第32条　[编造并传播证券、期货交易虚假信息案(刑法第181条第1款)]编造并且传播影响证券、期货交易的虚假信息,扰乱证券、期货交易市场,涉嫌下列情形之一的,应予立案追诉:

(一)获利或者避免损失数额在5万元以上的;(二)造成投资者直接经济损失数额在50万元以上的;(三)虽未达到上述数额标准,但多次编造并且传播影响证券、期货交易的虚假信息的;(四)致使交易价格或者交易量异常波动的;(五)造成其他严重后果的。

第33条　[诱骗投资者买卖证券、期货合约案(刑法第181条第2款)]证券交易所、期货交易所、证券公司、期货公司的从业人员,证券业协会、期货业协会或者证券期货监督管理部门的工作人员,故意提供虚假信息或者伪造、变造、销毁交易记录,诱骗投资者买卖证券、期货合约,涉嫌下列情形之一的,应予立案追诉:

(一)获利或者避免损失数额在5万元以上的;(二)造成投资者直接经济损失数额在50万元以上的;(三)虽未达到上述数额标准,但多次诱骗投资者买卖证券、期货合约的;(四)致使交易价格或者交易量异常波动的;(五)造成其他严重后果的。

第34条　[操纵证券、期货市场案(刑法第182条)]操纵证券、期货市场,影响证券、期货交易价格或者证券、期货交易量,涉嫌下列情形之一的,应予立案追诉:

(一)持有或者实际控制证券的流通股份数量达到该证券的实际流通股份总量10%以上,实施刑法第182条第1款第1项操纵证券市场行为,连续10个交易日的累计成交量达到同期该证券总成交量百20%以上的;(二)实施刑法第182条第1款第2项、第3项操纵证券市场行为,连续10个交易日的累计成交量达到同期该证券总成交量20%以上的;(三)利用虚假或者不确定的重大信息,诱导投资者进行证券交易,行为人进行相关证券交易的成交额在1000万元以上的;(四)对证券、证券发行人公开作出评价、预测或者投资建议,同时进行反向证券交易,证券交易成交额在1000万元以上的;(五)通过策划、实施资产收购或者重组、投资新业务、股权转让、上市公司收购等虚假重大事项,误导投资者作出投资决策,并进行相关交易或者谋取相关利益,证券交易成交额在1000万元以上的;(六)通过控制发行人、上市公司信息的生成或者控制信息披露的内容、时点、节奏,误导投资者作出投资决策,并进行相关交易或者谋取相关利益,证券交易成交额在1000万元以上的;(七)实施刑法第182条第1款第1项操纵期货市场行为,实际控制的账户合并持仓连续10个交易日的最高值超过期货交易所限仓标准的2倍,累计成交量达到同期该期货合约总成交量20%以上,且期货交易占用保证金数额在500万元以上的;(八)通过囤积现货,影响特定期货品种市场行情,并进行相关期货交易,实际控制的账户合并持仓连续10个交易日的最高值超过期货交易所限仓标准的2倍,累计成交量达到同期该期货合约总成交量20%以上,且期货交易占用保证金数额在500万元以上的;(九)实施刑法第182条第1款第2项、第3项操纵期货市场行为,实际控制的账户连续10个交易日的累计成交量达到同期该期货合约总成交量20%以上,且期货交易占用保证金数额在500万元以上的;(十)利用虚假或者不确定的重大信息,诱导投资者进行期货交易,行为人进行相关期货交易,实际控制的账户连续10个交易日的累计成交量达到同期该期货合约总成交量20%以上,且期货交易占用保证金数额在500万元以上的;(十一)对期货交易标的公开作出评价、预测或者投资建议,同时进行相关期货交易,实际控制的账户连续10个交易日的累计成交量达到同期该期货合约总成交量的20%以上,且期货交易占用保证金数额在500万元以上的;(十二)不以成交为目的,频繁或者大量申报买入、卖出证券、期货合约并撤销申报,当日累计撤回申报量达到同期该证券、期货合约总申报量50%以上,且证券撤回申报额在1000万元以上、撤回申报的期货合约占用保证金数额在500万元以上的;(十三)实施操纵证券、期货市场行为,获利或者避免损失数额在100万元以上的。

操纵证券、期货市场,影响证券、期货交易价格或者证券、期货交易量,获利或者避免损失数额在50万元以上,同时涉嫌下列情形之一的,应予立案追诉:

(一)发行人、上市公司及其董事、监事、高级管理人员、控股股东或者实际控制人实施操纵证券、期货市场行为的;(二)收购人、重大资产重组的交易对方及其董事、监事、高级管理人员、控股股东或者实际控制人实施操纵证券、期货市场行为的;(三)行为人明知操纵证券、期货市场行为被有关部门调查,仍继续实施的;(四)因操纵证券、期货市场行为受过刑事追究的;(五)2年内因操纵证券、期货市场行为受过行政处罚的;(六)在市场出现重大异常波动等特定时段操纵证券、期货市场的;(七)造成其他严重后果的。

对于在全国中小企业股份转让系统中实施操纵证券市场行为,社会危害性大,严重破坏公平公正的市场秩序的,比照本条的规定执行,但本条第1款第1项和第2项除外。

第35条 [背信运用受托财产案(刑法第185条之一第1款)]商业银行、证券交易所、期货交易所、证券公司、期货公司、保险公司或者其他金融机构,违背受托义务,擅自运用客户资金或者其他委托、信托的财产,涉嫌下列情形之一的,应予立案追诉:

(一)擅自运用客户资金或者其他委托、信托的财产数额在30万元以上的;(二)虽未达到上述数额标准,但多次擅自运用客户资金或者其他委托、信托的财产,或者擅自运用多个客户资金或者其他委托、信托的财产的;(三)其他情节严重的情形。

第36条 [违法运用资金案(刑法第185条之一第2款)]社会保障基金管理机构、住房公积金管理机构等公众资金管理机构,以及保险公司、保险资产管理公司、证券投资基金管理公司,违反国家规定运用资金,涉嫌下列情形之一的,应予立案追诉:

(一)违反国家规定运用资金数额在30万元以上的;(二)虽未达到上述数额标准,但多次违反国家规定运用资金的;(三)其他情节严重的情形。

第37条 [违法发放贷款案(刑法第186条)]银行或者其他金融机构及其工作人员违反国家规定发放贷款,涉嫌下列情形之一的,应予立案追诉:

(一)违法发放贷款,数额在200万元以上的;(二)违法发放贷款,造成直接经济损失数额在50万元以上的。

第38条 [吸收客户资金不入账案(刑法第187条)]银行或者其他金融机构及其工作人员吸收客户资金不入账,涉嫌下列情形之一的,应予立案追诉:

(一)吸收客户资金不入账,数额在200万元以上的;(二)吸收客户资金不入账,造成直接经济损失数额在50万元以上的。

第39条 [违规出具金融票证案(刑法第188条)]银行或者其他金融机构及其工作人员违反规定,为他人出具信用证或者其他保函、票据、存单、资信证明,涉嫌下列情形之一的,应予立案追诉:

(一)违反规定为他人出具信用证或者其他保函、票据、存单、资信证明,数额在200万元以上的;(二)违反规定为他人出具信用证或者其他保函、票据、存单、资信证明,造成直接经济损失数额在50万元以上的;(三)多次违规出具信用证或者其他保函、票据、存单、资信证明的;(四)接受贿赂违规出具信用证或者其他保函、票据、存单、资信证明的;(五)其他情节严重的情形。

第40条 [对违法票据承兑、付款、保证案(刑法第189条)]银行或者其他金融机构及其工作人员在票据业务中,对违反票据法规定的票据予以承兑、付款或者保证,造成直接经济损失数额在50万元以上的,应予立案追诉。

第41条 [逃汇案(刑法第190条)]公司、企业或者其他单位,违反国家规定,擅自将外汇存放境外,或者将境内的外汇非法转移到境外,单笔在200万美元以上或者累计数额在500

万美元以上的,应予立案追诉。

第42条 [骗购外汇案《全国人民代表大会常务委员会关于惩治骗购外汇、逃汇和非法买卖外汇犯罪的决定》第1条)]骗购外汇,数额在50万美元以上的,应予立案追诉。

第43条 [洗钱案(刑法第191条)]为掩饰、隐瞒毒品犯罪、黑社会性质的组织犯罪、恐怖活动犯罪、走私犯罪、贪污贿赂犯罪、破坏金融管理秩序犯罪、金融诈骗犯罪的所得及其产生的收益的来源和性质,涉嫌下列情形之一的,应予立案追诉:

(一)提供资金账户的;(二)将财产转换为现金、金融票据、有价证券的;(三)通过转账或者其他支付结算方式转移资金的;(四)跨境转移资产的;(五)以其他方法掩饰、隐瞒犯罪所得及其收益的来源和性质的。

第44条 [集资诈骗案(刑法第192条)]以非法占有为目的,使用诈骗方法非法集资,数额在10万元以上的,应予立案追诉。

第45条 [贷款诈骗案(刑法第193条)]以非法占有为目的,诈骗银行或者其他金融机构的贷款,数额在5万元以上的,应予立案追诉。

第46条 [票据诈骗案(刑法第194条第1款)]进行金融票据诈骗活动,数额在5万元以上的,应予立案追诉。

第47条 [金融凭证诈骗案(刑法第194条第2款)]使用伪造、变造的委托收款凭证、汇款凭证、银行存单等其他银行结算凭证进行诈骗活动,数额在5万元以上的,应予立案追诉。

第48条 [信用证诈骗案(刑法第195条)]进行信用证诈骗活动,涉嫌下列情形之一的,应予立案追诉:

(一)使用伪造、变造的信用证或者附随的单据、文件的;(二)使用作废的信用证的;(三)骗取信用证的;(四)以其他方法进行信用证诈骗活动的。

第49条 [信用卡诈骗案(刑法第196条)]进行信用卡诈骗活动,涉嫌下列情形之一的,应予立案追诉:

(一)使用伪造的信用卡、以虚假的身份证明骗领的信用卡、作废的信用卡或者冒用他人信用卡,进行诈骗活动,数额在5000元以上的;(二)恶意透支,数额在5万元以上的。

本条规定的"恶意透支",是指持卡人以非法占有为目的,超过规定限额或者规定期限透支,经发卡银行两次有效催收后超过3个月仍不归还的。

恶意透支的数额,是指公安机关刑事立案时尚未归还的实际透支的本金数额,不包括利息、复利、滞纳金、手续费等发卡银行收取的费用。归还或者支付的数额,应当认定为归还实际透支的本金。

恶意透支,数额在5万元以上不满50万元的,在提起公诉前全部归还或者具有其他情节轻微情形的,可以不起诉。但是,因信用卡诈骗受过2次以上处罚的除外。

第50条 [有价证券诈骗案(刑法第197条)]使用伪造、变造的国库券或者国家发行的其他有价证券进行诈骗活动,数额在5万元以上的,应予立案追诉。

第51条 [保险诈骗案(刑法第198条)]进行保险诈骗活动,数额在5万元以上的,应予立案追诉。

第52条 [逃税案(刑法第201条)]逃避缴纳税款,涉嫌下列情形之一的,应予立案追诉:

(一)纳税人采取欺骗、隐瞒手段进行虚假纳税申报或者不申报,逃避缴纳税款,数额在10万元以上并且占各税种应纳税总额10%以上,经税务机关依法下达追缴通知后,不补缴应纳税款、不缴纳滞纳金或者不接受行政处罚的;(二)纳税人5年内因逃避缴纳税款受过刑事处罚或者被税务机关给予2次以上行政处罚,又逃避缴纳税款,数额在10万元以上并且占各税种应纳税总额10%以上的;(三)扣缴义务人采取欺骗、隐瞒手段,不缴或者少缴已扣、已收税款,数额在10万元以上的。

纳税人在公安机关立案后再补缴应纳税款、缴纳滞纳金或者接受行政处罚的,不影响刑事责任的追究。

第53条 [抗税案(刑法第202条)]以暴力、威胁方法拒不缴纳税款,涉嫌下列情形之一的,应予立案追诉:

(一)造成税务工作人员轻微伤以上的;(二)以给税务工作人员及其亲友的生命、健康、财产等造成损害为威胁,抗拒缴纳税款的;(三)聚众抗拒缴纳税款的;(四)以其他暴力、威胁方法拒不缴纳税款的。

第54条 [逃避追缴欠税案(刑法第203条)]纳税人欠缴应纳税款,采取转移或者隐匿财产的手段,致使税务机关无法追缴欠缴的税款,数额在1万元以上的,应予立案追诉。

第55条 [骗取出口退税案(刑法第204条)]以假报出口或者其他欺骗手段,骗取国家出口退税款,数额在10万元以上的,应予立案追诉。

第56条 [虚开增值税专用发票、用于骗取出口退税、抵扣税款发票案(刑法第205条)]虚开增值税专用发票或者虚开用于骗取出口退税、抵扣税款的其他发票,虚开的税款数额在10万元以上或者造成国家税款损失数额在5万元以上的,应予立案追诉。

第57条 [虚开发票案(刑法第205条之一)]虚开刑法第205条规定以外的其他发票,涉嫌下列情形之一的,应予立案追诉:

(一)虚开发票金额累计在50万元以上的;(二)虚开发票100份以上且票面金额在30万元以上的;(三)5年内因虚开发票受过刑事处罚或者2次以上行政处罚,又虚开发票,数额达到第1、2项标准60%以上的。

第58条 [伪造、出售伪造的增值税专用发票案(刑法第206条)]伪造或者出售伪造的增值税专用发票,涉嫌下列情形之一的,应予立案追诉:

(一)票面税额累计在10万元以上的;(二)伪造或者出售伪造的增值税专用发票10份以上且票面税额在6万元以上的;(三)非法获利数额在1万元以上的。

第59条 [非法出售增值税专用发票案(刑法第207条)]非法出售增值税专用发票,涉嫌下列情形之一的,应予立案追诉:

(一)票面税额累计在10万元以上的;(二)非法出售增值税专用发票10份以上且票面税额在6万元以上的;(三)非法获利数额在1万元以上的。

第60条 [非法购买增值税专用发票、购买伪造的增值税专用发票案(刑法第208条第1款)]非法购买增值税专用发票或者购买伪造的增值税专用发票,涉嫌下列情形之一的,应予立案追诉:

(一)非法购买增值税专用发票或者购买伪造的增值税专用发票20份以上且票面税额在10万元以上的;(二)票面税额累计在20万元以上的。

第61条 [非法制造、出售非法制造的用于骗取出口退税、抵扣税款发票案(刑法第209条第1款)]伪造、擅自制造或者出售伪造、擅自制造的用于骗取出口退税、抵扣税款的其他发票,涉嫌下列情形之一的,应予立案追诉:

(一)票面可以退税、抵扣税额累计在10万元以上的;(二)伪造、擅自制造或者出售伪造、擅自制造的发票10份以上且票面可以退税、抵扣税额在6万元以上的;(三)非法获利数额在1万元以上的。

第62条 [非法制造、出售非法制造的发票案(刑法第209条第2款)]伪造、擅自制造或者出售伪造、擅自制造的不具有骗取出口退税、抵扣税款功能的其他发票,涉嫌下列情形之一的，应予立案追诉：

（一）伪造、擅自制造或者出售伪造、擅自制造的不具有骗取出口退税、抵扣税款功能的其他发票100份以上且票面金额累计在30万元以上的；（二）票面金额累计在50万元以上的；（三）非法获利数额在1万元以上的。

第63条 ［非法出售用于骗取出口退税、抵扣税款发票案（刑法第209条第3款）］非法出售可以用于骗取出口退税、抵扣税款的其他发票，涉嫌下列情形之一的，应予立案追诉：

（一）票面可以退税、抵扣税额累计在10万元以上的；（二）非法出售用于骗取出口退税、抵扣税款的其他发票10份以上且票面可以退税、抵扣税额在6万元以上的；（三）非法获利数额在1万元以上的。

第64条 ［非法出售发票案（刑法第209条第4款）］非法出售增值税专用发票、用于骗取出口退税、抵扣税款的其他发票以外的发票，涉嫌下列情形之一的，应予立案追诉：

（一）非法出售增值税专用发票、用于骗取出口退说、抵扣税款的其他发票以外的发票100份以上且票面金额累计在30万元以上的；（二）票面金额累计在50万元以上的；（三）非法获利数额在1万元以上的。

第65条 ［持有伪造的发票案（刑法第210条之一）］明知是伪造的发票而持有，涉嫌下列情形之一的，应予立案追诉：

（一）持有伪造的增值税专用发票或者可以用于骗取出口退税、抵扣税款的其他发票50份以上且票面税额累计在25万元以上的；（二）持有伪造的增值税专用发票或者可以用于骗取出口退税、抵扣税款的其他发票票面税额累计在50万元以上的；（三）持有伪造的第1项规定以外的其他发票100份以上且票面金额在50万元以上的；（四）持有伪造的第1项规定以外的其他发票票面金额累计在100万元以上的。

第66条 ［损害商业信誉、商品声誉案（刑法第221条）］捏造并散布虚伪事实，损害他人的商业信誉、商品声誉，涉嫌下列情形之一的，应予立案追诉：

（一）给他人造成直接经济损失数额在50万元以上的；（二）虽未达到上述数额标准，但造成公司、企业等单位停业、停产6个月以上，或者破产的；（三）其他给他人造成重大损失或者有其他严重情节的情形。

第67条 ［虚假广告案（刑法第222条）］广告主、广告经营者、广告发布者违反国家规定，利用广告对商品或者服务作虚假宣传，涉嫌下列情形之一的，应予立案追诉：

（一）违法所得数额在10万元以上的；（二）假借预防、控制突发事件、传染病防治的名义，利用广告作虚假宣传，致使多人上当受骗，违法所得数额在3万元以上的；（三）利用广告对食品、药品作虚假宣传，违法所得数额在3万元以上的；（四）虽未达到上述数额标准，但2年内因利用广告作虚假宣传受过2次以上行政处罚，又利用广告作虚假宣传的；（五）造成严重危害后果或者恶劣社会影响的；（六）其他情节严重的情形。

第68条 ［串通投标案（刑法第223条）］投标人相互串通投标报价，或者投标人与招标人串通投标，涉嫌下列情形之一的，应予立案追诉：

（一）损害招标人、投标人或者国家、集体、公民的合法利益，造成直接经济损失数额在50万元以上的；（二）违法所得数额在20万元以上的；（三）中标项目金额在400万元以上的；（四）采取威胁、欺骗或者贿赂等非法手段的；（五）虽未达到上述数额标准，但2年内因串通投标受过2次以上行政处罚，又串通投标的；（六）其他情节严重的情形。

第69条 ［合同诈骗案（刑法第224条）］以非法占有为目的，在签订、履行合同过程中，骗取对方当事人财物，数额在2万元以上的，应予立案追诉。

第70条 ［组织、领导传销活动案（刑法第224条之一）］组织、领导以推销商品、提供服务等经营活动为名，要求参加者以缴纳费用或者购买商品、服务等方式获得加入资格，并按照一定顺序组成层级，直接或者间接以发展人员的数量作为计酬或者返利依据，引诱、胁迫参加者继续发展他人参加，骗取财物，扰乱经济社会秩序的传销活动，涉嫌组织、领导的传销活动人员在30人以上且层级在3级以上的，对组织者、领导者，应予立案追诉。

下列人员可以认定为传销活动的组织者、领导者：

(一)在传销活动中起发起、策划、操纵作用的人员；(二)在传销活动中承担管理、协调等职责的人员；(三)在传销活动中承担宣传、培训等职责的人员；(四)因组织、领导传销活动受过刑事追究，或者1年内因组织、领导传销活动受过行政处罚，又直接或者间接发展参与传销活动人员在15人以上且层级在3级以上的人员；(五)其他对传销活动的实施、传销组织的建立、扩大等起关键作用的人员。

第71条 [非法经营案(刑法第225条)]违反国家规定，进行非法经营活动，扰乱市场秩序，涉嫌下列情形之一的，应予立案追诉：

(一)违反国家烟草专卖管理法律法规，未经烟草专卖行政主管部门许可，无烟草专卖生产企业许可证、烟草专卖批发企业许可证、特种烟草专卖经营企业许可证、烟草专卖零售许可证等许可证明，非法经营烟草专卖品，具有下列情形之一的：

1. 非法经营数额在5万元以上，或者违法所得数额在2万元以上的；2. 非法经营卷烟20万支以上的；3. 3年内因非法经营烟草专卖品受过2次以上行政处罚，又非法经营烟草专卖品且数额在3万元以上的。

(二)未经国家有关主管部门批准，非法经营证券、期货、保险业务，或者非法从事资金支付结算业务，具有下列情形之一的：

1. 非法经营证券、期货、保险业务，数额在100万元以上，或者违法所得数额在10万元以上的；2. 非法从事资金支付结算业务，数额在500万元以上，或者违法所得数额在10万元以上的；3. 非法从事资金支付结算业务，数额在250万元以上不满500万元，或者违法所得数额在5万元以上不满10万元，且具有下列情形之一的：(1)因非法从事资金支付结算业务犯罪行为受过刑事追究的；(2)2年内因非法从事资金支付结算业务违法行为受过行政处罚的；(3)拒不交代涉案资金去向或者拒不配合追缴工作，致使赃款无法追缴的；(4)造成其他严重后果的。4. 使用销售点终端机具(POS机)等方法，以虚构交易、虚开价格、现金退货等方式向信用卡持卡人直接支付现金，数额在100万元以上的，或者造成金融机构资金20万元以上逾期未还的，或者造成金融机构经济损失10万元以上的。

(三)实施倒买倒卖外汇或者变相买卖外汇等非法买卖外汇行为，扰乱金融市场秩序，具有下列情形之一的：

1. 非法经营数额在500万元以上的，或者违法所得数额在10万元以上的；2. 非法经营数额在250万元以上，或者违法所得数额在5万元以上，且具有下列情形之一的：(1)因非法买卖外汇犯罪行为受过刑事追究的；(2)2年内因非法买卖外汇违法行为受过行政处罚的；(3)拒不交代涉案资金去向或者拒不配合追缴工作，致使赃款无法追缴的；(4)造成其他严重后果的。3. 公司、企业或者其他单位违反有关外贸代理业务的规定，采用非法手段，或者明知是伪造、变造的凭证、商业单据，为他人向外汇指定银行骗购外汇，数额在500万美元以上或者违法所得数额在50万元以上的；4. 居间介绍骗购外汇，数额在100万美元以上或者违法所得数额在10万元以上的。

(四)出版、印刷、复制、发行严重危害社会秩序和扰乱市场秩序的非法出版物，具有下列情形之一的：

1. 个人非法经营数额在5万元以上的，单位非法经营数额在15万元以上的；2. 个人违法所得数额在2万元以上的,单位违法所得数额在5万元以上的;3.个人非法经营报纸5000份或者期刊5000本或者图书2000册或者音像制品、电子出版物500张(盒)以上的,单位非法经营报纸15000份或者期刊15000本或者图书5000册或者音像制品、电子出版物1500张(盒)以上的;4.虽未达到上述数额标准,但具有下列情形之一的:(1)2年内因出版、印刷、复制、发行非法出版物受过2次以上行政处罚,又出版、印刷、复制、发行非法出版物的;(2)因出版、印刷、复制、发行非法出版物造成恶劣社会影响或者其他严重后果的。

(五)非法从事出版物的出版、印刷、复制、发行业务,严重扰乱市场秩序,具有下列情形之一的:

1.个人非法经营数额在15万元以上的,单位非法经营数额在50万元以上的;2.个人违法所得数额在5万元以上的,单位违法所得数额在15万元以上的;3.个人非法经营报纸15000份或者期刊15000本或者图书5000册或者音像制品、电子出版物1500张(盒)以上的,单位非法经营报纸5万份或者期刊5万本或者图书15000册或者音像制品、电子出版物5000张(盒)以上的;4.虽未达到上述数额标准,2年内因非法从事出版物的出版、印刷、复制、发行业务受过2次以上行政处罚,又非法从事出版物的出版、印刷、复制、发行业务的。

(六)采取租用国际专线、私设转接设备或者其他方法,擅自经营国际电信业务或者涉港澳台电信业务进行营利活动,扰乱电信市场管理秩序,具有下列情形之一的:

1.经营去话业务数额在100万元以上的;2.经营来话业务造成电信资费损失数额在100万元以上的;3.虽未达到上述数额标准,但具有下列情形之一的:(1)2年内因非法经营国际电信业务或者涉港澳台电信业务行为受过2次以上行政处罚,又非法经营国际电信业务或者涉港澳台电信业务的;(2)因非法经营国际电信业务或者涉港澳台电信业务行为造成其他严重后果的。

(七)以营利为目的,通过信息网络有偿提供删除信息服务,或者明知是虚假信息,通过信息网络有偿提供发布信息等服务,扰乱市场秩序,具有下列情形之一的:

1.个人非法经营数额在5万元以上,或者违法所得数额在2万元以上的;2.单位非法经营数额在15万元以上,或者违法所得数额在5万元以上的。

(八)非法生产、销售"黑广播""伪基站"、无线电干扰器等无线电设备,具有下列情形之一的:

1.非法生产、销售无线电设备3套以上的;2.非法经营数额在5万元以上的;3.虽未达到上述数额标准,但2年内因非法生产、销售无线电设备受过2次以上行政处罚,又非法生产、销售无线电设备的。

(九)以提供给他人开设赌场为目的,违反国家规定,非法生产、销售具有退币、退分、退钢珠等赌博功能的电子游戏设施设备或者其专用软件,具有下列情形之一的:

1.个人非法经营数额在五万元以上,或者违法所得数额在1万元以上的;2.单位非法经营数额在50万元以上,或者违法所得数额在10万元以上的;3.虽未达到上述数额标准,但2年内因非法生产、销售赌博机行为受过2次以上行政处罚,又进行同种非法经营行为的;4.其他情节严重的情形。

(十)实施下列危害食品安全行为,非法经营数额在10万元以上,或者违法所得数额在5万元以上的:

1.以提供给他人生产、销售食品为目的,违反国家规定,生产、销售国家禁止用于食品生产、销售的非食品原料的;2.以提供给他人生产、销售食用农产品为目的,违反国家规定,生产、销售国家禁用农药、食品动物中禁止使用的药品及其他化合物等有毒、有害的非食品原料,或者生产、销售添加上述有毒、有害的非食品原料的农药、兽药、饲料、饲料添加剂、饲料原料的;3. 违反国家规定,私设生猪屠宰厂(场),从事生猪屠宰、销售等经营活动的。

(十一)未经监管部门批准,或者超越经营范围,以营利为目的,以超过36%的实际年利率经常性地向社会不特定对象发放贷款,具有下列情形之一的:

1. 个人非法放贷数额累计在200万元以上的,单位非法放贷数额累计在1000万元以上的;2. 个人违法所得数额累计在80万元以上的,单位违法所得数额累计在400万元以上的;3. 个人非法放贷对象累计在50人以上的,单位非法放贷对象累计在150人以上的;4. 造成借款人或者其近亲属自杀、死亡或者精神失常等严重后果的。5. 虽未达到上述数额标准,但具有下列情形之一的:(1)2年内因实施非法放贷行为受过2次以上行政处罚的;(2)以超过72%的实际年利率实施非法放贷行为10次以上的。

黑恶势力非法放贷的,按照第1、2、3项规定的相应数额、数量标准的50%确定。同时具有第5项规定情形的,按照相应数额、数量标准的40%确定。

(十二)从事其他非法经营活动,具有下列情形之一的:

1. 个人非法经营数额在5万元以上,或者违法所得数额在1万元以上的;2. 单位非法经营数额在50万元以上,或者违法所得数额在10万元以上的;3. 虽未达到上述数额标准,但2年内因非法经营行为受过2次以上行政处罚,又从事同种非法经营行为的;4. 其他情节严重的情形。

法律、司法解释对非法经营罪的立案追诉标准另有规定的,依照其规定。

第72条 [非法转让、倒卖土地使用权案(刑法第228条)]以牟利为目的,违反土地管理法规,非法转让、倒卖土地使用权,涉嫌下列情形之一的,应予立案追诉:

(一)非法转让、倒卖永久基本农田5亩以上的;(二)非法转让、倒卖永久基本农田以外的耕地10亩以上的;(三)非法转让、倒卖其他土地20亩以上的;(四)违法所得数额在50万元以上的;(五)虽未达到上述数额标准,但因非法转让、倒卖土地使用权受过行政处罚,又非法转让、倒卖土地的;(六)其他情节严重的情形。

第73条 [提供虚假证明文件案(刑法第229条第1款)]承担资产评估、验资、验证、会计、审计、法律服务、保荐、安全评价、环境影响评价、环境监测等职责的中介组织的人员故意提供虚假证明文件,涉嫌下列情形之一的,应予立案追诉:

(一)给国家、公众或者其他投资者造成直接经济损失数额在50万元以上的;(二)违法所得数额在10万元以上的;(三)虚假证明文件虚构数额在100万元以上且占实际数额30%以上的;(四)虽未达到上述数额标准,但2年内因提供虚假证明文件受过2次以上行政处罚,又提供虚假证明文件的;(五)其他情节严重的情形。

第74条 [出具证明文件重大失实案(刑法第229条第3款)]承担资产评估、验资、验证、会计、审计、法律服务、保荐、安全评价、环境影响评价、环境监测等职责的中介组织的人员严重不负责任,出具的证明文件有重大失实,涉嫌下列情形之一的,应予立案追诉:

(一)给国家、公众或者其他投资者造成直接经济损失数额在100万元以上的;(二)其他造成严重后果的情形。

第75条 [逃避商检案(刑法第230条)]违反进出口商品检验法的规定,逃避商品检验,将必须经商检机构检验的进口商品未报经检验而擅自销售、使用,或者将必须经商检机构检验的出口商品未报经检验合格而擅自出口,涉嫌下列情形之一的,应予立案追诉:

(一)给国家、单位或者个人造成直接经济损失数额在50万元以上的;(二)逃避商检的进出口货物货值金额在300万元以上的;(三)导致病疫流行、灾害事故的;(四)多次逃避商检的;(五)引起国际经济贸易纠纷,严重影响国家对外贸易关系,或者严重损害国家声誉的;(六)其他情节严重的情形。

第76条 [职务侵占案(刑法第271条第1款)]公司、企业或者其他单位的人员,利用职务上的便利,将本单位财物非法占为己有,数额在3万元以上的,应予立案追诉。

第77条 [挪用资金案(刑法第272条第1款)]公司、企业或者其他单位的工作人员,利用职务上的便利,挪用本单位资金归个人使用或者借贷给他人,涉嫌下列情形之一的,应予立案追诉:

(一)挪用本单位资金数额在5万元以上,超过3个月未还的;(二)挪用本单位资金数额在5万元以上,进行营利活动的;(三)挪用本单位资金数额在3万元以上,进行非法活动的。

具有下列情形之一的,属于本条规定的"归个人使用":

(一)将本单位资金供本人、亲友或者其他自然人使用的;(二)以个人名义将本单位资金供其他单位使用的;(三)个人决定以单位名义将本单位资金供其他单位使用,谋取个人利益的。

第78条 [虚假诉讼案(刑法第307条之一)]单独或者与他人恶意串通,以捏造的事实提起民事诉讼,涉嫌下列情形之一的,应予立案追诉:

(一)致使人民法院基于捏造的事实采取财产保全或者行为保全措施的;(二)致使人民法院开庭审理,干扰正常司法活动的;(三)致使人民法院基于捏造的事实作出裁判文书、制作财产分配方案,或者立案执行基于捏造的事实作出的仲裁裁决、公证债权文书的;(四)多次以捏造的事实提起民事诉讼的;(五)因以捏造的事实提起民事诉讼被采取民事诉讼强制措施或者受过刑事追究的;(六)其他妨害司法秩序或者严重侵害他人合法权益的情形。

附　　则

第79条 本规定中的"货币"是指在境内外正在流通的以下货币:

(一)人民币(含普通纪念币、贵金属纪念币)、港元、澳门元、新台币;(二)其他国家及地区的法定货币。

贵金属纪念币的面额以中国人民银行授权中国金币总公司的初始发售价格为准。

第80条 本规定中的"多次",是指3次以上。

第81条 本规定中的"虽未达到上述数额标准",是指接近上述数额标准且已达到该数额的80%以上的。

第82条 对于预备犯、未遂犯、中止犯,需要追究刑事责任的,应予立案追诉。

第83条 本规定中的立案追诉标准,除法律、司法解释、本规定中另有规定的以外,适用于相应的单位犯罪。

第84条 本规定中的"以上",包括本数。

第85条 本规定自2022年5月15日施行。《最高人民检察院、公安部关于公安机关管辖的刑事案件立案追诉标准的规定(2)》(公通字〔2010〕23号)和《最高人民检察院、公安部关于公安机关管辖的刑事案件立案追诉标准的规定(2)的补充规定》(公通字〔2011〕47号)同时废止。

第120条之二 【准备实施恐怖活动罪】 有下列情形之一的,处5年以下有期徒刑、拘役、管制或者剥夺政治权利,并处罚金;情节严重的,处5年以上有期徒刑,并处罚金或者没收财产:

(一)为实施恐怖活动准备凶器、危险物品或者其他工具的;

(二)组织恐怖活动培训或者积极参加恐怖活动培训的;

(三)为实施恐怖活动与境外恐怖活动组织或者人员联络的;

(四)为实施恐怖活动进行策划或者其他准备的。

有前款行为,同时构成其他犯罪的,依照处罚较重的规定定罪处罚。

（本条《中华人民共和国刑法修正案(9)》增加）

•释义

准备实施恐怖活动罪是指：

（一）为实施恐怖活动准备凶器、危险物品或者其他工具的；（二）组织恐怖活动培训或者积极参加恐怖活动培训的；（三）为实施恐怖活动与境外恐怖活动组织或者人员联络的；（四）为实施恐怖活动进行策划或者其他准备的。

本条将恐怖犯罪各个环节和各种方式的预备行为正犯化，如为实施犯罪准备工具、培训人员、与境外联络等。

•管辖

公安机关反恐怖部门。

•关联法律

1.《中华人民共和国刑法修正案(9)》(2015年8月29日第十二届全国人大常委会第十六次会议通过)

七、在刑法第120条之一后增加5条，作为第120条之二、第120条之三、第120条之四、第120条之五、第120条之六：

“第120条之二有下列情形之一的，处5年以下有期徒刑、拘役、管制或者剥夺政治权利，并处罚金；情节严重的，处5年以上有期徒刑，并处罚金或者没收财产：

“（一）为实施恐怖活动准备凶器、危险物品或者其他工具的；（二）组织恐怖活动培训或者积极参加恐怖活动培训的；（三）为实施恐怖活动与境外恐怖活动组织或者人员联络的；（四）为实施恐怖活动进行策划或者其他准备的。

“有前款行为，同时构成其他犯罪的，依照处罚较重的规定定罪处罚。

“第120条之三以制作、散发宣扬恐怖主义、极端主义的图书、音频视频资料或者其他物品，或者通过讲授、发布信息等方式宣扬恐怖主义、极端主义的，或者煽动实施恐怖活动的，处5年以下有期徒刑、拘役、管制或者剥夺政治权利，并处罚金；情节严重的，处5年以上有期徒刑，并处罚金或者没收财产。

“第120条之四利用极端主义煽动、胁迫群众破坏国家法律确立的婚姻、司法、教育、社会管理等制度实施的，处3年以下有期徒刑、拘役或者管制，并处罚金；情节严重的，处3年以上7年以下有期徒刑，并处罚金；情节特别严重的，处7年以上有期徒刑，并处罚金或者没收财产。

“第120条之五以暴力、胁迫等方式强制他人在公共场所穿着、佩戴宣扬恐怖主义、极端主义服饰、标志的，处3年以下有期徒刑、拘役或者管制，并处罚金。

“第120条之六明知是宣扬恐怖主义、极端主义的图书、音频视频资料或者其他物品而非法持有，情节严重的，处3年以下有期徒刑、拘役或者管制，并处或者单处罚金。”

2. 参见本书《刑法》第120条之一该节内容。

第120条之三 【宣扬恐怖主义、极端主义、煽动实施恐怖活动罪】 以制作、散发宣扬恐怖主义、极端主义的图书、音频视频资料或者其他物品，或者通过讲授、发布信息等方式宣扬恐怖主义、极端主义的，或者煽动实施恐怖活动的，处5年以下有期徒刑、拘役、管制或者剥夺政治权利，并处罚金；情节严重的，处5年以上有期徒刑，并处罚金或者没收财产。

（本条《中华人民共和国刑法修正案(9)》增加）

• **释义**

宣扬恐怖主义、极端主义、煽动实施恐怖活动罪是指以制作、散发宣扬恐怖主义、极端主义的图书、音频视频资料或者其他物品，或者通过讲授、发布信息等方式宣扬恐怖主义、极端主义的，或者煽动实施恐怖活动的行为。

本条将宣扬恐怖主义、极端主义的行为列为犯罪。不管是制作、散发相关的宣传物品还是通过口头讲授、网络发布的方式宣扬，或者煽动实施恐怖活动的都被作为犯罪处理。

• **管辖**

公安机关政治安全保卫部门、反恐怖部门。

• **关联法律**

1.《中华人民共和国刑法修正案(9)》(2015年8月29日第十二届全国人大常委会第十六次会议通过)

（内容详见本书《刑法》第120条之二相关内容）

2. 参见本书《刑法》第120条之一该节内容。

第120条之四　【利用极端主义破坏法律实施罪】 利用极端主义煽动、胁迫群众破坏国家法律确立的婚姻、司法、教育、社会管理等制度实施的，处3年以下有期徒刑、拘役或者管制，并处罚金；情节严重的，处3年以上7年以下有期徒刑，并处罚金；情节特别严重的，处7年以上有期徒刑，并处罚金或者没收财产。”

（本条《中华人民共和国刑法修正案(9)》增加）

• **释义**

利用极端主义破坏法律实施罪是指利用极端主义煽动、胁迫群众破坏国家法律确立的婚姻、司法、教育、社会管理等制度实施的行为。

本条将利用极端主义煽动、胁迫群众破坏国家法律确立的婚姻、司法、教育、社会管理等制度实施的行为明确规定为犯罪。

• **管辖**

公安机关政治安全保卫部门。

• **关联法律**

1.《中华人民共和国刑法修正案(9)》(2015年8月29日第十二届全国人大常委会第十六次会议通过)

（内容详见本书《刑法》第120条之二相关内容）

2. 参见本书《刑法》第120条之一该节内容。

第120条之五　【强制穿戴宣扬恐怖主义、极端主义服饰、标志罪】 以暴力、胁迫等方式强制他人在公共场所穿着、佩戴宣扬恐怖主义、极端主义服饰、标志的，处3年以下有期徒刑、拘役或者管制，并处罚金。

（本条《中华人民共和国刑法修正案(9)》增加）

• 释义

强制穿戴宣扬恐怖主义、极端主义服饰、标志罪是指以暴力、胁迫等方式强制他人在公共场所穿着、佩戴宣扬恐怖主义、极端主义服饰、标志的行为。本条明确规定上述行为为犯罪。

• 管辖

公安机关政治安全保卫部门、反恐怖部门。

• 关联法律

1.《中华人民共和国刑法修正案(9)》(2015年8月29日第十二届全国人大常委会第十六次会议通过)

(内容详见本书《刑法》第120条之二相关内容)

2. 参见本书《刑法》第120条之一该节内容。

第120条之六　【非法持有宣扬恐怖主义、极端主义物品罪】 明知是宣扬恐怖主义、极端主义的图书、音频视频资料或者其他物品而非法持有,情节严重的,处3年以下有期徒刑、拘役或者管制,并处或者单处罚金。

(本条《中华人民共和国刑法修正案(9)》增加)

• 释义

非法持有宣扬恐怖主义、极端主义物品罪是指明知是宣扬恐怖主义、极端主义的图书、音频视频资料或者其他物品而非法持有,情节严重的行为。本条将持有宣扬恐怖主义、极端主义的图书、音频视频资料或者其他物品的行为规定是犯罪。也就是说,对上述物品单纯的持有状态即构成犯罪。

• 管辖

公安机关政治安全保卫部门、反恐怖部门。

• 关联法律

1.《中华人民共和国刑法修正案(9)》(2015年8月29日第十二届全国人大常委会第十六次会议通过)第7条

(内容详见本书《刑法》第120条之二相关内容)

2. 参见本书《刑法》第120条之一该节内容。

第121条　【劫持航空器罪】 以暴力、胁迫或者其他方法劫持航空器的,处10年以上有期徒刑或者无期徒刑;致人重伤、死亡或者使航空器遭受严重破坏的,处死刑。

• 释义

劫持航空器罪是指以暴力、胁迫或者其他方法劫持正在使用中的航空器的行为。

根据《海牙公约》第3条和《蒙特利尔公约》第4条,劫持航空器犯罪中的航空器,仅限于民用航空器。

• 管辖

公安机关刑事侦查部门。

> **第122条 【劫持船只、汽车罪】** 以暴力、胁迫或者其他方法劫持船只、汽车的，处5年以上10年以下有期徒刑；造成严重后果的，处10年以上有期徒刑或者无期徒刑。

• 释义

劫持船只、汽车罪是指使用暴力、胁迫或者其他方法劫持船只、汽车的行为。

• 管辖

公安机关刑事侦查部门。

> **第123条 【暴力危及飞行安全罪】** 对飞行中的航空器上的人员使用暴力，危及飞行安全，尚未造成严重后果的，处5年以下有期徒刑或者拘役；造成严重后果的，处5年以上有期徒刑。

• 释义

暴力危及飞行安全罪是指对飞行中的航空器上的人员使用暴力，危及飞行安全的行为。

• 管辖

公安机关刑事侦查部门。

> **第124条 【破坏广播电视设施、公用电信设施罪】** 破坏广播电视设施、公用电信设施，危害公共安全的，处3年以上7年以下有期徒刑；造成严重后果的，处7年以上有期徒刑。
>
> **【过失损坏广播电视设施、公用电信设施罪】** 过失犯前款罪的，处3年以上7年以下有期徒刑；情节较轻的，处3年以下有期徒刑或者拘役。

• 释义

破坏广播电视设施、公用电信设施罪是指故意破坏广播电视、公用电信设施，危害公共安全的行为。

根据司法解释的规定，采用拆卸、毁坏设备，剪割缆线，删除、修改、增加广播电视设备系统中存储、处理、传输的数据和应用程序，非法占用频率等手段，破坏正在使用的广播电视设施的；或者建设、施工单位的管理人员、施工人员，在建设、施工过程中，违反广播电视设施保护规定，故意损毁正在使用的广播电视设施的，采用截断通信线路、损毁通信设备或者删除、修改、增加电信网计算机信息系统中存储、处理或者传输的数据和应用程序等手段，故意破坏正在使用的公用电信设施，危害公共安全的，均依本罪定罪处罚。

实施破坏广播电视设施犯罪，并利用广播电视设施实施煽动分裂国家、煽动颠覆国家政权、煽动民族仇恨、民族歧视或者宣扬邪教等行为，同时构成其他犯罪的，依照处罚较重的规定定罪处罚。盗窃公用电信设施价值数额不大，但是构成危害公共安全犯罪的，依照本罪定罪处罚；盗窃公用电信设施同时构成盗窃罪和本罪的，依照处罚较重的规定定罪处罚。

过失损坏广播电视设施、公用电信设施罪是指过失损坏正在使用的广播电视设施、公用电信设施，危害公共安全，造成严重后果的行为。

根据司法解释，建设、施工单位的管理人员、施工人员，在建设、施工过程中，违反广播电视设施保护规定，过失损毁正在使用的广播电视设施，构成本罪；盗窃正在使用的广播电视设施，尚未构成盗窃罪，依照本罪定罪处罚；同时构成盗窃罪和本罪的，依照处罚较重的规定定罪处罚。

所称广播电视台中直接关系节目播出的设施、广播电视传输网内的设施，参照国家广播电视行政主管部门和其他相关部门的有关规定确定。

• 管辖

公安机关刑事侦查部门。

• 关联法律

1. 最高人民法院研究室《关于如何计算正在使用中的通讯线路价值问题的电话答复》(1992年11月17日)

海南省高级人民法院：你院《关于如何计算盗窃正在使用中的通讯线路价值问题的请示报告》收悉。经研究，答复如下：

盗窃数额是指行为人主观上意图通过盗窃行为占有，并在客观上已实际造成的公私财物的直接损失数额。犯罪分子盗窃正在使用中的通讯线路，线路（如铜线）本身的价值可以认定为盗窃数额。由于盗窃这些通讯线路使电报、电话中断因而造成的经济损失，应视为盗窃或者破坏通讯设备所引起的后果，可以盗窃罪或者破坏通讯设备罪从重处罚。

2.《广播电视设施保护条例》（国务院令〔2000〕第295号）

第2条 在中华人民共和国境内依法设立的广播电视台、站（包括有线广播电视台、站，下同）和广播电视传输网的下列设施的保护，适用本条例：

（一）广播电视信号发射设施，包括天线、馈线、塔桅（杆）、地网、卫星发射天线及其附属设备等；（二）广播电视信号专用传输设施，包括电缆线路、光缆线路（以下统称传输线路）、塔桅（杆）、微波等空中专用传输通路、微波站、卫星地面接收设施、转播设备及其附属设备等；（三）广播电视信号监测设施，包括监测接收天线、馈线、塔桅（杆）、测向场强室及其附属设备。

传输广播电视信号所利用的公用通信等网络设施的保护和管理，依照有关法律、行政法规定执行。

第5条 广播电视设施管理单位负责广播电视设施的维护和保养，保证其正常运行。

广播电视设施管理单位应当在广播电视设施周围设立保护标志，标明保护要求。

第6条 禁止危及广播电视信号发射设施的安全和损害其使用效能的下列行为：

（一）拆除或者损坏天线、馈线、地网以及天线场地的围墙、围网及其附属设备、标志物；（二）在中波天线周围250米范围内建筑施工，或者以天线外250米为计算起点兴建高度超过仰角3度的高大建筑；（三）在短波天线前方500米范围内种植成林树木、堆放金属物品、穿越架空电力线路、建筑施工，或者以天线外500米为计算起点兴建高度超过仰角3度的高大建筑；（四）在功率300千瓦以上的定向天线前方1000米范围内建筑施工，或者以天线外1000米为计算起点兴建高度超过仰角3度的高大建筑；（五）在馈线两侧各3米范围内建筑施工，或者在馈线两侧各5米范围内种植树木、种植高杆作物；（六）在天线、塔桅（杆）周围5米或者可能危及拉锚安全的范围内挖沙、取土、钻探、打桩、倾倒腐蚀性物品。

第7条 禁止危及广播电视信号专用传输设施的安全和损害其使用效能的下列行为:

(一)在标志埋设地下传输线路两侧各5米和水下传输线路两侧各50米范围内进行铺设易燃易爆液(气)体主管道、抛锚、拖锚、挖沙等施工作业;(二)移动、损坏传输线路、终端杆、塔桅(杆)及其附属设备、标志物;(三)在标志埋设地下传输线路的地面周围1米范围内种植根茎可能缠绕传输线路的植物、倾倒腐蚀性物品;(四)树木的顶端与架空传输线路的间距小于2米;(五)在传输线路塔桅(杆)、拉线周围1米范围内挖沙、取土,或者在其周围5米范围内倾倒腐蚀性物品、堆放易燃易爆物品;(六)在传输线路塔桅(杆)、拉线上拴系牲畜、悬挂物品、攀附农作物。

第8条 禁止危及广播电视信号监测设施的安全和损害其使用效能的下列行为:

(一)移动、损坏监测接收天线、塔桅(杆)及其附属设备、标志物;(二)在监测台、站周围违反国家标准架设架空电力线路,兴建电气化铁路、公路等产生电磁辐射的设施或者设置金属构件;(三)在监测台、站测向场强室周围150米范围内种植树木、高杆作物、进行对土地平坦有影响的挖掘、施工;(四)在监测天线周围1000米范围内建筑施工,或者以天线外1000米为计算起点修建高度超过仰角3度的建筑物、构筑物或者堆放超高的物品。

第9条 禁止危及广播电视设施安全和损害其使用效能的下列行为:

(一)在广播电视设施周围500米范围内进行爆破作业;(二)在天线、馈线、传输线路及其塔桅(杆)、拉线周围500米范围内进行烧荒;(三)在卫星天线前方50米范围内建筑施工,或者以天线前方50米为计算起点修建高度超过仰角5度的建筑物、构筑物或者堆放超高的物品;(四)在发射、监测台、站周围1500米范围内兴建有严重粉尘污染、严重腐蚀性化学气体溢出或者产生放射性物质的设施;(五)在发射、监测台、站周围500米范围内兴建油库、加油站、液化气站、煤气站等易燃易爆设施。(全文略)

3.最高人民法院《关于审理破坏公用电信设施刑事案件具体应用法律若干问题的解释》(法释〔2004〕21号)

为维护公用电信设施的安全和通讯管理秩序,依法惩治破坏公用电信设施犯罪活动,根据刑法有关规定,现就审理这类刑事案件具体应用法律的若干问题解释如下:

第1条 采用截断通信线路、损毁通信设备或者删除、修改、增加电信网计算机信息系统中存储、处理或者传输的数据和应用程序等手段,故意破坏正在使用的公用电信设施,具有下列情形之一的,属于刑法第124条规定的"危害公共安全",依照刑法第124条第1款规定,以破坏公用电信设施罪处3年以上7年以下有期徒刑:

(一)造成火警、匪警、医疗急救、交通事故报警、救灾、抢险、防汛等通信中断或者严重障碍,并因此贻误救助、救治、救灾、抢险等,致使人员死亡1人、重伤3人以上或者造成财产损失30万元以上的;(二)造成2000以上不满1万用户通信中断1小时以上,或者1万以上用户通信中断不满1小时的;(三)在一个本地网范围内,网间通信全阻、关口局至某一局向全部中断或网间某一业务全部中断不满2小时或者直接影响范围不满5万(用户×小时)的;(四)造成网间通信严重障碍,1日内累计2小时以上不满12小时的;(五)其他危害公共安全的情形。

第2条 实施本解释第1条规定的行为,具有下列情形之一的,属于刑法第124条第1款规定的"严重后果",以破坏公用电信设施罪处7年以上有期徒刑:

(一)造成火警、匪警、医疗急救、交通事故报警、救灾、抢险、防汛等通信中断或者严重障碍,并因此贻误救助、救治、救灾、抢险等,致使人员死亡2人以上、重伤6人以上或者造成财产损失60万元以上的;(二)造成1万以上用户通信中断1小时以上的;(三)在一个本地网范围内,网间通信全阻、关口局至某一局向全部中断或网间某一业务全部中断2小时以上或者直接影响范围5万(用户×小时)以上的;(四)造成网间通信严重障碍,1日内累计12小时以上的;(五)造成其他严重后果的。

第3条 故意破坏正在使用的公用电信设施尚未危害公共安全,或者故意毁坏尚未投入使用的公用电信设施,造成财物损失,构成犯罪的,依照刑法第275条规定,以故意毁坏财物罪定罪处罚。

盗窃公用电信设施价值数额不大,但是构成危害公共安全犯罪的,依照刑法第124条的规定定罪处罚;盗窃公用电信设施同时构成盗窃罪和破坏公用电信设施罪的,依照处罚较重的规定定罪处罚。

第4条 指使、组织、教唆他人实施本解释规定的故意犯罪行为的,按照共犯定罪处罚。

第5条 本解释中规定的公用电信设施的范围、用户数、通信中断和严重障碍的标准和时间长度,依据国家电信行业主管部门的有关规定确定。

4. 最高人民法院《关于审理危害军事通信刑事案件具体应用法律若干问题的解释》(法释〔2007〕13号)

第6条 破坏、过失损坏军事通信,并造成公用电信设施损毁,危害公共安全,同时构成刑法第124条和第369条规定的犯罪的,依照处罚较重的规定定罪处罚。

盗窃军事通信线路、设备,不构成盗窃罪,但破坏军事通信的,依照刑法第369条第1款的规定定罪处罚;同时构成刑法第124条、第264条和第369条第1款规定的犯罪的,依照处罚较重的规定定罪处罚。

违反国家规定,侵入国防建设、尖端科学技术领域的军事通信计算机信息系统,尚未对军事通信造成破坏的,依照刑法第285条的规定定罪处罚;对军事通信造成破坏,同时构成刑法第285条、第286条、第369条第1款规定的犯罪的,依照处罚较重的规定定罪处罚。

违反国家规定,擅自设置、使用无线电台、站,或者擅自占用频率,经责令停止使用后拒不停止使用,干扰无线电通讯正常进行,构成犯罪的,依照刑法第288条的规定定罪处罚;造成军事通信中断或者严重障碍,同时构成刑法第288条、第369条第1款规定的犯罪的,依照处罚较重的规定定罪处罚。

第7条 本解释所称"重要军事通信",是指军事首脑机关及重要指挥中心的通信,部队作战中的通信,等级战备通信,飞行航行训练、抢险救灾、军事演习或者处置突发性事件中的通信,以及执行试飞试航、武器装备科研试验或者远洋航行等重要军事任务中的通信。

本解释所称军事通信的具体范围、通信中断和严重障碍的标准,参照中国人民解放军通信主管部门的有关规定确定。(全文详见本书《刑法》第369条相关内容)

5. 最高人民法院《关于审理破坏广播电视设施等刑事案件具体应用法律若干问题的解释》(法释〔2011〕13号)

第1条 采取拆卸、毁坏设备,剪割缆线,删除、修改、增加广播电视设备系统中存储、处理、传输的数据和应用程序,非法占用频率等手段,破坏正在使用的广播电视设施,具有下列情形之一的,依照《刑法》第124条第1款的规定,以破坏广播电视设施罪处3年以上7年以下有期徒刑:

(一)造成救灾、抢险、防汛和灾害预警等重大公共信息无法发布的;(二)造成县级、地市(设区的市)级广播电视台中直接关系节目播出的设施无法使用,信号无法播出的;(三)造成省级以上广播电视传输网内的设施无法使用,地市(设区的市级广播电视传输网内的设施无法使用3小时以上,县级广播电视传输网内的设施无法使用12小时以上,信号无法传输的;(四)其他危害公共安全的情形。

第2条 具有下列情形之一的,应当认定为刑法第124条第1款规定的"造成严重后

果”,以破坏广播电视设施罪处7年以上有期徒刑:

(一)造成救灾、抢险、防汛和灾害预警等重大公共信息无法发布,因此贻误排除险情或者疏导群众,致使1人以上死亡、3人以上重伤或者财产损失50万元以上,或者引起严重社会恐慌、社会秩序混乱的;(二)造成省级以上广播电视台中直接关系节目播出的设施无法使用,信号无法播出的;(三)造成省级以上广播电视传输网内的设施无法使用3小时以上,地市(设区的市)级广播电视传输网内的设施无法使用12小时以上,县级广播电视传输网内的设施无法使用48小时以上信号无法传输的;(四)造成其他严重后果的。

第3条 过失损坏正在使用的广播电视设施,造成本解释第2条规定的严重后果的,依照刑法第124条第2款的规定,以过失损坏广播电视设施罪处3年以上7年以下有期徒刑;情节较轻的,处3年以下有期徒刑或者拘役。

过失损坏广播电视设施构成犯罪,但能主动向有关部门报告,积极赔偿损失或者修复被损坏设施的,可以酌情从宽处罚。

第4条 建设、施工单位的管理人员、施工人员,在建设、施工过程中,违反广播电视设施保护规定,故意或者过失损毁正在使用的广播电视设施,构成犯罪的,以破坏广播电视设施罪或者过失损坏广播电视设施罪定罪处罚。其定罪量刑标准适用本解释第1至3条的规定。

第5条 盗窃正在使用的广播电视设施,尚未构成盗窃罪,但具有本解释第1条、第2条规定情形的,以破坏广播电视设施罪定罪处罚;同时构成盗窃罪和破坏广播电视设施罪的,依照处罚较重的规定定罪处罚。

第6条 破坏正在使用的广播电视设施未危及公共安全,或者故意毁坏尚未投入使用的广播电视设施,造成财物损失数额较大或者有其他严重情节的,以故意毁坏财物罪定罪处罚。

第7条 实施破坏广播电视设施犯罪,并利用广播电视设施实施煽动分裂国家、煽动颠覆国家政权、煽动民族仇恨、民族歧视或者宣扬邪教等行为,同时构成其他犯罪的,依照处罚较重的规定定罪处罚。

第8条 本解释所称广播电视台中直接关系节目播出的设施、广播电视传输网内的设施,参照国家广播电视行政主管部门和其他相关部门的有关规定确定。

6. 最高人民法院《关于审理盗窃案件具体应用法律若干问题的解释》(法释〔1998〕4号)

(法释〔2013〕8号已声明该文件废止)

7. 最高人民法院、最高人民检察院、公安部、国家安全部《关于依法办理非法生产销售使用“伪基站”设备案件的意见》(公通字〔2014〕13号)

近年来,各地非法生产、销售、使用“伪基站”设备违法犯罪活动日益猖獗,有的借以非法获取公民个人信息,有的非法经营广告业务,或者发送虚假广告,甚至实施诈骗等犯罪活动。“伪基站”设备是未取得电信设备进网许可和无线电发射设备型号核准的非法无线电通信设备,具有搜取手机用户信息,强行向不特定用户手机发送短信息等功能,使用过程中会非法占用公众移动通信频率,局部阻断公众移动通信网络信号。非法生产、销售、使用“伪基站”设备,不仅破坏正常电信秩序,影响电信运营商正常经营活动,危害公共安全,扰乱市场秩序,而且严重影响用户手机使用,损害公民财产权益,侵犯公民隐私,社会危害性严重。为依法办理非法生产、销售、使用“伪基站”设备案件,保障国家正常电信秩序,维护市场经济秩序,保护公民合法权益,根据有关法律规定,制定本意见。

一、准确认定行为性质

(一)非法生产、销售“伪基站”设备,具有以下情形之一的,依照《刑法》第225条的规定,以非法经营罪追究刑事责任:

1. 个人非法生产、销售“伪基站”设备3套以上,或者非法经营数额5万元以上,或者违法所得数额2万元以上的;2.单位非法生产、销售“伪基站”设备10套以上,或者非法经营数额15万元以上,或者违法所得数额5万元以上的;3.虽未达到上述数额标准,但两年内曾因非法生产、销售“伪基站”设备受过两次以上行政处罚,又非法生产、销售“伪基站”设备的。

实施前款规定的行为,数量、数额达到前款规定的数量、数额5倍以上的,应当认定为《刑法》第225条规定的“情节特别严重”。

非法生产、销售“伪基站”设备,经鉴定为专用间谍器材的,依照《刑法》第283条的规定,以非法生产、销售间谍专用器材罪追究刑事责任;同时构成非法经营罪的,以非法经营罪追究刑事责任。

(二)非法使用“伪基站”设备干扰公用电信网络信号,危害公共安全的,依照《刑法》第124条第1款的规定,以破坏公用电信设施罪追究刑事责任;同时构成虚假广告罪、非法获取公民个人信息罪、破坏计算机信息系统罪、扰乱无线电通讯管理秩序罪的,依照处罚较重的规定追究刑事责任。

除法律、司法解释另有规定外,利用“伪基站”设备实施诈骗等其他犯罪行为,同时构成破坏公用电信设施罪的,依照处罚较重的规定追究刑事责任。

(三)明知他人实施非法生产、销售“伪基站”设备,或者非法使用“伪基站”设备干扰公用电信网络信号等犯罪,为其提供资金、场所、技术、设备等帮助的,以共同犯罪论处。

(四)对于非法使用“伪基站”设备扰乱公共秩序,侵犯他人人身权利、财产权利,情节较轻,尚不构成犯罪,但构成违反治安管理行为的,依法予以治安管理处罚。

二、严格贯彻宽严相济刑事政策

对犯罪嫌疑人、被告人的处理,应当结合其主观恶性大小、行为危害程度以及在案件中所起的作用等因素,切实做到区别对待。对组织指挥、实施非法生产、销售、使用“伪基站”设备的首要分子、积极参加的犯罪分子,以及曾因非法生产、销售、使用“伪基站”设备受到行政处罚或者刑事处罚,又实施非法生产、销售、使用“伪基站”设备的犯罪分子,应当作为打击重点依法予以严惩;对具有自首、立功、从犯等法定情节的犯罪分子,可以依法从宽处理。对情节显著轻微、危害不大的,依法不作为犯罪处理。

三、合理确定管辖

(一)案件一般由犯罪地公安部门管辖,犯罪嫌疑人居住地公安部门管辖更为适宜的,也可以由犯罪嫌疑人居住地公安部门管辖。对案件管辖有争议的,可以由共同的上级公安部门指定管辖;情况特殊的,上级公安部门可以指定其他公安部门管辖。

(二)上级公安部门指定下级公安部门立案侦查的案件,需要逮捕犯罪嫌疑人的,由侦查该案件的公安部门提请同级人民检察院审查批准,人民检察院应当依法作出批准逮捕或者不批准逮捕的决定;需要移送审查起诉的,由侦查该案件的公安部门移送同级人民检察院审查起诉。

(三)人民检察院对于审查起诉的案件,按照《刑事诉讼法》的管辖规定,认为应当由上级人民检察院或者同级其他人民检察院起诉的,将案件移送有管辖权的人民检察院,或者报上级检察机关指定管辖。

(四)符合最高人民法院、最高人民检察院、公安部、国家安全部、司法部、全国人大法工委《关于实施刑事诉讼法若干问题的规定》有关并案处理规定的,人民法院、人民检察院、公安部门可以在职责范围内并案处理。

四、加强协作配合

人民法院、人民检察院、公安部门、国家安全机关要认真履行职责,加强协调配合,形成工作合力。国家安全机关要依法做好相关鉴定工作;公安部门要全面收集证据,特别是注意做好相关电子数据的收集、固定工作,对疑难、复杂案件,及时向人民检察院、人民法院通报情况,对已经提请批准逮捕的案件,积极跟进、配合人民检察院的审查批捕工作,认真听取意见;人民检察院对于公安部门提请批准逮捕、移送审查起诉的案件,符合批捕、起诉条件的,应当依法尽快予以批捕、起诉;人民法院应当加强审判力量,制订庭审预案,并依法及时审结。

8. 最高人民法院、最高人民检察院、工业和信息化部、公安部关于《公用电信设施损坏经济损失计算方法》(工信部联电管〔2014〕372号)

为有效打击盗窃、破坏电信设施违法犯罪行为,支撑司法部门对相关案件的立案侦查和定罪量刑,加强电信设施保护管理,规范统计考核的依据,我们制定了《公用电信设施损坏经济损失计算方法》。现印发给你单位,请遵照执行。

第1条 为保障公用电信设施安全稳定运行,规范公用电信设施损坏经济损失计算,制定本方法。

第2条 中华人民共和国境内由于盗窃、破坏等因素造成公用电信设施损坏所带来的经济损失,根据本方法计算。

第3条 本方法中公用电信设施主要包括:

(一)通信线路类:包括光(电)缆、电力电缆等;交接箱、分(配)线盒等;管道、槽道、人井(手孔);电杆、拉线、吊线、挂钩等支撑加固和保护装置;标石、标志标牌、井盖等附属配套设施。(二)通信设备类:包括基站、中继站、微波站、直放站、室内分布系统、无线局域网(WLAN)系统、有线接入设备、公用电话终端等。(三)其他配套设备类:包括通信铁塔、收发信天(馈)线;公用电话亭;用于维系通信设备正常运转的通信机房、空调、蓄电池、开关电源、不间断电源(UPS)、太阳能电池板、油机、变压器、接地铜排、消防设备、安防设备、动力环境设备等附属配套设施。(四)电信主管部门认定的其他电信设施。

第4条 公用电信设施损坏经济损失,主要包括公用电信设施修复损失、阻断通信业务损失和阻断通信其他损失。

公用电信设施修复损失,是指公用电信设施损坏后临时抢修、正式恢复所需各种修复费用总和,包括人工费、机具使用费、仪表使用费、调遣费、赔补费、更换设施设备费用等。

阻断通信业务损失,是指公用电信设施损坏造成通信中断所带来的业务损失的总和,包括干线光传送网阻断通信损失、城域/本地光传送网阻断通信损失和接入网阻断通信损失。

阻断通信其他损失,是指公用电信设施损坏造成通信中断所带来的除通信业务损失以外的其他损失的总和,包括基础电信企业依法向电信用户支付的赔偿费用等损失。

第5条 公用电信设施修复损失计算

公用电信设施损坏后临时抢修、正式修复所需费用按照《关于发布《通信建设工程概算、预算编制办法及相关定额》的通知》(工信部规〔2008〕75号)核实确定。

公用电信设施损坏后通过设置应急通信设备、使用备份设备或迂回路由等方式临时抢修产生的费用,可由当地通信管理局确定。

第6条 阻断通信业务损失计算

阻断通信业务损失=阻断通信时间×单位时间通信业务价值。

阻断通信时间,是指自该类业务通信阻断发生时始,至该类业务修复后经测试验证后通信可用时止的时间长度。

单位时间通信业务价值,是指阻断通信时间段前30天对应时段内的平均业务量与业务单价的乘积。

各类业务单价可在该类业务标价和套餐折合最低价之间取值,具体由当地通信管理局根据当地实际情况确定。

(一)干线光传送网阻断通信损失

干线光传送网,按照阻断通信的使用带宽进行计算,即:干线光传送网阻断通信损失=阻断通信时间(分钟)×前30天对应时段内平均使用带宽(Mbps)×单位带宽价格(元/Mbps/分钟)。

单位带宽价格按基础电信企业向当地通信管理局资费备案的互联网100Mbps专线接入(当地静态路由接入方式)价格的1%计算。

(二)城域/本地光传送网阻断通信损失

城域/本地光传送网阻断通信损失参照干线光传送网阻断通信损失计算。

(三)接入网阻断通信损失

接入网可明确区分不同业务类型,应分别计算该网络内不同业务实际阻断通信时间内的损失,并将不同业务类型损失进行叠加。

接入网阻断通信损失包括固定和移动语音业务损失、固定数据业务损失、移动数据业务损失、固定和移动专线出租电路损失、短信业务损失和增值电信业务损失。

固定和移动语音业务损失包括国际长途、国内长途和本地通话3类业务损失,每类业务损失计算公式为:固定和移动语音业务损失=前30天对应时段内平均通话时长(分钟)×单价(元/分钟)。

固定数据业务损失计算公式为:固定数据业务损失=阻断通信时间(分钟)×月均固定数据业务资费/当月分钟数(元/分钟)。

移动数据业务损失计算公式为:移动数据业务损失=前30天对应时段内平均数据流量(MB/秒)×阻断时长(秒)×单价(元/MB)。

固定和移动专线出租电路损失根据基础电信企业和党、政、军机关、事业单位、企业等签订的专线电路租用合同相关条款进行计算。

短信业务损失计算公式为:短信业务阻断损失=前30天对应时段内平均短信量(条)×单价(元/条)。

增值电信业务损失可由当地通信管理局确定。

第7条 专用电信设施损坏经济损失计算可参照本方法执行。

第8条 各省、自治区、直辖市通信管理局可根据本规定,结合具体情况制定适合本行政区域内的公用电信设施损坏经济损失计算方法。

第9条 本方法由工业和信息化部负责解释。

第10条 本规定自印发之日起实施。

9. 最高人民法院研究室《就非法生产、销售、使用"伪基站"行为的定性问题意见》(《司法研究与指导》2014年总第5辑)

我室经研究认为:

一、关于生产、销售"伪基站"设备行为的定性。如果"伪基站"设备经有关部门依法认定为"窃听、窃照等专用间谍器材"的,对于未经许可生产、销售"伪基站"设备行为,可以认定为刑法第283条规定的"非法生产、销售窃听、窃照等专用间谍器材"。

二、关于使用"伪基站"设备群发短信行为的定性。根据刑法第253条之一的规定,非法获取公民个人信息罪的行为对象为"国家机关或者金融、电信、交通、教育、医疗等单位在履行职责或者提供服务过程中获得的公民个人信息"。行为人利用"伪基站"设备,非法获取公民手机卡中的用户身份识别信息(IMSI)、手机号码等信息,不属于刑法第253条之一规定的"公民个人信息",不宜以非法获取公民个人信息罪定罪处罚。行为人利用"伪基站"设备,以非法占用电信频率的方式,破坏正在使用中的公用无线通信网络,在较大范围内较长时间造成用户通信中断,严重危害公共安全的,可以以破坏公用电信设施罪定罪处罚。

三、关于利用"伪基站"设备经营广告短信群发业务的定性。利用"伪基站"设备经营广告短信群发业务的行为,属于未经许可从事电信业务经营活动的行为,但根据《电信条例》第67条、第68条的规定,只有利用电信网络制作、复制、发布、传播第57条所列含有法律、行政法规禁止的内容的信息,实施第58条所列危害电信网络安全和信息安全的行为,以及实施第59条第2、3、4项所列扰乱电信市场秩序的行为,构成犯罪的,才能追究刑事责任。利用"伪基站"经营广告短信群发业务,不在上述范围内,故依法不能以非法经营罪论处。

第125条 【非法制造、买卖、运输、邮寄、储存枪支、弹药、爆炸物罪】 非法制造、买卖、运输、邮寄、储存枪支、弹药、爆炸物的,处3年以上10年以下有期徒刑;情节严重的,处10年以上有期徒刑、无期徒刑或者死刑。

【非法制造、买卖、运输、储存危险物质罪】 非法制造、买卖、运输、储存毒害性、放射性、传染病病原体等物质,危害公共全的,依照前款的规定处罚。

单位犯前两款罪的,对单位判处罚金,并对其直接负责的主管人员和其他直接责任人员,依照第1款的规定处罚。

(本条《中华人民共和国刑法修正案(3)》修改)

• 释义

非法制造、买卖、运输、邮寄、储存枪支、弹药、爆炸物罪是指违反国家有关枪支、弹药、爆炸物的管理法规,擅自制造、买卖、运输、邮寄、储存枪支、弹药、爆炸物,危害公共安全的行为。

主体既可以是自然人,也可以是单位;责任形式为故意,必须是明知为枪支、弹药、爆炸物。

本罪是抽象危险犯,不要求发生具体危险。

根据司法解释,介绍买卖枪支、弹药、爆炸物的,以买卖枪支、弹药、爆炸物罪的共犯论处。因筑路、建房、打井、整修宅基地和土地等正常生产、生活需要,以及因从事合法的生产经营活动而制造、买卖、运输、邮寄、储存爆炸物,数量达到构成犯罪标准,没有造成严重社会危害,并确有悔改表现的,可依法从轻处罚;情节轻微的,可以免除处罚;数量达到"情节严重"标准的,也可以不认定为"情节严重"。

但是,在公共场所、居民区等人员集中区域非法制造、买卖、运输、邮寄、储存爆炸物,或者因非法制造、买卖、运输、邮寄、储存爆炸物3年内受到2次以上行政处罚又实施上述行为,数量达到构成犯罪标准的,不适用前述从轻、免除等规定。"非法储存"是指明知是他人非法制造、买卖、运输、邮寄的枪支、弹药而为其存放的行为,或者非法存放爆炸物的行为。非法制造、买卖、运输、邮寄、储存、盗窃、抢夺、持有、私藏、携带成套枪支散件的,以相应数量的枪支计;非成套枪支散件以每30件为一成套枪支散件计。

非法制造、买卖、运输、储存危险物质罪是指非法制造、买卖、运输、储存毒害性、放射性、传染病病原体等物质,危害公共安全的行为。

本罪的责任形式是故意,以明知危险物质为前提;主体既可以是自然人,也可以是单位。

根据司法解释非法制造、买卖、运输、储存毒鼠强等禁用剧毒化学品,危害公共安全的,以本罪论处。

毒鼠强等禁用剧毒化学品是指国家明令禁止的毒鼠强、氟乙酰胺、氟乙酸钠、毒鼠硅、甘氟和氰化钠。

• 管辖

公安机关刑事侦查部门(管辖第 1 款罪名);公安机关治安管理部门(管辖第 2 款罪名)。

• 立案追诉标准

非法制造、买卖、运输、储存毒害性、放射性、传染病病原体等物质,危害公共安全,涉嫌下列情形之一的,应予立案追诉:

(一)造成人员重伤或者死亡的;

(二)造成直接经济损失 10 万元以上的;

(三)非法制造、买卖、运输、储存毒鼠强、氟乙酰胺、氟乙酸钠、毒鼠硅、甘氟原粉、原液、制剂 50 克以上,或者饵料 2000 克以上的;

(四)造成急性中毒、放射性疾病或者造成传染病流行、暴发的;

(五)造成严重环境污染的;

(六)造成毒害性、放射性、传染病病原体等危险物质丢失、被盗、被抢或者被他人利用进行违法犯罪活动的;

(七)其他危害公共安全的情形。

• 关联法律

1. 最高人民法院《关于执行〈中华人民共和国铁路法〉中刑事罚则若干问题的解释》(法发〔1993〕28 号)

(法释〔2013〕2 号已声明该文件废止)

2. 公安部《关于贩卖枪支零部件定性问题的批复》(公复字〔1994〕第 1 号)

甘肃省公安厅:你厅《关于对贩卖枪支零部件如何定性处理的请示》(甘公法〔1993〕29 号)收悉。经研究,现批复如下:

根据我国法律、法规等有关枪支管理的规定,任何单位和个人不得非法制造、买卖、运输、持有以及修理或装配枪支;即使是报废的枪支,也要严格按照有关规定销毁。因此,对非法购卖枪支主要零部件情节严重的,均应适用刑法第 112 条的规定定性处理;如果行为人明知他人购买枪支零部件系用于组装枪支,而仍向其出售的,则应以制造枪支罪的共犯论处。

3. 最高人民法院《关于审理非法制造、买卖、运输枪支、弹药、爆炸物等刑事案件具体应用法律若干问题的解释》(法〔2001〕15 号)

(法释〔2009〕18 号已对该文件修改)

4. 公安部《关于办理非法制造买卖运输烟花爆竹等刑事案件适用法律问题的批复》(公复字〔2001〕14 号)

被《公安部关于保留修改废止部门规章及规范性文件的通知》(公通字〔2004〕71 号)废止。

5.《中华人民共和国刑法修正案(3)》(2001 年 12 月 29 日第九届全国人大常委会第二十五次会议通过)

五、将刑法第 125 条第 2 款修改为:"非法制造、买卖、运输、储存毒害性、放射性、传染病病原体等物质,危害公共安全的,依照前款的规定处罚。"

(1997 年《刑法》原文第 2 款:非法买卖、运输核材料的,依照前款的规定处罚)

6. 公安部《关于对彩弹枪按照枪支进行管理的通知》(公治〔2002〕82 号)

彩弹枪射击运动,是一项利用彩弹枪进行对抗射击的娱乐活动。目前彩弹枪正逐步向小口径化方向发展，所发射的彩弹也由软质向硬质转化，且初速越来越快，威力越来越大，近距离射击可对人体构成伤害。为加强对彩弹枪的管理，特通知如下：

彩弹枪的结构符合《中华人民共和国枪支管理法》第46条有关枪支定义规定的要件，且其发射彩弹时枪口动能平均值达到93焦耳，已超过国家军用标准规定的对人体致伤动能的标准(78焦耳)。各地要按照《中华人民共和国枪支管理法》的有关规定对彩弹枪进行管理，以维护社会治安秩序，保障公共安全。

7. 最高人民法院《关于处理涉枪、涉爆申诉案件有关问题的通知》(法〔2003〕8号)

我院于2001年9月17日发出《对执行〈关于审理非法制造、买卖、运输枪支、弹药、爆炸物等刑事案件具体应用法律若干问题的解释〉有关问题的通知》(以下简称《通知》)后，一些高级人民法院向我院请示，对于符合《通知》的要求，但是已经依照我院于2001年5月16日公布的《关于审理非法制造、买卖、运输枪支、弹药、爆炸物等刑事案件具体应用法律若干问题的解释》(以下简称《解释》)作出生效裁判的案件，当事人提出申诉的，人民法院能否根据《通知》精神再审改判等问题。为准确适用法律和司法解释，现就有关问题通知如下：

《解释》公布后，人民法院经审理并已作出生效裁判的非法制造、买卖、运输枪支、弹药、爆炸物等刑事案件，当事人依法提出申诉，经审查认为生效裁判不符合《通知》规定的，人民法院可以根据案件的具体情况，按照审判监督程序重新审理，并依照《通知》规定的精神予以改判。

8. 最高人民法院《关于九七刑法实施后发生的非法买卖枪支案件，审理时新的司法解释尚未作出，是否可以参照1995年9月20日最高人民法院〈关于办理非法制造、买卖、运输非军用枪支、弹药刑事案件适用法律问题的解释〉的规定审理案件请示的复函》(〔2003〕刑立他字第8号)

安徽省高级人民法院：你院〔2003〕皖刑监字第1号《关于九七刑法实施后发生的非法买卖枪支案件，审理时新的司法解释尚未作出，是否可以参照1995年9月20日最高人民法院〈关于办理非法制造、买卖、运输非军用枪支、弹药刑事案件适用法律问题的解释〉的规定审理案件请示报告》收悉。经研究，答复如下：

原审被告人侯磊非法买卖枪支的行为发生在修订后的《刑法》实施以后，而该案审理时《最高人民法院关于审理非法制造、买卖、运输枪支、弹药、爆炸物等刑事案件具体应用法律若干问题的解释》尚未颁布，因此，依照我院法发〔1997〕3号《关于认真学习宣传贯彻修订的〈中华人民共和国刑法〉的通知》精神，该案应参照1995年9月20日最高人民法院法发〔1995〕20号《关于办理非法制造、买卖、运输非军用枪支、弹药刑事案件适用法律问题的解释》的规定办理。

9. 最高人民法院、最高人民检察院《关于办理非法制造、买卖、运输、储存毒鼠强等禁用剧毒化学品刑事案件具体应用法律若干问题的解释》(法释〔2003〕14号)

第1条 非法制造、买卖、运输、储存毒鼠强等禁用剧毒化学品，危害公共安全，具有下列情形之一的，依照《刑法》第125条的规定，以非法制造、买卖、运输、储存危险物质罪，处3年以上10年以下有期徒刑：

(一)非法制造、买卖、运输、储存原粉、原液、制剂50克以上，或者饵料2千克以上的；
(二)在非法制造、买卖、运输、储存过程中致人重伤、死亡或者造成公私财产损失10万元以上的。

第2条 非法制造、买卖、运输、储存毒鼠强等禁用剧毒化学品，具有下列情形之一的，属于《刑法》第125条规定的"情节严重"，处10年以上有期徒刑、无期徒刑或者死刑：

(一)非法制造、买卖、运输、储存原粉、原液、制剂500克以上，或者饵料20千克以上的；
(二)在非法制造、买卖、运输、储存过程中致3人以上重伤、死亡，或者造成公私财产损失20

万元以上的;(三)非法制造、买卖、运输、储存原粉、原药、制剂50克以上不满500克,或者饵料2千克以上不满20千克,并具有其他严重情节的。

第3条 单位非法制造、买卖、运输、储存毒鼠强等禁用剧毒化学品的,依照本解释第1条、第2条规定的定罪量刑标准执行。

第4条 对非法制造、买卖、运输、储存毒鼠强等禁用剧毒化学品行为负有查处职责的国家机关工作人员,滥用职权或者玩忽职守,致使公共财产、国家和人民利益遭受重大损失的,依照刑法第397条的规定,以滥用职权罪或者玩忽职守罪追究刑事责任。

第5条 本解释施行以前,确因生产、生活需要而非法制造、买卖、运输、储存毒鼠强等禁用剧毒化学品饵料自用,没有造成严重社会危害的,可以依照刑法第13条的规定,不作为犯罪处理。

本解释施行以后,确因生产、生活需要而非法制造、买卖、运输、储存毒鼠强等禁用剧毒化学品饵料自用,构成犯罪,但没有造成严重社会危害,经教育确有悔改表现的,可以依法从轻、减轻或者免除处罚。

第6条 本解释所称"毒鼠强等禁用剧毒化学品",是指国家明令禁止的毒鼠强、氟乙酰胺、氟乙酸钠、毒鼠硅、甘氟(附表略)。

10. 最高人民检察院法律政策研究室《关于非法制造、买卖、运输、储存以火药为动力发射弹药的大口径武器的行为如何适用法律问题的答复》(高检研发〔2004〕第18号)

河北省人民检察院法律政策研究室:你室《关于私自制造大口径以火药为动力发射弹药的武器应如何认定的请示》收悉。经研究,答复如下:

对于非法制造、买卖、运输、储存以火药为动力发射弹药的大口径武器的行为,应当依照刑法第125条第1款的规定,以非法制造、买卖、运输、储存枪支罪追究刑事责任。

11. 公安部《关于涉弩违法犯罪行为的处理及性能鉴定问题的批复》(公复字〔2006〕2号)

天津市公安局:你局《关于对弩的法律适用及性能鉴定问题的请示》(津公法指〔2006〕14号)收悉。现批复如下:

一、弩是一种具有一定杀伤能力的运动器材,但其结构和性能不符合《中华人民共和国枪支管理法》对枪支的定义,不属于枪支范畴。因此,不能按照《最高人民法院关于审理非法制造、买卖、运输枪支、弹药、爆炸物等刑事案件具体应用法律若干问题的解释》(法释〔2001〕15号)追究刑事责任,仍应按照《公安部、国家工商行政管理局关于加强弩管理的通知》(公治〔1999〕1646号)的规定,对非法制造、销售、运输、持有弩的登记收缴,消除社会治安隐患。

二、对弩的鉴定工作,不能参照公安部《公安机关涉案枪支弹药性能鉴定工作规定》(公通字〔2001〕68号)进行。鉴于目前社会上非法制造、销售、运输、持有的弩均为制式产品,不存在非制式弩的情况,因此不需要进行技术鉴定。

12. 公安部《关于对以气体等为动力发射金属弹丸或者其他物质的仿真枪认定问题的批复》(公复字〔2006〕5号)

天津市公安局:你局《关于将以气体为动力发射金属弹丸仿真枪纳入制式枪支管理的请示》(津公治〔2006〕382号)收悉。现批复如下:

依据《中华人民共和国枪支管理法》第46条的规定,利用气瓶、弹簧、电机等形成压缩气体为动力、发射金属弹丸或者其他物质并具有杀伤力的"仿真枪",具备制式气枪的本质特征,应认定为枪支,并按气枪进行管制处理。对非法制造、买卖、运输、储存、邮寄、持有、携带和走私此类枪支的,应当依照《中华人民共和国枪支管理法》、《中华人民共和国刑法》、《中华人民共和国治安管理处罚法》的有关规定。追究当事人的法律责任。对不具有杀伤力但符合仿真枪认定规定的,应认定为仿真枪;对非法制造、销售此类仿真枪的,应当依照《中华人民共和国枪支管理法》的有关规定,予以处罚。

13. 公安部《关于〈仿真枪认定标准〉的通知》(公通字〔2008〕8号)

为切实加强对仿真枪的管理,根据《中华人民共和国枪支管理法》和《枪支致伤力的法庭科学鉴定判据》(GA/T718—2007)以及《国家玩具安全技术规范》(GB6675—2003)的有关规定,公安部制定了《仿真枪认定标准》,现印发给你们,请遵照执行。

仿真枪的认定工作由县级或者县级以上公安机关负责,对能够发射弹丸需要进行鉴定的,由县级以上公安机关刑事技术部门负责按照《枪支致伤力的法庭科学鉴定判据》,参照《公安机关涉案枪支弹药性能鉴定工作规定》(公通字〔2001〕68号),从其所发射弹丸的能量进行鉴定是否属于枪支。当事人或办案机关对仿真枪的认定提出异议的,由上一级公安机关重新认定。

2001年12月《公安部关于认定仿真枪有关问题的通知》(公通字〔2001〕90号)同时废止。

附:仿真枪认定标准

一、凡符合以下条件之一的,可以认定为仿真枪:

1. 符合《中华人民共和国枪支管理法》规定的枪支构成要件,所发射金属弹丸或其他物质的枪口比动能小于1.8焦耳/平方厘米(不含本数)、大于0.16焦耳/平方厘米(不含本数)的;

2. 具备枪支外形特征,并且具有与制式枪支材质和功能相似的枪管、枪机、机匣或者击发等机构之一的;

3. 外形、颜色与制式枪支相同或者近似,并且外形长度尺寸介于相应制式枪支全枪长度尺寸的二分之一与一倍之间的。

二、枪口比动能的计算,按照《枪支致伤力的法庭科学鉴定判据》规定的计算方法执行。

三、术语解释

1. 制式枪支:国内制造的制式枪支是指已完成定型试验,并且经军队或国家有关主管部门批准投入装备、使用(含外贸出口)的各类枪支。国外制造的制式枪支是指制造商已完成定型试验,并且装备、使用或投入市场销售的各类枪支。

2. 全枪长:是指从枪管口部至枪托或枪机框(适用于无枪托的枪支)底部的长度。

14. 最高人民检察院、公安部《关于公安机关管辖的刑事案件立案标准的规定(1)》(公通字〔2008〕36号)

(见本条立案追诉标准内容)

15. 最高人民法院《关于修改〈最高人民法院关于审理非法制造、买卖、运输枪支、弹药、爆炸物等刑事案件具体应用法律若干问题的解释〉的决定》(法释〔2009〕18号)

为依法严惩非法制造、买卖、运输枪支、弹药、爆炸物等犯罪活动,根据刑法有关规定,现就审理这类案件具体应用法律的若干问题解释如下:

第1条 个人或者单位非法制造、买卖、运输、邮寄、储存枪支、弹药、爆炸物,具有下列情形之一的,依照刑法第125条第1款的规定,以非法制造、买卖、运输、邮寄、储存枪支、弹药、爆炸物罪定罪处罚:

(一)非法制造、买卖、运输、邮寄、储存军用枪支1支以上的;(二)非法制造、买卖、运输、邮寄、储存以火药为动力发射枪弹的非军用枪支1支以上或者以压缩气体等为动力的其他非军用枪支2支以上的;(三)非法制造、买卖、运输、邮寄、储存军用子弹10发以上、气枪铅弹五百发以上或者其他非军用子弹100发以上的;(四)非法制造、买卖、运输、邮寄、储存手榴弹1枚以上的;(五)非法制造、买卖、运输、邮寄、储存爆炸装置的;(六)非法制造、买卖、运输、邮寄、储存炸药、发射药、黑火药1000克以上或者烟火药3000克以上、雷管30枚以上或者导火索、导爆索30米以上的;(七)具有生产爆炸物品资格的单位不按照规定的品种制造,或者具有销售、使用爆炸物品资格的单位超过限额买卖炸药、发射药、黑火药10千克以上或者烟火药30千克以上、雷管300枚以上或者导火索、导爆索300米以上的;(八)多次非法制造、买卖、运输、邮寄、储存弹药、爆炸物的;(九)虽未达到上述最低数量标准,但具有造成严重后果等其他恶劣情节的。

介绍买卖枪支、弹药、爆炸物的,以买卖枪支、弹药、爆炸物罪的共犯论处。

第2条 非法制造、买卖、运输、邮寄、储存枪支、弹药、爆炸物,具有下列情形之一的,属于刑法第125条第1款规定的"情节严重":

(一)非法制造、买卖、运输、邮寄、储存枪支、弹药、爆炸物的数量达到本解释第1条第(1)、(2)、(3)、(6)、(7)项规定的最低数量标准5倍以上的;(二)非法制造、买卖、运输、邮寄、储存手榴弹3枚以上的;(三)非法制造、买卖、运输、邮寄、储存爆炸装置,危害严重的;(四)达到本解释第1条规定的最低数量标准,并具有造成严重后果等其他恶劣情节的。

第3条 依法被指定或者确定的枪支制造、销售企业,实施刑法第126条规定的行为,具有下列情形之一的,以违规制造、销售枪支罪定罪处罚:

(一)违规制造枪支5支以上的;(二)违规销售枪支2支以上的;(三)虽未达到上述最低数量标准,但具有造成严重后果等其他恶劣情节的。

具有下列情形之一的,属于刑法第126条规定的"情节严重":

(一)违规制造枪支20支以上的;(二)违规销售枪支10支以上的;(三)达到本条第1款规定的最低数量标准,并具有造成严重后果等其他恶劣情节的。

具有下列情形之一的,属于刑法第126条规定的"情节特别严重":

(一)违规制造枪支50支以上的;(二)违规销售枪支30支以上的;(三)达到本条第2款规定的最低数量标准,并具有造成严重后果等其他恶劣情节的。

第4条 盗窃、抢夺枪支、弹药、爆炸物,具有下列情形之一的,依照刑法第127条第1款的规定,以盗窃、抢夺枪支、弹药、爆炸物罪定罪处罚:

(一)盗窃、抢夺以火药为动力的发射枪弹非军用枪支1支以上或者以压缩气体等为动力的其他非军用枪支2支以上的;(二)盗窃、抢夺军用子弹10发以上、气枪铅弹500发以上或者其他非军用子弹100发以上的;(三)盗窃、抢夺爆炸装置的;(四)盗窃、抢夺炸药、发射药、黑火药1000克以上或者烟火药3000克以上、雷管30枚以上或者导火索、导爆索30米以上的;(五)虽未达到上述最低数量标准,但具有造成严重后果等其他恶劣情节的。

具有下列情形之一的,属于刑法第127条第1款规定的"情节严重":

(一)盗窃、抢夺枪支、弹药、爆炸物的数量达到本条第1款规定的最低数量标准五倍以上的;(二)盗窃、抢夺军用枪支的;(三)盗窃、抢夺手榴弹的;(四)盗窃、抢夺爆炸装置,危害严重的;(五)达到本条第1款规定的最低数量标准,并具有造成严重后果等其他恶劣情节的。

第5条 具有下列情形之一的,依照刑法第128条第1款的规定,以非法持有、私藏枪支、弹药罪定罪处罚:

(一)非法持有、私藏军用枪支1支的;(二)非法持有、私藏以火药为动力发射枪弹的非军用枪支1支或者以压缩气体等为动力的其他非军用枪支2支以上的;(三)非法持有、私藏军用子弹20发以上,气枪铅弹1000发以上或者其他非军用子弹200发以上的;(四)非法持有、私藏手榴弹1枚以上的;(五)非法持有、私藏的弹药造成人员伤亡、财产损失的。

具有下列情形之一的,属于刑法第128条第1款规定的"情节严重":

(一)非法持有、私藏军用枪支2支以上的;(二)非法持有、私藏以火药为动力发射枪弹的非军用枪支2支以上或者以压缩气体等为动力的其他非军用枪支5支以上的;(三)非法持有、私藏军用子弹100发以上,气枪铅弹5000发以上或者其他非军用子弹1000发以上的;

(四)非法持有、私藏手榴弹3枚以上的;(五)达到本条第1款规定的最低数量标准,并具有造成严重后果等其他恶劣情节的。

第6条 非法携带枪支、弹药、爆炸物进入公共场所或者公共交通工具,危及公共安全,具有下列情形之一的,属于刑法第130条规定的“情节严重”:

(一)携带枪支或者手榴弹的;(二)携带爆炸装置的;(三)携带炸药、发射药、黑火药500克以上或者烟火药1000克以上、雷管20枚以上或者导火索、导爆索20米以上的;(四)携带的弹药、爆炸物在公共场所或者公共交通工具上发生爆炸或者燃烧,尚未造成严重后果的;(五)具有其他严重情节的。

行为人非法携带本条第1款第(3)项规定的爆炸物进入公共场所或者公共交通工具,虽未达到上述数量标准,但拒不交出的,依照刑法第130条的规定定罪处罚;携带的数量达到最低数量标准,能够主动、全部交出的,可不以犯罪论处。

第7条 非法制造、买卖、运输、邮寄、储存、盗窃、抢夺、持有、私藏、携带成套枪支散件的,以相应数量的枪支计;非成套枪支散件以每30件为一成套枪支散件计。

第8条 刑法第125条第1款规定的“非法储存”,是指明知是他人非法制造、买卖、运输、邮寄的枪支、弹药而为其存放的行为,或者非法存放爆炸物的行为。

刑法第128条第1款规定的“非法持有”,是指不符合配备、配置枪支、弹药条件的人员,违反枪支管理法律、法规的规定,擅自持有枪支、弹药的行为。

刑法第128条第1款规定的“私藏”,是指依法配备、配置枪支、弹药的人员,在配备、配置枪支、弹药的条件消除后,违反枪支管理法律、法规的规定,私自藏匿所配备、配置的枪支、弹药且拒不交出的行为。

第9条 因筑路、建房、打井、整修宅基地和土地等正常生产、生活需要,或者因从事合法的生产经营活动而非法制造、买卖、运输、邮寄、储存爆炸物,数量达到本解释第1条规定标准,没有造成严重社会危害,并确有悔改表现的,可依法从轻处罚;情节轻微的,可以免除处罚。

具有前款情形,数量虽达到本解释第2条规定标准的,也可以不认定为刑法第125条第1款规定的“情节严重”。

在公共场所、居民区等人员集中区域非法制造、买卖、运输、邮寄、储存爆炸物,或者因非法制造、买卖、运输、邮寄、储存爆炸物3年内受到两次以上行政处罚又实施上述行为,数量达到本解释规定标准的,不适用前两款量刑的规定。

第10条 实施非法制造、买卖、运输、邮寄、储存、盗窃、抢夺、持有、私藏其他弹药、爆炸物品等行为,参照本解释有关条文规定的定罪量刑标准处罚。

16. 公安部《关于仿真枪认定标准有关问题的批复》(公复字〔2011〕1号)

北京市公安局:你局《关于仿真枪认定标准有关问题的请示》(京公治字〔2010〕)收悉。现批复如下:

一、关于仿真枪与制式枪支的比例问题

公安部《仿真枪认定标准》第1条第3项规定的“外形长度尺寸介于相应制式枪支全枪长度尺寸的二分之一与一倍之间”,其中的“1倍”是指比相应制式枪支全枪长度尺寸长出1倍;其中的二分之一与1倍均不包含本数。

二、关于仿真枪仿制式枪支年代问题

鉴于转轮手枪等一些手动、半自动枪械均属于第一次世界大战以前就已问世的产品。因此,制式枪支的概念不能以第一次世界大战来划定,仍应当按照《仿真枪认定标准》的有关规定执行。但绳枪、燧发枪等古代前装枪不属于制式枪支的范畴。

17. 公安部《关于对空包弹管理有关问题的批复》(公复字〔2011〕3号)

北京市公安局:你局《关于将空包弹纳入治安管理的请示》(京公治字〔2011〕235号)收悉。现批复如下:

空包弹是一种能够被枪支击发的无弹头特种枪弹。鉴于空包弹易被犯罪分子改制成枪弹,并且发射时其枪口冲击波在一定距离内,仍能够对人员造成伤害。因此,应当依据《中华人民共和国枪支管理法》将空包弹纳入枪支弹药管理范畴。其中,对中国人民解放军、武装警察部队需要配备使用的各类空包弹,纳入军队、武警部队装备枪支弹药管理范畴予以管理;对公务用枪配备单位需要使用的各类空包弹,纳入公务用枪管理范畴予以管理;对民用枪支配置、影视制作等单位需要配置使用的各类空包弹,纳入民用枪支弹药管理范畴予以管理。

对于射钉弹、发令弹的口径与制式枪支口径相同的,应当作为民用枪支弹药进行管理;口径与制式枪支口径不同的,对制造企业应当作为民用爆炸物品使用单位进行管理,其销售、购买应当实行实名登记管理。

18. 最高人民法院、最高人民检察院、公安部、国家安全监管总局《关于依法加强对涉嫌犯罪的非法生产经营烟花爆竹行为刑事责任追究的通知》(安监总管三〔2012〕116号)

近年来,一些地区非法生产、经营烟花爆竹问题十分突出,由此引发的事故时有发生,给人民群众生命财产安全造成严重危害。为依法严惩非法生产、经营烟花爆竹违法犯罪行为,现就依法加强对涉嫌犯罪的非法生产、经营烟花爆竹行为刑事责任追究有关要求通知如下:

一、非法生产、经营烟花爆竹及相关行为涉及非法制造、买卖、运输、邮寄、储存黑火药、烟火药,构成非法制造、买卖、运输、邮寄、储存爆炸物罪的,应当依照刑法第125条的规定定罪处罚;非法生产、经营烟花爆竹及相关行为涉及生产、销售伪劣产品或不符合安全标准产品,构成生产、销售伪劣产品罪或生产、销售不符合安全标准产品罪的,应当依照刑法第140条、第146条的规定定罪处罚;非法生产、经营烟花爆竹及相关行为构成非法经营罪的,应当依照刑法第225条的规定定罪处罚。

上述非法生产经营烟花爆竹行为的定罪量刑和立案追诉标准,分别按照《最高人民法院关于审理非法制造、买卖、运输枪支、弹药、爆炸物等刑事案件具体应用法律若干问题的解释》(法释〔2009〕18号)、《最高人民法院最高人民检察院关于办理生产、销售伪劣商品刑事案件具体应用法律若干问题的解释》(法释〔2001〕10号)、《最高人民检察院、公安部关于公安机关管辖的刑事案件立案追诉标准的规定(1)》(公通字〔2008〕36号)、《最高人民检察院、公安部关于公安机关管辖的刑事案件立案追诉标准的规定(2)》(公通字〔2010〕23号)等有关规定执行。

二、各相关行政执法部门在查处非法生产、经营烟花爆竹行为过程中,发现涉嫌犯罪,依法需要追究刑事责任的,应当依照《行政执法机关移送涉嫌犯罪案件的规定》(国务院令第310号)向公安机关移送,并配合公安机关做好立案侦查工作。公安机关应当依法对相关行政执法部门移送的涉嫌犯罪案件进行审查,认为有犯罪事实,需要追究刑事责任的,应当依法立案,并书面通知移送案件的部门;认为不需要追究刑事责任的,应当说明理由,并书面通知移送案件的部门。公安机关在治安管理工作中,发现非法生产、经营烟花爆竹行为涉嫌犯罪的,应当依法立案侦查。

三、检察机关对于公安机关提请批准逮捕、移送审查起诉的上述涉嫌犯罪的案件,对符合逮捕和提起公诉法定条件的,要依法予以批捕、起诉;要加强对移送、立案案件的监督,对应当移送而不移送、应当立案而不立案的,要及时监督。人民法院对于起诉到法院的上述涉嫌犯罪的案件,要按照宽严相济的政策,依法从快审判,对同时构成多项犯罪或屡次违法犯罪的,要从重处罚;上级人民法院要加强对下级人民法院审判工作的指导,保障依法及时审判。要坚持"以事实为根据,以法律为准绳"的原则,严把案件的事实关、证据关、程序关和适用法律关,切实做到事实清楚,证据确凿,定性准确,量刑适当。人民法院、人民检察院、公安机关、安全生产监督管理部门要积极沟通、相互配合,充分发挥联动机制功能,加大对相关犯罪案件查处、审判情况的宣传,充分发挥刑事审判和处罚的震慑作用,教育群众自觉抵制、检举揭发相关违法犯罪活动。

19. 最高人民法院研究室《关于磷化铝是否属于刑法规定的毒害性物质的研究意见》(《司法研究与指导》2012 年第 1 辑)

经研究认为:磷化铝属于刑法中规定的毒害性危险物质。

主要理由在于:

1. 全国人大常委会法制工作委员会刑法室编著的《中华人民共和国刑法条文说明、立法理由及相关规定》中指出,我国刑法中规定的毒害性物质是指从社会危害性角度出发,能对人或者动物产生毒害的有毒物质,包括化学性毒物、生物性毒物和微生物类毒物等。从有关部门提供的关于 56%磷化铝片剂的说明中可知,该片剂属剧毒杀虫剂,吸潮或遇水自行分解,释放出的磷化氢气体对人体有剧毒,达到 0. 14MG/L 时,使人呼吸困难,以至死亡。由此可明确,磷化铝片剂属于毒害性物质。

2. 国家安全生产监督管理局、公安部等 8 部委 2002 年公布的《剧毒化学品目录》(2003 年修订)虽没有将磷化铝列入,但是经咨询公安部、农业部的有关专家,《剧毒化学品目录》中所列的化学品是危险化学品中剧毒的那一部分,是否列入该目录以一定的口服、皮肤注射和吸人的致死量为标准,没有列入的物品,不表明不具有毒害性。磷化铝具有很强的毒害性,这对具有化学品和农药知识的人来讲几乎是常识。根据《危险化学品安全管理条例》的规定,危险化学品包括爆炸品、压缩气体和液化气体、易燃液体、自燃物品和遇湿易燃物品、氧化剂和有机过氧化物、有毒物和腐蚀品等,《剧毒化学品目录》上列举的物品只是危险化学品和有毒物的一部分,磷化铝自然也属于有毒物。公安部 1993 年 10 月发布的《剧毒物品品名表》就列入了磷化铝和磷化铝农药,该品名表从公共安全行业标准的角度,明确了可能对公共安全造成危害的一些毒害性物品,该品名表现在仍然有效。

3.《解释》所列举的 5 种剧毒化学品,主要用于日常生产、生活中杀灭鼠害,由于市场需求量大,生产工艺简单,利润高,其生产、经营活动在较长时间内没有得到有效控制。《解释》正是针对当时国家明令禁止生产、经营的毒鼠强等几种剧毒急性鼠药大量充斥城乡市场,由此类剧毒危险品导致的投毒等危害公共安全事件频繁发生的情况下制定的,目的在于配合有关部门在全国开展的收缴毒鼠强等禁用剧毒鼠药的专项行动,从源头上遏制利用毒鼠强等禁用剧毒鼠药投毒,危害公共安全犯罪案件的发生。《解释》所明确的几种物质,仅是刑法中危险物质的一小部分,两者远不能相等。如果认为除《解释》列举物品之外的化学品都不属于刑法中的危险物质,那么非法制造、买卖、运输、储存《剧毒化学品目录》或《剧毒物品品名表》中其他的物品就不构成犯罪,这将导致大量的涉危险物质犯罪逃避刑事制裁。

4. 结合磷化铝片剂属于日常生产、生活中常用农药的实际情况,如非法买卖磷化铝确因生产、生活所需,行为人主观恶性不深,可根据造成的社会危害程度对其酌情从宽处理。

20. 最高人民法院《第 4 批指导性案例王召成等非法买卖、储存危险物质案》(指导案例 13 号;法〔2013〕24 号)(收录部分内容)

【裁判要点】

1. 国家严格监督管理的氰化钠等剧毒化学品,易致人中毒或者死亡,对人体、环境具有极大的毒害性和危险性,属于刑法第 125 条第 2 款规定的"毒害性"物质。2."非法买卖"毒害性物质,是指违反法律和国家主管部门规定,未经有关主管部门批准许可,擅自购买或者出售毒害性物质的行为，并不需要兼有买进和卖出的行为。

【裁判理由】

法院生效裁判认为：被告人王召成、金国淼、孙永法、钟伟东、周智明在未取得剧毒化学品使用许可证的情况下，违反国务院《危险化学品安全管理条例》等规定，明知氰化钠是剧毒化学品仍非法买卖、储存，危害公共安全，其行为均已构成非法买卖、储存危险物质罪，且系共同犯罪。关于王召成的辩护人提出的辩护意见，经查，氰化钠虽不属于禁用剧毒化学品，但系列入危险化学品名录中严格监督管理的限用的剧毒化学品，易致人中毒或者死亡，对人体、环境具有极大的毒害性和极度危险性，极易对环境和人的生命健康造成重大威胁和危害，属于刑法第125条第2款规定的"毒害性"物质；"非法买卖"毒害性物质，是指违反法律和国家主管部门规定，未经有关主管部门批准许可，擅自购买或者出售毒害性物质的行为，并不需要兼有买进和卖出的行为；王召成等人不具备购买、储存氰化钠的资格和条件，违反国家有关监管规定，非法买卖、储存大量剧毒化学品，逃避有关主管部门的安全监督管理，破坏危险化学品管理秩序，已对人民群众的生命、健康和财产安全产生现实威胁，足以危害公共安全，故王召成等人的行为已构成非法买卖、储存危险物质罪，上述辩护意见不予采纳。王召成、金国淼、孙永法、钟伟东、周智明到案后均能如实供述自己的罪行，且购买氰化钠用于电镀生产，未发生事故，未发现严重环境污染，没有造成严重后果，依法可以从轻处罚。根据五被告人的犯罪情节及悔罪表现等情况，对其可依法宣告缓刑。公诉机关提出的量刑建议，王召成、钟伟东、周智明请求从轻处罚的意见，予以采纳，故依法作出如上判决。

21. 最高人民法院、最高人民检察院《关于涉以压缩气体为动力的枪支、气枪铅弹刑事案件定罪量刑问题的批复》(法释〔2018〕8号)

近来，部分高级人民法院、省级人民检察院就如何对非法制造、买卖、运输、邮寄、储存、持有、私藏、走私以压缩气体为动力的枪支、气枪铅弹(用铅、铅合金或者其他金属加工的气枪弹)行为定罪量刑的问题提出请示。经研究，批复如下：

一、对于非法制造、买卖、运输、邮寄、储存、持有、私藏、走私以压缩气体为动力且枪口比动能较低的枪支的行为，在决定是否追究刑事责任以及如何裁量刑罚时，不仅应当考虑涉案枪支的数量，而且应当充分考虑涉案枪支的外观、材质、发射物、购买场所和渠道、价格、用途、致伤力大小、是否易于通过改制提升致伤力，以及行为人的主观认知、动机目的、一贯表现、违法所得、是否规避调查等情节，综合评估社会危害性，坚持主客观相统一，确保罪责刑相适应。

二、对于非法制造、买卖、运输、邮寄、储存、持有、私藏、走私气枪铅弹的行为，在决定是否追究刑事责任以及如何裁量刑罚时，应当综合考虑气枪铅弹的数量、用途以及行为人的动机目的、一贯表现、违法所得、是否规避调查等情节，综合评估社会危害性，确保罪责刑相适应。

22. 最高人民法院、最高人民检察院、公安部、工业和信息化部、住房和城乡建设部、交通运输部、应急管理部、国家铁路局、中国民用航空局、国家邮政局《关于依法惩治涉枪支、弹药、爆炸物、易燃易爆危险物品犯罪的意见》(法发〔2021〕35号)

为依法惩治涉枪支、弹药、爆炸物、易燃易爆危险物品犯罪，维护公共安全，保护人民群众生命财产安全，根据《中华人民共和国刑法》《中华人民共和国刑事诉讼法》《中华人民共和国安全生产法》《行政执法机关移送涉嫌犯罪案件的规定》等法律、行政法规和相关司法解释的规定，结合工作实际，制定本意见。

一、总体要求

1. 严禁非法制造、买卖、运输、邮寄、储存、持有、私藏、走私枪支、弹药、爆炸物；严禁未经批准和许可擅自生产、储存、使用、经营、运输易燃易爆危险物品；严禁违反安全管理规定生产、储存、使用、经营、运输易燃易爆危险物品。依法严厉打击涉枪支、弹药、爆炸物、易燃易爆危险物品违法犯罪。

2. 人民法院、人民检察院、公安机关、有关行政执法机关应当充分认识涉枪支、弹药、爆炸物、易燃易爆危险物品违法犯罪的社会危害性，坚持人民至上、生命至上，统筹发展和安全，充分发挥工作职能，依法严惩涉枪支、弹药、爆炸物、易燃易爆危险物品违法犯罪，为经济社会发展提供坚实安全保障，不断增强人民群众获得感、幸福感、安全感。

3. 人民法院、人民检察院、公安机关、有关行政执法机关应当按照法定职责分工负责、配合协作，加强沟通协调，在履行职责过程中发现涉嫌枪支、弹药、爆炸物、易燃易爆危险物品犯罪的，应当及时相互通报情况，共同进行防范和惩治，维护社会治安大局稳定。

二、正确认定犯罪

4. 非法制造、买卖、运输、邮寄、储存、盗窃、抢夺、抢劫、持有、私藏、走私枪支、弹药、爆炸物，并利用该枪支、弹药、爆炸物实施故意杀人、故意伤害、抢劫、绑架等犯罪的，依照数罪并罚的规定处罚。

5. 违反危险化学品安全管理规定，未经依法批准或者许可擅自从事易燃易爆危险物品道路运输活动，或者实施其他违反危险化学品安全管理规定通过道路运输易燃易爆危险物品的行为，危及公共安全的，依照刑法第 133 条之一第 1 款第 4 项的规定，以危险驾驶罪定罪处罚。

在易燃易爆危险物品生产、经营、储存等高度危险的生产作业活动中违反有关安全管理的规定，有下列情形之一，具有发生重大伤亡事故或者其他严重后果的现实危险的，依照刑法第 134 条之一第 3 项的规定，以危险作业罪定罪处罚：

(1) 委托无资质企业或者个人储存易燃易爆危险物品的；(2) 在储存的普通货物中夹带易燃易爆危险物品的；(3) 将易燃易爆危险物品谎报或者匿报为普通货物申报、储存的；(4) 其他涉及安全生产的事项未经依法批准或者许可，擅自从事易燃易爆危险物品生产、经营、储存等活动的情形。

实施前两款行为，同时构成刑法第 130 条规定之罪等其他犯罪的，依照处罚较重的规定定罪处罚；导致发生重大伤亡事故或者其他严重后果，符合刑法第 134 条、第 135 条、第 136 条等规定的，依照各该条的规定定罪从重处罚。

6. 在易燃易爆危险物品生产、储存、运输、使用中违反有关安全管理的规定，实施本意见第 5 条前两款规定以外的其他行为，导致发生重大事故，造成严重后果，符合刑法第 136 条等规定的，以危险物品肇事罪等罪名定罪处罚。

7. 实施刑法第 136 条规定等行为，向负有安全生产监督管理职责的部门不报、谎报或者迟报相关情况的，从重处罚；同时构成刑法第 139 条之一规定之罪的，依照数罪并罚的规定处罚。

8. 在水路、铁路、航空易燃易爆危险物品运输生产作业活动中违反有关安全管理的规定，有下列情形之一，明知存在重大事故隐患而不排除，足以危害公共安全的，依照刑法第 114 条的规定，以以危险方法危害公共安全罪定罪处罚；致人重伤、死亡或者使公私财产遭受重大损失的，依照刑法第 115 条第 1 款的规定处罚：

(1) 未经依法批准或者许可，擅自从事易燃易爆危险物品运输的；(2) 委托无资质企业或者个人承运易燃易爆危险物品的；(3) 在托运的普通货物中夹带易燃易爆危险物品的；(4) 将易燃易爆危险物品谎报或者匿报为普通货物托运的；(5) 其他在水路、铁路、航空易燃易爆危险物品运输活动中违反有关安全管理规定的情形。

非法携带易燃易爆危险物品进入水路、铁路、航空公共交通工具或者有关公共场所，危及公共安全，情节严重的，依照刑法第 130 条的规定，以非法携带危险物品危及公共安全罪定罪处罚。

9. 通过邮件、快件夹带易燃易爆危险物品，或者将易燃易爆危险物品谎报为普通物品交寄,符合本意见第5条至第8条规定的,依照各该条的规定定罪处罚。

三、准确把握刑事政策

10. 对于非法制造、买卖、运输、邮寄、储存、持有、私藏、走私枪支、弹药,以及非法制造、买卖、运输、邮寄、储存爆炸物的行为,应当依照刑法和《最高人民法院关于审理非法制造、买卖、运输枪支、弹药、爆炸物等刑事案件具体应用法律若干问题的解释》《最高人民法院、最高人民检察院关于办理走私刑事案件适用法律若干问题的解释》等规定,从严追究刑事责任。

11. 对于非法制造、买卖、运输、邮寄、储存、持有、私藏、走私以压缩气体为动力且枪口比动能较低的枪支以及气枪铅弹的行为,应当依照刑法和《最高人民法院、最高人民检察院关于涉以压缩气体为动力的枪支、气枪铅弹刑事案件定罪量刑问题的批复》的规定,综合考虑案件情节,综合评估社会危害性,坚持主客观相统一,决定是否追究刑事责任以及如何裁量刑罚,确保罪责刑相适应。

12. 利用信息网络非法买卖枪支、弹药、爆炸物、易燃易爆危险物品,或者利用寄递渠道非法运输枪支、弹药、爆炸物、易燃易爆危险物品,依法构成犯罪的,从严追究刑事责任。

13. 确因正常生产、生活需要,以及因从事合法的生产经营活动而非法生产、储存、使用、经营、运输易燃易爆危险物品,依法构成犯罪,没有造成严重社会危害,并确有悔改表现的,可以从轻处罚。

14. 将非法枪支、弹药、爆炸物主动上交公安机关,或者将未经依法批准或者许可生产、储存、使用、经营、运输的易燃易爆危险物品主动上交行政执法机关处置的,可以从轻处罚;未造成实际危害后果,犯罪情节轻微不需要判处刑罚的,可以依法不起诉或者免予刑事处罚;成立自首的,可以依法从轻、减轻或者免除处罚。

有揭发他人涉枪支、弹药、爆炸物、易燃易爆危险物品犯罪行为,查证属实的,或者提供重要线索,从而得以侦破其他涉枪支、弹药、爆炸物、易燃易爆危险物品案件等立功表现的,可以依法从轻或者减轻处罚;有重大立功表现的,可以依法减轻或者免除处罚。

四、加强行政执法与刑事司法衔接

15. 有关行政执法机关在查处违法行为过程中发现涉嫌枪支、弹药、爆炸物、易燃易爆危险物品犯罪的,应当立即指定2名或者2名以上行政执法人员组成专案组专门负责,核实情况后提出移送涉嫌犯罪案件的书面报告,报本机关正职负责人或者主持工作的负责人审批。

有关行政执法机关正职负责人或者主持工作的负责人应当自接到报告之日起3日内作出批准移送或者不批准移送的决定。决定批准移送的,应当在24小时内向同级公安机关移送,并将案件移送书抄送同级人民检察院;决定不批准移送的,应当将不予批准的理由记录在案。

16. 有关行政执法机关向公安机关移送涉嫌枪支、弹药、爆炸物、易燃易爆危险物品犯罪案件,应当附下列材料:

(1) 涉嫌犯罪案件移送书,载明移送案件的行政执法机关名称、涉嫌犯罪的罪名、案件主办人和联系电话,并应当附移送材料清单和回执,加盖公章;(2) 涉嫌犯罪案件情况的调查报告,载明案件来源、查获枪支、弹药、爆炸物、易燃易爆危险物品情况、犯罪嫌疑人基本情况、涉嫌犯罪的主要事实、证据和法律依据、处理建议等;(3) 涉案物品清单,载明涉案枪支、弹药、爆炸物、易燃易爆危险物品的具体类别和名称、数量、特征、存放地点等,并附采取行政强制措施、现场笔录等表明涉案枪支、弹药、爆炸物、易燃易爆危险物品来源的材料;(4) 有关检验报告或者鉴定意见,并附鉴定机构和鉴定人资质证明;没有资质证明的,应当附其他证明文件;(5) 现场照片、询问笔录、视听资料、电子数据、责令整改通知书等其他与案件有关的证据材料。

有关行政执法机关对违法行为已经作出行政处罚决定的，还应当附行政处罚决定书及执行情况说明。

17. 公安机关对有关行政执法机关移送的涉嫌枪支、弹药、爆炸物、易燃易爆危险物品犯罪案件，应当在案件移送书的回执上签字或者出具接受案件回执，并依照有关规定及时进行审查处理。不得以材料不全为由不接受移送案件。

18. 人民检察院应当依照《行政执法机关移送涉嫌犯罪案件的规定》《最高人民检察院关于推进行政执法与刑事司法衔接工作的规定》《安全生产行政执法与刑事司法衔接工作办法》等规定，对有关行政执法机关移送涉嫌枪支、弹药、爆炸物、易燃易爆危险物品犯罪案件，以及公安机关的立案活动，依法进行法律监督。

有关行政执法机关对公安机关的不予立案决定有异议的，可以建议人民检察院进行立案监督。

19. 公安机关、有关行政执法机关在办理涉枪支、弹药、爆炸物、易燃易爆危险物品违法犯罪案件过程中，发现公职人员有贪污贿赂、失职渎职或者利用职权侵犯公民人身权利和民主权利等违法行为，涉嫌构成职务犯罪的，应当依法及时移送监察机关或者人民检察院处理。

20. 有关行政执法机关在行政执法和查办涉枪支、弹药、爆炸物、易燃易爆危险物品案件过程中收集的物证、书证、视听资料、电子数据以及对事故进行调查形成的报告，在刑事诉讼中可以作为证据使用。

21. 有关行政执法机关对应当向公安机关移送的涉嫌枪支、弹药、爆炸物、易燃易爆危险物品犯罪案件，不得以行政处罚代替案件移送。

有关行政执法机关向公安机关移送涉嫌枪支、弹药、爆炸物、易燃易爆危险物品犯罪案件的，已经作出的警告、责令停产停业、暂扣或者吊销许可证、暂扣或者吊销执照的行政处罚决定，不停止执行。

22. 人民法院对涉枪支、弹药、爆炸物、易燃易爆危险物品犯罪案件被告人判处罚金、有期徒刑或者拘役的，有关行政执法机关已经依法给予的罚款、行政拘留，应当依法折抵相应罚金或者刑期。有关行政执法机关尚未给予罚款的，不再给予罚款。

对于人民检察院依法决定不起诉或者人民法院依法免予刑事处罚的案件，需要给予行政处罚的，由有关行政执法机关依法给予行政处罚。

五、其他问题

23. 本意见所称易燃易爆危险物品，是指具有爆炸、易燃性质的危险化学品、危险货物等，具体范围依照相关法律、行政法规、部门规章和国家标准确定。依照有关规定属于爆炸物的除外。

24. 本意见所称有关行政执法机关，包括民用爆炸物品行业主管部门、燃气管理部门、交通运输主管部门、应急管理部门、铁路监管部门、民用航空主管部门和邮政管理部门等。

25. 本意见自2021年12月31日起施行。

第126条 【违规制造、销售枪支罪】依法被指定、确定的枪支制造企业、销售企业，违反枪支管理规定，有下列行为之一的，对单位判处罚金，并对其直接负责的主管人员和其他直接责任人员，处5年以下有期徒刑；情节严重的，处5年以上10年以下有期徒刑；情节特别严重的，处10年以上有期徒刑或者无期徒刑：

（一）以非法销售为目的，超过限额或者不按照规定的品种制造、配售枪支的；

（二）以非法销售为目的，制造无号、重号、假号的枪支的；

（三）非法销售枪支或者在境内销售为出口制造的枪支的。

• 释义

违规制造、销售枪支罪是指依法被指定、确定的枪支制造企业、销售企业,违反枪支管理规定,以非法销售为目的,超过限额或者不按照规定的品种制造、配售枪支,或者以非法销售为目的,制造无号、重号、假号的枪支,或者非法销售枪支或者在境内销售为出口制造的枪支的行为。

本罪主体是单位。

• 管辖

公安机关治安管理部门。

• 立案追诉标准

依法被指定、确定的枪支制造企业、销售企业,违反枪支管理规定,以非法销售为目的,超过限额或者不按照规定的品种制造、配售枪支,或者以非法销售为目的,制造无号、重号、假号的枪支,或者非法销售枪支或者在境内销售为出口制造的枪支,涉嫌下列情形之一的,应予立案追诉:

(一)违规制造枪支 5 支以上的;

(二)违规销售枪支 2 支以上的;

(三)虽未达到上述数量标准,但具有造成严重后果等其他恶劣情节的。

注:"枪支",包括枪支散件。成套枪支散件,以相应数量的枪支计;非成套枪支散件,以每 30 件为 1 成套枪支散件计。

• 关联法律

1. 最高人民检察院、公安部《关于公安机关管辖的刑事案件立案追诉标准的规定(1)》(公通字〔2008〕36 号)

(见本条立案追诉标准内容)

2. 最高人民法院《关于审理非法制造、买卖、运输枪支、弹药、爆炸物等刑事案件具体应用法律若干问题的解释》(法释〔2009〕18 号)

第 3 条 依法被指定或者确定的枪支制造、销售企业,实施刑法第 126 条规定的行为,具有下列情形之一的,以违规制造、销售枪支罪定罪处罚:

(一)违规制造枪支 5 支以上的;(二)违规销售枪支 2 支以上的;(三)虽未达到上述最低数量标准,但具有造成严重后果等其他恶劣情节的。

具有下列情形之一的,属于刑法第 126 条规定的"情节严重":

(一)违规制造枪支 20 支以上的;(二)违规销售枪支 10 支以上的;(三)达到本条第 1 款规定的最低数量标准,并具有造成严重后果等其他恶劣情节的。

具有下列情形之一的,属于刑法第 126 条规定的"情节特别严重":

(一)违规制造枪支 50 支以上的;(二)违规销售枪支 30 支以上的;(三)达到本条第 2 款规定的最低数量标准,并具有造成严重后果等其他恶劣情节的。

第 7 条 非法制造、买卖、运输、邮寄、储存、盗窃、抢夺、持有、私藏、携带成套枪支散件的,以相应数量的枪支计;非成套枪支散件以每 30 件为一成套枪支散件计。

第 8 条 刑法第 125 条第 1 款规定的"非法储存",是指明知是他人非法制造、买卖、运输、邮寄的枪支、弹药而为其存放的行为,或者非法存放爆炸物的行为。

刑法第128条第1款规定的“非法持有”,是指不符合配备、配置枪支、弹药条件的人员,违反枪支管理法律、法规的规定,擅自持有枪支、弹药的行为。

刑法第128条第1款规定的“私藏”,是指依法配备、配置枪支、弹药的人员,在配备、配置枪支、弹药的条件消除后,违反枪支管理法律、法规的规定,私自藏匿所配备、配置的枪支、弹药且拒不交出的行为。

第9条 因筑路、建房、打井、整修宅基地和土地等正常生产、生活需要,或者因从事合法的生产经营活动而非法制造、买卖、运输、邮寄、储存爆炸物,数量达到本解释第1条规定标准,没有造成严重社会危害,并确有悔改表现的,可依法从轻处罚;情节轻微的,可以免除处罚。

具有前款情形,数量虽达到本解释第2条规定标准的,也可以不认定为刑法第125条第1款规定的“情节严重”。

在公共场所、居民区等人员集中区域非法制造、买卖、运输、邮寄、储存爆炸物,或者因非法制造、买卖、运输、邮寄、储存爆炸物3年内受到两次以上行政处罚又实施上述行为,数量达到本解释规定标准的,不适用前两款量刑的规定。

第10条 实施非法制造、买卖、运输、邮寄、储存、盗窃、抢夺、持有、私藏其他弹药、爆炸物品等行为,参照本解释有关条文规定的定罪量刑标准处罚。(全文详见本书《刑法》第125条相关内容)

3. 参见本书《刑法》第125条该节相关内容。

第127条 【盗窃、抢夺枪支、弹药、爆炸物、危险物质罪】 盗窃、抢夺枪支、弹药、爆炸物的,或者盗窃、抢夺毒害性、放射性、传染病病原体等物质,危害公共安全的,处3年以上10年以下有期徒刑;情节严重的,处10年以上有期徒刑、无期徒刑或者死刑。

【抢劫枪支、弹药、爆炸物、危险物质罪】【盗窃、抢夺枪支、弹药、爆炸物、危险物质罪】 抢劫枪支、弹药、爆炸物的,或者抢劫毒害性、放射性、传染病病原体等物质,危害公共安全的,或者盗窃、抢夺国家机关、军警人员,民兵的枪支、弹药、爆炸物的,处10年以上有期徒刑、无期徒刑或者死刑。

(本条《中华人民共和国刑法修正案(3)》修改)

• 释义

盗窃、抢夺枪支、弹药、爆炸物、危险物质罪是指以非法占有为目的,窃取或者抢夺枪支、弹药、爆炸物的,或者窃取、抢夺毒害性、放射性、传染病病原体等危险物质,危害公共安全的行为。

抢劫枪支、弹药、爆炸物、危险物质罪是指以非法占有为目的,以暴力、胁迫或者其他方法抢劫枪支、弹药、爆炸物的,或者抢劫毒害性、放射性、传染病病原体等危险物质,危害公共安全的行为及盗窃、抢夺国家机关、军警人员、民兵的枪支、弹药、爆炸物的行为。

• 管辖

公安机关刑事侦查部门。

• 关联法律

1. 最高人民法院《关于审理非法制造、买卖、运输枪支、弹药、爆炸物等刑事案件具体应用法律若干问题的解释》(法释〔2009〕18号)

第4条 盗窃、抢夺枪支、弹药、爆炸物,具有下列情形之一的,依照刑法第127条第1款

的规定,以盗窃、抢夺枪支、弹药、爆炸物罪定罪处罚:

(一)盗窃、抢夺以火药为动力的发射枪弹非军用枪支1支以上或者以压缩气体等为动力的其他非军用枪支2支以上的;(二)盗窃、抢夺军用子弹10发以上、气枪铅弹500发以上或者其他非军用子弹100发以上的;(三)盗窃、抢夺爆炸装置的;(四)盗窃、抢夺炸药、发射药、黑火药1000克以上或者烟火药3000克以上、雷管30枚以上或者导火索、导爆索30米以上的;(五)虽未达到上述最低数量标准,但具有造成严重后果等其他恶劣情节的。

具有下列情形之一的,属于刑法第127条第1款规定的"情节严重":

(一)盗窃、抢夺枪支、弹药、爆炸物的数量达到本条第1款规定的最低数量标准五倍以上的;(二)盗窃、抢夺军用枪支的;(三)盗窃、抢夺手榴弹的;(四)盗窃、抢夺爆炸装置,危害严重的;(五)达到本条第1款规定的最低数量标准,并具有造成严重后果等其他恶劣情节的。

第7条 非法制造、买卖、运输、邮寄、储存、盗窃、抢夺、持有、私藏、携带成套枪支散件的,以相应数量的枪支计;非成套枪支散件以每30件为一成套枪支散件计。

第8条 刑法第125条第1款规定的"非法储存",是指明知是他人非法制造、买卖、运输、邮寄的枪支、弹药而为其存放的行为,或者非法存放爆炸物的行为。

刑法第128条第1款规定的"非法持有",是指不符合配备、配置枪支、弹药条件的人员,违反枪支管理法律、法规的规定,擅自持有枪支、弹药的行为。

刑法第128条第1款规定的"私藏",是指依法配备、配置枪支、弹药的人员,在配备、配置枪支、弹药的条件消除后,违反枪支管理法律、法规的规定,私自藏匿所配备、配置的枪支、弹药且拒不交出的行为。

第9条 因筑路、建房、打井、整修宅基地和土地等正常生产、生活需要,或者因从事合法的生产经营活动而非法制造、买卖、运输、邮寄、储存爆炸物,数量达到本解释第1条规定标准,没有造成严重社会危害,并确有悔改表现的,可依法从轻处罚;情节轻微的,可以免除处罚。

具有前款情形,数量虽达到本解释第2条规定标准的,也可以不认定为刑法第125条第1款规定的"情节严重"。

在公共场所、居民区等人员集中区域非法制造、买卖、运输、邮寄、储存爆炸物,或者因非法制造、买卖、运输、邮寄、储存爆炸物3年内受到两次以上行政处罚又实施上述行为,数量达到本解释规定标准的,不适用前两款量刑的规定。

第10条 实施非法制造、买卖、运输、邮寄、储存、盗窃、抢夺、持有、私藏其他弹药、爆炸物品等行为,参照本解释有关条文规定的定罪量刑标准处罚。(全文详见本书《刑法》第125条相关内容)

2.《中华人民共和国刑法修正案(3)》(2001年12月29日第九届全国人大常委会第二十五次会议通过)

六、将刑法第127条修改为:"盗窃、抢夺枪支、弹药、爆炸物的,或者盗窃、抢夺毒害性、放射性、传染病病原体等物质,危害公共安全的,处3年以上10年以下有期徒刑;情节严重的,处10年以上有期徒刑、无期徒刑或者死刑。

"抢劫枪支、弹药、爆炸物的,或者抢劫毒害性、放射性、传染病病原体等物质,危害公共安全的,或者盗窃、抢夺国家机关、军警人员、民兵的枪支、弹药、爆炸物的,处10年以上有期徒刑、无期徒刑或者死刑。"

(1997年《刑法》原条文为:盗窃、抢夺枪支、弹药、爆炸物的,处3年以上10年以下有期徒刑;情节严重的,处10年以上有期徒刑、无期徒刑或者死刑。

抢劫枪支、弹药、爆炸物或者盗窃、抢夺国家机关、军警人员、民兵的枪支、弹药、爆炸物的,处10年以上有期徒刑、无期徒刑或者死刑。)

3. 最高人民法院、最高人民检察院、公安部《关于依法惩治袭警违法犯罪行为的指导意见》(2019年12月27日)

一、对正在依法执行职务的民警实施下列行为的,属于刑法第277条第五款规定的"暴力袭击正在依法执行职务的人民警察",应当以妨害公务罪定罪从重处罚:

1. 实施撕咬、踢打、抱摔、投掷等,对民警人身进行攻击的;2. 实施打砸、毁坏、抢夺民警正在使用的警用车辆、警械等警用装备,对民警人身进行攻击的;对正在依法执行职务的民警虽未实施暴力袭击,但以实施暴力相威胁,符合刑法第277条第1款规定的,以妨害公务罪定罪处罚。

醉酒的人实施袭警犯罪行为,应当负刑事责任。

教唆、煽动他人实施袭警犯罪行为或者为他人实施袭警犯罪行为提供工具、帮助的,以共同犯罪论处。

对袭警情节轻微或者辱骂民警,尚不构成犯罪,但构成违反治安管理行为的,应当依法从重给予治安管理处罚。

二、实施暴力袭警行为,具有下列情形之一的,在第1条规定的基础上酌情从重处罚:

1. 使用凶器或者危险物品袭警、驾驶机动车袭警的;2. 造成民警轻微伤或者警用装备严重毁损的;3. 妨害民警依法执行职务,造成他人伤亡、公私财产损失或者造成犯罪嫌疑人脱逃、毁灭证据等严重后果的;4. 造成多人围观、交通堵塞等恶劣社会影响的;5. 纠集多人袭警或者袭击民警2人以上的;6. 曾因袭警受过处罚,再次袭警的;7. 实施其他严重袭警行为的。

实施上述行为,构成犯罪的,一般不得适用缓刑。

三、驾车冲撞、碾轧、拖拽、剐蹭民警,或者挤别、碰撞正在执行职务的警用车辆,危害公共安全或者民警生命、健康安全,符合刑法第114条、第115条、第232条、第234条规定的,应当以以危险方法危害公共安全罪、故意杀人罪或者故意伤害罪定罪,酌情从重处罚。

暴力袭警,致使民警重伤、死亡,符合刑法第234条、第232条规定的,应当以故意伤害罪、故意杀人罪定罪,酌情从重处罚。

四、抢劫、抢夺民警枪支,符合刑法第127条第2款规定的,应当以抢劫枪支罪、抢夺枪支罪定罪。

五、民警在非工作时间,依照《中华人民共和国人民警察法》等法律履行职责的,应当视为执行职务。

六、在民警非执行职务期间,因其职务行为对其实施暴力袭击、拦截、恐吓等行为,符合刑法第234条、第232条、第293条等规定的,应当以故意伤害罪、故意杀人罪、寻衅滋事罪等定罪,并根据袭警的具体情节酌情从重处罚。(全文详见本书《刑法》第277条相关内容)

4. 国家发展改革委价格认证中心《被盗财物价格认定规则》(发改价认办〔2020〕97号)

(全文详见本书《刑法》第294条相关内容)

5. 最高人民法院、最高人民检察院、公安部、工业和信息化部、住房和城乡建设部、交通运输部、应急管理部、国家铁路局、中国民用航空局、国家邮政局《关于依法惩治涉枪支、弹药、爆炸物、易燃易爆危险物品犯罪的意见》(法发〔2021〕35号)

非法制造、买卖、运输、邮寄、储存、盗窃、抢夺、抢劫、持有、私藏、走私枪支、弹药、爆炸物,并利用该枪支、弹药、爆炸物实施故意杀人、故意伤害、抢劫、绑架等犯罪的,依照数罪并罚的规定处罚。(全文详见本书《刑法》第125条相关内容)

6. 参见本书《刑法》第125条该节相关内容。

第128条 【非法持有、私藏枪支、弹药罪】 违反枪支管理规定,非法持有、私藏枪支、弹药的,处3年以下有期徒刑、拘役或者管制;情节严重的,处3年以上7年以下有期徒刑。

【非法出租、出借枪支罪】 依法配备公务用枪的人员,非法出租、出借枪支的,依照前款的规定处罚。

依法配置枪支的人员,非法出租、出借枪支,造成严重后果的,依照第1款的规定处罚。

单位犯第2款、第3款罪的,对单位判处罚金,并对其直接负责的主管人员和其他直接责任人员,依照第1款的规定处罚。

• 释义

非法出租、出借枪支罪是指违反枪支、弹药管理规定,非法持有、私藏枪支、弹药的行为。

本罪的责任形式为故意,行为人必须认识到持有、私藏的是枪支、弹药。"非法持有"是指不符合配备、配置枪支、弹药条件的人员,违反枪支管理法律、法规的规定,擅自持有枪支、弹药的行为。

"私藏"是指依法配备、配置枪支、弹药的人员,在配备、配置枪支、弹药的条件消除后,私自藏匿所配备、配置的枪支、弹药且拒不交出的行为。

非法出租、出借枪支罪是指依法配备公务用枪的人员与单位,非法出租、出借枪支的,或者依法配置枪支的人员与单位,非法出租、出借枪支,造成严重后果的行为。

本罪的责任形式为故意;主体既可以是依法配枪的人员和单位。

根据司法解释,依法配备公务用枪的人员,非法出租、出借枪支;或者违反法律规定,将公务用枪用作借债质押物,使枪支处于非依法持枪人的控制、使用下,严重危害公共安全,以本罪论;对接受枪支质押的人员,构成犯罪的,应以非法持有枪支罪论。

• 管辖

公安机关治安管理部门。

• 立案追诉标准

【非法出租、出借枪支罪立案追诉标准】

违反枪支管理规定,非法持有、私藏枪支、弹药,涉嫌下列情形之一的,应予立案追诉:

(一)非法持有、私藏军用枪支1支以上的;

(二)非法持有、私藏以火药为动力发射枪弹的非军用枪支1支以上,或者以压缩气体等为动力的其他非军用枪支2支以上的;

(三)非法持有、私藏军用子弹20发以上、气枪铅弹1000发以上或者其他非军用子弹200发以上的;

(四)非法持有、私藏手榴弹、炸弹、地雷、手雷等具有杀伤性弹药1枚以上的;

(五)非法持有、私藏的弹药造成人员伤亡、财产损失的。

注:"非法持有",是指不符合配备、配置枪支、弹药条件的人员,擅自持有枪支、弹药的行为;"私藏",是指依法配备、配置枪支、弹药的人员,在配备、配置枪支、弹药的条件消除后,私自藏匿所配备、配置的枪支、弹药且拒不交出的行为。

【非法出租、出借枪支罪立案追诉标准】

依法配备公务用枪的人员或单位,非法将枪支出租、出借给未取得公务用枪配备资格的人员或单位,或者将公务用枪用作借债质押物的,应予立案追诉。依法配备公务用枪的人员或单位，非法将枪支出租、出借给具有公务用枪配备资格的人员或单位，以及依法配置民用枪支的人员或者单位，非法出租、出借民用枪支，涉嫌下列情形之一的，应予立案追诉：

（一）造成人员轻伤以上伤亡事故的；

（二）造成枪支丢失、被盗、被抢的；

（三）枪支被他人利用进行违法犯罪活动的；

（四）其他造成严重后果的情形。

• 关联法律

1. 最高人民检察院《关于将公务用枪用作借债质押的行为如何适用法律问题的批复（高检发释字〔1998〕4号）

依法配备公务用枪的人员，违反法律规定，将公务用枪用作借债质押物，使枪支处于非依法持枪人的控制、使用之下，严重危害公共安全，是刑法第128条第2款所规定的非法出借枪支行为的一种形式，应以非法出借枪支罪追究刑事责任；对接受枪支质押的人员，构成犯罪的，根据刑法第128条第1款的规定，应以非法持有枪支罪追究其刑事责任。

2. 最高人民法院《关于审理非法制造、买卖、运输枪支、弹药、爆炸物等刑事案件具体应用法律若干问题的解释》（法释〔2009〕18号）

第7条 非法制造、买卖、运输、邮寄、储存、盗窃、抢夺、持有、私藏、携带成套枪支散件的，以相应数量的枪支计；非成套枪支散件以每30件为一成套枪支散件计。

第8条 刑法第125条第1款规定的“非法储存”，是指明知是他人非法制造、买卖、运输、邮寄的枪支、弹药而为其存放的行为，或者非法存放爆炸物的行为。

刑法第128条第1款规定的“非法持有”，是指不符合配备、配置枪支、弹药条件的人员，违反枪支管理法律、法规的规定，擅自持有枪支、弹药的行为。

刑法第128条第1款规定的“私藏”，是指依法配备、配置枪支、弹药的人员，在配备、配置枪支、弹药的条件消除后，违反枪支管理法律、法规的规定，私自藏匿所配备、配置的枪支、弹药且拒不交出的行为。

第9条 因筑路、建房、打井、整修宅基地和土地等正常生产、生活需要，或者因从事合法的生产经营活动而非法制造、买卖、运输、邮寄、储存爆炸物，数量达到本解释第1条规定标准，没有造成严重社会危害，并确有悔改表现的，可依法从轻处罚；情节轻微的，可以免除处罚。

具有前款情形，数量虽达到本解释第2条规定标准的，也可以不认定为刑法第125条第1款规定的“情节严重”。

在公共场所、居民区等人员集中区域非法制造、买卖、运输、邮寄、储存爆炸物，或者因非法制造、买卖、运输、邮寄、储存爆炸物3年内受到两次以上行政处罚又实施上述行为，数量达到本解释规定标准的，不适用前两款量刑的规定。

第10条 实施非法制造、买卖、运输、邮寄、储存、盗窃、抢夺、持有、私藏其他弹药、爆炸物品等行为，参照本解释有关条文规定的定罪量刑标准处罚。（全文详见本书《刑法》第125条相关内容）

3. 最高人民检察院、公安部《关于公安机关管辖的刑事案件立案追诉标准的规定（1）》（公通字〔2008〕36号）

（见本条立案追诉标准内容）

4. 参见本书《刑法》第125条该节相关内容。

第129条 【丢失枪支不报罪】 依法配备公务用枪的人员,丢失枪支不及时报告,造成严重后果的,处3年以下有期徒刑或者拘役。

• 释义

丢失枪支不报罪是指依法配备公务用枪的人员,丢失枪支不及时报告,造成严重后果的行为。"严重后果"是指丢失的枪支被他人使用造成人员轻伤以上伤亡事故或者被他人利用进行违法犯罪活动等。

主体只能是依法配备公务用枪的人员;本罪的责任形式为故意。

• 管辖

公安机关治安管理部门。

• 立案追诉标准

依法配备公务用枪的人员,丢失枪支不及时报告,涉嫌下列情形之一的,应予立案追诉:

(一)丢失的枪支被他人使用造成人员轻伤以上伤亡事故的;

(二)丢失的枪支被他人利用进行违法犯罪活动的;

(三)其他造成严重后果的情形。

• 关联法律

1. 最高人民法院《关于审理非法制造、买卖、运输枪支、弹药、爆炸物等刑事案件具体应用法律若干问题的解释》(法释〔2009〕18号)

第5条 具有下列情形之一的,依照刑法第128条第1款的规定,以非法持有、私藏枪支、弹药罪定罪处罚:

(一)非法持有、私藏军用枪支1支的;(二)非法持有、私藏以火药为动力发射枪弹的非军用枪支1支或者以压缩气体等为动力的其他非军用枪支2支以上的;(三)非法持有、私藏军用子弹20发以上,气枪铅弹1000发以上或者其他非军用子弹200发以上的;(四)非法持有、私藏手榴弹1枚以上的;(五)非法持有、私藏的弹药造成人员伤亡、财产损失的。

具有下列情形之一的,属于刑法第128条第1款规定的"情节严重":

(一)非法持有、私藏军用枪支2支以上的;(二)非法持有、私藏以火药为动力发射枪弹的非军用枪支2支以上或者以压缩气体等为动力的其他非军用枪支5支以上的;(三)非法持有、私藏军用子弹100发以上,气枪铅弹5000发以上或者其他非军用子弹1000发以上的;(四)非法持有、私藏手榴弹3枚以上的;(五)达到本条第1款规定的最低数量标准,并具有造成严重后果等其他恶劣情节的。

第7条 非法制造、买卖、运输、邮寄、储存、盗窃、抢夺、持有、私藏、携带成套枪支散件的,以相应数量的枪支计;非成套枪支散件以每30件为一成套枪支散件计。

第8条 刑法第125条第1款规定的"非法储存",是指明知是他人非法制造、买卖、运输、邮寄的枪支、弹药而为其存放的行为,或者非法存放爆炸物的行为。

刑法第128条第1款规定的"非法持有",是指不符合配备、配置枪支、弹药条件的人员,违反枪支管理法律、法规的规定,擅自持有枪支、弹药的行为。

刑法第128条第1款规定的"私藏",是指依法配备、配置枪支、弹药的人员,在配备、配置枪支、弹药的条件消除后,违反枪支管理法律、法规的规定,私自藏匿所配备、配置的枪支、弹药且拒不交出的行为。

第9条 因筑路、建房、打井、整修宅基地和土地等正常生产、生活需要,或者因从事合法的生产经营活动而非法制造、买卖、运输、邮寄、储存爆炸物,数量达到本解释第1条规定标准,没有造成严重社会危害,并确有悔改表现的,可依法从轻处罚;情节轻微的,可以免除处罚。

具有前款情形,数量虽达到本解释第2条规定标准的,也可以不认定为刑法第125条第1款规定的"情节严重"。

在公共场所、居民区等人员集中区域非法制造、买卖、运输、邮寄、储存爆炸物,或者因非法制造、买卖、运输、邮寄、储存爆炸物3年内受到两次以上行政处罚又实施上述行为,数量达到本解释规定标准的,不适用前两款量刑的规定。

第10条 实施非法制造、买卖、运输、邮寄、储存、盗窃、抢夺、持有、私藏其他弹药、爆炸物品等行为,参照本解释有关条文规定的定罪量刑标准处罚。(全文详见本书《刑法》第125条相关内容)

2. 最高人民检察院、公安部《关于公安机关管辖的刑事案件立案追诉标准的规定(1)》(公通字〔2008〕36号) 第6条

(见本条立案追诉标准内容)

3. 参见本书《刑法》第125条该节相关内容。

> **第130条 【非法携带枪支、弹药、管制刀具、危险物品危及公共安全罪】** 非法携带枪支、弹药、管制刀具或者爆炸性、易燃性、放射性、毒害性、腐蚀性物品,进入公共场所或者公共交通工具,危及公共安全,情节严重的,处3年以下有期徒刑、拘役或者管制。

• 释义

非法携带枪支、弹药、管制刀具、危险物品危及公共安全罪是指非法携带枪支、弹药、管制刀具或者爆炸性、易燃性、放射性、毒害性、腐蚀性物品,进入公共场所或者公共交通工具,危及公共安全,情节严重的行为。

"情节严重"是指:

(一)携带枪支或手榴弹的;

(二)携带爆炸装置的;

(三)携带炸药、发射药、黑火药500克以上或烟火药1000克以上、雷管20枚以上或者导火索、导爆索20米以上,或者虽未达到数量标准,但拒不交出的;

(四)携带的弹药、爆炸物在公共场所或公共交通工具上发生爆炸或者燃烧,尚未造成严重后果的;

(五)其他情形。

• 管辖

公安机关治安管理部门。

• 立案追诉标准

非法携带枪支、弹药、管制刀具或者爆炸性、易燃性、放射性、毒害性、腐蚀性物品,进入公共场所或者公共交通工具,危及公共安全,涉嫌下列情形之一的,应予立案追诉:

(一)携带枪支1支以上或者手榴弹、炸弹、地雷、手雷等具有杀伤性弹药1枚以上的;

(二)携带爆炸装置1套以上的;

(三)携带炸药、发射药、黑火药500克以上或者烟火药1千克以上、雷管20枚以上或者导火索、导爆索20米以上,或者虽未达到上述数量标准,但拒不交出的;

(四)携带的弹药、爆炸物在公共场所或者公共交通工具上发生爆炸或者燃烧,尚未造成严重后果的;

(五)携带管制刀具20把以上,或者虽未达到上述数量标准,但拒不交出,或者用来进行违法活动尚未构成其他犯罪的;

(六)携带的爆炸性、易燃性、放射性、毒害性、腐蚀性物品在公共场所或者公共交通工具上发生泄漏、遗洒,尚未造成严重后果的;

(七)其他情节严重的情形。

• 关联法律

1. 公安部《关于管制刀具范围的批复》(公复字〔1994〕4号)

被《公安部关于保留修改废止部门规章及规范性文件的通知》(公通字〔2004〕71号)废止。

2. 公安部《关于对少数民族人员佩带刀具乘坐火车如何处理问题的批复》(公复字〔2001〕6号)

四川省公安厅:你厅《关于少数民族人员佩带刀具乘坐火车如何处理的请示》(川公明发〔2001〕323号)收悉。现批复如下:

根据国务院批准、公安部发布的《对部分刀具实行管制的暂行规定》(〔83〕公发(治)31号)的规定,管制刀具是指匕首、三棱刀(包括机械加工用的三棱刮刀)、带有自锁装置的弹簧刀(跳刀)以及其他相类似的单刃、双刃、三棱尖刀。任何人不得非法制造、销售、携带和私自保存管制刀具。少数民族人员只能在民族自治地区佩带、销售和使用藏刀、腰刀、靴刀等民族刀具;在非民族自治地区,只要少数民族人员所携带的刀具属于管制刀具范围,公安机关就应当严格按照相应规定予以管理。凡公安工作中涉及的此类有关少数民族的政策、法律规定,各级公安机关应当积极采取多种形式广泛宣传,特别是要加大在车站等人员稠密的公共场所及公共交通工具上的宣传力度。

少数民族人员违反《铁路法》和《铁路运输安全保护条例》携带管制刀具进入车站、乘坐火车的,由公安机关依法予以没收,但在本少数民族自治地区携带具有特殊纪念意义或者比较珍贵的民族刀具进入车站的,可以由携带人交其亲友带回或者交由车站派出所暂时保存并出具相应手续,携带人返回时领回;对不服从管理,构成违反治安管理行为的,依法予以治安处罚;构成犯罪的,依法追究其刑事责任。

3. 最高人民法院《关于审理非法制造、买卖、运输枪支、弹药、爆炸物等刑事案件具体应用法律若干问题的解释》(法释〔2009〕18号)

第6条 非法携带枪支、弹药、爆炸物进入公共场所或者公共交通工具,危及公共安全,具有下列情形之一的,属于刑法第130条规定的"情节严重":

(一)携带枪支或者手榴弹的;(二)携带爆炸装置的;(三)携带炸药、发射药、黑火药500克以上或者烟火药1000克以上、雷管20枚以上或者导火索、导爆索20米以上的;(四)携带的弹药、爆炸物在公共场所或者公共交通工具上发生爆炸或者燃烧,尚未造成严重后果的;(五)具有其他严重情节的。

行为人非法携带本条第1款第(3)项规定的爆炸物进入公共场所或者公共交通工具,虽未达到上述数量标准,但拒不交出的,依照刑法第130条的规定定罪处罚;携带的数量达到最低数量标准,能够主动、全部交出的,可不以犯罪论处。

第7条 非法制造、买卖、运输、邮寄、储存、盗窃、抢夺、持有、私藏、携带成套枪支散件的,以相应数量的枪支计;非成套枪支散件以每30件为一成套枪支散件计。

第8条 刑法第125条第1款规定的"非法储存",是指明知是他人非法制造、买卖、运输、邮寄的枪支、弹药而为其存放的行为,或者非法存放爆炸物的行为。

刑法第128条第1款规定的"非法持有",是指不符合配备、配置枪支、弹药条件的人员,违反枪支管理法律、法规的规定,擅自持有枪支、弹药的行为。

刑法第128条第1款规定的"私藏",是指依法配备、配置枪支、弹药的人员,在配备、配置枪支、弹药的条件消除后,违反枪支管理法律、法规的规定,私自藏匿所配备、配置的枪支、弹药且拒不交出的行为。

第9条 因筑路、建房、打井、整修宅基地和土地等正常生产、生活需要,或者因从事合法的生产经营活动而非法制造、买卖、运输、邮寄、储存爆炸物,数量达到本解释第1条规定标准,没有造成严重社会危害,并确有悔改表现的,可依法从轻处罚;情节轻微的,可以免除处罚。

具有前款情形,数量虽达到本解释第2条规定标准的,也可以不认定为刑法第125条第1款规定的"情节严重"。

在公共场所、居民区等人员集中区域非法制造、买卖、运输、邮寄、储存爆炸物,或者因非法制造、买卖、运输、邮寄、储存爆炸物3年内受到两次以上行政处罚又实施上述行为,数量达到本解释规定标准的,不适用前两款量刑的规定。

第10条 实施非法制造、买卖、运输、邮寄、储存、盗窃、抢夺、持有、私藏其他弹药、爆炸物品等行为,参照本解释有关条文规定的定罪量刑标准处罚。(全文详见本书《刑法》第125条相关内容)

4. 最高人民检察院、公安部《关于公安机关管辖的刑事案件立案追诉标准的规定(1)》(公通字〔2008〕36号)

(见本条立案追诉标准内容)

5. 公安部《关于将陶瓷类刀具纳入管制刀具管理问题的批复》(公复字〔2010〕1号)

北京市公安局:你局《关于将陶瓷类刀具纳入管制刀具管理范围的请示》(京公治字〔2010〕282号)收悉。现批复如下:

陶瓷类刀具具有超高硬度、超高耐磨、刃口锋利等特点,其技术特性已达到或超过了部分金属刀具的性能,对符合《管制刀具认定标准》(公通字〔2007〕2号)规定的刀具类型、刀刃长度和刀尖角度等条件的陶瓷类刀具,应当作为管制刀具管理。

6. 公安部《关于公安机关处置信访活动中违法犯罪行为适用法律的指导意见》(公通字〔2013〕25号)

二、对危害公共安全违法犯罪行为的处理

3. 在信访接待场所、其他国家机关或者公共场所、公共交通工具上非法携带枪支、弹药、弓弩、匕首等管制器具,或者爆炸性、毒害性、放射性、腐蚀性等危险物质的,应当及时制止,收缴枪支、弹药、管制器具、危险物质;符合《治安管理处罚法》第32条、第30条规定的,以非法携带枪支、弹药、管制器具、非法携带危险物质依法予以治安管理处罚;情节严重,符合《刑法》第130条规定的,以非法携带枪支、弹药、管制刀具、危险物品危及公共安全罪追究刑事责任。(全文见《刑法》第114条相关内容)

7. 最高人民法院、最高人民检察院、公安部、司法部、国家卫生和计划生育委员会《关于依法惩处涉医违法犯罪维护正常医疗秩序的意见的通知》(法发〔2014〕5号)

为依法惩处涉医违法犯罪,维护正常医疗秩序,构建和谐医患关系,最高人民法院、最高人民检察院、公安部、司法部、国家卫生和计划生育委员会经深入调查研究,广泛征求意见,制定了《关于依法惩处涉医违法犯罪维护正常医疗秩序的意见》。现印发给你们,请认真组织学习,切实贯彻执行。

附:《关于依法惩处涉医违法犯罪维护正常医疗秩序的意见》:

为依法惩处涉医违法犯罪,维护正常医疗秩序,构建和谐医患关系,根据《中华人民共和国刑法》、《中华人民共和国治安管理处罚法》等法律法规,结合工作实践,制定本意见。

一、充分认识依法惩处涉医违法犯罪维护正常医疗秩序的重要性

加强医药卫生事业建设,是实现人民群众病有所医,提高全民健康水平的重要社会建设工程。经过多年努力,我国医药卫生事业发展取得显著成就,但医疗服务能力、医疗保障水平与人民群众不断增长的医疗服务需求之间仍存在一定差距。一段时期以来,个别地方相继发生暴力杀医、伤医以及在医疗机构聚众滋事等违法犯罪行为,严重扰乱了正常医疗秩序,侵害了人民群众的合法利益。良好的医疗秩序是社会和谐稳定的重要体现,也是增进人民福祉的客观要求。依法惩处涉医违法犯罪,维护正常医疗秩序,有利于保障医患双方的合法权益,为患者创造良好的看病就医环境,为医务人员营造安全的执业环境,从而促进医疗服务水平的整体提高和医药卫生事业的健康发展。

二、严格依法惩处涉医违法犯罪

对涉医违法犯罪行为,要依法严肃追究、坚决打击。公安机关要加大对暴力杀医、伤医、扰乱医疗秩序等违法犯罪活动的查处力度,接到报警后应当及时出警、快速处置,需要追究刑事责任的,及时立案侦查,全面、客观地收集、调取证据,确保侦查质量。人民检察院应当及时依法批捕、起诉,对于重大涉医犯罪案件要加强法律监督,必要时可以对收集证据、适用法律提出意见。人民法院应当加快审理进度,在全面查明案件事实的基础上依法准确定罪量刑,对于犯罪手段残忍、主观恶性深、人身危险性大的被告人或者社会影响恶劣的涉医犯罪行为,要依法从严惩处。

(一)在医疗机构内殴打医务人员或者故意伤害医务人员身体、故意损毁公私财物,尚未造成严重后果的,分别依照治安管理处罚法第43条、第49条的规定处罚;故意杀害医务人员,或者故意伤害医务人员造成轻伤以上严重后果,或者随意殴打医务人员情节恶劣、任意损毁公私财物情节严重,构成故意杀人罪、故意伤害罪、故意毁坏财物罪、寻衅滋事罪的,依照刑法的有关规定定罪处罚。

(二)在医疗机构私设灵堂、摆放花圈、焚烧纸钱、悬挂横幅、堵塞大门或者以其他方式扰乱医疗秩序,尚未造成严重损失,经劝说、警告无效的,要依法驱散,对拒不服从的人员要依法带离现场,依照治安管理处罚法第23条的规定处罚;聚众实施的,对首要分子和其他积极参加者依法予以治安处罚;造成严重损失或者扰乱其他公共秩序情节严重,构成寻衅滋事罪、聚众扰乱社会秩序罪、聚众扰乱公共场所秩序、交通秩序罪的,依照刑法的有关规定定罪处罚。

在医疗机构的病房、抢救室、重症监护室等场所及医疗机构的公共开放区域违规停放尸体,影响医疗秩序,经劝说、警告无效的,依照治安管理处罚法第65条的规定处罚;严重扰乱医疗秩序或者其他公共秩序,构成犯罪的,依照前款的规定定罪处罚。

(三)以不准离开工作场所等方式非法限制医务人员人身自由的,依照治安管理处罚法第40条的规定处罚;构成非法拘禁罪的,依照刑法的有关规定定罪处罚。

(四)公然侮辱、恐吓医务人员的,依照治安管理处罚法第42条的规定处罚;采取暴力或者其他方法公然侮辱、恐吓医务人员情节严重(恶劣),构成侮辱罪、寻衅滋事罪的,依照刑法的有关规定定罪处罚。

(五)非法携带枪支、弹药、管制器具或者爆炸性、放射性、毒害性、腐蚀性物品进入医疗机构的,依照治安管理处罚法第30条、第32条的规定处罚;危及公共安全情节严重,构成非法携带枪支、弹药、管制刀具、危险物品危及公共安全罪的,依照刑法的有关规定定罪处罚。

(六)对于故意扩大事态,教唆他人实施针对医疗机构或者医务人员的违法犯罪行为,或者以受他人委托处理医疗纠纷为名实施敲诈勒索、寻衅滋事等行为的,依照治安管理处罚法和刑法的有关规定从严惩处。

三、积极预防和妥善处理医疗纠纷

(一)卫生计生行政部门应当加强医疗行业监管,指导医疗机构提高医疗服务能力,保障医疗安全和医疗质量。医疗机构及其医务人员要严格遵守医疗卫生管理法律、行政法规、部门规章和诊疗护理规范,加强医德医风建设,改善服务态度,注重人文关怀,尊重患者的隐私权、知情权、选择权等权利,根据患者病情、预后不同以及患者实际需求,采取适当方式进行沟通,做好解释说理工作,从源头上预防和减少医疗纠纷。

(二)卫生计生行政部门应当指导医疗机构加强投诉管理,设立医患关系办公室或者指定部门统一承担医疗机构投诉管理工作,建立畅通、便捷的投诉渠道。医疗机构投诉管理部门应当在医疗机构显著位置公布该部门及医疗纠纷人民调解组织等相关机构的联系方式、医疗纠纷的解决程序,加大对患者法律知识的宣传,引导患者依法、理性解决医疗纠纷。有条件的医疗机构可设立网络投诉平台,并安排专人处理、回复患者投诉。要做到投诉必管、投诉必复,在规定期限内向投诉人反馈处理情况。

对于医患双方自行协商解决不成的医疗纠纷,医疗机构应当及时通过向人民调解委员会申请调解等其他合法途径解决。

(三)司法行政机关应当会同卫生计生行政部门加快推进医疗纠纷人民调解组织建设,在医疗机构集中、医疗纠纷突出的地区建立独立的医疗纠纷人民调解委员会。

司法行政机关应当会同人民法院加强对医疗纠纷人民调解委员会的指导,帮助完善医疗纠纷人民调解受理、调解、回访、反馈等各项工作制度,加强医疗纠纷人民调解员队伍建设和业务培训,建立医学、法律等专家咨询库,确保调解依法、规范、有效进行。

司法行政机关应当组织法律援助机构为有需求并符合条件的医疗纠纷患者及其家属提供法律援助,指导律师事务所、公证机构等为医疗纠纷当事人提供法律服务,指导律师做好代理服务工作,促使医疗纠纷双方当事人妥善解决争议。

(四)人民法院对起诉的医疗损害赔偿案件应当及时立案受理,积极开展诉讼调解,对调解不成的,及时依法判决,切实维护医患双方的合法利益。在诉讼过程中应当加强诉讼指导,并做好判后释疑工作。

(五)卫生计生行政部门应当会同公安机关指导医疗机构建立健全突发事件预警应对机制和警医联动联防联控机制,提高应对突发事件的现场处置能力。公安机关可根据实际需要在医疗机构设立警务室,及时受理涉医报警求助,加强动态管控。医疗机构在诊治过程中发现有暴力倾向的患者,或者在处理医疗纠纷过程中发现有矛盾激化,可能引发治安案件、刑事案件的情况,应当及时报告公安机关。

四、建立健全协调配合工作机制

各有关部门要高度重视打击涉医违法犯罪、维护正常医疗秩序的重要性,认真落实党中央、国务院关于构建和谐医患关系的决策部署,加强组织领导与协调配合,形成构建和谐医患关系的合力。地市级以上卫生计生行政部门应当积极协调相关部门建立联席会议等工作制度,定期互通信息,及时研究解决问题,共同维护医疗秩序,促进我国医药卫生事业健康发展。

8. 最高人民法院、最高人民检察院、公安部、工业和信息化部、住房和城乡建设部、交通运输部、应急管理部、国家铁路局、中国民用航空局、国家邮政局《关于依法惩治涉枪支、弹药、爆炸物、易燃易爆危险物品犯罪的意见》(法发〔2021〕35 号)

5. 违反危险化学品安全管理规定,未经依法批准或者许可擅自从事易燃易爆危险物品道路运输活动,或者实施其他违反危险化学品安全管理规定通过道路运输易燃易爆危险物品的行为,危及公共安全的,依照刑法第 133 条之一第 1 款第 4 项的规定,以危险驾驶罪定罪处罚。

在易燃易爆危险物品生产、经营、储存等高度危险的生产作业活动中违反有关安全管理的规定,有下列情形之一,具有发生重大伤亡事故或者其他严重后果的现实危险的,依照刑法第 134 条之一第 3 项的规定,以危险作业罪定罪处罚:

(1)委托无资质企业或者个人储存易燃易爆危险物品的;(2)在储存的普通货物中夹带易燃易爆危险物品的;(3)将易燃易爆危险物品谎报或者匿报为普通货物申报、储存的;(4)其他涉及安全生产的事项未经依法批准或者许可,擅自从事易燃易爆危险物品生产、经营、储存等活动的情形。

实施前两款行为,同时构成刑法第 130 条规定之罪等其他犯罪的,依照处罚较重的规定定罪处罚;导致发生重大伤亡事故或者其他严重后果,符合刑法第 134 条、第 135 条、第 136 条等规定的,依照各该条的规定定罪从重处罚。

9. 通过邮件、快件夹带易燃易爆危险物品,或者将易燃易爆危险物品谎报为普通物品交寄,符合本意见第 5 条至第 8 条规定的,依照各该条的规定定罪处罚。(全文详见本书《刑法》第 125 条相关内容)

9. 参见本书《刑法》第 125 条该节相关内容。

第 131 条　【重大飞行事故罪】 航空人员违反规章制度,致使发生重大飞行事故,造成严重后果的,处 3 年以下有期徒刑或者拘役;造成飞机坠毁或者人员死亡的,处 3 年以上 7 年以下有期徒刑。

• 释义

重大飞行事故罪是指航空人员违反规章制度,致使发生重大飞行事故,造成严重后果的行为。责任形式是过失;主体只能是航空人员,包括空勤人员和地勤人员。

• 管辖

中国民用航空局公安部门、监察机关(公职人员行使公权力过程中发生的犯罪案件)。

第 132 条　【铁路运营安全事故罪】 铁路职工违反规章制度,致使发生铁路运营安全事故,造成严重后果的,处 3 年以下有期徒刑或者拘役;造成特别严重后果的,处 3 年以上 7 年以下有期徒刑。

• 释义

铁路运营安全事故罪是指铁路职工违反规章制度,致使发生铁路运营安全事故,造成严重后果的行为。

责任形式是过失;主体是铁路职工。

• 管辖

铁路公安机关、监察机关(公职人员行使公权力过程中发生的犯罪案件)。

• 关联法律

1. 最高人民法院、最高人民检察院《关于办理危害生产安全刑事案件适用法律若干问题的解释》(法释〔2015〕22 号)

为依法惩治危害生产安全犯罪,根据刑法有关规定,现就办理此类刑事案件适用法律的若干问题解释如下:

第 1 条 刑法第 134 条第 1 款规定的犯罪主体,包括对生产、作业负有组织、指挥或者管理职责的负责人、管理人员、实际控制人、投资人等人员,以及直接从事生产、作业的人员。

第 2 条 刑法第 134 条第 2 款规定的犯罪主体,包括对生产、作业负有组织、指挥或者管理职责的负责人、管理人员、实际控制人、投资人等人员。

第 3 条 刑法第 135 条规定的"直接负责的主管人员和其他直接责任人员",是指对安全生产设施或者安全生产条件不符合国家规定负有直接责任的生产经营单位负责人、管理人员、实际控制人、投资人,以及其他对安全生产设施或者安全生产条件负有管理、维护职责的人员。

第 4 条 刑法第 139 条之一规定的"负有报告职责的人员",是指负有组织、指挥或者管理职责的负责人、管理人员、实际控制人、投资人,以及其他负有报告职责的人员。

第 5 条 明知存在事故隐患、继续作业存在危险,仍然违反有关安全管理的规定,实施下列行为之一的,应当认定为刑法第 134 条第 2 款规定的"强令他人违章冒险作业":

(一)利用组织、指挥、管理职权,强制他人违章作业的;(二)采取威逼、胁迫、恐吓等手段,强制他人违章作业的;(三)故意掩盖事故隐患,组织他人违章作业的;(四)其他强令他人违章作业的行为。

第 6 条 实施刑法第 132 条、第 134 条第 1 款、第 135 条、第 135 条之一、第 136 条、第 139 条规定的行为,因而发生安全事故,具有下列情形之一的,应当认定为"造成严重后果"或者"发生重大伤亡事故或者造成其他严重后果",对相关责任人员,处 3 年以下有期徒刑或者拘役:

(一)造成死亡 1 人以上,或者重伤 3 人以上的;(二)造成直接经济损失 100 万元以上的;(三)其他造成严重后果或者重大安全事故的情形。

实施刑法第 134 条第 2 款规定的行为,因而发生安全事故,具有本条第 1 款规定情形的,应当认定为"发生重大伤亡事故或者造成其他严重后果",对相关责任人员,处五年以下有期徒刑或者拘役。

实施刑法第 137 条规定的行为,因而发生安全事故,具有本条第 1 款规定情形的,应当认定为"造成重大安全事故",对直接责任人员,处 5 年以下有期徒刑或者拘役,并处罚金。

实施刑法第 138 条规定的行为,因而发生安全事故,具有本条第 1 款第 1 项规定情形的,应当认定为"发生重大伤亡事故",对直接责任人员,处 3 年以下有期徒刑或者拘役。

第 7 条 实施刑法第 132 条、第 134 条第 1 款、第 135 条、第 135 条之一、第 136 条、第 139 条规定的行为,因而发生安全事故,具有下列情形之一的,对相关责任人员,处 3 年以上 7 年以下有期徒刑:

(一)造成死亡 3 人以上或者重伤 10 人以上,负事故主要责任的;(二)造成直接经济损失 500 万元以上,负事故主要责任的;(三)其他造成特别严重后果、情节特别恶劣或者后果特别严重的情形。

实施刑法第134条第2款规定的行为,因而发生安全事故,具有本条第1款规定情形的,对相关责任人员,处5年以上有期徒刑。

实施刑法第137条规定的行为,因而发生安全事故,具有本条第1款规定情形的,对直接责任人员,处5年以上10年以下有期徒刑,并处罚金。

实施刑法第138条规定的行为,因而发生安全事故,具有下列情形之一的,对直接责任人员,处3年以上7年以下有期徒刑:

(一)造成死亡3人以上或者重伤10人以上,负事故主要责任的;(二)具有本解释第6条第1款第1项规定情形,同时造成直接经济损失500万元以上并负事故主要责任的,或者同时造成恶劣社会影响的。

第8条 在安全事故发生后,负有报告职责的人员不报或者谎报事故情况,贻误事故抢救,具有下列情形之一的,应当认定为刑法第139条之一规定的"情节严重":

(一)导致事故后果扩大,增加死亡1人以上,或者增加重伤3人以上,或者增加直接经济损失100万元以上的;(二)实施下列行为之一,致使不能及时有效开展事故抢救的:1. 决定不报、迟报、谎报事故情况或者指使、串通有关人员不报、迟报、谎报事故情况的;2. 在事故抢救期间擅离职守或者逃匿的;3. 伪造、破坏事故现场,或者转移、藏匿、毁灭遇难人员尸体,或者转移、藏匿受伤人员的;4. 毁灭、伪造、隐匿与事故有关的图纸、记录、计算机数据等资料以及其他证据的;(三)其他情节严重的情形。

具有下列情形之一的,应当认定为刑法第139条之一规定的"情节特别严重":

(一)导致事故后果扩大,增加死亡3人以上,或者增加重伤10人以上,或者增加直接经济损失500万元以上的;(二)采用暴力、胁迫、命令等方式阻止他人报告事故情况,导致事故后果扩大的;(三)其他情节特别严重的情形。

第9条 在安全事故发生后,与负有报告职责的人员串通,不报或者谎报事故情况,贻误事故抢救,情节严重的,依照刑法第139条之一的规定,以共犯论处。

第10条 在安全事故发生后,直接负责的主管人员和其他直接责任人员故意阻挠开展抢救,导致人员死亡或者重伤,或者为了逃避法律追究,对被害人进行隐藏、遗弃,致使被害人因无法得到救助而死亡或者重度残疾的,分别依照刑法第232条、第234条的规定,以故意杀人罪或者故意伤害罪定罪处罚。

第11条 生产不符合保障人身、财产安全的国家标准、行业标准的安全设备,或者明知安全设备不符合保障人身、财产安全的国家标准、行业标准而进行销售,致使发生安全事故,造成严重后果的,依照刑法第146条的规定,以生产、销售不符合安全标准的产品罪定罪处罚。

第12条 实施刑法第132条、第134条至第139条之一规定的犯罪行为,具有下列情形之一的,从重处罚:

(一)未依法取得安全许可证件或者安全许可证件过期、被暂扣、吊销、注销后从事生产经营活动的;(二)关闭、破坏必要的安全监控和报警设备的;(三)已经发现事故隐患,经有关部门或者个人提出后,仍不采取措施的;(四)1年内曾因危害生产安全违法犯罪活动受过行政处罚或者刑事处罚的;(五)采取弄虚作假、行贿等手段,故意逃避、阻挠负有安全监督管理职责的部门实施监督检查的;(六)安全事故发生后转移财产意图逃避承担责任的;(七)其他从重处罚的情形。

实施前款第5项规定的行为,同时构成刑法第389条规定的犯罪的,依照数罪并罚的规定处罚。

第13条 实施刑法第132条、第134条至第139条之一规定的犯罪行为,在安全事故发生后积极组织、参与事故抢救,或者积极配合调查、主动赔偿损失的,可以酌情从轻处罚。

第14条 国家工作人员违反规定投资入股生产经营,构成本解释规定的有关犯罪的,或者国家工作人员的贪污、受贿犯罪行为与安全事故发生存在关联性的,从重处罚;同时构成贪污、受贿犯罪和危害生产安全犯罪的,依照数罪并罚的规定处罚。

第15条 国家机关工作人员在履行安全监督管理职责时滥用职权、玩忽职守,致使公共财产、国家和人民利益遭受重大损失的,或者徇私舞弊,对发现的刑事案件依法应当移交司法机关追究刑事责任而不移交,情节严重的,分别依照刑法第397条、第402条的规定,以滥用职权罪、玩忽职守罪或者徇私舞弊不移交刑事案件罪定罪处罚。

公司、企业、事业单位的工作人员在依法或者受委托行使安全监督管理职责时滥用职权或者玩忽职守,构成犯罪的,应当依照《全国人民代表大会常务委员会关于〈中华人民共和国刑法〉第9章渎职罪主体适用问题的解释》的规定,适用渎职罪的规定追究刑事责任。

第16条 对于实施危害生产安全犯罪适用缓刑的犯罪分子,可以根据犯罪情况,禁止其在缓刑考验期限内从事与安全生产相关联的特定活动;对于被判处刑罚的犯罪分子,可以根据犯罪情况和预防再犯罪的需要,禁止其自刑罚执行完毕之日或者假释之日起3年至5年内从事与安全生产相关的职业。

第17条 本解释自2015年12月16日起施行。本解释施行后,《最高人民法院、最高人民检察院关于办理危害矿山生产安全刑事案件具体应用法律若干问题的解释》(法释〔2007〕5号)同时废止。最高人民法院、最高人民检察院此前发布的司法解释和规范性文件与本解释不一致的,以本解释为准。

第133条 【交通肇事罪】 违反交通运输管理法规,因而发生重大事故,致人重伤、死亡或者使公私财产遭受重大损失的,处3年以下有期徒刑或者拘役;

交通运输肇事后逃逸或者有其他特别恶劣情节的,处3年以上7年以下有期徒刑;因逃逸致人死亡的,处7年以上有期徒刑。

• 释义

交通肇事罪是指违反交通运输管理法规,因而发生重大事故,致人重伤、死亡或者使公私财产遭受重大损失的行为。交通运输肇事后逃逸是指行为人在发生交通事故后,为逃避法律追究而逃跑的行为。因逃逸致人死亡是指行为人在交通肇事后为逃避法律追究而逃跑,致使被害人因得不到救助而死亡的情形。

交通肇事致1人以上重伤,负事故全部或主要责任,并具有下列情形之一的:

(一)酒后、吸食毒品后驾驶机动车的;

(二)无驾驶资格驾驶机动车的;

(三)明知是安全装置不全或安全机件失灵的机动车而驾驶的;

(四)明知是无牌证或已报废的机动车而驾驶的;

(五)严重超载驾驶的;

(六)为逃避法律追究逃离事故现场的,以交通肇事罪定罪处罚。

交通肇事后,单位主管人员、机动车所有人、承包人或乘车人指使肇事人逃逸,致使被害人因得不到救助而死亡的,以交通肇事罪的共犯论处。

在实行公共交通管理的范围内发生重大交通事故,或者单位主管人员、机动车所有人、承包人指使、强令他人违章驾驶造成重大交通事故的,以交通肇事罪论处。

在公共交通管理的范围外,驾驶机动车辆或者使用其他交通工具致人伤亡或者致使公共财产或者他人财产遭受重大损失，构成犯罪的，分别依照刑法第134条、第135条、第233条等规定定罪处罚。

• 管辖

公安机关交通管理部门。

• 关联法律

1. 最高人民法院、最高人民检察院《关于严格依法处理道路交通肇事案件的通知》(法[研]发〔1987〕21号)

(法释〔2013〕1号已声明该文件废止)

2. 最高人民检察院《关于在厂(矿)区内机动车造成伤亡事故的犯罪案件如何定性处理问题的批复》(高检发研字〔1992〕3号)

被最高人民检察院《关于废止1980年1月1日至1997年6月30日期间制发的部分司法解释和司法解释性质文件的决定》(高检发释字〔2013〕1号)废止。

3. 最高人民法院、公安部《关于处理道路交通事故案件有关问题的通知》(法发〔1992〕39号)

(法释〔2013〕2号已声明该文件废止)

4. 最高人民法院研究室《关于遇害者下落不明的水上交通肇事案件应如何适用法律问题的电话答复》(1992年10月30日)

四川省高级人民法院：你院川高法研〔1992〕15号《关于遇害者下落不明的水上交通肇事案件应如何适用法律的请示》收悉。

经研究，同意你院的倾向性意见，即在水上交通肇事案件中，如有遇害者下落不明的，不能推定其已经死亡，而应根据被告人的行为造成被害人下落不明的案件事实，依照刑法定罪处刑，民事诉讼应另行提起，并经过宣告失踪人死亡程序后，根据法律和事实处理赔偿等民事纠纷。

5. 最高人民法院《关于审理盗窃案件具体应用法律若干问题的解释》(法释〔1998〕4号)

(法释〔2013〕8号已声明该文件废止)

6. 最高人民法院《关于被盗机动车辆肇事后由谁承担损害赔偿责任问题的批复》(法释〔1999〕13号)

被最高人民法院《关于废止部分司法解释及相关规范性文件的决定》(法释〔2020〕16号)废止。

7. 最高人民法院《关于审理交通肇事刑事案件具体应用法律若干问题的解释》(法释〔2000〕33号)

为依法惩处交通肇事犯罪活动，根据刑法有关规定，现将审理交通肇事刑事案件具体应用法律的若干问题解释如下：

第1条 从事交通运输人员或者非交通运输人员，违反交通运输管理法规发生重大交通事故，在分清事故责任的基础上，对于构成犯罪的，依照刑法第133条的规定定罪处罚。

第2条 交通肇事具有下列情形之一的，处3年以下有期徒刑或者拘役：

(一)死亡1人或者重伤3人以上，负事故全部或者主要责任的；(二)死亡3人以上，负事故同等责任的；(三)造成公共财产或者他人财产直接损失，负事故全部或者主要责任，无能力赔偿数额在30万元以上的。

交通肇事致1人以上重伤，负事故全部或者主要责任，并具有下列情形之一的，以交通肇事罪定罪处罚：

（一）酒后、吸食毒品后驾驶机动车辆的；（二）无驾驶资格驾驶机动车辆的；（三）明知是安全装置不全或者安全机件失灵的机动车辆而驾驶的；（四）明知是无牌证或者已报废的机动车辆而驾驶的；（五）严重超载驾驶的；（六）为逃避法律追究逃离事故现场的。

第3条 “交通运输肇事后逃逸”，是指行为人具有本解释第2条第1款规定和第2款第（1）至（5）项规定的情形之一，在发生交通事故后，为逃避法律追究而逃跑的行为。

第4条 交通肇事具有下列情形之一的，属于“有其他特别恶劣情节”，处3年以上7年以下有期徒刑：

（一）死亡2人以上或重伤5人以上，负事故全部或者主要责任的；（二）死亡6人以上，负事故同等责任的；（三）造成公共财产或者他人财产直接损失，负事故全部或者主要责任，无能力赔偿数额在60万元以上的。

第5条 “因逃逸致人死亡”，是指行为人在交通肇事后为逃避法律追究而逃跑，致使被害人因得不到救助而死亡的情形。

交通肇事后，单位主管人员、机动车辆所有人、承包人或者乘车人指使肇事人逃逸，致使被害人因得不到救助而死亡的，以交通肇事罪的共犯论处。

第6条 行为人在交通肇事后为逃避法律追究，将被害人带离事故现场后隐藏或者遗弃，致使被害人无法得到救助而死亡或者严重残疾的，应当分别依照刑法第232条、第234条第2款的规定，以故意杀人罪或者故意伤害罪定罪处罚。

第7条 单位主管人员、机动车辆所有人或者机动车辆承包人指使、强令他人违章驾驶造成重大交通事故，具有本解释第2条规定情形之一的，以交通肇事罪定罪处罚。

第8条 在实行公共交通管理的范围内发生重大交通事故的，依照刑法第133条和本解释的有关规定办理。

在公共交通管理的范围外，驾驶机动车辆或者使用其他交通工具致人伤亡或者致使公共财产或者他人财产遭受重大损失，构成犯罪的，分别依照刑法第134条、第135条、第233条等规定定罪处罚。

第9条 各省、自治区、直辖市高级人民法院可以根据本地实际情况，在30万元至60万元、60万元至100万元的幅度内，确定本地区执行本解释第2条第1款第（3）项、第4条第（3）项的起点数额标准，并报最高人民法院备案。

8. 国家质量监督检验检疫总局、国家标准化管理委员会《道路交通事故受伤人员伤残评定》（［GB 18667—2002］，2017年1月14日国家标准化管理委员正式发布了《关于印发强制性标准整合精简结论的通知》，其中公安部GB 18667—2002《道路交通事故受伤人员伤残评定》已正式废止）

《道路交通事故受伤人员伤残评定［GB 18667—2002］，该文2002年3月11日由中华人民共和国国家质量监督检验检疫总局发布，2002年12月1日正式实施，主管部门和责任单位均为公安部，发布单位为中华人民共和国国家质量监督检验检疫总局和中国国家标准化管理委员会。2017年1月14日，国家标准化管理委员正式发布了《关于印发强制性标准整合精简结论的通知》，其中公安部GB 18667—2002《道路交通事故受伤人员伤残评定》正式获准废止。根据通知要求，结论为废止的强制性标准：由原标准发布主体（公安部）或负责整合精简工作的责任部门尽快发布废止公告，宣布标准作废。废止公告同时抄送部联席会议办公室。2016年最高人民法院、最高人民检察院、公安部、国家安全部、司法部联合发布《人体损伤致残程度分级》（简称《新残标》），《新残标》与《道标》大部分内容一致，但有细微差异。两项标准同时存在，易导致人身损耗鉴定工作混乱，引发社会矛盾，因此，公安部建议废止该标准。

9.最高人民法院《关于醉酒驾车犯罪法律适用问题指导意见及相关典型案例的通知》(法发〔2009〕47号)

为依法严肃处理醉酒驾车犯罪案件，统一法律适用标准，充分发挥刑罚惩治和预防犯罪的功能，有效遏制酒后和醉酒驾车犯罪的多发、高发态势，切实维护广大人民群众的生命健康安全，有必要对醉酒驾车犯罪法律适用问题作出统一规范。

一、准确适用法律，依法严惩醉酒驾车犯罪

刑法规定，醉酒的人犯罪，应当负刑事责任。行为人明知酒后驾车违法、醉酒驾车会危害公共安全，却无视法律醉酒驾车，特别是在肇事后继续驾车冲撞，造成重大伤亡，说明行为人主观上对持续发生的危害结果持放任态度，具有危害公共安全的故意。对此类醉酒驾车造成重大伤亡的，应依法以以危险方法危害公共安全罪定罪。

2009年9月8日公布的两起醉酒驾车犯罪案件中，被告人黎某全和被告人孙某铭都是在严重醉酒状态下驾车肇事，连续冲撞，造成重大伤亡。其中，黎某全驾车肇事后，不顾伤者及劝阻他的众多村民的安危，继续驾车行驶，致2人死亡，1人轻伤；孙某铭长期无证驾驶，多次违反交通法规，在醉酒驾车与其他车辆追尾后，为逃逸继续驾车超限速行驶，先后与4辆正常行驶的轿车相撞，造成4人死亡、1人重伤。被告人黎某全和被告人孙某铭在醉酒驾车发生交通事故后，继续驾车冲撞行驶，其主观上对他人伤亡的危害结果明显持放任态度，具有危害公共安全的故意。二被告人的行为均已构成以危险方法危害公共安全罪。

二、贯彻宽严相济刑事政策，适当裁量刑罚

根据刑法第115条第1款的规定，醉酒驾车，放任危害结果发生，造成重大伤亡事故，构成以危险方法危害公共安全罪的，应处以10年以上有期徒刑、无期徒刑或者死刑。具体决定对被告人的刑罚时，要综合考虑此类犯罪的性质、被告人的犯罪情节、危害后果及其主观恶性、人身危险性。一般情况下，醉酒驾车构成本罪的，行为人在主观上并不希望、也不追求危害结果的发生，属于间接故意犯罪，行为的主观恶性与以制造事端为目的而恶意驾车撞人并造成重大伤亡后果的直接故意犯罪有所不同，因此，在决定刑罚时，也应当有所区别。此外，醉酒状态下驾车，行为人的辨认和控制能力实际有所减弱，量刑时也应酌情考虑。

被告人黎某全和被告人孙某铭醉酒驾车犯罪案件，依法没有适用死刑，而是分别判处无期徒刑，主要考虑到二被告人均系间接故意犯罪，与直接故意犯罪相比，主观恶性不是很深，人身危险性不是很大；犯罪时驾驶车辆的控制能力有所减弱；归案后认罪、悔罪态度较好，积极赔偿被害方的经济损失，一定程度上获得了被害方的谅解。广东省高级人民法院和四川省高级人民法院的终审裁判对二被告人的量刑是适当的。

三、统一法律适用，充分发挥司法审判职能作用

为依法严肃处理醉酒驾车犯罪案件，遏制酒后和醉酒驾车对公共安全造成的严重危害，警示、教育潜在违规驾驶人员，今后，对醉酒驾车，放任危害结果的发生，造成重大伤亡的，一律按照本意见规定，并参照附发的典型案例，依法以以危险方法危害公共安全罪定罪量刑。

为维护生效裁判的既判力，稳定社会关系，对于此前已经处理过的将特定情形的醉酒驾车认定为交通肇事罪的案件，应维持终审裁判，不再变动。

本意见执行中有何情况和问题，请及时层报最高人民法院。

10.最高人民法院《人民法院量刑指导意见(试行)》(法发〔2010〕36号)

[该文件已被最高人民法院法释〔2015〕2号关于废止部分司法解释和司法解释性质文件(第11批)的决定废止并由《最高人民法院关于实施量刑规范化工作的通知》代替]

11.最高人民法院《关于处理自首和立功若干具体问题的意见》(法发〔2010〕60号)第1部分

一、关于"自动投案"的具体认定

交通肇事后保护现场、抢救伤者,并向公安机关报告的,应认定为自动投案,构成自首的,因上述行为同时系犯罪嫌疑人的法定义务,对其是否从宽、从宽幅度要适当从严掌握。交通肇事逃逸后自动投案,如实供述自己罪行的,应认定为自首,但应依法以较重法定刑为基准,视情决定对其是否从宽处罚以及从宽处罚的幅度。

犯罪嫌疑人被亲友采用捆绑等手段送到司法机关,或者在亲友带领侦查人员前来抓捕时无拒捕行为,并如实供认犯罪事实的,虽然不能认定为自动投案,但可以参照法律对自首的有关规定酌情从轻处罚。(全文详见本书《刑法》第67条相关内容)

12.《中华人民共和国道路交通安全法》(2003年10月28日第十届全国人大常委会第五次会议通过;2007年12月29日,第十届全国人大常委会第三十一次会议通过《关于修改〈中华人民共和国道路交通安全法〉的决定》;2011年4月22日,第十一届全国人大常委会第二十次会议通过《全国人大常委会关于修改〈中华人民共和国道路交通安全法〉的决定》,自2011年5月1日起施行。)

第91条 饮酒后驾驶机动车的,处暂扣6个月机动车驾驶证,并处1000元以上2000元以下罚款。因饮酒后驾驶机动车被处罚,再次饮酒后驾驶机动车的,处10日以下拘留,并处1000元以上2000元以下罚款,吊销机动车驾驶证。

醉酒驾驶机动车的,由公安机关交通管理部门约束至酒醒,吊销机动车驾驶证,依法追究刑事责任;5年内不得重新取得机动车驾驶证。

饮酒后驾驶营运机动车的,处15日拘留,并处5000元罚款,吊销机动车驾驶证,5年内不得重新取得机动车驾驶证。

醉酒驾驶营运机动车的,由公安机关交通管理部门约束至酒醒,吊销机动车驾驶证,依法追究刑事责任;10年内不得重新取得机动车驾驶证,重新取得机动车驾驶证后,不得驾驶营运机动车。

饮酒后或者醉酒驾驶机动车发生重大交通事故,终生不得重新取得机动车驾驶证。

第92条 公路客运车辆载客超过额定乘员的,处200元以上500元以下的罚款;超过额定乘员百分之二十或者违反规定载货的,处500元以上2000元以下的罚款。

货运机动车超过核定载质量的,处200元以上500元以下罚款;超过核定载质量百分之三十或者违反规定载客的,处500元以上2000元以下罚款。

有前两款行为的,由公安机关交通管理部门扣留机动车至违法状态消除。

运输单位的车辆有本条第1款、第2款规定的情形,经处罚不改的,对直接负责的主管人员处2000元以上5000元以下罚款。(全文略)

13.最高人民法院《关于审理道路交通事故损害赔偿案件适用法律若干问题的解释》(法释〔2012〕19号;法释〔2020〕17号修正)

14.最高人民法院研究室《关于纵容他人醉酒驾驶造成重大事故定性问题的研究意见》(《司法研究与指导》2012年总第2辑)

最高人民法院研究室经研究认为:对"纵容他人在道路上醉酒驾驶机动车造成重大交通事故"的,不宜以交通肇事罪追究刑事责任。

主要考虑:将机动车交由醉酒者驾驶与指使、强令他人违章驾驶相比,行为人的主观故意明显不同,以交通肇事罪追究将机动车交由醉酒者驾驶的人的刑事责任,不符合共同犯罪原理,当事人之间对危害后果不存在共同罪过。

15. 最高人民法院研究室《关于对运输货车自行滑坡造成他人死亡如何定性处理问题的研究意见》(《司法研究与指导》2012年总第2辑)

最高人民法院研究室经研究认为:行为人严重超载与事故发生之间如有因果关系,行为人的行为已符合交通肇事罪的构成,但考虑到本案发生具有一定的偶发性,如通过民事赔偿能够化解矛盾,被害方不坚持追诉,也可不追究行为人的刑事责任。如行为人严重超载与事故发生之间不能认定存在因果关系,则应认定为意外事件。

16. 最高人民法院《关于常见犯罪的量刑指导意见》》(法发〔2013〕14号)

(法发〔2017〕7号已声明废止)

17. 最高人民法院研究室《关于交通肇事刑事案件附带民事赔偿范围问题的答复》(法研〔2014〕30号)

湖北省高级人民法院:你院鄂高法〔2013〕280号《关于交通肇事刑事案件附带民事赔偿范围的请示》收悉,经研究,答复如下:根据刑事诉讼法第99条、第101条和《最高人民法院关于适用〈中华人民共和国刑事诉讼法〉的解释》第155条的规定,交通肇事刑事案件的附带民事诉讼当事人未能就民事赔偿问题达成调解、和解协议的,无论附带民事诉讼被告人是否投保机动车第3者强制责任保险,均可将死亡赔偿金、残疾赔偿金纳入判决赔偿的范围。

18. 司法部《道路交通事故涉案者交通行为方式鉴定》(2016年9月22日)

为切实加强司法鉴定标准化工作,保证鉴定质量,适应司法鉴定工作需求和科学技术发展,司法部组织有关专家对2010~2011年颁布的《道路交通事故涉案者交通行为方式鉴定》等8项司法鉴定技术规范进行了修订,现予印发,推荐适用。自印发之日起,该8项技术规范旧版废止,不再适用。(全文略)

19. 最高人民法院、最高人民检察院、公安部、国家安全部、司法部《人体损伤致残程度分级》(2016年4月18日公布;2017年1月1日施行)

为进一步规范人体损伤致残程度鉴定,2017年1月1日起施行公布《人体损伤致残程度分级》,自2017年1月1日起施行。司法鉴定机构和司法鉴定人进行人体损伤致残程度鉴定统一适用《人体损伤致残程度分级》(全文略)。

20. 最高人民法院《关于常见犯罪的量刑指导意见》(法发〔2017〕7号)

被最高人民法院、最高人民检察院《关于常见犯罪的量刑指导意见(试行)》(法发〔2021〕21号)废止。

21. 公安部《对再次饮酒后驾驶机动车适用法律问题的批复》(公复字〔2017〕1号)

福建省公安厅:你厅《关于"再次饮酒后驾驶机动车"相关法律适用问题的请示》(闽公综〔2016〕527号)收悉。现批复如下:

一、关于因饮酒后驾驶机动车被处罚两次又饮酒后驾驶机动车的行为认定及适用法律问题。因饮酒后驾驶机动车被处罚,以后又实施饮酒后驾驶机动车行为的,无论发生几次,均认定为再次饮酒后驾驶机动车,按照《道路交通安全法》第91条第1款规定予以处罚。

二、关于饮酒后驾驶机动车被处罚,又实施饮酒后驾驶营运机动车的适用法律问题。因饮酒后驾驶机动车被处罚,又实施饮酒后驾驶营运机动车,适用《道路交通安全法》第91条第3款关于饮酒后驾驶营运机动车的规定处罚。

22. 司法部司法鉴定管理局《关于车辆驾驶人员血液中酒精含量测定适用标准有关意见的函》(司鉴函〔2018〕5号)

根据国家标准《车辆驾驶人员血液、呼气酒精含量阈值与检验(GB 19522—2010)》(国家质检总局、国家标准委2011年1月14日发布,2011年7月1日起实施)和《关于批准发布

GB 19522—2010〈车辆驾驶人员血液、呼气酒精含量阈值与检验〉国家标准第1号修改单的公告》(国家标准委2017年2月28日印发)的规定,车辆驾驶人员血液中酒精含量检验方法按照GA/T1073或者GA/T842的规定,强制执行。

《生物样品血液、尿液中乙醇、甲醇、正丙醇、乙醛、丙酮、异丙醇和正丁醇的顶空—气相色谱检验方法》(GA/T1073—2013)和《血液中乙醇的测定顶空气相色谱法》(SF/ZJD0107001—2016)均为司法部司法鉴定科学研究院(原司法部司法鉴定科学技术研究所)起草制定,在对人体血液中酒精含量进行测定时,两种方法具有同一性。

司法鉴定机构接受委托对车辆驾驶人员血液中酒精含量进行检测,是司法鉴定机构服务诉讼和行政执法活动的一项重要职责任务。为正确适用标准,保障诉讼和行政执法活动顺利进行,司法鉴定机构对车辆驾驶人员血液中酒精含量进行检测时,应当按照国家标准GB 19522—2010的要求,采用GA/T1073或者GA/T842的规定。

请各地及时将本意见传达至各相关司法鉴定机构,认真贯彻执行。

23. 最高人民法院、最高人民检察院、公安部《关于依法办理"碰瓷"违法犯罪案件的指导意见》(公通字〔2020〕12号)

近年来,"碰瓷"现象时有发生。所谓"碰瓷",是指行为人通过故意制造或者编造其被害假象,采取诈骗、敲诈勒索等方式非法索取财物的行为。实践中,一些不法分子有的通过"设局"制造或者捏造他人对其人身、财产造成损害来实施;有的通过自伤、造成同伙受伤或者利用自身原有损伤,诬告系被害人所致来实施;有的故意制造交通事故,利用被害人违反道路通行规定或者酒后驾驶、无证驾驶、机动车手续不全等违法违规行为,通过被害人害怕被查处的心理来实施;有的在"碰瓷"行为被识破后,直接对被害人实施抢劫、抢夺、故意伤害等违法犯罪活动等。此类违法犯罪行为性质恶劣,危害后果严重,败坏社会风气,且易滋生黑恶势力,人民群众反响强烈。为依法惩治"碰瓷"违法犯罪活动,保障人民群众合法权益,维护社会秩序,根据刑法、刑事诉讼法、治安管理处罚法等法律的规定,制定本意见。

一、实施"碰瓷",虚构事实、隐瞒真相,骗取赔偿,符合刑法第266条规定的,以诈骗罪定罪处罚;骗取保险金,符合刑法第198条规定的,以保险诈骗罪定罪处罚。

实施"碰瓷",捏造人身、财产权益受到侵害的事实,虚构民事纠纷,提起民事诉讼,符合刑法第307条之一规定的,以虚假诉讼罪定罪处罚;同时构成其他犯罪的,依照处罚较重的规定定罪从重处罚。

二、实施"碰瓷",具有下列行为之一,敲诈勒索他人财物,符合刑法第274条规定的,以敲诈勒索罪定罪处罚:

1. 实施撕扯、推搡等轻微暴力或者围困、阻拦、跟踪、贴靠、滋扰、纠缠、哄闹、聚众造势、扣留财物等软暴力行为的;

2. 故意制造交通事故,进而利用被害人违反道路通行规定或者其他违法违规行为相要挟的;

3. 以揭露现场掌握的当事人隐私相要挟的;

4. 扬言对被害人及其近亲属人身、财产实施侵害的。

三、实施"碰瓷",当场使用暴力、胁迫或者其他方法,当场劫取他人财物,符合刑法第263条规定的,以抢劫罪定罪处罚。

四、实施"碰瓷",采取转移注意力、趁人不备等方式,窃取、夺取他人财物,符合刑法第264条、第267条规定的,分别以盗窃罪、抢夺罪定罪处罚。

五、实施"碰瓷",故意造成他人财物毁坏,符合刑法第275条规定的,以故意毁坏财物罪定罪处罚。

六、实施“碰瓷”，驾驶机动车对其他机动车进行追逐、冲撞、挤别、拦截或者突然加减速、急刹车等可能影响交通安全的行为，因而发生重大事故，致人重伤、死亡或者使公私财物遭受重大损失，符合刑法第133条规定的，以交通肇事罪定罪处罚。

七、为实施“碰瓷”而故意杀害、伤害他人或者过失致人重伤、死亡，符合刑法第232条、第234条、第233条、第235条规定的，分别以故意杀人罪、故意伤害罪、过失致人死亡罪、过失致人重伤罪定罪处罚。

八、实施“碰瓷”，为索取财物，采取非法拘禁等方法非法剥夺他人人身自由或者非法搜查他人身体，符合刑法第238条、第245条规定的，分别以非法拘禁罪、非法搜查罪定罪处罚。

九、共同故意实施“碰瓷”犯罪，起主要作用的，应当认定为主犯，对其参与或者组织、指挥的全部犯罪承担刑事责任；起次要或者辅助作用的，应当认定为从犯，依法予以从轻、减轻处罚或者免除处罚。

3人以上为共同故意实施“碰瓷”犯罪而组成的较为固定的犯罪组织，应当认定为犯罪集团。对首要分子应当按照集团所犯全部罪行处罚。

符合黑恶势力认定标准的，应当按照黑社会性质组织、恶势力或者恶势力犯罪集团侦查、起诉、审判。

十、对实施“碰瓷”，尚不构成犯罪，但构成违反治安管理行为的，依法给予治安管理处罚。

各级人民法院、人民检察院和公安机关要严格依法办案，加强协作配合，对“碰瓷”违法犯罪行为予以快速处理、准确定性、依法严惩。一要依法及时开展调查处置、批捕、起诉、审判工作。公安机关接到报案、控告、举报后应当立即赶到现场，及时制止违法犯罪，妥善保护案发现场，控制行为人。对于符合立案条件的及时开展立案侦查，全面收集证据，调取案发现场监控视频，收集在场证人证言，核查涉案人员、车辆信息等，并及时串并案进行侦查。人民检察院对于公安机关提请批准逮捕、移送审查起诉的“碰瓷”案件，符合逮捕、起诉条件的，应当依法尽快予以批捕、起诉。对于“碰瓷”案件，人民法院应当依法及时审判，构成犯罪的，严格依法追究犯罪分子刑事责任。二要加强协作配合。公安机关、人民检察院要加强沟通协调，解决案件定性、管辖、证据标准等问题，确保案件顺利办理。对于疑难复杂案件，公安机关可以听取人民检察院意见。对于确需补充侦查的，人民检察院要制作明确、详细的补充侦查提纲，公安机关应当及时补充证据。人民法院要加强审判力量，严格依法公正审判。三要严格贯彻宽严相济的刑事政策，落实认罪认罚从宽制度。要综合考虑主观恶性大小、行为的手段、方式、危害后果以及在案件中所起作用等因素，切实做到区别对待。对于“碰瓷”犯罪集团的首要分子、积极参加的犯罪分子以及屡教不改的犯罪分子，应当作为打击重点依法予以严惩。对犯罪性质和危害后果特别严重、社会影响特别恶劣的犯罪分子，虽具有酌定从宽情节但不足以从宽处罚的，依法不予从宽处罚。具有自首、立功、坦白、认罪认罚等情节的，依法从宽处理。同时，应当准确把握法律尺度，注意区分“碰瓷”违法犯罪同普通民事纠纷、行政违法的界限，既防止出现“降格处理”，也要防止打击面过大等问题。四要强化宣传教育。人民法院、人民检察院、公安机关在依法惩处此类犯罪的过程中，要加大法制宣传教育力度，在依法办案的同时，视情通过新闻媒体、微信公众号、微博等形式，向社会公众揭露“碰瓷”违法犯罪的手段和方式，引导人民群众加强自我保护意识，遇到此类情形，应当及时报警，依法维护自身合法权益。要适时公开曝光一批典型案例，通过对案件解读，有效震慑违法犯罪分子，在全社会营造良好法治环境。

24. 最高人民检察院《第25批指导性案例夏某某等人重大责任事故案》（检例第97号；2021年1月20日）

（全文详见本书《刑法》第134条相关内容）

25. 最高人民法院、最高人民检察院《关于常见犯罪的量刑指导意见(试行)》(法发〔2021〕21号)

四、常见犯罪的量刑

(一)交通肇事罪

1. 构成交通肇事罪的,根据下列不同情形在相应的幅度内确定量刑起点:

(1)致人重伤、死亡或者使公私财产遭受重大损失的,在2年以下有期徒刑、拘役幅度内确定量刑起点。(2)交通运输肇事后逃逸或者有其他特别恶劣情节的,在3年至5年有期徒刑幅度内确定量刑起点。(3)因逃逸致1人死亡的,在7年至10年有期徒刑幅度内确定量刑起点。

2. 在量刑起点的基础上,根据事故责任、致人重伤、死亡的人数或者财产损失的数额以及逃逸等其他影响犯罪构成的犯罪事实增加刑罚量,确定基准刑。

3. 构成交通肇事罪的,综合考虑事故责任、危害后果、赔偿谅解等犯罪事实、量刑情节,以及被告人的主观恶性、人身危险性、认罪悔罪等因素,决定缓刑的适用。(全文详见本书《刑法》第61条相关内容)

第133条之一 【危险驾驶罪】 在道路上驾驶机动车,有下列情形之一的,处拘役,并处罚金:

(一)追逐竞驶,情节恶劣的;

(二)醉酒驾驶机动车的;

(三)从事校车业务或者旅客运输,严重超过额定乘员载客,或者严重超过规定时速行驶的;

(四)违反危险化学品安全管理规定运输危险化学品,危及公共安全的。

机动车所有人、管理人对前款第3项、第4项行为负有直接责任的,依照前款的规定处罚。

有前两款行为,同时构成其他犯罪的,依照处罚较重的规定定罪处罚。

(本条《中华人民共和国刑法修正案(8)》增加;《中华人民共和国刑法修正案(9)》修改)

• 释义

危险驾驶罪是指在道路上驾驶机动车追逐竞驶,情节恶劣,或者在道路上醉酒驾驶机动车的行为。

"追逐竞驶"是指高速、超速行驶,随意追逐、超越其他车辆,频繁、突然并线,近距离强行驶入其他车辆之间;既包括与他人相互追逐,也包括以自己既往成绩为目标的追求自我突破的驾驶行为。根据《车辆驾驶人员血液、呼吸酒精含量阈值与检验》的规定,血液中的酒精含量大于或者等于80mg/100ml的,属于醉酒驾驶。

• 管辖

公安机关交通管理部门。

• 关联法律

1.《中华人民共和国刑法修正案(8)》(2011年2月25日第十一届全国人大常委会第十九次会议通过)

二十二、在刑法第133条后增加1条,作为第133条之一:在道路上驾驶机动车追逐竞驶,情节恶劣的，或者在道路上醉酒驾驶机动车的，处拘役，并处罚金。

有前款行为，同时构成其他犯罪的，依照处罚较重的规定定罪处罚。

2. 公安部《关于公安机关办理醉酒驾驶机动车犯罪案件的指导意见》（公交管〔2011〕190号）

2011年5月1日《刑法修正案(8)》实施以来，各地公安机关依法查处了一批醉酒驾驶机动车犯罪案件，取得了良好法律效果和社会效果。为保证《刑法修正案(8)》的正确实施，进一步规范公安机关办理醉酒驾驶机动车犯罪的执法活动，依照刑法及有关修正案、刑事诉讼法及公安机关办理刑事案件程序规定等规定，现就公安机关办理醉酒驾驶机动车犯罪案件提出以下指导意见：

一、进一步规范现场调查

1. 严格血样提取条件。交通民警要严格按照《交通警察道路执勤执法工作规范》的要求检查酒后驾驶机动车行为，检查中发现机动车驾驶人有酒后驾驶机动车嫌疑的，立即进行呼气酒精测试，对涉嫌醉酒驾驶机动车、当事人对呼气酒精测试结果有异议，或者拒绝配合呼气酒精测试等方法测试以及涉嫌饮酒后、醉酒驾驶机动车发生交通事故的，应当立即提取血样检验血液酒精含量。

2. 及时固定犯罪证据。对查获醉酒驾驶机动车嫌疑人的经过、呼气酒精测试和提取血样过程应当及时制作现场调查记录；有条件的，还应当通过拍照或者录音、录像等方式记录；现场有见证人的，应当及时收集证人证言。发现当事人涉嫌饮酒后或者醉酒驾驶机动车的，依法扣留机动车驾驶证，对当事人驾驶的机动车，需要作为证据的，可以依法扣押。

3. 完善醒酒约束措施。当事人在醉酒状态下，应当先采取保护性约束措施，并进行人身安全检查，由2名以上交通民警或者1名交通民警带领2名以上交通协管员将当事人带至醒酒约束场所，约束至酒醒。对行为举止失控的当事人，可以使用约束带或者警绳，但不得使用手铐、脚镣等警械。醒酒约束场所应当配备醒酒设施和安全防护设施。约束过程中，要加强监护，确认当事人酒醒后，要立即解除约束，并进行询问。

4. 改进执勤检查方式。交通民警在道路上检查酒后驾驶机动车时，应当采取有效措施科学组织疏导交通，根据车流量合理控制拦车数量。车流量较大时，应当采取减少检查车辆数量或者暂时停止拦截等方式，确保现场安全有序。要求驾驶人接受呼气酒精测试时，应当使用规范用语，严格按照工作规程操作，每测试1人更换1次新的吹嘴。当事人违反测试要求的，应当当场重新测试。

二、进一步规范办案期限

5. 规范血样提取送检。交通民警对当事人血样提取过程应当全程监控，保证收集证据合法、有效。提取的血样要当场登记封装，并立即送县级以上公安机关检验鉴定机构或者经公安机关认可的其他具备资格的检验鉴定机构进行血液酒精含量检验。因特殊原因不能立即送检的，应当按照规范低温保存，经上级公安机关交通管理部门负责人批准，可以在3日内送检。

6. 提高检验鉴定效率。要加快血液酒精检验鉴定机构建设，加强检验鉴定技术人员的培养。市、县公安机关尚未建立检验鉴定机构的，要尽快建立具有血液酒精检验职能的检验鉴定机构，并建立24小时值班制度。要切实提高血液酒精检验鉴定效率，对送检的血样，检验鉴定机构应当在3日内出具检验报告。当事人对检验结果有异议的，应当告知其在接到检验报告后3日内提出重新检验申请。

7. 严格办案时限。要建立醉酒驾驶机动车案件快侦快办工作制度，加强内部办案协作，严格办案时限要求。为提高办案效率，对现场发现的饮酒后或者醉酒驾驶机动车的嫌疑人，尚未立刑事案件的,可以口头传唤其到指定地点接受调查;有条件的,对当事人可以现场调查询问;对犯罪嫌疑人采取强制措施的,应当及时进行讯问。对案件事实清楚、证据确实充分的,应当在查获犯罪嫌疑人之日起7日内侦查终结案件并移送人民检察院审查起诉;情况特殊的,经县级公安机关负责人批准,可以适当延长办案时限。

三、进一步规范立案侦查

8. 从严掌握立案标准。经检验驾驶人血液酒精含量达到醉酒驾驶机动车标准的,一律以涉嫌危险驾驶罪立案侦查;未达到醉酒驾驶机动车标准的,按照道路交通安全法有关规定给予行政处罚。当事人被查获后,为逃避法律追究,在呼气酒精测试或者提取血样前又饮酒,经检验其血液酒精含量达到醉酒驾驶机动车标准的,应当立案侦查。当事人经呼气酒精测试达到醉酒驾驶机动车标准,在提取血样前脱逃的,应当以呼气酒精含量为依据立案侦查。

9. 全面客观收集证据。对已经立案的醉酒驾驶机动车案件,应当全面、客观地收集、调取犯罪证据材料,并严格审查、核实。要及时检查、核实车辆和人员基本情况及机动车驾驶人违法犯罪信息,详细记录现场查获醉酒驾驶机动车的过程、人员车辆基本特征以及现场采取呼气酒精测试、实施强制措施、提取血样、口头传唤、固定证据等情况。讯问犯罪嫌疑人时,应当对犯罪嫌疑人是否有罪以及情节轻重等情况作重点讯问,并听取无罪辩解。要及时收集能够证明犯罪嫌疑人是否醉酒驾驶机动车的证人证言、视听资料等其他证据材料。

10. 规范强制措施适用。要根据案件实际情况,对涉嫌醉酒驾驶机动车的犯罪嫌疑人依法合理适用拘传、取保候审、监视居住、拘留等强制措施,确保办案工作顺利进行。对犯罪嫌疑人企图自杀或者逃跑、在逃的,或者不讲真实姓名、住址,身份不明的,以及确需对犯罪嫌疑人实施羁押的,可以依法采取拘留措施。拘留期限内未能查清犯罪事实的,应当依法办理取保候审或者监视居住手续。发现不应当追究犯罪嫌疑人刑事责任或者强制措施期限届满的,应当及时解除强制措施。

11. 做好办案衔接。案件侦查终结后,对醉酒驾驶机动车犯罪事实清楚,证据确实、充分的,应当在案件移送人民检察院审查起诉前,依法吊销犯罪嫌疑人的机动车驾驶证。对其他道路交通违法行为应当依法给予行政处罚。案件移送审查起诉后,要及时了解掌握案件起诉和判决情况,收到法院的判决书或者有关的司法建议函后,应当及时归档。对检察机关决定不起诉或者法院判决无罪但醉酒驾驶机动车事实清楚,证据确实、充分的,应当依法给予行政处罚。

12. 加强执法办案管理。要进一步明确办案要求,细化呼气酒精测试、血样提取和保管、立案撤案、强制措施适用、物品扣押等重点环节的办案标准和办案流程。要严格落实案件审核制度,进一步规范案件审核范围、审核内容和审核标准,对与案件质量有关的事项必须经法制员和法制部门审核把关,确保案件质量。要提高办案工作信息化水平,大力推行网上办案,严格办案信息网上录入的标准和时限,逐步实现案件受理、立案、侦查、制作法律文书、法制审核、审批等全过程网上运行,加强网上监控和考核,杜绝"人情案"、"关系案"。

四、进一步规范安全防护措施

13. 配备执法装备。交通民警在道路上检查酒后驾驶机动车时,必须配齐呼气酒精含量检测仪、约束带、警绳、摄像机、照相机、执法记录仪、反光指挥棒、停车示意牌等装备。执勤车辆还应配备灭火器材、急救包等急救装备,根据需要可以配备简易破拆工具、拦车破胎器、测速仪等装备。

14. 完善查处程序。交通民警在道路上检查酒后驾驶机动车时,应当根据道路条件和交通状况,合理选择安全、不妨碍车辆通行的地点进行,检查工作要由2名以上交通民警进行。要保证民警人身安全,明确民警检查动作和查处规程,落实安全防护措施,防止发生民警受伤害案件。

3. 最高人民法院、最高人民检察院、公安部《关于办理醉酒驾驶机动车刑事案件适用法律若干问题的意见》(法发〔2013〕15号)

为保障法律的正确、统一实施,依法惩处醉酒驾驶机动车犯罪,维护公共安全和人民群众生命财产安全,根据刑法、刑事诉讼法的有关规定,结合侦查、起诉、审判实践,制定本意见。

一、在道路上驾驶机动车,血液酒精含量达到80毫克/100毫升以上的,属于醉酒驾驶机动车,依照刑法第133条之一第1款的规定,以危险驾驶罪定罪处罚。

前款规定的"道路""机动车",适用道路交通安全法的有关规定。

二、醉酒驾驶机动车,具有下列情形之一的,依照刑法第133条之一第1款的规定,从重处罚:

(一)造成交通事故且负事故全部或者主要责任,或者造成交通事故后逃逸,尚未构成其他犯罪的;(二)血液酒精含量达到200毫克/100毫升以上的;(三)在高速公路、城市快速路上驾驶的;(四)驾驶载有乘客的营运机动车的;(五)有严重超员、超载或者超速驾驶,无驾驶资格驾驶机动车,使用伪造或者变造的机动车牌证等严重违反道路交通安全法的行为的;(六)逃避公安机关依法检查,或者拒绝、阻碍公安机关依法检查尚未构成其他犯罪的;(七)曾因酒后驾驶机动车受过行政处罚或者刑事追究的;(八)其他可以从重处罚的情形。

三、醉酒驾驶机动车,以暴力、威胁方法阻碍公安机关依法检查,又构成妨害公务罪等其他犯罪的,依照数罪并罚的规定处罚。

四、对醉酒驾驶机动车的被告人判处罚金,应当根据被告人的醉酒程度、是否造成实际损害、认罪悔罪态度等情况,确定与主刑相适应的罚金数额。

五、公安机关在查处醉酒驾驶机动车的犯罪嫌疑人时,对查获经过、呼气酒精含量检验和抽取血样过程应当制作记录;有条件的,应当拍照、录音或者录像;有证人的,应当收集证人证言。

六、血液酒精含量检验鉴定意见是认定犯罪嫌疑人是否醉酒的依据。

犯罪嫌疑人经呼气酒精含量检验达到本意见第1条规定的醉酒标准,在抽取血样之前脱逃的,可以以呼气酒精含量检验结果作为认定其醉酒的依据。犯罪嫌疑人在公安机关依法检查时,为逃避法律追究,在呼气酒精含量检验或者抽取血样前又饮酒,经检验其血液酒精含量达到本意见第1条规定的醉酒标准的,应当认定为醉酒。

七、办理醉酒驾驶机动车刑事案件,应当严格执行刑事诉讼法的有关规定,切实保障犯罪嫌疑人、被告人的诉讼权利,在法定诉讼期限内及时侦查、起诉、审判。

对醉酒驾驶机动车的犯罪嫌疑人、被告人,根据案件情况,可以拘留或者取保候审。对符合取保候审条件,但犯罪嫌疑人、被告人不能提出保证人,也不交纳保证金的,可以监视居住。对违反取保候审、监视居住规定的犯罪嫌疑人、被告人,情节严重的,可以予以逮捕。

4. 最高人民法院《第8批指导性案例张某某、金某危险驾驶案》(指导案例32号;法〔2014〕327号)

【裁判要点】

1. 机动车驾驶人员出于竞技、追求刺激、斗气或者其他动机,在道路上曲折穿行、快速追赶行驶的,属于《中华人民共和国刑法》第133条之一规定的"追逐竞驶"。

2. 追逐竞驶虽未造成人员伤亡或财产损失,但综合考虑超过限速、闯红灯、强行超车、抗拒交通执法等严重违反道路交通安全法的行为,足以威胁他人生命、财产安全的,属于危险驾驶罪中"情节恶劣"的情形。

【裁判理由】

法院生效裁判认为:根据《中华人民共和国刑法》第133条之一第1款规定,"在道路上驾驶机动车追逐竞驶,情节恶劣的"构成危险驾驶罪。刑法规定的"追逐竞驶",一般指行为人出于竞技、追求刺激、斗气或者其他动机,2人或2人以上分别驾驶机动车,违反道路交通安全规定,在道路上快速追赶行驶的行为。本案中,从主观驾驶心态上看,二被告人张某某、金某到案后先后供述"心里面想找点享乐和刺激""在道路上穿插、超车、得到心理满足";在面临红灯时,"刹车不舒服、逢车必超""前方有车就变道曲折行驶再超越"。二被告人上述供述与相关视听资料相互印证,可以反映出其追求刺激、炫耀驾驶技能的竞技心理。从客观行为上看,二被告人驾驶超标大功率的改装摩托车,为追求速度,多次随意变道、闯红灯、大幅超速等严重违章。从行驶路线看,二被告人共同自浦东新区乐园路99号出发,至陆家浜路、河南南路路口接人,约定了竞相行驶的起点和终点。综上,可以认定二被告人的行为属于危险驾驶罪中的"追逐竞驶"。

关于本案被告人的行为是否属于"情节恶劣",应从其追逐竞驶行为的具体表现、危害程度、造成的危害后果等方面,综合分析其对道路交通秩序、不特定多人生命、财产安全威胁的程度是否"恶劣"。本案中,二被告人追逐竞驶行为,虽未造成人员伤亡和财产损失,但从以下情形分析,属于危险驾驶罪中的"情节恶劣":第一,从驾驶的车辆看,二被告人驾驶的系无牌和套牌的大功率改装摩托车;第二,从行驶速度看,总体驾驶速度很快,多处路段超速达50%以上;第三,从驾驶方式看,反复并线、穿插前车、多次闯红灯行驶;第四,从对待执法的态度看,二被告人在民警盘查时驾车逃离;第五,从行驶路段看,途经的杨高路、张杨路、南浦大桥、复兴东路隧道等均系城市主干道,沿途还有多处学校、公交和地铁站点、居民小区、大型超市等路段,交通流量较大,行驶距离较长,在高速驾驶的刺激心态下和躲避民警盘查的紧张心态下,极易引发重大恶性交通事故。上述行为,给公共交通安全造成一定危险,足以威胁他人生命、财产安全,故可以认定二被告人追逐竞驶的行为属于危险驾驶罪中的"情节恶劣"。

被告人张某某到案后如实供述所犯罪行,依法可以从轻处罚。被告人金某投案自首,依法亦可以从轻处罚。鉴于二被告人在庭审中均已认识到行为的违法性及社会危害性,保证不再实施危险驾驶行为,并多次表示认罪悔罪,且其行为尚未造成他人人身、财产损害后果,故依法作出如上判决。

5.《中华人民共和国刑法修正案(9)》(2015年8月29日第十二届全国人大常委会第十六次会议通过)

八、将刑法第133条之一修改为:"在道路上驾驶机动车,有下列情形之一的,处拘役,并处罚金:(一)追逐竞驶,情节恶劣的;(二)醉酒驾驶机动车的;(三)从事校车业务或者旅客运输,严重超过额定乘员载客,或者严重超过规定时速行驶的;(四)违反危险化学品安全管理规定运输危险化学品,危及公共安全的。

"机动车所有人、管理人对前款第3项、第4项行为负有直接责任的,依照前款的规定处罚。

"有前两款行为,同时构成其他犯罪的,依照处罚较重的规定定罪处罚。"

(原条文:在道路上驾驶机动车追逐竞驶,情节恶劣的,或者在道路上醉酒驾驶机动车的,处拘役,并处罚金。

有前款行为,同时构成其他犯罪的,依照处罚较重的规定定罪处罚。)

6.最高人民法院《关于常见犯罪的量刑指导意见(2)(试行)》(法〔2017〕74号)

一、八种常见犯罪的量刑

(一)危险驾驶罪

1.构成危险驾驶罪的,可以在1个月至2个月拘役幅度内确定量刑起点。

2.在量刑起点的基础上,可以根据危险驾驶行为等其他影响犯罪构成的犯罪事实增加刑罚量,确定基准刑。

3. 对于醉酒驾驶机动车的被告人，应当综合考虑被告人的醉酒程度、机动车类型、车辆行驶道路、行车速度、是否造成实际损害以及认罪悔罪等情况，准确定罪量刑。对于情节显著轻微危害不大的，不予定罪处罚；犯罪情节轻微不需要判处刑罚的，可以免予刑事处罚。（全文详见本书《刑法》第61条相关内容）

7. 最高人民法院、最高人民检察院《关于常见犯罪的量刑指导意见（试行）》（法发〔2021〕21号）

四、常见犯罪的量刑

（二）危险驾驶罪

1. 构成危险驾驶罪的，依法在1个月至6个月拘役幅度内确定宣告刑。

2. 构成危险驾驶罪的，根据危险驾驶行为、实际损害后果等犯罪情节，综合考虑被告人缴纳罚金的能力，决定罚金数额。

3. 构成危险驾驶罪的，综合考虑危险驾驶行为、危害后果等犯罪事实、量刑情节，以及被告人主观恶性、人身危险性、认罪悔罪表现等因素，决定缓刑的适用。（全文详见本书《刑法》第61条相关内容）

8. 最高人民法院、最高人民检察院、公安部、工业和信息化部、住房和城乡建设部、交通运输部、应急管理部、国家铁路局、中国民用航空局、国家邮政局《关于依法惩治涉枪支、弹药、爆炸物、易燃易爆危险物品犯罪的意见》（法发〔2021〕35号）

5. 违反危险化学品安全管理规定，未经依法批准或者许可擅自从事易燃易爆危险物品道路运输活动，或者实施其他违反危险化学品安全管理规定通过道路运输易燃易爆危险物品的行为，危及公共安全的，依照刑法第133条之一第1款第4项的规定，以危险驾驶罪定罪处罚。

在易燃易爆危险物品生产、经营、储存等高度危险的生产作业活动中违反有关安全管理的规定，有下列情形之一，具有发生重大伤亡事故或者其他严重后果的现实危险的，依照刑法第134条之一第3项的规定，以危险作业罪定罪处罚：

（1）委托无资质企业或者个人储存易燃易爆危险物品的；（2）在储存的普通货物中夹带易燃易爆危险物品的；（3）将易燃易爆危险物品谎报或者匿报为普通货物申报、储存的；（4）其他涉及安全生产的事项未经依法批准或者许可，擅自从事易燃易爆危险物品生产、经营、储存等活动的情形。

实施前两款行为，同时构成刑法第130条规定之罪等其他犯罪的，依照处罚较重的规定定罪处罚；导致发生重大伤亡事故或者其他严重后果，符合刑法第134条、第135条、第136条等规定的，依照各该条的规定定罪从重处罚。

9. 通过邮件、快件夹带易燃易爆危险物品，或者将易燃易爆危险物品谎报为普通物品交寄，符合本意见第5条至第8条规定的，依照各该条的规定定罪处罚。（全文详见本书《刑法》第125条相关内容）

9. 参见本书《刑法》第133条该节相关内容。

第133条之二 **【妨害安全驾驶罪】** 对行驶中的公共交通工具的驾驶人员使用暴力或者抢控驾驶操纵装置，干扰公共交通工具正常行驶，危及公共安全的，处1年以下有期徒刑、拘役或者管制，并处或者单处罚金。

前款规定的驾驶人员在行驶的公共交通工具上擅离职守，与他人互殴或者殴打他人，危及公共安全的，依照前款的规定处罚。

有前两款行为，同时构成其他犯罪的，依照处罚较重的规定定罪处罚。

（本条《中华人民共和国刑法修正案（11）》增设）

•释义

本罪有两种表现形式，其一是指行为人对行驶中的交通工具的驾驶人员使用暴力或者抢控操纵装置，干扰公共交通工具正常行驶，危及公共安全的行为；其二是指驾驶人员在行驶的公共交通工具上擅离职守，与他人互殴或者殴打他人，危及公共安全的行为。

•管辖

公安机关（尚无发文明确部门）。

•关联法律

1.《中华人民共和国刑法修正案（11）》（2020年12月26日第十三届全国人大常委会第二十四次会议通过）

二、在刑法第133条之一后增加1条，作为第133条之二："对行驶中的公共交通工具的驾驶人员使用暴力或者抢控驾驶操纵装置，干扰公共交通工具正常行驶，危及公共安全的，处1年以下有期徒刑、拘役或者管制，并处或者单处罚金。

"前款规定的驾驶人员在行驶的公共交通工具上擅离职守，与他人互殴或者殴打他人，危及公共安全的，依照前款的规定处罚。

"有前两款行为，同时构成其他犯罪的，依照处罚较重的规定定罪处罚。"

2.最高人民法院《关于执行〈中华人民共和国刑法〉确定罪名的补充规定（7）》（法释〔2021〕2号）

根据《中华人民共和国刑法修正案（10）》（以下简称《刑法修正案（10）》）、《中华人民共和国刑法修正案（11）》（以下简称《刑法修正案（11）》），结合司法实践反映的情况，现对《最高人民法院关于执行〈中华人民共和国刑法〉确定罪名的规定》《最高人民检察院关于适用刑法分则规定的犯罪的罪名的意见》作如下补充、修改：

条文：第133条之二（《刑法修正案（11）》第2条）；罪名：妨害安全驾驶罪；

条文：第134条第2款（《刑法修正案（11）》第3条）；罪名：强令、组织他人违章冒险作业罪（取消强令违章冒险作业罪罪名）；

条文：第134条之一（《刑法修正案（11）》第4条）；罪名：危险作业罪；

条文：第141条（《刑法修正案（11）》第5条）；罪名：生产、销售、提供假药罪（取消生产、销售假药罪罪名）；

条文：第142条（《刑法修正案（11）》第6条）；罪名：生产、销售、提供劣药罪（取消生产、销售劣药罪罪名）；

条文：第142条之一（《刑法修正案（11）》第7条）；罪名：妨害药品管理罪；

条文：第160条（《刑法修正案（11）》第8条）；罪名：欺诈发行证券罪（取消欺诈发行股票、债券罪罪名）；

条文：第219条之一（《刑法修正案（11）》第23条）；罪名：为境外窃取、刺探、收买、非法提供商业秘密罪；

条文：第236条之一（《刑法修正案（11）》第27条）；罪名：负有照护职责人员性侵罪；

条文：第277条第5款（《刑法修正案（11）》第31条）；罪名：袭警罪；

条文：第280条之二（《刑法修正案（11）》第32条）；罪名：冒名顶替罪；

条文：第291条之二（《刑法修正案（11）》第33条）；罪名：高空抛物罪；

条文：第293条之一（《刑法修正案（11）》第34条）；罪名：催收非法债务罪；

条文:第299条(《刑法修正案(10)》);罪名:侮辱国旗、国徽、国歌罪(取消侮辱国旗、国徽罪罪名);

条文:第299条之一(《刑法修正案(11)》第35条);罪名:侵害英雄烈士名誉、荣誉罪;

条文:第303条第3款(《刑法修正案(11)》第36条);罪名:组织参与国(境)外赌博罪;

条文:第334条之一(《刑法修正案(11)》第38条);罪名:非法采集人类遗传资源、走私人类遗传资源材料罪;

条文:第336条之一(《刑法修正案(11)》第39条);罪名:非法植入基因编辑、克隆胚胎罪;

条文:第341条第1款;罪名:危害珍贵、濒危野生动物罪(取消非法猎捕、杀害珍贵、濒危野生动物罪和非法收购、运输、出售珍贵、濒危野生动物、珍贵、濒危野生动物制品罪罪名);

条文:第341条第3款(《刑法修正案(11)》第41条);罪名:非法猎捕、收购、运输、出售陆生野生动物罪;

条文:第342条之一(《刑法修正案(11)》第42条);罪名:破坏自然保护地罪;

条文:第344条;罪名:危害国家重点保护植物罪(取消非法采伐、毁坏国家重点保护植物罪和非法收购、运输、加工、出售国家重点保护植物、国家重点保护植物制品罪罪名);

条文:第344条之一(《刑法修正案(11)》第43条),非法引进、释放、丢弃外来入侵物种罪;

条文:第355条之一(《刑法修正案(11)》第44条);罪名:妨害兴奋剂管理罪;

条文:第408条之一(《刑法修正案(11)》第45条);罪名:食品、药品监管渎职罪(取消食品监管渎职罪罪名)。

本规定自2021年3月1日起施行。

3. 参见本书《刑法》第133条、第133条之一相关内容。

第134条 【重大责任事故罪】 在生产、作业中违反有关安全管理的规定,因而发生重大伤亡事故或者造成其他严重后果的,处3年以下有期徒刑或者拘役;情节特别恶劣的,处3年以上7年以下有期徒刑。

【强令、组织他人违章冒险作业罪】 强令他人违章冒险作业,或者明知存在重大事故隐患而不排除,仍冒险组织作业,因而发生重大伤亡事故或者造成其他严重后果的,处5年以下有期徒刑或者拘役;情节特别恶劣的,处5年以上有期徒刑。

(本条《中华人民共和国刑法修正案(6)》第1次修改;《中华人民共和国刑法修正案(11)》第2次修改)

• 释义

【重大责任事故罪】重大责任事故罪是指在生产、作业中违反有关安全管理的规定,因而发生重大伤亡事故或者造成其他严重后果的行为。

本罪责任形式是过失。根据司法解释,发生矿山生产安全事故,具有下列情形之一的应当认定为:

"重大伤亡事故或者其他严重后果:造成死亡1人以上或者重伤3人以上;或者造成直接经济损失100万元以上等严重后果的情形。"

"情节特别恶劣"是指造成死亡3人以上或者重伤10人以上;或者造成直接经济损失300万元以上等严重后果的情形。犯罪主体包括对矿山生产、作业负有组织、指挥或者管理责任的负责人、管理人员、实际控制人、投资人等人员,以及直接从事矿山生产、作业的人员。

国家工作人员违反规定投资入股矿山生产经营,构成犯罪的,作为从重情节依法处罚。

【强令、组织他人违章冒险作业罪】强令违章冒险作业罪是指强令他人违章冒险作业,或者明知存在重大事故隐患而不排除,仍冒险组织作业,因而发生重大伤亡事故或者造成其他严重后果的行为。

本罪责任形式为过失。主体为自然人,包括对生产、作业负有组织、指挥或者管理责任的人,以及实际控制人、投资人等。

• 管辖

公安机关治安管理部门、监察机关(公职人员行使公权力过程中发生的犯罪案件)。

• 立案追诉标准

【重大责任事故立案追诉标准】

在生产、作业中违反有关安全管理的规定,涉嫌下列情形之一的,应予立案追诉:

(一)造成死亡1人以上,或者重伤3人以上的;

(二)造成直接经济损失50万元以上的;

(三)发生矿山生产安全事故,造成直接经济损失100万元以上的;

(四)其他造成严重后果的情形。

【强令违章冒险作业立案追诉标准】

强令他人违章冒险作业,涉嫌下列情形之一的,应予立案追诉:

(一)造成死亡1人以上,或者重伤3人以上的;

(二)造成直接经济损失50万元以上的;

(三)发生矿山生产安全事故,造成直接经济损失100万元以上的;

(四)其他造成严重后果的情形。

• 关联法律

1. 最高人民检察院《对〈关于无证开采的小煤矿矿主是否构成重大责任事故犯罪主体的请示〉的复函》(高检二发字〔1987〕第36号)

吉林省人民检察院:你院吉检法〔1987〕13号文收悉。经研究,并征求最高人民法院的意见,我们认为:

无证开采的小煤矿从业人员亦属于刑法第114条犯罪主体所包括的个体经营户的从业人员之中。如其行为符合刑法第114条规定的犯罪构成,因而造成严重后果的,应按刑法第114条的规定追究其刑事责任。

2. 最高人民法院研究室《关于对重大责任事故和玩忽职守案件造成经济损失需追究刑事责任的数额标准应否做出规定问题的电话答复》(1987年10月20日)

(法释〔2019〕11号已声明废止)

3. 最高人民检察院《关于在厂(矿)区内机动车造成伤亡事故的犯罪案件如何定性处理问题的批复》(高检发研字〔1992〕3号)

被最高人民检察院《关于废止1980年1月1日至1997年6月30日期间制发的部分司法解释和司法解释性质文件的决定》(高检发释字〔2013〕1号)废止。

4. 最高人民法院《关于审理交通肇事刑事案件具体应用法律若干问题的解释》(法释〔2000〕33号)

第8条 在实行公共交通管理的范围内发生重大交通事故的,依照刑法第133条和本解释的有关规定办理。

在公共交通管理的范围外，驾驶机动车辆或者使用其他交通工具致人伤亡或者致使公共财产或者他人财产遭受重大损失，构成犯罪的，分别依照刑法第134条、第135条、第233条规定定罪处罚。（全文详见本书《刑法》第133条相关内容）

5.《中华人民共和国刑法修正案(6)》(2006年6月29日第十届全国人大常委会第二十二次会议通过)

一、将刑法第134条修改为："在生产、作业中违反有关安全管理的规定，因而发生重大伤亡事故或者造成其他严重后果的，处3年以下有期徒刑或者拘役；情节特别恶劣的，处3年以上7年以下有期徒刑。

"强令他人违章冒险作业，因而发生重大伤亡事故或者造成其他严重后果的，处5年以下有期徒刑或者拘役；情节特别恶劣的，处5年以上有期徒刑。"

（1997年《刑法》原条文：工厂，矿山、林场、建筑企业或者其他企业、事业单位的职工，由于不服管理、违反规章制度，或者强令工人违章冒险作业，因而发生重大伤亡事故或者造成其他严重后果的，处3年以下有期徒刑或者拘役；情节特别恶劣的，处3年以上7年以下有期徒刑。）

6. 最高人民法院、最高人民检察院《关于办理危害矿山生产安全刑事案件具体应用法律若干问题的解释》(法释〔2007〕5号)

（法释〔2015〕22号已声明该文件废止）

7. 最高人民检察院、公安部《关于公安机关管辖的刑事案件立案追诉标准的规定(1)》(公通字〔2008〕36号)

（见本条立案追诉标准内容）

8. 最高人民法院《关于进一步加强危害生产安全刑事案件审判工作的意见》(法发〔2011〕20号)

为依法惩治危害生产安全犯罪，促进全国安全生产形势持续稳定好转，保护人民群众生命财产安全，现就进一步加强危害生产安全刑事案件审判工作，制定如下意见。

一、高度重视危害生产安全刑事案件审判工作

1. 充分发挥刑事审判职能作用，依法惩治危害生产安全犯罪，是人民法院为大局服务、为人民司法的必然要求。安全生产关系到人民群众生命财产安全，事关改革、发展和稳定的大局。当前，全国安全生产状况呈现总体稳定、持续好转的发展态势，但形势依然严峻，企业安全生产基础依然薄弱；非法、违法生产，忽视生产安全的现象仍然十分突出；重特大生产安全责任事故时有发生，个别地方和行业重特大责任事故上升。一些重特大生产安全责任事故举国关注，相关案件处理不好，不仅起不到应有的警示作用，不利于生产安全责任事故的防范，也损害党和国家形象，影响社会和谐稳定。各级人民法院要从政治和全局的高度，充分认识审理好危害生产安全刑事案件的重要意义，切实增强工作责任感，严格依法、积极稳妥地审理相关案件，进一步发挥刑事审判工作在创造良好安全生产环境、促进经济平稳较快发展方面的积极作用。

2. 采取有力措施解决存在的问题，切实加强危害生产安全刑事案件审判工作。近年来，各级人民法院依法审理危害生产安全刑事案件，一批严重危害生产安全的犯罪分子及相关职务犯罪分子受到法律制裁，对全国安全生产形势持续稳定好转发挥了积极促进作用。2010年，监察部、国家安全生产监督管理总局会同最高人民法院等部门对部分省市重特大生产安全事故责任追究落实情况开展了专项检查。从检查的情况来看，审判工作总体情况是好的，但仍有个别案件在法律适用或者宽严相济刑事政策具体把握上存在问题，需要切实加强指导。各级人民法院要高度重视，确保相关案件审判工作取得良好的法律效果和社会效果。

二、危害生产安全刑事案件审判工作的原则

3. 严格依法，从严惩处。对严重危害生产安全犯罪，尤其是相关职务犯罪，必须始终坚持严格依法、从严惩处。对于人民群众广泛关注、社会反映强烈的案件要及时审结，回应人民群众关切，维护社会和谐稳定。

4. 区分责任，均衡量刑。危害生产安全犯罪，往往涉案人员较多，犯罪主体复杂，既包括直接从事生产、作业的人员，也包括对生产、作业负有组织、指挥或者管理职责的负责人、管理人员、实际控制人、投资人等，有的还涉及国家机关工作人员渎职犯罪。对相关责任人的处理，要根据事故原因、危害后果、主体职责、过错大小等因素，综合考虑全案，正确划分责任，做到罪责刑相适应。

5. 主体平等，确保公正。审理危害生产安全刑事案件，对于所有责任主体，都必须严格落实法律面前人人平等的刑法原则，确保刑罚适用公正，确保裁判效果良好。

三、正确确定责任

6. 审理危害生产安全刑事案件，政府或相关职能部门依法对事故原因、损失大小、责任划分作出的调查认定，经庭审质证后，结合其他证据，可作为责任认定的依据。

7. 认定相关人员是否违反有关安全管理规定，应当根据相关法律、行政法规，参照地方性法规、规章及国家标准、行业标准，必要时可参考公认的惯例和生产经营单位制定的安全生产规章制度、操作规程。

8. 多个原因行为导致生产安全事故发生的，在区分直接原因与间接原因的同时，应当根据原因行为在引发事故中所具作用的大小，分清主要原因与次要原因，确认主要责任和次要责任，合理确定罪责。

一般情况下，对生产、作业负有组织、指挥或者管理职责的负责人、管理人员、实际控制人、投资人，违反有关安全生产管理规定，对重大生产安全事故的发生起决定性、关键性作用的，应当承担主要责任。

对于直接从事生产、作业的人员违反安全管理规定，发生重大生产安全事故的，要综合考虑行为人的从业资格、从业时间、接受安全生产教育培训情况、现场条件、是否受到他人强令作业、生产经营单位执行安全生产规章制度的情况等因素认定责任，不能将直接责任简单等同于主要责任。

对于负有安全生产管理、监督职责的工作人员，应根据其岗位职责、履职依据、履职时间等，综合考察工作职责、监管条件、履职能力、履职情况等，合理确定罪责。

四、准确适用法律

9. 严格把握危害生产安全犯罪与以其他危险方法危害公共安全罪的界限，不应将生产经营中违章违规的故意不加区别地视为对危害后果发生的故意。

10. 以行贿方式逃避安全生产监督管理，或者非法、违法生产、作业，导致发生重大生产安全事故，构成数罪的，依照数罪并罚的规定处罚。

违反安全生产管理规定，非法采矿、破坏性采矿或排放、倾倒、处置有害物质严重污染环境，造成重大伤亡事故或者其他严重后果，同时构成危害生产安全犯罪和破坏环境资源保护犯罪的，依照数罪并罚的规定处罚。

11. 安全事故发生后，负有报告职责的国家工作人员不报或者谎报事故情况，贻误事故抢救，情节严重，构成不报、谎报安全事故罪，同时构成职务犯罪或其他危害生产安全犯罪的，依照数罪并罚的规定处罚。

12. 非矿山生产安全事故中，认定“直接负责的主管人员和其他直接责任人员”、“负有报告职责的人员”的主体资格，认定构成“重大伤亡事故或者其他严重后果”、“情节特别恶劣”，不报、谎报事故情况，贻误事故抢救，“情节严重”、“情节特别严重”等，可参照最高人民法院、最高人民检察院《关于办理危害矿山生产安全刑事案件具体应用法律若干问题的解释》的相关规定。

五、准确把握宽严相济刑事政策

13. 审理危害生产安全刑事案件，应综合考虑生产安全事故所造成的伤亡人数、经济损失、环境污染、社会影响、事故原因与被告人职责的关联程度、被告人主观过错大小、事故发生后被告人的施救表现、履行赔偿责任情况等，正确适用刑罚，确保裁判法律效果和社会效果相统一。

14. 造成《关于办理危害矿山生产安全刑事案件具体应用法律若干问题的解释》第4条规定的“重大伤亡事故或者其他严重后果”，同时具有下列情形之一的，也可以认定为刑法第134条、第135条规定的“情节特别恶劣”：

（一）非法、违法生产的；（二）无基本劳动安全设施或未向生产、作业人员提供必要的劳动防护用品，生产、作业人员劳动安全无保障的；（三）曾因安全生产设施或者安全生产条件不符合国家规定，被监督管理部门处罚或责令改正，1年内再次违规生产致使发生重大生产安全事故的；（四）关闭、故意破坏必要安全警示设备的；（五）已发现事故隐患，未采取有效措施，导致发生重大事故的；（六）事故发生后不积极抢救人员，或者毁灭、伪造、隐藏影响事故调查的证据，或者转移财产逃避责任的；（七）其他特别恶劣的情节。

15. 相关犯罪中，具有以下情形之一的，依法从重处罚：

（一）国家工作人员违反规定投资入股生产经营企业，构成危害生产安全犯罪的；（二）贪污贿赂行为与事故发生存在关联性的；（三）国家工作人员的职务犯罪与事故存在直接因果关系的；（四）以行贿方式逃避安全生产监督管理，或者非法、违法生产、作业的；（五）生产安全事故发生后，负有报告职责的国家工作人员不报或者谎报事故情况，贻误事故抢救，尚未构成不报、谎报安全事故罪的；（六）事故发生后，采取转移、藏匿、毁灭遇难人员尸体，或者毁灭、伪造、隐藏影响事故调查的证据，或者转移财产，逃避责任的；（七）曾因安全生产设施或者安全生产条件不符合国家规定，被监督管理部门处罚或责令改正，1年内再次违规生产致使发生重大生产安全事故的。

16. 对于事故发生后，积极施救，努力挽回事故损失，有效避免损失扩大；积极配合调查，赔偿受害人损失的，可依法从宽处罚。

六、依法正确适用缓刑和减刑、假释

17. 对于危害后果较轻，在责任事故中不负主要责任，符合法律有关缓刑适用条件的，可以依法适用缓刑，但应注意根据案件具体情况，区别对待，严格控制，避免适用不当造成的负面影响。

18. 对于具有下列情形的被告人，原则上不适用缓刑：

（一）具有本意见第14条、第15条所规定的情形的；（二）数罪并罚的。

19. 宣告缓刑，可以根据犯罪情况，同时禁止犯罪分子在缓刑考验期限内从事与安全生产有关的特定活动。

20. 办理与危害生产安全犯罪相关的减刑、假释案件，要严格执行刑法、刑事诉讼法和有关司法解释规定。是否决定减刑、假释，既要看罪犯服刑期间的悔改表现，还要充分考虑原判认定的犯罪事实、性质、情节、社会危害程度等情况。

七、加强组织领导，注意协调配合

21. 对于重大、敏感案件，合议庭成员要充分做好庭审前期准备工作，全面、客观掌握案情，确保案件开庭审理稳妥顺利、依法公正。

22. 审理危害生产安全刑事案件，涉及专业技术问题的，应有相关权威部门出具的咨询意见或者司法鉴定意见;可以依法邀请具有相关专业知识的人民陪审员参加合议庭。

23. 对于审判工作中发现的安全生产事故背后的渎职、贪污贿赂等违法犯罪线索,应当依法移送有关部门处理。对于情节轻微,免予刑事处罚的被告人,人民法院可建议有关部门依法给予行政处罚或纪律处分。

24. 被告人具有国家工作人员身份的,案件审结后,人民法院应当及时将生效的裁判文书送达行政监察机关和其他相关部门。

25. 对于造成重大伤亡后果的案件,要充分运用财产保全等法定措施,切实维护被害人依法获得赔偿的权利。对于被告人没有赔偿能力的案件,应当依靠地方党委和政府做好善后安抚工作。

26. 积极参与安全生产综合治理工作。对于审判中发现的安全生产管理方面的突出问题,应当发出司法建议,促使有关部门强化安全生产意识和制度建设,完善事故预防机制,杜绝同类事故发生。

27. 重视做好宣传工作。对于社会关注的典型案件,要重视做好审判情况的宣传报道,规范裁判信息发布,及时回应社会的关切,充分发挥重大、典型案件的教育警示作用。

28. 各级人民法院要在依法履行审判职责的同时,及时总结审判经验,深入开展调查研究,推动审判工作水平不断提高。上级法院要以辖区内发生的重大生产安全责任事故案件为重点,加强对下级法院危害生产安全刑事案件审判工作的监督和指导,适时检查此类案件的审判情况,提出有针对性的指导意见。

9. 最高人民法院《关于充分发挥审判职能作用切实维护公共安全的若干意见》(法发〔2015〕12号)

三、依法惩治危害安全生产犯罪,促进安全生产形势根本好转

6. 加大对危害安全生产犯罪的惩治力度。坚持发展是第一要务,安全是第一保障。针对近年来非法、违法生产,忽视生产安全的现象十分突出,造成群死群伤的重特大生产安全责任事故屡有发生的严峻形势,充分发挥刑罚的惩罚和预防功能,加大对各类危害安全生产犯罪的惩治力度,用严肃、严格、严厉的责任追究和法律惩罚,推动安全生产责任制的有效落实,促进安全生产形势根本好转,确保人民生命财产安全。

7. 准确把握打击重点。结合当前形势并针对犯罪原因,既要重点惩治发生在危险化学品、民爆器材、烟花爆竹、电梯、煤矿、非煤矿山、油气运送管道、建筑施工、消防、粉尘涉爆等重点行业领域企业,以及港口、码头、人员密集场所等重点部位的危害安全生产犯罪,更要从严惩治发生在这些犯罪背后的国家机关工作人员贪污贿赂和渎职犯罪。既要依法追究直接造成损害的从事生产、作业的责任人员,更要依法从严惩治对生产、作业负有组织、指挥或者管理职责的负责人、管理人、实际控制人、投资人。既要加大对各类安全生产犯罪的惩治力度,更要从严惩治因安全生产条件不符合国家规定被处罚而又违规生产,关闭或者故意破坏安全警示设备,事故发生后不积极抢救人员或者毁灭、伪造、隐藏影响事故调查证据,通过行贿非法获取相关生产经营资质等情节的危害安全生产的犯罪。

8. 依法妥善审理与重大责任事故有关的赔偿案件。对当事人因重大责任事故遭受人身、财产损失而提起诉讼要求赔偿的,应当依法及时受理,保障当事人诉权。对两人以上实施危及他人人身、财产安全的行为,其中一人或者数人的行为造成他人损害,能够确定具体责任人的,由责任人承担赔偿责任,不能确定具体责任人的,由行为人承担连带责任。被告人因重大责任事故既承担刑事、行政责任,又承担民事责任的,其财产应当优先承担民事责任。原告因重大责任事故遭受损失而无法及时履行赡养、抚养等义务,申请先予执行的,应当依法支持。(全文略)

10. 最高人民法院、最高人民检察院《关于办理危害生产安全刑事案件适用法律若干问题的解释》(法释〔2015〕22号)

第1条 刑法第134条第1款规定的犯罪主体,包括对生产、作业负有组织、指挥或者管理职责的负责人、管理人员、实际控制人、投资人等人员,以及直接从事生产、作业的人员。

第2条 刑法第134条第2款规定的犯罪主体,包括对生产、作业负有组织、指挥或者管理职责的负责人、管理人员、实际控制人、投资人等人员。

第5条 明知存在事故隐患、继续作业存在危险,仍然违反有关安全管理的规定,实施下列行为之一的,应当认定为刑法第134条第2款规定的"强令他人违章冒险作业":

(一)利用组织、指挥、管理职权,强制他人违章作业的;(二)采取威逼、胁迫、恐吓等手段,强制他人违章作业的;(三)故意掩盖事故隐患,组织他人违章作业的;(四)其他强令他人违章作业的行为。

第6条 实施刑法第132条、第134条第1款、第135条、第135条之一、第136条、第139条规定的行为,因而发生安全事故,具有下列情形之一的,应当认定为"造成严重后果"或者"发生重大伤亡事故或者造成其他严重后果",对相关责任人员,处3年以下有期徒刑或者拘役:

(一)造成死亡1人以上,或者重伤3人以上的;(二)造成直接经济损失100万元以上的;(三)其他造成严重后果或者重大安全事故的情形。

实施刑法第134条第2款规定的行为,因而发生安全事故,具有本条第1款规定情形的,应当认定为"发生重大伤亡事故或者造成其他严重后果",对相关责任人员,处5年以下有期徒刑或者拘役。

实施刑法第137条规定的行为,因而发生安全事故,具有本条第1款规定情形的,应当认定为"造成重大安全事故",对直接责任人员,处5年以下有期徒刑或者拘役,并处罚金。 实施刑法第138条规定的行为,因而发生安全事故,具有本条第1款第1项规定情形的,应当认定为"发生重大伤亡事故",对直接责任人员,处3年以下有期徒刑或者拘役。

第7条 实施刑法第132条、第134条第1款、第135条、第135条之一、第136条、第139条规定的行为,因而发生安全事故,具有下列情形之一的,对相关责任人员,处3年以上7年以下有期徒刑:

(一)造成死亡3人以上或者重伤10人以上,负事故主要责任的;(二)造成直接经济损失500万元以上,负事故主要责任的;(三)其他造成特别严重后果、情节特别恶劣或者后果特别严重的情形。

实施刑法第134条第2款规定的行为,因而发生安全事故,具有本条第1款规定情形的,对相关责任人员,处5年以上有期徒刑。

实施刑法第137条规定的行为,因而发生安全事故,具有本条第1款规定情形的,对直接责任人员,处5年以上10年以下有期徒刑,并处罚金。

实施刑法第138条规定的行为,因而发生安全事故,具有下列情形之一的,对直接责任人员,处3年以上7年以下有期徒刑:

(一)造成死亡3人以上或者重伤10人以上,负事故主要责任的;(二)具有本解释第6条第1款第1项规定情形,同时造成直接经济损失500万元以上并负事故主要责任的,或者同时造成恶劣社会影响的。

第12条 实施刑法第132条、第134条至第139条之一规定的犯罪行为,具有下列情形之一的,从重处罚:

(一)未依法取得安全许可证件或者安全许可证件过期、被暂扣、吊销、注销后从事生产经营活动的;(二)关闭、破坏必要的安全监控和报警设备的;(三)已经发现事故隐患,经有关部门或者个人提出后,仍不采取措施的;(四)1年内曾因危害生产安全违法犯罪活动受过行政处罚或者刑事处罚的;(五)采取弄虚作假、行贿等手段,故意逃避、阻挠负有安全监督管理职责的部门实施监督检查的;(六)安全事故发生后转移财产意图逃避承担责任的;(七)其他从重处罚的情形。

实施前款第5项规定的行为,同时构成刑法第389条规定的犯罪的,依照数罪并罚的规定处罚。

第13条 实施刑法第132条、第134条至第139条之一规定的犯罪行为,在安全事故发生后积极组织、参与事故抢救,或者积极配合调查、主动赔偿损失的,可以酌情从轻处罚。

第14条 国家工作人员违反规定投资入股生产经营,构成本解释规定的有关犯罪的,或者国家工作人员的贪污、受贿犯罪行为与安全事故发生存在关联性的,从重处罚;同时构成贪污、受贿犯罪和危害生产安全犯罪的,依照数罪并罚的规定处罚。(全文详见本书《刑法》第132条相关内容)

11.《中华人民共和国核安全法》(2017年9月1日第十二届全国人大常委会第二十九次会议通过)

(全文略)

12.最高人民法院《关于依法妥善审理高空抛物、坠物案件的意见》(法发〔2019〕25号)

二、依法惩处构成犯罪的高空抛物、坠物行为,切实维护人民群众生命财产安全

7.准确认定高空坠物犯罪。过失导致物品从高空坠落,致人死亡、重伤,符合刑法第233条、第235条规定的,依照过失致人死亡罪、过失致人重伤罪定罪处罚。在生产、作业中违反有关安全管理规定,从高空坠落物品,发生重大伤亡事故或者造成其他严重后果的,依照刑法第134条第1款的规定,以重大责任事故罪定罪处罚。(全文详见本书《刑法》第114条相关内容)

13.最高人民法院、最高人民检察院、公安部《关于办理涉窨井盖相关刑事案件的指导意见》(2020年3月16日)

五、在生产、作业中违反有关安全管理的规定,擅自移动窨井盖或者未做好安全防护措施等,发生重大伤亡事故或者造成其他严重后果的,依照刑法第134条第1款的规定,以重大责任事故罪定罪处罚。

窨井盖建设、设计、施工、工程监理单位违反国家规定,降低工程质量标准,造成重大安全事故的,依照刑法第137条的规定,以工程重大安全事故罪定罪处罚。(全文详见本书《刑法》第233条相关内容)

14.《中华人民共和国刑法修正案(11)》(2020年12月26日第十三届全国人大常委会第二十四次会议通过)

三、将刑法第134条第2款修改为:"强令他人违章冒险作业,或者明知存在重大事故隐患而不排除,仍冒险组织作业,因而发生重大伤亡事故或者造成其他严重后果的,处5年以下有期徒刑或者拘役;情节特别恶劣的,处5年以上有期徒刑。"

(原条文第2款:强令他人违章冒险作业,因而发生重大伤亡事故或者造成其他严重后果的,处5年以下有期徒刑或者拘役;情节特别恶劣的,处5年以上有期徒刑。)

15.最高人民检察院《第25批指导性案例余某某等人重大劳动安全事故案》(检例第94号;2021年1月20日)

【要旨】

办理危害生产安全刑事案件,要根据案发原因及涉案人员的职责和行为,准确适用重大责任事故罪和重大劳动安全事故罪。要全面审查案件事实证据,依法追诉漏罪漏犯,准确认定责任主体和相关人员责任,并及时移交职务违法犯罪线索。针对事故中暴露出的相关单位

安全管理漏洞和监管问题,要及时制发检察建议,督促落实整改。

【指导意义】

(一)准确适用重大责任事故罪与重大劳动安全事故罪。两罪主体均为生产经营活动的从业者,法定最高刑均为7年以下有期徒刑。两罪的差异主要在于行为特征不同,重大责任事故罪是行为人"在生产、作业中违反有关安全管理的规定";重大劳动安全事故罪是生产经营单位的"安全生产设施或者安全生产条件不符合国家规定"。实践中,安全生产事故发生的原因如果仅为生产、作业中违反有关安全管理的规定,或者仅为提供的安全生产设施或条件不符合国家规定,罪名较易确定;如果事故发生系上述两方面混合因素所致,两罪则会出现竞合,此时,应当根据相关涉案人员的工作职责和具体行为来认定其罪名。具体而言,对企业安全生产负有责任的人员,在生产、作业过程中违反安全管理规定的,应认定为重大责任事故罪;对企业安全生产设施或者安全生产条件不符合国家规定负有责任的人员,应认定为重大劳动安全事故罪;如果行为人的行为同时包括在生产、作业中违反有关安全管理的规定和提供安全生产设施或条件不符合国家规定,为全面评价其行为,应认定为重大责任事故罪。

(二)准确界定不同责任人员和责任单位的罪名,依法追诉漏罪漏犯,向相关部门移交职务违法犯罪线索。安全生产刑事案件,有的涉案人员较多,既有一线的直接责任人员,也有管理层的实际控制人,还有负责审批监管的国家工作人员;有的涉及罪名较广,包括生产、销售不符合安全标准的产品罪、玩忽职守罪、受贿罪、帮助毁灭证据罪等;除了自然人犯罪,有的还包括单位犯罪。检察机关办案中,要注重深挖线索,准确界定相关人员责任,发现漏罪漏犯要及时追诉。对负有监管职责的国家工作人员,涉嫌渎职犯罪或者违纪违法的,及时将线索移交相关部门处理。

(三)充分发挥检察建议作用,以办案促安全生产治理。安全生产事关企业健康发展,人民群众人身财产安全,社会和谐稳定。党的十九大报告指出,要"树立安全发展理念,弘扬生命至上、安全第一的思想,健全公共安全体系,完善安全生产责任制,坚决遏制重特大安全事故,提升防灾减灾救灾能力"。检察机关要认真贯彻落实,充分履行检察职能,在依法严厉打击危害企业安全生产犯罪的同时,针对办案中发现的安全生产方面的监管漏洞或怠于履行职责等问题,要积极主动作为,在充分了解有关部门职能范围的基础上,有针对性地制发检察建议,并持续跟踪落实情况,引导企业树牢安全发展理念,督促政府相关部门加强安全生产监管,实现以办案促进治理,为安全生产保驾护航。

16. 最高人民检察院《第25批指导性案例宋某某等人重大责任事故案》(检例第95号;2021年1月20日)

【要旨】

对相关部门出具的安全生产事故调查报告,要综合全案证据进行审查,准确认定案件事实和相关人员责任。要正确区分相关涉案人员的责任和追责方式,发现漏犯及时追诉,对不符合起诉条件的,依法作出不起诉处理。

【指导意义】

(一)安全生产事故调查报告在刑事诉讼中可以作为证据使用,应结合全案证据进行审查。安全生产事故发生后,相关部门作出的事故调查报告,与收集调取的物证、书证、视听资料、电子数据等相关证据材料一并移送给司法机关后,调查报告和这些证据材料在刑事诉讼中可以作为证据使用。调查报告对事故原因、事故性质、责任认定、责任者处理等提出的具体意见和建议,是检察机关办案中是否追究相关人员刑事责任的重要参考,但不应直接作为定案的依据,检察机关应结合全案证据进行审查,准确认定案件事实和涉案人员责任。对于调查报告中未建议移送司法机关处理,侦查(调查)机关也未移送起诉的人员,检察机关审查后认为应当追究刑事责任的，要依法追诉。对于调查报告建议移送司法机关处理，侦查（调查）机关移送起诉的涉案人员，检察机关审查后认为证据不足或者不应当追究刑事责任的，应依法作出不起诉决定。

（二）通过补充侦查完善证据体系，查清涉案人员的具体行为和责任大小。危害生产安全刑事案件往往涉案人员较多，案发原因复杂，检察机关应当根据案件特点，从案发直接原因和间接原因、主要原因和次要原因、涉案人员岗位职责、履职过程、违反有关管理规定的具体表现和事故发生后的施救经过、违规行为与结果之间的因果关系等方面进行审查，证据有欠缺的，应当通过自行侦查或退回补充侦查，补充完善证据，准确区分和认定各涉案人员的责任，做到不枉不纵。

（三）准确区分责任，注重多层次、多手段惩治相关涉案人员。对涉案人员身份多样的案件，要按照各涉案人员在事故中有无主观过错、违反了哪方面职责和规定、具体行为表现及对事故发生所起的作用等，确定其是否需要承担刑事责任。对于不予追究刑事责任的涉案人员，相关部门也未进行处理的，发现需要追究党政纪责任，禁止其从事相关行业，或者应对其作出行政处罚的，要及时向有关部门移送线索，提出意见和建议。确保多层次的追责方式能起到惩戒犯罪、预防再犯、促进安全生产的作用。

17.最高人民检察院《第25批指导性案例黄某某等人重大责任事故、谎报安全事故案》（检例第96号；2021年1月20日）

【要旨】

检察机关要充分运用行政执法和刑事司法衔接工作机制，通过积极履职，加强对线索移送和立案的法律监督。认定谎报安全事故罪，要重点审查谎报行为与贻误事故抢救结果之间的因果关系。对同时构成重大责任事故罪和谎报安全事故罪的，应当数罪并罚。应注重督促涉事单位或有关部门及时赔偿被害人损失，有效化解社会矛盾。安全生产事故涉及生态环境污染等公益损害的，刑事检察部门要和公益诉讼检察部门加强协作配合，督促协同行政监管部门，统筹运用法律、行政、经济等手段严格落实企业主体责任，修复受损公益，防控安全风险。

【指导意义】

（一）准确认定谎报安全事故罪。一是本罪主体为特殊主体，是指对安全事故负有报告职责的人员，一般为发生安全事故的单位中负有组织、指挥或者管理职责的负责人、管理人员、实际控制人、投资人以及其他负有报告职责的人员，不包括没有法定或者职务要求报告义务的普通工人。二是认定本罪，应重点审查谎报事故的行为与贻误事故抢救结果之间是否存在刑法上的因果关系。只有谎报事故的行为造成贻误事故抢救的后果，即造成事故后果扩大或致使不能及时有效开展事故抢救，才可能构成本罪。如果事故已经完成抢救，或者没有抢救时机（危害结果不可能加重或扩大），则不构成本罪。构成重大责任事故罪，同时又构成谎报安全事故罪的，应当数罪并罚。

（二）健全完善行政执法与刑事司法衔接工作机制，提升法律监督实效。检察机关要认真贯彻落实国务院《行政执法机关移送涉嫌犯罪案件的规定》和中共中央办公厅、国务院办公厅转发的原国务院法制办等八部门《关于加强行政执法与刑事司法衔接工作的意见》以及应急管理部、公安部、最高人民法院、最高人民检察院联合制定的《安全生产行政执法与刑事司法衔接工作办法》，依照本地有关细化规定，加强相关执法司法信息交流、规范案件移送、加强法律监督。重大安全生产事故发生后，检察机关可通过查阅案件资料、参与案件会商等方式及时了解案情，从案件定性、证据收集、法律适用等方面提出意见建议，发现涉嫌犯罪的要及时建议相关行政执法部门向公安机关或者监察机关移送线索，着力解决安全生产事故有案不移、以罚代刑、有案不立等问题，形成查处和治理重大安全生产事故的合力。

(三)重视被害人权益保障,化解社会矛盾。一些重大安全生产事故影响范围广泛,被害人人数众多,人身损害和财产损失交织。检察机关办案中应高度重视维护被害人合法权益,注重听取被害人意见,全面掌握被害人诉求。要加强与相关职能部门的沟通配合,督促事故单位尽早赔偿被害人损失,及时回应社会关切,有效化解社会矛盾,确保实现办案政治效果、法律效果和社会效果相统一。

(四)安全生产事故涉及生态环境污染的,刑事检察部门要和公益诉讼检察部门加强协作配合,减少公共利益损害。化工等领域的安全生产事故,造成生态环境污染破坏的,刑事检察部门和公益诉讼检察部门要加强沟通,探索"一案双查",提高效率,及时通报情况、移送线索,需要进行公益损害鉴定的,及时引导公安机关在侦查过程中进行鉴定。要积极与行政机关磋商,协同追究事故企业刑事、民事、生态损害赔偿责任。推动建立健全刑事制裁、民事赔偿和生态补偿有机衔接的生态环境修复责任制度。依托办理安全生产领域刑事案件,同步办好所涉及的生态环境和资源保护等领域公益诉讼案件,积极稳妥推进安全生产等新领域公益诉讼检察工作。

18. 最高人民检察院《第25批指导性案例夏某某等人重大责任事故案》(检例第97号;2021年1月20日)

【要旨】

内河运输中发生的船舶交通事故,相关责任人员可能同时涉嫌交通肇事罪和重大责任事故罪,要根据运输活动是否具有营运性质以及相关人员的具体职责和行为,准确适用罪名。重大责任事故往往涉案人员较多,因果关系复杂,要准确认定涉案单位投资人、管理人员及相关国家工作人员等涉案人员的刑事责任。

【指导意义】

(一)准确适用交通肇事罪与重大责任事故罪。两罪均属危害公共安全犯罪,前罪违反的是"交通运输法规",后罪违反的是"有关安全管理的规定"。一般情况下,在航道、公路等公共交通领域,违反交通运输法规驾驶机动车辆或者其他交通工具,致人伤亡或者造成其他重大财产损失,构成犯罪的,应认定为交通肇事罪;在停车场、修理厂、进行农耕生产的田地等非公共交通领域,驾驶机动车辆或者其他交通工具,造成人员伤亡或者财产损失,构成犯罪的,应区分情况,分别认定为重大责任事故罪、重大劳动安全事故罪、过失致人死亡罪等罪名。需要指出的是,对于从事营运活动的交通运输组织来说,航道、公路既是公共交通领域,也是其生产经营场所,"交通运输法规"同时亦属交通运输组织的"安全管理的规定",交通运输活动的负责人、投资人、驾驶人员等违反有关规定导致在航道、公路上发生交通事故,造成人员伤亡或者财产损失的,可能同时触犯交通肇事罪与重大责任事故罪。鉴于两罪前两档法定刑均为七年以下有期徒刑(交通肇事罪有因逃逸致人死亡判处7年以上有期徒刑的第3档法定刑),要综合考虑行为人对交通运输活动是否负有安全管理职责、对事故发生是否负有直接责任、所实施行为违反的主要是交通运输法规还是其他安全管理的法规等,准确选择适用罪名。具有营运性质的交通运输活动中,行为人既违反交通运输法规,也违反其他安全管理规定(如未取得安全许可证、经营资质、不配备安全设施等),发生重大事故的,由于该类运输活动主要是一种生产经营活动,并非单纯的交通运输行为,为全面准确评价行为人的行为,一般可按照重大责任事故罪认定。交通运输活动的负责人、投资人等负有安全监管职责的人员违反有关安全管理规定,造成重大事故发生,应认定为重大责任事故罪;驾驶人员等一线运输人员违反交通运输法规造成事故发生的,应认定为交通肇事罪。

(二)准确界定因果关系,依法认定投资人、实际控制人等涉案人员及相关行政监管人员的刑事责任。危害生产安全案件往往多因一果,涉案人员较多,既有直接从事生产、作业的人员,又有投资人、实际控制人等,还可能涉及相关负有监管职责的国家工作人员。投资人、实际控制人等一般并非现场作业人员，确定其行为与事故后果之间是否存在刑法意义上的因果关系是个难点。如果投资人、实际控制人等实施了未取得经营资质和安全生产许可证、未制定安全生产管理规定或规章制度、不提供安全生产条件和必要设施等不履行安全监管职责的行为，在此情况下进行生产、作业，导致发生重大伤亡事故或者造成其他严重后果的，不论事故发生是否介入第三人违规行为或者其他因素，均不影响认定其行为与事故后果之间存在刑法上的因果关系，应当依法追究其刑事责任。对发案单位的生产、作业负有安全监管、查处等职责的国家工作人员，不履行或者不正确履行工作职责，致使发案单位违规生产、作业或者危险状态下生产、作业，发生重大安全事故的，其行为也是造成危害结果发生的重要原因，应以渎职犯罪追究其刑事责任。

19. 最高人民法院《关于执行〈中华人民共和国刑法〉确定罪名的补充规定(7)》(法释〔2021〕2号)

(全文详见本书《刑法》第133条之二相关内容)

20. 最高人民法院、最高人民检察院、公安部、工业和信息化部、住房和城乡建设部、交通运输部、应急管理部、国家铁路局、中国民用航空局、国家邮政局《关于依法惩治涉枪支、弹药、爆炸物、易燃易爆危险物品犯罪的意见》(法发〔2021〕35号)

5. 违反危险化学品安全管理规定，未经依法批准或者许可擅自从事易燃易爆危险物品道路运输活动，或者实施其他违反危险化学品安全管理规定通过道路运输易燃易爆危险物品的行为，危及公共安全的，依照刑法第133条之一第1款第4项的规定，以危险驾驶罪定罪处罚。

在易燃易爆危险物品生产、经营、储存等高度危险的生产作业活动中违反有关安全管理的规定，有下列情形之一，具有发生重大伤亡事故或者其他严重后果的现实危险的，依照刑法第134条之一第3项的规定，以危险作业罪定罪处罚：

(1)委托无资质企业或者个人储存易燃易爆危险物品的；(2)在储存的普通货物中夹带易燃易爆危险物品的；(3)将易燃易爆危险物品谎报或者匿报为普通货物申报、储存的；(4)其他涉及安全生产的事项未经依法批准或者许可，擅自从事易燃易爆危险物品生产、经营、储存等活动的情形。

实施前两款行为，同时构成刑法第130条规定之罪等其他犯罪的，依照处罚较重的规定定罪处罚；导致发生重大伤亡事故或者其他严重后果，符合刑法第134条、第135条、第136条等规定的，依照各该条的规定定罪从重处罚。

9. 通过邮件、快件夹带易燃易爆危险物品，或者将易燃易爆危险物品谎报为普通物品交寄，符合本意见第5条至第8条规定的，依照各该条的规定定罪处罚。(全文详见本书《刑法》第125条相关内容)

第134条之一 【危险作业罪】 在生产、作业中违反有关安全管理的规定，有下列情形之一，具有发生重大伤亡事故或者其他严重后果的现实危险的，处1年以下有期徒刑、拘役或者管制：

(一)关闭、破坏直接关系生产安全的监控、报警、防护、救生设备、设施，或者篡改、隐瞒、销毁其相关数据、信息的；

(二)因存在重大事故隐患被依法责令停产停业、停止施工、停止使用有关设备、设施、场所或者立即采取排除危险的整改措施，而拒不执行的；

(三)涉及安全生产的事项未经依法批准或者许可，擅自从事矿山开采、金属冶炼、建筑施工，以及危险物品生产、经营、储存等高度危险的生产作业活动的。

(本条《中华人民共和国刑法修正案(11)》增设)

● 释义

本罪是指在生产、作业中关闭、破坏直接关系生产安全的监控、报警、防护、救生设备、设施,或者篡改、隐瞒、销毁其相关数据、信息,或者因存在重大事故隐患被依法责令停产停业、停止施工、停止使用有关设备、设施、场所或者立即采取排除危险的整改措施,而拒不执行,或者涉及安全生产的事项未经依法批准或者许可,擅自从事矿山开采、金属冶炼、建筑施工,以及危险物品生产、经营、储存等高度危险的生产作业活动,具有发生重大伤亡事故或者其他严重后果的现实危险的行为。

本罪责任形式是过失。行为主体是直接负责的主管人员和其他直接责任人员。

● 管辖

公安机关(尚无文件明确部门)、监察机关(公职人员行使公权力过程中发生的犯罪案件)。

● 关联法律

1.《中华人民共和国刑法修正案(11)》(2020年12月26日第十三届全国人大常委会第二十四次会议通过)

四、在刑法第134条后增加1条,作为第134条之一:"在生产、作业中违反有关安全管理的规定,有下列情形之一,具有发生重大伤亡事故或者其他严重后果的现实危险的,处1年以下有期徒刑、拘役或者管制:

"(一)关闭、破坏直接关系生产安全的监控、报警、防护、救生设备、设施,或者篡改、隐瞒、销毁其相关数据、信息的;(二)因存在重大事故隐患被依法责令停产停业、停止施工、停止使用有关设备、设施、场所或者立即采取排除危险的整改措施,而拒不执行的;(三)涉及安全生产的事项未经依法批准或者许可,擅自从事矿山开采、金属冶炼、建筑施工,以及危险物品生产、经营、储存等高度危险的生产作业活动的。"

2.最高人民法院《关于执行〈中华人民共和国刑法〉确定罪名的补充规定(7)》(法释〔2021〕2号)

(全文详见本书《刑法》第133条之二相关内容)

3.最高人民法院、最高人民检察院、公安部、工业和信息化部、住房和城乡建设部、交通运输部、应急管理部、国家铁路局、中国民用航空局、国家邮政局《关于依法惩治涉枪支、弹药、爆炸物、易燃易爆危险物品犯罪的意见》(法发〔2021〕35号)

5.违反危险化学品安全管理规定,未经依法批准或者许可擅自从事易燃易爆危险物品道路运输活动,或者实施其他违反危险化学品安全管理规定通过道路运输易燃易爆危险物品的行为,危及公共安全的,依照刑法第133条之一第1款第4项的规定,以危险驾驶罪定罪处罚。

在易燃易爆危险物品生产、经营、储存等高度危险的生产作业活动中违反有关安全管理的规定,有下列情形之一,具有发生重大伤亡事故或者其他严重后果的现实危险的,依照刑法第134条之一第3项的规定,以危险作业罪定罪处罚:

(1)委托无资质企业或者个人储存易燃易爆危险物品的;(2)在储存的普通货物中夹带易燃易爆危险物品的;(3)将易燃易爆危险物品谎报或者匿报为普通货物申报、储存的;(4)其他涉及安全生产的事项未经依法批准或者许可,擅自从事易燃易爆危险物品生产、经营、储存等活动的情形。

实施前两款行为,同时构成刑法. 规定之罪等其他犯罪的,依照处罚较重的规定定罪处罚;导致发生重大伤亡事故或者其他严重后果,符合刑法第 134 条、第 135 条、第 136 条等规定的,依照各该条的规定定罪从重处罚。

9. 通过邮件、快件夹带易燃易爆危险物品,或者将易燃易爆危险物品谎报为普通物品交寄,符合本意见第 5 条至第 8 条规定的,依照各该条的规定定罪处罚。(全文详见本书《刑法》第 125 条相关内容)

4. 参见本书《刑法》第 134 条该节内容。

第 135 条 【重大劳动安全事故罪】 安全生产设施或者安全生产条件不符合国家规定,因而发生重大伤亡事故或者造成其他严重后果的,对直接负责的主管人员和其他直接责任人员,处 3 年以下有期徒刑或者拘役;情节特别恶劣的,处 3 年以上 7 年以下有期徒刑。

(本条《中华人民共和国刑法修正案(6)》修改)

• 释义

重大劳动安全事故罪是指安全生产设施或者安全生产条件不符合国家规定,因而发生重大伤亡事故或者造成其他严重后果的行为。

本罪责任形式是过失。

行为主体是"直接负责的主管人员和其他直接责任人员",包括对矿山安全生产设施或者安全生产条件不符合国家规定负有直接责任的矿山生产经营单位负责人、管理人员、实际控制人、投资人,以及对安全生产设施或者安全生产条件负有管理、维护职责的电工、瓦斯检查工等人员。

以下情形之一依法从重处罚:国家工作人员违反规定投资入股生产经营企业;贪污贿赂行为与事故发生存在关联性的;国家工作人员的职务犯罪与事故存在直接因果关系的;以行贿方式逃避安全生产监督管理,或者非法、违法生产、作业的;曾因安全生产设施或者安全生产条件不符合国家规定,被监督管理部门处罚或责令改正,1 年内再次违规生产致使发生重大生产安全事故的。

• 管辖

公安机关治安管理部门、监察机关(公职人员行使公权力过程中发生的犯罪案件)。

• 立案追诉标准

安全生产设施或者安全生产条件不符合国家规定,涉嫌下列情形之一的,应予立案追诉:

(一)造成死亡 1 人以上,或者重伤 3 人以上的;

(二)造成直接经济损失 50 万元以上的;

(三)发生矿山生产安全事故,造成直接经济损失 100 万元以上的;

(四)其他造成严重后果的情形。

• 关联法律

1. 最高人民法院《关于审理交通肇事刑事案件具体应用法律若干问题的解释》(法释〔2000〕33 号)

(详见本书《刑法》第 134 条相关内容)

2.《中华人民共和国刑法修正案(6)》(2006 年 6 月 29 日第十届全国人大常委会第二十二次会议通过)

二、将刑法第 135 条修改为:安全生产设施或者安全生产条件不符合国家规定,因而发生重大伤亡事故或者造成其他严重后果的,对直接负责的主管人员和其他直接责任人员,处 3 年以下有期徒刑或者拘役;情节特别恶劣的,处 3 年以上 7 年以下有期徒刑。

(1997 年《刑法》原条文:工厂、矿山、林场、建筑企业或者其他企业、事业单位的劳动安全设施不符合国家规定,经有关部门或者单位职工提出后,对事故隐患仍不采取措施,因而发生重大伤亡事故或者造成其他严重后果的,对直接责任人员,处 3 年以下有期徒刑或者拘役;情节特别恶劣的,处 3 年以上 7 年以下有期徒刑。)

3. 最高人民法院、最高人民检察院《关于办理危害矿山生产安全刑事案件具体应用法律若干问题的解释》(法释〔2007〕5 号)

(法释〔2015〕22 号已声明该文件废止)

4. 最高人民检察院、公安部《关于公安机关管辖的刑事案件立案追诉标准的规定(1)》(公通字〔2008〕36 号)

(见本条立案追诉标准内容)

5. 最高人民法院、最高人民检察院、公安部、监察部、国家安全生产监督管理总局《关于严格依法及时办理危害生产安全刑事案件的通知》(高检会〔2008〕5 号)

为充分发挥刑事诉讼活动对预防重大生产安全责任事故的重要作用,维护法律权威,保障人民群众生命财产安全,促进社会和谐稳定,推动经济社会又好又快发展,根据中华人民共和国《刑法》、《刑事诉讼法》、《安全生产法》、《关于办理危害矿山生产安全刑事案件具体应用法律若干问题的解释》和国务院《生产安全事故报告和调查处理条例》等法律法规的规定,现就严格依法及时办理危害生产安全刑事案件的有关事项通知如下:

一、进一步提高对办理危害生产安全刑事案件重要性的认识。各级人民法院、人民检察院、公安机关、监察机关、安全生产监督管理部门和煤矿安全监察机构要从维护法律权威,促进在全社会实现公平正义的高度,充分认识及时、严肃、认真办理危害生产安全刑事案件的重要性和紧迫性,采取更加有效的措施,加大工作力度,提高办案质量和效率,促进生产安全形势持续稳定好转,实现办案的法律效果与社会效果的有机统一。

二、安全生产监督管理部门、煤矿安全监察机构和负有安全生产监督管理职责的有关部门接到事故报告后,应当按规定及时通知公安机关、监察机关、工会和人民检察院。

有关单位和人员要严格履行保护现场和重要痕迹、物证的义务。因抢救人员、防止事故扩大以及疏通交通等原因,需要移动事故现场物件的,应当做出标志,绘制现场简图并做出书面记录,妥善保存现场重要痕迹、物证。任何单位和个人不得破坏事故现场、毁灭相关证据。

相关单位、部门要在事故调查组的统一组织协调下开展调查取证、现场勘验、技术鉴定等工作,查明事故发生的经过、原因、人员伤亡情况及直接经济损失,认定事故的性质和事故责任,在法定期限内完成事故调查处理工作,并将处理意见抄送有关单位、部门。

事故调查过程中,发现涉嫌犯罪的,事故调查组应当及时将有关材料或者复印件移交公安机关、检察机关。

三、公安机关、人民检察院根据事故的性质和造成的危害后果,对涉嫌构成犯罪的,应当按照案件管辖规定,及时立案侦查,采取强制措施和侦查措施。犯罪嫌疑人逃匿的,公安机关应当迅速开展追捕工作。要全面收集证明犯罪嫌疑人有罪无罪以及犯罪情节轻重的证据材料。对容易灭失的痕迹、物证应当首先采取措施提取、固定。

需要有关部门进行鉴定的,公安机关、检察机关应当及时建议事故调查组组织鉴定,也可以自行组织鉴定. 事故调查组组织鉴定、或者委托有关部门鉴定、或者公安机关、检察机关自行组织鉴定的,鉴定报告原则上应当自委托或者决定之日起20日内作出。不涉及机械、电气、瓦斯、化学、有毒有害物(气)体、锅炉压力容器、起重机械、地质勘察、工程设计与施工质量、火灾以及非法开采、破坏矿产资源量认定等专业技术问题的,不需要进行鉴定,相关事实和证据符合法定条件的,可以逮捕、公诉和审判。

四、人民法院、人民检察院、公安机关在办理危害生产安全刑事案件中应当分工负责,互相配合、互相制约。公安机关对已经被刑事拘留的犯罪嫌疑人,在提请批准逮捕前可以先行通知检察机关,听取检察机关对收集、固定证据和开展技术鉴定工作的意见、建议。检察机关应当加强与公安机关的联系配合,认真做好审查批准逮捕工作。公安机关办理的危害生产安全案件中被采取强制措施的犯罪嫌疑人,如系人民检察院办理的渎职等职务犯罪案件的证人或者同案犯,人民检察院需要对其进行询问或者讯问的,可商公安机关予以配合,公安机关应当予以配合。公安机关办理危害生产安全刑事案件涉及渎职等职务犯罪案件的,如果涉嫌主罪属于公安机关管辖的,由公安机关为主侦查,人民检察院予以配合;如果涉嫌主罪属于人民检察院管辖的,由人民检察院为主侦查,公安机关予以配合。

人民法院、人民检察院和公安机关要坚持以事实为根据,以法律为准绳,贯彻宽严相济的刑事政策,依法从快侦查、审查批准逮捕、审查起诉和审判,尽可能提高办案效率。证明案件事实、性质、危害后果以及犯罪嫌疑人刑事责任的证据具备的,应当提起公诉和审判。不能以变更监视居住、取保候审为名压案不办。

五、加强业务指导和案件督办。上级公安机关、人民检察院对危害生产安全的重特大刑事案件可以直接组织办理,获取主要证据后,指定下级公安机关、人民检察院侦查终结,也可以采取挂牌督办、派员参办等方法,专人负责,全程跟踪。上级公安机关、人民检察院要支持下级机关依法办案,帮助他们排除干扰和阻力,研究解决办案过程中遇到的重大疑难问题。对发案地人民法院、人民检察院、公安机关办理确有困难的案件,上级人民法院、人民检察院、公安机关可以指定管辖、异地交办。

六、人民法院、人民检察院、公安机关、监察机关、安全生产监督管理部门、煤矿安全监察机构,对生产安全责任事故刑事案件的事实、性质认定、证据采信、法律适用以及责任追究有意见分歧的,应当加强协调沟通。协调后意见仍然不一致的,各自向上级机关(部门)报告,由上级机关(部门)协调解决。

公安机关、人民检察院对危害生产安全刑事案件的犯罪嫌疑人采取拘留、逮捕等强制措施的,人民法院作出判决的,应当及时通报事故调查组或者相关职能部门。在案件办理过程中,由于事实、证据或者案件性质发生变化,需要改变原处理决定的,也应当及时通报事故调查组或者相关职能部门。

七、严肃查办谎报瞒报事故行为。对有关单位和个人故意干扰、阻碍办案,或者毁灭、伪造证据、转移藏匿物证书证,或者拒不提供证据资料等违纪违法行为,监察机关要追究直接责任人和有关领导的责任;违反治安管理的,由公安机关进行治安管理处罚;构成犯罪的,依法追究刑事责任. 对国家机关工作人员拘私枉法、帮助犯罪分子逃避处罚以及滥用职权、玩忽职守的,检察机关、监察机关要严肃查处;构成犯罪的,依法追究刑事责任。

八、提高工作透明度,主动接受社会监督。生产安全领域刑事案件的调查、判决情况要及时向社会公布,以取信于民。

九、本通知所提出的各项要求适用于《生产安全事故报告和调查处理条例》规定的生产经营活动中发生的造成人身伤亡或者直接经济损失的生产安全事故的报告、调查处理和侦查、公诉、审判工作。环境污染事故、核设施事故、国防科研生产事故的报告、调查处理以及侦查、公诉、审判工作不适用本通知。

6. 最高人民法院研究室《关于被告人阮某重大劳动安全事故案有关法律适用问题的答复》(法研〔2009〕228号)

陕西省高级人民法院:你院陕高法〔2009〕288号《关于被告人阮某重大劳动安全事故案有关法律适用问题的请示》收悉。经研究,答复如下:

用人单位违反职业病防治法的规定,职业病危害预防设施不符合国家规定,因而发生重大伤亡事故或者造成其他严重后果的,对直接负责的主管人员和其他直接责任人员,可以依照刑法第135条的规定,以重大劳动安全事故罪定罪处罚。

7. 最高人民法院《关于进一步加强危害生产安全刑事案件审判工作的意见》(法发〔2011〕20号)

(详见本书《刑法》第134条相关内容)

8. 最高人民法院、最高人民检察院《关于办理危害生产安全刑事案件适用法律若干问题的解释》(法释〔2015〕22号)

第3条 刑法第135条规定的"直接负责的主管人员和其他直接责任人员",是指对安全生产设施或者安全生产条件不符合国家规定负有直接责任的生产经营单位负责人、管理人员、实际控制人、投资人,以及其他对安全生产设施或者安全生产条件负有管理、维护职责的人员。

第6条 实施刑法第132条、第134条第1款、第135条、第135条之一、第136条、第139条规定的行为,因而发生安全事故,具有下列情形之一的,应当认定为"造成严重后果"或者"发生重大伤亡事故或者造成其他严重后果",对相关责任人员,处3年以下有期徒刑或者拘役:

(一)造成死亡1人以上,或者重伤3人以上的;(二)造成直接经济损失100万元以上的;(三)其他造成严重后果或者重大安全事故的情形。

实施刑法第134条第2款规定的行为,因而发生安全事故,具有本条第1款规定情形的,应当认定为"发生重大伤亡事故或者造成其他严重后果",对相关责任人员,处5年以下有期徒刑或者拘役。

实施刑法第137条规定的行为,因而发生安全事故,具有本条第1款规定情形的,应当认定为"造成重大安全事故",对直接责任人员,处5年以下有期徒刑或者拘役,并处罚金。 实施刑法第138条规定的行为,因而发生安全事故,具有本条第1款第1项规定情形的,应当认定为"发生重大伤亡事故",对直接责任人员,处3年以下有期徒刑或者拘役。

第7条 实施刑法第132条、第134条第1款、第135条、第135条之一、第136条、第139条规定的行为,因而发生安全事故,具有下列情形之一的,对相关责任人员,处3年以上7年以下有期徒刑:

(一)造成死亡3人以上或者重伤10人以上,负事故主要责任的;(二)造成直接经济损失500万元以上,负事故主要责任的;(三)其他造成特别严重后果、情节特别恶劣或者后果特别严重的情形。

实施刑法第134条第2款规定的行为,因而发生安全事故,具有本条第1款规定情形的,对相关责任人员,处5年以上有期徒刑。

实施刑法第137条规定的行为,因而发生安全事故,具有本条第1款规定情形的,对直接责任人员,处5年以上10年以下有期徒刑,并处罚金。

实施刑法第138条规定的行为,因而发生安全事故,具有下列情形之一的,对直接责任人员,处3年以上7年以下有期徒刑:(一)造成死亡3人以上或者重伤10人以上,负事故主要责任的;(二)具有本解释第6条第1款第1项规定情形,同时造成直接经济损失500万元以上并负事故主要责任的,或者同时造成恶劣社会影响的。

第12条 实施刑法第132条、第134条至第139条之一规定的犯罪行为,具有下列情形之一的,从重处罚:

(一)未依法取得安全许可证件或者安全许可证件过期、被暂扣、吊销、注销后从事生产经营活动的;(二)关闭、破坏必要的安全监控和报警设备的;(三)已经发现事故隐患,经有关部门或者个人提出后,仍不采取措施的;(四)1年内曾因危害生产安全违法犯罪活动受过行政处罚或者刑事处罚的;(五)采取弄虚作假、行贿等手段,故意逃避、阻挠负有安全监督管理职责的部门实施监督检查的;(六)安全事故发生后转移财产意图逃避承担责任的;(七)其他从重处罚的情形。

实施前款第5项规定的行为,同时构成刑法第389条规定的犯罪的,依照数罪并罚的规定处罚。

第13条 实施刑法第132条、第134条至第139条之一规定的犯罪行为,在安全事故发生后积极组织、参与事故抢救,或者积极配合调查、主动赔偿损失的,可以酌情从轻处罚。

第16条 对于实施危害生产安全犯罪适用缓刑的犯罪分子,可以根据犯罪情况,禁止其在缓刑考验期限内从事与安全生产相关联的特定活动;对于被判处刑罚的犯罪分子,可以根据犯罪情况和预防再犯罪的需要,禁止其自刑罚执行完毕之日或者假释之日起3年至5年内从事与安全生产相关的职业。(全文详见本书《刑法》第132条相关内容)

9. 最高人民检察院《第25批指导性案例余某某等人重大劳动安全事故案》(检例第94号;2021年1月20日)

(全文详见本书《刑法》第134条相关内容)

10. 最高人民法院、最高人民检察院、公安部、工业和信息化部、住房和城乡建设部、交通运输部、应急管理部、国家铁路局、中国民用航空局、国家邮政局《关于依法惩治涉枪支、弹药、爆炸物、易燃易爆危险物品犯罪的意见》(法发〔2021〕35号)

5. 违反危险化学品安全管理规定,未经依法批准或者许可擅自从事易燃易爆危险物品道路运输活动,或者实施其他违反危险化学品安全管理规定通过道路运输易燃易爆危险物品的行为,危及公共安全的,依照刑法第133条之一第1款第4项的规定,以危险驾驶罪定罪处罚。

在易燃易爆危险物品生产、经营、储存等高度危险的生产作业活动中违反有关安全管理的规定,有下列情形之一,具有发生重大伤亡事故或者其他严重后果的现实危险的,依照刑法第134条之一第3项的规定,以危险作业罪定罪处罚:

(1)委托无资质企业或者个人储存易燃易爆危险物品的;(2)在储存的普通货物中夹带易燃易爆危险物品的;(3)将易燃易爆危险物品谎报或者匿报为普通货物申报、储存的;(4)其他涉及安全生产的事项未经依法批准或者许可,擅自从事易燃易爆危险物品生产、经营、储存等活动的情形。

实施前两款行为,同时构成刑法第130条规定之罪等其他犯罪的,依照处罚较重的规定定罪处罚;导致发生重大伤亡事故或者其他严重后果,符合刑法第134条、第135条、第136条等规定的,依照各该条的规定定罪从重处罚。

9. 通过邮件、快件夹带易燃易爆危险物品,或者将易燃易爆危险物品谎报为普通物品交寄,符合本意见第5条至第8条规定的,依照各该条的规定定罪处罚。(全文详见本书《刑法》第125条相关内容)

第135条之一 【大型群众性活动重大安全事故罪】举办大型群众性活动违反安全管理规定,因而发生重大伤亡事故或者造成其他严重后果的,对直接负责的主管人员和其他直接责任人员,处3年以下有期徒刑或者拘役;情节特别恶劣的,处3年以上7年以下有期徒刑。

(本条《中华人民共和国刑法修正案(6)》增加)

•释义

大型群众性活动重大安全事故罪是指大型群众性活动重大安全事故罪是指举办大型群众性活动违反安全管理规定,因而发生重大伤亡事故或者造成其他严重后果的行为。本罪责任形式是过失。行为主体是直接负责的主管人员和其他直接责任人员。

•管辖

公安机关治安管理部门、监察机关(公职人员行使公权力过程中发生的犯罪案件)。

•立案追诉标准

举办大型群众性活动违反安全管理规定,涉嫌下列情形之一的,应予立案追诉:

(一)造成死亡1人以上,或者重伤3人以上的;

(二)造成直接经济损失50万元以上的;

(三)其他造成严重后果的情形。

•关联法律

1.《中华人民共和国刑法修正案(6)》(2006年6月29日第十届全国人大常委会第二十二次会议通过)

三、在刑法第135条后增加1条,作为第135条之一:"举办大型群众性活动违反安全管理规定,因而发生重大伤亡事故或者造成其他严重后果的,对直接负责的主管人员和其他直接责任人员,处三年以下有期徒刑或者拘役;情节特别严重的,处三年以上七年以下有期徒刑。"

2.最高人民检察院、公安部《关于公安机关管辖的刑事案件立案追诉标准的规定(1)》(公通字〔2008〕36号)

(见本条立案追诉标准内容)

3.最高人民法院、最高人民检察院《关于办理危害生产安全刑事案件适用法律若干问题的解释》(法释〔2015〕22号)

第6条 实施刑法第132条、第134条第1款、第135条、第135条之一、第136条、第139条规定的行为,因而发生安全事故,具有下列情形之一的,应当认定为"造成严重后果"或者"发生重大伤亡事故或者造成其他严重后果",对相关责任人员,处3年以下有期徒刑或者拘役:

(一)造成死亡1人以上,或者重伤3人以上的;(二)造成直接经济损失100万元以上的;(三)其他造成严重后果或者重大安全事故的情形。

实施刑法第134条第2款规定的行为,因而发生安全事故,具有本条第1款规定情形的,应当认定为"发生重大伤亡事故或者造成其他严重后果",对相关责任人员,处5年以下有期徒刑或者拘役。

实施刑法第137条规定的行为,因而发生安全事故,具有本条第1款规定情形的,应当认定为“造成重大安全事故”,对直接责任人员,处5年以下有期徒刑或者拘役,并处罚金。

实施刑法第138条规定的行为,因而发生安全事故,具有本条第1款第1项规定情形的,应当认定为“发生重大伤亡事故”,对直接责任人员,处3年以下有期徒刑或者拘役。

第7条 实施刑法第132条、第134条第1款、第135条、第135条之一、第136条、第139条规定的行为,因而发生安全事故,具有下列情形之一的,对相关责任人员,处3年以上7年以下有期徒刑:

(一)造成死亡3人以上或者重伤10人以上,负事故主要责任的;(二)造成直接经济损失500万元以上,负事故主要责任的;(三)其他造成特别严重后果、情节特别恶劣或者后果特别严重的情形。

实施刑法第134条第2款规定的行为,因而发生安全事故,具有本条第1款规定情形的,对相关责任人员,处5年以上有期徒刑。

实施刑法第137条规定的行为,因而发生安全事故,具有本条第1款规定情形的,对直接责任人员,处5年以上10年以下有期徒刑,并处罚金。

实施刑法第138条规定的行为,因而发生安全事故,具有下列情形之一的,对直接责任人员,处3年以上7年以下有期徒刑:

(一)造成死亡3人以上或者重伤10人以上,负事故主要责任的;(二)具有本解释第6条第1款第1项规定情形,同时造成直接经济损失500万元以上并负事故主要责任的,或者同时造成恶劣社会影响的。

第12条 实施刑法第132条、第134条至第139条之一规定的犯罪行为,具有下列情形之一的,从重处罚:

(一)未依法取得安全许可证件或者安全许可证件过期、被暂扣、吊销、注销后从事生产经营活动的;(二)关闭、破坏必要的安全监控和报警设备的;(三)已经发现事故隐患,经有关部门或者个人提出后,仍不采取措施的;(四)1年内曾因危害生产安全违法犯罪活动受过行政处罚或者刑事处罚的;(五)采取弄虚作假、行贿等手段,故意逃避、阻挠负有安全监督管理职责的部门实施监督检查的;(六)安全事故发生后转移财产意图逃避承担责任的;(七)其他从重处罚的情形。

实施前款第5项规定的行为,同时构成刑法第389条规定的犯罪的,依照数罪并罚的规定处罚。

第13条 实施刑法第132条、第134条至第139条之一规定的犯罪行为,在安全事故发生后积极组织、参与事故抢救,或者积极配合调查、主动赔偿损失的,可以酌情从轻处罚。

第16条 对于实施危害生产安全犯罪适用缓刑的犯罪分子,可以根据犯罪情况,禁止其在缓刑考验期限内从事与安全生产相关联的特定活动;对于被判处刑罚的犯罪分子,可以根据犯罪情况和预防再犯罪的需要,禁止其自刑罚执行完毕之日或者假释之日起3年至5年内从事与安全生产相关的职业。(全文详见本书《刑法》第132条相关内容)

4. 参见本书《刑法》第135条该节内容。

第136条 【危险物品肇事罪】 违反爆炸性、易燃性、放射性、毒害性、腐蚀性物品的管理规定,在生产、储存、运输、使用中发生重大事故,造成严重后果的,处3年以下有期徒刑或者拘役;后果特别严重的,处3年以上7年以下有期徒刑。

• 释义

危险物品肇事罪是指违反爆炸性、易燃性、放射性、毒害性、腐蚀性物品的管理规定,在生产、储存、运输、使用中发生重大事故,造成严重后果的行为。

• 管辖

公安机关治安管理部门、监察机关(公职人员行使公权力过程中发生的犯罪案件)。

• 立案追诉标准

违反爆炸性、易燃性、放射性、毒害性、腐蚀性物品的管理规定,在生产、储存、运输、使用中发生重大事故,涉嫌下列情形之一的,应予立案追诉:

(一)造成死亡1人以上,或者重伤3人以上的;

(二)造成直接经济损失50万元以上的;

(三)其他造成严重后果的情形。

• 关联法律

1. 最高人民检察院、公安部《关于公安机关管辖的刑事案件立案追诉标准的规定(1)》(公通字〔2008〕36号) 第12条

(见本条立案追诉标准内容)

2. 最高人民法院、最高人民检察院《关于办理危害生产安全刑事案件适用法律若干问题的解释》(法释〔2015〕22号)

(详见本书《刑法》第135条之一相关内容)

3. 最高人民法院、最高人民检察院、公安部、工业和信息化部、住房和城乡建设部、交通运输部、应急管理部、国家铁路局、中国民用航空局、国家邮政局《关于依法惩治涉枪支、弹药、爆炸物、易燃易爆危险物品犯罪的意见》(法发〔2021〕35号)

5. 违反危险化学品安全管理规定,未经依法批准或者许可擅自从事易燃易爆危险物品道路运输活动,或者实施其他违反危险化学品安全管理规定通过道路运输易燃易爆危险物品的行为,危及公共安全的,依照刑法第133条之一第1款第4项的规定,以危险驾驶罪定罪处罚。

在易燃易爆危险物品生产、经营、储存等高度危险的生产作业活动中违反有关安全管理的规定,有下列情形之一,具有发生重大伤亡事故或者其他严重后果的现实危险的,依照刑法第134条之一第3项的规定,以危险作业罪定罪处罚:

(1)委托无资质企业或者个人储存易燃易爆危险物品的;(2)在储存的普通货物中夹带易燃易爆危险物品的;(3)将易燃易爆危险物品谎报或者匿报为普通货物申报、储存的;(4)其他涉及安全生产的事项未经依法批准或者许可,擅自从事易燃易爆危险物品生产、经营、储存等活动的情形。

实施前两款行为,同时构成刑法第130条规定之罪等其他犯罪的,依照处罚较重的规定定罪处罚;导致发生重大伤亡事故或者其他严重后果,符合刑法第134条、第135条、第136条等规定的,依照各该条的规定定罪从重处罚。

6. 在易燃易爆危险物品生产、储存、运输、使用中违反有关安全管理的规定,实施本意见第5条前两款规定以外的其他行为,导致发生重大事故,造成严重后果,符合刑法第136条等规定的,以危险物品肇事罪等罪名定罪处罚。

7. 实施刑法第136条规定等行为,向负有安全生产监督管理职责的部门不报、谎报或者迟报相关情况的,从重处罚;同时构成刑法第139条之一规定之罪的,依照数罪并罚的规定处罚。

9. 通过邮件、快件夹带易燃易爆危险物品,或者将易燃易爆危险物品谎报为普通物品交寄,符合本意见第5条至第8条规定的,依照各该条的规定定罪处罚。(全文详见本书《刑法》

第125条相关内容）

4. 参见本书《刑法》第135条该节内容。

第137条 【工程重大安全事故罪】 建设单位、设计单位、施工单位、工程监理单位违反国家规定，降低工程质量标准，造成重大安全事故的，对直接责任人员，处5年以下有期徒刑或者拘役，并处罚金；后果特别严重的，处5年以上10年以下有期徒刑，并处罚金。

• 释义

工程重大安全事故罪是指建设单位、设计单位、施工单位、工程监理单位违反国家规定，降低工程质量标准，造成重大安全事故的行为。

本罪责任形式是过失；行为主体是直接责任人员。

• 管辖

公安机关治安管理部门、监察机关（公职人员行使公权力过程中发生的犯罪案件）。

• 立案追诉标准

建设单位、设计单位、施工单位、工程监理单位违反国家规定，降低工程质量标准，涉嫌下列情形之一的，应予立案追诉：

（一）造成死亡1人以上，或者重伤3人以上的；

（二）造成直接经济损失50万元以上的；

（三）其他造成严重后果的情形。

• 关联法律

1. 最高人民检察院、公安部《关于公安机关管辖的刑事案件立案追诉标准的规定（1）》（公通字〔2008〕36号）

（见本条立案追诉标准内容）

2. 最高人民法院、最高人民检察院《关于办理危害生产安全刑事案件适用法律若干问题的解释》（法释〔2015〕22号）

（详见本书《刑法》第135条之一相关内容）

3. 最高人民法院、最高人民检察院、公安部、国家安全部、司法部《人体损伤致残程度分级》（2016年4月18日公告；2017年1月1日施行）

（全文略）

4. 最高人民法院、最高人民检察院、公安部《关于办理涉窨井盖相关刑事案件的指导意见》（2020年3月16日）

五、在生产、作业中违反有关安全管理的规定，擅自移动窨井盖或者未做好安全防护措施等，发生重大伤亡事故或者造成其他严重后果的，依照刑法第134条第1款的规定，以重大责任事故罪定罪处罚。

窨井盖建设、设计、施工、工程监理单位违反国家规定，降低工程质量标准，造成重大安全事故的，依照刑法第137条的规定，以工程重大安全事故罪定罪处罚。（全文详见本书《刑法》第233条相关内容）

5. 参见本书《刑法》第135条该节内容。

第138条 【教育设施重大安全事故罪】 明知校舍或者教育教学设施有危险，而不采取措施或者不及时报告，致使发生重大伤亡事故的，对直接责任人员，处3年以下有期徒刑或者拘役；后果特别严重的，处3年以上7年以下有期徒刑。

• 释义

教育设施重大安全事故罪是指明知校舍或者教育教学设施有危险，而不采取措施或者不及时报告，致使发生重大伤亡事故的行为。

本罪责任形式是过失；行为主体是直接责任人员。

• 管辖

公安机关治安管理部门、监察机关（公职人员行使公权力过程中发生的犯罪案件）。

• 立案追诉标准

明知校舍或者教育教学设施有危险，而不采取措
施或者不及时报告，涉嫌下列情形之一的，应予立案追诉：

（一）造成死亡1人以上、重伤3人以上或者轻伤10人以上的；

（二）其他致使发生重大伤亡事故的情形。

【定罪量刑标准】

1. 最高人民检察院、公安部《关于公安机关管辖的刑事案件立案追诉标准的规定（1）》（公通字〔2008〕36号）

（见本条立案追诉标准内容）

2. 最高人民法院、最高人民检察院《关于办理危害生产安全刑事案件适用法律若干问题的解释》（法释〔2015〕22号）

（详见本书《刑法》第135条之一相关内容）

3. 最高人民法院、最高人民检察院、公安部、国家安全部、司法部《人体损伤致残程度分级》（2016年4月18日公告；2017年1月1日施行）

（全文略）

4. 参见本书《刑法》第135条该节内容。

第139条 【消防责任事故罪】 违反消防管理法规，经消防监督机构通知采取改正措施而拒绝执行，造成严重后果的，对直接责任人员，处3年以下有期徒刑或者拘役；后果特别严重的，处3年以上7年以下有期徒刑。

• 释义

消防责任事故罪是指违反消防管理法规，经消防监督机构通知采取改正措施而拒绝执行，造成严重后果的行为。

本罪责任形式是过失；行为主体为直接责任人员。

根据司法解释：决定不报、谎报事故情况或指使、串通有关人员不报、谎报事故情况；在事故抢救期间擅离职守或者逃匿；伪造、破坏事故现场，或者转移、藏匿、毁灭遇难人员尸体，或者转移、藏匿受伤人员；毁灭、伪造、隐匿与事故有关的图纸、记录、计算机数据等资料以及其

他证据,致使不能及时有效开展事故抢救的,构成本罪。导致事故后果扩大,增加死亡3人以上或增加重伤10人以上,或者增加直接经济损失300万元以上;或者采用暴力、胁迫、命令等方式阻止他人报告事故情况导致事故后果扩大的,属于“情节特别严重”。

• 管辖

公安机关刑事侦查部门、监察机关(公职人员行使公权力过程中发生的犯罪案件)。

• 立案追诉标准

违反消防管理法规,经消防监督机构通知采取改正措施而拒绝执行,涉嫌下列情形之一的,应予立案追诉:

(一)造成死亡1人以上,或者重伤3人以上的;

(二)造成直接经济损失50万元以上的;

(三)造成森林火灾,过火有林地面积2公顷以上,或者过火疏林地、灌木林地、未成林地、苗圃地面积4公顷以上的;

(四)其他造成严重后果的情形。

• 关联法律

1. 最高人民检察院、公安部《关于公安机关管辖的刑事案件立案追诉标准的规定(1)》(公通字〔2008〕36号)

(见本条立案追诉标准内容)

2. 最高人民法院、最高人民检察院《关于办理危害生产安全刑事案件适用法律若干问题的解释》(法释〔2015〕22号)

(详见本书《刑法》第135条之一相关内容)

3. 最高人民法院、最高人民检察院、公安部、国家安全部、司法部《人体损伤致残程度分级》(2016年4月18日公告;2017年1月1日施行)

(全文略)

4. 参见本书《刑法》第135条该节内容。

第139条之一 【不报、谎报安全事故罪】 在安全事故发生后,负有报告职责的人员不报或者谎报事故情况,贻误事故抢救,情节严重的,处3年以下有期徒刑或者拘役;情节特别严重的,处3年以上7年以下有期徒刑。

(本条《中华人民共和国刑法修正案(6)》增加)

• 释义

不报、谎报安全事故罪是指在安全事故发生后,负有报告职责的人员不报或者谎报事故情况,贻误事故抢救,情节严重的行为。

本罪的责任形式为故意。

负有报告责任的人员,是指矿山生产经营单位负责人、实际控制人、负责生产经营管理的投资人以及其他负有报告责任的人。

安全事故发生后,负有报告职责的国家工作人员不报或者谎报事故情况,贻误事故抢救,构成本罪,同时构成职务犯罪或其他危害生产安全犯罪的,依照数罪并罚的规定处罚。

事故发生后,采取转移、藏匿、毁灭遇难人员尸体,或者毁灭、伪造、隐藏影响事故证据,或者转移财产,逃避责任的,依法从重处罚。

•管辖

公安机关治安管理部门、监察机关(公职人员行使公权力过程中发生的犯罪案件)。

•立案追诉标准

1. 在《最高人民检察院、公安部关于公安机关管辖的刑事案件立案追诉标准的规定(1)》(以下简称《立案追诉标准(1)》)第15条后增加1条,作为第15条之一:

在安全事故发生后,负有报告职责的人员不报或者谎报事故情况,贻误事故抢救,涉嫌下列情形之一的,应予立案追诉:

(一)导致事故后果扩大,增加死亡1人以上,或者增加重伤3人以上,或者增加直接经济损失100万元以上的;

(二)实施下列行为之一,致使不能及时有效开展事故抢救的:

1. 决定不报、迟报、谎报事故情况或者指使、串通有关人员不报、迟报、谎报事故情况的;

2. 在事故抢救期间擅离职守或者逃匿的;

3. 伪造、破坏事故现场,或者转移、藏匿、毁灭遇难人员尸体,或者转移、藏匿受伤人员的;

4. 毁灭、伪造、隐匿与事故有关的图纸、记录、计算机数据等资料以及其他证据的;

(三)其他不报、谎报安全事故情节严重的情形。

本条规定的"负有报告职责的人员",是指负有组织、指挥或者管理职责的负责人、管理人员、实际控制人、投资人,以及其他负有报告职责的人员。

•关联法律

1.《中华人民共和国刑法修正案(6)》(2006年6月29日第十届全国人大常委会第二十二次会议通过)

四、在刑法第139条后增加1条,作为第139条之一:"在安全事故发生后,负有报告职责的人员不报或者谎报事故情况,贻误事故抢救,情节严重的,处3年以下有期徒刑或者拘役;情节特别严重的,处3年以上7年以下有期徒刑。"

2. 最高人民法院、最高人民检察院《关于办理危害矿山生产安全刑事案件具体应用法律若干问题的解释》(法释〔2007〕5号)

(法释〔2015〕22号已声明该文件废止)

3. 最高人民法院、最高人民检察院《关于办理危害生产安全刑事案件适用法律若干问题的解释》(法释〔2015〕22号)

第4条 刑法第139条之一规定的"负有报告职责的人员",是指负有组织、指挥或者管理职责的负责人、管理人员、实际控制人、投资人,以及其他负有报告职责的人员。

第6条 实施刑法第132条、第134条第1款、第135条、第135条之一、第136条、第139条规定的行为,因而发生安全事故,具有下列情形之一的,应当认定为"造成严重后果"或者"发生重大伤亡事故或者造成其他严重后果",对相关责任人员,处3年以下有期徒刑或者拘役:

(一)造成死亡1人以上,或者重伤3人以上的;(二)造成直接经济损失100万元以上的;(三)其他造成严重后果或者重大安全事故的情形。

实施刑法第134条第2款规定的行为,因而发生安全事故,具有本条第1款规定情形的,应当认定为"发生重大伤亡事故或者造成其他严重后果",对相关责任人员,处5年以下有期徒刑或者拘役。

实施刑法第137条规定的行为,因而发生安全事故,具有本条第1款规定情形的,应当认定为“造成重大安全事故”,对直接责任人员,处5年以下有期徒刑或者拘役,并处罚金。

实施刑法第138条规定的行为,因而发生安全事故,具有本条第1款第1项规定情形的,应当认定为“发生重大伤亡事故”,对直接责任人员,处3年以下有期徒刑或者拘役。

第7条 实施刑法第132条、第134条第1款、第135条、第135条之一、第136条、第139条规定的行为,因而发生安全事故,具有下列情形之一的,对相关责任人员,处3年以上7年以下有期徒刑:

(一)造成死亡3人以上或者重伤10人以上,负事故主要责任的;(二)造成直接经济损失500万元以上,负事故主要责任的;(三)其他造成特别严重后果、情节特别恶劣或者后果特别严重的情形。

实施刑法第134条第2款规定的行为,因而发生安全事故,具有本条第1款规定情形的,对相关责任人员,处5年以上有期徒刑。

实施刑法第137条规定的行为,因而发生安全事故,具有本条第1款规定情形的,对直接责任人员,处5年以上10年以下有期徒刑,并处罚金。

实施刑法第138条规定的行为,因而发生安全事故,具有下列情形之一的,对直接责任人员,处3年以上7年以下有期徒刑:

(一)造成死亡3人以上或者重伤10人以上,负事故主要责任的;(二)具有本解释第6条第1款第1项规定情形,同时造成直接经济损失500万元以上并负事故主要责任的,或者同时造成恶劣社会影响的。

第8条 在安全事故发生后,负有报告职责的人员不报或者谎报事故情况,贻误事故抢救,具有下列情形之一的,应当认定为刑法第139条之一规定的“情节严重”:(一)导致事故后果扩大,增加死亡1人以上,或者增加重伤3人以上,或者增加直接经济损失100万元以上的;(二)实施下列行为之一,致使不能及时有效开展事故抢救的:1. 决定不报、迟报、谎报事故情况或者指使、串通有关人员不报、迟报、谎报事故情况的;2. 在事故抢救期间擅离职守或者逃匿的;3. 伪造、破坏事故现场,或者转移、藏匿、毁灭遇难人员尸体,或者转移、藏匿受伤人员的;4. 毁灭、伪造、隐匿与事故有关的图纸、记录、计算机数据等资料以及其他证据的;(三)其他情节严重的情形。

具有下列情形之一的,应当认定为刑法第139条之一规定的“情节特别严重”:

(一)导致事故后果扩大,增加死亡3人以上,或者增加重伤10人以上,或者增加直接经济损失500万元以上的;(二)采用暴力、胁迫、命令等方式阻止他人报告事故情况,导致事故后果扩大的;(三)其他情节特别严重的情形。

第9条 在安全事故发生后,与负有报告职责的人员串通,不报或者谎报事故情况,贻误事故抢救,情节严重的,依照刑法第139条之一的规定,以共犯论处。

第12条 实施刑法第132条、第134条至第139条之一规定的犯罪行为,具有下列情形之一的,从重处罚:

(一)未依法取得安全许可证件或者安全许可证件过期、被暂扣、吊销、注销后从事生产经营活动的;(二)关闭、破坏必要的安全监控和报警设备的;(三)已经发现事故隐患,经有关部门或者个人提出后,仍不采取措施的;(四)1年内曾因危害生产安全违法犯罪活动受过行政处罚或者刑事处罚的;(五)采取弄虚作假、行贿等手段,故意逃避、阻挠负有安全监督管理职责的部门实施监督检查的;(六)安全事故发生后转移财产意图逃避承担责任的;(七)其他从重处罚的情形。

实施前款第5项规定的行为，同时构成刑法第389条规定的犯罪的，依照数罪并罚的规定处罚。

第13条 实施刑法第132条、第134条至第139条之一规定的犯罪行为，在安全事故发生后积极组织、参与事故抢救，或者积极配合调查、主动赔偿损失的，可以酌情从轻处罚。

第16条 对于实施危害生产安全犯罪适用缓刑的犯罪分子，可以根据犯罪情况，禁止其在缓刑考验期限内从事与安全生产相关联的特定活动；对于被判处刑罚的犯罪分子，可以根据犯罪情况和预防再犯罪的需要，禁止其自刑罚执行完毕之日或者假释之日起3年至5年内从事与安全生产相关的职业。（全文详见本书《刑法》第132条相关内容）

4. 最高人民检察院、公安部《关于公安机关管辖的刑事案件立案追诉标准的规定（1）的补充规定》（公通字〔2017〕12号）第1条

（见本条立案追诉标准内容）

5. 参见本书《刑法》第135条该节内容。

6. 最高人民检察院《第25批指导性案例黄某某等人重大责任事故、谎报安全事故案》（检例第96号；2021年1月20日）

（全文详见本书《刑法》第134条相关内容）

7. 最高人民法院、最高人民检察院、公安部、工业和信息化部、住房和城乡建设部、交通运输部、应急管理部、国家铁路局、中国民用航空局、国家邮政局《关于依法惩治涉枪支、弹药、爆炸物、易燃易爆危险物品犯罪的意见》（法发〔2021〕35号）

5. 违反危险化学品安全管理规定，未经依法批准或者许可擅自从事易燃易爆危险物品道路运输活动，或者实施其他违反危险化学品安全管理规定通过道路运输易燃易爆危险物品的行为，危及公共安全的，依照刑法第133条之一第1款第4项的规定，以危险驾驶罪定罪处罚。

在易燃易爆危险物品生产、经营、储存等高度危险的生产作业活动中违反有关安全管理的规定，有下列情形之一，具有发生重大伤亡事故或者其他严重后果的现实危险的，依照刑法第134条之一第3项的规定，以危险作业罪定罪处罚：

（1）委托无资质企业或者个人储存易燃易爆危险物品的；（2）在储存的普通货物中夹带易燃易爆危险物品的；（3）将易燃易爆危险物品谎报或者匿报为普通货物申报、储存的；（4）其他涉及安全生产的事项未经依法批准或者许可，擅自从事易燃易爆危险物品生产、经营、储存等活动的情形。

实施前两款行为，同时构成刑法第130条规定之罪等其他犯罪的，依照处罚较重的规定定罪处罚；导致发生重大伤亡事故或者其他严重后果，符合刑法第134条、第135条、第136条等规定的，依照各该条的规定定罪从重处罚。

6. 在易燃易爆危险物品生产、储存、运输、使用中违反有关安全管理的规定，实施本意见第5条前两款规定以外的其他行为，导致发生重大事故，造成严重后果，符合刑法第136条等规定的，以危险物品肇事罪等罪名定罪处罚。

7. 实施刑法第136条规定等行为，向负有安全生产监督管理职责的部门不报、谎报或者迟报相关情况的，从重处罚；同时构成刑法第139条之一规定之罪的，依照数罪并罚的规定处罚。

8. 在水路、铁路、航空易燃易爆危险物品运输生产作业活动中违反有关安全管理的规定，有下列情形之一，明知存在重大事故隐患而不排除，足以危害公共安全的，依照刑法第114条的规定，以危险方法危害公共安全罪定罪处罚；致人重伤、死亡或者使公私财产遭受重大损失的，依照刑法第115条第1款的规定处罚：

（1）未经依法批准或者许可，擅自从事易燃易爆危险物品运输的；（2）委托无资质企业或者个人承运易燃易爆危险物品的；（3）在托运的普通货物中夹带易燃易爆危险物品的；（4）将

易燃易爆危险物品谎报或者匿报为普通货物托运的;(5)其他在水路、铁路、航空易燃易爆危险物品运输活动中违反有关安全管理规定的情形。

非法携带易燃易爆危险物品进入水路、铁路、航空公共交通工具或者有关公共场所,危及公共安全,情节严重的,依照刑法第130条的规定,以非法携带危险物品危及公共安全罪定罪处罚。

9. 通过邮件、快件夹带易燃易爆危险物品,或者将易燃易爆危险物品谎报为普通物品交寄,符合本意见第5条至第8条规定的,依照各该条的规定定罪处罚。(全文详见本书《刑法》第125条相关内容)

第三章 破坏社会主义市场经济秩序罪

破坏社会主义市场经济秩序罪是指违反国家市场经济管理法规,破坏社会主义市场经济秩序,严重危害市场经济发展的行行为。

本章规定的犯罪,责任形式绝大多数是故意,释义中只指明过失犯罪。

注:本章第1节、第7节规定的案件,检察院没有提起诉讼,被害人有证据证明的轻微刑事案件,法院可以直接受理,但严重危害社会秩序和国家利益的除外。

第一节 生产、销售伪劣商品罪

本节罪的责任形式皆为故意;行为主体都既可以是自然人,也可以是单位。

第140条 【生产、销售伪劣产品罪】 生产者、销售者在产品中掺杂、掺假,以假充真,以次充好或者以不合格产品冒充合格产品,销售金额5万元以上不满20万元的,处2年以下有期徒刑或者拘役,并处或者单处销售金额百分之五十以上2倍以下罚金;销售金额20万元以上不满50万元的,处2年以上7年以下有期徒刑,并处销售金额百分之五十以上2倍以下罚金;销售金额50万元以上不满200万元的,处7年以上有期徒刑,并处销售金额百分之五十以上2倍以下罚金;销售金额200万元以上的,处15年有期徒刑或者无期徒刑,并处销售金额百分之五十以上2倍以下罚金或者没收财产。

• 释义

生产、销售伪劣产品罪是指生产者、销售者在产品中掺杂、掺假,以假充真,以次充好或者以不合格产品冒充合格产品,销售金额较大的行为。

"在产品中掺杂、掺假"是指在产品中掺入杂质或者异物,致使产品质量不符合国家法律、法规或者产品明示质量标准规定的质量要求,降低、失去应有使用性能的行为;"以假充真"是指以不具有某种使用性能的产品冒充具有该种使用性能的产品的行为;"以次充好"是指以低等级、低档次产品冒充高等级、高档次产品,或者以残次、废旧零配件组合、拼装后冒充正品或者新产品的行为;"不合格产品"是指不符合《产品质量法》第26条第2款规定的质量要求的产品。销售金额"是指生产者、销售者出售伪劣产品后所得和应得的全部违法收入;伪劣产品尚未销售,货值金额达到本条规定的销售金额3倍以上的,以本罪(未遂)定罪处罚。货值金额以违法生产、销售的伪劣产品的标价计算;没有标价的,按照同类合格产品的市场中间价格计算。

多次实施生产、销售伪劣产品行为,未经处理的,销售金额或者货值金额累计计算。在预防、控制突发传染病疫情等灾害期间,生产、销售伪劣的防治、防护产品、物资,或者生产、销售用于防治传染病的假药、劣药,构成犯罪的,分别依照本罪、生产、销售假药、劣药罪或者生产、销售劣药罪定罪,依法从重处罚。

生产、销售伪劣烟卷、雪茄烟等烟草专卖品,销售金额在5万元以上的,以本罪定罪处罚;尚未销售但货值金额15万元以上,或者销售金额未达到5万元,但与未销售金额合"计达到15万元以上的,以本罪(未遂)定罪处罚。行为人实施非法生产、销售烟草专卖品犯罪,同时构成本罪、侵犯知识产权犯罪、非法经营罪的,依照处罚较重的规定定罪处罚。

明知他人实施本罪而为其提供贷款、资金、账号、发票、证明、许可证件,或者提供生产、经营场所、设备、运输、仓储、保管、邮寄、代理进出口等便利条件,或者提供生产技术、卷烟配方的,按照共犯追究刑事责任。

烟草专卖品是指卷烟、雪茄烟、烟丝、复烤烟叶、烟叶、卷烟纸、滤嘴棒、烟用丝束、烟草专用机械。虽无法查明"食用油"是否利用"地沟油"生产、加工,但犯罪嫌疑人、被告人明知该"食用油"来源可疑而予以销售的,经鉴定,属于以假充真、以次充好、以不合格产品冒充合格产品的。

• 管辖

公安机关食品药品犯罪侦查部门、法院(本罪,人民检察院没有提起公诉,被害人有证据证明的轻微刑事案件,但严重危害社会秩序和国家利益的除外)。

• 立案追诉标准

生产者、销售者在产品中掺杂、掺假,以假充真,以次充好或者以不合格产品冒充合格产品,涉嫌下列情形之一的,应予立案追诉:

(一)伪劣产品销售金额5万元以上的;

(二)伪劣产品尚未销售,货值金额15万元以上的;

(三)伪劣产品销售金额不满5万元,但将已销售金额乘以3倍后,与尚未销售的伪劣产品货值金额合计15万元以上的。

注:本立案追诉标准所指"在产品中掺杂、掺假",是指在产品中掺入杂质或者异物,致使产品质量不符合国家法律、法规或者产品明示质量标准规定的质量要求,降低、失去应有使用性能的行为;"以假充真",是指以不具有某种使用性能的产品冒充具有该种使用性能的产品的行为;"以次充好",是指以低等级、低档次产品冒充高等级、高档次产品,或者以残次、废旧零配件组合、拼装后冒充正品或者新产品的行为;"不合格产品",是指不符合《中华人民共和国产品质量法》规定的质量要求的产品。

上述行为难以确定的,应当委托法律、行政法规规定的产品质量检验机构进行鉴定。

"销售金额",是指生产者、销售者出售伪劣产品后所得和应得的全部违法收入;"货值金额",以违法生产、销售的伪劣产品的标价计算;没有标价的,按照同类合格产品的市场中间价格计算。货值金额难以确定的,按照《扣押、追缴、没收物品估价管理办法》的规定,委托估价机构进行确定。

• 关联法律

1.《中华人民共和国广告法》(1994年10月27日第八届全国人大常委会第十次会议通过;2015年4月24日第十二届全国人大常委会第十四次会议修订;2018年10月26日第十三届全国人大常委会第六次会议《全国人民代表大会常务委员会关于修改〈中华人民共和国野生动物保护法〉等十五部法律的决定》第一次修正;2021年4月29日第十三届全国人大常委会第二十八次会议通过的《全国人民代表大会常务委员会关于修改〈中华人民共和国道路交通安全法〉等八部法律的决定》第二次修正)

第55条 违反本法规定,发布虚假广告的,由市场监督管理部门责令停止发布广告,责令广告主在相应范围内消除影响,处广告费用3倍以上5倍以下的罚款,广告费用无法计算或者明显偏低的,处20万元以上100万元以下的罚款;2年内有3次以上违法行为或者有其他严重情节的,处广告费用5倍以上10倍以下的罚款,广告费用无法计算或者明显偏低的,处100万元以上200万元以下的罚款,可以吊销营业执照,并由广告审查机关撤销广告审查批准文件、1年内不受理其广告审查申请。

医疗机构有前款规定违法行为,情节严重的,除由市场监督管理部门依照本法处罚外,卫生行政部门可以吊销诊疗科目或者吊销医疗机构执业许可证。

广告经营者、广告发布者明知或者应知广告虚假仍设计、制作、代理、发布的,由市场监督管理部门没收广告费用,并处广告费用3倍以上5倍以下的罚款,广告费用无法计算或者明显偏低的,处20万元以上100万元以下的罚款;2年内有3次以上违法行为或者有其他严重情节的,处广告费用5倍以上10倍以下的罚款,广告费用无法计算或者明显偏低的,处100万元以上200万元以下的罚款,并可以由有关部门暂停广告发布业务、吊销营业执照。

广告主、广告经营者、广告发布者有本条第1款、第3款规定行为,构成犯罪的,依法追究刑事责任。

2. 最高人民法院、最高人民检察院《关于办理生产、销售伪劣商品刑事案件具体应用法律若干问题的解释》(法释〔2001〕10号)

为依法惩治生产、销售伪劣商品犯罪活动,根据刑法有关规定,现就办理这类案件具体应用法律的若干问题解释如下:

第1条 刑法第140条规定的"在产品中掺杂、掺假",是指在产品中掺入杂质或者异物,致使产品质量不符合国家法律、法规或者产品明示质量标准规定的质量要求,降低、失去应有使用性能的行为。

刑法第140条规定的"以假充真",是指以不具有某种使用性能的产品冒充具有该种使用性能的产品的行为。

刑法第140条规定的"以次充好",是指以低等级、低档次产品冒充高等级、高档次产品,或者以残次、废旧零配件组合、拼装后冒充正品或者新产品的行为。

刑法第140条规定的"不合格产品",是指不符合《中华人民共和国产品质量法》第26条第2款规定的质量要求的产品。

对本条规定的上述行为难以确定的,应当委托法律、行政法规规定的产品质量检验机构进行鉴定。

第2条 刑法第140条、第149条规定的"销售金额",是指生产者、销售者出售伪劣产品后所得全部违法收入。

伪劣产品尚未销售,货值金额达到刑法第140条规定的销售金额3倍以上的,以生产、销售伪劣产品罪(未遂)定罪处罚。

货值金额以违法生产、销售的伪劣产品的标价计算;没有标价的,按照同类合格产品的市场中间价格计算。货值金额难以确定的,按照国家计划委员会、最高人民法院、最高人民检察院、公安部1997年4月22日联合发布的《扣押、追缴、没收物品估价管理办法》的规定,委托指定的估价机构确定。

多次实施生产、销售伪劣产品行为,未经处理的,伪劣产品的销售金额或者货值金额累计计算。

第3条 经省级以上药品监督管理部门设置或者确定的药品检验机构鉴定,生产、销售的假药具有下列情形之一的,应认定为刑法第141条规定的"足以严重危害人体健康":(一)含有超标准的有毒有害物质的;(二)不含所标明的有效成份,可能贻误诊治的;(三)所标明的适应症或者功能主治超出规定范围,可能造成贻误诊治的;(四)缺乏所标明的急救必需的有效成份的。

生产、销售的假药被使用后,造成轻伤、重伤或者其他严重后果的,应认定为"对人体健康造成严重危害"。

生产、销售的假药被使用后,致人严重残疾、3人以上重伤、10人以上轻伤或者造成其他特别严重后果的,应认定为"对人体健康造成特别严重危害"。

第4条 经省级以上卫生行政部门确定的机构鉴定,食品中含有可能导致严重食物中毒事故或者其他严重食源性疾患的超标准的有害细菌或者其他污染物的,应认定为刑法第143条规定的"足以造成严重食物中毒事故或者其他严重食源性疾患"。

生产、销售不符合卫生标准的食品被食用后,造成轻伤、重伤或者其他严重后果的,应认定为"对人体健康造成严重危害"。

生产、销售不符合卫生标准的食品被食用后,致人死亡、严重残疾、3人以上重伤、10人以上轻伤或者造成其他特别严重后果的,应认定为"后果特别严重"。

第5条 生产、销售的有毒、有害食品被食用后,造成轻伤、重伤或者其他严重后果的,应认定为刑法第144条规定的"对人体健康造成严重危害"。

生产、销售的有毒、有害食品被食用后,致人严重残疾、3人以上重伤、10人以上轻伤或者造成其他特别严重后果的,应认定为"对人体健康造成特别严重危害"。

第6条 生产、销售不符合标准的医疗器械、医用卫生材料,致人轻伤或者其他严重后果的,应认定为刑法第145条规定的"对人体健康造成严重危害"。

生产、销售不符合标准的医疗器械、医用卫生材料,造成感染病毒性肝炎等难以治愈的疾病、1人以上重伤、3人以上轻伤或者其他严重后果的,应认定为"后果特别严重"。

生产、销售不符合标准的医疗器械、医用卫生材料,致人死亡、严重残疾、感染艾滋病、3人以上重伤、10人以上轻伤或者造成其他特别严重后果的,应认定为"情节特别恶劣"。

医疗机构或者个人,知道或者应当知道是不符合保障人体健康的国家标准、行业标准的医疗器械、医用卫生材料而购买、使用,对人体健康造成严重危害的,以销售不符合标准的医用器材罪定罪处罚。

没有国家标准、行业标准的医疗器械,注册产品标准可视为"保障人体健康的行业标准"。

第7条 刑法第147条规定的生产、销售伪劣农药、兽药、化肥、种子罪中"使生产遭受较大损失",一般以2万元为起点;"重大损失",一般以10万元为起点;"特别重大损失",一般以50万元为起点。

第8条 国家机关工作人员徇私舞弊,对生产、销售伪劣商品犯罪不履行法律规定的查处职责,具有下列情形之一的,属于刑法第414条规定的"情节严重":(一)放纵生产、销售假药或者有毒、有害食品犯罪行为的;(二)放纵依法可能判处2年有期徒刑以上刑罚的生产、销售、伪劣商品犯罪行为的;(三)对3个以上有生产、销售伪劣商品犯罪行为的单位或者个人不履行追究职责的;(四)致使国家和人民利益遭受重大损失或者造成恶劣影响的。

第9条 知道或者应当知道他人实施生产、销售伪劣商品犯罪,而为其提供贷款、资金、账号、发票、证明、许可证件,或者提供生产、经营场所或者运输、仓储、保管、邮寄等便利条件,或者提供制假生产技术的,以生产、销售伪劣商品犯罪的共犯论处。

第10条 实施生产、销售伪劣商品犯罪,同时构成侵犯知识产权、非法经营等其他犯罪的,依照处罚较重的规定定罪处罚。

第11条 实施刑法第140条至第148条规定的犯罪,又以暴力、威胁方法抗拒查处,构成其他犯罪的,依照数罪并罚的规定处罚。

第12条 国家机关工作人员参与生产、销售伪劣商品犯罪的,从重处罚。

3. 最高人民法院《关于审理生产、销售伪劣商品刑事案件有关鉴定问题的通知》(法〔2001〕70号)

自全国开展整顿和规范市场经济秩序工作以来,各地人民法院陆续受理了一批生产、销售伪劣产品、假冒商标和非法经营等严重破坏社会主义市场经济秩序的犯罪案件。此类案件中涉及的生产、销售的产品,有的纯属伪劣产品,有的则只是侵犯知识产权的产品。由于涉案产品是否"以假充真"、"以次充好"、"以不合格产品冒充合格产品",直接影响到对被告人的定罪及处刑,为准确适用刑法和《最高人民法院、最高人民检察院关于办理生产、销售伪劣商品刑事案件具体应用法律若干问题的解释》(以下简称《解释》),严惩假冒伪劣商品犯罪,不放纵和轻纵犯罪分子,现就审理生产、销售伪劣商品、假冒商标和非法经营等严重破坏社会主义市场经济秩序的犯罪案件中可能涉及的假冒伪劣商品的有关鉴定问题通知如下:

一、对于提起公诉的生产、销售伪劣产品、假冒商标、非法经营等严重破坏社会主义市场经济秩序的犯罪案件,所涉生产、销售的产品是否属于"以假充真"、"以次充好"、"以不合格产品冒充合格产品"难以确定的,应当根据《解释》第1条第5款的规定,由公诉机关委托法律、行政法规规定的产品质量检验机构进行鉴定。

二、根据《解释》第3条和第4条的规定,人民法院受理的生产、销售假药犯罪案件和生产、销售不符合卫生标准的食品犯罪案件,均需有"省级以上药品监督管理部门设置或者确定的药品检验机构"和"省级以上卫生行政部门确定的机构"出具的鉴定结论。

三、经鉴定确系伪劣商品,被告人的行为既构成生产、销售伪劣产品罪,又构成生产、销售假药罪或者生产、销售不符合卫生标准的食品罪,或者同时构成侵犯知识产权、非法经营等其他犯罪的,根据刑法第149条第2款和《解释》第10条的规定,应当依照处罚较重的规定定罪处罚。

4. 最高人民检察院《关于办理非法经营食盐刑事案件具体应用法律若干问题的解释》(高检发释字〔2002〕6号)

被最高人民检察院《关于废止〈最高人民检察院关于办理非法经营食盐刑事案件具体应用法律若干问题的解释〉的决定》(高检发释字〔2020〕2号)废止。

5. 最高人民法院、最高人民检察院、公安部、国家烟草专卖局《关于办理假冒伪劣烟草制品等刑事案件适用法律问题座谈会纪要》(高检会〔2003〕4号)

生产、销售假冒伪劣烟草制品等犯罪行为严重破坏国家烟草专卖制度,扰乱社会主义市场经济秩序,侵害消费者合法权益。2001年以来,公安部、国家烟草专卖局联合开展了卷烟打假专项行动,取得了显著成效。同时,在查处生产、销售假冒伪劣烟草制品等犯罪案件过程中也遇到了一些适用法律方面的问题。为此,最高人民法院、最高人民检察院、公安部、国家烟草专卖局于2003年8月4日至6日在昆明召开了办理假冒伪劣烟草制品等刑事案件适用法律问题座谈会。最高人民法院、最高人民检察院、公安部、国家烟草专卖局以及部分省、自治区、直辖市法院、检察院、公安厅(局)、烟草专卖局等单位的有关人员参加了会议。全国人大常委会法工委刑法室应邀派员参加了会议。与会人员在总结办案经验的基础上,根据法律和司法解释的有关规定,就办理假冒伪劣烟草制品等刑事案件中一些带有普遍性的具体适用法律问题进行了广泛讨论并形成了共识。纪要如下:

一、关于生产、销售伪劣烟草制品行为适用法律问题

(一)关于生产伪劣烟草制品尚未销售或者尚未完全销售行为定罪量刑问题

根据刑法第140条的规定,生产、销售伪劣烟草制品,销售金额在5万元以上的,构成生产、销售伪劣产品罪。

根据《最高人民法院、最高人民检察院关于办理生产、销售伪劣商品刑事案件具体应用法律若干问题的解释》的有关规定,销售金额是指生产者、销售者出售伪劣烟草制品后所得和应得的全部违法收入。伪劣烟草制品尚未销售,货值金额达到刑法第140条规定的销售金额3倍(15万元)以上的,以生产、销售伪劣产品罪(未遂)定罪处罚。货值金额以违法生产、销售的伪劣产品的标价计算;没有标价的,按照同类合格产品的市场中间价格计算。货值金额难以确定的,按照国家计划委员会、最高人民法院、最高人民检察院、公安部1997年4月22日联合发布的《扣押、追缴、没收物品估价管理办法》的规定,委托指定的估价机构确定。

伪劣烟草制品尚未销售,货值金额分别达到15万元以上不满20万元、20万元以上不满50万元、50万元以上不满200万元、200万元以上的,分别依照刑法第140条规定的各量刑档次定罪处罚。

伪劣烟草制品的销售金额不满5万元,但与尚未销售的伪劣烟草制品的货值金额合计达到15万元以上的,以生产、销售伪劣产品罪(未遂)定罪处罚。

生产伪劣烟草制品尚未销售,无法计算货值金额,有下列情形之一的,以生产、销售伪劣产品罪(未遂)定罪处罚:1. 生产伪劣烟用烟丝数量在1000公斤以上的;2. 生产伪劣烟用烟叶数量在1500公斤以上的。

(二)关于非法生产、拼装、销售烟草专用机械行为定罪处罚问题

非法生产、拼装、销售烟草专用机械行为,依照刑法第140条的规定,以生产、销售伪劣产品罪追究刑事责任。

四、关于共犯问题

知道或者应当知道他人实施本纪要第1条至第3条规定的犯罪行为,仍实施下列行为之一的,应认定为共犯,依法追究刑事责任:

(一)直接参与生产、销售假冒伪劣烟草制品或者销售假冒烟用注册商标的烟草制品或者直接参与非法经营烟草制品并在其中起主要作用的;(二)提供房屋、场地、设备、车辆、贷款、资金、账号、发票、证明、技术等设施和条件,用于帮助生产、销售、储存、运输假冒伪劣烟草制品、非法经营烟草制品的;(三)运输假冒伪劣烟草制品的。

上述人员中有检举他人犯罪经查证属实,或者提供重要线索,有立功表现的,可以从轻或减轻处罚;有重大立功表现的,可以减轻或者免除处罚。

五、国家机关工作人员参与实施本纪要第1条至第3条规定的犯罪行为的处罚问题

根据《最高人民法院、最高人民检察院关于办理生产、销售伪劣商品刑事案件具体应用法律若干问题的解释》的规定,国家机关工作人员参与实施本纪要第1条至第3条规定的犯罪行为的,从重处罚。

六、关于一罪与数罪问题

行为人的犯罪行为同时构成生产、销售伪劣产品罪、销售假冒注册商标的商品罪、非法经营罪等罪的,依照处罚较重的规定定罪处罚。

七、关于窝藏、转移非法制售的烟草制品行为的定罪处罚问题

明知是非法制售的烟草制品而予以窝藏、转移的,依照刑法第312条的规定,以窝藏、转移赃物罪定罪处罚。

窝藏、转移非法制售的烟草制品,事前与犯罪分子通谋的,以共同犯罪论处。

十、关于鉴定问题

假冒伪劣烟草制品的鉴定工作,由国家烟草专卖行政主管部门授权的省级以上烟草产品质量监督检验机构,按照国家烟草专卖局制定的假冒伪劣卷烟鉴别检验管理办法和假冒伪劣卷烟鉴别检验规程等有关规定进行。

假冒伪劣烟草专用机械的鉴定由国家质量监督部门,或其委托的国家烟草质量监督检验中心,根据烟草行业的有关技术标准进行。

十一、关于烟草制品、卷烟的范围

本纪要所称烟草制品指卷烟、雪茄烟、烟丝、复烤烟叶、烟叶、卷烟纸、滤嘴棒、烟用丝束。

本纪要所称卷烟包括散支烟和成品烟。(全文详见本书《刑法》第213条相关内容)

6. 最高人民法院、最高人民检察院《关于办理妨害预防、控制突发传染病疫情等灾害的刑事案件具体应用法律若干问题的解释》(法释〔2003〕8号)

第2条 在预防、控制突发传染病疫情等灾害期间,生产、销售伪劣的防治、防护产品、物资,或者生产、销售用于防治传染病的假药、劣药,构成犯罪的,分别依照刑法第140条、第141条、第142条的规定,以生产、销售伪劣产品罪,生产、销售假药罪或生产、销售劣药罪定罪,依法从重处罚。

第17条 人民法院、人民检察院办理有关妨害预防、控制突发传染病疫情等灾害的刑事差案件,对于有自首、立功等悔罪表现的,依法从轻、减轻、免除处罚或者依法作出不起诉决定。(全文详见本书《刑法》第114条相关内容)

7. 最高人民检察院、公安部《关于公安机关管辖的刑事案件立案标准的规定(1)》(公通字〔2008〕36号)

(见本条立案追诉标准内容)

8. 最高人民法院、最高人民检察院《关于办理非法生产、销售烟草专卖品等刑事案件具体应用法律若干问题的解释》(法释〔2010〕7号)

为维护社会主义市场经济秩序,依法惩治非法生产、销售烟草专卖品等犯罪,根据刑法有关规定,现就办理这类刑事案件具体应用法律的若干问题解释如下:

第1条 生产、销售伪劣卷烟、雪茄烟等烟草专卖品,销售金额在5万元以上的,依照刑法第140条的规定,以生产、销售伪劣产品罪定罪处罚。

未经卷烟、雪茄烟等烟草专卖品注册商标所有人许可,在卷烟、雪茄烟等烟草专卖品上使用与其注册商标相同的商标,情节严重的,依照刑法第213条的规定,以假冒注册商标罪定罪处罚。

销售明知是假冒他人注册商标的卷烟、雪茄烟等烟草专卖品,销售金额较大的,依照刑法第214条的规定,以销售假冒注册商标的商品罪定罪处罚。

伪造、擅自制造他人卷烟、雪茄烟注册商标标识或者销售伪造、擅自制造的卷烟、雪茄烟注册商标标识,情节严重的,依照刑法第215条的规定,以非法制造、销售非法制造的注册商标标识罪定罪处罚。

违反国家烟草专卖管理法律法规,未经烟草专卖行政主管部门许可,无烟草专卖生产企业许可证、烟草专卖批发企业许可证、特种烟草专卖经营企业许可证、烟草专卖零售许可证等许可证明，非法经营烟草专卖品，情节严重的，依照刑法第225条的规定，以非法经营罪定罪处罚。

第2条 伪劣卷烟、雪茄烟等烟草专卖品尚未销售，货值金额达到刑法第140条规定的销售金额定罪起点数额标准的3倍以上的，或者销售金额未达到5万元，但与未销售货值金额合计达到15万元以上的，以生产、销售伪劣产品罪（未遂）定罪处罚。

销售金额和未销售货值金额分别达到不同的法定刑幅度或者均达到同一法定刑幅度的，在处罚较重的法定刑幅度内酌情从重处罚。

查获的未销售的伪劣卷烟、雪茄烟，能够查清销售价格的，按照实际销售价格计算。无法查清实际销售价格，有品牌的，按照该品牌卷烟、雪茄烟的查获地省级烟草专卖行政主管部门出具的零售价格计算；无品牌的，按照查获地省级烟草专卖行政主管部门出具的上年度卷烟平均零售价格计算。

第4条 非法经营烟草专卖品，能够查清销售或者购买价格的，按照其销售或者购买的价格计算非法经营数额。无法查清销售或者购买价格的，按照下列方法计算非法经营数额：

（一）查获的卷烟、雪茄烟的价格，有品牌的，按照该品牌卷烟、雪茄烟的查获地省级烟草专卖行政主管部门出具的零售价格计算；无品牌的，按照查获地省级烟草专卖行政主管部门出具的上年度卷烟平均零售价格计算；（二）查获的复烤烟叶、烟叶的价格按照查获地省级烟草专卖行政主管部门出具的上年度烤烟调拨平均基准价格计算；（三）烟丝的价格按照第（二）项规定价格计算标准的一点五倍计算；（四）卷烟辅料的价格，有品牌的，按照该品牌辅料的查获地省级烟草专卖行政主管部门出具的价格计算；无品牌的，按照查获地省级烟草专卖行政主管部门出具的上年度烟草行业生产卷烟所需该类卷烟辅料的平均价格计算；（五）非法生产、销售、购买烟草专用机械的价格按照国务院烟草专卖行政主管部门下发的全国烟草专用机械产品指导价格目录进行计算；目录中没有该烟草专用机械的，按照省级以上烟草专卖行政主管部门出具的目录中同类烟草专用机械的平均价格计算。

第5条 行为人实施非法生产、销售烟草专卖品犯罪，同时构成生产、销售伪劣产品罪、侵犯知识产权犯罪、非法经营罪的，依照处罚较重的规定定罪处罚。

第6条 明知他人实施本解释第一条所列犯罪，而为其提供贷款、资金、账号、发票、证明、许可证件，或者提供生产、经营场所、设备、运输、仓储、保管、邮寄、代理进出口等便利条件，或者提供生产技术、卷烟配方的，应当按照共犯追究刑事责任。

第7条 办理非法生产、销售烟草专卖品等刑事案件，需要对伪劣烟草专卖品鉴定的，应当委托国务院产品质量监督管理部门和省、自治区、直辖市人民政府产品质量监督管理部门指定的烟草质量检测机构进行。

第9条 本解释所称“烟草专卖品”，是指卷烟、雪茄烟、烟丝、复烤烟叶、烟叶、卷烟纸、滤嘴棒、烟用丝束、烟草专用机械。

本解释所称“卷烟辅料”，是指卷烟纸、滤嘴棒、烟用丝束。

本解释所称“烟草专用机械”，是指由国务院烟草专卖行政主管部门烟草专用机械名录所公布的，在卷烟、雪茄烟、烟丝、复烤烟叶、烟叶、卷烟纸、滤嘴棒、烟用丝束的生产加工过程中，能够完成1项或者多项特定加工工序，可以独立操作的机械设备。

本解释所称“同类烟草专用机械”，是指在卷烟、雪茄烟、烟丝、复烤烟叶、烟叶、卷烟纸、滤嘴棒、烟用丝束的生产加工过程中，能够完成相同加工工序的机械设备。

第10条 以前发布的有关规定与本解释不一致的，以本解释为准。（全文详见本书《刑法》第213条相关内容）

9.最高人民法院《关于进一步加强危害生产安全刑事案件审判工作的意见》(法发〔2011〕20号)

为依法惩治危害生产安全犯罪,促进全国安全生产形势持续稳定好转,保护人民群众生命财产安全,现就进一步加强危害生产安全刑事案件审判工作,制定如下意见。

一、高度重视危害生产安全刑事案件审判工作

1.充分发挥刑事审判职能作用,依法惩治危害生产安全犯罪,是人民法院为大局服务、为人民司法的必然要求。安全生产关系到人民群众生命财产安全,事关改革、发展和稳定的大局。当前,全国安全生产状况呈现总体稳定、持续好转的发展态势,但形势依然严峻,企业安全生产基础依然薄弱;非法、违法生产,忽视生产安全的现象仍然十分突出;重特大生产安全责任事故时有发生,个别地方和行业重特大责任事故上升。一些重特大生产安全责任事故举国关注,相关案件处理不好,不仅起不到应有的警示作用,不利于生产安全责任事故的防范,也损害党和国家形象,影响社会和谐稳定。各级人民法院要从政治和全局的高度,充分认识审理好危害生产安全刑事案件的重要意义,切实增强工作责任感,严格依法、积极稳妥地审理相关案件,进一步发挥刑事审判工作在创造良好安全生产环境、促进经济平稳较快发展方面的积极作用。

2.采取有力措施解决存在的问题,切实加强危害生产安全刑事案件审判工作。近年来,各级人民法院依法审理危害生产安全刑事案件,一批严重危害生产安全的犯罪分子及相关职务犯罪分子受到法律制裁,对全国安全生产形势持续稳定好转发挥了积极促进作用。2010年,监察部、国家安全生产监督管理总局会同最高人民法院等部门对部分省市重特大生产安全事故责任追究落实情况开展了专项检查。从检查的情况来看,审判工作总体情况是好的,但仍有个别案件在法律适用或者宽严相济刑事政策具体把握上存在问题,需要切实加强指导。各级人民法院要高度重视,确保相关案件审判工作取得良好的法律效果和社会效果。

二、危害生产安全刑事案件审判工作的原则

3.严格依法,从严惩处。对严重危害生产安全犯罪,尤其是相关职务犯罪,必须始终坚持严格依法、从严惩处。对于人民群众广泛关注、社会反映强烈的案件要及时审结,回应人民群众关切,维护社会和谐稳定。

4.区分责任,均衡量刑。危害生产安全犯罪,往往涉案人员较多,犯罪主体复杂,既包括直接从事生产、作业的人员,也包括对生产、作业负有组织、指挥或者管理职责的负责人、管理人员、实际控制人、投资人等,有的还涉及国家机关工作人员渎职犯罪。对相关责任人的处理,要根据事故原因、危害后果、主体职责、过错大小等因素,综合考虑全案,正确划分责任,做到罪责刑相适应。

5.主体平等,确保公正。审理危害生产安全刑事案件,对于所有责任主体,都必须严格落实法律面前人人平等的刑法原则,确保刑罚适用公正,确保裁判效果良好。

三、正确确定责任

6.审理危害生产安全刑事案件,政府或相关职能部门依法对事故原因、损失大小、责任划分作出的调查认定,经庭审质证后,结合其他证据,可作为责任认定的依据。

7.认定相关人员是否违反有关安全管理规定,应当根据相关法律、行政法规,参照地方性法规、规章及国家标准、行业标准,必要时可参考公认的惯例和生产经营单位制定的安全生产规章制度、操作规程。

8.多个原因行为导致生产安全事故发生的,在区分直接原因与间接原因的同时,应当根据原因行为在引发事故中所具作用的大小,分清主要原因与次要原因,确认主要责任和次要责任,合理确定罪责。

一般情况下,对生产、作业负有组织、指挥或者管理职责的负责人、管理人员、实际控制人、投资人,违反有关安全生产管理规定,对重大生产安全事故的发生起决定性、关键性作用的,应当承担主要责任。

对于直接从事生产、作业的人员违反安全管理规定,发生重大生产安全事故的,要综合考虑行为人的从业资格、从业时间、接受安全生产教育培训情况、现场条件、是否受到他人强令作业、生产经营单位执行安全生产规章制度的情况等因素认定责任,不能将直接责任简单等同于主要责任。

对于负有安全生产管理、监督职责的工作人员,应根据其岗位职责、履职依据、履职时间等,综合考察工作职责、监管条件、履职能力、履职情况等,合理确定罪责。

四、准确适用法律

9. 严格把握危害生产安全犯罪与以其他危险方法危害公共安全罪的界限,不应将生产经营中违章违规的故意不加区别地视为对危害后果发生的故意。

10. 以行贿方式逃避安全生产监督管理,或者非法、违法生产、作业,导致发生重大生产安全事故,构成数罪的,依照数罪并罚的规定处罚。

违反安全生产管理规定,非法采矿、破坏性采矿或排放、倾倒、处置有害物质严重污染环境,造成重大伤亡事故或者其他严重后果,同时构成危害生产安全犯罪和破坏环境资源保护犯罪的,依照数罪并罚的规定处罚。

11. 安全事故发生后,负有报告职责的国家工作人员不报或者谎报事故情况,贻误事故抢救,情节严重,构成不报、谎报安全事故罪,同时构成职务犯罪或其他危害生产安全犯罪的,依照数罪并罚的规定处罚。

12. 非矿山生产安全事故中,认定"直接负责的主管人员和其他直接责任人员"、"负有报告职责的人员"的主体资格,认定构成"重大伤亡事故或者其他严重后果"、"情节特别恶劣",不报、谎报事故情况,贻误事故抢救,"情节严重"、"情节特别严重"等,可参照最高人民法院、最高人民检察院《关于办理危害矿山生产安全刑事案件具体应用法律若干问题的解释》的相关规定。

五、准确把握宽严相济刑事政策

13. 审理危害生产安全刑事案件,应综合考虑生产安全事故所造成的伤亡人数、经济损失、环境污染、社会影响、事故原因与被告人职责的关联程度、被告人主观过错大小、事故发生后被告人的施救表现、履行赔偿责任情况等,正确适用刑罚,确保裁判法律效果和社会效果相统一。

14. 造成《关于办理危害矿山生产安全刑事案件具体应用法律若干问题的解释》第四条规定的"重大伤亡事故或者其他严重后果",同时具有下列情形之一的,也可以认定为刑法第134条、第135条规定的"情节特别恶劣":

(一)非法、违法生产的;(二)无基本劳动安全设施或未向生产、作业人员提供必要的劳动防护用品,生产、作业人员劳动安全无保障的;(三)曾因安全生产设施或者安全生产条件不符合国家规定,被监督管理部门处罚或责令改正,1年内再次违规生产致使发生重大生产安全事故的;(四)关闭、故意破坏必要安全警示设备的;(五)已发现事故隐患,未采取有效措施,导致发生重大事故的;(六)事故发生后不积极抢救人员,或者毁灭、伪造、隐藏影响事故调查的证据,或者转移财产逃避责任的;(七)其他特别恶劣的情节。

15. 相关犯罪中,具有以下情形之一的,依法从重处罚:

(一)国家工作人员违反规定投资入股生产经营企业,构成危害生产安全犯罪的;(二)贪污贿赂行为与事故发生存在关联性的;(三)国家工作人员的职务犯罪与事故存在直接因果关系的;(四)以行贿方式逃避安全生产监督管理,或者非法、违法生产、作业的;(五)生产安全事故发生后,负有报告职责的国家工作人员不报或者谎报事故情况,贻误事故抢救,尚未构成不报、谎报安全事故罪的;(六)事故发生后,采取转移、藏匿、毁灭遇难人员尸体,或者毁灭、伪造、隐藏影响事故调查的证据,或者转移财产,逃避责任的;(七)曾因安全生产设施或者安全生产条件不符合国家规定,被监督管理部门处罚或责令改正,1年内再次违规生产致使发生重大生产安全事故的。

16. 对于事故发生后,积极施救,努力挽回事故损失,有效避免损失扩大;积极配合调查,赔偿受害人损失的,可依法从宽处罚。

六、依法正确适用缓刑和减刑、假释

17. 对于危害后果较轻,在责任事故中不负主要责任,符合法律有关缓刑适用条件的,可以依法适用缓刑,但应注意根据案件具体情况,区别对待,严格控制,避免适用不当造成的负面影响。

18. 对于具有下列情形的被告人,原则上不适用缓刑:

(一)具有本意见第14条、第15条所规定的情形的;(二)数罪并罚的。

19. 宣告缓刑,可以根据犯罪情况,同时禁止犯罪分子在缓刑考验期限内从事与安全生产有关的特定活动。

20. 办理与危害生产安全犯罪相关的减刑、假释案件,要严格执行刑法、刑事诉讼法和有关司法解释规定。是否决定减刑、假释,既要看罪犯服刑期间的悔改表现,还要充分考虑原判认定的犯罪事实、性质、情节、社会危害程度等情况。

七、加强组织领导,注意协调配合

21. 对于重大、敏感案件,合议庭成员要充分做好庭审前期准备工作,全面、客观掌握案情,确保案件开庭审理稳妥顺利、依法公正。

22. 审理危害生产安全刑事案件,涉及专业技术问题的,应有相关权威部门出具的咨询意见或者司法鉴定意见;可以依法邀请具有相关专业知识的人民陪审员参加合议庭。

23. 对于审判工作中发现的安全生产事故背后的渎职、贪污贿赂等违法犯罪线索,应当依法移送有关部门处理。对于情节轻微,免予刑事处罚的被告人,人民法院可建议有关部门依法给予行政处罚或纪律处分。

24. 被告人具有国家工作人员身份的,案件审结后,人民法院应当及时将生效的裁判文书送达行政监察机关和其他相关部门。

25. 对于造成重大伤亡后果的案件,要充分运用财产保全等法定措施,切实维护被害人依法获得赔偿的权利。对于被告人没有赔偿能力的案件,应当依靠地方党委和政府做好善后安抚工作。

26. 积极参与安全生产综合治理工作。对于审判中发现的安全生产管理方面的突出问题,应当发出司法建议,促使有关部门强化安全生产意识和制度建设,完善事故预防机制,杜绝同类事故发生。

27. 重视做好宣传工作。对于社会关注的典型案件,要重视做好审判情况的宣传报道,规范裁判信息发布,及时回应社会的关切,充分发挥重大、典型案件的教育警示作用。

28. 各级人民法院要在依法履行审判职责的同时,及时总结审判经验,深入开展调查研究,推动审判工作水平不断提高。上级法院要以辖区内发生的重大生产安全责任事故案件为重点,加强对下级法院危害生产安全刑事案件审判工作的监督和指导,适时检查此类案件的审判情况,提出有针对性的指导意见。

10. 最高人民法院、最高人民检察院、公安部《关于依法严惩“地沟油”犯罪活动的通知》(公通〔2012〕1号)

为依法严惩“地沟油”犯罪活动,切实保障人民群众的生命健康安全,根据刑法和有关司法解释的规定,现就有关事项通知如下:

一、依法严惩“地沟油”犯罪,切实维护人民群众食品安全

“地沟油”犯罪,是指用餐厨垃圾、废弃油脂、各类肉及肉制品加工废弃物等非食品原料,生产、加工“食用油”,以及明知是利用“地沟油”生产、加工的油脂而作为食用油销售的行为。“地沟油”犯罪严重危害人民群众身体健康和生命安全,严重影响国家形象,损害党和政府的公信力。各级公安机关、检察机关、人民法院要认真贯彻《刑法修正案(八)》对危害食品安全犯罪从严打击的精神,依法严惩“地沟油”犯罪,坚决打击“地沟油”进入食用领域的各种犯罪行为,坚决保护人民群众切身利益。对于涉及多地区的“地沟油”犯罪案件,各地公安机关、检察机关、人民法院要在案件管辖、调查取证等方面通力合作,形成打击合力,切实维护人民群众食品安全。

二、准确理解法律规定,严格区分犯罪界限

(一)对于利用“地沟油”生产“食用油”的,依照刑法第144条生产有毒、有害食品罪的规定追究刑事责任。(二)明知是利用“地沟油”生产的“食用油”而予以销售的,依照刑法第144条销售有毒、有害食品罪的规定追究刑事责任。认定是否“明知”,应当结合犯罪嫌疑人、被告人的认知能力,犯罪嫌疑人、被告人及其同案人的供述和辩解,证人证言,产品质量,进货渠道及进货价格、销售渠道及销售价格等主、客观因素予以综合判断。(三)对于利用“地沟油”生产的“食用油”,已经销售出去没有实物,但是有证据证明系已被查实生产、销售有毒、有害食品犯罪事实的上线提供的,依照刑法第144条销售有毒、有害食品罪的规定追究刑事责任。(四)虽无法查明“食用油”是否系利用“地沟油”生产、加工,但犯罪嫌疑人、被告人明知该“食用油”来源可疑而予以销售的,应分别情形处理:经鉴定,检出有毒、有害成分的,依照刑法第144条销售有毒、有害食品罪的规定追究刑事责任;属于不符合安全标准的食品的,依照刑法第143条销售不符合安全标准的食品罪追究刑事责任;属于以假充真、以次充好、以不合格产品冒充合格产品或者假冒注册商标,构成犯罪的,依照刑法第140条销售伪劣产品罪或者第213条假冒注册商标罪、第214条销售假冒注册商标的商品罪追究刑事责任。(五)知道或应当知道他人实施以上第(1)、(2)、(3)款犯罪行为,而为其掏捞、加工、贩运“地沟油”,或者提供贷款、资金、账号、发票、证明、许可证件,或者提供技术、生产、经营场所、运输、仓储、保管等便利条件的,依照本条第(1)、(2)、(3)款犯罪的共犯论处。(六)对违反有关规定,掏捞、加工、贩运“地沟油”,没有证据证明用于生产“食用油”的,交由行政部门处理。(七)对于国家工作人员在食用油安全监管和查处“地沟油”违法犯罪活动中滥用职权、玩忽职守、徇私枉法,构成犯罪的,依照刑法有关规定追究刑事责任。

三、准确把握宽严相济刑事政策在食品安全领域的适用

在对“地沟油”犯罪定罪量刑时,要充分考虑犯罪数额、犯罪分子主观恶性及其犯罪手段、犯罪行为对人民群众生命安全和身体健康的危害、对市场经济秩序的破坏程度、恶劣影响等。对于具有累犯、前科、共同犯罪的主犯、集团犯罪的首要分子等情节,以及犯罪数额巨大、情节恶劣、危害严重,群众反映强烈,给国家和人民利益造成重大损失的犯罪分子,依法严惩,罪当判处死刑的,要坚决依法判处死刑。对在同一条生产销售链上的犯罪分子,要在法定刑幅度内体现严惩源头犯罪的精神,确保生产环节与销售环节量刑的整体平衡。对于明知是“地沟油”而非法销售的公司、企业,要依法从严追究有关单位和直接责任人员的责任。对于具有自首、立功、从犯等法定情节的犯罪分子,可以依法从宽处理。要严格把握适用缓刑、免予刑事处罚的条件。对依法必须适用缓刑的，一般同时宣告禁止令，禁止其在缓刑考验期内从事与食品生产、销售等有关的活动。

各地执行情况，请及时上报。

11. 最高人民法院、最高人民检察院、公安部、国家安全监管总局《关于依法加强对涉嫌犯罪的非法生产经营烟花爆竹行为刑事责任追究的通知》(安监总管三〔2012〕116号)

一、非法生产、经营烟花爆竹及相关行为涉及非法制造、买卖、运输、邮寄、储存黑火药、烟火药，构成非法制造、买卖、运输、邮寄、储存爆炸物罪的，应当依照刑法第125条的规定定罪处罚；非法生产、经营烟花爆竹及相关行为涉及生产、销售伪劣产品或不符合安全标准产品，构成生产、销售伪劣产品罪或生产、销售不符合安全标准产品罪的，应当依照刑法第140条、第146条的规定定罪处罚；非法生产、经营烟花爆竹及相关行为构成非法经营罪的，应当依照刑法第225条的规定定罪处罚。上述非法生产经营烟花爆竹行为的定罪量刑和立案追诉标准，分别按照《最高人民法院关于审理非法制造、买卖、运输枪支、弹药、爆炸物等刑事案件具体应用法律若干问题的解释》(法释〔2009〕18号)、《最高人民法院最高人民检察院关于办理生产、销售伪劣商品刑事案件具体应用法律若干问题的解释》(法释〔2001〕10号)、《最高人民检察院、公安部关于公安机关管辖的刑事案件立案追诉标准的规定(1)》(公通字〔2008〕36号)、《最高人民检察院、公安部关于公安机关管辖的刑事案件立案追诉标准的规定(2)》(公通字〔2010〕23号)等有关规定执行。(全文详见本书《刑法》第125条相关内容)

12. 最高人民法院、最高人民检察院《关于办理危害食品安全刑事案件适用法律若干问题的解释》(法释〔2013〕12号)

(法释〔2012〕24号已声明该文废止)

13. 最高人民检察院《第4批指导性案例柳某国等人生产、销售有毒、有害食品，生产、销售伪劣产品案》(检例第12号;2014年2月20日)

【要旨】

明知对方是食用油经销者，仍将用餐厨废弃油(俗称"地沟油")加工而成的劣质油脂销售给对方，导致劣质油脂流入食用油市场供人食用的，构成生产、销售有毒、有害食品罪；明知油脂经销者向饲料生产企业和药品生产企业等单位销售豆油等食用油，仍将用餐厨废弃油加工而成的劣质油脂销售给对方，导致劣质油脂流向饲料生产企业和药品生产企业等单位的，构成生产、销售伪劣产品罪。

【诉讼过程】

2011年7月5日，柳某国、鲁某、李某军、柳某海、于某迎、刘某金、王某因涉嫌生产、销售不符合安全标准的食品罪被刑事拘留，8月11日被逮捕。

该案侦查终结后，移送浙江省宁波市人民检察院审查起诉。浙江省宁波市人民检察院经审查认为，被告人柳某国、鲁某、李某军、柳某海、于某迎、刘某金、王某违反国家食品管理法规，结伙将餐厨废弃油等非食品原料进行生产、加工，并将加工提炼而成且仍含有有毒、有害物质的非食用油冒充食用油予以销售，并供人食用，严重危害了人民群众的身体健康和生命安全，其行为均触犯了《中华人民共和国刑法》第144条之规定，犯罪事实清楚，证据确实充分，应当以生产、销售有毒、有害食品罪追究其刑事责任。被告人柳某国、鲁某、李某军、柳某海、于某迎、刘某金、王某又违反国家食品管理法规，结伙将餐厨废弃油等非食品原料进行生产、加工，并将加工提炼而成的非食用油冒充食用油予以销售，以假充真，销售给饲料加工、药品加工单位，其行为均触犯了《中华人民共和国刑法》第140条之规定，犯罪事实清楚，证据确实充分，应当以生产、销售伪劣产品罪追究其刑事责任。2012年6月12日，宁波市人民检察院以被告人柳某国等人犯生产、销售有毒、有害食品罪和生产、销售伪劣产品罪向宁波市中级人民法院提起公诉。

2013年4月11日，宁波市中级人民法院一审判决被告人柳某国犯生产、销售有毒、有害食品罪和生产、销售伪劣产品罪，数罪并罚，判处无期徒刑，剥夺政治权利终身，并处没收个人全部财产；被告人鲁某犯生产、销售有毒、有害食品罪和生产、销售伪劣产品罪，数罪并罚，判处有期徒刑14年，并处罚金人民币40万元；被告人李某军犯生产、销售有毒、有害食品罪和生产、销售伪劣产品罪，数罪并罚，判处有期徒刑11年，并处罚金人民币40万元；被告人柳某海犯生产、销售有毒、有害食品罪和生产、销售伪劣产品罪，数罪并罚，判处有期徒刑10年6个月，并处罚金人民币40万元；被告人于某迎犯生产、销售有毒、有害食品罪和生产、销售伪劣产品罪，数罪并罚，判处有期徒刑10年，并处罚金人民币40万元；被告人刘某金犯生产、销售有毒、有害食品罪和生产、销售伪劣产品罪，数罪并罚，判处有期徒刑7年，并处罚金人民币30万元；被告人王某犯生产、销售有毒、有害食品罪和生产、销售伪劣产品罪，数罪并罚，判处有期徒刑7年，并处罚金人民币30万元。

一审宣判后，柳某国、鲁某、李某军、柳某海、于某迎、刘某金、王某提出上诉。

浙江省高级人民法院二审认为，柳某国利用餐厨废弃油加工劣质食用油脂，销往粮油食品经营户，并致劣质油脂流入食堂、居民家庭等，供人食用，其行为已构成生产、销售有毒、有害食品罪。柳某国还明知下家购买其用餐厨废弃油加工的劣质油脂冒充合格豆油等，仍予以生产、销售，流入饲料、药品加工等企业，其行为又构成生产、销售伪劣产品罪，应予二罪并罚。柳某国生产、销售有毒、有害食品的犯罪行为持续时间长，涉及范围广，严重危害食品安全，严重危及人民群众的身体健康，情节特别严重，应依法严惩。鲁某、李某军、柳某海、于某迎、刘某金、王某明知柳某国利用餐厨废弃油加工劣质油脂并予销售，仍积极参与，其行为分别构成生产、销售有毒、有害食品罪和生产、销售伪劣产品罪，亦应并罚。在共同犯罪中，柳某国起主要作用，系主犯；鲁某、李某军、柳某海、于某迎、刘某金、王某起次要或辅助作用，系从犯，原审均予减轻处罚。原判定罪和适用法律正确，量刑适当；审判程序合法。2013年6月4日，浙江省高级人民法院二审裁定驳回上诉，维持原判。

14. 最高人民检察院《第4批指导性案例胡某贵等人生产、销售有毒、有害食品，行贿；骆某、刘某素销售伪劣产品；朱某全、曾某中生产、销售伪劣产品；黎某文等人受贿、食品监管渎职案》(检例第15号；2014年2月20日)

【要旨】

实施生产、销售有毒、有害食品犯罪，为逃避查处向负有食品安全监管职责的国家工作人员行贿的，应当以生产、销售有毒、有害食品罪和行贿罪实行数罪并罚。

负有食品安全监督管理职责的国家机关工作人员，滥用职权，向生产、销售有毒、有害食品的犯罪分子通风报信，帮助逃避处罚的，应当认定为食品监管渎职罪；在渎职过程中受贿的，应当以食品监管渎职罪和受贿罪实行数罪并罚。

【诉讼过程】

2011年10月22日，胡某贵、刘某清因涉嫌生产、销售有毒、有害食品罪被刑事拘留，11月24日被逮捕。2011年10月23日，叶某均、刘某富、张某富、叶某科、骆某、刘某素因涉嫌生产、销售有毒、有害食品罪被刑事拘留，11月24日被逮捕。2011年10月28日，朱某全、曾某中因涉嫌生产、销售有毒、有害食品罪被刑事拘留，11月24日被逮捕。2012年3月6日，黎某文因涉嫌受贿罪被刑事拘留，3月20日被逮捕。2012年4月26日，王某昌、陈某基因涉嫌受贿罪被刑事拘留，5月10日被逮捕。2012年3月6日，余某东因涉嫌受贿罪被刑事拘留，3月20日被逮捕。

被告人胡某贵、刘某清、叶某均、刘某富、张某富、叶某科、骆某、刘某素、曾某中、朱某全涉嫌生产、销售有毒、有害食品罪一案,由广东省东莞市公安局侦查终结,移送东莞市第一市区人民检察院审查起诉。被告人黎某文、王某昌、陈某基涉嫌受贿、食品监管渎职罪,被告人胡某贵、刘某清、余某东涉嫌行贿罪一案,由东莞市人民检察院侦查终结,移送东莞市第一市区人民检察院审查起诉。因上述两个案件系关联案件,东莞市第一市区人民检察院决定并案审查。东莞市第一市区人民检察院经审查认为,被告人胡某贵、刘某清、叶某均、刘某富、张某富、叶某科无视国法,在生产、销售的食品中掺入有毒、有害的非食品原料,胡某贵、刘某清还为谋取不正当利益,多次向被告人黎某文、王某昌、陈某基等人行贿,胡某贵、刘某清的行为均已触犯了《中华人民共和国刑法》第144条、第389条第1款之规定,被告人叶某均、刘某富、张某富、叶某科的行为均已触犯了《中华人民共和国刑法》第144条之规定;被告人骆某、刘某素在销售中以不合格产品冒充合格产品,其中骆某销售的金额50万元以上,刘某素销售的金额20万元以上,2人的行为均已触犯了《中华人民共和国刑法》第140条之规定;被告人朱某全、曾某中在生产、销售中以不合格产品冒充合格产品,生产、销售金额50万元以上,2人的行为均已触犯了《中华人民共和国刑法》第140条之规定;被告人黎某文、王某昌、陈某基身为国家机关工作人员,利用职务之便,多次收受贿款,同时黎某文、王某昌、陈某基身为负有食品安全监督管理职责的国家机关工作人员,滥用职权为刘某清等人谋取非法利益,造成恶劣社会影响,3人的行为已分别触犯了《中华人民共和国刑法》第385条第1款、第408条之一之规定;被告人余某东为谋取不正当利益,多次向被告人黎某文、王某昌、陈某基等人行贿,其行为已触犯《中华人民共和国刑法》第389条第1款之规定。2012年5月29日,东莞市第一市区人民检察院以被告人胡某贵、刘某清犯生产、销售有毒、有害食品罪、行贿罪,叶某均、刘某富、张某富、叶某科犯生产、销售有毒、有害食品罪,骆某、刘某素犯销售伪劣产品罪,朱某全、曾某中犯生产、销售伪劣产品罪,黎某文、王某昌、陈某基犯受贿罪、食品监管渎职罪,余某东犯行贿罪,向东莞市第一人民法院提起公诉。

2012年7月9日,东莞市第一人民法院一审认为,被告人胡某贵、刘某清、叶某均、刘某富、张某富、叶某科无视国法,在生产、销售的食品中掺入有毒、有害的非食品原料,其行为已构成生产、销售有毒、有害食品罪,且属情节严重;被告人骆某、刘某素作为产品销售者,以不合格产品冒充合格产品,其中被告人骆某销售金额为50万元以上不满200万元,被告人刘某素销售金额为20万元以上不满50万元,其2人的行为已构成销售伪劣产品罪;被告人朱某全、曾某中在生产、销售中以不合格产品冒充合格产品,涉案金额50万元以上不满200万元,其2人的行为已构成生产、销售伪劣产品罪;被告人黎某文身为国家工作人员,被告人王某昌、陈某基身为受国家机关委托从事公务的人员,均利用职务之便,多次收受贿款,同时,被告人黎某文、王某昌、陈某基还违背所负的食品安全监督管理职责,滥用职权为刘某清等人谋取非法利益,造成严重后果,被告人黎某文、王某昌、陈某基的行为已构成受贿罪、食品监管渎职罪;被告人胡某贵、刘某清、余某东为谋取不正当利益,多次向黎某文、王某昌、陈某基等人行贿,其3人的行为均已构成行贿罪。对上述被告人的犯罪行为,依法均应惩处,对被告人胡某贵、刘某清、黎某文、王某昌、陈某基依法予以数罪并罚。被告人刘某清系累犯,依法应从重处罚;刘某清在被追诉前主动交代其行贿行为,依法可以从轻处罚;刘某清还举报了胡某贵向黎某文行贿5000元的事实,并经查证属实,是立功,依法可以从轻处罚。被告人黎某文、王某昌、陈某基归案后已向侦查机关退出全部赃款,对其从轻处罚。被告人胡某贵、刘某清、张某富、叶某科、余某东归案后如实供述犯罪事实,认罪态度较好,均可从轻处罚;被告人黎某文在法庭上认罪态度较好,可酌情从轻处罚。依照刑法相关条款规定,判决:

(一)被告人胡某贵犯生产、销售有毒、有害食品罪和行贿罪,数罪并罚,判处有期徒刑9年9个月,并处罚金人民币10万元。被告人刘某清犯生产、销售有毒、有害食品罪和行贿罪,数罪并罚,判处有期徒刑9年,并处罚金人民币九万元。被告人叶某均、刘某富、张某富、叶某科犯生产、销售有毒、有害食品罪,分别判处有期徒刑8年6个月并处罚金人民币10万元、有期徒刑8年6个月并处罚金人民币10万元、有期徒刑8年3个月并处罚金人民币10万元、有期徒刑7年9个月并处罚金人民币5万元。被告人骆某、刘某素犯销售伪劣产品罪,分别判处有期徒刑7年6个月并处罚金人民币3万元、有期徒刑6年并处罚金人民币2万元。

(二)被告人朱某全、曾某中犯生产、销售伪劣产品罪,分别判处有期徒刑8年并处罚金人民币7万元、有期徒刑7年6个月并处罚金人民币6万元。

(三)被告人黎某文犯受贿罪和食品监管渎职罪,数罪并罚,判处有期徒刑7年6个月,并处没收个人财产人民币1万元。被告人王某昌犯受贿罪和食品监管渎职罪,数罪并罚,判处有期徒刑3年3个月。被告人陈某基犯受贿罪和食品监管渎职罪,数罪并罚,判处有期徒刑2年6个月。被告人余某东犯行贿罪,判处有期徒刑10个月。

一审宣判后,被告人胡某贵、刘某清、叶某均、刘某富、张某富、叶某科、骆某、刘某素、曾某中、黎某文、王某昌、陈某基提出上诉。

2012年8月21日,广东省东莞市中级人民法院二审裁定驳回上诉,维持原判。

15. 最高人民法院《关于充分发挥审判职能作用切实维护公共安全的若干意见》(法发〔2015〕12号)

为充分发挥人民法院职能作用,切实维护公共安全,保障人民群众合法权益,营造和谐稳定的社会环境,提出以下意见。

一、提高思想认识,切实增强维护公共安全的责任感和使命感

1. 充分认识维护公共安全的重大意义。公共安全是人民安居乐业、社会安定有序、国家长治久安的重要保障。党的18大以来,以习近平同志为总书记的党中央高度重视公共安全问题,把维护公共安全摆在了更加突出的位置,作出了一系列重要部署。在中共中央政治局第23次集体学习时,习近平总书记发表重要讲话,深刻阐述了维护公共安全的重要意义,科学分析了公共安全形势,明确指出了当前维护公共安全需要重点做好的各项工作任务。各级人民法院和广大干警要站在为"四个全面"战略布局提供有效司法服务和保障的高度,自觉把维护公共安全放在维护最广大人民根本利益的高度上来认识,坚持居安思危、未雨绸缪,不断增强维护公共安全的责任感和使命感。

2. 准确把握发挥审判职能作用维护公共安全的基本要求。要坚持立足本职。人民法院的主要职能是审判案件,案件是社会矛盾的集中反映,也是凸显社会安全的风险点,要通过依法公正高效审判,实现惩治犯罪、化解矛盾、防范风险;要坚持问题导向。坚持从人民群众反映最强烈、现实社会最突出的问题入手,扎实做好有关农产品质量安全、食品药品安全、生产安全、环境安全、网络安全等案件的审判工作,根据不同时期、不同地方公共安全的形势和特点,有针对性地强化相关案件审判工作;要延伸审判职能。综合运用庭审直播、案例发布等方式,增强案件裁判的法律和社会效果,开展法制宣传和公共安全教育,推动健全多元化纠纷解决体系,积极参与社会治安综合治理,推进社会治安综合防控体系建设,着力解决影响社会安定的深层次问题。

二、依法严惩严重刑事犯罪,有效维护社会稳定

3. 依法严惩暴力恐怖犯罪活动。暴力恐怖犯罪严重危害广大人民群众的生命财产安全,严重危害社会和谐稳定。对暴力恐怖犯罪活动,要坚持严打方针不动摇,对首要分子、骨干成员、罪行重大者,该判处重刑乃至死刑的应当依法判处;要立足打早打小打苗头,对已经构成犯罪的一律依法追究刑事责任,对因被及时发现、采取预防措施而没有造成实际损害的暴恐分子,只要符合犯罪构成条件的,该依法重判的也要依法重判;要注意区别对待,对自动投案、检举揭发,特别是主动交代、协助抓捕幕后指使的,要体现政策依法从宽处理。要通过依法裁判,树立法治威严,坚决打掉暴恐分子的嚣张气焰,有效维护人民权益和社会安宁。

4. 依法严惩严重危害社会治安犯罪。依法严惩故意杀人、故意伤害、抢劫、绑架、爆炸等严重暴力犯罪,严惩盗窃、抢夺、诈骗等多发侵财性犯罪,切实增强人民群众安全感。依法严惩黑恶势力犯罪,坚决打掉其赖以生存、坐大的保护伞和经济基础,有效维护社会秩序。依法惩治组织、利用邪教破坏国家法律实施,进行杀人、强奸、诈骗的犯罪,努力消除邪教危害。依法严惩拐卖妇女、儿童和性侵儿童犯罪,加大对收买被拐卖的妇女、儿童犯罪的惩治力度,强化对妇女、儿童的司法保护。依法严惩毒品犯罪以及因吸毒诱发的故意杀人、故意伤害、抢劫、盗窃、以危险方法危害公共安全等次生犯罪,坚决遏制毒品蔓延势头。

5. 强化涉众型犯罪案件的审判工作。针对社会公众实施的非法吸收公众存款、集资诈骗、电信诈骗、操纵证券、期货市场及组织、领导传销等涉众型犯罪,影响面广、危害性大、关注度高,要精心组织好相关案件的审判工作。要加大对此类犯罪的惩治力度,对犯罪数额特别巨大、犯罪情节特别恶劣、危害后果特别严重的,依法判处重刑。要高度重视犯罪分子的违法所得追缴和涉案财物的依法处置工作,最大限度维护人民群众的合法权益,稳定社会秩序。要强化司法公开力度,及时披露有关信息,回应社会关切。

三、依法惩治危害安全生产犯罪,促进安全生产形势根本好转

6. 加大对危害安全生产犯罪的惩治力度。坚持发展是第一要务,安全是第一保障。针对近年来非法、违法生产,忽视生产安全的现象十分突出,造成群死群伤的重特大生产安全责任事故屡有发生的严峻形势,充分发挥刑罚的惩罚和预防功能,加大对各类危害安全生产犯罪的惩治力度,用严肃、严格、严厉的责任追究和法律惩罚,推动安全生产责任制的有效落实,促进安全生产形势根本好转,确保人民生命财产安全。

7. 准确把握打击重点。结合当前形势并针对犯罪原因,既要重点惩治发生在危险化学品、民爆器材、烟花爆竹、电梯、煤矿、非煤矿山、油气运送管道、建筑施工、消防、粉尘涉爆等重点行业领域企业,以及港口、码头、人员密集场所等重点部位的危害安全生产犯罪,更要从严惩治发生在这些犯罪背后的国家机关工作人员贪污贿赂和渎职犯罪。既要依法追究直接造成损害的从事生产、作业的责任人员,更要依法从严惩治对生产、作业负有组织、指挥或者管理职责的负责人、管理人、实际控制人、投资人。既要加大对各类安全生产犯罪的惩治力度,更要从严惩治因安全生产条件不符合国家规定被处罚而又违规生产,关闭或者故意破坏安全警示设备,事故发生后不积极抢救人员或者毁灭、伪造、隐藏影响事故调查证据,通过行贿非法获取相关生产经营资质等情节的危害安全生产的犯罪。

8. 依法妥善审理与重大责任事故有关的赔偿案件。对当事人因重大责任事故遭受人身、财产损失而提起诉讼要求赔偿的,应当依法及时受理,保障当事人诉权。对两人以上实施危及他人人身、财产安全的行为,其中 1 人或者数人的行为造成他人损害,能够确定具体责任人的,由责任人承担赔偿责任,不能确定具体责任人的,由行为人承担连带责任。被告人因重大责任事故既承担刑事、行政责任,又承担民事责任的,其财产应当优先承担民事责任。原告因重大责任事故遭受损失而无法及时履行赡养、抚养等义务,申请先予执行的,应当依法支持。

四、做好涉民生案件审判工作,切实保障人民群众合法权益

9. 妥善审理涉农案件。依法严惩针对农村留守老人、妇女、儿童实施的抢劫、盗窃、强奸、猥亵、拐卖等犯罪,确保农村社会秩序稳定和农民生命财产安全。依法严惩向农村地区贩卖毒品犯罪,坚决遏制毒品向农村地区蔓延的势头。依法严惩生产、销售伪劣农药、化肥、种子以及其他农用物资等坑农、害农犯罪,保证农业生产顺利进行。依法审理、执行好涉及"三农"的民事、行政案件,切实维护农民合法权益。

10. 依法惩治危害食品药品安全犯罪。食品药品安全形势不容乐观，重大、恶性食品药品安全犯罪案件时有发生，党中央高度关注，人民群众反映强烈。要以“零容忍”的态度，坚持最严厉的处罚、最严肃的问责，依法严惩生产、销售有毒、有害食品、不符合卫生标准的食品，以及生产、销售假药、劣药等犯罪。要充分认识此类犯罪的严重社会危害，严格缓刑、免刑等非监禁刑的适用。要采取有效措施依法追缴违法犯罪所得，充分适用财产刑，坚决让犯罪分子在经济上无利可图、得不偿失。要依法适用禁止令，有效防范犯罪分子再次危害社会。

11. 强化生态环境司法保护。保护生态环境，建设美丽中国，事关广大人民群众的生命健康，事关中华民族的永续发展，是实现中华民族伟大复兴中国梦的重要内容。全面加强环境资源审判工作，扎实推进生态环境建设，回应民众关切，增进人民福祉。依法惩治污染环境、乱砍滥伐、非法猎杀野生动物、乱采滥挖矿产等破坏环境资源犯罪。依法公正审理环境侵权案件，落实全面赔偿规定，探索建立环境修复、惩罚性赔偿等制度，依法严肃追究违法者的法律责任。充分保障环境公益诉讼原告诉权，及时受理、依法审理环境公益诉讼案件；会同检察机关积极稳妥地开展检察机关提起公益诉讼的试点工作，有效维护国家利益和社会公共利益。

12. 从严惩治危害民生的职务犯罪。对于制售伪劣食品药品、破坏环境资源所涉及的国家工作人员渎职犯罪，发生在社会保障、征地拆迁、灾后重建、企业改制、医疗、教育、就业等领域严重损害群众利益、社会影响恶劣、群众反映强烈的国家工作人员贪污贿赂犯罪、渎职犯罪，发生在事关民生和公共安全的重点领域、重点行业的严重商业贿赂犯罪等，要依法从严惩处。

五、依法惩治信息网络犯罪，维护社会秩序

13. 依法惩治利用网络实施的各类犯罪。网络空间是现实社会的延伸，网络秩序是公共秩序的有机组成部分。要针对近年来利用信息网络实施的各类违法犯罪活动日益突出，危害十分严重的实际，坚决依法打击网上造谣、传谣行为，惩治利用网络实施的盗窃、诈骗、敲诈勒索、寻衅滋事、贩卖毒品、传播淫秽信息等犯罪，切实维护网络秩序，净化网络空间，决不允许网络成为法外之地。

14. 依法惩治网络攻击破坏犯罪。信息时代，网络已深度融入经济社会的各个方面，网络安全已成为公共安全的重要组成部分，与广大人民群众的信息安全、财产安全乃至人身安全密切相关。要依法打击非法侵入、破坏计算机信息系统以及制作、销售、使用“伪基站”设备等犯罪活动，从严惩治针对基础信息网络、重要行业和领域的重要信息系统、军事网络、重要政务网络、用户数量众多的商业网络的攻击破坏活动，从严惩治利用攻击破坏非法获取国家秘密、商业秘密、公民个人信息等犯罪活动。

六、积极参与社会治安综合治理，促进健全公共安全体系

15. 积极参与社会治安防控体系建设。按照系统治理、依法治理、综合治理、源头治理的总体思路，扎实做好审判环节的社会治安综合治理工作。积极参与禁毒、打拐、打黑除恶、治爆缉枪、打击“两抢一盗”等专项整治活动。充分运用传统媒体和微信、微博、新闻客户端等新媒体，通过公开审判、以案说法、发布典型案例等形式，强化法制宣传，震慑违法犯罪。加强未成年人刑事审判工作，会同有关部门做好刑满释放人员、社区矫正对象等特殊人群的帮教管理，预防再次犯罪，消除社会治安隐患。

16. 加强司法建议、司法调研工作。针对审判执行工作中发现的管理漏洞、治安隐患，要及时向有关单位或职能部门提出完善规章制度、强化日常管控、加强源头治理的意见和建议，推动公共安全体系的健全完善。不断加强人民法院信息化建设，推进信息技术与审判业务深度融合，充分利用信息技术手段和审判信息大数据，强化司法统计和调研工作，准确研判公共安全形势,为建立健全公共安全形势分析制度,及时消除公共安全隐患提供决策参考。

17. 做好人民法院自身安全工作。人民法院安全工作事关涉诉群众和法院干警的切身利益,是公共安全的重要组成部分。要始终坚持司法为民,切实改进工作作风,强化司法便民利民,决不允许因自身工作问题引发群体性、突发性和个人极端事件。要不断提高安全防范意识,认真汲取各类公共安全事件的教训,深入研判法院安全工作面临的新情况、新问题,严格落实安全管理各项制度,健全完善法院安全人防、物防、技防网络,确保人民法院人员安全、场所安全、信息安全。

16. 最高人民检察院法律政策研究室《对〈关于具有药品经营资质的企业通过非法渠道从私人手中购进药品后销售的如何适用法律问题的请示〉的答复》(高检研〔2015〕19 号)

北京市人民检察院法律政策研究室:你院《关于具有药品经营资质的企业通过非法渠道从私人手中购进药品后销售的如何适用法律问题的请示》(京检字〔2015〕76 号)收悉。经研究,答复如下:

司法机关应当根据《中华人民共和国药品管理法》的有关规定,对具有药品经营资质的企业通过非法渠道从私人手中购销的药品的性质进行认定,区分不同情况,分别定性处理:一是对于经认定属于假药、劣药,且达到"两高"《关于办理危害药品安全刑事案件适用法律若干问题的解释》(以下称《药品解释》)规定的销售假药罪、销售劣药罪的定罪量刑标准的,应当以销售假药罪、销售劣药罪依法追究刑事责任。二是对于经认定属于劣药,但尚未达到《药品解释》规定的销售劣药罪的定罪量刑标准的,可以依据刑法第 149 条、第 140 条的规定,以销售伪劣产品罪追究刑事责任。三是对于无法认定属于假药、劣药的,可以由药品监督管理部门依照《中华人民共和国药品管理法》的规定给予行政处罚,不宜以非法经营罪追究刑事责任。

17. 最高人民法院、最高人民检察院、海关总署《关于打击非设关地成品油走私专题研讨会会议纪要》(署缉发〔2019〕210 号) 第 1 部分

一、关于定罪处罚

走私成品油,构成犯罪的,依照刑法第 153 条的规定,以走私普通货物罪定罪处罚。

对不构成走私共犯的收购人,直接向走私人购买走私的成品油,数额较大的,依照刑法第 155 条第(1)项的规定,以走私罪论处;向非直接走私人购买走私的成品油的,根据其主观故意,分别依照刑法第 191 条规定的洗钱罪或者第 312 条规定的掩饰、隐瞒犯罪所得、犯罪所得收益罪定罪处罚。

在办理非设关地走私成品油刑事案件中,发现行为人在销售的成品油中掺杂、掺假,以假充真,以次充好或者以不合格油品冒充合格油品,构成犯罪的,依照刑法第 140 的规定,对该行为以生产、销售伪劣产品罪定罪处罚。

行为人与他人事先通谋或者明知他人从事走私成品油犯罪活动,而在我国专属经济区或者公海向其贩卖、过驳成品油的,应当按照走私犯罪的共犯追究刑事责任。

明知他人从事走私成品油犯罪活动而为其提供资金、贷款、账号、发票、证明、许可文件,或者提供运输、仓储等其他便利条件的,应当按照走私犯罪的共犯追究刑事责任。

对成品油走私共同犯罪或者犯罪集团中的主要出资者、组织者,应当认定为主犯;对受雇用的联络员、船长等管理人员,可以认定为从犯,如其在走私犯罪中起重要作用的,应当认定为主犯;对其他参与人员,如船员、司机、"黑引水"、盯梢望风人员等,不以其职业、身份判断是否追究刑事责任,应当按照其在走私活动中的实际地位、作用、涉案金额、参与次数等确定是否追究刑事责任。

对在非设关地走私成品油的犯罪嫌疑人、被告人,人民检察院、人民法院应当依法严格把握不起诉、缓刑适用条件。(全文详见本书《刑法》第 151 条相关内容)

18. 最高人民法院、最高人民检察院、公安部、司法部《关于依法惩治妨害新型冠状病毒感染肺炎疫情防控违法犯罪的意见》(法发〔2020〕7 号)

二、准确适用法律,依法严惩妨害疫情防控的各类违法犯罪

(三)依法严惩制假售假犯罪。在疫情防控期间,生产、销售伪劣的防治、防护产品、物资,或者生产、销售用于防治新型冠状病毒感染肺炎的假药、劣药,符合刑法第 140 条、第 141 条、第 142 条规定的,以生产、销售伪劣产品罪,生产、销售假药罪或者生产、销售劣药罪定罪处罚。

在疫情防控期间,生产不符合保障人体健康的国家标准、行业标准的医用口罩、护目镜、防护服等医用器材,或者销售明知是不符合标准的医用器材,足以严重危害人体健康的,依照刑法第 145 条的规定,以生产、销售不符合标准的医用器材罪定罪处罚。(全文详见本书《刑法》第 114 条相关内容)

19. 最高人民检察院《关于办理非法经营食盐刑事案件具体应用法律若干问题的解释的决定》(高检发释字〔2020〕2 号)

为适应盐业体制改革,保证国家法律统一正确适用,根据《食盐专营办法》(国务院令 696 号)的规定,结合检察工作实际,最高人民检察院决定废止《最高人民检察院关于办理非法经营食盐刑事案件具体应用法律若干问题的解释》(高检发释字〔2002〕6 号)。

该解释废止后,对以非碘盐充当碘盐或者以工业用盐等非食盐充当食盐等危害食盐安全的行为,人民检察院可以依据《最高人民法院、最高人民检察院关于办理生产、销售伪劣商品刑事案件具体应用法律若干问题的解释》(法释〔2001〕10 号)、《最高人民法院、最高人民检察院关于办理危害食品安全刑事案件适用法律若干问题的解释》(法释〔2013〕12 号)的规定,分别不同情况,以生产、销售伪劣产品罪,或者生产、销售不符合安全标准的食品罪,或者生产、销售有毒、有害食品罪追究刑事责任。

20. 最高人民检察院《关于充分发挥检察职能服务保障"六稳""六保"的意见》(高检发〔2020〕10 号)

3. 依法保护企业正常生产经营活动。

深刻认识"六稳""六保"最重要的是稳就业、保就业,关键在于保企业,努力落实让企业"活下来""留得住""经营得好"的目标。一是加大力度惩治各类侵犯企业财产、损害企业利益的犯罪。依法严格追诉职务侵占、非国家工作人员受贿和挪用资金犯罪,根据犯罪数额和情节,综合考虑犯罪行为对民营企业经营发展、商业信誉、内部治理、外部环境的影响程度,精准提出量刑建议。对提起公诉前退还挪用资金或者具有其他情节轻微情形的,可以依法不起诉;对数额特别巨大拒不退还或者具有其他情节特别严重情形的,依法从严追诉。二是依法慎重处理贷款类犯罪案件。在办理骗取贷款等犯罪案件时,充分考虑企业"融资难""融资贵"的实际情况,注意从借款人采取的欺骗手段是否属于明显虚构事实或者隐瞒真相,是否与银行工作人员合谋、受其指使,是否非法影响银行放贷决策、危及信贷资金安全,是否造成重大损失等方面,合理判断其行为危害性,不苛求企业等借款人。对于借款人因生产经营需要,在贷款过程中虽有违规行为,但未造成实际损失的,一般不作为犯罪处理。对于借款人采取欺骗手段获取贷款,虽给银行造成损失,但证据不足以认定借款人有非法占有目的的,不能以贷款诈骗罪定性处理。三是依法慎重处理拒不支付劳动报酬犯罪案件。充分考虑企业生产经营实际,注意把握企业因资金周转困难拖欠劳动报酬与恶意欠薪的界限,灵活采取检察建议、督促履行、协调追欠追赃垫付等形式,既有效维护劳动者权益,又保障企业生产经营。对恶意欠薪涉嫌犯罪,但在提起公诉前支付劳动报酬,并依法承担相应赔偿责任的,可以依法不起诉。四是严格把握涉企业生产经营、创新创业的新类型案件的法律政策界限。对于企业创新产品与现有国家标准难以对应的,应当深入调查,进行实质性评估,加强请示报告,准确认定

产品属性和质量，防止简单化“对号入座”，以生产、销售伪劣产品定罪处罚。（全文详见本书《刑法》第2条相关内容）

21. 最高人民检察院《第23批指导性案例刘远鹏涉嫌生产、销售“伪劣产品”（不起诉）案》（检例第85号；2020年12月3日）

【要旨】

检察机关办理涉企案件，应当注意保护企业创新发展。对涉及创新的争议案件，可以通过听证方式开展审查。对专业性问题，应当加强与行业主管部门沟通，充分听取行业意见和专家意见，促进完善相关行业领域标准。

【指导意义】

（一）对创新产品要进行实质性审查判断，不宜简单套用现有产品标准认定为“伪劣产品”。刑法规定，以不合格产品冒充合格产品的，构成生产、销售伪劣产品罪。认定“不合格产品”，以违反《产品质量法》规定的相关质量要求为前提。《产品质量法》要求产品“不存在危及人身、财产安全的不合理的危险”，“有保障人体健康和人身、财产安全的国家标准、行业标准的，应当符合该标准”的要求；同时，产品还应当具备使用性能。根据这些要求，对于已有国家标准、行业标准的传统产品，只有符合标准的才能认定为合格产品；对于尚无国家标准、行业标准的创新产品，应当本着既鼓励创新，又保证人身、财产安全的原则，多方听取意见，进行实质性研判。创新产品在使用性能方面与传统产品存在实质性差别的，不宜简单化套用传统产品的标准认定是否“合格”。创新产品不存在危及人身、财产安全隐患，且具备应有使用性能的，不应当认定为伪劣产品。相关质量检验机构作出鉴定意见的，检察机关应当进行实质审查。

（二）改进办案方式，加强对民营企业的平等保护。办理涉民营企业案件，要有针对性地转变理念，改进方法，严格把握罪与非罪、捕与不捕、诉与不诉的界限标准，把办案与保护企业经营结合起来，通过办案保护企业创新，在办案过程中，注重保障企业正常经营活动。要注重运用听证方式办理涉企疑难案件，善于听取行业意见和专家意见，准确理解法律规定，将法律判断、专业判断与民众的朴素认知结合起来，力争办案“三个效果”的统一。

（三）立足办案积极参与社会治理，促进相关规章制度和行业标准的制定完善。办理涉及企业经营管理和产品技术革新的案件，发现个案反映出的问题带有普遍性、行业性的，应当及时通过与行业主管部门进行沟通并采取提出检察建议等方式，促使行业主管部门制定完善相关制度规范和行业标准等，推进相关领域规章制度健全完善，促进提升治理效果。

22. 最高人民法院《关于审理食品安全民事纠纷案件适用法律若干问题的解释（1）》（法释〔2020〕14号）

为正确审理食品安全民事纠纷案件，保障公众身体健康和生命安全，根据《中华人民共和国民法典》《中华人民共和国食品安全法》《中华人民共和国消费者权益保护法》《中华人民共和国民事诉讼法》等法律的规定，结合民事审判实践，制定本解释。

第1条　消费者因不符合食品安全标准的食品受到损害，依据食品安全法第148条第1款规定诉请食品生产者或者经营者赔偿损失，被诉的生产者或者经营者以赔偿责任应由生产经营者中的另一方承担为由主张免责的，人民法院不予支持。属于生产者责任的，经营者赔偿后有权向生产者追偿；属于经营者责任的，生产者赔偿后有权向经营者追偿。

第2条　电子商务平台经营者以标记自营业务方式所销售的食品或者虽未标记自营但实际开展自营业务所销售的食品不符合食品安全标准，消费者依据食品安全法第148条规定主张电子商务平台经营者承担作为食品经营者的赔偿责任的，人民法院应予支持。

电子商务平台经营者虽非实际开展自营业务，但其所作标识等足以误导消费者让消费者相信系电子商务平台经营者自营,消费者依据食品安全法第148条规定主张电子商务平台经营者承担作为食品经营者的赔偿责任的,人民法院应予支持。

第3条 电子商务平台经营者违反食品安全法第62条和第131条规定,未对平台内食品经营者进行实名登记、审查许可证,或者未履行报告、停止提供网络交易平台服务等义务,使消费者的合法权益受到损害,消费者主张电子商务平台经营者与平台内食品经营者承担连带责任的,人民法院应予支持。

第4条 公共交通运输的承运人向旅客提供的食品不符合食品安全标准,旅客主张承运人依据食品安全法第148条规定承担作为食品生产者或者经营者的赔偿责任的,人民法院应予支持;承运人以其不是食品的生产经营者或者食品是免费提供为由进行免责抗辩的,人民法院不予支持。

第5条 有关单位或者个人明知食品生产经营者从事食品安全法第123条第1款规定的违法行为而仍为其提供设备、技术、原料、销售渠道、运输、储存或者其他便利条件,消费者主张该单位或者个人依据食品安全法第123条第2款的规定与食品生产经营者承担连带责任的,人民法院应予支持。

第6条 食品经营者具有下列情形之一,消费者主张构成食品安全法第148条规定的"明知"的,人民法院应予支持:

(一)已过食品标明的保质期但仍然销售的;(二)未能提供所售食品的合法进货来源的;(三)以明显不合理的低价进货且无合理原因的;(四)未依法履行进货查验义务的;(五)虚假标注、更改食品生产日期、批号的;(六)转移、隐匿、非法销毁食品进销货记录或者故意提供虚假信息的;(七)其他能够认定为明知的情形。

第7条 消费者认为生产经营者生产经营不符合食品安全标准的食品同时构成欺诈的,有权选择依据食品安全法第148条第2款或者消费者权益保护法第55条第1款规定主张食品生产者或者经营者承担惩罚性赔偿责任。

第8条 经营者经营明知是不符合食品安全标准的食品,但向消费者承诺的赔偿标准高于食品安全法第148条规定的赔偿标准,消费者主张经营者按照承诺赔偿的,人民法院应当依法予以支持。

第9条 食品符合食品安全标准但未达到生产经营者承诺的质量标准,消费者依照民法典、消费者权益保护法等法律规定主张生产经营者承担责任的,人民法院应予支持,但消费者主张生产经营者依据食品安全法第148条规定承担赔偿责任的,人民法院不予支持。

第10条 食品不符合食品安全标准,消费者主张生产者或者经营者依据食品安全法第148条第2款规定承担惩罚性赔偿责任,生产者或者经营者以未造成消费者人身损害为由抗辩的,人民法院不予支持。

第11条 生产经营未标明生产者名称、地址、成分或者配料表,或者未清晰标明生产日期、保质期的预包装食品,消费者主张生产者或者经营者依据食品安全法第148条第2款规定承担惩罚性赔偿责任的,人民法院应予支持,但法律、行政法规、食品安全国家标准对标签标注事项另有规定的除外。

第12条 进口的食品不符合我国食品安全国家标准或者国务院卫生行政部门决定暂予适用的标准,消费者主张销售者、进口商等经营者依据食品安全法第148条规定承担赔偿责任,销售者、进口商等经营者仅以进口的食品符合出口地食品安全标准或者已经过我国出入境检验检疫机构检验检疫为由进行免责抗辩的,人民法院不予支持。

第13条 生产经营不符合食品安全标准的食品,侵害众多消费者合法权益,损害社会公共利益,民事诉讼法、消费者权益保护法等法律规定的机关和有关组织依法提起公益诉讼的,人民法院应予受理。

第14条 本解释自2021年1月1日起施行。

本解释施行后人民法院正在审理的一审、二审案件适用本解释。

本解释施行前已经终审，本解释施行后当事人申请再审或者按照审判监督程序决定再审的案件，不适用本解释。

最高人民法院以前发布的司法解释与本解释不一致的，以本解释为准。

23. 最高人民检察院《办理长江流域非法捕捞案件有关法律政策问题的解答》(高检办发〔2021〕1号)

六、办理长江流域非法捕捞案件，如何准确把握非法捕捞水产品罪与其他关联犯罪的界限？

四是注意认定非法捕捞水产品犯罪的其他关联犯罪。制造、销售禁用渔具，情节严重，符合刑法第140条或者第146条规定的，以生产、销售伪劣产品罪或者生产、销售不符合安全标准的产品罪定罪处罚。明知是长江流域非法捕捞渔获物而利用信息网络设立用于收购、出售的网站、通讯群组，或者发布相关犯罪信息，情节严重，符合刑法第287条之一规定的，以非法利用信息网络罪定罪处罚。(全文详见本书《刑法》第340条相关内容)

24. 最高人民法院、最高人民检察院《关于办理危害食品安全刑事案件适用法律若干问题的解释》(法释〔2021〕24号)

第15条 生产、销售不符合食品安全标准的食品添加剂，用于食品的包装材料、容器、洗涤剂、消毒剂，或者用于食品生产经营的工具、设备等，符合刑法第140条规定的，以生产、销售伪劣产品罪定罪处罚。

生产、销售用超过保质期的食品原料、超过保质期的食品、回收食品作为原料的食品，或者以更改生产日期、保质期、改换包装等方式销售超过保质期的食品、回收食品，适用前款的规定定罪处罚。

实施前两款行为，同时构成生产、销售不符合安全标准的食品罪，生产、销售不符合安全标准的产品罪等其他犯罪的，依照处罚较重的规定定罪处罚。

第17条 违反国家规定，私设生猪屠宰厂(场)，从事生猪屠宰、销售等经营活动，情节严重的，依照刑法第225条的规定以非法经营罪定罪处罚。

在畜禽屠宰相关环节，对畜禽使用食品动物中禁止使用的药品及其他化合物等有毒、有害的非食品原料，依照刑法第144条的规定以生产、销售有毒、有害食品罪定罪处罚；对畜禽注水或者注入其他物质，足以造成严重食物中毒事故或者其他严重食源性疾病的，依照刑法第143条的规定以生产、销售不符合安全标准的食品罪定罪处罚；虽不足以造成严重食物中毒事故或者其他严重食源性疾病，但符合刑法第140条规定的，以生产、销售伪劣产品罪定罪处罚。

第18条 实施本解释规定的非法经营行为，非法经营数额在10万元以上，或者违法所得数额在5万元以上的，应当认定为刑法第225条规定的"情节严重"；非法经营数额在50万元以上，或者违法所得数额在25万元以上的，应当认定为刑法第225条规定的"情节特别严重"。

实施本解释规定的非法经营行为，同时构成生产、销售伪劣产品罪，生产、销售不符合安全标准的食品罪，生产、销售有毒、有害食品罪，生产、销售伪劣农药、兽药罪等其他犯罪的，依照处罚较重的规定定罪处罚。(全文详见本书《刑法》第143条相关内容)

25. 最高人民法院《关于进一步加强涉种子刑事审判工作的指导意见》(法〔2022〕66号)

三、准确适用法律，依法严惩种子制假售假犯罪。对销售明知是假的或者失去使用效能的种子，或者生产者、销售者以不合格的种子冒充合格的种子，使生产遭受较大损失的，依照刑法第147条的规定以生产、销售伪劣种子罪定罪处罚。

对实施生产、销售伪劣种子行为，因无法认定使生产遭受较大损失等原因，不构成生产、销售伪劣种子罪，但是销售金额在5万元以上的，依照刑法第140条的规定以生产、销售伪劣产品罪定罪处罚。同时构成假冒注册商标罪等其他犯罪的，依照处罚较重的规定定罪处罚。（详见本书《刑法》第147条相关内容）

26. 最高人民法院、最高人民检察院《关于办理危害药品安全刑事案件适用法律若干问题的解释》（高检发释字〔2022〕1号）

第11条 以提供给他人生产、销售、提供药品为目的，违反国家规定，生产、销售不符合药用要求的原料、辅料，符合刑法第140条规定的，以生产、销售伪劣产品罪从重处罚；同时构成其他犯罪的，依照处罚较重的规定定罪处罚。（全文详见本书《刑法》第141条相关内容）

27. 参见本书《刑法》第140条至第149条该节内容。

第141条 【生产、销售、提供假药罪】 生产、销售假药的，处3年以下有期徒刑或者拘役，并处罚金；对人体健康造成严重危害或者有其他严重情节的，处3年以上10年以下有期徒刑，并处罚金；致人死亡或者有其他特别严重情节的，处10年以上有期徒刑、无期徒刑或者死刑，并处罚金或者没收财产。

药品使用单位的人员明知是假药而提供给他人使用的，依照前款的规定处罚。

（本条《中华人民共和国刑法修正案(8)》第一次修改；《中华人民共和国刑法修正案(11)》第二次修改）

● 释义

生产、销售假药罪是指自然人或者单位故意生产、销售假药的行为或者药品使用单位的人员明知是假药而提供给他人使用的行为。

假药被使用后，造成轻伤以上伤害或者轻度残疾、中度残疾或者器官组织损伤导致一般功能障碍或者严重功能障碍，或者有其他严重危害人体健康情形的，属于“对人体健康造成严重危害或者有其他严重情节”。假药被使用后，造成重度残疾、3人以上重伤、3人以上中度残疾或者器官组织损伤导致严重功能障碍、10人以上轻伤、5人以上轻度残疾或者器官组织损伤导致一般功能障碍，或者有其他特别严重危害人体健康情形的，属于“对人体健康造成特别严重危害”。

医疗机构知道或者应当知道是假药而使用或者销售，以本罪追究刑事责任。知道或者应当知道他人生产、销售假药而为其提供资金、贷款、账号、发票、证明、许可证件或者提供生产、经营场所、设备、运输、仓储、保管、邮寄等便利条件，或者提供生产技术原料、辅料、包装材料以及广告等宣传的，按照共犯追究刑事责任。

实施生产、销售假药犯罪，同时构成生产、销售伪劣产品、侵犯知识产权、非法经营、非法行医、非法采供血等犯罪的，依照处罚较重的规定定罪处罚。

在自然灾害、事故灾难、公共卫生事件、社会安全事件等突发事件发生时期，生产、销售用于应对突发事件药品的假药的，依法从重处罚。

本条所称假药，是指依照《药品管理法》的规定属于假药和按假药处理的药品、非药品。

● 管辖

公安机关食品药品犯罪侦查部门、法院（本罪，人民检察院没有提起公诉，被害人有证据证明的轻微刑事案件，但严重危害社会秩序和国家利益的除外）。

• 立案追诉标准

二、将《立案追诉标准(1)》第17条修改为：

生产、销售假药的，应予立案追诉。但销售少量根据民间传统配方私自加工的药品，或者销售少量未经批准进口的国外、境外药品，没有造成他人伤害后果或者延误诊治，情节显著轻微危害不大的除外。

以生产、销售假药为目的，具有下列情形之一的，属于本条规定的“生产”：

(一)合成、精制、提取、储存、加工炮制药品原料的；

(二)将药品原料、辅料、包装材料制成成品过程中，进行配料、混合、制剂、储存、包装的；

(三)印制包装材料、标签、说明书的。

医疗机构、医疗机构工作人员明知是假药而有偿提供给他人使用，或者为出售而购买、储存的，属于本条规定的“销售”。

本条规定的“假药”，是指依照《中华人民共和国药品管理法》的规定属于假药和按假药处理的药品、非药品。是否属于假药难以确定的，可以根据地市级以上药品监督管理部门出具的认定意见等相关材料进行认定。必要时，可以委托省级以上药品监督管理部门设置或者确定的药品检验机构进行检验。

• 关联法律

1.《中华人民共和国药品管理法》(1984年9月20日第六届全国人大常委会第七次会议通过；2001年2月28日第九届全国人大常委会第二十次会议第一次修订；2013年12月28日第十二届全国人大常委会第六次会议《关于修改中华人民共和国海洋环境保护法等7部法律的决定》第一次修正；2015年4月24日第十二届全国人大常委会第十四次会议《关于修改中华人民共和国药品管理法的决定》第二次修正；2019年8月26日第十三届全国人大常委会第十二次会议第二次修订)

(全文略)

2.《中华人民共和国广告法》(1994年10月27日第八届全国人大常委会第十次会议通过；2015年4月24日第十二届全国人大常委会第十四次会议修订；2018年10月26日第十三届全国人大常委会第六次会议《关于修改〈中华人民共和国野生动物保护法〉第十五部法律的决定》修正) 第55条

(详见本书《刑法》第140条相关内容)

3.《关于维护互联网安全的决定》(2000年12月28日第九届全国人大常委会第十九次会议通过；2009年8月27日第十一届全国人大常委会第十次会议《关于修改部分法律的决定》修正；2011年1月8日《国务院关于废止和修改部分行政法规的决定》修订)

我国的互联网，在国家大力倡导和积极推动下，在经济建设和各项事业中得到日益广泛的应用，使人们的生产、工作、学习和生活方式已经开始并将继续发生深刻的变化，对于加快我国国民经济、科学技术的发展和社会服务信息化进程具有重要作用。同时，如何保障互联网的运行安全和信息安全问题已经引起全社会的普遍关注。为了兴利除弊，促进我国互联网的健康发展，维护国家安全和社会公共利益，保护个人、法人和其他组织的合法权益，特作如下决定：

一、为了保障互联网的运行安全，对有下列行为之一，构成犯罪的，依照刑法有关规定追究刑事责任：

(一)侵入国家事务、国防建设、尖端科学技术领域的计算机信息系统；(二)故意制作、传播计算机病毒等破坏性程序，攻击计算机系统及通信网络，致使计算机系统及通信网络遭受损害;(三)违反国家规定,擅自中断计算机网络或者通信服务,造成计算机网络或者通信系统不能正常运行。

二、为了维护国家安全和社会稳定,对有下列行为之一,构成犯罪的,依照刑法有关规定追究刑事责任:

(一)利用互联网造谣、诽谤或者发表、传播其他有害信息,煽动颠覆国家政权、推翻社会主义制度,或者煽动分裂国家、破坏国家统一;(二)通过互联网窃取、泄露国家秘密、情报或者军事秘密;(三)利用互联网煽动民族仇恨、民族歧视,破坏民族团结;(四)利用互联网组织邪教组织、联络邪教组织成员,破坏国家法律、行政法规实施。

三、为了维护社会主义市场经济秩序和社会管理秩序,对有下列行为之一,构成犯罪的,依照刑法有关规定追究刑事责任:

(一)利用互联网销售伪劣产品或者对商品、服务作虚假宣传;(二)利用互联网损坏他人商业信誉和商品声誉;(三)利用互联网侵犯他人知识产权;(四)利用互联网编造并传播影响证券、期货交易或者其他扰乱金融秩序的虚假信息;(五)在互联网上建立淫秽网站、网页,提供淫秽站点链接服务;或者传播淫秽书刊、影片、音像、图片。

四、为了保护个人、法人和其他组织的人身、财产等合法权利,对有下列行为之一,构成犯罪的,依照刑法有关规定追究刑事责任:

(一)利用互联网侮辱他人或者捏造事实诽谤他人;(二)非法截获、篡改、删除他人电子邮件或者其他数据资料,侵犯公民通信自由和通信秘密;(三)利用互联网进行盗窃、诈骗、敲诈勒索。

五、利用互联网实施本决定第1条、第2条、第3条、第4条所列行为以外的其他行为,构成犯罪的,依照刑法有关规定追究刑事责任。

六、利用互联网实施违法行为,违反社会治安管理,尚不构成犯罪的,由公安机关依照《治安管理处罚法》予以处罚;违反其他法律、行政法规,尚不构成犯罪的,由有关行政管理部门依法给予行政处罚;对直接负责的主管人员和其他直接责任人员,依法给予行政处分或者纪律处分。

利用互联网侵犯他人合法权益,构成民事侵权的,依法承担民事责任。

七、各级人民政府及有关部门要采取积极措施,在促进互联网的应用和网络技术的普及过程中,重视和支持对网络安全技术的研究和开发,增强网络的安全防护能力。有关主管部门要加强对互联网的运行安全和信息安全的宣传教育,依法实施有效的监督管理,防范和制止利用互联网进行的各种违法活动,为互联网的健康发展创造良好的社会环境。从事互联网业务的单位要依法开展活动,发现互联网上出现违法犯罪行为和有害信息时,要采取措施,停止传输有害信息,并及时向有关机关报告。任何单位和个人在利用互联网时,都要遵纪守法,抵制各种违法犯罪行为和有害信息。人民法院、人民检察院、公安机关、国家安全机关要各司其职,密切配合,依法严厉打击利用互联网实施的各种犯罪活动。要动员全社会的力量,依靠全社会的共同努力,保障互联网的运行安全与信息安全,促进社会主义精神文明和物质文明建设。

4. 最高人民法院、最高人民检察院《关于办理生产、销售伪劣商品刑事案件具体应用法律若干问题的解释》(法释〔2001〕10号)

第3条 经省级以上药品监督管理部门设置或者确定的药品检验机构监定,生产、销售的假药具有下列情形之一的,应认定为刑法第141条规定的"足以严重危害人体健康":

(一)含有超标准的有毒有害物质的;(二)不含所标明的有效成份,可参贻误诊治的;(工)所标明的适应症或者功能主治超出规定范围,可参造成贻误诊治的;(四)缺乏所标明的急救必需的有效成份的。

生产、销售的假药被使用后,造成轻伤、重伤或者其他严重后果的,应认定为“对人体健康造成严重危害”。

“生产、销售的假药被使用后,致人严重残疾,3人以上重伤,10人以上轻伤或者造成其他特别严重后果的,应认定为“对人体健康造成特别严重危害”。

第9条 知道或者应当知道他人实施生产、销售伪劣商品犯罪,而为其提供贷款、资金、账号、发票、证明、许可证件,或者提供生产、经营场志或者运输、仓储、保管、邮寄等便利条件,或者提供人制假生产技术的,以生产、销售伪劣商品犯罪的共犯论处。

第10条 实施生产、销售为伪劣商品犯罪,同时构成侵犯知识产权、非法经营等其他犯罪的,依照处罚较重的规定定罪处罚。

第11条 实施刑法第140条至第148条规定的犯罪,又以暴力、威胁方法抗拒查处,构成其他犯罪的,依照数罪并罚的规定处罚。

第12条 国家机工作人员参与生产、销售伪劣商品犯罪的,从重处罚。(全文详见本书《刑法》第140条相关内容)

5. 最高人民法院、最高人民检察院《关于办理妨害预防、控制突发传染病疫情等灾害的刑事案件具体应用法律若干问题的解释》(法释〔2003〕8号)

第2条 在预防、控制突发传染病疫情等灾害期间,生产、销售伪劣的防治、防护产品、物资,或者生产、销售用于防治传染病的假药、劣药,构成犯罪的,分别依照刑法第140条、第141条、第142条的规定,以生产、销售伪劣产品罪,生产、销售假药罪或者生产、销售劣药罪定罪,依法从重处罚。(全文详见本书《刑法》第114条相关内容)

6. 最高人民法院《关于审理非法行医刑事案件具体应用法律若干问题的解释》(法释〔2016〕27号,根据最高人民法院关于修改《关于审理非法行医刑事案件具体应用法律若干问题的解释》的决定,法释〔2008〕5号内容已修改)

第5条 实施非法行医犯罪,同时构成生产、销售假药罪,生产、销售劣药罪,诈骗罪等其他犯罪的,依照刑法处罚较重的规定定罪处罚。(全文详见本书《刑法》第336条相关内容)

7. 最高人民检察院、公安部《关于公安机关管辖的刑事案件立案追诉标准的规定(1)》(公通字〔2008〕36号)

(见本条立案追诉标准内容)

8. 最高人民法院、最高人民检察院《关于办理生产、销售假药、劣药刑事案件具体应用法律若干问题的解释》(法释〔2009〕9号)

(法释〔2014〕14号已声明该文废止)

9.《中华人民共和国刑法修正案(8)》(2011年2月25日第十一届全国人大常委会第十九次会议通过)

二十三、将刑法第141条第1款修改为:“生产、销售假药的,处3年以下有期徒刑或者拘役,并处罚金;对人体健康造成严重危害或者有其他严重情节的,处3年以上10年以下有期徒刑,并处罚金;致人死亡或者有其他特别严重情节的,处10年以上有期徒刑、无期徒刑或者死刑,并处罚金或者没收财产。”

(原条文:生产、销售假药,足以严重危害人体健康的,处3年以下有期徒刑或者拘役,并处或者单处销售金额50%以上2倍以下罚金;对人体健康造成严重危害的,处3年以上10年以下有期徒刑,并处销售金额50%以上2倍以下罚金;致人死亡或者对人体健康造成特别严重危害的,处10年以上有期期徒刑、无期徒刑或者死刑,并处销售金额50%以上2倍以下罚金或者没收财产。)

10. 最高人民法院、最高人民检察院《关于办理危害药品安全刑事案件适用法律若干问题的解释》(法释〔2014〕14 号)

(高检法释〔2022〕1 号已声明该文件废止)

11. 最高人民检察院《第 4 批指导性案例柳某国等人生产、销售有毒、有害食品,生产、销售伪劣产品案》(检例第 12 号;2014 年 2 月 20 日)

(详见本书《刑法》第 140 条相关内容)

12. 最高人民检察院《第 4 批指导性案例徐某伦等人生产、销售有害食品案》(检例第 13 号;2014 年 2 月 20 日)

【要旨】

在食品加工过程中,使用有毒、有害的非食品原料加工食品并出售的,应当认定为生产、销售有毒、有害食品罪;明知是他人使用有毒、有害的非食品原料加工出的食品仍然购买并出售的,应当认定为销售有毒、有害食品罪。

【诉讼过程】

2012 年 8 月 8 日,徐某伦、贾某容因涉嫌生产、销售有毒、有害食品罪被刑事拘留,9 月 15 日被逮捕。2012 年 8 月 8 日,徐某斌因涉嫌生产、销售有毒、有害食品罪被刑事拘留,8 月 13 日被取保候审,2013 年 3 月 12 日被逮捕。2012 年 9 月 27 日,叶某勇、杨某美因涉嫌生产、销售有毒、有害食品罪被取保候审,2013 年 3 月 12 日被逮捕。

该案由浙江省瑞安市公安局侦查终结后,移送瑞安市人民检察院审查起诉。瑞安市人民检察院经审查认为,被告人徐某伦、贾某容在生产、销售的食品中掺有有害物质,被告人徐某斌、叶某勇、杨某美销售明知掺有有害物质的食品,其中被告人徐某伦、贾某容有其他特别严重情节,其行为均已触犯《中华人民共和国刑法》第 144 条之规定,犯罪事实清楚、证据确实充分,应当以生产、销售有害食品罪追究被告人徐某伦、贾某容的刑事责任;以销售有害食品罪追究被告人徐某斌、叶某勇、杨某美的刑事责任。被告人徐某伦、贾某容、徐某斌、叶某勇、杨某美归案后均能如实供述自己的罪行,依法可以从轻处罚。2013 年 3 月 1 日,瑞安市人民检察院以被告人徐某伦、贾某容犯生产、销售有害食品罪,被告人徐某斌、叶某勇、杨某美犯销售有害食品罪向瑞安市人民法院提起公诉。

2013 年 5 月 22 日,瑞安市人民法院一审认为,被告人徐某伦、贾某容在生产、销售的食品中掺入有害物质,有其他特别严重情节,其行为均已触犯刑法,构成生产、销售有害食品罪;徐某斌、叶某勇、杨某美销售明知掺有有害物质的食品,其行为均已触犯刑法,构成销售有害食品罪。被告人徐某伦、贾某容共同经营猪头加工厂,生产、销售猪头,系共同犯罪。在共同犯罪中,被告人徐某伦起主要作用,系主犯;被告人贾某容起次要作用,系从犯,依法减轻处罚。被告人贾某容、徐某斌、叶某勇归案后均能如实供述自己的罪行,依法从轻处罚。被告人徐某斌有立功表现,依法从轻处罚。依照刑法和司法解释有关规定,判决被告人徐某伦犯生产、销售有害食品罪,判处有期徒刑 10 年 6 个月,并处罚金人民币 125 万元;被告人贾某容犯生产、销售有害食品罪,判处有期徒刑 6 年,并处罚金人民币 60 万元;被告人徐某斌犯销售有害食品罪,判处有期徒刑 1 年 6 个月,并处罚金人民币 7 万元;被告人叶某勇犯销售有害食品罪,判处有期徒刑 1 年 6 个月,并处罚金人民币 5 万元;被告人杨某美犯销售有害食品罪,判处有期徒刑 1 年 6 个月,并处罚金人民币 5 万元。

一审宣判后,徐某伦、贾某容、杨某美提出上诉。

2013 年 6 月 21 日,浙江省温州市中级人民法院二审裁定驳回上诉,维持原判。

13. 最高人民检察院法律政策研究室《对〈关于具有药品经营资质的企业通过非法渠道从私人手中购进药品后销售的如何适用法律问题的请示〉的答复》(高检研〔2015〕19号)

(详见本书《刑法》第140条相关内容)

14. 最高人民检察院、公安部《关于公安机关管辖的刑事案件立案追诉标准的规定(1)的补充规定》(公通字〔2017〕12号)

(见本条立案追诉标准内容)

15. 最高人民法院、最高人民检察院《关于办理药品、医疗器械注册申请材料造假刑事案件适用法律若干问题的解释》(法释〔2017〕15号)

(高检法释〔2022〕1号已声明该文件废止)

16.《中华人民共和国疫苗管理法》(2019年6月29日第十三届全国人大常委会第十一次会议通过)

(全文略)

17. 国家市场监督管理总局《药品、医疗器械、保健食品、特殊医学用途配方食品广告审查管理暂行办法》(国家市场监督管理总局令〔2019〕第21号)

(详见本书《刑法》第222条相关内容)

18. 最高人民法院、最高人民检察院、公安部、司法部《关于依法惩治妨害新型冠状病毒感染肺炎疫情防控违法犯罪的意见》(法发〔2020〕7号)

二、准确适用法律,依法严惩妨害疫情防控的各类违法犯罪

(三)依法严惩制假售假犯罪。在疫情防控期间,生产、销售伪劣的防治、防护产品、物资,或者生产、销售用于防治新型冠状病毒感染肺炎的假药、劣药,符合刑法第140条、第141条、第142条规定的,以生产、销售伪劣产品罪,生产、销售假药罪或者生产、销售劣药罪定罪处罚。

在疫情防控期间,生产不符合保障人体健康的国家标准、行业标准的医用口罩、护目镜、防护服等医用器材,或者销售明知是不符合标准的医用器材,足以严重危害人体健康的,依照刑法第145条的规定,以生产、销售不符合标准的医用器材罪定罪处罚。(全文详见本书《刑法》第114条相关内容)

19.《中华人民共和国刑法修正案(11)》(2020年12月26日第十三届全国人大常委会第二十四次会议通过)

五、将刑法第141条修改为:生产、销售假药的,处3年以下有期徒刑或者拘役,并处罚金;对人体健康造成严重危害或者有其他严重情节的,处3年以上10年以下有期徒刑,并处罚金;致人死亡或者有其他特别严重情节的,处10年以上有期徒刑、无期徒刑或者死刑,并处罚金或者没收财产。

药品使用单位的人员明知是假药而提供给他人使用的,依照前款的规定处罚。

(原条文:生产、销售假药的,处3年以下有期徒刑或者拘役,并处罚金;对人体健康造成严重危害或者有其他严重情节的,处3年以上10年以下有期徒刑,并处罚金;致人死亡或者有其他特别严重情节的,处10年以上有期徒刑、无期徒刑或者死刑,并处罚金或者没收财产。

本条所称假药,是指依照《中华人民共和国药品管理法》的规定属于假药和按假药处理的药品、非药品。)

20. 最高人民法院《关于执行〈中华人民共和国刑法〉确定罪名的补充规定(7)》(法释〔2021〕2号)

(全文详见本书《刑法》第133条之二相关内容)

21. 最高人民法院、最高人民检察院《关于办理危害药品安全刑事案件适用法律若干问题的解释》(高检发释字〔2022〕1号)

为依法惩治危害药品安全犯罪,保障人民群众生命健康,维护药品管理秩序,根据《中华人民共和国刑法》《中华人民共和国刑事诉讼法》及《中华人民共和国药品管理法》等有关规定,现就办理此类刑事案件适用法律的若干问题解释如下:

第1条 生产、销售、提供假药,具有下列情形之一的,应当酌情从重处罚:

(一)涉案药品以孕产妇、儿童或者危重病人为主要使用对象的;(二)涉案药品属于麻醉药品、精神药品、医疗用毒性药品、放射性药品、生物制品,或者以药品类易制毒化学品冒充其他药品的;(三)涉案药品属于注射剂药品、急救药品的;(四)涉案药品系用于应对自然灾害、事故灾难、公共卫生事件、社会安全事件等突发事件的;(五)药品使用单位及其工作人员生产、销售假药的;(六)其他应当酌情从重处罚的情形。

第2条 生产、销售、提供假药,具有下列情形之一的,应当认定为刑法第141条规定的"对人体健康造成严重危害":

(一)造成轻伤或者重伤的;(二)造成轻度残疾或者中度残疾的;(三)造成器官组织损伤导致一般功能障碍或者严重功能障碍的;(四)其他对人体健康造成严重危害的情形。

第3条 生产、销售、提供假药,具有下列情形之一的,应当认定为刑法第141条规定的"其他严重情节":

(一)引发较大突发公共卫生事件的;(二)生产、销售、提供假药的金额20万元以上不满50万元的;(三)生产、销售、提供假药的金额10万元以上不满20万元,并具有本解释第1条规定情形之一的;(四)根据生产、销售、提供的时间、数量、假药种类、对人体健康危害程度等,应当认定为情节严重的。

第4条 生产、销售、提供假药,具有下列情形之一的,应当认定为刑法第141条规定的"其他特别严重情节":

(一)致人重度残疾以上的;(二)造成3人以上重伤、中度残疾或者器官组织损伤导致严重功能障碍的;(三)造成5人以上轻度残疾或者器官组织损伤导致一般功能障碍的;(四)造成10人以上轻伤的;(五)引发重大、特别重大突发公共卫生事件的;(六)生产、销售、提供假药的金额50万元以上的;(七)生产、销售、提供假药的金额20万元以上不满50万元,并具有本解释第1条规定情形之一的;(八)根据生产、销售、提供的时间、数量、假药种类、对人体健康危害程度等,应当认定为情节特别严重的。

第5条 生产、销售、提供劣药,具有本解释第1条规定情形之一的,应当酌情从重处罚。

生产、销售、提供劣药,具有本解释第2条规定情形之一的,应当认定为刑法第142条规定的"对人体健康造成严重危害"。

生产、销售、提供劣药,致人死亡,或者具有本解释第4条第1项至第5项规定情形之一的,应当认定为刑法第142条规定的"后果特别严重"。

第6条 以生产、销售、提供假药、劣药为目的,合成、精制、提取、储存、加工炮制药品原料,或者在将药品原料、辅料、包装材料制成成品过程中,进行配料、混合、制剂、储存、包装的,应当认定为刑法第141条、第142条规定的"生产"。

药品使用单位及其工作人员明知是假药、劣药而有偿提供给他人使用的,应当认定为刑法第141条、第142条规定的"销售";无偿提供给他人使用的,应当认定为刑法第141条、第142条规定的"提供"。

第7条 实施妨害药品管理的行为,具有下列情形之一的,应当认定为刑法第142条之一规定的"足以严重危害人体健康":

(一)生产、销售国务院药品监督管理部门禁止使用的药品,综合生产、销售的时间、数量、禁止使用原因等情节,认为具有严重危害人体健康的现实危险的;(二)未取得药品相关批准证明文件生产药品或者明知是上述药品而销售,涉案药品属于本解释第1条第1项至第3项规定情形的;(三)未取得药品相关批准证明文件生产药品或者明知是上述药品而销售,涉案药品的适应症、功能主治或者成分不明的;(四)未取得药品相关批准证明文件生产药品或者明知是上述药品而销售,涉案药品没有国家药品标准,且无核准的药品质量标准,但检出化学药成分的;(五)未取得药品相关批准证明文件进口药品或者明知是上述药品而销售,涉案药品在境外也未合法上市的;(六)在药物非临床研究或者药物临床试验过程中故意使用虚假试验用药品,或者瞒报与药物临床试验用药品相关的严重不良事件的;(七)故意损毁原始药物非临床研究数据或者药物临床试验数据,或者编造受试动物信息、受试者信息、主要试验过程记录、研究数据、检测数据等药物非临床研究数据或者药物临床试验数据,影响药品的安全性、有效性和质量可控性的;(八)编造生产、检验记录,影响药品的安全性、有效性和质量可控性的;(九)其他足以严重危害人体健康的情形。

对于涉案药品是否在境外合法上市,应当根据境外药品监督管理部门或者权利人的证明等证据,结合犯罪嫌疑人、被告人及其辩护人提供的证据材料综合审查,依法作出认定。

对于"足以严重危害人体健康"难以确定的,根据地市级以上药品监督管理部门出具的认定意见,结合其他证据作出认定。

第8条 实施妨害药品管理的行为,具有本解释第2条规定情形之一的,应当认定为刑法第142条之一规定的"对人体健康造成严重危害"。

实施妨害药品管理的行为,足以严重危害人体健康,并具有下列情形之一的,应当认定为刑法第142条之一规定的"有其他严重情节":

(一)生产、销售国务院药品监督管理部门禁止使用的药品,生产、销售的金额50万元以上的;(二)未取得药品相关批准证明文件生产、进口药品或者明知是上述药品而销售,生产、销售的金额50万元以上的;(三)药品申请注册中提供虚假的证明、数据、资料、样品或者采取其他欺骗手段,造成严重后果的;(四)编造生产、检验记录,造成严重后果的;(五)造成恶劣社会影响或者具有其他严重情节的情形。

实施刑法第142条之一规定的行为,同时又构成生产、销售、提供假药罪、生产、销售、提供劣药罪或者其他犯罪的,依照处罚较重的规定定罪处罚。

第9条 明知他人实施危害药品安全犯罪,而有下列情形之一的,以共同犯罪论处:

(一)提供资金、贷款、账号、发票、证明、许可证件的;(二)提供生产、经营场所、设备或者运输、储存、保管、邮寄、销售渠道等便利条件的;(三)提供生产技术或者原料、辅料、包装材料、标签、说明书的;(四)提供虚假药物非临床研究报告、药物临床试验报告及相关材料的;(五)提供广告宣传的;(六)提供其他帮助的。

第10条 办理生产、销售、提供假药、生产、销售、提供劣药、妨害药品管理等刑事案件,应当结合行为人的从业经历、认知能力、药品质量、进货渠道和价格、销售渠道和价格以及生产、销售方式等事实综合判断认定行为人的主观故意。具有下列情形之一的,可以认定行为人有实施相关犯罪的主观故意,但有证据证明确实不具有故意的除外:

(一)药品价格明显异于市场价格的;(二)向不具有资质的生产者、销售者购买药品,且不能提供合法有效的来历证明的;(三)逃避、抗拒监督检查的;(四)转移、隐匿、销毁涉案药品、进销货记录的;(五)曾因实施危害药品安全违法犯罪行为受过处罚,又实施同类行为的;(六)其他足以认定行为人主观故意的情形。

第11条 以提供给他人生产、销售、提供药品为目的,违反国家规定,生产、销售不符合药用要求的原料、辅料,符合刑法第140条规定的,以生产、销售伪劣产品罪从重处罚;同时构成其他犯罪的,依照处罚较重的规定定罪处罚。

第12条 广告主、广告经营者、广告发布者违反国家规定,利用广告对药品作虚假宣传,情节严重的,依照刑法第222条的规定,以虚假广告罪定罪处罚。

第13条 明知系利用医保骗保购买的药品而非法收购、销售,金额5万元以上的,应当依照刑法第312条的规定,以掩饰、隐瞒犯罪所得罪定罪处罚;指使、教唆、授意他人利用医保骗保购买药品,进而非法收购、销售,符合刑法第266条规定的,以诈骗罪定罪处罚。

对于利用医保骗保购买药品的行为人是否追究刑事责任,应当综合骗取医保基金的数额、手段、认罪悔罪态度等案件具体情节,依法妥当决定。利用医保骗保购买药品的行为人是否被追究刑事责任,不影响对非法收购、销售有关药品的行为人定罪处罚。

对于第1款规定的主观明知,应当根据药品标志、收购渠道、价格、规模及药品追溯信息等综合认定。

第14条 负有药品安全监督管理职责的国家机关工作人员,滥用职权或者玩忽职守,构成药品监管渎职罪,同时构成商检徇私舞弊罪、商检失职罪等其他渎职犯罪的,依照处罚较重的规定定罪处罚。

负有药品安全监督管理职责的国家机关工作人员滥用职权或者玩忽职守,不构成药品监管渎职罪,但构成前款规定的其他渎职犯罪的,依照该其他犯罪定罪处罚。

负有药品安全监督管理职责的国家机关工作人员与他人共谋,利用其职务便利帮助他人实施危害药品安全犯罪行为,同时构成渎职犯罪和危害药品安全犯罪共犯的,依照处罚较重的规定定罪从重处罚。

第15条 对于犯生产、销售、提供假药罪、生产、销售、提供劣药罪、妨害药品管理罪的,应当结合被告人的犯罪数额、违法所得,综合考虑被告人缴纳罚金的能力,依法判处罚金。罚金一般应当在生产、销售、提供的药品金额2倍以上;共同犯罪的,对各共同犯罪人合计判处的罚金一般应当在生产、销售、提供的药品金额2倍以上。

第16条 对于犯生产、销售、提供假药罪、生产、销售、提供劣药罪、妨害药品管理罪的,应当依照刑法规定的条件,严格缓刑、免予刑事处罚的适用。对于被判处刑罚的,可以根据犯罪情况和预防再犯罪的需要,依法宣告职业禁止或者禁止令。《中华人民共和国药品管理法》等法律、行政法规另有规定的,从其规定。

对于被不起诉或者免予刑事处罚的行为人,需要给予行政处罚、政务处分或者其他处分的,依法移送有关主管机关处理。

第17条 单位犯生产、销售、提供假药罪、生产、销售、提供劣药罪、妨害药品管理罪的,对单位判处罚金,并对直接负责的主管人员和其他直接责任人员,依照本解释规定的自然人犯罪的定罪量刑标准处罚。

单位犯罪的,对被告单位及其直接负责的主管人员、其他直接责任人员合计判处的罚金一般应当在生产、销售、提供的药品金额2倍以上。

第18条 根据民间传统配方私自加工药品或者销售上述药品,数量不大,且未造成他人伤害后果或者延误诊治的,或者不以营利为目的实施带有自救、互助性质的生产、进口、销售药品的行为,不应当认定为犯罪。

对于是否属于民间传统配方难以确定的,根据地市级以上药品监督管理部门或者有关部门出具的认定意见,结合其他证据作出认定。

第19条 刑法第141条、第142条规定的“假药”“劣药”,依照《中华人民共和国药品管理法》的规定认定。

对于《中华人民共和国药品管理法》第98条第2款第2项、第4项及第3款第3项至第6项规定的假药、劣药，能够根据现场查获的原料、包装，结合犯罪嫌疑人、被告人供述等证据材料作出判断的，可以由地市级以上药品监督管理部门出具认定意见。对于依据《中华人民共和国药品管理法》第98条第2款、第3款的其他规定认定假药、劣药，或者是否属于第98条第2款第2项、第3款第6项规定的假药、劣药存在争议的，应当由省级以上药品监督管理部门设置或者确定的药品检验机构进行检验，出具质量检验结论。司法机关根据认定意见、检验结论，结合其他证据作出认定。

第20条 对于生产、提供药品的金额，以药品的货值金额计算；销售药品的金额，以所得和可得的全部违法收入计算。

第21条 本解释自2022年3月6日起施行。本解释公布施行后，《最高人民法院、最高人民检察院关于办理危害药品安全刑事案件适用法律若干问题的解释》（法释〔2014〕14号）、《最高人民法院、最高人民检察院关于办理药品、医疗器械注册申请材料造假刑事案件适用法律若干问题的解释》（法释〔2017〕15号）同时废止。

22. 参见本书《刑法》第140条至第149条该节内容。

第142条 【生产、销售、提供劣药罪】 生产、销售劣药，对人体健康造成严重危害的，处3年以上10年以下有期徒刑，并处罚金；后果特别严重的，处10年以上有期徒刑或者无期徒刑，并处罚金或者没收财产。

药品使用单位的人员明知是劣药而提供给他人使用的，依照前款的规定处罚。

（本条《中华人民共和国刑法修正案（11）》修改）

• 释义

生产、销售、提供劣药罪是指生产、销售劣药，或者药品使用单位的人员明知是劣药而提供给他人使用，对人体健康造成严重危害的行为。

劣药被使用后，造成轻伤以上伤害或者轻度残疾、中度残疾，或者器官组织损伤导致一般功能障碍或者严重功能障碍，或者有其他严重危害人体健康情形的，属于“对人体健康造成严重危害”。劣药被使用后，致人死亡、重度残疾、3人以上重伤、3人以上中度残疾或者器官组织损伤导致严重功能障碍、10人以上轻伤、5人以上轻度残疾或者器官组织损伤导致一般功能障碍，或者有其他特别严重危害人体健康情形的，属于“后果特别严重”。

医疗机构知道或者应当知道是劣药而使用或者销售，以本罪追究刑事责任。

知道或者应当知道他人生产、销售劣药而为其提供资金、贷款、账号、发票、证明、许可证件，或者提供生产、经营场所、设备、运输、仓储、保管、邮寄等便利条件，或者提供生产技术、原料、辅料、包装材料以及广告等宣传的，按照共犯追究刑事责任。

实施生产、销售劣药犯罪，同时构成生产、销售伪劣产品、侵犯知识产权、非法经营，非法行医、非法采供血等犯罪的，依照处罚较重的规定定罪处罚。

在自然灾害、事故灾难、公共卫生事件、社会安全事件等突发事件发生时期，生产、销售用于应对突发事件药品的劣药的，依法从重处罚。劣药是指依照《药品管理法》的规定属于劣药的药品。

• 管辖

公安机关食品药品犯罪侦查部门、法院（本罪，人民检察院没有提起公诉，被害人有证据证明的轻微刑事案件，但严重危害社会秩序和国家利益的除外）。

- 立案追诉标准

生产(包括配制)、销售劣药,涉嫌下列情形之一的,应予立案追诉:

(一)造成人员轻伤、重伤或者死亡的;

(二)其他对人体健康造成严重危害的情形。

注:本立案追诉标准所指“劣药”,是指依照《中华人民共和国药品管理法》的规定,药品成分的含量不符合国家药品标准的药品和按劣药论处的药品。

- 关联法律

1. 最高人民检察院、公安部《关于公安机关管辖的刑事案件立案追诉标准的规定(1)》(公通字〔2008〕36号)

(见本条立案追诉标准内容)

2. 最高人民法院、最高人民检察院《关于办理妨害预防、控制突发传染病疫情等灾害的刑事案件具体应用法律若干问题的解释》(法释〔2003〕8号)

第2条 在预防、控制突发传染病疫情等灾害期间,生产、销售伪劣的防治、防护产品、物资,或者生产、销售用于防治传染病的假药、劣药,构成犯罪的,分别依照刑法第140条、第141条、第142条的规定,以生产、销售伪劣产品罪,生产、销售假药罪或者生产、销售劣药罪定罪,依法从重处罚。(全文详见本书《刑法》第114条相关内容)

3. 最高人民法院、最高人民检察院《关于办理危害药品安全刑事案件适用法律若干问题的解释》(法释〔2014〕14号)

(高检法释〔2022〕1号已声明该文件废止)

4. 最高人民法院《关于充分发挥审判职能作用切实维护公共安全的若干意见》(法发〔2015〕12号)

四、做好涉民生案件审判工作,切实保障人民群众合法权益

9. 妥善审理涉农案件。依法严惩针对农村留守老人、妇女、儿童实施的抢劫、盗窃、强奸、猥亵、拐卖等犯罪,确保农村社会秩序稳定和农民生命财产安全。依法严惩向农村地区贩卖毒品犯罪,坚决遏制毒品向农村地区蔓延的势头。依法严惩生产、销售伪劣农药、化肥、种子以及其他农用物资等坑农、害农犯罪,保证农业生产顺利进行。依法审理、执行好涉及“三农”的民事、行政案件,切实维护农民合法权益。

10. 依法惩治危害食品药品安全犯罪。食品药品安全形势不容乐观,重大、恶性食品药品安全犯罪案件时有发生,党中央高度关注,人民群众反映强烈。要以“零容忍”的态度,坚持最严厉的处罚、最严肃的问责,依法严惩生产、销售有毒、有害食品、不符合卫生标准的食品,以及生产、销售假药、劣药等犯罪。要充分认识此类犯罪的严重社会危害,严格缓刑、免刑等非监禁刑的适用。要采取有效措施依法追缴违法犯罪所得,充分适用财产刑,坚决让犯罪分子在经济上无利可图、得不偿失。要依法适用禁止令,有效防范犯罪分子再次危害社会。(全文详见本书《刑法》第2条相关内容)

5. 最高人民检察院法律政策研究室《对〈关于具有药品经营资质的企业通过非法渠道从私人手中购进药品后销售的如何适用律问题的请示〉的答复》(高检研〔2015〕19号)

北京市人民检察院法律政策研究室:你院《关于具有药品经营资质的企业通过非法渠道从私人手中购进药品后销售的如何适用法律问题的请示》(京检字〔2015〕76号)收悉。经研究,答复如下:

司法机关应当根据《中华人民共和国药品管理法》的有关规定,对具有药品经营资质的企业通过非法渠道从私人手中购销的药品的性质进行认定，区分不同情况，分别定性处理：一是对于经认定属于假药、劣药，且达到“两高”《关于办理危害药品安全刑事案件适用法律若干问题的解释》（以下称《药品解释》）规定的销售假药罪、销售劣药罪的定罪量刑标准的，应当以销售假药罪、销售劣药罪依法追究刑事责任。二是对于经认定属于劣药，但尚未达到《药品解释》规定的销售劣药罪的定罪量刑标准的，可以依据刑法第149条、第140条的规定，以销售伪劣产品罪追究刑事责任。三是对于无法认定属于假药、劣药的，可以由药品监督管理部门依照《中华人民共和国药品管理法》的规定给予行政处罚，不宜以非法经营罪追究刑事责任。

6. 最高人民检察院《关于全面履行检察职能为推进健康中国建设提供有力司法保障的意见》（高检发〔2016〕12号）

党和国家历来高度重视人民健康，党的十八届五中全会提出推进健康中国建设。习近平总书记在全国卫生与健康大会上发表重要讲话，从实现“两个一百年”奋斗目标、实现中华民族伟大复兴中国梦的战略高度，深刻阐述了建设健康中国的大政方针、总体要求、目标任务，为党和国家卫生与健康事业长远发展指明了方向，提供了基本遵循。全国各级检察机关要深入学习贯彻这次大会特别是习近平总书记重要讲话精神，深刻认识推进健康中国建设的重大意义，始终坚持以人民为中心，把人民健康放在突出位置，立足检察职能，全面加强检察工作，努力为推进健康中国建设提供有力司法保障。

一、充分认识健康中国建设的重大意义，切实增强检察机关为推进健康中国建设提供司法保障的责任感和使命感

1. 深刻认识健康中国建设在全面建成小康社会进程中的重要地位和作用。各级检察机关要深刻认识推进健康中国建设是我们党立党为公、执政为民，着眼于全面建成小康社会，实现社会主义现代化和中华民族伟大复兴“五位一体”总体布局的重要举措和重大战略任务，把思想和行动统一到党中央决策部署上来，找准检察机关服务、保障和促进健康中国建设的工作定位和切入点，善于运用法治思维和法治方式，把党中央关于卫生与健康事业的各项部署要求落实到检察工作中。

2. 充分发挥检察职能，依法保障和促进健康中国建设。各级检察机关要树立大卫生、大健康理念，围绕服务中心和大局，积极应对健康中国建设对检察工作带来的新机遇和新挑战，及时回应人民群众对健康中国建设的新期待、新要求，综合发挥惩治、预防、监督、教育、保护等检察职能，依法维护人民群众身体健康和生命安全，保障卫生与健康事业发展环境，促进健康中国建设顺利进行。

二、依法惩治食品药品领域犯罪，维护人民群众身体健康和生命安全

3. 依法惩治危害食品安全犯罪，保障人民群众“舌尖上的安全”。深入贯彻新修订的食品安全法，依法惩治制售含有严重超标致病性微生物、农药兽药残留、生物毒素、重金属等污染物质的食品，病死或者死因不明的禽、畜、兽、水产动物肉类及其制品，国家为防病等特殊需要明令禁止生产经营的食品，以及超范围、超限量滥用食品添加剂、农药兽药等生产、销售不符合安全标准食品的犯罪；依法惩治使用有毒、有害的非食品原料加工食品，使用禁用农药兽药种植、养殖食用农产品，在食品中非法添加国家禁用药物等生产、销售有毒、有害食品的犯罪；依法惩治制售不符合安全标准的食品添加剂、食品相关产品，制售国家禁用的非食品原料、农药兽药以及私屠滥宰等生产、销售伪劣产品、非法经营的犯罪。重点打击、从严惩处危害食品安全犯罪活动比较集中的“黑作坊”“黑工厂”“黑市场”“黑窝点”，长期以来高发多发的涉及“地沟油”“瘦肉精”“病死猪”“毒奶粉”等严重危害食品安全的犯罪，以及走私冷冻肉品、利用互联网实施危害食品安全的犯罪。强化对食品生产、加工、销售、运输、贮存等各个环节犯罪的打击力度，着力切断犯罪利益链条，始终保持对危害食品安全犯罪的高压严打态势。

4. 依法惩治危害药品安全犯罪,促进解决医药领域乱象。依法惩治生产、销售假药劣药,生产、销售不符合标准的医用器材等犯罪。重点打击、从严惩处具有以孕产妇、婴幼儿、儿童或者危重病人为主要使用对象,属于疫苗、血液制品、急救药品、注射剂药品,在自然灾害、事故灾难、公共卫生事件、社会安全事件等突发事件期间制售假药劣药,以及医疗机构及其工作人员明知是假药劣药而有偿提供给他人使用等恶劣情节的危害药品安全犯罪。严肃查处药物临床试验数据造假涉及的相关犯罪。严肃查办药品流通领域的商业贿赂、虚开发票、洗钱、非法经营等经济犯罪。办案中要严格落实罪刑法定原则,贯彻宽严相济刑事政策,对于销售少量根据民间传统配方私自加工的药品,或者销售少量未经批准进口的国外、境外药品,没有造成他人伤害后果或者延误诊治的行为,以及病患者实施的不以营利为目的带有自救、互助性质的制售药品行为,不作为犯罪处理。对于认定罪与非罪争议较大的案件,及时向上级检察机关请示报告。

5. 依法惩治损害人民群众生命健康的其他犯罪,确保人民群众生活安全、放心。依法惩治打着健康健身招牌严重危害人民群众健康的犯罪,以及相关的诈骗、虚假广告、非法集资、组织传销等犯罪。加强对妇女、儿童、老年人、残疾人、流动人口、低收入人群等重点人群生命健康安全的司法保护力度。继续加大对毒品犯罪特别是走私、制造毒品、大宗贩卖毒品等源头性毒品犯罪,以及职业毒犯、累犯、毒品再犯等人身危险性大的毒品犯罪分子的打击力度。从严打击引诱、教唆、欺骗或者强迫未成年人吸食、注射毒品,以及组织利用未成年人、孕妇走私、贩卖、运输毒品的犯罪,教育群众特别是青少年远离毒品。

三、依法惩治破坏生态环境等犯罪,打造绿色安全健康环境

6. 依法惩治破坏环境资源和危害生态安全的犯罪,守护好绿水青山。依法惩治偷排偷放有毒有害污染物、非法排放严重超标污染物、篡改伪造环境监测数据、无证为他人处置危险废物、故意提供虚假环境影响评价意见等环境污染犯罪;妨害国境卫生检疫、妨害动植物防疫检疫等危害生态安全犯罪。从严惩处在医院、学校、居民区等人口集中地区以及饮用水水源保护区、沙漠、滩涂、盐碱地、沼泽地等非法排放有毒有害污染物的犯罪;在重污染天气预警期间、突发环境事件期间、限期整改期间恶意排放超标污染物的犯罪;重点排污单位篡改伪造环境监测数据、干扰环境监测设施,致使监测数据严重失真的犯罪;非法采矿采砂破坏航道交通、影响河势稳定、危害防洪安全的犯罪,以及具有阻挠环境保护等行政主管部门监督检查、擅自闲置拆除污染防治设施、非法排放有毒有害污染物危害公共安全等恶劣情形的犯罪。办案中应当贯彻恢复性司法理念,根据案件情况可以要求行为人修复环境、赔偿损失,降低环境污染的损害程度。行为人主动采取补救措施,消除污染,积极赔偿,防止损失扩大的,依法从宽处理。

7. 依法惩治危害生产安全、公共安全等犯罪,努力减少公共安全事件对人民生命健康的威胁。依法惩治重大责任事故、强令违章冒险作业、重大劳动安全事故,不报、谎报安全事故等危害生产安全犯罪。从严惩处具有故意阻挠开展事故抢救、遗弃事故受害人等恶劣情节的犯罪,切实保障职工生命健康。依法惩治追逐竞驶、醉酒驾车、超员超速、交通肇事等危害道路交通安全的犯罪,着力构筑公共安全的司法保护屏障。

四、加大对涉医犯罪的打击力度,保障正常医疗秩序和医务人员人身安全

8. 依法惩治扰乱医疗机构正常秩序的犯罪,为创建"平安医院"提供司法保障。依法惩治聚众打砸、任意损毁占用医疗机构财物,在医疗机构起哄闹事,致使医疗无法进行的犯罪;依法惩治在医疗机构私设灵堂、违规停尸、摆放花圈、焚烧纸钱、悬挂横幅、封堵大门、阻塞交通,严重扰乱公共场所秩序的犯罪;非法携带枪支、弹药、管制器具或者爆炸性、放射性、毒害性、腐蚀性物品进入医疗机构危及公共安全的犯罪;非法行医、非法采供血液、妨害传染病防治等严重扰乱医疗秩序的犯罪。重点打击、从严惩处在医疗机构进行寻衅滋事、敲诈勒索、扰乱医疗秩序等犯罪行为的职业"医闹",专门捏造、寻找、介入他人医患矛盾,故意扩大事态,挑动、教唆他人实施违法犯罪的首要分子和积极参加者,从事非法行医、组织出卖人体器官、非法采供血液违法犯罪活动的游医、假医、"黑诊所""血头",以及具有幕后组织、网络策划、涉黑涉恶、内外勾结等恶劣情节的犯罪分子或者团伙。对上述重点打击对象,应当依法提出从严处理、不适用缓刑、适用禁止令等量刑建议。

9. 依法惩治侵害医务人员合法权益的犯罪,维护医务人员的执业安全。加强与卫生计生委、公安等部门的协作配合,深入开展严厉打击涉医违法犯罪专项行动,坚决从严查处涉医突发案件,维护正常医疗秩序,保护医务人员安全。正确区分医疗纠纷与医疗事故、医疗事故罪与非罪界限,依法维护医患双方合法权益与社会和谐稳定,保障医疗服务环境。依法惩治故意伤害、杀害医务人员,公然侮辱或者捏造事实诽谤、诬告陷害医务人员,以及在医疗机构内殴打、追逐、拦截、辱骂、恐吓医务人员或者非法限制医务人员人身自由的犯罪。从严惩处无端猜疑、蓄意发泄,手段残忍、情节恶劣的犯罪;以不特定的医务人员、就诊患者为侮辱、威胁、殴打、伤害、杀害对象,危害医疗场所公共安全的犯罪;利用互联网等媒体恶意炒作,侮辱、诽谤、诬告陷害医务人员,挑拨医患矛盾,引发涉医突发案件、群体性事件或者造成恶劣社会影响的犯罪。

五、积极发挥查办和预防职务犯罪职能,为健康中国建设营造风清气正的环境

10. 依法查办医疗、医保、医药和食品等重点领域的贪污贿赂犯罪。突出查办药品、医疗设备采购活动中,医疗机构及工作人员索取、收受销售方财物,为他人谋取利益的犯罪;残疾人公益事业、健康养老服务、健康扶贫工程、医疗保险特别是新型农村合作医疗领域的职务犯罪;贪污、挪用医疗救助补助资金、防疫资金等特定款物的犯罪;发生在贫困地区青少年营养餐或营养包行动中的贪污、挪用犯罪;医药卫生、食药安全、安全生产等领域,为谋取不正当利益或者寻求庇护,拉拢腐蚀围猎国家工作人员,大搞利益输送,情节严重、性质恶劣的行贿犯罪。

11. 依法查办食品药品安全、环境资源保护、安全生产等领域的失职渎职犯罪。突出查办人民群众反映强烈、危害后果严重、社会影响恶劣的危害食品药品安全和破坏环境资源等恶性事件背后的滥用职权、玩忽职守、徇私舞弊等犯罪;医保管理和支付结算、医疗设备和医药产品招标、采购等领域审批、监管环节发生的失职渎职犯罪;以罚代刑,对依法应当移交司法机关处理的危害食品药品安全和破坏环境资源犯罪案件不移交,帮助犯罪分子逃避处罚的犯罪;徇私舞弊,伪造食品检验结果及动植物检疫结果,或者严重不负责任,对应当检验检疫的不检验检疫以及延误出证、错误出证的犯罪;重点生态功能区建设、山水林田湖生态保护修复工程等环节不作为、乱作为,环评和治理工作中失职渎职,以及突破生态保护红线、主体功能区定位、城镇开发边界,违反城乡土地利用、生态环境保护规划等规定的职务犯罪。积极参与安全生产专项治理,完善同步介入生产安全责任事故调查和处理机制,严肃查办安全责任事故所涉职务犯罪,最大程度减少公共安全事件对人民群众生活和生命健康的不利影响。

12. 加强协作配合,切实做好相关职务犯罪预防工作。要加强与食品药品、卫生、环境资源、安全生产、动植物检验检疫、公安等监管执法部门的工作联系和协作配合,加强案例剖析,认真排查相关领域职务犯罪风险点,通过检察建议督促相关单位纠正改进,努力将各类风险隐患消除在萌芽阶段。通过举办展览、讲座、开展预防咨询等形式,对相关监管执法部门和医疗、医保等行业工作人员进行法治宣传和警示教育,筑牢防范犯罪的思想防线,提高防腐拒变的能力。深入查摆食品药品安全、环境资源保护、安全生产监管等机制体制的漏洞和问题,从完善制度、严格管理、加强监督等方面，形成高质量的预防专题调查报告，促进行业监管部门细化职责分工、堵塞监管漏洞和解决监管空白、边界不清等问题。研究提出完善食品安全法、药品管理法、环境保护法等实施的配套法规规章和规范性文件的建议，为建立科学完善的食品药品安全、环境治理体系建言献策。

六、立足检察职能，促进健康中国法治环境建设

13. 加强批捕、起诉工作，确保依法、准确、及时、有效打击犯罪。对于严重危害食品药品安全、破坏环境资源、扰乱医疗场所秩序等破坏健康中国建设、损害广大人民群众生命健康的犯罪，要实行挂牌督办，及时介入侦查引导取证。要全面审查案件证据，在依法查明犯罪事实的基础上，对于符合逮捕、起诉条件的，依法从严从快批捕、起诉，体现打击力度，确保办案质量。

14. 强化刑事诉讼监督，促进公正司法。继续深化破坏环境资源和危害食品药品安全犯罪专项立案监督活动，积极配合行政执法机关、公安机关对辖区内污染水域、排污企业、基本功能丧失的耕地、制售假药劣药的高发区域、生产销售不合格食品的作坊等进行拉网式排查，形成打击合力。依法监督行政执法机关移送、公安机关立案侦查破坏环境资源和危害食品药品安全涉嫌犯罪的案件，营造依法严惩犯罪的执法氛围。会同相关行政执法机关、公安机关建立行政执法与刑事司法衔接的长效机制，推进执法司法信息共享平台建设，提升打击犯罪的能力和水平。加强侦查活动监督，促进解决侦查质量不高，收集证据不合法以及适用强制措施、查封扣押冻结款物不当等问题，保证查处犯罪的合法性、有效性。加强刑事审判监督，对于认定事实或者适用法律错误、量刑畸轻畸重、严重违反法定诉讼程序可能影响公正裁判的案件，依法提出抗诉。加强刑事执行监督，强化对刑罚执行、刑事强制措施执行和强制医疗执行的监督，切实维护司法公正，维护社会和谐稳定。

15. 依法办理环境、医疗、食品药品等领域民事行政诉讼监督案件，维护健康中国法治秩序。依法办理环境污染民事行政诉讼监督案件，正确行使调查核实权，准确把握事实认定和法律适用标准，符合法定条件的案件，依法提出抗诉或者再审检察建议；依法办理医疗损害责任民事行政诉讼监督案件，准确理解和适用侵权责任法关于医疗损害责任的专门规定，化解医患矛盾，促进医疗纠纷依法妥善解决；依法办理食品药品、医疗器械等产品责任民事行政诉讼监督案件，正确把握缺陷产品、因果关系等认定标准，促进司法统一规范。办理案件中，要积极借鉴医疗纠纷专业化管理解决机制，借助专业力量化解社会矛盾。充分发挥行政检察职能，加强对环境、卫生、食品药品领域行政违法行为的法律监督。

16. 积极稳妥开展民事行政公益诉讼试点工作，着力营造绿色安全的健康环境。要重点关注生态环境和资源保护、食品药品安全等领域造成国家和社会公共利益严重侵害的案件；生态环境和资源保护领域负有监督管理职责的行政机关违法行使职权或者不作为，致使国家和社会公共利益受到严重侵害的案件。要充分运用调查核实权，切实发挥鉴定机构和专家辅助人的作用，查清违法行为、损害后果及其因果关系。要充分利用诉前程序，依法科学运用检察建议、支持起诉、公益诉讼等监督方式，促使行政机关纠正违法行为或者依法正确履行职责。要实现行政公益诉讼与民事公益诉讼的有效衔接，增强监督实效，使违法者承担相应的行政责任和民事责任。

17. 全面发挥检察职能，促进健康产业创新发展。依法惩治医药、医疗器械、医疗服务等健康产业领域的侵犯财产和侵犯知识产权犯罪，加大对自主知识产权、关键核心技术和科研成果转化的保护力度。强化对涉及健康养老产业、健康旅游产业、智慧健康产业、健身休闲运动产业、健康食品产业领域相关案件的法律监督，维护有关单位和从业人员的合法权益。认真听取来自健康产业领域对检察工作的意见和建议，努力为健康产业创新发展提供更好的法律服务。

七、加强组织领导,将健康中国建设的司法保障落到实处

18. 加强组织领导。各级检察机关要把为推进健康中国建设提供有力司法保障作为当前的一项重要任务,切实加强领导,强化措施,严格责任,狠抓落实。利用检察一体化工作机制的优势,统筹办案力量,排除干扰阻力,突出查办大案要案和窝案串案,打好整体战。侦查监督、公诉、民事行政检察等部门在行使职能中发现职务犯罪线索的,要及时向职务犯罪侦查部门移送,形成打击犯罪合力。积极参与健康中国建设相关领域的社会治安综合治理,主动争取和依靠当地党委、人大、政府的领导、监督和支持,与行政执法机关、公安机关和人民法院加强联系与协作配合,努力解决办案中遇到的困难和问题,创造良好的办案环境。

19. 加强业务指导。最高人民检察院和省级检察机关对有重大影响的案件实行挂牌督办,要加强对办案工作的统筹和指导,及时分析犯罪规律,总结办案经验,帮助下级检察机关解决办案中的困难和问题;地市级检察机关要充分发挥办案龙头作用,带头查办大案要案,进一步加强对办案工作的组织指挥;基层检察机关要充分发挥办案主体作用,进一步增强办理相关案件的能力和水平。下级检察机关对于办案中遇到的困难和问题要及时向上级检察机关请示报告,必要时层报最高人民检察院;最高人民检察院应当加强法律政策研究和案件指导工作。

20. 加强普法宣传。落实"谁执法谁普法"的普法责任制,认真实行检察官以案释法制度,结合人民群众关注的典型案例,向社会公众释法说理,及时回应社会关切。充分利用检察机关宣传主阵地、"两微一端"、微电影、微视频等媒体平台,加强与主流媒体、重点商业媒体和自媒体的联系协作,广泛宣传党和国家关于健康中国建设的理念和方针政策,宣传检察机关服务和保障健康中国建设的重大举措和成果,引导广大人民群众尊法、学法、守法、用法,积极营造推进健康中国建设的法治环境和氛围。

7. 国家市场监督管理总局《药品、医疗器械、保健食品、特殊医学用途配方食品广告审查管理暂行办法》(国家市场监督管理总局令〔2019〕第 21 号)

(详见本书《刑法》第 222 条相关内容)

8. 最高人民法院、最高人民检察院、公安部、司法部《关于依法惩治妨害新型冠状病毒感染肺炎疫情防控违法犯罪的意见》(法发〔2020〕7 号)

二、准确适用法律,依法严惩妨害疫情防控的各类违法犯罪

(三)依法严惩制假售假犯罪。在疫情防控期间,生产、销售伪劣的防治、防护产品、物资,或者生产、销售用于防治新型冠状病毒感染肺炎的假药、劣药,符合刑法第 140 条、第 141 条、第 142 条规定的,以生产、销售伪劣产品罪,生产、销售假药罪或者生产、销售劣药罪定罪处罚。

在疫情防控期间,生产不符合保障人体健康的国家标准、行业标准的医用口罩、护目镜、防护服等医用器材,或者销售明知是不符合标准的医用器材,足以严重危害人体健康的,依照刑法第 145 条的规定,以生产、销售不符合标准的医用器材罪定罪处罚。(全文详见本书《刑法》第 114 条相关内容)

9.《中华人民共和国刑法修正案(11)》(2020 年 12 月 26 日第十三届全国人大常委会第二十四次会议通过)

六、将刑法第 142 条修改为:"生产、销售劣药,对人体健康造成严重危害的,处 3 年以上 10 年以下有期徒刑,并处罚金;后果特别严重的,处 10 年以上有期徒刑或者无期徒刑,并处罚金或者没收财产。

"药品使用单位的人员明知是劣药而提供给他人使用的,依照前款的规定处罚。"

(原条文:生产、销售劣药,对人体健康造成严重危害的,处 3 年以上 10 年以下有期徒刑,并处销售金额 50%以上 2 倍以下罚金;后果特别严重的,处 10 年以上有期徒刑或者无期徒刑,并处销售金额 50%以上 2 倍以下罚金或者没收财产。

本条所称劣药,是指依照《中华人民共和国药品管理法》的规定属于劣药的药品。)

10. 最高人民法院《关于执行〈中华人民共和国刑法〉确定罪名的补充规定(7)》(法释〔2021〕2号)

(全文详见本书《刑法》第133条之二相关内容)

11. 最高人民法院、最高人民检察院《关于办理危害药品安全刑事案件适用法律若干问题的解释》(高检发释字〔2022〕1号)

第2条 生产、销售、提供假药,具有下列情形之一的,应当认定为刑法第141条规定的"对人体健康造成严重危害":

(一)造成轻伤或者重伤的;(二)造成轻度残疾或者中度残疾的;(三)造成器官组织损伤导致一般功能障碍或者严重功能障碍的;(四)其他对人体健康造成严重危害的情形。

第5条 生产、销售、提供劣药,具有本解释第1条规定情形之一的,应当酌情从重处罚。

生产、销售、提供劣药,具有本解释第2条规定情形之一的,应当认定为刑法第142条规定的"对人体健康造成严重危害"。

生产、销售、提供劣药,致人死亡,或者具有本解释第4条第1项至第5项规定情形之一的,应当认定为刑法第142条规定的"后果特别严重"。

第6条 以生产、销售、提供假药、劣药为目的,合成、精制、提取、储存、加工炮制药品原料,或者在将药品原料、辅料、包装材料制成成品过程中,进行配料、混合、制剂、储存、包装的,应当认定为刑法第141条、第142条规定的"生产"。

药品使用单位及其工作人员明知是假药、劣药而有偿提供给他人使用的,应当认定为刑法第141条、第142条规定的"销售";无偿提供给他人使用的,应当认定为刑法第141条、第142条规定的"提供"。

第19条 刑法第141条、第142条规定的"假药""劣药",依照《中华人民共和国药品管理法》的规定认定。

对于《中华人民共和国药品管理法》第98条第2款第2项、第4项及第3款第3项至第6项规定的假药、劣药,能够根据现场查获的原料、包装,结合犯罪嫌疑人、被告人供述等证据材料作出判断的,可以由地市级以上药品监督管理部门出具认定意见。对于依据《中华人民共和国药品管理法》第98条第2款、第3款的其他规定认定假药、劣药,或者是否属于第98条第2款第2项、第3款第6项规定的假药、劣药存在争议的,应当由省级以上药品监督管理部门设置或者确定的药品检验机构进行检验,出具质量检验结论。司法机关根据认定意见、检验结论,结合其他证据作出认定。

第20条 对于生产、提供药品的金额,以药品的货值金额计算;销售药品的金额,以所得和可得的全部违法收入计算。(全文详见本书《刑法》第141条相关内容)

12. 参见本书《刑法》第140条至第149条该节内容。

第142条之一 【妨害药品管理罪】 违反药品管理法规,有下列情形之一,足以严重危害人体健康的,处3年以下有期徒刑或者拘役,并处或者单处罚金;对人体健康造成严重危害或者有其他严重情节的,处3年以上7年以下有期徒刑,并处罚金:

(一)生产、销售国务院药品监督管理部门禁止使用的药品的;

(二)未取得药品相关批准证明文件生产、进口药品或者明知是上述药品而销售的;

(三)药品申请注册中提供虚假的证明、数据、资料、样品或者采取其他欺骗手段的;

(四)编造生产、检验记录的。

有前款行为,同时又构成本法第141条、第142条规定之罪或者其他犯罪的,依照处罚较重的规定定罪处罚。

(本条《中华人民共和国刑法修正案(11)》增加)

• 释义

妨害药品管理罪是指违反药品管理法规,生产、销售国务院药品监督管理部门禁止使用的药品,或者未取得药品相关批准证明文件生产、进口药品或者明知是上述药品而销售,或者药品申请注册中提供虚假的证明、数据、资料、样品或者采取其他欺骗手段,或者编造生产、检验记录,足以严重危害人体健康的行为。

• 管辖

公安机关、法院(本罪,人民检察院没有提起公诉,被害人有证据证明的轻微刑事案件,但严重危害社会秩序和国家利益的除外)。

• 关联法律

1.《中华人民共和国刑法修正案(11)》(2020 年 12 月 26 日第十三届全国人大常委会第二十四次会议通过)

七、在刑法第 142 条后增加 1 条,作为第 142 条之一:"违反药品管理法规,有下列情形之一,足以严重危害人体健康的,处 3 年以下有期徒刑或者拘役,并处或者单处罚金;对人体健康造成严重危害或者有其他严重情节的,处 3 年以上 7 年以下有期徒刑,并处罚金:

"(一)生产、销售国务院药品监督管理部门禁止使用的药品的;

"(二)未取得药品相关批准证明文件生产、进口药品或者明知是上述药品而销售的;

"(三)药品申请注册中提供虚假的证明、数据、资料、样品或者采取其他欺骗手段的;

"(四)编造生产、检验记录的。

"有前款行为,同时又构成本法第 141 条、第 142 条规定之罪或者其他犯罪的,依照处罚较重的规定定罪处罚。"

2. 最高人民法院《关于执行〈中华人民共和国刑法〉确定罪名的补充规定(7)》(法释〔2021〕2 号)

(全文详见本书《刑法》第 133 条之二相关内容)

3. 最高人民法院、最高人民检察院《关于办理危害药品安全刑事案件适用法律若干问题的解释》(高检发释字〔2022〕1 号)

第 1 条 生产、销售、提供假药,具有下列情形之一的,应当酌情从重处罚:

(一)涉案药品以孕产妇、儿童或者危重病人为主要使用对象的;(二)涉案药品属于麻醉药品、精神药品、医疗用毒性药品、放射性药品、生物制品,或者以药品类易制毒化学品冒充其他药品的;(三)涉案药品属于注射剂药品、急救药品的;(四)涉案药品系用于应对自然灾害、事故灾难、公共卫生事件、社会安全事件等突发事件的;(五)药品使用单位及其工作人员生产、销售假药的;(六)其他应当酌情从重处罚的情形。

第 2 条 生产、销售、提供假药,具有下列情形之一的,应当认定为刑法第 141 条规定的"对人体健康造成严重危害":

(一)造成轻伤或者重伤的;(二)造成轻度残疾或者中度残疾的;(三)造成器官组织损伤导致一般功能障碍或者严重功能障碍的;(四)其他对人体健康造成严重危害的情形。

第 7 条 实施妨害药品管理的行为,具有下列情形之一的,应当认定为刑法第 142 条之一规定的"足以严重危害人体健康":

(一)生产、销售国务院药品监督管理部门禁止使用的药品,综合生产、销售的时间、数量、禁止使用原因等情节,认为具有严重危害人体健康的现实危险的;(二)未取得药品相关批准证明文件生产药品或者明知是上述药品而销售,涉案药品属于本解释第1条第1项至第3项规定情形的;(三)未取得药品相关批准证明文件生产药品或者明知是上述药品而销售,涉案药品的适应症、功能主治或者成分不明的;(四)未取得药品相关批准证明文件生产药品或者明知是上述药品而销售,涉案药品没有国家药品标准,且无核准的药品质量标准,但检出化学药成分的;(五)未取得药品相关批准证明文件进口药品或者明知是上述药品而销售,涉案药品在境外也未合法上市的;(六)在药物非临床研究或者药物临床试验过程中故意使用虚假试验用药品,或者瞒报与药物临床试验用药品相关的严重不良事件的;(七)故意损毁原始药物非临床研究数据或者药物临床试验数据,或者编造受试动物信息、受试者信息、主要试验过程记录、研究数据、检测数据等药物非临床研究数据或者药物临床试验数据,影响药品的安全性、有效性和质量可控性的;(八)编造生产、检验记录,影响药品的安全性、有效性和质量可控性的;(九)其他足以严重危害人体健康的情形。

对于涉案药品是否在境外合法上市,应当根据境外药品监督管理部门或者权利人的证明等证据,结合犯罪嫌疑人、被告人及其辩护人提供的证据材料综合审查,依法作出认定。

对于“足以严重危害人体健康”难以确定的,根据地市级以上药品监督管理部门出具的认定意见,结合其他证据作出认定。

第8条 实施妨害药品管理的行为,具有本解释第2条规定情形之一的,应当认定为刑法第142条之一规定的“对人体健康造成严重危害”。

实施妨害药品管理的行为,足以严重危害人体健康,并具有下列情形之一的,应当认定为刑法第142条之一规定的“有其他严重情节”:

(一)生产、销售国务院药品监督管理部门禁止使用的药品,生产、销售的金额50万元以上的;(二)未取得药品相关批准证明文件生产、进口药品或者明知是上述药品而销售,生产、销售的金额50万元以上的;(三)药品申请注册中提供虚假的证明、数据、资料、样品或者采取其他欺骗手段,造成严重后果的;(四)编造生产、检验记录,造成严重后果的;(五)造成恶劣社会影响或者具有其他严重情节的情形。

实施刑法第142条之一规定的行为,同时又构成生产、销售、提供假药罪、生产、销售、提供劣药罪或者其他犯罪的,依照处罚较重的规定定罪处罚。(全文详见本书《刑法》第141条相关内容)

4. 参见本书《刑法》第140条至第149条该节内容。

第143条 【生产、销售不符合安全标准的食品罪】生产、销售不符合食品安全标准的食品,足以造成严重食物中毒事故或者其他严重食源性疾病的,处3年以下有期徒刑或者拘役,并处罚金;对人体健康造成严重危害或者有其他严重情节的,处3年以上7年以下有期徒刑,并处罚金;后果特别严重的,处7年以上有期徒刑或者无期徒刑,并处罚金或者没收财产。

(本条《中华人民共和国刑法修正案(8)》修改)

• 释义

生产、销售不符合安全标准的食品罪是指生产、销售不符合食品安全标准的食品,足以造成严重食物中毒事故或者其他严重食源性疾病的行为。

经省级以上卫生行政部门确定的机构鉴定,食品中含有可能导致严重食物中毒事故或者其他严重食源性疾患的超标准的有害细菌或者其他污染物的,应认定为“足以造成严重食物中毒事故或者其他严重食源性疾病”；不符合食品安全标准的食品被使用后，造成轻伤、重伤或者其他严重后果的，应认定为“对人体健康造成严重危害；致人死亡、严重残疾、3人以上重伤、10人以上轻伤或者其他特别严重后果的，应认定为“后果特别严重”。

根据司法解释，虽无法查明“食用油”是否利用“地沟油”生产、加工，但犯罪嫌疑人、被告人明知该“食用油”来源可疑而予以销售的，经鉴定，属于不符合安全标准的食品的，构成本罪。

下列物质应当认定为“有毒、有害的非食品原料”：

（一）法律、法规禁止在食品生产经营活动中添加、使用的物质；

（二）国务院有关部门公布的《食品中可能违法添加的非食用物质名单》《保健食品中可能非法添加的物质名单》上的物质；

（三）国务院有关部门公告禁止使用的农药、兽药以及其他有毒、有害物质；

（四）其他危害人体健康的物质。

“足以造成严重食物中毒事故或者其他严重食源性疾病”“有毒、有害非食品原料”难以确定的，司法机关可以根据检验报告并结合专家意见等相关材料进行认定。必要时，人民法院可以依法通知有关专家出庭做出说明。

• 管辖

公安机关食品药品犯罪侦查部门、法院（本罪，人民检察院没有提起公诉，被害人有证据证明的轻微刑事案件，但严重危害社会秩序和国家利益的除外）。

• 立案追诉标准

三、将《立案追诉标准(1)》第19条修改为：

生产、销售不符合食品安全标准的食品，涉嫌下列情形之一的，应予立案追诉：

（一）食品含有严重超出标准限量的致病性微生物、农药残留、兽药残留、重金属、污染物质以及其他危害人体健康的物质的；

（二）属于病死、死因不明或者检验检疫不合格的畜、禽、兽、水产动物及其肉类、肉类制品的；

（三）属于国家为防控疾病等特殊需要明令禁止生产、销售的食品的；

（四）婴幼儿食品中生长发育所需营养成分严重不符合食品安全标准的；

（五）其他足以造成严重食物中毒事故或者严重食源性疾病的情形。

在食品加工、销售、运输、贮存等过程中，违反食品安全标准，超限量或者超范围滥用食品添加剂，足以造成严重食物中毒事故或者其他严重食源性疾病的，应予立案追诉。

在食用农产品种植、养殖、销售、运输、贮存等过程中，违反食品安全标准，超限量或者超范围滥用添加剂、农药、兽药等，足以造成严重食物中毒事故或者其他严重食源性疾病的，应予立案追诉。

• 关联法律

1.《中华人民共和国广告法》（1994年10月27日第八届全国人大常委会第十次会议通过；2021年4月29日第十三届全国人大常委会第二十八次会议第三次修正）

（详见本书《刑法》第140条相关内容）

2.最高人民法院、最高人民检察院《关于办理生产、销售伪劣商品刑事案件具体应用法律若干问题的解释》（法释〔2001〕10号）

第4条 经省级以上卫生行政部门确定的机构鉴定，食品中含有可能导致严重食物中毒事故或者其他严重食源性疾患的超标准的有害细菌或者其他污染物的，应认定为刑法第143

条规定的"足以造成严重食物中毒事故或者其他严重食源性疾患"。生产、销售不符合卫生标准的食品被食用后,造成轻伤、重伤或者其他严重后果的,应认定为"对人体健康造成严重危害"。生产、销售不符合卫生标准的食品被食用后,致人死亡、严重残疾、3 人以上重伤、10 人以上轻伤或者造成其他特别严重后果的,应认定为"后果特别严重"。

第 9 条 知道或者应当知道他人实施生产、销售伪劣商品犯罪,而为其提供贷款、资金、账号、发票、证明、许可证件,或者提供生产、经营场志或者运输、仓储、保管、邮寄等便利条件,或者提供人制假生产技术的,以生产、销售伪劣商品犯罪的共犯论处。

第 10 条 实施生产、销售为伪劣商品犯罪,同时构成侵犯知识产权、非法经营等其他犯罪的,依照处罚较重的规定定罪处罚。

第 11 条 实施刑法第 140 条至第 148 条规定的犯罪,又以暴力、威胁方法抗拒查处,构成其他犯罪的,依照数罪并罚的规定处罚。

第 12 条 国家机工作人员参与生产、销售伪劣商品犯罪的,从重处罚。(全文详见本书《刑法》第 140 条相关内容)

3. 最高人民检察院《关于办理非法经营食盐刑事案件具体应用法律若干问题的解释》(高检发释字〔2002〕6 号)

(2020 年 2 月 19 日最高人民检察院第十三届检察委员会第三十三次会议通过《关于废止〈办理非法经营食盐刑事案件具体应用法律若干问题的解释〉的决定》[内容详见本书《刑法》第 140 条相内容])

4. 最高人民检察院、公安部《关于公安机关管辖的刑事案件立案追诉标准的规定(1)》(公通字〔2008〕36 号)

(见本条立案追诉标准内容)

5.《中华人民共和国食品安全法》(2009 年 2 月 28 日第十一届全国人大常委会第七次会议通过;2021 年 4 月 29 日第十三届全国人大常委会最新修正)

(全文略)

6.《中华人民共和国刑法修正案(8)》(2011 年 2 月 25 日第十一届全国人大常委会第十九次会议通过)

二十四、将刑法第 143 条修改为:"生产、销售不符合食品安全标准的食品,足以造成严重食物中毒事故或者其他严重食源性疾病的,处 3 年以下有期徒刑或者拘役,并处罚金;对人体健康造成严重危害或者有其他严重情节的,处 3 年以上 7 年以下有期徒刑,并处罚金;后果特别严重的,处 7 年以上有期徒刑或者无期徒刑,并处罚金或者没收财产。"

(本次修订将原条文中"不符合卫生标准的食品"修改为"不符合食品安全标准的食品",将"销售金额 50%以上 2 倍以下罚金"修改为无限额罚金,取消了基本犯"单处罚金"的规定,增设了"有其他严重情节"的处罚。)

7. 最高人民法院《关于进一步加强危害生产安全刑事案件审判工作的意见》(法发〔2011〕20 号)

(详见本书《刑法》第 140 条相关内容)

8. 最高人民法院、最高人民检察院《关于办理危害食品安全刑事案件适用法律若干问题的解释》(法释〔2013〕12 号)

(法释〔2021〕24 号已声明该文废止)

9. 国家食品药品监督管理总局《网络食品安全违法行为查处办法》(国家食品药品监督管理总局令〔2016〕第 27 号)

该文件于 2021 年 4 月 2 日被《国家市场监督管理总局关于废止和修改部分规章的决定》

修正(国家市场监督管理总局令第38号)。

10. 最高人民检察院、公安部《关于公安机关管辖的刑事案件立案追诉标准的规定(一)的补充规定》(公通字〔2017〕12号)

(见本条立案追诉标准内容)

11. 最高人民法院《关于审理走私、非法经营、非法使用兴奋剂刑事案件适用法律若干问题的解释》(法释〔2019〕16号)

第5条 生产、销售含有兴奋剂目录所列物质的食品,符合刑法第143条、第144条规定的,以生产、销售不符合安全标准的食品罪、生产、销售有毒、有害食品罪定罪处罚。

第7条 实施本解释规定的行为,涉案物质属于毒品、制毒物品等,构成有关犯罪的,依照相应犯罪定罪处罚。(全文详见本书《刑法》第151条相关内容)

12. 最高人民法院《关于审理食品安全民事纠纷案件适用法律若干问题的解释(1)》(法释〔2020〕14号)

(全文略)

13. 最高人民法院、最高人民检察院《关于办理危害食品安全刑事案件适用法律若干问题的解释》(法释〔2021〕24号)

为依法惩治危害食品安全犯罪,保障人民群众身体健康、生命安全,根据《中华人民共和国刑法》《中华人民共和国刑事诉讼法》的有关规定,对办理此类刑事案件适用法律的若干问题解释如下:

第1条 生产、销售不符合食品安全标准的食品,具有下列情形之一的,应当认定为刑法第143条规定的"足以造成严重食物中毒事故或者其他严重食源性疾病":

(一)含有严重超出标准限量的致病性微生物、农药残留、兽药残留、生物毒素、重金属等污染物质以及其他严重危害人体健康的物质的;(二)属于病死、死因不明或者检验检疫不合格的畜、禽、兽、水产动物肉类及其制品的;(三)属于国家为防控疾病等特殊需要明令禁止生产、销售的;(四)特殊医学用途配方食品、专供婴幼儿的主辅食品营养成分严重不符合食品安全标准的;(五)其他足以造成严重食物中毒事故或者严重食源性疾病的情形。

第2条 生产、销售不符合食品安全标准的食品,具有下列情形之一的,应当认定为刑法第143条规定的"对人体健康造成严重危害":

(一)造成轻伤以上伤害的;(二)造成轻度残疾或者中度残疾的;(三)造成器官组织损伤导致一般功能障碍或者严重功能障碍的;(四)造成10人以上严重食物中毒或者其他严重食源性疾病的;(五)其他对人体健康造成严重危害的情形。

第3条 生产、销售不符合食品安全标准的食品,具有下列情形之一的,应当认定为刑法第143条规定的"其他严重情节":

(一)生产、销售金额20万元以上的;(二)生产、销售金额10万元以上不20万元,不符合食品安全标准的食品数量较大或者生产、销售持续时间6个月以上的;(三)生产、销售金额10万元以上不满20万元,属于特殊医学用途配方食品、专供婴幼儿的主辅食品的;(四)生产、销售金额10万元以上不满20万元,且在中小学校园、托幼机构、养老机构及周边面向未成年人、老年人销售的;(五)生产、销售金额10万元以上不满20万元,曾因危害食品安全犯罪受过刑事处罚或者2年内因危害食品安全违法行为受过行政处罚的;(六)其他情节严重的情形。

第4条 生产、销售不符合食品安全标准的食品,具有下列情形之一的,应当认定为刑法第143条规定的"后果特别严重":

(一)致人死亡的;(二)造成重度残疾以上的;(三)造成3人以上重伤、中度残疾或者器官组织损伤导致严重功能障碍的;(四)造成10人以上轻伤、5人以上轻度残疾或者器官组织损伤导致一般功能障碍的;(五)造成30人以上严重食物中毒或者其他严重食源性疾病的;(六)其他特别严重的后果。

第5条 在食品生产、销售、运输、贮存等过程中,违反食品安全标准,超限量或者超范围滥用食品添加剂,足以造成严重食物中毒事故或者其他严重食源性疾病的,依照刑法第143条的规定以生产、销售不符合安全标准的食品罪定罪处罚。

在食用农产品种植、养殖、销售、运输、贮存等过程中,违反食品安全标准,超限量或者超范围滥用添加剂、农药、兽药等,足以造成严重食物中毒事故或者其他严重食源性疾病的,适用前款的规定定罪处罚。

第6条 生产、销售有毒、有害食品,具有本解释第2条规定情形之一的,应当认定为刑法第144条规定的"对人体健康造成严重危害"。

第7条 生产、销售有毒、有害食品,具有下列情形之一的,应当认定为刑法第144条规定的"其他严重情节":

(一)生产、销售金额20万元以上不满50万元的;(二)生产、销售金额10万元以上不满20万元,有毒、有害食品数量较大或者生产、销售持续时间6个月以上的;(三)生产、销售金额10万元以上不满20万元,属于特殊医学用途配方食品、专供婴幼儿的主辅食品的;(四)生产、销售金额10万元以上不满20万元,且在中小学校园、托幼机构、养老机构及周边面向未成年人、老年人销售的;(五)生产、销售金额10万元以上不满20万元,曾因危害食品安全犯罪受过刑事处罚或者2年内因危害食品安全违法行为受过行政处罚的;(六)有毒、有害的非食品原料毒害性强或者含量高的;(七)其他情节严重的情形。

第8条 生产、销售有毒、有害食品,生产、销售金额50万元以上,或者具有本解释第4条第2项至第6项规定的情形之一的,应当认定为刑法第144条规定的"其他特别严重情节"。

第9条 下列物质应当认定为刑法第144条规定的"有毒、有害的非食品原料":

(一)因危害人体健康,被法律、法规禁止在食品生产经营活动中添加、使用的物质;(二)因危害人体健康,被国务院有关部门列入《食品中可能违法添加的非食用物质名单》《保健食品中可能非法添加的物质名单》和国务院有关部门公告的禁用农药、《食品动物中禁止使用的药品及其他化合物清单》等名单上的物质;(三)其他有毒、有害的物质。

第10条 刑法第144条规定的"明知",应当综合行为人的认知能力、食品质量、进货或者销售的渠道及价格等主、客观因素进行认定。

具有下列情形之一的,可以认定为刑法第144条规定的"明知",但存在相反证据并经查证属实的除外:

(一)长期从事相关食品、食用农产品生产、种植、养殖、销售、运输、贮存行业,不依法履行保障食品安全义务的;(二)没有合法有效的购货凭证,且不能提供或者拒不提供销售的相关食品来源的;(三)以明显低于市场价格进货或者销售且无合理原因的;(四)在有关部门发出禁令或者食品安全预警的情况下继续销售的;(五)因实施危害食品安全行为受过行政处罚或者刑事处罚,又实施同种行为的;(六)其他足以认定行为人明知的情形。

第11条 在食品生产、销售、运输、贮存等过程中,掺入有毒、有害的非食品原料,或者使用有毒、有害的非食品原料生产食品的,依照刑法第144条的规定以生产、销售有毒、有害食品罪定罪处罚。

在食用农产品种植、养殖、销售、运输、贮存等过程中,使用禁用农药、食品动物中禁止使用的药品及其他化合物等有毒、有害的非食品原料,适用前款的规定定罪处罚。

在保健食品或者其他食品中非法添加国家禁用药物等有毒、有害的非食品原料的,适用第1款的规定定罪处罚。

第12条 在食品生产、销售、运输、贮存等过程中,使用不符合食品安全标准的食品包装材料、容器、洗涤剂、消毒剂,或者用于食品生产经营的工具、设备等,造成食品被污染,符合刑法第143条、第144条规定的,以生产、销售不符合安全标准的食品罪或者生产、销售有毒、有害食品罪定罪处罚。

第13条 生产、销售不符合食品安全标准的食品,有毒、有害食品,符合刑法第143条、第144条规定的,以生产、销售不符合安全标准的食品罪或者生产、销售有毒、有害食品罪定罪处罚。同时构成其他犯罪的,依照处罚较重的规定定罪处罚。

生产、销售不符合食品安全标准的食品,无证据证明足以造成严重食物中毒事故或者其他严重食源性疾病,不构成生产、销售不符合安全标准的食品罪,但构成生产、销售伪劣产品罪,妨害动植物防疫、检疫罪等其他犯罪的,依照该其他犯罪定罪处罚。

第14条 明知他人生产、销售不符合食品安全标准的食品,有毒、有害食品,具有下列情形之一的,以生产、销售不符合安全标准的食品罪或者生产、销售有毒、有害食品罪的共犯论处:

(一)提供资金、贷款、账号、发票、证明、许可证件的;(二)提供生产、经营场所或者运输、贮存、保管、邮寄、销售渠道等便利条件的;(三)提供生产技术或者食品原料、食品添加剂、食品相关产品或者有毒、有害的非食品原料的;(四)提供广告宣传的;(五)提供其他帮助行为的。

第15条 生产、销售不符合食品安全标准的食品添加剂,用于食品的包装材料、容器、洗涤剂、消毒剂,或者用于食品生产经营的工具、设备等,符合刑法第140条规定的,以生产、销售伪劣产品罪定罪处罚。

生产、销售用超过保质期的食品原料、超过保质期的食品、回收食品作为原料的食品,或者以更改生产日期、保质期、改换包装等方式销售超过保质期的食品、回收食品,适用前款的规定定罪处罚。

实施前两款行为,同时构成生产、销售不符合安全标准的食品罪,生产、销售不符合安全标准的产品罪等其他犯罪的,依照处罚较重的规定定罪处罚。

第16条 以提供给他人生产、销售食品为目的,违反国家规定,生产、销售国家禁止用于食品生产、销售的非食品原料,情节严重的,依照刑法第225条的规定以非法经营罪定罪处罚。

以提供给他人生产、销售食用农产品为目的,违反国家规定,生产、销售国家禁用农药、食品动物中禁止使用的药品及其他化合物等有毒、有害的非食品原料,或者生产、销售添加上述有毒、有害的非食品原料的农药、兽药、饲料、饲料添加剂、饲料原料,情节严重的,依照前款的规定定罪处罚。

第17条 违反国家规定,私设生猪屠宰厂(场),从事生猪屠宰、销售等经营活动,情节严重的,依照刑法第225条的规定以非法经营罪定罪处罚。

在畜禽屠宰相关环节,对畜禽使用食品动物中禁止使用的药品及其他化合物等有毒、有害的非食品原料,依照刑法第144条的规定以生产、销售有毒、有害食品罪定罪处罚;对畜禽注水或者注入其他物质,足以造成严重食物中毒事故或者其他严重食源性疾病的,依照刑法第143条的规定以生产、销售不符合安全标准的食品罪定罪处罚;虽不足以造成严重食物中毒事故或者其他严重食源性疾病,但符合刑法第140条规定的,以生产、销售伪劣产品罪定罪处罚。

第18条 实施本解释规定的非法经营行为,非法经营数额在10万元以上,或者违法所得数额在5万元以上的,应当认定为刑法第225条规定的“情节严重”;非法经营数额在50万元以上,或者违法所得数额在25万元以上的,应当认定为刑法第225条规定的“情节特别严重”。

实施本解释规定的非法经营行为,同时构成生产、销售伪劣产品罪,生产、销售不符合安全标准的食品罪,生产、销售有毒、有害食品罪,生产、销售伪劣农药、兽药罪等其他犯罪的,依照处罚较重的规定定罪处罚。

第19条 违反国家规定,利用广告对保健食品或者其他食品作虚假宣传,符合刑法第222条规定的,以虚假广告罪定罪处罚;以非法占有为目的,利用销售保健食品或者其他食品诈骗财物,符合刑法第266条规定的,以诈骗罪定罪处罚。同时构成生产、销售伪劣产品罪等其他犯罪的,依照处罚较重的规定定罪处罚。

第20条 负有食品安全监督管理职责的国家机关工作人员,滥用职权或者玩忽职守,构成食品监管渎职罪,同时构成徇私舞弊不移交刑事案件罪、商检徇私舞弊罪、动植物检疫徇私舞弊罪、放纵制售伪劣商品犯罪行为罪等其他渎职犯罪的,依照处罚较重的规定定罪处罚。

负有食品安全监督管理职责的国家机关工作人员滥用职权或者玩忽职守,不构成食品监管渎职罪,但构成前款规定的其他渎职犯罪的,依照该其他犯罪定罪处罚。

负有食品安全监督管理职责的国家机关工作人员与他人共谋,利用其职务行为帮助他人实施危害食品安全犯罪行为,同时构成渎职犯罪和危害食品安全犯罪共犯的,依照处罚较重的规定定罪从重处罚。

第21条 犯生产、销售不符合安全标准的食品罪,生产、销售有毒、有害食品罪,一般应当依法判处生产、销售金额2倍以上的罚金。

共同犯罪的,对各共同犯罪人合计判处的罚金一般应当在生产、销售金额的2倍以上。

第22条 对实施本解释规定之犯罪的犯罪分子,应当依照刑法规定的条件,严格适用缓刑、免予刑事处罚。对于依法适用缓刑的,可以根据犯罪情况,同时宣告禁止令。

对于被不起诉或者免予刑事处罚的行为人,需要给予行政处罚、政务处分或者其他处分的,依法移送有关主管机关处理。

第23条 单位实施本解释规定的犯罪的,对单位判处罚金,并对直接负责的主管人员和其他直接责任人员,依照本解释规定的定罪量刑标准处罚。

第24条 "足以造成严重食物中毒事故或者其他严重食源性疾病""有毒、有害的非食品原料"等专门性问题难以确定的,司法机关可以依据鉴定意见、检验报告、地市级以上相关行政主管部门组织出具的书面意见,结合其他证据作出认定。必要时,专门性问题由省级以上相关行政主管部门组织出具书面意见。

第25条 本解释所称"2年内",以第1次违法行为受到行政处罚的生效之日与又实施相应行为之日的时间间隔计算确定。

第26条 本解释自2022年1月1日起施行。本解释公布实施后,《最高人民法院、最高人民检察院关于办理危害食品安全刑事案件适用法律若干问题的解释》(法释〔2013〕12号)同时废止;之前发布的司法解释与本解释不一致的,以本解释为准。

14. 最高人民检察院《第37批指导性案例王某贩卖、制造毒品案》(检例第150号;2022年6月21日)

(详见本书《刑法》第347条相关内容)

15. 参见本书《刑法》第140条至第149条该节内容。

第144条 【生产、销售有毒、有害食品罪】 在生产、销售的食品中掺入有毒、有害的非食品原料的,或者销售明知掺有有毒、有害的非食品原料的食品的,处5年以下有期徒刑,并处罚金;对人体健康造成严重危害或者有其他严重情节的,处5年以上10年以下有期徒刑,并处罚金;致人死亡或者有其他特别严重情节的,依照本法第141条的规定处罚。

（本条《中华人民共和国刑法修正案(8)》修改）

• 释义

生产、销售有毒、有害食品罪是指生产、销售有毒、有害食品罪在生产、销售的食品中掺入有毒、有害的非食品原料，或者销售明知掺有有毒、有害的非食品原料的食品的行为。

生产、销售的有毒、有害食品被食用后，造成轻伤、重伤或者其他严重后果的，应认定为本条规定的“对人体健康造成严重危害”。根据司法解释，本罪包括：

（一）使用“瘦肉精”等禁止在饲料和动物饮用水中使用的药品或者含有该类药品的饲料养殖供人食用的动物，或者销售明知是使用该类药品或者含有该类药品的饲料养殖的供人食用的动物的行为；

（二）明知是使用瘦肉精等禁止在饲料和动物饮用水中使用的药品或者含有该类药品的饲料养殖的供人食用的动物，而提供屠宰等加工服务，或者销售其制品的行为；

（三）利用“地沟油”生产“食用油”的，或者明知是利用“地沟油”生产的“食用油”而予以销售的行为；

（四）对于利用“地沟油”生产的“食用油”，已经销售出去没有实物，但是有证据证明系已被查实生产、销售有毒、有害食品犯罪事实的上线提供的。知道或者应当知道他人实施“地沟油”犯罪行为，而为其提供掏捞、加工、贩运“地沟油”，或者提供贷款、资金、账号、发票、证明、许可证件，或者提供技术、生产、经营场所、运输、仓储、保管等便利条件，依本罪的共犯论处。“地沟油”犯罪，是指用餐厨垃圾、废弃油脂、各类肉及肉制品加工废弃物等非食品原料，生产、加工“食用油”，以及明知是利用“地沟油”生产、加工的油脂而作为食用油销售的行为。

• 管辖

公安机关食品药品犯罪侦查部门、法院（本罪，人民检察院没有提起公诉，被害人有证据证明的轻微刑事案件，但严重危害社会秩序和国家利益的除外）。

• 立案追诉标准

四、将《立案追诉标准(1)》第20条修改为：

在生产、销售的食品中掺入有毒、有害的非食品原料的，或者销售明知掺有有毒、有害的非食品原料的食品的，应予立案追诉。

在食品加工、销售、运输、贮存等过程中，掺入有毒、有害的非食品原料，或者使用有毒、有害的非食品原料加工食品的，应予立案追诉。

在食用农产品种植、养殖、销售、运输、贮存等过程中，使用禁用农药、兽药等禁用物质或者其他有毒、有害物质的，应予立案追诉。

在保健食品或者其他食品中非法添加国家禁用药物等有毒、有害物质的，应予立案追诉。

下列物质应当认定为本条规定的“有毒、有害的非食品原料”：

（一）法律、法规禁止在食品生产经营活动中添加、使用的物质；

（二）国务院有关部门公布的《食品中可能违法添加的非食用物质名单》《保健食品中可能非法添加的物质名单》中所列物质；

（三）国务院有关部门公告禁止使用的农药、兽药以及其他有毒、有害物质；

（四）其他危害人体健康的物质。

- **关联法律**

1.《中华人民共和国广告法》(1994年10月27日第八届全国人大常委会第十次会议通过;2021年4月29日第十三届全国人大常委会第二十八次会议第三次修正)

(详见本书《刑法》第140条相关内容)

2.最高人民法院、最高人民检察院《关于办理生产、销售伪劣商品刑事案件具体应用法律若干问题的解释》(法释〔2001〕10号)

第5条 生产、销售的有毒、有害食品被食用后,造成轻伤、重伤或者其他严重后果的,应认定为刑法第144条规定的"对人体健康造成严重危害"。

生产、销售的有毒、有害食品被食用后,致人严重残疾、3人以上重伤、10人以上轻伤或者造成其他特别严重后果的,应认定为"对人体健康造成特别严重危害"。(全文详见本书《刑法》第140条相关内容)

3.最高人民法院关于《审理生产、销售伪劣商品刑事案件有关鉴定问题的通知》(法〔2001〕70号)

(详见本书《刑法》第140条相关内容)

4.最高人民检察院《关于办理非法经营食盐刑事案件具体应用法律若干问题的解释》(高检发释字〔2002〕6号)

被《最高人民检察院关于废止〈最高人民检察院关于办理非法经营食盐刑事案件具体应用法律若干问题的解释〉的决定》(高检发释字〔2020〕6号)废止。

5.最高人民法院、最高人民检察院《关于办理非法生产、销售、使用禁止在饲料和动物饮用水中使用的药品等刑事案件具体应用法律若干问题的解释》(法释〔2002〕26号)

为依法惩治非法生产、销售、使用盐酸克仑特罗(Clenbuterol ydrochloride,俗称"瘦肉精")等禁止在饲料和动物饮用水中使用的药品等犯罪活动,维护社会主义市场经济秩序,保护公民身体健康,根据刑法有关规定,现就办理这类刑事案件具体应用法律的若干问题解释如下:

第1条 未取得药品生产、经营许可证件和批准文号,非法生产销售盐酸克仑特罗等禁止在饲料和动物饮用水中使用的药品,扰乱药品市场秩序,情节严重的,依照刑法第225条第(1)项的规定,以非法经营罪追究刑事责任。

第2条 在生产、销售的饲料中添加盐克仑特罗等禁止在饲料和动物饮用水中使用的药品,或者销售明知是添加有该类药品饲料,情节严重的,依照刑法第225条第(4)项的规定,以非法经营罪追究刑事责任。

第3条 使用盐酸克仑特罗等禁止在饲料和动物饮用水中使用的药品或者含有该类药品的饲料养殖供人食用的动物,或者销售明知是使用该类药品或者含有该类药品的饲料养殖的供人食用的动物的,依照刑法第144条的规定,以生产、销售有毒、有害食品罪追究刑事责任。

第4条 明知是使用盐酸克仑特罗等禁止在饲料和动物饮用水中使用的药品或者含有该类药品的饲料养殖的供人食用的动物,而提供屠宰等加工服务,或者销售其制品的,依照刑法第144条的规定,以生产、销售有毒、有害食品罪追究刑事责任。

第5条 实施本解释规定的行为,同时触犯刑法规定的两种以上犯罪的,依照处罚较重的规定追究刑事责任。

第6条 禁止在饲料和动物饮用水中使用的药品,依照国家有关部门公告的禁止在饲料和动物饮用水中使用的药物品种目录确定。

6. 最高人民检察院、公安部《关于公安机关管辖的刑事案件立案追诉标准的规定(1)》(公通字〔2008〕36号)

(见本条立案追诉标准内容)

7.《中华人民共和国食品安全法》(2009年2月28日第十一届全国人大常委会第七次会议通过;2015年4月24日第十二届全国人大常委会第十四次会议修订;2018年12月29日第十三届全国人大常委会第七次会议《关于修改〈中华人民共和国产品质量法〉等五部法律的决定》第一次修正;2021年4月29日第十三届全国人大常委会第二十八次会议《关于修改〈中华人民共和国道路交通安全法〉等8部法律的决定》第二次修正)

第135条 被吊销许可证的食品生产经营者及其法定代表人、直接负责的主管人员和其他直接责任人员自处罚决定作出之日起五年内不得申请食品生产经营许可,或者从事食品生产经营管理工作、担任食品生产经营企业食品安全管理人员。

因食品安全犯罪被判处有期徒刑以上刑罚的,终身不得从事食品生产经营管理工作,也不得担任食品生产经营企业食品安全管理人员。

食品生产经营者聘用人员违反前两款规定的,由县级以上人民政府食品安全监督管理部门吊销许可证。

8.《中华人民共和国刑法修正案(8)》(2011年2月25日第十一届全国人大常委会第十九次会议通过)

二十五、将刑法第144条修改为:"在生产、销售的食品中掺入有毒、有害的非食品原料的,或者销售明知掺有有毒、有害的非食品原料的食品的,处5年以下有期徒刑,并处罚金;对人体健康造成严重危害或者有其他严重情节的,处5年以上10年以下有期徒刑,并处罚金;致人死亡或者有其他特别严重情节的,依照本法第141条的规定处罚。"

(本次修订将1997年《刑法》原条文中"造成严重食物中毒事故或者其他严重食源性疾患,对人体健康造成严重危害"修改为"对人体健康造成严重危害或者有其他严重情节",将"销售金额50%以上2倍以下罚金"修改为无限额罚金,取消了基本犯"单处罚金"的规定,并将"对人体健康造成特别严重危害"修改为"有其他特别严重情节"。)

9. 最高人民法院《关于进一步加大力度,依法严惩危害食品安全及相关职务犯罪的通知》(2011年5月27日)

(全文略)

10. 最高人民法院《关于进一步加强危害生产安全刑事案件审判工作的意见》(法发〔2011〕20号)

(详见本书《刑法》第140条内容)

11. 最高人民法院、最高人民检察院、公安部《关于依法严惩"地沟油"犯罪活动的通知》(公通字〔2012〕1号)

为依法严惩"地沟油"犯罪活动,切实保障人民群众的生命健康安全,根据刑法和有关司法解释的规定,现就有关事项通知如下:

一、依法严惩"地沟油"犯罪,切实维护人民群众食品安全

"地沟油"犯罪,是指用餐厨垃圾、废弃油脂、各类肉及肉制品加工废弃物等非食品原料,生产、加工"食用油",以及明知是利用"地沟油"生产、加工的油脂而作为食用油销售的行为。"地沟油"犯罪严重危害人民群众身体健康和生命安全,严重影响国家形象,损害党和政府的公信力。各级公安机关、检察机关、人民法院要认真贯彻《刑法修正案(八)》对危害食品安全犯罪从严打击的精神,依法严惩"地沟油"犯罪,坚决打击"地沟油"进入食用领域的各种犯罪行为,坚决保护人民群众切身利益。对于涉及多地区的"地沟油"犯罪案件,各地公安机关、检察机关、人民法院要在案件管辖、调查取证等方面通力合作，形成打击合力，切实维护人民群众食品安全。

二、准确理解法律规定，严格区分犯罪界限

（一）对于利用"地沟油"生产"食用油"的，依照刑法第144条生产有毒、有害食品罪的规定追究刑事责任。

（二）明知是利用"地沟油"生产的"食用油"而予以销售的，依照刑法第144条销售有毒、有害食品罪的规定追究刑事责任。认定是否"明知"，应当结合犯罪嫌疑人、被告人的认知能力，犯罪嫌疑人、被告人及其同案人的供述和辩解，证人证言，产品质量，进货渠道及进货价格、销售渠道及销售价格等主、客观因素予以综合判断。

（三）对于利用"地沟油"生产的"食用油"，已经销售出去没有实物，但是有证据证明系已被查实生产、销售有毒、有害食品犯罪事实的上线提供的，依照刑法第144条销售有毒、有害食品罪的规定追究刑事责任。

（四）虽无法查明"食用油"是否系利用"地沟油"生产、加工，但犯罪嫌疑人、被告人明知该"食用油"来源可疑而予以销售的，应分别情形处理：经鉴定，检出有毒、有害成分的，依照刑法第144条销售有毒、有害食品罪的规定追究刑事责任；属于不符合安全标准的食品的，依照刑法第143条销售不符合安全标准的食品罪追究刑事责任；属于以假充真、以次充好、以不合格产品冒充合格产品或者假冒注册商标，构成犯罪的，依照刑法第140条销售伪劣产品罪或者第213条假冒注册商标罪、第214条销售假冒注册商标的商品罪追究刑事责任。

（五）知道或应当知道他人实施以上第(1)、(2)、(3)款犯罪行为，而为其掏捞、加工、贩运"地沟油"，或者提供贷款、资金、账号、发票、证明、许可证件，或者提供技术、生产、经营场所、运输、仓储、保管等便利条件的，依照本条第(1)、(2)、(3)款和查处"地沟油"违法犯罪活动中滥用职权、玩忽职守、徇私枉法，构成犯罪的，依照刑法有关款犯罪的共犯论处。

（六）对违反有关规定，掏捞、加工、贩运"地沟油"，没有证据证明用于生产"食用油"的，交由行政部门处理。

（七）对于国家工作人员在食用油安全监管规定追究刑事责任。

三、准确把握宽严相济刑事政策在食品安全领域的适用

在对"地沟油"犯罪定罪量刑时，要充分考虑犯罪数额、犯罪分子主观恶性及其犯罪手段、犯罪行为对人民群众生命安全和身体健康的危害、对市场经济秩序的破坏程度、恶劣影响等。对于具有累犯、前科、共同犯罪的主犯、集团犯罪的首要分子等情节，以及犯罪数额巨大、情节恶劣、危害严重，群众反映强烈，给国家和人民利益造成重大损失的犯罪分子，依法严惩，罪当判处死刑的，要坚决依法判处死刑。对在同一条生产销售链上的犯罪分子，要在法定刑幅度内体现严惩源头犯罪的精神，确保生产环节与销售环节量刑的整体平衡。对于明知是"地沟油"而非法销售的公司、企业，要依法从严追究有关单位和直接责任人员的责任。对于具有自首、立功、从犯等法定情节的犯罪分子，可以依法从宽处理。要严格把握适用缓刑、免予刑事处罚的条件。对依法必须适用缓刑的，一般同时宣告禁止令，禁止其在缓刑考验期内从事与食品生产、销售等有关的活动。

12. 最高人民法院、最高人民检察院《关于办理危害食品安全刑事案件适用法律若干问题的解释》(法释〔2013〕12号)

（法释〔2021〕24号已声明该文废止）

13. 国家食品药品监督管理总局《网络食品安全违法行为查处办法》(国家食品药品监督管理总局令〔2016〕第27号)

（全文略）

14. 最高人民检察院《第 4 批指导性案例柳某国等人生产、销售有毒、有害食品,生产、销售伪劣产品案》(检例第 12 号;2014 年 2 月 20 日)

(详见本书《刑法》第 140 条相关内容)

15. 最高人民检察院《第 4 批指导性案例徐某伦等人生产、销售有害食品案》(检例第 13 号;2014 年 2 月 20 日)

(详见本书《刑法》第 141 条相关内容)

16. 最高人民检察院《第 4 批指导性案例孙某亮等人生产、销售有毒、有害食品案》(检例第 14 号;2014 年 2 月 20 日)

【要旨】

明知盐酸克伦特罗(俗称"瘦肉精")是国家禁止在饲料和动物饮用水中使用的药品,而用以养殖供人食用的动物并出售的,应当认定为生产、销售有毒、有害食品罪。明知盐酸克伦特罗是国家禁止在饲料和动物饮用水中使用的药品,而买卖和代买盐酸克伦特罗片,供他人用以养殖供人食用的动物的,应当认定为生产、销售有毒、有害食品罪的共犯。

【诉讼过程】

2011 年 12 月 14 日,孙某亮因涉嫌生产、销售有毒、有害食品罪被刑事拘留,2012 年 1 月 9 日被取保候审,10 月 25 日被逮捕。2011 年 12 月 21 日,陈某因涉嫌生产、销售有毒、有害食品罪被刑事拘留,2012 年 1 月 9 日被取保候审,10 月 25 日被逮捕。2011 年 12 月 20 日,郝某旺因涉嫌生产、销售有毒、有害食品罪被取保候审,2012 年 10 月 25 日被逮捕。2011 年 12 月 28 日,唐某庆、唐某因涉嫌生产、销售有毒、有害食品罪被取保候审。

该案由天津市公安局宝坻分局侦查终结后,移送天津市宝坻区人民检察院审查起诉。天津市宝坻区人民检察院经审查认为,被告人孙某亮使用违禁药品盐酸克伦特罗饲养肉牛并将使用该药品饲养的肉牛出售,被告人陈某、郝某旺、唐某庆、唐某明知盐酸克伦特罗是禁止用于饲养供人食用的动物的药品而进行买卖,其行为均触犯了《中华人民共和国刑法》第 144 条之规定,应当以生产、销售有毒、有害食品罪追究刑事责任。2012 年 8 月 15 日,天津市宝坻区人民检察院以被告人孙某亮、陈某、郝某旺、唐某庆、唐某犯生产、销售有毒、有害食品罪向宝坻区人民法院提起公诉。

2012 年 10 月 29 日,宝坻区人民法院一审认为,被告人孙某亮使用违禁药品盐酸克伦特罗饲养肉牛并将肉牛出售,其行为已构成生产、销售有毒、有害食品罪;被告人陈某、郝某旺、唐某庆、唐某明知盐酸克伦特罗是禁止用于饲养供人食用的动物药品而代购或卖给他人,供他人用于饲养供人食用的肉牛,属于共同犯罪,应依法以生产、销售有毒、有害食品罪予以处罚。在共同犯罪中,孙某亮起主要作用,系主犯;被告人陈某、郝某旺、唐某庆、唐某起次要作用,系从犯,依法应当从轻处罚。被告人郝某旺、唐某庆、唐某在案发后主动到公安机关投案,并如实供述犯罪事实,属自首,依法可以从轻处罚。被告人孙某亮、陈某到案后如实供述犯罪事实,属坦白,依法可以从轻处罚。依照刑法相关条款规定,判决被告人孙某亮犯生产、销售有毒、有害食品罪,判处有期徒刑 2 年,并处罚金人民币 75000 元;被告人陈某犯生产、销售有毒、有害食品罪,判处有期徒刑 1 年,并处罚金人民币 2 万元;被告人郝某旺犯生产、销售有毒、有害食品罪,判处有期徒刑 1 年,并处罚金人民币 2 万元;被告人唐某庆犯生产、销售有毒、有害食品罪,判处有期徒刑 6 个月,缓刑 1 年,并处罚金人民币 5000 元;被告人唐某犯生产、销售有毒、有害食品罪,判处有期徒刑 6 个月,缓刑 1 年,并处罚金人民币 5000 元。

一审宣判后,郝某旺提出上诉。

2012 年 12 月 12 日,天津市第一中级人民法院二审裁定驳回上诉,维持原判。

17. 最高人民检察院《第4批指导性案例胡某贵等人生产、销售有毒、有害食品,行贿;骆某、刘某素销售伪劣产品;朱某全、曾某中生产、销售伪劣产品;黎某文等人受贿、食品监管渎职案》(检例第15号;2014年2月20日)

(详见本书《刑法》第140条相关内容)

18. 最高人民法院《第15批指导性案例北京阳光一佰生物技术开发有限公司、习某有等生产、销售有毒、有害食品案》(指导案例70号;法〔2016〕449号)

【裁判要点】

行为人在食品生产经营中添加的虽然不是国务院有关部门公布的《食品中可能违法添加的非食用物质名单》和《保健食品中可能非法添加的物质名单》中的物质,但如果该物质与上述名单中所列物质具有同等属性,并且根据检验报告和专家意见等相关材料能够确定该物质对人体具有同等危害的,应当认定为《中华人民共和国刑法》第144条规定的"有毒、有害的非食品原料"。

【裁判理由】

法院生效裁判认为:刑法第144条规定,"在生产、销售的食品中掺入有毒、有害的非食品原料的,或者销售明知掺有有毒、有害的非食品原料的食品的,处5年以下有期徒刑,并处罚金;对人体健康造成严重危害或者有其他严重情节的,处5年以上10年以下有期徒刑,并处罚金;致人死亡或者有其他特别严重情节的,依照本法第141条的规定处罚。"最高人民法院、最高人民检察院《关于办理危害食品安全刑事案件适用法律若干问题的解释》(以下简称《解释》)第20条规定,"下列物质应当认定为'有毒、有害的非食品原料':(一)法律、法规禁止在食品生产经营活动中添加、使用的物质;(二)国务院有关部门公布的《食品中可能违法添加的非食用物质名单》《保健食品中可能非法添加的物质名单》上的物质;(三)国务院有关部门公告禁止使用的农药、兽药以及其他有毒、有害物质;(四)其他危害人体健康的物质。"第21条规定,"'足以造成严重食物中毒事故或者其他严重食源性疾病''有毒、有害非食品原料'难以确定的,司法机关可以根据检验报告并结合专家意见等相关材料进行认定。必要时,人民法院可以依法通知有关专家出庭作出说明。"本案中,盐酸丁二胍系在我国未获得药品监督管理部门批准生产或进口,不得作为药品在我国生产、销售和使用的化学物质;其亦非食品添加剂。盐酸丁二胍也不属于上述《解释》第20条第2、3项规定的物质。根据扬州大学医学院葛晓群教授出具的专家意见和南京医科大学司法鉴定所的鉴定意见证明,盐酸丁二胍与《解释》第20条第2项《保健食品中可能非法添加的物质名单》中的其他降糖类西药(盐酸二甲双胍、盐酸苯乙双胍)具有同等属性和同等危害。长期服用添加有盐酸丁二胍的"阳光一佰牌山芪参胶囊"有对人体产生毒副作用的风险,影响人体健康、甚至危害生命。因此,对盐酸丁二胍应当依照《解释》第20条第4项、第21条的规定,认定为刑法第144条规定的"有毒、有害的非食品原料"。

被告单位阳光一佰公司、被告人习某有作为阳光一佰公司生产、销售山芪参胶囊的直接负责的主管人员,被告人杨某峰、钟某檬、王某龙作为阳光一佰公司生产、销售山芪参胶囊的直接责任人员,明知阳光一佰公司生产、销售的保健食品山芪参胶囊中含有国家禁止添加的盐酸丁二胍成分,仍然进行生产、销售;被告人尹某新、谭某民明知其提供的含有国家禁止添加的盐酸丁二胍的原料被被告人习某有用于生产保健食品山芪参胶囊并进行销售,仍然向习某有提供该种原料,因此,上述单位和被告人均依法构成生产、销售有毒、有害食品罪。其中,被告单位阳光一佰公司、被告人习某有、尹某新、谭某民的行为构成生产、销售有毒、有害食品罪。被告人杨某峰的行为构成生产有毒、有害食品罪;被告人钟某檬、王某龙的行为均已构成销售有毒、有害食品罪。根据被告单位及各被告人犯罪情节、犯罪数额,综合考虑各被告人在共同犯罪的地位作用、自首、认罪态度等量刑情节,作出如上判决。

19. 最高人民检察院、公安部《关于公安机关管辖的刑事案件立案追诉标准的规定(一)的补充规定》(公通字〔2017〕12号)

(见本条立案追诉标准内容)

20. 最高人民法院《关于审理走私、非法经营、非法使用兴奋剂刑事案件适用法律若干问题的解释》(法释〔2019〕16号)

第5条 生产、销售含有兴奋剂目录所列物质的食品,符合刑法第143条、第144条规定的,以生产、销售不符合安全标准的食品罪、生产、销售有毒、有害食品罪定罪处罚。

第7条 实施本解释规定的行为,涉案物质属于毒品、制毒物品等,构成有关犯罪的,依照相应犯罪定罪处罚。

第8条 对于是否属于本解释规定的"兴奋剂""兴奋剂目录所列物质""体育运动""国内、国际重大体育竞赛"等专门性问题,应当依据《中华人民共和国体育法》《反兴奋剂条例》等法律法规,结合国务院体育主管部门出具的认定意见等证据材料作出认定。(全文详见本书《刑法》第151条相关内容)

21. 最高人民法院《关于审理食品安全民事纠纷案件适用法律若干问题的解释(1)》(法释〔2020〕14号)

(全文略)

22. 最高人民法院、最高人民检察院《关于办理危害食品安全刑事案件适用法律若干问题的解释》(法释〔2021〕24号)

第6条 生产、销售有毒、有害食品,具有本解释第2条规定情形之一的,应当认定为刑法第144条规定的"对人体健康造成严重危害"。

第7条 生产、销售有毒、有害食品,具有下列情形之一的,应当认定为刑法第144条规定的"其他严重情节":

(一)生产、销售金额20万元以上不满50万元的;(二)生产、销售金额10万元以上不满20万元,有毒、有害食品数量较大或者生产、销售持续时间6个月以上的;(三)生产、销售金额10万元以上不满20万元,属于特殊医学用途配方食品、专供婴幼儿的主辅食品的;(四)生产、销售金额10万元以上不满20万元,且在中小学校园、托幼机构、养老机构及周边面向未成年人、老年人销售的;(五)生产、销售金额10万元以上不满20万元,曾因危害食品安全犯罪受过刑事处罚或者2年内因危害食品安全违法行为受过行政处罚的;(六)有毒、有害的非食品原料毒害性强或者含量高的;(七)其他情节严重的情形。

第8条 生产、销售有毒、有害食品,生产、销售金额50万元以上,或者具有本解释第4条第2项至第6项规定的情形之一的,应当认定为刑法第144条规定的"其他特别严重情节"。

第9条 下列物质应当认定为刑法第144条规定的"有毒、有害的非食品原料":

(一)因危害人体健康,被法律、法规禁止在食品生产经营活动中添加、使用的物质;(二)因危害人体健康,被国务院有关部门列入《食品中可能违法添加的非食用物质名单》《保健食品中可能非法添加的物质名单》和国务院有关部门公告的禁用农药、《食品动物中禁止使用的药品及其他化合物清单》等名单上的物质;(三)其他有毒、有害的物质。

第10条 刑法第144条规定的"明知",应当综合行为人的认知能力、食品质量、进货或者销售的渠道及价格等主、客观因素进行认定。

具有下列情形之一的,可以认定为刑法第144条规定的"明知",但存在相反证据并经查证属实的除外:

(一)长期从事相关食品、食用农产品生产、种植、养殖、销售、运输、贮存行业,不依法履行保障食品安全义务的;(二)没有合法有效的购货凭证,且不能提供或者拒不提供销售的相关食品来源的;(三)以明显低于市场价格进货或者销售且无合理原因的;(四)在有关部门发出禁令或者食品安全预警的情况下继续销售的;(五)因实施危害食品安全行为受过行政处罚或者刑事处罚,又实施同种行为的;(六)其他足以认定行为人明知的情形。

第11条 在食品生产、销售、运输、贮存等过程中,掺入有毒、有害的非食品原料,或者使用有毒、有害的非食品原料生产食品的,依照刑法第144条的规定以生产、销售有毒、有害食品罪定罪处罚。

在食用农产品种植、养殖、销售、运输、贮存等过程中,使用禁用农药、食品动物中禁止使用的药品及其他化合物等有毒、有害的非食品原料,适用前款的规定定罪处罚。

在保健食品或者其他食品中非法添加国家禁用药物等有毒、有害的非食品原料的,适用第1款的规定定罪处罚。

第12条 在食品生产、销售、运输、贮存等过程中,使用不符合食品安全标准的食品包装材料、容器、洗涤剂、消毒剂,或者用于食品生产经营的工具、设备等,造成食品被污染,符合刑法第143条、第144条规定的,以生产、销售不符合安全标准的食品罪或者生产、销售有毒、有害食品罪定罪处罚。

第13条 生产、销售不符合食品安全标准的食品,有毒、有害食品,符合刑法第143条、第144条规定的,以生产、销售不符合安全标准的食品罪或者生产、销售有毒、有害食品罪定罪处罚。同时构成其他犯罪的,依照处罚较重的规定定罪处罚。

生产、销售不符合食品安全标准的食品,无证据证明足以造成严重食物中毒事故或者其他严重食源性疾病,不构成生产、销售不符合安全标准的食品罪,但构成生产、销售伪劣产品罪,妨害动植物防疫、检疫罪等其他犯罪的,依照该其他犯罪定罪处罚。

第14条 明知他人生产、销售不符合食品安全标准的食品,有毒、有害食品,具有下列情形之一的,以生产、销售不符合安全标准的食品罪或者生产、销售有毒、有害食品罪的共犯论处:

(一)提供资金、贷款、账号、发票、证明、许可证件的;(二)提供生产、经营场所或者运输、贮存、保管、邮寄、销售渠道等便利条件的;(三)提供生产技术或者食品原料、食品添加剂、食品相关产品或者有毒、有害的非食品原料的;(四)提供广告宣传的;(五)提供其他帮助行为的。

第15条 生产、销售不符合食品安全标准的食品添加剂,用于食品的包装材料、容器、洗涤剂、消毒剂,或者用于食品生产经营的工具、设备等,符合刑法第140条规定的,以生产、销售伪劣产品罪定罪处罚。

生产、销售用超过保质期的食品原料、超过保质期的食品、回收食品作为原料的食品,或者以更改生产日期、保质期、改换包装等方式销售超过保质期的食品、回收食品,适用前款的规定定罪处罚。

实施前两款行为,同时构成生产、销售不符合安全标准的食品罪,生产、销售不符合安全标准的产品罪等其他犯罪的,依照处罚较重的规定定罪处罚。

第17条 违反国家规定,私设生猪屠宰厂(场),从事生猪屠宰、销售等经营活动,情节严重的,依照刑法第225条的规定以非法经营罪定罪处罚。

在畜禽屠宰相关环节,对畜禽使用食品动物中禁止使用的药品及其他化合物等有毒、有害的非食品原料,依照刑法第144条的规定以生产、销售有毒、有害食品罪定罪处罚;对畜禽注水或者注入其他物质,足以造成严重食物中毒事故或者其他严重食源性疾病的,依照刑法第143条的规定以生产、销售不符合安全标准的食品罪定罪处罚;虽不足以造成严重食物中毒事故或者其他严重食源性疾病，但符合刑法第140条规定的，以生产、销售伪劣产品罪定罪处罚。

第18条 实施本解释规定的非法经营行为，非法经营数额在10万元以上，或者违法所得数额在5万元以上的，应当认定为刑法第225条规定的“情节严重”；非法经营数额在50万元以上，或者违法所得数额在25万元以上的，应当认定为刑法第225条规定的“情节特别严重”。

实施本解释规定的非法经营行为，同时构成生产、销售伪劣产品罪，生产、销售不符合安全标准的食品罪，生产、销售有毒、有害食品罪，生产、销售伪劣农药、兽药罪等其他犯罪的，依照处罚较重的规定定罪处罚。（全文详见本书《刑法》第143条相关内容）

23. 最高人民检察院《第37批指导性案例王某贩卖、制造毒品案》（检例第150号；2022年6月21日）

（详见本书《刑法》第347条相关内容）

24. 参见本书《刑法》第140条至第149条该节内容。

第145条 【生产、销售不符合标准的医用器材罪】 生产不符合保障人体健康的国家标准、行业标准的医疗器械、医用卫生材料，或者销售明知是不符合保障人体健康的国家标准、行业标准的医疗器械、医用卫生材料，足以严重危害人体健康的，处3年以下有期徒刑或者拘役，并处销售金额50%以上2倍以下罚金；对人体健康造成严重危害的，处3年以上10年以下有期徒刑，并处销售金额50%以上2倍以下罚金；后果特别严重的，处10年以上有期徒刑或者无期徒刑，并处销售金额50%以上2倍以下罚金或者没收财产。

（本条为《中华人民共和国刑法修正案(4)》第1条所修订）

• 释义

生产、销售不符合标准的医用器材罪是指生产不符合保障人体健康的国家标准、行业标准的医疗器械、医用卫生材料，或者销售明知是不符合保障人体健康的国家标准、行业标准的医疗器械、医用卫生材料，足以严重危害人体健康的行为。

医疗机构或者个人知道或者应当知道是不符合保障人体健康的国家标准、行业标准的医疗器械、医用卫生材料而购买并有偿使用的，视为“销售”。

• 管辖

公安机关食品药品犯罪侦查部门、法院（本罪，人民检察院没有提起公诉，被害人有证据证明的轻微刑事案件，但严重危害社会秩序和国家利益的除外）。

• 立案追诉标准

生产不符合保障人体健康的国家标准、行业标准的医疗器械、医用卫生材料，或者销售明知是不符合保障人体健康的国家标准、行业标准的医疗器械、医用卫生材料，涉嫌下列情形之一的，应予立案追诉：

（一）进入人体的医疗器械的材料中含有超过标准的有毒有害物质的；

（二）进入人体的医疗器械的有效性指标不符合标准要求，导致治疗、替代、调节、补偿功能部分或者全部丧失，可能造成贻误诊治或者人体严重损伤的；

（三）用于诊断、监护、治疗的有源医疗器械的安全指标不符合强制性标准要求，可能对人体构成伤害或者潜在危害的；

（四）用于诊断、监护、治疗的有源医疗器械的主要性能指标不合格，可能造成贻误诊治或者人体严重损伤的；

（五）未经批准，擅自增加功能或者适用范围，可能造成贻误诊治或者人体严重损伤的；

（六）其他足以严重危害人体健康或者对人体健康造成严重危害的情形。

注：医疗机构或者个人知道或者应当知道是不符合保障人体健康的国家标准、行业标准的医疗器械、医用卫生材料而购买并有偿使用的，视为“销售”。

• 关联法律

1. 最高人民法院、最高人民检察院《关于办理生产、销售伪劣商品刑事案件具体应用法律若干问题的解释》（法释〔2001〕10号）

第6条 生产、销售不符合标准的医疗器械、医用卫生材料，致人轻伤或者其他严重后果的，应认定为刑法第145条规定的“对人体健康造成严重危害”。生产、销售不符合标准的医疗器械、医用卫生材料，造成感染病毒性肝炎等难以治愈的疾病、1人以上重伤、3人以上轻伤或者其他严重后果的，应认定为“后果特别严重”。生产、销售不符合标准的医疗器械、医用卫生材料，致人死亡、严重残疾、感染艾滋病、3人以上重伤、10人以上轻伤或者造成其他特别严重后果的，应认定为“情节特别恶劣”。医疗机构或者个人，知道或者应当知道是不符合保障人体健康的国家标准、行业标准的医疗器械、医用卫生材料而购买、使用，对人体健康造成严重危害的，以销售不符合标准的医用器材罪定罪处罚。没有国家标准、行业标准的医疗器械，注册产品标准可视为“保障人体健康的行业标准”。

第9条 知道或者应当知道他人实施生产、销售伪劣商品犯罪，而为其提供贷款、资金、账号、发票、证明、许可证件，或者提供生产、经营场志或者运输、仓储、保管、邮寄等便利条件，或者提供人制假生产技术的，以生产、销售伪劣商品犯罪的共犯论处。

第10条 实施生产、销售为伪劣商品犯罪，同时构成侵犯知识产权、非法经营等其他犯罪的，依照处罚较重的规定定罪处罚。

第11条 实施刑法第140条至第148条规定的犯罪，又以暴力、威胁方法抗拒查处，构成其他犯罪的，依照数罪并罚的规定处罚。

第12条 国家机工作人员参与生产、销售伪劣商品犯罪的，从重处罚。（全文详见本书《刑法》第140条相关内容）

2.《中华人民共和国刑法修正案（4）》（2002年12月28日第九届全国人大常委会第三十一次会议通过）

本条为《中华人民共和国刑法修正案（4）》第1条所修订。

内容：一、将刑法第145条修改为：“生产不符合保障人体健康的国家标准、行业标准的医疗器械、医用卫生材料，或者销售明知是不符合保障人体健康的国家标准、行业标准的医疗器械、医用卫生材料，足以严重危害人体健康的，处3年以下有期徒刑或者拘役，并处销售金额50%以上2倍以下罚金；对人体健康造成严重危害的，处3年以上10年以下有期徒刑，并处销售金额50%以上2倍以下罚金；后果特别严重的，处10年以上有期徒刑或者无期徒刑，并处销售金额50%以上2倍以下罚金或者没收财产。”

（1997年《刑法》原条文为：“生产不符合保障人体健康的国家标准、行业标准的医疗器、医用卫生材料，或者销售明知是不符合保障人体健康的国家标械准、行业标准的医疗器械、医用卫生材料，对人体健康造成严重危害的，处5年以下有期徒刑，并处销售金额50%以上2倍以下罚金；后果特别严重的，处5年以上10年以下期徒刑，并处销售金额50%以上2倍以下罚金，其中情有节特别恶劣的，处10年以上有期徒刑或者无期徒刑，并处销售金额50%以上2倍以下罚金或者没收财产。”）

3. 最高人民法院、最高人民检察院《关于办理妨害预防、控制突发传染病疫情等灾害的刑事案件具体应用法律若干问题的解释》(法释〔2003〕8号)

第3条 在预防、控制突发传染病疫情等灾害期间,生产用于防治传染病的不符合保障人体健康的国家标准、行业标准的医疗器械、医用卫生材料,或者销售明知是用于防治传染病的不符合保障人体健康的国家标准、行业标准的医疗器械、医用卫生材料,不具有防护、救治功能,足以严重危害人体健康的,依照刑法第145条的规定,以生产、销售不符合标准的医用器材罪定罪,依法从重处罚。医疗机构或者个人,知道或者应当知道系前款规定的不符合保障人体健康的国家标准、行业标准的医疗器械、医用卫生材料而购买并有偿使用的,以销售不符合标准的医用器材罪定罪,依法从重处罚。(全文详见本书《刑法》第114条相关内容)

4. 最高人民检察院、公安部《关于公安机关管辖的刑事案件立案追诉标准的规定(1)》(公通字〔2008〕36号)

(见本条立案追诉标准内容)

5. 最高人民法院、最高人民检察院、公安部、司法部《关于依法惩治妨害新型冠状病毒感染肺炎疫情防控违法犯罪的意见》(法发〔2020〕7号)

二、准确适用法律,依法严惩妨害疫情防控的各类违法犯罪

(三)依法严惩制假售假犯罪。在疫情防控期间,生产、销售伪劣的防治、防护产品、物资,或者生产、销售用于防治新型冠状病毒感染肺炎的假药、劣药,符合刑法第140条、第141条、第142条规定的,以生产、销售伪劣产品罪,生产、销售假药罪或者生产、销售劣药罪定罪处罚。

在疫情防控期间,生产不符合保障人体健康的国家标准、行业标准的医用口罩、护目镜、防护服等医用器材,或者销售明知是不符合标准的医用器材,足以严重危害人体健康的,依照刑法第145条的规定,以生产、销售不符合标准的医用器材罪定罪处罚。(全文详见本书《刑法》第114条相关内容)

6. 国务院《医疗器械监督管理条例》(2000年1月4日国务院令第276号公布;2014年2月12日国务院第39次常务会议修订;2017年5月4日《国务院关于修改〈医疗器械监督管理条例〉的决定》修订;2020年12月21日国务院第119次常务会议修订并以国务院令第739号公布)

(全文略)

7. 参见本书《刑法》第140条至第149条该节内容。

第146条 【生产、销售不符合安全标准的产品罪】 生产不符合保障人身、财产安全的国家标准、行业标准的电器、压力容器、易燃易爆产品或者其他不符合保障人身、财产安全的国家标准、行业标准的产品,或者销售明知是以上不符合保障人身、财产安全的国家标准、行业标准的产品,造成严重后果的,处5年以下有期徒刑,并处销售金额50%以上2倍以下罚金;后果特别严重的,处5年以上有期徒刑,并处销售金额50%以上2倍以下罚金。

• 释义

生产、销售不符合安全标准的产品罪是指生产不符合保障人身、财产安全的国家标准、行业标准的电器、压力容器、易燃易爆产品或者其他不符合保障人身、财产安全的国家标准、行业标准的产品,或者销售明知是以上不符合保障人身、财产安全的国家标准、行业标准的产品,造成严重后果的行为。严重后果是指造成:

(一)人员重伤或者死亡;

(二)直接经济损失10万元以上等情形。

• 管辖

公安机关食品药品犯罪侦查部门、法院(本罪,人民检察院没有提起公诉,被害人有证据证明的轻微刑事案件,但严重危害社会秩序和国家利益的除外)。

• 立案追诉标准

生产不符合保障人身、财产安全的国家标准、行业标准的电器、压力容器、易燃易爆产品或者其他不符合保障人身、财产安全的国家标准、行业标准的产品,或者销售明知是以上不符合保障人身、财产安全的国家标准、行业标准的产品,涉嫌下列情形之一的,应予立案追诉:

(一)造成人员重伤或者死亡的;

(二)造成直接经济损失10万元以上的;

(三)其他造成严重后果的情形。

• 关联法律

1.《关于维护互联网安全的决定》(2000年12月28日第九届全国人大常委会第十九次会议通过,2009年8月27日第十一届全国人大常委会第十次会议《关于修改部分法律的决定》修正)

(详见本书《刑法》第141条相关内容)

2.最高人民法院、最高人民检察院《关于办理生产、销售伪劣商品刑事案件具体应用法律若干问题的解释》(法释〔2001〕10号)

第11条 实施刑法第140条至第148条规定的犯罪,又以暴力、威胁方法抗拒查处,构成其他犯罪的,依照数罪并罚的规定处罚。(全文详见本书《刑法》第140条相关内容)

3.最高人民检察院、公安部《关于公安机关管辖的刑事案件立案追诉标准的规定(1)》(公通字〔2008〕36号)

(见本条立案追诉标准内容)

4.最高人民法院、最高人民检察院、公安部、国家安全监管总局《关于依法加强对涉嫌犯罪的非法生产经营烟花爆竹行为刑事责任追究的通知》(安监总管三〔2012〕116号)

(详见本书《刑法》第125条相关内容)

5.最高人民法院、最高人民检察院《关于办理危害生产安全刑事案件适用法律若干问题的解释》(法释〔2015〕22号)

第11条 生产不符合保障人身、财产安全的国家标准、行业标准的安全设备,或者明知安全设备不符合保障人身、财产安全的国家标准、行业标准而进行销售,致使发生安全事故,造成严重后果的,依照刑法第146条的规定,以生产、销售不符合安全标准的产品罪定罪处罚。

第16条 对于实施危害生产安全犯罪适用缓刑的犯罪分子,可以根据犯罪情况,禁止其在缓刑考验期限内从事与安全生产相关联的特定活动;对于被判处刑罚的犯罪分子,可以根据犯罪情况和预防再犯罪的需要,禁止其自刑罚执行完毕之日或者假释之日起3年至5年内从事与安全生产相关的职业。

第17条 本解释自2015年12月16日起施行。本解释施行后,《最高人民法院、最高人民检察院关于办理危害矿山生产安全刑事案件具体应用法律若干问题的解》(法释(2007)5号)同时废止。最高人民法院、最高人民检察院此前发布的司法解释和规范性文件与本解释

不一致的,以本解释为准。(全文详见本书《刑法》第132条相关内容)

6. 最高人民法院、最高人民检察院、公安部《关于办理涉窨井盖相关刑事案件的指导意见》(高检发〔2020〕3号)

六、生产不符合保障人身、财产安全的国家标准、行业标准的窨井盖,或者销售明知是不符合保障人身、财产安全的国家标准、行业标准的窨井盖,造成严重后果的,依照刑法第146条的规定,以生产、销售不符合安全标准的产品罪定罪处罚。(全文详见本书《刑法》第233条相关内容)

7. 最高人民检察院《第25批指导性案例余某某等人重大劳动安全事故案》(检例第94号;2021年1月20日)

(全文详见本书《刑法》第134条相关内容)

8. 最高人民检察院《办理长江流域非法捕捞案件有关法律政策问题的解释》(高检办发〔2021〕1号)

六、办理长江流域非法捕捞案件,如何准确把握非法捕捞水产品罪与其他关联犯罪的界限?

四是注意认定非法捕捞水产品犯罪的其他关联犯罪。制造、销售禁用渔具,情节严重,符合刑法第140条或者第146条规定的,以生产、销售伪劣产品罪或者生产、销售不符合安全标准的产品罪定罪处罚。明知是长江流域非法捕捞渔获物而利用信息网络设立用于收购、出售的网站、通讯群组,或者发布相关犯罪信息,情节严重,符合刑法第287条之一规定的,以非法利用信息网络罪定罪处罚。(全文详见本书《刑法》第340条相关内容)

9. 参见本书《刑法》第140条至第149条该节内容。

第147条　【生产、销售伪劣农药、兽药、化肥、种子罪】 生产假农药、假兽药、假化肥,销售明知是假的或者失去使用效能的农药、兽药、化肥、种子,或者生产者、销售者以不合格的农药、兽药、化肥、种子冒充合格的农药、兽药、化肥、种子,使生产遭受较大损失的,处3年以下有期徒刑或者拘役,并处或者单处销售金额50%以上2倍以下罚金;使生产遭受重大损失的,处3年以上7年以下有期徒刑,并处销售金额50%以上2倍以下罚金;使生产遭受特别重大损失的,处7年以上有期徒刑或者无期徒刑,并处销售金额50%以上2倍以下罚金或者没收财产。

• 释义

生产、销售伪劣农药、兽药、化肥、种子罪是指生产假农药、假兽药、假化肥,销售明知是假的或者失去使用效能的农药、兽药、化肥、种子,或者生产者、销售者以不合格的农药、兽药、化肥、种子冒充合格的农药、兽药、化肥、种子,使生产遭受较大损失的行为。

• 管辖

公安机关食品药品犯罪侦查部门、法院(本罪,人民检察院没有提起公诉,被害人有证据证明的轻微刑事案件,但严重危害社会秩序和国家利益的除外)。

• 立案追诉标准

生产假农药、假兽药、假化肥,销售明知是假的或者失去使用效能的农药、兽药、化肥、种子,或者生产者、销售者以不合格的农药、兽药、化肥、种子冒充合格的农药、兽药、化肥、种子,涉嫌下列情形之一的,应予立案追诉:

(一)使生产遭受损失2万元以上的;

(二)其他使生产遭受较大损失的情形。

• 关联法律

1. 最高人民法院、最高人民检察院《关于办理生产、销售伪劣商品刑事案件具体应用法律若干问题的解释》(法释〔2001〕10号)

第7条 刑法第147条规定的生产、销售伪劣农药、兽药、化肥、种子罪中"使生产遭受较大损失",一般以2万元为起点;"重大损失",一般以10万元为起点;"特别重大损失",一般以50万元为起点。

第9条 知道或者应当知道他人实施生产、销售伪劣商品犯罪,而为其提供贷款、资金、账号、发票、证明、许可证件,或者提供生产、经营场志或者运输、仓储、保管、邮寄等便利条件,或者提供人制假生产技术的,以生产、销售伪劣商品犯罪的共犯论处。

第10条 实施生产、销售为伪劣商品犯罪,同时构成侵犯知识产权、非法经营等其他犯罪的,依照处罚较重的规定定罪处罚。

第11条 实施刑法第140条至第148条规定的犯罪,又以暴力、威胁方法抗拒查处,构成其他犯罪的,依照数罪并罚的规定处罚。

第12条 国家机工作人员参与生产、销售伪劣商品犯罪的,从重处罚。(全文详见本书《刑法》第140条相关内容)

2. 最高人民检察院、公安部《关于公安机关管辖的刑事案件立案追诉标准的规定(1)》(公通字〔2008〕36号)

(见本条立案追诉标准内容)

3.《中华人民共和国种子法》(2000年7月8日第九届全国人大常委会第十六次会议通过;2004年8月28日第十届全国人大常委会第十一次会议《关于修改〈中华人民共和国种子法〉的决定》第一次修正;2013年6月29日第十二届全国人大常委会第三次会议《关于修改〈中华人民共和国文物保护法〉等十二部法律的决定》第二次修正;2015年11月4日第十二届全国人大常委会第十七次会议冉次修订)

第75条 违反本法第49条规定,生产经营假种子的,由县级以上人民政府农业、林业主管部门责令停止生产经营,没收违法所得和种子,吊销种子生产经营许可证;违法生产经营的货值金额不足1万元的,并处1万元以上10万元以下罚款;货值金额1万元以上的,并处货值金额10倍以上20倍以下罚款。

因生产经营假种子犯罪被判处有期徒刑以上刑罚的,种子企业或者其他单位的法定代表人、直接负责的主管人员自刑罚执行完毕之日起5年内不得担任种子企业的法定代表人、高级管理人员。

第76条 违反本法第49条规定,生产经营劣种子的,由县级以上人民政府农业、林业主管部门责令停止生产经营,没收违法所得和种子;违法生产经营的货值金额不足1万元的,并处5000元以上5万元以下罚款;货值金额1万元以上的,并处货值金额5倍以上10倍以下罚款;情节严重的,吊销种子生产经营许可证。

因生产经营劣种子犯罪被判处有期徒刑以上刑罚的,种子企业或者其他单位的法定代表人、直接负责的主管人员自刑罚执行完毕之日起5年内不得担任种子企业的法定代表人、高级管理人员。

4. 最高人民检察院《第16批指导性案例王敏生产、销售伪劣种子案》(检例第61号;2020年3月5日)

【要旨】

以同一科属的此品种种子冒充彼品种种子,属于刑法上的"假种子"。行为人对假种子进行小包装分装销售，使农业生产遭受较大损失的，应当以生产、销售伪劣种子罪追究刑事责任。

【指导意义】

生产、销售伪劣种子的行为严重危害国家农业生产安全，损害农民合法利益，及时、准确打击该类犯罪，是检察机关保护农民权益，维护农村稳定的职责。检察机关办理该类案件，应注意把握两方面问题：

（一）以此种子冒充彼种子应认定为假种子。根据刑法第147条规定，生产、销售假种子，使生产遭受较大损失的，应认定为生产、销售伪劣种子罪。假种子有不符型假种子（种类、名称、产地与标注不符）和冒充型假种子（以甲冒充乙、非种子冒充种子）。现实生活中，完全以非种子冒充种子的，比较少见。犯罪嫌疑人往往抓住种子专业性强、农户识别能力低的弱点，以此种子冒充彼种子或者以不合格种子冒充合格种子进行销售。因农作物生产周期较长，案发较为隐蔽，冒充型假种子往往造成农民投入种植成本，得不到应有收成回报，严重影响农业生产，应当依据刑法予以追诉。

（二）对伪劣种子造成的损失应予综合认定。伪劣种子造成的损失是涉假种子类案件办理时的疑难问题。实践中，可由专业人员根据现场勘查情况，对农业生产产量及其损失进行综合计算。具体可考察以下几方面：一是根据现场实地勘察，邀请农业、气象、土壤等方面专家，分析鉴定农作物生育期异常的原因，能否正常结实，是减产还是绝收等，分析减产或者绝收面积、产量。二是通过审定的农作物区试平均产量与根据现场调查的往年产量，结合当年可能影响产量的气候、土肥等因素，综合评估平均产量。三是根据农作物市场行情及平均单价等，确定直接经济损失。

5. 最高人民检察院《第16批指导性案例南京百分百公司等生产、销售伪劣农药案》（检例第62号；2020年3月5日）

【要旨】

1. 未取得农药登记证的企业或者个人，借用他人农药登记证、生产许可证、质量标准证等许可证明文件生产、销售农药，使生产遭受较大损失的，以生产、销售伪劣农药罪追究刑事责任。2. 对于使用伪劣农药造成的农业生产损失，可采取田间试验的方法确定受损原因，并以农作物绝收折损面积、受害地区前3年该类农作物的平均亩产量和平均销售价格为基准，综合计算认定损失金额。

【指导意义】

（一）借用或通过非法转让获得他人"农药三证"生产农药，并经检验鉴定含有药害成分，使生产遭受较大损失的，应予追诉。根据我国《农药管理条例》规定，农药生产销售应具备"农药三证"。一些企业通过非法转让或者购买等手段非法获取"农药三证"生产不合格农药，扰乱农药市场，往往造成农业生产重大损失，危害农民利益。借用或者通过非法转让获得"农药三证"生产不符合资质农药，经检验鉴定含有药害成分，致使农业生产遭受损失2万元以上的，应当依据刑法予以追诉。农药生产企业将"农药三证"出借给未取得生产资质的企业或者个人，且明知借用方生产、销售伪劣农药的，构成生产、销售伪劣农药罪共同犯罪。其中使农业生产遭受损失50万元以上，销售金额不满200万元的，依据刑法第147条生产、销售伪劣农药罪追诉；销售金额200万元以上的，依据刑法第149条从重处罚原则，以生产、销售伪劣产品罪予以追诉。

（二）生产损失认定方法。生产、销售伪劣农药罪为结果犯，需以"使生产遭受较大损失"为前提。办理此类案件，可以采用以下方法认定生产损失：一是运用田间试验确定涉案农药与生产损失的因果关系。可在公证部门见证下，依据农业生产专家指导，根据农户对受损作物实际使用的农药种类,合理确定试验方法和试验所需样本田块数量,综合认定农药使用与生产损失的因果关系。二是及时引导侦查机关收集、固定受损作物折损情况证据。检察机关应结合农业生产具有时令性的特点,引导侦查机关走访受损农户了解情况,实地考察受损农田,及时收集证据,防止作物收割、复播影响生产损失的认定。三是综合评估损害数额。农业生产和粮食作物价格具有一定的波动性,办案中对损害具体数额的评估,应以绝收折损面积为基准,综合考察受损地区前三年农作物平均亩产量和平均销售价格,计算损害后果。

6. 最高人民法院《关于进一步加强涉种子刑事审判工作的指导意见》(法〔2022〕66号)

为深入贯彻落实中央关于种业振兴决策部署,依法惩治涉种子犯罪,全面净化种业市场,维护国家种源安全,加快种业振兴,根据有关法律规定,制定本意见。

一、切实提高政治站位,深刻认识进一步加强涉种子刑事审判工作的重要意义。农业现代化,种子是基础。党中央高度重视种业发展,把种源安全提升到关系国家安全的战略高度。种子制假售假和套牌侵权等违法犯罪,严重扰乱种业市场秩序,妨害种业健康发展,危害国家种源安全。各级人民法院要提高思想认识,不断增强工作责任感,提高涉种子刑事审判能力水平,提升案件审判质效。

二、充分发挥刑事审判职能作用,坚持依法从严惩处的基本要求。要依法加大对制假售假、套牌侵权和破坏种质资源等涉种子犯罪的惩处力度,重拳出击,形成震慑,有效维护种子生产经营者、使用者的合法权益,净化种业市场,维护国家种源安全,为种业健康发展提供有力刑事司法保障。

三、准确适用法律,依法严惩种子制假售假犯罪。对销售明知是假的或者失去使用效能的种子,或者生产者、销售者以不合格的种子冒充合格的种子,使生产遭受较大损失的,依照刑法第147条的规定以生产、销售伪劣种子罪定罪处罚。

对实施生产、销售伪劣种子行为,因无法认定使生产遭受较大损失等原因,不构成生产、销售伪劣种子罪,但是销售金额在5万元以上的,依照刑法第140条的规定以生产、销售伪劣产品罪定罪处罚。同时构成假冒注册商标罪等其他犯罪的,依照处罚较重的规定定罪处罚。

四、立足现有罪名,依法严惩种子套牌侵权相关犯罪。假冒品种权以及未经许可或者超出委托规模生产、繁殖授权品种种子对外销售等种子套牌侵权行为,经常伴随假冒注册商标、侵犯商业秘密等其他犯罪行为。审理此类案件时要把握这一特点,立足刑法现有规定,通过依法适用与种子套牌侵权密切相关的假冒注册商标罪,销售假冒注册商标的商品罪,非法制造、销售非法制造的注册商标标识罪,侵犯商业秘密罪,为境外窃取、刺探、收买、非法提供商业秘密罪等罪名,实现对种子套牌侵权行为的依法惩处。同时,应当将种子套牌侵权行为作为从重处罚情节,加大对此类犯罪的惩处力度。

五、保护种质资源,依法严惩破坏种质资源犯罪。非法采集或者采伐天然种质资源,符合刑法第344条规定的,以危害国家重点保护植物罪定罪处罚。

在种质资源库、种质资源保护区或者种质资源保护地实施上述行为的,应当酌情从重处罚。

六、贯彻落实宽严相济的刑事政策,确保裁判效果。实施涉种子犯罪,具有下列情形之一的,应当酌情从重处罚:针对稻、小麦、玉米、棉花、大豆等主要农作物种子实施的,曾因涉种子犯罪受过刑事处罚的,2年内曾因涉种子违法行为受过行政处罚的,其他应当酌情从重处罚的情形。

对受雇佣或者受委托参与种子生产、繁殖的,要综合考虑社会危害程度、在共同犯罪中的地位作用、认罪悔罪表现等情节,准确适用刑罚。犯罪情节轻微的,可以依法免予刑事处罚;情节显著轻微危害不大的,不以犯罪论处。

七、依法解决鉴定难问题，准确认定伪劣种子。对是否属于假的、失去使用效能的或者不合格的种子，或者使生产遭受的损失难以确定的，可以依据具有法定资质的种子质量检验机构出具的鉴定意见、检验报告，农业农村、林业和草原主管部门出具的书面意见，农业农村主管部门所属的种子管理机构组织出具的田间现场鉴定书等，结合其他证据作出认定。

八、坚持多措并举，健全完善工作机制。各级人民法院要加强与农业农村主管部门、林业和草原主管部门、公安机关、检察机关等部门的协作配合，推动构建专业咨询和信息互通渠道，建立健全涉种子行政执法与刑事司法衔接长效工作机制，有效解决伪劣种子的认定，涉案物品的保管、移送和处理，案件信息共享等问题。

各级人民法院要延伸审判职能，参与综合治理。对涉种子刑事审判中发现的监管问题、违法犯罪线索，应当及时向有关单位进行通报，必要时应当发送司法建议，形成有效合力，实现源头治理，全面净化种业市场，积极推动种业健康发展。

7. 参见本书《刑法》第140条至第149条该节内容。

第148条 【生产、销售不符合卫生标准的化妆品罪】 生产不符合卫生标准的化妆品，或者销售明知是不符合卫生标准的化妆品，造成严重后果的，处3年以下有期徒刑或者拘役，并处或者单处销售金额50%以上2倍以下罚金。

• 释义

生产、销售不符合卫生标准的化妆品罪是指生产不符合卫生标准的化妆品，或者销售明知是不符合卫生标准的化妆品，造成严重后果的行为。

严重后果是指造成他人容貌毁损或者皮肤严重损伤，或者器官组织损伤导致严重功能障碍，或者致使他人精神失常或者自杀、自残造成重伤、死亡等情形。

• 管辖

公安机关食品药品犯罪侦查部门、法院（本罪，人民检察院没有提起公诉，被害人有证据证明的轻微刑事案件，但严重危害社会秩序和国家利益的除外）。

• 立案追诉标准

生产不符合卫生标准的化妆品，或者销售明知是不符合卫生标准的化妆品，涉嫌下列情形之一的，应予立案追诉：

（一）造成他人容貌毁损或者皮肤严重损伤的；

（二）造成他人器官组织损伤导致严重功能障碍的；

（三）致使他人精神失常或者自杀、自残造成重伤、死亡的；

（四）其他造成严重后果的情形。

• 关联法律

1.《关于维护互联网安全的决定》（2000年12月28日第九届全国人大常委会第十九次会议通过，2009年8月27日第十一届全国人大常委会第十次会议《关于修改部分法律的决定》修正）

（详见本书《刑法》第141条相关内容）

2. 最高人民法院、最高人民检察院《关于办理生产、销售伪劣商品刑事案件具体应用法律若干问题的解释》（法释〔2001〕10号）

第9条 知道或者应当知道他人实施生产、销售伪劣商品犯罪，而为其提供贷款、资金、账号、发票、证明、许可证件,或者提供生产、经营场志或者运输、仓储、保管、邮寄等便利条件,或者提供人制假生产技术的,以生产、销售伪劣商品犯罪的共犯论处。

第10条 实施生产、销售为伪劣商品犯罪,同时构成侵犯知识产权、非法经营等其他犯罪的,依照处罚较重的规定定罪处罚。

第11条 实施刑法第140条至第148条规定的犯罪,又以暴力、威胁方法抗拒查处,构成其他犯罪的,依照数罪并罚的规定处罚。

第12条 国家机工作人员参与生产、销售伪劣商品犯罪的,从重处罚。(全文详见本书《刑法》第140条相关内容)

3. 最高人民检察院、公安部《关于公安机关管辖的刑事案件立案追诉标准的规定(1)》(公通字〔2008〕36号)

(见本条立案追诉标准内容)

4. 参见本书《刑法》第140条至第149条该节内容。

第149条 【本条是对生产、销售伪劣商品行为的法条适用规定】 生产、销售本节第141条至第148条所列产品,不构成各该条规定的犯罪,但是销售金额在5万元以上的,依照本节第140条的规定定罪处罚。

生产、销售本节第141条至第148条所列产品,构成各该条规定的犯罪,同时又构成本节第140条规定之罪的,依照处罚较重的规定定罪处罚。

• 关联法律

1. 最高人民检察院法律政策研究室《对〈关于具有药品经营资质的企业通过非法渠道从私人手中购进药品后销售的如何适用法律问题的请示〉的答复》(高检研〔2015〕19号)

(详见本书《刑法》第140条相关内容)

2. 最高人民检察院《第16批指导性案例南京百分百公司等生产、销售伪劣农药案》(检例第62号;2020年3月5日)

(详见本书《刑法》第147条相关内容)

3. 最高人民检察院《第25批指导性案例余某某等人重大劳动安全事故案》(检例第94号;2021年1月20日)

(全文详见本书《刑法》第134条相关内容)

4. 参见本书《刑法》第140条至第149条该节内容。

第150条 【本条是单位犯本节之罪的处罚规定】 单位犯本节第140条至第148条规定之罪的,对单位判处罚金,并对其直接负责的主管人员和其他直接责任人员,依照各该条的规定处罚。

第二节 走私罪

本节罪的责任形式为故意,即行为人明知自己的行为违反海关法规,逃避海关监管,偷逃进出境货物、物品的应缴税额,或者逃避根据有关进出境的禁止性管理,并且希望或者放任危害结果发生。

本节罪行为主体既可以是自然人,也可以是单位。

第151条 【走私武器、弹药罪】【走私核材料罪】【走私假币罪】 走私武器、弹药、核材料或者伪造的货币的,处7年以上有期徒刑,并处罚金或者没收财产;情节特别严重的,处无期徒刑,并处没收财产;情节较轻的,处3年以上7年以下有期徒刑,并处罚金。

【走私文物罪】【走私贵重金属罪】【走私珍贵动物、珍贵动物制品罪】 走私国家禁止出口的文物、黄金、白银和其他贵重金属或者国家禁止进出口的珍贵动物及其制品的,处5年以上10年以下有期徒刑,并处罚金;情节特别严重的,处10年以上有期徒刑或者无期徒刑,并处没收财产;情节较轻的,处5年以下有期徒刑,并处罚金。

【走私国家禁止进出口的货物、物品罪】 走私珍稀植物及其制品等国家禁止进出口的其他货物、物品的,处5年以下有期徒刑或者拘役,并处或者单处罚金;情节严重的,处5年以上有期徒刑,并处罚金。

单位犯本条规定之罪的,对单位判处罚金,并对其直接负责的主管人员和其他直接责任人员,依照本条各款的规定处罚。

(本条《中华人民共和国刑法修正案(7)》第1次修改;《中华人民共和国刑法修正案(8)》第2次修改;《中华人民共和国刑法修正案(9)》第3次修改)

• 释义

走私武器、弹药罪、走私核材料罪是指违反海关法规,走私武器、弹药和走私核材料的行为。

走私军用子弹10发以上不满50发、非军用枪支2支以上不满5支或者非军用子弹100发以上不满500发,或者虽未达到上述数量标准,但具有走私的武器、弹药被用于实施其他犯罪等恶劣情节的,属于"情节较轻";走私军用枪支1支或者军用子弹50发以上不满100发、非军用枪支5支以上不满10支或者非军用子弹500发以上不满1千发,或者达到上述"情节较轻"的数量标准,并具有其他恶劣情节的,属于"基本刑";

走私军用枪支2支或军用子弹100发以上、非军用枪支10支以上或者非军用子弹1千发以上,或者犯罪集团的首要分子或者使用特种车,达到上述"基本刑"数量标准的;或者达到上述"基本刑"数量标准,并具有其他恶劣情节的,属于"情节特别严重"。走私非成套枪支散件的,以每30件为1套枪支计。

走私假币罪是指违反海关法规,走私伪造的货币的行为。

走私伪造的货币,总面额2千元以上不足2万元或者币量200张(枚)以上不足2千张(枚)的,属于走私假币罪的"情节较轻";走私伪造的货币,总面额2万元以上不足20万元或者币量2千张(枚)以上不足2万张(枚)的,或者走私并流入市场的假币面额达到"情节较轻"的数量标准的,属于走私假币罪的"基本刑";走私伪造的货币,总面额20万元以上或者币量2万张(枚)以上的,或者走私并流入市场的假币面额达到"基本刑"的数量标准的,或者达到"基本刑"的数量标准,具有是犯罪集团的首要分子或者使用特种车进行走私等严重情节的,属于走私假币罪的"情节特别严重"。

货币是指人民币和正在流通的境外货币。

走私文物罪是指违反海关法规,走私国家禁止出口的文物的行为。

走私国家禁止出口的三级文物2件以下的,属于走私文物罪"情节较轻";走私二级文物2件以下或三级文物3件以上8件以下的,或者达到"情节较轻"的数量标准,并具有造成该文物严重毁损或者无法追回等恶劣情节的,属于走私文物罪的"基本刑";走私一级文物1件以上或二级文物3件以上或三级文物9件以上的，或者达到“基本刑”的数量标准，并具有造成该文物严重毁损或者无法追回的，或者达到“基本刑”的数量标准，并具有是犯罪集团的首要分子或者使用特种车进行走私等严重情节的，属于走私文物罪的“情节特别严重”。

走私珍贵动物罪、走私珍贵动物制品罪是指违反海关法规，走私国家禁止进出口的珍贵动物或者珍贵动物制品的行为。走私国家2级保护动物未达到规定的数量标准或者珍贵动物制品价值10万元以下的，属于走私珍贵动物、珍贵动物制品罪“情节较轻”，同时具有下列情形的，一般不以犯罪论处：

（一）珍贵动物制品购买地允许交易；

（二）入境人员为留作纪念或者作为礼品而携带珍贵动物进境，不具有牟利目的的。

走私国家1、2级保护动物达到规定的数量或者珍贵动物制品价值10万元不满20万元的，或者虽未达到规定数量标准但具有造成该珍贵动物死亡或者无法追回等恶劣情节的，按照本罪的“基本刑”处罚；

走私国家1、2级保护动物达到“情节严重”规定的数量或者珍贵动物制品价值20万元以上，或者达到“基本刑”规定的数量标准，并造成该珍贵动物死亡或者无法追回的，或者并具有犯罪集团的首要分子或使用特种车进行走私等严重情节的，属于走私珍贵动物、珍贵动物制品“情节特别严重”。

珍贵动物是指列入《国家重点保护野生动物名录》中的国家1、2级保护野生动物和列入《濒危野生动植物种国际贸易公约》附录1、2中的野生动物以及驯养繁殖的上述物种。

走私贵重金属罪是指违反海关法规，走私国家禁止出口的黄金、白银或者其他贵重金属的行为。

走私国家禁止进出口的货物、物品罪是指违反海关法规，走私珍稀植物及其制品等国家禁止进出口的其他货物、物品的行为。

• 管辖

公安机关刑事侦查部门（管辖走私武器、弹药案；走私核材料案；走私文物案；走私贵重金属案；走私珍贵动物、珍贵动物制品案；走私国家禁止进出口的货物、物品案；走私废物案）；公安机关经济犯罪侦查部门（管辖走私假币案）。

海关总署缉私局（管辖海关监管区内发生的走私武器、弹药案；走私核材料案；走私假币案；走私文物案；走私贵重金属案；走私珍贵动物、珍贵动物制品案；走私国家禁止进出口的货物、物品案；走私废物案）。

• 立案追诉标准

【走私假币罪立案追诉标准】

走私伪造的货币，涉嫌下列情形之一的，应予立案追诉：

（一）总面额在2000元以上或者币量在200张（枚）以上的；

（二）总面额在1000元以上或者币量在100张（枚）以上，2年内因走私假币受过行政处罚，又走私假币的；

（三）其他走私假币应予追究刑事责任的情形。

【走私珍稀植物、珍稀植物制品罪立案追诉标准】

二、森林和陆生野生动物刑事案件的立案标准：（五）走私珍稀植物、珍稀植物制品案　走私国家禁止进出口的珍稀植物、珍稀植物制品的应当立案；走私珍稀植物2株以上、珍稀植物制品价值在2万元以上的，为重大案件；走私珍稀植物10株以上、珍稀植物制品价值在10万元以上的,为特别重大案件。

【走私珍贵动物、珍贵动物制品罪立案追诉标准】

二、森林和陆生野生动物刑事案件的立案标准:(十一)走私珍贵动物、珍贵动物制品案走私国家重点保护和《濒危野生动植物种国际贸易公约》附录1、附录2的陆生野生动物及其制品的应当立案;走私国家重点保护的陆生野生动物重大案件和特别重大案件按附表的标准执行。

走私国家重点保护和《濒危野生动植物种国际贸易公约》附录1、附录2的陆生野生动物制品价值10万元以上的,应当立为重大案件;走私国家重点保护和《濒危野生动植物种国际贸易公约》附录1、附录2的陆生野生动物制品价值20万元以上的,应当立为特别重大案件。

• **关联法律**

1. 中华人民共和国海关总署《禁止进出境物品表》(海关总署令〔1993〕第43号)

现发布修订的《中华人民共和国禁止进出境物品表》和《中华人民共和国限制进出境物品表》,自1993年3月1日起施行。我署1987年11月1日发布的《中华人民共和国海关总署关于发布禁止、限制进出境物品表的公告》同时废止。

附:中华人民共和国禁止进出境物品表

一、禁止进境物品

1. 各种武器、仿真武器、弹药及爆炸物品;2. 伪造的货币及伪造的有价证券;3. 对中国政治、经济、文化、道德有害的印刷品、胶卷、照片、唱片、影片、录音带、录像带、激光视盘、计算机存储介质及其它物品;4. 各种烈性毒药;5. 鸦片、吗啡、海洛英、大麻以及其它能使人成瘾的麻醉品、精神药物;6. 带有危险性病菌、害虫及其它有害生物的动物、植物及其产品;7. 有碍人畜健康的、来自疫区的以及其它能传播疾病的食品、药品或其它物品。

二、禁止出境物品

1. 列入禁止进境范围的所有物品;2. 内容涉及国家秘密的手稿、印刷品、胶卷、照片、唱片、影片、录音带、录像带、激光视盘、计算机存储介质及其它物品;3. 珍贵文物及其它禁止出境的文体;4. 濒危的和珍贵的动物、植物(均含标本)及其种子和繁殖材料。

附:中华人民共和国限制进出境物品表

一、限制进境物品

1. 无线电收发信机、通信保密机;2. 烟、酒;3. 濒危的和珍贵的动物、植物(均含标本)及其种子和繁殖材料;4. 国家货币;5. 海关限制进境的其它物品。

二、限制出境物品

1. 金银等贵重金属及其制品;2. 国家货币;3. 外币及其有价证券;4. 无线电收发信机、通信保密机;5. 贵重中药材;6. 一般文物;7. 海关限制出境的其他物品。

2. 最高人民法院《关于审理骗购外汇、非法买卖外汇刑事案件具体应用法律若干问题的解释》(法释〔1998〕20号)

为依法惩处骗购外汇、非法买卖外汇的犯罪行为,根据刑法的有关规定,现对审理骗购外汇、非法买卖外汇案件具体应用法律的若干问题解释如下:

第1条 以进行走私、逃汇、洗钱、骗税等犯罪活动为目的,使用虚假、无效的凭证、商业单据或者采取其他手段向外汇指定银行骗购外汇的,应当分别按照刑法分则第3章第2节、第190条、第191条和第204条等规定定罪处罚。

非国有公司、企业或者其他单位,与国有公司、企业或者其他国有单位勾结逃汇的,以逃汇罪的共犯处罚。

第2条 伪造、变造、买卖海关签发的报关单、进口证明、外汇管理机关的核准件等凭证或者购买伪造、变造的上述凭证的，按照刑法第280条第1款的规定定罪处罚。

第3条 在外汇指定银行和中国外汇交易中心及其分中心以外买卖外汇，扰乱金融市场秩序，具有下列情形之一的，按照刑法第225条第(3)项的规定定罪处罚：

(一)非法买卖外汇20万美元以上的；(二)违法所得5万元人民币以上的。

第4条 公司、企业或者其他单位，违反有关外贸代理业务的规定，采用非法手段，或者明知是伪造、变造的凭证、商业单据，为他人向外汇指定银行骗购外汇，数额在500万美元以上或者违法所得50万元人民币以上的，按照刑法第225条第(3)项的规定定罪处罚。

居间介绍骗购外汇100万美元以上或者违法所得10万元人民币以上的，按照刑法第225条第(3)项的规定定罪处罚。

第5条 海关、银行、外汇管理机关工作人员与骗购外汇的行为人通谋，为其提供购买外汇的有关凭证，或者明知是伪造、变造的凭证和商业单据而出售外汇，构成犯罪的，按照刑法的有关规定从重处罚。

第6条 实施本解释规定的行为，同时触犯2个以上罪名的，择一重罪从重处罚。

第7条 根据刑法第64条规定，骗购外汇、非法买卖外汇的，其违法所得予以追缴，用于骗购外汇、非法买卖外汇的资金予以没收，上缴国库。

第8条 骗购、非法买卖不同币种的外汇的，以案发时国家外汇管理机关制定的统一折算率折合后依照本解释处罚。

3. 最高人民法院、最高人民检察院、公安部、司法部、海关总署《关于走私犯罪侦查机关办理走私犯罪案件适用刑事诉讼程序若干问题的通知》(署侦〔1998〕742号)

根据《国务院关于缉私警察队伍设置方案的批复》(国函〔1998〕53号)和《国务院办公厅关于组建缉私警察队伍实施方案的复函》(国办函〔1998〕52号)，海关总署、公安部组建成立走私犯罪侦查局，纳入公安部编制机构序列，设在海关总署。缉私警察是对走私犯罪案件依法进行侦查、拘留、执行逮捕、预审的专职刑警队伍，走私犯罪侦查局既是海关总署的一个内设局，又是公安部的一个序列局，实行海关与公安双重垂直领导、以海关领导为主的体制，按照海关对缉私工作的统一部署和指挥，部署警力，执行任务。走私犯罪侦查局在广东分署和全国各直属海关设立走私犯罪侦查分局；走私犯罪侦查分局原则上在隶属海关设立走私犯罪侦查支局。各级走私犯罪侦查机关负责其所在海关业务管辖区域内的走私犯罪案件的侦查工作。

为保证缉私警察队伍依法履行职责，与各行政执法部门、司法机关密切配合，切实加大打击走私犯罪活动的力度，现将走私犯罪侦查机关办理走私案件适用刑事诉讼程序的若干问题通知如下：

一、走私犯罪侦查机关在中华人民共和国海关关境内，依法查缉涉税走私犯罪案件和发生在海关监管区内的走私武器、弹药、核材料、伪造的货币、文物、贵重金属、珍贵动物及其制品、珍稀植物及其制品、淫秽物品、固体废物和毒品等非涉税走私犯罪案件，接受海关调查部门、地方公安机关(包括公安边防部门)和工商行政等执法部门查获移送的走私犯罪案件。

二、走私犯罪侦查机关在侦办走私犯罪案件过程中，依法采取通缉、边控、搜查、拘留、执行逮捕、监视居住等措施，以及核实走私罪嫌疑人身份和犯罪经历时，需地方公安机关配合的，应通报有关地方公安机关，地方公安机关应予配合。其中在全国范围通缉、边控走私犯罪嫌疑人，请求国际刑警组织或者境外警方协助的，以及追捕走私犯罪嫌疑人需要地方公安机关调动警力的，应层报公安部批准。

走私犯罪侦查机关决定对走私犯罪嫌疑人采取取保候审的，应通知并移送走私犯罪嫌疑人居住地公安机关执行。罪犯因走私罪被人民法院判处剥夺政治权利、管制以及决定暂予监外执行、假释或者宣告缓刑的，由地方公安机关执行。

走私犯罪侦查机关因办案需要使用技术侦察手段时，应严格遵照有关规定，按照审批程序和权限报批后，由有关公安机关实施。

三、走私犯罪侦查分局、支局在查办走私犯罪案件过程中进行侦查、拘留、执行逮捕、预审等工作，按《公安机关办理刑事案件程序规定》（以下简称《程序规定》）办理。

四、走私犯罪侦查机关依照刑事诉讼法的规定出具和使用刑事法律文书，适用公安部统一制定的文书格式，冠以“＊＊＊走私犯罪侦查（分、支）局”字样并加盖“＊＊＊走私犯罪侦查（分、支）局”印章。

五、走私犯罪侦查机关在侦办走私犯罪案件过程中，需要提请批准逮捕走私犯罪嫌疑人时，应按《程序规定》制作相应的法律文书，连同有关案卷材料、证据，直接移送走私犯罪侦查机关所在地的分、州、市级人民检察院审查决定。

六、走私犯罪侦查机关对犯罪事实清楚，证据确实、充分，已侦查终结的案件，应当制作《起诉意见书》，连同案卷材料、证据，一并移送走私犯罪侦查机关所在地的分、州、市级人民检察院审查决定。

七、人民检察院认为走私犯罪嫌疑人的犯罪事实已经查清，证据确实、充分，依法应当追究刑事责任的，应当依法提起公诉。对于基层人民法院管辖的案件，可以依照刑事诉讼法第23条的规定，向当地中级人民法院提起公诉，人民法院应当依法作出判决。

八、律师参加刑事诉讼活动，应严格按《中华人民共和国刑事诉讼法》、《中华人民共和国律师法》、《最高人民法院、最高人民检察院、公安部、国家安全部、司法部、全国人大常委会法制工作委员会关于刑事诉讼法实施中若干问题的规定》以及本通知等有关规定办理。

九、对走私犯罪案件的侦查、提起公诉、审判的其他程序，依照《中华人民共和国刑事诉讼法》以及其他相关法律的规定办理。

十、对经侦查不构成走私罪和人民检察院依法不起诉或者人民法院依法免予刑事处罚的走私案件，依照《中华人民共和国海关法》的规定，移送海关调查部门处理。

十一、海关调查部门、地方公安机关（包括公安边防部门）和工商行政等执法部门对于查获的需移送走私犯罪侦查机关的案件，应当就近移送。走私犯罪侦查机关应及时接受，出具有关手续，并将案件处理结果书面通报移送部门。

本通知自下发之日起执行。

4. 最高人民检察院《关于走私犯罪侦查机关提请批准逮捕和移送审查起诉的案件由分、州、市级人民检察院受理的通知》（高检发研字〔1999〕2号）

根据《最高人民法院、最高人民检察院、公安部、司法部、海关总署关于走私犯罪侦查机关办理走私犯罪案件适用刑事诉讼程序若干问题的通知》（以下简称《通知》），为加强人民检察院和走私犯罪侦查机关在查处走私犯罪案件工作中的配合，及时受理走私犯罪侦查机关提请批准逮捕和移送审查起诉的案件，现就有关问题通知如下：

一、根据《通知》关于走私犯罪侦查分局（设在直属海关）、走私犯罪侦查支局（设在隶属海关）负责向人民检察院提请批准逮捕和移送起诉工作的规定，走私犯罪侦查分局、支局所在地的分、州、市级人民检察院负责受理走私犯罪侦查机关向人民检察院提请批准逮捕和移送起诉的案件。

二、走私犯罪侦查中队（设在隶属海关下一级海关）侦查的案件，应当报请走私犯罪侦查支局或者分局向所在地的分、州、市级人民检察院提请批准逮捕和移送起诉，受理的人民检察院应当将有关法律文书送达移送案件的走私犯罪侦查分局或者支局。

三、走私犯罪侦查局直接办理的案件,交由案件发生地的走私犯罪侦查分局向所在地的分、州、市级人民检察院提请批准逮捕和移送审查起诉,受理的人民检察院应当将有关法律文书送达移送案件的走私犯罪侦查分局。

四、人民检察院对走私犯罪侦查机关移送起诉的案件经审查决定起诉的,应当向本地中级人民法院提起公诉。

五、人民检察院对于走私犯罪侦查机关移送起诉的走私案件,经审查决定不起诉的,应当依照《中华人民共和国刑事诉讼法》的规定移送相应的海关处理,同时将不起诉决定书送达移送案件的走私犯罪侦查机关。

六、走私犯罪侦查机关建立有看守所的,由看守所所在地的分、州、市级人民检察院履行法律监督职责。

七、省级人民检察院根据办案需要,可以按照与审判管辖相适应的原则,指定本地区有关分、州、市级人民检察院受理走私犯罪侦查机关提请批准逮捕和移送起诉的案件。

5. 最高人民检察院《关于擅自销售进料加工保税货物的行为法律适用问题的解释》(高检发释字〔2000〕3号)

为依法办理走私犯罪案件,根据海关法等法律的有关规定,对擅自销售进料加工保税货物的行为法律适用问题解释如下:保税货物是指经海关批准未办理纳税手续进境,在境内储存、加工、装配后复运出境的货物。经海关批准进口的进料加工的货物属于保税货物。未经海关许可并且未补缴应缴税额,擅自将批准进口的进料加工的原材料、零件、制成品、设备等保税货物,在境内销售牟利,偷逃应缴税额在5万元以上的,依照刑法第154条、第153条的规定,以走私普通货物、物品罪追究刑事责任。

6. 最高人民法院《关于审理走私刑事案件具体应用法律若干问题的解释》(法释〔2000〕30号)

(法释〔2014〕10号已声明该文废止)

7. 国家林业局、公安部《关于森林和陆生野生动物刑事案件管辖及立案追诉标准》(林安发〔2001〕156号)

根据《中华人民共和国刑法》《中华人民共和国刑事诉讼法》《公安机关办理刑事案件程序规定》及其他有关规定,现将森林和陆生野生动物刑事案件管辖及立案标准规定如下:

一、森林公安机关管辖在其辖区内发生的刑法规定的下列森林和陆生野生动物刑事案件:

(一)盗伐林木案件(第345条第1款);(二)滥伐林木案件(第345条第2款);(三)非法收购盗伐、滥伐的林木案件(第345条第3款);(四)非法采伐、毁坏珍贵树木案件(第344条);(五)走私珍稀植物、珍稀植物制品案件(第151条第3款);(六)放火案件中,故意放火烧毁森林或者其他林木的案件(第114条、第115条第1款);(七)失火案件中,过失烧毁森林或者其他林木的案件(第115条第2款);(八)聚众哄抢案件中,哄抢林木的案件(第268条);(九)破坏生产经营案件中,故意毁坏用于造林、育林、护林和木材生产的机械设备或者以其他方法破坏林业生产经营的案件(第276条);(十)非法猎捕、杀害珍贵、濒危陆生野生动物案件(第341条第1款);(十一)非法收购、运输、出售珍贵、濒危陆生野生动物、珍贵、濒危陆生野生动物制品案件(第341条第1款);(十二)非法狩猎案件(第341条第2款);(十三)走私珍贵陆生野生动物、珍贵陆生野生动物制品案件(第151条第2款);(十四)非法经营案件中,买卖《允许进口证明书》《允许出口证明书》《允许再出口证明书》、进出口原产地证明及国家机关批准的其他关于林业和陆生野生动物的经营许可证明文件的案件(第225条第2项);(十五)伪造、变造、买卖国家机关公文、证件案件中,伪造、变造、买卖林木和陆生野生动物允许进出口证明书、进出口原产地证明、狩猎证、特许猎捕证、驯养繁殖许可证、林木采伐许可证、木材运输证明、森林、林木、林地权属证书、征用或者占用林地审核同意书、育林基金等缴费收据以及由国家机关批准的其他关于林业和陆生野生动物公文、证件的案件(第280条第1、2款);(十六)盗窃案件中,盗窃国家、集体、他人所有并已经伐倒的树木、偷砍他人房前屋后、自留地种植的零星树木、以谋取经济利益为目的非法实施采种、采脂、挖笋、掘根、剥树皮等以及盗窃国家重点保护陆生野生动物或其制品的案件(第264条);(十七)抢劫案件中,抢劫国家重点保护陆生野生动物或其制品的案件(第263条);(十八)抢夺案件中,抢夺国家重点保护陆生野生动物或其制品的案件(第267条);(十九)窝藏、转移、收购、销售赃物案件中,涉及被盗伐滥伐的木材、国家重点保护陆生野生动物或其制品的案件(第312条);

未建立森林公安机关的地方,上述案件由地方公安机关负责查处。

二、森林和陆生野生动物刑事案件的立案标准:

(一)盗伐林木案

盗伐森林或者其他林木,立案起点为2立方米至5立方米或者幼树100至200株;盗伐林木20立方米至50立方米或者幼树1000株至2000株,为重大案件立案起点;盗伐林木100立方米至200立方米或者幼树5000株至10000株,为特别重大案件立案起点。

(二)滥伐林木案

滥伐森林或者其他林木,立案起点为10立方米至20立方米或者幼树500至1000株;滥伐林木50立方米以上或者幼树2500株以上,为重大案件;滥伐林木100立方米以上或者幼树5000株以上,为特别重大案件。

(三)非法收购盗伐、滥伐的林木案

以牟利为目的,在林区非法收购明知是盗伐、滥伐的林木在20立方米或者幼树1000株以上的,以及非法收购盗伐、滥伐的珍贵树木2立方米以上或者5株以上的应当立案;非法收购林木100立方米或者幼树5000株以上的,以及非法收购盗伐、滥伐的珍贵树木5立方米以上或者10株以上的为重大案件;非法收购林木200立方米或者幼树1000株以上的,以及非法收购盗伐、滥伐的珍贵树木10立方米以上或者20株以上的为特别重大案件。

(四)非法采伐、毁坏珍贵树木案

非法采伐、毁坏珍贵树木的应当立案;采伐珍贵树木2株、2立方米以上或者毁坏珍贵树木致死3株以上的,为重大案件;采伐珍贵树木10株、10立方米以上或者毁坏珍贵树木致死15株以上的,为特别重大案件。

(五)走私珍稀植物、珍稀植物制品案

走私国家禁止进出口的珍稀植物、珍稀植物制品的应当立案;走私珍稀植物2株以上、珍稀植物制品价值在2万元以上的,为重大案件;走私珍稀植物10株以上、珍稀植物制品价值在10万元以上的,为特别重大案件。

(六)放火案

凡故意放火造成森林或者其他林木火灾的都应当立案;过火有林地面积2公顷以上为重大案件;过火有林地面积10公顷以上,或者致人重伤、死亡的,为特别重大案件。

(七)失火案

失火造成森林火灾,过火有林地面积2公顷以上,或者致人重伤、死亡的应当立案;过火有林地面积为10公顷以上,或者致人死亡、重伤5人以上的为重大案件;过火有林地面积为50公顷以上,或者死亡2人以上的,为特别重大案件。

(八)非法猎捕、杀害国家重点保护珍贵、濒危陆生野生动物案

凡非法猎捕、杀害国家重点保护的珍贵、濒危陆生野生动物的应当立案,重大案件、特别重大案件的立案标准详见附表。

(九)非法收购、运输、出售珍贵、濒危陆生野生动物、珍贵、濒危陆生野生动物制品案

非法收购、运输、出售国家重点保护的珍贵、濒危陆生野生动物的应当立案,重大案件、特别重大案件的立案标准见附表。

非法收购、运输、出售国家重点保护的珍贵、濒危陆生野生动物制品的,应当立案;制品价值在10万元以上或者非法获利5万元以上的,为重大案件;制品价值在20万元以上或非法获利10万元以上的,为特别重大案件。

(十)非法狩猎案

违反狩猎法规,在禁猎区、禁猎期或者使用禁用的工具、方法狩猎,具有下列情形之一的,应予立案:1.非法狩猎陆生野生动物20只以上的;2.在禁猎区或者禁猎期使用禁用的工具、方法狩猎的;3.具有其他严重破坏野生动物资源情节的。

违反狩猎法规,在禁猎区、禁猎期或者使用禁用的工具、方法狩猎,非法狩猎陆生野生动物50只以上的,为重大案件;非法狩猎陆生野生动物100只以上或者具有其他恶劣情节的,为特别重大案件。

(十一)走私珍贵动物、珍贵动物制品案

走私国家重点保护和《濒危野生动植物种国际贸易公约》附录1、附录2的陆生野生动物及其制品的应当立案;走私国家重点保护的陆生野生动物重大案件和特别重大案件按附表的标准执行。

走私国家重点保护和《濒危野生动植物种国际贸易公约》附录1、附录2的陆生野生动物制品价值10万元以上的,应当立为重大案件;走私国家重点保护和《濒危野生动植物种国际贸易公约》附录1、附录2的陆生野生动物制品价值20万元以上的,应当立为特别重大案件。

(十二)盗窃、抢夺、抢劫案、窝藏、转移、收购、销售赃物案、破坏生产经营案、聚众哄抢案、非法经营案、伪造变造买卖国家机关公文、证件案,执行相应的立案标准。

三、其他规定

(一)林区与非林区的划分,执行各省、自治区、直辖市人民政府的规定。(二)林木的数量,以立木蓄积计算。(三)对于1年内多次盗伐、滥伐少量林木未经处罚的,累计其盗伐林木、滥伐林木的数量。(四)被盗伐、滥伐林木的价值,有国家规定价格的,按国家规定价格计算;没有国家规定价格的,按主管部门规定的价格计算;没有国家或者主管部门规定价格的,按市场价格计算;进入流通领域的,按实际销售价格计算;实际销售价格低于国家或者主管部门规定价格的,按国家或者主管部门规定的价格计算;实际销售价格低于市场价格,又没有国家或者主管部门规定价格的,按市场价格计算,不能按低价销赃的价格计算。(五)非法猎捕、杀害、收购、运输、出售、走私《濒危野生动植物种国际贸易公约》附录1、附录2所列陆生野生动物的,其立案标准参照附表中同属或者同科的国家1、2级保护野生动物的立案标准执行。(六)珍贵、濒危陆生野生动物制品的价值,依照国家野生动物行政主管部门的规定核定;核定价值低于实际交易价格的,以实际交易价格认定。(七)单位作案的,执行本规定的立案标准。(八)本规定中所指的"以上",均包括本数在内。(九)各省、自治区、直辖市公安厅、局和林业主管部门可根据本地的实际情况,在本规定的幅度内确定本地区盗伐林木案、滥伐林木案和非法狩猎案的立案起点及重大、特别重大案件的起点。(十)盗伐、滥伐竹林或者其他竹子的立案标准,由各省、自治区、直辖市公安厅、局和林业主管部门根据竹子的经济价值参照盗伐、滥伐林木案的立案标准确定。(十一)本规定自发布之日起执行。1986年8月20日发布的《林业部、公安部关于森林案件管辖范围及森林刑事案件立案标准的暂行规定》和1994年5月25日发布的《林业部、公安部关于陆生野生动物刑事案件的管辖及其立案标准的规定》同时废止。

8. 最高人民法院、最高人民检察院、海关总署《关于办理走私刑事案件适用法律若干问题的意见》(法〔2002〕139号)

为研究解决近年来公安、司法机关在办理走私刑事案件中遇到的新情况、新问题,最高人民法院、最高人民检察院、海关总署共同开展了调查研究,根据修订后的刑法及有关司法解释的规定,在总结侦查、批捕、起诉、审判工作经验的基础上,就办理走私刑事案件的程序、证据以及法律适用等问题提出如下意见:

一、关于走私犯罪案件的管辖问题

根据刑事诉讼法的规定,走私犯罪案件由犯罪地的走私犯罪侦查机关立案侦查。走私犯罪案件复杂,环节多,其犯罪地可能涉及多个犯罪行为发生地,包括货物、物品的进口(境)地、出口(境)地、报关地、核销地等。如果发生刑法第154条、第155条规定的走私犯罪行为的,走私货物、物品的销售地、运输地、收购地和贩卖地均属于犯罪行为的发生地。对有多个走私犯罪行为发生地的,由最初受理的走私犯罪侦查机关或者由主要犯罪地的走私犯罪侦查机关管辖。对管辖有争议的,由共同的上级走私犯罪侦查机关指定管辖。

对发生在海(水)上的走私犯罪案件由该辖区的走私犯罪侦查机关管辖,但对走私船舶有跨辖区连续追缉情形的,由缉获走私船舶的走私犯罪侦查机关管辖。

人民检察院受理走私犯罪侦查机关提请批准逮捕、移送审查起诉的走私犯罪案件,人民法院审理人民检察院提起公诉的走私犯罪案件,按照《最高人民法院、最高人民检察院、公安部、司法部、海关总署关于走私犯罪侦查机关办理走私犯罪案件适用刑事诉讼程序若干问题的通知》(署侦〔1998〕742号)的有关规定执行。

二、关于电子数据证据的收集、保全问题

走私犯罪侦查机关对于能够证明走私犯罪案件真实情况的电子邮件、电子合同、电子帐册、单位内部的电子信息资料等电子数据应当作为刑事证据予以收集、保全。

侦查人员应当对提取、复制电子数据的过程制作有关文字说明,记明案由、对象、内容,提取、复制的时间、地点,电子数据的规格、类别、文件格式等,并由提取、复制电子数据的制作人、电子数据的持有人和能够证明提取、复制过程的见证人签名或者盖章,附所提取、复制的电子数据一并随案移送。

电子数据的持有人不在案或者拒绝签字的,侦查人员应当记明情况;有条件的可将提取、复制有关电子数据的过程拍照或者录像。

三、关于办理走私普通货物、物品刑事案件偷逃应缴税额的核定问题

在办理走私普通货物、物品刑事案件中,对走私行为人涉嫌偷逃应缴税额的核定,应当由走私犯罪案件管辖地的海关出具《涉嫌走私的货物、物品偷逃税款海关核定证明书》(以下简称《核定证明书》)。海关出具的《核定证明书》,经走私犯罪侦查机关、人民检察院、人民法院审查确认,可以作为办案的依据和定罪量刑的证据。

走私犯罪侦查机关、人民检察院和人民法院对《核定证明书》提出异议或者因核定偷逃税额的事实发生变化,认为需要补充核定或者重新核定的,可以要求原出具《核定证明书》的海关补充核定或者重新核定。

走私犯罪嫌疑人、被告人或者辩护人对《核定证明书》有异议,向走私犯罪侦查机关、人民检察院或者人民法院提出重新核定申请的,经走私犯罪侦查机关、人民检察院或者人民法院同意,可以重新核定。重新核定应当另行指派专人进行。

四、关于走私犯罪嫌疑人的逮捕条件

对走私犯罪嫌疑人提请逮捕和审查批准逮捕,应当依照刑事诉讼法第60条规定的逮捕条件来办理。一般按照下列标准掌握:

(一)有证据证明有走私犯罪事实

1. 有证据证明发生了走私犯罪事实

有证据证明发生了走私犯罪事实,须同时满足下列两项条件:

(1)有证据证明发生了违反国家法律、法规,逃避海关监管的行为;(2)查扣的或者有证据证明的走私货物、物品的数量、价值或者偷逃税额达到刑法及相关司法解释规定的起刑点。

2. 有证据证明走私犯罪事实系犯罪嫌疑人实施的

有下列情形之一,可认为走私犯罪事实系犯罪嫌疑人实施的:

(1)现场查获犯罪嫌疑人实施走私犯罪的;(2)视听资料显示犯罪嫌疑人实施走私犯罪的;(3)犯罪嫌疑人供认的;(4)有证人证言指证的;(5)有同案的犯罪嫌疑人供述的;(6)其他证据能够证明犯罪嫌疑人实施走私犯罪的。

3. 证明犯罪嫌疑人实施走私犯罪行为的证据已经查证属实的

符合下列证据规格要求之一,属于证明犯罪嫌疑人实施走私犯罪行为的证据已经查证属实的:

(1)现场查获犯罪嫌疑人实施犯罪,有现场勘查笔录、留置盘问记录、海关扣留查问笔录或者海关查验(检查)记录等证据证实的;(2)犯罪嫌疑人的供述有其他证据能够印证的;(3)证人证言能够相互印证的;(4)证人证言或者同案犯供述能够与其他证据相互印证的;(5)证明犯罪嫌疑人实施走私犯罪的其他证据已经查证属实的。

(二)可能判处有期徒刑以上的刑罚

是指根据刑法第151条、第152条、第153条、第347条、第350条等规定和《最高人民法院关于审理走私刑事案件具体应用法律若干问题的解释》等有关司法解释的规定,结合已查明的走私犯罪事实,对走私犯罪嫌疑人可能判处有期徒刑以上的刑罚。

(三)采取取保候审、监视居住等方法,尚不足以防止发生社会危险性而有逮捕必要的

主要是指:走私犯罪嫌疑人可能逃跑、自杀、串供、干扰证人作证以及伪造、毁灭证据等妨碍刑事诉讼活动的正常进行的,或者存在行凶报复、继续作案可能的。

五、关于走私犯罪嫌疑人、被告人主观故意的认定问题

行为人明知自己的行为违反国家法律法规,逃避海关监管,偷逃进出境货物、物品的应缴税额,或者逃避国家有关进出境的禁止性管理,并且希望或者放任危害结果发生的,应认定为具有走私的主观故意。

走私主观故意中的"明知"是指行为人知道或者应当知道所从事的行为是走私行为。具有下列情形之一的,可以认定为"明知",但有证据证明确属被蒙骗的除外:

(一)逃避海关监管,运输、携带、邮寄国家禁止进出境的货物、物品的;(二)用特制的设备或者运输工具走私货物、物品的;(三)未经海关同意,在非设关的码头、海(河)岸、陆路边境等地点,运输(驳载)、收购或者贩卖非法进出境货物、物品的;(四)提供虚假的合同、发票、证明等商业单证委托他人办理通关手续的;(五)以明显低于货物正常进(出)口的应缴税额委托他人代理进(出)口业务的;(六)曾因同一种走私行为受过刑事处罚或者行政处罚的;(七)其他有证据证明的情形。

六、关于行为人对其走私的具体对象不明确的案件的处理问题

走私犯罪嫌疑人主观上具有走私犯罪故意,但对其走私的具体对象不明确的,不影响走私犯罪构成,应当根据实际的走私对象定罪处罚。但是,确有证据证明行为人因受蒙骗而对走私对象发生认识错误的,可以从轻处罚。

七、关于走私珍贵动物制品行为的处罚问题

走私珍贵动物制品的,应当根据刑法第151条第2、4、5款和《最高人民法院关于审理走私刑事案件具体应用法律若干问题的解释》(以下简称《解释》)第4条的有关规定予以处罚,但同时具有下列情形,情节较轻的,一般不以犯罪论处:

(一)珍贵动物制品购买地允许交易;(二)入境人员为留作纪念或者作为礼品而携带珍贵动物制品进境,不具有牟利目的的。

同时具有上述两种情形,达到《解释》第4条第3款规定的量刑标准的,一般处5年以下有期徒刑,并处罚金;达到《解释》第4条第4款规定的量刑标准的,一般处5年以上有期徒刑,并处罚金。

八、关于走私旧汽车、切割车等货物、物品的行为的定罪问题

走私刑法第151条、第152条、第347条、第350条规定的货物、物品以外的,已被国家明令禁止进出口的货物、物品,例如旧汽车、切割车、侵犯知识产权的货物、来自疫区的动植物及其产品等,应当依照刑法第153条的规定,以走私普通货物、物品罪追究刑事责任。

九、关于利用购买的加工贸易登记手册、特定减免税批文等涉税单证进口货物行为的定性处理问题

加工贸易登记手册、特定减免税批文等涉税单证是海关根据国家法律法规以及有关政策性规定,给予特定企业用于保税货物经营管理和减免税优惠待遇的凭证。利用购买的加工贸易登记手册、特定减免税批文等涉税单证进口货物,实质是将一般贸易货物伪报为加工贸易保税货物或者特定减免税货物进口,以达到偷逃应缴税款的目的,应当适用刑法第153条以走私普通货物、物品罪定罪处罚。如果行为人与走私分子通谋出售上述涉税单证,或者在出卖批文后又以提供印章、向海关伪报保税货物、特定减免税货物等方式帮助买方办理进口通关手续的,对卖方依照刑法第156条以走私罪共犯定罪处罚。买卖上述涉税单证情节严重尚未进口货物的,依照刑法第280条的规定定罪处罚。

十、关于在加工贸易活动中骗取海关核销行为的认定问题

在加工贸易经营活动中,以假出口、假结转或者利用虚假单证等方式骗取海关核销,致使保税货物、物品脱离海关监管,造成国家税款流失,情节严重的,依照刑法第153条的规定,以走私普通货物、物品罪追究刑事责任。但有证据证明因不可抗力原因导致保税货物脱离海关监管,经营人无法办理正常手续而骗取海关核销的,不认定为走私犯罪。

十一、关于伪报价格走私犯罪案件中实际成交价格的认定问题

走私犯罪案件中的伪报价格行为,是指犯罪嫌疑人、被告人在进出口货物、物品时,向海关申报进口或者出口的货物、物品的价格低于或者高于进出口货物的实际成交价格。

对实际成交价格的认定,在无法提取真、伪两套合同、发票等单证的情况下,可以根据犯罪嫌疑人、被告人的付汇渠道、资金流向、会计账册、境内外收发货人的真实交易方式,以及其他能够证明进出口货物实际成交价格的证据材料综合认定。

十二、关于出售走私货物已缴纳的增值税应否从走私偷逃应缴税额中扣除的问题

走私犯罪嫌疑人为出售走私货物而开具增值税专用发票并缴纳增值税,是其走私行为既遂后在流通领域获违法所得的一种手段,属于非法开具增值税专用发票。对走私犯罪嫌疑人因出售走私货物而实际缴纳走私货物增值税的,在核定走私货物偷逃应缴税额时,不应当将其已缴纳的增值税额从其走私偷逃应缴税额中扣除。

十三、关于刑法第154条规定的"销售牟利"的理解问题

刑法第154条第(1)、(2)项规定的"销售牟利",是指行为人主观上为了牟取非法利益而擅自销售海关监管的保税货物、特定减免税货物。该种行为是否构成犯罪,应当根据偷逃的应缴税额是否达到刑法第153条及相关司法解释规定的数额标准予以认定。实际获利与否或者获利多少并不影响其定罪。

十四、关于海上走私犯罪案件如何追究运输人的刑事责任问题

对刑法第155条第(2)项规定的实施海上走私犯罪行为的运输人、收购人或者贩卖人应当追究刑事责任。对运输人,一般追究运输工具的负责人或者主要责任人的刑事责任,但对于事先通谋的、集资走私的、或者使用特殊的走私运输工具从事走私犯罪活动的,可以追究其他参与人员的刑事责任。

十五、关于刑法第156条规定的"与走私罪犯通谋"的理解问题

通谋是指犯罪行为人之间事先或者事中形成的共同的走私故意。下列情形可以认定为通谋:

(一)对明知他人从事走私活动而同意为其提供贷款、资金、账号、发票、证明、海关单证,提供运输、保管、邮寄或者其他方便的;(二)多次为同一走私犯罪分子的走私行为提供前项帮助的。

十六、关于放纵走私罪的认定问题

依照刑法第411条的规定,负有特定监管义务的海关工作人员徇私舞弊,利用职权,放任、纵容走私犯罪行为,情节严重的,构成放纵走私罪。放纵走私行为,一般是消极的不作为。如果海关工作人员与走私分子通谋,在放纵走私过程中以积极的行为配合走私分子逃避海关监管或者在放纵走私之后分得赃款的,应以共同走私犯罪追究刑事责任。

海关工作人员收受贿赂又放纵走私的,应以受贿罪和放纵走私罪数罪并罚。

十七、关于单位走私犯罪案件诉讼代表人的确定及其相关问题

单位走私犯罪案件的诉讼代表人,应当是单位的法定代表人或者主要负责人。单位的法定代表人或者主要负责人被依法追究刑事责任或者因其他原因无法参与刑事诉讼的,人民检察院应当另行确定被告单位的其他负责人作为诉讼代表人参加诉讼。

接到出庭通知的被告单位的诉讼代表人应当出庭应诉。拒不出庭的,人民法院在必要的时候,可以拘传到庭。

对直接负责的主管人员和其他直接责任人员均无法归案的单位走私犯罪案件,只要单位走私犯罪的事实清楚、证据确实充分,且能够确定诉讼代表人代表单位参与刑事诉讼活动的,可以先行追究该单位的刑事责任。

被告单位没有合适人选作为诉讼代表人出庭的,因不具备追究该单位刑事责任的诉讼条件,可按照单位犯罪的条款先行追究单位犯罪中直接负责的主管人员或者其他直接责任人员的刑事责任。人民法院在对单位犯罪中直接负责的主管人员或者直接责任人员进行判决时,对于扣押、冻结的走私货物、物品、违法所得以及属于犯罪单位所有的走私犯罪工具,应当一并判决予以追缴、没收。

十八、关于单位走私犯罪及其直接负责的主管人员和直接责任人员的认定问题

具备下列特征的,可以认定为单位走私犯罪:

(一)以单位的名义实施走私犯罪,即由单位集体研究决定,或者由单位的负责人或者被授权的其他人员决定、同意;(二)为单位谋取不正当利益或者违法所得大部分归单位所有。

依照《最高人民法院关于审理单位犯罪案件具体应用法律有关问题的解释》第2条的规定,个人为进行违法犯罪活动而设立的公司、企业、事业单位实施犯罪的,或者个人设立公司、企业、事业单位后,以实施犯罪为主要活动的,不以单位犯罪论处。单位是否以实施犯罪为主要活动,应根据单位实施走私行为的次数、频度、持续时间、单位进行合法经营的状况等因素综合考虑认定。

根据单位人员在单位走私犯罪活动中所发挥的不同作用,对其直接负责的主管人员和其他直接责任人员,可以确定为1人或者数人。对于受单位领导指派而积极参与实施走私犯罪行为的人员,如果其行为在走私犯罪的主要环节起重要作用的,可以认定为单位犯罪的直接责任人员。

十九、关于单位走私犯罪后发生分立、合并或者其他资产重组情形以及单位被依法注销、宣告破产等情况下,如何追究刑事责任的问题

单位走私犯罪后,单位发生分立、合并或者其他资产重组等情况的,只要承受该单位权利义务的单位存在,应当追究单位走私犯罪的刑事责任。走私单位发生分立、合并或者其他资产重组后,原单位名称发生更改的,仍以原单位(名称)作为被告单位。承受原单位权利义务的单位法定代表人或者负责人为诉讼代表人。

单位走私犯罪后,发生分立、合并或者其他资产重组情形,以及被依法注销、宣告破产等情况的,无论承受该单位权利义务的单位是否存在,均应追究原单位直接负责的主管人员和其他直接责任人员的刑事责任。

人民法院对原走私单位判处罚金的,应当将承受原单位权利义务的单位作为被执行人。罚金超出新单位所承受的财产的,可在执行中予以减除。

二十、关于单位与个人共同走私普通货物、物品案件的处理问题

单位和个人(不包括单位直接负责的主管人员和其他直接责任人员)共同走私的,单位和个人均应对共同走私所偷逃应缴税额负责。

对单位和个人共同走私偷逃应缴税额为5万元以上不满25万元的,应当根据其在案件中所起的作用,区分不同情况做出处理。单位起主要作用的,对单位和个人均不追究刑事责任,由海关予以行政处理;个人起主要作用的,对个人依照刑法有关规定追究刑事责任,对单位由海关予以行政处理。无法认定单位或个人起主要作用的,对个人和单位分别按个人犯罪和单位犯罪的标准处理。

单位和个人共同走私偷逃应缴税额超过25万元且能区分主、从犯的,应当按照型法关于主、从犯的有关规定,对从犯从轻、减轻处罚或者免除处罚。

二十一、关于单位走私犯罪案件自首的认定问题

在办理单位走私犯罪案件中,对单位集体决定自首的,或者单位直接负责的主管人员自首的,应当认定单位自首。认定单位自首后,如实交代主要犯罪事实的单位负责的其他主管人员和其他直接责任人员,可视为自首,但对拒不交代主要犯罪事实或逃避法律追究的人员,不以自首论。

二十二、关于共同走私犯罪案件如何判处罚金刑问题审理共同走私犯罪案件时,对各共同犯罪人判处罚金的总额应掌握在共同走私行为偷逃应缴税额的1倍以上5倍以下。

二十三、关于走私货物、物品、走私违法所得以及走私犯罪工具的处理问题

在办理走私犯罪案件过程中,对发现的走私货物、物品、走私违法所得以及属于走私犯罪分子所有的犯罪工具,走私犯罪侦查机关应当及时追缴,依法予以查扣、冻结。在移送审查起诉时应当将扣押物品文件清单、冻结存款证明文件等材料随案移送,对于扣押的危险品或者鲜活、易腐、易失效、易贬值等不宜长期保存的货物、物品,已经依法先行变卖、拍卖的,应当随案移送变卖、拍卖物品清单以及原物的照片或者录像资料;人民检察院在提起公诉时应当将上述扣押物品文件清单、冻结存款证明和变卖、拍卖物品清单一并移送;人民法院在判决走私罪案件时,应当对随案清单、证明文件中载明的款、物审查确认并依法判决予以追缴、没收;海关根据人民法院的判决和海关法的有关规定予以处理,上缴中央国库。

二十四、关于走私货物、物品无法扣押或者不便扣押情况下走私违法所得的追缴问题

在办理走私普通货物、物品犯罪案件中,对于走私货物、物品因流入国内市场或者投入使用,致使走私货物、物品无法扣押或者不便扣押的,应当按照走私货物、物品的进出口完税价格认定违法所得予以追缴;走私货物、物品实际销售价格高于进出口完税价格的,应当按照实际销售价格认定违法所得予以追缴。

9.《中华人民共和国刑法修正案(4)》(2002年12月28日第九届全国人大常委会第三十一次会议通过)

二、在第152条中增加1款作为第2款:"逃避海关监管将境外固体废物、液态废物和气态废物运输进境,情节严重的,处5年以下有期徒刑,并处或者单处罚金;情节特别严重的,处5年以上有期徒刑,并处罚金。"

原第2款作为第3款,修改为:"单位犯前两款罪的,对单位判处罚金,并对其直接负责的主管人员和其他直接责任人员,依照前两款的规定处罚。"

三、将刑法第155条修改为:"下列行为,以走私罪论处,依照本节的有关规定处罚:

"(一)直接向走私人非法收购国家禁止进口物品的,或者直接向走私人非法收购走私进口的其他货物、物品,数额较大的;(二)在内海、领海、界河、界湖运输、收购、贩卖国家禁止进出口物品的,或者运输、收购、贩卖国家限制进出口货物、物品,数额较大,没有合法证明的。"

(1997年《刑法》原条文:下列行为,以走私罪论处,依照本节的有关规定处罚:(一)直接向走私人非法收购国家禁止进口物品的,或者直接向走私人非法收购走私进口的其他货物、物品,数额较大的;(二)在内海、领海运输、收购、贩卖国家禁止进出口物品的,或者运输、收购、贩卖国家限制进出口货物、物品,数额较大,没有合法证明的;(三)逃避海关监管将境外固体废物运输进境的。)

10.全国人大常委会《关于〈中华人民共和国刑法〉有关文物的规定适用于具有科学价值的古脊椎动物化石、古人类化石的解释》(2005年12月29日第十届全国人大常委会第十九次会议通过)

全国人民代表大会常务委员会根据司法实践中遇到的情况,讨论了关于走私、盗窃、损毁、倒卖或者非法转让具有科学价值的古脊椎动物化石、古人类化石的行为适用刑法有关规定的问题,解释如下:

刑法有关文物的规定,适用于具有科学价值的古脊椎动物化石、古人类化石。

11.最高人民法院《关于审理走私刑事案件具体应用法律若干问题的解释(2)》(法释〔2006〕9号)

(法释〔2014〕10号已声明该文废止)

12.最高人民法院《关于严格执行有关走私案件涉案财物处理规定的通知》(法〔2006〕114号)

日前,据海关总署反映,有的地方法院在审理走私刑事案件中有不判或部分判决涉案赃款赃物的现象。对人民法院没有判决追缴、没收的涉案财物,海关多以行政处罚的方式予以没收或收缴,从而导致行政诉讼等不良后果。为严肃规范执法,现就有关规定重申如下:

关于刑事案件赃款赃物的处理问题,相关法律、司法解释已经规定的很明确。《海关法》第92条规定,"海关依法扣留的货物、物品、运输工具,在人民法院判决或者海关处罚决定作出之前,不得处理";"人民法院判决没收或者海关决定没收的走私货物、物品、违法所得、走私运输工具、特制设备,由海关依法统一处理,所得价款和海关决定处以的罚款,全部上缴中央国库。"《最高人民法院、最高人民检察院、海关总署关于办理走私刑事案件适用法律若干问题的意见》第23条规定,"人民法院在判决走私罪案件时,应当对随案清单、证明文件中载明的款、物审查确认并依法判决予以追缴、没收;海关根据人民法院的判决和海关法的有关规定予以处理,上缴中央国库。"

据此,地方各级人民法院在审理走私犯罪案件时,对涉案的款、物等,应当严格遵循并切实执行上述法律、司法解释的规定,依法作出追缴、没收的判决。对于在审理走私犯罪案件中遇到的新情况、新问题,要加强与海关等相关部门的联系和协调,对于遇到的适用法律的新问题,应当及时报告最高人民法院。

13. 公安部办公厅《关于若干经济犯罪案件如何统计涉案总价值、挽回经济损失数额的批复》(公经〔2008〕214号)

《云南省公安厅警令部关于经济犯罪案件如何统计涉案金额、挽回经济损失数等有关问题的请示》(云公警令〔2008〕22号)收悉。经研究,批复如下:

一、虚报注册资本案按照虚报数额统计涉案总价值;虚假出资、抽逃出资案按照虚假或抽逃的出资数额统计涉案总价值。

二、贷款诈骗案按照诈骗的贷款数额统计涉案总价值。

三、走私假币案、伪造货币案、出售、购买、运输假币案、金融工作人员购买假币、以假币换取货币案、持有、使用假币案、变造货币案,按照已经查证属实的伪造、变造的货币的面值统计涉案总价值。

伪造、变造的外国货币以及香港、澳门、台湾地区货币的面值,按照立案时国家外汇管理机关公布的外汇牌价折算成人民币后统计。

四、危害税收征管案按照以下方法统计涉案总价值:

(一)偷税案按照偷税数额统计涉案总价值。(二)抗税案按照拒缴税款额统计涉案总价值。(三)逃避追缴欠税案按照欠缴税款额统计涉案总价值。(四)骗取出口退税案按照骗取税款额统计涉案总价值。(五)虚开增值税专用发票、用于骗取出口退税、抵扣税款发票案按照价税合计额统计涉案总价值。(六)伪造、出售伪造的增值税专用发票案、非法出售增值税专用发票案、非法购买增值税专用发票、购买伪造的增值税专用发票案,发票已经填开或打印金额的,按照价税合计额统计涉案总价值;发票未填开或打印金额的,不统计涉案总价值。(七)非法制造、出售非法制造的用于骗取出口退税、抵扣税款发票案、非法出售用于骗取出口退税、抵扣税款发票案,发票已经填开或打印、印刷金额的,按照票面金额统计涉案总价值;票面既有价款额又有税款额的,按照价税合计额统计涉案总价值;发票未填开或打印、印刷金额的,不统计涉案总价值。(八)非法制造、出售非法制造的发票案、非法出售发票案,发票已经填开或打印、印刷金额的,按照票面金额统计涉案总价值;发票未填开或打印、印刷金额的,不统计涉案总价值。

五、挽回经济损失额按照实际追缴的赃款以及赃物折价统计。

14.《中华人民共和国刑法修正案(7)》(2009年2月28日第十一届全国人大常委会第七次会议通过)

一、将刑法第151条第3款修改为:"走私珍稀植物及其制品等国家禁止进出口的其他货物、物品的,处5年以下有期徒刑或者拘役,并处或者单处罚金;情节严重的,处5年以上有期徒刑,并处罚金。"

(1997年《刑法》原条文第3款为:"走私国家禁止进出口的珍稀植物及其制品的,处5年以下有期徒刑,并处或者单处罚金;情节严重的,处5年以上有期徒刑,并处罚金。")

15. 最高人民检察院、公安部《关于公安机关管辖的刑事案件立案追诉标准的规定(2)》(公通字〔2010〕23号)

(公通字〔2022〕12号已声明该文件废止)

16.《中华人民共和国刑法修正案(8)》(2011年2月25日第十一届全国人大常委会第十九次会议通过)

二十六、将刑法第151条修改为:"走私武器、弹药、核材料或者伪造的货币的,处7年以上有期徒刑,并处罚金或者没收财产;情节特别严重的,处无期徒刑或者死刑,并处没收财产;情节较轻的,处3年以上7年以下有期徒刑,并处罚金。

"走私国家禁止出口的文物、黄金、白银和其他贵重金属或者国家禁止进出口的珍贵动物及其制品的,处5年以上10年以下有期徒刑,并处罚金;情节特别严重的,处10年以上有期徒刑或者无期徒刑,并处没收财产;情节较轻的,处5年以下有期徒刑,并处罚金。

"走私珍稀植物及其制品等国家禁止进出口的其他货物、物品的,处5年以下有期徒刑或者拘役,并处或者单处罚金;情节严重的,处5年以上有期徒刑,并处罚金。

"单位犯本条规定之罪的,对单位判处罚金,并对其直接负责的主管人员和其他直接责任人员,依照本条各款的规定处罚。"

二十七、将刑法第153条第1款修改为:"走私本法第151条、第152条、第347条规定以外的货物、物品的,根据情节轻重,分别依照下列规定处罚:

"(一)走私货物、物品偷逃应缴税额较大或者1年内曾因走私被给予2次行政处罚后又走私的,处3年以下有期徒刑或者拘役,并处偷逃应缴税额1倍以上5倍以下罚金。(二)走私货物、物品偷逃应缴税额巨大或者有其他严重情节的,处3年以上10年以下有期徒刑,并处偷逃应缴税额1倍以上5倍以下罚金。(三)走私货物、物品偷逃应缴税额特别巨大或者有其他特别严重情节的,处10年以上有期徒刑或者无期徒刑,并处偷逃应缴税额1倍以上5倍以下罚金或者没收财产。"

(1997年《刑法》原条文第1款分别以"偷逃应缴税额在50万元以上"、"偷逃应缴税额在15万元以上不满50万元"、"偷逃应缴税额在5万元以上不满15万元"来设置相应的法定刑,本次修订则以"应缴税额较大"、"应缴税额巨大","应缴税额特别巨大"以及相应情节重新设置了走私普通货物、物品罪的法定刑,尤其引人注目的是本次修订废除了走私普通货物、物品罪的死刑。)

二十八、将刑法第157条第1款修改为:"武装掩护走私的,依照本法第151条第1款的规定从重处罚。"

(1997年《刑法》原条文第1款为:武装掩护走私的,依照本法第151条1款、第4款的规定从重处罚。刑法第151条原第4款在本次修订中已被删除,故相应地对本款作了修改。)

17. 最高人民法院《关于审理走私犯罪案件适用法律有关问题的通知》(法〔2011〕163号)

《中华人民共和国刑法修正案(8)》(以下简称《刑法修正案(8)》)将于2011年5月1日起施行。《刑法修正案(8)》对走私犯罪作了较大修改。为切实做好走私犯罪审判工作,现就审理走私犯罪案件适用法律的有关问题通知如下:

一、《刑法修正案(8)》取消了走私普通货物、物品罪定罪量刑的数额标准,《刑法修正案(8)》施行后,新的司法解释出台前,各地人民法院在审理走私普通货物、物品犯罪案件时,可参照适用修正前的刑法及《最高人民法院关于审理走私刑事案件具体应用法律若干问题的解释》(法释〔2000〕30号)规定的数额标准。

二、对于1年内曾因走私被给予2次行政处罚后又走私需要追究刑事责任的,具体的定罪量刑标准可由各地人民法院结合案件具体情况和本地实际确定。各地人民法院要依法审慎稳妥把握好案件的法律适用和政策适用,争取社会效果和法律效果的统一。

三、各地人民法院在审理走私犯罪案件中遇到的新情况新问题,请及时层报最高人民法院。

18. 最高人民法院、最高人民检察院《关于办理走私刑事案件适用法律若干问题的解释法释》(法释〔2014〕10号)

为依法惩治走私犯罪活动,根据刑法有关规定,现就办理走私刑事案件适用法律的若干问题解释如下:

第1条 走私武器、弹药,具有下列情形之一的,可以认定为刑法第151条第1款规定的“情节较轻”:

(一)走私以压缩气体等非火药为动力发射枪弹的枪支2支以上不满5支的;(二)走私气枪铅弹500发以上不满2500发,或者其他子弹10发以上不满50发的;(三)未达到上述数量标准,但属于犯罪集团的首要分子,使用特种车辆从事走私活动,或者走私的武器、弹药被用于实施犯罪等情形的;(四)走私各种口径在60毫米以下常规炮弹、手榴弹或者枪榴弹等分别或者合计不满5枚的。

具有下列情形之一的,依照刑法第151条第1款的规定处7年以上有期徒刑,并处罚金或者没收财产:

(一)走私以火药为动力发射枪弹的枪支1支,或者以压缩气体等非火药为动力发射枪弹的枪支5支以上不满10支的;(二)走私第1款第2项规定的弹药,数量在该项规定的最高数量以上不满最高数量5倍的;(三)走私各种口径在60毫米以下常规炮弹、手榴弹或者枪榴弹等分别或者合计达到5枚以上不满10枚,或者各种口径超过60毫米以上常规炮弹合计不满5枚的;(四)达到第1款第1、2、4项规定的数量标准,且属于犯罪集团的首要分子,使用特种车辆从事走私活动,或者走私的武器、弹药被用于实施犯罪等情形的。

具有下列情形之一的,应当认定为刑法第151条第1款规定的“情节特别严重”:(一)走私第2款第1项规定的枪支,数量超过该项规定的数量标准的;(二)走私第1款第2项规定的弹药,数量在该项规定的最高数量标准5倍以上的;(三)走私第2款第3项规定的弹药,数量超过该项规定的数量标准,或者走私具有巨大杀伤力的非常规炮弹1枚以上的;(四)达到第2款第1项至第3项规定的数量标准,且属于犯罪集团的首要分子,使用特种车辆从事走私活动,或者走私的武器、弹药被用于实施犯罪等情形的。

走私其他武器、弹药,构成犯罪的,参照本条各款规定的标准处罚。

第2条 刑法第151条第1款规定的“武器、弹药”的种类,参照《中华人民共和国进口税则》及《中华人民共和国禁止进出境物品表》的有关规定确定。

第3条 走私枪支散件,构成犯罪的,依照刑法第151条第1款的规定,以走私武器罪定罪处罚。成套枪支散件以相应数量的枪支计,非成套枪支散件以每30件为1套枪支散件计。

第4条 走私各种弹药的弹头、弹壳,构成犯罪的,依照刑法第151条第1款的规定,以走私弹药罪定罪处罚。具体的定罪量刑标准,按照本解释第1条规定的数量标准的5倍执行。

走私报废或者无法组装并使用的各种弹药的弹头、弹壳,构成犯罪的,依照刑法第153条的规定,以走私普通货物、物品罪定罪处罚;属于废物的,依照刑法第152条第2款的规定,以走私废物罪定罪处罚。

弹头、弹壳是否属于前款规定的“报废或者无法组装并使用”或者“废物”,由国家有关技术部门进行鉴定。

第5条 走私国家禁止或者限制进出口的仿真枪、管制刀具,构成犯罪的,依照刑法第151条第3款的规定,以走私国家禁止进出口的货物、物品罪定罪处罚。具体的定罪量刑标准,适用本解释第11条第1款第6、7项和第2款的规定。

走私的仿真枪经鉴定为枪支,构成犯罪的,依照刑法第151条第1款的规定,以走私武器罪定罪处罚。不以牟利或者从事违法犯罪活动为目的,且无其他严重情节的,可以依法从轻处罚;情节轻微不需要判处刑罚的,可以免予刑事处罚。

第6条 走私伪造的货币,数额在2000元以上不满2万元,或者数量在200张(枚)以上不满2000张(枚)的,可以认定为刑法第151条第1款规定的“情节较轻”。

具有下列情形之一的,依照刑法第151条第1款的规定处7年以上有期徒刑,并处罚金或者没收财产：

（一）走私数额在2万元以上不满20万元，或者数量在2000张（枚）以上不满2万张（枚）的；（二）走私数额或者数量达到第1款规定的标准，且具有走私的伪造货币流入市场等情节的。

具有下列情形之一的，应当认定为刑法第151条第1款规定的“情节特别严重”：

（一）走私数额在20万元以上，或者数量在2万张（枚）以上的；（二）走私数额或者数量达到第2款第1项规定的标准，且属于犯罪集团的首要分子，使用特种车辆从事走私活动，或者走私的伪造货币流入市场等情形的。

第7条 刑法第151条第1款规定的“货币”，包括正在流通的人民币和境外货币。伪造的境外货币数额，折合成人民币计算。

第8条 走私国家禁止出口的三级文物2件以下的，可以认定为刑法第151条第2款规定的“情节较轻”。

具有下列情形之一的，依照刑法第151条第2款的规定处5年以上10年以下有期徒刑，并处罚金：

（一）走私国家禁止出口的二级文物不满3件，或者三级文物3件以上不满9件的；（二）走私国家禁止出口的三级文物不满3件，且具有造成文物严重毁损或者无法追回等情节的。

具有下列情形之一的，应当认定为刑法第151条第2款规定的“情节特别严重”：（一）走私国家禁止出口的一级文物1件以上，或者二级文物3件以上，或者三级文物9件以上的；（二）走私国家禁止出口的文物达到第2款第1项规定的数量标准，且属于犯罪集团的首要分子，使用特种车辆从事走私活动，或者造成文物严重毁损、无法追回等情形的。

第9条 走私国家1、2级保护动物未达到本解释附表中（一）规定的数量标准，或者走私珍贵动物制品数额不满20万元的，可以认定为刑法第151条第2款规定的“情节较轻”。

具有下列情形之一的，依照刑法第151条第2款的规定处5年以上10年以下有期徒刑，并处罚金：

（一）走私国家1、2级保护动物达到本解释附表中（一）规定的数量标准的；（二）走私珍贵动物制品数额在20万元以上不满100万元的；（三）走私国家1、2级保护动物未达到本解释附表中（一）规定的数量标准，但具有造成该珍贵动物死亡或者无法追回等情节的。

具有下列情形之一的，应当认定为刑法第151条第2款规定的“情节特别严重”：

（一）走私国家1、2级保护动物达到本解释附表中（二）规定的数量标准的；（二）走私珍贵动物制品数额在100万元以上的；（三）走私国家1、2级保护动物达到本解释附表中（一）规定的数量标准，且属于犯罪集团的首要分子，使用特种车辆从事走私活动，或者造成该珍贵动物死亡、无法追回等情形的。

不以牟利为目的，为留作纪念而走私珍贵动物制品进境，数额不满10万元的，可以免予刑事处罚；情节显著轻微的，不作为犯罪处理。

第10条 刑法第151条第2款规定的“珍贵动物”，包括列入《国家重点保护野生动物名录》中的国家1、2级保护野生动物，《濒危野生动植物种国际贸易公约》附录Ⅰ、附录Ⅱ中的野生动物，以及驯养繁殖的上述动物。

走私本解释附表中未规定的珍贵动物的，参照附表中规定的同属或者同科动物的数量标准执行。

走私本解释附表中未规定珍贵动物的制品的，按照《最高人民法院、最高人民检察院、国家林业局、公安部、海关总署关于破坏野生动物资源刑事案件中涉及的CITES附录Ⅰ和附录Ⅱ所列陆生野生动物制品价值核定问题的通知》（林濒发〔2012〕239号）的有关规定核定价值。

第11条 走私国家禁止进出口的货物、物品,具有下列情形之一的,依照刑法第151条第3款的规定处5年以下有期徒刑或者拘役,并处或者单处罚金:

(一)走私国家1级保护野生植物五株以上不满25株,国家2级保护野生植物10株以上不满50株,或者珍稀植物、珍稀植物制品数额在20万元以上不满100万元的;(二)走私重点保护古生物化石或者未命名的古生物化石不满10件,或者一般保护古生物化石10件以上不满50件的;(三)走私禁止进出口的有毒物质1吨以上不满5吨,或者数额在2万元以上不满10万元的;(四)走私来自境外疫区的动植物及其产品5吨以上不满25吨,或者数额在5万元以上不满25万元的;(五)走私木炭、硅砂等妨害环境、资源保护的货物、物品10吨以上不满50吨,或者数额在10万元以上不满50万元的;(六)走私旧机动车、切割车、旧机电产品或者其他禁止进出口的货物、物品20吨以上不满100吨,或者数额在20万元以上不满100万元的;(七)数量或者数额未达到本款第1项至第6项规定的标准,但属于犯罪集团的首要分子,使用特种车辆从事走私活动,造成环境严重污染,或者引起甲类传染病传播、重大动植物疫情等情形的。

具有下列情形之一的,应当认定为刑法第151条第3款规定的"情节严重":(一)走私数量或者数额超过前款第1项至第6项规定的标准的;(二)达到前款第1项至第6项规定的标准,且属于犯罪集团的首要分子,使用特种车辆从事走私活动,造成环境严重污染,或者引起甲类传染病传播、重大动植物疫情等情形的。

第12条 刑法第151条第3款规定的"珍稀植物",包括列入《国家重点保护野生植物名录》《国家重点保护野生药材物种名录》《国家珍贵树种名录》中的国家1、2级保护野生植物、国家重点保护的野生药材、珍贵树木,《濒危野生动植物种国际贸易公约》附录Ⅰ、附录Ⅱ中的野生植物,以及人工培育的上述植物。

本解释规定的"古生物化石",按照《古生物化石保护条例》的规定予以认定。走私具有科学价值的古脊椎动物化石、古人类化石,构成犯罪的,依照刑法第151条第2款的规定,以走私文物罪定罪处罚。

第13条 以牟利或者传播为目的,走私淫秽物品,达到下列数量之一的,可以认定为刑法第152条第1款规定的"情节较轻":

(一)走私淫秽录像带、影碟50盘(张)以上不满100盘(张)的;(二)走私淫秽录音带、音碟100盘(张)以上不满200盘(张)的;(三)走私淫秽扑克、书刊、画册100副(册)以上不满200副(册)的;(四)走私淫秽照片、画片500张以上不满1000张的;(五)走私其他淫秽物品相当于上述数量的。

走私淫秽物品在前款规定的最高数量以上不满最高数量5倍的,依照刑法第152条第1款的规定处3年以上10年以下有期徒刑,并处罚金。

走私淫秽物品在第1款规定的最高数量5倍以上,或者在第1款规定的最高数量以上不满5倍,但属于犯罪集团的首要分子,使用特种车辆从事走私活动等情形的,应当认定为刑法第152条第1款规定的"情节严重"。

第14条 走私国家禁止进口的废物或者国家限制进口的可用作原料的废物,具有下列情形之一的,应当认定为刑法第152条第2款规定的"情节严重":

(一)走私国家禁止进口的危险性固体废物、液态废物分别或者合计达到1吨以上不满5吨的;(二)走私国家禁止进口的非危险性固体废物、液态废物分别或者合计达到5吨以上不满25吨的;(三)走私国家限制进口的可用作原料的固体废物、液态废物分别或者合计达到20吨以上不满100吨的;(四)未达到上述数量标准,但属于犯罪集团的首要分子,使用特种车辆从事走私活动,或者造成环境严重污染等情形的。

具有下列情形之一的，应当认定为刑法第 152 条第 2 款规定的“情节特别严重”：

（一）走私数量超过前款规定的标准的；（二）达到前款规定的标准，且属于犯罪集团的首要分子，使用特种车辆从事走私活动，或者造成环境严重污染等情形的；（三）未达到前款规定的标准，但造成环境严重污染且后果特别严重的。

走私置于容器中的气态废物，构成犯罪的，参照前两款规定的标准处罚。

第 15 条 国家限制进口的可用作原料的废物的具体种类，参照国家有关部门的规定确定。

第 16 条 走私普通货物、物品，偷逃应缴税额在 10 万元以上不满 50 万元的，应当认定为刑法第 153 条第 1 款规定的“偷逃应缴税额较大”；偷逃应缴税额在 50 万元以上不满 250 万元的，应当认定为“偷逃应缴税额巨大”；偷逃应缴税额在 250 万元以上的，应当认定为“偷逃应缴税额特别巨大”。

走私普通货物、物品，具有下列情形之一，偷逃应缴税额在 30 万元以上不满 50 万元的，应当认定为刑法第 153 条第 1 款规定的“其他严重情节”；偷逃应缴税额在 150 万元以上不满 250 万元的，应当认定为“其他特别严重情节”：

（一）犯罪集团的首要分子；（二）使用特种车辆从事走私活动的；（三）为实施走私犯罪，向国家机关工作人员行贿的；（四）教唆、利用未成年人、孕妇等特殊人群走私的；（五）聚众阻挠缉私的。

第 17 条 刑法第 153 条第 1 款规定的“1 年内曾因走私被给予 2 次行政处罚后又走私”中的“1 年内”，以因走私第 1 次受到行政处罚的生效之日与“又走私”行为实施之日的时间间隔计算确定；“被给予 2 次行政处罚”的走私行为，包括走私普通货物、物品以及其他货物、物品；“又走私”行为仅指走私普通货物、物品。

第 18 条 刑法第 153 条规定的“应缴税额”，包括进出口货物、物品应当缴纳的进出口关税和进口环节海关代征税的税额。应缴税额以走私行为实施时的税则、税率、汇率和完税价格计算；多次走私的，以每次走私行为实施时的税则、税率、汇率和完税价格逐票计算；走私行为实施时间不能确定的，以案发时的税则、税率、汇率和完税价格计算。

刑法第 153 条第 3 款规定的“多次走私未经处理”，包括未经行政处理和刑事处理。

第 19 条 刑法第 154 条规定的“保税货物”，是指经海关批准，未办理纳税手续进境，在境内储存、加工、装配后应予复运出境的货物，包括通过加工贸易、补偿贸易等方式进口的货物，以及在保税仓库、保税工厂、保税区或者免税商店内等储存、加工、寄售的货物。

第 20 条 直接向走私人非法收购走私进口的货物、物品，在内海、领海、界河、界湖运输、收购、贩卖国家禁止进出口的物品，或者没有合法证明，在内海、领海、界河、界湖运输、收购、贩卖国家限制进出口的货物、物品，构成犯罪的，应当按照走私货物、物品的种类，分别依照刑法第 151 条、第 152 条、第 153 条、第 347 条、第 350 条的规定定罪处罚。

刑法第 155 条第 2 项规定的“内海”，包括内河的入海口水域。

第 21 条 未经许可进出口国家限制进出口的货物、物品，构成犯罪的，应当依照刑法第 151 条、第 152 条的规定，以走私国家禁止进出口的货物、物品罪等罪名定罪处罚；偷逃应缴税额，同时又构成走私普通货物、物品罪的，依照处罚较重的规定定罪处罚。

取得许可，但超过许可数量进出口国家限制进出口的货物、物品，构成犯罪的，依照刑法第 153 条的规定，以走私普通货物、物品罪定罪处罚。

租用、借用或者使用购买的他人许可证，进出口国家限制进出口的货物、物品的，适用本条第 1 款的规定定罪处罚。

第 22 条 在走私的货物、物品中藏匿刑法第 151 条、第 152 条、第 347 条、第 350 条规定的货物、物品，构成犯罪的，以实际走私的货物、物品定罪处罚；构成数罪的，实行数罪并罚。

第23条 实施走私犯罪,具有下列情形之一的,应当认定为犯罪既遂:(一)在海关监管现场被查获的;(二)以虚假申报方式走私,申报行为实施完毕的;(三)以保税货物或者特定减税、免税进口的货物、物品为对象走私,在境内销售的,或者申请核销行为实施完毕的。

第24条 单位犯刑法第151条、第152条规定之罪,依照本解释规定的标准定罪处罚。

单位犯走私普通货物、物品罪,偷逃应缴税额在20万元以上不满100万元的,应当依照刑法第153条第2款的规定,对单位判处罚金,并对其直接负责的主管人员和其他直接责任人员,处3年以下有期徒刑或者拘役;偷逃应缴税额在100万元以上不满500万元的,应当认定为"情节严重";偷逃应缴税额在500万元以上的,应当认定为"情节特别严重"。

第25条 本解释发布实施后,《最高人民法院关于审理走私刑事案件具体应用法律若干问题的解释》(法释〔2000〕30号)、《最高人民法院关于审理走私刑事案件具体应用法律若干问题的解释(2)》(法释〔2006〕9号)同时废止。之前发布的司法解释与本解释不一致的,以本解释为准。

19.《中华人民共和国刑法修正案(9)》(2015年8月29日第十二届全国人大常委会第十六次会议通过)

九、将刑法第151条第1款修改为:"走私武器、弹药、核材料或者伪造的货币的,处7年以上有期徒刑,并处罚金或者没收财产;情节特别严重的,处无期徒刑,并处没收财产;情节较轻的,处3年以上7年以下有期徒刑,并处罚金。"

20. 最高人民法院、最高人民检察院《关于办理妨害文物管理等刑事案件适用法律若干问题的解释》(法释〔2015〕23号)

为依法惩治文物犯罪,保护文物,根据《中华人民共和国刑法》《中华人民共和国刑事诉讼法》《中华人民共和国文物保护法》的有关规定,现就办理此类刑事案件适用法律的若干问题解释如下:

第1条 刑法第151条规定的"国家禁止出口的文物",依照《中华人民共和国文物保护法》规定的"国家禁止出境的文物"的范围认定。

走私国家禁止出口的二级文物的,应当依照刑法第151条第2款的规定,以走私文物罪处5年以上10年以下有期徒刑,并处罚金;走私国家禁止出口的一级文物的,应当认定为刑法第151条第2款规定的"情节特别严重";走私国家禁止出口的三级文物的,应当认定为刑法第151条第2款规定的"情节较轻"。

走私国家禁止出口的文物,无法确定文物等级,或者按照文物等级定罪量刑明显过轻或者过重的,可以按照走私的文物价值定罪量刑。走私的文物价值在20万元以上不满100万元的,应当依照刑法第151条第2款的规定,以走私文物罪处5年以上10年以下有期徒刑,并处罚金;文物价值在100万元以上的,应当认定为刑法第151条第2款规定的"情节特别严重";文物价值在5万元以上不满20万元的,应当认定为刑法第151条第2款规定的"情节较轻"。

第2条 盗窃一般文物、三级文物、2级以上文物的,应当分别认定为刑法第264条规定的"数额较大""数额巨大""数额特别巨大"。

盗窃文物,无法确定文物等级,或者按照文物等级定罪量刑明显过轻或者过重的,按照盗窃的文物价值定罪量刑。

第3条 全国重点文物保护单位、省级文物保护单位的本体,应当认定为刑法第324条第1款规定的"被确定为全国重点文物保护单位、省级文物保护单位的文物"。

故意损毁国家保护的珍贵文物或者被确定为全国重点文物保护单位、省级文物保护单位的文物,具有下列情形之一的,应当认定为刑法第324条第1款规定的"情节严重":

(一)造成5件以上三级文物损毁的;(二)造成2级以上文物损毁的;(三)致使全国重点文物保护单位、省级文物保护单位的本体严重损毁或者灭失的;(四)多次损毁或者损毁多处全国重点文物保护单位、省级文物保护单位的本体的;(五)其他情节严重的情形。

实施前款规定的行为,拒不执行国家行政主管部门作出的停止侵害文物的行政决定或者命令的,酌情从重处罚。

第4条 风景名胜区的核心景区以及未被确定为全国重点文物保护单位、省级文物保护单位的古文化遗址、古墓葬、古建筑、石窟寺、石刻、壁画、近代现代重要史迹和代表性建筑等不可移动文物的本体,应当认定为刑法第324条第2款规定的"国家保护的名胜古迹"。

故意损毁国家保护的名胜古迹,具有下列情形之一的,应当认定为刑法第324条第2款规定的"情节严重":

(一)致使名胜古迹严重损毁或者灭失的;(二)多次损毁或者损毁多处名胜古迹的;(三)其他情节严重的情形。

实施前款规定的行为,拒不执行国家行政主管部门作出的停止侵害文物的行政决定或者命令的,酌情从重处罚。

故意损毁风景名胜区内被确定为全国重点文物保护单位、省级文物保护单位的文物的,依照刑法第324条第1款和本解释第3条的规定定罪量刑。

第5条 过失损毁国家保护的珍贵文物或者被确定为全国重点文物保护单位、省级文物保护单位的文物,具有本解释第3条第2款第1项至第3项规定情形之一的,应当认定为刑法第324条第3款规定的"造成严重后果"。

第6条 出售或者为出售而收购、运输、储存《中华人民共和国文物保护法》规定的"国家禁止买卖的文物"的,应当认定为刑法第326条规定的"倒卖国家禁止经营的文物"。

倒卖国家禁止经营的文物,具有下列情形之一的,应当认定为刑法第326条规定的"情节严重":

(一)倒卖三级文物的;(二)交易数额在5万元以上的;(三)其他情节严重的情形。

实施前款规定的行为,具有下列情形之一的,应当认定为刑法第326条规定的"情节特别严重":

(一)倒卖2级以上文物的;(二)倒卖三级文物5件以上的;(三)交易数额在25万元以上的;(四)其他情节特别严重的情形。

第7条 国有博物馆、图书馆以及其他国有单位,违反文物保护法规,将收藏或者管理的国家保护的文物藏品出售或者私自送给非国有单位或者个人的,依照刑法第327条的规定,以非法出售、私赠文物藏品罪追究刑事责任。

第8条 刑法第328条第1款规定的"古文化遗址、古墓葬"包括水下古文化遗址、古墓葬。"古文化遗址、古墓葬"不以公布为不可移动文物的古文化遗址、古墓葬为限。

实施盗掘行为,已损害古文化遗址、古墓葬的历史、艺术、科学价值的,应当认定为盗掘古文化遗址、古墓葬罪既遂。

采用破坏性手段盗窃古文化遗址、古墓葬以外的古建筑、石窟寺、石刻、壁画、近代现代重要史迹和代表性建筑等其他不可移动文物的,依照刑法第264条的规定,以盗窃罪追究刑事责任。

第9条 明知是盗窃文物、盗掘古文化遗址、古墓葬等犯罪所获取的3级以上文物,而予以窝藏、转移、收购、加工、代为销售或者以其他方法掩饰、隐瞒的,依照刑法第312的规定,以掩饰、隐瞒犯罪所得罪追究刑事责任。

实施前款规定的行为,事先通谋的,以共同犯罪论处。

第10条 国家机关工作人员严重不负责任,造成珍贵文物损毁或者流失,具有下列情形

之一的,应当认定为刑法第419条规定的"后果严重":

(一)导致2级以上文物或者5件以上三级文物损毁或者流失的;(二)导致全国重点文物保护单位、省级文物保护单位的本体严重损毁或者灭失的;(三)其他后果严重的情形。

第11条 单位实施走私文物、倒卖文物等行为,构成犯罪的,依照本解释规定的相应自然人犯罪的定罪量刑标准,对直接负责的主管人员和其他直接责任人员定罪处罚,并对单位判处罚金。

公司、企业、事业单位、机关、团体等单位实施盗窃文物,故意损毁文物、名胜古迹,过失损毁文物,盗掘古文化遗址、古墓葬等行为的,依照本解释规定的相应定罪量刑标准,追究组织者、策划者、实施者的刑事责任。

第12条 针对不可移动文物整体实施走私、盗窃、倒卖等行为的,根据所属不可移动文物的等级,依照本解释第1条、第2条、第6条的规定定罪量刑:

(一)尚未被确定为文物保护单位的不可移动文物,适用一般文物的定罪量刑标准;(二)市、县级文物保护单位,适用三级文物的定罪量刑标准;(三)全国重点文物保护单位、省级文物保护单位,适用2级以上文物的定罪量刑标准。

针对不可移动文物中的建筑构件、壁画、雕塑、石刻等实施走私、盗窃、倒卖等行为的,根据建筑构件、壁画、雕塑、石刻等文物本身的等级或者价值,依照本解释第1条、第2条、第6条的规定定罪量刑。建筑构件、壁画、雕塑、石刻等所属不可移动文物的等级,应当作为量刑情节予以考虑。

第13条 案件涉及不同等级的文物的,按照高级别文物的量刑幅度量刑;有多件同级文物的,5件同级文物视为1件高一级文物,但是价值明显不相当的除外。

第14条 依照文物价值定罪量刑的,根据涉案文物的有效价格证明认定文物价值;无有效价格证明,或者根据价格证明认定明显不合理的,根据销赃数额认定,或者结合本解释第15条规定的鉴定意见、报告认定。

第15条 在行为人实施有关行为前,文物行政部门已对涉案文物及其等级作出认定的,可以直接对有关案件事实作出认定。

对案件涉及的有关文物鉴定、价值认定等专门性问题难以确定的,由司法鉴定机构出具鉴定意见,或者由国务院文物行政部门指定的机构出具报告。其中,对于文物价值,也可以由有关价格认证机构作出价格认证并出具报告。

第16条 实施本解释第1条、第2条、第6条至第9条规定的行为,虽已达到应当追究刑事责任的标准,但行为人系初犯,积极退回或者协助追回文物,未造成文物损毁,并确有悔罪表现的,可以认定为犯罪情节轻微,不起诉或者免予刑事处罚。

实施本解释第3条至第5条规定的行为,虽已达到应当追究刑事责任的标准,但行为人系初犯,积极赔偿损失,并确有悔罪表现的,可以认定为犯罪情节轻微,不起诉或者免予刑事处罚。

第17条 走私、盗窃、损毁、倒卖、盗掘或者非法转让具有科学价值的古脊椎动物化石、古人类化石的,依照刑法和本解释的有关规定定罪量刑。

第18条 本解释自2016年1月1日起施行。本解释公布施行后,《最高人民法院、最高人民检察院关于办理盗窃、盗掘、非法经营和走私文物的案件具体应用法律的若干问题的解释》(法(研)发〔1987〕32号)同时废止;之前发布的司法解释与本解释不一致的,以本解释为准。

21. 中华人民共和国海关总署《关于公布〈中华人民共和国海关暂时进出境货物管理办法〉的令》(总署〔2018〕第233号令)

第1章 总　　则

第1条 为了规范海关对暂时进出境货物的监管,根据《中华人民共和国海关法》(以下简称《海关法》)、《中华人民共和国进出口关税条例》(以下简称《关税条例》)以及有关法律、行政法规的规定,制定本办法。

第2条 海关对暂时进境、暂时出境并且在规定的期限内复运出境、复运进境货物的管理适用本办法。

第3条 本办法所称暂时进出境货物包括:

(一)在展览会、交易会、会议以及类似活动中展示或者使用的货物;(二)文化、体育交流活动中使用的表演、比赛用品;(三)进行新闻报道或者摄制电影、电视节目使用的仪器、设备以及用品;(四)开展科研、教学、医疗活动使用的仪器、设备和用品;(五)在本款第(一)项至第(四)项所列活动中使用的交通工具以及特种车辆;(六)货样;(七)慈善活动使用的仪器、设备以及用品;(八)供安装、调试、检测、修理设备时使用的仪器以及工具;(九)盛装货物的包装材料;(十)旅游用自驾交通工具及其用品;(十一)工程施工中使用的设备、仪器以及用品;(十二)测试用产品、设备、车辆;(十三)海关总署规定的其他暂时进出境货物。

使用货物暂准进口单证册(以下称"ATA单证册")暂时进境的货物限于我国加入的有关货物暂准进口的国际公约中规定的货物。

第4条 暂时进出境货物的税收征管依照《关税条例》的有关规定执行。

第5条 除我国缔结或者参加的国际条约、协定以及国家法律、行政法规和海关总署规章另有规定外,暂时进出境货物免予交验许可证件。

第6条 暂时进出境货物除因正常使用而产生的折旧或者损耗外,应当按照原状复运出境、复运进境。

第2章 暂时进出境货物的监管

第7条 ATA单证册持证人、非ATA单证册项下暂时进出境货物收发货人(以下简称"持证人、收发货人")可以在申报前向主管地海关提交《暂时进出境货物确认申请书》,申请对有关货物是否属于暂时进出境货物进行审核确认,并且办理相关手续,也可以在申报环节直接向主管地海关办理暂时进出境货物的有关手续。

第8条 ATA单证册持证人应当向海关提交有效的ATA单证册以及相关商业单据或者证明材料。

第9条 ATA单证册项下暂时出境货物,由中国国际贸易促进委员会(中国国际商会)向海关总署提供总担保。

除另有规定外,非ATA单证册项下暂时进出境货物收发货人应当按照有关规定向主管地海关提供担保。

第10条 暂时进出境货物应当在进出境之日起6个月内复运出境或者复运进境。

因特殊情况需要延长期限的,持证人、收发货人应当向主管地海关办理延期手续,延期最多不超过3次,每次延长期限不超过6个月。延长期届满应当复运出境、复运进境或者办理进出口手续。

国家重点工程、国家科研项目使用的暂时进出境货物以及参加展期在24个月以上展览会的展览品,在前款所规定的延长期届满后仍需要延期的,由主管地直属海关批准。

第11条 暂时进出境货物需要延长复运进境、复运出境期限的,持证人、收发货人应当在规定期限届满前向主管地海关办理延期手续,并且提交《货物暂时进/出境延期办理单》以及相关材料。

第12条 暂时进出境货物可以异地复运出境、复运进境,由复运出境、复运进境地海关调取原暂时进出境货物报关单电子数据办理有关手续。

ATA 单证册持证人应当持 ATA 单证册向复运出境、复运进境地海关办理有关手续。

第 13 条 暂时进出境货物需要进出口的,暂时进出境货物收发货人应当在货物复运出境、复运进境期限届满前向主管地海关办理进出口手续。

第 14 条 暂时进出境货物收发货人在货物复运出境、复运进境后,应当向主管地海关办理结案手续。

第 15 条 海关通过风险管理、信用管理等方式对暂时进出境业务实施监督管理。

第 16 条 暂时进出境货物因不可抗力的原因受损,无法原状复运出境、复运进境的,持证人、收发货人应当及时向主管地海关报告,可以凭有关部门出具的证明材料办理复运出境、复运进境手续;因不可抗力的原因灭失的,经主管地海关核实后可以视为该货物已经复运出境、复运进境。

暂时进出境货物因不可抗力以外其他原因受损或者灭失的,持证人、收发货人应当按照货物进出口的有关规定办理海关手续。

第 3 章 暂时进出境展览品的监管

第 17 条 境内展览会的办展人以及出境举办或者参加展览会的办展人、参展人(以下简称"办展人、参展人")可以在展览品进境或者出境前向主管地海关报告,并且提交展览品清单和展览会证明材料,也可以在展览品进境或者出境时,向主管地海关提交上述材料,办理有关手续。

对于申请海关派员监管的境内展览会,办展人、参展人应当在展览品进境前向主管地海关提交有关材料,办理海关手续。

第 18 条 展览会需要在我国境内两个或者两个以上关区内举办的,对于没有向海关提供全程担保的进境展览品应当按照规定办理转关手续。

第 19 条 下列在境内展览会期间供消耗、散发的用品(以下简称"展览用品"),由海关根据展览会的性质、参展商的规模、观众人数等情况,对其数量和总值进行核定,在合理范围内的,按照有关规定免征进口关税和进口环节税:

(一)在展览活动中的小件样品,包括原装进口的或者在展览期间用进口的散装原料制成的食品或者饮料的样品;(二)为展出的机器或者器件进行操作示范被消耗或者损坏的物料;(三)布置、装饰临时展台消耗的低值货物;(四)展览期间免费向观众散发的有关宣传品;(五)供展览会使用的档案、表格以及其他文件。

前款第(1)项所列货物,应当符合以下条件:

(一)由参展人免费提供并且在展览期间专供免费分送给观众使用或者消费的;(二)单价较低,作广告样品用的;(三)不适用于商业用途,并且单位容量明显小于最小零售包装容量的;(四)食品以及饮料的样品虽未按照本款第(三)项规定的包装分发,但是确实在活动中消耗掉的。

第 20 条 展览用品中的酒精饮料、烟草制品以及燃料不适用有关免税的规定。本办法第 19 条第 1 款第(1)项所列展览用品超出限量进口的,超出部分应当依法征税;第 1 款第(2)项、第(3)项、第(4)项所列展览用品,未使用或者未被消耗完的,应当复运出境,不复运出境的,应当按照规定办理进口手续。

第 21 条 海关派员进驻展览场所的,经主管地海关同意,展览会办展人可以就参展的展览品免予向海关提交担保。

展览会办展人应当提供必要的办公条件,配合海关工作人员执行公务。

第 22 条 未向海关提供担保的进境展览品在非展出期间应当存放在海关监管作业场

所。因特殊原因需要移出的,应当经主管地海关同意,并且提供相应担保。

第23条 为了举办交易会、会议或者类似活动而暂时进出境的货物,按照本办法对展览品监管的有关规定进行监管。

第4章 ATA单证册的管理

第24条 中国国际贸易促进委员会(中国国际商会)是我国ATA单证册的出证和担保机构,负责签发出境ATA单证册,向海关报送所签发单证册的中文电子文本,协助海关确认ATA单证册的真伪,并且向海关承担ATA单证册持证人因违反暂时进出境规定而产生的相关税费、罚款。

第25条 海关总署设立ATA核销中心,履行以下职责:

(一)对ATA单证册进行核销、统计以及追索;(二)应成员国担保人的要求,依据有关原始凭证,提供ATA单证册项下暂时进出境货物已经进境或者从我国复运出境的证明;(三)对全国海关ATA单证册的有关核销业务进行协调和管理。

第26条 海关只接受用中文或者英文填写的ATA单证册。

第27条 ATA单证册发生损坏、灭失等情况的,ATA单证册持证人应当持原出证机构补发的ATA单证册到主管地海关进行确认。

补发的ATA单证册所填项目应当与原ATA单证册相同。

第28条 ATA单证册项下暂时进出境货物在境内外停留期限超过ATA单证册有效期的,ATA单证册持证人应当向原出证机构续签ATA单证册。续签的ATA单证册经主管地海关确认后可以替代原ATA单证册。

续签的ATA单证册只能变更单证册有效期限和单证册编号,其他项目应当与原单证册一致。续签的ATA单证册启用时,原ATA单证册失效。

第29条 ATA单证册项下暂时进境货物未能按照规定复运出境或者过境的,ATA核销中心应当向中国国际贸易促进委员会(中国国际商会)提出追索。自提出追索之日起9个月内,中国国际贸易促进委员会(中国国际商会)向海关提供货物已经在规定期限内复运出境或者已经办理进口手续证明的,ATA核销中心可以撤销追索;9个月期满后未能提供上述证明的,中国国际贸易促进委员会(中国国际商会)应当向海关支付税费和罚款。

第30条 ATA单证册项下暂时进境货物复运出境时,因故未经我国海关核销、签注的,ATA核销中心凭由另一缔约国海关在ATA单证上签注的该批货物从该国进境或者复运进境的证明,或者我国海关认可的能够证明该批货物已经实际离开我国境内的其他文件,作为已经从我国复运出境的证明,对ATA单证册予以核销。

第5章 附　　则

第31条 违反本办法,构成走私行为、违反海关监管规定行为或者其他违反海关法行为的,由海关依照《海关法》和《中华人民共和国海关行政处罚实施条例》的有关规定予以处理;构成犯罪的,依法追究刑事责任。

第32条 从境外暂时进境的货物转入海关特殊监管区域和驸税监管场所的,不属于复运出境。

第33条 对用于装载海关监管货物的进出境集装箱的监管不适用本办法。

第34条 暂时进出境物品超出自用合理数量的,参照本办法监管。

第35条 本办法有关用语的含义:展览会、交易会、会议以及类似活动是指:

(一)贸易、工业、农业、工艺展览会,以及交易会、博览会;(二)因慈善目的而组织的展览会或者会议;(三)为促进科技、教育、文化、体育交流,开展旅游活动或者民间友谊而组织的展览会或者会议;(四)国际组织或者国际团体组织代表会议;(五)政府举办的纪念性代表大会。

在商店或者其他营业场所以销售国外货物为目的而组织的非公共展览会不属于本办法所称展览会、交易会、会议以及类似活动。

展览品是指:

(一)展览会展示的货物;(二)为了示范展览会展出机器或者器具所使用的货物;(三)设置临时展台的建筑材料以及装饰材料;(四)宣传展示货物的电影片、幻灯片、录像带、录音带、说明书、广告、光盘、显示器材等;(五)其他用于展览会展示的货物。

包装材料,是指按原状用于包装、保护、装填或者分离货物的材料以及用于运输、装卸或者堆放的装置。

主管地海关,是指暂时进出境货物进出境地海关。境内展览会、交易会、会议以及类似活动的主管地海关为其活动所在地海关。

第36条 本办法所规定的文书由海关总署另行制定并且发布。

第37条 本办法由海关总署负责解释。

第38条 本办法自2018年2月1日起施行。2007年3月1日海关总署令第157号公布的《中华人民共和国海关暂时进出境货物管理办法》、2013年12月25日海关总署令第212号公布的《海关总署关于修改〈中华人民共和国海关暂时进出境货物管理办法〉的决定》同时废止。

22. 最高人民法院、最高人民检察院、国家文物局、公安部、海关总署《关于涉案文物鉴定评估管理办法通知》(文物博发〔2018〕4号)

(全文见本书《刑法》第263条相关内容)

23. 最高人民法院、最高人民检察院、海关总署《关于打击非设关地成品油走私专题研讨会会议纪要》(署缉发〔2019〕210号)

近一时期,我国东南沿海、西南陆路边境等非设关地成品油走私活动猖獗,严重破坏国家进出境监管秩序,给社会公共安全和环境保护带来重大隐患。2019年3月27日,最高人民法院、最高人民检察院、海关总署在江苏省南京市召开打击非设关地成品油走私专题研讨会,最高人民法院刑五庭、最高人民检察院第四检察厅、海关总署缉私局及部分地方人民法院、人民检察院和海关缉私部门有关同志参加会议。会议分析了当前非设关地成品油走私的严峻形势,总结交流了办理非设关地成品油走私刑事案件的经验,研究探讨了办案中的疑难问题,对人民法院、人民检察院、海关缉私部门依法严厉打击非设关地成品油走私犯罪、正确适用法律办理案件达成共识。现纪要如下:

一、关于定罪处罚

走私成品油,构成犯罪的,依照刑法第153条的规定,以走私普通货物罪定罪处罚。

对不构成走私共犯的收购人,直接向走私人购买走私的成品油,数额较大的,依照刑法第155条第(1)项的规定,以走私罪论处;向非直接走私人购买走私的成品油的,根据其主观故意,分别依照刑法第191条规定的洗钱罪或者第312条规定的掩饰、隐瞒犯罪所得、犯罪所得收益罪定罪处罚。

在办理非设关地走私成品油刑事案件中,发现行为人在销售的成品油中掺杂、掺假,以假充真,以次充好或者以不合格油品冒充合格油品,构成犯罪的,依照刑法第140的规定,对该行为以生产、销售伪劣产品罪定罪处罚。

行为人与他人事先通谋或者明知他人从事走私成品油犯罪活动,而在我国专属经济区或者公海向其贩卖、过驳成品油的，应当按照走私犯罪的共犯追究刑事责任。

明知他人从事走私成品油犯罪活动而为其提供资金、贷款、账号、发票、证明、许可文件，或者提供运输、仓储等其他便利条件的，应当按照走私犯罪的共犯追究刑事责任。

对成品油走私共同犯罪或者犯罪集团中的主要出资者、组织者，应当认定为主犯；对受雇用的联络员、船长等管理人员，可以认定为从犯，如其在走私犯罪中起重要作用的，应当认定为主犯；对其他参与人员，如船员、司机、"黑引水"、盯梢望风人员等，不以其职业、身份判断是否追究刑事责任，应当按照其在走私活动中的实际地位、作用、涉案金额、参与次数等确定是否追究刑事责任。

对在非设关地走私成品油的犯罪嫌疑人、被告人，人民检察院、人民法院应当依法严格把握不起诉、缓刑适用条件。

二、关于主观故意的认定

行为人没有合法证明，逃避监管，在非设关地运输、贩卖、收购、接卸成品油，有下列情形之一的，综合其他在案证据，可以认定具有走私犯罪故意，但有证据证明确属被蒙骗或者有其他相反证据的除外：

（一）使用"三无"船舶、虚假船名船舶、非法改装的船舶，或者使用虚假号牌车辆、非法改装、伪装的车辆的；（二）虚假记录船舶航海日志、轮机日志，进出港未申报或者进行虚假申报的；（三）故意关闭或者删除船载AIS系统、GPS及其他导航系统存储数据，销毁手机存储数据，或者销毁成品油交易、运输单证的；（四）在明显不合理的隐蔽时间、偏僻地点过驳成品油的；（五）使用无实名登记或者无法定位的手机卡、卫星电话卡等通讯工具的；（六）使用暗号、信物进行联络、接头的；（七）交易价格明显低于同类商品国内合规市场同期价格水平且无法作出合理解释的；（八）使用控制的他人名下银行账户收付成品油交易款项的；（九）逃避、抗拒执法机关检查，或者事前制定逃避执法机关检查预案的；（十）其他可以认定具有走私犯罪故意情形的。

三、关于犯罪数额的认定

非设关地成品油走私活动属于非法的贸易活动，计核非设关地成品油走私刑事案件的偷逃应缴税额，一律按照成品油的普通税率核定，不适用最惠国税率或者暂定税率。

查获部分走私成品油的，可以按照被查获的走私成品油标准核定应缴税额；全案没有查获成品油的，可以结合其他在案证据综合认定走私成品油的种类和数量，核定应缴税额。

办理非设关地成品油走私犯罪案件，除主要犯罪嫌疑人以外，对集团犯罪、共同犯罪中的其他犯罪嫌疑人，无法准确核定其参与走私的具体偷逃应缴税额的，可以结合在案相关证据，根据其参与走私的涉案金额、次数或者在走私活动中的地位、作用等情节决定是否追究刑事责任。

四、关于证据的收集

办理非设关地成品油走私犯罪案件，应当注意收集、提取以下证据：

（一）反映涉案地点的位置、环境，涉案船舶、车辆、油品的特征、数量、属性等的证据；（二）涉案船舶的航次航图、航海日志、GPS、AIS轨迹、卫星电话及其通话记录；（三）涉案人员的手机号码及其通话记录、手机短信、微信聊天记录，涉案人员通过微信、支付宝、银行卡等方式收付款的资金交易记录；（四）成品油取样、计量过程的照片、视听资料；（五）跟踪守候、监控拍摄的照片、视听资料；（六）其他应当收集、提取的证据。

依照法律规定采取技术侦查措施收集的物证、书证、视听资料、电子数据等证据材料对定罪量刑有重大影响的，应当随案移送，并移送批准采取技术侦查措施的法律文书和侦查办案部门对证据内容的说明材料。对视听资料中涉及的绰号、暗语、俗语、方言等，侦查机关应当结合犯罪嫌疑人的供述、证人证言等证据说明其内容。

确因客观条件的限制无法逐一收集船员、司机、收购人等人员证言的,可结合已收集的言词证据和物证、书证、视听资料、电子数据等证据,综合认定犯罪事实。

五、关于涉案货物、财产及运输工具的处置

对查封、扣押的涉案成品油及易贬值、不易保管的涉案船舶、车辆,权利人明确的,经其本人书面同意或者申请,依法履行审批程序,并固定证据和留存样本后,可以依法先行变卖、拍卖,变卖、拍卖所得价款暂予保存,待诉讼终结后一并依法处理。

有证据证明依法应当追缴、没收的涉案财产被他人善意取得或者与其他合法财产混合且不可分割的,应当追缴、没收其他等值财产。

侦查机关查封、扣押的财物经审查后应当返还的,应当通知原主认领。无人认领的,应当公告通知,公告满3个月无人认领的,依法拍卖、变卖后所得价款上缴国库;上缴国库后有人认领,经查证属实的,应当申请退库予以返还。

对用于运输走私成品油的船舶、车辆,按照以下原则处置:

(一)对"三无"船舶、无法提供有效证书的船舶、车辆,依法予以没收、收缴或者移交主管机关依法处置;(二)对走私犯罪分子自有的船舶、车辆或者假挂靠、长期不作登记、虚假登记等实为走私分子所有的船舶、车辆,作为犯罪工具依法没收;(三)对所有人明知他人实施走私犯罪而出租、出借的船舶、车辆,依法予以没收。

具有下列情形之一的,可以认定船舶、车辆出租人、出借人明知他人实施违法犯罪,但有证据证明确属被蒙骗或者有其他相反证据的除外:

(一)出租人、出借人未经有关部门批准,擅自将船舶、车辆改装为可装载油料用的船舶、车辆,或者进行伪装的;(二)出租人、出借人默许实际承租人将船舶、车辆改装为可装载油料用船舶、车辆,或者进行伪装的;(三)因出租、出借船舶、车辆用于走私受过行政处罚,又出租、出借给同一走私人或者同一走私团伙使用的;(四)出租人、出借人拒不提供真实的实际承运人信息,或者提供虚假的实际承运人信息的;(五)其他可以认定明知的情形。

六、关于办案协作

为有效遏制非设关地成品油走私犯罪活动,各级海关缉私部门、人民检察院和人民法院要进一步加强办案协作,依法及时开展侦查、批捕、起诉和审判工作。要强化人民检察院提前介入机制,并加大对非设关地重特大成品油走私案件联合挂牌督办力度。要强化案件信息沟通,积极发挥典型案例指引作用,保证执法司法标准的统一性和均衡性。

七、其他问题

本纪要中的成品油是指汽油、煤油、柴油以及其他具有相同用途的乙醇汽油和生物柴油等替代燃料(包括添加染色剂的"红油""白油""蓝油"等)。

办理非设关地走私白糖、冻品等刑事案件的相关问题,可以参照本纪要的精神依法处理。

24. 最高人民法院《关于审理走私、非法经营、非法使用兴奋剂刑事案件适用法律若干问题的解释》(法释〔2019〕16号)

为依法惩治走私、非法经营、非法使用兴奋剂犯罪,维护体育竞赛的公平竞争,保护体育运动参加者的身心健康,根据《中华人民共和国刑法》《中华人民共和国刑事诉讼法》的规定,制定本解释。

第1条 运动员、运动员辅助人员走私兴奋剂目录所列物质,或者其他人员以在体育竞赛中非法使用为目的走私兴奋剂目录所列物质,涉案物质属于国家禁止进出口的货物、物品,具有下列情形之一的,应当依照刑法第151条第3款的规定,以走私国家禁止进出口的货物、物品罪定罪处罚:

(一)1年内曾因走私被给予2次以上行政处罚后又走私的;(二)用于或者准备用于未成

年人运动员、残疾人运动员的；(三)用于或者准备用于国内、国际重大体育竞赛的；(四)其他造成严重恶劣社会影响的情形。

实施前款规定的行为，涉案物质不属于国家禁止进出口的货物、物品，但偷逃应缴税额1万元以上或者1年内曾因走私被给予2次以上行政处罚后又走私的，应当依照刑法第153条的规定，以走私普通货物、物品罪定罪处罚。

对于本条第1款、第2款规定以外的走私兴奋剂目录所列物质行为，适用《最高人民法院、最高人民检察院关于办理走私刑事案件适用法律若干问题的解释》(法释〔2014〕10号)规定的定罪量刑标准。

第2条 违反国家规定，未经许可经营兴奋剂目录所列物质，涉案物质属于法律、行政法规规定的限制买卖的物品，扰乱市场秩序，情节严重的，应当依照刑法第225条的规定，以非法经营罪定罪处罚。

第3条 对未成年人、残疾人负有监护、看护职责的人组织未成年人、残疾人在体育运动中非法使用兴奋剂，具有下列情形之一的，应当认定为刑法第260条之一规定的"情节恶劣"，以虐待被监护、看护人罪定罪处罚：

(一)强迫未成年人、残疾人使用的；(二)引诱、欺骗未成年人、残疾人长期使用的；(三)其他严重损害未成年人、残疾人身心健康的情形。

第4条 在普通高等学校招生、公务员录用等法律规定的国家考试涉及的体育、体能测试等体育运动中，组织考生非法使用兴奋剂的，应当依照刑法第284条之一的规定，以组织考试作弊罪定罪处罚。

明知他人实施前款犯罪而为其提供兴奋剂的，依照前款的规定定罪处罚。

第5条 生产、销售含有兴奋剂目录所列物质的食品，符合刑法第143条、第144条规定的，以生产、销售不符合安全标准的食品罪、生产、销售有毒、有害食品罪定罪处罚。

第6条 国家机关工作人员在行使反兴奋剂管理职权时滥用职权或者玩忽职守，造成严重兴奋剂违规事件，严重损害国家声誉或者造成恶劣社会影响，符合刑法第397条规定的，以滥用职权罪、玩忽职守罪定罪处罚。

依法或者受委托行使反兴奋剂管理职权的单位的工作人员，在行使反兴奋剂管理职权时滥用职权或者玩忽职守的，依照前款规定定罪处罚。

第7条 实施本解释规定的行为，涉案物质属于毒品、制毒物品等，构成有关犯罪的，依照相应犯罪定罪处罚。

第8条 对于是否属于本解释规定的"兴奋剂""兴奋剂目录所列物质""体育运动""国内、国际重大体育竞赛"等专门性问题，应当依据《中华人民共和国体育法》《反兴奋剂条例》等法律法规，结合国务院体育主管部门出具的认定意见等证据材料作出认定。

第9条 本解释自2020年1月1日起施行。

25. 最高人民检察院《关于充分发挥检察职能服务保障"六稳""六保"的意见》(高检发〔2020〕10号)

(详见本书《刑法》第205条相关内容)

26. 最高人民法院、最高人民检察院、公安部、司法部《关于依法惩治非法野生动物交易犯罪的指导意见》(公通字〔2020〕19号)

二、依法严厉打击非法收购、运输、出售、进出口野生动物及其制品的犯罪行为，切断非法野生动物交易的利益链条。

非法收购、运输、出售国家重点保护的珍贵、濒危野生动物及其制品，符合刑法第341条第1款规定的，以非法收购、运输、出售珍贵、濒危野生动物、珍贵、濒危野生动物制品罪定罪处罚。

走私国家禁止进出口的珍贵动物及其制品,符合刑法第151条第2款规定的,以走私珍贵动物、珍贵动物制品罪定罪处罚。(全文详见本书《刑法》第341条相关内容)

27.最高人民法院、最高人民检察院、海关总署、公安部、中国海警局(2021年12月《关于打击粤港澳海上跨境走私犯罪适用法律若干问题的指导意见》(署缉发〔2021〕141号)

近一时期来,粤港澳海上跨境走私冻品等犯罪频发,严重破坏海关监管秩序和正常贸易秩序。走私冻品存在疫情传播风险,严重危害公共卫生安全和食品安全。走私犯罪分子为实施犯罪或逃避追缉,采取暴力抗拒执法,驾驶改装船舶高速行驶冲撞等方式,严重威胁海上正常航行安全。为严厉打击粤港澳海上跨境走私,现就当前比较突出的法律适用问题提出以下指导意见:

一、非设关地走私进口未取得国家检验检疫准入证书的冻品,应认定为国家禁止进口的货物,构成犯罪的,按走私国家禁止进出口的货物罪定罪处罚。其中,对走私来自境外疫区的冻品,依据《最高人民法院、最高人民检察院关于办理走私刑事案件适用法律若干问题的解释》(法释〔2014〕10号,以下简称《解释》)第11条第1款第4项和第2款规定定罪处罚。对走私来自境外非疫区的冻品,或者无法查明是否来自境外疫区的冻品,依据《解释》第11条第1款第6项和第2款规定定罪处罚。

二、走私犯罪分子在实施走私犯罪或者逃避追缉过程中,实施碰撞、挤别、抛撒障碍物、超高速行驶、强光照射驾驶人员等危险行为,危害公共安全的,以走私罪和以危险方法危害公共安全罪数罪并罚。以暴力、威胁方法抗拒缉私执法,以走私罪和袭警罪或者妨害公务罪数罪并罚。武装掩护走私的,依照刑法第151条第1款规定从重处罚。

三、犯罪嫌疑人真实姓名、住址无法查清的,按其绰号或者自报的姓名、住址认定,并在法律文书中注明。

犯罪嫌疑人的国籍、身份,根据其入境时的有效证件认定;拥有两国以上护照的,以其入境时所持的护照认定其国籍。

犯罪嫌疑人国籍不明的,可以通过出入境管理部门协助查明,或者以有关国家驻华使、领馆出具的证明认定;确实无法查明国籍的,以无国籍人员对待。

四、对用于运输走私冻品等货物的船舶、车辆,按照以下原则处置:

(一)对"三无"船舶,无法提供有效证书的船舶、车辆,依法予以没收、收缴或者移交主管机关依法处置;(二)对走私犯罪分子自有的船舶、车辆或者假挂靠、长期不作登记、虚假登记等实为走私分子所有的船舶、车辆,作为犯罪工具依法没收;(三)对所有人明知或者应当知道他人实施走私冻品等犯罪而出租、出借的船舶、车辆,依法予以没收。

具有下列情形之一的,可以认定船舶、车辆出租人、出借人明知或者应当知道他人实施违法犯罪,但有证据证明确属被蒙骗或者有其他相反证据的除外:

(一)出租人、出借人未经有关部门批准,擅自将船舶改装为可运载冻品等货物用的船舶,或者进行伪装的;(二)出租人、出借人默许实际承运人将船舶改装为可运载冻品等货物用船舶,或者进行伪装的;(三)因出租、出借船舶、车辆用于走私受过行政处罚,又出租、出借给同一走私人或者同一走私团伙使用的;(四)出租人、出借人拒不提供真实的实际承运人信息,或者提供虚假的实际承运人信息的;(五)其他可以认定明知或者应当知道的情形。

是否属于"三无"船舶,按照《"三无"船舶联合认定办法》(署缉发〔2021〕88号印发)规定认定。

五、对查封、扣押的未取得国家检验检疫准入证书的冻品,走私犯罪事实已基本查清的,在做好拍照、录像、称量、勘验、检查等证据固定工作和保留样本后,依照《罚没走私冻品处置办法(试行)》(署缉发〔2015〕289号印发)和《海关总署财政部关于查获走私冻品由地方归口处置的通知》(署财函〔2019〕300号)规定,先行移交有关部门作无害化处理。

六、办理粤港澳海上以外其他地区非设关地走私刑事案件,可以参照本意见的精神依法处理。

28. 最高人民法院、最高人民检察院《关于办理破坏野生动物资源刑事案件适用法律若干问题的解释》(法释〔2022〕12号)

第1条 具有下列情形之一的,应当认定为刑法第151条第2款规定的走私国家禁止进出口的珍贵动物及其制品:

(一)未经批准擅自进出口列入经国家濒危物种进出口管理机构公布的《濒危野生动植物种国际贸易公约》附录1、附录2的野生动物及其制品;(二)未经批准擅自出口列入《国家重点保护野生动物名录》的野生动物及其制品。

第2条 走私国家禁止进出口的珍贵动物及其制品,价值20万元以上不满200万元的,应当依照刑法第151条第2款的规定,以走私珍贵动物、珍贵动物制品罪处5年以上10年以下有期徒刑,并处罚金;价值200万元以上的,应当认定为"情节特别严重",处10年以上有期徒刑或者无期徒刑,并处没收财产;价值2万元以上不满20万元的,应当认定为"情节较轻",处5年以下有期徒刑,并处罚金。

实施前款规定的行为,具有下列情形之一的,从重处罚:

(一)属于犯罪集团的首要分子的;(二)为逃避监管,使用特种交通工具实施的;(三)2年内曾因破坏野生动物资源受过行政处罚的。

实施第1款规定的行为,不具有第2款规定的情形,且未造成动物死亡或者动物、动物制品无法追回,行为人全部退赃退赔,确有悔罪表现的,按照下列规定处理:

(一)珍贵动物及其制品价值200万元以上的,可以处5年以上10年以下有期徒刑,并处罚金;(二)珍贵动物及其制品价值20万元以上不满200万元的,可以认定为"情节较轻",处5年以下有期徒刑,并处罚金;(三)珍贵动物及其制品价值2万元以上不满20万元的,可以认定为犯罪情节轻微,不起诉或者免予刑事处罚;情节显著轻微危害不大的,不作为犯罪处理。

(全文详见本书《刑法》第341条相关内容)

29. 最高人民检察院、公安部《关于公安机关管辖的刑事案件立案追诉标准的规定(2)》(公通字〔2022〕12号;2022年4月6日修改发布)

(见本条走私假币案立案追诉标准内容)

第152条 【走私淫秽物品罪】以牟利或者传播为目的,走私淫秽的影片、录像带、录音带、图片、书刊或者其他淫秽物品的,处3年以上10年以下有期徒刑,并处罚金;情节严重的,处10年以上有期徒刑或者无期徒刑,并处罚金或者没收财产;情节较轻的,处3年以下有期徒刑、拘役或者管制,并处罚金。

【走私废物罪】逃避海关监管将境外固体废物、液态废物和气态废物运输进境,情节严重的,处5年以下有期徒徒刑,并处或者单处罚金;情节特别严重的,处5年以上有期徒刑,并处罚金。

单位犯前两款罪的,对单位判处罚金,并对其直接负责的主管人员和其他直接责任人员,依照前两款的规定处罚。

(本条《中华人民共和国刑法修正案(4)》修改)

• 释义

走私淫秽物品罪是指违反海关法规,以牟利或者传播为目的,走私淫秽的影片、录像带、录音带、图片、书刊或者其他淫秽物品的行为。

走私淫秽录像带、影碟50盘(张)以上至100盘(张)、淫秽录音带、音碟100盘(张)以上至200盘(张)、淫秽扑克、书刊、画册100副(册)以上至200副(张)、淫秽照片、画片500张以上至1000张的,或者走私其他淫秽物品相当于上述数量的,属于"情节较轻";走私淫秽物品在上述规定的最高数量以上不满最高数量5倍的,按照"基本刑"处罚;走私淫秽物品数量达到本上述规定的最高数量5倍以上,或者虽不满5倍,但具有是犯罪集团的首要分子或者使用特种车进行走私等严重情节的属于"情节严重"。

走私废物罪是指逃避海关监管将境外固体废物、液态废物和气态废物运输进境,情节严重的行为。

逃避海关监管,走私国家禁止进口的废物或者国家限制进口的可用作原料的废物,具有下列情形之一的,属于刑法第152条第2款规定的"情节严重":(一)走私国家禁止进口的危险性固体废物、液态废物分别或者合计达到1吨以上不满5吨;(二)走私国家禁止进口的非危险性固体废物、液态废物分别或者合计达到5吨以上不满25吨;(三)未经许可,走私国家限制进口的可用作原料的固体废物、液态废物分别或者合计达到20吨以上不满100吨;(四)走私国家禁止进口的废物并造成重大环境污染事故。走私国家禁止进口的废物或者国家限制进口的可用作原料的废物的数量,超过上述规定的数量标准,或者达到了规定的数量标准并造成重大环境污染事故,或者虽未达到规定的数量标准但造成重大环境污染事故且后果特别严重的,属于"情节特别严重"。

走私置于容器中的气态废物的,参照前述有关固体废物、液态废物的定罪数量标准和处罚原则处理。

国家限制进口的可用作原料的废物的具体种类,按照国家有关部门规定执行。

• 管辖

公安机关治安管理部门(管辖第1款罪名);刑事侦查部门(管辖第2款罪名);海关总署缉私局(管辖海关监管区内发生的走私淫秽物品案和走私废物案)。

• 立案追诉标准

【走私淫秽物品罪】以牟利或者传播为目的,走私淫秽的影片、录像带、录音带、图片、书刊或者其他通过文字、声音、形象等形式表现淫秽内容的影碟、音碟、电子出版物等物品,涉嫌下列情形之一的,应予立案追诉:

(一)走私淫秽录像带、影碟50盘(张)以上的;

(二)走私淫秽录音带、音碟100盘(张)以上的;

(三)走私淫秽扑克、书刊、画册100副(册)以上的;

(四)走私淫秽照片、画片500张以上的;

(五)走私其他淫秽物品相当于上述数量的;

(六)走私淫秽物品数量虽未达到本条第(1)项至第(4)项规定标准,但分别达到其中两项以上标准的50%以上的。

• 关联法律

参见本书《刑法》第151条该节内容。

第153条 【走私普通货物、物品罪】 走私本法第151条、第152条、第347条规定以外的货物、物品的,根据情节轻重,分列依照下列规定处罚。

(一)走私货物、物品偷逃应缴税额较大或者1年内曾因走私被给予2次行政处罚后又走私的,处3年以下有期徒刑或者拘役,并处偷逃

应缴税额1倍以上5倍以下罚金。

(二)走私货物、物品偷逃应缴税额巨大或者有其他严重情节的,处3年以上10年以下有期徒刑,并处偷逃应缴税额1倍以上5倍以下罚金。

(三)走私货物、物品偷逃应缴税额特别巨大或者有其他特别严重情节的,处10年以上有期徒刑或者无期徒刑,并处偷逃应缴税额1倍以上5倍以下罚金或者没收财产。单位犯前款罪的,对单位判处罚金,并对其直接负责的主管人员和其他直接责任人员,处3年以下有期徒刑或者拘役;情节严重的,处3年以上10年以下有期徒刑;情节特别严重的,处10年以上有期徒刑。

对多次走私未经处理的,按照累计走私货物、物品的偷逃应缴税额处罚。

(本条《中华人民共和国刑法修正案(8)》修改)

• 释义

走私普通货物、物品罪是指违反海关法规,走私刑法第151条、第152条、第347条规定以外的货物、物品,偷逃应缴税额较大,或者1年内曾因走私被给予2次行政处罚后又走私的行为。

根据司法解释,走私管制刀具、仿真枪支构成犯罪的,或者利用购买的加工贸易登记手册、特定减免税批文等涉税单证进口货物的,或者在加工贸易经营活动中,以假出口、假结转或者利用虚假单证等方式骗取海关核销,致使保税货物、物品脱离海关监管,造成国家税款流失,情节严重的,构成本罪。

已被国家明令禁止进出口的货物、物品,包括旧汽车、切割车、侵犯知识产权的货物、来自疫区的动植物及其产品等。

"应缴税额",是指进出口货物、物品应当缴纳的进出口关税和进口环节海关代征税的税额。应缴税额应当以走私行为案发时所适用的税则、税率、汇率和海关审定的完税价格计算,并以海关出具的证明为准。

"保税货物",是指经海关批准,未办理纳税手续进境,在境内储存、加工、装配后应予复运出境的货物。

对多次走私未经处理的,按照累计走私货物、物品的偷逃应缴税额处罚。

• 管辖

海关总署缉私局(管辖海关关境内发生的走私普通货物、物品案)。

• 关联法律

参见本书《刑法》第151条该节内容。

第154条 【特殊形式的走私普通货物、物品罪】 下列走私行为，根据本节规定构成犯罪的，依照本法第153条的规条的规定定罪处罚。

（一）未经海关许可并且未补缴应缴税额，擅自将批准进口的来料加工、来件装配、补偿贸易的原材料、零件、制成品、设备等保税货物，在境内销售牟利的；

（二）未经海关许可并且未补缴应缴税额，擅自将特定减税、免税进口的货物、物品，在境内销售牟利的。

注："保税货物"，是指经海关批准，未办理纳税手续进境，在境内储存、加工、装配后应予复运出境的货物。既包括加工贸易、补偿贸易等方式进口的货物，也包括在保税仓库、保税工厂、保税区或者免税商店内等储存、加工、寄售的货物。

"销售牟利"，是指行为人主观上为了牟取非法利益而擅自销售海关监管的保税货物、特定减免税货物。该种行为是否构成犯罪，应当根据偷逃的应缴税额是否达到刑法第153条及相关司法解释规定的数额标准予以认定。实际获利与否或者获利多少并不影响其定罪。

• **管辖**

海关总署缉私局（管辖海关关境内发生的走私普通货物、物品案）。

• **关联法律**

参见本书《刑法》第151条该节内容。

第155条 【间接走私行为以相应走私犯罪论处的规定】 下列行为，以走私罪论处，依照本节的有关规定处罚：

（一）直接向走私人非法收购国家禁止进口物品的，或者直接向走私人非法收购走私进口的其他货物、物品，数额较大的；

（二）在内海、领海、界河、界湖运输、收购、贩卖国家禁止进出口物品的，或者运输、收购、贩卖国家限制进出口货物、物品，数额较大，没有合法证明的。

（本条《中华人民共和国刑法修正案(4)》修改）

注："直接向走私人非法收购走私进口的其他货物、物品，数额较大的"，是指明知是走私行为人而向其非法收购走私进口的其他货物、物品，应缴税额为5万元以上的。

"内海"，包括内河的入海口水域。

• **管辖**

海关总署缉私局、公安机关刑事侦查部门。

• **关联法律**

参见本书《刑法》第151条该节内容。

第156条 【走私共犯】 与走私罪犯通谋，为其提供贷款、资金、账号、发票、证明，或者为其提供运输、保管、邮寄或者其他方便的，以走私罪的共犯论处。

注：通谋是指犯罪行为人之间事先或者事中形成的共同的走私故意：

（一）对明知他人从事走私活动而同意为其提供前述帮助的；

（二）多次为同一走私犯罪分子的走私行为提供前项帮助的。

- **管辖**

海关总署缉私局、公安机关刑事侦查部门。

- **关联法律**

参见本书《刑法》第151条该节内容。

第157条 【武装掩护走私、抗拒缉私的处罚规定】 武装掩护走私的，依照本法第151条第1款的规定从重处罚。

以暴力、威胁方法抗拒缉私的，以走私罪和本法第277条规定的阻碍国家机关工作人员依法执行职务罪，依照数罪并罚的规定处罚。

（本条《中华人民共和国刑法修正案（8）》修改）

- **管辖**

海关总署缉私局、公安机关刑事侦查部门。

- **关联法律**

参见本书《刑法》第151条该节内容。

第三节　妨害对公司、企业的管理秩序罪

本节罪中，除第167条、第168条规定的失职犯罪属于过失犯罪外，其他罪名的责任形式都为故意。本节罪的行为主体有3种情形：

（一）第158条至第160条、第162条之一、第164条既可以是自然人，也可以是单位；

（二）第161条、第162条、第162条之二只处罚直接负责的主管人员和其他直接责任人；

（三）第163条、第165条至第169条、第169条之一是公司、企业或者其他单位的工作人员，国有公司、企业的董事、经理，国有公司、企业、事业单位的工作人员、直接负责的主管人员，上市公司的董事、监事、高级管理人员等“身份犯”。

第158条 【虚报注册资本罪】 申请公司登记使用虚假证明文件或者采取其他欺诈手段虚报注册资本，欺骗公司登记主管部门，取得公司登记，虚报注册资本数额巨大、后果严重或者有其他严重情节的，处3年以下有期徒刑或者拘役，并处或者单处虚报注册资本金额1%以上5%以下罚金。

单位犯前款罪的，对单位判处罚金，并对其直接负责的主管人员和其他直接责任人员，处3年以下有期徒刑或者拘役。

（根据2014年4月24日第十二届全国人大会常委会第八次会议通过的《关于〈中华人民共和国刑法〉第158条、第159条的解释：

刑法第158条、第159条的规定，只适用于依法实行注册资本实缴登记制的公司。）

• 释义

虚报注册资本罪是指申请公司登记使用虚假证明文件或者采取其他欺诈手段虚报注册资本，欺骗公司登记主管部门，取得公司登记，虚报注册资本数额巨大、后果严重或者有其他严重情节的行为。

• 管辖

公安机关经济犯罪侦查部门。

• 立案追诉标准

申请公司登记使用虚假证明文件或者采取其他欺诈手段虚报注册资本，欺骗公司登记主管部门，取得公司登记，涉嫌下列情形之一的，应予立案追诉：

（一）法定注册资本最低限额在600万元以下，虚报数额占其应缴出资数额60%以上的；

（二）法定注册资本最低限额超过600万元，虚报数额占其应缴出资数额30%以上的；

（三）造成投资者或者其他债权人直接经济损失累计数额在50万元以上的；

（四）虽未达到上述数额标准，但具有下列情形之一的：

1. 2年内因虚报注册资本受过2次以上行政处罚，又虚报注册资本的；

2. 向公司登记主管人员行贿的；

3. 为进行违法活动而注册的。

（五）其他后果严重或者有其他严重情节的情形。

本条只适用于依法实行注册资本实缴登记制的公司。

• 关联法律

1.《中华人民共和国公司法》（1993年12月29日第八届全国人大常委会第五次会议通过；1999年12月25日第九届全国人大常委会第十三次会议第一次修正；2004年8月28日第十届全国人大常委会第十一次会议第二次修正；2005年10月27日第十届全国人大常委会第十八次会议修正；2013年12月28日第十二届全国人大常委会第六次会议《关于修改〈中华人民共和国海洋环境保护法〉等七部法律的决定》第三次修正。）

（全文略）

2. 最高人民检察院、公安部《关于经济犯罪案件追诉标准的规定》（公发〔2001〕11号）

（公通字〔2010〕23号已声明该文件废止）

3. 最高人民法院《关于如何认定国有控股、参股股份有限公司中的国有公司、企业人员的解释》（法释〔2005〕10号）

为准确认定刑法分则第3章第3节中的国有公司、企业人员，现对国有控股、参股的股份有限公司中的国有公司、企业人员解释如下：国有公司、企业委派到国有控股、参股公司从事公务的人员，以国有公司、企业人员论。

（此文件适用于妨害对公司、企业的管理秩序罪1节）

4. 公安部办公厅《关于若干经济犯罪案件如何统计涉案总价值、挽回经济损失数额的批复》（公经〔2008〕214号）

云南省公安厅警令部：《云南省公安厅警令部关于经济犯罪案件如何统计涉案金额、挽回经济损失数等有关问题的请示》（云公警令〔2008〕22号）收悉。经研究，批复如下：

一、虚报注册资本案按照虚报数额统计涉案总价值；虚假出资、抽逃出资案按照虚假或抽逃的出资数额统计涉案总价值。

五、挽回经济损失额按照实际追缴的赃款以及赃物折价统计。(全文详见本书《刑法》第13条相关内容)

5. 最高人民检察院、公安部《关于公安机关管辖的刑事案件立案追诉标准的规定(2)》(公通字〔2010〕23号)

(公通字〔2022〕12号已声明该文件废止)

6. 全国人大会常委会《关于〈中华人民共和国刑法〉第158条、第159条的解释》(2014年4月24日第十二届全国人大常委会第八次会议通过)

全国人大常委会讨论了公司法修改后刑法第158条、第159条对实行注册资本实缴登记制、认缴登记制的公司的适用范围问题,解释如下:

刑法第158条、第159条的规定,只适用于依法实行注册资本实缴登记制的公司。现予公告。

7. 最高人民检察院、公安部《关于严格依法办理虚报注册资本和虚假出资抽逃出资刑事案件的通知》(公经〔2014〕247号)

2013年12月28日第十二届全国人民代表大会常务委员会第六次会议通过了关于修改《中华人民共和国公司法》的决定,自2014年3月1日起施行。2014年4月24日,第十二届全国人民代表大会常务委员会第八次会议通过了《全国人大常委会关于刑法第158条、第159条的解释》。为了正确执行新修改的公司法和全国人大常委会立法解释,现就严格依法办理虚报注册资本和虚假出资、抽逃出资刑事案件的有关要求通知如下:

一、充分认识公司法修改对案件办理工作的影响。

新修改的公司法主要涉及3个方面:一是将注册资本实缴登记制改为认缴登记制,除对公司注册资本实缴有另行规定的以外,取消了公司法定出资期限的规定,采取公司股东(发起人)自主约定认缴出资额、出资方式、出资期限等并记载于公司章程的规定。二是放宽注册资本登记条件,除对公司注册资本最低限额有另行规定的以外,取消了公司最低注册资本限制、公司设立时股东(发起人)的首次出资比例以及货币出资比例限制。三是简化登记事项和登记文件,有限责任公司股东认缴出资额、公司实收资本不再作为登记事项,公司登记时不需要提交验资报告。

全国人大常委会立法解释规定:"刑法第158条、第159条的规定,只适用于依法实行注册资本实缴登记制的公司。"

新修改的公司法和上述立法解释,必将对公安机关、检察机关办理虚报注册资本和虚假出资、抽逃出资刑事案件产生重大影响。各级公安机关、检察机关要充分认识新修改的公司法和全国人大常委会立法解释的重要意义,深刻领会其精神实质,力争在案件办理工作中准确适用,并及时了解掌握本地区虚报注册资本和虚假出资、抽逃出资案件新情况、新问题以及其他相关犯罪态势,进一步提高办理虚报注册资本和虚假出资、抽逃出资刑事案件的能力和水平。

二、严格把握罪与非罪的界限。

根据新修改的公司法和全国人大常委会立法解释,自2014年3月1日起,除依法实行注册资本实缴登记制的公司[参见《国务院关于印发注册资本登记制度改革方案的通知》(国发〔2014〕7号)]以外,对申请公司登记的单位和个人不得以虚报注册资本罪追究刑事责任;对公司股东、发起人不得以虚假出资、抽逃出资罪追究刑事责任。对依法实行注册资本实缴登记制的公司涉嫌虚报注册资本和虚假出资、抽逃出资犯罪的,各级公安机关、检察机关依照刑法和《立案追诉标准(2)》的相关规定追究刑事责任时,应当认真研究行为性质和危害后果,确保执法办案的法律效果和社会效果。

三、依法妥善处理跨时限案件。

各级公安机关、检察机关对发生在2014年3月1日以前尚未处理或者正在处理的虚报注册资本和虚假出资、抽逃出资刑事案件，应当按照刑法第12条规定的精神处理：除依法实行注册资本实缴登记制的公司以外，依照新修改的公司法不再符合犯罪构成要件的案件，公安机关已经立案侦查的，应当撤销案件；检察机关已经批准逮捕的，应当撤销批准逮捕决定，并监督公安机关撤销案件；检察机关审查起诉的，应当作出不起诉决定；检察机关已经起诉的，应当撤回起诉并作出不起诉决定；检察机关已经抗诉的，应当撤回抗诉。

四、进一步加强工作联系和沟通。

各级公安机关、检察机关应当加强工作联系，对重大、疑难、复杂案件，主动征求意见，共同研究案件定性和法律适用等问题；应当加强与人民法院、工商行政管理等部门的工作联系，建立健全案件移送制度和有关工作协作制度，全面掌握公司注册资本制度改革后面临的经济犯罪态势；上级公安机关、检察机关应当加强对下级公安机关、检察机关的指导，确保虚报注册资本和虚假出资、抽逃出资案件得到依法妥善处理。各地在执行中遇到的问题，请及时报告最高人民检察院和公安部。

8. 最高人民检察院、公安部《关于公安机关管辖的刑事案件立案追诉标准的规定(2)》(公通字〔2022〕12号)

(见本条立案追诉标准内容)

第159条 【虚假出资、抽逃出资罪】 公司发起人、股东违反公司法的规定未交付货币、实物或者未转移财产权，虚假出资，或者在公司成立后又抽逃其出资，数额巨大、后果严重或者有其他严重情节的，处5年以下有期徒刑或者拘役，并处或者单处虚假出资金额或者抽逃出资金额2%以上10%以下罚金。

单位犯前款罪的，对单位判处罚金，并对其直接负责的主管人员和其他直接责任人员，处5年以下有期徒刑或者拘役。

(根据第十二届全国人大会常委会第八次会议通过的《关于〈中华人民共和国刑法〉第158条、第159条的解释：刑法第158条、第159条的规定，只适用于依法实行注册资本实缴登记制的公司。)

• 释义

虚假出资、抽逃出资罪是指公司发起人、股东违反公司法的规定，未交付货币、实物或者未转移财产权，虚假出资，或者在公司成立后又抽逃其出资，数额巨大、后果严重或者有其他严重情节的行为。

• 管辖

公安机关经济犯罪侦查部门。

• 立案追诉标准

公司发起人、股东违反公司法的规定未交付货币、实物或者未转移财产权，虚假出资，或者在公司成立后又抽逃其出资，涉嫌下列情形之一的，应予立案追诉：

(一)法定注册资本最低限额在600万元以下，虚假出资、抽逃出资数额占其应缴出资数额60%以上的；

（二）法定注册资本最低限额超过 600 万元，虚假出资、抽逃出资数额占其应缴出资数额 30%以上的；

（三）造成公司、股东、债权人的直接经济损失累计数额在 50 万元以上的；

（四）虽未达到上述数额标准，但具有下列情形之一的

1. 致使公司资不抵债或者无法正常经营的；

2. 公司发起人、股东合谋虚假出资、抽逃出资的；

3. 2 年内因虚假出资、抽逃出资受过 2 次以上行政处罚，又虚假出资、抽逃出资的；

4. 利用虚假出资、抽逃出资所得资金进行违法活动的。

（五）其他后果严重或者有其他严重情节的情形。

本条只适用于依法实行注册资本实缴登记制的公司。

• 关联法律

1. 最高人民检察院、公安部《关于公安机关管辖的刑事案件立案标准的规定（2）》（公通字〔2010〕23 号）

（公通字〔2022〕12 号已声明该文件废止）

2. 最高人民检察院、公安部《关于公安机关管辖的刑事案件立案追诉标准的规定（2）》（公通字〔2022〕12 号）第 4 条

（见本条立案追诉标准内容）

3. 参见本书《刑法》第 158 条该节内容。

第 160 条 【欺诈发行证券罪】 在招股说明书、认股书、公司、企业债券募集办法等发行文件中隐瞒重要事实或者编造重大虚假内容，发行股票或者公司、企业债券、存托凭证或者国务院依法认定的其他证券，数额巨大、后果严重或者有其他严重情节的，处 5 年以下有期徒刑或者拘役，并处或者单处罚金；数额特别巨大、后果特别严重或者有其他特别严重情节的，处 5 年以上有期徒刑，并处罚金。

控股股东、实际控制人组织、指使实施前款行为的，处 5 年以下有期徒刑或者拘役，并处或者单处非法募集资金金额 20%以上 1 倍以下罚金；数额特别巨大、后果特别严重或者有其他特别严重情节的，处 5 年以上有期徒刑，并处非法募集资金金额 20%以上 1 倍以下罚金。

单位犯前两款罪的，对单位判处非法募集资金金额 20%以上 1 倍以下罚金，并对其直接负责的主管人员和其他直接责任人员，依照第 1 款的规定处罚。

（本条《中华人民共和国刑法修正案（11）》修改）

• 释义

欺诈发行股票、债券罪是指在招股说明书、认股书、公司、企业债券募集办法中，隐瞒重要事实或者编造重大虚假内容，发行股票或者公司、企业债券、存款凭证或者国务院依法认定的其他证券，数额巨大、后果严重或者有其他严重情节的行为。

• 管辖

公安机关经济犯罪侦查部门。

• 立案追诉标准

在招股说明书、认股书、公司、企业债券募集办法等发行文件中隐瞒重要事实或者编造重大虚假内容,发行股票或者公司、企业债券、存托凭证或者国务院依法认定的其他证券,涉嫌下列情形之一的,应予立案追诉:

(一)非法募集资金金额在1000万元以上的;

(二)虚增或者虚减资产达到当期资产总额30%以上的;

(三)虚增或者虚减营业收入达到当期营业收入总额30%以上的;

(四)虚增或者虚减利润达到当期利润总额30%以上的;

(五)隐瞒或者编造的重大诉讼、仲裁、担保、关联交易或者其他重大事项所涉及的数额或者连续12个月的累计数额达到最近一期披露的净资产50%以上的;

(六)造成投资者直接经济损失数额累计在100万元以上的;

(七)为欺诈发行证券而伪造、变造国家机关公文、有效证明文件或者相关凭证、单据的;

(八)为欺诈发行证券向负有金融监督管理职责的单位或者人员行贿的;

(九)募集的资金全部或者主要用于违法犯罪活动的;

(十)其他后果严重或者有其他严重情节的情形。

• 关联法律

1.《中华人民共和国公司法》(1993年12月29日第八届全国人大常委会第五次会议通过,2013年12月28日第十二届全国人大常委会第六次会议《关于修改〈中华人民共和国海洋环境保护法〉等七部法律的决定》第三次修正。)

(全文略)

2. 最高人民法院《关于全国法院审理金融犯罪案件工作座谈会纪要》(法〔2001〕8号)第3点

二(三)3. 集资诈骗罪的认定和处理。

集资诈骗罪和欺诈发行股票、债券罪、非法吸收公众存款罪在客观上均表现为向社会公众非法募集资金。区别的关键在于行为人是否具有非法占有的目的。对于以非法占有为目的而非法集资,或者在非法集资过程中产生了非法占有他人资金的故意,均构成集资诈骗罪。但是,在处理具体案件时要注意以下两点:

一是不能仅凭较大数额的非法集资款不能返还的结果,推定行为人具有非法占有的目的;二是行为人将大部分资金用于投资或生产经营活动,而将少量资金用于个人消费或挥霍的,不应仅以此便认定具有非法占有的目的。(全文详见本书《刑法》第170条相关内容)

3. 最高人民法院《关于如何认定国有控股参股股份有限公司中的国有公司、企业人员的解释》(法释〔2005〕10号)

(详见本书《刑法》第158条相关内容)

4. 最高人民检察院、公安部《关于公安机关管辖的刑事案件立案标准的规定(2)》(公通字〔2010〕23号)

(公通字〔2022〕12号已声明该文件废止)

5. 最高人民法院、最高人民检察院、公安部、中国证监会《关于办理证券期货违法犯罪案件工作若干问题的意见》(证监发〔2011〕30号)

为加强办理证券期货违法犯罪案件工作,完善行政执法与刑事司法的衔接机制,进一步依法有效惩治证券期货违法犯罪,提出如下意见:

一、证券监管机构依据行政机关移送涉嫌犯罪案件的有关规定，在办理可能移送公安机关查处的证券期货违法案件过程中，经履行批准程序，可商请公安机关协助查询、复制被调查对象的户籍、出入境信息等资料，对有关涉案人员按照相关规定采取边控、备措施。证券监管机构向公安机关提出请求时，应当明确协助办理的具体事项，提供案件情况及相关材料。

二、证券监管机构办理证券期货违法案件，案情重大、复杂、疑难的，可商请公安机关就案件性质、证据等问题提出参考意见；对有证据表明可能涉嫌犯罪的行为人可能逃匿或者销毁证据的，证券监管机构应当及时通知公安机关；涉嫌犯罪的，公安机关应当及时立案侦查。

三、证券监管机构与公安机关建立和完善协调会商机制。证券监管机构依据行政机关移送涉嫌犯罪案件的有关规定，在向公安机关移送重大、复杂、疑难的涉嫌证券期货犯罪案件前，应当启动协调会商机制，就行为性质认定、案件罪名适用、案件管辖等问题进行会商。

四、公安机关、人民检察院和人民法院在办理涉嫌证券期货犯罪案件过程中，可商请证券监管机构指派专业人员配合开展工作，协助查阅、复制有关专业资料。证券监管机构可以根据司法机关办案需要，依法就案件涉及的证券期货专业问题向司法机关出具认定意见。

五、司法机关对证券监管机构随案移送的物证、书证、鉴定结论、视听资料、现场笔录等证据要及时审查，作出是否立案的决定；随案移送的证据，经法定程序查证属实的，可作为定案的根据。

六、证券监管机构依据行政机关移送涉嫌犯罪案件的有关规定向公安机关移交证据，应当制作证据移交清单，双方经办人员应当签字确认，加盖公章，相关证据随证据移交清单一并移交。

七、对涉众型证券期货犯罪案件，在已收集的证据能够充分证明基本犯罪事实的前提下，公安机关可在被调查对象范围内按一定比例收集和调取书证、被害人陈述、证人证言等相关证据。

八、以证券交易所、期货交易所、证券登记结算机构、期货保证金监控机构以及证券公司、期货公司留存的证券期货委托记录和交易记录、登记存管结算资料等电子数据作为证据的，数据提供单位应以电子光盘或者其他载体记录相关原始数据，并说明制作方法、制作时间及制作人等信息，并由复制件制作人和原始电子数据持有人签名或盖章。

九、发行人、上市公司或者其他信息披露义务人在证券监管机构指定的信息披露媒体、信息披露义务人或证券交易所网站发布的信息披露公告，其打印件或据此制作的电子光盘，经核对无误后，说明其来源、制作人、制作时间、制作地点等的，可作为刑事证据使用，但有其他证据证明打印件或光盘内容与公告信息不一致的除外，

十、涉嫌证券期货犯罪的第一审案件，由中级人民法院管辖，同级人民检察院负责提起公诉，地(市)级以上公安机关负责立案侦查。

6. 最高人民法院、最高人民检察院《关于贯彻执行〈关于办理证券期货违法犯罪案件工作若干问题的意见〉有关问题的通知》(法发〔2012〕8号)

最高人民法院、最高人民检察院、公安部、中国证监会《关于办理证券期货违法犯罪案件工作若干问题的意见》(证监发〔2011〕30号)，以下简称《意见》)已于2011年12月下发各地执行。为正确适用《意见》，做好证券期货犯罪案件起诉审判工作，现就贯彻执行《意见》的有关问题通知如下：

一、《意见》第10条中的“证券期货犯罪”，是指刑法第160条、第161条、第169条之一、第178条第2款、第179条、第180条、第181条、第182条、第185条之一第1款规定的犯罪。

二、2012年1月1日以后，证券期货犯罪的第1审案件，适用《意见》第10条的规定，由中级人民法院管辖，同级人民检察院负责提起公诉。

三、2011年12月31日以前已经提起公诉的证券期货犯罪案件,不适用《意见》第10条关于级别管辖的规定。

四、各级人民法院、人民检察院在贯彻执行《意见》的过程中,应当注意总结办案经验,加强调查研究。对于贯彻执行过程中遇到的疑难问题,请及时报告最高人民法院、最高人民检察院。最高人民法院、最高人民检察院将在进一步总结司法审判经验的基础上,通过有关工作会议、司法文件、公布典型案例等方式,对证券期货犯罪案件司法审判工作加强指导,以更好地服务经济社会发展和依法惩处证券期货违法犯罪工作的需要。

7. 中国人民银行、工业和信息化部、公安部、财政部、国家工商总局、国务院法制办、中国银行业监督管理委员会、中国证券监督管理委员会、中国保险监督管理委员会、国家互联网信息办公室《关于促进互联网金融健康发展的指导意见》(银发〔2015〕221号)

近年来,互联网技术、信息通信技术不断取得突破,推动互联网与金融快速融合,促进了金融创新,提高了金融资源配置效率,但也存在一些问题和风险隐患。为全面贯彻落实党的18大和十八届二中、三中、四中全会精神,按照党中央、国务院决策部署,遵循"鼓励创新、防范风险、趋利避害、健康发展"的总体要求,从金融业健康发展全局出发,进一步推进金融改革创新和对外开放,促进互联网金融健康发展,经党中央、国务院同意,现提出以下意见。

一、鼓励创新,支持互联网金融稳步发展

互联网金融是传统金融机构与互联网企业(以下统称从业机构)利用互联网技术和信息通信技术实现资金融通、支付、投资和信息中介服务的新型金融业务模式。互联网与金融深度融合是大势所趋,将对金融产品、业务、组织和服务等方面产生更加深刻的影响。互联网金融对促进小微企业发展和扩大就业发挥了现有金融机构难以替代的积极作用,为大众创业、万众创新打开了大门。促进互联网金融健康发展,有利于提升金融服务质量和效率,深化金融改革,促进金融创新发展,扩大金融业对内对外开放,构建多层次金融体系。作为新生事物,互联网金融既需要市场驱动,鼓励创新,也需要政策助力,促进发展。

(一)积极鼓励互联网金融平台、产品和服务创新,激发市场活力。鼓励银行、证券、保险、基金、信托和消费金融等金融机构依托互联网技术,实现传统金融业务与服务转型升级,积极开发基于互联网技术的新产品和新服务。支持有条件的金融机构建设创新型互联网平台开展网络银行、网络证券、网络保险、网络基金销售和网络消费金融等业务。支持互联网企业依法合规设立互联网支付机构、网络借贷平台、股权众筹融资平台、网络金融产品销售平台,建立服务实体经济的多层次金融服务体系,更好地满足中小微企业和个人投融资需求,进一步拓展普惠金融的广度和深度。鼓励电子商务企业在符合金融法律法规规定的条件下自建和完善线上金融服务体系,有效拓展电商供应链业务。鼓励从业机构积极开展产品、服务、技术和管理创新,提升从业机构核心竞争力。

(二)鼓励从业机构相互合作,实现优势互补。支持各类金融机构与互联网企业开展合作,建立良好的互联网金融生态环境和产业链。鼓励银行业金融机构开展业务创新,为第三方支付机构和网络贷款平台等提供资金存管、支付清算等配套服务。支持小微金融服务机构与互联网企业开展业务合作,实现商业模式创新。支持证券、基金、信托、消费金融、期货机构与互联网企业开展合作,拓宽金融产品销售渠道,创新财富管理模式。鼓励保险公司与互联网企业合作,提升互联网金融企业风险抵御能力。

(三)拓宽从业机构融资渠道,改善融资环境。支持社会资本发起设立互联网金融产业投资基金,推动从业机构与创业投资机构、产业投资基金深度合作。鼓励符合条件的优质从业机构在主板、创业板等境内资本市场上市融资。鼓励银行业金融机构按照支持小微企业发展的各项金融政策,对处于初创期的从业机构予以支持。针对互联网企业特点,创新金融产品和服务。

（四）坚持简政放权，提供优质服务。各金融监管部门要积极支持金融机构开展互联网金融业务。按照法律法规规定，对符合条件的互联网企业开展相关金融业务实施高效管理。工商行政管理部门要支持互联网企业依法办理工商注册登记。电信主管部门、国家互联网信息管理部门要积极支持互联网金融业务，电信主管部门对互联网金融业务涉及的电信业务进行监管，国家互联网信息管理部门负责对金融信息服务、互联网信息内容等业务进行监管。积极开展互联网金融领域立法研究，适时出台相关管理规章，营造有利于互联网金融发展的良好制度环境。加大对从业机构专利、商标等知识产权的保护力度。鼓励省级人民政府加大对互联网金融的政策支持。支持设立专业化互联网金融研究机构，鼓励建设互联网金融信息交流平台，积极开展互联网金融研究。

（五）落实和完善有关财税政策。按照税收公平原则，对于业务规模较小、处于初创期的从业机构，符合我国现行对中小企业特别是小微企业税收政策条件的，可按规定享受税收优惠政策。结合金融业营业税改征增值税改革，统筹完善互联网金融税收政策。落实从业机构新技术、新产品研发费用税前加计扣除政策。

（六）推动信用基础设施建设，培育互联网金融配套服务体系。支持大数据存储、网络与信息安全维护等技术领域基础设施建设。鼓励从业机构依法建立信用信息共享平台。推动符合条件的相关从业机构接入金融信用信息基础数据库。允许有条件的从业机构依法申请征信业务许可。支持具备资质的信用中介组织开展互联网企业信用评级，增强市场信息透明度。鼓励会计、审计、法律、咨询等中介服务机构为互联网企业提供相关专业服务。

二、分类指导，明确互联网金融监管责任

互联网金融本质仍属于金融，没有改变金融风险隐蔽性、传染性、广泛性和突发性的特点。加强互联网金融监管，是促进互联网金融健康发展的内在要求。同时，互联网金融是新生事物和新兴业态，要制定适度宽松的监管政策，为互联网金融创新留有余地和空间。通过鼓励创新和加强监管相互支撑，促进互联网金融健康发展，更好地服务实体经济。互联网金融监管应遵循"依法监管、适度监管、分类监管、协同监管、创新监管"的原则，科学合理界定各业态的业务边界及准入条件，落实监管责任，明确风险底线，保护合法经营，坚决打击违法和违规行为。

（七）互联网支付。互联网支付是指通过计算机、手机等设备，依托互联网发起支付指令、转移货币资金的服务。互联网支付应始终坚持服务电子商务发展和为社会提供小额、快捷、便民小微支付服务的宗旨。银行业金融机构和第三方支付机构从事互联网支付，应遵守现行法律法规和监管规定。第三方支付机构与其他机构开展合作的，应清晰界定各方的权利义务关系，建立有效的风险隔离机制和客户权益保障机制。要向客户充分披露服务信息，清晰地提示业务风险，不得夸大支付服务中介的性质和职能。互联网支付业务由人民银行负责监管。

（八）网络借贷。网络借贷包括个体网络借贷（即P2P网络借贷）和网络小额贷款。个体网络借贷是指个体和个体之间通过互联网平台实现的直接借贷。在个体网络借贷平台上发生的直接借贷行为属于民间借贷范畴，受合同法、民法通则等法律法规以及最高人民法院相关司法解释规范。个体网络借贷要坚持平台功能，为投资方和融资方提供信息交互、撮合、资信评估等中介服务。个体网络借贷机构要明确信息中介性质，主要为借贷双方的直接借贷提供信息服务，不得提供增信服务，不得非法集资。网络小额贷款是指互联网企业通过其控制的小额贷款公司，利用互联网向客户提供的小额贷款。网络小额贷款应遵守现有小额贷款公司监管规定，发挥网络贷款优势，努力降低客户融资成本。网络借贷业务由银监会负责监管。

（九）股权众筹融资。股权众筹融资主要是指通过互联网形式进行公开小额股权融资的活动。股权众筹融资必须通过股权众筹融资中介机构平台（互联网网站或其他类似的电子媒介）进行。股权众筹融资中介机构可以在符合法律法规规定前提下，对业务模式进行创新探索，发挥股权众筹融资作为多层次资本市场有机组成部分的作用，更好服务创新创业企业。股权众筹融资方应为小微企业，应通过股权众筹融资中介机构向投资人如实披露企业的商业模式、经营管理、财务、资金使用等关键信息，不得误导或欺诈投资者。投资者应当充分了解股权众筹融资活动风险，具备相应风险承受能力，进行小额投资。股权众筹融资业务由证监会负责监管。

（十）互联网基金销售。基金销售机构与其他机构通过互联网合作销售基金等理财产品的，要切实履行风险披露义务，不得通过违规承诺收益方式吸引客户；基金管理人应当采取有效措施防范资产配置中的期限错配和流动性风险；基金销售机构及其合作机构通过其他活动为投资人提供收益的，应当对收益构成、先决条件、适用情形等进行全面、真实、准确表述和列示，不得与基金产品收益混同。第三方支付机构在开展基金互联网销售支付服务过程中，应当遵守人民银行、证监会关于客户备付金及基金销售结算资金的相关监管要求。第三方支付机构的客户备付金只能用于办理客户委托的支付业务，不得用于垫付基金和其他理财产品的资金赎回。互联网基金销售业务由证监会负责监管。

（十一）互联网保险。保险公司开展互联网保险业务，应遵循安全性、保密性和稳定性原则，加强风险管理，完善内控系统，确保交易安全、信息安全和资金安全。专业互联网保险公司应当坚持服务互联网经济活动的基本定位，提供有针对性的保险服务。保险公司应建立对所属电子商务公司等非保险类子公司的管理制度，建立必要的防火墙。保险公司通过互联网销售保险产品，不得进行不实陈述、片面或夸大宣传过往业绩、违规承诺收益或者承担损失等误导性描述。互联网保险业务由保监会负责监管。

（十二）互联网信托和互联网消费金融。信托公司、消费金融公司通过互联网开展业务的，要严格遵循监管规定，加强风险管理，确保交易合法合规，并保守客户信息。信托公司通过互联网进行产品销售及开展其他信托业务的，要遵守合格投资者等监管规定，审慎甄别客户身份和评估客户风险承受能力，不能将产品销售给与风险承受能力不相匹配的客户。信托公司与消费金融公司要制定完善产品文件签署制度，保证交易过程合法合规，安全规范。互联网信托业务、互联网消费金融业务由银监会负责监管。

三、健全制度，规范互联网金融市场秩序

发展互联网金融要以市场为导向，遵循服务实体经济、服从宏观调控和维护金融稳定的总体目标，切实保障消费者合法权益，维护公平竞争的市场秩序。要细化管理制度，为互联网金融健康发展营造良好环境。

（十三）互联网行业管理。任何组织和个人开设网站从事互联网金融业务的，除应按规定履行相关金融监管程序外，还应依法向电信主管部门履行网站备案手续，否则不得开展互联网金融业务。工业和信息化部负责对互联网金融业务涉及的电信业务进行监管，国家互联网信息办公室负责对金融信息服务、互联网信息内容等业务进行监管，两部门按职责制定相关监管细则。

（十四）客户资金第三方存管制度。除另有规定外，从业机构应当选择符合条件的银行业金融机构作为资金存管机构，对客户资金进行管理和监督，实现客户资金与从业机构自身资金分账管理。客户资金存管账户应接受独立审计并向客户公开审计结果。人民银行会同金融监管部门按照职责分工实施监管，并制定相关监管细则。

（十五）信息披露、风险提示和合格投资者制度。从业机构应当对客户进行充分的信息披露,及时向投资者公布其经营活动和财务状况的相关信息,以便投资者充分了解从业机构运作状况,促使从业机构稳健经营和控制风险。从业机构应当向各参与方详细说明交易模式、参与方的权利和义务,并进行充分的风险提示。要研究建立互联网金融的合格投资者制度,提升投资者保护水平。有关部门按照职责分工负责监管。

(十六)消费者权益保护。研究制定互联网金融消费者教育规划,及时发布维权提示。加强互联网金融产品合同内容、免责条款规定等与消费者利益相关的信息披露工作,依法监督处理经营者利用合同格式条款侵害消费者合法权益的违法、违规行为。构建在线争议解决、现场接待受理、监管部门受理投诉、第三方调解以及仲裁、诉讼等多元化纠纷解决机制。细化完善互联网金融个人信息保护的原则、标准和操作流程。严禁网络销售金融产品过程中的不实宣传、强制捆绑销售。人民银行、银监会、证监会、保监会会同有关行政执法部门,根据职责分工依法开展互联网金融领域消费者和投资者权益保护工作。

(十七)网络与信息安全。从业机构应当切实提升技术安全水平,妥善保管客户资料和交易信息,不得非法买卖、泄露客户个人信息。人民银行、银监会、证监会、保监会、工业和信息化部、公安部、国家互联网信息办公室分别负责对相关从业机构的网络与信息安全保障进行监管,并制定相关监管细则和技术安全标准。

(十八)反洗钱和防范金融犯罪。从业机构应当采取有效措施识别客户身份,主动监测并报告可疑交易,妥善保存客户资料和交易记录。从业机构有义务按照有关规定,建立健全有关协助查询、冻结的规章制度,协助公安机关和司法机关依法、及时查询、冻结涉案财产,配合公安机关和司法机关做好取证和执行工作。坚决打击涉及非法集资等互联网金融犯罪,防范金融风险,维护金融秩序。金融机构在和互联网企业开展合作、代理时应根据有关法律和规定签订包括反洗钱和防范金融犯罪要求的合作、代理协议,并确保不因合作、代理关系而降低反洗钱和金融犯罪执行标准。人民银行牵头负责对从业机构履行反洗钱义务进行监管,并制定相关监管细则。打击互联网金融犯罪工作由公安部牵头负责。

(十九)加强互联网金融行业自律。充分发挥行业自律机制在规范从业机构市场行为和保护行业合法权益等方面的积极作用。人民银行会同有关部门,组建中国互联网金融协会。协会要按业务类型,制订经营管理规则和行业标准,推动机构之间的业务交流和信息共享。协会要明确自律惩戒机制,提高行业规则和标准的约束力。强化守法、诚信、自律意识,树立从业机构服务经济社会发展的正面形象,营造诚信规范发展的良好氛围。

(二十)监管协调与数据统计监测。各监管部门要相互协作、形成合力,充分发挥金融监管协调部际联席会议制度的作用。人民银行、银监会、证监会、保监会应当密切关注互联网金融业务发展及相关风险,对监管政策进行跟踪评估,适时提出调整建议,不断总结监管经验。财政部负责互联网金融从业机构财务监管政策。人民银行会同有关部门,负责建立和完善互联网金融数据统计监测体系,相关部门按照监管职责分工负责相关互联网金融数据统计和监测工作,并实现统计数据和信息共享。

8. 最高人民法院《关于进一步加强金融审判工作的若干意见》(法发〔2017〕22号)

金融是国家重要的核心竞争力,金融安全是国家安全的重要组成部分,金融制度是经济社会发展中重要的基础性制度。为充分发挥人民法院金融审判职能作用,促进经济和金融良性循环、健康发展,现提出以下指导意见。

一、统一思想,提高认识,深入学习贯彻习近平总书记在全国金融工作会议上的重要讲话精神

习近平总书记在第五次全国金融工作会议上发表的重要讲话,科学回答了我国金融改革发展稳定中的重大理论和实践问题,具有很强的思想性、指导性、实践性,为做好新形势下金融工作提供了根本遵循，为人民法院金融审判工作指明了方向。全国各级人民法院要深入学习贯彻会议精神，切实把思想和行动统一到以习近平同志为核心的党中央对金融工作的形势分析判断和决策部署上来，牢牢坚持党对金融工作的统一领导，紧紧围绕服务实体经济、防控金融风险、深化金融改革3项任务，积极稳妥开展金融审判工作，切实维护国家金融安全，促进经济和金融良性循环、健康发展。

二、以服务实体经济作为出发点和落脚点，引导和规范金融交易

1. 遵循金融规律，依法审理金融案件。以金融服务实体经济为价值本源，依法审理各类金融案件。对于能够实际降低交易成本，实现普惠金融，合法合规的金融交易模式依法予以保护。对以金融创新为名掩盖金融风险、规避金融监管、进行制度套利的金融违规行为，要以其实际构成的法律关系确定其效力和各方的权利义务。对于以金融创新名义非法吸收公众存款或者集资诈骗，构成犯罪的，依法追究刑事责任。

2. 严格依法规制高利贷，有效降低实体经济的融资成本。金融借款合同的借款人以贷款人同时主张的利息、复利、罚息、违约金和其他费用过高，显著背离实际损失为由，请求对总计超过年利率24%的部分予以调减的，应予支持，以有效降低实体经济的融资成本。规范和引导民间融资秩序，依法否定民间借贷纠纷案件中预扣本金或者利息、变相高息等规避民间借贷利率司法保护上限的合同条款效力。

3. 依法认定新类型担保的法律效力，拓宽中小微企业的融资担保方式。丰富和拓展中小微企业的融资担保方式，除符合合同法第52条规定的合同无效情形外，应当依法认定新类型担保合同有效；符合物权法有关担保物权的规定的，还应当依法认定其物权效力，以增强中小微企业融资能力，有效缓解中小微企业融资难、融资贵问题。

4. 规范和促进直接服务实体经济的融资方式，拓宽金融对接实体经济的渠道。依法保护融资租赁、保理等金融资本与实体经济相结合的融资模式，支持和保障金融资本服务实体经济。对名为融资租赁合同、保理合同，实为借款合同的，应当按照实际构成的借款合同关系确定各方的权利义务，防范当事人以预扣租金、保证金等方式变相抬高实体经济融资成本。

5. 优化多层次资本市场体系的法治环境，满足多样化金融需求。依法审理证券、期货民商事纠纷案件，规范资本市场投融资秩序，引导把更多金融资源配置到经济社会发展的重点领域和薄弱环节，更好满足实体经济多样化的金融需求。

6. 准确适用保险法，促进保险业发挥长期稳健风险管理和保障的功能。妥善审理保险合同纠纷案件，依法保障各方当事人利益。充分发挥保险制度的核心功能，管理和分散实体经济运行中的自然灾害、意外事故、法律责任以及信用等风险。依法规范保险合同纠纷当事人、保险中介等各类市场主体行为，防范不同主体的道德风险，构建保险诚信法治体系。

7. 依法审理互联网金融纠纷案件，规范发展互联网金融。依法认定互联网金融所涉具体法律关系，据此确定各方当事人的权利义务。准确界定网络借贷信息中介机构与网络借贷合同当事人之间的居间合同关系。网络借贷信息中介机构与出借人以居间费用形式规避民间借贷利率司法保护上限规定的，应当认定无效。依法严厉打击涉互联网金融或者以互联网金融名义进行的违法犯罪行为，规范和保障互联网金融健康发展。

8. 加强新类型金融案件的研究和应对，统一裁判尺度。高度关注涉及私募股权投资、委托理财、资产管理等新类型金融交易的案件，严格按照合同法、公司法、合伙企业法、信托法等法律规范，确定各方当事人的权利义务。发布指导性案例，通过类案指导，统一裁判尺度。

9. 依法规制国有企业的贷款通道业务，防范无金融资质的国有企业变相从事金融业务。无金融资质的国有企业变相从事金融业务，套取金融机构信贷资金又高利转贷的，应当根据《最高人民法院关于审理民间借贷案件适用法律若干问题的规定》第14条的规定，依法否定其放贷行为的法律效力,并通过向相应的主管部门提出司法建议等方式,遏制国有企业的贷款通道业务,引导其回归实体经济。

10. 依法打击资金掮客和资金融通中的违法犯罪行为,有效规范金融秩序。对于民间借贷中涉及商业银行工作人员内外勾结进行高利转贷、利益输送,或者金融机构工作人员违法发放贷款,以及公司、企业在申请贷款过程中虚构事实、隐瞒真相骗取贷款、实施贷款诈骗构成犯罪的,依法追究刑事责任。

三、有效防范化解金融风险,切实维护金融安全

11. 依法处置"僵尸企业"推动经济去杠杆。加强破产审判工作和体制机制建设,充分发挥破产程序在依法处置"僵尸企业"中的制度功能。对于已不具备市场竞争力和营运价值的"僵尸企业",及时进行破产清算,有序退出市场,切实减少无效供给、化解过剩产能、释放生产要素、降低企业杠杆率,为深化供给侧结构性改革提供有力的司法服务和保障。

12. 充分发挥破产重整制度的拯救功能,促进有价值的危困企业再生。健全完善破产企业识别机制,对于虽然丧失清偿能力,但仍能适应市场需要、具有营运价值的企业,要综合运用破产重整、和解制度手段进行拯救,优化资源配置,实现企业再生。破产重整程序要坚持市场化导向,更加重视重整中的营业整合和资产重组,严格依法审慎适用重整计划强制批准权。

13. 积极预防破产案件引发金融风险,维护社会稳定。依法审慎处理可能引发金融风险、影响社会稳定的破产案件,特别是涉及相互、连环担保以及民间融资、非法集资的企业破产案件,避免引发区域性风险和群体性事件。进一步完善上市公司、金融机构等特定主体的破产制度设计,预防个案引发系统性金融风险。严格审查破产程序中的恶意逃废债务行为。依法适用关联企业合并破产、行使破产撤销权和取回权等手段,查找和追回债务人财产。对于隐匿、故意销毁会计账册、会计凭证,拒不执行法院判决、裁定等犯罪行为,依法追究刑事责任。

14. 依法保护金融债权,提升金融债权实现效率。依法打击逃废金融债权的行为,明确责任主体和责任范围,切实保护金融债权。根据具体金融借款合同纠纷案件的特点,分别适用普通程序、简易程序、特别程序、督促程序等不同程序,提高审判效率。有效发挥具有强制执行效力的公证书的作用,降低金融债权实现成本。

15. 依法审理票据纠纷案件,妥善化解票据风险。认真研究应对因违法票据融资行为可能引发的金融风险,准确适用票据法审理票据纠纷案件,有效防范和遏制票据风险,促进票据市场安全稳定发展。

16. 依法审理金融不良债权案件,保障金融不良债权依法处置。加强研究新形势下金融不良债权处置过程中出现的新情况新问题,统一裁判标准,促进金融不良债权处置的市场化、法治化进程。

17. 持续保持对非法集资犯罪打击的高压态势,有效维护社会稳定。依法公正高效审理非法集资案件,严厉打击非法集资犯罪行为。针对非法集资犯罪案件参与人数多、涉案金额大、波及面广、行业和区域相对集中的特点,加强与职能机关、地方政府的信息沟通和协调配合,提升处置效果,切实保障被害人的合法权益,有效维护社会稳定。

18. 依法保障房地产市场平稳健康发展,防范房地产市场的金融风险传导。高度重视房地产市场波动对金融债权的影响,依法妥善审理相关案件,有效防范房地产市场潜在风险对金融稳定和金融安全的传导与冲击。统一借名买房等规避国家房产限购政策的合同效力的裁判标准,引导房产交易回归居住属性。

19. 依法严厉惩治证券犯罪行为,维护资本市场秩序。依法审理欺诈发行股票、债券案件,违规披露、不披露重要信息案件,内幕交易案件,利用未公开信息交易案件和操纵证券、期货市场案件,防范和化解资本市场的系统性风险,促进资本市场的持续健康发展。

20. 加强投资者民事权益的司法保护，维护投资者的财产安全。依法审理证券市场虚假陈述、内幕交易、操纵市场的民事案件，保障证券投资者的合法权益。支持证券投资者保护机构以诉讼代表人的身份接受投资者委托提起诉讼或者提供专门法律服务，拓展投资者维权方式。探索建立证券侵权民事诉讼领域的律师调查令制度，提高投资者的举证能力。依法充分运用专家证人、专家陪审员制度，扩充证券案件审理的知识容量和审理深度，提高证券案件审判的专业性和公信力。引导金融产品提供者及服务提供者切实履行投资者适当性审查义务、信息披露义务和最大损失揭示义务，依法维护投资者的正当权益。

21. 规范整治地方交易场所的违法交易行为，防范和化解区域性金融风险。对地方交易场所未经许可或者超越经营许可范围开展的违法违规交易行为，要严格依照相关法律和行政法规的禁止性规定，否定其法律效力，明确交易场所的民事责任。切实加强涉地方交易场所案件的行政处置工作与司法审判工作的衔接，有效防范区域性金融风险。

22. 依法审理涉地方政府债务纠纷案件，防范地方政府债务风险。依法认定政府违法提供担保的法律责任，规范政府行为。依法认定地方政府利用平台公司融资、政府和社会资本合作(PPP)、投资基金、购买服务等方式变相举债作出的行政行为或者签订的行政协议的性质、效力和责任，明确裁判规则，划出责任边界，有效防范地方政府债务风险的集聚。

23. 依法审理涉外投资案件，加强外部金融风险的防范应对。加强对“一带一路”战略下跨境投资的金融安全与金融风险问题的研究应对，准确认定规避国家外汇管制政策的跨境投资行为的法律效力。

四、依法服务和保障金融改革，建立和完善适应金融审判工作需要的新机制

24. 支持金融监管机构依法履职，监督和促进金融监管机构依法行政。紧密配合金融改革和金融监管机构调整的要求，维护金融监管机构依法履行监管职责。依法审理涉及金融监管机构履行行政许可和审批、作出行政处罚和处理、公开政府信息及不履行法定职责等方面的各类行政案件，积极推动、监督和支持金融监管机构依法行政。

25. 加强与金融监管机构的协调配合，推动完善金融法治体系。探索建立人民法院与金融监管机构之间的沟通机制，定期通报涉及金融风险防范与金融安全的重要案件情况，强化金融监管和金融审判的衔接配合，推动形成统一完善的金融法治体系。

26. 有效引入外部资源，探索完善金融案件的多元化纠纷解决机制。推广证券期货行业、保险行业的诉讼与调解对接机制的成功经验，联合相关金融监管机构、行业协会和投资者保护机构，发挥专业资源优势，防范和化解金融纠纷。进一步畅通当事人的诉求表达和权利救济渠道，通过立案前委派调解、立案后委托调解等方式，促进金融纠纷依法、公正、高效解决，有效维护各方当事人的合法权益。

27. 建立金融审判信息平台，不断提升金融审判的信息化水平。结合“智慧法院”建设，探索建立金融审判信息平台，研究建立以金融机构为当事人的民商事案件信息管理系统，实时反映金融机构涉诉信息。建立重大金融案件的信息专报制度，及时研究应对措施，有效防范金融风险的传导和扩大。充分挖掘运用司法大数据，加强对金融案件的审判管理和分析研判，定期形成金融审判大数据分析报告，研究解决具有普遍性、趋势性的法律问题，为区域性、行业性、系统性金融风险的防范预警和重大决策提供信息支持。

五、加强司法能力建设，不断提升金融审判的专业化水平

28. 根据金融案件特点，探索建立专业化的金融审判机构。根据金融机构分布和金融案件数量情况，在金融案件相对集中的地区选择部分法院设立金融审判庭，探索实行金融案件的集中管辖。在其他金融案件较多的中级人民法院，可以根据案件情况设立专业化的金融审判庭或者金融审判合议庭。

29. 加强金融审判队伍的专业化建设,为金融审判提供人才保障。充实各级人民法院的金融审判队伍,完善与金融监管机构交流挂职、联合开展业务交流等金融审判专业人才的培养机制,有针对性地开展金融审判专题培训,努力造就一支既懂法律、又懂金融的高素质金融审判队伍,不断提升金融审判的专业化水平。

30. 加强金融司法研究,推动金融法治理论与金融审判实践的深度融合。加强与学术机构、高等院校的合作,围绕金融审判实务问题,深入开展金融审判的理论研究,为金融审判提供智力支持。

9. 最高人民检察院《关于充分发挥检察职能服务保障“六稳”“六保”的意见》(高检发〔2020〕10号)

5. 依法惩治破坏金融管理秩序犯罪。

深刻认识“稳金融”在“六稳”“六保”中的重要支撑和促进作用,依法惩治金融犯罪,切实维护金融安全。一是加大对证券期货领域金融犯罪的惩治力度。依法“全链条”从严追诉欺诈发行股票、债券,违规披露、不披露重要信息和提供虚假证明文件等扰乱资本市场秩序、侵害投资者利益的犯罪行为,既追究惩治具体实施造假的公司、企业,又追究惩治组织、指使造假的控股股东、实际控制人,同时还要追究惩治帮助造假的中介组织,全面落实对资本市场违法犯罪“零容忍”的要求。二是依法从严惩治严重扰乱金融秩序犯罪。严惩不法分子借互联网金融名义实施的非法吸收公众存款、集资诈骗等犯罪,从严追诉组织者、领导者。按照依法追缴、应追尽追、鼓励退赔、统一返还等原则,持续推进非法集资涉案财物追缴处置工作,配合有关部门最大限度追赃挽损,最大限度减少集资参与人的实际损失。三是加大惩治洗钱犯罪的力度。切实转变“重上游犯罪,轻洗钱犯罪”的做法,办理上游犯罪案件时要同步审查是否涉嫌洗钱犯罪,上游犯罪共犯以及掩饰、隐瞒犯罪所得、非法经营地下钱庄等行为同时构成洗钱罪的,择一重罪依法从严追诉。(全文详见本书《刑法》第2条相关内容)

10. 最高人民法院《关于为创业板改革并试点注册制提供司法保障的若干意见》(法发〔2020〕28号)

推进创业板改革并试点注册制,是中央全面深化资本市场改革、完善资本市场基础制度、提升资本市场功能的重要安排,也是落实创新关于建立教职员工准入查询驱动发展战略、支持深圳建设中国特色社会主义先行示范区、助推粤港澳大湾区建设的重大举措。为充分发挥人民法院审判职能作用,保障创业板改革并试点注册制顺利推进,保护投资者合法权益,现就人民法院正确审理与创业板相关案件等问题,提出如下意见。

一、切实提高认识,增强为创业板改革并试点注册制提供司法保障的自觉性

1. 充分认识推进创业板改革并试点注册制的重要意义。认真贯彻中央关于“双区驱动”战略和全面深化资本市场改革的各项决策部署,以贯彻证券法为契机,依法妥善审理与创业板有关的各类案件,为加快形成融资功能完备、基础制度扎实、市场监管有效、投资者合法权益得到有效保护的多层次资本市场体系营造良好的司法环境。

2. 准确把握创业板改革并试点注册制的总体安排。本次改革是在借鉴科创板改革经验基础上对创业板进行的系统性改革工程,改革思路核心是“一条主线”“三个统筹”。“一条主线”,即实施以信息披露为核心的股票发行注册制,提高透明度和真实性,由投资者自主进行价值判断,真正把选择权交给市场。“三个统筹”:一是统筹推进创业板改革与多层次资本市场体系建设,坚持创业板与其他板块错位发展,创业板主要服务成长型创新创业企业,支持传统产业与新技术、新产业、新业态、新模式深度融合。二是统筹推进试点注册制与其他基础制度建设,对创业板发行、上市、信息披露、交易、退市等基础性制度实施一揽子改革措施,增强对创新创业企业的服务能力。三是统筹推进增量改革与存量改革,包容存量,稳定存量上市公司和投资者预期。各级人民法院要立足证券刑事、民事和行政审判实际,找准工作切入点,通过司法审判推动形成市场参与各方依法履职、归位尽责及合法权益得到有效保护的良好市场生态,为投资者放心投资、市场主体大胆创新创业提供有力司法保障。

二、积极主动作为,依法保障创业板改革并试点注册制顺利推进

3. 对实行注册制创业板上市公司所涉有关证券民商事案件试点集中管辖。按照改革安排,深圳证券交易所履行创业板股票发行审核职责。为统一裁判标准,保障创业板改革并试点注册制顺利推进,对在创业板以试点注册制首次公开发行股票并上市公司所涉证券发行纠纷、证券承销合同纠纷、证券上市保荐合同纠纷、证券上市合同纠纷和证券欺诈责任纠纷等第一审民商事案件,由广东省深圳市中级人民法院试点集中管辖。

4. 保障证券监管部门和证券交易所依法实施行政监管和自律监管。推进创业板改革并试点注册制,除在前端进行发行上市制度改革外,证券监管部门和证券交易所还需对再融资、并购重组、交易、退市等与之相配套的制度进行完善。各级人民法院要立足司法审判,通过统一法律适用保障各项改革举措有效实施。对于证券监管部门、证券交易所经法定程序制定的、与法律法规不相抵触的创业板发行、上市、持续监管等规章、规范性文件和业务规则的相关规定,人民法院可以在审理案件时依法参照适用。对于证券交易所所涉行政与民事纠纷,要积极引导当事人先行通过证券交易所听证、复核等程序表达诉求,寻求救济。严格执行证券法有关保障证券交易所履行自律管理职能的有关规定,依法落实证券交易所正当自律监管行为民事责任豁免原则。

5. 全面参照执行科创板司法保障意见的各项司法举措。为服务保障在上海证券交易所设立科创板并试点注册制改革,最高人民法院制定了专门司法文件,提出了17条专门司法保障举措。本次创业板改革,充分借鉴和吸收了设立科创板并试点注册制改革的各项制度。各级人民法院在审理涉创业板相关案件时,要增强为创业板改革并试点注册制提供司法保障的自觉性和主动性,本意见未规定的,参照适用《最高人民法院关于为设立科创板并试点注册制改革提供司法保障的若干意见》(法发〔2019〕17号)。为更好地发挥司法政策对注册制改革的保障作用,科创板司法保障意见未规定的,人民法院也可以在审理涉科创板相关案件时参照适用本意见规定。

三、做到"零容忍",依法提高市场主体违法违规成本

6. 依法从严惩处证券犯罪活动。全面落实对资本市场违法犯罪行为"零容忍"要求,全力配合全国人大常委会做好《中华人民共和国刑法修正案(11)》立法修改工作,支持依法加大对欺诈发行股票、债券罪,违规披露、不披露重要信息罪以及提供虚假证明文件罪追究刑事责任的力度,做好新旧法适用衔接工作。依法加大惩治证券违法犯罪力度,依法从严惩处在创业板申请发行、注册等各环节滋生的各类欺诈和腐败犯罪。对于发行人与中介机构合谋串通在证券发行文件中隐瞒重要事实或者编造重大虚假内容,以及发行审核、注册工作人员以权谋私、收受贿赂或者接受利益输送的,依法从严追究刑事责任;依法从严惩处违规披露、不披露重要信息、内幕交易、利用未公开信息交易、操纵证券市场、背信损害上市公司利益等金融犯罪分子,严格控制缓刑适用,依法加大罚金刑等经济制裁力度。及时修改完善内幕交易等相关司法解释和司法政策,适时发布人民法院从严惩处证券犯罪典型案例,充分发挥刑事责任追究的一般预防和特殊预防功能。

7. 依法判令违法违规主体承担以信息披露为核心的证券民事责任。在证券民商事案件审理中,要严格执行证券法关于民事责任承担的规定,厘清不同责任主体对信息披露的责任边界,区分不同阶段信息披露的不同要求,严格落实发行人及其控股股东、实际控制人等相关人员信息披露的第一责任和证券中介机构保护投资者利益的核查把关责任。在审理涉创业板上市公司虚假陈述案件时,司法审查的信息披露文件不仅包括招股说明书、定期报告、临时报告、公司债券募集说明书、重组报告书等常规信息披露文件,也包括信息披露义务人对审核问询的每一项答复和公开承诺。发行人在其公告的证券发行文件中隐瞒重要事实或者编造重大虚假内容的,应当依法判令承担欺诈发行民事责任。准确把握保荐人对发行人上市申请文件等信息披露资料进行全面核查验证的注意义务标准,在证券服务机构履行特别注意义务的基础上,保荐人仍应对发行人的经营情况和风险进行客观中立的实质验证,否则不能满足免责的举证标准,以进一步压实证券中介机构责任。严格落实证券法第220条的规定,违法违规主体的财产不足以支付全部民事赔偿款和缴纳罚款、罚金、违法所得时,其财产优先用于承担民事赔偿责任。

四、坚持改革创新,依法有效保护投资者合法权益

8. 依法保障证券集体诉讼制度落地实施。人民法院是贯彻落实证券法证券集体诉讼制度的责任主体,要认真遵照执行《最高人民法院关于证券纠纷代表人诉讼若干问题的规定》(法释〔2020〕5号),充分发挥证券集体诉讼震慑证券违法和保护投资者的制度功能。在司法办案中,要立足于畅通投资者维权渠道和降低投资者维权成本两大价值导向,鼓励进一步细化和完善证券代表人诉讼各项程序安排。大力开展证券审判信息化建设,通过信息化手段实现证券案件网上无纸化立案,依托信息平台开展代表人诉讼公告、权利登记、代表人推选等群体性诉讼事项;依法加强与证券交易登记数据的信息对接,为损失赔偿数额计算、赔偿款项发放等提供支持,提高办案效率。进一步加强与证券监管部门、投资者保护机构的沟通协调,依法保障投资者保护机构参加特别代表人诉讼的地位和权利,依法维护被代表投资者的合法权利,确保特别代表人诉讼程序行稳致远。

9. 持续深化证券期货纠纷多元化解机制建设。依托人民法院一站式多元解纷平台机制作用,完善有机衔接、协调联动、高效便民的证券纠纷多元化解机制。通过诉调对接、先行赔付的方式及时化解证券纠纷,依法保障当事人的合法权益。完善示范判决机制,简化平行案件的审理,持续健全"示范判决+委托调解"机制。强化证券纠纷在线调解,加强与证券调解组织的协同配合,构建立体化、多维度的纠纷解决机制。

10. 依法妥善处理好创业板改革新旧制度衔接问题。与科创板新设立不同,本次创业板改革并试点注册制在交易制度、投资者适当性制度以及退市制度方面的改革,与创业板存量投资者和上市公司的利益密切相关。人民法院要准确把握创业板改革中存量与增量的关系,尊重创业板新旧制度衔接的制度规则,审慎评估、依法处理新旧制度衔接过程中可能产生的纠纷,保障创业板注册制改革的平稳实施。认真研究创业板改革过程中因公司治理、并购重组等引发的新情况、新问题,切实维护市场秩序,保护投资者合法权益。

11.《中华人民共和国刑法修正案(11)》(2020年12月26日第十三届全国人大常委会第二十四次会议通过)

八、将刑法第160条修改为:"在招股说明书、认股书、公司、企业债券募集办法等发行文件中隐瞒重要事实或者编造重大虚假内容,发行股票或者公司、企业债券、存托凭证或者国务院依法认定的其他证券,数额巨大、后果严重或者有其他严重情节的,处5年以下有期徒刑或者拘役,并处或者单处罚金;数额特别巨大、后果特别严重或者有其他特别严重情节的,处5年以上有期徒刑,并处罚金。

"控股股东、实际控制人组织、指使实施前款行为的,处5年以下有期徒刑或者拘役,并处或者单处非法募集资金金额20%以上1倍以下罚金;数额特别巨大、后果特别严重或者有其他特别严重情节的,处5年以上有期徒刑,并处非法募集资金金额20%以上1倍以下罚金。

"单位犯前两款罪的,对单位判处非法法募集资金金额20%以上1倍以下罚金,并对其直接负责的主管人员和其他直接责任人员,依照第1款的规定处罚。"

(原条文:在招股说明书、认股书、公司、企业债券募集办法中隐瞒重要事实或者编造重大虚假内容,发行股票或者公司、企业债券,数额巨大、后果严重或者有其他严重情节的,处5年以下有期徒刑或者拘役,并处或者单处非法募集资金金额1%以上5%以下罚金。

单位犯前款罪的,对单位判处罚金,并对其直接负责的主管人员和其他直接责任人员,处5年以下有期徒刑或者拘役。)

12. 最高人民法院《关于执行〈中华人民共和国刑法〉确定罪名的补充规定(7)》(法释〔2021〕2号)

(全文详见本书《刑法》第133条之二相关内容)

13. 最高人民检察院、公安部《关于公安机关管辖的刑事案件立案追诉标准的规定(2)》(公通字〔2022〕12号)

(见本条立案追诉标准内容)

第161条 【违规披露、不披露重要信息罪】 依法负有信息披露义务的公司、企业向股东和社会公众提供虚假的或者隐瞒重要事实的财务会计报告,或者对依法应当披露的其他重要信息不按照规定披露,严重损害股东或者其他人利益,或者有其他严重情节的,对其直接负责的主管人员和其他直接责任人员,处5年以下有期徒刑或者拘役,并处或者单处罚金;情节特别严重的,处5年以上10年以下有期徒刑,并处罚金。

前款规定的公司、企业的控股股东、实际控制人实施或者组织、指使实施前款行为的,或者隐瞒相关事项导致前款规定的情形发生的,依照前款的规定处罚。

犯前款罪的控股股东、实际控制人是单位的,对单位判处罚金,并对其直接负责的主管人员和其他直接责任人员,依照第1款的规定处罚。

(本条《中华人民共和国刑法修正案(6)》第1次修改;《中华人民共和国刑法修正案(11)》第2次修改)

• 释义

违规披露、不披露重要信息罪是指依法负有信息披露义务的公司、企业,向股东和社会公众提供虚假的或者隐瞒重要事实的财务会计报告,或者对依法应当披露的其他重要信息不按照规定披露,严重损害股东或者其他人利益,或者有其他严重情节的行为。

• 管辖

公安机关经济犯罪侦查部门。

• 立案追诉标准

依法负有信息披露义务的公司、企业向股东和社会公众提供虚假的或者隐瞒重要事实的财务会计报告,或者对依法应当披露的其他重要信息不按照规定披露,涉嫌下列情形之一的,应予立案追诉:

(一)造成股东、债权人或者其他人直接经济损失数额累计在100万元以上的;

(二)虚增或者虚减资产达到当期披露的资产总额30%以上的;

(三)虚增或者虚减营业收入达到当期披露的营业收入总额30%以上的;

(四)虚增或者虚减利润达到当期披露的利润总额30%以上的;

(五)未按照规定披露的重大诉讼、仲裁、担保、关联交易或者其他重大事项所涉及的数额或者连续12个月的累计数额达到最近一期披露的净资产50%以上的；

（六）致使不符合发行条件的公司、企业骗取发行核准或者注册并且上市交易的；

（七）致使公司、企业发行的股票或者公司、企业债券、存托凭证或者国务院依法认定的其他证券被终止上市交易的；

（八）在公司财务会计报告中将亏损披露为盈利，或者将盈利披露为亏损的；

（九）多次提供虚假的或者隐瞒重要事实的财务会计报告，或者多次对依法应当披露的其他重要信息不按照规定披露的；

（十）其他严重损害股东、债权人或者其他人利益，或者有其他严重情节的情形。

• 关联法律

1. 最高人民法院《关于如何认定国有控股参股股份有限公司中的国有公司、企业人员的解释》（法释〔2005〕10号）

（详见本书《刑法》第158条相关内容）

2.《中华人民共和国刑法修正案（6）》（2006年6月29日第十届全国人大常委会第二十二次会议通过）第5条

五、将刑法第161条修改为："依法负有信息披露义务的公司、企业向股东和社会公众提供虚假的或者隐瞒重要事实的财务会计报告，或者对依法应当披露的其他重要信息不按照规定披露，严重损害股东或者其他人利益，或者有其他严重情节的，对其直接负责的主管人员和其他直接责任人员，处3年以下有期徒刑或者拘役，并处或者单处2万元以上20万元以下罚金。"

（1997年《刑法》原条文：公司向股东和社会公众提供虚假的或者隐瞒重要事实的财务会计报告，严重损害股东或者其他人利益的，对其直接负责的主管人员和其他直接责任人员，处3年以下有期徒刑或者拘役，并处或者单处2万元以上20万元以下罚金。）

3. 最高人民检察院、公安部《关于公安机关管辖的刑事案件立案追诉标准的规定（2）》（公通字〔2010〕23号）第6条

（公通字〔2022〕12号已声明该文件废止）

4. 最高人民法院、最高人民检察院、公安部、中国证监会《关于办理证券期货违法犯罪案件工作若干问题的意见》（证监发〔2011〕30号）

（详见本书《刑法》第160条相关内容）

5. 最高人民法院、最高人民检察院《关于贯彻执行〈关于办理证券期货违法犯罪案件工作若干问题的意见〉有关问题的通知》（法发〔2012〕8号）

（详见本书《刑法》第160条相关内容）

6. 最高人民法院《关于进一步加强金融审判工作的若干意见》（法发〔2017〕22号）

（详见本书《刑法》第160条相关内容）

7. 最高人民检察院《第17批指导性案例博元投资股份有限公司、余某妮等人违规披露、不披露重要信息案》（检例第66号；2020年3月25日）

【要旨】

刑法规定违规披露、不披露重要信息罪只处罚单位直接负责的主管人员和其他直接责任人员，不处罚单位。公安机关以本罪将单位移送起诉的，检察机关应当对单位直接负责的主管人员及其他直接责任人员提起公诉，对单位依法作出不起诉决定。对单位需要给予行政处罚的，检察机关应当提出检察意见，移送证券监督管理部门依法处理。

【指导意义】

1. 违规披露、不披露重要信息犯罪不追究单位的刑事责任。上市公司依法负有信息披露

义务,违反相关义务的,刑法规定了相应的处罚。由于上市公司所涉利益群体的多元性,为避免中小股东利益遭受双重损害,刑法规定对违规披露、不披露重要信息罪只追究直接负责的主管人员和其他直接责任人员的刑事责任,不追究单位的刑事责任。刑法第162条妨害清算罪、第162条之二虚假破产罪、第185条之一违法运用资金罪等也属于此种情形。对于此类犯罪案件,检察机关应当注意审查公安机关移送起诉的内容,区分刑事责任边界,准确把握追诉的对象和范围。2.刑法没有规定追究单位刑事责任的,应当对单位作出不起诉决定。对公安机关将单位一并移送起诉的案件,如果刑法没有规定对单位判处刑罚,检察机关应当对构成犯罪的直接负责的主管人员和其他直接责任人员依法提起公诉,对单位应当不起诉。鉴于刑事诉讼法没有规定与之对应的不起诉情形,检察机关可以根据刑事诉讼法规定的最相近的不起诉情形,对单位作出不起诉决定。3.对不追究刑事责任的单位,人民检察院应当依法提出检察意见督促有关机关追究行政责任。不追究单位的刑事责任并不表示单位不需要承担任何法律责任。检察机关不追究单位刑事责任,容易引起当事人、社会公众产生单位对违规披露、不披露重要信息没有任何法律责任的误解。由于违规披露、不披露重要信息行为,还可能产生上市公司强制退市等后果,这种误解还会进一步引起当事人、社会公众对证券监督管理部门、证券交易所采取措施的质疑,影响证券市场秩序。检察机关在审查起诉时,应当充分考虑办案效果,根据证券法等法律规定认真审查是否需要对单位给予行政处罚;需要给予行政处罚的,应当及时向证券监督管理部门提出检察意见,并进行充分的释法说理,消除当事人、社会公众因检察机关不追究可能产生的单位无任何责任的误解,避免对证券市场秩序造成负面影响。

8.最高人民检察院《关于充分发挥检察职能服务保障“六稳”“六保”的意见》(高检发〔2020〕10号)

(详见本书《刑法》第160条相关内容)

9.最高人民法院《关于为创业板改革并试点注册制提供司法保障的若干意见》(法发〔2020〕28号)

三、做到“零容忍”,依法提高市场主体违法违规成本

6.依法从严惩处证券犯罪活动。全面落实对资本市场违法犯罪行为“零容忍”要求,全力配合全国人大常委会做好《中华人民共和国刑法修正案(11)》立法修改工作,支持依法加大对欺诈发行股票、债券罪,违规披露、不披露重要信息罪以及提供虚假证明文件罪追究刑事责任的力度,做好新旧法适用衔接工作。依法加大惩治证券违法犯罪力度,依法从严惩处在创业板申请发行、注册等各环节滋生的各类欺诈和腐败犯罪。对于发行人与中介机构合谋串通在证券发行文件中隐瞒重要事实或者编造重大虚假内容,以及发行审核、注册工作人员以权谋私、收受贿赂或者接受利益输送的,依法从严追究刑事责任;依法从严惩处违规披露、不披露重要信息、内幕交易、利用未公开信息交易、操纵证券市场、背信损害上市公司利益等金融犯罪分子,严格控制缓刑适用,依法加大罚金刑等经济制裁力度。及时修改完善内幕交易等相关司法解释和司法政策,适时发布人民法院从严惩处证券犯罪典型案例,充分发挥刑事责任追究的一般预防和特殊预防功能。(全文详见本书《刑法》第160条相关内容)

10.《中华人民共和国刑法修正案(11)》(2020年12月26日第十三届全国人大常委会第二十四次会议通过)

九、将刑法第161条修改为:“依法负有信息披露义务的公司、企业向股东和社会公众提供虚假的或者隐瞒重要事实的财务会计报告,或者对依法应当披露的其他重要信息不按照规定披露,严重损害股东或者其他人利益,或者有其他严重情节的,对其直接负责的主管人员和其他直接责任人员,处5年以下有期徒刑或者拘役,并处或者单处罚金;情节特别严重的,处5年以上10年以下有期徒刑,并处罚金。

"前款规定的公司、企业的控股股东、实际控制人实施或者组织、指使实施前款行为的，或者隐瞒相关事项导致前款规定的情形发生的，依照前款的规定处罚。

"犯前款罪的控股股东、实际控制人是单位的，对单位判处罚金，并对其直接负责的主管人员和其他直接责任人员，依照第 1 款的规定处罚。"

（原条文：依法负有信息披露义务的公司、企业向股东和社会公众提供虚假的或者隐瞒重要事实的财务会计报告，或者对依法应当披露的其他重要信息不按照规定披露，严重损害股东或者其他人利益，或者有其他严重情节的，对其直接负责的主管人员和其他直接责任人员，处 3 年以下有期徒刑或者拘役，并处或者单处 2 万元以上 20 万元以下罚金。）

11. 最高人民检察院、公安部《关于公安机关管辖的刑事案件立案追诉标准的规定（2）》（公通字〔2022〕12 号）

（见本条立案追诉标准内容）

第 162 条 【妨害清算罪】 公司、企业进行清算时，隐匿财产，对资产负债表或者财产清单作虚伪记载或者在未清偿债务前分配公司、企业财产，严重损害债权人或者其他人利益的，对其直接负责的主管人员和其他直接责任人员，处 5 年以下有期徒刑或者拘役，并处或者单处 2 万元以上 20 万元以下罚金。

• 释义

妨害清算罪是指公司、企业进行清算时，隐匿财产，对资产负债表或者财产清单做虚伪记载或者在未清偿债务前分配公司、企业财产，严重损害债权人或者其他人利益的行为。

• 管辖

公安机关经济犯罪侦查部门。

• 立案追诉标准

公司、企业进行清算时，隐匿财产，对资产负债表或者财产清单做虚伪记载或者在未清偿债务前分配公司、企业财产，涉嫌下列情形之一的，应予立案追诉：

（一）隐匿财产价值在 50 万元以上的；

（二）对资产负债表或者财产清单做虚伪记载涉及金额在 50 万元以上的；

（三）在未清偿债务前分配公司、企业财产价值在 50 万元以上的；

（四）造成债权人或者其他人直接经济损失数额累计在 10 万元以上的；

（五）虽未达到上述数额标准，但应清偿的职工的工资、社会保险费用和法定补偿金得不到及时清偿，造成恶劣社会影响的；

（六）其他严重损害债权人或者其他人利益的情形。

• 关联法律

1. 最高人民法院《关于如何认定国有控股参股股份有限公司中的国有公司、企业人员的解释》（法释〔2005〕10 号）

（详见本书《刑法》第 158 条相关内容）

2. 最高人民检察院、公安部《关于公安机关管辖的刑事案件立案标准的规定（2）》（公通字〔2010〕23 号）

（公通字〔2022〕12 号已声明该文件废止）

3. 最高人民检察院、公安部《关于公安机关管辖的刑事案件立案追诉标准的规定(2)》(公通字〔2022〕12号)

(见本条立案追诉标准内容)

第162条之一 【隐匿、故意销毁会计凭证、会计账簿、财务会计报告罪】 隐匿或者故意销毁依法应当保存的会计凭证、会计账簿、财务会计报告,情节严重的,处5年以下有期徒刑或者拘役,并处或者单处2万元以上20万元以下罚金。

单位犯前款罪的,对单位判处罚金,并对其直接负责的主管人员和其他直接责任人员,依照前款的规定处罚。

(本条《中华人民共和国刑法修正案》增加)

• **释义**

隐匿、故意销毁会计凭证、会计账簿、财务会计报告罪是指任何单位和个人在办理会计事务时隐匿或者故意销毁依法应当保存的会计凭证、会计账簿、财务会计报告,情节严重的行为。

• **管辖**

公安机关经济犯罪侦查部门。

• **立案追诉标准**

隐匿或者故意销毁依法应当保存的会计凭证、会计帐簿、财务会计报告,涉嫌下列情形之一的,应予立案追诉:

(一)隐匿、故意销毁的会计凭证、会计帐簿、财务会计报告涉及金额在50万元以上的;

(二)依法应当向监察机关、司法机关、行政机关、有关主管部门等提供而隐匿、故意销毁或者拒不交出会计凭证、会计帐簿、财务会计报告的;

(三)其他情节严重的情形。

• **关联法律**

1.《中华人民共和国刑法修正案》(1999年12月25日第九届全国人大常委会第十三次会议通过)

一、在第162条后增加1条,作为第162条之一:"隐匿或者故意销毁依法应当保存的会计凭证、会计账簿、财务会计报告,情节严重的,处5年以下有期徒刑或者拘役,并处或者单处2万元以上20万元以下罚金。

"单位犯前款罪的,对单位判处罚金,并对其直接负责的主管人员和其他直接责任人员,依照前款的规定处罚。"

2. 全国人大常委会法制工作委员会《关于对"隐匿、销毁会计凭证、会计账簿、财务会计报告构成犯罪的主体范围"问题的答复意见》(法工委复字〔2002〕3号)

审计署:你署2001年11月22日来函(审函〔2001〕126号)收悉,经研究,现答复如下:根据全国人大常委会1999年12月25日刑法修正案第1条的规定,任何单位和个人在办理会计事务时对依法应当保存的会计凭证、会计账簿、财务会计报告,进行隐匿、销毁,情节严重的,构成犯罪,应当依法追究其刑事责任。

根据刑事诉讼法第18条关于刑事案件侦查管辖的规定,除法律规定的特定案件由人民检察院立案侦查以外,其他刑事案件的侦查应由公安机关进行。隐匿、销毁会计凭证、会计账簿、财务会计报告,构成犯罪的,应当由公安机关立案侦查。

3. 公安部经济犯罪侦查局《关于对隐匿销毁会计资料罪有关问题请示的答复》(公经〔2002〕1605 号)

山东省公安厅经侦总队:你总队《关于对荣钦光张家峰隐匿、销毁会计资料案有关问题的请示》(鲁公经〔2002〕770 号)收悉。经研究,现答复如下,供参考:

一、根据 2002 年全国人大法制工作委员会对国家审计署有关请示的答复(〔2002〕3 号):隐匿、销毁会计凭证、会计账簿、财务会计报告,涉嫌犯罪的,应当由公安机关立案侦查。

二、根据《会计法》、《审计法》、《海关法》、《公司法》、《企业法》、《行政法》、《刑事诉讼法》等有关法律法规的规定,下列单位(人员)在执行公务中有权要求会计机构或会计人员提供会计资料:

1. 依法实施监督检查的财政、审计、税务、人民银行、证券监管、保险监管、监察、党的纪律检查机关等监督检查机关(部门);
2. 办理相关刑事案件的公安、司法机关;
3. 上级主管部门、人民政府及其授权机构;
4. 股东(大)会、董事会、监事会、职能监督部门或单位领导人、会计主管人员等;
5. 法律法规规定的其他部门。

4. 最高人民法院《关于如何认定国有控股参股股份有限公司中的国有公司、企业人员的解释》(法释〔2005〕10 号)

(详见本书《刑法》第 158 条相关内容)

5. 最高人民检察院、公安部《关于公安机关管辖的刑事案件立案追诉标准的规定(2)》(公通字〔2010〕23 号)

(公通字〔2022〕12 号已声明该文件废止)

6. 最高人民检察院、公安部《关于公安机关管辖的刑事案件立案追诉标准的规定(2)》(公通字〔2022〕12 号)

(见本条立案追诉标准内容)

第 162 条之二 【虚假破产罪】 公司、企业通过隐匿财产、承担虚构的债务或者以其他方法转移、处分财产,实施虚假破产,严重损害债权人或者其他人利益的,对其直接负责的主管人员和其他直接责任人员,处 5 年以下有期徒刑或者拘役,并处或者单处 2 万元以上 20 万元以下罚金。

• 释义

虚假破产罪是指公司、企业通过隐匿财产、承担虚构的债务或者以其他方法转移、处分财产,实施虚假破产,严重损害债权人或者其他人利益的行为。

(本条《中华人民共和国刑法修正案(6)》增加)

• 管辖

公安机关经济犯罪侦查部门。

• 立案追诉标准

公司、企业通过隐匿财产、承担虚构的债务或者以其他方法转移、处分财产,实施虚假破

产,涉嫌下列情形之一的,应予立案追诉:

(一)隐匿财产价值在50万元以上的;

(二)承担虚构的债务涉及金额在50万元以上的;

(三)以其他方法转移、处分财产价值在50万元以上的;

(四)造成债权人或者其他人直接经济损失数额累计在10万元以上的;

(五)虽未达到上述数额标准,但应清偿的职工的工资、社会保险费用和法定补偿金得不到及时清偿,造成恶劣社会影响的;

(六)其他严重损害债权人或者其他人利益的情形。

• 关联法律

1. 最高人民法院《关于如何认定国有控股参股股份有限公司中的国有公司、企业人员的解释》(法释〔2005〕10号)

(详见本书《刑法》第158条相关内容)

2.《中华人民共和国刑法修正案(6)》(2006年6月29日第十届全国人大常委会第二十二次会议通过)

六、在刑法第162条之一后增加1条,作为第162条之二:"公司、企业通过隐匿财产、承担虚构的债务或者以其他方法转移、处分财产,实施虚假破产,严重损害债权人或者其他人利益的,对其直接负责的主管人员和其他直接责任人员,处5年以下有期徒刑或者拘役,并处或者单处2万元以上20万元以下罚金。"

3. 最高人民检察院、公安部《关于公安机关管辖的刑事案件立案追诉标准的规定(2)》(公通字〔2010〕23号)

(公通字〔2022〕12号已声明该文件废止)

4. 最高人民检察院、公安部《关于公安机关管辖的刑事案件立案追诉标准的规定(2)》(公通字〔2022〕12号)

(见本条立案追诉标准内容)

第163条 【非国家工作人员受贿罪】 公司、企业或者其他单位的工作人员,利用职务上的便利,索取他人财物或者非法收受他人财物,为他人谋取利益,数额较大的,处3年以下有期徒刑或者拘役,并处罚金;数额巨大或者有其他严重情节的,处3年以上10年以下有期徒刑,并处罚金;数额特别巨大或者有其他特别严重情节的,处10年以上有期徒刑或者无期徒刑,并处罚金。

公司、企业或者其他单位的工作人员在经济往来中,利用职务上的便利,违反国家规定,收受各种名义的回扣、手续费,归个人所有的,依照前款的规定处罚。

国有公司、企业或者其他国有单位中从事公务的人员和国有公司、企业或者其他国有单位委派到非国有公司、企业以及其他单位从事公务的人员有前两款行为的,依照本法第385条、第386条的规定定罪处罚。

(本条《中华人民共和国刑法修正案(6)》第1次修改;《中华人民共和国刑法修正案(11)》第2次修改)

• 释义

非国家工作人员受贿罪是指公司、企业或者其他单位的工作人员利用职务上的便利,索取他人财物或者非法收受他人财物,为他人谋取利益,数额较大的行为,或者在经济往来中,利用职务上的便利,违反国家规定,收受各种名义的回扣、手续费,归个人所有的行为。

根据司法解释,医疗机构中的医务人员,利用开处方的职务便利,以各种名义非法收受药品、医疗器械、医用卫生材料等医药产品销售方财物,为医药产品销售方谋取利益,数额较大的;医疗机构中的非国家工作人员,在药品、医疗器械、医用卫生材料等医药产品采购活动中,利用职务上的便利,索取销售方财物,或者非法收受销售方财物,为销售方谋取利益,数额较大的行为;或者学校及其他教育机构中的教师,利用教学活动的职务便利,以各种名义非法收受教材、教具、校服或者其他物品销售方财物,为教材、教具、校服或者其他物品销售方谋取利益,数额较大的;学校及其他教育机构中的非国家工作人员,在教材、教具、校服或者其他物品的采购等活动中,利用职务上的便利,索取销售方财物,或者非法收受销售方财物,为销售方谋取利益,数额较大的行为;或者依法组建的评标委员会、竞争性谈判采购中谈判小组、询价采购中询价小组的组成人员,在招标、政府采购等事项的评标或者采购活动中,索取他人财物或者非法收受他人财物,为他人谋取利益,数额较大的行为,依本罪论处。刑法第163条、第164条规定的"公司、企业或者其他单位的人员",包括国有公司、企业以及其他国有单位中的非国家工作人员";"其他单位",既包括事业单位、社会团体、村民委员会、居民委员会、村民小组等常设性的组织,也包括为组织体育赛事、文艺演出或者其他正当活动而成立的组委会、筹委会、工程承包队等非常设性组织。

商业贿赂中的财物,既包括金钱和实物,也包括可以用金钱计算数额的财产性利益,如提供房屋装修、含有金额的会员卡、代币卡(券)、旅游费用等。具体数额以实际支付的资费为准。

收受银行卡的,不论受贿人是否实际取出或者消费,卡内的存款数额一般应全额认定为受贿数额。使用银行卡透支的,如果由给予银行卡的一方承担还款责任,透支数额也应认定为受贿数额。

• 管辖

公安机关经济犯罪侦查部门、监察机关(公职人员行使公权力过程中发生的犯罪案件)。

• 立案追诉标准

公司、企业或者其他单位的工作人员利用职务上的便利,索取他人财物或者非法收受他人财物,为他人谋取利益,或者在经济往来中,利用职务上的便利,违反国家规定,收受各种名义的回扣、手续费,归个人所有,数额在3万元以上的,应予立案追诉。

• 关联法律

1. 最高人民法院《关于办理违反公司法受贿、侵占、挪用等刑事案件适用法律若干问题的解释》(法发〔1995〕23号)

为正确适用《全国人民代表大会常务委员会关于惩治违反公司法的犯罪的决定》(以下简称《决定》),依法惩治违反公司法受贿、侵占、挪用等犯罪行为,现就《决定》第9条、第10条、第11条、第12条、第14条规定的几个具体问题解释如下:

一、根据《决定》第9条的规定,公司和其他企业的董事、监事、职工利用职务上的便利,索取或者收受贿赂,数额较大的,构成商业受贿罪。

实施《决定》第9条规定的行为,索取或者收受贿赂5000元至2万元以上的,属于"数额较大";索取或者收受贿赂10万元以上的,属于"数额巨大"。

二、根据《决定》第10条的规定,公司和其他企业的董事、监事、职工利用职务或者工作上的便利,侵占本公司、企业财物,数额较大的,构成侵占罪。

《决定》第10条规定的"侵占",是指行为人以侵吞、盗窃、骗取或者以其他手段非法占有本公司、企业财物的行为。

实施《决定》第10条规定的行为,侵占公司、企业财物5000元至2万元以上的,属于"数额较大";侵占公司、企业财物10万元以上的,属于"数额巨大"。

三、根据《决定》第11条规定,公司和其他企业的董事、监事、职工利用职务上的便利,挪用本单位资金归个人使用或者借贷给他人,数额较大、超过3个月未还的,或者虽未超过3个月,但数额较大,进行营利活动的,或者进行非法活动的,构成挪用资金罪。

实施《决定》第11条规定的行为,挪用本单位资金1万元至3万元以上的,为"数额较大";为进行非法活动,挪用本单位资金5000元至2万元以上的,追究刑事责任。

挪用本单位资金案发后,人民检察院起诉前不退还的,依照《决定》第10条的规定定罪处罚。

四、根据《决定》第12条规定,国家工作人员实施《决定》第9条、第10条、第11条规定的行为,构成犯罪的,依照《全国人民代表大会常务委员会关于惩治贪污罪贿赂罪的补充规定》处罚。

《决定》第12条所说的国家工作人员,是指在国有公司、企业或者其他公司、企业中行使管理职权,并具有国家工作人员身份的人员,包括受国有公司、国有企业委派或者聘请,作为国有公司、国有企业代表,在中外合资、合作、股份制公司、企业中,行使管理职权,并具有国家工作人员身份的人员。

五、《决定》第14条所说的"有限责任公司、股份有限公司以外的企业职工",是指有限责任公司、股份有限公司以外的企业中非国家工作人员的职工。

六、各高级人民法院可以根据本地实际情况,按照本解释规定的受贿、侵占、挪用的定罪数额幅度,确定本地区执行的具体数额标准,并报最高人民法院备案。七、《决定》公布施行前发生的行为,公布施行后尚未处理或者正在处理的,依照刑法第九条规定的原则办理。

2. 国家工商行政管理总局《关于禁止商业贿赂行为的暂行规定》(1996年11月15日国家工商行政管理局令第60号)

第1条 为制止商业贿赂行为,维护公平竞争秩序,根据《中华人民共和国反不正当竞争法》(以下简称《反不正当竞争法》)的有关规定,制定本规定。

第2条 经营者不得违反《反不正当竞争法》第8条规定,采用商业贿赂手段销售或者购买商品。

本规定所称商业贿赂,是指经营者为销售或者购买商品而采用财物或者其他手段贿赂对方单位或者个人的行为。

前款所称财物,是指现金和实物,包括经营者为销售或者购买商品,假借促销费、宣传费、赞助费、科研费、劳务费、咨询费、佣金等名义,或者以报销各种费用等方式,给付对方单位或者个人的财物。

第2款所称其他手段,是指提供国内外各种名义的旅游、考察等给付财物以外的其他利益的手段。

第3条 经营者的职工采用商业贿赂手段为经营者销售或者购买商品的行为,应当认定为经营者的行为。

第4条 任何单位或者个人在销售或者购买商品时不得收受或者索取贿赂。

第5条 在帐外暗中给予对方单位或者个人回扣的,以行贿论处;对方单位或者个人在帐外暗中收受回扣的,以受贿论处。

本规定所称回扣,是指经营者销售商品时在帐外暗中以现金、实行或者其他方式退给对方单位或者个人的一定比例的商品价款。

本规定所称帐外暗中,是指未在依法设立的反映其生产经营活动或者行政事业经费收支的财务帐上按照财务会计制度规定明确如实记载,包括不记入财务帐、转入其他财务帐或者做假帐等。

第6条 经营者销售商品,可以以明示方式给予对方折扣。经营者给予对方折扣的,必须如实入帐;经营者或者其他单位接受折扣的,必须如实入帐。

本规定所称折扣,即商品购销中的让利,是指经营者在销售商品时,以明示并如实入帐的方式给予对方的价格优惠,包括支付价款时对价款总额按一定比例即时予以扣除和支付价款总额后再按一定比例予以退还两种形式。

本规定所称明示和入帐,是指根据合同约定的金额和支付方式,在依法设立的反映其生产经营活动或者行政事业经费收支的财务帐上按照财务会计制度规定明确如实记载。

第7条 经营者销售或者购买商品,可以以明示方式给中间人佣金。经营者给中间人佣金的,必须如实入帐;中间人接受佣金的,必须如实入帐。

本规定所称佣金,是指经营者在市场交易中给予为其提供服务的具有合法经营资格中间人的劳务报酬。

第8条 经营者在商品交易中不得向对方单位或者其个人附赠现金或者物品。但按照商业惯例赠送小额广告礼品的除外。

违反前款规定的,视为商业贿赂行为。

第9条 经营者违反本规定以行贿手段销售或者购买商品的,由工商行政管理机关依照《反不正当竞争法》第22条的规定,根据情节处以1万元以上20万元以下的罚款,有违法所得的,应当予以没收;构成犯罪的,移交司法机关依法追究刑事责任。

有关单位或者个人购买或者销售商品时收受贿赂的,由工商行政管理机关按照前款的规定处罚;构成犯罪的,移交司法机关依法追究刑事责任。

第10条 商业贿赂行为由县级以上工商行政管理机关监督检查。

工商行政管理机关在监督检查商业贿赂行为时,可以对行贿行为和受贿行为一并予以调查处理。

第11条 经营者在以贿赂手段销售或者购买商品中,同时有其他违反工商行政管理法规行为的,对贿赂行为和其他违法行为应当一并处罚。

第12条 本规定自公布之日起施行。

3. 最高人民法院《关于农村合作基金会从业人员犯罪如何定性问题的批复》(法释〔2000〕10号)

(法释〔2019〕11号已声明该文件废止)

4. 最高人民检察院法律政策研究室《关于佛教协会工作人员能否构成受贿罪或者公司、企业人员受贿罪主体问题的答复》(〔2003〕高检研发第2号)

浙江省人民检察院研究室:你室《关于佛教协会工作人员能否构成受贿罪或公司、企业人员受贿罪主体的请示》(检研请〔2002〕9号)收悉。经研究,答复如下:

佛教协会属于社会团体,其工作人员除符合刑法第93条第2款的规定属于受委托从事公务的人员外,既不属于国家工作人员,也不属于公司、企业人员。根据刑法的规定,对非受委托从事公务的佛教协会的工作人员利用职务之便收受他人财物,为他人谋取利益的行为,不能按受贿罪或者公司、企业人员受贿罪追究刑事责任。

5. 最高人民法院《关于如何认定国有控股、参股股份有限公司中的国有公司、企业人员的解释》(法释〔2005〕10号)

(详见本书《刑法》第158条相关内容)

6.《中华人民共和国刑法修正案(6)》(2006年6月29日第十届全国人大常委会第二十二次会议通过)

七、将刑法第163条修改为:“公司、企业或者其他单位的工作人员利用职务上的便利,索取他人财物或者非法收受他人财物,为他人谋取利益,数额较大的,处5年以下有期徒刑或者拘役;数额巨大的,处5年以上有期徒刑,可以并处没收财产。

“公司、企业或者其他单位的工作人员在经济往来中,利用职务上的便利,违反国家规定,收受各种名义的回扣、手续费,归个人所有的,依照前款的规定处罚。

“国有公司、企业或者其他国有单位中从事公务的人员和国有公司、企业或者其他国有单位委派到非国有公司、企业以及其他单位从事公务的人员有前两款行为的,依照本法第385条、第386条的规定定罪处罚。”

(修订后的条文扩大了本罪的主体,增加了“其他单位的工作人员”的规定。1997年《刑法》原条文中,本罪的主体仅限于“公司、企业的工作人员”。)

7. 最高人民法院、最高人民检察院《关于办理商业贿赂刑事案件适用法律若干问题的意见》(法发〔2008〕33号)

为依法惩治商业贿赂犯罪,根据刑法有关规定,结合办案工作实际,现就办理商业贿赂刑事案件适用法律的若干问题,提出如下意见:

一、商业贿赂犯罪涉及刑法规定的以下8种罪名:(1)非国家工作人员受贿罪(第163条);(2)对非国家工作人员行贿罪(第164条);(3)受贿罪(第385条)(4)单位受贿罪(第387条);(5)行贿罪(第389条);(6)对单位行贿罪(第391条);(7)介绍贿赂罪(第392条);(8)单位行贿罪(第393条)

二、刑法第163条、第164条规定的“其他单位”,既包括事业单位、社会团体、村民委员会、居民委员会、村民小组等常设性的组织,也包括为组织体育赛事、文艺演出或者其他正当活动而成立的组委会、筹委会、工程承包队等非常设性的组织。

三、刑法第163条、第164条规定的“公司、企业或者其他单位的工作人员”,包括国有公司、企业以及其他国有单位中的非国家工作人员。

四、医疗机构中的国家工作人员,在药品、医疗器械、医用卫生材料等医药产品采购活动中,利用职务上的便利,索取销售方财物,或者非法收受销售方财物,为销售方谋取利益,构成犯罪的,依照刑法第385条的规定,以受贿罪定罪处罚。

医疗机构中的非国家工作人员,有前款行为,数额较大的,依照刑法第163条的规定,以非国家工作人员受贿罪定罪处罚。

医疗机构中的医务人员,利用开处方的职务便利,以各种名义非法收受药品、医疗器械、医用卫生材料等医药产品销售方财物,为医药产品销售方谋取利益,数额较大的,依照刑法第163条的规定,以非国家工作人员受贿罪定罪处罚。

五、学校及其他教育机构中的国家工作人员,在教材、教具、校服或者其他物品的采购等活动中,利用职务上的便利,索取销售方财物,或者非法收受销售方财物,为销售方谋取利益,构成犯罪的,依照刑法第385条的规定,以受贿罪定罪处罚。

学校及其他教育机构中的非国家工作人员,有前款行为,数额较大的,依照刑法第163条的规定,以非国家工作人员受贿罪定罪处罚。

学校及其他教育机构中教师,利用教学活动的职务便利,以各种名义非法收受教材、教具、校服或者其他物品销售方财物,为教材、教具、校服或者其他物品销售方谋取利益,数额较大的,依照刑法第163条的规定,以非国家工作人员受贿罪定罪处罚。

六、依法组建的评标委员会、竞争性谈判采购中谈判小组、询价采购中询价小组的组成人员,在招标、政府采购等事项的评标或者采购活动中,索取他人财物或者非法收受他人财物,为他人谋取利益,数额较大的,依照刑法第163条的规定,以非国家工作人员受贿罪定罪处罚。

依法组建的评标委员会、竞争性谈判采购中谈判小组、询价采购中询价小组中国家机关或者其他国有单位的代表有前款行为的,依照刑法第385条的规定,以受贿罪定罪处罚。

七、商业贿赂中的财物,既包括金钱和实物,也包括可以用金钱计算数额的财产性利益,如提供房屋装修、含有金额的会员卡、代币卡(券)、旅游费用等。具体数额以实际支付的资费为准。

八、收受银行卡的,不论受贿人是否实际取出或者消费,卡内的存款数额一般应全额认定为受贿数额。使用银行卡透支的,如果由给予银行卡的一方承担还款责任,透支数额也应当认定为受贿数额。

九、在行贿犯罪中,"谋取不正当利益",是指行贿人谋取违反法律、法规、规章或者政策规定的利益,或者要求对方违反法律、法规、规章、政策、行业规范的规定提供帮助或者方便条件。

在招标投标、政府采购等商业活动中,违背公平原则,给予相关人员财物以谋取竞争优势的,属于"谋取不正当利益"。

十、办理商业贿赂犯罪案件,要注意区分贿赂与馈赠的界限。主要应当结合以下因素全面分析、综合判断:

(1)发生财物往来的背景,如双方是否存在亲友关系及历史上交往的情形和程度;(2)往来财物的价值;(3)财物往来的缘由、时机和方式,提供财物方对于接受方有无职务上的请托;(4)接受方是否利用职务上的便利为提供方谋取利益。

十一、非国家工作人员与国家工作人员通谋,共同收受他人财物,构成共同犯罪的,根据双方利用职务便利的具体情形分别定罪追究刑事责任:

(1)利用国家工作人员的职务便利为他人谋取利益的,以受贿罪追究刑事责任。(2)利用非国家工作人员的职务便利为他人谋取利益的,以非国家工作人员受贿罪追究刑事责任。(3)分别利用各自的职务便利为他人谋取利益的,按照主犯的犯罪性质追究刑事责任,不能分清主从犯的,可以受贿罪追究刑事责任。

8.最高人民检察院、公安部《关于公安机关管辖的刑事案件立案追诉标准的规定(2)》(公通字〔2010〕23号)

(公通字〔2022〕12号已声明该文件废止)

9.最高人民法院、最高人民检察院《关于办理贪污贿赂刑事案件适用法律若干问题的解释》(法释〔2016〕9号)

第11条第1款 刑法第163条规定的非国家工作人员受贿罪、第271条规定的职务侵占罪中的"数额较大""数额巨大"的数额起点,按照本解释关于受贿罪、贪污罪相对应的数额标准规定的2倍、5倍执行。(即:第1条 贪污或者受贿数额在3万元以上不满20万元的,应当认定为刑法第383条第1款规定的"数额较大",依法判处3年以下有期徒刑或者拘役,并处罚金。第2条 贪污或者受贿数额在20万元以上不满300万元的,应当认定为刑法第383条第1款规定的"数额巨大",依法判处3年以上10年以下有期徒刑,并处罚金或者没收财产。)(全文详见本书《刑法》第383条相关内容)

10.《中华人民共和国反不正当竞争法》(1993年9月2日第八届全国人大常委会第三次会议通过;2017年11月4日第十二届全国人大常委会第三十次会议修订;2019年4月23日第十三届全国人大常委会第十次会议《关于修改〈中华人民共和国建筑法〉等八部法律的决定》修正)

第7条 经营者不得采用财物或者其他手段贿赂下列单位或者个人,以谋取交易机会或者竞争优势:

(一)交易相对方的工作人员;(二)受交易相对方委托办理相关事务的单位或者个人;(三)利用职权或者影响力影响交易的单位或者个人。

经营者在交易活动中,可以以明示方式向交易相对方支付折扣,或者向中间人支付佣金。经营者向交易相对方支付折扣、向中间人支付佣金的,应当如实入账。接受折扣、佣金的经营者也应当如实入账。

经营者的工作人员进行贿赂的,应当认定为经营者的行为;但是,经营者有证据证明该工作人员的行为与为经营者谋取交易机会或者竞争优势无关的除外。

11.《中华人民共和国刑法修正案(11)》(2020年12月26日第十三届全国人大常委会第二十四次会议通过)

十、将刑法第163条第1款修改为:"公司、企业或者其他单位的工作人员,利用职务上的便利,索取他人财物或者非法收受他人财物,为他人谋取利益,数额较大的,处3年以下有期徒刑或者拘役,并处罚金;数额巨大或者有其他严重情节的,处3年以上10年以下有期徒刑,并处罚金;数额特别巨大或者有其他特别严重情节的,处10年以上有期徒刑或者无期徒刑,并处罚金。"

(原条文:公司、企业或者其他单位的工作人员利用职务上的便利,索取他人财物或者非法收受他人财物,为他人谋取利益,数额较大的,处5年以下有期徒刑或者拘役;数额巨大的,处5年以上有期徒刑,可以并处没收财产。

公司、企业或者其他单位的工作人员在经济往来中,利用职务上的便利,违反国家规定,收受各种名义的回扣、手续费,归个人所有的,依照前款的规定处罚。

国有公司、企业或者其他国有单位中从事公务的人员和国有公司、企业或者其他国有单位委派到非国有公司、企业以及其他单位从事公务的人员有前两款行为的,依照本法第385条、第386条的规定定罪处罚。)

12. 最高人民检察院、公安部《关于公安机关管辖的刑事案件立案追诉标准的规定(2)》(公通字〔2022〕12号)

(见本条立案追诉标准内容)

第164条 【对非国家工作人员行贿罪】 为谋取不正当利益,给予公司、企业或者其他单位的工作人员以财物,数额较大的,处3年以下有期徒刑或者拘役;数额巨大的,处3年以上10年以下有期徒刑,并处罚金。

【对外国公职人员、国际公共组织官员行贿罪】 为谋取不正当商业利益,给予外国公职人员或者国际公共组织官员以财物的,依照前款的规定处罚。

单位犯前两款罪的,对单位判处罚金,并对其直接负责的主管人员和其他直接责任人员,依照第1款的规定处罚。

行贿人在被追诉前主动交代行贿行为的,可以减轻处罚或者免除处罚。

(本条《中华人民共和国刑法修正案(6)》第1次修改;《中华人民共和国刑法修正案(8)》第2次修改;《中华人民共和国刑法修正案(9)》第3次修改)

• 释义

对非国家工作人员行贿罪是指为谋取不正当利益，给予公司、企业或者其他单位的工作人员以财物，数额较大的行为。个人行贿数额在1万元以上，单位行贿数额在20万元以上的，应予立案追诉。在行贿犯罪中，“谋取不正当利益”，是指行贿人谋取违反法律、法规、规章或者政策规定的利益，或者要求对方违反法律、法规、规章、政策、行业规范的规定提供帮助或者方便条件。在招标投标、政府采购等商业活动中，违背公平原则，给予相关人员财物以谋取竞争优势的，属于“谋取不正当利益”。

对外国公职人员、国际公共组织官员行贿罪是指为谋取不正当商业利益，给予外国公职人员或者国际公共组织官员以财物，数额较大的行为。

• 管辖

公安机关经济犯罪侦查部门、监察机关（公职人员行使公权力过程中发生的犯罪案件）。

• 立案追诉标准

【对非国家工作人员行贿罪立案追诉标准】

为谋取不正当利益，给予公司、企业或者其他单位的工作人员以财物，个人行贿数额在3万元以上的，单位行贿数额在20万元以上的，应予立案追诉。

【对外国公职人员、国际公共组织官员行贿罪立案追诉标准】

为谋取不正当商业利益，给予外国公职人员或者国际公共组织官员以财物，个人行贿数额在3万元以上的，单位行贿数额在20万元以上的，应予立案追诉。

• 关联法律

1. 公安部经济犯罪侦查局《关于对××商业贿赂案如何定性的批复》（公经〔2002〕1299号）

认定对公司、企业人员行贿案的必要条件是为获取不正当利益。不正当利益是指获取的利益违反法律、法规、国家政策、规章制度。在推销药品过程中，采用宴请、送礼券、现金和实物等手段，扩大药品的市场销售量，由此获取的利益违反了《中华人民共和国反不正当竞争法》第8条和第22条的规定，属不正利益。（请参阅《中华人民共和国反不正当竞争法》第7条和第19条理解）

2. 最高人民法院《关于如何认定国有控股参股股份有限公司中的国有公司、企业人员的解释》（法释〔2005〕10号）

（详见本书《刑法》第158条相关内容）

3.《中华人民共和国刑法修正案（6）》（2006年6月29日第十届全国人大常委会第二十二次会议通过）

八、将刑法第164条第1款修改为：“为谋取不正当利益，给予公司、企业或者其他单位的工作人员以财物，数额较大的，处3年以下有期徒刑或者拘役；数额巨大的，处3年以上10年以下有期徒刑，并处罚金。”

（1997年《刑法》原文第1款：为谋取不正当利益，给予公司、企业的工作人员以财物，数额较大的，处3年以下有期徒刑或者拘役；数额巨大的，处3年以上10年以下有期徒刑，并处罚金。）

4. 最高人民法院、最高人民检察院《关于办理商业贿赂刑事案件适用法律若干问题的意见》(法发〔2008〕33号)

(详见本书《刑法》第163条相关内容)

5. 最高人民检察院、公安部《关于公安机关管辖的刑事案件立案追诉标准的规定(2)》(公通字〔2010〕23号)

(见本条立案追诉标准内容)

6.《中华人民共和国刑法修正案(8)》(2011年2月25日第十一届全国人大常委会第十九次会议通过)

二十九、将刑法第164条修改为:"为谋取不正当利益,给予公司、企业或者其他单位的工作人员以财物,数额较大的,处3年以下有期徒刑或者拘役;数额巨大的,处3年以上10年以下有期徒刑,并处罚金。

"为谋取不正当商业利益,给予外国公职人员或者国际公共组织官员以财物的,依照前款的规定处罚。

"单位犯前两款罪的,对单位判处罚金,并对其直接负责的主管人员和其他直接责任人员,依照第1款的规定处罚。

"行贿人在被追诉前主动交待行贿行为的,可以减轻处罚或者免除处罚。"

(《刑法修正案(8)》将1997年《刑法》原条文中的第2款、第3款修改为现在的第3款、第4款。)

7. 最高人民检察院、公安部《关于公安机关管辖的刑事案件立案追诉标准的规定(2)的补充规定》(公通字〔2011〕47号)

(公通字〔2022〕12号已声明该文件废止)

8.《中华人民共和国刑法修正案(9)》(2015年8月29日第十二届全国人大常委会第十六次会议通过)

十、将刑法第164条第1款修改为:"为谋取不正当利益,给予公司、企业或者其他单位的工作人员以财物,数额较大的,处3年以下有期徒刑或者拘役,并处罚金,数额巨大的,处3年以上10年以下有期徒刑,并处罚金。"

(在原条文第1款的"拘役"后增加了"并处罚金")

9. 最高人民法院、最高人民检察院《关于办理贪污贿赂刑事案件适用法律若干问题的解释》(法释〔2016〕9号)

第11条第3款 刑法第164条第1款规定的对非国家工作人员行贿罪中的"效钡较大""数额巨大"的数额起点,按照本解释第7条、第8条第1款关于行贿罪的数额标准规定的2倍执行。(全文详见本书《刑法》第383条相关内容)

(即:第7条 为谋取不正当利益,向国家工作人员行贿,数额在3万元以上的,应当依照刑法第390条的规定以行贿罪追究刑事责任。行贿数额在1万元以上不满3万元,具有下列情形之一的,应当依照刑法第390条的规定以行贿罪追究刑事责任:(一)向3人以上行贿的;(二)将违法所得用于行贿的;(三)通过行贿谋取职务提拔、调整的;(四)向负有食品、药品、安全生产、环境保护等监督管理职责的国家工作人员行贿,实施非法活动的;(五)向司法工作人员行贿,影响司法公正的;(六)造成经济损失数额在50万元以上不满1百万元的。第8条 犯行贿罪,具有下列情形之一的,应当认定为刑法第390条第1款规定的"情节严重":(一)行贿数额在1百万元以上不满5百万元的;(二)行贿数额在50万元以上不满1百万元,并具有本解释第7条第2款第1项至第5项规定的情形之一的;(三)其他严重的情节。)

10. 最高人民检察院、公安部《关于公安机关管辖的刑事案件立案追诉标准的规定(2)》(公通字〔2022〕12号)

(见本条立案追诉标准内容)

11. 参见本书《刑法》第163条该节内容。

第165条 【非法经营同类营业罪】 国有公司、企业的董事、经理利用职务便利,自己经营或者为他人经营与其所任职公司、企业同类的营业,获取非法利益,数额巨大的,处3年以下有期徒刑或者拘役,并处或者单处罚金;数额特别巨大的,处3年以上7年以下有期徒刑,并处罚金。

• 释义

非法经营同类营业罪是指国有公司、企业的董事、经理利用职务便利自己经营或者为他人经营与其所任职公司、企业同类的营业,获取非法利益,数额巨大的行为。

• 管辖

公安机关、监察机关(公职人员行使公权力过程中发生的犯罪案件)。

• 立案追诉标准

无。

• 关联法律

1. 最高人民检察院、公安部《关于公安机关管辖的刑事案件立案追诉标准的规定(2)》(公通字〔2010〕23号)

(公通字〔2022〕12号已声明该文件废止)

2. 最高人民检察院、公安部《关于公安机关管辖的刑事案件立案追诉标准的规定(2)》(公通字〔2022〕12号)

(详见本书《刑法》第120条之一相关内容)

3. 参见本书《刑法》第163条该节内容。

第166条 【为亲友非法牟利罪】 国有公司、企业、事业单位的工作人员,利用职务便利,有下列情形之一,使国家利益遭受重大损失的,处3年以下有期徒刑或者拘役,并处或者单处罚金;致使国家利益遭受特别重大损失的,处3年以上7年以下有期徒刑,并处罚金:

(一)将本单位的盈利业务交由自己的亲友进行经营的;

(二)以明显高于市场的价格向自己的亲友经营管理的单位采购商品或者以明显低于市场的价格向自己的亲友经营管理的单位销售商品的;

(三)向自己的亲友经营管理的单位采购不合格商品的。

• 释义

为亲友非法牟利罪是指国有公司、企业、事业单位的工作人员,利用职务便利,将本单位的盈利业务交由自己的亲友进行经营;或者以明显高于市场的价格向自己的亲友经营管理的单位采购商品或者以明显低于市场的价格向自己的亲友经营管理的单位销售商品；或者向自己的亲友经营管理的单位采购不合格商品，使国家利益遭受重大损失的行为。

• 管辖

公安部门、监察机关（公职人员行使公权力过程中发生的犯罪案件）。

• 立案追诉标准

无。

• 关联法律

1. 最高人民法院《关于如何认定国有控股参股股份有限公司中的国有公司、企业人员的解释》（法释〔2005〕10 号）

（详见本书《刑法》第 158 条相关内容）

2. 最高人民检察院、公安部《关于公安机关管辖的刑事案件立案追诉标准的规定（2）》（公通字〔2010〕23 号）

（公通字〔2022〕12 号已声明该文件废止）

3. 最高人民检察院、公安部《关于公安机关管辖的刑事案件立案追诉标准的规定（2）》（公通字〔2022〕12 号）

（详见本书《刑法》第 120 条之一相关内容）

第 167 条　【签订、履行合同失职被骗罪】 国有公司、企业、事业单位直接负责的主管人员，在签订、履行合同过程中，因严重不负责任被诈骗，致使国家利益遭受重大损失的，处 3 年以下有期徒刑或者拘役；致使国家利益遭受特别重大损失的，处 3 年以上 7 年以下有期徒刑。

（第九届全国人大常委会第六次会议通过的《关于惩治骗购外汇、逃汇和非法买卖外汇犯罪的决定》第 7 条规定：金融机构、从事对外贸易经营活动的公司、企业的工作人员严重不负责任，造成大量外汇被骗购或者逃汇，致使国家利益遭受重大损失的，依照刑法第 167 条的规定定罪处罚。）

• 释义

签订、履行合同失职被骗罪是指国有公司、企业、事业单位直接负责的主管人员，在签订、履行合同过程中，因严重不负责任被诈骗，致使国家利益遭受重大损失的行为。

金融机构、从事对外贸易经营活动的公司、企业的工作人员严重不负责任，造成大量外汇被骗购或者逃汇，致使国家利益遭受重大损失的。

“诈骗”，是指对方当事人的行为已经涉嫌诈骗犯罪，不以对方当事人已经被人民法院判决构成诈骗犯罪作为立案追诉的前提。

本罪的责任形式为过失。

• 管辖

公安机关、监察机关（公职人员行使公权力过程中发生的犯罪案件）。

• 立案追诉标准

无。

• 关联法律

1. 全国人大常委会《关于惩治骗购外汇、逃汇和非法买卖外汇犯罪的决定》(1998年12月29日第九届全国人大常委会第六次会议通过)

为了惩治骗购外汇、逃汇和非法买卖外汇的犯罪行为,维护国家外汇管理秩序,对刑法作如下补充修改:

一、有下列情形之一,骗购外汇,数额较大的,处5年以下有期徒刑或者拘役,并处骗购外汇数额5%以上30%以下罚金;数额巨大或者有其他严重情节的,处5年以上10年以下有期徒刑,并处骗购外汇数额5%以上30%以下罚金;数额特别巨大或者有其他特别严重情节的,处10年以上有期徒刑或者无期徒刑,并处骗购外汇数额5%以上30%以下罚金或者没收财产:

(一)使用伪造、变造的海关签发的报关单、进口证明、外汇管理部门核准件等凭证和单据的;(二)重复使用海关签发的报关单、进口证明、外汇管理部门核准件等凭证和单据的;(三)以其他方式骗购外汇的。

伪造、变造的海关签发的报关单、进口证明、外汇管理部门核准件等凭证和单据,并用于骗购外汇的,依照前款的规定从重处罚。

明知用于骗购外汇而提供人民币资金的,以共犯论处。

单位犯前3款罪的,对单位依照第1款的规定判处罚金,并对其直接负责的主管人员和其他直接责任人员,处5年以下有期徒刑或者拘役;数额巨大或者有其他严重情节的,处5年以上10年以下有期徒刑;数额特别巨大或者有其他特别严重情节的,处10年以上有期徒刑或者无期徒刑。

二、买卖伪造、变造的海关签发的报关单、进口证明、外汇管理部门核准件等凭证和单据或者国家机关的其他公文、证件、印章的,依照刑法第280条的规定定罪处罚。

三、将刑法第190条修改为:公司、企业或者其他单位,违反国家规定,擅自将外汇存放境外,或者将境内的外汇非法转移到境外,数额较大的,对单位判处逃汇数额5%以上30%以下罚金,并对其直接负责的主管人员和其他直接责任人员处5年以上有期徒刑。

四、在国家规定的交易场所以外非法买卖外汇,扰乱市场秩序,情节严重的,依照刑法第225条的规定定罪处罚。

单位犯前款罪的,依照刑法第231条的规定处罚。

五、海关、外汇管理部门以及金融机构、从事对外贸经营活动的公司、企业或者其他单位的工作人员与骗购外汇或者逃汇的行为人通谋,为其提供购买外汇的有关凭证或者其他便利的,或者明知是伪造、变造的凭证和单据而售汇、付汇的,以共犯论,依照本决定从重处罚。

六、海关、外汇管理部门的工作人员严重不负责任,造成大量外汇被骗购或者逃汇,致使国家利益遭受重大损失的,依照刑法第397条的规定定罪处罚。

七、金融机构、从事对外贸易经营活动的公司、企业的工作人员严重不负责任,造成大量外汇被骗购或者逃汇,致使国家利益遭受重大损失的,依照刑法第167条的规定定罪处罚。

八、犯本决定规定之罪,依法被追缴、没收的财物和罚金,一律上缴国库。

九、本决定自公布之日起施行。

2. 最高人民法院刑二庭审判长会议《关于签订、履行合同失职被骗犯罪是否以对方当事人的行为构成诈骗犯罪为要件的意见》(2001年4月1日,《刑事参考》2001年第4期)

关于《刑法》第167条规定的“签订、履行合同失职被骗罪,”和第406条规定的“国家机关工作人员签订、履行合同失职被骗罪,”是否以对方构成诈骗犯罪为要件的问题,最高人民法院刑二庭审判长会议进行了研究,纪要如下:

认定签订、履行合同失职被骗罪和国家机关工作人员签订、履行合同失职被骗罪应当以对方当事人涉嫌诈骗,行为构成犯罪为前提,但司法机关在办理或者审判行为人被指控犯有上述两罪的案件过程中,不能以对方当事人已经被人民法院判决构成诈骗罪作为认定本案当事人构成签订、履行合同失职被骗罪或者国家机关工作人员签订、履行合同失职被骗罪的前提,也就是说,司法机关在办理案件过程中,只要认定对方当事人的行为已经涉嫌构成诈骗犯罪,就可依法认定行为人构成签订、履行合同失职被骗罪或者国家机关工作人员签订、履行合同失职被骗罪,而不需要搁置或者中止审理,直至对方当事人被人民法院审理并判决构成诈骗犯罪。

3. 最高人民法院《关于如何认定国有控股参股股份有限公司中的国有公司、企业人员的解释》(法释〔2005〕10号)

(详见本书《刑法》第158条相关内容)

4. 最高人民检察院、公安部《关于公安机关管辖的刑事案件立案追诉标准的规定(2)》(公通字〔2010〕23号)

(公通字〔2022〕12号已声明该文件废止)

5. 最高人民检察院、公安部《关于公安机关管辖的刑事案件立案追诉标准的规定(2)》(公通字〔2022〕12号)

(详见本书《刑法》第120条之一相关内容)

第168条 【国有公司、企业、事业单位人员失职罪】 国有公司、企业的工作人员,由于严重不负责任或者滥用职权,造成国有公司、企业破产或者严重损失,致使国家利益遭受重大损失的,处3年以下有期徒刑或者拘役;致使国家利益遭受特别重大损失的,处3年以上7年以下有期徒刑。

【国有公司、企业、事业单位人员滥用职权罪】 国有事业单位的工作人员有前款行为,致使国家利益遭受重大损失的,依照前款的规定处罚。

国有公司、企业、事业单位的工作人员,徇私舞弊,犯前两款罪的,依照第1款的规定从重处罚。

(本条《中华人民共和国刑法修正案》修改)

• 释义

国有公司、企业、事业单位人员失职罪是指国有公司、企业、事业单位的工作人员,由于严重不负责任,造成国有公司、企业、事业单位破产、严重损失,致使国家利益遭受重大损失的行为。

本罪责任形式为过失。

国有公司、企业、事业单位人员滥用职权罪是指国有公司、企业、事业单位的工作人员滥用职权,造成国有公司、企业、事业单位破产、严重亏损,致使国家利益遭受重大损失的行为。

本罪的责任形式为故意。

• 管辖

公安机关、监察机关(公职人员行使公权力过程中发生的犯罪案件)。

• 立案追诉标准

无。

• 关联法律

1.《中华人民共和国刑法修正案》(1999年12月25日第九届全国人大常委会第十三次会议通过)

二、将刑法第168条修改为:“国有公司、企业的工作人员,由于严重不负责任或者滥用职权,造成国有公司、企业破产或者严重损失,致使国家利益遭受重大损失的,处3年以下有期徒刑或者拘役;致使国家利益遭受特别重大损失的,处3年以上7年以下有期徒刑。

“国有事业单位的工作人员有前款行为,致使国家利益遭受重大损失的,依照前款的规定处罚。

“国有公司、企业、事业单位的工作人员,徇私舞弊,犯前两款罪的,依照第一款的规定从重处罚。”

(1997年《中华人民共和国刑法》原条文:国有公司、企业直接负责的主管人员,徇私舞弊,造成国有公司、企业破产或者严重亏损,致使国家利益遭受重大损失的,处3年以下有期徒刑或者拘役。)

2.最高人民法院《关于审理扰乱电信市场管理秩序案件具体应用法律若干问题的解释》(法释〔2000〕12号)

第6条 国有电信企业的工作人员,由于严重不负责任或者滥用职权,造成国有电信企业破产或者严重损失,致使国家利益遭受重大损失的,依照刑法第168条的规定定罪处罚。(全文详见本书《刑法》第225条相关内容)

3.最高人民检察院、公安部《关于经济犯罪案件追诉标准的规定》(公发〔2001〕11号)

(公通字〔2010〕23号已声明该文件废止)

4.最高人民检察院研究室《关于中国农业发展银行及其分支机构的工作人员法律适用问题的答复》(〔2002〕高检研发第16号)

湖北省人民检察院研究室:你院关于中国农业发展银行工作人员法律适用问题的请示(鄂检文〔2001〕50号)收悉。经研究,答复如下:

中国农业发展银行及其分支机构的工作人员严重不负责任或者滥用职权,构成犯罪的,应当依照刑法第168条的规定追究刑事责任。

5.公安部经济犯罪侦查局《关于能否对章××进行立案侦查的批复》(公经〔2002〕446号)

国有企业人员失职案的追诉标准,应按失职行为造成的直接经济损失计算,案发后司法机关追回的赃款和犯罪嫌疑人主动退回的赃款数额,只是量刑的情节,不影响定罪,如果按上述标准计算,符合追诉标准的,应予立案侦查。

6.最高人民法院、最高人民检察院《关于办理妨害预防、控制突发传染病疫情等灾害的刑事案件具体应用法律若干问题的解释》(法释〔2003〕8号)

第4条 国有公司、企业、事业单位的工作人员,在预防、控制突发传染病疫情等灾害的工作中,由于严重不负责任或者滥用职权,造成国有公司、企业破产或者严重损失,致使国家利益遭受重大损失的,依照刑法第168条的规定,以国有公司、企业、事业公司、企业、事业单位

人员失职罪或者国有公司、企业、事业单位人员滥用职权罪定罪处罚。(全文详见本书《刑法》第140条相关内容)

7. 最高人民法院《关于如何认定国有控股参股股份有限公司中的国有公司、企业人员的解释》(法释〔2005〕10号)

(详见本书《刑法》第158条相关内容)

8. 最高人民法院刑事审判第二庭《关于国有公司人员滥用职权犯罪追溯期限等问题的答复》(2005年1月13日)

公安部经济犯罪侦查局:你局公经〔2004〕1914号《关于对一案件法律适用问题征求意见的函》收悉。经研究,答复如下:

一、对于本案行为人的行为应适用1999年12月25日《中华人民共和国刑法修正案(2)》的规定,以国有公司失职罪或滥用职权罪追究其刑事责任。

二、国有公司人员滥用职权或失职罪的追诉期限应从损失结果发生之日起计算。就本案而言,追诉期限应以法律意义上的损失发生为标准,即以人民法院民事终审判决之日起计算。

9. 公安部经济犯罪侦查局《关于对国有控股、参股的金融部门及其分支机构有关人员失职或者滥用职权可否适用刑法第168条的批复》(公经〔2012〕269号)

国有控股或参股的公司、企业,不属于刑法规定中的国有公司、企业,但国有控股、参股公司、企业的工作人员在一定条件下可以适用刑法第168条的规定。

10. 最高人民检察院、公安部《关于公安机关管辖的刑事案件立案追诉标准的规定(2)》(公通字〔2010〕23号)

(公通字〔2022〕12号已声明该文件废止)

11. 最高人民法院、最高人民检察院《关于办理国家出资企业中职务犯罪案件具体应用法律若干问题的意见》(法发〔2010〕49号)

随着企业改制的不断推进,人民法院、人民检察院在办理国家出资企业中的贪污、受贿等职务犯罪案件时遇到了一些新情况、新问题。这些新情况、新问题具有一定的特殊性和复杂性,需要结合企业改制的特定历史条件,依法妥善地进行处理。现根据刑法规定和相关政策精神,就办理此类刑事案件具体应用法律的若干问题,提出以下意见:

一、关于国家出资企业工作人员在改制过程中隐匿公司、企业财产归个人持股的改制后公司、企业所有的行为的处理

国家工作人员或者受国家机关、国有公司、企业、事业单位、人民团体委托管理、经营国有财产的人员利用职务上的便利,在国家出资企业改制过程中故意通过低估资产、隐瞒债权、虚设债务、虚构产权交易等方式隐匿公司、企业财产,转为本人持有股份的改制后公司、企业所有,应当依法追究刑事责任的,依照刑法第382条、第383条的规定,以贪污罪定罪处罚。贪污数额一般应当以所隐匿财产全额计算;改制后公司、企业仍有国有股份的,按股份比例扣除归于国有的部分。

所隐匿财产在改制过程中已为行为人实际控制,或者国家出资企业改制已经完成的,以犯罪既遂处理。

第1款规定以外的人员实施该款行为的,依照刑法第271条的规定,以职务侵占罪定罪处罚;第1款规定以外的人员与第1款规定的人员共同实施该款行为的,以贪污罪的共犯论处。

在企业改制过程中未采取低估资产、隐瞒债权、虚设债务、虚构产权交易等方式故意隐匿公司、企业财产的,一般不应当认定为贪污;造成国家资产重大损失,依法构成刑法第168条或者第169条规定的犯罪的,依照该规定定罪处罚。

二、关于国有公司、企业在改制过程中隐匿公司、企业财产归职工集体持股的改制后公司、企业所有的行为的处理

国有公司、企业违反国家规定，在改制过程中隐匿公司、企业财产，转为职工集体持股的改制后公司、企业所有的，对其直接负责的主管人员和其他直接责任人员，依照刑法第396条第1款的规定，以私分国有资产罪定罪处罚。

改制后的公司、企业中只有改制前公司、企业的管理人员或者少数职工持股，改制前公司、企业的多数职工未持股的，依照本意见第1条的规定，以贪污罪定罪处罚。

三、关于国家出资企业工作人员使用改制公司、企业的资金担保个人贷款，用于购买改制公司、企业股份的行为的处理

国家出资企业的工作人员在公司、企业改制过程中为购买公司、企业股份，利用职务上的便利，将公司、企业的资金或者金融凭证、有价证券等用于个人贷款担保的，依照刑法第272条或者第384条的规定，以挪用资金罪或者挪用公款罪定罪处罚。

行为人在改制前的国家出资企业持有股份的，不影响挪用数额的认定，但量刑时应当酌情考虑。

经有关主管部门批准或者按照有关政策规定，国家出资企业的工作人员为购买改制公司、企业股份实施前款行为的，可以视具体情况不作为犯罪处理。

四、关于国家工作人员在企业改制过程中的渎职行为的处理

国家出资企业中的国家工作人员在公司、企业改制或者国有资产处理过程中严重不负责任或者滥用职权，致使国家利益遭受重大损失的，依照刑法第168条的规定，以国有公司、企业人员失职罪或者国有公司、企业人员滥用职权罪定罪处罚。

国家出资企业中的国家工作人员在公司、企业改制或者国有资产处置过程中徇私舞弊，将国有资产低价折股或者低价出售给其本人未持有股份的公司、企业或者其他个人，致使国家利益遭受重大损失的，依照刑法第169条的规定，以徇私舞弊低价折股、出售国有资产罪定罪处罚。

国家出资企业中的国家工作人员在公司、企业改制或者国有资产处置过程中徇私舞弊，将国有资产低价折股或者低价出售给特定关系人持有股份或者本人实际控制的公司、企业，致使国家利益遭受重大损失的，依照刑法第382条、第383条的规定，以贪污罪定罪处罚。贪污数额以国有资产的损失数额计算。

国家出资企业中的国家工作人员因实施第1款、第2款行为收受贿赂，同时又构成刑法第385条规定之罪的，依照处罚较重的规定定罪处罚。

五、关于改制前后主体身体发生变化的犯罪的处理

国家工作人员在国家出资企业改制前利用职务上的便利实施犯罪，在其不再具有国家工作人员身份后又实施同种行为，依法构成不同犯罪的，应当分别定罪，实行数罪并罚。

国家工作人员利用职务上的便利，在国家出资企业改制过程中隐匿公司、企业财产，在其不再具有国家工作人员身份后将所隐匿财产据为己有的，依照刑法第382条、第383条的规定，以贪污罪定罪处罚。

国家工作人员在国家出资企业改制过程中利用职务上的便利为请托人谋取利益，事先约定在其不再具有国家工作人员身份后收受请托人财物，或者在身份变化前后连续收受请托人财物的，依照刑法第385条、第386条的规定，以受贿罪定罪处罚。

六、关于国家出资企业中国家工作人员的认定

经国家机关、国有公司、企业、事业单位提名、推荐、任命、批准等，在国有控股、参股公司及其分支机构中从事公务的人员，应当认定为国家工作人员。具体的任命机构和程序，不影响国家工作人员的认定。

经国家出资企业中负有管理、监督国有资产职责的组织批准或者研究决定，代表其在国有控股、参股公司及其分支机构中从事组织、领导、监督、经营、管理工作的人员，应当认定为国家工作人员。

国家出资企业中的国家工作人员，在国家出资企业中持有个人股份或者同时接受非国有股东委托的，不影响其国家工作人员身份的认定。

七、关于国家出资企业的界定

本意见所称"国家出资企业"，包括国家出资的国有独资公司、国有独资企业，以及国有资本控股公司、国有资本参股公司。

是否属于国家出资企业不清楚的，应遵循"谁投资、谁拥有产权"的原则进行界定。企业注册登记中的资金来源与实际出资不符的，应根据实际出资情况确定企业的性质。企业实际出资情况不清楚的，可以综合工商注册、分配形式、经营管理等因素确定企业的性质。

八、关于宽严相济刑事政策的具体贯彻

办理国家出资企业中的职务犯罪案件时，要综合考虑历史条件、企业发展、职工就业、社会稳定等因素，注意具体情况具体分析，严格把握犯罪与一般违规行为的区分界限。对于主观恶意明显、社会危害严重、群众反映强烈的严重犯罪，要坚决依法从严惩处；对于特定历史条件下、为了顺利完成企业改制而实施的违反国家政策法律规定的行为，行为人无主观恶意或者主观恶意不明显，情节较轻，危害不大的，可以不作为犯罪处理。

对于国家出资企业中的职务犯罪，要加大经济上的惩罚力度，充分重视财产刑的适用和执行，最大限度地挽回国家和人民利益遭受的损失。不能退赃的，在决定刑罚时，应当作为重要情节予以考虑。

12.《中华人民共和国商业银行法》(1995年5月10日第八届全国人大常委会第十三次会议通过；2003年12月27日第十届全国人大常委会第六次会议《关于修改〈中华人民共和国商业银行法〉的决定》第一次修正；2015年8月29日第十二届全国人大常委会第十六次会议《关于修改〈中华人民共和国商业银行法〉的决定》第二次修正)

第25条 商业银行的分立、合并，适用《中华人民共和国公司法》的规定。 商业银行的分立、合并，应当经国务院银行业监督管理机构审查批准。

第26条 商业银行应当依照法律、行政法规的规定使用经营许可证。禁止伪造、变造、转让、出租、出借经营许可证。

第27条 有下列情形之一的，不得担任商业银行的董事、高级管理人员：

(一)因犯有贪污、贿赂、侵占财产、挪用财产罪或者破坏社会经济秩序罪，被判处刑罚，或者因犯罪被剥夺政治权利的；(二)担任因经营不善破产清算的公司、企业的董事或者厂长、经理，并对该公司、企业的破产负有个人责任的；(三)担任因违法被吊销营业执照的公司、企业的法定代表人，并负有个人责任的；(四)个人所负数额较大的债务到期未清偿的。

第44条 商业银行办理票据承兑、汇兑、委托收款等结算业务，应当按照规定的期限兑现，收付入账，不得压单、压票或者违反规定退票。有关兑现、收付入账期限的规定应当公布。

第45条 商业银行发行金融债券或者到境外借款，应当依照法律、行政法规的规定报经批准。

第46条 同业拆借，应当遵守中国人民银行的规定。禁止利用拆入资金发放固定资产贷款或者用于投资。

拆出资金限于交足存款准备金、留足备付金和归还中国人民银行到期贷款之后的闲置资金。拆入资金用于弥补票据结算、联行汇差头寸的不足和解决临时性周转资金的需要。

第47条 商业银行不得违反规定提高或者降低利率以及采用其他不正当手段，吸收存款，发放贷款。

第48条 企业事业单位可以自主选择一家商业银行的营业场所开立1个办理日常转账结算和现金收付的基本账户，不得开立两个以上基本账户。

任何单位和个人不得将单位的资金以个人名义开立账户存储。

第52条 商业银行的工作人员应当遵守法律、行政法规和其他各项业务管理的规定，不得有下列行为：

（一）利用职务上的便利，索取、收受贿赂或者违反国家规定收受各种名义的回扣、手续费；（二）利用职务上的便利，贪污、挪用、侵占本行或者客户的资金；（三）违反规定徇私向亲属、朋友发放贷款或者提供担保；（四）在其他经济组织兼职；（五）违反法律、行政法规和业务管理规定的其他行为。

第53条 商业银行的工作人员不得泄露其在任职期间知悉的国家秘密、商业秘密。

第73条 商业银行有下列情形之一，对存款人或者其他客户造成财产损害的，应当承担支付迟延履行的利息以及其他民事责任：

（一）无故拖延、拒绝支付存款本金和利息的；（二）违反票据承兑等结算业务规定，不予兑现，不予收付入账，压单、压票或者违反规定退票的；（三）非法查询、冻结、扣划个人储蓄存款或者单位存款的；（四）违反本法规定对存款人或者其他客户造成损害的其他行为。

有前款规定情形的，由国务院银行业监督管理机构责令改正，有违法所得的，没收违法所得，违法所得5万元以上的，并处违法所得1倍以上5倍以下罚款；没有违法所得或者违法所得不足5万元的，处5万元以上50万元以下罚款。

第74条 商业银行有下列情形之一，由国务院银行业监督管理机构责令改正，有违法所得的，没收违法所得，违法所得50万元以上的，并处违法所得1倍以上5倍以下罚款；没有违法所得或者违法所得不足50万元的，处50万元以上200万元以下罚款；情节特别严重或者逾期不改正的，可以责令停业整顿或者吊销其经营许可证；构成犯罪的，依法追究刑事责任：

（一）未经批准设立分支机构的；（二）未经批准分立、合并或者违反规定对变更事项不报批的；（三）违反规定提高或者降低利率以及采用其他不正当手段，吸收存款，发放贷款的；（四）出租、出借经营许可证的；（五）未经批准买卖、代理买卖外汇的；（六）未经批准买卖政府债券或者发行、买卖金融债券的；（七）违反国家规定从事信托投资和证券经营业务、向非自用不动产投资或者向非银行金融机构和企业投资的；（八）向关系人发放信用贷款或者发放担保贷款的条件优于其他借款人同类贷款的条件的。

第75条 商业银行有下列情形之一，由国务院银行业监督管理机构责令改正，并处20万元以上50万元以下罚款；情节特别严重或者逾期不改正的，可以责令停业整顿或者吊销其经营许可证；构成犯罪的，依法追究刑事责任：

（一）拒绝或者阻碍国务院银行业监督管理机构检查监督的；（二）提供虚假的或者隐瞒重要事实的财务会计报告、报表和统计报表的；（三）未遵守资本充足率、资产流动性比例、同一借款人贷款比例和国务院银行业监督管理机构有关资产负债比例管理的其他规定的。

第76条 商业银行有下列情形之一，由中国人民银行责令改正，有违法所得的，没收违法所得，违法所得50万元以上的，并处违法所得1倍以上5倍以下罚款；没有违法所得或者违法所得不足50万元的，处50万元以上200万元以下罚款；情节特别严重或者逾期不改正的，中国人民银行可以建议国务院银行业监督管理机构责令停业整顿或者吊销其经营许可证；构成犯罪的，依法追究刑事责任：

（一）未经批准办理结汇、售汇的；（二）未经批准在银行间债券市场发行、买卖金融债券或者到境外借款的;(三)违反规定同业拆借的。

第77条 商业银行有下列情形之一,由中国人民银行责令改正,并处20万元以上50万元以下罚款;情节特别严重或者逾期不改正的,中国人民银行可以建议国务院银行业监督管理机构责令停业整顿或者吊销其经营许可证;构成犯罪的,依法追究刑事责任:

(一)拒绝或者阻碍中国人民银行检查监督的;(二)提供虚假的或者隐瞒重要事实的财务会计报告、报表和统计报表的;(三)未按照中国人民银行规定的比例交存存款准备金的。

第78条 商业银行有本法第73条至第77条规定情形的,对直接负责的董事、高级管理人员和其他直接责任人员,应当给予纪律处分;构成犯罪的,依法追究刑事责任。

第79条 有下列情形之一,由国务院银行业监督管理机构责令改正,有违法所得的,没收违法所得,违法所得5万元以上的,并处违法所得1倍以上5倍以下罚款;没有违法所得或者违法所得不足5万元的,处5万元以上50万元以下罚款:

(一)未经批准在名称中使用"银行"字样的;(二)未经批准购买商业银行股份总额5%以上的;(三)将单位的资金以个人名义开立账户存储的。

第80条 商业银行不按照规定向国务院银行业监督管理机构报送有关文件、资料的,由国务院银行业监督管理机构责令改正,逾期不改正的,处10万元以上30万元以下罚款。

商业银行不按照规定向中国人民银行报送有关文件、资料的,由中国人民银行责令改正,逾期不改正的,处10万元以上30万元以下罚款。

第81条 未经国务院银行业监督管理机构批准,擅自设立商业银行,或者非法吸收公众存款、变相吸收公众存款,构成犯罪的,依法追究刑事责任;并由国务院银行业监督管理机构予以取缔。

伪造、变造、转让商业银行经营许可证,构成犯罪的,依法追究刑事责任。

第82条 借款人采取欺诈手段骗取贷款,构成犯罪的,依法追究刑事责任。

第83条 有本法第81条、第82条规定的行为,尚不构成犯罪的,由国务院银行业监督管理机构没收违法所得,违法所得50万元以上的,并处违法所得1倍以上5倍以下罚款;没有违法所得或者违法所得不足50万元的,处50万元以上200万元以下罚款。

第84条 商业银行工作人员利用职务上的便利,索取、收受贿赂或者违反国家规定收受各种名义的回扣、手续费,构成犯罪的,依法追究刑事责任;尚不构成犯罪的,应当给予纪律处分。

有前款行为,发放贷款或者提供担保造成损失的,应当承担全部或者部分赔偿责任。

第85条 商业银行工作人员利用职务上的便利,贪污、挪用、侵占本行或者客户资金,构成犯罪的,依法追究刑事责任;尚不构成犯罪的,应当给予纪律处分。

第86条 商业银行工作人员违反本法规定玩忽职守造成损失的,应当给予纪律处分;构成犯罪的,依法追究刑事责任。

违反规定徇私向亲属、朋友发放贷款或者提供担保造成损失的,应当承担全部或者部分赔偿责任。

第87条 商业银行工作人员泄露在任职期间知悉的国家秘密、商业秘密的,应当给予纪律处分;构成犯罪的,依法追究刑事责任。

第88条 单位或者个人强令商业银行发放贷款或者提供担保的,应当对直接负责的主管人员和其他直接责任人员或者个人给予纪律处分;造成损失的,应当承担全部或者部分赔偿责任。

商业银行的工作人员对单位或者个人强令其发放贷款或者提供担保未予拒绝的,应当给予纪律处分;造成损失的,应当承担相应的赔偿责任。

第89条 商业银行违反本法规定的,国务院银行业监督管理机构可以区别不同情形,取消其直接负责的董事、高级管理人员一定期限直至终身的任职资格,禁止直接负责的董事、高级管理人员和其他直接责任人员一定期限直至终身从事银行业工作。

商业银行的行为尚不构成犯罪的,对直接负责的董事、高级管理人员和其他直接责任人员,给予警告,处5万元以上50万元以下罚款。

第90条 商业银行及其工作人员对国务院银行业监督管理机构、中国人民银行的处罚决定不服的,可以依照《中华人民共和国行政诉讼法》的规定向人民法院提起诉讼。

第91条 本法施行前,按照国务院的规定经批准设立的商业银行不再办理审批手续。

第92条 外资商业银行、中外合资商业银行、外国商业银行分行适用本法规定,法律、行政法规另有规定的,依照其规定。

第93条 城市信用合作社、农村信用合作社办理存款、贷款和结算等业务,适用本法有关规定。

第94条 邮政企业办理商业银行的有关业务,适用本法有关规定。

第95条 本法自1995年7月1日起施行。(全文略)

13. 最高人民检察院、公安部《关于公安机关管辖的刑事案件立案追诉标准的规定(2)》(公通字〔2022〕12号)

(详见本书《刑法》第120条之一相关内容)

第169条 【徇私舞弊低价折股、出售国有资产罪】 国有公司、企业或者其上级主管部门直接负责的主管人员,徇私舞弊,将国有资产低价折股或者低价出售,致使国家利益遭受重大损失的,处3年以下有期徒刑或者拘役;致使国家利益遭受特别重大损失的,处3年以上7年以下有期徒刑。

• 释义

徇私舞弊低价折股、出售国有资产罪是指国有公司、企业或者其上级主管部门直接负责的主管人员,徇私舞弊,将国有资产低价折股或者低价出售,致使国家利益遭受重大损失的行为。

国家出资企业中的国家工作人员在公司、企业改制或者国有资产处置过程中徇私舞弊,将国有资产低价折股或者低价出售给其本人未持有股份的公司、企业或者其他个人,致使国家利益遭受重大损失的。

• 管辖

公安机关、监察机关(公职人员行使公权力过程中发生的犯罪案件)。

• 立案追诉标准

无。

• 关联法律

1. 国家国有资产管理局《国有资产评估管理办法施行细则》(国资办发〔1992〕36号)

第3条 《办法》所说的国有资产是指国家依据法律取得的,国家以各种形式的投资和投资收益形成的或接受捐赠而取得的固定资产、流动资产、无形资产和其他形态的资产。

第4条 《办法》第3条所说的国有资产占有单位包括:

(一)国家机关、军队、社会团体及其他占有国有资产的社会组织;(二)国营企业、事业单位;(三)各种形式的国内联营和股份经营单位;(四)中外合资、合作经营企业;(五)占有国有资产的集体所有制单位;(六)其他占有国有资产的单位。(全文略)

2. 最高人民法院《关于如何认定国有控股参股股份有限公司中的国有公司、企业人员的解释》(法释〔2005〕10号)

(详见本书《刑法》第158条相关内容)

3. 最高人民法院、最高人民检察院《关于办理国家出资企业中职务犯罪案件具体应用法律若干问题的意见》(法发〔2010〕49号)

一、关于国家出资企业工作人员在改制过程中隐匿公司、企业财产归个人持股的改制后公司、企业所有的行为的处理

国家工作人员或者受国家机关、国有公司、企业、事业单位、人民团体委托管理、经营国有财产的人员利用职务上的便利,在国家出资企业改制过程中故意通过低估资产、隐瞒债权、虚设债务、虚构产权交易等方式隐匿公司、企业财产,转为本人持有股份的改制后公司、企业所有,应当依法追究刑事责任的,依照刑法第382条、第383条的规定,以贪污罪定罪处罚。贪污数额一般应当以所隐匿财产全额计算;改制后公司、企业仍有国有股份的,按股份比例扣除归于国有的部分。

所隐匿财产在改制过程中已为行为人实际控制,或者国家出资企业改制已经完成的,以犯罪既遂处理。

第1款规定以外的人员实施该款行为的,依照刑法第271条的规定,以职务侵占罪定罪处罚;第1款规定以外的人员与第1款规定的人员共同实施该款行为的,以贪污罪的共犯论处。

在企业改制过程中未采取低估资产、隐瞒债权、虚设债务、虚构产权交易等方式故意隐匿公司、企业财产的,一般不应当认定为贪污;造成国家资产重大损失,依法构成刑法第168条或者第169条规定的犯罪的,依照该规定定罪处罚。

四、关于国家工作人员在企业改制过程中的渎职行为的处理

国家出资企业中的国家工作人员在公司、企业改制或者国有资产处理过程中严重不负责任或者滥用职权,致使国家利益遭受重大损失的,依照刑法第168条的规定,以国有公司、企业人员失职罪或者国有公司、企业人员滥用职权罪定罪处罚。

国家出资企业中的国家工作人员在公司、企业改制或者国有资产处置过程中徇私舞弊,将国有资产低价折股或者低价出售给其本人未持有股份的公司、企业或者其他个人,致使国家利益遭受重大损失的,依照刑法第169条的规定,以徇私舞弊低价折股、出售国有资产罪定罪处罚。

国家出资企业中的国家工作人员在公司、企业改制或者国有资产处置过程中徇私舞弊,将国有资产低价折股或者低价出售给特定关系人持有股份或者本人实际控制的公司、企业,致使国家利益遭受重大损失的,依照刑法第382条、第383条的规定,以贪污罪定罪处罚。贪污数额以国有资产的损失数额计算。

国家出资企业中的国家工作人员因实施第1款、第2款行为收受贿赂,同时又构成刑法第385条规定之罪的,依照处罚较重的规定定罪处罚。

六、关于国家出资企业中国家工作人员的认定

经国家机关、国有公司、企业、事业单位提名、推荐、任命、批准等,在国有控股、参股公司及其分支机构中从事公务的人员,应当认定为国家工作人员。具体的任命机构和程序,不影响国家工作人员的认定。

经国家出资企业中负有管理、监督国有资产职责的组织批准或者研究决定,代表其在国有控股、参股公司及其分支机构中从事组织、领导、监督、经营、管理工作的人员,应当认定为国家工作人员。

国家出资企业中的国家工作人员,在国家出资企业中持有个人股份或者同时接受非国有股东委托的,不影响其国家工作人员身份的认定。

七、关于国家出资企业的界定

本意见所称“国家出资企业”,包括国家出资的国有独资公司、国有独资企业,以及国有资本控股公司、国有资本参股公司。

是否属于国家出资企业不清楚的,应遵循“谁投资、谁拥有产权”的原则进行界定。企业注册登记中的资金来源与实际出资不符的,应根据实际出资情况确定企业的性质。企业实际出资情况不清楚的,可以综合工商注册、分配形式、经营管理等因素确定企业的性质。

八、关于宽严相济刑事政策的具体贯彻

办理国家出资企业中的职务犯罪案件时,要综合考虑历史条件、企业发展、职工就业、社会稳定等因素,注意具体情况具体分析,严格把握犯罪与一般违规行为的区分界限。对于主观恶意明显、社会危害严重、群众反映强烈的严重犯罪,要坚决依法从严惩处;对于特定历史条件下、为了顺利完成企业改制而实施的违反国家政策法律规定的行为,行为人无主观恶意或者主观恶意不明显,情节较轻,危害不大的,可以不作为犯罪处理。

对于国家出资企业中的职务犯罪,要加大经济上的惩罚力度,充分重视财产刑的适用和执行,最大限度地挽回国家和人民利益遭受的损失。不能退赃的,在决定刑罚时,应当作为重要情节予以考虑。(全文详见本书《刑法》第 168 条相关内容)

4. 最高人民检察院、公安部《关于公安机关管辖的刑事案件立案追诉标准的规定(2)》(公通字〔2010〕23 号)

(公通字〔2022〕12 号已声明该文件废止)

5. 最高人民检察院、公安部《关于公安机关管辖的刑事案件立案追诉标准的规定(2)》(公通字〔2022〕12 号)

(详见本书《刑法》第 120 条之一相关内容)

第 169 条之一 【背信损害上市公司利益罪】 上市公司的董事、监事、高级管理人员违背对公司的忠实义务,利用职务便利,操纵上市公司从事下列行为之一,致使上市公司利益遭受重大损失的,处 3 年以下有期徒刑或者拘役,并处或者单处罚金;致使上市公司利益遭受特别重大损失的,处 3 年以上 7 年以下有期徒刑,并处罚金:

(一)无偿向其他单位或者个人提供资金、商品、服务或者其他资产的;

(二)以明显不公平的条件,提供或者接受资金、商品、服务或者其他资产的;

(三)向明显不具有清偿能力的单位或者个人提供资金、商品、服务或者其他资产的;

(四)为明显不具有清偿能力的单位或者个人提供担保,或者无正当理由为其他单位或者个人提供担保的;

(五)无正当理由放弃债权、承担债务的;

(六)采用其他方式损害上市公司利益的。

上市公司的控股股东或者实际控制人,指使上市公司董事、监事、高级管理人员实施前款行为的,依照前款的规定处罚。

犯前款罪的上市公司的控股股东或者实际控制人是单位的,对单位判处罚金,并对其直接负责的主管人员和其他直接责任人员,依照第 1 款的规定处罚。

(本条《中华人民共和国刑法修正案(6)》增加)

- **释义**

背信损害上市公司利益罪是指上市公司的董事、监事、高级管理人员,违背对公司的忠实义务,利用职务便利,操纵上市公司,采用无偿向其他单位或者个人提供资金、商品、服务或者其他资产的;或者以明显不公平的条件,提供或者接受资金、商品、服务或者其他资产的;或者向明显不具有清偿能力的单位或者个人提供资金、商品、服务或者其他资产的;或者为明显不具有清偿能力的单位或者个人提供担保或无正当理由为其他单位或者个人提供担保的;或者无正当理由放弃债权、承担债务等方式,致使上市公司利益遭受重大损失的行为。

- **管辖**

公安机关经济犯罪侦查部门、监察机关(公职人员行使公权力过程中发生的犯罪案件)。

- **立案追诉标准**

上市公司的董事、监事、高级管理人员违背对公司的忠实义务,利用职务便利,操纵上市公司从事损害上市公司利益的行为,以及上市公司的控股股东或者实际控制人,指使上市公司董事、监事、高级管理人员实施损害上市公司利益的行为,涉嫌下列情形之一的,应予立案追诉:

(一)无偿向其他单位或者个人提供资金、商品、服务或者其他资产,致使上市公司直接经济损失数额在150万元以上的;

(二)以明显不公平的条件,提供或者接受资金、商品、服务或者其他资产,致使上市公司直接经济损失数额在150万元以上的;

(三)向明显不具有清偿能力的单位或者个人提供资金、商品、服务或者其他资产,致使上市公150万元以上的;

(四)为明显不具有清偿能力的单位或者个人提供担保,或者无正当理由为其他单位或者个人提供担保,致使上市公司直接经济损失数额在150万元以上的;

(五)无正当理由放弃债权、承担债务,致使上市公司直接经济损失数额在150万元以上的;

(六)致使公司发行的股票、公司债券或者国务院依法认定的其他证券被终止上市交易或者多次被暂停上市交易的;

(七)其他致使上市公司利益遭受重大损失的情形。

- **关联法律**

1.最高人民法院《关于如何认定国有控股参股股份有限公司中的国有公司、企业人员的解释》(法释〔2005〕10号)

(详见本书《刑法》第158条相关内容)

2.《中华人民共和国刑法修正案(6)》(2006年6月29日第十届全国人大常委会第二十二次会议通过)

九、在刑法第169条后增加1条,作为第169条之一:"上市公司的董事、监事、高级管理人员违背对公司的忠实义务,利用职务便利,操纵上市公司从事下列行为之一,致使上市公司利益遭受重大损失的,处3年以下有期徒刑或者拘役,并处或者单处罚金;致使上市公司利益遭受特别重大损失的,处3年以上7年以下有期徒刑,并处罚金:

"(一)无偿向其他单位或者个人提供资金、商品、服务或者其他资产的;(二)以明显不公平的条件,提供或者接受资金、商品、服务或者其他资产的;(三)向明显不具有清偿能力的单位或者个人提供资金、商品、服务或者其他资产的;(四)为明显不具有清偿能力的单位或者个人提供担保,或者无正当理由为其他单位或者个人提供担保的;(五)无正当理由放弃债权、承担债务的;(六)采用其他方式损害上市公司利益的。

"上市公司的控股股东或者实际控制人,指使上市公司董事、监事、高级管理人员实施前款行为的,依照前款的规定处罚。

"犯前款罪的上市公司的控股股东或者实际控制人是单位的,对单位判处罚金,并对其直接负责的主管人员和其他直接责任人员,依照第 1 款的规定处罚。"

3. 最高人民检察院、公安部《关于公安机关管辖的刑事案件立案追诉标准的规定(2)》(公通字〔2010〕23 号)第 18 条

(公通字〔2022〕12 号已声明该文件废止)

4. 最高人民法院、最高人民检察院、公安部、中国证监会《关于办理证券期货违法犯罪案件工作若干问题的意见》(证监发〔2011〕30 号)

(详见本书《刑法》第 160 条相关内容)

5. 最高人民法院、最高人民检察院《关于贯彻执行〈关于办理证券期货违法犯罪案件工作若干问题的意见〉有关问题的通知》(法发〔2012〕8 号)

(详见本书《刑法》第 160 条相关内容)

6. 最高人民检察院、公安部《关于公安机关管辖的刑事案件立案追诉标准的规定(2)》(公通字〔2022〕12 号)

(见本条立案追诉标准内容)

第四节　破坏金融管理秩序罪

本节罪的责任形式皆为故意。

第 170 条　【伪造货币罪】伪造货币的,处 3 年以上 10 年以下有期徒刑,并处罚金;有下列情形之一的,处 10 年以上有期徒刑或者无期徒刑,并处罚金或者没收财产:

(一)伪造货币集团的首要分子;

(二)伪造货币数额特别巨大的;

(三)有其他特别严重情节的。

(本条《中华人民共和国刑法修正案(9)》修改)

• 释义

伪造货币罪是指没有货币制作、发行权的人,非法制造外观上足以使一般人误认为是货币的假货币,妨害货币的公共信用的行为,或者仿照真货币的图案、形状、色彩等特征非法制造假币,冒充真币,或者制造货币版样,或者与他人事前通谋,为他人伪造货币提供版样的行为。

货币是指流通的人民币(含普通纪念币、贵金属纪念币)、港元、澳门元、新台币,其他国家、地区的法定货币,以及正在流通的境外货币。贵金属纪念币的面额以中国人民银行授权中国金币总公司的初始发售价格为准。

伪造货币并出售或者运输伪造的货币的,依本条的规定定罪从重处罚。

• 管辖

公安机关经济犯罪侦查部门。

• 立案追诉标准

伪造货币,涉嫌下列情形之一的,应予立案追诉:

(一)总面额在2000元以上或者币量在200张(枚)以上的;

(二)总面额在1000元以上或者币量在100张(枚)以上,2年内因伪造货币受过行政处罚,又伪造货币的;

(三)制造货币版样或者为他人伪造货币提供版样的;

(四)其他伪造货币应予追究刑事责任的情形。

注:"货币"是指流通的以下货币:(一)人民币(含普通纪念币、贵金属纪念币)、港元、澳门元、新台币;(二)其他国家及地区的法定货币。

贵金属纪念币的面额以中国人民银行授权中国金币总公司的初始发售价格为准。

• 关联法律

1. 最高人民法院《关于审理伪造货币等案件具体应用法律若干问题的解释》(法释〔2000〕26号)

为依法惩治伪造货币,出售、购买、运输假币等犯罪活动,根据刑法的有关规定,现就审理这类案件具体应用法律的若干问题解释如下:

第1条 伪造货币的总面额在2000元以上不满3万元或者币量在200张(枚)以上不足3000张(枚)的,依照刑法第170条的规定,处3年以上10年以下有期徒刑,并处5万元以上50万元以下罚金。

伪造货币的总面额在3万元以上的,属于"伪造货币数额特别巨大"。

行为人制造货币版样或者与他人事前通谋,为他人伪造货币提供版样的,依照刑法170条的规定定罪处罚。

第2条 行为人购买假币后使用,构成犯罪的,依照刑法第171条的规定,以购买假币罪定罪,从重处罚。

行为人出售、运输假币构成犯罪,同时有使用假币行为的,依照刑法第171条、第172条的规定,实行数罪并罚。

第3条 出售、购买假币或者明知是假币而运输,总面额在4000元以上不满5万元的,属于"数额较大";总面额在5万元以上不满20万元的,属于"数额巨大";总面额在20万元以上的,属于"数额特别巨大",依照刑法第171条第1款的规定定罪处罚。

第4条 银行或者其他金融机构的工作人员购买假币或者利用职务上的便利,以假币换取货币,总面额在4000元以上不满5万元或者币量在400张(枚)以上不足5000张(枚)的,处3年以上10年以下有期徒刑,并处2万元以上20万元以下罚金;总面额在5万元以上或者币量在5000张(枚)以上或者有其他严重情节的,处10年以上有期徒刑或者无期徒刑,并处2万元以上20万元以下罚金或者没收财产;总面额不满人民币400元或者币量不足400张(枚)或者具有其他情节较轻情形的,处3年以下有期徒刑或者拘役,并处或者单处1万元以上10万元以下罚金。

第5条 明知是假币而持有、使用,总面额在4000元以上不满5万元的,属于"数额较大";总面额在5万元以上不满20万元的,属于"数额巨大";总面额在20万元以上的,属于

"数额特别巨大",依照刑法第172条的规定定罪处罚。

第6条 变造货币的总面额在2000元以上不满3万元的,属于"数额较大";总面额在3万元以上的,属于"数额巨大",依照刑法第173条的规定定罪处罚。

第7条 本解释所称"货币"是指可在国内市场流通或者兑换的人民币和境外货币。

货币面额应当以人民币计算,其他币种以案发时国家外汇管理机关公布的外汇牌价折算成人民币。

2. 最高人民法院《关于全国法院审理金融犯罪案件工作座谈会纪要》(法〔2001〕8号)

为进一步加强人民法院对金融犯罪案件的审判工作,正确理解和适用刑法对金融犯罪的有关规定,更加准确有力地依法打击各种金融犯罪,最高人民法院于2000年9月20日至22日在湖南省长沙市召开了全国法院审理金融犯罪案件工作座谈会。各省、自治区、直辖市高级人民法院和解放军军事法院主管刑事审判工作的副院长、刑事审判庭庭长以及中国人民银行的代表参加了座谈会。最高人民法院副院长刘家琛在座谈会上做了重要讲话。

座谈会总结交流了全国法院审理金融犯罪案件工作的情况和经验,研究讨论了刑法修订以来审理金融犯罪案件中遇到的有关具体适用法律的若干问题,对当前和今后一个时期人民法院审理金融犯罪案件工作提出了明确的要求和意见。纪要如下:

一、座谈会认为,金融是现代经济的核心。随着改革开放的不断深入和社会主义市场经济体制的建立、完善,我国金融体制也发生了重大变革,金融业务大大扩展且日益多元化、国际化,各种现代化的金融手段和信用工具被普遍应用,金融已经广泛深刻地介入我国经济并在其中发挥着越来越重要的作用,成为国民经济的"血液循环系统",是市场资源配置关系的主要形式和国家宏观调控经济的重要手段。金融的安全、有序、高效、稳健运行,对于经济发展、国家安全以及社会稳定至关重要。如果金融不稳定,势必会危及经济和社会的稳定,影响改革和发展的进程。保持金融的稳定和安全,必须加强金融法制建设,依法强化金融监管,规范金融秩序,依法打击金融领域内的各种违法犯罪活动。

近年来,人民法院充分发挥刑事审判职能,依法严惩了一大批严重破坏金融管理秩序和金融诈骗的犯罪分子,为保障金融安全,防范和化解金融风险,发挥了重要作用。但是,金融犯罪的情况仍然是严重的。从法院受理案件的情况看,金融犯罪的数量在逐年增加;涉案金额越来越大;金融机构工作人员作案和内外勾结共同作案的现象突出;单位犯罪和跨国(境)、跨区域作案增多;犯罪手段趋向专业化、智能化,新类型犯罪不断出现;犯罪分子作案后大肆挥霍、转移赃款或携款外逃的情况时有发生,危害后果越来越严重。金融犯罪严重破坏社会主义市场经济秩序,扰乱金融管理秩序,危害国家信用制度,侵害公私财产权益,造成国家金融资产大量流失,有的地方还由此引发了局部性的金融风波和群体性事件,直接影响了社会稳定。必须清醒地看到,目前,我国经济体制中长期存在的一些矛盾和困难已经或正在向金融领域转移并积聚,从即将到来的新世纪开始,我国将进入加快推进现代化的新的发展阶段,随着经济的快速发展、改革的不断深化以及对外开放的进一步扩大,我国金融业在获得更大发展机遇的同时,也面临着维护金融稳定更加严峻的形势。依法打击各种金融犯罪是人民法院刑事审判工作一项长期的重要任务。

座谈会认为,人民法院审理金融犯罪案件工作过去虽已取得了很大成绩,但由于修订后的刑法增加了不少金融犯罪的新罪名,审判实践中遇到了大量新情况和新问题,如何进一步提高适用法律的水平,依法审理好不断增多的金融犯罪案件,仍然是各级法院面临的新的课题;各级法院特别是法院的领导,一定要进一步提高打击金融犯罪对于维护金融秩序、防范金融风险、确保国家金融安全,对于保障改革、促进发展和维护稳定重要意义的认识,把审理金融犯罪案件作为当前和今后很长时期内刑事审判工作的重点,切实加强领导和指导,提高审判业务水平,加大审判工作力度,以更好地适应改革开放和现代化建设的新形势对人民法院刑事审判工作的要求。为此,必须做好以下几方面的工作:首先,金融犯罪是严重破坏社会主义市场经济秩序的犯罪,审理金融犯罪案件要继续贯彻依法从严惩处严重经济犯罪分子的方针。修订后的刑法和全国人大常委会的有关决定,对危害严重的金融犯罪规定了更加严厉的刑罚,体现了对金融犯罪从严惩处的精神,为人民法院审判各种金融犯罪案件提供了有力的法律依据。各级法院要坚决贯彻立法精神,严格依法惩处破坏金融管理秩序和金融诈骗的犯罪单位和犯罪个人。第二,进一步加强审理金融犯罪案件工作,促进金融制度的健全与完善。各级法院要切实加强对金融犯罪案件审判工作的组织领导,调整充实审判力量,确保起诉到法院的破坏金融管理秩序和金融诈骗犯罪案件依法及时审结。对于针对金融机构的抢劫、盗窃和发生在金融领域的贪污、侵占、挪用、受贿等其他刑事犯罪案件,也要抓紧依法审理,及时宣判。对于各种专项斗争中破获的金融犯罪案件,要集中力量抓紧审理,依法从严惩处。可选择典型案件到案发当地和案发单位公开宣判,并通过各种新闻媒体广泛宣传,形成对金融违法犯罪的强大威慑力,教育广大干部群众增强金融法制观念,维护金融安全,促进金融制度的不断健全与完善。第三,要加强学习培训,不断提高审判水平。审理金融犯罪案件,是一项政策性很强的工作,而且涉及很多金融方面的专业知识。各级法院要重视对刑事法官的业务学习和培训,采取请进来、走出去等灵活多样的形式,组织刑事审判人员认真学习银行法、证券法、票据法、保险法等金融法律和公司法、担保法、会计法、审计法等相关法律,学习有关金融政策法规以及一些基本业务知识,以确保正确理解和适用刑法,处理好金融犯罪案件。第四,要结合审判工作加强调查研究。金融犯罪案件比较复杂,新情况、新问题多,审理难,度大,加强调查研究工作尤为必要。各级法院都要结合审理金融犯罪,有针对性地开展调查研究。对办案中发现的管理制度方面存在的漏洞和隐患,要及时提出司法建议。最高法院和高级法院要进一步加强对下级法院的工作指导,及时研究解决实践中遇到的适用法律上的新问题,需要通过制定司法解释加以明确的,要及时逐级报请最高法院研究。

二、座谈会重点研究讨论了人民法院审理金融犯罪案件中遇到的一些有关适用法律问题。与会同志认为,对于修订后的刑法实施过程中遇到的具体适用法律问题,在最高法院相应的新的司法解释出台前,原有司法解释与现行刑法不相冲突的仍然可以参照执行。对于法律和司法解释没有具体规定或规定不够明确,司法实践中又亟需解决的一些问题,与会同志结合审判实践进行了深入的探讨,并形成了一致意见:

(一)关于单位犯罪问题

根据刑法和《最高人民法院关于审理单位犯罪案件具体应用法律有关问题的解释》的规定,以单位名义实施犯罪,违法所得归单位所有的,是单位犯罪。

1. 单位的分支机构或者内设机构、部门实施犯罪行为的处理。

以单位的分支机构或者内设机构、部门的名义实施犯罪,违法所得亦归分支机构或者内设机构、部门所有的,应认定为单位犯罪。不能因为单位的分支机构或者内设机构、部门没有可供执行罚金的财产,就不将其认定为单位犯罪,而按照个人犯罪处理。

2. 单位犯罪直接负责的主管人员和其他直接责任人员的认定。

直接负责的主管人员,是在单位实施的犯罪中起决定、批准、授意、纵容、指挥等作用的人员,一般是单位的主管负责人,包括法定代表人。其他直接责任人员,是在单位犯罪中具体实施犯罪并起较大作用的人员,既可以是单位的经营管理人员,也可以是单位的职工,包括聘任、雇佣的人员。应当注意的是,在单位犯罪中,对于受单位领导指派或奉命而参与实施了一定犯罪行为的人员,一般不宜作为直接责任人员追究刑事责任。对单位犯罪中的直接负责的主管人员和其他直接责任人员,应根据其在单位犯罪中的地位、作用和犯罪情节,分别处以相应的刑罚,主管人员与直接责任人员,在个案中,不是当然的主、从犯关系,有的案件,主管人员与直接责任人员在实施犯罪行为的主从关系不明显的,可不分主、从犯。但具体案件可以分清主、从犯,且不分清主、从犯,在同一法定刑档次、幅度内量刑无法做到罪刑相适应的,应当分清主、从犯,依法处罚。

3. 对未作为单位犯罪起诉的单位犯罪案件的处理。

对于应当认定为单位犯罪的案件,检察机关只作为自然人犯罪案件起诉的,人民法院应及时与检察机关协商,建议检察机关对犯罪单位补充起诉。如检察机关不补充起诉的,人民法院仍应依法审理,对被起诉的自然人根据指控的犯罪事实、证据及庭审查明的事实,依法按单位犯罪中的直接负责的主管人员或者其他直接责任人员追究刑事责任,并应引用刑罚分则关于单位犯罪追究直接负责的主管人员和其他直接责任人员刑事责任的有关条款。

4. 单位共同犯罪的处理。

两个以上单位以共同故意实施的犯罪,应根据各单位在共同犯罪中的地位、作用大小,确定犯罪单位。

(二)关于破坏金融管理秩序罪

1. 非金融机构非法从事金融活动案件的处理。

1998年7月13日,国务院发布了《非法金融机构和非法金融业务活动取缔办法》。1998年8月11日,国务院办公厅转发了中国人民银行整顿乱集资、乱批设金融机构和乱办金融业务实施方案,对整顿金融"三乱"工作的政策措施等问题做出了规定。各地根据整顿金融"三乱"工作实施方案的规定,对于未经中国人民银行批准,但是根据地方政府或有关部门文件设立并从事或变相从事金融业务的各类基金会、互助会、储金会等机构和组织,由各地人民政府和各有关部门限期进行清理整顿。超过实施方案规定期限继续从事非法金融业务活动的,依法予以取缔;情节严重、构成犯罪的,依法追究刑事责任。因此,上述非法从事金融活动的机构和组织只要在实施方案规定期限之前停止非法金融业务活动的,对有关单位和责任人员,不应以擅自设立金融机构罪处理;对其以前从事的非法金融活动,一般也不作犯罪处理;这些机构和组织的人员利用职务实施的个人犯罪,如贪污罪、职务侵占罪、挪用公款罪、挪用资金罪等,应当根据具体案情分别依法定罪处罚。

2. 关于假币犯罪。

假币犯罪的认定。假币犯罪是一种严重破坏金融管理秩序的犯罪。只要有证据证明行为人实施了出售、购买、运输、使用假币行为,且数额较大,就构成犯罪。伪造货币的,只要实施了伪造行为,不论是否完成全部印制工序,即构成伪造货币罪;对于尚未制造出成品,无法计算伪造、销售假币面额的,或者制造、销售用于伪造货币的版样的,不认定犯罪数额,依据犯罪情节决定刑罚。明知是伪造的货币而持有,数额较大,根据现有证据不能认定行为人是为了进行其他假币犯罪的,以持有假币罪定罪处罚;如果有证据证明其持有的假币已构成其他假币犯罪的,应当以其他假币犯罪定罪处罚。

假币犯罪罪名的确定。假币犯罪案件中犯罪分子实施数个相关行为的,在确定罪名时应把握以下原则:

(一)对同一宗假币实施了法律规定为选择性罪名的行为,应根据行为人所实施的数个行为,按相关罪名刑法规定的排列顺序并列确定罪名,数额不累计计算,不实行数罪并罚:(二)对不同宗假币实施法律规定为选择性罪名的行为,并列确定罪名,数额按全部假币面额累计计算,不实行数罪并罚。(三)对同一宗假币实施了刑法没有规定为选择性罪名的数个犯罪行为,择一重罪从重处罚。如伪造货币或者购买假币后使用的,以伪造货币罪或购买假币罪定罪,从重处罚。(四)对不同宗假币实施了刑法没有规定为选择性罪名的数个犯罪行为,分别定罪,数罪并罚。

出售假币被查获部分的处理。在出售假币时被抓获的,除现场查获的假币应认定为出售假币的犯罪数额外,现场之外在行为人住所或者其他藏匿地查获的假币,亦应认定为出售假币的犯罪数额。但有证据证实后者是行为人有实施其他假币犯罪的除外。

制造或者出售伪造的台币行为的处理。对于伪造台币的,应当以伪造货币罪定罪处罚;出售伪造的台币的,应当以出售假币罪定罪处罚。

3. 用账外客户资金非法拆借、发放贷款行为的认定和处罚。

银行或者其他金融机构及其工作人员以牟利为目的,采取吸收客户资金不入账的方式,将客户资金用于非法拆借、发放贷款,造成重大损失的,构成用账外客户资金非法拆借、发放贷款罪。以牟利为目的,是指金融机构及其工作人员为本单位或者个人牟利,不具有这种目的,不构成该罪。这里的"牟利",一般是指谋取用账外客户资金非法拆借、发放贷款所产生的非法收益,如利息、差价等。对于用款人为取得贷款而支付的回扣、手续费等,应根据具体情况分别处理:银行或者其他金融机构用账外客户资金非法拆借、发放贷款,收取的回扣、手续费等,应认定为"牟利";银行或者其他金融机构的工作人员利用职务上的便利,用账外客户资金非法拆借、发放贷款,收取回扣、手续费等,数额较小的,以"牟利"论处;银行或者其他金融机构的工作人员将用款人支付给单位的回扣、手续费秘密占为已有,数额较大的,以贪污罪定罪处罚;银行或者其他金融机构的工作人员利用职务便利,用账外客户资金非法拆借、发放贷款,索取用款人的财物,或者非法收受其他财物,或者收取回扣、手续费等,数额较大的,以受贿罪定罪处罚。吸收客户资金不入账,是指不记入金融机构的法定存款账目,以逃避国家金融监管,至于是否记入法定账目以外设立的账目,不影响该罪成立。

审理银行或者其他金融机构及其工作人员用账外客户资金非法拆借、发放贷款案件,要注意将用账外客户资金非法拆借、发放贷款的行为与挪用公款罪和挪用资金罪区别开来。对于利用职务上的便利,挪用已经记入金融机构法定存款账户的客户资金归个人使用的,或者吸收客户资金不入账,却给客户开具银行存单,客户也认为将款已存入银行,该款却被行为人以个人名义借贷给他人的,均应认定为挪用公款罪或者挪用资金罪。

4. 破坏金融管理秩序相关犯罪数额和情节的认定。

最高人民法院先后颁行了《关于审理伪造货币等案件具体应用法律若干问题的解释》、《关于审理走私刑事案件具体应用法律若干问题的解释》,对伪造货币,走私、出售、购买、运输假币等犯罪的定罪处刑标准以及相关适用法律问题作出了明确规定。为正确执行刑法,在其他有关的司法解释出台之前,对假币犯罪以外的破坏金融管理秩序犯罪的数额和情节,可参照以下标准掌握:

关于非法吸收公众存款罪。非法吸收或者变相吸收公众存款的,要从非法吸收公众存款的数额、范围以及给存款人造成的损失等方面来判定扰乱金融秩序造成危害的程度。根据司法实践,具有下列情形之一的,可以按非法吸收公众存款罪定罪处罚:

(一)个人非法吸收或者变相吸收公众存款20万元以上的,单位非法吸收或者变相吸收公众存款100万元以上的;(二)个人非法吸收或者变相吸收公众存款30户以上的,单位非法吸收或者变相吸收公众存款150户以上的;(三)个人非法吸收或者变相吸收公众存款给存款人造成损失10万元以上的,单位非法吸收或者变相吸收公众存款给存款人造成损失50万元以上的,或者造成其他严重后果的:个人非法吸收或者变相吸收公众存款100万元以上,单位非法吸收或者变相吸收公众存款500万元以上的,可以认定为"数额巨大"。

关于违法向关系人发放贷款罪。银行或者其他金融机构工作人员违反法律、行政法规规定,向关系人发放信用贷款或者发放担保贷款的条件优于其他借款人同类贷款条件,造成

10—30万元以上损失的，可以认定为“造成较大损失”；造成50—100万元以上损失的，可以认定为“造成重大损失”。

关于违法发放贷款罪。银行或者其他金融机构工作人员违反法律、行政法规规定，向关系人以外的其他人发放贷款，造成50—100万元以上损失的，可以认定为“造成重大损失”；造成300—500万元以上损失的，可以认定为“造成特别重大损失”。

关于用账外客户资金非法拆借、发放贷款罪。对于银行或者其他金融机构工作人员以牟利为目的，采取吸收客户资金不入账的方式，将资金用于非法拆借、发放贷款，造成50—100万元以上损失的，可以认定为“造成重大损失”；造成300—500万元以上损失的，可以认定为“造成特别重大损失”。

对于单位实施违法发放贷款和用账外客户资金非法拆借、发放贷款造成损失构成犯罪的数额标准，可按个人实施上述犯罪的数额标准2至4倍掌握。

由于各地经济发展不平衡，各省、自治区、直辖市高级人民法院可参照上述数额标准或幅度，根据本地的具体情况，确定在本地区掌握的具体标准。

(三)关于金融诈骗罪

1. 金融诈骗罪中非法占有目的的认定。

金融诈骗犯罪都是以非法占有为目的的犯罪。在司法实践中，认定是否具有非法占有为目的，应当坚持主客观相一致的原则，既要避免单纯根据损失结果客观归罪，也不能仅凭被告人自己的供述，而应当根据案件具体情况具体分析。根据司法实践，对于行为人通过诈骗的方法非法获取资金，造成数额较大资金不能归还，并具有下列情形之一的，可以认定为具有非法占有的目的：

(一)明知没有归还能力而大量骗取资金的；(二)非法获取资金后逃跑的；(三)肆意挥霍骗取资金的；(四)使用骗取的资金进行违法犯罪活动的；(五)抽逃、转移资金、隐匿财产，以逃避返还资金的；(六)隐匿、销毁账目，或者搞假破产、假倒闭，以逃避返还资金的；(七)其他非法占有资金、拒不返还的行为。但是，在处理具体案件的时候，对于有证据证明行为人不具有非法占有目的的，不能单纯以财产不能归还就按金融诈骗罪处罚。

2. 贷款诈骗罪的认定和处理。

贷款诈骗犯罪是目前案发较多的金融诈骗犯罪之一。审理贷款诈骗犯罪案件，应当注意以下两个问题：一是单位不能构成贷款诈骗罪。根据刑法第30条和第193条的规定，单位不构成贷款诈骗罪。对于单位实施的贷款诈骗行为，不能以贷款诈骗罪定罪处罚，也不能以贷款诈骗罪追究直接负责的主管人员和其他直接责任人员的刑事责任。但是，在司法实践中，对于单位十分明显地以非法占有为目的，利用签订、履行借款合同诈骗银行或其他金融机构贷款，符合刑法第224条规定的合同诈骗罪构成要件的，应当以合同诈骗罪定罪处罚。二是要严格区分贷款诈骗与贷款纠纷的界限。对于合法取得贷款后，没有按规定的用途使用贷款，到期没有归还贷款的，不能以贷款诈骗罪定罪处罚；对于确有证据证明行为人不具有非法占有的目的，因不具备贷款的条件而采取了欺骗手段获取贷款，案发时有能力履行还贷义务，或者案发时不能归还贷款是因为意志以外的原因，如因经营不善、被骗、市场风险等，不应以贷款诈骗罪定罪处罚。

3. 集资诈骗罪的认定和处理。

集资诈骗罪和欺诈发行股票、债券罪、非法吸收公众存款罪在客观上均表现为向社会公众非法募集资金。区别的关键在于行为人是否具有非法占有的目的。对于以非法占有为目的而非法集资，或者在非法集资过程中产生了非法占有他人资金的故意，均构成集资诈骗罪。但是，在处理具体案件时要注意以下两点：一是不能仅凭较大数额的非法集资款不能返还的结果,推定行为人具有非法占有的目的;二是行为人将大部分资金用于投资或生产经营活动,而将少量资金用于个人消费或挥霍的,不应仅以此便认定具有非法占有的目的。

4. 金融诈骗犯罪定罪量刑的数额标准和犯罪数额的计算。

金融诈骗的数额不仅是定罪的重要标准,也是量刑的主要依据。在没有新的司法解释之前,可参照1996年《最高人民法院关于审理诈骗案件具体应用法律的若干问题的解释》的规定执行。在具体认定金融诈骗犯罪的数额时,应当以行为人实际骗取的数额计算。对于行为人为实施金融诈骗活动而支付的中介费、手续费、回扣等,或者用于行贿、赠与等费用,均应计入金融诈骗的犯罪数额。但应当将案发前已归还的数额扣除。

(四)死刑的适用

刑法对危害特别严重的金融诈骗犯罪规定了死刑。人民法院应当运用这一法律武器,有力地打击金融诈骗犯罪。对于罪行极其严重、依法该判死刑的犯罪分子,一定要坚决判处死刑。但需要强调的是,金融诈骗犯罪的数额特别巨大不是判处死刑的惟一标准,只有诈骗"数额特别巨大并且给国家和人民利益造成特别重大损失"的犯罪分子,才能依法选择适用死刑。对于犯罪数额特别巨大,但追缴、退赔后,挽回了损失或者损失不大的,一般不应当判处死刑立即执行;对具有法定从轻、减轻处罚情节的,一般不应当判处死刑。

(五)财产刑的适用

金融犯罪是图利型犯罪,惩罚和预防此类犯罪,应当注重同时从经济上制裁犯罪分子。刑法对金融犯罪都规定了财产刑,人民法院应当严格依法判处。罚金的数额,应当根据被告人的犯罪情节,在法律规定的数额幅度内确定。对于具有从轻、减轻或者免除处罚情节的被告人,对于本应并处的罚金刑原则上也应当从轻、减轻或者免除。

单位金融犯罪中直接负责的主管人员和其他直接责任人员,是否适用罚金刑,应当根据刑法的具体规定。刑法分则条文规定有罚金刑,并规定对单位犯罪中直接负责的主管人员和其他直接责任人员依照自然人犯罪条款处罚的,应当判处罚金刑,但是对直接负责的主管人员和其他直接责任人员判处罚金的数额,应当低于对单位判处罚金的数额;刑法分则条文明确规定对单位犯罪中直接负责的主管人员和其他直接责任人员只判处自由刑的,不能附加判处罚金刑。

3. 公安部经济犯罪侦查局《关于制造、销售用于伪造货币的版样的行为如何定性问题的批复》(公经〔2003〕660号)

广东省公安厅经侦总队:你总队《关于对买卖假币胶片行为定性问题的请示》[广公(经)字〔2003〕439号]收悉。经研究并征询最高人民检察院、最高人民法院有关部门的意见,现批复如下:

根据《最高人民法院关于审理伪造货币等案件具体应用法律若干问题的解释》(法释〔2000〕26号)以及《全国法院审理金融犯罪案件工作座谈会纪要》的有关规定,对制造、销售用于伪造货币的版样的行为以伪造货币罪定罪处罚。

4. 公安部经济犯罪侦查局《关于伪造缅甸货币行为定性问题的批复》(公经〔2004〕493号)

云南省公安厅经侦总队:你总队《关于我省公安机关查获一起伪造假缅币案件适用法律有关问题的请示》(云公传发〔2004〕30号)收悉。经研究并商最高人民法院刑二庭、最高人民检察院侦查监督厅和国家外汇管理局综合司同意,现批复如下:

鉴于缅甸货币在中缅边境地区可以与人民币兑换,伪造缅甸货币的行为应以伪造货币罪定罪处罚。

5. 公安部经济犯罪侦查局《关于对制贩假贵金属纪念币行为性质认定问题的批复》(公经〔2007〕2548号)

北京市公安局经济犯罪侦查处：你处《关于对赵××等人贩卖假奥运会贵金属纪念币案件性质进行认定的请示》(经侦办字〔2007〕310号)收悉，经商最高人民法院刑二庭、最高人民检察院侦查监督厅和中国人民银行条法司研究同意，现批复如下：

根据《中华人民共和国人民币管理条例》规定，贵金属纪念币是人民币的有机组成部分，是国家法定货币，制版假贵金属纪念币的行为，应以《中华人民共和国刑法》第170条、第171条等规定的伪造货币罪，出售、购买、运输假货币罪等罪定罪处罚；其犯罪数额认定应以中国人民银行授权中国金币总公司初始发售价格为依据标准。

6. 公安部办公厅《关于若干经济犯罪案件如何统计涉案总价值、挽回经济损失数额的批复》(公经〔2008〕214号)

云南省公安厅警令部：《云南省公安厅警令部关于经济犯罪案件如何统计涉案金额、挽回经济损失数等有关问题的请示》(云公警令〔2008〕22号)收悉。经研究，批复如下：

一、虚报注册资本案按照虚报数额统计涉案总价值；虚假出资、抽逃出资案按照虚假或抽逃的出资数额统计涉案总价值。

二、贷款诈骗案按照诈骗的贷款数额统计涉案总价值。

三、走私假币案、伪造货币案、出售、购买、运输假币案、金融工作人员购买假币、以假币换取货币案、持有、使用假币案、变造货币案，按照已经查证属实的伪造、变造的货币的面值统计涉案总价值。

伪造、变造的外国货币以及香港、澳门、台湾地区货币的面值，按照立案时国家外汇管理机关公布的外汇牌价折算成人民币后统计。

四、危害税收征管案按照以下方法统计涉案总价值：

(一)偷税案按照偷税数额统计涉案总价值。(二)抗税案按照拒缴税款额统计涉案总价值。(三)逃避追缴欠税案按照欠缴税款额统计涉案总价值。(四)骗取出口退税案按照骗取税款额统计涉案总价值。(五)虚开增值税专用发票、用于骗取出口退税、抵扣税款发票案按照价税合计额统计涉案总价值。(六)伪造、出售伪造的增值税专用发票案、非法出售增值税专用发票案、非法购买增值税专用发票、购买伪造的增值税专用发票案，发票已经填开或打印金额的，按照价税合计额统计涉案总价值；发票未填开或打印金额的，不统计涉案总价值。(七)非法制造、出售非法制造的用于骗取出口退税、抵扣税款发票案、非法出售用于骗取出口退税、抵扣税款发票案，发票已经填开或打印、印刷金额的，按照票面金额统计涉案总价值；票面既有价款额又有税款额的，按照价税合计额统计涉案总价值；发票未填开或打印、印刷金额的，不统计涉案总价值。(八)非法制造、出售非法制造的发票案、非法出售发票案，发票已经填开或打印、印刷金额的，按照票面金额统计涉案总价值；发票未填开或打印、印刷金额的，不统计涉案总价值。

五、挽回经济损失额按照实际追缴的赃款以及赃物折价统计。

7. 最高人民法院、最高人民检察院、公安部《关于严厉打击假币犯罪活动的通知》(公通字〔2009〕45号)

近年来，全国公安司法机关始终把严厉打击假币犯罪作为一项重要任务，依法查处了一大批假币犯罪案件，打击了一大批假币犯罪分子，为维护人民币信誉和国家金融管理秩序，保护广大群众切身利益作出了重要贡献。但是，由于各方面因素的影响，当前假币犯罪形势仍然十分严峻，发案量居高不下，犯罪手段越来越隐蔽，查处难度越来越大。为了依法严厉打击假币犯罪，有效遏制假币犯罪活动的蔓延，现就有关工作要求通知如下：

一、统一思想，提高认识。

假币犯罪严重影响国家金融秩序和经济安全，侵害群众利益，破坏社会稳定，影响国家形象。世界各国无不对假币犯罪特别重视，严厉打击。特别是在国际金融危机影响不断加深加剧，人民币国际化已经迈出实质性步伐的背景下，严厉打击假币犯罪，意义特别重大。各地公安司法机关要进一步统一思想，提高认识，深刻认识到假币犯罪的严重危害性，把反假币工作作为一项十分重要的任务，始终摆在突出位置抓紧抓好。

二、密切配合，强化合力。

在办理假币犯罪案件中，各地公安机关、人民检察院、人民法院要加强协调配合，及时沟通情况，形成打击合力，提高工作成效。公安机关要主动加强与检察机关的沟通，重大案件请检察机关提前介入；需要补充侦查的，要根据检察机关的要求尽快补充侦查。检察机关对公安机关立案侦查的假币犯罪案件，要及时介入，参加对重大案件的讨论，对案件的法律适用和证据的收集、固定等提出意见和建议。人民法院对于重大假币犯罪案件，要加强审理力量，依法快审快结。

根据刑事诉讼法的有关规定，假币犯罪案件的地域管辖应当遵循以犯罪地管辖为主，犯罪嫌疑人居住地管辖为辅的原则。假币犯罪案件中的犯罪地，既包括犯罪预谋地、行为发生地，也包括运输假币的途经地。假币犯罪案件中的犯罪嫌疑人居住地，不仅包括犯罪嫌疑人经常居住地和户籍所在地，也包括其临时居住地。几个公安机关都有权管辖的假币犯罪案件，由最初立案地或者主要犯罪地公安机关管辖；对管辖有争议或者情况特殊的，由共同的上级公安机关指定管辖。如需人民检察院、人民法院指定管辖的，公安机关要及时提出相关建议。经审查需要指定的，人民检察院、人民法院要依法指定管辖。

三、严格依法，从严惩处。

各地公安司法机关办理假币犯罪案件要始终坚持依法严惩的原则，坚决杜绝以罚代刑、以拘代刑、重罪轻判、降格处理，充分发挥刑罚的震慑力。公安机关对于涉嫌假币犯罪的，必须依法立案，认真查证；对有证据证明有犯罪事实，可能判处徒刑以上刑罚的犯罪嫌疑人，要尽快提请批准逮捕并抓紧侦办，及时移送审查起诉。检察机关对于公安机关提请批准逮捕、移送审查起诉的假币犯罪案件，符合批捕、起诉条件的，要依法尽快予以批捕、起诉。共同犯罪案件中虽然有同案犯在逃，但对于有证据证明有犯罪事实的已抓获的犯罪嫌疑人，要依法批捕、起诉；对于确实需要补充侦查的案件，要制作具体、详细的补充侦查提纲。人民法院对于假币犯罪要依法从严惩处，对于假币犯罪累犯、惯犯、涉案假币数额巨大或者全部流入社会的犯罪分子，要坚决重判；对于伪造货币集团的首要分子、骨干分子，伪造货币数额特别巨大或有其他特别严重情节，罪行极其严重的犯罪分子，应当判处死刑的，要坚决依法判处死刑。上级法院要加强对下级法院审判工作的指导，保障依法及时正确审判假币犯罪案件。

四、强化宣传，营造声势。

各地公安司法机关要选择典型案例，充分利用各种新闻媒体，采取多种形式，大力开展宣传教育工作，让广大群众充分认识假币犯罪的社会危害性和严重法律后果，自觉抵制并积极检举揭发假币违法犯罪活动，形成严厉打击假币犯罪的强大舆论声势。

各地接此通知后，请迅速传达至各基层人民法院、人民检察院、公安机关，并认真贯彻执行。执行中遇到的问题，请及时报最高人民法院、最高人民检察院、公安部。

8. 公安部经济犯罪侦查局《关于对贩卖伪造的澳大利亚法定贵金属纪念币有关问题的批复》（公经金融〔2009〕184号）

经与国务院反假币工作联席会议办公室函商，2009年6月15日答复北京市公安局经侦处“经侦办字〔2009〕48号”请示）内容如下：

（一）澳大利亚法定货币（含贵金属纪念币）的官方造币厂只有澳大利亚皇家造币厂和澳

大利亚珀斯造币厂，两造币厂均未生产过五牛图纯金纪念币。

（二）所谓五牛图纯金纪念币不是澳大利亚法定货币。澳大利亚金币控股有限公司（在澳名称为澳大利亚金币总公司）是在澳注册的私人公司，并不具有生产和发行澳大利亚法定货币资格。

（三）按照中国人民银行和海关总署《关于对进口黄金及其制品加强管理的通知》（银发〔19981〕363号）、《关于重中对进口金银及其制品加强管理的有关规定的通知》（银发〔1989〕244号）有关规定，国外金银纪念币进口须经中国人民银行审批，按照国务院有关取消第2批行政审批项目的决定，从2003年3月21日起，人民银行已停止审批白银进口（含银铸币），进口白银海关按照有关规定办理，目前，金质纪念币的进口仍须经中国人民银行审批。

（四）对北京××投资顾问有限公司仿制澳大利亚金币控股有限公司的商标、包装销售“五牛图”纯金纪念币的行为，有侵权的嫌疑，而澳大利亚金币控股有限公司本身也有混淆视听的行为，其如何处理，请你处依据已掌握的证据，征求有关部门意见后，予以处理。

9. 最高人民法院《关于审理伪造货币等案件具体应用法律若干问题的解释（2）》（法释〔2010〕14号）

为依法惩治伪造货币、变造货币等犯罪活动，根据刑法有关规定和近一个时期的司法实践，就审理此类刑事案件具体应用法律的若干问题解释如下：

第1条　仿照真货币的图案、形状、色彩等特征非法制造假币，冒充真币的行为，应当定为刑法第170条规定的“伪造货币”。

对真货币采用剪贴、挖补、揭层、涂改、移位、重印等方法：改变真币形态、价值的行为，应当认定为刑法第173条规定的“变造货币”

第2条　同时采用伪造和变造手段，制造真伪拼凑货币的行为，依照刑法第170条，以伪造货币罪定罪处罚。

第3条　以正在流通的境外货币为对象的假币犯罪，依照刑法第170条至第173条的规定定罪处罚。

假境外货币犯罪的数额，按照案发当日中国外汇交易中心或者中国人民银行授权机构公布的人民币对该货币的中间价折合成人民币计算。中国外汇交易中心或者中国人民银行授权机构未公布汇率中间价的境外货币，按照案发当日境内银行人民币对该货币的中间价折算成人民币，或者该货币在境内银行、国际外汇市场对美元汇率，与人民币对美元汇率中间价进行套算。

第4条　以中国人民银行发行的普通纪念币和贵金属纪念币为对象的假币犯罪，依照刑法第170条至第173条的规定定罪处罚。

假普通纪念币犯罪的数额，以面额计算；假贵金属纪念币犯罪的数额，以贵金属纪念币的初始发售价格计算。

第5条　以使用为目的，伪造停止流通的货币，或者使用伪造的停止流通的货币的，依照刑法第266条的规定，以诈骗罪定罪处罚。

第6条　此前发布的司法解释与本解释不一致的，以本解释为准。

10. 最高人民检察院、公安部《关于公安机关管辖的刑事案件立案追诉标准的规定（2）》（公通字〔2010〕23号）

（公通字〔2022〕12号已声明该文件废止）

11.《中华人民共和国刑法修正案（9）》（2015年8月29日第十二届全国人大常委会第十六次会议通过）

十一、将刑法第170条修改为：“伪造货币的，处3年以上10年以下有期徒刑，并处罚金；

有下列情形之一的,处10年以上有期徒刑或者无期徒刑,并处罚金或者没收财产:(一)伪造货币集团的首要分子;(二)伪造货币数额特别巨大的;(三)有其他特别严重情节的。”

(原条文:伪造货币的,处3年以上10年以下有期徒刑,并处5万元以上50万元以下罚金;有下列情形之一的,处10年以上有期徒刑、无期徒刑或者死刑,并处5万元以上50万元以下罚金或者没收财产:(一)伪造货币集团的首要分子;(二)伪造货币数额特别巨大的;(三)有其他特别严重情节的。)

12. 最高人民检察院、公安部《关于公安机关管辖的刑事案件立案追诉标准的规定(2)》(公通字〔2022〕12号)

(见本条立案追诉标准内容)

第171条 【出售、购买、运输假币罪】 出售、购买伪造的货币或者明知是伪造的货币而运输,数额较大的,处3年以下有期徒刑或者拘役,并处2万元以上20万元以下罚金;数额巨大的,处3年以上10年以下有期徒刑,并处5万元以上50万元以下罚金;数额特别巨大的,处10年以上有期徒刑或者无期徒刑,并处5万元以上50万元以下罚金或者没收财产。

【金融工作人员购买假币、以假币换取货币罪】 银行或者其他金融机构的工作人员购买伪造的货币或者利用职务上的便利,以伪造的货币换取货币的,处3年以上10年以下有期徒刑,并处2万元以上20万元以下罚金;数额巨大或者有其他严重情节的,处10年以上有期徒刑或者无期徒刑,并处2万元以上20万元以下罚金或者没收财产;情节较轻的,处3年以下有期徒刑或者拘役,并处或者单处1万元以上10元以下罚金。

伪造货币并出售或者运输伪造的货币的,依照本法第170条的规定定罪从重处罚。

• 释义

出售、购买、运输假币罪是指明知是伪造的货币而出售、购买或者运输,数额较大的行为。

购买假币后使用,构成犯罪的,依本罪从重处罚。但是,为自己使用而购买的,不宜认定为本罪,可认定为持有假币罪或者使用假币罪。

责任形式为故意,且必须明知是假币而出售、购买或者运输。

金融工作人员购买假币、以假币换取货币罪是指银行或者其他金融机构的工作人员,购买伪造的货币,或者利用职务上的便利,以伪造的货币换取货币的行为。客观行为有两种:(一)购买假币;(二)利用职务上的便利以假币换取真币。实施其一或同时实施,皆构成本罪。

责任形式为故意,且以明知是假币为前提。

• 管辖

公安机关经济犯罪侦查部门、监察机关(公职人员行使公权力过程中发生的犯罪案件[仅适用金融工作人员购买假币、以假币换取货币罪])。

• 立案追诉标准

【出售、购买、运输假币罪立案追诉标准】

出售、购买伪造的货币或者明知是伪造的货币而运输,涉嫌下列情形之一的,应予立案追诉:

(一)总面额在4000元以上或者币量在400张(枚)以上的;

（二）总面额在2000元以上或者币量在200张（枚）以上，2年内因出售、购买、运输假币受过行政处罚，又出售、购买、运输假币的；

（三）其他出售、购买、运输假币应予追究刑事责任的情形。

在出售假币时被抓获的，除现场查获的假币应认定为出售假币的数额外，现场之外在行为人住所或者其他藏匿地查获的假币，也应认定为出售假币的数额。

【金融工作人员购买假币、以假币换取货币罪立案追诉标准】

银行或者其他金融机构的工作人员购买伪造的货币或者利用职务上的便利，以伪造的货币换取货币，总面额在2000元以上或者币量在200张（枚）以上的，应予立案追诉。

• 关联法律

1. 最高人民法院《关于审理伪造货币等案件具体应用法律若干问题的解释》（法释〔2000〕26号）

为依法惩治伪造货币，出售、购买、运输假币等犯罪活动，根据刑法的有关规定，现就审理这类案件具体应用法律的若干问题解释如下：

第1条 伪造货币的总面额在2000元以上不满3万元或者币量在200张（枚）以上不足3000张（枚）的，依照刑法第170条的规定，处3年以上10年以下有期徒刑，并处5万元以上50万元以下罚金。

伪造货币的总面额在3万元以上的，属于"伪造货币数额特别巨大"。

行为人制造货币版样或者与他人事前通谋，为他人伪造货币提供版样的，依照刑法170条的规定定罪处罚。

第2条 行为人购买假币后使用，构成犯罪的，依照刑法第171条的规定，以购买假币罪定罪，从重处罚。

行为人出售、运输假币构成犯罪，同时有使用假币行为的，依照刑法第171条、第172条的规定，实行数罪并罚。

第3条 出售、购买假币或者明知是假币而运输，总面额在4000元以上不满5万元的，属于"数额较大"；总面额在5万元以上不满20万元的，属于"数额巨大"；总面额在20万元以上的，属于"数额特别巨大"，依照刑法第171条第1款的规定定罪处罚。

第4条 银行或者其他金融机构的工作人员购买假币或者利用职务上的便利，以假币换取货币，总面额在4000元以上不满5万元或者币量在400张（枚）以上不足5000张（枚）的，处3年以上10年以下有期徒刑，并处2万元以上20万元以下罚金；总面额在5万元以上或者币量在5000张（枚）以上或者有其他严重情节的，处10年以上有期徒刑或者无期徒刑，并处2万元以上20万元以下罚金或者没收财产；总面额不满人民币400元或者币量不足400张（枚）或者具有其他情节较轻情形的，处3年以下有期徒刑或者拘役，并处或者单处1万元以上10万元以下罚金。（全文详见本书《刑法》第170条相关内容）

2. 最高人民法院《关于全国法院审理金融犯罪案件工作座谈会纪要》（法〔2001〕8号）

（详见本书《刑法》第170条相关内容）

3. 公安部经济犯罪侦查局《关于对制贩假贵金属纪念币行为性质认定问题的批复》（公经〔2007〕2548号）

（详见本书《刑法》第170条相关内容）

4. 公安部办公厅《关于若干经济犯罪案件如何统计涉案总价值、挽回经济损失数额的批复》（公经〔2008〕214号）

（详见本书《刑法》第170条相关内容）

5. 最高人民法院《关于审理伪造货币等案件具体应用法律若干问题的解释(2)》(法释〔2010〕14号)

第3条 以正在流通的境外货币为对象的假币犯罪,依照刑法第170条至第173条的规定定罪处罚。

第4条 以中国人民银行发行的普通纪念币和贵金属纪念币为对象的假币犯罪,依照刑法第170条至第173条的规定定罪处罚。(全文详见本书《刑法》第170条相关内容)

6. 最高人民检察院、公安部《关于公安机关管辖的刑事案件立案追诉标准的规定(2)》(公通字〔2010〕23号)

(公通字〔2022〕12号已声明该文件废止)

7. 最高人民检察院、公安部《关于公安机关管辖的刑事案件立案追诉标准的规定(2)》(公通字〔2022〕]12号)

(见本条立案追诉标准内容)

> **第172条 【持有、使用假币罪】** 明知是伪造的货币而持有、使用,数额较大的,处3年以下有期徒刑或者拘役,并处或者单处1万元以上10万元以下罚金;数额巨大的,处3年以上10年以下有期徒刑,并处2万元以上20万元以下罚金;数额特别巨大的,处10年以上有期徒刑,并处5万元以上50万元以下罚金或者没收财产。

• 释义

持有、使用假币罪是指明知是伪造的货币而持有、使用,数额较大的行为。

• 管辖

公安机关经济犯罪侦查部门。

• 立案追诉标准

明知是伪造的货币而持有、使用,涉嫌下列情形之一的,应予立案追诉:

(一)总面额在4000元以上或者币量在400张(枚)以上的;

(二)总面额在2000元以上或者币量在200张(枚)以上,2年内因持有、使用假币受过行政处罚,又持有、使用假币的;

(三)其他持有、使用假币应予追究刑事责任的情形。

• 关联法律

1. 最高人民法院《关于审理伪造货币等案件具体应用法律若干问题的解释》(法释〔2000〕26号)

第2条 行为人购买假币后使用,构成犯罪的,依照刑法第171条的规定,以购买假币罪定罪,从重处罚。

行为人出售、运输假币构成犯罪,同时有使用假币行为的,依照刑法第171条、第172条的规定,实行数罪并罚。

第4条 银行或者其他金融机构的工作人员购买假币或者利用职务上的便利,以假币换取货币,总面额在4000元以上不满5万元或者币量在400张(枚)以上不足5000张(枚)的,处3年以上10年以下有期徒刑,并处2万元以上20万元以下罚金;总面额在5万元以上或者币量在5000张(枚)以上或者有其他严重情节的,处10年以上有期徒刑或者无期徒刑,并处2

万元以上20万元以下罚金或者没收财产；总面额不满人民币400元或者币量不足400张(枚)或者具有其他情节较轻情形的，处3年以下有期徒刑或者拘役，并处或者单处1万元以上10万元以下罚金。

第5条 明知是假币而持有、使用，总面额在4000元以上不满5万元的，属于“数额较大”；总面额在5万元以上不满20万元的，属于“数额巨大”；总面额在20万元以上的，属于“数额特别巨大”，依照刑法第172条的规定定罪处罚。(全文详见本书《刑法》第170条相关内容)

2. 最高人民检察院、公安部《关于公安机关管辖的刑事案件立案追诉标准的规定(2)》(公通字〔2010〕23号)

(公通字〔2022〕12号已声明该文件废止)

3. 最高人民检察院、公安部《关于公安机关管辖的刑事案件立案追诉标准的规定(2)》(公通字〔2022〕12号)

(见本条立案追诉标准内容)

4. 参见本书《刑法》第171条该节内容。

第173条 【变造货币罪】 变造货币，数额较大的，处3年以下有期徒刑或者拘役，并处或者单处1万元以上10万元以下罚金；数额巨大的，处3年以上10年以下有期徒刑，并处2万元以上20万元以下罚金。

• 释义

变造货币罪是指没有货币制作、发行权的人对真正的货币进行各种方式的加工，使其改变为面额、含量不同的货币，数额较大的行为。

根据司法解释，变造货币是指对真货币采用剪贴、挖补、揭层、涂改、移位、重印等方法加工处理，改变真币形态、价值，数额较大的行为。

• 管辖

公安机关经济犯罪侦查部门。

• 立案追诉标准

变造货币，涉嫌下列情形之一的，应予立案追诉：

(一)总面额在2000元以上或者币量在200张(枚)以上的；

(二)总面额在1000元以上或者币量在100张(枚)以上，2年内因变造货币受过行政处罚，又变造货币的；

(三)其他变造货币应予追究刑事责任的情形。

• 关联法律

1. 最高人民法院《关于审理伪造货币等案件具体应用法律若干问题的解释》(法释〔2000〕26号)

第6条 变造货币的总面额在2000元以上不满3万元的，属于“数额较大”；总面额在3万元以上的，属于“数额巨大”，依照刑法第173条的规定定罪处罚。

第7条 本解释所称“货币”是指可在国内市场流通或者兑换的人民币和境外货币。

货币面额应当以人民币计算，其他币种以案发时国家外汇管理机关公布的外汇牌价折算

成人民币。(全文详见本书《刑法》第170条相关内容)

2.公安部经济犯罪侦查局《关于马党权变造货币案中变造货币数额认定问题的批复》(公经〔2003〕1329号)

江西省公安厅经侦总队:你总队《关于马党权变造货币一案有关司法解释的请示》(赣公传发〔2003〕569号)收悉。经研究,现批复如下:

犯罪嫌疑人以货币为基本材料,采用挖补、撕揭、拼凑等方法,改变货币的外在形态,变造货币的数额应以实际变造出的货币的票面数额计算,包括被因挖补、撕揭而改变了外在形态的货币,但已灭失的货币除外。(全文详见本书《刑法》第170条相关内容)

3.公安部办公厅《关于若干经济犯罪案件如何统计涉案总价值、挽回经济损失数额的批复》(公经〔2008〕214号)

详见本书《刑法》第170条相关内容。

4.最高人民法院《关于审理伪造货币等案件具体应用法律若干问题的解释(2)》(法释〔2010〕14号)

第1条 仿照真货币的图案、形状、色彩等特征非法制造假币,冒充真币的行为,应当认定为刑法第170条规定的"伪造货币"。

对真货币采用剪贴、挖补、揭层、涂改、移位、重印等方法加工处理,改变真币形态、价值的行为,应当认定为刑法第173条规定的"变造货币"。

第3条 以正在流通的境外货币为对象的假币犯罪,依照刑法第170条至第173条的规定定罪处罚。

假境外货币犯罪的数额,按照案发当日中国外汇交易中心或者中国人民银行授权机构公布的人民币对该货币的中间价折合成人民币计算。中国外汇交易中心或者中国人民银行授权机构未公布汇率中间价的境外货币,按照案发当日境内银行人民币对该货币的中间价折算成人民币,或者该货币在境内银行、国际外汇市场对美元汇率,与人民币对美元汇率中间价进行套算。

第4条 以中国人民银行发行的普通纪念币和贵金属纪念币为对象的假币犯罪,依照刑法第170条至第173条的规定定罪处罚。

假普通纪念币犯罪的数额,以面额计算;假贵金属纪念币犯罪的数额,以贵金属纪念币的初始发售价格计算。(全文详见本书《刑法》第170条相关内容)

5.最高人民检察院、公安部《关于公安机关管辖的刑事案件立案追诉标准的规定(2)》(公通字〔2010〕23号)

(公通字〔2022〕12号已声明该文件废止)

6.最高人民法院研究室《关于对外国残损、变形硬币进行加工修复是否属于"变造货币"问题的研究意见》(《司法研究与指导》2012年总第2辑)

有关部门就对外国残损、变形硬币进行加工修复是否属于"变造货币"问题征求最高人民法院研究室意见。我室经研究认为:

对从废旧金属、洋垃圾中分拣的外国残损、变形硬币进行加工修复行为所涉情形较为复杂,应当区分情况处理:对其中内芯、外圈分离的硬币进行重新拼装,加工修复的,可以认定为"变造货币";对分拣出的外国硬币进行清洗、挑选,或者对扭曲变形的外国硬币进行敲打、压平,不应认定为"变造货币"。

7.最高人民检察院、公安部《关于公安机关管辖的刑事案件立案追诉标准的规定(2)》(公通字〔2022〕12号)

(见本条立案追诉标准内容)

第174条　【擅自设立金融机构罪】未经国家有关主管部门批准，擅自设立商业银行、证券交易所、期货交易所、证券公司、期货经纪公司、保险公司或者其他金融机构的，处3年以下有期徒刑或者拘役，并处或者单处2万元以上20万元以下罚金；情节严重的，处3年以上10年以下有期徒刑，并处5万元以上50万元以下罚金。

【伪造、变造、转让金融机构经营许可证、批准文件罪】伪造、变造、转让商业银行、证券交易所、期货交易所、证券公司、期货经纪公司、保险公司或者其他金融机构的经营许可证或者批准文件的，依照前款的规定处罚。

（本条《中华人民共和国刑法修正案》修改）

• 释义

擅自设立金融机构罪是指未经国家有关主管部门批准，擅自设立商业银行、证券交易所、期货交易所、证券公司、期货经纪公司、保险公司或者其他金融机构的行为。根据司法解释，擅自设立上述机构筹备组织的，也应予以立案追诉。行为主体既可以是自然人，也可以是单位。

伪造、变造、转让金融机构经营许可证、批准文件罪是指伪造、变造、转让商业银行、证券交易所、期货交易所、证券公司、期货经纪公司、保险公司或者其他金融机构经营许可证或者批准文件的行为。行为主体既可以是自然人，也可以是单位。

• 管辖

公安机关经济犯罪侦查部门。

• 立案追诉标准

【擅自设立金融机构罪立案追诉标准】

未经国家有关主管部门批准，擅自设立金融机构，涉嫌下列情形之一的，应予立案追诉：

（一）擅自设立商业银行、证券交易所、期货交易所、证券公司、期货公司、保险公司或者其他金融机构的；

（二）擅自设立金融机构筹备组织的。

【伪造、变造、转让金融机构经营许可证、批准文件罪立案追诉标准】

伪造、变造、转让商业银行、证券交易所、期货交易所、证券公司、期货公司、保险公司或者其他金融机构的经营许可证或者批准文件的，应予立案追诉。

• 关联法律

1.《中华人民共和国商业银行法》（1995年5月10日第八届全国人大常委会第十三次会议通过；2015年8月29日第十二届全国人大常委会第十六次会议第二次修正）

（详见书《刑法》第168条相关内容）

2.《中华人民共和国刑法修正案》（1999年12月25日第九届全国人大常委会第十三次会议通过）

三、将刑法第174条修改为："未经国家有关主管部门批准，擅自设立商业银行、证券交易所、期货交易所、证券公司、期货经纪公司、保险公司或者其他金融机构的，处3年以下有期徒刑或者拘役，并处或者单处2万元以上20万元以下罚金；情节严重的，处3年以上10年以下有期徒刑，并处5万元以上50万元以下罚金。

"伪造、变造、转让商业银行、证券交易所、期货交易所、证券公司、期货经纪公司、保险公司或者其他金融机构的经营许可证或者批准文件的,依照前款的规定处罚。

"单位犯前两款罪的,对单位判处罚金,并对其直接负责的主管人员和其他直接责任人员,依照第1款的规定处罚。"

(1997年《刑法》原条文:未经中国人民银行批准,擅自设立商业银行或者其他金融机构的,处3年以下有期徒刑或者拘役,并处或者单处2万元以上20万元以下罚金;情节严重的,处3年以上10年以下有期徒刑,并处5万元以上50万元以下罚金。伪造、变造、转让商业银行或者其他金融机构经营许可证的,依照前款的规定处罚。单位犯前两款罪的,对单位判处罚金,并对其直接负责的主管人员和其他直接责任人员,依照第1款的规定处罚。)

3. 最高人民法院《关于全国法院审理金融犯罪案件工作座谈会纪要》(法〔2001〕8号)

(详见本书《刑法》第170条相关内容)

4. 最高人民检察院、公安部《关于公安机关管辖的刑事案件立案追诉标准的规定(2)》(公通字〔2010〕23号)

(公通字〔2022〕12号已声明该文件废止)

5. 中国人民银行、工业和信息化部、公安部、财政部、国家工商总局、国务院法制办、中国银行业监督管理委员会、中国证券监督管理委员会、中国保险监督管理委员会、国家互联网信息办公室《关于促进互联网金融健康发展的指导意见》(银发〔2015〕221号)

(全文略)

6. 最高人民检察院、公安部《关于公安机关管辖的刑事案件立案追诉标准的规定(2)》(公通字〔2022〕12号)

(见本条立案追诉标准内容)

第175条 【高利转贷罪】 以转贷牟利为目的,套取金融机构信贷资金高利转贷他人,违法所得数额较大的,处3年以下有期徒刑或者拘役,并处违法所得1倍以上5倍以下罚金;数额巨大的,处3年以上7年以下有期徒刑,并处违法所得1倍以上5倍以下罚金。

单位犯前款罪的,对单位判处罚金,并对其直接负责的主管人员和其他直接责任人员,处3年以下有期徒刑或者拘役。

• 释义

高利转贷罪是指以转贷牟利为目的,套取金融机构信贷资金高利转贷他人,违法所得数额较大的行为。

转贷他人中的"他人"包括单位。

行为主体既可以是自然人,也可以是单位。

本罪责任形式为故意,且要求以转贷牟利为目的。

• 管辖

公安机关经济犯罪侦查部门。

• 立案追诉标准

以转贷牟利为目的,套取金融机构信贷资金高利转贷他人,违法所得数额在50万元以上的,应予立案追诉。

• 关联法律

1. 最高人民检察院、公安部《关于公安机关管辖的刑事案件立案追诉标准的规定(2)》(公通字〔2010〕23号)

(公通字〔2022〕12号已声明该文件废止)

2. 最高人民法院《关于进一步加强金融审判工作的若干意见》(法发〔2017〕22号)

(详见本书《刑法》第160条相关内容)

3. 最高人民法院、最高人民检察院、公安部、司法部《关于办理非法放贷刑事案件若干问题的意见》(法发〔2019〕24号)

六、为从事非法放贷活动,实施擅自设立金融机构、套取金融机构资金高利转贷、骗取贷款、非法吸收公众存款等行为,构成犯罪的,应当择一重罪处罚。

为强行索要因非法放贷而产生的债务,实施故意杀人、故意伤害、非法拘禁、故意毁坏财物、寻衅滋事等行为,构成犯罪的,应当数罪并罚。

纠集、指使、雇佣他人采用滋扰、纠缠、哄闹、聚众造势等手段强行索要债务,尚不单独构成犯罪,但实施非法放贷行为已构成非法经营罪的,应当按照非法经营罪的规定酌情从重处罚。

以上规定的情形,刑法、司法解释另有规定的除外。

七、有组织地非法放贷,同时又有其他违法犯罪活动,符合黑社会性质组织或者恶势力、恶势力犯罪集团认定标准的,应当分别按照黑社会性质组织或者恶势力、恶势力犯罪集团侦查、起诉、审判。

黑恶势力非法放贷的,据以认定"情节严重""情节特别严重"的非法放贷数额、违法所得数额、非法放贷对象数量起点标准,可以分别按照本意见第2条规定中相应数额、数量标准的50%确定;同时具有本意见第3条第1款规定情形的,可以分别按照相应数额、数量标准的40%确定。

八、本意见自2019年10月21日起施行。对于本意见施行前发生的非法放贷行为,依照最高人民法院《关于准确理解和适用刑法中"国家规定"的有关问题的通知》(法发〔2011〕155号)的规定办理。(全文详见本书《刑法》第225条相关内容)

4. 最高人民法院《关于新民间借贷司法解释适用范围问题的批复》(法释〔2020〕27号)

广东省高级人民法院:你院《关于新民间借贷司法解释有关法律适用问题的请示》(粤高法〔2020〕108号)收悉。经研究,批复如下:

一、关于适用范围问题。经征求金融监管部门意见,由地方金融监管部门监管的小额贷款公司、融资担保公司、区域性股权市场、典当行、融资租赁公司、商业保理公司、地方资产管理公司等7类地方金融组织,属于经金融监管部门批准设立的金融机构,其因从事相关金融业务引发的纠纷,不适用新民间借贷司法解释。

二、其它两问题已在修订后的司法解释中予以明确,请遵照执行。

三、本批复自2021年1月1日起施行。

5. 最高人民检察院、公安部《关于公安机关管辖的刑事案件立案追诉标准的规定(2)》(公通字〔2022〕12号)

(见本条立案追诉标准内容)

第175条之一 【骗取贷款、票据承兑、金融票证罪】以欺骗手段取得银行或者其他金融机构贷款、票据承兑、信用证、保函等,给银行或者其他金融机构造成重大损失的,处3年以下有期徒刑或者拘役,并处或者单处罚金;给银行或者其他金融机构造成特别重大损失或者有其他特别严重情节的,处3年以上7年以下有期徒刑,并处罚金。

单位犯前款罪的,对单位判处罚金,并对其直接负责的主管人员和其他直接责任人员,依照前款的规定处罚。)

(本条《中华人民共和国刑法修正案(6)》增加;《中华人民共和国刑法修正案(11)》修改)

• 释义

骗取贷款、票据承兑、金融票证罪是指以欺骗手段取得银行或者其他金融机构贷款、票据承兑、信用证、保函等,给银行或者其他金融机构造成重大损失或者有其他严重情节的行为。行为主体既可以是自然人,也可以是单位。

• 管辖

公安机关经济犯罪侦查部门。

• 立案追诉标准

以欺骗手段取得银行或者其他金融机构贷款、票据承兑、信用证、保函等,给银行或者其他金融机构造成直接经济损失数额在50万元以上的,应予立案追诉。

• 关联法律

1.《中华人民共和国刑法修正案(6)》(2006年6月29日第十届全国人大常委会第二十二次会议通过)

十、在刑法第175条后增加1条,作为第175条之一:"以欺骗手段取得银行或者其他金融机构贷款、票据承兑、信用证、保函等,给银行或者其他金融机构造成重大损失或者有其他严重情节的,处3年以下有期徒刑或者拘役,并处或者单处罚金;给银行或者其他金融机构造成特别重大损失或者有其他特别严重情节的,处3年以上7年以下有期徒刑,并处罚金。

"单位犯前款罪的,对单位判处罚金,并对其直接负责的主管人员和其他直接责任人员,依照前款的规定处罚。"

2. 公安部经侦局《关于骗取贷款罪和违法发放贷款罪立案追诉标准问题的批复》(公经〔2009〕314号)

辽宁、重庆、陕西省、直辖市公安厅、局经侦总队:你们《关于骗取贷款案件中"造成重大损失"、"有其他严重情节"如何认定的请示》(辽公经办〔2009〕094号)、《关于罗小平涉嫌骗取贷款案适用法律条款的请示》(渝公经侦文〔2009〕53号)、《陕西省经侦总队关于办理违法发放贷款案件涉及的立案追诉标准问题的请示》(陕公经〔2009〕184号)收悉。关于请示中涉及的骗取贷款、票据承兑、金融票证案和违法发放贷款案的立案追诉标准问题,经研究并征求最高人民检察院公诉厅、最高人民法院刑事审判第二庭意见,现批复如下:

一、关于"数额巨大"的认定问题

我部与最高人民检察院正在研究制定《最高人民检察院公安部关于公安机关管辖的刑事案件立案追诉标准的规定(2)》(以下简称《立案追诉标准(2)》),对骗取贷款、票据承兑、金融票证案(刑法第175条之一)立案追诉标准规定为:以欺骗手段取得银行或者其他金融机构贷

款、票据承兑、信用证、保函等,涉嫌下列情形之一的,应予立案追诉:

(一)以欺骗手段取得贷款、票据承兑、信用证、保函等,数额在100万元以上的;(二)以欺骗手段取得贷款、票据承兑、信用证、保函等,给银行或者其他金融机构造成直接经济损失数额在10万元以上的(注:追诉标准的规定(2)最终确定的损失数额为20万元,此批复中的10万元有误);(三)虽未达到上述数额标准,但多次以欺骗手段取得贷款、票据承兑、信用证、保函等的;(四)其他严重情节的情形。

对违法发放贷款案(刑法第186条)立案追诉标准规定为:银行或者其他金融机构及其工作人员违反国家规定发放贷款,涉嫌下列情形之一的,应予立案追诉:

(一)违反国家规定发放贷款,数额在100万元以上的;(二)违反国家规定发放贷款,造成直接经济损失数额在20万元以上的。

关于骗取贷款、违法发放贷款"数额巨大"的问题。最高人民检察院公诉厅经商该院法律政策研究室认为,尽管此类犯罪新的立案追诉标准正在起草、修改中,但可根据案件具体情况,参考此标准中关于"数额巨大"的规定处理个案。最高人民法院刑事审判第二庭同意《立案追诉标准(2)》确定的数额标准。因此,骗取贷款、违法发放贷款,数额在100万元以上的,可以认定为"数额巨大"。

二、关于给银行或者其他金融机构"造成重大损失"的认定问题

经征求最高人民法院刑事审判第二庭意见,同意《立案追诉标准(2)》规定的数额标准。在骗取贷款、票据承兑、金融票证案的立案追诉标准中,将给银行或者其他金融机构"造成重大损失",量化为"以欺骗手段取得贷款、票据承兑、信用证、保函等,给银行或者其他金融机构造成直接经济损失数额在10万元以上的";在违法发放贷款案的立案追诉标准中,将给银行或者其他金融机构"造成重大损失",量化为"违反国家规定发放贷款,造成直接经济损失数额在20万元以上的"。

如果银行或者其他金融机构仅仅出具"形成不良贷款数额"的结论,不宜认定为"重大经济损失数额"。根据目前国有独资银行、股份制商业银行实行的贷款5级分类制,商业贷款分为正常、关注、次级、可疑、损失五类,其中后三类称为不良贷款,不良贷款尽管"不良"但并不一定形成了既成的损失,因此"不良贷款"不等于"经济损失",也不能将"形成不良贷款数额"等同于"重大经济损失数额"。

三、关于骗取贷款具有"其他严重情节"的认定问题

骗取贷款是否具有"其他严重情节",应当是其社会危害性与《立案追诉标准(2)》中已列明的各具体情节大体相当的情节,可根据此原则,结合案件具体情况分析,依法办理。例如,多次以欺骗手段取得银行或者其他金融机构贷款的行为,反映了行为人主观恶性程度,因此这种情形属于有"其他严重情节"。通过向银行等金融机构工作人员行贿骗取贷款、票据承兑、金融票证的行为,如果行贿行为不单独构成犯罪,可以认定为骗取贷款等行为的"其他严重情节";如果行贿行为是独立成罪的,则不应再作为其他行为的情节来认定。通过持续"借新还旧"以及民间借贷方式偿还贷款的行为,不能简单认定为"其他严重情节"。

3. 最高人民检察院、公安部《关于公安机关管辖的刑事案件立案追诉标准的规定(2)》(公通字〔2010〕23号)

(公通字〔2022〕12号已声明该文件废止)

4. 最高人民法院《关于进一步加强金融审判工作的若干意见》(法发〔2017〕22号)

(详见本书《刑法》第160条相关内容)

5. 最高人民法院、最高人民检察院、公安部、司法部《关于办理非法放贷刑事案件若干问题的意见》(法发〔2019〕24号)

六、为从事非法放贷活动,实施擅自设立金融机构、套取金融机构资金高利转贷、骗取贷款、非法吸收公众存款等行为，构成犯罪的，应当择一重罪处罚。

为强行索要因非法放贷而产生的债务，实施故意杀人、故意伤害、非法拘禁、故意毁坏财物、寻衅滋事等行为，构成犯罪的，应当数罪并罚。

纠集、指使、雇佣他人采用滋扰、纠缠、哄闹、聚众造势等手段强行索要债务，尚不单独构成犯罪，但实施非法放贷行为已构成非法经营罪的，应当按照非法经营罪的规定酌情从重处罚。

以上规定的情形，刑法、司法解释另有规定的除外。

七、有组织地非法放贷，同时又有其他违法犯罪活动，符合黑社会性质组织或者恶势力、恶势力犯罪集团认定标准的，应当分别按照黑社会性质组织或者恶势力、恶势力犯罪集团侦查、起诉、审判。

黑恶势力非法放贷的，据以认定"情节严重""情节特别严重"的非法放贷数额、违法所得数额、非法放贷对象数量起点标准，可以分别按照本意见第2条规定中相应数额、数量标准的50%确定；同时具有本意见第3条第1款规定情形的，可以分别按照相应数额、数量标准的40%确定。

八、本意见自2019年10月21日起施行。对于本意见施行前发生的非法放贷行为，依照最高人民法院《关于准确理解和适用刑法中"国家规定"的有关问题的通知》（法发〔2011〕155号）的规定办理。（全文详见本书《刑法》第225条相关内容）

6.《中华人民共和国刑法修正案（11）》（2020年12月26日第十三届全国人大常委会第二十四次会议通过）

十一、将刑法第175条之一第1款修改为："以欺骗手段取得银行或者其他金融机构贷款、票据承兑、信用证、保函等，给银行或者其他金融机构造成重大损失的，处3年以下有期徒刑或者拘役，并处或者单处罚金；给银行或者其他金融机构造成特别重大损失或者有其他特别严重情节的，处3年以上7年以下有期徒刑，并处罚金。"

"单位犯前款罪的，对单位判处罚金，并对其直接负责的主管人员和其他直接责任人员，依照前款的规定处罚。"

（原条文：以欺骗手段取得银行或者其他金融机构贷款、票据承兑、信用证、保函等，给银行或者其他金融机构造成重大损失或者有其他严重情节的，处3年以下有期徒刑或者拘役，并处或者单处罚金；给银行或者其他金融机构造成特别重大损失或者有其他特别严重情节的，处3年以上7年以下有期徒刑，并处罚金。

单位犯前款罪的，对单位判处罚金，并对其直接负责的主管人员和其他直接责任人员，依照前款的规定处罚。）

7.最高人民检察院、公安部《关于公安机关管辖的刑事案件立案追诉标准的规定（2）》（公通字〔2022〕12号）

（见本条立案追诉标准内容）

第176条　【非法吸收公众存款罪】非法吸收公众存款或者变相吸收公众存款，扰乱金融秩序的，处3年以下有期徒刑或者拘役，并处或者单处罚金；数额巨大或者有其他严重情节的，处3年以上10年以下有期徒刑，并处罚金；数额特别巨大或者有其他特别严重情节的，处10年以上有期徒刑，并处罚金。

单位犯前款罪的，对单位判处罚金，并对其直接负责的主管人员和其他直接责任人员，依照前款的规定处罚。

有前两款行为，在提起公诉前积极退赃退赔，减少损害结果发生的，可以从轻或者减轻处罚。

（本条《中华人民共和国刑法修正案（11）》修改）

• 释义

非法吸收公众存款罪是指非法吸收公众存款或者变相吸收公众存款,扰乱金融秩序的行为。行为主体既可以是自然人,也可以是单位。

根据司法解释,违反国家金融管理法律规定,向社会公众(单位和个人)吸收资金,同时具备下列4个条件的,属于非法吸收公众存款或者变相吸收公众存款:

(一)未经有关部门依法批准或者借用合法经营的形式吸收资金;

(二)通过媒体、推介会、传单、手机短信等途径向社会公开宣传;

(三)承诺在一定期限内以货币、实物、股权等方式还本付息或者给付回报;

(四)向社会公众即社会不特定对象吸收资金;未向社会公开宣传,在亲友或单位内部针对特定对象吸收资金的除外。

同时具备上述4个条件,以下列方式之一非法吸收资金的:

(一)不具有房产销售的真实内容或者不以房产销售为主要目的,以返本销售、售后包租、约定回购、销售房产份额等方式;(二)以转让林权并代为管护等方式;(三)以代种植(养殖)、租种植(养殖)、联合种植(养殖)等方式;(四)不具有销售商品、提供服务的真实内容或不以销售商品、提供服务为主要目的,以商品回购、寄存代售等方式;(五)不具有发行股票、债券的真实内容,以虚假转让股权、发售虚构债券等方式;(六)不具有募集资金的真实内容,以假借境外基金、发售虚构基金等方式;(七)不具有销售保险的真实内容,以假冒保险公司、伪造保险单据等方式;(八)以投资入股方式;(九)以委托理财方式;(十)利用民间"会"、"社"等组织;(十一)其他非法吸收资金的行为。

具有下列情形之一的,属于"数额巨大或者有其他严重情节":

(一)个人非法吸存数额在100万元以上,单位非法吸存数额在500万元以上;(二)个人非法吸存对象100人以上,单位非法吸存对象500人以上;(三)个人非法吸存给存款人造成直接经济损失50万元以上,单位非法吸存给存款人造成直接经济损失250万元以上;(四)造成特别恶劣社会影响或者其他特别严重后果的。

非法吸存的数额以行为人所吸收的资金全额计算。案发前后已归还的数额,可以作为量刑情节酌情考虑。

非法吸存主要用于正常的生产经营活动,能够及时清退所吸收资金,可以免予刑事处罚;情节显著轻微的,不作为犯罪处理。明知他人非法吸收公众存款,为其提供广告等宣传的,以相关犯罪的共犯论处。

行政部门对于非法集资的性质认定,不是非法集资案件进入刑事程序的必经程序。

• 管辖

公安机关经济犯罪侦查部门。

【立案追诉标准】

非法吸收公众存款或者变相吸收公众存款,扰乱金融秩序,涉嫌下列情形之一的,应予立案追诉:

(一)非法吸收或者变相吸收公众存款数额在100万元以上的;

(二)非法吸收或者变相吸收公众存款对象150人以上的;

(三)非法吸收或者变相吸收公众存款,给集资参与人造成直接经济损失数额在50万元以上的;

非法吸收或者变相吸收公众存款数额在50万元以上或者给集资参与人造成直接经济损

失数额在25万元以上,同时涉嫌下列情形之一的,应予立案追诉:

(一)因非法集资受过刑事追究的;

(二)2年内因非法集资受过行政处罚的;

(三)造成恶劣社会影响或者其他严重后果的。

• 关联法律

1. 最高人民法院《关于审理诈骗案件具体应用法律的若干问题的解释》(法发〔1996〕32号)

(法释〔2013〕2号已声明该文件废止)

2. 国务院《非法金融机构和非法金融业务活动取缔办法》(国务院令〔1998〕第247号)

(国务院《防范和处置非法集资条例》(〔2021〕国务院令第737号已声明该文件废止)

3. 国务院《金融违法行为处罚办法》(国务院令〔1999〕第260号)

(全文略)

4. 最高人民法院《关于全国法院审理金融犯罪案件工作座谈会纪要》(法〔2001〕8号)

(详见本书《刑法》第170条相关内容)

5. 最高人民法院研究室《关于认定非法吸收公众存款罪主体问题的复函》(法研〔2001〕71号)

2001年9月10日答复公安部经济犯罪侦查局公经〔2001〕630号征求意见函:金融机构及其工作人员不能构成非法吸收公众存款罪的犯罪主体。对于银行或者其他金融机构工作人员以牟利为目的,采用吸收客户资金不认账并将资金用于非法拆借、发放贷款,构成犯罪,依照刑法有关规定定罪处罚。

6. 最高人民法院《关于依法严厉打击集资诈骗和非法吸收公众存款犯罪活动的通知》(法〔2004〕240号)

近年来,一些地方集资诈骗、非法吸收公众存款犯罪活动十分猖獗,大案要案接连发生,严重扰乱金融市场秩序,侵犯公民、法人和其他组织的合法权益。为了切实维护国家金融市场秩序和社会政治稳定,现就人民法院充分发挥审判职能作用,依法严厉打击集资诈骗和非法吸收公众存款犯罪活动的有关问题通知如下:

一、充分认识集资诈骗和非法吸收公众存款犯罪的严重社会危害性,切实加强对这类犯罪案件的审判工作。

当前,各种形式的非法集资犯罪活动,手段更加狡黠,欺骗性更强,导致大量人民群众上当受骗。不少集资诈骗和非法吸收公众存款犯罪案件,涉案金额特别巨大,受害人员范围广,给公民和法人以及其他组织造成巨额财产损失,严重破坏金融市场秩序,由此导致的群体性事件屡有发生,严重影响社会政治稳定。各级人民法院一定要从贯彻"三个代表"重要思想,树立和落实科学发展观,落实"司法为民"要求的高度,进一步提高对集资诈骗和非法吸收公众存款犯罪案件审判工作重要性的认识,全面发挥人民法院刑事审判职能作用,为有效遏制集资诈骗和非法吸收公众存款犯罪活动,规范金融市场秩序提供有力司法保障。

二、坚决贯彻依法严惩集资诈骗和非法吸收公众存款犯罪的方针,加大对集资诈骗和非法吸收公众存款犯罪的打击力度。

金融犯罪一直是我国整顿和规范市场经济秩序工作的打击重点,集资诈骗和非法吸收公众存款犯罪案件,是金融犯罪刑事审判工作的重中之重。集资诈骗和非法吸收公众存款犯罪发案较多的地区,人民法院要积极配合有关部门,开展严厉打击这类犯罪的专项行动,切实维护金融市场秩序和社会政治稳定。对集资诈骗和非法吸收公众存款的犯罪活动,一定要贯彻依法严惩的方针,保持对犯罪的高压态势,以有效震慑不法分子,保护人民群众利益。一旦案件起诉后,即应尽快开庭,及时审结。对集资诈骗数额特别巨大并且给国家和人民利益造成特别重大损失,罪行极其严重的犯罪分子,依法应该判处死刑的,要坚决判处死刑,决不手软。在对犯罪分子判处主刑的同时,要依法适用财产刑,并加大赃款赃物的追缴力度,不让犯罪分子在经济上获取非法利益。对集资诈骗和非法吸收公众存款共同犯罪案件中的主犯,一定要依法从严惩处。

三、坚持审判工作法律效果和社会效果有机统一,积极参与金融市场经济秩序的综合治理。

各级人民法院在审判集资诈骗和非法吸收公众存款犯罪案件工作中,要把依法审判与法制宣传有机结合起来。注意通过依法公开宣判、新闻媒体宣传等各种行之有效的形式,揭露犯罪骗局,教育广大群众,提高公民防骗意识。要妥善处理涉及众多被害人的犯罪案件,注意追缴犯罪分子的违法所得,及时将被骗的集资款返还被害人,配合地方党委和政府做好案件的善后工作,尽量将犯罪造成的不良后果降到最低限度,确保社会稳定。对办案过程中发现有关部门和单位在资金管理制度和环节上存在的漏洞和隐患,要及时提出司法建议,以做到防患于未然。

四、深入调查研究,及时解决审判这类案件中的疑难问题。各高级人民法院对于近期受理的集资诈骗和非法吸收公众存款大要案的审理情况,要及时报告我院。

审理集资诈骗和非法吸收公众存款犯罪案件政策性强,涉及法律适用问题疑难,各高级人民法院对在审判工作中遇到的新情况、新问题,要认真研究,提出意见,加强指导,及时报告我院。

7. 国务院办公厅《关于依法惩处非法集资有关问题的通知》(国办发明电〔2007〕34号)

近年来,非法集资在我国许多地区重新抬头,并向多领域和职业化发展。2006年,全国公安机关立案侦查的非法集资案件1999起,涉案总价值296亿元。2007年1至3月,仅非法吸收公众存款、集资诈骗两类案件就立案342起,涉案总价值59.8亿元,分别较去年同期上升101.2%和482.3%。若不采取切实有效措施予以治理整顿,势必造成更大的社会危害。为了维护正常的经济社会秩序,保护人民群众的合法权益,促进国民经济又好又快发展,经国务院同意,现就依法惩处非法集资有关问题通知如下:

一、充分认识非法集资的社会危害性,坚决遏制非法集资案件高发势头

非法集资涉及面广,危害极大。一是扰乱了社会主义市场经济秩序。非法集资活动以高回报为诱饵,以骗取资金为目的,破坏了金融秩序,影响金融市场的健康发展。二是严重损害群众利益,影响社会稳定。非法集资有很强的欺骗性,容易蔓延,犯罪分子骗取群众资金后,往往大肆挥霍或迅速转移、隐匿,使受害者(多数是下岗工人、离退休人员)损失惨重,极易引发群体事件,甚至危害社会稳定。三是损害了政府的声誉和形象。非法集资活动往往以"响应国家林业政策"、"支持生态环境保护"等为名,行违法犯罪之实,既影响了国家政策的贯彻执行,又严重损害了政府的声誉和形象。

为切实做好依法惩处非法集资工作,国务院批准建立了由银监会牵头的"处置非法集资部际联席会议"(以下简称"联席会议")制度。地方各级人民政府、有关部门务必统一思想,提高认识,共同做好工作。要把思想和行动统一到国务院的部署和要求上来,统一到维护国家经济安全、社会稳定与构建和谐社会的大局上来,充分认识非法集资的危害性,加强组织领导,周密部署,果断处置,有效遏制非法集资案件高发势头。

二、当前非法集资的主要形式和特征

非法集资情况复杂,表现形式多样。有的打着"支持地方经济发展"、"倡导绿色、健康消费"等旗号,有的引用产权式返租、电子商务、电子黄金、投资基金等新概念,手段隐蔽,欺骗性很强。从目前案发情况看,非法集资大致可划分为债权、股权、商品营销、生产经营等4大类。2006年,以生产经营合作为名的非法集资涉案价值占全部非法集资案件涉案价值的60%以上,需要引起高度关注。

非法集资的主要特征:

一是未经有关监管部门依法批准,违规向社会(尤其是向不特定对象)筹集资金。如未经批准吸收社会资金;未经批准公开、非公开发行股票、债券等。二是承诺在一定期限内给予出资人货币、实物、股权等形式的投资回报。有的犯罪分子以提供种苗等形式吸收资金,承诺以收购或包销产品等方式支付回报;有的则以商品销售的方式吸收资金,以承诺返租、回购、转让等方式给予回报。三是以合法形式掩盖非法集资目的。为掩饰其非法目的,犯罪分子往往与受害者签订合同,伪装成正常的生产经营活动,最大限度地实现其骗取资金的最终目的。

三、地方人民政府要切实担负起依法惩处非法集资的责任,确保社会稳定

省级人民政府要把依法惩处非法集资列入重要工作议程,加快建立健全本地区依法惩处非法集资的工作机制和工作制度,做好相关工作。一是加强监测预警。要对本地区的非法集资问题保持高度警惕,进行全程监测,主动排查风险,做到早发现,早预警,防患于未然。二是及时调查取证。发现问题后,要组织当地银监、公安、工商等部门提前介入,开展调查取证工作。对社会影响大、性质恶劣的非法集资案件,要采取适当预防措施,控制涉案人员和资产,保护证据,防止事态扩大和失控。同时,要制定风险处置预案,防止引发群体性事件。三是果断处置。对于事实清楚且可以定性的非法集资,要果断采取措施,依法妥善处置;难以定性的,要及时上报"联席会议"组织认定。涉及多个地区的,有关省级人民政府之间要加强沟通协调,共同做好相关工作。省级人民政府要及时总结经验,依据国家法律法规,参照各行业主管、监管部门的政策规定,制定本地区相关规章,为依法惩处非法集资工作提供法制保障。

四、有关部门要加强协调,认真做好依法惩处非法集资工作

依法惩处非法集资工作政策性强,情况复杂,有关方面要加强协调,齐抓共管。有关部门要逐步建立健全反应灵敏、配合密切、应对有力的工作机制,增强工作的针对性和有效性。行业主管、监管部门要将防控本行业非法集资作为监督管理的重要内容,指定专门机构和人员负责,建立日常信息沟通渠道和工作协调机制,认真做好非法集资情况的监测预警工作。一旦发现非法集资苗头,应及时商省级人民政府依法妥善处置,并通报"联席会议"。要抓紧制定和完善本行业防范、监控和处置非法集资的规章及行业标准。"联席会议"要加大工作力度,对近年来非法集资案件进行深入分析,集中力量查处典型案件,严惩首恶,教育协从,维护人民群众的权益。银监会作为"联席会议"的牵头部门,要主动与有关部门和地方人民政府加强沟通,切实做好组织协调工作。

要坚持预防为主的方针,加大工作力度,加强宣传教育,改善金融服务,逐步构建疏堵并举、防治结合的综合治理长效机制。对于近年来非法集资案件多发的行业,要主动开展风险排查,防止风险进一步积聚。有关行业主管、监管部门要尽快公布举报电话、信箱和电子邮箱,通过有奖举报等方式鼓励公众参与,在门户网站上开辟专门的投资者教育园地,探索建立风险提示和预警的长效机制。要加强对广告的监督管理,依法落实广告审查制度,加强监督检查,对检查发现、群众举报、媒体披露的线索要及时调查核实,对发布非法集资广告的当事人和有关责任人要严肃查处。

五、加强舆论引导和法制宣传,提高公众对非法集资的识别能力

银监会要牵头制订宣传教育规划,充分利用报刊、电视、广播、互联网等传媒手段,宣传依法惩处非法集资的法律法规,通报非法集资的新形式和新特点,提示风险,提高社会公众的风险意识和识别能力,引导其远离非法集资。要加大对典型案件的公开报道力度,以专栏文章、专题节目等方式揭露犯罪分子的惯用伎俩,震慑犯罪分子,形成对非法集资的强大舆论攻势。要在广大农村、城市街道、社区、车站等公共场所设置宣传栏,张贴宣传画,扩大覆盖面,强化宣传效果。要按照国务院的统一部署,组织协调相关部门开展宣传教育活动,正确引导社会舆论。地方人民政府要进一步根据本地区的特点,加强舆论引导和法制宣传。

8. 国家工商行政管理总局、中国银行业监督管理委员会、国家广播电影电视总局、新闻出版总署《关于处置非法集资活动中加强广告审查和监管工作有关问题的通知》(工商广字〔2007〕190号)

非法集资活动严重扰乱经济和社会秩序,影响社会稳定,必须严厉打击。目前的非法集资活动,主要涉及债权、股权、商品营销、生产经营等领域,包括非法吸收公众存款、集资诈骗、非法销售上市公司股票、非法发行债券等形式。一些非法集资活动利用广告扩大影响,对非法集资活动起到推波助澜作用;有的非法集资活动变换手法,以招商、经营等形式为幌子,欺骗和诱导群众参与,其广告的隐蔽性强,给广告经营单位的审查、广告监管机关的管理以及公众识别造成很大难度。处置非法集资活动政策性强,涉及面广,敏感度高,为贯彻落实国务院研究处置非法集资工作会议精神,及时制止涉嫌非法集资活动广告,有效打击非法集资活动,根据国家法律有关规定,现就处置非法集资活动中涉及广告审查和监管工作有关问题通知如下:

一、各有关单位要充分认识非法集资活动广告的危害性,重视和加强对非法集资活动广告的审查和管理。未经国家有关部门批准,以吸收存款、发行股票、债券、彩票、投资基金或者其他债权凭证的形式,向社会公众募集资金的活动,不得以任何方式发布广告。

二、禁止发布含有或者涉及下列活动内容的广告:

(一)未经国家有关部门批准的非金融单位和个人以支付或变相支付利息、红利或者给予定期分配实物等融资活动;(二)房地产、产权式商铺的售后包租、返租销售活动;(三)内部职工股、原始股、投资基金以及其他未经过证监会核准,公开或者变相公开发行证券的活动;(四)未经批准,非法经营证券业务的活动;(五)地方政府直接向公众发行债券的活动;(六)除国家有关部门批准发行的福利彩票、体育彩票之外的彩票发行活动;(七)以购买商品或者发展会员为名义获利的活动;(八)其他未经国家有关部门批准的社会集资活动。

三、发布涉及投资咨询业务、金融咨询、贷款咨询、代客理财、代办金融业务活动的广告,广告发布者应当确认广告主的主体资格,查验广告主营业执照是否具有相应的经营范围。

四、商品营销、生产经营活动的广告不得出现保本、保证无风险等内容。房地产销售、造林、种养殖、加工承揽、项目开发等招商广告,不得涉及投资回报、收益、集资或者变相集资等内容。

五、在涉及集资内容的广告中,不得使用国家机关或者国家机关工作人员的名义,包括在职的和已离职的,健在的和已去世的中央、地方党政领导人的题词、照片等。

六、广告发布者应当增强广告审查的法律意识和责任意识,在审查广告中,认为广告中含有与集资活动有关的内容,应当查验有关行政主管部门出具的证明文件原件,广告主不能提供的,可以拒绝发布,并主动向行政主管部门报告。

广告发布者由于未查验证明、未核实广告内容,导致非法集资活动广告发布的,依法承担相应法律责任。情节严重的,由广告监管机关依据《停止广告主、广告经营者、广告发布者广告业务实施意见》处理。

七、对于公安机关认定涉嫌经济犯罪以及有关职能部门认为已经构成或者涉嫌构成非法集资活动的,广告发布者应当立即停止发布与该活动有关的任何形式的广告。违者,属于违反《广告法》第31条规定的行为,由广告监管机关依照《广告法》第41条规定处罚。

9. 国务院《关于同意建立处置非法集资部际联席会议制度的批复》(国函〔2007〕4号)

银监会你会《关于审定印发处置非法集资部际联席会议制度和工作机制的请示》(银监字〔2006〕183号)收悉。现批复如下:同意建立由银监会牵头的处置非法集资部际联席会议制度。请按照国务院有关文件精神认真组织开展工作。(附件:1. 处置非法集资部际联席会议制度;2. 处置非法集资部际联席会议工作机制)

10. 最高人民法院、最高人民检察院、公安部、中国证券监督管理委员会《关于整治非法证券活动有关问题的通知》(证监发〔2008〕1号)

国务院办公厅《关于严厉打击非法发行股票和非法经营证券业务有关问题的通知》(国办发〔2006〕99号,以下简称"国办发99号文")和国务院《关于同意建立整治非法证券活动协调小组工作制度的批复》(国函〔2007〕14号)下发后,整治非法证券活动协调小组(以下简称"协调小组")各成员单位和地方人民政府高度重视,周密部署,重点查处了一批大案要案,初步遏制了非法证券活动的蔓延势头,各类非法证券活动新发量明显减少,打击非法证券活动工作取得了明显成效,相当一部分案件已进入司法程序。但在案件办理过程中,相关单位也遇到了一些分工协作、政策法律界限不够明确等问题。为此,协调小组专门召开会议对这些问题进行了研究。根据协调小组会议精神,现就打击非法证券活动工作中的有关问题通知如下:

一、统一思想,高度重视非法证券类案件办理工作

非法证券活动是一种典型的涉众型的违法犯罪活动,严重干扰正常的经济金融秩序,破坏社会和谐与稳定。从近期办理的一些案件看,非法证券活动具有以下特征:一是按照最高人民检察院、公安部《关于经济犯罪案件追诉标准的规定》(公发〔2001〕11号),绝大多数非法证券活动都涉嫌犯罪。二是花样不断翻新,隐蔽性强,欺骗性大,仿效性高。三是案件涉及地域广,涉案金额大,涉及人员多,同时资产易被转移,证据易被销毁,人员易潜逃,案件办理难度大。四是不少案件涉及到境外资本市场,办理该类案件政策性强,专业水平要求高。五是投资者多为离退休人员、下岗职工等困难群众,承受能力差,极易引发群体事件。各有关部门要进一步统一思想,高度重视,充分认识此类违法犯罪活动的严重性、危害性,增强政治责任感,密切分工协作,提高工作效率,及时查处一批大案要案,维护法律法规权威,维护社会公平正义,维护投资者的合法权益。

二、明确法律政策界限,依法打击非法证券活动

(一)关于公司及其股东向社会公众擅自转让股票行为的性质认定。《证券法》第10条第3款规定:"非公开发行证券,不得采用广告、公开劝诱和变相公开方式。"国办发99号文规定:"严禁任何公司股东自行或委托他人以公开方式向社会公众转让股票。向特定对象转让股票,未依法报经证监会核准的,转让后,公司股东累计不得超过200人。"公司、公司股东违反上述规定,擅自向社会公众转让股票,应当追究其擅自发行股票的责任。公司与其股东合谋,实施上述行为的,公司与其股东共同承担责任。(二)关于擅自发行证券的责任追究。未经依法核准,擅自发行证券,涉嫌犯罪的,依照《刑法》第179条之规定,以擅自发行股票、公司、企业债券罪追究刑事责任。未经依法核准,以发行证券为幌子,实施非法证券活动,涉嫌犯罪的,依照《刑法》第176条、第192条等规定,以非法吸收公众存款罪、集资诈骗罪等罪名追究刑事责任。未构成犯罪的,依照《证券法》和有关法律的规定给予行政处罚。(三)关于非法经营证券业务的责任追究。任何单位和个人经营证券业务,必须经证监会批准。未经批准的,属于非法经营证券业务,应予以取缔;涉嫌犯罪的,依照《刑法》第225条之规定,以非法经营罪追究刑事责任。对于中介机构非法代理买卖非上市公司股票,涉嫌犯罪的,应当依照《刑法》第225条之规定,以非法经营罪追究刑事责任;所代理的非上市公司涉嫌擅自发行股票,构成犯罪的,应当依照《刑法》第179条之规定,以擅自发行股票罪追究刑事责任。非上市公司和中介机构共谋擅自发行股票,构成犯罪的,以擅自发行股票罪的共犯论处。未构成犯罪的,依照《证券法》和有关法律的规定给予行政处罚。(四)关于非法证券活动性质的认定。非法证券活动是否涉嫌犯罪,由公安机关、司法机关认定。公安机关、司法机关认为需要有关行政主管机关进行性质认定的,行政主管机关应当出具认定意见。对因案情复杂、意见分歧,需要进行协调的,协调小组应当根据办案部门的要求,组织有关单位进行研究解决。(五)关于修订后的《证券法》与修订前的《证券法》中针对擅自发行股票和非法经营证券业务规定的衔接。修订后的《证券法》与修订前的《证券法》针对擅自发行股票和非法经营证券业务的规定是一致的,是相互衔接的,因此在修订后的《证券法》实施之前发生的擅自发行股票和非法经营证券业务行为,也应予以追究。(六)关于非法证券活动受害人的救济途径。根据1998年3月25日《国务院办公厅转发证监会关于清理整顿场外非法股票交易方案的通知》(国办发〔1998〕10号)的规定,最高人民法院于1998年12月4日发布了《关于中止审理、中止执行涉及场外非法股票交易经济纠纷案件的通知》(法〔1998〕145号),目的是为配合国家当时解决staq、net交易系统发生的问题,而非针对目前非法证券活动所产生的纠纷。如果非法证券活动构成犯罪,被害人应当通过公安、司法机关刑事追赃程序追偿;如果非法证券活动仅是一般违法行为而没有构成犯罪,当事人符合民事诉讼法规定的起诉条件的,可以通过民事诉讼程序请求赔偿。

三、加强协作配合,提高办案效率

涉嫌犯罪的非法证券类案件从调查取证到审理终结,主要涉及证监、公安、检察、法院四个部门。从工作实践看,大部分地区的上述四个部门能够做到既有分工,也有协作,案件办理进展顺利,但也有部分地区的一些案件久拖不决,有的甚至出现"踢皮球"的现象,案件办理周期过长。究其原因,有的是工作不扎实,有的是认识上存在差距,有的是协调沟通不畅。协调小组工作会议高度重视存在的问题,并对各相关部门的工作分工及协调配合做了总体部署。

证监系统要督促、协调、指导各地落实已出台的贯彻国办发99号文实施意见,将打击非法证券活动长效机制落到实处;根据司法机关需要,对非法证券类案件及时出具性质认定意见;创新办案模式,在当地政府的领导下,密切与其他行政执法机关的联合执法,提高快速反应能力;根据工作需要,可组织当地公、检、法等部门相关人员进行业务培训或案情会商;加强对境外资本市场的跟踪研究。

公安机关对涉嫌犯罪的非法证券类案件要及时进行立案侦查,并做好与证监、工商等部门的工作衔接;上级公安机关要加强案件的协调、指导、督办工作,提高办案效率;密切与检察院、法院的协调配合,及时交流信息,通报情况,加大对大要案的侦办力度。

检察机关要及时做好此类案件的批捕、起诉和诉讼监督工作;加强与相关部门的沟通联系,及时处理需要协调的事项。

人民法院要加强与相关部门的沟通协调,及时受理、审理各类涉及非法证券活动的民事、刑事案件,对性质恶劣、社会危害大的案件依法予以严惩。

各相关部门在办理非法证券类案件过程中遇到重大问题的,可提请协调小组协助解决。

11. 最高人民检察院、公安部《关于公安机关管辖的刑事案件立案追诉标准的规定(2)》(公通字〔2010〕23号)第28条

(公通字〔2022〕12号已声明该文件废止)

12. 最高人民法院《关于审理非法集资刑事案件具体应用法律若干问题的解释》(法释〔2010〕18号)

法释〔2010〕18号文已根据2021年12月30日最高人民法院审判委员会第1860次通过的《最高人民法院〈关于审理非法集资刑事案件具体应用法律若干问题的解释〉的决定》修正,

修正后的内容见法释〔2022〕5号文。

13. 最高人民法院研究室《关于信用卡犯罪法律适用若干问题的复函》（法研〔2010〕105号）

公安部经济犯罪侦查局：你局公经金融〔2010〕110号《关于公安机关办理信用卡犯罪案件法律适用若干问题征求意见的函》收悉。经研究，提出以下意见供参考：

一、对于1人持有多张信用卡进行恶意透支，每张信用卡透支数额均未达到1万元的立案追诉标准的，原则上可以累计数额进行追诉。但考虑到1人办多张信用卡的情况复杂，如累计透支数额不大的，应分别不同情况慎重处理。

二、发卡银行的"催收"应有电话录音、持卡人或其家属签字等证据证明。"两次催收"一般应分别采用电话、信函、上门等两种以上催收形式。

三、若持卡人在透支大额款项后，仅向发卡行偿还远低于最低还款额的欠款，具有非法占有目的的，可以认定为"恶意透支"；行为人确实不具有非法占有目的的，不能认定为"恶意透支"。

四、非法套现犯罪的证据规格，仍应遵循刑事诉讼法规定的证据确实、充分的证明标准。原则上应向各持卡人询问并制作笔录。如因持卡人数量众多、下落不明等客观原因导致无法取证，且其他证据已能确实、充分地证明使用信用卡非法套现的犯罪事实及套现数额的，则可以不向所有持卡人询问并制作笔录。

14. 最高人民法院《关于非法集资刑事案件性质认定问题的通知》（法〔2011〕262号）

为依法、准确、及时审理非法集资刑事案件，现就非法集资性质认定的有关问题通知如下：

一、行政部门对于非法集资的性质认定，不是非法集资案件进入刑事程序的必经程序。行政部门未对非法集资作出性质认定的，不影响非法集资刑事案件的审判。

二、人民法院应当依照刑法和《最高人民法院关于审理非法集资刑事案件具体应用法律若干问题的解释》等有关规定认定案件事实的性质，并认定相关行为是否构成犯罪。

三、对于案情复杂、性质认定疑难的案件，人民法院可以在有关部门关于是否符合行业技术标准的行政认定意见的基础上，根据案件事实和法律规定作出性质认定。

四、非法集资刑事案件的审判工作涉及领域广、专业性强，人民法院在审理此类案件当中要注意加强与有关行政主（监）管部门以及公安机关、人民检察院的配合。审判工作中遇到重大问题难以解决的，请及时报告最高人民法院。

15. 最高人民法院《关于依法妥善审理民间借贷纠纷案件促进经济发展维护社会稳定的通知》（法〔2011〕336号）

当前我国经济保持平稳较快发展，整体形势良好，但是受国际国内经济形势变化等多种因素的影响，一些地方出现了与民间借贷相关的债务不能及时清偿、债务人出逃、中小企业倒闭等事件，对当地经济发展和社会稳定造成了较大冲击，相关纠纷案件在短期内大量增加。为践行能动司法理念，充分发挥审判职能作用，妥善化解民间借贷纠纷，促进经济发展，维护社会稳定，现将有关事项通知如下：

一、高度重视民间借贷纠纷案件的审判执行工作。民间借贷客观上拓宽了中小企业的融资渠道，一定程度上解决了部分社会融资需求，增强了经济运行的自我调整和适应能力，促进了多层次信贷市场的形成和发展，但实践中民间借贷也存在着交易隐蔽、风险不易监控等特点，容易引发高利贷、中小企业资金链断裂甚至破产以及非法集资、暴力催收导致人身伤害等违法犯罪问题，对金融秩序乃至经济发展、社会稳定造成不利影响，也使得人民法院妥善化解民间借贷纠纷的难度增加。因此，人民法院应当高度重视民间借贷纠纷案件的审判执行工作，将其作为"为大局服务，为人民司法"的重要工作内容，作为深入推进3项重点工作的重要切入点，通过依法妥善审理民间借贷纠纷，规范和引导民间借贷健康有序发展，切实维护社会和谐稳定。

二、做好民间借贷纠纷案件的立案受理工作。当事人就民间借贷纠纷起诉的，人民法院要依据民事诉讼法的有关规定做好立案受理工作。立案时要认真进行审查，对于涉嫌非法集资等经济犯罪的案件，依法移送有关部门处理；对于可能影响社会稳定的案件，及时与政府及有关部门沟通协调，积极配合做好相关预案工作，切实防范可能引发的群体性、突发性事件。

三、依法惩治与民间借贷相关的刑事犯罪。人民法院在审理与民间借贷相关的非法集资等经济犯罪案件时，要依照《最高人民法院关于在审理经济纠纷案件中涉及经济犯罪嫌疑若干问题的规定》的有关规定，根据具体情况分别处理。对于非法集资等经济犯罪案件，要依法及时审判，切实维护金融秩序。对于与民间借贷相关的黑社会性质的组织犯罪及其他暴力性犯罪，要依法从严惩处，切实维护人民群众人身财产安全。要严格贯彻宽严相济的刑事政策，注意区分性质不同的违法犯罪行为，真正做到罚当其罪。

四、依法妥善审理民间借贷纠纷案件。人民法院在审理民间借贷纠纷案件时，要严格适用民法通则、合同法等有关法律法规和司法解释的规定，同时注意把握国家经济政策精神，努力做到依法公正与妥善合理的有机统一。要依法认定民间借贷的合同效力，保护合法借贷关系，切实维护当事人的合法权益，确保案件处理取得良好的法律效果和社会效果。对于因赌博、吸毒等违法犯罪活动而形成的借贷关系或者出借人明知借款人是为了进行上述违法犯罪活动的借贷关系，依法不予保护。

五、加大对民间借贷纠纷案件的调解力度。人民法院审理民间借贷纠纷案件，要深入贯彻“调解优先、调判结合”工作原则。对于涉及众多出借人或者借款人的案件、可能引发工人讨薪等群体性事件的案件、出借人与借款人之间情绪严重对立的案件以及判决后难以执行的案件等，要先行调解，重点调解，努力促成当事人和解。要充分借助政府部门、行业组织、社会团体等各方面力量，加强与人民调解、行政调解的程序对接，形成化解矛盾的最大合力，共同维护社会和谐稳定。

六、依法保护合法的借贷利息。人民法院在审理民间借贷纠纷案件时，要依法保护合法的借贷利息，依法遏制高利贷化倾向。出借人依照合同约定请求支付借款利息的，人民法院应当依据合同法和《最高人民法院关于人民法院审理借贷案件的若干意见》第6条、第7条的规定处理。出借人将利息预先在本金中扣除的，应当按照实际借款数额返还借款并计算利息。当事人仅约定借期内利率，未约定逾期利率，出借人以借期内的利率主张逾期还款利息的，依法予以支持。当事人既未约定借期内利率，也未约定逾期利率的，出借人参照中国人民银行同期同类贷款基准利率，主张自逾期还款之日起的利息损失的，依法予以支持。

七、注意防范、制裁虚假诉讼。人民法院在审理民间借贷纠纷案件过程中，要依法全面、客观地审核双方当事人提交的全部证据，从各证据与案件事实的关联程度、各证据之间的联系等方面进行综合审查判断。对形式有瑕疵的“欠条”或者“收条”，要结合其他证据认定是否存在借贷关系；对现金交付的借贷，可根据交付凭证、支付能力、交易习惯、借贷金额的大小、当事人间关系以及当事人陈述的交易细节经过等因素综合判断。发现有虚假诉讼嫌疑的，要及时依职权或者提请有关部门调查取证，查清事实真相。经查证确属虚假诉讼的，驳回其诉讼请求，并对其妨害民事诉讼的行为依法予以制裁；对于以骗取财物、逃废债务为目的实施虚假诉讼，构成犯罪的，依法追究刑事责任。

八、妥善适用有关司法措施。对于暂时资金周转困难但仍在正常经营的借款人，在不损害出借人合法权益的前提下，灵活适用诉讼保全措施，尽量使该借款人度过暂时的债务危机。对于出借人举报的有转移财产、逃避债务可能的借款人，要依法视情加大诉讼保全力度，切实维护债权人的合法权益。在审理因民间借贷债务而引发的企业破产案件时,对于符合国家产业政策且具有挽救价值和希望的负债中小企业,要积极适用重整、和解程序,尽快实现企业再生;对没有挽救希望,必须通过破产清算退出市场的中小企业,要制定综合预案,统筹协调,稳步推进,切实将企业退市引发的不良影响降到最低。

九、积极促进建立健全民间借贷纠纷防范和解决机制。人民法院在化解民间借贷纠纷的工作中,要紧紧围绕党和国家工作大局,紧紧依靠党委领导和政府支持,积极采取司法应对措施,全力维护社会和谐稳定。要加强与政府有关职能部门的沟通协调,充分发挥联动效能。要建立和完善系列案件审判执行统一协调机制,避免因裁判标准不一致或者执行工作简单化而激化社会矛盾。要结合民间借贷纠纷案件审判工作实际,及时提出司法建议,为有关部门依法采取有效措施提供参考。要加强法制宣传,特别是对典型案件的宣传,引导各类民间借贷主体增强风险防范意识,倡导守法诚信的社会风尚。

十、加强对民间借贷纠纷案件新情况新问题的调查研究。人民法院在民间借贷纠纷案件的审判工作中,要认真总结审判经验,密切关注各类敏感疑难问题和典型案件,对审理民间借贷纠纷案件过程中出现的新情况新问题,要认真分析研究成因,尽早提出对策,必要时及时层报最高人民法院。

16. 最高人民法院、最高人民检察院、公安部《关于办理非法集资刑事案件适用法律若干问题的意见》(公通字〔2014〕16号)

为解决近年来公安机关、人民检察院、人民法院在办理非法集资刑事案件中遇到的问题,依法惩治非法吸收公众存款、集资诈骗等犯罪,根据刑法、刑事诉讼法的规定,结合司法实践,现就办理非法集资刑事案件适用法律问题提出以下意见:

一、关于行政认定的问题

行政部门对于非法集资的性质认定,不是非法集资刑事案件进入刑事诉讼程序的必经程序。行政部门未对非法集资作出性质认定的,不影响非法集资刑事案件的侦查、起诉和审判。

公安机关、人民检察院、人民法院应当依法认定案件事实的性质,对于案情复杂、性质认定疑难的案件,可参考有关部门的认定意见,根据案件事实和法律规定作出性质认定。

二、关于"向社会公开宣传"的认定问题

《最高人民法院关于审理非法集资刑事案件具体应用法律若干问题的解释》第1条第1款第2项中的"向社会公开宣传",包括以各种途径向社会公众传播吸收资金的信息,以及明知吸收资金的信息向社会公众扩散而予以放任等情形。

三、关于"社会公众"的认定问题

下列情形不属于《最高人民法院关于审理非法集资刑事案件具体应用法律若干问题的解释》第1条第2款规定的"针对特定对象吸收资金"的行为,应当认定为向社会公众吸收资金:

(一)在向亲友或者单位内部人员吸收资金的过程中,明知亲友或者单位内部人员向不特定对象吸收资金而予以放任的;(二)以吸收资金为目的,将社会人员吸收为单位内部人员,并向其吸收资金的。

四、关于共同犯罪的处理问题

为他人向社会公众非法吸收资金提供帮助,从中收取代理费、好处费、返点费、佣金、提成等费用,构成非法集资共同犯罪的,应当依法追究刑事责任。能够及时退缴上述费用的,可依法从轻处罚;其中情节轻微的,可以免除处罚;情节显著轻微、危害不大的,不作为犯罪处理。

五、关于涉案财物的追缴和处置问题

向社会公众非法吸收的资金属于违法所得。以吸收的资金向集资参与人支付的利息、分红等回报,以及向帮助吸收资金人员支付的代理费、好处费、返点费、佣金、提成等费用,应当依法追缴。集资参与人本金尚未归还的,所支付的回报可予折抵本金。

将非法吸收的资金及其转换财物用于清偿债务或者转让给他人,有下列情形之一的,应当依法追缴:

(一)他人明知是上述资金及财物而收取的;(二)他人无偿取得上述资金及财物的;(三)他人以明显低于市场的价格取得上述资金及财物的;(四)他人取得上述资金及财物系源于非法债务或者违法犯罪活动的;(五)其他依法应当追缴的情形。

查封、扣押、冻结的易贬值及保管、养护成本较高的涉案财物,可以在诉讼终结前依照有关规定变卖、拍卖。所得价款由查封、扣押、冻结机关予以保管,待诉讼终结后一并处置。

查封、扣押、冻结的涉案财物,一般应在诉讼终结后,返还集资参与人。涉案财物不足全部返还的,按照集资参与人的集资额比例返还。

六、关于证据的收集问题

办理非法集资刑事案件中,确因客观条件的限制无法逐一收集集资参与人的言词证据的,可结合已收集的集资参与人的言词证据和依法收集并查证属实的书面合同、银行账户交易记录、会计凭证及会计账簿、资金收付凭证、审计报告、互联网电子数据等证据,综合认定非法集资对象人数和吸收资金数额等犯罪事实。

七、关于涉及民事案件的处理问题

对于公安机关、人民检察院、人民法院正在侦查、起诉、审理的非法集资刑事案件,有关单位或者个人就同一事实向人民法院提起民事诉讼或者申请执行涉案财物的,人民法院应当不予受理,并将有关材料移送公安机关或者检察机关。

人民法院在审理民事案件或者执行过程中,发现有非法集资犯罪嫌疑的,应当裁定驳回起诉或者中止执行,并及时将有关材料移送公安机关或者检察机关。

公安机关、人民检察院、人民法院在侦查、起诉、审理非法集资刑事案件中,发现与人民法院正在审理的民事案件属同一事实,或者被申请执行的财物属于涉案财物的,应当及时通报相关人民法院。人民法院经审查认为确属涉嫌犯罪的,依照前款规定处理。

八、关于跨区域案件的处理问题

跨区域非法集资刑事案件,在查清犯罪事实的基础上,可以由不同地区的公安机关、人民检察院、人民法院分别处理。

对于分别处理的跨区域非法集资刑事案件,应当按照统一制定的方案处置涉案财物。

国家机关工作人员违反规定处置涉案财物,构成渎职等犯罪的,应当依法追究刑事责任。

17.《中华人民共和国商业银行法》(2015年修正)

(全文略)

18.最高人民法院《关于审理民间借贷案件适用法律若干问题的规定》(2015年6月23日最高人民法院审判委员会第1655次会议通过(法释〔2015〕18号);2020年8月18日最高人民法院审判委员会第1809次会议通过的《关于修改〈关于审理民间借贷案件适用法律若干问题的规定〉的决定》(法释〔2020〕6号)第一次修正;2020年12月23日最高人民法院审判委员会第1823次会议通过的《最高人民法院关于修改〈最高人民法院在民事审判工作中适用《中华人民共和国工会法》若干问题的解释〉等27件民事类司法解释的决定》(法释〔2020〕17号)第二次修正)

为正确审理民间借贷纠纷案件,根据《中华人民共和国民法典》《中华人民共和国民事诉讼法》《中华人民共和国刑事诉讼法》等相关法律之规定,结合审判实践,制定本规定。

第1条 本规定所称的民间借贷,是指自然人、法人和非法人组织之间进行资金融通的行为。

经金融监管部门批准设立的从事贷款业务的金融机构及其分支机构,因发放贷款等相关金融业务引发的纠纷,不适用本规定。

第2条 出借人向人民法院提起民间借贷诉讼时,应当提供借据、收据、欠条等债权凭证以及其他能够证明借贷法律关系存在的证据。

当事人持有的借据、收据、欠条等债权凭证没有载明债权人,持有债权凭证的当事人提起民间借贷诉讼的,人民法院应予受理。被告对原告的债权人资格提出有事实依据的抗辩,人民法院经审查认为原告不具有债权人资格的,裁定驳回起诉。

第3条 借贷双方就合同履行地未约定或者约定不明确,事后未达成补充协议,按照合同相关条款或者交易习惯仍不能确定的,以接受货币一方所在地为合同履行地。

第4条 保证人为借款人提供连带责任保证,出借人仅起诉借款人的,人民法院可以不追加保证人为共同被告;出借人仅起诉保证人的,人民法院可以追加借款人为共同被告。

保证人为借款人提供一般保证,出借人仅起诉保证人的,人民法院应当追加借款人为共同被告;出借人仅起诉借款人的,人民法院可以不追加保证人为共同被告。

第5条 人民法院立案后,发现民间借贷行为本身涉嫌非法集资等犯罪的,应当裁定驳回起诉,并将涉嫌非法集资等犯罪的线索、材料移送公安或者检察机关。

公安或者检察机关不予立案,或者立案侦查后撤销案件,或者检察机关作出不起诉决定,或者经人民法院生效判决认定不构成非法集资等犯罪,当事人又以同一事实向人民法院提起诉讼的,人民法院应予受理。

第6条 人民法院立案后,发现与民间借贷纠纷案件虽有关联但不是同一事实的涉嫌非法集资等犯罪的线索、材料的,人民法院应当继续审理民间借贷纠纷案件,并将涉嫌非法集资等犯罪的线索、材料移送公安或者检察机关。

第7条 民间借贷纠纷的基本案件事实必须以刑事案件的审理结果为依据,而该刑事案件尚未审结的,人民法院应当裁定中止诉讼。

第8条 借款人涉嫌犯罪或者生效判决认定其有罪,出借人起诉请求担保人承担民事责任的,人民法院应予受理。

第9条 自然人之间的借款合同具有下列情形之一的,可以视为合同成立:

(一)以现金支付的,自借款人收到借款时;(二)以银行转账、网上电子汇款等形式支付的,自资金到达借款人账户时;(三)以票据交付的,自借款人依法取得票据权利时;(四)出借人将特定资金账户支配权授权给借款人的,自借款人取得对该账户实际支配权时;(五)出借人以与借款人约定的其他方式提供借款并实际履行完成时。

第10条 法人之间、非法人组织之间以及它们相互之间为生产、经营需要订立的民间借贷合同,除存在民法典第146条、第253条、第154条以及本规定第13条规定的情形外,当事人主张民间借贷合同有效的,人民法院应予支持。

第11条 法人或者非法人组织织在本单位内部通过借款形式向职工筹集资金,用于本单位生产、经营,且不存在民法典第144条、第246条、第153条、第154条以及本规定第13条规定的情形,当事人主张民间借贷合同有效的,人民法院应予支持。

第12条 借款人或者出借人的借贷行为涉嫌犯罪,或者已经生效的裁判认定构成犯罪,当事人提起民事诉讼的,民间借贷合同并不当然无效。人民法院应当依据据民法典第144条、第146条、第153条、第154条以及本规定第13条之规定,认定民间借贷合同的效力。

担保人以借款人或者出借人的借贷行为涉嫌犯罪或者已经生效的裁判认定构成犯罪为由,主张不承担民事责任的,人民法院应当依据民间借贷合同与担保合同的效力、当事人的过错程度,依法确定担保人的民事责任。

第13条 具有下列情形之一的,人民法院应当认定民间借贷合同无效:

(一)套取金融机构贷款转贷的;(二)以向其他营利法人借贷、向本单位职工集资,或者以向公众非法吸收存款等方式取得的资金转贷的;(三)未依法取得放贷资格的出借人,以营利为目的向社会不特定对象提供借款的;(四)出借人事先知道或者应当知道借款人借款用于违法犯罪活动仍然提供借款的;(五)违反法律、行政法规强制性规定的;(六)违背公序良俗的。

第14条 原告以借据、收据、欠条等债权凭证为依据提起民间借贷诉讼,被告依据基础法律关系提出抗辩或者反诉,并提供证据证明债权纠纷非民间借贷行为引起的,人民法院应当依据查明的案件事实,按照基础法律关系审理。

当事人通过调解、和解或者清算达成的债权债务协议,不适用前款规定。

第15条 原告仅依据借据、收据、欠条等债权凭证提起民间借贷诉讼,被告抗辩已经偿还借款的,被告应当对其主张提供证据证明。被告提供相应证据证明其主张后,原告仍应就借贷关系的存续承担举证责任。

被告抗辩借贷行为尚未实际发生并能作出合理说明的,人民法院应当结合借贷金额、款项交付、当事人的经济能力、当地或者当事人之间的交易方式、交易习惯、当事人财产变动情况以及证人证言等事实和因素,综合判断查证借贷事实是否发生。

第16条 原告仅依据金融机构的转账凭证提起民间借贷诉讼,被告抗辩转账系偿还双方之前借款或者其他债务的,被告应当对其主张提供证据证明。被告提供相应证据证明其主张后,原告仍应就借贷关系的成立承担举证责任。

第17条 依据《最高人民法院关于适用〈中华人民共和国民事诉讼法〉的解释》第174条第2款之规定,负有举证责任的原告无正当理由拒不到庭,经审查现有证据无法确认借贷行为、借贷金额、支付方式等案件主要事实的,人民法院对原告主张的事实不予认定。

第18条 人民法院审理民间借贷纠纷案件时发现有下列情形之一的,应当严格审查借贷发生的原因、时间、地点、款项来源、交付方式、款项流向以及借贷双方的关系、经济状况等事实,综合判断是否属于虚假民事诉讼:

(一)出借人明显不具备出借能力;(二)出借人起诉所依据的事实和理由明显不符合常理;(三)出借人不能提交债权凭证或者提交的债权凭证存在伪造的可能;(四)当事人双方在一定期限内多次参加民间借贷诉讼;(五)当事人无正当理由拒不到庭参加诉讼,委托代理人对借贷事实陈述不清或者陈述前后矛盾;(六)当事人双方对借贷事实的发生没有任何争议或者诉辩明显不符合常理;(七)借款人的配偶或者合伙人、案外人的其他债权人提出有事实依据的异议;(八)当事人在其他纠纷中存在低价转让财产的情形;(九)当事人不正当放弃权利;(十)其他可能存在虚假民间借贷诉讼的情形。

第19条 经查明属于虚假民间借贷诉讼,原告申请撤诉的,人民法院不予准许,并应当依据民事诉讼法第112条之规定,判决驳回其请求。

诉讼参与人或者其他人恶意制造、参与虚假诉讼,人民法院应当依据民事诉讼法第111条、第112条和第113条之规定,依法予以罚款、拘留;构成犯罪的,应当移送有管辖权的司法机关追究刑事责任。

单位恶意制造、参与虚假诉讼的,人民法院应当对该单位进行罚款,并可以对其主要负责人或者直接责任人员予以罚款、拘留;构成犯罪的,应当移送有管辖权的司法机关追究刑事责任。

第20条 他人在借据、收据、欠条等债权凭证或者借款合同上签名或者盖章,但是未表明其保证人身份或者承担保证责任,或者通过其他事实不能推定其为保证人,出借人请求其承担保证责任的,人民法院不予支持。

第21条 借贷双方通过网络贷款平台形成借贷关系,网络贷款平台的提供者仅提供媒介服务,当事人请求其承担担保责任的,人民法院不予支持。

网络贷款平台的提供者通过网页、广告或者其他媒介明示或者有其他证据证明其为借贷提供担保,出借人请求网络贷款平台的提供者承担担保责任的,人民法院应予支持。

第22条 法人的法定代表人或者非法人组织的负责人以单位名义与出借人签订民间借贷合同,有证据证明所借款项系法定代表人或者负责人个人使用,出借人请求将法定代表人或者负责人列为共同被告或者第三人的,人民法院应予准许。

法人的法定代表人或者非法人组织的负责人以个人名义与出借人订立民间借贷合同,所借款项用于单位生产经营,出借人请求单位与个人共同承担责任的,人民法院应予支持。

第23条 当事人以订立买卖合同作为民间借贷合同的担保,借款到期后借款人不能还款,出借人请求履行买卖合同的,人民法院应当按照民间借贷法律关系审理。当事人根据法庭审理情况变更诉讼请求的,人民法院应当准许。

按照民间借贷法律关系审理作出的判决生效后,借款人不履行生效判决确定的金钱债务,出借人可以申请拍卖买卖合同标的物,以偿还债务。就拍卖所得的价款与应偿还借款本息之间的差额,借款人或者出借人有权主张返还或者补偿。

第24条 借贷双方没有约定利息,出借人主张支付利息的,人民法院不予支持。

自然人之间借贷对利息约定不明,出借人主张支付利息的,人民法院不予支持。除自然人之间借贷的外,借贷双方对借贷利息约定不明,出借人主张利息的,人民法院应当结合民间借贷合同的内容,并根据当地或者当事人的交易方式、交易习惯、市场报价利率等因素确定利息。

第25条 出借人请求借款人按照合同约定利率支付利息的,人民法院应予支持,但是双方约定的利率超过合同成立时1年期贷款市场报价利率4倍的除外。

前款所称"1年期贷款市场报价利率",是指中国人民银行授权全国银行间同业拆借中心自2019年8月20日起每月发布的1年期贷款市场报价利率。

第26条 借据、收据、欠条等债权凭证载明的借款金额,一般认定为本金。预先在本金中扣除利息的,人民法院应当将实际出借的金额认定为本金。

第27条 借贷双方对前期借款本息结算后将利息计入后期借款本金并重新出具债权凭证,如果前期利率没有超过合同成立时1年期贷款市场报价利率4倍,重新出具的债权凭证载明的金额可认定为后期借款本金。超过部分的利息,不应认定为后期借款本金。

按前款计算,借款人在借款期间届满后应当支付的本息之和,超过以最初借款本金与以最初借款本金为基数、以合同成立时1年期贷款市场报价利率4倍计算的整个借款期间的利息之和的,人民法院不予支持。

第28条 借贷双方对逾期利率有约定的,从其约定,但是以不超过合同成立时1年期贷款市场报价利率4倍为限。

未约定逾期利率或者约定不明的,人民法院可以区分不同情况处理:

(一)既未约定借期内利率,也未约定逾期利率,出借人主张借款人自逾期还款之日起承担逾期还款违约责任的,人民法院应予支持;(二)约定了借期内利率但是未约定逾期利率,出借人主张借款人自逾期还款之日起按照借期内利率支付资金占用期间利息的,人民法院应予支持。

第29条 出借人与借款人既约定了逾期利率,又约定了违约金或者其他费用,出借人可以选择主张逾期利息、违约金或者其他费用,也可以一并主张,但是总计超过合同成立时1年期贷款市场报价利率4倍的部分,人民法院不予支持。

第30条 借款人可以提前偿还借款,但是当事人另有约定的除外。

借款人提前偿还借款并主张按照实际借款期限计算利息的,人民法院应予支持。

第31条 本规定施行后,人民法院新受理的一审民间借贷纠纷案件,适用本规定。

2020年8月20日之后新受理的一审民间借贷案件,借贷合同成立于2020年8月20日之前,当事人请求适用当时的司法解释计算自合同成立到2020年8月19日的利息部分的,人民法院应予支持;对于自2020年8月20日到借款返还之日的利息部分,适用起诉时本规定的利率保护标准计算。

本规定施行后,最高人民法院以前作出的相关司法解释与本解释不一致的,以本解释为准。

19. 中国人民银行、工业和信息化部、公安部、财政部、工商总局、法制办、银监会、证监会、保监会、国家互联网信息办公室《关于促进互联网金融健康发展的指导意见》(银发〔2015〕221号)

二、分类指导,明确互联网金融监管责任

互联网金融本质仍属于金融,没有改变金融风险隐蔽性、传染性、广泛性和突发性的特点。加强互联网金融监管,是促进互联网金融健康发展的内在要求。同时,互联网金融是新生事物和新兴业态,要制定适度宽松的监管政策,为互联网金融创新留有余地和空间。通过鼓励创新和加强监管相互支撑,促进互联网金融健康发展,更好地服务实体经济。互联网金融监管应遵循“依法监管、适度监管、分类监管、协同监管、创新监管”的原则,科学合理界定各业态的业务边界及准入条件,落实监管责任,明确风险底线,保护合法经营,坚决打击违法和违规行为。

(七)互联网支付。

互联网支付是指通过计算机、手机等设备,依托互联网发起支付指令、转移货币资金的服务。互联网支付应始终坚持服务电子商务发展和为社会提供小额、快捷、便民小微支付服务的宗旨。银行业金融机构和第3方支付机构从事互联网支付,应遵守现行法律法规和监管规定。第3方支付机构与其他机构开展合作的,应清晰界定各方的权利义务关系,建立有效的风险隔离机制和客户权益保障机制。要向客户充分披露服务信息,清晰地提示业务风险,不得夸大支付服务中介的性质和职能。互联网支付业务由人民银行负责监管。

(八)网络借贷。

网络借贷包括个体网络借贷(即P2P网络借贷)和网络小额贷款。个体网络借贷是指个体和个体之间通过互联网平台实现的直接借贷。在个体网络借贷平台上发生的直接借贷行为属于民间借贷范畴,受合同法、民法通则等法律法规以及最高人民法院相关司法解释规范。个体网络借贷要坚持平台功能,为投资方和融资方提供信息交互、撮合、资信评估等中介服务。个体网络借贷机构要明确信息中介性质,主要为借贷双方的直接借贷提供信息服务,不得提供增信服务,不得非法集资。网络小额贷款是指互联网企业通过其控制的小额贷款公司,利用互联网向客户提供的小额贷款。网络小额贷款应遵守现有小额贷款公司监管规定,发挥网络贷款优势,努力降低客户融资成本。网络借贷业务由银监会负责监管。

(九)股权众筹融资。

股权众筹融资主要是指通过互联网形式进行公开小额股权融资的活动。股权众筹融资必须通过股权众筹融资中介机构平台(互联网网站或其他类似的电子媒介)进行。股权众筹融资中介机构可以在符合法律法规规定前提下,对业务模式进行创新探索,发挥股权众筹融资作为多层次资本市场有机组成部分的作用,更好服务创新创业企业。股权众筹融资方应为小微企业,应通过股权众筹融资中介机构向投资人如实披露企业的商业模式、经营管理、财务、资金使用等关键信息,不得误导或欺诈投资者。投资者应当充分了解股权众筹融资活动风险,具备相应风险承受能力,进行小额投资。股权众筹融资业务由证监会负责监管。

(十)互联网基金销售。

基金销售机构与其他机构通过互联网合作销售基金等理财产品的,要切实履行风险披露义务,不得通过违规承诺收益方式吸引客户;基金管理人应当采取有效措施防范资产配置中的期限错配和流动性风险;基金销售机构及其合作机构通过其他活动为投资人提供收益的,应当对收益构成、先决条件、适用情形等进行全面、真实、准确表述和列示,不得与基金产品收益混同。第3方支付机构在开展基金互联网销售支付服务过程中,应当遵守人民银行、证监会关于客户备付金及基金销售结算资金的相关监管要求。第3方支付机构的客户备付金只能用于办理客户委托的支付业务,不得用于垫付基金和其他理财产品的资金赎回。互联网基金销售业务由证监会负责监管。

(十一)互联网保险。

保险公司开展互联网保险业务,应遵循安全性、保密性和稳定性原则,加强风险管理,完善内控系统,确保交易安全、信息安全和资金安全。专业互联网保险公司应当坚持服务互联网经济活动的基本定位,提供有针对性的保险服务。保险公司应建立对所属电子商务公司等非保险类子公司的管理制度,建立必要的防火墙。保险公司通过互联网销售保险产品,不得进行不实陈述、片面或夸大宣传过往业绩、违规承诺收益或者承担损失等误导性描述。互联网保险业务由保监会负责监管。

(十二)互联网信托和互联网消费金融。

信托公司、消费金融公司通过互联网开展业务的,要严格遵循监管规定,加强风险管理,确保交易合法合规,并保守客户信息。信托公司通过互联网进行产品销售及开展其他信托业务的,要遵守合格投资者等监管规定,审慎甄别客户身份和评估客户风险承受能力,不能将产品销售给与风险承受能力不相匹配的客户。信托公司与消费金融公司要制定完善产品文件签署制度,保证交易过程合法合规,安全规范。互联网信托业务、互联网消费金融业务由银监会负责监管。

三、健全制度,规范互联网金融市场秩序

发展互联网金融要以市场为导向,遵循服务实体经济、服从宏观调控和维护金融稳定的总体目标,切实保障消费者合法权益,维护公平竞争的市场秩序。要细化管理制度,为互联网金融健康发展营造良好环境。

(十三)互联网行业管理。

任何组织和个人开设网站从事互联网金融业务的,除应按规定履行相关金融监管程序外,还应依法向电信主管部门履行网站备案手续,否则不得开展互联网金融业务。工业和信息化部负责对互联网金融业务涉及的电信业务进行监管,国家互联网信息办公室负责对金融信息服务、互联网信息内容等业务进行监管,两部门按职责制定相关监管细则。

(十四)客户资金第三方存管制度。

除另有规定外,从业机构应当选择符合条件的银行业金融机构作为资金存管机构,对客户资金进行管理和监督,实现客户资金与从业机构自身资金分账管理。客户资金存管账户应接受独立审计并向客户公开审计结果。人民银行会同金融监管部门按照职责分工实施监管,并制定相关监管细则。

(十五)信息披露、风险提示和合格投资者制度。

从业机构应当对客户进行充分的信息披露,及时向投资者公布其经营活动和财务状况的相关信息,以便投资者充分了解从业机构运作状况,促使从业机构稳健经营和控制风险。从业机构应当向各参与方详细说明交易模式、参与方的权利和义务，并进行充分的风险提示。要研究建立互联网金融的合格投资者制度，提升投资者保护水平。有关部门按照职责分工负责监管。

（十六）消费者权益保护。

研究制定互联网金融消费者教育规划，及时发布维权提示。加强互联网金融产品合同内容、免责条款规定等与消费者利益相关的信息披露工作，依法监督处理经营者利用合同格式条款侵害消费者合法权益的违法、违规行为。构建在线争议解决、现场接待受理、监管部门受理投诉、第3方调解以及仲裁、诉讼等多元化纠纷解决机制。细化完善互联网金融个人信息保护的原则、标准和操作流程。严禁网络销售金融产品过程中的不实宣传、强制捆绑销售。人民银行、银监会、证监会、保监会会同有关行政执法部门，根据职责分工依法开展互联网金融领域消费者和投资者权益保护工作。

（十七）网络与信息安全。

从业机构应当切实提升技术安全水平，妥善保管客户资料和交易信息，不得非法买卖、泄露客户个人信息。人民银行、银监会、证监会、保监会、工业和信息化部、公安部、国家互联网信息办公室分别负责对相关从业机构的网络与信息安全保障进行监管，并制定相关监管细则和技术安全标准。

（十八）反洗钱和防范金融犯罪。

从业机构应当采取有效措施识别客户身份，主动监测并报告可疑交易，妥善保存客户资料和交易记录。从业机构有义务按照有关规定，建立健全有关协助查询、冻结的规章制度，协助公安机关和司法机关依法、及时查询、冻结涉案财产，配合公安机关和司法机关做好取证和执行工作。坚决打击涉及非法集资等互联网金融犯罪，防范金融风险，维护金融秩序。金融机构在和互联网企业开展合作、代理时应根据有关法律和规定签订包括反洗钱和防范金融犯罪要求的合作、代理协议，并确保不因合作、代理关系而降低反洗钱和金融犯罪执行标准。人民银行牵头负责对从业机构履行反洗钱义务进行监管，并制定相关监管细则。打击互联网金融犯罪工作由公安部牵头负责。

（十九）加强互联网金融行业自律。

充分发挥行业自律机制在规范从业机构市场行为和保护行业合法权益等方面的积极作用。人民银行会同有关部门，组建中国互联网金融协会。协会要按业务类型，制订经营管理规则和行业标准，推动机构之间的业务交流和信息共享。协会要明确自律惩戒机制，提高行业规则和标准的约束力。强化守法、诚信、自律意识，树立从业机构服务经济社会发展的正面形象，营造诚信规范发展的良好氛围。

（二十）监管协调与数据统计监测。

各监管部门要相互协作、形成合力，充分发挥金融监管协调部际联席会议制度的作用。人民银行、银监会、证监会、保监会应当密切关注互联网金融业务发展及相关风险，对监管政策进行跟踪评估，适时提出调整建议，不断总结监管经验。财政部负责互联网金融从业机构财务监管政策。人民银行会同有关部门，负责建立和完善互联网金融数据统计监测体系，相关部门按照监管职责分工负责相关互联网金融数据统计和监测工作，并实现统计数据和信息共享。（全文略）

20. 国务院《关于进一步做好防范和处置非法集资工作的意见》（国发〔2015〕59号）

五、依法打击，稳妥处置

（十一）防控重点领域、重点区域风险。

各地区、各有关部门要坚决依法惩处非法集资违法犯罪活动，密切关注投资理财、非融资性担保、P2P网络借贷等新的高发重点领域,以及投资公司、农民专业合作社、民办教育机构、养老机构等新的风险点,加强风险监控。案件高发地区要把防范和处置非法集资工作放在突出重要位置,遏制案件高发态势,消化存量风险,最大限度追赃挽损,维护金融和社会秩序稳定。公安机关要积极统筹调配力量,抓住重点环节,会同有关部门综合采取措施,及时发现并快速、全面、深入侦办案件,提高打击效能。有关部门要全力配合,依法开展涉案资产查封、资金账户查询和冻结等必要的协助工作。

(十二)依法妥善处置跨省案件。

坚持统一指挥协调、统一办案要求、统一资产处置、分别侦查诉讼、分别落实维稳的工作原则。牵头省份要积极主动落实牵头责任,依法合规、公平公正地制定统一处置方案,加强与其他涉案地区的沟通协调,定期通报工作进展情况。协办省份要大力支持配合,切实履行协作义务。强化全局观念,加强系统内的指挥、指导和监督,完善内部制约激励机制,切实推动、保障依法办案,防止遗漏犯罪事实;加强沟通、协商及跨区域、跨部门协作,共同解决办案难题,提高案件查处效率。

(十三)坚持分类施策,维护社会稳定。

综合运用经济、行政、法律等措施,讲究执法策略、方式、尺度和时机,依法合理制定涉案资产的处置政策和方案,分类处置非法集资问题,防止矛盾激化,努力实现执法效果与经济效果、社会效果相统一。落实维稳属地责任,畅通群众诉求反映渠道,及时回应群众诉求,积极导入法治轨道,严格依法处置案件,切实有效维护社会稳定。

21. 最高人民法院、最高人民检察院、公安部《关于依法处理非法集资犯罪的通告》(2015年9月29日)

为依法惩治非法集资犯罪,加快涉案款物的追缴工作,最大程度地维护广大人民群众的合法权益,根据《中华人民共和国刑法》、《中华人民共和国刑事诉讼法》和《最高人民法院、最高人民检察院、公安部关于办理非法集资刑事案件适用法律若干问题的意见》、《最高人民法院关于审理非法集资刑事案件具体应用法律若干问题的解释》等有关规定,依据宽严相济的刑事司法政策,现将非法集资类犯罪案件中的集资人,收取代理费、好处费、返点费、佣金、提成等费用的代理人及其他涉案人员的处理意见通告如下:

一、个人或者单位非法吸收公众存款或者变相吸收公众存款,扰乱金融秩序的,依据《中华人民共和国刑法》第176条之规定以非法吸收公众存款罪追究刑事责任。

二、个人或者单位以非法占有为目的,使用诈骗方法非法集资的,依据《中华人民共和国刑法》第192条之规定以集资诈骗罪追究刑事责任。

三、为他人向社会公众非法吸收资金提供帮助,从中收取代理费、好处费、返点费、佣金、提成等费用,构成非法集资共同犯罪的,依法追究刑事责任。

四、明知是非法吸收公众存款犯罪、集资诈骗犯罪的违法所得及其产生的收益,为其提供资金帐户的,协助将财产转换为现金或者金融票据的,通过转账或者其他结算方式协助资金转移的,协助将资金汇往境外的,以及以其他方法掩饰、隐瞒犯罪的违法所得及其收益的性质和来源的,依据《中华人民共和国刑法》第191条之规定以洗钱罪依法追究刑事责任。

五、向社会公众非法吸收的资金属于违法所得。以吸收的资金向集资参与人支付的利息、分红等回报,以及向帮助吸收资金人员支付的代理费、好处费、返点费、佣金、提成等费用,应当依法追缴。集资参与人本金尚未归还的,所支付的回报可予折抵本金。

将非法吸收的资金及其转换财物用于清偿债务或者转让给他人,有下列情形之一的,应当依法追缴:

(一)他人明知是上述资金及财物而收取的;(二)他人无偿取得上述资金及财物的;

(三)他人以明显低于市场的价格取得上述资金及财物的;(四)他人取得上述资金及财物系源于非法债务或者违法犯罪活动的;(五)其他依法应当追缴的情形。

六、非法集资案件中的集资行为人、代理人,自本通告发布之日起,凡积极配合调查,主动全部清退所吸收资金或代理费、好处、返点费、佣金、提成等费用,及时消除社会影响的,可以从轻处罚;其中情节轻微的,可以免除处罚;情节显著轻微、危害不大的,不作为犯罪处理。

七、本通告发布前被羁押的,凡能全部清退所吸收资金或者退回代理费、好处费、返点费、佣金、提成等费用的,可以依法变更为非羁押性强制措施,并按照本通告第6条之规定从轻、减轻或者免除处罚。

八、对拒不投案自首,也不清退涉案资金的人员,将依法从严从重追究刑事责任。

九、本通告自发布之日起施行。

22. 中国银行业监督管理委员会、工业和信息化部、公安部、国家互联网信息办公室《网络借贷信息中介机构业务活动管理暂行办法》(银监会令〔2016〕1号)

第1章　总　　则

第1条　为规范网络借贷信息中介机构业务活动,保护出借人、借款人、网络借贷信息中介机构及相关当事人合法权益,促进网络借贷行业健康发展,更好满足中小微企业和个人投融资需求,根据《关于促进互联网金融健康发展的指导意见》提出的总体要求和监管原则,依据《中华人民共和国民法通则》、《中华人民共和国公司法》、《中华人民共和国合同法》等法律法规,制定本办法。

第2条　在中国境内从事网络借贷信息中介业务活动,适用本办法,法律法规另有规定的除外。

本办法所称网络借贷是指个体和个体之间通过互联网平台实现的直接借贷。个体包含自然人、法人及其他组织。网络借贷信息中介机构是指依法设立,专门从事网络借贷信息中介业务活动的金融信息中介公司。该类机构以互联网为主要渠道,为借款人与出借人(即贷款人)实现直接借贷提供信息搜集、信息公布、资信评估、信息交互、借贷撮合等服务。

本办法所称地方金融监管部门是指各省级人民政府承担地方金融监管职责的部门。

第3条　网络借贷信息中介机构按照依法、诚信、自愿、公平的原则为借款人和出借人提供信息服务,维护出借人与借款人合法权益,不得提供增信服务,不得直接或间接归集资金,不得非法集资,不得损害国家利益和社会公共利益。

借款人与出借人遵循借贷自愿、诚实守信、责任自负、风险自担的原则承担借贷风险。网络借贷信息中介机构承担客观、真实、全面、及时进行信息披露的责任,不承担借贷违约风险。

第4条　健康发展"的总体要求和"依法监管、适度监管、分类监管、协同监管、创新监管"的监管原则,落实各方管理责任。国务院银行业监督管理机构及其派出机构负责制定网络借贷信息中介机构业务活动监督管理制度,并实施行为监管。各省级人民政府负责本辖区网络借贷信息中介机构的机构监管。工业和信息化部负责对网络借贷信息中介机构业务活动涉及的电信业务进行监管。公安部牵头负责对网络借贷信息中介机构的互联网服务进行安全监管,依法查处违反网络安全监管的违法违规活动,打击网络借贷涉及的金融犯罪及相关犯罪。国家互联网信息办公室负责对金融信息服务、互联网信息内容等业务进行监管。

第2章　备案管理

第5条　拟开展网络借贷信息中介服务的网络借贷信息中介机构及其分支机构,应当在领取营业执照后,于10个工作日以内携带有关材料向工商登记注册地地方金融监管部门备案登记。

地方金融监管部门负责为网络借贷信息中介机构办理备案登记。地方金融监管部门应当在网络借贷信息中介机构提交的备案登记材料齐备时予以受理，并在各省（区、市）规定的时限内完成备案登记手续。备案登记不构成对网络借贷信息中介机构经营能力、合规程度、资信状况的认可和评价。

地方金融监管部门有权根据本办法和相关监管规则对备案登记后的网络借贷信息中介机构进行评估分类，并及时将备案登记信息及分类结果在官方网站上公示。

网络借贷信息中介机构完成地方金融监管部门备案登记后，应当按照通信主管部门的相关规定申请相应的电信业务经营许可；未按规定申请电信业务经营许可的，不得开展网络借贷信息中介业务。

网络借贷信息中介机构备案登记、评估分类等具体细则另行制定。

第6条 开展网络借贷信息中介业务的机构，应当在经营范围中实质明确网络借贷信息中介，法律、行政法规另有规定的除外。

第7条 网络借贷信息中介机构备案登记事项发生变更的，应当在5个工作日以内向工商登记注册地地方金融监管部门报告并进行备案信息变更。

第8条 经备案的网络借贷信息中介机构拟终止网络借贷信息中介服务的，应当在终止业务前提前至少10个工作日，书面告知工商登记注册地地方金融监管部门，并办理备案注销。

经备案登记的网络借贷信息中介机构依法解散或者依法宣告破产的，除依法进行清算外，由工商登记注册地地方金融监管部门注销其备案。

第3章 业务规则与风险管理

第9条 网络借贷信息中介机构应当履行下列义务：

（一）依据法律法规及合同约定为出借人与借款人提供直接借贷信息的采集整理、甄别筛选、网上发布，以及资信评估、借贷撮合、融资咨询、在线争议解决等相关服务；（二）对出借人与借款人的资格条件、信息的真实性、融资项目的真实性、合法性进行必要审核；（三）采取措施防范欺诈行为，发现欺诈行为或其他损害出借人利益的情形，及时公告并终止相关网络借贷活动；（四）持续开展网络借贷知识普及和风险教育活动，加强信息披露工作，引导出借人以小额分散的方式参与网络借贷，确保出借人充分知悉借贷风险；（五）按照法律法规和网络借贷有关监管规定要求报送相关信息，其中网络借贷有关债权债务信息要及时向有关数据统计部门报送并登记；（六）妥善保管出借人与借款人的资料和交易信息，不得删除、篡改，不得非法买卖、泄露出借人与借款人的基本信息和交易信息；（七）依法履行客户身份识别、可疑交易报告、客户身份资料和交易记录保存等反洗钱和反恐怖融资义务；（八）配合相关部门做好防范查处金融违法犯罪相关工作；（九）按照相关要求做好互联网信息内容管理、网络与信息安全相关工作；（十）国务院银行业监督管理机构、工商登记注册地省级人民政府规定的其他义务。

第10条 网络借贷信息中介机构不得从事或者接受委托从事下列活动：

（一）为自身或变相为自身融资；（二）直接或间接接受、归集出借人的资金；（三）直接或变相向出借人提供担保或者承诺保本保息；（四）自行或委托、授权第3方在互联网、固定电话、移动电话等电子渠道以外的物理场所进行宣传或推介融资项目；（五）发放贷款，但法律法规另有规定的除外；（六）将融资项目的期限进行拆分；（七）自行发售理财等金融产品募集资金，代销银行理财、券商资管、基金、保险或信托产品等金融产品；（八）开展类资产证券化业务或实现以打包资产、证券化资产、信托资产、基金份额等形式的债权转让行为;(九)除法律法规和网络借贷有关监管规定允许外,与其他机构投资、代理销售、经纪等业务进行任何形式的混合、捆绑、代理;(十)虚构、夸大融资项目的真实性、收益前景,隐瞒融资项目的瑕疵及风险,以歧义性语言或其他欺骗性手段等进行虚假片面宣传或促销等,捏造、散布虚假信息或不完整信息损害他人商业信誉,误导出借人或借款人;(十一)向借款用途为投资股票、场外配资、期货合约、结构化产品及其他衍生品等高风险的融资提供信息中介服务;(十二)从事股权众筹等业务;(十三)法律法规、网络借贷有关监管规定禁止的其他活动。

第11条 参与网络借贷的出借人与借款人应当为网络借贷信息中介机构核实的实名注册用户。

第12条 借款人应当履行下列义务:

(一)提供真实、准确、完整的用户信息及融资信息;(二)提供在所有网络借贷信息中介机构未偿还借款信息;(三)保证融资项目真实、合法,并按照约定用途使用借贷资金,不得用于出借等其他目的;(四)按照约定向出借人如实报告影响或可能影响出借人权益的重大信息;(五)确保自身具有与借款金额相匹配的还款能力并按照合同约定还款;(六)借贷合同及有关协议约定的其他义务。

第13条 借款人不得从事下列行为:

(一)通过故意变换身份、虚构融资项目、夸大融资项目收益前景等形式的欺诈借款;(二)同时通过多个网络借贷信息中介机构,或者通过变换项目名称、对项目内容进行非实质性变更等方式,就同一融资项目进行重复融资;(三)在网络借贷信息中介机构以外的公开场所发布同一融资项目的信息;(四)已发现网络借贷信息中介机构提供的服务中含有本办法第10条所列内容,仍进行交易;(五)法律法规和网络借贷有关监管规定禁止从事的其他活动。

第14条 参与网络借贷的出借人,应当具备投资风险意识、风险识别能力、拥有非保本类金融产品投资的经历并熟悉互联网。

第15条 参与网络借贷的出借人应当履行下列义务:

(一)向网络借贷信息中介机构提供真实、准确、完整的身份等信息;(二)出借资金为来源合法的自有资金;(三)了解融资项目信贷风险,确认具有相应的风险认知和承受能力;(四)自行承担借贷产生的本息损失;(五)借贷合同及有关协议约定的其他义务。

第16条 网络借贷信息中介机构在互联网、固定电话、移动电话等电子渠道以外的物理场所只能进行信用信息采集、核实、贷后跟踪、抵质押管理等风险管理及网络借贷有关监管规定明确的部分必要经营环节。

第17条 网络借贷金额应当以小额为主。网络借贷信息中介机构应当根据本机构风险管理能力,控制同一借款人在同一网络借贷信息中介机构平台及不同网络借贷信息中介机构平台的借款余额上限,防范信贷集中风险。

同一自然人在同一网络借贷信息中介机构平台的借款余额上限不超过人民币20万元;同一法人或其他组织在同一网络借贷信息中介机构平台的借款余额上限不超过人民币100万元;同一自然人在不同网络借贷信息中介机构平台借款总余额不超过人民币100万元;同一法人或其他组织在不同网络借贷信息中介机构平台借款总余额不超过人民币500万元。

第18条 网络借贷信息中介机构应当按照国家网络安全相关规定和国家信息安全等级保护制度的要求,开展信息系统定级备案和等级测试,具有完善的防火墙、入侵检测、数据加密以及灾难恢复等网络安全设施和管理制度,建立信息科技管理、科技风险管理和科技审计有关制度,配置充足的资源,采取完善的管理控制措施和技术手段保障信息系统安全稳健运行,保护出借人与借款人的信息安全。

网络借贷信息中介机构应当记录并留存借贷双方上网日志信息,信息交互内容等数据,留存期限为自借贷合同到期起5年;每两年至少开展1次全面的安全评估,接受国家或行业主管部门的信息安全检查和审计。

网络借贷信息中介机构成立两年以内,应当建立或使用与其业务规模相匹配的应用级灾备系统设施。

第19条 网络借贷信息中介机构应当为单一融资项目设置募集期,最长不超过20个工作日。

第20条 借款人支付的本金和利息应当归出借人所有。网络借贷信息中介机构应当与出借人、借款人另行约定费用标准和支付方式。

第21条 网络借贷信息中介机构应当加强与金融信用信息基础数据库运行机构、征信机构等的业务合作,依法提供、查询和使用有关金融信用信息。

第22条 各方参与网络借贷信息中介机构业务活动,需要对出借人与借款人的基本信息和交易信息等使用电子签名、电子认证时,应当遵守法律法规的规定,保障数据的真实性、完整性及电子签名、电子认证的法律效力。

网络借贷信息中介机构使用第3方数字认证系统,应当对第三方数字认证机构进行定期评估,保证有关认证安全可靠并具有独立性。

第23条 网络借贷信息中介机构应当采取适当的方法和技术,记录并妥善保存网络借贷业务活动数据和资料,做好数据备份。保存期限应当符合法律法规及网络借贷有关监管规定的要求。借贷合同到期后应当至少保存5年。

第24条 网络借贷信息中介机构暂停、终止业务时应当至少提前10个工作日通过官方网站等有效渠道向出借人与借款人公告,并通过移动电话、固定电话等渠道通知出借人与借款人。

网络借贷信息中介机构业务暂停或者终止,不影响已经签订的借贷合同当事人有关权利义务。

网络借贷信息中介机构因解散或宣告破产而终止的,应当在解散或破产前,妥善处理已撮合存续的借贷业务,清算事宜按照有关法律法规的规定办理。

网络借贷信息中介机构清算时,出借人与借款人的资金分别属于出借人与借款人,不属于网络借贷信息中介机构的财产,不列入清算财产。

第4章 出借人与借款人保护

第25条 未经出借人授权,网络借贷信息中介机构不得以任何形式代出借人行使决策。

第26条 网络借贷信息中介机构应当向出借人以醒目方式提示网络借贷风险和禁止性行为,并经出借人确认。

网络借贷信息中介机构应当对出借人的年龄、财务状况、投资经验、风险偏好、风险承受能力等进行尽职评估,不得向未进行风险评估的出借人提供交易服务。

网络借贷信息中介机构应当根据风险评估结果对出借人实行分级管理,设置可动态调整的出借限额和出借标的限制。

第27条 网络借贷信息中介机构应当加强出借人与借款人信息管理,确保出借人与借款人信息采集、处理及使用的合法性和安全性。

网络借贷信息中介机构及其资金存管机构、其他各类外包服务机构等应当为业务开展过程中收集的出借人与借款人信息保密,未经出借人与借款人同意,不得将出借人与借款人提供的信息用于所提供服务之外的目的。

在中国境内收集的出借人与借款人信息的储存、处理和分析应当在中国境内进行。除法律法规另有规定外,网络借贷信息中介机构不得向境外提供境内出借人和借款人信息。

第28条 网络借贷信息中介机构应当实行自身资金与出借人和借款人资金的隔离管理,并选择符合条件的银行业金融机构作为出借人与借款人的资金存管机构。

第29条 出借人与网络借贷信息中介机构之间、出借人与借款人之间、借款人与网络借贷信息中介机构之间等纠纷,可以通过以下途径解决:

(一)自行和解;(二)请求行业自律组织调解;(三)向仲裁部门申请仲裁;(四)向人民法院提起诉讼。

第5章 信息披露

第30条 网络借贷信息中介机构应当在其官方网站上向出借人充分披露借款人基本信息、融资项目基本信息、风险评估及可能产生的风险结果、已撮合未到期融资项目资金运用情况等有关信息。

披露内容应符合法律法规关于国家秘密、商业秘密、个人隐私的有关规定。

第31条 网络借贷信息中介机构应当及时在其官方网站显著位置披露本机构所撮合借贷项目等经营管理信息。

网络借贷信息中介机构应当在其官方网站上建立业务活动经营管理信息披露专栏,定期以公告形式向公众披露年度报告、法律法规、网络借贷有关监管规定。

网络借贷信息中介机构应当聘请会计师事务所定期对本机构出借人与借款人资金存管、信息披露情况、信息科技基础设施安全、经营合规性等重点环节实施审计,并且应当聘请有资质的信息安全测评认证机构定期对信息安全实施测评认证,向出借人与借款人等披露审计和测评认证结果。

网络借贷信息中介机构应当引入律师事务所、信息系统安全评价等第3方机构,对网络信息中介机构合规和信息系统稳健情况进行评估。

网络借贷信息中介机构应当将定期信息披露公告文稿和相关备查文件报送工商登记注册地地方金融监管部门,并置备于机构住所供社会公众查阅。

第32条 网络借贷信息中介机构的董事、监事、高级管理人员应当忠实、勤勉地履行职责,保证披露的信息真实、准确、完整、及时、公平,不得有虚假记载、误导性陈述或者重大遗漏。

借款人应当配合网络借贷信息中介机构及出借人对融资项目有关信息的调查核实,保证提供的信息真实、准确、完整。

网络借贷信息披露具体细则另行制定。

第6章 监督管理

第33条 国务院银行业监督管理机构及其派出机构负责制定统一的规范发展政策措施和监督管理制度,负责网络借贷信息中介机构的日常行为监管,指导和配合地方人民政府做好网络借贷信息中介机构的机构监管和风险处置工作,建立跨部门跨地区监管协调机制。

各地方金融监管部门具体负责本辖区网络借贷信息中介机构的机构监管,包括对本辖区网络借贷信息中介机构的规范引导、备案管理和风险防范、处置工作。

第34条 中国互联网金融协会从事网络借贷行业自律管理,并履行下列职责:

(一)制定自律规则、经营细则和行业标准并组织实施,教育会员遵守法律法规和网络借贷有关监管规定;(二)依法维护会员的合法权益,协调会员关系,组织相关培训,向会员提供行业信息、法律咨询等服务,调解纠纷;(三)受理有关投诉和举报,开展自律检查;(四)成立网络借贷专业委员会;(五)法律法规和网络借贷有关监管规定赋予的其他职责。

第35条 借款人、出借人、网络借贷信息中介机构、资金存管机构、担保人等应当签订资金存管协议,明确各自权利义务和违约责任。

资金存管机构对出借人与借款人开立和使用资金账户进行管理和监督,并根据合同约定,对出借人与借款人的资金进行存管、划付、核算和监督。

资金存管机构承担实名开户和履行合同约定及借贷交易指令表面一致性的形式审核责任,但不承担融资项目及借贷交易信息真实性的实质审核责任。

资金存管机构应当按照网络借贷有关监管规定报送数据信息并依法接受相关监督管理。

第36条 网络借贷信息中介机构应当在下列重大事件发生后,立即采取应急措施并向工商登记注册地地方金融监管部门报告:

(一)因经营不善等原因出现重大经营风险;(二)网络借贷信息中介机构或其董事、监事、高级管理人员发生重大违法违规行为;(三)因商业欺诈行为被起诉,包括违规担保、夸大宣传、虚构隐瞒事实、发布虚假信息、签订虚假合同、错误处置资金等行为。

地方金融监管部门应当建立网络借贷行业重大事件的发现、报告和处置制度,制定处置预案,及时、有效地协调处置有关重大事件。

地方金融监管部门应当及时将本辖区网络借贷信息中介机构重大风险及处置情况信息报送省级人民政府、国务院银行业监督管理机构和中国人民银行。

第37条 除本办法第7条规定的事项外,网络借贷信息中介机构发生下列情形的,应当在5个工作日以内向工商登记注册地地方金融监管部门报告:

(一)因违规经营行为被查处或被起诉;(二)董事、监事、高级管理人员违反境内外相关法律法规行为;(三)国务院银行业监督管理机构、地方金融监管部门等要求的其他情形。

第38条 网络借贷信息中介机构应当聘请会计师事务所进行年度审计,并在上一会计年度结束之日起4个月内向工商登记注册地地方金融监管部门报送年度审计报告。

第7章 法律责任

第39条 地方金融监管部门存在未依照本办法规定报告重大风险和处置情况、未依照本办法规定向国务院银行业监督管理机构提供行业统计或行业报告等违反法律法规及本办法规定情形的,应当对有关责任人依法给予行政处分;构成犯罪的,依法追究刑事责任。

第40条 网络借贷信息中介机构违反法律法规和网络借贷有关监管规定,有关法律法规有处罚规定的,依照其规定给予处罚;有关法律法规未作处罚规定的,工商登记注册地地方金融监管部门可以采取监管谈话、出具警示函、责令改正、通报批评、将其违法违规和不履行公开承诺等情况记入诚信档案并公布等监管措施,以及给予警告、人民币3万元以下罚款和依法可以采取的其他处罚措施;构成犯罪的,依法追究刑事责任。

网络借贷信息中介机构违反法律规定从事非法集资活动或欺诈的,按照相关法律法规和工作机制处理;构成犯罪的,依法追究刑事责任。

第41条 网络借贷信息中介机构的出借人及借款人违反法律法规和网络借贷有关监管规定,依照有关规定给予处罚;构成犯罪的,依法追究刑事责任。

第8章 附 则

第42条 银行业金融机构及国务院银行业监督管理机构批准设立的其他金融机构和省级人民政府批准设立的融资担保公司、小额贷款公司等投资设立具有独立法人资格的网络借贷信息中介机构,设立办法另行制定。

第43条 中国互联网金融协会网络借贷专业委员会按照《关于促进互联网金融健康发展的指导意见》和协会章程开展自律并接受相关监管部门指导。

第44条 本办法实施前设立的网络借贷信息中介机构不符合本办法规定的,除违法犯罪行为按照本办法第40条处理外,由地方金融监管部门要求其整改,整改期不超过12个月。

第45条 省级人民政府可以根据本办法制定实施细则,并报国务院银行业监督管理机构备案。

第46条 本办法解释权归国务院银行业监督管理机构、工业和信息化部、公安部、国家互联网信息办公室。

第47条 本办法所称不超过、以下、以内,包括本数。

23. 最高人民法院《关于常见犯罪的量刑指导意见(2)(试行)》(法〔2017〕74号)

一、八种常见犯罪的量刑

(二)非法吸收公众存款罪

1. 构成非法吸收公众存款罪的,可以根据下列不同情形在相应的幅度内确定量刑起点:

(1)犯罪情节一般的,可以在1年以下有期徒刑、拘役幅度内确定量刑起点。(2)达到数额巨大起点或者有其他严重情节的,可以在3年至4年有期徒刑幅度内确定量刑起点。

2. 在量刑起点的基础上,可以根据非法吸收存款数额等其他影响犯罪构成的犯罪事实增加刑罚量,确定基准刑。(全文详见本书《刑法》第61条相关内容)

24. 最高人民法院《关于进一步加强金融审判工作的若干意见》(法发〔2017〕22号)

(详见本书《刑法》第160条相关内容)

25. 最高人民检察院《关于办理涉互联网金融犯罪案件有关问题座谈会纪要》(高检诉〔2017〕14号)

互联网金融是金融与互联网相互融合形成的新型金融业务模式。发展互联网金融,对加快实施创新驱动发展战略、推进供给侧结构性改革、促进经济转型升级具有积极作用。但是,在互联网金融快速发展过程中,部分机构、业态偏离了正确方向,有些甚至打着"金融创新"的幌子进行非法集资、金融诈骗等违法犯罪活动,严重扰乱了金融管理秩序,侵害了人民群众合法权益。2016年4月,国务院部署开展了互联网金融风险专项整治工作,集中整治违法违规行为,防范和化解互联网金融风险。各级检察机关积极参与专项整治工作,依法办理进入检察环节的涉互联网金融犯罪案件。针对办案中遇到的新情况、新问题,高检院公诉厅先后在昆明、上海、福州召开座谈会,对办理涉互联网金融犯罪案件中遇到的有关行为性质、法律适用、证据审查、追诉范围等问题进行了深入研究。纪要如下:

一、办理涉互联网金融犯罪案件的基本要求

促进和保障互联网金融规范健康发展,是检察机关服务经济社会发展的重要内容。各地检察机关公诉部门应当充分认识防范和化解互联网金融风险的重要性、紧迫性和复杂性,立足检察职能,积极参与互联网金融风险专项整治工作,有效预防、依法惩治涉互联网金融犯罪,切实维护人民群众合法权益,维护国家金融安全。

1. 准确认识互联网金融的本质。互联网金融的本质仍然是金融,其潜在的风险与传统金融没有区别,甚至还可能因互联网的作用而被放大。要依据现有的金融管理法律规定,依法准确判断各类金融活动、金融业态的法律性质,准确界定金融创新和金融违法犯罪的界限。在办理涉互联网金融犯罪案件时,判断是否符合"违反国家规定""未经有关国家主管部门批准"等要件时,应当以现行刑事法律和金融管理法律法规为依据。对各种类型互联网金融活动,要深入剖析行为实质并据此判断其性质,从而准确区分罪与非罪、此罪与彼罪、罪轻与罪重、打击与保护的界限，不能机械地被所谓“互联网金融创新”表象所迷惑。

2. 妥善把握刑事追诉的范围和边界。涉互联网金融犯罪案件涉案人员众多，要按照区别对待的原则分类处理，综合运用刑事追诉和非刑事手段处置和化解风险，打击少数、教育挽救大多数。要坚持主客观相统一的原则，根据犯罪嫌疑人在犯罪活动中的地位作用、涉案数额、危害结果、主观过错等主客观情节，综合判断责任轻重及刑事追诉的必要性，做到罪责适应、罚当其罪。对犯罪情节严重、主观恶性大、在犯罪中起主要作用的人员，特别是核心管理层人员和骨干人员，依法从严打击；对犯罪情节相对较轻、主观恶性较小、在犯罪中起次要作用的人员依法从宽处理。

3. 注重案件统筹协调推进。涉互联网金融犯罪跨区域特征明显，各地检察机关公诉部门要按照“统一办案协调、统一案件指挥、统一资产处置、分别侦查诉讼、分别落实维稳”（下称“三统两分”）的要求分别处理好辖区内案件，加强横向、纵向联系，在上级检察机关特别是省级检察院的指导下统一协调推进办案工作，确保辖区内案件处理结果相对平衡统一。跨区县案件由地市级检察院统筹协调，跨地市案件由省级检察院统一协调，跨省案件由高检院公诉厅统一协调。各级检察机关公诉部门要加强与公安机关、地方金融办等相关单位以及检察机关内部侦监、控申等部门的联系，建立健全案件信息通报机制，及时掌握重大案件的立案、侦查、批捕、信访等情况，适时开展提前介入侦查等工作，并及时上报上级检察院。省级检察院公诉部门要发挥工作主动性，主动掌握社会影响大的案件情况，研究制定工作方案，统筹协调解决办案中遇到的问题，重大、疑难、复杂问题要及时向高检院报告。

4. 坚持司法办案“三个效果”有机统一。涉互联网金融犯罪影响广泛，社会各界特别是投资人群体十分关注案件处理。各级检察机关公诉部门要从有利于全案依法妥善处置的角度出发，切实做好提前介入侦查引导取证、审查起诉、出庭公诉等各个阶段的工作，依法妥善处理重大敏感问题，不能机械司法、就案办案。同时，要把办案工作与保障投资人合法权益紧密结合起来，同步做好释法说理、风险防控、追赃挽损、维护稳定等工作，努力实现司法办案的法律效果、社会效果、政治效果有机统一。

二、准确界定涉互联网金融行为法律性质

5. 互联网金融涉及P2P网络借贷、股权众筹、第三方支付、互联网保险以及通过互联网开展资产管理及跨界从事金融业务等多个金融领域，行为方式多样，所涉法律关系复杂。违法犯罪行为隐蔽性、迷惑性强，波及面广，社会影响大，要根据犯罪行为的实质特征和社会危害，准确界定行为的法律性质和刑法适用的罪名。

（一）非法吸收公众存款行为的认定

6. 涉互联网金融活动在未经有关部门依法批准的情形下，公开宣传并向不特定公众吸收资金，承诺在一定期限内还本付息的，应当依法追究刑事责任。其中，应重点审查互联网金融活动相关主体是否存在归集资金、沉淀资金，致使投资人资金存在被挪用、侵占等重大风险等情形。

7. 互联网金融的本质是金融，判断其是否属于“未经有关部门依法批准”，即行为是否具有非法性的主要法律依据是《商业银行法》、《非法金融机构和非法金融业务活动取缔办法》（国务院令第247号）等现行有效的金融管理法律规定。

8. 对以下网络借贷领域的非法吸收公众资金的行为，应当以非法吸收公众存款罪分别追究相关行为主体的刑事责任：

（1）中介机构以提供信息中介服务为名，实际从事直接或间接归集资金、甚至自融或变相自融等行为，应当依法追究中介机构的刑事责任。特别要注意识别变相自融行为，如中介机构通过拆分融资项目期限、实行债权转让等方式为自己吸收资金的，应当认定为非法吸收公众存款。

(2)中介机构与借款人存在以下情形之一的，应当依法追究刑事责任：①中介机构与借款人合谋或者明知借款人存在违规情形，仍为其非法吸收公众存款提供服务的；中介机构与借款人合谋，采取向出借人提供信用担保、通过电子渠道以外的物理场所开展借贷业务等违规方式向社会公众吸收资金的；②双方合谋通过拆分融资项目期限、实行债权转让等方式为借款人吸收资金的。在对中介机构、借款人进行追诉时，应根据各自在非法集资中的地位、作用确定其刑事责任。中介机构虽然没有直接吸收资金，但是通过大肆组织借款人开展非法集资并从中收取费用数额巨大、情节严重的，可以认定为主犯。

(3)借款人故意隐瞒事实，违反规定，以自己名义或借用他人名义利用多个网络借贷平台发布借款信息，借款总额超过规定的最高限额，或将吸收资金用于明确禁止的投资股票、场外配资、期货合约等高风险行业，造成重大损失和社会影响的，应当依法追究借款人的刑事责任。对于借款人将借款主要用于正常的生产经营活动，能够及时清退所吸收资金，不作为犯罪处理。

9. 在非法吸收公众存款罪中，原则上认定主观故意并不要求以明知法律的禁止性规定为要件。特别是具备一定涉金融活动相关从业经历、专业背景或在犯罪活动中担任一定管理职务的犯罪嫌疑人，应当知晓相关金融法律管理规定，如果有证据证明其实际从事的行为应当批准而未经批准，行为在客观上具有非法性，原则上就可以认定其具有非法吸收公众存款的主观故意。在证明犯罪嫌疑人的主观故意时，可以收集运用犯罪嫌疑人的任职情况、职业经历、专业背景、培训经历、此前任职单位或者其本人因从事同类行为受到处罚情况等证据，证明犯罪嫌疑人提出的“不知道相关行为被法律所禁止，故不具有非法吸收公众存款的主观故意”等辩解不能成立。除此之外，还可以收集运用以下证据进一步印证犯罪嫌疑人知道或应当知道其所从事行为具有非法性，比如犯罪嫌疑人故意规避法律以逃避监管的相关证据：自己或要求下属与投资人签订虚假的亲友关系确认书，频繁更换宣传用语逃避监管，实际推介内容与宣传用语、实际经营状况不一致，刻意向投资人夸大公司兑付能力，在培训课程中传授或接受规避法律的方法，等等。

10. 对于无相关职业经历、专业背景，且从业时间短暂，在单位犯罪中层级较低，纯属执行单位领导指令的犯罪嫌疑人提出辩解的，如确实无其他证据证明其具有主观故意的，可以不作为犯罪处理。另外，实践中还存在犯罪嫌疑人提出因信赖行政主管部门出具的相关意见而陷入错误认识的辩解。如果上述辩解确有证据证明，不应作为犯罪处理，但应当对行政主管部门出具的相关意见及其出具过程进行查证，如存在以下情形之一，仍应认定犯罪嫌疑人具有非法吸收公众存款的主观故意：

(1)行政主管部门出具意见所涉及的行为与犯罪嫌疑人实际从事的行为不一致的；

(2)行政主管部门出具的意见未对是否存在非法吸收公众存款问题进行合法性审查，仅对其他合法性问题进行审查的；

(3)犯罪嫌疑人在行政主管部门出具意见时故意隐瞒事实、弄虚作假的；

(4)犯罪嫌疑人与出具意见的行政主管部门的工作人员存在利益输送行为的；

(5)犯罪嫌疑人存在其他影响和干扰行政主管部门出具意见公正性的情形的。

对于犯罪嫌疑人提出因信赖专家学者、律师等专业人士、主流新闻媒体宣传或有关行政主管部门工作人员的个人意见而陷入错误认识的辩解，不能作为犯罪嫌疑人判断自身行为合法性的根据和排除主观故意的理由。

11. 负责或从事吸收资金行为的犯罪嫌疑人非法吸收公众存款金额，根据其实际参与吸收的全部金额认定。但以下金额不应计入该犯罪嫌疑人的吸收金额：

(1)犯罪嫌疑人自身及其近亲属所投资的资金金额;

(2)记录在犯罪嫌疑人名下,但其未实际参与吸收且未从中收取任何形式好处的资金。

吸收金额经过司法会计鉴定的,可以将前述不计入部分直接扣除。但是,前述两项所涉金额仍应计入相对应的上一级负责人及所在单位的吸收金额。

12. 投资人在每期投资结束后,利用投资账户中的资金(包括每期投资结束后归还的本金、利息)进行反复投资的金额应当累计计算,但对反复投资的数额应当作出说明。对负责或从事行政管理、财务会计、技术服务等辅助工作的犯罪嫌疑人,应当按照其参与的犯罪事实,结合其在犯罪中的地位和作用,依法确定刑事责任范围。

13. 确定犯罪嫌疑人的吸收金额时,应当重点审查、运用以下证据:(1)涉案主体自身的服务器或第三方服务器上存储的交易记录等电子数据;(2)会计账簿和会计凭证;(3)银行账户交易记录、POS机支付记录;(4)资金收付凭证、书面合同等书证。仅凭投资人报案数据不能认定吸收金额。

(二)集资诈骗行为的认定

14. 以非法占有为目的,使用诈骗方法非法集资,是集资诈骗罪的本质特征。是否具有非法占有目的,是区分非法吸收公众存款罪和集资诈骗罪的关键要件,对此要重点围绕融资项目真实性、资金去向、归还能力等事实进行综合判断。犯罪嫌疑人存在以下情形之一的,原则上可以认定具有非法占有目的:

(1)大部分资金未用于生产经营活动,或名义上投入生产经营但又通过各种方式抽逃转移资金的;

(2)资金使用成本过高,生产经营活动的盈利能力不具有支付全部本息的现实可能性的;

(3)对资金使用的决策极度不负责任或肆意挥霍造成资金缺口较大的;

(4)归还本息主要通过借新还旧来实现的;

(5)其他依照有关司法解释可以认定为非法占有目的的情形。

15. 对于共同犯罪或单位犯罪案件中,不同层级的犯罪嫌疑人之间存在犯罪目的发生转化或者犯罪目的明显不同的,应当根据犯罪嫌疑人的犯罪目的分别认定。

(1)注意区分犯罪目的发生转变的时间节点。犯罪嫌疑人在初始阶段仅具有非法吸收公众存款的故意,不具有非法占有目的,但在发生经营失败、资金链断裂等问题后,明知没有归还能力仍然继续吸收公众存款的,这一时间节点之后的行为应当认定为集资诈骗罪,此前的行为应当认定为非法吸收公众存款罪。

(2)注意区分犯罪嫌疑人的犯罪目的的差异。在共同犯罪或单位犯罪中,犯罪嫌疑人由于层级、职责分工、获取收益方式、对全部犯罪事实的知情程度等不同,其犯罪目的也存在不同。在非法集资犯罪中,有的犯罪嫌疑人具有非法占有的目的,有的则不具有非法占有目的,对此,应当分别认定为集资诈骗罪和非法吸收公众存款罪。

16. 证明主观上是否具有非法占有目的,可以重点收集、运用以下客观证据:

(1)与实施集资诈骗整体行为模式相关的证据:投资合同、宣传资料、培训内容等;

(2)与资金使用相关的证据:资金往来记录、会计账簿和会计凭证、资金使用成本(包括利息和佣金等)、资金决策使用过程、资金主要用途、财产转移情况等;

(3)与归还能力相关的证据:吸收资金所投资项目内容、投资实际经营情况、盈利能力、归还本息资金的主要来源、负债情况、是否存在虚构业绩等虚假宣传行为等;

(4)其他涉及欺诈等方面的证据:虚构融资项目进行宣传、隐瞒资金实际用途、隐匿销毁账簿;等等。司法会计鉴定机构对相关数据进行鉴定时,办案部门可以根据查证犯罪事实的需要提出重点鉴定的项目,保证司法会计鉴定意见与待证的构成要件事实之间的关联性。

17.集资诈骗的数额，应当以犯罪嫌疑人实际骗取的金额计算。犯罪嫌疑人为吸收公众资金制造还本付息的假象，在诈骗的同时对部分投资人还本付息的，集资诈骗的金额以案发时实际未兑付的金额计算。案发后，犯罪嫌疑人主动退还集资款项的，不能从集资诈骗的金额中扣除，但可以作为量刑情节考虑。

（三）非法经营资金支付结算行为的认定

18.支付结算业务（也称支付业务）是商业银行或者支付机构在收付款人之间提供的货币资金转移服务。非银行机构从事支付结算业务，应当经中国人民银行批准取得《支付业务许可证》，成为支付机构。未取得支付业务许可从事该业务的行为，违反《非法金融机构和非法金融业务活动取缔办法》第4条第1款第（3）、（4）项的规定，破坏了支付结算业务许可制度，危害支付市场秩序和安全，情节严重的，适用刑法第225条第（3）项，以非法经营罪追究刑事责任。具体情形：

（1）未取得支付业务许可经营基于客户支付账户的网络支付业务。无证网络支付机构为客户非法开立支付账户，客户先把资金支付到该支付账户，再由无证机构根据订单信息从支付账户平台将资金结算到收款人银行账户。

（2）未取得支付业务许可经营多用途预付卡业务。无证发卡机构非法发行可跨地区、跨行业、跨法人使用的多用途预付卡，聚集大量的预付卡销售资金，并根据客户订单信息向商户划转结算资金。

19.在具体办案时，要深入剖析相关行为是否具备资金支付结算的实质特征，准确区分支付工具的正常商业流转与提供支付结算服务、区分单用途预付卡与多用途预付卡业务，充分考虑具体行为与“地下钱庄”等同类犯罪在社会危害方面的相当性以及刑事处罚的必要性，严格把握入罪和出罪标准。

三、依法认定单位犯罪及其责任人员

20.涉互联网金融犯罪案件多以单位形式组织实施，所涉单位数量众多、层级复杂，其中还包括大量分支机构和关联单位，集团化特征明显。有的涉互联网金融犯罪案件中分支机构遍布全国，既有具备法人资格的，又有不具备法人资格的；既有受总公司直接领导的，又有受总公司的下属单位领导的。公安机关在立案时做法不一，有的对单位立案，有的不对单位立案，有的被立案的单位不具有独立法人资格，有的仅对最上层的单位立案而不对分支机构立案。对此，检察机关公诉部门在审查起诉时，应当从能够全面揭示犯罪行为基本特征、全面覆盖犯罪活动、准确界定区分各层级人员的地位作用、有利于有力指控犯罪、有利于追缴违法所得等方面依法具体把握，确定是否以单位犯罪追究。

21.涉互联网金融犯罪所涉罪名中，刑法规定应当追究单位刑事责任的，对同时具备以下情形且具有独立法人资格的单位，可以以单位犯罪追究：

（1）犯罪活动经单位决策实施；

（2）单位的员工主要按照单位的决策实施具体犯罪活动；

（3）违法所得归单位所有，经单位决策使用，收益亦归单位所有。但是，单位设立后专门从事违法犯罪活动的，应当以自然人犯罪追究刑事责任。

22.对参与涉互联网金融犯罪，但不具有独立法人资格的分支机构，是否追究其刑事责任，可以区分两种情形处理：

（1）全部或部分违法所得归分支机构所有并支配，分支机构作为单位犯罪主体追究刑事责任；

（2）违法所得完全归分支机构上级单位所有并支配的，不能对分支机构作为单位犯罪主体追究刑事责任，而是应当对分支机构的上级单位（符合单位犯罪主体资格）追究刑事责任。

23. 分支机构认定为单位犯罪主体的,该分支机构相关涉案人员应当作为该分支机构的“直接负责的主管人员”或者“其他直接责任人员”追究刑事责任。仅将分支机构的上级单位认定为单位犯罪主体的,该分支机构相关涉案人员可以作为该上级单位的“其他直接责任人员”追究刑事责任。

24. 对符合追诉条件的分支机构(包括具有独立法人资格的和不具有独立法人资格)及其所属单位,公安机关均没有作为犯罪嫌疑单位移送审查起诉,仅将其所属单位的上级单位作为犯罪嫌疑单位移送审查起诉的,对相关分支机构涉案人员可以区分以下情形处理:

(1)有证据证明被立案的上级单位(比如总公司)在业务、财务、人事等方面对下属单位及其分支机构进行实际控制,下属单位及其分支机构涉案人员可以作为被移送审查起诉的上级单位的“其他直接责任人员”追究刑事责任。在证明实际控制关系时,应当收集、运用公司决策、管理、考核等相关文件,OA 系统等电子数据,资金往来记录等证据。对不同地区同一单位的分支机构涉案人员起诉时,证明实际控制关系的证据体系、证明标准应基本一致。

(2)据现有证据无法证明被立案的上级单位与下属单位及其分支机构之间存在实际控制关系的,对符合单位犯罪构成要件的下属单位或分支机构应当补充起诉,下属单位及其分支机构已不具备补充起诉条件的,可以将下属单位及其分支机构的涉案犯罪嫌疑人直接起诉。

四、综合运用定罪量刑情节

25. 在办理跨区域涉互联网金融犯罪案件时,在追诉标准、追诉范围以及量刑建议等方面应当注意统一平衡。对于同一单位在多个地区分别设立分支机构的,在同一省(自治区、直辖市)范围内应当保持基本一致。分支机构所涉犯罪嫌疑人与上级单位主要犯罪嫌疑人之间应当保持适度平衡,防止出现责任轻重“倒挂”的现象。

26. 单位犯罪中,直接负责的主管人员和其他直接责任人员在涉互联网金融犯罪案件中的地位、作用存在明显差别的,可以区分主犯和从犯。对起组织领导作用的总公司的直接负责的主管人员和发挥主要作用的其他直接责任人员,可以认定为全案的主犯,其他人员可以认定为从犯。

27. 最大限度减少投资人的实际损失是办理涉互联网金融犯罪案件特别是非法集资案件的重要工作。在决定是否起诉、提出量刑建议时,要重视对是否具有认罪认罚、主动退赃退赔等情节的考察。分支机构涉案人员积极配合调查、主动退还违法所得、真诚认罪悔罪的,应当依法提出从轻、减轻处罚的量刑建议。其中,对情节轻微、可以免予刑事处罚的,或者情节显著轻微、危害不大、不认为是犯罪的,应当依法作出不起诉决定。对被不起诉人需要给予行政处罚或者没收违法所得的,应当向行政主管部门提出检察意见。

五、证据的收集、审查与运用

28. 涉互联网金融犯罪案件证据种类复杂、数量庞大、且分散于各地,收集、审查、运用证据的难度大。各地检察机关公诉部门要紧紧围绕证据的真实性、合法性、关联性,引导公安机关依法全面收集固定证据,加强证据的审查、运用,确保案件事实经得起法律的检验。

29. 对于重大、疑难、复杂涉互联网金融犯罪案件,检察机关公诉部门要依法提前介入侦查,围绕指控犯罪的需要积极引导公安机关全面收集固定证据,必要时与公安机关共同会商,提出完善侦查思路、侦查提纲的意见建议。加强对侦查取证合法性的监督,对应当依法排除的非法证据坚决予以排除,对应当补正或作出合理解释的及时提出意见。

30. 电子数据在涉互联网金融犯罪案件的证据体系中地位重要,对于指控证实相关犯罪事实具有重要作用。随着互联网技术的不断发展,电子数据的形式、载体出现了许多新的变化,对电子数据的勘验、提取、审查等提出了更高要求,处理不当会对电子数据的真实性、合法性造成不可逆转的损害。检察机关公诉部门要严格执行《最高人民法院、最高人民检察院、公安部关于办理刑事案件收集提取和审查判断电子数据问题的若干规定》(法发〔2016〕22号),加强对电子数据收集、提取程序和技术标准的审查,确保电子数据的真实性、合法性。对云存储电子数据等新类型电子数据进行提取、审查时,要高度重视程序合法性、数据完整性等问题,必要时主动征求相关领域专家意见,在提取前会同公安机关、云存储服务提供商制定科学合法的提取方案,确保万无一失。

31. 落实"三统两分"要求,健全证据交换共享机制,协调推进跨区域案件办理。对涉及主案犯罪嫌疑人的证据,一般由主案侦办地办案机构负责收集,其他地区提供协助。其他地区办案机构需要主案侦办地提供证据材料的,应当向主案侦办地办案机构提出证据需求,由主案侦办地办案机构收集并依法移送。无法移送证据原件的,应当在移送复制件的同时,按照相关规定作出说明。各地检察机关公诉部门之间要加强协作,加强与公安机关的协调,督促本地公安机关与其他地区公安机关做好证据交换共享相关工作。案件进入审查起诉阶段后,检察机关公诉部门可以根据案件需要,直接向其他地区检察机关调取证据,其他地区检察机关公诉部门应积极协助。此外,各地检察机关在办理案件过程中发现对其他地区案件办理有重要作用的证据,应当及时采取措施并通知相应检察机关,做好依法移送工作。

六、投资人合法权益的保护

32. 涉互联网金融犯罪案件投资人诉求复杂多样,矛盾化解和维护稳定工作任务艰巨繁重,各地检察机关公诉部门在办案过程中要坚持刑事追诉和权益保护并重,根据《刑事诉讼法》等相关法律规定,依法保证互联网金融活动中投资人的合法权益,坚持把追赃挽损等工作贯穿到侦查、起诉、审判各个环节,配合公安、法院等部门最大限度减少投资人的实际损失,加强与本院控申部门、公安机关的联系沟通,及时掌握涉案动态信息,认真开展办案风险评估预警工作,周密制定处置预案,并落实责任到位,避免因部门之间衔接不畅、处置不当造成工作被动。发现重大风险隐患的,及时向有关部门通报情况,必要时逐级上报高检院。

随着互联网金融的发展,涉互联网金融犯罪中的新情况、新问题还将不断出现,各地检察机关公诉部门要按照会议纪要的精神,结合各地办案实际,依法办理涉互联网金融犯罪案件;在办好案件的同时,要不断总结办案经验,加强对重大疑难复杂案件的研究,努力提高办理涉互联网金融犯罪案件的能力和水平,为促进互联网金融规范发展、保障经济社会大局稳定作出积极贡献。在办案过程中遇到疑难问题的,要及时层报高检院公诉厅。

26. 中国银行保险监督管理委员会、公安部、国家市场监督管理总局、中国人民银行《关于规范民间借贷行为,维护经济金融秩序有关事项的通知》(银保监发〔2018〕10号)

为规范民间借贷行为,维护经济金融秩序,防范金融风险,切实保障人民群众合法权益,打击金融违法犯罪活动,根据《中华人民共和国银行业监督管理法》《中华人民共和国商业银行法》《中华人民共和国刑法》及《非法金融机构和非法金融业务活动取缔办法》等法律法规,现就有关事项通知如下:

一、切实提高认识

近年来,民间借贷发展迅速,以暴力催收为主要表现特征的非法活动愈演愈烈,严重扰乱了经济金融秩序和社会秩序。各有关方面要充分认识规范民间借贷行为的必要性和暴力催收的社会危害性,从贯彻落实全面依法治国基本方略、维护经济金融秩序、保持经济和社会稳定的高度出发,认真抓好相关工作。

二、把握工作原则

坚持依法治理、标本兼治、多方施策、疏堵结合的原则,进一步规范民间借贷行为,引导民间资金健康有序流动,对相关非法行为进行严厉打击,净化社会环境,维护经济金融秩序和社会稳定。

三、明确信贷规则

严格执行《中华人民共和国银行业监督管理法》《中华人民共和国商业银行法》及《非法金融机构和非法金融业务活动取缔办法》等法律规范,未经有权机关依法批准,任何单位和个人不得设立从事或者主要从事发放贷款业务的机构或以发放贷款为日常业务活动。

四、规范民间借贷

民间借贷活动必须严格遵守国家法律法规的有关规定,遵循自愿互助、诚实信用的原则。民间借贷中,出借人的资金必须是其合法收入的自有资金,禁止吸收或变相吸收他人资金用于借贷。民间借贷发生纠纷,应当按照《最高人民法院关于审理民间借贷案件适用法律若干问题的规定》(法释〔2015〕18号)处理。

五、严禁非法活动

严厉打击利用非法吸收公众存款、变相吸收公众存款等非法集资资金发放民间贷款。严厉打击以故意伤害、非法拘禁、侮辱、恐吓、威胁、骚扰等非法手段催收贷款。严厉打击套取金融机构信贷资金,再高利转贷。严厉打击面向在校学生非法发放贷款,发放无指定用途贷款,或以提供服务、销售商品为名,实际收取高额利息(费用)变相发放贷款行为。严禁银行业金融机构从业人员作为主要成员或实际控制人,开展有组织的民间借贷。

六、改进金融服务

各银行业金融机构以及经有权部门批设的小额贷款公司等发放贷款或融资性质机构应依法合规经营,强化服务意识,采取切实措施,开发面向不同群体的信贷产品。改进金融服务,加大对实体经济的资金支持力度,为实体经济发展创造良好的金融环境,有效疏通金融服务实体经济渠道,服务供给侧结构性改革。

七、加强协调配合

民间借贷活动情况复杂、涉及方面多,按照《中华人民共和国银行业监督管理法》《中华人民共和国商业银行法》《非法金融机构和非法金融业务活动取缔办法》的规定,地方人民政府以及有关部门要加强协调配合,依法履行职责。

八、依法调查处理

(一)对利用非法吸收公众存款、变相吸收公众存款等非法集资资金发放民间贷款,以故意伤害、非法拘禁、侮辱、恐吓、威胁、骚扰等非法手段催收民间贷款,以及套取银行业金融机构信贷资金,再高利转贷等违反治安管理规定的行为或涉嫌犯罪的行为,公安机关应依法进行调查处理,并将非法发放民间贷款活动的相关材料移送银行业监督管理机构。(二)对银行业金融机构从业人员参与非法金融活动的,银行业金融机构应当予以纪律处分,构成犯罪的,依法严厉追究刑事责任。(三)对从事民间借贷咨询等业务的中介机构,工商和市场监管部门应依法加强监管。

九、加强宣传引导

银行业监督管理机构、公安机关、工商和市场监管部门、人民银行等有关单位采取各种有效方式向广大人民群众宣传国家金融法律法规和信贷规则。及时向社会公布典型案例,加大宣传教育力度,强化风险警示,增强广大人民群众的风险防范意识,引导自觉抵制非法民间借贷活动。

27. 最高人民法院《关于依法妥善审理民间借贷案件的通知》(法〔2018〕215号)

民间借贷在一定程度上满足了社会多元化融资需求,促进了多层次信贷市场的形成和完善。与此同时,民间借贷纠纷案件也呈现爆炸式增长,给人民法院的审判工作带来新的挑战。近年来,社会上不断出现披着民间借贷外衣,通过"虚增债务""伪造证据""恶意制造违约""收取高额费用"等方式非法侵占财物的"套路贷"诈骗等新型犯罪,严重侵害了人民群众的合法权益,扰乱了金融市场秩序,影响社会和谐稳定。为充分发挥民商事审判工作的评价、教育、指引功能,妥善审理民间借贷纠纷案件,防范化解各类风险,现将有关事项通知如下:

一、加大对借贷事实和证据的审查力度。"套路贷"诈骗等犯罪设局者具备知识型犯罪特征,善于通过虚增债权债务、制造银行流水痕迹、故意失联制造违约等方式,形成证据链条闭环,并借助民事诉讼程序实现非法目的。因此,人民法院在审理民间借贷纠纷案件中,除根据《最高人民法院关于审理民间借贷案件适用法律若干问题的规定》第15条、第16条规定,对借据、收据、欠条等债权凭证及银行流水等款项交付凭证进行审查外,还应结合款项来源、交易习惯、经济能力、财产变化情况、当事人关系以及当事人陈述等因素综合判断借贷的真实情况。有违法犯罪等合理怀疑,代理人对案件事实无法说明的,应当传唤当事人本人到庭,就有关案件事实接受询问。要适当加大调查取证力度,查明事实真相。

二、严格区分民间借贷行为与诈骗等犯罪行为。人民法院在审理民间借贷纠纷案件中,要切实提高对"套路贷"诈骗等犯罪行为的警觉,加强对民间借贷行为与诈骗等犯罪行为的甄别,发现涉嫌违法犯罪线索、材料的,要及时按照《最高人民法院关于在审理经济纠纷案件中涉及经济犯罪嫌疑若干问题的规定》和《最高人民法院关于审理民间借贷案件适用法律若干问题的规定》依法处理。民间借贷行为本身涉及违法犯罪的,应当裁定驳回起诉,并将涉嫌犯罪的线索、材料移送公安机关或检察机关,切实防范犯罪分子将非法行为合法化,利用民事判决堂而皇之侵占被害人财产。刑事判决认定出借人构成"套路贷"诈骗等犯罪的,人民法院对已按普通民间借贷纠纷作出的生效判决,应当及时通过审判监督程序予以纠正。

三、依法严守法定利率红线。《最高人民法院关于审理民间借贷案件适用法律若干问题的规定》依法确立了法定利率的司法红线,应当从严把握。人民法院在民间借贷纠纷案件审理过程中,对于各种以"利息""违约金""服务费""中介费""保证金""延期费"等突破或变相突破法定利率红线的,应当依法不予支持。对于"出借人主张系以现金方式支付大额贷款本金""借款人抗辩所谓现金支付本金系出借人预先扣除的高额利息"的,要加强对出借人主张的现金支付款项来源、交付情况等证据的审查,依法认定借贷本金数额和高额利息扣收事实。发现交易平台、交易对手、交易模式等以"创新"为名行高利贷之实的,应当及时采取发送司法建议函等有效方式,坚决予以遏制。

四、建立民间借贷纠纷防范和解决机制。人民法院在防范和化解民间借贷各类风险中,要紧密结合党和国家工作大局,紧紧依靠党委领导和政府支持,探索审判机制创新,加强联动效应,探索建立跨部门综合治理机制。要加大法制宣传力度,引导社会良好风气,认真总结审判经验,加强调查研究。

28. 最高人民法院、最高人民检察院、公安部《关于办理非法集资刑事案件若干问题的意见》(高检会〔2019〕2号)

为依法惩治非法吸收公众存款、集资诈骗等非法集资犯罪活动,维护国家金融管理秩序,保护公民、法人和其他组织合法权益,根据刑法、刑事诉讼法等法律规定,结合司法实践,现就办理非法吸收公众存款、集资诈骗等非法集资刑事案件有关问题提出以下意见:

一、关于非法集资的"非法性"认定依据问题

人民法院、人民检察院、公安机关认定非法集资的"非法性",应当以国家金融管理法律法规作为依据。对于国家金融管理法律法规仅作原则性规定的,可以根据法律规定的精神并参考中国人民银行、中国银行保险监督管理委员会、中国证券监督管理委员会等行政主管部门依照国家金融管理法律法规制定的部门规章或者国家有关金融管理的规定、办法、实施细则等规范性文件的规定予以认定。

二、关于单位犯罪的认定问题

单位实施非法集资犯罪活动,全部或者大部分违法所得归单位所有的,应当认定为单位犯罪。

个人为进行非法集资犯罪活动而设立的单位实施犯罪的,或者单位设立后,以实施非法集资犯罪活动为主要活动的,不以单位犯罪论处,对单位中组织、策划、实施非法集资犯罪活动的人员应当以自然人犯罪依法追究刑事责任。

判断单位是否以实施非法集资犯罪活动为主要活动,应当根据单位实施非法集资的次数、频度、持续时间、资金规模、资金流向、投入人力物力情况、单位进行正当经营的状况以及犯罪活动的影响、后果等因素综合考虑认定。

三、关于涉案下属单位的处理问题

办理非法集资刑事案件中,人民法院、人民检察院、公安机关应当全面查清涉案单位,包括上级单位(总公司、母公司)和下属单位(分公司、子公司)的主体资格、层级、关系、地位、作用、资金流向等,区分情况依法作出处理。

上级单位已被认定为单位犯罪,下属单位实施非法集资犯罪活动,且全部或者大部分违法所得归下属单位所有的,对该下属单位也应当认定为单位犯罪。上级单位和下属单位构成共同犯罪的,应当根据犯罪单位的地位、作用,确定犯罪单位的刑事责任

上级单位已被认定为单位犯罪,下属单位实施非法集资犯罪活动,但全部或者大部分违法所得归上级单位所有的,对下属单位不单独认定为单位犯罪。下属单位中涉嫌犯罪的人员,可以作为上级单位的其他直接责任人员依法追究刑事责任。

上级单位未被认定为单位犯罪,下属单位被认定为单位犯罪的,对上级单位中组织、策划、实施非法集资犯罪的人员,一般可以与下属单位按照自然人与单位共同犯罪处理。

上级单位与下属单位均未被认定为单位犯罪的,一般以上级单位与下属单位中承担组织、领导、管理、协调职责的主管人员和发挥主要作用的人员作为主犯,以其他积极参加非法集资犯罪的人员作为从犯,按照自然人共同犯罪处理。

四、关于主观故意的认定问题

认定犯罪嫌疑人、被告人是否具有非法吸收公众存款的犯罪故意,应当依据犯罪嫌疑人、被告人的任职情况、职业经历、专业背景、培训经历、本人因同类行为受到行政处罚或者刑事追究情况以及吸收资金方式、宣传推广、合同资料、业务流程等证据,结合其供述,进行综合分析判断。

犯罪嫌疑人、被告人使用诈骗方法非法集资,符合《最高人民法院关于审理非法集资刑事案件具体应用法律若干问题的解释》第4条规定的,可以认定为集资诈骗罪中"以非法占有为目的"。

办案机关在办理非法集资刑事案件中,应当根据案件具体情况注意收集运用涉及犯罪嫌疑人、被告人的以下证据:是否使用虚假身份信息对外开展业务;是否虚假订立合同、协议;是否虚假宣传,明显超出经营范围或者夸大经营、投资、服务项目及盈利能力;是否吸收资金后隐匿、销毁合同、协议、账目;是否传授或者接受规避法律、逃避监管的方法,等等。

五、关于犯罪数额的认定问题

非法吸收或者变相吸收公众存款构成犯罪,具有下列情形之一的,向亲友或者单位内部人员吸收的资金应当与向不特定对象吸收的资金一并计入犯罪数额:

(一)在向亲友或者单位内部人员吸收资金的过程中,明知亲友或者单位内部人员向不特定对象吸收资金而予以放任的;(二)以吸收资金为目的,将社会人员吸收为单位内部人员,并向其吸收资金的;(三)向社会公开宣传,同时向不特定对象、亲友或者单位内部人员吸收资金的。

非法吸收或者变相吸收公众存款的数额,以行为人所吸收的资金全额计算。集资参与人收回本金或者获得回报后又重复投资的数额不予扣除,但可以作为量刑情节酌情考虑。

六、关于宽严相济刑事政策把握问题

办理非法集资刑事案件,应当贯彻宽严相济刑事政策,依法合理把握追究刑事责任的范围,综合运用刑事手段和行政手段处置和化解风险,做到惩处少数、教育挽救大多数。要根据行为人的客观行为、主观恶性、犯罪情节及其地位、作用、层级、职务等情况,综合判断行为人的责任轻重和刑事追究的必要性,按照区别对待原则分类处理涉案人员,做到罚当其罪、罪责刑相适应。

重点惩处非法集资犯罪活动的组织者、领导者和管理人员,包括单位犯罪中的上级单位(总公司、母公司)的核心层、管理层和骨干人员,下属单位(分公司、子公司)的管理层和骨干人员,以及其他发挥主要作用的人员。

对于涉案人员积极配合调查、主动退赃退赔、真诚认罪悔罪的,可以依法从轻处罚;其中情节轻微的,可以免除处罚;情节显著轻微、危害不大的,不作为犯罪处理。

七、关于管辖问题

跨区域非法集资刑事案件按照《国务院关于进一步做好防范和处置非法集资工作的意见》(国发〔2015〕59号)确定的工作原则办理。如果合并侦查、诉讼更为适宜的,可以合并办理。

办理跨区域非法集资刑事案件,如果多个公安机关都有权立案侦查的,一般由主要犯罪地公安机关作为案件主办地,对主要犯罪嫌疑人立案侦查和移送审查起诉;由其他犯罪地公安机关作为案件分办地根据案件具体情况,对本地区犯罪嫌疑人立案侦查和移送审查起诉。

管辖不明或者有争议的,按照有利于查清犯罪事实、有利于诉讼的原则,由其共同的上级公安机关协调确定或者指定有关公安机关作为案件主办地立案侦查。需要提请批准逮捕、移送审查起诉、提起公诉的,由分别立案侦查的公安机关所在地的人民检察院、人民法院受理。

对于重大、疑难、复杂的跨区域非法集资刑事案件,公安机关应当在协调确定或者指定案件主办地立案侦查的同时,通报同级人民检察院、人民法院。人民检察院、人民法院参照前款规定,确定主要犯罪地作为案件主办地,其他犯罪地作为案件分办地,由所在地的人民检察院、人民法院负责起诉、审判。

本条规定的"主要犯罪地",包括非法集资活动的主要组织、策划、实施地,集资行为人的注册地、主要营业地、主要办事机构所在地,集资参与人的主要所在地等。

八、关于办案工作机制问题

案件主办地和其他涉案地办案机关应当密切沟通协调,协同推进侦查、起诉、审判、资产处置工作,配合有关部门最大限度追赃挽损。

案件主办地办案机关应当统一负责主要犯罪嫌疑人、被告人涉嫌非法集资全部犯罪事实的立案侦查、起诉、审判,防止遗漏犯罪事实;并应就全案处理政策、追诉主要犯罪嫌疑人、被告人的证据要求及诉讼时限、追赃挽损、资产处置等工作要求,向其他涉案地办案机关进行通报。其他涉案地办案机关应当对本地区犯罪嫌疑人、被告人涉嫌非法集资的犯罪事实及时立案侦查、起诉、审判,积极协助主办地处置涉案资产。

案件主办地和其他涉案地办案机关应当建立和完善证据交换共享机制。对涉及主要犯罪嫌疑人、被告人的证据,一般由案件主办地办案机关负责收集,其他涉案地提供协助。案件主办地办案机关应当及时通报接收涉及主要犯罪嫌疑人、被告人的证据材料的程序及要求。其他涉案地办案机关需要案件主办地提供证据材料的,应当向案件主办地办案机关提出证据需求,由案件主办地收集并依法移送。无法移送证据原件的,应当在移送复制件的同时,按照相关规定作出说明。

九、关于涉案财物追缴处置问题

办理跨区域非法集资刑事案件,案件主办地办案机关应当及时归集涉案财物,为统一资产处置做好基础性工作。其他涉案地办案机关应当及时查明涉案财物,明确其来源、去向、用途、流转情况,依法办理查封、扣押、冻结手续,并制作详细清单,对扣押款项应当设立明细账,在扣押后立即存入办案机关唯一合规账户,并将有关情况提供案件主办地办案机关。

人民法院、人民检察院、公安机关应当严格依照刑事诉讼法和相关司法解释的规定,依法移送、审查、处理查封、扣押、冻结的涉案财物。对审判时尚未追缴到案或者尚未足额退赔的违法所得,人民法院应当判决继续追缴或者责令退赔,并由人民法院负责执行,处置非法集资职能部门、人民检察院、公安机关等应当予以配合。

人民法院对涉案财物依法作出判决后,有关地方和部门应当在处置非法集资职能部门统筹协调下,切实履行协作义务,综合运用多种手段,做好涉案财物清运、财产变现、资金归集、资金清退等工作,确保最大限度减少实际损失。

根据有关规定,查封、扣押、冻结的涉案财物,一般应在诉讼终结后返还集资参与人。涉案财物不足全部返还的,按照集资参与人的集资额比例返还。退赔集资参与人的损失一般优先于其他民事债务以及罚金、没收财产的执行。

十、关于集资参与人权利保障问题

集资参与人,是指向非法集资活动投入资金的单位和个人,为非法集资活动提供帮助并获取经济利益的单位和个人除外。

人民法院、人民检察院、公安机关应当通过及时公布案件进展、涉案资产处置情况等方式,依法保障集资参与人的合法权利。集资参与人可以推选代表人向人民法院提出相关意见和建议;推选不出代表人的,人民法院可以指定代表人。人民法院可以视案件情况决定集资参与人代表人参加或者旁听庭审,对集资参与人提起附带民事诉讼等请求不予受理。

十一、关于行政执法与刑事司法衔接问题

处置非法集资职能部门或者有关行政主管部门,在调查非法集资行为或者行政执法过程中,认为案情重大、疑难、复杂的,可以商请公安机关就追诉标准、证据固定等问题提出咨询或者参考意见;发现非法集资行为涉嫌犯罪的,应当按照《行政执法机关移送涉嫌犯罪案件的规定》等规定,履行相关手续,在规定的期限内将案件移送公安机关。

人民法院、人民检察院、公安机关在办理非法集资刑事案件过程中,可商请处置非法集资职能部门或者有关行政主管部门指派专业人员配合开展工作,协助查阅、复制有关专业资料,就案件涉及的专业问题出具认定意见。涉及需要行政处理的事项,应当及时移交处置非法集资职能部门或者有关行政主管部门依法处理。

十二、关于国家工作人员相关法律责任问题

国家工作人员具有下列行为之一,构成犯罪的,应当依法追究刑事责任:

(一)明知单位和个人所申请机构或者业务涉嫌非法集资,仍为其办理行政许可或者注册手续的;(二)明知所主管、监管的单位有涉嫌非法集资行为,未依法及时处理或者移送处置非法集资职能部门的;(三)查处非法集资过程中滥用职权、玩忽职守、徇私舞弊的;(四)徇私舞弊不向司法机关移交非法集资刑事案件的;(五)其他通过职务行为或者利用职务影响,支持、帮助、纵容非法集资的。

29. 最高人民法院、最高人民检察院、公安部、司法部《关于办理非法放贷刑事案件若干问题的意见》(2019年7月23日)

六、为从事非法放贷活动,实施擅自设立金融机构、套取金融机构资金高利转贷、骗取贷款、非法吸收公众存款等行为,构成犯罪的,应当择一重罪处罚。

为强行索要因非法放贷而产生的债务,实施故意杀人、故意伤害、非法拘禁、故意毁坏财物、寻衅滋事等行为,构成犯罪的,应当数罪并罚。

纠集、指使、雇佣他人采用滋扰、纠缠、哄闹、聚众造势等手段强行索要债务,尚不单独构成犯罪,但实施非法放贷行为已构成非法经营罪的,应当按照非法经营罪的规定酌情从重处罚。

以上规定的情形,刑法、司法解释另有规定的除外。

七、有组织地非法放贷,同时又有其他违法犯罪活动,符合黑社会性质组织或者恶势力、恶势力犯罪集团认定标准的,应当分别按照黑社会性质组织或者恶势力、恶势力犯罪集团侦查、起诉、审判。

黑恶势力非法放贷的,据以认定"情节严重""情节特别严重"的非法放贷数额、违法所得数额、非法放贷对象数量起点标准,可以分别按照本意见第2条规定中相应数额、数量标准的50%确定;同时具有本意见第3条第1款规定情形的,可以分别按照相应数额、数量标准的40%确定。

八、本意见自2019年10月21日起施行。对于本意见施行前发生的非法放贷行为,依照最高人民法院《关于准确理解和适用刑法中"国家规定"的有关问题的通知》(法发〔2011〕155号)的规定办理。(全文详见本书《刑法》第225条相关内容)

30. 最高人民检察院《第17批指导性案例杨卫国等人非法吸收公众存款案》(检例第64号;2020年3月25日)

【要旨】

单位或个人假借开展网络借贷信息中介业务之名,未经依法批准,归集不特定公众的资金设立资金池,控制、支配资金池中的资金,并承诺还本付息的,构成非法吸收公众存款罪。

【指导意义】

1. 向不特定社会公众吸收存款是商业银行专属金融业务,任何单位和个人未经批准不得实施。根据《中华人民共和国商业银行法》第11条规定,未经国务院银行业监督管理机构批准,任何单位和个人不得从事吸收公众存款等商业银行业务,这是判断吸收公众存款行为合法与非法的基本法律依据。任何单位或个人,包括非银行金融机构,未经国务院银行业监督管理机构批准,面向社会吸收公众存款或者变相吸收公众存款均属非法。国务院《非法金融机构和非法金融业务活动取缔办法》进一步明确规定,未经依法批准,非法吸收公众存款、变相吸收公众存款、以任何名义向社会不特定对象进行的非法集资都属于非法金融活动,必须予以取缔。为了解决传统金融机构覆盖不了、满足不好的社会资金需求,缓解个体经营者、小微企业经营当中的小额资金困难,国务院金融监管机构于2016年发布了《网络借贷信息中介机构业务活动管理暂行办法》等"一个办法、三个指引",允许单位或个人在规定的借款余额范围内通过网络借贷信息中介机构进行小额借贷,并且对单一组织、单一个人在单一平台、多个平台的借款余额上限作了明确限定。检察机关在办案中要准确把握法律法规、金融管理规定确定的界限、标准和原则精神,准确区分融资借款活动的性质,对于违反规定达到追诉标准的,依法追究刑事责任。

2. 金融创新必须遵守金融管理法律规定,不得触犯刑法规定。金融是现代经济的核心和血脉,金融活动引发的风险具有较强的传导性、扩张性、潜在性和不确定性。为了发挥金融服务经济社会发展的作用,有效防控金融风险,国家制定了完善的法律法规,对商业银行、保险、证券等金融业务进行严格的规制和监管。金融也需要发展和创新,但金融创新必须有效地防控可能产生的风险,必须遵守金融管理法律法规,尤其是依法须经许可才能从事的金融业务,不允许未经许可而以创新的名义擅自开展。检察机关办理涉金融案件,要深入分析、清楚认识各类新金融现象,准确把握金融的本质,透过复杂多样的表现形式,准确区分是真的金融创新还是披着创新外衣的伪创新,是合法金融活动还是以金融创新为名实施金融违法犯罪活动,为防范化解金融风险提供及时、有力的司法保障。

3. 网络借贷中介机构非法控制、支配资金,构成非法吸收公众存款。网络借贷信息中介机构依法只能从事信息中介业务,为借款人与出借人实现直接借贷提供信息搜集、信息公布、资信评估、信息交互、借贷撮合等服务。信息中介机构不得提供增信服务,不得直接或间接归集资金,包括设立资金池控制、支配资金或者为自己控制的公司融资。网络借贷信息中介机构利用互联网发布信息归集资金,不仅超出了信息中介业务范围,同时也触犯了刑法第176条的规定。检察机关在办案中要通过对网络借贷平台的股权结构、实际控制关系、资金来源、资金流向、中间环节和最终投向的分析,综合全流程信息,分析判断是规范的信息中介,还是假借信息中介名义从事信用中介活动,是否存在违法设立资金池、自融、变相自融等违法归集、控制、支配、使用资金的行为,准确认定行为性质。

31. 最高人民检察院《关于充分发挥检察职能服务保障"六稳""六保"的意见》(高检发〔2020〕10号)

(详见本书《刑法》第160条相关内容)

32.《中华人民共和国刑法修正案(11)》(2020年12月26日第十三届全国人大常委会第二十四次会议通过)

十二、将刑法第176条修改为:"非法吸收公众存款或者变相吸收公众存款,扰乱金融秩序的,处3年以下有期徒刑或者拘役,并处或者单处罚金;数额巨大或者有其他严重情节的,处3年以上10年以下有期徒刑,并处罚金;数额特别巨大或者有其他特别严重情节的,处10年以上有期徒刑,并处罚金。

"单位犯前款罪的,对单位判处罚金,并对其直接负责的主管人员和其他直接责任人员,依照前款的规定处罚。

"有前两款行为,在提起公诉前积极退赃退赔,减少损害结果发生的,可以从轻或者减轻处罚。"

(原条文:非法吸收公众存款或者变相吸收公众存款,扰乱金融秩序的,处3年以下有期徒刑或者拘役,并处或者单处2万元以上20万元以下罚金;数额巨大或者有其他严重情节的,处3年以上10年以下有期徒刑,并处5万元以上50万元以下罚金。

单位犯前款罪的,对单位判处罚金,并对其直接负责的主管人员和其他直接责任人员,依照前款的规定处罚)

33. 国务院《防范和处置非法集资条例》(〔2021〕国务院令第737号)

第1章 总 则

第1条 为了防范和处置非法集资,保护社会公众合法权益,防范化解金融风险,维护经济秩序和社会稳定,制定本条例。

第2条 本条例所称非法集资,是指未经国务院金融管理部门依法许可或者违反国家金融管理规定,以许诺还本付息或者给予其他投资回报等方式,向不特定对象吸收资金的行为。

非法集资的防范以及行政机关对非法集资的处置,适用本条例。法律、行政法规对非法从事银行、证券、保险、外汇等金融业务活动另有规定的,适用其规定。

本条例所称国务院金融管理部门,是指中国人民银行、国务院金融监督管理机构和国务院外汇管理部门。

第3条 本条例所称非法集资人,是指发起、主导或者组织实施非法集资的单位和个人;所称非法集资协助人,是指明知是非法集资而为其提供帮助并获取经济利益的单位和个人。

第4条 国家禁止任何形式的非法集资,对非法集资坚持防范为主、打早打小、综合治理、稳妥处置的原则。

第5条 省、自治区、直辖市人民政府对本行政区域内防范和处置非法集资工作负总责,地方各级人民政府应当建立健全政府统一领导的防范和处置非法集资工作机制。县级以上地方人民政府应当明确防范和处置非法集资工作机制的牵头部门(以下简称处置非法集资牵头部门),有关部门以及国务院金融管理部门分支机构、派出机构等单位参加工作机制;乡镇人民政府应当明确牵头负责防范和处置非法集资工作的人员。上级地方人民政府应当督促、指导下级地方人民政府做好本行政区域防范和处置非法集资工作。

行业主管部门、监管部门应当按照职责分工,负责本行业、领域非法集资的防范和配合处置工作。

第6条 国务院建立处置非法集资部际联席会议(以下简称联席会议)制度。联席会议由国务院银行保险监督管理机构牵头,有关部门参加,负责督促、指导有关部门和地方开展防范和处置非法集资工作,协调解决防范和处置非法集资工作中的重大问题。

第7条 各级人民政府应当合理保障防范和处置非法集资工作相关经费,并列入本级预算。

第2章 防　　范

第8条 地方各级人民政府应当建立非法集资监测预警机制,纳入社会治安综合治理体系,发挥网格化管理和基层群众自治组织的作用,运用大数据等现代信息技术手段,加强对非法集资的监测预警。

行业主管部门、监管部门应当强化日常监督管理,负责本行业、领域非法集资的风险排查和监测预警。

联席会议应当建立健全全国非法集资监测预警体系,推动建设国家监测预警平台,促进地方、部门信息共享,加强非法集资风险研判,及时预警提示。

第9条 市场监督管理部门应当加强企业、个体工商户名称和经营范围等商事登记管理。除法律、行政法规和国家另有规定外,企业、个体工商户名称和经营范围中不得包含"金融"、"交易所"、"交易中心"、"理财"、"财富管理"、"股权众筹"等字样或者内容。

县级以上地方人民政府处置非法集资牵头部门、市场监督管理部门等有关部门应当建立会商机制,发现企业、个体工商户名称或者经营范围中包含前款规定以外的其他与集资有关的字样或者内容的,及时予以重点关注。

第10条 处置非法集资牵头部门会同互联网信息内容管理部门、电信主管部门加强对涉嫌非法集资的互联网信息和网站、移动应用程序等互联网应用的监测。经处置非法集资牵头部门组织认定为用于非法集资的,互联网信息内容管理部门、电信主管部门应当及时依法作出处理。

互联网信息服务提供者应当加强对用户发布信息的管理,不得制作、复制、发布、传播涉嫌非法集资的信息。发现涉嫌非法集资的信息,应当保存有关记录,并向处置非法集资牵头部门报告。

第11条 除国家另有规定外,任何单位和个人不得发布包含集资内容的广告或者以其他方式向社会公众进行集资宣传。

市场监督管理部门会同处置非法集资牵头部门加强对涉嫌非法集资广告的监测。经处置非法集资牵头部门组织认定为非法集资的，市场监督管理部门应当及时依法查处相关非法集资广告。

广告经营者、广告发布者应当依照法律、行政法规查验相关证明文件，核对广告内容。对没有相关证明文件且包含集资内容的广告，广告经营者不得提供设计、制作、代理服务，广告发布者不得发布。

第12条 处置非法集资牵头部门与所在地国务院金融管理部门分支机构、派出机构应当建立非法集资可疑资金监测机制。国务院金融管理部门及其分支机构、派出机构应当按照职责分工督促、指导金融机构、非银行支付机构加强对资金异常流动情况及其他涉嫌非法集资可疑资金的监测工作。

第13条 金融机构、非银行支付机构应当履行下列防范非法集资的义务：

(一)建立健全内部管理制度，禁止分支机构和员工参与非法集资，防止他人利用其经营场所、销售渠道从事非法集资；(二)加强对社会公众防范非法集资的宣传教育，在经营场所醒目位置设置警示标识；(三)依法严格执行大额交易和可疑交易报告制度，对涉嫌非法集资资金异常流动的相关账户进行分析识别，并将有关情况及时报告所在地国务院金融管理部门分支机构、派出机构和处置非法集资牵头部门。

第14条 行业协会、商会应当加强行业自律管理、自我约束，督促、引导成员积极防范非法集资，不组织、不协助、不参与非法集资。

第15条 联席会议应当建立中央和地方上下联动的防范非法集资宣传教育工作机制，推动全国范围内防范非法集资宣传教育工作。

地方各级人民政府应当开展常态化的防范非法集资宣传教育工作，充分运用各类媒介或者载体，以法律政策解读、典型案例剖析、投资风险教育等方式，向社会公众宣传非法集资的违法性、危害性及其表现形式等，增强社会公众对非法集资的防范意识和识别能力。

行业主管部门、监管部门以及行业协会、商会应当根据本行业、领域非法集资风险特点，有针对性地开展防范非法集资宣传教育活动。

新闻媒体应当开展防范非法集资公益宣传，并依法对非法集资进行舆论监督。

第16条 对涉嫌非法集资行为，任何单位和个人有权向处置非法集资牵头部门或者其他有关部门举报。

国家鼓励对涉嫌非法集资行为进行举报。处置非法集资牵头部门以及其他有关部门应当公开举报电话和邮箱等举报方式、在政府网站设置举报专栏，接受举报，及时依法处理，并为举报人保密。

第17条 居民委员会、村民委员会发现所在区域有涉嫌非法集资行为的，应当向当地人民政府、处置非法集资牵头部门或者其他有关部门报告。

第18条 处置非法集资牵头部门和行业主管部门、监管部门发现本行政区域或者本行业、领域可能存在非法集资风险的，有权对相关单位和个人进行警示约谈，责令整改。

第3章 处　置

第19条 对本行政区域内的下列行为，涉嫌非法集资的，处置非法集资牵头部门应当及时组织有关行业主管部门、监管部门以及国务院金融管理部门分支机构、派出机构进行调查认定：

(一)设立互联网企业、投资及投资咨询类企业、各类交易场所或者平台、农民专业合作社、资金互助组织以及其他组织吸收资金；(二)以发行或者转让股权、债权，募集基金，销售保险产品，或者以从事各类资产管理、虚拟货币、融资租赁业务等名义吸收资金；(三)在销售商品、提供服务、投资项目等商业活动中,以承诺给付货币、股权、实物等回报的形式吸收资金;(四)违反法律、行政法规或者国家有关规定,通过大众传播媒介、即时通信工具或者其他方式公开传播吸收资金信息;(五)其他涉嫌非法集资的行为。

第20条 对跨行政区域的涉嫌非法集资行为,非法集资人为单位的,由其登记地处置非法集资牵头部门组织调查认定;非法集资人为个人的,由其住所地或者经常居住地处置非法集资牵头部门组织调查认定。非法集资行为发生地、集资资产所在地以及集资参与人所在地处置非法集资牵头部门应当配合调查认定工作。

处置非法集资牵头部门对组织调查认定职责存在争议的,由其共同的上级处置非法集资牵头部门确定;对跨省、自治区、直辖市组织调查认定职责存在争议的,由联席会议确定。

第21条 处置非法集资牵头部门组织调查涉嫌非法集资行为,可以采取下列措施:

(一)进入涉嫌非法集资的场所进行调查取证;(二)询问与被调查事件有关的单位和个人,要求其对有关事项作出说明;(三)查阅、复制与被调查事件有关的文件、资料、电子数据等,对可能被转移、隐匿或者毁损的文件、资料、电子设备等予以封存;(四)经处置非法集资牵头部门主要负责人批准,依法查询涉嫌非法集资的有关账户。

调查人员不得少于2人,并应当出示执法证件。

与被调查事件有关的单位和个人应当配合调查,不得拒绝、阻碍。

第22条 处置非法集资牵头部门对涉嫌非法集资行为组织调查,有权要求暂停集资行为,通知市场监督管理部门或者其他有关部门暂停为涉嫌非法集资的有关单位办理设立、变更或者注销登记。

第23条 经调查认定属于非法集资的,处置非法集资牵头部门应当责令非法集资人、非法集资协助人立即停止有关非法活动;发现涉嫌犯罪的,应当按照规定及时将案件移送公安机关,并配合做好相关工作。

行政机关对非法集资行为的调查认定,不是依法追究刑事责任的必经程序。

第24条 根据处置非法集资的需要,处置非法集资牵头部门可以采取下列措施:

(一)查封有关经营场所,查封、扣押有关资产;(二)责令非法集资人、非法集资协助人追回、变价出售有关资产用于清退集资资金;(三)经设区的市级以上地方人民政府处置非法集资牵头部门决定,按照规定通知出入境边防检查机关,限制非法集资的个人或者非法集资单位的控股股东、实际控制人、董事、监事、高级管理人员以及其他直接责任人员出境。

采取前款第1项、第2项规定的措施,应当经处置非法集资牵头部门主要负责人批准。

第25条 非法集资人、非法集资协助人应当向集资参与人清退集资资金。清退过程应当接受处置非法集资牵头部门监督。

任何单位和个人不得从非法集资中获取经济利益。

因参与非法集资受到的损失,由集资参与人自行承担。

第26条 清退集资资金来源包括:

(一)非法集资资金余额;(二)非法集资资金的收益或者转换的其他资产及其收益;(三)非法集资人及其股东、实际控制人、董事、监事、高级管理人员和其他相关人员从非法集资中获得的经济利益;(四)非法集资人隐匿、转移的非法集资资金或者相关资产;(五)在非法集资中获得的广告费、代言费、代理费、好处费、返点费、佣金、提成等经济利益;(六)可以作为清退集资资金的其他资产。

第27条 为非法集资设立的企业、个体工商户和农民专业合作社,由市场监督管理部门吊销营业执照。为非法集资设立的网站、开发的移动应用程序等互联网应用,由电信主管部门依法予以关闭。

第28条 国务院金融管理部门及其分支机构、派出机构,地方人民政府有关部门以及其他有关单位和个人,对处置非法集资工作应当给予支持、配合。

任何单位和个人不得阻挠、妨碍处置非法集资工作。

第29条 处置非法集资过程中,有关地方人民政府应当采取有效措施维护社会稳定。

第4章 法律责任

第30条 对非法集资人,由处置非法集资牵头部门处集资金额20%以上1倍以下的罚款。非法集资人为单位的,还可以根据情节轻重责令停产停业,由有关机关依法吊销许可证、营业执照或者登记证书;对其法定代表人或者主要负责人、直接负责的主管人员和其他直接责任人员给予警告,处50万元以上500万元以下的罚款。构成犯罪的,依法追究刑事责任。

第31条 对非法集资协助人,由处置非法集资牵头部门给予警告,处违法所得1倍以上3倍以下的罚款;构成犯罪的,依法追究刑事责任。

第32条 非法集资人、非法集资协助人不能同时履行所承担的清退集资资金和缴纳罚款义务时,先清退集资资金。

第33条 对依照本条例受到行政处罚的非法集资人、非法集资协助人,由有关部门建立信用记录,按照规定将其信用记录纳入全国信用信息共享平台。

第34条 互联网信息服务提供者未履行对涉嫌非法集资信息的防范和处置义务的,由有关主管部门责令改正,给予警告,没收违法所得;拒不改正或者情节严重的,处10万元以上50万元以下的罚款,并可以根据情节轻重责令暂停相关业务、停业整顿、关闭网站、吊销相关业务许可证或者吊销营业执照,对直接负责的主管人员和其他直接责任人员处1万元以上10万元以下的罚款。

广告经营者、广告发布者未按照规定查验相关证明文件、核对广告内容的,由市场监督管理部门责令改正,并依照《中华人民共和国广告法》的规定予以处罚。

第35条 金融机构、非银行支付机构未履行防范非法集资义务的,由国务院金融管理部门或者其分支机构、派出机构按照职责分工责令改正,给予警告,没收违法所得;造成严重后果的,处100万元以上500万元以下的罚款,对直接负责的主管人员和其他直接责任人员给予警告,处10万元以上50万元以下的罚款。

第36条 与被调查事件有关的单位和个人不配合调查,拒绝提供相关文件、资料、电子数据等或者提供虚假文件、资料、电子数据等的,由处置非法集资牵头部门责令改正,给予警告,处5万元以上50万元以下的罚款。

阻碍调查人员依法执行职务,构成违反治安管理行为的,由公安机关依法给予治安管理处罚;构成犯罪的,依法追究刑事责任。

第37条 国家机关工作人员有下列行为之一的,依法给予处分:

(一)明知所主管、监管的单位有涉嫌非法集资行为,未依法及时处理;(二)未按照规定及时履行对非法集资的防范职责,或者不配合非法集资处置,造成严重后果;(三)在防范和处置非法集资过程中滥用职权、玩忽职守、徇私舞弊;(四)通过职务行为或者利用职务影响,支持、包庇、纵容非法集资。

前款规定的行为构成犯罪的,依法追究刑事责任。

第5章 附 则

第38条 各省、自治区、直辖市可以根据本条例制定防范和处置非法集资工作实施细则。

第39条 未经依法许可或者违反国家金融管理规定,擅自从事发放贷款、支付结算、票据贴现等金融业务活动的,由国务院金融管理部门或者地方金融管理部门按照监督管理职责分工进行处置。

法律、行政法规对其他非法金融业务活动的防范和处置没有明确规定的,参照本条例的有关规定执行。其他非法金融业务活动的具体类型由国务院金融管理部门确定。

第40条 本条例自2021年5月1日起施行。1998年7月13日国务院发布的《非法金融机构和非法金融业务活动取缔办法》同时废止。

34. 最高人民法院、最高人民检察院《关于常见犯罪的量刑指导意见(试行)》(法发〔2021〕21号)

四、常见犯罪的量刑

(三)非法吸收公众存款罪

1. 构成非法吸收公众存款罪的,根据下列不同情形在相应的幅度内确定量刑起点:

(1)犯罪情节一般的,在1年以下有期徒刑、拘役幅度内确定量刑起点。(2)达到数额巨大起点或者有其他严重情节的,在3年至4年有期徒刑幅度内确定量刑起点。(3)达到数额特别巨大起点或者有其他特别严重情节的,在10年至12年有期徒刑幅度内确定量刑起点。

2. 在量刑起点的基础上,根据犯罪构成的犯罪事实增加刑罚量,确定基准刑。

3. 对于在提起公诉前积极退赃退赔,减少损害结果发生的,可以减少基准刑的40%以下;犯罪较轻的,可以减少基准刑的40以上或者依法免除处罚。

4. 构成非法吸收公众存款罪的,根据非法吸收公众存款数额、存款人人数、给存款人造成直接经济损失数额等犯罪情节,综合考虑被告人缴纳罚金的能力,决定罚金数额。

5. 构成非法吸收公众存款罪的,综合考虑非法吸收公众存款数额、存款人人数、给存款人造成直接经济损失数额、清退资金数额等犯罪情节、量刑情节,以及被告人的主观恶性、人身危险性、认罪悔罪表现等因素,决定缓刑的适用。(全文详见本书《刑法》第61条相关内容)

35. 最高人民法院《关于审理非法集资刑事案件具体应用法律若干问题的解释》(法释〔2010〕18号;法释〔2022〕5号修正)

为依法惩治非法吸收公众存款、集资诈骗等非法集资犯罪活动,根据《中华人民共和国刑法》的规定,现就审理此类刑事案件具体应用法律的若干问题解释如下:

第1条 违反国家金融管理法律规定,向社会公众(包括单位和个人)吸收资金的行为,同时具备下列4个条件的,除刑法另有规定的以外,应当认定为刑法第176条规定的"非法吸收公众存款或者变相吸收公众存款":

(一)未经有关部门依法许可或者借用合法经营的形式吸收资金;(二)通过网络、媒体、推介会、传单、手机信息等途径向社会公开宣传;(三)承诺在一定期限内以货币、实物、股权等方式还本付息或者给付回报;(四)向社会公众即社会不特定对象吸收资金。

未向社会公开宣传,在亲友或者单位内部针对特定对象吸收资金的,不属于非法吸收或者变相吸收公众存款。

第2条 实施下列行为之一,符合本解释第1条第1款规定的条件的,应当依照刑法第176条的规定,以非法吸收公众存款罪定罪处罚:

(一)不具有房产销售的真实内容或者不以房产销售为主要目的,以返本销售、售后包租、约定回购、销售房产份额等方式非法吸收资金的;(二)以转让林权并代为管护等方式非法吸收资金的;(三)以代种植(养殖)、租种植(养殖)、联合种植(养殖)等方式非法吸收资金的;(四)不具有销售商品、提供服务的真实内容或者不以销售商品、提供服务为主要目的,以商品回购、寄存代售等方式非法吸收资金的;(五)不具有发行股票、债券的真实内容,以虚假转让股权、发售虚构债券等方式非法吸收资金的;(六)不具有募集基金的真实内容,以假借境外基金、发售虚构基金等方式非法吸收资金的;(七)不具有销售保险的真实内容,以假冒保险公司、伪造保险单据等方式非法吸收资金的;(八)以网络借贷、投资入股、虚拟币交易等方式非法吸收资金的;(九)以委托理财、融资租赁等方式非法吸收资金的;(十)以提供"养老服务"、投资"养老项目"、销售"老年产品"等方式非法吸收资金的;(十一)利用民间"会""社"等组织非法吸收资金的;(十二)其他非法吸收资金的行为。

第3条 非法吸收或者变相吸收公众存款,具有下列情形之一的,应当依法追究刑事责任:

(一)非法吸收或者变相吸收公众存款数额在100万元以上的;(二)非法吸收或者变相吸收公众存款对象150人以上的;(三)非法吸收或者变相吸收公众存款,给存款人造成直接经济损失数额在50万元以上的。

非法吸收或者变相吸收公众存款数额在50万元以上或者给存款人造成直接经济损失数额在25万元以上,同时具有下列情节之一的,应当依法追究刑事责任:

(一)曾因非法集资受过刑事追究的;(二)2年内曾因非法集资受过行政处罚的;(三)造成恶劣社会影响或者其他严重后果的。

第4条 非法吸收或者变相吸收公众存款,具有下列情形之一的,应当认定为刑法第176条规定的"数额巨大或者有其他严重情节":

(一)非法吸收或者变相吸收公众存款数额在500万元以上的;(二)非法吸收或者变相吸收公众存款对象500人以上的;(三)非法吸收或者变相吸收公众存款,给存款人造成直接经济损失数额在250万元以上的。

非法吸收或者变相吸收公众存款数额在250万元以上或者给存款人造成直接经济损失数额在150万元以上,同时具有本解释第3条第2款第3项情节的,应当认定为"其他严重情节"。

第5条 非法吸收或者变相吸收公众存款,具有下列情形之一的,应当认定为刑法第176条规定的"数额特别巨大或者有其他特别严重情节":

(一)非法吸收或者变相吸收公众存款数额在5000万元以上的;(二)非法吸收或者变相吸收公众存款对象5000人以上的;(三)非法吸收或者变相吸收公众存款,给存款人造成直接经济损失数额在2500万元以上的。

非法吸收或者变相吸收公众存款数额在2500万元以上或者给存款人造成直接经济损失数额在1500万元以上,同时具有本解释第3条第2款第3项情节的,应当认定为"其他特别严重情节"。

第6条 非法吸收或者变相吸收公众存款的数额,以行为人所吸收的资金全额计算。在提起公诉前积极退赃退赔,减少损害结果发生的,可以从轻或者减轻处罚;在提起公诉后退赃退赔的,可以作为量刑情节酌情考虑。

非法吸收或者变相吸收公众存款,主要用于正常的生产经营活动,能够在提起公诉前清退所吸收资金,可以免予刑事处罚;情节显著轻微危害不大的,不作为犯罪处理。

对依法不需要追究刑事责任或者免予刑事处罚的,应当依法将案件移送有关行政机关。

第7条 以非法占有为目的,使用诈骗方法实施本解释第2条规定所列行为的,应当依照刑法第192条的规定,以集资诈骗罪定罪处罚。

使用诈骗方法非法集资,具有下列情形之一的,可以认定为"以非法占有为目的":

(一)集资后不用于生产经营活动或者用于生产经营活动与筹集资金规模明显不成比例,致使集资款不能返还的;(二)肆意挥霍集资款,致使集资款不能返还的;(三)携带集资款逃匿的;(四)将集资款用于违法犯罪活动的;(五)抽逃、转移资金、隐匿财产,逃避返还资金的;(六)隐匿、销毁账目,或者搞假破产、假倒闭,逃避返还资金的;(七)拒不交代资金去向,逃避返还资金的;(八)其他可以认定非法占有目的的情形。

集资诈骗罪中的非法占有目的,应当区分情形进行具体认定。行为人部分非法集资行为具有非法占有目的的,对该部分非法集资行为所涉集资款以集资诈骗罪定罪处罚;非法集资共同犯罪中部分行为人具有非法占有目的,其他行为人没有非法占有集资款的共同故意和行为的,对具有非法占有目的的行为人以集资诈骗罪定罪处罚。

第8条 集资诈骗数额在10万元以上的,应当认定为"数额较大";数额在100万元以上的,应当认定为"数额巨大"。

集资诈骗数额在50万元以上,同时具有本解释第3条第2款第3项情节的,应当认定为刑法第192条规定的"其他严重情节"。

集资诈骗的数额以行为人实际骗取的数额计算,在案发前已归还的数额应予扣除。行为人为实施集资诈骗活动而支付的广告费、中介费、手续费、回扣,或者用于行贿、赠与等费用,不予扣除。行为人为实施集资诈骗活动而支付的利息,除本金未归还可予折抵本金以外,应当计入诈骗数额。

第9条 犯非法吸收公众存款罪,判处3年以下有期徒刑或者拘役,并处或者单处罚金的,处5万元以上100万元以下罚金;判处3年以上10年以下有期徒刑的,并处10万元以上500万元以下罚金;判处10年以上有期徒刑的,并处50万元以上罚金。

犯集资诈骗罪,判处3年以上7年以下有期徒刑的,并处10万元以上500万元以下罚金;判处7年以上有期徒刑或者无期徒刑的,并处50万元以上罚金或者没收财产。

第10条 未经国家有关主管部门批准,向社会不特定对象发行、以转让股权等方式变相发行股票或者公司、企业债券,或者向特定对象发行、变相发行股票或者公司、企业债券累计超过200人的,应当认定为刑法第179条规定的"擅自发行股票或者公司、企业债券"。构成犯罪的,以擅自发行股票、公司、企业债券罪定罪处罚。

第11条 违反国家规定,未经依法核准擅自发行基金份额募集基金,情节严重的,依照刑法第225条的规定,以非法经营罪定罪处罚。

第12条 广告经营者、广告发布者违反国家规定,利用广告为非法集资活动相关的商品或者服务作虚假宣传,具有下列情形之一的,依照刑法第222条的规定,以虚假广告罪定罪处罚:

(一)违法所得数额在10万元以上的;(二)造成严重危害后果或者恶劣社会影响的;(三)2年内利用广告作虚假宣传,受过行政处罚2次以上的;(四)其他情节严重的情形。

明知他人从事欺诈发行证券,非法吸收公众存款,擅自发行股票、公司、企业债券,集资诈骗或者组织、领导传销活动等集资犯罪活动,为其提供广告等宣传的,以相关犯罪的共犯论处。

第13条 通过传销手段向社会公众非法吸收资金,构成非法吸收公众存款罪或者集资诈骗罪,同时又构成组织、领导传销活动罪的,依照处罚较重的规定定罪处罚。

第14条 单位实施非法吸收公众存款、集资诈骗犯罪的,依照本解释规定的相应自然人犯罪的定罪量刑标准,对单位判处罚金,并对其直接负责的主管人员和其他直接责任人员定罪处罚。

第15条 此前发布的司法解释与本解释不一致的,以本解释为准。

36. 最高人民检察院、公安部《关于公安机关管辖的刑事案件立案追诉标准的规定(2)》(公通字〔2022〕12号)

(见本条立案追诉标准内容)

第177条 【伪造、变造金融票证罪】 有下列情形之一，伪造、变造金融票证的，处5年以下有期徒刑或者拘役，并处或者单处2万元以上20万元以下罚金；情节严重的，处5年以上10年以下有期徒刑，并处5万元以上50万元以下罚金；情节特别严重的，处10年以上有期徒刑或者无期徒刑，并处5万元以上50万元以下罚金或者没收财产：

（一）伪造、变造汇票、本票、支票的；

（二）伪造、变造委托收款凭证、汇款凭证、银行存单等其他银行结算凭证的；

（三）伪造、变造信用证或者附随的单据、文件的；

（四）伪造信用卡的。

单位犯前款罪的，对单位判处罚金，并对其直接负责的主管人员和其他直接责任人员，依照前款的规定处罚。

（2004年12月29日第十届全国人民代表大会常务委员会第十三次会议根据司法实践中遇到的情况，讨论了刑法规定的“信用卡”的含义问题，解释如下：

刑法规定的“信用卡”，是指由商业银行或者其他金融机构发行的具有消费支付、信用贷款、转账结算、存取现金等全部功能或者部分功能的电子支付卡。）

• 释义

伪造、变造金融票证罪是指伪造、变造汇票、本票、支票、委托收款凭证、汇款凭证、银行存单及其他银行结算凭证、信用证或者附随的单据、文件以及伪造信用卡的行为。复制他人信用卡、将他人信用卡信息资料写入磁条介质、芯片或者以其他非法伪造信用卡1张以上，或者伪造空白信用卡10张以上的，应认定为“伪造信用卡”，以本罪定罪处罚。行为主体既可以是单位，也可以是自然人。

• 管辖

公安机关经济犯罪侦查部门。

• 立案追诉标准

伪造、变造金融票证，涉嫌下列情形之一的，应予立案追诉：

（一）伪造、变造汇票、本票、支票，或者伪造、变造委托收款凭证、汇款凭证、银行存单等其他银行结算凭证，或者伪造、变造信用证或者附随的单据、文件，总面额在1万元以上或者数量在10张以上的；

（二）伪造信用卡1张以上，或者伪造空白信用卡10张以上的。

• 关联法律

1. 公安部经济犯罪侦查局《关于单位定期存款开户证实书性质的批复》（公经〔2000〕1329号）

江苏省公安厅经侦总队：你总队《关于“单位存款开户证实书”是否属于银行结算凭证的请示》（苏公经侦〔2000〕426号）收悉。经商中国人民银行有关部门，现批复如下：

“单位定期存款开户证实书”是接受存款的金融机构向存款单位开具的人民币定期存款权利凭证，其性质上是一种金融凭证，它与存单同样起到存款证明作用，只是不能作为质押的权利凭证。

2. 公安部经济犯罪侦查局《关于在存单上加盖“三不”字样能否认定为存单内容的批复》（公经〔2001〕1022 号）

江苏省公安厅经侦总队：你总队《关于在存单上加盖“三不”字样能否认定为存单内容的请示》（苏公经〔2001〕301 号）收悉，经征求中国人民银行办公厅意见，现答复如下：

一、现行法律、法规对定期存单票面记载的存款人姓名或单位名称、账号、利率、存款金额、存款日期和存款期限应属于定期存款必须记载的主要内容；定期存单出具行在存单票面上加盖“不得抵押”、“不得转让”、“不得提前支取”等字样应视为存单出具行与存款人双方约定的内容。

二、根据《担保法》和中国人民银行 1997 年发布的《关于暂停存单质押贷款业务和进一步加强定期存款管理的通知》的规定，1995 年 5 月至 1996 年 6 月期间，单位定期大额存单可以向金融机构质押贷款。

3. 最高人民法院研究室《关于对贩卖假金融票证行为如何适用法律问题的复函》（法研〔2002〕21 号）

公安部经侦局：明知是伪造、变造的金融票证而贩卖，或者明知他人实施金融诈骗行为而为其提供伪造、变造的金融票证的，以伪造、变造金融票证罪或者金融诈骗犯罪的共犯论处。

4. 公安部经济犯罪侦查局《关于转中国人民银行办公厅银办函〔2003〕469 号复函的通知》（公经〔2003〕1094 号）

河北省公安厅经侦总队：关于你省定兴县公安局立案侦查的穆亚维等人涉嫌票据诈骗一案，我部办公厅就案件涉及的有关票据问题征求了中国人民银行办公厅的意见。现将《中国人民银行办公厅关于有关票据行为性质及票据效力问题的复函》（银办函〔2003〕469 号）转去，请收阅。

5. 中国人民银行办公厅《关于有关票据行为性质及票据效力问题的复函》（银办函〔2003〕469 号）

公安部办公厅：你厅《关于咨询有关票据行为性质及票据效力问题的函》（公经〔2003〕820 号）收悉。现函复如下：一、在来函所述的案件中，甲行行长先在票据上加盖私刻印章，事后又补盖了真章。对此，我们认为，甲行行长加盖私刻印章的行为属于伪造票据签章的行为。《中华人民共和国票据法》第 14 条规定：“票据上有伪造、变造的签章的，不影响票据上其他真实签章的效力”，因此，即使票据上有伪造、变造的签章，只要票据的制作、签发和承兑真实有效，该票据仍属有效票据，而不是伪造的票据。二、甲行行长事后补盖真章的行为属于对以前票据行为的追认，属于有效的票据行为。

6.《关于〈中华人民共和国刑法〉有关信用卡规定的解释》（2004 年 12 月 29 日第十届全国人大常委会第十三次会议通过）

全国人民代表大会常务委员会根据司法实践中遇到的情况，讨论了刑法规定的“信用卡”的含义问题，解释如下：刑法规定的“信用卡”，是指由商业银行或者其他金融机构发行的具有消费支付、信用贷款、转账结算、存取现金等全部功能或者部分功能的电子支付卡。

7. 公安部经济犯罪侦查局《关于伪造银行履约保函的行为是否构成伪造、变造金融票证罪的批复》（公经〔2006〕2769 号）

银行履约保函是保函的一种，属于刑法第 188 条所列的金融票证的范畴，但只有在经济活动中具有给付货币和资金清算作用，并表明银行与客户之间已受理或已办结相关支付结算业务的凭据，才能认定为银行结算凭证，因此，刑法第 177 条“伪造、变造金融票证罪”规定的金融票证种类中并未包括银行履约保函。

8. 公安部经济犯罪侦查局《关于对伪造、变造金融凭证罪法律适用问题的批复》(公经〔2007〕1900号)

一、刑法意义上的伪造、变造金融票证行为,其核心是对金融票证的物理性状进行改变。本案中犯罪嫌疑人先将资金存入××信用分社取得存单,再假称存单丢失,通过办理存单挂失手续将存款提现的方法取得已挂失的存单,犯罪嫌疑人的行为不属于刑法规定的伪造、变造金融票证的范畴。

二、银行质押凭证止付通知通知书不属于刑法第177条中的金融票证。

9. 公安部经济犯罪侦查局《关于银行进账单、支票存根联、支付系统专用凭证、转账贷方传票是否属于银行结算凭证的批复》(公经金融〔2008〕116号)

广东省公安厅经济犯罪侦查局:你局《关于银行进账单、支票存根联、支付系统专用凭证、转账贷方传票是否属于银行结算凭证的请示》(广公(经)字〔2008〕878号)收悉。经研究,并征求人民银行意见,银行进账单、支付系统专用凭证、转账贷方传票属于银行结算凭证,而支票存根联是出票人自行留存、用于核对账务的内部凭证,不属于银行结算凭证。

10. 最高人民法院、最高人民检察院《关于办理妨害信用卡管理刑事案件具体应用法律若干问题的解释》(法释〔2009〕19号)

(法释〔2019〕19号已对本文件修正)

11. 公安部经济犯罪侦查局《关于银行现金缴款单和进账单是否属于银行结算凭证的批复》(公经金融〔2009〕96号)

河南省公安厅经侦总队:你总队《关于对银行现金缴款单和进账单性质认定的请示》(豫公经〔2009〕7号)收悉。经研究,并根据中国人民银行前期就此问题的相关复函,银行现金缴款单、进账单均属于《刑法》第177条所指的银行结算凭证。

12. 公安部经济犯罪侦查局《关于票据诈骗案件有关法律问题的批复》(公经经金融〔2012〕182号)

一、涉案的PROMISSORY NOTE(英译为本票)及附随英文确认书系商业本票。根据我国《票据法》第73条第2款"本票是指银行本票"之规定,该商业本票不符合我国票据对本票的概念,也不属于《刑法》第177条、第194条关于本票的范畴。

二、涉案的商业承兑汇票(不可撤销)保证函、不可撤销的还款担保函属于银行履约保函的一种。根据我局2006年12月1日《关于伪造银行履约保函的行为是否构成伪造、变造金融票证罪的批复》(公经〔2006〕2769号),银行履约保函是保函的一种,属于刑法第188条所列金融票证的范畴。但只有在经济活动中具有给付货币和资金清算作用,并表明银行与客户之间已受理或已办结相关支付结算业务的凭证,才能认定为银行结算凭证。因此,刑法第177条"伪造、变造金融票证罪"规定的金融票证种类中并未包括银行约保函。

13. 公安部经济犯罪侦查局《关于网上银行电子回单是否属于金融票证的批复》(公经金融〔2013〕69号)

根据《支付结算办法》(银发〔1997〕393号,以下简称《办法》)的规定,结算凭证是办理支付结算的工具,是办理支付结算和现金收付的重要依据,未按《办法》规定填写的结算凭证,银行有权不予受理。因而,结算凭证一般可理解为银行在办理支付结算活动中所使用的,据以执行客户支付指令、办理资金划转的凭证。根据《电子支付指引(第1号)》(中国人民银行公告〔2005〕第23号)第5条、第19条和《办法》第174条的规定,电子支付指令与纸质支付凭证具有同等效力,而网上银行电子回单(包括纸质形式)可理解为银行对电子支付指令进行确认后,向客户提供的用以证明银行受理了相关业务的单证,并非办理支付结算业务和资金划转的依据,也不能证明有关的货币给付或资金清算已经完成。综上,网上银行电子回单(包括纸质形式)不属于结算凭证,也不属于金融票证。

14.最高人民检察院、公安部《关于公安机关管辖的刑事案件立案追诉标准的规定(2)》(公通字〔2010〕23号)

(公通字〔2022〕12号已声明该文件废止)

15.最高人民法院、最高人民检察院《关于修改〈关于办理妨害信用卡管理刑事案件具体应用法律若干问题的解释〉的决定》(法释〔2018〕19号,该文件对法释〔2009〕19号《最高人民法院、最高人民检察院《关于办理妨害信用卡管理刑事案件具体应用法律若干问题的解释》作出修改)

为依法惩治妨害信用卡管理犯罪活动,维护信用卡管理秩序和持卡人合法权益,根据《中华人民共和国刑法》规定,现就办理这类刑事案件具体应用法律的若干问题解释如下:

第1条 复制他人信用卡、将他人信用卡信息资料写入磁条介质、芯片或者以其他方法伪造信用卡1张以上的,应当认定为刑法第177条第1款第4项规定的"伪造信用卡",以伪造金融票证罪定罪处罚。

伪造空白信用卡10张以上的,应当认定为刑法第177条第1款第4项规定的"伪造信用卡",以伪造金融票证罪定罪处罚。

伪造信用卡,有下列情形之一的,应当认定为刑法第177条规定的"情节严重":

(一)伪造信用卡5张以上不满25张的;(二)伪造的信用卡内存款余额、透支额度单独或者合计数额在20万元以上不满100万元的;(三)伪造空白信用卡50张以上不满250张的;(四)其他情节严重的情形。

伪造信用卡,有下列情形之一的,应当认定为刑法第177条规定的"情节特别严重":

(一)伪造信用卡25张以上的;(二)伪造的信用卡内存款余额、透支额度单独或者合计数额在100万元以上的;(三)伪造空白信用卡250张以上的;(四)其他情节特别严重的情形。

本条所称"信用卡内存款余额、透支额度",以信用卡被伪造后发卡行记录的最高存款余额、可透支额度计算。

第2条 明知是伪造的空白信用卡而持有、运输10张以上不满100张的,应当认定为刑法第177条之一第1款第1项规定的"数量较大";非法持有他人信用卡5张以上不满50张的,应当认定为刑法第177条之一第1款第2项规定的"数量较大"。

有下列情形之一的,应当认定为刑法第177条之一第1款规定的"数量巨大":

(一)明知是伪造的信用卡而持有、运输10张以上的;(二)明知是伪造的空白信用卡而持有、运输100张以上的;(三)非法持有他人信用卡50张以上的;(四)使用虚假的身份证明骗领信用卡10张以上的;(五)出售、购买、为他人提供伪造的信用卡或者以虚假的身份证明骗领的信用卡10张以上的。

违背他人意愿,使用其居民身份证、军官证、士兵证、港澳居民往来内地通行证、台湾居民来往大陆通行证、护照等身份证明申领信用卡的,或者使用伪造、变造的身份证明申领信用卡的,应当认定为刑法第177条之一第1款第3项规定的"使用虚假的身份证明骗领信用卡"。

第3条 窃取、收买、非法提供他人信用卡信息资料,足以伪造可进行交易的信用卡,或者足以使他人以信用卡持卡人名义进行交易,涉及信用卡1张以上不满5张的,依照刑法第177条之一第2款的规定,以窃取、收买、非法提供信用卡信息罪定罪处罚;涉及信用卡5张以上的,应当认定为刑法第177条之一第1款规定的"数量巨大"。

第4条 为信用卡申请人制作、提供虚假的财产状况、收入、职务等资信证明材料,涉及伪造、变造、买卖国家机关公文、证件、印章,或者涉及伪造公司、企业、事业单位、人民团体印章,应当追究刑事责任的,依照刑法第280条的规定,分别以伪造、变造、买卖国家机关公文、证件、印章罪和伪造公司、企业、事业单位、人民团体印章罪定罪处罚。

承担资产评估、验资、验证、会计、审计、法律服务等职责的中介组织或其人员,为信用卡申请人提供虚假的财产状况、收入、职务等资信证明材料,应当追究刑事责任的,依照刑法第229条的规定,分别以提供虚假证明文件罪和出具证明文件重大失实罪定罪处罚。

第5条 使用伪造的信用卡、以虚假的身份证明骗领的信用卡、作废的信用卡或者冒用他人信用卡,进行信用卡诈骗活动,数额在5000元以上不满5万元的,应当认定为刑法第196条规定的"数额较大";数额在5万元以上不满50万元的,应当认定为刑法第196条规定的"数额巨大";数额在50万元以上的,应当认定为刑法第196条规定的"数额特别巨大"。

刑法第196条第1款第3项所称"冒用他人信用卡",包括以下情形:

(一)拾得他人信用卡并使用的;(二)骗取他人信用卡并使用的;(三)窃取、收买、骗取或者以其他非法方式获取他人信用卡信息资料,并通过互联网、通讯终端等使用的;(四)其他冒用他人信用卡的情形。

第6条 持卡人以非法占有为目的,超过规定限额或者规定期限透支,经发卡银行两次有效催收后超过3个月仍不归还的,应当认定为刑法第196条规定的"恶意透支"。

对于是否以非法占有为目的,应当综合持卡人信用记录、还款能力和意愿、申领和透支信用卡的状况、透支资金的用途、透支后的表现、未按规定还款的原因等情节作出判断。不得单纯依据持卡人未按规定还款的事实认定非法占有目的。

具有以下情形之一的,应当认定为刑法第196条第2款规定的"以非法占有为目的",但有证据证明持卡人确实不具有非法占有目的的除外:

(一)明知没有还款能力而大量透支,无法归还的;(二)使用虚假资信证明申领信用卡后透支,无法归还的;(三)透支后通过逃匿、改变联系方式等手段,逃避银行催收的;(四)抽逃、转移资金,隐匿财产,逃避还款的;(五)使用透支的资金进行犯罪活动的;(六)其他非法占有资金,拒不归还的情形。

第7条 催收同时符合下列条件的,应当认定为本解释第6条规定的"有效催收":

(一)在透支超过规定限额或者规定期限后进行;(二)催收应当采用能够确认持卡人收悉的方式,但持卡人故意逃避催收的除外;(三)两次催收至少间隔30日;(四)符合催收的有关规定或者约定。

对于是否属于有效催收,应当根据发卡银行提供的电话录音、信息送达记录、信函送达回执、电子邮件送达记录、持卡人或者其家属签字以及其他催收原始证据材料作出判断。

发卡银行提供的相关证据材料,应当有银行工作人员签名和银行公章。

第8条 恶意透支,数额在5万元以上不满50万元的,应当认定为刑法第196条规定的"数额较大";数额在50万元以上不满500万元的,应当认定为刑法第196条规定的"数额巨大";数额在500万元以上的,应当认定为刑法第196条规定的"数额特别巨大"。

第9条 恶意透支的数额,是指公安机关刑事立案时尚未归还的实际透支的本金数额,不包括利息、复利、滞纳金、手续费等发卡银行收取的费用。归还或者支付的数额,应当认定为归还实际透支的本金。

检察机关在审查起诉、提起公诉时,应当根据发卡银行提供的交易明细、分类账单(透支账单、还款账单)等证据材料,结合犯罪嫌疑人、被告人及其辩护人所提辩解、辩护意见及相关证据材料,审查认定恶意透支的数额;恶意透支的数额难以确定的,应当依据司法会计、审计报告,结合其他证据材料审查认定。人民法院在审判过程中,应当在对上述证据材料查证属实的基础上,对恶意透支的数额作出认定。

发卡银行提供的相关证据材料,应当有银行工作人员签名和银行公章。

第10条 恶意透支数额较大，在提起公诉前全部归还或者具有其他情节轻微情形的，可以不起诉；在一审判决前全部归还或者具有其他情节轻微情形的，可以免予刑事处罚。但是，曾因信用卡诈骗受过两次以上处罚的除外。

第11条 发卡银行违规以信用卡透支形式变相发放贷款，持卡人未按规定归还的，不适用刑法第196条'恶意透支'的规定。构成其他犯罪的，以其他犯罪论处。

第12条 违反国家规定，使用销售点终端机具(POS机)等方法，以虚构交易、虚开价格、现金退货等方式向信用卡持卡人直接支付现金，情节严重的，应当依据刑法第225条的规定，以非法经营罪定罪处罚。

实施前款行为，数额100万元以上的，或者造成金融机构资金20万元以上逾期未还的，或者造成金融机构经济损失10万元以上的，应当认定为刑法第225条规定的"情节严重"；数额在500万元以上的，或者造成金融机构资金100万元以上逾期未还的，或者造成金融机构经济损失50万元以上的，应当认定为刑法第225条规定的"情节特别严重"。

持卡人以非法占有为目的，采用上述方式恶意透支，应当追究刑事责任的，依照刑法第196条的规定，以信用卡诈骗罪定罪处罚。

第13条 单位实施本解释规定的行为，适用本解释规定的相应自然人犯罪的定罪量刑标准。

16.最高人民检察院、公安部《关于公安机关管辖的刑事案件立案追诉标准的规定(2)》(公通字〔2022〕12号)

(见本条立案追诉标准内容)

第177条之一 【妨害信用卡管理罪】 有下列情形之一，妨害信用卡管理的，处3年以下有期徒刑或者拘役，并处或者单处1万元以上10万元以下罚金；数量巨大或者有其他严重情节的，处3年以上10年以下有期徒刑，并处2万元以上20万元以下罚金：

(一)明知是伪造的信用卡而持有、运输的，或者明知是伪造的空白信用卡而持有、运输，数量较大的；

(二)非法持有他人信用卡，数量较大的；

(三)使用虚假的身份证明骗领信用卡的；

(四)出售、购买、为他人提供伪造的信用卡或者以虚假的身份证明骗领的信用卡的。

【窃取、收买、非法提供信用卡信息】 窃取、收买或者非法提供他人信用卡信息资料的，依照前款规定处罚。

银行或者其他金融机构的工作人员利用职务上的便利，犯第2款罪的，从重处罚管辖。

(本条《中华人民共和国刑法修正案(5)》增加)

• 释义

妨害信用卡管理罪是指明知是伪造的信用卡而持有、运输的，或者明知是伪造的空白信用卡而持有、运输，数量较大的行为，或者非法持有他人信用卡数量较大的行为，或者使用虚假的身份证明骗领信用卡的行为，或者出售、购买、为他人提供伪造的信用卡或者以虚假的身份证明骗领的信用卡的行为。

行为人使用上述信用卡的，应以本罪与盗窃罪并罚。

本罪的行为主体是自然人。

窃取、收买、非法提供信用卡信息罪是指窃取、收买或者非法提供他人信用卡信息资料的行为。银行或者其他金融机构的工作人员利用职务上的便利，犯本款罪的，从重处罚。

（全国人大常委会对“信用卡”的含义解释如下：刑法规定的“信用卡”，是指由商业银行或者其他金融机构发行的具有消费支付、信用贷款、转账结算、存取现金等全部功能或者部分功能的电子支付卡。）

• 管辖

公安机关经济犯罪侦查部门。

• 立案追诉标准

【妨害信用卡管理罪立案追诉标准】妨害信用卡管理，涉嫌下列情形之一的，应予立案追诉：

（一）明知是伪造的信用卡而持有、运输的；

（二）明知是伪造的空白信用卡而持有、运输，数量累计在10张以上的；

（三）非法持有他人信用卡，数量累计在5张以上的；

（四）使用虚假的身份证明骗领信用卡的；

（五）出售、购买、为他人提供伪造的信用卡或者以虚假的身份证明骗领的信用卡的。违背他人意愿，使用其居民身份证、军官证、士兵证、港澳居民往来内地通行证、台湾居民来往大陆通行证、护照等身份证明申领信用卡的，或者使用伪造、变造的身份证明申领信用卡的，应当认定为“使用虚假的身份证明骗领信用卡”。

【窃取、收买、非法提供信用卡信息罪立案追诉标准】窃取、收买或者非法提供他人信用卡信息资料，足以伪造可进行交易的信用卡，或者足以使他人以信用卡持卡人名义进行交易，涉及信用卡1张以上的，应予立案追诉。

• 关联法律

1.《关于〈中华人民共和国刑法〉有关信用卡规定的解释》（2004年12月29日第十届全国人大常委会第十三次会议通过）

全国人民代表大会常务委员会根据司法实践中遇到的情况，讨论了刑法规定的“信用卡”的含义问题，解释如下：刑法规定的“信用卡”，是指由商业银行或者其他金融机构发行的具有消费支付、信用贷款、转账结算、存取现金等全部功能或者部分功能的电子支付卡。

2.《中华人民共和国刑法修正案（5）》（2005年2月28日第十届全国人大常委会第十四次会议通过）

一、在刑法第177条后增加1条，作为第177条之一：“有下列情形之一，妨害信用卡管理的，处3年以下有期徒刑或者拘役，并处或者单处1万元以上10万元以下罚金；数量巨大或者有其他严重情节的，处3年以上10年以下有期徒刑，并处2万元以上20万元以下罚金：（一）明知是伪造的信用卡而持有、运输的，或者明知是伪造的空白信用卡而持有、运输，数量较大的；（二）非法持有他人信用卡，数量较大的；（三）使用虚假的身份证明骗领信用卡的；（四）出售、购买、为他人提供伪造的信用卡或者以虚假的身份证明骗领的信用卡的。

“窃取、收买或者非法提供他人信用卡信息资料的，依照前款规定处罚。

“银行或者其他金融机构的工作人员利用职务上的便利，犯第2款罪的，从重处罚。”

3. 公安部经济犯罪侦查局《关于对以虚假的工作单位证明及收入证明骗领信用卡是否可以认定为妨害信用卡管理罪请示的批复》（公经金融〔2008〕107号）

山东省公安厅经侦总队：你总队《关于以虚假的工作单位证明及收入证明骗领信用卡是

否可以认定为妨害信用卡管理罪的请示》(鲁公经〔2008〕335 号)收悉。经研究,并征求人民银行意见,以虚假的工作单位证明及收入证明骗领信用卡不能认定为妨害信用卡管理罪。

4. 最高人民法院、最高人民检察院《关于办理妨害信用卡管理刑事案件具体应用法律若干问题的解释》(法释〔2009〕19 号)

(法释〔2009〕19 号已对本文件修正)

5. 最高人民检察院、公安部《关于公安机关管辖的刑事案件立案追诉标准的规定(2)》(公通字〔2010〕23 号)

(公通字〔2022〕12 号已声明该文件废止)

6. 最高人民法院研究室《关于信用卡犯罪法律适用若干问题的复函》(法研〔2010〕105 号)

公安部经济犯罪侦查局:你局公经金融〔2010〕110 号《关于公安机关办理信用卡犯罪案件法律适用若干问题征求意见的函》收悉。经研究,提出以下意见供参考:

一、对于 1 人持有多张信用卡进行恶意透支,每张信用卡透支数额均未达到 1 万元的立案追诉标准的,原则上可以累计数额进行追诉。但考虑到 1 人办多张信用卡的情况复杂,如果累计透支数额不大的,应分别不同情况慎重处理。

二、发卡银行的"催收"应有电话录音、持卡人或其家属签字等证据证明。"两次催收"一般应分别采用电话、信函、上门等两种以上催收形式。

三、若持卡人在透支大额款项后,仅向发卡行偿还远低于最低还款额的欠款,具有非法占有目的的,可以认定为"恶意透支";行为人确实不具有非法占有目的的,不能认定为"恶意透支"。

四、非法套现犯罪的证据规格,仍应遵循刑事诉讼法规定的证据确实、充分的证明标准。原则上应向各持卡人询问并制作笔录。如因持卡人数量众多、下落不明等客观原因导致无法取证,且其他证据已能确实、充分地证明使用信用卡非法套现的犯罪事实及套现数额的,则可以不向所有持卡人询问并制作笔录。

7. 最高人民法院。最高人民检察院、公安部《关于办理电信网络诈骗等刑事案件适用法律若干问题的意见》(法发〔2016〕32 号)

三、全面惩处关联犯罪

(一)在实施电信网络诈骗活动中,非法使用"伪基站""黑广播",干扰无线电通讯秩序,符合刑法第 288 条规定的,以扰乱无线电通讯管理秩序罪追究刑事责任。同时构成诈骗罪的,依照处罚较重的规定定罪处罚。

(二)违反国家有关规定,向他人出售或者提供公民个人信息,窃取或者以其他方法非法获取公民个人信息,符合刑法第 253 条之一规定的,以侵犯公民个人信息罪追究刑事责任。

使用非法获取的公民个人信息,实施电信网络诈骗犯罪行为,构成数罪的,应当依法予以并罚。

(三)冒充国家机关工作人员实施电信网络诈骗犯罪,同时构成诈骗罪和招摇撞骗罪的,依照处罚较重的规定定罪处罚。

(四)非法持有他人信用卡,没有证据证明从事电信网络诈骗犯罪活动,符合刑法第 177 条之一第 1 款第(2)项规定的,以妨害信用卡管理罪追究刑事责任。

(五)明知是电信网络诈骗犯罪所得及其产生的收益,以下列方式之一予以转账、套现、取现的,依照刑法第 312 条第 1 款的规定,以掩饰、隐瞒犯罪所得、犯罪所得收益罪追究刑事责任。但有证据证明确实不知道的除外:

1. 通过使用销售点终端机具(POS 机)刷卡套现等非法途径,协助转换或者转移财物的;2. 帮助他人将巨额现金散存于多个银行账户,或在不同银行账户之间频繁划转的;3. 多次使用或者使用多个非本人身份证明开设的信用卡、资金支付结算账户或者多次采用遮蔽摄像头、伪装等异常手段,帮助他人转账、套现、取现的;4. 为他人提供非本人身份证明开设的信用卡、资金支付结算账户后,又帮助他人转账、套现、取现的;5. 以明显异于市场的价格,通过手机充值、交易游戏点卡等方式套现的。

实施上述行为,事前通谋的,以共同犯罪论处。

实施上述行为,电信网络诈骗犯罪嫌疑人尚未到案或案件尚未依法裁判,但现有证据足以证明该犯罪行为确实存在的,不影响掩饰、隐瞒犯罪所得、犯罪所得收益罪的认定。

实施上述行为,同时构成其他犯罪的,依照处罚较重的规定定罪处罚。法律和司法解释另有规定的除外。

(六)网络服务提供者不履行法律、行政法规规定的信息网络安全管理义务,经监管部门责令采取改正措施而拒不改正,致使诈骗信息大量传播,或者用户信息泄露造成严重后果的,依照刑法第286条之一的规定,以拒不履行信息网络安全管理义务罪追究刑事责任。同时构成诈骗罪的,依照处罚较重的规定定罪处罚。

(七)实施刑法第287条之一、第287条之二规定之行为,构成非法利用信息网络罪、帮助信息网络犯罪活动罪,同时构成诈骗罪的,依照处罚较重的规定定罪处罚。

(八)金融机构、网络服务提供者、电信业务经营者等在经营活动中,违反国家有关规定,被电信网络诈骗犯罪分子利用,使他人遭受财产损失的,依法承担相应责任。构成犯罪的,依法追究刑事责任。(全文详见本书《刑法》第266条相关内容)

8. 最高人民法院、最高人民检察院《关于修改〈关于办理妨害信用卡管理刑事案件具体应用法律若干问题的解释〉的决定》(法释〔2018〕19号)

第2条 明知是伪造的空白信用卡而持有、运输10张以上不满100张的,应当认定为刑法第177条之一第1款第1项规定的"数量较大";非法持有他人信用卡5张以上不满50张的,应当认定为刑法第177条之一第1款第2项规定的"数量较大"。

有下列情形之一的,应当认定为刑法第177条之一第1款规定的"数量巨大":

(一)明知是伪造的信用卡而持有、运输10张以上的;(二)明知是伪造的空白信用卡而持有、运输100张以上的;(三)非法持有他人信用卡50张以上的;(四)使用虚假的身份证明骗领信用卡10张以上的;(五)出售、购买、为他人提供伪造的信用卡或者以虚假的身份证明骗领的信用卡10张以上的。

违背他人意愿,使用其居民身份证、军官证、士兵证、港澳居民往来内地通行证、台湾居民来往大陆通行证、护照等身份证明申领信用卡的,或者使用伪造、变造的身份证明申领信用卡的,应当认定为刑法第177条之一第1款第3项规定的"使用虚假的身份证明骗领信用卡"。

第3条 窃取、收买、非法提供他人信用卡信息资料,足以伪造可进行交易的信用卡,或者足以使他人以信用卡持卡人名义进行交易,涉及信用卡1张以上不满5张的,依照刑法第177条之一第2款的规定,以窃取、收买、非法提供信用卡信息罪定罪处罚;涉及信用卡5张以上的,应当认定为刑法第177条之一第1款规定的"数量巨大"。(全文详见本书《刑法》第177条相关内容)

9. 最高人民法院、最高人民检察院、公安部《关于办理跨境赌博犯罪案件若干问题的意见》(公通字〔2020〕14号)

四、关于跨境赌博关联犯罪的认定

(五)为赌博犯罪提供资金、信用卡、资金结算等服务,构成赌博犯罪共犯,同时构成非法经营罪、妨害信用卡管理罪、窃取、收买、非法提供信用卡信息罪、掩饰、隐瞒犯罪所得、犯罪收益罪等罪的,依照处罚较重的规定定罪处罚。

为网络赌博犯罪提供互联网接入、服务器托管、网络存储、通讯传输等技术支持,或者提供广告推广、支付结算等帮助,构成赌博犯罪共犯,同时构成非法利用信息网络罪、帮助信息网络犯罪活动罪等罪的，依照处罚较重的规定定罪处罚。

为实施赌博犯罪，非法获取公民个人信息，或者向实施赌博犯罪者出售、提供公民个人信息，构成赌博犯罪共犯，同时构成侵犯公民个人信息罪的，依照处罚较重的规定定罪处罚。

（全文详见本书《刑法》第 303 条相关内容）

10. 最高人民法院、最高人民检察院、公安部、工业和信息化部中国人民银行《关于依法严厉打击惩戒治理非法买卖电话卡银行卡违法犯罪活动的通告》（2020 年 12 月 16 日）

（全文详见本书《刑法》第 266 条相关内容）

11. 最高人民法院、最高人民检察院、公安部《关于办理电信网络诈骗等刑事案件适用法律若干问题的意见（2）》（法发〔2021〕22 号）

四、无正当理由持有他人的单位结算卡的，属于刑法第 177 条之一第 1 款第（2）项规定的"非法持有他人信用卡"。（全文详见本书《刑法》第 287 条之二相关内容）

12. 最高人民检察院、公安部《关于公安机关管辖的刑事案件立案追诉标准的规定（2）》（公通字〔2022〕12 号）

（见本条立案追诉标准内容）

第 178 条 【伪造、变造国家有价证券罪】伪造、变造国库券或者国家发行的其他有价证券，数额较大的，处 3 年以下有期徒刑或者拘役，并处或者单处 2 万元以上 20 万元以下罚金；数额巨大的，处 3 年以上 10 年以下有期徒刑，并处 5 万元以上 50 万元以下罚金；数额特别巨大的，处 10 年以上有期徒刑或者无期徒刑，并处 5 万元以上 50 万元以下罚金或者没收财产。

【伪造、变造股票、公司、企业债券罪】伪造、变造股票或者公司、企业债券，数额较大的，处 3 年以下有期徒刑或者拘役，并处或者单处 1 万元以上 10 万元以下罚金；数额巨大的，处 3 年以上 10 年以下有期徒刑，并处 2 万元以上 20 万元以下罚金。

单位犯前两款罪的，对单位判处罚金，并对其直接负责的主管人员和其他直接责任人员，依照前两款的规定处罚。

• 释义

伪造、变造国家有价证券罪是指伪造、变造国库券或者国家发行的其他有价证券，数额较大的行为。行为主体既可以是自然人，也可以是单位。

伪造、变造股票、公司、企业债券罪是指伪造、变造股票或者公司、企业债券，数额较大的行为。行为主体既可以是自然人，也可以是单位。

• 管辖

公安机关经济犯罪侦查部门。

• 立案追诉标准

【伪造、变造国家有价证券罪立案追诉标准】

伪造、变造国库券或者国家发行的其他有价证券，总面额在 2000 元以上的，应予立案追诉。

【伪造、变造股票、公司、企业债券罪立案追诉标准】

伪造、变造股票或者公司、企业债券，总面额在 3 万元以上的，应予立案追诉。

• 关联法律

1. 最高人民检察院、公安部《关于公安机关管辖的刑事案件立案追诉标准的规定(2)》(公通字〔2010〕23号)

(公通字〔2022〕12号已声明该文件废止)

2. 最高人民法院、最高人民检察院《关于贯彻执行〈关于办理证券期货违法犯罪案件工作若干问题的意见〉有关问题的通知》(法发〔2012〕8号)

(详见本书《刑法》第160条相关内容)

3. 最高人民检察院、公安部《关于公安机关管辖的刑事案件立案追诉标准的规定(2)》(公通字〔2022〕12号)

(见本条立案追诉标准内容)

第179条 【擅自发行股票、公司、企业债券罪】未经国家有关主管部门批准,擅自发行股票或者公司、企业债券,数额巨大、后果严重或者有其他严重情节的,处5年以下有期徒刑或者拘役,并处或者单处非法募集资金金额百分之一以上百分之五以下罚金。

单位犯前款罪的,对单位判处罚金,并对其直接负责的主管人员和其他直接责任人员,处5年以下有期徒刑或者拘役。

• 释义

擅自发行股票、公司、企业债券罪是指未经国家有关主管部门批准,擅自发行股票或者公司、企业债券,数额巨大、后果严重或者有其他严重情节的行为。行为主体既可以是自然人,也可以是单位。

• 管辖

公安机关经济犯罪侦查部门。

• 立案追诉标准

未经国家有关主管部门批准或者注册,擅自发行股票或者公司、企业债券,涉嫌下列情形之一的,应予立案追诉:

(一)非法募集资金金额在100万元以上的;

(二)造成投资者直接经济损失数额累计在50万元以上的;

(三)募集的资金全部或者主要用于违法犯罪活动的;

(四)其他后果严重或者有其他严重情节的情形。

本条规定的"擅自发行股票或者公司、企业债券",是指向社会不特定对象发行、以转让股权等方式变相发行股票或者公司、企业债券,或者向特定对象发行、变相发行股票或者公司、企业债券累计超过200人的行为。

• 关联法律

1. 最高人民法院、最高人民检察院、公安部、中国证券监督管理委员会《关于整治非法证券活动有关问题的通知》(证监发〔2008〕1号)

(详见本书《刑法》第176条相关内容)

2. 最高人民检察院、公安部《关于公安机关管辖的刑事案件立案追诉标准的规定(2)》(公通字〔2010〕23号)

(公通字〔2022〕12号已声明该文件废止)

3. 最高人民法院、最高人民检察院《关于贯彻执行〈关于办理证券期货违法犯罪案件工作若干问题的意见〉有关问题的通知》(法发〔2012〕8号)

(详见本书《刑法》第160条相关内容)

4. 中国人民银行、工业和信息化部、公安部、财政部、国家工商总局、国务院法制办、中国银行业监督管理委员会、中国证券监督管理委员会、中国保险监督管理委员会、国家互联网信息办公室《关于促进互联网金融健康发展的指导意见》(银发〔2015〕221号)

(全文略)

5. 最高人民法院《关于审理非法集资刑事案件具体应用法律若干问题的解释》(法释〔2010〕18号;法释〔2022〕5号修正)

第10条 未经国家有关主管部门批准,向社会不特定对象发行、以转让股权等方式变相发行股票或者公司、企业债券,或者向特定对象发行、变相发行股票或者公司、企业债券累计超过200人的,应当认定为刑法第179条规定的"擅自发行股票或者公司、企业债券"。构成犯罪的,以擅自发行股票、公司、企业债券罪定罪处罚。(全文详见本书《刑法》第176条相关内容)

6. 最高人民检察院、公安部《关于公安机关管辖的刑事案件立案追诉标准的规定(2)》(公通字〔2022〕12号)第29条

(见本条立案追诉标准内容)

第180条 【内幕交易、泄露内幕信息罪】 证券、期货交易内幕信息的知情人员或者非法获取证券、期货交易内幕信息的人员,在涉及证券的发行,证券、期货交易或者其他对证券、期货交易价格有重大影响的信息尚未公开前,买入或者卖出该证券,或者从事与该内幕信息有关的期货交易,或者泄露该信息,或者明示、暗示他人从事上述交易活动,情节严重的,处5年以下有期徒刑或者拘役,并处或者单处违法所得1倍以上5倍以下罚金;情节特别严重的,处5年以上10年以下有期徒刑,并处违法所得1倍以上5倍以下罚金。

单位犯前款罪的,对单位判处罚金,并对其直接负责的主管人员和其他直接责任人员,处5年以下有期徒刑或者拘役。

内幕信息、知情人员的范围,依照法律、行政法规的规定确定。

【利用未公开信息交易罪】 证券交易所、期货交易所、证券公司、期货经纪公司、基金管理公司、商业银行、保险公司等金融机构的从业人员以及有关监管部门或者行业协会的工作人员,利用因职务便利获取的内幕信息以外的其他未公开的信息,违反规定,从事与该信息相关的证券、期货交易活动,或者明示、暗示他人从事相关交易活动,情节严重的,依照第1款的规定处罚。

(本条《中华人民共和国刑法修正案》第1次修改;《中华人民共和国刑法修正案(7)》第2次修改)

• 释义

内幕交易、泄露内幕信息罪是指证券、期货交易内幕信息的知情人员或者非法获取证券、期货交易内幕信息的人员,在涉及证券的发行,证券、期货交易或者其他对证券、期货交易价格有重大影响的信息尚未公开前,买入或者卖出该证券,或者从事与该内幕信息有关的期货交易,或者泄露该信息,或者明示、暗示他人从事上述交易活动,情节严重的行为。

行为主体既可以是自然人,也可以是单位。

利用未公开信息交易罪是指证券交易所、期货交易所、证券公司、期货经纪公司、基金管理公司、商业银行、保险公司等金融机构的从业人员以及有关监管部门或者行业协会的工作人员,利用因职务便利获取的内幕信息以外的其他未公开的信息,违反规定,从事与该信息相关的证券、期货交易活动,或者明示、暗示他人从事相关交易活动,情节严重的行为。

行为主体是相关从业人员或者行业协会的工作人员等身份犯。

• 管辖

公安机关经济犯罪侦查部门、监察机关(公职人员行使公权力过程中发生的犯罪案件[仅适用利用未公开信息交易罪])。

• 立案追诉标准

【内幕交易、泄露内幕信息罪立案追诉标准】

证券、期货交易内幕信息的知情人员、单位或者非法获取证券、期货交易内幕信息的人员、单位,在涉及证券的发行,证券、期货交易或者其他对证券、期货交易价格有重大影响的信息尚未公开前,买入或者卖出该证券,或者从事与该内幕信息有关的期货交易,或者泄露该信息,或者明示、暗示他人从事上述交易活动,涉嫌下列情形之一的,应予立案追诉:

(一)获利或者避免损失数额在50万元以上的;

(二)证券交易成交额在200万元以上的;

(三)期货交易占用保证金数额在100万元以上的;

(四)2年内3次以上实施内幕交易、泄露内幕信息行为的;

(五)明示、暗示3人以上从事与内幕信息相关的证券、期货交易活动的;

(六)具有其他严重情节的。

内幕交易获利或者避免损失数额在25万元以上,或者证券交易成交额在100万元以上,或者期货交易占用保证金数额在50万元以上,同时涉嫌下列情形之一的,应予立案追诉:

(一)证券法规定的证券交易内幕信息的知情人实施或者与他人共同实施内幕交易行为的;

(二)以出售或者变相出售内幕信息等方式,明示、暗示他人从事与该内幕信息相关的交易活动的;

(三)因证券、期货犯罪行为受过刑事追究的;

(四)2年内因证券、期货违法行为受过行政处罚的;

(五)造成其他严重后果的。

【利用未公开信息交易罪立案追诉标准】

证券交易所、期货交易所、证券公司、期货公司、基金管理公司、商业银行、保险公司等金融机构的从业人员以及有关监管部门或者行业协会的工作人员,利用因职务便利获取的内幕信息以外的其他未公开的信息,违反规定,从事与该信息相关的证券、期货交易活动,或者明示、暗示他人从事相关交易活动,涉嫌下列情形之一的,应予立案追诉:

(一)获利或者避免损失数额在100万元以上的;

(二)2年内3次以上利用未公开信息交易的;

(三)明示、暗示3人以上从事相关交易活动的;

(四)具有其他严重情节的。

利用未公开信息交易,获利或者避免损失数额在50万元以上,或者证券交易成交额在500万元以上,或者期货交易占用保证金数额在100万元以上,同时涉嫌下列情形之一的,应予立案追诉:

(一)以出售或者变相出售未公开信息等方式,明示、暗示他人从事相关交易活动的;

(二)因证券、期货犯罪行为受过刑事追究的;

(三)2年内因证券、期货违法行为受过行政处罚的;

(四)造成其他严重后果的。

• 关联法律

1.《中华人民共和国证券法》(1998年12月29日第九届全国人大常委会第六次会议通过;2004年8月28日第十届全国人大常委会第十一次会议《关于修改〈中华人民共和国证券法〉的决定》第一次修正;2005年10月27日第十届全国人大常委会第十八次会议第一次修订;2013年6月29日第十二届全国人大常委会第三次会议《关于修改〈中华人民共和国文物保护法〉等12部法律的决定》第二次修正;2014年8月31日第十二届全国人大常委会第十次会议《关于修改〈中华人民共和国保险法〉等5部法律的决定》第三次修正;2019年12月28日第十三届全国人大常委会第十五次会议第二次修订)

第3章第3节　禁止的交易行为

第50条　禁止证券中华人民共和国证券法交易内幕信息的知情人和非法获取内幕信息的人利用内幕信息从事证券交易活动。

第51条　证券交易内幕信息的知情人包括:

(一)发行人及其董事、监事、高级管理人员;(二)持有公司百分之五以上股份的股东及其董事、监事、高级管理人员,公司的实际控制人及其董事、监事、高级管理人员;(三)发行人控股或者实际控制的公司及其董事、监事、高级管理人员;(四)由于所任公司职务或者因与公司业务往来可以获取公司有关内幕信息的人员;(五)上市公司收购人或者重大资产交易方及其控股股东、实际控制人、董事、监事和高级管理人员;(六)因职务、工作可以获取内幕信息的证券交易场所、证券公司、证券登记结算机构、证券服务机构的有关人员;(七)因职责、工作可以获取内幕信息的证券监督管理机构工作人员;(八)因法定职责对证券的发行、交易或者对上市公司及其收购、重大资产交易进行管理可以获取内幕信息的有关主管部门、监管机构的工作人员;(九)国务院证券监督管理机构规定的可以获取内幕信息的其他人员。

第52条　证券交易活动中,涉及发行人的经营、财务或者对该发行人证券的市场价格有重大影响的尚未公开的信息,为内幕信息。

本法第80条第2款、第81条第2款所列重大事件属于内幕信息。

第53条　证券交易内幕信息的知情人和非法获取内幕信息的人,在内幕信息公开前,不得买卖该公司的证券,或者泄露该信息,或者建议他人买卖该证券。

持有或者通过协议、其他安排与他人共同持有公司百分之五以上股份的自然人、法人、非法人组织收购上市公司的股份,本法另有规定的,适用其规定。

内幕交易行为给投资者造成损失的,应当依法承担赔偿责任。

第54条　禁止证券交易场所、证券公司、证券登记结算机构、证券服务机构和其他金融机构的从业人员、有关监管部门或者行业协会的工作人员,利用因职务便利获取的内幕信息以外的其他未公开的信息,违反规定,从事与该信息相关的证券交易活动,或者明示、暗示他人从事相关交易活动。

利用未公开信息进行交易给投资者造成损失的,应当依法承担赔偿责任。

第55条 禁止任何人以下列手段操纵证券市场,影响或者意图影响证券交易价格或者证券交易量:

(一)单独或者通过合谋,集中资金优势、持股优势或者利用信息优势联合或者连续买卖;(二)与他人串通,以事先约定的时间、价格和方式相互进行证券交易;(三)在自己实际控制的账户之间进行证券交易;(四)不以成交为目的,频繁或者大量申报并撤销申报;(五)利用虚假或者不确定的重大信息,诱导投资者进行证券交易;(六)对证券、发行人公开作出评价、预测或者投资建议,并进行反向证券交易;(七)利用在其他相关市场的活动操纵证券市场;(八)操纵证券市场的其他手段。

操纵证券市场行为给投资者造成损失的,应当依法承担赔偿责任。

第56条 禁止任何单位和个人编造、传播虚假信息或者误导性信息,扰乱证券市场。

禁止证券交易场所、证券公司、证券登记结算机构、证券服务机构及其从业人员,证券业协会、证券监督管理机构及其工作人员,在证券交易活动中作出虚假陈述或者信息误导。

各种传播媒介传播证券市场信息必须真实、客观,禁止误导。传播媒介及其从事证券市场信息报道的工作人员不得从事与其工作职责发生利益冲突的证券买卖。

编造、传播虚假信息或者误导性信息,扰乱证券市场,给投资者造成损失的,应当依法承担赔偿责任。

第57条 禁止证券公司及其从业人员从事下列损害客户利益的行为:

(一)违背客户的委托为其买卖证券;(二)不在规定时间内向客户提供交易的确认文件;(三)未经客户的委托,擅自为客户买卖证券,或者假借客户的名义买卖证券;(四)为牟取佣金收入,诱使客户进行不必要的证券买卖;(五)其他违背客户真实意思表示,损害客户利益的行为。

违反前款规定给客户造成损失的,应当依法承担赔偿责任。

第58条 任何单位和个人不得违反规定,出借自己的证券账户或者借用他人的证券账户从事证券交易。

第59条 依法拓宽资金入市渠道,禁止资金违规流入股市。

禁止投资者违规利用财政资金、银行信贷资金买卖证券。

第60条 国有独资企业、国有独资公司、国有资本控股公司买卖上市交易的股票,必须遵守国家有关规定。

第61条 证券交易场所、证券公司、证券登记结算机构、证券服务机构及其从业人员对证券交易中发现的禁止的交易行为,应当及时向证券监督管理机构报告。

第80条 发生可能对上市公司、股票在国务院批准的其他全国性证券交易场所交易的公司的股票交易价格产生较大影响的重大事件,投资者尚未得知时,公司应当立即将有关该重大事件的情况向国务院证券监督管理机构和证券交易场所报送临时报告,并予公告,说明事件的起因、目前的状态和可能产生的法律后果。

前款所称重大事件包括:

(一)公司的经营方针和经营范围的重大变化;(二)公司的重大投资行为,公司在1年内购买、出售重大资产超过公司资产总额30%,或者公司营业用主要资产的抵押、质押、出售或者报废1次超过该资产的30%;(三)公司订立重要合同、提供重大担保或者从事关联交易,可能对公司的资产、负债、权益和经营成果产生重要影响;(四)公司发生重大债务和未能清偿到期重大债务的违约情况;(五)公司发生重大亏损或者重大损失;(六)公司生产经营的外部条件发生的重大变化;(七)公司的董事、三分之一以上监事或者经理发生变动,董事长或者经理无法履行职责;(八)持有公司 5%以上股份的股东或者实际控制人持有股份或者控制公司的情况发生较大变化,公司的实际控制人及其控制的其他企业从事与公司相同或者相似业务的情况发生较大变化;(九)公司分配股利、增资的计划,公司股权结构的重要变化,公司减资、合并、分立、解散及申请破产的决定,或者依法进入破产程序、被责令关闭;(十)涉及公司的重大诉讼、仲裁,股东大会、董事会决议被依法撤销或者宣告无效;(十一)公司涉嫌犯罪被依法立案调查,公司的控股股东、实际控制人、董事、监事、高级管理人员涉嫌犯罪被依法采取强制措施;(十二)国务院证券监督管理机构规定的其他事项。

公司的控股股东或者实际控制人对重大事件的发生、进展产生较大影响的,应当及时将其知悉的有关情况书面告知公司,并配合公司履行信息披露义务。

第 81 条 发生可能对上市交易公司债券的交易价格产生较大影响的重大事件,投资者尚未得知时,公司应当立即将有关该重大事件的情况向国务院证券监督管理机构和证券交易场所报送临时报告,并予公告,说明事件的起因、目前的状态和可能产生的法律后果。

前款所称重大事件包括:

(一)公司股权结构或者生产经营状况发生重大变化;(二)公司债券信用评级发生变化;(三)公司重大资产抵押、质押、出售、转让、报废;(四)公司发生未能清偿到期债务的情况;(五)公司新增借款或者对外提供担保超过上年末净资产的 20%;(六)公司放弃债权或者财产超过上年末净资产的 10%;(七)公司发生超过上年末净资产 10%的重大损失;(八)公司分配股利,作出减资、合并、分立、解散及申请破产的决定,或者依法进入破产程序、被责令关闭;(九)涉及公司的重大诉讼、仲裁;(十)公司涉嫌犯罪被依法立案调查,公司的控股股东、实际控制人、董事、监事、高级管理人员涉嫌犯罪被依法采取强制措施;(十一)国务院证券监督管理机构规定的其他事项。(全文略)

2.《中华人民共和国刑法修正案》(1999 年 12 月 25 日第九届全国人大常委会第十三次会议通过)

四、将刑法第 180 条修改为:"证券、期货交易内幕信息的知情人员或者非法获取证券、期货交易内幕信息的人员,在涉及证券的发行,证券、期货交易或者其他对证券、期货交易价格有重大影响的信息尚未公开前,买入或者卖出该证券,或者从事与该内幕信息有关的期货交易,或者泄露该信息,情节严重的,处 5 年以下有期徒刑或者拘役,并处或者单处违法所得 1 倍以上 5 倍以下罚金;情节特别严重的,处 5 年以上 10 年以下有期徒刑,并处违法所得 1 倍以上 5 倍以下罚金。

"单位犯前款罪的,对单位判处罚金,并对其直接负责的主管人员和其他直接责任人员,处 5 年以下有期徒刑或者拘役。

"内幕信息、知情人员的范围,依照法律、行政法规的规定确定。"

3. 国务院《期货交易管理条例》(2007 年 3 月 6 日国务院令第 489 号,2012 年 10 月 24 日《国务院关于修改〈期货交易管理条例〉的决定第一次修订》;2013 年 7 月 18 日根据国务院《关于废止和修改部分行政法规的决定》第二次修订;2016 年 2 月 6 日根据国务院《关于废止和修改部分行政法规的决定》第三次修订;2017 年 3 月 1 日根据国务院《关于废止和修改部分行政法规的决定》第四次修订)(此条内容在 2007《期货交易管理条例》中为第 85 条;2012 年第一次修订后为第 82 条;2013 年第二次修订后为第 81 条。)

第 81 条 本条例下列用语的含义:

(一)商品期货合约,是指以农产品、工业品、能源和其他商品及其相关指数产品为标的物的期货合约。

(二)金融期货合约,是指以有价证券、利率、汇率等金融产品及其相关指数产品为标的物的期货合约。

（三）保证金，是指期货交易者按照规定交纳的资金或者提交的价值稳定、流动性强的标准仓单、国债等有价证券，用于结算和保证履约。

（四）结算，是指根据期货交易所公布的结算价格对交易双方的交易结果进行的资金清算和划转。

（五）交割，是指合约到期时，按照期货交易所的规则和程序，交易双方通过该合约所载标的物所有权的转移，或者按照规定结算价格进行现金差价结算，了结到期未平仓合约的过程。

（六）平仓，是指期货交易者买入或者卖出与其所持合约的品种、数量和交割月份相同但交易方向相反的合约，了结期货交易的行为。

（七）持仓量，是指期货交易者所持有的未平仓合约的数量。

（八）持仓限额，是指期货交易所对期货交易者的持仓量规定的最高数额。

（九）标准仓单，是指交割仓库开具并经期货交易所认定的标准化提货凭证。

（十）涨跌停板，是指合约在1个交易日中的交易价格不得高于或者低于规定的涨跌幅度，超出该涨跌幅度的报价将被视为无效，不能成交。

（十一）内幕信息，是指可能对期货交易价格产生重大影响的尚未公开的信息，包括：国务院期货监督管理机构以及其他相关部门制定的对期货交易价格可能发生重大影响的政策，期货交易所作出的可能对期货交易价格发生重大影响的决定，期货交易所会员、客户的资金和交易动向以及国务院期货监督管理机构认定的对期货交易价格有显著影响的其他重要信息。

（十二）内幕信息的知情人员，是指由于其管理地位、监督地位或者职业地位，或者作为雇员、专业顾问履行职务，能够接触或者获得内幕信息的人员，包括：期货交易所的管理人员以及其他由于任职可获取内幕信息的从业人员，国务院期货监督管理机构和其他有关部门的工作人员以及国务院期货监督管理机构规定的其他人员。（全文略）

4.《中华人民共和国刑法修正案（7）》（2009年2月28日第十一届全国人大常委会第七次会议通过）

二、将刑法第180条第1款修改为："证券、期货交易内幕信息的知情人员或者非法获取证券、期货交易内幕信息的人员，在涉及证券的发行，证券、期货交易或者其他对证券、期货交易价格有重大影响的信息尚未公开前，买入或者卖出该证券，或者从事与该内幕信息有关的期货交易，或者泄露该信息，或者明示、暗示他人从事上述交易活动，情节严重的，处5年以下有期徒刑或者拘役，并处或者单处违法所得1倍以上5倍以下罚金；情节特别严重的，处5年以上10年以下有期徒刑，并处违法所得1倍以上5倍以下罚金。"

增加1款作为第4款："证券交易所、期货交易所、证券公司、期货经纪公司、基金管理公司、商业银行、保险公司等金融机构的从业人员以及有关监管部门或者行业协会的工作人员，利用因职务便利获取的内幕信息以外的其他未公开的信息，违反规定，从事与该信息相关的证券、期货交易活动，或者明示、暗示他人从事相关交易活动，情节严重的，依照第1款的规定处罚。"

（1997年《刑法》原条文第1款仅处罚证券内幕交易、泄露证券内幕信息的行为。《刑法修正案》第4条增加了处罚期货内幕交易、泄露期货内幕信息的规定。《刑法修正案（7）》增加了处罚"明示、暗示他人从事上述交易活动"的规定。）

5. 最高人民检察院、公安部《关于公安机关管辖的刑事案件立案追诉标准的规定（2）》（公通字〔2010〕23号）

（公通字〔2022〕12号已声明该文件废止）

6. 公安部经济犯罪侦查局《关于转证监会〈关于韩×等人涉嫌利用未公开信息交易案有关问题的认定函〉的通知》(公证券〔2010〕86号)

一、本案涉及的"未公开信息"是指韩×担任××基金管理有限公司××证券投资基金(以下简称××基金)经理期间,因管理该基金而掌握的有关投资决策、交易等方面的重要信息,包括××基金投资股票的名称、数量、价格、盈利预期以及投资(买卖)时点等。

二、本案有关证券交易账户利用"未公开信息"所进行的股票交易与××基金投资的关联性是指涉案账户和××基金在股票交易品种及交易时机上的关联,即涉案账户先于或同步于××基金买入或卖出同一只股票。

7. 最高人民法院、最高人民检察院《关于办理内幕交易、泄露内幕信息刑事案件具体应用法律若干问题的解释》(法释〔2012〕6号)

为维护证券、期货市场管理秩序,依法惩治证券、期货犯罪,根据刑法有关规定,现就办理内幕交易、泄露内幕信息刑事案件具体应用法律的若干问题解释如下:

第1条 下列人员应当认定为刑法第180条第1款规定的"证券、期货交易内幕信息的知情人员":

(一)证券法第74条规定的人员;(二)期货交易管理条例第85条第12项规定的人员。(现为修订后的期货交易管理条例第81条第12项内容)

第2条 具有下列行为的人员应当认定为刑法第180条第1款规定的"非法获取证券、期货交易内幕信息的人员":

(一)利用窃取、骗取、套取、窃听、利诱、刺探或者私下交易等手段获取内幕信息的;(二)内幕信息知情人员的近亲属或者其他与内幕信息知情人员关系密切的人员,在内幕信息敏感期内,从事或者明示、暗示他人从事,或者泄露内幕信息导致他人从事与该内幕信息有关的证券、期货交易,相关交易行为明显异常,且无正当理由或者正当信息来源的;(三)在内幕信息敏感期内,与内幕信息知情人员联络、接触,从事或者明示、暗示他人从事,或者泄露内幕信息导致他人从事与该内幕信息有关的证券、期货交易,相关交易行为明显异常,且无正当理由或者正当信息来源的。

第3条 本解释第2条第2项、第3项规定的"相关交易行为明显异常",要综合以下情形,从时间吻合程度、交易背离程度和利益关联程度等方面予以认定:

(一)开户、销户、激活资金账户或者指定交易(托管)、撤销指定交易(转托管)的时间与该内幕信息形成、变化、公开时间基本一致的;(二)资金变化与该内幕信息形成、变化、公开时间基本一致的;(三)买入或者卖出与内幕信息有关的证券、期货合约时间与内幕信息的形成、变化和公开时间基本一致的;(四)买入或者卖出与内幕信息有关的证券、期货合约时间与获悉内幕信息的时间基本一致的;(五)买人或者卖出证券、期货合约行为明显与平时交易习惯不同的;(六)买入或者卖出证券、期货合约行为,或者集中持有证券、期货合约行为与该证券、期货公开信息反映的基本面明显背离的;(七)账户交易资金进出与该内幕信息知情从员或者非法获取人员有关联或者利害关系的;(八)其他交易行为明显异常情形。

第4条 具有下列情形之一的,不属于刑法第180条第1款规定的从事与内幕信息有关的证券、期货交易:

(一)持有或者通过协议、其他安排与他人共同持有上市公司百分之五以上股份的自然人、法人或者其他组织收购该上市公司股份的;(二)按照事先订立的书面合同、指令、计划从事相关证券、期货交易的;(三)依据已被他人披露的信息而交易的;(四)交易具有其他正当理由或者正当信息来源的。

第5条 本解释所称"内幕信息敏感期"是指内幕信息自形成至公开的期间。

证券法第67条第2款所列“重大事件”的发生时间，第75条规定的“计划”、“方案”以及期货交易管理条例第85条第11项规定的“政策”，“决定”等的形成时间，应当认定为内幕信息的形成之时。

影响内幕信息形成的动议、筹划、决策或者执行人员，其动议、筹划、决策或者执行初始时间，应当认定为内幕信息的形成之时。

内幕信息的公开，是指内幕信息在国务院证券、期货监督管理机构指定的报刊、网站等媒体披露。

第6条 在内幕信息敏感期内从事或者明示、暗示他人从事或者泄露内幕信息导致他人从事与该内幕信息有关的证券、期货交易，具有下列情形之一的，应当认定为刑法第180条第1款规定的“情节严重”：

(一)证券交易成交额在50万元以上的；(二)期货交易占用保证金数额在30万元以上的；(三)获利或者避免损失数额在15万元以上的；(四)3次以上的；(五)具有其他严重情节的。

第7条 在内幕信息敏感期内从事或者明示、暗示他人从事或者泄露内幕信息导致他人从事与该内幕信息有关的证券、期货交易，具有下列情形之一的，应当认定为刑法第180条第1款规定的“情节特别严重”：

(一)证券交易成交额在250万元以上的；(二)期货交易占用保证金数额在150万元以上的；(三)获利或者避免损失数额在75万元以上的；(四)具有其他特别严重情节的。

第8条 2次以上实施内幕交易或者泄露内幕信息行为，未经行政处理或者刑事处理的，应当对相关交易数额依法累计计算。

第9条 同一案件中，成交额、占用保证金额、获利或者避免损失额分别构成情节严重、情节特别严重的，按照处罚较重的数额定罪处罚。

构成共同犯罪的，按照共同犯罪行为人的成交总额、占用保证金总额、获利或者避免损失总额定罪处罚，但判处各被告人罚金的总额应掌握在获利或者避免损失总额的1倍以上5倍以下。

第10条 刑法第180条第1款规定的“违法所得”，是指通过内幕交易行为所获利益或者避免的损失。

内幕信息的泄露人员或者内幕交易的明示、暗示人员未实际从事内幕交易的，其罚金数额按照因泄露而获悉内幕信息人员或者被明示、暗示人员从事内幕交易的违法所得计算。

第11条 单位实施刑法第180条第1款规定的行为，具有本解释第6条规定情形之一的，按照刑法第180条第2款的规定定罪处罚。

8.最高人民法院、最高人民检察院《关于贯彻执行〈关于办理证券期货违法犯罪案件工作若干问题的意见〉有关问题的通知》(法发〔2012〕8号)

(详见本书《刑法》第160条相关内容)

9.最高人民检察院《第7批指导性案例马乐利用未公开信息交易案》(检例第24号；2016年5月31日)

【要旨】

刑法第180条第4款利用未公开信息交易罪为援引法定刑的情形，应当是对第1款法定刑的全部援引。其中，“情节严重”是入罪标准，在处罚上应当依照本条第1款内幕交易、泄露内幕信息罪的全部法定刑处罚，即区分不同情形分别依照第1款规定的“情节严重”和“情节特别严重”两个量刑档次处罚。

【指导意义】

我国刑法分则“罪状+法定刑”的立法模式决定了在性质相近、危害相当罪名的法条规范上,基本采用援引法定刑的立法技术。本案对刑法第180条第4款援引法定刑理解的争议是刑法解释的理论问题。正确理解刑法条文,应当以文义解释为起点,综合运用体系解释、目的解释等多种解释方法,按照罪刑法定原则和罪责刑相适应原则的要求,从整个刑法体系中把握立法目的,平衡法益保护。

1. 从法条文义理解,刑法第180条第4款中的"情节严重"是入罪条款,为犯罪构成要件,表明该罪情节犯的属性,具有限定处罚范围的作用,以避免"情节不严重"的行为也入罪,而非量刑档次的限缩。本条款中"情节严重"之后并未列明具体的法定刑,不兼具量刑条款的性质,量刑条款为"依照第1款的规定处罚",应当理解为对第1款法定刑的全部援引而非部分援引,即同时存在"情节严重"、"情节特别严重"两种情形和两个量刑档次。

2. 从刑法体系的协调性考量,一方面,刑法中存在与第180条第4款表述类似的条款,印证了援引法定刑为全部援引。如刑法第285条第3款规定"情节严重的,依照前款的规定处罚",2011年《最高人民法院、最高人民检察院关于办理危害计算机信息系统安全刑事案件应用法律若干问题的解释》第3条明确了本款包含有"情节严重"、"情节特别严重"两个量刑档次。另一方面,从刑法其他条文的反面例证看,法定刑设置存在细微差别时即无法援引。如刑法第180条第2款关于内幕交易、泄露内幕信息罪单位犯罪的规定,没有援引前款个人犯罪的法定刑,而是单独明确规定处5年以下有期徒刑或者拘役。这是因为第1款规定了情节严重、情节特别严重两个量刑档次,而第2款只有1个量刑档次,并且不对直接负责的主管人员和其他直接责任人员并处罚金。在这种情况下,为避免发生歧义,立法不会采用援引法定刑的方式,而是对相关法定刑作出明确表述。

3. 从设置利用未公开信息交易罪的立法目的分析,刑法将本罪与内幕交易、泄露内幕信息罪一并放在第180条中分款予以规定,就是由于两罪虽然信息范围不同,但是其通过信息的未公开性和价格影响性获利的本质相同,对公众投资者利益和金融管理秩序的实质危害性相当,行为人的主观恶性相当,应当适用相同的法定量刑幅度,具体量刑标准也应一致。如果只截取情节严重部分的法定刑进行援引,势必违反罪刑法定原则和罪刑相适应原则,无法实现惩罚和预防犯罪的目的。

10. 最高人民法院《第14批指导性案例马乐利用未公开信息交易案》(指导案例61号;法〔2016〕214号)

【裁判要点】刑法第180条第4款规定的利用未公开信息交易罪援引法定刑的情形,应当是对第1款内幕交易、泄露内幕信息罪全部法定刑的引用,即利用未公开信息交易罪应有"情节严重""情节特别严重"两种情形和两个量刑档次。

【裁判理由】

法院生效裁判认为:本案事实清楚,定罪准确,争议的焦点在于如何正确理解刑法第180条第4款对于第1款的援引以及如何把握利用未公开信息交易罪"情节特别严重"的认定标准。

一、对刑法第180条第4款援引第1款量刑情节的理解和把握

刑法第180条第1款对内幕交易、泄露内幕信息罪规定为:"证券、期货交易内幕信息的知情人员或者非法获取证券、期货交易内幕信息的人员,在涉及证券的发行,证券、期货交易或者其他对证券、期货交易价格有重大影响的信息尚未公开前,买入或者卖出该证券,或者从事与该内幕信息有关的期货交易,或者泄露该信息,或者明示、暗示他人从事上述交易活动,情节严重的,处5年以下有期徒刑或者拘役,并处或者单处违法所得1倍以上5倍以下罚金;情节特别严重的,处5年以上10年以下有期徒刑,并处违法所得1倍以上5倍以下罚金。"第4款对利用未公开信息交易罪规定为:"证券交易所、期货交易所、证券公司、期货经济公司、基

金管理公司、商业银行、保险公司等金融机构的从业人员以及有关监管部门或者行业协会的工作人员,利用因职务便利获取的内幕信息以外的其他未公开的信息,违反规定,从事与该信息相关的证券、期货交易活动,或者明示、暗示他人从事相关交易活动,情节严重的,依照第1款的规定处罚。”

对于第4款中“情节严重的,依照第1款的规定处罚”应如何理解,在司法实践中存在不同的认识。一种观点认为,第4款中只规定了“情节严重”的情形,而未规定“情节特别严重”的情形,因此,这里的“情节严重的,依照第1款的规定处罚”只能是依照第1款中“情节严重”的量刑档次予以处罚;另一种观点认为,第4款中的“情节严重”只是入罪条款,即达到了情节严重以上的情形,依据第1款的规定处罚。至于具体处罚,应看符合第1款中的“情节严重”还是“情节特别严重”的情形,分别情况依法判处。情节严重的,“处5年以下有期徒刑”,情节特别严重的,“处5年以上10年以下有期徒刑”。

最高人民法院认为,刑法第180条第4款援引法定刑的情形,应当是对第一款全部法定刑的引用,即利用未公开信息交易罪应有“情节严重”“情节特别严重”两种情形和两个量刑档次。这样理解的具体理由如下:

(一)符合刑法的立法目的。由于我国基金、证券、期货等领域中,利用未公开信息交易行为比较多发,行为人利用公众投入的巨额资金作后盾,以提前买入或者提前卖出的手段获得巨额非法利益,将风险与损失转嫁到其他投资者,不仅对其任职单位的财产利益造成损害,而且严重破坏了公开、公正、公平的证券市场原则,严重损害客户投资者或处于信息弱势的散户利益,严重损害金融行业信誉,影响投资者对金融机构的信任,进而对资产管理和基金、证券、期货市场的健康发展产生严重影响。为此,《中华人民共和国刑法修正案(7)》增设利用未公开信息交易罪,并将该罪与内幕交易、泄露内幕信息罪规定在同一法条中,说明两罪的违法与责任程度相当。利用未公开信息交易罪也应当适用“情节特别严重”。

(二)符合法条的文意。首先,刑法第一百八十条第四款中的“情节严重”是入罪条款。《最高人民检察院、公安部关于公安机关管辖的刑事案件立案追诉标准的规定(2)》,对利用未公开信息交易罪规定了追诉的情节标准,说明该罪需达到“情节严重”才能被追诉。利用未公开信息交易罪属情节犯,立法要明确其情节犯属性,就必须借助“情节严重”的表述,以避免“情节不严重”的行为入罪。其次,该款中“情节严重”并不兼具量刑条款的性质。刑法条文中大量存在“情节严重”兼具定罪条款及量刑条款性质的情形,但无一例外均在其后列明了具体的法定刑。刑法第180条第4款中“情节严重”之后,并未列明具体的法定刑,而是参照内幕交易、泄露内幕信息罪的法定刑。因此,本款中的“情节严重”仅具有定罪条款的性质,而不具有量刑条款的性质。

(三)符合援引法定刑立法技术的理解。援引法定刑是指对某一犯罪并不规定独立的法定刑,而是援引其他犯罪的法定刑作为该犯罪的法定刑。刑法第180条第4款援引法定刑的目的是为了避免法条文字表述重复,并不属于法律规定不明确的情形。

综上,刑法第180条第4款虽然没有明确表述“情节特别严重”,但是根据本条款设立的立法目的、法条文意及立法技术,应当包含“情节特别严重”的情形和量刑档次。

二、利用未公开信息交易罪“情节特别严重”的认定标准

目前虽然没有关于利用未公开信息交易罪“情节特别严重”认定标准的专门规定,但鉴于刑法规定利用未公开信息交易罪是参照内幕交易、泄露内幕信息罪的规定处罚,最高人民法院、最高人民检察院《关于办理内幕交易、泄露内幕信息刑事案件具体应用法律若干问题的解释》将成交额250万元以上、获利75万元以上等情形认定为内幕交易、泄露内幕信息罪“情节特别严重”的标准,利用未公开信息交易罪也应当遵循相同的标准。马乐利用未公开信息进

行交易活动,累计成交额达10.5亿余元,非法获利达1912万余元,已远远超过上述标准,且在案发时属全国查获的该类犯罪数额最大者,参照最高人民法院、最高人民检察院《关于办理内幕交易、泄露内幕信息刑事案件具体应用法律若干问题的解释》,马乐的犯罪情节应当属于"情节特别严重"。

11. 最高人民法院《关于进一步加强金融审判工作的若干意见》(法发〔2017〕22号)

(详见本书《刑法》第160条相关内容)

12. 最高人民法院、最高人民检察院《关于办理利用未公开信息交易刑事案件适用法律若干问题的解释》(法释〔2019〕10号)

为依法惩治证券、期货犯罪,维护证券、期货市场管理秩序,促进证券、期货市场稳定健康发展,保护投资者合法权益,根据《中华人民共和国刑法》《中华人民共和国刑事诉讼法》的规定,现就办理利用未公开信息交易刑事案件适用法律的若干问题解释如下:

第1条 刑法第180条第4款规定的"内幕信息以外的其他未公开的信息",包括下列信息:

(一)证券、期货的投资决策、交易执行信息;(二)证券持仓数量及变化、资金数量及变化、交易动向信息;(三)其他可能影响证券、期货交易活动的信息。

第2条 内幕信息以外的其他未公开的信息难以认定的,司法机关可以在有关行政主(监)管部门的认定意见的基础上,根据案件事实和法律规定作出认定。

第3条 刑法第180条第4款规定的"违反规定",是指违反法律、行政法规、部门规章、全国性行业规范有关证券、期货未公开信息保护的规定,以及行为人所在的金融机构有关信息保密、禁止交易、禁止利益输送等规定。

第4条 刑法第180条第4款规定的行为人"明示、暗示他人从事相关交易活动",应当综合以下方面进行认定:

(一)行为人具有获取未公开信息的职务便利;(二)行为人获取未公开信息的初始时间与他人从事相关交易活动的初始时间具有关联性;(三)行为人与他人之间具有亲友关系、利益关联、交易终端关联等关联关系;(四)他人从事相关交易的证券、期货品种、交易时间与未公开信息所涉证券、期货品种、交易时间等方面基本一致;(五)他人从事的相关交易活动明显不具有符合交易习惯、专业判断等正当理由;(六)行为人对明示、暗示他人从事相关交易活动没有合理解释。

第5条 利用未公开信息交易,具有下列情形之一的,应当认定为刑法第180条第4款规定的"情节严重":

(一)违法所得数额在100万元以上的;(二)2年内3次以上利用未公开信息交易的;(三)明示、暗示3人以上从事相关交易活动的。

第6条 利用未公开信息交易,违法所得数额在50万元以上,或者证券交易成交额在500万元以上,或者期货交易占用保证金数额在100万元以上,具有下列情形之一的,应当认定为刑法第180条第4款规定的"情节严重":

(一)以出售或者变相出售未公开信息等方式,明示、暗示他人从事相关交易活动的;(二)因证券、期货犯罪行为受过刑事追究的;(三)2年内因证券、期货违法行为受过行政处罚的;(四)造成恶劣社会影响或者其他严重后果的。

第7条 刑法第180条第4款规定的"依照第1款的规定处罚",包括该条第1款关于"情节特别严重"的规定。

利用未公开信息交易,违法所得数额在1000万元以上的,应当认定为"情节特别严重"。

违法所得数额在500万元以上,或者证券交易成交额在5000万元以上,或者期货交易占用保证金数额在1000万元以上,具有本解释第6条规定的4种情形之一的,应当认定为“情节特别严重”。

第8条 2次以上利用未公开信息交易,依法应予行政处理或者刑事处理而未经处理的,相关交易数额或者违法所得数额累计计算。

第9条 本解释所称“违法所得”,是指行为人利用未公开信息从事与该信息相关的证券、期货交易活动所获利益或者避免的损失。

行为人明示、暗示他人利用未公开信息从事相关交易活动,被明示、暗示人员从事相关交易活动所获利益或者避免的损失,应当认定为“违法所得”。

第10条 行为人未实际从事与未公开信息相关的证券、期货交易活动的,其罚金数额按照被明示、暗示人员从事相关交易活动的违法所得计算。

第11条 符合本解释第5条、第6条规定的标准,行为人如实供述犯罪事实,认罪悔罪,并积极配合调查,退缴违法所得的,可以从轻处罚;其中犯罪情节轻微的,可以依法不起诉或者免予刑事处罚。

符合刑事诉讼法规定的认罪认罚从宽适用范围和条件的,依照刑事诉讼法的规定处理。

第12条 本解释自2019年7月1日起施行。

13. 最高人民检察院《第17批指导性案例王鹏等人利用未公开信息交易案》(检例第65号;2020年3月25日)

【要旨】

具有获取未公开信息职务便利条件的金融机构从业人员及其近亲属从事相关证券交易行为明显异常,且与未公开信息相关交易高度趋同,即使其拒不供述未公开信息传递过程等犯罪事实,但其他证据之间相互印证,能够形成证明利用未公开信息犯罪的完整证明体系,足以排除其他可能的,可以依法认定犯罪事实。

【指导意义】

经济金融犯罪大多属于精心准备、组织实施的故意犯罪,犯罪嫌疑人、被告人熟悉法律规定和相关行业规则,犯罪隐蔽性强、专业程度高,证据容易被隐匿、毁灭,证明犯罪难度大。特别是在犯罪嫌疑人、被告人不供认犯罪事实、缺乏直接证据的情形下,要加强对间接证据的审查判断,拓宽证明思路和证明方法,通过对间接证据的组织运用,构建证明体系,准确认定案件事实。

1. 明确指控的思路和方法,全面客观补充完善证据。检察机关办案人员应当准确把握犯罪的主要特征和证明的基本要求,明确指控思路和方法,构建清晰明确的证明体系。对于证明体系中证明环节有缺陷的以及关键节点需要补强证据的,要充分发挥检察机关主导作用,通过引导侦查取证、退回补充侦查,准确引导侦查取证方向,明确侦查取证的目的和要求,及时补充完善证据。必要时要与侦查人员直接沟通,说明案件的证明思路、证明方法以及需要补充完善的证据在证明体系中的证明价值、证明方向和证明作用。在涉嫌利用未公开信息交易的犯罪嫌疑人、被告人不供认犯罪事实,缺乏证明犯意联络、信息传递和利用的直接证据的情形下,应当根据指控思路,围绕犯罪嫌疑人、被告人获取信息的便利条件、时间吻合程度、交易异常程度、利益关联程度、行为人专业背景等关键要素,通过引导侦查取证、退回补充侦查或者自行侦查,全面收集相关证据。

2. 加强对间接证据的审查,根据证据反映的客观事实判断案件事实。在缺乏直接证据的情形下,通过对间接证据证明的客观事实的综合判断,运用经验法则和逻辑规则,依法认定案件事实,建立从间接证据证明客观事实,再从客观事实判断案件事实的完整证明体系。本案中,办案人员首先通过对3名被告人被指控犯罪时段和其他时段证券交易数据、未公开信息相关交易信息等证据,证明其交易与未公开信息的关联性、趋同度及与其平常交易习惯的差异性;通过身份关系、资金往来等证据,证明双方具备传递信息的动机和条件;通过专业背景、职业经历、接触人员等证据,证明交易行为不符合其个人能力经验;然后借助证券市场的基本规律和一般人的经验常识,对上述客观事实进行综合判断,认定了案件事实。

3. 合理排除证据矛盾,确保证明结论唯一。运用间接证据证明案件事实,构成证明体系的间接证据应当相互衔接、相互支撑、相互印证,证据链条完整、证明结论唯一。基于经验和逻辑作出的判断结论并不必然具有唯一性,还要通过审查证据,进一步分析是否存在与指控方向相反的信息,排除其他可能性。既要审查证明体系中单一证据所包含的信息之间以及不同证据之间是否存在矛盾,又要注重审查证明体系之外的其他证据中是否存在相反信息。在犯罪嫌疑人、被告人不供述、不认罪案件中,要高度重视犯罪嫌疑人、被告人的辩解和其他相反证据,综合判断上述证据中的相反信息是否会实质性阻断由各项客观事实到案件事实的判断过程、是否会削弱整个证据链条的证明效力。与证明体系存在实质矛盾并且不能排除其他可能性的,不能认定案件事实。但不能因为犯罪嫌疑人、被告人不供述或者提出辩解,就认为无法排除其他可能性。犯罪嫌疑人、被告人的辩解不具有合理性、正当性,可以认定证明结论唯一。

14. 最高人民检察院、公安部《关于公安机关管辖的刑事案件立案追诉标准的规定(2)》(公通字〔2022〕12号)

(见本条立案追诉标准内容)

第181条 【编造并传播证券、期货交易虚假信息罪】 编造并且传播影响证券交易的虚假信息,扰乱证券、期货交易市场,造成严重后果的,处5年以下有期徒刑或者拘役,并处或者单处1万元以上10万元以下罚金。

【诱骗投资者买卖证券、期货合约罪】 证券交易所、期货交易所、证券公司、期货经纪公司的从业人员,证券业协会、期货业协会或者证券期货监督管理部门的工作人员,故意提供虚假信息或者伪造、变造、销毁交易记录,诱骗投资者买卖证券、期货合约,造成严重后果的,处5年以下有期徒刑或者拘役,并处或者单处1万元以上10万元以下罚金;情节特别恶劣的,处5年以上10年以下有期徒刑,并处2万元以上20万元以下罚金。

单位犯前两款罪的,对单位判处罚金,并对其直接负责的主管人员和其他直接责任人员,处5年以下有期徒刑或者拘役。

(本条《中华人民共和国刑法修正案》修改)

• 释义

编造并传播证券、期货交易虚假信息罪是指编造并且传播影响证券、期货交易的虚假信息,扰乱证券、期货交易市场,造成严重后果的行为。

本罪责任形式是故意;行为主体既可以是自然人,也可以是单位。

诱骗投资者买卖证券、期货合约罪是指证券交易所、期货交易所、证券公司、期货经纪公司的从业人员,证券业协会、期货业协会或者证券、期货管理部门的工作人员与单位,故意提供虚假信息或者伪造、变造、销毁交易记录,诱骗投资者买卖证券、期货合约,造成严重后果的行为。

本罪责任形式是故意;行为主体既是相关从业人员、工作人员,也可以是单位。

• 管辖

公安机关经济犯罪侦查部门、监察机关(公职人员行使公权力过程中发生的犯罪案件[仅适用诱骗投资者买卖证券、期货合约罪])。

• 立案追诉标准

【编造并传播证券、期货交易虚假信息罪立案追诉标准】

编造并且传播影响证券、期货交易的虚假信息,扰乱证券、期货交易市场,涉嫌下列情形之一的,应予立案追诉:

(一)获利或者避免损失数额在5万元以上的;

(二)造成投资者直接经济损失数额在50万元以上的;

(三)虽未达到上述数额标准,但多次编造并且传播影响证券、期货交易的虚假信息的;

(四)致使交易价格或者交易量异常波动的;

(五)造成其他严重后果的。

【诱骗投资者买卖证券、期货合约罪立案追诉标准】

证券交易所、期货交易所、证券公司、期货公司的从业人员,证券业协会、期货业协会或者证券期货监督管理部门的工作人员,故意提供虚假信息或者伪造、变造、销毁交易记录,诱骗投资者买卖证券、期货合约,涉嫌下列情形之一的,应予立案追诉:

(一)获利或者避免损失数额在5万元以上的;

(二)造成投资者直接经济损失数额在50万元以上的;

(三)虽未达到上述数额标准,但多次诱骗投资者买卖证券、期货合约的;

(四)致使交易价格或者交易量异常波动的;

(五)造成其他严重后果的。

• 关联法律

1.《中华人民共和国刑法修正案》(1999年12月25日第九届全国人大常委会第十三次会议通过)

五、将刑法第181条修改为:"编造并且传播影响证券、期货交易的虚假信息,扰乱证券、期货交易市场,造成严重后果的,处5年以下有期徒刑或者拘役,并处或者单处1万元以上10万元以下罚金。

"证券交易所、期货交易所、证券公司、期货经纪公司的从业人员,证券业协会、期货业协会或者证券期货监督管理部门的工作人员,故意提供虚假信息或者伪造、变造、销毁交易记录,诱骗投资者买卖证券、期货合约,造成严重后果的,处5年以下有期徒刑或者拘役,并处或者单处1万元以上10万元以下罚金;情节特别恶劣的,处5年以上10年以下有期徒刑,并处2万元以上20万元以下罚金。

"单位犯前两款罪的,对单位判处罚金,并对其直接负责的主管人员和其他直接责任人员,处5年以下有期徒刑或者拘役。"

(1997年《刑法》原条文仅限于证券交易方面的犯罪,不涉及期货问题。《刑法修正案》增加了期货交易犯罪的规定。)

2.《关于维护互联网安全的决定》(2000年12月28日第九届全国人大常委会第十九次会议通过;2009年8月27日第十一届全国人大常委会第十次会议《关于修改部分法律的决定》修正)

(详见本书《刑法》第141条相关内容)

3. 最高人民检察院、公安部《关于公安机关管辖的刑事案件立案追诉标准的规定(2)》(公通字〔2010〕23号)

(公通字〔2022〕12号已声明该文件废止)

4. 最高人民法院、最高人民检察院《关于贯彻执行〈关于办理证券期货违法犯罪案件工作若干问题的意见〉有关问题的通知》(法发〔2012〕8号)

(详见本书《刑法》第160条相关内容)

5. 最高人民检察院、公安部《关于公安机关管辖的刑事案件立案追诉标准的规定(2)》(公通字〔2022〕12号)

(见本条立案追诉标准内容)

第182条 【操纵证券、期货市场罪】 有下列情形之一,操纵证券、期货市场,影响证券、期货交易价格或者证券、期货交易量,情节严重的,处5年以下有期徒刑或者拘役,并处或者单处罚金;情节特别严重的,处5年以上10年以下有期徒刑,并处罚金:

(一)单独或者合谋,集中资金优势、持股或者持仓优势或者利用信息优势联合或者连续买卖的;

(二)与他人串通,以事先约定的时间、价格和方式相互进行证券、期货交易的;

(三)在自己实际控制的帐户之间进行证券交易,或者以自己为交易对象,自买自卖期货合约的;

(四)不以成交为目的,频繁或者大量申报买入、卖出证券、期货合约并撤销申报的;

(五)利用虚假或者不确定的重大信息,诱导投资者进行证券、期货交易的;

(六)对证券、证券发行人、期货交易标的公开作出评价、预测或者投资建议,同时进行反向证券交易或者相关期货交易的;

(七)以其他方法操纵证券、期货市场的。

单位犯前款罪的,对单位判处罚金,并对其直接负责的主管人员和其他直接责任人员,依照前款的规定处罚。

(本条《中华人民共和国刑法修正案》第1次修改;《中华人民共和国刑法修正案(6)》第2次修改;《中华人民共和国刑法修正案(11)》第3次修改)

• 释义

操纵证券、期货市场罪是指单独或者合谋,集中资金优势、持股或者持仓优势或者利用信息优势联合或者连续买卖,操纵证券、期货交易价格或者证券、期货交易量的;或者与他人串通,以事先约定的时间、价格和方式相互进行证券、期货交易,影响证券、期货交易价格或者证券、期货交易量的;或者在自己实际控制的账户之间进行证券交易,或以自己为交易对象,自买自卖期货合约,影响证券、期货交易价格或者证券、期货交易量等操纵证券、期货市场,情节严重的行为。

行为主体既可以是自然人,也可以是单位。

• 管辖

公安机关经济犯罪侦查部门。

• 立案追诉标准

操纵证券、期货市场,影响证券、期货交易价格或者证券、期货交易量,涉嫌下列情形之一的，应予立案追诉：

（一）持有或者实际控制证券的流通股份数量达到该证券的实际流通股份总量10%以上，实施刑法第182条第1款第1项操纵证券市场行为，连续10个交易日的累计成交量达到同期该证券总成交量百20%以上的；

（二）实施刑法第182条第1款第2项、第3项操纵证券市场行为，连续10个交易日的累计成交量达到同期该证券总成交量20%以上的；

（三）利用虚假或者不确定的重大信息，诱导投资者进行证券交易，行为人进行相关证券交易的成交额在1000万元以上的；

（四）对证券、证券发行人公开作出评价、预测或者投资建议，同时进行反向证券交易，证券交易成交额在1000万元以上的；

（五）通过策划、实施资产收购或者重组、投资新业务、股权转让、上市公司收购等虚假重大事项，误导投资者作出投资决策，并进行相关交易或者谋取相关利益，证券交易成交额在1000万元以上的；

（六）通过控制发行人、上市公司信息的生成或者控制信息披露的内容、时点、节奏，误导投资者作出投资决策，并进行相关交易或者谋取相关利益，证券交易成交额在1000万元以上的；

（七）实施刑法第182条第1款第1项操纵期货市场行为，实际控制的账户合并持仓连续10个交易日的最高值超过期货交易所限仓标准的2倍，累计成交量达到同期该期货合约总成交量20%以上，且期货交易占用保证金数额在500万元以上的；

（八）通过囤积现货，影响特定期货品种市场行情，并进行相关期货交易，实际控制的账户合并持仓连续10个交易日的最高值超过期货交易所限仓标准的2倍，累计成交量达到同期该期货合约总成交量20%以上，且期货交易占用保证金数额在500万元以上的；

（九）实施刑法第182条第1款第2项、第3项操纵期货市场行为，实际控制的账户连续10个交易日的累计成交量达到同期该期货合约总成交量20%以上，且期货交易占用保证金数额在500万元以上的；

（十）利用虚假或者不确定的重大信息，诱导投资者进行期货交易，行为人进行相关期货交易，实际控制的账户连续10个交易日的累计成交量达到同期该期货合约总成交量20%以上，且期货交易占用保证金数额在500万元以上的；

（十一）对期货交易标的公开作出评价、预测或者投资建议，同时进行相关期货交易，实际控制的账户连续10个交易日的累计成交量达到同期该期货合约总成交量的20%以上，且期货交易占用保证金数额在500万元以上的；

（十二）不以成交为目的，频繁或者大量申报买入、卖出证券、期货合约并撤销申报，当日累计撤回申报量达到同期该证券、期货合约总申报量50%以上，且证券撤回申报额在1000万元以上、撤回申报的期货合约占用保证金数额在500万元以上的；

（十三）实施操纵证券、期货市场行为，获利或者避免损失数额在100万元以上的。

操纵证券、期货市场，影响证券、期货交易价格或者证券、期货交易量，获利或者避免损失数额在50万元以上，同时涉嫌下列情形之一的，应予立案追诉：

（一）发行人、上市公司及其董事、监事、高级管理人员、控股股东或者实际控制人实施操纵证券、期货市场行为的；

（二）收购人、重大资产重组的交易对方及其董事、监事、高级管理人员、控股股东或者实际控制人实施操纵证券、期货市场行为的；

（三）行为人明知操纵证券、期货市场行为被有关部门调查，仍继续实施的；

（四）因操纵证券、期货市场行为受过刑事追究的；

（五）2年内因操纵证券、期货市场行为受过行政处罚的；

（六）在市场出现重大异常波动等特定时段操纵证券、期货市场的；

（七）造成其他严重后果的。

对于在全国中小企业股份转让系统中实施操纵证券市场行为，社会危害性大，严重破坏公平公正的市场秩序的，比照本条的规定执行，但本条第1款第1项和第2项除外。

• 关联法律

1.《中华人民共和国刑法修正案》（1999年12月25日第九届全国人大常委会第十三次会议通过）

六、将刑法第182条修改为："有下列情形之一，操纵证券、期货交易价格，获取不正当利益或者转嫁风险，情节严重的，处5年以下有期徒刑或者拘役，并处或者单处违法所得1倍以上5倍以下罚金：

（一）单独或者合谋，集中资金优势、持股或者持仓优势或者利用信息优势联合或者连续买卖，操纵证券、期货交易价格的；（二）与他人串通，以事先约定的时间、价格和方式相互进行证券、期货交易，或者相互买卖并不持有的证券，影响证券、期货交易价格或者证券、期货交易量的；（三）以自己为交易对象，进行不转移证券所有权的自买自卖，或者以自己为交易对象，自买自卖期货合约，影响证券、期货交易价格或者证券、期货交易量的；（四）以其他方法操纵证券、期货交易价格的。

"单位犯前款罪的，对单位判处罚金，并对其直接负责的主管人员和其他直接责任人员，处5年以下有期徒刑或者拘役。"

2.《中华人民共和国刑法修正案（6）》（2006年6月29日第十届全国人大常委会第二十二次会议通过）

十一、将刑法第182条修改为："有下列情形之一，操纵证券、期货市场，情节严重的，处5年以下有期徒刑或者拘役，并处或者单处罚金；情节特别严重的，处5年以上10年以下有期徒刑，并处罚金：

"（一）单独或者合谋，集中资金优势、持股或者持仓优势或者利用信息优势联合或者连续买卖，操纵证券、期货交易价格或者证券、期货交易量的；（二）与他人串通，以事先约定的时间、价格和方式相互进行证券、期货交易，影响证券、期货交易价格或者证券、期货交易量的；（三）在自己实际控制的账户之间进行证券交易，或者以自己为交易对象，自买自卖期货合约，影响证券、期货交易价格或者证券、期货交易量的；（四）以其他方法操纵证券、期货市场的。"

［《刑法修正案》第6条对本条进行过第一次修订。1997年《刑法》原条文仅处罚操纵证券市场的行为。1999年《刑法修正案》将操纵期货市场的行为犯罪化。2006年《刑法修正案（6）》主要是删除了原条文中"获取不正当利益或者转嫁风险"的要件，同时取消了单位犯罪中主管人员和其他直接责任人员独立的法定刑，按照自然人犯操纵证券、期货市场罪的法定刑处罚单位犯罪中的自然人。］

3.《关于公安机关管辖的刑事案件立案标准的规定（2）》（公通字〔2010〕23号）

（公通字〔2022〕12号已声明该文件废止）

4.最高人民法院、最高人民检察院《关于贯彻执行〈关于办理证券期货违法犯罪案件工作若干问题的意见〉有关问题的通知》（法发〔2012〕8号）

（详见本书《刑法》第160条相关内容）

5. 最高人民法院《关于进一步加强金融审判工作的若干意见》(法发〔2017〕22 号)

(详见本书《刑法》第 160 条相关内容)

6. 最高人民检察院《第 10 批指导性案例朱炜明操纵证券市场案》(检例第 39 号;2018 年 7 月 3 日)

【要旨】

证券公司、证券咨询机构、专业中介机构及其工作人员违背从业禁止规定,买卖或者持有证券,并在对相关证券作出公开评价、预测或者投资建议后,通过预期的市场波动反向操作,谋取利益,情节严重的,以操纵证券市场罪追究其刑事责任。

【指导意义】

证券公司、证券咨询机构、专业中介机构及其工作人员,违反规定买卖或者持有相关证券后,对该证券或者其发行人、上市公司作出公开评价、预测或者提出投资建议,通过期待的市场波动谋取利益的,构成"抢帽子"交易操纵行为。发布投资咨询意见的机构或者证券从业人员往往具有一定的社会知名度,他们借助影响力较大的传播平台发布诱导性信息,容易对普通投资者交易决策产生影响。其在发布信息后,又利用证券价格波动实施与投资者反向交易的行为获利,破坏了证券市场管理秩序,违反了证券市场公开、公平、公正原则,具有较大的社会危害性,情节严重的,构成操纵证券市场罪。

证券犯罪具有专业性、隐蔽性、间接性等特征,检察机关办理该类案件时,应当根据证券犯罪案件特点,引导公安机关从证券交易记录、资金流向等问题切入,全面收集涉及犯罪的书证、电子数据、证人证言等证据,并结合案件特点开展证据审查。对书证,要重点审查涉及证券交易记录的凭据,有关交易数量、交易额、成交价格、资金走向等证据。对电子数据,要重点审查收集程序是否合法,是否采取必要的保全措施,是否经过篡改,是否感染病毒等。对证人证言,要重点审查证人与犯罪嫌疑人的关系,证言能否与客观证据相印证等。

办案中,犯罪嫌疑人或被告人及其辩护人经常会提出涉案账户实际控制人及操作人非其本人的辩解。对此,检察机关可以通过行为人资金往来记录,MAC 地址(硬件设备地址)、IP 地址与互联网访问轨迹的重合度与连贯性,身份关系和资金关系的紧密度,涉案股票买卖与公开荐股在时间及资金比例上的高度关联性,相关证人证言在细节上是否吻合等入手,构建严密证据体系,确定被告人与涉案账户的实际控制关系。

非法证券活动涉嫌犯罪的案件,来源往往是证券监管部门向公安机关移送。审查案件过程中,人民检察院可以与证券监管部门加强联系和沟通。证券监管部门在行政执法和查办案件中收集的物证、书证、视听资料、电子数据等证据材料,在刑事诉讼中可以作为证据使用。检察机关通过办理证券犯罪案件,可以建议证券监管部门针对案件反映出的问题,加强资本市场监管和相关制度建设。

7. 最高人民法院、最高人民检察院《关于办理操纵证券、期货市场刑事案件适用法律若干问题的解释》(法释〔2019〕9 号)

为依法惩治证券、期货犯罪,维护证券、期货市场管理秩序,促进证券、期货市场稳定健康发展,保护投资者合法权益,根据《中华人民共和国刑法》《中华人民共和国刑事诉讼法》的规定,现就办理操纵证券、期货市场刑事案件适用法律的若干问题解释如下:

第 1 条 行为人具有下列情形之一的,可以认定为刑法第 182 条第 1 款第 4 项规定的"以其他方法操纵证券、期货市场":

(一)利用虚假或者不确定的重大信息,诱导投资者作出投资决策,影响证券、期货交易价格或者证券、期货交易量,并进行相关交易或者谋取相关利益的;(二)通过对证券及其发行人、上市公司、期货交易标的公开作出评价、预测或者投资建议,误导投资者作出投资决策,影响证券、期货交易价格或者证券、期货交易量，并进行与其评价、预测、投资建议方向相反的证券交易或者相关期货交易的；(三)通过策划、实施资产收购或者重组、投资新业务、股权转让、上市公司收购等虚假重大事项，误导投资者作出投资决策，影响证券交易价格或者证券交易量，并进行相关交易或者谋取相关利益的；(四)通过控制发行人、上市公司信息的生成或者控制信息披露的内容、时点、节奏，误导投资者作出投资决策，影响证券交易价格或者证券交易量，并进行相关交易或者谋取相关利益的；(五)不以成交为目的，频繁申报、撤单或者大额申报、撤单，误导投资者作出投资决策，影响证券、期货交易价格或者证券、期货交易量，并进行与申报相反的交易或者谋取相关利益的；(六)通过囤积现货，影响特定期货品种市场行情，并进行相关期货交易的；(七)以其他方法操纵证券、期货市场的。

第2条 操纵证券、期货市场，具有下列情形之一的，应当认定为刑法第182条第1款规定的"情节严重"：

(一)持有或者实际控制证券的流通股份数量达到该证券的实际流通股份总量百分之十以上，实施刑法第182条第1款第1项操纵证券市场行为，连续10个交易日的累计成交量达到同期该证券总成交量百分之二十以上的；(二)实施刑法第182条第1款第2项、第3项操纵证券市场行为，连续10个交易日的累计成交量达到同期该证券总成交量百分之二十以上的；(三)实施本解释第1条第1项至第4项操纵证券市场行为，证券交易成交额在1000万元以上的；(四)实施刑法第182条第1款第1项及本解释第1条第6项操纵期货市场行为，实际控制的账户合并持仓连续10个交易日的最高值超过期货交易所限仓标准的2倍，累计成交量达到同期该期货合约总成交量百分之二十以上，且期货交易占用保证金数额在500万元以上的；(五)实施刑法第182条第1款第2项、第3项及本解释第1条第1项、第2项操纵期货市场行为，实际控制的账户连续10个交易日的累计成交量达到同期该期货合约总成交量百分之二十以上，且期货交易占用保证金数额在500万元以上的；(六)实施本解释第1条第5项操纵证券、期货市场行为，当日累计撤回申报量达到同期该证券、期货合约总申报量百分之二十以上，且证券撤回申报额在1000万元以上、撤回申报的期货合约占用保证金数额在500万元以上的；(七)实施操纵证券、期货市场行为，违法所得数额在100万元以上的。

第3条 操纵证券、期货市场，违法所得数额在50万元以上，具有下列情形之一的，应当认定为刑法第182条第1款规定的"情节严重"：

(一)发行人、上市公司及其董事、监事、高级管理人员、控股股东或者实际控制人实施操纵证券、期货市场行为的；(二)收购人、重大资产重组的交易对方及其董事、监事、高级管理人员、控股股东或者实际控制人实施操纵证券、期货市场行为的；(三)行为人明知操纵证券、期货市场行为被有关部门调查，仍继续实施的；(四)因操纵证券、期货市场行为受过刑事追究的；(五)2年内因操纵证券、期货市场行为受过行政处罚的；(六)在市场出现重大异常波动等特定时段操纵证券、期货市场的；(七)造成恶劣社会影响或者其他严重后果的。

第4条 具有下列情形之一的，应当认定为刑法第182条第1款规定的"情节特别严重"：

(一)持有或者实际控制证券的流通股份数量达到该证券的实际流通股份总量百分之十以上，实施刑法第182条第1款第1项操纵证券市场行为，连续10个交易日的累计成交量达到同期该证券总成交量百分之五十以上的；(二)实施刑法第182条第1款第2项、第3项操纵证券市场行为，连续10个交易日的累计成交量达到同期该证券总成交量百分之五十以上的；(三)实施本解释第1条第1项至第4项操纵证券市场行为，证券交易成交额在5000万元以上的；(四)实施刑法第182条第1款第1项及本解释第1条第6项操纵期货市场行为，实际控制的账户合并持仓连续10个交易日的最高值超过期货交易所限仓标准的5倍，累计成交量达到同期该期货合约总成交量百分之五十以上,且期货交易占用保证金数额在2500万元以上的;(五)实施刑法第182条第1款第2项、第3项及本解释第1条第1项、第2项操纵期货市场行为,实际控制的账户连续10个交易日的累计成交量达到同期该期货合约总成交量百分之五十以上,且期货交易占用保证金数额在2500万元以上的;(六)实施操纵证券、期货市场行为,违法所得数额在1000万元以上的。

实施操纵证券、期货市场行为,违法所得数额在500万元以上,并具有本解释第3条规定的7种情形之一的,应当认定为"情节特别严重"。

第5条 下列账户应当认定为刑法第182条中规定的"自己实际控制的账户":

(一)行为人以自己名义开户并使用的实名账户;(二)行为人向账户转入或者从账户转出资金,并承担实际损益的他人账户;(三)行为人通过第1项、第2项以外的方式管理、支配或者使用的他人账户;(四)行为人通过投资关系、协议等方式对账户内资产行使交易决策权的他人账户;(五)其他有证据证明行为人具有交易决策权的账户。

有证据证明行为人对前款第1项至第3项账户内资产没有交易决策权的除外。

第6条 2次以上实施操纵证券、期货市场行为,依法应予行政处理或者刑事处理而未经处理的,相关交易数额或者违法所得数额累计计算。

第7条 符合本解释第2条、第3条规定的标准,行为人如实供述犯罪事实,认罪悔罪,并积极配合调查,退缴违法所得的,可以从轻处罚;其中犯罪情节轻微的,可以依法不起诉或者免予刑事处罚。

符合刑事诉讼法规定的认罪认罚从宽适用范围和条件的,依照刑事诉讼法的规定处理。

第8条 单位实施刑法第182条第1款行为的,依照本解释规定的定罪量刑标准,对其直接负责的主管人员和其他直接责任人员定罪处罚,并对单位判处罚金。

第9条 本解释所称"违法所得",是指通过操纵证券、期货市场所获利益或者避免的损失。

本解释所称"连续10个交易日",是指证券、期货市场开市交易的连续10个交易日,并非指行为人连续交易的10个交易日。

第10条 对于在全国中小企业股份转让系统中实施操纵证券市场行为,社会危害性大,严重破坏公平公正的市场秩序的,比照本解释的规定执行,但本解释第2条第1项、第2项和第4条第1项、第2项除外。

第11条 本解释自2019年7月1日起施行。

8.《中华人民共和国刑法修正案(11)》(2020年12月26日第十三届全国人大常委会第二十四次会议通过)

十三、将刑法第182条第1款修改为:"有下列情形之一,操纵证券、期货市场,影响证券、期货交易价格或者证券、期货交易量,情节严重的,处5年以下有期徒刑或者拘役,并处或者单处罚金;情节特别严重的,处5年以上10年以下有期徒刑,并处罚金:

"(一)单独或者合谋,集中资金优势、持股或者持仓优势或者利用信息优势联合或者连续买卖的;(二)与他人串通,以事先约定的时间、价格和方式相互进行证券、期货交易的;(三)在自己实际控制的帐户之间进行证券交易,或者以自己为交易对象,自买自卖期货合约的;(四)不以成交为目的,频繁或者大量申报买入、卖出证券、期货合约并撤销申报的;(五)利用虚假或者不确定的重大信息,诱导投资者进行证券、期货交易的;(六)对证券、证券发行人、期货交易标的公开作出评价、预测或者投资建议,同时进行反向证券交易或者相关期货交易的;(七)以其他方法操纵证券、期货市场的。

"单位犯前款罪的,对单位判处罚金,并对其直接负责的主管人员和其他直接责任人员,依照前款的规定处罚。”

（原条文：有下列情形之一，操纵证券、期货市场，情节严重的，处5年以下有期徒刑或者拘役，并处或者单处罚金；情节特别严重的，处5年以上10年以下有期徒刑，并处罚金：

（一）单独或者合谋，集中资金优势、持股或者持仓优势或者利用信息优势联合或者连续买卖，操纵证券、期货交易价格或者证券、期货交易量的；（二）与他人串通，以事先约定的时间、价格和方式相互进行证券、期货交易，影响证券、期货交易价格或者证券、期货交易量的；（三）在自己实际控制的账户之间进行证券交易，或者以自己为交易对象，自买自卖期货合约，影响证券、期货交易价格或者证券、期货交易量的；（四）以其他方法操纵证券、期货市场的。

单位犯前款罪的，对单位判处罚金，并对其直接负责的主管人员和其他直接责任人员，依照前款的规定处罚。

9. 最高人民检察院、公安部《关于公安机关管辖的刑事案件立案追诉标准的规定（2）》（公通字〔2022〕12号）

（见本条立案追诉标准内容）

第183条　【职务侵占罪】保险公司的工作人员利用职务上的便利，故意编造未曾发生的保险事故进行虚假理赔，骗取保险金归自己所有的，依照本法第271条的规定定罪处罚。

【贪污罪】国有保险公司工作人员和国有保险公司委派到非国有保险公司从事公务的人员有前款行为的，依照本法第382条、第383条的规定定罪处罚。

- **管辖**

监察机关（公职人员行使公权力过程中发生的犯罪案件）。

- **关联法律**

1. 参见本书《刑法》第271条、第383条该节内容。

第184条　【金融机构工作人员受贿罪定罪处罚的规定】银行或者其他金融机构的工作人员在金融业务活动中索取他人财物或者非法收受他人财物，为他人谋取利益的，或者违反国家规定，收受各种名义的回扣、手续费，归个人所有的，依照本法第163条的规定定罪处罚。

国有金融机构工作人员和国有金融机构委派到非国有金融机构从事公务的人员有前款行为的，依照本法第385条、第386条的规定定罪处罚。

【受贿罪（第385条）】【对受贿罪的处罚（第386条）】

- **管辖**

监察机关（公职人员行使公权力过程中发生的犯罪案件）。

- **关联法律**

参见本书《刑法》第271条、第383条该节内容。

第185条　【挪用资金罪】商业银行、证券交易所、期货交易所、证券公司、期货经纪公司、保险公司或者其他金融机构的工作人员利用职务上的便利，挪用本单位或者客户资金的，依照本法第272条的规定定罪处罚。

【挪用公款罪】国有商业银行、证券交易所、期货交易所、证券公司、期货经纪公司、保险公司或者其他国有金融机构的工作人员和国有商业银行、证券交易所、期货交易所、证券公司、期货经纪公司、保险公司或者其他国有金融机构委派到前款规定中的非国有机构从事公务的人员有前款行为的，依照本法第384条的规定定罪处罚。

（本条《中华人民共和国刑法修正案》修改）

• 管辖

监察机关（公职人员行使公权力过程中发生的犯罪案件）。

• 关联法律

1.《中华人民共和国刑法修正案》（1999年12月25日第九届全国人大常委会第十三次会议通过）

七、将刑法第185条修改为："商业银行、证券交易所、期货交易所、证券公司、期货经纪公司、保险公司或者其他金融机构的工作人员利用职务上的便利，挪用本单位或者客户资金的，依照本法第272条的规定定罪处罚。

"国有商业银行、证券交易所、期货交易所、证券公司、期货经纪公司、保险公司或者其他国有金融机构的工作人员和国有商业银行、证券交易所、期货交易所、证券公司、期货经纪公司、保险公司或者其他国有金融机构委派到前款规定中的非国有机构从事公务的人员有前款行为的，依照本法第384条的规定定罪处罚。"

（1997年《刑法》原条文：银行或者其他金融机构的工作人员利用职务上的便利，挪用本单位或者客户资金的，依照本法第272条的规定定罪处罚，国有金融机构工作人员和国有金融机构委派到非国有金融机构从事公务的人员有前款行为的，依照本法第384条的规定定罪处罚。）

2. 最高人民检察院《关于充分发挥检察职能服务保障"六稳""六保"的意见》（高检发〔2020〕10号）

（详见本书《刑法》第140条相关内容）

3. 参见本书《刑法》第271条、第383条该节内容。

第185条之一　【背信运用受托财产罪】商业银行、证券交易所、期货交易所、证券公司、期货经纪公司、保险公司或者其他金融机构，违背受托义务，擅自运用客户资金或者其他委托、信托的财产，情节严重的，对单位判处罚金，并对其直接负责的主管人员和其他直接责任人员，处3年以下有期徒刑或者拘役，并处3万元以上30万元以下罚金；情节特别严重的，处3年以上10年以下有期徒刑，并处5万元以上50万元以下罚金。

【违法运用资金罪】社会保障基金管理机构、住房公积金管理机构等公众资金管理机构，以及保险公司、保险资产管理公司、证券投资基金管理公司，违反国家规定运用资金的，对其直接负责的主管人员和其他直接责任人员，依照前款的规定处罚。

（本条《中华人民共和国刑法修正案(6)》增加）

• 释义

背信运用受托财产罪是指商业银行、证券交易所、期货交易所、证券公司、期货经纪公司、保险公司或者其他金融机构，违背受托义务，擅自运用客户资金或者其他委托、信托的财产，情节严重的行为。

行为主体既可以是单位，也可以是单位直接负责的主管人员和其他直接责任人员。

违法运用资金罪是指社会保障基金管理机构、住房公积金管理机构等公众资金管理机构，以及保险公司、保险资产管理公司、证券投资基金管理公司，违反国家规定运用资金，情节严重的行为。

本罪只处罚直接负责的主管人员和其他责任人员。

• 管辖

公安机关经济犯罪侦查部门、监察机关（公职人员行使公权力过程中发生的犯罪案件）。

• 立案追诉标准

【背信运用受托财产罪立案追诉标准】商业银行、证券交易所、期货交易所、证券公司、期货公司、保险公司或者其他金融机构，违背受托义务，擅自运用客户资金或者其他委托、信托的财产，涉嫌下列情形之一的，应予立案追诉：

（一）擅自运用客户资金或者其他委托、信托的财产数额在30万元以上的；

（二）虽未达到上述数额标准，但多次擅自运用客户资金或者其他委托、信托的财产，或者擅自运用多个客户资金或者其他委托、信托的财产的；

（三）其他情节严重的情形。

【违法运用资金罪立案追诉标准】社会保障基金管理机构、住房公积金管理机构等公众资金管理机构，以及保险公司、保险资产管理公司、证券投资基金管理公司，违反国家规定运用资金，涉嫌下列情形之一的，应予立案追诉：

（一）违反国家规定运用资金数额在30万元以上的；

（二）虽未达到上述数额标准，但多次违反国家规定运用资金的；

（三）其他情节严重的情形。

• 关联法律

1.《中华人民共和国刑法修正案(6)》(2006年6月29日第十届全国人大常委会第二十二次会议通过)

十二、在刑法第185条后增加1条，作为第185条之一："商业银行、证券交易所、期货交易所、证券公司、期货经纪公司、保险公司或者其他金融机构，违背受托义务，擅自运用客户资金或者其他委托、信托的财产，情节严重的，对单位判处罚金，并对其直接负责的主管人员和其他直接责任人员，处3年以下有期徒刑或者拘役，并处3万元以上30万元以下罚金；情节特别严重的，处3年以上10年以下有期徒刑，并处5万元以上50万元以下罚金。

"社会保障基金管理机构、住房公积金管理机构等公众资金管理机构，以及保险公司、保险资产管理公司、证券投资基金管理公司，违反国家规定运用资金的，对其直接负责的主管人员和其他直接责任人员，依照前款的规定处罚。"

2.《关于公安机关管辖的刑事案件立案追诉标准的规定(2)》(公通字〔2010〕23号)

（公通字〔2022〕12号已声明该文件废止）

3. 最高人民法院《关于农村合作基金会从业人员犯罪如何定性问题的批复》(法释〔2000〕10号)

(法释〔2019〕11号已声明该文件废止)

4. 最高人民法院、最高人民检察院《关于贯彻执行〈关于办理证券期货违法犯罪案件工作若干问题的意见〉有关问题的通知》(法发〔2012〕8号)

(详见本书《刑法》第160条相关内容)

5. 最高人民检察院、公安部《关于公安机关管辖的刑事案件立案追诉标准的规定(2)》(公通字〔2022〕12号)

(见本条立案追诉标准内容)

第186条 【违法发放贷款罪】 银行或者其他金融机构的工作人员违反国家规定发放贷款,数额巨大或者造成重大损失的,处5年以下有期徒刑或者拘役,并处1万元以上10万元以下罚金;数额特别巨大或者造成特别重大损失的,处5年以上有期徒刑,并处2万元以上20万元以下罚金。

银行或者其他金融机构的工作人员违反国家规定,向关系人发放贷款的,依照前款的规定从重处罚。

单位犯前两款罪的,对单位判处罚金,并对其直接负责的主管人员和其他直接责任人员,依照前两款的规定处罚。

关系人的范围,依照《中华人民共和国商业银行法》和有关金融法规确定。

(本条《中华人民共和国刑法修正案(6)》修改)

• 释义

违法发放贷款罪是指银行或者其他金融机构的工作人员违反国家规定发放贷款,数额巨大或者造成重大损失的行为。银行或者其他金融机构的工作人员违反国家规定,向关系人发放贷款的,应从重处罚。

贷款到期不能偿还,就是造成损失。

根据《商业银行法》的规定,"关系人"是指商业银行及其他金融机构的董事、监事、管理人员、信贷人员及其家属,以及上述人员投资或担任高级管理职务的公司、企业和其他经济组织。

行为主体既可以是上述机构工作人员,也可以是单位。

• 管辖

公安机关经济犯罪侦查部门、监察机关(公职人员行使公权力过程中发生的犯罪案件)。

• 立案追诉标准

银行或者其他金融机构及其工作人员违反国家规定发放贷款,涉嫌下列情形之一的,应予立案追诉:

(一)违法发放贷款,数额在200万元以上的;

(二)违法发放贷款,造成直接经济损失数额在50万元以上的。

• **关联法律**

1.《中华人民共和国商业银行法》(1995年5月10日第八届全国人大常委会第十三次会议通过;2003年12月27日第十届全国人大常委会第六次会议《关于修改〈中华人民共和国商业银行法〉的决定》第一次修正;2015年8月29日第十二届全国人大常委会第十六次会议《关于修改〈中华人民共和国商业银行法〉的决定》第二次修正)

第40条 商业银行不得向关系人发放信用贷款;向关系人发放担保贷款的条件不得优于其他借款人同类贷款的条件。

前款所称关系人是指:

(一)商业银行的董事、监事、管理人员、信贷业务人员及其近亲属;(二)前项所列人员投资或者担任高级管理职务的公司、企业和其他经济组织。(全文略)

2.最高人民法院《关于农村合作基金会从业人员犯罪如何定性问题的批复》(法释〔2000〕10号)

(法释〔2019〕11号已声明该文件废止)

3.最高人民法院《关于全国法院审理金融犯罪案件工作座谈会纪要》(法〔2001〕8号)

(详见本书《刑法》第170条相关内容)

4.公安部经济犯罪侦查局《关于以信用卡透支协议的形式进行借款可否视为贷款问题的批复》(公经〔2001〕1021号)

山东省公安厅经侦总队:你总队《关于在办理刘安才等人非法吸收公众存款、违法发放贷款案过程中遇到的几个问题的请示》(鲁公经〔2001〕301号)收悉,根据中国人民银行条法司1998年6月8日就此类问题函复最高人民检察院刑事检察厅的意见,现答复如下:

根据中国人民银行《信用卡业务管理办法》的规定,信用卡只能在规定的限额内透支。信用卡超限额透支的金额,属于贷款性质。若该行为造成了重大损失,符合违法发放贷款罪的构成要件,则构成违法发放贷款罪。

5.《中华人民共和国刑法修正案(6)》(2006年6月29日第十届全国人大常委会第二十二次会议通过)

十三、将刑法第186条第1款、第2款修改为:"银行或者其他金融机构的工作人员违反国家规定发放贷款,数额巨大或者造成重大损失的,处5年以下有期徒刑或者拘役,并处1万元以上10万元以下罚金;数额特别巨大或者造成特别重大损失的,处5年以上有期徒刑,并处2万元以上20万元以下罚金。

"银行或者其他金融机构的工作人员违反国家规定,向关系人发放贷款的,依照前款的规定从重处罚。"

(1997年《刑法》原文第1款、第2款为:银行或者其他金融机构的工作人员违反法律、行政法规规定,向关系人发放信用贷款或者发放担保贷款的条件优于其他借款人同类贷款的条件,造成较大损失的,处5年以下有期徒刑或者拘役,并处1万元以上10万元以下罚金;造成重大损失的,处5年以上有期徒刑,并处2万元以上20万元以下罚金。银行或者其他金融机构的工作人员违反法律、行政法规规定,向关系人以外的其他人发放贷款,造成重大损失的,处5年以下有期徒刑或者拘役,并处1万元以上10万元以下罚金;造成特别重大损失的,处5年以上有期徒刑,并处2万元以上20万元以下罚金。)

6.公安部经济犯罪侦查局《关于对中国银行××支行行长潘×等人行为如何适用法律问题的通知》(公经〔2006〕1655号)

依据中国人民银行颁布的《贷款通则》,票据贴现应属贷款种类之一。违反法律、法规规定,制作贴现凭证,办理贴现业务,致使所贴现的资金无法追回,造成重大损失的,涉嫌违法发放贷款罪。

7. 公安部经济犯罪侦查局《关于对违法发放贷款案件中损失认定问题的批复》(公经〔2007〕1458号)

福建省公安厅经侦总队:你总队《关于违法发放贷款案件中损失认定问题的请示》(闽公经〔2007〕157号)已收悉。经研究,现批复如下:在案件侦办过程中,如有证据证明犯罪嫌疑人实施了违法、违规发放贷款的行为,只要发生贷款已无法收回的情况且达到追诉标准的,就应视为《刑法》第186条所规定的造成损失。案中提及的未到期贷款及其利息,如确定不能追回,应视为犯罪损失。

8. 公安部经侦局《关于骗取贷款罪和违法发放贷款罪立案追诉标准问题的批复》(公经〔2009〕314号)

(详见本书《刑法》第175条之一相关内容)

9. 最高人民检察院、公安部《关于公安机关管辖的刑事案件立案追诉标准的规定(2)》(公通字〔2010〕23号)

(公通字〔2022〕12号已声明该文件废止)

10. 公安部经济犯罪侦查局《关于对郭××涉嫌违法放贷犯罪性质认定请示的批复》(公经金融〔2011〕4号)

根据2004年7月16日银监会发布的《商业银行授信工作尽职指引》第15条、第16条、第27条、第28条、第29条、第51条的规定,我们认为,郭××作为原中国银行工作人员,在审查××化工有限公司贷款过程中,未按规定履行对该公司的贷款资料和担保单位的担保能力进行全面核实和实地审核的尽职调查义务即发放贷款,致使××化工有限公司利用虚假的贷款资料和伪造的担保合同取得贷款,并给银行造成巨额损失,其行为违反了国家有关规定涉嫌违法发放贷款犯罪。

11. 最高人民法院《关于进一步加强金融审判工作的若干意见》(法发〔2017〕22号)

(详见本书《刑法》第160条相关内容)

12. 最高人民法院《关于新民间借贷司法解释适用范围问题的批复》(法释〔2020〕27号)

(全文详见本书《刑法》第175条相关内容)

13. 最高人民检察院、公安部《关于公安机关管辖的刑事案件立案追诉标准的规定(2)》(公通字〔2022〕12号)第37条

(见本条立案追诉标准内容)

第187条 【吸收客户资金不入账罪】银行或者其他金融机构的工作人员吸收客户资金不入账,数额巨大或者造成重大损失的,处5年以下有期徒刑或者拘役,并处2万元以上20万元以下罚金;数额特别巨大或者造成特别重大损失的,处5年以上有期徒刑,并处5万元以上50万元以下罚金。

单位犯前款罪的,对单位判处罚金,并对其直接负责的主管人员和其他直接责任人员,依照前款的规定处罚。

(本条《中华人民共和国刑法修正案(6)》修改)

• 释义

吸收客户资金不入账罪是指银行或者其他金融机构的工作人员以及单位,吸收客户资金不入账,数额较大或者造成重大损失的行为。

“入账”,是指必须记入法定账目。

本罪的责任形式为故意;行为主体既可以是金融机构工作人员,也可以是单位。

• 管辖

公安机关经济犯罪侦查部门、监察机关(公职人员行使公权力过程中发生的犯罪案件)。

• 立案追诉标准

银行或者其他金融机构及其工作人员吸收客户资金不入账,涉嫌下列情形之一的,应予立案追诉:

(一)吸收客户资金不入账,数额在100万元以上的;

(二)吸收客户资金不入账,造成直接经济损失数额在20万元以上的。

• 关联法律

1. 最高人民法院《关于农村合作基金会从业人员犯罪如何定性问题的批复》(法释〔2000〕10号)

(法释〔2019〕11号已声明该文件废止)

2. 最高人民法院《关于全国法院审理金融犯罪案件工作座谈会纪要》(法〔2001〕8号)

(二)关于破坏金融管理秩序罪

3. 用账外客户资金非法拆借、发放贷款行为的认定和处罚

银行或者其他金融机构及其工作人员以牟利为目的,采取吸收客户资金不入账的方式,将客户资金用于非法拆借、发放贷款,造成重大损失的,构成用账外客户资金非法拆借、发放贷款罪。以牟利为目的,是指金融机构及其工作人员为本单位或者个人牟利,不具有这种目的,不构成该罪。这里的“牟利”,一般是指谋取用账外客户资金非法拆借、发放贷款所产生的非法收益,如利息、差价等。对于用款人为取得贷款而支付的回扣、手续费等,应根据具体情况分别处理:银行或者其他金融机构用账外客户资金非法拆借、发放贷款,收取的回扣、手续费等,应认定为“牟利”;银行或者其他金融机构的工作人员利用职务上的便利,用账外客户资金非法拆借、发放贷款,收取回扣、手续费等,数额较小的,以“牟利”论处;银行或者其他金融机构的工作人员将用款人支付给单位的回扣、手续费秘密占为已有,数额较大的,以贪污罪定罪处罚;银行或者其他金融机构的工作人员利用职务便利,用账外客户资金非法拆借、发放贷款,索取用款人的财物,或者非法收受其他财物,或者收取回扣、手续费等,数额较大的,以受贿罪定罪处罚。吸收客户资金不入账,是指不记入金融机构的法定存款账目,以逃避国家金融监管,至于是否记入法定账目以外设立的账目,不影响该罪成立。

审理银行或者其他金融机构及其工作人员用账外客户资金非法拆借、发放贷款案件,要注意将用账外客户资金非法拆借、发放贷款的行为与挪用公款罪和挪用资金罪区别开来。对于利用职务上的便利,挪用已经记入金融机构法定存款账户的客户资金归个人使用的,或者吸收客户资金不入账,却给客户开具银行存单,客户也认为将款已存入银行,该款却被行为人以个人名义借贷给他人的,均应认定为挪用公款罪或者挪用资金罪。(全文详见本书《刑法》第170条相关内容)

3.《中华人民共和国刑法修正案(6)》(2006年6月29日第十届全国人大常委会第二十二次会议通过)

十四、将刑法第187条第1款修改为:“银行或者其他金融机构的工作人员吸收客户资金不入账,数额巨大或者造成重大损失的,处5年以下有期徒刑或者拘役,并处2万元以上20万

元以下罚金;数额特别巨大或者造成特别重大损失的,处5年以上有期徒刑,并处5万元以上50万元以下罚金。”

(1997年《刑法》原文第1款为:银行或者其他金融机构的工作人员以牟利为目的,采取吸收客户资金不入账的方式,将资金用于非法拆借、发放贷款,造成重大损失的,处5年以下有期徒刑或者拘役,并处2万元以上20万元以下罚金;造成特别重大损失的,处5年以上有期徒刑,并处5万元以上50万元以下罚金。)

4.《关于公安机关管辖的刑事案件立案追诉标准的规定(2)》(公通字〔2010〕23号)

(公通字〔2022〕12号已声明该文件废止)

5.公安部经济犯罪侦查局《关于对吸收客户资金不入账犯罪法律适用问题的批复》(公经金融〔2010〕272号)

保险费属于刑法第187条规定的客户资金,保险公司及其工作人员收到保险费不入账,数额巨大或造成重大损失的,应按吸收客户资金不入账犯罪追究刑事责任。

6.《中华人民共和国商业银行法》(2015年8月29日第十二届全国人大常委会第十六次会议《关于修改〈中华人民共和国商业银行法〉的决定》第二次修正)

(全文略)

7.最高人民检察院、公安部《关于公安机关管辖的刑事案件立案追诉标准的规定(2)》(公通字〔2022〕12号)第38条

(见本条立案追诉标准内容)

第188条 【违规出具金融票证罪】银行或者其他金融机构的工作人员违反规定,为他人出具信用证或者其他保函、票据、存单、资信证明,情节严重的,处5年以下有期徒刑或者拘役;情节特别严重的,处5年以上有期徒刑。

单位犯前款罪的,对单位判处罚金,并对其直接负责的主管人员和其他直接责任人员,依照前款的规定处罚。

(本条《中华人民共和国刑法修正案(6)》修改)

• 释义

违规出具金融票证罪是指银行或者其他金融机构的工作人员以及单位,违反规定,为他人出具信用证或者其他保函、票据、存单、资信证明,情节严重的行为。

本罪责任形式为故意;行为主体既可以是金融机构的工作人员,也可以是单位。

• 管辖

公安机关经济犯罪侦查部门、监察机关(公职人员行使公权力过程中发生的犯罪案件)。

• 立案追诉标准

银行或者其他金融机构及其工作人员违反规定,为他人出具信用证或者其他保函、票据、存单、资信证明,涉嫌下列情形之一的,应予立案追诉:

(一)违反规定为他人出具信用证或者其他保函、票据、存单、资信证明,数额在200万元以上的;

(二)违反规定为他人出具信用证或者其他保函、票据、存单、资信证明,造成直接经济损失数额在50万元以上的;

(三)多次违规出具信用证或者其他保函、票据、存单、资信证明的;

（四）接受贿赂违规出具信用证或者其他保函、票据、存单、资信证明的；

（五）其他情节严重的情形。

• 关联法律

1. 公安部经济犯罪侦查局《关于认定“5·15”案件性质的答复》（公经〔2000〕722号）

刑法第188条非法出具金融票证罪规定的“为他人出具信用证”中的“他人”，是指银行或者其他金融机构以外的个人或者单位。银行内部机构的工作人员以本部门与他人合办的公司为受益人，违反规定开具信用证，属于为他人非法出具信用证。

2. 公安部经济犯罪侦查局《关于单位定期存款开户证实书性质的批复》（公经〔2000〕1329号）

“单位定期存款开户证实书”是接受存款的金融机构向存款单位开具的人民币定期存款权利凭证，其性质上是一种金融凭证，它与存单同样起到存款证明作用，只是不能作为质押的权利凭证。

3. 最高人民法院《关于农村合作基金会从业人员犯罪如何定性问题的批复》（法释〔2000〕10号）

（法释〔2019〕11号已声明该文件废止）

4. 公安部《关于对涉嫌非法出具金融票证犯罪案件涉及的部分法律问题的批复》（公经〔2003〕88号）

四川省公安厅：你厅《关于“4·20”案等案件涉及的部分法律问题的请示》（公厅经发〔2002〕97号）收悉。现批复如下：

一、关于损失的认定问题

对于借款人有下列情形之一，其借款不能归还的，应认定为损失：

（一）法院宣布借款人破产，已清算完毕的；（二）借款人被依法撤销、关闭、解散，并终止法人资格的；（三）借款人虽未被依法终止法人资格，但生产经营活动已停止，借款人已名存实亡的；（四）借款人的经营活动虽未停止，但公司、企业已亏损严重，资不抵债的；（五）其他应认定为损失的情形。

关于损失的认定时间，应分为定罪损失和量刑损失两种情形来考虑：定罪损失是立案损失、成罪损失，应以公安机关立案时为标准；量刑损失是法院审理案件时的实际损失，以确定最终量刑幅度。

二、关于用资人行为的定性问题

在金融机构及其工作人员非法出具金融票证等破坏金融管理秩序犯罪活动中，用资人的行为能否被认定为金融诈骗犯罪，首先应当考察其主观上是否有非法占有的故意。对此，可参照最高人民法院2001年1月21日印发的《全国法院审理金融犯罪案件工作座谈会纪要》（法〔2001〕8号）中的有关内容，即对于行为人通过诈骗的方法非法获取资金，造成数额较大资金不能归还，并具有下列情形之一的，可以认定为具有非法占有的目的：

（一）明知没有归还能力而大量骗取资金的；（二）非法获取资金后逃跑的；（三）肆意挥霍骗取资金的；（四）使用骗取的资金进行违法犯罪活动的；（五）抽逃、转移资金、隐匿财产，以逃避返还资金的；（六）隐匿、销毁账目，或者拒不说明资金去向，或者搞假破产、假倒闭，以逃避返还资金的；（七）其他非法占有资金、拒不返还的行为。

5.《中华人民共和国刑法修正案（6）》（2006年6月29日第十届全国人大常委会第二十二次会议通过）

十五、将刑法第188条第1款修改为：“银行或者其他金融机构的工作人员违反规定，为他人出具信用证或者其他保函、票据、存单、资信证明，情节严重的，处5年以下有期徒刑或者拘役;情节特别严重的,处5年以上有期徒刑。”

(1997年《刑法》原文第1款为:银行或者其他金融机构的工作人员违反规定,为他人出具信用证或者其他保函、票据、存单、资信证明,造成较大损失的,处5年以下有期徒刑或者拘役;造成重大损失的,处5年以上有期徒刑。)

6. 公安部经济犯罪侦查局《关于伪造银行履约保函的行为是否构成伪造、变造金融票证罪的批复》(公经〔2006〕2769号)

公安部经济犯罪侦查局2006年12月1日答复浙江省公安厅经侦总队“浙公经〔2006〕448号”请示:

银行履约保函是保函的1种,属于《刑法》第188条所列的金融票证的范畴。但只有在经济活动中具有给付货币和资金清算作用,并表明银行与客户之间已受理或已办理相关支付结算业务的凭据,才能认定为银行结算凭证。因此,《刑法》第177条“伪造、变迁金融票证罪”规定的金融票证各类中并未包括银行履约保函。

7. 公安部经济犯罪侦查局《关于民间借贷合同加盖金融机构公章能否视为保函有关问题的批复》(公经金融〔2009〕295号)

公安部经济犯罪侦查局2009年11月4日答复河南省公安厅经侦总队“豫公经〔2009〕32号”请示:

根据《支付结算办法》(银发〔1997〕393号,以下简称《办法》)的规定,结算凭证是办理支付结算的工具,是办理支付结算和现金收付的重要依据,未按《办法》规定填写的结算凭证,银行有权不予受理。因而,结算凭证一般可理解为银行在办理支付结算活动中所使用的,据以执行客户支付指令、办理资金划转的凭证。根据《电子支付指引(第1号)》(中国人民银行公告〔2005〕第23号)第5条、第19条和《办法》第174条的规定,电子支付指令与纸质支付凭证具有同等效力,而网上银行电子回单(包括纸质形式)可理解为银行对电子支付指令进行确认后,向客户提供的用以证明银行受理了相关业务的韵语,并非办理支付结算业务和资金划转的依据,也不能证明有关的倾向给付或资金清算已经完成。综上,网上银行电子回单(包括纸质形式)不属于结算凭证,也不属于金融票证。

8. 最高人民检察院、公安部《关于公安机关管辖的刑事案件立案追诉标准的规定(2)》(公通字〔2010〕23号)

(公通字〔2022〕12号已声明该文件废止)

9. 公安部经济犯罪侦查局《关于“12·24”票据诈骗案件有关法律问题的批复》(公经金融〔2012〕182号)

二、涉案的商业承兑汇票(不可撤销)保证函、不可撤销的还款担保函属于银行履约保函的一种。

根据我局2006年12月1日《关于伪造银行履约保函的行为是否构成伪造、变造金融票证罪的批复》(公经〔2006〕2769号),银行履约保函是保函的1种,属于《刑法》第188条所列的金融票证的范畴。但只有在经济活动中具有给付货币和资金清算作用,并表明银行与客户之间已受理或已办结相关支付结算业务的凭证,才能认定为银行结算凭证。因此,《刑法》第177条“伪造、变造金融票证种类中并未包括银行履约保函。

10.《中华人民共和国商业银行法》(1995年5月10日第八届全国人大常委会第十三次会议通过;2003年12月27日第十届全国人大常委会第六次会议《关于修改〈中华人民共和国商业银行法〉的决定》第一次修正;2015年8月29日第十二届全国人大常委会第十六次会议《关于修改〈中华人民共和国商业银行法〉的决定》第二次修正)

(全文略)

11. 最高人民检察院、公安部《关于公安机关管辖的刑事案件立案追诉标准的规定(2)》(公通字〔2022〕12号)

(见本条立案追诉标准内容)

> **第189条 【对违法票据承兑、付款、保证罪】** 银行或者其他金融机构的工作人员在票据业务中,对违反票据法规定的票据予以承兑、付款或者保证,造成重大损失的,处5年以下有期徒刑或者拘役;造成特别重大损失的,处5年以上有期徒刑。
>
> 单位犯前款罪的,对单位判处罚金,并对其直接负责的主管人员和其他直接责任人员,依照前款的规定处罚。

• 释义

对违法票据承兑、付款、保证罪是指银行或者其他金融机构的工作人员以及单位,在票据业务中,对违反票据法规定的票据予以承兑、付款或者保证,造成重大损失的行为。

本罪的责任形式为故意;行为主体既可以是金融机构的工作人员,也可以是单位。

• 管辖

公安机关经济犯罪侦查部门、监察机关(公职人员行使公权力过程中发生的犯罪案件)。

• 立案追诉标准

银行或者其他金融机构及其工作人员吸收客户资金不入账,涉嫌下列情形之一的,应予立案追诉:

(一)吸收客户资金不入账,数额在200万元以上的;

(二)吸收客户资金不入账,造成直接经济损失数额在50万元以上的。

• 关联法律

1. 最高人民检察院、公安部《关于公安机关管辖的刑事案件立案追诉标准的规定(2)》(公通字〔2010〕23号)

(见本条立案追诉标准内容)

2. 参见本书《刑法》第188条该节内容。

> **第190条 【逃汇罪】** 公司、企业或者其他单位,违反国家规定,擅自将外汇存放境外,或者将境内的外汇非法转移到境外,数额较大的,对单位判处逃汇数额百分之五以上百分之三十以下罚金,并对其直接负责的主管人员和其他直接责任人员处5年以下有期徒刑或者拘役;数额巨大或者有其他严重情节的,对单位判处逃汇数额百分之五以上百分之三十以下罚金,并对其直接负责的主管人员和其他直接责任人员处5年以上有期徒刑。

(本条1998年12月29日第九届全国人大常委会第六次会议通过的《全国人民代表大会常务委员会关于惩治骗购外汇、逃汇和非法买卖外汇犯罪的决定》修改)

• 释义

逃汇是指公司、企业或者其他单位,违反国家规定,擅自将外汇存放境外,或者将境内的外汇非法转移到境外,数额较大的行为。

• 管辖

公安机关经济犯罪侦查部门。

• 立案追诉标准

公司、企业或者其他单位,违反国家规定,擅自将外汇存放境外,或者将境内的外汇非法转移到境外,单笔在200万美元以上或者累计数额在500万美元以上的,应予立案追诉。

• 关联法律

1. 全国人大常委会《关于惩治骗购外汇、逃汇和非法买卖外汇犯罪的决定》(1998年12月29日第九届全国人大常委会第六次会议通过)

为了惩治骗购外汇、逃汇和非法买卖外汇的犯罪行为,维护国家外汇管理秩序,对刑法作如下补充修改:

一、有下列情形之一,骗购外汇,数额较大的,处5年以下有期徒刑或者拘役,并处骗购外汇数额百分之五以上百分之三十以下罚金;数额巨大或者有其他严重情节的,处5年以上10年以下有期徒刑,并处骗购外汇数额百分之五以上百分之三十以下罚金;数额特别巨大或者有其他特别严重情节的,处10年以上有期徒刑或者无期徒刑,并处骗购外汇数额百分之五以上百分之三十以下罚金或者没收财产:

(一)使用伪造、变造的海关签发的报关单、进口证明、外汇管理部门核准件等凭证和单据的;(二)重复使用海关签发的报关单、进口证明、外汇管理部门核准件等凭证和单据的;(三)以其他方式骗购外汇的。

伪造、变造海关签发的报关单、进口证明、外汇管理部门核准件等凭证和单据,并用于骗购外汇的,依照前款的规定从重处罚。

明知用于骗购外汇而提供人民币资金的,以共犯论处。

单位犯前3款罪的,对单位依照第1款的规定判处罚金,并对其直接负责的主管人员和其他直接责任人员,处5年以下有期徒刑或者拘役;数额巨大或者有其他严重情节的,处5年以上10年以下有期徒刑;数额特别巨大或者有其他特别严重情节的,处10年以上有期徒刑或者无期徒刑。

二、买卖伪造、变造的海关签发的报关单、进口证明、外汇管理部门核准件等凭证和单据或者国家机关的其他公文、证件、印章的,依照刑法第280条的规定定罪处罚。

三、将刑法第190条修改为:公司、企业或者其他单位,违反国家规定,擅自将外汇存放境外,或者将境内的外汇非法转移到境外,数额较大的,对单位判处逃汇数额百分之五以上百分之三十以下罚金,并对其直接负责的主管人员和其他直接责任人员处5年以下有期徒刑或者拘役;数额巨大或者有其他严重情节的,对单位判处逃汇数额百分之五以上百分之三十以下罚金,并对其直接负责的主管人员和其他直接责任人员处5年以上有期徒刑。

四、在国家规定的交易场所以外非法买卖外汇,扰乱市场秩序,情节严重的,依照刑法第225条的规定定罪处罚。

单位犯前款罪的,依照刑法第231条的规定处罚。

五、海关、外汇管理部门以及金融机构、从事对外贸易经营活动的公司、企业或者其他单位的工作人员与骗购外汇或者逃汇的行为人通谋,为其提供购买外汇的有关凭证或者其他便利的,或者明知是伪造、变造的凭证和单据而售汇、付汇的,以共犯论,依照本决定从重处罚。

六、海关、外汇管理部门的工作人员严重不负责任,造成大量外汇被骗购或者逃汇,致使国家利益遭受重大损失的，依照刑法第397条的规定定罪处罚。

七、金融机构、从事对外贸易经营活动的公司、企业的工作人员严重不负责任，造成大量外汇被骗购或者逃汇，致使国家利益遭受重大损失的，依照刑法第167条的规定定罪处罚。

八、犯本决定规定之罪，依法被追缴、没收的财物和罚金，一律上缴国库。

九、本决定自公布之日起施行。

（本条根据1998年12月29日第九届全国人大常委会第六次会议通过的《关于惩治骗购外汇、逃汇和非法买卖外汇犯罪的决定》第3条所修改。

1997年《刑法》原条文：国有公司、企业或者其他国有单位，违反国家规定，擅自将外汇存放境外，或者将境内的外汇非法转移到境外，情节严重的，对单位判处罚金，并对其直接负责的主管人员和其他直接责任人员，处5年以下有期徒刑或者拘役。）

2. 最高人民法院《关于审理骗购外汇、非法买卖外汇刑事案件具体应用法律若干问题的解释》（法释〔1998〕20号）

为依法惩处骗购外汇、非法买卖外汇的犯罪行为，根据刑法的有关规定，现对审理骗购外汇、非法买卖外汇案件具体应用法律的若干问题解释如下：

第1条 以进行走私、逃汇、洗钱、骗税等犯罪活动为目的，使用虚假、无效的凭证、商业单据或者采取其他手段向外汇指定银行骗购外汇的，应当分别按照刑法分则第3章第2节、第190条、第191条和第204条等规定定罪处罚。

非国有公司、企业或者其他单位，与国有公司、企业或者其他国有单位勾结逃汇的，以逃汇罪的共犯处罚。

第2条 伪造、变造、买卖海关签发的报关单、进口证明、外汇管理机关的核准件等凭证或者购买伪造、变造的上述凭证的，按照刑法第280条第1款的规定定罪处罚。

第3条 在外汇指定银行和中国外汇交易中心及其分中心以外买卖外汇，扰乱金融市场秩序，具有下列情形之一的，按照刑法第225条第（3）项的规定定罪处罚：

（一）非法买卖外汇20万美元以上的；（二）违法所得5万元人民币以上的。

第4条 公司、企业或者其他单位，违反有关外贸代理业务的规定，采用非法手段，或者明知是伪造、变造的凭证、商业单据，为他人向外汇指定银行骗购外汇，数额在500万美元以上或者违法所得50万元人民币以上的，按照刑法第225条第（3）项的规定定罪处罚。

居间介绍骗购外汇100万美元以上或者违法所得10万元人民币以上的，按照刑法第225条第（3）项的规定定罪处罚。

第5条 海关、银行、外汇管理机关工作人员与骗购外汇的行为人通谋，为其提供购买外汇的有关凭证，或者明知是伪造、变造的凭证和商业单据而出售外汇，构成犯罪的，按照刑法的有关规定从重处罚。

第6条 实施本解释规定的行为，同时触犯2个以上罪名的，择一重罪从重处罚。

第7条 根据刑法第64条规定，骗购外汇、非法买卖外汇的，其违法所得予以追缴，用于骗购外汇、非法买卖外汇的资金予以没收，上缴国库。

第8条 骗购、非法买卖不同币种的外汇的，以案发时国家外汇管理机关制定的统一折算率折合后依照本解释处罚。

3. 最高人民检察院《关于认真贯彻执行〈全国人大常委会关于惩治骗购外汇、逃汇和非法买卖外汇犯罪的决定〉的通知》（高检会〔1999〕3号）

《全国人民代表大会常务委员会关于惩治骗购外汇、逃汇和非法买卖外汇犯罪的决定》（以下简称《决定》）已由第9届全国人民代表大会常务委员会第六次会议于1998年12月29日通过，并于同日公布施行。为保证《决定》的正确贯彻实施，依法严惩骗购外汇、逃汇和非法

买卖外汇的犯罪活动,特通知如下:

一、《决定》是针对当前我国骗购外汇、逃汇和非法买卖外汇犯罪活动猖獗的现状,为制止外汇资金非法外流,维护国家外汇管理秩序,对刑法所作的重要补充修改,对于加强外汇管理,保护国家经济安全具有十分重要的意义。各级人民检察院要提高对《决定》重要性的认识,组织检察干警认真学习,全面、深刻领会立法精神,掌握具体条款和有关外汇管理、金融等方面的法律规定,充分发挥法律监督职能作用,依法严厉打击骗购外汇、逃汇和非法买卖外汇的犯罪活动。

二、切实履行检察职责,严格依照《决定》加强对骗购外汇、逃汇和非法买卖外汇犯罪活动的打击力度。《决定》新增设了骗汇罪,扩大了逃汇罪的犯罪主体范围,对于其他破坏外汇管理秩序的犯罪行为如何定罪处罚作了进一步明确。各级人民检察院要严格依照《决定》的规定,做好各项检察工作。要重视对单位骗汇、逃汇和非法买卖外汇犯罪的检察工作,注意追究单位直接负责的主管人员和其他直接责任人员的刑事责任。要与公安机关、人民法院密切配合,积极参加打击骗汇犯罪专项斗争,坚持对重大骗汇、逃汇和非法买卖外汇案件的侦查适时介入,快批捕、快起诉,配合人民法院快审判。要督促和协助公安机关加大追逃力度,尽快缉拿逃犯。对全国重点骗汇大案,只要基本犯罪事实清楚,基本证据确实充分,就应当及时提起公诉。要依法运用刑事诉讼法赋予的立案监督、侦查监督、审判监督手段,监督有关部门严格执法,坚决纠正和防止有案不立、有罪不究、以罚代刑、久侦不结、重罪轻判的现象。对于海关、外汇管理部门的工作人员严重不负责任,造成大量外汇被骗购或者逃汇,致使国家利益遭受重大损失的,要依法坚决查办。

三、对于《决定》公布施行后发生的犯罪行为,应当依照《决定》办理;对于《决定》公布施行前发生的行为,按照刑法第12条规定的原则办理。

四、各级人民检察院在贯彻执行《决定》中,要加强调查研究,不断积累和总结经验,注意研究《决定》规定的各种犯罪的特点、规律及其对策;对在执行《决定》中遇到的问题,要及时层报最高人民检察院。

4. 最高人民法院、最高人民检察院、公安部《关于〈办理骗汇、逃汇犯罪案件联席会议纪要〉的通知》(公通字〔1999〕39号)

中央部署开展打击骗汇犯罪专项斗争以来,在国务院和中央政法委的统一领导和组织协调下,各级公安机关和人民检察院迅速行动起来,在全国范围内对骗汇犯罪开展了全面打击行动。1998年8月28日最高人民法院《关于审理骗购外汇、非法买卖外汇刑事案件具体应用法律若干问题的解释》发布,对司法机关运用法律武器准确、及时打击犯罪发挥了重要作用。但是,一些地方在办理此类案件过程中,在案件管辖、适用法律及政策把握等方面遇到一些问题,需要予以明确。为了进一步贯彻中央从重从快严厉打击骗汇犯罪的指示精神,准确适用法律,保障专项斗争深入开展,争取尽快起诉、宣判一批骗汇犯罪案件,打击和震慑骗汇犯罪活动,1999年3月16日,中央政法委、最高人民法院、最高人民检察院、公安部、中国人民银行、国家外汇管理局、解放军军事法院、军事检察院、总政保卫部等有关部门在北京昌平召开联席会议,共同研究解决打击骗汇犯罪斗争中出现的各种问题。会议纪要如下:

一、各级公安机关、人民检察院、人民法院和军队保卫、检、法部门在办理骗汇案件过程中,要从维护国家外汇管理秩序和国家经济安全的高度认识打击骗汇、逃汇犯罪专项斗争的重大意义,坚决贯彻党中央、国务院部署,积极参加专项斗争,各司其职,互相配合,加强协调,加快办案进度。

二、全国人大常委会《关于惩治骗购外汇、逃汇和非法买卖外汇犯罪的决定》(以下简称《决定》)公布施行后发生的犯罪行为,应当依照《决定》办理;对于《决定》公布施行前发生的公布后尚未处理或者正在处理的行为,依照修订后的刑法第12条第1款规定的原则办理。

最高人民法院1998年8月28日发布的《关于审理骗购外汇、非法买卖外汇刑事案件具体应用法律若干问题的解释》(以下简称《解释》),是对具体应用修订后的刑法有关问题的司法解释,适用于依照修订后的刑法判处的案件。各执法部门对于《解释》应当准确理解,严格执行。

《解释》第4条规定:"公司、企业或者其他单位,违反有关外贸代理业务的规定,采用非法手段、或者明知是伪造、变造的凭证、商业单据,为他人向外汇指定银行骗购外汇,数额在500万美元以上或者违法所得50万元人民币以上的,按照刑法第225条第(3)项的规定定罪处罚;居间介绍骗购外汇100万美元以上或者违法所得10万元人民币以上的,按照刑法第225条第(3)项的规定定罪处罚。"

上述所称"采用非法手段",是指有国家批准的进出口经营权的外贸代理企业在经营代理进口业务时,不按国家经济主管部门有关规定履行职责,放任被代理方自带客户、自带货源、自带汇票、自行报关,在不见进口产品、不见供货货主、不见外商的情况下代理进口业务,或者采取法律、行政法规和部门规章禁止的其他手段代理进口业务。

认定《解释》第4条所称的"明知",要结合案件的具体情节予以综合考虑,不能仅仅因为行为人不供述就不予认定。报关行为先于签订外贸代理协议的,或者委托方提供的购汇凭证明显与真实凭证、商业单据不符的,应当认定为明知。

《解释》第4条所称"居间介绍骗购外汇",是指收取他人人民币、以虚假购汇凭证委托外贸公司、企业骗购外汇,获取非法收益的行为。

三、公安机关侦查骗汇、逃汇犯罪案件中涉及人民检察院管辖的贪污贿赂、渎职犯罪案件的,应当将贪污贿赂、渎职犯罪案件材料移送有管辖权的人民检察院审查。对管辖交叉的案件,可以分别立案,共同工作。如果涉嫌主罪属于公安机关管辖,由公安机关为主侦查,人民检察院予以配合;如果涉嫌主罪属于人民检察院管辖,由人民检察院为主侦查,公安机关予以配合。双方意见有较大分歧的,要协商解决,并及时向当地党委、政法委和上级主管机关请示。

四、公安机关侦查骗汇、逃汇犯罪案件,要及时全面收集和固定犯罪证据,抓紧缉捕犯罪分子。人民检察院和人民法院对正在办理的骗汇、逃汇犯罪案件,只要基本犯罪事实清楚,基本证据确实充分,应当及时依法起诉、审判。主犯在逃或者骗购外汇所需人民币资金的来源无法彻底查清,但证明在案的其他犯罪嫌疑人实施犯罪的基本证据确实充分的,为在法定时限内结案,可以对在案的其他犯罪嫌疑人先行处理。对于已收集到外汇指定银行汇出凭证和境外收汇银行收款凭证等证据,能够证明所骗购外汇确已汇至港澳台地区或国外的,应视为骗购外汇既遂。

五、坚持"惩办与宽大相结合"的政策。对骗购外汇共同犯罪的主犯,或者参与伪造、变造购汇凭证的骗汇人员,以及与骗购外汇的犯罪分子相勾结的国家工作人员,要从严惩处。对具有自首、立功或者其他法定从轻、减轻情节的,依法从轻、减轻处理。

六、各地在办理骗汇、逃汇犯罪案件中遇到的有关问题以及侦查、起诉、审判的信息要及时向各自上级主管机关报告。上级机关要加强对案件的督办、检查和指导协调工作。

5. 最高人民检察院、公安部《关于公安机关管辖的刑事案件立案追诉标准的规定(2)》(公通字〔2010〕23号)

(公通字〔2022〕12号已声明该文件废止)

6. 最高人民检察院《关于充分发挥检察职能服务保障"六稳""六保"的意见》(高检发〔2020〕10号)

(详见本书《刑法》第205条相关内容)

7. 最高人民检察院、公安部《关于公安机关管辖的刑事案件立案追诉标准的规定(2)》(公通字〔2022〕12 号)

(见本条立案追诉标准内容)

【单行法】

【骗购外汇罪】 为了惩治骗购外汇、逃汇和非法买卖外汇的犯罪行为,维护国家外汇管理秩序,对刑法作如下补充修改:

一、有下列情形之一,骗购外汇,数额较大的,处 5 年以下有期徒刑或者拘役,并处骗购外汇数额百分之五以上百分之三十以下罚金;数额巨大或者有其他严重情节的,处 5 年以上 10 年以下有期徒刑,并处骗购外汇数额百分之五以上百分之三十以下罚金;数额特别巨大或者有其他特别严重情节的,处 10 年以上有期徒刑或者无期徒刑,并处骗购外汇数额百分之五以上百分之三十以下罚金或者没收财产:

(一)使用伪造、变造的海关签发的报关单、进口证明、外汇管理部门核准件等凭证和单据的;(二)重复使用海关签发的报关单、进口证明、外汇管理部门核准件等凭证和单据的;(三)以其他方式骗购外汇的。

伪造、变造海关签发的报关单、进口证明、外汇管理部门核准件等凭证和单据,并用于骗购外汇的,依照前款的规定从重处罚。

明知用于骗购外汇而提供人民币资金的,以共犯论处。

单位犯前 3 款罪的,对单位依照第 1 款的规定判处罚金,并对其直接负责的主管人员和其他直接责任人员,处 5 年以下有期徒刑或者拘役;数额巨大或者有其他严重情节的,处 5 年以上 10 年以下有期徒刑;数额特别巨大或者有其他特别严重情节的,处 10 年以上有期徒刑或者无期徒刑。

五、海关、外汇管理部门以及金融机构、从事对外贸经营活动的公司、企业或者其他单位的工作人员与骗购外汇或者逃汇的行为人通谋,为其提供购买外汇的有关凭证或者其他便利的,或者明知是伪造、变造的凭证和单据而售汇、付汇的,以共犯论,依照本决定从重处罚。

(本罪名根据 1998 年 12 月 29 日第九届全国人大常委会第六次会议通过的《关于惩治骗购外汇、逃汇和非法买卖外汇犯罪的决定》增设)

• 释义

骗购外汇罪是指使用伪造、变造的海关签发的报关单、进口证明、外汇管理部门核准件等凭证和单据,重复使用海关签发的报关单、进口证明、外汇管理部门核准件等凭证和单据,或者以其他方式骗购外汇,数额巨大的行为。

伪造、变造海关签发的报关单、进口证明、外汇管理部门核准件等凭证和单据,并用于骗购外汇的,依照前款的规定从重处罚。

明知用于骗购外汇而提供人民币资金的,以共犯论处。

• 管辖

公安机关经济犯罪侦查部门。

• 立案追诉标准

骗购外汇,数额在 50 万美元以上的,应予立案追诉。

- **关联法律**

1. 全国人大常委会《关于惩治骗购外汇、逃汇和非法买卖外汇犯罪的决定》关于惩治骗购外汇、逃汇和非法买卖外汇犯罪的决定》(1998年12月29日第九届全国人大常委会第六次会议通过)

(详见本书《刑法》第190条相关内容)

2. 最高人民法院《关于审理骗购外汇、非法买卖外汇刑事案件具体应用法律若干问题的解释》(法释〔1998〕20号)

第1条 以进行走私、逃汇、洗钱、骗税等犯罪活动为目的,使用虚假、无效的凭证、商业单据或者采取其他手段向外汇指定银行骗购外汇的,应当分别按照刑法分则第3章第2节、第190条、第191条和第204条等规定定罪处罚。

非国有公司、企业或者其他单位,与国有公司、企业或者其他国有单位勾结逃汇的,以逃汇罪的共犯处罚。

第4条 公司、企业或者其他单位,违反有关外贸代理业务的规定,采用非法手段,或者明知是伪造、变造的凭证、商业单据,为他人向外汇指定银行骗购外汇,数额在500万美元以上或者违法所得50万元人民币以上的,按照刑法第225条第(3)项的规定定罪处罚。

居间介绍骗购外汇100万美元以上或者违法所得10万元人民币以上的,按照刑法第225条第(三)项的规定定罪处罚。

第5条 海关、银行、外汇管理机关工作人员与骗购外汇的行为人通谋,为其提供购买外汇的有关凭证,或者明知是伪造、变造的凭证和商业单据而出售外汇,构成犯罪的,按照刑法的有关规定从重处罚。

第6条 实施本解释规定的行为,同时触犯2个以上罪名的,择一重罪从重处罚。

第7条 根据刑法第64条规定,骗购外汇、非法买卖外汇的,其违法所得予以追缴,用于骗购外汇、非法买卖外汇的资金予以没收,上缴国库。

第8条 骗购、非法买卖不同币种的外汇的,以案发时国家外汇管理机关制定的统一折算率折合后依照本解释处罚。

3. 最高人民检察院《关于认真贯彻执行〈全国人大常委会关于惩治骗购外汇、逃汇和非法买卖外汇犯罪的决定〉的通知》(高检会〔1999〕3号)

(详见本书《刑法》第190条相关内容)

4. 最高人民法院、最高人民检察院、公安部《关于〈办理骗汇、逃汇犯罪案件联席会议纪要〉的通知》(公通字〔1999〕39号)

(详见本书《刑法》第190条相关内容)

5. 最高人民检察院、公安部《关于经济犯罪案件追诉标准的规定》(公发〔2001〕11号)

(公通字〔2010〕23号已声明该文件废止)

6. 最高人民检察院、公安部《关于公安机关管辖的刑事案件立案追诉标准的规定(2)》(公通字〔2010〕23号)

(公通字〔2022〕12号已声明该文件废止)

7. 最高人民检察院《关于充分发挥检察职能服务保障"六稳""六保"的意见》(高检发〔2020〕10号)

(详见本书《刑法》第205条相关内容)

8. 最高人民检察院、公安部《关于公安机关管辖的刑事案件立案追诉标准的规定(2)》(公通字〔2022〕12号)

(见本条立案追诉标准内容)

第191条 【洗钱罪】为掩饰、隐瞒毒品犯罪、黑社会性质的组织犯罪、恐怖活动犯罪、走私犯罪、贪污贿赂犯罪、破坏金融管理秩序犯罪、金融诈骗犯罪的所得及其产生的收益的来源和性质,有下列行为之一的,没收实施以上犯罪的所得及其产生的收益,处5年以下有期徒刑或者拘役,并处或者单处罚金;情节严重的,处5年以上10年以下有期徒刑,并处罚金:

(一)提供资金帐户的;

(二)将财产转换为现金、金融票据、有价证券的;

(三)通过转帐或者其他支付结算方式转移资金的;

(四)跨境转移资产的;

(五)以其他方法掩饰、隐瞒犯罪所得及其收益的来源和性质的。

单位犯前款罪的,对单位判处罚金,并对其直接负责的主管人员和其他直接责任人员,依照前款的规定处罚。

(本条《中华人民共和国刑法修正案(3)》第1次修改;《中华人民共和国刑法修正案(6)》第2次修改;《中华人民共和国刑法修正案(11)》第3次修改)

• 释义

洗钱罪是指明知是毒品犯罪、黑社会性质的组织犯罪、恐怖活动犯罪、走私犯罪、贪污贿赂犯罪、破坏金融管理秩序犯罪、金融诈骗犯罪的所得及其产生的收益,为掩饰、隐瞒其来源和性质,而提供资金账户,协助将财产转换为现金、金融票据、有价证券,通过转账或者其他结算方式协助资金转移,协助将资金汇往境外,或者以其他方法掩饰、隐瞒犯罪所得及其收益的来源和性质的行为。

行为主体既可以是自然人,也可以是单位。

本罪的责任形式为故意,且以明知为前提。"明知",应当结合被告人的认知能力,接触他人犯罪所得及其收益的情况,犯罪所得及其收益的种类、数额,犯罪所得及其收益的转换、转移方式以及被告人的供述等主、客观因素进行认定。

下列情形之一的可以认定被告人明知,但有证据证明确实不知道的除外:

(一)知道他人从事犯罪活动,协助转换或者转移财物的;(二)没有正当理由,通过非法途径协助转换或者转移财物的;(三)没有正当理由,以明显低于市场的价格收购财物的;(四)没有正当理由,协助转换或者转移财物,收取明显高于市场的"手续费"的;(五)没有正当理由,协助他人将巨额现金散存于多个银行账户或者在不同银行账户之间频繁划转的;(六)协助近亲属或者其他关系密切的人转换或者转移与其职业或者财产状况明显不符的财物的。

下列情形之一的可以认定"以其他方法掩饰、隐瞒犯罪所得及其收益的来源和性质":

(一)通过典当、租赁、买卖、投资等方式,协助转移、转换犯罪所得及其收益的;(二)通过与商场、饭店、娱乐场所等现金密集型场所的经营收入相混合的方式,协助转移、转换犯罪所得及其收益的;(三)通过虚构交易、虚设债权债务、虚假担保、虚报收入等方式,协助将犯罪所得及其收益转换为"合法"财物的;(四)通过买卖彩票、奖券等方式,协助转换犯罪所得及其收益的;(五)通过赌博方式,协助将犯罪所得及其收益转换为赌博收益的;(六)协助将犯罪所得及其收益携带、运输或者邮寄出入境的。

明知是犯罪所得及其产生的收益而予掩饰、隐瞒,构成刑法第312条规定的犯罪,同时又构成刑法第191条或者第349条规定的犯罪的,依照处罚较重的规定定罪处罚。刑法第191条、第312条、第349条规定的犯罪,应当以上游犯罪事实成立为认定前提。

上游犯罪尚未依法裁判,但查证属实的,不影响刑法第191条、第312条、第349条规定的犯罪的审判。上游犯罪事实可以确认,因行为人死亡等原因依法不予追究刑事责任的,不影响刑法第191条、第312条、第349条规定的犯罪的认定。

上游犯罪事实可以确认,依法以其他罪名定罪处罚的,不影响刑法第191条、第312条第349条规定的犯罪的认定。

本条所称"上游犯罪",是指产生刑法第191条、第312条、第349条规定的犯罪所得及其收益的各种犯罪行为。

• 管辖

公安机关经济犯罪侦查部门。

• 立案追诉标准

为掩饰、隐瞒毒品犯罪、黑社会性质的组织犯罪、恐怖活动犯罪、走私犯罪、贪污贿赂犯罪、破坏金融管理秩序犯罪、金融诈骗犯罪的所得及其产生的收益的来源和性质,涉嫌下列情形之一的,应予立案追诉:

(一)提供资金账户的;

(二)将财产转换为现金、金融票据、有价证券的;

(三)通过转账或者其他支付结算方式转移资金的;

(四)跨境转移资产的;

(五)以其他方法掩饰、隐瞒犯罪所得及其收益的来源和性质的。

• 关联法律

1.最高人民法院《关于审理骗购外汇、非法买卖外汇刑事案件具体应用法律若干问题的解释》(法释〔1998〕20号)

为依法惩处骗购外汇、非法买卖外汇的犯罪行为,根据刑法的有关规定,现对审理骗购外汇、非法买卖外汇案件具体应用法律的若干问题解释如下:

第1条 以进行走私、逃汇、洗钱、骗税等犯罪活动为目的,使用虚假、无效的凭证、商业单据或者采取其他手段向外汇指定银行骗购外汇的,应当分别按照刑法分则第3章第2节、第190条、第191条和第204条等规定定罪处罚。

非国有公司、企业或者其他单位,与国有公司、企业或者其他国有单位勾结逃汇的,以逃汇罪的共犯处罚。

第5条 海关、银行、外汇管理机关工作人员与骗购外汇的行为人通谋,为其提供购买外汇的有关凭证,或者明知是伪造、变造的凭证和商业单据而出售外汇,构成犯罪的,按照刑法的有关规定从重处罚。

第6条 实施本解释规定的行为,同时触犯2个以上罪名的,择一重罪从重处罚。

第7条 根据刑法第64条规定,骗购外汇、非法买卖外汇的,其违法所得予以追缴,用于骗购外汇、非法买卖外汇的资金予以没收,上缴国库。

第8条 骗购、非法买卖不同币种的外汇的,以案发时国家外汇管理机关制定的统一折算率折合后依照本解释处罚。(全文详见本书《刑法》第190条相关内容)

2.《中华人民共和国刑法修正案(3)》(2001年12月29日第九届全国人大常委会第二十五次会议通过)

七、将刑法第191条修改为:"明知是毒品犯罪、黑社会性质的组织犯罪、恐怖活动犯罪、走私犯罪的违法所得及其产生的收益，为掩饰、隐瞒其来源和性质，有下列行为之一的，没收实施以上犯罪的违法所得及其产生的收益，处5年以下有期徒刑或者拘役，并处或者单处洗钱数额百分之五以上百分之二十以下罚金；情节严重的，处5年以上10年以下有期徒刑，并处洗钱数额百分之五以上百分之二十以下罚金：

"（一）提供资金帐户的；（二）协助将财产转换为现金或者金融票据的；（三）通过转帐或者其他结算方式协助资金转移的；（四）协助将资金汇往境外的；（五）以其他方法掩饰、隐瞒犯罪的违法所得及其收益的来源和性质的。

"单位犯前款罪的，对单位判处罚金，并对其直接负责的主管人员和其他直接责任人员，处5年以下有期徒刑或者拘役；情节严重的，处5年以上10年以下有期徒刑。"

3.《中华人民共和国刑法修正案(6)》(2006年6月29日第十届全国人大常委会第二十二次会议通过)

十六、将刑法第191条第1款修改为："明知是毒品犯罪、黑社会性质的组织犯罪、恐怖活动犯罪、走私犯罪、贪污贿赂犯罪、破坏金融管理秩序犯罪、金融诈骗犯罪的所得及其产生的收益，为掩饰、隐瞒其来源和性质，有下列行为之一的，没收实施以上犯罪的所得及其产生的收益，处5年以下有期徒刑或者拘役，并处或者单处洗钱数额百分之五以上百分之二十以下罚金；情节严重的，处5年以上10年以下有期徒刑，并处洗钱数额百分之五以上百分之二十以下罚金：

"（一）提供资金账户的；（二）协助将财产转换为现金、金融票据、有价证券的；（三）通过转账或者其他结算方式协助资金转移的（四）协助将资金汇往境外的；（五）以其他方法掩饰、隐瞒犯罪所得及其收益的来源和性质的。"

（1997年《刑法》原条文中，只有"毒品犯罪、黑社会性质的组织犯罪、走私犯罪的违法所得及其产生的收益"才构成洗钱的对象。《刑法修正案(3)》主要是增加了洗钱的对象"恐怖活动犯罪所得及其产生的收益"，并对单位犯罪部分增加了"情节严重的，处5年以上10年以下有期徒刑"的规定。《刑法修正案(6)》则进一步将洗钱的对象扩大到"贪污贿赂犯罪、破坏金融管理秩序犯罪、金融诈骗犯罪的所得及其产生的收益"。）

4.《中华人民共和国反洗钱法》(2006年10月31日第十届全国人大常委会第二十四次会议通过)

（全文略）

5.最高人民法院《关于审理洗钱等刑事案件具体应用法律若干问题的解释》(法释〔2009〕15号)

为依法惩治洗钱，掩饰、隐瞒犯罪所得、犯罪所得收益，资助恐怖活动等犯罪活动，根据刑法有关规定，现就审理此类刑事案件具体应用法律的若干问题解释如下：

第1条 刑法191条、第312条规定的"明知"，应当结合被告人的认知能力，接触他人犯罪所得及其收益的情况，犯罪所得及其收益的种类、数额，犯罪所得及收益的转换、转移方式以及被告人的供述等主、客观因素进行认定。

具有下列情形之一的，可以认定被告人明知系犯罪所得及其收益，但有证据证明确实不知道的除外：

（一）知道他人从事犯罪活动，协助转换或者转移财物的；（二）没有正当理由，通过非法途径协助转换或者转移财物的；（三）没有正当理由，以明显低于市场的价格收购财物的；（四）没有正当理由，协助转换或者转移财物，收取明显高于市场的"手续费"的；（五）没有正当理由，协助他人将巨额现金散存于多个银行账户或者在不同银行账户之间频繁划转的；（六）协助近亲属或者其他关系密切的人转换或者转移与其职业或者财产状况明显不符的财物的；（七）其他可以认定行为人明知的情形。

被告人将刑法第191条规定的某一上游犯罪的犯罪所得及其收益误认为刑法第191条规定的上游犯罪范围内的其他犯罪所得及其收益的,不影响刑法第191条规定的"明知"的认定。

第2条 具有下列情形之一的,可以认定为刑法第191条第1款第(五)项规定的"以其他方法掩饰、隐瞒犯罪所得及其收益的来源和性质":

(一)通过典当、租赁、买卖、投资等方式,协助转移、转换犯罪所得及其收益的;(二)通过与商场、饭店、娱乐场所等现金密集型场所的经营收入相混合的方式,协助转移、转换犯罪所得及其收益的;(三)通过虚构交易、虚设债权债务、虚假担保、虚报收入等方式,协助将犯罪所得及其收益转换为"合法"财物的;(四)通过买卖彩票、奖券等方式,协助转换犯罪所得及其收益的;(五)通过赌博方式,协助将犯罪所得及其收益转换为赌博收益的;(六)协助将犯罪所得及其收益携带、运输或者邮寄出入境的;(七)通过前述规定以外的方式协助转移、转换犯罪所得及其收益的。

第3条 明知是犯罪所得及其产生的收益而予以掩饰、隐瞒,构成刑法第312条规定的犯罪,同时又构成刑法第191条或者第349条规定的犯罪的,依照处罚较重的规定定罪处罚。

第4条 刑法第191条、第312条、第349条规定的犯罪,应当以上游犯罪事实成立为认定前提。

上游犯罪尚未依法裁判,但查证属实的,不影响刑法第191条、第312条、第349条规定的犯罪的审判。上游犯罪事实可以确认,因行为人死亡等原因依法不予追究刑事责任的,不影响刑法第191条、第312条、第349条规定的犯罪的认定。

上游犯罪事实可以确认,依法以其他罪名定罪处罚的,不影响刑法第191条、第312条、第349条规定的犯罪的认定。

本条所称"上游犯罪",是指产生刑法第191条、第312条、第349条规定的犯罪所得及其收益的各种犯罪行为。

第5条 刑法第120条之一规定的"资助",是指为恐怖活动组织或者实施恐怖活动的个人筹集、提供经费、物资或者提供场所以及其他物质便利的行为。

刑法第120条之一规定的"实施恐怖活动的个人",包括预谋实施、准备实施和实际实施恐怖活动的个人。

6. 最高人民检察院、公安部《关于公安机关管辖的刑事案件立案追诉标准的规定(2)》(公通字〔2010〕23号)

(公通字〔2022〕12号已声明该文件废止)

7. 国务院办公厅《关于完善反洗钱、反恐怖融资、反逃税监管体制机制的意见》(国办函〔2017〕84号)

(详见本书《刑法》第120条之一相关内容)

8. 最高人民法院、最高人民检察院《关于办理非法从事资金支付结算业务、非法买卖外汇刑事案件适用法律若干问题的解释》(法释〔2019〕1号)

第5条 非法从事资金支付结算业务或者非法买卖外汇,构成非法经营罪,同时又构成刑法第120条之一规定的帮助恐怖活动罪或者第191条规定的洗钱罪的,依照处罚较重的规定定罪处罚。(全文详见第120条之一相关内容)

9. 中国银保监会《银行业金融机构反洗钱和反恐怖融资管理办法》(中国银行保险监督管理委员会令2019年第1号)

(全文略)

10.最高人民法院、最高人民检察院、海关总署《关于打击非设关地成品油走私专题研讨会会议纪要》(署缉发〔2019〕210号)

一、关于定罪处罚

走私成品油,构成犯罪的,依照刑法第153条的规定,以走私普通货物罪定罪处罚。

对不构成走私共犯的收购人,直接向走私人购买走私的成品油,数额较大的,依照刑法第155条第(1)项的规定,以走私罪论处;向非直接走私人购买走私的成品油的,根据其主观故意,分别依照刑法第191条规定的洗钱罪或者第312条规定的掩饰、隐瞒犯罪所得、犯罪所得收益罪定罪处罚。

在办理非设关地走私成品油刑事案件中,发现行为人在销售的成品油中掺杂、掺假,以假充真,以次充好或者以不合格油品冒充合格油品,构成犯罪的,依照刑法第140的规定,对该行为以生产、销售伪劣产品罪定罪处罚。

行为人与他人事先通谋或者明知他人从事走私成品油犯罪活动,而在我国专属经济区或者公海向其贩卖、过驳成品油的,应当按照走私犯罪的共犯追究刑事责任。

明知他人从事走私成品油犯罪活动而为其提供资金、贷款、账号、发票、证明、许可文件,或者提供运输、仓储等其他便利条件的,应当按照走私犯罪的共犯追究刑事责任。

对成品油走私共同犯罪或者犯罪集团中的主要出资者、组织者,应当认定为主犯;对受雇用的联络员、船长等管理人员,可以认定为从犯,如其在走私犯罪中起重要作用的,应当认定为主犯;对其他参与人员,如船员、司机、"黑引水"、盯梢望风人员等,不以其职业、身份判断是否追究刑事责任,应当按照其在走私活动中的实际地位、作用、涉案金额、参与次数等确定是否追究刑事责任。

对在非设关地走私成品油的犯罪嫌疑人、被告人,人民检察院、人民法院应当依法严格把握不起诉、缓刑适用条件。(全文详见本书《刑法》第151条相关内容)

11.最高人民检察院《关于充分发挥检察职能服务保障"六稳""六保"的意见》(高检发〔2020〕10号)

(详见本书《刑法》第160条相关内容)

12.《中华人民共和国刑法修正案(11)》(2020年12月26日第十三届全国人大常委会第二十四次会议通过)

十四、将刑法第191条修改为:"为掩饰、隐瞒毒品犯罪、黑社会性质的组织犯罪、恐怖活动犯罪、走私犯罪、贪污贿赂犯罪、破坏金融管理秩序犯罪、金融诈骗犯罪的所得及其产生的收益的来源和性质,有下列行为之一的,没收实施以上犯罪的所得及其产生的收益,处5年以下有期徒刑或者拘役,并处或者单处罚金;情节严重的,处5年以上10年以下有期徒刑,并处罚金:

"(一)提供资金帐户的;(二)将财产转换为现金、金融票据、有价证券的;(三)通过转帐或者其他支付结算方式转移资金的;(四)跨境转移资产的;(五)以其他方法掩饰、隐瞒犯罪所得及其收益的来源和性质的。

"单位犯前款罪的,对单位判处罚金,并对其直接负责的主管人员和其他直接责任人员,依照前款的规定处罚。"

(原条文:明知是毒品犯罪、黑社会性质的组织犯罪、恐怖活动犯罪、走私犯罪、贪污贿赂犯罪、破坏金融管理秩序犯罪、金融诈骗犯罪的所得及其产生的收益,为掩饰、隐瞒其来源和性质,有下列行为之一的,没收实施以上犯罪的所得及其产生的收益,处5年以下有期徒刑或者拘役,并处或者单处洗钱数额5%以上20%以下罚金;情节严重的,处5年以上10年以下有期徒刑,并处洗钱数额5%以上20%以下罚金:

(一)提供资金账户的;(二)协助将财产转换为现金、金融票据、有价证券的;(三)通过转账或者其他结算方式协助资金转移的;(四)协助将资金汇往境外的;(五)以其他方法掩饰、隐瞒犯罪所得及其收益的来源和性质的。

单位犯前款罪的,对单位判处罚金,并对其直接负责的主管人员和其他直接责任人员,处5年以下有期徒刑或者拘役。情节严重的,处5年以上10年以下有期徒刑。)

13. 最高人民检察院《第32批指导性案例彭某峰受贿,贾某语受贿、洗钱违法所得没收案》(检例第128号;2021年12月9日)

(详见本书《刑法》第59条相关内容)

14. 最高人民检察院、公安部《关于公安机关管辖的刑事案件立案追诉标准的规定(2)》(公通字〔2022〕12号)

(见本条立案追诉标准内容)

第五节　金融诈骗罪

根据2001年1月21日最高人民法院《全国法院审理金融犯罪案件工作座谈会纪要》,金融诈骗犯罪都是以非法占有为目的。

第192条　【集资诈骗罪】 以非法占有为目的,使用诈骗方法非法集资,数额较大的,处3年以上7年以下有期徒刑,并处罚金;数额巨大或者有其他严重情节的,处7年以上有期徒刑或者无期徒刑,并处罚金或者没收财产。

单位犯前款罪的,对单位判处罚金,并对其直接负责的主管人员和其他直接责任人员,依照前款的规定处罚。

(本条《中华人民共和国刑法修正案(9)》第1次修改;《中华人民共和国刑法修正案(11)》第2次修改)

• 释义

集资诈骗罪是指以非法占有为目的,使用诈骗方法非法集资,数额较大的行为。

• 管辖

公安机关经济犯罪侦查部门。

• 立案追诉标准

以非法占有为目的,使用诈骗方法非法集资,数额在10万元以上的,应予立案追诉。

• 关联法律

1. 最高人民法院《关于全国法院审理金融犯罪案件工作座谈会纪要》(法〔2001〕8号)

(三)关于金融诈骗罪

3. 集资诈骗罪的认定和处理:集资诈骗罪和欺诈发行股票、债券罪、非法吸收公众存款罪在客观上均表现为向社会公众非法募集资金。区别的关键在于行为人是否具有非法占有的目的。对于以非法占有为目的而非法集资,或者在非法集资过程中产生了非法占有他人资金的故意,均构成集资诈骗罪。但是,在处理具体案件时要注意以下两点:一是不能仅凭较大数额的非法集资款不能返还的结果,推定行为人具有非法占有的目的;二是行为人将大部分资金用于投资或生产经营活动,而将少量资金用于个人消费或挥霍的,不应仅以此便认定具有非法占有的目的。(全文详见本书《刑法》第170条相关内容)

2. 最高人民法院《关于依法严厉打击集资诈骗和非法吸收公众存款犯罪活动的通知》(法〔2004〕240号)

(详见本书《刑法》第176条相关内容)

3.《中华人民共和国刑法修正案(9)》(2015年8月29日第十二届全国人大常委会第十六次会议通过)

十二、删去刑法第199条。

(原刑法第199条内容:犯本节第192条规定之罪,数额特别巨大并且给国家和人民利益造成特别重大损失的,处无期徒刑或者死刑,并处没收财产。)

4. 最高人民法院、最高人民检察院、公安部、中国证券监督管理委员会《关于整治非法证券活动有关问题的通知》(证监发〔2008〕1号)

(详见本书《刑法》第176条相关内容)

5. 最高人民法院《关于审理非法集资刑事案件具体应用法律若干问题的解释》(法释〔2010〕18号)

(法释〔2010〕18号文已根据2021年12月30日最高人民法院审判委员会第1860次通过的《最高人民法院〈关于审理非法集资刑事案件具体应用法律若干问题的解释〉的决定》修正,修正后的内容见法释〔2022〕5号文。)

6. 最高人民检察院、公安部《关于公安机关管辖的刑事案件立案追诉标准的规定(2)》(公通字〔2010〕23号)

(公通字〔2022〕12号已声明该文件废止)

7. 最高人民法院《关于非法集资刑事案件性质认定问题的通知》(法〔2011〕262号)

(详见本书《刑法》第176条相关内容)

8. 最高人民法院《关于依法妥善审理民间借贷纠纷案件促进经济发展维护社会稳定的通知》(法〔2011〕336号)

(详见本书《刑法》第176条相关内容)

9. 最高人民法院、最高人民检察院、公安部《关于办理非法集资刑事案件适用法律若干问题的意见》(公通字〔2014〕16号)

(详见本书《刑法》第176条相关内容)

10. 最高人民法院《关于审理民间借贷案件适用法律若干问题的规定》[法释〔2015〕18号;(法释〔2020〕6号)第一次修正;(法释〔2020〕17号)第二次修正]

(详见本书《刑法》第176条相关内容)

11. 最高人民法院《关于常见犯罪的量刑指导意见(2)(试行)》(法〔2017〕74号)

一、八种常见犯罪的量刑

(三)集资诈骗罪

1. 构成集资诈骗罪的,可以根据下列不同情形在相应的幅度内确定量刑起点:

(一)达到数额较大起点的,可以在2年以下有期徒刑、拘役幅度内确定量刑起点。(二)达到数额巨大起点或者有其他严重情节的,可以在5年至6年有期徒刑幅度内确定量刑起点。(三)达到数额特别巨大起点或者有其他特别严重情节的,可以在10年至12年有期徒刑幅度内确定量刑起点。依法应当判处无期徒刑的除外。

2. 在量刑起点的基础上,根据集资诈骗数额等其他影响犯罪构成的犯罪事实增加刑罚量,确定基准刑(全文详见本书《刑法》第61条相关内容)。

12. 最高人民法院《关于进一步加强金融审判工作的若干意见》(法发〔2017〕22号)

(详见本书《刑法》第160条相关内容)

13. 最高人民检察院《关于办理涉互联网金融犯罪案件有关问题座谈会纪要》(高检诉〔2017〕14号)

二、准确界定涉互联网金融行为法律性质

(二)集资诈骗行为的认定

14. 以非法占有为目的,使用诈骗方法非法集资,是集资诈骗罪的本质特征。是否具有非法占有目的,是区分非法吸收公众存款罪和集资诈骗罪的关键要件,对此要重点围绕融资项目真实性、资金去向、归还能力等事实进行综合判断。犯罪嫌疑人存在以下情形之一的,原则上可以认定具有非法占有目的:

(1)大部分资金未用于生产经营活动,或名义上投入生产经营但又通过各种方式抽逃转移资金的;(2)资金使用成本过高,生产经营活动的盈利能力不具有支付全部本息的现实可能性的;(3)对资金使用的决策极度不负责任或肆意挥霍造成资金缺口较大的;(4)归还本息主要通过借新还旧来实现的;(5)其他依照有关司法解释可以认定为非法占有目的的情形。

15. 对于共同犯罪或单位犯罪案件中,不同层级的犯罪嫌疑人之间存在犯罪目的发生转化或者犯罪目的明显不同的,应当根据犯罪嫌疑人的犯罪目的分别认定。

(1)注意区分犯罪目的发生转变的时间节点。犯罪嫌疑人在初始阶段仅具有非法吸收公众存款的故意,不具有非法占有目的,但在发生经营失败、资金链断裂等问题后,明知没有归还能力仍然继续吸收公众存款的,这一时间节点之后的行为应当认定为集资诈骗罪,此前的行为应当认定为非法吸收公众存款罪。(2)注意区分犯罪嫌疑人的犯罪目的的差异。在共同犯罪或单位犯罪中,犯罪嫌疑人由于层级、职责分工、获取收益方式、对全部犯罪事实的知情程度等不同,其犯罪目的也存在不同。在非法集资犯罪中,有的犯罪嫌疑人具有非法占有的目的,有的则不具有非法占有目的,对此,应当分别认定为集资诈骗罪和非法吸收公众存款罪。

16. 证明主观上是否具有非法占有目的,可以重点收集、运用以下客观证据:

(1)与实施集资诈骗整体行为模式相关的证据:投资合同、宣传资料、培训内容等;(2)与资金使用相关的证据:资金往来记录、会计账簿和会计凭证、资金使用成本(包括利息和佣金等)、资金决策使用过程、资金主要用途、财产转移情况等;(3)与归还能力相关的证据:吸收资金所投资项目内容、投资实际经营情况、盈利能力、归还本息资金的主要来源、负债情况、是否存在虚构业绩等虚假宣传行为等;(4)其他涉及欺诈等方面的证据:虚构融资项目进行宣传、隐瞒资金实际用途、隐匿销毁账簿;等等。司法会计鉴定机构对相关数据进行鉴定时,办案部门可以根据查证犯罪事实的需要提出重点鉴定的项目,保证司法会计鉴定意见与待证的构成要件事实之间的关联性。

17. 集资诈骗的数额,应当以犯罪嫌疑人实际骗取的金额计算。犯罪嫌疑人为吸收公众资金制造还本付息的假象,在诈骗的同时对部分投资人还本付息的,集资诈骗的金额以案发时实际未兑付的金额计算。案发后,犯罪嫌疑人主动退还集资款项的,不能从集资诈骗的金额中扣除,但可以作为量刑情节考虑。(全文详见本书《刑法》第176条相关内容)

14. 最高人民检察院《第10批指导性案例周辉集资诈骗案(检例第40号;2018年7月3日)

【要旨】

网络借贷信息中介机构或其控制人,利用网络借贷平台发布虚假信息,非法建立资金池募集资金,所得资金大部分未用于生产经营活动,主要用于借新还旧和个人挥霍,无法归还所募资金数额巨大,应认定为具有非法占有目的,以集资诈骗罪追究刑事责任。

【指导意义】

是否具有非法占有目的,是正确区分非法吸收公众存款罪和集资诈骗罪的关键。对非法占有目的的认定,应当围绕融资项目真实性、资金去向、归还能力等事实、证据进行综合判断。行为人将所吸收资金大部分未用于生产经营活动,或名义上投入生产经营,但又通过各种方式抽逃转移资金,或供其个人肆意挥霍,归还本息主要通过借新还旧来实现,造成数额巨大的募集资金无法归还的,可以认定具有非法占有的目的。

集资诈骗罪是近年来检察机关重点打击的金融犯罪之一。对该类犯罪,检察机关应着重从以下几个方面开展工作:一是强化证据审查。非法集资类案件由于参与人数多、涉及面广,受主客观因素影响,取证工作易出现瑕疵和问题。检察机关对重大复杂案件要及时介入侦查、引导取证。在审查案件中要强化对证据的审查,需要退回补充侦查或者自行补充侦查的,要及时退查或补查,建立起完整、牢固的证据锁链,夯实认定案件事实的证据基础。二是在法庭审理中要突出指控和证明犯罪的重点。要紧紧围绕集资诈骗罪构成要件,特别是行为人主观上具有非法占有目的、客观上以欺骗手段非法集资的事实梳理组合证据,运用完整的证据体系对认定犯罪的关键事实予以清晰证明。三是要将办理案件与追赃挽损相结合。检察机关办理相关案件,要积极配合公安机关、人民法院依法开展追赃挽损、资产处置等工作,最大限度减少人民群众的实际损失。四是要结合办案开展以案释法,增强社会公众的法治观念和风险防范意识,有效预防相关犯罪的发生。

15. 最高人民法院、最高人民检察院、公安部《关于办理非法集资刑事案件若干问题的意见》(高检会〔2019〕2号)

四、关于主观故意的认定问题

认定犯罪嫌疑人、被告人是否具有非法吸收公众存款的犯罪故意,应当依据犯罪嫌疑人、被告人的任职情况、职业经历、专业背景、培训经历、本人因同类行为受到行政处罚或者刑事追究情况以及吸收资金方式、宣传推广、合同资料、业务流程等证据,结合其供述,进行综合分析判断。

犯罪嫌疑人、被告人使用诈骗方法非法集资,符合《最高人民法院关于审理非法集资刑事案件具体应用法律若干问题的解释》第4条规定的,可以认定为集资诈骗罪中"以非法占有为目的"。

办案机关在办理非法集资刑事案件中,应当根据案件具体情况注意收集运用涉及犯罪嫌疑人、被告人的以下证据:是否使用虚假身份信息对外开展业务;是否虚假订立合同、协议;是否虚假宣传,明显超出经营范围或者夸大经营、投资、服务项目及盈利能力;是否吸收资金后隐匿、销毁合同、协议、账目;是否传授或者接受规避法律、逃避监管的方法,等等。(全文详见本书《刑法》第176条相关内容)

16. 最高人民检察院《关于充分发挥检察职能服务保障"六稳""六保"的意见》(国办发〔2021〕10号)

(详见本书《刑法》第160条相关内容)

17.《中华人民共和国刑法修正案(11)》(2020年12月26日第十三届全国人大常委会第二十四次会议通过)

十五、将刑法第192条修改为:"以非法占有为目的,使用诈骗方法非法集资,数额较大的,处3年以上7年以下有期徒刑,并处罚金;数额巨大或者有其他严重情节的,处7年以上有期徒刑或者无期徒刑,并处罚金或者没收财产。

"单位犯前款罪的,对单位判处罚金,并对其直接负责的主管人员和其他直接责任人员,依照前款的规定处罚。"

(原条文:以非法占有为目的,使用诈骗方法非法集资,数额较大的,处5年以下有期徒刑或者拘役,并处2万元以上20万元以下罚金;数额巨大或者有其他严重情节的,处5年以上10年以下有期徒刑,并处5万元以上50万元以下罚金;数额特别巨大或者有其他特别严重情节的,处10年以上有期徒刑或者无期徒刑,并处5万元以上50万元以下罚金或者没收财产。)

18. 国务院《防范和处置非法集资条例》(〔2021〕国务院令第737号)

(详见本书《刑法》第176条相关内容)

19. 最高人民法院、最高人民检察院《关于常见犯罪的量刑指导意见(试行)》(法发〔2021〕21号)

四、常见犯罪的量刑

(四)集资诈骗罪

1. 构成集资诈骗罪的,根据下列不同情形在相应的幅度内确定量刑起点:

(1)达到数额较大起点的,在3年至4年有期徒刑幅度内确定量刑起点。(2)达到数额巨大起点或者有其他严重情节的,在7年至9年有期徒刑幅度内确定量刑起点。依法应当判处无期徒刑的除外。

2. 在量刑起点的基础上,根据集资诈骗数额等其他影响犯罪构成的犯罪事实增加刑罚量,确定基准刑。

3. 构成集资诈骗罪的,根据犯罪数额、危害后果等犯罪情节,综合考虑被告人缴纳罚金的能力,决定罚数额。

4. 构成集资诈骗罪的,综合考虑犯罪数额、诈骗对象、危害后果、退赃退赔等犯罪事实、量刑情节,以及被告人的主观恶性、人身危险性、认罪悔罪表现等因素,决定缓刑的适用。(全文详见本书《刑法》第61条相关内容)

20. 最高人民法院《关于审理非法集资刑事案件具体应用法律若干问题的解释》(法释〔2010〕18号;法释〔2022〕5号修正)

第2条 实施下列行为之一,符合本解释第1条第1款规定的条件的,应当依照刑法第176条的规定,以非法吸收公众存款罪定罪处罚:

(一)不具有房产销售的真实内容或者不以房产销售为主要目的,以返本销售、售后包租、约定回购、销售房产份额等方式非法吸收资金的;(二)以转让林权并代为管护等方式非法吸收资金的;(三)以代种植(养殖)、租种植(养殖)、联合种植(养殖)等方式非法吸收资金的;(四)不具有销售商品、提供服务的真实内容或者不以销售商品、提供服务为主要目的,以商品回购、寄存代售等方式非法吸收资金的;(五)不具有发行股票、债券的真实内容,以虚假转让股权、发售虚构债券等方式非法吸收资金的;(六)不具有募集基金的真实内容,以假借境外基金、发售虚构基金等方式非法吸收资金的;(七)不具有销售保险的真实内容,以假冒保险公司、伪造保险单据等方式非法吸收资金的;(八)以网络借贷、投资入股、虚拟币交易等方式非法吸收资金的;(九)以委托理财、融资租赁等方式非法吸收资金的;(十)以提供"养老服务"、投资"养老项目"、销售"老年产品"等方式非法吸收资金的;(十一)利用民间"会""社"等组织非法吸收资金的;(十二)其他非法吸收资金的行为。

第3条 非法吸收或者变相吸收公众存款,具有下列情形之一的,应当依法追究刑事责任:

(一)非法吸收或者变相吸收公众存款数额在100万元以上的;(二)非法吸收或者变相吸收公众存款对象150人以上的;(三)非法吸收或者变相吸收公众存款,给存款人造成直接经济损失数额在50万元以上的。

非法吸收或者变相吸收公众存款数额在50万元以上或者给存款人造成直接经济损失数额在25万元以上,同时具有下列情节之一的,应当依法追究刑事责任:

(一)曾因非法集资受过刑事追究的;(二)2年内曾因非法集资受过行政处罚的;(三)造成恶劣社会影响或者其他严重后果的。

第7条 以非法占有为目的,使用诈骗方法实施本解释第2条规定所列行为的,应当依照刑法第192条的规定,以集资诈骗罪定罪处罚。

使用诈骗方法非法集资,具有下列情形之一的,可以认定为“以非法占有为目的”:

(一)集资后不用于生产经营活动或者用于生产经营活动与筹集资金规模明显不成比例,致使集资款不能返还的;(二)肆意挥霍集资款,致使集资款不能返还的;(三)携带集资款逃匿的;(四)将集资款用于违法犯罪活动的;(五)抽逃、转移资金、隐匿财产,逃避返还资金的;(六)隐匿、销毁账目,或者搞假破产、假倒闭,逃避返还资金的;(七)拒不交代资金去向,逃避返还资金的;(八)其他可以认定非法占有目的的情形。

集资诈骗罪中的非法占有目的,应当区分情形进行具体认定。行为人部分非法集资行为具有非法占有目的的,对该部分非法集资行为所涉集资款以集资诈骗罪定罪处罚;非法集资共同犯罪中部分行为人具有非法占有目的,其他行为人没有非法占有集资款的共同故意和行为的,对具有非法占有目的的行为人以集资诈骗罪定罪处罚。

第8条 集资诈骗数额在10万元以上的,应当认定为“数额较大”;数额在100万元以上的,应当认定为“数额巨大”。

集资诈骗数额在50万元以上,同时具有本解释第3条第2款第3项情节的,应当认定为刑法第192条规定的“其他严重情节”。

集资诈骗的数额以行为人实际骗取的数额计算,在案发前已归还的数额应予扣除。行为人为实施集资诈骗活动而支付的广告费、中介费、手续费、回扣,或者用于行贿、赠与等费用,不予扣除。行为人为实施集资诈骗活动而支付的利息,除本金未归还可予折抵本金以外,应当计入诈骗数额。

第9条 犯非法吸收公众存款罪,判处3年以下有期徒刑或者拘役,并处或者单处罚金的,处5万元以上100万元以下罚金;判处3年以上10年以下有期徒刑的,并处10万元以上500万元以下罚金;判处10年以上有期徒刑的,并处50万元以上罚金。

犯集资诈骗罪,判处3年以上7年以下有期徒刑的,并处10万元以上500万元以下罚金;判处7年以上有期徒刑或者无期徒刑的,并处50万元以上罚金或者没收财产。(全文详见本书《刑法》第176条相关内容)

21. 最高人民检察院、公安部《关于公安机关管辖的刑事案件立案追诉标准的规定(2)》(公通字〔2022〕12号)

(见本条立案追诉标准内容)

22. 参见本书《刑法》第176条该节内容。

第193条 【贷款诈骗罪】 有下列情形之一,以非法占有为目的,诈骗银行或者其他金融机构的贷款,数额较大的,处5年以下有期徒刑或者拘役,并处2万元以上20万元以下罚金;数额巨大或者有其他严重情节的,处5年以上10年以下有期徒刑,并处5万元以上50万元以下罚金;数额特别巨大或者有其他特别严重情节的,处10年以上有期徒刑或者无期徒刑,并处5万元以上50万元以下罚金或者没收财产:

(一)编造引进资金、项目等虚假理由的;

(二)使用虚假的经济合同的;

(三)使用虚假的证明文件的;

(四)使用虚假的产权证明作担保或者超出抵押物价值重复担保的;

(五)以其他方法诈骗贷款的。

• 释义

贷款诈骗罪是指以非法占有为目的，使用欺诈方法，编造引进资金、项目等虚假理由，使用虚假的经济合同，使用虚假的证明文件，使用虚假的产权证明作担保或者超出抵押物价值重复担保，或者以其他方法诈骗银行或者其他金融机构的贷款，数额较大的行为。

• 管辖

公安机关经济犯罪侦查部门。

• 立案追诉标准

以非法占有为目的，诈骗银行或者其他金融机构的贷款，数额在5万元以上的，应予立案追诉。

• 关联法律

1. 最高人民法院《关于全国法院审理金融犯罪案件工作座谈会纪要》(法〔2001〕8号)

(三)关于金融诈骗罪

2. 贷款诈骗罪的认定和处理。

贷款诈骗犯罪是目前案发较多的金融诈骗犯罪之一。审理贷款诈骗犯罪案件，应当注意以下两个问题：一是单位不能构成贷款诈骗罪。根据刑法第30条和第193条的规定，单位不构成贷款诈骗罪。对于单位实施的贷款诈骗行为，不能以贷款诈骗罪定罪处罚，也不能以贷款诈骗罪追究直接负责的主管人员和其他直接责任人员的刑事责任。但是，在司法实践中，对于单位十分明显地以非法占有为目的，利用签订、履行借款合同诈骗银行或其他金融机构贷款，符合刑法第224条规定的合同诈骗罪构成要件的，应当以合同诈骗罪定罪处罚。二是要严格区分贷款诈骗与贷款纠纷的界限。对于合法取得贷款后，没有按规定的用途使用贷款，到期没有归还贷款的，不能以贷款诈骗罪定罪处罚；对于确有证据证明行为人不具有非法占有的目的，因不具备贷款的条件而采取了欺骗手段获取贷款，案发时有能力履行还贷义务，或者案发时不能归还贷款是因为意志以外的原因，如因经营不善、被骗、市场风险等，不应以贷款诈骗罪定罪处罚。(全文详见本书《刑法》第170条内容)

2. 公安部经济犯罪侦查局《关于转发〈中国人民银行办公厅关于进出口押汇垫款认定事宜的复函〉的通知》(公经〔2002〕751号)

进、出口押汇属于贸易融资业务。进口押汇是银行根据客户要求在进口结算业务中给予客户资金融通的业务活动；出口押汇是银行凭出口商提供的出口单据向出口商融通资金的业务活动。押汇垫款是贸易项下融资的一种方式，其性质应属于贷款。

3. 公安部办公厅《关于若干经济犯罪案件如何统计涉案总价值、挽回经济损失数额的批复》(公经〔2008〕214号)

云南省公安厅警令部：《云南省公安厅警令部关于经济犯罪案件如何统计涉案金额、挽回经济损失数等有关问题的请示》(云公警令〔2008〕22号)收悉。经研究，批复如下：

二、贷款诈骗案按照诈骗的贷款数额统计涉案总价值。

五、挽回经济损失额按照实际追缴的赃款以及赃物折价统计。(全文详见《刑法》第13条相关内容)

4. 最高人民检察院、公安部《关于公安机关管辖的刑事案件立案追诉标准的规定(2)》(公通字〔2010〕23号)

(见本条立案追诉标准内容)

5.《中华人民共和国商业银行法》(1995 年 5 月 10 日第八届全国人大常委会第十三次会议通过;2003 年 12 月 27 日第十届全国人大常委会第六次会议《关于修改〈中华人民共和国商业银行法〉的决定》第一次修正;2015 年 8 月 29 日第十二届全国人大常委会第十六次会议《关于修改〈中华人民共和国商业银行法〉的决定》第二次修正)

(全文略)

6. 最高人民法院《关于审理民间借贷案件适用法律若干问题的规定》[法释〔2015〕18 号;(法释〔2020〕6 号)第一次修正;(法释〔2020〕17 号)第二次修正]

(详见本书《刑法》第 176 条相关内容)

7. 中国银监会、工业和信息化部、公安部、国家互联网信息办《网络借贷信息中介机构业务活动管理暂行办法》(银监会令〔2016〕1 号)

(全文略)

8. 最高人民法院《关于进一步加强金融审判工作的若干意见》(法发〔2017〕22 号)

(详见本书《刑法》第 176 条相关内容)

9. 最高人民检察院《关于充分发挥检察职能服务保障"六稳""六保"的意见》(高检发〔2020〕10 号)

(详见本书《刑法》第 140 条相关内容)

10. 最高人民法院《关于新民间借贷司法解释适用范围问题的批复》(法释〔2020〕27 号)

(全文详见本书《刑法》第 175 条相关内容)

11. 最高人民检察院、公安部《关于公安机关管辖的刑事案件立案追诉标准的规定(2)》(公通字〔2022〕12 号)

(见本条立案追诉标准内容)

第 194 条 【票据诈骗罪】 有下列情形之一,进行金融票据诈骗活动,数额较大的,处 5 年以下有期徒刑或者拘役,并处 2 万元以上 20 万元以下罚金;数额巨大或者有其他严重情节的,处 5 年以上 10 年以下有期徒刑,并处 5 万元以上 50 万元以下罚金;数额特别巨大或者有其他特别严重情节的,处 10 年以上有期徒刑或者无期徒刑,并处 5 万元以上 50 万元以下罚金或者没收财产:

(一)明知是伪造、变造的汇票、本票、支票而使用的;

(二)明知是作废的汇票、本票、支票而使用的;

(三)冒用他人的汇票、本票、支票的;

(四)签发空头支票或者与其预留印鉴不符的支票,骗取财物的;

(五)汇票、本票的出票人签发无资金保证的汇票、本票或者在出票时作虚假记载,骗取财物的。

【金融凭证诈骗罪】 使用伪造、变造的委托收款凭证、汇款凭证、银行存单等其他银行结算凭证的,依照前款的规定处罚。

• 释义

票据诈骗罪是指以非法占有为目的,利用金融票据进行诈骗活动,骗取数额较大财物的行为。具体包括:明知是伪造、变造的汇票、本票、支票而使用,明知是作废的汇票、本票、支票而使用,冒用他人的汇票、本票、支票,签发空头支票或者与其预留印鉴不符的支票,骗取财物,或者汇票、本票的出票人签发无资金保证的汇票、本票或者在出票时作虚假记载,骗取财物的行为。

金融凭证诈骗罪是指使用伪造、变造的委托收款凭证,汇款凭证、银行存单或其他银行结算凭证,骗取财物的行为。

• 管辖

公安机关经济犯罪侦查部门。

• 立案追诉标准

【票据诈骗罪立案追诉标准】

进行金融票据诈骗活动,数额在5万元以上的,应予立案追诉。

【金融凭证诈骗罪立案追诉标准】

使用伪造、变造的委托收款凭证、汇款凭证、银行存单等其他银行结算凭证进行诈骗活动,数额在5万元以上的,应予立案追诉。

• 关联法律

1. 最高人民法院《关于全国法院审理金融犯罪案件工作座谈会纪要》(法〔2001〕8号)

(详见本书《刑法》第170条相关内容)

2. 最高人民法院研究室《关于对贩卖假金融票证行为如何适用法律问题的复函》(法研〔2002〕21号)

(详见本书《刑法》第177条相关内容)

3. 最高人民检察院、公安部《关于公安机关管辖的刑事案件立案追诉标准的规定(2)》(公通字〔2010〕23号)

(见本条立案追诉标准内容)

4. 最高人民检察院、公安部《关于公安机关管辖的刑事案件立案追诉标准的规定(2)》(公通字〔2022〕12号)

(见本条立案追诉标准内容)

5. 参见本书《刑法》第176条该节相关内容。

第195条 【信用证诈骗罪】 有下列情形之一,进行信用证诈骗活动的,处5年以下有期徒刑或者拘役,并处2万元以上20万元以下罚金;数额巨大或者有其他严重情节的,处5年以上10年以下有期徒刑,并处5万元以上50万元以下罚金;数额特别巨大或者有其他特别严重情节的,处10年以上有期徒刑或者无期徒刑,并处5万元以上50万元以下罚金或者没收财产:

(一)使用伪造、变造的信用证或者附随的单据、文件的;

(二)使用作废的信用证的;

(三)骗取信用证的;

(四)以其他方法进行信用证诈骗活动的。

(本条全国人大常委会专门作出《关于〈中华人民共和国刑法〉有关信用卡规定的解释》:全国人民代表大会常务委员会根据司法实践中遇到的情况,讨论了刑法规定的"信用卡"的含义问题,解释如下:"刑法规定的'信用卡',是指由商业银行或者其他金融机构发行的具有消费支付、信用贷款、转账结算、存取现金等全部功能或者部分功能的电子支付卡。")

• 释义

信用证诈骗罪是指以非法占有为目的,使用伪造、变造的信用证或者附随的单据、文件,使用作废的信用证,骗取信用证,或者以其他方法进行信用证诈骗的行为。

• 管辖

公安机关经济犯罪侦查部门。

• 立案追诉标准

进行信用证诈骗活动,涉嫌下列情形之一的,应予立案追诉:

(一)使用伪造、变造的信用证或者附随的单据、文件的;

(二)使用作废的信用证的;

(三)骗取信用证的;

(四)以其他方法进行信用证诈骗活动的。

• 关联法律

1. 最高人民检察院、公安部《关于公安机关管辖的刑事案件立案追诉标准的规定(2)》(公通字〔2010〕23号)

(公通字〔2022〕12号已声明该文件废止)

2. 最高人民检察院、公安部《关于公安机关管辖的刑事案件立案追诉标准的规定(2)》(公通字〔2022〕12号)

(见本条立案追诉标准内容)

3. 参见本书《刑法》第176条该节相关内容。

第196条 【信用卡诈骗罪】 有下列情形之一,进行信用卡诈骗活动,数额较大的,处5年以下有期徒刑或者拘役,并处2万元以上20万元以下罚金;数额巨大或者有其他严重情节的,处5年以上10年以下有期徒刑,并处5万元以上50万元以下罚金;数额特别巨大或者有其他特别严重情节的,处10年以上有期徒刑或者无期徒刑,并处5万元以上50万元以下罚金或者没收财产:

(一)使用伪造的信用卡,或者使用以虚假的身份证明骗领的信用卡的;

(二)使用作废的信用卡的;

(三)冒用他人信用卡的;

(四)恶意透支的。

前款所称恶意透支,是指持卡人以非法占有为目的,超过规定限额或者规定期限透支,并且经发卡银行催收后仍不归还的行为。

盗窃信用卡并使用的,依照本法第264条的规定定罪处罚。

(本条《中华人民共和国刑法修正案(5)》修改)

(2004年12月29日第十届全国人大常委会第十三次会议根据司法实践中遇到的情况,讨论了刑法规定的“信用卡”的含义问题,解释如下:

刑法规定的“信用卡”,是指由商业银行或者其他金融机构发行的具有消费支付、信用贷款、转账结算、存取现金等全部功能或者部分功能的电子支付卡。)

● 释义

信用卡诈骗罪是指以非法占有为目的,使用伪造的信用卡,或者使用以虚假的身份证明骗领的信用卡,使用作废的信用卡,冒用他人信用卡,恶意透支,骗取数额较大财物的行为。

“恶意透支”,是指持卡人以非法占有为目的,超过规定限额或者规定期限透支,并且经发卡银行催收后仍不归还的行为。盗窃信用卡并使用的,依照本法第264条规定的盗窃罪定罪处罚。

刑法规定的“信用卡”,是指由商业银行或者其他金融机构发行的具有消费支付、信用贷款、转账结算、存取现金等全部功能或者部分功能的电子支付卡。

● 管辖

公安机关经济犯罪侦查部门。

● 立案追诉标准

进行信用卡诈骗活动,涉嫌下列情形之一的,应予立案追诉:

(一)使用伪造的信用卡、以虚假的身份证明骗领的信用卡、作废的信用卡或者冒用他人信用卡,进行诈骗活动,数额在5000元以上的;

(二)恶意透支,数额在5万元以上的。

本条规定的“恶意透支”,是指持卡人以非法占有为目的,超过规定限额或者规定期限透支,经发卡银行两次有效催收后超过3个月仍不归还的。

恶意透支的数额,是指公安机关刑事立案时尚未归还的实际透支的本金数额,不包括利息、复利、滞纳金、手续费等发卡银行收取的费用。归还或者支付的数额,应当认定为归还实际透支的本金。

恶意透支,数额在5万元以上不满50万元的,在提起公诉前全部归还或者具有其他情节轻微情形的,可以不起诉。但是,因信用卡诈骗受过2次以上处罚的除外。

● 关联法律

1. 全国人大常委会《关于〈中华人民共和国刑法〉有关信用卡规定的解释》(2004年12月29日第十届全国人大常委会第十三次会议通过)

全国人民代表大会常务委员会根据司法实践中遇到的情况,讨论了刑法规定的“信用卡”的含义问题,解释如下:刑法规定的“信用卡”,是指由商业银行或者其他金融机构发行的具有消费支付、信用贷款、转账结算、存取现金等全部功能或者部分功能的电子支付卡。

2.《中华人民共和国刑法修正案(5)》(2005年2月28日第十届全国人大常委会第十四次会议通过)

二、将刑法第196条修改为:有下列情形之一,进行信用卡诈骗活动,数额较大的,处5年以下有期徒刑或者拘役,并处2万元以上20万元以下罚金;数额巨大或者有其他严重情节的,处5年以上10年以下有期徒刑,并处5万元以上50万元以下罚金;数额特别巨大或者有其他特别严重情节的,处10年以上有期徒刑或者无期徒刑,并处5万元以上50万元以下罚金或者没收财产:(一)使用伪造的信用卡,或者使用以虚假的身份证明骗领的信用卡的;(二)使用作废的信用卡的;(三)冒用他人信用卡的;(四)恶意透支的。

前款所称恶意透支,是指持卡人以非法占有为目的,超过规定限额或者规定期限透支,并且经发卡银行催收后仍不归还的行为。

盗窃信用卡并使用的,依照本法第264条的规定定罪处罚。

(本条修订是在1997年《刑法》原条文的基础上,在第196条第1款第1项中增加了"使用以虚假的身份证明骗领的信用卡的"的规定。)

3. 最高人民检察院《关于拾得他人信用卡并在自动柜员机(ATM机)上使用的行为如何定性问题的批复》(高检发释字〔2008〕1号)

浙江省人民检察院:你院《关于拾得他人信用卡并在ATM机上使用的行为应如何定性的请示》(浙检研〔2007〕227号)收悉。经研究,批复如下:

拾得他人信用卡并在自动柜员机(ATM机)上使用的行为,属于刑法第196条第1款第(3)项规定的"冒用他人信用卡"的情形,构成犯罪的,以信用卡诈骗罪追究刑事责任。

4. 公安部经济犯罪侦查局《关于对以虚假的工作单位证明及收入证明骗领信用卡是否可以认定为妨害信用卡管理罪请示的批复》(公经金融〔2008〕107号)

山东省公安厅经侦总队:你总队《关于以虚假的工作单位证明及收入证明骗领信用卡是否可以认定为妨害信用卡管理罪的请示》(鲁公经〔2008〕335号)收悉。

经研究,并征求人民银行意见,以虚假的工作单位证明及收入证明骗领信用卡不能认定为妨害信用卡管理罪。

5. 最高人民法院、最高人民检察院、公安部《关于信用卡诈骗犯罪管辖有关问题的通知》(公通字〔2011〕29号)

近年来,信用卡诈骗流窜作案逐年增多,受害人在甲地申领的信用卡,被犯罪嫌疑人在乙地盗取了信用卡信息,并在丙地被提现或消费。犯罪嫌疑人企图通过空间的转换逃避刑事打击。为及时有效打击此类犯罪,现就有关案件管辖问题通知如下:

对以窃取、收买等手段非法获取他人信用卡信息资料后在异地使用的信用卡诈骗犯罪案件,持卡人信用卡申领地的公安机关、人民检察院、人民法院可以依法立案侦查、起诉、审判。

6. 最高人民法院、最高人民检察院《关于办理妨害行用卡管理刑事案件具体应用法律若干问题的解释》(法释〔2009〕19号)

(法释〔2018〕19号已对本文件修改)

7. 最高人民检察院、公安部《关于公安机关管辖的刑事案件立案追诉标准的规定(2)》(公通字〔2010〕23号)

(公通字〔2022〕12号已声明该文件废止)

8. 最高人民法院研究室《关于信用卡犯罪法律适用若干问题的复函》(法研〔2010〕105号)

公安部经济犯罪侦查局:你局公经金融〔2010〕110号《关于公安机关办理信用卡犯罪案件法律适用若干问题征求意见的函》收悉。经研究,提出以下意见供参考:

一、对于1人持有多张信用卡进行恶意透支,每张信用卡透支数额均未达到1万元的立案追诉标准的,原则上可以累计数额进行追诉。但考虑到1人办多张信用卡的情况复杂,如累计透支数额不大的,应分别不同情况慎重处理。

二、发卡银行的"催收"应有电话录音、持卡人或其家属签字等证据证明。"两次催收"一般应分别采用电话、信函、上门等两种以上催收形式。

三、若持卡人在透支大额款项后,仅向发卡行偿还远低于最低还款额的欠款,具有非法占有目的的,可以认定为"恶意透支";行为人确实不具有非法占有目的的,不能认定为"恶意透支"。

四、非法套现犯罪的证据规格,仍应遵循刑事诉讼法规定的证据确实、充分的证明标准。原则上应向各持卡人询问并制作笔录。如因持卡人数量众多、下落不明等客观原因导致无法取证,且其他证据已能确实、充分地证明使用信用卡非法套现的犯罪事实及套现数额的,则可以不向所有持卡人询问并制作笔录。

9. 最高人民法院《关于常见犯罪的量刑指导意见(2)(试行)》(法〔2017〕74号)

一、八种常见犯罪的量刑

(四)信用卡诈骗罪

1. 构成信用卡诈骗罪的,可以根据下列不同情形在相应的幅度内确定量刑起点:

(一)达到数额较大起点的,可以在2年以下有期徒刑、拘役幅度内确定量刑起点。(二)达到数额巨大起点或者有其他严重情节的,可以在5年至6年有期徒刑幅度内确定量刑起点。(三)达到数额特别巨大起点或者有其他特别严重情节的,可以在10年至12年有期徒刑幅度内确定量刑起点。依法应当判处无期徒刑的除外。

2. 在量刑起点的基础上,可以根据信用卡诈骗数额等其他影响犯罪构成的犯罪事实增加刑罚量,确定基准刑。(全文详见本书《刑法》第61条相关内容)

10. 最高人民法院、最高人民检察院《关于修改〈关于办理妨害信用卡管理刑事案件具体应用法律若干问题的解释〉的决定》(法释〔2018〕19号);(法释〔2018〕19号对法释〔2009〕19号《最高人民法院、最高人民检察院《关于办理妨害信用卡管理刑事案件具体应用法律若干问题的解释》作出修改)

第5条 使用伪造的信用卡、以虚假的身份证明骗领的信用卡、作废的信用卡或者冒用他人信用卡,进行信用卡诈骗活动,数额在5000元以上不满5万元的,应当认定为刑法第196条规定的"数额较大";数额在5万元以上不满50万元的,应当认定为刑法第196条规定的"数额巨大";数额在50万元以上的,应当认定为刑法第196条规定的"数额特别巨大"。

刑法第196条第1款第3项所称"冒用他人信用卡",包括以下情形:

(一)拾得他人信用卡并使用的;(二)骗取他人信用卡并使用的;(三)窃取、收买、骗取或者以其他非法方式获取他人信用卡信息资料,并通过互联网、通讯终端等使用的;(四)其他冒用他人信用卡的情形。

第6条 持卡人以非法占有为目的,超过规定限额或者规定期限透支,经发卡银行两次有效催收后超过3个月仍不归还的,应当认定为刑法第196条规定的"恶意透支"。

对于是否以非法占有为目的,应当综合持卡人信用记录、还款能力和意愿、申领和透支信用卡的状况、透支资金的用途、透支后的表现、未按规定还款的原因等情节作出判断。不得单纯依据持卡人未按规定还款的事实认定非法占有目的。

具有以下情形之一的,应当认定为刑法第196条第2款规定的"以非法占有为目的",但有证据证明持卡人确实不具有非法占有目的的除外:

(一)明知没有还款能力而大量透支,无法归还的;(二)使用虚假资信证明申领信用卡后透支,无法归还的;(三)透支后通过逃匿、改变联系方式等手段,逃避银行催收的;(四)抽逃、转移资金,隐匿财产,逃避还款的;(五)使用透支的资金进行犯罪活动的;(六)其他非法占有资金,拒不归还的情形。

第7条 催收同时符合下列条件的,应当认定为本解释第6条规定的"有效催收":

(一)在透支超过规定限额或者规定期限后进行;(二)催收应当采用能够确认持卡人收悉的方式,但持卡人故意逃避催收的除外;(三)两次催收至少间隔30日;(四)符合催收的有关规定或者约定。

对于是否属于有效催收,应当根据发卡银行提供的电话录音、信息送达记录、信函送达回执、电子邮件送达记录、持卡人或者其家属签字以及其他催收原始证据材料作出判断。

发卡银行提供的相关证据材料,应当有银行工作人员签名和银行公章。

第8条 恶意透支,数额在5万元以上不满50万元的,应当认定为刑法第196条规定的

"数额较大";数额在50万元以上不满500万元的,应当认定为刑法第196条规定的"数额巨大";数额在500万元以上的,应当认定为刑法第196条规定的"数额特别巨大"。

第9条 恶意透支的数额,是指公安机关刑事立案时尚未归还的实际透支的本金数额,不包括利息、复利、滞纳金、手续费等发卡银行收取的费用。归还或者支付的数额,应当认定为归还实际透支的本金。

检察机关在审查起诉、提起公诉时,应当根据发卡银行提供的交易明细、分类账单(透支账单、还款账单)等证据材料,结合犯罪嫌疑人、被告人及其辩护人所提辩解、辩护意见及相关证据材料,审查认定恶意透支的数额;恶意透支的数额难以确定的,应当依据司法会计、审计报告,结合其他证据材料审查认定。人民法院在审判过程中,应当在对上述证据材料查证属实的基础上,对恶意透支的数额作出认定。

发卡银行提供的相关证据材料,应当有银行工作人员签名和银行公章。

第10条 恶意透支数额较大,在提起公诉前全部归还或者具有其他情节轻微情形的,可以不起诉;在一审判决前全部归还或者具有其他情节轻微情形的,可以免予刑事处罚。但是,曾因信用卡诈骗受过两次以上处罚的除外。

第11条 发卡银行违规以信用卡透支形式变相发放贷款,持卡人未按规定归还的,不适用刑法第196条'恶意透支'的规定。构成其他犯罪的,以其他犯罪论处。

第12条 违反国家规定,使用销售点终端机具(POS机)等方法,以虚构交易、虚开价格、现金退货等方式向信用卡持卡人直接支付现金,情节严重的,应当依据刑法第225条的规定,以非法经营罪定罪处罚。

实施前款行为,数额100万元以上的,或者造成金融机构资金20万元以上逾期未还的,或者造成金融机构经济损失10万元以上的,应当认定为刑法第225条规定的"情节严重";数额在500万元以上的,或者造成金融机构资金100万元以上逾期未还的,或者造成金融机构经济损失50万元以上的,应当认定为刑法第225条规定的"情节特别严重"。

持卡人以非法占有为目的,采用上述方式恶意透支,应当追究刑事责任的,依照刑法第196条的规定,以信用卡诈骗罪定罪处罚。

第13条 单位实施本解释规定的行为,适用本解释规定的相应自然人犯罪的定罪量刑标准。(全文详见本书《刑法》第177条相关内容)

11. 最高人民法院《关于审理银行卡民事纠纷案件若干问题的规定》(法释〔2021〕10号)

为正确审理银行卡民事纠纷案件,保护当事人的合法权益,根据《中华人民共和国民法典》《中华人民共和国民事诉讼法》等规定,结合司法实践,制定本规定。

第1条 持卡人与发卡行、非银行支付机构、收单行、特约商户等当事人之间因订立银行卡合同、使用银行卡等产生的民事纠纷,适用本规定。

本规定所称银行卡民事纠纷,包括借记卡纠纷和信用卡纠纷。

第2条 发卡行在与持卡人订立银行卡合同时,对收取利息、复利、费用、违约金等格式条款未履行提示或者说明义务,致使持卡人没有注意或者理解该条款,持卡人主张该条款不成为合同的内容、对其不具有约束力的,人民法院应予支持。

发卡行请求持卡人按照信用卡合同的约定给付透支利息、复利、违约金等,或者给付分期付款手续费、利息、违约金等,持卡人以发卡行主张的总额过高为由请求予以适当减少的,人民法院应当综合考虑国家有关金融监管规定、未还款的数额及期限、当事人过错程度、发卡行的实际损失等因素,根据公平原则和诚信原则予以衡量,并作出裁决。

第3条 具有下列情形之一的,应当认定发卡行对持卡人享有的债权请求权诉讼时效中断:

(一)发卡行按约定在持卡人账户中扣划透支款本息、违约金等;

（二）发卡行以向持卡人预留的电话号码、通讯地址、电子邮箱发送手机短信、书面信件、电子邮件等方式催收债权；

（三）发卡行以持卡人恶意透支存在犯罪嫌疑为由向公安机关报案；

（四）其他可以认定为诉讼时效中断的情形。

第4条 持卡人主张争议交易为伪卡盗刷交易或者网络盗刷交易的，可以提供生效法律文书、银行卡交易时真卡所在地、交易行为地、账户交易明细、交易通知、报警记录、挂失记录等证据材料进行证明。

发卡行、非银行支付机构主张争议交易为持卡人本人交易或者其授权交易的，应当承担举证责任。发卡行、非银行支付机构可以提供交易单据、对账单、监控录像、交易身份识别信息、交易验证信息等证据材料进行证明。

第5条 在持卡人告知发卡行其账户发生非因本人交易或者本人授权交易导致的资金或者透支数额变动后，发卡行未及时向持卡人核实银行卡的持有及使用情况，未及时提供或者保存交易单据、监控录像等证据材料，导致有关证据材料无法取得的，应承担举证不能的法律后果。

第6条 人民法院应当全面审查当事人提交的证据，结合银行卡交易行为地与真卡所在地距离、持卡人是否进行了基础交易、交易时间和报警时间、持卡人用卡习惯、银行卡被盗刷的次数及频率、交易系统、技术和设备是否具有安全性等事实，综合判断是否存在伪卡盗刷交易或者网络盗刷交易。

第7条 发生伪卡盗刷交易或者网络盗刷交易，借记卡持卡人基于借记卡合同法律关系请求发卡行支付被盗刷存款本息并赔偿损失的，人民法院依法予以支持。

发生伪卡盗刷交易或者网络盗刷交易，信用卡持卡人基于信用卡合同法律关系请求发卡行返还扣划的透支款本息、违约金并赔偿损失的，人民法院依法予以支持；发卡行请求信用卡持卡人偿还透支款本息、违约金等的，人民法院不予支持。

前两款情形，持卡人对银行卡、密码、验证码等身份识别信息、交易验证信息未尽妥善保管义务具有过错，发卡行主张持卡人承担相应责任的，人民法院应予支持。

持卡人未及时采取挂失等措施防止损失扩大，发卡行主张持卡人自行承担扩大损失责任的，人民法院应予支持。

发卡行在与持卡人订立银行卡合同或者在开通网络支付业务功能时，未履行告知持卡人银行卡具有相关网络支付功能义务，持卡人以其未与发卡行就争议网络支付条款达成合意为由请求不承担因使用该功能而导致网络盗刷责任的，人民法院应予支持，但有证据证明持卡人同意使用该网络支付功能的，适用本规定第七条规定。

非银行支付机构新增网络支付业务类型时，未向持卡人履行前款规定义务的，参照前款规定处理。

第9条 发卡行在与持卡人订立银行卡合同或者新增网络支付业务时，未完全告知某一网络支付业务持卡人身份识别方式、交易验证方式、交易规则等足以影响持卡人决定是否使用该功能的内容，致使持卡人没有全面准确理解该功能，持卡人以其未与发卡行就相关网络支付条款达成合意为由请求不承担因使用该功能而导致网络盗刷责任的，人民法院应予支持，但持卡人对于网络盗刷具有过错的，应当承担相应过错责任。发卡行虽然未尽前述义务，但是有证据证明持卡人知道并理解该网络支付功能的，适用本规定第七条规定。

非银行支付机构新增网络支付业务类型时，存在前款未完全履行告知义务情形，参照前款规定处理。

第10条 发卡行或者非银行支付机构向持卡人提供的宣传资料载明其承担网络盗刷先

行赔付责任,该允诺具体明确,应认定为合同的内容。持卡人据此请求发卡行或者非银行支付机构承担先行赔付责任的,人民法院应予支持。

因非银行支付机构相关网络支付业务系统、设施和技术不符合安全要求导致网络盗刷,持卡人请求判令该机构承担先行赔付责任的,人民法院应予支持。

第 11 条 在收单行与发卡行不是同一银行的情形下,因收单行未尽保障持卡人用卡安全义务或者因特约商户未尽审核持卡人签名真伪、银行卡真伪等审核义务导致发生伪卡盗刷交易,持卡人请求收单行或者特约商户承担赔偿责任的,人民法院应予支持,但持卡人对伪卡盗刷交易具有过错,可以减轻或者免除收单行或者特约商户相应责任。

持卡人请求发卡行承担责任,发卡行申请追加收单行或者特约商户作为第 3 人参加诉讼的,人民法院可以准许。

发卡行承担责任后,可以依法主张存在过错的收单行或者特约商户承担相应责任。

第 12 条 发卡行、非银行支付机构、收单行、特约商户承担责任后,请求盗刷者承担侵权责任的,人民法院应予支持。

第 13 条 因同一伪卡盗刷交易或者网络盗刷交易,持卡人向发卡行、非银行支付机构、收单行、特约商户、盗刷者等主体主张权利,所获赔偿数额不应超过其因银行卡被盗刷所致损失总额。

第 14 条 持卡人依据其对伪卡盗刷交易或者网络盗刷交易不承担或者不完全承担责任的事实,请求发卡行及时撤销相应不良征信记录的,人民法院应予支持。

第 15 条 本规定所称伪卡盗刷交易,是指他人使用伪造的银行卡刷卡进行取现、消费、转账等,导致持卡人账户发生非基于本人意思的资金减少或者透支数额增加的行为。

本规定所称网络盗刷交易,是指他人盗取并使用持卡人银行卡网络交易身份识别信息和交易验证信息进行网络交易,导致持卡人账户发生非因本人意思的资金减少或者透支数额增加的行为。

第 16 条 本规定施行后尚未终审的案件,适用本规定。本规定施行前已经终审,当事人申请再审或者按照审判监督程序决定再审的案件,不适用本规定。

12. 最高人民法院、最高人民检察院《关于常见犯罪的量刑指导意见(试行)》(法发〔2021〕21 号)

四、常见犯罪的量刑

(五)信用卡诈骗罪

1. 构成信用卡诈骗罪的,根据下列情形在相应的幅度内确定量刑起点:

(1)达到数额较大起点的,在 2 年以下有期徒刑、拘役幅度内确定量刑起点。(2)达到数额巨大起点或者有其他严重情节的,在 5 年至 6 年有期徒刑幅度内确定量刑起点。(3)达到数额特别巨大起点或者有其他特别严重情节的,在 10 年至 12 年有期徒刑幅度内确定量刑起点。依法应当判处无期徒刑的除外。

2. 在量刑起点的基础上,根据信用卡诈骗数额等其他影响犯罪构成的犯罪事实增加刑罚量,确定基准刑。

3. 构成信用卡诈骗罪的,根据诈骗手段、犯罪数额、危害后果等犯罪情节,综合考虑被告人缴纳罚金的能力,决定罚金数额。

4. 构成信用卡诈骗罪的,综合考虑诈骗手段、犯罪数额、危害后果、退赃退赔等犯罪事实、量刑情节,以及被告人的主观恶性、人身危险性、认罪悔罪表现等因素,决定缓刑的适用。(全文详见本书《刑法》第 61 条相关内容)

13. 最高人民检察院、公安部《关于公安机关管辖的刑事案件立案追诉标准的规定(2)》(公通字〔2022〕12号)

(见本条立案追诉标准内容)

> **第197条 【有价证券诈骗罪】** 使用伪造、变造的国库券或者国家发行的其他有价证券,进行诈骗活动,数额较大的,处5年以下有期徒刑或者拘役,并处2万元以上20万元以下罚金;数额巨大或者有其他严重情节的,处5年以上10年以下有期徒刑,并处5万元以上50万元以下罚金;数额特别巨大或者有其他特别严重情节的,处10年以上有期徒刑或者无期徒刑,并处5万元以上50万元以下罚金或者没收财产。

• 释义

有价证券诈骗罪是指使用伪造、变造的国库券或者国家发行的其他有价证券,进行诈骗活动,数额较大的行为。

• 管辖

公安机关经济犯罪侦查部门。

• 立案追诉标准

使用伪造、变造的国库券或者国家发行的其他有价证券进行诈骗活动,数额在5万元以上的,应予立案追诉。

• 关联法律

1. 最高人民检察院、公安部《关于公安机关管辖的刑事案件立案追诉标准的规定(2)》(公通字〔2010〕23号)

(公通字〔2022〕12号已声明该文件废止)

2. 最高人民检察院、公安部《关于公安机关管辖的刑事案件立案追诉标准的规定(2)》(公通字〔2022〕12号)

(见本条立案追诉标准内容)

3. 参见本书《刑法》第176条、第177条该节相关内容。

> **第198条 【保险诈骗罪】** 有下列情形之一,进行保险诈骗活动,数额较大的,处5年以下有期徒刑或者拘役,并处1万元以上10万元以下罚金;数额巨大或者有其他严重情节的,处5年以上10年以下有期徒刑,并处2万元以上20万元以下罚金;数额特别巨大或者有其他特别严重情节的,处10年以上有期徒刑,并处2万元以上20万元以下罚金或者没收财产:
>
> (一)投保人故意虚构保险标的,骗取保险金的;
>
> (二)投保人、被保险人或者受益人对发生的保险事故编造虚假的原因或者夸大损失的程度,骗取保险金的;
>
> (三)投保人、被保险人或者受益人编造未曾发生的保险事故,骗取保险金的;
>
> (四)投保人、被保险人故意造成财产损失的保险事故,骗取保险金的;
>
> (五)投保人、受益人故意造成被保险人死亡、伤残或者疾病,骗取保险金的。

> 有前款第(四)项、第(五)项所列行为,同时构成其他犯罪的,依照数罪并罚的规定处罚。
>
> 单位犯第1款罪的,对单位判处罚金,并对其直接负责的主管人员和其他直接责任人员,处5年以下有期徒刑或者拘役;数额巨大或者有其他严重情节的,处5年以上10年以下有期徒刑;数额特别巨大或者有其他特别严重情节的,处10年以上有期徒刑。
>
> 保险事故的鉴定人、证明人、财产评估人故意提供虚假的证明文件,为他人诈骗提供条件的,以保险诈骗的共犯论处。

• 释义

保险诈骗罪是指投保人、被保险人、受益人,以使自己或者第三者获取保险金为目的,采取虚构保险标的、保险事故或者制造保险事故等方法,骗取保险金,数额较大的行为。具体行为包括:

(一)投保人故意虚构保险标的,骗取保险金的;

(二)投保人、被保险人或者受益人对发生的保险事故编造虚假的原因或者夸大损失的程度,骗取保险金的;

(三)投保人、被保险人或者受益人编造未曾发生的保险事故,骗取保险金的;

(四)投保人、被保险人故意造成财产损失的保险事故,骗取保险金的;

(五)投保人、受益人故意造成被保险人死亡、伤残或者疾病,骗取保险金的。

有前款第4项、第5项所列行为,同时构成其他犯罪的,依照数罪并罚的规定处罚。

保险事故的鉴定人、证明人、财产评估人故意提供虚假的证明文件,为他人诈骗提供条件的,以保险诈骗的共犯论处。行为主体既可以是自然人,也可以是单位。

• 管辖

公安机关经济犯罪侦查部门。

• 立案追诉标准

进行保险诈骗活动,数额在5万元以上的,应予立案追诉。

• 关联法律

1. 最高人民检察院研究室《关于保险诈骗未遂能否按犯罪处理问题的答复》(〔1998〕高检研发第20号)

河南省人民检察院:你院《关于保险诈骗未遂能否按犯罪处理的请示》(豫检捕〔1998〕11号)收悉。经研究,并经高检院领导同意,答复如下:

行为人已经着手实施保险诈骗行为,但由于其意志以外的原因未能获得保险赔偿的,是诈骗未遂,情节严重的,应依法追究刑事责任。

2. 公安部经济犯罪侦查局《关于对一起保险诈骗案件有关问题的批复》(公经金融〔2009〕248号)

河南省公安厅经侦总队:你总队《关于保险诈骗(未遂)的"情节严重"标准如何认定问题的请示》(豫公经〔2009〕26号)收悉,经认真研究后,现批复如下:

1998年11月27日最高人民检察院《关于保险诈骗未遂能否按犯罪处理问题的答复》中指出:"行为人已经着手实施保险诈骗行为,但由于其意志以外的原因未能获得保险赔偿的,是诈骗未遂,情节严重的,应依法追究刑事责任。”但目前对“情节严重”尚无具体司法解释。本案中,张某隐瞒其妻子已患癌症的事实,向中国人寿保险开封分公司和中国太平人寿保险开封分公司共投保43万元,并在其妻死亡后申请理赔,其行为已涉嫌保险诈骗罪,根据最高人民检察院、公安部《关于经济犯罪案件追诉标准的规定》第48条规定,应予追诉。

3. 最高人民检察院、公安部《关于公安机关管辖的刑事案件立案追诉标准的规定(2)》(公通字〔2010〕23号)

(公通字〔2022〕12号已声明该文件废止)

4. 最高人民法院、最高人民检察院、公安部《关于依法办理“碰瓷”违法犯罪案件的指导意见》(公通字〔2020〕12号)

一、实施“碰瓷”,虚构事实、隐瞒真相,骗取赔偿,符合刑法第266条规定的,以诈骗罪定罪处罚;骗取保险金,符合刑法第198条规定的,以保险诈骗罪定罪处罚。

实施“碰瓷”,捏造人身、财产权益受到侵害的事实,虚构民事纠纷,提起民事诉讼,符合刑法第307条之一规定的,以虚假诉讼罪定罪处罚;同时构成其他犯罪的,依照处罚较重的规定定罪从重处罚。

九、共同故意实施“碰瓷”犯罪,起主要作用的,应当认定为主犯,对其参与或者组织、指挥的全部犯罪承担刑事责任;起次要或者辅助作用的,应当认定为从犯,依法予以从轻、减轻处罚或者免除处罚。

3人以上为共同故意实施“碰瓷”犯罪而组成的较为固定的犯罪组织,应当认定为犯罪集团。对首要分子应当按照集团所犯全部罪行处罚。

符合黑恶势力认定标准的,应当按照黑社会性质组织、恶势力或者恶势力犯罪集团侦查、起诉、审判。(全文详见本书《刑法》第133条相关内容)

5. 最高人民检察院、公安部《关于公安机关管辖的刑事案件立案追诉标准的规定(2)》(公通字〔2022〕12号)

(见本条立案追诉标准内容)

6. 参见本书《刑法》第176条、第177条该节相关内容。

第199条 犯本节第192条规定之罪,数额特别巨大并且给国家和人民利益造成特别重大损失的,处无期徒刑或者死刑,并处没收财产。

(本条《中华人民共和国刑法修正案(8)》修改;《中华人民共和国刑法修正案(9)》删除本条内容)

• 关联法律

1.《中华人民共和国刑法修正案(8)》(2011年2月25日第十一届全国人大常委会第十九次会议通过)

二十、将刑法第199条修改为:“犯本节第192条规定之罪,数额特别巨大并且给国家和人民利益造成特别重大损失的,处无期徒刑或者死刑,并处没收财产。”

(本次修订删除了1997年《刑法》原条文中“犯本节第194条、第195条规定之罪,数额特别巨大并且给国家和人民利益造成特别重大损失的,处无期徒刑或者死刑,并处没收财产”的规定,从而废除了票据诈骗罪、金融凭证诈骗罪、信用证诈骗罪的死刑。)

2.《中华人民共和国刑法修正案(9)》(2015年8月29日第十二届全国人大常委会第十六次会议通过)

十二、删去刑法第199条。

第 200 条 【单位犯金融诈骗罪的处罚规定】单位犯本节第 194 条、第 195 条规定之罪的,对单位判处罚金,并对其直接负责的主管人员和其他直接责任人员,处 5 年以下有期徒刑或者拘役,可以并处罚金;数额巨大或者有其他严重情节的,处 5 年以上 10 年以下有期徒刑,并处罚金;数额特别巨大或者有其他特别严重情节的,处 10 年以上有期徒刑或者无期徒刑,并处罚金。

(本条《中华人民共和国刑法修正案(8)》第 1 次修改;《中华人民共和国刑法修正案(11)》第 2 次修改)

• 管辖

公安机关经济犯罪侦查部门。

• 关联法律

1.《中华人民共和国刑法修正案(8)》(2011 年 2 月 25 日第十一届全国人大常委会第十九次会议通过)

三十一、将刑法第 200 条修改为:"单位犯本节第 192 条、第 194 条、第 195 条规定之罪的,对单位判处罚金,并对其直接负责的主管人员和其他直接责任人员,处 5 年以下有期徒刑或者拘役,可以并处罚金;数额巨大或者有其他严重情节的,处 5 年以 10 年以下有期徒刑,并处罚金;数额特别巨大或者有其他特别严重情节的,处 10 年以上有期徒刑或者无期徒刑,并处罚金。"

(本次修订增设了相应单位犯罪的罚金刑,即在 1997 年《刑法》原条文每 1 档法定刑之后,增设了"并处罚金"的规定[其中基本犯为"可以并处罚金"])。

2.《中华人民共和国刑法修正案(11)》(2020 年 12 月 26 日第十三届全国人大常委会第二十四次会议通过)

十六、将刑法第 200 条修改为:"单位犯本节第 194 条、第 195 条规定之罪的,对单位判处罚金,并对其直接负责的主管人员和其他直接责任人员,处 5 年以下有期徒刑或者拘役,可以并处罚金;数额巨大或者有其他严重情节的,处 5 年以上 10 年以下有期徒刑,并处罚金;数额特别巨大或者有其他特别严重情节的,处 10 年以上有期徒刑或者无期徒刑,并处罚金。"

(原条文:单位犯本节第 192 条、第 194 条、第 195 条规定之罪的,对单位判处罚金,并对其直接负责的主管人员和其他直接责任人员,处 5 年以下有期徒刑或者拘役,可以并处罚金;数额巨大或者有其他严重情节的,处 5 年以上 10 年以下有期徒刑,并处罚金;数额特别巨大或者有其他特别严重情节的,处 10 年以上有期徒刑或者无期徒刑,并处罚金。)

3. 参见本书《刑法》第 176 条、第 177 条、第 192 条该节相关内容。

第六节 危害税收征管罪

本节各罪的责任形式皆为故意。其中,第 202 条规定的抗税罪行为主体只能是自然人,其他罪行为主体既可以是自然人,也可以是单位。

根据 2005 年 12 月 29 日通过的《全国人民代表大会常务委员会关于〈中华人民共和国刑法〉有关出口退税、抵扣税款的其他发票规定的解释》:

"全国人民代表大会常务委员会根据司法实践中遇到的情况,讨论了刑法规定的'出口退税、抵扣税款的其他发票'的含义问题,解释如下:

"刑法规定的'出口退税、抵扣税款的其他发票',是指除增值税专用发票以外的,具有出口退税、抵扣税款功能的收付款凭证或者完税凭证。"

第201条 【逃税罪】纳税人采取欺骗、隐瞒手段进行虚假纳税申报或者不申报,逃避缴纳税款数额较大并且占应纳税额百分之十以上的,处3年以下有期徒刑或者拘役,并处罚金;数额巨大并且占应纳税额百分之三十以上的,处3年以上7年以下有期徒刑,并处罚金。

扣缴义务人采取前款所列手段,不缴或者少缴已扣、已收税款,数额较大的,依照前款的规定处罚。

对多次实施前两款行为,未经处理的,按照累计数额计算。

有第1款行为,经税务机关依法下达追缴通知后,补缴应纳税款,缴纳滞纳金,已受行政处罚的,不予追究刑事责任;但是,5年内因逃避缴纳税款受过刑事处罚或者被税务机关给予2次以上行政处罚的除外。

(本条《中华人民共和国刑法修正案(7)》修改)

• 释义

逃税罪是指纳税人采取欺骗、隐瞒手段进行虚假纳税申报或者不申报,逃避缴纳数额较大并且占应纳税额10%以上,或者缴纳税款后,以假报出口或者其他欺骗手段,骗取所缴纳税款的行为,以及扣缴义务人采取欺骗、隐瞒等手段,不缴或者少缴已扣、已收税款,数额较大的行为。

有前款行为,经税务机关依法下达追缴通知后,补缴应纳税款,缴纳滞纳金,已受行政处罚的,不予追究刑事责任;但是,5年内因逃避缴纳税款受过刑事处罚或者被税务机关给予2次以上行政处罚的除外。对多次实施前款行为,未经处理的,按照累计数额计算。

纳税人在公安机关立案后再补缴应纳税款、缴纳滞纳金或者接受行政处罚的,不影响刑事责任的追究。漏税行为不成立逃税罪。

• 管辖

公安机关经济犯罪侦查部门。

• 立案追诉标准

逃避缴纳税款,涉嫌下列情形之一的,应予立案追诉:

(一)纳税人采取欺骗、隐瞒手段进行虚假纳税申报或者不申报,逃避缴纳税款,数额在10万元以上并且占各税种应纳税总额10%以上,经税务机关依法下达追缴通知后,不补缴应纳税款、不缴纳滞纳金或者不接受行政处罚的;

(二)纳税人5年内因逃避缴纳税款受过刑事处罚或者被税务机关给予2次以上行政处罚,又逃避缴纳税款,数额在10万元以上并且占各税种应纳税总额10%以上的;

(三)扣缴义务人采取欺骗、隐瞒手段,不缴或者少缴已扣、已收税款,数额在10万元以上的。

纳税人在公安机关立案后再补缴应纳税款、缴纳滞纳金或者接受行政处罚的,不影响刑事责任的追究。

• 关联法律

1. 海关总署《关于偷税、逃税的走私案件如何处理税款问题的批复》(1986年12月3日)

一、对于偷税、逃税构成走私,并将有关物品没收的案件,在变价处理走私物品时,考虑到查处走私案件需要开支一定的费用,而且有百分之五十的变价款是上交国库的,因此,在走私物品变价后可不再予以补征进口关税和产品税(或增值税)。

二、对于偷税、逃税案件确定按走私案件处理而又免予处分或仅科处罚款的,仍应照章补税。如走私人纳税有困难时,可向海关请求减征税款。

三、我署(86)署货字第37号文转发的国发〔1985〕136号文第3款末句"其中免税进口的,必须照章纳税",此系指接受捐赠而予免税进口的24种商品,经批准运出经济特区、海南行政区和广东、福建两省时,应照章补税。至于依法按走私没收的物品,在运出上述地区时,仍可比照第1项规定办理,不需予以补税。

2. 最高人民法院、最高人民检察院《关于税务人员参与偷税犯罪的案件如何适用法律的批复》(法(研)发〔1988〕29号)

(法释〔2013〕1号已声明该文件废止)

3. 最高人民法院、最高人民检察院《关于办理偷税、抗税刑事案件具体应用法律若干问题的解释》(法发〔1992〕12号、高检会〔1992〕5号)

(法释〔2013〕1号已声明该文件废止)

4.《中华人民共和国税收征收管理法》(1992年9月4日第七届全国人常委会第二十七次会议通过,2015年4月24日第十二届全国人大常委员会第十四次会议修正)

第4条 法律、行政法规规定负有纳税义务的单位和个人为纳税人。法律、行政法规规定负有代扣代缴、代收代缴税款义务的单位和个人为扣缴义务人。

纳税人、扣缴义务人必须依照法律、行政法规的规定缴纳税款、代扣代缴、代收代缴税款。

第63条 纳税人伪造、变造、隐匿、擅自销毁账簿、记账凭证,或者在账簿上多列支出或者不列、少列收入,或者经税务机关通知申报而拒不申报或者进行虚假的纳税申报,不缴或者少缴应纳税款的,是偷税。对纳税人偷税的,由税务机关追缴其不缴或者少缴的税款、滞纳金,并处不缴或者少缴的税款百分之五十以上5倍以下的罚款;构成犯罪的,依法追究刑事责任。

扣缴义务人采取前款所列手段,不缴或者少缴已扣、已收税款,由税务机关追缴其不缴或者少缴的税款、滞纳金,并处不缴或者少缴的税款百分之五十以上5倍以下的罚款;构成犯罪的,依法追究刑事责任。

第80条 税务人员与纳税人、扣缴义务人勾结,唆使或者协助纳税人、扣缴义务人有本法第63条、第65条、第66条规定的行为,构成犯罪的,依法追究刑事责任;尚不构成犯罪的,依法给予行政处分。(全文略)

5. 公安部《关于如何理解〈刑法〉第201条规定的"应纳税额"问题的批复》(公复字〔1999〕4号)

河北省公安厅:你厅《关于青县磷肥厂涉嫌偷税案有关问题的请示》(冀公刑〔1999〕函字240号)收悉。现就如何理解《刑法》第201条规定的"应纳税额"问题批复如下:

《刑法》第201条规定的"应纳税额"是指某一法定纳税期限或者税务机关依法核定的纳税期间内应纳税额的总和。偷税行为涉及两个以上税种的,只要其中一个税种的偷税数额、比例达到法定标准的,即构成偷税罪,其他税种的偷税数额累计计算。

6. 最高人民法院研究室《关于对既涉嫌非法经营又涉嫌偷税的经济犯罪案件如何适用法律问题的意见函》(法研〔2001〕24号)

公安部经侦局:你局公经〔2000〕1277号《关于对既涉嫌非法经营又涉嫌偷税的经济犯罪案件如何适用法律的函》收悉,经研究,提出如下意见:

行为人在实施非法经营犯罪过程中,又涉嫌偷税构成犯罪的,应以处罚较重的犯罪依法追究刑事责任,不实行数罪。建议对《批复(稿)》作相应修改。

7. 公安部经济犯罪侦查局《关于对既涉嫌非法经营又涉嫌偷税的经济犯罪案件如何适用法律的请示的批复》(公经〔2001〕253号)

辽宁省公安厅经济犯罪侦查总队:你总队《关于对既涉嫌非法经营又涉嫌偷税的经济犯罪案件如何适用法律的请示》收悉,经商最高人民法院研究室,现答复如下:

行为人在实施非法经营犯罪过程中,又涉嫌偷税构成犯罪的,应以处罚较重的犯罪依法追究刑事责任,不实行数罪。

8. 最高人民法院《关于审理非法生产、买卖武装部队车辆号牌等刑事案件具体应用法律若干问题的解释》(法释〔2002〕9号)

(法释〔2013〕7号已声明该文废止)

9. 最高人民法院《关于审理偷税抗税刑事案件具体应用法律若干问题的解释》(法释〔2002〕33号)

为依法惩处偷税、抗税犯罪活动,根据刑法的有关规定,现就审理偷税、抗税刑事案件具体应用法律的若干问题解释如下:

第1条 纳税人实施下列行为之一,不缴或者少缴应纳税款,偷税数额占应纳税额的10%以上且偷税数额在1万元以上的,依照刑法第201条第1款的规定定罪处罚:

(一)伪造、变造、隐匿、擅自销毁账簿、记账凭证;(二)在账簿上多列支出或者不列、少列收入;(三)经税务机关通知申报而拒不申报纳税;(四)进行虚假纳税申报;(五)缴纳税款后,以假报出口或者其他欺骗手段,骗取所缴纳的税款。

扣缴义务人实施前款行为之一,不缴或者少缴已扣、已收税款,数额在1万元以上且占应缴税额10%以上的,依照刑法第201条第1款的规定定罪处罚。扣缴义务人书面承诺代纳税人支付税款的,应当认定扣缴义务人"已扣、已收税款"。

实施本条第1款、第2款规定的行为,偷税数额在5万元以下,纳税人或者扣缴义务人在公安机关立案侦查以前已经足额补缴应纳税款和滞纳金,犯罪情节轻微,不需要判处刑罚的,可以免予刑事处罚。

第2条 纳税人伪造、变造、隐匿、擅自销毁用于记账的发票等原始凭证的行为,应当认定为刑法第201条第1款规定的伪造、变造、隐匿、擅自销毁记账凭证的行为。

具有下列情形之一的,应当认定为刑法第201条第1款规定的"经税务机关通知申报":

(一)纳税人、扣缴义务人已经依法办理税务登记或者扣缴税款登记的;(二)依法不需要办理税务登记的纳税人,经税务机关依法书面通知其申报的;(三)尚未依法办理税务登记、扣缴税款登记的纳税人、扣缴义务人,经税务机关依法书面通知其申报的。

刑法第201条第1款规定的"虚假的纳税申报",是指纳税人或者扣缴义务人向税务机关报送虚假的纳税申报表、财务报表、代扣代缴、代收代缴税款报告表或者其他纳税申报资料,如提供虚假申请,编造减税、免税、抵税、先征收后退还税款等虚假资料等。

刑法第201条第3款规定的"未经处理",是指纳税人或者扣缴义务人在5年内多次实施偷税行为,但每次偷税数额均未达到刑法第201条规定的构成犯罪的数额标准,且未受行政处罚的情形。

纳税人、扣缴义务人因同一偷税犯罪行为受到行政处罚,又被移送起诉的,人民法院应当依法受理。依法定罪并判处罚金的,行政罚款折抵罚金。

第3条 偷税数额,是指在确定的纳税期间,不缴或者少缴各税种税款的总额。

偷税数额占应纳税额的百分比,是指1个纳税年度中的各税种偷税总额与该纳税年度应纳税总额的比例。不按纳税年度确定纳税期的其他纳税人,偷税数额占应纳税额的百分比,按照行为人最后1次偷税行为发生之日前1年中各税种偷税总额与该年纳税总额的比例确定。纳税义务存续期间不足1个纳税年度的,偷税数额占应纳税额的百分比,按照各税种偷税总额与实际发生纳税义务期间应当缴纳税款总额的比例确定。

偷税行为跨越若干个纳税年度,只要其中1个纳税年度的偷税数额及百分比达到刑法第201条第1款规定的标准,即构成偷税罪。各纳税年度的偷税数额应当累计计算,偷税百分比应当按照最高的百分比确定。

第4条 两年内因偷税受过2次行政处罚,又偷税且数额在1万元以上的,应当以偷税罪定罪处罚。

第5条 实施抗税行为具有下列情形之一的,属于刑法第202条规定的“情节严重”:

(一)聚众抗税的首要分子;(二)抗税数额在10万元以上的;(三)多次抗税的;(四)故意伤害致人轻伤的;(五)具有其他严重情节。

第6条 实施抗税行为致人重伤、死亡,构成故意伤害罪、故意杀人罪的,分别依照刑法第234条第2款、第232条的规定定罪处罚。

与纳税人或者扣缴义务人共同实施抗税行为的,以抗税罪的共犯依法处罚。

10. 公安部经济犯罪侦查局《关于对两种涉税违法行为适用法律问题的批复》(公经〔2003〕1449号)

广东省公安厅经侦总队:你总队广公(经)字〔2003〕1188号《关于持有非法制造的发票行为如何适用法律的请示》和广公(经)字〔2003〕1191号《关于使用伪造擅自制造的普通发票如何适用法律的请示》收悉。经研究并征求最高人民法院研究室意见,现批复如下:

1. 行为人没有实施其他违法犯罪行为,仅仅持有非法制造的发票的行为,不宜按照犯罪处理。

2. 行为人使用非法制造的发票的行为,应视具体情况而定:如果行为人不知道是非法制造的发票,主观上也没有偷逃税款的目的,即使客观上使用了该发票,也不宜按照犯罪处理;如果行为人明知是非法制造的发票而使用,且偷逃税款达到了法定数额、比例要求,根据刑法第201条和最高人民法院《关于审理偷税抗税刑事案件具体应用法律若干问题的解释》第2条的规定,应当以偷税罪追究刑事责任。

11. 最高人民法院研究室《关于对3种涉税行为法律适用问题意见的复函》(法研〔2003〕175号)

一、行为人购买非法制造的用于抵扣税款的其他发票又虚开的行为,根据刑法第205条的规定,构成犯罪的,以虚开用于抵扣税款发票罪追究刑事责任。

二、行为人使用非法制造的发票的行为,应当具体情形具体分析。如果行为人不知道是非法制造的发票,主观上也没有偷逃税款的目的,即使客观上使用了该发票,也不能按照犯罪处理。如果行为人明知是非法制造的发票而使用,且偷逃税款达到了法定数额,比例要求,根据刑法第201条的规定,应当以偷税罪追究刑事责任。(现罪名已改为逃税罪)

12. 公安部经济犯罪侦查局《关于挂靠单位和个人是否符合偷税犯罪主体特征请示的答复》(公经〔2003〕819号)

现就承包、挂靠两种经营形式纳税人认定的原则性问题答复如下:虽然税法没有明确规定挂靠和承包两种经营形式的纳税主体,但是,税法的立法精神与原则以及其他有关规定已对该两种经营形式的纳税主体作了原则性的规定。

1. 偷税犯罪主体是特殊主体,即必须是纳税人或扣缴义务人,纳税人,是税法中规定的直接负有纳税义务的单位和个人。每一种税都有关于纳税义务的规定,通过规定纳税义务人落实税收任务和法律责任。一般分为两种:一是自然人,依法享有民事权利,并承担民事义务的公民个人;二是法人,依法成立,能够独立地支配财产,并能以自己的名义享有民事权利和承担民事义务的社会组织。所具备的资格条件:依法成立,有一定的财产和资金,有自己的名称、组织或机构;能够独立承担民事上的财产义务以及能以自己的名义参加民事活动和诉讼。扣缴义务人是指根据税法规定负有代扣代缴义务的单位和个人。不具有纳税义务或扣缴义务的单位和个人不能独立构成偷税罪主体。

2. 如果纳税企业单位改变经营方式,其全部或部分被个人、其他企业业、单位实行承租经营的,确定其纳税人情况处理:

(一)凡承租经营后,未改变被承租企业名称,未变更工商登记,仍以被承租企业名义对外从事生产经营活动,不论被承租企业与承租方如何分配经营成果,均以被承租企为纳税义务人。(二)承租经营后,承租方重新办理工商登记,并以承租方的名义对外从事生产经营活动,以重新办理工商登记的企业、单位为纳税义务人。(三)承租经营后,承租方虽重新办理工商登记,但是,仍然以被承租方的名义从事生产经营活动, 且资金往来均以被承租方的名义进行,则要看承租双方是否有协议规定,如果有,按照协议规定确定纳税义务人;如果没有,则以被承租方为纳税义务人,如果承租方以被承租方名义从事生产经营活动,但是没有得到被承租方的可,则有实际获得生产经营活动收益方为纳税义务人。

3. 如果单位和个人以挂靠他单位的形式从事生产经营活动,确定其纳税人的原则同承租经营形式,视情况处理:

(一)凡挂靠方,未改变被挂靠企业名称,未办理工商登记,仍以被挂靠单位名义对外从事生产经营活动不论挂靠双方如何分配经营成果,均以被挂靠方为纳税义务人。(二)挂靠方办理工商登记,并以挂靠方的名义对外从事生产经营活动,以办理工商登记的挂靠方为纳税义务人。(三)挂靠方虽办理工商登记,但仍以被挂靠方的名义从事生产经营活动,且资金往来均以被挂靠方的名义进行,则要看挂靠双方是否有协议规定,如果有,按照协议规定确定纳义务人;如果没有得到被挂靠方的认可,则有实际获得生产经营活动收益方为纳税义务人。

4. 营业税法规规定:建筑安装企业实行分包或转包的,以总承包人为扣缴义务人。非跨省工程的分包或转包,由扣缴人在工程所有地代扣代缴;跨省工程的分包或转包,由扣缴人向被扣缴人机构所在地税务机关交纳。

13. 公安部《公安机关办理危害税收征管刑事案件管辖若干问题的规定》(公通字〔2004〕12号)

一、偷税案、逃避追缴欠税案(刑法第201条、第203条)

纳税人未根据法律、行政法规规定应当向税务机关办理税务登记的,由税务登记机关所在地县级以上公安机关管辖。如果由纳税义务发生地公安机关管辖更为适宜的,可以由纳税义务发生地县级以上公安机关管辖;纳税人未根据法律、行政法规规定不需要向税务机关办理税务登记的,由纳税义务发生地或其他法定纳税地县级以上公安机关管辖。

扣缴义务人偷税案适用前款规定。

14. 公安部经济犯罪侦查局《关于偷逃契税能否定性为偷税问题的批复》(公经〔2005〕1040号)

纳税人采取刑法第201条所列举的手段,不缴或少缴契税,达到偷税罪追诉标准的,应以涉嫌偷税罪定罪论处。

15. 公安部《关于对未依法办理税务登记的纳税人能否成为偷税犯罪主体问题的批复》(公复字〔2007〕3号)

甘肃省公安厅:你厅《关于无证经营的行为能否构成偷税主体的请示》(甘公(法)发〔2007〕17号)收悉。现批复如下:

根据《中华人民共和国税收管理法》第4条、第37条的规定,未按照规定办理税务登记的从事生产、经营的纳税人以及临时从事经营的纳税人,可以构成偷税罪的犯罪主体。其行为触犯《中华人民共和国刑法》第201条规定的,公安机关应当以偷税罪立案侦查,依法追究刑事责任。

2002年1月23日公安部《关于无证经营的行为人能否成为偷税主体问题的批复》(公复字〔2002〕1号)不再适用。

16. 公安部办公厅《关于若干经济犯罪案件如何统计涉案总价值、挽回经济损失数额的批复》(公经〔2008〕214号)

四、危害税收征管案按照以下方法统计涉案总价值:

(一)偷税案按照偷税数额统计涉案总价值。(二)抗税案按照拒缴税款额统计涉案总价值。(三)逃避追缴欠税案按照欠缴税款额统计涉案总价值。(四)骗取出口退税案按照骗取税款额统计涉案总价值。(五)虚开增值税专用发票、用于骗取出口退税、抵扣税款发票案按照价税合计额统计涉案总价值。(六)伪造、出售伪造的增值税专用发票案、非法出售增值税专用发票案、非法购买增值税专用发票、购买伪造的增值税专用发票案,发票已经填开或打印金额的,按照价税合计额统计涉案总价值;发票未填开或打印金额的,不统计涉案总价值。(七)非法制造、出售非法制造的用于骗取出口退税、抵扣税款发票案、非法出售用于骗取出口退税、抵扣税款发票案,发票已经填开或打印、印刷金额的,按照票面金额统计涉案总价值;票面既有价款额又有税款额的,按照价税合计额统计涉案总价值;发票未填开或打印、印刷金额的,不统计涉案总价值。(八)非法制造、出售非法制造的发票案、非法出售发票案,发票已经填开或打印、印刷金额的,按照票面金额统计涉案总价值;发票未填开或打印、印刷金额的,不统计涉案总价值。

五、挽回经济损失额按照实际追缴的赃款以及赃物折价统计。(全文详见本书《刑法》第170条相关内容)

17.《中华人民共和国刑法修正案(7)》(2009年2月28日第十一届全国人大常委会第七次会议通过)

三、将刑法第201条修改为:纳税人采取欺骗、隐瞒手段进行虚假纳税申报或者不申报,逃避缴纳税款数额较大并且占应纳税额10%以上的,处3年以下有期徒刑或者拘役,并处罚金;数额巨大并且占应纳税额30%以上的,处3年以上7年以下有期徒刑,并处罚金。

扣缴义务人采取前款所列手段,不缴或者少缴已扣、已收税款,数额较大的,依照前款的规定处罚。

对多次实施前两款行为,未经处理的,按照累计数额计算。

有第1款行为,经税务机关依法下达追缴通知后,补缴应纳税款,缴纳滞纳金,已受行政处罚的,不予追究刑事责任;但是,5年内因逃避缴纳税款受过刑事处罚或者被税务机关给予2次以上行政处罚的除外。

(1997年《刑法》原条文:纳税人采取伪造、变造、隐匿、擅自销毁账簿、记账凭证,在账簿上多列支出或者不列,少列收入,经税务机关通知申报而拒不申报或者进行虚假的纳税申报的手段,不缴或者少缴应纳税款,偷税数额占应纳税额的10%以上不满30%并且偷税数额在1

万元以上不满 10 万元的，或者因偷税被税务机关给予 2 次行政处罚又偷税的，处 3 年以下有期徒刑或者拘役，并处偷税数额 1 倍以上 5 倍以下罚金；偷税数额占应纳税额的 30%以上并且偷税数额在 10 万元以上的，处 3 年以上 7 年以下有期徒刑，并处偷税数额 1 倍以上 5 倍以下罚金。扣缴义务人采取前款所列手段，不缴或者少缴已扣、已收税款，数额占应缴税额的 10%以上并且数额在 1 万元以上的，依照前款的规定处罚。对多次犯有前两款行为，未经处理的，按照累计数额计算。）

18. 最高人民检察院、公安部《关于公安机关管辖的刑事案件立案追诉标准的规定(2)》(公通字〔2010〕23 号)

（公通字〔2022〕12 号已声明该文件废止）

19. 最高人民法院研究室《关于税收通用完税证和车辆购置税完税证是否属于发票问题的回函》(法研〔2010〕140 号)

完税证是税务机关或代征机关在收取税金时给纳税人开具的纳税证明，是证明纳税人缴纳税款情况的凭证。发票是指单位和个人在购销商品、提供或接受服务以及从事其他经营活动过程中，提供给对方的收付款的书面证明，是财务收支的法定凭证，是会计核算的原始依据。完税证与发票性质有所不同，完税证一般不能被认定为发票。

根据《全国人民代表大会常务委员会关于〈中华人民共和国刑法〉有关出口退税、抵扣税款的其他发票规定的解释》，如果完税证具有出口退税、抵扣税款功能，则属于刑法中规定的出口退税、抵扣税款的其他发票。据此，税收通用完税证和车辆购置税完税证在具有出口退税、抵扣税款功能时，属于刑法中规定的出口退税、抵扣税款的其他发票；否则，不属于一般意义上的发票。

对伪造税务机关征税专用章，非法制造税收通用完税证和车辆购置税完税证对外出售的，视情可以伪造国家机关印章罪论处；对非法购买上述两种伪造的完税证，逃避缴纳税款的，视情可以逃税罪论处。

20. 最高人民法院、最高人民检察院《关于办理妨害武装部队制式服装、车辆号牌管理秩序等刑事案件具体应用法律若干问题的解释》(法释〔2011〕16 号)

第 6 条 实施刑法第 375 条规定的犯罪行为，同时又构成逃税、诈骗、冒充军人招摇撞骗等犯罪的，依照处罚较重的规定定罪处罚。（全文详见本书《刑法》第 375 条相关内容）

21. 国务院办公厅《关于完善反洗钱、反恐怖融资、反逃税监管体制机制的意见》(国办函〔2017〕84 号)

（详见本书《刑法》第 120 条之一相关内容）

22. 最高人民检察院、公安部《关于公安机关管辖的刑事案件立案追诉标准的规定(2)》(公通字〔2022〕12 号)

（见本条立案追诉标准内容）

> **第 202 条 【抗税罪】** 以暴力、威胁方法拒不缴纳税款的，处 3 年以下有期徒刑或者拘役，并处拒缴税款 1 倍以上 5 倍以下罚金；情节严重的，处 3 年以上 7 年以下有期徒刑，并处拒缴税款 1 倍以上 5 倍以下罚金。

• 释义

抗税罪是指纳税人以暴力、威胁方法拒不缴纳税款的行为。“情节严重”是指聚众抗税的首要分子，抗税数额在 10 万元以上，多次抗税，故意伤害致人轻伤等。

• 管辖

公安机关经济犯罪侦查部门。

• 立案追诉标准

以暴力、威胁方法拒不缴纳税款,涉嫌下列情形之一的,应予立案追诉:

(一)造成税务工作人员轻微伤以上的;

(二)以给税务工作人员及其亲友的生命、健康、财产等造成损害为威胁,抗拒缴纳税款的;

(三)聚众抗拒缴纳税款的;

(四)以其他暴力、威胁方法拒不缴纳税款的。

• 关联法律

1. 最高人民法院《关于审理偷税抗税刑事案件具体应用法律若干问题的解释》(法释〔2002〕33号)

第5条 实施抗税行为具有下列情形之一的,属于刑法第202条规定的"情节严重":

(一)聚众抗税的首要分子;(二)抗税数额在10万元以上的;(三)多次抗税的;(四)故意伤害致人轻伤的;(五)具有其他严重情节。

第6条 实施抗税行为致人重伤、死亡,构成故意伤害罪、故意杀人罪的,分别依照刑法第234条第2款、第232条的规定定罪处罚。与纳税人或者扣缴义务人共同实施抗税行为的,以抗税罪的共犯依法处罚。(全文详见本书《刑法》第201条相关内容)

2. 最高人民检察院、公安部《关于公安机关管辖的刑事案件立案追诉标准的规定(2)》(公通字〔2010〕23号)

(公通字〔2022〕12号已声明该文件废止)

3. 最高人民检察院、公安部《关于公安机关管辖的刑事案件立案追诉标准的规定(2)》(公通字〔2022〕12号)

(见本条立案追诉标准内容)

4. 参见本书《刑法》第201条该节内容。

第203条 **【逃避追缴欠税罪】** 纳税人欠缴应纳税款,采取转移或者隐匿财产的手段,致使税务机关无法追缴欠缴的税款,数额在1万元以上不满10万元的,处3年以下有期徒刑或者拘役,并处或者单处欠缴税款1倍以上5倍以下罚金;数额在10万元以上的,处3年以上7年以下有期徒刑,并处欠缴税款1倍以上5倍以下罚金。

• 释义

逃避追缴欠税罪是指纳税人欠缴应纳税款,采取转移或者隐匿财产的手段,致使税务机关无法追缴欠缴的税款,数额较大的行为。

• 管辖

公安机关经济犯罪侦查部门。

• 立案追诉标准

纳税人欠缴应纳税款,采取转移或者隐匿财产的手段,致使税务机关无法追缴欠缴的税款,数额在1万元以上的,应予立案追诉。

• **关联法律**

1. 最高人民检察院、公安部《关于公安机关管辖的刑事案件立案追诉标准的规定(2)》(公通字〔2010〕23号)

(公通字〔2022〕12号已声明该文件废止)

2. 最高人民检察院、公安部《关于公安机关管辖的刑事案件立案追诉标准的规定(2)》(公通字〔2022〕12号)

(见本条立案追诉标准内容)

3. 参见本书《刑法》第201条该节内容。

第204条 【骗取出口退税罪】【逃税罪】 以假报出口或者其他欺骗手段,骗取国家出口退税款,数额较大的,处5年以下有期徒刑或者拘役,并处骗取税款1倍以上5倍以下罚金;数额巨大或者有其他严重情节的,处5年以上10年以下有期徒刑,并处骗取税款1倍以上5倍以下罚金;数额特别巨大或者有其他特别严重情节的,处10年以上有期徒刑或者无期徒刑,并处骗取税款1倍以上5倍以下罚金或者没收财产。

纳税人缴纳税款后,采取前款规定的欺骗方法,骗取所缴纳的税款的,依照本法第201条的规定定罪处罚;骗取税款超过所缴纳的税款部分,依照前款的规定处罚。

• **释义**

骗取出口退税罪是指以假报出口或者其他欺骗手段,骗取国家出口退税款,数额较大的行为。纳税人缴纳税款后,采取前款规定的欺骗方法,骗取所缴纳的税款的,依照本法第201条规定的逃税罪定罪处罚;骗取税款超过所缴纳的税款部分,依照本罪处罚。

• **管辖**

公安机关经济犯罪侦查部门。

• **立案追诉标准**

以假报出口或者其他欺骗手段,骗取国家出口退税款,数额在10万元以上的,应予立案追诉。

• **关联法律**

1. 最高人民法院《关于审理骗购外汇、非法买卖外汇刑事案件具体应用法律若干问题的解释》(法释〔1998〕20号)

第1条 以进行走私、逃汇、洗钱、骗税等犯罪活动为目的,使用虚假、无效的凭证、商业单据或者采取其他手段向外汇指定银行骗购外汇的,应当分别按照刑法分则第3章第2节、第190条、第191条和第204条等规定定罪处罚。

非国有公司、企业或者其他单位,与国有公司、企业或者其他国有单位勾结逃汇的,以逃汇罪的共犯处罚。(全文详见本书《刑法》第190条相关内容)

2. 最高人民法院《关于审理骗取出口退税刑事案件具体应用法律若干问题的解释》(法释〔2002〕30号)

为依法惩治骗取出口退税犯罪活动,根据《中华人民共和国刑法》的有关规定,现就审理骗取出口退税刑事案件具体应用法律的若干问题解释如下：

第1条 刑法第204条规定的“假报出口”，是指以虚构已税货物出口事实为目的，具有下列情形之一的行为：

(一)伪造或者签订虚假的买卖合同；(二)以伪造、变造或者其他非法手段取得出口货物报关单、出口收汇核销单、出口货物专用缴款书等有关出口退税单据、凭证；(三)虚开、伪造、非法购买增值税专用发票或者其他可以用于出口退税的发票；(四)其他虚构已税货物出口事实的行为。

第2条 具有下列情形之一的，应当认定为刑法第204条规定的“其他欺骗手段”：

(一)骗取出口货物退税资格的；(二)将未纳税或者免税货物作为已税货物出口的；(三)虽有货物出口，但虚构该出口货物的品名、数量、单价等要素，骗取未实际纳税部分出口退税款的；(四)以其他手段骗取出口退税款的。

第3条 骗取国家出口退税款5万元以上的，为刑法第204条规定的“数额较大”；骗取国家出口退税款50万元以上的，为“数额巨大”；骗取国家出口退税款250万元以上的，为刑法第二百零四条规定的“数额特别巨大”。

第4条 具有下列情形之一的，属于刑法第204条规定的“其他严重情节”：

(一)造成国家税款损失30万元以上并且在第一审判决宣告前无法追回的；(二)因骗取国家出口退税行为受过行政处罚，两年内又骗取国家出口退税款数额在30万元以上的；(三)情节严重的其他情形。

第5条 具有下列情形之一的，属于刑法第204条规定的“其他特别严重情节”：

(一)造成国家税款损失150万元以上并且在第1审判决宣告前无法追回的；(二)因骗取国家出口退税行为受过行政处罚，两年内又骗取国家出口退税款数额在150万元以上的；(三)情节特别严重的其他情形。

第6条 有进出口经营权的公司、企业，明知他人意欲骗取国家出口退税款，仍违反国家有关进出口经营的规定，允许他人自带客户、自带货源、自带汇票并自行报关，骗取国家出口退税款的，依照刑法第204条第1款、第211条的规定定罪处罚。

第7条 实施骗取国家出口退税行为，没有实际取得出口退税款的，可以比照既遂犯从轻或者减轻处罚。

第8条 国家工作人员参与实施骗取出口退税犯罪活动的，依照刑法第204条第1款的规定从重处罚。

第9条 实施骗取出口退税犯罪，同时构成虚开增值税专用发票罪等其他犯罪的，依照刑法处罚较重的规定定罪处罚。

3.全国人大常委会《关于〈中华人民共和国刑法〉有关出口退税、抵扣税款的其他发票规定的解释》(2005年12月29日第十届全国人大常委会第十九次会议通过)

全国人民代表大会常务委员会根据司法实践中遇到的情况，讨论了刑法规定的“出口退税、抵扣税款的其他发票”的含义问题，解释如下：

刑法规定的“出口退税、抵扣税款的其他发票”，是指除增值税专用发票以外的，具有出口退税、抵扣税款功能的收付款凭证或者完税凭证。

4.公安部办公厅《关于若干经济犯罪案件如何统计涉案总价值、挽回经济损失数额的批复》(公经〔2008〕214号)

(详见本书《刑法》第201条相关内容)

5.最高人民检察院、公安部《关于公安机关管辖的刑事案件立案追诉标准的规定(2)》(公通字〔2010〕23号)

(公通字〔2022〕12号已声明该文件废止)

6. 最高人民检察院《关于充分发挥检察职能服务保障“六稳”“六保”的意见》(高检发〔2020〕10 号)

(详见本书《刑法》第 205 条相关内容)

7. 最高人民检察院、公安部《关于公安机关管辖的刑事案件立案追诉标准的规定(2)》(公通字〔2022〕12 号)

(见本条立案追诉标准内容)

第 205 条 【虚开增值税专用发票、用于骗取出口退税、抵扣税款发票罪】 虚开增值税专用发票或者虚开用于骗取出口退税、抵扣税款的其他发票的,处 3 年以下有期徒刑或者拘役,并处 2 万元以上 20 万元以下罚金;虚开的税款数额较大或者有其他严重情节的,处 3 年以上 10 年以下有期徒刑,并处 5 万元以上 50 万元以下罚金;虚开的税款数额巨大或者有其他特别严重情节的,处 10 年以上有期徒刑或者无期徒刑,并处 5 万元以上 50 万元以下罚金或者没收财产。

单位犯本条规定之罪的,对单位判处罚金,并对其直接负责的主管人员和其他直接责任人员,处 3 年以下有期徒刑或者拘役;虚开的税款数额较大或者有其他严重情节的,处 3 年以上 10 年以下有期徒刑;虚开的税款数额巨大或者有其他特别严重情节的,处 10 年以上有期徒刑或者无期徒刑。

虚开增值税专用发票或者虚开用于骗取出口退税、抵扣税款的其他发票,是指有为他人虚开、为自己虚开、让他人为自己虚开、介绍他人虚开行为之一的。

(本条《中华人民共和国刑法修正案(8)》修改)

• 释义

虚开增值税专用发票、用于骗取出口退税、抵扣税款发票罪是指个人或者单位故意虚开增值税专用发票或者虚开用于骗取出口退税、抵扣税款的其他发票的行为。虚开增值税专用发票或者虚开用于骗取出口退税、抵扣税款的其他发票,是指有为他人虚开、为自己虚开、让他人为自己虚开、介绍他人虚开行为之一的。“出口退税、抵扣税款的其他发票”,是指除增值税专用发票以外的,具有出口退税、抵扣税款功能的收付款凭证或者完税凭证。

• 管辖

公安机关经济犯罪侦查部门。

• 立案追诉标准

虚开增值税专用发票或者虚开用于骗取出口退税、抵扣税款的其他发票,虚开的税款数额在 10 万元以上或者造成国家税款损失数额在 5 万元以上的,应予立案追诉。

• 关联法律

1. 最高人民法院《关于适用全国人民代表大会常务委员会〈关于惩治虚开、伪造和非法出售增值税专用发票犯罪的决定〉的若干问题的解释》(法发〔1996〕30 号)

为正确执行《全国人民代表大会常务委员会关于惩治虚开、伪造和非法出售增值税专用发票犯罪的决定》(以下简称《决定》),依法惩治虚开、伪造和非法出售增值税专用发票和其他发票犯罪,现就适用《决定》的若干具体问题解释如下:

一、根据《决定》第 1 条规定,虚开增值税专用发票的,构成虚开增值税专用发票罪。具有

下列行为之一的,属于“虚开增值税专用发票”:

(1)没有货物购销或者没有提供或接受应税劳务而为他人、为自己、让他人为自己、介绍他人开具增值税专用发票;(2)有货物购销或者提供或接受了应税劳务但为他人、为自己、让他人为自己、介绍他人开具数量或者金额不实的增值税专用发票;(3)进行了实际经营活动,但让他人为自己代开增值税专用发票。

虚开税款数额1万元以上的或者虚开增值税专用发票致使国家税款被骗取5000元以上的,应当依法定罪处罚。

虚开税款数额10万元以上的,属于“虚开的税款数额较大”;具有下列情形之一的,属于“有其他严重情节”:

(1)因虚开增值税专用发票致使国家税款被骗取5万元以上的;(2)具有其他严重情节的。

虚开税款数额50万元以上的,属于“虚开的税款数额巨大”;具有下列情形之一的,属于“有其他特别严重情节”:

(1)因虚开增值税专用发票致使国家税款被骗取30万元以上的;(2)虚开的税款数额接近巨大并有其他严重情节的;(3)具有其他特别严重情节的。

利用虚开的增值税专用发票实际抵扣税款或者骗取出口退税100万元以上的,属于“骗取国家税款数额特别巨大”;造成国家税款损失50万元以上并且在侦查终结前仍无法追回的,属于“给国家利益造成特别重大损失”。利用虚开的增值税专用发票骗取国家税款数额特别巨大、给国家利益造成特别重大损失,为“情节特别严重”的基本内容。

虚开增值税专用发票犯罪分子与骗取税款犯罪分子均应当对虚开的税款数额和实际骗取的国家税款数额承担刑事责任。

利用虚开的增值税专用发票抵扣税款或者骗取出口退税的,应当依照《决定》第1条的规定定罪处罚;以其他手段骗取国家税款的,仍应依照《全国人民代表大会常务委员会关于惩治偷税、抗税犯罪的补充规定》的有关规定定罪处罚。

二、根据《决定》第2条规定,伪造或者出售伪造的增值税专用发票的,构成伪造、出售伪造的增值税专用发票罪。

伪造或者出售伪造的增值税专用发票25份以上或者票面额(百元版以每份100元,千元版以每份1000元,万元版以每份1万元计算,以此类推。下同)累计10万元以上的应当依法定罪处罚。

伪造或者出售伪造的增值税专用发票100份以上或者票面额累计50万元以上的,属于“数量较大”;具有下列情形之一的,属于“有其他严重情节”:

(1)违法所得数额在1万元以上的;(2)伪造并出售伪造的增值税专用发票60份以上或者票面额累计30万元以上的;(3)造成严重后果或者具有其他严重情节的。

伪造或者出售伪造的增值税专用发票500份以上或者票面额累计250万元以上的,属于“数量巨大”;具有下列情形之一的,属于“有其他特别严重情节”:

(1)违法所得数额在5万元以上的;(2)伪造并出售伪造的增值税专用发票300份以上或者票面额累计200万元以上的;(3)伪造或者出售伪造的增值税专用发票接近“数量巨大”并有其他严重情节的;(4)造成特别严重后果或者具有其他特别严重情节的。

伪造并出售伪造的增值税专用发票1000份以上或者票面额累计1000万元以上的,属于“伪造并出售伪造的增值税专用发票数量特别巨大”;具有下列情形之一的,属于“情节特别严重”:

(1)违法所得数额在5万元以上的;(2)因伪造、出售伪造的增值税专用发票致使国家税款被骗取100万元以上的;(3)给国家税款造成实际损失50万元以上的;(4)具有其他特别严重情节的。对于伪造并出售伪造的增值税专用发票数量达到特别巨大,又具有特别严重情节,严重破坏经济秩序的,应当依照《决定》第2条第2款的规定处罚。

伪造并出售同一宗增值税专用发票的,数量或者票面额不重复计算。

变造增值税专用发票的,按照伪造增值税专用发票行为处理。

三、根据《决定》第3条规定,非法出售增值税专用发票的,构成非法出售增值税专用发票罪。

非法出售增值税专用发票案件的定罪量刑数量标准按照本解释第2条第2、3、4款的规定执行。

四、根据《决定》第4条规定,非法购买增值税专用发票或者购买伪造的增值税专用发票的,构成非法购买增值税专用发票、伪造的增值税专用发票罪。

非法购买增值税专用发票或者购买伪造的增值税专用发票25份以上或者票面额累计10万元以上的,应当依法定罪处罚。

非法购买真、伪两种增值税专用发票的,数量累计计算,不实行数罪并罚。

五、根据《决定》第5条规定,虚开用于骗取出口退税、抵扣税款的其他发票的,构成虚开专用发票罪,依照《决定》第1条的规定处罚。

"用于骗取出口退税、抵扣税款的其他发票"是指可以用于申请出口退税、抵扣税款的非增值税专用发票,如运输发票、废旧物品收购发票、农业产品收购发票等。

六、根据《决定》第6条规定,伪造、擅自制造或者出售伪造、擅自制造的可以用于骗取出口退税、抵扣税款的其他发票的,构成非法制造专用发票罪或出售非法制造的专用发票罪。

伪造、擅自制造或者出售伪造、擅自制造的可以用于骗取出口退税、抵扣税款的其他发票50份以上的,应当依法定罪处罚;伪造、擅自制造或者出售伪造、擅自制造的可以用于骗取出口退税、抵扣税款的其他发票200份以上的,属于"数量巨大";伪造、擅自制造或者出售伪造、擅自制造的可以用于骗取出口退税、抵扣税款的其他发票1000份以上的,属于"数量特别巨大"。

七、盗窃增值税专用发票或者可以用于骗取出口退税、抵扣税款的其他发票25份以上,或者其他发票50份以上的;诈骗增值税专用发票或者可以用于骗取出口退税、抵扣税款的其他发票50份以上,或者其他发票100份以上的,依照刑法第151条的规定处罚。

盗窃增值税专用发票或者可以用于骗取出口退税、抵扣税款的其他发票250份以上,或者其他发票500份以上的;诈骗增值税专用发票或者可以用于骗取出口退税、抵扣税款的其他发票500份以上,或者其他发票1000份以上的,依照刑法第152条的规定处罚。

盗窃增值税专用发票或者其他发票情节特别严重的,依照《全国人民代表大会常务委员会关于严惩严重破坏经济的罪犯的决定》第1条第(1)项的规定处罚。

盗窃、诈骗增值税专用发票或者其他发票后,又实施《决定》规定的虚开、出售等犯罪的,按照其中的重罪定罪处罚,不实行数罪并罚。

2. 最高人民法院《关于对〈审计署关于咨询虚开增值税专用发票罪问题的函〉的复函》(法函〔2001〕66号)

国家审计署:你署审函〔2001〕75号《审计署关于咨询虚开增值税专用发票罪问题的函》收悉。经研究,现提出以下意见供参考:

地方税务机关实施"高开低征"或者"开大征小"等违规开具增值税专用发票的行为,不属于刑法第205条规定的虚开增值税专用发票的犯罪行为,造成国家税款重大损失的,对有关主管部门的国家机关工作人员,应当根据刑法有关渎职罪的规定追究刑事责任。

3. 最高人民法院《关于审理骗取出口退税刑事案件具体应用法律若干问题的解释》(法释〔2002〕30号)

(详见本书《刑法》第204条相关内容)

4. 最高人民法院研究室《关于对3种涉税行为法律适用问题意见的复函》(法研〔2003〕175号)

一、行为人购买非法制造的用于抵扣税款的其他发票又虚开的行为,根据刑法第205条的规定,构成犯罪的,以虚开用于抵扣税款发票罪追究刑事责任。(全文详见本书《刑法》第201条相关内容)

5. 最高人民检察院法律政策研究室《关于税务机关工作人员通过企业以"高开低征"的方法代开增值税专用发票的行为如何适用法律问题的答复》(〔2004〕高检研发第6号)

江苏省人民检察院法律政策研究室:你室《关于税务机关通过企业代开增值税专用发票以"高开低征"的方法吸引税源的行为是否构成犯罪的请示》(苏检研请字〔2003〕第4号)收悉。经研究,答复如下:

税务机关及其工作人员将不具备条件的小规模纳税人虚报为一般纳税人,并让其采用"高开低征"的方法为他人代开增值税专用发票的行为,属于虚开增值税专用发票。对于造成国家税款损失,构成犯罪的,应当依照刑法第205条的规定追究刑事责任。

6.《关于〈中华人民共和国刑法〉有关出口退税、抵扣税款的其他发票规定的解释》(2005年12月29日第十届全国人大常委会第十九次会议通过)

全国人民代表大会常务委员会根据司法实践中遇到的情况,讨论了刑法规定的"出口退税、抵扣税款的其他发票"的含义问题,解释如下:刑法规定的"出口退税、抵扣税款的其他发票",是指除增值税专用发票以外的,具有出口退税、抵扣税款功能的收付款凭证或者完税凭证。

7. 公安部办公厅《关于若干经济犯罪案件如何统计涉案总价值、挽回经济损失数额的批复》(公经〔2008〕214号)

(详见本书《刑法》第201条相关内容)

8. 最高人民检察院、公安部《关于公安机关管辖的刑事案件立案追诉标准的规定(2)》(公通字〔2010〕23号)

(公通字〔2022〕12号已声明该文件废止)

9.《中华人民共和国刑法修正案(8)》(2011年2月25日第十一届全国人大常委会第十九次会议通过)

三十二、删去刑法第205条第2款。

(该修改删除了1997年《刑法》本条原第2款"有前款行为骗取国家税款,数额特别巨大,情节特别严重,给国家利益造成特别重大损失的,处无期徒刑或者死刑,并处没收财产"的规定,从而废除了本条犯罪的死刑。)

10. 最高人民法院研究室《关于如何适用(法发〔1996〕30号)司法解释数额标准问题的电话答复》(法研〔2014〕179号)

西藏自治区高级人民法院:你院《关于如何适用法发〔1996〕30号司法解释数额标准问题的请示》(藏高法〔2014〕118号)收悉。经研究,电话答复如下:

原则同意你院第2种意见,即为了贯彻罪刑相当原则,对虚开增值税专用发票案件的量刑数额标准,可以不再参照适用1996年《最高人民法院关于适用〈全国人民代表大会常务委员会关于惩治虚开、伪造和非法出售增值税专用发票犯罪的决定〉的若干问题的解释》。在新的司法解释制定前,对于虚开增值税专用发票案件的定罪量刑标准,可以参照《关于审理骗取出口退税刑事案件具体应用法律若干问题的解释》的有关规定执行。

11. 最高人民法院研究室《关于〈如何认定以"挂靠"有关公司名义实施经营活动并让有关公司为自己虚开增值税专用发票行为的性质〉征求意见的复函》(法研〔2015〕58号)

公安部经济犯罪侦查局:贵局《关于如何认定以"挂靠"有关公司名义实施经营活动并让有关公司为自己虚开增值税专用发票行为的性质的函》(公经财税〔2015〕40号)收悉,经研究,现提出如下意见:

一、挂靠方以挂靠形式向受票方实际销售货物,被挂靠方向受票方开具增值税专用发票的,不属于刑法第205条规定的"虚开增值税专用发票"。

主要考虑:

(1)由挂靠方适用被挂靠方的经营资格进行经营活动,并向挂靠方支付挂靠费的经营方式在实践中客观存在,且带有一定普遍性。相关法律并未明确禁止以挂靠形式从事经营活动。

(2)虚开增值税专用发票罪是行政犯,对相关入罪要件的判断,应当依据、参照相关行政法规、部门规章等,而根据《国家税务总局关于纳税人对外开具增值税专用发票有关问题的公告》(国家税务总局公告2014年第39号),挂靠方以挂靠形式向受票方实际销售货物,被挂靠方向受票方开具增值税专用发票的,不属于虚开。

二、行为人利用他人的名义从事经营活动,并以他人名义开具增值税专用发票的,即便行为人与该他人之间不存在挂靠关系,但如行为人进行了实际的经营活动,主观上并无骗取抵扣税款的故意,客观上也未造成国家增值税款损失的,不宜认定为刑法第205条规定的"虚开增值税专用发票";符合逃税罪等其他犯罪构成条件的,可以其他犯罪论处。

主要考虑:

(1)虚开增值税发票罪的危害实质在于通过虚开行为骗取抵扣税款,对于有实际交易存在的代开行为,如行为人主观上并无骗取的扣税款的故意,客观上未造成国家增值税款损失的,不宜以虚开增值税专用发票罪论处。虚开增值税专用发票罪的法定最高刑为无期徒刑,系严重犯罪,如将该罪理解为行为犯,只要虚开增值税专用发票,侵犯增值税专用发票管理秩序的,即构成犯罪并要判处重刑,也不符合罪刑责相适应原则。

(2)1996年10月17日《关于适用〈全国人民代表大会常务委员会关于惩治虚开、伪造和非法出售增值税专用发票犯罪的决定〉的若干问题的解释》虽然未被废止,但该解释制定于1997年刑法施行前,根据我院《关于认真学习宣传贯彻修订的〈中华人民共和国刑法〉的通知》(法发〔1997〕3号)第5条"修订的刑法实施后,对已明令废止的全国人大常委会有关决定和补充规定,最高人民法院原作出的有关司法解释不再适用,但是如果修订的刑法有关条文实质内容没有变化的,人民法院在刑事审判工作中,在没有新的司法解释前,可参照执行。其他对于与修订的刑法规定相抵触的司法解释,不再适用"的规定,应当根据现行刑法第205条关于虚开增值税专用发票罪的规定,合理选择该解释中可以继续参照适用的条文。其中,该解释中关于"进行了实际经营活动,但让他人为自己代开增值税专用发票"也属于虚开的规定,与虚开增值税专用发票罪的规定不符,不应继续适用;如继续适用该解释的上述规定,则对于挂靠代开案件也要以犯罪论处,显然有失妥当。

(3)《刑事审判参考》曾刊登"芦才兴虚开抵扣税款发票案"。该案例提出,虚开可以用于抵扣税款的发票冲减营业额偷逃税款的行为。主观上明知所虚开的运输发票均不用于抵扣税款,客观上使用虚开发票冲减营业额的方法偷逃应纳税款,其行为不符合虚开用于抵扣税款发票罪的构成要件,属于偷税行为。2001年福建高院请示的泉州市松苑绵涤实业有限公司等虚开增值税专用发票案,被告单位不以抵扣税款为目的,而是为了显示公司实力以达到在与外商谈判中处于有利地位的目的而虚开增值税发票。我院答复认为该公司的行为不构成犯罪。

以上意见供参考。

12. 国家税务总局《关于开展互联网物流平台企业代开增值税专用发票试点工作的通知》(税总函〔2017〕579号)

为贯彻落实《国家税务总局关于进一步深化税务系统"放管服"改革 优化税收环境的若干意见》(税总发〔2017〕101号)精神,进一步优化纳税服务,提高货物运输业小规模纳税人使用增值税专用发票(以下简称专用发票)的便利性,促进物流业降本增效,税务总局决定,在全国范围内开展互联网物流平台企业代开专用发票试点工作。现将有关事项通知如下:

一、试点内容

经省国税局批准,互联网物流平台企业可以为同时符合以下条件的货物运输业小规模纳税人代开专用发票,并代办相关涉税事项。

(一)在中华人民共和国境内(以下简称境内)提供公路或内河货物运输服务,并办理了工商登记和税务登记。

(二)提供公路货物运输服务的,取得《中华人民共和国道路运输经营许可证》和《中华人民共和国道路运输证》;提供内河货物运输服务的,取得《中华人民共和国水路运输经营许可证》和《中华人民共和国水路运输证》。

(三)在税务登记地主管税务机关(以下简称主管税务机关)按增值税小规模纳税人管理。

(四)注册为该平台会员。

二、试点企业的确定

纳入试点范围的互联网物流平台企业(以下称试点企业),应当具备以下条件:

(一)国务院交通运输主管部门公布的无车承运人试点企业,且试点资格和无车承运人经营资质在有效期内。

(二)平台应实现会员管理、交易撮合、运输管理等相关系统功能,具备物流信息全流程跟踪、记录、存储、分析能力。

试点企业代开专用发票不得收取任何费用,否则不得作为试点企业。

三、专用发票的开具

货物运输业小规模纳税人在境内提供货物运输服务,需要开具专用发票的,可以按照《货物运输业小规模纳税人申请代开增值税专用发票管理办法》(国家税务总局公告2017年第55号发布,以下称《管理办法》)的有关规定,就近向国税机关自行申请代开专用发票,也可以委托试点企业按照以下规定代开专用发票:

(一)试点企业仅限于为符合本通知第一条所列条件的货物运输业小规模纳税人(以下称会员),通过本平台承揽的货物运输业务代开专用发票。

(二)试点企业应与会员签订委托代开专用发票协议,协议范本由各省国税局统一制定。

(三)试点企业使用自有专用发票开票系统,按照3%的征收率代开专用发票,并在发票备注栏注明会员的纳税人名称和统一社会信用代码(或税务登记证号码或组织机构代码)。

货物运输服务接受方以试点企业代开的专用发票作为增值税扣税凭证,抵扣进项税额。

(四)试点企业代开的专用发票,相关栏次内容应与会员通过本平台承揽的运输业务,以及本平台记录的物流信息保持一致。平台记录的交易、资金、物流等相关信息应统一存储,以备核查。

(五)试点企业接受会员提供的货物运输服务,不得为会员代开专用发票。试点企业可以按照《管理办法》的相关规定,代会员向试点企业主管税务机关申请代开专用发票,并据以抵扣进项税额。

四、涉税事项的办理

(一)试点企业代开专用发票应当缴纳的增值税,由试点企业按照《管理办法》的相关规定,按月代会员向试点企业主管税务机关申报缴纳,并将完税凭证转交给会员。试点企业主管税务机关征收税款后,不再就同一笔业务代开专用发票。

(二)会员应按照其主管税务机关核定的纳税期限,按规定计算增值税应纳税额,抵减已由试点企业代为缴纳的增值税后,向主管税务机关申报纳税。

(三)试点企业办理增值税纳税申报时,代开专用发票对应的收入不属于试点企业的增值税应税收入,无须申报。试点企业应按月将代开专用发票和代缴税款情况向主管税务机关报备,具体报备内容由各省国税局确定。

五、工作要求

(一)营改增试点实施以来,货物运输业小规模纳税人增值税专用发票开具问题一直备受各方关注。开展互联网物流平台企业代开专用发票试点工作,是及时回应纳税人呼声,解决当前物流企业办税痛点、难点问题的有效途径,各地应高度重视,严格按照税务总局部署落实好试点工作。

(二)互联网物流平台企业代开专用发票试点工作由各省国税局组织实施,本着纳税人自愿的原则确定试点企业。本通知需要纳税人周知的事项,由省国税局制发公告。

(三)各地应积极推动试点工作开展,并加强试点企业的管理,对未按照本通知及现行有关规定,违规代开专用发票的,应立即取消试点资格并依法处理。

(四)各地要充分利用和挖掘互联网物流平台大数据资源,深入开展物流行业经济分析和税收风险管理工作,及时总结试点经验,提升试点成效。试点过程中发现的情况和问题,及时上报国家税务总局(货物和劳务税司)。

13. 最高人民法院《关于虚开增值税专用发票定罪量刑标准有关问题的通知》(法〔2018〕226号)

为正确适用刑法第205条关于虚开增值税专用发票罪的有关规定,确保罪责刑相适应,现就有关问题通知如下:

一、自本通知下发之日起,人民法院在审判工作中不再参照执行《最高人民法院关于适用〈全国人民代表大会常务委员会关于惩治虚开、伪造和非法出售增值税专用发票犯罪的决定〉的若干问题的解释》(法发〔1996〕30号)第1条规定的虚开增值税专用发票罪的定罪量刑标准。

二、在新的司法解释颁行前,对虚开增值税专用发票刑事案件定罪量刑的数额标准,可以参照《最高人民法院关于审理骗取出口退税刑事案件具体应用法律若干问题的解释》(法释〔2002〕30号)第3条的规定执行,即虚开的税款数额在5万元以上的,以虚开增值税专用发票罪处3年以下有期徒刑或者拘役,并处2万元以上20万元以下罚金;虚开的税款数额在50万元以上的,认定为刑法第205条规定的"数额较大";虚开的税款数额在250万元以上的,认定为刑法第205条规定的"数额巨大"。

14. 最高人民检察院《关于充分发挥检察职能服务保障"六稳""六保"的意见》(高检发〔2020〕10号)

6. 依法维护有利于对外开放的法治化营商环境。

充分认识"稳外贸""稳外资""稳投资"对稳定宏观经济、扩大对外开放的重大意义,有效维护相关领域的市场秩序。一是围绕自贸试验区、海南自由贸易港、粤港澳大湾区建设等重大战略,依法惩治侵害外国投资者和外商投资企业合法权益,以及扰乱投资秩序、妨害项目推进的各类犯罪,保障外商投资法顺利施行,营造安全、透明的投资环境。二是聚焦当前对外贸易、外商投资领域的新形势,依法惩治利用外贸合同诈骗,虚开出口退税、抵扣税款发票,骗取出口退税以及对外贸易经营活动中的走私、逃汇骗汇等犯罪,促进稳住外贸基本盘,保障外贸产业链、供应链、资金流畅通运转。三是依法慎重处理企业涉税案件。注意把握一般涉税违法行为与以骗取国家税款为目的的涉税犯罪的界限,对于有实际生产经营活动的企业为虚增业绩、融资、贷款等非骗税目的且没有造成税款损失的虚开增值税专用发票行为,不以虚开增值税专用发票罪定性处理,依法作出不起诉决定的,移送税务机关给予行政处罚。(全文详见本书《刑法》第2条相关内容)

15. 最高人民检察院《第22批指导性案例无锡F警用器材公司虚开增值税专用发票案》(检例第81号;2020年11月24日)

【要旨】

民营企业违规经营触犯刑法情节较轻,认罪认罚的,对单位和直接责任人员依法能不捕的不捕,能不诉的不诉。检察机关应当督促认罪认罚的民营企业合法规范经营。拟对企业作出不起诉处理的,可以通过公开听证听取意见。对被不起诉人(单位)需要给予行政处罚、处分或者需要没收其违法所得的,应当依法提出检察意见,移送有关主管机关处理。

【指导意义】

1. 对犯罪情节较轻且认罪认罚的涉罪民营企业及其有关责任人员,应当依法从宽处理。检察机关办理涉罪民营企业刑事案件,应当充分考虑促进经济发展,促进职工就业,维护国家和社会公共利益的需要,积极做好涉罪企业及其有关责任人员的认罪认罚工作,促使涉罪企业退缴违法所得、赔偿损失、修复损害、挽回影响,从而将犯罪所造成的危害降到最低。对犯罪情节较轻且认罪认罚、积极整改的企业及其相关责任人员,符合不捕、不诉条件的,坚持能不捕的不捕,能不诉的不诉,符合判处缓刑条件的要提出适用缓刑的建议。

2. 把建章立制落实合法规范经营要求,作为悔罪表现和从宽处罚的考量因素。检察机关在办理企业涉罪案件过程中,通过对自愿认罪认罚的民营企业进行走访、调查,查明企业犯罪的诱发因素、制度漏洞、刑事风险等,提出检察建议。企业通过主动整改、建章立制落实合法规范经营要求体现悔罪表现。检察机关可以协助和督促企业执行,帮助企业增强风险意识,规范经营行为,有效预防犯罪并据此作为从宽处罚的考量因素。

3. 依法做好刑事不起诉与行政处罚、处分有效衔接。检察机关依法作出不起诉决定的案件,要执行好《中华人民共和国刑事诉讼法》第177条第3款的规定,对被不起诉人需要给予行政处罚、处分或者需要没收其违法所得的,应当提出检察意见,移送有关主管机关处理。有关主管机关应当将处理结果及时通知人民检察院。有关主管机关未及时通知处理结果的,人民检察院应当依法予以督促。

16. 最高人民检察院、公安部《关于公安机关管辖的刑事案件立案追诉标准的规定(2)》(公通字〔2022〕12号)

(见本条立案追诉标准内容)

第205条之一 【虚开发票罪】 虚开本法第205条规定以外的其他发票,情节严重的,处2年以下有期徒刑、拘役或者管制,并处罚金;情节特别严重的,处2年以上7年以下有期徒刑,并处罚金。

单位犯前款罪的,对单位判处罚金,并对其直接负责的主管人员和其他直接责任人员,依照前款的规定处罚。

(本条《中华人民共和国刑法修正案(8)》增加)

• 释义

虚开发票罪是指虚开本法第205条规定以外的其他发票，情节严重的行为。

• 管辖

公安机关经济犯罪侦查部门。

• 立案追诉标准

虚开刑法第205条规定以外的其他发票，涉嫌下列情形之一的，应予立案追诉：

（一）虚开发票金额累计在50万元以上的；

（二）虚开发票100份以上且票面金额在30万元以上的；

（三）5年内因虚开发票受过刑事处罚或者2次以上行政处罚，又虚开发票，数额达到第1、2项标准60%以上的。

• 关联法律

1.《中华人民共和国刑法修正案（8）》（2011年2月25日第十一届全国人大常委会第十九次会议通过）

三十三、在刑法第205条后增加1条，作为第205条之一："虚开本法第205条规定以外的其他发票，情节严重的，处2年以下有期徒刑、拘役或者管制，并处罚金；情节特别严重的，处2年以上7年以下有期徒刑，并处罚金。

"单位犯前款罪的，对单位判处罚金，并对其直接负责的主管人员和其他直接责任人员，依照前款的规定处罚。"

2. 最高人民检察院、公安部《关于公安机关管辖的刑事案件立案标准的规定（2）的补充规定》（公通字〔2011〕47号）

（公通字〔2022〕12号已声明该文件废止）

3. 最高人民检察院、公安部《关于公安机关管辖的刑事案件立案追诉标准的规定（2）》（公通字〔2022〕12号）

（见本条立案追诉标准内容）

4. 参见本书《刑法》第205条该节相关内容。

第206条　【伪造、出售伪造的增值税专用发票罪】 伪造或者出售伪造的增值税专用发票的，处3年以下有期徒刑、拘役或者管制，并处2万元以上20万元以下罚金；数量较大或者有其他严重情节的，处3年以上10年以下有期徒刑，并处5万元以上50万元以下罚金；数量巨大或者有其他特别严重情节的，处10年以上有期徒刑或者无期徒刑，并处5万元以上50万元以下罚金或者没收财产。

单位犯本条规定之罪的，对单位判处罚金，并对其直接负责的主管人员和其他直接责任人员，处3年以下有期徒刑、拘役或者管制；数量较大或者有其他严重情节的，处3年以上10年以下有期徒刑；数量巨大或者有其他特别严重情节的，处10年以上有期徒刑或者无期徒刑。

（本条《中华人民共和国刑法修正案（8）》修改）

• 释义

伪造、出售伪造的增值税专用发票罪是指自然人或者单位，伪造增值税专用发票或者出售伪造的增值税专用发票的行为。

• 管辖

公安机关经济犯罪侦查部门。

• 立案追诉标准

伪造或者出售伪造的增值税专用发票，涉嫌下列情形之一的，应予立案追诉：

（一）票面税额累计在 10 万元以上的；

（二）伪造或者出售伪造的增值税专用发票 10 份以上且票面税额在 6 万元以上的；

（三）非法获利数额在 1 万元以上的。

• 关联法律

1. 最高人民检察院、公安部《关于公安机关管辖的刑事案件立案追诉标准的规定（2）》（公通字〔2010〕23 号）

（公通字〔2022〕12 号已声明该文件废止）

2.《中华人民共和国刑法修正案（8）》（2011 年 2 月 25 日第十一届全国人大常委会第十九次会议通过）

三十四、删去刑法第 206 条第 2 款。

（原条文第 2 款“伪造并出售伪造的增值税专用发票，数量特别巨大，情节特别严重，严重破坏经济秩序的，处无期徒刑或者死刑，并处没收财产。”之内容删除。）

3. 最高人民检察院、公安部《关于公安机关管辖的刑事案件立案追诉标准的规定（2）》（公通字〔2022〕12 号）

（见本条立案追诉标准内容）

4. 参见本书《刑法》第 205 条该节相关内容。

第 207 条　【非法出售增值税专用发票罪】非法出售增值税专用发票的，处 3 年以下有期徒刑、拘役或者管制，并处 2 万元以上 20 万元以下罚金；数量较大的，处 3 年以上 10 年以下有期徒刑，并处 5 万元以上 50 万元以下罚金；数量巨大的，处 10 年以上有期徒刑或者无期徒刑，并处 5 万元以上 50 万元以下罚金或者没收财产。

• 释义

非法出售增值税专用发票罪是指自然人或者单位，违反国家发票管理法规，故意非法出售增值税专用发票的行为。

• 管辖

公安机关经济犯罪侦查部门。

• 立案追诉标准

非法出售增值税专用发票，涉嫌下列情形之一的，应予立案追诉：

（一）票面税额累计在 10 万元以上的；

（二）非法出售增值税专用发票 10 份以上且票面税额在 6 万元以上的；

（三）非法获利数额在 1 万元以上的。

• 关联法律

1. 最高人民检察院、公安部《关于公安机关管辖的刑事案件立案追诉标准的规定（2）》（公通字〔2010〕23 号）

（公通字〔2022〕12 号已声明该文件废止）

2. 最高人民检察院、公安部《关于公安机关管辖的刑事案件立案追诉标准的规定（2）》（公通字〔2022〕12 号）

（见本条立案追诉标准内容）

3. 参见本书《刑法》第 205 条该节相关内容。

第 208 条　【非法购买增值税专用发票、购买伪造的增值税专用发票罪】 非法购买增值税专用发票或者购买伪造的增值税专用发票的，处 5 年以下有期徒刑或者拘役，并处或者单处 2 万元以上 20 万元以下罚金。

非法购买增值税专用发票或者购买伪造的增值税专用发票又虚开或者出售的，分别依照本法第 205 条【虚开增值税专用发票、用于骗取出口退税、抵扣税款发票罪】、第 206 条【伪造、出售伪造的增值税专用发票罪】、第 207 条【非法出售增值税专用发票】的规定罪处罚。

• 释义

非法购买增值税专用发票、购买伪造的增值税专用发票罪是指自然人或者单位，违反国家发票管理法规，故意非法购买增值税专用发票，或者购买伪造的增值税专用发票的行为。

非法购买增值税专用发票或者购买伪造的增值税专用发票又虚开或者出售的，分别依照本法第 205 条、第 206 条、第 207 条的规定定罪处罚。

• 管辖

公安机关经济犯罪侦查部门。

• 立案追诉标准

非法购买增值税专用发票或者购买伪造的增值税专用发票，涉嫌下列情形之一的，应予立案追诉：

（一）非法购买增值税专用发票或者购买伪造的增值税专用发票 20 份以上且票面税额在 10 万元以上的；

（二）票面税额累计在 20 万元以上的。

• 关联法律

1. 最高人民检察院、公安部《关于公安机关管辖的刑事案件立案追诉标准的规定（2）》（公通字〔2010〕23 号）

（公通字〔2022〕12 号已声明该文件废止）

2. 最高人民检察院、公安部《关于公安机关管辖的刑事案件立案追诉标准的规定(2)》(公通字〔2022〕12号)

(见本条立案追诉标准内容)

3. 参见本书《刑法》第205条该节相关内容。

第209条 【非法制造、出售非法制造的用于骗取出口退税、抵扣税款发票罪】 伪造、擅自制造或者出售伪造、擅自制造的可以用于骗取出口退税、抵扣税款的其他发票的,处3年以下有期徒刑、拘役或者管制,并处2万元以上20万元以下罚金;数量巨大的,处3年以上7年以下有期徒刑,并处5万元以上50万元以下罚金;数量特别巨大的,处7年以上有期徒刑,并处5万元以上50万元以下罚金或者没收财产。

【非法制造、出售非法制造的发票罪】 伪造、擅自制造或者出售伪造、擅自制造的前款规定以外的其他发票的,处2年以下有徒刑、拘役或者管制,并处或者单处1万元以上5万元以下罚金;情节严重的,处2年以上7年以下有期徒刑,并处5万元以上50万元以下罚金。

【非法出售用于骗取出口退税、抵扣税款发票罪】 非法出售可以用于骗取出口退税、抵扣税款的其他发票的,依照第1款的规定处罚。

【非法出售发票罪】 非法出售第三款规定以外的其他发票的,依照第2款的规定处罚。

• 释义

非法制造、出售非法制造的用于骗取出口退税、抵扣税款发票罪是指自然人或者单位,伪造、擅自制造或者出售伪造、擅自制造的增值税专用发票以外的可以用于骗取出口退税、抵扣税款的其他发票的行为。

非法制造、出售非法制造的发票罪是指自然人或者单位,伪造、擅自制造或者出售伪造、擅自制造的除增值税专用发票、可以用于骗取出口退税、抵扣税款以外的其他发票的行为。

非法出售用于骗取出口退税、抵扣税款发票罪是指自然人或者单位,故意非法出售增值税专用发票以外的可以用于骗取出口退税、抵扣税款的其他发票的行为。

非法出售发票罪是指自然人或者单位,故意非法出售增值税专用发票,可以用于骗取出口退税、抵扣税款以外的其他发票的行为。

• 管辖

公安机关经济犯罪侦查部门。

• 立案追诉标准

【非法制造、出售非法制造的用于骗取出口退税、抵扣税款发票罪立案追诉标准】

伪造、擅自制造或者出售伪造、擅自制造的用于骗取出口退税、抵扣税款的其他发票,涉嫌下列情形之一的,应予立案追诉:

(一)票面可以退税、抵扣税额累计在10万元以上的;

(二)伪造、擅自制造或者出售伪造、擅自制造的发票10份以上且票面可以退税、抵扣税额在6万元以上的;

(三)非法获利数额在1万元以上的。

【非法制造、出售非法制造的发票罪立案追诉标准】

伪造、擅自制造或者出售伪造、擅自制造的不具有骗取出口退税、抵扣税款功能的其他发票，涉嫌下列情形之一的，应予立案追诉：

（一）伪造、擅自制造或者出售伪造、擅自制造的不具有骗取出口退税、抵扣税款功能的其他发票100份以上且票面金额累计在30万元以上的；

（二）票面金额累计在50万元以上的；

（三）非法获利数额在1万元以上的。

【非法出售用于骗取出口退税、抵扣税款发票罪立案追诉标准】

非法出售可以用于骗取出口退税、抵扣税款的其他发票，涉嫌下列情形之一的，应予立案追诉：

（一）票面可以退税、抵扣税额累计在10万元以上的；

（二）非法出售用于骗取出口退税、抵扣税款的其他发票10份以上且票面可以退税、抵扣税额在6万元以上的；

（三）非法获利数额在1万元以上的。

【非法出售发票罪立案追诉标准】

非法出售增值税专用发票、用于骗取出口退税、抵扣税款的其他发票以外的发票，涉嫌下列情形之一的，应予立案追诉：

（一）非法出售增值税专用发票、用于骗取出口退说、抵扣税款的其他发票以外的发票100份以上且票面金额累计在30万元以上的；

（二）票面金额累计在50万元以上的；

（三）非法获利数额在1万元以上的。

• 关联法律

1. 最高人民法院、最高人民检察院、公安部、国家工商行政局《关于依法查处盗窃、抢劫机动车案件的规定》（公通字〔1998〕31号）

六、非法出售机动车有关发票的，或者伪造、擅自制造或者出售伪造、擅自制造的机动车有关发票的，依照刑法第209条的规定处罚。（全文详见本书《刑法》第312条相关内容）

2. 全国人大常委会法制工作委员会刑法室《关于对变造、出售变造普通发票的行为定性问题的意见》（刑发〔2005〕1号）

公安部经济犯罪侦查局：你局2004年10月10（公经〔2004〕1507号来函收悉。经研究，交换意见如下：同意你局的意见，即：刑法第209条第2款规定的“伪造、擅自制造或者出售伪造、擅自制造的前款规定以外的其他发票”的行为，包括变造、出售变造的普通发票的行为。

3. 公安部经济犯罪侦查局《关于对变造、出售变造普通发票的行为定性意见的批复》（公经〔2005〕89号）

江苏省公安厅经侦总队：你总队报来我局的《关于对变造、出售变造普通发票的行为如何定性处理的请示》收悉，经研究并征求全国人大法工委刑法室和最高人民法院刑二庭的意见，现批复如下：

刑法第209条第2款规定的“伪造、擅自制造或者出售伪造、擅自制造的前款规定以外的其他发票”的行为，包括变造、出售变造的普通发票的行为。

4.《关于〈中华人民共和国刑法〉有关出口退税、抵扣税款的其他发票规定的解释》（2005年12月29日第十届全国人大常委会第十九次会议通过）

全国人民代表大会常务委员会根据司法实践中遇到的情况，讨论了刑法规定的“出口退税、抵扣税款的其他发票”的含义问题，解释如下：

刑法规定的“出口退税、抵扣税款的其他发票”,是指除增值税专用发票以外的,具有出口退税、抵扣税款功能的收付款凭证或者完税凭证。现予公告。

5. 公安部经济犯罪侦查局《关于对非法出售过期普通发票行为定性问题的批复》(公经〔2007〕2290 号)

非法出售过期普通发票,属于《中华人民共和国发票管理办法》第 38 条规定的私自倒卖发票的行为。非法出售过期普通发票,达到刑事追诉标准的,公安机关应当按照《中华人民共和国刑法》第 209 条第 4 款的规定,依法追究其刑事责任。

6. 公安部经济犯罪侦查局《关于交通工具意外伤害保险单认定问题的批复》(公经财税〔2010〕31 号)

保险行业开具发票方式是在提供保单之外另行开具单独的保险业发票。交通工具意外伤害保险单,虽然包含了缴纳保费的内容,但就其印制监制、主要用途和管理方式而言,仍然是作为保险单使用,不应认定为发票。

7. 公安部经济犯罪侦查局《关于××公司私自印制的客运车票是否属于假发票问题的批复》(公经财税〔2010〕55 号)

××运输有限责任公司私自印制的客运车票,不具备全国统一发票监制章、发票代码、发票号码等发票基本要素,不属于发票范畴,不能认定为假发票。

8. 公安部经济犯罪侦查局《关于航空运输代理机构虚开、销售虚假航空行程单行为如何定性问题的批复》(公经财税〔2010〕137 号)

航空行程单属于《税收征收管理法》和《发票管理办法》规定的发票。航空票务代理机构购买非法印制的空白航空行程单并出售的,或者购买非法印制的空白航空行程单后,为他人虚开并收取手续费的,其行为符合刑法第 209 条第 2 款的规定,构成犯罪的,应按照出售非法制造的发票罪追究相关机构和人员的刑事责任。航空票务代理机构的主管人员或直接责任人员与他人相互勾结,为他人利用虚开的航空行程单实施贪污、侵占等犯罪行为提供帮助的,应以相应犯罪的共犯论处。

航空票务代理机构购买非法印制的空白航空行程单,并在非法印制的航空行程单上按真实票价额填开后出具给乘机者的,或者应乘机者的要求,在非法印制的航空行程单上填开虚增的票价额后出具给乘机者的,属于使用不符合规定的发票的行为,应按照《税收征收管理法》和《发票管理法》相关规定,由税务机关予以行政处罚。

9. 公安部经济犯罪侦查局《关于两种完税凭证不属于发票问题的批复》(公经〔2010〕356 号)

《中华人民共和国税收通用完税证》和《车辆购置税完税证明》不具备发票功能,不属于发票。

10. 最高人民检察院、公安部《关于公安机关管辖的刑事案件立案追诉标准的规定(2)》(公通字〔2010〕23 号)

(公通字〔2022〕12 号已声明该文件废止)

11. 公安部经济犯罪侦查局《关于对江西省高速公路联网收费专用收据定性问题的批复》(公经财税(〔2013〕42 号)

伪造的财政性专用收据不具备发票监制章、发票代码、发票号码等发票基本要素,不属于假发票。

12. 最高人民检察院、公安部《关于公安机关管辖的刑事案件立案追诉标准的规定(2)》(公通字〔2022〕12 号)

(见本条立案追诉标准内容)

13. 参见本书《刑法》第 205 条该节相关内容。

第 210 条 【盗窃、诈骗增值税专用发票用于骗取出口退税、抵扣税款发票的处罚】 盗窃增值税专用发票或者可以用于骗取出口退税、抵扣税款的其他发票的，依照本法第 264 条的规定定罪处罚。【盗窃罪(第 264 条)】

使用欺骗手段骗取增值税专用发票或者可以用于骗取出口退税、抵扣税款的其他发票的，依照本法第 266 条的规定定罪处罚。【诈骗罪(第 266 条)】

• 管辖

公安机关刑事侦查部门。

【定罪量刑标准】

1. 最高人民法院《关于审理盗窃案件具体应用法律若干问题的解释》(法释〔1998〕4 号)

(法释〔2013〕8 号已声明该文件废止)

2. 公安部经济犯罪侦查局《关于对变造、出售变造普通发票的行为定性意见的批复》(公经〔2005〕89 号)

(详见本书《刑法》第 209 条相关内容)

3. 参见本书《刑法》第 205 条该节相关内容。

第 210 条之一 【持有伪造的发票罪】 明知是伪造的发票而持有，数量较大的，处 2 年以下有期徒刑、拘役或者管制，并处罚金；数量巨大的，处 2 年以上 7 年以下有期徒刑，并处罚金。

单位犯前款罪的，对单位判处罚金，并对其直接负责的主管人员和其他直接责任人员，依照前款的规定处罚。

(本条《中华人民共和国刑法修正案(8)》增加)

• 释义

持有伪造的发票罪是指明知是伪造的发票而持有，数量较大的行为。本罪的责任形式为故意，并且以明知是伪造的发票为前提；行为主体既可以是自然人，也可以是单位。

• 管辖

公安机关经济犯罪侦查部门。

• 立案追诉标准

明知是伪造的发票而持有，涉嫌下列情形之一的，应予立案追诉：

( )持有伪造的增值税专用发票或者可以用于骗取出口退税、抵扣税款的其他发票 50 份以上且票面税额累计在 25 万元以上的；

(二)持有伪造的增值税专用发票或者可以用于骗取出口退税、抵扣税款的其他发票票面税额累计在 50 万元以上的；

(三)持有伪造的第 1 项规定以外的其他发票 100 份以上且票面金额在 50 万元以上的；

(四)持有伪造的第 1 项规定以外的其他发票票面金额累计在 100 万元以上的。

• 关联法律

1. 公安部经济犯罪侦查局《关于对两种涉税违法行为适用法律问题的批复》(公经〔2003〕1449号)

(详见本书《刑法》第201条相关内容)

2.《中华人民共和国刑法修正案(8)》(2011年2月25日第十一届全国人大常委会第十九次会议通过)

三十五、在刑法第210条后增加1条,作为第210条之一:明知是伪造的发票而持有,数量较大的,处2年以下有期徒刑、拘役或者管制,并处罚金;数量巨大的,处2年以上7年以下有期徒刑,并处罚金。

单位犯前款罪的,对单位判处罚金,并对其直接负责的主管人员和其他直接责任人员,依照前款的规定处罚。

3. 最高人民检察院、公安部《关于公安机关管辖的刑事案件立案标准的规定(2)的补充规定》(公通字〔2011〕47号)

(公通字〔2022〕12号已声明该文件废止)

4. 最高人民检察院、公安部《关于公安机关管辖的刑事案件立案追诉标准的规定(2)》(公通字〔2022〕12号)

(见本条立案追诉标准内容)

【第211条】【单位犯危害税收征管罪的处罚规定】单位犯本节第201条、第203条、第204条、第207条、第208条、第209条规定之罪的,对单位判处罚金,并对其直接负责的主管人员和其他直接责任人员,依照各该条的规定处罚。

【逃税罪(第201条)】【逃避追缴欠税罪(第203条)】【骗取出口退税罪、偷税罪(第204条)】【非法出售增值税专用发票罪(第207条)】【非法购买增值税专用发票、购买伪造的增值税专用发票罪(第208条)】【非法制造、出售非法制造的用于骗取出口退税、抵扣税款发票罪(第209条)】

• 管辖

公安机关经济犯罪侦查部门。

• 关联法律

参见本书《刑法》第201条至第204条、第207条至第209条该节相关内容。

第212条 【税收征缴优先原则】犯本节第201条至第205条规定之罪,被判处罚金、没收财产的,在执行前,应当先由税务机关追缴税款和所骗取的出口退税款。

【逃税罪(第201条)】【抗税罪(第202条)】【逃避追缴欠税罪(第203条)】【骗取出口退税罪(第204条)】【虚开增值税专用发票、用于骗取出口退税、抵扣税款发票罪(第205条)】

• 管辖

公安机关经济犯罪侦查部门。

• 关联法律

参见本书《刑法》第201条至第205条该节相关内容。

第七节　侵犯知识产权罪

本节罪的责任形式为故意，且以明知为前提；行为主体都既可以是自然人，也可以是单位。其中，一些罪名要求以营利为目的。

第213条　【假冒注册商标罪】未经注册商标所有人许可，在同一种商品、服务上使用与其注册商标相同的商标，情节严重的，处3年以下有期徒刑，并处或者单处罚金；情节特别严重的，处3年以上10年以下有期徒刑，并处罚金。

（本条《中华人民共和国刑法修正案（11）》修改）

• 释义

假冒注册商标罪是指未经注册商标所有人的许可，在同一种商品、服务上使用与其注册商标相同的商标，情节严重的行为。

"同一种商品"，以国家工商局颁发的商品分类为准。名称相同的商品以及名称不同但指同一事物的商品，可以认定为"同一种商品"。"相同"，则应以足以使一般消费者误以为是注册商标为准。根据司法解释，虽无法查明"食用油"是否利用"地沟油"生产、加工，但犯罪嫌疑人、被告人明知该"食用油"来源可疑而予以销售的，经鉴定，属于假冒注册商标。

• 管辖

公安机关食品药品犯罪侦查部门、法院（本罪，人民检察院没有提起公诉，被害人有证据证明的轻微刑事案件，但严重危害社会秩序和国家利益的除外）。

• 立案追诉标准

无。

• 关联法律

1.《中华人民共和国商标法》（1982年8月23日第五届全国人大常委会第二十四次会议通过；1993年2月22日第七届全国人大常委会第三十次会议《关于修改〈中华人民共和国商标法〉的决定》第一次修改；2001年10月27日第九届全国人大常委会第二十四次会议《关于修改〈中华人民共和国商标法〉的决定》第二次修改；2013年8月30日第十二届全国人大常委会第四次会议《关于修改〈中华人民共和国商标法〉的决定》第三次修改；2019年4月23日第十三届全国人大常委会第十次会议《关于修改〈中华人民共和国商标法〉的决定》第四次修改）

（全文略）

2.《中华人民共和国消费者权益保护法》（1993年10月31日第八届全国人大常委会第四次会议通过；2009年8月27日第十一届全国人大常委会第十次会议《关于修改部分法律的决定》第一次修正；根据2013年10月25日第十二届全国人大常委会第五次会议《关于修改〈中华人民共和国消费者权益保护法〉的决定》第二次修正）

（全文略）

3.《中华人民共和国广告法》(1994 年 10 月 27 日第八届全国人大常委会第十次会议通过;2015 年 4 月 24 日第十二届全国人大常委会第十四次会议修订;2018 年 10 月 26 日第十三届全国人大常委会第六次会议《关于修改〈中华人民共和国野生动物保护法〉等十五部法律的决定》第一次修正;2021 年 4 月 29 日第十三届全国人大常委会第二十八次会议《关于修改〈中华人民共和国道路交通安全法〉等八部法律的决定》第二次修正)

(全文略)

4.《关于维护互联网安全的决定》(2000 年 12 月 28 日第九届全国人大常委会第十九次会议通过,2009 年 8 月 27 日第十一届全国人大常委会第十次会议《关于修改部分法律的决定》修正)

(详见本书《刑法》第 141 条相关内容)

5. 最高人民法院、最高人民检察院《关于办理生产、销售伪劣商品刑事案件具体应用法律若干问题的解释》(法释〔2001〕10 号)

第 10 条 实施生产、销售为伪劣商品犯罪,同时构成侵犯知识产权、非法经营等其他犯罪的,依照处罚较重的规定定罪处罚。(全文详见本书《刑法》第 140 条相关内容)

6. 公安部经济犯罪侦查局《关于重点商标是否等同于驰名商标问题的批复》(公经〔2002〕11 号)

江苏省公安厅经侦总队:你队苏公经〔2001〕669 号《关于认定"邦迪"注册商标有关性质的请示》收悉。经商请国家工商总局商标局,现批复如下:

驰名商标并不等同于重点商标。驰名商标是由国家工商总局商标局依据法律而认定的商标;重点商标是由国家工商总局商标局根据工作需要,对一些有较高知名度且遭受跨省(市、区)严重侵权而确定的予以特别保护的商标。

7. 最高人民法院、最高人民检察院、公安部、国家烟草专卖局《关于办理假冒伪劣烟草制品等刑事案件适用法律问题座谈会纪要》(高检会〔2003〕4 号)

生产、销售假冒伪劣烟草制品等犯罪行为严重破坏国家烟草专卖制度,扰乱社会主义市场经济秩序,侵害消费者合法权益。2001 年以来,公安部、国家烟草专卖局联合开展了卷烟打假专项行动,取得了显著成效。同时,在查处生产、销售假冒伪劣烟草制品等犯罪案件过程中也遇到了一些适用法律方面的问题。为此,最高人民法院、最高人民检察院、公安部、国家烟草专卖局于 2003 年 8 月 4 日至 6 日在昆明召开了办理假冒伪劣烟草制品等刑事案件适用法律问题座谈会。最高人民法院、最高人民检察院、公安部、国家烟草专卖局以及部分省、自治区、直辖市法院、检察院、公安厅(局)、烟草专卖局等单位的有关人员参加了会议。全国人大常委会法工委刑法室应邀派员参加了会议。与会人员在总结办案经验的基础上,根据法律和司法解释的有关规定,就办理假冒伪劣烟草制品等刑事案件中一些带有普遍性的具体适用法律问题进行了广泛讨论并形成了共识。纪要如下:

一、关于生产、销售伪劣烟草制品行为适用法律问题

(一)关于生产伪劣烟草制品尚未销售或者尚未完全销售行为定罪量刑问题

根据刑法第 140 条的规定,生产、销售伪劣烟草制品,销售金额在 5 万元以上的,构成生产、销售伪劣产品罪。

根据《最高人民法院、最高人民检察院关于办理生产、销售伪劣商品刑事案件具体应用法律若干问题的解释》的有关规定,销售金额是指生产者、销售者出售伪劣烟草制品后所得和应得的全部违法收入。伪劣烟草制品尚未销售,货值金额达到刑法第 140 条规定的销售金额 3 倍(15 万元)以上的,以生产、销售伪劣产品罪(未遂)定罪处罚。货值金额以违法生产、销售的伪劣产品的标价计算;没有标价的,按照同类合格产品的市场中间价格计算。货值金额难以确定的,按照国家计划委员会、最高人民法院、最高人民检察院、公安部 1997 年 4 月 22 日联合发布的《扣押、追缴、没收物品估价管理办法》的规定,委托指定的估价机构确定。

伪劣烟草制品尚未销售,货值金额分别达到15万元以上不满20万元、20万元以上不满50万元、50万元以上不满200万元、200万元以上的,分别依照刑法第140条规定的各量刑档次定罪处罚。

伪劣烟草制品的销售金额不满5万元,但与尚未销售的伪劣烟草制品的货值金额合计达到15万元以上的,以生产、销售伪劣产品罪(未遂)定罪处罚。

生产伪劣烟草制品尚未销售,无法计算货值金额,有下列情形之一的,以生产、销售伪劣产品罪(未遂)定罪处罚:

1. 生产伪劣烟用烟丝数量在1000公斤以上的;2. 生产伪劣烟用烟叶数量在1500公斤以上的。

(二)关于非法生产、拼装、销售烟草专用机械行为定罪处罚问题

非法生产、拼装、销售烟草专用机械行为,依照刑法第140条的规定,以生产、销售伪劣产品罪追究刑事责任。

二、关于销售明知是假冒烟用注册商标的烟草制品行为中的"明知"问题

根据刑法第214条的规定,销售明知是假冒烟用注册商标的烟草制品,销售金额较大的,构成销售假冒注册商标的商品罪。

"明知",是指知道或应当知道。有下列情形之一的,可以认定为"明知":

1. 以明显低于市场价格进货的;2. 以明显低于市场价格销售的;3. 销售假冒烟用注册商标的烟草制品被发现后转移、销毁物证或者提供虚假证明、虚假情况的;4. 其他可以认定为明知的情形。

三、关于非法经营烟草制品行为适用法律问题

未经烟草专卖行政主管部门许可,无生产许可证、批发许可证、零售许可证,而生产、批发、零售烟草制品,具有下列情形之一的,依照刑法第225条的规定定罪处罚:1. 个人非法经营数额在5万元以上的,或者违法所得数额在1万元以上的;2. 单位非法经营数额在50万元以上的,或者违法所得数额在10万元以上的;3. 曾因非法经营烟草制品行为受过2次以上行政处罚又非法经营的,非法经营数额在2万元以上的。

四、关于共犯问题

知道或者应当知道他人实施本纪要第1条至第3条规定的犯罪行为,仍实施下列行为之一的,应认定为共犯,依法追究刑事责任:1. 直接参与生产、销售假冒伪劣烟草制品或者销售假冒烟用注册商标的烟草制品或者直接参与非法经营烟草制品并在其中起主要作用的;2. 提供房屋、场地、设备、车辆、贷款、资金、账号、发票、证明、技术等设施和条件,用于帮助生产、销售、储存、运输假冒伪劣烟草制品、非法经营烟草制品的;3. 运输假冒伪劣烟草制品的。

上述人员中有检举他人犯罪经查证属实,或者提供重要线索,有立功表现的,可以从轻或减轻处罚;有重大立功表现的,可以减轻或者免除处罚。

五、国家机关工作人员参与实施本纪要第1条至第3条规定的犯罪行为的处罚问题

根据《最高人民法院、最高人民检察院关于办理生产、销售伪劣商品刑事案件具体应用法律若干问题的解释》的规定,国家机关工作人员参与实施本纪要第1条至第3条规定的犯罪行为的,从重处罚。

六、关于一罪与数罪问题

行为人的犯罪行为同时构成生产、销售伪劣产品罪、销售假冒注册商标的商品罪、非法经营罪等罪的,依照处罚较重的规定定罪处罚。

七、关于窝藏、转移非法制售的烟草制品行为的定罪处罚问题

明知是非法制售的烟草制品而予以窝藏、转移的，依照刑法第312条的规定，以窝藏、转移赃物罪定罪处罚。

窝藏、转移非法制售的烟草制品，事前与犯罪分子通谋的，以共同犯罪论处。

八、关于以暴力、威胁方法阻碍烟草专卖执法人员依法执行职务行为的定罪处罚问题

以暴力、威胁方法阻碍烟草专卖执法人员依法执行职务的，依照刑法第277条的规定，以妨害公务罪定罪处罚。

九、关于煽动群众暴力抗拒烟草专卖法律实施行为的定罪处罚问题

煽动群众暴力抗拒烟草专卖法律实施的，依照刑法第278条的规定，以煽动暴力抗拒法律实施罪定罪处罚。

十、关于鉴定问题

假冒伪劣烟草制品的鉴定工作，由国家烟草专卖行政主管部门授权的省级以上烟草产品质量监督检验机构，按照国家烟草专卖局制定的假冒伪劣卷烟鉴别检验管理办法和假冒伪劣卷烟鉴别检验规程等有关规定进行。

假冒伪劣烟草专用机械的鉴定由国家质量监督部门，或其委托的国家烟草质量监督检验中心，根据烟草行业的有关技术标准进行。

十一、关于烟草制品、卷烟的范围

本纪要所称烟草制品指卷烟、雪茄烟、烟丝、复烤烟叶、烟叶、卷烟纸、滤嘴棒、烟用丝束。

本纪要所称卷烟包括散支烟和成品烟。

8. 最高人民法院、最高人民检察院《关于办理侵犯知识产权刑事案件具体应用法律若干问题的解释》（法释〔2004〕19号）

为依法惩治侵犯知识产权犯罪活动，维护社会主义市场经济秩序，根据刑法有关规定，现就办理侵犯知识产权刑事案件具体应用法律的若干问题解释如下：

第1条 未经注册商标所有人许可，在同一种商品上使用与其注册商标相同的商标，具有下列情形之一的，属于刑法第213条规定的"情节严重"，应当以假冒注册商标罪判处3年以下有期徒刑或者拘役，并处或者单处罚金：

（一）非法经营数额在5万元以上或者违法所得数额在3万元以上的；（二）假冒两种以上注册商标，非法经营数额在3万元以上或者违法所得数额在2万以上的；（三）其他情节严重的情形。

具有下列情形之一的。属于刑法第213条规定的"情节特别严重"，应当以假冒注册商标罪判处3年以上7年以下有期徒刑，并处罚金：

（一）非法经营数额在25万元以上或者违法所得数额在15万元以上的；（二）假冒两种以上注册商标，非法经营数额在15万元以上或者违法所得数额在10万元以上的；（三）其他情节特别严重的情形。

第2条 销售明知是假冒注册商标的商品，销售金额在五万元以上的，属于刑法第214条规定的"数额较大"，应当以销售假冒注册商标的商品罪判处3年以下有期徒刑或者拘役，并处或者单处罚金。

销售金额在25万元以上的，属于刑法第214条规定的"数额巨大"，应当以销售假冒注册商标的商品罪判处3年以上7年以下有期徒刑，并处罚金。

第3条 伪造、擅自制造他人注册商标标识或者销售伪造、擅自制造的注册商标标识，具有下列情形之一的，属于刑法第215条规定的"情节严重"，应当以非法制造、销售非法制造的注册商标标识罪判处3年以下有期徒刑、拘役或者管制，并处或者单处罚金：

(一)伪造、擅自制造或者销售伪造、擅自制造的注册商标标识数量在2万件以上,或者非法经营数额在5万元以上,或者违法所得数额在3万元以上的;(二)伪造、擅自制造或者销售伪造、擅自制造两种以上注册商标标识数量在1万件以上,或者非法经营数额在3万元以上,或者违法所得数额在2万元以上的;其他情节严重的情形。

具有下列情形之一的,属于刑法第215条规定的"情节特别严重",应当以非法制造、销售非法制造的注册商标标识罪判处3年以上7年以下有期徒刑,并处罚金:

(一)伪造、擅自制造或者销售伪造、擅自制造的注册商标标识数量在10万件以上,或者非法经营数额在25万元以上,或者违法所得数额在15万元以上的;(二)伪造、擅自制造或者销售伪造、擅自制造两种以上注册商标标识数量在5万件以上,或者非法经营数额在15万元以上,或者违法所得数额在10万元以上的;(三)其他情节特别严重的情形。

第4条 假冒他人专利,具有下列情形之一的,属于刑法第216条规定的"情节严重",应当以假冒专利罪判处3年以下有期徒刑或者拘役,并处或者单处罚金:

(一)非法经营数额在20万元以上或者违法所得数额在10万元以上的;(二)给专利权人造成直接经济损失50万元以上的;(三)假冒两项以上他人专利,非法经营数额在10万元以上或者违法所得数额在5万元以上的;(四)其他情节严重的情形。

第5条 以营利为目的,实施刑法第217条所列侵犯著作权行为之一,违法所得数额在3万元以上的,属于"违法所得数额较大";具有下列情形之一的,属于"有其他严重情节",应当以侵犯著作权罪判处3年以下有期徒刑或者拘役,并处或者单处罚金:

(一)非法经营数额在5万元以上的;(二)未经著作权人许可,复制发行其文字作品、音乐、电影、电视、录像作品、计算机软件及其他作品,复制品数量合计在1000张(份)以上的;(三)其他严重情节的情形。

以营利为目的,实施刑法第217条所列侵犯著作权行为之一,违法所得数额在15万元以上的,属于"违法所得数额巨大";具有下列情形之一的,属于"有其他特别严重情节",应当以侵犯著作权罪判处3年以上7年以下有期徒刑,并处罚金:

(一)非法经营数额在25万元以上的;(二)未经著作权人许可,复制发行其文字作品、音乐、电影、电视、录像作品、计算机软件及其他作品,复制品数量合计在5000张(份)以上的;(三)其他特别严重情节的情形。

第6条 以营利为目的,实施刑法第218条规定的行为,违法所得数额在10万元以上的,属于"违法所得数额巨大",应当以销售侵权复制品罪判处3年以下有期徒刑或者拘役,并处或者单处罚金。

第7条 实施刑法第219条规定的行为之一,给商业秘密的权利人造成损失数额在50万元以上的,属于"给商业秘密的权利人造成重大损失",应当以侵犯商业秘密罪判处3年以下有期徒刑或者拘役,并处或者单处罚金。

给商业秘密的权利人造成损失数额在250万元以上的,属于刑法第219条规定的"造成特别严重后果",应当以侵犯商业秘密罪判处3年以上7年以下有期徒刑,并处罚金。

第8条 刑法第213条规定的"相同的商标",是指与被假冒的注册商标完全相同,或者与被假冒的注册商标在视觉上基本无差别、足以对公众产生误导的商标。

刑法第213条规定的"使用",是指将注册商标或者假冒的注册商标用于商品、商品包装或者容器以及产品说明书、商品交易文书,或者将注册商标或者假冒的注册商标用于广告宣传、展览以及其他商业活动等行为。

第9条 刑法第214条规定的"销售金额",是指销售假冒注册商标的商品后所得和应得的全部违法收入。

具有下列情形之一的,应当认定为属于刑法第214条规定的"明知":

(一)知道自己销售的商品上的注册商标被涂改、调换或者覆盖的;(二)因销售假冒注册商标的商品受到过行政处罚或者承担过民事责任、又销售同一种假冒注册商标的商品的;(三)伪造、涂改商标注册人授权文件或者知道该文件被伪造、涂改的;(四)其他知道或者应当知道是假冒注册商标的商品的情形。

第10条 实施下列行为之一的,属于刑法第216条规定的"假冒他人专利"的行为:

(一)未经许可,在其制造或者销售的产品、产品的包装上标注他人专利号的;(二)未经许可,在广告或者其他宣传材料中使用他人的专利号,使人将所涉及的技术误认为是他人专利技术的;(三)未经许可,在合同中使用他人的专利号,使人将合同涉及的技术误认为是他人专利技术的;(四)伪造或者变造他人的专利证书、专利文件或者专利申请文件的。

第11条 以刊登收费广告等方式直接或者间接收取费用的情形,属于刑法第217条规定的"以营利为目的"。

刑法第217条规定的"未经著作权人许可",是指没有得到著作权人授权或者伪造、涂改著作权人授权许可文件或者超出授权许可范围的情形。

通过信息网络向公众传播他人文字作品、音乐、电影、电视、录像作品、计算机软件及其他作品的行为,应当视为刑法第217条规定的"复制发行"。

第12条 本解释所称"非法经营额",是指行为人在实施侵犯知识产权行为过程中,制造、储存、运输、销售侵权产品的价值。已销售的侵权产品的价值,按照实际销售的价格计算。制造、储存、运输和未销售的侵权产品的价值,按照标价或者已经查清的侵权产品的实际销售平均价格计算。侵权产品没有标价或者无法查清其实际销售价格的,按照被侵权产品的市场中间价格计算。

多次实施侵犯知识产权行为,未经行政处理或者刑事处罚的,非法经营数额、违法所得数额或者销售金额累计计算。

本解释第3条所规定的"件",是指标有完整商标图样的一份标识。

第13条 实施刑法第213条规定的假冒注册商标犯罪,又销售该假冒注册商标的商品,构成犯罪的,应当依照刑法第213条的规定,以假冒注册商标罪定罪处罚。

实施刑法第213条规定的假冒注册商标犯罪,又销售明知是他人的假冒注册商标的商品,构成犯罪的,应当实行数罪并罚。

第14条 实施刑法第217条规定的侵犯著作权犯罪,又销售该侵权复制品,构成犯罪的,应当依照刑法第217条的规定,以侵犯著作权罪定罪处罚。

实施刑法第217条规定的侵犯著作权犯罪,又销售明知是他人的侵权复制品,构成犯罪的,应当实行数罪并罚。

第15条 单位实施刑法第213条至第219条规定的行为,按照本解释规定的相应个人犯罪的定罪量刑标准的3倍定罪量刑。

第16条 明知他人实施侵犯知识产权犯罪,而为其提供贷款、资金、账号、发票、证明、许可证件,或者提供生产、经营场所或者运输、储存、代理进出口等便利条件、帮助的,以侵犯知识产权犯罪的共犯论处。

第17条 以前发布的有关侵犯知识产权犯罪的司法解释,与本解释相抵触的,自本解释施行后不再适用。

9. 最高人民法院、最高人民检察院《关于办理侵犯知识产权刑事案件具体应用法律若干问题的解释(2)》(法释〔2007〕6号)

为维护社会主义市场经济秩序,依法惩治侵犯知识产权犯罪活动,根据刑法、刑事诉讼法

有关规定,现就办理侵犯知识产权刑事案件具体应用法律的若干问题解释如下:

第1条 以营利为目的,未经著作权人许可,复制发行其文字作品、音乐、电影、电视、录像作品、计算机软件及其他作品,复制品数量合计在500张(份)以上的,属于刑法第217条规定的"有其他严重情节";复制品数量在2500张(份)以上的,属于刑法第217条规定的"有其他特别严重情节"。

第2条 刑法第217条侵犯著作权罪中的"复制发行",包括复制、发行或者既复制又发行的行为。

侵权产品的持有人通过广告、征订等方式推销侵权产品的,属于刑法第217条规定的"发行"。

非法出版、复制、发行他人作品,侵犯著作权构成犯罪的,按照侵犯著作权罪定罪处罚。

第3条 侵犯知识产权犯罪,符合刑法规定的缓刑条件的,依法适用缓刑。有下列情形之一的,一般不适用缓刑:

(一)因侵犯知识产权被刑事处罚或者行政处罚后,再次侵犯知识产权构成犯罪的;(二)不具有悔罪表现的;(三)拒不交出违法所得的;(四)其他不宜适用缓刑的情形。

第4条 对于侵犯知识产权犯罪的,人民法院应当综合考虑犯罪的违法所得、非法经营数额、给权利人造成的损失、社会危害性等情节,依法判处罚金。罚金数额一般在违法所得的1倍以上5倍以下,或者按照非法经营数额的50%以上1倍以下确定。

第5条 被害人有证据证明的侵犯知识产权刑事案件,直接向人民法院起诉的,人民法院应当依法受理;严重危害社会秩序和国家利益的侵犯知识产权刑事案件,由人民检察院依法提起公诉。

第6条 单位实施刑法第213条至第219条规定的行为,按照《最高人民法院、最高人民检察院关于办理侵犯知识产权刑事案件具体应用法律若干问题的解释》和本解释规定的相应个人犯罪的定罪量刑标准定罪处罚。

第7条 以前发布的司法解释与本解释不一致的,以本解释为准。

10. 最高人民法院、最高人民检察院《关于办理生产、销售假药、劣药刑事案件具体应用法律若干问题的解释》(法释〔2009〕9号)

(法释〔2014〕14号已声明该文件废止)

11. 最高人民法院刑事审判第二庭《关于集体商标是否属于我国刑法的保护范围问题的复函》(〔2009〕刑二函字第28号)

公安部经济犯罪侦查局:贵局公经知产〔2009〕29号《关于就一起涉嫌假冒注册商标案征求意见的函》收悉。经研究,答复如下:

一、我国《商标法》第3条规定:"经商标局核准注册的商标为注册商标,包括商品商标、服务商标和集体商标、证明商标;商标注册人享有商标专用权,受法律保护。"因此,刑法第213条至215条所规定的"注册商标"应当涵盖"集体商标"。

二、商标标识中注明了自己的注册商标的同时,又使用了他人注册为集体商标的地理名称,可以认定为刑法规定的"相同的商标"。根据贵局提供的材料,山西省清徐县溢美源醋业有限公司在其生产的食用醋的商标上用大号字体在显著位置上清晰地标明"镇江香(陈)醋",说明其已经使用了与江苏省镇江市醋业协会所注册的"镇江香(陈)醋"集体商标相同的商标。而且,山西省清徐县溢美源醋业有限公司还在其商标标识上注明了江苏省镇江市丹阳市某香醋厂的厂名厂址和QS标志,也说明其实施假冒注册"镇江香(陈)醋"集体商标的行为。

综上,山西省清徐县溢美源醋业有限公司的行为涉嫌触犯刑法第213条至215条的规定。

以上意见,供参考。

12. 最高人民法院、最高人民检察院《关于办理非法生产、销售烟草专卖品等刑事案件具体应用法律若干问题的解释》(法释〔2010〕7号)

为维护社会主义市场经济秩序,依法惩治非法生产、销售烟草专卖品等犯罪,根据刑法有关规定,现就办理这类刑事案件具体应用法律的若干问题解释如下:

第1条 生产、销售伪劣卷烟、雪茄烟等烟草专卖品,销售金额在5万元以上的,依照刑法第140条的规定,以生产、销售伪劣产品罪定罪处罚。

未经卷烟、雪茄烟等烟草专卖品注册商标所有人许可,在卷烟、雪茄烟等烟草专卖品上使用与其注册商标相同的商标,情节严重的,依照刑法第213条的规定,以假冒注册商标罪定罪处罚。

销售明知是假冒他人注册商标的卷烟、雪茄烟等烟草专卖品,销售金额较大的,依照刑法第214条的规定,以销售假冒注册商标的商品罪定罪处罚。

伪造、擅自制造他人卷烟、雪茄烟注册商标标识或者销售伪造、擅自制造的卷烟、雪茄烟注册商标标识,情节严重的,依照刑法第215条的规定,以非法制造、销售非法制造的注册商标标识罪定罪处罚。

违反国家烟草专卖管理法律法规,未经烟草专卖行政主管部门许可,无烟草专卖生产企业许可证、烟草专卖批发企业许可证、特种烟草专卖经营企业许可证、烟草专卖零售许可证等许可证明,非法经营烟草专卖品,情节严重的,依照刑法第225条的规定,以非法经营罪定罪处罚。

第2条 伪劣卷烟、雪茄烟等烟草专卖品尚未销售,货值金额达到刑法第140条规定的销售金额定罪起点数额标准的3倍以上的,或者销售金额未达到5万元,但与未销售货值金额合计达到15万元以上的,以生产、销售伪劣产品罪(未遂)定罪处罚。

销售金额和未销售货值金额分别达到不同的法定刑幅度或者均达到同一法定刑幅度的,在处罚较重的法定刑幅度内酌情从重处罚。

查获的未销售的伪劣卷烟、雪茄烟,能够查清销售价格的,按照实际销售价格计算。无法查清实际销售价格,有品牌的,按照该品牌卷烟、雪茄烟的查获地省级烟草专卖行政主管部门出具的零售价格计算;无品牌的,按照查获地省级烟草专卖行政主管部门出具的上年度卷烟平均零售价格计算。

第3条 非法经营烟草专卖品,具有下列情形之一的,应当认定为刑法第225条规定的"情节严重":

(一)非法经营数额在5万元以上的,或者违法所得数额在2万元以上的;(二)非法经营卷烟20万支以上的;(三)曾因非法经营烟草专卖品3年内受过2次以上行政处罚,又非法经营烟草专卖品且数额在3万元以上的。

具有下列情形之一的,应当认定为刑法第225条规定的"情节特别严重":

(一)非法经营数额在25万元以上,或者违法所得数额在10万元以上的;(二)非法经营卷烟100万支以上的。

第4条 非法经营烟草专卖品,能够查清销售或者购买价格的,按照其销售或者购买的价格计算非法经营数额。无法查清销售或者购买价格的,按照下列方法计算非法经营数额:

(一)查获的卷烟、雪茄烟的价格,有品牌的,按照该品牌卷烟、雪茄烟的查获地省级烟草专卖行政主管部门出具的零售价格计算;无品牌的,按照查获地省级烟草专卖行政主管部门出具的上年度卷烟平均零售价格计算;(二)查获的复烤烟叶、烟叶的价格按照查获地省级烟草专卖行政主管部门出具的上年度烤烟调拨平均基准价格计算;(三)烟丝的价格按照第(二)项规定价格计算标准的一点五倍计算;(四)卷烟辅料的价格,有品牌的,按照该品牌辅料的查获地省级烟草专卖行政主管部门出具的价格计算;无品牌的,按照查获地省级烟草专卖行政主管部门出具的上年度烟草行业生产卷烟所需该类卷烟辅料的平均价格计算;(五)非法生产、销售、购买烟草专用机械的价格按照国务院烟草专卖行政主管部门下发的全国烟草专用机械产品指导价格目录进行计算;目录中没有该烟草专用机械的,按照省级以上烟草专卖行政主管部门出具的目录中同类烟草专用机械的平均价格计算。

第5条 行为人实施非法生产、销售烟草专卖品犯罪,同时构成生产、销售伪劣产品罪、侵犯知识产权犯罪、非法经营罪的,依照处罚较重的规定定罪处罚。

第6条 明知他人实施本解释第一条所列犯罪,而为其提供贷款、资金、账号、发票、证明、许可证件,或者提供生产、经营场所、设备、运输、仓储、保管、邮寄、代理进出口等便利条件,或者提供生产技术、卷烟配方的,应当按照共犯追究刑事责任。

第7条 办理非法生产、销售烟草专卖品等刑事案件,需要对伪劣烟草专卖品鉴定的,应当委托国务院产品质量监督管理部门和省、自治区、直辖市人民政府产品质量监督管理部门指定的烟草质量检测机构进行。

第8条 以暴力、威胁方法阻碍烟草专卖执法人员依法执行职务,构成犯罪的,以妨害公务罪追究刑事责任。

煽动群众暴力抗拒烟草专卖法律实施,构成犯罪的,以煽动暴力抗拒法律实施罪追究刑事责任。

第9条 本解释所称"烟草专卖品",是指卷烟、雪茄烟、烟丝、复烤烟叶、烟叶、卷烟纸、滤嘴棒、烟用丝束、烟草专用机械。

本解释所称"卷烟辅料",是指卷烟纸、滤嘴棒、烟用丝束。

本解释所称"烟草专用机械",是指由国务院烟草专卖行政主管部门烟草专用机械名录所公布的,在卷烟、雪茄烟、烟丝、复烤烟叶、烟叶、卷烟纸、滤嘴棒、烟用丝束的生产加工过程中,能够完成一项或者多项特定加工工序,可以独立操作的机械设备。

本解释所称"同类烟草专用机械",是指在卷烟、雪茄烟、烟丝、复烤烟叶、烟叶、卷烟纸、滤嘴棒、烟用丝束的生产加工过程中,能够完成相同加工工序的机械设备。

第10条 以前发布的有关规定与本解释不一致的,以本解释为准。

13. 最高人民检察院、公安部《关于公安机关管辖的刑事案件立案追诉标准的规定(2)》(公通字〔2010〕23号)

(公通字〔2022〕12号已声明该文件废止)

14. 最高人民法院、最高人民检察院、公安部《关于办理侵犯知识产权刑事案件适用法律若干问题的意见》(法发〔2011〕3号)

为解决近年来公安机关、人民检察院、人民法院在办理侵犯知识产权刑事案件中遇到的新情况、新问题,依法惩治侵犯知识产权犯罪活动,维护社会主义市场经济秩序,根据刑法、刑事诉讼法及有关司法解释的规定,结合侦查、起诉、审判实践,制定本意见。

一、关于侵犯知识产权犯罪案件的管辖问题

侵犯知识产权犯罪案件由犯罪地公安机关立案侦查。必要时,可以由犯罪嫌疑人居住地公安机关立案侦查。侵犯知识产权犯罪案件的犯罪地,包括侵权产品制造地、储存地、运输地、销售地,传播侵权作品、销售侵权产品的网站服务器所在地、网络接入地、网站建立者或者管理者所在地,侵权作品上传者所在地,权利人受到实际侵害的犯罪结果发生地。对有多个侵犯知识产权犯罪地的,由最初受理的公安机关或者主要犯罪地公安机关管辖。多个侵犯知识产权犯罪地的公安机关对管辖有争议的,由共同的上级公安机关指定管辖,需要提请批准逮捕、移送审查起诉、提起公诉的,由该公安机关所在地的同级人民检察院、人民法院受理。

对于不同犯罪嫌疑人、犯罪团伙跨地区实施的涉及同一批侵权产品的制造、储存、运输、销售等侵犯知识产权犯罪行为,符合并案处理要求的,有关公安机关可以一并立案侦查,需要提请批准逮捕、移送审查起诉、提起公诉的,由该公安机关所在地的同级人民检察院、人民法院受理。

二、关于办理侵犯知识产权刑事案件中行政执法部门收集、调取证据的效力问题

行政执法部门依法收集、调取、制作的物证、书证、视听资料、检验报告、鉴定结论、勘验笔录、现场笔录,经公安机关、人民检察院审查,人民法院庭审质证确认,可以作为刑事证据使用。

行政执法部门制作的证人证言、当事人陈述等调查笔录,公安机关认为有必要作为刑事证据使用的,应当依法重新收集、制作。

三、关于办理侵犯知识产权刑事案件的抽样取证问题和委托鉴定问题

公安机关在办理侵犯知识产权刑事案件时,可以根据工作需要抽样取证,或者商请同级行政执法部门、有关检验机构协助抽样取证。法律、法规对抽样机构或者抽样方法有规定的,应当委托规定的机构并按照规定方法抽取样品。

公安机关、人民检察院、人民法院在办理侵犯知识产权刑事案件时,对于需要鉴定的事项,应当委托国家认可的有鉴定资质的鉴定机构进行鉴定。

公安机关、人民检察院、人民法院应当对鉴定结论进行审查,听取权利人、犯罪嫌疑人、被告人对鉴定结论的意见,可以要求鉴定机构作出相应说明。

四、关于侵犯知识产权犯罪自诉案件的证据收集问题

人民法院依法受理侵犯知识产权刑事自诉案件,对于当事人因客观原因不能取得的证据,在提起自诉时能够提供有关线索,申请人民法院调取的,人民法院应当依法调取。

五、关于刑法第213条规定的"同一种商品"的认定问题

名称相同的商品以及名称不同但指同一事物的商品,可以认定为"同一种商品"。"名称"是指国家工商总局商标局在商标注册工作中对商品使用的名称,通常即《商标注册用商品和服务国际分类》中规定的商品名称。"名称不同但指同一事物的商品"是指在功能、用途、主要原料、消费对象、销售渠道等方面相同或者基本相同,相关公众一般认为是同一种事物的商品。

认定"同一种商品",应当在权利人注册商标核定使用的商品和行为人实际生产销售的商品之间进行比较。

六、关于刑法第213条规定的"与其注册商标相同的商标"的认定问题

具有下列情形之一,可以认定为"与其注册商标相同的商标":

(一)改变注册商标的字体、字母大小写或者文字横竖排列,与注册商标之间仅有细微差别的;(二)改变注册商标的文字、字母、数字等之间的间距,不影响体现注册商标显著特征的;(三)改变注册商标颜色的;(四)其他与注册商标在视觉上基本无差别、足以对公众产生误导的商标。

七、关于尚未附着或者尚未全部附着假冒注册商标标识的侵权产品价值是否计入非法经营数额的问题

在计算制造、储存、运输和未销售的假冒注册商标侵权产品价值时,对于已经制作完成但尚未附着(含加贴)或者尚未全部附着(含加贴)假冒注册商标标识的产品,如果有确实、充分证据证明该产品将假冒他人注册商标,其价值计入非法经营数额。

八、关于销售假冒注册商标的商品犯罪案件中尚未销售或者部分销售情形的定罪量刑问题

销售明知是假冒注册商标的商品,具有下列情形之一的,依照刑法第214条的规定,以销

售假冒注册商标的商品罪(未遂)定罪处罚:

(一)假冒注册商标的商品尚未销售,货值金额在 15 万元以上的;(二)假冒注册商标的商品部分销售,已销售金额不满 5 万元,但与尚未销售的假冒注册商标的商品的货值金额合计在 15 万元以上的。

假冒注册商标的商品尚未销售,货值金额分别达到 15 万元以上不满 25 万元、25 万元以上的,分别依照刑法第 214 条规定的各法定刑幅度定罪处罚。

销售金额和未销售货值金额分别达到不同的法定刑幅度或者均达到同一法定刑幅度的,在处罚较重的法定刑或者同一法定刑幅度内酌情从重处罚。

九、关于销售他人非法制造的注册商标标识犯罪案件中尚未销售或者部分销售情形的定罪问题

销售他人伪造、擅自制造的注册商标标识,具有下列情形之一的,依照刑法第 215 条的规定,以销售非法制造的注册商标标识罪(未遂)定罪处罚:

(一)尚未销售他人伪造、擅自制造的注册商标标识数量在 6 万件以上的;(二)尚未销售他人伪造、擅自制造的两种以上注册商标标识数量在 3 万件以上的;(三)部分销售他人伪造、擅自制造的注册商标标识,已销售标识数量不满 2 万件,但与尚未销售标识数量合计在 6 万件以上的;(四)部分销售他人伪造、擅自制造的两种以上注册商标标识,已销售标识数量不满 1 万件,但与尚未销售标识数量合计在 3 万件以上的。

十、关于侵犯著作权犯罪案件"以营利为目的"的认定问题

除销售外,具有下列情形之一的,可以认定为"以营利为目的":

(一)以在他人作品中刊登收费广告、捆绑第 3 方作品等方式直接或者间接收取费用的;(二)通过信息网络传播他人作品,或者利用他人上传的侵权作品,在网站或者网页上提供刊登收费广告服务,直接或者间接收取费用的;(三)以会员制方式通过信息网络传播他人作品,收取会员注册费或者其他费用的;(四)其他利用他人作品牟利的情形。

十一、关于侵犯著作权犯罪案件"未经著作权人许可"的认定问题

"未经著作权人许可"一般应当依据著作权人或者其授权的代理人、著作权集体管理组织、国家著作权行政管理部门指定的著作权认证机构出具的涉案作品版权认证文书,或者证明出版者、复制发行者伪造、涂改授权许可文件或者超出授权许可范围的证据,结合其他证据综合予以认定。

在涉案作品种类众多且权利人分散的案件中,上述证据确实难以一一取得,但有证据证明涉案复制品系非法出版、复制发行的,且出版者、复制发行者不能提供获得著作权人许可的相关证明材料的,可以认定为"未经著作权人许可"。但是,有证据证明权利人放弃权利、涉案作品的著作权不受我国著作权法保护,或者著作权保护期限已经届满的除外。

十二、关于刑法第 217 条规定的"发行"的认定及相关问题

"发行",包括总发行、批发、零售、通过信息网络传播以及出租、展销等活动。

非法出版、复制、发行他人作品,侵犯著作权构成犯罪的,按照侵犯著作权罪定罪处罚,不认定为非法经营罪等其他犯罪。

十三、关于通过信息网络传播侵权作品行为的定罪处罚标准问题

以营利为目的,未经著作权人许可,通过信息网络向公众传播他人文字作品、音乐、电影、电视、美术、摄影、录像作品、录音录像制品、计算机软件及其他作品,具有下列情形之一的,属于刑法第 217 条规定的"其他严重情节":

(一)非法经营数额在 5 万元以上的;(二)传播他人作品的数量合计在 500 件(部)以上的;(三)传播他人作品的实际被点击数达到 5 万次以上的;(四)以会员制方式传播他人作品,

注册会员达到1000人以上的;(五)数额或者数量虽未达到第(1)项至第(4)项规定标准,但分别达到其中两项以上标准一半以上的;(六)其他严重情节的情形。

实施前款规定的行为,数额或者数量达到前款第(1)项至第(5)项规定标准5倍以上的,属于刑法第217条规定的“其他特别严重情节”。

十四、关于多次实施侵犯知识产权行为累计计算数额问题

依照《最高人民法院、最高人民检察院关于办理侵犯知识产权刑事案件具体应用法律若干问题的解释》第12条第2款的规定,多次实施侵犯知识产权行为,未经行政处理或者刑事处罚的,非法经营数额、违法所得数额或者销售金额累计计算。

2年内多次实施侵犯知识产权违法行为,未经行政处理,累计数额构成犯罪的,应当依法定罪处罚。实施侵犯知识产权犯罪行为的追诉期限,适用刑法的有关规定,不受前述2年的限制。

十五、关于为他人实施侵犯知识产权犯罪提供原材料、机械设备等行为的定性问题

明知他人实施侵犯知识产权犯罪,而为其提供生产、制造侵权产品的主要原材料、辅助材料、半成品、包装材料、机械设备、标签标识、生产技术、配方等帮助,或者提供互联网接入、服务器托管、网络存储空间、通讯传输通道、代收费、费用结算等服务的,以侵犯知识产权犯罪的共犯论处。

十六、关于侵犯知识产权犯罪竞合的处理问题

行为人实施侵犯知识产权犯罪,同时构成生产、销售伪劣商品犯罪的,依照侵犯知识产权犯罪与生产、销售伪劣商品犯罪中处罚较重的规定定罪处罚。

15. 最高人民法院、最高人民检察院、公安部《关于依法严惩“地沟油”犯罪活动的通知》(公通字〔2012〕1号)

二、准确理解法律规定,严格区分犯罪界限

(一)对于利用“地沟油”生产“食用油”的,依照刑法第144条生产有毒、有害食品罪的规定追究刑事责任。

(二)明知是利用“地沟油”生产的“食用油”而予以销售的,依照刑法第144条销售有毒、有害食品罪的规定追究刑事责任。认定是否“明知”,应当结合犯罪嫌疑人、被告人的认知能力,犯罪嫌疑人、被告人及其同案人的供述和辩解,证人证言,产品质量,进货渠道及进货价格、销售渠道及销售价格等主、客观因素予以综合判断。

(三)对于利用“地沟油”生产的“食用油”,已经销售出去没有实物,但是有证据证明系已被查实生产、销售有毒、有害食品犯罪事实的上线提供的,依照刑法第144条销售有毒、有害食品罪的规定追究刑事责任。

(四)虽无法查明“食用油”是否系利用“地沟油”生产、加工,但犯罪嫌疑人、被告人明知该“食用油”来源可疑而予以销售的,应分别情形处理:经鉴定,检出有毒、有害成分的,依照刑法第144条销售有毒、有害食品罪的规定追究刑事责任;属于不符合安全标准的食品的,依照刑法第143条销售不符合安全标准的食品罪追究刑事责任;属于以假充真、以次充好、以不合格产品冒充合格产品或者假冒注册商标,构成犯罪的,依照刑法第140条销售伪劣产品罪或者第213条假冒注册商标罪、第214条销售假冒注册商标的商品罪追究刑事责任。

(五)知道或应当知道他人实施以上第(1)、(2)、(3)款犯罪行为,而为其掏捞、加工、贩运“地沟油”,或者提供贷款、资金、账号、发票、证明、许可证件,或者提供技术、生产、经营场所、运输、仓储、保管等便利条件的,依照本条第(1)、(2)、(3)款犯罪的共犯论处。

(六)对违反有关规定,掏捞、加工、贩运“地沟油”,没有证据证明用于生产“食用油”的,交由行政部门处理。

(七)对于国家工作人员在食用油安全监管和查处“地沟油”违法犯罪活动中滥用职权、玩

忽职守、徇私枉法,构成犯罪的,依照刑法有关规定追究刑事责任。(全文详见本书《刑法》第144条相关内容)

16. 公安部经济犯罪侦查局《关于对假冒“四季沐歌”商标案件的批复》(公经知产〔2012〕164号)

在办理侵犯商标权刑事案件中,对于犯罪嫌疑人所使用的商标是否与注册商标相同等问题,行政主管部门的认定意见不是刑事认定的必经程序,公安司法机关可依照刑法、商标法等法律、法规和司法解释的规定,并综合具体案件事实和各方面证据进行认定,必要时,公安司法机关可以就相关专业性问题咨询有关主管部门意见。对于确实需要进行鉴定的事项,应当委托国家认可的有鉴定资质的鉴定机构进行鉴定。

17. 最高人民法院《第16批指导性案例郭某升、郭某锋、孙某标假冒注册商标案》(指导案例87号;法〔2017〕53号)

【裁判要点】

假冒注册商标犯罪的非法经营数额、违法所得数额,应当综合被告人供述、证人证言、被害人陈述、网络销售电子数据、被告人银行账户往来记录、送货单、快递公司电脑系统记录、被告人等所作记账等证据认定。被告人辩解称网络销售记录存在刷信誉的不真实交易,但无证据证实的,对其辩解不予采纳。

【裁判理由】

法院生效裁判认为,被告人郭某升、郭某锋、孙某标在未经“SAMSUNG”商标注册人授权许可的情况下,购进假冒“SAMSUNG”注册商标的手机机头及配件,组装假冒“SAMSUNG”注册商标的手机,并通过网店对外以“正品行货”销售,属于未经注册商标所有人许可在同一种商品上使用与其相同的商标的行为,非法经营数额达2000余万元,非法获利200余万元,属情节特别严重,其行为构成假冒注册商标罪。被告人郭某升、郭某锋、孙某标虽然辩解称其网店售销记录存在刷信誉的情况,对公诉机关指控的非法经营数额、非法获利提出异议,但3被告人在公安机关的多次供述,以及公安机关查获的送货单、支付宝向被告人郭某锋银行账户付款记录、郭某锋银行账户对外付款记录、“三星数码专柜”淘宝记录、快递公司电脑系统记录、公安机关现场扣押的笔记等证据之间能够互相印证,综合公诉机关提供的证据,可以认定公诉机关关于3被告人共计销售假冒的三星I8552手机20000余部,销售金额2000余万元,非法获利200余万元的指控能够成立,3被告人关于销售记录存在刷信誉行为的辩解无证据予以证实,不予采信。被告人郭某升、郭某锋、孙某标,系共同犯罪,被告人郭某升起主要作用,是主犯;被告人郭某锋、孙某标在共同犯罪中起辅助作用,是从犯,依法可以从轻处罚。故依法作出上述判决。

18. 最高人民检察院《关于充分发挥检察职能服务保障“六稳”“六保”的意见》(高检发〔2020〕10号)

(详见本书《刑法》第219条相关内容)

19. 最高人民法院、最高人民检察院《关于办理侵犯知识产权刑事案件具体应用法律若干问题的解释(3)》(法释〔2020〕10号)

第1条 具有下列情形之一的,可以认定为刑法第213条规定的“与其注册商标相同的商标”:

(一)改变注册商标的字体、字母大小写或者文字横竖排列,与注册商标之间基本无差别的;(二)改变注册商标的文字、字母、数字等之间的间距,与注册商标之间基本无差别的;(三)改变注册商标颜色,不影响体现注册商标显著特征的;(四)在注册商标上仅增加商品通用名称、型号等缺乏显著特征要素,不影响体现注册商标显著特征的;(五)与立体注册商标的三维标志及平面要素基本无差别的;(六)其他与注册商标基本无差别、足以对公众产生误导的商标。

第7条 除特殊情况外,假冒注册商标的商品、非法制造的注册商标标识、侵犯著作权的复制品、主要用于制造假冒注册商标的商品、注册商标标识或者侵权复制品的材料和工具,应当依法予以没收和销毁。

上述物品需要作为民事、行政案件的证据使用的,经权利人申请,可以在民事、行政案件终结后或者采取取样、拍照等方式对证据固定后予以销毁。

第8条 具有下列情形之一的,可以酌情从重处罚,一般不适用缓刑:

(一)主要以侵犯知识产权为业的;(二)因侵犯知识产权被行政处罚后再次侵犯知识产权构成犯罪的;(三)在重大自然灾害、事故灾难、公共卫生事件期间,假冒抢险救灾、防疫物资等商品的注册商标的;(四)拒不交出违法所得的。

第9条 具有下列情形之一的,可以酌情从轻处罚:

(一)认罪认罚的;(二)取得权利人谅解的;(三)具有悔罪表现的;(四)以不正当手段获取权利人的商业秘密后尚未披露、使用或者允许他人使用的。

第10条 对于侵犯知识产权犯罪的,应当综合考虑犯罪违法所得数额、非法经营数额、给权利人造成的损失数额、侵权假冒物品数量及社会危害性等情节,依法判处罚金。

罚金数额一般在违法所得数额的1倍以上5倍以下确定。违法所得数额无法查清的,罚金数额一般按照非法经营数额的50%以上1倍以下确定。违法所得数额和非法经营数额均无法查清,判处3年以下有期徒刑、拘役、管制或者单处罚金的,一般在3万元以上100万元以下确定罚金数额;判处3年以上有期徒刑的,一般在15万元以上500万元以下确定罚金数额。(全文详见本书《刑法》第219条相关内容)

20.最高人民检察院《第24批指导性案例丁某某、林某某等人假冒注册商标立案监督案》(检例第93号;2020年12月21日)

【要旨】

检察机关在办理售假犯罪案件时,应当注意审查发现制假犯罪事实,强化对人民群众切身利益和企业知识产权的保护力度。对于公安机关未立案侦查的制假犯罪与已立案侦查的售假犯罪不属于共同犯罪的,应当按照立案监督程序,监督公安机关立案侦查。对于跨地域实施的关联制假售假犯罪,检察机关可以建议公安机关并案管辖。

【指导意义】

(一)检察机关审查批准逮捕售假犯罪嫌疑人时,发现公安机关对制假犯罪未立案侦查的,应当履行监督职责。制假售假犯罪严重损害国家和人民利益,危及广大人民群众的生命和财产安全,侵害企业的合法权益,破坏社会主义市场经济秩序,应当依法惩治。检察机关办理售假犯罪案件时,应当注意全面审查、追根溯源,防止遗漏对制假犯罪的打击。对于公安机关未立案侦查的制假犯罪与已立案侦查的售假犯罪不属于共同犯罪的,按照立案监督程序办理;属于共同犯罪的,按照纠正漏捕漏诉程序办理。

(二)加强对企业知识产权的保护,依法惩治侵犯商标专用权犯罪。保护知识产权就是保护创新,检察机关应当依法追诉破坏企业创新发展的侵犯商标专用权、专利权、著作权、商业秘密等知识产权犯罪,营造公平竞争、诚信有序的市场环境。对于实施刑法第213条规定的假冒注册商标行为,又销售该假冒注册商标的商品,构成犯罪的,以假冒注册商标罪予以追诉。如果同时构成刑法分则第3章第1节生产、销售伪劣商品罪各条规定之罪的,应当依照处罚较重的罪名予以追诉。

(三)对于跨地域实施的关联制假售假案件,检察机关可以建议公安机关并案管辖。根据《最高人民法院、最高人民检察院、公安部、国家安全部、司法部、全国人大常委会法制工作委员会关于实施刑事诉讼法若干问题的规定》第3条第4项和《最高人民法院、最高人民检察院、公安部关于办理侵犯知识产权刑事案件适用法律若干问题的意见》第1条的规定,对于跨地域实施的关联制假售假犯罪,并案处理有利于查明案件事实、及时打击制假售假犯罪的,检察机关可以建议公安机关并案管辖。

21.《中华人民共和国刑法修正案(11)》(2020年12月26日第十三届全国人大常委会第二十四次会议通过)

十七、将刑法第213条修改为:"未经注册商标所有人许可,在同一种商品、服务上使用与其注册商标相同的商标,情节严重的,处3年以下有期徒刑,并处或者单处罚金;情节特别严重的,处3年以上10年以下有期徒刑,并处罚金。"

(原条文:未经注册商标所有人许可,在同一种商品上使用与其注册商标相同的商标,情节严重的,处3年以下有期徒刑或者拘役,并处或者单处罚金;情节特别严重的,处3年以上7年以下有期徒刑,并处罚金。)

22.最高人民检察院《第26批指导性案例邓某城、双善食品(厦门)有限公司等销售假冒注册商标的商品案》(检例第98号;2021年2月4日)

(全文详见本书《刑法》第214条相关内容)

23.最高人民检察院《第26批指导性案例姚某龙等5人假冒注册商标案》(检例第101号;2021年2月4日)

【要旨】

凡在我国合法注册且在有效期内的商标,商标所有人享有的商标专用权依法受我国法律保护。未经商标所有人许可,无论假冒商品是否销往境外,情节严重构成犯罪的,依法应予追诉。判断侵犯注册商标犯罪案件是否构成共同犯罪,应重点审查假冒商品生产者和销售者之间的意思联络情况、对假冒违法性的认知程度、对销售价格与正品价格差价的认知情况等因素综合判断。

【指导意义】

(一)假冒在我国取得注册商标的商品销往境外,情节严重构成犯罪的,依法应予追诉

凡在我国合法注册且在有效期内的商标,商标所有权人享有的商标专用权依法受我国法律保护。未经注册商标所有人许可,假冒在我国注册的商标的商品,无论由境内生产销往境外,还是由境外生产销往境内,均属违反我国商标管理法律法规,侵害商标专用权,损害商品信誉,情节严重的,构成犯罪。司法实践中,要加强对跨境侵犯注册商标类犯罪的惩治,营造良好营商环境。

(二)假冒注册商标犯罪中的上下游被告人是否构成共同犯罪,应结合假冒商品生产者和销售者之间的意思联络、对违法性的认知程度、对销售价格与正品价格差价认知情况等因素综合判断

侵犯注册商标犯罪案件往往涉案人数较多,呈现团伙作案、分工有序实施犯罪的特点。实践中,对被告人客观行为表现为生产、销售等分工负责情形的,检察机关应结合假冒商品生产者和销售者之间的意思联络情况,销售者对商品生产、商标标识制作等违法性认知程度,对销售价格与正品价格差价的认知情况,销售中对客户有无刻意隐瞒、回避商品系假冒,以及销售者的从业经历等因素,综合判断是否构成共同犯罪。对于部分被告人在假冒注册商标行为持续过程中产生主观明知,形成分工负责的共同意思联络,并继续维持或者实施帮助销售行为的,应认定构成共同犯罪。

24.最高人民法院《关于进一步加强涉种子刑事审判工作的指导意见》(法〔2022〕66号)

三、准确适用法律,依法严惩种子制假售假犯罪。对销售明知是假的或者失去使用效能

的种子,或者生产者、销售者以不合格的种子冒充合格的种子,使生产遭受较大损失的,依照刑法第147条的规定以生产、销售伪劣种子罪定罪处罚。

对实施生产、销售伪劣种子行为,因无法认定使生产遭受较大损失等原因,不构成生产、销售伪劣种子罪,但是销售金额在5万元以上的,依照刑法第140条的规定以生产、销售伪劣产品罪定罪处罚。同时构成假冒注册商标罪等其他犯罪的,依照处罚较重的规定定罪处罚。

四、立足现有罪名,依法严惩种子套牌侵权相关犯罪。假冒品种权以及未经许可或者超出委托规模生产、繁殖授权品种种子对外销售等种子套牌侵权行为,经常伴随假冒注册商标、侵犯商业秘密等其他犯罪行为。审理此类案件时要把握这一特点,立足刑法现有规定,通过依法适用与种子套牌侵权密切相关的假冒注册商标罪,销售假冒注册商标的商品罪,非法制造、销售非法制造的注册商标标识罪,侵犯商业秘密罪,为境外窃取、刺探、收买、非法提供商业秘密罪等罪名,实现对种子套牌侵权行为的依法惩处。同时,应当将种子套牌侵权行为作为从重处罚情节,加大对此类犯罪的惩处力度。(详见本书《刑法》第147条相关内容)

第214条 【销售假冒注册商标的商品罪】 销售明知是假冒注册商标的商品,违法所得数额较大或者有其他严重情节的,处3年以下有期徒刑,并处或者单处罚金;违法所得数额巨大或者有其他特别严重情节的,处3年以上10年以下有期徒刑,并处罚金。

(本条《中华人民共和国刑法修正案(11)》修改)

• 释义

销售假冒注册商标的商品罪是指明知是假冒注册商标的商品而予以销售,违法所得数额较大或者有其他严重情节的行为。

"明知",是指知道或者应当知道;以明显低于市场价格进货或销售,被发现后转移、销毁物证或者提供虚假证明、虚假情况的,可以认定为明知。

• 管辖

公安机关食品药品犯罪侦查部门、法院(本罪,人民检察院没有提起公诉,被害人有证据证明的轻微刑事案件,但严重危害社会秩序和国家利益的除外)。

• 立案追诉标准

无。

• 关联法律

1. 最高人民法院、最高人民检察院、公安部、国家烟草专卖局《关于办理假冒伪劣烟草制品等刑事案件适用法律问题座谈会纪要》(高检会〔2003〕4号)

二、关于销售明知是假冒烟用注册商标的烟草制品行为中的"明知"问题

根据刑法第214条的规定,销售明知是假冒烟用注册商标的烟草制品,销售金额较大的,构成销售假冒注册商标的商品罪。

"明知",是指知道或应当知道。有下列情形之一的,可以认定为"明知":

1. 以明显低于市场价格进货的;2. 以明显低于市场价格销售的;3. 销售假冒烟用注册商标的烟草制品被发现后转移、销毁物证或者提供虚假证明、虚假情况的;4. 其他可以认定为明知的情形。

四、关于共犯问题

知道或者应当知道他人实施本纪要第1条至第3条规定的犯罪行为，仍实施下列行为之一的，应认定为共犯，依法追究刑事责任：

1.直接参与生产、销售假冒伪劣烟草制品或者销售假冒烟用注册商标的烟草制品或者直接参与非法经营烟草制品并在其中起主要作用的；2.提供房屋、场地、设备、车辆、贷款、资金、账号、发票、证明、技术等设施和条件，用于帮助生产、销售、储存、运输假冒伪劣烟草制品、非法经营烟草制品的；3.运输假冒伪劣烟草制品的。

上述人员中有检举他人犯罪经查证属实，或者提供重要线索，有立功表现的，可以从轻或减轻处罚；有重大立功表现的，可以减轻或者免除处罚。（全文详见本书《刑法》第213条相关内容）

2.最高人民法院、最高人民检察院《关于办理侵犯知识产权刑事案件具体应用法律若干问题的解释》（法释〔2004〕19号）

第2条 销售明知是假冒注册商标的商品，销售金额在5万元以上的，属于刑法第214条规定的“数额较大”，应当以销售假冒注册商标的商品罪判处3年以下有期徒刑或者拘役，并处或者单处罚金。

销售金额在25万元以上的，属于刑法第214条规定的“数额巨大”，应当以销售假冒注册商标的商品罪判处3年以上7年以下有期徒刑，并处罚金。

第9条 刑法第214条规定的“销售金额”，是指销售假冒注册商标的商品后所得和应得的全部违法收入。

具有下列情形之一的，应当认定为属于刑法第214条规定的“明知”：

（一）知道自己销售的商品上的注册商标被涂改、调换或者覆盖的；（二）因销售假冒注册商标的商品受到过行政处罚或者承担过民事责任、又销售同一种假冒注册商标的商品的；（三）伪造、涂改商标注册人授权文件或者知道该文件被伪造、涂改的；（四）其他知道或者应当知道是假冒注册商标的商品的情形。（全文详见本书《刑法》第213条相关内容）

3.最高人民法院、最高人民检察院《关于办理非法生产、销售烟草专卖品等刑事案件具体应用法律若干问题的解释》（法释〔2010〕7号）

第1条 生产、销售伪劣卷烟、雪茄烟等烟草专卖品，销售金额在5万元以上的，依照刑法第140条的规定，以生产、销售伪劣产品罪定罪处罚。

未经卷烟、雪茄烟等烟草专卖品注册商标所有人许可，在卷烟、雪茄烟等烟草专卖品上使用与其注册商标相同的商标，情节严重的，依照刑法第213条的规定，以假冒注册商标罪定罪处罚。

销售明知是假冒他人注册商标的卷烟、雪茄烟等烟草专卖品，销售金额较大的，依照刑法第214条的规定，以销售假冒注册商标的商品罪定罪处罚。

伪造、擅自制造他人卷烟、雪茄烟注册商标标识或者销售伪造、擅自制造的卷烟、雪茄烟注册商标标识，情节严重的，依照刑法第215条的规定，以非法制造、销售非法制造的注册商标标识罪定罪处罚。

违反国家烟草专卖管理法律法规，未经烟草专卖行政主管部门许可，无烟草专卖生产企业许可证、烟草专卖批发企业许可证、特种烟草专卖经营企业许可证、烟草专卖零售许可证等许可证明，非法经营烟草专卖品，情节严重的，依照刑法第225条的规定，以非法经营罪定罪处罚。（全文详见本书《刑法》第213条相关内容）

4.最高人民检察院、公安部《关于公安机关管辖的刑事案件立案标准的规定(2)》（公通字〔2010〕23号）

（公通字〔2022〕12号已声明该文件废止）

5. 最高人民法院、最高人民检察院、公安部《关于办理侵犯知识产权刑事案件适用法律若干问题的意见》(法发〔2011〕3号)

八、关于销售假冒注册商标的商品犯罪案件中尚未销售或者部分销售情形的定罪量刑问题

销售明知是假冒注册商标的商品,具有下列情形之一的,依照刑法第214条的规定,以销售假冒注册商标的商品罪(未遂)定罪处罚:

(一)假冒注册商标的商品尚未销售,货值金额在15万元以上的;(二)假冒注册商标的商品部分销售,已销售金额不满5万元,但与尚未销售的假冒注册商标的商品的货值金额合计在15万元以上的。

假冒注册商标的商品尚未销售,货值金额分别达到15万元以上不满25万元、25万元以上的,分别依照刑法第214条规定的各法定刑幅度定罪处罚。

销售金额和未销售货值金额分别达到不同的法定刑幅度或者均达到同一法定刑幅度的,在处罚较重的法定刑或者同一法定刑幅度内酌情从重处罚。(全文详见本书《刑法》第213条相关内容)

6. 最高人民检察院《第24批指导性案例丁某某、林某某等人假冒注册商标立案监督案》(检例第93号;2020年12月21日)

(全文详见本书《刑法》第213条相关内容)

7.《中华人民共和国刑法修正案(11)》(2020年12月26日第十三届全国人大常委会第二十四次会议通过)

十八、将刑法第214条修改为:"销售明知是假冒注册商标的商品,违法所得数额较大或者有其他严重情节的,处3年以下有期徒刑,并处或者单处罚金;违法所得数额巨大或者有其他特别严重情节的,处3年以上10年以下有期徒刑,并处罚金。"

(原条文:销售明知是假冒注册商标的商品,销售金额数额较大的,处3年以下有期徒刑或者拘役,并处或者单处罚金;销售金额数额巨大的,处3年以上7年以下有期徒刑,并处罚金。)

8. 最高人民检察院《第26批指导性案例邓某城、双善食品(厦门)有限公司等销售假冒注册商标的商品案》(检例第98号;2021年2月4日)

【要旨】

办理侵犯注册商标类犯罪案件,应注意结合被告人销售假冒商品数量、扩散范围、非法获利数额及在上下游犯罪中的地位、作用等因素,综合判断犯罪行为的社会危害性,确保罪责刑相适应。在认定犯罪的主观明知时,不仅考虑被告人供述,还应综合考虑交易场所、交易时间、交易价格等客观行为,坚持主客观相一致。对侵害众多消费者利益的情形,可以建议相关社会组织或自行提起公益诉讼。

【指导意义】

(一)依法严惩假冒注册商标类犯罪,切实维护权利人和消费者合法权益

依法严厉惩治侵犯注册商标犯罪行为,保护权利人对注册商标的合法权益是检察机关贯彻国家知识产权战略,营造良好知识产权法治环境的重要方面。在办理侵犯注册商标犯罪案件中,检察机关应当全面强化职责担当。对于商品可能涉及危害食品药品安全、社会公共安全的,应当引导公安机关通过鉴定检验等方式就产品质量进行调查取证,查明假冒商品是否符合国家产品安全标准,是否涉嫌构成生产、销售有毒有害食品罪等罪名。如果一行为同时触犯数个罪名,则应当按照法定刑较重的犯罪进行追诉。制假售假犯罪链条中由于层层加价销售,往往出现上游制售假冒商品数量大但销售金额小、下游销售数量小而销售金额大的现象。检察机关在提出量刑建议时,不能仅考虑犯罪金额,还要综合考虑被告人在上下游犯罪中的地位与作用、所处的制假售假环节、销售数量、扩散范围、非法获利数额、社会影响等多种

因素,客观评价社会危害性,体现重点打击制假售假源头的政策导向,做到罪刑相适应,有效惩治犯罪行为。

(二)对销售假冒注册商标的商品犯罪的上下游人员,应注意结合相关证据准确认定不同环节被告人的主观明知

司法实践中,对于销售主观明知的认定,应注意审查被告人在上下游犯罪中的客观行为。对售假源头者,可以通过是否伪造授权文件等进行认定;对批发环节的经营者,可以通过进出货价格是否明显低于市场价格,以及交易场所与交易方式是否合乎常理等因素进行甄别;对终端销售人员,可以通过客户反馈是否异常等情况进行判断;对确受伪造变造文件蒙蔽或主观明知证据不足的人员,应坚持主客观相一致原则,依法不予追诉。

(三)一体发挥刑事检察和公益诉讼检察职能,维护社会公共利益

检察机关依法履职的同时,要善于发挥刑事检察和公益诉讼检察职能合力,用好检察建议等法律监督措施,以此推动解决刑事案件涉及的公共利益保护和社会治理问题。对于侵害众多消费者利益,涉案金额大,侵权行为严重的,检察机关可以建议有关社会组织提起民事公益诉讼,也可以自行提起民事公益诉讼,以维护社会公众合法权益。

9. 最高人民检察院《第26批指导性案例广州卡门实业有限公司涉嫌销售假冒注册商标的商品立案监督案》(检例第99号;2021年2月4日)

【要旨】

在办理注册商标类犯罪的立案监督案件时,对符合商标法规定的正当合理使用情形而未侵犯注册商标专用权的,应依法监督公安机关撤销案件,以保护涉案企业合法权益。必要时可组织听证,增强办案透明度和监督公信力。

【指导意义】

(一)检察机关办理侵犯知识产权犯罪案件,应注意审查是否存在法定的正当合理使用情形

办理侵犯知识产权犯罪案件,检察机关在依法惩治侵犯知识产权犯罪的同时,还应注意保护权利人的正当权益免遭损害。其中一个重要方面是应注意审查是否存在不构成知识产权侵权的法定情形。如《商标法》第59条规定的商标描述性使用、在先使用,《著作权法》第24条规定的合理使用,第25条、第35条第2款、第42条第2款、第46条第2款规定的法定许可,《专利法》第67条规定的现有技术、第75条规定的专利先用权等正当合理使用的情形,防止不当启动刑事追诉。对于当事人提出的立案监督申请,检察机关经过审查和调查核实,认定有在先使用等正当合理使用情形,侵权事由不成立的,应依法通知公安机关撤销案件。

(二)正确把握商标在先使用的抗辩事由

商标注册人申请商标注册前,他人已经在同一种商品或者类似商品上先于商标注册人使用与注册商标相同或者近似并有一定影响的商标的,注册商标专用权人无权禁止该使用人在原使用范围内继续使用该商标,注册商标所有人仅可以要求其附加适当区别标识。判断是否存在在先使用抗辩事由,需重点审查以下方面:一是在先使用人是否在商标注册人申请注册前先于商标注册人使用该商标。二是在先使用商标是否已产生一定影响。三是在先商标使用人主观上是否善意。只有在全面审查案件证据事实的基础上综合判断商标使用的情况,才能确保立案监督依据充分、意见正确,才能说服参与诉讼的各方接受监督结果,做到案结事了。

(三)开展立案监督工作必要时可组织听证,增强办案透明度和监督公信力

听证是检察机关贯彻以人民为中心,充分尊重和保障当事人的知情权、参与权、监督权,健全完善涉检矛盾纠纷排查化解机制的有效举措。检察机关组织听证应当提前通知各方做好听证准备,整理好争议点,选取合适的听证员。听证中应围绕涉案当事人对刑事立案所持

异议的理由和依据、公安机关立案的证据和理由、行政执法部门及听证员的意见展开，重点就侵权抗辩事由是否成立、是否具有犯罪的主观故意等焦点问题进行询问，全面审查在案证据，以准确认定公安机关立案的理由是否成立。通过听证开展立案监督工作，有助于解决在事实认定、法律适用问题上的分歧，化解矛盾纠纷，既推动规范执法，又增强检察监督公信力。

10. 最高人民法院《关于进一步加强涉种子刑事审判工作的指导意见》（法〔2022〕66号）

四、立足现有罪名，依法严惩种子套牌侵权相关犯罪。假冒品种权以及未经许可或者超出委托规模生产、繁殖授权品种种子对外销售等种子套牌侵权行为，经常伴随假冒注册商标、侵犯商业秘密等其他犯罪行为。审理此类案件时要把握这一特点，立足刑法现有规定，通过依法适用与种子套牌侵权密切相关的假冒注册商标罪，销售假冒注册商标的商品罪，非法制造、销售非法制造的注册商标标识罪，侵犯商业秘密罪，为境外窃取、刺探、收买、非法提供商业秘密罪等罪名，实现对种子套牌侵权行为的依法惩处。同时，应当将种子套牌侵权行为作为从重处罚情节，加大对此类犯罪的惩处力度。（详见本书《刑法》第147条相关内容）

11. 参见本书《刑法》第213条该节内容。

第215条 【非法制造、销售非法制造的注册商标标识罪】 伪造、擅自制造他人注册商标标识或者销售伪造、擅自制造的注册商标标识，情节严重的，处3年以下有期徒刑，并处或者单处罚金；情节特别严重的，处3年以上10年以下有期徒刑，并处罚金。

（本条《中华人民共和国刑法修正案（11）》修改）

• 释义

非法制造、销售非法制造的注册商标标识罪是指自然人或者单位，故意伪造、擅自制造他人注册商标标识，或者销售伪造、擅自制造的注册商标标识，情节严重的行为。

• 管辖

公安机关食品药品犯罪侦查部门、法院（本罪，人民检察院没有提起公诉，被害人有证据证明的轻微刑事案件，但严重危害社会秩序和国家利益的除外）。

• 立案追诉标准

无。

• 关联法律

1. 最高人民法院、最高人民检察院《关于办理侵犯知识产权刑事案件具体应用法律若干问题的解释》（法释〔2004〕19号）

第3条 伪造、擅自制造他人注册商标标识或者销售伪造、擅自制造的注册商标标识，具有下列情形之一的，属于刑法第215条规定的"情节严重"，应当以非法制造、销售非法制造的注册商标标识罪判处3年以下有期徒刑、拘役或者管制，并处或者单处罚金：

（一）伪造、擅自制造或者销售伪造、擅自制造的注册商标标识数量在2万件以上，或者非法经营数额在5万元以上，或者违法所得数额在3万元以上的；（二）伪造、擅自制造或者销售伪造、擅自制造两种以上注册商标标识数量在1万件以上，或者非法经营数额在3万元以上，或者违法所得数额在2万元以上的；其他情节严重的情形。

具有下列情形之一的，属于刑法第215条规定的"情节特别严重"，应当以非法制造、销售非法制造的注册商标标识罪判处3年以上7年以下有期徒刑，并处罚金：

(一)伪造、擅自制造或者销售伪造、擅自制造的注册商标标识数量在10万件以上,或者非法经营数额在25万元以上,或者违法所得数额在15万元以上的;(二)伪造、擅自制造或者销售伪造、擅自制造两种以上注册商标标识数量在5万件以上,或者非法经营数额在15万元以上,或者违法所得数额在10万元以上的;(三)其他情节特别严重的情形。(全文详见本书《刑法》第213条相关内容)

2. 最高人民检察院、公安部《关于公安机关管辖的刑事案件立案追诉标准的规定(2)》(公通字〔2010〕23号)

(公通字〔2022〕12号已声明该文件废止)

3. 最高人民法院、最高人民检察院《关于办理非法生产、销售烟草专卖品等刑事案件具体应用法律若干问题的解释》(法释〔2010〕7号)

第1条 生产、销售伪劣卷烟、雪茄烟等烟草专卖品,销售金额在5万元以上的,依照刑法第140条的规定,以生产、销售伪劣产品罪定罪处罚。

未经卷烟、雪茄烟等烟草专卖品注册商标所有人许可,在卷烟、雪茄烟等烟草专卖品上使用与其注册商标相同的商标,情节严重的,依照刑法第213条的规定,以假冒注册商标罪定罪处罚。

销售明知是假冒他人注册商标的卷烟、雪茄烟等烟草专卖品,销售金额较大的,依照刑法第214条的规定,以销售假冒注册商标的商品罪定罪处罚。

伪造、擅自制造他人卷烟、雪茄烟注册商标标识或者销售伪造、擅自制造的卷烟、雪茄烟注册商标标识,情节严重的,依照刑法第215条的规定,以非法制造、销售非法制造的注册商标标识罪定罪处罚。

违反国家烟草专卖管理法律法规,未经烟草专卖行政主管部门许可,无烟草专卖生产企业许可证、烟草专卖批发企业许可证、特种烟草专卖经营企业许可证、烟草专卖零售许可证等许可证明,非法经营烟草专卖品,情节严重的,依照刑法第225条的规定,以非法经营罪定罪处罚。(全文详见本书《刑法》第213条相关内容)

4. 最高人民法院、最高人民检察院、公安部《关于办理侵犯知识产权刑事案件适用法律若干问题的意见》(法发〔2011〕3号)

九、关于销售他人非法制造的注册商标标识犯罪案件中尚未销售或者部分销售情形的定罪问题

销售他人伪造、擅自制造的注册商标标识,具有下列情形之一的,依照刑法第215条的规定,以销售非法制造的注册商标标识罪(未遂)定罪处罚:

(一)尚未销售他人伪造、擅自制造的注册商标标识数量在6万件以上的;(二)尚未销售他人伪造、擅自制造的两种以上注册商标标识数量在3万件以上的;(三)部分销售他人伪造、擅自制造的注册商标标识,已销售标识数量不满2万件,但与尚未销售标识数量合计在6万件以上的;(四)部分销售他人伪造、擅自制造的两种以上注册商标标识,已销售标识数量不满1万件,但与尚未销售标识数量合计在3万件以上的。(全文详见本书《刑法》第213条相关内容)

5.《中华人民共和国刑法修正案(11)》(2020年12月26日第十三届全国人大常委会第二十四次会议通过)

十九、将刑法第215条修改为:"伪造、擅自制造他人注册商标标识或者销售伪造、擅自制造的注册商标标识,情节严重的,处3年以下有期徒刑,并处或者单处罚金;情节特别严重的,处3年以上10年以下有期徒刑,并处罚金。"

(原条文:伪造、擅自制造他人注册商标标识或者销售伪造、擅自制造的注册商标标识,情节严重的,处3年以下有期徒刑、拘役或者管制,并处或者单处罚金;情节特别严重的,处3年以上7年以下有期徒刑,并处罚金。)

6. 最高人民法院《关于进一步加强涉种子刑事审判工作的指导意见》(法〔2022〕66号)

四、立足现有罪名,依法严惩种子套牌侵权相关犯罪。假冒品种权以及未经许可或者超出委托规模生产、繁殖授权品种种子对外销售等种子套牌侵权行为,经常伴随假冒注册商标、侵犯商业秘密等其他犯罪行为。审理此类案件时要把握这一特点,立足刑法现有规定,通过依法适用与种子套牌侵权密切相关的假冒注册商标罪,销售假冒注册商标的商品罪,非法制造、销售非法制造的注册商标标识罪,侵犯商业秘密罪,为境外窃取、刺探、收买、非法提供商业秘密罪等罪名,实现对种子套牌侵权行为的依法惩处。同时,应当将种子套牌侵权行为作为从重处罚情节,加大对此类犯罪的惩处力度。(详见本书《刑法》第147条相关内容)

7. 参见本书《刑法》第213条该节内容。

第216条 【假冒专利罪】 假冒他人专利,情节严重的,处3年以下有期徒刑或者拘役,并处或者单处罚金。

• 释义

假冒专利罪是指自然人或者单位,违反专利管理法规,故意假冒他人专利,情节严重的行为。

• 管辖

公安机关食品药品犯罪侦查部门、法院(本罪,人民检察院没有提起公诉,被害人有证据证明的轻微刑事案件,但严重危害社会秩序和国家利益的除外)。

• 立案追诉标准

无。

• 关联法律

1.《中华人民共和国专利法》(1984年3月12日第六届全国人大常委会第四次会议通过;1992年9月4日第七届全国人大常委会第二十七次会议《关于修改〈中华人民共和国专利法〉的决定》第一次修正;2000年8月25日第九届全国人大常委会第十七次会议第二次修正;2008年12月27日第十一届全国人大常委会第六次会议第三次修正;2020年10月17日第十三届全国人大常委会第二十二次会议第四次修正)

(全文略)

2. 最高人民法院、最高人民检察院《关于办理侵犯知识产权刑事案件具体应用法律若干问题的解释》(法释〔2004〕19号)

第4条 假冒他人专利,具有下列情形之一的,属于刑法第216条规定的"情节严重",应当以假冒专利罪判处3年以下有期徒刑或者拘役,并处或者单处罚金:

(一)非法经营数额在20万元以上或者违法所得数额在10万元以上的;(二)给专利权人造成直接经济损失50万元以上的;(三)假冒两项以上他人专利,非法经营数额在10万元以上或者违法所得数额在5万元以上的;(四)其他情节严重的情形。

第10条 实施下列行为之一的,属于刑法第216条规定的"假冒他人专利"的行为:

(一)未经许可,在其制造或者销售的产品、产品的包装上标注他人专利号的;(二)未经许可,在广告或者其他宣传材料中使用他人的专利号,使人将所涉及的技术误认为是他人专利技术的;(三)未经许可,在合同中使用他人的专利号,使人将合同涉及的技术误认为是他人专利技术的;(四)伪造或者变造他人的专利证书、专利文件或者专利申请文件的。(全文详见本书《刑法》第213条相关内容)

3. 最高人民检察院、公安部《关于公安机关管辖的刑事案件立案追诉标准的规定(2)》(公通字〔2010〕23号)第72条

(公通字〔2022〕12号已声明该文件废止)

4. 最高人民法院《关于审理专利纠纷案件适用法律问题的若干规定》(法释〔2015〕4号)

(全文略)

5. 参见本书《刑法》第213条该节内容。

第217条 【侵犯著作权罪】以营利为目的,有下列侵犯著作权或者与著作权有关的权利的情形之一,违法所得数额较大或者有其他严重情节的,处3年以下有期徒刑,并处或者单处罚金;违法所得数额巨大或者有其他特别严重情节的,处3年以上10年以下有期徒刑,并处罚金:

(一)未经著作权人许可,复制发行、通过信息网络向公众传播其文字作品、音乐、美术、视听作品、计算机软件及法律、行政法规规定的其他作品的;

(二)出版他人享有专有出版权的图书的;

(三)未经录音录像制作者许可,复制发行、通过信息网络向公众传播其制作的录音录像的;

(四)未经表演者许可,复制发行录有其表演的录音录像制品,或者通过信息网络向公众传播其表演的;

(五)制作、出售假冒他人署名的美术作品的;

(六)未经著作权人或者与著作权有关的权利人许可,故意避开或者破坏权利人为其作品、录音录像制品等采取的保护著作权或者与著作权有关的权利的技术措施的。

(本条《中华人民共和国刑法修正案(11)》修改)

• 释义

侵犯著作权罪是指自然人或者单位,以营利为目的,侵犯他人著作权,违法所得数额较大或者有其他严重情节的行为。

具体包括:

(一)未经著作权人许可,复制发行、通过信息网络向公众传播其文字作品、音乐、美术、视听作品、计算机软件及法律、行政法规规定的其他作品的;

(二)出版他人享有专有出版权的图书的;

(三)未经录音录像制作者许可,复制发行、通过信息网络向公众传播其制作的录音录像的;

(四)未经表演者许可,复制发行录有其表演的录音录像制品,或者通过信息网络向公众传播其表演的;

(五)制作、出售假冒他人署名的美术作品的;

(六)未经著作权人或者与著作权有关的权利人许可,故意避开或者破坏权利人为其作品、录音录像制品等采取的保护著作权或者与著作权有关的权利的技术措施的。

“未经著作权人许可”,是指没有得到著作权人授权或者伪造、涂改著作权人授权许可文件或者超出授权许可范围的情形。“复制发行”,包括复制、发行或者既复制又发行的行为。

通过信息网络向公众传播他人文字作品、音乐、电影、电视、录像作品、计算机软件及其他作品,或者通过信息网络传播他人制作的录音录像制品的行为,应视为“复制发行”。侵权产品的持有人通过广告、征订等方式推销侵权产品的,属于“发行”。“非法经营数额”,是指行为人在实施侵犯知识产权行为过程中,制造、储存、运输、销售侵权产品的价值。已销售的侵权产品的价值,按照实际销售的价格计算。

制造、储存、运输和未销售的侵权产品的价值,按照标价或者已经查清的侵权产品的实际销售平均价格计算。侵权产品没有标价或者无法查清其实际销售价格的,按照被侵权产品的市场中间价格计算。

• 管辖

公安机关食品药品犯罪侦查部门、法院(本罪,人民检察院没有提起公诉,被害人有证据证明的轻微刑事案件,但严重危害社会秩序和国家利益的除外)。

• 立案追诉标准

以营利为目的,未经著作权人许可,复制发行其文字作品、音乐、电影、电视、录像作品、计算机软件及其他作品,或者出版他人享有专有出版权的图书,或者未经录音、录像制作者许可,复制发行其制作的录音、录像,或者制作、出售假冒他人署名的美术作品,涉嫌下列情形之一的,应予立案追诉:

(一)违法所得数额3万元以上的;

(二)非法经营数额5万元以上的;

(三)未经著作权人许可,复制发行其文字作品、音乐、电影、电视、录像作品、计算机软件及其他作品,复制品数量合计500张(份)以上的;

(四)未经录音录像制作者许可,复制发行其制作的录音录像制品,复制品数量合计500张(份)以上的;

(五)其他情节严重的情形。

注:本立案追诉标准所指:以刊登收费广告等方式直接或者间接收取费用的情形,属于“以营利为目的”。

“未经著作权人许可”,是指没有得到著作权人授权或者伪造、涂改著作权人授权许可文件或者超出授权许可范围的情形。“复制发行”,包括复制、发行或者既复制又发行的行为。

通过信息网络向公众传播他人文字作品、音乐、电影、电视、录像作品、计算机软件及其他作品,或者通过信息网络传播他人制作的录音录像制品的行为,应当视为“复制发行”。

侵权产品的持有人通过广告、征订等方式推销侵权产品的,属于“发行”。

“非法经营数额”,是指行为人在实施侵犯知识产权行为过程中,制造、储存、运输、销售侵权产品的价值。

已销售的侵权产品的价值,按照实际销售的价格计算。制造、储存、运输和未销售的侵权产品的价值,按照标价或者已经查清的侵权产品的实际销售平均价格计算。

侵权产品没有标价或者无法查清其实际销售价格的,按照被侵权产品的市场中间价格计算。

• **关联法律**

1.《中华人民共和国著作权法》(1990年9月7日第七届全国人大常委会第十五次会议通过;2001年10月27日第九届全国人大常委会第二十四次会议《关于修改〈中华人民共和国著作权法〉的决定》第一次修正;2010年2月26日第十一届全国人大常委会第十三次会议《关于修改〈中华人民共和国著作权法〉的决定》第二次修正;2020年11月11日第十三届全国人大常委会第二十三次会议《关于修改〈中华人民共和国著作权法〉的决定》第三次修正)

第2条 中国自然人、法人或者非法人组织的作品,不论是否发表,依照本法享有著作权。

外国人、无国籍人的作品根据其作者所属国或者经常居住地国同中国签订的协议或者共同参加的国际条约享有的著作权,受本法保护。

外国人、无国籍人的作品首先在中国境内出版的,依照本法享有著作权。

未与中国签订协议或者共同参加国际条约的国家的作者以及无国籍人的作品首次在中国参加的国际条约的成员国出版的,或者在成员国和非成员国同时出版的,受本法保护。

第3条 本法所称的作品,是指文学、艺术和科学领域内具有独创性并能以一定形式表现的智力成果,包括:

(一)文字作品;(二)口述作品;(三)音乐、戏剧、曲艺、舞蹈、杂技艺术作品;(四)美术、建筑作品;(五)摄影作品;(六)视听作品;(七)工程设计图、产品设计图、地图、示意图等图形作品和模型作品;(八)计算机软件;(九)符合作品特征的其他智力成果。

第4条 著作权人和与著作权有关的权利人行使权利,不得违反宪法和法律,不得损害公共利益。国家对作品的出版、传播依法进行监督管理。

第5条 本法不适用于:

(一)法律、法规,国家机关的决议、决定、命令和其他具有立法、行政、司法性质的文件,及其官方正式译文;(二)单纯事实消息;(三)历法、通用数表、通用表格和公式。

第6条 民间文学艺术作品的著作权保护办法由国务院另行规定。

第7条 国家著作权主管部门负责全国的著作权管理工作;县级以上地方主管著作权的部门主管本行政区域的著作权管理工作。

第8条 著作权人和与著作权有关的权利人可以授权著作权集体管理组织行使著作权或者与著作权有关的权利。依法设立的著作权集体管理组织是非营利法人,被授权后可以以自己的名义为著作权人和与著作权有关的权利人主张权利;并可以作为当事人进行涉及著作权或者与著作权有关的权利的诉讼、仲裁、调解活动。

著作权集体管理组织根据授权向使用者收取使用费。使用费的收取标准由著作权集体管理组织和使用者代表协商确定,协商不成的,可以向国家著作权主管部门申请裁决,对裁决不服的,可以向人民法院提起诉讼;当事人也可以直接向人民法院提起诉讼。

著作权集体管理组织应当将使用费的收取和转付、管理费的提取和使用、使用费的未分配部分等总体情况定期向社会公布,并应当建立权利信息查询系统,供权利人和使用者查询。国家著作权主管部门应当依法对著作权集体管理组织进行监督、管理。

著作权集体管理组织的设立方式、权利义务、使用费的收取和分配,以及对其监督和管理等由国务院另行规定。

第9条 著作权人包括:

(一)作者;(二)其他依照本法享有著作权的自然人、法人或者非法人组织。

第10条 著作权包括下列人身权和财产权:

(一)发表权,即决定作品是否公之于众的权利;(二)署名权,即表明作者身份,在作品上署名的权利;(三)修改权,即修改或者授权他人修改作品的权利;(四)保护作品完整权,即保护作品不受歪曲、篡改的权利;(五)复制权,即以印刷、复印、拓印、录音、录像、翻录、翻拍、数字化等方式将作品制作一份或者多份的权利;(六)发行权,即以出售或者赠与方式向公众提供作品的原件或者复制件的权利;(七)出租权,即有偿许可他人临时使用视听作品、计算机软件的原件或者复制件的权利,计算机软件不是出租的主要标的的除外;(八)展览权,即公开陈列美术作品、摄影作品的原件或者复制件的权利;(九)表演权,即公开表演作品,以及用各种手段公开播送作品的表演的权利;(十)放映权,即通过放映机、幻灯机等技术设备公开再现美术、摄影、电影和视听作品等的权利;(十一)广播权,即以有线或者无线方式公开传播或者转播作品,以及通过扩音器或者其他传送符号、声音、图像的类似工具向公众传播广播的作品的权利,但不包括本款第12项规定的权利;(十二)信息网络传播权,即以有线或者无线方式向公众提供,使公众可以在其选定的时间和地点获得作品的权利;(十三)摄制权,即以摄制视听作品的方法将作品固定在载体上的权利;(十四)改编权,即改变作品,创作出具有独创性的新作品的权利;(十五)翻译权,即将作品从一种语言文字转换成另一种语言文字的权利;(十六)汇编权,即将作品或者作品的片段通过选择或者编排,汇集成新作品的权利;(十七)应当由著作权人享有的其他权利。

著作权人可以许可他人行使前款第五项至第十七项规定的权利,并依照约定或者本法有关规定获得报酬。

著作权人可以全部或者部分转让本条第1款第五项至第十七项规定的权利,并依照约定或者本法有关规定获得报酬。

第11条 著作权属于作者,本法另有规定的除外。

创作作品的自然人是作者。

由法人或者非法人组织主持,代表法人或者非法人组织意志创作,并由法人或者非法人组织承担责任的作品,法人或者非法人组织视为作者。

第12条 在作品上署名的自然人、法人或者非法人组织为作者,且该作品上存在相应权利,但有相反证明的除外。

作者等著作权人可以向国家著作权主管部门认定的登记机构办理作品登记。

与著作权有关的权利参照适用前两款规定。

第13条 改编、翻译、注释、整理已有作品而产生的作品,其著作权由改编、翻译、注释、整理人享有,但行使著作权时不得侵犯原作品的著作权。

第14条 两人以上合作创作的作品,著作权由合作作者共同享有。没有参加创作的人,不能成为合作作者。

合作作品的著作权由合作作者通过协商一致行使;不能协商一致,又无正当理由的,任何一方不得阻止他方行使除转让、许可他人专有使用、出质以外的其他权利,但是所得收益应当合理分配给所有合作作者。

合作作品可以分割使用的,作者对各自创作的部分可以单独享有著作权,但行使著作权时不得侵犯合作作品整体的著作权。

第15条 汇编若干作品、作品的片段或者不构成作品的数据或者其他材料,对其内容的选择或者编排体现独创性的作品,为汇编作品,其著作权由汇编人享有,但行使著作权时,不得侵犯原作品的著作权。

第16条 使用改编、翻译、注释、整理、汇编已有作品而产生的作品进行出版、演出和制作录音录像制品,应当取得该作品的著作权人和原作品的著作权人许可,并支付报酬。

第17条 视听作品中的电影作品、电视剧作品的著作权由制作者享有,但编剧、导演、摄影、作词、作曲等作者享有署名权，并有权按照与制作者签订的合同获得报酬。

前款规定以外的视听作品的著作权归属由当事人约定；没有约定或者约定不明确的，由制作者享有，但作者享有署名权和获得报酬的权利。

视听作品中的剧本、音乐等可以单独使用的作品的作者有权单独行使其著作权。

第18条 自然人为完成法人或者非法人组织工作任务所创作的作品是职务作品，除本条第2款的规定以外，著作权由作者享有，但法人或者非法人组织有权在其业务范围内优先使用。作品完成两年内，未经单位同意，作者不得许可第三人以与单位使用的相同方式使用该作品。

有下列情形之一的职务作品，作者享有署名权，著作权的其他权利由法人或者非法人组织享有，法人或者非法人组织可以给予作者奖励：

（一）主要是利用法人或者其他组织的物质技术条件创作，并由法人或者其他组织承担责任的工程设计图、产品设计图、地图、示意图、计算机软件等职务作品；

（二）报社、期刊社、通讯社、广播电台、电视台的工作人员创作的职务作品；

（三）法律、行政法规规定或者合同约定著作权由法人或者其他组织享有的职务作品。

第19条 受委托创作的作品，著作权的归属由委托人和受托人通过合同约定。合同未作明确约定或者没有订立合同的，著作权属于受托人。

第20条 作品原件所有权的转移，不改变作品著作权的归属，但美术、摄影作品原件的展览权由原件所有人享有。

作者将未发表的美术、摄影作品的原件所有权转让给他人，受让人展览该原件不构成对作者发表权的侵犯。

第21条 著作权属于自然人的，自然人死亡后，其本法第10条第1款第五项至第十七项规定的权利在本法规定的保护期内，依法转移。

著作权属于法人或者非法人组织的，法人或者非法人组织变更、终止后，其本法第10条第1款第五项至第十七项规定的权利在本法规定的保护期内，由承受其权利义务的法人或者非法人组织享有；没有承受其权利义务的法人或者非法人组织的，由国家享有。

第22条 作者的署名权、修改权、保护作品完整权的保护期不受限制。

第23条 自然人的作品，其发表权、本法第10条第1款第五项至第十七项规定的权利的保护期为作者终生及其死亡后50年，截止于作者死亡后第50年的12月31日；如果是合作作品，截止于最后死亡的作者死亡后第50年的12月31日。

法人或者非法人组织的作品、著作权（署名权除外）由法人或者非法人组织享有的职务作品，其发表权的保护期为50年，截止于作品创作完成后第50年的12月31日；本法第10条第1款第5项至第17项规定的权利的保护期为50年，截止于作品首次发表后第50年的12月31日，但作品自创作完成后50年内未发表的，本法不再保护。

视听作品，其发表权的保护期为50年，截止于作品创作完成后第50年的12月31日；本法第10条第1款第5项至第17项规定的权利的保护期为50年，截止于作品首次发表后第50年的12月31日，但作品自创作完成后50年内未发表的，本法不再保护。

第62条 本法所称的著作权即版权。

第63条 本法第2条所称的出版，指作品的复制、发行。

第64条 计算机软件、信息网络传播权的保护办法由国务院另行规定。

第65条 摄影作品，其发表权、本法第10条第1款第5项至第17项规定的权利的保护期在2021年6月1日前已经届满，但依据本法第23条第一款的规定仍在保护期内的，不再保护。

第66条 本法规定的著作权人和出版者、表演者、录音录像制作者、广播电台、电视台的权利，在本法施行之日尚未超过本法规定的保护期的，依照本法予以保护。

本法施行前发生的侵权或者违约行为，依照侵权或者违约行为发生时的有关规定处理。(全文略)

2. 最高人民法院《关于审理非法出版物刑事案件具体应用法律若干问题的解释》(法释〔1998〕30号)

为依法惩治非法出版物犯罪活动，根据刑法的有关规定，现对审理非法出版物刑事案件具体应用法律的若干问题解释如下：

第1条 明知出版物中载有煽动分裂国家、破坏国家统一或者煽动颠覆国家政权、推翻社会主义制度的内容，而予以出版、印刷、复制、发行、传播的，依照刑法第103条第2款或者第105条第2款的规定，以煽动分裂国家罪或者煽动颠覆国家政权罪定罪处罚。

第2条 以营利为目的，实施刑法第217条所列侵犯著作权行为之一，个人违法所得数额在5万元以上，单位违法所得数额在20万元以上的，属于"违法所得数额较大"；具有下列情形之一的，属于"有其他严重情节"：

(一)因侵犯著作权曾经两次以上被追究行政责任或者民事责任，两年内又实施刑法第217条所列侵犯著作权行为之一的；(二)个人非法经营数额在20万元以上，单位非法经营数额在100万元以上的；(三)造成其他严重后果的。

以营利为目的，实施刑法第217条所列侵犯著作权行为之一，个人违法所得数额在20万元以上，单位违法所得数额在100万元以上的，属于"违法所得数额巨大"；具有下列情形之一的，属于"有其他特别严重情节"：

(一)个人非法经营数额在100万元以上，单位非法经营数额在500万元以上的；(二)造成其他特别严重后果的。

第3条 刑法第217条第(1)项中规定的"复制发行"，是指行为人以营利为目的，未经著作权人许可而实施的复制、发行或者既复制又发行其文字作品、音乐、电影、电视、录像作品、计算机软件及其他作品的行为。

第4条 以营利为目的，实施刑法第218条规定的行为，个人违法所得数额在10万元以上，单位违法所得数额在50万元以上的，依照刑法第218条的规定，以销售侵权复制品罪定罪处罚。

第5条 实施刑法第217条规定的侵犯著作权行为，又销售该侵权复制品，违法所得数额巨大的，只定侵犯著作权罪，不实行数罪并罚。

实施刑法第217条规定的侵犯著作权的犯罪行为，又明知是他人的侵权复制品而予以销售，构成犯罪的，应当实行数罪并罚。

第6条 在出版物中公然侮辱他人或者捏造事实诽谤他人，情节严重的，依照刑法第246条的规定，分别以侮辱罪或者诽谤罪定罪处罚。

第7条 出版刊载歧视、侮辱少数民族内容的作品，情节恶劣，造成严重后果的，依照刑法第250条的规定，以出版歧视、侮辱少数民族作品罪定罪处罚。

第8条 以牟利为目的，实施刑法第363条第1款规定的行为，具有下列情形之一的，以制作、复制、出版、贩卖、传播淫秽物品牟利罪定罪处罚：

(一)制作、复制、出版淫秽影碟、软件、录像带50至100张(盒)以上，淫秽音碟、录音带100至200张(盒)以上，淫秽扑克、书刊、画册100至200副(册)以上，淫秽照片、画片500至1000张以上的；(二)贩卖淫秽影碟、软件、录像带100至200张(盒)以上，淫秽音碟、录音带200至400张(盒)以上，淫秽扑克、书刊、画册200至400副(册)以上，淫秽照片、画片1000至

2000张以上的;(三)向他人传播淫秽物品达200至500人次以上,或者组织播放淫秽影、像达10至20场次以上的;(四)制作、复制、出版、贩卖、传播淫秽物品,获利5000至1万元以上的。

以牟利为目的,实施刑法第363条第1款规定的行为,具有下列情形之一的,应当认定为制作、复制、出版、贩卖、传播淫秽物品牟利罪"情节严重":

(一)制作、复制、出版淫秽影碟、软件、录像带250至500张(盒)以上,淫秽音碟、录音带500至1000张(盒)以上,淫秽扑克、书刊、画册500至1000副(册)以上,淫秽照片、画片2500至5000张以上的;(二)贩卖淫秽影碟、软件、录像带500至1000张(盒)以上,淫秽音碟、录音带1000至2000张(盒)以上,淫秽扑克、书刊、画册1000至2000副(册)以上,淫秽照片、画片5000至1万张以上的;(三)向他人传播淫秽物品达1000至2000人次以上,或者组织播放淫秽影、像达50至100场次以上的;(四)制作、复制、出版、贩卖、传播淫秽物品,获利3万至5万元以上的。

以牟利为目的,实施刑法第363条第1款规定的行为,其数量(数额)达到前款规定的数量(数额)5倍以上的,应当认定为制作、复制、出版、贩卖、传播淫秽物品牟利罪"情节特别严重"。

第9条 为他人提供书号、刊号,出版淫秽书刊的,依照刑法第363条第2款的规定,以为他人提供书号出版淫秽书刊罪定罪处罚。

为他人提供版号,出版淫秽音像制品的,依照前款规定定罪处罚。

明知他人用于出版淫秽书刊而提供书号、刊号的,依照刑法第363条第1款的规定,以出版淫秽物品牟利罪定罪处罚。

第10条 向他人传播淫秽的书刊、影片、音像、图片等出版物达300至600人次以上或者造成恶劣社会影响的,属于"情节严重",依照刑法第364条第1款的规定,以传播淫秽物品罪定罪处罚。

组织播放淫秽的电影、录像等音像制品达15至30场次以上或者造成恶劣社会影响的,依照刑法第364条第2款的规定,以组织播放淫秽音像制品罪定罪处罚。

第11条 违反国家规定,出版、印刷、复制、发行本解释第1条至第10条规定以外的其他严重危害社会秩序和扰乱市场秩序的非法出版物,情节严重的,依照刑法第225条第(三)项的规定,以非法经营罪定罪处罚。

第12条 个人实施本解释第11条规定的行为,具有下列情形之一的,属于非法经营行为"情节严重":

(一)经营数额在5万元至10万元以上的;(二)违法所得数额在2万元至3万元以上的;(三)经营报纸5000份或者期刊5000本或者图书2000册或者音像制品、电子出版物500张(盒)以上的。

具有下列情形之一的,属于非法经营行为"情节特别严重":

(一)经营数额在15万元至30万元以上的;(二)违法所得数额在5万元至10万元以上的;(三)经营报纸15000份或者期刊15000本或者图书5000册或者音像制品、电子出版物1500张(盒)以上的。

第13条 单位实施本解释第11条规定的行为,具有下列情形之一的,属于非法经营行为"情节严重":

(一)经营数额在15万元至30万元以上的;(二)违法所得数额在5万元至10万元以上的;(三)经营报纸15000份或者期刊15000本或者图书5000册或者音像制品、电子出版物1500张(盒)以上的。

具有下列情形之一的,属于非法经营行为"情节特别严重":

(一)经营数额在50万元至100万元以上的;(二)违法所得数额在15万元至30万元以上的;(三)经营报纸5万份或者期刊5万本或者图书15000册或者音像制品、电子出版物5000张(盒)以上的。

第14条 实施本解释第11条规定的行为,经营数额、违法所得数额或者经营数量接近非法经营行为"情节严重"、"情节特别严重"的数额、数量起点标准,并具有下列情形之一的,可以认定为非法经营行为"情节严重"、"情节特别严重":

(一)两年内因出版、印刷、复制、发行非法出版物受过行政处罚两次以上的;(二)因出版、印刷、复制、发行非法出版物造成恶劣社会影响或者其他严重后果的。

第15条 非法从事出版物的出版、印刷、复制、发行业务,严重扰乱市场秩序,情节特别严重,构成犯罪的,可以依照刑法第225条第(3)项的规定,以非法经营罪定罪处罚。

第16条 出版单位与他人事前通谋,向其出售、出租或者以其他形式转让该出版单位的名称、书号、刊号、版号,他人实施本解释第2条、第4条、第8条、第9条、第10条、第11条规定的行为,构成犯罪的,对该出版单位应当以共犯论处。

第17条 本解释所称"经营数额",是指以非法出版物的定价数额乘以行为人经营的非法出版物数量所得的数额。

本解释所称"违法所得数额",是指获利数额。

非法出版物没有定价或者以境外货币定价的,其单价数额应当按照行为人实际出售的价格认定。

第18条 各省、自治区、直辖市高级人民法院可以根据本地的情况和社会治安状况,在本解释第8条、第10条、第12条、第13条规定的有关数额、数量标准的幅度内,确定本地执行的具体标准,并报最高人民法院备案。

3.《关于维护互联网安全的决定》(2000年12月28日第九届全国人大常委会第十九次会议通过,2009年8月27日第十一届全国人大常委会第十次会议《关于修改部分法律的决定》修正)

(详见本书《刑法》第141条相关内容)

4.《计算机软件保护条例》(2001年12月20日国务院令第339号;2011年1月8日国务院令第588号第一次修正;2013年1月30日国务院令第632号第二次修正)

第2条 本条例所称计算机软件(以下简称软件),是指计算机程序及其有关文档。

第3条 本条例下列用语的含义:

(一)计算机程序,是指为了得到某种结果而可以由计算机等具有信息处理能力的装置执行的代码化指令序列,或者可以被自动转换成代码化指令序列的符号化指令序列或者符号化语句序列。同一计算机程序的源程序和目标程序为同一作品。

(二)文档,是指用来描述程序的内容、组成、设计、功能规格、开发情况、测试结果及使用方法的文字资料和图表等,如程序设计说明书、流程图、用户手册等。

(三)软件开发者,是指实际组织开发、直接进行开发,并对开发完成的软件承担责任的法人或者其他组织;或者依靠自己具有的条件独立完成软件开发,并对软件承担责任的自然人。

(四)软件著作权人,是指依照本条例的规定,对软件享有著作权的自然人、法人或者其他组织。

第4条 受本条例保护的软件必须由开发者独立开发,并已固定在某种有形物体上。

第5条 中国公民、法人或者其他组织对其所开发的软件,不论是否发表,依照本条例享有著作权。

外国人、无国籍人的软件首先在中国境内发行的,依照本条例享有著作权。

外国人、无国籍人的软件,依照其开发者所属国或者经常居住地国同中国签订的协议或者依照中国参加的国际条约享有的著作权,受本条例保护。

第6条 本条例对软件著作权的保护不延及开发软件所用的思想、处理过程、操作方法或者数学概念等。

第8条 软件著作权人享有下列各项权利:

(一)发表权,即决定软件是否公之于众的权利;(二)署名权,即表明开发者身份,在软件上署名的权利;(三)修改权,即对软件进行增补、删节,或者改变指令、语句顺序的权利;(四)复制权,即将软件制作一份或者多份的权利;(五)发行权,即以出售或者赠与方式向公众提供软件的原件或者复制件的权利;(六)出租权,即有偿许可他人临时使用软件的权利,但是软件不是出租的主要标的的除外;(七)信息网络传播权,即以有线或者无线方式向公众提供软件,使公众可以在其个人选定的时间和地点获得软件的权利;(八)翻译权,即将原软件从一种自然语言文字转换成另一种自然语言文字的权利;(九)应当由软件著作权人享有的其他权利。

软件著作权人可以许可他人行使其软件著作权,并有权获得报酬。

软件著作权人可以全部或者部分转让其软件著作权,并有权获得报酬。

第9条 软件著作权属于软件开发者,本条例另有规定的除外。

如无相反证明,在软件上署名的自然人、法人或者其他组织为开发者。

第10条 由两个以上的自然人、法人或者其他组织合作开发的软件,其著作权的归属由合作开发者签订书面合同约定。无书面合同或者合同未作明确约定,合作开发的软件可以分割使用的,开发者对各自开发的部分可以单独享有著作权;但是,行使著作权时,不得扩展到合作开发的软件整体的著作权。合作开发的软件不能分割使用的,其著作权由各合作开发者共同享有,通过协商一致行使;不能协商一致,又无正当理由的,任何一方不得阻止他方行使除转让权以外的其他权利,但是所得收益应当合理分配给所有合作开发者。

第11条 接受他人委托开发的软件,其著作权的归属由委托人与受托人签订书面合同约定;无书面合同或者合同未作明确约定的,其著作权由受托人享有。

第12条 由国家机关下达任务开发的软件,著作权的归属与行使由项目任务书或者合同规定;项目任务书或者合同中未作明确规定的,软件著作权由接受任务的法人或者其他组织享有。

第13条 自然人在法人或者其他组织中任职期间所开发的软件有下列情形之一的,该软件著作权由该法人或者其他组织享有,该法人或者其他组织可以对开发软件的自然人进行奖励:

(一)针对本职工作中明确指定的开发目标所开发的软件;(二)开发的软件是从事本职工作活动所预见的结果或者自然的结果;(三)主要使用了法人或者其他组织的资金、专用设备、未公开的专门信息等物质技术条件所开发并由法人或者其他组织承担责任的软件。

第14条 软件著作权自软件开发完成之日起产生。

自然人的软件著作权,保护期为自然人终生及其死亡后50年,截止于自然人死亡后第50年的12月31日;软件是合作开发的,截止于最后死亡的自然人死亡后第50年的12月31日。

法人或者其他组织的软件著作权,保护期为50年,截止于软件首次发表后第50年的12月31日,但软件自开发完成之日起50年内未发表的,本条例不再保护。

第15条 软件著作权属于自然人的,该自然人死亡后,在软件著作权的保护期内,软件著作权的继承人可以依照《中华人民共和国继承法》的有关规定,继承本条例第8条规定的除署名权以外的其他权利。

软件著作权属于法人或者其他组织的,法人或者其他组织变更、终止后,其著作权在本条例规定的保护期内由承受其权利义务的法人或者其他组织享有;没有承受其权利义务的法人或者其他组织的,由国家享有。

第16条 软件的合法复制品所有人享有下列权利:

(一)根据使用的需要把该软件装入计算机等具有信息处理能力的装置内;(二)为了防止复制品损坏而制作备份复制品。这些备份复制品不得通过任何方式提供给他人使用,并在所有人丧失该合法复制品的所有权时,负责将备份复制品销毁;(三)为了把该软件用于实际的计算机应用环境或者改进其功能、性能而进行必要的修改;但是,除合同另有约定外,未经该软件著作权人许可,不得向任何第三方提供修改后的软件。

第17条 为了学习和研究软件内含的设计思想和原理,通过安装、显示、传输或者存储软件等方式使用软件的,可以不经软件著作权人许可,不向其支付报酬。

5.公安部《关于对侵犯著作权案件中尚未印制完成的侵权复制品如何计算非法经营数额问题的批复》(公复字〔2003〕2号)

辽宁省公安厅:你厅《关于侵犯著作权案件中的半成品书籍如何计算非法经营数额的请示》(辽公传发〔2003〕257号)收悉。现批复如下:

根据《最高人民法院关于审理非法出版物刑事案件具体应用法律若干问题的解释》(法释〔1998〕30号)第17条的规定,侵犯著作权案件,应以非法出版物的定价数额乘以行为人经营的非法出版物数量所得的数额计算其经营数额。因此,对于行为人尚未印制完成侵权复制品的,应当以侵权复制品的定价数额乘以承印数量所得的数额计算其经营数额。但由于上述行为属于犯罪未遂,对于需要追究刑事责任的,公安机关应当在起诉意见书中予以说明。

6.最高人民法院、最高人民检察院《关于办理侵犯知识产权刑事案件具体应用法律若干问题的解释》(法释〔2004〕19号)

第5条 以营利为目的,实施刑法第217条所列侵犯著作权行为之一,违法所得数额在3万元以上的,属于"违法所得数额较大";具有下列情形之一的,属于"有其他严重情节",应当以侵犯著作权罪判处3年以下有期徒刑或者拘役,并处或者单处罚金:(一)非法经营数额在5万元以上的;(二)未经著作权人许可,复制发行其文字作品、音乐、电影、电视、录像作品、计算机软件及其他作品,复制品数量合计在1000张(份)以上的;(三)其他严重情节的情形。

以营利为目的,实施刑法第217条所列侵犯著作权行为之一,违法所得数额在15万元以上的,属于"违法所得数额巨大";具有下列情形之一的,属于"有其他特别严重情节",应当以侵犯著作权罪判处3年以上7年以下有期徒刑,并处罚金:(一)非法经营数额在25万元以上的;(二)未经著作权人许可,复制发行其文字作品、音乐、电影、电视、录像作品、计算机软件及其他作品,复制品数量合计在5000张(份)以上的;(三)其他特别严重情节的情形。

第11条 以刊登收费广告等方式直接或者间接收取费用的情形,属于刑法第217条规定的"以营利为目的"。

刑法第217条规定的"未经著作权人许可",是指没有得到著作权人授权或者伪造、涂改著作权人授权许可文件或者超出授权许可范围的情形。

通过信息网络向公众传播他人文字作品、音乐、电影、电视、录像作品、计算机软件及其他作品的行为,应当视为刑法第217条规定的"复制发行"。

第14条 实施刑法第217条规定的侵犯著作权犯罪,又销售该侵权复制品,构成犯罪的,应当依照刑法第217条的规定,以侵犯著作权罪定罪处罚。

实施刑法第217条规定的侵犯著作权犯罪,又销售明知是他人的侵权复制品,构成犯罪的,应当实行数罪并罚。(全文详见本书《刑法》第213条相关内容)

7. 最高人民法院、最高人民检察院《关于办理侵犯著作权刑事案件中涉及录音录像制品有关问题的批复》(法释〔2005〕第12号)

《最高人民法院、最高人民检察院关于办理侵犯知识产权刑事案件具体应用法律若干问题的解释》发布以后,部分高级人民法院、省级人民检察院就关于办理侵犯著作权刑事案件中涉及录音录像制品的有关问题提出请示。经研究,批复如下:以营利为目的,未经录音录像制作者许可,复制发行其制作的录音录像制品的行为,复制品的数量标准分别适用《最高人民法院、最高人民检察院关于办理侵犯知识产权刑事案件具体应用法律若干问题的解释》第5条第1款第(2)项、第2款第(2)项的规定。未经录音录像制作者许可,通过信息网络传播其制作的录音录像制品的行为,应当视为刑法第217条第(3)项规定的"复制发行"。

8. 最高人民法院、最高人民检察院《关于办理侵犯知识产权刑事案件具体应用法律若干问题的解释(2)》(法释〔2007〕6号)

第1条 以营利为目的,未经著作权人许可,复制发行其文字作品、音乐、电影、电视、录像作品、计算机软件及其他作品,复制品数量合计在500张(份)以上的,属于刑法第217条规定的"有其他严重情节";复制品数量在2500张(份)以上的,属于刑法第217条规定的"有其他特别严重情节"。

第2条 刑法第217条侵犯著作权罪中的"复制发行",包括复制、发行或者既复制又发行的行为。侵权产品的持有人通过广告、征订等方式推销侵权产品的,属于刑法第217条规定的"发行"。非法出版、复制、发行他人作品,侵犯著作权构成犯罪的,按照侵犯著作权罪定罪处罚。

第6条 单位实施刑法第213条至第219条规定的行为,按照《最高人民法院、最高人民检察院关于办理侵犯知识产权刑事案件具体应用法律若干问题的解释》和本解释规定的相应个人犯罪的定罪量刑标准定罪处罚。(全文见本书《刑法》第213条相关内容)

9. 最高人民检察院、公安部《关于公安机关管辖的刑事案件立案追诉标准的规定(1)》(公通字〔2008〕36号)

(见本条立案追诉标准内容)

10. 最高人民法院《关于做好涉及网吧著作权纠纷案件审判工作的通知》(法发〔2010〕50号)

近年来,各级人民法院审理的网吧因提供影视作品被诉侵权的相关案件大幅增加,出现了一些新情况和新问题,引起有关方面的高度关注。为解决当前审理涉及网吧著作权纠纷案件中存在的突出问题,依法妥善审理好此类案件,现就有关事项通知如下:一、各级人民法院要认真研究分析当前涉及网吧著作权纠纷案件急剧上升的成因和现状,在此类案件的审理中,在积极支持当事人依法维权的同时,也要注意防止滥用权利情形的发生。要注意处理好依法保护与适度保护的关系,既要依法保护当事人的著作权,有效制止侵权行为,又要正确确定网吧经营者和相关影视作品提供者的责任承担,注意把握司法导向和利益平衡,积极促进信息传播和规范传播秩序,推动相关互联网文化产业健康发展。二、要积极探索有效解决纠纷的途径,认真贯彻"调解优先,调判结合"的工作原则。在加强诉讼调解的同时,积极推动建立诉讼与非诉讼相衔接的矛盾纠纷解决机制,发挥行业主管部门和行业协会的作用,采取各种措施引导网吧经营者规范经营行为,以减少诉讼,维护社会和谐稳定。三、网吧经营者未经许可,通过网吧自行提供他人享有著作权的影视作品,侵犯他人信息网络传播权等权利的,应当根据原告的诉讼请求判决其停止侵权和赔偿损失。赔偿数额的确定要合理和适度,要符合网吧经营活动的特点和实际,除应考虑涉案影视作品的市场影响、知名度、上映档期、合理的许可使用费外,还应重点考虑网吧的服务价格、规模、主观过错程度以及侵权行为的性质、持续时间、对侵权作品的点击或下载数量、当地经济文化发展状况等因素。法律、行政法规对网吧经营者承担侵权责任的情形另有规定的,按其规定执行。四、网吧经营者能证明涉案影视作品是从有经营资质的影视作品提供者合法取得,根据取得时的具体情形不知道也没有合理理由应当知道涉案影视作品侵犯他人信息网络传播权等权利的,不承担赔偿损失的民事责任。但网吧经营者经权利人通知后,未及时采取必要措施的,应对损害的扩大部分承担相应的民事责任。五、网吧经营者请求追加涉案影视作品提供者为共同被告的,可根据案件的具体情况决定是否追加其参加诉讼。

本通知自下发之日起执行。执行中如有问题和新情况,请及时层报最高人民法院。

11. 公安部经济犯罪侦查局《关于对"××视频"网站涉嫌侵犯著作权案如何适用法律问题的批复》(公经〔2010〕663号)

一、根据最高人民法院、最高人民检察院《关于办理侵犯知识产权刑事案件具体应用法律若干问题的解释(2)》(法释〔2007〕6号)、《关于办理侵犯著作权刑事案件中涉及录音录像制品有关问题的批复》(法释〔2005〕12号)等有关规定,以营利为目的,未经著作权人许可,通过信息网络向公众提供他人影视作品下载或在线观看,侵权影视作品数量合计在500份以上的,以侵犯著作权罪定罪处罚。其中,包含1部及以上电影,或1集及以上电视剧的一个视频文件视为1份。

二、根据最高人民法院、最高人民检察院《关于办理侵犯知识产权刑事案件具体应用法律若干问题的解释》(法释〔2004〕19号)等有关规定,通过信息网络向公众提供侵权影视作品下载或在线观看,以刊登收费广告等方式直接或间接收取的费用,应当计入违法所得数额、非法经营数额等犯罪数额。

有关广告在侵权影视作品及非侵权作品中均有刊登的,或者刊登广告的网页上同时提供侵权影视作品和其他非侵权作品的,应当根据广告刊登 方式、刊登位置、收费方式等因素合理确定其犯罪数额,无法查清的,可以参照有关广告费用乘以广告在侵权影视作品中播放、显示的次数占全部广告播放、显示次数的比例所得之积计算;或者参照有关广告费用乘以侵权影视作品的实际被点击次数占有关作品、网页实际被点击总次数的比例所得之积计算。上述方法均无法计算的,对于以播放影视作品为主的视频网站,可以参照有关广告费用乘以侵权影视作品占网站所有影视作品的比例所得之积计算。

12. 最高人民法院、最高人民检察院、公安部《关于办理侵犯知识产权刑事案件适用法律若干问题的意见》(法发〔2011〕3号)

十、关于侵犯著作权犯罪案件"以营利为目的"的认定问题

除销售外,具有下列情形之一的,可以认定为"以营利为目的":(一)以在他人作品中刊登收费广告、捆绑第三方作品等方式直接或者间接收取费用的;(二)通过信息网络传播他人作品,或者利用他人上传的侵权作品,在网站或者网页上提供刊登收费广告服务,直接或者间接收取费用的;(三)以会员制方式通过信息网络传播他人作品,收取会员注册费或者其他费用的;(四)其他利用他人作品牟利的情形。

十一、关于侵犯著作权犯罪案件"未经著作权人许可"的认定问题

"未经著作权人许可"一般应当依据著作权人或者其授权的代理人、著作权集体管理组织、国家著作权行政管理部门指定的著作权认证机构出具的涉案作品版权认证文书,或者证明出版者、复制发行者伪造、涂改授权许可文件或者超出授权许可范围的证据,结合其他证据综合予以认定。

在涉案作品种类众多且权利人分散的案件中,上述证据确实难以一一取得,但有证据证明涉案复制品系非法出版、复制发行的,且出版者、复制发行者不能提供获得著作权人许可的相关证明材料的,可以认定为"未经著作权人许可"。但是,有证据证明权利人放弃权利、涉案作品的著作权不受我国著作权法保护,或者著作权保护期限已经届满的除外。

十二、关于刑法第217条规定的“发行”的认定及相关问题

“发行”,包括总发行、批发、零售、通过信息网络传播以及出租、展销等活动。

非法出版、复制、发行他人作品,侵犯著作权构成犯罪的,按照侵犯著作权罪定罪处罚,不认定为非法经营罪等其他犯罪。

十三、关于通过信息网络传播侵权作品行为的定罪处罚标准问题

以营利为目的,未经著作权人许可,通过信息网络向公众传播他人文字作品、音乐、电影、电视、美术、摄影、录像作品、录音录像制品、计算机软件及其他作品,具有下列情形之一的,属于刑法第217条规定的“其他严重情节”:

(一)非法经营数额在5万元以上的;(二)传播他人作品的数量合计在500件(部)以上的;(三)传播他人作品的实际被点击数达到5万次以上的;(四)以会员制方式传播他人作品,注册会员达到1000人以上的;(五)数额或者数量虽未达到第(1)项至第(4)项规定标准,但分别达到其中两项以上标准一半以上的;(六)其他严重情节的情形。

实施前款规定的行为,数额或者数量达到前款第(1)项至第(5)项规定标准5倍以上的,属于刑法第217条规定的“其他特别严重情节”。

十四、关于多次实施侵犯知识产权行为累计计算数额问题

依照《最高人民法院、最高人民检察院关于办理侵犯知识产权刑事案件具体应用法律若干问题的解释》第12条第2款的规定,多次实施侵犯知识产权行为,未经行政处理或者刑事处罚的,非法经营数额、违法所得数额或者销售金额累计计算。

2年内多次实施侵犯知识产权违法行为,未经行政处理,累计数额构成犯罪的,应当依法定罪处罚。实施侵犯知识产权犯罪行为的追诉期限,适用刑法的有关规定,不受前述2年的限制。

十五、关于为他人实施侵犯知识产权犯罪提供原材料、机械设备等行为的定性问题

明知他人实施侵犯知识产权犯罪,而为其提供生产、制造侵权产品的主要原材料、辅助材料、半成品、包装材料、机械设备、标签标识、生产技术、配方等帮助,或者提供互联网接入、服务器托管、网络存储空间、通讯传输通道、代收费、费用结算等服务的,以侵犯知识产权犯罪的共犯论处。

十六、关于侵犯知识产权犯罪竞合的处理问题

同时构成生产、销售伪劣商品犯罪的。(全文见本书《刑法》第213条相关内容)

13. 最高人民法院、最高人民检察院《关于办理侵犯知识产权刑事案件具体应用法律若干问题的解释(3)》(法释〔2020〕10号)

第2条 在刑法第217条规定的作品、录音制品上以通常方式署名的自然人、法人或者非法人组织,应当推定为著作权人或者录音制作者,且该作品、录音制品上存在着相应权利,但有相反证明的除外。

在涉案作品、录音制品种类众多且权利人分散的案件中,有证据证明涉案复制品系非法出版、复制发行,且出版者、复制发行者不能提供获得著作权人、录音制作者许可的相关证据材料的,可以认定为刑法第217条规定的“未经著作权人许可”“未经录音制作者许可”。但是,有证据证明权利人放弃权利、涉案作品的著作权或者录音制品的有关权利不受我国著作权法保护、权利保护期限已经届满的除外。

第7条 除特殊情况外,假冒注册商标的商品、非法制造的注册商标标识、侵犯著作权的复制品、主要用于制造假冒注册商标的商品、注册商标标识或者侵权复制品的材料和工具,应当依法予以没收和销毁。

上述物品需要作为民事、行政案件的证据使用的,经权利人申请,可以在民事、行政案件终结后或者采取取样、拍照等方式对证据固定后予以销毁。

第8条 具有下列情形之一的,可以酌情从重处罚,一般不适用缓刑:

(一)主要以侵犯知识产权为业的;(二)因侵犯知识产权被行政处罚后再次侵犯知识产权构成犯罪的;(三)在重大自然灾害、事故灾难、公共卫生事件期间,假冒抢险救灾、防疫物资等商品的注册商标的;(四)拒不交出违法所得的。

第9条 具有下列情形之一的,可以酌情从轻处罚:

(一)认罪认罚的;(二)取得权利人谅解的;(三)具有悔罪表现的;(四)以不正当手段获取权利人的商业秘密后尚未披露、使用或者允许他人使用的。

第10条 对于侵犯知识产权犯罪的,应当综合考虑犯罪违法所得数额、非法经营数额、给权利人造成的损失数额、侵权假冒物品数量及社会危害性等情节,依法判处罚金。

罚金数额一般在违法所得数额的1倍以上5倍以下确定。违法所得数额无法查清的,罚金数额一般按照非法经营数额的50%以上1倍以下确定。违法所得数额和非法经营数额均无法查清,判处3年以下有期徒刑、拘役、管制或者单处罚金的,一般在3万元以上100万元以下确定罚金数额;判处3年以上有期徒刑的,一般在15万元以上500万元以下确定罚金数额。(全文详见本书《刑法》第219条相关内容)

14.《中华人民共和国刑法修正案(11)》(2020年12月26日第十三届全国人大常委会第二十四次会议通过)

二十、将刑法第217条修改为:"以营利为目的,有下列侵犯著作权或者与著作权有关的权利的情形之一,违法所得数额较大或者有其他严重情节的,处3年以下有期徒刑,并处或者单处罚金;违法所得数额巨大或者有其他特别严重情节的,处3年以上10年以下有期徒刑,并处罚金:

(一)未经著作权人许可,复制发行、通过信息网络向公众传播其文字作品、音乐、美术、视听作品、计算机软件及法律、行政法规规定的其他作品的;(二)出版他人享有专有出版权的图书的;(三)未经录音录像制作者许可,复制发行、通过信息网络向公众传播其制作的录音录像的;(四)未经表演者许可,复制发行录有其表演的录音录像制品,或者通过信息网络向公众传播其表演的;(五)制作、出售假冒他人署名的美术作品的;(六)未经著作权人或者与著作权有关的权利人许可,故意避开或者破坏权利人为其作品、录音录像制品等采取的保护著作权或者与著作权有关的权利的技术措施的。"

(原条文:以营利为目的,有下列侵犯著作权情形之一,违法所得数额较大或者有其他严重情节的,处3年以下有期徒刑或者拘役,并处或者单处罚金;违法所得数额巨大或者有其他特别严重情节的,处3年以上7年以下有期徒刑,并处罚金:

(一)未经著作权人许可,复制发行其文字作品、音乐、电影、电视、录像作品、计算机软件及其他作品的;(二)出版他人享有专有出版权的图书的;(三)未经录音录像制作者许可,复制发行其制作的录音录像的;(四)制作、出售假冒他人署名的美术作品的。)

15.最高人民检察院《第26批指导性案例陈某等8人侵犯著作权案》(检例第100号;2021年2月4日)

【要旨】

办理网络侵犯视听作品著作权犯罪案件,应注意及时提取、固定和保全相关电子数据,并围绕客观性、合法性、关联性要求对电子数据进行全面审查。对涉及众多作品的案件,在认定"未经著作权人许可"时,应围绕涉案复制品是否系非法出版、复制发行且被告人能否提供获得著作权人许可的相关证明材料进行审查。

【指导意义】

(一)充分发挥检察职能,依法惩治网络侵犯视听作品著作权犯罪,切实维护权利人合法权益

依法保护著作权是国家知识产权战略的重要内容。检察机关坚决依法惩治侵犯著作权犯罪,尤其是注重惩治网络信息环境下的侵犯著作权犯罪。网络环境下侵犯视听作品著作权犯罪具有手段日益隐蔽、组织分工严密、地域跨度大、证据易毁损和隐匿等特点,且日益呈现高发多发态势,严重破坏网络安全与秩序,应予严惩。为准确指控和证明犯罪,检察机关在适时介入侦查、引导取证时,应注意以下方面:一是提取、固定和保全涉案网站视频链接、链接所指向的视频文件、涉案网站影视作品目录、涉案网站视频播放界面;二是固定、保全涉案网站对应的云转码服务器后台及该后台中的视频链接;三是比对确定云转码后台形成的链接与涉案网站播放的视频链接是否具有同一性;四是对犯罪过程中涉及的多个版本盗版影片,技术性地针对片头片中片尾分别进行作品的同一性对比。

(二)检察机关办理网络侵犯著作权犯罪案件,应围绕电子数据的客观性、合法性和关联性进行全面审查,依法适用认罪认罚从宽制度,提高办案质效

网络环境下侵犯著作权犯罪呈现出跨国境、跨区域以及智能化、产业化特征,证据多表现为电子数据且难以获取。在办理此类案件时,一方面要着重围绕电子数据的客观性、合法性和关联性进行全面审查,区分不同类别的电子数据,采取有针对性的审查方法,特别要注意审查电子数据与案件事实之间的多元关联,综合运用电子数据与其他证据,准确认定案件事实。另一方面,面对网络犯罪的复杂性,检察机关要注意结合不同被告人的地位与作用,充分运用认罪认罚从宽制度,推动查明犯罪手段、共犯分工、人员关系、违法所得分配等案件事实,提高办案效率。

(三)准确把握"未经著作权人许可"的证明方法

对于涉案作品种类众多且权利人分散的案件,在认定"未经著作权人许可"时,应围绕涉案复制品是否系非法出版、复制发行,被告人能否提供获得著作权人许可的相关证明材料予以综合判断。为证明涉案网站系非法提供网络视听服务的网站,可以收集"信息网络传播视听节目许可证"持证机构名单等证据,补强对涉案复制品系非法出版、复制发行的证明。涉案侵权作品数量众多时,可进行抽样取证,但应注意审查所抽取的样本是否具有代表性、抽样范围与其他在案证据是否相符、抽样是否具备随机性等影响抽样客观性的因素。在达到追诉标准的侵权数量基础上,对抽样作品提交著作权人进行权属认证,以确认涉案作品是否均系侵权作品。

第218条 【销售侵权复制品罪】以营利为目的,销售明知是本法第217条规定的侵权复制品,违法所得数额巨大或者有其他严重情节的,处5年以下有期徒刑,并处或者单处罚金。

(本条《中华人民共和国刑法修正案(11)》修改)

• 释义

销售侵权复制品罪是指自然人或者单位,以营利为目的,销售明知是侵权复制品的物品,违法所得数额巨大的行为。

• 管辖

公安机关食品药品犯罪侦查部门、法院(本罪,人民检察院没有提起公诉,被害人有证据

证明的轻微刑事案件,但严重危害社会秩序和国家利益的除外)。

- **立案追诉标准**

以营利为目的,销售明知是刑法第217条规定的侵权复制品,涉嫌下列情形之一的,应予立案追诉:

(一)违法所得数额10万元以上的;

(二)违法所得数额虽未达到上述数额标准,但尚未销售的侵权复制品货值金额达到30万元以上的。

- **关联法律**

1. 最高人民法院《关于审理非法出版物刑事案件具体应用法律若干问题的解释》(法释〔1998〕30号)

第4条 以营利为目的,实施刑法第218条规定的行为,个人违法所得数额在10万元以上,单位违法所得数额在50万元以上的,依照刑法第218条的规定,以销售侵权复制品罪定罪处罚。(全文见本书《刑法》第217条相关内容)

2. 最高人民法院、最高人民检察院《关于办理侵犯知识产权刑事案件具体应用法律若干问题的解释》(法释〔2004〕19号)

第6条 以营利为目的,实施刑法第218条规定的行为,违法所得数额在10万元以上的,属于"违法所得数额巨大",应当以销售侵权复制品罪判处3年以下有期徒刑或者拘役,并处或者单处罚金。

第14条 实施刑法第217条规定的侵犯著作权犯罪,又销售该侵权复制品,构成犯罪的,应当依照刑法第217条的规定,以侵犯著作权罪定罪处罚。

实施刑法第217条规定的侵犯著作权犯罪,又销售明知是他人的侵权复制品,构成犯罪的,应当实行数罪并罚。(全文见本书《刑法》第213条相关内容)

3. 最高人民检察院、公安部《关于公安机关管辖的刑事案件立案追诉标准的规定(1)》(公通字〔2008〕36号)

(见本条立案追诉标准内容)

4. 最高人民检察院《关于充分发挥检察职能服务保障"六稳""六保"的意见》(高检发〔2020〕10号)

(详见本书《刑法》第219条相关内容)

5.《中华人民共和国刑法修正案(11)》(2020年12月26日第十三届全国人大常委会第二十四次会议通过)

二十一、将刑法第218条修改为:"以营利为目的,销售明知是本法第217条规定的侵权复制品,违法所得数额巨大或者有其他严重情节的,处5年以下有期徒刑,并处或者单处罚金。"

(原条文:以营利为目的,销售明知是本法第217条规定的侵权复制品,违法所得数额巨大的,处3年以下有期徒刑或者拘役,并处或者单处罚金。)

6. 参见本书《刑法》第213条、第217条该节内容。

第219条 【侵犯商业秘密罪】有下列侵犯商业秘密行为之一,情节严重的,处3年以下有期徒刑,并处或者单处罚金;情节特别严重的,处3年以上10年以下有期徒刑,并处罚金:情节特别严重的,处3年以上10年以下有期徒刑,并处罚金:

（一）以盗窃、贿赂、欺诈、胁迫、电子侵入或者其他不正当手段获取权利人的商业秘密的；

（二）披露、使用或者允许他人使用以前项手段获取的权利人的商业秘密的；

（三）违反保密义务或者违反权利人有关保守商业秘密的要求，披露、使用或者允许他人使用其所掌握的商业秘密的。

明知前款所列行为，获取、披露、使用或者允许他人使用该商业秘密的，以侵犯商业秘密论。

本条所称权利人，是指商业秘密的所有人和经商业秘密所有人许可的商业秘密使用人。

（本条《中华人民共和国刑法修正案（11）》修改）

• 释义

侵犯商业秘密罪是指以盗窃、贿赂、欺诈、胁迫、电子侵入等不正当手段获取权利人的商业秘密，或者披露、使用或者允许他人使用以前述手段获取的权利人的商业秘密，或者违反保密义务或者违反权利人有关保守商业秘密的要求，披露、使用或者允许他人使用其所握的商业秘密的行为。

• 管辖

公安机关食品药品犯罪侦查部门、法院（本罪，人民检察院没有提起公诉，被害人有证据证明的轻微刑事案件，但严重危害社会秩序和国家利益的除外）。

• 立案追诉标准

无。

• 关联法律

1. 国家工商行政管理局《关于禁止侵犯商业秘密行为的若干规定》（1995年11月23日国家工商行政管理局令第41号，1998年12月3日修改）

第2条 本规定所称商业秘密，是指不为公众所知悉、能为权利人带来经济利益、具有实用性并经权利人采取保密措施的技术信息和经营信息。

本规定所称不为公众所知悉，是指该信息是不能从公开渠道直接获取的。

本规定所称能为权利人带来经济利益、具有实用性，是指该信息具有确定的可应用性，能为权利人带来现实的或者潜在的经济利益或者竞争优势。

本规定所称权利人采取保密措施，包括订立保密协议，建立保密制度及采取其他合理的保密措施。

本规定所称技术信息和经营信息，包括设计、程序、产品配方、制作工艺、制作方法、管理诀窍、客户名单、货源情报、产销策略、招投标中的标底及标书内容等信息。

本规定所称权利人，是指依法对商业秘密享有所有权或者使用权的公民、法人或者其它组织。

第3条 禁止下列侵犯商业秘密行为：

（一）以盗窃、利诱、胁迫或者其他不正当手段获取权利人的商业秘密；（二）披露、使用或者允许他人使用以前项手段获取的权利人的商业秘密；（三）与权利人有业务关系的单位和个人违反合同约定或者违反权利人保守商业秘密的要求，披露、使用或者允许他人使用其所掌握的权利人的商业秘密;(四)权利人的职工违反合同约定或者违反权利人保守商业秘密的要求,披露、使用或者允许他人使用其所掌握的权利人的商业秘密。

第三人明知或者应知前款所列违法行为,获取、使用或者披露他人的商业秘密,视为侵犯商业秘密。

第4条 侵犯商业秘密行为由县级以上工商行政管理机关认定处理。(全文略)

2. 最高人民法院《关于审理盗窃案件具体应用法律若干问题的解释》(法释〔1998〕4号)

(法释〔2013〕8号已声明该文件废止)

3.《关于维护互联网安全的决定》(2000年12月28日第九届全国人大常委会第十九次会议通过,2009年8月27日第十一届全国人大常委会第十次会议《关于修改部分法律的决定》修正)

三、为了维护社会主义市场经济秩序和社会管理秩序,对有下列行为之一,构成犯罪的,依照刑法有关规定追究刑事责任:

(一)利用互联网销售伪劣产品或者对商品、服务作虚假宣传;(二)利用互联网损坏他人商业信誉和商品声誉;(三)利用互联网侵犯他人知识产权;(四)利用互联网编造并传播影响证券、期货交易或者其他扰乱金融秩序的虚假信息;(五)在互联网上建立淫秽网站、网页,提供淫秽站点链接服务;或者传播淫秽书刊、影片、音像、图片。(全文详见本书《刑法》第141条相关内容)

4. 最高人民法院、最高人民检察院《关于办理侵犯知识产权刑事案件具体应用法律若干问题的解释》(法释〔2004〕19号)

第7条 实施刑法第219条规定的行为之一,给商业秘密的权利人造成损失数额在50万元以上,属于"给商业秘密的权利人造成重大损失",应当以侵犯商业秘密罪判处3年以上有期徒刑或者拘役,并处或者单处罚金。

给商业秘密的权利人造成损失数额在250万元以上的,属于刑法第219条规定的"造成特别严重后果",应当以侵犯商业秘密罪判处3年以上7年以下有期徒刑,并处罚金。

第15条 单位实施刑法第213条至第219条规定的行为,按照本解释规定的相应个人犯罪的定罪量刑标准的3倍定罪量刑。

第16条 明知他人实施侵犯知识产权犯罪,而为其提供贷款、资金、账号、发票、证明、许可证件,或者提供生产、经营场所或者运输、储存、代理进出口等便利条件、帮助的,以侵犯知识产权犯罪的共犯论处。

第17条 以前发布的有关侵犯知识产权犯罪的司法解释,与本解释相抵触的,自本解释施行后不再适用。(全文详见本书《刑法》第213条相关内容)

5. 最高人民法院、最高人民检察院《关于办理侵犯知识产权刑事案件具体应用法律若干问题的解释(2)》(法释〔2007〕6号)

第3条 侵犯知识产权犯罪,符合刑法规定的缓刑条件的,依法适用缓刑。有下列情形之一的,一般不适用缓刑:

(一)因侵犯知识产权被刑事处罚或者行政处罚后,再次侵犯知识产权构成犯罪的;(二)不具有悔罪表现的;(三)拒不交出违法所得的;(四)其他不宜适用缓刑的情形。

第4条 对于侵犯知识产权犯罪的,人民法院应当综合考虑犯罪的违法所得、非法经营数额、给权利人造成的损失、社会危害性等情节,依法判处罚金。罚金数额一般在违法所得的1倍以上5倍以下,或者按照非法经营数额的50%以上1倍以下确定。

第5条 被害人有证据证明的侵犯知识产权刑事案件,直接向人民法院起诉的,人民法院应当依法受理;严重危害社会秩序和国家利益的侵犯知识产权刑事案件,由人民检察院依法提起公诉。

第6条 单位实施刑法第213条至第219条规定的行为，按照《最高人民法院、最高人民检察院关于办理侵犯知识产权刑事案件具体应用法律若干问题的解释》和本解释规定的相应个人犯罪的定罪量刑标准定罪处罚。（全文详见本书《刑法》第213条相关内容）

6. 最高人民检察院、公安部《关于公安机关管辖的刑事案件立案追诉标准的规定（2）》（公通字〔2010〕23号）

（公通字〔2022〕12号已声明该文件废止）

7. 最高人民法院、最高人民检察院、公安部《关于办理侵犯知识产权刑事案件适用法律若干问题的意见》（法发〔2011〕3号）

（详见本书《刑法》第213条相关内容）

8. 公安部经济犯罪侦查局《关于对侵犯商业秘密案件如何计算权利人损失问题的批复》（公经知产〔2013〕299号）

对于侵犯技术信息的商业秘密刑事案件，行为人已将权利人商业秘密于生产侵权产品的，在计算权利人损失数额时，可以参照商业秘密、专利民事司法解释中规定的损害赔偿额的计算方法进行。侵犯商业秘密的产品系另一产品的零部件的，应当根据该侵犯商业秘密的产品本身的价值及其在实现整个成品利润中的作用等因素合理确定权利人的损失数额。

9.《中华人民共和国商业银行法》（2015年修正）

（全文略）

10.《中华人民共和国反恐怖主义法》（2015年12月27日第十二届全国人大常委会第十八次会议通过；2018年4月27日第十三届全国人大常委会第二次会议《关于修改〈中华人民共和国国境卫生检疫法〉等6部法律的决定》修正）

第94条 反恐怖主义工作领导机构、有关部门的工作人员在反恐怖主义工作中滥用职权、玩忽职守、徇私舞弊，或者有违反规定泄露国家秘密、商业秘密和个人隐私等行为，构成犯罪的，依法追究刑事责任；尚不构成犯罪的，依法给予处分。

反恐怖主义工作领导机构、有关部门及其工作人员在反恐怖主义工作中滥用职权、玩忽职守、徇私舞弊或者有其他违法违纪行为的，任何单位和个人有权向有关部门检举、控告。有关部门接到检举、控告后，应当及时处理并回复检举、控告人。（全文略）

11. 公安部《公安机关互联网安全监督检查规定》（公安部令〔2018〕第151号）

第25条 受公安机关委托提供技术支持的网络安全服务机构及其工作人员，从事非法侵入监督检查对象网络、干扰监督检查对象网络正常功能、窃取网络数据等危害网络安全的活动的，依照《中华人民共和国网络安全法》第63条的规定予以处罚；窃取或者以其他非法方式获取、非法出售或者非法向他人提供在工作中获悉的个人信息的，依照《中华人民共和国网络安全法》第64条第2款的规定予以处罚，构成犯罪的，依法追究刑事责任。

前款规定的机构及人员侵犯监督检查对象的商业秘密，构成犯罪的，依法追究刑事责任。（全文略）

12. 最高人民检察院《关于充分发挥检察职能服务保障"六稳""六保"的意见》（高检发〔2020〕10号）

4. 加大知识产权司法保护力度。

充分认识知识产权保护在疫情防控常态化条件下对企业生存发展、创新创业的重要意义，坚决惩治侵犯知识产权犯罪。一是依法着力保护与疫情防控相关的诊断检测技术、抗病毒药物、医用呼吸防护产品、环境消毒与废物处理、疫苗研制等领域的知识产权。二是对涉及高新技术、关键核心技术，以及网络侵权、链条式产业化有组织侵权等严重侵权假冒犯罪开展重点打击,对以侵犯知识产权为业或者侵犯知识产权犯罪链条中的生产制造者,以及具有多次、恶意侵权等情形的行为人,依法从严追诉并提出限制缓刑适用或者适用禁止令、职业禁止的量刑建议。推进侵犯知识产权刑事案件权利人诉讼权利告知试点,提升案件办理透明度。三是强化对商业秘密的保护。加大对采用盗窃、利诱、欺诈、胁迫、电子侵入或者其他不正当手段侵犯商业秘密犯罪的打击力度,综合权利人因被侵权遭受的销售利润损失、商业秘密的合理许可使用费等因素,正确认定权利人损失数额和侵权人违法所得。四是依法妥善办理科研人员涉嫌职务犯罪案件,为激发科技创新活力营造宽松有序的环境。对科研经费管理使用中的问题,坚持以科研经费政策为遵循,严格区分罪与非罪界限,不以形式违规简单依数额作犯罪评价。(全文详见本书《刑法》第2条相关内容)

13. 最高人民法院《关于审理侵犯商业秘密民事案件适用法律若干问题的规定》(法释〔2020〕7号)

为正确审理侵犯商业秘密民事案件,根据《中华人民共和国反不正当竞争法》《中华人民共和国民事诉讼法》等有关法律规定,结合审判实际,制定本规定。

第1条 与技术有关的结构、原料、组分、配方、材料、样品、样式、植物新品种繁殖材料、工艺、方法或其步骤、算法、数据、计算机程序及其有关文档等信息,人民法院可以认定构成反不正当竞争法第9条第4款所称的技术信息。

与经营活动有关的创意、管理、销售、财务、计划、样本、招投标材料、客户信息、数据等信息,人民法院可以认定构成反不正当竞争法第9条第4款所称的经营信息。

前款所称的客户信息,包括客户的名称、地址、联系方式以及交易习惯、意向、内容等信息。

第2条 当事人仅以与特定客户保持长期稳定交易关系为由,主张该特定客户属于商业秘密的,人民法院不予支持。

客户基于对员工个人的信赖而与该员工所在单位进行交易,该员工离职后,能够证明客户自愿选择与该员工或者该员工所在的新单位进行交易的,人民法院应当认定该员工没有采用不正当手段获取权利人的商业秘密。

第3条 权利人请求保护的信息在被诉侵权行为发生时不为所属领域的相关人员普遍知悉和容易获得的,人民法院应当认定为反不正当竞争法第9条第4款所称的不为公众所知悉。

第4条 具有下列情形之一的,人民法院可以认定有关信息为公众所知悉:

(一)该信息在所属领域属于一般常识或者行业惯例的;(二)该信息仅涉及产品的尺寸、结构、材料、部件的简单组合等内容,所属领域的相关人员通过观察上市产品即可直接获得的;(三)该信息已经在公开出版物或者其他媒体上公开披露的;(四)该信息已通过公开的报告会、展览等方式公开的;(五)所属领域的相关人员从其他公开渠道可以获得该信息的。

将为公众所知悉的信息进行整理、改进、加工后形成的新信息,符合本规定第3条规定的,应当认定该新信息不为公众所知悉。

第5条 权利人为防止商业秘密泄露,在被诉侵权行为发生以前所采取的合理保密措施,人民法院应当认定为反不正当竞争法第9条第4款所称的相应保密措施。

人民法院应当根据商业秘密及其载体的性质、商业秘密的商业价值、保密措施的可识别程度、保密措施与商业秘密的对应程度以及权利人的保密意愿等因素,认定权利人是否采取了相应保密措施。

第6条 具有下列情形之一,在正常情况下足以防止商业秘密泄露的,人民法院应当认定权利人采取了相应保密措施：

(一)签订保密协议或者在合同中约定保密义务的；(二)通过章程、培训、规章制度、书面告知等方式，对能够接触、获取商业秘密的员工、前员工、供应商、客户、来访者等提出保密要求的；(三)对涉密的厂房、车间等生产经营场所限制来访者或者进行区分管理的；(四)以标记、分类、隔离、加密、封存、限制能够接触或者获取的人员范围等方式，对商业秘密及其载体进行区分和管理的；(五)对能够接触、获取商业秘密的计算机设备、电子设备、网络设备、存储设备、软件等，采取禁止或者限制使用、访问、存储、复制等措施的；(六)要求离职员工登记、返还、清除、销毁其接触或者获取的商业秘密及其载体，继续承担保密义务的；(七)采取其他合理保密措施的。

第7条 权利人请求保护的信息因不为公众所知悉而具有现实的或者潜在的商业价值的，人民法院经审查可以认定为反不正当竞争法第9条第4款所称的具有商业价值。

生产经营活动中形成的阶段性成果符合前款规定的，人民法院经审查可以认定该成果具有商业价值。

第8条 被诉侵权人以违反法律规定或者公认的商业道德的方式获取权利人的商业秘密的，人民法院应当认定属于反不正当竞争法第9条第1款所称的以其他不正当手段获取权利人的商业秘密。

第9条 被诉侵权人在生产经营活动中直接使用商业秘密，或者对商业秘密进行修改、改进后使用，或者根据商业秘密调整、优化、改进有关生产经营活动的，人民法院应当认定属于反不正当竞争法第9条所称的使用商业秘密。

第10条 当事人根据法律规定或者合同约定所承担的保密义务，人民法院应当认定属于反不正当竞争法第9条第1款所称的保密义务。

当事人未在合同中约定保密义务，但根据诚信原则以及合同的性质、目的、缔约过程、交易习惯等，被诉侵权人知道或者应当知道其获取的信息属于权利人的商业秘密的，人民法院应当认定被诉侵权人对其获取的商业秘密承担保密义务。

第11条 法人、非法人组织的经营、管理人员以及具有劳动关系的其他人员，人民法院可以认定为反不正当竞争法第9条第3款所称的员工、前员工。

第12条 人民法院认定员工、前员工是否有渠道或者机会获取权利人的商业秘密，可以考虑与其有关的下列因素：

(一)职务、职责、权限；(二)承担的本职工作或者单位分配的任务；(三)参与和商业秘密有关的生产经营活动的具体情形；(四)是否保管、使用、存储、复制、控制或者以其他方式接触、获取商业秘密及其载体；(五)需要考虑的其他因素。

第13条 被诉侵权信息与商业秘密不存在实质性区别的，人民法院可以认定被诉侵权信息与商业秘密构成反不正当竞争法第32条第2款所称的实质上相同。

人民法院认定是否构成前款所称的实质上相同，可以考虑下列因素：

(一)被诉侵权信息与商业秘密的异同程度；(二)所属领域的相关人员在被诉侵权行为发生时是否容易想到被诉侵权信息与商业秘密的区别；(三)被诉侵权信息与商业秘密的用途、使用方式、目的、效果等是否具有实质性差异；(四)公有领域中与商业秘密相关信息的情况；(五)需要考虑的其他因素。

第14条 通过自行开发研制或者反向工程获得被诉侵权信息的，人民法院应当认定不属于反不正当竞争法第九条规定的侵犯商业秘密行为。

前款所称的反向工程，是指通过技术手段对从公开渠道取得的产品进行拆卸、测绘、分析等而获得该产品的有关技术信息。

被诉侵权人以不正当手段获取权利人的商业秘密后，又以反向工程为由主张未侵犯商业秘密的，人民法院不予支持。

第15条 被申请人试图或者已经以不正当手段获取、披露、使用或者允许他人使用权利人所主张的商业秘密，不采取行为保全措施会使判决难以执行或者造成当事人其他损害，或者将会使权利人的合法权益受到难以弥补的损害的，人民法院可以依法裁定采取行为保全措施。

前款规定的情形属于民事诉讼法第100条、第101条所称情况紧急的，人民法院应当在48小时内作出裁定。

第16条 经营者以外的其他自然人、法人和非法人组织侵犯商业秘密，权利人依据反不正当竞争法第17条的规定主张侵权人应当承担的民事责任的，人民法院应予支持。

第17条 人民法院对于侵犯商业秘密行为判决停止侵害的民事责任时，停止侵害的时间一般应当持续到该商业秘密已为公众所知悉时为止。

依照前款规定判决停止侵害的时间明显不合理的，人民法院可以在依法保护权利人的商业秘密竞争优势的情况下，判决侵权人在一定期限或者范围内停止使用该商业秘密。

第18条 权利人请求判决侵权人返还或者销毁商业秘密载体，清除其控制的商业秘密信息的，人民法院一般应予支持。

第19条 因侵权行为导致商业秘密为公众所知悉的，人民法院依法确定赔偿数额时，可以考虑商业秘密的商业价值。

人民法院认定前款所称的商业价值，应当考虑研究开发成本、实施该项商业秘密的收益、可得利益、可保持竞争优势的时间等因素。

第20条 权利人请求参照商业秘密许可使用费确定因被侵权所受到的实际损失的，人民法院可以根据许可的性质、内容、实际履行情况以及侵权行为的性质、情节、后果等因素确定。

人民法院依照反不正当竞争法第17条第4款确定赔偿数额的，可以考虑商业秘密的性质、商业价值、研究开发成本、创新程度、能带来的竞争优势以及侵权人的主观过错、侵权行为的性质、情节、后果等因素。

第21条 对于涉及当事人或者案外人的商业秘密的证据、材料，当事人或者案外人书面申请人民法院采取保密措施的，人民法院应当在保全、证据交换、质证、委托鉴定、询问、庭审等诉讼活动中采取必要的保密措施。

违反前款所称的保密措施的要求，擅自披露商业秘密或者在诉讼活动之外使用或者允许他人使用在诉讼中接触、获取的商业秘密的，应当依法承担民事责任。构成民事诉讼法第111条规定情形的，人民法院可以依法采取强制措施。构成犯罪的，依法追究刑事责任。

第22条 人民法院审理侵犯商业秘密民事案件时，对在侵犯商业秘密犯罪刑事诉讼程序中形成的证据，应当按照法定程序，全面、客观地审查。

由公安机关、检察机关或者人民法院保存的与被诉侵权行为具有关联性的证据，侵犯商业秘密民事案件的当事人及其诉讼代理人因客观原因不能自行收集，申请调查收集的，人民法院应当准许，但可能影响正在进行的刑事诉讼程序的除外。

第23条 当事人主张依据生效刑事裁判认定的实际损失或者违法所得确定涉及同一侵犯商业秘密行为的民事案件赔偿数额的，人民法院应予支持。

第24条 权利人已经提供侵权人因侵权所获得的利益的初步证据，但与侵犯商业秘密行为相关的账簿、资料由侵权人掌握的，人民法院可以根据权利人的申请，责令侵权人提供该账簿、资料。侵权人无正当理由拒不提供或者不如实提供的，人民法院可以根据权利人的主张和提供的证据认定侵权人因侵权所获得的利益。

第25条 当事人以涉及同一被诉侵犯商业秘密行为的刑事案件尚未审结为由,请求中止审理侵犯商业秘密民事案件,人民法院在听取当事人意见后认为必须以该刑事案件的审理结果为依据的,应予支持。

第26条 对于侵犯商业秘密行为,商业秘密独占使用许可合同的被许可人提起诉讼的,人民法院应当依法受理。

排他使用许可合同的被许可人和权利人共同提起诉讼,或者在权利人不起诉的情况下自行提起诉讼的,人民法院应当依法受理。

普通使用许可合同的被许可人和权利人共同提起诉讼,或者经权利人书面授权单独提起诉讼的,人民法院应当依法受理。

第27条 权利人应当在一审法庭辩论结束前明确所主张的商业秘密具体内容。仅能明确部分的,人民法院对该明确的部分进行审理。

权利人在第二审程序中另行主张其在一审中未明确的商业秘密具体内容的,第二审人民法院可以根据当事人自愿的原则就与该商业秘密具体内容有关的诉讼请求进行调解;调解不成的,告知当事人另行起诉。双方当事人均同意由第二审人民法院一并审理的,第二审人民法院可以一并裁判。

第28条 人民法院审理侵犯商业秘密民事案件,适用被诉侵权行为发生时的法律。被诉侵权行为在法律修改之前已经发生且持续到法律修改之后的,适用修改后的法律。

第29条 本规定自2020年9月12日起施行。最高人民法院以前发布的相关司法解释与本规定不一致的,以本规定为准。

本规定施行后,人民法院正在审理的一审、二审案件适用本规定;施行前已经作出生效裁判的案件,不适用本规定再审。

14.最高人民法院、最高人民检察院《关于办理侵犯知识产权刑事案件具体应用法律若干问题的解释(3)》(法释〔2020〕10号)

为依法惩治侵犯知识产权犯罪,维护社会主义市场经济秩序,根据《中华人民共和国刑法》《中华人民共和国刑事诉讼法》等有关规定,现就办理侵犯知识产权刑事案件具体应用法律的若干问题解释如下:

第1条 具有下列情形之一的,可以认定为刑法第213条规定的"与其注册商标相同的商标":

(一)改变注册商标的字体、字母大小写或者文字横竖排列,与注册商标之间基本无差别的;(二)改变注册商标的文字、字母、数字等之间的间距,与注册商标之间基本无差别的;(三)改变注册商标颜色,不影响体现注册商标显著特征的;(四)在注册商标上仅增加商品通用名称、型号等缺乏显著特征要素,不影响体现注册商标显著特征的;(五)与立体注册商标的三维标志及平面要素基本无差别的;(六)其他与注册商标基本无差别、足以对公众产生误导的商标。

第2条 在刑法第217条规定的作品、录音制品上以通常方式署名的自然人、法人或者非法人组织,应当推定为著作权人或者录音制作者,且该作品、录音制品上存在着相应权利,但有相反证明的除外。

在涉案作品、录音制品种类众多且权利人分散的案件中,有证据证明涉案复制品系非法出版、复制发行,且出版者、复制发行者不能提供获得著作权人、录音制作者许可的相关证据材料的,可以认定为刑法第217条规定的"未经著作权人许可""未经录音制作者许可"。但是,有证据证明权利人放弃权利、涉案作品的著作权或者录音制品的有关权利不受我国著作权法保护、权利保护期限已经届满的除外。

第3条 采取非法复制、未经授权或者超越授权使用计算机信息系统等方式窃取商业秘密的,应当认定为刑法第219条第1款第1项规定的“盗窃”。

以贿赂、欺诈、电子侵入等方式获取权利人的商业秘密的,应当认定为刑法第219条第1款第1项规定的“其他不正当手段”。

第4条 实施刑法第219条规定的行为,具有下列情形之一的,应当认定为“给商业秘密的权利人造成重大损失”:

(一)给商业秘密的权利人造成损失数额或者因侵犯商业秘密违法所得数额在30万元以上的;(二)直接导致商业秘密的权利人因重大经营困难而破产、倒闭的;(三)造成商业秘密的权利人其他重大损失的。

给商业秘密的权利人造成损失数额或者因侵犯商业秘密违法所得数额在250万元以上的,应当认定为刑法第219条规定的“造成特别严重后果”。

第5条 实施刑法第219条规定的行为造成的损失数额或者违法所得数额,可以按照下列方式认定:

(一)以不正当手段获取权利人的商业秘密,尚未披露、使用或者允许他人使用的,损失数额可以根据该项商业秘密的合理许可使用费确定;(二)以不正当手段获取权利人的商业秘密后,披露、使用或者允许他人使用的,损失数额可以根据权利人因被侵权造成销售利润的损失确定,但该损失数额低于商业秘密合理许可使用费的,根据合理许可使用费确定;(三)违反约定、权利人有关保守商业秘密的要求,披露、使用或者允许他人使用其所掌握的商业秘密的,损失数额可以根据权利人因被侵权造成销售利润的损失确定;(四)明知商业秘密是不正当手段获取或者是违反约定、权利人有关保守商业秘密的要求披露、使用、允许使用,仍获取、使用或者披露的,损失数额可以根据权利人因被侵权造成销售利润的损失确定;(五)因侵犯商业秘密行为导致商业秘密已为公众所知悉或者灭失的,损失数额可以根据该项商业秘密的商业价值确定。商业秘密的商业价值,可以根据该项商业秘密的研究开发成本、实施该项商业秘密的收益综合确定;(六)因披露或者允许他人使用商业秘密而获得的财物或者其他财产性利益,应当认定为违法所得。

前款第2项、第3项、第4项规定的权利人因被侵权造成销售利润的损失,可以根据权利人因被侵权造成销售量减少的总数乘以权利人每件产品的合理利润确定;销售量减少的总数无法确定的,可以根据侵权产品销售量乘以权利人每件产品的合理利润确定;权利人因被侵权造成销售量减少的总数和每件产品的合理利润均无法确定的,可以根据侵权产品销售量乘以每件侵权产品的合理利润确定。商业秘密系用于服务等其他经营活动的,损失数额可以根据权利人因被侵权而减少的合理利润确定。

商业秘密的权利人为减轻对商业运营、商业计划的损失或者重新恢复计算机信息系统安全、其他系统安全而支出的补救费用,应当计入给商业秘密的权利人造成的损失。

第6条 在刑事诉讼程序中,当事人、辩护人、诉讼代理人或者案外人书面申请对有关商业秘密或者其他需要保密的商业信息的证据、材料采取保密措施的,应当根据案件情况采取组织诉讼参与人签署保密承诺书等必要的保密措施。

违反前款有关保密措施的要求或者法律法规规定的保密义务的,依法承担相应责任。擅自披露、使用或者允许他人使用在刑事诉讼程序中接触、获取的商业秘密,符合刑法第219条规定的,依法追究刑事责任。

第7条 除特殊情况外,假冒注册商标的商品、非法制造的注册商标标识、侵犯著作权的复制品、主要用于制造假冒注册商标的商品、注册商标标识或者侵权复制品的材料和工具,应当依法予以没收和销毁。

上述物品需要作为民事、行政案件的证据使用的,经权利人申请,可以在民事、行政案件终结后或者采取取样、拍照等方式对证据固定后予以销毁。

第8条 具有下列情形之一的,可以酌情从重处罚,一般不适用缓刑:

(一)主要以侵犯知识产权为业的;(二)因侵犯知识产权被行政处罚后再次侵犯知识产权构成犯罪的;(三)在重大自然灾害、事故灾难、公共卫生事件期间,假冒抢险救灾、防疫物资等商品的注册商标的;(四)拒不交出违法所得的。

第9条 具有下列情形之一的,可以酌情从轻处罚:

(一)认罪认罚的;(二)取得权利人谅解的;(三)具有悔罪表现的;(四)以不正当手段获取权利人的商业秘密后尚未披露、使用或者允许他人使用的。

第10条 对于侵犯知识产权犯罪的,应当综合考虑犯罪违法所得数额、非法经营数额、给权利人造成的损失数额、侵权假冒物品数量及社会危害性等情节,依法判处罚金。

罚金数额一般在违法所得数额的1倍以上5倍以下确定。违法所得数额无法查清的,罚金数额一般按照非法经营数额的50%以上1倍以下确定。违法所得数额和非法经营数额均无法查清,判处3年以下有期徒刑、拘役、管制或者单处罚金的,一般在3万元以上100万元以下确定罚金数额;判处3年以上有期徒刑的,一般在15万元以上500万元以下确定罚金数额。

第11条 本解释发布施行后,之前发布的司法解释和规范性文件与本解释不一致的,以本解释为准。

第12条 本解释自2020年9月14日起施行。

15.《中华人民共和国刑法修正案(11)》(2020年12月26日第十三届全国人大常委会第二十四次会议通过)

二十二、将刑法第219条修改为:"有下列侵犯商业秘密行为之一,情节严重的,处3年以下有期徒刑,并处或者单处罚金;情节特别严重的,处3年以上10年以下有期徒刑,并处罚金:

"(一)以盗窃、贿赂、欺诈、胁迫、电子侵入或者其他不正当手段获取权利人的商业秘密的;(二)披露、使用或者允许他人使用以前项手段获取的权利人的商业秘密的;(三)违反保密义务或者违反权利人有关保守商业秘密的要求,披露、使用或者允许他人使用其所掌握的商业秘密的。

"明知前款所列行为,获取、披露、使用或者允许他人使用该商业秘密的,以侵犯商业秘密论。

"本条所称权利人,是指商业秘密的所有人和经商业秘密所有人许可的商业秘密使用人。"

(原条文:有下列侵犯商业秘密行为之一,给商业秘密的权利人造成重大损失的,处3年以下有期徒刑或者拘役,并处或者单处罚金;造成特别严重后果的,处3年以上7年以下有期徒刑,并处罚金:

(一)以盗窃、利诱、胁迫或者其他不正当手段获取权利人的商业秘密的;(二)披露、使用或者允许他人使用以前项手段获取的权利人的商业秘密的;(三)违反约定或者违反权利人有关保守商业秘密的要求,披露、使用或者允许他人使用其所掌握的商业秘密的。

明知或者应知前款所列行为,获取、使用或者披露他人的商业秘密的,以侵犯商业秘密论。

本条所称商业秘密,是指不为公众所知悉,能为权利人带来经济利益,具有实用性并经权利人采取保密措施的技术信息和经营信息。

本条所称权利人,是指商业秘密的所有人和经商业秘密所有人许可的商业秘密使用人。)

16. 最高人民检察院《第 26 批指导性案例金义盈侵犯商业秘密案》（检例第 102 号；2021 年 2 月 4 日）

【要旨】

办理侵犯商业秘密犯罪案件，被告人作无罪辩解的，既要注意审查商业秘密的成立及侵犯商业秘密的证据，又要依法排除被告人取得商业秘密的合法来源，形成指控犯罪的证据链。对鉴定意见的审查，必要时可聘请或指派有专门知识的人辅助办案。

【指导意义】

（一）依法惩治侵犯商业秘密犯罪，首先要准确把握商业秘密的界定

商业秘密作为企业的核心竞争力，凝聚了企业在社会活动中创造的智力成果，关系到企业生存与发展。依法保护商业秘密是国家知识产权战略的重要组成部分。检察机关依法严惩侵害商业秘密犯罪，对保护企业合法权益，营造良好营商环境，推进科技强国均有十分重要的意义。商业秘密是否成立，是认定是否构成侵犯商业秘密罪的前提条件。检察机关应着重审查以下方面：第一，涉案信息是否不为公众所知悉。注意审查涉案商业秘密是否不为其所属领域的相关人员普遍知悉和容易获得，是否属于《最高人民法院关于审理侵犯商业秘密民事案件适用法律若干问题的规定》第 4 条规定的已为公众所知悉的情形。第二，涉案信息是否具有商业价值。注意审查证明商业秘密形成过程中权利人投入研发成本、支付商业秘密许可费、转让费的证据；审查反映权利人实施该商业秘密获取的收益、利润、市场占有率等会计账簿、财务分析报告及其他体现商业秘密市场价值的证据。第三，权利人是否采取了相应的保密措施。注意审查权利人是否采取了《最高人民法院关于审理侵犯商业秘密民事案件适用法律若干问题的规定》第六条规定的保密措施，并注意审查该保密措施与商业秘密的商业价值、重要程度是否相适应、是否得到实际执行。

（二）对于被告人不认罪的情形，要善于运用证据规则，排除被告人合法取得商业秘密的可能性，形成指控犯罪的证据链

由于商业秘密的非公开性和犯罪手段的隐蔽性，认定被告人是否实施了侵犯商业秘密的行为往往面临证明困境。在被告人不作有罪供述时，为查明犯罪事实，检察机关应注意引导公安机关从被告人使用的信息与权利人的商业秘密是否实质上相同、是否具有知悉和掌握权利人商业秘密的条件、有无取得和使用商业秘密的合法来源，全面客观收集证据。特别是要着重审查被告人是否存在合法取得商业秘密的情形，应注意围绕辩方提出的商业秘密系经许可、承继、自行研发、受让、反向工程等合法方式获得的辩解，引导公安机关收集被告人会计账目、支出凭证等能够证明是否有研发费用、资金投入、研发人员工资等研发成本支出的证据；收集被告人所在单位研发人员名单、研发资质能力、实施研发行为、研发过程的证据；收集有关商业秘密的转让合同、许可合同、支付转让费、许可费的证据；收集被告人是否通过公开渠道取得产品并实施反向工程对产品进行拆卸、测绘、分析的证据，以及被告人因传承、承继商业秘密的书证等证据。通过证据之间的相互印证，排除被告人获取、使用商业秘密来源合法的可能性的，可以证实其实施侵犯商业秘密的犯罪行为。

（三）应注重对鉴定意见的审查，必要时引入有专门知识的人参与案件办理

办理侵犯商业秘密犯罪案件，由于商业秘密的认定，以及是否构成对商业秘密的侵犯，往往具有较强专业性，通常需要由鉴定机构出具专门的鉴定意见。检察机关对鉴定意见应予全面细致审查，以决定是否采信。对鉴定意见的审查应注意围绕以下方面：一是审查鉴定主体的合法性，包括鉴定机构、鉴定人员是否具有鉴定资质，委托鉴定事项是否符合鉴定机构的业务范围，鉴定人员是否存在应予回避等情形；二是审查鉴定材料的客观性，包括鉴定材料是否真实、完整、充分，取得方式是否合法，是否与原始材料一致等；三是审查鉴定方法的科学性，

包括鉴定方法是否符合国家标准、行业标准,方法和标准的选用是否符合相关规定。同时,要注意审查鉴定意见与其他在案证据能否相互印证,证据之间的矛盾能否得到合理解释。必要时,可聘请或指派有专门知识的人辅助审查案件,出庭公诉时可申请鉴定人及其他有专门知识的人出庭,对鉴定意见的科学依据以及合理性、客观性发表意见,通过对技术性问题的充分质证,准确认定案件事实,加强指控和证明犯罪。

17. 最高人民法院《关于进一步加强涉种子刑事审判工作的指导意见》(法〔2022〕66号)

四、立足现有罪名,依法严惩种子套牌侵权相关犯罪。假冒品种权以及未经许可或者超出委托规模生产、繁殖授权品种种子对外销售等种子套牌侵权行为,经常伴随假冒注册商标、侵犯商业秘密等其他犯罪行为。审理此类案件时要把握这一特点,立足刑法现有规定,通过依法适用与种子套牌侵权密切相关的假冒注册商标罪,销售假冒注册商标的商品罪,非法制造、销售非法制造的注册商标标识罪,侵犯商业秘密罪,为境外窃取、刺探、收买、非法提供商业秘密罪等罪名,实现对种子套牌侵权行为的依法惩处。同时,应当将种子套牌侵权行为作为从重处罚情节,加大对此类犯罪的惩处力度。(详见本书《刑法》第147条相关内容)

第219条之一 【为境外窃取、刺探、收买、非法提供商业秘密罪】 为境外的机构、组织、人员窃取、刺探、收买、非法提供商业秘密的,处5年以下有期徒刑,并处或者单处罚金;情节严重的,处5年以上有期徒刑,并处罚金。

(本条《中华人民共和国刑法修正案(11)》增设)

• 释义

本罪是指为境外的机构、组织、人员窃取、刺探、收买、非法提供商业秘密严重情节的行为。

• 管辖

公安机关、法院(本罪,人民检察院没有提起公诉,被害人有证据证明的轻微刑事案件,但严重危害社会秩序和国家利益的除外)。

• 立案追诉标准

无

• 关联法律

1.《中华人民共和国刑法修正案(11)》(2020年12月26日第十三届全国人大常委会第二十四次会议通过)

二十三、在刑法第219条后增加1条,作为第219条之一:"为境外的机构、组织、人员窃取、刺探、收买、非法提供商业秘密的,处5年以下有期徒刑,并处或者单处罚金;情节严重的,处5年以上有期徒刑,并处罚金。"

2. 最高人民法院《关于执行〈中华人民共和国刑法〉确定罪名的补充规定(7)》(法释〔2021〕2号)

(全文详见本书《刑法》第133条之二相关内容)

3. 最高人民法院《关于进一步加强涉种子刑事审判工作的指导意见》(法〔2022〕66号)

四、立足现有罪名,依法严惩种子套牌侵权相关犯罪。假冒品种权以及未经许可或者超出委托规模生产、繁殖授权品种种子对外销售等种子套牌侵权行为,经常伴随假冒注册商标、侵犯商业秘密等其他犯罪行为。审理此类案件时要把握这一特点,立足刑法现有规定,通过依法适用与种子套牌侵权密切相关的假冒注册商标罪，销售假冒注册商标的商品罪，非法制造、销售非法制造的注册商标标识罪，侵犯商业秘密罪，为境外窃取、刺探、收买、非法提供商业秘密罪等罪名，实现对种子套牌侵权行为的依法惩处。同时，应当将种子套牌侵权行为作为从重处罚情节，加大对此类犯罪的惩处力度。(详见本书《刑法》第147条相关内容)

第220条 【单位犯侵犯知识产权罪的处罚规定】 单位犯本节第213条至第219条之一规定之罪的，对单位判处罚金，并对其直接负责的主管人员和其他直接责任人员，依照本节各该条的规定处罚。

(本条《中华人民共和国刑法修正案(11)》修改)

• 管辖

公安机关食品药品犯罪侦查部门、法院(本罪，人民检察院没有提起公诉，被害人有证据证明的轻微刑事案件，但严重危害社会秩序和国家利益的除外)。

• 关联法律

1. 最高人民法院、最高人民检察院《关于办理侵犯知识产权刑事案件具体应用法律若干问题的解释(2)》(法释〔2007〕6号)

第6条 单位实施刑法第213条至第219条规定的行为，按照《最高人民法院、最高人民检察院关于办理侵犯知识产权刑事案件具体应用法律若干问题的解释》和本解释规定的相应个人犯罪的定罪量刑标准定罪处罚。(全文详见本书《刑法》第213条相关内容)

2. 最高人民检察院《关于充分发挥检察职能服务保障"六稳""六保"的意见》(高检发〔2020〕10号)

(详见本书《刑法》第219条相关内容)

3.《中华人民共和国刑法修正案(11)》(2020年12月26日第十三届全国人大常委会第二十四次会议通过)

二十四、将刑法第220条修改为："单位犯本节第213条至第219条之一规定之罪的，对单位判处罚金，并对其直接负责的主管人员和其他直接责任人员，依照本节各该条的规定处罚。"

(原条文：单位犯本节第213条至第219条规定之罪的，对单位判处罚金，并对其直接负责的主管人员和其他直接责任人员，依照本节各该条的规定处罚。)

第八节 扰乱市场秩序罪

本节罪中，除第229条第2款出具证明文件重大失实罪外，责任形式为故意；行为主体既可以是自然人，也可以是单位。

第221条 【损害商业信誉、商品声誉罪】 捏造并散布虚伪事实，损害他人的商业信誉、商品声誉，给他人造成重大损失或者有其他严重情节的，处2年以下有期徒刑或者拘役，并处或者单处罚金。

• 释义

损害商业信誉、商品声誉罪是指捏造并散布虚伪事实，损害他人的商业信誉、商业声誉，给他人造成重大损失或者有其他严重情节的行为。

• 管辖

公安机关经济犯罪侦查部门。

• 立案追诉标准

捏造并散布虚伪事实，损害他人的商业信誉、商品声誉，涉嫌下列情形之一的，应予立案追诉：

（一）给他人造成直接经济损失数额在 50 万元以上的；

（二）虽未达到上述数额标准，但造成公司、企业等单位停业、停产 6 个月以上，或者破产的；

（三）其他给他人造成重大损失或者有其他严重情节的情形。

• 关联法律

1.《关于维护互联网安全的决定》（2000 年 12 月 28 日第九届全国人大常委会第十九次会议通过，2009 年 8 月 27 日第十一届全国人大常委会第十次会议《关于修改部分法律的决定》修正）

（详见本书《刑法》第 141 条相关内容）

2. 最高人民法院、最高人民检察院、公安部《关于公安机关管辖的刑事案件立案追诉标准的规定（2）》（公通字〔2010〕23 号）

（公通字〔2022〕12 号已声明该文件废止）

3. 最高人民法院、最高人民检察院《关于办理利用信息网络实施诽谤等刑事案件适用法律若干问题的解释》（法释〔2013〕21 号）

第 9 条 利用信息网络实施诽谤、寻衅滋事、敲诈勒索、非法经营犯罪，同时又构成刑法第 221 条规定的损害商业信誉、商品声誉罪，第 278 条规定的煽动暴力抗拒法律实施罪，第 291 条之一规定的编造、故意传播虚假恐怖信息罪等犯罪的，依照处罚较重的规定定罪处罚。

第 10 条 本解释所称信息网络，包括以计算机、电视机、固定电话机、移动电话机等电子设备为终端的计算机互联网、广播电视网、固定通信网、移动通信网等信息网络，以及向公众开放的局域网络。（全文详见本书《刑法》第 246 条相关内容）

4. 最高人民检察院、公安部《关于公安机关管辖的刑事案件立案追诉标准的规定（2）》（公通字〔2022〕12 号）

（见本条立案追诉标准内容）

第 222 条 【虚假广告罪】 广告主、广告经营者、广告发布者违反国家规定，利用广告对商品或者服务作虚假宣传，情节严重的，处 2 年以下有期徒刑或者拘役，并处或者单处罚金。

• 释义

虚假广告罪是指广告主、广告经营者、广告发布者违反国家规定，利用广告对商品或者服务作虚假宣传，情节严重的行为。“情节严重”是指违法所得数额在 10 万元以上，造成严重危害后果或者恶劣社会影响,或者两年内利用广告作虚假宣传,受过行政处罚2次以上等情形。

• 管辖

公安机关经济犯罪侦查部门。

• 立案追诉标准

广告主、广告经营者、广告发布者违反国家规定,利用广告对商品或者服务作虚假宣传,涉嫌下列情形之一的,应予立案追诉:

(一)违法所得数额在10万元以上的;

(二)假借预防、控制突发事件、传染病防治的名义,利用广告作虚假宣传,致使多人上当受骗,违法所得数额在3万元以上的;

(三)利用广告对食品、药品作虚假宣传,违法所得数额在3万元以上的;

(四)虽未达到上述数额标准,但2年内因利用广告作虚假宣传受过2次以上行政处罚,又利用广告作虚假宣传的;

(五)造成严重危害后果或者恶劣社会影响的;

(六)其他情节严重的情形。

• 关联法律

1.《中华人民共和国反不正当竞争法》(1993年9月2日第八届全国人大常委会第三次会议通过;2017年11月4日第十二届全国人大常委会第三十次会议修订;2019年4月23日第十三届全国人大常委会第十次会议《关于修改〈中华人民共和国建筑法〉等8部法律的决定》修正)

第8条 经营者不得对其商品的性能、功能、质量、销售状况、用户评价、曾获荣誉等作虚假或者引人误解的商业宣传,欺骗、误导消费者。

经营者不得通过组织虚假交易等方式,帮助其他经营者进行虚假或者引人误解的商业宣传。

第20条 经营者违反本法第8条规定对其商品作虚假或者引人误解的商业宣传,或者通过组织虚假交易等方式帮助其他经营者进行虚假或者引人误解的商业宣传的,由监督检查部门责令停止违法行为,处20万元以上100万元以下的罚款;情节严重的,处100万元以上200万元以下的罚款,可以吊销营业执照。

经营者违反本法第8条规定,属于发布虚假广告的,依照《中华人民共和国广告法》的规定处罚。

第31条 违反本法规定,构成犯罪的,依法追究刑事责任。(全文略)

2.《中华人民共和国广告法》(1994年10月27日第八届全国人大常委会第十次会议通过;2015年4月24日第十二届全国人大常委会第十四次会议修订;2018年10月26日第十三届全国人大常委会第六次会议《全国人民代表大会常务委员会关于修改〈中华人民共和国野生动物保护法〉等15部法律的决定》修正;2021年4月29日第十三届全国人大常委会第二十八次会议通过的《全国人民代表大会常务委员会关于修改〈中华人民共和国道路交通安全法〉等8部法律的决定》修正)

第55条 违反本法规定,发布虚假广告的,由市场监督管理部门责令停止发布广告,责令广告主在相应范围内消除影响,处广告费用3倍以上5倍以下的罚款,广告费用无法计算或者明显偏低的,处20万元以上100万元以下的罚款;2年内有3次以上违法行为或者有其他严重情节的,处广告费用5倍以上10倍以下的罚款,广告费用无法计算或者明显偏低的,处

100 万元以上 200 万元以下的罚款,可以吊销营业执照,并由广告审查机关撤销广告审查批准文件、1 年内不受理其广告审查申请。

医疗机构有前款规定违法行为,情节严重的,除由市场监督管理部门依照本法处罚外,卫生行政部门可以吊销诊疗科目或者吊销医疗机构执业许可证。

广告经营者、广告发布者明知或者应知广告虚假仍设计、制作、代理、发布的,由市场监督管理部门没收广告费用,并处广告费用 3 倍以上 5 倍以下的罚款,广告费用无法计算或者明显偏低的,处 20 万元以上 100 万元以下的罚款;2 年内有 3 次以上违法行为或者有其他严重情节的,处广告费用 5 倍以上 10 倍以下的罚款,广告费用无法计算或者明显偏低的,处 100 万元以上 200 万元以下的罚款,并可以由有关部门暂停广告发布业务、吊销营业执照。

广告主、广告经营者、广告发布者有本条第 1 款、第 3 款规定行为,构成犯罪的,依法追究刑事责任。

第 72 条 广告审查机关对违法的广告内容作出审查批准决定的,对负有责任的主管人员和直接责任人员,由任免机关或者监察机关依法给予处分;构成犯罪的,依法追究刑事责任。

第 73 条 市场监督管理部门对在履行广告监测职责中发现的违法广告行为或者对经投诉、举报的违法广告行为,不依法予以查处的,对负有责任的主管人员和直接责任人员,依法给予处分。

市场监督管理部门和负责广告管理相关工作的有关部门的工作人员玩忽职守、滥用职权、徇私舞弊的,依法给予处分。

有前两款行为,构成犯罪的,依法追究刑事责任。(全文略)

3.《关于维护互联网安全的决定》(2000 年 12 月 28 日第九届全国人大常委会第十九次会议通过;2009 年 8 月 27 日第十一届全国人大常委会第十次会议《关于修改部分法律的决定》修正)

(详见本书《刑法》第 141 条相关内容)

4. 最高人民法院、最高人民检察院《关于办理妨害预防、控制突发传染病疫情等灾害的刑事案件具体应用法律若干问题的解释》(法释〔2003〕8 号)

第 5 条 广告主、广告经营者、广告发布者违反国家规定,假借预防、控制突发传染病疫情等灾害的名义,利用广告对所推销的商品或者服务作虚假宣传,致使多人上当受骗,违法所得数额较大或者有其他严重情节的,依照刑法第 222 条的规定,以虚假广告罪定罪处罚。(全文详见本书《刑法》第 114 条相关内容)

5. 最高人民检察院、公安部《关于公安机关管辖的刑事案件立案追诉标准的规定(2)》(公通字〔2010〕23 号)

(公通字〔2022〕12 号已声明该文件废止)

6. 最高人民法院、最高人民检察院《关于办理危害食品安全刑事案件适用法律若干问题的解释》(法释〔2013〕12 号)

(法释〔2021〕24 号已声明该文废止)

7. 最高人民法院、最高人民检察院《关于办理危害药品安全刑事案件适用法律若干问题的解释》(法释〔2014〕14 号)

(高检法释〔2022〕1 号已声明该文件废止)

8. 国家工商行政管理总局《网络交易管理办法》(总局令〔2014〕年第 60 号)

[被《网络交易监督管理办法》(2021 年 3 月 15 日国家市场监督管理总局令第 37 号)废止]

9. 国家工商行政管理总局《网络交易管理办法》(总局令〔2014〕第60号)

［被《网络交易监督管理办法》(2021年3月15日国家市场监督管理总局令第37号)废止］

10. 国家工商行政管理总局《互联网广告管理暂行办法》(总局令〔2016〕第87号)

第1条 为了规范互联网广告活动,保护消费者的合法权益,促进互联网广告业的健康发展,维护公平竞争的市场经济秩序,根据《中华人民共和国广告法》(以下简称广告法)等法律、行政法规,制定本办法。

第2条 利用互联网从事广告活动,适用广告法和本办法的规定。

第3条 本办法所称互联网广告,是指通过网站、网页、互联网应用程序等互联网媒介,以文字、图片、音频、视频或者其他形式,直接或者间接地推销商品或者服务的商业广告。

前款所称互联网广告包括:

(一)推销商品或者服务的含有链接的文字、图片或者视频等形式的广告;(二)推销商品或者服务的电子邮件广告;(三)推销商品或者服务的付费搜索广告;(四)推销商品或者服务的商业性展示中的广告,法律、法规和规章规定经营者应当向消费者提供的信息的展示依照其规定;(五)其他通过互联网媒介推销商品或者服务的商业广告。

第4条 鼓励和支持广告行业组织依照法律、法规、规章和章程的规定,制定行业规范,加强行业自律,促进行业发展,引导会员依法从事互联网广告活动,推动互联网广告行业诚信建设。

第5条 法律、行政法规规定禁止生产、销售的商品或者提供的服务,以及禁止发布广告的商品或者服务,任何单位或者个人不得在互联网上设计、制作、代理、发布广告。

禁止利用互联网发布处方药和烟草的广告。

第6条 医疗、药品、特殊医学用途配方食品、医疗器械、农药、兽药、保健食品广告等法律、行政法规规定须经广告审查机关进行审查的特殊商品或者服务的广告,未经审查,不得发布。

第7条 互联网广告应当具有可识别性,显著标明"广告",使消费者能够辨明其为广告。

付费搜索广告应当与自然搜索结果明显区分。

第8条 利用互联网发布、发送广告,不得影响用户正常使用网络。在互联网页面以弹出等形式发布的广告,应当显著标明关闭标志,确保一键关闭。

不得以欺骗方式诱使用户点击广告内容。

未经允许,不得在用户发送的电子邮件中附加广告或者广告链接。

第9条 互联网广告主、广告经营者、广告发布者之间在互联网广告活动中应当依法订立书面合同。

第10条 互联网广告主应当对广告内容的真实性负责。

广告主发布互联网广告需具备的主体身份、行政许可、引证内容等证明文件,应当真实、合法、有效。

广告主可以通过自设网站或者拥有合法使用权的互联网媒介自行发布广告,也可以委托互联网广告经营者、广告发布者发布广告。

互联网广告主委托互联网广告经营者、广告发布者发布广告,修改广告内容时,应当以书面形式或者其他可以被确认的方式通知为其提供服务的互联网广告经营者、广告发布者。

第11条 为广告主或者广告经营者推送或者展示互联网广告,并能够核对广告内容、决定广告发布的自然人、法人或者其他组织,是互联网广告的发布者。

第12条 互联网广告发布者、广告经营者应当按照国家有关规定建立、健全互联网广告业务的承接登记、审核、档案管理制度;审核查验并登记广告主的名称、地址和有效联系方式等主体身份信息,建立登记档案并定期核实更新。

互联网广告发布者、广告经营者应当查验有关证明文件,核对广告内容,对内容不符或者证明文件不全的广告,不得设计、制作、代理、发布。

互联网广告发布者、广告经营者应当配备熟悉广告法规的广告审查人员;有条件的还应当设立专门机构,负责互联网广告的审查。

第13条 互联网广告可以以程序化购买广告的方式,通过广告需求方平台、媒介方平台以及广告信息交换平台等所提供的信息整合、数据分析等服务进行有针对性地发布。

通过程序化购买广告方式发布的互联网广告,广告需求方平台经营者应当清晰标明广告来源。

第14条 广告需求方平台是指整合广告主需求,为广告主提供发布服务的广告主服务平台。广告需求方平台的经营者是互联网广告发布者、广告经营者。

媒介方平台是指整合媒介方资源,为媒介所有者或者管理者提供程序化的广告分配和筛选的媒介服务平台。

广告信息交换平台是提供数据交换、分析匹配、交易结算等服务的数据处理平台。

第15条 广告需求方平台经营者、媒介方平台经营者、广告信息交换平台经营者以及媒介方平台的成员,在订立互联网广告合同时,应当查验合同相对方的主体身份证明文件、真实名称、地址和有效联系方式等信息,建立登记档案并定期核实更新。

媒介方平台经营者、广告信息交换平台经营者以及媒介方平台成员,对其明知或者应知的违法广告,应当采取删除、屏蔽、断开链接等技术措施和管理措施,予以制止。

第16条 互联网广告活动中不得有下列行为:(一)提供或者利用应用程序、硬件等对他人正当经营的广告采取拦截、过滤、覆盖、快进等限制措施;(二)利用网络通路、网络设备、应用程序等破坏正常广告数据传输,篡改或者遮挡他人正当经营的广告,擅自加载广告;(三)利用虚假的统计数据、传播效果或者互联网媒介价值,诱导错误报价,谋取不正当利益或者损害他人利益。

第17条 未参与互联网广告经营活动,仅为互联网广告提供信息服务的互联网信息服务提供者,对其明知或者应知利用其信息服务发布违法广告的,应当予以制止。

第18条 对互联网广告违法行为实施行政处罚,由广告发布者所在地工商行政管理部门管辖。广告发布者所在地工商行政管理部门管辖异地广告主、广告经营者有困难的,可以将广告主、广告经营者的违法情况移交广告主、广告经营者所在地工商行政管理部门处理。

广告主所在地、广告经营者所在地工商行政管理部门先行发现违法线索或者收到投诉、举报的,也可以进行管辖。

对广告主自行发布的违法广告实施行政处罚,由广告主所在地工商行政管理部门管辖。

第19条 工商行政管理部门在查处违法广告时,可以行使下列职权:

(一)对涉嫌从事违法广告活动的场所实施现场检查;(二)询问涉嫌违法的有关当事人,对有关单位或者个人进行调查;(三)要求涉嫌违法当事人限期提供有关证明文件;(四)查阅、复制与涉嫌违法广告有关的合同、票据、账簿、广告作品和互联网广告后台数据,采用截屏、页面另存、拍照等方法确认互联网广告内容;(五)责令暂停发布可能造成严重后果的涉嫌违法广告。

工商行政管理部门依法行使前款规定的职权时,当事人应当协助、配合,不得拒绝、阻挠或者隐瞒真实情况。

第 20 条 工商行政管理部门对互联网广告的技术监测记录资料,可以作为对违法的互联网广告实施行政处罚或者采取行政措施的电子数据证据。

第 21 条 违反本办法第 5 条第 1 款规定,利用互联网广告推销禁止生产、销售的产品或者提供的服务,或者禁止发布广告的商品或者服务的,依照广告法第 57 条第 5 项的规定予以处罚;违反第 2 款的规定,利用互联网发布处方药、烟草广告的,依照广告法第 57 条第 2 项、第 4 项的规定予以处罚。

第 22 条 违反本办法第 6 条规定,未经审查发布广告的,依照广告法第 58 条第 1 款第 14 项的规定予以处罚。

第 23 条 互联网广告违反本办法第 7 条规定,不具有可识别性的,依照广告法第 59 条第 3 款的规定予以处罚。

第 24 条 违反本办法第 8 条第 1 款规定,利用互联网发布广告,未显著标明关闭标志并确保一键关闭的,依照广告法第 63 条第 2 款的规定进行处罚;违反第 2 款、第 3 款规定,以欺骗方式诱使用户点击广告内容的,或者未经允许,在用户发送的电子邮件中附加广告或者广告链接的,责令改正,处 1 万元以上 3 万元以下的罚款。

第 25 条 违反本办法第 12 条第 1 款、第 2 款规定,互联网广告发布者、广告经营者未按照国家有关规定建立、健全广告业务管理制度的,或者未对广告内容进行核对的,依照广告法第 61 条第 1 款的规定予以处罚。

第 26 条 有下列情形之一的,责令改正,处 1 万元以上 3 万元以下的罚款:

(一)广告需求方平台经营者违反本办法第 13 条第 2 款规定,通过程序化购买方式发布的广告未标明来源的;(二)媒介方平台经营者、广告信息交换平台经营者以及媒介方平台成员,违反本办法第 15 条第 1 款、第 2 款规定,未履行相关义务的。

第 27 条 违反本办法第 17 条规定,互联网信息服务提供者明知或者应知互联网广告活动违法不予制止的,依照广告法第 64 条规定予以处罚。

第 28 条 工商行政管理部门依照广告法和本办法规定所做出的行政处罚决定,应当通过企业信用信息公示系统依法向社会公示。

第 29 条 本办法自 2016 年 9 月 1 日起施行。

11. 国家市场监督管理总局《药品、医疗器械、保健食品、特殊医学用途配方食品广告审查管理暂行办法》(国家市场监督管理总局令〔2019〕第 21 号)

第 1 条 为加强药品、医疗器械、保健食品和特殊医学用途配方食品广告监督管理,规范广告审查工作,维护广告市场秩序,保护消费者合法权益,根据《中华人民共和国广告法》等法律、行政法规,制定本办法。

第 2 条 药品、医疗器械、保健食品和特殊医学用途配方食品广告的审查适用本办法。

未经审查不得发布药品、医疗器械、保健食品和特殊医学用途配方食品广告。

第 3 条 药品、医疗器械、保健食品和特殊医学用途配方食品广告应当真实、合法,不得含有虚假或者引人误解的内容。

广告主应当对药品、医疗器械、保健食品和特殊医学用途配方食品广告内容的真实性和合法性负责。

第 4 条 国家市场监督管理总局负责组织指导药品、医疗器械、保健食品和特殊医学用途配方食品广告审查工作。

各省、自治区、直辖市市场监督管理部门、药品监督管理部门(以下称广告审查机关)负责药品、医疗器械、保健食品和特殊医学用途配方食品广告审查,依法可以委托其他行政机关具体实施广告审查。

第5条 药品广告的内容应当以国务院药品监督管理部门核准的说明书为准。药品广告涉及药品名称、药品适应症或者功能主治、药理作用等内容的,不得超出说明书范围。

药品广告应当显著标明禁忌、不良反应,处方药广告还应当显著标明“本广告仅供医学药学专业人士阅读”,非处方药广告还应当显著标明非处方药标识(OTC)和“请按药品说明书或者在药师指导下购买和使用”。

第6条 医疗器械广告的内容应当以药品监督管理部门批准的注册证书或者备案凭证、注册或者备案的产品说明书内容为准。医疗器械广告涉及医疗器械名称、适用范围、作用机理或者结构及组成等内容的,不得超出注册证书或者备案凭证、注册或者备案的产品说明书范围。

推荐给个人自用的医疗器械的广告,应当显著标明“请仔细阅读产品说明书或者在医务人员的指导下购买和使用”。医疗器械产品注册证书中有禁忌内容、注意事项的,广告应当显著标明“禁忌内容或者注意事项详见说明书”。

第7条 保健食品广告的内容应当以市场监督管理部门批准的注册证书或者备案凭证、注册或者备案的产品说明书内容为准,不得涉及疾病预防、治疗功能。保健食品广告涉及保健功能、产品功效成分或者标志性成分及含量、适宜人群或者食用量等内容的,不得超出注册证书或者备案凭证、注册或者备案的产品说明书范围。

保健食品广告应当显著标明“保健食品不是药物,不能代替药物治疗疾病”,声明本品不能代替药物,并显著标明保健食品标志、适宜人群和不适宜人群。

第8条 特殊医学用途配方食品广告的内容应当以国家市场监督管理总局批准的注册证书和产品标签、说明书为准。特殊医学用途配方食品广告涉及产品名称、配方、营养学特征、适用人群等内容的,不得超出注册证书、产品标签、说明书范围。

特殊医学用途配方食品广告应当显著标明适用人群、“不适用于非目标人群使用”“请在医生或者临床营养师指导下使用”。

第9条 药品、医疗器械、保健食品和特殊医学用途配方食品广告应当显著标明广告批准文号。

第10条 药品、医疗器械、保健食品和特殊医学用途配方食品广告中应当显著标明的内容,其字体和颜色必须清晰可见、易于辨认,在视频广告中应当持续显示。

第11条 药品、医疗器械、保健食品和特殊医学用途配方食品广告不得违反《中华人民共和国广告法》第9条、第16条、第17条、第18条、第19条规定,不得包含下列情形:

(一)使用或者变相使用国家机关、国家机关工作人员、军队单位或者军队人员的名义或者形象,或者利用军队装备、设施等从事广告宣传;(二)使用科研单位、学术机构、行业协会或者专家、学者、医师、药师、临床营养师、患者等的名义或者形象作推荐、证明;(三)违反科学规律,明示或者暗示可以治疗所有疾病、适应所有症状、适应所有人群,或者正常生活和治疗病症所必需等内容;(四)引起公众对所处健康状况和所患疾病产生不必要的担忧和恐惧,或者使公众误解不使用该产品会患某种疾病或者加重病情的内容;(五)含有“安全”“安全无毒副作用”“毒副作用小”,明示或者暗示成分为“天然”,因而安全性有保证等内容;(六)含有“热销、抢购、试用”“家庭必备、免费治疗、免费赠送”等诱导性内容,“评比、排序、推荐、指定、选用、获奖”等综合性评价内容,“无效退款、保险公司保险”等保证性内容,怂恿消费者任意、过量使用药品、保健食品和特殊医学用途配方食品的内容;(七)含有医疗机构的名称、地址、联系方式、诊疗项目、诊疗方法以及有关义诊、医疗咨询电话、开设特约门诊等医疗服务的内容;(八)法律、行政法规规定不得含有的其他内容。

第12条 药品、医疗器械、保健食品和特殊医学用途配方食品注册证明文件或者备案凭证持有人及其授权同意的生产、经营企业为广告申请人(以下简称申请人)。

申请人可以委托代理人办理药品、医疗器械、保健食品和特殊医学用途配方食品广告审查申请。

第13条 药品、特殊医学用途配方食品广告审查申请应当依法向生产企业或者进口代理人等广告主所在地广告审查机关提出。

医疗器械、保健食品广告审查申请应当依法向生产企业或者进口代理人所在地广告审查机关提出。

第14条 申请药品、医疗器械、保健食品、特殊医学用途配方食品广告审查,应当依法提交《广告审查表》、与发布内容一致的广告样件,以及下列合法有效的材料:

(一)申请人的主体资格相关材料,或者合法有效的登记文件;(二)产品注册证明文件或者备案凭证、注册或者备案的产品标签和说明书,以及生产许可文件;(三)广告中涉及的知识产权相关有效证明材料。

经授权同意作为申请人的生产、经营企业,还应当提交合法的授权文件;委托代理人进行申请的,还应当提交委托书和代理人的主体资格相关材料。

第15条 申请人可以到广告审查机关受理窗口提出申请,也可以通过信函、传真、电子邮件或者电子政务平台提交药品、医疗器械、保健食品和特殊医学用途配方食品广告申请。

广告审查机关收到申请人提交的申请后,应当在5个工作日内作出受理或者不予受理决定。申请材料齐全、符合法定形式的,应当予以受理,出具《广告审查受理通知书》。申请材料不齐全、不符合法定形式的,应当1次性告知申请人需要补正的全部内容。

第16条 广告审查机关应当对申请人提交的材料进行审查,自受理之日起10个工作日内完成审查工作。经审查,对符合法律、行政法规和本办法规定的广告,应当作出审查批准的决定,编发广告批准文号。

对不符合法律、行政法规和本办法规定的广告,应当作出不予批准的决定,送达申请人并说明理由,同时告知其享有依法申请行政复议或者提起行政诉讼的权利。

第17条 经审查批准的药品、医疗器械、保健食品和特殊医学用途配方食品广告,广告审查机关应当通过本部门网站以及其他方便公众查询的方式,在10个工作日内向社会公开。公开的信息应当包括广告批准文号、申请人名称、广告发布内容、广告批准文号有效期、广告类别、产品名称、产品注册证明文件或者备案凭证编号等内容。

第18条 药品、医疗器械、保健食品和特殊医学用途配方食品广告批准文号的有效期与产品注册证明文件、备案凭证或者生产许可文件最短的有效期一致。

产品注册证明文件、备案凭证或者生产许可文件未规定有效期的,广告批准文号有效期为两年。

第19条 申请人有下列情形的,不得继续发布审查批准的广告,并应当主动申请注销药品、医疗器械、保健食品和特殊医学用途配方食品广告批准文号:

(一)主体资格证照被吊销、撤销、注销的;(二)产品注册证明文件、备案凭证或者生产许可文件被撤销、注销的;(三)法律、行政法规规定应当注销的其他情形。

广告审查机关发现申请人有前款情形的,应当依法注销其药品、医疗器械、保健食品和特殊医学用途配方食品广告批准文号。

第20条 广告主、广告经营者、广告发布者应当严格按照审查通过的内容发布药品、医疗器械、保健食品和特殊医学用途配方食品广告,不得进行剪辑、拼接、修改。

已经审查通过的广告内容需要改动的,应当重新申请广告审查。

第21条 下列药品、医疗器械、保健食品和特殊医学用途配方食品不得发布广告:

（一）麻醉药品、精神药品、医疗用毒性药品、放射性药品、药品类易制毒化学品，以及戒毒治疗的药品、医疗器械；（二）军队特需药品、军队医疗机构配制的制剂；（三）医疗机构配制的制剂；（四）依法停止或者禁止生产、销售或者使用的药品、医疗器械、保健食品和特殊医学用途配方食品；（五）法律、行政法规禁止发布广告的情形。

第22条 本办法第21条规定以外的处方药和特殊医学用途配方食品中的特定全营养配方食品广告只能在国务院卫生行政部门和国务院药品监督管理部门共同指定的医学、药学专业刊物上发布。

不得利用处方药或者特定全营养配方食品的名称为各种活动冠名进行广告宣传。不得使用与处方药名称或者特定全营养配方食品名称相同的商标、企业字号在医学、药学专业刊物以外的媒介变相发布广告，也不得利用该商标、企业字号为各种活动冠名进行广告宣传。

特殊医学用途婴儿配方食品广告不得在大众传播媒介或者公共场所发布。

第23条 药品、医疗器械、保健食品和特殊医学用途配方食品广告中只宣传产品名称（含药品通用名称和药品商品名称）的，不再对其内容进行审查。

第24条 经广告审查机关审查通过并向社会公开的药品广告，可以依法在全国范围内发布。

第25条 违反本办法第10条规定，未显著、清晰表示广告中应当显著标明内容的，按照《中华人民共和国广告法》第59条处罚。

第26条 有下列情形之一的，按照《中华人民共和国广告法》第58条处罚：

（一）违反本办法第2条第2款规定，未经审查发布药品、医疗器械、保健食品和特殊医学用途配方食品广告；（二）违反本办法第19条规定或者广告批准文号已超过有效期，仍继续发布药品、医疗器械、保健食品和特殊医学用途配方食品广告；（三）违反本办法第20条规定，未按照审查通过的内容发布药品、医疗器械、保健食品和特殊医学用途配方食品广告。

第27条 违反本办法第11条第2项至第5项规定，发布药品、医疗器械、保健食品和特殊医学用途配方食品广告的，依照《中华人民共和国广告法》第58条的规定处罚；构成虚假广告的，依照《中华人民共和国广告法》第55条的规定处罚。

第28条 违反本办法第11条第6项至第8项规定，发布药品、医疗器械、保健食品和特殊医学用途配方食品广告的，《中华人民共和国广告法》及其他法律法规有规定的，依照相关规定处罚，没有规定的，由县级以上市场监督管理部门责令改正；对负有责任的广告主、广告经营者、广告发布者处以违法所得3倍以下罚款，但最高不超过3万元；没有违法所得的，可处1万元以下罚款。

第29条 违反本办法第11条第1项、第21条、第22条规定的，按照《中华人民共和国广告法》第57条处罚。

第30条 有下列情形之一的，按照《中华人民共和国广告法》第65条处罚：

（一）隐瞒真实情况或者提供虚假材料申请药品、医疗器械、保健食品和特殊医学用途配方食品广告审查的；（二）以欺骗、贿赂等不正当手段取得药品、医疗器械、保健食品和特殊医学用途配方食品广告批准文号的。

第31条 市场监督管理部门对违反本办法规定的行为作出行政处罚决定后，应当依法通过国家企业信用信息公示系统向社会公示。

第32条 广告审查机关的工作人员玩忽职守、滥用职权、徇私舞弊的，依法给予处分。构成犯罪的，依法追究刑事责任。

第33条 本办法涉及的文书格式范本由国家市场监督管理总局统一制定。

第34条 本办法自2020年3月1日起施行。1996年12月30日原国家工商行政管理局令第72号公布的《食品广告发布暂行规定》,2007年3月3日原国家工商行政管理总局、原国家食品药品监督管理局令第27号公布的《药品广告审查发布标准》,2007年3月13日原国家食品药品监督管理局、原国家工商行政管理总局令第27号发布的《药品广告审查办法》,2009年4月7日原卫生部、原国家工商行政管理总局、原国家食品药品监督管理局令第65号发布的《医疗器械广告审查办法》,2009年4月28日原国家工商行政管理总局、原卫生部、原国家食品药品监督管理局令第40号公布的《医疗器械广告审查发布标准》同时废止。

12. 最高人民法院、最高人民检察院、公安部、司法部《关于依法惩治妨害新型冠状病毒感染肺炎疫情防控违法犯罪的意见》(法发〔2020〕7号)

二、准确适用法律,依法严惩妨害疫情防控的各类违法犯罪

(五)依法严惩诈骗、聚众哄抢犯罪。在疫情防控期间,假借研制、生产或者销售用于疫情防控的物品的名义骗取公私财物,或者捏造事实骗取公众捐赠款物,数额较大的,依照刑法第266条的规定,以诈骗罪定罪处罚。

在疫情防控期间,违反国家规定,假借疫情防控的名义,利用广告对所推销的商品或者服务作虚假宣传,致使多人上当受骗,违法所得数额较大或者有其他严重情节的,依照刑法第222条的规定,以虚假广告罪定罪处罚。

在疫情防控期间,聚众哄抢公私财物特别是疫情防控和保障物资,数额较大或者有其他严重情节的,对首要分子和积极参加者,依照刑法第268条的规定,以聚众哄抢罪定罪处罚。(全文详见本书《刑法》第114条相关内容)

13. 最高人民法院、最高人民检察院《关于办理危害食品安全刑事案件适用法律若干问题的解释》(法释〔2021〕24号)

第19条 违反国家规定,利用广告对保健食品或者其他食品作虚假宣传,符合刑法第222条规定的,以虚假广告罪定罪处罚;以非法占有为目的,利用销售保健食品或者其他食品诈骗财物,符合刑法第266条规定的,以诈骗罪定罪处罚。同时构成生产、销售伪劣产品罪等其他犯罪的,依照处罚较重的规定定罪处罚。(全文详见本书《刑法》第143条相关内容)

14. 最高人民法院《关于审理非法集资刑事案件具体应用法律若干问题的解释》(法释〔2010〕18号;法释〔2022〕5号修正)

第12条 广告经营者、广告发布者违反国家规定,利用广告为非法集资活动相关的商品或者服务作虚假宣传,具有下列情形之一的,依照刑法第222条的规定,以虚假广告罪定罪处罚:

(一)违法所得数额在10万元以上的;(二)造成严重危害后果或者恶劣社会影响的;(三)2年内利用广告作虚假宣传,受过行政处罚2次以上的;(四)其他情节严重的情形。

明知他人从事欺诈发行证券,非法吸收公众存款,擅自发行股票、公司、企业债券,集资诈骗或者组织、领导传销活动等集资犯罪活动,为其提供广告等宣传的,以相关犯罪的共犯论处。(全文详见本书《刑法》第176条相关内容)

15. 最高人民法院、最高人民检察院《关于办理危害药品安全刑事案件适用法律若干问题的解释》(高检发释字〔2022〕1号)

第12条 广告主、广告经营者、广告发布者违反国家规定,利用广告对药品作虚假宣传,情节严重的,依照刑法第222条的规定,以虚假广告罪定罪处罚。(全文详见本书《刑法》第141条相关内容)

16. 最高人民检察院、公安部《关于公安机关管辖的刑事案件立案追诉标准的规定(2)》(公通字〔2022〕12号)

(见本条立案追诉标准内容)

第223条 【串通投标罪】投标人相互串通投标报价,损害招标人或者其他投标人利益,情节严重的,处3年以下有期徒刑或者拘役,并处或者单处罚金。

投标人与招标人串通投标,损害国家、集体、公民的合法利益的,依照前款的规定处罚。

• 释义

串通投标罪是指投标人相互串通投标报价,损害招标人或者其他投标人的利益,情节严重,或者投标人与招标人串通投标,损害国家、集体、公民的合法权益的行为。

• 管辖

公安机关经济犯罪侦查部门。

• 立案追诉标准

投标人相互串通投标报价,或者投标人与招标人串通投标,涉嫌下列情形之一的,应予立案追诉:

(一)损害招标人、投标人或者国家、集体、公民的合法利益,造成直接经济损失数额在50万元以上的;

(二)违法所得数额在20万元以上的;

(三)中标项目金额在400万元以上的;

(四)采取威胁、欺骗或者贿赂等非法手段的;

(五)虽未达到上述数额标准,但2年内因串通投标受过2次以上行政处罚,又串通投标的;

(六)其他情节严重的情形。

• 关联法律

1.《中华人民共和国招标投标法》(1999年8月30日第九届全国人大会常委会第十一次会议通过;2017年12月27日第十二届全国人大常委会第三十一次会议《关于修改〈中华人民共和国招标投标法〉、〈中华人民共和国计量法〉的决定》修正)

第3条 在中华人民共和国境内进行下列工程建设项目包括项目的勘察、设计、施工、监理以及与工程建设有关的重要设备、材料等的采购,必须进行招标:

(一)大型基础设施、公用事业等关系社会公共利益、公众安全的项目;(二)全部或者部分使用国有资金投资或者国家融资的项目;(三)使用国际组织或者外国政府贷款、援助资金的项目。

前款所列项目的具体范围和规模标准,由国务院发展计划部门会同国务院有关部门制订,报国务院批准。

法律或者国务院对必须进行招标的其他项目的范围有规定的,依照其规定。

第4条 任何单位和个人不得将依法必须进行招标的项目化整为零或者以其他任何方式规避招标。

第22条 招标人不得向他人透露已获取招标文件的潜在投标人的名称、数量以及可能影响公平竞争的有关招标投标的其他情况。

招标人设有标底的,标底必须保密。

第32条 投标人不得相互串通投标报价,不得排挤其他投标人的公平竞争,损害招标人或者其他投标人的合法权益。

投标人不得与招标人串通投标,损害国家利益、社会公共利益或者他人的合法权益。

禁止投标人以向招标人或者评标委员会成员行贿的手段谋取中标。

第33条 投标人不得以低于成本的报价竞标,也不得以他人名义投标或者以其他方式弄虚作假,骗取中标。

第49条 违反本法规定,必须进行招标的项目而不招标的,将必须进行招标的项目化整为零或者以其他任何方式规避招标的,责令限期改正,可以处项目合同金额千分之五以上千分之十以下的罚款;对全部或者部分使用国有资金的项目,可以暂停项目执行或者暂停资金拨付;对单位直接负责的主管人员和其他直接责任人员依法给予处分。

第50条 招标代理机构违反本法规定,泄露应当保密的与招标投标活动有关的情况和资料的,或者与招标人、投标人串通损害国家利益、社会公共利益或者他人合法权益的,处5万元以上25万元以下的罚款,对单位直接负责的主管人员和其他直接责任人员处单位罚款数额5%以上10%以下的罚款;有违法所得的,并处没收违法所得;情节严重的,禁止其1年至2年内代理依法必须进行招标的项目并予以公告,直至由工商行政管理机关吊销营业执照;构成犯罪的,依法追究刑事责任。给他人造成损失的,依法承担赔偿责任。

前款所列行为影响中标结果的,中标无效。

第52条 依法必须进行招标的项目的招标人向他人透露已获取招标文件的潜在投标人的名称、数量或者可能影响公平竞争的有关招标投标的其他情况的,或者泄露标底的,给予警告,可以并处1万元以上10万元以下的罚款;对单位直接负责的主管人员和其他直接责任人员依法给予处分;构成犯罪的,依法追究刑事责任。

前款所列行为影响中标结果的,中标无效。

第53条 投标人相互串通投标或者与招标人串通投标的,投标人以向招标人或者评标委员会成员行贿的手段谋取中标的,中标无效,处中标项目金额千分之五以上千分之十以下的罚款,对单位直接负责的主管人员和其他直接责任人员处单位罚款数额5%以上10%以下的罚款;有违法所得的,并处没收违法所得;情节严重的,取消其1年至2年内参加依法必须进行招标的项目的投标资格并予以公告,直至由工商行政管理机关吊销营业执照;构成犯罪的,依法追究刑事责任。给他人造成损失的,依法承担赔偿责任。

第54条 投标人以他人名义投标或者以其他方式弄虚作假,骗取中标的,中标无效,给招标人造成损失的,依法承担赔偿责任;构成犯罪的,依法追究刑事责任。

依法必须进行招标的项目的投标人有前款所列行为尚未构成犯罪的,处中标项目金额千分之五以上千分之十以下的罚款,对单位直接负责的主管人员和其他直接责任人员处单位罚款数额5%以上10%以下的罚款;有违法所得的,并处没收违法所得;情节严重的,取消其1年至3年内参加依法必须进行招标的项目的投标资格并予以公告,直至由工商行政管理机关吊销营业执照。

第56条 评标委员会成员收受投标人的财物或者其他好处的,评标委员会成员或者参加评标的有关工作人员向他人透露对投标文件的评审和比较、中标候选人的推荐以及与评标有关的其他情况的,给予警告,没收收受的财物,可以并处3000元以上5万元以下的罚款,对有所列违法行为的评标委员会成员取消担任评标委员会成员的资格,不得再参加任何依法必须进行招标的项目的评标;构成犯罪的,依法追究刑事责任。

第63条 对招标投标活动依法负有行政监督职责的国家机关工作人员徇私舞弊、滥用职权或者玩忽职守,构成犯罪的,依法追究刑事责任;不构成犯罪的,依法给予行政处分。(全文略)

2. 最高人民检察院、公安部《关于公安机关管辖的刑事案件立案追诉标准的规定(2)》(公通字〔2010〕23号)

(公通字〔2022〕12号已声明该文件废止)

3. 最高人民检察院《第24批指导性案例许某某、包某某串通投标立案监督案》(检例第90号;2020年12月21日)

【要旨】

刑法规定了串通投标罪,但未规定串通拍卖行为构成犯罪。对于串通拍卖行为,不能以串通投标罪予以追诉。公安机关对串通竞拍国有资产行为以涉嫌串通投标罪刑事立案的,检察机关应当通过立案监督,依法通知公安机关撤销案件。

【指导意义】

(一)检察机关发现公安机关对串通拍卖行为以涉嫌串通投标罪刑事立案的,应当依法监督撤销案件。严格遵循罪刑法定原则,法律没有明文规定为犯罪行为的,不得予以追诉。拍卖与投标虽然都是竞争性的交易方式,形式上具有一定的相似性,但二者行为性质不同,分别受不同法律规范调整。刑法第223条规定,投标人相互串通投标报价,损害招标人或者其他投标人利益,情节严重的,或者投标人与招标人串通投标,损害国家、集体、公民的合法利益的,以串通投标罪追究刑事责任。刑法未规定串通拍卖行为构成犯罪,拍卖法亦未规定串通拍卖行为可以追究刑事责任。公安机关将串通拍卖行为类推为串通投标行为予以刑事立案的,检察机关应当通过立案监督,通知公安机关撤销案件。

(二)准确把握法律政策界限,依法保护企业合法权益和正常经济活动。坚持法治思维,贯彻"谦抑、审慎"理念,严格区分案件性质及应承担的责任类型。对企业的经济行为,法律政策界限不明,罪与非罪不清的,应充分考虑其行为动机和对于社会有无危害及其危害程度,加强研究分析,慎重妥善处理,不能轻易进行刑事追诉。对于民营企业参与国有资产处置过程中的串通拍卖行为,不应以串通投标罪论处。如果在串通拍卖过程中有其他犯罪行为或者一般违法违规行为的,依照刑法、拍卖法等法律法规追究相应责任。

4. 最高人民检察院、公安部《关于公安机关管辖的刑事案件立案追诉标准的规定(2)》(公通字〔2022〕12号)

(见本条立案追诉标准内容)

第224条 【合同诈骗罪】 有下列情形之一,以非法占有为目的,在签订、履行合同过程中,骗取对方当事人财物,数额较大的,处3年以下有期徒刑或者拘役,并处或者单处罚金;数额巨大或者有其他严重情节的,处3年以上10年以下有期徒刑,并处罚金;数额特别巨大或者有其他特别严重情节的,处10年以上有期徒刑或者无期徒刑,并处罚金或者没收财产:

(一)以虚构的单位或者冒用他人名义签订合同的;

(二)以伪造、变造、作废的票据或者其他虚假的产权证明作担保的;

(三)没有实际履行能力,以先履行小额合同或者部分履行合同的方法,诱骗对方当事人继续签订和履行合同的;

(四)收受对方当事人给付的货物、货款、预付款或者担保财产后逃匿的;

(五)以其他方法骗取对方当事人财物的。

• 释义

合同诈骗罪是指以非法占有为目的,在签订、履行合同过程中,使用欺诈手段,骗取对方当事人财物,数额较大的行为。具体包括:

(一)以虚构的单位或者冒用他人名义签订合同的;

(二)以伪造、变造、作废的票据或者其他虚假的产权证明作担保的;

(三)没有实际履行能力,以先履行小额合同或者部分履行合同的方法,诱骗对方当事人继续签订和履行合同的;

(四)收受对方当事人给付的货物、货款、预付款或者担保财产后逃匿的;

(五)以其他方法骗取对方当事人财物的。

• 管辖

公安机关经济犯罪侦查部门。

• 立案追诉标准

以非法占有为目的,在签订、履行合同过程中,骗取对方当事人财物,数额在 2 万元以上的,应予立案追诉。

• 关联法律

1. 最高人民法院《关于审理诈骗案件具体应用法律的若干问题的解释》(法发〔1996〕32 号)

(法释〔2013〕2 号已声明本文废止)

2. 最高人民法院《关于在审理经济纠纷案件中涉及经济犯罪嫌疑若干问题的规定》(法释〔1998〕7 号)

(法释〔2020〕17 号已对该文件修正)

3. 最高人民检察院、公安部《关于公安机关管辖的刑事案件立案追诉标准的规定(2)》(公通字〔2010〕23 号)

(公通字〔2022〕12 号已声明该文件废止)

4. 中国人民银行、工业和信息化部、公安部、财政部、国家工商总局、国务院法制办、中国银行业监督管理委员会、中国证券监督管理委员会、中国保险监督管理委员会、国家互联网信息办公室《关于促进互联网金融健康发展的指导意见》(银发〔2015〕221 号)

(详见本书《刑法》第 160 条相关内容)

5. 最高人民法院《关于审理民间借贷案件适用法律若干问题的规定》[法释〔2015〕18 号;(法释〔2020〕6 号)第一次修正;(法释〔2020〕17 号)第二次修正]

(详见本书《刑法》第 176 条相关内容)

6. 最高人民法院《第 13 批指导性案例王某明合同诈骗案》(指导案例 62 号;法〔2016〕214 号)

【裁判要点】

在数额犯中,犯罪既遂部分与未遂部分分别对应不同法定刑幅度的,应当先决定对未遂部分是否减轻处罚,确定未遂部分对应的法定刑幅度,再与既遂部分对应的法定刑幅度进行比较,选择适用处罚较重的法定刑幅度,并酌情从重处罚;二者在同一量刑幅度的,以犯罪既遂酌情从重处罚。

【裁判理由】

法院生效裁判认为:王某明以非法占有为目的,冒用他人名义签订合同,其行为已构成合同诈骗罪。一审判决事实清楚,证据确实、充分,定性准确,审判程序合法,但未评价未遂 70 万元的犯罪事实不当,予以纠正。根据刑法及司法解释的有关规定,考虑王某明合同诈骗既遂 30 万元,未遂 70 万元但可对该部分减轻处罚,王某明如实供述犯罪事实,退赔全部赃款取得被害人的谅解等因素,原判量刑在法定刑幅度之内,且抗诉机关亦未对量刑提出异议,故应予维持。北京市石景山区人民检察院的抗诉意见及北京市人民检察院第一分院的支持抗诉意见,酌予采纳。鉴于二审期间王某明申请撤诉,撤回上诉的申请符合法律规定,故二审法院裁定依法准许撤回上诉,维持原判。

本案争议焦点是:

在数额犯中犯罪既遂与未遂并存时如何量刑。最高人民法院、最高人民检察院《关于办理诈骗刑事案件具体应用法律若干问题的解释》第6条规定:“诈骗既有既遂,又有未遂,分别达到不同量刑幅度的,依照处罚较重的规定处罚;达到同一量刑幅度的,以诈骗罪既遂处罚。”因此,对于数额犯中犯罪行为既遂与未遂并存且均构成犯罪的情况,在确定全案适用的法定刑幅度时,先就未遂部分进行是否减轻处罚的评价,确定未遂部分所对应的法定刑幅度,再与既遂部分对应的法定刑幅度比较,确定全案适用的法定刑幅度。如果既遂部分对应的法定刑幅度较重或者二者相同的,应当以既遂部分对应的法定刑幅度确定全案适用的法定刑幅度,将包括未遂部分在内的其他情节作为确定量刑起点的调节要素进而确定基准刑。如果未遂部分对应的法定刑幅度较重的,应当以未遂部分对应的法定刑幅度确定全案适用的法定刑幅度,将包括既遂部分在内的其他情节,连同未遂部分的未遂情节一并作为量刑起点的调节要素进而确定基准刑。

本案中,王某明的合同诈骗犯罪行为既遂部分为30万元,根据司法解释及北京市的具体执行标准,对应的法定刑幅度为有期徒刑3年以上10年以下;未遂部分为70万元,结合本案的具体情况,应当对该未遂部分减一档处罚,未遂部分法定刑幅度应为有期徒刑3年以上10年以下,与既遂部分30万元对应的法定刑幅度相同。

因此,以合同诈骗既遂30万元的基本犯罪事实确定对王某明适用的法定刑幅度为有期徒刑3年以上10年以下,将未遂部分70万元的犯罪事实,连同其如实供述犯罪事实、退赔全部赃款、取得被害人谅解等一并作为量刑情节,故对王某明从轻处罚,判处有期徒刑6年,并处罚金人民币6万元。

7. 最高人民法院《关于常见犯罪的量刑指导意见(2)(试行)》(法〔2017〕74号)

一、八种常见犯罪的量刑

(五)合同诈骗罪

1. 构成合同诈骗罪的,可以根据下列不同情形在相应的幅度内确定量刑起点:

(一)达到数额较大起点的,可以在1年以下有期徒刑、拘役幅度内确定量刑起点。(二)达到数额巨大起点或者有其他严重情节的,可以在3年至4年有期徒刑幅度内确定量刑起点。(三)达到数额特别巨大起点或者有其他特别严重情节的,可以在10年至12年有期徒刑幅度内确定量刑起点。依法应当判处无期徒刑的除外。2. 在量刑起点的基础上,可以根据合同诈骗数额等其他影响犯罪构成的犯罪事实增加刑罚量,确定基准刑。(详见本书《刑法》第160条相关内容)

8. 最高人民检察院《关于充分发挥检察职能服务保障“六稳”“六保”的意见》(高检发〔2020〕10号)

(详见本书《刑法》第205条相关内容)

9. 最高人民检察院《第24批指导性案例温某某合同诈骗立案监督案》(检例第91号;2020年12月21日)

【要旨】

检察机关办理涉企业合同诈骗犯罪案件,应当严格区分合同诈骗与民事违约行为的界限。要注意审查涉案企业在签订、履行合同过程中是否具有非法占有目的和虚构事实、隐瞒真相的行为,准确认定是否具有诈骗故意。发现公安机关对企业之间的合同纠纷以合同诈骗进行刑事立案的,应当依法监督撤销案件。对于立案后久侦不结的“挂案”,检察机关应当向公安机关提出纠正意见。

【指导意义】

(一)检察机关对公安机关不应当立案而立案的,应当依法监督撤销案件。检察机关负有立案监督职责,有权监督纠正公安机关不应当立案而立案的行为。涉案企业认为公安机关对企业之间的合同纠纷以合同诈骗进行刑事立案,向检察机关提出监督申请的,检察机关应当受理并进行审查。认为需要公安机关说明立案理由的,应当书面通知公安机关。认为公安机关立案理由不能成立的,应当制作《通知撤销案件书》,通知公安机关撤销案件。

(二)严格区分合同诈骗与民事违约行为的界限。注意审查涉案企业在签订、履行合同过程中是否具有虚构事实、隐瞒真相的行为,是否有刑法第224条规定的5种情形之一。注重从合同项目真实性、标的物用途、有无实际履约行为、是否有逃匿和转移资产的行为、资金去向、违约原因等方面,综合认定是否具有诈骗的故意,避免片面关注行为结果而忽略主观上是否具有非法占有的目的。对于签订合同时具有部分履约能力,其后完善履约能力并积极履约的,不能以合同诈骗罪追究刑事责任。

(三)对于公安机关立案后久侦未结形成的"挂案",检察机关应当提出监督意见。由于立案标准、工作程序和认识分歧等原因,有些涉民营企业刑事案件逾期滞留在侦查环节,既未被撤销,又未被移送审查起诉,形成"挂案",导致民营企业及企业相关人员长期处于被追诉状态,严重影响企业的正常生产经营,破坏当地营商环境,也损害了司法机关的公信力。检察机关发现侦查环节"挂案"的,应当对公安机关的立案行为进行监督,同时也要对公安机关侦查过程中的违法行为依法提出纠正意见。

10. 最高人民法院《关于在审理经济纠纷案件中涉及经济犯罪嫌疑若干问题的规定》(法释〔2020〕17号)

(全文详见本书《刑法》第13条相关内容)

11. 最高人民法院、最高人民检察院《关于常见犯罪的量刑指导意见(试行)》(法发〔2021〕21号)

四、常见犯罪的量刑

(六)合同诈骗罪

1. 构成合同诈骗罪的,根据下列情形在相应的幅度内确定量刑起点:

(1)达到数额较大起点的,在1年以下有期徒刑、拘役幅度内确定量刑起点。(2)达到数额巨大起点或者有其他严重情节的,在3年至4年有期徒刑幅度内确定量刑起点。(3)达到数额特别巨大起点或者有其他特别严重情节的,在10年至12年有期徒刑幅度内确定量刑起点。依法应当判处无期徒刑的除外。

2. 在量刑起点的基础上,根据合同诈骗数额等其他影响犯罪构成的犯罪事实增加刑罚量,确定基准刑。

3. 构成合同诈骗罪的,根据诈骗手段、犯罪数额、损失数额、危害后果等犯罪情节,综合考虑被告人缴纳罚金的能力,决定罚金数额。

4. 构成合同诈骗罪的,综合考虑诈骗手段、犯罪数额、危害后果、退赃退赔等犯罪事实、量刑情节,以及被告人的主观恶性、人身危险性、认罪悔罪表现等因素,决定缓刑的适用。(全文详见本书《刑法》第61条相关内容)

12. 最高人民检察院、公安部《关于公安机关管辖的刑事案件立案追诉标准的规定(2)》(公通字[2022]12号)

(见本条立案追诉标准内容)

第 224 条之一 【组织、领导传销活动罪】 组织、领导以推销商品、提供服务等经营活动为名，要求参加者以缴纳费用或者购买商品、服务等方式获得加入资格，并按照一定顺序组成层级，直接或者间接以发展人员的数量作为计酬或者返利依据，引诱、胁迫参加者继续发展他人参加，骗取财物，扰乱经济社会秩序的传销活动的，处 5 年以下有期徒刑或者拘役，并处罚金；情节严重的，处 5 年以上有期徒刑，并处罚金。

（本条《中华人民共和国刑法修正案(7)》增设）

• 释义

组织、领导传销活动罪是指组织、领导以推销商品、提供服务等经营活动为名，要求参加者以缴纳费用或者购买商品、服务等方式获得加入资格，并按照一定顺序组成层级，直接或者间接以发展人员的数量作为计酬或者返利依据，引诱、胁迫参加者继续发展他人参加，骗取财物，扰乱经济社会秩序的传销活动的行为。

"传销活动的组织者、领导者"，是指在传销活动中起组织、领导作用的发起人、决策人、操纵人，以及在传销活动中担负策划、指挥、布置、协调等重要职责，或者在传销活动实施中起到关键作用的人员。

• 管辖

公安机关经济犯罪侦查部门。

• 立案追诉标准

组织、领导以推销商品、提供服务等经营活动为名，要求参加者以缴纳费用或者购买商品、服务等方式获得加入资格，并按照一定顺序组成层级，直接或者间接以发展人员的数量作为计酬或者返利依据，引诱、胁迫参加者继续发展他人参加，骗取财物，扰乱经济社会秩序的传销活动，涉嫌组织、领导的传销活动人员在 30 人以上且层级在 3 级以上的，对组织者、领导者，应予立案追诉。

下列人员可以认定为传销活动的组织者、领导者：

（一）在传销活动中起发起、策划、操纵作用的人员；

（二）在传销活动中承担管理、协调等职责的人员；

（三）在传销活动中承担宣传、培训等职责的人员；

（四）因组织、领导传销活动受过刑事追究，或者 1 年内因组织、领导传销活动受过行政处罚，又直接或者间接发展参与传销活动人员在 15 人以上且层级在 3 级以上的人员；

（五）其他对传销活动的实施、传销组织的建立、扩大等起关键作用的人员。

• 关联法律

1. 最高人民检察院法律政策研究室《关于 1998 年 4 月 18 日以前的传销或者变相传销行为如何处理的答复》(〔2003〕高检研发第 7 号)

湖南省人民检察院研究室：你院《关于 1998 年 4 月 18 日以前情节严重或特别严重的非法传销行为是否以非法经营罪定罪处罚问题的请示》（湘检发公请字〔2002〕02 号）收悉。经研究，答复如下：

对 1998 年 4 月 18 日国务院发布《关于禁止传销经营活动的通知》以前的传销或者变相传销行为，不宜以非法经营罪追究刑事责任。行为人在传销或者变相传销活动中实施销售假冒伪劣产品、诈骗、非法集资、虚报注册资本、偷税等行为，构成犯罪的，应当依照刑法的相关规定追究刑事责任。

2. 最高人民法院《关于情节严重的传销或者变相传销行为如何定性问题的批复》(法释〔2001〕11号)

(法释〔2013〕7号已声明废止)

3.《中华人民共和国刑法修正案(7)》(2009年2月28日第十一届全国人大常委会第七次会议通过)

四、在刑法第224条后增加1条,作为第224条之一:"组织、领导以推销商品、提供服务等经营活动为名,要求参加者以缴纳费用或者购买商品、服务等方式获得加入资格,并按照一定顺序组成层级,直接或者间接以发展人员的数量作为计酬或者返利依据,引诱、胁迫参加者继续发展他人参加,骗取财物,扰乱经济社会秩序的传销活动的,处5年以下有期徒刑或者拘役,并处罚金;情节严重的,处5年以上有期徒刑,并处罚金。"

4. 最高人民检察院、公安部《关于公安机关管辖的刑事案件立案追诉标准的规定(2)》(公通字〔2010〕23号)

(公通字〔2022〕12号已声明该文件废止)

5. 最高人民法院、最高人民检察院、公安部《关于办理组织领导传销活动刑事案件适用法律若干问题的意见》(公通字〔2013〕37号)

为解决近年来公安机关、人民检察院、人民法院在办理组织、领导传销活动刑事案件中遇到的问题,依法惩治组织、领导传销活动犯罪,根据刑法、刑事诉讼法的规定,结合司法实践,现就办理组织、领导传销活动刑事案件适用法律问题提出以下意见:

一、关于传销组织层级及人数的认定问题

以推销商品、提供服务等经营活动为名,要求参加者以缴纳费用或者购买商品、服务等方式获得加入资格,并按照一定顺序组成层级,直接或者间接以发展人员的数量作为计酬或者返利依据,引诱、胁迫参加者继续发展他人参加,骗取财物,扰乱经济社会秩序的传销组织,其组织内部参与传销活动人员在30人以上且层级在3级以上的,应当对组织者、领导者追究刑事责任。

组织、领导多个传销组织,单个或者多个组织中的层级已达3级以上的,可将在各个组织中发展的人数合并计算。

组织者、领导者形式上脱离原传销组织后,继续从原传销组织获取报酬或者返利的,原传销组织在其脱离后发展人员的层级数和人数,应当计算为其发展的层级数和人数。

办理组织、领导传销活动刑事案件中,确因客观条件的限制无法逐一收集参与传销活动人员的言词证据的,可以结合依法收集并查证属实的缴纳、支付费用及计酬、返利记录,视听资料,传销人员关系图,银行账户交易记录,互联网电子数据。鉴定意见等证据,综合认定参与传销的人数、层级数等犯罪事实。

二、关于传销活动有关人员的认定和处理问题

下列人员可以认定为传销活动的组织者、领导者:

(一)在传销活动中起发起、策划、操纵作用的人员;(二)在传销活动中承担管理、协调等职责的人员;(三)在传销活动中承担宣传、培训等职责的人员;(四)曾因组织、领导传销活动受过刑事处罚,或者1年以内因组织、领导传销活动受过行政处罚,又直接或者间接发展参与传销活动人员在15人以上且层级在3级以上的人员;(五)其他对传销活动的实施、传销组织的建立、扩大等起关键作用的人员。

以单位名义实施组织、领导传销活动犯罪的,对于受单位指派,仅从事劳务性工作的人员,一般不予追究刑事责任。

三、关于"骗取财物"的认定问题

传销活动的组织者、领导者采取编造、歪曲国家政策,虚构、夸大经营、投资、服务项目及盈利前景,掩饰计酬、返利真实来源或者其他欺诈手段,实施刑法第224条之一规定的行为,从参与传销活动人员缴纳的费用或者购买商品、服务的费用中非法获利的,应当认定为骗取财物。参与传销活动人员是否认为被骗,不影响骗取财物的认定。

四、关于"情节严重"的认定问题

对符合本意见第1条第1款规定的传销组织的组织者、领导者,具有下列情形之一的,应当认定为刑法第224条之一规定的"情节严重":

(一)组织、领导的参与传销活动人员累计达120人以上的;(二)直接或者间接收取参与传销活动人员缴纳的传销资金数额累计达250万元以上的;(三)曾因组织、领导传销活动受过刑事处罚,或者1年以内因组织、领导传销活动受过行政处罚,又直接或者间接发展参与传销活动人员累计达60人以上的;(四)造成参与传销活动人员精神失常、自杀等严重后果的;(五)造成其他严重后果或者恶劣社会影响的。

五、关于"团队计酬"行为的处理问题

传销活动的组织者或者领导者通过发展人员,要求传销活动的被发展人员发展其他人员加入,形成上下线关系,并以下线的销售业绩为依据计算和给付上线报酬,牟取非法利益的,是"团队计酬"式传销活动。

以销售商品为目的、以销售业绩为计酬依据的单纯的"团队计酬"式传销活动,不作为犯罪处理,形式上采取"团队计酬"方式,但实质上属于"以发展人员的数量作为计酬或者返利依据"的传销活动,应当依照刑法第224条之一的规定,以组织、领导传销活动罪定罪处罚。

六、关于罪名的适用问题

以非法占有为目的,组织、领导传销活动,同时构成组织、领导传销活动罪和集资诈骗罪的,依照处罚较重的规定定罪处罚。

犯组织、领导传销活动罪,并实施故意伤害、非法拘禁、敲诈勒索、妨害公务、聚众扰乱社会秩序、聚众冲击国家机关、聚众扰乱公共场所秩序、交通秩序等行为,构成犯罪的,依照数罪并罚的规定处罚。

七、其他问题

本意见所称"以上"、"以内",包括本数。

本意见所称"层级"和"级",系指组织者、领导者与参与传销活动人员之间的上下线关系层次,而非组织者、领导者在传销组织中的身份等级。

对传销组织内部人数和层级数的计算,以及对组织者、领导者直接或者间接发展参与传销活动人员人数和层级数的计算,包括组织者、领导者本人及其本层级在内。

6. 最高人民检察院《第10批指导性案例叶某生等组织、领导传销活动案》(检例第41号;2018年7月3日)

【要旨】

组织者或者经营者利用网络发展会员,要求被发展人员以缴纳或者变相缴纳"入门费"为条件,获得提成和发展下线的资格。通过发展人员组成层级关系,并以直接或者间接发展的人员数量作为计酬或者返利的依据,引诱被发展人员继续发展他人参加,骗取财物,扰乱经济社会秩序的,以组织、领导传销活动罪追究刑事责任。

【指导意义】

随着互联网技术的广泛应用,微信、语音视频聊天室等社交平台作为新的营销方式被广泛运用。传销组织在手段上借助互联网不断翻新,打着"金融创新"的旗号,以"资本运作"

“消费投资”“网络理财”“众筹”“慈善互助”等为名从事传销活动。常见的表现形式有：组织者、经营者注册成立电子商务企业，以此名义建立电子商务网站。以网络营销、网络直销等名义，变相收取入门费，设置各种返利机制，激励会员发展下线，上线从直接或者间接发展的下线的销售业绩中计酬，或以直接或者间接发展的人员数量为依据计酬或者返利。这类行为，不管其手段如何翻新，只要符合传销组织骗取财物、扰乱市场经济秩序本质特征的，应以组织、领导传销活动罪论处。

检察机关办理组织、领导传销活动犯罪案件，要紧扣传销活动骗取财物的本质特征和构成要件，收集、审查、运用证据。特别要注意针对传销网站的经营特征与其他合法经营网站的区别，重点收集涉及入门费、设层级、拉人头等传销基本特征的证据及企业资金投入、人员组成、资金来源去向、网站功能等方面的证据，揭示传销犯罪没有创造价值，经营模式难以持续，用后加入者的财物支付给先加入者，通过发展下线牟利骗取财物的本质特征。

7. 最高人民法院《关于审理非法集资刑事案件具体应用法律若干问题的解释》(法释〔2010〕18 号；法释〔2022〕5 号修正) 第 13 条

第 13 条 通过传销手段向社会公众非法吸收资金，构成非法吸收公众存款罪或者集资诈骗罪，同时又构成组织、领导传销活动罪的，依照处罚较重的规定定罪处罚。(全文详见本书《刑法》第 176 条相关内容)

8. 最高人民检察院、公安部《关于公安机关管辖的刑事案件立案追诉标准的规定(2)》(公通字〔2022〕12 号) 第 70 条

(见本条立案追诉标准内容)

第 225 条 【非法经营罪】 违反国家规定，有下列非法经营行为之一，扰乱市场秩序，情节严重的，处 5 年以下有期徒刑或者拘役，并处或者单处违法所得 1 倍以上 5 倍以下罚金；情节特别严重的，处 5 年以上有期徒刑，并处违法所得 1 倍以上 5 倍以下罚金或者没收财产：

(一)未经许可经营法律、行政法规规定的专营、专卖物品或者其他限制买卖的物品的；

(二)买卖进出口许可证、进出口原产地证明以及其他法律、行政法规规定的经营许可证或者批准文件的；

(三)未经国家有关主管部门批准非法经营证券、期货、保险业务的，或者非法从事资金支付结算业务的；

(四)其他严重扰乱市场秩序的非法经营行为。

(1998 年 12 月 29 日第九届全国人民代表大会常务委员会第六次会议通过的《关于惩治骗购外汇、逃汇和非法买卖外汇犯罪的决定》第 4 条规定：

四、在国家规定的交易场所以外非法买卖外汇，扰乱市场秩序，情节严重的，依照刑法第 225 条的规定定罪处罚。

单位犯前款罪的，依照第 231 条的规定处罚。)

(本条《中华人民共和国刑法修正案》第 1 次修改；《中华人民共和国刑法修正案(7)》第 2 次修改)

● 释义

非法经营罪是指违反国家规定，故意从事非法经营活动，扰乱市场秩序，情节严重的行为。具体包括：

(一)未经许可经营法律、行政法规规定的专营、专卖物品或者其他限制买卖的物品的;

(二)买卖进出口许可证、进出口原产地证明以及其他法律、行政法规规定的经营许可证或者批准文件的;

(三)未经国家有关主管部门批准非法经营证券、期货、保险业务的,或者非法从事资金支付结算业务的;

(四)其他严重扰乱市场秩序的非法经营行为。

• 管辖

公安机关经济犯罪侦查部门。

• 立案追诉标准

违反国家规定,进行非法经营活动,扰乱市场秩序,涉嫌下列情形之一的,应予立案追诉:

(一)违反国家烟草专卖管理法律法规,未经烟草专卖行政主管部门许可,无烟草专卖生产企业许可证、烟草专卖批发企业许可证、特种烟草专卖经营企业许可证、烟草专卖零售许可证等许可证明,非法经营烟草专卖品,具有下列情形之一的:

1. 非法经营数额在 5 万元以上,或者违法所得数额在 2 万元以上的;

2. 非法经营卷烟 20 万支以上的;

3. 3 年内因非法经营烟草专卖品受过 2 次以上行政处罚,又非法经营烟草专卖品且数额在 3 万元以上的。

(二)未经国家有关主管部门批准,非法经营证券、期货、保险业务,或者非法从事资金支付结算业务,具有下列情形之一的:

1. 非法经营证券、期货、保险业务,数额在 100 万元以上,或者违法所得数额在 10 万元以上的;

2. 非法从事资金支付结算业务,数额在 500 万元以上,或者违法所得数额在 10 万元以上的;

3. 非法从事资金支付结算业务,数额在 250 万元以上不满 500 万元,或者违法所得数额在 5 万元以上不满 10 万元,且具有下列情形之一的:

(1)因非法从事资金支付结算业务犯罪行为受过刑事追究的;

(2)2 年内因非法从事资金支付结算业务违法行为受过行政处罚的;

(3)拒不交代涉案资金去向或者拒不配合追缴工作,致使赃款无法追缴的;

(4)造成其他严重后果的。

4. 使用销售点终端机具(POS 机)等方法,以虚构交易、虚开价格、现金退货等方式向信用卡持卡人直接支付现金,数额在 100 万元以上的,或者造成金融机构资金 20 万元以上逾期未还的,或者造成金融机构经济损失 10 万元以上的。

(三)实施倒买倒卖外汇或者变相买卖外汇等非法买卖外汇行为,扰乱金融市场秩序,具有下列情形之一的:

1. 非法经营数额在 500 万元以上的,或者违法所得数额在 10 万元以上的;

2. 非法经营数额在 250 万元以上,或者违法所得数额在 5 万元以上,且具有下列情形之一的:

(1)因非法买卖外汇犯罪行为受过刑事追究的;

(2)2 年内因非法买卖外汇违法行为受过行政处罚的;

(3)拒不交代涉案资金去向或者拒不配合追缴工作,致使赃款无法追缴的;

(4)造成其他严重后果的。

3. 公司、企业或者其他单位违反有关外贸代理业务的规定,采用非法手段,或者明知是伪造、变造的凭证、商业单据,为他人向外汇指定银行骗购外汇,数额在500万美元以上或者违法所得数额在50万元以上的;

4. 居间介绍骗购外汇,数额在100万美元以上或者违法所得数额在10万元以上的。

(四)出版、印刷、复制、发行严重危害社会秩序和扰乱市场秩序的非法出版物,具有下列情形之一的:

1. 个人非法经营数额在5万元以上的,单位非法经营数额在15万元以上的;

2. 个人违法所得数额在2万元以上的,单位违法所得数额在5万元以上的;

3. 个人非法经营报纸5000份或者期刊5000本或者图书2000册或者音像制品、电子出版物500张(盒)以上的,单位非法经营报纸15000份或者期刊15000本或者图书5000册或者音像制品、电子出版物1500张(盒)以上的;

4. 虽未达到上述数额标准,但具有下列情形之一的:

(1)2年内因出版、印刷、复制、发行非法出版物受过2次以上行政处罚,又出版、印刷、复制、发行非法出版物的;

(2)因出版、印刷、复制、发行非法出版物造成恶劣社会影响或者其他严重后果的。

(五)非法从事出版物的出版、印刷、复制、发行业务,严重扰乱市场秩序,具有下列情形之一的:

1. 个人非法经营数额在15万元以上的,单位非法经营数额在50万元以上的;

2. 个人违法所得数额在5万元以上的,单位违法所得数额在15万元以上的;

3. 个人非法经营报纸15000份或者期刊15000本或者图书5000册或者音像制品、电子出版物1500张(盒)以上的,单位非法经营报纸5万份或者期刊5万本或者图书15000册或者音像制品、电子出版物5000张(盒)以上的;

4. 虽未达到上述数额标准,2年内因非法从事出版物的出版、印刷、复制、发行业务受过2次以上行政处罚,又非法从事出版物的出版、印刷、复制、发行业务的。

(六)采取租用国际专线、私设转接设备或者其他方法,擅自经营国际电信业务或者涉港澳台电信业务进行营利活动,扰乱电信市场管理秩序,具有下列情形之一的:

1. 经营去话业务数额在100万元以上的;

2. 经营来话业务造成电信资费损失数额在100万元以上的;

3. 虽未达到上述数额标准,但具有下列情形之一的:

(1)2年内因非法经营国际电信业务或者涉港澳台电信业务行为受过2次以上行政处罚,又非法经营国际电信业务或者涉港澳台电信业务的;

(2)因非法经营国际电信业务或者涉港澳台电信业务行为造成其他严重后果的。

(七)以营利为目的,通过信息网络有偿提供删除信息服务,或者明知是虚假信息,通过信息网络有偿提供发布信息等服务,扰乱市场秩序,具有下列情形之一的:

1. 个人非法经营数额在5万元以上,或者违法所得数额在2万元以上的;

2. 单位非法经营数额在15万元以上,或者违法所得数额在5万元以上的。

(八)非法生产、销售"黑广播""伪基站"、无线电干扰器等无线电设备,具有下列情形之一的:

1. 非法生产、销售无线电设备3套以上的;

2. 非法经营数额在5万元以上的;

3. 虽未达到上述数额标准,但2年内因非法生产、销售无线电设备受过2次以上行政处罚,又非法生产、销售无线电设备的。

(九)以提供给他人开设赌场为目的,违反国家规定,非法生产、销售具有退币、退分、退钢珠等赌博功能的电子游戏设施设备或者其专用软件,具有下列情形之一的:

1. 个人非法经营数额在五万元以上,或者违法所得数额在1万元以上的;

2. 单位非法经营数额在50万元以上,或者违法所得数额在10万元以上的;

3. 虽未达到上述数额标准,但2年内因非法生产、销售赌博机行为受过2次以上行政处罚,又进行同种非法经营行为的;

4. 其他情节严重的情形。

(十)实施下列危害食品安全行为,非法经营数额在10万元以上,或者违法所得数额在5万元以上的:

1. 以提供给他人生产、销售食品为目的,违反国家规定,生产、销售国家禁止用于食品生产、销售的非食品原料的;

2. 以提供给他人生产、销售食用农产品为目的,违反国家规定,生产、销售国家禁用农药、食品动物中禁止使用的药品及其他化合物等有毒、有害的非食品原料,或者生产、销售添加上述有毒、有害的非食品原料的农药、兽药、饲料、饲料添加剂、饲料原料的;

3. 违反国家规定,私设生猪屠宰厂(场),从事生猪屠宰、销售等经营活动的。

(十一)未经监管部门批准,或者超越经营范围,以营利为目的,以超过36%的实际年利率经常性地向社会不特定对象发放贷款,具有下列情形之一的:

1. 个人非法放贷数额累计在200万元以上的,单位非法放贷数额累计在1000万元以上的;

2. 个人违法所得数额累计在80万元以上的,单位违法所得数额累计在400万元以上的;

3. 个人非法放贷对象累计在50人以上的,单位非法放贷对象累计在150人以上的;

4. 造成借款人或者其近亲属自杀、死亡或者精神失常等严重后果的。

5. 虽未达到上述数额标准,但具有下列情形之一的:

(1)2年内因实施非法放贷行为受过2次以上行政处罚的;

(2)以超过72%的实际年利率实施非法放贷行为10次以上的。

黑恶势力非法放贷的,按照第1、2、3项规定的相应数额、数量标准的50%确定。同时具有第5项规定情形的,按照相应数额、数量标准的40%确定。

(十二)从事其他非法经营活动,具有下列情形之一的:

1. 个人非法经营数额在5万元以上,或者违法所得数额在1万元以上的;

2. 单位非法经营数额在50万元以上,或者违法所得数额在10万元以上的;

3. 虽未达到上述数额标准,但2年内因非法经营行为受过2次以上行政处罚,又从事同种非法经营行为的;

4. 其他情节严重的情形。

法律、司法解释对非法经营罪的立案追诉标准另有规定的,依照其规定。

•关联法律

1.《中华人民共和国药品管理法》(1984年9月20日第六届全国人大常委会第七次会议通过;2001年2月28日第九届全国人大常委会第二十次会议修订;2013年12月28日第十二届全国人大常委会第六次会议《关于修改〈中华人民共和国海洋环境保护法〉等7部法律的决定》第一次修正;2015年4月24日第十二届全国人大常委会第十四次会议《关于修改〈中华人民共和国药品管理法〉的决定》第二次修正;2019年8月26日第十三届全国人大常委会第十二次会议再次修订)

(全文略)

2.《中华人民共和国消费者权益保护法》(1993年10月31日第八届全国人大常委会第四次会议通过;2009年8月27日第十一届全国人大常委会第十次会议《关于修改部分法律的决定》第一次修正;2013年10月25日第十二届全国人大常委会第五次会议《关于修改〈中华人民共和国消费者权益保护法〉的决定》第二次修正)

(全文略)

3.《中华人民共和国城市房地产管理法》(1994年7月5日第八届全国人大常委会第五次会议通过;2007年8月30日第十届全国人大常委会第二十九次会议《关于修改〈中华人民共和国城市房地产管理法〉的决定》第一次修正;2009年8月27日第十一届全国人大常委会第十次会议《关于修改部分法律的决定》第二次修正,2019年8月26日第十三届全国人大常委会第十二次会议通过关于修改土地管理法、城市房地产管理法的决定)

(全文略)

4. 全国人大常委会《关于惩治骗购外汇、逃汇和非法买卖外汇犯罪的决定》(1998年12月29日第九届全国人大常委会第六次会议通过)

第4条 在国家规定的交易场所以外非法买卖外汇,扰乱市场秩序,情节严重的,依照刑法第225条的规定定罪处罚。单位犯前款罪的,依照第231条的规定处罚。(全文详见本书《刑法》第190条相关内容)

5. 最高人民法院《关于审理骗购外汇、非法买卖外汇刑事案件具体应用法律若干问题的解释》(法释〔1998〕20号)

第3条 在外汇指定银行和中国外汇交易中心及其分中心以外买卖外汇,扰乱金融市场秩序,具有下列情形之一的,按照刑法第225条第(3)项的规定定罪处罚:

(一)非法买卖外汇20万美元以上的;(二)违法所得5万元人民币以上的。

第4条 公司、企业或者其他单位,违反有关外贸代理业务的规定,采用非法手段,或者明知是伪造、变造的凭证、商业单据,为他人向外汇指定银行骗购外汇,数额在500万美元以上或者违法所得50万元人民币以上的,按照刑法第225条第(3)项的规定定罪处罚。

居间介绍骗购外汇100万美元以上或者违法所得10万元人民币以上的,按照刑法第225条第(3)项的规定定罪处罚。

第5条 海关、银行、外汇管理机关工作人员与骗购外汇的行为人通谋,为其提供购买外汇的有关凭证,或者明知是伪造、变造的凭证和商业单据而出售外汇,构成犯罪的,按照刑法的有关规定从重处罚。

第6条 实施本解释规定的行为,同时触犯2个以上罪名的,择一重罪从重处罚。

第7条 根据刑法第64条规定,骗购外汇、非法买卖外汇的,其违法所得予以追缴,用于骗购外汇、非法买卖外汇的资金予以没收,上缴国库。

第8条 骗购、非法买卖不同币种的外汇的,以案发时国家外汇管理机关制定的统一折算率折合后依照本解释处罚。(全文详见本书《刑法》第190条相关内容)

6. 最高人民法院《关于审理非法出版物刑事案件具体应用法律若干问题的解释》(法释〔1998〕30号)

第11条 违反国家规定,出版、印刷、复制、发行本解释第1条至第10条规定以外的其他严重危害社会秩序和扰乱市场秩序的非法出版物,情节严重的,依照刑法第225条第(3)项的规定,以非法经营罪定罪处罚。

第12条 个人实施本解释第11条规定的行为,具有下列情形之一的,属于非法经营行为"情节严重":

(一)经营数额在5万元至10万元以上的;(二)违法所得数额在2万元至3万元以上的;

(三)经营报纸5000份或者期刊5000本或者图书2000册或者音像制品、电子出版物500张(盒)以上的。

具有下列情形之一的,属于非法经营行为"情节特别严重":

(一)经营数额在15万元至30万元以上的;(二)违法所得数额在5万元至10万元以上的;(三)经营报纸15000份或者期刊15000本或者图书5000册或者音像制品、电子出版物1500张(盒)以上的。

第13条 单位实施本解释第11条规定的行为,具有下列情形之一的,属于非法经营行为"情节严重":

(一)经营数额在15万元至30万元以上的;(二)违法所得数额在5万元至10万元以上的;(三)经营报纸15000份或者期刊15000本或者图书5000册或者音像制品、电子出版物1500张(盒)以上的。

具有下列情形之一的,属于非法经营行为"情节特别严重":

(一)经营数额在50万元至100万元以上的;(二)违法所得数额在15万元至30万元以上的;(三)经营报纸5万份或者期刊5万本或者图书15000册或者音像制品、电子出版物5000张(盒)以上的。

第14条 实施本解释第11条规定的行为,经营数额、违法所得数额或者经营数量接近非法经营行为"情节严重"、"情节特别严重"的数额、数量起点标准,并具有下列情形之一的,可以认定为非法经营行为"情节严重"、"情节特别严重":

(一)两年内因出版、印刷、复制、发行非法出版物受过行政处罚两次以上的;(二)因出版、印刷、复制、发行非法出版物造成恶劣社会影响或者其他严重后果的。

第15条 非法从事出版物的出版、印刷、复制、发行业务,严重扰乱市场秩序,情节特别严重,构成犯罪的,可以依照刑法第225条第(3)项的规定,以非法经营罪定罪处罚。

第16条 出版单位与他人事前通谋,向其出售、出租或者以其他形式转让该出版单位的名称、书号、刊号、版号,他人实施本解释第2条、第4条、第8条、第9条、第10条、第11条规定的行为,构成犯罪的,对该出版单位应当以共犯论处。

第17条 本解释所称"经营数额",是指以非法出版物的定价数额乘以行为人经营的非法出版物数量所得的数额。

本解释所称"违法所得数额",是指获利数额。

非法出版物没有定价或者以境外货币定价的,其单价数额应当按照行为人实际出售的价格认定。

第18条 各省、自治区、直辖市高级人民法院可以根据本地的情况和社会治安状况,在本解释第8条、第10条、第12条、第13条规定的有关数额、数量标准的幅度内,确定本地执行的具体标准,并报最高人民法院备案。(全文详见本书《刑法》第217条相关内容)

7. 最高人民法院、最高人民检察院、公安部《关于〈办理骗汇、逃汇犯罪案件联席会议纪要〉的通知》(公通字[1999]39号)

二、全国人大常委会《关于惩治骗购外汇、逃汇和非法买卖外汇犯罪的决定》(以下简称《决定》)公布施行后发生的犯罪行为,应当依照《决定》办理;对于《决定》公布施行前发生的公布后尚未处理或者正在处理的行为,依照修订后的刑法第12条第1款规定的原则办理。

最高人民法院1998年8月28日发布的《关于审理骗购外汇、非法买卖外汇刑事案件具体应用法律若干问题的解释》(以下简称《解释》),是对具体应用修订后的刑法有关问题的司法解释,适用于依照修订后的刑法判处的案件。各执法部门对于《解释》应当准确理解,严格执行。

《解释》第4条规定:"公司、企业或者其他单位,违反有关外贸代理业务的规定,采用非法手段、或者明知是伪造、变造的凭证、商业单据,为他人向外汇指定银行骗购外汇,数额在500万美元以上或者违法所得50万元人民币以上的,按照刑法第225条第(3)项的规定定罪处罚;居间介绍骗购外汇100万美元以上或者违法所得10万元人民币以上的,按照刑法第225条第(3)项的规定定罪处罚。"上述所称"采用非法手段",是指有国家批准的进出口经营权的外贸代理企业在经营代理进口业务时,不按国家经济主管部门有关规定履行职责,放任被代理方自带客户、自带货源、自带汇票、自行报关,在不见进口产品、不见供货货主、不见外商的情况下代理进口业务,或者采取法律、行政法规和部门规章禁止的其他手段代理进口业务。

认定《解释》第4条所称的"明知",要结合案件的具体情节予以综合考虑,不能仅仅因为行为人不供述就不予认定。报关行为先于签订外贸代理协议的,或者委托方提供的购汇凭证明显与真实凭证、商业单据不符的,应当认定为明知。

《解释》第4条所称"居间介绍骗购外汇",是指收取他人人民币、以虚假购汇凭证委托外贸公司、企业骗购外汇,获取非法收益的行为。(全文详见本书《刑法》第190条相关内容)

8.《中华人民共和国刑法修正案》(1999年12月25日第九届全国人大常委会第十三次会议通过)

八、刑法第225条增加1项,作为第3项:"未经国家有关主管部门批准,非法经营证券、期货或者保险业务的;"原第3项改为第4项。

9.最高人民法院《关于审理扰乱电信市场管理秩序案件具体应用法律若干问题的解释》(法释〔2000〕12号)

为依法惩处扰乱电信市场管理秩序的犯罪活动,根据刑法的有关规定,现就审理这类案件具体应用法律的若干问题解释如下:

第1条 违反国家规定,采取租用国际专线、私设转接设备或者其他方法,擅自经营国际电信业务或者涉港澳台电信业务进行营利活动,扰乱电信市场管理秩序,情节严重的,依照刑法第225条第(4)项的规定,以非法经营罪定罪处罚。

第2条 具有下列情形之一的,属于非法经营行为"情节严重":

(一)经营去话业务数额在100万元以上的;(二)经营来话业务造成电信资费损失数额在100万元以上的。

具有下列情形之一的,属于非法经营行为"情节特别严重":

(一)经营去话业务数额在500万元以上;(二)经营来话业务造成电信资费损失数额在500万元以上的。

第3条 实施本解释第1条规定的行为,经营数额或者造成电信资费损失数额接近非法经营行为"情节严重"、"情节特别严重"数额起点标准,并具有下列情形之一的,可以分别认定为非法经营行为"情节严重"、"情节特别严重":

(一)两年内因非法经营国际电信业务或者涉港澳台电信业务行为受过行政处罚两次上的;(二)因非法经营国际电信业务或者涉港澳台电信业务行为造成其他严重后果的。

第4条 单位实施本解释第1条规定的行为构成犯罪的,对单位判处罚金,并对其直接负责的主管人员和其他直接责任人员,依照本解释第2条、第3条的规定处罚。

第5条 违反国家规定,擅自设置、使用无线电台(站),或者擅自占用频率,非法经营国际电信业务或者涉港澳台电信业务进行营利活动,同时构成非法经营罪和刑法第288条规定的扰乱无线电通讯管理秩序罪的,依照处罚较重的规定定罪处罚。

第6条 国有电信企业的工作人员,由于严重不负责任或者滥用职权,造成国有电信企业破产或者严重损失,致使国家利益遭受重大损失的,依照刑法第168条的规定定罪处罚。

第7条 将电信卡非法充值后使用,造成电信资费损失数额较大的,依照刑法第264条的规定,以盗窃罪定罪处罚。

第8条 盗用他人公共信息网络上网账号、密码上网,造成他人电信资费损失数额较大的,依照刑法第264条的规定,以盗窃罪定罪处罚。

第9条 以虚假、冒用的身份证件办理入网手续并使用移动电话,造成电信资费损失数额较大的,依照刑法第266条的规定,以诈骗罪定罪处罚。

第10条 本解释所称"经营去话业务数额",是指以行为人非法经营国际电信业务或者涉港澳台电信业务的总时长(分钟数)乘以行为人每分钟收取的用户使用费所得的数额。

本解释所称"电信资费损失数额",是指以行为人非法经营国际电信业务或者涉港澳台电信业务的总时长(分钟数)乘以在合法电信业务中我国应当得到的每分钟国际结算价格所得的数额。

10. 最高人民法院《关于审理破坏森林资源刑事案件具体应用法律若干问题的解释》(法释〔2000〕36号)

第13条 对于伪造、变造、买卖林木采伐许可证、木材运输证件,森林、林木、林地权属证书,占用或者征用林地审核同意书、育林基金等缴费收据以及其他国家机关批准的林业证件构成犯罪的,依照刑法第280条第1款的规定,以伪造、变造、买卖国家机关公文、证件罪定罪处罚。

对于买卖允许进出口证明书等经营许可证明,同时触犯刑法第225条、第280条规定之罪的,依照处罚较重的规定定罪处罚。(全文详见本书《刑法》第345条相关内容)

11. 最高人民法院《关于审理破坏野生动物资源刑事案件具体应用法若干问题的解释》(法释〔2000〕37号)

第9条 伪造、变造、买卖国家机关颁发的野生动物允许进出口证明书、特许猎捕证、狩猎证、驯养繁殖许可证等公文、证件构成犯罪的,依照刑法第280条第1款的规定以伪造、变造、买卖国家机关公文、证件罪定罪处罚。

实施上述行为构成犯罪,同时构成刑法第225条第2项规定的非法经营罪的,依照处罚较重的规定定罪处罚。(全文详见本书《刑法》第341条相关内容)

12.《中华人民共和国种子法》(2000年7月8日第九届全国人大常委会第十六次会议通过;2004年8月28日第十届全国人大常委会第十一次会议《关于修改〈中华人民共和国种子法〉的决定》第一次修正;2013年6月29日第十二届全国人大常委会第三次会议《关于修改〈中华人民共和国文物保护法〉等12部法律的决定》第二次修正;2015年11月4日第十二届全国人大常委会第十七次会议再次修订)

(全文略)

13. 最高人民法院、最高人民检察院《关于办理生产、销售伪劣商品刑事案件具体应用法律若干问题的解释》(法释〔2001〕10号)

第10条 实施生产、销售为伪劣商品犯罪,同时构成侵犯知识产权、非法经营等其他犯罪的,依照处罚较重的规定定罪处罚。(全文详见本书《刑法》第140条相关内容)

14. 国务院《报废汽车回收管理办法》(〔2001〕国务院令第307号)

[被国务院《报废机动车回收管理办法》(〔2019〕国务院令第715号)废止]

15. 最高人民法院《关于情节严重的传销或者变相传销行为如何定性问题的批复》(法释〔2001〕11号)

(法释〔2013〕7号已声明废止)

16. 最高人民法院研究室《关于对既涉嫌非法经营又涉嫌偷税的经济犯罪案件如何适用法律问题的意见函》(法研〔2001〕24号)

公安部经侦局:你局公经〔2000〕1277号《关于对既涉嫌非法经营又涉嫌偷税的经济犯罪案件如何适用法律的函》收悉,经研究,提出如下意见:行为人在实施非法经营犯罪过程中,又涉嫌偷税构成犯罪的,应以处罚较重的犯罪依法追究刑事责任,不实行数罪。建议对《批复(稿)》作相应修改。

17. 公安部经济犯罪侦查局《关于对既涉嫌非法经营又涉嫌偷税的经济犯罪案件如何适用法律的请示的批复》(公经〔2001〕253号)

辽宁省公安厅经济犯罪侦查总队:你总队《关于对既涉嫌非法经营又涉嫌偷税的经济犯罪案件如何适用法律的请示》收悉,经商最高人民法院研究室,现答复如下:

行为人在实施非法经营犯罪过程中,又涉嫌偷税构成犯罪的,应以处罚较重的犯罪依法追究刑事责任,不实行数罪。

18. 公安部办公厅《关于销售印有本·拉登头像的商品如何处理问题的答复》(公办〔2001〕162号)

新疆维吾尔自治区公安厅:你厅《关于对批发和销售印有"本·拉登"头像图案的食品及其他小商品如何进行处理的请示》(新公办〔2001〕162号)收悉,现答复如下:

一、根据国务院《出版管理条例》、《音像制品管理条例》、《印刷业管理条例》等行政法规的规定,任何出版物、音像制品或其他物品不得含有渲染暴力或者法律、行政法规禁止的其他内容。对于制作、销售印有本·拉登头像的出版物、音像制品、食品及其他物品的行为,依法应由工商行政管理、新闻出版等主管部门查处。公安机关一经发现销售印有本.拉登头像的出版物、音像制品、食品及其他物品的情况,应当及时通知有关主管部门,并报告当地党委、政府,建议责成有关主管部门依法严肃查处,避免影响当地社会政治稳定和治安稳定。

二、根据《刑法》第225条和《最高人民法院关于审理非法出版物刑事案件具体应用法律若干问题的解释》(法释〔1998〕30号)的规定,个人或单位违反国家规定,出版、印刷、复制、发行印有本.拉登头像的音像制品、电子出版物500或1500张(盒)以上的,或者经营数额在5万元或15万元以上的,公安机关可以涉嫌非法经营罪立案侦查。

三、公安机关对出版、销售印有本·拉登头像的出版物、音像制品的行为以涉嫌非法经营罪立案查处的,应当事先与人民检察院、人民法院进行沟通,必要时提请当地政法委协调。

19. 最高人民检察院法律政策研究室《关于对居间贩卖假金融票证行为如何认定问题的意见》(高检研发〔2002〕号)

2001年12月27日答复公安部经济犯罪侦查局"公经〔2001〕1317号"请示:对居间贩卖假金融票证的行为,首先应当考虑该行为是否构成伪造、变造金融票证或者金融诈骗犯罪的共犯;如果不能认定共同犯罪,也不构成其他犯罪,而只能以非法金融罪追究刑事责任的,应当依照《最高人民检察院、公安部关于经济犯罪案件追诉标准的规定》有关非法经营罪的规定办理,而不宜对此再掌握不同的追诉标准。

20. 最高人民检察院《关于非法经营国际或港澳台地区电信业务行为法律适用问题的批复》(高检发释字〔2002〕1号)

福建省人民检察院:你院《关于如何适用刑法第225条第(4)项规定的请示》(闽检〔2000〕65号)收悉。经研究,批复如下:违反《中华人民共和国电信条例》规定,采取租用电信国际专线、私设转接设备或者其他方法,擅自经营国际或者香港特别行政区、澳门特别行政区和台湾地区电信业务进行营利活动,扰乱电信市场管理秩序,情节严重的,应当依照《刑法》第

225条第(4)项的规定,以非法经营罪追究刑事责任。

21. 最高人民检察院法律政策研究室《关于非法经营行为界定有关问题的复函》(〔2002〕高检研发第24号)

文化部文化市场司:你部《关于非法经营界定有关问题的函》(文市函〔2002〕1449号)收悉。经研究,提出以下意见,供参考:

一、关于经营违法音像制品行为的处理问题。对于经营违法音像制品行为,构成犯罪的,应当根据案件的具体情况,分别依照最高人民法院《关于审理非法出版物刑事案件具体应用法律若干问题的解释》和最高人民检察院、公安部《关于经济犯罪案件追诉标准的规定》等相关规定办理。

二、关于非法经营行为的界定问题,同意你部的意见,即:只要行为人明知是违法音像制品而进行经营即属于非法经营行为,其是否具有音像制品合法经营资格并不影响非法经营行为的认定;非法经营行为包括一系列环节,经营者购进违法音像制品并存放于仓库等场所的行为属于经营行为的中间环节,对此也可以认定为是非法经营行为。

22. 公安部经济犯罪侦查局《关于打击非法经营销售国内机票有关问题的批复》(公经〔2002〕928号)

北京市公安局经侦处:你处经侦办字〔2002〕167号《我处在执行"关于坚决打击暗扣销售和非法经营销售国内机票行为规范航空运输市场秩序的通知"中几个问题的请示》收悉。经商民航总局运输司,现答复如下:

一、《关于坚决打击暗扣销售和非法经营销售国内机票行为规范航空运输市场秩序的通知》(民航财发〔2002〕101号)中的"国内机票"、"民航国内航班机票"是指"国内航空公司的国内航线机票"。

二、根据1993年8月3日经国务院批准发布施行的《民用航空运输销售代理业管理规定》(民航总局第37号令)第33条的规定,非法代理销售国内航空公司国际航线机票属于非法经营行为,情节严重的,应当根据刑法第225条的规定,以非法经营罪立案侦查。

三、非法经营销售国内航线机票和国际航线机票应予追诉的标准,应当根据2001年4月18日最高人民检察院、公安部《关于经济犯罪案件追诉标准的规定》第70条第5款的规定执行。

23. 最高人民法院、最高人民检察院《关于办理非法生产、销售、使用禁止在饲料和动物饮用水中使用的药品等刑事案件具体应用法律若干问题的解释》(法释〔2002〕26号)

第1条 未取得药品生产、经营许可证件和批准文号,非法生产销售盐酸克仑特罗等禁止在饲料和动物饮用水中使用的药品,扰乱药品市场秩序,情节严重的,依照刑法第215条第(1)项的规定,以非法经营罪追究刑事责任。

第2条 在生产、销售的饲料中添加盐克仑特罗等禁止在饲料和动物饮用水中使用的药品,或者销售明知是添加有该类药品饲料,情节严重的,依照刑法第225第(4)项的规定,以非法经营罪追究刑事责任。(全文详见本书《刑法》第144条相关内容)

24. 最高人民检察院《关于办理非法经营食盐刑事案件具体应用法律若干问题的解释》(高检发释字〔2002〕6号)

(2020年2月19日最高人民检察院第13届检察委员会第33次会议通过《关于废止〈办理非法经营食盐刑事案件具体应用法律若干问题的解释〉的决定》[内容详见本书《刑法》第140条相内容])

25.《中华人民共和国民办教育促进法》(2002 年 12 月 28 日第九届全国人大常委会第三十一次会议通过;2013 年 6 月 29 日第十二届全国人大常委会第三次会议《关于修改〈中华人民共和国文物保护法〉等 12 部法律的决定》第一次修正;2016 年 11 月 7 日第十二届全国人大常委会第二十四次会议《关于修改〈中华人民共和国民办教育促进法〉的决定》第二次修正;2018 年 12 月 29 日第十三届全国人大常委会第七次会议《关于修改〈中华人民共和国劳动法〉等 7 部法律的决定》第三次修正)

(全文略)

26.《危险化学品安全管理条例》(国务院令〔2002〕第 344 号;国务院令〔2011〕第 591 号第一次修正;国务院令〔2013〕第 645 号第二次修正)

(全文略)

27. 最高人民法院、最高人民检察院、公安部《办理非法经营国际电信业务犯罪案件联席会议纪要》(公通字〔2002〕29 号)

非法经营国际电信业务,不仅扰乱国际电信市场的管理秩序,造成国家电信资费的巨大损失,而且严重危害国家信息安全。

2000 年 5 月 12 日最高人民法院《关于审理扰乱电信市场管理秩序案件具体应用法律若干问题的解释》(以下简称《解释》)、2001 年 4 月 18 日最高人民检察院、公安部《关于经济犯罪案件追诉标准的规定》、2002 年 2 月 6 日最高人民检察院《关于非法经营国际或港澳台地区电信业务行为法律适用问题的批复》先后发布实施,为公安、司法机关运用法律武器准确、及时打击此类犯罪发挥了重要作用。自 2002 年 9 月 17 日开始,各级公安机关在全国范围内开展了打击非法经营国际电信业务的专项行动。由于非法经营国际电信业务犯罪活动的情况比较复杂,专业性、技术性很强,犯罪手段不断翻新,出现了一些新情况、新问题,如电信运营商与其他企业或个人互相勾结,共同实施非法经营行为;非法经营行为人使用新的技术手段进行犯罪等。为准确、统一适用法律,保障专项行动的深入开展,依法查处非法经营国际电信业务的犯罪活动,2002 年 11 月 20 日,最高人民法院、最高人民检察院、公安部、信息产业部等部门在北京召开联席会议,共同研究打击非法经营国际电信业务犯罪工作中的法律适用问题,对有些问题取得了一致认识。会议纪要如下:

一、各级公安机关、人民检察院、人民法院在办理非法经营国际电信业务犯罪案件中,要从维护国家信息安全、维护电信市场管理秩序和保障国家电信收入的高度认识打击非法经营国际电信业务犯罪活动的重要意义,积极参加专项行动,各司其职,相互配合,加强协调,加快办案进度。

二、《解释》第 1 条规定:"违反国家规定,采取租用国际专线、私设转接设备或者其他方法,擅自经营国际电信业务或者涉港澳台电信业务进行营利活动,扰乱电信市场管理秩序,情节严重的,依照刑法第 225 条第(4)项的规定,以非法经营罪定罪处罚。"对于未取得国际电信业务(含涉港澳台电信业务,下同)经营许可证而经营,或被终止国际电信业务经营资格后继续经营,应认定为"擅自经营国际电信业务或者涉港澳台电信业务";情节严重的,应按上述规定以非法经营罪追究刑事责任。

《解释》第 1 条所称"其他方法",是指在边境地区私自架设跨境通信线路;利用互联网跨境传送 IP 话音并设立转接设备,将国际话务转接至我境内公用电话网或转接至其他国家或地区;在境内以租用、托管、代维等方式设立转接平台;私自设置国际通信出入口等方法。

三、获得国际电信业务经营许可的经营者(含涉港澳台电信业务经营者)明知他人非法从事国际电信业务,仍违反国家规定,采取出租、合作、授权等手段,为他人提供经营和技术条件,利用现有设备或另设国际话务转接设备并从中营利,情节严重的,应以非法经营罪的共犯追究刑事责任。

四、公安机关侦查非法经营国际电信业务犯罪案件,要及时全面收集和固定犯罪证据,抓紧缉捕犯罪嫌疑人。人民检察院、人民法院对正在办理的非法经营国际电信业务犯罪案件,只要基本犯罪事实清楚,基本证据确实、充分,应当依法及时起诉、审判。主犯在逃,但在案的其他犯罪嫌疑人、被告人实施犯罪的基本证据确实充分的,可以依法先行处理。

五、坚持"惩办与宽大相结合"的刑事政策。对非法经营国际电信业务共同犯罪的主犯,以及与犯罪分子相勾结的国家工作人员,应依法从严惩处。对具有自首、立功或者其他法定从轻、减轻情节的,应依法从轻、减轻处理。

六、各地在办理非法经营国际电信业务犯罪案件中遇到的有关问题,以及侦查、起诉、审判的信息要及时向各自上级主管机关报告。上级机关要加强对案件的督办、检查、指导和协调工作。

28. 最高人民法院、最高人民检察院《关于办理妨害预防、控制突发传染病疫情等灾害的刑事案件具体应用法律若干问题的解释》(法释〔2003〕8号)

第6条 违反国家在预防、控制突发传染病疫情等灾害期间有关市场经营、价格管理等规定,哄抬物价、牟取暴利,严重扰乱市场秩序,违法所得数额较大或者有其他严重情节的,依照刑法第225条第(4)项的规定,以非法经营罪定罪,依法从重处罚。(全文详见本书《刑法》第114条相关内容)

29. 最高人民检察院研究室《关于1998年4月18日以前的传销或者变相传销行为如何处理的答复》(〔2003〕高检研发第7号)

湖南省人民检察院研究室:你院《关于1998年4月18日以前情节严重或特别严重的非法传销行为是否以非法经营罪定罪处罚问题的请示》(湘检发公请字〔2002〕02号)收悉。经研究,答复如下:

对1998年4月18日国务院发布《关于禁止传销经营活动的通知》以前的传销或者变相传销行为,不宜以非法经营罪追究刑事责任。行为人在传销或者变相传销活动中实施销售假冒伪劣产品、诈骗、非法集资、虚报注册资本、偷税等行为,构成犯罪的,应当依照刑法的相关规定追究刑事责任。

30. 最高人民法院、最高人民检察院、公安部、国家烟草专卖局《关于办理假冒伪劣烟草制品等刑事案件适用法律问题座谈会纪要》(高检会〔2003〕4号)

四、关于共犯问题

知道或者应当知道他人实施本纪要第1条至第3条规定的犯罪行为,仍实施下列行为之一的,应认定为共犯,依法追究刑事责任:

1. 直接参与生产、销售假冒伪劣烟草制品或者销售假冒烟用注册商标的烟草制品或者直接参与非法经营烟草制品并在其中起主要作用的;

2. 提供房屋、场地、设备、车辆、贷款、资金、账号、发票、证明、技术等设施和条件,用于帮助生产、销售、储存、运输假冒伪劣烟草制品、非法经营烟草制品的;

3. 运输假冒伪劣烟草制品的。

上述人员中有检举他人犯罪经查证属实,或者提供重要线索,有立功表现的,可以从轻或减轻处罚;有重大立功表现的,可以减轻或者免除处罚。

六、关于一罪与数罪问题

行为人的犯罪行为同时构成生产、销售伪劣产品罪、销售假冒注册商标的商品罪、非法经营罪等罪的,依照处罚较重的规定定罪处罚。(全文详见本书《刑法》第213条相关内容)

31. 公安部《关于对侵犯著作权案件中尚未印制完成的侵权复制品如何计算非法经营数额问题的批复》(公复字〔2003〕2号)

辽宁省公安厅:你厅《关于侵犯著作权案件中的半成品书籍如何计算非法经营数额的请

示》(辽公传发〔2003〕257号)收悉。现批复如下:根据《最高人民法院关于审理非法出版物刑事案件具体应用法律若干问题的解释》(法释〔1998〕30号)第17条的规定,侵犯著作权案件,应以非法出版物的定价数额乘以行为人经营的非法出版物数量所得的数额计算其经营数额。因此,对于行为人尚未印制完成侵权复制品的,应当以侵权复制品的定价数额乘以承印数量所得的数额计算其经营数额。但由于上述行为属于犯罪未遂,对于需要追究刑事责任的,公安机关应当在起诉意见书中予以说明。

32. 公安部《关于涂××等人从事非法金融业务行为性质认定问题的批复》(公经〔2003〕385号)

涂××等人或假借中国农业银行武汉市××支行及未经批准成立的武汉市××区工商联互助基金会之名,或用武汉市××贸易有限责任公司或个人的名义,以武汉市××贸易有限责任公司或个人资金,向他人非法发放高息贷款的行为,属于从事非法金融业务活动。1998年6月国务院发布施行的《非法金融机构和非法金融业务活动取缔办法》第22条规定:

"设立非法金融或者从事非法金融业务活动,构成犯罪的,依法追究刑事辜责任。"涂××等人从事非法金融业务活动,数额巨大,其行为属于刑法第225条第(4)项所规定的"其他严重扰乱市场秩序的非法经营行为",应以涉嫌非法经营罪立案侦查。

33. 最高人民法院、最高人民检察院、公安部《关于依法开展打击淫秽色情网站专项行动有关工作的通知》(公通字〔2004〕53号)

当前淫秽色情网站有泛滥、蔓延之势,严重危害青少年的健康成长,败坏社会道德风尚,诱发多种犯罪活动,社会各界和广大人民群众对此反映强烈。为有效清除淫秽色情网站,坚决打击网上淫秽色情活动,创造健康的网络环境,维护社会治安秩序的稳定,从今年7月中旬至"十一"前,在全国范围内开展打击淫秽色情网站专项行动。现就专项行动的有关工作通知如下:

一、充分认识开展打击淫秽色情网站专项行动的重要意义,切实增强政治责任感和工作紧迫感

党的十六大明确指出,"全面建设小康社会,必须大力发展社会主义文化,建设社会主义精神文明";"大力发展先进文化,支持健康有益文化,努力改造落后文化,坚决抵制腐朽文化"。淫秽色情网站传播的淫秽色情信息是腐朽文化的突出表现,与加强社会主义精神文明完全背道而驰。开展打击淫秽色情网站专项行动,是加强社会主义精神文明建设的必然要求,是保护青少年身心健康的迫切需要,是实现和维护广大人民群众根本利益的重要举措。各级公安机关、人民检察院、人民法院要深刻认识淫秽色情网站的严重危害和开展打击淫秽色情网站、净化网络环境的重要性、紧迫性,从深入贯彻党的十六大精神和努力践行"三个代表"重要思想、保持国家长治久安的战略高度,以对党、对人民高度负责的态度,充分发挥本部门的职能作用,认真部署,协同作战,坚决铲除网络中的社会丑恶现象,有效震慑犯罪,净化社会环境,促进社会主义精神文明建设。

二、充分运用法律武器,突出打击重点

各级公安机关、人民检察院、人民法院要准确把握此类违法犯罪活动的特点,充分发挥各自的职能作用,依法严厉打击利用淫秽色情网站进行违法犯罪活动的不法分子。要通过专项行动破获一批以互联网为媒介,制作、贩卖、传播淫秽物品和组织卖淫嫖娼的案件,打掉一批犯罪团伙,严惩一批经营淫秽色情网站和利用互联网从事非法活动的违法犯罪分子和经营单位。

在专项行动中,要严格按照《刑法》、全国人民代表大会常务委员会《关于维护互联网安全的决定》和有关司法解释的规定,严格依法办案,正确把握罪与非罪的界限,保证办案质量。

对于利用互联网从事犯罪活动的，应当根据其具体实施的行为，分别以制作、复制、出版、贩卖、传播淫秽物品牟利罪、传播淫秽物品罪、组织播放淫秽音像制品罪及刑法规定的其他有关罪名，依法追究刑事责任。对于违反国家规定，擅自设立互联网上网服务营业场所，或者擅自从事互联网上网服务经营活动，情节严重，构成犯罪的，以非法经营罪追究刑事责任。对于建立淫秽网站、网页，提供涉及未成年人淫秽信息、利用青少年教育网络从事淫秽色情活动以及顶风作案、罪行严重的犯罪分子，要坚决依法从重打击，严禁以罚代刑。要充分运用没收犯罪工具、追缴违法所得等措施，以及没收财产、罚金等财产刑，加大对犯罪分子的经济制裁力度，坚决铲除淫秽色情网站的生存基础，彻底剥夺犯罪分子非法获利和再次犯罪的资本。

要坚持惩办与宽大相结合的刑事政策，区别对待，审时度势，宽严相济，最大限度地分化瓦解犯罪分子；对于主动投案自首或者有检举、揭发淫秽色情违法犯罪活动等立功表现的，可依法从宽处罚。

三、加强协调配合，形成打击合力

当前，淫秽色情网站违法犯罪活动不仅数量多，而且技术含量高，传播范围广，作案手段隐蔽，逃避打击能力强。各级公安机关、人民检察院、人民法院在办案中要坚持实事求是，科学、正确认识此类犯罪活动的特殊性，按照"基本事实清楚、基本证据确凿"的原则，不纠缠细枝末节，密切配合，齐心协力，依法从重从快打击利用淫秽色情网站的各种犯罪活动。公安机关应当组织专门力量，扎扎实实地做好侦查工作。淫秽色情网站所在地公安机关和淫秽色情网站制作、维护人居住地公安机关发现淫秽色情网站后均应立即依法立案侦查，全力侦破利用淫秽色情网站犯罪案件，抓捕犯罪嫌疑人。要切实做好证据的收集、固定和保全工作，将侦查中获取的电子数据制作成电子证据文档光盘作为证据随案件其他证据一并移送，为起诉和审判打下坚实基础；人民检察院对公安机关提请逮捕和移送审查起诉的犯罪嫌疑人，要依法从快批捕和提起公诉；人民法院对人民检察院提起公诉的案件，应该当依法及时审判。各级公安机关、人民检察院、人民法院对案件定性、证据认定、案件管辖等有关问题发生分歧时，要加强沟通与协调，加快办案进度，提高办案效率，形成打击合力，有效震慑犯罪。

四、加大宣传力度，推动专项行动深入开展

在专项行动中，公安机关、人民检察院、人民法院要充分利用各种新闻媒体，通过典型案例宣传有关法律和政策，向广大群众表明党和政府及政法机关打击淫秽色情网站的决心与信心。要选择典型案例公开曝光，震慑犯罪，弘扬法制，教育群众，使广大网民特别是青少年树立守法意识，自觉远离、抵制淫秽色情网站。要通过设立举报电话和举报网站等方式，动员广大群众检举、揭发犯罪，形成全社会打击淫秽色情网站的合力。

各地接到本通知后，请立即部署贯彻执行。执行中遇到问题，请及时分别报告最高人民法院、最高人民检察院、公安部。

34. 国务院《粮食流通管理条例》（2004年5月26日国务院令第407号公布；2013年7月18日《国务院关于废止和修改部分行政法规的决定》第一次修订；2016年2月6日《国务院关于修改部分行政法规的决定》第二次修订，2021年2月15日中华人民共和国国务院令第740号第三次修订）

（全文略）

35. 最高人民法院、最高人民检察院《关于办理赌博刑事案件具体应用法律若干问题的解释》（法释〔2005〕3号）

第6条 未经国家批准擅自发行、销售彩票，构成犯罪的，依照刑法第225条第（四）项的规定，以非法经营罪定罪处罚。（全文详见本书《刑法》第303条相关内容）

36. 国务院《禁止传销条例》(〔2005〕国务院令第 444 号)

第 2 条 本条例所称传销,是指组织者或者经营者发展人员,通过对被发展人员以其直接或者间接发展的人员数量或者销售业绩为依据计算和给付报酬,或者要求被发展人员以交纳一定费用为条件取得加入资格等方式牟取非法利益,扰乱经济秩序,影响社会稳定的行为。

第 7 条 下列行为,属于传销行为:

(一)组织者或者经营者通过发展人员,要求被发展人员发展其他人员加入,对发展的人员以其直接或者间接滚动发展的人员数量为依据计算和给付报酬(包括物质奖励和其他经济利益,下同),牟取非法利益的;(二)组织者或者经营者通过发展人员,要求被发展人员交纳费用或者以认购商品等方式变相交纳费用,取得加入或者发展其他人员加入的资格,牟取非法利益的;(三)组织者或者经营者通过发展人员,要求被发展人员发展其他人员加入,形成上下线关系,并以下线的销售业绩为依据计算和给付上线报酬,牟取非法利益的。(全文略)

37. 国务院《易制毒化学品管理条例》(2018 年 9 月 18 日修正版)(2005 年 8 月 26 日国务院令第 445 号发布;2014 年 7 月 29 日《国务院关于修改部分行政法规的决定》第一次修订;2016 年 2 月 6 日《国务院关于修改部分行政法规的决定》第二次修订;2018 年 9 月 18 日《国务院关于修改部分行政法规的决定》第三次修订)

(全文略)

38.《疫苗流通和预防接种管理条例》(国务院令〔2005〕第 434 号;国务院令〔2016〕第 668 号《关于修改〈疫苗流通和预防接种管理条例〉的决定》修订)

被国务院《关于修改和废止部分行政法规的决定》(国务院令〔2020〕第 726 号)废止。

39. 最高人民法院研究室《关于非法经营黄金案件移送起诉期间国务院出台《国务院关于取消第 2 批行政项目和改变 1 批行政审批项目管理方式的决定》如何适用法律问题的答复》(法研〔2005〕80 号)

2005 年 5 月 19 日答复吉林省高级人民法院:国务院〔2003〕5 号文件发布后,个人收购、销售黄金的行为,不构成非法经营罪,该文件发布前的行为,应按照《刑法》第 12 条规定的从旧兼从轻处理的原则,不以非法经营犯罪论,在法院判决前,公诉人应当撤回案件。

40. 国务院《民用爆炸物品安全管理条例》(国务院令〔2006〕第 466 号;国务院令〔2014〕第 653 号《关于修改部分行政法规的决定》修订)

(全文略)

41. 公安部经济犯罪侦查局《关于对四川××、陕西××等公司代理转让未上市公司股权行为定性的批复》(公经〔2006〕1789 号)

一、四川××公司南充分公司、陕西××公司及南充、德阳分公司代理未上市公司股票向不特定社会公众转让的行为,属于证券法规定的证券业务。根据证券法第 197 条规定,未经中国证监会批准,其行为构成非法经营证券业务。如其非法经营数额达到刑事追诉标准,则涉嫌构成刑法第 225 条规定的非法经营罪。

42. 公安部经济犯罪侦查局《关于对新疆××公司使用配额许可证行为性质的批复》(公经〔2006〕2115 号)

2004 年 4 月 26 日,新疆××国际经贸股份有限公司(以下简称新疆××公司)与山西省大同市××煤焦化有限责任公司签订了出口 10000 吨焦炭的供货协议,之后新疆××公司又与××国际贸易股份有限公司签订了合作出口协议书及此后为履行上述两协议而进行的有关商品交易行为和通关、外汇收汇核销等手续,符合国家有关法律法规的规定,也是我国对外贸易企业从事出口经营的惯常做法,即不构成倒卖或变相倒卖出口配额许可证的行为。

43.最高人民法院、最高人民检察院、公安部、国家广播电影电视总局、国家工商行政管理总局、国家质量监督检验检疫总局、信息产业部《关于依法严厉打击涉卫星电视广播地面接收设施违法犯罪活动的通知》(法发〔2007〕38号)

为有效遏制非法电视网络接受设备违法犯罪活动,切实保障国家安全、社会稳定和人民群众的利益,现通知如下:

一、充分认识当前严厉打击非法电视网络接收设备违法犯罪的重要意义生产、销售、安装非法电视网络接收设备违法犯罪活动,特别是利用非法电视网络接收设备实施传播淫秽色情节目、危害国家安全等违法犯罪活动,严重扰乱社会治安秩序,严重危害国家安全。各级公安、检察、审判机关和新闻出版广电行政主管部门要从维护国家安全和社会治安秩序的大局出发,充分认识非法电视网络接收设备违法犯罪活动的严重危害性,增强工作的责任感和紧迫感,加强组织领导,充分发挥职能作用,依法严厉打击非法电视网络接收设备违法犯罪活动,坚决遏制非法电视网络接收设备违法犯罪活动上升、蔓延的势头,确保社会治安秩序良好。

二、正确把握法律政策界限,依法严厉打击非法电视网络接收设备违法犯罪活动各级公安、检察、审判机关和新闻出版广电行政主管部门要高度重视查办非法网络电视接收设备违法犯罪案件,正确把握法律政策界限,严格执行法律法规的有关规定,坚决依法严厉打击非法电视网络接收设备违法犯罪活动。

非法电视网络接收设备主要包括3类:"电视棒"等网络共享设备;非法互联网电视接收设备,包括但不限于内置含有非法电视、非法广播等非法内容的定向接收软件或硬件模块的机顶盒、电视机、投影仪、显示器;用于收看非法电视、收听非法广播的网络软件、移动互联网客户端软件和互联网影视客户端软件。

根据刑法和司法解释的规定,违反国家规定,从事生产、销售非法电视网络接收设备(含软件),以及为非法广播电视接收软件提供下载服务,为非法广播电视节目频道接收提供链接服务等营利性活动,扰乱市场秩序,个人非法经营数额在5万元以上或违法所得数额在1万元以上,单位非法经营数额在50万元以上或违法所得数额在10万元以上,按照非法经营罪追究刑事责任。对于利用生产、销售、安装非法电视网络接收设备传播淫秽色情节目、实施危害国家安全等行为的,根据其行为的性质,依法追究刑事责任。对非法电视网络接收设备犯罪行为,涉及数个罪名的,按照相关原则,择一重罪处罚或数罪并罚。在追究犯罪分子形式责任的同时,还要依法追缴违法所得,没收其犯罪所用的本人财物。对于实施上诉行为尚不构成犯罪的,由新闻出版广电等相关行政主管部门依法给予行政处罚;构成违法治安管理行为的,依法给予治安管理处罚。

三、加强协作配合,切实增强打击非法电视网络接收设备违法犯罪活动的工作合力各级新闻出版广电部门和公安、检察、审判机关要进一步增强打击非法电视网络接收设备违法犯罪活动的主动性,加快查办工作进度,提供工作效率。各级新闻出版广电部门要加大对非法广播电视网络传播行为的监管力度,发现涉嫌犯罪的,及时移送公安机关,并对公安机关查缴的涉嫌接收非法电视的网络接收设备及时作出认定。公安机关对于涉嫌犯罪的案件,应依法及时立案侦查,深挖彻查涉嫌非法电视网络接收设备犯罪活动的利益链条。侦察机关对于公安机关提请批准逮捕和移送审查起诉的案件,应当依法及时决定是否批准逮捕和提起公诉。审判机关对于检察机关提起公诉的案件,应当依法及时审判,对于在查处过程中发生的抗拒、阻碍国家机关工作人员依法执行职务,构成犯罪的,以妨碍公务罪依法追究刑事责任,构成违法治安管理行为的,依法给予治安管理处罚。各有关部门在开展非法电视网络接收设备打击整治专项行动中,要加强沟通联系,建立有效工作机制,形成打击合力。

各地各部门接此通知后,应立即部署贯彻执行。执行中遇到的问题,要开展调查研究,提出可行性建议,及时报告上级主管部门。

44. 最高人民法院、最高人民检察院、公安部、中国证券监督管理委员会《关于整治非法证券活动有关问题的通知》(证监发〔2008〕1号)

国务院办公厅《关于严厉打击非法发行股票和非法经营证券业务有关问题的通知》(国办发〔2006〕99号,以下简称"国办发99号文")和国务院《关于同意建立整治非法证券活动协调小组工作制度的批复》(国函〔2007〕14号)下发后,整治非法证券活动协调小组(以下简称"协调小组")各成员单位和地方人民政府高度重视,周密部署,重点查处了一批大案要案,初步遏制了非法证券活动的蔓延势头,各类非法证券活动新发量明显减少,打击非法证券活动工作取得了明显成效,相当一部分案件已进入司法程序。但在案件办理过程中,相关单位也遇到了一些分工协作、政策法律界限不够明确等问题。为此,协调小组专门召开会议对这些问题进行了研究。根据协调小组会议精神,现就打击非法证券活动工作中的有关问题通知如下:

一、统一思想,高度重视非法证券类案件办理工作非法证券活动是一种典型的涉众型的违法犯罪活动,严重干扰正常的经济金融秩序,破坏社会和谐与稳定。从近期办理的一些案件看,非法证券活动具有以下特征:

一是按照最高人民检察院、公安部《关于经济犯罪案件追诉标准的规定》(公发〔2001〕11号),绝大多数非法证券活动都涉嫌犯罪。二是花样不断翻新,隐蔽性强,欺骗性大,仿效性高。三是案件涉及地域广,涉案金额大,涉及人员多,同时资产易被转移,证据易被销毁,人员易潜逃,案件办理难度大。四是不少案件涉及到境外资本市场,办理该类案件政策性强,专业水平要求高。五是投资者多为离退休人员、下岗职工等困难群众,承受能力差,极易引发群体事件。各有关部门要进一步统一思想,高度重视,充分认识此类违法犯罪活动的严重性、危害性,增强政治责任感,密切分工协作,提高工作效率,及时查处一批大案要案,维护法律法规权威,维护社会公平正义,维护投资者的合法权益。

二、明确法律政策界限,依法打击非法证券活动

(一)关于公司及其股东向社会公众擅自转让股票行为的性质认定。《证券法》第10条第3款规定:"非公开发行证券,不得采用广告、公开劝诱和变相公开方式。"国办发99号文规定:"严禁任何公司股东自行或委托他人以公开方式向社会公众转让股票。向特定对象转让股票,未依法报经证监会核准的,转让后,公司股东累计不得超过200人。"公司、公司股东违反上述规定,擅自向社会公众转让股票,应当追究其擅自发行股票的责任。公司与其股东合谋,实施上述行为的,公司与其股东共同承担责任。

(二)关于擅自发行证券的责任追究。未经依法核准,擅自发行证券,涉嫌犯罪的,依照《刑法》第179条之规定,以擅自发行股票、公司、企业债券罪追究刑事责任。未经依法核准,以发行证券为幌子,实施非法证券活动,涉嫌犯罪的,依照《刑法》第176条、第192条等规定,以非法吸收公众存款罪、集资诈骗罪等罪名追究刑事责任。未构成犯罪的,依照《证券法》和有关法律的规定给予行政处罚。

(三)关于非法经营证券业务的责任追究。任何单位和个人经营证券业务,必须经证监会批准。未经批准的,属于非法经营证券业务,应予以取缔;涉嫌犯罪的,依照《刑法》第225条之规定,以非法经营罪追究刑事责任。对于中介机构非法代理买卖非上市公司股票,涉嫌犯罪的,应当依照《刑法》第225条之规定,以非法经营罪追究刑事责任;所代理的非上市公司涉嫌擅自发行股票,构成犯罪的,应当依照《刑法》第179条之规定,以擅自发行股票罪追究刑事责任。非上市公司和中介机构共谋擅自发行股票,构成犯罪的,以擅自发行股票罪的共犯论处。未构成犯罪的,依照《证券法》和有关法律的规定给予行政处罚。

（四）关于非法证券活动性质的认定。非法证券活动是否涉嫌犯罪，由公安机关、司法机关认定。公安机关、司法机关认为需要有关行政主管机关进行性质认定的，行政主管机关应当出具认定意见。对因案情复杂、意见分歧，需要进行协调的，协调小组应当根据办案部门的要求，组织有关单位进行研究解决。

（五）关于修订后的《证券法》与修订前的《证券法》中针对擅自发行股票和非法经营证券业务规定的衔接。修订后的《证券法》与修订前的《证券法》针对擅自发行股票和非法经营证券业务的规定是一致的，是相互衔接的，因此在修订后的《证券法》实施之前发生的擅自发行股票和非法经营证券业务行为，也应予以追究。

（六）关于非法证券活动受害人的救济途径。根据1998年3月25日《国务院办公厅转发证监会关于清理整顿场外非法股票交易方案的通知》（国办发〔1998〕10号）的规定，最高人民法院于1998年12月4日发布了《关于中止审理、中止执行涉及场外非法股票交易经济纠纷案件的通知》（法〔1998〕145号），目的是为配合国家当时解决STAQ、NET交易系统发生的问题，而非针对目前非法证券活动所产生的纠纷。如果非法证券活动构成犯罪，被害人应当通过公安、司法机关刑事追赃程序追偿；如果非法证券活动仅是一般违法行为而没有构成犯罪，当事人符合民事诉讼法规定的起诉条件的，可以通过民事诉讼程序请求赔偿。

三、加强协作配合，提高办案效率涉嫌犯罪的非法证券类案件从调查取证到审理终结，主要涉及证监、公安、检察、法院4个部门。从工作实践看，大部分地区的上述4个部门能够做到既有分工，也有协作，案件办理进展顺利，但也有部分地区的一些案件久拖不决，有的甚至出现"踢皮球"的现象，案件办理周期过长。究其原因，有的是工作不扎实，有的是认识上存在差距，有的是协调沟通不畅。协调小组工作会议高度重视存在的问题，并对各相关部门的工作分工及协调配合做了总体部署。

证监系统要督促、协调、指导各地落实已出台的贯彻国办发99号文实施意见，将打击非法证券活动长效机制落到实处；根据司法机关需要，对非法证券类案件及时出具性质认定意见；创新办案模式，在当地政府的领导下，密切与其他行政执法机关的联合执法，提高快速反应能力；根据工作需要，可组织当地公、检、法等部门相关人员进行业务培训或案情会商；加强对境外资本市场的跟踪研究。

公安机关对涉嫌犯罪的非法证券类案件要及时进行立案侦查，并做好与证监、工商等部门的工作衔接；上级公安机关要加强案件的协调、指导、督办工作，提高办案效率；密切与检察院、法院的协调配合，及时交流信息，通报情况，加大对大要案的侦办力度。

检察机关要及时做好此类案件的批捕、起诉和诉讼监督工作；加强与相关部门的沟通联系，及时处理需要协调的事项。

人民法院要加强与相关部门的沟通协调，及时受理、审理各类涉及非法证券活动的民事、刑事案件，对性质恶劣、社会危害大的案件依法予以严惩。

各相关部门在办理非法证券类案件过程中遇到重大问题的，可提请协调小组协助解决。

45. 最高人民法院《关于被告人缪绿伟非法经营一案的批复》（〔2008〕刑他字第86号）

《盐业管理条例》第20条虽然规定盐的批发业务由各级盐业公司统一经营，但并无相应法律责任的规定。1995年国家计委、国家经贸委下发的《关于改进工业盐供销和价格管理办法的通知》明确取消了工业盐准运证和准运章制度，工业盐已不再属于国家限制买卖的物品。因此，被告人缪绿伟经营工业盐的行为不构成非法经营犯罪。

46. 最高人民法院刑二庭《关于对未经行政许可审批经营成品油批发业务是否构成非法经营罪的意见》（〔2008〕刑二函字第108号）

在未取得合法有效地《成品油批发经营批准证书》的情况下，进行成品油批发经营业务，属于违反国家规定，未经许可经营法律、行政法规规定限制买卖的物品的行为。对于扰乱市场秩序,情节严重的,可以非法经营罪追究刑事责任。

47. 公安部经济犯罪侦查局《关于未经行政许可审批经营成品油是否涉嫌非法经营罪的批复》(公经法〔2008〕309 号)

珠海××石油化工有限公司违反了商务部制定的《成品油市场管理办法》,在未取得合法有效的《成品油批发经营批准证书》的情况下,非法经营成品油批发业务,属于违反国家规定,未经许可经营法律、行政法规规定限制买卖的物品的行为。对于扰乱市场秩序,情节严重的,可以非法经营罪追究刑事责任。

48. 公安部经济犯罪侦查局《关于刘××等人利用银行账户为他人转移资金行为定性问题的批复》(公经〔2008〕164 号)

根据国务院 1998 年 7 月 13 日发布实施的《非法金融机构和非法金融业务活动取缔办法》第 4 条规定,刘××等犯罪嫌疑人未经国务院银行业监督管理机构及其派出机构批准,以营利为目的,大量使用虚假身份或冒用他人身份,注册成立无经营地址、无从业人员、无经营活动的"三无公司",在银行开立单位基本账户并开通网上银行业务,在没有真实交易的情况下接受性质不明的巨额资金,获取大量非法利益,该行为属于非法办理结算业务。刘××等犯罪嫌疑人的行为应认定为从事非法金融业务活动,并依法追究刑事责任。

49. 公安部经济犯罪侦查局《关于对艾××等人有关行为定性问题的批复》(公经反洗钱〔2008〕585 号)

根据《外汇管理条绦例》(国务院第 532 号令)第 45 条规定,艾××等人将委托人的外汇资金假借外商投资的名义汇入境内,骗取银行结汇后,按照委托人要求支付给指定的境内收款人,并依据汇入外汇资金数量向委托人收取报酬的行为,属于非法买卖外汇违法犯罪行为,应依法追究刑事责任。

50.《中华人民共和国刑法修正案(7)》(2009 年 2 月 28 日第十一届全国人大常委会第七次会议通过)

五、将刑法第 225 条第 3 项修改为:"未经国家有关主管部门批准非法经营证券、期货、保险业务的,或者非法从事资金支付结算业务的;"

(该修订增加了"非法从事资金支付结算业务的"的规定。该项原规定为 1999 年《刑法修正案》第 8 条所增设。1997 年《刑法》第 3 项被《刑法修正案》改为现在的第 4 项。)

51. 公安部经济犯罪侦查局《关于对倒卖银行承兑汇票行为性质认定意见的批复》(公经金融〔2009〕253 号)

河北、安徽省公安厅经侦总队:你们《关于对赵某某个人买卖银行承兑汇票的行为如何定性的请示》(冀公(经)〔2009〕408 号)、《关于李某等人倒卖银行承兑汇票行为定性问题的请示》(皖公经侦〔2009〕255 号)收悉,经我局认真研究,并征求中国银行业监督管理委员会意见,现批复如下:

此类与他人串通注册成立空壳公司,伪造贸易合同,虚构贸易背景,从银行开出多份银行承兑汇票转手倒卖,及从他人手中购买银行承兑汇票进行倒卖,从中获利的行为,数额巨大,严重扰乱正常的票据管理秩序,可以认定为刑法修正案(7)第 5 条规定的"非法从事资金支付结算业务"的活动。

52. 最高人民法院、最高人民检察院《关于妨害信用卡管理刑事案件具体应用法律若干问题的解释》(法释〔2009〕19 号)

(法释〔2018〕19 号已对本文件修改)

53. 公安部经济犯罪侦查局《关于顾××等人有关行为性质认定意见的批复》(公经反洗钱〔2009〕188 号)

犯罪嫌疑人顾××等人为获取非法利益,注册成立空壳公司并在银行开立基本账户,在无任何实际贸易背景的情况下，专门从事为他人提供支票套现服务并收取手续费，非法获利数额巨大，其行为严重扰乱正常的金融管理秩序，根据《非法金融机构和非法金融业务活动取缔办法》（国务院令第247号）第4条第4项的规定，顾××等犯罪嫌疑人的行为可以认定为其他非法金险融业赴务活动。

54.公安部经济犯罪侦查局《关于南京××公司从事非法票据贴现业务认定意见的批复》（公经金融〔2009〕315号）

犯罪嫌疑人王×等人注册成立多家空壳公司，并雇人寻找需要贴现票据的企业，通过伪造购销合同和增值税发票等，以上述空壳公司的名义通过银行为企业进行票据贴现，收取手续费的行为，数额巨大，严重扰乱正常的票据管理秩序，可以认定为刑法修正案（七）第5条规定的"非法从事资金支付结算业务"的活动。

55.最高人民法院、最高人民检察院《关于办理非法生产、销售烟草专卖品等刑事案件具体应用法律若干问题的解释》（法释〔2010〕7号）

第1条 生产、销售伪劣卷烟、雪茄烟等烟草专卖品，销售金额在5万元以上的，依照刑法第140条的规定，以生产、销售伪劣产品罪定罪处罚。

未经卷烟、雪茄烟等烟草专卖品注册商标所有人许可，在卷烟、雪茄烟等烟草专卖品上使用与其注册商标相同的商标，情节严重的，依照刑法第213条的规定，以假冒注册商标罪定罪处罚。

销售明知是假冒他人注册商标的卷烟、雪茄烟等烟草专卖品，销售金额较大的，依照刑法第214条的规定，以销售假冒注册商标的商品罪定罪处罚。

伪造、擅自制造他人卷烟、雪茄烟注册商标标识或者销售伪造、擅自制造的卷烟、雪茄烟注册商标标识，情节严重的，依照刑法第215条的规定，以非法制造、销售非法制造的注册商标标识罪定罪处罚。

违反国家烟草专卖管理法律法规，未经烟草专卖行政主管部门许可，无烟草专卖生产企业许可证、烟草专卖批发企业许可证、特种烟草专卖经营企业许可证、烟草专卖零售许可证等许可证明，非法经营烟草专卖品，情节严重的，依照刑法第225条的规定，以非法经营罪定罪处罚。

第3条 非法经营烟草专卖品，具有下列情形之一的，应当认定为刑法第225条规定的"情节严重"：

（一）非法经营数额在5万元以上的，或者违法所得数额在2万元以上的；（二）非法经营卷烟20万支以上的；（三）曾因非法经营烟草专卖品3年内受过2次以上行政处罚，又非法经营烟草专卖品且数额在3万元以上的。

具有下列情形之一的，应当认定为刑法第225条规定的"情节特别严重"：

（一）非法经营数额在25万元以上，或者违法所得数额在10万元以上的；（二）非法经营卷烟100万支以上的。

第4条 非法经营烟草专卖品，能够查清销售或者购买价格的，按照其销售或者购买的价格计算非法经营数额。无法查清销售或者购买价格的，按照下列方法计算非法经营数额：

（一）查获的卷烟、雪茄烟的价格，有品牌的，按照该品牌卷烟、雪茄烟的查获地省级烟草专卖行政主管部门出具的零售价格计算；无品牌的，按照查获地省级烟草专卖行政主管部门出具的上年度卷烟平均零售价格计算；（二）查获的复烤烟叶、烟叶的价格按照查获地省级烟草专卖行政主管部门出具的上年度烤烟调拨平均基准价格计算；（三）烟丝的价格按照第（二）项规定价格计算标准的1.5倍计算；（四）卷烟辅料的价格，有品牌的，按照该品牌辅料的查获地省级烟草专卖行政主管部门出具的价格计算；无品牌的，按照查获地省级烟草专卖行政主管部门出具的上年度烟草行业生产卷烟所需该类卷烟辅料的平均价格计算；（五）非法生产、销售、购买烟草专用机械的价格按照国务院烟草专卖行政主管部门下发的全国烟草专用机械产品指导价格目录进行计算;目录中没有该烟草专用机械的,按照省级以上烟草专卖行政主管部门出具的目录中同类烟草专用机械的平均价格计算。

第5条 行为人实施非法生产、销售烟草专卖品犯罪,同时构成生产、销售伪劣产品罪、侵犯知识产权犯罪、非法经营罪的,依照处罚较重的规定定罪处罚。

第6条 明知他人实施本解释第一条所列犯罪,而为其提供贷款、资金、账号、发票、证明、许可证件,或者提供生产、经营场所、设备、运输、仓储、保管、邮寄、代理进出口等便利条件,或者提供生产技术、卷烟配方的,应当按照共犯追究刑事责任。

第7条 办理非法生产、销售烟草专卖品等刑事案件,需要对伪劣烟草专卖品鉴定的,应当委托国务院产品质量监督管理部门和省、自治区、直辖市人民政府产品质量监督管理部门指定的烟草质量检测机构进行。

第9条 本解释所称"烟草专卖品",是指卷烟、雪茄烟、烟丝、复烤烟叶、烟叶、卷烟纸、滤嘴棒、烟用丝束、烟草专用机械。

本解释所称"卷烟辅料",是指卷烟纸、滤嘴棒、烟用丝束。

本解释所称"烟草专用机械",是指由国务院烟草专卖行政主管部门烟草专用机械名录所公布的,在卷烟、雪茄烟、烟丝、复烤烟叶、烟叶、卷烟纸、滤嘴棒、烟用丝束的生产加工过程中,能够完成一项或者多项特定加工工序,可以独立操作的机械设备。

本解释所称"同类烟草专用机械",是指在卷烟、雪茄烟、烟丝、复烤烟叶、烟叶、卷烟纸、滤嘴棒、烟用丝束的生产加工过程中,能够完成相同加工工序的机械设备。

第10条 以前发布的有关规定与本解释不一致的,以本解释为准。(全文详见本书《刑法》第213条相关内容)

56. 最高人民检察院、公安部《关于公安机关管辖的刑事案件立案追诉标准的规定(2)》(公通字〔2010〕23号)

(公通字〔2022〕12号已声明该文件废止)

57. 最高人民法院《关于经营工业用盐是否需要办理工业盐准运证等请示的答复》(〔2010〕行他字第82号)

江苏省高级人民法院:你院〔2009〕苏行他字第0012号《关于鲁潍(福建)盐业进出口有限公司苏州分公司诉苏州市盐务管理局盐业行政处罚及行政赔偿一案的请示报告》收悉。经研究并征求全国人大法工委及国务院法制办意见,答复如下:

一、《行政许可法》第15条第1款规定:"本法第12条所列事项,尚未制定法律、行政法规的,地方性法规可以设定行政许可;尚未制定法律、行政法规和地方性法规的,因行政管理的需要,确需立即实施行政许可的,省、自治区、直辖市人民政府规章可以设定临时性的行政许可。临时性的行政许可实施满1年需要继续实施的,应当提请本级人民代表大会及其常务委员会制定地方性法规。"第16条第2款规定:"地方性法规可以在法律、行政法规设定的行政许可事项范围内,对实施该行政许可作出具体规定。"第16条第3款规定:"规章可以在上位法设定的行政许可事项范围内,对实施该行政许可作出具体规定。"据此,在已经制定法律、行政法规的情况下,地方性法规或者地方政府规章只能在法律、行政法规设定的行政许可事项范围内对实施该行政许可作出具体规定,不能设定新的行政许可。法律及《盐业管理条例》没有设定工业盐准运证这一行政许可,地方性法规或者地方政府规章不能设定工业盐准运证制度。

二、《行政处罚法》第13条规定:"省、自治区、直辖市人民政府和省、自治区人民政府所在地的市人民政府以及经国务院批准的较大的市人民政府制定的规章可以在法律、法规规定的给予行政处罚的行为、种类和幅度的范围内作出具体规定。”“尚未制定法律、法规的，前款规定的人民政府制定的规章对违反行政管理秩序的行为，可以设定警告或者一定数量罚款的行政处罚。”据此，在已经制定行政法规的情况下，地方政府规章只能在行政法规规定的给予行政处罚的行为、种类和幅度的范围内作出具体规定。《盐业管理条例》对盐业公司之外的其他企业经营盐的批发业务没有规定行政处罚，地方政府规章不能对该行为规定行政处罚。

58. 最高人民法院研究室《关于明确〈关于办理妨害信用卡管理刑事案件具体应用法律若干问题的解释〉溯及力的复函》(法研〔2010〕70号)

公安部经济犯罪侦查局：你局公经金融〔2010〕49号《关于明确〈关于办理妨害信用卡管理刑事案件具体应用法律若干问题的解释〉溯及力问题的函》收悉，经研究，提出以下意见供参考：

对1997年刑法施行后、《2009年两高关于办理妨害信用卡刑事案件具体应用法律若干问题的解释》施行前发生的利用信用卡非法套现行为，如未超过法定追诉时效，社会危害重大的，可以依法追究。

59. 公安部经济犯罪侦查局《关于对闻丽X等人有关行为定性问题的批复》(公经反洗钱〔2010〕84号)

犯罪嫌疑人闻丽×等人按照新加坡“××快速汇款公司”(以下简称“××公司”)授意，在境内私设××公司办事处，由××公司在新加坡收取客户新加坡元，后指示闻丽×等人按照约定汇率在境内将相应人民币汇入客户指定的账户(或现金交付)、根据《中华人民共和国外汇管理条例》(国务院第532号令)第45条规定及相关证据，闻丽×等人的行为属于非法买卖外汇行为。

60. 最高人民法院《关于进一步加强危害生产安全刑事案件审判工作的意见》(法发〔2011〕20号)

(详见本书《刑法》第134条相关内容)

61. 最高人民法院《关于被告人李某华非法经营请示一案的批复》(〔2011〕刑他字第21号)

江苏省高级人民法院：你院〔2010〕苏刑二他字第0065号《关于被告人李某华非法经营一案的请示》收悉。经研究，答复如下：

被告人李某华持有烟草专卖零售许可证，但多次实施批发业务，而且从非指定烟草专卖部门进货的行为，属于超范围和地域经营的情形，不宜按照非法经营罪处理，应由相关主管部门进行处理。

62. 最高人民法院《关于准确理解和适用刑法中“国家规定”的有关问题的通知》(法发〔2011〕155号)

三、各级人民法院审理非法经营犯罪案件，要依法严格把握刑法第225条第(4)的适用范围。对被告人的行为是否属于刑法第225条第(4)规定的“其它严重扰乱市场秩序的非法经营行为”，有关司法解释未作明确规定的，应当作为法律适用问题，逐级向最高人民法院请示。(全文详见本书《刑法》第96条相内容)

63. 最高人民法院、最高人民检察院、公安部《关于办理走私、非法买卖麻黄碱类复方制剂等刑事案件适用法律若干问题的意见》(法发〔2012〕12号)

一、关于走私、非法买卖麻黄碱类复方制剂等行为的定性

以加工、提炼制毒物品制造毒品为目的，购买麻黄碱类复方制剂，或者运输、携带、寄递麻黄碱类复方制剂进出境的，依照刑法第347条的规定，以制造毒品罪定罪处罚。

以加工、提炼制毒物品为目的,购买麻黄碱类复方制剂,或者运输、携带、寄递麻黄碱类复方制剂进出境的,依照刑法第350条第1款、第3款的规定,分别以非法买卖制毒物品罪、走私制毒物品罪定罪处罚。

将麻黄碱类复方制剂拆除包装、改变形态后进行走私或者非法买卖,或者明知是已拆除包装、改变形态的麻黄碱类复方制剂而进行走私或者非法买卖的,依照刑法第350条第1款、第3款的规定,分别以走私制毒物品罪、非法买卖制毒物品罪定罪处罚。

非法买卖麻黄碱类复方制剂或者运输、携带、寄递麻黄碱类复方制剂进出境,没有证据证明系用于制造毒品或者走私、非法买卖制毒物品,或者未达到走私制毒物品罪、非法买卖制毒物品罪的定罪数量标准,构成非法经营罪、走私普通货物、物品罪等其他犯罪的,依法定罪处罚。

实施第1款、第2款规定的行为,同时构成其他犯罪的,依照处罚较重的规定定罪处罚。(全文详见本书《刑法》第347条相关内容)

64. 最高人民法院、最高人民检察院、公安部、国家安全监管总局《关于依法加强对涉嫌犯罪的非法生产经营烟花爆竹行为刑事责任追究的通知》(安监总管三〔2012〕116号)

近年来,一些地区非法生产、经营烟花爆竹问题十分突出,由此引发的事故时有发生,给人民群众生命财产安全造成严重危害。为依法严惩非法生产、经营烟花爆竹违法犯罪行为,现就依法加强对涉嫌犯罪的非法生产、经营烟花爆竹行为刑事责任追究有关要求通知如下:

一、非法生产、经营烟花爆竹及相关行为涉及非法制造、买卖、运输、邮寄、储存黑火药、烟火药,构成非法制造、买卖、运输、邮寄、储存爆炸物罪的,应当依照刑法第125条的规定定罪处罚;非法生产、经营烟花爆竹及相关行为涉及生产、销售伪劣产品或不符合安全标准产品,构成生产、销售伪劣产品罪或生产、销售不符合安全标准产品罪的,应当依照刑法第140条、第146条的规定定罪处罚;非法生产、经营烟花爆竹及相关行为构成非法经营罪的,应当依照刑法第225条的规定定罪处罚。上述非法生产经营烟花爆竹行为的定罪量刑和立案追诉标准,分别按照《最高人民法院关于审理非法制造、买卖、运输枪支、弹药、爆炸物等刑事案件具体应用法律若干问题的解释》(法释〔2009〕18号)、《最高人民法院最高人民检察院关于办理生产、销售伪劣商品刑事案件具体应用法律若干问题的解释》(法释〔2001〕10号)、《最高人民检察院、公安部关于公安机关管辖的刑事案件立案追诉标准的规定(1)》(公通字〔2008〕36号)、《最高人民检察院、公安部关于公安机关管辖的刑事案件立案追诉标准的规定(2)》(公通字〔2010〕23号)等有关规定执行。

二、各相关行政执法部门在查处非法生产、经营烟花爆竹行为过程中,发现涉嫌犯罪,依法需要追究刑事责任的,应当依照《行政执法机关移送涉嫌犯罪案件的规定》(国务院令第310号)向公安机关移送,并配合公安机关做好立案侦查工作。公安机关应当依法对相关行政执法部门移送的涉嫌犯罪案件进行审查,认为有犯罪事实,需要追究刑事责任的,应当依法立案,并书面通知移送案件的部门;认为不需要追究刑事责任的,应当说明理由,并书面通知移送案件的部门。公安机关在治安管理工作中,发现非法生产、经营烟花爆竹行为涉嫌犯罪的,应当依法立案侦查。

三、检察机关对于公安机关提请批准逮捕、移送审查起诉的上述涉嫌犯罪的案件,对符合逮捕和提起公诉法定条件的,要依法予以批捕、起诉;要加强对移送、立案案件的监督,对应当移送而不移送、应当立案而不立案的,要及时监督。人民法院对于起诉到法院的上述涉嫌犯罪的案件,要按照宽严相济的政策,依法从快审判,对同时构成多项犯罪或屡次违法犯罪的,要从重处罚;上级人民法院要加强对下级人民法院审判工作的指导,保障依法及时审判。要坚持"以事实为根据,以法律为准绳"的原则,严把案件的事实关、证据关、程序关和适用法律关，切实做到事实清楚，证据确凿，定性准确，量刑适当。人民法院、人民检察院、公安机关、安全生产监督管理部门要积极沟通、相互配合，充分发挥联动机制功能，加大对相关犯罪案件查处、审判情况的宣传，充分发挥刑事审判和处罚的震慑作用，教育群众自觉抵制、检举揭发相关违法犯罪活动。

65. 最高人民法院《关于被告人何某光、张某泉等非法经营案的批复》(〔2012〕刑他字136号)

广东省高级人民法院：你院〔2011〕粤高法刑二他字第16号《关于被告人何某光、张某泉等以发放高利贷为业的行为是否构成非法经营罪的请示》收悉，我院经研究认为，被告人何某光、张某泉等人高利放贷的行为具有一定的社会危害性，但此行为是否属于刑法第225条规定的"其他严重扰乱市场秩序的非法经营行为"，相关立法解释和司法解释尚无明确规定，故对何某光、张某泉等人的行为不宜以非法经营罪定罪处罚。

66. 最高人民法院研究室《关于制作、销售网络游戏外挂程序如何处理问题的研究意见》(2012年)

有关部门就制作、销售网络游戏外挂程序如何处理问题征求最高人民法院研究室意见。我室经研究认为：

对于制作、销售网络游戏外挂程序的行为，要全面综合判断行为的社会危害性，秉持刑法的谦抑性，慎用刑事制裁手段。对于社会危险性严重、确需追究刑事责任的制作、销售互联网游戏外挂程序行为，也应妥善选择适用罪名。对制作、销售网络游戏外挂程序的行为应以侵犯著作权罪定罪处罚，不宜适用非法经营罪、破坏计算机信息系统罪等其他罪名。

67. 最高人民法院研究室《关于经营彩票"优化"、"缩水"业务定性问题的研究意见》(2012年)

有关部门就经营彩票"优化"、"缩水"业务定性问题征求最高人民法院研究室意见。最高人民法院研究室经研究认为：

经营彩票"优化"、"缩水"业务是为彩民提供咨询服务的营利活动，由于目前国家有关彩票经营的规定并未禁止此种经营行为，不宜认定为犯罪。如果此种行为属于未经许可的擅自经营行为，可由行政机关予以行政处罚。

68. 公安部经济犯罪侦查局《关于对未经行政许可零售经营成品油行为是否构成非法经营罪的批复》(公经〔2012〕106号)

《国务院对确需保留的行政审批项目设定行政许可的决定》(国务院第412号令，以下简称《决定》)规定，石油成品油批发，仓储、零售经营资格审批由商务部、省级人民政府商务行政主管部门进行审批。违反《决定》规定，未经审批从事石油成品油批发、仓储、零售经营即构成"违反国家规定"，至于由什么级别的部门具体负责实施该项国家规定，不影响对该行为"违反国家规定"性质的认定。

69. 公安部禁毒局《关于非法滥用、买卖复方曲马多片处理意见的通知》(公禁毒传发〔2012〕188号)

个人非法买卖复方曲马多片经营数额在5万元以上，或者违法所得数额在1万元以上的；或者单位非法买卖复方曲马多片经营数额在50万元以上，或者违法所得数额在10万元以上的；或者虽未达到上述数额标准，但两年内因同种非法经营行为受过2次以上行政处罚，又进行同种非法经营行为的，应按照《最高人民检察院、公安部关于公安机关管辖的刑事案件立案追诉标准的规定(2)》第79条第(8)项以"非法经营案"移交公安机关立案追诉。

70. 最高人民法院、最高人民检察院《关于办理危害食品安全刑事案件适用法律若干问题的解释》(法释〔2013〕12号)

(法释〔2021〕24号已声明该文废止)

71. 最高人民法院、最高人民检察院《关于办理利用信息网络实施诽谤等刑事案件适用法律若干问题的解释》(法释〔2013〕21号)

第7条 违反国家规定,以营利为目的,通过信息网络有偿提供删除信息服务,或者明知是虚假信息,通过信息网络有偿提供发布信息等服务,扰乱市场秩序,具有下列情形之一的,属于非法经营行为"情节严重",依照刑法第225条第(4)项的规定,以非法经营罪定罪处罚:

(一)个人非法经营数额在5万元以上,或者违法所得数额在2万元以上的;

(二)单位非法经营数额在15万元以上,或者违法所得数额在5万元以上的。

实施前述规定的行为,数额达到前款规定的数额5倍以上的,应当认定为刑法第225条规定的"情节特别严重"。

第8条 明知他人利用信息网络实施诽谤、寻衅滋事、敲诈勒索、非法经营等犯罪,为其提供资金、场所、技术支持等帮助的,以共同犯罪论处。

第9条 利用信息网络实施诽谤、寻衅滋事、敲诈勒索、非法经营犯罪,同时又构成刑法第221条规定的损害商业信誉、商品声誉罪,第278条规定的煽动暴力抗拒法律实施罪,第291条之一规定的编造、故意传播虚假恐怖信息罪等犯罪的,依照处罚较重的规定定罪处罚。

第10条 本解释所称信息网络,包括以计算机、电视机、固定电话机、移动电话机等电子设备为终端的计算机互联网、广播电视网、固定通信网、移动通信网等信息网络,以及向公众开放的局域网络。(全文见本书《刑法》第246条相关内容)

72. 最高人民法院、最高人民检察院、公安部、农业部、食品药品监管总局《关于进一步加强麻黄草管理严厉打击非法买卖麻黄草等违法犯罪活动的通知》(公通字〔2013〕16号)

三、依法查处非法采挖、买卖麻黄草等犯罪行为

各地人民法院、人民检察院、公安机关要依法查处非法采挖、买卖麻黄草等犯罪行为,区别情形予以处罚:

(一)以制造毒品为目的,采挖、收购麻黄草的,依照刑法第347条的规定,以制造毒品罪定罪处罚。

(二)以提取麻黄碱类制毒物品后进行走私或者非法贩卖为目的,采挖、收购麻黄草,涉案麻黄草所含的麻黄碱类制毒物品达到相应定罪数量标准的,依照刑法第350条第1款、第3款的规定,分别以走私制毒物品罪、非法买卖制毒物品罪定罪处罚。

(三)明知他人制造毒品或者走私、非法买卖制毒物品,向其提供麻黄草或者提供运输、储存麻黄草等帮助的,分别以制造毒品罪、走私制毒物品罪、非法买卖制毒物品罪的共犯论处。

(四)违反国家规定采挖、销售、收购麻黄草,没有证据证明以制造毒品或者走私、非法买卖制毒物品为目的,依照刑法第225条的规定构成犯罪的,以非法经营罪定罪处罚。

(五)实施以上行为,以制造毒品罪、走私制毒物品罪、非法买卖制毒物品罪定罪处罚的,涉案制毒物品的数量按照300千克麻黄草折合1000克麻黄碱计算;以制造毒品罪定罪处罚的,无论涉案麻黄草数量多少,均应追究刑事责任。(全文详见本书《刑法》第350条相关内容)

73. 最高人民检察院法律政策研究室《关于买卖银行承兑汇票行为如何适用法律问题的答复意见》(高检研函字〔2013〕58号)

福建省人民检察院法律政策研究室:你院《关于买卖银行承兑汇票行为如何适用法律问题的请示》(闽检〔2013〕25号)收悉。

经研究认为,根据票据行为的无因性以及票据法关于汇票可背书转让的规定,汇票买卖行为不同于支付结算行为,将二者等同可能会造成司法实践的混乱。实践中,买卖银行承兑汇票的情况比较复杂,对于单纯买卖银行承兑汇票的行为不宜以非法经营罪追究刑事责任。

请示所涉及的案件,建议根据案件的具体情况依法处理。

74. 最高人民法院研究室《关于非法经营罪中“违法所得”认定问题的研究意见》(2013年)

有关部门就非法经营罪中“违法所得”认定问题征求最高人民法院研究室意见。最高人民法院研究室经研究认为:

非法经营罪中的“违法所得”,应是指获利数额,即以行为人违法生产、销售商品或者提供服务所获得的全部收入(即非法经营数额),扣除其直接用于经营活动的合理支出部分后剩余的数额。

75. 最高人民法院、最高人民检察院、公安部《关于办理利用赌博机开设赌场案件适用法律若干问题的意见》(公通字〔2014〕17号)

四、关于生产、销售赌博机的定罪量刑标准

以提供给他人开设赌场为目的,违反国家规定,非法生产、销售具有退币、退分、退钢珠等赌博功能的电子游戏设施设备或者其专用软件,情节严重的,依照刑法第225条的规定,以非法经营罪定罪处罚。实施前款规定的行为,具有下列情形之一的,属于非法经营行为“情节严重”:

(一)个人非法经营数额在5万元以上,或者违法所得数额在1万元以上的;

(二)单位非法经营数额在50万元以上,或者违法所得数额在10万元以上的;

(三)虽未达到上述数额标准,但两年内因非法生产、销售赌博机行为受过2次以上行政处罚,又进行同种非法经营行为的;

(四)其他情节严重的情形。

具有下列情形之一的,属于非法经营行为“情节特别严重”:

(一)个人非法经营数额在25万元以上,或者违法所得数额在5万元以上的;

(二)单位非法经营数额在250万元以上,或者违法所得数额在50万元以上的。(全文详见本书《刑法》第303条相关内容)

76. 最高人民法院、最高人民检察院、公安部、国家安全部《关于依法办理非法生产销售使用“伪基站”设备案件的意见》(公通字〔2014〕13号)

一、准确认定行为性质

(一)非法生产、销售“伪基站”设备,具有以下情形之一的,依照《刑法》第225条的规定,以非法经营罪追究刑事责任:

1. 个人非法生产、销售“伪基站”设备3套以上,或者非法经营数额5万元以上,或者违法所得数额2万元以上的;2. 单位非法生产、销售“伪基站”设备10套以上,或者非法经营数额15万元以上,或者违法所得数额5万元以上的;3. 虽未达到上述数额标准,但两年内曾因非法生产、销售“伪基站”设备受过两次以上行政处罚,又非法生产、销售“伪基站”设备的。

实施前款规定的行为,数量、数额达到前款规定的数量、数额5倍以上的,应当认定为《刑法》第225条规定的“情节特别严重”。

非法生产、销售“伪基站”设备,经鉴定为专用间谍器材的,依照《刑法》第283条的规定,以非法生产、销售间谍专用器材罪追究刑事责任;同时构成非法经营罪的,以非法经营罪追究刑事责任。

(二)非法使用“伪基站”设备干扰公用电信网络信号,危害公共安全的,依照《刑法》第124条第1款的规定,以破坏公用电信设施罪追究刑事责任;同时构成虚假广告罪、非法获取公民个人信息罪、破坏计算机信息系统罪、扰乱无线电通讯管理秩序罪的,依照处罚较重的规定追究刑事责任。

除法律、司法解释另有规定外,利用“伪基站”设备实施诈骗等其他犯罪行为,同时构成破坏公用电信设施罪的,依照处罚较重的规定追究刑事责任。

(三)明知他人实施非法生产、销售“伪基站”设备,或者非法使用“伪基站”设备干扰公用电信网络信号等犯罪,为其提供资金、场所、技术、设备等帮助的,以共同犯罪论处。

(四)对于非法使用“伪基站”设备扰乱公共秩序,侵犯他人人身权利、财产权利,情节较轻,尚不构成犯罪,但构成违反治安管理行为的,依法予以治安管理处罚。

二、严格贯彻宽严相济刑事政策

对犯罪嫌疑人、被告人的处理,应当结合其主观恶性大小、行为危害程度以及在案件中所起的作用等因素,切实做到区别对待。对组织指挥、实施非法生产、销售、使用“伪基站”设备的首要分子、积极参加的犯罪分子,以及曾因非法生产、销售、使用“伪基站”设备受到行政处罚或者刑事处罚,又实施非法生产、销售、使用“伪基站”设备的犯罪分子,应当作为打击重点依法予以严惩;对具有自首、立功、从犯等法定情节的犯罪分子,可以依法从宽处理。对情节显著轻微、危害不大的,依法不作为犯罪处理。(全文详见本书《刑法》第124条相关内容)

77. 最高人民法院、最高人民检察院《关于办理危害药品安全刑事案件适用法律若干问题的解释》(法释〔2014〕14号)

(高检法释〔2022〕1号已声明该文件废止)

78. 最高人民法院研究室《关于非法生产、销售、使用“伪基站”行为定性的研究意见》(《司法研究与指导》(2014年总第5辑)

有关部门就非法生产、销售、使用“伪基站”行为的定性问题征求最高人民法院研究室意见。我室经研究认为:

一、关于生产、销售“伪基站”设备行为的定性。如果“伪基站”设备经有关部门依法认定为“窃听、窃照等专用间谍器材”的,对于未经许可生产、销售“伪基站”设备行为,可以认定为刑法第283条规定的“非法生产、销售窃听、窃照等专用间谍器材”。

二、关于使用“伪基站”设备群发短信行为的定性。根据刑法第253条之一的规定,非法获取公民个人信息罪的行为对象为“国家机关或者金融、电信、交通、教育、医疗等单位在履行职责或者提供服务过程中获得的公民个人信息”。行为人利用“伪基站”设备,非法获取公民手机卡中的用户身份识别信息(IMSI)、手机号码等信息,不属于刑法第253条之一规定的“公民个人信息”,不宜以非法获取公民个人信息罪定罪处罚。行为人利用“伪基站”设备,以非法占用电信频率的方式,破坏正在使用中的公用无线通信网络,在较大范围内较长时间造成用户通信中断,严重危害公共安全的,可以以破坏公用电信设施罪定罪处罚。

三、关于利用“伪基站”设备经营广告短信群发业务的定性。利用“伪基站”设备经营广告短信群发业务的行为,属于未经许可从事电信业务经营活动的行为,但根据《电信条例》第67条、第68条的规定,只有利用电信网络制作、复制、发布、传播第57条所列含有法律、行政法规禁止的内容的信息,实施第58条所列危害电信网络安全和信息安全的行为,以及实施第59条第2、3、4项所列扰乱电信市场秩序的行为,构成犯罪的,才能追究刑事责任。利用“伪基站”经营广告短信群发业务,不在上述范围内,故依法不能以非法经营罪论处。

79. 公安部经济犯罪侦查局《关于利用转账支票为他人套现行为性质认定的批复》(公经〔2014〕172号)

行为人在无真实贸易背景的情况下,为牟取不法利益,利用空壳公司账户等手段协助他人套取巨额现金的行为,违反了《人民币银行结算账户管理办法》(中国人民银行令〔2013〕第5号)第39条的规定,属于《中华人民共和国现金管理暂行条例》第21条第5项和第8项规定的"用转账凭证套换现金"、"利用账户替其他单位和个人套取现金"的违规情形,扰乱了市场秩序,具有明显的社会危害性,其行为构成非法从事资金支付结算业务。

80.《中华人民共和国商业银行法》(2015年修正)

(全文略)

81.最高人民法院、最高人民检察院、公安部、国家新闻出版广电总局《关于依法严厉打击非法电视网络接收设备违法犯罪活动的通知》(新广电发〔2015〕229号)

为有效遏制非法电视网络接收设备违法犯罪活动,切实维护国家安全、社会稳定和人民群众的利益,现通知如下:

一、充分认识当前严厉打击非法电视网络接收设备违法犯罪活动的重要意义

生产、销售、安装非法电视网络接收设备违法犯罪活动,特别是利用非法电视网络接收设备实施传播淫秽色情节目、危害国家安全等违法犯罪活动,严重扰乱社会治安秩序,严重危害国家安全。各级公安、检察、审判机关和新闻出版广电行政主管部门要从维护国家安全和社会治安秩序的大局出发,充分认识非法电视网络接收设备违法犯罪活动的严重危害性,增强工作的责任感和紧迫感,加强组织领导,充分发挥职能作用,依法严厉打击非法电视网络接收设备违法犯罪活动,坚决遏制非法电视网络接收设备违法犯罪活动上升、蔓延的势头,确保社会治安秩序良好。

二、正确把握法律政策界限,依法严厉打击非法电视网络接收设备违法犯罪活动

各级公安、检察、审判机关和新闻出版广电行政主管部门要高度重视查办非法电视网络接收设备违法犯罪案件,正确把握法律政策界限,严格执行法律法规的有关规定,坚决依法严厉打击非法电视网络接收设备违法犯罪活动。

非法电视网络接收设备主要包括3类:"电视棒"等网络共享设备;非法互联网电视接收设备,包括但不限于内置含有非法电视、非法广播等非法内容的定向接收软件或硬件模块的机顶盒、电视机、投影仪、显示器;用于收看非法电视、收听非法广播的网络软件、移动互联网客户端软件和互联网电视客户端软件。

根据刑法和司法解释的规定,违反国家规定,从事生产、销售非法电视网络接收设备(含软件),以及为非法广播电视接收软件提供下载服务、为非法广播电视节目频道接收提供链接服务等营利性活动,扰乱市场秩序,个人非法经营数额在5万元以上或违法所得数额在1万元以上,单位非法经营数额在50万元以上或违法所得数额在10万元以上,按照非法经营罪追究刑事责任。对于利用生产、销售、安装非法电视网络接收设备传播淫秽色情节目、实施危害国家安全等行为的,根据其行为的性质,依法追究刑事责任。对非法电视网络接收设备犯罪行为,涉及数个罪名的,按照相关原则,择一重罪处罚或数罪并罚。在追究犯罪分子刑事责任的同时,还要依法追缴违法所得,没收其犯罪所用的本人财物。对于实施上述行为尚不构成犯罪的,由新闻出版广电等相关行政主管部门依法给予行政处罚;构成违反治安管理行为的,依法给予治安管理处罚。

三、加强协作配合,切实增强打击非法电视网络接收设备违法犯罪活动的工作合力

各级新闻出版广电部门和公安、检察、审判机关要进一步增强打击非法电视网络接收设备违法犯罪活动的主动性,加快查办工作进度,提高工作效率。各级新闻出版广电部门要加大对非法广播电视网络传播行为的监管力度,发现涉嫌犯罪的,及时移送公安机关,并对公安机关查缴的涉嫌接收非法电视的网络接收设备及时作出认定。公安机关对于涉嫌犯罪的案件,应依法及时立案侦查,深挖彻查涉嫌非法电视网络接收设备犯罪活动的利益链条。检察机关对于公安机关提请批准逮捕和移送审查起诉的案件,应当依法及时决定是否批准逮捕和提起公诉。审判机关对于检察机关提起公诉的案件,应当依法及时审判。对于在查处过程中发生的抗拒、阻碍国家机关工作人员依法执行职务,构成犯罪的,以妨害公务罪依法追究刑事责任；构成违反治安管理行为的，依法给予治安管理处罚。各有关部门在开展非法电视网络接收设备打击整治专项行动中，要加强沟通联系，建立有效工作机制，形成打击合力。

各地各部门接此通知后，应立即部署贯彻执行。执行中遇到的问题，要开展调查研究，提出可行性建议，及时报告上级主管部门。

82. 最高人民法院《关于全国法院毒品犯罪审判工作座谈会纪要的通知》(法〔2015〕129 号)

二、关于毒品犯罪法律适用的若干具体问题(七)非法贩卖麻醉药品、精神药品行为的定性问题

行为人向走私、贩卖毒品的犯罪分子或者吸食、注射毒品的人员贩卖国家规定管制的能够使人形成瘾癖的麻醉药品或者精神药品的，以贩卖毒品罪定罪处罚。

行为人出于医疗目的，违反有关药品管理的国家规定，非法贩卖上述麻醉药品或者精神药品，扰乱市场秩序，情节严重的，以非法经营罪定罪处罚。(全文详见本书《刑法》第 347 条相关内容)

83. 最高人民法院、最高人民检察院《关于办理环境污染刑事案件适用法律若干问题的解释》(法释〔2016〕29 号)

第 6 条　无危险废物经营许可证从事收集、贮存、利用、处置危险废物经营活动，严重污染环境的，按照污染环境罪定罪处罚；同时构成非法经营罪的，依照处罚较重的规定定罪处罚。

实施前款规定的行为，不具有超标排放污染物、非法倾倒污染物或者其他违法造成环境污染的情形的，可以认定为非法经营情节显著轻微危害不大，不认为是犯罪；构成生产、销售伪劣产品等其他犯罪的，以其他犯罪论处。(全文详见本书《刑法》第 338 条相关内容)

84. 最高人民法院、最高人民检察院《关于办理扰乱无线电通讯管理秩序等刑事案件适用法律若干问题的解释》(法释〔2017〕11 号)

第 4 条　非法生产、销售"黑广播""伪基站"、无线电干扰器等无线电设备，具有下列情形之一的，应当认定为刑法第 225 条规定的"情节严重"：

(一)非法生产、销售无线电设备 3 套以上的；(二)非法经营数额 5 万元以上的；(三)其他情节严重的情形。

实施前款规定的行为，数量或者数额达到前款第 1 项、第 2 项规定标准 5 倍以上，或者具有其他情节特别严重的情形的，应当认定为刑法第 225 条规定的"情节特别严重"。

在非法生产、销售无线电设备窝点查扣的零件，以组装完成的套数以及能够组装的套数认定；无法组装为成套设备的，每 3 套广播信号调制器(激励器)认定为 1 套"黑广播"设备，每 3 块主板认定为 1 套"伪基站"设备。

第 5 条　单位犯本解释规定之罪的，对单位判处罚金，并对直接负责的主管人员和其他直接责任人员，依照本解释规定的自然人犯罪的定罪量刑标准定罪处罚。

第 6 条　擅自设置、使用无线电台(站)，或者擅自使用无线电频率，同时构成其他犯罪的，按照处罚较重的规定定罪处罚。

明知他人实施诈骗等犯罪，使用"黑广播""伪基站"等无线电设备为其发送信息或者提供其他帮助，同时构成其他犯罪的，按照处罚较重的规定定罪处罚。

第 7 条　负有无线电监督管理职责的国家机关工作人员滥用职权或者玩忽职守，致使公共财产、国家和人民利益遭受重大损失的，应当依照刑法第 397 条的规定，以滥用职权罪或者玩忽职守罪追究刑事责任。

有查禁扰乱无线电管理秩序犯罪活动职责的国家机关工作人员，向犯罪分子通风报信、提供便利，帮助犯罪分子逃避处罚的，应当依照刑法第 417 条的规定，以帮助犯罪分子逃避处罚罪追究刑事责任;事先通谋的,以共同犯罪论处。

第8条 为合法经营活动,使用"黑广播""伪基站"或者实施其他扰乱无线电通讯管理秩序的行为,构成扰乱无线电通讯管理秩序罪,但不属于"情节特别严重",行为人系初犯,并确有悔罪表现的,可以认定为情节轻微,不起诉或者免予刑事处罚;确有必要判处刑罚的,应当从宽处罚。

第9条 对案件所涉的有关专门性问题难以确定的,依据司法鉴定机构出具的鉴定意见,或者下列机构出具的报告,结合其他证据作出认定:

(一)省级以上无线电管理机构、省级无线电管理机构依法设立的派出机构、地市级以上广播电视主管部门就是否系"伪基站""黑广播"出具的报告;(二)省级以上广播电视主管部门及其指定的检测机构就"黑广播"功率、覆盖范围出具的报告;(三)省级以上航空、铁路、船舶等主管部门就是否干扰导航、通信等出具的报告。

对移动终端用户受影响的情况,可以依据相关通信运营商出具的证明,结合被告人供述、终端用户证言等证据作出认定。

第10条 本解释自2017年7月1日起施行。(全文详见本书《刑法》第266条相关内容)

85. 最高人民检察院《关于办理涉互联网金融犯罪案件有关问题座谈会纪要》(高检诉〔2017〕14号)

二、准确界定涉互联网金融行为法律性质

(三)非法经营资金支付结算行为的认定

18. 支付结算业务(也称支付业务)是商业银行或者支付机构在收付款人之间提供的货币资金转移服务。非银行机构从事支付结算业务,应当经中国人民银行批准取得《支付业务许可证》,成为支付机构。未取得支付业务许可从事该业务的行为,违反《非法金融机构和非法金融业务活动取缔办法》第4条第1款第(3)、(4)项的规定,破坏了支付结算业务许可制度,危害支付市场秩序和安全,情节严重的,适用刑法第225条第(3)项,以非法经营罪追究刑事责任。

具体情形:

(一)未取得支付业务许可经营基于客户支付账户的网络支付业务。无证网络支付机构为客户非法开立支付账户,客户先把资金支付到该支付账户,再由无证机构根据订单信息从支付账户平台将资金结算到收款人银行账户。

(二)未取得支付业务许可经营多用途预付卡业务。无证发卡机构非法发行可跨地区、跨行业、跨法人使用的多用途预付卡,聚集大量的预付卡销售资金,并根据客户订单信息向商户划转结算资金。

19. 在具体办案时,要深入剖析相关行为是否具备资金支付结算的实质特征,准确区分支付工具的正常商业流转与提供支付结算服务、区分单用途预付卡与多用途预付卡业务,充分考虑具体行为与"地下钱庄"等同类犯罪在社会危害方面的相当性以及刑事处罚的必要性,严格把握入罪和出罪标准。(全文详见本书《刑法》第176条相关内容)

86. 最高人民法院、最高人民检察院《关于修改〈关于办理妨害信用卡管理刑事案件具体应用法律若干问题的解释〉的决定》(法释〔2018〕19号;法释〔2018〕19号对法释〔2009〕19号《最高人民法院、最高人民检察院关于办理妨害信用卡管理刑事案件具体应用法律若干问题的解释》作出修改)

第12条 违反国家规定,使用销售点终端机具(POS机)等方法,以虚构交易、虚开价格、现金退货等方式向信用卡持卡人直接支付现金,情节严重的,应当依据刑法第225条的规定,以非法经营罪定罪处罚。

实施前款行为,数额100万元以上的,或者造成金融机构资金20万元以上逾期未还的,或者造成金融机构经济损失10万元以上的,应当认定为刑法第225条规定的"情节严重";数额在500万元以上的,或者造成金融机构资金100万元以上逾期未还的,或者造成金融机构经济损失50万元以上的,应当认定为刑法第225条规定的"情节特别严重"。

持卡人以非法占有为目的,采用上述方式恶意透支,应当追究刑事责任的,依照刑法第196条的规定,以信用卡诈骗罪定罪处罚。(全文详见本书《刑法》第177条相关内容)

87. 最高人民法院《第19批指导性案例王某军非法经营再审改判无罪案》(指导案例97号;法〔2018〕338号)

【裁判要点】

1. 对于刑法第225条第4项规定的"其他严重扰乱市场秩序的非法经营行为"的适用,应当根据相关行为是否具有与刑法第225条前3项规定的非法经营行为相当的社会危害性、刑事违法性和刑事处罚必要性进行判断。2. 判断违反行政管理有关规定的经营行为是否构成非法经营罪,应当考虑该经营行为是否属于严重扰乱市场秩序。对于虽然违反行政管理有关规定,但尚未严重扰乱市场秩序的经营行为,不应当认定为非法经营罪。

【裁判理由】

内蒙古自治区巴彦淖尔市中级人民法院再审认为,原判决认定的原审被告人王某军于2014年11月至2015年1月期间,没有办理粮食收购许可证及工商营业执照买卖玉米的事实清楚,其行为违反了当时的国家粮食流通管理有关规定,但尚未达到严重扰乱市场秩序的危害程度,不具备与刑法第225条规定的非法经营罪相当的社会危害性、刑事违法性和刑事处罚必要性,不构成非法经营罪。原审判决认定王某军构成非法经营罪适用法律错误,检察机关提出的王某军无证照买卖玉米的行为不构成非法经营罪的意见成立,原审被告人王某军及其辩护人提出的王某军的行为不构成犯罪的意见成立。

88. 最高人民法院、最高人民检察院《关于办理非法从事资金支付结算业务、非法买卖外汇刑事案件适用法律若干问题的解释》(法释〔2019〕1号)

第1条 违反国家规定,具有下列情形之一的,属于刑法第225条第3项规定的"非法从事资金支付结算业务":

(一)使用受理终端或者网络支付接口等方法,以虚构交易、虚开价格、交易退款等非法方式向指定付款方支付货币资金的;(二)非法为他人提供单位银行结算账户套现或者单位银行结算账户转个人账户服务的;(三)非法为他人提供支票套现服务的;(四)其他非法从事资金支付结算业务的情形。

第2条 违反国家规定,实施倒买倒卖外汇或者变相买卖外汇等非法买卖外汇行为,扰乱金融市场秩序,情节严重的,依照刑法第225条第4项的规定,以非法经营罪定罪处罚。

第3条 非法从事资金支付结算业务或者非法买卖外汇,具有下列情形之一的,应当认定为非法经营行为"情节严重":

(一)非法经营数额在500万元以上的;(二)违法所得数额在10万元以上的。非法经营数额在250万元以上,或者违法所得数额在5万元以上,且具有下列情形之一的,可以认定为非法经营行为"情节严重":

(一)曾因非法从事资金支付结算业务或者非法买卖外汇犯罪行为受过刑事追究的;(二)2年内因非法从事资金支付结算业务或者非法买卖外汇违法行为受过行政处罚的;(三)拒不交代涉案资金去向或者拒不配合追缴工作,致使赃款无法追缴的;(四)造成其他严重后果的。

第4条 非法从事资金支付结算业务或者非法买卖外汇,具有下列情形之一的,应当认定为非法经营行为“情节特别严重”：

(一)非法经营数额在2500万元以上的;(二)违法所得数额在50万元以上的。非法经营数额在1250万元以上,或者违法所得数额在25万元以上,且具有本解释第3条第2款规定的4种情形之一的,可以认定为非法经营行为“情节特别严重”。(全文详见本书《刑法》第120条之一相关内容)

89. 最高人民法院、最高人民检察院、公安部、司法部、生态环境部《关于办理环境污染刑事案件有关问题座谈会纪要》(2019年2月20日)

5. 关于非法经营罪的适用

会议针对如何把握非法经营罪与污染环境罪的关系以及如何具体适用非法经营罪的问题进行了讨论。会议强调,要高度重视非法经营危险废物案件的办理,坚持全链条、全环节、全流程对非法排放、倾倒、处置、经营危险废物的产业链进行刑事打击,查清犯罪网络,深挖犯罪源头,斩断利益链条,不断挤压和铲除此类犯罪滋生蔓延的空间。会议认为,准确理解和适用《环境解释》第6条的规定应当注意把握两个原则:一要坚持实质判断原则,对行为人非法经营危险废物行为的社会危害性作实质性判断。比如,一些单位或者个人虽未依法取得危险废物经营许可证,但其收集、贮存、利用、处置危险废物经营活动,没有超标排放污染物、非法倾倒污染物或者其他违法造成环境污染情形的,则不宜以非法经营罪论处。二要坚持综合判断原则,对行为人非法经营危险废物行为根据其在犯罪链条中的地位、作用综合判断其社会危害性。比如,有证据证明单位或者个人的无证经营危险废物行为属于危险废物非法经营产业链的一部分,并且已经形成了分工负责、利益均沾、相对固定的犯罪链条,如果行为人或者与其联系紧密的上游或者下游环节具有排放、倾倒、处置危险废物违法造成环境污染的情形,且交易价格明显异常的,对行为人可以根据案件具体情况在污染环境罪和非法经营罪中,择一重罪处断。(全文详见本书《刑法》第338条相关内容)

90. 最高人民法院、最高人民检察院、公安部、司法部《关于办理非法放贷刑事案件若干问题的意见》(法发〔2019〕24号)

为依法惩治非法放贷犯罪活动,切实维护国家金融市场秩序与社会和谐稳定,有效防范因非法放贷诱发涉黑涉恶以及其他违法犯罪活动,保护公民、法人和其他组织合法权益,根据刑法、刑事诉讼法及有关司法解释、规范性文件的规定,现对办理非法放贷刑事案件若干问题提出如下意见:

一、违反国家规定,未经监管部门批准,或者超越经营范围,以营利为目的,经常性地向社会不特定对象发放贷款,扰乱金融市场秩序,情节严重的,依照刑法第225条第(4)项的规定,以非法经营罪定罪处罚。

前款规定中的“经常性地向社会不特定对象发放贷款”,是指2年内向不特定多人(包括单位和个人)以借款或其他名义出借资金10次以上。

贷款到期后延长还款期限的,发放贷款次数按照1次计算。

二、以超过36%的实际年利率实施符合本意见第1条规定的非法放贷行为,具有下列情形之一的,属于刑法第225条规定的“情节严重”,但单次非法放贷行为实际年利率未超过36%的,定罪量刑时不得计入:

(一)个人非法放贷数额累计在200万元以上的,单位非法放贷数额累计在1000万元以上的;(二)个人违法所得数额累计在80万元以上的,单位违法所得数额累计在400万元以上的;(三)个人非法放贷对象累计在50人以上的,单位非法放贷对象累计在150人以上的;(四)造成借款人或者其近亲属自杀、死亡或者精神失常等严重后果的。

具有下列情形之一的,属于刑法第225条规定的“情节特别严重”:

（一）个人非法放贷数额累计在1000万元以上的，单位非法放贷数额累计在5000万元以上的；（二）个人违法所得数额累计在400万元以上的，单位违法所得数额累计在2000万元以上的；（三）个人非法放贷对象累计在250人以上的，单位非法放贷对象累计在750人以上的；（四）造成多名借款人或者其近亲属自杀、死亡或者精神失常等特别严重后果的。

三、非法放贷数额、违法所得数额、非法放贷对象数量接近本意见第2条规定的“情节严重”“情节特别严重”的数额、数量起点标准，并具有下列情形之一的，可以分别认定为“情节严重”“情节特别严重”：

（一）2年内因实施非法放贷行为受过行政处罚2次以上的；（二）以超过72%的实际年利率实施非法放贷行为10次以上的。

前款规定中的“接近”，一般应当掌握在相应数额、数量标准的80%以上。

四、仅向亲友、单位内部人员等特定对象出借资金，不得适用本意见第1条的规定定罪处罚。但具有下列情形之一的，定罪量刑时应当与向不特定对象非法放贷的行为一并处理：

（一）通过亲友、单位内部人员等特定对象向不特定对象发放贷款的；（二）以发放贷款为目的，将社会人员吸收为单位内部人员，并向其发放贷款的；（三）向社会公开宣传，同时向不特定多人和亲友、单位内部人员等特定对象发放贷款的。

五、非法放贷数额应当以实际出借给借款人的本金金额认定。非法放贷行为人以介绍费、咨询费、管理费、逾期利息、违约金等名义和以从本金中预先扣除等方式收取利息的，相关数额在计算实际年利率时均应计入。

非法放贷行为人实际收取的除本金之外的全部财物，均应计入违法所得。

非法放贷行为未经处理的，非法放贷次数和数额、违法所得数额、非法放贷对象数量等应当累计计算。

六、为从事非法放贷活动，实施擅自设立金融机构、套取金融机构资金高利转贷、骗取贷款、非法吸收公众存款等行为，构成犯罪的，应当择一重罪处罚。

为强行索要因非法放贷而产生的债务，实施故意杀人、故意伤害、非法拘禁、故意毁坏财物、寻衅滋事等行为，构成犯罪的，应当数罪并罚。

纠集、指使、雇佣他人采用滋扰、纠缠、哄闹、聚众造势等手段强行索要债务，尚不单独构成犯罪，但实施非法放贷行为已构成非法经营罪的，应当按照非法经营罪的规定酌情从重处罚。

以上规定的情形，刑法、司法解释另有规定的除外。

七、有组织地非法放贷，同时又有其他违法犯罪活动，符合黑社会性质组织或者恶势力、恶势力犯罪集团认定标准的，应当分别按照黑社会性质组织或者恶势力、恶势力犯罪集团侦查、起诉、审判。

黑恶势力非法放贷的，据以认定“情节严重”“情节特别严重”的非法放贷数额、违法所得数额、非法放贷对象数量起点标准，可以分别按照本意见第2条规定中相应数额、数量标准的50%确定；同时具有本意见第3条第1款规定情形的，可以分别按照相应数额、数量标准的40%确定。

八、本意见自2019年10月21日起施行。对于本意见施行前发生的非法放贷行为，依照最高人民法院《关于准确理解和适用刑法中“国家规定”的有关问题的通知》（法发〔2011〕155号）的规定办理。

91. 最高人民法院、最高人民检察院、公安部、司法部《关于跨省异地执行刑罚的黑恶势力罪犯坦白检举构成自首立功若干问题的意见》（2019年10月21日）

（详见本书《刑法》第67条相关内容）

92. 最高人民法院《关于审理走私、非法经营、非法使用兴奋剂刑事案件适用法律若干问题的解释》(法释〔2019〕16号)

第2条 违反国家规定,未经许可经营兴奋剂目录所列物质,涉案物质属于法律、行政法规规定的限制买卖的物品,扰乱市场秩序,情节严重的,应当依照刑法第225条的规定,以非法经营罪定罪处罚。

第7条 实施本解释规定的行为,涉案物质属于毒品、制毒物品等,构成有关犯罪的,依照相应犯罪定罪处罚。

第8条 对于是否属于本解释规定的"兴奋剂""兴奋剂目录所列物质""体育运动""国内、国际重大体育竞赛"等专门性问题,应当依据《中华人民共和国体育法》《反兴奋剂条例》等法律法规,结合国务院体育主管部门出具的认定意见等证据材料作出认定。(全文详见本书《刑法》第151条相关内容)

93. 最高人民法院、最高人民检察院、公安部、司法部《关于依法惩治妨害新型冠状病毒感染肺炎疫情防控违法犯罪的意见》(法发〔2020〕7号)

二、准确适用法律,依法严惩妨害疫情防控的各类违法犯罪

(四)依法严惩哄抬物价犯罪。在疫情防控期间,违反国家有关市场经营、价格管理等规定,囤积居奇,哄抬疫情防控急需的口罩、护目镜、防护服、消毒液等防护用品、药品或者其他涉及民生的物品价格,牟取暴利,违法所得数额较大或者有其他严重情节,严重扰乱市场秩序的,依照刑法第225条第4项的规定,以非法经营罪定罪处罚。

(九)依法严惩破坏野生动物资源犯罪。非法猎捕、杀害国家重点保护的珍贵、濒危野生动物的,或者非法收购、运输、出售国家重点保护的珍贵、濒危野生动物及其制品的,依照刑法第341条第1款的规定,以非法猎捕、杀害珍贵、濒危野生动物罪或者非法收购、运输、出售珍贵、濒危野生动物、珍贵、濒危野生动物制品罪定罪处罚。

违反狩猎法规,在禁猎区、禁猎期或者使用禁用的工具、方法进行狩猎,破坏野生动物资源,情节严重的,依照刑法第341条第2款的规定,以非法狩猎罪定罪处罚。

违反国家规定,非法经营非国家重点保护野生动物及其制品(包括开办交易场所、进行网络销售、加工食品出售等),扰乱市场秩序,情节严重的,依照刑法第225条第4项的规定,以非法经营罪定罪处罚。

知道或者应当知道是国家重点保护的珍贵、濒危野生动物及其制品,为食用或者其他目的而非法购买,符合刑法第341条第1款规定的,以非法收购珍贵、濒危野生动物、珍贵、濒危野生动物制品罪定罪处罚。

知道或者应当知道是非法狩猎的野生动物而购买,符合刑法第312条规定的,以掩饰、隐瞒犯罪所得罪定罪处罚。(全文详见本书《刑法》第114条相关内容)

94. 全国人大常委会《关于全面禁止非法野生动物交易、革除滥食野生动物陋习、切实保障人民群众生命健康安全的决定》(2020年2月24日第十三届全国人大常委会第十六次会议通过)

(全文详见本书《刑法》第341条相关内容)

95. 最高人民法院、最高人民检察院、公安部《关于办理跨境赌博犯罪案件若干问题的意见》(公通字〔2020〕14号)

四、关于跨境赌博关联犯罪的认定

(五)为赌博犯罪提供资金、信用卡、资金结算等服务,构成赌博犯罪共犯,同时构成非法经营罪、妨害信用卡管理罪、窃取、收买、非法提供信用卡信息罪、掩饰、隐瞒犯罪所得、犯罪收益罪等罪的,依照处罚较重的规定定罪处罚。

为网络赌博犯罪提供互联网接入、服务器托管、网络存储、通讯传输等技术支持,或者提供广告推广、支付结算等帮助,构成赌博犯罪共犯,同时构成非法利用信息网络罪、帮助信息网络犯罪活动罪等罪的,依照处罚较重的规定定罪处罚。

为实施赌博犯罪,非法获取公民个人信息,或者向实施赌博犯罪者出售、提供公民个人信息,构成赌博犯罪共犯,同时构成侵犯公民个人信息罪的,依照处罚较重的规定定罪处罚。

(全文详见本书《刑法》第303条相关内容)

96. 最高人民法院、最高人民检察院、公安部、工业和信息化部中国人民银行《关于依法严厉打击惩戒治理非法买卖电话卡银行卡违法犯罪活动的通告》(2020年12月16日)

(全文详见本书《刑法》第266条相关内容)

97. 最高人民检察院《人民检察院办理网络犯罪案件规定》(2021年1月22日)

(全文详见本书《刑法》第285条相关内容)

98. 最高人民法院、最高人民检察院《关于办理危害食品安全刑事案件适用法律若干问题的解释》(法释〔2021〕24号)

第16条 以提供给他人生产、销售食品为目的,违反国家规定,生产、销售国家禁止用于食品生产、销售的非食品原料,情节严重的,依照刑法第225条的规定以非法经营罪定罪处罚。

以提供给他人生产、销售食用农产品为目的,违反国家规定,生产、销售国家禁用农药、食品动物中禁止使用的药品及其他化合物等有毒、有害的非食品原料,或者生产、销售添加上述有毒、有害的非食品原料的农药、兽药、饲料、饲料添加剂、饲料原料,情节严重的,依照前款的规定定罪处罚。

第17条 违反国家规定,私设生猪屠宰厂(场),从事生猪屠宰、销售等经营活动,情节严重的,依照刑法第225条的规定以非法经营罪定罪处罚。

在畜禽屠宰相关环节,对畜禽使用食品动物中禁止使用的药品及其他化合物等有毒、有害的非食品原料,依照刑法第144条的规定以生产、销售有毒、有害食品罪定罪处罚;对畜禽注水或者注入其他物质,足以造成严重食物中毒事故或者其他严重食源性疾病的,依照刑法第143条的规定以生产、销售不符合安全标准的食品罪定罪处罚;虽不足以造成严重食物中毒事故或者其他严重食源性疾病,但符合刑法第140条规定的,以生产、销售伪劣产品罪定罪处罚。

第18条 实施本解释规定的非法经营行为,非法经营数额在10万元以上,或者违法所得数额在5万元以上的,应当认定为刑法第225条规定的"情节严重";非法经营数额在50万元以上,或者违法所得数额在25万元以上的,应当认定为刑法第225条规定的"情节特别严重"。

实施本解释规定的非法经营行为,同时构成生产、销售伪劣产品罪,生产、销售不符合安全标准的食品罪,生产、销售有毒、有害食品罪,生产、销售伪劣农药、兽药罪等其他犯罪的,依照处罚较重的规定定罪处罚。(全文详见本书《刑法》第143条相关内容)

99. 最高人民法院《关于审理非法集资刑事案件具体应用法律若干问题的解释》(法释〔2010〕18号;法释〔2022〕5号修改)

第11条 违反国家规定,未经依法核准擅自发行基金份额募集基金,情节严重的,依照刑法第225条的规定,以非法经营罪定罪处罚。(全文详见本书《刑法》第176条相关内容)

100. 最高人民检察院、公安部《关于公安机关管辖的刑事案件立案追诉标准的规定(2)》(公通字〔2022〕12号)第71条

(见本条立案追诉标准内容)

第226条 【强迫交易罪】以暴力、威胁手段,实施下列行为之一,情节严重的,处3年以下有期徒刑或者拘役,并处或者单处罚金;情节特别严重的,处3年以上7年以下有期徒刑,并处罚金:

(一)强买强卖商品的;

(二)强迫他人提供或者接受服务的;

(三)强迫他人参与或者退出投标、拍卖的;

(四)强迫他人转让或者收购公司、企业的股份、债券或者其他资产的;

(五)强迫他人参与或者退出特定的经营活动的。

(本条《中华人民共和国刑法修正案(8)》修改)

• 释义

强迫交易罪是指以暴力、胁迫手段强买强卖商品,强迫他人提供或者接受服务,强迫他人参与或者退出投标、拍卖,强迫他人转让或者收购公司、企业的股份、债券或者其他资产,强迫他人参与或者退出特定的经营活动,情节严重的行为。

• 管辖

公安机关治安管理部门。

• 立案追诉标准

以暴力、威胁手段强买强卖商品,强迫他人提供服务或者接受服务,涉嫌下列情形之一的,应予立案追诉:

(一)造成被害人轻微伤的;

(二)造成直接经济损失2000元以上的;

(三)强迫交易3次以上或者强迫3人以上交易的;

(四)强迫交易数额1万元以上,或者违法所得数额2000元以上的;

(五)强迫他人购买伪劣商品数额5000元以上,或者违法所得数额1000元以上的;

(六)其他情节严重的情形。

以暴力、威胁手段强迫他人参与或者退出投标、拍卖,强迫他人转让或者收购公司、企业的股份、债券或者其他资产,强迫他人参与或者退出特定的经营活动,具有多次实施、手段恶劣、造成严重后果或者恶劣社会影响等情形之一的,应予立案追诉。

• 关联法律

1.《中华人民共和国消费者权益保护法》(1993年10月31日第八届全国人大常委会第四次会议通过;2009年8月27日第十一届全国人大常委会第十次会议《关于修改部分法律的决定》第一次修正;2013年10月25日第十二届全国人大常委会第五次会议《关于修改〈中华人民共和国消费者权益保护法〉的决定》第二次修正)

第57条 经营者违反本法规定提供商品或者服务,侵害消费者合法权益,构成犯罪的,依法追究刑事责任。

2.最高人民法院《关于审理抢劫、抢夺刑事案件适用法律若干问题的意见》(法发〔2005〕8号)

九、关于抢劫罪与相似犯罪的界限

2.以暴力、胁迫手段索取超出正常交易价钱、费用的钱财的行为定性

从事正常商品买卖、交易或者劳动服务的人,以暴力、胁迫手段迫使他人交出与合理价

钱、费用相差不大钱物，情节严重的，以强迫交易罪定罪处罚；以非法占有为目的，以买卖、交易、服务为幌子采用暴力、胁迫手段迫使他人交出与合理价钱、费用相差悬殊的钱物的，以抢劫罪定罪处刑。在具体认定时，既要考虑超出合理价钱、费用的绝对数额，还要考虑超出合理价钱、费用的比例，加以综合判断。（详见本书《刑法》第263条相关内容）

3.最高人民检察院、公安部《关于公安机关管辖的刑事案件立案追诉标准的规定(1)》(公通字〔2008〕36号)

（公通字〔2017〕12号第5条已对本规定第28条作出修改）

4.《中华人民共和国刑法修正案(8)》(2011年2月25日第十一届全国人大常委会第十九次会议通过)

三十六、将刑法第226条修改为："以暴力、威胁手段，实施下列行为之一，情节严重的，处3年以下有期徒刑或者拘役，并处或者单处罚金；情节特别严重的，处3年以上7年以下有期徒刑，并处罚金：(一)强买强卖商品的；(二)强迫他人提供或者接受服务的；(三)强迫他人参与或者退出投标、拍卖的；(四)强迫他人转让或者收购公司、企业的股份、债券或者其他资产的；(五)强迫他人参与或者退出特定的经营活动的。"

（1997年《刑法》原条文：以暴力、威胁手段强买强卖商品、强迫他人提供服务或者威胁手段强买强卖商品、强迫他人提供服务或者强迫他人接受服务，情节严重的，处3年以下有期徒刑或者拘役，并处或者单处罚金。）

5.最高人民检察院《关于强迫借贷行为适用法律问题的批复》(高检发释字〔2014〕1号)

广东省人民检察院：

你院《关于强迫借贷案件法律适用的请示》(粤检发研字〔2014〕9号)收悉。经研究，批复如下：

以暴力、胁迫手段强迫他人借贷，属于刑法第226条第2项规定的"强迫他人提供或者接受服务"，情节严重的，以强迫交易罪追究刑事责任；同时构成故意伤害罪等其他犯罪的，依照处罚较重的规定定罪处罚。以非法占有为目的，以借贷为名采用暴力、胁迫手段获取他人财物，符合刑法第263条或者第274规定的，以抢劫罪或者敲诈勒索罪追究刑事责任。

6.最高人民检察院、公安部《关于公安机关管辖的刑事案件立案追诉标准的规定(1)的补充规定》(公通字〔2017〕12号)

五、将《立案追诉标准(1)》第28条修改为：

[强迫交易案(刑法第226条)]以暴力、威胁手段强买强卖商品，强迫他人提供服务或者接受服务，涉嫌下列情形之一的，应予立案追诉：

(一)造成被害人轻微伤的；(二)造成直接经济损失2000元以上的；(三)强迫交易3次以上或者强迫3人以上交易的；(四)强迫交易数额1万元以上，或者违法所得数额2000元以上的；(五)强迫他人购买伪劣商品数额5000元以上，或者违法所得数额1000元以上的；(六)其他情节严重的情形。

以暴力、威胁手段强迫他人参与或者退出投标、拍卖，强迫他人转让或者收购公司、企业的股份、债券或者其他资产，强迫他人参与或者退出特定的经营活动，具有多次实施、手段恶劣、造成严重后果或者恶劣社会影响等情形之一的，应予立案追诉。（见本条立案追诉标准内容）

7.最高人民法院、最高人民检察院、公安部、司法部《关于办理黑恶势力犯罪案件若干问题的指导意见的通知》(法发〔2018〕1号)

四、依法惩处利用"软暴力"实施的犯罪

17.黑恶势力为谋取不法利益或形成非法影响，有组织地采用滋扰、纠缠、哄闹、聚众造势等手段侵犯人身权利、财产权利，破坏经济秩序、社会秩序，构成犯罪的，应当分别依照《刑法》相关规定处理：

（1）有组织地采用滋扰、纠缠、哄闹、聚众造势等手段扰乱正常的工作、生活秩序，使他人产生心理恐惧或者形成心理强制，分别属于《刑法》第293条第1款第（2）项规定的"恐吓"、《刑法》第226条规定的"威胁"，同时符合其他犯罪构成条件的，应分别以寻衅滋事罪、强迫交易罪定罪处罚。

《关于办理寻衅滋事刑事案件适用法律若干问题的解释》第2条至第4条中的"多次"一般应当理解为2年内实施寻衅滋事行为3次以上。2年内多次实施不同种类寻衅滋事行为的，应当追究刑事责任。

（2）以非法占有为目的强行索取公私财物，有组织地采用滋扰、纠缠、哄闹、聚众造势等手段扰乱正常的工作、生活秩序，同时符合《刑法》第274条规定的其他犯罪构成条件的，应当以敲诈勒索罪定罪处罚。同时由多人实施或者以统一着装、显露纹身、特殊标识以及其他明示或者暗示方式，足以使对方感知相关行为的有组织性的，应当认定为《关于办理敲诈勒索刑事案件适用法律若干问题的解释》第2条第（5）项规定的"以黑恶势力名义敲诈勒索"。

采用上述手段，同时又构成其他犯罪的，应当依法按照处罚较重的规定定罪处罚。

雇佣、指使他人有组织地采用上述手段强迫交易、敲诈勒索，构成强迫交易罪、敲诈勒索罪的，对雇佣者、指使者，一般应当以共同犯罪中的主犯论处。为强索不受法律保护的债务或者因其他非法目的，雇佣、指使他人有组织地采用上迷手段寻衅滋事，构成寻衅滋事罪的，对雇佣者、指使者，一般应当以共同犯罪中的主犯论处；为追讨合法债务或者因婚恋、家庭、邻里纠纷等民间矛盾而雇佣、指使，没有造成严重后果的，一般不作为犯罪处理，但经有关部门批评制止或者处理处罚后仍继续实施的除外。（全文详见本书《刑法》第294条相关内容）

8. 最高人民法院、最高人民检察院、公安部、司法部《关于办理恶势力刑事案件若干问题的意见》（法发〔2019〕10号）

二、恶势力、恶势力犯罪集团的认定标准

4. 恶势力，是指经常纠集在一起，以暴力、威胁或者其他手段，在一定区域或者行业内多次实施违法犯罪活动，为非作恶，欺压百姓，扰乱经济、社会生活秩序，造成较为恶劣的社会影响，但尚未形成黑社会性质组织的违法犯罪组织。

5. 单纯为牟取不法经济利益而实施的"黄、赌、毒、盗、抢、骗"等违法犯罪活动，不具有为非作恶、欺压百姓特征的，或者因本人及近亲属的婚恋纠纷、家庭纠纷、邻里纠纷、劳动纠纷、合法债务纠纷而引发以及其他确属事出有因的违法犯罪活动，不应作为恶势力案件处理。

6. 恶势力一般为3人以上，纠集者相对固定。纠集者，是指在恶势力实施的违法犯罪活动中起组织、策划、指挥作用的违法犯罪分子。成员较为固定且符合恶势力其他认定条件，但多次实施违法犯罪活动是由不同的成员组织、策划、指挥，也可以认定为恶势力，有前述行为的成员均可以认定为纠集者。

恶势力的其他成员，是指知道或应当知道与他人经常纠集在一起是为了共同实施违法犯罪，仍按照纠集者的组织、策划、指挥参与违法犯罪活动的违法犯罪分子，包括已有充分证据证明但尚未归案的人员，以及因法定情形不予追究法律责任，或者因参与实施恶势力违法犯罪活动已受到行政或刑事处罚的人员。仅因临时雇佣或被雇佣、利用或被利用以及受蒙蔽参与少量恶势力违法犯罪活动的，一般不应认定为恶势力成员。

7. "经常纠集在一起，以暴力、威胁或者其他手段，在一定区域或者行业内多次实施违法犯罪活动"，是指犯罪嫌疑人、被告人于2年之内，以暴力、威胁或者其他手段，在一定区域或者行业内多次实施违法犯罪活动,且包括纠集者在内,至少应有2名相同的成员多次参与实施违法犯罪活动。对于“纠集在一起”时间明显较短,实施违法犯罪活动刚刚达到“多次”标准,且尚不足以造成较为恶劣影响的,一般不应认定为恶势力。

8. 恶势力实施的违法犯罪活动,主要为强迫交易、故意伤害、非法拘禁、敲诈勒索、故意毁坏财物、聚众斗殴、寻衅滋事,但也包括具有为非作恶、欺压百姓特征,主要以暴力、威胁为手段的其他违法犯罪活动。恶势力还可能伴随实施开设赌场、组织卖淫、强迫卖淫、贩卖毒品、运输毒品、制造毒品、抢劫、抢夺、聚众扰乱社会秩序、聚众扰乱公共场所秩序、交通秩序以及聚众“打砸抢”等违法犯罪活动,但仅有前述随实施的违法犯罪活动,且不能认定具有为非作恶、欺压百姓特征的,一般不应认定为恶势力。

9. 办理恶势力刑事案件,“多次实施违法犯罪活动”至少应包括1次犯罪活动。对于反复实施强迫交易、非法拘禁、敲诈勒索、寻衅滋事等单一性质的违法行为,单次情节、数额尚不构成犯罪,但按照刑法或者有关司法解释、规范性文件的规定累加后应作为犯罪处理的,在认定是否属于“多次实施违法犯罪活动”时,可将已用于累加的违法行为计为1次犯罪活动,其他违法行为单独计算违法活动的次数。

已被处理或者已作为民间纠纷调处,后经查证确属恶势力违法犯罪活动的,均可以作为认定恶势力的事实依据,但不符合法定情形的,不得重新追究法律责任。

10. 认定“扰乱经济、社会生活秩序,造成较为恶劣的社会影响”,应当结合侵害对象及其数量、违法犯罪次数、手段、规模、人身损害后果、经济损失数额、违法所得数额、引起社会秩序混乱的程度以及对人民群众安全感的影响程度等因素综合把握。

11. 恶势力犯罪集团,是指符合恶势力全部认定条件,同时又符合犯罪集团法定条件的犯罪组织。

恶势力犯罪集团的首要分子,是指在恶势力犯罪集团中起组织、策划、指挥作用的犯罪分子。恶势力犯罪集团的其他成员,是指知道或者应当知道是为共同实施犯罪而组成的较为固定的犯罪组织,仍接受首要分子领导、管理、指挥,并参与该组织犯罪活动的犯罪分子。

恶势力犯罪集团应当有组织地实施多次犯罪活动,同时还可能伴随实施违法活动。恶势力犯罪集团所实施的违法犯罪活动,参照《指导意见》第10条第2款的规定认定。

12. 全部成员或者首要分子、纠集者以及其他重要成员均为未成年人、老年人、残疾人的,认定恶势力、恶势力犯罪集团时应当特别慎重。(全文详见本书《刑法》第294条相关内容)

9. 最高人民法院、最高人民检察院、公安部、司法部《关于办理黑恶势力刑事案件中财产处置若干问题的意见》(2019年4月9日)

三、准确处置涉案财产

11. 公安机关、人民检察院应当加强对在案财产审查甄别。在移送审查起诉、提起公诉时,一般应当对采取措施的涉案财产提出处理意见建议,并将采取措施的涉案财产及其清单随案移送。

人民检察院经审查,除对随案移送的涉案财产提出处理意见外,还需要对继续追缴的尚未被足额查封、扣押的其他违法所得提出处理意见建议。

涉案财产不宜随案移送的,应当按照相关法律、司法解释的规定,提供相应的清单、照片、录像、封存手续、存放地点说明、鉴定、评估意见、变价处理凭证等材料。

12. 对于不宜查封、扣押、冻结的经营性财产,公安机关、人民检察院、人民法院可以申请当地政府指定有关部门或者委托有关机构代管或者托管。

对易损毁、灭失、变质等不宜长期保存的物品,易贬值的汽车、船艇等物品,或者市场价格波动大的债券、股票、基金等财产,有效期即将届满的汇票、本票、支票等,经权利人同意或者申请,并经县级以上公安机关、人民检察院或者人民法院主要负责人批准,可以依法出售、变现或者先行变卖、拍卖,所得价款由扣押、冻结机关保管,并及时告知当事人或者其近亲属。

13. 人民检察院在法庭审理时应当对证明黑恶势力犯罪涉案财产情况进行举证质证,对于既能证明具体个罪又能证明经济特征的涉案财产情况相关证据在具体个罪中出示后,在经济特征中可以简要说明,不再重复出示。

14. 人民法院作出的判决,除应当对随案移送的涉案财产作出处理外,还应当在判决书中写明需要继续追缴尚未被足额查封、扣押的其他违法所得;对随案移送财产进行处理时,应当列明相关财产的具体名称、数量、金额、处置情况等。涉案财产或者有关当事人人数较多,不宜在判决书正文中详细列明的,可以概括叙述并另附清单。

15. 涉案财产符合下列情形之一的,应当依法追缴、没收:

(一)黑恶势力组织及其成员通过违法犯罪活动或者其他不正当手段聚敛的财产及其孳息、收益;(二)黑恶势力组织成员通过个人实施违法犯罪活动聚敛的财产及其孳息、收益;(三)其他单位、组织、个人为支持该黑恶势力组织活动资助或者主动提供的财产;(四)黑恶势力组织及其成员通过合法的生产、经营活动获取的财产或者组织成员个人、家庭合法财产中,实际用于支持该组织活动的部分;(五)黑恶势力组织成员非法持有的违禁品以及供犯罪所用的本人财物;(六)其他单位、组织、个人利用黑恶势力组织及其成员违法犯罪活动获取的财产及其孳息、收益;(七)其他应当追缴、没收的财产。

16. 应当追缴、没收的财产已用于清偿债务或者转让、或者设置其他权利负担,具有下列情形之一的,应当依法追缴:

(一)第3人明知是违法犯罪所得而接受的;(二)第3人无偿或者以明显低于市场的价格取得涉案财物的;(三)第3人通过非法债务清偿或者违法犯罪活动取得涉案财物的;(四)第3人通过其他方式恶意取得涉案财物的。

17. 涉案财产符合下列情形之一的,应当依法返还:

(一)有证据证明确属被害人合法财产;(二)有证据证明确与黑恶势力及其违法犯罪活动无关。

18. 有关违法犯罪事实查证属实后,对于有证据证明权属明确且无争议的被害人、善意第3人或者其他人员合法财产及其孳息,凡返还不损害其他利害关系人的利益,不影响案件正常办理的,应当在登记、拍照或者录像后,依法及时返还。(全文详见本书《刑法》第64条相关内容)

10. 最高人民法院、最高人民检察院、公安部、司法部《关于办理实施"软暴力"的刑事案件若干问题的意见》(公通字〔2019〕15号)

五、采用"软暴力"手段,使他人产生心理恐惧或者形成心理强制,分别属于《刑法》第226条规定的"威胁"、《刑法》第293条第1款第(2)项规定的"恐吓",同时符合其他犯罪构成要件的,应当分别以强迫交易罪、寻衅滋事罪定罪处罚。

《关于办理寻衅滋事刑事案件适用法律若干问题的解释》第2条至第4条中的"多次"一般应当理解为2年内实施寻衅滋事行为3次以上。3次以上寻衅滋事行为既包括同一类别的行为,也包括不同类别的行为;既包括未受行政处罚的行为,也包括已受行政处罚的行为。

十一、雇佣、指使他人采用"软暴力"手段强迫交易、敲诈勒索,构成强迫交易罪、敲诈勒索罪的,对雇佣者、指使者,一般应当以共同犯罪中的主犯论处。

为强索不受法律保护的债务或者因其他非法目的,雇佣、指使他人采用"软暴力"手段非法剥夺他人人身自由构成非法拘禁罪,或者非法侵入他人住宅、寻衅滋事,构成非法侵入住宅罪、寻衅滋事罪的,对雇佣者、指使者,一般应当以共同犯罪中的主犯论处;因本人及近亲属合法债务、婚恋、家庭、邻里纠纷等民间矛盾而雇佣、指使,没有造成严重后果的,一般不作为犯罪处理,但经有关部门批评制止或者处理处罚后仍继续实施的除外。(全文详见本书《刑法》第 294 条相关内容)

11. 最高人民法院、最高人民检察院、公安部、司法部《关于办理“套路贷”刑事案件若干问题的意见》(法发〔2019〕11 号)

二、依法严惩“套路贷”犯罪

4. 实施“套路贷”过程中,未采用明显的暴力或者威胁手段,其行为特征从整体上表现为以非法占有为目的,通过虚构事实、隐瞒真相骗取被害人财物的,一般以诈骗罪定罪处罚;对于在实施“套路贷”过程中多种手段并用,构成诈骗、敲诈勒索、非法拘禁、虚假诉讼、寻衅滋事、强迫交易、抢劫、绑架等多种犯罪的,应当根据具体案件事实,区分不同情况,依照刑法及有关司法解释的规定数罪并罚或者择一重处。

5. 多人共同实施“套路贷”犯罪,犯罪嫌疑人、被告人在所参与的犯罪中起主要作用的,应当认定为主犯,对其参与或组织、指挥的全部犯罪承担刑事责任;起次要或辅助作用的,应当认定为从犯。

明知他人实施“套路贷”犯罪,具有以下情形之一的,以相关犯罪的共犯论处,但刑法和司法解释等另有规定的除外:

(一)组织发送“贷款”信息、广告,吸引、介绍被害人“借款”的;(二)提供资金、场所、银行卡、账号、交通工具等帮助的;(三)出售、提供、帮助获取公民个人信息的;(四)协助制造走账记录等虚假给付事实的;(五)协助办理公证的;(六)协助以虚假事实提起诉讼或者仲裁的;(七)协助套现、取现、办理动产或不动产过户等,转移犯罪所得及其产生的收益的;(八)其他符合共同犯罪规定的情形。

上述规定中的“明知他人实施‘套路贷’犯罪”,应当结合行为人的认知能力、既往经历、行为次数和手段、与同案人、被害人的关系、获利情况、是否曾因“套路贷”受过处罚、是否故意规避查处等主客观因素综合分析认定。

6. 在认定“套路贷”犯罪数额时,应当与民间借贷相区别,从整体上予以否定性评价,“虚高债务”和以“利息”“保证金”“中介费”“服务费”“违约金”等名目被犯罪嫌疑人、被告人非法占有的财物,均应计入犯罪数额。

犯罪嫌疑人、被告人实际给付被害人的本金数额,不计入犯罪数额。

已经着手实施“套路贷”,但因意志以外原因未得逞的,可以根据相关罪名所涉及的刑法、司法解释规定,按照已着手非法占有的财物数额认定犯罪未遂。既有既遂,又有未遂,犯罪既遂部分与未遂部分分别对应不同法定刑幅度的,应当先决定对未遂部分是否减轻处罚,确定未遂部分对应的法定刑幅度,再与既遂部分对应的法定刑幅度进行比较,选择处罚较重的法定刑幅度,并酌情从重处罚;二者在同一量刑幅度的,以犯罪既遂酌情从重处罚。

7. 犯罪嫌疑人、被告人实施“套路贷”违法所得的一切财物,应当予以追缴或者责令退赔;对被害人的合法财产,应当及时返还。有证据证明是犯罪嫌疑人、被告人为实施“套路贷”而交付给被害人的本金,赔偿被害人损失后如有剩余,应依法予以没收。

犯罪嫌疑人、被告人已将违法所得的财物用于清偿债务、转让或者设置其他权利负担,具有下列情形之一的,应当依法追缴:

(1)第 3 人明知是违法所得财物而接受的;(2)第 3 人无偿取得或者以明显低于市场的价格取得违法所得财物的;(3)第 3 人通过非法债务清偿或者违法犯罪活动取得违法所得财物

的;(4)其他应当依法追缴的情形。

8. 以老年人、未成年人、在校学生、丧失劳动能力的人为对象实施“套路贷”,或者因实施“套路贷”造成被害人或其特定关系人自杀、死亡、精神失常、为偿还“债务”而实施犯罪活动的,除刑法、司法解释另有规定的外,应当酌情从重处罚。

在坚持依法从严惩处的同时,对于认罪认罚、积极退赃、真诚悔罪或者具有其他法定、酌定从轻处罚情节的被告人,可以依法从宽处罚。

9. 对于“套路贷”犯罪分子,应当根据其所触犯的具体罪名,依法加大财产刑适用力度。符合刑法第37条之一规定的,可以依法禁止从事相关职业。

10. 3人以上为实施“套路贷”而组成的较为固定的犯罪组织,应当认定为犯罪集团。对首要分子应按照集团所犯全部罪行处罚。

符合黑恶势力认定标准的,应当按照黑社会性质组织、恶势力或者恶势力犯罪集团侦查、起诉、审判。(全文详见本书《刑法》第294条相关内容)

12. 最高人民法院、最高人民检察院、公安部、司法部《关于办理利用信息网络实施黑恶势力犯罪刑事案件若干问题的意见》(2019年7月23日)

二、依法严惩利用信息网络实施的黑恶势力犯罪

4. 对通过发布、删除负面或虚假信息,发送侮辱性信息、图片,以及利用信息、电话骚扰等方式,威胁、要挟、恐吓、滋扰他人,实施黑恶势力违法犯罪的,应当准确认定,依法严惩。

5. 利用信息网络威胁他人,强迫交易,情节严重的,依照刑法第226条的规定,以强迫交易罪定罪处罚。

6. 利用信息网络威胁、要挟他人,索取公私财物,数额较大,或者多次实施上述行为的,依照刑法第274条的规定,以敲诈勒索罪定罪处罚。

7. 利用信息网络辱骂、恐吓他人,情节恶劣,破坏社会秩序的,依照刑法第293条第1款第2项的规定,以寻衅滋事罪定罪处罚。

编造虚假信息,或者明知是编造的虚假信息,在信息网络上散布,或者组织、指使人员在信息网络上散布,起哄闹事,造成公共秩序严重混乱的,依照刑法第293条第1款第4项的规定,以寻衅滋事罪定罪处罚。

8. 侦办利用信息网络实施的强迫交易、敲诈勒索等非法敛财类案件,确因被害人人数众多等客观条件的限制,无法逐一收集被害人陈述的,可以结合已收集的被害人陈述,以及经查证属实的银行账户交易记录、第3方支付结算账户交易记录、通话记录、电子数据等证据,综合认定被害人人数以及涉案资金数额等。(全文详见本书《刑法》第294条相关内容)

13. 国家监察机关员会、最高人民法院、最高人民检察院、公安部、司法部《关于在扫黑除恶专项斗争中分工负责、互相配合、互相制约严惩公职人员涉黑涉恶违法犯罪问题的通知》(2019年10月20日)

(详见本书《刑法》第294条相关内容)

14. 最高人民法院、最高人民检察院、公安部、司法部《关于跨省异地执行刑罚的黑恶势力罪犯坦白检举构成自首立功若干问题的意见》(2019年10月21日)

(详见本书《刑法》第67条相关内容)

15. 最高人民法院、最高人民检察院、公安部、司法部《关于依法严惩利用未成年人实施黑恶势力犯罪的意见》(2020年4月23日)

(详见本书《刑法》第17条相关内容)

第227条 【伪造、倒卖伪造的有价票证罪】 伪造或者倒卖伪造的车票、船票、邮票或者其他有价票证，数额较大的，处2年以下有期徒刑、拘役或者管制，并处或者单处票证价额1倍以上5倍以下罚金；数额巨大的，处2年以上7年以下有期徒刑，并处票证价额1倍以上5倍以下罚金。

【倒卖车票、船票罪】 倒卖车票、船票，情节严重的，处3年以下有期徒刑、拘役或者管制，并处或者单处票证价额1倍以上5倍以下罚金。

• 释义

伪造、倒卖伪造的有价票证罪是指伪造车票、船票、邮票或者其他有价票证，或者倒卖伪造的车票、船票、邮票或者其他有价票证，数额较大的行为。

倒卖车票、船票罪是指倒卖车票、船票，情节严重的行为。

• 管辖

公安机关治安管理部门。

• 立案追诉标准

【伪造、倒卖伪造的有价票证罪立案追诉标准】

伪造或者倒卖伪造的车票、船票、邮票或者其他有价票证，涉嫌下列情形之一的，应予立案追诉：

（一）车票、船票票面数额累计2000元以上，或者数量累计50张以上的；

（二）邮票票面数额累计5000元以上，或者数量累计1000枚以上的；

（三）其他有价票证价额累计5000元以上，或者数量累计100张以上的；

（四）非法获利累计1000元以上的；

（五）其他数额较大的情形。

【倒卖车票、船票罪立案追诉标准】

倒卖车票、船票或者倒卖车票坐席、卧铺签字号以及订购车票、船票凭证，涉嫌下列情形之一的，应予立案追诉：

（一）票面数额累计5000元以上的；

（二）非法获利累计2000元以上的；

（三）其他情节严重的情形。

• 关联法律

1. 最高人民法院《关于执行〈中华人民共和国铁路法〉中刑事罚则若干问题的解释》（法发〔1993〕28号）

（法释〔2013〕2号已声明该文件废止）

2. 最高人民法院《关于审理倒卖车票刑事案件有关问题的解释》（法释〔1999〕17号）

第1条 高价、变相加价倒卖车票或者倒卖坐席、卧铺签字号及订购车票凭证，票面数额在5000元以上，或者非法获利数额在2000元上的，构成刑法第227条第2款规定的“倒卖车票情节严重”。

第2条 对于铁路职工倒卖车票或者与其他人员勾结倒卖车票；组织倒卖车票的首要分子；曾因倒卖车票受过治安处罚两次以上或被劳动教养1次以上，两年内又倒卖车票，构成倒卖车票罪的,依法从重处罚。

3. 最高人民法院《关于对变造、倒卖变造邮票行为如何适用法律问题的解释》(法释〔2000〕41 号)

为了正确适用刑法,现对审理变造、倒卖变造邮票案件如何适用法律问题解释如下:对变造或者倒卖变造的邮票数额较大的,应当依照刑法第 227 条第 1 款的规定定罪处罚。

4. 最高人民检察院研究室《关于非法制作、出售、使用 IC 电话卡行为如何适用法律问题的答复》(〔2003〕高检研发第 10 号)

辽宁省人民检察院研究室:

你院《关于非法制作、出售 IC 电话卡的行为如何认定的请示》(辽检发研字〔2002〕8 号收悉。经研究,答复如下:非法制作或者出售非法制作的 IC 电话卡,数额较大的,应当依照刑法第 227 条第 1 款的规定,以伪造、倒卖伪造的有价票证罪追究刑事责任,犯罪数额可以根据销售数额认定;明知是非法制作的 IC 电话卡而使用或者购买并使用,造成电信资费损失数额较大的,应当依照刑法第 264 条的规定,以盗窃罪追究刑事责任。

5. 最高人民检察院、公安部《关于公安机关管辖的刑事案件立案追诉标准的规定(1)》(公通字〔2008〕36 号)第 29 条、第 30 条

(见本条立案追诉标准内容)

第 228 条 【非法转让、倒卖土地使用权罪】 以牟利为目的,违反土地管理法规,非法转让、倒卖土地使用权,情节严重的,处 3 年以下有期徒刑或者拘役,并处或者单处非法转让、倒卖土地使用权价额 5%以上 20%以下罚金;情节特别严重的,处 3 年以上 7 年以下有期徒刑,并处非法转让、倒卖土地使用权价额 5%以上 20%以下罚金。

(2009 年 8 月 27 日第十一届全国大常委会第十次会议通过的《关于修改部分法律的决定》,对《中华人民共和国刑法》第 228 条、第 342 条、第 410 条规定的"违反土地管理法规"和第 410 条规定的"非法批准征收、征用、占用土地"的含义问题,解释如下:

刑法第 228 条、第 342 条、第 410 条规定的"违反土地管理法规",是指违反土地管理法、森林法、草原法等法律以及有关行政法规中关于土地管理的规定。

刑法第 410 条规定的"非法批准征收、征用、占用土地",是指非法批准征用、占用耕地、林地等农用地以及其他土地。")

• 释义

非法转让、倒卖土地使用权罪是指以牟利为目的,违反土地管理法规,非法转让、倒卖土地使用权,情节严重的行为。

"违反土地管理法规",是指违反土地管理法、森林法、草原法等法律以及有关行政法中关于土地管理的规定。

• 管辖

公安机关经济犯罪侦查部门、监察机关(公职人员行使公权力过程中发生的犯罪案件)。

• 立案追诉标准

以牟利为目的,违反土地管理法规,非法转让、倒卖土地使用权,涉嫌下列情形之一的,应予立案追诉:

(一)非法转让、倒卖永久基本农田 5 亩以上的;

(二)非法转让、倒卖永久基本农田以外的耕地10亩以上的;

(三)非法转让、倒卖其他土地20亩以上的;

(四)违法所得数额在50万元以上的;

(五)虽未达到上述数额标准,但因非法转让、倒卖土地使用权受过行政处罚,又非法转让、倒卖土地的;

(六)其他情节严重的情形。

• 关联法律

1.《中华人民共和国土地管理法》(1986年6月25日第六届全国人大常委会第十六次会议通过;1988年12月29日第七届全国人大常委会第五次会议《关于修改〈中华人民共和国土地管理法〉的决定》第一次修正;1998年8月29日第九届全国人大常委会第四次会议修订;2004年8月28日第十届全国人大常委会第十一次会议《关于修改〈中华人民共和国土地管理法〉的决定》第二次修正;2019年8月26日第十三届全国人大常委会第十二次会议第三次修正)

(全文略)

2. 最高人民法院《关于审理破坏土地资源刑事案件具体应用法律若干问题的解释》(法释〔2000〕14号)

第1条 以牟利为目的,违反土地管理法规,转让、倒卖土地使用权,具有下列情形之一的,属于非法转让、倒卖土地使用权"情节严重",依照刑法第228条的规定,以非法转让、倒卖土地使用权罪定罪处罚:

(一)非法转让、倒卖基本农田5亩以上的;(二)非法转让、倒卖基本农田以外的耕地10亩以上的;(三)非法转让、倒卖其他土地20亩以上的;(四)非法获利50万元以上的;(五)非法转让、倒卖土地接近上述数量标准并具有其他恶劣情节的,如曾因非法转让、倒卖土地使用权受过行政处罚或者造成严重后果等。

第2条 具有下列情形之一的,属于"情节特别严重":

(一)非法转让、倒卖基本农田10亩以上的;(二)非法转让、倒卖基本农田以外的耕地20亩以上的;(三)非法转让、倒卖其他土地40亩以上的;(四)非法获利100万元以上的;(五)非法转让、倒卖土地接近上述数量标准并具有其他恶劣情节,如造成严重后果等。

第8条 单位犯非法转让、倒卖土地使用权罪、非法占有耕地罪的定罪量刑标准,依照本解释第一条、第二条、第三条的规定执行。

第9条 多次实施的行为,依法应当追诉的,或者1年内有多次实施的行为未经处理的,按照累计的数量、数额处罚。

3. 全国人大常委会《关于〈中华人民共和国刑法〉第228条、第342条、第410条的解释》(2001年8月31日第九届全国人大常委会第二十三次会议通过,2009年8月27日第十一届全国人大常委会第十次会议《关于修改部分法律的决定》修正)

全国人民代表大会常务委员会讨论了刑法第228条、第342条、第410条规定的"违反土地管理法规"和第410条规定的"非法批准征收、征用、占用土地"的含义问题,解释如下:

刑法第228条、第342条、第410条规定的"违反土地管理法规",是指违反土地管理法、森林法、草原法等法律以及有关行政法规中关于土地管理的规定。

刑法第410条规定的"非法批准征收、征用、占用土地",是指非法批准征用、占用耕地、林地等农用地以及其他土地。

4. 公安部经济犯罪侦查局《关于对程××的行为是否涉嫌非法转让、倒卖土地使用权犯罪的批复》(公经法〔2008〕29号)

程××的行为是否涉嫌非法转让、倒卖土地使用权,关键是是看甲公司和乙公司于2000年2月1日签订的合同的性质:从合同约定的权利义务关系以及合同的实际履行情况来看,所谓"买断"指的不是该土地的土地使用权,而是对该地块的开发经营收益权,即双方通过合作开发、销售房地产取得收益。从该块国有土地转移的过程看,是经人民政府批准将原划拨给××集团的土地使用权收回后出让给乙公司,而并非出让给甲公司后再转让给乙公司。因此,该合同的性质不是土地使用权买卖性质。综上,程××的行为不能认定为非法转让、倒卖土地使用权。

5. 最高人民检察院、公安部《关于公安机关管辖的刑事案件立案追诉标准的规定(2)》(公通字〔2010〕23号)第80条

(公通字〔2022〕12号已声明该文件废止)

6. 最高人民检察院《第16批指导性案例刘某非法占用农用地案》(检例第60号;2020年3月5日)

(详见本书《刑法》第342条相关内容)

7. 最高人民检察院、公安部《关于公安机关管辖的刑事案件立案追诉标准的规定(2)》(公通字〔2022〕12号)第72条

(见本条立案追诉标准内容)

第229条 【提供虚假证明文件罪】 承担资产评估、验资、验证、会计、审计、法律服务、保荐、安全评价、环境影响评价、环境监测等职责的中介组织的人员故意提供虚假证明文件,情节严重的,处5年以下有期徒刑或者拘役,并处罚金;有下列情形之一的,处5年以上10年以下有期徒刑,并处罚金:

(一)提供与证券发行相关的虚假的资产评估、会计、审计、法律服务、保荐等证明文件,情节特别严重的;

(二)提供与重大资产交易相关的虚假的资产评估、会计、审计等证明文件,情节特别严重的;

(三)在涉及公共安全的重大工程、项目中提供虚假的安全评价、环境影响评价等证明文件,致使公共财产、国家和人民利益遭受特别重大损失的。

有前款行为,同时索取他人财物或者非法收受他人财物构成犯罪的,依照处罚较重的规定定罪处罚。

【出具证明文件重大失实罪】 第1款规定的人员,严重不负责任,出具的证明文件有重大失实,造成严重后果的,处3年以下有期徒刑或者拘役,并处或者单处罚金。

(本条《中华人民共和国刑法修正案(11)》修改)

• 释义

【提供虚假证明文件罪】提供虚假证明文件罪是指承担资产评估、验资、验证、会计、审计、法律服务等职责的中介组织或者中介组织的人员,故意提供虚假证明文件,情节严重的行为。

【出具证明文件重大失实罪】出具证明文件重大失实罪是指承担资产评估、验资、验证、会计、审计、法律服务等职责的中介组织或者中介组织的人员,严重不负责任,出具的证明文件有重大失实,造成严重后果的行为。

• 管辖

公安机关经济犯罪侦查部门。

• 立案追诉标准

【提供虚假证明文件罪立案追诉标准】

承担资产评估、验资、验证、会计、审计、法律服务、保荐、安全评价、环境影响评价、环境监测等职责的中介组织的人员故意提供虚假证明文件，涉嫌下列情形之一的，应予立案追诉：

（一）给国家、公众或者其他投资者造成直接经济损失数额在50万元以上的；

（二）违法所得数额在10万元以上的；

（三）虚假证明文件虚构数额在100万元以上且占实际数额30%以上的；

（四）虽未达到上述数额标准，但2年内因提供虚假证明文件受过2次以上行政处罚，又提供虚假证明文件的；

（五）其他情节严重的情形。

【出具证明文件重大失实罪立案追诉标准】

承担资产评估、验资、验证、会计、审计、法律服务、保荐、安全评价、环境影响评价、环境监测等职责的中介组织的人员严重不负责任，出具的证明文件有重大失实，涉嫌下列情形之一的，应予立案追诉：

（一）给国家、公众或者其他投资者造成直接经济损失数额在100万元以上的；

（二）其他造成严重后果的情形。

• 关联法律

1. 最高人民检察院《关于公证员出具公证书有重大失实行为如何适用法律问题的批复》（高检发释字〔2009〕1号）

甘肃省人民检察院：

你院《关于公证员出具证明文件重大失实是否构成犯罪的请示》（甘检发研〔2008〕17号）收悉。经研究，批复如下：

《中华人民共和国公证法》施行以后，公证员在履行公证职责过程中，严重不负责任，出具的公证书有重大失实，造成严重后果的，依照刑法第229条第3款的规定，以出具证明文件重大失实罪追究刑事责任。

2. 最高人民法院、最高人民检察院《关于办理妨害信用卡管理刑事案件具体应用法律若干问题的解释》（法释〔2009〕19号）

（法释〔2019〕19号已对本文件修正）

3. 最高人民检察院、公安部《关于公安机关管辖的刑事案件立案追诉标准的规定（2）》（公通字〔2010〕23号）第81条

（公通字〔2022〕12号已声明该文件废止）

4. 最高人民检察院《关于地质工程勘测院和其他履行勘测职责的单位及其工作人员能否成为刑法第229条规定的有关犯罪主体的批复》（高检发释字〔2015〕4号）

重庆市人民检察院：

你院渝检（研）〔2015〕8号《关于地质工程勘测院能否成为刑法第229条的有关犯罪主体的请示》收悉。经研究，批复如下：

地质工程勘测院和其他履行勘测职责的单位及其工作人员在履行勘察、勘查、测绘职责

过程中,故意提供虚假工程地质勘察报告等证明文件,情节严重的,依照刑法第229第1款和第231条的规定,以提供虚假证明文件罪追究刑事责任;地质工程勘测院和其他履行勘测职责的单位及其工作人员在履行勘察、勘查、测绘职责过程中,严重不负责任,出具的工程地质勘察报告等证明文件有重大失实,造成严重后果的,依照刑法第229条第3款和第231条的规定,以出具证明文件重大失实罪追究刑事责任。

5. 最高人民法院、最高人民检察院《关于办理环境污染刑事案件适用法律若干问题的解释》(法释〔2016〕29号)

第9条 环境影响评价机构或其人员,故意提供虚假环境影响评价文件,情节严重的,或者严重不负责任,出具的环境影响评价文件存在重大失实,造成严重后果的,应当依照刑法第229条、第231条的规定,以提供虚假证明文件罪或者出具证明文件重大失实罪定罪处罚。(全文详见本书《刑法》第338条相关内容)

6. 最高人民法院、最高人民检察院《关于办理药品、医疗器械注册申请材料造假刑事案件适用法律若干问题的解释》(法释〔2017〕15号)

(高检法释〔2022〕1号已声明该文件废止)

7. 最高人民法院、最高人民检察院《关于修改〈关于办理妨害信用卡管理刑事案件具体应用法律若干问题的解释〉的决定》(法释〔2018〕19号;法释〔2018〕19号对法释〔2009〕19号最高人民法院、最高人民检察院《关于办理妨害信用卡管理刑事案件具体应用法律若干问题的解释》作出修改)

第4条 为信用卡申请人制作、提供虚假的财产状况、收入、职务等资信证明材料,涉及伪造、变造、买卖国家机关公文、证件、印章,或者涉及伪造公司、企业、事业单位、人民团体印章,应当追究刑事责任的,依照刑法第280条的规定,分别以伪造、变造、买卖国家机关公文、证件、印章罪和伪造公司、企业、事业单位、人民团体印章罪定罪处罚。

承担资产评估、验资、验证、会计、审计、法律服务等职责的中介组织或其人员,为信用卡申请人提供虚假的财产状况、收入、职务等资信证明材料,应当追究刑事责任的,依照刑法第229条的规定,分别以提供虚假证明文件罪和出具证明文件重大失实罪定罪处罚。(全文详见本书《刑法》第177条相关内容)

8. 最高人民法院《关于为创业板改革并试点注册制提供司法保障的若干意见》(法发〔2020〕28号)

三、做到"零容忍",依法提高市场主体违法违规成本

6. 依法从严惩处证券犯罪活动。全面落实对资本市场违法犯罪行为"零容忍"要求,全力配合全国人大常委会做好《中华人民共和国刑法修正案(11)》立法修改工作,支持依法加大对欺诈发行股票、债券罪,违规披露、不披露重要信息罪以及提供虚假证明文件罪追究刑事责任的力度,做好新旧法适用衔接工作。依法加大惩治证券违法犯罪力度,依法从严惩处在创业板申请发行、注册等各环节滋生的各类欺诈和腐败犯罪。对于发行人与中介机构合谋串通在证券发行文件中隐瞒重要事实或者编造重大虚假内容,以及发行审核、注册工作人员以权谋私、收受贿赂或者接受利益输送的,依法从严追究刑事责任;依法从严惩处违规披露、不披露重要信息、内幕交易、利用未公开信息交易、操纵证券市场、背信损害上市公司利益等金融犯罪分子,严格控制缓刑适用,依法加大罚金刑等经济制裁力度。及时修改完善内幕交易等相关司法解释和司法政策,适时发布人民法院从严惩处证券犯罪典型案例,充分发挥刑事责任追究的一般预防和特殊预防功能。(全文详见本书《刑法》第160条相关内容)

9.《中华人民共和国刑法修正案(11)》(2020年12月26日第十三届全国人大常委会第二十四次会议通过)

二十五、将刑法第229条修改为:"承担资产评估、验资、验证、会计、审计、法律服务、保荐、安全评价、环境影响评价、环境监测等职责的中介组织的人员故意提供虚假证明文件,情节严重的,处5年以下有期徒刑或者拘役,并处罚金;有下列情形之一的,处5年以上10年以下有期徒刑,并处罚金:

"(一)提供与证券发行相关的虚假的资产评估、会计、审计、法律服务、保荐等证明文件,情节特别严重的;"

"(二)提供与重大资产交易相关的虚假的资产评估、会计、审计等证明文件,情节特别严重的;"

"(三)在涉及公共安全的重大工程、项目中提供虚假的安全评价、环境影响评价等证明文件,致使公共财产、国家和人民利益遭受特别重大损失的。"

"有前款行为,同时索取他人财物或者非法收受他人财物构成犯罪的,依照处罚较重的规定定罪处罚。"

"第1款规定的人员,严重不负责任,出具的证明文件有重大失实,造成严重后果的,处3年以下有期徒刑或者拘役,并处或者单处罚金。"

(原条文:承担资产评估、验资、验证、会计、审计、法律服务等职责的中介组织的人员故意提供虚假证明文件,情节严重的,处5年以下有期徒刑或者拘役,并处罚金。前款规定的人员,索取他人财物或者非法收受他人财物,犯前款罪的,处5年以上10年以下有期徒刑,并处罚金。

前款规定的人员,索取他人财物或者非法收受他人财物,犯前款罪的,处5年以上10年以下有期徒刑,并处罚金。

第1款规定的人员,严重不负责任,出具的证明文件有重大失实,造成严重后果的,处3年以下有期徒刑或者拘役,并处或者单处罚金。)

10. 最高人民检察院、公安部《关于公安机关管辖的刑事案件立案追诉标准的规定(2)》(公通字〔2022〕12号)第73、74条

(见本条立案追诉标准内容)

第230条 【逃避商检罪】违反进出口商品检验法的规定,逃避商品检验,将必须经商检机构检验的进口商品未报经检验而擅自销售、使用,或者将必须经商检机构检验的出口商品未报经检验合格而擅自出口,情节严重的,处3年以下有期徒刑或者拘役,并处或者单处罚金。

• 释义

逃避商检罪是指违反进出口商品检验法的规定,逃避商品检验,将必须经商检机构检验的进口商品未报经检验而擅自销售、使用,或者将必须经商检机构检验的出口商品未报经检验合格而擅自出口,情节严重的行为。

• 管辖

海关总署缉私局。

• 立案追诉标准

违反进出口商品检验法的规定,逃避商品检验,将必须经商检机构检验的进口商品未报经检验而擅自销售、使用,或者将必须经商检机构检验的出口商品未报经检验合格而擅自出口,涉嫌下列情形之一的,应予立案追诉:

1. 给国家、单位或者个人造成直接经济损失数额在50万元以上的;
2. 逃避商检的进出口货物货值金额在300万元以上的;
3. 导致病疫流行、灾害事故的;
4. 多次逃避商检的;
5. 引起国际经济贸易纠纷,严重影响国家对外贸易关系,或者严重损害国家声誉的;
6. 其他情节严重的情形。

• **关联法律**

1. 最高人民检察院、公安部《关于公安机关管辖的刑事案件立案追诉标准的规定(2)》(公通字〔2010〕23号)

(公通字〔2022〕12号已声明该文件废止)

2. 最高人民检察院、公安部《关于公安机关管辖的刑事案件立案追诉标准的规定(2)》(公通字〔2022〕12号)第75条

(见本条立案追诉标准内容)

第231条 【单位犯扰乱市场秩序罪的处罚规定】单位犯本节第221条至第230条规定之罪的,对单位判处罚金,并对其直接负责的主管人员和其他直接责任人员,依照本节各该条的规定处罚。

(1998年12月29日第九届全国人民代表大会常务委员会第六次会议通过的《关于惩治骗购外汇、逃汇和非法买卖外汇犯罪的决定》规定:

四、在国家规定的交易场所以外去买卖外汇,扰乱市场秩序,情节严重的,依照刑法第225条的规定定罪处罚。

单位犯前款罪的,依照刑法第231条的规定处罚)。

• **关联法律**

详见本书《刑法》第221条至第230条该节内容。

第四章 侵犯公民人身权利、民主权利罪

侵犯公民人身权利、民主权利罪,是指故意或者过失地侵犯公民人身权利,以及故意侵犯公民民主权利的行为。

"侵犯",是指剥夺、破坏、妨害、损害、限制等行为,包括作为与不作为;有些行为要求发生侵害结果才成立犯罪,有些行为未发生危害结果时,仅成立未遂犯。除过失致人重伤、死亡外,责任形式均为故意。

1. 本章中,人民检察院没有提起公诉,被害人有证据证明的轻微刑事案件,其中对被告人可能判处3年有期徒刑以下刑罚的案件,被害人直接向法院起诉的,法院应当受理。对证据不足,可以由公安机关受理的,或者认为对被告人可能判处3年有期徒刑以上刑罚的,应当告知被害人向公安机关报案,或者移送公安机关立案侦查。

2. 被害人有证据证明对被告人侵犯自己人身、财产权利的行为应当追究刑事责任,且有

证据证明曾经提出控告,而公安机关或者人民检察院不予追究被告人刑事责任的案件,由人民法院直接受理。

第232条 【故意杀人罪】故意杀人的,处死刑、无期徒刑或者10年以上有期徒刑;情节较轻的,处3年以上10年以下有期徒刑。

• 释义

故意杀人罪是指故意非法剥夺他人生命的行为。

本罪行为对象的"人"应限于他人;胎儿不能成为本罪的对象。杀人行为必须是非法的,依法执行命令或者正当防卫,不构成故意杀人罪。

教唆未成年人、不能分辨自己行为的精神病人自杀或强迫(使他人丧失意识自由)他人自杀等情形具有间接正犯性质,应认定为故意杀人罪;对自杀者负有救助义务的人故意不予救助的,可能成立不作为的故意杀人罪。

情节严重的故意杀人主要指手段残忍的杀人、不计范围的滥杀、有意以使被害人极度痛苦的方式杀人等;情节较轻的故意杀人主要有当场义愤杀人、反抗长期虐待与迫害的杀人、基于被害人请求的杀人等。

• 管辖

公安机关刑事侦查部门、法院(本罪,人民检察院没有提起公诉,被害人有证据证明的轻微刑事案件,可能判处3年以下刑罚的)。

• 关联法律

1. 最高人民法院《关于审理拒不执行判决、裁定案件具体应用法律若干问题的解释》(法释〔1998〕6号)

(法释〔2013〕7号已声明该文件废止)

2. 最高人民法院、最高人民检察院《关于办理组织和利用邪教组织犯罪案件具体应用法律若干问题的解释》(法释〔1999〕18号)

(法释〔2017〕3号已声明该文件废止)

3. 最高人民法院《全国法院维护农村稳定刑事审判工作座谈会纪要》(法〔1999〕217号)

1999年10月27日全国法院维护农村稳定刑事审判工作座谈会纪要为了贯彻党的十五届三中全会作出的《中共中央关于农业和农村工作若干重大问题的决定》(以下简称《决定》),落实1999年8月最高人民法院在上海召开的全国高级法院院长座谈会(以下简称"上海会议")关于推进人民法院改革、切实把人民法院的工作重点放在基层的精神,进一步探索和开拓刑事审判为农村稳定和农业发展服务的工作思路,最高人民法院于1999年9月8日至10日在山东省济南市召开了全国法院维护农村稳定刑事审判工作座谈会。出席会议的有各省、自治区、直辖市高级人民法院主管刑事审判工作的副院长、刑事审判庭庭长。解放军军事法院和新疆维吾尔自治区高级人民法院生产建设兵团分院也派代表参加会议。最高人民法院副院长刘家琛在座谈会上作了重要讲话。与会同志总结交流了近年来自地法院审理农村中刑事案件的情况和经验,分析了当前农村治安形势和农村中刑事案件及农民犯罪的特点,认真讨论了当前审理农村几类主要刑事案件和农民犯罪案件应当注意的若干问题;对当前及今后一个时期加强刑事审判工作,维护农村稳定提出了明确要求,现纪要如下:

一、会议认为,农村稳定是巩固工农联盟的政权、维护国家长治久安的坚实基础。农村社会治安稳定、农业发展，是从根本上改变长期以来我国城乡犯罪中农民占大多数的状况的社会条件和物质基础。改革开放以来，我国农村政治稳定、农业稳步发展、农村治安形势总的是平稳的，这是主流。但是在一些地方，还存在影响治安稳定的不容忽视的突出问题。其主要特点表现为：一是农村社会矛盾复杂化，有的导致群体性械斗和上访事件，有的激化为严重治安犯罪案件；二是非法宗教和邪教组织在一些农村乡镇有重新抬头之势；三是农村金融和市场管理秩序混乱，损害了农民的合法权益，严重影响农村稳定和农业发展；四是农民间因生产生活、邻里纠纷、婚姻家庭等内部矛盾激化为刑事犯罪的情况比较突出。这一状况，如不得到有效控制，长期下去，将导致党和政府在农村依靠的基本队伍结构发生变化，不利用于基层政权的巩固与发展；五是一些地方出现的"村霸"、"乡霸"等恶势力及封建宗族势力横行乡里，有的犯罪团伙带有明显的黑社会组织性质，成为威胁农村治安稳定的一大祸端；六是卖淫嫖娼、贩卖、吸食毒品，赌博等社会丑恶现象在一些农村地区发展蔓延，诱发了多种犯罪。以上问题，在广大农村有一定的普遍性，有的还很突出，不仅影响农村的稳定、改革和农业的发展，也与整个社会的稳定息息相关。尤其值得重视是，农村中刑事犯罪案件和农民犯罪案件在我国所有刑事犯罪案件和罪犯中所占比例逐年增加，特别是在杀人、抢劫、盗窃、伤害案件中，农民罪犯占了大部分，所占比例连年上升。在判处死刑的罪犯中，农民罪犯所占的比例近年来也呈上升趋势。上述情况表明，农村中农民犯罪问题已成为影响我国社会治安稳定的重要因素，并在很大程度上决定着我国治安形势的走向。解决好这一问题实际上也就找到了我国解决犯罪问题的一个重要突破口。认真分析研究这些问题，提出具体对策意见。对于解决农村稳定、全国社会治安问题具有重大意义。会议认为，涉及农村中犯罪案件、农民犯罪案件的审判工作，直接关系到党在农村工作中的方针、政策能否得到贯彻落实。正确处理好这类案件，不仅仅是审判工作的问题，而且是一个严肃的政治问题。因此，加强对农村中犯罪案件、农民犯罪案件的审判工作，维护农村和整个社会稳定，应当始终是人民法院面临的一项重要而紧迫的政治任务。

二、会议在认真学习《决定》和"上海会议"文件的基础上，结合执行刑法、刑事诉讼法的审判实践，对审理农村中犯罪案件、农民犯罪案件中的一些重要问题进行了研究、讨论。一致认为，对于故意杀人、故意伤害、抢劫、强奸、绑架等严重危害农村社会治安的暴力犯罪以及带有黑社会性质的团伙犯罪，一定要继续坚持从重从快严厉打击的方针。要根据当地社会治安的特点，将经常性"严打"和集中打击、专项斗争结合起来，始终保持"严打"的高压态势，有效地遏制严重刑事犯罪活动蔓延的势头，尽一切努力维护好农村社会治安的稳定。同时，对正确适用法律，处理好农村常见多发案件，全面、正确掌握党的刑事政策，取得了一致意见：

（一）关于故意杀人、故意伤害案件

要准确把握故意杀人犯罪适用死刑的标准。对故意杀人犯罪是否判处死刑，不仅要看是否造成了被害人死亡结果，还要综合考虑案件的全部情况。对于因婚姻家庭、邻里纠纷等民间矛盾激化引发的故意杀人犯罪，适用死刑一定要十分慎重，应当与发生在社会上的严重危害社会治安的其他故意杀人犯罪案件有所区别。对于被害人一方有明显过错或对矛盾激化负有直接责任，或者被告人有法定从轻处罚情节的，一般不应判处死刑立即执行。

要注意严格区分故意杀人罪与故意伤害罪的界限。在直接故意杀人与间接故意杀人案件中，犯罪人的主观恶性程度是不同的，在处刑上也应有所区别。间接故意杀人与故意伤害致人死亡，虽然都造成了死亡后果，但行为人故意的性质和内容是截然不同的。不注意区分犯罪的性质和故意的内容，只要有死亡后果就判处死刑的做法是错误的，这在今后的工作中，应当予以纠正。对于故意伤害致人死亡，手段特别残忍，情节特别恶劣的，才可以判处死刑。

要准确把握故意伤害致人重伤造成"严重残疾"的标准。参照1996年国家技术监督局颁布的《职工工伤与职业病致残程度鉴定标准》(以下简称“工伤标准”),刑法第234条第2款规定的“严重残疾”是指下列情形之一:被害人身体器官大部缺损、器官明显畸形、身体器官有中等功能障碍、造成严重并发症等。残疾程序可以分为一般残疾(10至7级)、严重残疾(6至3级)、特别严重残疾(2至1级),6级以上视为“严重残疾”。在有关司法解释出台前,可统一参照“工伤标准”确定残疾等级。实践中,并不是只要达到“严重残疾”就判处死刑,还要根据伤害致人“严重残疾”的具体情况,综合考虑犯罪情节和危害后果来决定刑罚。故意伤害致重伤造成严重残疾,只有犯罪手段特别残忍,后果特别严重的,才能考虑适用死刑(包括死刑,缓期2年执行)。

(二)关于盗窃案件

要重点打击的是:盗窃农业生产资料和承包经营的山林、果林、渔塘产品等严重影响和破坏农村经济发展的犯罪;盗窃农民生活资料,严重影响农民生活和社会稳定的犯罪;结伙盗窃、盗窃集团和盗、运、销一条龙的犯罪;盗窃铁路、油田、重点工程物资的犯罪等。

对盗窃集团的首要分子、盗窃惯犯、累犯,盗窃活动造成特别严重后果的,要依法从严惩处。对于盗窃牛、马、骡、拖拉机等生产经营工具或者生产资料的,应当依法从重处罚。对盗窃犯罪的初犯、未成年犯,或者确因生活困难而实施盗窃犯罪,或积极退赃、赔偿损失的,应当注意体现政策,酌情从轻处罚。其中,具备判处管制、单处罚金或者宣告缓刑条件的,应区分不同情况尽可能适用管制、罚金或者缓刑。

最高人民法院《关于审理盗窃案件具体应用法律若干问题的解释》第4条中“入户盗窃”的“户”,是指家庭及其成员与外界相对隔离的生活场所,包括封闭的院落、为家庭生活租用的房屋、牧民的帐蓬以及渔民作为家庭生活场所的渔船等。集生活、经营于一体的处所,在经营时间内一般不视为“户”。

(三)关于农村恶势力犯罪案件修订后的刑法将原“流氓罪”分解为若干罪名,分别规定了相应的刑罚,更有利于打击此类犯罪,也便于实践中操作。对实施多种原刑法规定的“流氓”行为,构成犯罪的,应按照修订后刑法的罪名分别定罪量刑,按数罪并罚原则处理。对于团伙成员相对固定,以暴力、威胁手段称霸一方,欺压百姓,采取收取“保护费”、代人强行收债、违规强行承包等手段,公然与政府对抗的,应按照黑社会性质组织犯罪处理;其中,又有故意杀人、故意伤害等犯罪行为的,按数罪并罚的规定处罚。

(四)关于破坏农业生产坑农害农案件

对于起诉到法院的坑农害农案件,要及时依法处理。对犯罪分子判处刑罚时,要注意尽最大可能挽回农民群众的损失。被告人积极赔偿损失的,可以考虑适当从轻处罚。被害人提起刑事自诉的,要分别不同情况处理:受害群众较多的,应依靠当地党委,并与有关政法部门协调,尽量通过公诉程序处理;被害人直接向法院起诉并符合自诉案件立案规定的,应当立案并依法审理。对于生产、销售伪劣农药、兽药、化肥、种子罪所造成的损失数额标准,在最高法院作出司法解释前,各高级法院可结合本地具体情况制定参照执行的标准。

(五)关于村民群体械斗案件

处理此类案件要十分注意政策界限。案件经审理并提出处理意见后,要征求当地党委和有关部门的意见。既要严格依法办事,又要做好耐心细致的解释工作,把处理案件与根治械斗发生的原因结合起来,防止发生意外和出现新的矛盾冲突。

要查清事实,分清责任,正确适用刑罚。处理的重点应是械斗的组织者、策划者和实施犯罪的骨干分子。一般来说,械斗的组织者和策划者,应对组织、策划的犯罪承担全部责任;直接实施犯罪行为的,应对其实施的犯罪行为负责。要注意缩小打击面,扩大教育面。对积极参与犯罪的从犯,应当依法从轻或者减轻处罚。其中符合缓刑条件的,应当适用缓刑;对被煽动、欺骗、裹挟而参与械斗,情节较轻,经教育确有悔改表现的,可不按犯罪处理。要注意做好被害人的工作。对因参与械斗而受伤的被害人,也应指出其行为的违法性质;对因受害造成生产、生活上困难的,要协助有关部门解决好,努力依法做好善后工作,消除对立情绪,根除伺机再度报复的潜在隐患。

(六)关于拐卖妇女、儿童犯罪案件

要从严惩处拐卖妇女、儿童犯罪团伙的首要分子和以拐卖妇女、儿童为常业的"人贩子"。

要严格把握此类案件罪与非罪的界限。对于买卖至亲的案件,要区别对待:以贩卖牟利为目的"收养"子女的,应以拐卖儿童罪处理;对那些迫于生活困难、受重男轻女思想影响而出卖亲生子女或收养子女的,可不作为犯罪处理;对于出卖子女确属情节恶劣的,可按遗弃罪处罚;对于那些确属介绍婚姻,且被介绍的男女双方相互了解对方的基本情况,或者确属介绍收养,并经被收养人父母同意的,尽管介绍的人数较多,从中收取财物较多,也不应作犯罪处理。

三、会议在认真分析了农村中犯罪、农民犯罪的原因和特点的基础上,结合我国农村基层组织的作用和现状,对处理农村中犯罪案件和农民犯罪案件应当把握的政策界限进行了研究;对正确处理以下问题取得了一致意见:

(一)关于正确处理干群关系矛盾引发的刑事案件问题开庭审理此类案件,一般要深入发案地,认真查清事实,了解案件发生真实原因,分清双方责任,合情、合理、合法地予以处理。

对利用手中掌握的权力欺压百姓、胡作非为,严重损害群众和集体利益,构成犯罪的,要依法严惩;对只是因工作方法简单粗暴构成犯罪的,要做好工作,取得群众谅解后,酌情予以处理。

对抗拒基层组织正常管理,纯属打击报复农村干部的犯罪分子,一定要依法严惩;对事出有因而构成犯罪的农民被告人,则要体现从宽政策。群体事件中,处罚的应只是构成犯罪的极少数为首者和组织者;对于其他一般参与的群众,要以教育为主,不作犯罪处理。

要充分依靠当地党委和政府,充分征求有关部门对此类案件判决的意见。对当地政府强烈要求判处死刑的案件,要了解有关背景。对于依法应当判处死刑的,不能因为担心被告方人多势众会闹事而不判处死刑;相反,对不应当判处死刑的,也不能因为被害方闹事就判处死刑。要依靠党政部门努力做好法制宣传教育工作,在未做好群众思想工作的情况下,不要急于下判。

(二)关于对农民被告人依法判处缓刑、管制、免予刑事处罚问题对农民被告人适用刑罚,既要严格遵循罪刑相适应的原则,又要充分考虑到农民犯罪主体的特殊性。要依靠当地党委做好相关部门的工作,依法适当多适用非监禁刑罚。对于已经构成犯罪,但不需要判处刑罚的,或者法律规定有管制刑的,应当依法免予刑事处罚或判处管制刑。对于罪行较轻且认罪态度好,符合宣告缓刑条件的,应当依法适用缓刑。

要努力配合有关部门落实非监禁刑的监管措施。在监管措施落实问题上可以探索多种有效的方式,如在城市应加强与适用缓刑的犯罪人原籍的政府和基层组织联系落实帮教措施;在农村应通过基层组织和被告人亲属、家属、好友做好帮教工作等等。

(三)关于村委会和村党支部成员利用职务便利侵吞集体财产犯罪的定性问题为了保证案件的及时审理,在没有司法解释规定之前,对于已起诉到法院的这类案件,原则上以职务侵占罪定罪处罚。

(四)关于财产刑问题凡法律规定并处罚金或者没收财产的,均应当依法并处,被告人的执行能力不能作为是否判处财产刑的依据。确实无法执行或不能执行的,可以依法执行终结或者减免。对法律规定主刑有死刑、无期徒刑和有期徒刑,同时并处没收财产或罚金的,如决定判处死刑,只能并处没收财产;判处无期徒刑的,可以并处没收财产,也可以并处罚金;判处有期徒刑的,只能并处罚金。

对于法律规定有罚金刑的犯罪,罚金的具体数额应根据犯罪的情节确定。刑法和司法解释有明确规定的,按规定判处;没有规定的,各地可依照法律规定的原则和具体情况,在总结审判经验的基础上统一规定参照执行的数额标准。

对自由刑与罚金刑均可选择适用的案件,如盗窃罪,在决定刑罚时,既要避免以罚金刑代替自由刑,又要克服机械执法只判处自由刑的倾向。对于可执行财产刑且罪行又不严重的初犯、偶犯、从犯等,可单处罚金刑。对于应当并处罚金刑的犯罪,如被告人能积极缴纳罚金,认罪态度较好,且判处的罚金数量较大,自由刑可适当从轻,或考虑宣告缓刑。这符合罪刑相适应原则,因为罚金刑也是刑罚。

被告人犯数罪的,应避免判处罚金刑的同时,判处没收部分财产。对于判处没收全部财产,同时判处罚金刑的,应决定执行没收全部财产,不再执行罚金刑。

(五)关于刑事附带民事诉讼问题人民法院审理附带民事诉讼案件的受案范围,应只限于被害人因人身权利受到犯罪行为侵犯和财物被犯罪行为损毁而遭受的物质损失,不包括因犯罪分子非法占有、处置被害人财产而使其遭受的物质损失。对因犯罪分子非法占有、处置被害人财产而使其遭受的物质损失,应当根据刑法第 64 条的规定处理,即应通过追缴赃款赃物、责令退赔的途径解决。如赃款赃物尚在的,应一律追缴;已被用掉、毁坏或挥霍的,应责令退赔。无法退赃的,在决定刑罚时,应作为酌定从重处罚的情节予以考虑。

关于附带民事诉讼的赔偿范围,在没有司法解释规定之前,应注意把握以下原则:

一是要充分运用现有法律规定,在法律许可的范围内最大限度地补偿被害人因被告人的犯罪行为而遭受的物质损失。物质损失应包括已造成的损失,也包括将来必然遭受的损失。二是赔偿只限于犯罪行为直接造成的物质损失,不包括精神损失和间接造成的物质损失。三是要适当考虑被告人的赔偿能力。被告人的赔偿能力包括现在的赔偿能力和将来的赔偿能力,对未成年被告人还应考虑到其监护人的赔偿能力,以避免数额过大的空判引起的负面效应,被告人的民事赔偿情况可作为量刑的酌定情节。四是要切实维护被害人的合法权益。附带民事原告人提出起诉的,对于没有构成犯罪的共同致害人,也要追究其民事赔偿责任。未成年致害人由其法定代表人或者监护人承担赔偿责任。但是,在逃的同案犯不应列为附带民事诉讼的被告人。关于赔偿责任的分担:共同致害人应当承担连带赔偿责任;在学校等单位内部发生犯罪造成受害人损失,在管理上有过错责任的学校等单位有赔偿责任,但不承担连带赔偿责任;交通肇事犯罪的车辆所有人(单位)在犯罪分子无赔偿能力的情况下,承担代为赔偿或者垫付的责任。

(六)关于刑事自诉案件问题要把自诉案件的立案关。有的地方为了便于具体操作,制定了具体立案标准,也有的地方实行"立案听证",让合议庭听取有关方面的意见,审查证据材料,决定是否立案。这些做法可以进一步总结,效果好的,可逐步推广。

要注重指导和协助双方当事人自行取证举证。由于广大农民群众法律水平尚不高,个人取证有相当难度,一般情况下很难达到法律规定的证据要求。如果因证据不足而简单、轻率地决定对自诉案件不予受理,就有可能使矛盾激化,引发新的刑事案件。因此,对于当事人所举证据不充分的,在指导自诉人取证的基础上,对于确有困难的,人民法院应当依法调查取证。

要正确适用调解。调解应查清事实、分清责任,在双方自愿的基础上依法进行,不能强迫调解,更不能违法调解。

要正确适用强制措施和刑罚。自诉案件经审查初步认定构成犯罪且较为严重的,对有可能逃避刑事责任和民事责任的被告人,要依法及时采取强制措施。对可能判处管制、拘役或者独立适用附加刑或者能及时到案，不致发生社会危险的被告人，不应当决定逮捕。在处刑上，对自诉案件被告人更应当注意尽量依法多适用非监禁刑罚。

4. 最高人民法院《关于审理交通肇事刑事案件具体应用法律若干问题的解释》（法释〔2000〕33号）

第6条 行为人在交通肇事后为逃避法律追究，将被害人带离事故现场后隐藏或者遗弃，致使被害人无法得到救助而死亡或者严重残疾的，应当分别依照刑法第232条、第234条第2款的规定，以故意杀人罪或者故意伤害罪定罪处罚。（全文详见本书《刑法》第133条相关内容）

5. 公安部《关于妨害国（边）境管理犯罪案件立案标准及有关问题的通知》（公通字〔2000〕30号）（节选）

在组织、运送他人偷越国（边）境中，对被组织人、被运送人有杀害、伤害、强奸、拐卖等犯罪行为，或者对检查人员有杀害、伤害等犯罪行为的，应当分别依照杀人、伤害、强奸、拐卖等案件一并立案侦查。

6. 最高人民法院《关于抢劫过程中故意杀人案件如何定罪问题的批复》（法释〔2001〕16号）

上海市高级人民法院：

你院沪高法（〔2000〕117号）《关于抢劫过程中故意杀人案件定性问题的请示》收悉。经研究，答复如下：行为人为劫取财物而预谋故意杀人，或者在劫取财物过程中，为制服被害人反抗而故意杀人的，以抢劫罪定罪处罚。

行为人实施抢劫后，为灭口而故意杀人的，以抢劫罪和故意杀人罪定罪，实行数罪并罚。

7. 最高人民法院、最高人民检察院《关于办理组织和利用邪教组织犯罪案件具体应用法德若干问题的解释（2）》（法释〔2001〕19号）

（法释〔2017〕3号已声明该文件废止）

8. 最高人民法院《关于审理偷税抗税刑事案件具体应用法律若干问题的解释》（法释〔2002〕33号）

第6条 实施抗税行为致人重伤、死亡，构成故意伤害罪、故意杀人罪的，分别依照刑法第234条第2款、第232条的规定定罪处罚。

与纳税人或者扣缴义务人共同实施抗税行为的，以抗税罪的共犯依法处罚。（全文详见本书《刑法》第201条相关内容）

9. 最高人民法院、最高人民检察院《关于办理妨害预防、控制突发传染病疫情等灾害的刑事案件具体应用法律若干问题的解释》（法释〔2003〕8号）

第9条 在预防、控制突发传染病疫情等灾害期间，聚众"打砸抢"，致人伤残、死亡的，依照刑法第289条、第234条、第232条的规定，以故意伤害罪或者故意杀人罪定罪，依法从重处罚。对毁坏或者抢走公私财物的首要分子，依照刑法第289条、第263条的规定，以抢劫罪定罪，依法从重处罚。（全文详见本书《刑法》第114条相关内容）

10. 最高人民法院《关于审理抢劫、抢夺刑事案件适用法律若干问题的意见》（法发〔2005〕8号）

八、关于抢劫罪数的认定

行为人实施伤害、强奸等犯罪行为，在被害人未失去知觉，利用被害人不能反抗、不敢反抗的处境，临时起意劫取他人财物的，应以此前所实施的具体犯罪与抢劫罪实行数罪并罚；在被害人失去知觉或者没有发觉的情形下，以及实施故意杀人犯罪行为之后，临时起意拿走他人财物的，应以此前所实施的具体犯罪与盗窃罪实行数罪并罚。（全文详见本书《刑法》第263条相关内容）

11. 最高人民法院《关于审理未成年人刑事案件具体应用法律若干问题的解释》(法释〔2006〕1号)

第10条 已满14周岁不满16周岁的人盗窃、诈骗、抢夺他人财物,为窝藏赃物、抗拒抓捕或者毁灭罪证,当场使用暴力,故意伤害致人重伤或者死亡,或者故意杀人的,应当分别以故意伤害罪或者故意杀人罪定罪处罚。

已满16周岁不满18周岁的人犯盗窃、诈骗、抢夺罪,为窝藏赃物、抗拒抓捕或者毁灭罪证而当场使用暴力或者以暴力相威胁的,应当依照刑法第269条的规定定罪处罚;情节轻微的,可不以抢劫罪定罪处罚。

第11条 对未成年罪犯适用刑罚,应当充分考虑是否有利于未成年罪犯的教育和矫正。

对未成年罪犯量刑应当依照刑法第61条的规定,并充分考虑未成年人实施犯罪行为的动机和目的、犯罪时的年龄、是否初次犯罪、犯罪后的悔罪表现、个人成长经历和一贯表现等因素。对符合管制、缓刑、单处罚金或者免予刑事处罚适用条件的未成年罪犯,应当依法适用管制、缓刑、单处罚金或者免予刑事处罚。

第12条 行为人在达到法定刑事责任年龄前后均实施了犯罪行为,只能依法追究其达到法定刑事责任年龄后实施的犯罪行为的刑事责任。

行为人在年满18周岁前后实施了不同种犯罪行为,对其年满18周岁以前实施的犯罪应当依法从轻或者减轻处罚。行为人在年满18周岁前后实施了同种犯罪行为,在量刑时应当考虑对年满18周岁以前实施的犯罪,适当给予从轻或者减轻处罚。

第13条 未成年人犯罪只有罪行极其严重的,才可以适用无期徒刑。对已满14周岁不满16周岁的人犯罪一般不判处无期徒刑。

第14条 除刑法规定"应当"附加剥夺政治权利外,对未成年罪犯一般不判处附加剥夺政治权利。

如果对未成年罪犯判处附加剥夺政治权利的,应当依法从轻判处。

对实施被指控犯罪时未成年、审判时已成年的罪犯判处附加剥夺政治权利,适用前款的规定。

第15条 对未成年罪犯实施刑法规定的"并处"没收财产或者罚金的犯罪,应当依法判处相应的财产刑;对未成年罪犯实施刑法规定的"可以并处"没收财产或者罚金的犯罪,一般不判处财产刑。

对未成年罪犯判处罚金刑时,应当依法从轻或者减轻判处,并根据犯罪情节,综合考虑其缴纳罚金的能力,确定罚金数额。但罚金的最低数额不得少于500元人民币。

对被判处罚金刑的未成年罪犯,其监护人或者其他人自愿代为垫付罚金的,人民法院应当允许。

第16条 对未成年罪犯符合刑法第72条第1款规定的,可以宣告缓刑。如果同时具有下列情形之一,对其适用缓刑确实不致再危害社会的,应当宣告缓刑:

(一)初次犯罪;(二)积极退赃或赔偿被害人经济损失;(三)具备监护、帮教条件。

第17条 未成年罪犯根据其所犯罪行,可能被判处拘役、3年以下有期徒刑,如果悔罪表现好,并具有下列情形之一的,应当依照刑法第37条的规定免予刑事处罚:

(一)系又聋又哑的人或者盲人;(二)防卫过当或者避险过当;(三)犯罪预备、中止或者未遂;(四)共同犯罪中从犯、胁从犯;(五)犯罪后自首或者有立功表现;(六)其他犯罪情节轻微不需要判处刑罚的。

第18条 对未成年罪犯的减刑、假释,在掌握标准上可以比照成年罪犯依法适度放宽。

未成年罪犯能认罪伏法,遵守监规,积极参加学习、劳动的,即可视为"确有悔改表现"予以减刑,其减刑的幅度可以适当放宽,间隔的时间可以相应缩短。符合刑法第81条第1款规定的,可以假释。

未成年罪犯在服刑期间已经成年的,对其减刑、假释可以适用上述规定。

第19条 刑事附带民事案件的未成年被告人有个人财产的,应当由本人承担民事赔偿责任,不足部分由监护人予以赔偿,但单位担任监护人的除外。

被告人对被害人物质损失的赔偿情况,可以作为量刑情节予以考虑。(全文详见本书《刑法》第17条相关内容)

12. 最高人民法院、最高人民检察院、公安部、司法部《关于依法惩治拐卖妇女儿童犯罪的意见》(法发〔2010〕7号)

25. 拐卖妇女、儿童,又对被拐卖的妇女、儿童实施故意杀害、伤害、猥亵、侮辱等行为,构成其他犯罪的,依照数罪并罚的规定处罚。(全文详见本书《刑法》第237条相关内容)

13. 最高人民法院《关于贯彻宽严相济刑事政策的若干意见》(法发〔2010〕9号)

二、准确把握和正确适用依法从“严”的政策要求

6. 宽严相济刑事政策中的从“严”,主要是指对于罪行十分严重、社会危害性极大,依法应当判处重刑或死刑的,要坚决地判处重刑或死刑;对于社会危害大或者具有法定、酌定从重处罚情节,以及主观恶性深、人身危险性大的被告人,要依法从严惩处。在审判活动中通过体现依法从“严”的政策要求,有效震慑犯罪分子和社会不稳定分子,达到有效遏制犯罪、预防犯罪的目的。

7. 贯彻宽严相济刑事政策,必须毫不动摇地坚持依法严惩严重刑事犯罪的方针。对于危害国家安全犯罪、恐怖组织犯罪、邪教组织犯罪、黑社会性质组织犯罪、恶势力犯罪、故意危害公共安全犯罪等严重危害国家政权稳固和社会治安的犯罪,故意杀人、故意伤害致人死亡、强奸、绑架、拐卖妇女儿童、抢劫、重大抢夺、重大盗窃等严重暴力犯罪和严重影响人民群众安全感的犯罪,走私、贩卖、运输、制造毒品等毒害人民健康的犯罪,要作为严惩的重点,依法从重处罚。尤其对于极端仇视国家和社会,以不特定人为侵害对象,所犯罪行特别严重的犯罪分子,该重判的要坚决依法重判,该判处死刑的要坚决依法判处死刑。

8. 对于国家工作人员贪污贿赂、滥用职权、失职渎职的严重犯罪,黑恶势力犯罪、重大安全责任事故、制售伪劣食品药品所涉及的国家工作人员职务犯罪,发生在社会保障、征地拆迁、灾后重建、企业改制、医疗、教育、就业等领域严重损害群众利益、社会影响恶劣、群众反映强烈的国家工作人员职务犯罪,发生在经济社会建设重点领域、重点行业的严重商业贿赂犯罪等,要依法从严惩处。

对于国家工作人员职务犯罪和商业贿赂犯罪中性质恶劣、情节严重、涉案范围广、影响面大的,或者案发后隐瞒犯罪事实、毁灭证据、订立攻守同盟、负案潜逃等拒不认罪悔罪的,要坚决依法从严惩处。

对于被告人犯罪所得数额不大,但对国家财产和人民群众利益造成重大损失、社会影响极其恶劣的职务犯罪和商业贿赂犯罪案件,也应依法从严惩处。

要严格掌握职务犯罪法定减轻处罚情节的认定标准与减轻处罚的幅度,严格控制依法减轻处罚后判处3年以下有期徒刑适用缓刑的范围,切实规范职务犯罪缓刑、免予刑事处罚的适用。

9. 当前和今后一段时期,对于集资诈骗、贷款诈骗、制贩假币以及扰乱、操纵证券、期货市场等严重危害金融秩序的犯罪,生产、销售假药、劣药、有毒有害食品等严重危害食品药品安全的犯罪,走私等严重侵害国家经济利益的犯罪,造成严重后果的重大安全责任事故犯罪,重大环境污染、非法采矿、盗伐林木等各种严重破坏环境资源的犯罪等,要依法从严惩处,维护国家的经济秩序,保护广大人民群众的生命健康安全。

10. 严惩严重刑事犯罪,必须充分考虑被告人的主观恶性和人身危险性。对于事先精心预谋、策划犯罪的被告人,具有惯犯、职业犯等情节的被告人,或者因故意犯罪受过刑事处罚、在缓刑、假释考验期内又犯罪的被告人,要依法严惩,以实现刑罚特殊预防的功能。

11. 要依法从严惩处累犯和毒品再犯。凡是依法构成累犯和毒品再犯的,即使犯罪情节较轻,也要体现从严惩处的精神。尤其是对于前罪为暴力犯罪或被判处重刑的累犯,更要依法从严惩处。

12. 要注重综合运用多种刑罚手段,特别是要重视依法适用财产刑,有效惩治犯罪。对于法律规定有附加财产刑的,要依法适用。对于侵财型和贪利型犯罪,更要注重通过依法适用财产刑使犯罪分子受到经济上的惩罚,剥夺其重新犯罪的能力和条件。要切实加大财产刑的执行力度,确保刑罚的严厉性和惩罚功能得以实现。被告人非法占有、处置被害人财产不能退赃的,在决定刑罚时,应作为重要情节予以考虑,体现从严处罚的精神。

13. 对于刑事案件被告人,要严格依法追究刑事责任,切实做到不枉不纵。要在确保司法公正的前提下,努力提高司法效率。特别是对于那些严重危害社会治安,引起社会关注的刑事案件,要在确保案件质量的前提下,抓紧审理,及时宣判。

三、准确把握和正确适用依法从"宽"的政策要求

14. 宽严相济刑事政策中的从"宽",主要是指对于情节较轻、社会危害性较小的犯罪,或者罪行虽然严重,但具有法定、酌定从宽处罚情节,以及主观恶性相对较小、人身危险性不大的被告人,可以依法从轻、减轻或者免除处罚;对于具有一定社会危害性,但情节显著轻微危害不大的行为,不作为犯罪处理;对于依法可不监禁的,尽量适用缓刑或者判处管制、单处罚金等非监禁刑。

15. 被告人的行为已经构成犯罪,但犯罪情节轻微,或者未成年人、在校学生实施的较轻犯罪,或者被告人具有犯罪预备、犯罪中止、从犯、胁从犯、防卫过当、避险过当等情节,依法不需要判处刑罚的,可以免予刑事处罚。对免予刑事处罚的,应当根据刑法第 37 条规定,做好善后、帮教工作或者交由有关部门进行处理,争取更好的社会效果。

16. 对于所犯罪行不重、主观恶性不深、人身危险性较小、有悔改表现、不致再危害社会的犯罪分子,要依法从宽处理。对于其中具备条件的,应当依法适用缓刑或者管制、单处罚金等非监禁刑。同时配合做好社区矫正,加强教育、感化、帮教、挽救工作。

17. 对于自首的被告人,除了罪行极其严重、主观恶性极深、人身危险性极大,或者恶意地利用自首规避法律制裁者以外,一般均应当依法从宽处罚。

对于亲属以不同形式送被告人归案或协助司法机关抓获被告人而认定为自首的,原则上都应当依法从宽处罚;有的虽然不能认定为自首,但考虑到被告人亲属支持司法机关工作,促使被告人到案、认罪、悔罪,在决定对被告人具体处罚时,也应当予以充分考虑。

18. 对于被告人检举揭发他人犯罪构成立功的,一般均应当依法从宽处罚。对于犯罪情节不是十分恶劣,犯罪后果不是十分严重的被告人立功的,从宽处罚的幅度应当更大。

19. 对于较轻犯罪的初犯、偶犯,应当综合考虑其犯罪的动机、手段、情节、后果和犯罪时的主观状态,酌情予以从宽处罚。对于犯罪情节轻微的初犯、偶犯,可以免予刑事处罚;依法应当予以刑事处罚的,也应当尽量适用缓刑或者判处管制、单处罚金等非监禁刑。

20. 对于未成年人犯罪,在具体考虑其实施犯罪的动机和目的、犯罪性质、情节和社会危害程度的同时,还要充分考虑其是否属于初犯,归案后是否悔罪,以及个人成长经历和一贯表现等因素,坚持"教育为主、惩罚为辅"的原则和"教育、感化、挽救"的方针进行处理。对于偶尔盗窃、抢夺、诈骗,数额刚达到较大的标准,案发后能如实交代并积极退赃的,可以认定为情节显著轻微,不作为犯罪处理。对于罪行较轻的,可以依法适当多适用缓刑或者判处管制、单处罚金等非监禁刑;依法可免予刑事处罚的,应当免予刑事处罚。对于犯罪情节严重的未成年人,也应当依照刑法第17条第3款的规定予以从轻或者减轻处罚。对于已满14周岁不满16周岁的未成年犯罪人,一般不判处无期徒刑。

21. 对于老年人犯罪,要充分考虑其犯罪的动机、目的、情节、后果以及悔罪表现等,并结合其人身危险性和再犯可能性,酌情予以从宽处罚。

22. 对于因恋爱、婚姻、家庭、邻里纠纷等民间矛盾激化引发的犯罪,因劳动纠纷、管理失当等原因引发、犯罪动机不属恶劣的犯罪,因被害方过错或者基于义愤引发的或者具有防卫因素的突发性犯罪,应酌情从宽处罚。

23. 被告人案发后对被害人积极进行赔偿,并认罪、悔罪的,依法可以作为酌定量刑情节予以考虑。因婚姻家庭等民间纠纷激化引发的犯罪,被害人及其家属对被告人表示谅解的,应当作为酌定量刑情节予以考虑。犯罪情节轻微,取得被害人谅解的,可以依法从宽处理,不需判处刑罚的,可以免予刑事处罚。

24. 对于刑事被告人,如果采取取保候审、监视居住等非羁押性强制措施足以防止发生社会危险性,且不影响刑事诉讼正常进行的,一般可不采取羁押措施。对人民检察院提起公诉而被告人未被采取逮捕措施的,除存在被告人逃跑、串供、重新犯罪等具有人身危险性或者可能影响刑事诉讼正常进行的情形外,人民法院一般可不决定逮捕被告人。(全文详见本书《刑法》第5条相关内容)

14. 最高人民法院刑三庭《在审理故意杀人、伤害及黑社会性质组织犯罪案件中切实贯彻宽严相济刑事政策》(2010年4月14日)

2010年2月8日印发的《最高人民法院关于贯彻宽严相济刑事政策的若干意见》(以下简称《意见》),对于有效打击犯罪,增强人民群众安全感,减少社会对立面,促进社会和谐稳定,维护国家长治久安具有重要意义,是人民法院刑事审判工作的重要指南。现结合审判实践,就故意杀人、伤害及黑社会性质组织犯罪案件审判中如何贯彻《意见》的精神作简要阐释。

一、在三类案件中贯彻宽严相济刑事政策的总体要求

在故意杀人、伤害及黑社会性质组织犯罪案件的审判中贯彻宽严相济刑事政策,要落实《意见》第1条规定:根据犯罪的具体情况,实行区别对待,做到该宽则宽,当严则严,宽严相济,罚当其罪。落实这个总体要求,要注意把握以下几点:

1. 正确把握宽与严的对象。

故意杀人和故意伤害犯罪的发案率高,社会危害大,是各级法院刑事审判工作的重点。黑社会性质组织犯罪在我国自二十世纪八十年代末出现以来,长时间保持快速发展势头,严厉打击黑社会性质组织犯罪,是法院刑事审判在当前乃至今后相当长一段时期内的重要任务。因此,对这三类犯罪总体上应坚持从严惩处的方针。但是在具体案件的处理上,也要分别案件的性质、情节和行为人的主观恶性、人身危险性等情况,把握宽严的范围。在确定从宽与从严的对象时,还应当注意审时度势,对经济社会的发展和治安形势的变化作出准确判断,为构建社会主义和谐社会的目标服务。

2. 坚持严格依法办案。

三类案件的审判中,无论是从宽还是从严,都必须严格依照法律规定进行,做到宽严有据,罚当其罪,不能为追求打击效果,突破法律界限。比如在黑社会性质组织犯罪的审理中,黑社会性质组织的认定必须符合法律和立法解释规定的标准,既不能降格处理,也不能拔高认定。

3. 注重法律效果与社会效果的统一。

严格依法办案,确保良好法律效果的同时,还应当充分考虑案件的处理是否有利于赢得人民群众的支持和社会稳定,是否有利于瓦解犯罪,化解矛盾,是否有利于罪犯的教育改造和回归社会,是否有利于减少社会对抗,促进社会和谐,争取更好的社会效果。比如在刑罚执行过程中,对于故意杀人、伤害犯罪及黑社会性质组织犯罪的领导者、组织者和骨干成员就应当从严掌握减刑、假释的适用,其他主观恶性不深、人身危险性不大的罪犯则可以从宽把握。

二、故意杀人、伤害案件审判中宽严相济的把握

1. 注意区分两类不同性质的案件。

故意杀人、故意伤害侵犯的是人的生命和身体健康,社会危害大,直接影响到人民群众的安全感,《意见》第7条将故意杀人、故意伤害致人死亡犯罪作为严惩的重点是十分必要的。但是,实践中的故意杀人、伤害案件复杂多样,处理时要注意分别案件的不同性质,做到区别对待。

实践中,故意杀人、伤害案件从性质上通常可分为两类:一类是严重危害社会治安、严重影响人民群众安全感的案件,如极端仇视国家和社会,以不特定人为行凶对象的;一类是因婚姻家庭、邻里纠纷等民间矛盾激化引发的案件。对于前者应当作为严惩的重点,依法判处被告人重刑直至判处死刑。对于后者处理时应注意体现从严的精神,在判处重刑尤其是适用死刑时应特别慎重,除犯罪情节特别恶劣、犯罪后果特别严重、人身危险性极大的被告人外,一般不应当判处死刑。对于被害人在起因上存在过错,或者是被告人案发后积极赔偿,真诚悔罪,取得被害人或其家属谅解的,应依法从宽处罚,对同时有法定从轻、减轻处罚情节的,应考虑在无期徒刑以下裁量刑罚。同时应重视此类案件中的附带民事调解工作,努力化解双方矛盾,实现积极的"案结事了",增进社会和谐,达成法律效果与社会效果的有机统一。《意见》第23条是对此审判经验的总结。

此外,实践中一些致人死亡的犯罪是故意杀人还是故意伤害往往难以区分,在认定时除从作案工具、打击的部位、力度等方面进行判断外,也要注意考虑犯罪的起因等因素。对于民间纠纷引发的案件,如果难以区分是故意杀人还是故意伤害时,一般可考虑定故意伤害罪。

2. 充分考虑各种犯罪情节。

犯罪情节包括犯罪的动机、手段、对象、场所及造成的后果等,不同的犯罪情节反映不同的社会危害性。犯罪情节多属酌定量刑情节,法律往往未作明确的规定,但犯罪情节是适用刑罚的基础,是具体案件决定从严或从宽处罚的基本依据,需要在案件审理中进行仔细甄别,以准确判断犯罪的社会危害性。有的案件犯罪动机特别卑劣,比如为了铲除政治对手而雇凶杀人的,也有一些人犯罪是出于义愤,甚至是"大义灭亲"、"为民除害"的动机杀人。有的案件犯罪手段特别残忍,比如采取放火、泼硫酸等方法把人活活烧死的故意杀人行为。犯罪后果也可以分为一般、严重和特别严重几档。在实际中一般认为故意杀人、故意伤害1人死亡的为后果严重,致2人以上死亡的为犯罪后果特别严重。特定的犯罪对象和场所也反映社会危害性的不同,如针对妇女、儿童等弱势群体或在公共场所实施的杀人、伤害,就具有较大的社会危害性。以上犯罪动机卑劣,或者犯罪手段残忍,或者犯罪后果严重,或者针对妇女、儿童等弱势群体作案等情节恶劣的,又无其他法定或酌定从轻情节应当依法从重判处。如果犯罪情节一般,被告人真诚悔罪,或有立功、自首等法定从轻情节的,一般应考虑从宽处罚。

实践中,故意杀人、伤害案件的被告人既有法定或酌定的从宽情节,又有法定或酌定从严情节的情形比较常见,此时,就应当根据《意见》第28条,在全面考察犯罪的事实、性质、情节和对社会危害程度的基础上,结合被告人的主观恶性、人身危险性、社会治安状况等因素,综合作出分析判断。

3. 充分考虑主观恶性和人身危险性。

《意见》第10条、第16条明确了被告人的主观恶性和人身危险性是从严和从宽的重要依据，在适用刑罚时必须充分考虑。主观恶性是被告人对自己行为及社会危害性所抱的心理态度，在一定程度上反映了被告人的改造可能性。一般来说，经过精心策划的、有长时间计划的杀人、伤害，显示被告人的主观恶性深；激情犯罪，临时起意的犯罪，因被害人的过错行为引发的犯罪，显示的主观恶性较小。对主观恶性深的被告人要从严惩处，主观恶性较小的被告人则可考虑适用较轻的刑罚。

人身危险性即再犯可能性，可从被告人有无前科、平时表现及悔罪情况等方面综合判断。人身危险性大的被告人，要依法从重处罚。如累犯中前罪系暴力犯罪，或者曾因暴力犯罪被判重刑后又犯故意杀人、故意伤害致人死亡的；平时横行乡里，寻衅滋事杀人、伤害致人死亡的，应依法从重判处。人身危险性小的被告人，应依法体现从宽精神。如被告人平时表现较好，激情犯罪，系初犯、偶犯的；被告人杀人或伤人后有抢救被害人行为的，在量刑时应该酌情予以从宽处罚。

未成年人及老年人的故意杀人、伤害犯罪与一般人犯罪相比，主观恶性和人身危险性等方面有一定特殊性，在处理时应当依据《意见》的第20条、第21条考虑从宽。对犯故意杀人、伤害罪的未成年人，要坚持"教育为主，惩罚为辅"的原则和"教育、感化、挽救"的方针进行处罚。对于情节较轻、后果不重的伤害案件，可以依法适用缓刑、或者判处管制、单处罚金等非监禁刑。对于情节严重的未成年人，也应当从轻或减轻处罚。对于已满14周岁不满16周岁的未成年人，一般不判处无期徒刑。对于70周岁以上的老年人犯故意杀人、伤害罪的，由于其已没有再犯罪的可能，在综合考虑其犯罪情节和主观恶性、人身危险性的基础上，一般也应酌情从宽处罚。

4. 严格控制和慎重适用死刑。

故意杀人和故意伤害犯罪在判处死刑的案件中所占比例最高，审判中要按照《意见》第29条的规定，准确理解和严格执行"保留死刑，严格控制和慎重适用死刑"的死刑政策，坚持统一的死刑适用标准，确保死刑只适用于极少数罪行极其严重的犯罪分子；坚持严格的证据标准，确保把每一起判处死刑的案件都办成铁案。对于罪行极其严重，但只要有法定、酌定从轻情节，依法可不立即执行的，就不应当判处死刑立即执行。

对于自首的故意杀人、故意伤害致人死亡的被告人，除犯罪情节特别恶劣，犯罪后果特别严重的，一般不应考虑判处死刑立即执行。对亲属送被告人归案或协助抓获被告人的，也应视为自首，原则上应当从宽处罚。对具有立功表现的故意杀人、故意伤害致死的被告人，一般也应当体现从宽，可考虑不判处死刑立即执行。但如果犯罪情节特别恶劣，犯罪后果特别严重的，即使有立功情节，也可以不予从轻处罚。

共同犯罪中，多名被告人共同致死1名被害人的，原则上只判处1人死刑。处理时，根据案件的事实和证据能分清主从犯的，都应当认定主从犯；有多名主犯的，应当在主犯中进一步区分出罪行最为严重者和较为严重者，不能以分不清主次为由，简单地一律判处死刑。

二、黑社会性质组织犯罪案件审判中宽严相济的把握

1. 准确认定黑社会性质组织。

黑社会性质组织犯罪由于其严重的社会危害性，在打击处理上不能等其坐大后进行，要坚持"严打"的方针，坚持"打早打小"的策略。但黑社会性质组织的认定，必须严格依照刑法和《全国人民代表大会常务委员会关于〈中华人民共和国刑法〉第294条第1款的解释》的规定，从组织特征、经济特征、行为特征和非法控制特征4个方面进行分析。认定黑社会性质组织犯罪4个特征必须同时具备。当然，实践中许多黑社会性质组织并不是4个特征都很明显，在具体认定时,应根据立法本意,认真审查、分析黑社会性质组织4个特征相互间的内在联系,准确评价涉案犯罪组织所造成的社会危害。既要防止将已具备黑社会性质组织4个特征的案件"降格"处理,也不能因为强调严厉打击将不具备4个特征的犯罪团伙"拔高"认定为黑社会性质组织。在黑社会性质组织犯罪的审判中贯彻宽严相济刑事政策,要始终坚持严格依法办案,坚持法定标准,这是《意见》的基本要求。

2. 区别对待黑社会性质组织的不同成员。

《意见》第30条明确了黑社会性质组织中不同成员的处理原则:分别情况,区别对待。对于组织者、领导者应依法从严惩处,其承担责任的犯罪不限于自己组织、策划、指挥和实施的犯罪,而应对组织所犯的全部罪行承担责任。实践中,一些黑社会性质组织的组织者、领导者,只是以其直接实施的犯罪起诉、审判,实际上是轻纵了他们的罪行。要在区分组织犯罪和组织成员犯罪的基础上,合理划定组织者、领导者的责任范围,做到不枉不纵。同时,还要注意责任范围和责任程度的区别,不能简单认为组织者、领导者就是具体犯罪中责任最重的主犯。对于组织成员实施的黑社会性质组织犯罪,组织者、领导者只是事后知晓,甚至根本不知晓,其就只应负有一般的责任,直接实施的成员无疑应负最重的责任。

对于积极参加者,应根据其在具体犯罪中的地位、作用,确定其应承担的刑事责任。确属黑社会性质组织骨干成员的,应依法从严处罚。对犯罪情节较轻的其他参加人员以及初犯、偶犯、未成年犯,则要依法从轻、减轻处罚。对于参加黑社会性质的组织,没有实施其他违法犯罪活动的,或者受蒙蔽、胁迫参加黑社会性质的组织,情节轻微的,则可以不作为犯罪处理。

此外,在处理黑社会性质组织成员间的检举、揭发问题上,既要考虑线索本身的价值,也要考虑检举、揭发者在黑社会性质组织犯罪中的地位、作用,防止出现全案量刑失衡的现象。组织者、领导者检举揭发与该黑社会性质组织及其违法犯罪活动有关联的其他犯罪线索,即使依法构成立功或者重大立功,在考虑是否从轻量刑时也应从严予以掌握。积极参加者、其他参加者配合司法机关查办案件,有提供线索、帮助收集证据或者其他协助行为,并对侦破黑社会性质组织犯罪案件起到一定作用的,即使依法不能认定立功,一般也应酌情对其从轻处罚。

15. 最高人民法院《第1批指导性案例王某才故意杀人案》(指导案例4号;法〔2011〕354号)

【裁判要点】

因恋爱、婚姻矛盾激化引发的故意杀人案件,被告人犯罪手段残忍,论罪应当判处死刑,但被告人具有坦白悔罪、积极赔偿等从轻处罚情节,同时被害人亲属要求严惩的,人民法院根据案件性质、犯罪情节、危害后果和被告人的主观恶性及人身危险性,可以依法判处被告人死刑,缓期2年执行,同时决定限制减刑,以有效化解社会矛盾,促进社会和谐。

【裁判理由】

山东省高级人民法院经重新审理认为:被告人王某才的行为已构成故意杀人罪,罪行极其严重,论罪应当判处死刑。鉴于本案系因婚恋纠纷引发,王某才求婚不成,恼怒并起意杀人,归案后坦白悔罪,积极赔偿被害方经济损失,且平时表现较好,故对其判处死刑,可不立即执行。同时考虑到王某才故意杀人手段特别残忍,被害人亲属不予谅解,要求依法从严惩处,为有效化解社会矛盾,依照《中华人民共和国刑法》第50条第2款等规定,判处被告人王某才死刑,缓期2年执行,同时决定对其限制减刑。(收录部分内容)

16. 最高人民法院《第3批指导性案例李某故意杀人案》(指导案例12号;法〔2012〕227号)

【裁判要点】对于因民间矛盾引发的故意杀人案件,被告人犯罪手段残忍,且系累犯,论罪应当判处死刑,但被告人亲属主动协助公安机关将其抓捕归案,并积极赔偿的,人民法院根据案件具体情节,从尽量化解社会矛盾角度考虑,可以依法判处被告人死刑,缓期2年执行,同时决定限制减刑。

【裁判理由】

黑龙江省高级人民法院经重新审理认为:被告人李某的行为已构成故意杀人罪,罪行极其严重,论罪应当判处死刑。本案系因民间矛盾引发的犯罪;案发后李某的母亲梁某某在得知李某杀人后的行踪时,主动、及时到公安机关反映情况,并积极配合公安机关将李某抓获归案;李某在公安机关对其进行抓捕时,顺从归案,没有反抗行为,并在归案后始终如实供述自己的犯罪事实,认罪态度好;在本案审理期间,李某的母亲代为赔偿被害方经济损失;李某虽系累犯,但此前所犯盗窃罪的情节较轻。综合考虑上述情节,可以对李某酌情从宽处罚,对其可不判处死刑立即执行。同时,鉴于其故意杀人手段残忍,又系累犯,且被害人亲属不予谅解,故依法判处被告人李某死刑,缓期2年执行,同时决定对其限制减刑。(收录部分内容)

17. 最高人民法院研究室《关于醉酒后在公共场所持刀连续捅刺致多人死伤行为如何定性问题的研究意见》(《司法研究与指导》2012年总第2辑)

有关部门就醉酒后在公共场所持刀连续捅刺多人,致多人死伤行为的定性问题征求最高人民法院研究室意见。最高人民法院研究室经研究认为:

醉酒后在公共场所持刀连续捅刺,致多人死伤的行为,宜定性为故意杀人罪(故意伤害罪被吸收)。

18. 最高人民法院、最高人民检察院,公安部、司法部《关于依法惩治性侵害未成年人犯罪的意见》(法发〔2013〕12号)

22. 实施猥亵儿童犯罪,造成儿童轻伤以上后果,同时符合刑法第234条或者第232条的规定,构成故意伤害罪、故意杀人罪的,依照处罚较重的规定定罪处罚。

对已满14周岁的未成年男性实施猥亵,造成被害人轻伤以上后果,符合刑法第234条或者第232条规定的,以故意伤害罪或者故意杀人罪定罪处罚。(全文详见本书《刑法》第17条相关内容)

19. 最高人民法院、最高人民检察院、公安部、司法部、国家卫生和计划生育委员会《关于依法惩处涉医违法犯罪维护正常医疗秩序的意见的通知》(法发〔2014〕5号)

为依法惩处涉医违法犯罪,维护正常医疗秩序,构建和谐医患关系,根据《中华人民共和国刑法》、《中华人民共和国治安管理处罚法》等法律法规,结合工作实践,制定本意见。

一、充分认识依法惩处涉医违法犯罪维护正常医疗秩序的重要性

加强医药卫生事业建设,是实现人民群众病有所医,提高全民健康水平的重要社会建设工程。经过多年努力,我国医药卫生事业发展取得显著成就,但医疗服务能力、医疗保障水平与人民群众不断增长的医疗服务需求之间仍存在一定差距。一段时期以来,个别地方相继发生暴力杀医、伤医以及在医疗机构聚众滋事等违法犯罪行为,严重扰乱了正常医疗秩序,侵害了人民群众的合法利益。良好的医疗秩序是社会和谐稳定的重要体现,也是增进人民福祉的客观要求。依法惩处涉医违法犯罪,维护正常医疗秩序,有利于保障医患双方的合法权益,为患者创造良好的看病就医环境,为医务人员营造安全的执业环境,从而促进医疗服务水平的整体提高和医药卫生事业的健康发展。

二、严格依法惩处涉医违法犯罪

对涉医违法犯罪行为,要依法严肃追究、坚决打击。公安机关要加大对暴力杀医、伤医、扰乱医疗秩序等违法犯罪活动的查处力度,接到报警后应当及时出警、快速处置,需要追究刑事责任的,及时立案侦查,全面、客观地收集、调取证据,确保侦查质量。人民检察院应当及时依法批捕、起诉,对于重大涉医犯罪案件要加强法律监督,必要时可以对收集证据、适用法律提出意见。人民法院应当加快审理进度,在全面查明案件事实的基础上依法准确定罪量刑,对于犯罪手段残忍、主观恶性深、人身危险性大的被告人或者社会影响恶劣的涉医犯罪行为,要依法从严惩处。

(一)在医疗机构内殴打医务人员或者故意伤害医务人员身体、故意损毁公私财物,尚未造成严重后果的,分别依照治安管理处罚法第43条、第49条的规定处罚;故意杀害医务人员,或者故意伤害医务人员造成轻伤以上严重后果,或者随意殴打医务人员情节恶劣、任意损毁公私财物情节严重,构成故意杀人罪、故意伤害罪、故意毁坏财物罪、寻衅滋事罪的,依照刑法的有关规定定罪处罚。

(二)在医疗机构私设灵堂、摆放花圈、焚烧纸钱、悬挂横幅、堵塞大门或者以其他方式扰乱医疗秩序,尚未造成严重损失,经劝说、警告无效的,要依法驱散,对拒不服从的人员要依法带离现场,依照治安管理处罚法第23条的规定处罚;聚众实施的,对首要分子和其他积极参加者依法予以治安处罚;造成严重损失或者扰乱其他公共秩序情节严重,构成寻衅滋事罪、聚众扰乱社会秩序罪、聚众扰乱公共场所秩序、交通秩序罪的,依照刑法的有关规定定罪处罚。

在医疗机构的病房、抢救室、重症监护室等场所及医疗机构的公共开放区域违规停放尸体,影响医疗秩序,经劝说、警告无效的,依照治安管理处罚法第65条的规定处罚;严重扰乱医疗秩序或者其他公共秩序,构成犯罪的,依照前款的规定定罪处罚。

(三)以不准离开工作场所等方式非法限制医务人员人身自由的,依照治安管理处罚法第40条的规定处罚;构成非法拘禁罪的,依照刑法的有关规定定罪处罚。

(四)公然侮辱、恐吓医务人员的,依照治安管理处罚法第42条的规定处罚;采取暴力或者其他方法公然侮辱、恐吓医务人员情节严重(恶劣),构成侮辱罪、寻衅滋事罪的,依照刑法的有关规定定罪处罚。

(五)非法携带枪支、弹药、管制器具或者爆炸性、放射性、毒害性、腐蚀性物品进入医疗机构的,依照治安管理处罚法第30条、第32条的规定处罚;危及公共安全情节严重,构成非法携带枪支、弹药、管制刀具、危险物品危及公共安全罪的,依照刑法的有关规定定罪处罚。

(六)对于故意扩大事态,教唆他人实施针对医疗机构或者医务人员的违法犯罪行为,或者以受他人委托处理医疗纠纷为名实施敲诈勒索、寻衅滋事等行为的,依照治安管理处罚法和刑法的有关规定从严惩处。

三、积极预防和妥善处理医疗纠纷

(一)卫生计生行政部门应当加强医疗行业监管,指导医疗机构提高医疗服务能力,保障医疗安全和医疗质量。医疗机构及其医务人员要严格遵守医疗卫生管理法律、行政法规、部门规章和诊疗护理规范,加强医德医风建设,改善服务态度,注重人文关怀,尊重患者的隐私权、知情权、选择权等权利,根据患者病情、预后不同以及患者实际需求,采取适当方式进行沟通,做好解释说理工作,从源头上预防和减少医疗纠纷。

(二)卫生计生行政部门应当指导医疗机构加强投诉管理,设立医患关系办公室或者指定部门统一承担医疗机构投诉管理工作,建立畅通、便捷的投诉渠道。

医疗机构投诉管理部门应当在医疗机构显著位置公布该部门及医疗纠纷人民调解组织等相关机构的联系方式、医疗纠纷的解决程序,加大对患者法律知识的宣传,引导患者依法、理性解决医疗纠纷。有条件的医疗机构可设立网络投诉平台,并安排专人处理、回复患者投诉。要做到投诉必管、投诉必复,在规定期限内向投诉人反馈处理情况。

对于医患双方自行协商解决不成的医疗纠纷,医疗机构应当及时通过向人民调解委员会申请调解等其他合法途径解决。

（三）司法行政机关应当会同卫生计生行政部门加快推进医疗纠纷人民调解组织建设，在医疗机构集中、医疗纠纷突出的地区建立独立的医疗纠纷人民调解委员会。

司法行政机关应当会同人民法院加强对医疗纠纷人民调解委员会的指导，帮助完善医疗纠纷人民调解受理、调解、回访、反馈等各项工作制度，加强医疗纠纷人民调解员队伍建设和业务培训，建立医学、法律等专家咨询库，确保调解依法、规范、有效进行。

司法行政机关应当组织法律援助机构为有需求并符合条件的医疗纠纷患者及其家属提供法律援助，指导律师事务所、公证机构等为医疗纠纷当事人提供法律服务，指导律师做好代理服务工作，促使医疗纠纷双方当事人妥善解决争议。

（四）人民法院对起诉的医疗损害赔偿案件应当及时立案受理，积极开展诉讼调解，对调解不成的，及时依法判决，切实维护医患双方的合法利益。在诉讼过程中应当加强诉讼指导，并做好判后释疑工作。

（五）卫生计生行政部门应当会同公安机关指导医疗机构建立健全突发事件预警应对机制和警医联动联防联控机制，提高应对突发事件的现场处置能力。公安机关可根据实际需要在医疗机构设立警务室，及时受理涉医报警求助，加强动态管控。医疗机构在诊治过程中发现有暴力倾向的患者，或者在处理医疗纠纷过程中发现有矛盾激化，可能引发治安案件、刑事案件的情况，应当及时报告公安机关。

四、建立健全协调配合工作机制

各有关部门要高度重视打击涉医违法犯罪、维护正常医疗秩序的重要性，认真落实党中央、国务院关于构建和谐医患关系的决策部署，加强组织领导与协调配合，形成构建和谐医患关系的合力。地市级以上卫生计生行政部门应当积极协调相关部门建立联席会议等工作制度，定期互通信息，及时研究解决问题，共同维护医疗秩序，促进我国医药卫生事业健康发展。

20. 最高人民检察院《关于强制隔离戒毒所工作人员能否成为虐待被监管人罪主体问题的批复》（高检发释字〔2015〕2号）

河北省人民检察院：

你院冀检呈字〔2014〕46号《关于强制隔离戒毒所工作人员能否成为刑法第248条虐待被监管人罪主体的请示》收悉。经研究，批复如下：根据有关法律规定，强制隔离戒毒所是对符合特定条件的吸毒成瘾人员限制人身自由，进行强制隔离戒毒的监管机构，其履行监管职责的工作人员属于刑法第248条规定的监管人员。

对于强制隔离戒毒所监管人员殴打或者体罚虐待戒毒人员，或者指使戒毒人员殴打、体罚虐待其他戒毒人员，情节严重的，应当适用刑法第248条的规定，以虐待被监管人罪追究刑事责任；造成戒毒人员伤残、死亡后果的，应当依照刑法第234条、第232条的规定，以故意伤害罪、故意杀人罪从重处罚。

21. 最高人民法院、最高人民检察院、公安部、司法部《关于依法办理家庭暴力犯罪案件的意见》（法发〔2015〕4号）

20. 充分考虑案件中的防卫因素和过错责任。对于长期遭受家庭暴力后，在激愤、恐惧状态下为了防止再次遭受家庭暴力，或者为了摆脱家庭暴力而故意杀害、伤害施暴人，被告人的行为具有防卫因素，施暴人在案件起因上具有明显过错或者直接责任的，可以酌情从宽处罚。对于因遭受严重家庭暴力，身体、精神受到重大损害而故意杀害施暴人；或者因不堪忍受长期家庭暴力而故意杀害施暴人，犯罪情节不是特别恶劣，手段不是特别残忍的，可以认定为刑法第232条规定的故意杀人"情节较轻"。在服刑期间确有悔改表现的，可以根据其家庭情况，依法放宽减刑的幅度，缩短减刑的起始时间与间隔时间；符合假释条件的，应当假释。被杀害

施暴人的近亲属表示谅解的，在量刑、减刑、假释时应当予以充分考虑。（全文详见本书《刑法》第38条相关内容）

22. 最高人民法院、最高人民检察院《关于办理危害生产安全刑事案件适用法律若干问题的解释》（法释〔2015〕22号）

第10条 在安全事故发生后，直接负责的主管人员和其他直接责任人员故意阻挠开展抢救，导致人员死亡或者重伤，或者为了逃避法律追究，对被害人进行隐藏、遗弃，致使被害人因无法得到救助而死亡或者重度残疾的，分别依照刑法第232条、第234条的规定，以故意杀人罪或者故意伤害罪定罪处罚。（全文详见本书《刑法》第136条相关内容）

23. 最高人民法院、最高人民检察院《关于办理组织、利用邪教组织破坏法律实施等刑事案件适用法律若干问题的解释》（法释〔2017〕3号）

第11条 组织、利用邪教组织，制造、散布迷信邪说，组织、策划、煽动、胁迫、教唆、帮助其成员或者他人实施自杀、自伤的，依照刑法第232条、第234条的规定，以故意杀人罪或者故意伤害罪定罪处罚。

第13条 明知他人组织、利用邪教组织实施犯罪，而为其提供经费、场地、技术、工具、食宿、接送等便利条件或者帮助的，以共同犯罪论处。

第14条 对于犯组织、利用邪教组织破坏法律实施罪、组织、利用邪教组织致人重伤、死亡罪，严重破坏社会秩序的犯罪分子，根据刑法第56条的规定，可以附加剥夺政治权利。

第16条 本解释自2017年2月1日起施行。《最高人民法院、最高人民检察院关于办理组织和利用邪教组织犯罪案件具体应用法律若干问题的解释》（法释〔1999〕18号），《最高人民法院、最高人民检察院关于办理组织和利用邪教组织犯罪案件具体应用法律若干问题的解释（2）》（法释〔2001〕19号），以及《最高人民法院、最高人民检察院关于办理组织和利用邪教组织犯罪案件具体应用法律若干问题的解答》（法发〔2002〕7号）同时废止。（全文详见本书《刑法》第300条相关内容）

24. 最高人民法院、最高人民检察院、公安部、司法部《关于办理非法放贷刑事案件若干问题的意见》（法发〔2019〕24号）

六、为从事非法放贷活动，实施擅自设立金融机构、套取金融机构资金高利转贷、骗取贷款、非法吸收公众存款等行为，构成犯罪的，应当择一重罪处罚。

为强行索要因非法放贷而产生的债务，实施故意杀人、故意伤害、非法拘禁、故意毁坏财物、寻衅滋事等行为，构成犯罪的，应当数罪并罚。

纠集、指使、雇佣他人采用滋扰、纠缠、哄闹、聚众造势等手段强行索要债务，尚不单独构成犯罪，但实施非法放贷行为已构成非法经营罪的，应当按照非法经营罪的规定酌情从重处罚。

以上规定的情形，刑法、司法解释另有规定的除外。

七、有组织地非法放贷，同时又有其他违法犯罪活动，符合黑社会性质组织或者恶势力、恶势力犯罪集团认定标准的，应当分别按照黑社会性质组织或者恶势力、恶势力犯罪集团侦查、起诉、审判。

黑恶势力非法放贷的，据以认定"情节严重""情节特别严重"的非法放贷数额、违法所得数额、非法放贷对象数量起点标准，可以分别按照本意见第2条规定中相应数额、数量标准的50%确定；同时具有本意见第3条第1款规定情形的，可以分别按照相应数额、数量标准的40%确定。

八、本意见自2019年10月21日起施行。对于本意见施行前发生的非法放贷行为，依照最高人民法院《关于准确理解和适用刑法中"国家规定"的有关问题的通知》（法发〔2011〕155号）的规定办理。（全文详见本书《刑法》第225条相关内容）

25. 最高人民法院《关于依法妥善审理高空抛物、坠物案件的意见》(法发〔2019〕25号)

二、依法惩处构成犯罪的高空抛物、坠物行为,切实维护人民群众生命财产安全

5. 准确认定高空抛物犯罪。对于高空抛物行为,应当根据行为人的动机、抛物场所、抛掷物的情况以及造成的后果等因素,全面考量行为的社会危害程度,准确判断行为性质,正确适用罪名,准确裁量刑罚。

故意从高空抛弃物品,尚未造成严重后果,但足以危害公共安全的,依照刑法第114条规定的以危险方法危害公共安全罪定罪处罚;致人重伤、死亡或者使公私财产遭受重大损失的,依照刑法第115条第1款的规定处罚。为伤害、杀害特定人员实施上述行为的,依照故意伤害罪、故意杀人罪定罪处罚。(全文详见本书《刑法》第114条相关内容)

26. 最高人民法院、最高人民检察院、公安部《关于依法惩治袭警违法犯罪行为的指导意见》(2019年12月27日)

一、对正在依法执行职务的民警实施下列行为的,属于刑法第277条第5款规定的"暴力袭击正在依法执行职务的人民警察",应当以妨害公务罪定罪从重处罚:

1. 实施撕咬、踢打、抱摔、投掷等,对民警人身进行攻击的;

2. 实施打砸、毁坏、抢夺民警正在使用的警用车辆、警械等警用装备,对民警人身进行攻击的;对正在依法执行职务的民警虽未实施暴力袭击,但以实施暴力相威胁,符合刑法第277条第1款规定的,以妨害公务罪定罪处罚。

醉酒的人实施袭警犯罪行为,应当负刑事责任。

教唆、煽动他人实施袭警犯罪行为或者为他人实施袭警犯罪行为提供工具、帮助的,以共同犯罪论处。

对袭警情节轻微或者辱骂民警,尚不构成犯罪,但构成违反治安管理行为的,应当依法从重给予治安管理处罚。

二、实施暴力袭警行为,具有下列情形之一的,在第1条规定的基础上酌情从重处罚:

1. 使用凶器或者危险物品袭警、驾驶机动车袭警的;

2. 造成民警轻微伤或者警用装备严重毁损的;

3. 妨害民警依法执行职务,造成他人伤亡、公私财产损失或者造成犯罪嫌疑人脱逃、毁灭证据等严重后果的;

4. 造成多人围观、交通堵塞等恶劣社会影响的;

5. 纠集多人袭警或者袭击民警2人以上的;

6. 曾因袭警受过处罚,再次袭警的;

7. 实施其他严重袭警行为的。

实施上述行为,构成犯罪的,一般不得适用缓刑。

三、驾车冲撞、碾轧、拖拽、剐蹭民警,或者挤别、碰撞正在执行职务的警用车辆,危害公共安全或者民警生命、健康安全,符合刑法第114条、第115条、第232、第234条规定的,应当以以危险方法危害公共安全罪、故意杀人罪或者故意伤害罪定罪,酌情从重处罚。

暴力袭警,致使民警重伤、死亡,符合刑法第234条、第232条规定的,应当以故意伤害罪、故意杀人罪定罪,酌情从重处罚。

四、抢劫、抢夺民警枪支,符合刑法第127条第2款规定的,应当以抢劫枪支罪、抢夺枪支罪定罪。

五、民警在非工作时间,依照《中华人民共和国人民警察法》等法律履行职责的,应当视为执行职务。

六、在民警非执行职务期间,因其职务行为对其实施暴力袭击、拦截、恐吓等行为,符合刑

法第234条、第232条、第293条等规定的，应当以故意伤害罪、故意杀人罪、寻衅滋事罪等定罪，并根据袭警的具体情节酌情从重处罚。（全文详见本书《刑法》第277条相关内容）

27. 最高人民法院、最高人民检察院、公安部《关于办理涉窨井盖相关刑事案件的指导意见》（高检发〔2020〕3号）

三、对于本意见第1条、第2条规定以外的其他场所的窨井盖，明知会造成人员伤亡后果而实施盗窃、破坏行为，致人受伤或者死亡的，依照刑法第234条、第232条的规定，分别以故意伤害罪、故意杀人罪定罪处罚。

过失致人重伤或者死亡的，依照刑法第235条、第233条的规定，分别以过失致人重伤罪、过失致人死亡罪定罪处罚。（全文详见本书《刑法》第233条相关内容）

28. 最高人民法院、最高人民检察院、公安部《关于依法办理"碰瓷"违法犯罪案件的指导意见》（公通字〔2020〕12号）

七、为实施"碰瓷"而故意杀害、伤害他人或者过失致人重伤、死亡，符合刑法第232条、第234条、第233条、第235条规定的，分别以故意杀人罪、故意伤害罪、过失致人死亡罪、过失致人重伤罪定罪处罚。

九、共同故意实施"碰瓷"犯罪，起主要作用的，应当认定为主犯，对其参与或者组织、指挥的全部犯罪承担刑事责任；起次要或者辅助作用的，应当认定为从犯，依法予以从轻、减轻处罚或者免除处罚。

3人以上为共同故意实施"碰瓷"犯罪而组成的较为固定的犯罪组织，应当认定为犯罪集团。对首要分子应当按照集团所犯全部罪行处罚。

符合黑恶势力认定标准的，应当按照黑社会性质组织、恶势力或者恶势力犯罪集团侦查、起诉、审判。（全文详见本书《刑法》第133条相关内容）

29. 最高人民法院、最高人民检察院、公安部《关于办理跨境赌博犯罪案件若干问题的意见》（公通字〔2020〕14号）

四、关于跨境赌博关联犯罪的认定

（四）实施赌博犯罪，为强行索要赌债，实施故意杀人、故意伤害、非法拘禁、故意毁坏财物、寻衅滋事等行为，构成犯罪的，应当依法数罪并罚。

（全文详见本书《刑法》第303条相关内容）

30. 最高人民法院、最高人民检察院、公安部、工业和信息化部、住房和城乡建设部、交通运输部、应急管理部、国家铁路局、中国民用航空局、国家邮政局《关于依法惩治涉枪支、弹药、爆炸物、易燃易爆危险物品犯罪的意见》（法发〔2021〕35号）

4. 非法制造、买卖、运输、邮寄、储存、盗窃、抢夺、抢劫、持有、私藏、走私枪支、弹药、爆炸物，并利用该枪支、弹药、爆炸物实施故意杀人、故意伤害、抢劫、绑架等犯罪的，依照数罪并罚的规定处罚。（全文详见本书《刑法》第125条相关内容）

第233条 【过失致人死亡罪】过失致人死亡的，处3年以上7年以下有期徒刑；情节较轻的，处3年以下有期徒刑。本法另有规定的，依照规定。

• 释义

过失致人死亡罪是指过失行为造成他人死亡结果的行为。

• 管辖

公安机关刑事侦查部门、法院（本罪，人民检察院没有提起公诉，被害人有证据证明的轻微刑事案件，可能判处3年以下刑罚的）。

• 关联法律

1. 最高人民法院《关于审理交通肇事刑事案件具体应用法律若干问题的解释》(法释〔2000〕33号)

第8条 在实行公共交通管理的范围内发生重大交通事故的,依照刑法第133条和本解释的有关规定办理。

在公共交通管理的范围外,驾驶机动车辆或者使用其他交通工具致人伤亡或者致使公共财产或者他人财产遭受重大损失,构成犯罪的,分别依照刑法第134条、第135条、第233条等规定定罪处罚。(全文详见本书《刑法》第133条相关内容)

2. 最高人民法院《关于审理抢夺刑事案件具体应用法律若干问题的解释》(法释〔2002〕18号)

(法释〔2013〕25号已声明该文件废止)

3. 最高人民法院《关于依法妥善审理高空抛物、坠物案件的意见》(法发〔2019〕25号)

二、依法惩处构成犯罪的高空抛物、坠物行为,切实维护人民群众生命财产安全

7. 准确认定高空坠物犯罪。过失导致物品从高空坠落,致人死亡、重伤,符合刑法第233条、第235条规定的,依照过失致人死亡罪、过失致人重伤罪定罪处罚。在生产、作业中违反有关安全管理规定,从高空坠落物品,发生重大伤亡事故或者造成其他严重后果的,依照刑法第134条第1款的规定,以重大责任事故罪定罪处罚。(全文详见本书《刑法》第114条相关内容)

4. 最高人民法院、最高人民检察院、公安部《关于办理涉窨井盖相关刑事案件的指导意见》(高检发〔2020〕3号)

近年来,因盗窃、破坏窨井盖等行为导致人员伤亡事故多发,严重危害公共安全和人民群众生命财产安全,社会反映强烈。要充分认识此类行为的社会危害性、运用刑罚手段依法惩治的必要性,完善刑事责任追究机制,维护人民群众"脚底下的安全",推动窨井盖问题的综合治理。为依法惩治涉窨井盖相关犯罪,切实维护公共安全和人民群众合法权益,提升办案质效,根据《中华人民共和国刑法》等法律规定,提出以下意见。

一、盗窃、破坏正在使用中的社会机动车通行道路上的窨井盖,足以使汽车、电车发生倾覆、毁坏危险,尚未造成严重后果的,依照刑法第117条的规定,以破坏交通设施罪定罪处罚;造成严重后果的,依照刑法第119条第款的规定处罚。

过失造成严重后果的,依照刑法第119条第2款的规定,以过失损坏交通设施罪定罪处罚。

二、盗窃、破坏人员密集往来的非机动车道、人行道以及车站、码头、公园、广场、学校、商业中心、厂区、社区、院落等生产生活、人员聚集场所的窨井盖,足以危害公共安全,尚未造成严重后果的,依照刑法第114条的规定,以以危险方法危害公共安全罪定罪处罚;致人重伤、死亡或者使公私财产遭受重大损失的,依照刑法第115条第1款的规定处罚。

过失致人重伤、死亡或者使公私财产遭受重大损失的,依照刑法第115条第2款的规定,以过失以危险方法危害公共安全罪定罪处罚。

三、对于本意见第1条、第2条规定以外的其他场所的窨井盖,明知会造成人员伤亡后果而实施盗窃、破坏行为,致人受伤或者死亡的,依照刑法第234条、第232条的规定,分别以故意伤害罪、故意杀人罪定罪处罚。

过失致人重伤或者死亡的,依照刑法第235条、第233条的规定,分别以过失致人重伤罪、过失致人死亡罪定罪处罚。

四、盗窃本意见第1条、第2条规定以外的其他场所的窨井盖，且不属于本意见第3条规定的情形，数额较大，或者多次盗窃的，依照刑法第264条的规定，以盗窃罪定罪处罚。

故意毁坏本意见第1条、第2条规定以外的其他场所的窨井盖，且不属于本意见第3条规定的情形，数额较大或者有其他严重情节的，依照刑法第275条的规定，以故意毁坏财物罪定罪处罚。

五、在生产、作业中违反有关安全管理的规定，擅自移动窨井盖或者未做好安全防护措施等，发生重大伤亡事故或者造成其他严重后果的，依照刑法第134条第1款的规定，以重大责任事故罪定罪处罚。

窨井盖建设、设计、施工、工程监理单位违反国家规定，降低工程质量标准，造成重大安全事故的，依照刑法第137条的规定，以工程重大安全事故罪定罪处罚。

六、生产不符合保障人身、财产安全的国家标准、行业标准的窨井盖，或者销售明知是不符合保障人身、财产安全的国家标准、行业标准的窨井盖，造成严重后果的，依照刑法第146条的规定，以生产、销售不符合安全标准的产品罪定罪处罚。

七、知道或者应当知道是盗窃所得的窨井盖及其产生的收益而予以窝藏、转移、收购、代为销售或者以其他方法掩饰、隐瞒的，依照刑法第312条和《最高人民法院关于审理掩饰、隐瞒犯罪所得、犯罪所得收益刑事案件适用法律若干问题的解释》的规定，以掩饰、隐瞒犯罪所得、犯罪所得收益罪定罪处罚。

八、在窨井盖采购、施工、验收、使用、检查过程中负有决定、管理、监督等职责的国家机关工作人员玩忽职守或者滥用职权，致使公共财产、国家和人民利益遭受重大损失的，依照刑法第397条的规定，分别以玩忽职守罪、滥用职权罪定罪处罚。

九、在依照法律、法规规定行使窨井盖行政管理职权的公司、企业、事业单位中从事公务的人员以及在受国家机关委托代表国家机关行使窨井盖行政管理职权的组织中从事公务的人员，玩忽职守或者滥用职权，致使公共财产、国家和人民利益遭受重大损失的，依照刑法第397条和《全国人民代表大会常务委员会关于〈中华人民共和国刑法〉第9章渎职罪主体适用问题的解释》的规定，分别以玩忽职守罪、滥用职权罪定罪处罚。

十、对窨井盖负有管理职责的其他公司、企业、事业单位的工作人员，严重不负责任，导致人员坠井等事故，致人重伤或者死亡，符合刑法第235条、第233条规定的，分别以过失致人重伤罪、过失致人死亡罪定罪处罚。

十一、国家机关工作人员利用职务上的便利，收受他人财物，为他人谋取与窨井盖相关利益，同时构成受贿罪和刑法分则第9章规定的渎职犯罪的，除刑法另有规定外，以受贿罪和渎职犯罪数罪并罚。

十二、本意见所称的"窨井盖"，包括城市、城乡结合部和乡村等地的窨井盖以及其他井盖。

5. 最高人民法院、最高人民检察院、公安部《关于依法办理"碰瓷"违法犯罪案件的指导意见》(公通字〔2020〕12号)

七、为实施"碰瓷"而故意杀害、伤害他人或者过失致人重伤、死亡，符合刑法第232条、第234条、第233条、第235条规定的，分别以故意杀人罪、故意伤害罪、过失致人死亡罪、过失致人重伤罪定罪处罚。

九、共同故意实施"碰瓷"犯罪，起主要作用的，应当认定为主犯，对其参与或者组织、指挥的全部犯罪承担刑事责任；起次要或者辅助作用的，应当认定为从犯，依法予以从轻、减轻处罚或者免除处罚。

3人以上为共同故意实施"碰瓷"犯罪而组成的较为固定的犯罪组织，应当认定为犯罪集团。对首要分子应当按照集团所犯全部罪行处罚。

符合黑恶势力认定标准的，应当按照黑社会性质组织、恶势力或者恶势力犯罪集团侦查、起诉、审判。（全文详见本书《刑法》第133条相关内容）

6. 参见本书《刑法》第232条该节内容。

第234条 【故意伤害罪】故意伤害他人身体的，处3年以下有期徒刑、拘役或者管制。

犯前款罪，致人重伤的，处3年以上10年以下有期徒刑；致人死亡或者以特别残忍手段致人重伤造成严重残疾的，处10年以上有期徒刑、无期徒刑或者死刑。本法另有规定的，依照规定。

• 释义

故意伤害罪是指故意非法损害他人身体健康的行为。伤害罪的法益应理解为"生理机能的健全"而不应理解为"身体的完整性"，尤其不能理解为"外形的完整性"，比如强行去除他人毛发，可能构成侮辱罪。

本条第2款是关于故意伤害他人，致人重伤或者死亡的犯罪的处刑规定。这里所说的"重伤"，依照刑法第95条的规定，是指有下列情形之一的伤害：

（一）使人肢体残废或者毁人容貌的；（二）使人丧失听觉、视觉或者其他器官机能的；（三）其他对于人身健康有重大伤害的。故意伤害致人重伤或者死亡的成立，要求伤害行为与重伤、死亡结果之间具有相当因果关系。该罪与故意杀人罪的区别是，该罪是以故意伤害为主观内容的，如果是以非法剥夺他人生命为故意内容，不管是直接故意还是间接故意都成立故意杀人罪。

• 管辖

公安机关刑事侦查部门、法院（本条第1款规定的，人民检察院没有提起公诉，被害人有证据证明的轻微刑事案件）。

• 关联法律

1. 司法部、最高人民法院、最高人民检察院、公安部《人体重伤鉴定标准》（司发〔1990〕070号）；《人体轻伤鉴定标准（试行）》［法（司）发〔1990〕6号］；《人体轻微伤的鉴定》（GA/T146—1996）（最高人民法院、最高人民检察院、公安部、国家安全部、司法部于2013年8月30日发布了《人体损伤程度鉴定标准》，该规定自2014年1月1日起施行，上列3个文件同时废止）

（全文略）

2. 最高人民法院、最高人民检察院《关于依法严惩破坏计划生育犯罪活动的通知》（法发〔1993〕36号）

（法释〔2013〕1号已声明该文件废止）

3. 最高人民法院《关于对故意伤害、盗窃等严重破坏社会秩序的犯罪分子能否附加剥夺政治权利问题的批复》（法释〔1997〕11号）

福建省高级人民法院：

你院《关于对故意伤害、盗窃（重大）等犯罪分子被判处有期徒刑的，能否附加剥夺政治权利的请示》收悉。经研究，答复如下：

根据刑法第56条规定，对于故意杀人、强奸、放火、爆炸、投毒、抢劫等严重破坏社会秩序的犯罪分子,可以附加剥夺政治权利。对故意伤害、盗窃等其他严重破坏社会秩序的犯罪,犯罪分子主观恶性较深、犯罪情节恶劣、罪行严重的,也可以依法剥夺政治权利。

4. 最高人民法院《全国法院维护农村稳定刑事审判工作座谈会纪要》(法〔1999〕217号)

(一)关于故意杀人、故意伤害案件

要准确把握故意杀人犯罪适用死刑的标准。对故意杀人犯罪是否判处死刑,不仅要看是否造成了被害人死亡结果,还要综合考虑案件的全部情况。对于因婚姻家庭、邻里纠纷等民间矛盾激化引发的故意杀人犯罪,适用死刑一定要十分慎重,应当与发生在社会上的严重危害社会治安的其他故意杀人犯罪案件有所区别。对于被害人一方有明显过错或对矛盾激化负有直接责任,或者被告人有法定从轻处罚情节的,一般不应判处死刑立即执行。

要注意严格区分故意杀人罪与故意伤害罪的界限。在直接故意杀人与间接故意杀人案件中,犯罪人的主观恶性程度是不同的,在处刑上也应有所区别。间接故意杀人与故意伤害致人死亡,虽然都造成了死亡后果,但行为人故意的性质和内容是截然不同的。不注意区分犯罪的性质和故意的内容,只要有死亡后果就判处死刑的做法是错误的,这在今后的工作中,应当予以纠正。对于故意伤害致人死亡,手段特别残忍,情节特别恶劣的,才可以判处死刑。

要准确把握故意伤害致人重伤造成"严重残疾"的标准。参照1996年国家技术监督局颁布的《职工工伤与职业病致残程度鉴定标准》(以下简称"工伤标准"),刑法第234条第2款规定的"严重残疾"是指下列情形之一:被害人身体器官大部缺损、器官明显畸形、身体器官有中等功能障碍、造成严重并发症等。残疾程序可以分为一般残疾(10至7级)、严重残疾(6至3级)、特别严重残疾(2至1级),6级以上视为"严重残疾"。在有关司法解释出台前,可统一参照"工伤标准"确定残疾等级。实践中,并不是只要达到"严重残疾"就判处死刑,还要根据伤害致人"严重残疾"的具体情况,综合考虑犯罪情节和危害后果来决定刑罚。故意伤害致重伤造成严重残疾,只有犯罪手段特别残忍,后果特别严重的,才能考虑适用死刑(包括死刑,缓期2年执行)。(全文详见本书《刑法》第232条相关内容)

5. 最高人民法院《关于审理交通肇事刑事案件具体应用法律若干问题的解释》(法释〔2000〕33号)

第6条 行为人在交通肇事后为逃避法律追究,将被害人带离事故现场后隐藏或者遗弃,致使被害人无法得到救助而死亡或者严重残疾的,应当分别依照刑法第232条、第234条第2款的规定,以故意杀人罪或者故意伤害罪定罪处罚。(全文详见本书《刑法》第133条相关内容)

6. 最高人民法院《关于审理偷税抗税刑事案件具体应用法律若干问题的解释》(法释〔2002〕33号)

第6条 实施抗税行为致人重伤、死亡,构成故意伤害罪、故意杀人罪的,分别依照刑法第234条第2款、第232条的规定定罪处罚。

与纳税人或者扣缴义务人共同实施抗税行为的,以抗税罪的共犯依法处罚。(全文详见本书《刑法》第201条相关内容)

7. 最高人民法院、最高人民检察院《关于办理妨害预防、控制突发传染病疫情等灾害的刑事案件具体应用法律若干问题的解释》(法释〔2003〕8号)

第9条 在预防、控制突发传染病疫情等灾害期间,聚众"打砸抢",致人伤残、死亡的,依照刑法第289条、第234条、第232条的规定,以故意伤害罪或者故意杀人罪定罪,依法从重处罚。对毁坏或者抢走公私财物的首要分子,依照刑法第289条、第263条的规定,以抢劫罪定罪,依法从重处罚。(全文详见本书《刑法》第114条相关内容)

8. 公安部《公安机关办理伤害案件规定》(公通字〔2005〕98号)

第1章 总 则

第1条 为规范公安机关办理伤害案件,正确适用法律,确保案件合法、公正、及时处理,根据《中华人民共和国刑法》、《中华人民共和国刑事诉讼法》等法律法规,制定本规定。

第2条 本规定所称伤害案件是指伤害他人身体,依法应当由公安机关办理的案件。

第3条 公安机关办理伤害案件,应当遵循迅速调查取证,及时采取措施,规范准确鉴定,严格依法处理的原则。

第2章 管 辖

第4条 轻伤以下的伤害案件由公安派出所管辖。

第5条 重伤及因伤害致人死亡的案件由公安机关刑事侦查部门管辖。

第6条 伤情不明、难以确定管辖的,由最先受理的部门先行办理,待伤情鉴定后,按第4条、第5条规定移交主管部门办理。

第7条 因管辖问题发生争议的,由共同的上级公安机关指定管辖。

第8条 被害人有证据证明的故意伤害(轻伤)案件,办案人员应当告知被害人可以直接向人民法院起诉。如果被害人要求公安机关处理的,公安机关应当受理。

第9条 人民法院直接受理的故意伤害(轻伤)案件,因证据不足,移送公安机关侦查的,公安机关应当受理。

第3章 前期处置

第10条 接到伤害案件报警后,接警部门应当根据案情,组织警力,立即赶赴现场。

第11条 对正在发生的伤害案件,先期到达现场的民警应当做好以下处置工作:

(一)制止伤害行为;(二)组织救治伤员;(三)采取措施控制嫌疑人;(四)及时登记在场人员姓名、单位、住址和联系方式,询问当事人和访问现场目击证人;(五)保护现场;(六)收集、固定证据。

第12条 对已经发生的伤害案件,先期到达现场的民警应当做好以下处置工作:

(一)组织救治伤员;(二)了解案件发生经过和伤情;(三)及时登记在场人员姓名、单位、住址和联系方式,询问当事人和访问现场目击证人;(四)追查嫌疑人;(五)保护现场;(六)收集、固定证据。

第4章 勘验、检查

第13条 公安机关办理伤害案件,现场具备勘验、检查条件的,应当及时进行勘验、检查。

第14条 伤害案件现场勘验、检查的任务是发现、固定、提取与伤害行为有关的痕迹、物证及其他信息,确定伤害状态,分析伤害过程,为查处伤害案件提供线索和证据。

办案单位对提取的痕迹、物证和致伤工具等应当妥善保管。

第15条 公安机关对伤害案件现场进行勘验、检查不得少于2人。

勘验、检查现场时,应当邀请1至2名与案件无关的公民作见证人。

第16条 勘验、检查伤害案件现场,应当制作现场勘验、检查笔录,绘制现场图,对现场情况和被伤害人的伤情进行照相,并将上述材料装订成卷宗。

第5章 鉴 定

第17条 公安机关办理伤害案件,应当对人身损伤程度和用作证据的痕迹、物证、致伤工具等进行检验、鉴定。

第18条 公安机关受理伤害案件后,应当在24小时内开具伤情鉴定委托书,告知被害人到指定的鉴定机构进行伤情鉴定。

第19条 根据国家有关部门颁布的人身伤情鉴定标准和被害人当时的伤情及医院诊断证明,具备即时进行伤情鉴定条件的,公安机关的鉴定机构应当在受委托之时起24小时内提出鉴定意见,并在3日内出具鉴定文书。

对伤情比较复杂,不具备即时进行鉴定条件的,应当在受委托之日起7日内提出鉴定意见并出具鉴定文书。

对影响组织、器官功能或者伤情复杂,一时难以进行鉴定的,待伤情稳定后及时提出鉴定意见,并出具鉴定文书。

第20条 对人身伤情进行鉴定,应当由县级以上公安机关鉴定机构2名以上鉴定人负责实施。

伤情鉴定比较疑难,对鉴定意见可能发生争议或者鉴定委托主体有明确要求的,伤情鉴定应当由3名以上主检法医师或者4级以上法医官负责实施。

需要聘请其他具有专门知识的人员进行鉴定的,应当经县级以上公安机关负责人批准,制作《鉴定聘请书》,送达被聘请人。

第21条 对人身伤情鉴定意见有争议需要重新鉴定的,应当依照《中华人民共和国刑事诉讼法》的有关规定进行。

第22条 人身伤情鉴定文书格式和内容应当符合规范要求。鉴定文书中应当有被害人正面免冠照片及其人体需要鉴定的所有损伤部位的细目照片。对用作证据的鉴定意见,公安机关办案单位应当制作《鉴定意见通知书》,送达被害人和违法犯罪嫌疑人。

第6章 调查取证

第23条 询问被害人,应当重点问明伤害行为发生的时间,地点,原因,经过,伤害工具、方式、部位,伤情,嫌疑人情况等。

第24条 询问伤害行为人,应当重点问明实施伤害行为的时间,地点,原因,经过,致伤工具、方式、部位等具体情节。

多人参与的,还应当问明参与人员的情况,所持凶器,所处位置,实施伤害行为的先后顺序,致伤工具、方式、部位及预谋情况等。

第25条 询问目击证人,应当重点问明伤害行为发生的时间,地点,经过,双方当事人人数及各自所处位置、持有的凶器,实施伤害行为的先后顺序,致伤工具、方式、部位,衣着、体貌特征,目击证人所处位置及目击证人与双方当事人之间的关系等。

第26条 询问其他证人应当问清其听到、看到的与伤害行为有关的情况。

第27条 办理伤害案件,应当重点收集以下物证、书证:

(一)凶器、血衣以及能够证明伤害情况的其他物品;(二)相关的医院诊断及病历资料;(三)与案件有关的其他证据。

办案单位应当将证据保管责任落实到人,完善证据保管制度,建立证据保管室,妥善保管证据,避免因保管不善导致证据损毁、污染、丢失或者消磁,影响刑事诉讼和案件处理。

第7章 案件处理

第28条 被害人伤情构成轻伤、重伤或者死亡,需要追究犯罪嫌疑人刑事责任的,依照《中华人民共和国刑事诉讼法》的有关规定办理。

第29条 根据《中华人民共和国刑法》第13条及《中华人民共和国刑事诉讼法》第15条第1项规定,对故意伤害他人致轻伤,情节显著轻微、危害不大,不认为是犯罪的,以及被害人伤情达不到轻伤的,应当依法予以治安管理处罚。

第30条 对于因民间纠纷引起的殴打他人或者故意伤害他人身体的行为,情节较轻尚不够刑事处罚,具有下列情形之一的,经双方当事人同意,公安机关可以依法调解处理:

(一)亲友、邻里或者同事之间因琐事发生纠纷,双方均有过错的;(二)未成年人、在校学生殴打他人或者故意伤害他人身体的;(三)行为人的侵害行为系由被害人事前的过错行为引起的;(四)其他适用调解处理更易化解矛盾的。

第31条 有下列情形之一的,不得调解处理:

(一)雇凶伤害他人的;(二)涉及黑社会性质组织的;(三)寻衅滋事的;(四)聚众斗殴的;(五)累犯;(六)多次伤害他人身体的;(七)其他不宜调解处理的。

第32条 公安机关调解处理的伤害案件,除下列情形外,应当公开进行:

(一)涉及个人隐私的;(二)行为人为未成年人的;(三)行为人和被害人都要求不公开调解的。

第33条 公安机关进行调解处理时,应当遵循合法、公正、自愿、及时的原则,注重教育和疏导,化解矛盾。

第34条 当事人中有未成年人的,调解时未成年当事人的父母或者其他监护人应当在场。

第35条 对因邻里纠纷引起的伤害案件进行调解时,可以邀请当地居民委员会、村民委员会的人员或者双方当事人熟悉的人员参加。

第36条 调解原则上为1次,必要时可以增加1次。对明显不构成轻伤、不需要伤情鉴定的治安案件,应当在受理案件后的3个工作日内完成调解;对需要伤情鉴定的治安案件,应当在伤情鉴定文书出具后的3个工作日内完成调解。

对1次调解不成,有必要再次调解的,应当在第1次调解后的7个工作日内完成第2次调解。

第37条 调解必须履行以下手续:

(一)征得双方当事人同意;(二)在公安机关的主持下制作调解书。

第38条 调解处理时,应当制作调解笔录。达成调解协议的,应当制作调解书。调解书应当由调解机关、调解主持人、双方当事人及其他参加人签名、盖章。调解书1式3份,双方当事人各1份,调解机关留存1份备查。

第39条 经调解当事人达成协议并履行的,不予处罚。经调解未达成协议或者达成协议后不履行的,公安机关应当对违反治安管理行为人依法予以处罚,并告知当事人可以就民事争议依法向人民法院提起民事诉讼。

第8章 卷 宗

第40条 公安机关办理伤害案件,应当严格按照办理刑事案件或者治安案件的要求,形成完整卷宗。

卷宗内的材料应当包括受案、立案文书,询问、讯问笔录,现场、伤情照片,检验、鉴定结论等证据材料,审批手续、处理意见等。

第41条 卷宗应当整齐规范,字迹工整。

第42条　犯罪嫌疑人被追究刑事责任的，侦查卷（正卷）移送检察机关，侦查工作卷（副卷）由公安机关保存。

侦查卷（正卷）内容应包括立案决定书，现场照片、现场图，现场勘查笔录，强制措施和侦查措施决定书、通知书、告知书，各种证据材料，起诉意见书等法律文书。

侦查工作卷（副卷）内容应包括各种呈请报告书、审批表，侦查、调查计划，对案件分析意见，起诉意见书草稿等文书材料。

第43条　伤害案件未办结的，卷宗由办案单位保存。

第44条　治安管理处罚或者调解处理的伤害案件，结案后卷宗交档案部门保存。

第9章　责任追究

第45条　违反本规定，造成案件难以审结、侵害当事人合法权益的，依照《公安机关人民警察执法过错责任追究规定》追究办案人员和主管领导的执法过错责任。

第10章　附　　则

第46条　本规定所称以上、以下，包括本数。

第47条　本规定自2006年2月1日起施行。

9. 最高人民法院《关于审理未成年人刑事案件具体应用法律若干问题的解释》（法释〔2006〕1号）第10条至第20条

（详见本书《刑法》第232条相关内容）

10. 最高人民法院、最高人民检察院、公安部、司法部《关于依法惩治拐卖妇女儿童犯罪的意见》（法发〔2010〕7号）

（详见本书《刑法》第237条相关内容）

11. 最高人民法院《关于贯彻宽严相济刑事政策的若干意见》（法发〔2010〕9号）

（全文详见本书《刑法》第5条相关内容）

12. 最高人民法院刑三庭《在审理故意杀人、伤害及黑社会性质组织犯罪案件中切实贯彻宽严相济刑事政策》（2010年4月14日）

（全文详见本书《刑法》第232条相关内容）

13. 最高人民法院、最高人民检察院、公安部、国家安全部、司法部《关于发布〈人体损伤程度鉴定标准〉的公告》（2013年8月30日）

为进一步加强人身损伤程度鉴定标准化、规范化工作，现将《人体损伤程度鉴定标准》发布，自2014年1月1日起施行。《人体重伤鉴定标准》（司发〔1990〕070号）、《人体轻伤鉴定标准（试行）》［法（司）发〔1990〕6号］和《人体轻微伤的鉴定》（GA/T 146—1996）同时废止。

14. 最高人民法院《关于实施量刑规范化工作的通知〈关于常见犯罪的量刑指导意见〉》（法发〔2013〕14号）

（法发〔2017〕7号已声明废止）

15. 最高人民法院、最高人民检察院、公安部、司法部《关于依法惩治性侵害未成年人犯罪的意见》（法发〔2013〕12号）第22条

（详见本书《刑法》第17条相关内容）

16. 公安部《关于公安机关处置信访活动中违法犯罪行为适用法律的指导意见》（公通字〔2013〕25号）

三、对侵犯人身权利、财产权利违法犯罪行为的处理

（一）殴打他人或者故意伤害他人身体，符合《治安管理处罚法》第43条规定的，以殴打

他人、故意伤害依法予以治安管理处罚;符合《刑法》第234条规定的,以故意伤害罪追究刑事责任。明知患有艾滋病或者其他严重传染疾病,故意以撕咬、抓挠等方式伤害他人,符合《刑法》第234条规定的,以故意伤害罪追究刑事责任。(全文详见本书《刑法》第114条相关内容)

17. 司法部《关于适用〈人体损伤程度鉴定标准〉问题的通知》(〔2014〕司鉴1号)

各省、自治区、直辖市司法厅(局)司法鉴定管理局(处):

经与最高人民法院等有关部门协商,现就适用《人体损伤程度鉴定标准》(以下简称《损伤标准》)的有关问题通知如下:

一、致人损伤的行为发生在2014年1月1日之前,尚未审判或者正在审判,需要进行损伤程度鉴定的,适用原鉴定标准。但按照《损伤标准》不构成损伤或者损伤程度较轻的,适用《损伤标准》。

二、致人损伤的行为发生在2014年1月1日之后,需要进行损伤程度鉴定的,适用《损伤标准》。

三、对于2014年1月1日前已发生法律效力的判决、裁定,需要进行重新鉴定的,依照原鉴定标准进行。

请及时将本通知内容告知各司法鉴定机构。

18. 最高人民法院《关于执行〈人体损伤程度鉴定标准〉有关问题的通知》(法〔2014〕3号)

《最高人民法院、最高人民检察院、公安部、国家安全部、司法部关于发布〈人体损伤程度鉴定标准〉的公告》已于2013年8月30日发布,《人体损伤程度鉴定标准》(以下简称《损伤标准》)自2014年1月1日起施行。《人体重伤鉴定标准》(司发〔1990〕070号)、《人体轻伤鉴定标准(试行)》(法[司]发〔1990〕6号)和《人体轻微伤的鉴定》(GA/T146—1996)同时废止。为正确适用《损伤标准》,做好涉人体损伤案件审判工作,现就执行《损伤标准》有关问题通知如下:

一、致人损伤的行为发生在2014年1月1日之前,尚未审判或者正在审判的案件,需要进行损伤程度鉴定的,适用原鉴定标准。但按照《损伤标准》不构成损伤或者损伤程度较轻的,适用《损伤标准》。

二、致人损伤的行为发生在2014年1月1日之后,需要进行损伤程度鉴定的,适用《损伤标准》。

三、2014年1月1日前已发生法律效力的判决、裁定,按照当时的法律和司法解释,认定事实和适用法律没有错误的,不再变动。当事人及其法定代理人、近亲属以《损伤程度》的相关规定发生变更为由申请再审的,人民法院不予受理。

四、对于正在审理案件需要进行损伤程度鉴定的,司法技术部门应做好前期技术审核工作,在对外委托时应明确向鉴定机构提出适用标准。

五、各级人民法院应认真组织开展《损伤标准》学习培训,在执行过程中发现问题,应及时报告请示最高人民法院。

19. 最高人民法院、最高人民检察院、公安部、司法部、国家卫生和计划生育委员会《关于依法惩处涉医违法犯罪维护正常医疗秩序的意见的通知》(法发〔2014〕5号)

(详见本书《刑法》第232条相关内容)

20. 最高人民法院、最高人民检察院、公安部、民政部《关于依法处理监护人侵害未成年人权益行为若干问题的意见》(法发〔2014〕24号)

(详见本书《刑法》第17条相关内容)

21. 最高人民法院、最高人民检察院、公安部《关于办理暴力恐怖和宗教极端刑事案件适用法律若干问题的意见》(公通字〔2014〕34 号)

[被最高人民法院、最高人民检察院、公安部、司法部《〈关于办理恐怖活动和极端主义犯罪案件适用法律若干问题的意见〉的通知》(高检会〔2018〕1 号)废止]

22. 最高人民检察院《关于强制隔离戒毒所工作人员能否成为虐待被监管人罪主体问题的批复》(高检发释字〔2015〕2 号)

(详见本书《刑法》第 232 条相关内容)

23. 最高人民法院、最高人民检察院《关于办理危害生产安全刑事案件适用法律若干问题的解释》(法释〔2015〕22 号)

第 10 条 在安全事故发生后,直接负责的主管人员和其他直接责任人员故意阻挠开展抢救,导致人员死亡或者重伤,或者为了逃避法律追究,对被害人进行隐藏、遗弃,致使被害人因无法得到救助而死亡或者重度残疾的,分别依照刑法第 232 条、第 234 条的规定,以故意杀人罪或者故意伤害罪定罪处罚。(全文详见本书《刑法》第 136 条相关内容)

24. 最高人民法院、最高人民检察院、公安部、国家安全部、司法部《关于发布〈人体损伤致残程度分级〉的公告》(2016 年 4 月 18 日)

为进一步规范人体损伤致残程度鉴定,现公布《人体损伤致残程度分级》,自 2017 年 1 月 1 日起施行。司法鉴定机构和司法鉴定人进行人体损伤致残程度鉴定统一适用《人体损伤致残程度分级》。

25. 最高人民法院、最高人民检察院《关于办理组织、利用邪教组织破坏法律实施等刑事案件适用法律若干问题的解释》(法释〔2017〕3 号)

第 11 条 组织、利用邪教组织,制造、散布迷信邪说,组织、策划、煽动、胁迫、教唆、帮助其成员或者他人实施自杀、自伤的,依照刑法第 232 条、第 234 条的规定,以故意杀人罪或者故意伤害罪定罪处罚。

26. 最高人民法院《关于常见犯罪的量刑指导意见》(法发〔2017〕7 号)

被最高人民法院、最高人民检察院《关于常见犯罪的量刑指导意见(试行)》(法发〔2021〕21 号)废止。

27. 最高人民法院、最高人民检察院《关于办理组织、强迫、引诱、容留、介绍卖淫刑事案件适用法律若干问题的解释》(法释〔2017〕13 号)

第 12 条 明知自己患有艾滋病或者感染艾滋病病毒而卖淫、嫖娼的,依照刑法第 360 条的规定,以传播性病罪定罪,从重处罚。

具有下列情形之一,致使他人感染艾滋病病毒的,认定为刑法第 95 条第 3 项"其他对于人身健康有重大伤害"所指的"重伤",依照刑法第 234 条第 2 款的规定,以故意伤害罪定罪处罚:

(一)明知自己感染艾滋病病毒而卖淫、嫖娼的;(二)明知自己感染艾滋病病毒,故意不采取防范措施而与他人发生性关系的。(全文详见本书《刑法》第 358 条相关内容)

28. 最高人民法院《第 18 批指导性案例于某故意伤害案》(指导案例 93 号;法〔2018〕164 号)

【裁判要点】

1. 对正在进行的非法限制他人人身自由的行为,应当认定为刑法第 20 条第 1 款规定的"不法侵害",可以进行正当防卫。2. 对非法限制他人人身自由并伴有侮辱、轻微殴打的行为,不应当认定为刑法第 20 条第 3 款规定的"严重危及人身安全的暴力犯罪"。3. 判断防卫是否过当,应当综合考虑不法侵害的性质、手段、强度、危害程度,以及防卫行为的性质、时机、手段、强度、所处环境和损害后果等情节。对非法限制他人人身自由并伴有侮辱、轻微殴打，且并不十分紧迫的不法侵害，进行防卫致人死亡重伤的，应当认定为刑法第20条第2款规定的“明显超过必要限度造成重大损害”。4. 防卫过当案件，如系因被害人实施严重贬损他人人格尊严或者亵渎人伦的不法侵害引发的，量刑时对此应予充分考虑，以确保司法裁判既经得起法律检验，也符合社会公平正义观念。

【裁判理由】

法院生效裁判认为：被告人于某持刀捅刺杜某2等4人，属于制止正在进行的不法侵害，其行为具有防卫性质；其防卫行为造成1人死亡、2人重伤、1人轻伤的严重后果，明显超过必要限度造成重大损害，构成故意伤害罪，依法应负刑事责任。鉴于于某的行为属于防卫过当，于某归案后如实供述主要罪行，且被害方有以恶劣手段侮辱于某之母的严重过错等情节，对于某依法应当减轻处罚。原判认定于某犯故意伤害罪正确，审判程序合法，但认定事实不全面，部分刑事判项适用法律错误，量刑过重，遂依法改判于某有期徒刑五年。

本案在法律适用方面的争议焦点主要有两个方面：一是于某的捅刺行为性质，即是否具有防卫性、是否属于特殊防卫、是否属于防卫过当；二是如何定罪处罚。

一、关于于某的捅刺行为性质

《中华人民共和国刑法》(以下简称《刑法》)第20条第1款规定：“为了使国家、公共利益、本人或者他人的人身、财产和其他权利免受正在进行的不法侵害，而采取的制止不法侵害的行为，对不法侵害人造成损害的，属于正当防卫，不负刑事责任。”由此可见，成立正当防卫必须同时具备以下5项条件：一是防卫起因，不法侵害现实存在。不法侵害是指违背法律的侵袭和损害，既包括犯罪行为，又包括一般违法行为；既包括侵害人身权利的行为，又包括侵犯财产及其他权利的行为。二是防卫时间，不法侵害正在进行。正在进行是指不法侵害已经开始并且尚未结束的这段时期。对尚未开始或已经结束的不法侵害，不能进行防卫，否则即是防卫不适时。三是防卫对象，即针对不法侵害者本人。正当防卫的对象只能是不法侵害人本人，不能对不法侵害人之外的人实施防卫行为。在共同实施不法侵害的场合，共同侵害具有整体性，可对每一个共同侵害人进行正当防卫。四是防卫意图，出于制止不法侵害的目的，有防卫认识和意志。五是防卫限度，尚未明显超过必要限度造成重大损害。这就是说正当防卫的成立条件包括客观条件、主观条件和限度条件。客观条件和主观条件是定性条件，确定了正当防卫“正”的性质和前提条件，不符合这些条件的不是正当防卫；限度条件是定量条件，确定了正当防卫“当”的要求和合理限度，不符合该条件的虽然仍有防卫性质，但不是正当防卫，属于防卫过当。防卫过当行为具有防卫的前提条件和制止不法侵害的目的，只是在制止不法侵害过程中，没有合理控制防卫行为的强度，明显超过正当防卫必要限度，并造成不应有的重大损害后果，从而转化为有害于社会的违法犯罪行为。根据本案认定的事实、证据和我国刑法有关规定，于某的捅刺行为虽然具有防卫性，但属于防卫过当。

首先，于某的捅刺行为具有防卫性。案发当时杜某2等人对于某、苏某持续实施着限制人身自由的非法拘禁行为，并伴有侮辱人格和对于某推搡、拍打等行为；民警到达现场后，于某和苏某想随民警走出接待室时，杜某2等人阻止2人离开，并对于某实施推拉、围堵等行为，在于某持刀警告时仍出言挑衅并逼近，实施正当防卫所要求的不法侵害客观存在并正在进行；于某是在人身自由受到违法侵害、人身安全面临现实威胁的情况下持刀捅刺，且捅刺的对象都是在其警告后仍向其靠近围逼的人。因此，可以认定其是为了使本人和其母亲的人身权利免受正在进行的不法侵害，而采取的制止不法侵害行为，具备正当防卫的客观和主观条件，具有防卫性质。

其次，于某的捅刺行为不属于特殊防卫。《刑法》第20条第3款规定：“对正在进行行凶、杀人、抢劫、强奸、绑架以及其他严重危及人身安全的暴力犯罪,采取防卫行为,造成不法侵害人伤亡的,不属于防卫过当,不负刑事责任。”根据这一规定,特殊防卫的适用前提条件是存在严重危及本人或他人人身安全的暴力犯罪。本案中,虽然杜某2等人对于某母子实施了非法限制人身自由、侮辱、轻微殴打等人身侵害行为,但这些不法侵害不是严重危及人身安全的暴力犯罪。其一,杜某2等人实施的非法限制人身自由、侮辱等不法侵害行为,虽然侵犯了于某母子的人身自由、人格尊严等合法权益,但并不具有严重危及于某母子人身安全的性质;其二,杜某2等人按肩膀、推拉等强制或者殴打行为,虽然让于某母子的人身安全、身体健康权遭受了侵害,但这种不法侵害只是轻微的暴力侵犯,既不是针对生命权的不法侵害,又不是发生严重侵害于某母子身体健康权的情形,因而不属于严重危及人身安全的暴力犯罪。其三,苏某、于某1系主动通过他人协调、担保,向吴某借贷,自愿接受吴某所提10%的月息。既不存在苏某、于某1被强迫向吴某高息借贷的事实,又不存在吴某强迫苏某、于某1借贷的事实,与司法解释以借贷为名采用暴力、胁迫手段获取他人财物以抢劫罪论处的规定明显不符。可见杜某2等人实施的多种不法侵害行为,符合可以实施一般防卫行为的前提条件,但不具备实施特殊防卫的前提条件,故于某的捅刺行为不属于特殊防卫。

最后,于某的捅刺行为属于防卫过当。《刑法》第20条第2款规定:“正当防卫明显超过必要限度造成重大损害的,应当负刑事责任,但是应当减轻或者免除处罚。”由此可见,防卫过当是在具备正当防卫客观和主观前提条件下,防卫反击明显超越必要限度,并造成致人重伤或死亡的过当结果。认定防卫是否“明显超过必要限度”,应当从不法侵害的性质、手段、强度、危害程度,以及防卫行为的性质、时机、手段、强度、所处环境和损害后果等方面综合分析判定。本案中,杜某2一方虽然人数较多,但其实施不法侵害的意图是给苏某夫妇施加压力以催讨债务,在催债过程中未携带、使用任何器械;在民警朱某等进入接待室前,杜某2一方对于某母子实施的是非法限制人身自由、侮辱和对于某拍打面颊、揪抓头发等行为,其目的仍是逼迫苏某夫妇尽快还款;在民警进入接待室时,双方没有发生激烈对峙和肢体冲突,当民警警告不能打架后,杜某2一方并无打架的言行;在民警走出接待室寻找报警人期间,于某和讨债人员均可透过接待室玻璃清晰看见停在院内的警车警灯闪烁,应当知道民警并未离开;在于某持刀警告不要逼过来时,杜某2等人虽有出言挑衅并向于某围逼的行为,但并未实施强烈的攻击行为。因此,于某面临的不法侵害并不紧迫和严重,而其却持刃长15.3厘米的单刃尖刀连续捅刺4人,致1人死亡、2人重伤、1人轻伤,且其中1人系被背后捅伤,故应当认定于某的防卫行为明显超过必要限度造成重大损害,属于防卫过当。

二、关于定罪量刑

首先,关于定罪。本案中,于某连续捅刺4人,但捅刺对象都是当时围逼在其身边的人,未对离其较远的其他不法侵害人进行捅刺,对不法侵害人每人捅刺一刀,未对同一不法侵害人连续捅刺。可见,于某的目的在于制止不法侵害并离开接待室,在案证据不能证实其具有追求或放任致人死亡危害结果发生的故意,故于某的行为不构成故意杀人罪,但他为了追求防卫效果的实现,对致多人伤亡的过当结果的发生持听之任之的态度,已构成防卫过当情形下的故意伤害罪。认定于某的行为构成故意伤害罪,既是严格司法的要求,又符合人民群众的公平正义观念。

其次,关于量刑。《刑法》第20条第2款规定:“正当防卫明显超过必要限度造成重大损害的,应当负刑事责任,但是应当减轻或者免除处罚。”综合考虑本案防卫权益的性质、防卫方法、防卫强度、防卫起因、损害后果、过当程度、所处环境等情节,对于某应当减轻处罚。

被害方对引发本案具有严重过错。本案案发前,吴某、赵某1指使杜某2等人实施过侮辱苏某、干扰源大公司生产经营等逼债行为,苏某多次报警,吴某等人的不法逼债行为并未收敛。案发当日,杜某 2 等人对于某、苏某实施非法限制人身自由、侮辱及对于某间有推搡、拍打、卡颈部等行为,于某及其母亲苏某连日来多次遭受催逼、骚扰、侮辱,导致于某实施防卫行为时难免带有恐惧、愤怒等因素。尤其是杜某 2 裸露下体侮辱苏某对引发本案有重大过错。案发当日,杜某 2 当着于某之面公然以裸露下体的方式侮辱其母亲苏某。虽然距于某实施防卫行为已间隔约 20 分钟,但于某捅刺杜某 2 等人时难免带有报复杜某 2 辱母的情绪,故杜某 2 裸露下体侮辱苏某的行为是引发本案的重要因素,在刑罚裁量上应当作为对于某有利的情节重点考虑。

杜某 2 的辱母行为严重违法、亵渎人伦,应当受到惩罚和谴责,但于某在民警尚在现场调查,警车仍在现场闪烁警灯的情形下,为离开接待室摆脱围堵而持刀连续捅刺四人,致 1 人死亡、2 人重伤、1 人轻伤,且其中一重伤者系于某从背部捅刺,损害后果严重,且除杜某 2 以外,其他 3 人并未实施侮辱于某母亲的行为,其防卫行为造成损害远远大于其保护的合法权益,防卫明显过当。于某及其母亲的人身自由和人格尊严应当受到法律保护,但于某的防卫行为明显超过必要限度并造成多人伤亡严重后果,超出法律所容许的限度,依法也应当承担刑事责任。

根据我国刑法规定,故意伤害致人死亡的,处 10 年以上有期徒刑、无期徒刑或者死刑;防卫过当的,应当减轻或者免除处罚。如上所述,于某的防卫行为明显超过必要限度造成重大伤亡后果,减轻处罚依法应当在 3 至 10 年有期徒刑的法定刑幅度内量刑。鉴于于某归案后如实供述主要罪行,且被害方有以恶劣手段侮辱于某之母的严重过错等可以从轻处罚情节,综合考虑于某犯罪的事实、性质、情节和危害后果,遂判处于某有期徒刑 5 年。(收录部分内容)

29. 最高人民法院、最高人民检察院、公安部、司法部《关于办理恶势力刑事案件若干问题的意见》(2019 年 4 月 9 日)

二、恶势力、恶势力犯罪集团的认定标准

8. 恶势力实施的违法犯罪活动,主要为强迫交易、故意伤害、非法拘禁、敲诈勒索、故意毁坏财物、聚众斗殴、寻衅滋事,但也包括具有为非作恶、欺压百姓特征,主要以暴力、威胁为手段的其他违法犯罪活动。

恶势力还可能伴随实施开设赌场、组织卖淫、强迫卖淫、贩卖毒品、运输毒品、制造毒品、抢劫、抢夺、聚众扰乱社会秩序、聚众扰乱公共场所秩序、交通秩序以及聚众"打砸抢"等违法犯罪活动,但仅有前述伴随实施的违法犯罪活动,且不能认定具有为非作恶、欺压百姓特征的,一般不应认定为恶势力。(全详见本书《刑法》第 226 条相关内容)

30. 最高人民法院、最高人民检察院、公安部、司法部《关于办理黑恶势力刑事案件中财产处置若干问题的意见》(2019 年 4 月 9 日)

(详见本书《刑法》第 294 条相关内容)

31. 最高人民法院《关于依法妥善审理高空抛物、坠物案件的意见》(法发〔2019〕25 号)

二、依法惩处构成犯罪的高空抛物、坠物行为,切实维护人民群众生命财产安全

5. 准确认定高空抛物犯罪。对于高空抛物行为,应当根据行为人的动机、抛物场所、抛掷物的情况以及造成的后果等因素,全面考量行为的社会危害程度,准确判断行为性质,正确适用罪名,准确裁量刑罚。

故意从高空抛弃物品,尚未造成严重后果,但足以危害公共安全的,依照刑法第 114 条规定的以危险方法危害公共安全罪定罪处罚;致人重伤、死亡或者使公私财产遭受重大损失的,依照刑法第 115 条第 1 款的规定处罚。为伤害、杀害特定人员实施上述行为的,依照故意伤害罪、故意杀人罪定罪处罚。(全文详见本书《刑法》第 114 条相关内容)

32. 最高人民法院、最高人民检察院、公安部、司法部《关于办理非法放贷刑事案件若干问题的意见》(法发〔2019〕24号)

六、为从事非法放贷活动,实施擅自设立金融机构、套取金融机构资金高利转贷、骗取贷款、非法吸收公众存款等行为,构成犯罪的,应当择一重罪处罚。

为强行索要因非法放贷而产生的债务,实施故意杀人、故意伤害、非法拘禁、故意毁坏财物、寻衅滋事等行为,构成犯罪的,应当数罪并罚。

纠集、指使、雇佣他人采用滋扰、纠缠、哄闹、聚众造势等手段强行索要债务,尚不单独构成犯罪,但实施非法放贷行为已构成非法经营罪的,应当按照非法经营罪的规定酌情从重处罚。

以上规定的情形,刑法、司法解释另有规定的除外。

七、有组织地非法放贷,同时又有其他违法犯罪活动,符合黑社会性质组织或者恶势力、恶势力犯罪集团认定标准的,应当分别按照黑社会性质组织或者恶势力、恶势力犯罪集团侦查、起诉、审判。

黑恶势力非法放贷的,据以认定"情节严重""情节特别严重"的非法放贷数额、违法所得数额、非法放贷对象数量起点标准,可以分别按照本意见第2条规定中相应数额、数量标准的50%确定;同时具有本意见第3条第1款规定情形的,可以分别按照相应数额、数量标准的40%确定。

八、本意见自2019年10月21日起施行。对于本意见施行前发生的非法放贷行为,依照最高人民法院《关于准确理解和适用刑法中"国家规定"的有关问题的通知》(法发〔2011〕155号)的规定办理。(全文详见本书《刑法》第225条相关内容)

33. 最高人民法院、最高人民检察院、公安部《关于依法惩治袭警违法犯罪行为的指导意见》(2019年12月27日)

一、对正在依法执行职务的民警实施下列行为的,属于刑法第277条第5款规定的"暴力袭击正在依法执行职务的人民警察",应当以妨害公务罪定罪从重处罚:

1. 实施撕咬、踢打、抱摔、投掷等,对民警人身进行攻击的;

2. 实施打砸、毁坏、抢夺民警正在使用的警用车辆、警械等警用装备,对民警人身进行攻击的;对正在依法执行职务的民警虽未实施暴力袭击,但以实施暴力相威胁,符合刑法第277条第1款规定的,以妨害公务罪定罪处罚。

醉酒的人实施袭警犯罪行为,应当负刑事责任。

教唆、煽动他人实施袭警犯罪行为或者为他人实施袭警犯罪行为提供工具、帮助的,以共同犯罪论处。

对袭警情节轻微或者辱骂民警,尚不构成犯罪,但构成违反治安管理行为的,应当依法从重给予治安管理处罚。

二、实施暴力袭警行为,具有下列情形之一的,在第1条规定的基础上酌情从重处罚:

1. 使用凶器或者危险物品袭警、驾驶机动车袭警的;

2. 造成民警轻微伤或者警用装备严重毁损的;

3. 妨害民警依法执行职务,造成他人伤亡、公私财产损失或者造成犯罪嫌疑人脱逃、毁灭证据等严重后果的;

4. 造成多人围观、交通堵塞等恶劣社会影响的;

5. 纠集多人袭警或者袭击民警2人以上的;

6. 曾因袭警受过处罚,再次袭警的;

7. 实施其他严重袭警行为的。

实施上述行为，构成犯罪的，一般不得适用缓刑。

三、驾车冲撞、碾轧、拖拽、剐蹭民警，或者挤别、碰撞正在执行职务的警用车辆，危害公共安全或者民警生命、健康安全，符合刑法第114条、第115条、第232、第234条规定的，应当以以危险方法危害公共安全罪、故意杀人罪或者故意伤害罪定罪，酌情从重处罚。

暴力袭警，致使民警重伤、死亡，符合刑法第234条、第232条规定的，应当以故意伤害罪、故意杀人罪定罪，酌情从重处罚。

四、抢劫、抢夺民警枪支，符合刑法第127条第2款规定的，应当以抢劫枪支罪、抢夺枪支罪定罪。

五、民警在非工作时间，依照《中华人民共和国人民警察法》等法律履行职责的，应当视为执行职务。

六、在民警非执行职务期间，因其职务行为对其实施暴力袭击、拦截、恐吓等行为，符合刑法第234条、第232条、第293条等规定的，应当以故意伤害罪、故意杀人罪、寻衅滋事罪等定罪，并根据袭警的具体情节酌情从重处罚。（全文详见本书《刑法》第277条相关内容）

34. 最高人民法院、最高人民检察院、公安部、司法部《关于依法惩治妨害新型冠状病毒感染肺炎疫情防控违法犯罪的意见》（法发〔2020〕7号）

二、准确适用法律，依法严惩妨害疫情防控的各类违法犯罪

（二）依法严惩暴力伤医犯罪。在疫情防控期间，故意伤害医务人员造成轻伤以上的严重后果，或者对医务人员实施撕扯防护装备、吐口水等行为，致使医务人员感染新型冠状病毒的，依照刑法第234条的规定，以故意伤害罪定罪处罚。

随意殴打医务人员，情节恶劣的，依照刑法第293条的规定，以寻衅滋事罪定罪处罚。

采取暴力或者其他方法公然侮辱、恐吓医务人员，符合刑法第246条、第293条规定的，以侮辱罪或者寻衅滋事罪定罪处罚。

以不准离开工作场所等方式非法限制医务人员人身自由，符合刑法第238条规定的，以非法拘禁罪定罪处罚。（全文详见本书《刑法》第114条相关内容）

35. 最高人民法院、最高人民检察院、公安部《关于办理涉窨井盖相关刑事案件的指导意见》（高检发〔2020〕3号）

三、对于本意见第1条、第2条规定以外的其他场所的窨井盖，明知会造成人员伤亡后果而实施盗窃、破坏行为，致人受伤或者死亡的，依照刑法第234条、第232条的规定，分别以故意伤害罪、故意杀人罪定罪处罚。

过失致人重伤或者死亡的，依照刑法第235条、第233条的规定，分别以过失致人重伤罪、过失致人死亡罪定罪处罚。（全文详见本书《刑法》第233条相关内容）

36. 最高人民法院、最高人民检察院、公安部《关于依法办理"碰瓷"违法犯罪案件的指导意见》（公通字〔2020〕12号）

七、为实施"碰瓷"而故意杀害、伤害他人或者过失致人重伤、死亡，符合刑法第232条、第234条、第233条、第235条规定的，分别以故意杀人罪、故意伤害罪、过失致人死亡罪、过失致人重伤罪定罪处罚。

九、共同故意实施"碰瓷"犯罪，起主要作用的，应当认定为主犯，对其参与或者组织、指挥的全部犯罪承担刑事责任；起次要或者辅助作用的，应当认定为从犯，依法予以从轻、减轻处罚或者免除处罚。

3人以上为共同故意实施"碰瓷"犯罪而组成的较为固定的犯罪组织，应当认定为犯罪集团。对首要分子应当按照集团所犯全部罪行处罚。

符合黑恶势力认定标准的，应当按照黑社会性质组织、恶势力或者恶势力犯罪集团侦查、

起诉、审判。(全文详见本书《刑法》第133条相关内容)

37. 最高人民法院、最高人民检察院、公安部《关于办理跨境赌博犯罪案件若干问题的意见》(公通字〔2020〕14号)

四、关于跨境赌博关联犯罪的认定

(四)实施赌博犯罪,为强行索要赌债,实施故意杀人、故意伤害、非法拘禁、故意毁坏财物、寻衅滋事等行为,构成犯罪的,应当依法数罪并罚。

(全文详见本书《刑法》第303条相关内容)

38. 最高人民检察院《第22批指导性案例钱某故意伤害案》(检例第82号;2020年11月24日)

【要旨】

检察机关应当健全量刑协商机制,规范认罪认罚案件量刑建议的形成过程。依法听取犯罪嫌疑人、辩护人或者值班律师的意见,通过出示有关证据、释法说理等方式,结合案件事实和情节开展量刑协商,促进协商一致。注重运用司法救助等制度措施化解矛盾,提升办案质效。

【指导意义】

1. 有效保障辩护人或者值班律师参与量刑协商。办理认罪认罚案件,检察机关应当与被告人、辩护人或者值班律师进行充分有效的量刑协商。检察机关组织开展量刑协商时,应当充分听取被告人、辩护人或者值班律师的意见。检察机关可以通过向被告人出示证据、释法说理等形式,说明量刑建议的理由和依据,保障协商的充分性。被告人及其辩护人或者值班律师提出新的证据材料或者不同意见的,应当重视并认真审查,及时反馈是否采纳并说明理由,需要核实或一时难以达成一致的,可以在充分准备后再开展协商。检察机关应当听取被害方及其诉讼代理人的意见,促进和解谅解,并作为对被告人从宽处罚的重要因素。

2. 运用司法救助促进矛盾化解。对于因民间矛盾纠纷引发,致人伤亡的案件,被告人认罪悔罪态度好,但因家庭经济困难没有赔偿能力或者赔偿能力有限,而被害方又需要救助的,检察机关应当积极促使被告人尽力赔偿被害方损失,争取被害方谅解,促进矛盾化解。同时要积极开展司法救助,落实帮扶措施,切实为被害方纾解困难提供帮助,做实做细化解矛盾等社会治理工作。

39. 最高人民法院、最高人民检察院《关于常见犯罪的量刑指导意见(试行)》(法发〔2021〕21号)

四、常见犯罪的量刑

(七)故意伤害罪

1. 构成故意伤害罪的,根据下列不同情形在相应的幅度内确定量刑起点:

(1)故意伤害致1人轻伤的,在2年以下有期徒刑、拘役幅度内确定量刑起点。(2)故意伤害致1人重伤的,在3年至5年有期徒刑幅度内确定量刑起点。(3)以特别残忍手段故意伤害致1人重伤,造成6级严重残疾的,在10年至13年有期徒刑幅度内确定量刑起点。依法应当判处无期徒刑以上刑罚的除外。

2. 在量刑起点的基础上,根据伤害后果、伤残等级、手段残忍程度等其他影响犯罪构成的犯罪事实增加刑罚量,确定基准刑。

故意伤害致人轻伤的,伤残程度可在确定量刑起点时考虑,或者作为调节基准刑的量刑情节。

3. 构成故意伤害罪的,综合考虑故意伤害的起因、手段、危害后果、赔偿谅解等犯罪事实、量刑情节,以及被告人的主观恶性、人生危险性、认罪悔罪表现数额、危害后果、退赃退赔等犯罪事实、量刑情节,以及被告人的主观恶性、人身危险性、认罪悔罪表现等因素,决定缓刑的适用。(全文详见本书《刑法》第61条相关内容)

40. 最高人民法院、最高人民检察院、公安部、工业和信息化部、住房和城乡建设部、交通运输部、应急管理部、国家铁路局、中国民用航空局、国家邮政局《关于依法惩治涉枪支、弹药、爆炸物、易燃易爆危险物品犯罪的意见》(法发〔2021〕35号)

4. 非法制造、买卖、运输、邮寄、储存、盗窃、抢夺、抢劫、持有、私藏、走私枪支、弹药、爆炸物,并利用该枪支、弹药、爆炸物实施故意杀人、故意伤害、抢劫、绑架等犯罪的,依照数罪并罚的规定处罚。(全文详见本书《刑法》第125条相关内容)

第234条之一 **【组织出卖人体器官罪】**组织他人出卖人体器官的,处5年以下有期徒刑,并处罚金;情节严重的,处5年以上有期徒刑,并处罚金或者没收财产。

未经本人同意摘取其器官,或者摘取不满18周岁的人的器官,或者强迫、欺骗他人捐献器官的,依照本法第234条、第232条的规定定罪处罚。【故意伤害罪(第234条)】、【故意杀人罪(第232条)】

违背本人生前意愿摘取其尸体器官,或者本人生前未表示同意,违反国家规定,违背其近亲属意愿摘取其尸体器官的,依照本法第302条的规定定罪处罚。【盗窃、侮辱、故意毁坏尸体、尸骨、骨灰罪(第302条)】

(本条《中华人民共和国刑法修正案(8)》增设)

• 释义

组织出卖人体器官罪是指组织他人出卖人体器官的行为。

未经本人同意摘取其器官,或者摘取不满18周岁的人的器官,或者强迫、欺骗他人捐献器官的,依照故意伤害罪、故意杀人罪定罪处罚。

违背本人生前意愿摘取其尸体器官,或者本人生前未表示同意,违反国家规定,违背其近亲属意愿摘取其尸体器官的行为,依照盗窃、侮辱尸体罪定罪处罚。

• 管辖

公安机关刑事侦查部门、法院(本罪,人民检察院没有提起公诉,被害人有证据证明的轻微刑事案件,可能判处3年以下刑罚的)。

• 关联法律

1.《中华人民共和国刑法修正案(8)》(2011年2月25日第十一届全国人大常委会第十九次会议通过)

三十七、在刑法第234条后增加1条,作为第234条之一:"组织他人出卖人体器官的,处5年以下有期徒刑,并处罚金;情节严重的,处5年以上有期徒州,并处罚金或者没收财产。未经本人同意摘取其器官,或者摘取不满18周岁的人的器官,或者强迫、欺骗他人捐献器官的,依照本法第234条、第232条的规定定罪处罚。

"违背本人生前意愿摘取其尸体器官,或者本人生前未表示同意,违反国家规定,违背其近亲属意愿摘取其尸体器官的,依照本法第302条的规定定罪处罚。"

2. 参见本书《刑法》第234条该节内容。

第235条 【过失致人重伤罪】过失伤害他人致人重伤的,处3年以下有期徒刑或者拘役。本法另有规定的,依照规定。

• 释义

过失致人重伤罪是指过失伤害他人身体,致人重伤的行为。

行为人明显具有轻伤的故意,但由于过失造成他人重伤的,应认定为故意伤害罪;过失行为当场致人重伤,但因抢救无效死亡的,应认定为过失致人死亡罪。

• 管辖

公安机关刑事侦查部门、法院(本罪,人民检察院没有提起公诉,被害人有证据证明的轻微刑事案件,可能判处3年以下刑罚的)。

• 关联法律

1. 最高人民法院《关于审理抢夺刑事案件具体应用法律若干问题的解释》(法释〔2002〕18号)

(法释〔2013〕25号已声明该文件废止)

2. 最高人民法院《关于依法妥善审理高空抛物、坠物案件的意见》(法发〔2019〕25号)

二、依法惩处构成犯罪的高空抛物、坠物行为,切实维护人民群众生命财产安全

7. 准确认定高空坠物犯罪。过失导致物品从高空坠落,致人死亡、重伤,符合刑法第233条、第235条规定的,依照过失致人死亡罪、过失致人重伤罪定罪处罚。在生产、作业中违反有关安全管理规定,从高空坠落物品,发生重大伤亡事故或者造成其他严重后果的,依照刑法第134条第1款的规定,以重大责任事故罪定罪处罚。(全文详见本书《刑法》第114条相关内容)

3. 最高人民法院、最高人民检察院、公安部《关于办理涉窨井盖相关刑事案件的指导意见》(高检发〔2020〕3号)

三、对于本意见第1条、第2条规定以外的其他场所的窨井盖,明知会造成人员伤亡后果而实施盗窃、破坏行为,致人受伤或者死亡的,依照刑法第234条、第232条的规定,分别以故意伤害罪、故意杀人罪定罪处罚。

过失致人重伤或者死亡的,依照刑法第235条、第233条的规定,分别以过失致人重伤罪、过失致人死亡罪定罪处罚。

五、在生产、作业中违反有关安全管理的规定,擅自移动窨井盖或者未做好安全防护措施等,发生重大伤亡事故或者造成其他严重后果的,依照刑法第134条第1款的规定,以重大责任事故罪定罪处罚。

窨井盖建设、设计、施工、工程监理单位违反国家规定,降低工程质量标准,造成重大安全事故的,依照刑法第137条的规定,以工程重大安全事故罪定罪处罚。

十、对窨井盖负有管理职责的其他公司、企业、事业单位的工作人员,严重不负责任,导致人员坠井等事故,致人重伤或者死亡,符合刑法第235条、第233条规定的,分别以过失致人重伤罪、过失致人死亡罪定罪处罚。(全文详见本书《刑法》第233条相关内容)

4. 最高人民法院、最高人民检察院、公安部《关于依法办理"碰瓷"违法犯罪案件的指导意见》(公通字〔2020〕12号)

七、为实施"碰瓷"而故意杀害、伤害他人或者过失致人重伤、死亡,符合刑法第232条、第

234条、第233条、第235条规定的，分别以故意杀人罪、故意伤害罪、过失致人死亡罪、过失致人重伤罪定罪处罚。

九、共同故意实施“碰瓷”犯罪，起主要作用的，应当认定为主犯，对其参与或者组织、指挥的全部犯罪承担刑事责任；起次要或者辅助作用的，应当认定为从犯，依法予以从轻、减轻处罚或者免除处罚。

3人以上为共同故意实施“碰瓷”犯罪而组成的较为固定的犯罪组织，应当认定为犯罪集团。对首要分子应当按照集团所犯全部罪行处罚。

符合黑恶势力认定标准的，应当按照黑社会性质组织、恶势力或者恶势力犯罪集团侦查、起诉、审判。（全文详见本书《刑法》第133条相关内容）

5. 参见本书《刑法》第234条该节内容。

第236条　【强奸罪】以暴力、胁迫或者其他手段强奸妇女的，处3年以上10年以下有期徒刑。

奸淫不满14周岁的幼女的，以强奸论，从重处罚。

强奸妇女、奸淫幼女，有下列情形之一的，处10年以上有期徒刑、无期徒刑或者死刑：

（一）强奸妇女、奸淫幼女情节恶劣的；

（二）强奸妇女、奸淫幼女多人的；

（三）在公共场所当众强奸妇女、奸淫幼女的；

（四）2人以上轮奸的；

（五）奸淫不满10周岁的幼女或者造成幼女伤害的；

（六）致使被害人重伤、死亡或者造成其他严重后果的。

（本条《中华人民共和国刑法修正案(11)》修改）

• 释义

强奸罪是指以暴力、胁迫或者其他手段，强行与妇女性交，或者与不满14周岁的幼女性交的行为。

奸淫不满14周岁的幼女的，从重处罚。行为人明知是不满14周岁的幼女而与其发生性关系，不论幼女是否自愿，均应依照强奸罪从重处罚；行为人确实不知对方是不满14周岁的幼女，双方自愿发生关系，尚未造成严重后果，情节显著轻微的，不认为是犯罪。

在认定是否违背妇女意志时，不能以妇女作风好坏来划分，也不能以妇女有无反抗为必要条件。有教养关系、从属关系和利用职权与妇女发生性行为的，不能都视为强奸；行为人利用职权引诱女方，女方基于互相利用与之发生性行为的，不定为强奸罪。

强奸罪中的“其他手段”，是指使妇女不知抗拒、不敢抗拒或者不能抗拒的手段，具有与暴力、胁迫相当的强制性质。比如利用妇女患重病、熟睡之机，以酒灌醉或药物麻醉，假冒治病，冒充丈夫或情人，造成或利用妇女孤立无援的状态，利用迷信、会道门、邪教组织奸淫妇女等。

第1次性行为违背妇女意志，但事后并未告发，后来女方又多次自愿与该男子发生性行为的，一般不宜以强奸罪论处。区分求欢未成与强奸未遂，要考虑手段强度，何以停止拉扯、纠缠等。

行为主体一般是男子，其中单独的直接正犯只能是男子；妇女可以成为教唆犯和帮助犯，也可以成为间接正犯与共同正犯。

• 管辖

公安机关刑事侦查部门、法院(本罪,人民检察院没有提起公诉,被害人有证据证明的轻微刑事案件,可能判处3年以下刑罚的)。

• 关联法律

1. 最高人民检察院《关于在办理强奸案件中可否检查处女膜问题的批复》(81高检刑函第137号)

被最高人民检察院《关于废止1980年1月1日至1997年6月30日期间制发的部分司法解释和司法解释性质文件的决定》(高检发释字〔2013〕1号)废止。

2. 最高人民法院、最高人民检察院《关于审理强奸案件应慎重处理被害人出庭问题的通知》(〔1982〕法研字第15号)

(法释〔2013〕1号已声明该文件废止)

3. 最高人民法院、最高人民检察院、公安部《关于依法惩处利用摘除节育环进行违法犯罪活动的分子的联合通知》(〔83〕法研字第25号)

(法释〔2013〕1号已声明该文件废止)

4. 最高人民法院、最高人民检察院、公安部《关于当前办理强奸案件中具体应用法律的若干问题的解答》(〔1984〕法研字第7号)

(法释〔2013〕1号已声明该文件废止)

5. 最高人民法院研究室《关于已满14岁不满16岁的人犯强奸罪是否应负刑事责任问题的电话答复》(1984年11月8日)

(法释〔2013〕2号已声明该文件废止)

6. 最高人民法院研究室《关于同一被害人在同一晚上分别被多个互不通谋的人在不同地点强奸可否并案审理问题的电话答复》(1990年5月26日)

广东省高级人民法院:

你院请示:一被害人在同一个晚上分别被3个互不通谋的犯罪分子在不同地点和时间实施了强奸。公安机关同时侦破,检察院以一个案件起诉,法院是作一案审理还是分案审理?经研究,我们认为,根据上述情况,这3个被告人的行为不属于共同犯罪,而是各个被告人分别实施的各自独立的犯罪,因此,应分案审理,不宜并案审理。

7. 最高人民检察院《关于管教干警强奸女犯案件管辖问题的批复》(高检发监字〔1992〕1号)

[被最高人民检察院《关于废止1980年1月1日至1997年6月30日期间制发的部分司法解释和司法解释性质文件的决定》(高检发释字〔2013〕1号)废止]

8. 最高人民法院、最高人民检察院《关于办理组织和利用邪教组织犯罪案件具体应用法律若干问题的解释》(法释〔1999〕18号)

(法释〔2017〕3号已声明该文件废止)

9. 最高人民法院《关于审理强奸案件有关问题的解释》(法释〔2000〕4号)

(法释〔2013〕7号已声明该文件废止)

10. 最高人民法院《关于行为人不明知是不满14周岁的幼女,双方自愿发生性关系是否构成强奸罪的批复》(法释〔2003〕4号)

(法释〔2013〕7号已声明该文件废止)

11. 最高人民法院《关于审理未成年人刑事案件具体应用法律若干问题的解释》(法释〔2006〕1号)

第6条 已满14周岁不满16周岁的人偶尔与幼女发生性行为,情节轻微、未造成严重后果的,不认为是犯罪。(全文详见本书《刑法》第17条相关内容)

12. 最高人民法院、最高人民检察院,公安部、司法部《关于依法惩治性侵害未成年人犯罪的意见》(法发〔2013〕12号)

三、准确适用法律

19. 知道或者应当知道对方是不满14周岁的幼女,而实施奸淫等性侵害行为的,应当认定行为人"明知"对方是幼女。

对于不满12周岁的被害人实施奸淫等性侵害行为的,应当认定行为人"明知"对方是幼女。

对于已满12周岁不满14周岁的被害人,从其身体发育状况、言谈举止、衣着特征、生活作息规律等观察可能是幼女,而实施奸淫等性侵害行为的,应当认定行为人"明知"对方是幼女。

20. 以金钱财物等方式引诱幼女与自己发生性关系的;知道或者应当知道幼女被他人强迫卖淫而仍与其发生性关系的,均以强奸罪论处。

21. 对幼女负有特殊职责的人员与幼女发生性关系的,以强奸罪论处。

对已满14周岁的未成年女性负有特殊职责的人员,利用其优势地位或者被害人孤立无援的境地,迫使未成年被害人就范,而与其发生性关系的,以强奸罪定罪处罚。

22. 实施猥亵儿童犯罪,造成儿童轻伤以上后果,同时符合刑法第234条或者第232条的规定,构成故意伤害罪、故意杀人罪的,依照处罚较重的规定定罪处罚。

对已满14周岁的未成年男性实施猥亵,造成被害人轻伤以上后果,符合刑法第234条或者第232条规定的,以故意伤害罪或者故意杀人罪定罪处罚。

23. 在校园、游泳馆、儿童游乐场等公共场所对未成年人实施强奸、猥亵犯罪,只要有其他多人在场,不论在场人员是否实际看到,均可以依照刑法第236条第3款、第237条的规定,认定为在公共场所"当众"强奸妇女,强制猥亵、侮辱妇女,猥亵儿童。

24. 介绍、帮助他人奸淫幼女、猥亵儿童的,以强奸罪、猥亵儿童罪的共犯论处。

25. 针对未成年人实施强奸、猥亵犯罪的,应当从重处罚,具有下列情形之一的,更要依法从严惩处:

(1)对未成年人负有特殊职责的人员、与未成年人有共同家庭生活关系的人员、国家工作人员或者冒充国家工作人员,实施强奸、猥亵犯罪的;(2)进入未成年人住所、学生集体宿舍实施强奸、猥亵犯罪的;(3)采取暴力、胁迫、麻醉等强制手段实施奸淫幼女、猥亵儿童犯罪的;(4)对不满12周岁的儿童、农村留守儿童、严重残疾或者精神智力发育迟滞的未成年人,实施强奸、猥亵犯罪的;(5)猥亵多名未成年人,或者多次实施强奸、猥亵犯罪的;(6)造成未成年被害人轻伤、怀孕、感染性病等后果的;(7)有强奸、猥亵犯罪前科劣迹的。

26. 组织、强迫、引诱、容留、介绍未成年人卖淫构成犯罪的,应当从重处罚。强迫幼女卖淫、引诱幼女卖淫的,应当分别按照刑法第358条第1款第2项、第359条第2款的规定定罪处罚。

对未成年人负有特殊职责的人员、与未成年人有共同家庭生活关系的人员、国家工作人员,实施组织、强迫、引诱、容留、介绍未成年人卖淫等性侵害犯罪的,更要依法从严惩处。

27. 已满14周岁不满16周岁的人偶尔与幼女发生性关系,情节轻微、未造成严重后果的,不认为是犯罪。

四、其他事项

28. 对于强奸未成年人的成年犯罪分子判处刑罚时，一般不适用缓刑。

对于性侵害未成年人的犯罪分子确定是否适用缓刑，人民法院、人民检察院可以委托犯罪分子居住地的社区矫正机构，就对其宣告缓刑对所居住社区是否有重大不良影响进行调查。受委托的社区矫正机构应当及时组织调查，在规定的期限内将调查评估意见提交委托机关。

对于判处刑罚同时宣告缓刑的，可以根据犯罪情况，同时宣告禁止令，禁止犯罪分子在缓刑考验期内从事与未成年人有关的工作、活动，禁止其进入中小学校区、幼儿园园区及其他未成年人集中的场所，确因本人就学、居住等原因，经执行机关批准的除外。

29. 外国人在我国领域内实施强奸、猥亵未成年人等犯罪的，应当依法判处，在判处刑罚时，可以独立适用或者附加适用驱逐出境。对于尚不构成犯罪但构成违反治安管理行为的，或者因实施性侵害未成年人犯罪不适宜在中国境内继续停留居留的，公安机关可以依法适用限期出境或者驱逐出境。

30. 对于判决已生效的强奸、猥亵未成年人犯罪案件，人民法院在依法保护被害人隐私的前提下，可以在互联网公布相关裁判文书，未成年人犯罪的除外。

31. 对于未成年人因被性侵害而造成的人身损害，为进行康复治疗所支付的医疗费、护理费、交通费、误工费等合理费用，未成年被害人及其法定代理人、近亲属提出赔偿请求的，人民法院依法予以支持。

32. 未成年人在幼儿园、学校或者其他教育机构学习、生活期间被性侵害而造成人身损害，被害人及其法定代理人、近亲属据此向人民法院起诉要求上述单位承担赔偿责任的，人民法院依法予以支持。

33. 未成年人受到监护人性侵害，其他具有监护资格的人员、民政部门等有关单位和组织向人民法院提出申请，要求撤销监护人资格，另行指定监护人的，人民法院依法予以支持。

34. 对未成年被害人因性侵害犯罪而造成人身损害，不能及时获得有效赔偿，生活困难的，各级人民法院、人民检察院、公安机关可会同有关部门，优先考虑予以司法救助。（全文详见本书《刑法》第 17 条相关内容）

13. 最高人民法院《关于实施量刑规范化工作的通知〈关于常见犯罪的量刑指导意见〉》（法发〔2013〕14 号）

（法发〔2017〕7 号已声明该文废止）

14. 最高人民法院、最高人民检察院、公安部、民政部《关于依法处理监护人侵害未成年人权益行为若干问题的意见》（法发〔2014〕24 号）

（详见本书《刑法》第 17 条相关内容）

15. 最高人民法院《关于常见犯罪的量刑指导意见》（法发〔2017〕7 号）

［被最高人民法院、最高人民检察院《关于常见犯罪的量刑指导意见（试行）》（法发〔2021〕21 号）废止］

16. 最高人民检察院《第 11 批指导性案例齐某强奸、猥亵儿童案》（检例第 42 号；2018 年 11 月 9 日）

【要旨】

1. 性侵未成年人犯罪案件中，被害人陈述稳定自然，对于细节的描述符合正常记忆认知、表达能力，被告人辩解没有证据支持，结合生活经验对全案证据进行审查，能够形成完整证明体系的，可以认定案件事实。

2. 奸淫幼女具有《最高人民法院、最高人民检察院、公安部、司法部关于依法惩治性侵害未成年人犯罪的意见》规定的从严处罚情节,社会危害性与刑法第236条第3款第2至4项规定的情形相当的,可以认定为该款第一项规定的“情节恶劣”。

3. 行为人在教室、集体宿舍等场所实施猥亵行为,只要当时有多人在场,即使在场人员未实际看到,也应当认定犯罪行为是在“公共场所当众”实施。

【指导意义】

(一)准确把握性侵未成年人犯罪案件证据审查判断标准

对性侵未成年人犯罪案件证据的审查,要根据未成年人的身心特点,按照有别于成年人的标准予以判断。审查言词证据,要结合全案情况予以分析。根据经验和常识,未成年人的陈述合乎情理、逻辑,对细节的描述符合其认知和表达能力,且有其他证据予以印证,被告人的辩解没有证据支持,结合双方关系不存在诬告可能的,应当采纳未成年人的陈述。

(二)准确适用奸淫幼女“情节恶劣”的规定

刑法第236条第3款第1项规定,奸淫幼女“情节恶劣”的,处10年以上有期徒刑、无期徒刑或者死刑。《最高人民法院、最高人民检察院、公安部、司法部关于依法惩治性侵害未成年人犯罪的意见》第25条规定了针对未成年人实施强奸、猥亵犯罪“更要依法从严惩处”的7种情形。实践中,奸淫幼女具有从严惩处情形,社会危害性与刑法第236条第3款第2至4项相当的,可以认为属于该款第1项规定的“情节恶劣”。例如,该款第2项规定的“奸淫幼女多人”,一般是指奸淫幼女3人以上。本案中,被告人具备教师的特殊身份,奸淫2名幼女,且分别奸淫多次,其危害性并不低于奸淫幼女3人的行为,据此可以认定符合“情节恶劣”的规定。

(三)准确适用“公共场所当众”实施强奸、猥亵未成年人犯罪的规定

刑法对“公共场所当众”实施强奸、猥亵未成年人犯罪,作出了从重处罚的规定。《最高人民法院、最高人民检察院、公安部、司法部关于依法惩治性侵害未成年人犯罪的意见》第23条规定了在“校园、游泳馆、儿童游乐场等公共场所”对未成年人实施强奸、猥亵犯罪,可以认定为在“公共场所当众”实施犯罪。适用这一规定,是否属于“当众”实施犯罪至为关键。对在规定列举之外的场所实施强奸、猥亵未成年人犯罪的,只要场所具有相对公开性,且有其他多人在场,有被他人感知可能的,就可以认定为在“公共场所当众”犯罪。最高人民法院对本案的判决表明:学校中的教室、集体宿舍、公共厕所、集体洗澡间等,是不特定未成年人活动的场所,在这些场所实施强奸、猥亵未成年人犯罪的,应当认定为在“公共场所当众”实施犯罪。

17. 最高人民检察院、教育部、公安部《关于建立教职员工准入查询性侵违法犯罪信息制度的意见》(高检发〔2020〕14号)

(全文详见本书《刑法》第17条相关内容)

18.《中华人民共和国刑法修正案(11)》(2020年12月26日第十三届全国人大常委会第二十四次会议通过)

二十六、将刑法第236条修改为:“以暴力、胁迫或者其他手段强奸妇女的,处3年以上10年以下有期徒刑。

“奸淫不满14周岁的幼女的,以强奸论,从重处罚。

“强奸妇女、奸淫幼女,有下列情形之一的,处10年以上有期徒刑、无期徒刑或者死刑:

“(一)强奸妇女、奸淫幼女情节恶劣的;(二)强奸妇女、奸淫幼女多人的;(三)在公共场所当众强奸妇女、奸淫幼女的;(四)2人以上轮奸的;(五)奸淫不满10周岁的幼女或者造成幼女伤害的;(六)致使被害人重伤、死亡或者造成其他严重后果的。”

[原条文:以暴力、胁迫或者其他手段强奸妇女的,处3年以上10年以下有期徒刑。

奸淫不满14周岁的幼女的,强奸论,从重处罚。

强奸妇女、奸淫幼女,有下列情形之一的,处10年以上有期徒刑、无期徒刑或者死刑:

(一)强奸妇女、奸淫幼女情节恶劣的;(二)强奸妇女、奸淫幼女多人的;(三)在公共场所当众强奸妇女的;(四)2人以上轮奸的;(五)致使被害人重伤、死亡或者造成其他严重后果的。]

19. 最高人民法院、最高人民检察院《关于常见犯罪的量刑指导意见(试行)》(法发〔2021〕21号)

四、常见犯罪的量刑

(八)强奸罪

1. 构成强奸罪的,根据下列情形在相应的幅度内确定量刑起点:

(1)强奸妇女1人的,可以在3年至6年有期徒刑幅度内确定量刑起点。奸淫幼女1人的,在4年至7年有期徒刑幅度内确定量刑起点。(2)有下列情形之一的,在10年至13年有期徒刑幅度内确定量刑起点:强奸妇女、奸淫幼女情节恶劣的;强奸妇女、奸淫幼女3人的;在公共场所当众强奸妇女的;2人以上轮奸妇女的;强奸致被害人重伤或者造成其他严重后果的。依法应当判处无期徒刑以上刑罚的除外。

2. 在量刑起点的基础上,根据强奸妇女、奸淫幼女情节恶劣程度、强奸人数、致人伤害后果等其他影响犯罪构成的犯罪事实增加刑罚量,确定基准刑。

强奸多人多次的,以强奸人数作为增加刑罚量的事实,强奸次数作为调节基准刑的量刑情节。

3. 构成强奸罪的,综合考虑强奸的手段、危害后果等犯罪事实、量刑情节,以及被告人的主观恶性、人身危险性、认罪悔罪表现等因素,从严把握缓刑的适用。(全文详见本书《刑法》第61条相关内容)

第236条之一　【负有照护职责人员性侵罪】 对已满14周岁不满16周岁的未成年女性负有监护、收养、看护、教育、医疗等特殊职责的人员,与该未成年女性发生性关系的,处3年以下有期徒刑;情节恶劣的,处3年以上10年以下有期徒刑。

有前款行为,同时又构成本法第236条规定之罪的,依照处罚较重的规定定罪处罚。

(本条《中华人民共和国刑法修正案(11)》增设)

• 释义

负有照护职责人员性侵罪是指对已满14周岁不满16周岁的未成年女性负有监护、收养、看护、教育、医疗等特殊职责的人员与该未成年女性发生性关系的行为。

• 管辖

公安机关刑事侦查部门。

• 关联法律

1.《中华人民共和国刑法修正案(11)》(2020年12月26日第十三届全国人大常委会第二十四次会议通过)

二十七、在刑法第236条后增加一条,作为第236条之一:"对已满14周岁不满16周岁的未成年女性负有监护、收养、看护、教育、医疗等特殊职责的人员,与该未成年女性发生性关系的,处3年以下有期徒刑;情节恶劣的,处3年以上10年以下有期徒刑。

"有前款行为,同时又构成本法第236条规定之罪的,依照处罚较重的规定定罪处罚。"

2. 最高人民法院《关于执行〈中华人民共和国刑法〉确定罪名的补充规定(7)》(法释〔2021〕2号)

(全文详见本书《刑法》第133条之二相关内容)

3. 参见本书《刑法》第236条相关内容。

第237条 【强制猥亵、侮辱罪】以暴力、胁迫或者其他方法强制猥亵他人或者侮辱妇女的，处5年以下有期徒刑或者拘役。

聚众或者在公共场所当众犯前款罪的，或者有其他恶劣情节的，处5年以上有期徒刑。

【猥亵儿童罪】猥亵儿童的，处5年以下有期徒刑；有下列情形之一的，处5年以上有期徒刑：

（一）猥亵儿童多人或者多次的；

（二）聚众猥亵儿童的，或者在公共场所当众猥亵儿童，情节恶劣的；

（三）造成儿童伤害或者其他严重后果的；

（四）猥亵手段恶劣或者有其他恶劣情节的。

（本条《中华人民共和国刑法修正案（9）》第1次修改；《中华人民共和国刑法修正案（11）》第2次修改）

• 释义

【强制猥亵、侮辱罪】强制猥亵、侮辱罪是指以暴力、胁迫或者其他方法强制猥亵他人，或者侮辱妇女的行为。首先是违背他人意志，即未经他人真实同意。强制猥亵的犯罪对象是他人，既包括男人，也包括女人；强制侮辱的犯罪对象专指妇女。

【猥亵儿童罪】猥亵儿童罪是指以刺激或满足实施者欲望为目的，用性交以外的方法实施的淫秽行为（但如果成年女性与年幼儿童性交的，也成立猥亵儿童罪，从这个意义上讲，猥亵行为包括对不满14周岁男童和女童的性交行为）。猥亵行为既可以是强制的，也可以是非强制的，儿童主动对行为人实施猥亵的，行为人有阻止义务，否则成立本罪。

• 管辖

公安机关刑事侦查部门、法院（本罪，人民检察院没有提起公诉，被害人有证据证明的轻微刑事案件，可能判处3年以下刑罚的）。

• 关联法律

1. 最高人民法院、最高人民检察院、公安部、司法部《关于依法惩治拐卖妇女儿童犯罪的意见》（法发〔2010〕7号）

七、一罪与数罪

24. 拐卖妇女、儿童，又奸淫被拐卖的妇女、儿童，或者诱骗、强迫被拐卖的妇女、儿童卖淫的，以拐卖妇女、儿童罪处罚。

25. 拐卖妇女、儿童，又对被拐卖的妇女、儿童实施故意杀害、伤害、猥亵、侮辱等行为，构成其他犯罪的，依照数罪并罚的规定处罚。

26. 拐卖妇女、儿童或者收买被拐卖的妇女、儿童，又组织、教唆被拐卖、收买的妇女、儿童进行犯罪的，以拐卖妇女、儿童罪或者收买被拐卖的妇女、儿童罪与其所组织、教唆的罪数罪并罚。

27. 拐卖妇女、儿童或者收买被拐卖的妇女、儿童，又组织、教唆被拐卖、收买的未成年妇女、儿童进行盗窃、诈骗、抢夺、敲诈勒索等违反治安管理活动的，以拐卖妇女、儿童罪或者收买被拐卖的妇女、儿童罪与组织未成年人进行违反治安管理活动罪数罪并罚。

八、刑罚适用

28. 对于拐卖妇女、儿童犯罪集团的首要分子，情节严重的主犯，累犯，偷盗婴幼儿、强抢儿童情节严重，将妇女、儿童卖往境外情节严重，拐卖妇女、儿童多人多次、造成伤亡后果，或者具有其他严重情节的，依法从重处罚；情节特别严重的，依法判处死刑。

拐卖妇女、儿童，并对被拐卖的妇女、儿童实施故意杀害、伤害、猥亵、侮辱等行为，数罪并罚决定执行的刑罚应当依法体现从严。

29. 对于拐卖妇女、儿童的犯罪分子，应当注重依法适用财产刑，并切实加大执行力度，以强化刑罚的特殊预防与一般预防效果。

30. 犯收买被拐卖的妇女、儿童罪，对被收买妇女、儿童实施违法犯罪活动或者将其作为牟利工具的，处罚时应当依法体现从严。

收买被拐卖的妇女、儿童，对被收买妇女、儿童没有实施摧残、虐待行为或者与其已形成稳定的婚姻家庭关系，但仍应依法追究刑事责任的，一般应当从轻处罚；符合缓刑条件的，可以依法适用缓刑。

收买被拐卖的妇女、儿童，犯罪情节轻微的，可以依法免予刑事处罚。

31. 多名家庭成员或者亲友共同参与出卖亲生子女，或者"买人为妻"、"买人为子"构成收买被拐卖的妇女、儿童罪的，一般应当在综合考察犯意提起、各行为人在犯罪中所起作用等情节的基础上，依法追究其中罪责较重者的刑事责任。对于其他情节显著轻微危害不大，不认为是犯罪的，依法不追究刑事责任；必要时可以由公安机关予以行政处罚。

32. 具有从犯、自首、立功等法定从宽处罚情节的，依法从轻、减轻或者免除处罚。

对被拐卖的妇女、儿童没有实施摧残、虐待等违法犯罪行为，或者能够协助解救被拐卖的妇女、儿童，或者具有其他酌定从宽处罚情节的，可以依法酌情从轻处罚。

33. 同时具有从严和从宽处罚情节的，要在综合考察拐卖妇女、儿童的手段、拐卖妇女、儿童或者收买被拐卖妇女、儿童的人次、危害后果以及被告人主观恶性、人身危险性等因素的基础上，结合当地此类犯罪发案情况和社会治安状况，决定对被告人总体从严或者从宽处罚。（全文详见本书《刑法》第240条相关内容）

2. 最高人民法院、最高人民检察院，公安部、司法部《关于依法惩治性侵害未成年人犯罪的意见》（法发〔2013〕12号）

22. 实施猥亵儿童犯罪，造成儿童轻伤以上后果，同时符合刑法第234条或者第232条的规定，构成故意伤害罪、故意杀人罪的，依照处罚较重的规定定罪处罚。

对已满14周岁的未成年男性实施猥亵，造成被害人轻伤以上后果，符合刑法第234条或者第232条规定的，以故意伤害罪或者故意杀人罪定罪处罚。

23. 在校园、游泳馆、儿童游乐场等公共场所对未成年人实施强奸、猥亵犯罪，只要有其他多人在场，不论在场人员是否实际看到，均可以依照刑法第236条第3款、第237条的规定，认定为在公共场所"当众"强奸妇女，强制猥亵，侮辱妇女，猥亵儿童。

24. 介绍、帮助他人奸淫幼女、猥亵儿童的，以强奸罪、猥亵儿童罪的共犯论处。

25. 针对未成年人实施强奸、猥亵犯罪的，应当从重处罚，具有下列情形之一的，更要依法从严惩处：

（一）对未成年人负有特殊职责的人员、与未成年人有共同家庭生活关系的人员、国家工作人员或者冒充国家工作人员，实施强奸、猥亵犯罪的；（二）进入未成年人住所，学生集体宿舍实施强奸，猥亵犯罪的；（三）采取暴力、胁迫、麻醉等强制手段实施奸淫幼女、猥亵儿童犯罪的；（四）对不满12周岁的儿童、农村留守儿童、严重残疾或者精神智力发育迟滞的未成年人，实施强奸、猥亵犯罪的；（五）猥亵多名未成年人，或者多次实施强奸、猥亵犯罪的；（六）造成未成年被害人轻伤、怀孕、感染性病等后果的；（七）有强奸，猥亵犯罪前科劣迹的。（全文详见本书《刑法》第17条相关内容）

3. 最高人民法院、最高人民检察院、公安部、民政部《关于依法处理监护人侵害未成年人权益行为若干问题的意见》(法发〔2014〕24号)

(详见本书《刑法》第17条相关内容)

4.《中华人民共和国刑法修正案(9)》(2015年8月29日第十二届全国人大常委会第十六次会议通过)

十三、将刑法第237条修改为:"以暴力、胁迫或者其他方法强制猥亵他人或者侮辱妇女的,处5年以下有期徒刑或者拘役。

"聚众或者在公共场所当众犯前款罪的,或者有其他恶劣情节的,处5年以上有期徒刑。

"猥亵儿童的,依照前两款的规定从重处罚。"

5. 最高人民法院、最高人民检察院《关于执行〈中华人民共和国刑法〉确定罪名的补充规定(6)》(法释〔2015〕20号)

根据《中华人民共和国刑法修正案(9)》(以下简称《刑法修正案(9)》)和《全国人民代表大会常务委员会关于修改部分法律的决定》的有关规定,现对最高人民法院《关于执行〈中华人民共和国刑法〉确定罪名的规定》、最高人民检察院《关于适用刑法分则规定的犯罪的罪名的意见》作如下补充、修改:

刑法条文第237条第1款、第2款(《刑法修正案(九)》第13条第1款、第2款),罪名强制猥亵、侮辱罪(取消强制猥亵、侮辱妇女罪罪名)。

6. 最高人民检察院《第11批指导性案例齐某强奸、猥亵儿童案》(检例第42号;2018年11月9日)

(详见本书《刑法》第236条相关内容)

7. 最高人民检察院《第11批指导性案例骆某猥亵儿童案》(检例第43号;2018年11月9日)

【要旨】

行为人以满足性刺激为目的,以诱骗、强迫或者其他方法要求儿童拍摄裸体、敏感部位照片、视频等供其观看,严重侵害儿童人格尊严和心理健康的,构成猥亵儿童罪。

【指导意义】

猥亵儿童罪是指以淫秽下流的手段猥亵不满14周岁儿童的行为。刑法没有对猥亵儿童的具体方式作出列举,需要根据实际情况进行判断和认定。实践中,只要行为人主观上以满足性刺激为目的,客观上实施了猥亵儿童的行为,侵害了特定儿童人格尊严和身心健康的,应当认定构成猥亵儿童罪。

网络环境下,以满足性刺激为目的,虽未直接与被害儿童进行身体接触,但是通过QQ、微信等网络软件,以诱骗、强迫或者其他方法要求儿童拍摄、传送暴露身体的不雅照片、视频,行为人通过画面看到被害儿童裸体、敏感部位的,是对儿童人格尊严和心理健康的严重侵害,与实际接触儿童身体的猥亵行为具有相同的社会危害性,应当认定构成猥亵儿童罪。

检察机关办理利用网络对儿童实施猥亵行为的案件,要及时固定电子数据,证明行为人出于满足性刺激的目的,利用网络,采取诱骗、强迫或者其他方法要求被害人拍摄、传送暴露身体的不雅照片、视频供其观看的事实。要准确把握猥亵儿童罪的本质特征,全面收集客观证据,证明行为人通过网络不接触被害儿童身体的猥亵行为,具有与直接接触被害儿童身体的猥亵行为相同的性质和社会危害性。

8. 最高人民检察院、教育部、公安部《关于建立教职员工准入查询性侵违法犯罪信息制度的意见》(高检发〔2020〕14号)

(全文详见本书《刑法》第17条相关内容)

9.《中华人民共和国刑法修正案(11)》(2020年12月26日第十三届全国人大常委会第二十四次会议通过)

二十八、将刑法第237条第3款修改为:“猥亵儿童的,处5年以下有期徒刑;有下列情形之一的,处5年以上有期徒刑:

“(一)猥亵儿童多人或者多次的;(二)聚众猥亵儿童的,或者在公共场所当众猥亵儿童,情节恶劣的;(三)造成儿童伤害或者其他严重后果的;(四)猥亵手段恶劣或者有其他恶劣情节的。”

(原条文:以暴力、胁迫或者其他方法强制猥亵他人或者侮辱妇女的,处5年以下有期徒刑或者拘役。

聚众或者在公共场所当众犯前款罪的,或者有其他恶劣情节的,处5年以上有期徒刑。

猥亵儿童的,依照前2款的规定从重处罚。)

第238条 【非法拘禁罪】非法拘禁他人或者以其他方法非法剥夺他人人身自由的,处3年以下有期徒刑、拘役、管制或者剥夺政治权利。具有殴打、侮辱情节的,从重处罚。

犯前款罪,致人重伤的,处3年以上10年以下有期徒刑;致人死亡的,处10年以上有期徒刑。使用暴力致人伤残、死亡的,依照本法第234条、第232条的规定定罪处罚。【故意伤害罪;组织出卖人体器官罪(第234条)】【故意杀人罪(第232条)】

为索取债务非法扣押、拘禁他人的,依照前两款的规定处罚。

国家机关工作人员利用职权犯前3款罪的,依照前3款的规定从重处罚。

• 释义

非法拘禁罪是指非法拘禁他人或者以其他方法非法剥夺他人人身自由的行为。

• 管辖

公安机关刑事侦查部门、检察院、监察机关、法院(本罪,人民检察院没有提起公诉,被害人有证据证明的轻微刑事案件,可能判处3年以下刑罚的)。

• 立案追诉标准

非法拘禁罪是指以拘禁或者其他方法非法剥夺他人人身自由的行为。

国家机关工作人员利用职权非法拘禁,涉嫌下列情形之一的,应予立案:

(一)非法剥夺他人人身自由24小时以上的;

(二)非法剥夺他人人身自由,并使用械具或者捆绑等恶劣手段,或者实施殴打、侮辱、虐待行为的;

(三)非法拘禁,造成被拘禁人轻伤、重伤、死亡的;

(四)非法拘禁,情节严重,导致被拘禁人自杀、自残造成重伤、死亡,或者精神失常的;

(五)非法拘禁3人次以上的;

(六)司法工作人员对明知是没有违法犯罪事实的人而非法拘禁的;

(七)其他非法拘禁应予追究刑事责任的情形。

(一)重大案件

1. 致人重伤或者精神失常的;

2. 明知是人大代表而非法拘禁的,或者明知是无辜的人而非法拘禁的;

3. 非法拘禁持续时间超过1个月,或者1次非法拘禁10人以上的。

（二）特大案件

非法拘禁致人死亡的。

• 关联法律

1. 公安部、最高人民检察院、最高人民法院《关于在商业贸易活动中发生非法拘禁案件情况的通报》（公通字〔1990〕89号）

（一）各地公安机关要严格执行1989年3月公安部《关于公安机关不得非法越权干预经济纠纷案件的处理的通知》（〔89〕公［治］字30号），不得受理经济纠纷案件，严禁公安机关和公安干警以收审、拘押人质等非法手段插手经济纠纷案件的处理。

如遇有投诉，不能立即判明案件的性质是属于经济纠纷还是经济犯罪的，可以做必要的调查了解，但不得随意采取限制人身自由的各种强制措施；明确案件性质后，对属于经济纠纷的案件，应当立即移送有管辖权的机关处理。

各地人民检察院要严格执行最高人民检察院《关于查处在商贸活动中以绑架、扣押人质等方法逼还债务非法拘禁他人的案件的通报》（高检法发字〔1990〕第2号），严禁检察机关和检察干部以任何形式为企事业单位追索债务而直接办理诈骗、投机倒把等非自侦案件，不得非法绑架、扣押人质。人民法院在审理经济纠纷案件中发现经济犯罪，必须及时移送给有管辖权的公安机关或检察机关侦查、起诉。

（二）对以绑架、扣押人质等方式逼还债务、非法拘禁他人的案件，公安、检察机关一定要严格依法查处，尤其对公安、司法人员和其他国家工作人员或冒充公安、司法人员非法拘禁他人的，要依法从严查办，以确保公民人身自由权利不受侵犯。

在查处绑架、扣押人质等非法拘禁他人案件的同时，对产生的其他问题也应做认真处理。如属于经济纠纷案件，应当告知当事人到人民法院或其他主管机关解决；如属于经济犯罪，则应当由有管辖权的公安或检察机关立案、侦查、坚决打击诈骗等经济犯罪活动，使犯罪分子得到应有的惩处，使当事人的合法权益得到保护。

（三）公安机关、人民检察院、人民法院一旦发现正在发生的非法绑架、扣押人质或拘禁他人的案件，要立即设法解救出人质，并采取必要的措施，防止发生意外，然后再区别性质、情况，移送主管机关查处。

2. 最高人民法院《关于对为索取法律不予保护的债务非法拘禁他人行为如何定罪问题的解释》（法释〔2000〕19号）

为了正确适用刑法，现就为索取高利贷、赌债等法律不予保护的债务，非法拘禁他人行为如何定罪问题解释如下：行为人为索取高利贷、赌债等法律不予保护的债务，非法扣押、拘禁他人的，依照刑法第238条的规定定罪处罚。

3. 最高人民检察院《关于严肃查处非法拘禁人大代表犯罪案件的紧急通知》（2000年2月23日）

近年来，全国各级检察机关依法查办了一批国家机关工作人员非法拘禁人大代表的犯罪案件，对保护人大代表的人身权利、民主权利，保障人大代表依法履行职责，发挥了重要作用。但是，此类案件仍然不断发生，有的非法拘禁人大代表的案件情节严重，影响恶劣。对此，各级检察机关必须予以高度重视，采取坚决有效措施，切实加大查办非法拘禁人大代表犯罪案件的力度。

一、要充分认识查办非法拘禁人大代表犯罪案件的重要性。我国各级人民代表大会代表是依照法律选举产生的国家权力机关组成人员，代表人民的利益和意志，依照宪法和法律赋予的各项职权参加行使国家权力。我国法律明确规定，县级以上的各级人民代表大会代表，非经本级人民代表大会主席团许可,不受逮捕或者刑事审判;如果因为是现行犯被拘留,执行拘留的机关应当立即向该级人民代表大会主席团或者其常务委员会报告;对县级以上的各级人民代表大会代表采取法律规定的其他限制人身自由的措施,应当经该级人民代表大会主席团或者其常务委员会许可。县级以下的人民代表大会代表被逮捕、受到刑事审判,或者被采取法律规定的其他限制人身自由的措施,执行机关应当立即报告该级人民代表大会。各级检察机关要充分认识,保护各级人民代表大会代表的合法权利,捍卫法律的尊严,是法律赋予检察机关的重要职责,是加强我国社会主义民主法制建设的需要,是实践依法治国,建设社会主义法治国家的必然要求。各级检察机关务必把这项工作摆上重要位置,抓紧抓好。

二、要切实加大非法拘禁人大代表犯罪案件的查处力度。坚决查办非法拘留、逮捕,或者其他严重限制人大代表人身自由的犯罪案件,特别是对那些长时间、多人次非法拘禁人大代表的案件,对那些非法拘禁情节恶劣、后果严重、社会影响极坏的案件,要及时发现,及时查处,发现1件、查处1件,不管涉及到谁,都要一查到底,决不姑息。对压案不查、瞒案不报的,要坚决追究有关人员的责任。

三、查办非法拘禁人大代表的犯罪案件过程中,要注意对人大代表的司法保护。一旦发现有非法拘禁人大代表的案件,要先依法释放,再行查处;凡人大代表向检察机关的投诉,都要认真受理,及时查办;要采取措施,依法保护被非法拘禁的人大代表的人身安全;案件的查处进展情况要及时向人大常委会通报,征询意见。

四、查办非法拘禁人大代表的犯罪案件要紧紧依靠党的领导和人大的支持。非法拘禁人大代表是国家机关工作人员实施的一种侵权型职务犯罪,查处干扰多,阻力大,调查取证困难,各级检察机关要积极争取党委的领导和人大的支持,主动汇报工作,必要时可提请党委和人大出面做好协调工作,确保查处工作依法顺利进行。

五、严格依法办事,正确区分罪与非罪界限,坚持办案程序、办案规范和办案纪律要求。同时要有针对性地加强宣传和预防工作,积极探索杜绝发生非法拘禁人大代表案件的措施与途径。

六、要加强领导,各级检察院检察长要高度重视非法拘禁人大代表犯罪案件的查处工作,直接抓,亲自抓,做好指挥、协调工作,对办案中遇到的问题及时研究解决。上级检察院要加强督办、指导,支持下级检察院的查办工作,遇有干扰多、阻力大的案件,上级检察院要提上来办。各地检察机关发现和查办非法拘禁人大代表犯罪案件的情况要及时层报最高人民检察院。

4. 最高人民检察院《关于〈人民检察院直接受理立案侦查的渎职侵权重特大案件标准(试行)〉的通知》(高检发〔2001〕13号)

(见本条立案追诉标准内容)

5.《关于〈中华人民共和国刑法〉第9章渎职罪主体适用问题的解释》(2002年12月28日第九届全国人大常委会第三十一次会议通过)

全国人大常委会根据司法实践中遇到的情况,讨论了刑法第9章渎职罪主体的适用问题,解释如下:

在依照法律、法规规定行使国家行政管理职权的组织中从事公务的人员,或者在受国家机关委托代表国家机关行使职权的组织中从事公务的人员,或者虽未列入国家机关人员编制但在国家机关中从事公务的人员,在代表国家机关行使职权时,有渎职行为,构成犯罪的,依照刑法关于渎职罪的规定追究刑事责任。

6. 最高人民检察院《关于企业事业单位的公安机构在机构改革过程中其工作人员能否构成渎职侵权犯罪主体问题的批复》(高检发释字〔2002〕3号)

陕西省人民检察院:

你院陕检发研〔2001〕159号《关于对企业事业单位的公安机构在机构改革过程中其工作

人员能否构成渎职侵权犯罪主体问题的请示》收悉。经研究,批复如下:

企业事业单位的公安机构在机构改革过程中虽尚未列入公安机关建制,其工作人员在行使侦查职责时,实施渎职侵权行为的,可以成为渎职侵权犯罪的主体。

7. 最高人民检察院《关于渎职侵权犯罪案件立案标准的规定》(高检发释字〔2006〕2号)

(见本条立案追诉标准内容)

8. 最高人民法院《人民法院量刑指导意见(试行)》(法发〔2010〕36号)

[该文件已被最高人民法院关于废止部分司法解释和司法解释性质文件(第11批)的决定废止并由《最高人民法院关于实施量刑规范化工作的通知》代替]

9.《中华人民共和国反间谍法》(2014年11月1日第十二届全国人大常委会第十一次会议通过;1993年2月22日第七届全国人大常委会第三十次会议通过的《中华人民共和国国家安全法》同时废止)

第37条 国家安全机关工作人员滥用职权、玩忽职守、徇私舞弊,构成犯罪的,或者有非法拘禁、刑讯逼供、暴力取证、违反规定泄露国家秘密、商业秘密和个人隐私等行为,构成犯罪的,依法追究刑事责任。

10. 最高人民法院、最高人民检察院、公安部、司法部、国家卫生和计划生育委员会《关于依法惩处涉医违法犯罪维护正常医疗秩序的意见的通知》(法发〔2014〕5号)

二、严格依法惩处涉医违法犯罪

(三)以不准离开工作场所等方式非法限制医务人员人身自由的,依照治安管理处罚法第40条的规定处罚;构成非法拘禁罪的,依照刑法的有关规定定罪处罚。(全文详见本书《刑法》第232条相关内容)

11. 最高人民法院《关于常见犯罪的量刑指导意见》(法发〔2017〕7号)

[被最高人民法院、最高人民检察院《关于常见犯罪的量刑指导意见(试行)》(法发〔2021〕21号)废止]

12. 最高人民法院、最高人民检察院、公安部、司法部《关于办理黑恶势力犯罪案件若干问题的指导意见》(法发〔2018〕1号)

四、依法惩处利用"软暴力"实施的犯罪

18 黑恶势力有组织地多次短时间非法拘禁他人的,应当认定为《刑法》第238条规定的"以其他方法非法剥夺他人人身自由"。非法拘禁他人3次以上、每次持续时间在4小时以上,或者非法拘禁他人累计时间在12小时以上的,应以非法拘禁罪定罪处罚。(全文详见本书《刑法》第294条内容)

13. 最高人民检察院《关于人民检察院立案侦查司法工作人员相关职务犯罪案件若干问题的规定》(2018年11月24日)

(详见本书《刑法》第6条相关内容)

14. 最高人民法院、最高人民检察院、公安部、司法部《关于办理恶势力刑事案件若干问题的意见》(法发〔2019〕10号)

(详见本书《刑法》第294条相关内容)

15. 最高人民法院、最高人民检察院、公安部、司法部《关于办理黑恶势力刑事案件中财产处置若干问题的意见》(2019年4月9日起施行)

(详见本书《刑法》第64条相关内容)

16. 最高人民法院、最高人民检察院、公安部、司法部《关于办理实施"软暴力"的刑事案件若干问题的意见》(2019年4月9日起施行)

(详见本书《刑法》第294条相关内容)

17. 最高人民法院、最高人民检察院、公安部、司法部《关于办理“套路贷”刑事案件若干问题的意见》(法发〔2019〕11号)

(详见本书《刑法》第294条相关内容)

18. 最高人民法院、最高人民检察院、公安部、司法部《关于办理实施“软暴力”的刑事案件若干问题的意见》(公通字〔2019〕15号)

六、有组织地多次短时间非法拘禁他人的,应当认定为《刑法》第238条规定的“以其他方法非法剥夺他人人身自由”。非法拘禁他人3次以上、每次持续时间在4小时以上,或者非法拘禁他人累计时间在12小时以上的,应当以非法拘禁罪定罪处罚。

九、采用“软暴力”手段,同时构成两种以上犯罪的,依法按照处罚较重的犯罪定罪处罚,法律另有规定的除外。

十、根据本意见第5条、第8条规定,对已受行政处罚的行为追究刑事责任的,行为人先前所受的行政拘留处罚应当折抵刑期,罚款应当抵扣罚金。

十一、雇佣、指使他人采用“软暴力”手段强迫交易、敲诈勒索,构成强迫交易罪、敲诈勒索罪的,对雇佣者、指使者,一般应当以共同犯罪中的主犯论处。

为强索不受法律保护的债务或者因其他非法目的,雇佣、指使他人采用“软暴力”手段非法剥夺他人人身自由构成非法拘禁罪,或者非法侵入他人住宅、寻衅滋事,构成非法侵入住宅罪、寻衅滋事罪的,对雇佣者、指使者,一般应当以共同犯罪中的主犯论处;因本人及近亲属合法债务、婚恋、家庭、邻里纠纷等民间矛盾而雇佣、指使,没有造成严重后果的,一般不作为犯罪处理,但经有关部门批评制止或者处理处罚后仍继续实施的除外。(全文详见本书《刑法》第226条相关内容)

19. 最高人民法院、最高人民检察院、公安部、司法部《关于依法惩治妨害新型冠状病毒感染肺炎疫情防控违法犯罪的意见》(法发〔2020〕7号)

二、准确适用法律,依法严惩妨害疫情防控的各类违法犯罪

(二)依法严惩暴力伤医犯罪。在疫情防控期间,故意伤害医务人员造成轻伤以上的严重后果,或者对医务人员实施撕扯防护装备、吐口水等行为,致使医务人员感染新型冠状病毒的,依照刑法第234条的规定,以故意伤害罪定罪处罚。

随意殴打医务人员,情节恶劣的,依照刑法第293条的规定,以寻衅滋事罪定罪处罚。

采取暴力或者其他方法公然侮辱、恐吓医务人员,符合刑法第246条、第293条规定的,以侮辱罪或者寻衅滋事罪定罪处罚。

以不准离开工作场所等方式非法限制医务人员人身自由,符合刑法第238条规定的,以非法拘禁罪定罪处罚。(全文详见本书《刑法》第114条相关内容)

20. 最高人民法院、最高人民检察院、公安部、司法部《关于依法严惩利用未成年人实施黑恶势力犯罪的意见》(高检发〔2020〕4号)

(详见本书《刑法》第17条相关内容)

21. 最高人民法院、最高人民检察院、公安部《关于依法办理“碰瓷”违法犯罪案件的指导意见》(公通字〔2020〕12号)

八、实施“碰瓷”,为索取财物,采取非法拘禁等方法非法剥夺他人人身自由或者非法搜查他人身体,符合刑法第238条、第245条规定的,分别以非法拘禁罪、非法搜查罪定罪处罚。

九、共同故意实施“碰瓷”犯罪,起主要作用的,应当认定为主犯,对其参与或者组织、指挥的全部犯罪承担刑事责任;起次要或者辅助作用的,应当认定为从犯,依法予以从轻、减轻处罚或者免除处罚。

3人以上为共同故意实施“碰瓷”犯罪而组成的较为固定的犯罪组织,应当认定为犯罪集团。对首要分子应当按照集团所犯全部罪行处罚。

符合黑恶势力认定标准的,应当按照黑社会性质组织、恶势力或者恶势力犯罪集团侦查、起诉、审判。(全文详见本书《刑法》第 133 条相关内容)

22. 最高人民法院、最高人民检察院、公安部《关于办理跨境赌博犯罪案件若干问题的意见》(公通字〔2020〕14 号)

四、关于跨境赌博关联犯罪的认定

(四)实施赌博犯罪,为强行索要赌债,实施故意杀人、故意伤害、非法拘禁、故意毁坏财物、寻衅滋事等行为,构成犯罪的,应当依法数罪并罚。(全文详见本书《刑法》第 303 条相关内容)

23. 最高人民检察院《第 27 批指导性案例牛某非法拘禁案》(检例第 106 号;2021 年 3 月 2 日)

(全文详见本书《刑法》第 17 条相关内容)

24. 最高人民法院、最高人民检察院《关于常见犯罪的量刑指导意见(试行)》(法发〔2021〕21 号)

四、常见犯罪的量刑

(九)非法拘禁罪

1. 构成非法拘禁罪的,根据下列情形在相应的幅度内确定量刑起点:

(1)犯罪情节一般的,在 1 年以下有期徒刑、拘役幅度内确定量刑起点。(2)致 1 人重伤的,在 3 年至 5 年有期徒刑幅度内确定量刑起点。(3)致 1 人死亡的,在 10 年至 13 年有期徒刑幅度内确定量刑起点。

2. 在量刑起点的基础上,根据非法拘禁人数、拘禁时间、致人伤亡后果等其他影响犯罪构成的犯罪事实增加刑罚量,确定基准刑。

非法拘禁多人多次的,以非法拘禁人数作为增加刑罚量的事实,非法拘禁次数作为调节基准刑的量刑情节。

3. 有下列情节之一的,增加基准刑的 10%-20%:

(1)具有殴打、侮辱情节的;(2)国家机关工作人员利用职权非法扣押、拘禁他人的。

4. 构成非法拘禁罪的,综合考虑非法拘禁的起因、时间、危害后果等犯罪事实、量刑情节,以及被告人的主观恶性、人身危险性、认罪悔罪表现等因素,从严把握缓刑的适用。(全文详见本书《刑法》第 61 条相关内容)

第 239 条 【**绑架罪**】以勒索财物为目的绑架他人的,或者绑架他人作为人质的,处 10 年以上有期徒刑或者无期徒刑,并处罚金或者没收财产;情节较轻的,处 5 年以上 10 年以下有期徒刑,并处罚金。

犯前款罪,杀害被绑架人的,或者故意伤害被绑架人,致人重伤、死亡的,处无期徒刑或者死刑,并处没收财产。

以勒索财物为目的偷盗婴幼儿的,依照前两款的规定处罚。

(本条《中华人民共和国刑法修正案(7)》第 1 次修改,《中华人民共和国刑法修正案(9)》第 2 次修改)

• 释义

绑架罪是指利用被绑架人的近亲属或者其他人对被绑架人安危的忧虑,以勒索财物或满足其他不法要求为目的,使用暴力、胁迫或者麻醉的方法劫持或以实力控制他人,或者以勒索财物为目的偷盗婴幼儿的行为。

责任要件不仅要求故意,而且要求具有利用他人(包括国家、政府)对被绑架人安危的顾虑的意思。为了将婴幼儿作为人质以实现勒索财物以外目的的,也成立本罪。

行为人直接向被绑架者索取财物的,应认定为抢劫罪。

已满14周岁不满16周岁的人实施绑架行为,不以犯罪论处;故意杀害被绑架人的,认定为故意杀人罪。

• 管辖

公安机关刑事侦查部门、法院(本罪,人民检察院没有提起公诉,被害人有证据证明的轻微刑事案件,可能判处3年以下刑罚的)。

• 关联法律

1. 最高人民法院、最高人民检察院《关于执行〈全国人大常委会关于严惩拐卖、绑架妇女、儿童的犯罪分子的决定〉的若干问题的解答的通知》(法发〔1992〕41号)

(高检会〔1992〕35号,法释〔2013〕1号已声明该文件废止)

2. 最高人民法院研究室《关于对在绑架勒索犯罪过程中对同一受害人又有抢劫行为应如何定罪问题的答复》(1995年5月30日)

江西省高级人法院:

你院赣高法〔1995〕54号《关于在绑架勒索犯罪过程中又有抢劫行为是否数罪并罚的请示》收悉。经研究,答复如下:

行为人在绑架勒索犯罪过程中,又抢劫同一被害人财物的,应以绑架勒索罪定罪,从重处罚;同时又抢劫他人财物的,应分别以绑架勒索罪、抢劫罪定罪,实行数罪并罚。

3. 最高人民法院《关于对在绑架过程中以暴力、胁迫等手段当场劫取被害人财物的行为如何适用法律问题的答复》(法函〔2001〕68号)

福建省高级人民法院:

你院闽高法〔2001〕128号《关于在绑架过程中实施暴力或以暴力相威胁当场劫取被害人财物的行为如何适用法律问题的请示》收悉。经研究,答复如下:

行为人在绑架过程中,又以暴力、胁迫等手段当场劫取被害人财物,构成犯罪的,择一重罪处罚。

4. 全国人大常委会法工委《关于已满14周岁不满16周岁的人承担刑事责任范围问题的答复意见》(法工委复字〔2002〕12号)

最高人民检察院:

关于你单位4月8日来函收悉,经研究,现答复如下:

刑法第17条第2款规定的8种犯罪,是指具体犯罪行为而不是具体罪名。对于刑法第17条中规定的"犯故意杀人、故意伤害致人重伤或者死亡",是指只要故意实施了杀人、伤害行为并且造成了致人重伤、死亡后果的,都应负刑事责任。而不是指只有犯故意杀人罪、故意伤害罪的,才负刑事责任,绑架撕票的,不负刑事责任。对司法实践中出现的已满14周岁不满16周岁的人绑架人质后杀害被绑架人、拐卖妇女、儿童而故意造成被拐卖妇女、儿童重伤或死亡的行为,依据刑法是应当追究其刑事责任的。

5. 最高人民检察院法律政策研究室《关于相对刑事责任年龄的人承担刑事责任范围有关问题的答复》(〔2003〕高检研发第13号)

四川省人民检察院研究室:

你院关于相对刑事责任年龄的人承担刑事责任范围问题的请示(川检发办〔2002〕47号)

收悉。经研究,答复如下:

一、相对刑事责任年龄的人实施了刑法第17条第2款规定的行为,应当追究刑事责任的,其罪名应当根据所触犯的刑法分则具体条文认定。对于绑架后杀害被绑架人的,其罪名应认定为绑架罪。

二、相对刑事责任年龄的人实施了刑法第269条规定的行为的,应当依照刑法第263条的规定,以抢劫罪追究刑事责任。但对情节显著轻微,危害不大的,可根据刑法第13条的规定,不予追究刑事责任。

6. 最高人民法院《关于审理抢劫、抢夺刑事案件适用法律若干问题的意见》(法发〔2005〕8号)

九、关于抢劫罪与相似犯罪的界限

1. 冒充正在执行公务的人民警察、联防人员,以抓卖淫嫖娼、赌博等违法行为为名非法占有财物的行为定性

行为人冒充正在执行公务的人民警察"抓赌"、"抓嫖",没收赌资或者罚款的行为,构成犯罪的,以招摇撞骗罪从重处罚;在实施上述行为中使用暴力或者暴力威胁的,以抢劫罪定罪处罚。行为人冒充治安联防队员"抓赌"、"抓嫖"、没收赌资或者罚款的行为,构成犯罪的,以敲诈勒索罪定罪处罚;在实施上述行为中使用暴力或者暴力威胁的,以抢劫罪定罪处罚。

2. 以暴力、胁迫手段索取超出正常交易价钱、费用的钱财的行为定性

从事正常商品买卖、交易或者劳动服务的人,以暴力、胁迫手段迫使他人交出与合理价钱、费用相差不大钱物,情节严重的,以强迫交易罪定罪处罚;以非法占有为目的,以买卖、交易、服务为幌子采用暴力、胁迫手段迫使他人交出与合理价钱、费用相差悬殊的钱物的,以抢劫罪定罪处刑。在具体认定时,既要考虑超出合理价钱、费用的绝对数额,还要考虑超出合理价钱、费用的比例,加以综合判断。

3. 抢劫罪与绑架罪的界限

绑架罪是侵害他人人身自由权利的犯罪,其与抢劫罪的区别在于:

第一,主观方面不尽相同。抢劫罪中,行为人一般出于非法占有他人财物的故意实施抢劫行为,绑架罪中,行为人既可能为勒索他人财物而实施绑架行为,也可能出于其它非经济目的实施绑架行为;

第二,行为手段不尽相同。抢劫罪表现为行为人劫取财物一般应在同一时间、同一地点,具有"当场性";绑架罪表现为行为人以杀害、伤害等方式向被绑架人的亲属或其他人或单位发出威胁,索取赎金或提出其他非法要求,劫取财物一般不具有"当场性"。

绑架过程中又当场劫取被害人随身携带财物的,同时触犯绑架罪和抢劫罪两罪名,应择一重罪定罪处罚。

7. 最高人民法院《关于审理未成年人刑事案件具体应用法律若干问题的解释》(法释〔2006〕1号)

第5条 已满14周岁不满16周岁的人实施刑法第17条第2款规定以外的行为,如果同时触犯了刑法第17条第2款规定的,应当依照刑法第17条第2款的规定确定罪名,定罪处罚。(全文详见本书《刑法》第17条相关内容)

8.《中华人民共和国刑法修正案(7)》(2009年2月28日第十一届全国人大常委会第七次会议通过)

六、将刑法第239条修改为:"以勒索财物为目的绑架他人的,或者绑架他人作为人质的,处10年以上有期徒刑或者无期徒刑,并处罚金或者没收财产;情节较轻的,处5年以上10年以下有期徒刑,并处罚金。犯前款罪,致使被绑架人死亡或者杀害被绑架人的,处死刑,并处

没收财产。”

(本次修订在1997年《刑法》原条文的基础上,增加了“情节较轻的,处5年以上10年以下有期徒刑,并处罚金”的规定,并将原条文中“致使被绑架人死亡或者杀害被绑架人”的规定单立为第2款。)

9. 最高人民法院研究室《关于第三方受到勒索是否属于绑架罪构成要件问题的研究意见》(《司法研究与指导》2012年总第2辑)

有关部门就第三方受到勒索是否属于绑架罪构成要件问题征求最高人民法院研究室意见。最高人民法院研究室经研究,倾向于认为:构成绑架罪,无需以行为人自行或者通过被绑架人向被绑架人的亲友明确告知绑架事实为要件,只要以勒索财物为目的绑架他人的,均应以绑架罪论处。

10. 最高人民法院、最高人民检察院、公安部、民政部《关于依法处理监护人侵害未成年人权益行为若干问题的意见》(法发〔2014〕24号)

(详见本书刑法第17条相关内容)

11.《中华人民共和国刑法修正案(9)》(2015年8月29日第十二届全国人大常委会第十六次会议通过)

十四、将刑法第239条第2款修改为:“犯前款罪,杀害被绑架人的,或者故意伤害被绑架人,致人重伤、死亡的,处无期徒刑或者死刑,并处没收财产。”

(原条文:犯前款罪,致使被绑架人死亡或者杀害被绑架人的,处死刑,并处没收财产。)

12. 最高人民法院、最高人民检察院、公安部、司法部《关于办理恶势力刑事案件若干问题的意见》(法发〔2019〕10号)

(详见本书《刑法》第294条相关内容)

13. 最高人民法院、最高人民检察院、公安部、司法部《关于办理黑恶势力刑事案件中财产处置若干问题的意见》(2019年4月9日起施行)

(详见本书《刑法》第226条相关内容)

14. 最高人民法院、最高人民检察院、公安部、司法部《关于办理实施“软暴力”的刑事案件若干问题的意见》(2019年4月9日起施行)

(详见本书《刑法》第294条相关内容)

15. 最高人民法院、最高人民检察院、公安部、司法部《关于办理“套路贷”刑事案件若干问题的意见》(法发〔2019〕11号)

(详见本书《刑法》第294条相关内容)

16. 最高人民检察院《第1批指导性案例忻某龙绑架案》(检例第2号;2010年12月31日)

【要旨】

对于死刑案件的抗诉,要正确把握适用死刑的条件,严格证明标准,依法履行刑事审判法律监督职责。

【诉讼过程】

被告人忻某龙绑架一案,由浙江省慈溪市公安局立案侦查,于2005年11月21日移送慈溪市人民检察院审查起诉。慈溪市人民检察院于同年11月22日告知了忻某龙有权委托辩护人等诉讼权利,也告知了被害人的近亲属有权委托诉讼代理人等诉讼权利。按照案件管辖的规定,同年11月28日,慈溪市人民检察院将案件报送宁波市人民检察院审查起诉。宁波市人民检察院依法讯问了被告人忻某龙,审查了全部案件材料。2006年1月4日,宁波市人民检察院以忻某龙涉嫌绑架罪向宁波市中级人民法院提起公诉。

2006年1月17日,浙江省宁波市中级人民法院依法组成合议庭,公开审理了此案。法庭审理认为:被告人忻某龙以勒索财物为目的,绑架并杀害他人,其行为已构成绑架罪。手段残忍、后果严重,依法应予严惩。检察机关指控的罪名成立。

2006年2月7日,宁波市中级人民法院作出一审判决:一、被告人忻某龙犯绑架罪,判处死刑,剥夺政治权利终身,并处没收个人全部财产。二、被告人忻某龙赔偿附带民事诉讼原告人杨某风、张某彬应得的被害人死亡赔偿金317 640元、丧葬费11 380元,合计人民币329 020元。三、供被告人忻某龙犯罪使用的浙B3C751通宝牌面包车一辆及波导1220型手机一部,予以没收。

忻某龙对一审刑事部分的判决不服,向浙江省高级人民法院提出上诉。

2006年10月12日,浙江省高级人民法院依法组成合议庭,公开审理了此案。法庭审理认为:被告人忻某龙以勒索财物为目的,绑架并杀害他人,其行为已构成绑架罪。犯罪情节特别严重,社会危害极大,依法应予严惩。但鉴于本案的具体情况,对忻某龙判处死刑,可不予立即执行。2007年4月28日,浙江省高级人民法院作出二审判决:一、撤销浙江省宁波市中级人民法院〔2006〕甬刑初字第16号刑事附带民事判决中对忻某龙的量刑部分,维持判决的其余部分;二、被告人忻某龙犯绑架罪,判处死刑,缓期二年执行,剥夺政治权利终身。

被害人杨某某的父亲不服,于2007年6月25日向浙江省人民检察院申诉,请求提出抗诉。

浙江省人民检察院经审查认为,浙江省高级人民法院二审判决改判忻某龙死刑缓期2年执行确有错误,于2007年8月10日提请最高人民检察院按照审判监督程序提出抗诉。最高人民检察院派员到浙江专门核查了案件相关情况。最高人民检察院检察委员会两次审议了该案,认为被告人忻某龙绑架犯罪事实清楚,证据确实、充分,依法应当判处死刑立即执行,浙江省高级人民法院以"鉴于本案具体情况"为由改判忻某龙死刑缓期2年执行确有错误,应予纠正。理由如下:

一、忻某龙绑架犯罪事实清楚,证据确实、充分。本案定案的物证、书证、证人证言、被告人供述、鉴定结论、现场勘查笔录等证据能够形成完整的证据体系。公安机关根据忻某龙的供述找到被害人杨某某尸骨,忻某龙供述的诸多隐蔽细节,如埋尸地点、尸体在土中的姿势、尸体未穿鞋袜、埋尸坑中没有书包、打错勒索电话的原因、打勒索电话的通话次数、通话内容、接电话人的口音等,得到了其他证据的印证。

二、浙江省高级人民法院二审判决确有错误。二审改判是认为本案证据存在两个疑点。一是卖给忻某龙波导1220型手机的证人傅某红在证言中讲该手机的串号与公安人员扣押在案手机的串号不一致,手机的同一性存有疑问;二是证人宋某娟和艾某买买提尼牙子证实,在案发当天看见一中年妇女将一个与被害人特征相近的小女孩带走,不能排除有他人作案的可能。经审查,这两个疑点均能够排除。一是关于手机同一性问题。经审查,公安人员在询问傅某红时,将波导1220型手机原机主洪某军的身份证号码误记为手机的串号。宁波市人民检察院移送给宁波市中级人民法院的《随案移送物品文件清单》中写明波导1220型手机的串号是350974114389275,且洪某军将手机卖给傅某红的《旧货交易凭证》等证据,清楚地证明了从忻某龙身上扣押的手机即是索要赎金时使用的手机,且手机就在宁波市中级人民法院,手机同一性的疑点能够排除。二是关于是否存在中年妇女作案问题。案卷原有证据能够证实宋某娟、艾某买买提尼牙子证言证明的"中年妇女带走小女孩"与本案无关。宋某娟、艾某买买提尼牙子证言证明的中年妇女带走小女孩的地点在绑架现场东侧200米左右,与忻某龙绑架杨某某并非同一地点。艾某买买提尼牙子证言证明的是迪欧咖啡厅南边的电脑培训学校门口,不是忻某龙实施绑架的地点;宋某娟证言证明的中年妇女带走小女孩的地点是迪欧咖啡厅南边的十字路口,而不是老年大学北围墙外的绑架现场,因为宋某娟所在位置被建筑物阻挡,看不到老年大学北围墙外的绑架现场,此疑问也已经排除。此外,二人提到的小女孩的外貌特征等细节也与杨某某不符。

三、忻某龙所犯罪行极其严重,对其应当判处死刑立即执行。一是忻某龙精心预谋犯罪、主观恶性极深。忻某龙为实施绑架犯罪进行了精心预谋,多次到慈溪市"踩点",并选择了相对僻静无人的地方作为行车路线。忻某龙以"陈老师找你"为由将杨某某骗上车实施绑架,与慈溪市老年大学剑桥英语培训班负责人陈老师的姓氏相符。忻某龙居住在宁波市的鄞州区,选择在宁波市的慈溪市实施绑架,选择在宁波市的北仑区杀害被害人,之后又精心实施勒索赎金行为,赴安徽省广德县购买波导1220型手机,使用异地购买的手机卡,赴安徽省宣城市、芜湖市打勒索电话并要求被害人父亲到浙江省长兴县交付赎金。二是忻某龙犯罪后果极其严重、社会危害性极大。忻某龙实施绑架犯罪后,为使自己的罪行不被发现,在得到被害人家庭信息后,当天就将年仅9岁的杨某某杀害,并烧掉了杨某某的书包,扔掉了杨某某挣扎时脱落的鞋子,实施了毁灭罪证的行为。忻某龙归案后认罪态度差。开始不供述犯罪,并隐瞒作案所用手机的来源,后来虽供述犯罪,但编造他人参与共同作案。忻某龙的犯罪行为不仅剥夺了被害人的生命、给被害人家属造成了无法弥补的巨大痛苦,也严重影响了当地群众的安全感。三是二审改判忻某龙死刑缓期2年执行不被被害人家属和当地群众接受。被害人家属强烈要求判处忻某龙死刑立即执行,当地群众对二审改判忻某龙死刑缓期2年执行亦难以接受,要求司法机关严惩忻某龙。

2008年10月22日,最高人民检察院依照《中华人民共和国刑事诉讼法》第205条第3款之规定,向最高人民法院提出抗诉。2009年3月18日,最高人民法院指令浙江省高级人民法院另行组成合议庭,对忻某龙案件进行再审。

2009年5月14日,浙江省高级人民法院另行组成合议庭公开开庭审理本案。法庭审理认为:被告人忻某龙以勒索财物为目的,绑架并杀害他人,其行为已构成绑架罪,且犯罪手段残忍、情节恶劣,社会危害极大,无任何悔罪表现,依法应予严惩。检察机关要求纠正二审判决的意见能够成立。忻某龙及其辩护人要求维持二审判决的意见,理由不足,不予采纳。

2009年6月26日,浙江省高级人民法院依照《中华人民共和国刑事诉讼法》第205条第2款、第206条、第189条第2项,《中华人民共和国刑法》第239条第1款、第57条第1款、第64条之规定,作出判决:一、撤销浙江省高级人民法院〔2006〕浙刑一终字第146号刑事判决中对原审被告人忻某龙的量刑部分,维持该判决的其余部分和宁波市中级人民法院〔2006〕甬刑初字第16号刑事附带民事判决;二、原审被告人忻某龙犯绑架罪,判处死刑,剥夺政治权利终身,并处没收个人全部财产,并依法报请最高人民法院核准。

最高人民法院复核认为:被告人忻某龙以勒索财物为目的,绑架并杀害他人的行为已构成绑架罪。其犯罪手段残忍,情节恶劣,后果严重,无法定从轻处罚情节。浙江省高级人民法院再审判决认定的事实清楚,证据确实、充分,定罪准确,量刑适当,审判程序合法。

2009年11月13日,最高人民法院依照《中华人民共和国刑事诉讼法》第199条和《最高人民法院关于复核死刑案件若干问题的规定》第2条第1款之规定,作出裁定:核准浙江省高级人民法院〔2009〕浙刑再字第3号以原审被告人忻某龙犯绑架罪,判处死刑,剥夺政治权利终身,并处没收个人全部财产的刑事判决。

2009年12月11日,被告人忻某龙被依法执行死刑。

17. 最高人民法院、最高人民检察院、公安部、工业和信息化部、住房和城乡建设部、交通运输部、应急管理部、国家铁路局、中国民用航空局、国家邮政局《关于依法惩治涉枪支、弹药、爆炸物、易燃易爆危险物品犯罪的意见》(法发〔2021〕35号)

4. 非法制造、买卖、运输、邮寄、储存、盗窃、抢夺、抢劫、持有、私藏、走私枪支、弹药、爆炸物，并利用该枪支、弹药、爆炸物实施故意杀人、故意伤害、抢劫、绑架等犯罪的，依照数罪并罚的规定处罚。（全文详见本书《刑法》第125条相关内容）

第240条 【拐卖妇女、儿童罪】 拐卖妇女、儿童的，处5年以上10年以下有期徒刑，并处罚金；有下列情形之一的，处10年以上有期徒刑或者无期徒刑，并处罚金或者没收财产；情节特别严重的，处死刑，并处没收财产：

（一）拐卖妇女、儿童集团的首要分子；

（二）拐卖妇女、儿童3人以上的；

（三）奸淫被拐卖的妇女的；

（四）诱骗、强迫被拐卖的妇女卖淫或者将被拐卖的妇女卖给他人迫使其卖淫的；

（五）以出卖为目的，使用暴力、胁迫或者麻醉方法绑架妇女、儿童的；

（六）以出卖为目的，偷盗婴幼儿的；

（七）造成被拐卖的妇女、儿童或者其亲属重伤、死亡或者其他严重后果的；

（八）将妇女、儿童卖往境外的。

拐卖妇女、儿童是指以出卖为目的，有拐骗、绑架、收买、贩卖、接送、中转妇女、儿童的行为之一的。

• 释义

拐卖妇女、儿童罪是指以出卖为目的，拐骗、绑架、收买、贩卖、接送、中转妇女、儿童的行为。

以非法获利为目的，出卖亲生子女的，应当以拐卖妇女、儿童罪论处。

责任形式为故意，且要求以出卖为目的；出卖不等于营利，为了报复他人而贩卖妇女、儿童的，成立本罪。

征得妇女同意的，不认定为拐卖；征得妇女同意将其卖至卖淫场所获取介绍费的，成立协助组织卖淫罪。

不满14周岁的为儿童，不满1周岁的为婴儿，1周岁以上不满6周岁的为幼儿。

• 管辖

公安机关刑事侦查部门、法院（本罪，人民检察院没有提起公诉，被害人有证据证明的轻微刑事案件，可能判处3年以下刑罚的）。

• 关联法律

1. 最高人民法院、最高人民检察院《关于执行〈全国人大常委会关于严惩拐卖、绑架妇女、儿童的犯罪分子的决定〉的若干问题的解答的通知》（法发〔1992〕41号）

（高检会〔1992〕35号，法释〔2013〕1号已声明该文件废止）

2. 最高人民检察院研究室《关于以出卖为目的的倒卖外国妇女的行为是否构成拐卖妇女罪的答复》（〔1998〕高检研发第21号）

吉林省人民检察院研究室：

你院吉检发研字（1998）4号《关于以出卖为目的倒卖外国妇女的行为是否构成拐卖妇女罪的请示》收悉。经研究，现答复如下：

刑法第240条明确规定："拐卖妇女、儿童是以出卖为目的，有拐骗、绑架、收买、贩卖、接送、中转妇女、儿童的行为之一的。"其中作为"收买"对象的妇女、儿童并不要求必须是"被拐骗、绑架的妇女、儿童”。因此,以出卖为目的,收买、贩卖外国妇女,从中牟取非法利益的,应以拐卖妇女罪追究刑事责任。但确属为他人介绍婚姻收取介绍费,而非以出卖为目的的,不能追究刑事责任。

3. 公安部《关于如何处理无法查清身份的外国籍犯罪嫌疑人问题的批复》(公复字〔1999〕1号)

吉林省公安厅:

你厅《关于打击拐卖朝鲜妇女犯罪中有关问题的请示》(公吉明发[98]2239号)收悉。经研究,现就如何处理无法查清身份的外国籍犯罪嫌疑人问题,批复如下:

公安机关在办理刑事案件过程中,需要确认外国籍犯罪嫌疑人身份的,如果我国与该犯罪嫌疑人所称的国籍国签订的有关司法协助条约或者共同缔结或参加的国际公约有规定,可以按照有关司法协助条约或者国际公约的规定,请求该国协助查明其身份。如果没有司法协助条约或者国际公约规定,可以通过外交途径或者国际刑警组织渠道办理。公安机关应当尽可能地查明外国籍犯罪嫌疑人的身份,避免引起外交交涉。如果确实无法查清或者有关国家拒绝协助,可以根据《刑事诉讼法》第128条第2款的规定处理,即犯罪嫌疑人不讲真实姓名、住址,身份不明,但犯罪事实清楚,证据确实、充分的,也可以按其自报的姓名移送人民检察院审查起诉。

4. 最高人民法院《全国法院维护农村稳定刑事审判工作座谈会纪要》(法〔1999〕217号)

(六)关于拐卖妇女、儿童犯罪案件

要从严惩处拐卖妇女、儿童犯罪团伙的首要分子和以拐卖妇女、儿童为常业的“人贩子”。

要严格把握此类案件罪与非罪的界限。对于买卖至亲的案件,要区别对待:以贩卖牟利为目的“收养”子女的,应以拐卖儿童罪处理;对那些迫于生活困难、受重男轻女思想影响而出卖亲生子女或收养子女的,可不作为犯罪处理;对于出卖子女确属情节恶劣的,可按遗弃罪处罚;对于那些确属介绍婚姻,且被介绍的男女双方相互了解对方的基本情况,或者确属介绍收养,并经被收养人父母同意的,尽管介绍的人数较多,从中收取财物较多,也不应作犯罪处理。(全文详见本书《刑法》第232条相关内容)

5. 最高人民法院《关于审理拐卖妇女案件适用法律有关问题的解释》(法释〔2000〕1号)

为依法惩治拐卖妇女的犯罪行为,根据刑法和刑事诉讼法的有关规定,现就审理拐卖妇女案件具体适用法律的有关问题解释如下:

第1条 刑法第240条规定的拐卖妇女罪中的“妇女”,既包括具有中国国籍的妇女,也包括具有外国国籍和无国籍的妇女。被拐卖的外国妇女没有身份证明的,不影响对犯罪分子的定罪处罚。

第2条 外国人或者无国籍人拐卖外国妇女到我国境内被查获的,应当根据刑法第6条的规定,适用我国刑法定罪处罚。

第3条 对于外国籍被告人身份无法查明或者其国籍国拒绝提供有关身份证明,人民检察院根据刑事诉讼法第128条第2款的规定起诉的案件,人民法院应当依法受理。

6. 公安部《关于打击拐卖妇女儿童犯罪适用法律和政策有关问题的意见》(公通字〔2000〕25号)

一、关于立案、管辖问题

(一)对发现的拐卖妇女、儿童案件,拐出地(即妇女、儿童被拐骗地)、拐入地或者中转地公安机关应当立案管辖。两个以上公安机关都有管辖权的,由最先立案的公安机关侦查。必要时,可以由主要犯罪地或者主要犯罪嫌疑人居住地公安机关管辖。有关公安机关不得相互推诿。对管辖有争议的案件,应报请争议双方共同的上一级公安机关指定管辖。

铁路、交通、民航公安机关按照《公安机关办理刑事案件程序规定》第20条的规定立案侦查拐卖妇女、儿童案件。在运输途中查获的拐卖妇女、儿童案件，可以直接移送拐出地公安机关处理。

（二）对于公民报案、控告、举报的与拐卖妇女、儿童有关的犯罪嫌疑人、犯罪线索或者材料，扭送的犯罪嫌疑人，或者犯罪嫌疑人自首的，公安机关都应当接受。对于接受的案件或者发现的犯罪线索，应当迅速进行审查。对于需要采取解救被拐卖的妇女、儿童等紧急措施的，应当先采取紧急措施。

（三）经过审查，认为有犯罪事实，需要追究刑事责任的，应当区别情况，作出如下处理：

1.属于本公安机关管辖的案件，应当及时立案侦查。2.属于其他公安机关管辖的案件，应当在24小时内移送有管辖权的公安机关办理。3.不属于公安机关管辖的案件，如属于人民检察院管辖的不解救被拐卖、绑架妇女、儿童案和阻碍解救被拐卖、绑架妇女、儿童案等，属于人民法院管辖的重婚案等，应当及时将案件材料和有关证据送交有管辖权的人民检察院、人民法院，并告知报案人、控告人、举报人到人民检察院、人民法院报案、控告、举报或者起诉。

二、关于拐卖妇女、儿童犯罪

（一）要正确认定拐卖妇女、儿童罪。凡是拐卖妇女、儿童的，不论是哪个环节，只要是以出卖为目的，有拐骗、绑架、收买、贩卖、接送、中转妇女、儿童的行为之一的，均以拐卖妇女、儿童罪立案侦查。

（二）在办理拐卖妇女、儿童案件中，不论拐卖人数多少，是否获利，只要实施拐卖妇女、儿童行为的，均应当以拐卖妇女、儿童罪立案侦查。

（三）明知是拐卖妇女、儿童的犯罪分子而事先通谋，为其拐卖行为提供资助或者其他便利条件的，应当以拐卖妇女、儿童罪的共犯立案侦查。

（四）对拐卖过程中奸淫被拐卖妇女的；诱骗、强迫被拐卖的妇女卖淫或者将被拐卖的妇女卖给他人迫使其卖淫的；以出卖为目的使用暴力、胁迫、麻醉等方法绑架妇女、儿童的；以出卖为目的，偷盗婴幼儿的；造成被拐卖的妇女、儿童或者其亲属重伤、死亡或者其他严重后果的，均以拐卖妇女、儿童罪立案侦查。

（五）教唆他人实施拐卖妇女、儿童犯罪的，以拐卖妇女、儿童罪的共犯立案侦查。向他人传授拐卖妇女、儿童的犯罪方法的，以传授犯罪方法罪立案侦查。明知是拐卖妇女、儿童的犯罪分子，而在其实施犯罪后为其提供隐藏处所、财物，帮助其逃匿或者作假证明包庇的，以窝藏、包庇罪立案侦查。

（六）出卖亲生子女的，由公安机关依法没收非法所得，并处以罚款；以营利为目的，出卖不满14周岁子女，情节恶劣的，以拐卖儿童罪立案侦查。

（七）出卖14周岁以上女性亲属或者其他不满14周岁亲属的，以拐卖妇女、儿童罪立案侦查。

（八）借收养名义拐卖儿童的，出卖捡拾的儿童的，均以拐卖儿童罪立案侦查。

（九）以勒索财物为目的，偷盗婴幼儿的，以绑架罪立案侦查。

（十）犯组织他人偷越国（边）境罪，对被组织的妇女、儿童有拐卖犯罪行为的，以组织他人偷越国（边）境罪和拐卖妇女、儿童罪立案侦查。

（十一）非以出卖为目的，拐骗不满14周岁的未成年人脱离家庭或者监护人的，以拐骗儿童罪立案侦查。

（十二）教唆被拐卖、拐骗、收买的未成年人实施盗窃、诈骗等犯罪行为的，应当以盗窃罪、诈骗罪等犯罪的共犯立案侦查。

办案中，要正确区分罪与非罪、罪与罪的界限，特别是拐卖妇女罪与介绍婚姻收取钱物行为、拐卖儿童罪与收养中介行为、拐卖儿童罪与拐骗儿童罪,以及绑架儿童罪与拐卖儿童罪的界限,防止扩大打击面或者放纵犯罪。

三、关于收买被拐卖的妇女、儿童犯罪

(一)收买被拐卖的妇女、儿童的,以收买被拐卖的妇女、儿童罪立案侦查。

(二)收买被拐卖的妇女、儿童,并有下列犯罪行为的,同时以收买被拐卖的妇女、儿童罪和下列罪名立案侦查:

1. 违背被拐卖妇女的意志,强行与其发生性关系的,以强奸罪立案侦查。2. 明知收买的妇女是精神病患者(间歇性精神病患者在发病期间)或者痴呆者(程度严重的)而与其发生性关系的,以强奸罪立案侦查。3. 与收买的不满14周岁的幼女发生性关系的,不论被害人是否同意,均以奸淫幼女罪立案侦查。4. 非法剥夺、限制被拐卖的妇女、儿童人身自由的,或者对其实施伤害、侮辱、猥亵等犯罪行为的,以非法拘禁罪,或者伤害罪、侮辱罪、强制猥亵妇女罪、猥亵儿童罪等犯罪立案侦查。5. 明知被拐卖的妇女是现役军人的妻子而与之同居或者结婚的,以破坏军婚罪立案侦查。

(三)收买被拐卖的妇女、儿童后又出卖的,以拐卖妇女、儿童罪立案侦查。

(四)凡是帮助买主实施强奸、伤害、非法拘禁被拐卖的妇女、儿童等犯罪行为的,应当分别以强奸罪、伤害罪,非法拘禁罪等犯罪的共犯立案侦查。

(五)收买被拐卖的妇女、儿童,按照被买妇女的意愿,不阻碍其返回原居住地的,对被买儿童没有虐待行为,不阻碍对其进行解救的,可以不追究刑事责任。

四、关于自首和立功

(一)要采取多种形式,广泛宣传刑法关于自首、立功等从宽处理的刑事政策。各地可选择一些因主动投案自首或者有立功表现而给予从轻、减轻、免除处罚的典型案件,公开宣传报道,敦促在逃的犯罪分子尽快投案自首,坦白交待罪行,检举、揭发他人的犯罪行为,提供破案线索,争取立功表现。

(二)要做好对犯罪分子家属、亲友的政策宣传工作,动员他们规劝、陪同有拐卖妇女、儿童犯罪行为的亲友投案自首,或者将犯罪嫌疑人送往司法机关投案。对窝藏、包庇犯罪分子、阻碍解救、妨害公务,构成犯罪的,要依法追究刑事责任。

(三)对于投案自首、坦白交待罪行、有立功表现的犯罪嫌疑人,公安机关在移送人民检察院审查起诉时应当依法提出从轻、减轻、免除处罚的意见。

五、关于解救工作

(一)解救妇女、儿童工作由拐入地公安机关负责。对于拐出地公安机关主动派工作组到拐入地进行解救的,也要以拐入地公安机关为主开展工作。对解救的被拐卖妇女,由其户口所在地公安机关负责接回;对解救的被拐卖儿童,由其父母或者其他监护人户口所在地公安机关负责接回。拐出地、拐入地、中转地公安机关应当积极协作配合,坚决杜绝地方保护主义。

(二)要充分依靠当地党委、政府的支持,做好对基层干部和群众的法制宣传和说服教育工作,注意方式、方法,慎用警械、武器,避免激化矛盾,防止出现围攻执法人员、聚众阻碍解救等突发事件。

以暴力、威胁方法阻碍国家机关工作人员解救被收买的妇女、儿童的,以妨害公务罪立案侦查。对聚众阻碍国家机关工作人员解救被收买的妇女、儿童的首要分子,以聚众阻碍解救被收买的妇女、儿童罪立案侦查。其他使用暴力、威胁方法的参与者,以妨害公务罪立案侦查。阻碍解救被收买的妇女、儿童,没有使用暴力、威胁方法的,依照《中华人民共和国治安管理处罚条例》的有关规定处罚。

（三）对于被拐卖的未成年女性、现役军人配偶、受到买主摧残虐待的、被强迫卖淫或从事其他色情服务的妇女，以及本人要求解救的妇女，要立即解救。

对于自愿继续留在现住地生活的成年女性，应当尊重本人意愿，愿在现住地结婚且符合法定结婚条件的，应当依法办理结婚登记手续。被拐卖妇女与买主所生子女的抚养问题，可由双方协商解决或者由人民法院裁决。

（四）对于遭受摧残虐待的、被强迫乞讨或从事违法犯罪活动的，以及本人要求解救的被拐卖儿童，应当立即解救。

对于被解救的儿童，暂时无法查明其父母或者其他监护人的，依法交由民政部门收容抚养。

对于被解救的儿童，如买主对该儿童既没有虐待行为又不阻碍解救，其父母又自愿送养，双方符合收养和送养条件的，可依法办理收养手续。

（五）任何个人或者组织不得向被拐卖的妇女、儿童及其家属索要买妇女、儿童的费用和生活费用；已经索取的，应当予以返还。

（六）被解救的妇女、儿童户口所在地公安机关应当协助民政等有关部门妥善安置其生产和生活。

六、关于不解救或者阻碍解救被拐卖的妇女、儿童等渎职犯罪

对被拐卖的妇女、儿童负有解救职责的国家机关工作人员不履行解救职责，或者袒护、纵容甚至支持买卖妇女、儿童，为买卖妇女、儿童人们通风报信，或者以其他方法阻碍解救工作的，要依法处理：

（一）对被拐卖的妇女、儿童负有解救职责的公安、司法等国家机关工作人员接到被拐卖的妇女、儿童及其家属的解救要求或者接到其他人的举报，而对被拐卖的妇女、儿童不进行解救的，要交由其主管部门进行党纪、政纪、警纪处分；构成犯罪的，应当以不解救被拐卖妇女、儿童罪移送人民检察院追究刑事责任。

（二）对被拐卖的妇女、儿童负有解救职责的公安、司法等国家机关工作人员利用职务阻碍解救被拐卖的妇女、儿童，构成犯罪的，应当以阻碍解救被拐卖妇女、儿童罪移送人民检察院追究刑事责任。

（三）行政执法人员徇私情、私利，伪造材料，隐瞒情况，弄虚作假，对依法应当移交司法机关追究刑事责任的拐卖妇女、儿童犯罪案件不移交司法机关处理，构成犯罪的，以徇私舞弊不移交刑事案件罪移送人民检察院追究刑事责任。

（四）有查禁拐卖妇女、儿童犯罪活动职责的国家机关工作人员，向拐卖妇女、儿童的犯罪分子通风报信、提供便利，帮助犯罪分子逃避处罚，构成犯罪的，以帮助犯罪分子逃避处罚罪移送人民检察院追究刑事责任。

七、关于严格执法、文明办案

（一）各级公安机关必须严格依照《刑法》、《刑事诉讼法》和《公安机关办理刑事案件程序规定》以及其他有关规定，严格执法，文明办案，防止滥用强制措施、超期羁押，严禁刑讯逼供和以威胁、引诱、欺骗以及其他非法的方法收集证据。

（二）依法保障律师在侦查阶段参与刑事诉讼活动，保障犯罪嫌疑人聘请律师提供法律帮助的权利。对于律师提出会见犯罪嫌疑人的，公安机关应当依法及时安排会见，不得借故阻碍、拖延。

（三）对犯罪分子违法所得的一切财物及其产生的孳息，应当依法追缴。对依法扣押的犯罪工具及犯罪嫌疑人的财物及其孳息，应当妥为保管，不得挪用、毁损和自行处理。对作为证据使用的实物，应当随案移送；对不宜移送的，应当将其清单、照片或者其他证明文件随案移送，待人民法院作出生效判决后,由扣押的公安机关按照人民法院的通知,上缴国库或者返还受害人。

(四)认真做好办案协作工作。需要异地公安机关协助调查、执行强制措施的,要及时向有关地区公安机关提出协作请求。接受请求的公安机关应当及时予以协作配合,并尽快回复。对不履行办案协作职责造成严重后果的,对直接负责的主管人员和其他直接责任人员,应当给予行政处分;构成犯罪的,依法追究刑事责任。对在逃的拐卖妇女、儿童的犯罪分子,有关公安机关应密切配合,及时通缉,追捕归案。

八、关于办理涉外案件

(一)外国人或者无国籍人拐卖外国妇女、儿童到我国境内被查获的,应当适用我国刑法,以拐卖妇女、儿童罪立案侦查。

(二)拐卖妇女犯罪中的“妇女”,既包括具有中国国籍的妇女,也包括具有外国国籍和无国籍的妇女。被拐卖的外国妇女没有身份证明的,不影响对犯罪分子的立案侦查。

(三)对外国人依法作出取保候审、监视居住决定或者执行拘留、逮捕后,由有关省、自治区、直辖市公安厅、局在规定的期限内,将外国人的有关情况、涉嫌犯罪的主要事实、已采取的强制措施及其法律依据,通知该外国人所属国家的驻华使、领馆,同时报告公安部。

(四)对于外国籍犯罪嫌疑人身份无法查明或者其国籍国拒绝提供有关身份证明的,也可以按其自报的姓名依法提请人民检察院批准逮捕、移送审查起诉。

(五)对非法入出我国国境、非法居留的外国人,应当依照《中华人民共和国外国人入境出境管理法》及其实施细则进行处罚;情节严重,构成犯罪的,依法追究刑事责任。

九、关于法制宣传工作

各地公安机关要与司法行政、宣传、广播电视、民政、妇联、共青团等有关部门和组织密切配合,利用广播、电视、报刊、网络等媒体,结合打击人贩子、处理买主、解救被拐卖的妇女、儿童的典型案例,大张旗鼓地开展法制宣传教育活动。要大力宣传党和政府打击拐卖妇女、儿童犯罪的态度和决心,宣传拐卖妇女、儿童犯罪的严重危害,宣传国家禁止买卖妇女、儿童和惩处人贩子、买主的法律规定,宣传专项斗争中涌现出的不怕牺牲、不辞劳苦打击人贩子、解救被拐卖的妇女、儿童的英雄模范事迹,形成宣传攻势,提高广大人民群众的法制观念,教育群众自觉守法。特别是在拐卖妇女、儿童以及收买被拐卖的妇女、儿童情况较严重的地区,要深入村村户户进行法制宣传教育,真正做到家喻户晓、人人皆知。要以案说法,使广大干部和群众能够认识到拐卖妇女、儿童,收买被拐卖的妇女、儿童,阻碍解救被拐卖的妇女、儿童都是违法犯罪行为,都要受到法律制裁。在不通广播、电视的贫困、边远地区,要采取印发宣传材料、召开座谈会等多种形式进行宣传。

要广泛发动社会各界以及基层干部、群众,积极投入“打拐”专项斗争,主动配合、协助有关部门做好解救被拐卖妇女、儿童的工作,号召群众检举、揭发拐卖、收买妇女、儿童的犯罪行为,自觉同拐卖妇女、儿童犯罪活动作斗争。各地公安机关要设立“打拐”热线电话,接受群众举报,对提供重要犯罪线索、协助抓获重大犯罪嫌疑人的人员,要给予奖励。

7. 最高人民法院、最高人民检察院、公安部、民政部、司法部、中华全国妇联《关于打击拐卖妇女儿童犯罪有关问题题的通知》(公通字〔2000〕26号)

近年来,一些地方拐卖妇女、儿童犯罪活动猖獗,并呈发展蔓延之势,犯罪团伙组织日趋严密,犯罪手段更加隐蔽、狡猾、残忍,盗抢儿童、强迫被拐卖的妇女卖淫的案件突出,因拐卖妇女、儿童引起的伤害、杀人、强奸等恶性案件逐年增多,危害日益严重。拐卖妇女、儿童犯罪严重侵犯被拐卖的妇女、儿童的人身权利,致使许多家庭骨肉分离、家破人亡,并由此引发一系列社会问题,直接影响社会稳定。为有效遏制此类犯罪的上升势头,切实保护妇女、儿童的合法权益,维护社会稳定,今年上半年将在全国范围内开展“打击人贩子、解救被拐卖妇女儿童”专项斗争(以下简称“打拐”专项斗争)。为搞好这次“打拐”专项斗争,依法惩处拐卖妇女、儿童的犯罪分子,解救被拐卖的妇女、儿童,现就有关问题通知如下:

一、切实提高对开展“打拐”专项斗争重要性的认识,加强组织领导和协作配合。开展“打拐”专项斗争,是贯彻全心全意为人民服务的宗旨,保护公民合法权益,解除人民群众疾苦的一项“民心工程”、“爱心工程”。做好这项工作,有利于提高党和政府在人民群众中的威信,树立良好的形象。各级政法机关及有关部门和组织一定要充分认识拐卖妇女、儿童犯罪的严重性和危害性,充分认识开展“打拐”专项斗争的重大意义,将这项工作作为维护社会稳定的大事来抓。有关部门和组织要高度重视,切实加强组织领导,充分发挥本部门的职能作用,协同作战,坚决杜绝地方保护主义。公安机关、人民检察院、人民法院要依法及时侦查、逮捕、起诉、审判拐卖妇女、儿童的犯罪分子,解救被拐卖的妇女、儿童;司法行政机关要做好宣传教育、协查、收监和法律援助工作;民政部门要做好对被拐卖妇女和儿童的救济工作,及查找不到父母的儿童的收养工作;妇联等组织要维护妇女、儿童的合法权益,协助有关部门做好宣传、解救、安置工作。各有关部门、组织应当加强联系和沟通,相互支持,密切配合,共同做好打击人贩子、解救被拐卖的妇女、儿童的各项工作,确保“打拐”专项斗争取得预期效果。

二、大力敦促犯罪分子投案自首,坦白交待罪行,揭发犯罪,争取从宽处理。要采取多种形式,广泛宣传刑法关于自首、立功等从宽处理的刑事政策。各地还可选择一些因主动投案自首或者有立功表现而给予从轻、减轻、免除处罚的典型案件,公开宣传报道,敦促在逃的犯罪分子尽快投案自首,坦白交待罪行,检举、揭发他人的犯罪行为,提供破案线索,争取从宽处理。要做好对犯罪分子家属、亲友的政策宣传工作,动员他们规劝、陪同有拐卖妇女、儿童犯罪行为的亲友投案自首,或者将犯罪嫌疑人送往司法机关投案。对窝藏、包庇犯罪分子、阻碍解救、妨害公务,构成犯罪的,要依法追究刑事责任。监狱、看守所等监管部门要对在押人员加大宣传攻势,鼓励坦白、检举、揭发拐卖妇女、儿童犯罪行为。对于投案自首、坦白交待罪行、有立功表现的犯罪嫌疑人、被告人,司法机关应当切实落实刑事政策,依法从轻、减轻处罚。对于自首的犯罪分子,犯罪较轻的,可以免除处罚;对有重大立功表现的犯罪分子,可以减轻或者免除处罚;对犯罪后自首又有重大立功表现的,应当减轻或者免除处罚。

三、深入开展法制宣传教育,广泛发动群众参与“打拐”专项斗争,防止发生阻碍解救事件。各级公安机关和司法行政机关要组织专门班子,制定宣传计划,充分利用广播、电视、报刊、网络等媒体和“148”法律服务热线等渠道,结合打击人贩子、处理买主、解救被拐卖的妇女、儿童的典型案例,大张旗鼓地开展宣传教育活动。要大力宣传党和政府打击拐卖妇女、儿童犯罪的态度和决心,宣传拐卖妇女、儿童犯罪的严重危害,宣传国家禁止买卖妇女、儿童和惩处人贩子、买主的法律规定,宣传“打拐”专项斗争中涌现出的不怕牺牲、不辞劳苦打击人贩子、解救被拐卖的妇女、儿童的英雄模范事迹,形成宣传攻势,提高广大人民群众的法制观念,教育群众自觉守法。特别是在拐卖妇女、儿童以及收买被拐卖的妇女、儿童情况较严重的地区,要深入村村户户进行法制宣传教育,真正做到家喻户晓、人人皆知。要以案说法,使广大干部和群众能够认识到拐卖妇女、儿童,收买被拐卖的妇女、儿童,阻碍解救被拐卖的妇女、儿童都是违法犯罪行为,要受到法律制裁。在不通广播、电视的贫困、边远地区,要采取印发宣传材料、召开座谈会等多种形式进行宣传。

要广泛发动社会各界以及基层干部、群众,积极投入“打拐”专项斗争,主动配合、协助有关部门做好解救被拐卖妇女、儿童的工作,号召群众检举、揭发拐卖、收买妇女、儿童的犯罪行为,自觉同拐卖妇女、儿童犯罪活动作斗争。各地公安机关要设立“打拐”热线电话,接受群众举报,对提供重要犯罪线索、协助抓获重大犯罪嫌疑人的人员,要给予奖励。

四、正确适用法律,依法严厉打击拐卖妇女、儿童的犯罪活动。这次“打拐”专项斗争的重点是打击拐卖妇女、儿童的人贩子。凡是拐卖妇女、儿童的,不论是哪个环节,只要是以出卖为目的,有拐骗、绑架、收买、贩卖、接送、中转、窝藏妇女、儿童的行为之一的,不论拐卖人数多少,是否获利,均应以拐卖妇女、儿童罪追究刑事责任。对收买被拐卖的妇女、儿童的,以及阻碍解救被拐卖妇女、儿童构成犯罪的,也要依法惩处。出卖亲生子女的,由公安机关依法没收非法所得,并处以罚款;以营利为目的,出卖不满14周岁子女,情节恶劣的,借收养名义拐卖儿童的,以及出卖捡拾的儿童的,均应以拐卖儿童罪追究刑事责任。出卖14周岁以上女性亲属或者其他不满14周岁亲属的,以拐卖妇女、儿童罪追究刑事责任。

办案中,要正确区分罪与非罪、罪与罪的界限,特别是拐卖妇女罪与介绍婚姻收取钱物行为、拐卖儿童罪与收养中介行为、拐卖儿童罪与拐骗儿童罪,以及绑架儿童罪与拐卖儿童罪的界限,防止扩大打击面或者放纵犯罪。

五、各级政法机关和有关部门应当密切配合,形成合力,共同打好"打拐"专项斗争。公安机关应当组织专门力量,扎扎实实地做好侦查工作,全力侦破拐卖妇女、儿童犯罪案件,抓捕犯罪嫌疑人,并切实做好证据的收集工作,为起诉和审判打下坚实基础;人民检察院对公安机关提请逮捕和移送审查起诉的犯罪嫌疑人,应当依法及时批捕和提起公诉;人民法院对人民检察院提起公诉的案件,应当依法及时审判;监狱应当做好对罪犯收监执行和在押、在逃罪犯的协查工作。民政部门、妇联在工作中发现犯罪线索或者犯罪嫌疑人的,应当及时移交司法机关依法处理。

各级政法机关要全力以赴,提高办案效率,加快办案进度,力争在"打拐"专项斗争中逮捕一批、起诉一批、审判一批拐卖妇女、儿童的犯罪嫌疑人和被告人,震慑犯罪。人民检察院对公安机关侦查终结、移送审查起诉的案件,人民法院对人民检察院提起公诉的案件,应当坚持基本事实清楚,基本证据确凿的原则,及时起诉、审判,防止久拖不决。同时要严格遵守法律规定的诉讼程序和时限要求,依法办案,严禁刑讯逼供,防止滥用强制措施,超期羁押。

拐入地、拐出地或中转地公安机关立案侦查的拐卖妇女、儿童案件,应当向同级人民检察院提请批准逮捕、移送审查起诉。对于有多次倒卖情形的拐卖妇女、儿童案件,无论行为人是第几道贩子,只要其犯罪行为已经查证属实的,就应当及时起诉、审判。对于其他犯罪线索,公安机关应当组织力量继续进行侦查。对同案犯在逃的,已抓获的犯罪嫌疑人、被告人的犯罪事实已经查清,并有确实、充分证据的,应当及时起诉、审判。1人犯数罪的,对其中主要罪行或某一罪行事实清楚,证据确实充分,而其他罪行一时难以查清的,可先对其已查清的主要罪行或某一罪行作出处理。

六、切实做好解救和善后安置工作,保护被拐卖妇女、儿童的合法权益。解救被拐卖的妇女、儿童,是人民政府和政法机关的重要职责。公安、司法行政、民政、妇联等有关部门和组织要明确责任,各司其职,相互配合,通力合作。解救工作要充分依靠当地党委、政府的支持,做好对基层干部和群众的说服教育工作,注意方式、方法,慎用警械、武器,避免激化矛盾,防止出现围攻执法人员、聚众阻碍解救等突发事件。

对于被拐卖的未成年女性、现役军人配偶、遭受摧残虐待、被强迫卖淫或者从事其他色情服务的妇女,以及本人要求解救的妇女,要立即解救。对于自愿继续留在现住地生活的成年女性,应尊重本人意愿,愿在现住地结婚且符合法定结婚条件的,应当依法办理结婚登记手续。被拐卖妇女与买主所生子女的抚养问题,可由双方协商解决或由人民法院裁决。对于遭受摧残虐待的、被强迫乞讨或从事违法犯罪活动的,以及本人要求解救的被拐卖儿童,应当立即解救。对于解救的被拐卖儿童,由其父母或者其他监护人户口所在地公安机关负责接回。

公安、民政、妇联等有关部门和组织应当密切配合,做好被解救妇女、儿童的善后安置工作。任何单位和个人不得歧视被拐卖的妇女、儿童。对被解救回的未成年人,其父母及其他监护人应当接收并认真履行抚养义务。拒绝接收,拒不履行抚养义务,构成犯罪的,以遗弃罪追究刑事责任。

七、进一步开展综合治理,预防拐卖妇女、儿童犯罪发生。各级政法机关和有关部门要通过"打拐"专项斗争,及时发现问题,总结经验教训,动员全社会的力量,开展群防群治,长抓不懈,从根本上预防拐卖妇女、儿童犯罪的发生。公安、民政等有关部门要严格执行户口管理、暂住人口、流动人口登记、婚姻登记、收养登记等各项法律、法规和规章制度,堵塞漏洞。妇联等组织要积极维护妇女、儿童的合法权益,对妇女进行宣传教育,帮助她们提高自身素质,不断增强防拐防骗意识和自我保护能力。

各地接到本通知后,应当立即部署贯彻执行。执行中遇到的问题,请及时分别报告最高人民法院、最高人民检察院、公安部、民政部、司法部、全国妇联。

8. 中华人民共和国国务院《禁止使用童工规定》(国务院令〔2002〕第364号)

第11条 拐骗童工,强迫童工劳动,使用童工从事高空、井下、放射性、高毒、易燃易爆以及国家规定的第4级体力劳动强度的劳动,使用不满14周岁的童工,或者造成童工死亡或者严重伤残的,依照刑法关于拐卖儿童罪、强迫劳动罪或者其他罪的规定,依法追究刑事责任。

9. 最高人民法院、最高人民检察院、公安部、司法部《关于依法惩治拐卖妇女儿童犯罪的意见》(法发〔2010〕7号)

为加大对妇女、儿童合法权益的司法保护力度,贯彻落实《中国反对拐卖妇女儿童行动计划(2008-2012)》,根据刑法、刑事诉讼法等相关法律及司法解释的规定,最高人民法院、最高人民检察院、公安部、司法部就依法惩治拐卖妇女、儿童犯罪提出如下意见:

一、总体要求

1. 依法加大打击力度,确保社会和谐稳定。自1991年全国范围内开展打击拐卖妇女、儿童犯罪专项行动以来,侦破并依法处理了一大批拐卖妇女、儿童犯罪案件,犯罪分子受到依法严惩。2008年,全国法院共审结拐卖妇女、儿童犯罪案件1353件,比2007年上升9.91%;判决发生法律效力的犯罪分子2161人,同比增长11.05%,其中,被判处5年以上有期徒刑、无期徒刑至死刑的1319人,同比增长10.1%,重刑率为61.04%,高出同期全部刑事案件重刑率45.27个百分点。2009年,全国法院共审结拐卖妇女、儿童犯罪案件1636件,比2008年上升20.9%;判决发生法律效力的犯罪分子2413人,同比增长11.7%,其中被判处5年以上有期徒刑、无期徒刑至死刑的1475人,同比增长11.83%。

但是,必须清醒地认识到,由于种种原因,近年来,拐卖妇女、儿童犯罪在部分地区有所上升的势头仍未得到有效遏制。此类犯罪严重侵犯被拐卖妇女、儿童的人身权利,致使许多家庭骨肉分离,甚至家破人亡,严重危害社会和谐稳定。人民法院、人民检察院、公安机关、司法行政机关应当从维护人民群众切身利益、确保社会和谐稳定的大局出发,进一步依法加大打击力度,坚决有效遏制拐卖妇女、儿童犯罪的上升势头。

2. 注重协作配合,形成有效合力。人民法院、人民检察院、公安机关应当各司其职,各负其责,相互支持,相互配合,共同提高案件办理的质量与效率,保证办案的法律效果与社会效果的统一;司法行政机关应当切实做好有关案件的法律援助工作,维护当事人的合法权益。各地司法机关要统一思想认识,进一步加强涉案地域协调和部门配合,努力形成依法严惩拐卖妇女、儿童犯罪的整体合力。

3. 正确贯彻政策,保证办案效果。拐卖妇女、儿童犯罪往往涉及多人、多个环节,要根据宽严相济刑事政策和罪责刑相适应的刑法基本原则,综合考虑犯罪分子在共同犯罪中的地位、作用及人身危险性的大小,依法准确量刑。对于犯罪集团的首要分子、组织策划者、多次参与者、拐卖多人者或者具有累犯等从严、从重处罚情节的,必须重点打击,坚决依法严惩。

对于罪行严重,依法应当判处重刑乃至死刑的,坚决依法判处。要注重铲除“买方市场”,从源头上遏制拐卖妇女、儿童犯罪。对于收买被拐卖的妇女、儿童,依法应当追究刑事责任的,坚决依法追究。同时,对于具有从宽处罚情节的,要在综合考虑犯罪事实、性质、情节和危害程度的基础上,依法从宽,体现政策,以分化瓦解犯罪,鼓励犯罪人悔过自新。

二、管辖

4. 拐卖妇女、儿童犯罪案件依法由犯罪地的司法机关管辖。拐卖妇女、儿童犯罪的犯罪地包括拐出地、中转地、拐入地以及拐卖活动的途经地。如果由犯罪嫌疑人、被告人居住地的司法机关管辖更为适宜的,可以由犯罪嫌疑人、被告人居住地的司法机关管辖。

5. 几个地区的司法机关都有权管辖的,一般由最先受理的司法机关管辖。犯罪嫌疑人、被告人或者被拐卖的妇女、儿童人数较多,涉及多个犯罪地的,可以移送主要犯罪地或者主要犯罪嫌疑人、被告人居住地的司法机关管辖。

6. 相对固定的多名犯罪嫌疑人、被告人分别在拐出地、中转地、拐入地实施某一环节的犯罪行为,犯罪所跨地域较广,全案集中管辖有困难的,可以由拐出地、中转地、拐入地的司法机关对不同犯罪分子分别实施的拐出、中转和拐入犯罪行为分别管辖。

7. 对管辖权发生争议的,争议各方应当本着有利于迅速查清犯罪事实,及时解救被拐卖的妇女、儿童,以及便于起诉、审判的原则,在法定期间内尽快协商解决;协商不成的,报请共同的上级机关确定管辖。

正在侦查中的案件发生管辖权争议的,在上级机关作出管辖决定前,受案机关不得停止侦查工作。

三、立案

8. 具有下列情形之一,经审查,符合管辖规定的,公安机关应当立即以刑事案件立案,迅速开展侦查工作:

(1)接到拐卖妇女、儿童的报案、控告、举报的;(2)接到儿童失踪或者已满14周岁不满18周岁的妇女失踪报案的;(3)接到已满18周岁的妇女失踪,可能被拐卖的报案的;(4)发现流浪、乞讨的儿童可能系被拐卖的;(5)发现有收买被拐卖妇女、儿童行为,依法应当追究刑事责任的;(6)表明可能有拐卖妇女、儿童犯罪事实发生的其他情形的。

9. 公安机关在工作中发现犯罪嫌疑人或者被拐卖的妇女、儿童,不论案件是否属于自己管辖,都应当首先采取紧急措施。经审查,属于自己管辖的,依法立案侦查;不属于自己管辖的,及时移送有管辖权的公安机关处理。

10. 人民检察院要加强对拐卖妇女、儿童犯罪案件的立案监督,确保有案必立、有案必查。

四、证据

11. 公安机关应当依照法定程序,全面收集能够证实犯罪嫌疑人有罪或者无罪、犯罪情节轻重的各种证据。

要特别重视收集、固定买卖妇女、儿童犯罪行为交易环节中钱款的存取证明、犯罪嫌疑人的通话清单、乘坐交通工具往来有关地方的票证、被拐卖儿童的DNA鉴定结论、有关监控录像、电子信息等客观性证据。

取证工作应当及时,防止时过境迁,难以弥补。

12. 公安机关应当高度重视并进一步加强DNA数据库的建设和完善。对失踪儿童的父母,或者疑似被拐卖的儿童,应当及时采集血样进行检验,通过全国DNA数据库,为查获犯罪,帮助被拐卖的儿童及时回归家庭提供科学依据。

13. 拐卖妇女、儿童犯罪所涉地区的办案单位应当加强协作配合。需要到异地调查取证的,相关司法机关应当密切配合;需要进一步补充查证的,应当积极支持。

五、定性

14. 犯罪嫌疑人、被告人参与拐卖妇女、儿童犯罪活动的多个环节，只有部分环节的犯罪事实查证清楚、证据确实、充分的，可以对该环节的犯罪事实依法予以认定。

15. 以出卖为目的强抢儿童，或者捡拾儿童后予以出卖，符合刑法第240条第2款规定的，应当以拐卖儿童罪论处。

以抚养为目的偷盗婴幼儿或者拐骗儿童，之后予以出卖的，以拐卖儿童罪论处。

16. 以非法获利为目的，出卖亲生子女的，应当以拐卖妇女、儿童罪论处。

17. 要严格区分借送养之名出卖亲生子女与民间送养行为的界限。区分的关键在于行为人是否具有非法获利的目的。应当通过审查将子女"送"人的背景和原因、有无收取钱财及收取钱财的多少、对方是否具有抚养目的及有无抚养能力等事实，综合判断行为人是否具有非法获利的目的。

具有下列情形之一的，可以认定属于出卖亲生子女，应当以拐卖妇女、儿童罪论处：

(1)将生育作为非法获利手段，生育后即出卖子女的；(2)明知对方不具有抚养目的，或者根本不考虑对方是否具有抚养目的，为收取钱财将子女"送"给他人的；(3)为收取明显不属于"营养费"、"感谢费"的巨额钱财将子女"送"给他人的；(4)其他足以反映行为人具有非法获利目的的"送养"行为的。

不是出于非法获利目的，而是迫于生活困难，或者受重男轻女思想影响，私自将没有独立生活能力的子女送给他人抚养，包括收取少量"营养费"、"感谢费"的，属于民间送养行为，不能以拐卖妇女、儿童罪论处。对私自送养导致子女身心健康受到严重损害，或者具有其他恶劣情节，符合遗弃罪特征的，可以遗弃罪论处；情节显著轻微危害不大的，可由公安机关依法予以行政处罚。

18. 将妇女拐卖给有关场所，致使被拐卖的妇女被迫卖淫或者从事其他色情服务的，以拐卖妇女罪论处。

有关场所的经营管理人员事前与拐卖妇女的犯罪人通谋的，对该经营管理人员以拐卖妇女罪的共犯论处；同时构成拐卖妇女罪和组织卖淫罪的，择一重罪论处。

19. 医疗机构、社会福利机构等单位的工作人员以非法获利为目的，将所诊疗、护理、抚养的儿童贩卖给他人的，以拐卖儿童罪论处。

20. 明知是被拐卖的妇女、儿童而收买，具有下列情形之一的，以收买被拐卖的妇女、儿童罪论处；同时构成其他犯罪的，依照数罪并罚的规定处罚：

(1)收买被拐卖的妇女后，违背被收买妇女的意愿，阻碍其返回原居住地的；(2)阻碍对被收买妇女、儿童进行解救的；(3)非法剥夺、限制被收买妇女、儿童的人身自由，情节严重，或者对被收买妇女、儿童有强奸、伤害、侮辱、虐待等行为的；(4)所收买的妇女、儿童被解救后又再次收买，或者收买多名被拐卖的妇女、儿童的；(5)组织、诱骗、强迫被收买的妇女、儿童从事乞讨、苦役，或者盗窃、传销、卖淫等违法犯罪活动的；(6)造成被收买妇女、儿童或者其亲属重伤、死亡以及其他严重后果的；(7)具有其他严重情节的。

被追诉前主动向公安机关报案或者向有关单位反映，愿意让被收买妇女返回原居住地，或者将被收买儿童送回其家庭，或者将被收买妇女、儿童交给公安、民政、妇联等机关、组织，没有其他严重情节的，可以不追究刑事责任。

六、共同犯罪

21. 明知他人拐卖妇女、儿童，仍然向其提供被拐卖妇女、儿童的健康证明、出生证明或者其他帮助的，以拐卖妇女、儿童罪的共犯论处。

明知他人收买被拐卖的妇女、儿童，仍然向其提供被收买妇女、儿童的户籍证明、出生证明或者其他帮助的,以收买被拐卖的妇女、儿童罪的共犯论处,但是,收买人未被追究刑事责任的除外。

认定是否“明知”,应当根据证人证言、犯罪嫌疑人、被告人及其同案人供述和辩解,结合提供帮助的人次,以及是否明显违反相关规章制度、工作流程等,予以综合判断。

22. 明知他人系拐卖儿童的“人贩子”,仍然利用从事诊疗、福利救助等工作的便利或者了解被拐卖方情况的条件,居间介绍的,以拐卖儿童罪的共犯论处。

23. 对于拐卖妇女、儿童犯罪的共犯,应当根据各被告人在共同犯罪中的分工、地位、作用,参与拐卖的人数、次数,以及分赃数额等,准确区分主从犯。

对于组织、领导、指挥拐卖妇女、儿童的某一个或者某几个犯罪环节,或者积极参与实施拐骗、绑架、收买、贩卖、接送、中转妇女、儿童等犯罪行为,起主要作用的,应当认定为主犯。

对于仅提供被拐卖妇女、儿童信息或者相关证明文件,或者进行居间介绍,起辅助或者次要作用,没有获利或者获利较少的,一般可认定为从犯。

对于各被告人在共同犯罪中的地位、作用区别不明显的,可以不区分主从犯。

七、一罪与数罪

24. 拐卖妇女、儿童,又奸淫被拐卖的妇女、儿童,或者诱骗、强迫被拐卖的妇女、儿童卖淫的,以拐卖妇女、儿童罪处罚。

25. 拐卖妇女、儿童,又对被拐卖的妇女、儿童实施故意杀害、伤害、猥亵、侮辱等行为,构成其他犯罪的,依照数罪并罚的规定处罚。

26. 拐卖妇女、儿童或者收买被拐卖的妇女、儿童,又组织、教唆被拐卖、收买的妇女、儿童进行犯罪的,以拐卖妇女、儿童罪或者收买被拐卖的妇女、儿童罪与其所组织、教唆的罪数罪并罚。

27. 拐卖妇女、儿童或者收买被拐卖的妇女、儿童,又组织、教唆被拐卖、收买的未成年妇女、儿童进行盗窃、诈骗、抢夺、敲诈勒索等违反治安管理活动的,以拐卖妇女、儿童罪或者收买被拐卖的妇女、儿童罪与组织未成年人进行违反治安管理活动罪数罪并罚。

八、刑罚适用

28. 对于拐卖妇女、儿童犯罪集团的首要分子,情节严重的主犯,累犯,偷盗婴幼儿、强抢儿童情节严重,将妇女、儿童卖往境外情节严重,拐卖妇女、儿童多人多次、造成伤亡后果,或者具有其他严重情节的,依法从重处罚;情节特别严重的,依法判处死刑。

拐卖妇女、儿童,并对被拐卖的妇女、儿童实施故意杀害、伤害、猥亵、侮辱等行为,数罪并罚决定执行的刑罚应当依法体现从严。

29. 对于拐卖妇女、儿童的犯罪分子,应当注重依法适用财产刑,并切实加大执行力度,以强化刑罚的特殊预防与一般预防效果。

30. 犯收买被拐卖的妇女、儿童罪,对被收买妇女、儿童实施违法犯罪活动或者将其作为牟利工具的,处罚时应当依法体现从严。

收买被拐卖的妇女、儿童,对被收买妇女、儿童没有实施摧残、虐待行为或者与其已形成稳定的婚姻家庭关系,但仍应依法追究刑事责任的,一般应当从轻处罚;符合缓刑条件的,可以依法适用缓刑。

收买被拐卖的妇女、儿童,犯罪情节轻微的,可以依法免予刑事处罚。

31. 多名家庭成员或者亲友共同参与出卖亲生子女,或者“买人为妻”、“买人为子”构成收买被拐卖的妇女、儿童罪的,一般应当在综合考察犯意提起、各行为人在犯罪中所起作用等情节的基础上,依法追究其中罪责较重者的刑事责任。对于其他情节显著轻微危害不大,不认为是犯罪的,依法不追究刑事责任;必要时可以由公安机关予以行政处罚。

32. 具有从犯、自首、立功等法定从宽处罚情节的,依法从轻、减轻或者免除处罚。

对被拐卖的妇女、儿童没有实施摧残、虐待等违法犯罪行为,或者能够协助解救被拐卖的妇女、儿童,或者具有其他酌定从宽处罚情节的,可以依法酌情从轻处罚。

33. 同时具有从严和从宽处罚情节的,要在综合考察拐卖妇女、儿童的手段、拐卖妇女、儿童或者收买被拐卖妇女、儿童的人次、危害后果以及被告人主观恶性、人身危险性等因素的基础上,结合当地此类犯罪发案情况和社会治安状况,决定对被告人总体从严或者从宽处罚。

九、涉外犯罪

34. 要进一步加大对跨国、跨境拐卖妇女、儿童犯罪的打击力度。加强双边或者多边"反拐"国际交流与合作,加强对被跨国、跨境拐卖的妇女、儿童的救助工作。依照我国缔结或者参加的国际条约的规定,积极行使所享有的权利,履行所承担的义务,及时请求或者提供各项司法协助,有效遏制跨国、跨境拐卖妇女、儿童犯罪。

10. 最高人民法院、最高人民检察院、公安部、司法部《关于限令拐卖妇女儿童犯罪人员投案自首的通告》(2011年1月1日)

为依法惩治拐卖妇女、儿童等犯罪,帮助更多的被拐卖妇女、儿童早日回归家庭和社会,切实贯彻落实宽严相济的刑事政策,增进社会和谐稳定,根据《中华人民共和国刑法》、《中华人民共和国刑事诉讼法》等法律及司法解释的规定,最高人民法院、最高人民检察院、公安部、司法部联合发布通告,限令拐卖妇女、儿童犯罪人员投案自首。通告内容如下:

一、限令实施或者参与拐卖妇女、儿童,收买被拐卖的妇女、儿童,聚众阻碍解救被拐卖的妇女、儿童的犯罪人员,自通告发布之日起至2011年3月31日到公安机关等有关单位、组织投案自首。

二、亲友应当积极规劝犯罪人员尽快投案自首,经亲友规劝、陪同投案的,或者亲友主动报案后将犯罪人员送去投案的,均视为自动投案。

三、在限令期限内自动投案的犯罪人员,如实供述自己罪行的,依法可以从轻或者减轻处罚;犯罪情节较轻的,可以免除处罚。被采取强制措施或正在服刑期间,如实供述司法机关尚未掌握的拐卖犯罪行为的,如果该罪行与司法机关已掌握的或者判决确定的罪行属不同种罪行的,以自首论;如果该罪行系司法机关尚未掌握的同种拐卖犯罪的,一般应当从轻处罚。

被追诉前主动向公安机关报案或者向有关单位反映,愿意让被收买妇女返回原居住地,或者将被收买儿童送回其家庭,或者将被收买妇女、儿童交给公安、民政、妇联等机关、组织,没有其他严重情节的,可以依法免予刑事处罚。

四、犯罪人员有检举、揭发他人拐卖妇女、儿童犯罪行为,经查证属实的,以及提供重要线索,从而得以侦破其他犯罪案件等立功表现的,或者协助司法机关抓获其他犯罪嫌疑人的,可以依法从轻或者减轻处罚;有重大立功表现的,可以依法减轻或者免除处罚。

犯罪后自首又有重大立功表现的,应当依法减轻或者免除处罚。

五、逾期拒不投案自首的,或者转移、藏匿被收买的妇女、儿童,阻碍其返回原居住地或者阻碍解救的,经查实,依法从严惩处。

六、鼓励广大人民群众积极举报、控告拐卖妇女、儿童犯罪。司法机关对举报人、控告人依法予以保护。对威胁、报复举报人、控告人的,应当依法追究刑事责任。

七、窝藏、包庇犯罪分子,帮助犯罪分子毁灭、伪造证据的,应当依法追究刑事责任。

八、本通告自发布之日起施行。

11. 最高人民法院、最高人民检察院、公安部、民政部《关于依法处理监护人侵害未成年人权益行为若干问题的意见》(法发〔2014〕24号)

(详见本书《刑法》第17条相关内容)

12. 最高人民法院《关于审理拐卖妇女儿童犯罪案件具体应用法律若干问题的解释》(法释〔2016〕28号)

为依法惩治拐卖妇女、儿童犯罪,切实保障妇女、儿童的合法权益,维护家庭和谐与社会稳定,根据刑法有关规定,结合司法实践,现就审理此类案件具体应用法律的若干问题解释如下:

第1条 对婴幼儿采取欺骗、利诱等手段使其脱离监护人或者看护人的,视为刑法第240条第1款第(6)项规定的"偷盗婴幼儿"。

第2条 医疗机构、社会福利机构等单位的工作人员以非法获利为目的,将所诊疗、护理、抚养的儿童出卖给他人的,以拐卖儿童罪论处。

第3条 以介绍婚姻为名,采取非法扣押身份证件、限制人身自由等方式,或者利用妇女人地生疏、语言不通、孤立无援等境况,违背妇女意志,将其出卖给他人的,应当以拐卖妇女罪追究刑事责任。

以介绍婚姻为名,与被介绍妇女串通骗取他人钱财,数额较大的,应当以诈骗罪追究刑事责任。

第4条 在国家机关工作人员排查来历不明儿童或者进行解救时,将所收买的儿童藏匿、转移或者实施其他妨碍解救行为,经说服教育仍不配合的,属于刑法第241条第6款规定的"阻碍对其进行解救"。

第5条 收买被拐卖的妇女,业已形成稳定的婚姻家庭关系,解救时被买妇女自愿继续留在当地共同生活的,可以视为"按照被买妇女的意愿,不阻碍其返回原居住地"。

第6条 收买被拐卖的妇女、儿童后又组织、强迫卖淫或者组织乞讨、进行违反治安管理活动等构成其他犯罪的,依照数罪并罚的规定处罚。

第7条 收买被拐卖的妇女、儿童,又以暴力、威胁方法阻碍国家机关工作人员解救被收买的妇女、儿童,或者聚众阻碍国家机关工作人员解救被收买的妇女、儿童,构成妨害公务罪、聚众阻碍解救被收买的妇女、儿童罪的,依照数罪并罚的规定处罚。

第8条 出于结婚目的收买被拐卖的妇女,或者出于抚养目的收买被拐卖的儿童,涉及多名家庭成员、亲友参与的,对其中起主要作用的人员应当依法追究刑事责任。

第9条 刑法第240条、第241条规定的儿童,是指不满14周岁的人。其中,不满1周岁的为婴儿,1周岁以上不满6周岁的为幼儿。

第10条 本解释自2017年1月1日起施行。

第241条 【收买被拐卖的妇女、儿童罪】收买被拐卖的妇女、儿童的,处3年以下有期徒刑、拘役或者管制。

收买被拐卖的妇女,强行与其发生性关系的,依照本法第236条的规定定罪处罚。【强奸罪(第236条)】

收买被拐卖的妇女、儿童,非法剥夺、限制其人身自由或者有伤害、侮辱等犯罪行为的,依照本法的有关规定定罪处罚。【非法拘禁罪(第238条)、故意伤害罪(第234条)、侮辱罪(第237条)】

收买被拐卖的妇女、儿童,并有第2款、第3款规定的犯罪行为的,依照数罪并罚的规定处罚。

收买被拐卖的妇女、儿童又出卖的,依照本法第240条的规定定罪处罚。【拐卖妇女、儿童罪(第240条)】

收买被拐卖的妇女、儿童,对被买儿童没有虐待行为,不阻碍对其进行解救的,可以从轻处罚;按照被买妇女的意愿,不阻碍其返回原居住地的,可以从轻或者减轻处罚。

（本条为《中华人民共和国刑法修正案(9)》修改）

• **释义**

收买被拐卖的妇女、儿童罪是指故意用金钱或其他财物收买被拐卖的妇女、儿童的行为。

收买被拐卖的妇女，强行与其发生性关系的，依强奸罪定罪处罚。

收买被拐卖的妇女、儿童，非法剥夺、限制其人身自由或者有伤害、侮辱等犯罪行为的，依照本法的有关规定定罪处罚。

收买被拐卖的妇女、儿童，并有第2款、第3款规定的犯罪行为的，依照数罪并罚的规定处罚。

收买被拐卖的妇女、儿童又出卖的，依照拐卖妇女、儿童罪定罪处罚。收买被拐卖的妇女、儿童，对被买儿童没有虐待行为，不阻碍对其进行解救的，可以从轻处罚；按照被买妇女的意愿，不阻碍其返回原居住地的，可以从轻或者减轻处罚。

• **管辖**

公安机关刑事侦查部门、法院（本罪，人民检察院没有提起公诉，被害人有证据证明的轻微刑事案件，可能判处3年以下刑罚的）。

• **关联法律**

1.《中华人民共和国刑法修正案(9)》(2015年8月29日第十二届全国人大常委会第十六次会议通过)

十五、将刑法第241条第6款修改为："收买被拐卖的妇女、儿童，对被买儿童没有虐待行为，不阻碍对其进行解救的，可以从轻处罚；按照被买妇女的意愿，不阻碍其返回原居住地的，可以从轻或者减轻处罚。"

（原该款内容：收买被拐卖的妇女、儿童，按照被买妇女的意愿，不阻碍其返回原居住地的，对被买儿童没有虐待行为，不阻碍对其进行解救的，可以不追究刑事责任。）

2.最高人民法院、最高人民检察院、公安部、司法部《关于依法惩治拐卖妇女儿童犯罪的意见》(法发〔2010〕7号)

20.明知是被拐卖的妇女、儿童而收买，具有下列情形之一的，以收买被拐卖的妇女、儿童罪论处；同时构成其他犯罪的，依照数罪并罚的规定处罚：

(1)收买被拐卖的妇女后，违背被收买妇女的意愿，阻碍其返回原居住地的；(2)阻碍对被收买妇女、儿童进行解救的；(3)非法剥夺、限制被收买妇女、儿童的人身自由，情节严重，或者对被收买妇女、儿童有强奸、伤害、侮辱、虐待等行为的；(4)所收买的妇女、儿童被解救后又再次收买，或者收买多名被拐卖的妇女、儿童的；(5)组织、诱骗、强迫被收买的妇女、儿童从事乞讨、苦役，或者盗窃、传销、卖淫等违法犯罪活动的；(6)造成被收买妇女、儿童或者其亲属重伤、死亡以及其他严重后果的；(7)具有其他严重情节的。

被追诉前主动向公安机关报案或者向有关单位反映，愿意让被收买妇女返回原居住地，或者将被收买儿童送回其家庭，或者将被收买妇女、儿童交给公安、民政、妇联等机关、组织，没有其他严重情节的，可以不追究刑事责任。

30.犯收买被拐卖的妇女、儿童罪，对被收买妇女、儿童实施违法犯罪活动或者将其作为牟利工具的，处罚时应当依法体现从严。

收买被拐卖的妇女、儿童，对被收买妇女、儿童没有实施摧残、虐待行为或者与其已形成稳定的婚姻家庭关系，但仍应依法追究刑事责任的，一般应当从轻处罚；符合缓刑条件的，可以依法适用缓刑。

收买被拐卖的妇女、儿童,犯罪情节轻微的,可以依法免予刑事处罚。

31. 多名家庭成员或者亲友共同参与出卖亲生子女,或者"买人为妻"、"买人为子"构成收买被拐卖的妇女、儿童罪的,一般应当在综合考察犯意提起、各行为人在犯罪中所起作用等情节的基础上,依法追究其中罪责较重者的刑事责任。对于其他情节显著轻微危害不大,不认为是犯罪的,依法不追究刑事责任;必要时可以由公安机关予以行政处罚。

32. 具有从犯、自首、立功等法定从宽处罚情节的,依法从轻、减轻或者免除处罚。

对被拐卖的妇女、儿童没有实施摧残、虐待等违法犯罪行为,或者能够协助解救被拐卖的妇女、儿童,或者具有其他酌定从宽处罚情节的,可以依法酌情从轻处罚。

33. 同时具有从严和从宽处罚情节的,要在综合考察拐卖妇女、儿童的手段、拐卖妇女、儿童或者收买被拐卖妇女、儿童的人次、危害后果以及被告人主观恶性、人身危险性等因素的基础上,结合当地此类犯罪发案情况和社会治安状况,决定对被告人总体从严或者从宽处罚。(全文详见本书《刑法》第240条相关内容)

3. 最高人民法院《关于审理拐卖妇女儿童犯罪案件具体应用法律若干问题的解释》(法释〔2016〕28号)

第4条 在国家机关工作人员排查来历不明儿童或者进行解救时,将所收买的儿童藏匿、转移或者实施其他妨碍解救行为,经说服教育仍不配合的,属于刑法第241条第6款规定的"阻碍对其进行解救"。

第5条 收买被拐卖的妇女,业已形成稳定的婚姻家庭关系,解救时被买妇女自愿继续留在当地共同生活的,可以视为"按照被买妇女的意愿,不阻碍其返回原居住地"。

第6条 收买被拐卖的妇女、儿童后又组织、强迫卖淫或者组织乞讨、进行违反治安管理活动等构成其他犯罪的,依照数罪并罚的规定处罚。

第7条 收买被拐卖的妇女、儿童,又以暴力、威胁方法阻碍国家机关工作人员解救被收买的妇女、儿童,或者聚众阻碍国家机关工作人员解救被收买的妇女、儿童,构成妨害公务罪、聚众阻碍解救被收买的妇女、儿童罪的,依照数罪并罚的规定处罚。

第8条 出于结婚目的收买被拐卖的妇女,或者出于抚养目的收买被拐卖的儿童,涉及多名家庭成员、亲友参与的,对其中起主要作用的人员应当依法追究刑事责任。(全文详见本书《刑法》第240条相关内容)

4. 参见本书《刑法》第240条该节内容。

第242条 【妨害公务罪】以暴力、威胁方法阻碍国家机关工作人员解救被收买的妇女、儿童的,依照本法第277条的规定定罪处罚。

【聚众阻碍解救被收买的妇女、儿童罪】聚众阻碍国家机关工作人员解救被收买的妇女、儿童的首要分子,处5年以下有期徒刑或者拘役;其他参与者使用暴力、威胁方法的,依照前款的规定处罚。

• 释义

聚众阻碍解救被收买的妇女、儿童罪是指首要分子聚集多人阻碍国家机关工作人员解救被收买的妇女、儿童的行为。

• 管辖

公安机关刑事侦查部门、法院(本罪,人民检察院没有提起公诉,被害人有证据证明的轻微刑事案件,可能判处3年以下刑罚的)。

• 关联法律

参见本书《刑法》第 240 条、第 241 条该节内容。

第 243 条 【诬告陷害罪】 捏造事实诬告陷害他人，意图使他人受刑事追究，情节严重的，处 3 年以下有期徒刑、拘役或者管制；造成严重后果的，处 3 年以上 10 年以下有期徒刑。

国家机关工作人员犯前款罪的，从重处罚。

不是有意诬陷，而是错告，或者检举失实的，不适用前两款的规定。

• 释义

诬告陷害罪是指向公安、司法机关或有关国家机关告发捏造的犯罪事实，意图使他人受刑事追究，情节严重的行为。国家机关工作人员犯本罪的，从重处罚。

不是有意诬陷，而是错告，或者检举失实的，不以本罪论。

必须是自发告发，在侦查、检察、审判机构调查取证时作虚假陈述，可能构成伪证罪。

告发行为应足以引起刑事追究活动。

责任形式为故意，且须以使他人受刑事追究为目的。

• 管辖

公安机关刑事侦查部门、法院（本罪，人民检察院没有提起公诉，被害人有证据证明的轻微刑事案件，可能判处 3 年以下刑罚的）。

• 关联法律

公安部《关于公安机关处置信访活动中违法犯罪行为适用法律的指导意见》（公通字〔2013〕25 号）

三、对侵犯人身权利、财产权利违法犯罪行为的处理

5. 捏造、歪曲事实诬告陷害他人，企图使他人受到刑事追究或者受到治安管理处罚，符合《治安管理处罚法》第 42 条第 3 项规定的，以诬告陷害依法予以治安管理处罚；符合《刑法》第 243 条规定的，以诬告陷害罪追究刑事责任。（全文见本书《刑法》第 114 条相关内容）

第 244 条 【强迫劳动罪】 以暴力、威胁或者限制人身自由的方法强迫他人劳动的，处 3 年以下有期徒刑或者拘役，并处罚金；情节严重的，处 3 年以上 10 年以下有期徒刑，并处罚金。

明知他人实施前款行为，为其招募、运送人员或者有其他协助强迫他人劳动行为的，依照前款的规定处罚。

单位犯前两款罪的，对单位判处罚金，并对其直接负责的主管人员和其他直接责任人员，依照第 1 款的规定处罚。

（本条《中华人民共和国刑法修正案(8)》修改）

• 释义

强迫劳动罪是指以暴力、威胁或者限制人身自由的方法强迫他人劳动，或者明知他人以暴力、威胁或者限制人身自由的方法强迫他人劳动，而为其招募、运送人员或者以其他方式协助强迫他人劳动的行为。

行为主体既可以是自然人,也可以是单位。

• 管辖

公安机关治安管理部门、法院(本罪,人民检察院没有提起公诉,被害人有证据证明的轻微刑事案件,可能判处3年以下刑罚的)。

• 立案追诉标准

将《立案追诉标准(1)》第31条修改为:

以暴力、威胁或者限制人身自由的方法强迫他人劳动的,应予立案追诉。

明知他人以暴力、威胁或者限制人身自由的方法强迫他人劳动,为其招募、运送人员或者有其他协助强迫他人劳动行为的,应予立案追诉。

• 关联法律

1.《中华人民共和国劳动法》(1994年7月5日第八届全国人大常委会第八次会议通过;2009年8月27日第十一届全国人大常委会第十次会议《关于修改部分法律的决定》第一次修正;2018年12月29日第十三届全国人大常委会第七次会议《关于修改〈中华人民共和国劳动法〉等7部法律的决定》第二次修正)

第94条 用人单位非法招用未满16周岁的未成年人的,由劳动行政部门责令改正,处以罚款;情节严重的,由市场监督管理部门吊销营业执照。

第95条 用人单位违反本法对女职工和未成年工的保护规定,侵害其合法权益的,由劳动行政部门责令改正,处以罚款;对女职工或者未成年工造成损害的,应当承担赔偿责任。

第96条 用人单位有下列行为之一,由公安机关对责任人员处以15日以下拘留、罚款或者警告;构成犯罪的,对责任人员依法追究刑事责任:

(一)以暴力、威胁或者非法限制人身自由的手段强迫劳动的;(二)侮辱、体罚、殴打、非法搜查和拘禁劳动者的。

第97条 由于用人单位的原因订立的无效合同,对劳动者造成损害的,应当承担赔偿责任。

2.中华人民共和国国务院《禁止使用童工规定》(国务院令〔2002〕第364号)

(全文略)

3.最高人民检察院、公安部《关于公安机关管辖的刑事案件立案追诉标准的规定(1)》(公通字〔2008〕36号)

第31条 [强迫职工劳动案(刑法第244条)]用人单位违反劳动管理法规,以限制人身自由方法强迫职工劳动,涉嫌下列情形之一的,应予立案追诉:

(一)强迫他人劳动,造成人员伤亡或者患职业病的;(二)采用殴打、胁迫、扣发工资、扣留身份证件等手段限制人身自由,强迫他人劳动的;(三)强迫妇女从事井下劳动、国家规定的第4级体力劳动强度的劳动或者其他禁忌从事的劳动,或者强迫处于经期、孕期和哺乳期妇女从事国家规定的第3级体力劳动强度以上的劳动或者其他禁忌从事的劳动的;(四)强迫已满16周岁未满18周岁的未成年人从事国家规定的第四级体力劳动强度的劳动,或者从事高空、井下劳动,或者在爆炸性、易燃性、放射性、毒害性等危险环境下从事劳动的;(五)其他情节严重的情形。

4.《中华人民共和国刑法修正案(8)》(2011年2月25日第十一届全国人大常委会第十九次会议通过)

三十八、将刑法第244条修改为:"以暴力、威胁或者限制人身自由的方法强迫他人劳动的,处3年以下有期徒刑或者拘役,并处罚金;情节严重的,处3年以上10年以下有期徒刑,并处罚金。

"明知他人实施前款行为,为其招募、运送人员或者有其他协助强迫他人劳动行为的,依照前款的规定处罚。

"单位犯前两款罪的,对单位判处罚金,并对其直接负责的主管人员和其他直接责任人员,依照第1款的规定处罚。"

(1997《刑法》原条文:用人单位违反劳动管理法规,以限制人身自由方法强迫职工劳动,情节严重的,对直接责任人员,处3年以下有期徒刑或者拘役,并处或者单处罚金。)

5. 最高人民检察院、公安部《关于公安机关管辖的刑事案件立案追诉标准的规定(1)的补充规定》(公通字〔2017〕12号)

强迫劳动罪的立案追诉标准。《补充规定》第6条明确了强迫劳动案的立案追诉标准。根据刑法修正案(8)对刑法第244条的修改,对《立案追诉标准(1)》第31条作了两处修改:一是参照2011年4月"两高"《关于执行〈中华人民共和国刑法〉确定罪名的补充规定(5)》,修改了罪名名称,将"强迫职工劳动罪"修改为"强迫劳动罪";二是删除了原规定的应予立案追诉的具体情形。(补充规定内容:6. 将《立案追诉标准(1)》第31条修改为:[强迫劳动案(刑法第244条)]以暴力、威胁或者限制人身自由的方法强迫他人劳动的,应予立案追诉。明知他人以暴力、威胁或者限制人身自由的方法强迫他人劳动,为其招募、运送人员或者有其他协助强迫他人劳动行为的,应予立案追诉。)

第244条之一 【雇用童工从事危重劳动罪】 违反劳动管理法规,雇用未满16周岁的未成年人从事超强度体力劳动的,或者从事高空、井下作业的,或者在爆炸性、易燃性、放射性、毒害性等危险环境下从事劳动,情节严重的,对直接责任人员,处3年以下有期徒刑或者拘役,并处罚金;情节特别严重的,处3年以上7年以下有期徒刑,并处罚金。

有前款行为,造成事故,又构成其他犯罪的,依照数罪并罚的规定处罚。

(本条《中华人民共和国刑法修正案(4)》增加)

• 释义

雇用童工从事危重劳动罪是指违反劳动管理法规,雇用未满16周岁的未成年人从事超强度体力劳动,或者从事高空、井下作业,或者在爆炸性、易燃性、放射性、毒害性等危险环境下从事劳动,情节严重的行为。

本罪的责任形式为故意,且要求明知是未满16周岁的人而雇用;行为主体是直接责任人员。

• 管辖

公安机关治安管理部门、法院(本罪,人民检察院没有提起公诉,被害人有证据证明的轻微刑事案件,可能判处3年以下刑罚的)。

• 立案追诉标准

违反劳动管理法规,雇用未满16周岁的未成年人从事国家规定的第4级体力劳动强度的劳动,或者从事高空、井下劳动,或者在爆炸性、易燃性、放射性、毒害性等危险环境下从事劳动,涉嫌下列情形之一的,应予立案追诉:

(一)造成未满16周岁的未成年人伤亡或者对其身体健康造成严重危害的;

(二)雇用未满16周岁的未成年人3人以上的;

(三)以强迫、欺骗等手段雇用未满16周岁的未成年人从事危重劳动的;

(四)其他情节严重的情形。

- **关联法律**

1. 中华人民共和国国务院《禁止使用童工规定》(国务院令〔2002〕第364号)

(全文略)

2.《中华人民共和国刑法修正案(4)》(2002年12月28日第九届全国人大常委会第三十一次会议通过)

四、刑法第244条后增加1条,作为第244条之一:"违反劳动管理法规,雇用未满16周岁的未成年人从事超强度体力劳动的,或者从事高空、井下作业的,或者在爆炸性、易燃性、放射性、毒害性等危险环境下从事劳动,情节严重的,对直接责任人员,处3年以下有期徒刑或者拘役,并处罚金;情节特别严重的,处3年以上7年以下有期徒刑,并处罚金。

"有前款行为,造成事故,又构成其他犯罪的,依照数罪并罚的规定处罚。"

3. 最高人民检察院、公安部《关于公安机关管辖的刑事案件立案标准的规定(1)》(公通字〔2008〕36号)第32条

(见本条立案追诉标准内容)

4. 最高人民法院、最高人民检察院、公安部、民政部《关于依法处理监护人侵害未成年人权益行为若干问题的意见》(法发〔2014〕24号)

(详见本书《刑法》第17条相关内容)

第245条 【非法搜查罪】【非法侵入住宅罪】 非法搜查他人身体、住宅,或者非法侵入他人住宅的,处3年以下有期徒刑或者拘役。

司法工作人员滥用职权,犯前款罪的,从重处罚。

- **释义**

非法搜查罪是指无权搜查的人擅自非法对他人的身体或者住宅进行搜查的行为。司法工作人员滥用职权犯本罪的,从重处罚。

非法侵入住宅罪是指非法强行闯入他人住宅,或者经要求退出仍拒绝退出,影响他人正常生活和居住安宁的行为。司法工作人员滥用职权犯本罪的,从重处罚。

责任形式为故意,且以明知为前提。

- **管辖**

【非法搜查罪】

公安机关刑事侦查部门、检察院、监察机关。

【非法侵入住宅罪】

公安机关刑事侦查部门、监察机关、检察院、法院(本罪,人民检察院没有提起公诉,被害人有证据证明的轻微刑事案件)。

• 立案追诉标准

非法搜查罪是指非法搜查他人身体、住宅的行为。国家机关工作人员利用职权非法搜查，涉嫌下列情形之一的，应予立案：

（一）非法搜查他人身体、住宅，并实施殴打、侮辱等行为的；

（二）非法搜查，情节严重，导致被搜查人或者其近亲属自杀、自残造成重伤、死亡，或者精神失常的；

（三）非法搜查，造成财物严重损坏的；

（四）非法搜查3人（户）次以上的；

（五）司法工作人员对明知是与涉嫌犯罪无关的人身，住宅非法搜查的；

（六）其他非法搜查应予追究刑事责任的情形。

（一）重大案件

1. 5次以上或者1次对5人（户）以上非法搜查的；

2. 引起被搜查人精神失常的。

（二）特大案件

1. 7次以上或者1次对7人（户）以上非法搜查的；

2. 引起被搜查人自杀的。

• 关联法律

1. 最高人民检察院《关于〈人民检察院直接受理立案侦查的渎职侵权重特大案件标准（试行）〉的通知》（高检发〔2001〕13号）

（见本条立案追诉标准内容）

2.《关于〈中华人民共和国刑法〉第9章渎职罪主体适用问题的解释》（2002年12月28日第九届全国人大常委会第三十一次会议通过）

全国人大常委会根据司法实践中遇到的情况，讨论了刑法第九章渎职罪主体的适用问题，解释如下：在依照法律、法规规定行使国家行政管理职权的组织中从事公务的人员，或者在受国家机关委托代表国家机关行使职权的组织中从事公务的人员，或者虽未列入国家机关人员编制但在国家机关中从事公务的人员，在代表国家机关行使职权时，有渎职行为，构成犯罪的，依照刑法关于渎职罪的规定追究刑事责任。

3. 最高人民检察院《关于企业事业单位的公安机构在机构改革过程中其工作人员能否构成渎职侵权犯罪主体问题的批复》（高检发释字〔2002〕3号）

陕西省人民检察院：

你院陕检发研〔2001〕159号《关于对企业事业单位的公安机构在机构改革过程中其工作人员能否构成渎职侵权犯罪主体问题的请示》收悉。经研究，批复如下：

企业事业单位的公安机构在机构改革过程中虽尚未列入公安机关建制，其工作人员在行使侦查职责时，实施渎职侵权行为的，可以成为渎职侵权犯罪的主体。

4. 最高人民检察院《关于渎职侵权犯罪案件立案标准的规定》（高检发释字〔2006〕2号）

（见本条立案追诉标准内容）

5. 最高人民检察院《关于人民检察院立案侦查司法工作人员相关职务犯罪案件若干问题的规定》（2018年11月24日）

（详见本书《刑法》第6条相关内容）

6. 最高人民法院、最高人民检察院、公安部、司法部《关于办理实施"软暴力"的刑事案件若干问题的意见》(公通字〔2019〕15号)

七、以"软暴力"手段非法进入或者滞留他人住宅的,应当认定为《刑法》第245条规定的"非法侵入他人住宅",同时符合其他犯罪构成要件的,应当以非法侵入住宅罪定罪处罚。

九、采用"软暴力"手段,同时构成两种以上犯罪的,依法按照处罚较重的犯罪定罪处罚,法律另有规定的除外。

十、根据本意见第5条、第8条规定,对已受行政处罚的行为追究刑事责任的,行为人先前所受的行政拘留处罚应当折抵刑期,罚款应当抵扣罚金。

十一、雇佣、指使他人采用"软暴力"手段强迫交易、敲诈勒索,构成强迫交易罪、敲诈勒索罪的,对雇佣者、指使者,一般应当以共同犯罪中的主犯论处。

为强索不受法律保护的债务或者因其他非法目的,雇佣、指使他人采用"软暴力"手段非法剥夺他人人身自由构成非法拘禁罪,或者非法侵入他人住宅、寻衅滋事,构成非法侵入住宅罪、寻衅滋事罪的,对雇佣者、指使者,一般应当以共同犯罪中的主犯论处;因本人及近亲属合法债务、婚恋、家庭、邻里纠纷等民间矛盾而雇佣、指使,没有造成严重后果的,一般不作为犯罪处理,但经有关部门批评制止或者处理处罚后仍继续实施的除外。(全文详见本书《刑法》第226条该文件内容)

7. 最高人民法院、最高人民检察院、公安部《关于依法办理"碰瓷"违法犯罪案件的指导意见》(公通字〔2020〕12号)

八、实施"碰瓷",为索取财物,采取非法拘禁等方法非法剥夺他人人身自由或者非法搜查他人身体,符合刑法第238条、第245条规定的,分别以非法拘禁罪、非法搜查罪定罪处罚。

九、共同故意实施"碰瓷"犯罪,起主要作用的,应当认定为主犯,对其参与或者组织、指挥的全部犯罪承担刑事责任;起次要或者辅助作用的,应当认定为从犯,依法予以从轻、减轻处罚或者免除处罚。

3人以上为共同故意实施"碰瓷"犯罪而组成的较为固定的犯罪组织,应当认定为犯罪集团。对首要分子应当按照集团所犯全部罪行处罚。

符合黑恶势力认定标准的,应当按照黑社会性质组织、恶势力或者恶势力犯罪集团侦查、起诉、审判。(全文详见本书《刑法》第133条相关内容)

第246条 【侮辱罪】【诽谤罪】 以暴力或者其他方法公然侮辱他人或者捏造事实诽谤他人,情节严重的,处3年以下有期徒刑、拘役、管制或者剥夺政治权利。

前款罪,告诉的才处理,但是严重危害社会秩序和国家利益的除外。

通过信息网络实施第1款规定的行为,被害人向人民法院告诉,但提供证据确有困难的,人民法院可以要求公安机关提供协助。

(本条《中华人民共和国刑法修正案(9)》修改)

• 释义

侮辱罪是指使用暴力或者其他方法,公然败坏他人名誉,情节严重的行为。

诽谤罪是指捏造并散布某种事实,足以败坏他人名誉,情节严重的行为。本罪告诉的才处理,但是严重危害社会秩序和国家利益的除外。

本罪告诉的才处理,但是严重危害社会秩序和国家利益的除外。

• **管辖**

法院(本条系自诉案件,但严重危害社会秩序和国家利益的除外)、公安机关刑事侦查部门(侮辱案)、公安机关政治安全保卫部门(诽谤案)。

• **关联法律**

1.《中华人民共和国残疾人保障法》(1990年12月28日第七届全国人大常委会第十七次会议修订通过;2008年4月24日第十一届全国人大常委会第二次会议修订;2018年10月26日第十三届全国人大常委会第六次《关于修改〈中华人民共和国野生动物保护法〉等十五部法律的决定》修正)

第65条 违反本法规定,供养、托养机构及其工作人员侮辱、虐待、遗弃残疾人的,对直接负责的主管人员和其他直接责任人员依法给予处分;构成违反治安管理行为的,依法给予行政处罚。

2. 最高人民法院《关于审理非法出版物刑事案件具体应用法律若干问题的解释》(法释〔1998〕30号)

第6条 在出版物中公然侮辱他人或者捏造事实诽谤他人,情节严重的,依照刑法第246条的规定,分别以侮辱罪或者诽谤罪定罪处罚。(详见本书《刑法》第217条相关内容)

3.《关于维护互联网安全的决定》(2000年12月28日第九届全国人大常委会第十九次会议通过;2009年8月27日第十一届全国人大常委会第十次会议《关于修改部分法律的决定》修正)

二、为了维护国家安全和社会稳定,对有下列行为之一,构成犯罪的,依照刑法有关规定追究刑事责任:

(一)利用互联网造谣、诽谤或者发表、传播其他有害信息,煽动颠覆国家政权、推翻社会主义制度,或者煽动分裂国家、破坏国家统一;(二)通过互联网窃取、泄露国家秘密、情报或者军事秘密;(三)利用互联网煽动民族仇恨、民族歧视,破坏民族团结;(四)利用互联网组织邪教组织、联络邪教组织成员,破坏国家法律、行政法规实施。

四、为了保护个人、法人和其他组织的人身、财产等合法权利,对有下列行为之一,构成犯罪的,依照刑法有关规定追究刑事责任:

(一)利用互联网侮辱他人或者捏造事实诽谤他人;(二)非法截获、篡改、删除他人电子邮件或者其他数据资料,侵犯公民通信自由和通信秘密;(三)利用互联网进行盗窃、诈骗、敲诈勒索。(全文详见本书《刑法》第141条相关内容)

4. 公安部《关于严格依法办理侮辱诽谤案件的通知》(公通字〔2009〕16号)

多年来,各级公安机关依照《刑法》、《治安管理处罚法》的有关规定,查处了一批侮辱、诽谤案件,为保护公民的人格尊严和名誉,维护社会治安秩序作出了贡献。但是,少数地方公安机关在办理侮辱、诽谤案件过程中,不能严格、准确依法办案,引起了新闻媒体和社会各界的广泛关注,产生了不良的社会影响,损害了公安机关形象和执法公信力。为严格依法办理侮辱、诽谤案件,规范执法行为,提高办案质量,保护公民合法权益,现就有关问题通知如下:

一、切实提高对严格依法办理侮辱、诽谤案件重要意义的认识。

一些地方公安机关不能正确办理侮辱、诽谤案件,直接原因是对有关法律理解不当、定性不准,深层次的原因是对新形势下人民内部矛盾缺乏清醒的认识。各级公安机关要清醒地认识到,随着国家民主法制建设的不断推进,人民群众的法制意识和政治参与意识不断增强,一些群众从不同角度提出批评、建议,是行使民主权利的表现。部分群众对一些社会消极现象发牢骚、吐怨气,甚至发表一些偏激言论,在所难免。如果将群众的批评、牢骚以及一些偏激言论视作侮辱、诽谤,使用刑罚或治安处罚的方式解决,不仅于法无据,而且可能激化矛盾,甚至被别有用心的人利用,借机攻击我国的社会制度和司法制度,影响党和政府的形象。各级公安机关要从维护社会和谐稳定的大局出发,深刻认识严格准确、依法办理好侮辱、诽谤案件的重要意义,始终坚持党的事业至上、人民利益至上、宪法法律至上,按照"最大限度地增加和谐因素,最大限度地减少不和谐因素"的要求,切实做到严格、公正、文明执法,努力化解矛盾,避免因执法不当而引发新的不安定因素。

二、准确把握侮辱、诽谤公诉案件的管辖范围及基本要件。

根据《刑法》第246条的规定,侮辱、诽谤案件一般属于自诉案件,应当由公民个人自行向人民法院提起诉讼,只有在侮辱、诽谤行为"严重危害社会秩序和国家利益"时,公安机关才能按照公诉程序立案侦查。公安机关在依照公诉程序办理侮辱、诽谤刑事案件时,必须准确把握犯罪构成要件。对于不具备"严重危害社会秩序和国家利益"这一基本要件的,公安机关不得作为公诉案件管辖。对于具有下列情形之一的侮辱、诽谤行为,应当认定为"严重危害社会秩序和国家利益",以侮辱罪、诽谤罪立案侦查,作为公诉案件办理:

(一)因侮辱、诽谤行为导致群体性事件,严重影响社会秩序的;(二)因侮辱、诽谤外交使节、来访的外国国家元首、政府首脑等人员,造成恶劣国际影响的;(三)因侮辱、诽谤行为给国家利益造成严重危害的其他情形。公安机关在接到公民对侮辱、诽谤行为的报案、控告或者举报后,首先要认真审查,判明是否属于公安机关管辖。对于符合上述情形,但通过公诉可能对国家利益和国家形象造成更大损害的,可以通过其他方式予以处理。对于经过审查认为不属于上述情形但涉嫌犯罪的侮辱、诽谤案件,公安机关应当问明情况,制作笔录,并将案件材料移交有管辖权的人民法院,同时向当事人说明此类案件依照法律规定属于自诉案件,不属公安机关管辖,告知其到人民法院自行提起诉讼。公安机关在立案前的审查过程中,不得对有关人员和财产采取强制性措施。对于不构成犯罪但违反《治安管理处罚法》的,要通过治安调解,最大限度地化解矛盾和纠纷;对于调解不成的,应依法给予治安管理处罚。公安机关在办理侮辱、诽谤案件时,要深入细致,辨法析理,努力争取让违法犯罪行为人和被侵害人心悦诚服地接受处理结果,化消极因素为积极因素,取得法律效果和社会效果的统一。

三、切实加强对办理侮辱、诽谤案件的执法监督。

对于侮辱、诽谤案件,公安机关经过审查,认为具有严重危害社会秩序和国家利益的情形,需要追究刑事责任的,应当报经上一级公安机关同意后立案侦查;立案后需要采取强制措施的,应当在采取强制措施前报经上一级公安机关同意。对于可能引起较大社会影响的侮辱、诽谤治安案件,在作出行政拘留处罚决定前,应当报经上一级公安机关同意。对于不按照规定报告上级公安机关,或者不服从上级公安机关命令,违反规定对应当自诉的和不构成犯罪的侮辱、诽谤案件立案侦查的,要严肃追究有关责任人员和主管人员的相应责任。

四、高度重视办理侮辱、诽谤案件的舆论引导。

公安机关办理侮辱、诽谤案件,在准确把握法律界限,严格依法办案的同时,要保持高度的政治敏感性。对可能引起社会炒作的,要提前做好应对准备。舆论引导要注意把握好时机,信息发布要做到准确、权威,避免引发不安定因素,影响案件正确处理。各地接到本通知后,要认真贯彻落实,并立即向党委、政府汇报,争取党委、政府的理解和支持。执行中遇到的问题,请及时报部。

5. 最高人民法院、最高人民检察院《关于办理利用信息网络实施诽谤等刑事案件适用法律若干问题的解释》(法释〔2013〕21号)

为保护公民、法人和其他组织的合法权益,维护社会秩序,根据《中华人民共和国刑法》

《全国人民代表大会常务委员会关于维护互联网安全的决定》等规定,对办理利用信息网络实施诽谤、寻衅滋事、敲诈勒索、非法经营等刑事案件适用法律的若干问题解释如下:

第1条 具有下列情形之一的,应当认定为刑法第246条第1款规定的"捏造事实诽谤他人":

(一)捏造损害他人名誉的事实,在信息网络上散布,或者组织、指使人员在信息网络上散布的;(二)将信息网络上涉及他人的原始信息内容篡改为损害他人名誉的事实,在信息网络上散布,或者组织、指使人员在信息网络上散布的;

明知是捏造的损害他人名誉的事实,在信息网络上散布,情节恶劣的,以"捏造事实诽谤他人"论。

第2条 利用信息网络诽谤他人,具有下列情形之一的,应当认定为刑法第246条第1款规定的"情节严重":

(一)同一诽谤信息实际被点击、浏览次数达到5000次以上,或者被转发次数达到500次以上的;(二)造成被害人或者其近亲属精神失常、自残、自杀等严重后果的;(三)2年内曾因诽谤受过行政处罚,又诽谤他人的;(四)其他情节严重的情形。

第3条 利用信息网络诽谤他人,具有下列情形之一的,应当认定为刑法第246条第2款规定的"严重危害社会秩序和国家利益":

(一)引发群体性事件的;(二)引发公共秩序混乱的;(三)引发民族、宗教冲突的;(四)诽谤多人,造成恶劣社会影响的;(五)损害国家形象,严重危害国家利益的;(六)造成恶劣国际影响的;(七)其他严重危害社会秩序和国家利益的情形。

第4条 1年内多次实施利用信息网络诽谤他人行为未经处理,诽谤信息实际被点击、浏览、转发次数累计计算构成犯罪的,应当依法定罪处罚。

第5条 利用信息网络辱骂、恐吓他人,情节恶劣,破坏社会秩序的,依照刑法第293条第1款第(2)项的规定,以寻衅滋事罪定罪处罚。

编造虚假信息,或者明知是编造的虚假信息,在信息网络上散布,或者组织、指使人员在信息网络上散布,起哄闹事,造成公共秩序严重混乱的,依照刑法第293条第1款第(4)项的规定,以寻衅滋事罪定罪处罚。

第6条 以在信息网络上发布、删除等方式处理网络信息为由,威胁、要挟他人,索取公私财物,数额较大,或者多次实施上述行为的,依照刑法第274条的规定,以敲诈勒索罪定罪处罚。

第7条 违反国家规定,以营利为目的,通过信息网络有偿提供删除信息服务,或者明知是虚假信息,通过信息网络有偿提供发布信息等服务,扰乱市场秩序,具有下列情形之一的,属于非法经营行为"情节严重",依照刑法第225条第(4)项的规定,以非法经营罪定罪处罚:

(一)个人非法经营数额在5万元以上,或者违法所得数额在2万元以上的;(二)单位非法经营数额在15万元以上,或者违法所得数额在5万元以上的。

实施前款规定的行为,数额达到前款规定的数额5倍以上的,应当认定为刑法第225条规定的"情节特别严重"。

第8条 明知他人利用信息网络实施诽谤、寻衅滋事、敲诈勒索、非法经营等犯罪,为其提供资金、场所、技术支持等帮助的,以共同犯罪论处。

第9条 利用信息网络实施诽谤、寻衅滋事、敲诈勒索、非法经营犯罪,同时又构成刑法第221条规定的损害商业信誉、商品声誉罪,第278条规定的煽动暴力抗拒法律实施罪,第291条之一规定的编造、故意传播虚假恐怖信息罪等犯罪的,依照处罚较重的规定定罪处罚。

第10条 本解释所称信息网络,包括以计算机、电视机、固定电话机、移动电话机等电子设备为终端的计算机互联网、广播电视网、固定通信网、移动通信网等信息网络,以及向公众开放的局域网络。

6. 最高人民法院、最高人民检察院、公安部、司法部、国家卫生和计划生育委员会《关于依法惩处涉医违法犯罪维护正常医疗秩序的意见的通知》(法发〔2014〕5号)

(详见本书《刑法》第232条相关内容)

7.《中华人民共和国刑法修正案(9)》(2015年8月29日第十二届全国人大常委会第十六次会议通过)

十六、在刑法第246条中增加1款作为第3款:"通过信息网络实施第1款规定的行为,被害人向人民法院告诉,但提供证据确有困难的,人民法院可以要求公安部门提供协助。"

(原条文内容:以暴力或者其他方法公然侮辱他人或者捏造事实诽谤他人,情节严重的,处3年以下有期徒刑、拘役、管制或者剥夺政治权利。

前款罪,告诉的才处理,但是严重危害社会秩序和国家利益的除外。)

8. 最高人民法院《关于〈中华人民共和国刑法修正案(9)〉时间效力问题的解释》(法释〔2015〕19号)

第4条 对于2015年10月31日以前通过信息网络实施的刑法第246条第1款规定的侮辱、诽谤行为,被害人向人民法院告诉,但提供证据确有困难的,适用修正后刑法第246条第3款的规定。(全文详见本书《刑法》第12条相关内容)

9. 最高人民法院、最高人民检察院《关于办理组织、利用邪教组织破坏法律实施等刑事案件适用法律若干问题的解释》(法释〔2017〕3号)

第10条 组织、利用邪教组织破坏国家法律、行政法规实施过程中,又有煽动分裂国家、煽动颠覆国家政权或者侮辱、诽谤他人等犯罪行为的,依照数罪并罚的规定定罪处罚。(全文详见本书《刑法》第300条相关内容)

10. 最高人民法院、最高人民检察院、公安部、司法部《关于依法惩治妨害新型冠状病毒感染肺炎疫情防控违法犯罪的意见》(法发〔2020〕7号)

二、准确适用法律,依法严惩妨害疫情防控的各类违法犯罪

(二)依法严惩暴力伤医犯罪。在疫情防控期间,故意伤害医务人员造成轻伤以上的严重后果,或者对医务人员实施撕扯防护装备、吐口水等行为,致使医务人员感染新型冠状病毒的,依照刑法第234条的规定,以故意伤害罪定罪处罚。

随意殴打医务人员,情节恶劣的,依照刑法第293条的规定,以寻衅滋事罪定罪处罚。

采取暴力或者其他方法公然侮辱、恐吓医务人员,符合刑法第246条、第293条规定的,以侮辱罪或者寻衅滋事罪定罪处罚。

以不准离开工作场所等方式非法限制医务人员人身自由,符合刑法第238条规定的,以非法拘禁罪定罪处罚。(全文详见本书《刑法》第114条相关内容)

11. 最高人民检察院《第34批指导性案例郎某、何某诽谤案》(检例第137号;2022年1月26日)

【要旨】

利用信息网络诽谤他人,破坏公众安全感,严重扰乱网络社会秩序,符合刑法第246条第2款"严重危害社会秩序"的,检察机关应当依法履行追诉职责,作为公诉案件办理。对公安机关未立案侦查,被害人已提出自诉的,检察机关应当处理好由自诉向公诉程序的转换。

【指导意义】

(一)准确把握网络诽谤犯罪"严重危害社会秩序"的认定条件。网络涉及面广、浏览量大,一旦扩散,往往造成较大社会影响,与传统的发生在熟人之间、社区传播形式的诽谤案件不同,通过网络诽谤他人,诽谤信息经由网络广泛传播,严重损害被害人人格权,如果破坏了公序良俗和公众安全感,严重扰乱网络社会公共秩序的,应当认定为《最高人民法院、最高人民检察院关于办理利用信息网络实施诽谤等刑事案件适用法律若干问题的解释》第3条规定的"其他严重危害社会秩序的情形"。对此,可以根据犯罪方式、对象、内容、主观目的、传播范围和造成后果等,综合全案事实、性质、情节和危害程度等予以评价。

(二)坚持能动司法,依法惩治网络诽谤犯罪。网络诽谤传播广、危害大、影响难消除,被害人往往面临举证难、维权难,通过自诉很难实现权利救济,更无法通过自诉有效追究犯罪嫌疑人刑事责任。如果网络诽谤犯罪侵害了社会公共利益,就应当适用公诉程序处理。检察机关要适应新时代人民群众对人格尊严保护的更高需求,针对网络诽谤犯罪的特点,积极主动履职,加强与其他执法司法机关沟通协调,依法启动公诉程序,及时有效打击犯罪,加强对公民人格权的刑法保护,维护网络社会秩序,营造清朗网络空间。

(三)被害人已提起自诉的网络诽谤犯罪案件,因同时侵害公共利益需要适用公诉程序办理的,应当依法处理好程序转换。对自诉人已经提起自诉的网络诽谤犯罪案件,检察机关审查认为属于"严重危害社会秩序",应当适用公诉程序的,应当履行法律监督职责,建议公安机关立案侦查。在公安机关立案后,对自诉人提起的自诉案件,人民法院尚未受理的,检察机关可以征求自诉人意见,由其撤回起诉。人民法院对自诉人的自诉案件受理以后,公安机关又立案的,检察机关可以征求自诉人意见,由其撤回起诉,或者建议人民法院依法裁定终止自诉案件的审理,以公诉案件审理。

12. 最高人民检察院《第34批指导性案例岳某侮辱案》(检例第138号;2022年1月26日)

【要旨】

利用信息网络散布被害人的裸体视频、照片及带有侮辱性的文字,公然侮辱他人,贬损他人人格、破坏他人名誉,导致出现被害人自杀等后果,严重危害社会秩序的,应当按照公诉程序,以侮辱罪依法追究刑事责任。

【指导意义】

(一)侮辱他人行为恶劣或者造成被害人精神失常、自残、自杀等严重后果的,可以认定为"情节严重"。行为人以破坏他人名誉、贬低他人人格为目的,故意在网络上对他人实施侮辱行为,如散布被害人的个人隐私、生理缺陷等,情节严重的,应当认定为侮辱罪。侮辱罪"情节严重",包括行为恶劣、后果严重等情形,如当众撕光妇女衣服的,当众向被害人泼洒粪便、污物的,造成被害人或者其近亲属精神失常、自残、自杀的,2年内曾因侮辱受过行政处罚又侮辱他人的,在网络上散布被害人隐私导致被广泛传播的,以及其他情节严重情形。

(二)侮辱罪"严重危害社会秩序"可以结合行为方式、社会影响等综合认定。侮辱罪属于告诉才处理的犯罪,但严重危害社会秩序和国家利益的除外。行为人利用信息网络侮辱他人犯罪案件中,是否属于"严重危害社会秩序"的情形,可以根据《最高人民法院、最高人民检察院关于办理利用信息网络实施诽谤等刑事案件适用法律若干问题的解释》的相关规定予以认定。行为人在网络上散布被害人裸照、视频等严重侵犯他人隐私的信息,造成恶劣社会影响的,或者在网络上散布侮辱他人的信息,导致对被害人产生大量负面评价,造成恶劣社会影响的,不仅侵害被害人人格权,而且严重扰乱社会秩序的,可以认定为"其他严重危害社会秩序的情形",按照公诉程序依法追诉。

(三)准确认定利用网络散布他人裸照、视频等隐私的行为性质。行为人在与被害人交往期间,获得了被害人的裸照、视频等,无论其获取行为是否合法,是否得到被害人授权,只要恶意对外散布,均应当承担相应法律责任,情节严重的,要依法追究刑事责任。对上述行为认定为侮辱罪还是强制侮辱罪,要结合行为人的主客观方面综合判断。如果行为人以破坏特定人名誉、贬低特定人人格为目的，故意在网络上对特定对象实施侮辱行为，情节严重的，应当认定为侮辱罪。如果行为人出于寻求精神刺激等动机，以暴力、胁迫或者其他方式，对妇女进行身体或者精神强制，使之不能反抗或者不敢反抗，进而实施侮辱的行为，应当认定为强制侮辱罪。

第 247 条 【刑讯逼供罪】【暴力取证罪】 司法工作人员对犯罪嫌疑人、被告人实行刑讯逼供或者使用暴力逼取证人证言的，处 3 年以下有期徒刑或者拘役。致人伤残、死亡的，依照本法第 234 条、第 232 条的规定定罪从重处罚。【故意伤害罪(第 234 条)】【故意杀人罪(第 232 条)】

• 释义

刑讯逼供罪是指司法工作人员对犯罪嫌疑人、被告人使用肉刑或者变相肉刑，逼取供述的行为。

致人伤残、死亡的，依照故意伤害罪、故意杀人罪定罪从重处罚。

暴力取证罪是指司法工作人员使用暴力逼取证人证言的行为。致人伤残、死亡的，依照故意伤害罪、故意杀人罪定罪从重处罚。

"证人"不应做广义解释，不宜将"被害人"等包括进来，否则会使刑事诉讼法的很多条文产生歧义。

• 管辖

检察院、监察机关、法院(本罪，人民检察院没有提起公诉，被害人有证据证明的轻微刑事案件，可能判处 3 年以下刑罚的)。

• 立案追诉标准

【刑讯逼供罪立案追诉标准】刑讯逼供罪是指司法工作人员对犯罪嫌疑人、被告人使用肉刑或者变相肉刑逼取口供的行为。涉嫌下列情形之一的，应予立案：

1. 以殴打、捆绑、违法使用械具等恶劣手段逼取口供的；
2. 以较长时间冻、饿、晒、烤等手段逼取口供，严重损害犯罪嫌疑人、被告人身体健康的；
3. 刑讯逼供造成犯罪嫌疑人、被告人轻伤、重伤、死亡的；
4. 刑讯逼供，情节严重，导致犯罪嫌疑人、被告人自杀、自残造成重伤、死亡，或者精神失常的；
5. 刑讯逼供，造成错案的；
6. 刑讯逼供 3 人次以上的；
7. 纵容、授意、指使、强迫他人刑讯逼供，具有上述情形之一的；
8. 其他刑讯逼供应予追究刑事责任的情形。

(一)重大案件

1. 致人重伤或者精神失常的；
2. 5 次以上或者对 5 人以上刑讯逼供的；
3. 造成冤、假、错案的。

(二)特大案件

1. 致人死亡的；
2. 7 次以上或者对 7 人以上刑讯逼供的；

3. 致使无辜的人被判处 10 年以上有期徒刑、无期徒刑、死刑的。

【暴力取证罪立案追诉标准】暴力取证罪是指司法工作人员以暴力逼取证人证言的行为。涉嫌下列情形之一的,应予立案:

1. 以殴打、捆绑、违法使用械具等恶劣手段逼取证人证言的;

2. 暴力取证造成证人轻伤、重伤、死亡的;

3. 暴力取证,情节严重,导致证人自杀、自残造成重伤、死亡,或者精神失常的;

4. 暴力取证,造成错案的;

5. 暴力取证 3 人次以上的;

6. 纵容、授意、指使、强迫他人暴力取证,具有上述情形之一的;

7. 其他暴力取证应予追究刑事责任的情形。

(一)重大案件

1. 致人重伤或者精神失常的;

2. 5 次以上或者对 5 人以上暴力取证的。

(二)特大案件

1. 致人死亡的;

2. 7 次以上或者对 7 人以上暴力取证的。

• 关联法律

1. 最高人民检察院《关于〈人民检察院直接受理立案侦查的渎职侵权重特大案件标准(试行)〉的通知》(高检发〔2001〕13 号)

(见本条立案追诉标准内容)

2. 最高人民检察院《关于企业事业单位的公安机构在机构改革过程中其工作人员能否构成渎职侵权犯罪主体问题的批复》(高检发释字〔2002〕3 号)

(详见本书《刑法》第 238 条内容)

3. 最高人民检察院《关于渎职侵权犯罪案件立案标准的规定》(高检发释字〔2006〕2 号)

(见本条立案追诉标准内容)

4.《中华人民共和国反间谍法》(2014 年 11 月 1 日第十二届全国人大常委会第十一次会议通过;同时相应废止了 1993 年 2 月 22 日第七届全国人大常委会第三十次会议通过的《中华人民共和国国家安全法》;2015 年 7 月 1 日第十二届全国人大常委会第十五次会议通过了新的《中华人民共和国国家安全法》)

第 37 条 国家安全机关工作人员滥用职权、玩忽职守、徇私舞弊,构成犯罪的,或者有非法拘禁、刑讯逼供、暴力取证、违反规定泄露国家秘密、商业秘密和个人隐私等行为,构成犯罪的,依法追究刑事责任。

5. 最高人民检察院《关于人民检察院立案侦查司法工作人员相关职务犯罪案件若干问题的规定》(2018 年 11 月 24 日)

(详见本书《刑法》第 6 条相关内容)

第 248 条 **【虐待被监管人罪】** 监狱、拘留所、看守所等监管机构的监管人员对被监管人进行殴打或者体罚虐待,情节严重的,处 3 年以下有期徒刑或者拘役;情节特别严重的,处 3 年以上 10 年以下有期徒刑。致人伤残、死亡的,依照本法第 234 条、第 232 条的规定定罪从重处罚。【故意伤害罪(第 234 条)】【故意杀人罪(第 232 条)】

监管人员指使被监管人殴打或者体罚虐待其他被监管人的,依照前款的规定处罚。

• 释义

虐待被监管人罪是指监狱、拘留所、看守所等监管机构的监管人员，对被监管人进行殴打或体罚虐待，情节严重，或者指使被监管人殴打或体罚虐待其他被监管人，情节严重的行为。

致人伤残、死亡的，依照故意伤害罪、故意杀人罪定罪从重处罚。

• 管辖

检察院、监察机关、法院（本罪，人民检察院没有提起公诉，被害人有证据证明的轻微刑事案件，可能判处3年以下刑罚的）。

• 立案追诉标准

虐待被监管人罪是指监狱、拘留所、看守所、拘役所、劳教所等监管机构的监管人员对被监管人进行殴打或者体罚虐待，情节严重的行为。涉嫌下列情形之一的，应予立案：

1. 以殴打、捆绑、违法使用械具等恶劣手段虐待被监管人的；
2. 以较长时间冻、饿、晒、烤等手段虐待被监管人，严重损害其身体健康的；
3. 虐待造成被监管人轻伤、重伤、死亡的；
4. 虐待被监管人，情节严重，导致被监管人自杀、自残造成重伤、死亡，或者精神失常的；
5. 殴打或者体罚虐待3人次以上的；
6. 指使被监管人殴打、体罚虐待其他被监管人，具有上述情形之一的；
7. 其他情节严重的情形。

（一）重大案件

1. 致使被监管人重伤或者精神失常的；
2. 对被监管人5人以上或5次以上实施虐待的。

（二）特大案件

1. 致使被监管人死亡的；
2. 对被监管人7人以上或7次以上实施虐待的。

• 关联法律

1. 最高人民检察院《关于受监管机关正式聘用或委托履行监管职务的人员能否成为体罚虐待人犯罪和私放罪犯罪主体的批复》（高检发研字〔1994〕1号）

被最高人民检察院《关于废止部分司法解释和司法解释性质文件的决定》（高检发释字〔2015〕3号）废止。

2. 最高人民检察院《关于企业事业单位的公安机构在机构改革过程中其工作人员能否构成渎职侵权犯罪主体问题的批复》（高检发释字〔2002〕3号）

（详见本书《刑法》第238条内容）

3. 最高人民检察院《关于渎职侵权犯罪案件立案标准的规定》（高检发释字〔2006〕2号）

（见本条立案追诉标准内容）

4. 最高人民检察院《关于强制隔离戒毒所工作人员能否成为虐待被监管人罪主体问题的批复》（高检发释字〔2015〕2号）

河北省人民检察院：

你院冀检呈字〔2014〕46号《关于强制隔离戒毒所工作人员能否成为刑法第248条虐待被

监管人罪主体的请示》收悉。经研究,批复如下:

根据有关法律规定,强制隔离戒毒所是对符合特定条件的吸毒成瘾人员限制人身自由,进行强制隔离戒毒的监管机构,其履行监管职责的工作人员属于刑法第248条规定的监管人员。

对于强制隔离戒毒所监管人员殴打或者体罚虐待戒毒人员,或者指使戒毒人员殴打、体罚虐待其他戒毒人员,情节严重的,应当适用刑法第248条的规定,以虐待被监管人罪追究刑事责任;造成戒毒人员伤残、死亡后果的,应当依照刑法第234条、第232条的规定,以故意伤害罪、故意杀人罪从重处罚。

5. 最高人民检察院《关于人民检察院立案侦查司法工作人员相关职务犯罪案件若干问题的规定》(2018年11月24日)

(详见本书《刑法》第6条相关内容)

> **第249条 【煽动民族仇恨、民族歧视罪】** 煽动民族仇恨、民族歧视,情节严重的,处3年以下有期徒刑、拘役、管制或者剥夺政治权利;情节特别严重的,处3年以上10年以下有期徒刑。

• 释义

煽动民族仇恨、民族歧视罪是指向不特定人或多数人鼓动民族仇恨、民族歧视,情节严重的行为。

• 管辖

公安机关政治安全保卫部门、法院(本罪,人民检察院没有提起公诉,被害人有证据证明的轻微刑事案件,可能判处3年以下刑罚的)。

• 关联法律

1.《关于维护互联网安全的决定》(2000年12月28日第九届全国人大常委会第十九次会议通过,2009年8月27日第十一届全国人大常委会第十次会议《关于修改部分法律的决定》修正)

二、为了维护国家安全和社会稳定,对有下列行为之一,构成犯罪的,依照刑法有关规定追究刑事责任:

(一)利用互联网造谣、诽谤或者发表、传播其他有害信息,煽动颠覆国家政权、推翻社会主义制度,或者煽动分裂国家、破坏国家统一;(二)通过互联网窃取、泄露国家秘密、情报或者军事秘密;(三)利用互联网煽动民族仇恨、民族歧视,破坏民族团结;(四)利用互联网组织邪教组织、联络邪教组织成员,破坏国家法律、行政法规实施。(全文详见本书《刑法》第141条相关内容)

2. 最高人民法院、最高人民检察院、公安部《关于办理暴力恐怖和宗教极端刑事案件适用法律若干问题的意见》(公通字〔2014〕34号)

被最高人民法院、最高人民检察院、公安部、司法部《〈关于办理恐怖活动和极端主义犯罪案件适用法律若干问题的意见〉的通知》(高检会〔2018〕1号)废止。

> **第250条 【出版歧视、侮辱少数民族作品罪】** 在出版物中刊载歧视、侮辱少数民族的内容,情节恶劣,造成严重后果的,对直接责任人员,处3年以下有期徒刑、拘役或者管制。

• 释义

出版歧视、侮辱少数民族作品罪是指在出版物中刊载歧视、侮辱少数民族的内容,情节恶劣,造成严重后果的行为。

行为主体是直接责任人员。

• 管辖

公安机关政治安全保卫部门、法院(本罪,人民检察院没有提起公诉,被害人有证据证明的轻微刑事案件,可能判处3年以下刑罚的)。

• 关联法律

最高人民法院《关于审理非法出版物刑事案件具体应用法律若干问题的解释》(法释〔1998〕30号)

第7条 出版刊载歧视、侮辱少数民族内容的作品,情节恶劣,造成严重后果的,依照刑法第250条的规定,以出版歧视、侮辱少数民族作品罪定罪处罚。(全文见本书《刑法》第217条相关内容)

第251条 【非法剥夺公民宗教信仰自由罪】【侵犯少数民族风俗习惯罪】 国家机关工作人员非法剥夺公民的宗教信仰自由和侵犯少数民族风俗习惯,情节严重的,处2年以下有期徒刑或者拘役。

• 释义

非法剥夺公民宗教信仰自由罪是指国家机关工作人员非法剥夺公民宗教信仰自由,情节严重的行为。行为主体须是国家机关工作人员。

侵犯少数民族风俗习惯罪是指国家机关工作人员以强制手段非法干涉、破坏少数民族的风俗习惯,情节严重的行为。行为主体须是国家机关工作人员。

• 管辖

公安部门、监察机关(公职人员行使公权力过程中发生的犯罪案件)、法院(本罪,人民检察院没有提起公诉,被害人有证据证明的轻微刑事案件,可能判处3年以下刑罚的)。

第252条 【侵犯通信自由罪】 隐匿、毁弃或者非法开拆他人信件,侵犯公民通信自由权利,情节严重的,处1年以下有期徒刑或者拘役。

• 释义

侵犯通信自由罪是指故意隐匿、毁弃或者非法开拆他人信件,侵犯公民通信自由权利,情节严重的行为。

• 管辖

公安机关刑事侦查部门、法院(本罪,人民检察院没有提起公诉,被害人有证据证明的轻微刑事案件)。

• 关联法律

1. 最高人民检察院《关于非邮电工作人员非法开拆他人信件并从中窃取财物案件定性问题的批复》(高检法发字〔1989〕2号)

[被最高人民检察院《关于废止1980年1月1日至1997年6月30日期间制发的部分司法解释和司法解释性质文件的决定》(高检发释字〔2013〕1号)废止]

2.《关于维护互联网安全的决定》(2000年12月28日第九届全国人大常委会第十九次会议通过,2009年8月27日第十一届全国人大常委会第十次会议《关于修改部分法律的决定》修正)

四、为了保护个人、法人和其他组织的人身、财产等合法权利,对有下列行为之一,构成犯罪的,依照刑法有关规定追究刑事责任:

(一)利用互联网侮辱他人或者捏造事实诽谤他人;(二)非法截获、篡改、删除他人电子邮件或者其他数据资料,侵犯公民通信自由和通信秘密;(三)利用互联网进行盗窃、诈骗、敲诈勒索。(全文详见本书《刑法》第141条相关内容)

第253条 【私自开拆、隐匿、毁弃邮件、电报罪】 邮政工作人员私自开拆或者隐匿、毁弃邮件、电报的,处2年以下有期徒刑或者拘役。

犯前款罪而窃取财物的,依照本法第264条的规定定罪从重处罚。【盗窃罪(第264条)】

• 释义

私自开拆、隐匿、毁弃邮件、电报罪是指邮政工作人员私自开拆、隐匿、毁弃邮件、电报的行为。

犯前款罪而窃取财物的,依照盗窃罪定罪从重处罚。行为主体仅限邮政工作人员。

• 管辖

公安机关刑事侦查部门、监察机关(公职人员行使公权力过程中发生的犯罪案件)。

• 关联法律

参见本书《刑法》第252条该节内容。

第253条之一 【侵犯公民个人信息罪(原出售、非法提供公民个人信息罪和非法获取公民个人信息罪罪名取消)**】**违反国家有关规定,向他人出售或者提供公民个人信息,情节严重的,处3年以下有期徒刑或者拘役,并处或者单处罚金;情节特别严重的,处3年以上7年以下有期徒刑,并处罚金。

违反国家有关规定,将在履行职责或者提供服务过程中获得的公民个人信息,出售或者提供给他人的,依照前款的规定从重处罚。

窃取或者以其他方法非法获取公民个人信信息的,依照第1款的规定处罚。

单位犯前3款罪的,对单位判处罚金,并对其直接负责的主管人员和其他直接责任人员,依照各该款的规定处罚。

(本条《中华人民共和国刑法修正案(7)》增设;《中华人民共和国刑法修正案(9)》修改)

• 释义

侵犯公民个人信息罪是指通过窃取或者以其他方法非法获取公民个人信息，表现为行为人以窃取、收买等方法大肆收集公民个人信息，情节严重的行为。单位可以构成本罪。

• 管辖

公安机关网络安全保卫部门。

• 关联法律

1.《中华人民共和国刑法修正案(7)》(2009 年 2 月 28 日第十一届全国人大会常委会第七次会议通过)

七、在刑法第 253 条后增加 1 条，作为第 253 条之一："国家机关或者金融、电信、交通、教育、医疗等单位的工作人员，违反国家规定，将本单位在履行职责或者提供服务过程中获得的公民个人信息，出售或者非法提供给他人，情节严重的，处 3 年以下有期徒刑或者拘役，并处或者单处罚金。

"窃取或者以其他方法非法获取上述信息，情节严重的，依照前款的规定处罚。

"单位犯前两款罪的，对单位判处罚金，并对其直接负责的主管人员和其他直接责任人员，依照各该款的规定处罚。"

2. 工业和信息化部《规范互联网信息服务市场秩序若干规定》(工业和信息化部令〔2011〕第 20 号)

第 1 条　为了规范互联网信息服务市场秩序，保护互联网信息服务提供者和用户的合法权益，促进互联网行业的健康发展，根据《中华人民共和国电信条例》、《互联网信息服务管理办法》等法律、行政法规的规定，制定本规定。

第 2 条　在中华人民共和国境内从事互联网信息服务及与互联网信息服务有关的活动，应当遵守本规定。

第 3 条　工业和信息化部和各省、自治区、直辖市通信管理局(以下统称"电信管理机构")依法对互联网信息服务活动实施监督管理。

第 4 条　互联网信息服务提供者应当遵循平等、自愿、公平、诚信的原则提供服务。

第 5 条　互联网信息服务提供者不得实施下列侵犯其他互联网信息服务提供者合法权益的行为：

(一)恶意干扰用户终端上其他互联网信息服务提供者的服务，或者恶意干扰与互联网信息服务相关的软件等产品("与互联网信息服务相关的软件等产品"以下简称"产品")的下载、安装、运行和升级；(二)捏造、散布虚假事实损害其他互联网信息服务提供者的合法权益，或者诋毁其他互联网信息服务提供者的服务或者产品；(三)恶意对其他互联网信息服务提供者的服务或者产品实施不兼容；(四)欺骗、误导或者强迫用户使用或者不使用其他互联网信息服务提供者的服务或者产品；(五)恶意修改或者欺骗、误导、强迫用户修改其他互联网信息服务提供者的服务或者产品参数；(六)其他违反国家法律规定，侵犯其他互联网信息服务提供者合法权益的行为。

第 6 条　对互联网信息服务提供者的服务或者产品进行评测，应当客观公正。

评测方公开或者向用户提供评测结果的，应当同时提供评测实施者、评测方法、数据来源、用户原始评价、评测手段和评测环境等与评测活动相关的信息。评测结果应当真实准确，与评测活动相关的信息应当完整全面。被评测的服务或者产品与评测方的服务或者产品相同或者功能类似的,评测结果中不得含有评测方的主观评价。

被评测方对评测结果有异议的,可以自行或者委托第3方就评测结果进行再评测,评测方应当予以配合。

评测方不得利用评测结果,欺骗、误导、强迫用户对被评测方的服务或者产品作出处置。

本规定所称评测,是指提供平台供用户评价,或者以其他方式对互联网信息服务或者产品的性能等进行评价和测试。

第7条 互联网信息服务提供者不得实施下列侵犯用户合法权益的行为:

(一)无正当理由拒绝、拖延或者中止向用户提供互联网信息服务或者产品;(二)无正当理由限定用户使用或者不使用其指定的互联网信息服务或者产品;(三)以欺骗、误导或者强迫等方式向用户提供互联网信息服务或者产品;(四)提供的互联网信息服务或者产品与其向用户所作的宣传或者承诺不符;(五)擅自改变服务协议或者业务规程,降低服务质量或者加重用户责任;(六)与其他互联网信息服务提供者的服务或者产品不兼容时,未主动向用户提示和说明;(七)未经提示并由用户主动选择同意,修改用户浏览器配置或者其他设置;(八)其他违反国家法律规定,侵犯用户合法权益的行为。

第8条 互联网信息服务提供者在用户终端上进行软件下载、安装、运行、升级、卸载等操作的,应当提供明确、完整的软件功能等信息,并事先征得用户同意。

互联网信息服务提供者不得实施下列行为:

(一)欺骗、误导或者强迫用户下载、安装、运行、升级、卸载软件;(二)未提供与软件安装方式同等或者更便捷的卸载方式;(三)在未受其他软件影响和人为破坏的情况下,未经用户主动选择同意,软件卸载后有可执行代码或者其他不必要的文件驻留在用户终端。

第9条 互联网信息服务终端软件捆绑其他软件的,应当以显著的方式提示用户,由用户主动选择是否安装或者使用,并提供独立的卸载或者关闭方式,不得附加不合理条件。

第10条 互联网信息服务提供者在用户终端弹出广告或者其他与终端软件功能无关的信息窗口的,应当以显著的方式向用户提供关闭或者退出窗口的功能标识。

第11条 未经用户同意,互联网信息服务提供者不得收集与用户相关、能够单独或者与其他信息结合识别用户的信息(以下简称"用户个人信息"),不得将用户个人信息提供给他人,但是法律、行政法规另有规定的除外。

互联网信息服务提供者经用户同意收集用户个人信息的,应当明确告知用户收集和处理用户个人信息的方式、内容和用途,不得收集其提供服务所必需以外的信息,不得将用户个人信息用于其提供服务之外的目的。

第12条 互联网信息服务提供者应当妥善保管用户个人信息;保管的用户个人信息泄露或者可能泄露时,应当立即采取补救措施;造成或者可能造成严重后果的,应当立即向准予其互联网信息服务许可或者备案的电信管理机构报告,并配合相关部门进行的调查处理。

第13条 互联网信息服务提供者应当加强系统安全防护,依法维护用户上载信息的安全,保障用户对上载信息的使用、修改和删除。

互联网信息服务提供者不得有下列行为:

(一)无正当理由擅自修改或者删除用户上载信息;(二)未经用户同意,向他人提供用户上载信息,但是法律、行政法规另有规定的除外;(三)擅自或者假借用户名义转移用户上载信息,或者欺骗、误导、强迫用户转移其上载信息;(四)其他危害用户上载信息安全的行为。

第14条 互联网信息服务提供者应当以显著的方式公布有效联系方式,接受用户及其他互联网信息服务提供者的投诉,并自接到投诉之日起15日内作出答复。

第15条 互联网信息服务提供者认为其他互联网信息服务提供者实施违反本规定的行

为,侵犯其合法权益并对用户权益造成或者可能造成重大影响的,应当立即向准予该其他互联网信息服务提供者互联网信息服务许可或者备案的电信管理机构报告。

电信管理机构应当对报告或者发现的可能违反本规定的行为的影响进行评估;影响特别重大的,相关省、自治区、直辖市通信管理局应当向工业和信息化部报告。电信管理机构在依据本规定作出处理决定前,可以要求互联网信息服务提供者暂停有关行为,互联网信息服务提供者应当执行。

第16条 互联网信息服务提供者违反本规定第5条、第7条或者第13条的规定,由电信管理机构依据职权责令改正,处以警告,可以并处1万元以上3万元以下的罚款,向社会公告;其中,《中华人民共和国电信条例》或者《互联网信息服务管理办法》规定法律责任的,依照其规定处理。

第17条 评测方违反本规定第6条的规定的,由电信管理机构依据职权处以警告,可以并处1万元以上3万元以下的罚款,向社会公告。

第18条 互联网信息服务提供者违反本规定第8条、第9条、第10条、第11条、第12条或者第14条的规定的,由电信管理机构依据职权处以警告,可以并处1万元以上3万元以下的罚款,向社会公告。

第19条 互联网信息服务提供者违反本规定第15条规定,不执行电信管理机构暂停有关行为的要求的,由电信管理机构依据职权处以警告,向社会公告。

第20条 互联网信息服务提供者违反其他法律、行政法规规定的,依照其规定处理。

第21条 本规定自2012年3月15日起施行。

3. 全国人大常委会《关于加强网络信息保护的决定》(2012年12月28日第十一届全国人大常委会第三十次会议通过)

为了保护网络信息安全,保障公民、法人和其他组织的合法权益,维护国家安全和社会公共利益,特作如下决定:

一、国家保护能够识别公民个人身份和涉及公民个人隐私的电子信息。

任何组织和个人不得窃取或者以其他非法方式获取公民个人电子信息,不得出售或者非法向他人提供公民个人电子信息。

二、网络服务提供者和其他企业事业单位在业务活动中收集、使用公民个人电子信息,应当遵循合法、正当、必要的原则,明示收集、使用信息的目的、方式和范围,并经被收集者同意,不得违反法律、法规的规定和双方的约定收集、使用信息。

网络服务提供者和其他企业事业单位收集、使用公民个人电子信息,应当公开其收集、使用规则。

三、网络服务提供者和其他企业事业单位及其工作人员对在业务活动中收集的公民个人电子信息必须严格保密,不得泄露、篡改、毁损,不得出售或者非法向他人提供。

四、网络服务提供者和其他企业事业单位应当采取技术措施和其他必要措施,确保信息安全,防止在业务活动中收集的公民个人电子信息泄露、毁损、丢失。在发生或者可能发生信息泄露、毁损、丢失的情况时,应当立即采取补救措施。

五、网络服务提供者应当加强对其用户发布的信息的管理,发现法律、法规禁止发布或者传输的信息的,应当立即停止传输该信息,采取消除等处置措施,保存有关记录,并向有关主管部门报告。

六、网络服务提供者为用户办理网站接入服务,办理固定电话、移动电话等入网手续,或者为用户提供信息发布服务,应当在与用户签订协议或者确认提供服务时,要求用户提供真实身份信息。

七、任何组织和个人未经电子信息接收者同意或者请求,或者电子信息接收者明确表示拒绝的,不得向其固定电话、移动电话或者个人电子邮箱发送商业性电子信息。

八、公民发现泄露个人身份、散布个人隐私等侵害其合法权益的网络信息,或者受到商业性电子信息侵扰的,有权要求网络服务提供者删除有关信息或者采取其他必要措施予以制止。

九、任何组织和个人对窃取或者以其他非法方式获取、出售或者非法向他人提供公民个人电子信息的违法犯罪行为以及其他网络信息违法犯罪行为,有权向有关主管部门举报、控告;接到举报、控告的部门应当依法及时处理。被侵权人可以依法提起诉讼。

十、有关主管部门应当在各自职权范围内依法履行职责,采取技术措施和其他必要措施,防范、制止和查处窃取或者以其他非法方式获取、出售或者非法向他人提供公民个人电子信息的违法犯罪行为以及其他网络信息违法犯罪行为。有关主管部门依法履行职责时,网络服务提供者应当予以配合,提供技术支持。

国家机关及其工作人员对在履行职责中知悉的公民个人电子信息应当予以保密,不得泄露、篡改、毁损,不得出售或者非法向他人提供。

十一、对有违反本决定行为的,依法给予警告、罚款、没收违法所得、吊销许可证或者取消备案、关闭网站、禁止有关责任人员从事网络服务业务等处罚,记入社会信用档案并予以公布;构成违反治安管理行为的,依法给予治安管理处罚。构成犯罪的,依法追究刑事责任。侵害他人民事权益的,依法承担民事责任。

十二、本决定自公布之日起施行。

4. 工业和信息化部《信息安全技术公共及商用服务信息系统个人信息保护指南》(标准号:GB/Z28828—2012;2013 年 2 月 1 日实施)

(全文略)

5. 最高人民法院、最高人民检察院、公安部《关于依法惩处侵害公民个人信息犯罪活动的通知》(公通字〔2013〕12 号)

近年来,随着我国经济快速发展和信息网络的广泛普及,侵害公民个人信息的违法犯罪日益突出,互联网上非法买卖公民个人信息泛滥,由此滋生的电信诈骗、网络诈骗、敲诈勒索、绑架和非法讨债等犯罪屡打不绝,社会危害严重,群众反响强烈。为有效遏制、惩治侵害公民个人信息犯罪,切实保障广大人民群众的个人信息安全和合法权益,促进社会协调发展,维护社会和谐稳定,现就有关事项通知如下:

一、切实提高认识,坚决打击侵害公民个人信息犯罪活动。当前,一些犯罪分子为追逐不法利益,利用互联网大肆倒卖公民个人信息,已逐渐形成庞大"地下产业"和黑色利益链。买卖的公民个人信息包括户籍、银行、电信开户资料等,涉及公民个人生活的方方面面。部分国家机关和金融、电信、交通、教育、医疗以及物业公司、房产中介、保险、快递等企事业单位的一些工作人员,将在履行职责或者提供服务过程中获取的公民个人信息出售、非法提供给他人。获取信息的中间商在互联网上建立数据平台,大肆出售信息牟取暴利。非法调查公司根据这些信息从事非法讨债、诈骗和敲诈勒索等违法犯罪活动。此类犯罪不仅严重危害公民的信息安全,而且极易引发多种犯罪,成为电信诈骗、网络诈骗以及滋扰型"软暴力"等新型犯罪的根源,甚至与绑架、敲诈勒索、暴力追债等犯罪活动相结合,影响人民群众的安全感,威胁社会和谐稳定。各级公安机关、人民检察院、人民法院务必清醒认识此类犯罪的严重危害,以对党和人民高度负责的精神,统一思想,提高认识,精心组织,周密部署,依法惩处侵害公民个人信息犯罪活动。

二、正确适用法律,实现法律效果与社会效果的有机统一。侵害公民个人信息犯罪是新型犯罪，各级公安机关、人民检察院、人民法院要从切实保护公民个人信息安全和维护社会和谐稳定的高度，借鉴以往的成功判例，综合考虑出售、非法提供或非法获取个人信息的次数、数量、手段和牟利数额、造成的损害后果等因素，依法加大打击力度，确保取得良好的法律效果和社会效果。出售、非法提供公民个人信息罪的犯罪主体，除国家机关或金融、电信、交通、教育、医疗单位的工作人员之外，还包括在履行职责或者提供服务过程中获得公民个人信息的商业、房地产业等服务业中其他企事业单位的工作人员。公民个人信息包括公民的姓名、年龄、有效证件号码、婚姻状况、工作单位、学历、履历、家庭住址、电话号码等能够识别公民个人身份或者涉及公民个人隐私的信息、数据资料。对于在履行职责或者提供服务过程中，将获得的公民个人信息出售或者非法提供给他人，被他人用以实施犯罪，造成受害人人身伤害或者死亡，或者造成重大经济损失、恶劣社会影响的，或者出售、非法提供公民个人信息数量较大，或者违法所得数额较大的，均应当依法以出售、非法提供公民个人信息罪追究刑事责任。对于窃取或者以购买等方法非法获取公民个人信息数量较大，或者违法所得数额较大，或者造成其他严重后果的，应当依法以非法获取公民个人信息罪追究刑事责任。对使用非法获取的个人信息，实施其他犯罪行为，构成数罪的，应当依法予以并罚。单位实施侵害公民个人信息犯罪的，应当追究直接负责的主管人员和其他直接责任人员的刑事责任。要依法加大对财产刑的适用力度，剥夺犯罪分子非法获利和再次犯罪的资本。

三、加强协作配合，确保执法司法及时高效。侵害公民个人信息犯罪网络覆盖面大，关系错综复杂。犯罪行为发生地、犯罪结果发生地、犯罪分子所在地等往往不在一地。同时，由于犯罪行为大多依托互联网、移动电子设备，通过即时通讯工具、电子邮件等多种方式实施，调查取证难度很大。各级公安机关、人民检察院、人民法院要在分工负责、依法高效履行职责的基础上，进一步加强沟通协调，通力配合，密切协作，保证立案、侦查、批捕、审查起诉、审判等各个环节顺利进行。对查获的侵害公民个人信息犯罪案件，公安机关要按照属地管辖原则，及时立案侦查，及时移送审查起诉。对于几个公安机关都有权管辖的案件，由最初受理的公安机关管辖。必要时，可以由主要犯罪地的公安机关管辖。对管辖不明确或者有争议的刑事案件，可以由有关公安机关协商。协商不成的，由共同的上级公安机关指定管辖。对于指定管辖的案件，需要逮捕犯罪嫌疑人的，由被指定管辖的公安机关提请同级人民检察院审查批准；需要提起公诉的，由该公安机关移送同级人民检察院审查决定；人民检察院对于审查起诉的案件，按照刑事诉讼法的管辖规定，认为应当由上级人民检察院或者同级其他人民检察院起诉的，应当将案件移交有管辖权的人民检察院；人民检察院认为需要依照刑事诉讼法的规定指定审判管辖的，应当协商同级人民法院办理指定管辖有关事宜。在办理侵害民个人信息犯罪案件的过程中，对于疑难、复杂案件，人民检察院可以适时派员会同公安机关共同就证据收集等方面进行研究和沟通协调。人民检察院对于公安机关提请批准逮捕、移送审查起诉的相关案件，符合批捕、起诉条件的，要依法尽快予以批捕、起诉；对于确需补充侦查的，要制作具体、详细的补充侦查提纲。人民法院要加强审判力量，准确定性，依法快审快结。

四、推进综合治理。建立防范、打击长效工作机制。预防和打击侵害公民个人信息犯罪是一项艰巨任务，必须标本兼治，积极探索和构建防范、打击的长效工作机制。各地公安机关、人民检察院、人民法院在依法惩处此类犯罪的同时，要积极参与综合治理，注意发现保护公民个人信息工作中的漏洞和隐患，及时通报相关部门，提醒和督促有关部门和单位加强监管、完善制度。要充分利用报纸、广播、电视、网络等多种媒体平台，大力宣传党和国家打击此类犯罪的决心和力度，宣传相关的政策和法律法规，提醒和教育广大群众运用法律保障和维护自身合法权益，提高自我防范的意识和能力。

6. 公安部《关于公安机关处置信访活动中违法犯罪行为适用法律的指导意见》(公通字〔2013〕25号)

三、对侵犯人身权利、财产权利违法犯罪行为的处理

4. 偷窥、偷拍、窃听、散布他人隐私,符合《治安管理处罚法》第42条第6项规定的,以侵犯隐私依法予以治安管理处罚;情节严重,符合《刑法》第253条之一第2款规定的,以非法获取公民个人信息罪追究刑事责任。(全文详见本书《刑法》第141条相关内容)

7.《中华人民共和国消费者权益保护法》(1993年10月31日第八届全国人大常委会第四次会议通过;2009年8月27日第十一届全国人大常委会第十次会议《关于修改部分法律的决定》第一次修正;2013年10月25日第十二届全国人大常委会第五次会议《关于修改〈中华人民共和国消费者权益保护法〉的决定》第二次修正)

第29条 经营者收集、使用消费者个人信息,应当遵循合法、正当、必要的原则,明示收集、使用信息的目的、方式和范围,并经消费者同意。经营者收集、使用消费者个人信息,应当公开其收集、使用规则,不得违反法律、法规的规定和双方的约定收集、使用信息。

经营者及其工作人员对收集的消费者个人信息必须严格保密,不得泄露、出售或者非法向他人提供。经营者应当采取技术措施和其他必要措施,确保信息安全,防止消费者个人信息泄露、丢失。在发生或者可能发生信息泄露、丢失的情况时,应当立即采取补救措施。

经营者未经消费者同意或者请求,或者消费者明确表示拒绝的,不得向其发送商业性信息。

第57条 经营者违反本法规定提供商品或者服务,侵害消费者合法权益,构成犯罪的,依法追究刑事责任。

8. 工业和信息化部《电信和互联网用户个人信息保护规定》(工业和信息化部令〔2013〕第24号)

第1章 总 则

第1条 为了保护电信和互联网用户的合法权益,维护网络信息安全,根据《全国人民代表大会常务委员会关于加强网络信息保护的决定》、《中华人民共和国电信条例》和《互联网信息服务管理办法》等法律、行政法规,制定本规定。

第2条 在中华人民共和国境内提供电信服务和互联网信息服务过程中收集、使用用户个人信息的活动,适用本规定。

第3条 工业和信息化部和各省、自治区、直辖市通信管理局(以下统称电信管理机构)依法对电信和互联网用户个人信息保护工作实施监督管理。

第4条 本规定所称用户个人信息,是指电信业务经营者和互联网信息服务提供者在提供服务的过程中收集的用户姓名、出生日期、身份证件号码、住址、电话号码、账号和密码等能够单独或者与其他信息结合识别用户的信息以及用户使用服务的时间、地点等信息。

第5条 电信业务经营者、互联网信息服务提供者在提供服务的过程中收集、使用用户个人信息,应当遵循合法、正当、必要的原则。

第6条 电信业务经营者、互联网信息服务提供者对其在提供服务过程中收集、使用的用户个人信息的安全负责。

第7条 国家鼓励电信和互联网行业开展用户个人信息保护自律工作。

第2章 信息收集和使用规范

第8条 电信业务经营者、互联网信息服务提供者应当制定用户个人信息收集、使用规

则,并在其经营或者服务场所、网站等予以公布。

第9条 未经用户同意,电信业务经营者、互联网信息服务提供者不得收集、使用用户个人信息。

电信业务经营者、互联网信息服务提供者收集、使用用户个人信息的,应当明确告知用户收集、使用信息的目的、方式和范围,查询、更正信息的渠道以及拒绝提供信息的后果等事项。

电信业务经营者、互联网信息服务提供者不得收集其提供服务所必需以外的用户个人信息或者将信息用于提供服务之外的目的,不得以欺骗、误导或者强迫等方式或者违反法律、行政法规以及双方的约定收集、使用信息。

电信业务经营者、互联网信息服务提供者在用户终止使用电信服务或者互联网信息服务后,应当停止对用户个人信息的收集和使用,并为用户提供注销号码或者账号的服务。

法律、行政法规对本条第1款至第4款规定的情形另有规定的,从其规定。

第10条 电信业务经营者、互联网信息服务提供者及其工作人员对在提供服务过程中收集、使用的用户个人信息应当严格保密,不得泄露、篡改或者毁损,不得出售或者非法向他人提供。

第11条 电信业务经营者、互联网信息服务提供者委托他人代理市场销售和技术服务等直接面向用户的服务性工作,涉及收集、使用用户个人信息的,应当对代理人的用户个人信息保护工作进行监督和管理,不得委托不符合本规定有关用户个人信息保护要求的代理人代办相关服务。

第12条 电信业务经营者、互联网信息服务提供者应当建立用户投诉处理机制,公布有效的联系方式,接受与用户个人信息保护有关的投诉,并自接到投诉之日起15日内答复投诉人。

第3章 安全保障措施

第13条 电信业务经营者、互联网信息服务提供者应当采取以下措施防止用户个人信息泄露、毁损、篡改或者丢失:

(一)确定各部门、岗位和分支机构的用户个人信息安全管理责任;(二)建立用户个人信息收集、使用及其相关活动的工作流程和安全管理制度;(三)对工作人员及代理人实行权限管理,对批量导出、复制、销毁信息实行审查,并采取防泄密措施;(四)妥善保管记录用户个人信息的纸介质、光介质、电磁介质等载体,并采取相应的安全储存措施;(五)对储存用户个人信息的信息系统实行接入审查,并采取防入侵、防病毒等措施;(六)记录对用户个人信息进行操作的人员、时间、地点、事项等信息;(七)按照电信管理机构的规定开展通信网络安全防护工作;(八)电信管理机构规定的其他必要措施。

第14条 电信业务经营者、互联网信息服务提供者保管的用户个人信息发生或者可能发生泄露、毁损、丢失的,应当立即采取补救措施;造成或者可能造成严重后果的,应当立即向准予其许可或者备案的电信管理机构报告,配合相关部门进行的调查处理。

电信管理机构应当对报告或者发现的可能违反本规定的行为的影响进行评估;影响特别重大的,相关省、自治区、直辖市通信管理局应当向工业和信息化部报告。电信管理机构在依据本规定作出处理决定前,可以要求电信业务经营者和互联网信息服务提供者暂停有关行为,电信业务经营者和互联网信息服务提供者应当执行。

第15条 电信业务经营者、互联网信息服务提供者应当对其工作人员进行用户个人信息保护相关知识、技能和安全责任培训。

第16条 电信业务经营者、互联网信息服务提供者应当对用户个人信息保护情况每年至少进行1次自查,记录自查情况,及时消除自查中发现的安全隐患。

第4章　监督检查

第17条　电信管理机构应当对电信业务经营者、互联网信息服务提供者保护用户个人信息的情况实施监督检查。

电信管理机构实施监督检查时，可以要求电信业务经营者、互联网信息服务提供者提供相关材料，进入其生产经营场所调查情况，电信业务经营者、互联网信息服务提供者应当予以配合。

电信管理机构实施监督检查，应当记录监督检查的情况，不得妨碍电信业务经营者、互联网信息服务提供者正常的经营或者服务活动，不得收取任何费用。

第18条　电信管理机构及其工作人员对在履行职责中知悉的用户个人信息应当予以保密，不得泄露、篡改或者毁损，不得出售或者非法向他人提供。

第19条　电信管理机构实施电信业务经营许可及经营许可证年检时，应当对用户个人信息保护情况进行审查。

第20条　电信管理机构应当将电信业务经营者、互联网信息服务提供者违反本规定的行为记入其社会信用档案并予以公布。

第21条　鼓励电信和互联网行业协会依法制定有关用户个人信息保护的自律性管理制度，引导会员加强自律管理，提高用户个人信息保护水平。

第5章　法律责任

第22条　电信业务经营者、互联网信息服务提供者违反本规定第8条、第12条规定的，由电信管理机构依据职权责令限期改正，予以警告，可以并处1万元以下的罚款。

第23条　电信业务经营者、互联网信息服务提供者违反本规定第9条至第11条、第13条至第16条、第17条第2款规定的，由电信管理机构依据职权责令限期改正，予以警告，可以并处1万元以上3万元以下的罚款，向社会公告；构成犯罪的，依法追究刑事责任。

第24条　电信管理机构工作人员在对用户个人信息保护工作实施监督管理的过程中玩忽职守、滥用职权、徇私舞弊的，依法给予处理；构成犯罪的，依法追究刑事责任。

第6章　附　　则

第25条　本规定自2013年9月1日起施行。

9.最高人民法院《关于审理利用信息网络侵害人身权益民事纠纷案件适用法律若干问题的规定》(法释〔2014〕11号；法释〔2020〕17号修改)

为正确审理利用信息网络侵害人身权益民事纠纷案件，根据《中华人民共和国民法典》《全国人民代表大会常务委员会关于加强网络信息保护的决定》《中华人民共和国民事诉讼法》等法律的规定，结合审判实践，制定本规定。

第1条　本规定所称的利用信息网络侵害人身权益民事纠纷案件，是指利用信息网络侵害他人姓名权、名称权、名誉权、荣誉权、肖像权、隐私权等人身权益引起的纠纷案件。

第2条　原告依据民法典第1195条、第1197条的规定起诉网络用户或者网络服务提供者的，人民法院应予受理。

原告仅起诉网络用户，网络用户请求追加涉嫌侵权的网络服务提供者为共同被告或者第三人的，人民法院应予准许。

原告仅起诉网络服务提供者，网络服务提供者请求追加可以确定的网络用户为共同被告或者第三人的，人民法院应予准许。

第3条 原告起诉网络服务提供者,网络服务提供者以涉嫌侵权的信息系网络用户发布为由抗辩的,人民法院可以根据原告的请求及案件的具体情况,责令网络服务提供者向人民法院提供能够确定涉嫌侵权的网络用户的姓名(名称)、联系方式、网络地址等信息。

网络服务提供者无正当理由拒不提供的,人民法院可以依据民事诉讼法第114条的规定对网络服务提供者采取处罚等措施。

原告根据网络服务提供者提供的信息请求追加网络用户为被告的,人民法院应予准许。

第4条 人民法院适用民法典第1195条第2款的规定,认定网络服务提供者采取的删除、屏蔽、断开链接等必要措施是否及时,应当根据网络服务的类型和性质、有效通知的形式和准确程度、网络信息侵害权益的类型和程度等因素综合判断。

第5条 其发布的信息被采取删除、屏蔽、断开链接等措施的网络用户,主张网络服务提供者承担违约责任或者侵权责任,网络服务提供者以收到民法典第1195条第1款规定的有效通知为由抗辩的,人民法院应予支持。

第6条 人民法院依据民法典第1197条认定网络服务提供者是否"知道或者应当知道",应当综合考虑下列因素:

(一)网络服务提供者是否以人工或者自动方式对侵权网络信息以推荐、排名、选择、编辑、整理、修改等方式作出处理;(二)网络服务提供者应当具备的管理信息的能力,以及所提供服务的性质、方式及其引发侵权的可能性大小;(三)该网络信息侵害人身权益的类型及明显程度;(四)该网络信息的社会影响程度或者一定时间内的浏览量;(五)网络服务提供者采取预防侵权措施的技术可能性及其是否采取了相应的合理措施;(六)网络服务提供者是否针对同一网络用户的重复侵权行为或者同一侵权信息采取了相应的合理措施;(七)与本案相关的其他因素。

第7条 人民法院认定网络用户或者网络服务提供者转载网络信息行为的过错及其程度,应当综合以下因素:

(一)转载主体所承担的与其性质、影响范围相适应的注意义务;(二)所转载信息侵害他人人身权益的明显程度;(三)对所转载信息是否作出实质性修改,是否添加或者修改文章标题,导致其与内容严重不符以及误导公众的可能性。

第8条 网络用户或者网络服务提供者采取诽谤、诋毁等手段,损害公众对经营主体的信赖,降低其产品或者服务的社会评价,经营主体请求网络用户或者网络服务提供者承担侵权责任的,人民法院应依法予以支持。

第9条 网络用户或者网络服务提供者,根据国家机关依职权制作的文书和公开实施的职权行为等信息来源所发布的信息,有下列情形之一,侵害他人人身权益,被侵权人请求侵权人承担侵权责任的,人民法院应予支持:

(一)网络用户或者网络服务提供者发布的信息与前述信息来源内容不符;(二)网络用户或者网络服务提供者以添加侮辱性内容、诽谤性信息、不当标题或者通过增删信息、调整结构、改变顺序等方式致人误解;(三)前述信息来源已被公开更正,但网络用户拒绝更正或者网络服务提供者不予更正;(四)前述信息来源已被公开更正,网络用户或者网络服务提供者仍然发布更正之前的信息。

第10条 被侵权人与构成侵权的网络用户或者网络服务提供者达成一方支付报酬,另一方提供删除、屏蔽、断开链接等服务的协议,人民法院应认定为无效。

擅自篡改、删除、屏蔽特定网络信息或者以断开链接的方式阻止他人获取网络信息,发布该信息的网络用户或者网络服务提供者请求侵权人承担侵权责任的,人民法院应予支持。接受他人委托实施该行为的,委托人与受托人承担连带责任。

第11条 网络用户或者网络服务提供者侵害他人人身权益,造成财产损失或者严重精神损害,被侵权人依据民法典第1182条和第1183条的规定,请求其承担赔偿责任的,人民法院应予支持。

第12条 被侵权人为制止侵权行为所支付的合理开支,可以认定为民法典第1182条规定的财产损失。合理开支包括被侵权人或者委托代理人对侵权行为进行调查、取证的合理费用。人民法院根据当事人的请求和具体案情,可以将符合国家有关部门规定的律师费用计算在赔偿范围内。

被侵权人因人身权益受侵害造成的财产损失以及侵权人因此获得的利益难以确定的,人民法院可以根据具体案情在50万元以下的范围内确定赔偿数额。

第13条 本规定施行后人民法院正在审理的一审、二审案件适用本规定。

本规定施行前已经终审,本规定施行后当事人申请再审或者按照审判监督程序决定再审的案件,不适用本规定。

10.《中华人民共和国刑法修正案(9)》(2015年8月29日第十二届全国人大常委会第十六次会议通过)

十七、将刑法第253条之一修改为:"违反国家有关规定,向他人出售或者提供公民个人信息,情节严重的,处3年以下有期徒刑或者拘役,并处或者单处罚金;情节特别严重的,处3年以上7年以下有期徒刑,并处罚金。

"违反国家有关规定,将在履行职责或者提供服务过程中获得的公民个人信息,出售或者提供给他人的,依照前款的规定从重处罚。

"窃取或者以其他方法非法获取公民个人信息的,依照第1款的规定处罚。

"单位犯前3款罪的,对单位判处罚金,并对其直接负责的主管人员和其他直接责任人员,依照各该款的规定处罚。"

(原条文:国家机关或者金融、电信、交通、教育、医疗等单位的工作人员,违反国家规定,将本单位在履行职责或者提供服务过程中获得的公民个人信息,出售或者非法提供给他人,情节严重的,处3年以下有期徒刑或者拘役,并处或者单处罚金。

窃取或者以其他方法非法获取上述信息,情节严重的,依照前款的规定处罚。

单位犯前两款罪的,对单位判处罚金,并对其直接负责的主管人员和其他直接责任人员,依照各该款的规定处罚。)

11.全国人大常委会《中华人民共和国网络安全法》(2016年11月7日第十二届全国人大常委会第二十四次会议通过)

第76条 本法下列用语的含义:

(一)网络,是指由计算机或者其他信息终端及相关设备组成的按照一定的规则和程序对信息进行收集、存储、传输、交换、处理的系统。(二)网络安全,是指通过采取必要措施,防范对网络的攻击、侵入、干扰、破坏和非法使用以及意外事故,使网络处于稳定可靠运行的状态,以及保障网络数据的完整性、保密性、可用性的能力。(三)网络运营者,是指网络的所有者、管理者和网络服务提供者。(四)网络数据,是指通过网络收集、存储、传输、处理和产生的各种电子数据。(五)个人信息,是指以电子或者其他方式记录的能够单独或者与其他信息结合识别自然人个人身份的各种信息,包括但不限于自然人的姓名、出生日期、身份证件号码、个人生物识别信息、住址、电话号码等。

12.最高人民法院、最高人民检察院、公安部《关于办理电信网络诈骗等刑事案件适用法律若干问题的意见》(法发〔2016〕32号)

三、全面惩处关联犯罪

(一)在实施电信网络诈骗活动中,非法使用"伪基站""黑广播",干扰无线电通讯秩序,符合刑法第288条规定的,以扰乱无线电通讯管理秩序罪追究刑事责任。同时构成诈骗罪的,依照处罚较重的规定定罪处罚。

(二)违反国家有关规定,向他人出售或者提供公民个人信息,窃取或者以其他方法非法获取公民个人信息,符合刑法第253条之一规定的,以侵犯公民个人信息罪追究刑事责任。

使用非法获取的公民个人信息,实施电信网络诈骗犯罪行为,构成数罪的,应当依法予以并罚。

(三)冒充国家机关工作人员实施电信网络诈骗犯罪,同时构成诈骗罪和招摇撞骗罪的,依照处罚较重的规定定罪处罚。

(四)非法持有他人信用卡,没有证据证明从事电信网络诈骗犯罪活动,符合刑法第177条之一第1款第(2)项规定的,以妨害信用卡管理罪追究刑事责任。

(五)明知是电信网络诈骗犯罪所得及其产生的收益,以下列方式之一予以转账、套现、取现的,依照刑法第312条第1款的规定,以掩饰、隐瞒犯罪所得、犯罪所得收益罪追究刑事责任。但有证据证明确实不知道的除外:

1. 通过使用销售点终端机具(POS机)刷卡套现等非法途径,协助转换或者转移财物的;

2. 帮助他人将巨额现金散存于多个银行账户,或在不同银行账户之间频繁划转的;

3. 多次使用或者使用多个非本人身份证明开设的信用卡、资金支付结算账户或者多次采用遮蔽摄像头、伪装等异常手段,帮助他人转账、套现、取现的;

4. 为他人提供非本人身份证明开设的信用卡、资金支付结算账户后,又帮助他人转账、套现、取现的;

5. 以明显异于市场的价格,通过手机充值、交易游戏点卡等方式套现的。

实施上述行为,事前通谋的,以共同犯罪论处。

实施上述行为,电信网络诈骗犯罪嫌疑人尚未到案或案件尚未依法裁判,但现有证据足以证明该犯罪行为确实存在的,不影响掩饰、隐瞒犯罪所得、犯罪所得收益罪的认定。

实施上述行为,同时构成其他犯罪的,依照处罚较重的规定定罪处罚。法律和司法解释另有规定的除外。

(六)网络服务提供者不履行法律、行政法规规定的信息网络安全管理义务,经监管部门责令采取改正措施而拒不改正,致使诈骗信息大量传播,或者用户信息泄露造成严重后果的,依照刑法第286条之一的规定,以拒不履行信息网络安全管理义务罪追究刑事责任。同时构成诈骗罪的,依照处罚较重的规定定罪处罚。

(七)实施刑法第287条之一、第287条之二规定之行为,构成非法利用信息网络罪、帮助信息网络犯罪活动罪,同时构成诈骗罪的,依照处罚较重的规定定罪处罚。

(八)金融机构、网络服务提供者、电信业务经营者等在经营活动中,违反国家有关规定,被电信网络诈骗犯罪分子利用,使他人遭受财产损失的,依法承担相应责任。构成犯罪的,依法追究刑事责任。(全文详见本书《刑法》第266条相关内容)

13. 最高人民法院、最高人民检察院《关于办理侵犯公民个人信息刑事案件适用法律若干问题的解释》(法释〔2017〕10号)

为依法惩治侵犯公民个人信息犯罪活动,保护公民个人信息安全和合法权益,根据《中华人民共和国刑法》《中华人民共和国刑事诉讼法》的有关规定,现就办理此类刑事案件适用法律的若干问题解释如下:

第1条 刑法第253条之一规定的"公民个人信息",是指以电子或者其他方式记录的能够单独或者与其他信息结合识别特定自然人身份或者反映特定自然人活动情况的各种信息,包括姓名、身份证件号码、通信通讯联系方式、住址、账号密码、财产状况、行踪轨迹等。

第2条 违反法律、行政法规、部门规章有关公民个人信息保护的规定的，应当认定为刑法第253条之一规定的“违反国家有关规定”。

第3条 向特定人提供公民个人信息，以及通过信息网络或者其他途径发布公民个人信息的，应当认定为刑法第253条之一规定的“提供公民个人信息”。

未经被收集者同意，将合法收集的公民个人信息向他人提供的，属于刑法第253条之一规定的“提供公民个人信息”，但是经过处理无法识别特定个人且不能复原的除外。

第4条 违反国家有关规定，通过购买、收受、交换等方式获取公民个人信息，或者在履行职责、提供服务过程中收集公民个人信息的，属于刑法第253条之一第3款规定的“以其他方法非法获取公民个人信息”。

第5条 非法获取、出售或者提供公民个人信息，具有下列情形之一的，应当认定为刑法第253条之一规定的“情节严重”：

(一)出售或者提供行踪轨迹信息，被他人用于犯罪的；(二)知道或者应当知道他人利用公民个人信息实施犯罪，向其出售或者提供的；(三)非法获取、出售或者提供行踪轨迹信息、通信内容、征信信息、财产信息50条以上的；(四)非法获取、出售或者提供住宿信息、通信记录、健康生理信息、交易信息等其他可能影响人身、财产安全的公民个人信息500条以上的；(五)非法获取、出售或者提供第3项、第4项规定以外的公民个人信息5000条以上的；(六)数量未达到第3项至第5项规定标准，但是按相应比例合计达到有关数量标准的；(七)违法所得5000元以上的；(八)将在履行职责或者提供服务过程中获得的公民个人信息出售或者提供给他人，数量或者数额达到第3项至第7项规定标准一半以上的；(九)曾因侵犯公民个人信息受过刑事处罚或者2年内受过行政处罚，又非法获取、出售或者提供公民个人信息的；(十)其他情节严重的情形。

实施前款规定的行为，具有下列情形之一的，应当认定为刑法第253条之一第1款规定的“情节特别严重”：

(一)造成被害人死亡、重伤、精神失常或者被绑架等严重后果的；(二)造成重大经济损失或者恶劣社会影响的；(三)数量或者数额达到前款第3项至第8项规定标准10倍以上的；(四)其他情节特别严重的情形。

第6条 为合法经营活动而非法购买、收受本解释第5条第1款第3项、第4项规定以外的公民个人信息，具有下列情形之一的，应当认定为刑法第253条之一规定的“情节严重”：(一)利用非法购买、收受的公民个人信息获利5万元以上的；(二)曾因侵犯公民个人信息受过刑事处罚或者2年内受过行政处罚，又非法购买、收受公民个人信息的；(三)其他情节严重的情形。

实施前款规定的行为，将购买、收受的公民个人信息非法出售或者提供的，定罪量刑标准适用本解释第5条的规定。

第7条 单位犯刑法第253条之一规定之罪的，依照本解释规定的相应自然人犯罪的定罪量刑标准，对直接负责的主管人员和其他直接责任人员定罪处罚，并对单位判处罚金。

第8条 设立用于实施非法获取、出售或者提供公民个人信息违法犯罪活动的网站、通讯群组，情节严重的，应当依照刑法第287条之一的规定，以非法利用信息网络罪定罪处罚；同时构成侵犯公民个人信息罪的，依照侵犯公民个人信息罪定罪处罚。

第9条 网络服务提供者拒不履行法律、行政法规规定的信息网络安全管理义务，经监管部门责令采取改正措施而拒不改正，致使用户的公民个人信息泄露，造成严重后果的，应当依照刑法第286条之一的规定，以拒不履行信息网络安全管理义务罪定罪处罚。

第10条 实施侵犯公民个人信息犯罪，不属于“情节特别严重”，行为人系初犯，全部退赃,并确有悔罪表现的,可以认定为情节轻微,不起诉或者免予刑事处罚;确有必要判处刑罚的,应当从宽处罚。

第11条 非法获取公民个人信息后又出售或者提供的,公民个人信息的条数不重复计算。

向不同单位或者个人分别出售、提供同一公民个人信息的,公民个人信息的条数累计计算。

对批量公民个人信息的条数,根据查获的数量直接认定,但是有证据证明信息不真实或者重复的除外。

第12条 对于侵犯公民个人信息犯罪,应当综合考虑犯罪的危害程度、犯罪的违法所得数额以及被告人的前科情况、认罪悔罪态度等,依法判处罚金。罚金数额一般在违法所得的1倍以上5倍以下。

第13条 本解释自2017年6月1日起施行。

14. 信息安全标准化技术委员会《信息安全技术个人信息安全规范》(GB/T 35273—2017;2017年12月29日发布;2018年5月1日实施)

按照国家标准化管理委员会发布中华人民共和国国家标准公告(2020年第1号),全国信息安全标准化技术委员会组织制定和归口管理的国家标准GB/T 35273—2020《信息安全技术个人信息安全规范》于2020年3月6日正式发布的规范,于2020年10月1日实施。(全文略)

15. 国家互联网信息办公室秘书局、工业和信息化部办公厅、公安部办公厅、国家市场监督管理总局办公厅《关于App违法违规收集使用个人信息行为认定方法》(国信办秘字〔2019〕191号)

根据《关于开展App违法违规收集使用个人信息专项治理的公告》,为监督管理部门认定App违法违规收集使用个人信息行为提供参考,为App运营者自查自纠和网民社会监督提供指引,落实《网络安全法》等法律法规,制定本方法。

一、以下行为可被认定为"未公开收集使用规则"

1. 在App中没有隐私政策,或者隐私政策中没有收集使用个人信息规则;2. 在App首次运行时未通过弹窗等明显方式提示用户阅读隐私政策等收集使用规则;3. 隐私政策等收集使用规则难以访问,如进入App主界面后,需多于4次点击等操作才能访问到;4. 隐私政策等收集使用规则难以阅读,如文字过小过密、颜色过淡、模糊不清,或未提供简体中文版等。

二、以下行为可被认定为"未明示收集使用个人信息的目的、方式和范围"

1. 未逐一列出App(包括委托的第三方或嵌入的第三方代码、插件)收集使用个人信息的目的、方式、范围等;2. 收集使用个人信息的目的、方式、范围发生变化时,未以适当方式通知用户,适当方式包括更新隐私政策等收集使用规则并提醒用户阅读等;3. 在申请打开可收集个人信息的权限,或申请收集用户身份证号、银行账号、行踪轨迹等个人敏感信息时,未同步告知用户其目的,或者目的不明确、难以理解;4. 有关收集使用规则的内容晦涩难懂、冗长繁琐,用户难以理解,如使用大量专业术语等。

三、以下行为可被认定为"未经用户同意收集使用个人信息"

1. 征得用户同意前就开始收集个人信息或打开可收集个人信息的权限;2. 用户明确表示不同意后,仍收集个人信息或打开可收集个人信息的权限,或频繁征求用户同意、干扰用户正常使用;3. 实际收集的个人信息或打开的可收集个人信息权限超出用户授权范围;4. 以默认选择同意隐私政策等非明示方式征求用户同意;5. 未经用户同意更改其设置的可收集个人信息权限状态,如App更新时自动将用户设置的权限恢复到默认状态;6. 利用用户个人信息和算法定向推送信息,未提供非定向推送信息的选项;7. 以欺诈、诱骗等不正当方式误导用户同意收集个人信息或打开可收集个人信息的权限,如故意欺瞒、掩饰收集使用个人信息的真实目的;8. 未向用户提供撤回同意收集个人信息的途径、方式;9. 违反其所声明的收集使用规则,收集使用个人信息。

四、以下行为可被认定为"违反必要原则,收集与其提供的服务无关的个人信息"

1. 收集的个人信息类型或打开的可收集个人信息权限与现有业务功能无关;2. 因用户不同意收集非必要个人信息或打开非必要权限,拒绝提供业务功能;3. App 新增业务功能申请收集的个人信息超出用户原有同意范围,若用户不同意,则拒绝提供原有业务功能,新增业务功能取代原有业务功能的除外;4. 收集个人信息的频度等超出业务功能实际需要;5. 仅以改善服务质量、提升用户体验、定向推送信息、研发新产品等为由,强制要求用户同意收集个人信息;6. 要求用户 1 次性同意打开多个可收集个人信息的权限,用户不同意则无法使用。

五、以下行为可被认定为"未经同意向他人提供个人信息"

1. 既未经用户同意,也未做匿名化处理,App 客户端直接向第三方提供个人信息,包括通过客户端嵌入的第三方代码、插件等方式向第三方提供个人信息;2. 既未经用户同意,也未做匿名化处理,数据传输至 App 后台服务器后,向第三方提供其收集的个人信息;3. App 接入第三方应用,未经用户同意,向第三方应用提供个人信息。

六、以下行为可被认定为"未按法律规定提供删除或更正个人信息功能"或"未公布投诉、举报方式等信息"

1. 未提供有效的更正、删除个人信息及注销用户账号功能;2. 为更正、删除个人信息或注销用户账号设置不必要或不合理条件;3. 虽提供了更正、删除个人信息及注销用户账号功能,但未及时响应用户相应操作,需人工处理的,未在承诺时限内(承诺时限不得超过 15 个工作日,无承诺时限的,以 15 个工作日为限)完成核查和处理;4. 更正、删除个人信息或注销用户账号等用户操作已执行完毕,但 App 后台并未完成的;5. 未建立并公布个人信息安全投诉、举报渠道,或未在承诺时限内(承诺时限不得超过 15 个工作日,无承诺时限的,以 15 个工作日为限)受理并处理的。

16. 最高人民法院、最高人民检察院、公安部《关于办理跨境赌博犯罪案件若干问题的意见》(公通字〔2020〕14 号)

四、关于跨境赌博关联犯罪的认定

(五)为赌博犯罪提供资金、信用卡、资金结算等服务,构成赌博犯罪共犯,同时构成非法经营罪、妨害信用卡管理罪、窃取、收买、非法提供信用卡信息罪、掩饰、隐瞒犯罪所得、犯罪收益罪等罪的,依照处罚较重的规定定罪处罚。

为网络赌博犯罪提供互联网接入、服务器托管、网络存储、通讯传输等技术支持,或者提供广告推广、支付结算等帮助,构成赌博犯罪共犯,同时构成非法利用信息网络罪、帮助信息网络犯罪活动罪等罪的,依照处罚较重的规定定罪处罚。

为实施赌博犯罪,非法获取公民个人信息,或者向实施赌博犯罪者出售、提供公民个人信息,构成赌博犯罪共犯,同时构成侵犯公民个人信息罪的,依照处罚较重的规定定罪处罚。

(全文详见本书《刑法》第 303 条相关内容)

17. 最高人民法院、最高人民检察院、公安部、工业和信息化部中国人民银行《关于依法严厉打击惩戒治理非法买卖电话卡银行卡违法犯罪活动的通告》(2020 年 12 月 16 日)

(全文详见本书《刑法》第 266 条相关内容)

18. 最高人民法院、最高人民检察院、公安部《关于办理电信网络诈骗等刑事案件适用法律若干问题的意见(2)》(法发〔2021〕22 号)

五、非法获取、出售、提供具有信息发布、即时通讯、支付结算等功能的互联网账号密码、个人生物识别信息,符合刑法第253条之一规定的,以侵犯公民个人信息罪追究刑事责任。

对批量前述互联网账号密码、个人生物识别信息的条数,根据查获的数量直接认定,但有证据证明信息不真实或者重复的除外。(全文详见本书《刑法》第287条之二相关内容)

19. 最高人民检察院《第34批指导性案例柯某侵犯公民个人信息案》(检例第140号;2022年1月26日)

【要旨】

业主房源信息是房产交易信息和身份识别信息的组合,包含姓名、通信通讯联系方式、住址、交易价格等内容,属于法律保护的公民个人信息。未经信息主体另行授权,非法获取、出售限定使用范围的业主房源信息,系侵犯公民个人信息的行为,情节严重、构成犯罪的,应当依法追究刑事责任。检察机关办理案件时应当对涉案公民个人信息具体甄别,筛除模糊、无效及重复信息,准确认定侵犯公民个人信息数量。

【指导意义】

(一)包含房产信息和身份识别信息的业主房源信息属于公民个人信息。公民个人信息,是指以电子或者其他方式记录的能够单独或者与其他信息结合识别特定自然人身份或者反映特定自然人活动情况的各种信息,包括姓名、身份证件号码、通信通讯联络方式、住址、账号密码、财产状况、行踪轨迹等。业主房源信息包括房产坐落区域、面积、售租价格等描述房产特征的信息,也包含门牌号码、业主电话、姓名等具有身份识别性的信息,上述信息组合,使业主房源信息符合公民个人信息"识别特定自然人"的规定。上述信息非法流入公共领域存在较大风险。现实生活中,被害人因信息泄露被频繁滋扰,更有大量信息进入黑灰产业链,被用于电信网络诈骗、敲诈勒索等犯罪活动,严重威胁公民人身财产安全、社会公共利益,甚至危及国家信息安全,应当依法惩处。

(二)获取限定使用范围的信息需信息主体同意、授权。对生物识别、宗教信仰、特定身份、医疗健康、金融账户、行踪轨迹等敏感个人信息,进行信息处理须得到信息主体明确同意、授权。对非敏感个人信息,如上述业主电话、姓名等,应当根据具体情况作出不同处理。信息主体自愿、主动向社会完全公开的信息,可以认定同意他人获取,在不侵犯其合法利益的情况下可以合法、合理利用。但限定用途、范围的信息,如仅提供给中介供服务使用的,他人在未经另行授权的情况下,非法获取、出售,情节严重的,应当以侵犯公民个人信息罪追究刑事责任。

(三)认定公民个人信息数量,应当在全面固定数据基础上有效甄别。侵犯公民个人信息案件中,信息一般以电子数据形式存储,往往数据庞杂、真伪交织、形式多样。检察机关应当把握公民个人信息"可识别特定自然人身份或者反映特定自然人活动情况"的标准,准确提炼出关键性的识别要素,如家庭住址、电话号码、姓名等,对信息数据有效甄别。对包含上述信息的认定为有效的公民个人信息,以准确认定信息数量。

20. 参见本书《刑法》第252条、第253条该节内容。

> **第254条 【报复陷害罪】** 国家机关工作人员滥用职权、假公济私,对控告人、申诉人、批评人、举报人实行报复陷害的,处2年以下有期徒刑或者拘役;情节严重的,处2年以上7年以下有期徒刑。

• 释义

报复陷害罪是指国家机关工作人员滥用职权、假公济私,对控告人、申诉人、批评人、举报人实行报复陷害的行为。

行为主体只能是国家机关工作人员。

• 管辖

监察机关。

• 立案追诉标准

报复陷害罪是指国家机关工作人员滥用职权、假公济私，对控告人、申诉人、批评人、举报人实行报复陷害的行为。涉嫌下列情形之一的，应予立案：

1. 报复陷害，情节严重，导致控告人、申诉人、批评人、举报人或者其近亲属自杀、自残造成重伤、死亡，或者精神失常的；

2. 致使控告人、申诉人、批评人、举报人或者其近亲属的其他合法权利受到严重损害的；

3. 其他报复陷害应予追究刑事责任的情形。

（一）重大案件

1. 致人精神失常的；

2. 致人其他合法权益受到损害，后果严重的。

（二）特大案件

1. 致人自杀死亡的；

2. 后果特别严重，影响特别恶劣的。

• 关联法律

1. 最高人民检察院《关于〈人民检察院直接受理立案侦查的渎职侵权重特大案件标准（试行）〉的通知》（高检发〔2001〕13号）第39条

（见本条立案追诉标准内容）

2.《关于〈中华人民共和国刑法〉第9章渎职罪主体适用问题的解释》（2002年12月28日第九届全国人大常委会第三十一次会议通过）

（详见本书《刑法》第238条相关内容）

3. 最高人民检察院《关于企业事业单位的公安机构在机构改革过程中其工作人员能否构成渎职侵权犯罪主体问题的批复》（高检发释字〔2002〕3号）

（详见本书《刑法》第238条相关内容）

4. 最高人民检察院《关于渎职侵权犯罪案件立案标准的规定》（高检发释字〔2006〕2号）

（见本条立案追诉标准内容）

第255条 【打击报复会计、统计人员罪】公司、企业、事业单位、机关、团体的领导人，对依法履行职责、抵制违反会计法、统计法行为的会计、统计人员实行打击报复，情节恶劣的，处3年以下有期徒刑或者拘役。

• 释义

打击报复会计、统计人员罪是指公司、企业、事业单位、机关、团体的领导人，对依法履行职责，抵制违反会计法、统计法行为的会计、统计人员实行打击报复，情节恶劣的行为。

行为主体只能是公司、企事业单位、机关团体的领导人。

- **管辖**

公安部门、监察机关(公职人员行使公权力过程中发生的犯罪案件)、法院。

> **第 256 条 【破坏选举罪】** 在选举各级人民代表大会代表和国家机关领导人员时,以暴力、威胁、欺骗、贿赂、伪造选举文件、虚报选举票数等手段破坏选举或者妨害选民和代表自由行使选举权和被选举权,情节严重的,处 3 年以下有期徒刑、拘役或者剥夺政治权利。

- **释义**

破坏选举罪是指在选举各级人民代表大会代表和国家机关领导人时,以暴力、威胁、欺骗、贿赂、伪造选举文件、虚报选举票数等手段,破坏选举或者妨害选民和代表自由行使选举权与被选举权,情节严重的行为。

- **管辖**

公安机关刑事侦查部门、监察机关(公职人员行使公权力过程中发生的犯罪案件)。

- **立案追诉标准**

破坏选举罪是指在选举各级人民代表大会代表和国家机关领导人员时,以暴力、威胁、欺骗、贿赂、伪造选举文件、虚报选举票数或者编造选举结果等手段破坏选举或者妨害选民和代表自由行使选举权和被选举权,情节严重的行为。

国家机关工作人员利用职权破坏选举,涉嫌下列情形之一的,应予立案:

1. 以暴力、威胁、欺骗、贿赂等手段,妨害选民、各级人民代表大会代表自由行使选举权和被选举权,致使选举无法正常进行,或者选举无效,或者选举结果不真实的;

2. 以暴力破坏选举场所或者选举设备,致使选举无法正常进行的;

3. 伪造选民证、选票等选举文件,虚报选举票数,产生不真实的选举结果或者强行宣布合法选举无效、非法选举有效的;

4. 聚众冲击选举场所或者故意扰乱选举场所秩序,使选举工作无法进行的;

5. 其他情节严重的情形。

(一)重大案件

1. 导致乡镇级选举无法进行或者选举无效的;

2. 实施破坏选举行为,取得县级领导职务或者人大代表资格的。

(二)特大案件

1. 导致县级以上选举无法进行或者选举无效的;

2. 实施破坏选举行为,取得市级以上领导职务或者人大代表资格的。

- **关联法律**

1. 最高人民检察院《关于〈人民检察院直接受理立案侦查的渎职侵权重特大案件标准(试行)〉的通知》(高检发〔2001〕13 号) 第 40 条

(见本条立案追诉标准内容)

2.《中华人民共和国全国人民代表大会和地方各级人民代表大会选举法》

1979 年 7 月 1 日第五届全国人大第二次会议通过。根据 1982 年 12 月 10 日第五届全国人大第五次会议《关于修改〈中华人民共和国全国人民代表大会和地方各级人民代表大会选举法〉的若干规定的决议》第一次修正。根据1986年12月2日第六届全国人大常委会第十八次会议《关于修改〈中华人民共和国全国人民代表大会和地方各级人民代表大会选举法〉的决定》第二次修正。根据1995年2月28日第八届全国人大常委会第十二次会议《关于修改〈中华人民共和国全国人民代表大会和地方各级人民代表大会选举法〉的决定》第三次修正。根据2004年10月27日第十届全国人大常委会第十二次会议《关于修改〈中华人民共和国全国人民代表大会和地方各级人民代表大会选举法〉的决定》第四次修正。根据2010年3月14日第十一届全国人大第三次会议《关于修改〈中华人民共和国全国人民代表大会和地方各级人民代表大会选举法〉的决定》第五次修正。根据2015年8月29日第十二届全国人大常委会第十六次会议《关于修改〈中华人民共和国地方各级人民代表大会和地方各级人民政府组织法〉、〈中华人民共和国全国人民代表大会和地方各级人民代表大会选举法〉、〈中华人民共和国全国人民代表大会和地方各级人民代表大会代表法〉的决定》第六次修正。根据2020年10月17日第十三届全国人大常委会第二十二次会议《关于修改〈中华人民共和国全国人民代表大会和地方各级人民代表大会选举法〉的决定》第七次修正。(全文略)

3. 最高人民检察院《关于渎职侵权犯罪案件立案标准的规定》(高检发释字〔2006〕2号)

(见本条立案追诉标准内容)

4. 参见本书《刑法》第254条该节内容。

第257条 【暴力干涉婚姻自由罪】 以暴力干涉他人婚姻自由的,处2年以下有期徒刑或者拘役。

犯前款罪,致使被害人死亡的,处2年以上7年以下有期徒刑。

第一款罪,告诉的才处理。

• 释义

暴力干涉婚姻自由罪是指以暴力干涉他人结婚或离婚自由的行为。犯本罪,除致使被害人死亡者外,告诉的才处理。

• 管辖

法院(本条第1款规定的)、公安机关刑事侦查部门。

• 关联法律

最高人民法院、最高人民检察院、公安部、司法部《关于依法办理家庭暴力犯罪案件的意见》(法发〔2015〕4号)

发生在家庭成员之间,以及具有监护、扶养、寄养、同居等关系的共同生活人员之间的家庭暴力犯罪,严重侵害公民人身权利,破坏家庭关系,影响社会和谐稳定。人民法院、人民检察院、公安机关、司法行政机关应当严格履行职责,充分运用法律,积极预防和有效惩治各种家庭暴力犯罪,切实保障人权,维护社会秩序。为此,根据刑法、刑事诉讼法、婚姻法、未成年人保护法、老年人权益保障法、妇女权益保障法等法律,结合司法实践经验,制定本意见。

一、基本原则

1. 依法及时、有效干预。针对家庭暴力持续反复发生,不断恶化升级的特点,人民法院、人民检察院、公安机关、司法行政机关对已发现的家庭暴力,应当依法采取及时、有效的措施,进行妥善处理,不能以家庭暴力发生在家庭成员之间,或者属于家务事为由而置之不理,互相推诿。

2. 保护被害人安全和隐私。办理家庭暴力犯罪案件,应当首先保护被害人的安全。通过对被害人进行紧急救治、临时安置，以及对施暴人采取刑事强制措施、判处刑罚、宣告禁止令等措施，制止家庭暴力并防止再次发生，消除家庭暴力的现实侵害和潜在危险。对与案件有关的个人隐私，应当保密，但法律有特别规定的除外。

3. 尊重被害人意愿。办理家庭暴力犯罪案件，既要严格依法进行，也要尊重被害人的意愿。在立案、采取刑事强制措施、提起公诉、判处刑罚、减刑、假释时，应当充分听取被害人意见，在法律规定的范围内作出合情、合理的处理。对法律规定可以调解、和解的案件，应当在当事人双方自愿的基础上进行调解、和解。

4. 对未成年人、老年人、残疾人、孕妇、哺乳期妇女、重病患者特殊保护。办理家庭暴力犯罪案件，应当根据法律规定和案件情况，通过代为告诉、法律援助等措施，加大对未成年人、老年人、残疾人、孕妇、哺乳期妇女、重病患者的司法保护力度，切实保障他们的合法权益。

二、案件受理

5. 积极报案、控告和举报。依照刑事诉讼法第108条第1款“任何单位和个人发现有犯罪事实或者犯罪嫌疑人，有权利也有义务向公安机关、人民检察院或者人民法院报案或者举报”的规定，家庭暴力被害人及其亲属、朋友、邻居、同事，以及村(居)委会、人民调解委员会、妇联、共青团、残联、医院、学校、幼儿园等单位、组织，发现家庭暴力，有权利也有义务及时向公安机关、人民检察院、人民法院报案、控告或者举报。

公安机关、人民检察院、人民法院对于报案人、控告人和举报人不愿意公开自己的姓名和报案、控告、举报行为的，应当为其保守秘密，保护报案人、控告人和举报人的安全。

6. 迅速审查、立案和转处。公安机关、人民检察院、人民法院接到家庭暴力的报案、控告或者举报后，应当立即问明案件的初步情况，制作笔录，迅速进行审查，按照刑事诉讼法关于立案的规定，根据自己的管辖范围，决定是否立案。对于符合立案条件的，要及时立案。对于可能构成犯罪但不属于自己管辖的，应当移送主管机关处理，并且通知报案人、控告人或者举报人；对于不属于自己管辖而又必须采取紧急措施的，应当先采取紧急措施，然后移送主管机关。

经审查，对于家庭暴力行为尚未构成犯罪，但属于违反治安管理行为的，应当将案件移送公安机关，依照治安管理处罚法的规定进行处理，同时告知被害人可以向人民调解委员会提出申请，或者向人民法院提起民事诉讼，要求施暴人承担停止侵害、赔礼道歉、赔偿损失等民事责任。

7. 注意发现犯罪案件。公安机关在处理人身伤害、虐待、遗弃等行政案件过程中，人民法院在审理婚姻家庭、继承、侵权责任纠纷等民事案件过程中，应当注意发现可能涉及的家庭暴力犯罪。一旦发现家庭暴力犯罪线索，公安机关应当将案件转为刑事案件办理，人民法院应当将案件移送公安机关；属于自诉案件的，公安机关、人民法院应当告知被害人提起自诉。

8. 尊重被害人的程序选择权。对于被害人有证据证明的轻微家庭暴力犯罪案件，在立案审查时，应当尊重被害人选择公诉或者自诉的权利。被害人要求公安机关处理的，公安机关应当依法立案、侦查。在侦查过程中，被害人不再要求公安机关处理或者要求转为自诉案件的，应当告知被害人向公安机关提交书面申请。经审查确系被害人自愿提出的，公安机关应当依法撤销案件。被害人就这类案件向人民法院提起自诉的，人民法院应当依法受理。

9. 通过代为告诉充分保障被害人自诉权。对于家庭暴力犯罪自诉案件，被害人无法告诉或者不能亲自告诉的，其法定代理人、近亲属可以告诉或者代为告诉；被害人是无行为能力人、限制行为能力人，其法定代理人、近亲属没有告诉或者代为告诉的，人民检察院可以告诉；侮辱、暴力干涉婚姻自由等告诉才处理的案件，被害人因受强制、威吓无法告诉的，人民检察院也可以告诉。人民法院对告诉或者代为告诉的，应当依法受理。

10. 切实加强立案监督。人民检察院要切实加强对家庭暴力犯罪案件的立案监督，发现公安机关应当立案而不立案的,或者被害人及其法定代理人、近亲属,有关单位、组织就公安机关不予立案向人民检察院提出异议的,人民检察院应当要求公安机关说明不立案的理由。人民检察院认为不立案理由不成立的,应当通知公安机关立案,公安机关接到通知后应当立案;认为不立案理由成立的,应当将理由告知提出异议的被害人及其法定代理人、近亲属或者有关单位、组织。

11. 及时、全面收集证据。公安机关在办理家庭暴力案件时,要充分、全面地收集、固定证据,除了收集现场的物证、被害人陈述、证人证言等证据外,还应当注意及时向村(居)委会、人民调解委员会、妇联、共青团、残联、医院、学校、幼儿园等单位、组织的工作人员,以及被害人的亲属、邻居等收集涉及家庭暴力的处理记录、病历、照片、视频等证据。

12. 妥善救治、安置被害人。人民法院、人民检察院、公安机关等负有保护公民人身安全职责的单位和组织,对因家庭暴力受到严重伤害需要紧急救治的被害人,应当立即协助联系医疗机构救治;对面临家庭暴力严重威胁,或者处于无人照料等危险状态,需要临时安置的被害人或者相关未成年人,应当通知并协助有关部门进行安置。

13. 依法采取强制措施。人民法院、人民检察院、公安机关对实施家庭暴力的犯罪嫌疑人、被告人,符合拘留、逮捕条件的,可以依法拘留、逮捕;没有采取拘留、逮捕措施的,应当通过走访、打电话等方式与被害人或者其法定代理人、近亲属联系,了解被害人的人身安全状况。对于犯罪嫌疑人、被告人再次实施家庭暴力的,应当根据情况,依法采取必要的强制措施。

人民法院、人民检察院、公安机关决定对实施家庭暴力的犯罪嫌疑人、被告人取保候审的,为了确保被害人及其子女和特定亲属的安全,可以依照刑事诉讼法第69条第2款的规定,责令犯罪嫌疑人、被告人不得再次实施家庭暴力;不得侵扰被害人的生活、工作、学习;不得进行酗酒、赌博等活动;经被害人申请且有必要的,责令不得接近被害人及其未成年子女。

14. 加强自诉案件举证指导。家庭暴力犯罪案件具有案发周期较长、证据难以保存,被害人处于相对弱势、举证能力有限,相关事实难以认定等特点。有些特点在自诉案件中表现得更为突出。因此,人民法院在审理家庭暴力自诉案件时,对于因当事人举证能力不足等原因,难以达到法律规定的证据要求的,应当及时对当事人进行举证指导,告知需要收集的证据及收集证据的方法。对于因客观原因不能取得的证据,当事人申请人民法院调取的,人民法院应当认真审查,认为确有必要的,应当调取。

15. 加大对被害人的法律援助力度。人民检察院自收到移送审查起诉的案件材料之日起3日内,人民法院自受理案件之日起3日内,应当告知被害人及其法定代理人或者近亲属有权委托诉讼代理人,如果经济困难,可以向法律援助机构申请法律援助;对于被害人是未成年人、老年人、重病患者或者残疾人等,因经济困难没有委托诉讼代理人的,人民检察院、人民法院应当帮助其申请法律援助。

法律援助机构应当依法为符合条件的被害人提供法律援助,指派熟悉反家庭暴力法律法规的律师办理案件。

三、定罪处罚

16. 依法准确定罪处罚。对故意杀人、故意伤害、强奸、猥亵儿童、非法拘禁、侮辱、暴力干涉婚姻自由、虐待、遗弃等侵害公民人身权利的家庭暴力犯罪,应当根据犯罪的事实、犯罪的性质、情节和对社会的危害程度,严格依照刑法的有关规定判处。对于同一行为同时触犯多个罪名的,依照处罚较重的规定定罪处罚。

17. 依法惩处虐待犯罪。采取殴打、冻饿、强迫过度劳动、限制人身自由、恐吓、侮辱、谩骂等手段,对家庭成员的身体和精神进行摧残、折磨,是实践中较为多发的虐待性质的家庭暴力。根据司法实践,具有虐待持续时间较长、次数较多;虐待手段残忍;虐待造成被害人轻微伤或者患较严重疾病;对未成年人、老年人、残疾人、孕妇、哺乳期妇女、重病患者实施较为严重的虐待行为等情形,属于刑法第260条第1款规定的虐待"情节恶劣",应当依法以虐待罪定罪处罚。

准确区分虐待犯罪致人重伤、死亡与故意伤害、故意杀人犯罪致人重伤、死亡的界限,要根据被告人的主观故意、所实施的暴力手段与方式、是否立即或者直接造成被害人伤亡后果等进行综合判断。对于被告人主观上不具有侵害被害人健康或者剥夺被害人生命的故意,而是出于追求被害人肉体和精神上的痛苦,长期或者多次实施虐待行为,逐渐造成被害人身体损害,过失导致被害人重伤或者死亡的;或者因虐待致使被害人不堪忍受而自残、自杀,导致重伤或者死亡的,属于刑法第260条第2款规定的虐待"致使被害人重伤、死亡",应当以虐待罪定罪处罚。对于被告人虽然实施家庭暴力呈现出经常性、持续性、反复性的特点,但其主观上具有希望或者放任被害人重伤或者死亡的故意,持凶器实施暴力,暴力手段残忍,暴力程度较强,直接或者立即造成被害人重伤或者死亡的,应当以故意伤害罪或者故意杀人罪定罪处罚。

依法惩处遗弃犯罪。负有扶养义务且有扶养能力的人,拒绝扶养年幼、年老、患病或者其他没有独立生活能力的家庭成员,是危害严重的遗弃性质的家庭暴力。根据司法实践,具有对被害人长期不予照顾、不提供生活来源;驱赶、逼迫被害人离家,致使被害人流离失所或者生存困难;遗弃患严重疾病或者生活不能自理的被害人;遗弃致使被害人身体严重损害或者造成其他严重后果等情形,属于刑法第261条规定的遗弃"情节恶劣",应当依法以遗弃罪定罪处罚。

准确区分遗弃罪与故意杀人罪的界限,要根据被告人的主观故意、所实施行为的时间与地点、是否立即造成被害人死亡,以及被害人对被告人的依赖程度等进行综合判断。对于只是为了逃避扶养义务,并不希望或者放任被害人死亡,将生活不能自理的被害人弃置在福利院、医院、派出所等单位或者广场、车站等行人较多的场所,希望被害人得到他人救助的,一般以遗弃罪定罪处罚。对于希望或者放任被害人死亡,不履行必要的扶养义务,致使被害人因缺乏生活照料而死亡,或者将生活不能自理的被害人带至荒山野岭等人迹罕至的场所扔弃,使被害人难以得到他人救助的,应当以故意杀人罪定罪处罚。

18. 切实贯彻宽严相济刑事政策。对于实施家庭暴力构成犯罪的,应当根据罪刑法定、罪刑相适应原则,兼顾维护家庭稳定、尊重被害人意愿等因素综合考虑,宽严并用,区别对待。根据司法实践,对于实施家庭暴力手段残忍或者造成严重后果;出于恶意侵占财产等卑劣动机实施家庭暴力;因酗酒、吸毒、赌博等恶习而长期或者多次实施家庭暴力;曾因实施家庭暴力受到刑事处罚、行政处罚;或者具有其他恶劣情形的,可以酌情从重处罚。对于实施家庭暴力犯罪情节较轻,或者被告人真诚悔罪,获得被害人谅解,从轻处罚有利于被扶养人的,可以酌情从轻处罚;对于情节轻微不需要判处刑罚的,人民检察院可以不起诉,人民法院可以判处免予刑事处罚。

对于实施家庭暴力情节显著轻微危害不大不构成犯罪的,应当撤销案件、不起诉,或者宣告无罪。

人民法院、人民检察院、公安机关应当充分运用训诫,责令施暴人保证不再实施家庭暴力,或者向被害人赔礼道歉、赔偿损失等非刑罚处罚措施,加强对施暴人的教育与惩戒。

19. 准确认定对家庭暴力的正当防卫。为了使本人或者他人的人身权利免受不法侵害,对正在进行的家庭暴力采取制止行为,只要符合刑法规定的条件,就应当依法认定为正当防卫,不负刑事责任。防卫行为造成施暴人重伤、死亡,且明显超过必要限度,属于防卫过当,应当负刑事责任,但是应当减轻或者免除处罚。

认定防卫行为是否“明显超过必要限度”，应当以足以制止并使防卫人免受家庭暴力不法侵害的需要为标准，根据施暴人正在实施家庭暴力的严重程度、手段的残忍程度，防卫人所处的环境、面临的危险程度、采取的制止暴力的手段、造成施暴人重大损害的程度，以及既往家庭暴力的严重程度等进行综合判断。

20. 充分考虑案件中的防卫因素和过错责任。对于长期遭受家庭暴力后，在激愤、恐惧状态下为了防止再次遭受家庭暴力，或者为了摆脱家庭暴力而故意杀害、伤害施暴人，被告人的行为具有防卫因素，施暴人在案件起因上具有明显过错或者直接责任的，可以酌情从宽处罚。对于因遭受严重家庭暴力，身体、精神受到重大损害而故意杀害施暴人；或者因不堪忍受长期家庭暴力而故意杀害施暴人，犯罪情节不是特别恶劣，手段不是特别残忍的，可以认定为刑法第232条规定的故意杀人“情节较轻”。在服刑期间确有悔改表现的，可以根据其家庭情况，依法放宽减刑的幅度，缩短减刑的起始时间与间隔时间；符合假释条件的，应当假释。被杀害施暴人的近亲属表示谅解的，在量刑、减刑、假释时应当予以充分考虑。

四、其他措施

21. 充分运用禁止令措施。人民法院对实施家庭暴力构成犯罪被判处管制或者宣告缓刑的犯罪分子，为了确保被害人及其子女和特定亲属的人身安全，可以依照刑法第38条第2款、第72条第2款的规定，同时禁止犯罪分子再次实施家庭暴力，侵扰被害人的生活、工作、学习，进行酗酒、赌博等活动；经被害人申请且有必要的，禁止接近被害人及其未成年子女。

22. 告知申请撤销施暴人的监护资格。人民法院、人民检察院、公安机关对于监护人实施家庭暴力，严重侵害被监护人合法权益的，在必要时可以告知被监护人及其他有监护资格的人员、单位，向人民法院提出申请，要求撤销监护人资格，依法另行指定监护人。

23. 充分运用人身安全保护措施。人民法院为了保护被害人的人身安全，避免其再次受到家庭暴力的侵害，可以根据申请，依照民事诉讼法等法律的相关规定，作出禁止施暴人再次实施家庭暴力、禁止接近被害人、迁出被害人的住所等内容的裁定。对于施暴人违反裁定的行为，如对被害人进行威胁、恐吓、殴打、伤害、杀害，或者未经被害人同意拒不迁出住所的，人民法院可以根据情节轻重予以罚款、拘留；构成犯罪的，应当依法追究刑事责任。

24. 充分运用社区矫正措施。社区矫正机构对因实施家庭暴力构成犯罪被判处管制、宣告缓刑、假释或者暂予监外执行的犯罪分子，应当依法开展家庭暴力行为矫治，通过制定有针对性的监管、教育和帮助措施，矫正犯罪分子的施暴心理和行为恶习。

25. 加强反家庭暴力宣传教育。人民法院、人民检察院、公安机关、司法行政机关应当结合本部门工作职责，通过以案说法、社区普法、针对重点对象法制教育等多种形式，开展反家庭暴力宣传教育活动，有效预防家庭暴力，促进平等、和睦、文明的家庭关系，维护社会和谐、稳定。

第258条 【重婚罪】 有配偶而重婚的，或者明知他人有配偶而与之结婚的，处2年以下有期徒刑或者拘役。

• 释义

重婚罪是指有配偶而又与他人结婚，或者明知他人有配偶而与之结婚的行为。

• 管辖

法院（本罪，人民检察院没有提起公诉，被害人有证据证明的轻微刑事案件）、公安机关刑事侦查部门。

• 关联法律

1. 最高人民法院研究室《关于军事法院判处的重婚案件其非法婚姻部分由谁判决问题的电话答复》(1980 年 11 月 27 日)

(法释〔2019〕11 号已声明该文件废止)

2. 最高人民法院研究室《关于重婚案件的被告人长期外逃法院能否中止审理和是否受追诉时效限制问题的电话答复》(1989 年 8 月 16 日)

陕西省高级人民法院:

你院陕高法研〔1989〕35 号《关于重婚案件的被告人长期外逃法院能否中止审理和是否受追诉时效限制问题的请示》收悉。经研究,答复如下:

同意你院意见,即胡某亭诉焦某枝、赵某信重婚一案,在人民法院对焦某枝采取取保候审的强制措施后,焦某枝潜逃并和赵某信一直在外流窜,下落不明的情况下,可参照最高人民法院法(研)复〔1988〕29 号《关于刑事案件取保候审的被告人在法院审理期间潜逃应宣告中止审理的批复》的规定,中止审理,俟被告人追捕归案后,再恢复审理。关于追诉时效问题,根据刑法第 77 条的规定,对焦某枝追究刑事责任不受追诉期限的限制。对于赵某信,只要他同焦某枝的非法婚姻关系不解除,他们的重婚犯罪行为就处于一种继续状态,根据刑法第 78 条的规定,人民法院随时都可以对他追究刑事责任。此外,如果公安机关已对赵某信发布了通缉令,也可以根据刑法第 77 条的规定,对他追究刑事责任,不受追诉期限的限制。

3. 最高人民法院研究室《关于重婚案件中受骗的一方当事人能否作为被害人向法院提起诉讼问题的电话答复》(1992 年 11 月 7 日)

广东省高级人民法院:

你院《关于重婚案件中受骗的一方当事人能否作为被害人向法院提起诉讼问题的请示》收阅。经研究,答复如下:

基本同意你院的第 2 种意见,即:重婚案件中的被害人,既包括重婚者在原合法婚姻关系中的配偶,也包括后来受欺骗而与重婚者结婚的人。鉴于受骗一方当事人在主观上不具有重婚的故意,因此,根据你院《请示》中介绍的案情,陈某容可以作为本案的被害人。根据最高人民法院、最高人民检察院 1983 年 7 月 26 日《关于重婚案件管辖问题的通知》中关于"由被害人提出控告的重婚案件……由人民法院直接受理"的规定,陈某容可以作为自诉人,直接向人民法院提起诉讼。

4. 最高人民法院《关于〈婚姻登记管理条例〉施行后发生的以夫妻名义非法同居的重婚案件是否以重婚罪定罪处罚给四川省高级人民法院的批复》(法复〔1994〕10 号)

(法释〔2013〕2 号已声明该文件废止)

第 259 条 【破坏军婚罪】 明知是现役军人的配偶而与之同居或者结婚的,处 3 年以下有期徒刑或者拘役。

利用职权、从属关系,以胁迫手段奸淫现役军人的妻子的,依照本法第 236 条的规定定罪处罚。【强奸罪(第 236 条)】

• 释义

破坏军婚罪是指明知是现役军人的配偶,而与之结婚或者同居的行为。

利用职权、从属关系,以胁迫手段奸淫现役军人的妻子的,依照强奸罪定罪处罚。

• 管辖

法院、公安机关刑事侦查部门。

> **第260条 【虐待罪】**虐待家庭成员,情节恶劣的,处2年以下有期徒刑、拘役或者管制。
>
> 犯前款罪,致使被害人重伤、死亡的,处2年以上7年以下有期徒刑。
>
> 第1款罪,告诉的才处理,但被害人没有能力告诉,或者因受到强制、威吓无法告诉的除外。

(本条《中华人民共和国刑法修正案(9)》修改)

• 释义

虐待罪是指对共同生活的家庭成员,经常以打骂、冻饿、强迫过度劳动、有病不予治疗、限制自由、凌辱人格等手段,从肉体上和精神上进行摧残、折磨,情节恶劣的行为。

犯本罪,除致使被害人重伤、死亡者外,告诉的才处理。

• 管辖

法院(本条第1款规定的,但被害人没有能力告诉或者因受到强制、威吓无法告诉诉的除外)、公安机关刑事侦查部门。

• 关联法律

1.《中华人民共和国残疾人保障法》(1990年12月28日第七届全国人大常委会第十七次会议通过;2008年4月24日第十一届全国人大常委会第二次会议修订;2018年10月26日第十三届全国人大常委会第六次《关于修改〈中华人民共和国野生动物保护法〉等15部法律的决定》修正)第65条至第67条

第65条 违反本法规定,供养、托养机构及其工作人员侮辱、虐待、遗弃残疾人的,对直接负责的主管人员和其他直接责任人员依法给予处分;构成违反治安管理行为的,依法给予行政处罚。

第66条 违反本法规定,新建、改建和扩建建筑物、道路、交通设施,不符合国家有关无障碍设施工程建设标准,或者对无障碍设施未进行及时维修和保护造成后果的,由有关主管部门依法处理。

第67条 违反本法规定,侵害残疾人的合法权益,其他法律、法规规定行政处罚的,从其规定;造成财产损失或者其他损害的,依法承担民事责任;构成犯罪的,依法追究刑事责任。(全文略)

2.最高人民法院、最高人民检察院、公安部、民政部《关于依法处理监护人侵害未成年人权益行为若干问题的意见》(法发〔2014〕24号)

(详见本书《刑法》第17条相关内容)

3.《中华人民共和国刑法修正案(9)》(2015年8月29日第十二届全国人大常委会第十六次会议通过)

十八、将刑法第260条第3款修改为:"第1款罪,告诉的才处理,但被害人没有能力告诉,或者因受到强制、威吓无法告诉的除外。"

4. 最高人民法院、最高人民检察院、公安部、司法部《关于依法办理家庭暴力犯罪案件的意见》(法发〔2015〕4号)

三、定罪处罚

16. 依法准确定罪处罚。对故意杀人、故意伤害、强奸、猥亵儿童、非法拘禁、侮辱、暴力干涉婚姻自由、虐待、遗弃等侵害公民人身权利的家庭暴力犯罪,应当根据犯罪的事实、犯罪的性质、情节和对社会的危害程度,严格依照刑法的有关规定判处。对于同一行为同时触犯多个罪名的,依照处罚较重的规定定罪处罚。

17. 依法惩处虐待犯罪。采取殴打、冻饿、强迫过度劳动、限制人身自由、恐吓、侮辱、谩骂等手段,对家庭成员的身体和精神进行摧残、折磨,是实践中较为多发的虐待性质的家庭暴力。根据司法实践,具有虐待持续时间较长、次数较多;虐待手段残忍;虐待造成被害人轻微伤或者患较严重疾病;对未成年人、老年人、残疾人、孕妇、哺乳期妇女、重病患者实施较为严重的虐待行为等情形,属于刑法第260条第1款规定的虐待"情节恶劣",应当依法以虐待罪定罪处罚。

准确区分虐待犯罪致人重伤、死亡与故意伤害、故意杀人犯罪致人重伤、死亡的界限,要根据被告人的主观故意、所实施的暴力手段与方式、是否立即或者直接造成被害人伤亡后果等进行综合判断。对于被告人主观上不具有侵害被害人健康或者剥夺被害人生命的故意,而是出于追求被害人肉体和精神上的痛苦,长期或者多次实施虐待行为,逐渐造成被害人身体损害,过失导致被害人重伤或者死亡的;或者因虐待致使被害人不堪忍受而自残、自杀,导致重伤或者死亡的,属于刑法第260条第2款规定的虐待"致使被害人重伤、死亡",应当以虐待罪定罪处罚。对于被告人虽然实施家庭暴力呈现出经常性、持续性、反复性的特点,但其主观上具有希望或者放任被害人重伤或者死亡的故意,持凶器实施暴力,暴力手段残忍,暴力程度较强,直接或者立即造成被害人重伤或者死亡的,应当以故意伤害罪或者故意杀人罪定罪处罚。

依法惩处遗弃犯罪。负有扶养义务且有扶养能力的人,拒绝扶养年幼、年老、患病或者其他没有独立生活能力的家庭成员,是危害严重的遗弃性质的家庭暴力。根据司法实践,具有对被害人长期不予照顾、不提供生活来源;驱赶、逼迫被害人离家,致使被害人流离失所或者生存困难;遗弃患严重疾病或者生活不能自理的被害人;遗弃致使被害人身体严重损害或者造成其他严重后果等情形,属于刑法第261条规定的遗弃"情节恶劣",应当依法以遗弃罪定罪处罚。

准确区分遗弃罪与故意杀人罪的界限,要根据被告人的主观故意、所实施行为的时间与地点、是否立即造成被害人死亡,以及被害人对被告人的依赖程度等进行综合判断。对于只是为了逃避扶养义务,并不希望或者放任被害人死亡,将生活不能自理的被害人弃置在福利院、医院、派出所等单位或者广场、车站等行人较多的场所,希望被害人得到他人救助的,一般以遗弃罪定罪处罚。对于希望或者放任被害人死亡,不履行必要的扶养义务,致使被害人因缺乏生活照料而死亡,或者将生活不能自理的被害人带至荒山野岭等人迹罕至的场所扔弃,使被害人难以得到他人救助的,应当以故意杀人罪定罪处罚。

18. 切实贯彻宽严相济刑事政策。对于实施家庭暴力构成犯罪的,应当根据罪刑法定、罪刑相适应原则,兼顾维护家庭稳定、尊重被害人意愿等因素综合考虑,宽严并用,区别对待。根据司法实践,对于实施家庭暴力手段残忍或者造成严重后果;出于恶意侵占财产等卑劣动机实施家庭暴力;因酗酒、吸毒、赌博等恶习而长期或者多次实施家庭暴力;曾因实施家庭暴力受到刑事处罚、行政处罚;或者具有其他恶劣情形的,可以酌情从重处罚。对于实施家庭暴力犯罪情节较轻,或者被告人真诚悔罪,获得被害人谅解,从轻处罚有利于被扶养人的,可以酌情从轻处罚;对于情节轻微不需要判处刑罚的,人民检察院可以不起诉,人民法院可以判处免予刑事处罚。

对于实施家庭暴力情节显著轻微危害不大不构成犯罪的,应当撤销案件、不起诉,或者宣告无罪。

人民法院、人民检察院、公安机关应当充分运用训诫,责令施暴人保证不再实施家庭暴力,或者向被害人赔礼道歉、赔偿损失等非刑罚处罚措施,加强对施暴人的教育与惩戒。

19. 准确认定对家庭暴力的正当防卫。为了使本人或者他人的人身权利免受不法侵害,对正在进行的家庭暴力采取制止行为,只要符合刑法规定的条件,就应当依法认定为正当防卫,不负刑事责任。防卫行为造成施暴人重伤、死亡,且明显超过必要限度,属于防卫过当,应当负刑事责任,但是应当减轻或者免除处罚。

认定防卫行为是否"明显超过必要限度",应当以足以制止并使防卫人免受家庭暴力不法侵害的需要为标准,根据施暴人正在实施家庭暴力的严重程度、手段的残忍程度,防卫人所处的环境、面临的危险程度、采取的制止暴力的手段、造成施暴人重大损害的程度,以及既往家庭暴力的严重程度等进行综合判断。

20. 充分考虑案件中的防卫因素和过错责任。对于长期遭受家庭暴力后,在激愤、恐惧状态下为了防止再次遭受家庭暴力,或者为了摆脱家庭暴力而故意杀害、伤害施暴人,被告人的行为具有防卫因素,施暴人在案件起因上具有明显过错或者直接责任的,可以酌情从宽处罚。对于因遭受严重家庭暴力,身体、精神受到重大损害而故意杀害施暴人;或者因不堪忍受长期家庭暴力而故意杀害施暴人,犯罪情节不是特别恶劣,手段不是特别残忍的,可以认定为刑法第232条规定的故意杀人"情节较轻"。在服刑期间确有悔改表现的,可以根据其家庭情况,依法放宽减刑的幅度,缩短减刑的起始时间与间隔时间;符合假释条件的,应当假释。被杀害施暴人的近亲属表示谅解的,在量刑、减刑、假释时应当予以充分考虑。(全文详见本书《刑法》第38条相关内容)

5. 最高人民法院《关于〈中华人民共和国刑法修正案(9)〉时间效力问题的解释》(法释〔2015〕19号)

第5条 对于2015年10月31日以前实施的刑法第260条第1款规定的虐待行为,被害人没有能力告诉,或者因受到强制、威吓无法告诉的,适用修正后刑法第260条第3款的规定。(全文详见本书《刑法》第12条相关内容)

6. 最高人民检察院《第11批指导性案例于某虐待案》(检例第44号;2018年11月9日)

【要旨】

1. 被虐待的未成年人,因年幼无法行使告诉权利的,属于刑法第260条第3款规定的"被害人没有能力告诉"的情形,应当按照公诉案件处理,由检察机关提起公诉,并可以依法提出适用禁止令的建议。2. 抚养人对未成年人未尽抚养义务,实施虐待或者其他严重侵害未成年人合法权益的行为,不适宜继续担任抚养人的,检察机关可以支持未成年人或者其他监护人向人民法院提起变更抚养权诉讼。

【指导意义】

《中华人民共和国刑法》第260条规定,虐待家庭成员,情节恶劣的,告诉的才处理,但被害人没有能力告诉,或者因受到强制、威吓无法告诉的除外。虐待未成年人犯罪案件中,未成年人往往没有能力告诉,应按照公诉案件处理,由检察机关提起公诉,维护未成年被害人的合法权利。

《最高人民法院、最高人民检察院、公安部、司法部关于对判处管制、宣告缓刑的犯罪分子适用禁止令有关问题的规定(试行)》第7条规定,人民检察院在提起公诉时,对可能宣告缓刑的被告人,可以建议禁止其从事特定活动,进入特定区域、场所,接触特定的人。对未成年人遭受家庭成员虐待的案件,结合犯罪情节,检察机关可以在提出量刑建议的同时,有针对性地向人民法院提出适用禁止令的建议,禁止被告人再次对被害人实施家庭暴力,依法保障未成年人合法权益,督促被告人在缓刑考验期内认真改造。

夫妻离婚后,与未成年子女共同生活的一方不尽抚养义务,对未成年人实施虐待或者其他严重侵害合法权益的行为,不适宜继续担任抚养人的,根据《中华人民共和国民事诉讼法》第15条的规定,检察机关可以支持未成年人或者其他监护人向人民法院提起变更抚养权诉讼,切实维护未成年人合法权益。

7. 最高人民法院《关于办理人身安全保护令案件适用法律若干问题的规定》(法释〔2022〕17号)

(全文略)

第260条之一 【虐待被监护、看护人罪】 对未成年人、老年人、患病的人、残疾人等负有监护、看护职责的人虐待被监护、看护的人,情节恶劣的,处3年以下有期徒刑或者拘役。

单位犯前款罪的,对单位判处罚金,并对其直接负责的主管人员和其他直接责任人员,依照前款的规定处罚。

有第1款行为,同时构成其他犯罪的,依照处罚较重的规定定罪处罚。

(本条《中华人民共和国刑法修正案(9)》增加)

• 释义

虐待被监护、看护人罪是指对未成年人、老年人、患病的人、残疾人等负有监护、看护职责的人虐待被监护、看护的人,情节恶劣的行为。

本罪的客观方面的虐待行为,依行为对象不同而有所不同。如果行为对象属完全没有生活能力的人,则不需要殴打、恐吓等主动的作为,任何故意导致行为对象处于"失护"状态的不作为就可以构成恶劣的虐待,比如让婴幼儿处于饥饿状态,不按时给重病患者服用止痛药,或者不给不能自理的残疾人、老年人清理便溺,等等。如果行为对象有一定行为能力,则监护人、看护人需要有某种"主动的"使行为对象处于痛苦和严重不适状态,才属于情节恶劣的虐待行为,比如辱骂、羞辱、殴打,等等。本罪的责任形式是故意,"失职"的行为不构成本罪。主体方面,监护人可能是行为对象的家庭成员,可能同时构成虐待罪,依想象竞合犯的处罚原则,以刑罚较重的本罪定罪处罚。

• 管辖

公安机关刑事侦查部门。

• 关联法律

1. 最高人民法院、最高人民检察院、公安部、民政部《关于依法处理监护人侵害未成年人权益行为若干问题的意见》(法发〔2014〕24号)

(详见本书《刑法》第234条相关内容)

2. 最高人民法院、最高人民检察院、公安部、司法部《关于依法办理家庭暴力犯罪案件的意见》(法发〔2015〕4号)

(详见本书《刑法》第38条相关内容)

3.《中华人民共和国刑法修正案(9)》(2015年8月29日第十二届全国人大常委会第十六次会议通过)

十九、在刑法第260条后增加1条,作为第260条之一:"对未成年人、老年人、患病的人、残疾人等负有监护、看护职责的人虐待被监护、看护的人，情节恶劣的，处3年以下有期徒刑或者拘役。

"单位犯前款罪的，对单位判处罚金，并对其直接负责的主管人员和其他直接责任人员，依照前款的规定处罚。

"有第1款行为，同时构成其他犯罪的，依照处罚较重的规定定罪处罚。"

4. 最高人民法院、最高人民检察院《关于执行〈中华人民共和国刑法〉确定罪名的补充规定(6)》(法释〔2015〕20号)

根据《中华人民共和国刑法修正案(9)》(以下简称《刑法修正案(9)》和《全国人民代表大会常务委员会关于修改部分法律的决定》的有关规定，现对最高人民法院《关于执行〈中华人民共和国刑法〉确定罪名的规定》、最高人民检察院《关于适用刑法分则规定的犯罪的罪名的意见》作如下补充、修改：刑法条文第260条之一(《刑法修正案(9)》第19条)，罪名虐待被监护、看护人罪。

5. 最高人民法院《关于审理走私、非法经营、非法使用兴奋剂刑事案件适用法律若干问题的解释》(法释〔2019〕16号)

第3条 对未成年人、残疾人负有监护、看护职责的人组织未成年人、残疾人在体育运动中非法使用兴奋剂，具有下列情形之一的，应当认定为刑法第260条之一规定的"情节恶劣"，以虐待被监护、看护人罪定罪处罚：

(一)强迫未成年人、残疾人使用的；(二)引诱、欺骗未成年人、残疾人长期使用的；(三)其他严重损害未成年人、残疾人身心健康的情形。

第7条 实施本解释规定的行为，涉案物质属于毒品、制毒物品等，构成有关犯罪的，依照相应犯罪定罪处罚。

第8条 对于是否属于本解释规定的"兴奋剂""兴奋剂目录所列物质""体育运动""国内、国际重大体育竞赛"等专门性问题，应当依据《中华人民共和国体育法》《反兴奋剂条例》等法律法规，结合国务院体育主管部门出具的认定意见等证据材料作出认定。(全文详见本书《刑法》第151条相关内容)

第261条 【遗弃罪】对于年老、年幼、患病或者其他没有独立生活能力的人，负有扶养义务而拒绝扶养，情节恶劣的，处5年以下有期徒刑、拘役或者管制。

• 释义

遗弃罪是指对于年老、年幼、患病或者其他没有独立生活能力的人，负有扶养义务而拒绝扶养，情节恶劣的行为。

• 管辖

法院(本罪，人民检察院没有提起公诉，被害人有证据证明的轻微刑事案件)、公安机关刑事侦查部门。

• 关联法律

1.《中华人民共和国残疾人保障法》(1998年12月28日第七届全国人大常委会第十七次会议修订通过；2008年4月24日第十一届全国人大常委会第二次会议修订；2018年10月26日第十三届全国人大常委会第六次会议《关于修改〈中华人民共和国野生动物保护法〉等十五部法律的决定》修正)第65条至第67条

(详见本书《刑法》第260条相关内容)

2. 最高人民法院、最高人民检察院、公安部、民政部、司法部、全国妇联《关于打击拐卖妇女儿童犯罪有关问题的通知》(公通字〔2000〕26号)

(详见本书《刑法》第240条相关内容)

3. 最高人民法院、最高人民检察院、公安部、民政部《关于依法处理监护人侵害未成年人权益行为若干问题的意见》(法发〔2014〕24号)

(详见本书《刑法》第17条相关内容)

4. 最高人民法院、最高人民检察院、公安部、司法部《关于依法办理家庭暴力犯罪案件的意见》(法发〔2015〕4号)

三、定罪处罚

17. 依法惩处虐待犯罪。采取殴打、冻饿、强迫过度劳动、限制人身自由、恐吓、侮辱、谩骂等手段,对家庭成员的身体和精神进行摧残、折磨,是实践中较为多发的虐待性质的家庭暴力。根据司法实践,具有虐待持续时间较长、次数较多;虐待手段残忍;虐待造成被害人轻微伤或者患较严重疾病;对未成年人、老年人、残疾人、孕妇、哺乳期妇女、重病患者实施较为严重的虐待行为等情形,属于刑法第260条第1款规定的虐待"情节恶劣",应当依法以虐待罪定罪处罚。

准确区分虐待犯罪致人重伤、死亡与故意伤害、故意杀人犯罪致人重伤、死亡的界限,要根据被告人的主观故意、所实施的暴力手段与方式、是否立即或者直接造成被害人伤亡后果等进行综合判断。对于被告人主观上不具有侵害被害人健康或者剥夺被害人生命的故意,而是出于追求被害人肉体和精神上的痛苦,长期或者多次实施虐待行为,逐渐造成被害人身体损害,过失导致被害人重伤或者死亡的;或者因虐待致使被害人不堪忍受而自残、自杀,导致重伤或者死亡的,属于刑法第260条第2款规定的虐待"致使被害人重伤、死亡",应当以虐待罪定罪处罚。对于被告人虽然实施家庭暴力呈现出经常性、持续性、反复性的特点,但其主观上具有希望或者放任被害人重伤或者死亡的故意,持凶器实施暴力,暴力手段残忍,暴力程度较强,直接或者立即造成被害人重伤或者死亡的,应当以故意伤害罪或者故意杀人罪定罪处罚。

依法惩处遗弃犯罪。负有扶养义务且有扶养能力的人,拒绝扶养年幼、年老、患病或者其他没有独立生活能力的家庭成员,是危害严重的遗弃性质的家庭暴力。根据司法实践,具有对被害人长期不予照顾、不提供生活来源;驱赶、逼迫被害人离家,致使被害人流离失所或者生存困难;遗弃患严重疾病或者生活不能自理的被害人;遗弃致使被害人身体严重损害或者造成其他严重后果等情形,属于刑法第261条规定的遗弃"情节恶劣",应当依法以遗弃罪定罪处罚。

准确区分遗弃罪与故意杀人罪的界限,要根据被告人的主观故意、所实施行为的时间与地点、是否立即造成被害人死亡,以及被害人对被告人的依赖程度等进行综合判断。对于只是为了逃避扶养义务,并不希望或者放任被害人死亡,将生活不能自理的被害人弃置在福利院、医院、派出所等单位或者广场、车站等行人较多的场所,希望被害人得到他人救助的,一般以遗弃罪定罪处罚。对于希望或者放任被害人死亡,不履行必要的扶养义务,致使被害人因缺乏生活照料而死亡,或者将生活不能自理的被害人带至荒山野岭等人迹罕至的场所扔弃,使被害人难以得到他人救助的,应当以故意杀人罪定罪处罚。(全文详见本书《刑法》第38条相关内容)

5.《中华人民共和国反家庭暴力法》(2015年12月27日第十二届全国人大常委会第十八次会议通过)

第1章 总　　则

第1条 为了预防和制止家庭暴力,保护家庭成员的合法权益,维护平等、和睦、文明的家庭关系，促进家庭和谐、社会稳定，制定本法。

第2条 本法所称家庭暴力，是指家庭成员之间以殴打、捆绑、残害、限制人身自由以及经常性谩骂、恐吓等方式实施的身体、精神等侵害行为。

第3条 家庭成员之间应当互相帮助，互相关爱，和睦相处，履行家庭义务。

反家庭暴力是国家、社会和每个家庭的共同责任。

国家禁止任何形式的家庭暴力。

第4条 县级以上人民政府负责妇女儿童工作的机构，负责组织、协调、指导、督促有关部门做好反家庭暴力工作。

县级以上人民政府有关部门、司法机关、人民团体、社会组织、居民委员会、村民委员会、企业事业单位，应当依照本法和有关法律规定，做好反家庭暴力工作。

各级人民政府应当对反家庭暴力工作给予必要的经费保障。

第5条 反家庭暴力工作遵循预防为主，教育、矫治与惩处相结合原则。

反家庭暴力工作应当尊重受害人真实意愿，保护当事人隐私。

未成年人、老年人、残疾人、孕期和哺乳期的妇女、重病患者遭受家庭暴力的，应当给予特殊保护。

第2章 家庭暴力的预防

第6条 国家开展家庭美德宣传教育，普及反家庭暴力知识，增强公民反家庭暴力意识。

工会、共产主义青年团、妇女联合会、残疾人联合会应当在各自工作范围内，组织开展家庭美德和反家庭暴力宣传教育。

广播、电视、报刊、网络等应当开展家庭美德和反家庭暴力宣传。

学校、幼儿园应当开展家庭美德和反家庭暴力教育。

第7条 县级以上人民政府有关部门、司法机关、妇女联合会应当将预防和制止家庭暴力纳入业务培训和统计工作。

医疗机构应当做好家庭暴力受害人的诊疗记录。

第8条 乡镇人民政府、街道办事处应当组织开展家庭暴力预防工作，居民委员会、村民委员会、社会工作服务机构应当予以配合协助。

第9条 各级人民政府应当支持社会工作服务机构等社会组织开展心理健康咨询、家庭关系指导、家庭暴力预防知识教育等服务。

第10条 人民调解组织应当依法调解家庭纠纷，预防和减少家庭暴力的发生。

第11条 用人单位发现本单位人员有家庭暴力情况的，应当给予批评教育，并做好家庭矛盾的调解、化解工作。

第12条 未成年人的监护人应当以文明的方式进行家庭教育，依法履行监护和教育职责，不得实施家庭暴力。

第3章 家庭暴力的处置

第13条 家庭暴力受害人及其法定代理人、近亲属可以向加害人或者受害人所在单位、居民委员会、村民委员会、妇女联合会等单位投诉、反映或者求助。有关单位接到家庭暴力投诉、反映或者求助后，应当给予帮助、处理。

家庭暴力受害人及其法定代理人、近亲属也可以向公安机关报案或者依法向人民法院起诉。

单位、个人发现正在发生的家庭暴力行为，有权及时劝阻。

第14条 学校、幼儿园、医疗机构、居民委员会、村民委员会、社会工作服务机构、救助管理机构、福利机构及其工作人员在工作中发现无民事行为能力人、限制民事行为能力人遭受或者疑似遭受家庭暴力的，应当及时向公安机关报案。公安机关应当对报案人的信息予以保密。

第15条 公安机关接到家庭暴力报案后应当及时出警，制止家庭暴力，按照有关规定调查取证，协助受害人就医、鉴定伤情。

无民事行为能力人、限制民事行为能力人因家庭暴力身体受到严重伤害、面临人身安全威胁或者处于无人照料等危险状态的，公安机关应当通知并协助民政部门将其安置到临时庇护场所、救助管理机构或者福利机构。

第16条 家庭暴力情节较轻，依法不给予治安管理处罚的，由公安机关对加害人给予批评教育或者出具告诫书。

告诫书应当包括加害人的身份信息、家庭暴力的事实陈述、禁止加害人实施家庭暴力等内容。

第17条 公安机关应当将告诫书送交加害人、受害人，并通知居民委员会、村民委员会。

居民委员会、村民委员会、公安派出所应当对收到告诫书的加害人、受害人进行查访，监督加害人不再实施家庭暴力。

第18条 县级或者设区的市级人民政府可以单独或者依托救助管理机构设立临时庇护场所，为家庭暴力受害人提供临时生活帮助。

第19条 法律援助机构应当依法为家庭暴力受害人提供法律援助。

人民法院应当依法对家庭暴力受害人缓收、减收或者免收诉讼费用。

第20条 人民法院审理涉及家庭暴力的案件，可以根据公安机关出警记录、告诫书、伤情鉴定意见等证据，认定家庭暴力事实。

第21条 监护人实施家庭暴力严重侵害被监护人合法权益的，人民法院可以根据被监护人的近亲属、居民委员会、村民委员会、县级人民政府民政部门等有关人员或者单位的申请，依法撤销其监护人资格，另行指定监护人。

被撤销监护人资格的加害人，应当继续负担相应的赡养、扶养、抚养费用。

第22条 工会、共产主义青年团、妇女联合会、残疾人联合会、居民委员会、村民委员会等应当对实施家庭暴力的加害人进行法治教育，必要时可以对加害人、受害人进行心理辅导。

第4章 人身安全保护令

第23条 当事人因遭受家庭暴力或者面临家庭暴力的现实危险，向人民法院申请人身安全保护令的，人民法院应当受理。

当事人是无民事行为能力人、限制民事行为能力人，或者因受到强制、威吓等原因无法申请人身安全保护令的，其近亲属、公安机关、妇女联合会、居民委员会、村民委员会、救助管理机构可以代为申请。

第24条 申请人身安全保护令应当以书面方式提出；书面申请确有困难的，可以口头申请，由人民法院记入笔录。

第25条 人身安全保护令案件由申请人或者被申请人居住地、家庭暴力发生地的基层人民法院管辖。

第26条 人身安全保护令由人民法院以裁定形式作出。

第27条 作出人身安全保护令，应当具备下列条件：

（一）有明确的被申请人；（二）有具体的请求；（三）有遭受家庭暴力或者面临家庭暴力现实危险的情形。

第28条 人民法院受理申请后，应当在72小时内作出人身安全保护令或者驳回申请；情况紧急的,应当在24小时内作出。

第29条 人身安全保护令可以包括下列措施:

(一)禁止被申请人实施家庭暴力;(二)禁止被申请人骚扰、跟踪、接触申请人及其相关近亲属;(三)责令被申请人迁出申请人住所;(四)保护申请人人身安全的其他措施。

第30条 人身安全保护令的有效期不超过6个月,自作出之日起生效。人身安全保护令失效前,人民法院可以根据申请人的申请撤销、变更或者延长。

第31条 申请人对驳回申请不服或者被申请人对人身安全保护令不服的,可以自裁定生效之日起5日内向作出裁定的人民法院申请复议1次。人民法院依法作出人身安全保护令的,复议期间不停止人身安全保护令的执行。

第32条 人民法院作出人身安全保护令后,应当送达申请人、被申请人、公安机关以及居民委员会、村民委员会等有关组织。人身安全保护令由人民法院执行,公安机关以及居民委员会、村民委员会等应当协助执行。

第5章 法律责任

第33条 加害人实施家庭暴力,构成违反治安管理行为的,依法给予治安管理处罚;构成犯罪的,依法追究刑事责任。

第34条 被申请人违反人身安全保护令,构成犯罪的,依法追究刑事责任;尚不构成犯罪的,人民法院应当给予训诫,可以根据情节轻重处以1000元以下罚款、15日以下拘留。

第35条 学校、幼儿园、医疗机构、居民委员会、村民委员会、社会工作服务机构、救助管理机构、福利机构及其工作人员未依照本法第14条规定向公安机关报案,造成严重后果的,由上级主管部门或者本单位对直接负责的主管人员和其他直接责任人员依法给予处分。

第36条 负有反家庭暴力职责的国家工作人员玩忽职守、滥用职权、徇私舞弊的,依法给予处分;构成犯罪的,依法追究刑事责任。

第6章 附　　则

第37条 家庭成员以外共同生活的人之间实施的暴力行为,参照本法规定执行。

第38条 本法自2016年3月1日起施行。

第262条 【拐骗儿童罪】 拐骗不满14周岁的未成年人,脱离家庭或者监护人的,处5年以下有期徒刑或者拘役。

• 释义

拐骗儿童罪是指采用蒙骗、利诱或其他方法,使不满14周岁的未成年人脱离家庭或者监护人的行为。

• 管辖

公安机关刑事侦查部门。

• 关联法律

1. 最高人民法院、最高人民检察院、公安部、民政部《关于依法处理监护人侵害未成年人权益行为若干问题的意见》(法发〔2014〕24号)

(详见本书《刑法》第17条相关内容)

2. 最高人民法院、最高人民检察院、公安部、司法部《关于依法办理家庭暴力犯罪案件的意见》(法发〔2015〕4号)

(详见本书《刑法》第38条相关内容)

3.《中华人民共和国反家庭暴力法》(2015年12月27日第十二届全国人大常委会第十八次会议通过)

(详见本书《刑法》第261条相关内容)

第262条之一 【组织残疾人、儿童乞讨罪】 以暴力、胁迫手段组织残疾人或者不满14周岁的未成年人乞讨的,处3年以下有期徒刑或者拘役,并处罚金;情节严重的,处3年以上7年以下有期徒刑,并处罚金。

(本条《中华人民共和国刑法修正案(6)》增加)

• **释义**

组织残疾人、儿童乞讨罪是指以暴力、胁迫手段组织残疾人或者不满14周岁的未成年人乞讨的行为。

• **管辖**

公安机关刑事侦查部门。

• **关联法律**

1.《中华人民共和国刑法修正案(6)》(2006年6月29日第十届全国人大常委会第二十二次会议通过)

十七、在刑法第262条后增加1条,作为第262条之一:

"以暴力、胁迫手段组织残疾人或者不满14周岁的未成年人乞讨的,处3年以下有期徒刑或者拘役,并处罚金;情节严重的,处3年以上7年以下有期徒刑,并处罚金。"

2. 最高人民法院、最高人民检察院、公安部、民政部《关于依法处理监护人侵害未成年人权益行为若干问题的意见》(法发〔2014〕24号)

(详见本书《刑法》第17条相关内容)

第262条之二 【组织未成年人进行违反治安管理活动罪】 组织未成年人进行盗窃、诈骗、抢夺、敲诈勒索等违反治安管理活动的,处3年以下有期徒刑或者拘役,并处罚金;情节严重的,处3年以上7年以下有期徒刑,并处罚金。

(本条《中华人民共和国刑法修正案(7)》增加)

• **释义**

组织未成年人进行违反治安管理活动罪是指组织未成年人进行盗窃、诈骗、抢夺、敲诈勒索等违反治安管理活动的行为。

• **管辖**

公安机关刑事侦查部门。

• 关联法律

1. 中华人民共和国刑法修正案(7)》(2009年2月28日第十一届全国人大常委会第七次会议通过)

八、在刑法第262条之一后增加1条,作为第262条之二:"组织未成年人进行盗窃、诈骗、抢夺、敲诈勒索等违反治安管理活动的,处3年以下有期徒刑或者拘役,并处罚金;情节严重的,处3年以上7年以下有期徒刑,并处罚金。"

2. 最高人民法院、最高人民检察院、公安部、司法部《关于依法惩治拐卖妇女儿童犯罪的意见》(法发〔2010〕7号)

(详见本书《刑法》第237条相关内容)

3. 最高人民法院、最高人民检察院、公安部、民政部《关于依法处理监护人侵害未成年人权益行为若干问题的意见》(法发〔2014〕24号)

(详见本书《刑法》第17条相关内容)

第五章　侵犯财产罪

侵犯财产罪,是指以非法占有为目的,非法取得公私财物,或者挪用单位财物,故意毁坏公私财物以及拒不支付劳动报酬的行为。

作为财产罪对象的财物,是指具有价值与管理可能的有体物、无体物与财产性利益,违禁品也可以成为刑法上的财物;债权凭证如存折、信用卡等,本身是有体物,具有财产价值;虚拟财产可以解释为财物。财物的价值,既包括财物的交换价值(客观价值),也包括财物的使用价值(主观价值)。

侵犯财产罪只能由故意构成,且须以非法占有为目的(故意毁坏公私财物罪除外)。非法占有为目的就是将他人的财物作为自己的来支配,遵从财物属性加以利用并排除权利人的支配;利用意思使盗窃、诈骗与故意毁坏区别开来。

1. 本章中,人民检察院没有提起公诉,被害人有证据证明的轻微刑事案件,其中对被告人可能判处3年有期徒刑以下刑罚的案件,被害人直接向法院起诉的,法院应当受理。对证据不足,可以由公安机关受理的,或者认为对被告人可能判处3年有期徒刑以上刑罚的,应当告知被害人向公安机关报案,或者移送公安机关立案侦查。

2. 被害人有证据证明对被告人侵犯自己人身、财产权利的行为应当追究刑事责任,且有证据证明曾经提出控告,而公安机关或者人民检察院不予追究被告人刑事责任的案件,可由人民法院直接受理。

第263条　【抢劫罪】以暴力、胁迫或者其他方法抢劫公私财物的,处3年以上10年以下有期徒刑,并处罚金;有下列情形之一的,处10年以上有期徒刑、无期徒刑或者死刑,并处罚金或者没收财产:

(一)入户抢劫的;

(二)在公共交通工具上抢劫的;

(三)抢劫银行或者其他金融机构的;

（四）多次抢劫或者抢劫数额巨大的；
（五）抢劫致人重伤、死亡的；
（六）冒充军警人员抢劫的；
（七）持枪抢劫的；
（八）抢劫军用物资或者抢险、救灾、救济物资的。

• 释义

抢劫罪是指以非法占有为目的，以暴力、胁迫或者其他方法，强取公私财物的行为。“入户抢劫”，是指为实施抢劫行为而进入他人生活的与外界相对隔离的住所，包括封闭的院落、牧民的帐篷、渔民作为家庭生活场所的渔船、为生活租用的房屋等。

因此，为其他原因现行“入户”，随后临时起意抢劫的，属“在户抢劫”。在未运营的大、中型公共交通工具上针对司售、乘务人员抢劫的，或者在小型出租车上抢劫的，不属于“在公共交通工具上抢劫”。

抢劫正在使用中的银行或其他金融机构的运钞车的，视为“抢劫银行或者其他金融机构”。

“持枪抢劫”，是指行为人使用枪支或者向被害人显示持有、佩带的枪支进行抢劫的行为。

为抢劫而劫取机动车当做犯罪工具或者逃跑工具的，被劫取机动车的价值应计入抢劫数额。

为个人使用而劫取家庭成员或近亲属财产的，一般不以抢劫罪论，教唆和帮助者可以抢劫罪定罪处罚。

以暴力、胁迫手段索取超出正常交易价钱、费用的，要考虑超出的绝对数额、超出比例，以强迫交易罪或者抢劫罪分别处置。

抢劫罪一般“当场取财”；绑架罪则以杀、伤被绑架者为要挟，向他人索取赎金。

行为人为劫取财物而预谋故意杀人，或者在劫取财物过程中为制服被害人而故意杀人的，以抢劫罪定罪处罚；实施抢劫后为灭口而故意杀人的，以抢劫罪和故意杀人罪数罪并罚。

“携带凶器抢夺”，是指行为人随身携带枪支、爆炸物、管制刀具等国家禁止个人携带的器械进行抢夺或者为了实施犯罪而携带其他器械进行抢夺的行为。

• 管辖

公安机关刑事侦查部门。

• 关联法律

1.《中华人民共和国军事设施保护法》(1990 年 2 月 23 日第七届全国人大常委会第十二次会议通过；2009 年 8 月 27 日第十一届全国人大常委会第十次会议《关于修改部分法律的决定》第一次修正；2014 年 6 月 27 日第十二届全国人大常委会第九次会议《关于修改〈中华人民共和国军事设施保护法〉的决定》第二次修正；2021 年 6 月 10 日第十三届全国人大常委会第二十九次会议修订)

第 2 条 本法所称军事设施，是指国家直接用于军事目的的下列建筑、场地和设备：

（一）指挥机关，地上和地下的指挥工程、作战工程；（二）军用机场、港口、码头；（三）营区、训练场、试验场；（四）军用洞库、仓库；（五）军用信息基础设施，军用侦察、导航、观测台站，军用测量、导航、助航标志；（六）军用公路、铁路专用线，军用输电线路，军用输油、输水、输气管道;(七)边防、海防管控设施;(八)国务院和中央军事委员会规定的其他军事设施。

前款规定的军事设施,包括军队为执行任务必需设置的临时设施。

第63条 有下列行为之一,构成犯罪的,依法追究刑事责任:

(一)破坏军事设施的;(二)过失损坏军事设施,造成严重后果的;(三)盗窃、抢夺、抢劫军事设施的装备、物资、器材的;(四)泄露军事设施秘密,或者为境外的机构、组织、人员窃取、刺探、收买、非法提供军事设施秘密的;(五)破坏军用无线电固定设施电磁环境,干扰军用无线电通讯,情节严重的;(六)其他扰乱军事禁区、军事管理区管理秩序和危害军事设施安全的行为,情节严重的。

第64条 军人、军队文职人员和军队其他人员有下列行为之一,按照军队有关规定给予处分;构成犯罪的,依法追究刑事责任:

(一)有本法第53条至第63条规定行为的;(二)擅自将军事设施用于非军事目的,或者有其他滥用职权行为的;(三)擅离职守或者玩忽职守的。

第65条 公职人员在军事设施保护工作中有玩忽职守、滥用职权、徇私舞弊等行为的,依法给予处分;构成犯罪的,依法追究刑事责任。

第66条 违反本法规定,破坏、危害军事设施的,属海警机构职权范围的,由海警机构依法处理。

违反本法规定,有其他破坏、危害军事设施行为的,由有关主管部门依法处理。

2.最高人民法院《关于执行〈中华人民共和国铁路法〉中刑事罚则若干问题的解释》(法发〔1993〕28号)

(法释〔2013〕2号已声明该文件废止)

3.最高人民法院研究室《关于对非法占有强迫他人卖血所得款物案件如何定性问题的意见函》(1995年10月23日)

最高人民检察院研究室:

你室送来的《关于征求对非法占有强迫他人卖血所得款物案件定性意见的函》已收悉。

经研究,我们认为,被告人以非法占有为目的,强迫被害人卖血后占有卖血所得款物的行为,构成抢劫罪;其间实施的非法剥夺被害人人身自由的行为,应作为抢劫罪从重处罚的情节予以考虑。

以上意见,仅供参考。

4.最高人民法院研究室关于对在绑架勒索犯罪过程中对同一受害人又有抢劫行为应如何定罪问题的答复(1995年5月30日)

江西省高级人法院:

你院赣高法〔1995〕54号《关于在绑架勒索犯罪过程中又有抢劫行为是否数罪并罚的请示》收悉。经研究,答复如下:

行为人在绑架勒索犯罪过程中,又抢劫同一人被害人财物的,应以绑架勒索罪定罪,从重处罚;同时又抢劫他人财物的,应分别以绑架勒索罪、抢劫罪定罪,实行数罪并罚。

5.最高人民法院、最高人民检察院、公安部、国家工商行政管理局《关于依法查处盗窃、抢劫机动车案件的规定》(公通字〔1998〕31号)

为依法严厉打击盗窃、抢劫机动车犯罪活动,堵塞盗窃、抢劫机动车犯罪分子的销赃渠道,保护国家、集体财产和公民的合法财产,根据《中华人民共和国刑法》(以下简称《刑法》)、《中华人民共和国刑事诉讼法》(以下简称《刑事诉讼法》)和其他有关法律、法规的规定,制定本规定。

一、司法机关依法查处盗窃、抢劫机动车案件,任何单位和个人都应当予以协助。以暴力、威胁方法阻碍司法工作人员依法办案的,依照《刑法》第 277 条第 1 款的规定处罚。

二、明知是盗窃、抢劫所得机动车而予以窝藏、转移、收购或者代为销售的,依照《刑法》第 312 条的规定处罚。

对明知是盗窃、抢劫所得机动车而予以拆解、改装、拼装、典当、倒卖的,视为窝藏、转移、收购或者代为销售,依照《刑法》第 312 条的规定处罚。

三、国家指定的车辆交易市场、机动车经营企业(含典当、拍卖行)以及从事机动车修理、零部件销售企业的主管人员或者其他直接责任人员,明知是盗窃、抢劫的机动车而予以窝藏、转移、拆解、改装、拼装、收购或者代为销售的,依照《刑法》第 312 条的规定处罚。单位组织实施上述行为的,由工商行政管理机关予以处罚。

四、本规定第 2 条和第 3 条中的行为人事先与盗窃、抢劫机动车辆的犯罪分子通谋的,分别以盗窃、抢劫罪的共犯论处。(全文详见本书《刑法》第 312 条相关内容)

6. 最高人民法院《关于审理抢劫案件具体应用法律若干问题的解释》(法释〔2000〕35 号)

第 1 条 刑法第 263 条第(1)项规定的"入户抢劫",是指为实施抢劫行为而进入他人生活的与外界相对隔离的住所,包括封闭的院落、牧民的帐篷、渔民作为家庭生活场所的渔船、为生活租用的房屋等进行抢劫的行为。对于入户盗窃,因被发现而当场使用暴力或者以暴力相威胁的行为,应当认定为入户抢劫。

第 2 条 刑法第 263 条第(2)项规定的"在公共交通工具上抢劫",既包括在从事旅客运输的各种公共汽车,大、中型出租车,火车,船只,飞机等正在运营中的机动公共交通工具上对旅客、司售、乘务人员实施的抢劫,也包括对运行途中的机动公共交通工具加以拦截后,对公共交通工具上的人员实施的抢劫。

第 3 条 刑法第 263 条第(3)项规定的"抢劫银行或者其他金融机构",是指抢劫银行或者其他金融机构的经营资金、有价证券和客户的资金等。抢劫正在使用中的银行或者其他金融机构的运钞车的,视为"抢劫银行或者其他金融机构"。

第 4 条 刑法第 263 条第(4)项规定的"抢劫数额巨大"的认定标准,参照各地确定的盗窃罪数额巨大的认定标准执行。

第 5 条 刑法第 263 条第(7)项规定的"持枪抢劫",是指行为人使用枪支或向被害人显示持有、佩带的枪支进行抢劫的行为。"枪支"的概念和范围,适用《中华人民共和国枪支管理法》的规定。

第 6 条 刑法第 267 条第 2 款规定的"携带凶器抢夺",是指行为人随身携带枪支、爆炸物、管制刀具等国家禁止个人携带的器械进行抢夺或者为了实施犯罪而携带其他器械进行抢夺的行为。

7. 最高人民法院《关于印发全国法院审理毒品犯罪案件工作座谈会纪要的通知》(法〔2000〕42 号)

(法释〔2013〕7 号已声明该文件废止)

8. 最高人民法院《关于抢劫过程中故意杀人案件如何定罪问题的批复》(法释〔2001〕16 号)

上海市高级人民法院:

你院(沪高法〔2000〕117 号《关于抢劫过程中故意杀人案件定性问题的请示》收悉。经研究,答复如下:

行为人为劫取财物而预谋故意杀人,或者在劫取财物过程中,为制服被害人反抗而故意杀人的,以抢劫罪定罪处罚。

行为人实施抢劫后，为灭口而故意杀人的，以抢劫罪和故意杀人罪定罪，实行数罪并罚。

9. 最高人民法院《关于对在绑架过程中以暴力、胁迫等手段当场劫取被害人财物的行为如何适用法律问题的答复》(法函〔2001〕68号)

福建省高级人民法院：

你院闽高法〔2001〕128号《关于在绑架过程中实施暴力或以暴力相威胁当场劫取被害人财物的行为如何适用法律问题的请示》收悉。经研究，答复如下：

行为人在绑架过程中，又以暴力、胁迫等手段当场劫取被害人财物，构成犯罪的，择一重罪处罚。

10. 最高人民法院、最高人民检察院、公安部《关于依法严厉打击抢劫抢夺等多发性犯罪有关问题的通知》(公通字〔2002〕41号)

当前，一些地方抢劫、抢夺等直接侵害公民人身权利和财产权利的多发性犯罪大量增多，特别是驾驶摩托车等机动车强行劫夺他人财物案件呈发展蔓延态势，严重影响人民群众安全感，破坏社会稳定，已成为当前社会治安的一个突出问题。为有效遏制此类犯罪的上升势头，切实维护社会稳定和人民群众的利益，确保严打整治斗争深入进行，从今年7月开始在全国范围内开展打击抢劫、抢夺等多发性犯罪专项斗争。为搞好这次专项斗争，现就有关问题通知如下：

一、充分认识当前严厉打击抢劫、抢夺等多发性犯罪的重要性、紧迫性

各级公安机关、人民检察院、人民法院要深刻认识抢劫、抢夺等多发性犯罪的严重危害性，从努力实践"三个代表"重要思想，全力维护改革、发展、稳定的大局出发，切实增强政治责任感和紧迫感，加强组织领导，充分发挥本部门的职能作用，把抢劫、抢夺等多发性犯罪特别是驾驶机动车强行劫夺他人财物，结伙抢劫、抢夺，在公共场所抢劫、抢夺等作为当前严打整治斗争的重点予以严厉打击，力争尽快打掉犯罪分子的嚣张气焰，坚决遏制抢劫、抢夺等多发性犯罪案件上升的势头，切实增强人民群众的安全感，确保社会治安秩序明显好转。

二、充分运用法律武器，加强协作配合，依法严厉打击抢劫、抢夺等多发性犯罪

在当前刑事犯罪中占有较大比例，有的犯罪分子拦路抢劫，有的驾驶机动车强行劫夺他人财物，还有的在街头、车站、公园、校园等公共场所公然抢劫、抢夺。上述犯罪活动严重侵害公民的人身权利和财产权利，性质恶劣、危害性大、人民群众反映强烈，因此，各级公安机关、人民检察院、人民法院一定要坚决贯彻依法"从重从快"的方针，根据有关法律、司法解释的规定，对抢劫、抢夺等多发性犯罪，依法予以严厉打击；同时，要充分考虑本地区经济发展状况、社会治安形势，并结合抢夺犯罪特点，从依法严厉打击犯罪的角度实事求是地确定本地区构成抢夺罪的数额标准。各级公安机关、人民检察院、人民法院既要保证办案质量，又要加快案件侦查、起诉、审判工作进度，努力提高工作效率。公安机关应当及时收集并核实证据；人民检察院对于公安机关提请批准逮捕和移送审查起诉的案件，符合逮捕、起诉条件的，应当及时予以批准逮捕和提起公诉；人民法院对人民检察院提起公诉的案件，要坚持"两个基本"的原则，及时审判。在办案过程中，各地公安机关、人民检察院、人民法院要加强沟通协调，通力合作，形成打击合力。

三、紧密结合抢劫、抢夺等多发性犯罪特点，搞好综合治理

各级公安机关、人民检察院、人民法院要通过打击抢劫、抢夺等多发性犯罪专项斗争，及时发现问题，总结经验教训，动员全社会力量，开展群防群治，推动严打整治斗争深入进行。要大力开展法制宣传教育，广泛发动群众参与专项斗争，主动配合、协助公安机关、人民检察院、人民法院做好严打整治工作，自觉同抢劫、抢夺等多发性犯罪作斗争，不断提高防抢意识和自我保护能力。

11. 最高人民法院《关于审理抢夺刑事案件具体应用法律若干问题的解释》(法释〔2002〕18号)

(法释〔2013〕25号已声明该文件废止)

12. 最高人民法院、最高人民检察院《关于办理妨害预防、控制突发传染病疫情等灾害的刑事案件具体应用法律若干问题的解释》(法释〔2003〕8号)

第9条 在预防、控制突发传染病疫情等灾害期间,聚众"打砸抢",致人伤残、死亡的,依照刑法第289条、第234条、第232条的规定,以故意伤害罪或者故意杀人罪定罪,依法从重处罚。对毁坏或者抢走公私财物的首要分子,依照刑法第289条、第263条的规定,以抢劫罪定罪,依法从重处罚。(全文详见本书《刑法》第114条相关内容)

13. 最高人民检察院研究室《关于相对刑事责任年龄的人承担刑事责任范围有关问题的答复》(〔2003〕高检研发第13号)

四川省人民检察院研究室:

你院关于相对刑事责任年龄的人承担刑事责任范围问题的请示(川检发办〔2002〕47号)收悉。经研究,答复如下:

一、相对刑事责任年龄的人实施了刑法第17条第2款规定的行为,应当追究刑事责任的,其罪名应当根据所触犯的刑法分则具体条文认定。对于绑架后杀害被绑架人的,其罪名应认定为绑架罪。

二、相对刑事责任年龄的人实施了刑法第269条规定的行为的,应当依照刑法第263条的规定,以抢劫罪追究刑事责任。但对情节显著轻微,危害不大的,可根据刑法第13条的规定,不予追究刑事责任。

14. 最高人民法院《关于审理抢劫、抢夺刑事案件适用法律若干问题的意见》(法发〔2005〕8号)

抢劫、抢夺犯罪案件的情况比较复杂,各地法院在审判过程中仍然遇到了不少新情况、新问题。为准确、统一适用法律,现对审理抢劫、抢夺犯罪案件中较为突出的几个法律适用问题,提出意见如下:

一、关于"入户抢劫"的认定

根据《抢劫解释》第1条规定,认定"入户抢劫"时,应当注意以下3个问题:一是"户"的范围。"户"在这里是指住所,其特征表现为供他人家庭生活和与外界相对隔离两个方面,前者为功能特征,后者为场所特征。一般情况下,集体宿舍、旅店宾馆、临时搭建工棚等不应认定为"户",但在特定情况下,如果确实具有上述两个特征的,也可以认定为"户"。二是"入户"目的的非法性。进入他人住所须以实施抢劫等犯罪为目的。抢劫行为虽然发生在户内,但行为人不以实施抢劫等犯罪为目的进入他人住所,而是在户内临时起意实施抢劫的,不属于"入户抢劫"。三是暴力或者暴力胁迫行为必须发生在户内。入户实施盗窃被发现,行为人为窝藏赃物、抗拒抓捕或者毁灭罪证而当场使用暴力或者以暴力相威胁的,如果暴力或者暴力胁迫行为发生在户内,可以认定为"入户抢劫";如果发生在户外,不能认定为"入户抢劫"。

二、关于"在公共交通工具上抢劫"的认定

公共交通工具承载的旅客具有不特定多数人的特点。根据《抢劫解释》第2条规定,"在公共交通工具上抢劫"主要是指在从事旅客运输的各种公共汽车、大、中型出租车、火车、船只、飞机等正在运营中的机动公共交通工具上对旅客、司售、乘务人员实施的抢劫。在未运营中的大、中型公共交通工具上针对司售、乘务人员抢劫的,或者在小型出租车上抢劫的,不属于"在公共交通工具上抢劫"。

三、关于“多次抢劫”的认定

刑法第263条第(4)项中的“多次抢劫”是指抢劫3次以上。

对于“多次”的认定,应以行为人实施的每一次抢劫行为均已构成犯罪为前提,综合考虑犯罪故意的产生、犯罪行为实施的时间、地点等因素,客观分析、认定。对于行为人基于1个犯意实施犯罪的,如在同一地点同时对在场的多人实施抢劫的;或基于同一犯意在同一地点实施连续抢劫犯罪的,如在同一地点连续地对途经此地的多人进行抢劫的;或在1次犯罪中对一栋居民楼房中的几户居民连续实施入户抢劫的,一般应认定为1次犯罪。

四、关于“携带凶器抢夺”的认定

《抢劫解释》第6条规定,“携带凶器抢夺”,是指行为人随身携带枪支、爆炸物、管制刀具等国家禁止个人携带的器械进行抢夺或者为了实施犯罪而携带其他器械进行抢夺的行为。行为人随身携带国家禁止个人携带的器械以外的其他器械抢夺,但有证据证明该器械确实不是为了实施犯罪准备的,不以抢劫罪定罪;行为人将随身携带凶器有意加以显示、能为被害人察觉到的,直接适用刑法第263条的规定定罪处罚;行为人携带凶器抢夺后,在逃跑过程中为窝藏赃物、抗拒抓捕或者毁灭罪证而当场使用暴力或者以暴力相威胁的,适用刑法第267条第2款的规定定罪处罚。

五、关于转化抢劫的认定

行为人实施盗窃、诈骗、抢夺行为,未达到“数额较大”,为窝藏赃物、抗拒抓捕或者毁灭罪证当场使用暴力或者以暴力相威胁,情节较轻、危害不大的,一般不以犯罪论处;但具有下列情节之一的,可依照刑法第269条的规定,以抢劫罪定罪处罚:

(一)盗窃、诈骗、抢夺接近“数额较大”标准的;(二)入户或在公共交通工具上盗窃、诈骗、抢夺后在户外或交通工具外实施上述行为的;(三)使用暴力致人轻微伤以上后果的;(四)使用凶器或以凶器相威胁的;(五)具有其他严重情节的。

六、关于抢劫犯罪数额的计算

抢劫信用卡后使用、消费的,其实际使用、消费的数额为抢劫数额;抢劫信用卡后未实际使用、消费的,不计数额,根据情节轻重量刑。所抢信用卡数额巨大,但未实际使用、消费或者实际使用、消费的数额未达到巨大标准的,不适用“抢劫数额巨大”的法定刑。

为抢劫其他财物,劫取机动车辆当作犯罪工具或者逃跑工具使用的,被劫取机动车辆的价值计入抢劫数额;为实施抢劫以外的其他犯罪劫取机动车辆的,以抢劫罪和实施的其他犯罪实行数罪并罚。

抢劫存折、机动车辆的数额计算,参照执行《关于审理盗窃案件具体应用法律若干问题的解释》的相关规定。

七、关于抢劫特定财物行为的定性

以毒品、假币、淫秽物品等违禁品为对象,实施抢劫的,以抢劫罪定罪;抢劫的违禁品数量作为量刑情节予以考虑。抢劫违禁品后又以违禁品实施其他犯罪的,应以抢劫罪与具体实施的其他犯罪实行数罪并罚。

抢劫赌资、犯罪所得的赃款赃物的,以抢劫罪定罪,但行为人仅以其所输赌资或所赢赌债为抢劫对象,一般不以抢劫罪定罪处罚。构成其他犯罪的,依照刑法的相关规定处罚。

为个人使用,以暴力、胁迫等手段取得家庭成员或近亲属财产的,一般不以抢劫罪定罪处罚,构成其他犯罪的,依照刑法的相关规定处理;教唆或者伙同他人采取暴力、胁迫等手段劫取家庭成员或近亲属财产的,可以抢劫罪定罪处罚。

八、关于抢劫罪数的认定

行为人实施伤害、强奸等犯罪行为,在被害人未失去知觉,利用被害人不能反抗、不敢反抗的处境,临时起意劫取他人财物的,应以此前所实施的具体犯罪与抢劫罪实行数罪并罚;在被害人失去知觉或者没有发觉的情形下,以及实施故意杀人犯罪行为之后,临时起意拿走他人财物的,应以此前所实施的具体犯罪与盗窃罪实行数罪并罚。

九、关于抢劫罪与相似犯罪的界限

1. 冒充正在执行公务的人民警察、联防人员,以抓卖淫嫖娼、赌博等违法行为为名非法占有财物的行为定性

行为人冒充正在执行公务的人民警察“抓赌”、“抓嫖”,没收赌资或者罚款的行为,构成犯罪的,以招摇撞骗罪从重处罚;在实施上述行为中使用暴力或者暴力威胁的,以抢劫罪定罪处罚。行为人冒充治安联防队员“抓赌”、“抓嫖”、没收赌资或者罚款的行为,构成犯罪的,以敲诈勒索罪定罪处罚;在实施上述行为中使用暴力或者暴力威胁的,以抢劫罪定罪处罚。

2. 以暴力、胁迫手段索取超出正常交易价钱、费用的钱财的行为定性

从事正常商品买卖、交易或者劳动服务的人,以暴力、胁迫手段迫使他人交出与合理价钱、费用相差不大钱物,情节严重的,以强迫交易罪定罪处罚;以非法占有为目的,以买卖、交易、服务为幌子采用暴力、胁迫手段迫使他人交出与合理价钱、费用相差悬殊的钱物的,以抢劫罪定罪处刑。在具体认定时,既要考虑超出合理价钱、费用的绝对数额,还要考虑超出合理价钱、费用的比例,加以综合判断。

3. 抢劫罪与绑架罪的界限

绑架罪是侵害他人人身自由权利的犯罪,其与抢劫罪的区别在于:

第一,主观方面不尽相同。抢劫罪中,行为人一般出于非法占有他人财物的故意实施抢劫行为,绑架罪中,行为人既可能为勒索他人财物而实施绑架行为,也可能出于其它非经济目的实施绑架行为;第二,行为手段不尽相同。抢劫罪表现为行为人劫取财物一般应在同一时间、同一地点,具有“当场性”;绑架罪表现为行为人以杀害、伤害等方式向被绑架人的亲属或其他人或单位发出威胁,索取赎金或提出其他非法要求,劫取财物一般不具有“当场性”。

绑架过程中又当场劫取被害人随身携带财物的,同时触犯绑架罪和抢劫罪两罪名,应择一重罪定罪处罚。

4. 抢劫罪与寻衅滋事罪的界限

寻衅滋事罪是严重扰乱社会秩序的犯罪,行为人实施寻衅滋事的行为时,客观上也可能表现为强拿硬要公私财物的特征。这种强拿硬要的行为与抢劫罪的区别在于:前者行为人主观上还具有逞强好胜和通过强拿硬要来填补其精神空虚等目的,后者行为人一般只具有非法占有他人财物的目的;前者行为人客观上一般不以严重侵犯他人人身权利的方法强拿硬要财物,而后者行为人则以暴力、胁迫等方式作为劫取他人财物的手段。司法实践中,对于未成年人使用或威胁使用轻微暴力强抢少量财物的行为,一般不宜以抢劫罪定罪处罚。其行为符合寻衅滋事罪特征的,可以寻衅滋事罪定罪处罚。

5. 抢劫罪与故意伤害罪的界限

行为人为索取债务,使用暴力、暴力威胁等手段的,一般不以抢劫罪定罪处罚。构成故意伤害等其他犯罪的,依照刑法第234条等规定处罚。

十、抢劫罪的既遂、未遂的认定

抢劫罪侵犯的是复杂客体,既侵犯财产权利又侵犯人身权利,具备劫取财物或者造成他人轻伤以上后果两者之一的,均属抢劫既遂;既未劫取财物,又未造成他人人身伤害后果的,属抢劫未遂。据此,刑法第263条规定的8种处罚情节中除“抢劫致人重伤、死亡的”这一结果加重情节之外,其余7种处罚情节同样存在既遂、未遂问题,其中属抢劫未遂的,应当根据刑法关于加重情节的法定刑规定,结合未遂犯的处理原则量刑。

十一、驾驶车辆夺取他人财物行为的定性

对于驾驶机动车、非机动车(以下简称"驾驶车辆")夺取他人财物的,一般以抢夺罪从重处罚。但具有下列情形之一,应当以抢劫罪定罪处罚:

(1)驾驶车辆,逼挤、撞击或强行逼倒他人以排除他人反抗,乘机夺取财物的;(2)驾驶车辆强抢财物时,因被害人不放手而采取强拉硬拽方法劫取财物的;(3)行为人明知其驾驶车辆强行夺取他人财物的手段会造成他人伤亡的后果,仍然强行夺取并放任造成财物持有人轻伤以上后果的。

15. 最高人民法院《关于审理未成年人刑事案件具体应用法律若干问题的解释》(法释〔2006〕1号)

第7条 已满14周岁不满16周岁的人使用轻微暴力或者威胁,强行索要其他未成年人随身携带的生活、学习用品或者钱财数量不大,且未造成被害人轻微伤以上或者不敢正常到校学习、生活等危害后果的,不认为是犯罪。

已满16周岁不满18周岁的人具有前款规定情形的,一般也不认为是犯罪。

16. 最高人民法院、最高人民检察院《关于办理与盗窃、抢劫、诈骗、抢夺机动车相关刑事案件具体应用法律若干问题的解释》(法释〔2007〕11号)

为依法惩治与盗窃、抢劫、诈骗、抢夺机动车相关的犯罪活动,根据刑法、刑事诉讼法等有关法律的规定,现对办理这类案件具体应用法律的若干问题解释如下:

第1条 明知是盗窃、抢劫、诈骗、抢夺的机动车,实施下列行为之一的,依照刑法第312条的规定,以掩饰、隐瞒犯罪所得、犯罪所得收益罪定罪,处3年以下有期徒刑、拘役或者管制,并处或者单处罚金:

(一)买卖、介绍买卖、典当、拍卖、抵押或者用其抵债的;(二)拆解、拼装或者组装的;(三)修改发动机号、车辆识别代号的;(四)更改车身颜色或者车辆外形的;(五)提供或者出售机动车来历凭证、整车合格证、号牌以及有关机动车的其他证明和凭证的;(六)提供或者出售伪造、变造的机动车来历凭证、整车合格证、号牌以及有关机动车的其他证明和凭证的。

实施第1款规定的行为涉及盗窃、抢劫、诈骗、抢夺的机动车5辆以上或者价值总额达到50万元以上的,属于刑法第312条规定的"情节严重",处3年以上7年以下有期徒刑,并处罚金。

第2条 伪造、变造、买卖机动车行驶证、登记证书,累计3本以上的,依照刑法第280条第1款的规定,以伪造、变造、买卖国家机关证件罪定罪,处3年以下有期徒刑、拘役、管制或者剥夺政治权利。

伪造、变造、买卖机动车行驶证、登记证书,累计达到第1款规定数量标准5倍以上的,属于刑法第280条第1款规定中的"情节严重",处3年以上10年以下有期徒刑。

第3条 国家机关工作人员滥用职权,有下列情形之一,致使盗窃、抢劫、诈骗、抢夺的机动车被办理登记手续,数量达到3辆以上或者价值总额达到30万元以上的,依照刑法第397条第1款的规定,以滥用职权罪定罪,处3年以下有期徒刑或者拘役:

(一)明知是登记手续不全或者不符合规定的机动车而办理登记手续的;(二)指使他人为明知是登记手续不全或者不符合规定的机动车办理登记手续的;(三)违规或者指使他人违规更改、调换车辆档案的;(四)其他滥用职权的行为。

国家机关工作人员疏于审查或者审查不严,致使盗窃、抢劫、诈骗、抢夺的机动车被办理登记手续,数量达到5辆以上或者价值总额达到50万元以上的,依照刑法第397条第1款的规定,以玩忽职守罪定罪,处3年以下有期徒刑或者拘役。

国家机关工作人员实施前两款规定的行为,致使盗窃、抢劫、诈骗、抢夺的机动车被办理登记手续,分别达到前两款规定数量、数额标准5倍以上的,或者明知是盗窃、抢劫、诈骗、抢夺的机动车而办理登记手续的,属于刑法第397条第1款规定的"情节特别严重",处3年以上7年以下有期徒刑。

国家机关工作人员徇私舞弊,实施上述行为,构成犯罪的,依照刑法第397条第2款的规定定罪处罚。

第4条 实施本解释第1条、第2条、第3条第1款或者第3款规定的行为,事前与盗窃、抢劫、诈骗、抢夺机动车的犯罪分子通谋的,以盗窃罪、抢劫罪、诈骗罪、抢夺罪的共犯论处。

第5条 对跨地区实施的涉及同一机动车的盗窃、抢劫、诈骗、抢夺以及掩饰、隐瞒犯罪所得、犯罪所得收益行为,有关公安机关可以依照法律和有关规定一并立案侦查,需要提请批准逮捕、移送审查起诉、提起公诉的,由该公安机关所在地的同级人民检察院、人民法院受理。

第6条 行为人实施本解释第1条、第3条第3款规定的行为,涉及的机动车有下列情形之一的,应当认定行为人主观上属于上述条款所称"明知":

(一)没有合法有效的来历凭证;(二)发动机号、车辆识别代号有明显更改痕迹,没有合法证明的。

17. 最高人民法院《全国部分法院审理毒品犯罪案件工作座谈会纪要》(法〔2008〕324号) 第1条

一、毒品案件的罪名确定和数量认定问题

刑法第347条规定的走私、贩卖、运输、制造毒品罪是选择性罪名,对同一宗毒品实施了两种以上犯罪行为并有相应确凿证据的,应当按照所实施的犯罪行为的性质并列确定罪名,毒品数量不重复计算,不实行数罪并罚。对同一宗毒品可能实施了两种以上犯罪行为,但相应证据只能认定其中一种或者几种行为,认定其他行为的证据不够确实充分的,则只按照依法能够认定的行为的性质定罪。如涉嫌为贩卖而运输毒品,认定贩卖的证据不够确实充分的,则只定运输毒品罪。对不同宗毒品分别实施了不同种犯罪行为的,应对不同行为并列确定罪名,累计毒品数量,不实行数罪并罚。对被告人1人走私、贩卖、运输、制造两种以上毒品的,不实行数罪并罚,量刑时可综合考虑毒品的种类、数量及危害,依法处理。

罪名不以行为实施的先后、毒品数量或者危害大小排列,一律以刑法条文规定的顺序表述。如对同一宗毒品制造后又走私的,以走私、制造毒品罪定罪。下级法院在判决中确定罪名不准确的,上级法院可以减少选择性罪名中的部分罪名或者改动罪名顺序,在不加重原判刑罚的情况下,也可以改变罪名,但不得增加罪名。

对于吸毒者实施的毒品犯罪,在认定犯罪事实和确定罪名时要慎重。吸毒者在购买、运输、存储毒品过程中被查获的,如没有证据证明其是为了实施贩卖等其他毒品犯罪行为,毒品数量未超过刑法第348条规定的最低数量标准的,一般不定罪处罚;查获毒品数量达到较大以上的,应以其实际实施的毒品犯罪行为定罪处罚。

对于以贩养吸的被告人,其被查获的毒品数量应认定为其犯罪的数量,但量刑时应考虑被告人吸食毒品的情节,酌情处理;被告人购买了一定数量的毒品后,部分已被其吸食的,应当按能够证明的贩卖数量及查获的毒品数量认定其贩毒的数量,已被吸食部分不计入在内。

有证据证明行为人不以牟利为目的,为他人代购仅用于吸食的毒品,毒品数量超过刑法第348条规定的最低数量标准的,对托购者、代购者应以非法持有毒品罪定罪。代购者从中牟利,变相加价贩卖毒品的,对代购者应以贩卖毒品罪定罪。明知他人实施毒品犯罪而为其居间介绍、代购代卖的,无论是否牟利,都应以相关毒品犯罪的共犯论处。

盗窃、抢夺、抢劫毒品的,应当分别以盗窃罪、抢夺罪或者抢劫罪定罪,但不计犯罪数额,根据情节轻重予以定罪量刑。盗窃、抢夺、抢劫毒品后又实施其他毒品犯罪的，对盗窃罪、抢夺罪、抢劫罪和所犯的具体毒品犯罪分别定罪，依法数罪并罚。走私毒品，又走私其他物品构成犯罪的，以走私毒品罪和其所犯的其他走私罪分别定罪，依法数罪并罚。（全文详见本书《刑法》第347条相关内容）

18. 最高人民法院《人民法院量刑指导意见（试行）》（法发〔2010〕36号）

（法释〔2015〕2号已声明该文件废止）

19. 最高人民法院研究室《关于持仿真玩具枪实施抢劫犯罪有关问题的研究意见理解与适用》（《司法研究与指导》总第1辑）

有关部门就持仿真玩具枪实施抢劫犯罪能否认定为"持枪抢劫"问题征求最高人民法院研究室意见。经认真研究，最高人民法院研究室认为：持仿真玩具枪实施抢劫，不应认定为"持枪抢劫"。主要考虑如下：

1. 持仿真玩具枪实施抢劫在客观方面表现与持枪抢劫不同。"持枪抢劫"作为抢劫罪加重处罚的一种严重情节，与"抢劫致人重伤、死亡"等情节同处一个量刑幅度，其本质应在于具有对被害人的生命、健康权益严重损害的可能性。持仿真玩具枪抢劫显然不会造成如此严重的客观危害后果，不应认定为"持枪抢劫"。虽然在客观上持假枪抢劫也会同持真枪抢劫一样给被害人的心理造成压力，使被害人产生恐惧，易于抢劫犯罪得逞，但二者的客观危害并不相同。持真枪抢劫，在客观上有可能对被害人随时造成人身伤亡，将被害人置于现实的危险之中，因而具有严重的社会危害性，依法应予重罚。而持假枪抢劫并不具有这种严重的社会危害性，且当被害人识破犯罪人是持假枪抢劫或者在事后得知是用假枪抢劫时，其恐惧心理会因由枪支带来的现实危险的破灭而得以很快恢复，这也在一定程度上减弱了持假枪抢劫的社会危害性。实践中，一般都要求行为人抢劫作案时所持枪支必须经鉴定具有杀伤力，才能认定为"持枪抢劫"。仿真玩具枪作为一种玩具，显然不具有此种杀伤力。

2. 持仿真玩县枪实施抢劫的犯罪嫌疑人在主观方面表现与持枪抢劫不同。如果不考虑行为的客观表现，忽视行为人持假枪抢劫时的主观心理态度，对持假枪抢劫以"持枪抢劫"论，不但有悖立法原意，也不符合我国刑法主客观相一致的定罪原则。持真枪实施抢劫的犯罪嫌疑人，往往具有较大的主观恶性，希望或者放任他人生命安全遭受严重损害的危害后果发生，属于为达到劫取他人财物的目的，不惜使用枪支射杀他人的主观心态。持仿真玩具枪实施抢劫的犯罪嫌疑人，本身选择使用对人体安全不具有杀伤力的玩具枪，就说明其并没有致他人重伤、死亡的主观意图，而仅希望借助与真枪外形相似的玩具枪达到欺骗和恐吓被害人，以利于实现劫取他人财物的目的。此种主观心理状态与为达到劫取他人财物的目的、不惜使用枪支射杀他人的主观心态，具有极大区别。不能因为客观上被害人不易判断犯罪嫌疑人使用的是真枪还是仿真玩具枪，对被害人造成的恐吓效果相似，就不管主观心态的巨大差异而统统认定为"持枪抢劫"。

3. 按照2000年《最高人民法院关于审理抢劫案件具体应用法律若干问题的解释》的规定，"持枪抢劫"是指行为人使用枪支或者向被害人显示持有、佩带的枪支进行抢劫的行为。"枪支"的概念和范围，适用《中华人民共和国枪支管理法》的规定。而《中华人民共和国枪支管理法》则明确规定，枪支是指以火药或者压缩气体为动力，利用管状器具发射金属弹丸或者其他物质，足以致人伤亡或者丧失知觉的各种枪支。故持仿真玩具枪等假枪抢劫，不属于"持枪抢劫"。

20. 最高人民法院、最高人民检察院《关于办理抢夺刑事案件适用法律若干问题的解释》（法释〔2013〕25号）

第6条 驾驶机动车、非机动车夺取他人财物，具有下列情形之一的，应当以抢劫罪定罪处罚：

（一）夺取他人财物时因被害人不放手而强行夺取的；（二）驾驶车辆逼挤、撞击或者强行逼倒他人夺取财物的；（三）明知会致人伤亡仍然强行夺取并放任造成财物持有人轻伤以上后果的。

第7条 本解释公布施行后，《最高人民法院关于审理抢夺刑事案件具体应用法律若干问题的解释》（法释〔2002〕18号）同时废止；之前发布的司法解释和规范性文件与本解释不一致的，以本解释为准。（全文详见本书《刑法》第267条相关内容）

21. 最高人民法院《关于实施量刑规范化工作的通知》（法发〔2013〕14号）

（法发〔2017〕7号已声明本文件废止）

22. 最高人民法院《第4批指导性案例董某某、宋某某抢劫案》（指导案例14号；法〔2013〕24号；2013年1月31日）

（详见本书《刑法》第72条相关内容）

23. 最高人民检察院《关于强迫借贷行为适用法律问题的批复》（高检发释字〔2014〕1号）

广东省人民检察院：

你院《关于强迫借贷案件法律适用的请示》（粤检发研字〔2014〕9号）收悉。经研究，批复如下：

以暴力、胁迫手段强迫他人借贷，属于刑法第226条第2项规定的"强迫他人提供或者接受服务"，情节严重的，以强迫交易罪追究刑事责任；同时构成故意伤害罪等其他犯罪的，依照处罚较重的规定定罪处罚。以非法占有为目的，以借贷为名采用暴力、胁迫手段获取他人财物，符合刑法第263条或者第274规定的，以抢劫罪或者敲诈勒索罪追究刑事责任。

24. 最高人民法院研究室《关于最高人民法院、最高人民检察院〈关于办理与盗窃、抢劫、诈骗、抢夺机动车相关刑事案件具体应用法律若干问题的解释〉有关规定如何适用问题的答复》（法研〔2014〕98号）

云南省高级人民法院：

你院《关于两高〈关于办理与盗窃、抢劫、诈骗、抢夺机动车相关刑事案件具体应用法律若干问题的解释〉适用问题的请示》（云高法〔2013〕213号）收悉。经研究，答复如下：

根据罪责刑相适应刑法基本原则，《最高人民法院、最高人民检察院关于办理与盗窃、抢劫、诈骗、抢夺机动车相关刑事案件具体应用法律若干问题的解释》第1条第2款中规定的"机动车5辆以上"，应当是指机动车数量在5辆以上，且价值总额接近50万元。

25. 最高人民检察院《第5批指导性案例陈某昌抢劫、盗窃，付某强盗窃案》（检例第17号；2014年9月10日）

【抗诉理由】

一审宣判后，佛山市高明区人民检察院审查认为一审判决未认定被告人陈某昌的行为属于"入户抢劫"，属于适用法律错误，且造成量刑不当，应予纠正，遂依法向佛山市中级人民法院提出抗诉；佛山市人民检察院支持抗诉。抗诉和支持抗诉理由是：

1. 原判决对"入户抢劫"的理解存在偏差。原判决以"暴力行为虽然发生在户内，但是其不以实施抢劫为目的，而是在户内临时起意并以暴力相威胁，且未造成被害人任何损害"为由，未认定被告人陈某昌所犯抢劫罪具有"入户"情节。根据2005年7月《最高人民法院关于审理抢劫、抢夺刑事案件适用法律若干问题的意见》关于认定"入户抢劫"的规定，"入户"必须以实施抢劫等犯罪为目的。但是，这里"目的"的非法性不是以抢劫罪为限，还应当包括盗窃等其他犯罪。

2. 原判决适用法律错误。2000年11月《最高人民法院关于审理抢劫案件具体应用法律若干问题的解释》(以下简称《解释》)第1条第2款规定,"对于入户盗窃,因被发现而当场使用暴力或者以暴力相威胁的行为,应当认定为入户抢劫。"依据刑法和《解释》的有关规定,本案中,被告人陈某昌入室盗窃被发现后当场使用暴力相威胁的行为,应当认定为"入户抢劫"。

3. 原判决适用法律错误,导致量刑不当。"户"对一般公民而言属于最安全的地方。"入户抢劫"不仅严重侵犯公民的财产所有权,更是危及公民的人身安全。因为被害人处于封闭的场所,通常无法求救,与发生在户外的一般抢劫相比,被害人的身心会受到更为严重的惊吓或者伤害。根据刑法第263条第1项的规定,"入户抢劫"应当判处10年以上有期徒刑、无期徒刑或者死刑,并处罚金或者没收财产。原判决对陈某昌抢劫罪判处3年9个月有期徒刑,属于适用法律错误,导致量刑不当。

【要旨】

1. 对于入户盗窃,因被发现而当场使用暴力或者以暴力相威胁的行为,应当认定为"入户抢劫"。2. 在人民法院宣告判决前,人民检察院发现被告人有遗漏的罪行可以一并起诉和审理的,可以补充起诉。3. 人民检察院认为同级人民法院第一审判决重罪轻判,适用刑罚明显不当的,应当提出抗诉。

26. 最高人民法院《关于审理抢劫刑事案件适用法律若干问题的指导意见》(法发〔2016〕2号)

抢劫犯罪是多发性的侵犯财产和侵犯公民人身权利的犯罪。1997年刑法修订后,最高人民法院先后发布了《关于审理抢劫案件具体应用法律若干问题的解释》(以下简称《抢劫解释》)和《关于审理抢劫、抢夺刑事案件适用法律问题的意见》(以下简称《两抢意见》),对抢劫案件的法律适用作出了规范,发挥了重要的指导作用。

但是,抢劫犯罪案件的情况越来越复杂,各级法院在审判过程中不断遇到新情况、新问题。为统一适用法律,根据刑法和司法解释的规定,结合近年来人民法院审理抢劫案件的经验,现对审理抢劫犯罪案件中较为突出的几个法律适用问题和刑事政策把握问题提出如下指导意见:

一、关于审理抢劫刑事案件的基本要求

坚持贯彻宽严相济刑事政策。对于多次结伙抢劫,针对农村留守妇女、儿童及老人等弱势群体实施抢劫,在抢劫中实施强奸等暴力犯罪的,要在法律规定的量刑幅度内从重判处。

对于罪行严重或者具有累犯情节的抢劫犯罪分子,减刑、假释时应当从严掌握,严格控制减刑的幅度和频度。对因家庭成员就医等特定原因初次实施抢劫,主观恶性和犯罪情节相对较轻的,要与多次抢劫以及为了挥霍、赌博、吸毒等实施抢劫的案件在量刑上有所区分。对于犯罪情节较轻,或者具有法定、酌定从轻、减轻处罚情节的,坚持依法从宽处理。确保案件审判质量。审理抢劫刑事案件,要严格遵守证据裁判原则,确保事实清楚,证据确实、充分。特别是对因抢劫可能判处死刑的案件,更要切实贯彻执行刑事诉讼法及相关司法解释、司法文件,严格依法审查判断和运用证据,坚决防止冤错案件的发生。

对抢劫刑事案件适用死刑,应当坚持"保留死刑,严格控制和慎重适用死刑"的刑事政策,以最严格的标准和最审慎的态度,确保死刑只适用于极少数罪行极其严重的犯罪分子。对被判处死刑缓期2年执行的抢劫犯罪分子,根据犯罪情节等情况,可以同时决定对其限制减刑。

二、关于抢劫犯罪部分加重处罚情节的认定

1. 认定"入户抢劫",要注重审查行为人"入户"的目的,将"入户抢劫"与"在户内抢劫"区别开来。以侵害户内人员的人身、财产为目的,入户后实施抢劫,包括入户实施盗窃、诈骗等犯罪而转化为抢劫的,应当认定为"入户抢劫"。因访友办事等原因经户内人员允许入户后,临时起意实施抢劫,或者临时起意实施盗窃、诈骗等犯罪而转化为抢劫的,不应认定为“入户抢劫”。对于部分时间从事经营、部分时间用于生活起居的场所,行为人在非营业时间强行入内抢劫或者以购物等为名骗开房门入内抢劫的,应认定为“入户抢劫”。

对于部分时间用于经营、部分用于生活且之间有明确隔离的场所,行为人进入生活场所实施抢劫的,应认定为“入户抢劫”;如场所之间没有明确隔离,行为人在营业时间入内实施抢劫的,不认定为“入户抢劫”,但在非营业时间入内实施抢劫的,应认定为“入户抢劫”。

2.“公共交通工具”,包括从事旅客运输的各种公共汽车,大、中型出租车,火车,地铁,轻轨,轮船,飞机等,不含小型出租车。对于虽不具有商业营运执照,但实际从事旅客运输的大、中型交通工具,可认定为“公共交通工具”。接送职工的单位班车、接送师生的校车等大、中型交通工具,视为“公共交通工具”。

“在公共交通工具上抢劫”,既包括在处于运营状态的公共交通工具上对旅客及司售、乘务人员实施抢劫,也包括拦截运营途中的公共交通工具对旅客及司售、乘务人员实施抢劫,但不包括在未运营的公共交通工具上针对司售、乘务人员实施抢劫。以暴力、胁迫或者麻醉等手段对公共交通工具上的特定人员实施抢劫的,一般应认定为“在公共交通工具上抢劫”。

3. 认定“抢劫数额巨大”,参照各地认定盗窃罪数额巨大的标准执行。抢劫数额以实际抢劫到的财物数额为依据。对以数额巨大的财物为明确目标,由于意志以外的原因,未能抢到财物或实际抢得的财物数额不大的,应同时认定“抢劫数额巨大”和犯罪未遂的情节,根据刑法有关规定,结合未遂犯的处理原则量刑。

根据《两抢意见》第6条第1款规定,抢劫信用卡后使用、消费的,以行为人实际使用、消费的数额为抢劫数额。由于行为人意志以外的原因无法实际使用、消费的部分,虽不计入抢劫数额,但应作为量刑情节考虑。通过银行转账或者电子支付、手机银行等支付平台获取抢劫财物的,以行为人实际获取的财物为抢劫数额。

4. 认定“冒充军警人员抢劫”,要注重对行为人是否穿着军警制服、携带枪支、是否出示军警证件等情节进行综合审查,判断是否足以使他人误以为是军警人员。对于行为人仅穿着类似军警的服装或仅以言语宣称系军警人员但未携带枪支、也未出示军警证件而实施抢劫的,要结合抢劫地点、时间、暴力或威胁的具体情形,依照常人判断标准,确定是否认定为“冒充军警人员抢劫”。

军警人员利用自身的真实身份实施抢劫的,不认定为“冒充军警人员抢劫”,应依法从重处罚。

三、关于转化型抢劫犯罪的认定

根据刑法第269条的规定,“犯盗窃、诈骗、抢夺罪,为窝藏赃物、抗拒抓捕或者毁灭罪证而当场使用暴力或者以暴力相威胁的”,依照抢劫罪定罪处罚。“犯盗窃、诈骗、抢夺罪”,主要是指行为人已经着手实施盗窃、诈骗、抢夺行为,一般不考察盗窃、诈骗、抢夺行为是否既遂。但是所涉财物数额明显低于“数额较大”的标准,又不具有《两抢意见》第5条所列5种情节之一的,不构成抢劫罪。“当场”是指在盗窃、诈骗、抢夺的现场以及行为人刚离开现场即被他人发现并抓捕的情形。

对于以摆脱的方式逃脱抓捕,暴力强度较小,未造成轻伤以上后果的,可不认定为“使用暴力”,不以抢劫罪论处。入户或者在公共交通工具上盗窃、诈骗、抢夺后,为了窝藏赃物、抗拒抓捕或者毁灭罪证,在户内或者公共交通工具上当场使用暴力或者以暴力相威胁的,构成“入户抢劫”或者“在公共交通工具上抢劫”。

两人以上共同实施盗窃、诈骗、抢夺犯罪,其中部分行为人为窝藏赃物、抗拒抓捕或者毁灭罪证而当场使用暴力或者以暴力相威胁的,对于其余行为人是否以抢劫罪共犯论处,主要看其对实施暴力或者以暴力相威胁的行为人是否形成共同犯意、提供帮助。基于一定意思联络,对实施暴力或者以暴力相威胁的行为人提供帮助或实际成为帮凶的,可以抢劫共犯论处。

四、具有法定8种加重处罚情节的刑罚适用

1. 根据刑法第263条的规定,具有"抢劫致人重伤、死亡"等8种法定加重处罚情节的,处10年以上有期徒刑、无期徒刑或者死刑,并处罚金或者没收财产。应当根据抢劫的次数及数额、抢劫对人身的损害、对社会治安的危害等情况,结合被告人的主观恶性及人身危险程度,并根据量刑规范化的有关规定,确定具体的刑罚。判处无期徒刑以上刑罚的,一般应并处没收财产。

2. 具有下列情形之一的,可以判处无期徒刑以上刑罚:

(一)抢劫致3人以上重伤,或者致人重伤造成严重残疾的;(二)在抢劫过程中故意杀害他人,或者故意伤害他人,致人死亡的;(三)具有除"抢劫致人重伤、死亡"外的两种以上加重处罚情节,或者抢劫次数特别多、抢劫数额特别巨大的。

3. 为劫取财物而预谋故意杀人,或者在劫取财物过程中为制服被害人反抗、抗拒抓捕而杀害被害人,且被告人无法定从宽处罚情节的,可依法判处死刑立即执行。对具有自首、立功等法定从轻处罚情节的,判处死刑立即执行应当慎重。

对于采取故意杀人以外的其他手段实施抢劫并致人死亡的案件,要从犯罪的动机、预谋、实行行为等方面分析被告人主观恶性的大小,并从有无前科及平时表现、认罪悔罪情况等方面判断被告人的人身危险程度,不能不加区别,仅以出现被害人死亡的后果,一律判处死刑立即执行。

4. 抢劫致人重伤案件适用死刑,应当更加慎重、更加严格,除非具有采取极其残忍的手段造成被害人严重残疾等特别恶劣的情节或者造成特别严重后果的,一般不判处死刑立即执行。

5. 具有刑法第263条规定的"抢劫致人重伤、死亡"以外其他7种加重处罚情节,且犯罪情节特别恶劣、危害后果特别严重的,可依法判处死刑立即执行。认定"情节特别恶劣、危害后果特别严重",应当从严掌握,适用死刑必须非常慎重、非常严格。

五、抢劫共同犯罪的刑罚适用

1. 审理抢劫共同犯罪案件,应当充分考虑共同犯罪的情节及后果、共同犯罪人在抢劫中的作用以及被告人的主观恶性、人身危险性等情节,做到准确认定主从犯,分清罪责,以责定刑,罚当其罪。一案中有两名以上主犯的,要从犯罪提意、预谋、准备、行为实施、赃物处理等方面区分出罪责最大者和较大者;有两名以上从犯的,要在从犯中区分出罪责相对更轻者和较轻者。对从犯的处罚,要根据案件的具体事实、从犯的罪责,确定从轻还是减轻处罚。对具有自首、立功或者未成年人且初次抢劫等情节的从犯,可以依法免除处罚。

2. 对于共同抢劫致1人死亡的案件,依法应当判处死刑的,除犯罪手段特别残忍、情节及后果特别严重、社会影响特别恶劣、严重危害社会治安的外,一般只对共同抢劫犯罪中作用最突出、罪行最严重的那名主犯判处死刑立即执行。罪行最严重的主犯如因系未成年人而不适用死刑,或者因具有自首、立功等法定从宽处罚情节而不判处死刑立即执行的,不能不加区别地对其他主犯判处死刑立即执行。

3. 在抢劫共同犯罪案件中,有同案犯在逃的,应当根据现有证据尽量分清在押犯与在逃犯的罪责,对在押犯应按其罪责处刑。罪责确实难以分清,或者不排除在押犯的罪责可能轻于在逃犯的,对在押犯适用刑罚应当留有余地,判处死刑立即执行要格外慎重。

六、累犯等情节的适用

根据刑法第65条第1款的规定,对累犯应当从重处罚。抢劫犯罪被告人具有累犯情节的,适用刑罚时要综合考虑犯罪的情节和后果,所犯前后罪的性质、间隔时间及判刑轻重等情况,决定从重处罚的力度。

对于前罪系抢劫等严重暴力犯罪的累犯,应当依法加大从重处罚的力度。对于虽不构成累犯,但具有抢劫犯罪前科的,一般不适用减轻处罚和缓刑。对于可能判处死刑的罪犯具有累犯情节的也应慎重,不能只要是累犯就一律判处死刑立即执行;被告人同时具有累犯和法定从宽处罚情节的,判处死刑立即执行应当综合考虑,从严掌握。

七、关于抢劫案件附带民事赔偿的处理原则

要妥善处理抢劫案件附带民事赔偿工作。审理抢劫刑事案件,一般情况下人民法院不主动开展附带民事调解工作。但是,对于犯罪情节不是特别恶劣或者被害方生活、医疗陷入困境,被告人与被害方自行达成民事赔偿和解协议的,民事赔偿情况可作为评价被告人悔罪态度的依据之一,在量刑上酌情予以考虑。

27. 最高人民检察院法律政策研究室《关于〈关于伪造机动车登记证书如何适用法律的请示〉的答复意见》(2016 年 3 月 18 日)

(详见本书《刑法》第 263 条相关内容)

28. 最高人民法院《关于常见犯罪的量刑指导意见》(法发〔2017〕7 号)

[被最高人民法院、最高人民检察院《关于常见犯罪的量刑指导意见(试行)》(法发〔2021〕21 号)废止]

29. 最高人民法院、最高人民检察院、公安部、司法部《关于办理恶势力刑事案件若干问题的意见》(法发〔2019〕10 号)

二、恶势力、恶势力犯罪集团的认定标准

4. 恶势力,是指经常纠集在一起,以暴力、威胁或者其他手段,在一定区域或者行业内多次实施违法犯罪活动,为非作恶,欺压百姓,扰乱经济、社会生活秩序,造成较为恶劣的社会影响,但尚未形成黑社会性质组织的违法犯罪组织。

5. 单纯为牟取不法经济利益而实施的"黄、赌、毒、盗、抢、骗"等违法犯罪活动,不具有为非作恶、欺压百姓特征的,或者因本人及近亲属的婚恋纠纷、家庭纠纷、邻里纠纷、劳动纠纷、合法债务纠纷而引发以及其他确属事出有因的违法犯罪活动,不应作为恶势力案件处理。

6. 恶势力一般为 3 人以上,纠集者相对固定。纠集者,是指在恶势力实施的违法犯罪活动中起组织、策划、指挥作用的违法犯罪分子。成员较为固定且符合恶势力其他认定条件,但多次实施违法犯罪活动是由不同的成员组织、策划、指挥,也可以认定为恶势力,有前述行为的成员均可以认定为纠集者。

恶势力的其他成员,是指知道或应当知道与他人经常纠集在一起是为了共同实施违法犯罪,仍按照纠集者的组织、策划、指挥参与违法犯罪活动的违法犯罪分子,包括已有充分证据证明但尚未归案的人员,以及因法定情形不予追究法律责任,或者因参与实施恶势力违法犯罪活动已受到行政或刑事处罚的人员。仅因临时雇佣或被雇佣、利用或被利用以及受蒙蔽参与少量恶势力违法犯罪活动的,一般不应认定为恶势力成员。

7. "经常纠集在一起,以暴力、威胁或者其他手段,在一定区域或者行业内多次实施违法犯罪活动",是指犯罪嫌疑人、被告人于 2 年之内,以暴力、威胁或者其他手段,在一定区域或者行业内多次实施违法犯罪活动,且包括纠集者在内,至少应有 2 名相同的成员多次参与实施违法犯罪活动。对于"纠集在一起"时间明显较短,实施违法犯罪活动刚刚达到"多次"标准,且尚不足以造成较为恶劣影响的,一般不应认定为恶势力。

8. 恶势力实施的违法犯罪活动,主要为强迫交易、故意伤害、非法拘禁、敲诈勒索、故意毁坏财物、聚众斗殴、寻衅滋事,但也包括具有为非作恶、欺压百姓特征,主要以暴力、威胁为手段的其他违法犯罪活动。

恶势力还可能伴随实施开设赌场、组织卖淫、强迫卖淫、贩卖毒品、运输毒品、制造毒品、抢劫、抢夺、聚众扰乱社会秩序、聚众扰乱公共场所秩序、交通秩序以及聚众“打砸抢”等违法犯罪活动,但仅有前述伴随实施的违法犯罪活动,且不能认定具有为非作恶、欺压百姓特征的,一般不应认定为恶势力。

9. 办理恶势力刑事案件,“多次实施违法犯罪活动”至少应包括1次犯罪活动。对于反复实施强迫交易、非法拘禁、敲诈勒索、寻衅滋事等单一性质的违法行为,单次情节、数额尚不构成犯罪,但按照刑法或者有关司法解释、规范性文件的规定累加后应作为犯罪处理的,在认定是否属于“多次实施违法犯罪活动”时,可将已用于累加的违法行为计为1次犯罪活动,其他违法行为单独计算违法活动的次数。

已被处理或者已作为民间纠纷调处,后经查证确属恶势力违法犯罪活动的,均可以作为认定恶势力的事实依据,但不符合法定情形的,不得重新追究法律责任。

10. 认定“扰乱经济、社会生活秩序,造成较为恶劣的社会影响”,应当结合侵害对象及其数量、违法犯罪次数、手段、规模、人身损害后果、经济损失数额、违法所得数额、引起社会秩序混乱的程度以及对人民群众安全感的影响程度等因素综合把握。

11. 恶势力犯罪集团,是指符合恶势力全部认定条件,同时又符合犯罪集团法定条件的犯罪组织。恶势力犯罪集团的首要分子,是指在恶势力犯罪集团中起组织、策划、指挥作用的犯罪分子。恶势力犯罪集团的其他成员,是指知道或者应当知道是为共同实施犯罪而组成的较为固定的犯罪组织,仍接受首要分子领导、管理、指挥,并参与该组织犯罪活动的犯罪分子。恶势力犯罪集团应当有组织地实施多次犯罪活动,同时还可能伴随实施违法活动。恶势力犯罪集团所实施的违法犯罪活动,参照《指导意见》第10条第2款的规定认定。

12. 全部成员或者首要分子、纠集者以及其他重要成员均为未成年人、老年人、残疾人的,认定恶势力、恶势力犯罪集团时应当特别慎重。(全文详见本书《刑法》第226条相关内容)

30. 最高人民法院、最高人民检察院、公安部、司法部《关于办理黑恶势力刑事案件中财产处置若干问题的意见》(2019年4月9日起施行)

(详见本书《刑法》第294条相关内容)

31. 最高人民法院、最高人民检察院、公安部、司法部《关于办理实施“软暴力”的刑事案件若干问题的意见》(2019年4月9日起施行)

(详见本书《刑法》第94条相关内容)

32. 最高人民法院、最高人民检察院、公安部、司法部《关于办理“套路贷”刑事案件若干问题的意见》(法发〔2019〕11号)

(详见本书《刑法》第294条相关内容)

33. 最高人民法院、最高人民检察院、公安部《关于依法办理“碰瓷”违法犯罪案件的指导意见》(公通字〔2020〕12号)

三、实施“碰瓷”,当场使用暴力、胁迫或者其他方法,当场劫取他人财物,符合刑法第263条规定的,以抢劫罪定罪处罚。

九、共同故意实施“碰瓷”犯罪,起主要作用的,应当认定为主犯,对其参与或者组织、指挥的全部犯罪承担刑事责任;起次要或者辅助作用的,应当认定为从犯,依法予以从轻、减轻处罚或者免除处罚。

3人以上为共同故意实施“碰瓷”犯罪而组成的较为固定的犯罪组织,应当认定为犯罪集团。对首要分子应当按照集团所犯全部罪行处罚。

符合黑恶势力认定标准的,应当按照黑社会性质组织、恶势力或者恶势力犯罪集团侦查、

起诉、审判。(全文详见本书《刑法》第133条相关内容)

34. 最高人民检察院《第27批指导性案例胡某某抢劫案》(检例第103号;2021年3月2日)

(全文详见本书《刑法》第17条相关内容)

35. 最高人民法院、最高人民检察院《关于常见犯罪的量刑指导意见(试行)》(法发〔2021〕21号)

四、常见犯罪的量刑

(十)抢劫罪

1. 构成抢劫罪的,根据下列情形在相应的幅度内确定量刑起点:

(1)抢劫1次的,在3年至6年有期徒刑幅度内确定量刑起点。(2)有下列情形之一的,在10年至13年有期徒刑幅度内确定量刑起点:入户抢劫的;在公共交通工具上抢劫的;抢劫银行或者其他金融机构的;抢劫3次或者抢劫数额达到数额巨大起点的;抢劫致1人重伤的;冒充军警人员抢劫的;持枪抢劫的;抢劫军用物资或者抢险、救灾、救济物资的。依法应当判处无期徒刑以上刑罚的除外。

2. 在量刑起点的基础上,根据抢劫情节严重程度、抢劫次数、数额、致人伤害后果等其他影响犯罪构成的犯罪事实增加刑罚量,确定基准刑。

3. 构成抢劫罪的,根据抢劫的数额、次数、手段、危害后果等犯罪情节,综合考虑被告人缴纳罚金的能力,决定罚金数额。

4. 构成抢劫罪的,综合考虑抢劫的起因、手段、危害后果等犯罪事实、量刑情节,以及被告人主观恶性、人身危险性、认罪悔罪表现等因素,决定缓刑的适用。(全文详见本书《刑法》第61条相关内容)

36. 最高人民法院、最高人民检察院、公安部、工业和信息化部、住房和城乡建设部、交通运输部、应急管理部、国家铁路局、中国民用航空局、国家邮政局《关于依法惩治涉枪支、弹药、爆炸物、易燃易爆危险物品犯罪的意见》(法发〔2021〕35号)

4. 非法制造、买卖、运输、邮寄、储存、盗窃、抢夺、抢劫、持有、私藏、走私枪支、弹药、爆炸物,并利用该枪支、弹药、爆炸物实施故意杀人、故意伤害、抢劫、绑架等犯罪的,依照数罪并罚的规定处罚。(全文详见本书《刑法》第125条相关内容)

第264条 【盗窃罪】 盗窃公私财物,数额较大的,或者多次盗窃、入户盗窃、携带凶器盗窃、扒窃的,处3年以下有期徒刑、拘役或者管制,并处或者单处罚金;数额巨大或者有其他严重情节的,处3年以上10年以下有期徒刑,并处罚金;数额特别巨大或者有其他特别严重情节的,处10年以上有期徒刑或者无期徒刑,并处罚金或者没收财产。

(本条《中华人民共和国刑法修正案(8)》修改)

• 释义

盗窃罪是指以非法占有为目的,窃取他人占有的数额较大的财物,或者多次盗窃、入户盗窃、携带凶器盗窃、扒窃的行为。

"窃取",是指违背被害人的意志,将他人占有的财物平和地转移为自己或第三者占有的行为,而且,盗窃不限于秘密窃取,事实上存在公开盗窃的情况,尤其在携带凶器盗窃时,不以数额较大为前提,且公开以平和方式盗窃时不应评价为抢夺罪,因为"携带凶器抢夺的"以抢劫论。

"扒窃",是指在公共场所窃取他人随身携带的财物的行为。

明知是非法制作的IC电话卡而使用或者购买并使用，造成电信资费损失数额较大的，或者单位有关人员为谋取单位利益，组织实施盗窃为，情节严重的，应当依照本条的规定追究直接责任人员的刑事责任。

已满16周岁不满18周岁的人盗窃自己家庭或者近亲属财物，或者盗窃其他亲属财物但其他亲属要求不予追究的，可不按犯罪处理。

• 管辖

公安机关刑事侦查部门、法院。

• 立案追诉标准

盗窃公私财物“数额较大”、“数额巨大”、“数额特别巨大”的标准如下：

(一)个人盗窃公私财物价值人民币500元至2000元以上的，为“数额较大”。

(二)个人盗窃公私财物价值人民币5000元至2万元以上的，为“数额巨大”。

(三)个人盗窃公私财物价值人民币3万元至10万元以上的，为“数额特别巨大”。

各省、自治区、直辖市高级人民法院可根据本地区经济发展状况，并考虑社会治安状况，在前款规定的数额幅度内，分别确定本地区执行的标准。除上述数额标准外，根据刑法第264条规定，多次盗窃、入户盗窃、携带凶器盗窃、扒窃的，也可构成盗窃罪。

所谓多次盗窃是指：1年内盗窃3次以上的；入户盗窃，即进入家庭及其成员与外界相对隔离的生活场所，包括封闭的院落、为家庭生活租用的房屋、牧民的帐篷以及渔民作为家庭生活场所的渔船等实施盗窃行为；携带凶器盗窃，即携带枪支、爆炸物、管制刀具等可用于实施暴力的器具进行盗窃；扒窃，即在公共场所或者公共交通工具上窃取他人随身携带的财物。

(以上数额标准摘录自最高人民法院关于审理盗窃案件具体应用法律若干问题的解释，非公安机关的追诉标准)

• 关联法律

1.《中华人民共和国军事设施保护法》(1990年2月23日第七届全国人大常委会第十二次会议通过；2009年8月27日第十一届全国人大常委会第十次会议《关于修改部分法律的决定》第一次修正；2014年6月27日第十二届全国人大常委会第九次会议《关于修改〈中华人民共和国军事设施保护法〉的决定》第二次修正；2021年6月10日第十三届全国人大常委会第二十九次会议修订) 第2条、第63条至第66条

(详见本书《刑法》第263条相关内容)

2. 最高人民法院研究室《关于盗用他人长话帐号如何定性问题的复函》(1991年9月14日)

公安部法制司：

你司8月16日函询我们对盗用他人长话帐号行为的定性意见。经研究，我们认为，这类案件一般来说符合盗窃罪的特征。但是，由于这类案件情况比较复杂，是否都追究刑事责任，还要具体案件具体分析。

以上意见，供参考。

3. 最高人民法院研究室《关于如何计算正在使用中的通讯线路价值问题的电话答复》(1992年11月17日)

(详见本书《刑法》第124条相关内容)

4. 最高人民法院、最高人民检察院《关于办理盗窃案件具体应用法律的若干问题的解释》(法发〔1992〕43号;高检会〔1992〕37号)

[被最高人民法院、最高人民检察院《关于废止1980年1月1日至1997年6月30日期间制发的部分司法解释和司法解释性质文件的决定》(法释〔2013〕1号)废止。]

5. 最高人民法院《关于执行〈中华人民共和国铁路法〉中刑事罚则若干问题的解释》(法发〔1993〕28号)

[被最高人民法院《关于废止1980年1月1日至1997年6月30日期间发布的部分司法解释和司法解释性质文件(第9批)的决定》(法释〔2013〕2号)废止。]

6. 最高人民法院《关于破坏生产单位正在使用的电动机是否构成破坏电力设备罪问题的批复》(法明传〔1993〕241号)

(法释〔2013〕2号已声明该文件废止)

7.《中华人民共和国电力法》(1995年12月28日第八届全国人大常委会第十七次会议通过;2009年8月27日第十一届全国人大常委会第十次会议《关于修改部分法律的决定》第一次修正;2015年4月24日第十二届全国人大常委会第十四次会议《关于修改〈中华人民共和国电力法〉等6部法律的决定》第二次修正;2018年12月29日第十三届全国人大常委会第七次会议《关于修改〈中华人民共和国电力法〉等4部法律的决定》第三次修正)

第71条 盗窃电能的,由电力管理部门责令停止违法行为,追缴电费并处应交电费5倍以下的罚款;构成犯罪的,依照刑法有关规定追究刑事责任。

第72条 盗窃电力设施或者以其他方法破坏电力设施,危害公共安全的,依照刑法有关规定追究刑事责任。

第73条 电力管理部门的工作人员滥用职权、玩忽职守、徇私舞弊,构成犯罪的,依法追究刑事责任;尚不构成犯罪的,依法给予行政处分。

第74条 电力企业职工违反规章制度、违章调度或者不服从调度指令,造成重大事故的,依照刑法有关规定追究刑事责任。

电力企业职工故意延误电力设施抢修或者抢险救灾供电,造成严重后果的,依照刑法有关规定追究刑事责任。

电力企业的管理人员和查电人员、抄表收费人员勒索用户、以电谋私,构成犯罪的,依法追究刑事责任;尚不构成犯罪的,依法给予行政处分。

8. 最高人民法院《关于适用全国人民代表大会常务委员会〈关于惩治虚开、伪造和非法出售增值税专用发票犯罪的决定〉的若干问题的解释》(法发〔1996〕30号)

七、盗窃增值税专用发票或者可以用于骗取出口退税、抵扣税款的其他发票25份以上,或者其他发票50份以上的;诈骗增值税专用发票或者可以用于骗取出口退税、抵扣税款的其他发票50份以上,或者其他发票100份以上的,依照刑法第151条的规定处罚。

盗窃增值税专用发票或者可以用于骗取出口退税、抵扣税款的其他发票250份以上,或者其他发票500份以上的;诈骗增值税专用发票或者可以用于骗取出口退税、抵扣税款的其他发票500份以上,或者其他发票1000份以上的,依照刑法第152条的规定处罚。

盗窃增值税专用发票或者其他发票情节特别严重的,依照《全国人民代表大会常务委员会关于严惩严重破坏经济的罪犯的决定》第1条第(1)项的规定处罚。

盗窃、诈骗增值税专用发票或者其他发票后,又实施《决定》规定的虚开、出售等犯罪的,按照其中的重罪定罪处罚,不实行数罪并罚。(全文详见本书《刑法》第205条相关内容)

9. 邮电部《关于盗用电信码号赔偿损失计算标准的暂行规定》(邮部〔1996〕981号)

(工业和信息化部令〔2009〕第4号已声明该文件废止)

10. 最高人民法院《关于审理盗窃案件具体应用法律若干问题的解释》(法释〔1998〕4号)

(法释〔2013〕8号已声明该文件废止)

11. 最高人民法院、最高人民检察院、公安部、国家工商行政管理局《关于依法查处盗窃、抢劫机动车案件的规定》(公通字〔1998〕31号)

(详见本书《刑法》第312条相关内容)

12. 最高人民法院、最高人民检察院、公安部《关于铁路运输过程中盗窃罪数额认定标准问题的规定》(公发〔1999〕4号)

根据《刑法》第264条的规定,结合铁路运输的治安状况和盗窃案件特点,现对铁路运输过程中盗窃罪数额认定标准规定如下:

一、个人盗窃公私财物"数额较大",以1000元为起点;二、个人盗窃公私财物"数额巨大",以1万元为起点;三、个人盗窃公私财物"数额特别巨大",以6万元为起点。

13. 最高人民法院《全国法院维护农村稳定刑事审判工作座谈会纪要》(法〔1999〕217号)

二　会议在认真学习《决定》和"上海会议"文件的基础上,结合执行刑法、刑事诉讼法的审判实践,对审理农村中犯罪案件、农民犯罪案件中的一些重要问题进行了研究、讨论。一致认为,对于故意杀人、故意伤害、抢劫、强奸、绑架等严重危害农村社会治安的暴力犯罪以及带有黑社会性质的团伙犯罪,一定要继续坚持从重从快严厉打击的方针。要根据当地社会治安的特点,将经常性"严打"和集中打击、专项斗争结合起来,始终保持"严打"的高压态势,有效地遏制严重刑事犯罪活动蔓延的势头,尽一切努力维护好农村社会治安的稳定。同时,对正确适用法律,处理好农村常见多发案件,全面、正确掌握党的刑事政策,取得了一致意见:

(二)关于盗窃案件

要重点打击的是:盗窃农业生产资料和承包经营的山林、果林、渔塘产品等严重影响和破坏农村经济发展的犯罪;盗窃农民生活资料,严重影响农民生活和社会稳定的犯罪;结伙盗窃、盗窃集团和盗、运、销一条龙的犯罪;盗窃铁路、油田、重点工程物资的犯罪等。

对盗窃集团的首要分子、盗窃惯犯、累犯,盗窃活动造成特别严重后果的,要依法从严惩处。对于盗窃牛、马、骡、拖拉机等生产经营工具或者生产资料的,应当依法从重处罚。对盗窃犯罪的初犯、未成年犯,或者确因生活困难而实施盗窃犯罪,或积极退赃、赔偿损失的,应当注意体现政策,酌情从轻处罚。其中,具备判处管制、单处罚金或者宣告缓刑条件的,应区分不同情况尽可能适用管制、罚金或者缓刑。

最高人民法院《关于审理盗窃案件具体应用法律若干问题的解释》第4条中"入户盗窃"的"户",是指家庭及其成员与外界相对隔离的生活场所,包括封闭的院落、为家庭生活租用的房屋、牧民的帐篷以及渔民作为家庭生活场所的渔船等。集生活、经营于一体的处所,在经营时间内一般不视为"户"。(全文详见本书《刑法》第232条相关内容)

14. 最高人民法院《关于审理扰乱电信市场管理秩序案件具体应用法律若干问题的解释》(法释〔2000〕12号)

第7条　将电信卡非法充值后使用,造成电信资费损失数额较大的,依照刑法第264条的规定,以盗窃罪定罪处罚。

第8条　盗用他人公共信息网络上网账号、密码上网,造成他人电信资费损失数额较大的,依照刑法第264条的规定,以盗窃罪定罪处罚。(全文详见本书《刑法》第225条相关内容)

15. 最高人民法院《关于审理破坏森林资源刑事案件具体应用法律若干问题的解释》(法释〔2000〕36号)

第9条　将国家、集体、他人所有并已经伐倒的树木窃为己有,以及偷砍他人房前屋后、自留地种植的零星树木,数额较大的,依照刑法第264条的规定,以盗窃罪定罪处罚。

第15条 非法实施采种、采脂、挖笋、掘根、剥树皮等行为,牟取经济利益数额较大的,依照刑法第264条的规定,以盗窃罪定罪处罚。(全文详见本书《刑法》第345条相关内容)

16. 最高人民法院《关于印发全国法院审理毒品犯罪案件工作座谈会纪要的通知》(法〔2000〕42号)

(法释〔2013〕7号已声明该文件废止)

17. 最高人民检察院《关于单位有关人员组织实施盗窃行为如何适用法律问题的批复》(高检发释字〔2002〕5号)

近来,一些省人民检察院就单位有关人员为谋取单位利益组织实施盗窃行为如何适用法律问题向我院请示。根据刑法有关规定,现批复如下:

单位有关人员为谋取单位利益组织实施盗窃行为,情节严重的,应当依照刑法第264条的规定以盗窃罪追究直接责任人员的刑事责任。

18. 最高人民法院《关于对采用破坏性手段盗窃正在使用的油田输油管道中油品的行为如何适用法律问题的批复》(法释〔2002〕10号)

(法释〔2013〕25号已声明该文件废止)

19. 最高人民法院、最高人民检察院、公安部《关于依法严厉打击抢劫抢夺等多发性犯罪有关问题的通知》(公通字〔2002〕41号)

(详见本书《刑法》第263条相关内容)

20. 最高人民检察院《关于非法制作、出售、使用IC电话卡行为如何适用法律问题的答复》(〔2003〕高检研发第10号)

辽宁省人民检察院研究室:

你院《关于非法制作、出售IC电话卡的行为如何认定的请示》(辽检发研字〔2002〕8号收悉。经研究,答复如下:

非法制作或者出售非法制作的IC电话卡,数额较大的,应当依照刑法第227条第1款的规定,以伪造、倒卖伪造的有价票证罪追究刑事责任,犯罪数额可以根据销售数额认定;明知是非法制作的IC电话卡而使用或者购买并使用,造成电信资费损失数额较大的,应当依照刑法第264条的规定,以盗窃罪追究刑事责任。

21. 最高人民法院《关于审理破坏公用电信设施刑事案件具体应用法律若干问题的解释》(法释〔2004〕21号)

第3条 故意破坏正在使用的公用电信设施尚未危害公共安全,或者故意毁坏尚未投入使用的公用电信设施,造成财物损失,构成犯罪的,依照刑法第275条规定,以故意毁坏财物罪定罪处罚。

盗窃公用电信设施价值数额不大,但是构成危害公共安全犯罪的,依照刑法第124条的规定定罪处罚;盗窃公用电信设施同时构成盗窃罪和破坏公用电信设施罪的,依照处罚较重的规定定罪处罚。

第4条 指使、组织、教唆他人实施本解释规定的故意犯罪行为的,按照共犯定罪处罚。

第5条 本解释中规定的公用电信设施的范围、用户数、通信中断和严重障碍的标准和时间长度,依据国家电信行业主管部门的有关规定确定。(全文详见本书《刑法》第124条相关内容)

22. 全国人大常委会《关于〈中华人民共和国刑法〉有关文物的规定适用于具有科学价值的古脊椎动物化石、古人类化石的解释》(2005年12月29日第十届全国人大常委会第十九次会议通过)

全国人民代表大会常务委员会根据司法实践中遇到的情况,讨论了关于走私、盗窃、损毁、倒卖或者非法转让具有科学价值的古脊椎动物化石、古人类化石的行为适用刑法有关规定的问题,解释如下:刑法有关文物的规定,适用于具有科学价值的古脊椎动物化石、古人类化石。

23. 最高人民法院《关于审理抢劫、抢夺刑事案件适用法律若干问题的意见》(法发〔2005〕8号)

(详见本书《刑法》第263条相关内容)

24. 最高人民法院《关于审理未成年人刑事案件具体应用法律若干问题的解释》(法释〔2006〕1号)

第9条 已满16周岁不满18周岁的人实施盗窃行为未超过3次,盗窃数额虽已达到"数额较大"标准,但案发后能如实供述全部盗窃事实并积极退赃,且具有下列情形之一的,可以认定为"情节显著轻微危害不大",不认为是犯罪:

(一)系又聋又哑的人或者盲人;(二)在共同盗窃中起次要或者辅助作用,或者被胁迫;(三)具有其他轻微情节的。

已满16周岁不满18周岁的人盗窃未遂或者中止的,可不认为是犯罪。

已满16周岁不满18周岁的人盗窃自己家庭或者近亲属财物,或者盗窃其他亲属财物但其他亲属要求不予追究的,可不按犯罪处理。(全文详见本书《刑法》第17条相关内容)

25. 最高人民法院、最高人民检察院《关于办理盗窃油气、破坏油气设备等刑事案件具体应用法律若干问题的解释》(法释〔2007〕3号)

第3条 盗窃油气或者正在使用的油气设备,构成犯罪,但未危害公共安全的,依照第264条的规定,以盗窃罪定罪处罚。盗窃油气,数额巨大但尚未运离现场的,以盗窃未遂定罪处罚。为他人盗窃油气而偷开油气井、油气管道等油气设备阀门排放油气或者提供其他帮助的,以盗窃罪的共犯定罪处罚。

第4条 盗窃油气同时构成盗窃罪和破坏易燃易爆设备罪的,依照刑法处罚较重的规定定罪处罚。(全文详见本书《刑法》第118条相关内容)

26. 最高人民法院、最高人民检察院《关于办理与盗窃、抢劫、诈骗、抢夺机动车相关刑事案件具体应用法律若干问题的解释》(法释〔2007〕11号)

(详见本书《刑法》第263条相关内容)

27. 最高人民法院《关于审理危害军事通信刑事案件具体应用法律若干问题的解释》(法释〔2007〕13号)

第6条 破坏、过失损坏军事通信,并造成公用电信设施损毁,危害公共安全,同时构成刑法第124条和第369条规定的犯罪的,依照处罚较重的规定定罪处罚。

盗窃军事通信线路、设备,不构成盗窃罪,但破坏军事通信的,依照刑法第369条第1款的规定定罪处罚;同时构成刑法第124条、第264条和第369条第1款规定的犯罪的,依照处罚较重的规定定罪处罚。

违反国家规定,侵入国防建设、尖端科学技术领域的军事通信计算机信息系统,尚未对军事通信造成破坏的,依照刑法第285条的规定定罪处罚;对军事通信造成破坏,同时构成刑法第285条、第286条、第369条第1款规定的犯罪的,依照处罚较重的规定定罪处罚。

违反国家规定,擅自设置、使用无线电台、站,或者擅自占用频率,经责令停止使用后拒不停止使用,干扰无线电通讯正常进行,构成犯罪的,依照刑法第288条的规定定罪处罚;造成军事通信中断或者严重障碍,同时构成刑法第288条、第369条第1款规定的犯罪的,依照处罚较重的规定定罪处罚。(全文详见本书《刑法》第369条相关内容)

28. 最高人民法院《关于审理破坏电力设备刑事案件具体应用法律若干问题的解释》(法释〔2007〕15号)

第3条 盗窃电力设备,危害公共安全,但不构成盗窃罪的,以破坏电力设备罪定罪处罚;同时构成盗窃罪和破坏电力设备罪的,依照刑法处罚较重的规定定罪处罚。

盗窃电力设备,没有危及公共安全,但应当追究刑事责任的,可以根据案件的不同情况,按照盗窃罪等犯罪处理。

第4条 本解释所称电力设备,是指处于运行、应急等使用中的电力设备;已经通电使用,只是由于枯水季节或电力不足等原因暂停使用的电力设备;已经交付使用但尚未通电的电力设备。不包括尚未安装完毕,或者已经安装完毕但尚未交付使用的电力设备。(全文详见本书《刑法》第116条相关内容)

29. 最高人民法院《全国部分法院审理毒品犯罪案件工作座谈会纪要》(法〔2008〕324号)

一、毒品案件的罪名确定和数量认定问题

刑法第347条规定的走私、贩卖、运输、制造毒品罪是选择性罪名,对同一宗毒品实施了两种以上犯罪行为并有相应确凿证据的,应当按照所实施的犯罪行为的性质并列确定罪名,毒品数量不重复计算,不实行数罪并罚。对同一宗毒品可能实施了两种以上犯罪行为,但相应证据只能认定其中一种或者几种行为,认定其他行为的证据不够确实充分的,则只按照依法能够认定的行为的性质定罪。如涉嫌为贩卖而运输毒品,认定贩卖的证据不够确实充分的,则只定运输毒品罪。对不同宗毒品分别实施了不同种犯罪行为的,应对不同行为并列确定罪名,累计毒品数量,不实行数罪并罚。对被告人1人走私、贩卖、运输、制造两种以上毒品的,不实行数罪并罚,量刑时可综合考虑毒品的种类、数量及危害,依法处理。

罪名不以行为实施的先后、毒品数量或者危害大小排列,一律以刑法条文规定的顺序表述。如对同一宗毒品制造后又走私的,以走私、制造毒品罪定罪。下级法院在判决中确定罪名不准确的,上级法院可以减少选择性罪名中的部分罪名或者改动罪名顺序,在不加重原判刑罚的情况下,也可以改变罪名,但不得增加罪名。

对于吸毒者实施的毒品犯罪,在认定犯罪事实和确定罪名时要慎重。吸毒者在购买、运输、存储毒品过程中被查获的,如没有证据证明其是为了实施贩卖等其他毒品犯罪行为,毒品数量未超过刑法第348条规定的最低数量标准的,一般不定罪处罚;查获毒品数量达到较大以上的,应以其实际实施的毒品犯罪行为定罪处罚。

对于以贩养吸的被告人,其被查获的毒品数量应认定为其犯罪的数量,但量刑时应考虑被告人吸食毒品的情节,酌情处理;被告人购买了一定数量的毒品后,部分已被其吸食的,应当按能够证明的贩卖数量及查获的毒品数量认定其贩毒的数量,已被吸食部分不计入在内。

有证据证明行为人不以牟利为目的,为他人代购仅用于吸食的毒品,毒品数量超过刑法第348条规定的最低数量标准的,对托购者、代购者应以非法持有毒品罪定罪。代购者从中牟利,变相加价贩卖毒品的,对代购者应以贩卖毒品罪定罪。明知他人实施毒品犯罪而为其居间介绍、代购代卖的,无论是否牟利,都应以相关毒品犯罪的共犯论处。

盗窃、抢夺、抢劫毒品的,应当分别以盗窃罪、抢夺罪或者抢劫罪定罪,但不计犯罪数额,根据情节轻重予以定罪量刑。盗窃、抢夺、抢劫毒品后又实施其他毒品犯罪的,对盗窃罪、抢夺罪、抢劫罪和所犯的具体毒品犯罪分别定罪,依法数罪并罚。走私毒品,又走私其他物品构成犯罪的,以走私毒品罪和其所犯的其他走私罪分别定罪,依法数罪并罚。(全文详见本书《刑法》第347条相关内容)

30. 最高人民法院《人民法院量刑指导意见(试行)》(法发〔2010〕36号)

(法释〔2015〕2号已声明该文件废止)

31.《中华人民共和国刑法修正案(8)》(2011年2月25日第十一届全国人大常委会第十九次会议通过)

三十九、将刑法第264条修改为:"盗窃公私财物,数额较大的,或者多次盗窃、入户盗窃、携带凶器盗窃、扒窃的,处3年以下有期徒刑、拘役或者管制,并处或者单处罚金;数额巨大或者有其他严重情节的,处3年以上10年以下有期徒刑,并处罚金;数额特别巨大或者有其他特别严重情节的,处10年以上有期徒刑或者无期徒刑,并处罚金或者没收财产。"

(本次修订增加了"多次盗窃、入户盗窃、携带凶器盗窃、扒窃"成立盗窃罪的规定,并删除了1997年《刑法》原条文中"盗窃金融机构,数额特别巨大"或者"盗窃珍贵文物,情节严重"的"处无期徒刑或者死刑,并处没收财产"的规定,从此盗窃罪适用死刑被废除)

32.最高人民法院《关于审理破坏广播电视设施等刑事案件具体应用法律若干问题的解释》(法释〔2011〕13号)

第5条 盗窃正在使用的广播电视设施,尚未构成盗窃罪,但具有本解释第1条、第2条规定情形的,以破坏广播电视设施罪定罪处罚;同时构成盗窃罪和破坏广播电视设施罪的,依照处罚较重的规定定罪处罚。(全文详见本书《刑法》第124条相关内容)

33.最高人民法院、最高人民检察院《关于办理盗窃刑事案件适用法律若干问题的解释》(法释〔2013〕8号)

为依法惩治盗窃犯罪活动,保护公私财产,根据《中华人民共和国刑法》、《中华人民共和国刑事诉讼法》的有关规定,现就办理盗窃刑事案件适用法律的若干问题解释如下:

第1条 盗窃公私财物价值1000元至3000元以上、3万元至10万元以上、30万元至50万元以上的,应当分别认定为刑法第264条规定的"数额较大"、"数额巨大"、"数额特别巨大"。

各省、自治区、直辖市高级法院、检察院可以根据本地区经济发展状况,并考虑社会治安状况,在前款规定的数额幅度内,确定本地区执行的具体数额标准,报最高人民法院、最高人民检察院批准。

在跨地区运行的公共交通工具上盗窃,盗窃地点无法查证的,盗窃数额是否达到"数额较大"、"数额巨大"、"数额特别巨大",应当根据受理案件所在地省、自治区、直辖市高级法院、检察院确定的有关数额标准认定。

盗窃毒品等违禁品,应当按照盗窃罪处理的,根据情节轻重量刑。

第2条 盗窃公私财物,具有下列情形之一的,"数额较大"的标准可以按照前条规定标准的50%确定:

(一)曾因盗窃受过刑事处罚的;(二)1年内曾因盗窃受过行政处罚的;(三)组织、控制未成年人盗窃的;(四)自然灾害、事故灾害、社会安全事件等突发事件期间,在事件发生地盗窃的;(五)盗窃残疾人、孤寡老人、丧失劳动能力人的财物的;(六)在医院盗窃病人或者其亲友财物的;(七)盗窃救灾、抢险、防汛、优抚、扶贫、移民、救济款物的;(八)因盗窃造成严重后果的。

第3条 2年内盗窃3次以上的,应当认定为"多次盗窃"。

非法进入供他人家庭生活,与外界相对隔离的住所盗窃的,应当认定为"入户盗窃"。

携带枪支、爆炸物、管制刀具等国家禁止个人携带的器械盗窃,或者为了实施违法犯罪携带其他足以危害他人人身安全的器械盗窃的,应当认定为"携带凶器盗窃"。

在公共场所或者公共交通工具上盗窃他人随身携带的财物的,应当认定为"扒窃"。

第4条 盗窃的数额,按照下列方法认定:

(一)被盗财物有有效价格证明的,根据有效价格证明认定;无有效价格证明,或者根据价格证明认定盗窃数额明显不合理的,应当按照有关规定委托估价机构估价;(二)盗窃外币的,按照盗窃时中国外汇交易中心或者中国人民银行授权机构公布的人民币对该货币的中间价折合成人民币计算;中国外汇交易中心或者中国人民银行授权机构未公布汇率中间价的外币,按照盗窃时境内银行人民币对该货币的中间价折算成人民币,或者该货币在境内银行、国际外汇市场对美元汇率,与人民币对美元汇率中间价进行套算;(三)盗窃电力、燃气、自来水等财物,盗窃数量能够查实的,按照查实的数量计算盗窃数额;盗窃数量无法查实的,以盗窃前6个月月均正常用量减去盗窃后计量仪表显示的月均用量推算盗窃数额;盗窃前正常使用不足6个月的,按照正常使用期间的月均用量减去盗窃后计量仪表显示的月均用量推算盗窃数额;(四)明知是盗接他人通信线路、复制他人电信码号的电信设备、设施而使用的,按照合法用户为其支付的费用认定盗窃数额;无法直接确认的,以合法用户的电信设备、设施被盗接、复制后的月缴费额减去被盗接、复制前6个月的月均电话费推算盗窃数额;合法用户使用电信设备、设施不足6个月的,按照实际使用的月均电话费推算盗窃数额;(五)盗接他人通信线路、复制他人电信码号出售的,按照销赃数额认定盗窃数额。

盗窃行为给失主造成的损失大于盗窃数额的,损失数额可以作为量刑情节考虑。

第5条 盗窃有价支付凭证、有价证券、有价票证的,按照下列方法认定盗窃数额:

(一)盗窃不记名、不挂失的有价支付凭证、有价证券、有价票证的,应当按票面数额和盗窃时应得的孳息、奖金或者奖品等可得收益一并计算盗窃数额;(二)盗窃记名的有价支付凭证、有价证券、有价票证,已经兑现的,按照兑现部分的财物价值计算盗窃数额;没有兑现,但失主无法通过挂失、补领、补办手续等方式避免损失的,按照给失主造成的实际损失计算盗窃数额。

第6条 盗窃公私财物,具有本解释第2条第3项至第8项规定情形之一,或者入户盗窃、携带凶器盗窃,数额达到本上述解释第1条规定的"数额巨大"、"数额特别巨大"50%的,可以分别认定为刑法第264条规定的"其他严重情节"或者"其他特别严重情节"。

第7条 盗窃公私财物数额较大,行为人认罪、悔罪,退赃、退赔,且具有下列情形之一,情节轻微的,可以不起诉或者免予刑事处罚;必要时,由有关部门予以行政处罚:

(一)具有法定从宽处罚情节的;(二)没有参与分赃或者获赃较少且不是主犯的;(三)被害人谅解的;(四)其他情节轻微、危害不大的。

第8条 偷拿家庭成员或者近亲属的财物,获得谅解的,一般可不认为是犯罪;追究刑事责任的,应当酌情从宽。

第9条 盗窃国有馆藏一般文物、三级文物、二级以上文物的,应当分别认定为刑法第264条规定的"数额较大"、"数额巨大"、"数额特别巨大"。

盗窃多件不同等级国有馆藏文物的,3件同级文物可以视为1件高一级文物。

盗窃民间收藏的文物的,根据本解释第4条第1款第1项的规定认定盗窃数额。

第10条 偷开他人机动车的,按照下列规定处理:

(一)偷开机动车,导致车辆丢失的,以盗窃罪定罪处罚;(二)为盗窃其他财物,偷开机动车作为犯罪工具使用后非法占有车辆,或者将车辆遗弃导致丢失的,被盗车辆的价值计入盗窃数额;(三)为实施其他犯罪,偷开机动车作为犯罪工具使用后非法占有车辆,或者将车辆遗弃导致丢失的,以盗窃罪和其他犯罪数罪并罚;将车辆送回但未造成丢失的,按照其所实施的其他犯罪从重处罚。

第11条 盗窃公私财物并造成财物损毁的,按照下列规定处理:

(一)采用破坏性手段盗窃公私财物,造成其他财物损毁的,以盗窃罪从重处罚;同时构成盗窃罪和其他犯罪的,择一重罪从重处罚;(二)实施盗窃犯罪后,为掩盖罪行或者报复等,故意毁坏其他财物构成犯罪的,以盗窃罪和构成的其他犯罪数罪并罚;(三)盗窃行为未构成犯罪,但损毁构成其他犯罪的,以其他犯罪定罪处罚。

第12条 盗窃未遂,具有下列情形之一的,应当依法追究刑事责任:

(一)以数额巨大的财物为盗窃目标的;(二)以珍贵文物为盗窃目标的;(三)其他情节严重的情形。

盗窃既有既遂,又有未遂,分别达到不同量刑幅度的,依照处罚较重的规定处罚;达到同一量刑幅度的,以盗窃罪既遂处罚。

第13条 单位组织、指使盗窃,符合刑法第264条及本解释有关规定的,以盗窃罪追究组织者、指使者、直接实施者的刑事责任。

第14条 因犯盗窃罪,依法判处罚金刑的,应当在1000元以上盗窃数额的2倍以下判处罚金;没有盗窃数额或者盗窃数额无法计算的,应当在1000元以上10万元以下判处罚金。

第15条 本解释发布实施后,《最高人民法院关于审理盗窃案件具体应用法律若干问题的解释》(法释〔1998〕4号)同时废止;之前公布的司法解释和规范性文件与本解释不一致的,以本解释为准。

34. 最高人民法院《关于实施量刑规范化工作的通知》(法发〔2013〕14号)

(法发〔2017〕7号已声明本文件废止)

35. 最高人民法院研究室《关于入户盗窃但未窃得财物应如何定性问题的研究意见》(2013年)

有关部门就入户盗窃但未窃得财物应如何定性问题征求最高人民法院研究室意见。最高人民法院研究室经认真研究,同意第二种意见:认为对入户盗窃但未实际窃得任何财物的,应当以盗窃未遂论处。除上述四点理由外,补充两点:

一、关于犯罪既遂的认定标准,实践中一般采用的是"犯罪构成要件齐备说"。而判断某一要素是否为某种犯罪的构成要件、判断行为人的行为是否已具备了某种犯罪的全部构成要件,不能仅以刑法分则的条文规定为依据,还应综合考虑该种犯罪的性质以及社会公众的一般认识。以故意杀人罪为例,若仅从刑法第232条规定看,"故意杀人的,处……",似乎该罪是行为犯,只要着手实施杀人行为,不论有未致人死亡,都已构成故意杀人既遂。然而,理论上、实践中没有争议的认为,故意杀人罪是结果犯;致人死亡的结果是该罪的不成文构成要件要素;只有造成致人死亡结果的,才能认定故意杀人既遂。又如抢劫罪,若仅从刑法第263条规定看,似乎该罪也是行为犯,只要以暴力、胁迫或者其他方法抢劫的,不论有未造成他人人身伤害、财产损失,都已构成抢劫既遂,但《最高人民法院关于审理抢劫抢夺刑事案件适用法律若干问题的意见》明确指出:"既未劫取财物,又未造成他人人身伤害后果的,属抢劫未遂。"类似地,对盗窃罪的构成要件要素,也不能仅从修正后刑法第264条的规定作出分析;盗窃罪系财产犯罪,根据传统认识、社会一般观念,应当将造成他人财产损失补充解释为该罪的构成要件要素;对实施盗窃行为但未实际窃得财物的,不应认定为盗窃既遂,只能认定为盗窃未遂。否则,难以为社会公众所理解、认同,也难以体现、贯彻罪责刑相适应的刑法基本原则。

二、盗窃罪侵犯的是财产权益,是结果犯。行为人仅是为了实施盗窃而入户并不构成盗窃罪的既遂,在此种情况下,被害人并未失去对财物的控制,其财产所有权没有实质被侵犯,应认定为盗窃罪未遂。只有使被害人对财物失去控制后才能认走为既遂。值得注意的是,1997年修订刑法时,实际已对盗窃罪人罪门槛有过修正,即将"多次盗窃"补充规定为该罪的入罪条件之一。但刑法作出上述修改后,理论上、实践中并未因此认为盗窃罪的性质已发生变化,即认为盗窃罪已经从结果犯变成了行为犯,对于多次盗窃但未实际窃得财物的,也应认定盗窃既遂;而是仍然认为,盗窃罪属于结果犯,只有实际窃得财物的才能认定盗窃既遂。

《刑法修正案(8)》进一步将入户盗窃、携带凶器盗劈、扒窃增加规定为盗窃罪的入罪条件之后,也应坚持同样立场。

综上,不仅入户盗窃,对于携带凶器盗窃、扒窃,也应以是否实际窃得财物作为区别既遂、未遂的标准。

第二种意见认为,入户盗窃但未窃得财物的,可以认定为盗窃未遂。主要理由是:

1. 犯罪成立和犯罪既遂是两个层面上的问题。犯罪既遂、未遂是在已经构成犯罪的基础上讨论犯罪是否得逞、客观危害结果是否出现的问题。张某的入户盗窃行为,在刑法修正案(8)前不以盗窃罪论处,按照修正案(8)后的刑法规定构成盗窃罪,而由于意志外的原因未得逞,应认定为未遂。构成犯罪和犯罪未遂之间并不冲突。

2. 不能基于入户盗窃的罪状是对行为情节的描述就得出入户盗窃属于行为犯的结论。盗窃罪是侵财犯罪,无论是要求数额的普通盗窃还是入户盗窃,既遂、未遂的区分还是应当坚持以侵财结果为标准。

3. 从罪刑结构上分析,将达不到数额较大但有入户盗窃等情节的行为人罪,使刑事法网更加严密,立法的意图重在于"密"而不在"严",将其入罪本身已经足以体现对入户盗窃等行为的严厉打击,在定罪基础上坚持区别既遂、未遂,对入户盗窃没有窃取任何财物的认定为未遂,符合宽严相济刑事政策的要求,也可以实现罪刑结构的均衡。

4.《最高人民法院关于审理盗窃案件具体应用法律若干问题的解释》第 1 条将盗窃未遂的处罚范围限制在"情节严重,如以数额巨大的财物或者国家珍贵文物为盗窃目标的",是建立在刑法修正案(8)之前的盗窃罪犯罪构成基础上的,针对的是普通盗窃。在修正案后,此种限制不适用于入户盗窃、携带凶器盗窃等情况。

36. 最高人民法院研究室《关于〈最高人民法院、最高人民检察院关于办理与盗窃、抢劫、诈骗、抢夺机动车相关刑事案件具体应用法律若干问题的解释〉有关规定如何适用问题的答复》(法研〔2014〕98 号)

(详见本书《刑法》第 263 条相关内容)

37. 最高人民法院、最高人民检察院、工业和信息化部、公安部《关于印发〈公用电信设施损坏经济损失计算方法〉的通知》(工信部联电管〔2014〕372 号)

为有效打击盗窃、破坏电信设施违法犯罪行为,支撑司法部门对相关案件的立案侦查和定罪量刑,加强电信设施保护管理,规范统计考核的依据,我们制定了《公用电信设施损坏经济损失计算方法》。现印发给你单位,请遵照执行。

附:《公用电信设施损坏经济损失计算方法》

第 1 条 为保障公用电信设施安全稳定运行,规范公用电信设施损坏经济损失计算,制定本方法。

第 2 条 中华人民共和国境内由于盗窃、破坏等因素造成公用电信设施损坏所带来的经济损失,根据本方法计算。

第 3 条 本方法中公用电信设施主要包括:

(一)通信线路类:包括光(电)缆、电力电缆等;交接箱、分(配)线盒等;管道、槽道、人井(手孔);电杆、拉线、吊线、挂钩等支撑加固和保护装置;标石、标志标牌、井盖等附属配套设施。

(二)通信设备类:包括基站、中继站、微波站、直放站、室内分布系统、无线局域网(WLAN)系统、有线接入设备、公用电话终端等。

(三)其他配套设备类:包括通信铁塔、收发信天(馈)线;公用电话亭;用于维系通信设备正常运转的通信机房、空调、蓄电池、开关电源、不间断电源(UPS)、太阳能电池板、油机、变压器、接地铜排、消防设备、安防设备、动力环境设备等附属配套设施。

(四)电信主管部门认定的其他电信设施。

第4条 公用电信设施损坏经济损失,主要包括公用电信设施修复损失、阻断通信业务损失和阻断通信其他损失。

公用电信设施修复损失,是指公用电信设施损坏后临时抢修、正式恢复所需各种修复费用总和,包括人工费、机具使用费、仪表使用费、调遣费、赔补费、更换设施设备费用等。

阻断通信业务损失,是指公用电信设施损坏造成通信中断所带来的业务损失的总和,包括干线光传送网阻断通信损失、城域/本地光传送网阻断通信损失和接入网阻断通信损失。

阻断通信其他损失,是指公用电信设施损坏造成通信中断所带来的除通信业务损失以外的其他损失的总和,包括基础电信企业依法向电信用户支付的赔偿费用等损失。

第5条 公用电信设施修复损失计算

公用电信设施损坏后临时抢修、正式修复所需费用按照《关于发布〈通信建设工程概算、预算编制办法及相关定额〉的通知》(工信部规〔2008〕75号)核实确定。

公用电信设施损坏后通过设置应急通信设备、使用备份设备或迂回路由等方式临时抢修产生的费用,可由当地通信管理局确定。

第6条 阻断通信业务损失计算

阻断通信业务损失=阻断通信时间×单位时间通信业务价值。

阻断通信时间,是指自该类业务通信阻断发生时始,至该类业务修复后经测试验证后通信可用时止的时间长度。

单位时间通信业务价值,是指阻断通信时间段前30天对应时段内的平均业务量与业务单价的乘积。

各类业务单价可在该类业务标价和套餐折合最低价之间取值,具体由当地通信管理局根据当地实际情况确定。

(一)干线光传送网阻断通信损失

干线光传送网,按照阻断通信的使用带宽进行计算,即:干线光传送网阻断通信损失=阻断通信时间(分钟)×前30天对应时段内平均使用带宽(Mbps)×单位带宽价格(元/Mbps/分钟)。

单位带宽价格按基础电信企业向当地通信管理局资费备案的互联网100Mbps专线接入(当地静态路由接入方式)价格的1%计算。

(二)城域/本地光传送网阻断通信损失城域/本地光传送网阻断通信损失参照干线光传送网阻断通信损失计算。

(三)接入网阻断通信损失

接入网可明确区分不同业务类型,应分别计算该网络内不同业务实际阻断通信时间内的损失,并将不同业务类型损失进行叠加。

接入网阻断通信损失包括固定和移动语音业务损失、固定数据业务损失、移动数据业务损失、固定和移动专线出租电路损失、短信业务损失和增值电信业务损失。

固定和移动语音业务损失包括国际长途、国内长途和本地通话3类业务损失,每类业务损失计算公式为:固定和移动语音业务损失=前30天对应时段内平均通话时长(分钟)×单价(元/分钟)。

固定数据业务损失计算公式为:固定数据业务损失=阻断通信时间(分钟)×月均固定数据业务资费/当月分钟数(元/分钟)。

移动数据业务损失计算公式为:移动数据业务损失=前30天对应时段内平均数据流量

(MB/秒)×阻断时长(秒)×单价(元/MB)。

固定和移动专线出租电路损失根据基础电信企业和党、政、军机关、事业单位、企业等签订的专线电路租用合同相关条款进行计算。

短信业务损失计算公式为:短信业务阻断损失=前30天对应时段内平均短信量(条)×单价(元/条)。

增值电信业务损失可由当地通信管理局确定。

第7条 专用电信设施损坏经济损失计算可参照本方法执行。

第8条 各省、自治区、直辖市通信管理局可根据本规定,结合具体情况制定适合本行政区域内的公用电信设施损坏经济损失计算方法。

第9条 本方法由工业和信息化部负责解释。

第10条 本规定自印发之日起实施。

38. 国家发展改革委价格认证中心《关于被盗财物价格认定规则(试行)》(发改价证办〔2014〕235号)

被国家发展改革委价格认证中心《被盗财物价格认定规则》(发改价认办〔2020〕97号)废止。

39. 最高人民检察院《第5批指导性案例陈某昌抢劫、盗窃,付某强盗窃案》(检例第17号;2014年9月10日)

(详见本书《刑法》第263条相关内容)

40. 最高人民法院《第7批指导性案例臧某泉等盗窃、诈骗案》(指导案例27号;法〔2014〕161号)

【裁判要点】

行为人利用信息网络,诱骗他人点击虚假链接而实际通过预先植入的计算机程序窃取财物构成犯罪的,以盗窃罪定罪处罚;虚构可供交易的商品或者服务,欺骗他人点击付款链接而骗取财物构成犯罪的,以诈骗罪定罪处罚。

【裁判理由】

法院生效裁判认为:盗窃是指以非法占有为目的,秘密窃取公私财物的行为;诈骗是指以非法占有为目的,采用虚构事实或者隐瞒真相的方法,骗取公私财物的行为。对既采取秘密窃取手段又采取欺骗手段非法占有财物行为的定性,应从行为人采取主要手段和被害人有无处分财物意识方面区分盗窃与诈骗。如果行为人获取财物时起决定性作用的手段是秘密窃取,诈骗行为只是为盗窃创造条件或作掩护,被害人也没有"自愿"交付财物的,就应当认定为盗窃;如果行为人获取财物时起决定性作用的手段是诈骗,被害人基于错误认识而"自愿"交付财物,盗窃行为只是辅助手段的,就应当认定为诈骗。在信息网络情形下,行为人利用信息网络,诱骗他人点击虚假链接而实际上通过预先植入的计算机程序窃取他人财物构成犯罪的,应当以盗窃罪定罪处罚;行为人虚构可供交易的商品或者服务,欺骗他人为支付货款点击付款链接而获取财物构成犯罪的,应当以诈骗罪定罪处罚。本案中,被告人臧某泉、郑某玲使用预设计算机程序并植入的方法,秘密窃取他人网上银行账户内巨额钱款,其行为均已构成盗窃罪。臧某泉、郑某玲和被告人刘某以非法占有为目的,通过开设虚假的网络店铺和利用伪造的购物链接骗取他人数额较大的货款,其行为均已构成诈骗罪。对臧某泉、郑某玲所犯数罪,应依法并罚。

关于被告人臧某泉及其辩护人所提非法获取被害人金某的网银账户内305 000元的行为,不构成盗窃罪而是诈骗罪的辩解与辩护意见,经查,臧某泉和被告人郑某玲在得知金某网银账户内有款后,即产生了通过植入计算机程序非法占有目的;随后在网络聊天中诱导金某同意支付1元钱,而实际上制作了一个表面付款“1元”却支付305 000元的假淘宝网链接,致使金某点击后,其网银账户内305 000元即被非法转移到臧某泉的注册账户中,对此金某既不知情,也非自愿。可见,臧某泉、郑某玲获取财物时起决定性作用的手段是秘密窃取,诱骗被害人点击“1元”的虚假链接系实施盗窃的辅助手段,只是为盗窃创造条件或作掩护,被害人也没有“自愿”交付巨额财物,获取银行存款实际上是通过隐藏的事先植入的计算机程序来窃取的,符合盗窃罪的犯罪构成要件,依照刑法第264条、第287条的规定,应当以盗窃罪定罪处罚。故臧某泉及其辩护人所提上述辩解和辩护意见与事实和法律规定不符,不予采纳。

41. 最高人民法院、最高人民检察院《关于妨害文物管理等刑事案件适用法律若干问题的解释》(法释〔2015〕23号)

第2条 盗窃一般文物、三级文物、二级以上文物的,应当分别认定为刑法第264条规定的“数额较大”“数额巨大”“数额特别巨大”。

盗窃文物,无法确定文物等级,或者按照文物等级定罪量刑明显过轻或者过重的,按照盗窃的文物价值定罪量刑。

第8条 刑法第328条第1款规定的“古文化遗址、古墓葬”包括水下古文化遗址、古墓葬。“古文化遗址、古墓葬”不以公布为不可移动文物的古文化遗址、古墓葬为限。

实施盗掘行为,已损害古文化遗址、古墓葬的历史、艺术、科学价值的,应当认定为盗掘古文化遗址、古墓葬罪既遂。

采用破坏性手段盗窃古文化遗址、古墓葬以外的古建筑、石窟寺、石刻、壁画、近代现代重要史迹和代表性建筑等其他不可移动文物的,依照刑法第264条的规定,以盗窃罪追究刑事责任。

第11条 单位实施走私文物、倒卖文物等行为,构成犯罪的,依照本解释规定的相应自然人犯罪的定罪量刑标准,对直接负责的主管人员和其他直接责任人员定罪处罚,并对单位判处罚金。

公司、企业、事业单位、机关、团体等单位实施盗窃文物,故意损毁文物、名胜古迹,过失损毁文物,盗掘古文化遗址、古墓葬等行为的,依照本解释规定的相应定罪量刑标准,追究组织者、策划者、实施者的刑事责任。

第12条 针对不可移动文物整体实施走私、盗窃、倒卖等行为的,根据所属不可移动文物的等级,依照本解释第1条、第2条、第6条的规定定罪量刑:

(一)尚未被确定为文物保护单位的不可移动文物,适用一般文物的定罪量刑标准;(二)市、县级文物保护单位,适用三级文物的定罪量刑标准;(三)全国重点文物保护单位、省级文物保护单位,适用2级以上文物的定罪量刑标准。

针对不可移动文物中的建筑构件、壁画、雕塑、石刻等实施走私、盗窃、倒卖等行为的,根据建筑构件、壁画、雕塑、石刻等文物本身的等级或者价值,依照本解释第1条、第2条、第6条的规定定罪量刑。建筑构件、壁画、雕塑、石刻等所属不可移动文物的等级,应当作为量刑情节予以考虑。

第13条 案件涉及不同等级的文物的,按照高级别文物的量刑幅度量刑;有多件同级文物的,5件同级文物视为1件高一级文物,但是价值明显不相当的除外。

第14条 依照文物价值定罪量刑的,根据涉案文物的有效价格证明认定文物价值;无有效价格证明,或者根据价格证明认定明显不合理的,根据销赃数额认定,或者结合本解释第15条规定的鉴定意见、报告认定。

第15条 在行为人实施有关行为前,文物行政部门已对涉案文物及其等级作出认定的,可以直接对有关案件事实作出认定。

对案件涉及的有关文物鉴定、价值认定等专门性问题难以确定的，由司法鉴定机构出具鉴定意见，或者由国务院文物行政部门指定的机构出具报告。其中，对于文物价值，也可以由有关价格认证机构作出价格认证并出具报告。

第 16 条 实施本解释第 1 条、第 2 条、第 6 条至第 9 条规定的行为，虽已达到应当追究刑事责任的标准，但行为人系初犯，积极退回或者协助追回文物，未造成文物损毁，并确有悔罪表现的，可以认定为犯罪情节轻微，不起诉或者免予刑事处罚。

实施本解释第 3 条至第 5 条规定的行为，虽已达到应当追究刑事责任的标准，但行为人系初犯，积极赔偿损失，并确有悔罪表现的，可以认定为犯罪情节轻微，不起诉或者免予刑事处罚。

第 17 条 走私、盗窃、损毁、倒卖、盗掘或者非法转让具有科学价值的古脊椎动物化石、古人类化石的，依照刑法和本解释的有关规定定罪量刑。

第 18 条 本解释自 2016 年 1 月 1 日起施行。本解释公布施行后，《最高人民法院、最高人民检察院关于办理盗窃、盗掘、非法经营和走私文物的案件具体应用法律的若干问题的解释》(法[研]发〔1987〕32 号)同时废止；之前发布的司法解释与本解释不一致的，以本解释为准。(全文详见本书《刑法》第 324 条相关内容)

42. 最高人民法院研究室《关于盗窃互联网上网流量如何认定盗窃数额的研究意见》(《司法研究与指导》2015 年总第 5 辑)

有关部门就盗窃互联网上网流量如何认定盗窃数额征求最高人民法院研究室意见。我室经研究认为：盗窃互联网上网流量的，可以按照销赃数额认定盗窃数额。

一、问题由来

联通公司某员工骗用同事工号和操作密码，违规为特定手机号码开通低价流量包套餐后，以每个号码 400 元至 600 元的价格在淘宝网上销售，获利 12 万余元。上述低价流量包套餐包括两种，即联通公司在特定时间内短期优惠促销的“0 元 1G”免费流量包，以及仅为某两公司提供的“8 元 1.9G”的内部集团套餐，该套餐不面向公众办理。互联网上网流量的价格因促销活动、流量包大小等因素存在较大的价格波动区间。据了解，联通公司面向社会普通公众收取流量费用，高于上述套餐资费标准，最低价格为 30 元 500 兆，即每兆 0.06 元，且用户超出套餐额外产生的本地和国内漫游流量计费按照每兆 0.3 元收取。对于盗窃互联网上网流量如何认定盗窃数额的问题，有关部门认识不一。为此，有关部门就此法律适用问题征求最高人民法院研究室意见。

二、主要争议问题

《最高人民法院、最高人民检察院关于办理盗窃刑事案件适用法律若干问题的解释》已删除原解释“销赃数额高于按本解释计算的盗窃数额的，盗窃数额按销赃数额计算”的规定，而第 4 条第 5 项“按照销赃数额认定盗窃数额”的规定仅针对于盗接他人通信线路、复制他人电信码号出售的行为，不宜适用于一般盗窃案件。关于盗窃互联网上网流量如何认定盗窃数额，能否直接按照销赃数额认定盗窃数额，就存在不同认识。具体而言，有如下几种观点：

第一种观点认为，应以联通公司超出流量包套餐的溢出价 0.3 元/M 计算，盗窃数额为 25 万余元。

第二种观点认为，应以联通公司面向社会出售的普通流量包中的最低价格即 0.06 元/M 计算，盗窃数额为 40 500 元。

第三种观点认为，应比照《最高人民法院、最高人民检察院关于办理盗窃刑事案件适用法律若干问题的解释》第 4 条第 5 项的规定，以销赃数额认定盗窃数额。

第四种观点认为,盗窃互联网上网流量出售的,应当以实际流量损失数额认定盗窃数额,在无法查实损失数额的情况下,可以销赃数额认定。

三、研究意见及理由

经认真研究,并征求院内有关部门意见,最高人民法院研究室认为,可以按照销赃数额认定盗窃数额。主要考虑如下:

1. 盗窃互联网上网流量的盗窃数额认定,应当遵循盗窃罪司法解释关于盗窃数额认定的一般方法,即"被盗财物有有效价格证明的,根据有效价格证明认定;无有效价格证明,或者根据价格证明认定盗窃数额明显不合理的,应当按照有关规定委托估价机构估价"。就本案而言,如果按照"0元1G"或者"8元1.9G"的价格认定盗窃数额明显不合理,因此,对盗窃数额的认定应当有特殊考虑。如前所述,互联网上网流上网流量的价格存在较大的价格区间,因此,也无法通过估价的方式对盗窃数额作出准确认定。

2. 经了解,本案行为人在售卖免费或者低价流量包时并未限制服务时间,购买者甚至认为可以持续使用(只是案发使得该预期落空)。换言之,盗窃者及购买者在交易时,对于流量包的使用时间和使用量并无明确的预期,实际上类似于"盗接他人通信线路、复制他人电信码号出售"行为。这也就是以联通公司面向社会出售的普通流量包中的最低价格计算的盗窃数额远低于销赃数额的原因所在。而且,此种情况下,由于难以查明被害单位的实际损失数额,而以销赃数额认定盗窃数额实际上对被告人有利,且符合诉讼经济原则。基于此,我们倾向于按照销赃数额认定盗窃数额的意见。

3. 其他观点存在不妥之处。第一种观点主张以互联网上网流量的最高价格计算出盗窃数额为25万余元,此种计算方法明显不利于被告人,存在不妥之处。第二种观点得出的盗窃数额低于销售数额,此种计算方法由于未考虑到行为人销赃时对流量包约定使用时间的不确定性,也存在弊端。

43. 最高人民法院《关于审理掩饰、隐瞒犯罪所得、犯罪所得收益刑事案件适用法律若干问题的解释》(法释〔2015〕11号;法释〔2021〕8号修正)

第6条 对犯罪所得及其产生的收益实施盗窃、抢劫、诈骗、抢夺等行为,构成犯罪的,分别以盗窃罪、抢劫罪、诈骗罪、抢夺罪等定罪处罚。(全文详见本书《刑法》第312条相关内容)

44. 最高人民检察院研究室《关于〈关于多次盗窃中"次"如何认定的法律适用请示〉的答复意见》(2016年3月18日)

多次盗窃中"次"的判断,可以参照2005年最高人民法院《关于审理抢劫、抢夺刑事案件适用法律若干问题的意见》中"多次抢劫"的规定认定。但"多次盗窃"与"多次抢劫"必定有所不同,实践中应结合具体案件的具体情况,从主观方面考量行为人是基于1个盗窃的故意,还是多个盗窃的故意;同时,更需要结合客观方面的行为方式,实施行为的条件,以及行为所造成的后果等来综合判断。

45. 最高人民检察院法律政策研究室《关于〈关于伪造机动车登记证书如何适用法律的请示〉的答复意见》(2016年3月18日)

(详见本书《刑法》第263条相关内容)

46. 最高人民法院《关于常见犯罪的量刑指导意见》(法发〔2017〕7号)

被最高人民法院、最高人民检察院《关于常见犯罪的量刑指导意见(试行)》(法发〔2021〕21号)废止。

47. 最高人民检察院《第9批指导性案例张四毛盗窃案》(检例第37号;2017年10月12日)

【要旨】

网络域名具备法律意义上的财产属性,盗窃网络域名可以认定为盗窃行为。

【指导意义】

网络域名是网络用户进入门户网站的一种便捷途径,是吸引网络用户进入其网站的窗口。网络域名注册人注册了某域名后,该域名将不能再被其他人申请注册并使用,因此网络域名具有专属性和唯一性。网络域名属稀缺资源,其所有人可以对域名行使出售、变更、注销、抛弃等处分权利。网络域名具有市场交换价值,所有人可以以货币形式进行交易。通过合法途径获得的网络域名,其注册人利益受法律承认和保护。本案中,行为人利用技术手段,通过变更网络域名绑定邮箱及注册ID,实现了对域名的非法占有,并使原所有人丧失了对网络域名的合法占有和控制,其目的是为了非法获取网络域名的财产价值,其行为给网络域名的所有人带来直接的经济损失。该行为符合以非法占有为目的窃取他人财产利益的盗窃罪本质属性,应以盗窃罪论处。对于网络域名的价值,当前可综合考虑网络域名的购入价、销赃价、域名升值潜力、市场热度等综合认定。

48. 最高人民法院、最高人民检察院、公安部《关于办理盗窃油气、破坏油气设备等刑事案件适用法律若干问题的意见》(法发〔2018〕18号)

二、关于盗窃油气未遂的刑事责任

着手实施盗窃油气行为,由于意志以外的原因未得逞,具有下列情形之一的,以盗窃罪(未遂)追究刑事责任:

(一)以数额巨大的油气为盗窃目标的;(二)已将油气装入包装物或者运输工具,达到"数额较大"标准3倍以上的;(三)携带盗油卡子、手摇钻、电钻、电焊枪等切割、打孔、撬砸、拆卸工具的;(四)其他情节严重的情形。

三、关于共犯的认定

在共同盗窃油气、破坏油气设备等犯罪中,实际控制、为主出资或者组织、策划、纠集、雇佣、指使他人参与犯罪的,应当依法认定为主犯;对于其他人员,在共同犯罪中起主要作用的,也应当依法认定为主犯。

在输油输气管道投入使用前擅自安装阀门,在管道投入使用后将该阀门提供给他人盗窃油气的,以盗窃罪、破坏易燃易爆设备罪等有关犯罪的共同犯罪论处。

四、关于内外勾结盗窃油气行为的处理

行为人与油气企业人员勾结共同盗窃油气,没有利用油气企业人员职务便利,仅仅是利用其易于接近油气设备、熟悉环境等方便条件的,以盗窃罪的共同犯罪论处。

实施上述行为,同时构成破坏易燃易爆设备罪的,依照处罚较重的规定定罪处罚。(全文详见本书《刑法》第118条相关内容)

49. 最高人民法院、最高人民检察院、公安部《关于办理涉窨井盖相关刑事案件的指导意见》(高检发〔2020〕3号)

四、盗窃本意见第1条、第2条规定以外的其他场所的窨井盖,且不属于本意见第3条规定的情形,数额较大,或者多次盗窃的,依照刑法第264条的规定,以盗窃罪定罪处罚。

故意毁坏本意见第1条、第2条规定以外的其他场所的窨井盖,且不属于本意见第3条规定的情形,数额较大或者有其他严重情节的,依照刑法第275条的规定,以故意毁坏财物罪定罪处罚。(全文详见本书《刑法》第233条相关内容)

50. 最高人民法院、最高人民检察院、公安部《关于刑事案件涉扶贫领域财物依法快速返还的若干规定》(高检发〔2020〕12号)

(详见本书《刑法》第64条相关内容)

51. 最高人民法院、最高人民检察院、公安部《关于依法办理“碰瓷”违法犯罪案件的指导意见》(公通字〔2020〕12号)

四、实施“碰瓷”,采取转移注意力、趁人不备等方式,窃取、夺取他人财物,符合刑法第264条、第267条规定的,分别以盗窃罪、抢夺罪定罪处罚。

九、共同故意实施“碰瓷”犯罪,起主要作用的,应当认定为主犯,对其参与或者组织、指挥的全部犯罪承担刑事责任;起次要或者辅助作用的,应当认定为从犯,依法予以从轻、减轻处罚或者免除处罚。

3人以上为共同故意实施“碰瓷”犯罪而组成的较为固定的犯罪组织,应当认定为犯罪集团。对首要分子应当按照集团所犯全部罪行处罚。

符合黑恶势力认定标准的,应当按照黑社会性质组织、恶势力或者恶势力犯罪集团侦查、起诉、审判。(全文详见本书《刑法》第133条相关内容)

52. 最高人民检察院《第22批指导性案例琚某忠盗窃案》(检例第83号;2020年11月24日)

【要旨】

对于犯罪事实清楚,证据确实、充分,被告人自愿认罪认罚,一审法院采纳从宽量刑建议判决的案件,因被告人无正当理由上诉而不再具有认罪认罚从宽的条件,检察机关可以依法提出抗诉,建议法院取消因认罪认罚给予被告人的从宽量刑。

【指导意义】

被告人通过认罪认罚获得量刑从宽后,在没有新事实、新证据的情况下,违背具结承诺以量刑过重为由提出上诉,无正当理由引起二审程序,消耗国家司法资源,检察机关可以依法提出抗诉。一审判决量刑适当、自愿性保障充分,因为认罪认罚后反悔上诉导致量刑不当的案件,检察机关依法提出抗诉有利于促使被告人遵守协商承诺,促进认罪认罚从宽制度健康稳定运行。检察机关提出抗诉时,应当建议法院取消基于认罪认罚给予被告人的从宽量刑,但不能因被告人反悔行为对其加重处罚。

53. 国家发展改革委价格认证中心《被盗财物价格认定规则》(发改价认办〔2020〕97号)

第1条 为规范被盗财物价格认定工作,统一操作方法和标准,保证价格认定结论客观、公正、合理,保障司法活动的顺利进行,维护社会公共利益和当事人合法权益,根据国家有关法律法规和规范性文件,结合工作实际,制定本规则。

第2条 各级价格认定机构对被盗财物进行价格认定,适用本规则。国家法律、法规另有规定的,从其规定。

第3条 本规则所称被盗财物价格认定,是指价格认定机构对公安机关、人民检察院、人民法院(以下简称“提出机关”)办理的涉嫌盗窃罪案件中无被盗财物有效价格证明或者根据价格证明认定盗窃数额明显不合理时,进行价格确认的行为。

第4条 价格认定机构应当要求提出机关提供必要、完整、准确的价格认定委托书、协助书和价格认定必需的相关材料。提出机关对上述文书、材料的真实性、合法性负责。

价格认定委托书、协助书上应当载明价格认定机构名称,价格认定目的,被盗财物名称、数量、规格型号、真伪质量检测证明,价格内涵(被盗财物所处不同环节、区域及其他特定情况的价格限定),价格认定基准日,提出机关名称、联系人、联系方式,提供材料名称和份数,其他需要说明的事项等内容。如,农产品的价格内涵包括生长周期(芽、花、果等)、生命周期(种、芽、苗、初果、盛果、衰老、死亡等)、流通环节(产品收购、储运、批发、零售等)等环节的价格;工业品的价格内涵包括生产过程(在产品、产成品等)、流通过程(出厂、储运、总经销、分销、批发、零售)、回收过程等环节的价格。

第5条 被盗财物具有下列情形之一的,可以按照灭失状况进行价格认定:

(一)实物因挥霍、丢弃、隐匿、毁坏、发回等原因导致提出机关无法提供的;(二)查验日或者勘验日实物状况和基准日相比发生重大变化,无法确定基准日实物状况的;(三)无法确定基准日实物状况的其他情形。

第6条 被盗财物灭失的,除本规则第四条的规定外,还应当要求提出机关在价格认定委托书、协助书中明确被盗财物具体购置时间(启用时间)、购置价格;在基准日的实物状况,包括新旧程度、使用情况(使用强度、使用环境、是否正常使用)、维护保养情况、鲜活程度等;成分、含量、保质期限、质量等级、是否符合产品质量标准等影响价格的因素并提供相关材料。

第7条 有下列情形之一的,价格认定机构可以不予受理:

(一)被盗财物为人民币、外币、有价支付凭证、有价证券、有价票证以及其他提出机关可以直接确认价格的财物;(二)被盗财物为国有馆藏文物,珍贵、濒危动物及其制品,珍稀植物及其制品,毒品,淫秽物品,枪支、弹药、管制刀具、核材料等不以价格数额作为定罪量刑标准的物品;(三)被盗财物已经灭失,且不能通过文字、照片等材料全面准确反映其名称、数量、规格型号、真伪质量、实物状况等影响价格重要因素的。

第8条 价格认定人员应当根据价格认定委托书、协助书内容进行实物查验或者勘验。

(一)被盗财物为工业品的,应当对品名、规格型号、制造厂家、出厂日期、购置日期、技术指标、质量等级、保质期限、外形尺寸、数量(重量)等进行查验或者勘验,并确认其基准日的状态;应当根据磨损程度、损坏程度、维护保养状况、物理形状变化、操控性能、配置状况、功能适用状况等因素,确定成新率;(二)被盗财物为农产品的,属于种植产品,应当对立地条件、栽培面积、品种、生长势、生长周期具体时段、生长发育阶段、正常产量、品质、成品率等进行查验或者勘验;属于养殖产品,应当对种类、品系、养殖条件、面积、规模、用途、出栏率、产品周期、生长时间、生长发育阶段、主产品和副产品正常产量、仔畜死亡率等进行查验或者勘验;(三)被盗财物为书画、文物、珠宝玉石等需要进行真伪、质量等检测的,应当结合提出机关提供的真伪、质量检测证明,对作者、创作年代、作品质量、历史价值、规格尺寸、品相以及品牌、重量、材质、颜色、净度等级、工艺水平和配件等进行查验或者勘验;(四)进行查验或者勘验时,应当注意区别查验日或者勘验日与价格认定基准日时实物状况可能存在的差异。

第9条 被盗财物已经灭失,无法进行实物查验或者勘验时,对于该财物属于某设备(设施)的组成部分的,可对设备(设施)剩余部分进行查验或者勘验,结合查验或者勘验情况确定被盗财物状况。

第10条 遇有下列情形之一的,应当及时告知提出机关,由其修改价格认定委托书、协助书、补充材料或者对相关情况予以书面确认。必要时,可以按照相关规定中止或者终止价格认定。

(一)查验或者勘验的实物与提出机关提供材料不符的;(二)被盗财物已经灭失,以及查验或者勘验日实物状态与价格认定基准日相比发生重大变化,提出机关不能确定价格认定基准日实物状态的;(三)提出机关应当提供真实有效的质量、技术、真伪等检测报告或者鉴定意见而未提供的;(四)提出机关提供的材料不完整,不能达到价格认定基本要求的。

第11条 被盗财物价格认定一般采取市场法、成本法、专家咨询法等方法。

根据价格认定目的、被盗财物类别、状态、价格内涵、可以采集的数据和信息资料情况等因素,选择一种或者几种价格认定方法。采用多种认定方法时,应当综合考虑不同方法的测算思路和参数来源,分析每种方法对应结果的合理性,最终确定价格认定结论。

第12条 具备充分发育的交易市场,能够搜集相关交易实例和正常价格信息的,应当优先选用市场法。

在价格认定过程中,应当选择可以修正调整的、相同或者近似的实例作为参照;相关因素调整时,单项因素修正一般不应超过20%,综合修正一般不应超过30%。

第13条 具备可以采用的成本资料,能够取得被盗财物重置价格和实体性、功能性、经济性贬值或者成新率等指标的,可以采用成本法。

查验或者勘验确定的成新率与通过年限测算的成新率有差异时,应当综合分析确定成新率。接近经济使用年限上限,或者虽然超过经济使用年限但尚能正常使用的,成新率应当结合实际情况确定。

第14条 被盗财物属性特殊、专业性强,难以采用市场法和成本法进行价格认定时,可以采用专家咨询法。

在运用市场法和成本法过程中咨询有关专家的,不属于专家咨询法。

第15条 被盗财物价格认定一般按照市场价值标准,根据价格认定委托书、协助书内容和调查掌握的资料情况进行测算:

(一)生产领域的产品,产成品按照出厂价计算;在产品按完工程度比照产品的出厂价格折算;自制生产资料按照生产企业的合理生产成本测算;(二)流通领域的商品,按照价格认定委托书、协助书载明的价格内涵,按照相同或者近似的同类商品的中等价格测算。其中:1. 专供外销商品,国内无销售的,按照离岸价测算;2. 进口商品,国内市场可以采集到同类物品相应价格的,按照该价格计算;无法采集国内市场价格但是可以采集到国外市场相应价格的,按照国外价格考虑基准日汇率及各项进口税费测算;国内外均无法采集同类物品相应价格的,可以通过比较质量、功能、性能和品牌等因素综合推算。(三)农产品,根据价格认定委托书、协助书载明的价格内涵,按照同类同等级产品的中等价格测算;(四)珠宝玉石和贵金属制品,根据工艺、品质、品牌等,按照与其相当的经销商店或者专业市场的中等价格测算;无销售的,可以采用成本法或者专家咨询法测算,不考虑新旧因素;(五)民间收藏的文物,按照国有文物商店、文物市场的中等价格或者文物拍卖企业的拍卖价格,结合专家咨询意见测算;(六)邮票、纪念币等收藏品、纪念品,按照市场销售价格测算;无销售的,根据原始销售金额、发行数量、发行年代、品相和近似的收藏品、纪念品市场行情,结合专家咨询意见测算;(七)特殊用途的专用物品,根据相关机构、部门、行业协会或者专家提供的同类物品价格进行测算;(八)残次品,有使用价值的,比照合格品价格折算;废品或者不具备原有使用价值但是可以回收利用的物品,可以按照废弃资源和废旧材料回收加工业的收购价格测算;既无残值又无使用价值、无法回收利用的,认定其价格为零;(九)达到国家强制报废标准的被盗财物,按照规定的报废价格计算。(十)被盗财物是伪劣商品或者侵犯知识产权商品时,按照其实际价值认定。

第16条 抢劫罪、抢夺罪、诈骗罪、聚众哄抢公私财物罪、侵占罪、职务侵占罪、挪用特定款物罪、敲诈勒索罪等侵犯财产罪案件涉案财物价格认定,可以参照本规则执行。

第17条 本规则由国家发展改革委价格认证中心负责解释。

第18条 本规则自2021年1月1日起执行,《被盗财物价格认定规则(试行)》(发改价证办〔2014〕235号)同时废止。

54. 最高人民法院、最高人民检察院《关于常见犯罪的量刑指导意见(试行)》(法发〔2021〕21号)

四、常见犯罪的量刑

(十一)盗窃罪

1. 构成盗窃罪的,根据下列情形在相应的幅度内确定量刑起点:

(1)达到数额较大起点的,两年内3次盗窃的,入户盗窃的,携带凶器盗窃的,或者扒窃的,在1年以下有期徒刑、拘役幅度内确定量刑起点。(2)达到数额巨大起点或者有其他严重情节的,在3年至4年有期徒刑幅度内确定量刑起点。(3)达到数额特别巨大起点或者有其他特别严重情节的,在10年至12年有期徒刑幅度内确定量刑起点。依法应当判处无期徒刑的除外。

2. 在量刑起点的基础上,根据盗窃数额、次数、手段等其他影响犯罪构成的犯罪事实增加刑罚量,确定基准刑。

多次盗窃,数额达到较大以上的,以盗窃数额确定量刑起点,盗窃次数可作为调节基准刑的量刑情节;数额未达到较大的,以盗窃次数确定量刑起点,超过3次的次数作为增加刑罚量的事实。

3. 构成盗窃罪的,根据盗窃的数额、次数、手段、危害后果等犯罪情节,综合考虑被告人缴纳罚金的能力,在1000元以上盗窃数额2倍以下决定罚金数额;没有盗窃数额或者盗窃数额无法计算的,在1000元以上10万元以下判处罚金。

4. 构成盗窃罪的,综合考虑盗窃的起因、数额、次数、手段、退赃退赔等犯罪事实、量刑情节,以及被告人主观恶性、人身危险性、认罪悔罪表现等因素,决定缓刑的适用。(全文详见本书《刑法》第61条相关内容)

第265条 【盗窃罪】以牟利为目的,盗接他人通信线路、复制他人电信号码或者明知是盗接、复制的电信设备、设施而使用的,依照本法第264条的规定定罪处罚。

注:"以牟利为目的",是指为了出售、出租、自用、转让等谋取经济利益的行为。将电信卡非法充值后使用,造成电信资费损失数额较大的行为。

第266条 【诈骗罪】诈骗公私财物,数额较大的,处3年以下有期徒刑、拘役或者管制,并处或者单处罚金;数额巨大或者有其他严重情节的,处3年以上10年以下有期徒刑,并处罚金;数额特别巨大或者有其他特别严重情节的,处10年以上有期徒刑或者无期徒刑,并处罚金或者没收财产。本法另有规定的,依照规定。

(2014年4月24日第十二届全国人大常委会第八次会议根据司法实践中遇到的情况,讨论了刑法第266条的含义及骗取养老、医疗、工伤、失业、生育等社会保险金或者其他社会保障待遇的行为如何适用刑法有关规定的问题,解释如下:

以欺诈、伪造证明材料或者其他手段骗取养老、医疗、工伤、失业、生育等社会保险金或者其他社会保障待遇的,属于刑法第266条规定的诈骗公私财物的行为。)

• 释义

诈骗罪是指以非法占有为目的,使用欺骗方法、骗取数额较大的公私财物的行为。

使用伪造、变造、盗窃的武装部队车辆号牌,骗取养路费、通行费等各种规费,数额较大的,或者使用伪造的停止流通的货币,以使用为目的,伪造停止流通的货币的,依照本罪论处。

诈骗公私财物从严惩处的情形:

(一)通过短信、电话或者互联网、广播电视、报纸、杂志等发布虚假信息,对不特定多数人实施诈骗的;

(二)诈骗救灾、抢险、防汛、优抚、扶贫、移民、救济、医疗款物的;

(三)以赈灾募捐名义诈骗的;

(四)诈骗残疾人、老年人或者丧失劳动能力人的财物的;

（五）造成被害人自杀、精神失常或者其他严重后果的。

明知他人实施诈骗犯罪，为其提供信用卡、手机卡、通讯工具、通讯传输通道、网络技术支持、费用结算等帮助的，以共同犯罪论处。

冒充国家机关工作人员进行诈骗，同时构成招摇撞骗罪的，依照处罚较重的规定定罪处罚。

案发后查封、扣押、冻结在案的诈骗财物及其孳息，权属明确的，应当发还被害人；权属不明确的，可按被骗款物占查封、扣押、冻结在案的财物及其孳息总额的比例发还被害人，但已获退赔的应予扣除。

诈骗近亲属而近亲属原谅的，一般可不按犯罪处理；确有追究必要的，也应从宽处理。

行为人已将诈骗财物用于清偿债务或者转让给他人，他人善意取得的，不予追缴。

• 管辖

公安机关刑事侦查部门、法院。

• 立案追诉标准

诈骗公私财物价值3000元至1万元以上、3万元至10万元以上、50万元以上的，应当分别认定为《刑法》第266条规定的“数额较大”“数额巨大”“数额特别巨大”。各省、自治区、直辖市高级人民法院、人民检察院可以结合本地区经济社会发展状况，在前款规定的数额幅度内，共同研究确定本地区执行的具体数额标准，报最高人民法院、最高人民检察院备案。（以上数额标准摘录自最高人民法院、最高人民检察院关于办理诈骗刑事案件具体应用法律若干问题的解释，非公安机关的追诉标准。）

• 关联法律

1. 最高人民法院研究室《关于申某强诈骗案如何认定诈骗数额问题的电话答复》（1991年4月23日）

河南省高级人民法院：

你院豫法（研）请〔1991〕15号《关于申某强诈骗案如何认定诈骗数额的请示》收悉。经研究，答复如下：

同意你院的倾向性意见。即在具体认定诈骗犯罪数额时，应把案发前已被追回的被骗款额扣除，按最后实际诈骗所得数额计算。但在处罚时，对于这种情况应当做为从重情节予以考虑。

附：河南省高级人民法院《关于申某强诈骗案如何认定诈骗数额的请示》（豫法［研］请〔1991〕15号）

最高人民法院：

最近，濮阳市中级法院就申某强诈骗案诈骗数额如何认定问题向我院请示。

被告人申某强以欺骗手段，于1987年10月与江苏省新沂县酒厂签订了价值为106200元的各类曲酒合同。案发前，新沂县酒厂追回曲酒价值61086.24元，下余45113.76元已无法追回。对此案，我院审委会有两种意见：

一种意见认为，对申某强的诈骗数额，可把案发前被追回的6万余元扣除并作为从重情节在量刑时予以考虑，按下余的45000余元的数额予以认定；另一种意见认为，申某强已将价值10万余元的曲酒诈骗到手，诈骗数额应按合同总标的计算，属数额巨大，被追回的6万余元可作为从轻情节在量刑时予以考虑。

我们倾向于第一种意见。

当否，请批示。

2. 最高人民法院研究室《关于对诈骗后抵债的赃款能否判决追缴问题的电话答复》（1992年8月26日）

（法释〔2019〕11号已声明该文件废止）

3. 最高人民法院《关于执行〈中华人民共和国铁路法〉中刑事罚则若干问题的解释》（法发〔1993〕28号）

（法释〔2013〕2号已声明该文件废止）

4. 最高人民法院、最高人民检察院《关于依法严惩破坏计划生育犯罪活动的通知》（法发〔1993〕36号）

（法释〔2013〕1号已声明该文件废止）

5.《中华人民共和国体育法》（1995年8月29日第八届全国人大常委会第十五次会议通过；2009年8月27日第十一届全国人大常委会第十次会议第一次修正；2016年11月7日第十二届全国人大常委会第二十四次会议第二次修正）

第49条 利用竞技体育从事赌博活动的，由体育行政部门协助公安机关责令停止违法活动，并由公安机关依照治安管理处罚法的有关规定给予处罚。在竞技体育活动中，有贿赂、诈骗、组织赌博行为，构成犯罪的，依法追究刑事责任。

6. 最高人民法院《关于适用全国人民代表大会常务委员会〈关于惩治虚开、伪造和非法出售增值税专用发票犯罪的决定〉的若干问题的解释》（法发〔1996〕30号）

七、盗窃增值税专用发票或者可以用于骗取出口退税、抵扣税款的其他发票25份以上，或者其他发票50份以上的；诈骗增值税专用发票或者可以用于骗取出口退税、抵扣税款的其他发票50份以上，或者其他发票100份以上的，依照刑法第151条的规定处罚。

盗窃增值税专用发票或者可以用于骗取出口退税、抵扣税款的其他发票250份以上，或者其他发票500份以上的；诈骗增值税专用发票或者可以用于骗取出口退税、抵扣税款的其他发票500份以上，或者其他发票1000份以上的，依照刑法第152条的规定处罚。

盗窃增值税专用发票或者其他发票情节特别严重的，依照《全国人民代表大会常务委员会关于严惩严重破坏经济的罪犯的决定》第1条第1项的规定处罚。

盗窃、诈骗增值税专用发票或者其他发票后，又实施《决定》规定的虚开、出售等犯罪的，按照其中的重罪定罪处罚，不实行数罪并罚。（全文详见本书《刑法》第205条相关内容）

7. 最高人民法院《关于审理诈骗案件具体应用法律的若干问题的解释》（法发〔1996〕32号）

［被最高人民法院《关于废止1980年1月1日至1997年6月30日期间发布的部分司法解释和司法解释性质文件（第9批）的决定》废止］

8. 最高人民检察院法律政策研究室《关于保险诈骗未遂能否按犯罪处理问题的答复》（高检研发〔1998〕20号）

河南省人民检察院：

你院《关于保险诈骗未遂能否按犯罪处理的请示》（豫检捕〔1998〕11号）收悉。经研究，并经高检院领导同意，答复如下：

行为人已经着手实施保险诈骗行为，但由于其意志以外的原因未能获得保险赔偿的，是诈骗未遂，情节严重的，应依法追究刑事责任。

9. 最高人民法院、最高人民检察院《关于办理组织和利用邪教组织犯罪案件具体应用法律若干问题的解释》（法释〔1999〕18号）

（法释〔2017〕3号已声明该文件废止）

10. 公安部法制局《关于对将已经仪器识别为不中奖的彩票出售的行为如何定性处理的请示的答复》(公法〔2000〕83号)

广西壮族自治区公安厅法制处:

你处《关于对将已经仪器识别为不中奖的彩票出售的行为如何定性处理的请示》(桂公明发〔2000〕357号)收悉,经研究,并征求最高人民法院、最高人民检察院的意见,现答复如下:

行为人采用欺骗方法使发行彩票的工作人员回收已被识别为不中奖的彩票,数额较大的,应当依照刑法第266条的规定,以诈骗罪追究刑事责任;行为人与发行彩票的工作人员共谋,发行彩票的工作人员明知是已被识别为不中奖的彩票而回收并向社会公众出售,且数额较大的,对行为人和发行彩票的工作人员,应当以共同犯罪依照刑法第266条的规定追究刑事责任;尚不构成犯罪的,依照《治安管理处罚条例》第23条的有关规定予以处罚。

11.《关于维护互联网安全的决定》(2000年12月28日第九届全国人大常委会第十九次会议通过;2009年8月27日第十一届全国人大常委会第十次会议《关于修改部分法律的决定》修正)

四、为了保护个人、法人和其他组织的人身、财产等合法权利,对有下列行为之一,构成犯罪的,依照刑法有关规定追究刑事责任:

(一)利用互联网侮辱他人或者捏造事实诽谤他人;(二)非法截获、篡改、删除他人电子邮件或者其他数据资料,侵犯公民通信自由和通信秘密;(三)利用互联网进行盗窃、诈骗、敲诈勒索。(全文详见本书《刑法》第141条相关内容)

12. 最高人民法院《关于审理扰乱电信市场管理秩序案件具体应用法律若干问题的解释》(法释〔2000〕12号)

第9条 以虚假、冒用的身份证件办理入网手续并使用移动电话,造成电信资费损失数额较大的,依照刑法第266条的规定,以诈骗罪定罪处罚。(全文详见本书《刑法》第225条相关内容)

13. 最高人民法院《关于审理非法生产、买卖武装部队车辆号牌等刑事案件具体应用法律若干问题的解释》(法释〔2002〕9号)

(法释〔2013〕7号已声明本文件废止)

14. 最高人民检察院研究室《关于通过伪造证据骗取法院民事裁判占有他人财物的行为如何适用法律问题的答复》(〔2002〕高检研发第18号)

山东省人民检察院研究室:

你院《关于通过伪造证据骗取法院民事裁决占有他人财物的行为能否构成诈骗罪的请示》(鲁检发研字〔2001〕第11号)收悉。经研究,答复如下:

以非法占有为目的,通过伪造证据骗取法院民事裁判占有他人财物的行为所侵害的主要是人民法院正常的审判活动可以由人民法院依照民事诉讼法的有关规定作出处理,不宜以诈骗罪追究行为人的刑事责任。如果行为人伪造证据时,实施了伪造公司、企业、事业单位、人民团体印章的行为,构成犯罪的,应当依照刑法第280条第2款的规定,以伪造公司、企业、事业单位、人民团体印章罪追究刑事责任;如果行为人有指使他人作伪证行为,构成犯罪的应当依照刑法第307第1款的规定,以妨害作证罪追究刑事责任。

15. 公安部《关于对伪造学生证及贩卖、使用伪造学生证的行为如何处理问题的批复》(公刑〔2002〕1046号)

铁道部公安局:

你局《关于对伪造、贩卖、使用假学生证的行为如何认定处罚的请示》(公法〔2002〕4号)收悉。现批复如下:

1. 对伪造高等院校印章制作学生证的行为，应当依照《中华人民共和国刑法》第 280 条第 2 款的规定，以伪造事业单位印章罪立案侦查。

2. 对明知是伪造高等院校印章制作的学生证而贩卖的，应当以伪造事业单位印章罪的共犯立案侦查；对贩卖伪造的学生证，尚不够刑事处罚的，应当就其明知是伪造的学生证而购买的行为，依照《中华人民共和国治安管理处罚条例》第 24 条第(1)项的规定，以明知是赃物而购买处罚。

3. 对使用伪造的学生证购买半价火车票，数额较大的，应当依照《中华人民共和国刑法》第 266 条的规定，以诈骗罪立案侦查；尚不够刑事处罚的，应当依照《中华人民共和国治安管理处罚条例》第 23 条第(1)项的规定以诈骗定性处罚。

16. 最高人民法院、最高人民检察院《关于办理妨害预防、控制突发传染病疫情等灾害的刑事案件具体应用法律若干问题的解释》(法释〔2003〕8 号)

第 7 条 在预防、控制突发传染病疫情等灾害期间，假借研制、生产或者销售用于预防、控制突发传染病疫情等灾害用品的名义，诈骗公私财物数额较大的，依照刑法有关诈骗罪的规定定罪，依法从重处罚。(全文详见本书《刑法》第 114 条相关内容)

17. 最高人民法院《关于审理抢劫、抢夺刑事案件适用法律若干问题的意见》(法发〔2005〕8 号)

(详见本书《刑法》第 263 条相关内容)

18. 最高人民法院《关于审理未成年人刑事案件具体应用法律若干问题的解释》(法释〔2006〕1 号)

第 10 条 已满 14 周岁不满 16 周岁的人盗窃、诈骗、抢夺他人财物，为窝藏赃物、抗拒抓捕或者毁灭罪证，当场使用暴力，故意伤害致人重伤或者死亡，或者故意杀人的，应当分别以故意伤害罪或者故意杀人罪定罪处罚。

已满 16 周岁不满 18 周岁的人犯盗窃、诈骗、抢夺罪，为窝藏赃物、抗拒抓捕或者毁灭罪证而当场使用暴力或者以暴力相威胁的，应当依照刑法第 269 条的规定定罪处罚；情节轻微的，可不以抢劫罪定罪处罚。(全文详见本书《刑法》第 17 条相关内容)

19. 最高人民法院、最高人民检察院《关于办理与盗窃、抢劫、诈骗、抢夺机动车相关刑事案件具体应用法律若干问题的解释》(法释〔2007〕11 号)

(详见本书《刑法》第 263 条相关内容)

20. 最高人民法院《关于审理伪造货币等案件具体应用法律若干问题的解释(2)》(法释〔2010〕14 号)

第 5 条 以使用为目的，伪造停止流通的货币，或者使用伪造的停止流通的货币的，依照刑法第 266 条的规定，以诈骗罪定罪处罚。(全文详见本书《刑法》第 170 条相关内容)

21. 最高人民法院《人民法院量刑指导意见(试行)》(法发〔2010〕36 号)

(法释〔2015〕2 号已声明该文件废止)

22. 最高人民法院、最高人民检察院《关于办理诈骗刑事案件具体应用法律若干问题的解释》(法释〔2011〕7 号)

为依法惩治诈骗犯罪活动，保护公私财产所有权，根据刑法、刑事诉讼法有关规定，结合司法实践的需要，现就办理诈骗刑事案件具体应用法律的若干问题解释如下：

第 1 条 诈骗公私财物价值 3000 元至 1 万元以上、3 万元至 10 万元以上、50 万元以上，应当分别认定为刑法第 266 条规定的"数额较大"、"数额巨大"、"数额特别巨大"。

各省、自治区、直辖市高级法院、检察院可以结合本地区经济社会发展状况，在前款规定的数额幅度内，共同研究确定本地区执行的具体数额标准，报最高人民法院、最高人民检察院备案。

第2条 诈骗公私财物达到数额标准,具有下列情形之一的,可以依照刑法第266条的规定酌情从严惩处:

(一)通过发送短信、拨打电话或者利用互联网、广播电视、报纸、杂志等发布虚假信息,对不特定多数人实施诈骗的;(二)诈骗救灾、抢险、防汛、优抚、扶贫、移民、救济、医疗款物的;(三)以赈灾募捐名义实施诈骗的;(四)诈骗残疾人、老年人或者丧失劳动能力人的财物的;(五)造成被害人自杀、精神失常或者其他严重后果的。

诈骗数额接近"数额巨大"、"数额特别巨大"的标准,并具有前款规定的情形之一或者属于诈骗集团首要分子的,应当分别认定为刑法第266条规定的"其他严重情节"、"其他特别严重情节"。

第3条 诈骗公私财物虽已达到"数额较大"的标准,但具有下列情形之一,且行为人认罪、悔罪的,可以根据刑法第37条、刑事诉讼法第142条的规定不起诉或者免予刑事处罚:

(一)具有法定从宽处罚情节的;(二)一审宣判前全部退赃、退赔的;(三)没有参与分赃或者获赃较少且不是主犯的;(四)被害人谅解的;(五)其他情节轻微、危害不大的。

第4条 诈骗近亲属的财物,近亲属谅解的,一般可不按犯罪处理。

诈骗近亲属的财物,确有追究刑事责任必要的,具体处理也应酌情从宽。

第5条 诈骗未遂,以数额巨大的财物为诈骗目标的,或者具有其他严重情节的,应当定罪处罚。

利用发送短信、拨打电话、互联网等电信技术手段对不特定多数人实施诈骗,诈骗数额难以查证,但具有下列情形之一的,应当认定为刑法第266条规定的"其他严重情节",以诈骗罪(未遂)定罪处罚:

(一)发送诈骗信息5千条以上的;(二)拨打诈骗电话500人次以上的;(三)诈骗手段恶劣、危害严重的。

实施前款规定行为,数量达到前款第(1)、(2)项规定标准10倍以上的,或者诈骗手段特别恶劣、危害特别严重的,应当认定为刑法第266条规定的"其他特别严重情节",以诈骗罪(未遂)定罪处罚。

第6条 诈骗既有既遂,又有未遂,分别达到不同量刑幅度的,依照处罚较重的规定处罚;达到同一量刑幅度的,以诈骗罪既遂处罚。

第7条 明知他人实施诈骗犯罪,为其提供信用卡、手机卡、通讯工具、通讯传输通道、网络技术支持、费用结算等帮助的,以共同犯罪论处。

第8条 冒充国家机关工作人员进行诈骗,同时构成诈骗罪和招摇撞骗罪的,依照处罚较重的规定定罪处罚。

第9条 案发后查封、扣押、冻结在案的诈骗财物及其孳息,权属明确的,应当发还被害人;权属不明确的,可按被骗款物占查封、扣押、冻结在案的财物及其孳息总额的比例发还被害人,但已获退赔的应予扣除。

第10条 行为人已将诈骗财物用于清偿债务或者转让给他人,具有下列情形之一的应当依法追缴:

(一)对方明知是诈骗财物而收取的;(二)对方无偿取得诈骗财物的;(三)对方以明显低于市场的价格取得诈骗财物的;(四)对方取得诈骗财物系源于非法债务或者违法犯罪活动的。

他人善意取得诈骗财物的,不予追缴。

第11条 以前发布的司法解释与本解释不一致的,以本解释为准。

23. 公安部《关于公安机关处置信访活动中违法犯罪行为适用法律的指导意见》(公通字〔2013〕25号)

三、对侵犯人身权利、财产权利违法犯罪行为的处理

9. 以帮助信访为名骗取他人公私财物,符合《治安管理处罚法》第49条规定的,以诈骗依法予以治安管理处罚;符合《刑法》第266条规定的,以诈骗罪追究刑事责任。(全文详见本书《刑法》第114条相关内容)

24. 最高人民法院、最高人民检察院、公安部《关于办理网络犯罪案件适用刑事诉讼程序若干问题的意见》(公通字〔2014〕10号)

为解决近年来公安机关、人民检察院、人民法院在办理网络犯罪案件中遇到的新情况、新问题,依法惩治网络犯罪活动,根据《中华人民共和国刑法》、《中华人民共和国刑事诉讼法》及有关司法解释的规定,结合侦查、起诉、审判实践,现就办理网络犯罪案件适用刑事诉讼程序问题提出以下意见:

一、关于网络犯罪案件的范围

1. 本意见所称网络犯罪案件包括:

(1)危害计算机信息系统安全犯罪案件;(2)通过危害计算机信息系统安全实施的盗窃、诈骗、敲诈勒索等犯罪案件;(3)在网络上发布信息或者设立主要用于实施犯罪活动的网站、通讯群组,针对或者组织、教唆、帮助不特定多数人实施的犯罪案件;(4)主要犯罪行为在网络上实施的其他案件。

二、关于网络犯罪案件的管辖

2. 网络犯罪案件由犯罪地公安机关立案侦查。必要时,可以由犯罪嫌疑人居住地公安机关立案侦查。

网络犯罪案件的犯罪地包括用于实施犯罪行为的网站服务器所在地,网络接入地,网站建立者、管理者所在地,被侵害的计算机信息系统或其管理者所在地,犯罪嫌疑人、被害人使用的计算机信息系统所在地,被害人被侵害时所在地,以及被害人财产遭受损失地等。

涉及多个环节的网络犯罪案件,犯罪嫌疑人为网络犯罪提供帮助的,其犯罪地或者居住地公安机关可以立案侦查。

3. 有多个犯罪地的网络犯罪案件,由最初受理的公安机关或者主要犯罪地公安机关立案侦查。有争议的,按照有利于查清犯罪事实、有利于诉讼的原则,由共同上级公安机关指定有关公安机关立案侦查。需要提请批准逮捕、移送审查起诉、提起公诉的,由该公安机关所在地的人民检察院、人民法院受理。

4. 具有下列情形之一的,有关公安机关可以在其职责范围内并案侦查,需要提请批准逮捕、移送审查起诉、提起公诉的,由该公安机关所在地的人民检察院、人民法院受理:

(1)1人犯数罪的;(2)共同犯罪的;(3)共同犯罪的犯罪嫌疑人、被告人还实施其他犯罪的;(4)多个犯罪嫌疑人、被告人实施的犯罪存在关联,并案处理有利于查明案件事实的。

5. 对因网络交易、技术支持、资金支付结算等关系形成多层级链条、跨区域的网络犯罪案件,共同上级公安机关可以按照有利于查清犯罪事实、有利于诉讼的原则,指定有关公安机关一并立案侦查,需要提请批准逮捕、移送审查起诉、提起公诉的,由该公安机关所在地的人民检察院、人民法院受理。

6. 具有特殊情况,由异地公安机关立案侦查更有利于查清犯罪事实、保证案件公正处理的跨省(自治区、直辖市)重大网络犯罪案件,可以由公安部商最高人民检察院和最高人民法院指定管辖。

7. 人民检察院对于公安机关移送审查起诉的网络犯罪案件,发现犯罪嫌疑人还有犯罪被其他公安机关立案侦查的,应当通知移送审查起诉的公安机关。

人民法院受理案件后,发现被告人还有犯罪被其他公安机关立案侦查的,可以建议人民检察院补充侦查。人民检察院经审查,认为需要补充侦查的,应当通知移送审查起诉的公安机关。

经人民检察院通知,有关公安机关根据案件具体情况,可以对犯罪嫌疑人所犯其他犯罪并案侦查。

8. 为保证及时结案,避免超期羁押,人民检察院对于公安机关提请批准逮捕、移送审查起诉的网络犯罪案件,第一审人民法院对于已经受理的网络犯罪案件,经审查发现没有管辖权的,可以依法报请共同上级人民检察院、人民法院指定管辖。

9. 部分犯罪嫌疑人在逃,但不影响对已到案共同犯罪嫌疑人、被告人的犯罪事实认定的网络犯罪案件,可以依法先行追究已到案共同犯罪嫌疑人、被告人的刑事责任。在逃的共同犯罪嫌疑人、被告人归案后,可以由原公安机关、人民检察院、人民法院管辖其所涉及的案件。

三、关于网络犯罪案件的初查

10. 对接受的案件或者发现的犯罪线索,在审查中发现案件事实或者线索不明,需要经过调查才能够确认是否达到犯罪追诉标准的,经办案部门负责人批准,可以进行初查。初查过程中,可以采取询问、查询、勘验、检查、鉴定、调取证据材料等不限制初查对象人身、财产权利的措施,但不得对初查对象采取强制措施和查封、扣押、冻结财产。

四、关于网络犯罪案件的跨地域取证

11. 公安机关跨地域调查取证的,可以将办案协作函和相关法律文书及凭证电传或者通过公安机关信息化系统传输至协作地公安机关。协作地公安机关经审查确认,在传来的法律文书上加盖本地公安机关印章后,可以代为调查取证。

12. 询(讯)问异地证人、被害人以及与案件有关联的犯罪嫌疑人的,可以由办案地公安机关通过远程网络视频等方式进行询(讯)问并制作笔录。

远程询(讯)问的,应当由协作地公安机关事先核实被询(讯)问人的身份。办案地公安机关应当将询(讯)问笔录传输至协作地公安机关。询(讯)问笔录经被询(讯)问人确认并逐页签名、捺指印后,由协作地公安机关协作人员签名或者盖章,并将原件提供给办案地公安机关。询(讯)问人员收到笔录后,应当在首页右上方写明"于某年某月某日收到",并签名或者盖章。

远程询(讯)问的,应当对询(讯)问过程进行录音录像,并随案移送。

异地证人、被害人以及与案件有关联的犯罪嫌疑人亲笔书写证词、供词的,参照本条第2款规定执行。

五、关于电子数据的取证与审查

13. 收集、提取电子数据,应当由2名以上具备相关专业知识的侦查人员进行。取证设备和过程应当符合相关技术标准,并保证所收集、提取的电子数据的完整性、客观性。

14. 收集、提取电子数据,能够获取原始存储介质的,应当封存原始存储介质,并制作笔录,记录原始存储介质的封存状态,由侦查人员、原始存储介质持有人签名或者盖章;持有人无法签名或者拒绝签名的,应当在笔录中注明,由见证人签名或者盖章。有条件的,侦查人员应当对相关活动进行录像。

15. 具有下列情形之一,无法获取原始存储介质的,可以提取电子数据,但应当在笔录中注明不能获取原始存储介质的原因、原始存储介质的存放地点等情况,并由侦查人员、电子数据持有人、提供人签名或者盖章;持有人、提供人无法签名或者拒绝签名的,应当在笔录中注明,由见证人签名或者盖章;有条件的,侦查人员应当对相关活动进行录像:

(1)原始存储介质不便封存的;(2)提取计算机内存存储的数据、网络传输的数据等不是存储在存储介质上的电子数据的;(3)原始存储介质位于境外的;(4)其他无法获取原始存储介质的情形。

16. 收集、提取电子数据应当制作笔录,记录案由、对象、内容,收集、提取电子数据的时间、地点、方法、过程,电子数据的清单、规格、类别、文件格式、完整性校验值等,并由收集、提取电子数据的侦查人员签名或者盖章。远程提取电子数据的,应当说明原因,有条件的,应当对相关活动进行录像。通过数据恢复、破解等方式获取被删除、隐藏或者加密的电子数据的,应当对恢复、破解过程和方法作出说明。

17. 收集、提取的原始存储介质或者电子数据,应当以封存状态随案移送,并制作电子数据的复制件一并移送。对文档、图片、网页等可以直接展示的电子数据,可以不随案移送电子数据打印件,但应当附有展示方法说明和展示工具;人民法院、人民检察院因设备等条件限制无法直接展示电子数据的,公安机关应当随案移送打印件。

对侵入、非法控制计算机信息系统的程序、工具以及计算机病毒等无法直接展示的电子数据,应当附有电子数据属性、功能等情况的说明。

对数据统计数量、数据同一性等问题,公安机关应当出具说明。

18. 对电子数据涉及的专门性问题难以确定的,由司法鉴定机构出具鉴定意见,或者由公安部指定的机构出具检验报告。

六、关于网络犯罪案件的其他问题

19. 采取技术侦查措施收集的材料作为证据使用的,应当随案移送批准采取技术侦查措施的法律文书和所收集的证据材料。使用有关证据材料可能危及有关人员的人身安全,或者可能产生其他严重后果的,应当采取不暴露有关人员身份、技术方法等保护措施,必要时,可以由审判人员在庭外进行核实。

20. 对针对或者组织、教唆、帮助不特定多数人实施的网络犯罪案件,确因客观条件限制无法逐一收集相关言词证据的,可以根据记录被害人数、被侵害的计算机信息系统数量、涉案资金数额等犯罪事实的电子数据、书证等证据材料,在慎重审查被告人及其辩护人所提辩解、辩护意见的基础上,综合全案证据材料,对相关犯罪事实作出认定。

25. 最高人民法院、最高人民检察院、公安部、国家安全部《关于依法办理非法生产销售使用“伪基站”设备案件的意见》(公通字〔2014〕13号)

一、准确认定行为性质

(一)、非法生产、销售“伪基站”设备,具有以下情形之一的,依照《刑法》第225条的规定,以非法经营罪追究刑事责任:

1. 个人非法生产、销售“伪基站”设备3套以上,或者非法经营数额5万元以上,或者违法所得数额2万元以上的;

2. 单位非法生产、销售“伪基站”设备10套以上,或者非法经营数额15万元以上,或者违法所得数额5万元以上的;

3. 虽未达到上述数额标准,但两年内曾因非法生产、销售“伪基站”设备受过两次以上行政处罚,又非法生产、销售“伪基站”设备的。

实施前款规定的行为,数量、数额达到前款规定的数量、数额5倍以上的,应当认定为《刑法》第225条规定的“情节特别严重”。

非法生产、销售“伪基站”设备,经鉴定为专用间谍器材的,依照《刑法》第283条的规定,以非法生产、销售间谍专用器材罪追究刑事责任;同时构成非法经营罪的,以非法经营罪追究刑事责任。

（二）非法使用“伪基站”设备干扰公用电信网络信号，危害公共安全的，依照《刑法》第124条第1款的规定，以破坏公用电信设施罪追究刑事责任；同时构成虚假广告罪、非法获取公民个人信息罪、破坏计算机信息系统罪、扰乱无线电通讯管理秩序罪的，依照处罚较重的规定追究刑事责任。

除法律、司法解释另有规定外，利用“伪基站”设备实施诈骗等其他犯罪行为，同时构成破坏公用电信设施罪的，依照处罚较重的规定追究刑事责任。

（三）明知他人实施非法生产、销售“伪基站”设备，或者非法使用“伪基站”设备干扰公用电信网络信号等犯罪，为其提供资金、场所、技术、设备等帮助的，以共同犯罪论处。

（四）对于非法使用“伪基站”设备扰乱公共秩序，侵犯他人人身权利、财产权利，情节较轻，尚不构成犯罪，但构成违反治安管理行为的，依法予以治安管理处罚。（全文详见本书《刑法》第124条相关内容）

26. 全国人大常委会《关于〈中华人民共和国刑法〉第266条的解释》（2014年4月24日第十二届全国人大常委会第八次会议通过）

全国人民代表大会常务委员会根据司法实践中遇到的情况，讨论了刑法第266条的含义及骗取养老、医疗、工伤、失业、生育等社会保险金或者其他社会保障待遇的行为如何适用刑法有关规定的问题，解释如下：以欺诈、伪造证明材料或者其他手段骗取养老、医疗、工伤、失业、生育等社会保险金或者其他社会保障待遇的，属于刑法第266条规定的诈骗公私财物的行为。

27. 最高人民法院研究室《关于〈最高人民法院、最高人民检察院关于办理与盗窃、抢劫、诈骗、抢夺机动车相关刑事案件具体应用法律若干问题的解释〉有关规定如何适用问题的答复》（法研〔2014〕98号）

（详见本书《刑法》第263条相关内容）

28. 最高人民法院《第7批指导性案例臧某泉等盗窃、诈骗案》（指导案例28号；法〔2014〕161号）

（详见本书《刑法》第264条相关内容）

29. 最高人民法院《关于〈中华人民共和国刑法修正案（9）〉时间效力问题的解释》（法释〔2015〕19号）

第7条 对于2015年10月31日以前以捏造的事实提起民事诉讼，妨害司法秩序或者严重侵害他人合法权益，根据修正前刑法应当以伪造公司、企业、事业单位、人民团体印章罪或者妨害作证罪等追究刑事责任的，适用修正前刑法的有关规定。但是，根据修正后刑法第307条之一的规定处刑较轻的，适用修正后刑法的有关规定。

实施第1款行为，非法占有他人财产或者逃避合法债务，根据修正前刑法应当以诈骗罪、职务侵占罪或者贪污罪等追究刑事责任的，适用修正前刑法的有关规定。（全文详见本书《刑法》第12条相关内容）

30. 最高人民检察院法律政策研究室《关于〈关于伪造机动车登记证书如何适用法律的请示〉的答复意见》（2016年3月18日）

（详见本书《刑法》第263条相关内容）

31. 最高人民法院、最高人民检察院、公安部《关于办理电信网络诈骗等刑事案件适用法律若干问题的意见》（法发〔2016〕32号）

为依法惩治电信网络诈骗等犯罪活动，保护公民、法人和其他组织的合法权益，维护社会秩序，根据《中华人民共和国刑法》《中华人民共和国刑事诉讼法》等法律和有关司法解释的规定，结合工作实际，制定本意见。

一、总体要求

近年来，利用通讯工具、互联网等技术手段实施的电信网络诈骗犯罪活动持续高发，侵犯公民个人信息，扰乱无线电通讯管理秩序，掩饰、隐瞒犯罪所得、犯罪所得收益等上下游关联犯罪不断蔓延。此类犯罪严重侵害人民群众财产安全和其他合法权益，严重干扰电信网络秩序，严重破坏社会诚信，严重影响人民群众安全感和社会和谐稳定，社会危害性大，人民群众反映强烈。

人民法院、人民检察院、公安机关要针对电信网络诈骗等犯罪的特点，坚持全链条全方位打击，坚持依法从严从快惩处，坚持最大力度最大限度追赃挽损，进一步健全工作机制，加强协作配合，坚决有效遏制电信网络诈骗等犯罪活动，努力实现法律效果和社会效果的高度统一。

二、依法严惩电信网络诈骗犯罪

（一）根据《最高人民法院、最高人民检察院关于办理诈骗刑事案件具体应用法律若干问题的解释》第1条的规定，利用电信网络技术手段实施诈骗，诈骗公私财物价值3000元以上、3万元以上、50万元以上的，应当分别认定为刑法第266条规定的“数额较大”“数额巨大”“数额特别巨大”。

2年内多次实施电信网络诈骗未经处理，诈骗数额累计计算构成犯罪的，应当依法定罪处罚。

（二）实施电信网络诈骗犯罪，达到相应数额标准，具有下列情形之一的，酌情从重处罚：

1. 造成被害人或其近亲属自杀、死亡或者精神失常等严重后果的；

2. 冒充司法机关等国家机关工作人员实施诈骗的；

3. 组织、指挥电信网络诈骗犯罪团伙的；

4. 在境外实施电信网络诈骗的；

5. 曾因电信网络诈骗犯罪受过刑事处罚或者2年内曾因电信网络诈骗受过行政处罚的；

6. 诈骗残疾人、老年人、未成年人、在校学生、丧失劳动能力人的财物，或者诈骗重病患者及其亲属财物的；

7. 诈骗救灾、抢险、防汛、优抚、扶贫、移民、救济、医疗等款物的；

8. 以赈灾、募捐等社会公益、慈善名义实施诈骗的；

9. 利用电话追呼系统等技术手段严重干扰公安机关等部门工作的；

10. 利用“钓鱼网站”链接、“木马”程序链接、网络渗透等隐蔽技术手段实施诈骗的。

（三）实施电信网络诈骗犯罪，诈骗数额接近“数额巨大”“数额特别巨大”的标准，具有前述第（二）条规定的情形之一的，应当分别认定为刑法第266条规定的“其他严重情节”“其他特别严重情节”。

上述规定的“接近”，一般应掌握在相应数额标准的80%以上。

（四）实施电信网络诈骗犯罪，犯罪嫌疑人、被告人实际骗得财物的，以诈骗罪（既遂）定罪处罚。诈骗数额难以查证，但具有下列情形之一的，应当认定为刑法第266条规定的“其他严重情节”，以诈骗罪（未遂）定罪处罚：1. 发送诈骗信息5000条以上的，或者拨打诈骗电话500人次以上的；2. 在互联网上发布诈骗信息，页面浏览量累计5000次以上的。

具有上述情形，数量达到相应标准10倍以上的，应当认定为刑法第266条规定的“其他特别严重情节”，以诈骗罪（未遂）定罪处罚。

上述“拨打诈骗电话”，包括拨出诈骗电话和接听被害人回拨电话。反复拨打、接听同一电话号码，以及反复向同一被害人发送诈骗信息的，拨打、接听电话次数、发送信息条数累计计算。

因犯罪嫌疑人、被告人故意隐匿、毁灭证据等原因，致拨打电话次数、发送信息条数的证据难以收集的,可以根据经查证属实的日拨打人次数、日发送信息条数,结合犯罪嫌疑人、被告人实施犯罪的时间、犯罪嫌疑人、被告人的供述等相关证据,综合予以认定。

(五)电信网络诈骗既有既遂,又有未遂,分别达到不同量刑幅度的,依照处罚较重的规定处罚;达到同一量刑幅度的,以诈骗罪既遂处罚。

(六)对实施电信网络诈骗犯罪的被告人裁量刑罚,在确定量刑起点、基准刑时,一般应就高选择。确定宣告刑时,应当综合全案事实情节,准确把握从重、从轻量刑情节的调节幅度,保证罪责刑相适应。

(七)对实施电信网络诈骗犯罪的被告人,应当严格控制适用缓刑的范围,严格掌握适用缓刑的条件。

(八)对实施电信网络诈骗犯罪的被告人,应当更加注重依法适用财产刑,加大经济上的惩罚力度,最大限度剥夺被告人再犯的能力。

三、全面惩处关联犯罪

(一)在实施电信网络诈骗活动中,非法使用"伪基站""黑广播",干扰无线电通讯秩序,符合刑法第288条规定的,以扰乱无线电通讯管理秩序罪追究刑事责任。同时构成诈骗罪的,依照处罚较重的规定定罪处罚。

(二)违反国家有关规定,向他人出售或者提供公民个人信息,窃取或者以其他方法非法获取公民个人信息,符合刑法第253条之一规定的,以侵犯公民个人信息罪追究刑事责任。

使用非法获取的公民个人信息,实施电信网络诈骗犯罪行为,构成数罪的,应当依法予以并罚。

(三)冒充国家机关工作人员实施电信网络诈骗犯罪,同时构成诈骗罪和招摇撞骗罪的,依照处罚较重的规定定罪处罚。

(四)非法持有他人信用卡,没有证据证明从事电信网络诈骗犯罪活动,符合刑法第177条之一第1款第(2)项规定的,以妨害信用卡管理罪追究刑事责任。

(五)明知是电信网络诈骗犯罪所得及其产生的收益,以下列方式之一予以转账、套现、取现的,依照刑法第312条第1款的规定,以掩饰、隐瞒犯罪所得、犯罪所得收益罪追究刑事责任。但有证据证明确实不知道的除外:

1. 通过使用销售点终端机具(POS机)刷卡套现等非法途径,协助转换或者转移财物的;

2. 帮助他人将巨额现金散存于多个银行账户,或在不同银行账户之间频繁划转的;

3. 多次使用或者使用多个非本人身份证明开设的信用卡、资金支付结算账户或者多次采用遮蔽摄像头、伪装等异常手段,帮助他人转账、套现、取现的;

4. 为他人提供非本人身份证明开设的信用卡、资金支付结算账户后,又帮助他人转账、套现、取现的;

5. 以明显异于市场的价格,通过手机充值、交易游戏点卡等方式套现的。

实施上述行为,事前通谋的,以共同犯罪论处。

实施上述行为,电信网络诈骗犯罪嫌疑人尚未到案或案件尚未依法裁判,但现有证据足以证明该犯罪行为确实存在的,不影响掩饰、隐瞒犯罪所得、犯罪所得收益罪的认定。

实施上述行为,同时构成其他犯罪的,依照处罚较重的规定定罪处罚。法律和司法解释另有规定的除外。

(六)网络服务提供者不履行法律、行政法规规定的信息网络安全管理义务,经监管部门责令采取改正措施而拒不改正,致使诈骗信息大量传播,或者用户信息泄露造成严重后果的,依照刑法第286条之一的规定,以拒不履行信息网络安全管理义务罪追究刑事责任。同时构成诈骗罪的,依照处罚较重的规定定罪处罚。

（七）实施刑法第287条之一、第287条之二规定之行为，构成非法利用信息网络罪、帮助信息网络犯罪活动罪，同时构成诈骗罪的，依照处罚较重的规定定罪处罚。

（八）金融机构、网络服务提供者、电信业务经营者等在经营活动中，违反国家有关规定，被电信网络诈骗犯罪分子利用，使他人遭受财产损失的，依法承担相应责任。构成犯罪的，依法追究刑事责任。

四、准确认定共同犯罪与主观故意

（一）3人以上为实施电信网络诈骗犯罪而组成的较为固定的犯罪组织，应依法认定为诈骗犯罪集团。对组织、领导犯罪集团的首要分子，按照集团所犯的全部罪行处罚。对犯罪集团中组织、指挥、策划者和骨干分子依法从严惩处。

对犯罪集团中起次要、辅助作用的从犯，特别是在规定期限内投案自首、积极协助抓获主犯、积极协助追赃的，依法从轻或减轻处罚。

对犯罪集团首要分子以外的主犯，应当按照其所参与的或者组织、指挥的全部犯罪处罚。全部犯罪包括能够查明具体诈骗数额的事实和能够查明发送诈骗信息条数、拨打诈骗电话人次数、诈骗信息网页浏览次数的事实。

（二）多人共同实施电信网络诈骗，犯罪嫌疑人、被告人应对其参与期间该诈骗团伙实施的全部诈骗行为承担责任。在其所参与的犯罪环节中起主要作用的，可以认定为主犯；起次要作用的，可以认定为从犯。

上述规定的"参与期间"，从犯罪嫌疑人、被告人着手实施诈骗行为开始起算。

（三）明知他人实施电信网络诈骗犯罪，具有下列情形之一的，以共同犯罪论处，但法律和司法解释另有规定的除外：

1. 提供信用卡、资金支付结算账户、手机卡、通讯工具的；

2. 非法获取、出售、提供公民个人信息的；

3. 制作、销售、提供"木马"程序和"钓鱼软件"等恶意程序的；

4. 提供"伪基站"设备或相关服务的；

5. 提供互联网接入、服务器托管、网络存储、通讯传输等技术支持，或者提供支付结算等帮助的；

6. 在提供改号软件、通话线路等技术服务时，发现主叫号码被修改为国内党政机关、司法机关、公共服务部门号码，或者境外用户改为境内号码，仍提供服务的；

7. 提供资金、场所、交通、生活保障等帮助的；

8. 帮助转移诈骗犯罪所得及其产生的收益，套现、取现的。

上述规定的"明知他人实施电信网络诈骗犯罪"，应当结合被告人的认知能力，既往经历，行为次数和手段，与他人关系，获利情况，是否曾因电信网络诈骗受过处罚，是否故意规避调查等主客观因素进行综合分析认定。

（四）负责招募他人实施电信网络诈骗犯罪活动，或者制作、提供诈骗方案、术语清单、语音包、信息等的，以诈骗共同犯罪论处。

（五）部分犯罪嫌疑人在逃，但不影响对已到案共同犯罪嫌疑人、被告人的犯罪事实认定的，可以依法先行追究已到案共同犯罪嫌疑人、被告人的刑事责任。

五、依法确定案件管辖

（一）电信网络诈骗犯罪案件一般由犯罪地公安机关立案侦查，如果由犯罪嫌疑人居住地公安机关立案侦查更为适宜的，可以由犯罪嫌疑人居住地公安机关立案侦查。犯罪地包括犯罪行为发生地和犯罪结果发生地。

"犯罪行为发生地"包括用于电信网络诈骗犯罪的网站服务器所在地，网站建立者、管理者所在地,被侵害的计算机信息系统或其管理者所在地,犯罪嫌疑人、被害人使用的计算机信息系统所在地,诈骗电话、短信息、电子邮件等的拨打地、发送地、到达地、接受地,以及诈骗行为持续发生的实施地、预备地、开始地、途经地、结束地。

"犯罪结果发生地"包括被害人被骗时所在地,以及诈骗所得财物的实际取得地、藏匿地、转移地、使用地、销售地等。

(二)电信网络诈骗最初发现地公安机关侦办的案件,诈骗数额当时未达到"数额较大"标准,但后续累计达到"数额较大"标准,可由最初发现地公安机关立案侦查。

(三)具有下列情形之一的,有关公安机关可以在其职责范围内并案侦查:

1.1人犯数罪的;

2.共同犯罪的;

3.共同犯罪的犯罪嫌疑人还实施其他犯罪的;

4.多个犯罪嫌疑人实施的犯罪存在直接关联,并案处理有利于查明案件事实的。

(四)对因网络交易、技术支持、资金支付结算等关系形成多层级链条、跨区域的电信网络诈骗等犯罪案件,可由共同上级公安机关按照有利于查清犯罪事实、有利于诉讼的原则,指定有关公安机关立案侦查。

(五)多个公安机关都有权立案侦查的电信网络诈骗等犯罪案件,由最初受理的公安机关或者主要犯罪地公安机关立案侦查。有争议的,按照有利于查清犯罪事实、有利于诉讼的原则,协商解决。经协商无法达成一致的,由共同上级公安机关指定有关公安机关立案侦查。

(六)在境外实施的电信网络诈骗等犯罪案件,可由公安部按照有利于查清犯罪事实、有利于诉讼的原则,指定有关公安机关立案侦查。

(七)公安机关立案、并案侦查,或因有争议,由共同上级公安机关指定立案侦查的案件,需要提请批准逮捕、移送审查起诉、提起公诉的,由该公安机关所在地的人民检察院、人民法院受理。

对重大疑难复杂案件和境外案件,公安机关应在指定立案侦查前,向同级人民检察院、人民法院通报。

(八)已确定管辖的电信诈骗共同犯罪案件,在逃的犯罪嫌疑人归案后,一般由原管辖的公安机关、人民检察院、人民法院管辖。

六、证据的收集和审查判断

(一)办理电信网络诈骗案件,确因被害人人数众多等客观条件的限制,无法逐一收集被害人陈述的,可以结合已收集的被害人陈述,以及经查证属实的银行账户交易记录、第三方支付结算账户交易记录、通话记录、电子数据等证据,综合认定被害人人数及诈骗资金数额等犯罪事实。

(二)公安机关采取技术侦查措施收集的案件证明材料,作为证据使用的,应当随案移送批准采取技术侦查措施的法律文书和所收集的证据材料,并对其来源等作出书面说明。

(三)依照国际条约、刑事司法协助、互助协议或平等互助原则,请求证据材料所在地司法机关收集,或通过国际警务合作机制、国际刑警组织启动合作取证程序收集的境外证据材料,经查证属实,可以作为定案的依据。公安机关应对其来源、提取人、提取时间或者提供人、提供时间以及保管移交的过程等作出说明。

对其他来自境外的证据材料,应当对其来源、提供人、提供时间以及提取人、提取时间进行审查。能够证明案件事实且符合刑事诉讼法规定的,可以作为证据使用。

七、涉案财物的处理

(一)公安机关侦办电信网络诈骗案件,应当随案移送涉案赃款赃物,并附清单。人民检察院提起公诉时,应一并移交受理案件的人民法院,同时就涉案赃款赃物的处理提出意见。

(二)涉案银行账户或者涉案第3方支付账户内的款项,对权属明确的被害人的合法财产,应当及时返还。确因客观原因无法查实全部被害人,但有证据证明该账户系用于电信网络诈骗犯罪,且被告人无法说明款项合法来源的,根据刑法第64条的规定,应认定为违法所得,予以追缴。

(三)被告人已将诈骗财物用于清偿债务或者转让给他人,具有下列情形之一的,应当依法追缴:

1. 对方明知是诈骗财物而收取的;

2. 对方无偿取得诈骗财物的;

3. 对方以明显低于市场的价格取得诈骗财物的;

4. 对方取得诈骗财物系源于非法债务或者违法犯罪活动的。

他人善意取得诈骗财物的,不予追缴。

32. 最高人民法院、最高人民检察院、公安部、工业和信息化部、中国人民银行、中国银行业监督管理委员会《关于防范和打击电信网络诈骗犯罪的通告》(2016年9月23日)

电信网络诈骗犯罪是严重影响人民群众合法权益、破坏社会和谐稳定的社会公害,必须坚决依法严惩。为切实保障广大人民群众合法权益,维护社会和谐稳定,根据《中华人民共和国刑法》《中华人民共和国刑事诉讼法》《全国人民代表大会常务委员会关于加强网络信息保护的决定》等有关规定,现就防范和打击电信网络诈骗犯罪相关事项通告如下:

一、凡是实施电信网络诈骗犯罪的人员,必须立即停止一切违法犯罪活动。自本通告发布之日起至2016年10月31日,主动投案、如实供述自己罪行的,依法从轻或者减轻处罚,在此规定期限内拒不投案自首的,将依法从严惩处。

二、公安机关要主动出击,将电信网络诈骗案件依法立为刑事案件,集中侦破一批案件、打掉一批犯罪团伙、整治一批重点地区,坚决拔掉一批地域性职业电信网络诈骗犯罪"钉子"。对电信网络诈骗案件,公安机关、人民检察院、人民法院要依法快侦、快捕、快诉、快审、快判,坚决遏制电信网络诈骗犯罪发展蔓延势头。

三、电信企业(含移动转售企业,下同)要严格落实电话用户真实身份信息登记制度,确保到2016年10月底前全部电话实名率达到96%,年底前达到100%。未实名登记的单位和个人,应按要求对所持有的电话进行实名登记,在规定时间内未完成真实身份信息登记的,一律予以停机。电信企业在为新入网用户办理真实身份信息登记手续时,要通过采取二代身份证识别设备、联网核验等措施验证用户身份信息,并现场拍摄和留存用户照片。

四、电信企业立即开展一证多卡用户的清理,对同一用户在同一家基础电信企业或同一移动转售企业办理有效使用的电话卡达到5张的,该企业不得为其开办新的电话卡。电信企业和互联网企业要采取措施阻断改号软件网上发布、搜索、传播、销售渠道,严禁违法网络改号电话的运行、经营。电信企业要严格规范国际通信业务出入口局主叫号码传送,全面实施语音专线规范清理和主叫鉴权,加大网内和网间虚假主叫发现与拦截力度,立即清理规范一号通、商务总机、400等电话业务,对违规经营的网络电话业务一律依法予以取缔,对违规经营的各级代理商责令限期整改,逾期不改的一律由相关部门吊销执照,并严肃追究民事、行政责任。移动转售企业要依法开展业务,对整治不力、屡次违规的移动转售企业,将依法坚决查处,直至取消相应资质。

五、各商业银行要抓紧完成借记卡存量清理工作,严格落实"同一客户在同一商业银行开立借记卡原则上不得超过4张"等规定。任何单位和个人不得出租、出借、出售银行账户(卡)和支付账户,构成犯罪的依法追究刑事责任。自2016年12月1日起,同一个人在同一家银行业金融机构只能开立1个Ⅰ类银行账户，在同一家非银行支付机构只能开立一个Ⅲ类支付账户。自2017年起，银行业金融机构和非银行支付机构对经设区市级及以上公安机关认定的出租、出借、出售、购买银行账户（卡）或支付账户的单位和个人及相关组织者，假冒他人身份或虚构代理关系开立银行账户（卡）或支付账户的单位和个人，5年内停止其银行账户（卡）非柜面业务、支付账户所有业务，3年内不得为其新开立账户。对经设区市级及以上公安机关认定为被不法分子用于电信网络诈骗作案的涉案账户，将对涉案账户开户人名下其他银行账户暂停非柜面业务，支付账户暂停全部业务。自2016年12月1日起，个人通过银行自助柜员机向非同名账户转账的，资金24小时后到账。

六、严禁任何单位和个人非法获取、非法出售、非法向他人提供公民个人信息。对泄露、买卖个人信息的违法犯罪行为，坚决依法打击。对互联网上发布的贩卖信息、软件、木马病毒等要及时监控、封堵、删除，对相关网站和网络账号要依法关停，构成犯罪的依法追究刑事责任。

七、电信企业、银行、支付机构和银联，要切实履行主体责任，对责任落实不到位导致被不法分子用于实施电信网络诈骗犯罪的，要依法追究责任。各级行业主管部门要落实监管责任，对监管不到位的，要严肃问责。对因重视不够，防范、打击、整治措施不落实，导致电信网络诈骗犯罪问题严重的地区、部门、国有电信企业、银行和支付机构，坚决依法实行社会治安综合治理"一票否决"，并追究相关责任人的责任。

八、各地各部门要加大宣传力度，广泛开展宣传报道，形成强大舆论声势。要运用多种媒体渠道，及时向公众发布电信网络犯罪预警提示，普及法律知识，提高公众对各类电信网络诈骗的鉴别能力和安全防范意识。

九、欢迎广大人民群众积极举报相关违法犯罪线索，对在捣毁特大犯罪窝点、打掉特大犯罪团伙中发挥重要作用的，予以重奖，并依法保护举报人的个人信息及安全。

33. 中国银监会、公安部《关于电信网络新型违法犯罪案件冻结资金返还若干规定的通知》（银监发〔2016〕41号）

第1条 为维护公民、法人和其他组织的财产权益，减少电信网络新型违法犯罪案件被害人的财产损失，确保依法、及时、便捷返还冻结资金，根据《中华人民共和国刑法》、《中华人民共和国刑事诉讼法》、《中华人民共和国银行业监督管理法》、《中华人民共和国商业银行法》等法律、行政法规，制定本规定。

第2条 本规定所称电信网络新型违法犯罪案件，是指不法分子利用电信、互联网等技术，通过发送短信、拨打电话、植入木马等手段，诱骗（盗取）被害人资金汇（存）入其控制的银行账户，实施的违法犯罪案件。

本规定所称冻结资金，是指公安机关依照法律规定对特定银行账户实施冻结措施，并由银行业金融机构协助执行的资金。本规定所称被害人，包括自然人、法人和其他组织。

第3条 公安机关应当依照法律、行政法规和本规定的职责、范围、条件和程序，坚持客观、公正、便民的原则，实施涉案冻结资金返还工作。

银行业金融机构应当依照有关法律、行政法规和本规定，协助公安机关实施涉案冻结资金返还工作。

第4条 公安机关负责查清被害人资金流向，及时通知被害人，并作出资金返还决定，实施返还。

银行业监督管理机构负责督促、检查辖区内银行业金融机构协助查询、冻结、返还工作，并就执行中的问题与公安机关进行协调。

银行业金融机构依法协助公安机关查清被害人资金流向，将所涉资金返还至公安机关指定的被害人账户。

第5条 被害人在办理被骗(盗)资金返还过程中,应当提供真实有效的信息,配合公安机关和银行业金融机构开展相应的工作。

被害人应当由本人办理冻结资金返还手续。本人不能办理的,可以委托代理人办理;公安机关应当核实委托关系的真实性。

被害人委托代理人办理冻结资金返还手续的,应当出具合法的委托手续。

第6条 对电信网络新型违法犯罪案件,公安机关冻结涉案资金后,应当主动告知被害人。

被害人向冻结公安机关或者受理案件地公安机关提出冻结涉案资金返还请求的,应当填写《电信网络新型违法犯罪涉案资金返还申请表》(附件1)。

冻结公安机关应当对被害人的申请进行审核,经查明冻结资金确属被害人的合法财产,权属明确无争议的,制作《电信网络新型违法犯罪涉案资金流向表》和《呈请返还资金报告书》(附件2),由设区的市一级以上公安机关批准并出具《电信网络新型违法犯罪冻结资金返还决定书》(附件3)。

受理案件地公安机关与冻结公安机关不是同一机关的,受理案件地公安机关应当及时向冻结公安机关移交受、立案法律手续、询问笔录、被骗盗银行卡账户证明、身份信息证明、《电信网络新型违法犯罪涉案资金返还申请表》等相关材料,冻结公安机关按照前款规定进行审核决定。

冻结资金应当返还至被害人原汇出银行账户,如原银行账户无法接受返还,也可以向被害人提供的其他银行账户返还。

第7条 冻结公安机关对依法冻结的涉案资金,应当以转账时间戳(银行电子系统记载的时间点)为标记,核查各级转账资金走向,一一对应还原资金流向,制作《电信网络新型违法犯罪案件涉案资金流向表》。

第8条 冻结资金以溯源返还为原则,由公安机关区分不同情况按以下方式返还:(一)冻结账户内仅有单笔汇(存)款记录,可直接溯源被害人的,直接返还被害人;(二)冻结账户内有多笔汇(存)款记录,按照时间戳记载可以直接溯源被害人的,直接返还被害人;(三)冻结账户内有多笔汇(存)款记录,按照时间戳记载无法直接溯源被害人的,按照被害人被骗(盗)金额占冻结在案资金总额的比例返还(返还计算公式见附件4)。

按比例返还的,公安机关应当发出公告,公告期为30日,公告期间内被害人、其他利害关系人可就返还冻结提出异议,公安机关依法进行审核。

冻结账户返还后剩余资金在原冻结期内继续冻结;公安机关根据办案需要可以在冻结期满前依法办理续冻手续。如查清新的被害人,公安机关可以按照本规定启动新的返还程序。

第9条 被害人以现金通过自动柜员机或者柜台存入涉案账户内的,涉案账户交易明细账中的存款记录与被害人笔录核对相符的,可以依照本规定第8条的规定,予以返还。

第10条 公安机关办理资金返还工作时,应当制作《电信网络新型违法犯罪冻结资金协助返还通知书》(附件5),由两名以上公安机关办案人员持本人有效人民警察证和《电信网络新型违法犯罪冻结资金协助返还通知书》前往冻结银行办理返还工作。

第11条 立案地涉及多地,对资金返还存在争议的,应当由共同上级公安机关确定一个公安机关负责返还工作。

第12条 银行业金融机构办理返还时,应当对办案人员的人民警察证和《电信网络新型违法犯罪冻结资金协助返还通知书》进行审查。对于提供的材料不完备的,有权要求办案公安机关补正。

银行业金融机构应当及时协助公安机关办理返还。能够现场办理完毕的,应当现场办理;现场无法办理完毕的,应当在3个工作日内办理完毕。银行业金融机构应当将回执反馈公安机关。

银行业金融机构应当留存《电信网络新型违法犯罪冻结资金协助返还通知书》原件、人民警察证复印件,并妥善保管留存,不得挪作他用。

第13条 银行业金融机构应当指定专门机构和人员,承办电信网络新型违法犯罪涉案资金返还工作。

第14条 公安机关违法办理资金返还,造成当事人合法权益损失的,依法承担法律责任。

第15条 中国银监会和公安部应当加强对新型电信网络违法犯罪冻结资金返还工作的指导和监督。

银行业金融机构违反协助公安机关资金返还义务的,按照《银行业金融机构协助人民检察院公安机关国家安全机关查询冻结工作规定》第28条的规定,追究相应机构和人员的责任。

第16条 本规定由中国银监会和公安部共同解释。执行中遇有具体应用问题,可以向银监会法律部门和公安部刑事侦查局报告。

第17条 本规定自发布之日起施行。

34. 最高人民法院《关于审理拐卖妇女儿童犯罪案件具体应用法律若干问题的解释》(法释〔2016〕28号)

第3条 以介绍婚姻为名,采取非法扣押身份证件、限制人身自由等方式,或者利用妇女人地生疏、语言不通、孤立无援等境况,违背妇女意志,将其出卖给他人的,应当以拐卖妇女罪追究刑事责任。

以介绍婚姻为名,与被介绍妇女串通骗取他人钱财,数额较大的,应当以诈骗罪追究刑事责任。(全文详见本书《刑法》第240条相关内容)

35. 最高人民法院《关于常见犯罪的量刑指导意见》(法发〔2017〕7号)

[被最高人民法院、最高人民检察院《关于常见犯罪的量刑指导意见(试行)》(法发〔2021〕21号)废止]

36. 最高人民法院、最高人民检察院《关于办理扰乱无线电通讯管理秩序等刑事案件适用法律若干问题的解释》(法释〔2017〕11号)

第6条 擅自设置、使用无线电台(站),或者擅自使用无线电频率,同时构成其他犯罪的,按照处罚较重的规定定罪处罚。

明知他人实施诈骗等犯罪,使用"黑广播""伪基站"等无线电设备为其发送信息或者提供其他帮助,同时构成其他犯罪的,按照处罚较重的规定定罪处罚。(全文详见本书《刑法》第288条相关内容)

37. 最高人民检察院《第9批指导性案例董亮等4人诈骗案》(检例第38号;2017年10月12日)

【要旨】

以非法占有为目的,采用自我交易方式,虚构提供服务事实,骗取互联网公司垫付费用及订单补贴,数额较大的行为,应认定为诈骗罪。

【指导意义】

当前,网络约车、网络订餐等互联网经济新形态发展迅速。一些互联网公司为抢占市场,以提供订单补贴的形式吸引客户参与。某些不法分子采取违法手段,骗取互联网公司给予的补贴,数额较大的,可以构成诈骗罪。

在网络约车中,行为人以非法占有为目的,通过网约车平台与网约车公司进行交流,发出虚构的用车需求,使网约车公司误认为是符合公司补贴规则的订单,基于错误认识,给予行为人垫付车费及订单补贴的行为,符合诈骗罪的本质特征,是一种新型诈骗罪的表现形式。(收录部分内容)

38. 最高人民法院《关于依法妥善审理民间借贷案件的通知》(法〔2018〕215 号)

民间借贷在一定程度上满足了社会多元化融资需求,促进了多层次信贷市场的形成和完善。与此同时,民间借贷纠纷案件也呈现爆炸式增长,给人民法院的审判工作带来新的挑战。近年来,社会上不断出现披着民间借贷外衣,通过"虚增债务""伪造证据""恶意制造违约""收取高额费用"等方式非法侵占财物的"套路贷"诈骗等新型犯罪,严重侵害了人民群众的合法权益,扰乱了金融市场秩序,影响社会和谐稳定。为充分发挥民商事审判工作的评价、教育、指引功能,妥善审理民间借贷纠纷案件,防范化解各类风险,现将有关事项通知如下:

一、加大对借贷事实和证据的审查力度

"套路贷"诈骗等犯罪设局者具备知识型犯罪特征,善于通过虚增债权债务、制造银行流水痕迹、故意失联制造违约等方式,形成证据链条闭环,并借助民事诉讼程序实现非法目的。因此,人民法院在审理民间借贷纠纷案件中,除根据《最高人民法院关于审理民间借贷案件适用法律若干问题的规定》第 15 条、第 16 条规定,对借据、收据、欠条等债权凭证及银行流水等款项交付凭证进行审查外,还应结合款项来源、交易习惯、经济能力、财产变化情况、当事人关系以及当事人陈述等因素综合判断借贷的真实情况。有违法犯罪等合理怀疑,代理人对案件事实无法说明的,应当传唤当事人本人到庭,就有关案件事实接受询问。要适当加大调查取证力度,查明事实真相。

二、严格区分民间借贷行为与诈骗等犯罪行为

人民法院在审理民间借贷纠纷案件中,要切实提高对"套路贷"诈骗等犯罪行为的警觉,加强对民间借贷行为与诈骗等犯罪行为的甄别,发现涉嫌违法犯罪线索、材料的,要及时按照《最高人民法院关于在审理经济纠纷案件中涉及经济犯罪嫌疑若干问题的规定》和《最高人民法院关于审理民间借贷案件适用法律若干问题的规定》依法处理。民间借贷行为本身涉及违法犯罪的,应当裁定驳回起诉,并将涉嫌犯罪的线索、材料移送公安机关或检察机关,切实防范犯罪分子将非法行为合法化,利用民事判决堂而皇之侵占被害人财产。刑事判决认定出借人构成"套路贷"诈骗等犯罪的,人民法院对已按普通民间借贷纠纷作出的生效判决,应当及时通过审判监督程序予以纠正。(全文详见本书《刑法》第 176 条相关内容)

39. 最高人民法院、最高人民检察院、公安部、司法部《关于办理恶势力刑事案件若干问题的意见》(法发〔2019〕10 号)

(详见本书《刑法》第 294 条相关内容)

40. 最高人民法院、最高人民检察院、公安部、司法部《关于办理黑恶势力刑事案件中财产处置若干问题的意见》(2019 年 4 月 9 日起施行)

(详见本书《刑法》第 294 条相关内容)

41. 最高人民法院、最高人民检察院、公安部、司法部《关于办理实施"软暴力"的刑事案件若干问题的意见》(2019 年 4 月 9 日起施行)

(详见本书《刑法》第 294 条相关内容)

42. 最高人民法院、最高人民检察院、公安部、司法部《关于办理"套路贷"刑事案件若干问题的意见》(法发〔2019〕11 号)

(详见本书《刑法》第 294 条相关内容)

43. 最高人民法院、最高人民检察院、公安部、司法部《关于依法惩治妨害新型冠状病毒感染肺炎疫情防控违法犯罪的意见》(法发〔2020〕7号)

二、准确适用法律,依法严惩妨害疫情防控的各类违法犯罪

(五)依法严惩诈骗、聚众哄抢犯罪。在疫情防控期间,假借研制、生产或者销售用于疫情防控的物品的名义骗取公私财物,或者捏造事实骗取公众捐赠款物,数额较大的,依照刑法第266条的规定,以诈骗罪定罪处罚。

在疫情防控期间,违反国家规定,假借疫情防控的名义,利用广告对所推销的商品或者服务作虚假宣传,致使多人上当受骗,违法所得数额较大或者有其他严重情节的,依照刑法第222条的规定,以虚假广告罪定罪处罚。

在疫情防控期间,聚众哄抢公私财物特别是疫情防控和保障物资,数额较大或者有其他严重情节的,对首要分子和积极参加者,依照刑法第268条的规定,以聚众哄抢罪定罪处罚。(全文详见本书《刑法》第114条相关内容)

44. 最高人民检察院《第18批指导性案例张某闵等52人电信网络诈骗案》(检例第67号;2020年4月8日)

【要旨】

跨境电信网络诈骗犯罪往往涉及大量的境外证据和庞杂的电子数据。对境外获取的证据应着重审查合法性,对电子数据应着重审查客观性。主要成员固定,其他人员有一定流动性的电信网络诈骗犯罪组织,可认定为犯罪集团。

【指导意义】

(一)对境外实施犯罪的证据应着重审查合法性

对在境外获取的实施犯罪的证据,一是要审查是否符合我国刑事诉讼法的相关规定,对能够证明案件事实且符合刑事诉讼法规定的,可以作为证据使用。二是对基于有关条约、司法互助协定、两岸司法互助协议或通过国际组织委托调取的证据,应注意审查相关办理程序、手续是否完备,取证程序和条件是否符合有关法律文件的规定。对不具有规定规范的,一般应当要求提供所在国公证机关证明,由所在国中央外交主管机关或其授权机关认证,并经我国驻该国使、领馆认证。三是对委托取得的境外证据,移交过程中应注意审查过程是否连续、手续是否齐全、交接物品是否完整、双方的交接清单记载的物品信息是否一致、交接清单与交接物品是否一一对应。四是对当事人及其辩护人、诉讼代理人提供的来自境外的证据材料,要审查其是否按照条约等相关规定办理了公证和认证,并经我国驻该国使、领馆认证。

(二)对电子数据应重点审查客观性

一要审查电子数据存储介质的真实性。通过审查存储介质的扣押、移交等法律手续及清单,核实电子数据存储介质在收集、保管、鉴定、检查等环节中是否保持原始性和同一性。二要审查电子数据本身是否客观、真实、完整。通过审查电子数据的来源和收集过程,核实电子数据是否从原始存储介质中提取,收集的程序和方法是否符合法律和相关技术规范。对从境外起获的存储介质中提取、恢复的电子数据应当进行无污损鉴定,将起获设备的时间作为鉴定的起始基准时间,以保证电子数据的客观、真实、完整。三要审查电子数据内容的真实性。通过审查在案言词证据能否与电子数据相互印证,不同的电子数据间能否相互印证等,核实电子数据包含的案件信息能否与在案的其他证据相互印证。

(三)紧紧围绕电话卡和银行卡审查认定案件事实

办理电信网络诈骗犯罪案件,认定被害人数量及诈骗资金数额的相关证据,应当紧紧围绕电话卡和银行卡等证据的关联性来认定犯罪事实。一是通过电话卡建立被害人与诈骗犯罪组织间的关联。通过审查诈骗犯罪组织使用的网络电话拨打记录清单、被害人接到诈骗电话号码的陈述以及被害人提供的通话记录详单等通讯类证据,认定被害人与诈骗犯罪组织间的关联性。二是通过银行卡建立被害人与诈骗犯罪组织间的关联。通过审查被害人提供的银行账户交易明细、银行客户通知书、诈骗犯罪集团指定银行账户信息等书证以及诈骗犯罪组织使用的互联网软件聊天记录,核实聊天记录中是否出现被害人的转账账户,以确定被害人与诈骗犯罪组织间的关联性。三是将电话卡和银行卡结合起来认定被害人及诈骗数额。审查被害人接到诈骗电话的时间、向诈骗犯罪组织指定账户转款的时间,诈骗犯罪组织手机或电脑中储存的聊天记录中出现的被害人的账户信息和转账时间是否印证。相互关联印证的,可以认定为案件被害人,被害人实际转账的金额可以认定为诈骗数额。

(四)有明显首要分子,主要成员固定,其他人员有一定流动性的电信网络诈骗犯罪组织,可以认定为诈骗犯罪集团

实施电信网络诈骗犯罪,大都涉案人员众多、组织严密、层级分明、各环节分工明确。对符合刑法关于犯罪集团规定,有明确首要分子,主要成员固定,其他人员虽有一定流动性的电信网络诈骗犯罪组织,依法可以认定为诈骗犯罪集团。对出资筹建诈骗窝点、掌控诈骗所得资金、制定犯罪计划等起组织、指挥管理作用的,依法可以认定为诈骗犯罪集团首要分子,按照集团所犯的全部罪行处罚。对负责协助首要分子组建窝点、招募培训人员等起积极作用的,或加入时间较长,通过接听拨打电话对受害人进行诱骗,次数较多、诈骗金额较大的,依法可以认定为主犯,按照其参与或组织、指挥的全部犯罪处罚。对诈骗次数较少、诈骗金额较小,在共同犯罪中起次要或者辅助作用的,依法可以认定为从犯,依法从轻、减轻或免除处罚。

45. 最高人民检察院《第20批指导性案例张某受贿,郭某行贿、职务侵占、诈骗案》(检例第76号;2020年7月21日)

(详见本书《刑法》第383条相关内容)

46. 最高人民法院、最高人民检察院、公安部《关于刑事案件涉扶贫领域财物依法快速返还的若干规定》(高检发〔2020〕12号)

(详见本书《刑法》第64条相关内容)

47. 最高人民法院、最高人民检察院、公安部《关于依法办理"碰瓷"违法犯罪案件的指导意见》(公通字〔2020〕12号)

一、实施"碰瓷",虚构事实、隐瞒真相,骗取赔偿,符合刑法第266条规定的,以诈骗罪定罪处罚;骗取保险金,符合刑法第198条规定的,以保险诈骗罪定罪处罚。

实施"碰瓷",捏造人身、财产权益受到侵害的事实,虚构民事纠纷,提起民事诉讼,符合刑法第307条之一规定的,以虚假诉讼罪定罪处罚;同时构成其他犯罪的,依照处罚较重的规定定罪从重处罚。

九、共同故意实施"碰瓷"犯罪,起主要作用的,应当认定为主犯,对其参与或者组织、指挥的全部犯罪承担刑事责任;起次要或者辅助作用的,应当认定为从犯,依法予以从轻、减轻处罚或者免除处罚。

3人以上为共同故意实施"碰瓷"犯罪而组成的较为固定的犯罪组织,应当认定为犯罪集团。对首要分子应当按照集团所犯全部罪行处罚。

符合黑恶势力认定标准的,应当按照黑社会性质组织、恶势力或者恶势力犯罪集团侦查、起诉、审判。(全文详见本书《刑法》第133条相关内容)

48. 最高人民法院、最高人民检察院、公安部《关于办理跨境赌博犯罪案件若干问题的意见》(公通字〔2020〕14号)

四、关于跨境赌博关联犯罪的认定

(一)使用专门工具、设备或者其他手段诱使他人参赌,人为控制赌局输赢,构成犯罪的,依照刑法关于诈骗犯罪的规定定罪处罚。

网上开设赌场，人为控制赌局输赢，或者无法实现提现，构成犯罪的，依照刑法关于诈骗犯罪的规定定罪处罚。部分参赌者赢利、提现不影响诈骗犯罪的认定。（全文详见本书《刑法》第303条相关内容）

49. 最高人民检察院《第22批指导性案例林某彬等人组织、领导、参加黑社会性质组织案》（检例第84号；2020年11月24日）

（详见本书《刑法》第294条该节内容）

50. 最高人民检察院《第23批指导性案例李某俊等"套路贷"虚假诉讼案》（检例第87号；2020年12月3日）

（详见本书《刑法》第307条之一相关内容）

51. 最高人民法院、最高人民检察院、公安部、工业和信息化部、中国人民银行《关于依法严厉打击惩戒治理非法买卖电话卡银行卡违法犯罪活动的通告》（2020年12月16日）

当前，非法买卖电话卡、银行卡（以下简称"两卡"）用于电信网络诈骗及其他相关违法犯罪活动问题日益突出，严重损害人民群众切身利益，严重侵蚀社会诚信根基，必须坚决依法严厉打击、惩戒和治理。为切实维护人民群众合法权益和社会治安大局稳定，依据《中华人民共和国刑法》《中华人民共和国刑事诉讼法》《中华人民共和国网络安全法》等有关法律规定，现就依法严厉打击惩戒治理非法买卖"两卡"违法犯罪活动的有关事项通告如下：

一、凡是实施非法出租、出售、购买"两卡"（包括手机卡、物联网卡、个人银行卡、单位银行账户及结算卡、支付账户等）违法犯罪活动的人员，必须立即停止一切违法犯罪活动。自本通告发布之日起至2021年1月15日前，主动投案自首，如实供述、积极揭发的，可以依法从轻或者减轻处罚。在规定期限内拒不投案自首的，将依法从严惩处。

二、公安机关、人民检察院、人民法院将以"零容忍"的态度，依法从严打击非法买卖"两卡"违法犯罪活动，全力斩断非法买卖两卡"的黑灰产业链。

三、电信行业监管部门和人民银行将依法加强行业监管，电信企业、银行业金融机构、非银行支付机构要按照"谁开卡、谁负责"的原则，落实主体责任，强化风险防控。

四、公安机关将对重点电信运营商和银行营业网点加强巡查，及时发现非法买卖"两卡"的可疑人员。涉案"两卡"较多地区公安机关将逐一上门，与涉案"两卡"开卡人见面，并签订承诺书。

五、对经设区的市级及以上公安机关认定的非法出租、出售、购买银行账户（卡）或者支付账户的单位和个人及相关组织者，银行业金融机构和非银行支付机构根据《中国人民银行、公安部对买卖银行卡或账户的个人实施惩戒的通知》（银发〔2019〕304号）实施5年内暂停其银行账户（卡）非柜面业务、支付账户所有业务，不得新开户等惩戒措施。相关单位和个人对惩戒提出申诉的，经公安机关确认后，银行业金融机构和非银行支付机构将及时解除相关惩戒措施，恢复业务办理。对经设区的市级及以上公安机关认定并处理的非法出租、出售、购买电话卡的失信用户，电信行业监管部门将联合公安机关，推动实施相关惩戒措施。

广大人民群众要提高防范意识，切莫贪图小利、心存侥幸，非法买卖"两卡"，并积极向公安机关反诈骗中心举报涉"两卡"的违法犯罪线索，打一场打击惩戒治理非法买卖"两卡"违法犯罪活动的人民战争。

本通告自发布之日起施行。

52. 最高人民检察院《人民检察院办理网络犯罪案件规定》（2021年1月22日）

（全文详见本书《刑法》第285条相关内容）

53. 最高人民检察院《第 27 批指导性案例李某诈骗、传授犯罪方法,牛某等人诈骗案》(检例第 105 号;2021 年 3 月 2 日)

(全文详见本书《刑法》第 17 条相关内容)

54. 最高人民法院、最高人民检察院、公安部《关于办理电信网络诈骗等刑事案件适用法律若干问题的意见(2)》(法发〔2021〕22 号)

三、有证据证实行为人参加境外诈骗犯罪集团或犯罪团伙,在境外针对境内居民实施电信网络诈骗犯罪行为,诈骗数额难以查证,但 1 年内出境赴境外诈骗犯罪窝点累计时间 30 日以上或多次出境赴境外诈骗犯罪窝点的,应当认定为刑法第 266 条规定的“其他严重情节”,以诈骗罪依法追究刑事责任。有证据证明其出境从事正当活动的除外。(全文详见本书《刑法》第 287 条之二相关内容)

55. 最高人民法院、最高人民检察院《关于常见犯罪的量刑指导意见(试行)》(法发〔2021〕21 号)

四、常见犯罪的量刑

(十二)诈骗罪

1. 构成诈骗罪的,根据下列情形在相应的幅度内确定量刑起点:

(1)达到数额较大起点的,可以在 1 年以下有期徒刑、拘役幅度内确定量刑起点。(2)达到数额巨大起点或者有其他严重情节的,在 3 年至 4 年有期徒刑幅度内确定量刑起点。(3)达到数额特别巨大起点或者有其他特别严重情节的,在 10 年至 12 年有期徒刑幅度内确定量刑起点。依法应当判处无期徒刑的除外。

2. 在量刑起点的基础上,根据诈骗数额等其他影响犯罪构成的犯罪事实增加刑罚量,确定基准刑。

3. 构成诈骗罪的,根据诈骗的数额、手段、危害后果等犯罪情节,综合考虑被告人缴纳罚金的能力,决定罚金数额。

4. 构成诈骗罪的,综合考虑诈骗的起因、手段、数额、危害后果、退赃退赔等犯罪事实、量刑情节,以及被告人主观恶性、人身危险性、认罪悔罪表现等因素,决定缓刑的适用。对实施电信网络诈骗的,从严把握缓刑的适用。(全文详见本书《刑法》第 61 条相关内容)

56. 最高人民法院、最高人民检察院《关于办理危害食品安全刑事案件适用法律若干问题的解释》(法释〔2021〕24 号)

第 19 条 违反国家规定,利用广告对保健食品或者其他食品作虚假宣传,符合刑法第 222 条规定的,以虚假广告罪定罪处罚;以非法占有为目的,利用销售保健食品或者其他食品诈骗财物,符合刑法第 266 条规定的,以诈骗罪定罪处罚。同时构成生产、销售伪劣产品罪等其他犯罪的,依照处罚较重的规定定罪处罚。(全文详见本书《刑法》第 143 条相关内容)

57. 最高人民法院、最高人民检察院《关于办理危害药品安全刑事案件适用法律若干问题的解释》(高检发释字〔2022〕1 号)

第 13 条 明知系利用医保骗保购买的药品而非法收购、销售,金额 5 万元以上的,应当依照刑法第 312 条的规定,以掩饰、隐瞒犯罪所得罪定罪处罚;指使、教唆、授意他人利用医保骗保购买药品,进而非法收购、销售,符合刑法第 266 条规定的,以诈骗罪定罪处罚。

对于利用医保骗保购买药品的行为人是否追究刑事责任,应当综合骗取医保基金的数额、手段、认罪悔罪态度等案件具体情节,依法妥当决定。利用医保骗保购买药品的行为人是否被追究刑事责任,不影响对非法收购、销售有关药品的行为人定罪处罚。

对于第 1 款规定的主观明知,应当根据药品标志、收购渠道、价格、规模及药品追溯信息等综合认定。(全文详见本书《刑法》第 141 条相关内容)

58.《中华人民共和国反电信网络诈骗法》(2022年9月2日第十三届全国人民代表大会常务委员会第三十六次会议通过)

第6章　法律责任

第38条　组织、策划、实施、参与电信网络诈骗活动或者为电信网络诈骗活动提供帮助，构成犯罪的，依法追究刑事责任。

前款行为尚不构成犯罪的，由公安机关处10日以上15日以下拘留；没收违法所得，处违法所得1倍以上10倍以下罚款，没有违法所得或者违法所得不足1万元的，处10万元以下罚款。

第39条　电信业务经营者违反本法规定，有下列情形之一的，由有关主管部门责令改正，情节较轻的，给予警告、通报批评，或者处5万元以上50万元以下罚款；情节严重的，处50万元以上500万元以下罚款，并可以由有关主管部门责令暂停相关业务、停业整顿、吊销相关业务许可证或者吊销营业执照，对其直接负责的主管人员和其他直接责任人员，处1万元以上20万元以下罚款：

(一)未落实国家有关规定确定的反电信网络诈骗内部控制机制的；(二)未履行电话卡、物联网卡实名制登记职责的；(三)未履行对电话卡、物联网卡的监测识别、监测预警和相关处置职责的；(四)未对物联网卡用户进行风险评估，或者未限定物联网卡的开通功能、使用场景和适用设备的；(五)未采取措施对改号电话、虚假主叫或者具有相应功能的非法设备进行监测处置的。

第40条　银行业金融机构、非银行支付机构违反本法规定，有下列情形之一的，由有关主管部门责令改正，情节较轻的，给予警告、通报批评，或者处5万元以上50万元以下罚款；情节严重的，处50万元以上500万元以下罚款，并可以由有关主管部门责令停止新增业务、缩减业务类型或者业务范围、暂停相关业务、停业整顿、吊销相关业务许可证或者吊销营业执照，对其直接负责的主管人员和其他直接责任人员，处1万元以上20万元以下罚款：

(一)未落实国家有关规定确定的反电信网络诈骗内部控制机制的；(二)未履行尽职调查义务和有关风险管理措施的；(三)未履行对异常账户、可疑交易的风险监测和相关处置义务的；(四)未按照规定完整、准确传输有关交易信息的。

第41条　电信业务经营者、互联网服务提供者违反本法规定，有下列情形之一的，由有关主管部门责令改正，情节较轻的，给予警告、通报批评，或者处5万元以上50万元以下罚款；情节严重的，处50万元以上500万元以下罚款，并可以由有关主管部门责令暂停相关业务、停业整顿、关闭网站或者应用程序、吊销相关业务许可证或者吊销营业执照，对其直接负责的主管人员和其他直接责任人员，处1万元以上20万元以下罚款：

(一)未落实国家有关规定确定的反电信网络诈骗内部控制机制的；(二)未履行网络服务实名制职责，或者未对涉案、涉诈电话卡关联注册互联网账号进行核验的；(三)未按照国家有关规定，核验域名注册、解析信息和互联网协议地址的真实性、准确性，规范域名跳转，或者记录并留存所提供相应服务的日志信息的；(四)未登记核验移动互联网应用程序开发运营者的真实身份信息或者未核验应用程序的功能、用途，为其提供应用程序封装、分发服务的；(五)未履行对涉诈互联网账号和应用程序，以及其他电信网络诈骗信息、活动的监测识别和处置义务的；(六)拒不依法为查处电信网络诈骗犯罪提供技术支持和协助，或者未按规定移送有关违法犯罪线索、风险信息的。

第42条　违反本法第14条、第25条第1款规定的，没收违法所得，由公安机关或者有关主管部门处违法所得1倍以上10倍以下罚款，没有违法所得或者违法所得不足5万元的，处50万元以下罚款；情节严重的，由公安机关并处15日以下拘留。

第43条　违反本法第25条第2款规定，由有关主管部门责令改正，情节较轻的，给予警告、通报批评，或者处5万元以上50万元以下罚款；情节严重的，处50万元以上500万元以下罚款，并可以由有关主管部门责令暂停相关业务、停业整顿、关闭网站或者应用程序，对其直接负责的主管人员和其他直接责任人员，处1万元以上20万元以下罚款。

第44条 违反本法第31条第1款规定的，没收违法所得，由公安机关处违法所得1倍以上10倍以下罚款，没有违法所得或者违法所得不足2万元的，处20万元以下罚款；情节严重的，并处15日以下拘留。

第45条 反电信网络诈骗工作有关部门、单位的工作人员滥用职权、玩忽职守、徇私舞弊，或者有其他违反本法规定行为，构成犯罪的，依法追究刑事责任。

第46条 组织、策划、实施、参与电信网络诈骗活动或者为电信网络诈骗活动提供相关帮助的违法犯罪人员，除依法承担刑事责任、行政责任以外，造成他人损害的，依照《中华人民共和国民法典》等法律的规定承担民事责任。

电信业务经营者、银行业金融机构、非银行支付机构、互联网服务提供者等违反本法规定，造成他人损害的，依照《中华人民共和国民法典》等法律的规定承担民事责任。

第47条 人民检察院在履行反电信网络诈骗职责中，对于侵害国家利益和社会公共利益的行为，可以依法向人民法院提起公益诉讼。

第48条 有关单位和个人对依照本法作出的行政处罚和行政强制措施决定不服的，可以依法申请行政复议或者提起行政诉讼。

第7章 附　　则

第49条 反电信网络诈骗工作涉及的有关管理和责任制度，本法没有规定的，适用《中华人民共和国网络安全法》、《中华人民共和国个人信息保护法》、《中华人民共和国反洗钱法》等相关法律规定。

第267条 【抢夺罪】抢夺公私财物，数额较大的，或者多次抢夺的，处3年以下有期徒刑、拘役或者管制，并处或者单处罚金；数额巨大或者有其他严重情节的，处3年以上10年以下有期徒刑，并处罚金；数额特别巨大或者有其他特别严重情节的，处10年以上有期徒刑或者无期徒刑，并处罚金或者没收财产。

携带凶器抢夺的，依照本法第263条的规定定罪处罚。

（本条《中华人民共和国刑法修正案（9）》修改）

• 释义

抢夺罪是指以非法占有为目的，当场以非平和的方式，直接夺取他人紧密占有的公私财物且数额较大的行为。

携带凶器抢夺的，依照抢劫罪定罪处罚。

• 管辖

公安机关刑事侦查部门、法院。

• 立案追诉标准

（一）抢夺公私财物价值人民币500元至2千元以上的，为"数额较大"；

（二）抢夺公私财物价值人民币5千元至2万元以上的，为"数额巨大"；

（三）抢夺公私财物价值人民币3万元至10万元以上的，为"数额特别巨大"。

（以上数额标准摘录自最高人民法院关于审理抢夺刑事案件具体应用法律若干问题的解释，非公安机关的追诉标准）

• 关联法律

1.《中华人民共和国军事设施保护法》（1990年2月23日第七届全国人大常委会第十二次会议通过；2009年8月27日第十一届全国人大常委会第十次会议《关于修改部分法律的决定》第一次修正；2014年6月27日第十二届全国人大常委会第九次会议《关于修改〈中华人民共和国军事设施保护法〉的决定》第二次修正；2021年6月10日第十三届全国人大常委会第二十九次会议修订）第2条、第63条至第66条

（详见本书《刑法》第263条相关内容）

2.最高人民法院《关于执行〈中华人民共和国铁路法〉中刑事罚则若干问题的解释》（法发〔1993〕28号）

（法释〔2013〕2号已声明该文件废止）

3.最高人民法院《关于审理抢劫案件具体应用法律若干问题的解释》（法释〔2000〕35号）

第6条　刑法第267条第2款规定的"携带凶器抢夺"是指行为人随身携带枪支、爆炸物、管制刀具等国家禁止个人携带的器械进行抢夺或者为了实施犯罪而携带其他器械的抢夺行为。（全文详见本书《刑法》第263条相关内容）

4.最高人民法院《关于审理抢夺刑事案件具体应用法律若干问题的解释》（法释〔2002〕18号）

（法释〔2013〕25号已声明该文件废止）

5.最高人民法院《关于审理抢劫、抢夺刑事案件适用法律若干问题的意见》（法发〔2005〕8号）

四、关于"携带凶器抢夺"的认定

《抢劫解释》第6条规定，"携带凶器抢夺"，是指行为人随身携带枪支、爆炸物、管制刀具等国家禁止个人携带的器械进行抢夺或者为了实施犯罪而携带其他器械进行抢夺的行为。行为人随身携带国家禁止个人携带的器械以外的其他器械抢夺，但有证据证明该器械确实不是为了实施犯罪准备的，不以抢劫罪定罪；行为人将随身携带凶器有意加以显示、能为被害人察觉到的，直接适用刑法第263条的规定定罪处罚；行为人携带凶器抢夺后，在逃跑过程中为窝藏赃物、抗拒抓捕或者毁灭罪证而当场使用暴力或者以暴力相威胁的，适用刑法第267条第2款的规定定罪处罚。

五、关于转化抢劫的认定

行为人实施盗窃、诈骗、抢夺行为，未达到"数额较大"，为窝藏赃物、抗拒抓捕或者毁灭罪证当场使用暴力或者以暴力相威胁，情节较轻、危害不大的，一般不以犯罪论处；但具有下列情节之一的，可依照刑法第269条的规定，以抢劫罪定罪处罚：

（1）盗窃、诈骗、抢夺接近"数额较大"标准的；（2）入户或在公共交通工具上盗窃、诈骗、抢夺后在户外或交通工具外实施上述行为的；（3）使用暴力致人轻微伤以上后果的；（4）使用凶器或以凶器相威胁的；（5）具有其他严重情节的。（全文见本书《刑法》第263条相关内容）

6.最高人民法院《关于审理未成年人刑事案件具体应用法律若干问题的解释》（法释〔2006〕1号）

第10条　已满14周岁不满16周岁的人盗窃、诈骗、抢夺他人财物，为窝藏赃物、抗拒抓捕或者毁灭罪证，当场使用暴力，故意伤害致人重伤或者死亡，或者故意杀人的，应当分别以故意伤害罪或者故意杀人罪定罪处罚。

已满16周岁不满18周岁的人犯盗窃、诈骗、抢夺罪，为窝藏赃物、抗拒抓捕或者毁灭罪证

而当场使用暴力或者以暴力相威胁的,应当依照刑法第 269 条的规定定罪处罚;情节轻微的,可不以抢劫罪定罪处罚。(全文见本书《刑法》第 17 条相关内容)

7. 最高人民法院、最高人民检察院《关于办理与盗窃、抢劫、诈骗、抢夺机动车相关刑事案件具体应用法律若干问题的解释》(法释〔2007〕11 号)

(详见本书《刑法》第 263 条相关内容)

8. 最高人民法院《全国部分法院审理毒品犯罪案件工作座谈会纪要》(法〔2008〕324 号)

一、毒品案件的罪名确定和数量认定问题

刑法第 347 条规定的走私、贩卖、运输、制造毒品罪是选择性罪名,对同一宗毒品实施了两种以上犯罪行为并有相应确凿证据的,应当按照所实施的犯罪行为的性质并列确定罪名,毒品数量不重复计算,不实行数罪并罚。对同一宗毒品可能实施了两种以上犯罪行为,但相应证据只能认定其中一种或者几种行为,认定其他行为的证据不够确实充分的,则只按照依法能够认定的行为的性质定罪。如涉嫌为贩卖而运输毒品,认定贩卖的证据不够确实充分的,则只定运输毒品罪。对不同宗毒品分别实施了不同种犯罪行为的,应对不同行为并列确定罪名,累计毒品数量,不实行数罪并罚。对被告人 1 人走私、贩卖、运输、制造两种以上毒品的,不实行数罪并罚,量刑时可综合考虑毒品的种类、数量及危害,依法处理。

罪名不以行为实施的先后、毒品数量或者危害大小排列,一律以刑法条文规定的顺序表述。如对同一宗毒品制造后又走私的,以走私、制造毒品罪定罪。下级法院在判决中确定罪名不准确的,上级法院可以减少选择性罪名中的部分罪名或者改动罪名顺序,在不加重原判刑罚的情况下,也可以改变罪名,但不得增加罪名。

对于吸毒者实施的毒品犯罪,在认定犯罪事实和确定罪名时要慎重。吸毒者在购买、运输、存储毒品过程中被查获的,如没有证据证明其是为了实施贩卖等其他毒品犯罪行为,毒品数量未超过刑法第 348 条规定的最低数量标准的,一般不定罪处罚;查获毒品数量达到较大以上的,应以其实际实施的毒品犯罪行为定罪处罚。

对于以贩养吸的被告人,其被查获的毒品数量应认定为其犯罪的数量,但量刑时应考虑被告人吸食毒品的情节,酌情处理;被告人购买了一定数量的毒品后,部分已被其吸食的,应当按能够证明的贩卖数量及查获的毒品数量认定其贩毒的数量,已被吸食部分不计入在内。

有证据证明行为人不以牟利为目的,为他人代购仅用于吸食的毒品,毒品数量超过刑法第 348 条规定的最低数量标准的,对托购者、代购者应以非法持有毒品罪定罪。代购者从中牟利,变相加价贩卖毒品的,对代购者应以贩卖毒品罪定罪。明知他人实施毒品犯罪而为其居间介绍、代购代卖的,无论是否牟利,都应以相关毒品犯罪的共犯论处。

盗窃、抢夺、抢劫毒品的,应当分别以盗窃罪、抢夺罪或者抢劫罪定罪,但不计犯罪数额,根据情节轻重予以定罪量刑。盗窃、抢夺、抢劫毒品后又实施其他毒品犯罪的,对盗窃罪、抢夺罪、抢劫罪和所犯的具体毒品犯罪分别定罪,依法数罪并罚。走私毒品,又走私其他物品构成犯罪的,以走私毒品罪和其所犯的其他走私罪分别定罪,依法数罪并罚。(全文见本书《刑法》第 347 条相关内容)

9. 最高人民法院《人民法院量刑指导意见(试行)》(法发〔2010〕36 号)第 4 条(8)

(法释〔2015〕2 号已声明该文件废止)

10. 最高人民法院、最高人民检察院《关于办理抢夺刑事案件适用法律若干问题的解释》(法释〔2013〕25 号)

为依法惩治抢夺犯罪,保护公私财产,根据《中华人民共和国刑法》的有关规定,现就办理此类刑事案件适用法律的若干问题解释如下:

第 1 条 抢夺公私财物价值 1000 元至 3000 元以上、3 万元至 8 万元以上、20 万元至 40

万元以上的,应当分别认定为刑法第267条规定的“数额较大”“数额巨大”“数额特别巨大”。

各省、自治区、直辖市高级法院、检察院可以根据本地区经济发展状况,并考虑社会治安状况,在前款规定的数额幅度内,确定本地区执行的具体数额标准,报最高人民法院、最高人民检察院批准。

第2条 抢夺公私财物具有下列情形之一的,“数额较大”的标准按照前款规定标准的50%确定:

(一)曾因抢劫、抢夺或者聚众哄抢受过刑事处罚的;(二)1年内曾因抢夺或者哄抢受过行政处罚的;(三)1年内抢夺3次以上的;(四)驾驶机动车、非机动车抢夺的;(五)组织、控制未成年人抢夺的;(六)抢夺老年人、未成年人、孕妇、携带婴幼儿的人、残疾人、丧失劳动能力人的财物的;(七)在医院抢夺病人或者其亲友财物的;(八)抢夺救灾、抢险、防汛、优抚、扶贫、移民、救济款物的;(九)自然灾害、事故灾害、社会安全事件等突发事件期间,在事件发生地抢夺的;(十)导致他人轻伤或者精神失常等严重后果的。

第3条 抢夺公私财物,具有下列情形之一的,应当认定为刑法第267条规定的“其他严重情节”:

(一)导致他人重伤的;(二)导致他人自杀的;(三)具有本解释第2条第3项至第10项规定的情形之一,数额达到本解释第1条规定的“数额巨大”50%的。

第4条 抢夺公私财物,具有下列情形之一的,应当认定为刑法第267条规定的“其他特别严重情节”:

(一)导致他人死亡的;(二)具有本解释第2条第3项至第10项规定的情形之一,数额达到本解释第1条规定的“数额特别巨大”50%的。

第5条 抢夺公私财物数额较大,但未造成他人轻伤以上伤害,行为人系初犯,认罪、悔罪。退赃、退赔,且具有下列情形之一的,可以认定为犯罪情节轻微,不起诉或者免予刑事处罚;必要时,由有关部门依法予以行政处罚:

(一)具有法定从宽处罚情节的;(二)没有参与分赃或者获赃较少,且不是主犯的;(三)被害人谅解的;(四)其他情节轻微、危害不大的。

第6条 驾驶机动车、非机动车夺取他人财物,具有下列情形之一的,应当以抢劫罪定罪处罚:

(一)夺取他人财物时因被害人不放手而强行夺取的;(二)驾驶车辆逼挤、撞击或者强行逼倒他人夺取财物的;(三)明知会致人伤亡仍然强行夺取并放任造成财物持有人轻伤以上后果的。

第7条 本解释公布施行后,《最高人民法院关于审理抢夺刑事案件具体应用法律若干问题解释》(法释〔2002〕18号)同时废止;之前发布的司法解释和规范性文件与本解释不一致的,以本解释为准。

11. 最高人民法院研究室《关于〈最高人民法院、最高人民检察院关于办理与盗窃、抢劫、诈骗、抢夺机动车相关刑事案件具体应用法律若干问题的解释〉有关规定如何适用问题的答复》(法研〔2014〕98号)

云南省高级人民法院:

你院《关于两高〈关于办理与盗窃、抢劫、诈骗、抢夺机动车相关刑事案件具体应用法律若干问题的解释〉适用问题的请示》(云高法〔2013〕213号)收悉。经研究,答复如下:

根据罪责刑相适应刑法基本原则,《最高人民法院、最高人民检察院关于办理与盗窃、抢劫、诈骗、抢夺机动车相关刑事案件具体应用法律若干问题的解释》第1条第2款中规定的“机动车5辆以上”,应当是指机动车数量在5辆以上,且价值总额接近50万元。

12.《中华人民共和国刑法修正案(9)》(2015年8月29日第十二届全国人大常委会第十六次会议通过)

二十、将刑法第267条第1款修改为:“抢夺公私财物,数额较大的,或者多次抢夺的,处3年以下有期徒刑、拘役或者管制,并处或者单处罚金;数额巨大或者有其他严重情节的,处3年以上10年以下有期徒刑,并处罚金;数额特别巨大或者有其他特别严重情节的,处10年以上有期徒刑或者无期徒刑,并处罚金或者没收财产。”

13.最高人民检察院法律政策研究室《关于〈关于伪造机动车登记证书如何适用法律的请示〉的答复意见》(2016年3月18日)

(详见本书《刑法》第263条相关内容)

14.最高人民法院《关于常见犯罪的量刑指导意见》(法发〔2017〕7号)

[被最高人民法院、最高人民检察院《关于常见犯罪的量刑指导意见(试行)》(法发〔2021〕21号)废止]

15.最高人民法院、最高人民检察院、公安部、司法部《关于办理恶势力刑事案件若干问题的意见》(法发〔2019〕10号)

(详见本书《刑法》第294条相关内容)

16.最高人民法院、最高人民检察院、公安部、司法部《关于办理黑恶势力刑事案件中财产处置若干问题的意见》(2019年4月9日起施行)

(详见本书《刑法》第294条相关内容)

17.最高人民法院、最高人民检察院、公安部、司法部《关于办理实施“软暴力”的刑事案件若干问题的意见》(2019年4月9日起施行)

(详见本书《刑法》第294条相关内容)

18.最高人民法院、最高人民检察院、公安部、司法部《关于办理“套路贷”刑事案件若干问题的意见》(法发〔2019〕11号)

(详见本书《刑法》第294条相关内容)

19.最高人民法院、最高人民检察院、公安部《关于依法办理“碰瓷”违法犯罪案件的指导意见》(公通字〔2020〕12号)

四、实施“碰瓷”,采取转移注意力、趁人不备等方式,窃取、夺取他人财物,符合刑法第264条、第267条规定的,分别以盗窃罪、抢夺罪定罪处罚。

九、共同故意实施“碰瓷”犯罪,起主要作用的,应当认定为主犯,对其参与或者组织、指挥的全部犯罪承担刑事责任;起次要或者辅助作用的,应当认定为从犯,依法予以从轻、减轻处罚或者免除处罚。

3人以上为共同故意实施“碰瓷”犯罪而组成的较为固定的犯罪组织,应当认定为犯罪集团。对首要分子应当按照集团所犯全部罪行处罚。

符合黑恶势力认定标准的,应当按照黑社会性质组织、恶势力或者恶势力犯罪集团侦查、起诉、审判。(全文详见本书《刑法》第133条相关内容)

20.最高人民法院、最高人民检察院《关于常见犯罪的量刑指导意见(试行)》(法发〔2021〕21号)

四、常见犯罪的量刑

(十三)抢夺罪

1.构成抢夺罪的,根据下列情形在相应的幅度内确定量刑起点:

(1)达到数额较大起点的或者两年内3次抢夺的,在1年以下有期徒刑、拘役幅度内确定量刑起点。(2)达到数额巨大起点或者有其他严重情节的,在3年至5年有期徒刑幅度内确定量刑起点。(3)达到数额特别巨大起点或者有其他特别严重情节的,在10年至12年有期徒刑幅度内确定量刑起点。依法应当判处无期徒刑的除外。

2. 在量刑起点的基础上,根据抢夺数额、次数等其他影响犯罪构成的犯罪事实增加刑罚量,确定基准刑。

多次抢夺,数额达到较大以上的,以抢夺数额确定量刑起点,抢夺次数可作为调节基准刑的量刑情节;数额未达到较大的,以抢夺次数确定量刑起点,超过3次的次数作为增加刑罚量的事实。

3. 构成抢夺罪的,根据抢夺的数额、次数、手段、危害后果等犯罪情节,综合考虑被告人缴纳罚金的能力,决定罚金数额。

4. 构成抢夺罪的,综合考虑抢夺的起因、数额、手段、次数、危害后果、退赃退赔等犯罪事实、量刑情节,以及被告人主观恶性、人身危险性、认罪悔罪表现等因素,决定缓刑的适用。(全文详见本书《刑法》第61条相关内容)

第268条 【聚众哄抢罪】 聚众哄抢公私财物,数额较大或者有其他严重情节的,对首要分子和积极参加的,处3年以下有期徒刑、拘役或者管制,并处罚金;数额巨大或者有其他特别严重情节的,处3年以上10年以下有期徒刑,并处罚金。

• 释义

聚众哄抢罪是指以非法占有为目的,聚众哄抢公私财物,数额较大或者有其他严重情节的行为。

本罪只处罚首要分子和积极参加者。

• 管辖

公安机关刑事侦查部门、法院。

• 关联法律

1. 最高人民法院《关于执行〈中华人民共和国铁路法〉中刑事罚则若干问题的解释》(法发〔1993〕28号)

(法释〔2013〕2号已声明该文件废止)

2. 最高人民法院《关于审理破坏森林资源刑事案件具体应用法律若干问题的解释》(法释〔2000〕36号)

第14条 聚众哄抢林木5立方米以上的,属于聚众哄抢"数额较大";聚众哄抢林木20立方米以上的,属于聚众哄抢"数额巨大",对首要分子和积极参加的,依照刑法第268条的规定,以聚众哄抢罪定罪处罚。(全文详见本书《刑法》第407条相关内容)

3. 最高人民法院、最高人民检察院、公安部、司法部《关于依法惩治妨害新型冠状病毒感染肺炎疫情防控违法犯罪的意见》(法发〔2020〕7号)

二、准确适用法律,依法严惩妨害疫情防控的各类违法犯罪

(五)依法严惩诈骗、聚众哄抢犯罪。在疫情防控期间,假借研制、生产或者销售用于疫情防控的物品的名义骗取公私财物,或者捏造事实骗取公众捐赠款物,数额较大的,依照刑法第266条的规定,以诈骗罪定罪处罚。

在疫情防控期间,违反国家规定,假借疫情防控的名义,利用广告对所推销的商品或者服务作虚假宣传,致使多人上当受骗,违法所得数额较大或者有其他严重情节的,依照刑法第

222条的规定,以虚假广告罪定罪处罚。

在疫情防控期间,聚众哄抢公私财物特别是疫情防控和保障物资,数额较大或者有其他严重情节的,对首要分子和积极参加者,依照刑法第268条的规定,以聚众哄抢罪定罪处罚。(全文详见本书《刑法》第114条相关内容)

第269条 【抢劫罪(转化的抢劫罪)】犯盗窃、诈骗、抢夺罪,为窝藏赃物、抗拒抓捕或者毁灭罪证而当场使用暴力或者以暴力相威胁的,依照本法第263条的规定定罪处罚。【抢劫罪(第263条)】

• 释义

本条是专为转化型抢劫犯罪所设的规定。本条中的"犯盗窃、诈骗、抢夺罪"并不要求盗窃、诈骗、抢夺行为构成犯罪,只要行为人实施该3类行为之一,均可成为转化型抢劫的前提,因为最高人民法院《关于审理抢劫、抢夺刑事案件适用法律若干问题的意见》(法发〔2005〕8号)第5条关于转化抢劫的认定中指出:"行为人实施盗窃、诈骗、抢夺行为,未达到'数额较大',为窝藏赃物、抗拒抓捕或者毁灭罪证当场使用暴力或者以暴力相威胁,情节较轻、危害不大的,一般不以犯罪论处;但具有下列情节之一的,可依照刑法第269条的规定,以抢劫罪定罪处罚;

(一)盗窃、诈骗、抢夺接近'数额较大'标准的;

(二)入户或在公共交通工具上盗窃、诈骗、抢夺后在户外或交通工具外实施上述行为的;

(三)使用暴力致人轻微伤以上后果的;

(四)使用凶器或以凶器相威胁的;

(五)具有其他严重情节的。"

本条中的"当场"包括两层含义:一是指实施盗窃、抢夺或诈骗行为的现场;二是指一离开该现场就被及时发觉而立即追捕,在追捕过程中行为人使用暴力亦为"当场"使用暴力。

• 管辖

公安机关刑事侦查部门。

• 关联法律

1. 最高人民法院《关于审理抢劫、抢夺刑事案件适用法律若干问题的意见》(法发〔2005〕8号)

五、关于转化抢劫的认定

行为人实施盗窃、诈骗、抢夺行为,未达到"数额较大",为窝藏赃物、抗拒抓捕或者毁灭罪证当场使用暴力或者以暴力相威胁,情节较轻、危害不大的,一般不以犯罪论处;但具有下列情节之一的,可依照刑法第269条的规定,以抢劫罪定罪处罚:

(1)盗窃、诈骗、抢夺接近"数额较大"标准的;(2)入户或在公共交通工具上盗窃、诈骗、抢夺后在户外或交通工具外实施上述行为的;(3)使用暴力致人轻微伤以上后果的;(4)使用凶器或以凶器相威胁的;(5)具有其他严重情节的。(全文详见本书《刑法》第263条相关内容)

2. 最高人民法院《关于审理未成年人刑事案件具体应用法律若干问题的解释》(法释〔2006〕1号)

第10条 已满14周岁不满16周岁的人盗窃、诈骗、抢夺他人财物,为窝藏赃物、抗拒抓捕或者毁灭罪证,当场使用暴力,故意伤害致人重伤或者死亡,或者故意杀人的,应当分别以故意伤害罪或者故意杀人罪定罪处罚。已满16周岁不满18周岁的人犯盗窃、抢夺罪,为窝藏赃物、抗拒抓捕或者毁灭罪证而当场使用暴力或者以暴力相威胁的,应当依照刑法第269条的规定定罪处罚;情节轻微的,可不以抢劫罪定罪处罚。(全文详见本书《刑法》第17条相关内容)

3. 最高人民检察院《第5批指导性案例陈某昌抢劫、盗窃,付某强盗窃案》(检例第17号;2014年9月10日)

【要旨】

1. 对于入户盗窃,因被发现而当场使用暴力或者以暴力相威胁的行为,应当认定为“入户抢劫”。2. 在人民法院宣告判决前,人民检察院发现被告人有遗漏的罪行可以一并起诉和审理的,可以补充起诉。3. 人民检察院认为同级人民法院第一审判决重罪轻判,适用刑罚明显不当的,应当提出抗诉。

【诉讼过程】

2012年4月6日,付某强因涉嫌盗窃罪被广东省佛山市公安局高明分局刑事拘留,同年5月9日被逮捕。2012年5月29日,陈某昌因涉嫌盗窃罪被佛山市公安局高明分局刑事拘留,同年7月2日被逮捕。2012年7月6日,佛山市公安局高明分局以犯罪嫌疑人付某强、陈某昌涉嫌盗窃罪向佛山市高明区人民检察院移送审查起诉。2012年7月23日,高明区人民检察院以被告人付某强、陈某昌犯盗窃罪向佛山市高明区人民法院提起公诉。

一审期间,高明区人民检察院经进一步审查,发现被告人陈某昌有3起遗漏犯罪事实。2012年9月24日,高明区人民检察院依法补充起诉被告人陈某昌入室盗窃转化为抢劫的犯罪事实一起和陈某昌伙同叶某元、韦某伦共同盗窃的犯罪事实2起。

2012年11月14日,佛山市高明区人民法院一审认为,检察机关指控被告人陈某昌犯抢劫罪、盗窃罪,被告人付某强犯盗窃罪的犯罪事实清楚,证据确实充分,罪名成立。被告人陈某昌在入户盗窃后被发现,为抗拒抓捕而当场使用凶器相威胁,其行为符合转化型抢劫的构成要件,应以抢劫罪定罪处罚,但不应认定为“入户抢劫”。理由是陈某昌入户并不以实施抢劫为犯罪目的,而是在户内临时起意以暴力相威胁,且未造成被害人任何损伤,依法判决:被告人陈某昌犯抢劫罪,处有期徒刑3年9个月,并处罚金人民币4000元;犯盗窃罪,处有期徒刑1年9个月,并处罚金人民币2000元;决定执行有期徒刑5年,并处罚金人民币6000元。被告人付某强犯盗窃罪,处有期徒刑2年,并处罚金人民币2000元。

2012年11月19日,佛山市高明区人民检察院认为一审判决适用法律错误,造成量刑不当,依法向佛山市中级人民法院提出抗诉。2013年3月21日,佛山市中级人民法院二审判决采纳了抗诉意见,撤销原判对原审被告人陈某昌抢劫罪量刑部分及决定合并执行部分,依法予以改判。

【抗诉理由】

一审宣判后,佛山市高明区人民检察院审查认为一审判决未认定被告人陈某昌的行为属于“入户抢劫”,属于适用法律错误,且造成量刑不当,应予纠正,遂依法向佛山市中级人民法院提出抗诉;佛山市人民检察院支持抗诉。抗诉和支持抗诉理由是:

1. 原判决对“入户抢劫”的理解存在偏差。原判决以“暴力行为虽然发生在户内,但是其不以实施抢劫为目的,而是在户内临时起意并以暴力相威胁,且未造成被害人任何损害”为由,未认定被告人陈某昌所犯抢劫罪具有“入户”情节。根据2005年7月《最高人民法院关于审理抢劫、抢夺刑事案件适用法律若干问题的意见》关于认定“入户抢劫”的规定,“入户”必须以实施抢劫等犯罪为目的。但是,这里“目的”的非法性不是以抢劫罪为限,还应当包括盗窃等其他犯罪。

2. 原判决适用法律错误。2000年11月《最高人民法院关于审理抢劫案件具体应用法律若干问题的解释》(以下简称《解释》)第1条第2款规定,"对于入户盗窃,因被发现而当场使用暴力或者以暴力相威胁的行为,应当认定为入户抢劫。"依据刑法和《解释》的有关规定,本案中,被告人陈某昌入室盗窃被发现后当场使用暴力相威胁的行为,应当认定为"入户抢劫"。

3. 原判决适用法律错误,导致量刑不当。"户"对一般公民而言属于最安全的地方。"入户抢劫"不仅严重侵犯公民的财产所有权,更是危及公民的人身安全。因为被害人处于封闭的场所,通常无法求救,与发生在户外的一般抢劫相比,被害人的身心会受到更为严重的惊吓或者伤害。根据刑法第263条第1项的规定,"入户抢劫"应当判处10年以上有期徒刑、无期徒刑或者死刑,并处罚金或者没收财产。原判决对陈某昌抢劫罪判处3年9个月有期徒刑,属于适用法律错误,导致量刑不当。

4. 最高人民法院《关于审理抢劫刑事案件适用法律若干问题的指导意见》(法发〔2016〕2号)

三、关于转化型抢劫犯罪的认定

根据刑法第269条的规定,"犯盗窃、诈骗、抢夺罪,为窝藏赃物、抗拒抓捕或者毁灭罪证而当场使用暴力或者以暴力相威胁的",依照抢劫罪定罪处罚。"犯盗窃、诈骗、抢夺罪",主要是指行为人已经着手实施盗窃、诈骗、抢夺行为,一般不考察盗窃、诈骗、抢夺行为是否既遂。但是所涉财物数额明显低于"数额较大"的标准,又不具有《两抢意见》第5条所列5种情节之一的,不构成抢劫罪。"当场"是指在盗窃、诈骗、抢夺的现场以及行为人刚离开现场即被他人发现并抓捕的情形。

对于以摆脱的方式逃脱抓捕,暴力强度较小,未造成轻伤以上后果的,可不认定为"使用暴力",不以抢劫罪论处。

入户或者在公共交通工具上盗窃、诈骗、抢夺后,为了窝藏赃物、抗拒抓捕或者毁灭罪证,在户内或者公共交通工具上当场使用暴力或者以暴力相威胁的,构成"入户抢劫"或者"在公共交通工具上抢劫"。

两人以上共同实施盗窃、诈骗、抢夺犯罪,其中部分行为人为窝藏赃物、抗拒抓捕或者毁灭罪证而当场使用暴力或者以暴力相威胁的,对于其余行为人是否以抢劫罪共犯论处,主要看其对实施暴力或者以暴力相威胁的行为人是否形成共同犯意、提供帮助。基于一定意思联络,对实施暴力或者以暴力相威胁的行为人提供帮助或实际成为帮凶的,可以抢劫共犯论处。(全文见本书《刑法》第263条相关内容)

5. 参见本书《刑法》第263条至第268条该节内容。

第270条 【侵占罪】将代为保管的他人财物非法占为己有,数额较大,拒不退还的,处2年以下有期徒刑、拘役或者罚金;数额巨大或者有其他严重情节的,处2年以上5年以下有期徒刑,并处罚金。

将他人的遗忘物或者埋藏物非法占为己有,数额较大,拒不交出的,依照前款的规定处罚。

本条罪,告诉的才处理。

• 释义

侵占罪是指将代为保管的他人财物非法占为己有,数额较大,拒不退还的,或者将他人的遗忘物或者埋藏物非法占为己有,数额较大,拒不交出的行为。

本条罪,告诉的才处理。行为主体必须是他人财物的代为保管者。"代为保管",是指受委托而对他人财物具有事实上或法律上的支配,但不包括窝藏或代为销售的赃物。

"占为己有",可能具体表现为出卖、赠与、消费、抵偿债务等侵害他人财产所有权的行为。

本条规定的"遗忘物"应当包含"遗失物";"埋藏物",是指埋于地下、没于水中,或者藏于他物中的、属于国家所有且所有人明确的财物。

小型出租车上的乘客"遗忘物",后乘客转移为自己占有的为盗窃;司机据为己有的属侵占。

• 管辖

法院。

第271条 【职务侵占罪】 公司、企业或者其他单位的工作人员,利用职务上的便利,将本单位财物非法占为己有,数额较大的,处3年以下有期徒刑或者拘役,并处罚金;数额巨大的,处3年以上10年以下有期徒刑,并处罚金;数额特别巨大的,处10年以上有期徒刑或者无期徒刑,并处罚金。

国有公司、企业或者其他国有单位中从事公务的人员和国有公司、企业或者其他国有单位委派到非国有公司、企业以及其他单位从事公务的人员有前款行为的,依照本法第382条、第383条【贪污罪】的规定定罪处罚。

(本条《中华人民共和国刑法修正案(11)》修改)

• 释义

职务侵占罪是指公司、企业或者其他单位的人员,利用职务上的便利,将本单位财物非法占为己有,数额较大的行为。

国有公司、企业或者其他国有单位中从事公务的人员和国有公司、企业或者其他国有单位委派到非国有公司、企业以及其他单位从事公务的人员,利用职务上的便利,将本单位财物非法占为己有,数额较大的行为,以贪污罪定罪处罚。

• 管辖

公安经济犯罪侦查部门、监察机关(公职人员行使公权力过程中发生的犯罪案件)、法院。

• 立案追诉标准

公司、企业或者其他单位的人员,利用职务上的便利,将本单位财物非法占为己有,数额在3万元以上的,应予立案追诉。

• 关联法律

1. 最高人民法院《关于办理违反公司法受贿、侵占、挪用等刑事案件适用法律若干问题的解释》(法发〔1995〕23号)

(法释〔2013〕2号已声明该文件废止)

2. 最高人民法院《关于村民小组组长利用职务便利非法占有公共财物行为如何定性问题的批复》(法释〔1999〕12号)

四川省高级人民法院:

你院川高法〔1998〕224号《关于村民小组组长利用职务便利侵吞公共财物如何定性的问题的请示》收悉。经研究,答复如下:

对村民小组组长利用职务上的便利,将村民小组集体财产非法占为已有,数额较大的行为,应当依照刑法第271条第1款的规定,以职务侵占罪定罪处罚。

3. 最高人民法院《全国法院维护农村稳定刑事审判工作座谈会纪要》(法〔1999〕217号)

三、会议在认真分析了农村中犯罪、农民犯罪的原因和特点的基础上,结合我国农村基层组织的作用和现状,对处理农村中犯罪案件和农民犯罪案件应当把握的政策界限进行了研究,对正确处理以下问题取得了一致意见:

(三)关于村委会和村党支部成员利用职务便利侵吞集体财产犯罪的定性问题

为了保证案件的及时审理,在没有司法解释规定之前,对于已起诉到法院的这类案件,原则上以职务侵占罪定罪处罚。(全文详见本书《刑法》第232条相关内容)

4. 最高人民法院《关于审理贪污、职务侵占案件如何认定共同犯罪几个问题的解释》(法释〔2000〕15号)

为依法审理贪污或者职务侵占犯罪案件,现就这类案件如何认定共同犯罪问题解释如下:

第1条 行为人与国家工作人员勾结,利用国家工作人员的职务便利,共同侵吞、窃取、骗取或者以其他手段非法占有公共财物的,以贪污罪共犯论处。

第2条 行为人与公司、企业或者其他单位的人员勾结,利用公司、企业或者其他单位人员的职务便利,共同将该单位财物非法占为已有,数额较大的,以职务侵占罪共犯论处。

第3条 公司、企业或者其他单位中,不具有国家工作人员身份的人与国家工作人员勾结,分别利用各自的职务便利,共同将本单位财物非法占为已有的,按照主犯的犯罪性质定罪。

5. 最高人民法院《关于在国有资本控股、参股的股份有限公司中从事管理工作的人员利用职务便利非法占有本公司财物如何定罪问题的批复》(法释〔2001〕17号)

重庆市高级人民法院:

你院渝高法明传〔2000〕38号《关于在股份有限公司中从事管理工作的人员侵占本公司财物如何定性的请示》收悉。经研究,答复如下:

在国有资本控股、参股的股份有限公司中从事管理工作的人员,除受国家机关、国有公司、企业、事业单位委派从事公务的以外不属于国家工作人员。对其利用职务上的便利,将本单位财物非法占为已有,数额较大的,应当依照刑法第271条第1款的规定,以职务侵占罪定罪处罚。

6. 最高人民法院《全国法院审理金融犯罪案件工作座谈会纪要》(法〔2001〕8号)

(详见本书《刑法》第170条相关内容)

7. 最高人民法院《全国法院审理经济犯罪案件工作座谈会纪要》(法〔2003〕167号)

一、关于贪污贿赂犯罪和渎职犯罪的主体

(一)国家机关工作人员的认定

刑法中所称的国家机关工作人员。是指在国家机关中从事公务的人员、包括在各级国家权力机关、行政机关、司法机关和军事机关中队事公务的人员。

根据有关立法解释的规定,在依照法律、法规规定行使国家行政管理职权的组织中从事公务的人员,或者在受国家机关委托代表国家行使职权的组织中从事公务的人员、或者虽未列入国家机关人员编制但在国家机关中从事公务的人员,视为国家机关工作人员。在乡(镇)以上中国共产党机关、人民政协机关中从事公务的人员,司法实践中也应当视为国家机关工作人员。

(二)国家机关、国有公司、企业、事业单位委派到非国有公司、企业、事业单位、社会团体从事公务的人员的认定

所谓委派，即委任、派遣，其形式多种多样，如任命、指派、提名、批准等。不论被委派的人身份如何，只要是接受国家机关、国有公司、企业、事业单位委派，代表国家机关、国有公司、企业、事业单位在非国有公司、企业、事业单位、社会团体中从事组织、领导、监督、管理等工作，都可以认定为国家机关、国有公司、企业、事业单位委派到非国有公司、企业、事业单位、社会团体从事公务的人员——如国家机关、国有公司、企业、事业单位委派在国有控股或者参股的股份有限公司从事组织、领导、监督、管理等工作的人员，应当以国家工作人员论；国有公司、企业改制为股份有限公司后原国有公司、企业的工作人员和股份有限公司新任命的人员中，除代表国有投资主体行使监督、管理职权的人外不以国家工作人员论。

(三)"其他依照法律从事公务的人员"的认定

刑法第93条第2款规定的"其他依照法律从事公务的人员"应当具有两个特征：一是在特定条件下行使国家管理职能；二是依照法律规定从事公务。具体包括：

(1)依法履行职责的各级人民代表大会代表；(2)依法懂行审判职责的人民陪审员；(3)协助乡镇人民政府、街道办事处从事行政管理工作的村民委员会、居民委员会等农村和城市基层组织人员；(4)其他由法律授权从事公务的人员。

(四)关于"从事公务"的理解

从事公务，是指代表国家机关、国有公司、企业事业单位、人民团体等履行组织、领导、监督、管理等职责。公务主要表现为与职权相联系的公共事务以及监督、管理国有财产的职务活动。如国家机关工作人员依法履行职责，国有公司的董事、经理、监事、会计、出纳人员等管理、监督国有财产等活动，属于从事公务。那些不具备职权内容的劳务活动、技术服务工作，如售货员、售票员等所从事的工作，一般不认为是公务。

二、关于贪污罪

(一)贪污罪既遂与未遂的认定

贪污罪是一种以非法占有为目的的财产性职务犯罪，与盗窃、诈骗、抢夺等侵犯财产罪一样，应当以行为人是否实际控制财物作为区分贪污罪既遂与未遂的标准。对于行为人利用职务上的便利，实施了虚假平帐等贪污行为，但公共财物尚未实际转移，或者尚未被行为人控制就被查获的，应当认定为贪污未遂。行为人控制公共财物后，是否将财物据为己有，不影响贪污既遂的认定。

(二)"受委托管理、经营国有财产"的认定

刑法第382条第2款规定的"受委托管理、经营国有财产"，是指因承包、租赁、临时聘用等管理、经营国有财产。

(三)国家工作人员与非国家工作人员勾结共同非法占有单位财物行为的认定

对于国家工作人员与他人勾结，共同非法占有单位财物的行为，应当按照《最高人民法院关于审理贪污、职务侵占案件如何认定共同犯罪几个问题的解释》的规定定罪处罚。对于在公司、企业或者其他单位中，非国家工作人员与国家工作人员勾结，分别利用各自的职务便利，共同将本单位财物非法占有的，应当尽量区分主从犯，按照主犯的犯罪性质定罪。司法实践中，如果根据案件的实际情况。各共同犯罪人在共同犯罪中的地位、作用相当，难以区分主从犯的，可以贪污罪定罪处罚。

(四)共同贪污犯罪中"个人贪污数额"的认定

刑法第383条第1款规定的"个人贪污数额"，在共同贪污犯罪案件中应理解为个人所参与或者组织、指挥共同贪污的数额，不能只按个人实际分得的赃款数额来认定。对共同贪污犯罪中的从犯,应当按照其所参与的共同贪污的数额确定量刑幅度,并依照刑法第 27 条第 2 款的规定,从轻、减轻处罚或者免除处罚。

三、关于受贿罪

(一)关于"利用职务上的便利"的认定

刑法第 385 条第 1 款规定的"利用职务上的便利",既包括利用本人职务上主管、负责、承办某项公共事务的职权,也包括利用职务上有隶属、制约关系的其他国家工作人员的职权。担任单位领导职务的国家下作人员通过不属自己主管的下级部门的国家工作人员的职务为他人谋取利益的,应当认定为"利用职务上的便利"为他人谋取利益。

(二)"为他人谋取利益"的认定

为他人谋取利益包括承诺、实施和实现 3 个阶段的行为。只要具有其中 1 个阶段的行为,如国家工作人员收受他人财物时,根据他人提出的具体请托事项,承诺为他人谋取利益的,就具备了为他人谋取利益的要件。明知他人有具体请托事项而收受其财物的,视为承诺为他人谋取利益。

(三)"利用职权或地位形成的便利条件"的认定

刑法第 388 条规定的"利用本人职权或者地位形成的便利条件",是指行为人与被其利用的国家工作人员之间在职务上虽然没有隶属、制约关系,但是行为人利用了本人职权或者地位产生的影响和一定的工作联系,如单位内不同部门的国家工作人员之间、上下级单位没有职务上隶属、制约关系的国家工作人员之间、有工作联系的不同单位的国家工作人员之间等。

(四)离职国家工作人员收受财物行为的处理

参照《最高人民法院关于国家工作人员利用职务上的便利为他人谋取利益离退休后收受财物行为如何处理问题的批复》规定的精神,国家工作人员利用职务上的便利为请托人谋取利益,并与请托人事先约定,在其离职后收受请托人财物,构成犯罪的,以受贿罪定罪处罚。

(五)共同受贿犯罪的认定

根据刑法关于共同犯罪的规定,非国家工作人员与国家工作人员勾结伙同受贿的,应当以受贿罪的共犯追究刑事责任。非国家工作人员是否构成受贿罪共犯,取决于双方有无共同受贿的故意和行为,国家工作人员的近亲属向国家工作人员代为转达请托事项,收受请托人财物并告知该国家工作人员。或者国家工作人员明知其近亲属收受了他人财物,仍按照近亲属的要求利用职权为他人谋取利益的,对该国家工作人员应认定为受贿罪,其近亲属以受贿罪共犯论处;近亲属以外的其他人与国家工作人员通谋,由国家工作人员利用职务上的便利为请托人谋取利益,收受请托人财物后双方共同占有的,构成受贿罪共犯,国家工作人员利用职务上的便利为他人谋取利益,并指定他人将财物送给其他人。构成犯罪的,应以受贿罪定罪处罚。

(六)以借款为名索取或者非法收受财物行为的认定

国家工作人员利用职务上的便利以借为名向他人索取财物,或者非法收受财物为他人谋取利益的.应当认定为受贿。具体认定时,不能仅仅看是否有书面借款手续,应当根据以下因素综合判定:

(1)有无正当、合理的借款事由;(2)款项的去向;(3)双方平时关系如何、有无经济往来;(4)出借方是否要求国家工作人员利用职务上的便利为其谋取利益;(5)借款后是否有归还的意思表示及行为;(6)是否有归还的能力;(7)未归还的原因;等等。

(七)涉及股票受贿案件的认定

在办理涉及股票的受贿案件时,应当注意:(1)国家工作人员利用职务上的便利,索取或非法收受股票,没有支付股本金,为他人谋取利益,构成受贿罪的,其受贿数额按照收受股票时的实际价格计算。(2)行为人支付股本金而购买较有可能升值的股票,由于不是无偿收受请托人财物,不以受贿罪论处。(3)股票已上市且已升值,行为人仅支付股本金,其"购买"股票时的实际价格与股本金的差价部分应认定为受贿。

四、关于挪用公款罪

(一)单位决定将公款给个人使用行为的认定

经单位领导集体研究决定将公款给个人使用,或者单位负责人为了单位的利益,决定将公款给个人使用的,不以挪用公款罪定罪处罚。上述行为致使单位遭受重大损失,构成其他犯罪的,依照刑法的有关规定对责任人员定罪处罚。

(二)挪用公款供其他单位使用行为的认定

根据全国人大常委会《关于〈中华人民共和国刑法〉第384条第1款的解释》的规定,"以个人名义将公款供其他单位使用的"、"个人决定以单位名义将公款供其他单位使用谋取个人利益的",属于挪用公款"归个人使用"。在司法实践中,对于将公款供其他单位使用的,认定是否属于"以个人名义",不能只看形式,要从实质上把握。对于行为人逃避财务监管,或者与使用人约定以个人名义进行,或者借款、还款都以个人名义进行,将公款给其他单位使用的,应认定为"以个人名义"。"个人决定"既包括行为人在职权范围内决定,也包括超越职权范围决定。"谋取个人利益",既包括行为人与使用人事先约定谋取个人利益实际尚未获取的情况,也包括虽未事先约定但实际已获取了个人利益的情况。其中的"个人利益",既包括不正当利益,也包括正当利益;既包括财产性利益,也包括非财产性利益,但这种非财产性利益应当是具体的实际利益,如升学、就业等。

(三)国有单位领导向其主管的具有法人资格的下级单位借公款归个人使用的认定

国有单位领导利用职务上的便利指令具有法人资格的下级单位将公款供个人使用的,属于挪用公款行为,构成犯罪的,应以挪用公款罪定罪处罚。

(四)挪用有价证券、金融凭证用于质押行为性质的认定

挪用金融凭证、有价证券用于质押,使公款处于风险之中,与挪用公款为他人提供担保没有实质的区别。符合刑法关于挪用公款罪规定的,以挪用公款罪定罪处罚挪用公款数额以实际或者可能承担的风险数额认定。

(五)挪用公款归还个人欠款行为性质的认定

挪用公款归还个人欠款的,应当根据产生欠款的原因分别认定属于挪用公款的何种情形。归还个人进行非法活动或者进行营利活动产生的欠款,应当认定为挪用公款进行非法活动或者进行营利活动。

(六)挪用公款用于注册公司、企业行为性质的认定

申报注册资本是为进行生产经营活动作准备,属于成立公司、企业进行营利活动的组成部分。因此,挪用公款归个人用于公司、企业注册资本验资证明的,应当认定为挪用公款进行营利活动。

(七)挪用公款后尚未投入实际使用的行为性质的认定

挪用公款后尚未投入实际使用的,只要同时具备"数额较大"和"超过3个月未还"的构成要件,应当认定为挪用公款罪,但可以酌情从轻处罚。

(八)挪用公款转化为贪污的认定

挪用公款罪与贪污罪的主要区别在于行为人主观上是否具有非法占有公款的目的:挪用公款是否转化为贪污,应当按照主客观相一致的原则,具体判断和认定行为人主观上是否具有非法占有公款的目的—在司法实践中,具有以下情形之一的可以认定行为人具有非法占有公款的目的:

1. 根据《最高人民法院关于审理挪用公款案件具体应用法律若干问题的解释》第6条的规定行为人"携带挪用的公款潜逃的",对其携带挪用的公款部分,以贪污罪定罪处罚。

2. 行为人挪用公款后采取虚假发票平帐、销毁有关帐目等手段,使所挪用的公款已难以在单位财务帐目上反映出来,且没有归还行为的,应当以贪污罪定罪处罚。

3. 行为人截取单位收入不入帐,非法占有,使所占有的公款难以在单位财务帐目上反映出来,且没有归还行为的,应当以贪污罪定罪处罚。

4. 有证据证明行为人有能力归还所挪用的公款而拒不归还,并隐瞒挪用的公款去向的,应当以贪污罪定罪处罚。

五、关于巨额财产来源不明罪

(一)行为人不能说明巨额财产来源合法的认定

刑法第395条第1款规定的"不能说明",包括以下情况:

(一)行为人拒不说明财产来源;(二)行为人无法说明财产的具体来源;(三)行为人所说的财产来源经司法机关查证并不属实;(四)行为人所说的财产来源因线索不具体等原因,司法机关无法查实,但能排除存在来源合法的可能性和合理性的。

(二)"非法所得"的数额计算

刑法第395条规定的"非法所得",一般是指行为人的全部财产与能够认定的所有支出的总和减去能够证实的有真实来源的所得。在具体计算时,应注意以下问题:

(1)应把国家工作人员个人财产和与其共同生活的家庭成员的财产、支出等一并计算,而且一并减去他们所有的合法收入以及确属与其共同生活的家庭成员个人的非法收入;(2)行为人所有的财产包括房产、家具、生活用品、学习用品及股票、债券、存款等动产和不动产;行为人的支出包括合法支出和不合法的支出,包括日常生活、工作、学习费用、罚款及向他人行贿的财物等;行为人的合法收入包括工资、奖金、稿酬、继承等法律和政策允许的各种收入;(3)为了便于计算犯罪数额,对于行为人的财产和合法收入,一般可以从行为人有比较确定的收入和财产时开始计算。

六、关于渎职罪

(一)渎职犯罪行为造成的公共财产重大损失的认定

根据刑法规定,玩忽职守、滥用职权等渎职犯罪是以致使公共财产、国家和人民利益遭受重大损失为构成要件的。其中,公共财产的重大损失,通常是指渎职行为已经造成的重大经济损失。在司法实践中,有以下情形之一的,虽然公共财产作为债权存在,但已无法实现债权的,可以认定为行为人的渎职行为造成了经济损失:

(1)债务人已经法定程序被宣告破产;(2)债务人潜逃,去向不明;(3)因行为人责任,致使超过诉讼时效;(4)有证据证明债权无法实现的其他情况。

(二)玩忽职守罪的追诉时效

玩忽职守行为造成的重大损失当时没有发生,而是玩忽职守行为之后一定时间发生的,应从危害结果发生之日起计算玩忽职守罪的追诉期限。

(三)国有公司、企业人员渎职犯罪的法律适用

对于1999年12月24日《中华人民共和国刑法修正案》实施以前发生的国有公司、企业人员渎职行为(不包括徇私舞弊行为),尚未处理或者正在处理的不能按照刑法修正案追究刑事责任。

(四)关于"徇私"的理解

徇私舞弊型渎职犯罪的"徇私"应理解为徇个人私情、私利。国家机关工作人员为了本单位的利益,实施滥用职权、玩忽职守行为,构成犯罪的,依照刑法第397条第1款的规定定罪处罚。

8. 公安部经济犯罪侦查局《关于职务侵占案件管辖权问题的批复》(公经〔2003〕435号)

贵州省公安厅经侦总队:

你总队《关于职务侵占案件管辖权问题的请示报告》(黔公经侦〔2003〕15号)收悉。经研究,我们认为:

此案原则上应由犯罪嫌疑人所属公司、企业注册地的公安机关即贵阳市公安局管辖,如果由犯罪行为实施地的公安机关管辖更为适宜的,也可以由犯罪行为实施地的公安机关即六盘水市公安局和六枝县公安局管辖。

[附:贵州省公安厅经侦总队《关于职务侵占案件管辖权问题的请示报告》(2003年4月2日 黔公经侦〔2003〕15号)公安部二局:2001年11月,周辛(男、28岁)、张元鹏(男、23岁)分别被贵阳市万事达贸易有限公司录用为贵州省六盘水市和六枝县负责人,在任职期间,2人利用职务之便,分别将所收取的公司货款40200元和34425元侵占后逃匿。

关于此案管辖权存在两种意见:一、认为应由犯罪嫌疑人所属公司、企业注册地公安机关即贵阳市公安局立案;二、认为应由犯罪实施地公安机关即六盘水市和六枝县公安局立案。

近年来,我省在办理职务侵占案中,基本上以犯罪嫌疑人所属公司、企业所在地作为管辖依据,但在具体实施中多次受到以上两种意见的困扰。我们认为,职务侵占犯罪的主体是以特定的职务身份为构成要件的,其侵占的是公司、企业的财物,与其他的侵财案件有明显的区别,由犯罪主体所属公司、企业注册地公安机关管辖,更有利于案件的侦查。

当否,请指示。]

9. 最高人民法院、最高人民检察院《关于办理妨害预防、控制突发传染病疫情等灾害的刑事案件具体应用法律若干问题的解释》(法释〔2003〕8号)

第14条 贪污、侵占用于预防、控制突发传染病疫情等灾害的款物或者挪用归个人使用,构成犯罪的,分别依照刑法第382条、第383条、第271条、第384条、第272条的规定,以贪污罪、侵占罪、挪用公款罪、挪用资金罪定罪,依法从重处罚。

挪用用于预防、控制突发传染病疫情等灾害的救灾、优抚、救济等款物,构成犯罪的,对直接责任人员,依照刑法第273条的规定,以挪用特定款物罪定罪处罚。(全文详见本书《刑法》第114条相关内容)

10. 公安部经济犯罪侦查局《关于宗教活动场所工作人员能否构成职务侵占或挪用资金犯罪主体的批复》(公经〔2004〕643号)

山西省公安厅经侦总队:

你总队晋公经〔2004〕034号《关于净贤能否构成职务侵占罪或挪用资金罪主体的请示》收悉。经研究,并征求国家宗教事务局意见,批复如下:

根据《宗教活动场所管理条例》(国务院令第145号令)等有关规定,宗教活动场所属于刑法第271条和第272条所规定的"其他单位"的范围。宗教活动场所的财产属于公共财产或信教公民共有财产,受法律保护,任何组织和个人不得侵占、哄抢、私分和非法处分宗教团体、宗教活动场所的合法财产。宗教活动场所的管理人员利用职务之便,侵占或挪用宗教活动场所公共财产的,可以构成职务侵占罪或挪用资金罪。

11. 公安部经侦局《关于对非法占有他人股权是否构成职务侵占罪问题的工作意见》(2005年6月24日)

近年来,许多地方公安机关就公司股东之间或者被委托人采用非法手段侵占股权,是否涉嫌职务侵占罪问题请示当局。对此问题,当局多次召开座谈会并分别征求了高检、高法及人大法工委刑法室等有关部门的意见。

近日,最高人民法院刑事审判第二庭书面答复:对于公司股东之间或者被委托人利用职务便利,非法占有公司股东股权的行为,如果能够认定行为人主观上具有非法占有他人财物的目的,则可对其利用职务便利,非法占有公司管理中的股东股权的行为以职务侵占罪论处。

12. 全国人大常委会法制工作委员会《对关于公司人员利用职务上的便利采取欺骗等手段非法占有股东股权的行为如何定性处理的批复的意见》(法工委发函〔2005〕105 号)

最高人民检察院:

你院法律政策研究室 2005 年 8 月 26 日来函收悉。经研究,答复如下:

根据刑法第 92 条的规定,股份属于财产。采用各种非法手段侵吞,占有他人依法享有的股份,构成犯罪的,适用刑法有关非法侵犯他人财产的犯罪规定。

13. 公安部经济犯罪侦查局《关于对居民小组下设生产队认定问题的批复》(公经〔2007〕938 号)

2007 年 4 月 29 日答复福建省公安厅经侦总队"闽公经〔2007〕52 号"的请示。根据罪刑法定原则,不宜将最高法《关于村民组长利用职务便利非法占有公共财物行为如何定性问题的批复》(1999 年 6 月 25 日)类推适用于"居民小组"以及其下设的生产队。在法律、法规以及司法解释没有明确规定的情形下,不宜将"居民小组"以及其下设的生产队认定为刑法意义上的"其他单位"。

14. 最高人民法院研究室《关于对通过虚假验资骗取工商营业执照的"三无"企事业能否成为职务侵占罪客体问题征求意见的复函》(法研〔2008〕79 号)

根据 1999 年 7 月 3 日施行的《最高人民法院关于审理单位犯罪案件具体应用法律若干问题的解释》第 1 条的规定,私营、独资等公司、企业、事业单位占有具有法人资格才属于我国刑法中所指单位,其财产权才能成为职务侵占罪的客体。也就是说,是否具有法人资格是私营、独资等公司、企业、事业单位成为我国刑法中"单位"的关键。行为人通过虚假验资骗取工商营业执照成立的企业,即便为"三无"企业,只要具有法人资格,并且不是为进行违法犯罪活动而设立的公司、企业、事业单位,或公司、企业、事业单位设立后,不是以实施犯罪为主要活动的,能够成为《刑法》第 271 条第 1 款规定的"公司、企业或者其他单位"。这些单位中的人员,利用职务上的便利,将单位财物非法占为己有,数额较大的,构成职务侵占罪。

15. 最高人民检察院、公安部《关于公安机关管辖的刑事案件立案追诉标准的规定(2)》(公通字〔2010〕23 号)

(公通字〔2022〕12 号已声明该文件废止)

16. 最高人民法院《人民法院量刑指导意见(试行)》(法发〔2010〕36 号)

(法释〔2015〕2 号已声明该文件废止)

17. 最高人民法院、最高人民检察院《关于办理国家出资企业中职务犯罪案件具体应用法律若干问题的意见》(法发〔2010〕49 号)

一、关于国家出资企业工作人员在改制过程中隐匿公司、企业财产归个人持股的改制后公司、企业所有的行为的处理

国家工作人员或者受国家机关、国有公司、企业、事业单位、人民团体委托管理、经营国有财产的人员利用职务上的便利,在国家出资企业改制过程中故意通过低估资产、隐瞒债权、虚设债务、虚构产权交易等方式隐匿公司、企业财产,转为本人持有股份的改制后公司、企业所有,应当依法追究刑事责任的,依照刑法第 382 条、第 383 条的规定,以贪污罪定罪处罚。贪污数额一般应当以所隐匿财产全额计算;改制后公司、企业仍有国有股份的,按股份比例扣除归于国有的部分。

所隐匿财产在改制过程中已为行为人实际控制,或者国家出资企业改制已经完成的,以犯罪既遂处理。

第1款规定以外的人员实施该款行为的,依照刑法第271条的规定,以职务侵占罪定罪处罚;第1款规定以外的人员与第1款规定的人员共同实施该款行为的,以贪污罪的共犯论处。

在企业改制过程中未采取低估资产、隐瞒债权、虚设债务、虚构产权交易等方式故意隐匿公司、企业财产的,一般不应当认定为贪污;造成国家资产重大损失,依法构成刑法第168条或者第169条规定的犯罪的,依照该规定定罪处罚。

三、关于国家出资企业工作人员使用改制公司、企业的资金担保个人贷款,用于购买改制公司、企业股份的行为的处理

国家出资企业的工作人员在公司、企业改制过程中为购买公司、企业股份,利用职务上的便利,将公司、企业的资金或者金融凭证、有价证券等用于个人贷款担保的,依照刑法第272条或者第384条的规定,以挪用资金罪或者挪用公款罪定罪处罚。

行为人在改制前的国家出资企业持有股份的,不影响挪用数额的认定,但量刑时应当酌情考虑。

经有关主管部门批准或者按照有关政策规定,国家出资企业的工作人员为购买改制公司、企业股份实施前款行为的,可以视具体情况不作为犯罪处理。

五、关于改制前后主体身体发生变化的犯罪的处理

国家工作人员在国家出资企业改制前利用职务上的便利实施犯罪,在其不再具有国家工作人员身份后又实施同种行为,依法构成不同犯罪的,应当分别定罪,实行数罪并罚。

国家工作人员利用职务上的便利,在国家出资企业改制过程中隐匿公司、企业财产,在其不再具有国家工作人员身份后将所隐匿财产据为己有的,依照刑法第382条、第383条的规定,以贪污罪定罪处罚。

国家工作人员在国家出资企业改制过程中利用职务上的便利为请托人谋取利益,事先约定在其不再具有国家工作人员身份后收受请托人财物,或者在身份变化前后连续收受请托人财物的,依照刑法第385条、第386条的规定,以受贿罪定罪处罚。

六、关于国家出资企业中国家工作人员的认定

经国家机关、国有公司、企业、事业单位提名、推荐、任命、批准等,在国有控股、参股公司及其分支机构中从事公务的人员,应当认定为国家工作人员。具体的任命机构和程序,不影响国家工作人员的认定。

经国家出资企业中负有管理、监督国有资产职责的组织批准或者研究决定,代表其在国有控股、参股公司及其分支机构中从事组织、领导、监督、经营、管理工作的人员,应当认定为国家工作人员。

国家出资企业中的国家工作人员,在国家出资企业中持有个人股份或者同时接受非国有股东委托的,不影响其国家工作人员身份的认定。

七、关于国家出资企业的界定

本意见所称"国家出资企业",包括国家出资的国有独资公司、国有独资企业,以及国有资本控股公司、国有资本参股公司。

是否属于国家出资企业不清楚的,应遵循"谁投资、谁拥有产权"的原则进行界定。企业注册登记中的资金来源与实际出资不符的,应根据实际出资情况确定企业的性质。企业实际出资情况不清楚的,可以综合工商注册、分配形式、经营管理等因素确定企业的性质。

八、关于宽严相济刑事政策的具体贯彻

办理国家出资企业中的职务犯罪案件时,要综合考虑历史条件、企业发展、职工就业、社会稳定等因素,注意具体情况具体分析,严格把握犯罪与一般违规行为的区分界限。对于主观恶意明显、社会危害严重、群众反映强烈的严重犯罪,要坚决依法从严惩处;对于特定历史条件下、为了顺利完成企业改制而实施的违反国家政策法律规定的行为，行为人无主观恶意或者主观恶意不明显，情节较轻，危害不大的，可以不作为犯罪处理。

对于国家出资企业中的职务犯罪，要加大经济上的惩罚力度，充分重视财产刑的适用和执行，最大限度地挽回国家和人民利益遭受的损失。不能退赃的，在决定刑罚时，应当作为重要情节予以考虑。（全文详见本书《刑法》第168条相关内容）

18. 最高人民法院研究室《关于个人独资企业员工能否成为职务侵占罪主体问题的复函》（法研〔2011〕20号）

刑法第271条第1款规定中的“单位”，包括“个人独资企业”。主要理由是：

刑法第30条规定的单位犯罪的“单位”与刑法第271条第1款职务侵占罪的单位概念不尽一致，前者是指作为犯罪主体应当追究刑事责任的“单位”，后者是指财产被侵害需要刑法保护的“单位”，责任追究针对的是该“单位”中的个人。有关司法解释之所以规定，不具有法人资格的独资企业不能成为单位犯罪的主体，主要是考虑此类企业因无独立财产、个人与企业行为的界限难以区分；不具备独立承担刑事责任的能力。刑法第271条第1款立法的目的基于保护单位财产，惩处单位内工作人员利用职务便利，侵占单位财产的行为，因此该款规定中的“单位”应当也包括独资企业。

19. 公安部经济犯罪侦查局《关于范×涉嫌职务侵占案犯罪主体问题的批复》（公经〔2012〕898号）

范×利用其担任业主委员会主任的职务，将小区警卫室用房对外出租后所得租金占为己有，属于职务侵占犯罪行为。

20.《中华人民共和国商业银行法》（2015年修正）

（全文略）

21. 最高人民法院、最高人民检察院《关于办理贪污贿赂刑事案件适用法律若干问题的解释》（法释〔2016〕9号）

第11条第1款 刑法第163条规定的非国家工作人员受贿罪、第271条规定的职务侵占罪中的“数额较大”“数额巨大”的数额起点，按照本解释关于受贿罪、贪污罪相对应的数额标准规定的2倍、5倍执行。

｛即为依法惩治贪污贿赂犯罪活动，根据刑法有关规定，现就办理贪污贿赂刑事案件适用法律的若干问题解释如下：**第1条第1款** 贪污或者受贿数额在3万元以上不满20万元的，应当认定为刑法第383条第1款规定的“数额较大”，依法判处3年以下有期徒刑或者拘役，并处罚金。**第1条第2款** 贪污数额在1万元以上不满3万元，具有下列情形之一的，应当认定为刑法第383条第1款规定的“其他较重情节”，依法判处3年以下有期徒刑或者拘役，并处罚金：（一）贪污救灾、抢险、防汛、优抚、扶贫、移民、救济、防疫、社会捐助等特定款物的；（二）曾因贪污、受贿、挪用公款受过党纪、行政处分的的；（三）曾因故意犯罪受过刑事追究的；（四）赃款赃物用于非法活动的；（五）拒不交待赃款赃物去向或者拒不配合追缴工作，致使无法追缴的；（六）造成恶劣影响或者其他严重后果的。**第2条第1款** 贪污或者受贿数额在20万元以上不满300万元的，应当认定为刑法第383条第1款规定的“数额巨大”，依法判处3年以上10年以下有期徒刑，并处罚金或者没收财产。**第2条第2款** 贪污数额在10万元以上不满20万元，具有本解释第1条第2款规定的情形之一的［即：（一）贪污救灾、抢险、防汛、优抚、扶贫、移民、救济、防疫、社会捐助等特定款物的；（二）曾因贪污、受贿、挪用公款受过党纪、行政处分的的；（三）曾因故意犯罪受过刑事追究的；（四）赃款赃物用于非法活动的；（五）拒不交待赃款赃物去向或者拒不配合追缴工作，致使无法追缴的；（六）造成恶劣影响或者其他严重后果的。］，应当认定为刑法第383条第1款规定的“其他严重情节”，依法判处3年以上

10年以下有期徒刑,并处罚金或者没收财产。**第3条第1款** 贪污或者受贿数额在300万元以上的,应当认定为刑法第383条第1款规定的“数额特别巨大”,依法判处10年以上有期徒刑、无期徒刑或者死刑,并处罚金或者没收财产。**第3条第2款** 贪污数额在150万元以上不满300万元,具有本解释第1条第2款规定的情形之一的,[即(一)贪污救灾、抢险、防汛、优抚、扶贫、移民、救济、防疫、社会捐助等特定款物的;(二)曾因贪污、受贿、挪用公款受过党纪、行政处分的的;(三)曾因故意犯罪受过刑事追究的;(四)赃款赃物用于非法活动的;(五)拒不交待赃款赃物去向或者拒不配合追缴工作,致使无法追缴的;(六)造成恶劣影响或者其他严重后果的。]应当认定为刑法第383条第1款规定的“其他特别严重情节”,依法判处10年以上有期徒刑、无期徒刑或者死刑,并处罚金或者没收财产。**第4条第1款** 贪污、受贿数额特别巨大,犯罪情节特别严重、社会影响特别恶劣、给国家和人民利益造成特别重大损失的,可以判处死刑。**第4条第2款** 符合前款规定的情形,[即贪污、受贿数额特别巨大,犯罪情节特别严重、社会影响特别恶劣、给国家和人民利益造成特别重大损失的,可以判处死刑。]但具有自首,立功,如实供述自己罪行、真诚悔罪、积极退赃,或者避免、减少损害结果的发生等情节,不是必须立即执行的,可以判处死刑缓期2年执行。**第4条第3款** 符合第1款规定情形的,[即贪污、受贿数额特别巨大,犯罪情节特别严重、社会影响特别恶劣、给国家和人民利益造成特别重大损失的,可以判处死刑。]根据犯罪情节等情况可以判处死刑缓期2年执行,同时裁判决定在其死刑缓期执行2年期满依法减为无期徒刑后,终身监禁,不得减刑、假释。}

(全文详见本书《刑法》第383条相关内容)

22. 最高人民法院《关于常见犯罪的量刑指导意见》(法发〔2017〕7号)

[被最高人民法院、最高人民检察院《关于常见犯罪的量刑指导意见(试行)》(法发〔2021〕21号)废止]

23. 最高人民法院、最高人民检察院、公安部、司法部《关于依法惩治妨害新型冠状病毒感染肺炎疫情防控违法犯罪的意见》(法发〔2020〕7号)

二、准确适用法律,依法严惩妨害疫情防控的各类违法犯罪

(七)依法严惩疫情防控失职渎职、贪污挪用犯罪。在疫情防控工作中,负有组织、协调、指挥、灾害调查、控制、医疗救治、信息传递、交通运输、物资保障等职责的国家机关工作人员,滥用职权或者玩忽职守,致使公共财产、国家和人民利益遭受重大损失的,依照刑法第397条的规定,以滥用职权罪或者玩忽职守罪定罪处罚。

卫生行政部门的工作人员严重不负责任,不履行或者不认真履行防治监管职责,导致新型冠状病毒感染肺炎传播或者流行,情节严重的,依照刑法第409条的规定,以传染病防治失职罪定罪处罚。

从事实验、保藏、携带、运输传染病菌种、毒种的人员,违反国务院卫生行政部门的有关规定,造成新型冠状病毒毒种扩散,后果严重的,依照刑法第331条的规定,以传染病毒种扩散罪定罪处罚。

国家工作人员,受委托管理国有财产的人员,公司、企业或者其他单位的人员,利用职务便利,侵吞、截留或者以其他手段非法占有用于防控新型冠状病毒感染肺炎的款物,或者挪用上述款物归个人使用,符合刑法第382条、第383条、第271条、第384条、第272条规定的,以贪污罪、职务侵占罪、挪用公款罪、挪用资金罪定罪处罚。挪用用于防控新型冠状病毒感染肺炎的救灾、优抚、救济等款物,符合刑法第273条规定的,对直接责任人员,以挪用特定款物罪定罪处罚。(全文详见本书《刑法》第114条相关内容)

24. 最高人民检察院《第20批指导性案例张某受贿,郭某行贿、职务侵占、诈骗案》(检例第76号;2020年7月21日)

(详见本书《刑法》第383条相关内容)

25.《中华人民共和国刑法修正案(11)》(2020年12月26日第十三届全国人大常委会第二十四次会议通过)

二十九、将刑法第271条第1款修改为:"公司、企业或者其他单位的工作人员,利用职务上的便利,将本单位财物非法占为己有,数额较大的,处3年以下有期徒刑或者拘役,并处罚金;数额巨大的,处3年以上10年以下有期徒刑,并处罚金;数额特别巨大的,处10年以上有期徒刑或者无期徒刑,并处罚金。"

(原条文第1款:公司、企业或者其他单位的人员,利用职务上的便利,将本单位财物非法占为己有,数额较大的,处5年以下有期徒刑或者拘役;数额巨大的,处5年以上有期徒刑,可以并处没收财产)

26. 最高人民法院、最高人民检察院《关于常见犯罪的量刑指导意见(试行)》(法发〔2021〕21号)

四、常见犯罪的量刑

(十四)职务侵占罪

1. 构成职务侵占罪的,根据下列情形在相应的幅度内确定量刑起点:

(1)达到数额较大起点的,在1年以下有期徒刑、拘役幅度内确定量刑起点。(2)达到数额巨大起点的,在3年至4年有期徒刑幅度内确定量刑起点。(3)达到数额特别巨大起点的,在10年至11年有期徒刑幅度内确定量刑起点。依法应当判处无期徒刑的除外。

2. 在量刑起点的基础上,根据职务侵占数额等其他影响犯罪构成的犯罪事实增加刑罚量,确定基准刑。

3. 构成做职务侵占罪的,根据职务侵占的数额、危害后果等犯罪情节,综合考虑被告人缴纳罚金的能力,决定罚金数额。

4. 构成职务侵占罪的,综合考虑职务侵占的数额、手段、危害后果、退赃退赔等犯罪事实、量刑情节,以及被告人主观恶性、人身危险性、认罪悔罪表现等因素,决定缓刑的适用。(全文详见本书《刑法》第61条相关内容)

27. 最高人民检察院、公安部《关于公安机关管辖的刑事案件立案追诉标准的规定(2)》(公通字〔2022〕12号)第76条

(见本条立案追诉标准内容)

第272条 【挪用资金罪】公司、企业或者其他单位的工作人员,利用职务上的便利,挪用本单位资金归个人使用或者借贷给他人,数额较大、超过3个月未还的,或者虽未超过3个月,但数额较大、进行营利活动的,或者进行非法活动的,处3年以下有期徒刑或者拘役;挪用本单位资金数额巨大的,处3年以上7年以下有期徒刑;数额特别巨大的,处7年以上有期徒刑。

国有公司、企业或者其他国有单位中从事公务的人员和国有公司、企业或者其他国有单位委派到非国有公司、企业以及其他单位从事公务的人员有前款行为的,依照本法第384条的规定定罪处罚。

有第1款行为,在提起公诉前将挪用的资金退还的,可以从轻或者减轻处罚。其中,犯罪较轻的,可以减轻或者免除处罚。

(本条《中华人民共和国刑法修正案(11)》修改)

• 释义

挪用资金罪是指公司、企业或者其他单位的工作人员，利用职务上的便利，挪用本单位资金归个人使用或者借贷给他人使用，数额较大，超过3个月未还的，或者虽未超过3个月，但数额较大，进行营利活动的，或者进行非法活动的行为。

国有公司、企业或者其他国有单位中从事公务的人员和国有公司、企业或者其他国有单位委派到非国有公司、企业以及其他单位从事公务的人员利用职务上的便利，挪用本单位资金归个人使用或者借贷给他人使用，数额较大，超过3个月未还的，或者虽未超过3个月，但数额较大，进行营利活动的，或者进行非法活动的行为，以挪用公款罪定罪处罚。

• 管辖

公安经济犯罪侦查部门、监察机关（公职人员行使公权力过程中发生的犯罪案件）、法院。

• 立案追诉标准

公司、企业或者其他单位的工作人员，利用职务上的便利，挪用本单位资金归个人使用或者借贷给他人，涉嫌下列情形之一的，应予立案追诉：

（一）挪用本单位资金数额在5万元以上，超过3个月未还的；

（二）挪用本单位资金数额在5万元以上，进行营利活动的；

（三）挪用本单位资金数额在3万元以上，进行非法活动的。

具有下列情形之一的，属于本条规定的“归个人使用”：

（一）将本单位资金供本人、亲友或者其他自然人使用的；

（二）以个人名义将本单位资金供其他单位使用的；

（三）个人决定以单位名义将本单位资金供其他单位使用，谋取个人利益的。

• 关联法律

1. 最高人民法院《关于办理违反公司法受贿、侵占、挪用等刑事案件适用法律若干问题的解释》（法发〔1995〕23号）

（法释〔2013〕2号已声明该文件废止）

2.《中华人民共和国商业银行法》（1995年5月10日第八届全国人大常委会第十三次会议通过；2003年12月27日第十届全国人大常委会第六次会议《关于修改〈中华人民共和国商业银行法〉的决定》修正；2015年8月29日第十二届全国人大常委会第十六次会议《关于修改〈中华人民共和国商业银行法〉的决定》第二次修正）

第52条 商业银行的工作人员应当遵守法律、行政法规和其他各项业务管理的规定，不得有下列行为：

（一）利用职务上的便利，索取、收受贿赂或者违反国家规定收受各种名义的回扣、手续费；（二）利用职务上的便利，贪污、挪用、侵占本行或者客户的资金；（三）违反规定徇私向亲属、朋友发放贷款或者提供担保；（四）在其他经济组织兼职；（五）违反法律、行政法规和业务管理规定的其他行为。

3.《中华人民共和国证券法》（1998年12月29日第九届全国人大常委会第六次会议通过；2019年12月28日第十三届全国人大常委会第十五次会议最新修订）

第131条 证券公司客户的交易结算资金应当存放在商业银行，以每个客户的名义单独立户管理。

证券公司不得将客户的交易结算资金和证券归入其自有财产。禁止任何单位或者个人以任何形式挪用客户的交易结算资金和证券。证券公司破产或者清算时,客户的交易结算资金和证券不属于其破产财产或者清算财产。非因客户本身的债务或者法律规定的其他情形,不得查封、冻结、扣划或者强制执行客户的交易结算资金和证券。

4. 最高人民法院《关于对受委托管理、经营国有财产人员挪用国有资金行为如何定罪问题的批复》(法释〔2000〕5号)

江苏省高级人民法院:

你院苏高法〔1999〕94号《关于受委托管理、经营国有财产的人员能否作为挪用公款罪主体问题的请示》收悉。经研究,答复如下:对于受国家机关、国有公司、企业、事业单位、人民团体委托,管理、经营国有财产的非国家工作人员,利用职务上的便利,挪用国有资金归个人使用构成犯罪的,应当依照刑法第272条第1款的规定定罪处罚。

5. 最高人民检察院《关于挪用尚未注册成立公司资金的行为适用法律问题的批复》(高检发研〔2000〕19号)

江苏省人民检察院:

你院苏检发研字〔1999〕第8号《关于挪用尚未注册成立的公司资金能否构成挪用资金罪的请示》收悉:经研究,批复如下:

筹建公司的工作人员在公司登记注册前,利用职务上的便利,挪用准备设立的公司在银行开设的临时账户上的资金,归个人使用或者借贷给他人,数额较大、超过3个月未还的,或者虽未超过3个月,但数额较大、进行营利活动的,或者进行非法活动的,应当根据刑法272条的规定,追究刑事责任。

6. 最高人民法院《关于如何理解刑法第272条规定的"挪用本单位资金归个人使用或者借贷给他人"问题的批复》(法释〔2000〕22号)

新疆维吾尔自治区高级人民法院:

你院新高法〔1998〕193号《关于对刑法第272条"挪用本单位资金归个人使用或者借贷给他人"的规定应如何理解的请示》收悉。经研究,答复如下:

公司、企业或者其他单位的非国家工作人员,利用职务上的便利,挪用本单位资金归本人或者其他自然人使用,或者挪用人以个人名义将所挪用的资金借给其他自然人和单位,构成犯罪的,应当依照刑法第272条第1款的规定定罪处罚。

7. 最高人民法院《全国法院审理金融犯罪案件工作座谈会纪要》(法〔2001〕8号)

(详见本书《刑法》第170条相关内容)

8. 公安部《关于村民小组组长以本组资金为他人担保贷款如何定性处理问题的批复》(公法〔2001〕83号)

陕西省公安厅:

你厅《关于村民小组组长以组上资金为他人担保贷款造成集体资金严重损失如何定性问题的请示》收悉。现批复如下:

村民小组组长利用职务上的便利,擅自将村民小组的集体财产为他人担保贷款,并以集体财产承担担保责任的,属于挪用本单位资金归个人使用的行为。构成犯罪的,应当依照刑法第272条第1款的规定,以挪用资金罪追究行为人的刑事责任。

9. 公安部经济犯罪侦查局《关于对挪用资金罪有关问题请示的答复》(公经〔2002〕1604号)

山东省公安厅经侦总队:

你总队《关于对刑法第272条"挪用本单位资金"的规定应如何理解的请示》(鲁公经〔2002〕713号)收悉。经研究,现答复如下:

对于在经济往来中所涉及的暂收、预收、暂存其他单位或个人的款项、物品,或者对方支付的货款、交付的货物等,如接收人已以单位名义履行接收手续的,所接收的财、物应视为该单位资产。

10. 最高人民法院、最高人民检察院《关于办理妨害预防、控制突发传染病疫情等灾害的刑事案件具体应用法律若干问题的解释》(法释〔2003〕8 号)

第 14 条 贪污、侵占用于预防、控制突发传染病疫情等灾害的款物或者挪用归个人使用,构成犯罪的,分别依照刑法第 382 条、第 383 条、第 271 条、第 384 条、第 272 条的规定,以贪污罪、侵占罪、挪用公款罪、挪用资金罪定罪,依法从重处罚。

挪用用于预防、控制突发传染病疫情等灾害的救灾、优抚、救济等款物,构成犯罪的,对直接责任人员,依照刑法第 273 条的规定,以挪用特定款物罪定罪处罚。(全文详见本书《刑法》第 114 条相关内容)

11. 全国人大常委会法制工作委员会刑法室《关于挪用资金罪有关问题的答复》(法工委刑发〔2004〕第 28 号)

公安部经济犯罪侦查局:

你局 2004 年 7 月 19 日(公经〔2004〕141 号)来函收悉,经研究,答复如下:

刑法第 272 条规定的挪用资金罪中的"归个人使用"与刑法第 384 条规定的挪用公款罪中的"归个人使用"的含义基本相同。1997 年修改刑法时,针对当时挪用资金中比较突出的情况,在规定"归个人使用时"的同时,进一步明确了"借贷给他人"属于挪用资金罪的一种表现形式。

12. 最高人民法院研究室《关于挪用退休职工社会养老金行为如何适用法律问题的复函》(法研〔2004〕102 号)

公安部经济犯罪侦查局:

你局公经〔2004〕916 号《关于挪用退休职工社会养老保险金是否属于挪用特定款物罪事》收悉。经研究,提供如下意见供参考:

退休职工养老保险金不属于我国刑法中的救灾、抢险、防汛、优抚、扶贫、移民、救济等特定款物的任何一种。因此,对于挪用退休职工养老保险金的行为,构成犯罪时,不能以挪用特定款物罪追究刑事责任,而应当按照行为人身份的不同,分别以挪用资金罪或者挪用公款罪追究刑事责任。

13. 最高人民检察院、公安部《关于公安机关管辖的刑事案件立案追诉标准的规定(2)》(公通字〔2010〕23 号)

(公通字〔2022〕12 号已声明该文件废止)

14. 最高人民法院、最高人民检察院《关于办理国家出资企业中职务犯罪案件具体应用法律若干问题的意见的通知》(法发〔2010〕49 号)

三、关于国家出资企业工作人员使用改制公司、企业的资金担保个人贷款,用于购买改制公司、企业股份的行为的处理

国家出资企业的工作人员在公司、企业改制过程中为购买公司、企业股份,利用职务上的便利,将公司、企业的资金或者金融凭证、有价证券等用于个人贷款担保的,依照刑法第 272 条或者第 384 条的规定.以挪用资金罪或者挪用公款罪定罪处罚。

行为人在改制前的国家出资企业持有股份的,不影响挪用数额的认定,但量刑时应当酌情考虑。

经有关主管部门批准或者按照有关政策规定,国家出资企业的工作人员为购买改制公司、企业股份实施前款行为的,可以视具体情况不作为犯罪处理。(全文详见本书《刑法》第 168 条相关内容)

15. 最高人民法院研究室《关于村民小组是否属于刑法第272条规定的“其他单位”问题的研究意见》(《司法研究与指导》2012年总第1辑)

最高人民法院研究室经研究认为:刑法第272条规定的“其他单位”包括村民小组,村民小组组长可以成为挪用资金罪的犯罪主体。村民小组组长利用职务上的便利,挪用本单位资金归个人使用或者借贷给他人,数额较大、超过3个月未还的,或者虽未超过3个月,但数额较大、进行营利活动的,或者进行非法活动的,应当依照刑法第272条第1款的规定,以挪用资金罪定罪处罚。

16.《中华人民共和国商业银行法》(2015年修正)

(全文略)

17. 最高人民法院、最高人民检察院《关于办理贪污贿赂刑事案件适用法律若干问题的解释》(法释〔2016〕9号)

第11条第2款 刑法第272条规定的挪用资金罪中的“数额较大”“数额巨大”以及“进行非法活动”情形的数额起点,按照本解释关于挪用公款罪“数额较大”“情节严重”以及“进行非法活动”的数额标准规定的2倍执行。

[**即第5条** 挪用公款归个人使用,进行非法活动,数额在3万元以上的,应当依照刑法第384条的规定以挪用公款罪追究刑事责任;数额在300万元以上的,应当认定为刑法第384条第1款规定的“数额巨大”。具有下列情形之一的,应当认定为刑法第384条第1款规定的“情节严重”:(一)挪用公款数额在100万元以上的;(二)挪用救灾、抢险、防汛、优抚、扶贫、移民、救济特定款物,数额在50万元以上不满100万元的;(三)挪用公款不退还,数额在50万元以上不满100万元的;(四)其他严重的情节。**第6条** 挪用公款归个人使用,进行营利活动或者超过3个月未还,数额在5万元以上的,应当认定为刑法第384条第1款规定的“数额较大”;数额在500万元以上的,应当认定为刑法第384条第1款规定的“数额巨大”。具有下列情形之一的,应当认定为刑法第384条第1款规定的“情节严重”:(一)挪用公款数额在200万元以上的;(二)挪用救灾、抢险、防汛、优抚、扶贫、移民、救济特定款物,数额在100万元以上不满200万元的;(三)挪用公款不退还,数额在100万元以上不满200万元的;(四)其他严重的情节。]

(全文详见本书《刑法》第383条相关内容)

18. 最高人民法院、最高人民检察院、公安部、司法部《关于依法惩治妨害新型冠状病毒感染肺炎疫情防控违法犯罪的意见》(法发〔2020〕7号)

二、准确适用法律,依法严惩妨害疫情防控的各类违法犯罪

(七)依法严惩疫情防控失职渎职、贪污挪用犯罪。在疫情防控工作中,负有组织、协调、指挥、灾害调查、控制、医疗救治、信息传递、交通运输、物资保障等职责的国家机关工作人员,滥用职权或者玩忽职守,致使公共财产、国家和人民利益遭受重大损失的,依照刑法第397条的规定,以滥用职权罪或者玩忽职守罪定罪处罚。

卫生行政部门的工作人员严重不负责任,不履行或者不认真履行防治监管职责,导致新型冠状病毒感染肺炎传播或者流行,情节严重的,依照刑法第409条的规定,以传染病防治失职罪定罪处罚。

从事实验、保藏、携带、运输传染病菌种、毒种的人员,违反国务院卫生行政部门的有关规定,造成新型冠状病毒毒种扩散,后果严重的,依照刑法第331条的规定,以传染病毒种扩散罪定罪处罚。

国家工作人员,受委托管理国有财产的人员,公司、企业或者其他单位的人员,利用职务便利,侵吞、截留或者以其他手段非法占有用于防控新型冠状病毒感染肺炎的款物,或者挪用上述款物归个人使用，符合刑法第382条、第383条、第271条、第384条、第272条规定的，以贪污罪、职务侵占罪、挪用公款罪、挪用资金罪定罪处罚。挪用用于防控新型冠状病毒感染肺炎的救灾、优抚、救济等款物，符合刑法第273条规定的，对直接责任人员，以挪用特定款物罪定罪处罚。（全文详见本书《刑法》第114条相关内容）

19.《中华人民共和国刑法修正案(11)》(2020年12月26日第十三届全国人大常委会第二十四次会议通过)

三十、将刑法第272条修改为："公司、企业或者其他单位的工作人员，利用职务上的便利，挪用本单位资金归个人使用或者借贷给他人，数额较大、超过3个月未还的，或者虽未超过3个月，但数额较大、进行营利活动的，或者进行非法活动的，处3年以下有期徒刑或者拘役；挪用本单位资金数额巨大的，处3年以上7年以下有期徒刑；数额特别巨大的，处7年以上有期徒刑。

"国有公司、企业或者其他国有单位中从事公务的人员和国有公司、企业或者其他国有单位委派到非国有公司、企业以及其他单位从事公务的人员有前款行为的，依照本法第384条【挪用公款罪】的规定定罪处罚。

"有第1款行为，在提起公诉前将挪用的资金退还的，可以从轻或者减轻处罚。其中，犯罪较轻的，可以减轻或者免除处罚。"

（原条文：公司、企业或者其他单位的工作人员，利用职务上的便利，挪用本单位资金归个人使用或者借贷给他人，数额较大、超过3个月未还的，或者虽未超过3个月，但数额较大、进行营利活动的，或者进行非法活动的，处3年以下有期徒刑或者拘役；挪用本单位资金数额巨大的，或者数额较大不退还的，处3年以上10年以下有期徒刑。

国有公司、企业或者其他国有单位中从事公务的人员和国有公司、企业或者其他国有单位委派到非国有公司、企业以及其他单位从事公务的人员有前款行为的，依照本法第384条的规定定罪处罚。）

20. 最高人民检察院、公安部《关于公安机关管辖的刑事案件立案追诉标准的规定(2)》(公通字〔2022〕12号)第77条

（见本条立案追诉标准内容）

第273条 【挪用特定款物罪】 挪用用于救灾、抢险、防汛、优抚、扶贫、移民、救济款物，情节严重，致使国家和人民群众利益遭受重大损害的，对直接责任人员，处3年以下有期徒刑或者拘役；情节特别严重的，处3年以上7年以下有期徒刑。

• 释义

挪用特定款物罪是指将专用于救灾、抢险、防汛、优抚、扶贫、移民、救济款物挪作他用，情节严重，致使国家和人民群众利益遭受重大损害的行为。

本罪只处罚直接责任人员。

• 管辖

公安部门、监察机关（公职人员行使公权力过程中发生的犯罪案件）、法院。

• 立案追诉标准

挪用用于救灾、抢险、防汛、优抚、扶贫、移民、救济款物，涉嫌下列情形之一的，应予立案追诉：

（一）挪用特定款物数额在5000元以上的；

（二）造成国家和人民群众直接经济损失数额在5万元以上的；

（三）虽未达到上述数额标准，但多次挪用特定款物的，或者造成人民群众的生产、生活严重困难的；

（四）严重损害国家声誉，或者造成恶劣社会影响的；

（五）其他致使国家和人民群众利益遭受重大损害的情形。

• 关联法律

1. 最高人民检察院《关于挪用失业保险基金和下岗职工基本生活保障资金的行为适用法律问题的批复》(高检发释字〔2003〕1号)

辽宁省人民检察院：

你院辽检发研字〔2002〕9号《关于挪用职工失业保险金和下岗职工生活保障金是否属于挪用特定款物的请示》收悉。经研究，批复如下：

挪用失业保险基金和下岗职工基本生活保障资金属于挪用救济款物。挪用失业保险基金和下岗职工基本生活保障资金，情节严重，致使国家和人民群众利益遭受重大损害的，对直接责任人员，应当依照刑法第273条的规定，以挪用特定款物罪追究刑事责任；国家工作人员利用职务上的便利，挪用失保险基金和下岗职工基本生活保障资金归个人使用，构成犯罪的，应当依照刑法第384条的规定，以挪用公款罪追究刑事责任。

2. 最高人民法院、最高人民检察院《关于办理妨害预防、控制突发传染病疫情等灾害的刑事案件具体应用法律若干问题的解释》(法释〔2003〕8号)

第14条 贪污、侵占用于预防、控制突发传染病疫情等灾害的款物或者挪用归个人使用，构成犯罪的，分别依照刑法第382条、第383条、第271条、第384条、第272条的规定，以贪污罪、侵占罪、挪用公款罪、挪用资金罪定罪，依法从重处罚。

挪用用于预防、控制突发传染病疫情等灾害的救灾、优抚、救济等款物，构成犯罪的，对直接责任人员，依照刑法第273条的规定，以挪用特定款物罪定罪处罚。（全文详见本书《刑法》第114条相关内容）

3. 最高人民法院研究室《关于挪用民族贸易和民族用品生产贷款利息补贴行为如何定性问题的复函》(法研〔2003〕16号)

公安部经济犯罪侦查局：

你局公经〔2002〕1176号《关于征求对"贷款优惠息"性质认定意见的函》收悉。经研究，提出如下意见供参考：

中国人民银行给予中国农业银行发放民族贸易和民族用品生产贷款的利息补贴，不属于刑法第273条规定的特定款物。

4. 最高人民法院研究室《关于挪用退休职工社会养老金行为如何适用法律问题的复函》(法研〔2004〕102号)

公安部经济犯罪侦查局：

你局公经〔2004〕916号《关于挪用退休职工社会养老保险金是否属于挪用特定款物罪事》收悉。经研究，提供如下意见供参考：

退休职工养老保险金不属于我国刑法中的救灾、抢险、防汛、优抚、扶贫、移民、救济等特定款物的任何一种。因此，对于挪用退休职工养老保险金的行为，构成犯罪时，不能以挪用特定款物罪追究刑事责任，而应当按照行为人身份的不同，分别以挪用资金罪或者挪用公款罪追究刑事责任。

5. 最高人民检察院、公安部《关于公安机关管辖的刑事案件立案追诉标准的规定(2)》(公通字〔2010〕23号)

(公通字〔2022〕12号已声明该文件废止)

6. 最高人民法院、最高人民检察院、公安部、司法部《关于依法惩治妨害新型冠状病毒感染肺炎疫情防控违法犯罪的意见》(法发〔2020〕7号)

二、准确适用法律,依法严惩妨害疫情防控的各类违法犯罪

(七)依法严惩疫情防控失职渎职、贪污挪用犯罪。在疫情防控工作中,负有组织、协调、指挥、灾害调查、控制、医疗救治、信息传递、交通运输、物资保障等职责的国家机关工作人员,滥用职权或者玩忽职守,致使公共财产、国家和人民利益遭受重大损失的,依照刑法第397条的规定,以滥用职权罪或者玩忽职守罪定罪处罚。

卫生行政部门的工作人员严重不负责任,不履行或者不认真履行防治监管职责,导致新型冠状病毒感染肺炎传播或者流行,情节严重的,依照刑法第409条的规定,以传染病防治失职罪定罪处罚。

从事实验、保藏、携带、运输传染病菌种、毒种的人员,违反国务院卫生行政部门的有关规定,造成新型冠状病毒毒种扩散,后果严重的,依照刑法第331条的规定,以传染病毒种扩散罪定罪处罚。

国家工作人员,受委托管理国有财产的人员,公司、企业或者其他单位的人员,利用职务便利,侵吞、截留或者以其他手段非法占有用于防控新型冠状病毒感染肺炎的款物,或者挪用上述款物归个人使用,符合刑法第382条、第383条、第271条、第384条、第272条规定的,以贪污罪、职务侵占罪、挪用公款罪、挪用资金罪定罪处罚。挪用用于防控新型冠状病毒感染肺炎的救灾、优抚、救济等款物,符合刑法第273条规定的,对直接责任人员,以挪用特定款物罪定罪处罚。(全文详见本书《刑法》第114条相关内容)

7. 参见本书《刑法》第272条该节内容。

第274条 【敲诈勒索罪】 敲诈勒索公私财物,数额较大或者多次敲诈勒索的,处3年以下有期徒刑、拘役或者管制,并处或者单处罚金;数额巨大或者有其他严重情节的,处3年以上10年以下有期徒刑,并处罚金;数额特别巨大或者有其他特别严重情节的,处10年以上有期徒刑,并处罚金。

(本条《中华人民共和国刑法修正案(8)》修改)

• 释义

是指以非法占有为目的,以威胁、要挟等手段,索取公私财物数额较大,或者多次威胁、要挟,索取公私财物的行为。

• 管辖

公安机关刑事侦查部门、法院。

• 立案追诉标准

(一)敲诈勒索公私财物"数额较大",以2000元至5000元为标准;

(二)敲诈勒索公私财物"数额巨大",以3万元至10万元为标准;

(三)"数额特别巨大"以30万元至50万元为标准。

各省、自治区、直辖市高级法院、检察院可以根据本地区实际情况,在上述数额幅度内,研究确定本地区执行的具体数额标准，并报最高人民法院、最高人民检察院备案。

• 关联法律

1. 最高人民法院《关于敲诈勒索罪数额认定标准问题的规定》(法释〔2000〕11号)

(法释〔2013〕10号已声明该文件废止)

2. 全国人大常委会《关于维护互联网安全的决定》(2000年12月28日第九届全国人大常委会第十九次会议通过；2009年8月27日第十一届全国人大常委会第十次会议《关于修改部分法律的决定》修正)

四、为了保护个人、法人和其他组织的人身、财产等合法权利，对有下列行为之一，构成犯罪的，依照刑法有关规定追究刑事责任：

(一)利用互联网侮辱他人或者捏造事实诽谤他人；(二)非法截获、篡改、删除他人电子邮件或者其他数据资料，侵犯公民通信自由和通信秘密；(三)利用互联网进行盗窃、诈骗、敲诈勒索。(全文详见本书《刑法》第141条相关内容)

3. 最高人民法院《关于审理抢劫、抢夺刑事案件适用法律若干问题的意见》(法发〔2005〕8号)

(详见本书《刑法》第263条相关内容)

4. 最高人民法院《人民法院量刑指导意见(试行)》(法发〔2010〕36号)

(法释〔2015〕2号已声明该文件废止)

5.《中华人民共和国刑法修正案(8)》(2011年2月25日第十一届全国人大常委会第十九次会议通过)

本条为《中华人民共和国刑法修正案(8)》第40条所修订。

内容：四十、将刑法第274条修改为："敲诈勒索公私财物，数额较大或者多次敲诈勒索的，处3年以下有期徒刑、拘役或者管制，并处或者单处罚金；数额巨大或者有其他严重情节的，处3年以上10年以下有期徒刑，并处罚金；数额特别巨大或者有其他特别严重情节的，处10年以上有期徒刑，并处罚金。"

(1997年《中华人民共和国刑法》原条文为："敲诈勒索公私财物，数额较大的，处3年以下有期徒刑、拘役或者管制；数额巨大或者有其他严重情节的，处3年以上10年以下有期徒刑。")

6. 最高人民法院、最高人民检察院《关于办理敲诈勒索刑事案件适用法律若干问题的解释》(法释〔2013〕10号)

为依法惩治敲诈勒索犯罪，保护公私财产权利，根据《中华人民共和国刑法》、《中华人民共和国刑事诉讼法》的有关规定，现就办理敲诈勒索刑事案件适用法律的若干问题解释如下：

第1条 敲诈勒索公私财物价值2000元至5000元以上、3万元至10万元以上、30万元至50万元以上的，应当分别认定为刑法第274条规定的"数额较大"、"数额巨大"、"数额特别巨大"。

各省、自治区、直辖市高级法院、检察院可以根据本地区经济发展状况和社会治安状况，在前款规定的数额幅度内，共同研究确定本地区执行的具体数额标准，报最高人民法院、最高人民检察院批准。

第2条 敲诈勒索公私财物，具有下列情形之一的，"数额较大"的标准可以按照本解释第1条规定标准的50%确定：

(一)曾因敲诈勒索受过刑事处罚的；(二)1年内曾因敲诈勒索受过行政处罚的；(三)对未成年人、残疾人、老年人或者丧失劳动能力人敲诈勒索的；(四)以将要实施放火、爆炸等危害公共安全犯罪或者故意杀人、绑架等严重侵犯公民人身权利犯罪相威胁敲诈勒索的；(五)以黑恶势力名义敲诈勒索的；(六)利用或者冒充国家机关工作人员、军人、新闻工作者等特殊身份敲诈勒索的；(七)造成其他严重后果的。

第3条 2年内敲诈勒索3次以上的，应当认定为刑法第274条规定的“多次敲诈勒索”。

第4条 敲诈勒索公私财物，具有本解释第2条第3项至第7项规定的情形之一，数额达到本解释第1条规定的“数额巨大”、“数额特别巨大”80%的，可以分别认定为刑法第274条规定的“其他严重情节”、“其他特别严重情节”。

第5条 敲诈勒索数额较大，行为人认罪、悔罪，退赃、退赔，并具有下列情形之一的，可以认定为犯罪情节轻微，不起诉或者免予刑事处罚，由有关部门依法予以行政处罚：

(一)具有法定从宽处罚情节的；(二)没有参与分赃或者获赃较少且不是主犯的；(三)被害人谅解的；(四)其他情节轻微、危害不大的。

第6条 敲诈勒索近亲属的财物，获得谅解的，一般不认为是犯罪；认定为犯罪的，应当酌情从宽处理。

被害人对敲诈勒索的发生存在过错的，根据被害人过错程度和案件其他情况，可以对行为人酌情从宽处理；情节显著轻微危害不大的，不认为是犯罪。

第7条 明知他人实施敲诈勒索犯罪，为其提供信用卡、手机卡、通讯工具、通讯传输通道、网络技术支持等帮助的，以共同犯罪论处。

第8条 对犯敲诈勒索罪的被告人，应当在2000元以上、敲诈勒索数额的2倍以下判处罚金；被告人没有获得财物的，应当在2000元以上10万元以下判处罚金。

第9条 本解释公布施行后，《最高人民法院关于敲诈勒索罪数额认定标准问题的规定》(法释〔2000〕11号)同时废止；此前发布的司法解释与本解释不一致的，以本解释为准。

7. 最高人民法院《关于常见犯罪的量刑指导意见》(法发〔2013〕14号)

(法发〔2017〕7号已声明本文件废止)

8. 最高人民法院、最高人民检察院《关于办理利用信息网络实施诽谤等刑事案件适用法律若干问题的解释》(法释〔2013〕21号)

为保护公民、法人和其他组织的合法权益，维护社会秩序，根据《中华人民共和国刑法》《全国人民代表大会常务委员会关于维护互联网安全的决定》等规定，对办理利用信息网络实施诽谤、寻衅滋事、敲诈勒索、非法经营等刑事案件适用法律的若干问题解释如下：

第6条 以在信息网络上发布、删除等方式处理网络信息为由，威胁、要挟他人，索取公私财物，数额较大，或者多次实施上述行为的，依照刑法第274条的规定，以敲诈勒索罪定罪处罚。

第8条 明知他人利用信息网络实施诽谤、寻衅滋事、敲诈勒索、非法经营等犯罪，为其提供资金、场所、技术支持等帮助的，以共同犯罪论处。

第9条 利用信息网络实施诽谤、寻衅滋事、敲诈勒索、非法经营犯罪，同时又构成刑法第221条规定的损害商业信誉、商品声誉罪，第278条规定的煽动暴力抗拒法律实施罪，第291条之一规定的编造、故意传播虚假恐怖信息罪等犯罪的，依照处罚较重的规定定罪处罚。

第10条 本解释所称信息网络，包括以计算机、电视机、固定电话机、移动电话机等电子设备为终端的计算机互联网、广播电视网、固定通信网、移动通信网等信息网络，以及向公众开放的局域网络。(全文详见本书《刑法》第246条相关内容)

9. 公安部《关于公安机关处置信访活动中违法犯罪行为适用法律的指导意见》(公通字〔2013〕25号)

三、对侵犯人身权利、财产权利违法犯罪行为的处理

8. 以制造社会影响、采取极端闹访行为、持续缠访闹访等威胁、要挟手段，敲诈勒索，符合

《治安管理处罚法》第49条规定的，以敲诈勒索依法予以治安管理处罚；符合《刑法》第274条规定的，以敲诈勒索罪追究刑事责任。（全文见《刑法》第114条相关内容）

10. 最高人民检察院《第3批指导性案例袁某彦编造虚假恐怖信息案》（检例第11号；2013年5月27日）

【要旨】

对于编造虚假恐怖信息造成有关部门实施人员疏散，引起公众极度恐慌的，或者致使相关单位无法正常营业，造成重大经济损失的，应当认定为"造成严重后果"。

以编造虚假恐怖信息的方式，实施敲诈勒索等其他犯罪的，应当根据案件事实和证据情况，择一重罪处断。

【诉讼过程】

2005年1月28日，袁某彦因涉嫌敲诈勒索罪被广州市公安局天河区分局刑事拘留。2005年2月案件移交袁某彦的主要犯罪地上海市公安局徐汇区分局管辖，3月4日袁某彦被逮捕，4月5日侦查终结移送上海市徐汇区人民检察院审查起诉。2005年4月14日，上海市人民检察院将案件指定上海市人民检察院第二分院管辖，4月18日上海市人民检察院第二分院以被告人袁某彦涉嫌编造虚假恐怖信息罪向上海市第二中级人民法院提起公诉。2005年6月24日，上海市第二中级人民法院作出一审判决，认为被告人袁某彦为勒索钱财故意编造爆炸威胁等虚假恐怖信息，严重扰乱社会秩序，其行为已构成编造虚假恐怖信息罪，且造成严重后果，依照《中华人民共和国刑法》第291条之一、第55条第1款、第56条第1款、第64条的规定，判决被告人袁某彦犯编造虚假恐怖信息罪，判处有期徒刑12年，剥夺政治权利3年。一审判决后，被告人袁某彦提出上诉。2005年8月25日，上海市高级人民法院二审终审裁定，驳回上诉，维持原判。

11. 最高人民检察院《关于强迫借贷行为适用法律问题的批复》（高检发释字〔2014〕1号）

广东省人民检察院：

你院《关于强迫借贷案件法律适用的请示》（粤检发研字（2014]9号）收悉。经研究，批复如下：

以暴力、胁迫手段强迫他人借贷，属于刑法第226条第2项规定的"强迫他人提供或者接受服务"，情节严重的，以强迫交易罪追究刑事责任；同时构成故意伤害罪等其他犯罪的，依照处罚较重的规定定罪处罚。以非法占有为目的，以借贷为名采用暴力、胁迫手段获取他人财物，符合刑法第263条或者第274规定的，以抢劫罪或者敲诈勒索罪追究刑事责任。

12. 最高人民法院、最高人民检察院、公安部、司法部、国家卫生和计划生育委员会《关于依法惩处涉医违法犯罪维护正常医疗秩序的意见》（法发〔2014〕5号）

二、严格依法惩处涉医违法犯罪

对涉医违法犯罪行为，要依法严肃追究、坚决打击。公安机关要加大对暴力杀医、伤医、扰乱医疗秩序等违法犯罪活动的查处力度，接到报警后应当及时出警、快速处置，需要追究刑事责任的，及时立案侦查，全面、客观地收集、调取证据，确保侦查质量。人民检察院应当及时依法批捕、起诉，对于重大涉医犯罪案件要加强法律监督，必要时可以对收集证据、适用法律提出意见。人民法院应当加快审理进度，在全面查明案件事实的基础上依法准确定罪量刑，对于犯罪手段残忍、主观恶性深、人身危险性大的被告人或者社会影响恶劣的涉医犯罪行为，要依法从严惩处。

（一）在医疗机构内殴打医务人员或者故意伤害医务人员身体、故意损毁公私财物，尚未造成严重后果的，分别依照治安管理处罚法第43条、第49条的规定处罚；故意杀害医务人员，或者故意伤害医务人员造成轻伤以上严重后果，或者随意殴打医务人员情节恶劣、任意损毁公私财物情节严重,构成故意杀人罪、故意伤害罪、故意毁坏财物罪、寻衅滋事罪的,依照刑法的有关规定定罪处罚。

(二)在医疗机构私设灵堂、摆放花圈、焚烧纸钱、悬挂横幅、堵塞大门或者以其他方式扰乱医疗秩序,尚未造成严重损失,经劝说、警告无效的,要依法驱散,对拒不服从的人员要依法带离现场,依照治安管理处罚法第23条的规定处罚;聚众实施的,对首要分子和其他积极参加者依法予以治安处罚;造成严重损失或者扰乱其他公共秩序情节严重,构成寻衅滋事罪、聚众扰乱社会秩序罪、聚众扰乱公共场所秩序、交通秩序罪的,依照刑法的有关规定定罪处罚。

在医疗机构的病房、抢救室、重症监护室等场所及医疗机构的公共开放区域违规停放尸体,影响医疗秩序,经劝说、警告无效的,依照治安管理处罚法第65条的规定处罚;严重扰乱医疗秩序或者其他公共秩序,构成犯罪的,依照前款的规定定罪处罚。

(三)以不准离开工作场所等方式非法限制医务人员人身自由的,依照治安管理处罚法第40条的规定处罚;构成非法拘禁罪的,依照刑法的有关规定定罪处罚。

(四)公然侮辱、恐吓医务人员的,依照治安管理处罚法第42条的规定处罚;采取暴力或者其他方法公然侮辱、恐吓医务人员情节严重(恶劣),构成侮辱罪、寻衅滋事罪的,依照刑法的有关规定定罪处罚。

(五)非法携带枪支、弹药、管制器具或者爆炸性、放射性、毒害性、腐蚀性物品进入医疗机构的,依照治安管理处罚法第30条、第32条的规定处罚;危及公共安全情节严重,构成非法携带枪支、弹药、管制刀具、危险物品危及公共安全罪的,依照刑法的有关规定定罪处罚。

(六)对于故意扩大事态,教唆他人实施针对医疗机构或者医务人员的违法犯罪行为,或者以受他人委托处理医疗纠纷为名实施敲诈勒索、寻衅滋事等行为的,依照治安管理处罚法和刑法的有关规定从严惩处。(全文详见本书《刑法》第232条内容)

13. 最高人民法院《关于常见犯罪的量刑指导意见》(法发〔2017〕7号)

[被最高人民法院、最高人民检察院《关于常见犯罪的量刑指导意见(试行)》(法发〔2021〕21号)废止]

14. 最高人民检察院《第9批指导性案例曾某亮、王某生破坏计算机信息系统案》(检例第35号;2017年10月12日)

【要旨】

智能手机终端,应当认定为刑法保护的计算机信息系统。锁定智能手机导致不能使用的行为,可认定为破坏计算机信息系统。

【指导意义】

计算机信息系统包括计算机、网络设备、通信设备、自动化控制设备等。智能手机和计算机一样,使用独立的操作系统、独立的运行空间,可以由用户自行安装软件等程序,并可以通过移动通讯网络实现无线网络接入,应当认定为刑法上的"计算机信息系统"。

行为人通过修改被害人手机的登录密码,远程锁定被害人的智能手机设备,使之成为无法开机的"僵尸机",属于对计算机信息系统功能进行修改、干扰的行为。造成10台以上智能手机系统不能正常运行,符合刑法第286条破坏计算机信息系统罪构成要件中"对计算机信息系统功能进行修改、干扰""后果严重"的情形,构成破坏计算机信息系统罪。

行为人采用非法手段锁定手机后以解锁为条件,索要钱财,在数额较大或多次敲诈的情况下,其目的行为又构成敲诈勒索罪。在这类犯罪案件中,手段行为构成的破坏计算机信息系统罪与目的行为构成的敲诈勒索罪之间成立牵连犯。牵连犯应当从一重罪处断。破坏计算机信息系统罪后果严重的情况下,法定刑为5年以下有期徒刑或者拘役;敲诈勒索罪在数额较大的情况下,法定刑为3年以下有期徒刑、拘役或管制,并处或者单处罚金。本案应以重罪即破坏计算机信息系统罪论处。

15. 最高人民法院、最高人民检察院、公安部、司法部《关于办理黑恶势力犯罪案件若干问题的指导意见的通知》(法发〔2018〕1号)

四、依法惩处利用“软暴力”实施的犯罪

17. 黑恶势力为谋取不法利益或形成非法影响,有组织地采用滋扰、纠缠、哄闹、聚众造势等手段侵犯人身权利、财产权利,破坏经济秩序、社会秩序,构成犯罪的,应当分别依照《刑法》相关规定处理:

(1)有组织地采用滋扰、纠缠、哄闹、聚众造势等手段扰乱正常的工作、生活秩序,使他人产生心理恐惧或者形成心理强制,分别属于《刑法》第293条第1款第(2)项规定的“恐吓”、《刑法》第226规定的“威胁”,同时符合其他犯罪构成条件的,应分别以寻衅滋事罪、强迫交易罪定罪处罚。

《关于办理寻衅滋事刑事案件适用法律若干问题的解释》第2条至第4条中的“多次”一般应当理解为2年内实施寻衅滋事行为3次以上。2年内多次实施不同种类寻衅滋事行为的,应当追究刑事责任。

(2)以非法占有为目的强行索取公私财物,有组织地采用滋扰、纠缠、哄闹、聚众造势等手段扰乱正常的工作、生活秩序,同时符合《刑法》第274条规定的其他犯罪构成条件的,应当以敲诈勒索罪定罪处罚。同时由多人实施或者以统一着装、显露纹身、特殊标识以及其他明示或者暗示方式,足以使对方感知相关行为的有组织性的,应当认定为《关于办理敲诈勒索刑事案件适用法律若干问题的解释》第2条第(5)项规定的“以黑恶势力名义敲诈勒索”。

采用上述手段,同时又构成其他犯罪的,应当依法按照处罚较重的规定定罪处罚。

雇佣、指使他人有组织地采用上述手段强迫交易、敲诈勒索,构成强迫交易罪、敲诈勒索罪的,对雇佣者、指使者,一般应当以共同犯罪中的主犯论处。为强索不受法律保护的债务或者因其他非法目的,雇佣、指使他人有组织地采用上述手段寻衅滋事,构成寻衅滋事罪的,对雇佣者、指使者,一般应当以共同犯罪中的主犯论处;为追讨合法债务或者因婚恋、家庭、邻里纠纷等民间矛盾而雇佣、指使,没有造成严重后果的,一般不作为犯罪处理,但经有关部门批评制止或者处理处罚后仍继续实施的除外。(全文详见本书《刑法》第294条内容)

16. 最高人民法院、最高人民检察院、公安部、司法部《关于办理恶势力刑事案件若干问题的意见》(法发〔2019〕10号)

(详见本书《刑法》第294条相关内容)

17. 最高人民法院、最高人民检察院、公安部、司法部《关于办理黑恶势力刑事案件中财产处置若干问题的意见》(2019年4月9日起施行)

(详见本书《刑法》第294条相关内容)

18. 最高人民法院、最高人民检察院、公安部、司法部《关于办理实施“软暴力”的刑事案件若干问题的意见》(2019年4月9日起施行)

(详见本书《刑法》第294条相关内容)

19. 最高人民法院、最高人民检察院、公安部、司法部《关于办理“套路贷”刑事案件若干问题的意见》(法发〔2019〕11号)

(详见本书《刑法》第294条相关内容)

20. 最高人民法院、最高人民检察院、公安部、司法部《关于办理实施“软暴力”的刑事案件若干问题的意见》(公通字〔2019〕15号)

八、以非法占有为目的,采用“软暴力”手段强行索取公私财物,同时符合《刑法》第274条规定的其他犯罪构成要件的,应当以敲诈勒索罪定罪处罚。

《关于办理敲诈勒索刑事案件适用法律若干问题的解释》第3条中2年内敲诈勒索3次以上”,包括已受行政处罚的行为。

九、采用“软暴力”手段,同时构成两种以上犯罪的,依法按照处罚较重的犯罪定罪处罚,法律另有规定的除外。

十、根据本意见第5条、第8条规定,对已受行政处罚的行为追究刑事责任的,行为人先前所受的行政拘留处罚应当折抵刑期,罚款应当抵扣罚金。

十一、雇佣、指使他人采用“软暴力”手段强迫交易、敲诈勒索,构成强迫交易罪、敲诈勒索罪的,对雇佣者、指使者,一般应当以共同犯罪中的主犯论处。

为强索不受法律保护的债务或者因其他非法目的,雇佣、指使他人采用“软暴力”手段非法剥夺他人人身自由构成非法拘禁罪,或者非法侵入他人住宅、寻衅滋事,构成非法侵入住宅罪、寻衅滋事罪的,对雇佣者、指使者,一般应当以共同犯罪中的主犯论处;因本人及近亲属合法债务、婚恋、家庭、邻里纠纷等民间矛盾而雇佣、指使,没有造成严重后果的,一般不作为犯罪处理,但经有关部门批评制止或者处理处罚后仍继续实施的除外。(全文详见本书《刑法》第294条相关内容)

21. 最高人民法院、最高人民检察院、公安部、司法部《关于办理利用信息网络实施黑恶势力犯罪刑事案件若干问题的意见》(2019年7月23日)

二、依法严惩利用信息网络实施的黑恶势力犯罪

4. 对通过发布、删除负面或虚假信息,发送侮辱性信息、图片,以及利用信息、电话骚扰等方式,威胁、要挟、恐吓、滋扰他人,实施黑恶势力违法犯罪的,应当准确认定,依法严惩。

5. 利用信息网络威胁他人,强迫交易,情节严重的,依照刑法第226条的规定,以强迫交易罪定罪处罚。

6. 利用信息网络威胁、要挟他人,索取公私财物,数额较大,或者多次实施上述行为的,依照刑法第274条的规定,以敲诈勒索罪定罪处罚。

7. 利用信息网络辱骂、恐吓他人,情节恶劣,破坏社会秩序的,依照刑法第293条第1款第2项的规定,以寻衅滋事罪定罪处罚。

编造虚假信息,或者明知是编造的虚假信息,在信息网络上散布,或者组织、指使人员在信息网络上散布,起哄闹事,造成公共秩序严重混乱的,依照刑法第293条第1款第4项的规定,以寻衅滋事罪定罪处罚。

8. 侦办利用信息网络实施的强迫交易、敲诈勒索等非法敛财类案件,确因被害人人数众多等客观条件的限制,无法逐一收集被害人陈述的,可以结合已收集的被害人陈述,以及经查证属实的银行账户交易记录、第三方支付结算账户交易记录、通话记录、电子数据等证据,综合认定被害人人数以及涉案资金数额等。(全文详见本书《刑法》第274条相关内容)

22. 国家监察机关员会、最高人民法院、最高人民检察院、公安部、司法部《关于在扫黑除恶专项斗争中分工负责、互相配合、互相制约严惩公职人员涉黑涉恶违法犯罪问题的通知》(2019年10月20日)

(详见本书《刑法》第226条相关内容)

23. 最高人民法院、最高人民检察院、公安部、司法部《关于跨省异地执行刑罚的黑恶势力罪犯坦白检举构成自首立功若干问题的意见》(2019年10月21日)

(详见本书《刑法》第67条相关内容)

24. 最高人民法院、最高人民检察院、公安部、司法部《关于依法严惩利用未成年人实施黑恶势力犯罪的意见》(高检发〔2020〕4号)

(详见本书《刑法》第17条相关内容)

25. 最高人民法院、最高人民检察院、公安部《关于依法办理“碰瓷”违法犯罪案件的指导意见》(公通字〔2020〕12号)

二、实施“碰瓷”,具有下列行为之一,敲诈勒索他人财物,符合刑法第274条规定的,以敲诈勒索罪定罪处罚:

1. 实施撕扯、推搡等轻微暴力或者围困、阻拦、跟踪、贴靠、滋扰、纠缠、哄闹、聚众造势、扣留财物等软暴力行为的;

2. 故意制造交通事故,进而利用被害人违反道路通行规定或者其他违法违规行为相要挟的;

3. 以揭露现场掌握的当事人隐私相要挟的;

4. 扬言对被害人及其近亲属人身、财产实施侵害的。

九、共同故意实施“碰瓷”犯罪,起主要作用的,应当认定为主犯,对其参与或者组织、指挥的全部犯罪承担刑事责任;起次要或者辅助作用的,应当认定为从犯,依法予以从轻、减轻处罚或者免除处罚。

3人以上为共同故意实施“碰瓷”犯罪而组成的较为固定的犯罪组织,应当认定为犯罪集团。对首要分子应当按照集团所犯全部罪行处罚。

符合黑恶势力认定标准的,应当按照黑社会性质组织、恶势力或者恶势力犯罪集团侦查、起诉、审判。(全文详见本书《刑法》第133条相关内容)

26. 最高人民检察院《第22批指导性案例林某彬等人组织、领导、参加黑社会性质组织案》(检例第84号;2020年11月24日)

(详见本书《刑法》第294条该节内容)

27. 最高人民检察院《第23批指导性案例李某俊等“套路贷”虚假诉讼案》(检例第87号;2020年12月3日)

(详见本书《刑法》第307条之一相关内容)

28. 最高人民检察院《第27批指导性案例庄某等人敲诈勒索案》(检例第104号;2021年3月2日)

(全文详见本书《刑法》第17条相关内容)

29. 最高人民法院、最高人民检察院《关于常见犯罪的量刑指导意见(试行)》(法发〔2021〕21号)

四、常见犯罪的量刑

(十五)敲诈勒索罪

1. 构成敲诈勒索罪的,根据下列情形在相应的幅度内确定量刑起点:

(1)达到数额较大起点的,或者2年内3次敲诈勒索的,在1年以下有期徒刑、拘役幅度内确定量刑起点。(2)达到数额巨大起点或者有其他严重情节的,在3年至5年有期徒刑幅度内确定量刑起点。(3)达到数额特别巨大起点或者有其他特别严重情节的,在10年至12年有期徒刑幅度内确定量刑起点。

2. 在量刑起点的基础上,根据敲诈勒索数额、次数、犯罪情节严重程度等其他影响犯罪构成的犯罪事实增加刑罚量,确定基准刑。

多次敲诈勒索,数额达到较大以上的,以敲诈勒索数额确定量刑起点,敲诈勒索次数可作为调节基准刑的量刑情节;数额未达到较大的,以敲诈勒索次数确定量刑起点,超过3次的次数作为增加刑罚量的事实。

3. 构成敲诈勒索罪的,根据敲诈勒索的数额、手段、次数、危害后果等犯罪情节,综合考虑被告人缴纳罚金的能力,在2000元以上敲诈勒索数额2倍以下决定罚金数额;被告人没有获得财物的，在2000元以上10万元以下判处罚金。

4. 构成敲诈勒索罪的，综合考虑敲诈勒索的手段、数额、次数、危害后果、退赃退赔等犯罪事实、量刑情节，以及被告人主观恶性、人身危险性、认罪悔罪表现等因素，决定缓刑的适用。（全文详见本书《刑法》第61条相关内容）

第275条 【故意毁坏财物罪】 故意毁坏公私财物，数额较大或者有其他严重情节的，处3年以下有期徒刑、拘役或者罚金；数额巨大或者有其他特别严重情节的，处3年以上7年以下有期徒刑。

• 释义

故意毁坏财物罪是指故意毁坏公私财物，数额较大或者有其他严重情节的行为。

• 管辖

公安机关治安管理部门、法院。

• 立案追诉标准

故意毁坏公私财物，涉嫌下列情形之一的，应予立案追诉：

（一）造成公私财物损失5000元以上的；

（二）毁坏公私财物3次以上的；

（三）纠集3人以上公然毁坏公私财物的；

（四）其他情节严重的情形。

• 关联法律

1. 最高人民法院《关于破坏生产单位正在使用的电动机是否构成破坏电力设备罪问题的批复》（法明传〔1993〕241号）

（法释〔2013〕2号已声明该文件废止）

2. 最高人民法院《关于审理盗窃案件具体应用法律若干问题的解释》（法释〔1998〕4号）

（法释〔2013〕8号已声明该文件废止）

3. 最高人民法院《关于审理破坏公用电信设施刑事案件具体应用法律若干问题的解释》（法释〔2004〕21号）

第3条 故意破坏正在使用的公用电信设施尚未危害公共安全，或者故意毁坏尚未投入使用的公用电信设施，造成财物损失，构成犯罪的，依照刑法第275条规定，以故意毁坏财物罪定罪处罚。

盗窃公用电信设施价值数额不大，但是构成危害公共安全犯罪的，依照刑法第124条的规定定罪处罚；盗窃公用电信设施同时构成盗窃罪和破坏公用电信设施罪的，依照处罚较重的规定定罪处罚。

第4条 指使、组织、教唆他人实施本解释规定的故意犯罪行为的，按照共犯定罪处罚。

第5条 本解释中规定的公用电信设施的范围、用户数、通信中断和严重障碍的标准和时间长度，依据国家电信行业主管部门的有关规定确定。（全文详见本书《刑法》第124条内容）

4. 最高人民检察院、公安部《关于公安机关管辖的刑事案件立案追诉标准的规定（1）》（公通字〔2008〕36号）第33条

（见本条立案追诉标准内容）

5. 最高人民法院《关于审理破坏广播电视设施等刑事案件具体应用法律若干问题的解释》(法释〔2011〕13 号)

第 6 条 破坏正在使用的广播电视设施未危及公共安全,或者故意毁坏尚未投入使用的广播电视设施,造成财物损失数额较大或者有其他严重情节的,以故意毁坏财物罪定罪处罚。

第 7 条 实施破坏广播电视设施犯罪,并利用广播电视设施实施煽动分裂国家、煽动颠覆国家政权、煽动民族仇恨、民族歧视或者宣扬邪教等行为,同时构成其他犯罪的,依照处罚较重的规定定罪处罚。

第 8 条 本解释所称广播电视台中直接关系节目播出的设施、广播电视传输网内的设施,参照国家广播电视行政主管部门和其他相关部门的有关规定确定。(全文详见本书《刑法》第 124 条内容)

6. 公安部《关于公安机关处置信访活动中违法犯罪行为适用法律的指导意见》(公通字〔2013〕25 号)

三、对侵犯人身权利、财产权利违法犯罪行为的处理

7. 故意损毁公私财物,符合《治安管理处罚法》第 49 条规定的,以故意损毁财物依法予以治安管理处罚;符合《刑法》第 275 条规定的,以故意毁坏财物罪追究刑事责任。(全文详见本书《刑法》第 114 条内容)

7. 最高人民法院、最高人民检察院、公安部、司法部、国家卫生和计划生育委员会《关于依法惩处涉医违法犯罪维护正常医疗秩序的意见的通知》(法发〔2014〕5 号)

(全文详见本书《刑法》第 232 条内容)

8. 最高人民法院、最高人民检察院、工业和信息化部、公安部《关于印发〈公用电信设施损坏经济损失计算方法〉的通知》(工信部联电管〔2014〕372 号)

(详见本书《刑法》第 264 条相关内容)

9. 最高人民法院、最高人民检察院、公安部、司法部《关于办理恶势力刑事案件若干问题的意见》(法发〔2019〕10 号)

(详见本书《刑法》第 294 条相关内容)

10. 最高人民法院、最高人民检察院、公安部、司法部《关于办理黑恶势力刑事案件中财产处置若干问题的意见》(2019 年 4 月 9 日起施行)

(详见本书《刑法》第 294 条相关内容)

11. 最高人民法院、最高人民检察院、公安部、司法部《关于办理实施“软暴力”的刑事案件若干问题的意见》(2019 年 4 月 9 日起施行)

(详见本书《刑法》第 294 条相关内容)

12. 最高人民法院、最高人民检察院、公安部、司法部《关于办理“套路贷”刑事案件若干问题的意见》(法发〔2019〕11 号)

(详见本书《刑法》第 294 条相关内容)

13. 最高人民法院、最高人民检察院、公安部《关于办理涉窨井盖相关刑事案件的指导意见》(高检发〔2020〕3 号)

四、盗窃本意见第 1 条、第 2 条规定以外的其他场所的窨井盖,且不属于本意见第 3 条规定的情形,数额较大,或者多次盗窃的,依照刑法第 264 条的规定,以盗窃罪定罪处罚。

故意毁坏本意见第 1 条、第 2 条规定以外的其他场所的窨井盖,且不属于本意见第 3 条规定的情形,数额较大或者有其他严重情节的,依照刑法第 275 条的规定,以故意毁坏财物罪定罪处罚。(全文详见本书《刑法》第 233 条相关内容)

14. 最高人民法院、最高人民检察院、公安部《关于依法办理“碰瓷”违法犯罪案件的指导意见》（公通字〔2020〕12 号）

五、实施“碰瓷”，故意造成他人财物毁坏，符合刑法第 275 条规定的，以故意毁坏财物罪定罪处罚。

九、共同故意实施“碰瓷”犯罪，起主要作用的，应当认定为主犯，对其参与或者组织、指挥的全部犯罪承担刑事责任；起次要或者辅助作用的，应当认定为从犯，依法予以从轻、减轻处罚或者免除处罚。

3 人以上为共同故意实施“碰瓷”犯罪而组成的较为固定的犯罪组织，应当认定为犯罪集团。对首要分子应当按照集团所犯全部罪行处罚。

符合黑恶势力认定标准的，应当按照黑社会性质组织、恶势力或者恶势力犯罪集团侦查、起诉、审判。（全文详见本书《刑法》第 133 条相关内容）

15. 最高人民法院、最高人民检察院、公安部《关于办理跨境赌博犯罪案件若干问题的意见》（公通字〔2020〕14 号）

四、关于跨境赌博关联犯罪的认定

（四）实施赌博犯罪，为强行索要赌债，实施故意杀人、故意伤害、非法拘禁、故意毁坏财物、寻衅滋事等行为，构成犯罪的，应当依法数罪并罚。（全文详见本书《刑法》第 303 条相关内容）

> **第 276 条 【破坏生产经营罪】** 由于泄愤报复或者其他个人目的，毁坏机器设备、残害耕畜或者以其他方法破坏生产经营的，处 3 年以下有期徒刑、拘役或者管制；情节严重的，处 3 年以上 7 年以下有期徒刑。

• 释义

破坏生产经营罪是指由于泄愤报复或者其他个人目的，毁坏机器设备、残害耕畜或者以其他方法破坏生产经营的行为。

• 管辖

公安机关治安管理部门、法院。

• 立案追诉标准

由于泄愤报复或者其他个人目的，毁坏机器设备、残害耕畜或者以其他方法破坏生产经营，涉嫌下列情形之一的，应予立案追诉：

（一）造成公私财物损失 5000 元以上的；

（二）破坏生产经营 3 次以上的；

（三）纠集 3 人以上公然破坏生产经营的；

（四）其他破坏生产经营应予追究刑事责任的情形。

• 关联法律

1. 最高人民法院《关于破坏生产单位正在使用的电动机是否构成破坏电力设备罪问题的批复》（法明传〔1993〕241 号）

（法释〔2013〕2 号已声明该文件废止）

2. 最高人民检察院、公安部《关于公安机关管辖的刑事案件立案追诉标准的规定(1)》(公通字〔2008〕36号)第34条

(见本条立案追诉标准内容)

3. 最高人民法院、最高人民检察院、工业和信息化部、公安部《关于印发〈公用电信设施损坏经济损失计算方法〉的通知》(工信部联电管〔2014〕372号)

(详见本书《刑法》第264条相关内容)

4. 参见本书《刑法》第275条该节内容。

第276条之一　【拒不支付劳动报酬罪】以转移财产、逃匿等方法逃避支付劳动者的劳动报酬或者有能力支付而不支付劳动者的劳动报酬,数额较大,经政府有关部门责令支付仍不支付的,处3年以下有期徒刑或者拘役,并处或者单处罚金;造成严重后果的,处3年以上7年以下有期徒刑,并处罚金。

单位犯前款罪的,对单位判处罚金,并对其直接负责的主管人员和其他直接责任人员,依照前款的规定处罚。

有前两款行为,尚未造成严重后果,在提起公诉前支付劳动者的劳动报酬,并依法承担相应赔偿责任的,可以减轻或者免除处罚。

(本条《中华人民共和国刑法修正案(8)》增加)

• 释义

拒不支付劳动报酬罪是指自然人或者单位以转移财产、逃匿等方法逃避支付劳动者的劳动报酬或者有能力支付而不支付劳动者的劳动报酬,数额较大,经政府有关部门责令支付仍不支付的行为。犯前款罪,尚未造成严重后果,在提起公诉前支付劳动者的劳动报酬,并依法承担相应赔偿责任的,可以减轻或者免除处罚。

劳动者依照《中华人民共和国劳动法》和《中华人民共和国劳动合同法》等法律的规定应得的劳动报酬,包括工资、奖金、津贴、补贴、延长工作时间的工资报酬及特殊情况下支付的工资等,应当认定为刑法第276条之一第1款规定的"劳动者的劳动报酬"。

• 管辖

公安机关治安管理部门、法院。

• 立案追诉标准

7. 在《立案追诉标准(1)》第34条后增加1条,作为第34条之一:

以转移财产、逃匿等方法逃避支付劳动者的劳动报酬或者有能力支付而不支付劳动者的劳动报酬,经政府有关部门责令支付仍不支付,涉嫌下列情形之一的,应予立案追诉:

(一)拒不支付1名劳动者3个月以上的劳动报酬且数额在5000元至2万元以上的;

(二)拒不支付10名以上劳动者的劳动报酬且数额累计在3万元至10万元以上的。

不支付劳动者的劳动报酬,尚未造成严重后果,在刑事立案前支付劳动者的劳动报酬,并依法承担相应赔偿责任的,可以不予立案追诉。

• 关联法律

1. 最高人民法院《关于执行款物管理工作的规定》(法发〔2006〕11号;法发〔2017〕6号修订)

为规范人民法院对执行款物的管理工作,维护当事人的合法权益,根据《中华人民共和国

民事诉讼法》及有关司法解释,参照有关财务管理规定,结合执行工作实际,制定本规定。

第1条 本规定所称执行款物,是指执行程序中依法应当由人民法院经管的财物。

第2条 执行款物的管理实行执行机构与有关管理部门分工负责、相互配合、相互监督的原则。

第3条 财务部门应当对执行款的收付进行逐案登记,并建立明细账。

对于由人民法院保管的查封、扣押物品,应当指定专人或部门负责,逐案登记,妥善保管,任何人不得擅自使用。

执行机构应当指定专人对执行款物的收发情况进行管理,设立台账、逐案登记,并与执行款物管理部门对执行款物的收发情况每月进行核对。

第4条 人民法院应当开设执行款专户或在案款专户中设置执行款科目,对执行款实行专项管理、独立核算、专款专付。

人民法院应当采取一案一账号的方式,对执行款进行归集管理,案号、款项、被执行人或交款人应当一一对应。

第5条 执行人员应当在执行通知书或有关法律文书中告知人民法院执行款专户或案款专户的开户银行名称、账号、户名,以及交款时应当注明执行案件案号、被执行人姓名或名称、交款人姓名或名称、交款用途等信息。

第6条 被执行人可以将执行款直接支付给申请执行人;人民法院也可以将执行款从被执行人账户直接划至申请执行人账户。但有争议或需再分配的执行款,以及人民法院认为确有必要的,应当将执行款划至执行款专户或案款专户。

人民法院通过网络执行查控系统扣划的执行款,应当划至执行款专户或案款专户。

第7条 交款人直接到人民法院交付执行款的,执行人员可以会同交款人或由交款人直接到财务部门办理相关手续。

交付现金的,财务部门应当即时向交款人出具收款凭据;交付票据的,财务部门应当即时向交款人出具收取凭证,在款项到账后3日内通知执行人员领取收款凭据。

收到财务部门的收款凭据后,执行人员应当及时通知被执行人或交款人在指定期限内用收取凭证更换收款凭据。被执行人或交款人未在指定期限内办理更换手续或明确拒绝更换的,执行人员应当书面说明情况,连同收款凭据一并附卷。

第8条 交款人采用转账汇款方式交付和人民法院采用扣划方式收取执行款的,财务部门应当在款项到账后3日内通知执行人员领取收款凭据。

收到财务部门的收款凭据后,执行人员应当参照本规定第7条第3款规定办理。

第9条 执行人员原则上不直接收取现金和票据;确有必要直接收取的,应当不少于两名执行人员在场,即时向交款人出具收取凭证,同时制作收款笔录,由交款人和在场人员签名。

执行人员直接收取现金或者票据的,应当在回院后当日将现金或票据移交财务部门;当日移交确有困难的,应当在回院后1日内移交并说明原因。财务部门应当按照本规定第7条第2款规定办理。

收到财务部门的收款凭据后,执行人员应当按照本规定第7条第3款规定办理。

第10条 执行人员应当在收到财务部门执行款到账通知之日起30日内,完成执行款的核算、执行费用的结算、通知申请执行人领取和执行款发放等工作。

有下列情形之一的,报经执行局局长或主管院领导批准后,可以延缓发放:

(一)需要进行案款分配的;(二)申请执行人因另案诉讼、执行或涉嫌犯罪等原因导致执行款被保全或冻结的;(三)申请执行人经通知未领取的;(四)案件被依法中止或者暂缓执行的;(五)有其他正当理由需要延缓发放执行款的。

上述情形消失后,执行人员应当在10日内完成执行款的发放。

第11条 人民法院发放执行款,一般应当采取转账方式。

执行款应当发放给申请执行人,确需发放给申请执行人以外的单位或个人的,应当组成合议庭进行审查,但依法应当退还给交款人的除外。

第12条 发放执行款时,执行人员应当填写执行款发放审批表。执行款发放审批表中应当注明执行案件案号、当事人姓名或名称、交款人姓名或名称、交款金额、交款时间、交款方式、收款人姓名或名称、收款人账号、发款金额和方式等情况。报经执行局局长或主管院领导批准后,交由财务部门办理支付手续。

委托他人代为办理领取执行款手续的,应当附特别授权委托书、委托代理人的身份证复印件。委托代理人是律师的,应当附所在律师事务所出具的公函及律师执照复印件。

第13条 申请执行人要求或同意人民法院采取转账方式发放执行款的,执行人员应当持执行款发放审批表及申请执行人出具的本人或本单位接收执行款的账户信息的书面证明,交财务部门办理转账手续。

申请执行人或委托代理人直接到人民法院办理领取执行款手续的,执行人员应当在查验领款人身份证件、授权委托手续后,持执行款发放审批表,会同领款人到财务部门办理支付手续。

第14条 财务部门在办理执行款支付手续时,除应当查验执行款发放审批表,还应当按照有关财务管理规定进行审核。

第15条 发放执行款时,收款人应当出具合法有效的收款凭证。财务部门另有规定的,依照其规定。

第16条 有下列情形之一,不能在规定期限内发放执行款的,人民法院可以将执行款提存:

(一)申请执行人无正当理由拒绝领取的;(二)申请执行人下落不明的;(三)申请执行人死亡未确定继承人或者丧失民事行为能力未确定监护人的;(四)按照申请执行人提供的联系方式无法通知其领取的;(五)其他不能发放的情形。

第17条 需要提存执行款的,执行人员应当填写执行款提存审批表并附具有提存情形的证明材料。执行款提存审批表中应注明执行案件案号、当事人姓名或名称、交款人姓名或名称、交款金额、交款时间、交款方式、收款人姓名或名称、提存金额、提存原因等情况。报经执行局局长或主管院领导批准后,办理提存手续。

提存费用应当由申请执行人负担,可以从执行款中扣除。

第18条 被执行人将执行依据确定交付、返还的物品(包括票据、证照等)直接交付给申请执行人的,被执行人应当向人民法院出具物品接收证明;没有物品接收证明的,执行人员应当将履行情况记入笔录,经双方当事人签字后附卷。

被执行人将物品交由人民法院转交给申请执行人或由人民法院主持双方当事人进行交接的,执行人员应当将交付情况记入笔录,经双方当事人签字后附卷。

第19条 查封、扣押至人民法院或被执行人、担保人等直接向人民法院交付的物品,执行人员应当立即通知保管部门对物品进行清点、登记,有价证券、金银珠宝、古董等贵重物品应当封存,并办理交接。保管部门接收物品后,应当出具收取凭证。

对于在异地查封、扣押,且不便运输或容易毁损的物品,人民法院可以委托物品所在地人民法院代为保管,代为保管的人民法院应当按照前款规定办理。

第20条 人民法院应当确定专门场所存放本规定第19条规定的物品。

第21条 对季节性商品、鲜活、易腐烂变质以及其他不宜长期保存的物品，人民法院可以责令当事人及时处理，将价款交付人民法院；必要时，执行人员可予以变卖，并将价款依照本规定要求交财务部门。

第22条 人民法院查封、扣押或被执行人交付，且属于执行依据确定交付、返还的物品，执行人员应当自查封、扣押或被执行人交付之日起30日内，完成执行费用的结算、通知申请执行人领取和发放物品等工作。不属于执行依据确定交付、返还的物品，符合处置条件的，执行人员应当依法启动财产处置程序。

第23条 人民法院解除对物品的查封、扣押措施的，除指定由被执行人保管的外，应当自解除查封、扣押措施之日起10日内将物品发还给所有人或交付人。

物品在人民法院查封、扣押期间，因自然损耗、折旧所造成的损失，由物品所有人或交付人自行负担，但法律另有规定的除外。

第24条 符合本规定第16条规定情形之一的，人民法院可以对物品进行提存。

物品不适于提存或者提存费用过高的，人民法院可以提存拍卖或者变卖该物品所得价款。

第25条 物品的发放、延缓发放、提存等，除本规定有明确规定外，参照执行款的有关规定办理。

第26条 执行款物的收发凭证、相关证明材料，应当附卷归档。

第27条 案件承办人调离执行机构，在移交案件时，必须同时移交执行款物收发凭证及相关材料。执行款物收发情况复杂的，可以在交接时进行审计。执行款物交接不清的，不得办理调离手续。

第28条 各高级人民法院在实施本规定过程中，结合行政事业单位内部控制建设的要求，以及执行工作实际，可制定具体实施办法。

第29条 本规定自2017年5月1日起施行。2006年5月18日施行的《最高人民法院关于执行款物管理工作的规定（试行）》（法发〔2006〕11号）同时废止。

2.《中华人民共和国刑法修正案（8）》（2011年2月25日第十一届全国人大常委会第十九次会议通过）

四十一、在刑法第276条后增加1条，作为第276条之一："以转移财产、逃匿等方法逃避支付劳动者的劳动报酬或者有能力支付而不支付劳动者的劳动报酬，数额较大，经政府有关部门责令支付仍不支付的，处3年以下有期徒刑或者拘役，并处或者单处罚金；造成严重后果的，处3年以上7年以下有期徒刑，并处罚金。

"单位犯前款罪的，对单位判处罚金，并对其直接负责的主管人员和其他直接责任人员，依照前款的规定处罚。

"有前两款行为，尚未造成严重后果，在提起公诉前支付劳动者的劳动报酬，并依法承担相应赔偿责任的，可以减轻或者免除处罚。"

3.最高人民法院、最高人民检察院、人力资源和社会保障部、公安部《关于加强对拒不支付劳动报酬案件查处工作的通知》（人社部发〔2012〕3号）

为贯彻执行《中华人民共和国刑法修正案（8）》关于拒不支付劳动报酬罪的规定，完善劳动保障监察执法与刑事司法衔接制度，加大对拒不支付劳动报酬、侵害劳动者权益行为的打击力度，切实维护劳动者合法权益和社会公平正义，根据《中华人民共和国刑法》、《中华人民共和国刑事诉讼法》、《行政执法机关移送涉嫌犯罪案件的规定》等法律法规的有关规定，现就进一步加强涉及拒不支付劳动报酬案件查处和司法移送工作通知如下：

一、统一思想认识，高度重视拒不支付劳动报酬案件依法查处和司法移送工作，严惩劳动

保障领域违法犯罪行为

当前,个别企业和个人有的有能力支付而不支付劳动者劳动报酬,有的通过转移财产、逃匿等方法逃避支付劳动者的劳动报酬,致使一些劳动者生活陷入困境,甚至引发群体性事件,严重侵害了劳动者的合法权益,影响社会和谐稳定。依法惩治拒不支付劳动报酬违法犯罪行为,保护劳动者合法权益,对于化解社会矛盾,保障社会和谐稳定,促进公平正义具有重要作用。建立劳动保障监察执法与刑事司法衔接工作制度是依法履行职责、捍卫劳动者合法权益的重要保证,是依法严厉打击拒不支付劳动报酬违法犯罪行为的必然要求。各级人民法院、人民检察院、人力资源社会保障部门、公安机关要进一步统一思想,高度重视,充分认识此类违法犯罪活动的严重性、危害性,增强政治责任感,密切分工协作,依法移送和查处拒不支付劳动报酬涉嫌犯罪案件,及时查办一批典型案件,有力打击拒不支付劳动报酬的犯罪行为,维护法律权威,保障劳动者的合法权益,促进劳动关系和谐稳定与社会公平正义。

二、切实履行职责,依法查处拒不支付劳动报酬违法犯罪案件

人力资源社会保障部门、公安机关、人民检察院、人民法院要按照有关规定,认真做好拒不支付劳动报酬行为涉嫌犯罪案件的调查、移交、侦办、审查批捕、审查起诉和审判,尽可能提高办案效率,并及时将有关情况进行通报。

人力资源社会保障部门要依法对用人单位遵守劳动保障法律、法规和规章的情况进行监督检查,通过各种检查方式监督用人单位劳动报酬支付情况,依法受理拖欠劳动报酬的举报、投诉。经调查,对违法事实清楚、证据确凿的,应当依法及时责令用人单位向劳动者支付劳动报酬。行为人逃匿的,人力资源社会保障部门可以在行为人住所地、办公地点、生产经营场所或者建筑施工项目所在地张贴责令支付的文书,或者采取将责令支付的文书送交其单位管理人员及近亲属等适当方式。对涉嫌犯罪的案件,应按照《行政执法机关移送涉嫌犯罪案件的规定》的要求,核实案情向本部门负责人报告并经同意后制作《涉嫌犯罪案件移送书》,在规定期限内将案件向同级公安机关移送,并抄送同级人民检察院备案。

公安机关对人力资源社会保障部门移送涉嫌犯罪的拒不支付劳动报酬案件,应依法及时审查决定是否立案。认为有犯罪事实,需要追究刑事责任的,依法立案,并及时查明犯罪事实,正确运用法律惩罚犯罪,保障劳动者的合法权益不受侵害。

人民检察院要依法及时做好此类案件的立案监督、审查批捕、审查起诉等检察工作,对工作中发现的职务犯罪线索应当认真审查,依法处理。

人民法院要依法及时受理、审理各类拖欠劳动报酬纠纷,对其中构成犯罪的,要坚决依法追究刑事责任。

公安机关、人民检察院、人民法院在案件审查过程中,可以告知劳动者有提起刑事附带民事诉讼的权利。

对不依法移送或者不依法办理涉嫌拒不支付劳动报酬犯罪案件的国家工作人员,要依法追究行政纪律责任;构成犯罪的,要依法追究刑事责任。

三、加强协调配合,做好拒不支付劳动报酬案件移送工作

人力资源社会保障部门向公安机关移送涉嫌犯罪案件,应当附有《涉嫌犯罪案件移送书》、涉嫌拒不支付劳动报酬犯罪案件调查报告、涉案的有关书证、物证及其他有关涉嫌犯罪的材料。在移送案件时已经作出行政处罚决定的,应当将行政处罚决定书一并抄送公安机关、人民检察院;未作出行政处罚决定的,原则上应当在公安机关决定不予立案或者撤销案件、人民检察院作出不起诉决定、人民法院作出无罪判决或者免予刑事处罚后,再决定是否给予行政处罚。

公安机关对人力资源社会保障部门移送的涉嫌拒不支付劳动报酬犯罪案件,应当予以受理,并在涉嫌犯罪案件移送书回执上签字。对于不属于本部门管辖的,应在受理后24小时内转送有管辖权的部门,并书面告知移送案件的人力资源社会保障部门。

公安机关作出立案或者不立案决定,应当在作出决定之日起3日内书面告知移送案件的人力资源社会保障部门。决定不立案的,应当同时退回案卷材料,并书面说明不立案的理由。

人力资源社会保障部门对于公安机关不予立案的决定有异议的,可以自接到通知后3日内向作出不予立案的公安机关提出复议,也可以建议检察机关依法进行立案监督。

在涉案人员众多、涉嫌跨区域犯罪、社会影响较大或涉嫌犯罪行为人故意销毁会计账簿、转移财产、逃匿、暴力抗拒执法等紧急情形下,人力资源社会保障部门应当及时通报公安机关,公安机关应当依法及时处置。

上级人力资源社会保障部门和公安机关应当对下级人力资源社会保障部门和公安机关执行本通知的情况进行督促检查,定期抽查案件查办情况,及时纠正案件移送工作中的问题和错误。

四、建立沟通机制,确保劳动保障监察执法与刑事司法工作有效衔接

在办理拒不支付劳动报酬案件的过程中,各级人力资源社会保障部门和人民法院、人民检察院、公安机关要加强沟通协调、通力合作,形成打击合力。各级人力资源社会保障部门要与当地人民法院、人民检察院、公安机关建立拒不支付劳动报酬案件移送的联系机制,加强联动配合,确保工作衔接顺畅,案件查处及时有力。要定期组织召开联席会议,互通查处违法犯罪行为以及劳动保障监察执法与刑事司法衔接工作的有关情况,研究解决衔接工作中存在的问题,提出加强衔接工作的措施,切实打击拒不支付劳动报酬的犯罪行为。要健全信息通报制度,通过简报、会议、网络等多种形式实现信息共享,推动劳动保障监察执法与刑事司法衔接工作深入开展。

五、加大宣传力度,及时公布拒不支付劳动报酬案件查处结果

各地要通过广播、电视、报刊、网络等多种渠道向社会广泛宣传拒不支付劳动报酬违法犯罪行为的危害,大力宣传依法打击拒不支付劳动报酬违法犯罪行为的决心。要支持新闻媒体开展舆论监督,畅通信息交流渠道,认真调查处理新闻媒体报道的拒不支付劳动报酬行为,做好相关案件的宣传报道和舆论引导工作,并依法将查处的严重违法犯罪案件向社会公布,达到惩处违法犯罪行为、震慑犯罪分子的目的。

4. 最高人民法院《关于审理拒不支付劳动报酬刑事案件适用法律若干问题的解释》(法释〔2013〕3号)

为依法惩治拒不支付劳动报酬犯罪,维护劳动者的合法权益,根据《中华人民共和国刑法》有关规定,现就办理此类刑事案件适用法律的若干问题解释如下:

第1条 劳动者依照《中华人民共和国劳动法》和《中华人民共和国劳动合同法》等法律的规定应得的劳动报酬,包括工资、奖金、津贴、补贴、延长工作时间的工资报酬及特殊情况下支付的工资等,应当认定为刑法第276条之一第1款规定的"劳动者的劳动报酬"。

第2条 以逃避支付劳动者的劳动报酬为目的,具有下列情形之一的,应当认定为刑法第276条之一第1款规定的"以转移财产、逃匿等方法逃避支付劳动者的劳动报酬":

(一)隐匿财产、恶意清偿、虚构债务、虚假破产、虚假倒闭或者以其他方法转移、处分财产的;(二)逃跑、藏匿的;(三)隐匿、销毁或者篡改账目、职工名册、工资支付记录、考勤记录等与劳动报酬相关的材料的;(四)以其他方法逃避支付劳动报酬的。

第3条 具有下列情形之一的,应当认定为刑法第276条之一第1款规定的"数额较大":

(一)拒不支付1名劳动者3个月以上的劳动报酬且数额在5000元至2万元以上的;

(二)拒不支付10名以上劳动者的劳动报酬且数额累计在3万元至10万元以上的。

各省、自治区、直辖市高级法院可以根据本地区经济社会发展状况,在前款规定的数额幅度内,研究确定本地区执行的具体数额标准,报最高人民法院备案。

第4条 经人力资源社会保障部门或者政府其他有关部门依法以限期整改指令书、行政处理决定书等文书责令支付劳动者的劳动报酬后,在指定的期限内仍不支付的,应当认定为刑法第276条之一第1款规定的"经政府有关部门责令支付仍不支付",但有证据证明行为人有正当理由未知悉责令支付或者未及时支付劳动报酬的除外。

行为人逃匿,无法将责令支付文书送交其本人、同住成年家属或者所在单位负责收件的人的,如果有关部门已通过在行为人的住所地、生产经营场所等地张贴责令支付文书等方式责令支付,并采用拍照、录像等方式记录的,应当视为"经政府有关部门责令支付"。

第5条 拒不支付劳动者的劳动报酬,符合本解释第3条的规定,并具有下列情形之一的,应当认定为刑法第276条之一第1款规定的"造成严重后果":

(一)造成劳动者或者其被赡养人、被扶养人的基本生活受到严重影响、重大疾病无法及时医治或者失学的;(二)对要求支付劳动报酬的劳动者使用暴力或者进行暴力威胁的;(三)造成其他严重后果的。

第6条 拒不支付劳动者的劳动报酬,尚未造成严重后果,在刑事立案前支付劳动者的劳动报酬,并依法承担相应赔偿责任的,可以认定为情节显著轻微危害不大,不认为是犯罪;在提起公诉前支付劳动者的劳动报酬,并依法承担相应赔偿责任的,可以减轻或者免除刑事处罚;在一审宣判前支付劳动者的劳动报酬,并依法承担相应赔偿责任的,可以从轻处罚。

对于免除刑事处罚的,可以根据案件的不同情况,予以训诫、责令具结悔过或者赔礼道歉。

拒不支付劳动者的劳动报酬,造成严重后果,但在宣判前支付劳动者的劳动报酬,并依法承担相应赔偿责任的,可以酌情从宽处罚。

第7条 不具备用工主体资格的单位或者个人,违法用工且拒不支付劳动者的劳动报酬,数额较大,经政府有关部门责令支付仍不支付的,应当依照刑法第276条之一的规定,以拒不支付劳动报酬罪追究刑事责任。

第8条 用人单位的实际控制人实施拒不支付劳动报酬行为,构成犯罪的,应当依照刑法第276条之一的规定追究刑事责任。

第9条 单位拒不支付劳动报酬,构成犯罪的,依照本解释规定的相应个人犯罪的定罪量刑标准,对直接负责的主管人员和其他直接责任人员定罪处罚,并对单位判处罚金。

5. 最高人民法院《关于公布失信被执行人名单信息的若干规定》(法释〔2013〕17号;法释〔2017〕7号修正)

为促使被执行人自觉履行生效法律文书确定的义务,推进社会信用体系建设,根据《中华人民共和国民事诉讼法》的规定,结合人民法院工作实际,制定本规定。

第1条 被执行人未履行生效法律文书确定的义务,并具有下列情形之一的,人民法院应当将其纳入失信被执行人名单,依法对其进行信用惩戒:

(一)有履行能力而拒不履行生效法律文书确定义务的;(二)以伪造证据、暴力、威胁等方法妨碍、抗拒执行的;(三)以虚假诉讼、虚假仲裁或者以隐匿、转移财产等方法规避执行的;(四)违反财产报告制度的;(五)违反限制消费令的;(六)无正当理由拒不履行执行和解协议的。

第2条 被执行人具有本规定第1条第2项至第6项规定情形的,纳入失信被执行人名单的期限为2年。被执行人以暴力、威胁方法妨碍、抗拒执行情节严重或具有多项失信行为的，可以延长1至3年。

失信被执行人积极履行生效法律文书确定义务或主动纠正失信行为的，人民法院可以决定提前删除失信信息。

第3条 具有下列情形之一的，人民法院不得依据本规定第1条第1项的规定将被执行人纳入失信被执行人名单：

（一）提供了充分有效担保的；（二）已被采取查封、扣押、冻结等措施的财产足以清偿生效法律文书确定债务的；（三）被执行人履行顺序在后，对其依法不应强制执行的；（四）其他不属于有履行能力而拒不履行生效法律文书确定义务的情形。

第4条 被执行人为未成年人的，人民法院不得将其纳入失信被执行人名单。

第5条 人民法院向被执行人发出的执行通知中，应当载明有关纳入失信被执行人名单的风险提示等内容。

申请执行人认为被执行人具有本规定第1条规定情形之一的，可以向人民法院申请将其纳入失信被执行人名单。人民法院应当自收到申请之日起15日内审查并作出决定。人民法院认为被执行人具有本规定第1条规定情形之一的，也可以依职权决定将其纳入失信被执行人名单。

人民法院决定将被执行人纳入失信被执行人名单的，应当制作决定书，决定书应当写明纳入失信被执行人名单的理由，有纳入期限的，应当写明纳入期限。决定书由院长签发，自作出之日起生效。决定书应当按照民事诉讼法规定的法律文书送达方式送达当事人。

第6条 记载和公布的失信被执行人名单信息应当包括：

（一）作为被执行人的法人或者其他组织的名称、统一社会信用代码（或组织机构代码）、法定代表人或者负责人姓名；（二）作为被执行人的自然人的姓名、性别、年龄、身份证号码；（三）生效法律文书确定的义务和被执行人的履行情况；（四）被执行人失信行为的具体情形；（五）执行依据的制作单位和文号、执行案号、立案时间、执行法院；（六）人民法院认为应当记载和公布的不涉及国家秘密、商业秘密、个人隐私的其他事项。

第7条 各级人民法院应当将失信被执行人名单信息录入最高人民法院失信被执行人名单库，并通过该名单库统一向社会公布。

各级人民法院可以根据各地实际情况，将失信被执行人名单通过报纸、广播、电视、网络、法院公告栏等其他方式予以公布，并可以采取新闻发布会或者其他方式对本院及辖区法院实施失信被执行人名单制度的情况定期向社会公布。

第8条 人民法院应当将失信被执行人名单信息，向政府相关部门、金融监管机构、金融机构、承担行政职能的事业单位及行业协会等通报，供相关单位依照法律、法规和有关规定，在政府采购、招标投标、行政审批、政府扶持、融资信贷、市场准入、资质认定等方面，对失信被执行人予以信用惩戒。

人民法院应当将失信被执行人名单信息向征信机构通报，并由征信机构在其征信系统中记录。

国家工作人员、人大代表、政协委员等被纳入失信被执行人名单的，人民法院应当将失信情况通报其所在单位和相关部门。

国家机关、事业单位、国有企业等被纳入失信被执行人名单的，人民法院应当将失信情况通报其上级单位、主管部门或者履行出资人职责的机构。

第9条 不应纳入失信被执行人名单的公民、法人或其他组织被纳入失信被执行人名单的，人民法院应当在3个工作日内撤销失信信息。

记载和公布的失信信息不准确的，人民法院应当在3个工作日内更正失信信息。

第10条 具有下列情形之一的,人民法院应当在3个工作日内删除失信信息:

(一)被执行人已履行生效法律文书确定的义务或人民法院已执行完毕的;(二)当事人达成执行和解协议且已履行完毕的;(三)申请执行人书面申请删除失信信息,人民法院审查同意的;(四)终结本次执行程序后,通过网络执行查控系统查询被执行人财产两次以上,未发现有可供执行财产,且申请执行人或者其他人未提供有效财产线索的;(五)因审判监督或破产程序,人民法院依法裁定对失信被执行人中止执行的;(六)人民法院依法裁定不予执行的;(七)人民法院依法裁定终结执行的。

有纳入期限的,不适用前款规定。纳入期限届满后3个工作日内,人民法院应当删除失信信息。

依照本条第1款规定删除失信信息后,被执行人具有本规定第1条规定情形之一的,人民法院可以重新将其纳入失信被执行人名单。

依照本条第1款第3项规定删除失信信息后6个月内,申请执行人申请将该被执行人纳入失信被执行人名单的,人民法院不予支持。

第11条 被纳入失信被执行人名单的公民、法人或其他组织认为有下列情形之一的,可以向执行法院申请纠正:

(一)不应将其纳入失信被执行人名单的;(二)记载和公布的失信信息不准确的;(三)失信信息应予删除的。

第12条 公民、法人或其他组织对被纳入失信被执行人名单申请纠正的,执行法院应当自收到书面纠正申请之日起15日内审查,理由成立的,应当在3个工作日内纠正;理由不成立的,决定驳回。公民、法人或其他组织对驳回决定不服的,可以自决定书送达之日起10日内向上一级人民法院申请复议。上一级人民法院应当自收到复议申请之日起15日内作出决定。

复议期间,不停止原决定的执行。

第13条 人民法院工作人员违反本规定公布、撤销、更正、删除失信信息的,参照有关规定追究责任。

6. 最高人民法院、最高人民检察院、人力资源社会保障部、公安部《关于加强涉嫌拒不支付劳动报酬犯罪案件查处衔接工作的通知》(人社部发〔2014〕100号)

为贯彻执行《中华人民共和国刑法》和《最高人民法院关于审理拒不支付劳动报酬刑事案件适用法律若干问题的解释》(法释〔2013〕3号)关于拒不支付劳动报酬罪的相关规定,进一步完善人力资源社会保障行政执法和刑事司法衔接制度,加大对拒不支付劳动报酬犯罪行为的打击力度,切实维护劳动者合法权益,根据《行政执法机关移送涉嫌犯罪案件的规定》(国务院2001年第310号令)及有关规定,现就进一步做好涉嫌拒不支付劳动报酬犯罪案件查处衔接工作通知如下:

一、切实加强涉嫌拒不支付劳动报酬违法犯罪案件查处工作

(一)由于行为人逃匿导致工资账册等证据材料无法调取或用人单位在规定的时间内未提供有关工资支付等相关证据材料的,人力资源社会保障部门应及时对劳动者进行调查询问并制作询问笔录,同时应积极收集可证明劳动用工、欠薪数额等事实的相关证据,依据劳动者提供的工资数额及其他有关证据认定事实。调查询问过程一般要录音录像。

(二)行为人拖欠劳动者劳动报酬后,人力资源社会保障部门通过书面、电话、短信等能够确认其收悉的方式,通知其在指定的时间内到指定的地点配合解决问题,但其在指定的时间内未到指定的地点配合解决问题或明确表示拒不支付劳动报酬的,视为刑法第276条之一第1款规定的"以逃匿方法逃避支付劳动者的劳动报酬"。但是,行为人有证据证明因自然灾害、突发重大疾病等非人力所能抗拒的原因造成其无法在指定的时间内到指定的地点配合解决问题的除外。

(三)企业将工程或业务分包、转包给不具备用工主体资格的单位或个人,该单位或个人违法招用劳动者不支付劳动报酬的,人力资源社会保障部门应向具备用工主体资格的企业下达限期整改指令书或行政处罚决定书,责令该企业限期支付劳动者劳动报酬。对于该企业有充足证据证明已向不具备用工主体资格的单位或个人支付了劳动者全部的劳动报酬,该单位或个人仍未向劳动者支付的,应向不具备用工主体资格的单位或个人下达限期整改指令书或行政处理决定书,并要求企业监督该单位或个人向劳动者发放到位。

(四)经人力资源社会保障部门调查核实,行为人拖欠劳动者劳动报酬事实清楚、证据确凿、数额较大的,应及时下达责令支付文书。对于行为人逃匿,无法将责令支付文书送交其同住成年家属或所在单位负责收件人的,人力资源社会保障部门可以在行为人住所地、办公地、生产经营场所、建筑施工项目所在地等地张贴责令支付文书,并采用拍照、录像等方式予以记录,相关影像资料应当纳入案卷。

二、切实规范涉嫌拒不支付劳动报酬犯罪案件移送工作

(一)人力资源社会保障部门向公安机关移送涉嫌拒不支付劳动报酬犯罪案件应按照《行政执法机关移送涉嫌犯罪案件的规定》的要求,履行相关手续,并制作《涉嫌犯罪案件移送书》,在规定的期限内将案件移送公安机关。移送的案件卷宗中应当附有以下材料:

1. 涉嫌犯罪案件移送书;2. 涉嫌拒不支付劳动报酬犯罪案件调查报告;3. 涉嫌犯罪案件移送审批表;4. 限期整改指令书或行政处理决定书等执法文书及送达证明材料;5. 劳动者本人或劳动者委托代理人调查询问笔录;6. 拖欠劳动者劳动报酬的单位或个人的基本信息;7. 涉案的书证、物证等有关涉嫌拒不支付劳动报酬的证据材料。

人力资源社会保障部门向公安机关移送涉嫌犯罪案件应当移送与案件相关的全部材料,同时应将案件移送书及有关材料目录抄送同级人民检察院。在移送涉嫌犯罪案件时已经作出行政处罚决定的,应当将行政处罚决定书一并抄送公安机关、人民检察院。

(二)公安机关收到人力资源社会保障部门移送的涉嫌犯罪案件,应当在涉嫌犯罪案件移送书回执上签字,对移送材料不全的,可通报人力资源社会保障部门按上述规定补充移送。受理后认为不属于本机关管辖的,应当及时转送有管辖权的机关,并书面告知移送案件的人力资源社会保障部门。对受理的案件,公安机关应当及时审查,依法作出立案或者不予立案的决定,并书面通知人力资源社会保障部门,同时抄送人民检察院。公安机关立案后决定撤销案件的,应当书面通知人力资源社会保障部门,同时抄送人民检察院。公安机关作出不立案决定或者撤销案件的,应当同时将案卷材料退回人力资源社会保障部门,并书面说明理由。

(三)人力资源社会保障部门对于公安机关不接受移送的涉嫌犯罪案件或者已受理的案件未依法及时作出立案或不立案决定的,可以建议人民检察院依法进行立案监督。对公安机关受理后作出不予立案决定的,可在接到不予立案通知书后3日内向作出决定的公安机关提请复议,也可以建议人民检察院依法进行立案监督。

(四)人民检察院发现人力资源社会保障部门对应当移送公安机关的涉嫌拒不支付劳动报酬犯罪案件不移送或者逾期不移送的,应当督促移送。人力资源社会保障部门接到人民检察院提出移送涉嫌犯罪案件的书面意见后,应当及时移送案件。人民检察院发现相关部门拒不移送案件和拒不立案行为中存在职务犯罪线索的,应当认真审查,依法处理。

三、切实完善劳动保障监察行政执法与刑事司法衔接机制

(一)人力资源社会保障部门在依法查处涉嫌拒不支付劳动报酬犯罪案件过程中,对案情复杂、性质难以认定的案件可就犯罪标准、证据固定等问题向公安机关或人民检察院咨询;对跨区域犯罪、涉及人员众多、社会影响较大的案件，人力资源社会保障部门通报公安机关的，公安机关应依法及时处置。

（二）对于涉嫌拒不支付劳动报酬犯罪案件，公安机关、人民检察院、人民法院在侦查、审查起诉和审判期间提请人力资源社会保障部门协助的，人力资源社会保障部门应当予以配合。

（三）在办理拒不支付劳动报酬犯罪案件过程中，各级人民法院、人民检察院、人力资源社会保障部门、公安机关要加强联动配合，建立拒不支付劳动报酬犯罪案件移送的联席会议制度，定期互相通报案件办理情况，及时了解案件信息，研究解决查处拒不支付劳动报酬犯罪案件衔接工作中存在的问题，进一步完善监察行政执法与刑事司法衔接工作机制，切实发挥刑法打击拒不支付劳动报酬犯罪行为的有效作用。

7. 最高人民法院《第 7 批指导性案例胡×金拒不支付劳动报酬案》（指导案例 28 号；法〔2014〕161 号）

【裁判要点】

1. 不具备用工主体资格的单位或者个人（包工头），违法用工且拒不支付劳动者报酬，数额较大，经政府有关部门责令支付仍不支付的，应当以拒不支付劳动报酬罪追究刑事责任。2. 不具备用工主体资格的单位或者个人（包工头）拒不支付劳动报酬，即使其他单位或者个人在刑事立案前为其垫付了劳动报酬的，也不影响追究该用工单位或者个人（包工头）拒不支付劳动报酬罪的刑事责任。

【裁判结果】

四川省双流县人民法院于 2011 年 12 月 29 日作出（2011）双流刑初字第 544 号刑事判决，认定被告人胡×金犯拒不支付劳动报酬罪，判处有期徒刑 1 年，并处罚金人民币 2 万元。宣判后被告人未上诉，判决已发生法律效力。

【裁判理由】

法院生效裁判认为：被告人胡×金拒不支付 20 余名民工的劳动报酬达 12 万余元，数额较大，且在政府有关部门责令其支付后逃匿，其行为构成拒不支付劳动报酬罪。被告人胡×金虽然不具有合法的用工资格，又属没有相应建筑工程施工资质而承包建筑工程施工项目，且违法招用民工进行施工，上述情况不影响以拒不支付劳动报酬罪追究其刑事责任。本案中，胡×金逃匿后，工程总承包企业按照有关规定清偿了胡×金拖欠的民工工资，其清偿拖欠民工工资的行为属于为胡×金垫付，这一行为虽然消减了拖欠行为的社会危害性，但并不能免除胡×金应当支付劳动报酬的责任，因此，对胡×金仍应当以拒不支付劳动报酬罪追究刑事责任。鉴于胡×金系初犯、认罪态度好，依法作出如上判决。

8. 最高人民法院《关于民事执行中财产调查若干问题的规定》（法释〔2017〕8 号；法释〔2020〕21 号修正）

（详见本书《刑法》第 307 条之一相关内容）

9. 最高人民检察院、公安部《关于公安机关管辖的刑事案件立案追诉标准的规定（1）的补充规定》（公通字〔2017〕12 号）

七、在《立案追诉标准（1）》第 34 条后增加 1 条，作为第 34 条之一：［拒不支付劳动报酬案（刑法第 276 条之一）］以转移财产、逃匿等方法逃避支付劳动者的劳动报酬或者有能力支付而不支付劳动者的劳动报酬，经政府有关部门责令支付仍不支付，涉嫌下列情形之一的，应予立案追诉：（一）拒不支付 1 名劳动者 3 个月以上的劳动报酬且数额在 5000 元至 2 万元以上的；（二）拒不支付 10 名以上劳动者的劳动报酬且数额累计在 3 万元至 10 万元以上的。

不支付劳动者的劳动报酬，尚未造成严重后果，在刑事立案前支付劳动者的劳动报酬，并依法承担相应赔偿责任的，可以不予立案追诉。（见本条立案追诉标准内容）

10. 国务院《保障农民工工资支付条例》(国务院令〔2019〕第 724 号)

第 40 条 人力资源社会保障行政部门在查处拖欠农民工工资案件时,需要依法查询相关单位金融账户和相关当事人拥有房产、车辆等情况的,应当经设区的市级以上地方人民政府人力资源社会保障行政部门负责人批准,有关金融机构和登记部门应当予以配合。

第 41 条 人力资源社会保障行政部门在查处拖欠农民工工资案件时,发生用人单位拒不配合调查、清偿责任主体及相关当事人无法联系等情形的,可以请求公安机关和其他有关部门协助处理。

人力资源社会保障行政部门发现拖欠农民工工资的违法行为涉嫌构成拒不支付劳动报酬罪的,应当按照有关规定及时移送公安机关审查并作出决定。

11. 最高人民检察院《关于充分发挥检察职能服务保障"六稳""六保"的意见》(高检发〔2020〕10 号) 第 3 点

(详见本书《刑法》第 140 条相关内容)

第六章 妨害社会管理秩序罪

妨害社会管理秩序罪,是指故意或者过失地妨害国家机关对社会的管理活动,破坏社会秩序,情节严重的行为。

第一节 扰乱公共秩序罪

扰乱公共秩序罪,责任形式为故意。

除第 281 条非法生产、买卖警用装备罪和第 288 条扰乱无线电通讯管理秩序罪有单位犯罪外,皆为自然人犯罪。

第 277 条 【妨害公务罪】 以暴力、威胁方法阻碍国家机关工作人员依法执行职务的,处 3 年以下有期徒刑、拘役、管制或者罚金。

以暴力、威胁方法阻碍全国人民代表大会和地方各级人民代表大会代表依法执行代表职务的,依照前款的规定处罚。

在自然灾害和突发事件中,以暴力、威胁方法阻碍红十字会工作人员依法履行职责的,依照第 1 款的规定处罚。

故意阻碍国家安全机关、公安机关依法执行国家安全工作任务,未使用暴力、威胁方法,造成严重后果的,依照第 1 款的规定处罚。

【袭警罪】 暴力袭击正在依法执行职务的人民警察的,处 3 年以下有期徒刑、拘役或者管制;使用枪支、管制刀具,或者以驾驶机动车撞击等手段,严重危及其人身安全的,处 3 年以上 7 年以下有期徒刑。

(本条《中华人民共和国刑法修正案(9)》第 1 次修改;《中华人民共和国刑法修正案(11)》第 2 次修改)

• 释义

【妨害公务罪】妨害公务罪是指以暴力、威胁方法阻碍国家机关工作人员依法执行职务，阻碍人大代表依法执行代表职务，在自然灾害和突发事件中阻碍红十字会工作人员依法履行职责的行为，或者故意阻碍国家安全部门、公安机关依法执行国家安全工作任务，未使用暴力、威胁方法、造成严重后果的行为。

责任形式为故意，且以明知是上述依法执行职务的人员为前提。

【袭警罪】袭警罪是指暴力袭击正在依法执行职务的人民警察的行为。

责任形式为故意，且以明知是依法执行职务的人民警察为前提。

【袭警罪】

• 管辖

公安机关刑事侦查部门。

• 关联法律

1.《中华人民共和国消费者权益保护法》(1993 年 10 月 31 日第八届全国人大常委会第四次会议通过；根据 2009 年 8 月 27 日第十一届全国人大常委会第十次会议《关于修改部分法律的决定》第一次修正；根据 2013 年 10 月 25 日第十二届全国人大常委会第五次会议《关于修改〈中华人民共和国消费者权益保护法〉的决定》第二次修正)

第 60 条 以暴力、威胁等方法阻碍有关行政部门工作人员依法执行职务的，依法追究刑事责任；拒绝、阻碍有关行政部门工作人员依法执行职务，未使用暴力、威胁方法的，由公安机关依照《中华人民共和国治安管理处罚法》的规定处罚。

2. 最高人民法院、最高人民检察院《关于依法严惩破坏计划生育犯罪活动的通知》(法发〔1993〕36 号)

(法释〔2013〕1 号已声明该文件废止)

3. 最高人民法院《关于办理严重扰乱法庭秩序案件具体适用法律问题的批复》(法复〔1994〕5 号)

(法释〔2013〕2 号已声明该文件废止)

4. 国家计划委员会、最高人民检察院、公安部《关于依法惩处妨碍物价检查人员执行公务的违法犯罪活动的通知》(计价检〔1994〕600 号)

(国家发展和改革委员会 2016 年第 1 号公告已声明该文件废止)

5. 最高人民法院、最高人民检察院、公安部、国家工商行政管理局《关于依法查处盗窃、抢劫机动车案件的规定》(公通字〔1998〕31 号)

一、司法机关依法查处盗窃、抢劫机动车案件，任何单位和个人都应当予以协助。以暴力、威胁方法阻碍司法工作人员依法办案的，依照刑法第 277 条第 1 款的规定处罚。(全文详见本书《刑法》第 312 条相关内容)

6. 最高人民检察院《关于以暴力、威胁方法阻碍事业编制人员依法执行行政执法职务是否可对侵害人以妨害公务罪论处的批复》(高检发释字〔2000〕2 号)

重庆市人民检察院：

你院《关于以暴力、威胁方法阻碍事业编制人员行政执法活动是否可以对侵害人适用妨害公务罪的请示》收悉。经研究，批复如下：对于以暴力、威胁方法阻碍国有事业单位人员依照法律、行政法规的规定执行行政执法职务的，或者以暴力、威胁方法阻碍国家机关受委托从事行政执法活动的事业编制人员执行行政执法职务的，可以对侵害人以妨害公务罪追究刑事责任。

7. 最高人民法院、最高人民检察院《关于办理生产、销售伪劣商品刑事案件具体应用法律若干问题的解释》(法释〔2001〕10号)

第11条 实施刑法第140条至第148条规定的犯罪，又以暴力、威胁方法抗拒查处，构成其他犯罪的，依照数罪并罚的规定处罚。(全文详见本书《刑法》第140条相关内容)

8. 最高人民法院、最高人民检察院《关于办理组织和利用邪教组织犯罪案件具体应用法律若干问题的解释(2)》(法释〔2001〕19号)

(法释〔2017〕3号已声明该文件废止)

9. 最高人民检察院《关于办理非法经营食盐刑事案件具体应用法律若干问题的解释》(高检发释字〔2002〕6号)

2020年2月19日最高人民检察院第十三届检察委员会第三十三次会议通过《关于废止〈办理非法经营食盐刑事案件具体应用法律若干问题的解释〉的决定》。(内容详见本书《刑法》第140条相内容)

10. 最高人民法院、最高人民检察院、公安部、国家烟草专卖局《关于办理假冒伪劣烟草制品等刑事案件适用法律问题座谈会纪要》(高检会〔2003〕4号)

八、关于以暴力、威胁方法阻碍烟草专卖执法人员依法执行职务行为的定罪处罚问题

以暴力、威胁方法阻碍烟草专卖执法人员依法执行职务的，依照刑法第277条的规定，以妨害公务罪定罪处罚。(全文详见本书《刑法》第213条相关内容)

11. 最高人民法院、最高人民检察院《关于办理妨害预防、控制突发传染病疫情等灾害的刑事案件具体应用法律若干问题的解释》(法释〔2003〕8号)

第8条 以暴力、威胁方法阻碍国家机关工作人员、红十字会工作人员依法履行为防治突发传染病疫情等灾害而采取的防疫、检疫、强制隔离、隔离治疗等预防、控制措施的，依照刑法第277条第1款、第3款的规定，以妨害公务罪定罪处罚。(全文详见本书《刑法》第114条相关内容)

12. 最高人民法院、最高人民检察院《关于办理危害矿山生产安全刑事案件具体应用法律若干问题的解释》(法释〔2007〕5号)

(法释〔2015〕22号已声明该文件废止)

13. 最高人民法院、最高人民检察院、公安部《关于依法严肃查处拒不执行判决、裁定和暴力抗拒法院执行犯罪行为有关问题的通知》(法发〔2007〕29号)

近年来，在人民法院强制执行生效法律文书过程中，一些地方单位、企业和个人拒不执行或以暴力手段抗拒人民法院执行的事件时有发生且呈逐年上升的势头。这种违法犯罪行为性质恶劣，社会危害大，严重影响了法律的尊严和执法机关的权威，已经引起了党中央的高度重视。中央政法委在《关于切实解决人民法院执行难问题的通知》(政法〔2005〕52号文件)中，特别提出公、检、法机关应当统一执法思想，加强协作配合，完善法律制度，依法严厉打击暴力抗拒法院执行的犯罪行为。为贯彻中央政法委指示精神，加大对拒不执行判决、裁定和暴力抗拒执行犯罪行为的惩处力度，依据《中华人民共和国刑法》、《中华人民共和国刑事诉讼法》、全国人大常委会《关于〈中华人民共和国刑法〉第313条的解释》等规定，现就有关问题通知如下：

一、对下列拒不执行判决、裁定的行为，依照刑法第313条的规定，以拒不执行判决、裁定罪论处。

(一)被执行人隐藏、转移、故意毁损财产或者无偿转让财产、以明显不合理的低价转让财产,致使判决、裁定无法执行的;(二)担保人或者被执行人隐藏、转移、故意毁损或者转让已向人民法院提供担保的财产,致使判决、裁定无法执行的;(三)协助执行义务人接到人民法院协助执行通知书后,拒不协助执行,致使判决、裁定无法执行的;(四)被执行人、担保人、协助执行义务人与国家机关工作人员通谋,利用国家机关工作人员的职权妨害执行,致使判决、裁定无法执行的;(五)其他有能力执行而拒不执行,情节严重的情形。

二、对下列暴力抗拒执行的行为,依照刑法第277条的规定,以妨害公务罪论处。

(一)聚众哄闹、冲击执行现场,围困、扣押、殴打执行人员,致使执行工作无法进行的;(二)毁损、抢夺执行案件材料、执行公务车辆和其他执行器械、执行人员服装以及执行公务证件,造成严重后果的;(三)其他以暴力、威胁方法妨害或者抗拒执行,致使执行工作无法进行的。

三、负有执行人民法院判决、裁定义务的单位直接负责的主管人员和其他直接责任人员,为了本单位的利益实施本《通知》第1条、第2条所列行为之一的,对该主管人员和其他直接责任人员,依照刑法第313条和第277条的规定,分别以拒不执行判决、裁定罪和妨害公务罪论处。

四、国家机关工作人员有本《通知》第1条第4项行为的,以拒不执行判决、裁定罪的共犯追究刑事责任。

国家机关工作人员收受贿赂或者滥用职权,有本《通知》第1条第4项行为的,同时又构成刑法第385条、第397条规定罪的,依照处罚较重的规定定罪处罚。

五、拒不执行判决、裁定案件由犯罪行为发生地的公安机关、人民检察院、人民法院管辖。如果由犯罪嫌疑人、被告人居住地的人民法院管辖更为适宜的,可以由犯罪嫌疑人、被告人居住地的公安机关、人民检察院、人民法院管辖。

六、以暴力、威胁方法妨害或者抗拒执行的,公安机关接到报警后,应当立即出警,依法处置。

七、人民法院在执行判决、裁定过程中,对拒不执行判决、裁定情节严重的人,可以先行司法拘留;拒不执行判决、裁定的行为人涉嫌犯罪的,应当将案件依法移送有管辖权的公安机关立案侦查。

八、人民法院、人民检察院和公安机关在办理拒不执行判决、裁定和妨害公务案件过程中,应当密切配合、加强协作。对于人民法院移送的涉嫌拒不执行判决、裁定罪和妨害公务罪的案件,公安机关应当及时立案侦查,检察机关应当及时提起公诉,人民法院应当及时审判。

在办理拒不执行判决、裁定和妨害公务案件过程中,应当根据案件的具体情况,正确区分罪与非罪的界限,认真贯彻"宽严相济"的刑事政策。

九、人民法院认为公安机关应当立案侦查而不立案侦查的,可提请人民检察院予以监督。人民检察院认为需要立案侦查的,应当要求公安机关说明不立案的理由。人民检察院认为公安机关不立案理由不能成立的,应当通知公安机关立案,公安机关接到通知后应当立案。

十、公安机关侦查终结后移送人民检察院审查起诉的拒不执行判决、裁定和妨害公务案件,人民检察院决定不起诉,公安机关认为不起诉决定有错误的,可以要求复议;如果意见不被接受,可以向上一级人民检察院提请复核。

十一、公安司法人员在办理拒不执行判决、裁定和妨害公务案件中,消极履行法定职责,造成严重后果的,应当依法依纪追究直接责任人责任直至追究刑事责任。

十二、本通知自印发之日起执行,执行中遇到的情况和问题,请分别报告最高人民法院、最高人民检察院、公安部。

14. 最高人民法院、最高人民检察院《关于办理非法生产、销售烟草专卖品等刑事案件具体应用法律若干问题的解释》(法释〔2010〕7号)

第8条第1款 以暴力、威胁方法阻碍烟草专卖执法人员依法执行职务,构成犯罪的,以

妨害公务罪追究刑事责任。(全文详见本书《刑法》第213条相关内容)

15. 最高人民法院《关于审理破坏草原资源刑事案件应用法律若干问题的解释》(法释〔2012〕15号)

第4条 以暴力、威胁方法阻碍草原监督检查人员依法执行职务,构成犯罪的,依照刑法第277条的规定,以妨害公务罪追究刑事责任。煽动群众暴力抗拒草原法律、行政法规实施,构成犯罪的,依照刑法第278条的规定,以煽动暴力抗拒法律实施罪追究刑事责任。

第7条 本解释所称"草原",是指天然草原和人工草地,天然草原包括草地、草山和草坡,人工草地包括改良草地和退耕还草地,不包括城镇草地。(全文详见本书《刑法》第342条相关内容)

16. 公安部《关于公安机关处置信访活动中违法犯罪行为适用法律的指导意见》(公通字〔2013〕25号)

四、对妨害社会管理秩序违法犯罪行为的处理

9. 阻碍国家机关工作人员依法执行职务,强行冲闯公安机关设置的警戒带、警戒区,或者阻碍执行紧急任务的消防车、救护车、工程抢险车、警车等车辆通行,符合《治安管理处罚法》第50条第1款第2项、第3项、第4项规定的,以阻碍执行职务、阻碍特种车辆通行、冲闯警戒带、警戒区依法予以治安管理处罚;阻碍人民警察依法执行职务的,从重处罚;使用暴力、威胁方法阻碍国家机关工作人员依法执行职务,符合《刑法》第277条规定的,以妨害公务罪追究刑事责任。(全文详见本书《刑法》第114条相关内容)

17. 最高人民法院、最高人民检察院、公安部《关于办理暴力恐怖和宗教极端刑事案件适用法律若干问题的意见》(公通字〔2014〕34号)

被最高人民法院、最高人民检察院、公安部、司法部《〈关于办理恐怖活动和极端主义犯罪案件适用法律若干问题的意见〉的通知》(高检会〔2018〕1号)废止。

18.《中华人民共和国刑法修正案(9)》(2015年8月29日第十二届全国人大常委会第十六次会议通过)

二十一、在刑法第277条中增加1款作为第5款:"暴力袭击正在依法执行职务的人民警察的,依照第1款的规定从重处罚。"

19. 最高人民法院《关于常见犯罪的量刑指导意见》(法发〔2017〕7号)

被最高人民法院、最高人民检察院《关于常见犯罪的量刑指导意见(试行)》(法发〔2021〕21号)废止。

20. 最高人民法院、最高人民检察院、公安部《关于依法惩治妨害公共交通工具安全驾驶违法犯罪行为的指导意见》(公通字〔2019〕1号)

一、准确认定行为性质,依法从严惩处妨害安全驾驶犯罪

(六)以暴力、威胁方法阻碍国家机关工作人员依法处置妨害安全驾驶违法犯罪行为、维护公共交通秩序的,依照刑法第277条的规定,以妨害公务罪定罪处罚;暴力袭击正在依法执行职务的人民警察的,从重处罚。(全文详见本书《刑法》第114条相关内容)

21. 最高人民法院、最高人民检察院、公安部《关于依法惩治袭警违法犯罪行为的指导意见》(2019年12月27日)

人民警察代表国家行使执法权,肩负着打击违法犯罪、维护社会稳定、维持司法秩序、执行生效裁判等重要职责。在依法履职过程中,人民警察遭受违法犯罪分子暴力侵害、打击报复的事件时有发生,一些犯罪分子气焰嚣张、手段残忍,甚至出现预谋性、聚众性袭警案件,不仅危害民警人身安全,更严重损害国家法律权威、破坏国家正常管理秩序。为切实维护国家法律尊严,维护民警执法权威,保障民警人身安全,依法惩治袭警违法犯罪行为,根据有关法律法规,经最高人民法院、最高人民检察院、公安部共同研究决定,制定本意见。

一、对正在依法执行职务的民警实施下列行为的,属于刑法第277条第5款规定的"暴力袭击正在依法执行职务的人民警察",应当以妨害公务罪定罪从重处罚:

1. 实施撕咬、踢打、抱摔、投掷等,对民警人身进行攻击的;2. 实施打砸、毁坏、抢夺民警正在使用的警用车辆、警械等警用装备,对民警人身进行攻击的;对正在依法执行职务的民警虽未实施暴力袭击,但以实施暴力相威胁,符合刑法第277条第1款规定的,以妨害公务罪定罪处罚。

醉酒的人实施袭警犯罪行为,应当负刑事责任。

教唆、煽动他人实施袭警犯罪行为或者为他人实施袭警犯罪行为提供工具、帮助的,以共同犯罪论处。

对袭警情节轻微或者辱骂民警,尚不构成犯罪,但构成违反治安管理行为的,应当依法从重给予治安管理处罚。

二、实施暴力袭警行为,具有下列情形之一的,在第1条规定的基础上酌情从重处罚:

1. 使用凶器或者危险物品袭警、驾驶机动车袭警的;2. 造成民警轻微伤或者警用装备严重毁损的;3. 妨害民警依法执行职务,造成他人伤亡、公私财产损失或者造成犯罪嫌疑人脱逃、毁灭证据等严重后果的;4. 造成多人围观、交通堵塞等恶劣社会影响的;5. 纠集多人袭警或者袭击民警2人以上的;6. 曾因袭警受过处罚,再次袭警的;7. 实施其他严重袭警行为的。

实施上述行为,构成犯罪的,一般不得适用缓刑。

三、驾车冲撞、碾轧、拖拽、剐蹭民警,或者挤别、碰撞正在执行职务的警用车辆,危害公共安全或者民警生命、健康安全,符合刑法第114条、第115条、第232、第234条规定的,应当以以危险方法危害公共安全罪、故意杀人罪或者故意伤害罪定罪,酌情从重处罚。

暴力袭警,致使民警重伤、死亡,符合刑法第234条、第232条规定的,应当以故意伤害罪、故意杀人罪定罪,酌情从重处罚。

四、抢劫、抢夺民警枪支,符合刑法第127条第2款规定的,应当以抢劫枪支罪、抢夺枪支罪定罪。

五、民警在非工作时间,依照《中华人民共和国人民警察法》等法律履行职责的,应当视为执行职务。

六、在民警非执行职务期间,因其职务行为对其实施暴力袭击、拦截、恐吓等行为,符合刑法第234条、第232条、第293条等规定的,应当以故意伤害罪、故意杀人罪、寻衅滋事罪等定罪,并根据袭警的具体情节酌情从重处罚。

各级人民法院、人民检察院和公安机关要加强协作配合,对袭警违法犯罪行为快速处理、准确定性、依法严惩。一要依法及时开展调查处置、批捕、起诉、审判工作。民警对于袭警违法犯罪行为应当依法予以制止,并根据现场条件,妥善保护案发现场,控制犯罪嫌疑人。负责侦查办理袭警案件的民警应当全面收集、提取证据,特别是注意收集民警现场执法记录仪和周边监控等视听资料、在场人员证人证言等证据,查清案件事实。对造成民警或者他人受伤、财产损失的,依法进行鉴定。在处置过程中,民警依法依规使用武器、警械或者采取其他必要措施制止袭警行为,受法律保护。人民检察院对于公安机关提请批准逮捕、移送审查起诉的袭警案件,应当从严掌握无逮捕必要性、犯罪情节轻微等不捕不诉情形,慎重作出不批捕、不起诉决定,对于符合逮捕、起诉条件的,应当依法尽快予以批捕、起诉。对于袭警行为构成犯罪的,人民法院应当依法及时审判,严格依法追究犯罪分子刑事责任。二要依法适用从重处罚。暴力袭警是刑法第277条规定的从重处罚情形。人民法院、人民检察院和公安机关在办理此类案件时,要准确认识袭警行为对于国家法律秩序的严重危害,不能将袭警行为等同于一般的故意伤害行为,不能仅以造成民警身体伤害作为构成犯罪的标准,要综合考虑袭警行为的手段、方式以及对执行职务的影响程度等因素,准确认定犯罪性质,从严追究刑事责任。对袭警违法犯罪行为,依法不适用刑事和解和治安调解。对于构成犯罪,但具有初犯、偶犯、给予民事赔偿并取得被害人谅解等情节的,在酌情从宽时,应当从严把握从宽幅度。对犯罪性质和危害后果特别严重、犯罪手段特别残忍、社会影响特别恶劣的犯罪分子,虽具有上述酌定从宽情节但不足以从轻处罚的,依法不予从宽处罚。三要加强规范执法和法制宣传教育。人民警察要严格按照法律规定的程序和标准正确履职,特别是要规范现场执法,以法为据、以理服人,妥善化解矛盾,谨慎使用强制措施和武器警械。人民法院、人民检察院、公安机关在依法办案的同时,要加大法制宣传教育力度,对于社会影响大、舆论关注度高的重大案件,视情通过新闻媒体、微信、微博等多种形式,向社会通报案件进展情况,澄清事实真相,并结合案情释法说理,说明袭警行为的危害性。要适时公开曝光一批典型案例,向社会揭露袭警行为的违法性和严重危害性,教育人民群众遵纪守法,在全社会树立"敬畏法律、尊重执法者"的良好法治环境。

各地各相关部门在执行中遇有问题,请及时上报各自上级机关。

22. 最高人民法院、最高人民检察院、公安部、司法部《关于依法惩治妨害新型冠状病毒感染肺炎疫情防控违法犯罪的意见》(法发〔2020〕7号)

二、准确适用法律,依法严惩妨害疫情防控的各类违法犯罪

(一)依法严惩抗拒疫情防控措施犯罪。故意传播新型冠状病毒感染肺炎病原体,具有下列情形之一,危害公共安全的,依照刑法第114条、第115条第1款的规定,以以危险方法危害公共安全罪定罪处罚:

1. 已经确诊的新型冠状病毒感染肺炎病人、病原携带者,拒绝隔离治疗或者隔离期未满擅自脱离隔离治疗,并进入公共场所或者公共交通工具的;2. 新型冠状病毒感染肺炎疑似病人拒绝隔离治疗或者隔离期未满擅自脱离隔离治疗,并进入公共场所或者公共交通工具,造成新型冠状病毒传播的。

其他拒绝执行卫生防疫机构依照传染病防治法提出的防控措施,引起新型冠状病毒传播或者有传播严重危险的,依照刑法第330条的规定,以妨害传染病防治罪定罪处罚。

以暴力、威胁方法阻碍国家机关工作人员(含在依照法律、法规规定行使国家有关疫情防控行政管理职权的组织中从事公务的人员,在受国家机关委托代表国家机关行使疫情防控职权的组织中从事公务的人员,虽未列入国家机关人员编制但在国家机关中从事疫情防控公务的人员)依法履行为防控疫情而采取的防疫、检疫、强制隔离、隔离治疗等措施的,依照刑法第277条第1款、第3款的规定,以妨害公务罪定罪处罚。暴力袭击正在依法执行职务的人民警察的,以妨害公务罪定罪,从重处罚。(全文详见本书《刑法》第114条相关内容)

23.《中华人民共和国刑法修正案(11)》(2020年12月26日第十三届全国人大常委会第二十四次会议通过)

三十一、将刑法第277条第5款修改为:"暴力袭击正在依法执行职务的人民警察的,处3年以下有期徒刑、拘役或者管制;使用枪支、管制刀具,或者以驾驶机动车撞击等手段,严重危及其人身安全的,处3年以上7年以下有期徒刑。"

(原条文第5款:暴力袭击正在依法执行职务的人民警察的,依照第1款的规定从重处罚。)

24. 最高人民法院《关于执行〈中华人民共和国刑法〉确定罪名的补充规定(7)》(法释〔2021〕2号)

(全文详见本书《刑法》第133条之二相关内容)

25. 最高人民法院、最高人民检察院《关于常见犯罪的量刑指导意见（试行）》（法发〔2021〕21号）

四、常见犯罪的量刑

（十六）妨害公务罪

1. 构成妨害公务罪的，在2年以下有期徒刑、拘役幅度内确定量刑起点。

2. 在量刑起点的基础上，可以根据妨害公务造成的后果、犯罪情节严重程度等其他影响犯罪构成的犯罪事实增加刑罚量，确定基准刑。

3. 构成妨害公务罪的，依法单处罚金的，根据妨害公务的手段、危害后果、造成的人身伤害以及财物毁损情况等犯罪情节，综合考虑被告人缴纳罚金的能力，决定罚金数额。

4. 构成妨碍公务罪的，综合考虑妨害公务的手段、造成的人身伤害、财物的毁损及社会影响等犯罪事实、量刑情节，以及被告人主观恶性、人身危险性、认罪悔罪表现等因素，决定缓刑的适用。（全文详见本书《刑法》第61条相关内容）

第278条 【煽动暴力抗拒法律实施罪】 煽动群众暴力抗拒国家法律、行政法规实施的，处3年以下有期徒刑、拘役、管制或者剥夺政治权利；造成严重后果的，处3年以上7年以下有期徒刑。

• 释义

煽动暴力抗拒法律实施罪是指煽动群众暴力抗拒国家法律、行政法规实施的行为。

• 管辖

公安机关刑事侦查部门。

• 关联法律

1. 最高人民法院、最高人民检察院、公安部、国家烟草专卖局《关于办理假冒伪劣烟草制品等刑事案件适用法律问题座谈会纪要》（高检会〔2003〕4号）

九、关于煽动群众暴力抗拒烟草专卖法律实施行为的定罪处罚问题

煽动群众暴力抗拒烟草专卖法律实施的，依照刑法第278条的规定，以煽动暴力抗拒法律实施罪定罪处罚。（全文详见本书《刑法》第213条相关内容）

2. 最高人民法院、最高人民检察院《关于办理非法生产、销售烟草专卖品等刑事案件具体应用法律若干问题的解释》（法释〔2010〕7号）

第8条第2款 煽动群众暴力抗拒烟草专卖法律实施，构成犯罪的，以煽动暴力抗拒法律实施罪追究刑事责任。（全文详见本书《刑法》第213条相关内容）

3. 最高人民法院《关于审理破坏草原资源刑事案件应用法律若干问题的解释》（法释〔2012〕15号）

第4条 以暴力、威胁方法阻碍草原监督检查人员依法执行职务，构成犯罪的，依照刑法第277条的规定，以妨害公务罪追究刑事责任。

煽动群众暴力抗拒草原法律、行政法规实施，构成犯罪的，依照刑法第278条的规定，以煽动暴力抗拒法律实施罪追究刑事责任。

第7条 本解释所称"草原"，是指天然草原和人工草地，天然草原包括草地、草山和草坡，人工草地包括改良草地和退耕还草地，不包括城镇草地。（全文详见本书《刑法》第342条相关内容）

4. 最高人民法院、最高人民检察院《关于办理利用信息网络实施诽谤等刑事案件适用法律若干问题的解释》(法释〔2013〕21 号)

第 9 条 利用信息网络实施诽谤、寻衅滋事、敲诈勒索、非法经营犯罪,同时又构成刑法第 221 条规定的损害商业信誉、商品声誉罪,第 278 条规定的煽动暴力抗拒法律实施罪,第 291 条之一规定的编造、故意传播虚假恐怖信息罪等犯罪的,依照处罚较重的规定定罪处罚。

第 10 条 本解释所称信息网络,包括以计算机、电视机、固定电话机、移动电话机等电子设备为终端的计算机互联网、广播电视网、固定通信网、移动通信网等信息网络,以及向公众开放的局域网络。(全文详见本书《刑法》第 246 条相关内容)

5. 公安部《关于公安机关处置信访活动中违法犯罪行为适用法律的指导意见》(公通字〔2013〕25 号)

四、对妨害社会管理秩序违法犯罪行为的处理

11. 煽动群众暴力抗拒国家法律、行政法规实施,符合《刑法》第 278 条规定的,以煽动暴力抗拒法律实施罪追究刑事责任。(全文详见本书《刑法》第 114 条相关内容)

第 279 条 【招摇撞骗罪】 冒充国家机关工作人员招摇撞骗的,处 3 年以下有期徒刑、拘役、管制或者剥夺政治权利;情节严重的,处 3 年以上 10 年以下有期徒刑。

冒充人民警察招摇撞骗的,依照前款的规定从重处罚。

• 释义

招摇撞骗罪是指冒充国家机关工作人员进行招摇撞骗的行为。冒充人民警察招摇撞骗的,从重处罚。

• 管辖

公安机关刑事侦查部门。

• 关联法律

1. 最高人民法院《关于审理抢劫、抢夺刑事案件适用法律若干问题的意见》(法发〔2005〕8 号)

九、关于抢劫罪与相似犯罪的界限

1. 冒充正在执行公务的人民警察、联防人员,以抓卖淫嫖娼、赌博等违法行为为名非法占有财物的行为定性

行为人冒充正在执行公务的人民警察"抓赌"、"抓嫖",没收赌资或者罚款的行为,构成犯罪的,以招摇撞骗罪从重处罚;在实施上述行为中使用暴力或者暴力威胁的,以抢劫罪定罪处罚。行为人冒充治安联防队员"抓赌"、"抓嫖"、没收赌资或者罚款的行为,构成犯罪的,以敲诈勒索罪定罪处罚;在实施上述行为中使用暴力或者暴力威胁的,以抢劫罪定罪处罚。(全文详见本书《刑法》第 263 条相关内容)

2. 最高人民法院、最高人民检察院《关于办理诈骗刑事案件具体应用法律若干问题的解释》(法释〔2011〕7 号)

第 8 条 冒充国家机关工作人员进行诈骗,同时构成诈骗罪和招摇撞骗罪的,依照处罚较重的规定定罪处罚。(全文详见本书《刑法》第 266 条相关内容)

3. 最高人民法院、最高人民检察院《关于办理妨害武装部队制式服装、车辆号牌管理秩序等刑事案件具体应用法律若干问题的解释》(法释〔2011〕16 号)

第 6 条 实施刑法第 375 条规定的犯罪行为,同时又构成逃税、诈骗、冒充军人招摇撞骗

等犯罪的,依照处罚较重的规定定罪处罚。(全文详见本书《刑法》第375条相关内容)

第280条 **【伪造、变造、买卖国家机关公文、证件、印章罪】【盗窃、抢夺、毁灭国家机关公文、证件、印章罪】** 伪造、变造、买卖或者盗窃、抢夺、毁灭国家机关的公文、证件、印章的,处3年以下有期徒刑、拘役、管制或者剥夺政治权利,并处罚金;情节严重的,处3年以上10年以下有期徒刑,并处罚金。

【伪造公司、企业、事业单位、人民团体印章罪】 伪造公司、企业、事业单位、人民团体的印章的,处3年以下有期徒刑、拘役、管制或者剥夺政治权利,并处罚金。

【伪造、变造、买卖身份证件罪】 伪造、变造、买卖居民身份证、护照、社会保障卡、驾驶证等依法可以用于证明身份的证件的,处3年以下有期徒刑、拘役、管制或者剥夺政治权利,并处罚金;情节严重的,处3年以上7年以下有期徒刑,并处罚金。

(1998年12月29日第九届全国人大常委会第六次会议通过的《全国人民代表大会常务委员会关于惩治骗购外汇、逃汇和非法买卖外汇犯罪的决定》:

二、买卖伪造、变造的海关签发的报关单、进口证明、外汇管理部门核准件等凭证和单据或者国家机关的其他公文、证件、印章的,依照刑法第280条的规定定罪处罚。)

(本条《中华人民共和国刑法修正案(9)》修改)

• 释义

伪造、变造、买卖国家机关公文、证件、印章罪是指伪造、变造、买卖国家机关的公文、证件、印章的行为。

盗窃、抢夺、毁灭国家机关公文、证件、印章罪是指盗窃、抢夺、毁灭国家机关的公文、证件、印章的行为。

伪造公司、企业、事业单位、人民团体印章罪没有制作权限的人,擅自伪造公司、企业、事业单位、人民团体的印章的行为。

伪造、变造、买卖身份证件罪是指伪造、变造公民身份证件的行为。

• 管辖

公安机关刑事侦查部门。

• 关联法律

1. 全国人大常委会《关于惩治骗购外汇、逃汇和非法买卖外汇犯罪的决定》(1998年12月29日第九届全国人大常委会第六次会议通过)

第2条 买卖伪造、变造的海关签发的报关单、进口证明、外汇管理部门核准件等凭证和单据或者国家机关的其他公文、证件、印章的,依照刑法第280条的规定定罪处罚。

2. 最高人民法院《关于审理骗购外汇、非法买卖外汇刑事案件具体应用法律若干问题的解释》(法释〔1998〕20号)

第2条 伪造、变造、买卖海关签发的报关单、进口证明、外汇管理机关的核准件等凭证或者购买伪造、变造的上述凭证的,按照刑法第280条第1款的规定定罪处罚。

第6条 实施本解释规定的行为,同时触犯2个以上罪名的,择一重罪从重处罚。(全文详见本书《刑法》第151条相关内容)

3. 最高人民法院、最高人民检察院、公安部、国家工商行政管理局《关于依法查处盗窃、抢劫机动车案件的规定》(公通字〔1998〕31号)

七、伪造、变造、买卖机动车牌证及机动车入户、过户、验证的有关证明文件的,依照刑法第280条第1款的规定处罚。(全文详见本书《刑法》第312条相关内容)

4. 最高人民检察院研究室《关于买卖伪造的国家机关证件行为是否构成犯罪的问题的答复》(〔1999〕高检研发第5号)

辽宁省人民检察院研究室:

你院《关于买卖伪造的国家机关证件行为是否构成犯罪的请示》(辽检发研字[1999]3号)收悉。经研究,并根据高检院领导的批示,答复如下:

对于买卖伪造的国家机关证件的行为应当追究刑事责任的,可适用刑法第280条第1款的规定以买卖国家机关证件罪追究刑事责任。

5. 最高人民法院《关于审理破坏森林资源刑事案件具体应用法律若干问题的解释》(法释〔2000〕36号) 第13条

第13条 对于伪造、变造、买卖林木采伐许可证、木材运输证件,森林、林木、林地权属证书,占用或者征用林地审核同意书、育林基金等缴费收据以及其他国家机关批准的林业证件构成犯罪的,依照刑法第280条第1款的规定,以伪造、变造、买卖国家机关公文、证件罪定罪处罚。对于买卖允许进出口证明书等经营许可证明,同时触犯刑法第225条、第280条规定之罪的,依照处罚较重的规定定罪处罚。(全文详见本书《刑法》第345条相关内容)

6. 最高人民法院《关于审理破坏野生动物资源刑事案件具体应用法律若干问题的解释》(法释〔2000〕37号) 第9条

(法释〔2022〕12号文件已声明本文件废止。)

7. 公安部《关于盗窃空白因私护照有关问题的批复》(公境出〔2000〕881号)

辽宁省公安厅出入境管理处:

你处《关于准确认定盗窃空白护照性质及罪名的请示》(辽公境外〔2000〕178号)收悉。经研究,批复如下:

一、李某日韦、万某亮等人所盗取的空白护照属于出入境证件。护照不同于一般的身份证件,它是公民国际旅行的身份证件和国籍证明。在我国,公民因私护照的设计、研制、印刷统一由公安部出入境管理局负责。护照上设计了多项防伪措施,每本护照(包括空白护照)都有一个统一编号,空白护照是签发护照的重要构成因素,对空白护照的发放、使用有严格的管理程序。空白护照丢失,与已签发的护照一样,也由公安部出入境管理局宣布作废,空白护照是作为出入境证件加以管理的。因此,空白护照既是国家机关的证件,也是出入境证件。

二、李某日韦、万某亮等人所盗护照不同于一般商品,在认定其盗窃情节时,不能简单依照护照本身的研制、印刷费用计算盗窃数额,而应依照所盗护照的本数计算。1次盗窃2000本护照,在建国以来是第1次,所造成的影响极其恶劣。应当认定为"情节严重",不是一般的盗窃,而应按照刑法第280条规定处理。

三、李某日韦、万某亮等人将盗窃的护照出售,其出售护照的行为也妨害国(边)境管理秩序,触犯刑法第320条,涉嫌构成出售出入境证件罪。

上述意见请商当地人民检察院。

8. 最高人民法院、最高人民检察院《关于办理伪造、贩卖伪造的高等院校学历、学位证明刑事案件如何适用法律问题的解释》(法释〔2001〕22号)

为依法惩处伪造、贩卖伪造的高等院校学历、学位证明的犯罪活动,现就办理这类案件适用法律的有关问题解释如下:

对于伪造高等院校印章制作学历、学位证明的行为，应当依照刑法第280条第2款的规定，以伪造事业单位印章罪定罪处罚。明知是伪造高等院校印章制作的学历、学位证明而贩卖的，以伪造事业单位印章罪的共犯论处。

9. 最高人民法院、最高人民检察院、海关总署《关于办理走私刑事案件适用法律若干问题的意见》(法〔2002〕139号)

九、关于利用购买的加工贸易登记手册、特定减免税批文等涉税单证进口货物行为的定性处理问题

加工贸易登记手册、特定减免税批文等涉税单证是海关根据国家法律法规以及有关政策性规定，给予特定企业用于保税货物经营管理和减免税优惠待遇的凭证。利用购买的加工贸易登记手册、特定减免税批文等涉税单证进口货物，实质是将一般贸易货物伪报为加工贸易保税货物或者特定减免税货物进口，以达到偷逃应缴税款的目的，应当适用刑法第153条以走私普通货物、物品罪定罪处罚。如果行为人与走私分子通谋出售上述涉税单证，或者在出卖批文后又以提供印章、向海关伪报保税货物、特定减免税货物等方式帮助买方办理进口通关手续的，对卖方依照刑法第156条以走私罪共犯定罪处罚。买卖上述涉税单证情节严重尚未进口货物的，依照刑法第280条的规定定罪处罚。(全文详见本书《刑法》第151条相关内容)

10. 最高人民检察院法律政策研究室《关于通过伪造证据骗取法院民事裁判占有他人财物的行为如何适用法律问题的答复》(〔2002〕高检研发第18号)

山东省人民检察院研究室：

你院《关于通过伪造证据骗取法院民事裁决占有他人财物的行为能否构成诈骗罪的请示》(鲁检发研字〔2001〕第11号)收悉经研究答复如下：

以非法占有为目的，通过伪造证据骗取法院民事裁判占有他人财物的行为所侵害的主要是人民法院正常的审判活动可以由人民法院依照民事诉讼法的有关规定作出处理，不宜以诈骗罪追究行为人的刑事责任。如果行为人伪造证据时，实施了伪造公司、企业、事业单位、人民团体印章的行为，构成犯罪的，应当依照刑法第280条第2款的规定，以伪造公司、企业、事业单位、人民团体印章罪追究刑事责任；如果行为人有指使他人作伪证行为，构成犯罪的应当依照刑法第307条第1款的规定，以妨害作证罪追究刑事责任。

11. 最高人民检察院《关于买卖尚未加盖印章的空白〈边境证〉行为如何适用法律问题的答复》(〔2002〕高检研发第19号)

重庆市人民检察院研究室：

你院《关于对买卖尚未加盖印章的空白〈边境证〉案件适用法律问题的请示》(渝检(研)〔2002〕11号)收悉。经研究，答复如下：

对买卖尚未加盖发证机关的行政印章或者通行专用章印鉴的空白《中华人民共和国边境管理区通行证》的行为，不宜以买卖国家机关证件罪追究刑事责任。国家机关工作人员实施上述行为，构成犯罪的，可以按滥用职权等相关犯罪依法追究刑事责任。

12. 公安部《关于对伪造学生证及贩卖、使用伪造学生证的行为如何处理问题的批复》(公刑〔2002〕1046号)

铁道部公安局：

你局《关于对伪造、贩卖、使用假学生证的行为如何认定处罚的请示》(公法〔2002〕4号)收悉。现批复如下：

一、对伪造高等院校印章制作学生证的行为，应当依照《中华人民共和国刑法》第280条第2款的规定，以伪造事业单位印章罪立案侦查。

二、对明知是伪造高等院校印章制作的学生证而贩卖的，应当以伪造事业单位印章罪的共犯立案侦查;对贩卖伪造的学生证,尚不够刑事处罚的,应当就其明知是伪造的学生证而购买的行为,依照《中华人民共和国治安管理处罚条例》第24条第(1)项的规定,以明知是赃物而购买处罚。

三、对使用伪造的学生证购买半价火车票,数额较大的,应当依照《中华人民共和国刑法》第266条的规定,以诈骗罪立案侦查;尚不够刑事处罚的,应当依照《中华人民共和国治安管理处罚条例》第23条第(1)项的规定以诈骗定性处罚。

13. 最高人民检察院研究室《关于伪造、变造、买卖政府设立的临时性机构的公文、证件、印章行为如何适用法律问题的答复》(〔2003〕高检研发第17号)

江苏省人民检察院研究室:

你院《关于伪造、变造、买卖政府设立的临时性机构公文、证件、印章的行为能否适用刑法第280条第1款规定的请示》(苏检发研字〔2003〕4号)收悉。经研究,答复如下:

伪造、变造、买卖各级人民政府设立的行使行政管理权的临时性机构的公文、证件、印章行为,构成犯罪的,应当依照刑法第280条第1款的规定,以伪造、变造、买卖国家机关公文、证件、印章罪追究刑事责任。

14. 最高人民法院研究室《关于对行为人通过伪造国家机关公文、证件担任国家工作人员职务并利用职务上的便利侵占本单位财物、收受贿赂、挪用本单位资金等行为如何适用法律问题的答复》(法研〔2004〕38号)

北京市高级人民法院:

你院〔2004〕15号《关于通过伪造国家机关公文、证件担任国家工作人员职务后利用职务便利侵占本单位财物、收受贿赂、挪用本单位资金的行为如何定性的请示》收悉。经研究,答复如下:

行为人通过伪造国家机关公文、证件担任国家工作人员职务以后,又利用职务上的便利实施侵占本单位财物、收受贿赂、挪用本单位资金等行为,构成犯罪的,应当分别以伪造国家机关公文、证件罪和相应的贪污罪、受贿罪、挪用公款罪等追究刑事责任,实行数罪并罚。

15. 最高人民法院、最高人民检察院《关于办理与盗窃、抢劫、诈骗、抢夺机动车相关刑事案件具体应用法律若干问题的解释》(法释〔2007〕11号)

第2条 伪造、变造、买卖机动车行驶证、登记证书,累计3本以上的,依照刑法第280条第1款的规定,以伪造、变造、买卖国家机关证件罪定罪,处3年以下有期徒刑、拘役、管制或者剥夺政治权利。伪造、变造、买卖机动车行驶证、登记证书,累计达到第1款规定数量标准5倍以上的,属于刑法第280条第1款规定中的"情节严重",处3年以上10年以下有期徒刑。

第4条 实施本解释第1条、第2条、第3条第1款或者第3款规定的行为,事前与盗窃、抢劫、诈骗、抢夺机动车的犯罪分子通谋的,以盗窃罪、抢劫罪、诈骗罪、抢夺罪的共犯论处。(全文详见本书《刑法》第263条相关内容)

16. 公安部《关于伪造证据骗取法院民事裁判占有他人财物的行为如何适用法律的批复》(公经〔2007〕526号)

海南省公安厅经侦总队:

你总队《关于伪造证据骗取法院民事裁判占有他人财物的行为如何适用法律的请示》(琼公京〔2007〕55号)收悉。经研究,批复如下:

该问题在最高人民检察院法律政策研究室2002年10月24日发布的《关于通过伪造证据骗取法院民事裁判占有他人财物的行为如何适用法律问题的答复》中已经明确。2006年4月18日,最高人民法院研究室在给黑龙江省高级人民法院的答复中明确表示可参酌适用最高人民检察院法律政策研究室所做出的《答复》(《最高人民法院研究室关于伪造证据通过诉讼获取他人财物的行为如何适用法律问题的答复》,法研〔2006〕73号)。你总队在在协调、指导案件侦办时可参考两高的答复。

鉴于伪造证据骗取法院民事裁判占有他人财物的行为司法实践中有的法院对此类案件以诈骗罪作出有罪判决,因此,是否构成犯罪还要依照刑法有关规定来认定。

17. 最高人民法院、最高人民检察院《关于办理妨害信用卡管理刑事案件具体应用法律若干问题的解释》(法释〔2009〕19号)

(法释〔2018〕19号已对本文件修正)

18. 最高人民法院研究室《关于伪造、变造、买卖民用机动车号牌行为能否以伪造、变造、买卖国家机关证件罪定罪处罚问题的请示》的答复》(法研〔2009〕68号)

最近,广东省委政法委要求我院就伪造、变造、买卖民用机动车号牌的行为能否以伪造、变造、买卖国家机关证件罪定罪处罚的问题提出处理意见。我院审判委员会研究时有两种不同意见。多数意见认为不应以伪造、变造、买卖国家机关证件罪定罪处罚。少数意见认为机动车号牌属于国家机关证件,对于伪造、变造、买卖民用机动车号牌且情节严重的行为,可以伪造、变造、买卖国家机关证件罪追究刑事责任。经请示,最高法院研究室作出答复,同意我院审委会多数人意见,伪造、变造、买卖民用机动车号牌行为不能以伪造、变造、买卖国家机关证件罪定罪处罚。最高法院研究室答复全文如下:

"你院粤高法〔2009〕108号《关于伪造、变造、买卖民用机动车号牌行为能否以伪造、变造、买卖国家机关证件罪定罪处罚问题的请示》收悉。经研究,答复如下:同意你院审委会讨论中的多数人意见,伪造、变造、买卖民用机动车号牌行为不能以伪造、变造、买卖国家机关证件罪定罪处罚。你院所请示问题的关键在于能否将机动车号牌认定为国家机关证件,从当前我国刑法的规定看,不能将机动车号牌认定为国家机关证件。理由在于:

一、刑法第280条第1款规定了伪造、变造、买卖国家机关公文、证件、印章罪,第281条规定了非法生产、买卖警用装备罪,将警用车辆号牌归属于警察专用标志,属于警用装备的范围。从这一点分析,证件与车辆号牌不具有同一性。如果具有同一性,刑法第280条中的证件就包括了警用车辆号牌,也就没有必要在第281条中单独明确列举警用车辆号牌了。同样的道理适用于刑法第375条的规定(刑法第375条第1款规定了伪造、变造、买卖武装部队公文、证件、印章罪、盗窃、抢夺武装部队公文、证件、印章罪,第2款规定了非法生产、买卖军用标志罪,而军用标志包括武装部队车辆号牌)。刑法规定非法生产、买卖警用装备罪和非法生产、买卖军用标志罪,明确对警用车辆号牌和军用车辆号牌进行保护,目的在于维护警用、军用标志性物品的专用权,而不是将警用和军用车辆号牌作为国家机关证件来保护。如果将机动车号牌认定为证件,那么非法买卖警用机动车号牌的行为,是认定为非法买卖国家机关证件罪还是非法买卖警用装备罪?这会导致刑法适用的混乱。

二、从刑罚处罚上看,如果将机动车号牌认定为国家机关证件,那么非法买卖的机动车号牌如果分别属于人民警察车辆号牌、武装部队车辆号牌、普通机动车号牌,同样一个行为就会得到不同的处理结果:对于前两者,根据刑法第281条、第375条第2款的规定,情节严重的,分别构成非法买卖警用装备罪、非法买卖军用标志罪,法定刑为3年以下有期徒刑、拘役或者管制,并处或者单处罚金。对于非法买卖民用机动车号牌,根据刑法第280条第1款的规定,不论情节是否严重,均构成买卖国家机关证件罪,情节一般的,处3年以下有期徒刑、拘役、管制或者剥夺政治权利;情节严重的,处3年以上10年以下有期徒刑。可见,将机动车号牌认定为证件,将使对非法买卖普通机动车号牌的刑罚处罚重于对非法买卖人民警察、武装部队车辆号牌的刑罚处罚,这显失公平,也有悖立法本意。"

19. 最高人民法院研究室《关于税收通用完税证和车辆购置税完税证是否属于发票问题的回函》(法研〔2010〕140号)

完税证是税务机关或代征机关在收取税金时给纳税人开具的纳税证明,是证明纳税人缴纳税款情况的凭证。发票是指单位和个人在购销商品、提供或接受服务以及从事其他经营活动过程中,提供给对方的收付款的书面证明,是财务收支的法定凭证,是会计核算的原始依据。完税证与发票性质有所不同,完税证一般不能被认定为发票。

根据《全国人民代表大会常务委员会关于〈中华人民共和国刑法〉有关出口退税、抵扣税款的其他发票规定的解释》,如果完税证具有出口退税、抵扣税款功能,则属于刑法中规定的出口退税、抵扣税款的其他发票。据此,税收通用完税证和车辆购置税完税证在具有出口退税、抵扣税款功能时,属于刑法中规定的出口退税、抵扣税款的其他发票;否则,不属于一般意义上的发票。

对伪造税务机关征税专用章,非法制造税收通用完税证和车辆购置税完税证对外出售的,视情可以伪造国家机关印章罪论处;对非法购买上述两种伪造的完税证,逃避缴纳税款的,视情可以逃税罪论处。

20.《中华人民共和国刑法修正案(9)》(2015年8月29日第十二届全国人大常委会第十六次会议通过)

二十二、将刑法第280条修改为:"伪造、变造、买卖或者盗窃、抢夺、毁灭国家机关的公文、证件、印章的,处3年以下有期徒刑、拘役、管制或者剥夺政治权利,并处罚金;情节严重的,处3年以上10年以下有期徒刑,并处罚金。

"伪造公司、企业、事业单位、人民团体的印章的,处3年以下有期徒刑、拘役、管制或者剥夺政治权利,并处罚金。

"伪造、变造、买卖居民身份证、护照、社会保障卡、驾驶证等依法可以用于证明身份的证件的,处3年以下有期徒刑、拘役、管制或者剥夺政治权利,并处罚金;情节严重的,处3年以上7年以下有期徒刑,并处罚金。"

(原条文:伪造、变造、买卖或者盗窃、抢夺、毁灭国家机关的公文、证件、印章的,处3年以下有期徒刑、拘役、管制或者剥夺政治权利;情节严重的,处3年以上10年以下有期徒刑。

伪造公司、企业、事业单位、人民团体的印章的,处3年以下有期徒刑、拘役、管制或者剥夺政治权利。

伪造、变造居民身份证的,处3年以下有期徒刑、拘役、管制或者剥夺政治权利;情节严重的,处3年以上7年以下有期徒刑。)

21. 最高人民法院、最高人民检察院《关于执行〈中华人民共和国刑法〉确定罪名的补充规定(6)》(法释〔2015〕20号)

根据《中华人民共和国刑法修正案(9)》(以下简称《刑法修正案(9)》)和《全国人民代表大会常务委员会关于修改部分法律的决定》的有关规定,现对最高人民法院《关于执行〈中华人民共和国刑法〉确定罪名的规定》、最高人民检察院《关于适用刑法分则规定的犯罪的罪名的意见》作如下补充、修改:刑法条文第280条第3款(《刑法修正案(九)》第22条第3款),罪名伪造、变造、买卖身份证件罪(取消伪造、变造居民身份证罪罪名)。

22. 最高人民检察院法律政策研究室《关于〈关于伪造机动车登记证书如何适用法律的请示〉的答复意见》(2016年3月18日)

你院《关于伪造机动车登记证书如何适用法律的请示》收悉,经研究,电话答复如下:

一、2007年两高《关于办理盗窃、抢劫、诈骗、抢夺机动车相关刑事案件具体应用法律若干问题的解释》第2条关于伪造、变造、买卖机动车行驶证、登记证书行为的定罪量刑标准,主要适用于与盗窃、抢劫、诈骗、抢夺机动车相关的刑事案件。

二、2007年两高《关于办理盗窃、抢劫、诈骗、抢夺机动车相关刑事案件具体应用法律若干问题的解释》规定情形以外的刑法第280条入罪标准应当根据案件具体情况处理，注意把握行政处罚与刑事处罚的衔接，注意把握行为的社会危害性。

三、对于刑法第280条入罪标准问题，我们将进一步研究，适时通过司法解释予以明确。

23. 最高人民法院、最高人民检察院《关于办理虚假诉讼刑事案件适用法律若干问题的解释》（法释〔2018〕17号）

第7条 采取伪造证据等手段篡改案件事实，骗取人民法院裁判文书，构成犯罪的，依照刑法第280条、第307条等规定追究刑事责任。

24. 最高人民法院、最高人民检察院《关于修改〈关于办理妨害信用卡管理刑事案件具体应用法律若干问题的解释〉的决定》（法释〔2018〕19号；法释〔2018〕19号对法释〔2009〕19号《最高人民法院、最高人民检察院关于办理妨害信用卡管理刑事案件具体应用法律若干问题的解释》作出修改）

第4条 为信用卡申请人制作、提供虚假的财产状况、收入、职务等资信证明材料，涉及伪造、变造、买卖国家机关公文、证件、印章，或者涉及伪造公司、企业、事业单位、人民团体印章，应当追究刑事责任的，依照刑法第280条的规定，分别以伪造、变造、买卖国家机关公文、证件、印章罪和伪造公司、企业、事业单位、人民团体印章罪定罪处罚。承担资产评估、验资、验证、会计、审计、法律服务等职责的中介组织或其人员，为信用卡申请人提供虚假的财产状况、收入、职务等资信证明材料，应当追究刑事责任的，依照刑法第229条的规定，分别以提供虚假证明文件罪和出具证明文件重大失实罪定罪处罚。（全文详见本书《刑法》第177条相关内容）

25. 最高人民法院、最高人民检察院、公安部《关于办理电信网络诈骗等刑事案件适用法律若干问题的意见(2)》（法发〔2021〕22号）

六、在网上注册办理手机卡、信用卡、银行账户、非银行支付账户时，为通过网上认证，使用他人身份证件信息并替换他人身份证件相片，属于伪造身份证件行为，符合刑法第280条第3款规定的，以伪造身份证件罪追究刑事责任。

使用伪造、变造的身份证件或者盗用他人身份证件办理手机卡、信用卡、银行账户、非银行支付账户，符合刑法第280条之一第1款规定的，以使用虚假身份证件、盗用身份证件罪追究刑事责任。

实施上述两款行为，同时构成其他犯罪的，依照处罚较重的规定定罪处罚。法律和司法解释另有规定的除外。（全文详见本书《刑法》第287条之二相关内容）

第280条之一 【使用虚假身份证件、盗用身份证件罪】 在依照国家规定应当提供身份证明的活动中，使用伪造、变造的或者盗用他人的居民身份证、护照、社会保障卡、驾驶证等依法可以用于证明身份的证件，情节严重的，处拘役或者管制，并处或者单处罚金

有前款行为，同时构成其他犯罪的，依照处罚较重的规定定罪处罚。

（本条《中华人民共和国刑法修正案(9)》增加）

• 释义

使用虚假身份证件、盗用身份证件罪是指在依照国家规定应当提供身份证明的活动中，使用伪造、变造的或者盗用他人的居民身份证、护照、社会保障卡、驾驶证等依法可以用于证明身份的证件，情节严重的行为。

• **管辖**

公安刑事侦查部门。

• **关联法律**

1.《中华人民共和国刑法修正案(9)》(2015年8月29日第十二届全国人民代表大会常务委员会第十六次会议通过)

二十三、在刑法第280条后增加1条作为第280条之一:"在依照国家规定应当提供身份证明的活动中,使用伪造、变造的或者盗用他人的居民身份证、护照、社会保障卡、驾驶证等依法可以用于证明身份的证件,情节严重的,处拘役或者管制,并处或者单处罚金。

"有前款行为,同时构成其他犯罪的,依照处罚较重的规定定罪处罚。"

2.最高人民法院、最高人民检察院《关于执行〈中华人民共和国刑法〉确定罪名的补充规定(6)》(法释〔2015〕20号)

根据《中华人民共和国刑法修正案(9)》(以下简称《刑法修正案(9)》)和《全国人民代表大会常务委员会关于修改部分法律的决定》的有关规定,现对最高人民法院《关于执行〈中华人民共和国刑法〉确定罪名的规定》、最高人民检察院《关于适用刑法分则规定的犯罪的罪名的意见》作如下补充、修改:刑法第280条之一(《刑法修正案(9)》第23条),罪名使用虚假身份证件、盗用身份证件罪。

3.最高人民法院、最高人民检察院、公安部《关于办理电信网络诈骗等刑事案件适用法律若干问题的意见(2)》(法发〔2021〕22号)

六、在网上注册办理手机卡、信用卡、银行账户、非银行支付账户时,为通过网上认证,使用他人身份证件信息并替换他人身份证件相片,属于伪造身份证件行为,符合刑法第280条第3款规定的,以伪造身份证件罪追究刑事责任。

使用伪造、变造的身份证件或者盗用他人身份证件办理手机卡、信用卡、银行账户、非银行支付账户,符合刑法第280条之一第1款规定的,以使用虚假身份证件、盗用身份证件罪追究刑事责任。

实施上述两款行为,同时构成其他犯罪的,依照处罚较重的规定定罪处罚。法律和司法解释另有规定的除外。(全文详见本书《刑法》第287条之二相关内容)

4.参见本书《刑法》第280条该节内容。

第280条之二 **【冒名顶替罪】**盗用、冒用他人身份,顶替他人取得的高等学历教育入学资格、公务员录用资格、就业安置待遇的,处3年以下有期徒刑、拘役或者管制,并处罚金。

组织、指使他人实施前款行为的,依照前款的规定从重处罚。

国家工作人员有前两款行为,又构成其他犯罪的,依照数罪并罚的规定处罚。

(本条《中华人民共和国刑法修正案(**11**)》增加)

• **释义**

冒名顶替罪是指盗用、冒用他人身份,顶替他人取得的高等学历教育入学资格、公务录用资格、就业安置待遇的行为。

• 管辖

公安机关。

• 关联法律

1.《中华人民共和国刑法修正案(11)》(2020年12月26日第十三届全国人大常委会第二十四次会议通过)

(本条《中华人民共和国刑法修正案(11)》增加)

三十二、在刑法第280条之一后增加1条,作为第280条之二:"盗用、冒用他人身份,顶替他人取得的高等学历教育入学资格、公务员录用资格、就业安置待遇的,处3年以下有期徒刑、拘役或者管制,并处罚金。

"组织、指使他人实施前款行为的,依照前款的规定从重处罚。

"国家工作人员有前两款行为,又构成其他犯罪的,依照数罪并罚的规定处罚。"

2.最高人民法院《关于执行〈中华人民共和国刑法〉确定罪名的补充规定(7)》(法释〔2021〕2号)

(全文详见本书《刑法》第133条之二相关内容)

3.参见本书《刑法》第280条该节内容。

第281条 【非法生产、买卖警用装备罪】 非法生产、买卖人民警察制式服装、车辆号牌等专用标志、警械,情节严重的,处3年以下有期徒刑、拘役或者管制,并处或者单处罚金。

单位犯前款罪的,对单位判处罚金,并对其直接负责的主管人员和其他直接责任人员,依照前款的规定处罚。

• 释义

非法生产、买卖警用装备罪是指故意非法生产、买卖人民警察制式服装、车辆号牌等专用标志、警械,情节严重的行为。行为主体既可以是自然人,也可以是单位。

• 管辖

公安机关治安管理部门。

• 立案追诉标准

非法生产、买卖人民警察制式服装、车辆号牌等专用标志、警械,涉嫌下列情形之一的,应予立案追诉:

(一)成套制式服装30套以上,或者非成套制式服装100件以上的;

(二)手铐、脚镣、警用抓捕网、警用催泪喷射器、警灯、警报器单种或者合计10件以上的;

(三)警棍50根以上的;

(四)警衔、警号、胸章、臂章、帽徽等警用标志单种或者合计100件以上的;

(五)警用号牌、省级以上公安机关专段民用车辆号牌1副以上,或者其他公安机关专段民用车辆号牌3副以上的;

(五)非法经营数额5000元以上,或者非法获利1000元以上的;

(七)被他人利用进行违法犯罪活动的;

(八)其他情节严重的情形。

• 关联法律

1.《中华人民共和国人民警察使用警械和武器条例》(1996年1月16日国务院令第191号)

第3条 本条例所称警械,是指人民警察按照规定装备的警棍、催泪弹、高压水枪、特种防暴枪、手铐、脚镣、警绳等警用器械;所称武器,是指人民警察按照规定装备的枪支、弹药等致命性警用武器。

2.最高人民检察院、公安部《关于公安机关管辖的刑事案件立案追诉标准的规定(1)》(公通字〔2008〕36号)第35条

(见本条立案追诉标准内容)

第282条 **【非法获取国家秘密罪】**以窃取、刺探、收买方法,非法获取国家秘密的,处3年以下有期徒刑、拘役、管制或者剥夺政治权利;情节严重的,处3年以上7年以下有期徒刑。

【非法持有国家绝密、机密文件、资料、物品罪】非法持有属于国家绝密、机密的文件、资料或者其他物品,拒不说明来源与用途的,处3年以下有期徒刑、拘役或者管制。

• 释义

非法获取国家秘密罪是指以窃取、刺探、收买方法,非法获取国家秘密的行为。

非法持有国家绝密、机密文件、资料、物品罪是指非法持有属于国家绝密、机密的文件、资料或者其他物品,拒不说明其来源与用途的行为。

• 管辖

公安机关政治安全保卫管部门。

• 关联法律

1.《中华人民共和国保守国家秘密法实施办法》(国家保密局令〔1990〕第1号)

(2014年国务院令第646号已决定废止该文件)

2.《中华人民共和国国家安全法实施细则》(1994年国务院令第157号)

(2017年国务院令第692号已决定废止该文件)

3.《关于维护互联网安全的决定》(2000年12月28日第九届全国人大常委会第十九次会议通过,2009年8月27日第十一届全国人大常委会第十次会议《关于修改部分法律的决定》修正)

二、为了维护国家安全和社会稳定,对有下列行为之一,构成犯罪的,依照刑法有关规定追究刑事责任:

(一)利用互联网造谣、诽谤或者发表、传播其他有害信息,煽动颠覆国家政权、推翻社会主义制度,或者煽动分裂国家、破坏国家统一;(二)通过互联网窃取、泄露国家秘密、情报或者军事秘密;(三)利用互联网煽动民族仇恨、民族歧视,破坏民族团结;(四)利用互联网组织邪教组织、联络邪教组织成员,破坏国家法律、行政法规实施。(全文详见本书《刑法》第141条相关内容)

4.《中华人民共和国反间谍法》(2014年11月1日第十二届全国人大常委会第十一次会议通过)

第27条 境外机构、组织、个人实施或者指使、资助他人实施,或者境内机构、组织、个人与境外机构、组织、个人相勾结实施间谍行为,构成犯罪的,依法追究刑事责任。

实施间谍行为,有自首或者立功表现的,可以从轻、减轻或者免除处罚;有重大立功表现的,给予奖励。

第28条 在境外受胁迫或者受诱骗参加敌对组织、间谍组织,从事危害中华人民共和国国家安全的活动,及时向中华人民共和国驻外机构如实说明情况,或者入境后直接或者通过所在单位及时向国家安全机关、公安机关如实说明情况,并有悔改表现的,可以不予追究。

第29条 明知他人有间谍犯罪行为,在国家安全机关向其调查有关情况、收集有关证据时,拒绝提供的,由其所在单位或者上级主管部门予以处分,或者由国家安全机关处15日以下行政拘留;构成犯罪的,依法追究刑事责任。

第30条 以暴力、威胁方法阻碍国家安全机关依法执行任务的,依法追究刑事责任。

故意阻碍国家安全机关依法执行任务,未使用暴力、威胁方法,造成严重后果的,依法追究刑事责任;情节较轻的,由国家安全机关处15日以下行政拘留。

第31条 泄露有关反间谍工作的国家秘密的,由国家安全机关处15日以下行政拘留;构成犯罪的,依法追究刑事责任。

第32条 对非法持有属于国家秘密的文件、资料和其他物品的,以及非法持有、使用专用间谍器材的,国家安全机关可以依法对其人身、物品、住处和其他有关的地方进行搜查;对其非法持有的属于国家秘密的文件、资料和其他物品,以及非法持有、使用的专用间谍器材予以没收。非法持有属于国家秘密的文件、资料和其他物品,构成犯罪的,依法追究刑事责任;尚不构成犯罪的,由国家安全机关予以警告或者处15日以下行政拘留。

第33条 隐藏、转移、变卖、损毁国家安全机关依法查封、扣押、冻结的财物的,或者明知是间谍活动的涉案财物而窝藏、转移、收购、代为销售或者以其他方法掩饰、隐瞒的,由国家安全机关追回。构成犯罪的,依法追究刑事责任。

第34条 境外人员违反本法的,可以限期离境或者驱逐出境。

第35条 当事人对行政处罚决定、行政强制措施决定不服的,可以自接到决定书之日起60日内,向作出决定的上一级机关申请复议;对复议决定不服的,可以自接到复议决定书之日起15日内向人民法院提起诉讼。

第36条 国家安全机关对依照本法查封、扣押、冻结的财物,应当妥善保管,并按照下列情形分别处理:

(一)涉嫌犯罪的,依照刑事诉讼法的规定处理;(二)尚不构成犯罪,有违法事实的,对依法应当没收的予以没收,依法应当销毁的予以销毁;(三)没有违法事实的,或者与案件无关的,应当解除查封、扣押、冻结,并及时返还相关财物;造成损失的,应当依法赔偿。

国家安全机关没收的财物,一律上缴国库。

第37条 国家安全机关工作人员滥用职权、玩忽职守、徇私舞弊,构成犯罪的,或者有非法拘禁、刑讯逼供、暴力取证、违反规定泄露国家秘密、商业秘密和个人隐私等行为,构成犯罪的,依法追究刑事责任。

第38条 本法所称间谍行为,是指下列行为:

(一)间谍组织及其代理人实施或者指使、资助他人实施,或者境内外机构、组织、个人与其相勾结实施的危害中华人民共和国国家安全的活动;(二)参加间谍组织或者接受间谍组织及其代理人的任务的;(三)间谍组织及其代理人以外的其他境外机构、组织、个人实施或者指使、资助他人实施,或者境内机构、组织、个人与其相勾结实施的窃取、刺探、收买或者非法提供国家秘密或者情报,或者策动、引诱、收买国家工作人员叛变的活动;(四)为敌人指示攻击目标的;(五)进行其他间谍活动的。

5.《中华人民共和国反间谍法实施细则》(〔2017〕国务院令第692号)

第3条 《反间谍法》所称"境外机构、组织"包括境外机构、组织在中华人民共和国境内设立的分支(代表)机构和分支组织;所称"境外个人"包括居住在中华人民共和国境内不具有中华人民共和国国籍的人。

第4条 《反间谍法》所称"间谍组织代理人",是指受间谍组织或者其成员的指使、委托、资助,进行或者授意、指使他人进行危害中华人民共和国国家安全活动的人。

间谍组织和间谍组织代理人由国务院国家安全主管部门确认。

第5条 《反间谍法》所称"敌对组织",是指敌视中华人民共和国人民民主专政的政权和社会主义制度,危害国家安全的组织。

敌对组织由国务院国家安全主管部门或者国务院公安部门确认。

第6条 《反间谍法》所称"资助"实施危害中华人民共和国国家安全的间谍行为,是指境内外机构、组织、个人的下列行为:

(一)向实施间谍行为的组织、个人提供经费、场所和物资的;(二)向组织、个人提供用于实施间谍行为的经费、场所和物资的。

第7条 《反间谍法》所称"勾结"实施危害中华人民共和国国家安全的间谍行为,是指境内外组织、个人的下列行为:

(一)与境外机构、组织、个人共同策划或者进行危害国家安全的间谍活动的;(二)接受境外机构、组织、个人的资助或者指使,进行危害国家安全的间谍活动的;(三)与境外机构、组织、个人建立联系,取得支持、帮助,进行危害国家安全的间谍活动的。

第8条 下列行为属于《反间谍法》第39条所称"间谍行为以外的其他危害国家安全行为":

(一)组织、策划、实施分裂国家、破坏国家统一,颠覆国家政权、推翻社会主义制度的;(二)组织、策划、实施危害国家安全的恐怖活动的;(三)捏造、歪曲事实,发表、散布危害国家安全的文字或者信息,或者制作、传播、出版危害国家安全的音像制品或者其他出版物的;(四)利用设立社会团体或者企业事业组织,进行危害国家安全活动的;(五)利用宗教进行危害国家安全活动的;(五)组织、利用邪教进行危害国家安全活动的;(七)制造民族纠纷,煽动民族分裂,危害国家安全的;(八)境外个人违反有关规定,不听劝阻,擅自会见境内有危害国家安全行为或者有危害国家安全行为重大嫌疑的人员的。

第9条 境外个人被认为入境后可能进行危害中华人民共和国国家安全活动的,国务院国家安全主管部门可以决定其在一定时期内不得入境。

第10条 对背叛祖国、危害国家安全的犯罪嫌疑人,依据《反间谍法》第8条的规定,国家安全机关可以通缉、追捕。

第11条 国家安全机关依法执行反间谍工作任务时,有权向有关组织和人员调查询问有关情况。

第12条 国家安全机关工作人员依法执行反间谍工作任务时,对发现身份不明、有危害国家安全行为的嫌疑人员,可以检查其随带物品。

第13条 国家安全机关执行反间谍工作紧急任务的车辆,可以配置特别通行标志和警灯、警报器。

第14条 国家安全机关工作人员依法执行反间谍工作任务的行为,不受其他组织和个人的非法干涉。

国家安全机关工作人员依法执行反间谍工作任务时,应当出示国家安全部侦察证或者其他相应证件。

国家安全机关及其工作人员在工作中,应当严格依法办事,不得超越职权、滥用职权,不得侵犯组织和个人的合法权益。

第15条 机关、团体和其他组织对本单位的人员进行维护国家安全的教育,动员、组织本单位的人员防范、制止间谍行为的工作,应当接受国家安全机关的协调和指导。

机关、团体和其他组织不履行《反间谍法》和本细则规定的安全防范义务,未按照要求整改或者未达到整改要求的,国家安全机关可以约谈相关负责人,将约谈情况通报该单位上级主管部门,推动落实防范间谍行为和其他危害国家安全行为的责任。

第16条 下列情形属于《反间谍法》第7条所称"重大贡献":

(一)为国家安全机关提供重要线索,发现、破获严重危害国家安全的犯罪案件的;(二)为国家安全机关提供重要情况,防范、制止严重危害国家安全的行为发生的;(三)密切配合国家安全机关执行国家安全工作任务,表现突出的;(四)为维护国家安全,与危害国家安全的犯罪分子进行斗争,表现突出的;(五)在教育、动员、组织本单位的人员防范、制止危害国家安全行为的工作中,成绩显著的。

第17条 《反间谍法》第24条所称"非法持有属于国家秘密的文件、资料和其他物品"是指:

(一)不应知悉某项国家秘密的人员携带、存放属于该项国家秘密的文件、资料和其他物品的;(二)可以知悉某项国家秘密的人员,未经办理手续,私自携带、留存属于该项国家秘密的文件、资料和其他物品的。

第18条 《反间谍法》第25条所称"专用间谍器材",是指进行间谍活动特殊需要的下列器材:

(一)暗藏式窃听、窃照器材;(二)突发式收发报机、1次性密码本、密写工具;(三)用于获取情报的电子监听、截收器材;(四)其他专用间谍器材。

专用间谍器材的确认,由国务院国家安全主管部门负责。

第19条 实施危害国家安全的行为,由有关部门依法予以处分,国家安全机关也可以予以警告;构成犯罪的,依法追究刑事责任。

第20条 下列情形属于《反间谍法》第27条所称"立功表现":

(一)揭发、检举危害国家安全的其他犯罪分子,情况属实的;(二)提供重要线索、证据,使危害国家安全的行为得以发现和制止的;(三)协助国家安全机关、司法机关捕获其他危害国家安全的犯罪分子的;(四)对协助国家安全机关维护国家安全有重要作用的其他行为。

"重大立功表现",是指在前款所列立功表现的范围内对国家安全工作有特别重要作用的。

第21条 有证据证明知道他人有间谍行为,或者经国家安全机关明确告知他人有危害国家安全的犯罪行为,在国家安全机关向其调查有关情况、收集有关证据时,拒绝提供的,依照《反间谍法》第29条的规定处理。

第22条 国家安全机关依法执行反间谍工作任务时,公民和组织依法有义务提供便利条件或者其他协助,拒不提供或者拒不协助,构成故意阻碍国家安全机关依法执行反间谍工作任务的,依照《反间谍法》第30条的规定处罚。

第23条 故意阻碍国家安全机关依法执行反间谍工作任务,造成国家安全机关工作人员人身伤害或者财物损失的,应当依法承担赔偿责任,并由司法机关或者国家安全机关依照《反间谍法》第30条的规定予以处罚。

第24条 对涉嫌间谍行为的人员,国家安全机关可以决定其在一定期限内不得出境。对违反《反间谍法》的境外个人,国务院国家安全主管部门可以决定限期离境或者驱逐出境,并决定其不得入境的期限。被驱逐出境的境外个人,自被驱逐出境之日起10年内不得入境。

6. 最高人民法院、最高人民检察院《关于办理组织考试作弊等刑事案件适用法律若干问题的解释》(法释〔2019〕13号)

第9条 以窃取、刺探、收买方法非法获取法律规定的国家考试的试题、答案,又组织考试作弊或者非法出售、提供试题、答案,分别符合刑法第282条和刑法第284条之一规定的,以非法获取国家秘密罪和组织考试作弊罪或者非法出售、提供试题、答案罪数罪并罚。(全文详见详见本书《刑法》第284条之一相关内容)

第283条 【非法生产、销售专用间谍器材、窃听、窃照专用器材罪】 非法生产、销售专用间谍器材或者窃听、窃照专用器材的,处3年以下有期徒刑、拘役或者管制,并处或者单处罚金;情节严重的,处3年以上7年以下有期徒刑,并处罚金。

单位犯前款罪的,对单位判处罚金,并对其直接负责的主管人员和其他直接责任人员,依照前款的规定处罚。

(本条《中华人民共和国刑法修正案(9)》修改)

• 释义

非法生产、销售专用间谍器材、窃听、窃照专用器材罪是指非法生产、销售专用间谍器材、窃听、窃照专用器材的行为。

• 管辖

公安机关政治安全保卫管部门、刑事侦查部门。

• 关联法律

1. 最高人民法院、最高人民检察院、公安部、国家安全部《关于依法办理非法生产销售使用"伪基站"设备案件的意见》(公通字〔2014〕13号)

一、准确认定行为性质

(一)非法生产、销售"伪基站"设备,具有以下情形之一的,依照《刑法》第225条的规定,以非法经营罪追究刑事责任:

1. 个人非法生产、销售"伪基站"设备3套以上,或者非法经营数额5万元以上,或者违法所得数额2万元以上的;

2. 单位非法生产、销售"伪基站"设备10套以上,或者非法经营数额15万元以上,或者违法所得数额5万元以上的;

3. 虽未达到上述数额标准,但两年内曾因非法生产、销售"伪基站"设备受过两次以上行政处罚,又非法生产、销售"伪基站"设备的。

实施前款规定的行为,数量、数额达到前款规定的数量、数额5倍以上的,应当认定为《刑法》第225条规定的"情节特别严重"。

非法生产、销售"伪基站"设备,经鉴定为专用间谍器材的,依照《刑法》第283条的规定,以非法生产、销售间谍专用器材罪追究刑事责任;同时构成非法经营罪的,以非法经营罪追究刑事责任。

(二)非法使用"伪基站"设备干扰公用电信网络信号,危害公共安全的,依照《刑法》第

124条第1款的规定,以破坏公用电信设施罪追究刑事责任;同时构成虚假广告罪、非法获取公民个人信息罪、破坏计算机信息系统罪、扰乱无线电通讯管理秩序罪的,依照处罚较重的规定追究刑事责任。

除法律、司法解释另有规定外,利用"伪基站"设备实施诈骗等其他犯罪行为,同时构成破坏公用电信设施罪的,依照处罚较重的规定追究刑事责任。

(三)明知他人实施非法生产、销售"伪基站"设备,或者非法使用"伪基站"设备干扰公用电信网络信号等犯罪,为其提供资金、场所、技术、设备等帮助的,以共同犯罪论处。

(四)对于非法使用"伪基站"设备扰乱公共秩序,侵犯他人人身权利、财产权利,情节较轻,尚不构成犯罪,但构成违反治安管理行为的,依法予以治安管理处罚。(全文详见本书《刑法》第124条相关内容)

2. 最高人民法院研究室《关于非法生产、销售、使用"伪基站"行为定性的研究意见》(《司法研究与指导》2014年总第5辑)

有关部门就非法生产、销售、使用"伪基站"行为的定性问题征求最高人民法院研究室意见。我室经研究认为:

一、关于生产、销售"伪基站"设备行为的定性。如果"伪基站"设备经有关部门依法认定为"窃听、窃照等专用间谍器材"的,对于未经许可生产、销售"伪基站"设备行为,可以认定为刑法第283条规定的"非法生产、销售窃听、窃照等专用间谍器材"。

二、关于使用"伪基站"设备群发短信行为的定性。根据刑法第253条之一的规定,非法获取公民个人信息罪的行为对象为"国家机关或者金融、电信、交通、教育、医疗等单位在履行职责或者提供服务过程中获得的公民个人信息"。行为人利用"伪基站"设备,非法获取公民手机卡中的用户身份识别信息(IMSI)、手机号码等信息,不属于刑法第253条之一规定的"公民个人信息",不宜以非法获取公民个人信息罪定罪处罚。行为人利用"伪基站"设备,以非法占用电信频率的方式,破坏正在使用中的公用无线通信网络,在较大范围内较长时间造成用户通信中断,严重危害公共安全的,可以以破坏公用电信设施罪定罪处罚。

三、关于利用"伪基站"设备经营广告短信群发业务的定性。利用"伪基站"设备经营广告短信群发业务的行为,属于未经许可从事电信业务经营活动的行为,但根据《电信条例》第67条、第68条的规定,只有利用电信网络制作、复制、发布、传播第57条所列含有法律、行政法规禁止的内容的信息,实施第58条所列危害电信网络安全和信息安全的行为,以及实施第59条第2、3、4项所列扰乱电信市场秩序的行为,构成犯罪的,才能追究刑事责任。利用"伪基站"经营广告短信群发业务,不在上述范围内,故依法不能以非法经营罪论处。

3.《中华人民共和国刑法修正案(9)》(2015年8月29日第十二届全国人大常委会第十六次会议通过)

二十四、将刑法第283条修改为:"非法生产、销售专用间谍器材或者窃听、窃照专用器材的,处3年以下有期徒刑、拘役或者管制,并处或者单处罚金;情节严重的,处3年以上7年以下有期徒刑,并处罚金。

"单位犯前款罪的,对单位判处罚金,并对其直接负责的主管人员和其他直接责任人员,依照前款的规定处罚。"

(原条文:非法生产、销售窃听、窃照等专用间谍器材的,处3年以下有期徒刑、拘役或者管制。)

4. 最高人民法院、最高人民检察院《关于执行〈中华人民共和国刑法〉确定罪名的补充规定(6)》(法释〔2015〕20号)

根据《中华人民共和国刑法修正案(9)》(以下简称《刑法修正案(9)》)和《全国人民代表

大会常务委员会关于修改部分法律的决定》的有关规定，现对最高人民法院《关于执行〈中华人民共和国刑法〉确定罪名的规定》、最高人民检察院《关于适用刑法分则规定的犯罪的罪名的意见》作如下补充、修改：刑法条文第283条（《刑法修正案（9）》第24条），罪名非法生产、销售专用间谍器材、窃听、窃照专用器材罪（取消非法生产、销售间谍专用器材罪罪名）。

5. 参见本书《刑法》第282条该节内容。

> **第284条　【非法使用窃听、窃照专用器材罪】** 非法使用窃听、窃照专用器材，造成严重后果的，处2年以下有期徒刑、拘役或者管制。

• 释义

非法使用窃听、窃照专用器材罪是指非法使用窃听、窃照专用器材，造成严重后果的行为。

• 管辖

公安机关政治安全保卫管部门。

• 关联法律

参见本书《刑法》第282条、第283条该节内容。

> **第284条之一　【组织考试作弊罪】** 在法律规定的国家考试中，组织作弊的，处3年以下有期徒刑或者拘役，并处或者单处罚金；情节严重的，处3年以上7年以下有期徒刑，并处罚金。
>
> 为他人实施前款犯罪提供作弊器材或者其他帮助的，依照前款的规定处罚。
>
> **【非法出售、提供试题、答案罪】** 为实施考试作弊行为，向他人非法出售或者提供第1款规定的考试的试题、答案的，依照第1款的规定处罚。
>
> **【代替考试罪】** 代替他人或者让他人代替自己参加第1款规定的考试的，处拘役或者管制，并处或者单处罚金。

（本条《中华人民共和国刑法修正案（9）》增加）

• 释义

【组织考试作弊罪】

组织考试作弊罪是指在法律规定的国家考试中，组织作弊的行为。所谓法律规定，指全国人民代表大会及其常委会制定的规范性文件。所谓国家考试，应当是指由国家或国家委托的有关部门组织的涉及重要部门、重要行业、重要岗位以及关系重大公共利益的人员的录用、准许、许可等方面的考试。所谓组织行为，是指为实施考试作弊的目的，而共同实施的获取考试试题、解析考试试题、提供、使用窃听、窃照器材、传递解析答案、联络考生或者家长的行为。

【非法出售、提供试题、答案罪】

非法出售、提供试题、答案罪是指为实施考试作弊行为，向他人非法出售或者提供法律规定的国家考试的试题、答案的行为。

【代替考试罪】

代替考试罪是指代替他人或者让他人代替自己参加法律规定的国家考试的行为，俗称

“代考”或“替考”的行为。

• 管辖

公安机关网络安全保卫部门(组织考试作弊案;非法出售、提供试题答案案)、治安管理部门(代替考试案)。

• 关联法律

1.《中华人民共和国刑法修正案(9)》(2015年8月29日第十二届全国人大常委会第十六次会议通过)

二十五、在刑法第284条后增加1条,作为第284条之一:“在法律规定的国家考试中,组织作弊的,处3年以下有期徒刑或者拘役,并处或者单处罚金;情节严重的,处3年以上7年以下有期徒刑,并处罚金。

“为他人实施前款犯罪提供作弊器材或者其他帮助的,依照前款的规定处罚。

“为实施考试作弊行为,向他人非法出售或者提供第1款规定的考试的试题、答案的,依照第1款的规定处罚。

“代替他人或者让他人代替自己参加第1款规定的考试的,处拘役或者管制,并处或者单处罚金。”

2. 最高人民法院《关于〈中华人民共和国刑法修正案(9)〉时间效力问题的解释》(法释〔2015〕19号)

第6条 对于2015年10月31日以前组织考试作弊,为他人组织考试作弊提供作弊器材或者其他帮助,以及非法向他人出售或者提供考试试题、答案,根据修正前刑法应当以非法获取国家秘密罪、非法生产、销售间谍专用器材罪或者故意泄露国家秘密罪等追究刑事责任的,适用修正前刑法的有关规定。但是,根据修正后刑法第284条之一的规定处刑较轻的,适用修正后刑法的有关规定。(全文详见本书《刑法》第12条相关内容)

3. 最高人民法院、最高人民检察院《关于执行〈中华人民共和国刑法〉确定罪名的补充规定(6)》(法释〔2015〕20号)

根据《中华人民共和国刑法修正案(9)》(以下简称《刑法修正案(9)》)和《全国人民代表大会常务委员会关于修改部分法律的决定》的有关规定,现对最高人民法院《关于执行〈中华人民共和国刑法〉确定罪名的规定》、最高人民检察院《关于适用刑法分则规定的犯罪的罪名的意见》作如下补充、修改:刑法条文第284条之一第1款、第2款(《刑法修正案(9)》第25条第1款、第2款),罪名组织考试作弊罪;刑法条文第284条之一第3款(《刑法修正案(9)》第25条第3款),罪名非法出售、提供试题、答案罪;刑法条文第284条之一第284条之一第4款(《刑法修正案(9)》第25条第4款),罪名代替考试罪。

4. 最高人民法院、最高人民检察院《关于办理组织考试作弊等刑事案件适用法律若干问题的解释》(法释〔2019〕13号)

为依法惩治组织考试作弊、非法出售、提供试题、答案、代替考试等犯罪,维护考试公平与秩序,根据《中华人民共和国刑法》《中华人民共和国刑事诉讼法》的规定,现就办理此类刑事案件适用法律的若干问题解释如下:

第1条 刑法第284条之一规定的“法律规定的国家考试”,仅限于全国人民代表大会及其常务委员会制定的法律所规定的考试。

根据有关法律规定,下列考试属于“法律规定的国家考试”:

(一)普通高等学校招生考试、研究生招生考试、高等教育自学考试、成人高等学校招生考试等国家教育考试;(二)中央和地方公务员录用考试;(三)国家统一法律职业资格考试、国家教师资格考试、注册会计师全国统一考试、会计专业技术资格考试、资产评估师资格考试、医师资格考试、执业药师职业资格考试、注册建筑师考试、建造师执业资格考试等专业技术资格考试;(四)其他依照法律由中央或者地方主管部门以及行业组织的国家考试。

前款规定的考试涉及的特殊类型招生、特殊技能测试、面试等考试,属于"法律规定的国家考试"。

第2条 在法律规定的国家考试中,组织作弊,具有下列情形之一的,应当认定为刑法第284条之一第1款规定的"情节严重":

(一)在普通高等学校招生考试、研究生招生考试、公务员录用考试中组织考试作弊的;(二)导致考试推迟、取消或者启用备用试题的;(三)考试工作人员组织考试作弊的;(四)组织考生跨省、自治区、直辖市作弊的;(五)多次组织考试作弊的;(六)组织30人次以上作弊的;(七)提供作弊器材50件以上的;(八)违法所得30万元以上的;(九)其他情节严重的情形。

第3条 具有避开或者突破考场防范作弊的安全管理措施,获取、记录、传递、接收、存储考试试题、答案等功能的程序、工具,以及专门设计用于作弊的程序、工具,应当认定为刑法第284条之一第2款规定的"作弊器材"。

对于是否属于刑法第284条之一第2款规定的"作弊器材"难以确定的,依据省级以上公安机关或者考试主管部门出具的报告,结合其他证据作出认定;涉及专用间谍器材、窃听、窃照专用器材、"伪基站"等器材的,依照相关规定作出认定。

第4条 组织考试作弊,在考试开始之前被查获,但已经非法获取考试试题、答案或者具有其他严重扰乱考试秩序情形的,应当认定为组织考试作弊罪既遂。

第5条 为实施考试作弊行为,非法出售或者提供法律规定的国家考试的试题、答案,具有下列情形之一的,应当认定为刑法第284条之一第3款规定的"情节严重":

(一)非法出售或者提供普通高等学校招生考试、研究生招生考试、公务员录用考试的试题、答案的;(二)导致考试推迟、取消或者启用备用试题的;(三)考试工作人员非法出售或者提供试题、答案的;(四)多次非法出售或者提供试题、答案的;(五)向30人次以上非法出售或者提供试题、答案的;(六)违法所得30万元以上的;(七)其他情节严重的情形。

第6条 为实施考试作弊行为,向他人非法出售或者提供法律规定的国家考试的试题、答案,试题不完整或者答案与标准答案不完全一致的,不影响非法出售、提供试题、答案罪的认定。

第7条 代替他人或者让他人代替自己参加法律规定的国家考试的,应当依照刑法第284条之一第4款的规定,以代替考试罪定罪处罚。

对于行为人犯罪情节较轻,确有悔罪表现,综合考虑行为人替考情况以及考试类型等因素,认为符合缓刑适用条件的,可以宣告缓刑;犯罪情节轻微的,可以不起诉或者免予刑事处罚;情节显著轻微危害不大的,不以犯罪论处。

第8条 单位实施组织考试作弊、非法出售、提供试题、答案等行为的,依照本解释规定的相应定罪量刑标准,追究组织者、策划者、实施者的刑事责任。

第9条 以窃取、刺探、收买方法非法获取法律规定的国家考试的试题、答案,又组织考试作弊或者非法出售、提供试题、答案,分别符合刑法第282条和刑法第284条之一规定的,以非法获取国家秘密罪和组织考试作弊罪或者非法出售、提供试题、答案罪数罪并罚。

第10条 在法律规定的国家考试以外的其他考试中,组织作弊,为他人组织作弊提供作弊器材或者其他帮助,或者非法出售、提供试题、答案,符合非法获取国家秘密罪、非法生产、销售窃听、窃照专用器材罪、非法使用窃听、窃照专用器材罪、非法利用信息网络罪、扰乱无线电通讯管理秩序罪等犯罪构成要件的，依法追究刑事责任。

第11条 设立用于实施考试作弊的网站、通讯群组或者发布有关考试作弊的信息，情节严重的，应当依照刑法第287条之一的规定，以非法利用信息网络罪定罪处罚；同时构成组织考试作弊罪、非法出售、提供试题、答案罪、非法获取国家秘密罪等其他犯罪的，依照处罚较重的规定定罪处罚。

第12条 对于实施本解释规定的犯罪被判处刑罚的，可以根据犯罪情况和预防再犯罪的需要，依法宣告职业禁止；被判处管制、宣告缓刑的，可以根据犯罪情况，依法宣告禁止令。

第13条 对于实施本解释规定的行为构成犯罪的，应当综合考虑犯罪的危害程度、违法所得数额以及被告人的前科情况、认罪悔罪态度等，依法判处罚金。

第14条 本解释自2019年9月4日起施行。

5. 最高人民法院《关于审理走私、非法经营、非法使用兴奋剂刑事案件适用法律若干问题的解释》(法释〔2019〕16号)

第4条 在普通高等学校招生、公务员录用等法律规定的国家考试涉及的体育、体能测试等体育运动中，组织考生非法使用兴奋剂的，应当依照刑法第284条之一的规定，以组织考试作弊罪定罪处罚。

明知他人实施前款犯罪而为其提供兴奋剂的，依照前款的规定定罪处罚。

第7条 实施本解释规定的行为，涉案物质属于毒品、制毒物品等，构成有关犯罪的，依照相应犯罪定罪处罚。

第8条 对于是否属于本解释规定的"兴奋剂""兴奋剂目录所列物质""体育运动""国内、国际重大体育竞赛"等专门性问题，应当依据《中华人民共和国体育法》《反兴奋剂条例》等法律法规，结合国务院体育主管部门出具的认定意见等证据材料作出认定。(全文详见本书《刑法》第151条相关内容)

第285条 【非法侵入计算机信息系统罪】 违反国家规定，侵入国家事务、国防建设、尖端科学技术领域的计算机信息系统的，处3年以下有期徒刑或者拘役。

【非法获取计算机信息系统数据、非法控制计算机信息系统罪】 违反国家规定，侵入前款规定以外的计算机信息系统或者采用其他技术手段，获取该计算机信息系统中存储、处理或者传输的数据，或者对该计算机信息系统实施非法控制，情节严重的，处3年以下有期徒刑或者拘役，并处或者单处罚金；情节特别严重的，处3年以上7年以下有期徒刑，并处罚金。

【提供侵入、非法控制计算机信息系统的程序、工具罪】 提供专门用于侵入、非法控制计算机信息系统的程序、工具，或者明知他人实施侵入、非法控制计算机信息系统的违法犯罪行为而为其提供程序、工具，情节严重的，依照前款的规定处罚。

单位犯前3款罪的，对单位判处罚金，并对其直接负责的主管人员和其他直接责任人员，依照各该款的规定处罚。

(本条《中华人民共和国刑法修正案(7)》增设；《中华人民共和国刑法修正案(9)》修改)

• 释义

非法侵入计算机信息系统罪是指违反国家规定，侵入国家事务、国防建设、尖端科学技术领域的计算机信息系统的行为。

非法获取计算机信息系统数据、非法控制计算机信息系统罪是指违反国家规定，侵入国家事务、国防建设、尖端科学技术领域的计算机信息系统以外的计算机信息系统或者采用其他技术手段,获取该计算机信息系统中存储、处理或者传输的数据,或者对该计算机信息系统实施非法控制,情节严重的行为。

提供侵入、非法控制计算机信息系统的程序、工具罪是指提供专门用于侵入、非法控制计算机信息系统的程序、工具,或者明知他人实施侵入、非法控制计算机信息系统的违法犯罪行为而为其提供程序、工具,情节严重的行为。

• 管辖

公安机关网络安全保卫部门。

• 关联法律

1. 国务院《计算机信息系统安全保护条例》(国务院令〔1994〕第147号;2011年1月8日根据《国务院关于废止和修改部分行政法规的决定》修正)

第1章　总　　则

第1条　为了保护计算机信息系统的安全,促进计算机的应用和发展,保障社会主义现代化建设的顺利进行,制定本条例。

第2条　本条例所称的计算机信息系统,是指由计算机及其相关的和配套的设备、设施(含网络)构成的,按照一定的应用目标和规则对信息进行采集、加工、存储、传输、检索等处理的人机系统。

第3条　计算机信息系统的安全保护,应当保障计算机及其相关的和配套的设备、设施(含网络)的安全,运行环境的安全,保障信息的安全,保障计算机功能的正常发挥,以维护计算机信息系统的安全运行。

第4条　计算机信息系统的安全保护工作,重点维护国家事务、经济建设、国防建设、尖端科学技术等重要领域的计算机信息系统的安全。

第5条　中华人民共和国境内的计算机信息系统的安全保护,适用本条例。

未联网的微型计算机的安全保护办法,另行制定。

第6条　公安部主管全国计算机信息系统安全保护工作。国家安全部、国家保密局和国务院其他有关部门,在国务院规定的职责范围内做好计算机信息系统安全保护的有关工作。

第7条　任何组织或者个人,不得利用计算机信息系统从事危害国家利益、集体利益和公民合法利益的活动,不得危害计算机信息系统的安全。

第2章　安全保护制度

第8条　计算机信息系统的建设和应用,应当遵守法律、行政法规和国家其他有关规定。

第9条　计算机信息系统实行安全等级保护。安全等级的划分标准和安全等级保护的具体办法,由公安部会同有关部门制定。

第10条　计算机机房应当符合国家标准和国家有关规定。在计算机机房附近施工,不得危害计算机信息系统的安全。

第11条　进行国际联网的计算机信息系统,由计算机信息系统的使用单位报省级以上人民政府公安机关备案。

第12条　运输、携带、邮寄计算机信息媒体进出境的,应当如实向海关申报。

第13条　计算机信息系统的使用单位应当建立健全安全管理制度,负责本单位计算机信息系统的安全保护工作。

第14条 对计算机信息系统中发生的案件，有关使用单位应当在24小时内向当地县级以上人民政府公安机关报告。

第15条 对计算机病毒和危害社会公共安全的其他有害数据的防治研究工作，由公安部归口管理。

第16条 国家对计算机信息系统安全专用产品的销售实行许可证制度。具体办法由公安部会同有关部门制定。

第3章 安全监督

第17条 公安机关对计算机信息系统安全保护工作行使下列监督职权：(一)监督、检查、指导计算机信息系统安全保护工作；(二)查处危害计算机信息系统安全的违法犯罪案件；(三)履行计算机信息系统安全保护工作的其他监督职责。

第18条 公安机关发现影响计算机信息系统安全的隐患时，应当及时通知使用单位采取安全保护措施。

第19条 公安部在紧急情况下，可以就涉及计算机信息系统安全的特定事项发布专项通令。

第4章 法律责任

第20条 违反本条例的规定，有下列行为之一的，由公安机关处以警告或者停机整顿：

(一)违反计算机信息系统安全等级保护制度，危害计算机信息系统安全的；(二)违反计算机信息系统国际联网备案制度的；(三)不按照规定时间报告计算机信息系统中发生的案件的；(四)接到公安机关要求改进安全状况的通知后，在限期内拒不改进的；(五)有危害计算机信息系统安全的其他行为的。

第21条 计算机机房不符合国家标准和国家其他有关规定的，或者在计算机机房附近施工危害计算机信息系统安全的，由公安机关会同有关单位进行处理。

第22条 运输、携带、邮寄计算机信息媒体进出境，不如实向海关申报的，由海关依照《中华人民共和国海关法》和本条例以及其他有关法律、法规的规定处理。

第23条 故意输入计算机病毒以及其他有害数据危害计算机信息系统安全的，或者未经许可出售计算机信息系统安全专用产品的，由公安机关处以警告或者对个人处以5000元以下的罚款、对单位处以15000元以下的罚款；有违法所得的，除予以没收外，可以处以违法所得1至3倍的罚款。

第24条 违反本条例的规定，构成违反治安管理行为的，依照《中华人民共和国治安管理处罚法》的有关规定处罚；构成犯罪的，依法追究刑事责任。

第25条 任何组织或者个人违反本条例的规定，给国家、集体或者他人财产造成损失的，应当依法承担民事责任。

第26条 当事人对公安机关依照本条例所作出的具体行政行为不服的，可以依法申请行政复议或者提起行政诉讼。

第27条 执行本条例的国家公务员利用职权，索取、收受贿赂或者有其他违法、失职行为，构成犯罪的，依法追究刑事责任；尚不构成犯罪的，给予行政处分。

第5章 附 则

第28条 本条例下列用语的含义：计算机病毒，是指编制或者在计算机程序中插入的破坏计算机功能或者毁坏数据，影响计算机使用，并能自我复制的1组计算机指令或者程序代码。

计算机信息系统安全专用产品,是指用于保护计算机信息系统安全的专用硬件和软件产品。

第29条 军队的计算机信息系统安全保护工作,按照军队的有关法规执行。

第30条 公安部可以根据本条例制定实施办法。

第31条 本条例自发布之日起施行。

2. 公安部《关于对〈中华人民共和国计算机信息系统安全保护条例〉中涉及的“有害数据”问题的批复》(公复字〔1996〕8号)

内蒙古自治区公安厅:

你厅《关于“计算机有害数据”定义的请示》(内公事〔1996〕30号)收悉。现批复如下:“有害数据”是指计算机信息系统及其存储介质中存在、出现的,以计算机程序、图象、文字、声音等多种形式表示的,含有攻击人民民主专政、社会主义制度,攻击党和国家领导人,破坏民族团结等危害国家安全内容的信息;含有宣扬封建迷信、淫秽色情、凶杀、教唆犯罪等危害社会治安秩序内容的信息,以及危害计算机信息系统运行和功能发挥,应用软件、数据可靠性、完整性和保密性,用于违法活动的计算机程序(含计算机病毒)。

3.《关于维护互联网安全的决定》(2000年12月28日第九届全国人大常委会第十九次会议通过,2009年8月27日第十一届全国人大常委会第十次会议《关于修改部分法律的决定》修正)

一、为了保障互联网的运行安全,对有下列行为之一,构成犯罪的,依照刑法有关规定追究刑事责任:

(一)侵入国家事务、国防建设、尖端科学技术领域的计算机信息系统;(二)故意制作、传播计算机病毒等破坏性程序,攻击计算机系统及通信网络,致使计算系统及通信网络遭受损害;(三)违反国家规定,擅自中断计算机网络或者通信服务,造成计算机网络或者通信系统不能正常运行。(全文详见本书《刑法》第141条相关内容)

4. 公安部《计算机犯罪现场勘验与电子证据检查规则》(公信安〔2005〕161号)

第1章 总 则

第1条 为规范计算机犯罪现场勘验与电子证据检查工作,确保现场勘验检查质量,根据《刑事诉讼法》、《公安机关办理刑事案件程序规定》、《公安部刑事案件现场勘查规则》,制定本规则。

第2条 在本规则中,电子证据包括电子数据、存储媒介和电子设备。

第3条 计算机犯罪现场勘验与电子证据检查包括:

(一)现场勘验检查。是指在犯罪现场实施勘验,以提取、固定现场存留的与犯罪有关电子证据和其它相关证据。(二)远程勘验。是指通过网络对远程目标系统实施勘验,以提取、固定远程目标系统的状态和存留的电子数据。(三)电子证据检查。是指检查已扣押、封存、固定的电子证据,以发现和提取与案件相关的线索和证据。

第4条 计算机犯罪现场勘验与电子证据检查的任务是,发现、固定、提取与犯罪相关的电子证据及其他证据,进行现场调查访问,制作和存储现场信息资料,判断案件性质,确定侦查方向和范围,为侦查破案提供线索和证据。

第5条 计算机犯罪现场勘验与电子证据检查,应当严格遵守国家法律、法规的有关规定。不受其他任何单位、个人的干涉。

第6条 执行计算机犯罪现场勘验与电子证据检查任务的人员,应当具备计算机现场勘验与电子证据检查的专业知识和技能。

第7条 计算机犯罪现场勘验与电子证据检查工作,应当以事实为依据,防止主观臆断,严禁弄虚作假。

第2章 组织与指挥

第8条 计算机犯罪现场勘验与电子证据检查,应当由县级以上公安机关公共信息网络安全监察部门负责组织实施。必要时,可以指派或者聘请具有专门知识的人参加。

第9条 对计算机犯罪现场进行勘验和对电子证据进行检查不得少于2人。现场勘验检查,应当邀请1至两名与案件无关的公民作见证人。公安司法人员不能充当见证人。电子证据检查,应当遵循办案人员与检查人员分离的原则。检查工作应当由具备电子证据检查技能的专业技术人员实施,办案人员应当予以配合。

第10条 对计算机犯罪现场勘验与电子证据检查应当统一指挥,周密组织,明确分工,落实责任。

第11条 计算机犯罪现场勘验与电子证据检查的指挥员应当由具有计算机犯罪现场勘验与电子证据检查专业知识和组织指挥能力的人民警察担任。重大、特别重大案件的勘验检查工作,指挥员由案发地公安机关负责人担任。必要时,上级公安机关可以直接组织指挥现场勘验和电子证据检查工作。

第3章 电子证据的固定与封存

第12条 固定和封存电子证据的目的是保护电子证据的完整性、真实性和原始性。

作为证据使用的存储媒介、电子设备和电子数据应当在现场固定或封存。

第13条 封存电子设备和存储媒介的方法是:

(一)采用的封存方法应当保证在不解除封存状态的情况下,无法使用被封存的存储媒介和启动被封存电子设备。(二)封存前后应当拍摄被封存电子设备和存储媒介的照片并制作《封存电子证据清单》,照片应当从各个角度反映设备封存前后的状况,清晰反映封口或张贴封条处的状况。

第14条 固定存储媒介和电子数据包括以下方式:

(一)完整性校验方式。是指计算电子数据和存储媒介的完整性校验值,并制作、填写《固定电子证据清单》;(二)备份方式。是指复制、制作原始存储媒介的备份,并依照第13条规定的方法封存原始存储媒介;(三)封存方式。对于无法计算存储媒介完整性校验值或制作备份的情形,应当依照第13条规定的方法封存原始存储媒介,并在勘验、检查笔录上注明不计算完整性校验值或制作备份的理由。

第4章 现场勘验检查

第15条 现场勘验检查程序包括:

(一)保护现场;(二)收集证据;(三)提取、固定易丢失数据;(四)在线分析;(五)提取、固定证物。

第16条 对现场状况以及提取数据、封存物品文件的过程、在线分析的关键步骤应当录像,录像带应当编号封存。

第17条 在现场拍摄的照片应当统一编号制作《勘验检查照片记录表》。

第18条 在现场提取的易丢失数据以及现场在线分析时生成和提取的电子数据,应当计算其完整性校验值并制作、填写《固定电子证据清单》,以保证其完整性和真实性。

第19条 在线分析是指在现场不关闭电子设备的情况下直接分析和提取电子系统中的数据。除以下情形外，一般不得实施在线分析：

（一）案件情况紧急，在现场不实施在线分析可能会造成严重后果的；（二）情况特殊，不允许关闭电子设备或扣押电子设备的；（三）在线分析不会损害目标设备中重要电子数据的完整性、真实性的。重要电子数据是指可能作为证据的电子数据。

第20条 易丢失数据提取和在线分析，应当依循以下原则：

（一）不得将生成、提取的数据存储在原始存储媒介中。（二）不得在目标系统中安装新的应用程序。如果因为特殊原因，需要在目标系统中安装新的应用程序的，应当在《现场勘验检查笔录》中记录所安装的程序及其目的。（三）应当在《现场勘验检查笔录》中详细、准确记录实施的操作以及对目标系统可能造成的影响。

第21条 现场勘验检查结束后，应当在及时制作《现场勘验检查工作记录》。《现场勘验检查工作记录》由《现场勘验检查笔录》、《固定电子证据清单》、《封存电子证据清单》和《勘验检查照片记录表》等内容组成。

第5章 远程勘验

第22条 远程勘验过程中提取的目标系统状态信息、目标网站内容以及勘验过程中生成的其它电子数据，应当计算其完整性校验值并制作《固定电子证据清单》。

第23条 应当采用录像、照相、截获计算机屏幕内容等方式记录远程勘验过程中提取、生成电子证据等关键步骤。

第24条 远程勘验结束后，应当及时制作《远程勘验工作记录》。《远程勘验工作记录》由《远程勘验笔录》、《固定电子证据清单》、《勘验检查照片记录表》以及截获的屏幕截图等内容组成。

第25条 通过网络监听获取特定主机通信内容以提取电子证据时，应当遵循与远程勘验相同的规定。

第6章 电子证据检查

第26条 办案人员将电子证据移交给检查人员时应同时提供《固定电子证据清单》和《封存电子证据清单》的复印件，检查人员应当依照以下原则检查电子证据的完整性：

（一）对于以完整性校验方式保护的电子数据，检查人员应当核对其完整性校验值是否正确；（二）对于以封存方式保护的电子设备或存储媒介，检查人员应当比对封存的照片与当前封存的状态是否一致；（三）存储媒介完整性校验值不正确、封存状态不一致或未封存的，检查人员应当在《电子证据检查笔录》中注明，并由送检人签名。

第27条 电子证据检查包括：

（一）检查、分析电子证据中包含的电子数据，提取与案件相关的电子证据。（二）检查、分析电子证据中包含的电子数据，制作《电子证据检查笔录》描述检查结论。

第28条 从电子证据中提取电子数据，应当制作《提取电子数据清单》，记录该电子数据的来源和提取方法。

第29条 复制、制作原始存储媒介的备份应当遵循以下原则：

（一）复制并重新封存原始存储媒介。（二）对解除封存状态、开始复制、复制结束、重新封存等关键步骤应当录像记录检查人员实施的操作。（三）复制完成后应当依照第13条规定重新封存原始存储媒介，并制作、填写《封存电子证据清单》。

第30条 除下列情形外，不得直接检查原始存储媒介，应当制作、复制原始存储媒介的

备份,并在备份存储媒介上实施检查:

(一)情况紧急的重大案件,不立即检查可能延误案件的侦查工作,导致严重后果的;(二)已计算存储媒介的完整性校验值,检查过程能够保证不修改原始存储媒介所存储的数据的;(三)因技术条件限制,无法复制原始存储媒介的。

第31条 检查原始电子设备,或者因第30条描述的原因,需要直接检查原始存储媒介的,应当遵循以下原则:

(一)对解除封存状态、检查过程的关键操作、重新封存等重要步骤应当录像;(二)检查完毕后应当依照第13条规定重新封存原始存储媒介和原始电子设备,并制作、填写《封存电子证据清单》。(三)应当制作《原始证据使用记录》,记录直接检查原始证据的原因和目的、实施的操作、对原始存储媒介和原始电子设备中存储的信息可能产生的影响,并由两名检查人员签名。

第32条 电子证据检查结束后,应当及时制作《电子证据检查工作记录》。

《电子证据检查工作记录》由《电子证据检查笔录》、《提取电子数据清单》、《封存电子证据清单》和《原始证据使用记录》等内容构成。

第7章 勘验检查记录

第33条 《现场勘验检查工作记录》、《远程勘验工作记录》、《电子证据检查工作记录》应当加盖骑缝章后由至少两名勘验、检查人员签名。

《现场勘验检查工作记录》应当由至少1名见证人签名。

第34条 《现场勘验检查笔录》的内容一般包括:

(一)基本情况。包括勘验检查的地点,起止时间,指挥人员、勘查人员的姓名、职务,见证人的姓名、住址等;(二)现场情形。包括现场的设备环境、网络结构、运行状态等;(三)勘查过程。包括勘查的基本情况,易丢失证据提取的过程、产生的数据,在线勘验、检查过程中实施的操作、对数据可能产生的影响、提取的数据,封存物品、固定证据的有关情况等;(四)勘查结果。包括提取物证的有关情况、勘查形成的结论以及发现的案件线索等。

第35条 《现场勘查照片记录表》应当记录该相片拍摄的内容、对象,并编号入卷。拍摄的照片可以是数码照片或光学照片。

第36条 《远程勘验笔录》的内容一般包括:

(一)基本情况。包括勘验的起止时间,指挥人员、勘验人员的姓名、职务,勘验的对象,勘验的目的等;(二)勘验过程。包括勘验使用的工具,勘验的方法与步骤,提取和固定数据的方法等;(三)勘验结果。包括通过勘验发现的案件线索,目标系统的状况,目标网站的内容等。

第37条 《电子证据检查笔录》的内容一般包括:

(一)基本情况。包括检查的起止时间,指挥人员、勘验人员的姓名、职务,检查的对象,检查的目的等;(二)检查过程。包括检查过程使用的工具,检查的方法与步骤,提取数据的方法等;(三)检查结果。包括通过检查发现的案件线索,提取的信息内容等。

第8章 附　　则

第38条 对刑事案件现场勘验、检查应当遵循公安机关对刑事案件现场勘验、检查的有关规定。

第39条 本规则自发布之日起施行。

5. 最高人民法院《关于审理危害军事通信刑事案件具体应用法律若干问题的解释》(法释〔2007〕13号)

第6条第3款 违反国家规定,侵入国防建设、尖端科学技术领域的军事通信计算机信息系统,尚未对军事通信造成破坏的,依照刑法第285条的规定定罪处罚;对军事通信造成破坏,同时构成刑法第285条、第286条、第369条第1款规定犯罪的,依照处罚较重的规定定罪处罚。(全文详见本书《刑法》第369条相关内容)

6.《中华人民共和国刑法修正案(7)》(2009年2月28日第十一届全国人大常委会第七次会议通过)

九、在刑法第285条中增加两款作为第2款、第3款:"违反国家规定,侵入前款规定以外的计算机信息系统或者采用其他技术手段,获取该计算机信息系统中存储、处理或者传输的数据,或者对该计算机信息系统实施非法控制,情节严重的,处3年以下有期徒刑或者拘役,并处或者单处罚金;情节特别严重的,处3年以上7年以下有期徒刑,并处罚金。

"提供专门用于侵入、非法控制计算机信息系统的程序、工具,或者明知他人实施侵入、非法控制计算机信息系统的违法犯罪行为而为其提供程序、工具,情节严重的,依照前款的规定处罚。"

7.工业和信息化部《软件产品管理办法》(工业和信息化部令〔2009〕第9号;信息产业部令〔2000〕第5号《软件产品管理办法》同时废止)

[被工业和信息化部关于废止10件规章的决定(中华人民共和国工业和信息化部令第34号)废止]

8.最高人民法院、最高人民检察院《关于办理危害计算机信息系统安全刑事案件应用法律若干问题的解释》(法释〔2011〕19号)

为依法惩治危害计算机信息系统安全的犯罪活动,根据《中华人民共和国刑法》、《全国人民代表大会常务委员会关于维护互联网安全的决定》的规定,现就办理这类刑事案件应用法律的若干问题解释如下:

第1条 非法获取计算机信息系统数据或者非法控制计算机信息系统,具有下列情形之一的,应当认定为刑法第285条第2款规定的"情节严重":

(一)获取支付结算、证券交易、期货交易等网络金融服务的身份认证信息10组以上的;(二)获取第(1)项以外的身份认证信息500组以上的;(三)非法控制计算机信息系统20台以上的;(四)违法所得5000元以上或者造成经济损失1万元以上的;(五)其他情节严重的情形。

实施前款规定行为,具有下列情形之一的,应当认定为刑法第285条第2款规定的"情节特别严重":

(一)数量或者数额达到前款第(1)项至第(4)项规定标准5倍上的;(二)其他情节特别严重的情形。

明知是他人非法控制的计算机信息系统,而对该计算机信息系统的控制权加以利用的,依照前两款的规定定罪处罚。

第2条 具有下列情形之一的程序、工具,应当认定为刑法第285条第3款规定的"专门用于侵入、非法控制计算机信息系统的程序、工具":

(一)具有避开或者突破计算机信息系统安全保护措施,未经授权或者超越授权获取计算机信息系统数据的功能的;(二)具有避开或者突破计算机信息系统安全保护措施,未经授权或者超越授权对计算机信息系统实施控制的功能的;(三)其他专门设计用于侵入、非法控制计算机信息系统、非法获取计算机信息系统数据的程序、工具。

第3条 提供侵入、非法控制计算机信息系统的程序、工具,具有下列情形之一的,应当认定为刑法第285条第3款规定的"情节严重":

(一)提供能够用于非法获取支付结算、证券交易、期货交易等网络金融服务身份认证信息的专门性程序、工具5人次以上的;(二)提供第(1)项以外的专门用于侵入、非法控制计算机信息系统的程序、工具20人次以上的;(三)明知他人实施非法获取支付结算、证券交易、期货交易等网络金融服务身份认证信息的违法犯罪行为而为其提供程序、工具5人次以上的;(四)明知他人实施第(3)项以外的侵入、非法控制计算机信息系统的违法犯罪行为而为其提供程序、工具20人次以上的;(五)违法所得5000元以上或者造成经济损失1万元以上的;(六)其他情节严重的情形。

实施前款规定行为,具有下列情形之一的,应当认定为提供侵入、非法控制计算机信息系统的程序、工具"情节特别严重":

(一)数量或者数额达到前款第(1)项至第(5)项规定标准5倍以上的;(二)其他情节特别严重的情形。

第4条 破坏计算机信息系统功能、数据或者应用程序,具有下列情形之一的,应当认定为刑法第286条第1款和第2款规定的"后果严重":

(一)造成10台以上计算机信息系统的主要软件或者硬件不能正常运行的;(二)对20台以上计算机信息系统中存储、处理或者传输的数据进行删除、修改、增加操作的;(三)违法所得5000元以上或者造成经济损失1万元以上的;(四)造成为100台以上计算机信息系统提供域名解析、身份认证、计费等基础服务或者为1万以上用户提供服务的计算机信息系统不能正常运行累计1小时以上的;(五)造成其他严重后果的。

实施前款规定行为,具有下列情形之一的,应当认定为破坏计算机信息系统"后果特别严重":

(一)数量或者数额达到前款第(1)项至第(3)项规定标准5倍以上的;(二)造成为500台以上计算机信息系统提供域名解析、身份认证、计费等基础服务或者为5万以上用户提供服务的计算机信息系统不能正常运行累计1小时以上的;(三)破坏国家机关或者金融、电信、交通、教育、医疗、能源等领域提供公共服务的计算机信息系统的功能、数据或者应用程序,致使生产、生活受到严重影响或者造成恶劣社会影响的;(四)造成其他特别严重后果的。

第5条 具有下列情形之一的程序,应当认定为刑法第286条第3款规定的"计算机病毒等破坏性程序":

(一)能够通过网络,存储介质、文件等媒介,将自身的部分、全部或者变种进行复制、传播,并破坏计算机系统功能、数据或者应用程序的;(二)能够在预先设定条件下自动触发,并破坏计算机系统功能、数据或者应用程序的;(三)其他专门设计用于破坏计算机系统功能、数据或者应用程序的程序。

第6条 故意制作、传播计算机病毒等破坏性程序,影响计算机系统正常运行,具有下列情形之一的,应当认定为刑法第286条第3款规定的"后果严重":

(一)制作、提供、传输第5条第(1)项规定的程序,导致该程序通过网络、存储介质、文件等媒介传播的;(二)造成20台以上计算机系统被植入第5条第(2)、(3)项规定的程序的;(三)提供计算机病毒等破坏性程序10人次以上的;(四)违法所得5000元以上或者造成经济损失1万元以上的;(五)造成其他严重后果的。

实施前款规定行为,具有下列情形之一的,应当认定为破坏计算机信息系统"后果特别严重":

(一)制作、提供、传输第5条第(1)项规定的程序,导致该程序通过网络、存储介质、文件等媒介传播,致使生产、生活受到严重影响或者造成恶劣社会影响的;(二)数量或者数额达到前款第(2)项至第(4)项规定标准5倍以上的;(三)造成其他特别严重后果的。

第7条 明知是非法获取计算机信息系统数据犯罪所获取的数据、非法控制计算机信息系统犯罪所获取的计算机信息系统控制权,而予以转移、收购、代为销售或者以其他方法掩饰、隐瞒,违法所得5000元以上的,应当依照刑法第312条第1款的规定,以掩饰、隐瞒犯罪所得罪定罪处罚。

实施前款规定行为,违法所得5万元以上的,应当认定为刑法第312条第1款规定的"情节严重"。

单位实施第1款规定行为的,定罪量刑标准依照第1款、第2款的规定执行。

第8条 以单位名义或者单位形式实施危害计算机信息系统安全犯罪,达到本解释规定的定罪量刑标准的,应当依照刑法第285条、第286条的规定追究直接负责的主管人员和其他直接责任人员的刑事责任。

第9条 明知他人实施刑法第285条、第286条规定的行为,具有下列情形之一的,应当认定为共同犯罪,依照刑法第285条、第286条的规定处罚:

(一)为其提供用于破坏计算机信息系统功能、数据或者应用程序的程序、工具,违法所得5000元以上或者提供10人次以上的;(二)为其提供互联网接入、服务器托管、网络存储空间、通讯传输通道、费用结算、交易服务、广告服务、技术培训、技术支持等帮助,违法所得5000元以上的;(三)通过委托推广软件、投放广告等方式向其提供资金5000元以上的。

实施前款规定行为,数量或者数额达到前款规定标准五倍以上的,应当认定为刑法第285条、第286条规定的"情节特别严重"或者"后果特别严重"。

第10条 对于是否属于刑法第285条、第286条规定的"国家事务、国防建设、尖端科学技术领域的计算机信息系统"、"专门用于侵入、非法控制计算机信息系统的程序、工具"、"计算机病毒等破坏性程序"难以确定的,应当委托省级以上负责计算机信息系统安全保护管理工作的部门检验。司法机关根据检验结论,并结合案件具体情况认定。

第11条 本解释所称"计算机信息系统"和"计算机系统",是指具备自动处理数据功能的系统,包括计算机、网络设备、通信设备、自动化控制设备等。

本解释所称"身份认证信息",是指用于确认用户在计算机信息系统上操作权限的数据,包括账号、口令、密码、数字证书等。

本解释所称"经济损失",包括危害计算机信息系统犯罪行为给用户直接造成的经济损失,以及用户为恢复数据、功能而支出的必要费用。

9. 最高人民法院研究室《关于利用计算机窃取他人游戏币非法销售获利如何定性问题的研究意见》(2014年4月22日)

由于网络的互联性以及由之带来的无国界性,网络犯罪已成为世界各国所面临的共同问题。因此,对于盗窃网络虚拟财产的定性问题,宜通过比较法的视角,考察境外的解决方案,以更好地思考我国当下相关争议,提出解决办法。

(一)境外关于盗窃网络虚拟财产的刑事对策

上世纪90年代以来,随着计算机网络技术的快速发展,特别是网络空间的虚拟性、开放性和流动性,网络犯罪的跨国性日益突出,加强国际协调与合作、共同打击网络犯罪成为了国际社会的共识。在此背景下,欧洲委员会于1997年设立委员会起草打击网络犯罪的国际公约,美国、日本、加拿大等欧洲以外的国家也参与其中。经过4年谈判,前后历经27稿,《网络犯罪公约》最终于2001年11月8日在欧洲委员会第109次部长委员会会议上通过,并于11月23日在布达佩斯开放签署。开放签署当日,包括德国在内的欧洲委员会中的26个成员国和美国、日本、加拿大、南非即签署公约。2004年7月1日,在签署和批准成员国达到规定的条件后,《网络犯罪公约》正式生效。作为当前国际社会唯一生效的打击网络犯罪的专门法律文书,《网络犯罪公约》对包括网络盗窃在内的网络犯罪提出了刑事对策。《网络犯罪公约》第

2章要求各国在实体刑法中针对妨害计算机数据和系统的机密性、完整性与可利用性的犯罪作出规定。其中,第3条要求将非法拦截数据行为入罪,即对通过技术手段,未经授权对非公开传输的数据进行拦截的,或者入侵计算机信息系统直接获取数据的行为,每一个缔约国应当采取本国法律下认定犯罪行为的必要立法和其他手段。从该条规定不难看出,《网络犯罪公约》对于非法获取计算机信息系统数据的行为,无论是在传输过程中获取数据,抑或直接侵入计算机信息系统获取数据,都没有要求缔约国认定为盗窃罪,而只是要求规定为相应的计算机犯罪,以维护电子数据传输的私密性。

2009年3月9日,德国联邦议会批准《网络犯罪公约》,该公约于2009年7月1日起在德国生效。为了履行作为《网络犯罪公约》缔约国的国内立法义务,德国联邦议会于2007年8月7日通过了《关于打击网络犯罪的第41部刑法修正案》,于8月11日正式施行,德国网络犯罪立法也达到了相当完备的程度。《关于打击网络犯罪的第41部刑法修正案》的一个主要内容就是针对非法获取计算机信息系统数据的行为增设了刑法第202b获取数据,规定通过运用技术手段,无权为自己或者他人从非公开的数据传输或者数据处理装置中获取不属于行为人的数据(同202a第2款的界定),如果其他条款没有规定更重的刑罚的,则处2年以下自由刑或者罚金刑。从这一规定不难看出,对于盗窃网络虚拟财产的行为,德国刑法没有将其作为诸如盗窃等财产犯罪处理,而是单独规定为获取数据,以更为有效地打击此类犯罪。

我国台湾地区1997年修正"刑法"时,在第323条将"电磁记录"增设为动产的范围,使电磁记录成为窃盗罪的行为客体。根据这一修正案,盗窃网络虚拟财产的行为应当以盗窃罪论处。但是,2003年修正"刑法"时,台湾地区"刑法"将"电磁记录"又从动产的范围内删除,将窃取电磁记录的行为用专门的获取数据等计算机犯罪来处理,在第359条增设变更他人电脑或其相关设备之电磁记录罪,规定无故取得、删除或变更他人电脑或其相关设备之电磁记录,致生损害于公众或他人者,处5年以下有期徒刑、拘役或科或并科20万元以下罚金。这一修改的主要考虑在于:"刑法"上所称之窃盗,须符合破坏他人持有,建立自己持有之要件,而电磁记录具有可复制性,此与电能、热能或其他能量经使用后即消耗殆尽之特性不同;且行 131 司法研究与指导为人于建立自己之持有时,未必会同时破坏他人对该电磁记录之持有。因此,将电磁记录窃盗纳入窃盗罪章规范,与"刑法"传统之窃盗罪构成要件有所扞格。为因应电磁记录之可复制性,并期使电脑及网络犯罪规范体系更为完整,将1997年修正刑法所作的有关电磁记录部分删除,将窃取电磁记录之行为改纳入新增之妨害电脑使用罪章中规范。

通过考察《网络犯罪公约》、德国和我国台湾地区关于非法获取数据犯罪的规定,可以看出,虚拟财产应受刑法保护,对于盗窃网络虚拟的财产的行为应当予以刑事制裁。但是,"虚拟财产应受刑法保护"并不意味着虚拟财产可以成为盗窃罪的犯罪对象,通行的做法是规定单独的计算机犯罪规制此类行为。

(二)我国关于盗窃网络虚拟财产刑事对策的形成

我国现行刑法是1997年3月14日第八届全国人民代表大会第五次会议修订的,而当时互联网的发达程度远不如今天,特别是网络游戏尚未在国内兴起,与之相伴随的网络盗窃虚拟财产现象几乎没有,刑法自然未对此类行为作出明确规定。进入21世纪以来,互联网在我国迅速发展普及,网民人数不断增长,互联网已成为民众生活的重要组成部分。在此背景之下,网络游戏在中国也获得了前所未有的发展,从2000年境外游戏进入中国,到国产游戏开始占据主导地位,目前中国拥有了9家上市网游公司和126家网游研发公司,研发网游数量达到数百款,每年网游市场营业额达到数百亿元。互联网的快速发展及网络游戏的兴起,引发了网络盗窃虚拟财产案件的逐渐多发,关于此类案件的定性问题也引起了刑法理论界的关注和争议:有观点主张对于网络盗窃虚拟财产案件的行为,由于刑法盗窃罪的犯罪对象限于公私财物,而虚拟财产不属于公私财物的范畴,对于此类行为不宜以盗窃罪论处;而不少刑法学者主张或通过扩大解释刑法第92条第(4)项规定的"其他财产"的范围,或通过立法、司法解释的方式,将虚拟财产纳入盗窃罪的犯罪对象。尽管存在着种种争议,刑事司法实务界必须解决业已出现并日趋增多的网络盗窃虚拟财产案件,如前所述,法院分别以盗窃罪、侵犯通信自由罪等罪名作出过相关有罪判决。在刑法修正案(7)研究过程中,公安部网络安全保卫部门提出,近些年来,信息网络违法犯罪呈持续大幅上升趋势,特别是非法获取他人账号、身份认证信息、窃取计算机信息系统数据犯罪凸显,其中网上银行的信息又是窃取的重点,包括个人在网上银行的账户、密码等。但有相当一部分窃取网上银行账号者往往并不亲自实施盗窃资金的行为,而是将窃取的信息在网上提供给他人。这些行为严重威胁公民金融财产的安全,对这些窃取和提供信息的人员很难以盗窃罪的共犯追究。基于此,建议在对非法获取计算机信息系统中存储、处理或者传输的数据的行为规定为犯罪。虽然用刑法保护网络虚拟财产的呼声愈来愈高,有的人建议刑法应当增加盗窃虚拟财产罪,但立法机关没有通过立法规定将此类行为以盗窃罪论处,而是基于刑事立法者应有的睿智和审慎,充分借鉴境外成熟立法例,在刑法第285条增设了第2款,规定违反国家规定,侵入国家事务、国防建设、尖端科学技术领域以外的计算机信息系统或者采用其他技术手段,获取该计算机信息系统中存储、处理或者传输的数据,情节严重的,以非法获取计算机信息系统数据罪论处。这一规定对于严厉打击网络盗窃虚拟财产,保护计算机信息系统安全,打击计算机网络犯罪发挥了重要作用。

在办理危害计算机信息系统案件的过程中,适用刑法相关规定遇到了一些问题,如非法获取计算机信息系统数据行为的定罪量刑标准等,办案部门认识不一,难以操作。为依法惩治危害计算机信息系统安全犯罪活动,维护正常的计算机网络运行秩序,最高人民法院会同最高人民检察院,联合发布了《关于办理危害计算机信息系统安全刑事案件应用法律若干问题的解释》(法释〔2011〕19号),自2011年9月1日起施行。该司法解释对非法获取计算机信息系统数据的行为规定了明确的定罪量刑标准:非法获取支付结算、证券交易、期货交易等网络金融服务的身份认证信息10组以上或者其他身份认证信息500组以上,或者违法所得5000元以上或者造成经济损失1万元以上的,构成非法获取计算机信息系统数据罪;而数量或者数额达到前述标准5倍以上的,应当认定为"情节特别严重",以非法获取计算机信息系统数据罪在3年以上7年以下有期徒刑的幅度内裁量刑罚。

(三)当前关于盗窃网络虚拟财产的定罪意见

基于前文的分析,当前关于盗窃网络虚拟财产的刑事对策已经十分清晰,即采用技术手段非法获取包括虚拟财产在内的计算机信息系统数据的行为。应当以非法获取计算机信息系统数据罪论处。以被告人周某盗窃网络虚拟财产案为例,最高人民法院研究室认为,利用计算机窃取他人游戏币非法销售获利行为目前宜以非法获取计算机信息系统数据罪定罪处罚。主要考虑如下:

1. 虚拟财产不是财产。我国台湾地区"地方法院"的部分法官认为,玩家盗窃虚拟的"天币"或"宝物"的行为,充其量只能被评为"干扰他人游戏之游戏违规行为"罢了,而且"天币"、"宝物"在现实社会中并无客观上的价值,就像玩大富翁盖房子游戏,这些房子在现实社会并无客观价值。因此盗窃此类物品并未侵害实际的"财产法益"。而在我国大陆,根据国家相关规定,虚拟财产只能用于获取虚拟服务,不能用于交易,不符合财产所具有的交易这一基本特征。以网络游戏虚拟货币为例说明这个问题:2010年6月,文化部就网络游戏下发了一个部门规章,也就是《网络游戏管理暂行办法》。该规章第2条对网络游戏虚拟货币作出界定:网络游戏虚拟货币是指由网络游戏经营单位发行,网络游戏用户使用法定货币按一定比例直接或者间接购买,存在于游戏程序之外,以电磁记录方式存储于服务器内,并以特定数字单位表现的虚拟兑换工具。这个定义实际上道出了虚拟货币的本质,本质上就是虚拟兑换工具,就是电磁记录。根据该规章的规定,网络游戏虚拟货币发行种类、价格、总量等情况按规定报送注册地省级文化行政部门备案后就生效,也就是说虚拟货币的价格是发行单位自行定下来的,不是市场交易所决定的。因此,该规章明确规定:网络游戏虚拟货币的使用范围仅限于兑换自身提供的网络游戏产品和服务,不得用于支付、购买实物或者兑换其他单位的产品和服务。而在之前,2009 年 6 月,文化部、商务部联合下发《关于加强网络游戏虚拟货币管理工作的通知》(文市发〔2009〕20 号)也有这方面的规定。其中规定:网络游戏虚拟货币的使用范围仅限于兑换发行企业自身所提供的虚拟服务(不包括发行企业以外的企业的虚拟服务),不得用以支付、购买实物产品或兑换其他企业的任何产品和服务。这实际上很好理解,因为虚拟货币的价格本身是发行商自行确定的,不是根据市场规定交易形成的,所以是不能用于自由流通交易的,也就不具有财物的交换属性,不属于财物的范畴。可见,包括虚拟货币在内的虚拟财产不是财物,而刑法第 264 条明确规定"盗窃公私财物的"才构成盗窃罪,因此盗窃虚拟财产的行为不构成盗窃罪。

2. 虚拟财产的法律属性是计算机信息系统数据。虚拟财产不是财物,本质上是电磁记录,是电子数据,这是虚拟财产的物理属性。但是,这个电磁记录、电子数据在法律上、在刑法上应当有特定的法律属性。举一个例子,企业的商业秘密可能就是一组数据,这组数据的物理属性是数据,但是法律属性却是知识产权,非法获取这组数据可能构成侵犯知识产权罪中的侵犯商业秘密罪。回到虚拟财产的概念上来,这种电磁记录、电子数据在刑法上的法律属性是计算机信息系统数据,故而,盗窃虚拟财产的行为应当适用非法获取计算机信息系统数据罪。

3. 对盗窃网络虚拟财产的行为适用盗窃罪会带来一系列棘手问题。如果承认了非法获取虚拟财产的行为构成盗窃罪,等于承认了虚拟财产的价值,最为困难的一个问题就是价格鉴定问题。正如有论者所指出的:"游戏用户花了 500 元人民币买游戏币,玩到一定级别,可以拥有游戏商赠送的虚拟财产——价值 5000 元的屠龙刀,如果屠龙刀被窃,被盗窃虚拟财产的价值如何计算?是价值 500 元,还是 5000 元?对整天沉湎于游戏的玩家来说,头盔、战甲、屠龙刀等虚拟财产价值千金,但对局外人来说可能一文不值。对于虚拟财产能否有一个能够被普遍接受的价值计算方式?"我们认为,虚拟财产没有、也不可能有一个能够被普遍接受的价值计算方式。一个五位数的 QQ 号到底值多少钱?游戏装备值多少钱?这些问题恐难有统一答案。

4. 不适用盗窃罪同样能够解决、而且能够更好地解决问题。我们如果换一个思路,不要往盗窃罪方面靠,往非法获取计算机信息系统数据罪方面靠,则问题好解决得多。盗窃一个 5 位数的 QQ 号,卖了之后获利 5 万元,这个时候要认定为盗窃罪,则必须认定这个 QQ 号的价值是多少,谁来作这个认定都会有争议,都不合适。而如果按照非法获取计算机信息系统数据罪办理,根据前述司法解释的规定,违法所得 5000 元以上的就可以入罪了,适用非法获取计算机信息系统数据罪一点问题也没有。

5. 对盗窃网络游戏虚拟货币的行为适用非法获取计算机信息系统数据罪,符合罪责刑相适应原则。非法获取计算机信息系统数据,情节严重的,处 3 年以下有期徒刑或者拘役,并处或者单处罚金;情节特别严重的,处 3 年以上 7 年以下有期徒刑,并处罚金。可见,适用非法获取计算机信息系统数据罪,并不会放纵盗窃网络游戏虚拟货币的行为,仍然能够对其罚当其罪。

6. 不承认虚拟财产的财产属性符合世界惯例。从境外刑事立法和司法来看,鲜有将盗窃网络虚拟财产的行为以盗窃罪论处的。如前所述,从目前掌握的资料来看,国外关于网络盗窃虚拟财产的认定也处于探索尝试阶段,很少有直接按照盗窃罪定罪处罚的。而我国台湾地区1997年修改"刑法"时,在第323条将"电磁记录"纳入动产的范围,对窃取电磁记录的行为适用盗窃罪,但是2003年修正"刑法"时,又将"电磁记录"从动产的范围内删除,实际上是否定了1997年的"刑法"修正,对窃取电磁记录的行为规定适用专门的获取计算机信息系统数据等计算机犯罪来处理。这种否定之否定的探索历程值得我们深思。

综上所述,对盗窃网络游戏虚拟货币的行为应以非法获取计算机信息系统数据罪定罪量刑。本案中,被告人周某通过控制他人计算机信息系统,进而非法获取他人网络游戏虚拟货币,对其应以非法获取计算机信息系统数据罪定罪量刑。

10. 最高人民法院、最高人民检察院、公安部《关于办理网络犯罪案件适用刑事诉讼程序若干问题的意见》(公通字〔2014〕10号)

为解决近年来公安机关、人民检察院、人民法院在办理网络犯罪案件中遇到的新情况、新问题,依法惩治网络犯罪活动,根据《中华人民共和国刑法》、《中华人民共和国刑事诉讼法》及有关司法解释的规定,结合侦查、起诉、审判实践,现就办理网络犯罪案件适用刑事诉讼程序问题提出以下意见:

一、关于网络犯罪案件的范围

1. 本意见所称网络犯罪案件包括:

(一)危害计算机信息系统安全犯罪案件;(二)通过危害计算机信息系统安全实施的盗窃、诈骗、敲诈勒索等犯罪案件;(三)在网络上发布信息或者设立主要用于实施犯罪活动的网站、通讯群组,针对或者组织、教唆、帮助不特定多数人实施的犯罪案件;(四)主要犯罪行为在网络上实施的其他案件。

二、关于网络犯罪案件的管辖

2. 网络犯罪案件由犯罪地公安机关立案侦查。必要时,可以由犯罪嫌疑人居住地公安机关立案侦查。

网络犯罪案件的犯罪地包括用于实施犯罪行为的网站服务器所在地,网络接入地,网站建立者、管理者所在地,被侵害的计算机信息系统或其管理者所在地,犯罪嫌疑人、被害人使用的计算机信息系统所在地,被害人被侵害时所在地,以及被害人财产遭受损失地等。

涉及多个环节的网络犯罪案件,犯罪嫌疑人为网络犯罪提供帮助的,其犯罪地或者居住地公安机关可以立案侦查。

3. 有多个犯罪地的网络犯罪案件,由最初受理的公安机关或者主要犯罪地公安机关立案侦查。有争议的,按照有利于查清犯罪事实、有利于诉讼的原则,由共同上级公安机关指定有关公安机关立案侦查。需要提请批准逮捕、移送审查起诉、提起公诉的,由该公安机关所在地的人民检察院、人民法院受理。

4. 具有下列情形之一的,有关公安机关可以在其职责范围内并案侦查,需要提请批准逮捕、移送审查起诉、提起公诉的,由该公安机关所在地的人民检察院、人民法院受理:

(1)1人犯数罪的;(2)共同犯罪的;(3)共同犯罪的犯罪嫌疑人、被告人还实施其他犯罪的;(4)多个犯罪嫌疑人、被告人实施的犯罪存在关联,并案处理有利于查明案件事实的。

5. 对因网络交易、技术支持、资金支付结算等关系形成多层级链条、跨区域的网络犯罪案件,共同上级公安机关可以按照有利于查清犯罪事实、有利于诉讼的原则,指定有关公安机关一并立案侦查,需要提请批准逮捕、移送审查起诉、提起公诉的,由该公安机关所在地的人民检察院、人民法院受理。

6. 具有特殊情况,由异地公安机关立案侦查更有利于查清犯罪事实、保证案件公正处理的跨省(自治区、直辖市)重大网络犯罪案件,可以由公安部商最高人民检察院和最高人民法院指定管辖。

7. 人民检察院对于公安机关移送审查起诉的网络犯罪案件，发现犯罪嫌疑人还有犯罪被其他公安机关立案侦查的，应当通知移送审查起诉的公安机关。

人民法院受理案件后，发现被告人还有犯罪被其他公安机关立案侦查的，可以建议人民检察院补充侦查。人民检察院经审查，认为需要补充侦查的，应当通知移送审查起诉的公安机关。

经人民检察院通知，有关公安机关根据案件具体情况，可以对犯罪嫌疑人所犯其他犯罪并案侦查。

8. 为保证及时结案，避免超期羁押，人民检察院对于公安机关提请批准逮捕、移送审查起诉的网络犯罪案件，第一审人民法院对于已经受理的网络犯罪案件，经审查发现没有管辖权的，可以依法报请共同上级人民检察院、人民法院指定管辖。

9. 部分犯罪嫌疑人在逃，但不影响对已到案共同犯罪嫌疑人、被告人的犯罪事实认定的网络犯罪案件，可以依法先行追究已到案共同犯罪嫌疑人、被告人的刑事责任。在逃的共同犯罪嫌疑人、被告人归案后，可以由原公安机关、人民检察院、人民法院管辖其所涉及的案件。

三、关于网络犯罪案件的初查

10. 对接受的案件或者发现的犯罪线索，在审查中发现案件事实或者线索不明，需要经过调查才能够确认是否达到犯罪追诉标准的，经办案部门负责人批准，可以进行初查。初查过程中，可以采取询问、查询、勘验、检查、鉴定、调取证据材料等不限制初查对象人身、财产权利的措施，但不得对初查对象采取强制措施和查封、扣押、冻结财产。

四、关于网络犯罪案件的跨地域取证

11. 公安机关跨地域调查取证的，可以将办案协作函和相关法律文书及凭证电传或者通过公安机关信息化系统传输至协作地公安机关。协作地公安机关经审查确认，在传来的法律文书上加盖本地公安机关印章后，可以代为调查取证。

12. 询（讯）问异地证人、被害人以及与案件有关联的犯罪嫌疑人的，可以由办案地公安机关通过远程网络视频等方式进行询（讯）问并制作笔录。远程询（讯）问的，应当由协作地公安机关事先核实被询（讯）问人的身份。办案地公安机关应当将询（讯）问笔录传输至协作地公安机关。询（讯）问笔录经被询（讯）问人确认并逐页签名、捺指印后，由协作地公安机关协作人员签名或者盖章，并将原件提供给办案地公安机关。询（讯）问人员收到笔录后，应当在首页右上方写明"于某年某月某日收到"，并签名或者盖章。

远程询（讯）问的，应当对询（讯）问过程进行录音录像，并随案移送。

异地证人、被害人以及与案件有关联的犯罪嫌疑人亲笔书写证词、供词的，参照本条第2款规定执行。

五、关于电子数据的取证与审查

13. 收集、提取电子数据，应当由2名以上具备相关专业知识的侦查人员进行。取证设备和过程应当符合相关技术标准，并保证所收集、提取的电子数据的完整性、客观性。

14. 收集、提取电子数据，能够获取原始存储介质的，应当封存原始存储介质，并制作笔录，记录原始存储介质的封存状态，由侦查人员、原始存储介质持有人签名或者盖章；持有人无法签名或者拒绝签名的，应当在笔录中注明，由见证人签名或者盖章。有条件的，侦查人员应当对相关活动进行录像。

15. 具有下列情形之一，无法获取原始存储介质的，可以提取电子数据，但应当在笔录中注明不能获取原始存储介质的原因、原始存储介质的存放地点等情况，并由侦查人员、电子数据持有人、提供人签名或者盖章；持有人、提供人无法签名或者拒绝签名的，应当在笔录中注

明,由见证人签名或者盖章;有条件的,侦查人员应当对相关活动进行录像:

(一)原始存储介质不便封存的;(二)提取计算机内存存储的数据、网络传输的数据等不是存储在存储介质上的电子数据的;(三)原始存储介质位于境外的;(四)其他无法获取原始存储介质的情形。

16. 收集、提取电子数据应当制作笔录,记录案由、对象、内容,收集、提取电子数据的时间、地点、方法、过程,电子数据的清单、规格、类别、文件格式、完整性校验值等,并由收集、提取电子数据的侦查人员签名或者盖章。远程提取电子数据的,应当说明原因,有条件的,应当对相关活动进行录像。通过数据恢复、破解等方式获取被删除、隐藏或者加密的电子数据的,应当对恢复、破解过程和方法作出说明。

17. 收集、提取的原始存储介质或者电子数据,应当以封存状态随案移送,并制作电子数据的复制件一并移送。对文档、图片、网页等可以直接展示的电子数据,可以不随案移送电子数据打印件,但应当附有展示方法说明和展示工具;人民法院、人民检察院因设备等条件限制无法直接展示电子数据的,公安机关应当随案移送打印件。

对侵入、非法控制计算机信息系统的程序、工具以及计算机病毒等无法直接展示的电子数据,应当附有电子数据属性、功能等情况的说明。

对数据统计数量、数据同一性等问题,公安机关应当出具说明。

18. 对电子数据涉及的专门性问题难以确定的,由司法鉴定机构出具鉴定意见,或者由公安部指定的机构出具检验报告。

六、关于网络犯罪案件的其他问题

19. 采取技术侦查措施收集的材料作为证据使用的,应当随案移送批准采取技术侦查措施的法律文书和所收集的证据材料。使用有关证据材料可能危及有关人员的人身安全,或者可能产生其他严重后果的,应当采取不暴露有关人员身份、技术方法等保护措施,必要时,可以由审判人员在庭外进行核实。

20. 对针对或者组织、教唆、帮助不特定多数人实施的网络犯罪案件,确因客观条件限制无法逐一收集相关言词证据的,可以根据记录被害人数、被侵害的计算机信息系统数量、涉案资金数额等犯罪事实的电子数据、书证等证据材料,在慎重审查被告人及其辩护人所提辩解、辩护意见的基础上,综合全案证据材料,对相关犯罪事实作出认定。

11.《中华人民共和国刑法修正案(9)》(2015年8月29日第十二届全国人大常委会第十六次会议通过)

二十六、在刑法第285条中增加1款作为第4款:"单位犯前3款罪的,对单位判处罚金,并对其直接负责的主管人员和其他直接责任人员,依照各该款的规定处罚。"

12. 最高人民检察院《第9批指导性案例卫某龙、龚某、薛某东非法获取计算机信息系统数据案》(检例第36号;2017年10月12日)

【要旨】

超出授权范围使用账号、密码登录计算机信息系统,属于侵入计算机信息系统的行为;侵入计算机信息系统后下载其储存的数据,可以认定为非法获取计算机信息系统数据。

【指导意义】

非法获取计算机信息系统数据罪中的"侵入",是指违背被害人意愿、非法进入计算机信息系统的行为。其表现形式既包括采用技术手段破坏系统防护进入计算机信息系统,也包括未取得被害人授权擅自进入计算机信息系统,还包括超出被害人授权范围进入计算机信息系统。

本案中,被告人龚某将自己因工作需要掌握的本公司账号、密码、Token令牌等交由卫某龙登录该公司管理开发系统获取数据,虽不属于通过技术手段侵入计算机信息系统,但内外勾结擅自登录公司内部管理开发系统下载数据,明显超出正常授权范围。超出授权范围使用账号、密码、Token令牌登录系统,也属于侵入计算机信息系统的行为。行为人违反《计算机信息系统安全保护条例》第7条、《计算机信息网络国际联网安全保护管理办法》第6条第1项等国家规定,实施了非法侵入并下载获取计算机信息系统中存储的数据的行为,构成非法获取计算机信息系统数据罪。按照2011年《最高人民法院、最高人民检察院关于办理危害计算机信息系统安全刑事案件应用法律若干问题的解释》规定,构成犯罪,违法所得25 000元以上,应当认定为"情节特别严重",3年以上7年以下有期徒刑,并处罚金。

13. 最高人民检察院《第18批指导性案例叶某星、张某秋提供侵入计算机信息系统程序、谭某妹非法获取计算机信息系统数据案》(检例第68号;2020年4月8日)

【要旨】

对有证据证明用途单一,只能用于侵入计算机信息系统的程序,司法机关可依法认定为"专门用于侵入计算机信息系统的程序";难以确定的,应当委托专门部门或司法鉴定机构作出检验或鉴定。

【指导意义】

审查认定"专门用于侵入计算机信息系统的程序",一般应要求公安机关提供以下证据:一是从被扣押、封存的涉案电脑、U盘等原始存储介质中收集、提取相关的电子数据。二是对涉案程序、被侵入的计算机信息系统及电子数据进行勘验、检查后制作的笔录。三是能够证实涉案程序的技术原理、制作目的、功能用途和运行效果的书证材料。四是涉案程序的制作人、提供人、使用人对该程序的技术原理、制作目的、功能用途和运行效果进行阐述的言词证据,或能够展示涉案程序功能的视听资料。五是能够证实被侵入计算机信息系统安全保护措施的技术原理、功能以及被侵入后果的专业人员的证言等证据。六是对有运行条件的,应要求公安机关进行侦查实验。对有充分证据证明涉案程序是专门设计用于侵入计算机信息系统、非法获取计算机信息系统数据的,可直接认定为"专门用于侵入计算机信息系统的程序"。

证据审查中,可从以下方面对涉案程序是否属于"专门用于侵入计算机信息系统的程序"进行判断:一是结合被侵入的计算机信息系统的安全保护措施,分析涉案程序是否具有侵入的目的,是否具有避开或者突破计算机信息系统安全保护措施的功能。二是结合计算机信息系统被侵入的具体情形,查明涉案程序是否在未经授权或超越授权的情况下,获取计算机信息系统数据。三是分析涉案程序是否属于"专门"用于侵入计算机信息系统的程序。

根据《最高人民法院、最高人民检察院关于办理危害计算机信息系统安全刑事案件应用法律若干问题的解释》第10条和《最高人民法院、最高人民检察院、公安部关于办理刑事案件收集提取和审查判断电子数据若干问题的规定》第17条的规定,对是否属于"专门用于侵入计算机信息系统的程序"难以确定的,一般应当委托省级以上负责计算机信息系统安全保护管理工作的部门检验,也可由司法鉴定机构出具鉴定意见,或者由公安部指定的机构出具报告。实践中,应重点审查检验报告、鉴定意见对程序运行过程和运行结果的判断,结合案件具体情况,认定涉案程序是否具有突破或避开计算机信息系统安全保护措施,未经授权或超越授权获取计算机信息系统数据的功能。

14. 最高人民法院《第26批指导性案例张某杰等非法控制计算机信息系统案》(指导案例145号;法〔2020〕352号)

【裁判要点】

1. 通过植入木马程序的方式,非法获取网站服务器的控制权限,进而通过修改、增加计算机信息系统数据,向相关计算机信息系统上传网页链接代码的,应当认定为刑法第285条第2

款"采用其他技术手段"非法控制计算机信息系统的行为。

2. 通过修改、增加计算机信息系统数据,对该计算机信息系统实施非法控制,但未造成系统功能实质性破坏或者不能正常运行的,不应当认定为破坏计算机信息系统罪,符合刑法第285条第2款规定的,应当认定为非法控制计算机信息系统罪。

【裁判理由】

法院生效裁判认为,被告人张某杰、彭某珑、祝某、姜某豪共同违反国家规定,对我国境内计算机信息系统实施非法控制,情节特别严重,其行为均已构成非法控制计算机信息系统罪,且系共同犯罪。南京市鼓楼区人民检察院指控被告人张某杰、彭某珑、祝某、姜某豪实施侵犯计算机信息系统犯罪的事实清楚,证据确实、充分,但以破坏计算机信息系统罪予以指控不当。经查,被告人张某杰、彭某珑、祝某、姜某豪虽对目标服务器的数据实施了修改、增加的侵犯行为,但未造成该信息系统功能实质性的破坏,或不能正常运行,也未对该信息系统内有价值的数据进行增加、删改,其行为不属于破坏计算机信息系统犯罪中的对计算机信息系统中存储、处理或者传输的数据进行删除、修改、增加的行为,应认定为非法控制计算机信息系统罪。部分被告人及辩护人提出相同定性的辩解、辩护意见,予以采纳。关于上诉人姜某豪提出"量刑过重"的上诉理由及辩护人提出宣告缓刑的辩护意见,经查,该上诉人及其他被告人链接被植入木马程序的目标服务器共计113台,属于情节特别严重。一审法院依据本案的犯罪事实和上诉人的犯罪情节,对上诉人减轻处罚,量刑适当且与其他被告人的刑期均衡。综合上诉人犯罪行为的性质、所造成的后果及其社会危害性,不宜对上诉人适用缓刑。故对上诉理由及辩护意见,不予采纳。

15. 最高人民检察院《人民检察院办理网络犯罪案件规定》(2021年1月22日)

第1章　一般规定

第1条　为规范人民检察院办理网络犯罪案件,维护国家安全、网络安全、社会公共利益,保护公民、法人和其他组织的合法权益,根据《中华人民共和国刑事诉讼法》《人民检察院刑事诉讼规则》等规定,结合司法实践,制定本规定。

第2条　本规定所称网络犯罪是指针对信息网络实施的犯罪,利用信息网络实施的犯罪,以及其他上下游关联犯罪。

第3条　人民检察院办理网络犯罪案件应当加强全链条惩治,注重审查和发现上下游关联犯罪线索。对涉嫌犯罪,公安机关未立案侦查、应当提请批准逮捕而未提请批准逮捕或者应当移送起诉而未移送起诉的,依法进行监督。

第4条　人民检察院办理网络犯罪案件应当坚持惩治犯罪与预防犯罪并举,建立捕、诉、监、防一体的办案机制,加强以案释法,发挥检察建议的作用,促进有关部门、行业组织、企业等加强网络犯罪预防和治理,净化网络空间。

第5条　网络犯罪案件的管辖适用刑事诉讼法及其他相关规定。

有多个犯罪地的,按照有利于查清犯罪事实、有利于保护被害人合法权益、保证案件公正处理的原则确定管辖。

因跨区域犯罪、共同犯罪、关联犯罪等原因存在管辖争议的,由争议的人民检察院协商解决,协商不成的,报请共同的上级人民检察院指定管辖。

第6条　人民检察院办理网络犯罪案件应当发挥检察一体化优势,加强跨区域协作办案,强化信息互通、证据移交、技术协作,增强惩治网络犯罪的合力。

第7条　人民检察院办理网络犯罪案件应当加强对电子数据收集、提取、保全、固定等的审查,充分运用同一电子数据往往具有的多元关联证明作用,综合运用电子数据与其他证据,准确认定案件事实。

第8条 建立检察技术人员、其他有专门知识的人参与网络犯罪案件办理制度。根据案件办理需要，吸收检察技术人员加入办案组辅助案件办理。积极探索运用大数据、云计算、人工智能等信息技术辅助办案，提高网络犯罪案件办理的专业化水平。

第9条 人民检察院办理网络犯罪案件，对集团犯罪或者涉案人数众多的，根据行为人的客观行为、主观恶性、犯罪情节及地位、作用等综合判断责任轻重和刑事追究的必要性，按照区别对待原则分类处理，依法追诉。

第10条 人民检察院办理网络犯罪案件应当把追赃挽损贯穿始终，主动加强与有关机关协作，保证及时查封、扣押、冻结涉案财物，阻断涉案财物移转链条，督促涉案人员退赃退赔。

第2章 引导取证和案件审查

第11条 人民检察院办理网络犯罪案件应当重点围绕主体身份同一性、技术手段违法性、上下游行为关联性等方面全面审查案件事实和证据，注重电子数据与其他证据之间的相互印证，构建完整的证据体系。

第12条 经公安机关商请，根据追诉犯罪的需要，人民检察院可以派员适时介入重大、疑难、复杂网络犯罪案件的侦查活动，并对以下事项提出引导取证意见：

（一）案件的侦查方向及可能适用的罪名；（二）证据的收集、提取、保全、固定、检验、分析等；（三）关联犯罪线索；（四）追赃挽损工作；（五）其他需要提出意见的事项。

人民检察院开展引导取证活动时，涉及专业性问题的，可以指派检察技术人员共同参与。

第13条 人民检察院可以通过以下方式了解案件办理情况：

（一）查阅案件材料；（二）参加公安机关对案件的讨论；（三）了解讯（询）问犯罪嫌疑人、被害人、证人的情况；（四）了解、参与电子数据的收集、提取；（五）其他方式。

第14条 人民检察院介入网络犯罪案件侦查活动，发现关联犯罪或其他新的犯罪线索，应当建议公安机关依法立案或移送相关部门；对于犯罪嫌疑人不构成犯罪的，依法监督公安机关撤销案件。

第15条 人民检察院可以根据案件侦查情况，向公安机关提出以下取证意见：

（一）能够扣押、封存原始存储介质的，及时扣押、封存；（二）扣押可联网设备时，及时采取信号屏蔽、信号阻断或者切断电源等方式，防止电子数据被远程破坏；（三）及时提取账户密码及相应数据，如电子设备、网络账户、应用软件等的账户密码，以及存储于其中的聊天记录、电子邮件、交易记录等；（四）及时提取动态数据，如内存数据、缓存数据、网络连接数据等；（五）及时提取依赖于特定网络环境的数据，如点对点网络传输数据、虚拟专线网络中的数据等；（六）及时提取书证、物证等客观证据，注意与电子数据相互印证。

第16条 对于批准逮捕后要求公安机关继续侦查、不批准逮捕后要求公安机关补充侦查或者审查起诉退回公安机关补充侦查的网络犯罪案件，人民检察院应当重点围绕本规定第12条第1款规定的事项，有针对性地制作继续侦查提纲或者补充侦查提纲。对于专业性问题，应当听取检察技术人员或者其他有专门知识的人的意见。

人民检察院应当及时了解案件继续侦查或者补充侦查的情况。

第17条 认定网络犯罪的犯罪嫌疑人，应当结合全案证据，围绕犯罪嫌疑人与原始存储介质、电子数据的关联性、犯罪嫌疑人网络身份与现实身份的同一性，注重审查以下内容：

（一）扣押、封存的原始存储介质是否为犯罪嫌疑人所有、持有或者使用；（二）社交、支付结算、网络游戏、电子商务、物流等平台的账户信息、身份认证信息、数字签名、生物识别信息等是否与犯罪嫌疑人身份关联;(三)通话记录、短信、聊天信息、文档、图片、语音、视频等文件内容是否能够反映犯罪嫌疑人的身份;(四)域名、IP地址、终端MAC地址、通信基站信息等是否能够反映电子设备为犯罪嫌疑人所使用;(五)其他能够反映犯罪嫌疑人主体身份的内容。

第18条 认定犯罪嫌疑人的客观行为,应当结合全案证据,围绕其利用的程序工具、技术手段的功能及其实现方式、犯罪行为和结果之间的关联性,注重审查以下内容:

(一)设备信息、软件程序代码等作案工具;

(二)系统日志、域名、IP地址、WiFi信息、地理位置信息等是否能够反映犯罪嫌疑人的行为轨迹;(三)操作记录、网络浏览记录、物流信息、交易结算记录、即时通信信息等是否能够反映犯罪嫌疑人的行为内容;(四)其他能够反映犯罪嫌疑人客观行为的内容。

第19条 认定犯罪嫌疑人的主观方面,应当结合犯罪嫌疑人的认知能力、专业水平、既往经历、人员关系、行为次数、获利情况等综合认定,注重审查以下内容:

(一)反映犯罪嫌疑人主观故意的聊天记录、发布内容、浏览记录等;(二)犯罪嫌疑人行为是否明显违背系统提示要求、正常操作流程;(三)犯罪嫌疑人制作、使用或者向他人提供的软件程序是否主要用于违法犯罪活动;(四)犯罪嫌疑人支付结算的对象、频次、数额等是否明显违反正常交易习惯;(五)犯罪嫌疑人是否频繁采用隐蔽上网、加密通信、销毁数据等措施或者使用虚假身份;(六)其他能够反映犯罪嫌疑人主观方面的内容。

第20条 认定犯罪行为的情节和后果,应当结合网络空间、网络行为的特性,从违法所得、经济损失、信息系统的破坏、网络秩序的危害程度以及对被害人的侵害程度等综合判断,注重审查以下内容:

(一)聊天记录、交易记录、音视频文件、数据库信息等能够反映犯罪嫌疑人违法所得、获取和传播数据及文件的性质、数量的内容;(二)账号数量、信息被点击次数、浏览次数、被转发次数等能够反映犯罪行为对网络空间秩序产生影响的内容;(三)受影响的计算机信息系统数量、服务器日志信息等能够反映犯罪行为对信息网络运行造成影响程度的内容;(四)被害人数量、财产损失数额、名誉侵害的影响范围等能够反映犯罪行为对被害人的人身、财产等造成侵害的内容;(五)其他能够反映犯罪行为情节、后果的内容。

第21条 人民检察院办理网络犯罪案件,确因客观条件限制无法逐一收集相关言词证据的,可以根据记录被害人人数、被侵害的计算机信息系统数量、涉案资金数额等犯罪事实的电子数据、书证等证据材料,在审查被告人及其辩护人所提辩解、辩护意见的基础上,综合全案证据材料,对相关犯罪事实作出认定。

第22条 对于数量众多的同类证据材料,在证明是否具有同样的性质、特征或者功能时,因客观条件限制不能全部验证的,可以进行抽样验证。

第23条 对鉴定意见、电子数据等技术性证据材料,需要进行专门审查的,应当指派检察技术人员或者聘请其他有专门知识的人进行审查并提出意见。

第24条 人民检察院在审查起诉过程中,具有下列情形之一的,可以依法自行侦查:

(一)公安机关未能收集的证据,特别是存在灭失、增加、删除、修改风险的电子数据,需要及时收集和固定的;(二)经退回补充侦查未达到补充侦查要求的;(三)其他需要自行侦查的情形。

第25条 自行侦查由检察官组织实施,开展自行侦查的检察人员不得少于2人。需要技术支持和安全保障的,由人民检察院技术部门和警务部门派员协助。必要时,可以要求公安机关予以配合。

第26条 人民检察院办理网络犯罪案件的部门,发现或者收到侵害国家利益、社会公共利益的公益诉讼案件线索的,应当及时移送负责公益诉讼的部门处理。

第3章　电子数据的审查

第27条　电子数据是以数字化形式存储、处理、传输的，能够证明案件事实的数据，主要包括以下形式：

（一）网页、社交平台、论坛等网络平台发布的信息；（二）手机短信、电子邮件、即时通信、通讯群组等网络通讯信息；（三）用户注册信息、身份认证信息、数字签名、生物识别信息等用户身份信息；（四）电子交易记录、通信记录、浏览记录、操作记录、程序安装、运行、删除记录等用户行为信息；（五）恶意程序、工具软件、网站源代码、运行脚本等行为工具信息；（六）系统日志、应用程序日志、安全日志、数据库日志等系统运行信息；（七）文档、图片、音频、视频、数字证书、数据库文件等电子文件及其创建时间、访问时间、修改时间、大小等文件附属信息。

第28条　电子数据取证主要包括以下方式：收集、提取电子数据；电子数据检查和侦查实验；电子数据检验和鉴定。

收集、提取电子数据可以采取以下方式：

（一）扣押、封存原始存储介质；（二）现场提取电子数据；（三）在线提取电子数据；（四）冻结电子数据；（五）调取电子数据。

第29条　人民检察院办理网络犯罪案件，应当围绕客观性、合法性、关联性的要求对电子数据进行全面审查。注重审查电子数据与案件事实之间的多元关联，加强综合分析，充分发挥电子数据的证明作用。

第30条　对电子数据是否客观、真实，注重审查以下内容：

（一）是否移送原始存储介质，在原始存储介质无法封存、不便移动时，是否说明原因，并注明相关情况；（二）电子数据是否有数字签名、数字证书等特殊标识；（三）电子数据的收集、提取过程及结果是否可以重现；（四）电子数据有增加、删除、修改等情形的，是否附有说明；（五）电子数据的完整性是否可以保证。

第31条　对电子数据是否完整，注重审查以下内容：

（一）原始存储介质的扣押、封存状态是否完好；（二）比对电子数据完整性校验值是否发生变化；（三）电子数据的原件与备份是否相同；（四）冻结后的电子数据是否生成新的操作日志。

第32条　对电子数据的合法性，注重审查以下内容：

（一）电子数据的收集、提取、保管的方法和过程是否规范；（二）查询、勘验、扣押、调取、冻结等的法律手续是否齐全；（三）勘验笔录、搜查笔录、提取笔录等取证记录是否完备；（四）是否由符合法律规定的取证人员、见证人、持有人（提供人）等参与，因客观原因没有见证人、持有人（提供人）签名或者盖章的，是否说明原因；（五）是否按照有关规定进行同步录音录像；（六）对于收集、提取的境外电子数据是否符合国（区）际司法协作及相关法律规定的要求。

第33条　对电子数据的关联性，注重审查以下内容：

（一）电子数据与案件事实之间的关联性；（二）电子数据及其存储介质与案件当事人之间的关联性。

第34条　原始存储介质被扣押封存的，注重从以下方面审查扣押封存过程是否规范：

（一）是否记录原始存储介质的品牌、型号、容量、序列号、识别码、用户标识等外观信息，是否与实物一一对应；（二）是否封存或者计算完整性校验值，封存前后是否拍摄被封存原始存储介质的照片，照片是否清晰反映封口或者张贴封条处的状况；（三）是否由取证人员、见证人、持有人（提供人）签名或者盖章。

第35条　对原始存储介质制作数据镜像予以提取固定的，注重审查以下内容：

(一)是否记录原始存储介质的品牌、型号、容量、序列号、识别码、用户标识等外观信息,是否记录原始存储介质的存放位置、使用人、保管人;(二)是否附有制作数据镜像的工具、方法、过程等必要信息;(三)是否计算完整性校验值;(四)是否由取证人员、见证人、持有人(提供人)签名或者盖章。

第36条 提取原始存储介质中的数据内容并予以固定的,注重审查以下内容:

(一)是否记录原始存储介质的品牌、型号、容量、序列号、识别码、用户标识等外观信息,是否记录原始存储介质的存放位置、使用人、保管人;(二)所提取数据内容的原始存储路径,提取的工具、方法、过程等信息,是否一并提取相关的附属信息、关联痕迹、系统环境等信息;(三)是否计算完整性校验值;(四)是否由取证人员、见证人、持有人(提供人)签名或者盖章。

第37条 对于在线提取的电子数据,注重审查以下内容:

(一)是否记录反映电子数据来源的网络地址、存储路径或者数据提取时的进入步骤等;(二)是否记录远程计算机信息系统的访问方式、电子数据的提取日期和时间、提取的工具、方法等信息,是否一并提取相关的附属信息、关联痕迹、系统环境等信息;(三)是否计算完整性校验值;(四)是否由取证人员、见证人、持有人(提供人)签名或者盖章。

对可能无法重复提取或者可能出现变化的电子数据,是否随案移送反映提取过程的拍照、录像、截屏等材料。

第38条 对冻结的电子数据,注重审查以下内容:

(一)冻结手续是否符合规定;(二)冻结的电子数据是否与案件事实相关;(三)冻结期限是否即将到期、有无必要继续冻结或者解除;(四)冻结期间电子数据是否被增加、删除、修改等。

第39条 对调取的电子数据,注重审查以下内容:

(一)调取证据通知书是否注明所调取的电子数据的相关信息;(二)被调取单位、个人是否在通知书回执上签名或者盖章;(三)被调取单位、个人拒绝签名、盖章的,是否予以说明;(四)是否计算完整性校验值或者以其他方法保证电子数据的完整性。

第40条 对电子数据进行检查、侦查实验,注重审查以下内容:

(一)是否记录检查过程、检查结果和其他需要记录的内容,并由检查人员签名或者盖章;(二)是否记录侦查实验的条件、过程和结果,并由参加侦查实验的人员签名或者盖章;(三)检查、侦查实验使用的电子设备、网络环境等是否与发案现场一致或者基本一致;(四)是否使用拍照、录像、录音、通信数据采集等一种或者多种方式客观记录检查、侦查实验过程。

第41条 对电子数据进行检验、鉴定,注重审查以下内容:

(一)鉴定主体的合法性。包括审查司法鉴定机构、司法鉴定人员的资质,委托鉴定事项是否符合司法鉴定机构的业务范围,鉴定人员是否存在回避等情形;(二)鉴定材料的客观性。包括鉴定材料是否真实、完整、充分,取得方式是否合法,是否与原始电子数据一致;(三)鉴定方法的科学性。包括鉴定方法是否符合国家标准、行业标准,方法标准的选用是否符合相关规定;(四)鉴定意见的完整性。是否包含委托人、委托时间、检材信息、鉴定或者分析论证过程、鉴定结果以及鉴定人签名、日期等内容;(五)鉴定意见与其他在案证据能否相互印证。

对于鉴定机构以外的机构出具的检验、检测报告,可以参照本条规定进行审查。

第42条 行政机关在行政执法和查办案件过程中依法收集、提取的电子数据,人民检察院经审查符合法定要求的,可以作为刑事案件的证据使用。

第43条 电子数据的收集、提取程序有下列瑕疵,经补正或者作出合理解释的,可以采用;不能补正或者作出合理解释的,不得作为定案的根据:

(一)未以封存状态移送的;(二)笔录或者清单上没有取证人员、见证人、持有人(提供人)签名或者盖章的;(三)对电子数据的名称、类别、格式等注明不清的;(四)有其他瑕疵的。

第44条 电子数据系篡改、伪造、无法确定真伪的,或者有其他无法保证电子数据客观、真实情形的,不得作为定案的根据。

电子数据有增加、删除、修改等情形,但经司法鉴定、当事人确认等方式确定与案件相关的重要数据未发生变化,或者能够还原电子数据原始状态、查清变化过程的,可以作为定案的根据。

第45条 对于无法直接展示的电子数据,人民检察院可以要求公安机关提供电子数据的内容、存储位置、附属信息、功能作用等情况的说明,随案移送人民法院。

第4章 出庭支持公诉

第46条 人民检察院依法提起公诉的网络犯罪案件,具有下列情形之一的,可以建议人民法院召开庭前会议:(一)案情疑难复杂的;(二)跨国(边)境、跨区域案件社会影响重大的;(三)犯罪嫌疑人、被害人等人数众多、证据材料较多的;(四)控辩双方对电子数据合法性存在较大争议的;(五)案件涉及技术手段专业性强,需要控辩双方提前交换意见的;(六)其他有必要召开庭前会议的情形。

必要时,人民检察院可以向法庭申请指派检察技术人员或者聘请其他有专门知识的人参加庭前会议。

第47条 人民法院开庭审理网络犯罪案件,公诉人出示证据可以借助多媒体示证、动态演示等方式进行。必要时,可以向法庭申请指派检察技术人员或者聘请其他有专门知识的人进行相关技术操作,并就专门性问题发表意见。

公诉人在出示电子数据时,应当从以下方面进行说明:

(一)电子数据的来源、形成过程;(二)电子数据所反映的犯罪手段、人员关系、资金流向、行为轨迹等案件事实;(三)电子数据与被告人供述、被害人陈述、证人证言、物证、书证等的相互印证情况;(四)其他应当说明的内容。

第48条 在法庭审理过程中,被告人及其辩护人针对电子数据的客观性、合法性、关联性提出辩解或者辩护意见的,公诉人可以围绕争议点从证据来源是否合法,提取、复制、制作过程是否规范,内容是否真实完整,与案件事实有无关联等方面,有针对性地予以答辩。

第49条 支持、推动人民法院开庭审判网络犯罪案件全程录音录像。对庭审全程录音录像资料,必要时人民检察院可以商请人民法院复制,并将存储介质附检察卷宗保存。

第5章 跨区域协作办案

第50条 对跨区域网络犯罪案件,上级人民检察院应当加强统一指挥和统筹协调,相关人民检察院应当加强办案协作。

第51条 上级人民检察院根据办案需要,可以统一调用辖区内的检察人员参与办理网络犯罪案件。

第52条 办理关联网络犯罪案件的人民检察院可以相互申请查阅卷宗材料、法律文书,了解案件情况,被申请的人民检察院应当予以协助。

第53条 承办案件的人民检察院需要向办理关联网络犯罪案件的人民检察院调取证据材料的,可以持相关法律文书和证明文件申请调取在案证据材料,被申请的人民检察院应当配合。

第54条 承办案件的人民检察院需要异地调查取证的,可以将相关法律文书及证明文件传输至证据所在地的人民检察院,请其代为调查取证。相关法律文书应当注明具体的取证对象、方式、内容和期限等。

被请求协助的人民检察院应当予以协助，及时将取证结果送达承办案件的人民检察院；无法及时调取的，应当作出说明。被请求协助的人民检察院有异议的，可以与承办案件的人民检察院进行协商；无法解决的，由承办案件的人民检察院报请共同的上级人民检察院决定。

第55条 承办案件的人民检察院需要询问异地证人、被害人的，可以通过远程视频系统进行询问，证人、被害人所在地的人民检察院应当予以协助。远程询问的，应当对询问过程进行同步录音录像。

第6章 跨国(边)境司法协作

第56条 办理跨国网络犯罪案件应当依照《中华人民共和国国际刑事司法协助法》及我国批准加入的有关刑事司法协助条约，加强国际司法协作，维护我国主权、安全和社会公共利益，尊重协作国司法主权、坚持平等互惠原则，提升跨国司法协作质效。

第57条 地方人民检察院在案件办理中需要向外国请求刑事司法协助的，应当制作刑事司法协助请求书并附相关材料，经报最高人民检察院批准后，由我国与被请求国间司法协助条约规定的对外联系机关向外国提出申请。没有刑事司法协助条约的，通过外交途径联系。

第58条 人民检察院参加现场移交境外证据的检察人员不少于二人，外方有特殊要求的除外。

移交、开箱、封存、登记的情况应当制作笔录，由最高人民检察院或者承办案件的人民检察院代表、外方移交人员签名或者盖章，一般应当全程录音录像。有其他见证人的，在笔录中注明。

第59条 人民检察院对境外收集的证据，应当审查证据来源是否合法、手续是否齐备以及证据的移交、保管、转换等程序是否连续、规范。

第60条 人民检察院办理涉香港特别行政区、澳门特别行政区、台湾地区的网络犯罪案件，需要当地有关部门协助的，可以参照本规定及其他相关规定执行。

第7章 附 则

第61条 人民检察院办理网络犯罪案件适用本规定，本规定没有规定的，适用其他相关规定。

第62条 本规定中下列用语的含义：

(一)信息网络，包括以计算机、电视机、固定电话机、移动电话机等电子设备为终端的计算机互联网、广播电视网、固定通信网、移动通信网等信息网络，以及局域网络；(二)存储介质，是指具备数据存储功能的电子设备、硬盘、光盘、优盘、记忆棒、存储芯片等载体；(三)完整性校验值，是指为防止电子数据被篡改或者破坏，使用散列算法等特定算法对电子数据进行计算，得出的用于校验数据完整性的数据值；(四)数字签名，是指利用特定算法对电子数据进行计算，得出的用于验证电子数据来源和完整性的数据值；(五)数字证书，是指包含数字签名并对电子数据来源、完整性进行认证的电子文件；(六)生物识别信息，是指计算机利用人体所固有的生理特征(包括人脸、指纹、声纹、虹膜、DNA等)或者行为特征(步态、击键习惯等)来进行个人身份识别的信息；(七)运行脚本，是指使用一种特定的计算机编程语言，依据符合语法要求编写的执行指定操作的可执行文件；(八)数据镜像，是指二进制(0101排序的数据码流)相同的数据复制件，与原件的内容无差别；(九)MAC地址，是指计算机设备中网卡的唯一标识，每个网卡有且只有一个MAC地址。

第 63 条 人民检察院办理国家安全机关、海警机关、监狱等移送的网络犯罪案件,适用本规定和其他相关规定。

第 64 条 本规定由最高人民检察院负责解释。

第 65 条 本规定自发布之日起施行。

第 286 条 【破坏计算机信息系统罪】违反国家规定,对计算机信息系统功能进行删除、修改、增加、干扰,造成计算机信息系统不能正常运行,后果严重的,处 5 年以下有期徒刑或者拘役;后果特别严重的,处 5 年以上有期徒刑。

违反国家规定,对计算机信息系统中存储、处理或者传输的数据和应用程序进行删除、修改、增加的操作,后果严重的,依照前款的规定处罚。

故意制作、传播计算机病毒等破坏性程序,影响计算机系统正常运行,后果严重的,依照第 1 款的规定处罚。

单位犯前 3 款罪的,对单位判处罚金,并对其直接负责的主管人员和其他直接责任人员,依照第 1 款的规定处罚。

(本条《中华人民共和国刑法修正案(9)》修改)

• 释义

破坏计算机信息系统罪是指违反国家规定,对计算机信息系统功能进行删除、修改、增加、干扰,造成计算机信息系统不能正常运行,对计算机信息系统中存储、处理或者传输的数据和应用程序进行删除、修改、增加的操作,或者故意制作、传播计算机病毒等破坏性程序,影响计算机系统的正常运行,后果严重的行为。

• 管辖

公安机关网络安全保卫部门。

• 关联法律

1.《计算机信息系统安全保护条例》(1994 年 2 月 18 日国务院第 147 号发布,2011 年 1 月 8 日《国务院关于废止和修改部分行政法规的决定》修正)

(详见本书《刑法》第 285 条相关内容)

2. 公安部《关于对〈中华人民共和国计算机信息系统安全保护条例〉中涉及的"有害数据"问题的批复》(公复字〔1996〕8 号)

(详见本书《刑法》第 285 条相关内容)

3. 公安部《关于对破坏未联网的微型计算机信息系统是否适用〈刑法〉第 286 条的请示的批复》(公复字〔1998〕7 号)

吉林省公安厅:

你厅《关于"破坏未联网计算机财务系统程序和数据的行为是否适用〈刑法〉第 286 条故意破坏计算机信息系统数据应有程序罪"的请示》收悉,现批复如下:

《刑法》第 286 条中的"违反国家规定"是包括《中华人民共和国计算机信息系统安全保护条例》(以下简称《条例》)在内的有关行政法规、部门规章的规定。《条例》第 5 条第 2 款规定的"未联网的微型计算机的安全保护办法,另行规定",主要是考虑到未联入网络的单台微型计算机系统所处环境和使用情况比较复杂,且基本无安全功能,需针对这些特点另外制定相应的安全管理措施。然而,未联网的计算机信息系统也属计算机信息系统,《条例》第 2、3、7

条的安全保护原则、规定,对未联网的微型计算机系统完全适用,因此破坏未联网的微型计算机信息系统适用《刑法》第286条。

4.《关于维护互联网安全的决定》(2000年12月28日第九届全国人大常委会第十九次会议通过,2009年8月27日第十一届全国人大常委会第十次会议《关于修改部分法律的决定》修正)第1条第(2)(3)项

(详见本书《刑法》第285条相关内容)

5.公安部《计算机犯罪现场勘验与电子证据检查规则》(公信安〔2005〕161号)

(详见本书《刑法》第285条相关内容)

6.最高人民法院《关于审理危害军事通信刑事案件具体应用法律若干问题的解释》(法释〔2007〕13号)

第6条 破坏、过失损坏军事通信,并造成公用电信设施损毁,危害公共安全,同时构成刑法第124条和第369条规定的犯罪的,依照处罚较重的规定定罪处罚。

盗窃军事通信线路、设备,不构成盗窃罪,但破坏军事通信的,依照刑法第369条第1款的规定定罪处罚;同时构成刑法第124条、第264条和第369条第1款规定的犯罪的,依照处罚较重的规定定罪处罚。

违反国家规定,侵入国防建设、尖端科学技术领域的军事通信计算机信息系统,尚未对军事通信造成破坏的,依照刑法第285条的规定定罪处罚;对军事通信造成破坏,同时构成刑法第285条、第286条、第369条第1款规定的犯罪的,依照处罚较重的规定定罪处罚。

违反国家规定,擅自设置、使用无线电台、站,或者擅自占用频率,经责令停止使用后拒不停止使用,干扰无线电通讯正常进行,构成犯罪的,依照刑法第288条的规定定罪处罚;造成军事通信中断或者严重障碍,同时构成刑法第288条、第369条第1款规定的犯罪的,依照处罚较重的规定定罪处罚。(全文详见本书《刑法》第369条相关内容)

7.工业和信息化部《软件产品管理办法》(工业和信息化部令〔2009〕第5号;原信息产业部令〔2000〕第5号《软件产品管理办法》同时废止)

被工业和信息化部关于废止10件规章的决定(中华人民共和国工业和信息化部令第34号)废止。

8.最高人民法院、最高人民检察院《关于办理危害计算机信息系统安全刑事案件应用法律若干问题的解释》(法释〔2011〕19号)

第4条 破坏计算机信息系统功能、数据或者应用程序,具有下列情形之一的,应当认定为刑法第286条第1款和第2款规定的"后果严重":

(一)造成10台以上计算机信息系统的主要软件或者硬件不能正常运行的;(二)对20台以上计算机信息系统中存储、处理或者传输的数据进行删除、修改、增加操作的;(三)违法所得5000元以上或者造成经济损失1万元以上的;(四)造成为100台以上计算机信息系统提供域名解析、身份认证、计费等基础服务或者为1万以上用户提供服务的计算机信息系统不能正常运行累计1小时以上的;(五)造成其他严重后果的。

实施前款规定行为,具有下列情形之一的,应当认定为破坏计算机信息系统"后果特别严重":

(一)数量或者数额达到前款第(一)项至第(三)项规定标准5倍以上的;(二)造成为500台以上计算机信息系统提供域名解析、身份认证、计费等基础服务或者为5万以上用户提供服务的计算机信息系统不能正常运行累计1小时以上的;(三)破坏国家机关或者金融、电信、交通、教育、医疗、能源等领域提供公共服务的计算机信息系统的功能、数据或者应用程序,致使生产、生活受到严重影响或者造成恶劣社会影响的;(四)造成其他特别严重后果的。

第5条 具有下列情形之一的程序,应当认定为刑法第286条第3款规定的"计算机病毒

等破坏性程序”：

（一）能够通过网络，存储介质、文件等媒介，将自身的部分、全部或者变种进行复制、传播，并破坏计算机系统功能、数据或者应用程序的；（二）能够在预先设定条件下自动触发，并破坏计算机系统功能、数据或者应用程序的；（三）其他专门设计用于破坏计算机系统功能、数据或者应用程序的程序。

第6条 故意制作、传播计算机病毒等破坏性程序，影响计算机系统正常运行，具有下列情形之一的，应当认定为刑法第286条第3款规定的“后果严重”：

（一）制作、提供、传输第5条第(1)项规定的程序，导致该程序通过网络、存储介质、文件等媒介传播的；（二）造成20台以上计算机系统被植入第5条第(2)、(3)项规定的程序的；（三）提供计算机病毒等破坏性程序10人次以上的；（四）违法所得5000元以上或者造成经济损失1万元以上的；（五）造成其他严重后果的。

实施前款规定行为，具有下列情形之一的，应当认定为破坏计算机信息系统“后果特别严重”：

（一）制作、提供、传输第5条第(1)项规定的程序，导致该程序通过网络、存储介质、文件等媒介传播，致使生产、生活受到严重影响或者造成恶劣社会影响的；（二）数量或者数额达到前款第(2)项至第(4)项规定标准5倍以上的；（三）造成其他特别严重后果的。

第8条 以单位名义或者单位形式实施危害计算机信息系统安全犯罪，达到本解释规定的定罪量刑标准的，应当依照刑法第285条、第286条的规定追究直接负责的主管人员和其他直接责任人员的刑事责任。

第9条 明知他人实施刑法第285条、第286条规定的行为，具有下列情形之一的，应当认定为共同犯罪，依照刑法第285条、第286条的规定处罚：

（一）为其提供用于破坏计算机信息系统功能、数据或者应用程序的程序、工具，违法所得5000元以上或者提供10人次以上的；（二）为其提供互联网接入、服务器托管、网络存储空间、通讯传输通道、费用结算、交易服务、广告服务、技术培训、技术支持等帮助，违法所得5000元以上的；（三）通过委托推广软件、投放广告等方式向其提供资金5000元以上的。

实施前款规定行为，数量或者数额达到前款规定标准五倍以上的，应当认定为刑法第285条、第286条规定的“情节特别严重”或者“后果特别严重”。

第10条 对于是否属于刑法第285条、第286条规定的“国家事务、国防建设、尖端科学技术领域的计算机信息系统”、“专门用于侵入、非法控制计算机信息系统的程序、工具”、“计算机病毒等破坏性程序”难以确定的，应当委托省级以上负责计算机信息系统安全保护管理工作的部门检验。司法机关根据检验结论，并结合案件具体情况认定。

第11条 本解释所称“计算机信息系统”和“计算机系统”，是指具备自动处理数据功能的系统，包括计算机、网络设备、通信设备、自动化控制设备等。

本解释所称“身份认证信息”，是指用于确认用户在计算机信息系统上操作权限的数据，包括账号、口令、密码、数字证书等。

本解释所称“经济损失”，包括危害计算机信息系统犯罪行为给用户直接造成的经济损失，以及用户为恢复数据、功能而支出的必要费用。（全文详见本书《刑法》第285条相关内容）

9. 最高人民法院研究室《关于对交警部门计算机信息系统中存储的交通违章信息进行删除行为如何定性的研究意见》（《司法研究与指导》2012年总第2辑）

有关部门就对交警部门计算机信息系统中存储的交通违章信息进行删除行为如何定性问题征求最高人民法院研究室意见。我室经研究认为：

违反国家规定，对交警部门计算机信息系统中存储的交通违章信息进行删除，收取违章人员的好处，应当认定为刑法第286条第2款规定的对计算机信息系统中存储、处理、传输的数据进行删除的操作,以破坏计算机信息系统罪定罪处罚。

10. 最高人民法院、最高人民检察院、公安部《关于办理网络犯罪案件适用刑事诉讼程序若干问题的意见》(公通字〔2014〕10号)

(详见本书《刑法》第285条相关内容)

11.《中华人民共和国刑法修正案(9)》(2015年8月29日第十二届全国人大常委会第十六次会议通过)

二十七、在刑法第286条中增加1款作为第4款:"单位犯前3款罪的,对单位判处罚金,并对其直接负责的主管人员和其他直接责任人员,依照第1款的规定处罚。"

12. 最高人民法院、最高人民检察院《关于办理环境污染刑事案件适用法律若干问题的解释》(法释〔2016〕29号)

第10条 违反国家规定,针对环境质量监测系统实施下列行为,或者强令、指使、授意他人实施下列行为的,应当依照刑法第286条的规定,以破坏计算机信息系统罪论处:

(一)修改参数或者监测数据的;(二)干扰采样,致使监测数据严重失真的;(三)其他破坏环境质量监测系统的行为。

重点排污单位篡改、伪造自动监测数据或者干扰自动监测设施,排放化学需氧量、氨氮、二氧化硫、氮氧化物等污染物,同时构成污染环境罪和破坏计算机信息系统罪的,依照处罚较重的规定定罪处罚。

从事环境监测设施维护、运营的人员实施或者参与实施篡改、伪造自动监测数据、干扰自动监测设施、破坏环境质量监测系统等行为的,应当从重处罚。(全文详见本书《刑法》第338条相关内容)

13. 最高人民检察院《第9批指导性案例李丙龙破坏计算机信息系统案》(检例第33号;2017年10月12日)

【要旨】

以修改域名解析服务器指向的方式劫持域名,造成计算机信息系统不能正常运行,是破坏计算机信息系统的行为。

【指导意义】

修改域名解析服务器指向,强制用户偏离目标网站或网页进入指定网站或网页,是典型的域名劫持行为。行为人使用恶意代码修改目标网站域名解析服务器,目标网站域名被恶意解析到其他IP地址,无法正常发挥网站服务功能,这种行为实质是对计算机信息系统功能的修改、干扰,符合刑法第286条第1款"对计算机信息系统功能进行删除、修改、增加、干扰"的规定。根据《最高人民法院、最高人民检察院关于办理危害计算机信息系统安全刑事案件应用法律若干问题的解释》第4条的规定,造成为1万以上用户提供服务的计算机信息系统不能正常运行累计1小时以上的,属于"后果严重",应以破坏计算机信息系统罪论处;造成为5万以上用户提供服务的计算机信息系统不能正常运行累计1小时以上的,属于"后果特别严重"。

认定遭受破坏的计算机信息系统服务用户数,可以根据计算机信息系统的功能和使用特点,结合网站注册用户、浏览用户等具体情况,作出客观判断。

14. 最高人民检察院《第9批指导性案例李骏杰等破坏计算机信息系统案》(检例第34号;2017年10月12日)

【要旨】

冒用购物网站买家身份进入网站内部评价系统删改购物评价,属于对计算机信息系统内存储数据进行修改操作,应当认定为破坏计算机信息系统的行为。

【指导意义】

购物网站评价系统是对店铺销量、买家评价等多方面因素进行综合计算分值的系统,其内部储存的数据直接影响到搜索流量分配、推荐排名、营销活动报名资格、同类商品在消费者购买比较时的公平性等。买家在购买商品后,根据用户体验对所购商品分别给出好评、中评、差评3种不同评价。所有的评价都是以数据形式存储于买家评价系统之中,成为整个购物网站计算机信息系统整体数据的重要组成部分。

侵入评价系统删改购物评价,其实质是对计算机信息系统内存储的数据进行删除、修改操作的行为。这种行为危害到计算机信息系统数据采集和流量分配体系运行,使网站注册商户及其商品、服务的搜索受到影响,导致网站商品、服务评价功能无法正常运作,侵害了购物网站所属公司的信息系统安全和消费者的知情权。行为人因删除、修改某购物网站中差评数据违法所得25000元以上,构成破坏计算机信息系统罪,属于"后果特别严重"的情形,应当依法判处5年以上有期徒刑。

15. 最高人民检察院《第9批指导性案例曾某亮、王某生破坏计算机信息系统案》(检例第35号;2017年10月12日)

【要旨】

智能手机终端,应当认定为刑法保护的计算机信息系统。锁定智能手机导致不能使用的行为,可认定为破坏计算机信息系统。

【指导意义】

计算机信息系统包括计算机、网络设备、通信设备、自动化控制设备等。智能手机和计算机一样,使用独立的操作系统、独立的运行空间,可以由用户自行安装软件等程序,并可以通过移动通讯网络实现无线网络接入,应当认定为刑法上的"计算机信息系统"。

行为人通过修改被害人手机的登录密码,远程锁定被害人的智能手机设备,使之成为无法开机的"僵尸机",属于对计算机信息系统功能进行修改、干扰的行为。造成10台以上智能手机系统不能正常运行,符合刑法第286条破坏计算机信息系统罪构成要件中"对计算机信息系统功能进行修改、干扰""后果严重"的情形,构成破坏计算机信息系统罪。

行为人采用非法手段锁定手机后以解锁为条件,索要钱财,在数额较大或多次敲诈的情况下,其目的行为又构成敲诈勒索罪。在这类犯罪案件中,手段行为构成的破坏计算机信息系统罪与目的行为构成的敲诈勒索罪之间成立牵连犯。牵连犯应当从一重罪处断。破坏计算机信息系统罪后果严重的情况下,法定刑为5年以下有期徒刑或者拘役;敲诈勒索罪在数额较大的情况下,法定刑为3年以下有期徒刑、拘役或管制,并处或者单处罚金。本案应以重罪即破坏计算机信息系统罪论处。

16. 最高人民法院《第20批指导性案例付某豪、黄某超破坏计算机信息系统案》(指导案例102号;法〔2018〕347号)

【裁判要点】

1. 通过修改路由器、浏览器设置、锁定主页或者弹出新窗口等技术手段,强制网络用户访问指定网站的"DNS劫持"行为,属于破坏计算机信息系统,后果严重的,构成破坏计算机信息系统罪。2. 对于"DNS劫持",应当根据造成不能正常运行的计算机信息系统数量、相关计算机信息系统不能正常运行的时间,以及所造成的损失或者影响等,认定其是"后果严重"还是"后果特别严重"。

【裁判理由】

法院生效裁判认为,根据《中华人民共和国刑法》第286条的规定,对计算机信息系统功能进行破坏,造成计算机信息系统不能正常运行,后果严重的,构成破坏计算机信息系统罪。

本案中,被告人付某豪、黄某超实施的是流量劫持中的"DNS劫持"。DNS是域名系统的英文首字母缩写,作用是提供域名解析服务。"DNS劫持"通过修改域名解析,使对特定域名的访问由原IP地址转入到篡改后的指定IP地址,导致用户无法访问原IP地址对应的网站或者访问虚假网站,从而实现窃取资料或者破坏网站原有正常服务的目的。二被告人使用恶意代码修改互联网用户路由器的DNS设置,将用户访问"2345. com"等导航网站的流量劫持到其设置的"5w. com"导航网站,并将获取的互联网用户流量出售,显然是对网络用户的计算机信息系统功能进行破坏,造成计算机信息系统不能正常运行,符合破坏计算机信息系统罪的客观行为要件。

根据《最高人民法院、最高人民检察院关于办理危害计算机信息系统安全刑事案件应用法律若干问题的解释》,破坏计算机信息系统,违法所得人民币25000元以上或者造成经济损失人民币5万元以上的,应当认定为"后果特别严重"。本案中,二被告人的违法所得达人民币754,762.34元,属于"后果特别严重"。

综上,被告人付某豪、黄某超实施的"DNS劫持"行为系违反国家规定,对计算机信息系统中存储的数据进行修改,后果特别严重,依法应处5年以上有期徒刑。鉴于二被告人在家属的帮助下退缴全部违法所得,未获取、泄露公民个人信息,且均具有自首情节,无前科劣迹,故依法对其减轻处罚并适用缓刑。

17. 最高人民法院《第20批指导性案例徐某破坏计算机信息系统案》(指导案例103号;法〔2018〕347号)

【裁判要点】

企业的机械远程监控系统属于计算机信息系统。违反国家规定,对企业的机械远程监控系统功能进行破坏,造成计算机信息系统不能正常运行,后果严重的,构成破坏计算机信息系统罪。

【裁判理由】

法院生效裁判认为,《最高人民法院、最高人民检察院关于办理危害计算机信息系统安全刑事案件应用法律若干问题的解释》第11条规定,"计算机信息系统"和"计算机系统",是指具备自动处理数据功能的系统,包括计算机、网络设备、通信设备、自动化控制设备等。本案中,中联重科物联网GPS信息服务系统由中联重科物联网远程监控平台、GPS终端、控制器和显示器等构成,具备自动采集、处理、存储、回传、显示数据和自动控制设备的功能。该系统属于具备自动处理数据功能的通信设备与自动化控制设备,属于刑法意义上的计算机信息系统。被告人徐某利用"GPS干扰器"对中联重科物联网GPS信息服务系统进行修改、干扰,造成该系统无法对案涉泵车进行实时监控和远程锁车,是对计算机信息系统功能进行破坏,造成计算机信息系统不能正常运行的行为,且后果特别严重。根据刑法第286条的规定,被告人徐某构成破坏计算机信息系统罪。徐某犯罪以后自动投案,如实供述了自己的罪行,系自首,依法可减轻处罚。徐某退缴全部违法所得,有悔罪表现,可酌情从轻处罚。针对徐某及辩护人提出"自己系自首,且全部退缴违法所得,一审量刑过重"的上诉意见与辩护意见,经查,徐某破坏计算机信息系统,违法所得45000元,后果特别严重,应当判处5年以上有期徒刑,一审判决综合考虑其自首、退缴全部违法所得等情节,对其减轻处罚,判处有期徒刑2年6个月,量刑适当。该上诉意见、辩护意见,不予采纳。原审判决认定事实清楚,证据确实充分,适用法律正确,量刑适当,审判程序合法。

18. 最高人民法院《第20批指导性案例李某、何某民、张某勃等人破坏计算机信息系统案》(指导案例104号;法〔2018〕347号)

【裁判要点】

环境质量监测系统属于计算机信息系统。用棉纱等物品堵塞环境质量监测采样设备,干扰采样,致使监测数据严重失真的,构成破坏计算机信息系统罪。

【裁判理由】

法院生效裁判认为,五被告人的行为违反了国家规定。《中华人民共和国环境保护法》第68条规定禁止篡改、伪造或者指使篡改、伪造监测数据,《中华人民共和国环境大气污染防治法》第126条规定禁止对大气环境保护监督管理工作弄虚作假,《中华人民共和国环境计算机信息系统安全保护条例》第7条规定不得危害计算机信息系统的安全。本案5被告人采取堵塞采样器的方法伪造或者指使伪造监测数据,弄虚作假,违反了上述国家规定。

5被告人的行为破坏了计算机信息系统。《最高人民法院、最高人民检察院关于办理危害计算机信息系统安全刑事案件应用法律若干问题的解释》第11条规定,计算机信息系统和计算机系统,是指具备自动处理数据功能的系统,包括计算机、网络设备、通信设备、自动化控制设备等。根据《最高人民法院、最高人民检察院关于办理环境污染刑事案件适用法律若干问题的解释》第10条第1款的规定,干扰环境质量监测系统的采样,致使监测数据严重失真的行为,属于破坏计算机信息系统。长安子站系国控环境空气质量自动监测站点,产生的监测数据经过系统软件直接传输至监测总站,通过环保部和监测总站的政府网站实时向社会公布,参与计算环境空气质量指数并实时发布。空气采样器是环境空气质量监测系统的重要组成部分。PM10、PM2.5监测数据作为环境空气综合污染指数评估中的最重要两项指标,被告人用棉纱堵塞采样器的采样孔或拆卸采样器的行为,必然造成采样器内部气流场的改变,造成监测数据失真,影响对环境空气质量的正确评估,属于对计算机信息系统功能进行干扰,造成计算机信息系统不能正常运行的行为。

5被告人的行为造成了严重后果。(1)被告人李某、张某勃、张某、张某均多次堵塞、拆卸采样器干扰采样,被告人何某民明知李某等人的行为而没有阻止,只是要求李某把空气污染数值降下来。(2)被告人的干扰行为造成了监测数据的显著异常。2016年2至3月间,长安子站颗粒物监测数据多次出现与周边子站变化趋势不符的现象。长安子站PM2.5数据分别在2月24日18时至25日16时、3月3日4时至6日19时两个时段内异常,PM10数据分别在2月18日18时至19日8时、2月25日20时至21日8时、3月5日19时至6日23时3个时段内异常。其中,长安子站的PM10数据在2016年3月5日19时至22时由361下降至213,下降了41%,其他周边子站均值升高了14%(由316上升至361),6日16时至17时长安子站监测数值由188上升至426,升高了127%,其他子站均值变化不大(由318降至310),6日17时至19时长安子站数值由426下降至309,下降了27%,其他子站均值变化不大(由310降至304)。可见,被告人堵塞采样器的行为足以造成监测数据的严重失真。上述数据的严重失真,与监测总站在例行数据审核时发现长安子站PM10数据明显偏低可以印证。(3)失真的监测数据已实时发送至监测总站,并向社会公布。长安子站空气质量监测的小时浓度均值数据已经通过互联网实时发布。(4)失真的监测数据已被用于编制环境评价的月报、季报。环保部在2016年2、3月及第一季度的全国74个重点城市空气质量排名工作中已采信上述虚假数据,已向社会公布并上报国务院,影响了全国大气环境治理情况评估,损害了政府公信力,误导了环境决策。据此,五被告人干扰采样的行为造成了严重后果,符合刑法第286条规定的"后果严重"要件。

综上,5被告人均已构成破坏计算机信息系统罪。鉴于5被告人到案后均能坦白认罪,有悔罪表现,依法可以从轻处罚。

19. 最高人民检察院《第18批指导性案例姚某杰等11人破坏计算机信息系统案》(检例第69号;2020年4月8日)

【要旨】

为有效打击网络攻击犯罪,检察机关应加强与公安机关的配合,及时介入侦查引导取证,结合案件特点提出明确具体的补充侦查意见。对被害互联网企业提供的证据和技术支持意见,应当结合其他证据进行审查认定,客观全面准确认定破坏计算机信息系统罪的危害后果。

【指导意义】

(一)立足网络攻击犯罪案件特点引导公安机关收集调取证据。

对重大、疑难、复杂的网络攻击类犯罪案件,检察机关可以适时介入侦查引导取证,会同公安机关研究侦查方向,在收集、固定证据等方面提出法律意见。一是引导公安机关及时调取证明网络攻击犯罪发生、证明危害后果达到追诉标准的证据。委托专业技术人员对收集提取到的电子数据等进行检验、鉴定,结合在案其他证据,明确网络攻击类型、攻击特点和攻击后果。二是引导公安机关调取证明网络攻击是犯罪嫌疑人实施的证据。借助专门技术对攻击源进行分析,溯源网络犯罪路径。审查认定犯罪嫌疑人网络身份与现实身份的同一性时,可通过核查IP地址、网络活动记录、上网终端归属,以及证实犯罪嫌疑人与网络终端、存储介质间的关联性综合判断。犯罪嫌疑人在实施网络攻击后,威胁被害人的证据可作为认定攻击事实和因果关系的证据。有证据证明犯罪嫌疑人实施了攻击行为,网络攻击类型和特点与犯罪嫌疑人实施的攻击一致,攻击时间和被攻击时间吻合的,可以认定网络攻击系犯罪嫌疑人实施。三是网络攻击类犯罪多为共同犯罪,应重点审查各犯罪嫌疑人的供述和辩解、手机通信记录等,通过审查自供和互证的情况以及与其他证据间的印证情况,查明各犯罪嫌疑人间的犯意联络、分工和作用,准确认定主、从犯。四是对需要通过退回补充侦查进一步完善上述证据的,在提出补充侦查意见时,应明确列出每一项证据的补侦目的,以及为了达到目的需要开展的工作。在补充侦查过程中,要适时与公安机关面对面会商,了解和掌握补充侦查工作的进展,共同研究分析补充到的证据是否符合起诉和审判的标准和要求,为补充侦查工作提供必要的引导和指导。

(二)对被害单位提供的证据和技术支持意见需结合其他在案证据作出准确认定。

网络攻击类犯罪案件的被害人多为大型互联网企业。在打击该类犯罪的过程中,司法机关往往会借助被攻击的互联网企业在网络技术、网络资源和大数据等方面的优势,进行溯源分析或对攻击造成的危害进行评估。由于互联网企业既是受害方,有时也是技术支持协助方,为确保被害单位提供的证据客观真实,必须特别注意审查取证过程的规范性;有条件的,应当聘请专门机构对证据的完整性进行鉴定。如条件不具备,应当要求提供证据的被害单位对证据作出说明。同时要充分运用印证分析审查思路,将被害单位提供的证据与在案其他证据,如从犯罪嫌疑人处提取的电子数据、社交软件聊天记录、银行流水、第三方机构出具的鉴定意见、证人证言、犯罪嫌疑人供述等证据作对照分析,确保不存在人为改变案件事实或改变案件危害后果的情形。

(三)对破坏计算机信息系统的危害后果应作客观全面准确认定。

实践中,往往倾向于依据犯罪违法所得数额或造成的经济损失认定破坏计算机信息系统罪的危害后果。但是在一些案件中,违法所得或经济损失并不能全面、准确反映出犯罪行为所造成的危害。有的案件违法所得或者经济损失的数额并不大,但网络攻击行为导致受影响的用户数量特别大,有的导致用户满意度降低或用户流失,有的造成了恶劣社会影响。对这类案件,如果仅根据违法所得或经济损失数额来评估危害后果,可能会导致罪刑不相适应。因此,在办理破坏计算机信息系统犯罪案件时,检察机关应发挥好介入侦查引导取证的作用,及时引导公安机关按照法律规定,从扰乱公共秩序的角度,收集、固定能够证实受影响的计算机信息系统数量或用户数量、受影响或被攻击的计算机信息系统不能正常运行的累计时间、对被害企业造成的影响等证据,对危害后果作出客观、全面、准确认定,做到罪责相当、罚当其罪,使被告人受到应有惩处。

20. 最高人民检察院《人民检察院办理网络犯罪案件规定》(2021年1月22日)

(全文详见本书《刑法》第285条相关内容)

第286条之一 【拒不履行信息网络安全管理义务罪】 网络服务提供者不履行法律、行政法规规定的信息网络安全管理义务,经监管部门责令采取改正措施而拒不改正,有下列情形之一的,处3年以下有期徒刑、拘役或者管制,并处或者单处罚金:

(一)致使违法信息大量传播的;

(二)致使用户信息泄露,造成严重后果的;

(三)致使刑事案件证据灭失,情节严重的;

(四)有其他严重情节的。

单位犯前款罪的,对单位判处罚金,并对其直接负责的主管人员和其他直接责任人员,依照前款的规定处罚。

有前两款行为,同时构成其他犯罪的,依照处罚较重的规定定罪处罚。

(本条《中华人民共和国刑法修正案(9)》增加)

• 释义

拒不履行信息网络安全管理义务罪是指网络服务提供者不履行法律、行政法规规定的信息网络安全管理义务,经监管部门责令采取改正措施而拒不改正,致使违法信息大量传播、或用户信息泄露并造成严重后果、或刑事案件证据灭失情节严重、或有其他严重情节的行为。

• 管辖

公安机关网络安全保卫部门。

• 关联法律

1. 公安部《计算机犯罪现场勘验与电子证据检查规则》(公信安〔2005〕161号)

(详见本书《刑法》第285条相关内容)

2. 最高人民法院、最高人民检察院、公安部《关于办理网络犯罪案件适用刑事诉讼程序若干问题的意见》(公通字〔2014〕10号)

(详见本书《刑法》第285条相关内容)

3.《中华人民共和国刑法修正案(9)》(2015年8月29日第十二届全国人大常委会第十六次会议通过)

二十八、在刑法第286条后增加1条,作为第286条之一:“网络服务提供者不履行法律、行政法规规定的信息网络安全管理义务,经监管部门责令采取改正措施而拒不改正,有下列情形之一的,处3年以下有期徒刑、拘役或者管制,并处或者单处罚金:

“(一)致使违法信息大量传播的;(二)致使用户信息泄露,造成严重后果的;(三)致使刑事案件证据灭失,情节严重的;(四)有其他严重情节的。

“单位犯前款罪的,对单位判处罚金,并对其直接负责的主管人员和其他直接责任人员,依照前款的规定处罚。

“有前两款行为,同时构成其他犯罪的,依照处罚较重的规定定罪处罚。”

4. 最高人民法院、最高人民检察院《关于执行〈中华人民共和国刑法〉确定罪名的补充规定(六)》(法释〔2015〕20号)

根据《中华人民共和国刑法修正案(9)》(以下简称《刑法修正案(9)》)和《全国人民代表

大会常务委员会关于修改部分法律的决定》的有关规定，现对最高人民法院《关于执行〈中华人民共和国刑法〉确定罪名的规定》、最高人民检察院《关于适用刑法分则规定的犯罪的罪名的意见》作如下补充、修改：刑法条文第286条之一（《刑法修正案(9)》第28条），罪名拒不履行信息网络安全管理义务罪。

5. 最高人民法院、最高人民检察院、公安部《关于办理电信网络诈骗等刑事案件适用法律若干问题的意见》（法发〔2016〕32号）

三、全面惩处关联犯罪

（六）网络服务提供者不履行法律、行政法规规定的信息网络安全管理义务，经监管部门责令采取改正措施而拒不改正，致使诈骗信息大量传播，或者用户信息泄露造成严重后果的，依照刑法第286条之一的规定，以拒不履行信息网络安全管理义务罪追究刑事责任。同时构成诈骗罪的，依照处罚较重的规定定罪处罚。（详见本书《刑法》第266条相关内容）

6.《中华人民共和国网络安全法》（2016年11月7日第十二届全国人大常委会第二十四次会议通过）

第74条 违反本法规定，给他人造成损害的，依法承担民事责任。

违反本法规定，构成违反治安管理行为的，依法给予治安管理处罚；构成犯罪的，依法追究刑事责任。

第75条 境外的机构、组织、个人从事攻击、侵入、干扰、破坏等危害中华人民共和国的关键信息基础设施的活动，造成严重后果的，依法追究法律责任；国务院公安部门和有关部门并可以决定对该机构、组织、个人采取冻结财产或者其他必要的制裁措施。

第76条 本法下列用语的含义：

（一）网络，是指由计算机或者其他信息终端及相关设备组成的按照一定的规则和程序对信息进行收集、存储、传输、交换、处理的系统。（二）网络安全，是指通过采取必要措施，防范对网络的攻击、侵入、干扰、破坏和非法使用以及意外事故，使网络处于稳定可靠运行的状态，以及保障网络数据的完整性、保密性、可用性的能力。（三）网络运营者，是指网络的所有者、管理者和网络服务提供者。（四）网络数据，是指通过网络收集、存储、传输、处理和产生的各种电子数据。（五）个人信息，是指以电子或者其他方式记录的能够单独或者与其他信息结合识别自然人个人身份的各种信息，包括但不限于自然人的姓名、出生日期、身份证件号码、个人生物识别信息、住址、电话号码等。

第77条 存储、处理涉及国家秘密信息的网络的运行安全保护，除应当遵守本法外，还应当遵守保密法律、行政法规的规定。

7. 国家互联网信息办公室《互联网新闻信息服务管理规定》（国家互联网信息办公室令〔2017〕第1号）

第13条 互联网新闻信息服务提供者为用户提供互联网新闻信息传播平台服务，应当按照《中华人民共和国网络安全法》的规定，要求用户提供真实身份信息。用户不提供真实身份信息的，互联网新闻信息服务提供者不得为其提供相关服务。

互联网新闻信息服务提供者对用户身份信息和日志信息负有保密的义务，不得泄露、篡改、毁损，不得出售或非法向他人提供。

互联网新闻信息服务提供者及其从业人员不得通过采编、发布、转载、删除新闻信息，干预新闻信息呈现或搜索结果等手段谋取不正当利益。

第14条 互联网新闻信息服务提供者提供互联网新闻信息传播平台服务，应当与在其平台上注册的用户签订协议，明确双方权利义务。

对用户开设公众账号的，互联网新闻信息服务提供者应当审核其账号信息、服务资质、服务范围等信息,并向所在地省、自治区、直辖市互联网信息办公室分类备案。

第15条 互联网新闻信息服务提供者转载新闻信息,应当转载中央新闻单位或省、自治区、直辖市直属新闻单位等国家规定范围内的单位发布的新闻信息,注明新闻信息来源、原作者、原标题、编辑真实姓名等,不得歪曲、篡改标题原意和新闻信息内容,并保证新闻信息来源可追溯。

互联网新闻信息服务提供者转载新闻信息,应当遵守著作权相关法律法规的规定,保护著作权人的合法权益。

第16条 互联网新闻信息服务提供者和用户不得制作、复制、发布、传播法律、行政法规禁止的信息内容。

互联网新闻信息服务提供者提供服务过程中发现含有违反本规定第3条或前款规定内容的,应当依法立即停止传输该信息、采取消除等处置措施,保存有关记录,并向有关主管部门报告。

第17条 互联网新闻信息服务提供者变更主要负责人、总编辑、主管单位、股权结构等影响许可条件的重大事项,应当向原许可机关办理变更手续。

互联网新闻信息服务提供者应用新技术、调整增设具有新闻舆论属性或社会动员能力的应用功能,应当报国家或省、自治区、直辖市互联网信息办公室进行互联网新闻信息服务安全评估。

第18条 互联网新闻信息服务提供者应当在明显位置明示互联网新闻信息服务许可证编号。

互联网新闻信息服务提供者应当自觉接受社会监督,建立社会投诉举报渠道,设置便捷的投诉举报入口,及时处理公众投诉举报。

第19条 国家和地方互联网信息办公室应当建立日常检查和定期检查相结合的监督管理制度,依法对互联网新闻信息服务活动实施监督检查,有关单位、个人应当予以配合。

国家和地方互联网信息办公室应当健全执法人员资格管理制度。执法人员开展执法活动,应当依法出示执法证件。

第20条 任何组织和个人发现互联网新闻信息服务提供者有违反本规定行为的,可以向国家和地方互联网信息办公室举报。

国家和地方互联网信息办公室应当向社会公开举报受理方式,收到举报后,应当依法予以处置。互联网新闻信息服务提供者应当予以配合。

第25条 互联网新闻信息服务提供者违反本规定第3条、第16条第1款、第19条第1款、第20条第2款规定的,由国家和地方互联网信息办公室依据职责给予警告,责令限期改正;情节严重或拒不改正的,暂停新闻信息更新,处2万元以上3万元以下罚款;构成犯罪的,依法追究刑事责任。

第26条 互联网新闻信息服务提供者违反本规定第13条第1款、第16条第2款规定的,由国家和地方互联网信息办公室根据《中华人民共和国网络安全法》的规定予以处理。

8.最高人民法院、最高人民检察院《关于办理侵犯公民个人信息刑事案件适用法律若干问题的解释》(法释〔2017〕10号)

第9条 网络服务提供者拒不履行法律、行政法规规定的信息网络安全管理义务,经监管部门责令采取改正措施而拒不改正,致使用户的公民个人信息泄露,造成严重后果的,应当依照刑法第286条之一的规定,以拒不履行信息网络安全管理义务罪定罪处罚。

第10条 实施侵犯公民个人信息犯罪,不属于“情节特别严重”,行为人系初犯,全部退赃,并确有悔罪表现的,可以认定为情节轻微,不起诉或者免予刑事处罚;确有必要判处刑罚的,应当从宽处罚。

第11条 非法获取公民个人信息后又出售或者提供的,公民个人信息的条数不重复计算。

向不同单位或者个人分别出售、提供同一公民个人信息的,公民个人信息的条数累计计算。

对批量公民个人信息的条数,根据查获的数量直接认定,但是有证据证明信息不真实或者重复的除外。

第12条 对于侵犯公民个人信息犯罪,应当综合考虑犯罪的危害程度、犯罪的违法所得数额以及被告人的前科情况、认罪悔罪态度等,依法判处罚金。罚金数额一般在违法所得的1倍以上5倍以下。

第13条 本解释自2017年6月1日起施行。(全文详见本书《刑法》第253条之一相关内容)

9. 公安部《公安机关互联网安全监督检查规定》(公安部令〔2018〕第151号)

(全文略)

10. 最高人民法院、最高人民检察院《关于办理非法利用信息网络、帮助信息网络犯罪活动等刑事案件适用法律若干问题的解释》(法释〔2019〕15号)

为依法惩治拒不履行信息网络安全管理义务、非法利用信息网络、帮助信息网络犯罪活动等犯罪,维护正常网络秩序,根据《中华人民共和国刑法》《中华人民共和国刑事诉讼法》的规定,现就办理此类刑事案件适用法律的若干问题解释如下:

第1条 提供下列服务的单位和个人,应当认定为刑法第286条之一第1款规定的"网络服务提供者":

(一)网络接入、域名注册解析等信息网络接入、计算、存储、传输服务;(二)信息发布、搜索引擎、即时通讯、网络支付、网络预约、网络购物、网络游戏、网络直播、网站建设、安全防护、广告推广、应用商店等信息网络应用服务;(三)利用信息网络提供的电子政务、通信、能源、交通、水利、金融、教育、医疗等公共服务。

第2条 刑法第286条之一第1款规定的"监管部门责令采取改正措施",是指网信、电信、公安等依照法律、行政法规的规定承担信息网络安全监管职责的部门,以责令整改通知书或者其他文书形式,责令网络服务提供者采取改正措施。

认定"经监管部门责令采取改正措施而拒不改正",应当综合考虑监管部门责令改正是否具有法律、行政法规依据,改正措施及期限要求是否明确、合理,网络服务提供者是否具有按照要求采取改正措施的能力等因素进行判断。

第3条 拒不履行信息网络安全管理义务,具有下列情形之一的,应当认定为刑法第286条之一第1款第1项规定的"致使违法信息大量传播":

(一)致使传播违法视频文件200个以上的;(二)致使传播违法视频文件以外的其他违法信息2000个以上的;(三)致使传播违法信息,数量虽未达到1项、第2项规定标准,但是按相应比例折算合计达到有关数量标准的;(四)致使向2000个以上用户账号传播违法信息的;(五)致使利用群组成员账号数累计3000以上的通讯群组或者关注人员账号数累计3万以上的社交网络传播违法信息的;(六)致使违法信息实际被点击数达到5万以上的;(七)其他致使违法信息大量传播的情形。

第4条 拒不履行信息网络安全管理义务,致使用户信息泄露,具有下列情形之一的,应当认定为刑法第286条之一第1款第2项规定的"造成严重后果":

(一)致使泄露行踪轨迹信息、通信内容、征信信息、财产信息500条以上的;(二)致使泄露住宿信息、通信记录、健康生理信息、交易信息等其他可能影响人身、财产安全的用户信息5000条以上的;(三)致使泄露第1项、第2项规定以外的用户信息5万条以上的;(四)数量虽未达到第1项至第3项规定标准,但是按相应比例折算合计达到有关数量标准的;(五)造成他人死亡、重伤、精神失常或者被绑架等严重后果的;(六)造成重大经济损失的;(七)严重扰乱社会秩序的;(八)造成其他严重后果的。

第5条 拒不履行信息网络安全管理义务,致使影响定罪量刑的刑事案件证据灭失,具有下列情形之一的,应当认定为刑法第286条之一第1款第3项规定的"情节严重":

(一)造成危害国家安全犯罪、恐怖活动犯罪、黑社会性质组织犯罪、贪污贿赂犯罪案件的证据灭失的;(二)造成可能判处5年有期徒刑以上刑罚犯罪案件的证据灭失的;(三)多次造成刑事案件证据灭失的;(四)致使刑事诉讼程序受到严重影响的;(五)其他情节严重的情形。

第6条 拒不履行信息网络安全管理义务,具有下列情形之一的,应当认定为刑法第286条之一第1款第4项规定的"有其他严重情节":

(一)对绝大多数用户日志未留存或者未落实真实身份信息认证义务的;(二)2年内经多次责令改正拒不改正的;(三)致使信息网络服务被主要用于违法犯罪的;(四)致使信息网络服务、网络设施被用于实施网络攻击,严重影响生产、生活的;(五)致使信息网络服务被用于实施危害国家安全犯罪、恐怖活动犯罪、黑社会性质组织犯罪、贪污贿赂犯罪或者其他重大犯罪的;(六)致使国家机关或者通信、能源、交通、水利、金融、教育、医疗等领域提供公共服务的信息网络受到破坏,严重影响生产、生活的;(七)其他严重违反信息网络安全管理义务的情形。

第7条 刑法第287条之一规定的"违法犯罪",包括犯罪行为和属于刑法分则规定的行为类型但尚未构成犯罪的违法行为。

第8条 以实施违法犯罪活动为目的而设立或者设立后主要用于实施违法犯罪活动的网站、通讯群组,应当认定为刑法第287条之一第1款第1项规定的"用于实施诈骗、传授犯罪方法、制作或者销售违禁物品、管制物品等违法犯罪活动的网站、通讯群组"。

第9条 利用信息网络提供信息的链接、截屏、二维码、访问账号密码及其他指引访问服务的,应当认定为刑法第287条之一第1款第2项、第3项规定的"发布信息"。

第10条 非法利用信息网络,具有下列情形之一的,应当认定为刑法第287条之一第1款规定的"情节严重":

(一)假冒国家机关、金融机构名义,设立用于实施违法犯罪活动的网站的;

(二)设立用于实施违法犯罪活动的网站,数量达到3个以上或者注册账号数累计达到2000以上的;

(三)设立用于实施违法犯罪活动的通讯群组,数量达到5个以上或者群组成员账号数累计达到1000以上的;

(四)发布有关违法犯罪的信息或者为实施违法犯罪活动发布信息,具有下列情形之一的:

1.在网站上发布有关信息100条以上的;2.向2000个以上用户账号发送有关信息的;3.向群组成员数累计达到3000以上的通讯群组发送有关信息的;4.利用关注人员账号数累计达到3万以上的社交网络传播有关信息的;

(五)违法所得1万元以上的;

(六)2年内曾因非法利用信息网络、帮助信息网络犯罪活动、危害计算机信息系统安全受过行政处罚,又非法利用信息网络的;

(七)其他情节严重的情形。

第11条 为他人实施犯罪提供技术支持或者帮助,具有下列情形之一的,可以认定行为人明知他人利用信息网络实施犯罪,但是有相反证据的除外:

(一)经监管部门告知后仍然实施有关行为的;(二)接到举报后不履行法定管理职责的;(三)交易价格或者方式明显异常的;(四)提供专门用于违法犯罪的程序、工具或者其他技术支持、帮助的;(五)频繁采用隐蔽上网、加密通信、销毁数据等措施或者使用虚假身份,逃避监管或者规避调查的;(六)为他人逃避监管或者规避调查提供技术支持、帮助的;(七)其他足以认定行为人明知的情形。

第12条 明知他人利用信息网络实施犯罪,为其犯罪提供帮助,具有下列情形之一的,应当认定为刑法第287条之二第1款规定的"情节严重":

(一)为3个以上对象提供帮助的;(二)支付结算金额20万元以上的;(三)以投放广告等方式提供资金5万元以上的;(四)违法所得1万元以上的;(五)2年内曾因非法利用信息网络、帮助信息网络犯罪活动、危害计算机信息系统安全受过行政处罚,又帮助信息网络犯罪活动的;(六)被帮助对象实施的犯罪造成严重后果的;(七)其他情节严重的情形。

实施前款规定的行为,确因客观条件限制无法查证被帮助对象是否达到犯罪的程度,但相关数额总计达到前款第2项至第4项规定标准五倍以上,或者造成特别严重后果的,应当以帮助信息网络犯罪活动罪追究行为人的刑事责任。

第13条 被帮助对象实施的犯罪行为可以确认,但尚未到案、尚未依法裁判或者因未达到刑事责任年龄等原因依法未予追究刑事责任的,不影响帮助信息网络犯罪活动罪的认定。

第14条 单位实施本解释规定的犯罪的,依照本解释规定的相应自然人犯罪的定罪量刑标准,对直接负责的主管人员和其他直接责任人员定罪处罚,并对单位判处罚金。

第15条 综合考虑社会危害程度、认罪悔罪态度等情节,认为犯罪情节轻微的,可以不起诉或者免予刑事处罚;情节显著轻微危害不大的,不以犯罪论处。

第16条 多次拒不履行信息网络安全管理义务、非法利用信息网络、帮助信息网络犯罪活动构成犯罪,依法应当追诉的,或者2年内多次实施前述行为未经处理的,数量或者数额累计计算。

第17条 对于实施本解释规定的犯罪被判处刑罚的,可以根据犯罪情况和预防再犯罪的需要,依法宣告职业禁止;被判处管制、宣告缓刑的,可以根据犯罪情况,依法宣告禁止令。

第18条 对于实施本解释规定的犯罪的,应当综合考虑犯罪的危害程度、违法所得数额以及被告人的前科情况、认罪悔罪态度等,依法判处罚金。

第19条 本解释自2019年11月1日起施行。

11. 国家互联网信息办公室秘书局、工业和信息化部办公厅、公安部办公厅、国家市场监督管理总局办公厅《关于App违法违规收集使用个人信息行为认定方法》(国信办秘字〔2019〕191号)

(详见本书《刑法》第253条之一相关内容)

12. 国家互联网信息办公室《网络信息内容生态治理规定》(国家网信办令〔2019〕5号)

(详见本书《刑法》第291条之一相关内容)

13. 最高人民法院、最高人民检察院、公安部、司法部《关于依法惩治妨害新型冠状病毒感染肺炎疫情防控违法犯罪的意见》(法发〔2020〕7号)

二、准确适用法律,依法严惩妨害疫情防控的各类违法犯罪

(六)依法严惩造谣传谣犯罪。编造虚假的疫情信息,在信息网络或者其他媒体上传播,或者明知是虚假疫情信息,故意在信息网络或者其他媒体上传播,严重扰乱社会秩序的,依照刑法第291条之一第2款的规定,以编造、故意传播虚假信息罪定罪处罚。

编造虚假信息,或者明知是编造的虚假信息,在信息网络上散布,或者组织、指使人员在信息网络上散布,起哄闹事,造成公共秩序严重混乱的,依照刑法第293条第1款第4项的规定,以寻衅滋事罪定罪处罚。

利用新型冠状病毒感染肺炎疫情,制造、传播谣言,煽动分裂国家、破坏国家统一,或者煽动颠覆国家政权、推翻社会主义制度的，依照刑法第103条第2款、第105条第2款的规定，以煽动分裂国家罪或者煽动颠覆国家政权罪定罪处罚。

网络服务提供者不履行法律、行政法规规定的信息网络安全管理义务，经监管部门责令采取改正措施而拒不改正，致使虚假疫情信息或者其他违法信息大量传播的，依照刑法第286条之一的规定，以拒不履行信息网络安全管理义务罪定罪处罚。

对虚假疫情信息案件，要依法、精准、恰当处置。对恶意编造虚假疫情信息，制造社会恐慌，挑动社会情绪，扰乱公共秩序，特别是恶意攻击党和政府，借机煽动颠覆国家政权、推翻社会主义制度的，要依法严惩。对于因轻信而传播虚假信息，危害不大的，不以犯罪论处。（全文详见本书《刑法》第114条相关内容）

14. 最高人民检察院《人民检察院办理网络犯罪案件规定》（2021年1月22日）

（全文详见本书《刑法》第285条相关内容）

第287条　【利用计算机实施犯罪的提示性规定】 利用计算机实施金融诈骗、盗窃、贪污、挪用公款、窃取国家秘密或者其他犯罪的，依照本法有关规定定罪处罚。

第287条之一　【非法利用信息网络罪】 利用信息网络实施下列行为之一，情节严重的，处3年以下有期徒刑或者拘役，并处或者单处罚金：

（一）设立用于实施诈骗、传授犯罪方法、制作或者销售违禁物品、管制物品等违法犯罪活动的网站、通讯群组的；

（二）发布有关制作或者销售毒品、枪支、淫秽物品等违禁物品、管制物品或者其他违法犯罪信息的；

（三）为实施诈骗等违法犯罪活动发布信息的。

单位犯前款罪的，对单位判处罚金，并对其直接负责的主管人员和其他直接责任人员，依照第1款的规定处罚。

有前两款行为，同时构成其他犯罪的，依照处罚较重的规定定罪处罚。

（本条《中华人民共和国刑法修正案（9）》增加）

• 释义

非法利用信息网络罪是指利用信息网络设立用于实施诈骗、传授犯罪方法、制作或者销售违禁物品、管制物品等违法犯罪活动的网站、通讯群组，或发布有关制作或者销售毒品、枪支、淫秽物品等违禁物品、管制物品或者其他违法犯罪信息，或为实施诈骗等违法犯罪活动发布信息，情节严重的行为。

• 管辖

公安机关网络安全保卫部门。

• 关联法律

1. 公安部《计算机犯罪现场勘验与电子证据检查规则》（公信安〔2005〕161号）

（详见本书《刑法》第285条相关内容）

2. 最高人民法院、最高人民检察院、公安部《关于办理网络犯罪案件适用刑事诉讼程序若干问题的意见》（公通字〔2014〕10号）

（详见本书《刑法》第285条相关内容）

3.《中华人民共和国刑法修正案(9)》(2015年8月29日第十二届全国人大常委会第十六次会议通过)

二十九、在刑法第287条后增加2条,作为第287条之一、第287条之二:

“第287条之一利用信息网络实施下列行为之一,情节严重的,处3年以下有期徒刑或者拘役,并处或者单处罚金:

“(一)设立用于实施诈骗、传授犯罪方法、制作或者销售违禁物品、管制物品等违法犯罪活动的网站、通讯群组的;(二)发布有关制作或者销售毒品、枪支、淫秽物品等违禁物品、管制物品或者其他违法犯罪信息的;(三)为实施诈骗等违法犯罪活动发布信息的。

“单位犯前款罪的,对单位判处罚金,并对其直接负责的主管人员和其他直接责任人员,依照第1款的规定处罚。

“有前两款行为,同时构成其他犯罪的,依照处罚较重的规定定罪处罚。

“第二百八十七条之二明知他人利用信息网络实施犯罪,为其犯罪提供互联网接入、服务器托管、网络存储、通讯传输等技术支持,或者提供广告推广、支付结算等帮助,情节严重的,处3年以下有期徒刑或者拘役,并处或者单处罚金。

“单位犯前款罪的,对单位判处罚金,并对其直接负责的主管人员和其他直接责任人员,依照第1款的规定处罚。

“有前两款行为,同时构成其他犯罪的,依照处罚较重的规定定罪处罚。”

4.最高人民法院、最高人民检察院《关于执行〈中华人民共和国刑法〉确定罪名的补充规定(6)》(法释〔2015〕20号)

根据《中华人民共和国刑法修正案(9)》(以下简称《刑法修正案(9)》)和《全国人民代表大会常务委员会关于修改部分法律的决定》的有关规定,现对最高人民法院《关于执行〈中华人民共和国刑法〉确定罪名的规定》、最高人民检察院《关于适用刑法分则规定的犯罪的罪名的意见》作如下补充、修改:刑法条文第287条之一(《刑法修正案(9)》第29条),罪名非法利用信息网络罪。

5.最高人民法院《关于审理毒品犯罪案件适用法律若干问题的解释》(法释〔2016〕8号)

第14条 利用信息网络,设立用于实施传授制造毒品、非法生产制毒物品的方法,贩卖毒品,非法买卖制毒物品或者组织他人吸食、注射毒品等违法犯罪活动的网站、通讯群组,或者发布实施前述违法犯罪活动的信息,情节严重的,应当依照刑法第287条之一的规定,以非法利用信息网络罪定罪处罚。

实施刑法第287条之一、第287条之二规定的行为,同时构成贩卖毒品罪、非法买卖制毒物品罪、传授犯罪方法罪等犯罪的,依照处罚较重的规定定罪处罚。

第15条 本解释自2016年4月11日起施行。《最高人民法院关于审理毒品案件定罪量刑标准有关问题的解释》(法释〔2000〕13号)同时废止;之前发布的司法解释和规范性文件与本解释不一致的,以本解释为准。(详见本书《刑法》第347条相关内容)

6.最高人民法院、最高人民检察院、公安部《关于办理电信网络诈骗等刑事案件适用法律若干问题的意见》(法发〔2016〕32号)

三、全面惩处关联犯罪

(一)在实施电信网络诈骗活动中,非法使用“伪基站”“黑广播”,干扰无线电通讯秩序,符合刑法第288条规定的,以扰乱无线电通讯管理秩序罪追究刑事责任。同时构成诈骗罪的,依照处罚较重的规定定罪处罚。

(二)违反国家有关规定,向他人出售或者提供公民个人信息,窃取或者以其他方法非法获取公民个人信息,符合刑法第253条之一规定的,以侵犯公民个人信息罪追究刑事责任。

使用非法获取的公民个人信息，实施电信网络诈骗犯罪行为，构成数罪的，应当依法予以并罚。

（三）冒充国家机关工作人员实施电信网络诈骗犯罪，同时构成诈骗罪和招摇撞骗罪的，依照处罚较重的规定定罪处罚。

（四）非法持有他人信用卡，没有证据证明从事电信网络诈骗犯罪活动，符合刑法第177条之一第1款第(2)项规定的，以妨害信用卡管理罪追究刑事责任。

（五）明知是电信网络诈骗犯罪所得及其产生的收益，以下列方式之一予以转账、套现、取现的，依照刑法第312条第1款的规定，以掩饰、隐瞒犯罪所得、犯罪所得收益罪追究刑事责任。但有证据证明确实不知道的除外：

1. 通过使用销售点终端机具(POS机)刷卡套现等非法途径，协助转换或者转移财物的；2. 帮助他人将巨额现金散存于多个银行账户，或在不同银行账户之间频繁划转的；3. 多次使用或者使用多个非本人身份证明开设的信用卡、资金支付结算账户或者多次采用遮蔽摄像头、伪装等异常手段，帮助他人转账、套现、取现的；4. 为他人提供非本人身份证明开设的信用卡、资金支付结算账户后，又帮助他人转账、套现、取现的；5. 以明显异于市场的价格，通过手机充值、交易游戏点卡等方式套现的。

实施上述行为，事前通谋的，以共同犯罪论处。

实施上述行为，电信网络诈骗犯罪嫌疑人尚未到案或案件尚未依法裁判，但现有证据足以证明该犯罪行为确实存在的，不影响掩饰、隐瞒犯罪所得、犯罪所得收益罪的认定。

实施上述行为，同时构成其他犯罪的，依照处罚较重的规定定罪处罚。法律和司法解释另有规定的除外。

（六）网络服务提供者不履行法律、行政法规规定的信息网络安全管理义务，经监管部门责令采取改正措施而拒不改正，致使诈骗信息大量传播，或者用户信息泄露造成严重后果的，依照刑法第286条之一的规定，以拒不履行信息网络安全管理义务罪追究刑事责任。同时构成诈骗罪的，依照处罚较重的规定定罪处罚。

（七）实施刑法第287条之一、第287条之二规定行为，构成非法利用信息网络罪、帮助信息网络犯罪活动罪，同时构成诈骗罪的，依照处罚较重的规定定罪处罚。

（八）金融机构、网络服务提供者、电信业务经营者等在经营活动中，违反国家有关规定，被电信网络诈骗犯罪分子利用，使他人遭受财产损失的，依法承担相应责任。构成犯罪的，依法追究刑事责任。（全文详见本书《刑法》第266条相关内容）

7. 最高人民法院、最高人民检察院《关于办理侵犯公民个人信息刑事案件适用法律若干问题的解释》(法释〔2017〕10号)

第8条　设立用于实施非法获取、出售或者提供公民个人信息违法犯罪活动的网站、通讯群组，情节严重的，应当依照刑法第287条之一的规定，以非法利用信息网络罪定罪处罚；同时构成侵犯公民个人信息罪的，依照侵犯公民个人信息罪定罪处罚。

第10条　实施侵犯公民个人信息犯罪，不属于"情节特别严重"，行为人系初犯，全部退赃，并确有悔罪表现的，可以认定为情节轻微，不起诉或者免予刑事处罚；确有必要判处刑罚的，应当从宽处罚。

第11条　非法获取公民个人信息后又出售或者提供的，公民个人信息的条数不重复计算。

向不同单位或者个人分别出售、提供同一公民个人信息的，公民个人信息的条数累计计算。

对批量公民个人信息的条数，根据查获的数量直接认定，但是有证据证明信息不真实或者重复的除外。

第12条 对于侵犯公民个人信息犯罪,应当综合考虑犯罪的危害程度、犯罪的违法所得数额以及被告人的前科情况、认罪悔罪态度等,依法判处罚金。罚金数额一般在违法所得的1倍以上5倍以下。(全文详见本书《刑法》第253条之一相关内容)

8. 最高人民法院、最高人民检察院《关于办理组织、强迫、引诱、容留、介绍卖淫刑事案件适用法律若干问题的解释》(法释〔2017〕13号)

第8条 引诱、容留、介绍他人卖淫,具有下列情形之一的,应当依照刑法第359条第1款的规定定罪处罚:

(一)引诱他人卖淫的;(二)容留、介绍2人以上卖淫的;(三)容留、介绍未成年人、孕妇、智障人员、患有严重性病的人卖淫的;(四)1年内曾因引诱、容留、介绍卖淫行为被行政处罚,又实施容留、介绍卖淫行为的;(五)非法获利人民币1万元以上的。

利用信息网络发布招嫖违法信息,情节严重的,依照刑法第287条之一的规定,以非法利用信息网络罪定罪处罚。同时构成介绍卖淫罪的,依照处罚较重的规定定罪处罚。

引诱、容留、介绍他人卖淫是否以营利为目的,不影响犯罪的成立。引诱不满14周岁的幼女卖淫的,依照刑法第359条第2款的规定,以引诱幼女卖淫罪定罪处罚。

被引诱卖淫的人员中既有不满14周岁的幼女,又有其他人员的,分别以引诱幼女卖淫罪和引诱卖淫罪定罪,实行并罚。

第10条 组织、强迫、引诱、容留、介绍他人卖淫的次数,作为酌定情节在量刑时考虑。(全文详见本书《刑法》第358条之一相关内容)

9. 最高人民法院、最高人民检察院《关于办理组织考试作弊等刑事案件适用法律若干问题的解释》(法释〔2019〕13号)

第11条 设立用于实施考试作弊的网站、通讯群组或者发布有关考试作弊的信息,情节严重的,应当依照刑法第287条之一的规定,以非法利用信息网络罪定罪处罚;同时构成组织考试作弊罪、非法出售、提供试题、答案罪、非法获取国家秘密罪等其他犯罪的,依照处罚较重的规定定罪处罚。(全文详见本书《刑法》第284条之一相关内容)

10. 最高人民法院、最高人民检察院《关于办理非法利用信息网络、帮助信息网络犯罪活动等刑事案件适用法律若干问题的解释》(法释〔2019〕15号)

第7条 刑法第287条之一规定的"违法犯罪",包括犯罪行为和属于刑法分则规定的行为类型但尚未构成犯罪的违法行为。

第8条 以实施违法犯罪活动为目的而设立或者设立后主要用于实施违法犯罪活动的网站、通讯群组,应当认定为刑法第287条之一第1款第1项规定的"用于实施诈骗、传授犯罪方法、制作或者销售违禁物品、管制物品等违法犯罪活动的网站、通讯群组"。

第9条 利用信息网络提供信息的链接、截屏、二维码、访问账号密码及其他指引访问服务的,应当认定为刑法第287条之一第1款第2项、第3项规定的"发布信息"。

第10条 非法利用信息网络,具有下列情形之一的,应当认定为刑法第287条之一第1款规定的"情节严重":

(一)假冒国家机关、金融机构名义,设立用于实施违法犯罪活动的网站的;(二)设立用于实施违法犯罪活动的网站,数量达到3个以上或者注册账号数累计达到2000以上的;(三)设立用于实施违法犯罪活动的通讯群组,数量达到5个以上或者群组成员账号数累计达到1000以上的;(四)发布有关违法犯罪的信息或者为实施违法犯罪活动发布信息,具有下列情形之一的:1. 在网站上发布有关信息100条以上的;2. 向2000个以上用户账号发送有关信息的;3. 向群组成员数累计达到3000以上的通讯群组发送有关信息的;4. 利用关注人员账号数累计达到3万以上的社交网络传播有关信息的；(五)违法所得1万元以上的；(六)2年内曾因非法利用信息网络、帮助信息网络犯罪活动、危害计算机信息系统安全受过行政处罚，又非法利用信息网络的；(七)其他情节严重的情形。

第11条 为他人实施犯罪提供技术支持或者帮助，具有下列情形之一的，可以认定行为人明知他人利用信息网络实施犯罪，但是有相反证据的除外：

(一)经监管部门告知后仍然实施有关行为的；(二)接到举报后不履行法定管理职责的；(三)交易价格或者方式明显异常的；(四)提供专门用于违法犯罪的程序、工具或者其他技术支持、帮助的；(五)频繁采用隐蔽上网、加密通信、销毁数据等措施或者使用虚假身份，逃避监管或者规避调查的；(六)为他人逃避监管或者规避调查提供技术支持、帮助的；(七)其他足以认定行为人明知的情形。(全文详见本书《刑法》第286条之一相关内容)

11. 国家互联网信息办公室秘书局、工业和信息化部办公厅、公安部办公厅、国家市场监督管理总局办公厅《关于App违法违规收集使用个人信息行为认定方法》(国信办秘字〔2019〕191号)

(详见本书《刑法》第253条之一相关内容)

12. 国家互联网信息办公室《网络信息内容生态治理规定》(网信办令〔2019〕第5号)

(全文详见本书《刑法》第291条之一相关内容)

13. 最高人民法院、最高人民检察院、公安部《关于办理跨境赌博犯罪案件若干问题的意见》(公通字〔2020〕14号)

四、关于跨境赌博关联犯罪的认定

(五)为赌博犯罪提供资金、信用卡、资金结算等服务，构成赌博犯罪共犯，同时构成非法经营罪、妨害信用卡管理罪、窃取、收买、非法提供信用卡信息罪、掩饰、隐瞒犯罪所得、犯罪收益罪等罪的，依照处罚较重的规定定罪处罚。

为网络赌博犯罪提供互联网接入、服务器托管、网络存储、通讯传输等技术支持，或者提供广告推广、支付结算等帮助，构成赌博犯罪共犯，同时构成非法利用信息网络罪、帮助信息网络犯罪活动罪等罪的，依照处罚较重的规定定罪处罚。

为实施赌博犯罪，非法获取公民个人信息，或者向实施赌博犯罪者出售、提供公民个人信息，构成赌博犯罪共犯，同时构成侵犯公民个人信息罪的，依照处罚较重的规定定罪处罚。

(全文详见本书《刑法》第303条相关内容)

14. 最高人民检察院《人民检察院办理网络犯罪案件规定》(2021年1月22日)

(全文详见本书《刑法》第285条相关内容)

15. 最高人民检察院《办理长江流域非法捕捞案件有关法律政策问题的解答》(高检办发〔2021〕1号)

六、办理长江流域非法捕捞案件，如何准确把握非法捕捞水产品罪与其他关联犯罪的界限？

四是注意认定非法捕捞水产品犯罪的其他关联犯罪。制造、销售禁用渔具，情节严重，符合刑法第140条或者第146条规定的，以生产、销售伪劣产品罪或者生产、销售不符合安全标准的产品罪定罪处罚。明知是长江流域非法捕捞渔获物而利用信息网络设立用于收购、出售的网站、通讯群组，或者发布相关犯罪信息，情节严重，符合刑法第287条之一规定的，以非法利用信息网络罪定罪处罚。

五是注意认定非法捕捞水产品犯罪的共同犯罪。事前通谋，按照分工分别实施非法捕捞、运输、销售等行为的，以共同犯罪论处。明知他人从事非法捕捞，仍为其提供工具、运输、加工、销售等帮助的，以共同犯罪论处。(全文详见本书《刑法》第340条相关内容)

16.《中华人民共和国反电信网络诈骗法》(2022年9月2日第13届全国人民代表大会常务委员会第36次会议通过) 第6章、第7章

(详见本书《刑法》第266条相关内容)

第287条之二 【帮助信息网络犯罪活动罪】 明知他人利用信息网络实施犯罪,为其犯罪提供互联网接入、服务器托管、网络存储、通讯传输等技术支持,或者提供广告推广、支付结算等帮助,情节严重的,处3年以下有期徒刑或者拘役,并处或者单处罚金。

单位犯前款罪的,对单位判处罚金,并对其直接负责的主管人员和其他直接责任人员,依照第1款的规定处罚。

有前两款行为,同时构成其他犯罪的,依照处罚较重的规定定罪处罚。

(本条《中华人民共和国刑法修正案(9)》增加)

• 释义

帮助信息网络犯罪活动罪是指明知他人利用信息网络实施犯罪,为其犯罪提供互联网接入、服务器托管、网络存储、通讯传输等技术支持,或者提供广告推广、支付结算等帮助,情节严重的行为。

• 管辖

公安机关网络安全保卫部门。

• 关联法律

1. 最高人民法院、最高人民检察院、公安部《关于办理网络犯罪案件适用刑事诉讼程序若干问题的意见》(公通字〔2014〕10号)

(详见本书《刑法》第285条相关内容)

2.《中华人民共和国刑法修正案(9)》(2015年8月29日第十二届全国人大常委会第十六次会议通过) 第29条

(详见本书《刑法》第287条之一相关内容)

3. 最高人民法院、最高人民检察院《关于执行〈中华人民共和国刑法〉确定罪名的补充规定(6)》(法释〔2015〕20号)

根据《中华人民共和国刑法修正案(9)》(以下简称《刑法修正案(9)》)和《全国人民代表大会常务委员会关于修改部分法律的决定》的有关规定,现对最高人民法院《关于执行〈中华人民共和国刑法〉确定罪名的规定》、最高人民检察院《关于适用刑法分则规定的犯罪的罪名的意见》作如下补充、修改:刑法条文第287条之二(《刑法修正案(9)》第29条),罪名帮助信息网络犯罪活动罪。

4. 最高人民法院《关于审理毒品犯罪案件适用法律若干问题的解释》(法释〔2016〕8号)

第14条 利用信息网络,设立用于实施传授制造毒品、非法生产制毒物品的方法,贩卖毒品,非法买卖制毒物品或者组织他人吸食、注射毒品等违法犯罪活动的网站、通讯群组,或者发布实施前述违法犯罪活动的信息,情节严重的,应当依照刑法第287条之一的规定,以非法利用信息网络罪定罪处罚。

实施刑法第287条之一、第287条之二规定的行为,同时构成贩卖毒品罪、非法买卖制毒物品罪、传授犯罪方法罪等犯罪的,依照处罚较重的规定定罪处罚。

5. 最高人民法院、最高人民检察院、公安部《关于办理电信网络诈骗等刑事案件适用法律若干问题的意见》(法发〔2016〕32号)

三、全面惩处关联犯罪

(七)实施刑法第287条之一、第287条之二规定之行为,构成非法利用信息网络罪、帮助信息网络犯罪活动罪,同时构成诈骗罪的,依照处罚较重的规定定罪处罚。(详见本书《刑法》第266条相关内容)

6. 最高人民法院、最高人民检察院《关于办理非法利用信息网络、帮助信息网络犯罪活动等刑事案件适用法律若干问题的解释》(法释〔2019〕15号)

第12条 明知他人利用信息网络实施犯罪,为其犯罪提供帮助,具有下列情形之一的,应当认定为刑法第287条之二第1款规定的“情节严重”:

(一)为3个以上对象提供帮助的;(二)支付结算金额20万元以上的;(三)以投放广告等方式提供资金5万元以上的;(四)违法所得1万元以上的;(五)2年内曾因非法利用信息网络、帮助信息网络犯罪活动、危害计算机信息系统安全受过行政处罚,又帮助信息网络犯罪活动的;(六)被帮助对象实施的犯罪造成严重后果的;(七)其他情节严重的情形。

实施前款规定的行为,确因客观条件限制无法查证被帮助对象是否达到犯罪的程度,但相关数额总计达到前款第2项至第4项规定标准五倍以上,或者造成特别严重后果的,应当以帮助信息网络犯罪活动罪追究行为人的刑事责任。(全文详见本书《刑法》第286条之一相关内容)

7. 国家互联网信息办公室秘书局、工业和信息化部办公厅、公安部办公厅、国家市场监督管理总局办公厅《关于App违法违规收集使用个人信息行为认定方法》(国信办秘字〔2019〕191号)

(详见本书《刑法》第253条之一相关内容)

8. 最高人民法院、最高人民检察院、公安部《关于办理跨境赌博犯罪案件若干问题的意见》(公通字〔2020〕14号)

四、关于跨境赌博关联犯罪的认定

(五)为赌博犯罪提供资金、信用卡、资金结算等服务,构成赌博犯罪共犯,同时构成非法经营罪、妨害信用卡管理罪、窃取、收买、非法提供信用卡信息罪、掩饰、隐瞒犯罪所得、犯罪收益罪等罪的,依照处罚较重的规定定罪处罚。

为网络赌博犯罪提供互联网接入、服务器托管、网络存储、通讯传输等技术支持,或者提供广告推广、支付结算等帮助,构成赌博犯罪共犯,同时构成非法利用信息网络罪、帮助信息网络犯罪活动罪等罪的,依照处罚较重的规定定罪处罚。

为实施赌博犯罪,非法获取公民个人信息,或者向实施赌博犯罪者出售、提供公民个人信息,构成赌博犯罪共犯,同时构成侵犯公民个人信息罪的,依照处罚较重的规定定罪处罚。

(全文详见本书《刑法》第303条相关内容)

9. 最高人民检察院《人民检察院办理网络犯罪案件规定》(2021年1月22日)

(全文详见本书《刑法》第285条相关内容)

第288条 **【扰乱无线电通讯管理秩序罪】** 违反国家规定,擅自设置、使用无线电台(站),或者擅自使用无线电频率,干扰无线电通讯秩序,情节严重的,处3年以下有期徒刑、拘役或者管制,并处或者单处罚金;情节特别严重的,处3年以上7年以下有期徒刑,并处罚金。

单位犯前款罪的,对单位判处罚金,并对其直接负责的主管人员和其他直接责任人员,依照前款的规定处罚。

（本条《中华人民共和国刑法修正案(9)》修改）

• 释义

扰乱无线电通讯管理秩序罪是指违反国家规定，擅自设置、使用无线电台（站），或者擅自占用频率，经责令停止使用后拒不停止使用，干扰无线电通讯正常进行，造成严重后果的行为。

行为主体既可以是自然人，也可以是单位。

• 管辖

公安机关刑事侦查部门。

• 关联法律

1. 最高人民法院《关于审理扰乱电信市场管理秩序案件具体应用法律若干问题的解释》（法释〔2000〕12号）

第5条 违反国家规定，擅自设置、使用无线电台（站），或者擅自占用频率，非法经营国际电信业务或者涉港澳台电信业务进行营利活动，同时构成非法经营罪和刑法第288条规定的扰乱无线电通讯管理秩序罪的，依照处罚较重的规定定罪处罚。（全文详见本书《刑法》第225条相关内容）

2. 最高人民法院《关于审理危害军事通信刑事案件具体应用法律若干问题的解释》（法释〔2007〕13号）

第6条第4款 违反国家规定，擅自设置、使用无线电台（站），或者擅自占用频率，经责令停止使用后拒不停止使用，干扰无线电通讯正常进行，构成犯罪的，依照刑法第288条的规定定罪处罚；造成军事通信中断或者严重障碍，同时构成刑法第288条、第369条第1款规定的犯罪的，依处罚较重的规定定罪处罚。（全文详见本书《刑法》第369条相关内容）

3.《中华人民共和国刑法修正案(9)》（2015年8月29日第十二届全国人大常委会第十六次会议通过）

二十、将刑法第288条第1款修改为："违反国家规定，擅自设置、使用无线电台（站），或者擅自使用无线电频率，干扰无线电通讯秩序，情节严重的，处3年以下有期徒刑、拘役或者管制，并处或者单处罚金；情节特别严重的，处3年以上7年以下有期徒刑，并处罚金。"

[原条文第1款：违反国家规定，擅自设置、使用无线电台（站），或者擅自占用频率，经责令停止使用后拒不停止使用，干扰无线电通讯正常进行，造成严重后果的，处3年以下有期徒刑、拘役或者管制，并处或者单处罚金。]

4. 最高人民法院、最高人民检察院、公安部《关于办理电信网络诈骗等刑事案件适用法律若干问题的意见》（法发〔2016〕32号）

三、全面惩处关联犯罪

（一）在实施电信网络诈骗活动中，非法使用"伪基站""黑广播"，干扰无线电通讯秩序，符合刑法第288条规定的，以扰乱无线电通讯管理秩序罪追究刑事责任。同时构成诈骗罪的，依照处罚较重的规定定罪处罚。（全文详见本书《刑法》第266条相关内容）

5. 最高人民法院、最高人民检察院《关于办理扰乱无线电通讯管理秩序等刑事案件适用法律若干问题的解释》（法释〔2017〕11号）

为依法惩治扰乱无线电通讯管理秩序犯罪，根据《中华人民共和国刑法》《中华人民共和

国刑事诉讼法》的有关规定,现就办理此类刑事案件适用法律的若干问题解释如下:

第1条 具有下列情形之一的,应当认定为刑法第288条第1款规定的“擅自设置、使用无线电台(站),或者擅自使用无线电频率,干扰无线电通讯秩序”:

(一)未经批准设置无线电广播电台(以下简称“黑广播”),非法使用广播电视专用频段的频率的;(二)未经批准设置通信基站(以下简称“伪基站”),强行向不特定用户发送信息,非法使用公众移动通信频率的;(三)未经批准使用卫星无线电频率的;(四)非法设置、使用无线电干扰器的;(五)其他擅自设置、使用无线电台(站),或者擅自使用无线电频率,干扰无线电通讯秩序的情形。

第2条 违反国家规定,擅自设置、使用无线电台(站),或者擅自使用无线电频率,干扰无线电通讯秩序,具有下列情形之一的,应当认定为刑法第288条第1款规定的“情节严重”:

(一)影响航天器、航空器、铁路机车、船舶专用无线电导航、遇险救助和安全通信等涉及公共安全的无线电频率正常使用的;(二)自然灾害、事故灾难、公共卫生事件、社会安全事件等突发事件期间,在事件发生地使用“黑广播”“伪基站”的;(三)举办国家或者省级重大活动期间,在活动场所及周边使用“黑广播”“伪基站”的;(四)同时使用3个以上“黑广播”“伪基站”的;(五)“黑广播”的实测发射功率500瓦以上,或者覆盖范围10公里以上的;(六)使用“伪基站”发送诈骗、赌博、招嫖、木马病毒、钓鱼网站链接等违法犯罪信息,数量在5000条以上,或者销毁发送数量等记录的;(七)雇佣、指使未成年人、残疾人等特定人员使用“伪基站”的;(八)违法所得3万元以上的;(九)曾因扰乱无线电通讯管理秩序受过刑事处罚,或者2年内曾因扰乱无线电通讯管理秩序受过行政处罚,又实施刑法第288条规定的行为的;(十)其他情节严重的情形。

第3条 违反国家规定,擅自设置、使用无线电台(站),或者擅自使用无线电频率,干扰无线电通讯秩序,具有下列情形之一的,应当认定为刑法第288条第1款规定的“情节特别严重”:

(一)影响航天器、航空器、铁路机车、船舶专用无线电导航、遇险救助和安全通信等涉及公共安全的无线电频率正常使用,危及公共安全的;(二)造成公共秩序混乱等严重后果的;(三)自然灾害、事故灾难、公共卫生事件和社会安全事件等突发事件期间,在事件发生地使用“黑广播”“伪基站”,造成严重影响的;(四)对国家或者省级重大活动造成严重影响的;(五)同时使用10个以上“黑广播”“伪基站”的;(六)“黑广播”的实测发射功率3000瓦以上,或者覆盖范围20公里以上的;(七)违法所得15万元以上的;(八)其他情节特别严重的情形。

第4条 非法生产、销售“黑广播”“伪基站”、无线电干扰器等无线电设备,具有下列情形之一的,应当认定为刑法第225条规定的“情节严重”;

(一)非法生产、销售无线电设备3套以上的;(二)非法经营数额5万元以上的;(三)其他情节严重的情形。

实施前款规定的行为,数量或者数额达到前款第1项、第2项规定标准5倍以上,或者具有其他情节特别严重的情形的,应当认定为刑法第225条规定的“情节特别严重”。

在非法生产、销售无线电设备窝点查扣的零件,以组装完成的套数以及能够组装的套数认定;无法组装为成套设备的,每3套广播信号调制器(激励器)认定为1套“黑广播”设备,每3块主板认定为1套“伪基站”设备。

第5条 单位犯本解释规定之罪的,对单位判处罚金,并对直接负责的主管人员和其他直接责任人员,依照本解释规定的自然人犯罪的定罪量刑标准定罪处罚。

第6条 擅自设置、使用无线电台(站),或者擅自使用无线电频率,同时构成其他犯罪的,按照处罚较重的规定定罪处罚。

明知他人实施诈骗等犯罪,使用"黑广播""伪基站"等无线电设备为其发送信息或者提供其他帮助,同时构成其他犯罪的,按照处罚较重的规定定罪处罚。

第7条 负有无线电监督管理职责的国家机关工作人员滥用职权或者玩忽职守,致使公共财产、国家和人民利益遭受重大损失的,应当依照刑法第397条的规定,以滥用职权罪或者玩忽职守罪追究刑事责任。

有查禁扰乱无线电管理秩序犯罪活动职责的国家机关工作人员,向犯罪分子通风报信、提供便利,帮助犯罪分子逃避处罚的,应当依照刑法第417条的规定,以帮助犯罪分子逃避处罚罪追究刑事责任;事先通谋的,以共同犯罪论处。

第8条 为合法经营活动,使用"黑广播""伪基站"或者实施其他扰乱无线电通讯管理秩序的行为,构成扰乱无线电通讯管理秩序罪,但不属于"情节特别严重",行为人系初犯,并确有悔罪表现的,可以认定为情节轻微,不起诉或者免予刑事处罚;确有必要判处刑罚的,应当从宽处罚。

第9条 对案件所涉的有关专门性问题难以确定的,依据司法鉴定机构出具的鉴定意见,或者下列机构出具的报告,结合其他证据作出认定:

(一)省级以上无线电管理机构、省级无线电管理机构依法设立的派出机构、地市级以上广播电视主管部门就是否系"伪基站""黑广播"出具的报告;(二)省级以上广播电视主管部门及其指定的检测机构就"黑广播"功率、覆盖范围出具的报告;(三)省级以上航空、铁路、船舶等主管部门就是否干扰导航、通信等出具的报告。

对移动终端用户受影响的情况,可以依据相关通信运营商出具的证明,结合被告人供述、终端用户证言等证据作出认定。

第10条 本解释自2017年7月1日起施行。

6. 最高人民检察院《人民检察院办理网络犯罪案件规定》(2021年1月22日)

(全文详见本书《刑法》第285条相关内容)

第289条 【对聚众"打砸抢"行为的处理规定】 聚众"打砸抢",致人伤残、死亡的,依照本法第234条、第232条的规定定罪处罚。【故意伤害罪(第234条)】【故意杀人罪(第232条)】毁坏或者抢走公私财物的,除判令退赔外,对首要分子,依照本法第263条的规定定罪处罚。【抢劫罪(第263条)】

• 管辖

公安部门刑事侦查部门。

• 关联法律

1. 最高人民法院、最高人民检察院《关于办理妨害预防、控制突发传染病疫情等灾害的刑事案件具体应用法律若干问题的解释》(法释〔2003〕8号)

第9条 在预防、控制突发传染病疫情等灾害期间,聚众"打砸抢",致人伤残、死亡的,依照刑法第289条、第234条、第232条的规定,以故意伤害罪或者故意杀人罪定罪,依法从重处罚。对毁坏或者抢走公私财物的首要分子,依照刑法第289条、第263条的规定,以抢劫罪定罪,依法从重处罚。(全文详见本书《刑法》第114条相关内容)

2. 最高人民法院、最高人民检察院、公安部、司法部《关于办理恶势力刑事案件若干问题的意见》(法发〔2019〕10号)

(详见本书《刑法》第294条相关内容)

3. 最高人民法院、最高人民检察院、公安部、司法部《关于办理黑恶势力刑事案件中财产处置若干问题的意见》(2019年4月9日起施行)

(详见本书《刑法》第294条相关内容)

4. 最高人民法院、最高人民检察院、公安部、司法部《关于办理实施"软暴力"的刑事案件若干问题的意见》(2019年4月9日起施行)

(详见本书《刑法》第294条相关内容)

5. 最高人民法院、最高人民检察院、公安部、司法部《关于办理"套路贷"刑事案件若干问题的意见》(法发〔2019〕11号)

(详见本书《刑法》第294条相关内容)

6. 参见本书《刑法》第234条、第263条相关内容。

第290条　【聚众扰乱社会秩序罪】 聚众扰乱社会秩序,情节严重,致使工作、生产、营业和教学、科研、医疗无法进行,造成严重损失的,对首要分子,处3年以上7年以下有期徒刑;对其他积极参加的,处3年以下有期徒刑、拘役、管制或者剥夺政治权利。

【聚众冲击国家机关罪】 聚众冲击国家机关,致使国家机关工作无法进行,造成严重损失的,对首要分子,处5年以上10年以下有期徒刑;对其他积极参加的,处5年以下有期徒刑、拘役、管制或者剥夺政治权利。

【扰乱国家机关工作秩序罪】 多次扰乱国家机关工作秩序,经行政处罚后仍不改正,造成严重后果的,处3年以下有期徒刑、拘役或者管制。

【组织、资助非法聚集罪】 多次组织、资助他人非法聚集,扰乱社会秩序,情节严重的,依照前款的规定处罚。

(本条《中华人民共和国刑法修正案(9)》修改)

• 释义

聚众扰乱社会秩序罪是指聚众扰乱社会秩序,情节严重,致使工作、生产、营业和教学、科研无法进行,造成严重损失的行为。本罪只处罚首要分子和积极参加者。

聚众冲击国家机关罪是指聚众冲击国家机关,致使国家机关工作无法进行,造成严重损失的行为。本罪只处罚首要分子和积极参加者。

扰乱国家机关工作秩序罪,是指多次扰乱国家机关工作秩序,经行政处罚后仍不改正,造成严重后果的行为。

组织、资助非法聚集罪组织、资助非法聚集罪是指多次组织、资助他人非法聚集,扰乱社会秩序,情节严重的行为。

• 管辖

公安机关治安管理部门。

• 关联法律

1. 公安部《关于公安机关处置信访活动中违法犯罪行为适用法律的指导意见》(公通字〔2013〕25号)

一、对扰乱信访工作秩序违法犯罪行为的处理

6. 聚众扰乱信访工作秩序,情节严重,符合《刑法》第290条第1款规定的,对首要分子和其他积极参加者以聚众扰乱社会秩序罪追究刑事责任。

四、对妨害社会管理秩序违法犯罪行为的处理

1. 在国家机关办公场所周围实施静坐，张贴、散发材料，呼喊口号，打横幅，穿着状衣、出示状纸，扬言自伤、自残、自杀等行为或者非法聚集，经有关国家机关工作人员劝阻、批评和教育无效的，依据《信访条例》第47条第2款规定，公安机关予以警告、训诫或者制止，收缴相关材料和横幅、状纸、状衣等物品；符合《治安管理处罚法》第23条第1款第1项、第2款规定的，以扰乱单位秩序、聚众扰乱单位秩序依法予以治安管理处罚；符合《刑法》第290条第1款规定的，对非法聚集的首要分子和其他积极参加者以聚众扰乱社会秩序罪追究刑事责任；聚集多人围堵、冲击国家机关，扰乱国家机关正常秩序，符合《刑法》第290条第2款规定的，对首要分子和其他积极参加者以聚众冲击国家机关罪追究刑事责任。

4. 在外国使领馆区、国际组织驻华机构所在地实施静坐，张贴、散发材料，呼喊口号，打横幅，穿着状衣、出示状纸等行为或者非法聚集的，应当立即制止，根据《人民警察法》第8条规定，迅速带离现场，并收缴相关材料和横幅、状纸、状衣等物品；符合《治安管理处罚法》第23条第1款第1项、第2款规定的，以扰乱公共场所秩序、聚众扰乱公共场所秩序依法予以治安管理处罚；符合《刑法》第290条第1款规定的，对首要分子和其他积极参加者以聚众扰乱社会秩序罪追究刑事责任。（全文详见本书《刑法》第114条相关内容）

2. 最高人民法院、最高人民检察院、公安部、司法部、国家卫生和计划生育委员会《关于依法惩处涉医违法犯罪维护正常医疗秩序的意见的通知》（法发〔2014〕5号）

（详见本书《刑法》第232条相关内容）

3.《中华人民共和国刑法修正案（9）》（2015年8月29日第十二届全国人大常委会第十六次会议通过）

三十一、将刑法第290条第1款修改为：“聚众扰乱社会秩序，情节严重，致使工作、生产、营业和教学、科研、医疗无法进行，造成严重损失的，对首要分子，处3年以上7年以下有期徒刑；对其他积极参加的，处3年以下有期徒刑、拘役、管制或者剥夺政治权利。”

增加2款作为第3款、第4款：“多次扰乱国家机关工作秩序，经行政处罚后仍不改正，造成严重后果的，处3年以下有期徒刑、拘役或者管制。

“多次组织、资助他人非法聚集，扰乱社会秩序，情节严重的，依照前款的规定处罚。”

（原条文第1款：聚众扰乱社会秩序，情节严重，致使工作、生产、营业和教学、科研无法进行，造成严重损失的，对首要分子，处3年以上7年以下有期徒刑；对其他积极参加的，处3年以下有期徒刑、拘役、管制或者剥夺政治权利）

4. 最高人民法院、最高人民检察院《关于执行〈中华人民共和国刑法〉确定罪名的补充规定（6）》（法释〔2015〕20号）

根据《中华人民共和国刑法修正案（9）》（以下简称《刑法修正案（9）》）和《全国人民代表大会常务委员会关于修改部分法律的决定》的有关规定，现对最高人民法院《关于执行〈中华人民共和国刑法〉确定罪名的规定》、最高人民检察院《关于适用刑法分则规定的犯罪的罪名的意见》作如下补充、修改：刑法条文第290条第3款（《刑法修正案（9）》第31条第2款），罪名扰乱国家机关工作秩序罪；刑法条文第290条第4款（《刑法修正案（9）》第31条第3款），罪名组织、资助非法聚集罪。

5. 国家发改委、人民银行、卫生健康委、中组部、中宣部等28部门《关于对严重危害正常医疗秩序的失信行为责任人实施联合惩戒合作备忘录》（发改财金〔2018〕1399号）

为全面贯彻党的十九大和十九届二中、三中全会精神，以习近平新时代中国特色社会主义思想为指导，落实《国务院关于建立完善守信联合激励和失信联合惩戒制度加快推进社会诚信建设的指导意见》（国发〔2016〕33号）和《国务院关于印发社会信用体系建设规划纲要

(2014—2020年)的通知》(国发〔2014〕21号)等有关文件要求,加快推进医疗服务领域信用体系建设,打击暴力杀医伤医以及在医疗机构寻衅滋事等严重危害正常医疗秩序的失信行为,建立健全失信联合惩戒机制,国家发展改革委、人民银行、卫生健康委、中央组织部、中央宣传部、中央编办、中央文明办、中央网信办、最高人民法院、工业和信息化部、公安部、人力资源社会保障部、自然资源部、住房城乡建设部、交通运输部、商务部、文化和旅游部、国资委、海关总署、市场监管总局、银保监会、证监会、全国总工会、共青团中央、全国妇联、民航局、中医药局、铁路总公司等部门就医疗服务领域涉医违法犯罪行为人开展联合惩戒工作达成以下意见。

一、联合惩戒的对象

联合惩戒对象是指因实施或参与涉医违法犯罪活动,被公安机关处以行政拘留以上处罚,或被司法机关追究刑事责任的严重危害正常医疗秩序的自然人。本备忘录中所提及的严重危害正常医疗秩序的失信行为是指倒卖医院号源等破坏、扰乱医院正常诊疗秩序的涉医违法犯罪活动,以及2014年4月28日最高人民法院、最高人民检察院、公安部、原国家卫生计生委联合印发的《关于依法惩处涉医违法犯罪维护正常医疗秩序的意见》中所列举的6类涉医违法犯罪活动。这6类涉医违法犯罪活动主要包括以下情形:

(一)在医疗机构内故意伤害医务人员、损毁公私财物的;(二)扰乱医疗秩序的;(三)非法限制医务人员人身自由的;(四)侮辱恐吓医务人员的;(五)非法携带枪支、弹药、管制器具或危险物品进入医疗机构的;(六)教唆他人或以受他人委托为名实施涉医违法犯罪行为的。

二、跨部门联合惩戒措施

(一)限制补贴性资金支持。(实施单位:国家发展改革委、国资委)(二)引导保险公司按照风险定价原则调整财产保险费率。(实施单位:银保监会)(三)将其严重危害正常医疗秩序的失信行为作为限制享受优惠性政策的重要参考因素。(实施单位:国家发展改革委、商务部、海关总署、市场监管总局)(四)限制担任国有企业法定代表人、董事、监事、高级管理人员。(实施单位:中央组织部、国资委、市场监管总局)(五)限制登记为事业单位法定代表人。(实施单位:中央编办)(六)限制招录(聘)为公务员或事业单位工作人员。(实施单位:中央组织部、人力资源社会保障部)(七)按程序及时撤销相关荣誉,取消惩戒对象参加评先评优资格,不得向惩戒对象授予"道德模范"、"劳动模范"、"五一劳动奖章"等荣誉。(实施单位:中央文明办、全国总工会、共青团中央、全国妇联等有关单位)(八)未按执行通知书指定的期间履行生效法律文书确定的给付义务并被人民法院依法采取限制消费措施的,或未履行生效法律文书确定的义务被人民法院依法纳入失信被执行人名单的,限制其乘坐飞机、列车软卧、G字头动车组列车、其他动车组列车一等以上座位等高消费及其他非生活和工作必需的消费行为。(实施单位:交通运输部、铁路总公司、民航局、文化和旅游部、自然资源部、住房城乡建设部、最高人民法院)(九)将严重危害正常医疗秩序的失信行为人纳入全国信用信息共享平台并通报其所在单位。(实施单位:卫生健康委、公安部)(十)将严重危害正常医疗秩序的失信行为人通过"信用中国"网站及其他主要新闻网站等向社会公布。(实施单位:中央宣传部、中央网信办)(十一)限制取得认证机构资质。(实施单位:市场监管总局)(十二)将违法失信信息作为证券公司、保险公司、基金管理公司及期货公司的设立及股权或实际控制人变更审批或备案,保险中介业务许可或保险专业中介机构股东、实际控制人变更备案,私募投资基金管理人登记、重大事项变更以及基金备案时的重要参考。(实施单位:证监会、银保监会)(十三)将违法失信信息作为证券公司、保险公司、基金管理公司、期货公司的董事、监事和高级管理人员及分支机构负责人任职审批或备案的参考。(实施单位:证监会、银保监会)(十四)将违法失信信息作为独立基金销售机构审批时的参考。对存在失信记录的相关主体在证券、基金、期货从业资格申请中予以从严审核,对已成为证券、基金、期货从业人员的相关主体予以重点关注。(实施单位:证监会)(十五)限制享受投资等领域优惠政策。(实施单位:国家发展改革委等有关单位)(十六)在申请经营性互联网信息服务时,将其失信信息作为审核相关许可的重要参考。(实施单位:工业和信息化部)

三、联合惩戒实施方式

(一)公安部向卫生健康委提供严重危害正常医疗秩序的失信行为人名单信息。卫生健康委通过全国信用信息共享平台向参与联合惩戒的部门提供该名单信息。相关部门收到相关名单后根据本备忘录约定的内容对其实施惩戒。

(二)建立惩戒效果定期通报机制,相关部门定期将联合惩戒措施的实施情况通过全国信用信息共享平台反馈至国家发展改革委和卫生健康委。

(三)涉及地方事权的,由地方公安机关定期向当地卫生健康行政部门提供严重危害正常医疗秩序的失信行为人名单信息。地方卫生健康行政部门将公安机关提供的严重危害正常医疗秩序的失信行为人名单推送至其他部门,由其他部门按照本备忘录采取惩戒措施。

(四)建立联合惩戒退出机制。联合惩戒的实施期限自行为人被治安或刑事处罚结束之日起计算,满5年为止。期间再次发生严重危害正常医疗秩序的失信行为的,惩戒期限累加计算。惩戒实施期限届满即退出联合惩戒。

四、联合惩戒动态管理

卫生健康委对严重危害正常医疗秩序的失信行为等严重违法违规名单进行动态管理,及时补充、撤销和更新相关信息,并及时推送至参与严重危害正常医疗秩序的失信行为联合惩戒的相关部门,对于从该严重违法违规名单中撤销的主体,相关部门应当及时停止实施惩戒措施。

五、其他事宜

各部门应当密切协作,积极落实本备忘录。实施过程中涉及部门之间协调配合的问题,由各部门协商解决。本备忘录签署后,各项惩戒措施所依据的法律、法规、规章及规范性文件有修改或调整的,以修改后的法律、法规、规章及规范性文件为准。

6. 最高人民法院、最高人民检察院、公安部、司法部《关于办理恶势力刑事案件若干问题的意见》(法发〔2019〕10号)

(详见本书《刑法》第294条相关内容)

7. 最高人民法院、最高人民检察院、公安部、司法部《关于办理黑恶势力刑事案件中财产处置若干问题的意见》(2019年4月9日起施行)

(详见本书《刑法》第294条相关内容)

8. 最高人民法院、最高人民检察院、公安部、司法部《关于办理实施"软暴力"的刑事案件若干问题的意见》(2019年4月9日起施行)

(详见本书《刑法》第294条相关内容)

9. 最高人民法院、最高人民检察院、公安部、司法部《关于办理"套路贷"刑事案件若干问题的意见》(法发〔2019〕11号)

(详见本书《刑法》第294条相关内容)

第291条 【聚众扰乱公共场所秩序、交通秩序罪】 聚众扰乱车站、码头、民用航空站、商场、公园、影剧院、展览会、运动场或者其他公共场所秩序,聚众堵塞交通或者破坏交通秩序,抗拒、阻碍国家治安管理工作人员依法执行职务,情节严重的,对首要分子,处5年以下有期徒刑、拘役或者管制。

• 释义

聚众扰乱公共场所秩序、交通秩序罪是指聚众扰乱车站、码头、民用航空站、商场、公园、影剧院、展览会、运动场或者其他公共场所秩序,聚众堵塞交通或者破坏交通秩序,抗拒、阻碍国家治安管理工作人员依法执行职务,情节严重的行为。

本罪只处罚首要分子。

• 管辖

公安机关治安管理部门。

• 关联法律

1. 公安部《关于公安机关处置信访活动中违法犯罪行为适用法律的指导意见》(公通字〔2013〕25号)

四、对妨害社会管理秩序违法犯罪行为的处理

2. 在车站、码头、商场、公园、广场等公共场所张贴、散发材料,呼喊口号,打横幅,穿着状衣、出示状纸,或者非法聚集,以及在举办文化、体育等大型群众性活动或者国内、国际重大会议期间,在场馆周围、活动区域或者场内实施前述行为,经劝阻、批评和教育无效的,依据《信访条例》第47条第2款规定,公安机关予以警告、训诫或者制止,收缴相关材料和横幅、状纸、状衣等物品;符合《治安管理处罚法》第23条第1款第2项、第2款或者第24条第1款第1项、第3项、第5项规定的,以扰乱公共场所秩序、聚众扰乱公共场所秩序或者强行进入大型活动场所内、在大型活动场所内展示侮辱性物品、向大型活动场所内投掷杂物依法予以治安管理处罚;聚众扰乱公共场所秩序,抗拒、阻碍国家治安管理工作人员依法执行职务,情节严重,符合《刑法》第291条规定的,对首要分子以聚众扰乱公共场所秩序罪追究刑事责任。

3. 在信访接待场所、其他国家机关门前或者交通通道上堵塞、阻断交通或者非法聚集,影响交通工具正常行驶,符合《治安管理处罚法》第23条第1款第4项、第2款规定的,以妨碍交通工具正常行驶、聚众妨碍交通工具正常行驶依法予以治安管理处罚;符合《刑法》第291条规定的,对首要分子以聚众扰乱交通秩序罪追究刑事责任。

6. 实施跳河、跳楼、跳桥,攀爬建筑物、铁塔、烟囱、树木,或者其他自伤、自残、自杀行为,制造社会影响的,应当积极组织解救;符合《治安管理处罚法》第23条第1款第1项、第2项规定的,以扰乱单位秩序、扰乱公共场所秩序依法予以治安管理处罚;符合《刑法》第290条第1款规定的,对首要分子和其他积极参加者以聚众扰乱社会秩序罪追究刑事责任;符合《刑法》第291条规定的,对首要分子以聚众扰乱公共场所秩序罪追究刑事责任。

8. 散布谣言,谎报险情、疫情、警情,投放虚假的爆炸性、毒害性、放射性、腐蚀性物质或者传染病病原体等危险物质,扬言实施放火、爆炸、投放危险物质,制造社会影响、扰乱公共秩序,符合《治安管理处罚法》第25条规定的,以虚构事实扰乱公共秩序、投放虚假危险物质扰乱公共秩序、扬言实施放火、爆炸、投放危险物质扰乱公共秩序依法予以治安管理处罚;符合《刑法》第291条之一规定的,以投放虚假危险物质罪、编造、故意传播虚假恐怖信息罪追究刑事责任。(全文详见本书《刑法》第114条相关内容)

2. 最高人民法院、最高人民检察院、公安部、司法部、国家卫生和计划生育委员会《关于依法惩处涉医违法犯罪维护正常医疗秩序的意见的通知》(法发〔2014〕5号)

(详见本书《刑法》第232条相关内容)

3. 最高人民法院、最高人民检察院、公安部、司法部《关于办理恶势力刑事案件若干问题的意见》(法发〔2019〕10 号)

(详见本书《刑法》第 294 条相关内容)

4. 最高人民法院、最高人民检察院、公安部、司法部《关于办理黑恶势力刑事案件中财产处置若干问题的意见》(2019 年 4 月 9 日起施行)

(详见本书《刑法》第 294 条相关内容)

5. 最高人民法院、最高人民检察院、公安部、司法部《关于办理实施"软暴力"的刑事案件若干问题的意见》(2019 年 4 月 9 日起施行)

(详见本书《刑法》第 294 条相关内容)

6. 最高人民法院、最高人民检察院、公安部、司法部《关于办理"套路贷"刑事案件若干问题的意见》(法发〔2019〕11 号)

(详见本书《刑法》第 294 条相关内容)

第 291 条之一　【投放虚假危险物质罪】【编造、故意传播虚假恐怖信息罪】 投放虚假的爆炸性、毒害性、放射性、传染病病原体等物质,或者编造爆炸威胁、生化威胁、放射威胁等恐怖信息,或者明知是编造的恐怖信息而故意传播,严重扰乱社会秩序的,处 5 年以下有期徒刑、拘役或者管制;造成严重后果的,处 5 年以上有期徒刑。

【编造、故意传播虚假信息罪】 编造虚假的险情、疫情、灾情、警情,在信息网络或者其他媒体上传播,或者明知是上述虚假信息,故意在信息网络或者其他媒体上传播,严重扰乱社会秩序的,处 3 年以下有期徒刑、拘役或者管制;造成严重后果的,处 3 年以上 7 年以下有期徒刑。

(本条《中华人民共和国刑法修正案(3)》增设;《中华人民共和国刑法修正案(9)》修改)

• 释义

投放虚假危险物质罪是指投放虚假的爆炸性、毒害性、放射性、传染病病原体等物质,严重扰乱社会秩序的行为。

编造、故意传播虚假信息罪是指故意编造爆炸威胁、生化威胁、放射威胁等恐怖信息,或者明知是编造的恐怖信息而故意传播,严重扰乱社会秩序的行为。

编造、故意传播虚假信息罪是指故意编造虚假的险情、疫情、灾情、警情,在信息网络或者其他媒体上传播,或者明知是虚假的险情、疫情、灾情、警情等信息,而故意在信息网络或者其他媒体上传播,严重扰乱社会秩序的行为。

• 管辖

公安机关刑事侦查部门(管辖投放虚假危险物质案,编造、故意传播虚假信息案);网络安全保卫部门(管辖编造、故意传播虚假信息案)。

• 关联法律

1.《中华人民共和国刑法修正案(3)》(2001 年 12 月 29 日第九届全国人大常委会第二十五次会议通过)

第 8 条　刑法第 291 条后增加 1 条,作为第 291 条之一:"投放虚假的爆炸性、毒害性、放射性、传染病病原体等物质,或者编造爆炸威胁、生化威胁、放射威胁等恐怖信息,或者明知是编造的恐怖信息而故意传播,严重扰乱社会秩序的,处 5 年以下有期徒刑、拘役或者管制;造成严重后果的,处5年以上有期徒刑。"

2. 最高人民法院、最高人民检察院《关于办理妨害预防、控制突发传染病疫情等灾害的刑事案件具体应用法律若干问题的解释》(法释〔2003〕8号)

第10条 编造与突发传染病疫情等灾害有关的恐怖信息,或者明知是编造的此类恐怖信息而故意传播,严重扰乱社会秩序的,依照刑法第291条之一的规定,以编造、故意传播虚假恐怖信息罪定罪处罚。

利用突发传染病疫情等灾害,制造、传播谣言,煽动分裂国家、破坏国家统一,或者煽动颠覆国家政权、推翻社会主义制度的,依照刑法第103条第2款、第105条第2款的规定,以煽动分裂国家罪或者煽动颠覆国家政权罪定罪处罚。(全文详见本书《刑法》第114条相关内容)

3. 最高人民法院、最高人民检察院《关于办理利用信息网络实施诽谤等刑事案件适用法律若干问题的解释》(法释〔2013〕21号)

第9条 利用信息网络实施诽谤、寻衅滋事、敲诈勒索、非法经营犯罪,同时又构成刑法第221条规定的损害商业信誉、商品声誉罪,第278条规定的煽动暴力抗拒法律实施罪,第291条之一规定的编造、故意传播虚假恐怖信息罪等犯罪的,依照处罚较重的规定定罪处罚。

第10条 本解释所称信息网络,包括以计算机、电视机、固定电话机、移动电话机等电子设备为终端的计算机互联网、广播电视网、固定通信网、移动通信网等信息网络,以及向公众开放的局域网络。(全文详见本书《刑法》第246条相关内容)

4. 最高人民法院《关于审理编造、故意传播虚假恐怖信息刑事案件适用法律若干问题的解释》(法释〔2013〕24号)

为依法惩治编造、故意传播虚假恐怖信息犯罪活动,维护社会秩序,维护人民群众生命、财产安全,根据刑法有关规定,现对审理此类案件具体适用法律的若干问题解释如下:

第1条 编造恐怖信息,传播或者放任传播,严重扰乱社会秩序的,依照刑法第291条之一的规定,应认定为编造虚假恐怖信息罪。

明知是他人编造的恐怖信息而故意传播,严重扰乱社会秩序的,依照刑法第291条之一的规定,应认定为故意传播虚假恐怖信息罪。

第2条 编造、故意传播虚假恐怖信息,具有下列情形之一的,应当认定为刑法第291条之一的"严重扰乱社会秩序":

(一)致使机场、车站、码头、商场、影剧院、运动场馆等人员密集场所秩序混乱,或者采取紧急疏散措施的;(二)影响航空器、列车、船舶等大型客运交通工具正常运行的;(三)致使国家机关、学校、医院、厂矿企业等单位的工作、生产、经营、教学、科研等活动中断的;(四)造成行政村或者社区居民生活秩序严重混乱的;(五)致使公安、武警、消防、卫生检疫等职能部门采取紧急应对措施的;(六)其他严重扰乱社会秩序的。

第3条 编造、故意传播虚假恐怖信息,严重扰乱社会秩序,具有下列情形之一的,应当依照刑法第291条之一的规定,在5年以下有期徒刑幅度内酌情从重处罚:

(一)致使航班备降或返航;或者致使列车、船舶等大型客运交通工具中断运行的;(二)多次编造、故意传播虚假恐怖信息的;(三)造成直接经济损失20万元以上的;(四)造成乡镇、街道区域范围居民生活秩序严重混乱的;(五)具有其他酌情从重处罚情节的。

第4条 编造、故意传播虚假恐怖信息,严重扰乱社会秩序,具有下列情形之一的,应当认定为刑法第291条之一的"造成严重后果",处5年以上有期徒刑:

(一)造成3人以上轻伤或者1人以上重伤的;(二)造成直接经济损失50万元以上的;(三)造成县级以上区域范围居民生活秩序严重混乱的;(四)妨碍国家重大活动进行的;(五)造成其他严重后果的。

第5条 编造、故意传播虚假恐怖信息,严重扰乱社会秩序,同时又构成其他犯罪的,择一重罪处罚。

第6条 本解释所称的"虚假恐怖信息"是指编造、故意传播以发生爆炸威胁、生化威胁、放射威胁、劫持航空器威胁、重大灾情、重大疫情等严重威胁公共安全的事件为内容,可能引起社会恐慌或者公共安全危机的不真实信息。

5. 最高人民检察院《关于依法严厉打击编造、故意传播虚假恐怖信息威胁民航飞行安全犯罪活动的通知》(高检发侦监字〔2013〕5号)

近期,我国接连发生多起编造虚假恐怖信息威胁民航飞行安全的犯罪案件,造成了多架次航班备降、返航或延迟起飞,严重影响了民航运输正常秩序,对人民群众生命财产安全造成严重威胁。各级检察机关要充分发挥职能作用,坚决依法从重从快严厉打击此类犯罪,维护民航运营秩序,保障民航飞行安全,保护人民群众生命财产安全。现就有关问题通知如下:

一、充分发挥检察职能作用,坚决严厉打击编造、故意传播虚假恐怖信息威胁民航飞行安全犯罪。此类犯罪对民航运输正常秩序和广大乘客的生命财产安全影响巨大,社会反响强烈。各级检察机关要充分认识这类犯罪的严重社会危害性,充分发挥检察职能,加大打击力度。要加强与公安机关的沟通,及时派员介入侦查活动,对收集证据、适用法律提出意见。符合批捕、起诉条件的,要从重从快批捕、起诉。同时,加强与公安机关、人民法院的协调配合,及时研究解决办案中遇到的问题,形成打击犯罪的合力。

二、准确把握犯罪构成要件,确保从重打击。根据刑法第291条之一的有关规定,编造虚假恐怖信息并向特定对象散布,严重扰乱社会秩序的,即构成编造虚假恐怖信息罪。编造虚假恐怖信息以后向不特定对象散布,严重扰乱社会秩序的,构成编造、故意传播虚假恐怖信息罪。对于编造、故意传播虚假恐怖信息,引起公众恐慌,或者致使航班无法正常起降,破坏民航正常运输秩序的,应当认定为"严重扰乱社会秩序"。工作中,要准确把握犯罪构成要件,依法引导取证,加强法律监督,防止打击不力。

三、加强舆论宣传和引导工作。突出对此类犯罪危害及其所负法律后果的宣传,使人民群众充分认识到编造、故意传播虚假恐怖信息威胁民航飞行安全行为对社会造成的严重危害,实施该行为可能面临的法律后果。宣传报道要适度,减少对犯罪细节的报道,避免引发效仿。要通过宣传有效震慑犯罪分子,争取人民群众的支持,有效遏制此类犯罪的多发势头。

各地办理此类案件的情况,实行一案一报,批捕、决定起诉后要及时层报最高人民检察院。

6. 公安部《关于公安机关处置信访活动中违法犯罪行为适用法律的指导意见》(公通字〔2013〕25号)

四、对妨害社会管理秩序违法犯罪行为的处理

8、散布谣言,谎报险情、疫情、警情,投放虚假的爆炸性、毒害性、放射性、腐蚀性物质或者传染病病原体等危险物质,扬言实施放火、爆炸、投放危险物质,制造社会影响、扰乱公共秩序,符合《治安管理处罚法》第25条规定的,以虚构事实扰乱公共秩序、投放虚假危险物质扰乱公共秩序、扬言实施放火、爆炸、投放危险物质扰乱公共秩序依法予以治安管理处罚;符合《刑法》第291条之一规定的,以投放虚假危险物质罪、编造、故意传播虚假恐怖信息罪追究刑事责任。(全文详见本书《刑法》第114条相关内容)

7. 最高人民检察院《第3批指导性案例李某强编造、故意传播虚假恐怖信息案》(检例第9号;2013年5月27日)

【要旨】

编造、故意传播虚假恐怖信息罪是选择性罪名。编造恐怖信息以后向特定对象散布,严重扰乱社会秩序的,构成编造虚假恐怖信息罪。编造恐怖信息以后向不特定对象散布,严重扰乱社会秩序的,构成编造、故意传播虚假恐怖信息罪。

对于实施数个编造、故意传播虚假恐怖信息行为的,不实行数罪并罚,但应当将其作为量刑情节予以考虑。

【诉讼过程】

2010年8月7日,李某强因涉嫌编造、故意传播虚假恐怖信息罪被北京首都国际机场公安分局刑事拘留,9月7日被逮捕,11月9日侦查终结移送北京市朝阳区人民检察院审查起诉。2010年12月3日,朝阳区人民检察院以被告人李某强犯编造、故意传播虚假恐怖信息罪向朝阳区人民法院提起公诉。2010年12月14日,朝阳区人民法院作出一审判决,认为被告人李某强法制观念淡薄,为泄私愤,编造虚假恐怖信息并故意向他人传播,严重扰乱社会秩序,已构成编造、故意传播虚假恐怖信息罪;鉴于被告人李某强自愿认罪,可酌情从轻处罚,依照《中华人民共和国刑法》第291条之一、第61条之规定,判决被告人李某强犯编造、故意传播虚假恐怖信息罪,判处有期徒刑1年。一审判决后,被告人李某强在法定期限内未上诉,检察机关也未提出抗诉,一审判决发生法律效力。

8. 最高人民检察院《第3批指导性案例卫某臣编造虚假恐怖信息案》(检例第10号;2013年5月27日)

【要旨】

关于编造虚假恐怖信息造成"严重扰乱社会秩序"的认定,应当结合行为对正常的工作、生产、生活、经营、教学、科研等秩序的影响程度、对公众造成的恐慌程度以及处置情况等因素进行综合分析判断。对于编造、故意传播虚假恐怖信息威胁民航安全,引起公众恐慌,或者致使航班无法正常起降的,应当认定为"严重扰乱社会秩序"。

【诉讼过程】

2010年6月13日,卫某臣因涉嫌编造虚假恐怖信息罪被大连市公安局机场分局刑事拘留,6月25日被逮捕,8月12日侦查终结移送大连市甘井子区人民检察院审查起诉。2010年9月20日,甘井子区人民检察院以被告人卫某臣涉嫌编造虚假恐怖信息罪向甘井子区人民法院提起公诉。2010年10月11日,甘井子区人民法院作出一审判决,认为被告人卫某臣故意编造虚假恐怖信息,严重扰乱社会秩序,其行为已构成编造虚假恐怖信息罪;鉴于被告人卫某臣自愿认罪,可酌情从轻处罚,依照《中华人民共和国刑法》第291条之一之规定,判决被告人卫某臣犯编造虚假恐怖信息罪,判处有期徒刑1年6个月。一审判决后,被告人卫某臣在法定期限内未上诉,检察机关也未提出抗诉,一审判决发生法律效力。

9. 最高人民检察院《第3批指导性案例袁某彦编造虚假恐怖信息案》(检例第11号;2013年5月27日)

【要旨】

对于编造虚假恐怖信息造成有关部门实施人员疏散,引起公众极度恐慌的,或者致使相关单位无法正常营业,造成重大经济损失的,应当认定为"造成严重后果"。

以编造虚假恐怖信息的方式,实施敲诈勒索等其他犯罪的,应当根据案件事实和证据情况,择一重罪处断。

【诉讼过程】

2005年1月28日,袁某彦因涉嫌敲诈勒索罪被广州市公安局天河区分局刑事拘留。2005年2月案件移交袁某彦的主要犯罪地上海市公安局徐汇区分局管辖,3月4日袁某彦被逮捕,4月5日侦查终结移送上海市徐汇区人民检察院审查起诉。2005年4月14日,上海市人民检察院将案件指定上海市人民检察院第二分院管辖,4月18日上海市人民检察院第二分院以被告人袁某彦涉嫌编造虚假恐怖信息罪向上海市第二中级人民法院提起公诉。2005年6月24日,上海市第二中级人民法院作出一审判决,认为被告人袁某彦为勒索钱财故意编造爆炸威胁等虚假恐怖信息,严重扰乱社会秩序,其行为已构成编造虚假恐怖信息罪,且造成严重后果,依照《中华人民共和国刑法》第291条之一、第55条第1款、第56条第1款、第64条的规定,判决被告人袁某彦犯编造虚假恐怖信息罪,判处有期徒刑12年,剥夺政治权利3年。一审判决后,被告人袁某彦提出上诉。2005年8月25日,上海市高级人民法院二审终审裁定,驳回上诉,维持原判。

10. 最高人民法院、最高人民检察院、公安部《关于办理暴力恐怖和宗教极端刑事案件适用法律若干问题的意见》(公通字〔2014〕34号)

被最高人民法院、最高人民检察院、公安部、司法部《〈关于办理恐怖活动和极端主义犯罪案件适用法律若干问题的意见〉的通知》(高检会〔2018〕1号)废止。

11.《中华人民共和国刑法修正案(9)》(2015年8月29日第十二届全国人大常委会第十六次会议通过)

三十二、在刑法第291条之一中增加1款作为第2款:"编造虚假的险情、疫情、灾情、警情,在信息网络或者其他媒体上传播,或者明知是上述虚假信息,故意在信息网络或者其他媒体上传播,严重扰乱社会秩序的,处3年以下有期徒刑、拘役或者管制;造成严重后果的,处3年以上7年以下有期徒刑。"

12. 最高人民法院、最高人民检察院《关于执行〈中华人民共和国刑法〉确定罪名的补充规定(6)》(法释〔2015〕20号)

根据《中华人民共和国刑法修正案(9)》(以下简称《刑法修正案(9)》)和《全国人民代表大会常务委员会关于修改部分法律的决定》的有关规定,现对最高人民法院《关于执行〈中华人民共和国刑法〉确定罪名的规定》、最高人民检察院《关于适用刑法分则规定的犯罪的罪名的意见》作如下补充、修改:刑法条文第291条之一第2款(《刑法修正案(9)》第32条),罪名编造、故意传播虚假信息罪。

13. 国家互联网信息办公室《网络信息内容生态治理规定》(国家网信办令〔2019〕5号)

第1章 总 则

第1条 为了营造良好网络生态,保障公民、法人和其他组织的合法权益,维护国家安全和公共利益,根据《中华人民共和国国家安全法》《中华人民共和国网络安全法》《互联网信息服务管理办法》等法律、行政法规,制定本规定。

第2条 中华人民共和国境内的网络信息内容生态治理活动,适用本规定。

本规定所称网络信息内容生态治理,是指政府、企业、社会、网民等主体,以培育和践行社会主义核心价值观为根本,以网络信息内容为主要治理对象,以建立健全网络综合治理体系、营造清朗的网络空间、建设良好的网络生态为目标,开展的弘扬正能量、处置违法和不良信息等相关活动。

第3条 国家网信部门负责统筹协调全国网络信息内容生态治理和相关监督管理工作,各有关主管部门依据各自职责做好网络信息内容生态治理工作。

地方网信部门负责统筹协调本行政区域内网络信息内容生态治理和相关监督管理工作,地方各有关主管部门依据各自职责做好本行政区域内网络信息内容生态治理工作。

第2章 网络信息内容生产者

第4条 网络信息内容生产者应当遵守法律法规,遵循公序良俗,不得损害国家利益、公共利益和他人合法权益。

第5条 鼓励网络信息内容生产者制作、复制、发布含有下列内容的信息:

（一）宣传习近平新时代中国特色社会主义思想，全面准确生动解读中国特色社会主义道路、理论、制度、文化的；（二）宣传党的理论路线方针政策和中央重大决策部署的；（三）展示经济社会发展亮点，反映人民群众伟大奋斗和火热生活的；（四）弘扬社会主义核心价值观，宣传优秀道德文化和时代精神，充分展现中华民族昂扬向上精神风貌的；（五）有效回应社会关切，解疑释惑，析事明理，有助于引导群众形成共识的；（六）有助于提高中华文化国际影响力，向世界展现真实立体全面的中国的；（七）其他讲品味讲格调讲责任、讴歌真善美、促进团结稳定等的内容。

第6条 网络信息内容生产者不得制作、复制、发布含有下列内容的违法信息：

（一）反对宪法所确定的基本原则的；（二）危害国家安全，泄露国家秘密，颠覆国家政权，破坏国家统一的；（三）损害国家荣誉和利益的；（四）歪曲、丑化、亵渎、否定英雄烈士事迹和精神，以侮辱、诽谤或者其他方式侵害英雄烈士的姓名、肖像、名誉、荣誉的；（五）宣扬恐怖主义、极端主义或者煽动实施恐怖活动、极端主义活动的；（六）煽动民族仇恨、民族歧视，破坏民族团结的；（七）破坏国家宗教政策，宣扬邪教和封建迷信的；（八）散布谣言，扰乱经济秩序和社会秩序的；（九）散布淫秽、色情、赌博、暴力、凶杀、恐怖或者教唆犯罪的；（十）侮辱或者诽谤他人，侵害他人名誉、隐私和其他合法权益的；（十一）法律、行政法规禁止的其他内容。

第7条 网络信息内容生产者应当采取措施，防范和抵制制作、复制、发布含有下列内容的不良信息：

（一）使用夸张标题，内容与标题严重不符的；（二）炒作绯闻、丑闻、劣迹等的；（三）不当评述自然灾害、重大事故等灾难的；（四）带有性暗示、性挑逗等易使人产生性联想的；（五）展现血腥、惊悚、残忍等致人身心不适的；（六）煽动人群歧视、地域歧视等的；（七）宣扬低俗、庸俗、媚俗内容的；（八）可能引发未成年人模仿不安全行为和违反社会公德行为、诱导未成年人不良嗜好等的；（九）其他对网络生态造成不良影响的内容。

第3章　网络信息内容服务平台

第8条 网络信息内容服务平台应当履行信息内容管理主体责任，加强本平台网络信息内容生态治理，培育积极健康、向上向善的网络文化。

第9条 网络信息内容服务平台应当建立网络信息内容生态治理机制，制定本平台网络信息内容生态治理细则，健全用户注册、账号管理、信息发布审核、跟帖评论审核、版面页面生态管理、实时巡查、应急处置和网络谣言、黑色产业链信息处置等制度。

网络信息内容服务平台应当设立网络信息内容生态治理负责人，配备与业务范围和服务规模相适应的专业人员，加强培训考核，提升从业人员素质。

第10条 网络信息内容服务平台不得传播本规定第6条规定的信息，应当防范和抵制传播本规定第7条规定的信息。

网络信息内容服务平台应当加强信息内容的管理，发现本规定第6条、第7条规定的信息的，应当依法立即采取处置措施，保存有关记录，并向有关主管部门报告。

第11条 鼓励网络信息内容服务平台坚持主流价值导向，优化信息推荐机制，加强版面页面生态管理，在下列重点环节（包括服务类型、位置版块等）积极呈现本规定第5条规定的信息：

（一）互联网新闻信息服务首页首屏、弹窗和重要新闻信息内容页面等；（二）互联网用户公众账号信息服务精选、热搜等；（三）博客、微博客信息服务热门推荐、榜单类、弹窗及基于地理位置的信息服务版块等；（四）互联网信息搜索服务热搜词、热搜图及默认搜索等；（五）互联网论坛社区服务首页首屏、榜单类、弹窗等；（六）互联网音视频服务首页首屏、发现、精选、榜单类、弹窗等；（七）互联网网址导航服务、浏览器服务、输入法服务首页首屏、榜单类、皮肤、联想词、弹窗等;(八)数字阅读、网络游戏、网络动漫服务首页首屏、精选、榜单类、弹窗等;(九)生活服务、知识服务平台首页首屏、热门推荐、弹窗等;(十)电子商务平台首页首屏、推荐区等;(十一)移动应用商店、移动智能终端预置应用软件和内置信息内容服务首屏、推荐区等;(十二)专门以未成年人为服务对象的网络信息内容专栏、专区和产品等;(十三)其他处于产品或者服务醒目位置、易引起网络信息内容服务使用者关注的重点环节。

网络信息内容服务平台不得在以上重点环节呈现本规定第七条规定的信息。

第12条 网络信息内容服务平台采用个性化算法推荐技术推送信息的,应当设置符合本规定第10条、第11条规定要求的推荐模型,建立健全人工干预和用户自主选择机制。

第13条 鼓励网络信息内容服务平台开发适合未成年人使用的模式,提供适合未成年人使用的网络产品和服务,便利未成年人获取有益身心健康的信息。

第14条 网络信息内容服务平台应当加强对本平台设置的广告位和在本平台展示的广告内容的审核巡查,对发布违法广告的,应当依法予以处理。

第15条 网络信息内容服务平台应当制定并公开管理规则和平台公约,完善用户协议,明确用户相关权利义务,并依法依约履行相应管理职责。

网络信息内容服务平台应当建立用户账号信用管理制度,根据用户账号的信用情况提供相应服务。

第16条 网络信息内容服务平台应当在显著位置设置便捷的投诉举报入口,公布投诉举报方式,及时受理处置公众投诉举报并反馈处理结果。

第17条 网络信息内容服务平台应当编制网络信息内容生态治理工作年度报告,年度报告应当包括网络信息内容生态治理工作情况、网络信息内容生态治理负责人履职情况、社会评价情况等内容。

第4章 网络信息内容服务使用者

第18条 网络信息内容服务使用者应当文明健康使用网络,按照法律法规的要求和用户协议约定,切实履行相应义务,在以发帖、回复、留言、弹幕等形式参与网络活动时,文明互动,理性表达,不得发布本规定第六条规定的信息,防范和抵制本规定第七条规定的信息。

第19条 网络群组、论坛社区版块建立者和管理者应当履行群组、版块管理责任,依据法律法规、用户协议和平台公约等,规范群组、版块内信息发布等行为。

第20条 鼓励网络信息内容服务使用者积极参与网络信息内容生态治理,通过投诉、举报等方式对网上违法和不良信息进行监督,共同维护良好网络生态。

第21条 网络信息内容服务使用者和网络信息内容生产者、网络信息内容服务平台不得利用网络和相关信息技术实施侮辱、诽谤、威胁、散布谣言以及侵犯他人隐私等违法行为,损害他人合法权益。

第22条 网络信息内容服务使用者和网络信息内容生产者、网络信息内容服务平台不得通过发布、删除信息以及其他干预信息呈现的手段侵害他人合法权益或者谋取非法利益。

第23条 网络信息内容服务使用者和网络信息内容生产者、网络信息内容服务平台不得利用深度学习、虚拟现实等新技术新应用从事法律、行政法规禁止的活动。

第24条 网络信息内容服务使用者和网络信息内容生产者、网络信息内容服务平台不得通过人工方式或者技术手段实施流量造假、流量劫持以及虚假注册账号、非法交易账号、操纵用户账号等行为,破坏网络生态秩序。

第25条 网络信息内容服务使用者和网络信息内容生产者、网络信息内容服务平台不得利用党旗、党徽、国旗、国徽、国歌等代表党和国家形象的标识及内容,或者借国家重大活动、重大纪念日和国家机关及其工作人员名义等,违法违规开展网络商业营销活动。

第5章 网络行业组织

第26条 鼓励行业组织发挥服务指导和桥梁纽带作用,引导会员单位增强社会责任感,唱响主旋律,弘扬正能量,反对违法信息,防范和抵制不良信息。

第27条 鼓励行业组织建立完善行业自律机制,制定网络信息内容生态治理行业规范和自律公约,建立内容审核标准细则,指导会员单位建立健全服务规范、依法提供网络信息内容服务、接受社会监督。

第28条 鼓励行业组织开展网络信息内容生态治理教育培训和宣传引导工作,提升会员单位、从业人员治理能力,增强全社会共同参与网络信息内容生态治理意识。

第29条 鼓励行业组织推动行业信用评价体系建设,依据章程建立行业评议等评价奖惩机制,加大对会员单位的激励和惩戒力度,强化会员单位的守信意识。

第6章 监督管理

第30条 各级网信部门会同有关主管部门,建立健全信息共享、会商通报、联合执法、案件督办、信息公开等工作机制,协同开展网络信息内容生态治理工作。

第31条 各级网信部门对网络信息内容服务平台履行信息内容管理主体责任情况开展监督检查,对存在问题的平台开展专项督查。

网络信息内容服务平台对网信部门和有关主管部门依法实施的监督检查,应当予以配合。

第32条 各级网信部门建立网络信息内容服务平台违法违规行为台账管理制度,并依法依规进行相应处理。

第33条 各级网信部门建立政府、企业、社会、网民等主体共同参与的监督评价机制,定期对本行政区域内网络信息内容服务平台生态治理情况进行评估。

第7章 法律责任

第34条 网络信息内容生产者违反本规定第6条规定的,网络信息内容服务平台应当依法依约采取警示整改、限制功能、暂停更新、关闭账号等处置措施,及时消除违法信息内容,保存记录并向有关主管部门报告。

第35条 网络信息内容服务平台违反本规定第10条、第31条第2款规定的,由网信等有关主管部门依据职责,按照《中华人民共和国网络安全法》《互联网信息服务管理办法》等法律、行政法规的规定予以处理。

第36条 网络信息内容服务平台违反本规定第11条第2款规定的,由设区的市级以上网信部门依据职责进行约谈,给予警告,责令限期改正;拒不改正或者情节严重的,责令暂停信息更新,按照有关法律、行政法规的规定予以处理。

第37条 网络信息内容服务平台违反本规定第9条、第12条、第15条、第16条、第17条规定的,由设区的市级以上网信部门依据职责进行约谈,给予警告,责令限期改正;拒不改正或者情节严重的,责令暂停信息更新,按照有关法律、行政法规的规定予以处理。

第38条 违反本规定第14条、第18条、第19条、第21条、第22条、第23条、第24条、第25条规定的,由网信等有关主管部门依据职责,按照有关法律、行政法规的规定予以处理。

第39条 网信部门根据法律、行政法规和国家有关规定,会同有关主管部门建立健全网络信息内容服务严重失信联合惩戒机制,对严重违反本规定的网络信息内容服务平台、网络信息内容生产者和网络信息内容使用者依法依规实施限制从事网络信息服务、网上行为限制、行业禁入等惩戒措施。

第40条 违反本规定，给他人造成损害的，依法承担民事责任；构成犯罪的，依法追究刑事责任；尚不构成犯罪的，由有关主管部门依照有关法律、行政法规的规定予以处罚。

第8章 附 则

第41条 本规定所称网络信息内容生产者，是指制作、复制、发布网络信息内容的组织或者个人。

本规定所称网络信息内容服务平台，是指提供网络信息内容传播服务的网络信息服务提供者。

本规定所称网络信息内容服务使用者，是指使用网络信息内容服务的组织或者个人。

第42条 本规定自2020年3月1日起施行。

14. 最高人民法院、最高人民检察院、公安部、司法部《关于依法惩治妨害新型冠状病毒感染肺炎疫情防控违法犯罪的意见》(法发〔2020〕7号)

二、准确适用法律，依法严惩妨害疫情防控的各类违法犯罪

(六)依法严惩造谣传谣犯罪。编造虚假的疫情信息，在信息网络或者其他媒体上传播，或者明知是虚假疫情信息，故意在信息网络或者其他媒体上传播，严重扰乱社会秩序的，依照刑法第291条之一第2款的规定，以编造、故意传播虚假信息罪定罪处罚。

编造虚假信息，或者明知是编造的虚假信息，在信息网络上散布，或者组织、指使人员在信息网络上散布，起哄闹事，造成公共秩序严重混乱的，依照刑法第293条第1款第4项的规定，以寻衅滋事罪定罪处罚。

利用新型冠状病毒感染肺炎疫情，制造、传播谣言，煽动分裂国家、破坏国家统一，或者煽动颠覆国家政权、推翻社会主义制度的，依照刑法第103条第2款、第105条第2款的规定，以煽动分裂国家罪或者煽动颠覆国家政权罪定罪处罚。

网络服务提供者不履行法律、行政法规规定的信息网络安全管理义务，经监管部门责令采取改正措施而拒不改正，致使虚假疫情信息或者其他违法信息大量传播的，依照刑法第286条之一的规定，以拒不履行信息网络安全管理义务罪定罪处罚。

对虚假疫情信息案件，要依法、精准、恰当处置。对恶意编造虚假疫情信息，制造社会恐慌，挑动社会情绪，扰乱公共秩序，特别是恶意攻击党和政府，借机煽动颠覆国家政权、推翻社会主义制度的，要依法严惩。对于因轻信而传播虚假信息，危害不大的，不以犯罪论处。(全文详见本书《刑法》第114条相关内容)

15. 最高人民检察院《人民检察院办理网络犯罪案件规定》(2021年1月22日)

(全文详见本书《刑法》第285条相关内容)

> **第291条之二** **【高空抛物罪】** 从建筑物或者其他高空抛掷物品，情节严重的，处1年以下有期徒刑、拘役或者管制，并处或者单处罚金。
>
> 有前款行为，同时构成其他犯罪的，依照处罚较重的规定定罪处罚。

(本条《中华人民共和国刑法修正案(11)》增加)

• 释义

高空抛物罪是指从建筑物或者其他高空抛掷物品情节严重的行为。

● 管辖

公安机关。

● 关联法律

1. 最高人民法院《关于依法妥善审理高空抛物、坠物案件的意见》(法发〔2019〕25号)

(全文详见本书《刑法》第114条相关内容)

2.《中华人民共和国刑法修正案(11)》(2020年12月26日第十三届全国人大常委会第二十四次会议通过)

三十三、在刑法第291条之一后增加1条,作为第291条之二:"从建筑物或者其他高空抛掷物品,情节严重的,处1年以下有期徒刑、拘役或者管制,并处或者单处罚金。

"有前款行为,同时构成其他犯罪的,依照处罚较重的规定定罪处罚。"

3. 最高人民法院《关于执行〈中华人民共和国刑法〉确定罪名的补充规定(7)》(法释〔2021〕2号)

(全文详见本书《刑法》第133条之二相关内容)

4. 参见本书《刑法》第114条相关内容。

第292条 【聚众斗殴罪】 聚众斗殴的,对首要分子和其他积极参加的,处3年以下有期徒刑、拘役或者管制;有下列情形之一的,对首要分子和其他积极参加的,处3年以上10年以下有期徒刑:

(一)多次聚众斗殴的;

(二)聚众斗殴人数多,规模大,社会影响恶劣的;

(三)在公共场所或者交通要道聚众斗殴,造成社会秩序严重混乱的;

(四)持械聚众斗殴的。

聚众斗殴,致人重伤、死亡的,依照本法第234条、第232条的规定定罪处罚。【故意伤害罪(第234条)】【故意杀人罪(第232条)】

● 释义

聚众斗殴罪是指聚集多人攻击对方身体或者相互攻击对方身体的行为。聚众斗殴,致人重伤、死亡的,依照故意伤害罪、故意杀人罪定罪处罚。

● 管辖

公安机关治安管理部门。

● 立案追诉标准

组织、策划、指挥或者积极参加聚众斗殴的,应予立案追诉

● 关联法律

1. 最高人民法院《全国法院维护农村稳定刑事审判工作座谈会纪要》(法〔1999〕217号)

二 (五)关于村民群体械斗案件处理此类案件要十分注意政策界限。案件经审理并提出处理意见后,要征求当地党委和有关部门的意见。既要严格依法办事,又要做好耐心细致的解释工作,把处理案件与根治械斗发生的原因结合起来,防止发生意外和出现新的矛盾冲突。

要查清事实，分清责任，正确适用刑罚。处理的重点应是械斗的组织者、策划者和实施犯罪的骨干分子。一般来说，械斗的组织者和策划者，应对组织、策划的犯罪承担全部责任；直接实施犯罪行为的，应对其实施的犯罪行为负责。要注意缩小打击面，扩大教育面。对积极参与犯罪的从犯，应当依法从轻或者减轻处罚。其中符合缓刑条件的，应当适用缓刑；对被煽动、欺骗、裹挟而参与械斗，情节较轻，经教育确有悔改表现的，可不按犯罪处理。

要注意做好被害人的工作。对因参与械斗而受伤的被害人，也应指出其行为的违法性质；对因受害造成生产、生活上困难的，要协助有关部门解决好，努力依法做好善后工作，消除对立情绪，根除伺机再度报复的潜在隐患。（全文详见本书《刑法》第232条相关内容）

2. 最高人民法院研究室《关于对参加聚众斗殴受重伤或死亡的人及其家属提出的民事赔偿请求否是予以支持问题的答复》（法研〔2004〕179号）

江苏省高级人民法院：

你院苏高法〔2004〕296号《关于对聚众斗殴案件中受伤或死亡的当事人及其家属提出的民事赔偿请求能否予以支持问题的请示》收悉。经研究，答复如下：

根据《刑法》第292条第1款的规定，聚众斗殴的参加者，无论是否首要分子，均明知自己的行为有可能产生伤害他人以及自己被他人的行为伤害的后果，其仍然参加聚众斗殴的，应当自行承担相应的刑事和民事责任。根据《刑法》第292条第2款的规定，对于参加聚众斗殴，造成他人重伤或者死亡的，行为性质发生变化，应认定为故意伤害罪或者故意杀人罪。聚众斗殴中受重伤或者死亡的人，既是故意伤害罪或者故意杀人罪的受害人，又是聚众斗殴犯罪的行为人。对于参加聚众斗殴受重伤或者死亡的人或其家属提出的民事赔偿请求，依法应予支持，并适用混合过错责任原则。

3. 最高人民检察院、公安部《关于公安机关管辖的刑事案件立案追诉标准的规定（1）》（公通字〔2008〕36号）第36条

（见本条立案追诉标准内容）

4. 最高人民检察院《第1批指导性案例施某某等17人聚众斗殴不起诉案》（检例第1号；2010年12月31日）

【要旨】

检察机关办理群体性事件引发的犯罪案件，要从促进社会矛盾化解的角度，深入了解案件背后的各种复杂因素，依法慎重处理，积极参与调处矛盾纠纷，以促进社会和谐，实现法律效果与社会效果的有机统一。

【诉讼过程】

案发后，石狮市公安局对积极参与斗殴的西岑村施某某等9人和子英村李某某等8人以涉嫌聚众斗殴罪向石狮市人民检察院提请批准逮捕。为避免事态进一步扩大，也为矛盾化解创造有利条件，石狮市人民检察院在依法作出批准逮捕决定的同时，建议公安机关和有关部门联合两村村委会做好矛盾化解工作，促成双方和解。2010年3月16日，石狮市公安局将本案移送石狮市人民检察院审查起诉。石狮市人民检察院在办案中，抓住化解积怨这一关键，专门成立了化解矛盾工作小组，努力促成两村之间矛盾的化解。在取得地方党委、人大、政府支持后，工作小组多次走访两村所在的永宁镇党委、政府，深入两村争议地点现场查看，并与村委会沟通，制订工作方案。随后协调镇政府牵头征求专家意见并依照镇排水、排污规划对争议地点进行施工，从交通安全与保护环境的角度出发，在争议的排水沟渠所在地周围修建起护栏和人行道，并纳入镇政府的统一规划。这一举措得到了两村村民的普遍认同。化解矛盾工作期间，工作小组还耐心、细致地进行释法说理、政策教育、情绪疏导和思想感化等工作，两村相关当事人及其家属均对用聚众斗殴这种违法行为解决矛盾纠纷的做法进行反省并表示后悔，都表现出明确的和解意愿。2010年4月23日，西岑村、子英村两村村委会签订了两

村和解协议,涉案人员也分别出具承诺书,表示今后不再就此滋生事端,并保证遵纪守法。至此,两村纠纷得到妥善解决,矛盾根源得以消除。

石狮市人民检察院认为:施某某等 17 人的行为均已触犯了《中华人民共和国刑法》第 292 条第 1 款、第 25 条第 1 款之规定,涉嫌构成聚众斗殴罪,依法应当追究刑事责任。鉴于施某某等 17 人参与聚众斗殴的目的并非为了私仇或争霸一方,且造成的财产损失及人员伤害均属轻微,并未造成严重后果;两村村委会达成了和解协议,施某某等 17 人也出具了承诺书,从惩罚与教育相结合的原则出发以及有利于促进社会和谐的角度考虑,2010 年 4 月 28 日,石狮市人民检察院根据《中华人民共和国刑事诉讼法》第 142 条第 2 款之规定,决定对施某某等 17 人不起诉。

5. 最高人民法院《关于常见犯罪的量刑指导意见》(法发〔2017〕7 号)

被最高人民法院、最高人民检察院《关于常见犯罪的量刑指导意见(试行)》(法发〔2021〕21 号)废止。

6. 最高人民法院、最高人民检察院、公安部、司法部《关于办理恶势力刑事案件若干问题的意见》(法发〔2019〕10 号)

(详见本书《刑法》第 294 条相关内容)

7. 最高人民法院、最高人民检察院、公安部、司法部《关于办理黑恶势力刑事案件中财产处置若干问题的意见》(2019 年 4 月 9 日起施行)

(详见本书《刑法》第 294 条相关内容)

8. 最高人民法院、最高人民检察院、公安部、司法部《关于办理实施"软暴力"的刑事案件若干问题的意见》(2019 年 4 月 9 日起施行)

(详见本书《刑法》第 294 条相关内容)

9. 最高人民法院、最高人民检察院、公安部、司法部《关于办理"套路贷"刑事案件若干问题的意见》(法发〔2019〕11 号)

(详见本书《刑法》第 294 条相关内容)

10. 最高人民检察院《第 27 批指导性案例唐某等人聚众斗殴案》(检例第 107 号;2021 年 3 月 2 日)

(全文详见本书《刑法》第 17 条相关内容)

第 293 条 【寻衅滋事罪】 有下列寻衅滋事行为之一,破坏社会秩序的,处 5 年以下有期徒刑、拘役或者管制:

(一)随意殴打他人,情节恶劣的;

(二)追逐、拦截、辱骂、恐吓他人,情节恶劣的;

(三)强拿硬要或者任意损毁、占用公私财物,情节严重的;

(四)在公共场所起哄闹事,造成公共场所秩序严重混乱的。

纠集他人多次实施前款行为,严重破坏社会秩序的,处 5 年以上 10 年以下有期徒刑,可以并处罚金。

(本条《中华人民共和国刑法修正案(8)》修改)

• 释义

寻衅滋事罪是指行为人为寻求刺激、发泄情绪、逞强耍横等,无事生非而实施的随意殴打他人,追逐、拦截、辱骂、恐吓他人,情节恶劣的,强拿硬要或者任意损毁、占用公私财物,情节严重的,或者在公共场所起哄闹事,造成公共场所秩序严重混乱的行为。

行为人因日常生活中的偶发矛盾纠纷,借故生非,实施刑法第 293 条规定的行为的,应当认定为“寻衅滋事”，但矛盾系由被害人故意引发或者被害人对矛盾激化负有主要责任的除外。

行为人因婚恋、家庭、邻里、债务等纠纷，实施殴打、辱骂、恐吓他人或者损毁、占用他人财物等行为的，一般不认定为“寻衅滋事”，但经有关部门批评制止或者处理处罚后，继续实施前列行为，破坏社会秩序的除外。在车站、码头、机场、医院、商场、公园、影剧院、展览会、运动场或者其他公共场所起哄闹事，应当根据公共场所的性质、公共活动的重要程度、公共场所的人数、起哄闹事的时间、公共场所受影响的范围与程度等因素，综合判断是否“造成公共场所秩序严重混乱”。

• 管辖

公安机关治安管理部门。

• 立案追诉标准

将《立案追诉标准(1)》第37条修改为：

随意殴打他人，破坏社会秩序，涉嫌下列情形之一的，应予立案追诉：

(一)致1人以上轻伤或者2人以上轻微伤的；

(二)引起他人精神失常、自杀等严重后果的；

(三)多次随意殴打他人的；

(四)持凶器随意殴打他人的；

(五)随意殴打精神病人、残疾人、流浪乞讨人员、老年人、孕妇、未成年人，造成恶劣社会影响的；

(六)在公共场所随意殴打他人，造成公共场所秩序严重混乱的；

(七)其他情节恶劣的情形。

追逐、拦截、辱骂、恐吓他人，破坏社会秩序，涉嫌下列情形之一的，应予立案追诉：

(一)多次追逐、拦截、辱骂、恐吓他人，造成恶劣社会影响的；

(二)持凶器追逐、拦截、辱骂、恐吓他人的；

(三)追逐、拦截、辱骂、恐吓精神病人、残疾人、流浪乞讨人员、老年人、孕妇、未成年人，造成恶劣社会影响的；

(四)引起他人精神失常、自杀等严重后果的；

(五)严重影响他人的工作、生活、生产、经营的；

(六)其他情节恶劣的情形。

强拿硬要或者任意损毁、占用公私财物，破坏社会秩序，涉嫌下列情形之一的，应予立案追诉：

(一)强拿硬要公私财物价值1千元以上，或者任意损毁、占用公私财物价值2千元以上的；

(二)多次强拿硬要或者任意损毁、占用公私财物，造成恶劣社会影响的；

(三)强拿硬要或者任意损毁、占用精神病人、残疾人、流浪乞讨人员、老年人、孕妇、未成年人的财物，造成恶劣社会影响的；

(四)引起他人精神失常、自杀等严重后果的；

(五)严重影响他人的工作、生活、生产、经营的；

(六)其他情节严重的情形。

在车站、码头、机场、医院、商场、公园、影剧院、展览会、运动场或者其他公共场所起哄闹事，应当根据公共场所的性质、公共活动的重要程度、公共场所的人数、起哄闹事的时间、公共场所受影响的范围与程度等因素，综合判断是否造成公共场所秩序严重混乱。

• 关联法律

1. 最高人民法院、最高人民检察院《关于办理妨害预防、控制突发传染病疫情等灾害的刑事案件具体应用法律若干问题的解释》(法释〔2003〕8 号)

第 11 条 在预防、控制突发传染病疫情等灾害期间，强拿硬要或者任意损毁、占用公私财物情节严重，或者在公共场所起哄闹事，造成公共场所秩序严重混乱的，依照刑法第 293 条的规定，以寻衅滋事罪定罪，依法从重处罚。(全文详见本书《刑法》第 114 条相关内容)

2. 最高人民法院《关于审理抢劫、抢夺刑事案件适用法律若干问题的意见》(法发〔2005〕8 号)

九、关于抢劫罪与相似犯罪的界限？

4. 抢劫罪与寻衅滋事罪的界限？

寻衅滋事罪是严重扰乱社会秩序的犯罪，行为人实施寻衅滋事的行为时，客观上也可能表现为强拿硬要公私财物的特征。这种强拿硬要的行为与抢劫罪的区别在于：前者行为人主观上还具有逞强好胜和通过强拿硬要来填补其精神空虚等目的，后者行为人一般只具有非法占有他人财物的目的；前者行为人客观上一般不以严重侵犯他人人身权利的方法强拿硬要财物，而后者行为人则以暴力、胁迫等方式作为劫取他人财物的手段。司法实践中，对于未成年人使用或威胁使用轻微暴力强抢少量财物的行为，一般不宜以抢劫罪定罪处罚。其行为符合寻衅滋事罪特征的，可以寻衅滋事罪定罪处罚。(全文详见本书《刑法》第 263 条相关内容)

3. 最高人民法院《关于审理未成年人刑事案件具体应用法律若干问题的解释》(法释〔2006〕1 号)

第 7 条 已满 14 周岁不满 16 周岁的人使用轻微暴力或者威胁，强行索要其他未成年人随身携带的生活、学习用品或者钱财数量不大，且未造成被害人轻微伤以上或者不敢正常到校学习、生活等危害后果的，不认为是犯罪。

已满 16 周岁不满 18 周岁的人具有前款规定情形的，一般也不认为是犯罪。

第 8 条 已满 16 周岁不满 18 周岁的人出于以大欺小、以强凌弱或者寻求精神刺激，随意殴打其他未成年人、多次对其他未成年人强拿硬要或者任意损毁公私财物，扰乱学校及其他公共场所秩序，情节严重的，以寻衅滋事罪定罪处罚。(全文详见本书《刑法》第 17 条相关内容)

4. 最高人民检察院、公安部《关于公安机关管辖的刑事案件立案追诉标准的规定(1)》(公通字〔2008〕36 号) 第 37 条

(见本条立案追诉标准内容)

5.《中华人民共和国刑法修正案(8)》(2011 年 2 月 25 日第十一届全国人大常委会第十九次会议通过)

四十二、将刑法第 293 条修改为："有下列寻衅滋事行为之一，破坏社会秩序的，处 5 年以下有期徒刑、拘役或者管制：

"(一)随意殴打他人，情节恶劣的；(二)追逐、拦截、辱骂、恐吓他人，情节恶劣的；(三)强拿硬要或者任意损毁、占用公私财物，情节严重的；(四)在公共场所起哄闹事，造成公共场所秩序严重混乱的。

"纠集他人多次实施前款行为，严重破坏社会秩序的，处 5 年以上 10 年以下有期徒刑，可以并处罚金。"

(本次修订增设了第 2 款，将本罪的法定最高刑提高至 10 年有期徒刑，并在原第 1 条第 2 项中增加了"恐吓他人"的规定。)

6. 最高人民法院、最高人民检察院《关于办理寻衅滋事刑事案件适用法律若干问题的解释》(法释〔2013〕18 号)

为依法惩治寻衅滋事犯罪,维护社会秩序,根据《中华人民共和国刑法》的有关规定,现就办理寻衅滋事刑事案件适用法律的若干问题解释如下:

第 1 条 行为人为寻求刺激、发泄情绪、逞强耍横等,无事生非,实施刑法第 293 条规定的行为的,应当认定为"寻衅滋事"。

行为人因日常生活中的偶发矛盾纠纷,借故生非,实施刑法第 293 条规定的行为的,应当认定为"寻衅滋事",但矛盾系由被害人故意引发或者被害人对矛盾激化负有主要责任的除外。

行为人因婚恋、家庭、邻里、债务等纠纷,实施殴打、辱骂、恐吓他人或者损毁、占用他人财物等行为的,一般不认定为"寻衅滋事",但经有关部门批评制止或者处理处罚后,继续实施前列行为,破坏社会秩序的除外。

第 2 条 随意殴打他人,破坏社会秩序,具有下列情形之一的,应当认定为刑法第 293 条第 1 款第 1 项规定的"情节恶劣":

(一)致 1 人以上轻伤或者 2 人以上轻微伤的;(二)引起他人精神失常、自杀等严重后果的;(三)多次随意殴打他人的;(四)持凶器随意殴打他人的;(五)随意殴打精神病人、残疾人、流浪乞讨人员、老年人、孕妇、未成年人,造成恶劣社会影响的;(六)在公共场所随意殴打他人,造成公共场所秩序严重混乱的;(七)其他情节恶劣的情形。

第 3 条 追逐、拦截、辱骂、恐吓他人,破坏社会秩序,具有下列情形之一的,应当认定为刑法第 293 条第 1 款第 2 项规定的"情节恶劣":

(一)多次追逐、拦截、辱骂、恐吓他人,造成恶劣社会影响的;(二)持凶器追逐、拦截、辱骂、恐吓他人的;(三)追逐、拦截、辱骂、恐吓精神病人、残疾人、流浪乞讨人员、老年人、孕妇、未成年人,造成恶劣社会影响的;(四)引起他人精神失常、自杀等严重后果的;(五)严重影响他人的工作、生活、生产、经营的;(六)其他情节恶劣的情形。

第 4 条 强拿硬要或者任意损毁、占用公私财物,破坏社会秩序,具有下列情形之一的,应当认定为刑法第 293 条第 1 款第 3 项规定的"情节严重":

(一)强拿硬要公私财物价值 1000 元以上,或者任意损毁、占用公私财物价值 2000 元以上的;(二)多次强拿硬要或者任意损毁、占用公私财物,造成恶劣社会影响的;(三)强拿硬要或者任意损毁、占用精神病人、残疾人、流浪乞讨人员、老年人、孕妇、未成年人的财物,造成恶劣社会影响的;(四)引起他人精神失常、自杀等严重后果的;(五)严重影响他人的工作、生活、生产、经营的;(六)其他情节严重的情形。

第 5 条 在车站、码头、机场、医院、商场、公园、影剧院、展览会、运动场或者其他公共场所起哄闹事,应当根据公共场所的性质、公共活动的重要程度、公共场所的人数、起哄闹事的时间、公共场所受影响的范围与程度等因素,综合判断是否"造成公共场所秩序严重混乱"。

第 6 条 纠集他人 3 次以上实施寻衅滋事犯罪,未经处理的,应当依照刑法第 293 条第 2 款的规定处罚。

第 7 条 实施寻衅滋事行为,同时符合寻衅滋事罪和故意杀人罪、故意伤害罪、故意毁坏财物罪、敲诈勒索罪、抢夺罪、抢劫罪等罪的构成要件的,依照处罚较重的犯罪定罪处罚。

第 8 条 行为人认罪、悔罪,积极赔偿被害人损失或者取得被害人谅解的,可以从轻处罚;犯罪情节轻微的,可以不起诉或者免予刑事处罚。

7. 最高人民法院、最高人民检察院《关于办理利用信息网络实施诽谤等刑事案件适用法律若干问题的解释》(法释〔2013〕21 号)

第 5 条 利用信息网络辱骂、恐吓他人,情节恶劣,破坏社会秩序的,依照刑法第 293 条第

1款第(2)项的规定,以寻衅滋事罪定罪处罚。编造虚假信息,或者明知是编造的虚假信息,在信息网络上散布,或者组织、指使人员在信息网络上散布,起哄闹事,造成公共秩序严重混乱的,依照刑法第293条第1款第(4)项的规定,以寻衅滋事罪定罪处罚。

第8条 明知他人利用信息网络实施诽谤、寻衅滋事、敲诈勒索、非法经营等犯罪,为其提供资金、场所、技术支持等帮助的,以共同犯罪论处。

第9条 利用信息网络实施诽谤、寻衅滋事、敲诈勒索、非法经营犯罪,同时又构成刑法第221条规定的损害商业信誉、商品声誉罪,第278条规定的煽动暴力抗拒法律实施罪,第291条之一规定的编造、故意传播虚假恐怖信息罪等犯罪的,依照处罚较重的规定定罪处罚。

第10条 本解释所称信息网络,包括以计算机、电视机、固定电话机、移动电话机等电子设备为终端的计算机互联网、广播电视网、固定通信网、移动通信网等信息网络,以及向公众开放的局域网络。(全文详见本书《刑法》第246条相关内容)

8. 公安部《关于公安机关处置信访活动中违法犯罪行为适用法律的指导意见》(公通字〔2013〕25号)

四、对妨害社会管理秩序违法犯罪行为的处理

10、任意损毁、占用信访接待场所、国家机关或者他人财物,符合《治安管理处罚法》第26条第3项规定的,以寻衅滋事依法予以治安管理处罚;符合《刑法》第293条规定的,以寻衅滋事罪追究刑事责任。(全文详见本书《刑法》第114条相关内容)

9. 最高人民法院、最高人民检察院、公安部、司法部、国家卫生和计划生育委员会《关于依法惩处涉医违法犯罪维护正常医疗秩序的意见的通知》(法发〔2014〕5号)

二、严格依法惩处涉医违法犯罪

对涉医违法犯罪行为,要依法严肃追究、坚决打击。公安机关要加大对暴力杀医、伤医、扰乱医疗秩序等违法犯罪活动的查处力度,接到报警后应当及时出警、快速处置,需要追究刑事责任的,及时立案侦查,全面、客观地收集、调取证据,确保侦查质量。人民检察院应当及时依法批捕、起诉,对于重大涉医犯罪案件要加强法律监督,必要时可以对收集证据、适用法律提出意见。人民法院应当加快审理进度,在全面查明案件事实的基础上依法准确定罪量刑,对于犯罪手段残忍、主观恶性深、人身危险性大的被告人或者社会影响恶劣的涉医犯罪行为,要依法从严惩处。

(一)在医疗机构内殴打医务人员或者故意伤害医务人员身体、故意损毁公私财物,尚未造成严重后果的,分别依照治安管理处罚法第43条、第49条的规定处罚;故意杀害医务人员,或者故意伤害医务人员造成轻伤以上严重后果,或者随意殴打医务人员情节恶劣、任意损毁公私财物情节严重,构成故意杀人罪、故意伤害罪、故意毁坏财物罪、寻衅滋事罪的,依照刑法的有关规定定罪处罚。

(二)在医疗机构私设灵堂、摆放花圈、焚烧纸钱、悬挂横幅、堵塞大门或者以其他方式扰乱医疗秩序,尚未造成严重损失,经劝说、警告无效的,要依法驱散,对拒不服从的人员要依法带离现场,依照治安管理处罚法第23条的规定处罚;聚众实施的,对首要分子和其他积极参加者依法予以治安处罚;造成严重损失或者扰乱其他公共秩序情节严重,构成寻衅滋事罪、聚众扰乱社会秩序罪、聚众扰乱公共场所秩序、交通秩序罪的,依照刑法的有关规定定罪处罚。

在医疗机构的病房、抢救室、重症监护室等场所及医疗机构的公共开放区域违规停放尸体,影响医疗秩序,经劝说、警告无效的,依照治安管理处罚法第65条的规定处罚;严重扰乱医疗秩序或者其他公共秩序,构成犯罪的,依照前款的规定定罪处罚。

(四)公然侮辱、恐吓医务人员的,依照治安管理处罚法第42条的规定处罚;采取暴力或者其他方法公然侮辱、恐吓医务人员情节严重(恶劣),构成侮辱罪、寻衅滋事罪的,依照刑法的有关规定定罪处罚。

（六）对于故意扩大事态，教唆他人实施针对医疗机构或者医务人员的违法犯罪行为，或者以受他人委托处理医疗纠纷为名实施敲诈勒索、寻衅滋事等行为的，依照治安管理处罚法和刑法的有关规定从严惩处。（全文详见本书《刑法》第232条相关内容）

10. 最高人民法院、最高人民检察院、公安部《关于办理暴力恐怖和宗教极端刑事案件适用法律若干问题的意见》（公通字〔2014〕34号）

被最高人民法院、最高人民检察院、公安部、司法部《〈关于办理恐怖活动和极端主义犯罪案件适用法律若干问题的意见〉的通知》（高检会〔2018〕1号）废止。

11. 最高人民法院《关于常见犯罪的量刑指导意见》（法发〔2017〕7号）

被最高人民法院、最高人民检察院《关于常见犯罪的量刑指导意见（试行）》（法发〔2021〕21号）废止。

12. 最高人民检察院、公安部《关于公安机关管辖的刑事案件立案追诉标准的规定（一）的补充规定》（公通字〔2017〕12号）

八、将《立案追诉标准（1）》第37条修改为：[寻衅滋事案（刑法第293条）]随意殴打他人，破坏社会秩序，涉嫌下列情形之一的，应予立案追诉：

（一）致1人以上轻伤或者2人以上轻微伤的；（二）引起他人精神失常、自杀等严重后果的；（三）多次随意殴打他人的；（四）持凶器随意殴打他人的；（五）随意殴打精神病人、残疾人、流浪乞讨人员、老年人、孕妇、未成年人，造成恶劣社会影响的；（六）在公共场所随意殴打他人，造成公共场所秩序严重混乱的；（七）其他情节恶劣的情形。

追逐、拦截、辱骂、恐吓他人，破坏社会秩序，涉嫌下列情形之一的，应予立案追诉：

（一）多次追逐、拦截、辱骂、恐吓他人，造成恶劣社会影响的；（二）持凶器追逐、拦截、辱骂、恐吓他人的；（三）追逐、拦截、辱骂、恐吓精神病人、残疾人、流浪乞讨人员、老年人、孕妇、未成年人，造成恶劣社会影响的；（四）引起他人精神失常、自杀等严重后果的；（五）严重影响他人的工作、生活、生产、经营的；（六）其他情节恶劣的情形。

强拿硬要或者任意损毁、占用公私财物，破坏社会秩序，涉嫌下列情形之一的，应予立案追诉：

（一）强拿硬要公私财物价值1000元以上，或者任意损毁、占用公私财物价值2000元以上的；（二）多次强拿硬要或者任意损毁、占用公私财物，造成恶劣社会影响的；（三）强拿硬要或者任意损毁、占用精神病人、残疾人、流浪乞讨人员、老年人、孕妇、未成年人的财物，造成恶劣社会影响的。

在车站、码头、机场、医院、商场、公园、影剧院、展览会、运动场或者其他公共场所起哄闹事，应当根据公共场所的性质、公共活动的重要程度、公共场所的人数、起哄闹事的时间、公共场所受影响的范围与程度等因素，综合判断是否造成公共场所秩序严重混乱。（见本条立案追诉标准内容）

13. 最高人民法院、最高人民检察院、公安部、司法部《关于办理黑恶势力犯罪案件若干问题的指导意见》（法发〔2018〕1号）

四、依法惩处利用“软暴力”实施的犯罪

17、黑恶势力为谋取不法利益或形成非法影响，有组织地采用滋扰、纠缠、哄闹、聚众造势等手段侵犯人身权利、财产权利，破坏经济秩序、社会秩序，构成犯罪的，应当分别依照《刑法》相关规定处理：

（一）有组织地采用滋扰、纠缠、哄闹、聚众造势等手段扰乱正常的工作、生活秩序，使他人产生心理恐惧或者形成心理强制，分别属于《刑法》第293条第1款第（2）项规定的“恐吓”、

《刑法》第226规定的"威胁",同时符合其他犯罪构成条件的,应分别以寻衅滋事罪、强迫交易罪定罪处罚。

《关于办理寻衅滋事刑事案件适用法律若干问题的解释》第2条至第4条中的"多次"一般应当理解为2年内实施寻衅滋事行为3次以上。2年内多次实施不同种类寻衅滋事行为的,应当追究刑事责任。

(二)以非法占有为目的强行索取公私财物,有组织地采用滋扰、纠缠、哄闹、聚众造势等手段扰乱正常的工作、生活秩序,同时符合《刑法》第274条规定的其他犯罪构成条件的,应当以敲诈勒索罪定罪处罚。同时由多人实施或者以统一着装、显露纹身、特殊标识以及其他明示或者暗示方式,足以使对方感知相关行为的有组织性的,应当认定为《关于办理敲诈勒索刑事案件适用法律若干问题的解释》第2条第(5)项规定的"以黑恶势力名义敲诈勒索"。

采用上述手段,同时又构成其他犯罪的,应当依法按照处罚较重的规定定罪处罚。

雇佣、指使他人有组织地采用上述手段强迫交易、敲诈勒索,构成强迫交易罪、敲诈勒索罪的,对雇佣者、指使者,一般应当以共同犯罪中的主犯论处。为强索不受法律保护的债务或者因其他非法目的,雇佣、指使他人有组织地采用上迷手段寻衅滋事,构成寻衅滋事罪的,对雇佣者、指使者,一般应当以共同犯罪中的主犯论处;为追讨合法债务或者因婚恋、家庭、邻里纠纷等民间矛盾而雇佣、指使,没有造成严重后果的,一般不作为犯罪处理,但经有关部门批评制止或者处理处罚后仍继续实施的除外。(全文详见本书《刑法》第294条相关内容)

14. 最高人民法院、最高人民检察院、公安部《关于依法惩治妨害公共交通工具安全驾驶违法犯罪行为的指导意见》(公通字〔2019〕1号)

一、准确认定行为性质,依法从严惩处妨害安全驾驶犯罪

(一)乘客在公共交通工具行驶过程中,抢夺方向盘、变速杆等操纵装置,殴打、拉拽驾驶人员,或者有其他妨害安全驾驶行为,危害公共安全,尚未造成严重后果的,依照刑法第114条的规定,以以危险方法危害公共安全罪定罪处罚;致人重伤、死亡或者使公私财产遭受重大损失的,依照刑法第115条第1款的规定,以以危险方法危害公共安全罪定罪处罚。

实施前款规定的行为,具有以下情形之一的,从重处罚:

1. 在夜间行驶或者恶劣天气条件下行驶的公共交通工具上实施的;2. 在临水、临崖、急弯、陡坡、高速公路、高架道路、桥隧路段及其他易发生危险的路段实施的;3. 在人员、车辆密集路段实施的;4. 在实际载客10人以上或者时速60公里以上的公共交通工具上实施的;5. 经他人劝告、阻拦后仍然继续实施的;6. 持械袭击驾驶人员的;7. 其他严重妨害安全驾驶的行为。

实施上述行为,即使尚未造成严重后果,一般也不得适用缓刑。

(二)乘客在公共交通工具行驶过程中,随意殴打其他乘客,追逐、辱骂他人,或者起哄闹事,妨害公共交通工具运营秩序,符合刑法第293条规定的,以寻衅滋事罪定罪处罚;妨害公共交通工具安全行驶,危害公共安全的,依照刑法第114条、第115条第1款的规定,以以危险方法危害公共安全罪定罪处罚。

(三)驾驶人员在公共交通工具行驶过程中,与乘客发生纷争后违规操作或者擅离职守,与乘客厮打、互殴,危害公共安全,尚未造成严重后果的,依照刑法第114条的规定,以以危险方法危害公共安全罪定罪处罚;致人重伤、死亡或者使公私财产遭受重大损失的,依照刑法第115条第1款的规定,以以危险方法危害公共安全罪定罪处罚。

(四)对正在进行的妨害安全驾驶的违法犯罪行为,乘客等人员有权采取措施予以制止。制止行为造成违法犯罪行为人损害,符合法定条件的,应当认定为正当防卫。

(五)正在驾驶公共交通工具的驾驶人员遭到妨害安全驾驶行为侵害时,为避免公共交通工具倾覆或者人员伤亡等危害后果发生,采取紧急制动或者躲避措施,造成公共交通工具、交通设施损坏或者人身损害,符合法定条件的,应当认定为紧急避险。

(六)以暴力、威胁方法阻碍国家机关工作人员依法处置妨害安全驾驶违法犯罪行为、维护公共交通秩序的,依照刑法第277条的规定,以妨害公务罪定罪处罚;暴力袭击正在依法执行职务的人民警察的,从重处罚。

(七)本意见所称公共交通工具,是指公共汽车、公路客运车,大、中型出租车等车辆。(全文详见本书《刑法》第114条相关内容)

15. 最高人民法院、最高人民检察院、公安部、司法部《关于办理恶势力刑事案件若干问题的意见》(法发〔2019〕10号)

(详见本书《刑法》第64条相关内容)

16. 最高人民法院、最高人民检察院、公安部、司法部《关于办理黑恶势力刑事案件中财产处置若干问题的意见》(2019年4月9日起施行)

(详见本书《刑法》第294条相关内容)

17. 最高人民法院、最高人民检察院、公安部、司法部《关于办理实施"软暴力"的刑事案件若干问题的意见》(公通字〔2019〕15号)

五、采用"软暴力"手段,使他人产生心理恐惧或者形成心理强制,分别属于《刑法》第226条规定的"威胁"、《刑法》第293条第1款第(2)项规定的"恐吓",同时符合其他犯罪构成要件的,应当分别以强迫交易罪、寻衅滋事罪定罪处罚。

《关于办理寻衅滋事刑事案件适用法律若干问题的解释》第2条至4条中的"多次"一般应当理解为2年内实施寻衅滋事行为3次以上。3次以上寻衅滋事行为既包括同一类别的行为,也包括不同类别的行为;既包括未受行政处罚的行为,也包括已受行政处罚的行为。

九、采用"软暴力"手段,同时构成两种以上犯罪的,依法按照处罚较重的犯罪定罪处罚,法律另有规定的除外。

十、根据本意见第5条、第8条规定,对已受行政处罚的行为追究刑事责任的,行为人先前所受的行政拘留处罚应当折抵刑期,罚款应当抵扣罚金。

十一、雇佣、指使他人采用"软暴力"手段强迫交易、敲诈勒索,构成强迫交易罪、敲诈勒索罪的,对雇佣者、指使者,一般应当以共同犯罪中的主犯论处。

为强索不受法律保护的债务或者因其他非法目的,雇佣、指使他人采用"软暴力"手段非法剥夺他人人身自由构成非法拘禁罪,或者非法侵入他人住宅、寻衅滋事,构成非法侵入住宅罪、寻衅滋事罪的,对雇佣者、指使者,一般应当以共同犯罪中的主犯论处;因本人及近亲属合法债务、婚恋、家庭、邻里纠纷等民间矛盾而雇佣、指使,没有造成严重后果的,一般不作为犯罪处理,但经有关部门批评制止或者处理处罚后仍继续实施的除外。(全文详见本书《刑法》第226条相关内容)

18. 最高人民法院、最高人民检察院、公安部、司法部《关于办理"套路贷"刑事案件若干问题的意见》(法发〔2019〕11号)

(详见本书《刑法》第294条相关内容)

19. 最高人民法院、最高人民检察院、公安部、司法部《关于办理利用信息网络实施黑恶势力犯罪刑事案件若干问题的意见》(2019年7月23日)

二、依法严惩利用信息网络实施的黑恶势力犯罪

4. 对通过发布、删除负面或虚假信息,发送侮辱性信息、图片,以及利用信息、电话骚扰等方式,威胁、要挟、恐吓、滋扰他人,实施黑恶势力违法犯罪的,应当准确认定,依法严惩。

5. 利用信息网络威胁他人,强迫交易,情节严重的,依照刑法第226条的规定,以强迫交易罪定罪处罚。

6. 利用信息网络威胁、要挟他人,索取公私财物,数额较大,或者多次实施上述行为的,依照刑法第 274 条的规定,以敲诈勒索罪定罪处罚。

7. 利用信息网络辱骂、恐吓他人,情节恶劣,破坏社会秩序的,依照刑法第 293 条第 1 款第 2 项的规定,以寻衅滋事罪定罪处罚。

编造虚假信息,或者明知是编造的虚假信息,在信息网络上散布,或者组织、指使人员在信息网络上散布,起哄闹事,造成公共秩序严重混乱的,依照刑法第 293 条第 1 款第 4 项的规定,以寻衅滋事罪定罪处罚。

8. 侦办利用信息网络实施的强迫交易、敲诈勒索等非法敛财类案件,确因被害人人数众多等客观条件的限制,无法逐一收集被害人陈述的,可以结合已收集的被害人陈述,以及经查证属实的银行账户交易记录、第 3 方支付结算账户交易记录、通话记录、电子数据等证据,综合认定被害人人数以及涉案资金数额等。(全文详见本书《刑法》第 226 条相关内容)

20. 国家监察机关员会、最高人民法院、最高人民检察院、公安部、司法部《关于在扫黑除恶专项斗争中分工负责、互相配合、互相制约严惩公职人员涉黑涉恶违法犯罪问题的通知》(2019 年 10 月 20 日)

(详见本书《刑法》第 294 条相关内容)

21. 最高人民法院、最高人民检察院、公安部、司法部《关于跨省异地执行刑罚的黑恶势力罪犯坦白检举构成自首立功若干问题的意见》(2019 年 10 月 21 日)第 2 点

(详见本书《刑法》第 67 条相关内容)

22. 最高人民法院、最高人民检察院、公安部《关于依法惩治袭警违法犯罪行为的指导意见》(2019 年 12 月 27 日)

一、对正在依法执行职务的民警实施下列行为的,属于刑法第 277 条第 5 款规定的“暴力袭击正在依法执行职务的人民警察”,应当以妨害公务罪定罪从重处罚:

1. 实施撕咬、踢打、抱摔、投掷等,对民警人身进行攻击的;2. 实施打砸、毁坏、抢夺民警正在使用的警用车辆、警械等警用装备,对民警人身进行攻击的;对正在依法执行职务的民警虽未实施暴力袭击,但以实施暴力相威胁,符合刑法第 277 条第 1 款规定的,以妨害公务罪定罪处罚。

醉酒的人实施袭警犯罪行为,应当负刑事责任。

教唆、煽动他人实施袭警犯罪行为或者为他人实施袭警犯罪行为提供工具、帮助的,以共同犯罪论处。

对袭警情节轻微或者辱骂民警,尚不构成犯罪,但构成违反治安管理行为的,应当依法从重给予治安管理处罚。

二、实施暴力袭警行为,具有下列情形之一的,在第 1 条规定的基础上酌情从重处罚:

1. 使用凶器或者危险物品袭警、驾驶机动车袭警的;2. 造成民警轻微伤或者警用装备严重毁损的;3. 妨害民警依法执行职务,造成他人伤亡、公私财产损失或者造成犯罪嫌疑人脱逃、毁灭证据等严重后果的;4. 造成多人围观、交通堵塞等恶劣社会影响的;5. 纠集多人袭警或者袭击民警 2 人以上的;6. 曾因袭警受过处罚,再次袭警的;7. 实施其他严重袭警行为的。

实施上述行为,构成犯罪的,一般不得适用缓刑。

三、驾车冲撞、碾轧、拖拽、剐蹭民警,或者挤别、碰撞正在执行职务的警用车辆,危害公共安全或者民警生命、健康安全,符合刑法第 114 条、第 115 条、第 232、第 234 条规定的,应当以以危险方法危害公共安全罪、故意杀人罪或者故意伤害罪定罪,酌情从重处罚。

暴力袭警,致使民警重伤、死亡,符合刑法第 234 条、第 232 条规定的,应当以故意伤害罪、故意杀人罪定罪,酌情从重处罚。

四、抢劫、抢夺民警枪支,符合刑法第 127 条第 2 款规定的,应当以抢劫枪支罪、抢夺枪支

罪定罪。

五、民警在非工作时间,依照《中华人民共和国人民警察法》等法律履行职责的,应当视为执行职务。

六、在民警非执行职务期间,因其职务行为对其实施暴力袭击、拦截、恐吓等行为,符合刑法第 234 条、第 232 条、第 293 条等规定的,应当以故意伤害罪、故意杀人罪、寻衅滋事罪等定罪,并根据袭警的具体情节酌情从重处罚。(全文详见本书《刑法》第 277 条相关内容)

23. 最高人民法院、最高人民检察院、公安部、司法部《关于依法惩治妨害新型冠状病毒感染肺炎疫情防控违法犯罪的意见》(法发〔2020〕7 号)

二、准确适用法律,依法严惩妨害疫情防控的各类违法犯罪

(二)依法严惩暴力伤医犯罪。在疫情防控期间,故意伤害医务人员造成轻伤以上的严重后果,或者对医务人员实施撕扯防护装备、吐口水等行为,致使医务人员感染新型冠状病毒的,依照刑法第 234 条的规定,以故意伤害罪定罪处罚。

随意殴打医务人员,情节恶劣的,依照刑法第 293 条的规定,以寻衅滋事罪定罪处罚。

采取暴力或者其他方法公然侮辱、恐吓医务人员,符合刑法第 246 条、第 293 条规定的,以侮辱罪或者寻衅滋事罪定罪处罚。

以不准离开工作场所等方式非法限制医务人员人身自由,符合刑法第 238 条规定的,以非法拘禁罪定罪处罚。

(六)依法严惩造谣传谣犯罪。编造虚假的疫情信息,在信息网络或者其他媒体上传播,或者明知是虚假疫情信息,故意在信息网络或者其他媒体上传播,严重扰乱社会秩序的,依照刑法第 291 条之一第 2 款的规定,以编造、故意传播虚假信息罪定罪处罚。

编造虚假信息,或者明知是编造的虚假信息,在信息网络上散布,或者组织、指使人员在信息网络上散布,起哄闹事,造成公共秩序严重混乱的,依照刑法第 293 条第 1 款第 4 项的规定,以寻衅滋事罪定罪处罚。

利用新型冠状病毒感染肺炎疫情,制造、传播谣言,煽动分裂国家、破坏国家统一,或者煽动颠覆国家政权、推翻社会主义制度的,依照刑法第 103 条第 2 款、第 105 条第 2 款的规定,以煽动分裂国家罪或者煽动颠覆国家政权罪定罪处罚。

网络服务提供者不履行法律、行政法规规定的信息网络安全管理义务,经监管部门责令采取改正措施而拒不改正,致使虚假疫情信息或者其他违法信息大量传播的,依照刑法第 286 条之一的规定,以拒不履行信息网络安全管理义务罪定罪处罚。

对虚假疫情信息案件,要依法、精准、恰当处置。对恶意编造虚假疫情信息,制造社会恐慌,挑动社会情绪,扰乱公共秩序,特别是恶意攻击党和政府,借机煽动颠覆国家政权、推翻社会主义制度的,要依法严惩。对于因轻信而传播虚假信息,危害不大的,不以犯罪论处。(全文详见本书《刑法》第 114 条相关内容)

24. 最高人民法院、最高人民检察院、公安部、司法部《关于依法严惩利用未成年人实施黑恶势力犯罪的意见》(高检发〔2020〕4 号)

(详见本书《刑法》第 17 条相关内容)

25. 最高人民法院、最高人民检察院、公安部《关于办理跨境赌博犯罪案件若干问题的意见》(公通字〔2020〕14 号)

四、关于跨境赌博关联犯罪的认定

(四)实施赌博犯罪,为强行索要赌债,实施故意杀人、故意伤害、非法拘禁、故意毁坏财物、寻衅滋事等行为,构成犯罪的,应当依法数罪并罚。(全文详见本书《刑法》第 303 条相关内容)

26. 高人民检察院《第22批指导性案例林某彬等人组织、领导、参加黑社会性质组织案》(检例第84号;2020年11月24日)

(详见本书《刑法》第294条相关内容)

27. 最高人民检察院《第23批指导性案例李某俊等"套路贷"虚假诉讼案》(检例第87号;2020年12月3日)

(详见本书《刑法》第307条之一相关内容)

第293条之一 【催收非法债务罪】有下列情形之一,催收高利放贷等产生的非法债务,情节严重的,处3年以下有期徒刑、拘役或者管制,并处或者单处罚金:

(一)使用暴力、胁迫方法的;

(二)限制他人人身自由或者侵入他人住宅的;

(三)恐吓、跟踪、骚扰他人的。

(本条《中华人民共和国刑法修正案(11)》增加)

• 释义

催收非法债务罪是指使用暴力、胁迫,或者限制他人人身自由、侵入他人住宅,或者恐吓、跟踪、骚扰他人等方法,催收高利贷等产生的非法债务,情节严重的行为。

• 管辖

公安机关。

• 关联法律

1.《中华人民共和国刑法修正案(11)》(2020年12月26日第十三届全国人大常委会第二十四次会议通过)

三十四、在刑法第293条后增加1条,作为第293条之一:"有下列情形之一,催收高利放贷等产生的非法债务,情节严重的,处3年以下有期徒刑、拘役或者管制,并处或者单处罚金:

"(一)使用暴力、胁迫方法的;(二)限制他人人身自由或者侵入他人住宅的;(三)恐吓、跟踪、骚扰他人的。"

2. 最高人民法院《关于执行〈中华人民共和国刑法〉确定罪名的补充规定(7)》(法释〔2021〕2号)

(全文详见本书《刑法》第133条之二相关内容)

3. 参见本书《刑法》第293条、第294条相关内容。

第294条 【组织、领导、参加黑社会性质组织罪】组织、领导黑社会性质的组织的,处7年以上有期徒刑,并处没收财产;积极参加的,处3年以上7年以下有期徒刑,可以并处罚金或者没收财产;其他参加的,处3年以下有期徒刑、拘役、管制或者剥夺政治权利,可以并处罚金。

【入境发展黑社会组织罪】境外的黑社会组织的人员到中华人民共和国境内发展组织成员的,处3年以上10年以下有期徒刑。

【包庇、纵容黑社会性质组织罪】国家机关工作人员包庇黑社会性质的组织,或者纵容黑社会性质的组织进行违法犯罪活动的,处5年以下有期徒刑;情节严重的,处5年以上有期徒刑。

犯前3款罪又有其他犯罪行为的,依照数罪并罚的规定处罚。

黑社会性质的组织应当同时具备以下特征:

(一)形成较稳定的犯罪组织,人数较多,有明确的组织者、领导者,骨干成员基本固定;

(二)有组织地通过违法犯罪活动或者其他手段获取经济利益,具有一定的经济实力,以支持该组织的活动;

(三)以暴力、威胁或者其他手段,有组织地多次进行违法犯罪活动,为非作恶,欺压、残害群众;

(四)通过实施违法犯罪活动,或者利用国家工作人员的包庇或者纵容,称霸一方,在一定区域或者行业内,形成非法控制或者重大影响,严重破坏经济、社会生活秩序。

[2002年4月28日第九届全国人大常委会第二十七次会议讨论了刑法第294条第1款规定的"黑社会性质的组织"的含义问题,解释如下:

刑法第294条第1款规定的"黑社会性质的组织"应当同时具备以下特征:(一)形成较稳定的犯罪组织,人数较多,有明确的组织者、领导者,骨干成员基本固定;(二)有组织地通过违法犯罪活动或者其他手段获取经济利益,具有一定的经济实力,以支持该组织的活动;(三)以暴力、威胁或者其他手段,有组织地多次进行违法犯罪活动,为非作恶,欺压、残害群众;(四)通过实施违法犯罪活动,或者利用国家工作人员的包庇或者纵容,称霸一方,在一定区域或者行业内,形成非法控制或者重大影响,严重破坏经济、社会生活秩序。]

(本条《中华人民共和国刑法修正案(8)》修改)

• 释义

组织、领导、参加黑社会性质组织罪是指组织、领导、参加黑社会性质的组织的行为。

入境发展黑社会组织罪是指境外的黑社会组织的人员到中华人民共和国境内发展组织成员的行为。

包庇、纵容黑社会性质组织罪是指国家机关工作人员包庇黑社会性质的组织,或者纵容黑社会性质的组织进行违法犯罪活动的行为。

• 管辖

公安机关刑事侦查部门。

• 关联法律

1. 最高人民法院《全国法院维护农村稳定刑事审判工作座谈会纪要》(法〔1999〕217号)

二(三)关于农村恶势力犯罪案件

修订后的刑法将原"流氓罪"分解为若干罪名,分别规定了相应的刑罚,更有利于打击此类犯罪,也便于实践中操作。对实施多种原刑法规定的"流氓"行为,构成犯罪的,应按照修订后刑法的罪名分别定罪量刑,按数罪并罚原则处理。对于团伙成员相对固定,以暴力、威胁手段称霸一方,欺压百姓,采取收取"保护费"、代人强行收债、违规强行承包等手段,公然与政府对抗的,应按照黑社会性质组织犯罪处理;其中,又有故意杀人、故意伤害等犯罪行为的,按数罪并罚的规定处罚。(全文详见本书《刑法》第232条相关内容)

2. 最高人民法院《关于审理黑社会性质组织犯罪的案件具体应用法律若干问题的解释》（法释〔2000〕42号）

为依法惩治黑社会性质组织的犯罪活动，根据刑法有关规定，现就审理黑社会性质组织的犯罪案件具体应用法律的若干问题解释如下：

第1条 刑法第294条规定的"黑社会性质的组织"，一般应具备以下特征：

（一）组织结构比较紧密，人数较多，有比较明确的组织者、领导者，骨干成员基本固定，有较为严格的组织纪律；（二）通过违法犯罪活动或者其他手段获取经济利益，具有一定的经济实力；（三）通过贿赂、威胁等手段，引诱、逼迫国家工作人员参加黑社会性质组织活动，或者为其提供非法保护；（四）在一定区域或者行业范围内，以暴力、威胁、滋扰等手段，大肆进行敲诈勒索、欺行霸市、聚众斗殴、寻衅滋事、故意伤害等违法犯罪活动，严重破坏经济、社会生活秩序。

第2条 刑法第294条第2款规定的"发展组织成员"，是指将境内、外人员吸收为该黑社会组织成员的行为。对黑社会组织成员进行内部调整等行为，可视为"发展组织成员"。港、澳、台黑社会组织到内地发展组织成员的，适用刑法第294条第2款的规定定罪处罚。

第3条 组织、领导、参加黑社会性质组织又有其他犯罪行为的，根据刑法第294条第3款的规定，依照数罪并罚的规定处罚；对于黑社会性质组织的组织者、领导者，应当按照其所组织、领导的黑社会性质组织所犯的全部罪行处罚；对于黑社会性质组织的参加者，应当按照其所参与的犯罪处罚。对于参加黑社会性质的组织，没有实施其他违法犯罪活动的，或者受蒙蔽、胁迫参加黑会性质的组织，情节轻微的，可以不作为犯罪处理。

第4条 国家机关工作人员组织、领导、参加黑社会性质组织的，从重处罚。

第5条 刑法第294条第4款规定的"包庇"，是指国家机关工作人员为使黑社会性质组织及其成员逃避查禁，而通风报信，隐匿、毁灭、伪造证据，阻止他人作证、检举揭发，指使他人作伪证，帮助逃匿，或者阻挠其他国家机关工作人员依法查禁等行为。

刑法第294条第4款规定的"纵容"，是指国家机关工作人员不依法履行职责，放纵黑社会性质组织进行违法犯罪活动的行为。

第6条 国家机关工作人员包庇、纵容黑社会性质的组织，有下列情形之一的，属于刑法第294条第4款规定的"情节严重"：

（一）包庇、纵容黑社会性质组织跨境实施违法犯罪活动的；（二）包庇、纵容境外黑社会组织在境内施违法犯罪活动的；（三）多次实施包庇、纵容行为的；（四）致使某一区域或者行业的经济、社会生活秩序遭受黑社会性质组织特别严重破坏的；（五）致使黑社会性质组织的组织者、领导者逃匿，或者致使对黑社会性质组织的查禁工作严重受阻的；（六）具有其他严重情节的。（**注**：对于上述解释，应在2011年2月25日全国人大常委会《中华人民共和国刑法修正(8)》第43条的基础上来理解。）

3. 全国人大常委会《关于〈中华人民共和国刑法〉第294条第1款的解释》（2002年4月28日第九届全国人大常委会第二十七次会议通过）

全国人民代表大会常务委员会讨论了刑法第294条第1款规定的"黑社会性质的组织"的含义问题，解释如下：刑法第294条第1款规定的"黑社会性质的组织"应当同时具备以下特征：

（一）形成较稳定的犯罪组织，人数较多，有明确的组织者、领导者，骨干成员基本固定；（二）有组织地通过违法犯罪活动或者其他手段获取经济利益，具有一定的经济实力，以支持该组织的活动；（三）以暴力、威胁或者其他手段，有组织地多次进行违法犯罪活动，为非作恶，欺压、残害群众；（四）通过实施违法犯罪活动，或者利用国家工作人员的包庇或者纵容，称霸一方,在一定区域或者行业内,形成非法控制或者重大影响,严重破坏经济、社会生活秩序。

4. 最高人民检察院《关于认真贯彻执行全国人大常委会〈关于刑法第294条第1款的解释〉和〈关于刑法第384条第1款的解释〉的通知》(高检发研字〔2002〕11号)

第九届全国人民代表大会常务委员会第27次会议于2002年4月28日通过了《全国人民代表大会常务委员会关于〈中华人民共和国刑法〉第294条第1款的解释》和《全国人民代表大会常务委员会关于〈中华人民共和国刑法〉第384条第1款的解释》(以下统称《解释》)。为保证《解释》的正确贯彻执行,特通知如下:

一、本次全国人大常委会审议通过的有关刑法的两个法律解释,是立法的重要补充形式,与法律具有同等效力,对于健全社会主义法制,保证国家法律的统一正确实施具有重要意义,尤其对于当前开展"严打"整治斗争,进一步加大反腐败工作力度,将会发挥积极的作用。各级人民检察院要提高对《解释》重要性的认识,组织检察人员认真学习《解释》,全面、深刻领会立法解释的精神,充分发挥法律监督作用,严厉打击黑社会性质组织犯罪和挪用公款犯罪。

二、要正确适用法律,积极发挥检察职能作用。各级人民检察院在办理相关案件的过程中,要充分运用刑法和立法解释的有关规定,依法开展立案侦查和批捕、起诉工作,严格按照《解释》加强对黑社会性质组织和挪用公款犯罪的打击力度,积极发挥检察机关的职能作用。根据《解释》的规定,黑社会性质组织是否有国家工作人员充当"保护伞",即是否要有国家工作人员参与犯罪或者为犯罪活动提供非法保护,不影响黑社会性质组织的认定,对于同时具备《解释》规定的黑社会性质组织4个特征的案件,应依法予以严惩,以体现"打早打小"的立法精神。同时,对于确有"保护伞"的案件,也要坚决一查到底,绝不姑息。对于国家工作人员利用职务上的便利,实施《解释》规定的挪用公款"归个人使用"的3种情形之一的,无论使用公款的是个人还是单位以及单位的性质如何,均应认定为挪用公款归个人使用,构成犯罪的,应依法严肃查处。

三、要注意区分罪与非罪界限,切实提高办案质量。各级人民检察院在办理相关案件时,要严格依法进行,严格区分罪与非罪、此罪与彼罪的界限,切实保证办案质量。要特别注意区分黑社会性质组织犯罪与一般犯罪集团、流氓恶势力团伙违法犯罪的界限、挪用公款犯罪与单位之间违反财经纪律拆借资金行为的界限,做到办案的法律效果和社会效果的有机统一。

四、要坚持打防并举,综合治理。黑社会性质组织严重破坏经济、社会生活秩序,直接影响到人民群众的安居乐业;挪用公款犯罪严重侵犯公共财产,危害国家正常的财经管理制度,是腐败的重要表现。对上述犯罪,要坚持贯彻打防并举、综合治理的方针。各级人民检察院要充分利用各种途径和方式,广泛宣传《解释》,进一步加大举报和预防工作的力度,加强与有关部门的联系和配合。

五、要加强领导,进一步加大工作指导的力度。黑社会性质组织犯罪案件和挪用公款犯罪案件的认定和处理,是一项政策法律性很强的工作。上级人民检察院要加强对下级人民检察院工作指导的力度,下级人民检察院对于重大、疑难、复杂案件的办理,要及时向上级人民检察院请示汇报。各地在贯彻执行《解释》过程中遇到的新情况、新问题,请及时层报最高人民检察院。

5. 国家工商行政管理总局《关于深入开展打黑除恶专项斗争的通知》(工商公字〔2006〕51号)

党中央、国务院历来高度重视打击黑恶势力犯罪问题。今年2月22日,中央政法委召开了全国打黑除恶专项斗争电视电话会议,就全国开展为期1年的打黑除恶斗争进行了专门部署。会议提出的专项斗争主要目标是:坚决打掉黑恶势力,严惩黑恶势力犯罪分子,摧毁其经济依托,铲除其"保护伞";建立健全打黑除恶长效工作机制,遏制新的黑恶势力形成,防止黑恶势力滋生蔓延;通过打黑除恶专项斗争,推进各项社会治安工作,实现社会治安持续稳定。各级工商行政管理机关要认真贯彻落实全国打黑除恶专项斗争电视电话会议精神,统一思想认识,认真履行职责,积极配合有关部门,共同做好打黑除恶工作。现就有关问题通知如下:

一、提高认识,加强领导

各级工商行政管理机关要充分认识到当前黑恶势力问题的严重性和社会危害性,从立党为公、执政为民的高度认识开展专项斗争的必要性,充分认识到打黑除恶不仅是维护社会治安的问题,也是重要的政治问题,是维护社会主义市场经济秩序、创造良好发展环境的迫切需要。黑恶势力不仅影响社会治安,而且破坏社会主义市场经济秩序,直接影响经济发展。黑恶势力以商养黑,以黑护商,进行非法经营活动,甚至用暴力手段垄断市场、行业乃至局部地区的经济活动,严重破坏公平竞争的市场秩序,造成了恶劣的社会影响。各级工商行政管理机关必须保持清醒的头脑,把打黑除恶作为促进社会和谐、维护经济秩序、提高党的执政能力、巩固党的执政地位和社会稳定的一件大事来抓,把专项斗争作为当前整顿和规范市场经济秩序的重要任务来抓,要以高度的政治责任感和饱满的工作热情,积极配合公安等有关部门,开展打黑除恶专项斗争。按照工商行政管理机关必须成为社会主义市场经济秩序的坚强卫士,促进改革发展的有力保障,维护国家经济安全的重要力量的要求,进一步落实责任制和责任追究制,把打黑除恶工作抓紧、抓实、抓好。要加强领导,精心组织,周密部署,真正做到责任明确,措施得力,效果显著。

二、严格资质审查,把好市场准入关

各级工商行政管理机关要充分发挥企业登记监管职能,严格审查各类企业登记资格和餐饮、娱乐等特殊服务场所的主体资格。要坚持依法前置审批制度。充分利用企业年检制度,严格审查相关企业的主体资格。要充分利用工商行政管理企业信用分类监管制度,建立和完善黑牌企业数据库。

三、突出重点,强化监管

各地工商行政管理机关要加大市场巡查力度,加强对本辖区内交通运输、建筑、批发市场、集市贸易、餐饮、娱乐场所、二手车交易市场等易发生黑恶势力活动的行业和场所的监督检查。发现有黑恶势力迹象的,要及时向公安机关报告情况。各地工商行政管理机关要对上述场所开展专项检查,探索建立长效工作机制,使这项工作经常化、规范化。日常工作中要注意搜集有关的信息,将打黑除恶列入基层工商所市场巡查监管的主要任务。

四、密切配合,综合治理

打黑除恶工作,涉及到方方面面,需要各有关部门密切配合,齐抓共管。各级工商行政管理机关要在当地打黑除恶领导小组的领导下,与公安等有关部门密切配合,充分发挥自身职能和优势,认真开展专项斗争,加强对黑恶势力违法经济活动的查处和打击,确保辖区内涉嫌黑恶势力的非法经营活动得以彻底清除。要严肃工作纪律,对公安等有关部门已确认为黑恶势力操纵的各类经济组织,要坚决依法严厉打击。对工商行政管理系统个别参与、庇护黑恶势力的公务人员,要一查到底,绝不姑息,依法从重从严处理。对那些不是"保护伞",但与黑恶势力有牵连,给黑恶势力活动提供便利的公务人员,要严肃处理。各地工商行政管理机关在打黑除恶专项斗争中要加强信息沟通。有关工作的进展情况要及时报国家工商行政管理总局公平交易局。查处的重大案件和整治工作中的重要情况,要随时上报。

6. 最高人民法院、最高人民检察院、公安部《办理黑社会性质组织犯罪案件座谈会纪要》(法〔2009〕382号)

为正确理解和适用刑法、立法解释、司法解释关于黑社会性质组织犯罪的有关规定,依法及时、准确、有力地惩治黑社会性质组织犯罪,最高人民法院、最高人民检察院、公安部于2009

年7月15日在北京召开了办理黑社会性质组织犯罪案件座谈会。会议总结了各级人民法院、人民检察院和公安机关办理黑社会性质组织犯罪案件所取得的经验,分析了当前依法严惩黑社会性质组织犯罪面临的严峻形势,研究了办理黑社会性质组织犯罪案件遇到的适用法律问题,就人民法院、人民检察院和公安机关正确适用法律,严厉打击黑社会性质组织犯罪形成了具体意见。会议纪要如下:

一、与会同志一致认为,自2006年初全国开展打黑除恶专项斗争以来,各级人民法院、人民检察院和公安机关依法履行各自职责,密切配合,惩处了一批黑社会性质组织犯罪分子,遏制了黑社会性质组织犯罪高发的势头,为维护社会稳定,构建社会主义和谐社会做出了重要贡献。但是,在我国,黑社会性质组织犯罪仍处于活跃期,犯罪的破坏性不断加大,犯罪分子逃避法律制裁的行为方式不断变换,向政治领域的渗透日益明显,对人民群众的生命、财产安全,对经济、社会生活秩序和基层政权建设都构成了严重威胁。因此,严厉打击黑社会性质组织犯罪,遏制并最大限度地减少黑社会性质组织犯罪案件的发生,是当前乃至今后相当长一个时期政法机关的重要任务。为此,各级人民法院、人民检察院和公安机关必须坚持做好以下几方面工作:

首先,要切实提高对打击黑社会性质组织犯罪重要性的认识。依法严惩黑社会性质组织犯罪,不仅是保障民生、维护稳定的迫切需要,而且事关政权安危,容不得丝毫懈怠。各级人民法院、人民检察院和公安机关要充分认识这项工作的重要性、紧迫性、复杂性、艰巨性和长期性,在思想上始终与党中央的决策保持高度一致,坚决克服麻痹、松懈情绪,把依法打击黑社会性质组织犯罪,实现社会治安的持续稳定作为一项重要任务常抓不懈。

其次,要严格坚持法定标准,切实贯彻落实宽严相济的刑事政策。各级人民法院、人民检察院和公安机关要严格依照刑法、刑事诉讼法及有关法律解释的规定办理案件,确保认定的事实清楚,据以定案的证据确实、充分,黑社会性质组织的认定准确无误。既要防止将已构成黑社会性质组织犯罪的案件"降格"处理,也不能因为强调严厉打击而将不构成此类犯罪的共同犯罪案件"拔高"认定。要严格贯彻落实宽严相济的刑事政策,对黑社会性质组织的组织者、领导者及其他骨干成员要依法从严惩处;对犯罪情节较轻的其他参加人员以及初犯、偶犯、未成年犯,要依法从轻、减轻处罚,以分化、瓦解犯罪分子,减少社会对抗、促进社会和谐,取得法律效果和社会效果的统一。

第三,要充分发挥各自的职能作用,密切配合,相互支持,有效形成打击合力。各级人民法院、人民检察院和公安机关要积极总结和交流工作经验,不断统一执法思想,共同加强长效机制建设。为了及时、有效地打击黑社会性质组织犯罪,公安机关在办案中要紧紧围绕法律规定的黑社会性质组织的"四个特征",严格按照刑事诉讼法及有关规定全面收集、固定证据,严禁刑讯逼供、滥用强制措施和超期羁押,对重要犯罪嫌疑人的审讯以及重要取证活动要全程录音、录像。人民检察院不仅要把好批捕、起诉关,还要加强对看守所监管活动的检查监督,防止串供、翻供、订立攻守同盟、搞假立功等情况的发生。人民法院要严格审查事实、证据,不断强化程序意识,全面提高审判工作质量和效率。

第四,要严惩"保护伞",采取多种措施深入推进打黑除恶工作。黑社会性质组织之所以能在一些地方坐大成势,与个别国家工作人员的包庇、纵容有着直接关系。各级人民法院、人民检察院和公安机关要把查处"保护伞"与办理涉黑案件有机地结合起来,与反腐败工作紧密地结合起来,与纪检、监察部门做好衔接配合,加大打击力度,确保实现"除恶务尽"的目标。打击黑社会性质组织犯罪是一项复杂的系统工程,各级人民法院、人民检察院和公安机关在办理好案件的同时,还要通过积极参与社会治安综合治理、加强法制宣传、广泛发动群众等多种手段,从源头上有效防控此类犯罪。

二、会议认为，自1997年刑法增设黑社会性质组织犯罪的规定以来，全国人大常委会、最高人民法院分别作出了《关于〈中华人民共和国刑法〉第294条第1款的解释》（以下简称《立法解释》）、《关于审理黑社会性质组织犯罪的案件具体应用法律若干问题的解释》（以下简称《司法解释》），对于指导司法实践发挥了重要作用。但由于黑社会性质组织犯罪的构成要件和所涉及的法律关系较为复杂，在办案过程中对法律规定的理解还不尽相同。为了进一步统一司法标准，会议就实践中争议较大的问题进行了深入研讨，并取得了一致意见：

（一）关于黑社会性质组织的认定。

黑社会性质组织必须同时具备《立法解释》中规定的"组织特征"、"经济特征"、"行为特征"和"危害性特征"。由于实践中许多黑社会性质组织并非这"4个特征"都很明显，因此，在具体认定时，应根据立法本意，认真审查、分析黑社会性质组织"4个特征"相互间的内在联系，准确评价涉案犯罪组织所造成的社会危害，确保不枉不纵。

1.关于组织特征。黑社会性质组织不仅有明确的组织者、领导者，骨干成员基本固定，而且组织结构较为稳定，并有比较明确的层级和职责分工。

当前，一些黑社会性质组织为了增强隐蔽性，往往采取各种手段制造"人员频繁更替、组织结构松散"的假象。因此，在办案时，要特别注意审查组织者、领导者，以及对组织运行、活动起着突出作用的积极参加者等骨干成员是否基本固定、联系是否紧密，不要被其组织形式的表象所左右。

关于组织者、领导者、积极参加者和其他参加者的认定。组织者、领导者，是指黑社会性质组织的发起者、创建者，或者在组织中实际处于领导地位，对整个组织及其运行、活动起着决策、指挥、协调、管理作用的犯罪分子，既包括通过一定形式产生的有明确职务、称谓的组织者、领导者，也包括在黑社会性质组织中被公认的事实上的组织者、领导者；积极参加者，是指接受黑社会性质组织的领导和管理，多次积极参与黑社会性质组织的违法犯罪活动，或者积极参与较严重的黑社会性质组织的犯罪活动且作用突出，以及其他在组织中起重要作用的犯罪分子，如具体主管黑社会性质组织的财务、人员管理等事项的犯罪分子；其他参加者，是指除上述组织成员之外，其他接受黑社会性质组织的领导和管理的犯罪分子。根据《司法解释》第3条第2款的规定，对于参加黑社会性质的组织，没有实施其他违法犯罪活动的，或者受蒙蔽、胁迫参加黑社会性质的组织，情节轻微的，可以不作为犯罪处理。

关于黑社会性质组织成员的主观明知问题。在认定黑社会性质组织的成员时，并不要求其主观上认为自己参加的是黑社会性质组织，只要其知道或者应当知道该组织具有一定规模，且是以实施违法犯罪为主要活动的，即可认定。

对于黑社会性质组织存在时间、成员人数及组织纪律等问题的把握。黑社会性质组织一般在短时间内难以形成，而且成员人数较多，但鉴于普通犯罪集团、"恶势力"团伙向黑社会性质组织发展是一个渐进的过程，没有明显的性质转变的节点，故对黑社会性质组织存在时间、成员人数问题不宜作出"一刀切"的规定。对于那些已存在一定时间，且成员人数较多的犯罪组织，在定性时要根据其是否已具备一定的经济实力，是否已在一定区域或行业内形成非法控制或重大影响等情况综合分析判断。此外，在通常情况下，黑社会性质组织为了维护自身的安全和稳定，一般会有一些约定俗成的纪律、规约，有些甚至还有明确的规定。因此，具有一定的组织纪律、活动规约，也是认定黑社会性质组织特征时的重要参考依据。

2.关于经济特征。一定的经济实力是黑社会性质组织坐大成势，称霸一方的基础。由于不同地区的经济发展水平、不同行业的利润空间均存在很大差异，加之黑社会性质组织存在、发展的时间也各有不同，因此，在办案时不能一般性地要求黑社会性质组织所具有的经济实力必须达到特定规模或特定数额。此外，黑社会性质组织的敛财方式也具有多样性。实践中，黑社会性质组织不仅会通过实施赌博、敲诈、贩毒等违法犯罪活动攫取经济利益，而且还往往会通过开办公司、企业等方式“以商养黑”、“以黑护商”。因此，无论其财产是通过非法手段聚敛，还是通过合法的方式获取，只要将其中部分或全部用于违法犯罪活动或者维系犯罪组织的生存、发展即可。

“用于违法犯罪活动或者维系犯罪组织的生存、发展”，一般是指购买作案工具、提供作案经费，为受伤、死亡的组织成员提供医疗费、丧葬费，为组织成员及其家属提供工资、奖励、福利、生活费用，为组织寻求非法保护以及其他与实施有组织的违法犯罪活动有关的费用支出等。

3. 关于行为特征。暴力性、胁迫性和有组织性是黑社会性质组织行为方式的主要特征，但有时也会采取一些“其他手段”。

根据司法实践经验，《立法解释》中规定的“其他手段”主要包括：以暴力、威胁为基础，在利用组织势力和影响已对他人形成心理强制或威慑的情况下，进行所谓的“谈判”、“协商”、“调解”；滋扰、哄闹、聚众等其他干扰、破坏正常经济、社会生活秩序的非暴力手段。

“黑社会性质组织实施的违法犯罪活动”主要包括以下情形：由组织者、领导者直接组织、策划、指挥、参与实施的违法犯罪活动；由组织成员以组织名义实施，并得到组织者、领导者认可或者默许的违法犯罪活动；多名组织成员为逞强争霸、插手纠纷、报复他人、替人行凶、非法敛财而共同实施，并得到组织者、领导者认可或者默许的违法犯罪活动；组织成员为组织争夺势力范围、排除竞争对手、确立强势地位、谋取经济利益、维护非法权威或者按照组织的纪律、惯例、共同遵守的约定而实施的违法犯罪活动；由黑社会性质组织实施的其他违法犯罪活动。

会议认为，在办案时还应准确理解《立法解释》中关于“多次进行违法犯罪活动”的规定。黑社会性质组织实施犯罪活动过程中，往往伴随着大量的违法活动，对此均应作为黑社会性质组织的违法犯罪事实予以认定。但如果仅实施了违法活动，而没有实施犯罪活动的，则不能认定为黑社会性质组织。此外，“多次进行违法犯罪活动”只是认定黑社会性质组织的必要条件之一，最终能否认定为黑社会性质组织，还要结合危害性特征来加以判断。即使有些案件中的违法犯罪活动已符合“多次”的标准，但根据其性质和严重程度，尚不足以形成非法控制或者重大影响的，也不能认定为黑社会性质组织。

4. 关于危害性特征。称霸一方，在一定区域或者行业内，形成非法控制或者重大影响，从而严重危害经济、社会生活秩序，是黑社会性质组织的本质特征，也是黑社会性质组织区别于一般犯罪集团的关键所在。

对于“一定区域”的理解和把握。区域的大小具有相对性，且黑社会性质组织非法控制和影响的对象并不是区域本身，而是在一定区域中生活的人，以及该区域内的经济、社会生活秩序。因此，不能简单地要求“一定区域”必须达到某一特定的空间范围，而应当根据具体案情，并结合黑社会性质组织对经济、社会生活秩序的危害程度加以综合分析判断。

对于“一定行业”的理解和把握。黑社会性质组织所控制和影响的行业，既包括合法行业，也包括黄、赌、毒等非法行业。这些行业一般涉及生产、流通、交换、消费等一个或多个市场环节。

通过实施违法犯罪活动，或者利用国家工作人员的包庇、纵容，称霸一方，并具有以下情形之一的，可认定为“在一定区域或行业内，形成非法控制或重大影响，严重破坏经济、社会生活秩序”：对在一定区域内生活或者在一定行业内从事生产、经营的群众形成心理强制、威慑，致使合法利益受损的群众不敢举报、控告的；对一定行业的生产、经营形成垄断，或者对涉及一定行业的准入、经营、竞争等经济活动形成重要影响的；插手民间纠纷、经济纠纷，在相关区域或者行业内造成严重影响的；干扰、破坏他人正常生产、经营、生活，并在相关区域或者行业内造成严重影响的;干扰、破坏公司、企业、事业单位及社会团体的正常生产、经营、工作秩序,在相关区域、行业内造成严重影响,或者致使其不能正常生产、经营、工作的;多次干扰、破坏国家机关、行业管理部门以及村委会、居委会等基层群众自治组织的工作秩序,或者致使上述单位、组织的职能不能正常行使的;利用组织的势力、影响,使组织成员获取政治地位,或者在党政机关、基层群众自治组织中担任一定职务的;其他形成非法控制或者重大影响,严重破坏经济、社会生活秩序的情形。

(二)关于办理黑社会性质组织犯罪案件的其他问题

1.关于包庇、纵容黑社会性质组织罪主观要件的认定。本罪主观方面要求必须是出于故意,过失不能构成本罪。会议认为,只要行为人知道或者应当知道是从事违法犯罪活动的组织,仍对该组织及其成员予以包庇,或者纵容其实施违法犯罪活动,即可认定本罪。至于行为人是否明知该组织系黑社会性质组织,不影响本罪的成立。

2.关于黑社会性质组织成员的刑事责任。对黑社会性质组织的组织者、领导者,应根据法律规定和本纪要中关于"黑社会性质组织实施的违法犯罪活动"的规定,按照该组织所犯的全部罪行承担刑事责任。组织者、领导者对于具体犯罪所承担的刑事责任,应当根据其在该起犯罪中的具体地位、作用来确定。对黑社会性质组织中的积极参加者和其他参加者,应按照其所参与的犯罪,根据其在具体犯罪中的地位和作用,依照罪责刑相适应的原则,确定应承担的刑事责任。

3.关于涉黑犯罪财物及其收益的认定和处置。在办案时,要依法运用查封、扣押、冻结、追缴、没收等手段,彻底摧毁黑社会性质组织的经济基础,防止其死灰复燃。对于涉黑犯罪财物及其收益以及犯罪工具,均应按照刑法第64条和《司法解释》第7条的规定予以追缴、没收。黑社会性质组织及其成员通过犯罪活动聚敛的财物及其收益,是指在黑社会性质组织的形成、发展过程中,该组织及组织成员通过违法犯罪活动或其他不正当手段聚敛的全部财物、财产性权益及其孳息、收益。在办案工作中,应认真审查涉案财产的来源、性质,对被告人及其他单位、个人的合法财产应依法予以保护。

4.关于认定黑社会性质组织犯罪的证据要求。办理涉黑案件同样应当坚持案件"事实清楚,证据确实、充分"的法定证明标准。但应当注意的是,"事实清楚"是指能够对定罪量刑产生影响的事实必须清楚,而不是指整个案件的所有事实和情节都要一一查证属实;"证据确实、充分"是指能够据以定罪量刑的证据确实、充分,而不是指案件中所涉全部问题的证据都要达到确实、充分的程度。对此,一定要准确理解和把握,不要纠缠那些不影响定罪量刑的枝节问题。比如,在可以认定某犯罪组织已将所获经济利益部分用于组织活动的情况下,即使此部分款项的具体数额难以全部查实,也不影响定案。

5.关于黑社会性质组织成员的立功问题。积极参加者、其他参加者配合司法机关查办案件,有提供线索、帮助收集证据或者其他协助行为,并对侦破黑社会性质组织犯罪案件起到一定作用的,即使依法不能认定立功,一般也应酌情对其从轻处罚。组织者、领导者检举揭发与该黑社会性质组织及其违法犯罪活动有关联的其他犯罪线索,即使依法构成立功或者重大立功,在量刑时也应从严掌握。

6.关于对"恶势力"团伙的认定和处理。"恶势力",是黑社会性质组织的雏形,有的最终发展成为了黑社会性质组织。因此,及时严惩"恶势力"团伙犯罪,是遏制黑社会性质组织滋生,防止违法犯罪活动造成更大社会危害的有效途径。

会议认为,"恶势力"是指经常纠集在一起,以暴力、威胁或其他手段,在一定区域或者行业内多次实施违法犯罪活动,为非作恶,扰乱经济、社会生活秩序,造成较为恶劣的社会影响,但尚未形成黑社会性质组织的犯罪团伙。"恶势力"一般为3人以上,纠集者、骨干成员相对固定,违法犯罪活动一般表现为敲诈勒索、强迫交易、欺行霸市、聚众斗殴、寻衅滋事、非法拘禁、故意伤害、抢劫、抢夺或者黄、赌、毒等。各级人民法院、人民检察院和公安机关在办案时应根据本纪要的精神,结合组织化程度的高低、经济实力的强弱、有无追求和实现对社会的非法控制等特征,对黑社会性质组织与"恶势力"团伙加以正确区分。同时,还要本着实事求是的态度,正确理解和把握"打早打小"方针。在准确查明"恶势力"团伙具体违法犯罪事实的基础上,构成什么罪,就按什么罪处理,并充分运用刑法总则关于共同犯罪的规定,依法惩处。对符合犯罪集团特征的,要按照犯罪集团处理,以切实加大对"恶势力"团伙依法惩处的力度。

7. 关于视听资料的收集、使用。公安机关在侦查时要特别重视对涉黑犯罪视听资料的收集。对于那些能够证明涉案犯罪组织具备黑社会性质组织的"4个特征"及其实施的具体违法犯罪活动的录音、录像资料,要及时提取、固定、移送。通过特殊侦查措施获取的视听资料,在移送审查起诉时,公安机关对证据的来源、提取经过应予说明。

8. 庭审时应注意的有关问题。为确保庭审效果,人民法院在开庭审理涉黑案件之前,应认真做好庭审预案。法庭调查时,除必须传唤共同被告人同时到庭质证外,对各被告人应当分别讯问,以防止被告人当庭串供或者不敢如实供述、作证。对于诉讼参与人、旁听人员破坏法庭秩序、干扰法庭审理的,法庭应按照刑事诉讼法及有关司法解释的规定及时作出处理。构成犯罪的,应当依法追究刑事责任。

7. 最高人民法院刑三庭《在审理故意杀人、伤害及黑社会性质组织犯罪案件中切实贯彻宽严相济刑事政策》(2010年4月14日)

三、黑社会性质组织犯罪案件审判中宽严相济的把握

1. 准确认定黑社会性质组织。黑社会性质组织犯罪由于其严重的社会危害性,在打击处理上不能等其坐大后进行,要坚持"严打"的方针,坚持"打早打小"的策略。但黑社会性质组织的认定,必须严格依照刑法和《全国人民代表大会常务委员会关于〈中华人民共和国刑法〉第294条第1款的解释》的规定,从组织特征、经济特征、行为特征和非法控制特征4个方面进行分析。认定黑社会性质组织犯罪4个特征必须同时具备。当然,实践中许多黑社会性质组织并不是4个特征都很明显,在具体认定时,应根据立法本意,认真审查、分析黑社会性质组织4个特征相互间的内在联系,准确评价涉案犯罪组织所造成的社会危害。既要防止将已具备黑社会性质组织四个特征的案件"降格"处理,也不能因为强调严厉打击将不具备4个特征的犯罪团伙"拔高"认定为黑社会性质组织。在黑社会性质组织犯罪的审判中贯彻宽严相济刑事政策,要始终坚持严格依法办案,坚持法定标准,这是《意见》的基本要求。

2. 区别对待黑社会性质组织的不同成员。《意见》第30条明确了黑社会性质组织中不同成员的处理原则:分别情况,区别对待。对于组织者、领导者应依法从严惩处,其承担责任的犯罪不限于自己组织、策划、指挥和实施的犯罪,而应对组织所犯的全部罪行承担责任。实践中,一些黑社会性质组织的组织者、领导者,只是以其直接实施的犯罪起诉、审判,实际上是轻纵了他们的罪行。要在区分组织犯罪和组织成员犯罪的基础上,合理划定组织者、领导者的责任范围,做到不枉不纵。同时,还要注意责任范围和责任程度的区别,不能简单认为组织者、领导者就是具体犯罪中责任最重的主犯。对于组织成员实施的黑社会性质组织犯罪,组织者、领导者只是事后知晓,甚至根本不知晓,其就只应负有一般的责任,直接实施的成员无疑应负最重的责任。

对于积极参加者,应根据其在具体犯罪中的地位、作用,确定其应承担的刑事责任。确属黑社会性质组织骨干成员的,应依法从严处罚。对犯罪情节较轻的其他参加人员以及初犯、偶犯、未成年犯,则要依法从轻、减轻处罚。对于参加黑社会性质的组织,没有实施其他违法犯罪活动的,或者受蒙蔽、胁迫参加黑社会性质的组织,情节轻微的,则可以不作为犯罪处理。

此外,在处理黑社会性质组织成员间的检举、揭发问题上,既要考虑线索本身的价值,也要考虑检举、揭发者在黑社会性质组织犯罪中的地位、作用,防止出现全案量刑失衡的现象。组织者、领导者检举揭发与该黑社会性质组织及其违法犯罪活动有关联的其他犯罪线索,即使依法构成立功或者重大立功,在考虑是否从轻量刑时也应从严予以掌握。积极参加者、其他参加者配合司法机关查办案件,有提供线索、帮助收集证据或者其他协助行为,并对侦破黑社会性质组织犯罪案件起到一定作用的,即使依法不能认定立功,一般也应酌情对其从轻处罚。(全文详见本书《刑法》第232条相关内容)

8.《中华人民共和国刑法修正案(8)》(2011年2月25日第十一届全国人大常委会第十九次会议通过)

四十三、将刑法第294条修改为:"组织、领导黑社会性质的组织的,处7年以上有期徒刑,并处没收财产;积极参加的,处3年以上7年以下有期徒刑,可以并处罚金或者没收财产;其他参加的,处3年以下有期徒刑、拘役、管制或者剥夺政治权利,可以并处罚金。

"境外的黑社会组织的人员到中华人民共和国境内发展组织成员的,处3年以上10年以下有期徒刑。

"国家机关工作人员包庇黑社会性质的组织,或者纵容黑社会性质的组织进行违法犯罪活动的,处5年以下有期徒刑;情节严重的,处5年以上有期徒刑。

"犯前3款罪又有其他犯罪行为的,依照数罪并罚的规定处罚。黑社会性质的组织应当同时具备以下特征:

"(一)形成较稳定的犯罪组织,人数较多,有明确的组织者、领导者,骨干成员基本固定;(二)有组织地通过违法犯罪活动或者其他手段获取经济利益,具有一定的经济实力,以支持该组织的活动;(三)以暴力、威胁或者其他手段,有组织地多次进行违法犯罪活动,为非作恶,欺压、残害群众;(四)通过实施违法犯罪活动,或者利用国家工作人员的包庇或者纵容,称霸一方,在一定区域或者行业内,形成非法控制或者重大影响,严重破坏经济、社会生活秩序。"

(本次修订吸收了全国人大常委会《关于刑法第294条第1款的解释》的内容,明确了黑社会性质的组织的特征。1997年《刑法》原条文:组织、领导和积极参加以暴力、威胁或者其他手段,有组织地进行违法犯罪活动,称霸一方,为非作恶,欺压、残害群众,严重破坏经济、社会生活秩序的黑社会性质的组织的,处3年以上10年以下有期徒刑;其他参加的,处3年以下有期徒刑、拘役、管制或者剥夺政治权利。境外的黑社会组织的人员到中华人民共和国境内发展组织成员的,处3年以上10年以下有期徒刑。犯前两款罪又有其他犯罪行为的,依照数罪并罚的规定处罚。国家机关工作人员包庇黑社会性质的组织,或者纵容黑社会性质的组织进行违法犯罪活动的,处3年以下有期徒刑、拘役或者剥夺政治权利;情节严重的,处3年以上10年以下有期徒刑。)

9.最高人民法院、最高人民检察院、公安部、司法部《关于办理黑社会性质组织犯罪案件若干问题的规定》(公通字〔2012〕45号)

为依法严厉打击黑社会性质组织犯罪,按照宽严相济的刑事政策和"打早打小、除恶务尽"的工作方针,根据《中华人民共和国刑法》、《中华人民共和国刑事诉讼法》和其他有关规定,现就办理黑社会性质组织犯罪案件有关问题,制定本规定。

一、管辖

第1条 公安机关侦查黑社会性质组织犯罪案件时,对黑社会性质组织及其成员在多个地方实施的犯罪,以及其他与黑社会性质组织犯罪有关的犯罪,可以依照法律和有关规定一并立案侦查。对案件管辖有争议的,由共同的上级公安机关指定管辖。

并案侦查的黑社会性质组织犯罪案件,由侦查该案的公安机关所在地同级人民检察院一并审查批准逮捕、受理移送审查起诉,由符合审判级别管辖要求的人民法院审判。

第2条 公安机关、人民检察院、人民法院根据案件情况和需要,可以依法对黑社会性质组织犯罪案件提级管辖或者指定管辖。

提级管辖或者指定管辖的黑社会性质组织犯罪案件,由侦查该案的公安机关所在地同级人民检察院审查批准逮捕、受理移送审查起诉,由同级或者符合审判级别管辖要求的人民法院审判。

第3条 人民检察院对于公安机关提请批准逮捕、移送审查起诉的黑社会性质组织犯罪案件,人民法院对于已进入审判程序的黑社会性质组织犯罪案件,被告人及其辩护人提出管辖异议,或者办案单位发现没有管辖权的,受案人民检察院、人民法院经审查,可以依法报请与有管辖权的人民检察院、人民法院共同的上级人民检察院、人民法院指定管辖,不再自行移交。对于在审查批准逮捕阶段,上级检察机关已经指定管辖的案件,审查起诉工作由同1人民检察院受理。

第4条 公安机关侦查黑社会性质组织犯罪案件过程中,发现人民检察院管辖的贪污贿赂、渎职侵权犯罪案件线索的,应当及时移送人民检察院。人民检察院对于公安机关移送的案件线索应当及时依法进行调查或者立案侦查。人民检察院与公安机关应当相互及时通报案件进展情况。

二、立案

第5条 公安机关对涉嫌黑社会性质组织犯罪的线索,应当及时进行审查。审查过程中,可以采取询问、查询、勘验、检查、鉴定、辨认、调取证据材料等必要的调查活动,但不得采取强制措施,不得查封、扣押、冻结财产。

立案前的审查阶段获取的证据材料经查证属实的,可以作为证据使用。

公安机关因侦查黑社会性质组织犯罪的需要,根据国家有关规定,经过严格的批准手续,对一些重大犯罪线索立案后可以采取技术侦查等秘密侦查措施。

第6条 公安机关经过审查,认为有黑社会性质组织犯罪事实需要追究刑事责任,且属于自己管辖的,经县级以上公安机关负责人批准,予以立案,同时报上级公安机关备案。

三、强制措施和羁押

第7条 对于组织、领导、积极参加黑社会性质组织的犯罪嫌疑人、被告人,不得取保候审;但是患有严重疾病、生活不能自理,怀孕或者是正在哺乳自己婴儿的妇女,采取取保候审不致发生社会危险性的除外。

第8条 对于黑社会性质组织犯罪案件的犯罪嫌疑人、被告人,看守所应当严格管理,防止发生串供、通风报信等行为。

对于黑社会性质组织犯罪案件的犯罪嫌疑人、被告人,可以异地羁押。

对于同一黑社会性质组织犯罪案件的犯罪嫌疑人、被告人,应当分别羁押,在看守所的室外活动应当分开进行。

对于组织、领导黑社会性质组织的犯罪嫌疑人、被告人,有条件的地方应当单独羁押。

四、证人保护

第9条 公安机关、人民检察院和人民法院应当采取必要措施,保障证人及其近亲属的安全。证人的人身和财产受到侵害时,可以视情给予一定的经济补偿。

第10条 在侦查、起诉、审判过程中,对于因作证行为可能导致本人或者近亲属的人身、财产安全受到严重危害的证人,分别经地市级以上公安机关主要负责人、人民检察院检察长、人民法院院长批准,应当对其身份采取保密措施。

第11条 对于秘密证人,侦查人员、检察人员和审判人员在制作笔录或者文书时,应当以代号代替其真实姓名,不得记录证人住址、单位、身份证号及其他足以识别其身份的信息。证人签名以按指纹代替。

侦查人员、检察人员和审判人员记载秘密证人真实姓名和身份信息的笔录或者文书,以及证人代号与真实姓名对照表,应当单独立卷,交办案单位档案部门封存。

第12条 法庭审理时不得公开秘密证人的真实姓名和身份信息。用于公开质证的秘密证人的声音、影像,应当进行变声、变像等技术处理。

秘密证人出庭作证,人民法院可以采取限制询问、遮蔽容貌、改变声音或者使用音频、视频传送装置等保护性措施。

经辩护律师申请,法庭可以要求公安机关、人民检察院对使用秘密证人的理由、审批程序出具说明。

第13条 对报案人、控告人、举报人、鉴定人、被害人的保护,参照本规定第9条至第12条的规定执行。

五、特殊情况的处理

第14条 参加黑社会性质组织的犯罪嫌疑人、被告人,自动投案,如实供述自己的罪行,或者在被采取强制措施期间如实供述司法机关还未掌握的本人其他罪行的,应当认定为自首。

参加黑社会性质组织的犯罪嫌疑人、被告人,积极配合侦查、起诉、审判工作,检举、揭发黑社会性质组织其他成员与自己共同犯罪以外的其他罪行,经查证属实的,应当认定为有立功表现。在查明黑社会性质组织的组织结构和组织者、领导者的地位作用,追缴、没收赃款赃物,打击"保护伞"方面提供重要线索,经查证属实的,可以酌情从宽处理。

第15条 对于有本规定第14条所列情形之一的,公安机关应当根据犯罪嫌疑人的认罪态度以及在侦查工作中的表现,经县级以上公安机关主要负责人批准,提出从宽处理的建议并说明理由。

人民检察院应当根据已经查明的事实、证据和有关法律规定,在充分考虑全案情况和公安机关建议的基础上依法作出起诉或者不起诉决定,或者起诉后向人民法院提出依法从轻、减轻或者免除刑事处罚的建议。

人民法院应当根据已经查明的事实、证据和有关法律规定,在充分考虑全案情况、公安机关和人民检察院建议和被告人、辩护人辩护意见的基础上,依法作出判决。对参加黑社会性质组织的犯罪嫌疑人、被告人不起诉或者免予刑事处罚的,应当予以训诫或者责令具结悔过并保证不再从事违法犯罪活动。

第16条 对于有本规定第14条第2款情形的犯罪嫌疑人、被告人,可以参照第9条至第12条的规定,采取必要的保密和保护措施。

六、涉案财产的控制和处理

第17条 根据黑社会性质组织犯罪案件的诉讼需要,公安机关、人民检察院、人民法院可以依法查询、查封、扣押、冻结与案件有关的下列财产:

(一)黑社会性质组织的财产;(二)犯罪嫌疑人、被告人个人所有的财产;(三)犯罪嫌疑人、被告人实际控制的财产;(四)犯罪嫌疑人、被告人出资购买的财产;(五)犯罪嫌疑人、被告人转移至他人的财产;(六)其他与黑社会性质组织及其违法犯罪活动有关的财产。

对于本条第1款的财产,有证据证明与黑社会性质组织及其违法犯罪活动无关的,应当依法立即解除查封、扣押、冻结措施。

第18条 查封、扣押、冻结财产的,应当一并扣押证明财产所有权或者相关权益的法律文件和文书。

在侦查、起诉、审判过程中,查询、查封、扣押、冻结财产需要其他部门配合或者执行的,应当分别经县级以上公安机关负责人、人民检察院检察长、人民法院院长批准,通知有关部门配合或者执行。

查封、扣押、冻结已登记的不动产、特定动产及其他财产,应当通知有关登记机关,在查封、扣押、冻结期间禁止被查封、扣押、冻结的财产流转,不得办理被查封、扣押、冻结财产权属变更、抵押等手续;必要时可以提取有关产权证照。

第19条 对于不宜查封、扣押、冻结的经营性财产,公安机关、人民检察院、人民法院可以申请当地政府指定有关部门或者委托有关机构代管。

第20条 对于黑社会性质组织形成、发展过程中,组织及其成员通过违法犯罪活动或者其他不正当手段聚敛的财产及其孳息、收益,以及用于违法犯罪的工具和其他财物,应当依法追缴、没收。

对于其他个人或者单位利用黑社会性质组织及其成员的违法犯罪活动获得的财产及其孳息、收益,应当依法追缴、没收。

对于明知是黑社会性质组织而予以资助、支持的,依法没收资助、支持的财产。

对于被害人的合法财产及其草息,应当依法及时返还或者责令退赔。

第21条 依法应当追缴、没收的财产无法找到、被他人善意取得、价值灭失或者与其他合法财产混合且不可分割的,可以追缴、没收其他等值财产。

对黑社会性质组织及其成员聚敛的财产及其孳息、收益的数额,办案单位可以委托专门机构评估;确实无法准确计算的,可以根据有关法律规定及查明的事实、证据合理估算。

七、律师辩护代理

第22条 公安机关、人民检察院、人民法院应当依法保障律师在办理黑社会性质组织犯罪案件辩护代理工作中的执业权利,保证律师依法履行职责。

公安机关、人民检察院、人民法院应当加强与司法行政机关的沟通和协作,及时协调解决律师辩护代理工作中的问题;发现律师有违法违规行为的,应当及时通报司法行政机关,由司法行政机关依法处理。

第23条 律师接受委托参加黑社会性质组织犯罪案件辩护代理工作的,应当严格依法履行职责,依法行使执业权利,恪守律师职业道德和执业纪律。

第24条 司法行政机关应当建立对律师办理黑社会性质组织犯罪案件辩护代理工作的指导、监督机制,加强对敏感、重大的黑社会性质组织犯罪案件律师辩护代理工作的业务指导;指导律师事务所建立健全律师办理黑社会性质组织犯罪案件辩护代理工作的登记、报告、保密、集体讨论、档案管理等制度;及时查处律师从事黑社会性质组织犯罪案件辩护代理活动中的违法违规行为。

八、刑罚执行

第25条 对于组织、领导、参加黑社会性质组织的罪犯,执行机关应当采取严格的监管措施。

第26条 对于判处10年以上有期徒刑、无期徒刑,以及判处死刑缓期2年执行减为有期徒刑、无期徒刑的黑社会性质组织的组织者、领导者,应当跨省、自治区、直辖市异地执行刑罚。

对于被判10年以下有期徒刑的黑社会性质组织的组织者、领导者,以及黑社会性质组织的积极参加者,可以跨省、自治区、直辖市或者在本省、自治区、直辖市内异地执行刑罚。

第27条 对组织、领导和积极参加黑社会性质组织的罪犯减刑的,执行机关应当依法提出减刑建议,报经省、自治区、直辖市监狱管理机关审核后,提请人民法院裁定。监狱管理机关审核时应当向同级人民检察院、公安机关通报情况。

对被判处不满10年有期徒刑的组织、领导和积极参加黑社会性质组织的罪犯假释的，依照前款规定处理。

对因犯组织、领导黑社会性质组织罪被判处10年以上有期徒刑、无期徒刑的罪犯，不得假释。

第28条 对于组织、领导和积极参加黑社会性质组织的罪犯，有下列情形之一，确实需要暂予监外执行的，应当依照法律规定的条件和程序严格审批：

（一）确有严重疾病而监狱不具备医治条件，必须保外就医，且适用保外就医不致危害社会的；（二）怀孕或者正在哺乳自己婴儿的妇女；（三）因年老、残疾完全丧失生活自理能力，适用暂予监外执行不致危害社会的。

暂予监外执行的审批机关在作出审批决定前，应当向同级人民察院、公安机关通报情况。

第29条 办理境外黑社会组织成员入境发展组织成员犯罪案件，参照本规定执行。

第30条 本规定自印发之日起施行。

10. 最高人民法院《全国部分法院审理黑社会性质组织犯罪案件工作座谈会纪要》（法〔2015〕291号）

为深入贯彻党的十八大和十八届三中、四中全会以及习近平总书记系列重要讲话精神，认真落实全国继续推进打黑除恶专项斗争电视电话会议和《中央政法委员会关于继续推进打黑除恶专项斗争的意见》的总体部署，进一步加强黑社会性质组织犯罪案件的审判工作，最高人民法院于2015年9月17日在广西壮族自治区北海市组织召开了全国部分法院审理黑社会性质组织犯罪案件工作座谈会。全国20个省、自治区、直辖市高级人民法院和部分中级人民法院、基层人民法院的主管副院长、刑事审判庭负责同志参加了此次会议。

会议传达、学习了中央关于不断深化打黑除恶专项斗争的有关文件、领导讲话和周强院长对会议所作的重要批示，最高人民法院副院长南英同志作了重要讲话。会议就如何加强打黑除恶审判工作进行了经验交流，并对当前审判工作中存在的新情况、新问题进行了全面、系统地归纳整理，对如何进一步明确和统一司法标准进行了深入研讨。会议认为，2009年印发的《最高人民法院、最高人民检察院、公安部办理黑社会性质组织犯罪案件座谈会纪要》（以下简称：2009年《座谈会纪要》）对于指导审判实践发挥了重要作用。由于黑社会性质组织犯罪始终处于不断发展变化之中，且刑法、刑事诉讼法的相关规定均有修改，因此，对于一些实践中反映较为突出，但2009年《座谈会纪要》未作规定或者有关规定尚需进一步细化和完善的问题，确有必要及时加以研究解决。经过与会代表的认真研究，会议就人民法院审理黑社会性质组织犯罪案件时遇到的部分政策把握及具体应用法律问题形成了共识。同时，与会代表也一致认为，本次会议所取得的成果是对2009年《座谈会纪要》的继承与发展，原有内容审判时仍应遵照执行；内容有所补充的，审判时应结合执行。纪要如下。

一、准确把握形势、任务，坚定不移地在法治轨道上深入推进打黑除恶专项斗争

（一）毫不动摇地贯彻依法严惩方针

会议认为，受国内国际多种因素影响，我国黑社会性质组织犯罪活跃、多发的基本态势在短期内不会改变。此类犯罪组织化程度较高，又与各种社会治安问题相互交织，破坏力成倍增加，严重威胁人民群众的生命、财产安全。而且，黑社会性质组织还具有极强的向经济领域、政治领域渗透的能力，严重侵蚀维系社会和谐稳定的根基。各级人民法院必须切实增强政治意识、大局意识、忧患意识和责任意识，进一步提高思想认识，充分发挥审判职能作用，继续深入推进打黑除恶专项斗争，在严格把握黑社会性质组织认定标准的基础上始终保持对于此类犯罪的严惩高压态势。对于黑社会性质组织犯罪分子要依法加大资格刑、财产刑的适用力度，有效运用刑法中关于禁止令的规定，严格把握减刑、假释适用条件，全方位、全过程地体现从严惩处的精神。

(二)认真贯彻落实宽严相济刑事政策

审理黑社会性质组织犯罪案件应当认真贯彻落实宽严相济刑事政策。要依照法律规定,根据具体的犯罪事实、情节以及人身危险性、主观恶性、认罪悔罪态度等因素充分体现刑罚的个别化。同时要防止片面强调从宽或者从严,切实做到区别对待,宽严有据,罚当其罪。对于黑社会性质组织的组织者、领导者、骨干成员及其“保护伞”,要依法从严惩处。根据所犯具体罪行的严重程度,依法应当判处重刑的要坚决判处重刑。确属罪行极其严重,依法应当判处死刑的,也必须坚决判处。对于不属于骨干成员的积极参加者以及一般参加者,确有自首、立功等法定情节的,要依法从轻、减轻或免除处罚;具有初犯、偶犯等酌定情节的,要依法酌情从宽处理。对于一般参加者,虽然参与实施了少量的违法犯罪活动,但系未成年人或是只起次要、辅助作用的,应当依法从宽处理。符合缓刑条件的,可以适用缓刑。

(三)正确把握“打早打小”与“打准打实”的关系

“打早打小”,是指各级政法机关必须依照法律规定对有可能发展成为黑社会性质组织的犯罪集团、“恶势力”团伙及早打击,绝不能允许其坐大成势,而不应被理解为对尚处于低级形态的犯罪组织可以不加区分地一律按照黑社会性质组织处理。“打准打实”,就是要求审判时应当本着实事求是的态度,在准确查明事实的基础上,构成什么罪,就按什么罪判处刑罚。对于不符合黑社会性质组织认定标准的,应当根据案件事实依照刑法中的相关条款处理,从而把法律规定落到实处。由于黑社会性质组织的形成、发展一般都会经历一个从小到大、由“恶”到“黑”的渐进过程,因此,“打早打小”不仅是政法机关依法惩治黑恶势力犯罪的一贯方针,而且是将黑社会性质组织及时消灭于雏形或萌芽状态,防止其社会危害进一步扩大的有效手段。而“打准打实”既是刑事审判维护公平正义的必然要求,也是确保打黑除恶工作实现预期目标的基本前提。只有打得准,才能有效摧毁黑社会性质组织;只有打得实,才能最大限度地体现惩治力度。“打早打小”和“打准打实”是分别从惩治策略、审判原则的角度对打黑除恶工作提出的要求,各级人民法院对于二者关系的理解不能简单化、片面化,要严格坚持依法办案原则,准确认定黑社会性质组织,既不能“降格”,也不能“拔高”,切实防止以“打早打小”替代“打准打实”。

(四)依法加大惩处“保护伞”的力度

个别国家机关工作人员的包庇、纵容,不仅会对黑社会性质组织的滋生、蔓延起到推波助澜的作用,而且会使此类犯罪的社会危害进一步加大。各级人民法院应当充分认识“保护伞”的严重危害,将依法惩处“保护伞”作为深化打黑除恶工作的重点环节和深入开展反腐败斗争的重要内容,正确运用刑法的有关规定,有效加大对于“保护伞”的惩处力度。同时,各级人民法院还应当全面发挥职能作用,对于审判工作中发现的涉及“保护伞”的线索,应当及时转往有关部门查处,确保实现“除恶务尽”的目标。

(五)严格依照法律履行审判职能

《中华人民共和国刑法修正案(8)》的颁布实施以及刑事诉讼法的再次修正,不仅进一步完善了惩处黑恶势力犯罪的相关法律规定,同时也对办理黑社会性质组织犯罪案件提出了更为严格的要求。面对新的形势和任务,各级人民法院应当以审判为中心,进一步增强程序意识和权利保障意识,严格按照法定程序独立行使审判职权,并要坚持罪刑法定、疑罪从无、证据裁判原则,依法排除非法证据,通过充分发挥庭审功能和有效运用证据审查判断规则,切实把好事实、证据与法律适用关,以令人信服的裁判说理来实现审判工作法律效果与社会效果的有机统一。同时,还应当继续加强、完善与公安、检察等机关的配合协作,保证各项长效工作机制运行更为顺畅。

二、关于黑社会性质组织的认定

(一)认定组织特征的问题

黑社会性质组织存续时间的起点,可以根据涉案犯罪组织举行成立仪式或者进行类似活动的时间来认定。没有前述活动的,可以根据足以反映其初步形成核心利益或强势地位的重大事件发生时间进行审查判断。没有明显标志性事件的,也可以根据涉案犯罪组织为维护、扩大组织势力、实力、影响、经济基础或按照组织惯例、纪律、活动规约而首次实施有组织的犯罪活动的时间进行审查判断。存在、发展时间明显过短、犯罪活动尚不突出的,一般不应认定为黑社会性质组织。

黑社会性质组织应当具有一定规模,人数较多,组织成员一般在10人以上。其中,既包括已有充分证据证明但尚未归案的组织成员,也包括虽有参加黑社会性质组织的行为但因尚未达到刑事责任年龄或因其他法定情形而未被起诉,或者根据具体情节不作为犯罪处理的组织成员。

黑社会性质组织应有明确的组织者、领导者,骨干成员基本固定,并有比较明确的层级和职责分工,一般有3种类型的组织成员,即:组织者、领导者与积极参加者、一般参加者(也即“其他参加者”)。骨干成员,是指直接听命于组织者、领导者,并多次指挥或积极参与实施有组织的违法犯罪活动或者其他长时间在犯罪组织中起重要作用的犯罪分子,属于积极参加者的一部分。

对于黑社会性质组织的组织纪律、活动规约,应当结合制定、形成相关纪律、规约的目的与意图来进行审查判断。凡是为了增强实施违法犯罪活动的组织性、隐蔽性而制定或者自发形成,并用以明确组织内部人员管理、职责分工、行为规范、利益分配、行动准则等事项的成文或不成文的规定、约定,均可认定为黑社会性质组织的组织纪律、活动规约。

对于参加黑社会性质组织,没有实施其他违法犯罪活动,或者受蒙蔽、威胁参加黑社会性质组织,情节轻微的,可以不作为犯罪处理。对于参加黑社会性质组织后仅参与少量情节轻微的违法活动的,也可以不作为犯罪处理。

以下人员不属于黑社会性质组织的成员:1. 主观上没有加入社会性质组织的意愿,受雇到黑社会性质组织开办的公司、企业、社团工作,未参与或者仅参与少量黑社会性质组织的违法犯罪活动的人员;2. 因临时被纠集、雇佣或受蒙蔽为黑社会性质组织实施违法犯罪活动或者提供帮助、支持、服务的人员;3. 为维护或扩大自身利益而临时雇佣、收买、利用黑社会性质组织实施违法犯罪活动的人员。上述人员构成其他犯罪的,按照具体犯罪处理。

对于被起诉的组织成员主要为未成年人的案件,定性时应当结合“四个特征”审慎把握。

(二)认定经济特征的问题

“一定的经济实力”,是指黑社会性质组织在形成、发展过程中获取的,足以支持该组织运行、发展以及实施违法犯罪活动的经济利益。包括:1. 有组织地通过违法犯罪活动或其他不正当手段聚敛的资产;2. 有组织地通过合法的生产、经营活动获取的资产;3. 组织成员以及其他单位、个人资助黑社会性质组织的资产。通过上述方式获取的经济利益,即使是由部分组织成员个人掌控,也应计入黑社会性质组织的“经济实力”。

各高级人民法院可以根据本地区的实际情况,对黑社会性质组织所应具有的“经济实力”在20-50万元幅度内,自行划定一般掌握的最低数额标准。

是否将所获经济利益全部或部分用于违法犯罪活动或者维系犯罪组织的生存、发展,是认定经济特征的重要依据。无论获利后的分配与使用形式如何变化,只要在客观上能够起到豢养组织成员、维护组织稳定、壮大组织势力的作用即可认定。

(三)认定行为特征的问题

涉案犯罪组织仅触犯少量具体罪名的,是否应认定为黑社会性质组织要结合组织特征、经济特征和非法控制特征(危害性特征)综合判断,严格把握。

黑社会性质组织实施的违法犯罪活动包括非暴力性的违法犯罪活动,但暴力或以暴力相威胁始终是黑社会性质组织实施违法犯罪活动的基本手段,并随时可能付诸实施。因此,在黑社会性质组织所实施的违法犯罪活动中,一般应有一部分能够较明显地体现出暴力或以暴力相威胁的基本特征。否则,定性时应当特别慎重。

属于2009年《座谈会纪要》规定的5种情形之一的,一般应当认定为黑社会性质组织实施的违法犯罪活动,但确与维护和扩大组织势力、实力、影响、经济基础无任何关联,亦不是按照组织惯例、纪律、活动规约而实施,则应作为组织成员个人的违法犯罪活动处理。

组织者、领导者明知组织成员曾多次实施起因、性质类似的违法犯罪活动,但并未明确予以禁止的,如果该类行为对扩大组织影响起到一定作用,可以视为是按照组织惯例实施的违法犯罪活动。

(四)认定非法控制特征(危害性特征)的问题

黑社会性质组织所控制和影响的"一定区域",应当具备一定空间范围,并承载一定的社会功能。既包括一定数量的自然人共同居住、生活的区域,如乡镇、街道、较大的村庄等,也包括承载一定生产、经营或社会公共服务功能的区域,如矿山、工地、市场、车站、码头等。对此,应当结合一定地域范围内的人口数量、流量、经济规模等因素综合评判。如果涉案犯罪组织的控制和影响仅存在于一座酒店、一处娱乐会所等空间范围有限的场所或者人口数量、流量、经济规模较小的其他区域,则一般不能视为是对"一定区域"的控制和影响。

黑社会性质组织所控制和影响的"一定行业",是指在一定区域内存在的同类生产、经营活动。黑社会性质组织通过多次有组织地实施违法犯罪活动,对黄、赌、毒等非法行业形成非法控制或重大影响的,同样符合非法控制特征(危害性特征)的要求。

2009年《座谈会纪要》明确了可以认定为"在一定区域或者行业内,形成非法控制或者重大影响,严重破坏经济、社会生活秩序"的8种情形,适用时应当注意以下问题:第1种情形中的"致使合法利益受损的群众不敢举报、控告的",是指致使多名合法利益遭受犯罪或者严重违法活动侵害的群众不敢通过正当途径维护权益;第2种情形中的"形成垄断",是指可以操控、左右、决定与一定行业相关的准入、退出、经营、竞争等经济活动。"形成重要影响",是指对与一定行业相关的准入、退出、经营、竞争等经济活动具有较大的干预和影响能力,或者具有在该行业内占有较大市场份额、通过违法犯罪活动或以其他不正当手段在该行业内敛财数额巨大(最低数额标准由各高院根据本地情况在20-50万元的幅度内自行划定)、给该行业内从事生产、经营活动的其他单位、组织、个人造成直接经济损失100万元以上等情节之一;第3、4、5种情形中的"造成严重影响",是指具有致人重伤或致多人轻伤、通过违法犯罪活动或以其他不正当手段敛财数额巨大(数额标准同上)、造成直接经济损失100万元以上、多次引发群体性事件或引发大规模群体性事件等情节之一;第6种情形中的"多次干扰、破坏国家机关、行业管理部门以及村委会、居委会等基层群众自治组织的工作秩序",包括以拉拢、收买、威胁等手段多次得到国家机关工作人员包庇或纵容,或者多次对前述单位、组织中正常履行职务的工作人员进行打击、报复的情形;第7种情形中的"获取政治地位",是指当选各级人大代表、政协委员。"担任一定职务",是指在各级党政机关及其职能部门、基层群众自治组织中担任具有组织、领导、监督、管理职权的职务。

根据实践经验,在黑社会性质组织犯罪案件中,2009年《座谈会纪要》规定的8种情形一般不会单独存在,往往是两种以上的情形同时并存、相互交织,从而严重破坏经济、社会生活秩序。审判时,应当充分认识这一特点,准确认定该特征。

“四个特征”中其他构成要素均已具备,仅在成员人数、经济实力规模方面未达到本纪要提出的一般性要求,但已较为接近,且在非法控制特征(危害性特征)方面同时具有2009年《座谈会纪要》相关规定中的多种情形,其中至少有1种情形已明显超出认定标准的,也可以认定为黑社会性质组织。

三、关于刑事责任和刑罚适用

(一)已退出或者新接任的组织者、领导者的刑事责任问题

对于在黑社会性质组织形成、发展过程中已经退出的组织者、领导者,或者在加入黑社会性质组织之后逐步发展成为组织者、领导者的犯罪分子,应对其本人参与及其实际担任组织者、领导者期间该组织所犯的全部罪行承担刑事责任。

(二)量刑情节的运用问题

黑社会性质组织的成员虽不具有自首情节,但到案后能够如实供述自己罪行,并具有以下情形之一的,一般应当适用《刑法》第67条第3款的规定予以从轻处罚:1. 如实交代大部分尚未被掌握的同种犯罪事实;2. 如实交代尚未被掌握的较重的同种犯罪事实;3. 如实交代犯罪事实,并对收集定案证据、查明案件事实有重要作用的。

积极参加者、一般参加者配合司法机关查办案件,有提供线索、帮助收集证据或者其他协助行为,并在侦破黑社会性质组织犯罪案件、认定黑社会性质组织及其主要成员、追缴黑社会性质组织违法所得、查处“保护伞”等方面起到较大作用的,即使依法不能认定立功,一般也应酌情对其从轻处罚。

组织者、领导者、骨干成员以及“保护伞”协助抓获同案中其他重要的组织成员,或者骨干成员能够检举揭发其他犯罪案件中罪行同样严重的犯罪分子,原则上依法应予从轻或者减轻处罚。组织者、领导者检举揭发与该黑社会性质组织及其违法犯罪活动有关联的其他犯罪线索,如果在是否认定立功的问题上存在事实、证据或法律适用方面的争议,应当严格把握。依法应认定为立功或者重大立功的,在决定是否从宽处罚、如何从宽处罚时,应当根据罪责刑相一致原则从严掌握。可能导致全案量刑明显失衡的,不予从宽处罚。

审理黑社会性质组织犯罪案件,应当通过判处和执行民事赔偿以及积极开展司法救助来最大限度地弥补被害人及其亲属的损失。被害人及其亲属确有特殊困难,需要接受被认定为黑社会性质组织成员的被告人赔偿并因此表示谅解的,量刑时应当特别慎重。不仅应当查明谅解是否确属真实意思表示以及赔偿款项与黑社会性质组织违法所得有无关联,而且在决定是否从宽处罚、如何从宽处罚时,也应当从严掌握。可能导致全案量刑明显失衡的,不予从宽处罚。

(三)附加剥夺政治权利的适用问题

对于黑社会性质组织的组织者、领导者,可以适用《刑法》第56条第1款的规定附加剥夺政治权利。对于因犯参加黑社会性质组织罪被判处5年以上有期徒刑的积极参加者,也可以适用该规定附加剥夺政治权利。

(四)财产刑的适用问题

对于黑社会性质组织的组织者、领导者,依法应当并处没收财产。黑社会性质组织敛财数额特别巨大,但因犯罪分子转移、隐匿、毁灭证据或者拒不交代涉案财产来源、性质,导致违法所得以及其他应当追缴的财产难以准确查清和追缴的,对于组织者、领导者以及为该组织转移、隐匿资产的积极参加者可以并处没收个人全部财产。

对于确属骨干成员的积极参加者一般应当并处罚金或者没收财产。对于其他积极参加者和一般参加者,应当根据所参与实施违法犯罪活动的次数、性质、地位、作用、违法所得数额以及造成损失的数额等情节,依法决定财产刑的适用。

四、关于审判程序和证据审查

（一）分案审理问题

为便宜诉讼，提高审判效率，防止因法庭审理过于拖延而损害当事人的合法权益，对于被告人人数众多，合并审理难以保证庭审质量和庭审效率的黑社会性质组织犯罪案件，可分案进行审理。分案应当遵循有利于案件顺利审判、有利于查明案件事实、有利于公正定罪量刑的基本原则，确保有效质证、事实统一、准确定罪、均衡量刑。对于被作为组织者、领导者、积极参加者起诉的被告人，以及黑社会性质组织重大犯罪的共同作案人，分案审理影响庭审调查的，一般不宜分案审理。

（二）证明标准和证据运用问题

办理黑社会性质组织犯罪案件应当坚持“事实清楚，证据确实、充分”的法定证明标准。黑社会性质组织犯罪案件侦查取证难度大，“四个特征”往往难以通过实物证据来加以证明。审判时，应当严格依照刑事诉讼法及有关司法解释的规定对相关证据进行审查与认定。在确保被告人供述、证人证言、被害人陈述等言词证据取证合法、内容真实，且综合全案证据，已排除合理怀疑的情况下，同样可以认定案件事实。

（三）法庭举证、质证问题

审理黑社会性质组织犯罪案件时，合议庭应当按照刑事诉讼法及有关司法解释的规定有效引导控辩双方举证、质证。不得因为案件事实复杂、证据繁多，而不当限制控辩双方就证据问题进行交叉询问、相互辩论的权利。庭审时，应当根据案件事实繁简、被告人认罪态度等采取适当的举证、质证方式，突出重点；对黑社会性质组织的“四个特征”应单独举证、质证。为减少重复举证、质证，提高审判效率，庭审中可以先就认定具体违法犯罪事实的证据进行举证、质证。对认定黑社会性质组织行为特征的证据进行举证、质证时，之前已经宣读、出示过的证据，可以在归纳、概括之后简要征询控辩双方意见。对于认定组织特征、经济特征、非法控制特征（危害性特征）的证据，举证、质证时一般不宜采取前述方式。

（四）对出庭证人、鉴定人、被害人的保护问题

人民法院受理黑社会性质组织犯罪案件后，应当及时了解在侦查、审查起诉阶段有无对证人、鉴定人、被害人采取保护措施的情况，确保相关保护措施在审判阶段能够紧密衔接。开庭审理时，证人、鉴定人、被害人因出庭作证，本人或其近亲属的人身安全面临危险的，应当采取不暴露外貌、真实声音等出庭作证措施。必要时，可以进行物理隔离，以音频、视频传送的方式作证，并对声音、图像进行技术处理。有必要禁止特定人员接触证人、鉴定人、被害人及其近亲属的，以及需要对证人、鉴定人、被害人及其近亲属的人身和住宅采取专门性保护措施的，应当及时与检察机关、公安机关协调，确保保护措施及时执行到位。依法决定不公开证人、鉴定人、被害人真实姓名、住址和工作单位等个人信息的，应当在开庭前核实其身份。证人、鉴定人签署的如实作证保证书应当列入审判副卷，不得对外公开。

五、关于黑社会性质组织犯罪案件审判工作相关问题

（一）涉案财产的处置问题

审理黑社会性质组织犯罪案件时，对于依法查封、冻结、扣押的涉案财产，应当全面审查证明财产来源、性质、用途、权属及价值大小的有关证据，调查财产的权属情况以及是否属于违法所得或者依法应当追缴的其他财物。属于下列情形的，依法应当予以追缴、没收：1. 黑社会性质组织形成、发展过程中，该组织及其组织成员通过违法犯罪活动或其他不正当手段聚敛的财产及其孳息、收益，以及合法获取的财产中实际用于支持该组织存在、发展和实施违法犯罪活动的部分；2. 其他单位、个人为支持黑社会性质组织存在、发展以及实施违法犯罪活动而资助或提供的财产；3. 组织成员通过个人实施的违法犯罪活动所聚敛的财产及其孳息、收

益,以及供个人犯罪所用的本人财物;4. 黑社会性质组织及其组织成员个人非法持有的违禁品;5. 依法应当追缴的其他涉案财物。

(二)发挥庭审功能问题

黑社会性质组织犯罪案件开庭前,应当按照重大案件的审判要求做好从物质保障到人员配备等各方面的庭审准备,并制定详细的庭审预案和庭审提纲。同时,还要充分发挥庭前会议了解情况、听取意见的应有作用,提前了解控辩双方的主要意见,及时解决可能影响庭审顺利进行的程序性问题。对于庭前会议中出示的证据材料,控辩双方无异议的,庭审举证、质证时可以简化。庭审过程中,合议庭应当针对争议焦点和关键的事实、证据问题,有效引导控辩双方进行法庭调查与法庭辩论。庭审时,还应当全程录音录像,相关音视频资料应当存卷备查。

11. 中共中央、国务院《关于开展扫黑除恶专项斗争的通知》(2018 年 1 月)

(全文略)

12. 最高人民法院、最高人民检察院、公安部、司法部《关于依法严厉打击黑恶势力违法犯罪的通告》(2018 年 2 月 2 日)

黑恶势力是经济社会健康发展的毒瘤,是人民群众深恶痛绝的顽疾,必须坚决依法予以打击。为切实保障广大人民群众合法权益,维护社会和谐稳定,按照中共中央、国务院《关于开展扫黑除恶专项斗争的通知》精神,依据《中华人民共和国刑法》、《中华人民共和国刑事诉讼法》及有关规定,现就依法严厉打击黑恶势力违法犯罪相关事项通告如下:

一、凡是实施黑恶势力违法犯罪以及包庇、纵容黑社会性质组织的人员,必须立即停止一切违法犯罪活动。自本通告发布之日起至 2018 年 3 月 1 日,主动投案自首、如实供述自己罪行的,可以依法从轻或者减轻处罚。在此规定期限内拒不投案自首、继续为非作恶的,将依法从严惩处。对于为黑恶势力违法犯罪人员充当"保护伞"的国家机关工作人员,将坚决依法依纪查处,不管涉及谁,都要一查到底、绝不姑息。

二、黑恶势力犯罪人员的亲友应当积极规劝其尽快投案自首,经亲友规劝、陪同投案的,或者亲友主动报案后将犯罪人员送去投案的,视为自动投案。窝藏、包庇黑恶势力犯罪人员或者帮助洗钱、毁灭、伪造证据以及掩饰、隐瞒犯罪所得、犯罪所得收益的,将依法追究刑事责任。黑恶势力犯罪人员到案后有检举、揭发他人犯罪并经查证属实,以及提供侦破其他案件的重要线索并经查证属实,或者协助司法机关抓获其他犯罪嫌疑人的,可以依法从轻或者减轻处罚;有重大立功表现的,可以依法减轻或者免除处罚。黑恶势力犯罪人员积极配合侦查、起诉、审判工作,在查明黑社会性质组织的组织结构和组织者、领导者的地位作用,组织实施的重大犯罪事实,追缴、没收赃款赃物,打击"保护伞"等方面提供重要线索和证据,经查证属实的,可以根据案件具体情况,依法从轻、减轻或者免除处罚。

三、全国政法战线要贯彻落实党的十九大精神,在各级党委的统一领导下,充分发挥社会治安综合治理优势,推动各部门各司其职、齐抓共管,形成工作合力。要以"零容忍"态度,坚决依法从严惩治,对黑恶势力违法犯罪重拳出击,侦办一批群众深恶痛绝的涉黑涉恶案件,整治一批涉黑涉恶重点地区,惩治一批涉黑涉恶违法犯罪分子,确保在春节前后取得积极成效,为扫黑除恶专项斗争奠定坚实基础,不断增强人民获得感、幸福感、安全感。

四、扫黑除恶是一场人民战争,必须依靠人民群众的积极参与。欢迎广大群众积极举报涉黑涉恶犯罪和"村霸"等突出问题,对在打击黑恶势力违法犯罪、铲除黑恶势力滋生土壤、深挖黑恶势力"保护伞"中发挥重要作用的,予以奖励。政法机关将依法保护举报人的个人信息及安全。

13. 中央政法委、中央综治委、公安部《关于集中打击整治农村赌博违法犯罪的通知》(2018 年 2 月 7 日)

(全文略)

14. 最高人民法院、最高人民检察院、公安部、司法部《关于办理黑恶势力犯罪案件若干问题的指导意见》(法发〔2018〕1 号)

为贯彻落实《中共中央、国务院关于开展扫黑除恶专项斗争的通知》精神,统一执法思想,提高执法效能,依法、准确、有力惩处黑恶势力犯罪,严厉打击"村霸"、宗族恶势力、"保护伞"以及"软暴力"等犯罪,根据《刑法》、《刑事诉讼法》及有关司法解释等规定,针对实践中遇到的新情况、新问题,现就办理黑恶势力犯罪案件若干问题制定如下指导意见:

一、总体要求

1. 各级人民法院、人民检察院、公安机关和司法行政机关应充分发挥职能作用,密切配合,相互支持,相互制约,形成打击合力,加强预防惩治黑恶势力犯罪长效机制建设。正确运用法律规定加大对黑恶势力违法犯罪以及"保护伞"惩处力度,在侦查、起诉、审判、执行各阶段体现依法从严惩处精神,严格掌握取保候审,严格掌握不起诉,严格掌握缓刑、减刑、假释,严格掌握保外就医适用条件,充分运用《刑法》总则关于共同犯罪和犯罪集团的规定加大惩处力度,充分利用资格刑、财产刑降低再犯可能性。对黑恶势力犯罪,注意串并研判、深挖彻查,防止就案办案,依法加快办理。坚持依法办案、坚持法定标准、坚持以审判为中心,加强法律监督,强化程序意识和证据意识,正确把握"打早打小"与"打准打实"的关系,贯彻落实宽严相济刑事政策,切实做到宽严有据,罚当其罪,实现政治效果、法律效果和社会效果的统一。

2. 各级人民法院、人民检察院、公安机关和司法行政机关应聚焦黑恶势力犯罪突出的重点地区、重点行业和重点领域,重点打击威胁政治安全特别是政权安全、制度安全以及向政治领域渗透的黑恶势力;把持基层政权、操纵破坏基层换届选举、垄断农村资源、侵吞集体资产的黑恶势力;利用家族、宗族势力横行乡里、称霸一方、欺压残害百姓的"村霸"等黑恶势力;在征地、租地、拆迁、工程项目建设等过程中煽动闹事的黑恶势力;在建筑工程、交运运输、矿产资源、渔业捕捞等行业、领域,强揽工程、恶意竞标、非法占地、滥开滥采的黑恶势力;在商贸集市、批发市场、车站码头、旅游景区等场所欺行霸市、强买强卖、收保护费的市霸、行霸等黑恶势力;操纵、经营"黄赌毒"等违法犯罪活动的黑恶势力;非法高利放贷、暴力讨债的黑恶势力;插手民间纠纷,充当"地下执法队"的黑恶势力;组织或雇佣网络"水军"在网上威胁、恐吓、侮辱、诽谤、滋扰的黑恶势力;境外黑社会入境发展渗透以及跨国跨境的黑恶势力。同时,坚决深挖黑恶势力"保护伞"。

二、依法认定和惩处黑社会性质组织犯罪

3. 黑社会性质组织应同时具备《刑法》第 294 条第 5 款中规定的"组织特征""经济特征""行为特征"和"危害性特征"。由于实践中许多黑社会性质组织并非这"4 个特征"都很明显,在具体认定时,应根据立法本意,认真审查、分析黑社会性质组织"4 个特征"相互间的内在联系,准确评价涉案犯罪组织所造成的社会危害,做到不枉不纵。

4. 发起、创建黑社会性质组织,或者对黑社会性质组织进行合并、分立、重组的行为,应当认定为"组织黑社会性质组织";实际对整个组织的发展、运行、活动进行决策、指挥、协调、管理的行为,应当认定为"领导黑社会性质组织"。黑社会性质组织的组织者、领导者,既包括通过一定形式产生的有明确职务、称谓的组织者、领导者,也包括在黑社会性质组织中被公认的事实上的组织者、领导者。

5. 知道或者应当知道是以实施违法犯罪为基本活动内容的组织,仍加入并接受其领导和管理的行为,应当认定为"参加黑社会性质组织"。没有加入黑社会性质组织的意愿,受雇到黑社会性质组织开办的公司、企业、社团工作,未参与黑社会性质组织违法犯罪活动的,不应认定为"参加黑社会性质组织"。

参加黑社会性质组织并具有以下情形之一的,一般应当认定为"积极参加黑社会性质组织”:多次积极参与黑社会性质组织的违法犯罪活动,或者积极参与较严重的黑社会性质组织的犯罪活动且作用突出,以及其他在组织中起重要作用的情形,如具体主管黑社会性质组织的财务、人员管理等事项。

6. 组织形成后,在一定时期内持续存在,应当认定为“形成较稳定的犯罪组织”。

黑社会性质组织一般在短时间内难以形成,而且成员人数较多,但鉴于“恶势力”团伙和犯罪集团向黑社会性质组织发展是一个渐进的过程,没有明显的性质转变的节点,故对黑社会性质组织存在时间、成员人数问题不宜作出“一刀切”的规定。

黑社会性质组织未举行成立仪式或者进行类似活动的,成立时间可以按照足以反映其初步形成非法影响的标志性事件的发生时间认定。没有明显标志性事件的,可以按照本意见中关于黑社会性质组织违法犯罪活动认定范围的规定,将组织者、领导者与其他组织成员首次共同实施该组织犯罪活动的时间认定为该组织的形成时间。该组织者、领导者因未到案或者因死亡等法定情形未被起诉的,不影响认定。

黑社会性质组织成员既包括已有充分证据证明但尚未归案的组织成员,也包括虽有参加黑社会性质组织的行为但因尚未达到刑事责任年龄或因其他法定情形而未被起诉,或者根据具体情节不作为犯罪处理的组织成员。

7. 在组织的形成、发展过程中通过以下方式获取经济利益的,应当认定为“有组织地通过违法犯罪活动或者其他手段获取经济利益”:

(1)有组织地通过违法犯罪活动或其他不正当手段聚敛;(2)有组织地以投资、控股、参股、合伙等方式通过合法的生产、经营活动获取;(3)由组织成员提供或通过其他单位、组织、个人资助取得。

8. 通过上述方式获得一定数量的经济利益,应当认定为“具有一定的经济实力”,同时也包括调动一定规模的经济资源用以支持该组织活动的能力。通过上述方式获取的经济利益,即使是由部分组织成员个人掌控,也应计入黑社会性质组织的“经济实力”。组织成员主动将个人或者家庭资产中的一部分用于支持该组织活动,其个人或者家庭资产可全部计入“一定的经济实力”,但数额明显较小或者仅提供动产、不动产使用权的除外。

由于不同地区的经济发展水平、不同行业的利润空间均存在很大差异,加之黑社会性质组织存在、发展的时间也各有不同,在办案时不能一般性地要求黑社会性质姐织所具有的经济实力必须达到特定规模或特定数额。

9. 黑社会性质组织实施的违法犯罪活动包括非暴力性的违法犯罪活动,但暴力或以暴力相威胁始终是黑社会性质组织实施违法犯罪活动的基本手段,并随时可能付诸实施。暴力、威胁色彩虽不明显,但实际是以组织的势力、影响和犯罪能力为依托,以暴力、威胁的现实可能性为基础,足以使他人产生恐惧、恐慌进而形成心理强制或者足以影响、限制人身自由、危及人身财产安全或者影响正常生产、工作、生活的手段,属于《刑法》第294条第5款第(3)项中的“其他手段”,包括但不限于所谓的“谈判”“协商”“调解”以及滋扰、纠缠、哄闹、聚众造势等手段。

10. 为确立、维护、扩大组织的势力、影响、利益或者按照纪律规约、组织惯例多次实施违法犯罪活动,侵犯不特定多人的人身权利、民主权利、财产权利,破坏经济秩序、社会秩序,应当认定为“有组织地多次进行违法犯罪活动,为非作恶,欺压、残害群众”。

符合以下情形之一的,应当认定为是黑社会性质组织实施的违法犯罪活动:

(1)为该组织争夺势力范围、打击竞争对手、形成强势地位、谋取经济利益、树立非法权威、扩大非法影响、寻求非法保护、增强犯罪能力等实施的;(2)按照该组织的纪律规约、组织惯例实施的;(3)组织者、领导者直接组织、策划、推挥、参与实施的;(4)由组织成员以组织名义实施,并得到组织者、领导者认可或者默许的;(5)多名组织成员为逞强争霸、插手纠纷、报复他人、替人行凶、非法敛财而共同实施,并得到组织者、领导者认可或者默许的;(6)其他应当认定为黑社会性质组织实施的。

11. 鉴于黑社会性质组织非法控制和影响的"一定区域"的大小具有相对性,不能简单地要求"一定区域"必须达到某一特定的空间范围,而应当根据具体案情,并结合黑社会性质组织对经济、社会生活秩序的危害程度加以综合分析判断。

通过实施违法犯罪活动,或者利用国家工作人员的包庇或者不依法履行职责,放纵黑社会性质组织进行违法犯罪活动的行为,称霸一方,并具有以下情形之一的,可认定为"在一定区域或者行业内,形成非法控制或者重大影响,严重破坏经济、社会生活秩序":

(1)致使在一定区域内生活或者在一定行业内从事生产、经营的多名群众,合法利益遭受犯罪或严重违法活动侵害后,不敢通过正当途径举报、控告的;(2)对一定行业的生产、经营形成垄断,或者对涉及一定行业的准入、经营、竞争等经济活动形成重要影响的;(3)插手民间纠纷、经济纠纷,在相关区域或者行业内造成严重影响的;(4)干扰、破坏他人正常生产、经营、生活,并在相关区域或者行业内造成严重影响的;(5)干扰、破坏公司、企业、事业单位及社会团体的正常生产,经营、工作秩序,在相关区域、行业内造成严重影响,或者致使其不能正常生产、经营、工作的;(6)多次干扰、破坏党和国家机关、行业管理部门以及村委会、居委会等基层群众自治组织的工作秩序,或者致使上述单位、组织的职能不能正常行使的;(7)利用组织的势力、影响,帮助组织成员或他人获取政治地位,或者在党政机关、基层群众自治组织中担任一定职务的;(8)其他形成非法控制或者重大影响,严重破坏经济、社会生活秩序的情形。

12. 对于组织者、领导者和因犯参加黑社会性质组织罪被判处5年以上有期徒刑的积极参加者,可根据《刑法》第56条第1款的规定适用附加剥夺政治权利。对于符合《刑法》第37条之一规定的组织成员,应当依法禁止其从事相关职业。符合《刑法》第66条规定的组织成员,应当认定为累犯,依法从重处罚。

对于因有组织的暴力性犯罪被判处死刑缓期执行的黑社会性质组织犯罪分子,可以根据《刑法》第50条第2款的规定同时决定对其限制减刑。对于因有组织的暴力性犯罪被判处10年以上有期徒刑、无期徒刑的黑社会性质级织犯罪分子,应当根据《刑法》第81条第2款规定,不得假释。

13. 对于组织者、领导者一般应当并处没收个人全部财产。对于确属骨干成员或者为该组织转移、隐匿资产的积极参加者,可以并处没收个人全部财产。对于其他组织成员,应当根据所参与实施违法犯罪活动的次数、性质、地位、作用、违法所得数额以及造成损失的数额等情节,依法决定财产刑的适用。

三、依法惩处恶势力犯罪

14. 具有下列情形的组织,应当认定为"恶势力":经常纠集在一起,以暴力、威胁或者其他手段,在一定区域或者行业内多次实施违法犯罪活动,为非作恶,欺压百姓,扰乱经济、社会生活秩序,造成较为恶劣的社会影响,但尚未形成黑社会性质组织的违法犯罪组织。恶势力一般为3人以上,纠集者相对固定,违法犯罪活动主要为强迫交易、故意伤害、非法拘禁、敲诈勒索、故意毁坏财物、聚众斗殴、寻衅滋事等,同时还可能伴随实施开设赌场、组织卖淫、强迫卖淫、贩卖毒品、运输毒品、制造毒品、抢劫、抢夺、聚众扰乱社会秩序、聚众扰乱公共场所秩序、交通秩序以及聚众"打砸抢"等。

在相关法律文书中的犯罪事实认定部分,可使用"恶势力"等表述加以描述。

15. 恶势力犯罪集团是符合犯罪集团法定条件的恶势力犯罪组织,其特征表现为:有3名以上的组织成员,有明显的首要分子,重要成员较为固定,组织成员经常纠集在一起,共同故意实施3次以上恶势力惯常实施的犯罪活动或者其他犯罪活动。

16. 公安机关、人民检察院、人民法院在办理恶势力犯罪案件时,应当依照上述规定,区别于普通刑事案件,充分运用《刑法》总则关于共同犯罪和犯罪集团的规定,依法从严惩处。

四、依法惩处利用"软暴力"实施的犯罪

17. 黑恶势力为谋取不法利益或形成非法影响,有组织地采用滋扰、纠缠、哄闹、聚众造势等手段侵犯人身权利、财产权利,破坏经济秩序、社会秩序,构成犯罪的,应当分别依照《刑法》相关规定处理:

(1)有组织地采用滋扰、纠缠、哄闹、聚众造势等手段扰乱正常的工作、生活秩序,使他人产生心理恐惧或者形成心理强制,分别属于《刑法》第293条第1款第(2)项规定的"恐吓"、《刑法》第226规定的"威胁",同时符合其他犯罪构成条件的,应分别以寻衅滋事罪、强迫交易罪定罪处罚。

《关于办理寻衅滋事刑事案件适用法律若干问题的解释》第2条至第4条中的"多次"一般应当理解为2年内实施寻衅滋事行为3次以上。2年内多次实施不同种类寻衅滋事行为的,应当追究刑事责任。

(2)以非法占有为目的强行索取公私财物,有组织地采用滋扰、纠缠、哄闹、聚众造势等手段扰乱正常的工作、生活秩序,同时符合《刑法》第274条规定的其他犯罪构成条件的,应当以敲诈勒索罪定罪处罚。同时由多人实施或者以统一着装、显露纹身、特殊标识以及其他明示或者暗示方式,足以使对方感知相关行为的有组织性的,应当认定为《关于办理敲诈勒索刑事案件适用法律若干问题的解释》第2条第(5)项规定的"以黑恶势力名义敲诈勒索"。

采用上述手段,同时又构成其他犯罪的,应当依法按照处罚较重的规定定罪处罚。

雇佣、指使他人有组织地采用上述手段强迫交易、敲诈勒索,构成强迫交易罪、敲诈勒索罪的,对雇佣者、指使者,一般应当以共同犯罪中的主犯论处。为强索不受法律保护的债务或者因其他非法目的,雇佣、指使他人有组织地采用上迷手段寻衅滋事,构成寻衅滋事罪的,对雇佣者、指使者,一般应当以共同犯罪中的主犯论处;为追讨合法债务或者因婚恋、家庭、邻里纠纷等民间矛盾而雇佣、指使,没有造成严重后果的,一般不作为犯罪处理,但经有关部门批评制止或者处理处罚后仍继续实施的除外。

18. 黑恶势力有组织地多次短时间非法拘禁他人的,应当认定为《刑法》第238条规定的"以其他方法非法剥夺他人人身自由"。非法拘禁他人3次以上、每次持续时间在4小时以上,或者非法拘禁他人累计时间在12小时以上的,应以非法拘禁罪定罪处罚。

五、依法打击非法放贷讨债的犯罪活动

19. 在民间借贷活动中,如有擅自设立金融机构、非法吸收公众存款、骗取贷款、套取金融机构资金发放高利贷以及为强索债务而实施故意杀人、故意伤害、非法拘禁、故意毁坏财物等行为的,应当按照具体犯罪侦查、起诉、审判。依法符合数罪并罚条件的,应当并罚。

20. 对于以非法占有为目的,假借民间借贷之名,通过"虚增债务""签订虚假借款协议""制造资金走账流水""肆意认定违约""转单平账""虚假诉讼"等手段非法占有他人财产,或者使用暴力、威胁手段强立债权、强行索债的,应当根据案件具体事实,以诈骗、强迫交易、敲诈勒索、抢劫、虚假诉讼等罪名侦查、起诉、审判。对于非法占有的被害人实际所得借款以外的虚高"债务"和以"保证金""中介费""服务费"等各种名目扣除或收取的额外费用,均应计入违法所得。对于名义上为被害人所得、但在案证据能够证明实际上却为犯罪嫌疑人、被告人实施后续犯罪所使用的"借款",应予以没收。

21. 对采用讨债公司、"地下执法队"等各种形式有组织地进行上述活动,符合黑社会性质组织、犯罪集团认定标准的,应当按照组织、领导、参加黑社会性质组织罪或者犯罪集团侦查、起诉、审判。

六、依法严惩“保护伞”

22.《刑法》第294条第3款中规定的“包庇”行为,不要求相关国家机关工作人员利用职务便利。利用职务便利包庇黑社会性质组织的,酌情从重处罚。包庇、纵容黑社会性质组织,事先有通谋的,以具体犯罪的共犯论处。

23. 公安机关、人民检察院、人民法院对办理黑恶势力犯罪案件中发现的涉嫌包庇、纵容黑社会性质组织犯罪、收受贿赂、渎职侵权等违法违纪线索,应当及时移送有关主管部门和其他相关部门,坚决依法严惩充当黑恶势力“保护伞”的职务犯罪。

24. 依法严惩农村“两委”等人员在涉农惠农补贴申领与发放、农村基础设施建设、征地拆迁补偿、救灾扶贫优抚、生态环境保护等过程中,利用职权恃强凌弱、吃拿卡要、侵吞挪用国家专项资金的犯罪,以及放纵、包庇“村霸”和宗族恶势力,致使其坐大成患;或者收受贿赂、徇私舞弊,为“村霸”和宗族恶势力充当“保护伞”的犯罪。

25. 公安机关在侦办黑恶势力犯罪案件中,应当注意及时深挖其背后的腐败问题,对于涉嫌特别重大贿赂犯罪案件的犯罪嫌疑人,及时会同有关机关,执行《刑事诉讼法》第37条的相关规定,辩护律师在侦查期间会见在押犯罪嫌疑人的,应当经相关侦查机关许可。

七、依法处置涉案财产

26. 公安机关、人民检察院、人民法院根据黑社会性质组织犯罪案件的诉讼需要,应当依法查询、查封、扣押、冻结全部涉案财产。公安机关侦查期间,要会同工商、税务、国土、住建、审计、人民银行等部门全面调查涉黑组织及其成员的财产状况。

对于不宜查封、扣押、冻结的经营性资产,可以申请当地政府指定有关部门或者委托有关机构代管或者托管。

对黑社会性质组织及其成员聚敛的财产及其孳息、收益的数额,办案单位可以委托专门机构评估;确实无法准确计算的,可以根据有关法律规定及查明的事实、证据合理估算。

27. 对于依法查封、冻结、扣押的黑社会性质组织涉案财产,应当全面收集、审查证明其来源、性质、用途、权属及价值大小的有关证据。符合下列情形之一的,应当依法追缴、没收:

(1)组织及其成员通过违法犯罪活动或其他不正当手段聚敛的财产及其孳息、收益;(2)组织成员通过个人实施违法犯罪活动聚敛的财产及其孳息、收益;(3)其他单位、组织、个人为支持该组织活动资助或主动提供的财产;(4)通过合法的生产、经营活动获取的财产或者组织成员个人、家庭合法资产中,实际用于支持该组织活动的部分;(5)组织成员非法持有的违禁品以及供犯罪所用的本人财物;(6)其他单位、组织、个人利用黑社会性质组织及其成员的违法犯罪活动获取的财产及其孳息、收益;(7)其他应当追缴、没收的财产。

28. 违法所得已用于清偿债务或者转让给他人,具有下列情形之一的,应当依法追缴:

(1)对方明知是通过违法犯罪活动或者其他不正当手段聚敛的财产及其孳息、收益的;(2)对方无偿或者以明显低于市场价格取得的;(3)对方是因非法债务或者违法犯罪活动而取得的;(4)通过其他方式恶意取得的。

29. 依法应当追缴、没收的财产无法找到、被他人善意取得、价值灭失或者与其他合法财产混合且不可分割的,可以追缴、没收其他等值财产。

30. 黑社会性质组织犯罪嫌疑人、被告人逃匿,在通缉1年后不能到案,或者犯罪嫌疑人、被告人死亡的,应当依照法定程序没收其违法所得。

31. 对于依法查封、扣押、冻结的涉案财产,有证据证明确属被害人合法财产,或者确与黑社会性质组织及其违法犯罪活动无关的应予以返还。

八、其他

32. 司法行政机关应当加强对律师办理黑社会性质组织犯罪案件辩护代理工作的指导监督,指导律师事务所建立健全律师办理黑社会性组织犯罪的请示报告、集体研究和检查督导制度。办案机关应当依法保障律师各项诉讼权利,为律师履行辩护代理职责提供便利,防止因妨碍辩护律师依法履行职责,对案件办理带来影响。

对黑恶势力犯罪案件开庭审理时,人民法院应当通知对辩护律师所属事务所具有监督管理权限的司法行政机关派员旁听。

对于律师违反会见规定的;以串联组团,联署签名、发表公开信,组织网上聚集、声援等方式或者借个案研讨之名,制造舆论压力,攻击、抵毁司法机关和司法制度,干扰诉讼活动正常进行的;煽动、教唆和组织当事人或者其他人员到司法机关或者其他国家机关静坐、举牌、打横幅、喊口号等,扰乱公共秩序、危害公共安全的;违反规定披露、散布不公开审理案件的信息、材料,或者本人、其他律师在办案过种中获悉的有关案件重要信息、证裾材料的,司法行政机关应当依照有关规定予以处罚,构成犯罪的,依法追究刑事责任。对于律师辩护、代理活动中的违法违规行为,相关办案机关要注意收集固定证据,提出司法建议。

33. 监狱应当从严管理组织、领导、参加黑社会性质组织的罪犯,严格罪犯会见、减刑、假释、暂予监外执行等执法活动。对于判处10年以上有期徒刑、无期徒刑,判处死刑缓期2年执行减为有期徒刑、无期徒刑的黑社会性质组织的组织者、领导者,实行跨省、自治区、直辖市异地关押。积极开展黑恶势力犯罪线索排查,教育引导服刑人员检举揭发。社区矫正机构对拟适用社区矫正的黑恶势力犯罪案件的犯罪嫌疑人、被告人,应当认真开展调查评估,为准确适用非监禁刑提供参考。社区矫正机构对组织、领导、参加黑社会性质组织的社区服刑人员要严格监管教育。公安机关、人民检察院、人民法院、司法行政机关要加强协调联动,完善应急处置工作机制,妥善处理社区服刑人员脱管漏管和重新违法犯罪等情形。

34. 办理黑恶势力犯罪案件,要依法建立完善重大疑难案件会商、案件通报等工作机制,进一步加强政法机关之间的配合,形成打击合力;对群众关注度高、社会影响力大的黑恶势力犯罪案件,依法采取挂牌督办、上提一级、异地管辖、指定管辖以及现场联合督导等措施,确保案件质量。根据办理黑恶势力犯罪案件的实际情况,及时汇总问题,归纳经验,适时出台有关证据标准,切实保障有力打击。

35. 公安机关、人民检察院、人民法院办理黑社会性质组织犯罪案件,应当按照《刑事诉讼法》《关于办理黑社会性质组织犯罪案件若干问题的规定》《公安机关办理刑事案件证人保护工作规定》的有关规定,对证人、报案人、控告人、举报人、鉴定人、被害人采取保护措施。

犯罪嫌疑人、被告人,积极配合侦查、起诉、审判工作,在查明黑社会性质组织的组织结构和组织者、领导者的地位作用,组织实施的重大犯罪事实,追缴、没收赃款赃物,打击"保护伞"等方面提供重要线索和证据,经查证属实的,可以根据案件具体情况,依法从轻、减轻或者免除处罚,并对其参照证人保护的有关规定采取保护措施。前述规定,对于确属组织者、领导者的犯罪嫌疑人、被告人应当严格掌握。

对于确有重大立功或者对于认定重大犯罪事实或追缴、没收涉黑财产具有重要作用的组织成员,确有必要通过分案审理予以保护的,公安机关可以与人民检察院、人民法院在充分沟通的基础上作出另案处理的决定。

对于办理黑社会性质组织犯罪案件的政法干警及其近亲属,需要采取保护措施的,可以参照《刑事诉讼法》等关于证人保护的有关规定,采取禁止特定的人员接触、对人身和住宅予以专门性保护等必要的措施,以确保办理案件的司法工作人员及其近亲属的人身安全。

36. 本意见颁布实施后,最高人民法院、最高人民检察院、公安部、司法部联合发布或者单独制定的其他相关规范性文件,内容如与本意见中有关规定不一致的,应当按照本意见执行。

15. 中国银保监会《关于银行业和保险业做好扫黑除恶专项斗争有关工作的通知》(银保监发〔2018〕45号)

为贯彻落实中共中央、国务院《关于开展扫黑除恶专项斗争的通知》要求,做好银行业和保险业相关工作,现就有关事项通知如下:

一、高度重视,勇于担当,增强工作责任感和使命感

各级监管机构、各银行保险机构要认真贯彻党中央、国务院决策部署,将扫黑除恶作为一项重大政治任务,摆到工作全局的突出位置,列入重要议事日程。要增强工作责任感和使命感,切实把思想和行动统一到党中央、国务院部署上来,勇于担当,旗帜鲜明地开展扫黑除恶专项斗争。

二、强化领导,健全机制,扎实深入开展工作

为做好扫黑除恶相关工作,银保监会成立全国银行业和保险业扫黑除恶专项斗争工作领导小组,组长由银保监会副主席曹宇同志担任,办公室设在法规部。各省级派出机构、各银行保险机构应建立健全工作机制,成立相应工作领导小组,并由主要负责同志担任组长,强化组织领导,切实深入开展扫黑除恶专项斗争相关工作。

三、突出重点,精准打击,加强高风险领域治理

各级监管机构要会同公安、市场监管等相关部门,结合扫黑除恶斗争相关文件要求,持续推动落实《中华人民共和国银行业监督管理法》、《中华人民共和国保险法》以及《非法金融机构和非法金融业务活动取缔办法》(国务院令第247号)、《关于规范民间借贷行为维护经济金融秩序有关事项的通知》(银保监发〔2018〕10号)、《网络借贷信息中介机构业务活动管理暂行办法》(中国银监会工业和信息化部公安部国家互联网信息办公室令2016年第1号)、《关于进一步加强校园网贷整治工作的通知》(银监发〔2016〕47号)、《关于进一步加强校园贷规范管理工作的通知》(银监发〔2017〕26号)等法律、行政法规和相关文件精神,强化监管,结合各地实际,将相关要求落到实处。

对于银行业领域,要重点打击非法设立从事或主要从事发放贷款业务的机构或非法以发放贷款为日常业务中的下述行为:一是利用非法吸收公众存款、变相吸收公众存款等非法集资资金发放民间贷款的;二是以故意伤害、非法拘禁、侮辱、恐吓、威胁、骚扰等非法手段催收贷款的;三是利用黑恶势力开展或协助开展业务的;四是套取金融机构信贷资金,再高利进行转贷的;五是面向在校学生非法发放贷款,发放无指定用途贷款,或以提供服务、销售商品为名,实际收取高额利息(费用)变相放贷的;六是银行业金融机构工作人员和公务员作为主要成员参与或实际控制人的。

对于保险业领域,要重点打击有组织的保险诈骗活动。

四、积极配合,提升效率,为扫黑除恶专项斗争提供有力技术保障

各级监管机构、各银行业金融机构要严格按照《关于印发银行业金融机构协助人民检察院公安机关国家安全机关查询冻结工作规定的通知》(银监发〔2014〕53号)、《关于银行业金融机构与公安机关开展涉案账户资金网络查控工作的意见》(银监发〔2015〕9号)等文件要求,充分利用先进技术手段,提升工作效率,持续做好涉案账户电子化查询工作。建立健全紧急联系机制,确保做好涉黑、涉恶账户的查询、冻结工作,有效切断黑恶犯罪资金流动渠道,为政法机关依法办案和有关部门依法履职提供有力保障。

五、深入排查,加大力度,及时做好线索移送

各级监管机构要加大工作力度,组织辖内银行保险机构深入排查涉黑涉恶相关问题。

各级监管机构扫黑除恶斗争工作负责部门要及时接收、处理以下举报线索:一是对非法放贷、暴力讨债、非法设立金融机构和非法开展金融业务等问题的举报;二是对银行保险机构和从业人员涉黑涉恶问题的举报;三是银行保险机构在日常经营中发现的涉黑涉恶线索;四是本通知第三条所列明的重点打击活动领域行为线索。

各省级派出机构要建立涉黑涉恶线索摸排核查责任制,以及与政法机关、政府相关部门的案件移送和沟通协调机制。对于各类举报,做到每条线索都有落实:属于银行保险监督管理机构法定职责的,由银行保险监督管理机构依法处理;属于其他行政机关法定职责的,移送相应法定机关;构成违纪行为的,依法移送相应单位;构成违反治安管理行为或犯罪的,依法移送公安机关。

六、加强监管,严格准入,严防涉黑涉恶组织和个人进入银行业和保险业

各级监管机构要严格执行《中华人民共和国商业银行法》《中华人民共和国银行业监督管理法》《中华人民共和国保险法》,严格市场准入,将涉黑涉恶信息作为银行保险机构设立、股权变更或实际控制人变更审批以及董事、监事、高级管理人员任职资格审批的重要判断依据。严禁涉黑涉恶人员和涉黑涉恶组织参股、控股银行保险机构;严禁涉黑涉恶人员担任银行保险机构的董事、监事、高级管理人员。

七、改进服务,严格管理,履行好银行业和保险业社会责任和法律义务

各级监管机构、各银行保险机构要认真贯彻党中央、国务院关于防范化解金融风险、支持实体经济的决策部署,提高认识,改进服务,提升能力,充分履行银行业和保险业社会责任。特别是要做好“三农”、小微等领域金融服务工作,从源头上铲除非法金融业务滋生的土壤。

各银行保险机构要严格遵守相关法律、行政法规和监管规定,严禁银行业金融机构为黑社会性质组织犯罪提供资金账户、转账,协助将财产转换为现金、金融票证、有价证券,协助将资金汇往境外,以及为黑社会性质组织和个人从事涉黑涉恶活动提供金融信贷服务;严禁保险机构为涉黑涉恶组织或个人提供分红投资型保险产品、出具担保保函;严禁银行保险机构录用涉黑涉恶人员;严禁银行保险机构与涉黑涉恶组织和个人开展信贷、保险等形式的业务合作。

八、加强宣传,正向引导,凝聚广大人民群众反黑反恶的共同力量

各银行保险机构应进一步加强扫黑除恶专项斗争工作的宣传教育力度,教育从业人员不要参与任何涉黑涉恶组织活动,通过电子显示屏等形式展示扫黑除恶斗争工作要求、相关法律法规知识以及《关于规范民间借贷行为维护经济金融秩序有关事项的通知》(银保监发〔2018〕10号)第5条规定“严禁非法活动”中的“四个严厉打击”和“一个严禁”等内容。

九、总结经验,定期报告,建立信息报送和监督检查机制

请各省级派出机构严格按照要求,督导辖内派出机构和各银行保险机构切实做好相关工作。各大型银行、股份制银行、保险集团(控股)公司和各省级派出机构应于每月4日前(自2018年9月起),将本单位、本辖区上月涉黑涉恶线索数量、处理情况等扫黑除恶专项斗争工作开展情况书面报告全国银行业和保险业扫黑除恶专项斗争工作领导小组办公室。遇有重大问题,应及时报告。

全国银行业和保险业扫黑除恶专项斗争工作领导小组将适时对有关工作落实情况进行监督检查;对于重视不够、措施不力的,将依法进行处理。

16. 最高人民法院《关于为实施乡村振兴战略提供司法服务和保障的意见》(法发〔2018〕19号)

26. 推动扫黑除恶专项斗争不断向纵深发展,增强农村群众的安全感和幸福感。坚决依法从严从快惩处把持农村基层政权、操纵破坏农村基层换届选举、垄断农村资源、侵吞集体资产的黑恶势力；利用家族、宗族势力横行乡里、称霸一方、欺压残害百姓的"村霸"等黑恶势力；在农村地区征地、租地、拆迁、工程项目建设、交通运输、矿产资源、渔业捕捞等行业、领域，强揽工程、恶意竞标、非法占地、滥开滥采的黑恶势力；在农村地区商贸集市、批发市场欺行霸市、强买强卖、收保护费的"市霸""行霸"等黑恶势力；在农村地区操纵、经营"黄赌毒"等违法犯罪活动以及非法高利放贷，暴力讨债，插手民间纠纷，充当"地下执法队"的黑恶势力。坚决依法从严从快惩处黑恶势力"保护伞"。

27. 依法惩治危害农村社会安全的犯罪，推进"法治乡村""平安乡村"建设。贯彻宽严相济刑事政策，促进乡村和谐稳定。依法妥善审理因婚恋纠纷、邻里纠纷、土地权属纠纷、征地拆迁纠纷等引发的刑事案件，做好调解工作，争取案结事了。充分尊重符合社会主义核心价值观的农村风俗和生活习惯，审慎审理因农民日常生产生活引发的刑事案件。将依法惩处与系统治理、综合治理、源头治理有机结合，从源头上防范农村各类犯罪，维护广大农村地区的社会治安稳定。

17. 最高人民法院、最高人民检察院、公安部、司法部《关于办理恶势力刑事案件若干问题的意见》(法发〔2019〕10号)

为认真贯彻落实中央开展扫黑除恶专项斗争的部署要求，正确理解和适用最高人民法院、最高人民检察院、公安部、司法部《关于办理黑恶势力犯罪案件若干问题的指导意见》(法发〔2018〕1号，以下简称《指导意见》)，根据刑法、刑事诉讼法及有关司法解释、规范性文件的规定，现对办理恶势力刑事案件若干问题提出如下意见：

一、办理恶势力刑事案件的总体要求

1. 人民法院、人民检察院、公安机关和司法行政机关要深刻认识恶势力违法犯罪的严重社会危害，毫不动摇地坚持依法严惩方针，在侦查、起诉、审判、执行各阶段，运用多种法律手段全面体现依法从严惩处精神，有力震慑恶势力违法犯罪分子，有效打击和预防恶势力违法犯罪。

2. 人民法院、人民检察院、公安机关和司法行政机关要严格坚持依法办案，确保在案件事实清楚，证据确实、充分的基础上，准确认定恶势力和恶势力犯罪集团，坚决防止人为拔高或者降低认定标准。要坚持贯彻落实宽严相济刑事政策，根据犯罪嫌疑人、被告人的主观恶性、人身危险性、在恶势力、恶势力犯罪集团中的地位、作用以及在具体犯罪中的罪责，切实做到宽严有据，罚当其罪，实现政治效果、法律效果和社会效果的统一。

3. 人民法院、人民检察院、公安机关和司法行政机关要充分发挥各自职能，分工负责，互相配合，互相制约，坚持以审判为中心的刑事诉讼制度改革要求，严格执行"三项规程"，不断强化程序意识和证据意识，有效加强法律监督，确保严格执法、公正司法，充分保障当事人、诉讼参与人的各项诉讼权利。

二、恶势力、恶势力犯罪集团的认定标准

4. 恶势力，是指经常纠集在一起，以暴力、威胁或者其他手段，在一定区域或者行业内多次实施违法犯罪活动，为非作恶，欺压百姓，扰乱经济、社会生活秩序，造成较为恶劣的社会影响，但尚未形成黑社会性质组织的违法犯罪组织。

5. 单纯为牟取不法经济利益而实施的"黄、赌、毒、盗、抢、骗"等违法犯罪活动，不具有为非作恶、欺压百姓特征的，或者因本人及近亲属的婚恋纠纷、家庭纠纷、邻里纠纷、劳动纠纷、合法债务纠纷而引发以及其他确属事出有因的违法犯罪活动，不应作为恶势力案件处理。

6. 恶势力一般为3人以上，纠集者相对固定。纠集者，是指在恶势力实施的违法犯罪活动中起组织、策划、指挥作用的违法犯罪分子。成员较为固定且符合恶势力其他认定条件，但多次实施违法犯罪活动是由不同的成员组织、策划、指挥，也可以认定为恶势力，有前述行为的成员均可以认定为纠集者。

恶势力的其他成员，是指知道或应当知道与他人经常纠集在一起是为了共同实施违法犯罪，仍按照纠集者的组织、策划、指挥参与违法犯罪活动的违法犯罪分子，包括已有充分证据证明但尚未归案的人员，以及因法定情形不予追究法律责任，或者因参与实施恶势力违法犯罪活动已受到行政或刑事处罚的人员。仅因临时雇佣或被雇佣、利用或被利用以及受蒙蔽参与少量恶势力违法犯罪活动的，一般不应认定为恶势力成员。

7.“经常纠集在一起，以暴力、威胁或者其他手段，在一定区域或者行业内多次实施违法犯罪活动”，是指犯罪嫌疑人、被告人于2年之内，以暴力、威胁或者其他手段，在一定区域或者行业内多次实施违法犯罪活动，且包括纠集者在内，至少应有2名相同的成员多次参与实施违法犯罪活动。对于“纠集在一起”时间明显较短，实施违法犯罪活动刚刚达到“多次”标准，且尚不足以造成较为恶劣影响的，一般不应认定为恶势力。

8. 恶势力实施的违法犯罪活动，主要为强迫交易、故意伤害、非法拘禁、敲诈勒索、故意毁坏财物、聚众斗殴、寻衅滋事，但也包括具有为非作恶、欺压百姓特征，主要以暴力、威胁为手段的其他违法犯罪活动。

恶势力还可能伴随实施开设赌场、组织卖淫、强迫卖淫、贩卖毒品、运输毒品、制造毒品、抢劫、抢夺、聚众扰乱社会秩序、聚众扰乱公共场所秩序、交通秩序以及聚众“打砸抢”等违法犯罪活动，但仅有前述伴随实施的违法犯罪活动，且不能认定具有为非作恶、欺压百姓特征的，一般不应认定为恶势力。

9. 办理恶势力刑事案件，“多次实施违法犯罪活动”至少应包括1次犯罪活动。对于反复实施强迫交易、非法拘禁、敲诈勒索、寻衅滋事等单一性质的违法行为，单次情节、数额尚不构成犯罪，但按照刑法或者有关司法解释、规范性文件的规定累加后应作为犯罪处理的，在认定是否属于“多次实施违法犯罪活动”时，可将已用于累加的违法行为计为1次犯罪活动，其他违法行为单独计算违法活动的次数。

已被处理或者已作为民间纠纷调处，后经查证确属恶势力违法犯罪活动的，均可以作为认定恶势力的事实依据，但不符合法定情形的，不得重新追究法律责任。

10. 认定“扰乱经济、社会生活秩序，造成较为恶劣的社会影响”，应当结合侵害对象及其数量、违法犯罪次数、手段、规模、人身损害后果、经济损失数额、违法所得数额、引起社会秩序混乱的程度以及对人民群众安全感的影响程度等因素综合把握。

11. 恶势力犯罪集团，是指符合恶势力全部认定条件，同时又符合犯罪集团法定条件的犯罪组织。

恶势力犯罪集团的首要分子，是指在恶势力犯罪集团中起组织、策划、指挥作用的犯罪分子。恶势力犯罪集团的其他成员，是指知道或者应当知道是为共同实施犯罪而组成的较为固定的犯罪组织，仍接受首要分子领导、管理、指挥，并参与该组织犯罪活动的犯罪分子。

恶势力犯罪集团应当有组织地实施多次犯罪活动，同时还可能伴随实施违法活动。恶势力犯罪集团所实施的违法犯罪活动，参照《指导意见》第10条第2款的规定认定。

12. 全部成员或者首要分子、纠集者以及其他重要成员均为未成年人、老年人、残疾人的，认定恶势力、恶势力犯罪集团时应当特别慎重。

三、正确运用宽严相济刑事政策的有关要求

13. 对于恶势力的纠集者、恶势力犯罪集团的首要分子、重要成员以及恶势力、恶势力犯罪集团共同犯罪中罪责严重的主犯，要正确运用法律规定加大惩处力度，对依法应当判处重刑或死刑的，坚决判处重刑或死刑。同时要严格掌握取保候审，严格掌握不起诉，严格掌握缓刑、减刑、假释，严格掌握保外就医适用条件，充分利用资格刑、财产刑等法律手段全方位从严惩处。对于符合刑法第37条之一规定的，可以依法禁止其从事相关职业。

对于恶势力、恶势力犯罪集团的其他成员，在共同犯罪中罪责相对较小、人身危险性、主观恶性相对不大的，具有自首、立功、坦白、初犯等法定或酌定从宽处罚情节，可以依法从轻、减轻或免除处罚。认罪认罚或者仅参与实施少量的犯罪活动且只起次要、辅助作用，符合缓刑条件的，可以适用缓刑。

14. 恶势力犯罪集团的首要分子检举揭发与该犯罪集团及其违法犯罪活动有关联的其他犯罪线索，如果在认定立功的问题上存在事实、证据或法律适用方面的争议，应当严格把握。依法应认定为立功或者重大立功的，在决定是否从宽处罚、如何从宽处罚时，应当根据罪责刑相一致原则从严掌握。可能导致全案量刑明显失衡的，不予从宽处罚。

恶势力犯罪集团的其他成员如果能够配合司法机关查办案件，有提供线索、帮助收集证据或者其他协助行为，并在侦破恶势力犯罪集团案件、查处"保护伞"等方面起到较大作用的，即使依法不能认定立功，一般也应酌情对其从轻处罚。

15. 犯罪嫌疑人、被告人同时具有法定、酌定从严和法定、酌定从宽处罚情节的，量刑时要根据所犯具体罪行的严重程度，结合被告人在恶势力、恶势力犯罪集团中的地位、作用、主观恶性、人身危险性等因素整体把握。对于恶势力的纠集者、恶势力犯罪集团的首要分子、重要成员，量刑时要体现总体从严。对于在共同犯罪中罪责相对较小、人身危险性、主观恶性相对不大，且能够真诚认罪悔罪的其他成员，量刑时要体现总体从宽。

16. 恶势力刑事案件的犯罪嫌疑人、被告人自愿如实供述自己的罪行，承认指控的犯罪事实，愿意接受处罚的，可以依法从宽处理，并适用认罪认罚从宽制度。对于犯罪性质恶劣、犯罪手段残忍、社会危害严重的犯罪嫌疑人、被告人，虽然认罪认罚，但不足以从轻处罚的，不适用该制度。

四、办理恶势力刑事案件的其他问题

17. 人民法院、人民检察院、公安机关经审查认为案件符合恶势力认定标准的，应当在起诉意见书、起诉书、判决书、裁定书等法律文书中的案件事实部分明确表述，列明恶势力的纠集者、其他成员、违法犯罪事实以及据以认定的证据；符合恶势力犯罪集团认定标准的，应当在上述法律文书中明确定性，列明首要分子、其他成员、违法犯罪事实以及据以认定的证据，并引用刑法总则关于犯罪集团的相关规定。被告人及其辩护人对恶势力定性提出辩解和辩护意见，人民法院可以在裁判文书中予以评析回应。

恶势力刑事案件的起诉意见书、起诉书、判决书、裁定书等法律文书，可以在案件事实部分先概述恶势力、恶势力犯罪集团的概括事实，再分述具体的恶势力违法犯罪事实。

18. 对于公安机关未在起诉意见书中明确认定，人民检察院在审查起诉期间发现构成恶势力或者恶势力犯罪集团，且相关违法犯罪事实已经查清，证据确实、充分，依法应追究刑事责任的，应当作出起诉决定，根据查明的事实向人民法院提起公诉，并在起诉书中明确认定为恶势力或者恶势力犯罪集团。人民检察院认为恶势力相关违法犯罪事实不清、证据不足，或者存在遗漏恶势力违法犯罪事实、遗漏同案犯罪嫌疑人等情形需要补充侦查的，应当提出具体的书面意见，连同案卷材料一并退回公安机关补充侦查；人民检察院也可以自行侦查，必要时可以要求公安机关提供协助。

对于人民检察院未在起诉书中明确认定，人民法院在审判期间发现构成恶势力或恶势力犯罪集团的，可以建议人民检察院补充或者变更起诉；人民检察院不同意或者在7日内未回复意见的，人民法院不应主动认定，可仅就起诉指控的犯罪事实依照相关规定作出判决、裁定。

审理被告人或者被告人的法定代理人、辩护人、近亲属上诉的案件时，一审判决认定黑社会性质组织有误的，二审法院应当纠正，符合恶势力、恶势力犯罪集团认定标准，应当作出相应认定；一审判决认定恶势力或恶势力犯罪集团有误的，应当纠正，但不得升格认定；一审判决未认定恶势力或恶势力犯罪集团的，不得增加认定。

19. 公安机关、人民检察院、人民法院应当分别以起诉意见书、起诉书、裁判文书所明确的恶势力、恶势力犯罪集团，作为相关数据的统计依据。

20. 本意见自2019年4月9日起施行。

18. 最高人民法院、最高人民检察院、公安部、司法部《关于办理黑恶势力刑事案件中财产处置若干问题的意见》(2019年4月9日起施行)

(详见本书《刑法》第64条相关内容)

19. 最高人民法院、最高人民检察院、公安部、司法部《关于办理实施“软暴力”的刑事案件若干问题的意见》(公通字〔2019〕15号)

为深入贯彻落实中央关于开展扫黑除恶专项斗争的决策部署，正确理解和适用最高人民法院、最高人民检察院、公安部、司法部《关于办理黑恶势力犯罪案件若干问题的指导意见》(法发〔2018〕1号，以下简称《指导意见》)关于对依法惩处采用“软暴力”实施犯罪的规定，依法办理相关犯罪案件，根据《刑法》《刑事诉讼法》及有关司法解释、规范性文件，提出如下意见：

一、“软暴力”是指行为人为谋取不法利益或形成非法影响，对他人或者在有关场所进行滋扰、纠缠、哄闹、聚众造势等，足以使他人产生恐惧、恐慌进而形成心理强制，或者足以影响、限制人身自由、危及人身财产安全，影响正常生活、工作、生产、经营的违法犯罪手段。

二、“软暴力”违法犯罪手段通常的表现形式有：

(一)侵犯人身权利、民主权利、财产权利的手段，包括但不限于跟踪贴靠、扬言传播疾病、揭发隐私、恶意举报、诬告陷害、破坏、霸占财物等；(二)扰乱正常生活、工作、生产、经营秩序的手段，包括但不限于非法侵入他人住宅、破坏生活设施、设置生活障碍、贴报喷字、拉挂横幅、燃放鞭炮、播放哀乐、摆放花圈、泼洒污物、断水断电、堵门阻工，以及通过驱赶从业人员、派驻人员据守等方式直接或间接地控制厂房、办公区、经营场所等；(三)扰乱社会秩序的手段，包括但不限于摆场架势示威、聚众哄闹滋扰、拦路闹事等；(四)其他符合本意见第1条规定的“软暴力”手段。

通过信息网络或者通讯工具实施，符合本意见第1条规定的违法犯罪手段，应当认定为“软暴力”。

三、行为人实施“软暴力”，具有下列情形之一，可以认定为足以使他人产生恐惧、恐慌进而形成心理强制或者足以影响、限制人身自由、危及人身财产安全或者影响正常生活、工作、生产、经营：

(一)黑恶势力实施的；(二)以黑恶势力名义实施的；(三)曾因组织、领导、参加黑社会性质组织、恶势力犯罪集团、恶势力以及因强迫交易、非法拘禁、敲诈勒索、聚众斗殴、寻衅滋事等犯罪受过刑事处罚后又实施的；(四)携带凶器实施的；(五)有组织地实施的或者足以使他人认为暴力、威胁具有现实可能性的；(六)其他足以使他人产生恐惧、恐慌进而形成心理强制或者足以影响、限制人身自由、危及人身财产安全或者影响正常生活、工作、生产、经营的情形。

由多人实施的，编造或明示暴力违法犯罪经历进行恐吓的，或者以自报组织、头目名号、统一着装、显露纹身、特殊标识以及其他明示、暗示方式，足以使他人感知相关行为的有组织性的，应当认定为“以黑恶势力名义实施”。

由多人实施的，只要有部分行为人符合本条第1款第(1)项至第(4)项所列情形的，该项即成立。

虽然具体实施“软暴力”的行为人不符合本条第1款第(1)项、第(3)项所列情形,但雇佣者、指使者或者纠集者符合的,该项成立。

四、“软暴力”手段属于《刑法》第294条第5款第(3)项“黑社会性质组织行为特征”以及《指导意见》第14条“恶势力”概念中的“其他手段”。

五、采用“软暴力”手段,使他人产生心理恐惧或者形成心理强制,分别属于《刑法》第226条规定的“威胁”、《刑法》第293条第1款第(2)项规定的“恐吓”,同时符合其他犯罪构成要件的,应当分别以强迫交易罪、寻衅滋事罪定罪处罚。

《关于办理寻衅滋事刑事案件适用法律若干问题的解释》第2条至第4条中的“多次”一般应当理解为2年内实施寻衅滋事行为3次以上。3次以上寻衅滋事行为既包括同一类别的行为,也包括不同类别的行为;既包括未受行政处罚的行为,也包括已受行政处罚的行为。

六、有组织地多次短时间非法拘禁他人的,应当认定为《刑法》第238条规定的“以其他方法非法剥夺他人人身自由”。非法拘禁他人3次以上、每次持续时间在4小时以上,或者非法拘禁他人累计时间在12小时以上的,应当以非法拘禁罪定罪处罚。

七、以“软暴力”手段非法进入或者滞留他人住宅的,应当认定为《刑法》第245条规定的“非法侵入他人住宅”,同时符合其他犯罪构成要件的,应当以非法侵入住宅罪定罪处罚。

八、以非法占有为目的,采用“软暴力”手段强行索取公私财物,同时符合《刑法》第274条规定的其他犯罪构成要件的,应当以敲诈勒索罪定罪处罚。

《关于办理敲诈勒索刑事案件适用法律若干问题的解释》第3条中“2年内敲诈勒索3次以上”,包括已受行政处罚的行为。

九、采用“软暴力”手段,同时构成两种以上犯罪的,依法按照处罚较重的犯罪定罪处罚,法律另有规定的除外。

十、根据本意见第5条、第8条规定,对已受行政处罚的行为追究刑事责任的,行为人先前所受的行政拘留处罚应当折抵刑期,罚款应当抵扣罚金。

十一、雇佣、指使他人采用“软暴力”手段强迫交易、敲诈勒索,构成强迫交易罪、敲诈勒索罪的,对雇佣者、指使者,一般应当以共同犯罪中的主犯论处。

为强索不受法律保护的债务或者因其他非法目的,雇佣、指使他人采用“软暴力”手段非法剥夺他人人身自由构成非法拘禁罪,或者非法侵入他人住宅、寻衅滋事,构成非法侵入住宅罪、寻衅滋事罪的,对雇佣者、指使者,一般应当以共同犯罪中的主犯论处;因本人及近亲属合法债务、婚恋、家庭、邻里纠纷等民间矛盾而雇佣、指使,没有造成严重后果的,一般不作为犯罪处理,但经有关部门批评制止或者处理处罚后仍继续实施的除外。

十二、本意见自2019年4月9日起施行。

20. 最高人民法院、最高人民检察院、公安部、司法部《关于办理“套路贷”刑事案件若干问题的意见》(法发〔2019〕11号)

为持续深入开展扫黑除恶专项斗争,准确甄别和依法严厉惩处“套路贷”违法犯罪分子,根据刑法、刑事诉讼法、有关司法解释以及最高人民法院、最高人民检察院、公安部、司法部《关于办理黑恶势力犯罪案件若干问题的指导意见》等规范性文件的规定,现对办理“套路贷”刑事案件若干问题提出如下意见:

一、准确把握“套路贷”与民间借贷的区别

1.“套路贷”,是对以非法占有为目的,假借民间借贷之名,诱使或迫使被害人签订“借贷”或变相“借贷”“抵押”“担保”等相关协议,通过虚增借贷金额、恶意制造违约、肆意认定违约、毁匿还款证据等方式形成虚假债权债务,并借助诉讼、仲裁、公证或者采用暴力、威胁以及其他手段非法占有被害人财物的相关违法犯罪活动的概括性称谓。

2."套路贷"与平等主体之间基于意思自治而形成的民事借贷关系存在本质区别,民间借贷的出借人是为了到期按照协议约定的内容收回本金并获取利息,不具有非法占有他人财物的目的,也不会在签订、履行借贷协议过程中实施虚增借贷金额、制造虚假给付痕迹、恶意制造违约、肆意认定违约、毁匿还款证据等行为。

司法实践中,应当注意非法讨债引发的案件与"套路贷"案件的区别,犯罪嫌疑人、被告人不具有非法占有目的,也未使用"套路"与借款人形成虚假债权债务,不应视为"套路贷"。因使用暴力、威胁以及其他手段强行索债构成犯罪的,应当根据具体案件事实定罪处罚。

3.实践中,"套路贷"的常见犯罪手法和步骤包括但不限于以下情形:

(1)制造民间借贷假象。犯罪嫌疑人、被告人往往以"小额贷款公司""投资公司""咨询公司""担保公司""网络借贷平台"等名义对外宣传,以低息、无抵押、无担保、快速放款等为诱饵吸引被害人借款,继而以"保证金""行规"等虚假理由诱使被害人基于错误认识签订金额虚高的"借贷"协议或相关协议。有的犯罪嫌疑人、被告人还会以被害人先前借贷违约等理由,迫使对方签订金额虚高的"借贷"协议或相关协议。(2)制造资金走账流水等虚假给付事实。犯罪嫌疑人、被告人按照虚高的"借贷"协议金额将资金转入被害人账户,制造已将全部借款交付被害人的银行流水痕迹,随后便采取各种手段将其中全部或者部分资金收回,被害人实际上并未取得或者完全取得"借贷"协议、银行流水上显示的钱款。(3)故意制造违约或者肆意认定违约。犯罪嫌疑人、被告人往往会以设置违约陷阱、制造还款障碍等方式,故意造成被害人违约,或者通过肆意认定违约,强行要求被害人偿还虚假债务。(4)恶意垒高借款金额。当被害人无力偿还时,有的犯罪嫌疑人、被告人会安排其所属公司或者指定的关联公司、关联人员为被害人偿还"借款",继而与被害人签订金额更大的虚高"借贷"协议或相关协议,通过这种"转单平账""以贷还贷"的方式不断垒高"债务"。(5)软硬兼施"索债"。在被害人未偿还虚高"借款"的情况下,犯罪嫌疑人、被告人借助诉讼、仲裁、公证或者采用暴力、威胁以及其他手段向被害人或者被害人的特定关系人索取"债务"。

二、依法严惩"套路贷"犯罪

4.实施"套路贷"过程中,未采用明显的暴力或者威胁手段,其行为特征从整体上表现为以非法占有为目的,通过虚构事实、隐瞒真相骗取被害人财物的,一般以诈骗罪定罪处罚;对于在实施"套路贷"过程中多种手段并用,构成诈骗、敲诈勒索、非法拘禁、虚假诉讼、寻衅滋事、强迫交易、抢劫、绑架等多种犯罪的,应当根据具体案件事实,区分不同情况,依照刑法及有关司法解释的规定数罪并罚或者择一重处。

5.多人共同实施"套路贷"犯罪,犯罪嫌疑人、被告人在所参与的犯罪中起主要作用的,应当认定为主犯,对其参与或组织、指挥的全部犯罪承担刑事责任;起次要或辅助作用的,应当认定为从犯。

明知他人实施"套路贷"犯罪,具有以下情形之一的,以相关犯罪的共犯论处,但刑法和司法解释等另有规定的除外:

(1)组织发送"贷款"信息、广告,吸引、介绍被害人"借款"的;(2)提供资金、场所、银行卡、账号、交通工具等帮助的;(3)出售、提供、帮助获取公民个人信息的;(4)协助制造走账记录等虚假给付事实的;(5)协助办理公证的;(6)协助以虚假事实提起诉讼或者仲裁的;(7)协助套现、取现、办理动产或不动产过户等,转移犯罪所得及其产生的收益的;(8)其他符合共同犯罪规定的情形。

上述规定中的"明知他人实施'套路贷'犯罪",应当结合行为人的认知能力、既往经历、行为次数和手段、与同案人、被害人的关系、获利情况、是否曾因"套路贷"受过处罚、是否故意规避查处等主客观因素综合分析认定。

6. 在认定"套路贷"犯罪数额时,应当与民间借贷相区别,从整体上予以否定性评价,"虚高债务"和以"利息""保证金""中介费""服务费""违约金"等名目被犯罪嫌疑人、被告人非法占有的财物,均应计入犯罪数额。

犯罪嫌疑人、被告人实际给付被害人的本金数额,不计入犯罪数额。

已经着手实施"套路贷",但因意志以外原因未得逞的,可以根据相关罪名所涉及的刑法、司法解释规定,按照已着手非法占有的财物数额认定犯罪未遂。既有既遂,又有未遂,犯罪既遂部分与未遂部分分别对应不同法定刑幅度的,应当先决定对未遂部分是否减轻处罚,确定未遂部分对应的法定刑幅度,再与既遂部分对应的法定刑幅度进行比较,选择处罚较重的法定刑幅度,并酌情从重处罚;二者在同一量刑幅度的,以犯罪既遂酌情从重处罚。

7. 犯罪嫌疑人、被告人实施"套路贷"违法所得的一切财物,应当予以追缴或者责令退赔;对被害人的合法财产,应当及时返还。有证据证明是犯罪嫌疑人、被告人为实施"套路贷"而交付给被害人的本金,赔偿被害人损失后如有剩余,应依法予以没收。

犯罪嫌疑人、被告人已将违法所得的财物用于清偿债务、转让或者设置其他权利负担,具有下列情形之一的,应当依法追缴:

(1)第3人明知是违法所得财物而接受的;(2)第3人无偿取得或者以明显低于市场的价格取得违法所得财物的;(3)第3人通过非法债务清偿或者违法犯罪活动取得违法所得财物的;(4)其他应当依法追缴的情形。

8. 以老年人、未成年人、在校学生、丧失劳动能力的人为对象实施"套路贷",或者因实施"套路贷"造成被害人或其特定关系人自杀、死亡、精神失常、为偿还"债务"而实施犯罪活动的,除刑法、司法解释另有规定的外,应当酌情从重处罚。

在坚持依法从严惩处的同时,对于认罪认罚、积极退赃、真诚悔罪或者具有其他法定、酌定从轻处罚情节的被告人,可以依法从宽处罚。

9. 对于"套路贷"犯罪分子,应当根据其所触犯的具体罪名,依法加大财产刑适用力度。符合刑法第37条之一规定的,可以依法禁止从事相关职业。

10. 3人以上为实施"套路贷"而组成的较为固定的犯罪组织,应当认定为犯罪集团。对首要分子应按照集团所犯全部罪行处罚。

符合黑恶势力认定标准的,应当按照黑社会性质组织、恶势力或者恶势力犯罪集团侦查、起诉、审判。

三、依法确定"套路贷"刑事案件管辖

11. "套路贷"犯罪案件一般由犯罪地公安机关侦查,如果由犯罪嫌疑人居住地公安机关立案侦查更为适宜的,可以由犯罪嫌疑人居住地公安机关立案侦查。犯罪地包括犯罪行为发生地和犯罪结果发生地。

"犯罪行为发生地"包括为实施"套路贷"所设立的公司所在地、"借贷"协议或相关协议签订地、非法讨债行为实施地、为实施"套路贷"而进行诉讼、仲裁、公证的受案法院、仲裁委员会、公证机构所在地,以及"套路贷"行为的预备地、开始地、途经地、结束地等。

"犯罪结果发生地"包括违法所得财物的支付地、实际取得地、藏匿地、转移地、使用地、销售地等。

除犯罪地、犯罪嫌疑人居住地外,其他地方公安机关对于公民扭送、报案、控告、举报或者犯罪嫌疑人自首的"套路贷"犯罪案件,都应当立即受理,经审查认为有犯罪事实的,移送有管辖权的公安机关处理。

黑恶势力实施的"套路贷"犯罪案件,由侦办黑社会性质组织、恶势力或者恶势力犯罪集团案件的公安机关进行侦查。

12. 具有下列情形之一的,有关公安机关可以在其职责范围内并案侦查:

(1)1人犯数罪的;(2)共同犯罪的;(3)共同犯罪的犯罪嫌疑人还实施其他犯罪的;(4)多个犯罪嫌疑人实施的犯罪存在直接关联,并案处理有利于查明案件事实的。

13. 本意见自2019年4月9日起施行。

21. 最高人民法院、最高人民检察院、公安部、司法部《关于办理利用信息网络实施黑恶势力犯罪刑事案件若干问题的意见》(2019年7月23日)

为认真贯彻中央关于开展扫黑除恶专项斗争的部署要求,正确理解和适用最高人民法院、最高人民检察院、公安部、司法部《关于办理黑恶势力犯罪案件若干问题的指导意见》(法发〔2018〕1号,以下简称《指导意见》),根据刑法、刑事诉讼法、网络安全法及有关司法解释、规范性文件的规定,现对办理利用信息网络实施黑恶势力犯罪案件若干问题提出以下意见:

一、总体要求

1. 各级人民法院、人民检察院、公安机关及司法行政机关应当统一执法思想、提高执法效能,坚持"打早打小",坚决依法严厉惩处利用信息网络实施的黑恶势力犯罪,有效维护网络安全和经济、社会生活秩序。

2. 各级人民法院、人民检察院、公安机关及司法行政机关应当正确运用法律,严格依法办案,坚持"打准打实",认真贯彻落实宽严相济刑事政策,切实做到宽严有据、罚当其罪,实现政治效果、法律效果和社会效果的统一。

3. 各级人民法院、人民检察院、公安机关及司法行政机关应当分工负责,互相配合、互相制约,切实加强与相关行政管理部门的协作,健全完善风险防控机制,积极营造线上线下社会综合治理新格局。

二、依法严惩利用信息网络实施的黑恶势力犯罪

4. 对通过发布、删除负面或虚假信息,发送侮辱性信息、图片,以及利用信息、电话骚扰等方式,威胁、要挟、恐吓、滋扰他人,实施黑恶势力违法犯罪的,应当准确认定,依法严惩。

5. 利用信息网络威胁他人,强迫交易,情节严重的,依照刑法第226条的规定,以强迫交易罪定罪处罚。

6. 利用信息网络威胁、要挟他人,索取公私财物,数额较大,或者多次实施上述行为的,依照刑法第274条的规定,以敲诈勒索罪定罪处罚。

7. 利用信息网络辱骂、恐吓他人,情节恶劣,破坏社会秩序的,依照刑法第293条第1款第2项的规定,以寻衅滋事罪定罪处罚。

编造虚假信息,或者明知是编造的虚假信息,在信息网络上散布,或者组织、指使人员在信息网络上散布,起哄闹事,造成公共秩序严重混乱的,依照刑法第293条第1款第4项的规定,以寻衅滋事罪定罪处罚。

8. 侦办利用信息网络实施的强迫交易、敲诈勒索等非法敛财类案件,确因被害人人数众多等客观条件的限制,无法逐一收集被害人陈述的,可以结合已收集的被害人陈述,以及经查证属实的银行账户交易记录、第三方支付结算账户交易记录、通话记录、电子数据等证据,综合认定被害人人数以及涉案资金数额等。

三、准确认定利用信息网络实施犯罪的黑恶势力

9. 利用信息网络实施违法犯罪活动,符合刑法、《指导意见》以及最高人民法院、最高人民检察院、公安部、司法部《关于办理恶势力刑事案件若干问题的意见》等规定的恶势力、恶势力犯罪集团、黑社会性质组织特征和认定标准的,应当依法认定为恶势力、恶势力犯罪集团、黑社会性质组织。

认定利用信息网络实施违法犯罪活动的黑社会性质组织时，应当依照刑法第294条第5款规定的“4个特征”进行综合审查判断，分析“4个特征”相互间的内在联系，根据在网络空间和现实社会中实施违法犯罪活动对公民人身、财产、民主权利和经济、社会生活秩序所造成的危害，准确评价，依法予以认定。

10. 认定利用信息网络实施违法犯罪的黑恶势力组织特征，要从违法犯罪的起因、目的，以及组织、策划、指挥、参与人员是否相对固定，组织形成后是否持续进行犯罪活动、是否有明确的职责分工、行为规范、利益分配机制等方面综合判断。利用信息网络实施违法犯罪的黑恶势力组织成员之间一般通过即时通讯工具、通讯群组、电子邮件、网盘等信息网络方式联络，对部分组织成员通过信息网络方式联络实施黑恶势力违法犯罪活动，即使相互未见面、彼此不熟识，不影响对组织特征的认定。

11. 利用信息网络有组织地通过实施违法犯罪活动或者其他手段获取一定数量的经济利益，用于违法犯罪活动或者支持该组织生存、发展的，应当认定为符合刑法第294条第5款第2项规定的黑社会性质组织经济特征。

12. 通过线上线下相结合的方式，有组织地多次利用信息网络实施违法犯罪活动，侵犯不特定多人的人身权利、民主权利、财产权利，破坏经济秩序、社会秩序的，应当认定为符合刑法第294条第5款第3项规定的黑社会性质组织行为特征。单纯通过线上方式实施的违法犯罪活动，且不具有为非作恶、欺压残害群众特征的，一般不应作为黑社会性质组织行为特征的认定依据。

13. 对利用信息网络实施黑恶势力犯罪非法控制和影响的“一定区域或者行业”，应当结合危害行为发生地或者危害行业的相对集中程度，以及犯罪嫌疑人、被告人在网络空间和现实社会中的控制和影响程度综合判断。虽然危害行为发生地、危害的行业比较分散，但涉案犯罪组织利用信息网络多次实施强迫交易、寻衅滋事、敲诈勒索等违法犯罪活动，在网络空间和现实社会造成重大影响，严重破坏经济、社会生活秩序的，应当认定为“在一定区域或者行业内，形成非法控制或者重大影响”。

四、利用信息网络实施黑恶势力犯罪案件管辖

14. 利用信息网络实施的黑恶势力犯罪案件管辖依照《关于办理黑社会性质组织犯罪案件若干问题的规定》和《关于办理网络犯罪案件适用刑事诉讼程序若干问题的意见》的有关规定确定，坚持以犯罪地管辖为主、被告人居住地管辖为辅的原则。

15. 公安机关可以依法对利用信息网络实施的黑恶势力犯罪相关案件并案侦查或者指定下级公安机关管辖，并案侦查或者由上级公安机关指定管辖的公安机关应当全面调查收集能够证明黑恶势力犯罪事实的证据，各涉案地公安机关应当积极配合。并案侦查或者由上级公安机关指定管辖的案件，需要提请批准逮捕、移送审查起诉、提起公诉的，由立案侦查的公安机关所在地的人民检察院、人民法院受理。

16. 人民检察院对于公安机关提请批准逮捕、移送审查起诉的利用信息网络实施的黑恶势力犯罪案件，人民法院对于已进入审判程序的利用信息网络实施的黑恶势力犯罪案件，被告人及其辩护人提出的管辖异议成立，或者办案单位发现没有管辖权的，受案人民检察院、人民法院经审查，可以依法报请与有管辖权的人民检察院、人民法院共同的上级人民检察院、人民法院指定管辖，不再自行移交。对于在审查批准逮捕阶段，上级检察机关已经指定管辖的案件，审查起诉工作由同一人民检察院受理。人民检察院、人民法院认为应当分案起诉、审理的，可以依法分案处理。

17. 公安机关指定下级公安机关办理利用信息网络实施的黑恶势力犯罪案件的，应当同时抄送同级人民检察院、人民法院。人民检察院认为需要依法指定审判管辖的，应当协商同级人民法院办理指定管辖有关事宜。

18. 本意见自2019年10月21日起施行。

22. 国家监察委员会、最高人民法院、最高人民检察院、公安部、司法部《关于在扫黑除恶专项斗争中分工负责、互相配合、互相制约严惩公职人员涉黑涉恶违法犯罪问题的通知》(2019年10月20日)

为认真贯彻党中央关于开展扫黑除恶专项斗争的重大决策部署,全面落实习近平总书记关于扫黑除恶与反腐败结合起来,与基层"拍蝇"结合起来的重要批示指示精神,进一步规范和加强各级监察机关、人民法院、人民检察院、公安机关、司法行政机关在惩治公职人员涉黑涉恶违法犯罪中的协作配合,推动扫黑除恶专项斗争取得更大成效,根据刑法、刑事诉讼法、监察法及最高人民法院、最高人民检察院、公安部、司法部《关于办理黑恶势力犯罪若干问题的指导意见》的规定,现就有关问题通知如下:

一、总体要求

1. 进一步提升政治站位。坚持以习近平新时代中国特色社会主义思想为指导,从增强"四个意识"、坚定"四个自信"、做到"两个维护"的政治高度,立足党和国家工作大局,深刻认识和把握开展扫黑除恶专项斗争的重大意义。深挖黑恶势力滋生根源,铲除黑恶势力生存根基,严惩公职人员涉黑涉恶违法犯罪,除恶务尽,切实维护群众利益,进一步净化基层政治生态,推动扫黑除恶专项斗争不断向纵深发展,推进全面从严治党不断向基层延伸。

2. 坚持实事求是。坚持以事实为依据,以法律为准绳,综合考虑行为人的主观故意、客观行为、具体情节和危害后果,以及相关黑恶势力的犯罪事实、犯罪性质、犯罪情节和对社会的危害程度,准确认定问题性质,做到不偏不倚、不枉不纵。坚持惩前毖后、治病救人方针,严格区分罪与非罪的界限,区别对待、宽严相济。

3. 坚持问题导向。找准扫黑除恶与反腐"拍蝇"工作的结合点,聚焦涉黑涉恶问题突出、群众反映强烈的重点地区、行业和领域,紧盯农村和城乡结合部,紧盯建筑工程、交通运输、矿产资源、商贸集市、渔业捕捞、集资放贷等涉黑涉恶问题易发多发的行业和领域,紧盯村"两委"、乡镇基层站所及其工作人员,严肃查处公职人员涉黑涉恶违法犯罪行为。

二、严格查办公职人员涉黑涉恶违法犯罪案件

4. 各级监察机关、人民法院、人民检察院、公安机关应聚焦黑恶势力违法犯罪案件及坐大成势的过程,严格查办公职人员涉黑涉恶违法犯罪案件。重点查办以下案件:公职人员直接组织、领导、参与黑恶势力违法犯罪活动的案件;公职人员包庇、纵容、支持黑恶势力犯罪及其他严重刑事犯罪的案件;公职人员收受贿赂、滥用职权,帮助黑恶势力人员获取公职或政治荣誉,侵占国家和集体资金、资源、资产,破坏公平竞争秩序,或为黑恶势力提供政策、项目、资金、金融信贷等支持帮助的案件;负有查禁监管职责的国家机关工作人员滥用职权、玩忽职守帮助犯罪分子逃避处罚的案件;司法工作人员徇私枉法、民事枉法裁判、执行判决裁定失职或滥用职权、私放在押人员以及徇私舞弊减刑、假释、暂予监外执行的案件;在扫黑除恶专项斗争中发生的公职人员滥用职权,徇私舞弊,包庇、阻碍查处黑恶势力犯罪的案件,以及泄露国家秘密、商业秘密、工作秘密,为犯罪分子通风报信的案件;公职人员利用职权打击报复办案人员的案件。

公职人员的范围,根据《中华人民共和国监察法》第15条的规定认定。

5. 以上情形,由有关机关依规依纪依法调查处置,涉嫌犯罪的,依法追究刑事责任。

三、准确适用法律

6. 国家机关工作人员包庇黑社会性质的组织,或者纵容黑社会性质的组织进行违法犯罪活动的,以包庇、纵容黑社会性质组织罪定罪处罚。

国家机关工作人员既组织、领导、参加黑社会性质组织,又对该组织进行包庇、纵容的,应当以组织、领导、参加黑社会性质组织罪从重处罚。

国家机关工作人员包庇、纵容黑社会性质组织,该包庇、纵容行为同时还构成包庇罪、伪证罪、妨害作证罪、徇私枉法罪、滥用职权罪、帮助犯罪分子逃避处罚罪、徇私舞弊不移交刑事案件罪,以及徇私舞弊减刑、假释、暂予监外执行罪等其他犯罪的,应当择一重罪处罚。

7. 非国家机关工作人员与国家机关工作人员共同包庇、纵容黑社会性质组织,且不属于该组织成员的,以包庇、纵容黑社会性质组织罪的共犯论处。非国家机关工作人员的行为同时还构成其他犯罪,应当择一重罪处罚。

8. 公职人员利用职权或职务便利实施包庇、纵容黑恶势力、伪证、妨害作证,帮助毁灭、伪造证据,以及窝藏、包庇等犯罪行为的,应酌情从重处罚。事先有通谋而实施支持帮助、包庇纵容等保护行为的,以具体犯罪的共犯论处。

四、形成打击公职人员涉黑涉恶违法犯罪的监督制约、配合衔接机制

9. 监察机关、公安机关、人民检察院、人民法院在查处、办理公职人员涉黑涉恶违法犯罪案件过程中,应当分工负责,互相配合,互相制约,通过对办理的黑恶势力犯罪案件逐案筛查、循线深挖等方法,保证准确有效地执行法律,彻查公职人员涉黑涉恶违法犯罪。

10. 监察机关、公安机关、人民检察院、人民法院要建立完善查处公职人员涉黑涉恶违法犯罪重大疑难案件研判分析、案件通报等工作机制,进一步加强监察机关、政法机关之间的配合,共同研究和解决案件查处、办理过程中遇到的疑难问题,相互及时通报案件进展情况,进一步增强工作整体性、协同性。

11. 监察机关、公安机关、人民检察院、人民法院、司法行政机关要建立公职人员涉黑涉恶违法犯罪线索移送制度,对工作中收到、发现的不属于本单位管辖的公职人员涉黑涉恶违法犯罪线索,应当及时移送有管辖权的单位处置。

移送公职人员涉黑涉恶违法犯罪线索,按照以下规定执行:

(1)公安机关、人民检察院、人民法院、司法行政机关在工作中发现公职人员涉黑涉恶违法犯罪中的涉嫌贪污贿赂、失职渎职等职务违法和职务犯罪等应由监察机关管辖的问题线索,应当移送监察机关。(2)监察机关在信访举报、监督检查、审查调查等工作中发现公职人员涉黑涉恶违法犯罪线索的,应当将其中涉嫌包庇、纵容黑社会性质组织犯罪等由公安机关管辖的案件线索移送公安机关处理。(3)监察机关、公安机关、人民检察院、人民法院、司法行政机关在工作中发现司法工作人员涉嫌利用职权实施的侵犯公民权利、损害司法公正案件线索的,根据有关规定,经沟通后协商确定管辖机关。

12. 监察机关、公安机关、人民检察院接到移送的公职人员涉黑涉恶违法犯罪线索,应当按各自职责及时处置、核查,依法依规作出处理,并做好沟通反馈工作;必要时,可以与相关线索或案件并案处理。

对于重大疑难复杂的公职人员涉黑涉恶违法犯罪案件,监察机关、公安机关、人民检察院可以同步立案、同步查处,根据案件办理需要,相互移送相关证据,加强沟通配合,做到协同推进。

13. 公职人员涉黑涉恶违法犯罪案件中,既涉嫌贪污贿赂、失职渎职等严重职务违法或职务犯罪,又涉嫌公安机关、人民检察院管辖的违法犯罪的,一般应当以监察机关为主调查,公安机关、人民检察院予以协助。监察机关和公安机关、人民检察院分别立案调查(侦查)的,由监察机关协调调查和侦查工作。犯罪行为仅涉及公安机关、人民检察院管辖的,由有关机关依法按照管辖职能进行侦查。

14. 公安机关、人民检察院、人民法院对公职人员涉黑涉恶违法犯罪移送审查起诉、提起公诉、作出裁判,必要时听取监察机关的意见。

15. 公职人员涉黑涉恶违法犯罪案件开庭审理时,人民法院应当通知监察机关派员旁听,也可以通知涉罪公职人员所在单位、部门、行业以及案件涉及的单位、部门、行业等派员旁听。

23. 最高人民法院、最高人民检察院、公安部、司法部《关于跨省异地执行刑罚的黑恶势力罪犯坦白检举构成自首立功若干问题的意见》(2019年10月21日)

为认真贯彻落实中央开展扫黑除恶专项斗争的部署要求,根据刑法、刑事诉讼法和有关司法解释、规范性文件的规定,现对办理跨省异地执行刑罚的黑恶势力罪犯坦白交代本人犯罪和检举揭发他人犯罪案件提出如下意见:

一、总体工作要求

1. 人民法院、人民检察院、公安机关、监狱要充分认识黑恶势力犯罪的严重社会危害,在办理案件中加强沟通协调,促使黑恶势力罪犯坦白交代本人犯罪和检举揭发他人犯罪,进一步巩固和扩大扫黑除恶专项斗争成果。

2. 人民法院、人民检察院、公安机关、监狱在办理跨省异地执行刑罚的黑恶势力罪犯坦白、检举构成自首、立功案件中,应当贯彻宽严相济刑事政策,充分发挥职能作用,坚持依法办案,快办快结,保持密切配合,形成合力,实现政治效果、法律效果和社会效果的统一。

二、排查和移送案件线索

3. 监狱应当依法从严管理跨省异地执行刑罚的黑恶势力罪犯,积极开展黑恶势力犯罪线索排查,加大政策宣讲力度,教育引导罪犯坦白交代司法机关还未掌握的本人其他犯罪行为,鼓励罪犯检举揭发他人犯罪行为。

4. 跨省异地执行刑罚的黑恶势力罪犯检举揭发他人犯罪行为、提供重要线索,或者协助司法机关抓捕其他犯罪嫌疑人的,各部门在办案中应当采取必要措施,保护罪犯及其近亲属人身和财产安全。

5. 跨省异地执行刑罚的黑恶势力罪犯坦白、检举的,监狱应当就基本犯罪事实、涉案人员和作案时间、地点等情况对罪犯进行询问,形成书面材料后报省级监狱管理机关。省级监狱管理机关根据案件性质移送原办案侦查机关所在地省级公安机关、人民检察院或者其他省级主管部门。

6. 原办案侦查机关所在地省级公安机关、人民检察院收到监狱管理机关移送的案件线索材料后,应当进行初步审查。经审查认为属于公安机关或者人民检察院管辖的,应当按照有关管辖的规定处理。经审查认为不属于公安机关或者人民检察院管辖的,应当及时退回移送的省级监狱管理机关,并书面说明理由。

三、办理案件程序

7. 办案侦查机关收到罪犯坦白、检举案件线索或者材料后,应当及时进行核实。依法不予立案的,应当说明理由,并将不予立案通知书送达罪犯服刑监狱。依法决定立案的,应当在立案后10日内,将立案情况书面告知罪犯服刑监狱。依法决定撤销案件的,应当将案件撤销情况书面告知罪犯服刑监狱。

8. 人民检察院审查起诉跨省异地执行刑罚的黑恶势力罪犯坦白、检举案件,依法决定不起诉的,应当在作出不起诉决定后10日内将有关情况书面告知罪犯服刑监狱。

9. 人民法院审理跨省异地执行刑罚的黑恶势力罪犯坦白案件,可以依法适用简易程序、速裁程序。有条件的地区,可以通过远程视频方式开庭审理。判决生效后10日内,人民法院应当向办案侦查机关和罪犯服刑监狱发出裁判文书。

10. 跨省异地执行刑罚的黑恶势力罪犯在服刑期间,检举揭发他人犯罪、提供重要线索,或者协助司法机关抓捕其他犯罪嫌疑人的,办案侦查机关应当在人民法院判决生效后10日内根据人民法院判决对罪犯是否构成立功或重大立功提出书面意见,与案件相关材料一并送交监狱。

11. 跨省异地执行刑罚的黑恶势力罪犯在原审判决生效前,检举揭发他人犯罪活动、提供重要线索,或者协助司法机关抓捕其他犯罪嫌疑人的,在原审判决生效后才被查证属实的,参照本意见第10条情形办理。

12. 跨省异地执行刑罚的黑恶势力罪犯检举揭发他人犯罪,构成立功或者重大立功的,监狱依法向人民法院提请减刑。对于检举他人犯罪行为基本属实,但未构成立功或者重大立功的,监狱可以根据有关规定给予日常考核奖励或者物质奖励。

13. 公安机关、人民检察院、人民法院认为需要提审跨省异地执行刑罚的黑恶势力罪犯的,提审人员应当持工作证等有效证件和县级以上公安机关、人民检察院、人民法院出具的介绍信等证明材料到罪犯服刑监狱进行提审。

14. 公安机关、人民检察院、人民法院认为需要将异地执行刑罚的黑恶势力罪犯跨省解回侦查、起诉、审判的,办案地省级公安机关、人民检察院、人民法院应当先将解回公函及相关材料送监狱所在地省级公安机关、人民检察院、人民法院审核。经审核确认无误的,监狱所在地省级公安机关、人民检察院、人民法院应当出具确认公函,与解回公函及材料一并转送监狱所在地省级监狱管理机关审批。监狱所在地省级监狱管理机关应当在收到上述材料后3日内作出是否批准的书面决定。批准将罪犯解回侦查、起诉、审判的,办案地公安机关、人民检察院、人民法院应当派员到监狱办理罪犯离监手续。案件办理结束后,除将罪犯依法执行死刑外,应当将罪犯押解回原服刑监狱继续服刑。

15. 本意见所称"办案侦查机关",是指依法对案件行使侦查权的公安机关、人民检察院。

24. 最高人民法院、最高人民检察院、公安部、司法部《关于依法严惩利用未成年人实施黑恶势力犯罪的意见》(2020年4月23日)

(详见本书《刑法》第17条相关内容)

25. 最高人民检察院《第22批指导性案例林某彬等人组织、领导、参加黑社会性质组织案》(检例第84号;2020年11月24日)

【要旨】

认罪认罚从宽制度可以适用于所有刑事案件,没有适用罪名和可能判处刑罚的限定,涉黑涉恶犯罪案件依法可以适用该制度。认罪认罚从宽制度贯穿刑事诉讼全过程,适用于侦查、起诉、审判各个阶段。检察机关办理涉黑涉恶犯罪案件,要积极履行主导责任,发挥认罪认罚从宽制度在查明案件事实、提升指控效果、有效追赃挽损等方面的作用。

【指导意义】

1. 对于黑社会性质组织犯罪等共同犯罪案件,适用认罪认罚从宽制度有助于提升指控犯罪质效。检察机关应当注重认罪认罚从宽制度的全流程适用,通过犯罪嫌疑人、被告人认罪认罚,有针对性地收集、完善和固定证据,同时以点带面促使其他被告人认罪认罚,完善指控犯罪的证据体系。对于黑社会性质组织等涉案人数众多的共同犯罪案件,通过对被告人开展认罪认罚教育转化工作,有利于分化瓦解犯罪组织,提升指控犯罪的效果。

2. 将认罪认罚与追赃挽损有机结合,彻底清除有组织犯罪的经济基础,尽力挽回被害人损失。检察机关应当运用认罪认罚深挖涉案财产线索,将退赃退赔情况作为是否认罚的考察重点,灵活运用量刑建议从宽幅度激励被告人退赃退赔,通过认罪认罚成果巩固和扩大追赃挽损的效果。

3. 区别对待,准确贯彻宽严相济刑事政策。认罪认罚从宽制度可以适用于所有案件,但

"可以"适用不是一律适用,被告人认罪认罚后是否从宽,要根据案件性质、情节和对社会造成的危害后果等具体情况,坚持罪责刑相适应原则,区分情况、区别对待,做到该宽则宽,当严则严,宽严相济,罚当其罪。对犯罪性质恶劣、犯罪手段残忍、危害后果严重的犯罪分子,即使认罪认罚也不足以从宽处罚的,依法可不予以从宽处罚。

26.《反有组织犯罪法》(2021 年 12 月 24 日第十三届全国人大常委会第三十二次会议通过)

《反有组织犯罪法》共 9 章 77 条,包括总则、预防和治理、案件办理、涉案财产认定和处置、国家工作人员涉有组织犯罪的处理、国际合作等章,系统总结扫黑除恶专项斗争实践经验,保障在法治轨道上常态化开展扫黑除恶工作。(全文略)

第 295 条 【传授犯罪方法罪】 传授犯罪方法的,处 5 年以下有期徒刑、拘役或者管制;情节严重的,处 5 年以上 10 年以下有期徒刑;情节特别严重的,处 10 年以上有期徒刑或者无期徒刑。

(本条《中华人民共和国刑法修正案(8)》修改)

• 释义

传授犯罪方法罪是指故意向他人传授犯罪方法的行为。

• 管辖

公安机关刑事侦查部门。

• 关联法律

1.《中华人民共和国刑法修正案(8)》(2011 年 2 月 25 日第十一届全国人大常委会第十九次会议通过)

四十四、将刑法第 295 条修改为:"传授犯罪方法的,处 5 年以下有期徒刑、拘役或者管制;情节严重的,处 5 年以上 10 年以下有期徒刑;情节特别严重的,处 10 年以上有期徒刑或者无期徒刑。"

(本次修订废除了本条的死刑。1997 年《刑法》原条文:传授犯罪方法的,处 5 年以下有期徒刑、拘役或者管制;情节严重的,处 5 年以上有期徒刑;情节特别严重的,处无期徒刑或者死刑。)

2. 最高人民法院、最高人民检察院、公安部《关于办理暴力恐怖和宗教极端刑事案件适用法律若干问题的意见》(公通字〔2014〕34 号) 第 2 部分(9)(10)

[被最高人民法院、最高人民检察院、公安部、司法部《〈关于办理恐怖活动和极端主义犯罪案件适用法律若干问题的意见〉的通知》(高检会〔2018〕1 号)废止]

3. 最高人民法院、最高人民检察院、公安部、民政部《关于依法处理监护人侵害未成年人权益行为若干问题的意见》(法发〔2014〕24 号)

(详见本书《刑法》第 17 条相关内容)

4. 最高人民检察院《第 27 批指导性案例李某诈骗、传授犯罪方法,牛某等人诈骗案》(检例第 105 号;2021 年 3 月 2 日)

(全文详见本书《刑法》第 17 条相关内容)

第296条 【非法集会、游行、示威罪】 举行集会、游行、示威,未依照法律规定申请或者申请未获许可,或者未按照主管机关许可的起止时间、地点、路线进行,又拒不服从解散命令,严重破坏社会秩序的,对集会、游行、示威的负责人和直接责任人员,处5年以下有期徒刑、拘役、管制或者剥夺政治权利。

• 释义

非法集会、游行、示威罪是指未依照法律规定申请或者申请未获许可,而举行集会、游行、示威,或者未按照主管机关许可的起止时间、地点、路线进行集会、游行、示威,又拒不服从解散命令,严重破坏社会秩序的行为。

本罪只处罚负责人和直接责任人员。

• 管辖

公安机关治安管理部门。

• 立案追诉标准

举行集会、游行、示威,未依照法律规定申请或者申请未获许可,或者未按照主管机关许可的起止时间、地点、路线进行,又拒不服从解散命令,严重破坏社会秩序的,应予立案追诉。

• 关联法律

1.《中华人民共和国集会游行示威法》(1989年10月31日第七届全国人大常委会第十次会议通过,2009年8月27日第十一届全国人大常委会第十次会议《关于修改部分法律的决定》修正)

第2条 在中华人民共和国境内举行集会、游行、示威,均适用本法。

本法所称集会,是指聚集于露天公共场所,发表意见、表达意愿的活动。

本法所称游行,是指在公共道路、露天公共场所列队行进、表达共同意愿的活动。

本法所称示威,是指在露天公共场所或者公共道路上以集会、游行、静坐等方式,表达要求、抗议或者支持、声援等共同意愿的活动。

文娱、体育活动,正常的宗教活动,传统的民间习俗活动,不适用本法。

第3条 公民行使集会、游行、示威的权利,各级人民政府应当依照本法规定,予以保障。

第4条 公民在行使集会、游行、示威的权利的时候,必须遵守宪法和法律,不得反对宪法所确定的基本原则,不得损害国家的、社会的、集体的利益和其他公民的合法的自由和权利。

第5条 集会、游行、示威应当和平地进行,不得携带武器、管制刀具和爆炸物,不得使用暴力或者煽动使用暴力。

2.《中华人民共和国集会游行示威法实施条例》(1992年5月12日国务院批准;1992年6月16日公安部令第8号发布;2011年1月8日《国务院关于废止和修改部分行政法规的决定》修订)

第8条 举行集会、游行、示威,必须有负责人。

下列人员不得担任集会、游行、示威的负责人:

(一)无行为能力人或者限制行为能力人;(二)被判处刑罚尚未执行完毕的;(三)正在被劳动教养的;(四)正在被依法采取刑事强制措施或者法律规定的其他限制人身自由措施的。

第12条 依照《集会游行示威法》第15条的规定,公民不得在其居住地以外的城市发动、组织、参加当地公民的集会、游行、示威。本条所称居住地,是指公民常住户口所在地或者向暂住地户口登记机关办理了暂住登记并持续居住半年以上的地方。

第24条 拒绝、阻碍人民警察依法执行维持交通秩序和社会秩序职务，应当给予治安管理处罚的，依照治安管理处罚法的规定予以处罚；构成犯罪的，依法追究刑事责任。

违反本条例第5条的规定，尚不构成犯罪的，依照治安管理处罚法的规定予以处罚。

第25条 依照《集会游行示威法》第29条、第30条的规定，需要依法追究刑事责任的，由举行地主管公安机关依照刑事诉讼法规定的程序办理。

第26条 依照《集会游行示威法》第33条的规定予以拘留的，公安机关应当在24小时内进行讯问；需要强行遣回原地的，由行为地的主管公安机关制作《强行遣送决定书》，并派人民警察执行。负责执行的人民警察应当将被遣送人送回其居住地，连同《强行遣送决定书》交给被遣送人居住地公安机关，由居住地公安机关依法处理。

第27条 依照《集会游行示威法》第28条、第30条以及本条例第24条的规定，对当事人给予治安管理处罚的，依照治安管理处罚法规定的程序，由行为地公安机关决定和执行。被处罚人对处罚决定不服的，可以申请复议；对上一级公安机关的复议决定不服的，可以依照法律规定向人民法院提起诉讼。

第28条 对于依照《集会游行示威法》第27条的规定被强行带离现场或者立即予以拘留的，公安机关应当在24小时以内进行讯问。不需要追究法律责任的，可以令其具结悔过后释放；需要追究法律责任的，依照有关法律规定办理。

第29条 在举行集会、游行、示威的过程中，破坏公私财物或者侵害他人身体造成伤亡的，应当依法承担赔偿责任。

3. 公安部《关于公民申请个人集会游行示威如何处置的批复》(公复字〔2007〕7号)

天津市公安局：

你局《关于公民申请个人集会游行示威如何处置的请示》(津公治〔2007〕630号)收悉。现批复如下：

《中华人民共和国集会游行示威法》中的集会游行示威，是指公民表达共同意愿的活动。公民申请个人举行集会游行示威的，公安机关依法不予受理。

4. 最高人民检察院、公安部《关于公安机关管辖的刑事案件立案追诉标准的规定(1)》(公通字〔2008〕36号)第38条

(见本条立案追诉标准内容)

5. 公安部《关于公安机关处置信访活动中违法犯罪行为适用法律的指导意见》(公通字〔2013〕25号)

四、对妨害社会管理秩序违法犯罪行为的处理

5. 煽动、策划非法集会、游行、示威，不听劝阻，符合《治安管理处罚法》第55条规定的，以煽动、策划非法集会、游行、示威依法予以治安管理处罚；举行集会、游行、示威活动未经主管机关许可，未按照主管机关许可的目的、方式、标语、口号、起止时间、地点、路线进行，或者在进行中出现危害公共安全、破坏社会秩序情形的，根据《集会游行示威法》第27条规定予以制止、命令解散；不听制止，拒不解散的，依法强行驱散、强行带离现场或者立即予以拘留；符合《集会游行示威法》第28条规定的，对其负责人和直接责任人员依法予以警告或者拘留；拒不服从解散命令，符合《刑法》第296条规定的，对负责人和直接责任人员，以非法集会、游行、示威罪追究刑事责任。集会游行示威过程中实施其他违法犯罪行为的，依法追究法律责任。(全文详见本书《刑法》第114条相关内容)

第297条 【非法携带武器、管制刀具、爆炸物参加集会、游行、示威罪】 违反法律规定，携带武器、管制刀具或者爆炸物参加集会、游行、示威的，处3年以下有期徒刑、拘役、管制或者剥夺政治权利。

- **释义**

非法携带武器、管制刀具、爆炸物参加集会、游行、示威罪是指违反法律规定，携带武器、管制刀具或者爆炸物参加集会、游行、示威的行为。

- **管辖**

公安机关治安管理部门。

- **立案追诉标准**

违反法律规定，携带武器、管制刀具或者爆炸物参加集会、游行、示威的，应予立案追诉。

- **关联法律**

1. 最高人民检察院、公安部《关于公安机关管辖的刑事案件立案追诉标准的规定(1)》(公通字〔2008〕36号) 第39条

(见本条立案追诉标准内容)

2. 参见本书《刑法》第296条相关内容。

第298条 【破坏集会、游行、示威罪】 扰乱、冲击或者以其他方法破坏依法举行的集会、游行、示威，造成公共秩序混乱的，处5年以下有期徒刑、拘役、管制或者剥夺政治权利。

- **释义**

破坏集会、游行、示威罪是指扰乱、冲击或者以其他方法破坏依法举行的集会、游行、示威，造成公共秩序严重混乱的行为。

- **管辖**

公安机关治安管理部门。

- **立案追诉标准**

扰乱、冲击或者以其他方法破坏依法举行的集会、游行、示威，造成公共秩序严重混乱的，应予立案追诉。

- **关联法律**

1. 最高人民检察院、公安部《关于公安机关管辖的刑事案件立案追诉标准的规定(1)》(公通字〔2008〕36号) 第40条

(见本条立案追诉标准内容)

2. 参见本书《刑法》第296条相关内容。

第299条 【侮辱国旗、国徽、国歌罪】 在公共场合,故意以焚烧、毁损、涂划、玷污、践踏等方式侮辱中华人民共和国国旗、国徽的,处3年以下有期徒刑、拘役、管制或者剥夺政治权利。

在公共场合,故意篡改中华人民共和国国歌歌词、曲谱,以歪曲、贬损方式奏唱国歌,或者以其他方式侮辱国歌,情节严重的,依照前款的规定处罚。

(本条《中华人民共和国刑法修正案(10)》修改)

• 释义

侮辱国旗、国徽罪是指在公众场合故意以焚烧、毁损、涂划、玷污、践踏等方式侮辱中华人民共和国国旗、国徽,情节严重的行为。

侮辱国歌罪是指在公共场合,故意篡改中华人民共和国国歌歌词、曲谱,以歪曲、贬损方式奏唱国歌,或者以其他方式侮辱国歌,情节严重的行为。

• 管辖

公安机关政治安全保卫部门。

• 关联法律

1.《中华人民共和国国旗法》(1990年6月28日第七届全国人大常委会第十四次会议通过;2009年8月27日第十一届全国人大常委会第十次会议《关于修改部分法律的决定》修正;2020年10月17日第十三届全国人大常委会第二十二次会议通过《关于修改〈中华人民共和国国旗法、国徽法〉的决定》再次修改)》

第19条 不得升挂或者使用破损、污损、褪色或者不合规格的国旗,不得倒挂、倒插或者以其他有损国旗尊严的方式升挂、使用国旗。

不得随意丢弃国旗。破损、污损、褪色或者不合规格的国旗应当按照国家有关规定收回、处置。大型群众性活动结束后,活动主办方应当收回或者妥善处置活动现场使用的国旗。

第20条 国旗及其图案不得用作商标、授予专利权的外观设计和商业广告,不得用于私人丧事活动等不适宜的情形。

第23条 在公共场合故意以焚烧、毁损、涂划、玷污、践踏等方式侮辱中华人民共和国国旗的,依法追究刑事责任;情节较轻的,由公安机关处以15日以下拘留。

2.《中华人民共和国国徽法》(1991年3月2日第七届全国人大常委会第十八次会议通过;2009年8月27日第十一届全国人大常委会第十次会议《关于修改部分法律的决定》修正;2020年10月17日第十三届全国人大常委会第二十二次会议通过《关于修改〈中华人民共和国国旗法、国徽法〉的决定》再次修改)》

第13条 国徽及其图案不得用于:

(一)商标、授予专利权的外观设计、商业广告;(二)日常用品、日常生活的陈设布置;(三)私人庆吊活动;(四)国务院办公厅规定不得使用国徽及其图案的其他场合。

第14条 不得悬挂破损、污损或者不合规格的国徽。

第18条 在公共场合故意以焚烧、毁损、涂划、玷污、践踏等方式侮辱中华人民共和国国徽的,依法追究刑事责任;情节较轻的,由公安机关处以15日以下拘留。

3.《中华人民共和国国歌法》(2017年9月1日第十二届全国人大常委会第二十九次会议通过)

第15条 在公共场合,故意篡改国歌歌词、曲谱,以歪曲、贬损方式奏唱国歌,或者以其他方式侮辱国歌的,由公安机关处以警告或者15日以下拘留;构成犯罪的,依法追究刑事责任。

4.《中华人民共和国刑法修正案(10)》(2017年11月4日第十二届全国人大常委会第三十次会议通过)

为了惩治侮辱国歌的犯罪行为,切实维护国歌奏唱、使用的严肃性和国家尊严,在刑法第299条中增加1款作为第2款,将该条修改为:

“在公共场合,故意以焚烧、毁损、涂划、玷污、践踏等方式侮辱中华人民共和国国旗、国徽的,处3年以下有期徒刑、拘役、管制或者剥夺政治权利。

“在公共场合,故意篡改中华人民共和国国歌歌词、曲谱,以歪曲、贬损方式奏唱国歌,或者以其他方式侮辱国歌,情节严重的,依照前款的规定处罚。”

本修正案自公布之日起施行。

5.最高人民法院《关于执行〈中华人民共和国刑法〉确定罪名的补充规定(7)》(法释〔2021〕2号)

(全文详见本书《刑法》第133条之二相关内容)

第299条之一 【侵害英雄烈士的名誉、荣誉罪】 侮辱、诽谤或者以其他方式侵害英雄烈士的名誉、荣誉,损害社会公共利益,情节严重的,处3年以下有期徒刑、拘役、管制或者剥夺政治权利。

(本条《中华人民共和国刑法修正案(11)》增加)

• 释义

侵害英雄雄烈士名誉、荣誉罪是指侮辱、诽谤或者以其他方式侵害英雄烈士的名誉、荣誉,损害社会公共利益,情节严重的行为。

• 管辖

公安机关。

• 关联法律

1.《中华人民共和国刑法修正案(11)》(2020年12月26日第十三届全国人大常委会第二十四次会议通过)

三十五、在刑法第299条后增加1条,作为第299条之一:“侮辱、诽谤或者以其他方式侵害英雄烈士的名誉、荣誉,损害社会公共利益,情节严重的,处3年以下有期徒刑、拘役、管制或者剥夺政治权利。”

2.最高人民法院《关于执行〈中华人民共和国刑法〉确定罪名的补充规定(7)》(法释〔2021〕2号)

(全文详见本书《刑法》第133条之二相关内容)

3.最高人民检察院《第34批指导性案例仇某侵害英雄烈士名誉、荣誉案》(检例第136号;2022年1月26日)

【要旨】

侵害英雄烈士名誉、荣誉罪中的“英雄烈士”,是指已经牺牲、逝世的英雄烈士。在同一案件中,行为人所侵害的群体中既有烈士,又有健在的英雄模范人物时,应当整体评价为侵害英雄烈士名誉、荣誉的行为,不宜区别适用侵害英雄烈士名誉、荣誉罪和侮辱罪、诽谤罪。《刑法修正案(11)》实施后,以侮辱、诽谤或者其他方式侵害英雄烈士名誉、荣誉的行为,情节严重的,构成侵害英雄烈士名誉、荣誉罪。行为人利用信息网络侵害英雄烈士名誉、荣誉,引起广泛传播,造成恶劣社会影响的,应当认定为"情节严重"。英雄烈士没有近亲属或者近亲属不提起民事诉讼的,检察机关在提起公诉时,可以一并提起附带民事公益诉讼。

【指导意义】

(一)对侵害英雄烈士名誉、荣誉罪中的"英雄烈士"应当依照刑法修正案的本意作适当解释。本罪中的"英雄烈士",是指已经牺牲、逝世的英雄烈士。如果行为人以侮辱、诽谤或者其他方式侵害健在的英雄模范人物名誉、荣誉,构成犯罪的,可以适用侮辱罪、诽谤罪追究刑事责任。但是,如果在同一案件中,行为人的行为所侵害的群体中既有已牺牲的烈士,又有健在的英雄模范人物时,应当整体评价为侵害英雄烈士名誉、荣誉的行为,不宜区别适用侵害英雄烈士名誉、荣誉罪和侮辱罪、诽谤罪。虽不属于烈士,但事迹、精神被社会普遍公认的已故英雄模范人物的名誉、荣誉被侵害的,因他们为国家、民族和人民作出巨大贡献和牺牲,其名誉、荣誉承载着社会主义核心价值观,应当纳入侵害英雄烈士名誉、荣誉罪的犯罪对象,与英雄烈士的名誉、荣誉予以刑法上的一体保护。

(二)《刑法修正案(11)》实施后,侮辱、诽谤英雄烈士名誉、荣誉,情节严重的,构成侵害英雄烈士名誉、荣誉罪。《刑法修正案(11)》实施前,实施侮辱、诽谤英雄烈士名誉、荣誉的行为,构成犯罪的,可以按照寻衅滋事罪追究刑事责任。《刑法修正案(11)》实施后,对上述行为认定为侵害英雄烈士名誉、荣誉罪,符合立法精神,更具有针对性,更有利于实现对英雄烈士名誉、荣誉的特殊保护。发生在《刑法修正案(11)》实施前的行为,实施后尚未处理或者正在处理的,应当根据刑法第12条规定的"从旧兼从轻"原则,以侵害英雄烈士名誉、荣誉罪追究刑事责任。

(三)侵害英雄烈士名誉、荣誉罪中"情节严重"的认定,可以参照《网络诽谤的解释》的规定,并可以结合案发时间节点、社会影响等综合认定。《网络诽谤的解释》第2条规定,同一诽谤信息实际被点击、浏览次数达到5000次以上,或者被转发次数达到500次以上的;造成被害人或者其近亲属精神失常、自残、自杀等严重后果的;2年内曾因诽谤受过行政处罚,又诽谤他人的;具有其他情节严重的情形的,属于"情节严重"。办理利用信息网络侵害英雄烈士名誉、荣誉案件时,可以参照上述标准,或者虽未达到上述数量、情节要求,但在特定时间节点通过具有公共空间属性的网络平台和媒介公然侵害英雄烈士名誉、荣誉,引起广泛传播,造成恶劣社会影响的,也可以认定为"情节严重"。对于只是在相对封闭的网络空间,如在亲友微信群、微信朋友圈等发表不当言论,没有造成大范围传播的,可以不认定为"情节严重"。

(四)刑事检察和公益诉讼检察依法协同履职,维护社会公共利益。检察机关办理侵害英雄烈士名誉、荣誉案件,在英雄烈士没有近亲属,或者经征询意见,近亲属不提出民事诉讼时,应当充分履行刑事检察和公益诉讼检察职能,提起公诉的同时,可以向人民法院一并提起附带民事公益诉讼,同步推进刑事责任和民事责任的追究,实现审判阶段刑事诉讼、附带民事公益诉讼由人民法院同一合议庭审理、同步判决,提高诉讼效率、确保庭审效果。

第300条 【组织、利用会道门、邪教组织、利用迷信破坏法律实施罪】组织、利用会道门、邪教组织或者利用迷信破坏国家法律、行政法规实施的,处3年以上7年以下有期徒刑,并处罚金;情节特别严重的,处7年以上有期徒刑或者无期徒刑,并处罚金或者没收财产;情节较轻的,处3年以下有期徒刑、拘役、管制或者剥夺政治权利,并处或者单处罚金。

【组织、利用会道门、邪教组织、利用迷信致人重伤、死亡罪】组织、利用会道门、邪教组织或者利用迷信蒙骗他人,致人重伤、死亡的,依照前款的规定处罚。

犯第1款罪又有奸淫妇女、诈骗财物等犯罪行为的,依照数罪并罚的规定处罚。

（本条《中华人民共和国刑法修正案(9)》修改）

• 释义

组织、利用会道门、邪教组织、利用迷信破坏法律实施罪是指组织和利用会道门、邪教组织或者利用迷信破坏国家法律、行政法规实施的行为。

组织、利用会道门、邪教组织、利用迷信致人重伤、死亡罪是指组织和利用会道门、邪教组织或者利用迷信蒙骗他人，致人重伤、死亡的行为。

• 管辖

公安机关防范和处理邪教犯罪工作部门。

• 立案追诉标准

制作、传播邪教宣传品，宣扬邪教，破坏法律、行政法规实施，具有下列情形之一的，依照刑法第300条第1款的规定，以组织、利用邪教组织破坏法律实施罪定罪处罚：

（一）制作、传播邪教传单、图片、标语、报纸300份以上，书刊100册以上，光盘100张上，录音、录像带100盒以上的；

（二）制作、传播宣扬邪教的DVD、VCD、CD母盘的；

（三）利用互联网制作、传播邪教组织信息的；

（四）在公共场所悬挂横幅、条幅，或者以书写、喷涂标语等方式宣扬邪教，造成严重社会影响的；

（五）因制作、传播邪教宣传品受过刑事处罚或者行政处罚又制作、传播的；

（六）其他制作、传播邪教宣传品，情节严重的。制作、传播邪教宣传品数量达到前款第(1)项规定的标准5倍以上，或者虽未达到5倍，但造成特别严重社会危害的，属于刑法第300条第1款规定的“情节特别严重”。

邪教组织被取缔后，仍聚集滋事、公开进行邪教活动，或者聚众冲击国家机关、新闻机构等单位，人数达到20人以上的，或者虽未达到20人，但具有其他严重情节的，对于组织者、策划者、指挥者和屡教不改的积极参加者，依照刑法第300条第1款的规定，以组织、利用邪教组织破坏法律实施罪定罪处罚。

为组织、策划邪教组织人员聚集滋事、公开进行邪教活动而进行聚会、串联等活动，对于组织者、策划者、指挥者和屡教不改的积极参加者，依照刑法第300条第1款的规定定罪处罚。

• 关联法律

1. 全国人大常委会《关于取缔邪教组织、防范和惩治邪教活动的决定》（1999年10月30日第九届全国人大常委会第十二次会议通过）

为了维护社会稳定，保护人民利益，保障改革开放和社会主义现代化建设的顺利进行，必须取缔邪教组织、防范和惩治邪教活动。根据宪法和有关法律，特作如下决定：

一、坚决依法取缔邪教组织，严厉惩治邪教组织的各种犯罪活动。邪教组织冒用宗教、气功或者其他名义，采用各种手段扰乱社会秩序，危害人民群众生命财产安全和经济发展，必须依法取缔，坚决惩治。人民法院、人民检察院和公安、国家安全、司法行政机关要各司其职，共同做好这项工作。对组织和利用邪教组织破坏国家法律、行政法规实施，聚众闹事，扰乱社会秩序，以迷信邪说蒙骗他人，致人死亡，或者奸淫妇女、诈骗财物等犯罪活动，依法予以严惩。

二、坚持教育与惩罚相结合，团结、教育绝大多数被蒙骗的群众，依法严惩极少数犯罪分子。在依法处理邪教组织的工作中,要把不明真相参与邪教活动的人同组织和利用邪教组织进行非法活动、蓄意破坏社会稳定的犯罪分子区别开来。对受蒙骗的群众不予追究。对构成犯罪的组织者、策划者、指挥者和骨干分子,坚决依法追究刑事责任;对于自首或者有立功表现的,可以依法从轻、减轻或者免除处罚。

三、在全体公民中深入持久地开展宪法和法律的宣传教育,普及科学文化知识。依法取缔邪教组织,惩治邪教活动,有利于保护正常的宗教活动和公民的宗教信仰自由。要使广大人民群众充分认识邪教组织严重危害人类、危害社会的实质,自觉反对和抵制邪教组织的影响,进一步增强法制观念,遵守国家法律。

四、防范和惩治邪教活动,要动员和组织全社会的力量,进行综合治理。各级人民政府和司法机关应当认真落实责任制,把严防邪教组织的滋生和蔓延,防范和惩治邪教活动作为一项重要任务长期坚持下去,维护社会稳定。

2. 最高人民法院、最高人民检察院《关于办理组织和利用邪教组织犯罪案件具体应用法律若干问题的解释》(法释〔1999〕18号)

(法释〔2017〕3号已声明本文件废止)

3. 最高人民法院《关于贯彻全国人大常委会〈关于取缔邪教组织、防范和惩治邪教活动的决定〉和"两院"司法解释的通知》(法发〔1999〕29号)

10月30日,九届全国人大常委会第十二次会议通过了《关于取缔邪教组织、防范和惩治邪教活动的决定》(以下简称《决定》),最高人民法院、最高人民检察院联合发布了《关于办理组织和利用邪教组织犯罪案件具体应用法律若干问题的解释》(以下简称《解释》)。《决定》对邪教组织的性质和危害,对防范和惩治邪教组织的犯罪活动作出了明确规定。《解释》根据刑法规定,对办理邪教组织犯罪案件提供了具体的司法依据。这一重要法律和司法解释的出台,对于依法严厉打击邪教组织特别是"法轮功"邪教组织,维护社会稳定,保护人民利益,保障改革开放和社会主义现代化建设顺利进行,具有十分重要的意义。现就人民法院学习贯彻《决定》和《解释》,依法审理组织和利用邪教组织犯罪案件特别是"法轮功"邪教组织犯罪案件通知如下:

一、认真学习宣传贯彻《决定》和《解释》,进一步明确审判工作指导思想和任务。近年来,邪教组织特别是"法轮功"邪教组织冒用宗教、气功或者其他名义建立、神化首要分子,大搞教主崇拜,利用制造、散布迷信邪说等手段蛊惑、蒙骗他人,发展、控制成员,从事违法犯罪活动,危害人民群众生命财产安全和经济发展,严重影响了社会稳定,必须坚决依法惩办。修订后的刑法专门对组织和利用邪教组织破坏国家法律、行政法规实施;组织和利用邪教组织蒙骗他人,致人死亡以及组织和利用邪教组织奸淫妇女、诈骗财物行为的定罪处罚问题,作了明确规定。全国人大常委会近日通过的《决定》,更为依法惩治组织和利用邪教组织的犯罪活动提供了有力的法律武器。各级人民法院要认真学习,统一思想认识,认清"法轮功"的邪教性质及其危害,深刻领会中央关于抓紧处理和解决"法轮功"问题的重要指示精神,充分认识这场斗争的重要性、复杂性、尖锐性和长期性,进一步明确指导思想,把防范和惩治各种邪教组织犯罪作为一项严肃的政治任务,认真履行职责,充分发挥人民法院的审判职能作用,对组织和利用邪教组织破坏国家法律、行政法规实施,聚众闹事,扰乱社会秩序,以迷信邪说蒙骗他人,致人死亡,或者奸淫妇女、诈骗财物等犯罪行为,坚决依法严惩。

二、依法审理组织和利用邪教组织犯罪案件,明确打击重点。各级人民法院要认真贯彻执行《决定》,按照《解释》的规定要求,严格依法办案,正确适用法律,坚决依法打击"法轮功"等邪教组织的犯罪活动。对于组织和利用邪教组织聚众围攻、冲击国家机关、企事业单位,扰乱国家机关、企事业单位的工作、生产、经营、教学和科研等秩序;非法举行集会、游行、示威,煽动、欺骗、组织其成员或者其他人聚众围攻、冲击、强占、哄闹公共场所及宗教活动场所，扰乱社会秩序；出版、印刷、复制、发行宣扬邪教内容的出版物、印制邪教组织标识的，坚决依照刑法第300条第1款的规定，以组织、利用邪教组织破坏法律实施罪定罪处罚。对于组织和利用邪教组织制造、散布迷信邪说，蒙骗其成员或者其他人实施绝食、自残、自虐等行为，或者阻止病人进行正常治疗，致人死亡的，坚决依照刑法第300条第2款的规定，以组织、利用邪教组织致人死亡罪定罪处罚，对造成特别严重后果的，依法从重处罚。对于邪教组织以各种欺骗手段敛取钱财的，依照刑法第300条第3款和第266条的规定，以诈骗罪定罪处罚。对于邪教组织和组织、利用邪教组织破坏法律实施的犯罪分子，以各种手段非法聚敛的财物，用于犯罪的工具、宣传品的，应当依法追缴、没收。

三、正确运用法律和政策，严格区分不同性质的矛盾。各级人民法院在审判工作中必须坚持教育与惩罚相结合，团结教育大多数被蒙骗的群众，坚决依法严惩极少数犯罪分子。在依法惩治构成犯罪的组织者、策划者、指挥者和积极参加者的同时，要注意团结大多数，教育大多数，解脱大多数。要把不明真相参与邪教活动的人同组织和利用邪教组织进行非法活动、蓄意破坏社会稳定的犯罪分子区别开来；要把一般"法轮功"练习者同极少数违法犯罪活动的策划者、组织者区别开来；要把正常的宗教信仰、合法的宗教活动同"法轮功"等邪教组织的活动区别开来。重点打击组织和利用邪教组织进行犯罪活动的组织、策划、指挥者和屡教不改的骨干分子。对有自首、立功表现的，可以依法从轻、减轻或者免除处罚；对于受蒙蔽、胁迫参加邪教组织并已退出和不再参加邪教组织活动的人员，不作为犯罪处理。

四、加强对学习宣传贯彻《决定》工作的领导，保证审理组织和利用邪教组织犯罪案件工作顺利进行。各级人民法院依法审理组织和利用邪教组织犯罪案件，必须在党委领导下，在党委政法委的指导下，周密部署，保证万无一失。要把依法审理组织和利用邪教组织犯罪案件作为一项重要政治任务，务必抓紧抓好。要加强与检察、公安机关的密切配合，对于检察机关移送起诉的组织和利用邪教组织犯罪案件，要抽调精干力量进行审理，依法及时审结。上级人民法院要注意了解和掌握下级人民法院审判案件的情况，及时指导。对一些典型案件应当适时召开新闻发布会，扩大审判的社会影响。要通过各种形式宣传和对具体案件的处理，教育广大群众，提高公民的法制观念，使广大群众认识邪教组织反科学、反人类、反社会、反政府，危害社会的实质，增强自觉反对和抵制邪教组织的意识。要落实人民法院参与社会治安综合治理的各项措施，坚持预防与惩治并重，防范邪教组织的滋生和发展。

4.《关于维护互联网安全的决定》(2000年12月28日第九届全国人大常委会第十九次会议通过；2009年8月27日第十一届全国人大常委会第十次会议《关于修改部分法律的决定》修正)

二、为了维护国家安全和社会稳定，对有下列行为之一，构成犯罪的，依照刑法有关规定追究刑事责任：

(一)利用互联网造谣、诽谤或者发表、传播其他有害信息，煽动颠覆国家政权、推翻社会主义制度，或者煽动分裂国家、破坏国家统一；(二)通过互联网窃取、泄露国家秘密、情报或者军事秘密；(三)利用互联网煽动民族仇恨、民族歧视，破坏民族团结；(四)利用互联网组织邪教组织、联络邪教组织成员，破坏国家法律、行政法规实施。(全文详见本书《刑法》第141条相关内容)

5.最高人民法院、最高人民检察院《关于办理组织和利用邪教组织犯罪案件具体应用法律若干问题的解释(2)》(法释〔2001〕19号)

(法释〔2017〕3号已声明本文件废止)

6. 最高人民法院、最高人民检察院《关于办理组织和利用邪教组织犯罪案件具体应用法律若干问题的解答》(法发〔2002〕7号)

(法释〔2017〕3号已声明本文件废止)

7.《中华人民共和国刑法修正案(9)》(2015年8月29日第十二届全国人大常委会第十六次会议通过)

三十三、将刑法第300条修改条为:"组织、利用会道门、邪教组织或者利用迷信破坏国家法律、行政法规实施的,处3年以上7年以下有期徒刑,并处罚金;情节特别严重的,处7年以上有期徒刑或者无期徒刑,并处罚金或者没收财产;情节较轻的,处3年以下有期徒刑、拘役、管制或者剥夺政治权利,并处或者单处罚金。

"组织、利用会道门、邪教组织或者利用迷信蒙骗他人,致人重伤、死亡的,依照前款的规定处罚。

"犯第1款罪又有奸淫妇女、诈骗财物等犯罪行为的,依照数罪并罚的规定处罚。"

(原条文:组织和利用会道门、邪教组织或者利用迷信破坏国家法律、行政法规实施的,处3年以上7年以下有期徒刑;情节特别严重的,处7年以上有期徒刑。

组织和利用会道门、邪教组织或者利用迷信蒙骗他人,致人死亡的,依照前款的规定处罚。

组织和利用会道门、邪教组织或迷信奸淫妇女、诈骗财物的,分别依照本法第236条、第266条的规定定罪处罚。)

8. 最高人民法院、最高人民检察院《关于执行〈中华人民共和国刑法〉确定罪名的补充规定(6)》(法释〔2015〕20号)

根据《中华人民共和国刑法修正案(9)》(以下简称《刑法修正案(9)》)和《全国人民代表大会常务委员会关于修改部分法律的决定》的有关规定,现对最高人民法院《关于执行〈中华人民共和国刑法〉确定罪名的规定》、最高人民检察院《关于适用刑法分则规定的犯罪的罪名的意见》作如下补充、修改:刑法条文第300条第2款(《刑法修正案(9)》第33条第2款),罪名组织、利用会道门、邪教组织、利用迷信致人重伤、死亡罪(取消组织、利用会道门、邪教组织、利用迷信致人死亡罪罪名)。

9. 最高人民法院、最高人民检察院《关于办理组织、利用邪教组织破坏法律实施等刑事案件适用法律若干问题的解释》(法释〔2017〕3号)

为依法惩治组织、利用邪教组织破坏法律实施等犯罪活动,根据《中华人民共和国刑法》《中华人民共和国刑事诉讼法》有关规定,现就办理此类刑事案件适用法律的若干问题解释如下:

第1条 冒用宗教、气功或者以其他名义建立,神化、鼓吹首要分子,利用制造、散布迷信邪说等手段蛊惑、蒙骗他人,发展、控制成员,危害社会的非法组织,应当认定为刑法第300条规定的"邪教组织"。

第2条 组织、利用邪教组织,破坏国家法律、行政法规实施,具有下列情形之一的,应当依照刑法第300条第1款的规定,处3年以上7年以下有期徒刑,并处罚金:

(一)建立邪教组织,或者邪教组织被取缔后又恢复、另行建立邪教组织的;(二)聚众包围、冲击、强占、哄闹国家机关、企业事业单位或者公共场所、宗教活动场所,扰乱社会秩序的;(三)非法举行集会、游行、示威,扰乱社会秩序的;(四)使用暴力、胁迫或者以其他方法强迫他人加入或者阻止他人退出邪教组织的;(五)组织、煽动、蒙骗成员或者他人不履行法定义务的;(六)使用"伪基站""黑广播"等无线电台(站)或者无线电频率宣扬邪教的;(七)曾因从事邪教活动被追究刑事责任或者2年内受过行政处罚,又从事邪教活动的;(八)发展邪教组织成员50人以上的;(九)敛取钱财或者造成经济损失100万元以上的;(十)以货币为载体宣扬邪教,数量在500张(枚)以上的;(十一)制作、传播邪教宣传品,达到下列数量标准之一的:1.传单、喷图、图片、标语、报纸1000份(张)以上的;2.书籍、刊物250册以上的;3.录音带、录像带等音像制品250盒(张)以上的;4.标识、标志物250件以上的;5.光盘、U盘、储存卡、移动硬盘等移动存储介质100个以上的;6.横幅、条幅50条(个)以上的。(十二)利用通讯信息网络宣扬邪教,具有下列情形之一的:1.制作、传播宣扬邪教的电子图片、文章200张(篇)以上,电子书籍、刊物、音视频50册(个)以上,或者电子文档500万字符以上、电子音视频250分钟以上的;2.编发信息、拨打电话1000条(次)以上的;3.利用在线人数累计达到1000以上的聊天室,或者利用群组成员、关注人员等账号数累计1000以上的通讯群组、微信、微博等社交网络宣扬邪教的;4.邪教信息实际被点击、浏览数达到5000次以上的。(十三)其他情节严重的情形。

第3条 组织、利用邪教组织,破坏国家法律、行政法规实施,具有下列情形之一的,应当认定为刑法第300条第1款规定的"情节特别严重",处7年以上有期徒刑或者无期徒刑,并处罚金或者没收财产:

(一)实施本解释第2条第1项至第7项规定的行为,社会危害特别严重的;(二)实施本解释第2条第8项至第12项规定的行为,数量或者数额达到第2条规定相应标准5倍以上的;(三)其他情节特别严重的情形。

第4条 组织、利用邪教组织,破坏国家法律、行政法规实施,具有下列情形之一的,应当认定为刑法第300条第1款规定的"情节较轻",处3年以下有期徒刑、拘役、管制或者剥夺政治权利,并处或者单处罚金:

(一)实施本解释第2条第1项至第7项规定的行为,社会危害较轻的;(二)实施本解释第2条第8项至第12项规定的行为,数量或者数额达到相应标准五分之一以上的;(三)其他情节较轻的情形。

第5条 为了传播而持有、携带,或者传播过程中被当场查获,邪教宣传品数量达到本解释第2条至第4条规定的有关标准的,按照下列情形分别处理:

(一)邪教宣传品是行为人制作的,以犯罪既遂处理;(二)邪教宣传品不是行为人制作,尚未传播的,以犯罪预备处理;(三)邪教宣传品不是行为人制作,传播过程中被查获的,以犯罪未遂处理;(四)邪教宣传品不是行为人制作,部分已经传播出去的,以犯罪既遂处理,对于没有传播的部分,可以在量刑时酌情考虑。

第6条 多次制作、传播邪教宣传品或者利用通讯信息网络宣扬邪教,未经处理的,数量或者数额累计计算。

制作、传播邪教宣传品,或者利用通讯信息网络宣扬邪教,涉及不同种类或者形式的,可以根据本解释规定的不同数量标准的相应比例折算后累计计算。

第7条 组织、利用邪教组织,制造、散布迷信邪说,蒙骗成员或者他人绝食、自虐等,或者蒙骗病人不接受正常治疗,致人重伤、死亡的,应当认定为刑法第300条第2款规定的组织、利用邪教组织"蒙骗他人,致人重伤、死亡"。

组织、利用邪教组织蒙骗他人,致1人以上死亡或者3人以上重伤的,处3年以上7年以下有期徒刑,并处罚金。

组织、利用邪教组织蒙骗他人,具有下列情形之一的,处7年以上有期徒刑或者无期徒刑,并处罚金或者没收财产:

(一)造成3人以上死亡的;(二)造成9人以上重伤的;(三)其他情节特别严重的情形。

组织、利用邪教组织蒙骗他人,致人重伤的,处3年以下有期徒刑、拘役、管制或者剥夺政治权利,并处或者单处罚金。

第 8 条 实施本解释第 2 条至第 5 条规定的行为,具有下列情形之一的,从重处罚:

(一)与境外机构、组织、人员勾结,从事邪教活动的;(二)跨省、自治区、直辖市建立邪教组织机构、发展成员或者组织邪教活动的;(三)在重要公共场所、监管场所或者国家重大节日、重大活动期间聚集滋事,公开进行邪教活动的;(四)邪教组织被取缔后,或者被认定为邪教组织后,仍然聚集滋事,公开进行邪教活动的;(五)国家工作人员从事邪教活动的;(六)向未成年人宣扬邪教的;(七)在学校或者其他教育培训机构宣扬邪教的。

第 9 条 组织、利用邪教组织破坏国家法律、行政法规实施,符合本解释第 4 条规定情形,但行为人能够真诚悔罪,明确表示退出邪教组织、不再从事邪教活动的,可以不起诉或者免予刑事处罚。其中,行为人系受蒙蔽、胁迫参加邪教组织的,可以不作为犯罪处理。

组织、利用邪教组织破坏国家法律、行政法规实施,行为人在一审判决前能够真诚悔罪,明确表示退出邪教组织、不再从事邪教活动的,分别依照下列规定处理:

(一)符合本解释第 2 条规定情形的,可以认定为刑法第 300 条第 1 款规定的"情节较轻";(二)符合本解释第 3 条规定情形的,可以不认定为刑法第 300 条第 1 款规定的"情节特别严重",处 3 年以上 7 年以下有期徒刑,并处罚金。

第 10 条 组织、利用邪教组织破坏国家法律、行政法规实施过程中,又有煽动分裂国家、煽动颠覆国家政权或者侮辱、诽谤他人等犯罪行为的,依照数罪并罚的规定定罪处罚。

第 11 条 组织、利用邪教组织,制造、散布迷信邪说,组织、策划、煽动、胁迫、教唆、帮助其成员或者他人实施自杀、自伤的,依照刑法第 232 条、第 234 条的规定,以故意杀人罪或者故意伤害罪定罪处罚。

第 12 条 邪教组织人员以自焚、自爆或者其他危险方法危害公共安全的,依照刑法第 114 条、第 115 条的规定,以放火罪、爆炸罪、以危险方法危害公共安全罪等定罪处罚。

第 13 条 明知他人组织、利用邪教组织实施犯罪,而为其提供经费、场地、技术、工具、食宿、接送等便利条件或者帮助的,以共同犯罪论处。

第 14 条 对于犯组织、利用邪教组织破坏法律实施罪、组织、利用邪教组织致人重伤、死亡罪,严重破坏社会秩序的犯罪分子,根据刑法第 56 条的规定,可以附加剥夺政治权利。

第 15 条 对涉案物品是否属于邪教宣传品难以确定的,可以委托地市级以上公安机关出具认定意见。

第 16 条 本解释自 2017 年 2 月 1 日起施行。《最高人民法院、最高人民检察院关于办理组织和利用邪教组织犯罪案件具体应用法律若干问题的解释》(法释〔1999〕18 号),《最高人民法院、最高人民检察院关于办理组织和利用邪教组织犯罪案件具体应用法律若干问题的解释(2)》(法释〔2001〕19 号),以及《最高人民法院、最高人民检察院关于办理组织和利用邪教组织犯罪案件具体应用法律若干问题的解答》(法发〔2002〕7 号)同时废止。

第 301 条 【聚众淫乱罪】 聚众进行淫乱活动的,对首要分子或者多次参加的,处 5 年以下有期徒刑、拘役或者管制。

【引诱未成年人聚众淫乱罪】 引诱未成年人参加聚众淫乱活动的,依照前款的规定从重处罚。

• 释义

聚众淫乱罪是指聚集众人进行集体淫乱活动的行为。本罪只处罚首要分子和多次参加者。

引诱未成年人聚众淫乱罪是指引诱未成年人参加聚众淫乱活动的行为。

• 管辖

公安机关治安管理部门。

• 立案追诉标准

组织、策划、指挥3人以上进行淫乱活动或者参加聚众淫乱活动3次以上的,应予立案追诉。

引诱未成年人参加聚众淫乱活动的,应予立案追诉。

• 关联法律

1. 最高人民检察院、公安部《关于公安机关管辖的刑事案件立案追诉标准的规定(1)》(公通字〔2008〕36号)第41条、第42条

(见本条立案追诉标准内容)

2. 最高人民法院、最高人民检察院、公安部、民政部《关于依法处理监护人侵害未成年人权益行为若干问题的意见》(法发〔2014〕24号)

(详见本书《刑法》第17条相关内容)

第302条 【盗窃、侮辱、故意毁坏尸体、尸骨、骨灰罪】盗窃、侮辱尸体、尸骨、骨灰的,处3年以下有期徒刑、拘役或者管制。

(本条《中华人民共和国刑法修正案(9)》修改)

• 释义

盗窃、侮辱、故意毁坏尸体、尸骨、骨灰罪是指盗窃、侮辱、故意毁坏尸体、尸骨、骨灰的行为。本罪属选择性罪名,有盗窃、侮辱和毁坏尸体、尸骨、骨灰行为之一的,即构成本罪。盗窃尸体后加以侮辱的,仍只需按一罪处罚,不数罪并罚。

杀人后为损害死者的尊严或者生者的感情而故意侮辱尸体的,应当数罪并罚。

• 管辖

公安机关刑事侦查部门。

• 关联法律

1. 最高人民检察院研究室《关于盗窃骨灰行为如何处理问题的答复》(〔2002〕高检研发第14号)

吉林省人民检察院法律政策研究室:

你院《关于对盗窃骨灰行为可否比照盗窃尸体罪定性问题的请示》(吉检发请字〔2002〕1号)收悉。经研究,我们认为,"骨灰"不属于刑法第302条规定的"尸体"。对于盗窃骨灰的行为不能以刑法第302条的规定追究刑事责任。

2.《中华人民共和国刑法修正案(9)》(2015年8月29日第十二届全国人大常委会第十六次会议通过)

三十四、将刑法第302条修改为:"盗窃、侮辱、故意毁坏尸体、尸骨、骨灰的,处3年以下有期徒刑、拘役或者管制。"

(原条文为:盗窃、侮辱尸体的,处3年以下有期徒刑、拘役或者管制)

3. 最高人民法院、最高人民检察院《关于执行〈中华人民共和国刑法〉确定罪名的补充规定(6)》(法释〔2015〕20号)

根据《中华人民共和国刑法修正案(9)》(以下简称《刑法修正案(9)》)和《全国人民代表大会常务委员会关于修改部分法律的决定》的有关规定,现对最高人民法院《关于执行〈中华人民共和国刑法〉确定罪名的规定》、最高人民检察院《关于适用刑法分则规定的犯罪的罪名的意见》作如下补充、修改:刑法条文第302条(《刑法修正案(9)》第34条),罪名盗窃、侮辱、故意毁坏尸体、尸骨、骨灰罪(取消盗窃、侮辱尸体罪罪名)。

第303条 【**赌博罪**】以营利为目的,聚众赌博或者以赌博为业的,处3年以下有期徒刑、拘役或者管制,并处罚金。

【**开设赌场罪**】开设赌场的,处5年以下有期徒刑、拘役或者管制,并处罚金;情节严重的,处5年以上10年以下有期徒刑,并处罚金。

【**组织参与国(境)外赌博罪**】组织中华人民共和国公民参与国(境)外赌博,数额巨大或者有其他严重情节的,依照前款的规定处罚。

(本条《中华人民共和国刑法修正案(6)》第1次修改;《中华人民共和国刑法修正案(11)》第2次修改)

• 释义

赌博罪是指以营利为目的聚众赌博或者以赌博为业的行为。根据司法解释,具体包括组织3人以上赌博,抽头渔利数额累计5000元以上、赌资数额累计5万元以上、参赌人数累计20人以上的,或者组织中国公民10人以上赴境外赌博,从中收取回扣、介绍费等情形。

赌博犯罪中用作赌注的款物、换取筹码的款物和通过赌博赢取的款物属于赌资。

通过计算机网络实施赌博犯罪的,赌资数额可以按照在计算机网络上投注或者赢取的点数乘以每一点实际代表的金额认定。

开设赌场罪是指开设以行为人为中心,在其支配下供他人赌博的场所的行为。在计算机网络上建立赌博网站,或者为赌博网站担任代理,接受投注的,属于"开设赌场"。

组织参与国(境)外赌博罪是指组织中华人民共和国公民参与国(境)外赌博,数额巨大或者有其他严重情节的行为。

• 管辖

公安机关治安管理部门。

• 立案追诉标准

【赌博罪立案追诉标准】以营利为目的,聚众赌博,涉嫌下列情形之一的,应予立案追诉:

(一)组织3人以上赌博,抽头渔利数额累计5000元以上的;

(二)组织3人以上赌博,赌资数额累计5万元以上的;

(三)组织3人以上赌博,参赌人数累计20人以上的;

(四)组织中华人民共和国公民10人以上赴境外赌博,从中收取回扣、介绍费的;

(五)其他聚众赌博应予追究刑事责任的情形。以营利为目的,以赌博为业的,应予立案追诉。

注:本立案追诉标准所指:赌博犯罪中用作赌注的款物、换取筹码的款物和通过赌博赢取的款物属于赌资。通过计算机网络实施赌博犯罪的,赌资数额可以按照在计算机网络上投注

或者赢取的点数乘以每一点实际代表的金额认定。

【开设赌场罪立案追诉标准】开设赌场的,应予立案追诉。

注:本立案追诉标准所指在计算机网络上建立赌博网站,或者为赌博网站担任代理,接受投注的,属于"开设赌场"。

• 关联法律

1. 最高人民法院研究室《关于设置圈套诱骗他人参赌获取钱财的案件应如何定罪问题的电话答复》(1991年3月12日)

(法释〔2013〕2号已声明该文件废止)

2. 最高人民法院《关于对设置圈套诱骗他人参赌又向索还钱财的受骗者施以暴力或暴力威胁的行为应如何定罪问题的批复》(法复〔1995〕8号)

贵州省高级人民法院:

你院"关于设置圈套诱骗他人参赌,当参赌者要求退还所输钱财时,设赌者以暴力相威胁,甚至将参赌者打伤、杀伤并将钱财带走的行为如何定性"的请示收悉。经研究,答复如下:

行为人设置圈套诱骗他人参赌获取钱财,属赌博行为,构成犯罪的,应当以赌博罪定罪处罚。参赌者识破骗局要求退还所输钱财,设赌者又使用暴力或者以暴力相威胁,拒绝退还的,应以赌博罪从重处罚;致参赌者伤害或者死亡的,应以赌博罪和故意伤害罪或者故意杀人罪,依法实行数罪并罚。

3.《中华人民共和国体育法》(1995年8月29日第八届全国人大常委会第十五次会议通过;2009年8月27日第十一届全国人大常委会第十次会议第一次修正;2016年11月7日第十二届全国人大常委会第二十四次会议第二次修正)

第49条 利用竞技体育从事赌博活动的,由体育行政部门协助公安机关责令停止违法活动,并由公安机关依照《治安管理处罚法》的有关规定给予处罚。

在竞技体育活动中,有贿赂、诈骗、组织赌博行为,构成犯罪的,依法追究刑事责任。

4. 最高人民法院、最高人民检察院、公安部《关于开展集中打击赌博违法犯罪活动专项行动有关工作的通知》(公通字〔2005〕2号)

近年来,各类赌博违法犯罪活动日益猖獗,特别是境外赌博业对我渗透加剧,网络赌博蔓延迅速,六合彩、私彩赌博活动在一些地区泛滥成灾,到境外赌博和参与网络赌博的人数日益增多,党政领导干部、国家公务员和企事业单位负责人参赌人数呈上升趋势,造成国家资金大量流失,诱发了大量的社会问题,人民群众和社会各界反映强烈。为打击赌博违法犯罪活动,维护社会治安稳定和社会管理秩序,决定从2005年1月至5月,在全国范围内组织开展集中打击赌博违法犯罪活动专项行动。现就有关要求通知如下:

一、提高思想认识,切实增强开展集中打击赌博违法犯罪活动的政治责任感和工作紧迫感

赌博之风蔓延,危害是多方面的、长期的。开展集中打击赌博违法犯罪活动专项行动,是践行"三个代表"重要思想、加强三个文明建设的必然要求,是构建社会主义和谐社会、巩固党的执政基础的重要举措。各级公安机关、人民检察院、人民法院要深刻认识赌博违法犯罪活动的严重危害和开展打击赌博违法犯罪活动的重要性、紧迫性,从深入贯彻党的十六大、十六届四中全会精神和努力践行"三个代表"重要思想、提高党的执政能力的战略高度,以对党、对人民高度负责的态度,充分发挥职能作用,认真部署,协同作战,坚决打击赌博这一社会丑恶现象,有效震慑犯罪,净化社会环境,维护社会和谐稳定。

二、突出打击重点，严格依照法律规定打击赌博违法犯罪活动

各级公安机关、人民检察院、人民法院要充分认识此类违法犯罪活动的特点，充分发挥职能作用，依法打击进行赌博违法犯罪活动的不法分子。要通过专项行动打掉一批赌博团伙、窝点，铲除封堵一批赌博网站，查破一批赌博大案要案，严惩一批赌博违法犯罪分子。其中，重点惩处赌博犯罪集团和网络赌博的组织者、六合彩和赌球赌马等赌博活动的组织者以及参与赌博犯罪活动的党政领导干部、国家公务员和企事业单位负责人。在专项行动中，要按照刑法和有关司法解释的规定，严格依法办案，准确认定赌博犯罪行为，保证办案质量。对以营利为目的聚众赌博、开设赌场的，无论其是否参与赌博，均应以赌博罪追究刑事责任；对以营利为目的以赌博为业的，无论其是否实际营利，也应以赌博罪追究刑事责任。对通过在中国领域内设立办事处、代表处或者散发广告等形式，招揽、组织中国公民赴境外赌博，构成犯罪的，以赌博罪定罪处罚。对具有教唆他人赌博、组织未成年人聚众赌博或者开设赌场吸引未成年人参与赌博以及国家工作人员犯赌博罪等情形的，应当依法从严处理。对实施贪污、挪用公款、职务侵占、挪用单位资金、挪用特定款物、受贿等犯罪，并将犯罪所得的款物用于赌博的，分别依照刑法有关规定从重处罚；同时构成赌博罪的，应依照刑法规定实行数罪并罚。要充分运用没收财产、罚金等财产刑，以及追缴违法所得、没收用于赌博的本人财物和犯罪工具等措施，从经济上制裁犯罪分子，铲除赌博犯罪行为的经济基础。要坚持惩办与宽大相结合的刑事政策，区别对待，宽严相济，最大限度地分化瓦解犯罪分子。对主动投案自首或者有检举、揭发赌博违法犯罪活动等立功表现的，可依法从宽处罚。

要严格区分赌博违法犯罪活动与群众正常文娱活动的界限，对不以营利为目的，进行带有少量财物输赢的娱乐活动，以及提供棋牌室等娱乐场所并只收取固定的场所和服务费用的经营行为等，不得以赌博论处。对参赌且赌资较大的，可由公安机关依法给予治安处罚；符合劳动教养条件的，依法给予劳动教养；违反党纪政纪的，由主管机关予以纪律处分。要严格依法办案，对构成犯罪的，决不姑息手软，严禁以罚代刑，降格处理；对不构成犯罪或者不应当给予行政处理的，不得打击、处理，不得以禁赌为名干扰群众的正常文娱活动。

三、加强协调配合。形成打击合力

当前，赌博犯罪活动不仅数量多，而且组织严密，参与范围广，作案手段隐蔽，逃避打击能力强。各级公安机关、人民检察院、人民法院在办案中要坚持实事求是，科学、正确认识此类犯罪活动的特殊性，按照“基本事实清楚、基本证据确凿”的原则，不纠缠细枝末节，密切配合，依法从重从快打击赌博犯罪活动。公安机关应当组织专门力量，扎扎实实地做好侦查工作。赌博犯罪行为发生地公安机关发现犯罪行为后均应依法立即立案侦查，全力查清犯罪事实，抓捕犯罪嫌疑人。要切实做好证据的收集、固定和保全工作，为起诉和审判打下坚实基础。人民检察院对公安机关提请批准逮捕和移送审查起诉的犯罪嫌疑人，要依法及时审查批捕和审查起诉。人民法院对人民检察院提起公诉的案件，应当依法及时审判。各级公安机关、人民检察院、人民法院应当加强配合和制约，严格依法办案，保证办案质量。

四、广泛宣传发动，推动专项行动深入开展

在专项行动中，各级公安机关、人民检察院、人民法院要充分利用各种新闻媒体，大力宣传有关法律和政策，向广大群众表明党和政府及政法机关打击赌博违法犯罪活动的决心和信心。要选择典型案例公开曝光，震慑犯罪，教育群众，使广大人民群众树立守法意识，自觉远离、坚决抵制赌博活动。要建立举报奖励制度，设立举报电话、信箱和网址，对积极提供线索、帮助查破赌博大案要案的群众给予奖励，动员广大群众检举、揭发犯罪，形成打击赌博违法犯罪活动的良好氛围。

5. 最高人民法院、最高人民检察院《关于办理赌博刑事案件具体应用法律若干问题的解释》(法释〔2005〕3号)

为依法惩治赌博犯罪活动,根据刑法的有关规定,现就办理赌博刑事案件具体应用法律的若干问题解释如下:

第1条 以营利为目的,有下列情形之一的,属于刑法第303条规定的“聚众赌博”:

(一)组织3人以上赌博,抽头渔利数额累计达到5000元以上的;(二)组织3人以上赌博,赌资数额累计达到50,000元以上的;(三)组织3人以上赌博,参赌人数累计达到20人以上的;(四)组织中华人民共和国公民10人以上赴境外赌博,从中收取回扣、介绍费的。

第2条 以营利为目的,在计算机网络上建立赌博网站,或者为赌博网站担任代理,接受投注的,属于刑法第303条规定的“开设赌场”。

第3条 中华人民共和国公民在我国领域外周边地区聚众赌博、开设赌场,以吸引中华人民共和国公民为主要客源,构成赌博罪的,可以依照刑法规定追究刑事责任。

第4条 明知他人实施赌博犯罪活动,而为其提供资金、计算机网络、通讯、费用结算等直接帮助的,以赌博罪的共犯论处。

第5条 实施赌博犯罪,有下列情形之一的,依照刑法第303条的规定从重处罚:

(一)具有国家工作人员身份的;(二)组织国家工作人员赴境外赌博的;(三)组织未成年人参与赌博,或者开设赌场吸引未成年人参与赌博的。

第6条 未经国家批准擅自发行、销售彩票,构成犯罪的。依照刑法第225条第(4)项的规定,以非法经营罪定罪处罚。

第7条 通过赌博或者为国家工作人员赌博提供资金的形式实施行贿、受贿行为,构成犯罪的,依照刑法关于贿赂犯罪的规定定罪处罚。

第8条 赌博犯罪中用作赌注的款物、换取筹码的款物和通过赌博赢取的款物属于赌资。通过计算机网络实施赌博犯罪的,赌资数额可以按照在计算机网络上投注或者赢取的点数乘以每一点实际代表的金额认定。

赌资应当依法予以追缴;赌博用具、赌博违法所得以及赌博犯罪分子所有的专门用于赌博的资金、交通工具、通讯工具等,应当依法予以没收。

第9条 不以营利为目的,进行带有少量财物输赢的娱乐活动,以及提供棋牌室等娱乐场所只收取正常的场所和服务费用的经营行为等,不以赌博论处。

6. 公安部《关于办理赌博违法案件适用法律若干问题的通知》(公通字〔2005〕30号)

为依法有效打击赌博违法活动,规范公安机关查禁赌博违法活动的行为,根据《中华人民共和国治安管理处罚条例》等有关法律、法规的规定,现就公安机关办理赌博违法案件适用法律的若干问题通知如下:

一、具有下列情形之一的,应当依照《中华人民共和国治安管理处罚条例》第32条的规定,予以处罚:

(一)以营利为目的,聚众赌博、开设赌场或者以赌博为业,尚不够刑事处罚的;(二)参与以营利为目的的聚众赌博、计算机网络赌博、电子游戏机赌博,或者到赌场赌博的;(三)采取不报经国家批准,擅自发行、销售彩票的方式,为赌博提供条件,尚不够刑事处罚的;(四)明知他人实施赌博违法犯罪活动,而为其提供资金、场所、交通工具、通讯工具、赌博工具、经营管理、网络接入、服务器托管、网络存储空间、通讯传输通道、费用结算等条件,或者为赌博场所、赌博人员充当保镖,为赌博放哨、通风报信,尚不够刑事处罚的;(五)明知他人从事赌博活动而向其销售具有赌博功能的游戏机,尚不够刑事处罚的。

二、在中华人民共和国境内通过计算机网络、电话、手机短信等方式参与境外赌场赌博活动，或者中华人民共和国公民赴境外赌场赌博，赌博输赢结算地在境内的，应当依照《中华人民共和国治安管理处罚条例》的有关规定予以处罚。

三、赌博或者为赌博提供条件，并具有下列情形之一的，依照《中华人民共和国治安管理处罚条例》第32条的规定，可以从重处罚：

（一）在工作场所、公共场所或者公共交通工具上赌博的；（二）1年内曾因赌博或者为赌博提供条件受过治安处罚的；（三）国家工作人员赌博或者为赌博提供条件的；（四）引诱、教唆未成年人赌博的；（五）组织、招引中华人民共和国公民赴境外赌博的；（六）其他可以依法从重处罚的情形。

四、赌博或者为赌博提供条件，并具有下列情形之一的，依照《中华人民共和国治安管理处罚条例》第32条的规定，可以从轻或者免予处罚：

（一）主动交代，表示悔改的；（二）检举、揭发他人赌博或为赌博提供条件的行为，并经查证属实的；（三）被胁迫、诱骗赌博或者为赌博提供条件的；（四）未成年人赌博的；（五）协助查禁赌博活动，有立功表现的；（六）其他可以依法从轻或者免予处罚的情形。

对免予处罚的，由公安机关给予批评教育，并责令具结悔过。未成年人有赌博违法行为的，应当责令其父母或者其他监护人严加管教。

五、赌博活动中用作赌注的款物、换取筹码的款物和通过赌博赢取的款物属于赌资。

在利用计算机网络进行的赌博活动中，分赌场、下级庄家或者赌博参与者在组织或者参与赌博前向赌博组织者、上级庄家或者赌博公司交付的押金，应当视为赌资。

六、赌博现场没有赌资，而是以筹码或者事先约定事后交割等方式代替的，赌资数额经调查属实后予以认定。个人投注的财物数额无法确定时，按照参赌财物的价值总额除以参赌人数的平均值计算。

通过计算机网络实施赌博活动的赌资数额，可以按照在计算机网络上投注或者赢取的总点数乘以每个点数实际代表的金额认定。赌博的次数，可以按照在计算机网络上投注的总次数认定。

七、对查获的赌资、赌博违法所得应当依法没收，上缴国库，并按照规定出具法律手续。对查缴的赌具和销售的具有赌博功能的游戏机，一律依法予以销毁、严禁截留、私分或者以其他方式侵吞赌资、赌具、赌博违法所得以及违法行为人的其他财物。违者，对相关责任人员依法予以行政处分；构成犯罪的，依法追究刑事责任。

对参与赌博人员使用的交通、通讯工具未作为赌注的，不得没收。在以营利为目的，聚众赌博、开设赌场，或者采取不报经国家批准，擅自发行、销售彩票的方式为赌博提供条件，尚不够刑事处罚的案件中，违法行为人本人所有的用于纠集、联络、运送参赌人员以及用于望风护赌的交通、通讯工具，应当依法没收。

八、对赌博或者为赌博提供条件的处罚，应当与其违法事实、情节、社会危害程度相适应。严禁不分情节轻重，一律顶格处罚；违者，对审批人、审核人、承办人依法予以行政处分。

九、不以营利为目的，亲属之间进行带有财物输赢的打麻将、玩扑克等娱乐活动，不予处罚；亲属之外的其他人之间进行带有少量财物输赢的打麻将、玩扑克等娱乐活动，不予处罚。

十、本通知自下发之日起施行。公安部原来制定的有关规定与本通知不一致的，以本通知为准。

各地在执行中遇到的问题，请及时报公安部。

7. 公安部法制局《关于办理赌博违法案件有关法律适用问题的电话答复》（2005年9月5日）

河北、云南省公安厅法制处：

近日，你们就办理赌博违法案件中的赌资认定及《公安部关于办理赌博违法案件适用法

律若干问题的通知》(以下简称《通知》)的适用效力问题相继请示我局。经研究,现综合电话答复如下:

一、行为人诱使他人参与赌博,约定由行为人本人直接参赌,他人与其共同承担输赢责任,在行为人故意输给其他参赌人后,要求被诱骗人承担还款责任,骗取钱款数额巨大的,应以诈骗罪追究行为人的刑事责任。

二、赌博违法活动中既有赌资又有欠条的,"打欠条"属于《通知》第6条规定的"事先约定事后交割"方式,欠条所载金额经调查属实后可以认定为赌资。

三、对于《通知》施行前发生的行为,行为时没有相关的适用法律的规定,《通知》施行后尚未处理或者正在处理的案件,依照《通知》的规定办理;对于《通知》施行前发生的行为,行为时已有相关的适用法律的规定,依照行为时的规定办理,但适用《通知》对违法行为人有利的,适用《通知》;对于在《通知》施行前已办结的案件,按照当时的法律和适用法律的规定,认定事实和适用法律没有错误的,不再变动。

8.《中华人民共和国刑法修正案(6)》(2006年6月29日第十届全国人大常委会第二十二次会议通过)

十八、将刑法第303条修改为:"以营利为目的,聚众赌博或者以赌博为业的,处3年以下有期徒刑、拘役或者管制,并处罚金。

"开设赌场的,处3年以下有期徒刑、拘役或者管制,并处罚金;情节严重的,处3年以上10年以下有期徒刑,并处罚金。"

(1997年《刑法》原条文:以营利为目的,聚众赌博、开设赌场或者以赌博为业的,处3年以下有期徒刑、拘役或者管制,并处罚金。)

9.最高人民检察院、公安部《关于公安机关管辖的刑事案件立案追诉标准的规定(1)》(公通字〔2008〕36号)第43条、第44条

(见本条立案追诉标准内容)

10.最高人民法院、最高人民检察院、公安部《关于办理网络赌博犯罪案件适用法律若干问题的意见》(公通字〔2010〕40号)

为依法惩治网络赌博犯罪活动,根据《中华人民共和国刑法》、《中华人民共和国刑事诉讼法》和最高人民法院、最高人民检察院《关于办理赌博刑事案件具体应用法律若干问题的解释》等有关规定,结合司法实践,现就办理网络赌博犯罪案件适用法律的若干问题,提出如下意见:

一、关于网上开设赌场犯罪的定罪量刑标准

利用互联网、移动通讯终端等传输赌博视频、数据,组织赌博活动,具有下列情形之一的,属于刑法第303条第2款规定的"开设赌场"行为:

(一)建立赌博网站并接受投注的;(二)建立赌博网站并提供给他人组织赌博的;(三)为赌博网站担任代理并接受投注的;(四)参与赌博网站利润分成的。

实施前述规定的行为,具有下列情形之一的,应当认定为刑法第303条第2款规定的"情节严重":

(一)抽头渔利数额累计达到3万元以上的;(二)赌资数额累计达到30万元以上的;(三)参赌人数累计达到120人以上的;(四)建立赌博网站后通过提供给他人组织赌博,违法所得数额在3万元以上的;(五)参与赌博网站利润分成,违法所得数额在3万元以上的;(六)为赌博网站招募下级代理,由下级代理接受投注的;(七)招揽未成年人参与网络赌博的;(八)其他情节严重的情形。

二、关于网上开设赌场共同犯罪的认定和处罚

明知是赌博网站，而为其提供下列服务或者帮助的，属于开设赌场罪的共同犯罪，依照刑法第303条第2款的规定处罚：(一)为赌博网站提供互联网接入、服务器托管、网络存储空间、通讯传输通道、投放广告、发展会员、软件开发、技术支持等服务，收取服务费数额在2万元以上的；(二)为赌博网站提供资金支付结算服务，收取服务费数额在1万元以上或者帮助收取赌资20万元以上的；(三)为10个以上赌博网站投放与网址、赔率等信息有关的广告或者为赌博网站投放广告累计100条以上的。

实施前述规定的行为，数量或者数额达到前款规定标准5倍以上的，应当认定为刑法第303条第2款规定的"情节严重"。

实施本条第1款规定的行为，具有下列情之一的，应当认定行为人"明知"，但是有证据证明确实不知道的除外：

(一)收到行政主管机关书面等方式的告知后，仍然实施上述行为的；(二)为赌博网站提供互联网接入、服务托管、网络存储空间、通讯传输通道、投放广告、软件开发、技术支持、资金支付结算等服务，收取服务费明显异常的；(三)在执法人员调查时，通过销毁、修改数据、账本等方式故意规避调查或者向犯罪嫌疑人通风报信的；(四)其他有证据证明行为人明知的。

如果有开设赌场的犯罪嫌疑人尚未到案，但是不影响对已到案共同犯罪嫌疑人、被告人的犯罪事实认定的，可以依法对已到案者定罪处罚。

三、关于网络赌博犯罪的参赌人数、赌资数额和网站代理的认定

赌博网站的会员账号数可以认定为参赌人数，如果查实一个账号多人使用或者多个账号1人使用的，应当按照实际使用的人数计算参赌人数。赌资数额可以按照在网络上投注或者赢取的点数乘以每一点实际代表的金额认定。对于将资金直接或间接兑换为虚拟货币、游戏道具等虚拟物品，并用其作为筹码投注的，赌资数额按照购买该虚拟物品所需资金数额或者实际支付资金数额认定。

对于开设赌场犯罪中用于接收、流转赌资的银行账户内的资金，犯罪嫌疑人、被告人不能说明合法来源的，可以认定为赌资。向该银行账户转入、转出资金的银行账户数量可以认定为参赌人数。如果查实1个账户多人使用或多个账户1人使用的，应当按照实际使用的人数计算参赌人数。

有证据证明犯罪嫌疑人在赌博网站上的账号设置有下级账号的，应当认定其为赌博网站的代理。

四、关于网络赌博犯罪案件的管辖

网络赌博犯罪案件的地域管辖，应当坚持以犯罪地管辖为主、被告人居住地管辖为辅的则。

"犯罪地"包括赌博网站服务器所在地以及赌博网站代理人、参赌人实施网络赌博行为地等。

公安机关对侦办跨区域网络赌博犯罪案件的管辖权有争议的，应本着有利于查清犯罪事实、有利于诉讼的原则，认真协商解决。经协商无法达成一致的，报共同的上级公安机关指定管辖。对即将侦查终结的跨省(自治区、直辖市)重大网络赌博案件，必要时可由公安部商最高人民法院和最高人民检察院指定管辖。

为保证及时结案，避免超期羁押，人民检察院对于公安机关提请审查逮捕、移送审查起诉的案件，人民法院对于已进入审判程序的案件，犯罪嫌疑人、被告人及其辩护人提出管辖异议或者办案单位发现没有管辖权的，受案人民检察院、人民法院经审查可以依法报请上级人民检察院、人民法院指定管辖，不再自行移送有管辖权的人民检察院、人民法院。

五、关于电子证据的收集与保全

侦查机关对于能够证明赌博犯罪案件真实情况的网站页面、上网记录、电子邮件、电子合同、电子交易记录、电子账册等电子数据,应当作为刑事证据予以提取、复制、固定。

侦查人员应当对提取、复制、固定电子数据的过程制作相关文字说明,记录案由、对象、内容以及提取、复制、固定的时间、地点、方法,电子数据的规格、类别、文件格式等,并由提取、复制、固定电子数据的制作人、电子数据的持有人签名或者盖章,附所提取、复制、固定的电子数据一并随案移送。

对于电子数据存储在境外的计算机上的,或者侦查机关从赌博网站提取电子数据时犯罪嫌疑人未到案的,或者电子数据的持有人无法签字或者拒绝签字的,应当由能够证明提取、复制、固定过程的见证人签名或者盖章,记明有关情况。必要时,可对提取、复制、固定有关电子数据的过程拍照或者录像。

11. 最高人民法院、最高人民检察院、公安部《关于办理利用赌博机开设赌场案件适用法律若干问题的意见》(公通字〔2014〕17号)

为依法惩治利用具有赌博功能的电子游戏设施设备开设赌场的犯罪活动,根据《中华人民共和国刑法》、《最高人民法院、最高人民检察院关于办理赌博刑事案件具体应用法律若干问题的解释》等有关规定,结合司法实践,现就办理此类案件适用法律问题提出如下意见:

一、关于利用赌博机组织赌博的性质认定

设置具有退币、退分、退钢珠等赌博功能的电子游戏设施设备,并以现金、有价证券等贵重款物作为奖品,或者以回购奖品方式给予他人现金、有价证券等贵重款物(以下简称设置赌博机)组织赌博活动的,应当认定为刑法第303条第2款规定的"开设赌场"行为。

二、关于利用赌博机开设赌场的定罪处罚标准

设置赌博机组织赌博活动,具有下列情形之一的,应当按照刑法第303条第2款规定的开设赌场罪定罪处罚:

(一)设置赌博机10台以上的;(二)设置赌博机2台以上,容留未成年人赌博的;(三)在中小学校附近设置赌博机2台以上的;(四)违法所得累计达到5000元以上的;(五)赌资数额累计达到5万元以上的;(六)参赌人数累计达到20人以上的;(七)因设置赌博机被行政处罚后,两年内再设置赌博机5台以上的;(八)因赌博、开设赌场犯罪被刑事处罚后,5年内再设置赌博机5台以上的;(九)其他应当追究刑事责任的情形。

设置赌博机组织赌博活动,具有下列情形之一的,应当认定为刑法第303条第2款规定的"情节严重":

(一)数量或者数额达到第2条第1款第1项至第6项规定标准6倍以上的;(二)因设置赌博机被行政处罚后,两年内再设置赌博机30台以上的;(三)因赌博、开设赌场犯罪被刑事处罚后,五年内再设置赌博机30台以上的;(四)其他情节严重的情形。

可同时供多人使用的赌博机,台数按照能够独立供1人进行赌博活动的操作基本单元的数量认定。

在两个以上地点设置赌博机,赌博机的数量、违法所得、赌资数额、参赌人数等均合并计算。

三、关于共犯的认定

明知他人利用赌博机开设赌场,具有下列情形之一的,以开设赌场罪的共犯论处:

(一)提供赌博机、资金、场地、技术支持、资金结算服务的;(二)受雇参与赌场经营管理并分成的;(三)为开设赌场者组织客源,收取回扣、手续费的;(四)参与赌场管理并领取高额固定工资的;(五)提供其他直接帮助的。

四、关于生产、销售赌博机的定罪量刑标准

以提供给他人开设赌场为目的，违反国家规定，非法生产、销售具有退币、退分、退钢珠等赌博功能的电子游戏设施设备或者其专用软件，情节严重的，依照刑法第225条的规定，以非法经营罪定罪处罚。

实施前款规定的行为，具有下列情形之一的，属于非法经营行为“情节严重”：

（一）个人非法经营数额在5万元以上，或者违法所得数额在1万元以上的；（二）单位非法经营数额在50万元以上，或者违法所得数额在10万元以上的；（三）虽未达到上述数额标准，但两年内因非法生产、销售赌博机行为受过2次以上行政处罚，又进行同种非法经营行为的；（四）其他情节严重的情形。

具有下列情形之一的，属于非法经营行为“情节特别严重”：

（一）个人非法经营数额在25万元以上，或者违法所得数额在5万元以上的；（二）单位非法经营数额在250万元以上，或者违法所得数额在50万元以上的。

五、关于赌资的认定

本意见所称赌资包括：

（一）当场查获的用于赌博的款物；（二）代币、有价证券、赌博积分等实际代表的金额；（三）在赌博机上投注或赢取的点数实际代表的金额。

六、关于赌博机的认定

对于涉案的赌博机，公安机关应当采取拍照、摄像等方式及时固定证据，并予以认定。对于是否属于赌博机难以确定的，司法机关可以委托地市级以上公安机关出具检验报告。司法机关根据检验报告，并结合案件具体情况作出认定。必要时，人民法院可以依法通知检验人员出庭作出说明。

七、关于宽严相济刑事政策的把握办理利用赌博机开设赌场的案件，应当贯彻宽严相济刑事政策，重点打击赌场的出资者、经营者

对受雇佣为赌场从事接送参赌人员、望风看场、发牌坐庄、兑换筹码等活动的人员，除参与赌场利润分成或者领取高额固定工资的以外，一般不追究刑事责任，可由公安机关依法给予治安管理处罚。对设置游戏机，单次换取少量奖品的娱乐活动，不以违法犯罪论处。

八、关于国家机关工作人员渎职犯罪的处理

负有查禁赌博活动职责的国家机关工作人员，徇私枉法，包庇、放纵开设赌场违法犯罪活动，或者为违法犯罪分子通风报信、提供便利、帮助犯罪分子逃避处罚，构成犯罪的，依法追究刑事责任。

国家机关工作人员参与利用赌博机开设赌场犯罪的，从重处罚。

12. 最高人民检察院研究室《对关于〈关于办理赌博机开设赌场案件适用法律若干问题的意见第7条是否适用于其他开设赌场案件的请示〉的答复意见》(2014年12月22日)

最高检研究室来电，就市院研究室提请的《关于〈关于办理赌博机开设赌场案件适用法律若干问题的意见〉第7条是否适用于其他开设赌场案件的请示》（京检研字［2014］1号）答复如下：

办理利用赌博机开设赌场以外的其他开设赌场案件，应当参照适用“两高”、公安部《关于办理利用赌博机开设赌场案件适用法律若干问题的意见》（公通字〔2014〕17号）第7条“关于宽严相济刑事政策的把握”的有关规定。

13. 最高人民法院《第20批指导性案例洪某强、洪某沃、洪某泉、李某荣开设赌场案》（指导案例105号；法〔2018〕347号）

【裁判要点】

以营利为目的，通过邀请人员加入微信群的方式招揽赌客，根据竞猜游戏网站的开奖结果等方式进行赌博,设定赌博规则,利用微信群进行控制管理,在一段时间内持续组织网络赌博活动的,属于刑法第303条第2款规定的"开设赌场"。

【裁判理由】

法院生效裁判认为,被告人洪某强、洪某沃、洪某泉、李某荣以营利为目的,通过邀请人员加入微信群的方式招揽赌客,根据竞猜游戏网站的开奖结果,以押大小、单双等方式进行赌博,并利用微信群进行控制管理,在一段时间内持续组织网络赌博活动的行为,属于刑法第303条第2款规定的"开设赌场"。被告人洪某强、洪某沃、洪某泉、李某荣开设和经营赌场,共接受赌资累计达3,237,300元,应认定为刑法第303条第2款规定的"情节严重",其行为均已构成开设赌场罪。

14. 最高人民法院《第20批指导性案例谢某军、高某、高某樵、杨某彬开设赌场案》(指导案例106号;法〔2018〕347号)

【裁判要点】

以营利为目的,通过邀请人员加入微信群,利用微信群进行控制管理,以抢红包方式进行赌博,在一段时间内持续组织赌博活动的行为,属于刑法第303条第2款规定的"开设赌场"。

【裁判理由】

法院生效裁判认为,以营利为目的,通过邀请人员加入微信群,利用微信群进行控制管理,以抢红包方式进行赌博,设定赌博规则,在一段时间内持续组织赌博活动的行为,属于刑法第303条第2款规定的"开设赌场"。谢某军、高某、高某樵、杨某彬伙同他人开设赌场,均已构成开设赌场罪,且系情节严重。谢某军、高某、高某樵、杨某彬在共同犯罪中地位和作用较轻,均系从犯,原判未认定从犯不当,依法予以纠正,并对谢检军予以从轻处罚,对高某樵、杨某彬、高某均予以减轻处罚。杨某彬犯罪后自动投案,并如实供述自己的罪行,系自首,依法予以从轻处罚。谢某军、高某樵、高某到案后如实供述犯罪事实,依法予以从轻处罚。谢某军、高某樵、杨某彬、高某案发后退赃,二审审理期间杨某彬的家人又代为退赃,均酌情予以从轻处罚。

15. 最高人民法院、最高人民检察院、公安部、司法部《关于办理恶势力刑事案件若干问题的意见》(法发〔2019〕10号)

(详见本书《刑法》第294条相关内容)

16. 最高人民法院、最高人民检察院、公安部、司法部《关于办理黑恶势力刑事案件中财产处置若干问题的意见》(2019年4月9日起施行)

(详见本书《刑法》第294条相关内容)

17. 最高人民法院、最高人民检察院、公安部、司法部《关于办理实施"软暴力"的刑事案件若干问题的意见》(2019年4月9日起施行)

(详见本书《刑法》第294条相关内容)

18. 最高人民法院、最高人民检察院、公安部、司法部《关于办理"套路贷"刑事案件若干问题的意见》(法发〔2019〕11号)

(详见本书《刑法》第294条相关内容)

19. 最高人民法院、最高人民检察院、公安部《关于办理跨境赌博犯罪案件若干问题的意见》(公通字〔2020〕14号)

为依法惩治跨境赌博等犯罪活动,维护我国经济安全、社会稳定,根据《中华人民共和国刑法》《中华人民共和国刑事诉讼法》和《最高人民法院、最高人民检察院关于办理赌博刑事案件具体应用法律若干问题的解释》等有关规定,结合司法实践,制定本意见。

一、总体要求

近年来,境外赌场和网络赌博集团对我国公民招赌吸赌问题日益突出,跨境赌博违法犯罪活动日益猖獗,严重妨碍社会管理秩序,引发多种犯罪,严重危害我国经济安全和社会稳定。与此同时,互联网领域黑灰产业助推传统赌博和跨境赌博犯罪向互联网迁移,跨境网络赌博违法犯罪活动呈高发态势,严重威胁人民群众人身财产安全和社会公共安全。人民法院、人民检察院、公安机关要针对跨境赌博犯罪特点,充分发挥职能作用,贯彻宽严相济刑事政策,准确认定赌博犯罪行为,严格依法办案,依法从严从快惩处,坚决有效遏制跨境赌博犯罪活动,努力实现政治效果、法律效果、社会效果的高度统一。

二、关于跨境赌博犯罪的认定

(一)以营利为目的,有下列情形之一的,属于刑法第303条第2款规定的"开设赌场":

1. 境外赌场经营人、实际控制人、投资人,组织、招揽中华人民共和国公民赴境外赌博的;

2. 境外赌场管理人员,组织、招揽中华人民共和国公民赴境外赌博的;

3. 受境外赌场指派、雇佣,组织、招揽中华人民共和国公民赴境外赌博,或者组织、招揽中华人民共和国公民赴境外赌博,从赌场获取费用、其他利益的;

4. 在境外赌场包租赌厅、赌台,组织、招揽中华人民共和国公民赴境外赌博的;

5. 其他在境外以提供赌博场所、提供赌资、设定赌博方式等,组织、招揽中华人民共和国公民赴境外赌博的。

在境外赌场通过开设账户、洗码等方式,为中华人民共和国公民赴境外赌博提供资金担保服务的,以"开设赌场"论处。

(二)以营利为目的,利用信息网络、通讯终端等传输赌博视频、数据,组织中华人民共和国公民跨境赌博活动,有下列情形之一的,属于刑法第303条第2款规定的"开设赌场":

1. 建立赌博网站、应用程序并接受投注的;

2. 建立赌博网站、应用程序并提供给他人组织赌博的;

3. 购买或者租用赌博网站、应用程序,组织他人赌博的;

4. 参与赌博网站、应用程序利润分成的;

5. 担任赌博网站、应用程序代理并接受投注的;

6. 其他利用信息网络、通讯终端等传输赌博视频、数据,组织跨境赌博活动的。

(三)组织、招揽中华人民共和国公民赴境外赌博,从参赌人员中获取费用或者其他利益的,属于刑法第303条第1款规定的"聚众赌博"。

(四)跨境开设赌场犯罪定罪处罚的数量或者数额标准,参照适用《关于办理赌博刑事案件具体应用法律若干问题的解释》《关于办理利用赌博机开设赌场案件适用法律若干问题的意见》和《关于办理网络赌博犯罪案件适用法律若干问题的意见》的有关规定。

三、关于跨境赌博共同犯罪的认定

(一)3人以上为实施开设赌场犯罪而组成的较为固定的犯罪组织,应当依法认定为赌博犯罪集团。对组织、领导犯罪集团的首要分子,按照集团所犯的全部罪行处罚。对犯罪集团中组织、指挥、策划者和骨干分子,应当依法从严惩处。

(二)明知他人实施开设赌场犯罪,为其提供场地、技术支持、资金、资金结算等服务的,以开设赌场罪的共犯论处。

(三)明知是赌博网站、应用程序,有下列情形之一的,以开设赌场罪的共犯论处:

1. 为赌博网站、应用程序提供软件开发、技术支持、互联网接入、服务器托管、网络存储空间、通讯传输通道、广告投放、会员发展、资金支付结算等服务的;

2. 为赌博网站、应用程序担任代理并发展玩家、会员、下线的。

为同一赌博网站、应用程序担任代理，既无上下级关系，又无犯意联络的，不构成共同犯罪。

（四）对受雇佣为赌场从事接送参赌人员、望风看场、发牌坐庄、兑换筹码、发送宣传广告等活动的人员及赌博网站、应用程序中与组织赌博活动无直接关联的一般工作人员，除参与赌场、赌博网站、应用程序利润分成或者领取高额固定工资的外，可以不追究刑事责任，由公安机关依法给予治安管理处罚。

四、关于跨境赌博关联犯罪的认定

（一）使用专门工具、设备或者其他手段诱使他人参赌，人为控制赌局输赢，构成犯罪的，依照刑法关于诈骗犯罪的规定定罪处罚。

网上开设赌场，人为控制赌局输赢，或者无法实现提现，构成犯罪的，依照刑法关于诈骗犯罪的规定定罪处罚。部分参赌者赢利、提现不影响诈骗犯罪的认定。

（二）通过开设赌场或者为国家工作人员参与赌博提供资金的形式实施行贿、受贿行为，构成犯罪的，依照刑法关于贿赂犯罪的规定定罪处罚。同时构成赌博犯罪的，应当依法与贿赂犯罪数罪并罚。

（三）实施跨境赌博犯罪，同时构成组织他人偷越国（边）境、运送他人偷越国（边）境、偷越国（边）境罪等罪的，应当依法数罪并罚。

（四）实施赌博犯罪，为强行索要赌债，实施故意杀人、故意伤害、非法拘禁、故意毁坏财物、寻衅滋事等行为，构成犯罪的，应当依法数罪并罚。

（五）为赌博犯罪提供资金、信用卡、资金结算等服务，构成赌博犯罪共犯，同时构成非法经营罪、妨害信用卡管理罪、窃取、收买、非法提供信用卡信息罪、掩饰、隐瞒犯罪所得、犯罪收益罪等罪的，依照处罚较重的规定定罪处罚。

为网络赌博犯罪提供互联网接入、服务器托管、网络存储、通讯传输等技术支持，或者提供广告推广、支付结算等帮助，构成赌博犯罪共犯，同时构成非法利用信息网络罪、帮助信息网络犯罪活动罪等罪的，依照处罚较重的规定定罪处罚。

为实施赌博犯罪，非法获取公民个人信息，或者向实施赌博犯罪者出售、提供公民个人信息，构成赌博犯罪共犯，同时构成侵犯公民个人信息罪的，依照处罚较重的规定定罪处罚。

五、关于跨境赌博犯罪赌资数额的认定及处理

赌博犯罪中用作赌注的款物、换取筹码的款物和通过赌博赢取的款物属于赌资。

通过网络实施开设赌场犯罪的，赌资数额可以依照开设赌场行为人在其实际控制账户内的投注金额，结合其他证据认定；如无法统计，可以按照查证属实的参赌人员实际参赌的资金额认定。

对于将资金直接或者间接兑换为虚拟货币、游戏道具等虚拟物品，并用其作为筹码投注的，赌资数额按照购买该虚拟物品所需资金数额或者实际支付资金数额认定。

对于开设赌场犯罪中主要用于接收、流转赌资的银行账户内的资金，犯罪嫌疑人、被告人不能说明合法来源的，可以认定为赌资。

公安机关、人民检察院已查封、扣押、冻结的赌资、赌博用具等涉案财物及孳息，应当制作清单。人民法院对随案移送的涉案财物，依法予以处理。赌资应当依法予以追缴。赌博违法所得、赌博用具以及赌博犯罪分子所有的专门用于赌博的财物等，应当依法予以追缴、没收。

六、关于跨境赌博犯罪案件的管辖

（一）跨境赌博犯罪案件一般由犯罪地公安机关立案侦查，由犯罪嫌疑人居住地公安机关立案侦查更为适宜的，可以由犯罪嫌疑人居住地公安机关立案侦查。犯罪地包括犯罪行为发生地和犯罪结果发生地。

跨境网络赌博犯罪地包括用于实施赌博犯罪行为的网络服务使用的服务器所在地,网络服务提供者所在地,犯罪嫌疑人、参赌人员使用的网络信息系统所在地,犯罪嫌疑人为网络赌博犯罪提供帮助的犯罪地等。

(二)多个公安机关都有权立案侦查的跨境赌博犯罪案件,由最初受理的公安机关或者主要犯罪地公安机关立案侦查。有争议的,应当按照有利于查清犯罪事实、有利于诉讼的原则,协商解决。经协商无法达成一致的,由共同上级公安机关指定有关公安机关立案侦查。

在境外实施的跨境赌博犯罪案件,由公安部商最高人民检察院和最高人民法院指定管辖。

(三)具有下列情形之一的,有关公安机关可以在其职责范围内并案侦查:

1. 1人犯数罪的;

2. 共同犯罪的;

3. 共同犯罪的犯罪嫌疑人实施其他犯罪的;

4. 多个犯罪嫌疑人实施的犯罪存在直接关联,并案处理有利于查明案件事实的。

(四)部分犯罪嫌疑人在逃,但不影响对已到案共同犯罪嫌疑人、被告人的犯罪事实认定的,可以依法先行追究已到案共同犯罪嫌疑人、被告人的刑事责任。

已确定管辖的跨境赌博共同犯罪案件,在逃的犯罪嫌疑人、被告人归案后,一般由原管辖的公安机关、人民检察院、人民法院管辖。

七、关于跨境赌博犯罪案件证据的收集和审查判断

(一)公安机关、人民检察院、人民法院在办理跨境赌博犯罪案件中应当注意对电子证据的收集、审查判断。公安机关应当遵守法定程序,遵循有关技术标准,全面、客观、及时收集、提取电子证据;人民检察院、人民法院应当围绕真实性、合法性、关联性审查判断电子证据。

公安机关、人民检察院、人民法院收集、提取、固定、移送、展示、审查、判断电子证据应当严格依照《最高人民法院、最高人民检察院、公安部关于办理刑事案件收集提取和审查判断电子数据若干问题的规定》《最高人民法院、最高人民检察院、公安部关于办理网络犯罪案件适用刑事诉讼程序若干问题的意见》的规定进行。

(二)公安机关采取技术侦查措施收集的证据材料,能够证明案件事实的,应当随案移送,并移送批准采取技术侦查措施的法律文书。

(三)依照国际条约、刑事司法协助、互助协议或者平等互助原则,请求证据材料所在地司法机关收集,或者通过国际警务合作机制、国际刑警组织启动合作取证程序收集的境外证据材料,公安机关应当对其来源、提取人、提取时间或者提供人、提供时间以及保管移交的过程等作出说明。

当事人及其辩护人、诉讼代理人提供的来自境外的证据材料,该证据材料应当经所在国公证机关证明,所在国中央外交主管机关或者其授权机关认证,并经我国驻该国使、领馆认证。未经证明、认证的,不能作为证据使用。

来自境外的证据材料,能够证明案件事实且符合刑事诉讼法及相关规定的,经查证属实,可以作为定案的根据。

八、关于跨境赌博犯罪案件宽严相济刑事政策的运用

人民法院、人民检察院、公安机关要深刻认识跨境赌博犯罪的严重社会危害性,正确贯彻宽严相济刑事政策,运用认罪认罚从宽制度,充分发挥刑罚的惩治和预防功能。对实施跨境赌博犯罪活动的被告人,应当在全面把握犯罪事实和量刑情节的基础上,依法从严惩处,并注重适用财产刑和追缴、没收等财产处置手段,最大限度剥夺被告人再犯的能力。

(一)实施跨境赌博犯罪,有下列情形之一的,酌情从重处罚:

1. 具有国家工作人员身份的;

2. 组织国家工作人员赴境外赌博的;

3. 组织、胁迫、引诱、教唆、容留未成年人参与赌博的;

4. 组织、招揽、雇佣未成年人参与实施跨境赌博犯罪的;

5. 采用限制人身自由等手段强迫他人赌博或者结算赌资,尚不构成其他犯罪的;

6. 因赌博活动致1人以上死亡、重伤或者3人以上轻伤,或者引发其他严重后果,尚不构成其他犯罪的;

7. 组织、招揽中华人民共和国公民赴境外多个国家、地区赌博的;

8. 因赌博、开设赌场曾被追究刑事责任或者二年内曾被行政处罚的。

(二)对于具有赌资数额大、共同犯罪的主犯、曾因赌博犯罪行为被追究刑事责任、悔罪表现不好等情形的犯罪嫌疑人、被告人,一般不适用不起诉、免予刑事处罚、缓刑。

(三)对实施赌博犯罪的被告人,应当加大财产刑的适用。对被告人并处罚金时,应当根据其在赌博犯罪中的地位作用、赌资、违法所得数额等情节决定罚金数额。

(四)犯罪嫌疑人、被告人提供重要证据,对侦破、查明重大跨境赌博犯罪案件起关键作用,经查证属实的,可以根据案件具体情况,依法从宽处理。

20.《中华人民共和国刑法修正案(11)》(2020年12月26日第十三届全国人大常委会第二十四次会议通过)

三十六、将刑法第303条修改为:"以营利为目的,聚众赌博或者以赌博为业的,处3年以下有期徒刑、拘役或者管制,并处罚金。

"开设赌场的,处5年以下有期徒刑、拘役或者管制,并处罚金;情节严重的,处5年以上10年以下有期徒刑,并处罚金。

"组织中华人民共和国公民参与国(境)外赌博,数额巨大或者有其他严重情节的,依照前款的规定处罚。"

(原条文:以营利为目的,聚众赌博或者以赌博为业的,处3年以下有期徒刑、拘役或者管制,并处罚金。

开设赌场的,处3年以下有期徒刑、拘役或者管制,并处罚金;情节严重的,处3年以上10年以下有期徒刑,并处罚金。)

21.最高人民法院《第26批指导性案例陈某豪、陈某娟、赵某海开设赌场案》(指导案例146号;法〔2020〕352号)

【裁判要点】

以"二元期权"交易的名义,在法定期货交易场所之外利用互联网招揽"投资者",以未来某段时间外汇品种的价格走势为交易对象,按照"买涨""买跌"确定盈亏,买对涨跌方向的"投资者"得利,买错的本金归网站(庄家)所有,盈亏结果不与价格实际涨跌幅度挂钩的,本质是"押大小、赌输赢",是披着期权交易外衣的赌博行为。对相关网站应当认定为赌博网站。

【裁判理由】

法院生效裁判认为,根据国务院2017年修订的《期货交易管理条例》第1条、第4条、第6条规定,期权合约是指期货交易场所统一制定的、规定买方有权在将来某一时间以特定价格买入或者卖出约定标的物的标准化合约。期货交易应当在期货交易所等法定期货交易场所进行,禁止期货交易场所之外进行期货交易。未经国务院或者国务院期货监督管理机构批准,任何单位或者个人不得以任何形式组织期货交易。简言之,期权是一种以股票、期货等品种的价格为标的,在法定期货交易场所进行交易的金融产品,在交易过程中需完成买卖双方权利的转移，具有规避价格风险、服务实体经济的功能。

龙汇“二元期权”的交易方法是下载市场行情接收软件和龙汇网站自制插件，会员选择外汇品种和时间段，点击“买涨”或“买跌”按钮完成交易，买对涨跌方向即可盈利交易金额的76%-78%，买错涨跌方向则本金即归网站（庄家）所有，盈亏结果与外汇交易品种涨跌幅度无关，实则是以未来某段时间外汇、股票等品种的价格走势为交易对象，以标的价格走势的涨跌决定交易者的财产损益，交易价格与盈亏幅度事前确定，盈亏结果与价格实际涨跌幅度不挂钩，交易者没有权利行使和转移环节，交易结果具有偶然性、投机性和射幸性。因此，龙汇“二元期权”与“押大小、赌输赢”的赌博行为本质相同，实为网络平台与投资者之间的对赌，是披着期权外衣的赌博行为。

被告人陈某豪在龙汇公司担任中国区域市场总监，从事日常事务协调管理，维护公司与经纪人关系，参加各地说明会、培训会并宣传龙汇“二元期权”，发展新会员和开拓新市场，符合《最高人民法院、最高人民检察院、公安部关于办理网络赌博犯罪案件适用法律若干问题的意见》（以下简称《意见》）第2条规定的明知是赌博网站，而为其提供投放广告、发展会员等服务的行为，构成开设赌场罪，其非法所得已达到《意见》第2条规定的“收取服务费数额在2万元以上的”5倍以上，应认定为开设赌场“情节严重”。但考虑到其犯罪事实、行为性质、在共同犯罪中的地位作用和从轻量刑情节，对其有期徒刑刑期予以酌减，对罚金刑依法予以维持。陈某娟、赵某海面向社会公众招揽赌客参加赌博，属于为赌博网站担任代理并接受投注行为，且行为具有组织性、持续性、开放性，构成开设赌场罪，并达到“情节严重”。原判认定陈淑娟、赵延海的罪名不当，二审依法改变其罪名，但根据上诉不加刑原则，维持一审对其量刑。

22. 最高人民检察院《人民检察院办理网络犯罪案件规定》（2021年1月22日）

（全文详见本书《刑法》第285条相关内容）

23. 最高人民法院《关于执行〈中华人民共和国刑法〉确定罪名的补充规定（7）》（法释〔2021〕2号）

（全文详见本书《刑法》第133条之二相关内容）

第304条 【故意延误投递邮件罪】 邮政工作人员严重不负责任，故意延误投递邮件，致使公共财产、国家和人民利益遭受重大损失的，处2年以下有期徒刑或者拘役。

• 释义

故意延误投递邮件罪是指邮政工作人员严重不负责任，故意延误投递邮件，致使公共财产、国家和人民利益遭受重大损失的行为。

根据相关司法解释，造成直接经济损失2万元以上，延误高校录取通知书或者其他重要邮件投递，致使他人失去高校录取资格或者造成其他无法挽回的重大损失，严重损害国家声誉或者造成其他恶劣社会影响等情形属“重大损失”。

• 管辖

公安机关治安管理部门；监察机关（公职人员行使公权力过程中发生的犯罪案件）。

• 立案追诉标准

邮政工作人员严重不负责任，故意延误投递邮件，涉嫌下列情形之一的，应予立案追诉：

（一）造成直接经济损失2万元以上的；

（二）延误高校录取通知书或者其他重要邮件投递，致使他人失去高校录取资格或者造成

其他无法挽回的重大损失的;

(三)严重损害国家声誉或者造成其他恶劣社会影响的;

(四)其他致使公共财产、国家和人民利益遭受重大损失的情形。

• 关联法律

最高人民检察院、公安部《关于公安机关管辖的刑事案件立案追诉标准的规定(1)》(公通字〔2008〕36号)第45条

(见本条立案追诉标准内容)

第二节　妨害司法罪

责任形式为故意。除第312条掩饰、隐瞒犯罪所得、犯罪所得收益罪有单位犯罪,其他皆为自然人犯罪。

第305条　【伪证罪】在刑事诉讼中,证人、鉴定人、记录人、翻译人对与案件有重要关系的情节,故意作虚假证明、鉴定、记录、翻译,意图陷害他人或者隐匿罪证的,处3年以下有期徒刑或者拘役;情节严重的,处3年以上7年以下有期徒刑。

• 释义

伪证罪是指在刑事诉讼中,证人、鉴定人、记录人、翻译人对与案件有重要关系的情节,故意作虚假证明、鉴定、记录、翻译,意图陷害他人或者隐匿罪证的行为。

• 管辖

公安机关刑事侦查部门。

第306条　【辩护人、诉讼代理人毁灭证据、伪造证据、妨害作证罪】在刑事诉讼中,辩护人、诉讼代理人毁灭、伪造证据,帮助当事人毁灭、伪造证据,威胁、引诱证人违背事实改变证言或者作伪证的,处3年以下有期徒刑或者拘役;情节严重的,处3年以上7年以下有期徒刑。

辩护人、诉讼代理人提供、出示、引用的证人证言或者其他证据失实,不是有意伪造的,不属于伪造证据。

• 释义

辩护人、诉讼代理人毁灭证据、伪造证据、妨害作证罪是指在刑事诉讼中,辩护人、诉讼代理人毁灭、伪造证据,帮助当事人毁灭、伪造证据,威胁、引诱证人违背事实改变证言或者作伪证的行为。辩护人、诉讼代理人提供、出示、引用的证人证言或者其他证据失实,不是有意伪造的,不属于伪造证据。

• 管辖

公安机关刑事侦查部门。

第307条 【妨害作证罪】 以暴力、威胁、贿买等方法阻止证人作证或者指使他人作伪证的,处3年以下有期徒刑或者拘役;情节严重的,处3年以上7年以下有期徒刑。

【帮助毁灭、伪造证据罪】 帮助当事人毁灭、伪造证据,情节严重的,处3年以下有期徒刑或者拘役。

司法工作人员犯前两款罪的,从重处罚。

● 释义

妨害作证罪是指以暴力、威胁、贿买等方法阻止证人作证或者指使他人作伪证的行为。司法工作人员犯本罪的,从重处罚。

帮助毁灭、伪造证据罪是指帮助诉讼活动的当事人毁灭、伪造证据,情节严重的行为。司法工作人员犯本罪的,从重处罚。

本罪中的"帮助"本身是实行行为,与共犯中的帮助犯不同。使用"帮助"一词是因为诉讼当事人毁灭、伪造证据不成立本罪,行为人是为当事人毁灭、伪造证据,才构成本罪的。

● 管辖

公安机关刑事侦查部门。

● 关联法律

1. 最高人民检察院研究室《关于通过伪造证据骗取法院民事裁判占有他人财物的行为如何适用法律问题的答复》(〔2002〕高检研发第18号)

山东省人民检察院研究室:

你院《关于通过伪造证据骗取法院民事裁决占有他人财物的行为能否构成诈骗罪的请示》(鲁检发研字〔2001〕第11号)收悉经研究答复如下:

以非法占有为目的,通过伪造证据骗取法院民事裁判占有他人财物的行为所侵害的主要是人民法院正常的审判活动可以由人民法院依照民事诉讼法的有关规定作出处理,不宜以诈骗罪追究行为人的刑事责任。如果行为人伪造证据时,实施了伪造公司、企业、事业单位、人民团体印章的行为,构成犯罪的,应当依照刑法第280条第2款的规定,以伪造公司、企业、事业单位、人民团体印章罪追究刑事责任;如果行为人有指使他人作伪证行为,构成犯罪的应当依照刑法第307条第1款的规定,以妨害作证罪追究刑事责任。

2. 公安部《关于伪造证据骗取法院民事裁判占有他人财物的行为如何适用法律的批复》(公经〔2007〕526号)

海南省公安厅经侦总队:

你总队《关于伪造证据骗取法院民事裁判占有他人财物的行为如何适用法律的请示》(琼公京〔2007〕55号)收悉。经研究,批复如下:

该问题在最高人民检察院法律政策研究室2002年10月24日发布的《关于通过伪造证据骗取法院民事裁判占有他人财物的行为如何适用法律问题的答复》中已经明确。2006年4月18日,最高人民法院研究室在给黑龙江省高级人民法院的答复中明确表示可参酌适用最高人民检察院法律政策研究室所做出的《答复》(《最高人民法院研究室关于伪造证据通过诉讼获取他人财物的行为如何适用法律问题的答复》,法研〔2006〕73号)。你总队在在协调、指导案件侦办时可参考两高的答复。

鉴于伪造证据骗取法院民事裁判占有他人财物的行为司法实践中有的法院对此类案件

以诈骗罪作出有罪判决，因此，是否构成犯罪还要依照刑法有关规定来认定。

3. 最高人民法院、最高人民检察院、公安部、司法部《关于办理恶势力刑事案件若干问题的意见》(法发〔2019〕10号)

(详见本书《刑法》第294条相关内容)

4. 最高人民法院、最高人民检察院、公安部、司法部《关于办理黑恶势力刑事案件中财产处置若干问题的意见》(2019年4月9日起施行)

(详见本书《刑法》第294条相关内容)

5. 最高人民法院、最高人民检察院、公安部、司法部《关于办理实施"软暴力"的刑事案件若干问题的意见》(2019年4月9日起施行)

(详见本书《刑法》第294条相关内容)

6. 最高人民法院、最高人民检察院、公安部、司法部《关于办理"套路贷"刑事案件若干问题的意见》(法发〔2019〕11号)

(详见本书《刑法》第294条相关内容)

7. 最高人民检察院《第25批指导性案例余某某等人重大劳动安全事故案》(检例第94号;2021年1月20日)

(全文详见本书《刑法》第134条相关内容)

第307条之一　【虚假诉讼罪】 以捏造的事实提起民事诉讼，妨害司法秩序或者严重侵害他人合法权益的，处3年以下有期徒刑、拘役或者管制，并处或者单处罚金；情节严重的，处3年以上7年以下有期徒刑，并处罚金。

单位犯前款罪的，对单位判处罚金，并对其直接负责的主管人员和其他直接责任人员，依照前款的规定处罚。

有第1款行为，非法占有他人财产或者逃避合法债务，又构成其他犯罪的，依照处罚较重的规定定罪从重处罚。

司法工作人员利用职权，与他人共同实施前3款行为的，从重处罚；同时构成其他犯罪的，依照处罚较重的规定定罪从重处罚。

(本条《中华人民共和国刑法修正案(9)》增加)

• 释义

虚假诉讼罪是指以捏造的事实提起民事诉讼，妨害司法秩序或者严重侵害他人合法权益的行为。本罪是行为犯，不需要有犯罪结果的发生；情节严重的犯罪结果只是本罪的加重处罚情节。

• 管辖

公安机关经济犯罪侦查部门。

• 立案追诉标准

单独或者与他人恶意串通，以捏造的事实提起民事诉讼，涉嫌下列情形之一的，应予立案追诉：

(一)致使人民法院基于捏造的事实采取财产保全或者行为保全措施的；

(二)致使人民法院开庭审理，干扰正常司法活动的；

(三)致使人民法院基于捏造的事实作出裁判文书、制作财产分配方案，或者立案执行基于捏造的事实作出的仲裁裁决、公证债权文书的；

（四）多次以捏造的事实提起民事诉讼的；

（五）因以捏造的事实提起民事诉讼被采取民事诉讼强制措施或者受过刑事追究的；

（六）其他妨害司法秩序或者严重侵害他人合法权益的情形。

• 关联法律

1. 最高人民法院《关于执行款物管理工作的规定》（法发〔2006〕11号；法发〔2017〕6号修订）

（详见本书《刑法》第276条之一内容）

2. 最高人民法院《关于公布失信被执行人名单信息的若干规定》（法释〔2013〕17号；法释〔2017〕7号修正）

为促使被执行人自觉履行生效法律文书确定的义务，推进社会信用体系建设，根据《中华人民共和国民事诉讼法》的规定，结合人民法院工作实际，制定本规定。

第1条 被执行人未履行生效法律文书确定的义务，并具有下列情形之一的，人民法院应当将其纳入失信被执行人名单，依法对其进行信用惩戒：

（一）有履行能力而拒不履行生效法律文书确定义务的；（二）以伪造证据、暴力、威胁等方法妨碍、抗拒执行的；（三）以虚假诉讼、虚假仲裁或者以隐匿、转移财产等方法规避执行的；（四）违反财产报告制度的；（五）违反限制消费令的；（六）无正当理由拒不履行执行和解协议的。

第2条 被执行人具有本规定第1条第2项至第6项规定情形的，纳入失信被执行人名单的期限为2年。被执行人以暴力、威胁方法妨碍、抗拒执行情节严重或具有多项失信行为的，可以延长1至3年。

失信被执行人积极履行生效法律文书确定义务或主动纠正失信行为的，人民法院可以决定提前删除失信信息。

第3条 具有下列情形之一的，人民法院不得依据本规定第1条第1项的规定将被执行人纳入失信被执行人名单：

（一）提供了充分有效担保的；（二）已被采取查封、扣押、冻结等措施的财产足以清偿生效法律文书确定债务的；（三）被执行人履行顺序在后，对其依法不应强制执行的；（四）其他不属于有履行能力而拒不履行生效法律文书确定义务的情形。

第4条 被执行人为未成年人的，人民法院不得将其纳入失信被执行人名单。

第5条 人民法院向被执行人发出的执行通知中，应当载明有关纳入失信被执行人名单的风险提示等内容。

申请执行人认为被执行人具有本规定第一条规定情形之一的，可以向人民法院申请将其纳入失信被执行人名单。人民法院应当自收到申请之日起15日内审查并作出决定。人民法院认为被执行人具有本规定第1条规定情形之一的，也可以依职权决定将其纳入失信被执行人名单。

人民法院决定将被执行人纳入失信被执行人名单的，应当制作决定书，决定书应当写明纳入失信被执行人名单的理由，有纳入期限的，应当写明纳入期限。决定书由院长签发，自作出之日起生效。决定书应当按照民事诉讼法规定的法律文书送达方式送达当事人。

第6条 记载和公布的失信被执行人名单信息应当包括：

（一）作为被执行人的法人或者其他组织的名称、统一社会信用代码（或组织机构代码）、法定代表人或者负责人姓名；（二）作为被执行人的自然人的姓名、性别、年龄、身份证号码；

（三）生效法律文书确定的义务和被执行人的履行情况；（四）被执行人失信行为的具体情形；（五）执行依据的制作单位和文号、执行案号、立案时间、执行法院；（六）人民法院认为应当记载和公布的不涉及国家秘密、商业秘密、个人隐私的其他事项。

第7条 各级人民法院应当将失信被执行人名单信息录入最高人民法院失信被执行人名单库，并通过该名单库统一向社会公布。

各级人民法院可以根据各地实际情况，将失信被执行人名单通过报纸、广播、电视、网络、法院公告栏等其他方式予以公布，并可以采取新闻发布会或者其他方式对本院及辖区法院实施失信被执行人名单制度的情况定期向社会公布。

第8条 人民法院应当将失信被执行人名单信息，向政府相关部门、金融监管机构、金融机构、承担行政职能的事业单位及行业协会等通报，供相关单位依照法律、法规和有关规定，在政府采购、招标投标、行政审批、政府扶持、融资信贷、市场准入、资质认定等方面，对失信被执行人予以信用惩戒。

人民法院应当将失信被执行人名单信息向征信机构通报，并由征信机构在其征信系统中记录。

国家工作人员、人大代表、政协委员等被纳入失信被执行人名单的，人民法院应当将失信情况通报其所在单位和相关部门。

国家机关、事业单位、国有企业等被纳入失信被执行人名单的，人民法院应当将失信情况通报其上级单位、主管部门或者履行出资人职责的机构。

第9条 不应纳入失信被执行人名单的公民、法人或其他组织被纳入失信被执行人名单的，人民法院应当在3个工作日内撤销失信信息。

记载和公布的失信信息不准确的，人民法院应当在3个工作日内更正失信信息。

第10条 具有下列情形之一的，人民法院应当在3个工作日内删除失信信息：

（一）被执行人已履行生效法律文书确定的义务或人民法院已执行完毕的；（二）当事人达成执行和解协议且已履行完毕的；（三）申请执行人书面申请删除失信信息，人民法院审查同意的；（四）终结本次执行程序后，通过网络执行查控系统查询被执行人财产两次以上，未发现有可供执行财产，且申请执行人或者其他人未提供有效财产线索的；（五）因审判监督或破产程序，人民法院依法裁定对失信被执行人中止执行的；（六）人民法院依法裁定不予执行的；（七）人民法院依法裁定终结执行的。

有纳入期限的，不适用前款规定。纳入期限届满后3个工作日内，人民法院应当删除失信信息。

依照本条第1款规定删除失信信息后，被执行人具有本规定第1条规定情形之一的，人民法院可以重新将其纳入失信被执行人名单。

依照本条第1款第3项规定删除失信信息后6个月内，申请执行人申请将该被执行人纳入失信被执行人名单的，人民法院不予支持。

第11条 被纳入失信被执行人名单的公民、法人或其他组织认为有下列情形之一的，可以向执行法院申请纠正：

（一）不应将其纳入失信被执行人名单的；（二）记载和公布的失信信息不准确的；（三）失信信息应予删除的。

第12条 公民、法人或其他组织对被纳入失信被执行人名单申请纠正的，执行法院应当自收到书面纠正申请之日起15日内审查，理由成立的，应当在3个工作日内纠正；理由不成立的，决定驳回。公民、法人或其他组织对驳回决定不服的，可以自决定书送达之日起10日内向上一级人民法院申请复议。上一级人民法院应当自收到复议申请之日起15日内作出决定。

复议期间,不停止原决定的执行。

第13条 人民法院工作人员违反本规定公布、撤销、更正、删除失信信息的,参照有关规定追究责任。

3.《中华人民共和国刑法修正案(9)》(2015年8月29日第十二届全国人大常委会第十六次会议通过)

三十五、在刑法第307条后增加1条,作为第307条之一:"以捏造的事实提起民事诉讼,妨害司法秩序或者严重侵害他人合法权益的,处3年以下有期徒刑、拘役或者管制,并处或者单处罚金;情节严重的,处3年以上7年以下有期徒刑,并处罚金。

"单位犯前款罪的,对单位判处罚金,并对其直接负责的主管人员和其他直接责任人员,依照前款的规定处罚。

"有第1款行为,非法占有他人财产或者逃避合法债务,又构成其他犯罪的,依照处罚较重的规定定罪从重处罚。

"司法工作人员利用职权,与他人共同实施前3款行为的,从重处罚;同时构成其他犯罪的,依照处罚较重的规定定罪从重处罚。"

4.最高人民法院《关于审理民间借贷案件适用法律若干问题的规定》(法释〔2015〕18号;法释〔2020〕6号第一次修正;法释〔2020〕17号第二次修正)

(详见本书《刑法》第176条相关内容)

5.最高人民法院《关于〈中华人民共和国刑法修正案(9)〉时间效力问题的解释》(法释〔2015〕19号)

第7条 对于2015年10月31日以前以捏造的事实提起民事诉讼,妨害司法秩序或者严重侵害他人合法权益,根据修正前刑法应当以伪造公司、企业、事业单位、人民团体印章罪或者妨害作证罪等追究刑事责任的,适用修正前刑法的有关规定。但是,根据修正后刑法第307条之一的规定处刑较轻的,适用修正后刑法的有关规定。

实施第1款行为,非法占有他人财产或者逃避合法债务,根据修正前刑法应当以诈骗罪、职务侵占罪或者贪污罪等追究刑事责任的,适用修正前刑法的有关规定。(全文详见本书《刑法》第12条相关内容)

6.最高人民法院、最高人民检察院《关于执行〈中华人民共和国刑法〉确定罪名的补充规定(6)》(法释〔2015〕20号)

根据《中华人民共和国刑法修正案(9)》(以下简称《刑法修正案(9)》)和《全国人民代表大会常务委员会关于修改部分法律的决定》的有关规定,现对最高人民法院《关于执行〈中华人民共和国刑法〉确定罪名的规定》、最高人民检察院《关于适用刑法分则规定的犯罪的罪名的意见》作如下补充、修改:刑法条文第307条之一(《刑法修正案(9)》第35条),罪名虚假诉讼罪。

7.最高人民法院《关于防范和制裁虚假诉讼的指导意见》(法发〔2016〕13号)

当前,民事商事审判领域存在的虚假诉讼现象,不仅严重侵害案外人合法权益,破坏社会诚信,也扰乱了正常的诉讼秩序,损害司法权威和司法公信力,人民群众对此反映强烈。各级人民法院对此要高度重视,努力探索通过多种有效措施防范和制裁虚假诉讼行为。

1.虚假诉讼一般包含以下要素:

(一)以规避法律、法规或国家政策谋取非法利益为目的;(二)双方当事人存在恶意串通;(三)虚构事实;(四)借用合法的民事程序;(五)侵害国家利益、社会公共利益或者案外人的合法权益。

2. 实践中，要特别注意以下情形：

（一）当事人为夫妻、朋友等亲近关系或者关联企业等共同利益关系；（二）原告诉请司法保护的标的额与其自身经济状况严重不符；（三）原告起诉所依据的事实和理由明显不符合常理；（四）当事人双方无实质性民事权益争议；（五）案件证据不足，但双方仍然主动迅速达成调解协议，并请求人民法院出具调解书。

3. 各级人民法院应当在立案窗口及法庭张贴警示宣传标识，同时在“人民法院民事诉讼风险提示书”中明确告知参与虚假诉讼应当承担的法律责任，引导当事人依法行使诉权，诚信诉讼。

4. 在民间借贷、离婚析产、以物抵债、劳动争议、公司分立（合并）、企业破产等虚假诉讼高发领域的案件审理中，要加大证据审查力度。对可能存在虚假诉讼的，要适当加大依职权调查取证力度。

5. 涉嫌虚假诉讼的，应当传唤当事人本人到庭，就有关案件事实接受询问。除法定事由外，应当要求证人出庭作证。要充分发挥民事诉讼法司法解释有关当事人和证人签署保证书规定的作用，探索当事人和证人宣誓制度。

6. 诉讼中，一方对另一方提出的于己不利的事实明确表示承认，且不符合常理的，要做进一步查明，慎重认定。查明的事实与自认的事实不符的，不予确认。

7. 要加强对调解协议的审查力度。对双方主动达成调解协议并申请人民法院出具调解书的，应当结合案件基础事实，注重审查调解协议是否损害国家利益、社会公共利益或者案外人的合法权益；对人民调解协议司法确认案件，要按照民事诉讼法司法解释要求，注重审查基础法律关系的真实性。

8. 在执行公证债权文书和仲裁裁决书、调解书等法律文书过程中，对可能存在双方恶意串通、虚构事实的，要加大实质审查力度，注重审查相关法律文书是否损害国家利益、社会公共利益或者案外人的合法权益。如果存在上述情形，应当裁定不予执行。必要时，可向仲裁机构或者公证机关发出司法建议。

9. 加大公开审判力度，增加案件审理的透明度。对与案件处理结果可能存在法律上利害关系的，可适当依职权通知其参加诉讼，避免其民事权益受到损害，防范虚假诉讼行为。

10. 在第3人撤销之诉、案外人执行异议之诉、案外人申请再审等案件审理中，发现已经生效的裁判涉及虚假诉讼的，要及时予以纠正，保护案外人诉权和实体权利；同时也要防范有关人员利用上述法律制度，制造虚假诉讼，损害原诉讼中合法权利人利益。

11. 经查明属于虚假诉讼，原告申请撤诉的，不予准许，并应当根据民事诉讼法第112条的规定，驳回其请求。

12. 对虚假诉讼参与人，要适度加大罚款、拘留等妨碍民事诉讼强制措施的法律适用力度；虚假诉讼侵害他人民事权益的，虚假诉讼参与人应当承担赔偿责任；虚假诉讼违法行为涉嫌虚假诉讼罪、诈骗罪、合同诈骗罪等刑事犯罪的，民事审判部门应当依法将相关线索和有关案件材料移送侦查机关。

13. 探索建立虚假诉讼失信人名单制度。将虚假诉讼参与人列入失信人名单，逐步开展与现有相关信息平台和社会信用体系接轨工作，加大制裁力度。

14. 人民法院工作人员参与虚假诉讼的，要依照法官法、法官职业道德基本准则和法官行为规范等规定，从严处理。

15. 诉讼代理人参与虚假诉讼的，要依法予以制裁，并应当向司法行政部门、律师协会或者行业协会发出司法建议。

16. 鉴定机构、鉴定人参与虚假诉讼的，可以根据情节轻重，给予鉴定机构、鉴定人训诫、责令退还鉴定费用、从法院委托鉴定专业机构备选名单中除名等制裁，并应当向司法行政部门或者行业协会发出司法建议。

17. 要积极主动与有关部门沟通协调，争取支持配合，探索建立多部门协调配合的综合治理机制。要通过向社会公开发布虚假诉讼典型案例等多种形式，震慑虚假诉讼违法行为。

18. 各级人民法院要及时组织干警学习了解中央和地方的各项经济社会政策，充分预判有可能在司法领域反映出来的虚假诉讼案件类型，也可以采取典型案例分析、审判业务交流、庭审观摩等多种形式，提高甄别虚假诉讼的司法能力。

8. 最高人民法院《关于民事执行中财产调查若干问题的规定》(法释〔2017〕8号；法释〔2020〕21号修正)

为规范民事执行财产调查，维护当事人及利害关系人的合法权益，根据《中华人民共和国民事诉讼法》等法律的规定，结合执行实践，制定本规定。

第1条 执行过程中，申请执行人应当提供被执行人的财产线索；被执行人应当如实报告财产；人民法院应当通过网络执行查控系统进行调查，根据案件需要应当通过其他方式进行调查的，同时采取其他调查方式。

第2条 申请执行人提供被执行人财产线索，应当填写财产调查表。财产线索明确、具体的，人民法院应当在7日内调查核实；情况紧急的，应当在3日内调查核实。财产线索确实的，人民法院应当及时采取相应的执行措施。

申请执行人确因客观原因无法自行查明财产的，可以申请人民法院调查。

第3条 人民法院依申请执行人的申请或依职权责令被执行人报告财产情况的，应当向其发出报告财产令。金钱债权执行中，报告财产令应当与执行通知同时发出。

人民法院根据案件需要再次责令被执行人报告财产情况的，应当重新向其发出报告财产令。

第4条 报告财产令应当载明下列事项：

(一)提交财产报告的期限；(二)报告财产的范围、期间；(三)补充报告财产的条件及期间；(四)违反报告财产义务应承担的法律责任；(五)人民法院认为有必要载明的其他事项。

报告财产令应附财产调查表，被执行人必须按照要求逐项填写。

第5条 被执行人应当在报告财产令载明的期限内向人民法院书面报告下列财产情况：

(一)收入、银行存款、现金、理财产品、有价证券；(二)土地使用权、房屋等不动产；(三)交通运输工具、机器设备、产品、原材料等动产；(四)债权、股权、投资权益、基金份额、信托受益权、知识产权等财产性权利；(五)其他应当报告的财产。

被执行人的财产已出租、已设立担保物权等权利负担，或者存在共有、权属争议等情形的，应当一并报告；被执行人的动产由第三人占有，被执行人的不动产、特定动产、其他财产权等登记在第三人名下的，也应当一并报告。

被执行人在报告财产令载明的期限内提交书面报告确有困难的，可以向人民法院书面申请延长期限；申请有正当理由的，人民法院可以适当延长。

第6条 被执行人自收到执行通知之日前1年至提交书面财产报告之日，其财产情况发生下列变动的，应当将变动情况一并报告：

(一)转让、出租财产的；(二)在财产上设立担保物权等权利负担的；(三)放弃债权或延长债权清偿期的；(四)支出大额资金的；(五)其他影响生效法律文书确定债权实现的财产变动。

第7条 被执行人报告财产后，其财产情况发生变动，影响申请执行人债权实现的，应当自财产变动之日起10日内向人民法院补充报告。

第8条 对被执行人报告的财产情况,人民法院应当及时调查核实,必要时可以组织当事人进行听证。

申请执行人申请查询被执行人报告的财产情况的,人民法院应当准许。申请执行人及其代理人对查询过程中知悉的信息应当保密。

第9条 被执行人拒绝报告、虚假报告或者无正当理由逾期报告财产情况的,人民法院可以根据情节轻重对被执行人或者其法定代理人予以罚款、拘留;构成犯罪的,依法追究刑事责任。

人民法院对有前款规定行为之一的单位,可以对其主要负责人或者直接责任人员予以罚款、拘留;构成犯罪的,依法追究刑事责任。

第10条 被执行人拒绝报告、虚假报告或者无正当理由逾期报告财产情况的,人民法院应当依照相关规定将其纳入失信被执行人名单。

第11条 有下列情形之一的,财产报告程序终结:

(一)被执行人履行完毕生效法律文书确定义务的;(二)人民法院裁定终结执行的;(三)人民法院裁定不予执行的;(四)人民法院认为财产报告程序应当终结的其他情形。

发出报告财产令后,人民法院裁定终结本次执行程序的,被执行人仍应依照本规定第7条的规定履行补充报告义务。

第12条 被执行人未按执行通知履行生效法律文书确定的义务,人民法院有权通过网络执行查控系统、现场调查等方式向被执行人、有关单位或个人调查被执行人的身份信息和财产信息,有关单位和个人应当依法协助办理。

人民法院对调查所需资料可以复制、打印、抄录、拍照或以其他方式进行提取、留存。

申请执行人申请查询人民法院调查的财产信息的,人民法院可以根据案件需要决定是否准许。申请执行人及其代理人对查询过程中知悉的信息应当保密。

第13条 人民法院通过网络执行查控系统进行调查,与现场调查具有同等法律效力。

人民法院调查过程中作出的电子法律文书与纸质法律文书具有同等法律效力;协助执行单位反馈的电子查询结果与纸质反馈结果具有同等法律效力。

第14条 被执行人隐匿财产、会计账簿等资料拒不交出的,人民法院可以依法采取搜查措施。

人民法院依法搜查时,对被执行人可能隐匿财产或者资料的处所、箱柜等,经责令被执行人开启而拒不配合的,可以强制开启。

第15条 为查明被执行人的财产情况和履行义务的能力,可以传唤被执行人或被执行人的法定代表人、负责人、实际控制人、直接责任人员到人民法院接受调查询问。

对必须接受调查询问的被执行人、被执行人的法定代表人、负责人或者实际控制人,经依法传唤无正当理由拒不到场的,人民法院可以拘传其到场;上述人员下落不明的,人民法院可以依照相关规定通知有关单位协助查找。

第16条 人民法院对已经办理查封登记手续的被执行人机动车、船舶、航空器等特定动产未能实际扣押的,可以依照相关规定通知有关单位协助查找。

第17条 作为被执行人的法人或非法人组织不履行生效法律文书确定的义务,申请执行人认为其有拒绝报告、虚假报告财产情况,隐匿、转移财产等逃避债务情形或者其股东、出资人有出资不实、抽逃出资等情形的,可以书面申请人民法院委托审计机构对该被执行人进行审计。人民法院应当自收到书面申请之日起10日内决定是否准许。

第18条 人民法院决定审计的,应当随机确定具备资格的审计机构,并责令被执行人提交会计凭证、会计账簿、财务会计报告等与审计事项有关的资料。

被执行人隐匿审计资料的，人民法院可以依法采取搜查措施。

第19条 被执行人拒不提供、转移、隐匿、伪造、篡改、毁弃审计资料，阻挠审计人员查看业务现场或者有其他妨碍审计调查行为的，人民法院可以根据情节轻重对被执行人或其主要负责人、直接责任人员予以罚款、拘留；构成犯罪的，依法追究刑事责任。

第20条 审计费用由提出审计申请的申请执行人预交。被执行人存在拒绝报告或虚假报告财产情况，隐匿、转移财产或者其他逃避债务情形的，审计费用由被执行人承担；未发现被执行人存在上述情形的，审计费用由申请执行人承担。

第21条 被执行人不履行生效法律文书确定的义务，申请执行人可以向人民法院书面申请发布悬赏公告查找可供执行的财产。申请书应当载明下列事项：

（一）悬赏金的数额或计算方法；（二）有关人员提供人民法院尚未掌握的财产线索，使该申请执行人的债权得以全部或部分实现时，自愿支付悬赏金的承诺；（三）悬赏公告的发布方式；（四）其他需要载明的事项。

人民法院应当自收到书面申请之日起10日内决定是否准许。

第22条 人民法院决定悬赏查找财产的，应当制作悬赏公告。悬赏公告应当载明悬赏金的数额或计算方法、领取条件等内容。

悬赏公告应当在全国法院执行悬赏公告平台、法院微博或微信等媒体平台发布，也可以在执行法院公告栏或被执行人住所地、经常居住地等处张贴。申请执行人申请在其他媒体平台发布，并自愿承担发布费用的，人民法院应当准许。

第23条 悬赏公告发布后，有关人员向人民法院提供财产线索的，人民法院应当对有关人员的身份信息和财产线索进行登记；两人以上提供相同财产线索的，应当按照提供线索的先后顺序登记。

人民法院对有关人员的身份信息和财产线索应当保密，但为发放悬赏金需要告知申请执行人的除外。

第24条 有关人员提供人民法院尚未掌握的财产线索，使申请发布悬赏公告的申请执行人的债权得以全部或部分实现的，人民法院应当按照悬赏公告发放悬赏金。

悬赏金从前款规定的申请执行人应得的执行款中予以扣减。特定物交付执行或者存在其他无法扣减情形的，悬赏金由该申请执行人另行支付。

有关人员为申请执行人的代理人、有义务向人民法院提供财产线索的人员或者存在其他不应发放悬赏金情形的，不予发放。

第25条 执行人员不得调查与执行案件无关的信息，对调查过程中知悉的国家秘密、商业秘密和个人隐私应当保密。

第26条 本规定自2017年5月1日起施行。

本规定施行后，本院以前公布的司法解释与本规定不一致的，以本规定为准。

9. 最高人民法院、最高人民检察院《关于办理虚假诉讼刑事案件适用法律若干问题的解释》（法释〔2018〕17号）

为依法惩治虚假诉讼犯罪活动，维护司法秩序，保护公民、法人和其他组织合法权益，根据《中华人民共和国刑法》《中华人民共和国刑事诉讼法》《中华人民共和国民事诉讼法》等法律规定，现就办理此类刑事案件适用法律的若干问题解释如下：

第1条 采取伪造证据、虚假陈述等手段，实施下列行为之一，捏造民事法律关系，虚构民事纠纷，向人民法院提起民事诉讼的，应当认定为刑法第307条之一第1款规定的“以捏造的事实提起民事诉讼”：

（一）与夫妻一方恶意串通，捏造夫妻共同债务的；（二）与他人恶意串通，捏造债权债务关系和以物抵债协议的;(三)与公司、企业的法定代表人、董事、监事、经理或者其他管理人员恶意串通,捏造公司、企业债务或者担保义务的;(四)捏造知识产权侵权关系或者不正当竞争关系的;(五)在破产案件审理过程中申报捏造的债权的;(六)与被执行人恶意串通,捏造债权或者对查封、扣押、冻结财产的优先权、担保物权的;(七)单方或者与他人恶意串通,捏造身份、合同、侵权、继承等民事法律关系的其他行为。

隐瞒债务已经全部清偿的事实,向人民法院提起民事诉讼,要求他人履行债务的,以"以捏造的事实提起民事诉讼"论。

向人民法院申请执行基于捏造的事实作出的仲裁裁决、公证债权文书,或者在民事执行过程中以捏造的事实对执行标的提出异议、申请参与执行财产分配的,属于刑法第307条之一第1款规定的"以捏造的事实提起民事诉讼"。

第2条 以捏造的事实提起民事诉讼,有下列情形之一的,应当认定为刑法第307条之一第1款规定的"妨害司法秩序或者严重侵害他人合法权益":

(一)致使人民法院基于捏造的事实采取财产保全或者行为保全措施的;(二)致使人民法院开庭审理,干扰正常司法活动的;(三)致使人民法院基于捏造的事实作出裁判文书、制作财产分配方案,或者立案执行基于捏造的事实作出的仲裁裁决、公证债权文书的;(四)多次以捏造的事实提起民事诉讼的;(五)曾因以捏造的事实提起民事诉讼被采取民事诉讼强制措施或者受过刑事追究的;(六)其他妨害司法秩序或者严重侵害他人合法权益的情形。

第3条 以捏造的事实提起民事诉讼,有下列情形之一的,应当认定为刑法第307条之一第1款规定的"情节严重":

(一)有本解释第2条第1项情形,造成他人经济损失100万元以上的;(二)有本解释第2条第2项至第4项情形之一,严重干扰正常司法活动或者严重损害司法公信力的;(三)致使义务人自动履行生效裁判文书确定的财产给付义务或者人民法院强制执行财产权益,数额达到100万元以上的;(四)致使他人债权无法实现,数额达到100万元以上的;(五)非法占有他人财产,数额达到10万元以上的;(六)致使他人因为不执行人民法院基于捏造的事实作出的判决、裁定,被采取刑事拘留、逮捕措施或者受到刑事追究的;(七)其他情节严重的情形。

第4条 实施刑法第307条之一第1款行为,非法占有他人财产或者逃避合法债务,又构成诈骗罪,职务侵占罪,拒不执行判决、裁定罪,贪污罪等犯罪的,依照处罚较重的规定定罪从重处罚。

第5条 司法工作人员利用职权,与他人共同实施刑法第307条之一前3款行为的,从重处罚;同时构成滥用职权罪,民事枉法裁判罪,执行判决、裁定滥用职权罪等犯罪的,依照处罚较重的规定定罪从重处罚。

第6条 诉讼代理人、证人、鉴定人等诉讼参与人与他人通谋,代理提起虚假民事诉讼、故意作虚假证言或者出具虚假鉴定意见,共同实施刑法第307条之一前3款行为的,依照共同犯罪的规定定罪处罚;同时构成妨害作证罪,帮助毁灭、伪造证据罪等犯罪的,依照处罚较重的规定定罪从重处罚。

第7条 采取伪造证据等手段篡改案件事实,骗取人民法院裁判文书,构成犯罪的,依照刑法第280条、第307条等规定追究刑事责任。

第8条 单位实施刑法第307条之一第1款行为的,依照本解释规定的定罪量刑标准,对其直接负责的主管人员和其他直接责任人员定罪处罚,并对单位判处罚金。

第9条 实施刑法第307条之一第1款行为,未达到情节严重的标准,行为人系初犯,在民事诉讼过程中自愿具结悔过,接受人民法院处理决定,积极退赃、退赔的,可以认定为犯罪情节轻微,不起诉或者免予刑事处罚;确有必要判处刑罚的,可以从宽处罚。

司法工作人员利用职权,与他人共同实施刑法第307条之一第1款行为的,对司法工作人员不适用本条第1款规定。

第10条 虚假诉讼刑事案件由虚假民事诉讼案件的受理法院所在地或者执行法院所在地人民法院管辖。有刑法第307条之一第4款情形的,上级人民法院可以指定下级人民法院将案件移送其他人民法院审判。

第11条 本解释所称裁判文书,是指人民法院依照民事诉讼法、企业破产法等民事法律作出的判决、裁定、调解书、支付令等文书。

第12条 本解释自2018年10月1日起施行。

10. 最高人民检察院《第14批指导性案例广州乙置业公司等骗取支付令执行虚假诉讼监督案》(检例第52号;2019年5月21日)

【要旨】

当事人恶意串通、虚构债务,骗取法院支付令,并在执行过程中通谋达成和解协议,通过以物抵债的方式侵占国有资产,损害司法秩序,构成虚假诉讼。检察机关对此类案件应当依法进行监督,充分发挥法律监督职能,维护司法秩序,保护国有资产。

【指导意义】

1. 虚构债务骗取支付令成为民事虚假诉讼的一种表现形式,应当加强法律监督。民事诉讼法规定的督促程序,旨在使债权人便捷高效地获得强制执行依据,解决纠纷。司法实践中,有的当事人正是利用法院发出支付令以形式审查为主、实质问题不易被发现的特点,恶意串通、虚构债务骗取支付令并获得执行,侵害其他民事主体的合法权益。本案乙置业公司与丙实业公司、丁果园场恶意串通、虚构债务申请支付令,构成虚假诉讼。由于法院在发出支付令时无需经过诉讼程序,仅对当事人提供的事实、证据进行形式审查,因此,骗取支付令的虚假诉讼案件通常具有一定的隐蔽性,检察机关应当加强对此类案件的监督,充分发挥法律监督职能。

2. 办理虚假诉讼案件重点围绕捏造事实行为进行审查。虚假诉讼通常以捏造的事实启动民事诉讼程序,检察机关应当以此为重点内容开展调查核实工作。本案办理过程中,办案组通过调阅张某刑事案件卷宗材料掌握案情,以刑事案件中固定的证据作为本案办理的突破口;通过重点审查涉案公司的企业法人营业执照、公司章程、公司登记申请书、股东会决议等工商资料,确认丙实业公司和丁果园场均由甲农工商公司设立,均系全民所有制企业,名下房产属于国有财产,上述公司的主要班子成员存在交叉任职等事实;通过调取报税资料、会计账册、资金代管协议等档案材料发现,乙置业公司没有自有流动运营资金和业务,其资金来源于代管的甲农工商公司资金;通过调取银行流水清单,发现丁果园场在借款到账后即以"往来款"名义划付至案外人账户,案外人随即将等额资金划还至乙置业公司,查明了借款资金流转的情况。一系列事实和证据均指向当事人存在恶意串通、虚构债务骗取支付令的行为。

3. 发现和办理虚假诉讼案件,检察机关应当形成整体合力。虚假诉讼不仅侵害其他民事主体的合法权益,影响经济社会生活秩序,更对司法公信力、司法秩序造成严重侵害,检察机关应当形成整体合力,加大法律监督力度。检察机关各业务部门在履行职责过程中发现民事虚假诉讼线索的,均应及时向民事检察部门移送;并积极探索建立各业务部门之间的线索双向移送、反馈机制,线索共享、信息互联机制。本案即是检察机关在办理刑事案件过程中发现可能存在民事虚假诉讼线索,民事检察部门由此进行深入调查的典型案例。(仅收录部分内容)

11. 最高人民检察院《第14批指导性案例武汉乙投资公司等骗取调解书虚假诉讼监督案》(检例第53号;2019年5月21日)

【要旨】

伪造证据、虚构事实提起诉讼,骗取人民法院调解书,妨害司法秩序、损害司法权威,不仅可能损害他人合法权益,而且损害国家和社会公共利益的,构成虚假诉讼。检察机关办理此类虚假诉讼监督案件,应当从交易和诉讼中的异常现象出发,追踪利益流向,查明当事人之间的通谋行为,确认是否构成虚假诉讼,依法予以监督。

【指导意义】

1. 对于虚假诉讼形成的其他民事主体的合法权益,影响经济社会生活秩序,更对司法公信力、司法秩序造成严重侵害,检察机关应当形成整体合力,加大法律监督力度。检察机关各业务部门在履行职责过程中发现民事虚假诉讼线索的,均应及时向民事检察部门移送;并积极探索建立各业务部门之间的线索双向移送、反馈机制,线索共享、信息互联机制。本案即是检察机关在办理刑事案件过程中发现可能存在民事虚假诉讼线索,民事检察部门由此进行深入调查的典型案例民事调解书,检察机关应当依法监督。虚假诉讼的民事调解有其特殊性,此类案件以调解书形式出现,从外表看是当事人在处分自己的民事权利义务,与他人无关。但其实质是当事人利用调解书形式达到了某种非法目的,获得了某种非法利益,或者损害了他人的合法权益。当事人这种以调解形式达到非法目的或获取非法利益的行为,利用了人民法院的审判权,从实质上突破了调解各方私益的范畴,所处分和损害的利益已不仅仅是当事人的私益,还妨碍司法秩序,损害司法权威,侵害国家和社会公共利益,应当依法监督。对于此类虚假民事调解,检察机关可以依照民事诉讼法的相关规定提出抗诉。

2. 注重对案件中异常现象的调查核实,查明虚假诉讼的真相。检察机关对办案中发现的异于常理的现象要进行调查,这些异常既包括交易的异常,也包括诉讼的异常。例如,合同约定和合同履行明显不符合交易惯例和常识,可能存在通谋的;案件的立、审、执较之同地区同类型案件异常迅速的;庭审过程明显缺乏对抗性,双方当事人在诉讼过程对主张的案件事实和证据高度一致等。检察机关要敏锐捕捉异常现象,有针对性运用调查核实措施,还案件事实以本来面目。(仅收录部分内容)

12. 最高人民检察院《第 14 批指导性案例陕西甲实业公司等公证执行虚假诉讼监督案》(检例第 54 号;2019 年 5 月 21 日)

【要旨】

当事人恶意串通、捏造事实,骗取公证文书并申请法院强制执行,侵害他人合法权益,损害司法秩序和司法权威,构成虚假诉讼。检察机关对此类虚假诉讼应当依法监督,规范非诉执行行为,维护司法秩序和社会诚信。

【指导意义】

1. 利用虚假公证申请法院强制执行是民事虚假诉讼的一种表现形式,应当加强检察监督。对债权文书赋予强制执行效力是法律赋予公证机关的特殊职能,经赋强公证的债权文书,可以不经诉讼直接成为人民法院的执行依据。近年来,对虚假债权文书进行公证的行为时有发生,一些当事人与他人恶意串通,对虚假的赠与合同、买卖合同,或抵偿债务协议进行公证,并申请法院强制执行,以达到转移财产、逃避债务的目的。本案中,甲实业公司与郗某等七人捏造虚假借款事实申请公证,并向人民法院申请强制执行、参与执行财产分配就属于此类情形,不仅损害了案外人的合法债权,同时也损害了诉讼秩序和司法公正,影响社会诚信。本案中,检察机关和公安机关已经查实系虚假公证,由检察机关建议人民法院不予执行较之利害关系人申请公证机关撤销公证更有利于保护债权人合法权益。

2. 加强对执行公证债权文书等非诉执行行为的监督,促进公证活动依法有序开展。根据《公证法》规定,公证机关应当对当事人的身份、申请办理该项公证的资格以及相应的权利;提供的文书内容是否完备,含义是否清晰,签名、印鉴是否齐全;提供的证明材料是否真实、合法、充分;申请公证的事项是否真实、合法等内容进行审查。检察机关在对人民法院执行公证债权文书等非诉执行行为进行监督时，如果发现公证机关未依照法律规定程序和要求进行公证的，应当建议公证机关予以纠正。（仅收录部分内容）

13. 最高人民检察院《第 14 批指导性案例福建王某兴等人劳动仲裁执行虚假诉讼监督案》（检例第 55 号；2019 年 5 月 21 日）

【要旨】

为从执行款项中优先受偿，当事人伪造证据将普通债权债务关系虚构为劳动争议申请劳动仲裁，获取仲裁裁决或调解书，据此向人民法院申请强制执行，构成虚假诉讼。检察机关对此类虚假诉讼行为应当依法进行监督。

【指导意义】

1. 以虚假劳动仲裁申请执行是民事虚假诉讼的一种情形，应当加强检察监督。在清算、破产和执行程序中，立法和司法对职工工资债权给予了优先保护：在公司清算程序中职工工资优先支付；在破产程序中职工工资属于优先受偿债权；在执行程序中追索劳动报酬优先考虑。正是由于立法和司法的优先保护，有的债权人为实现自身普通债权优先受偿的目的，与债务人甚至仲裁员恶意串通，伪造证据，捏造拖欠劳动报酬的事实申请劳动仲裁，获取仲裁文书向人民法院申请执行。检察机关在对人民法院执行仲裁裁决书、调解书的活动进行法律监督时，应重点审查是否存在虚假仲裁行为，对查实为虚假仲裁的，应建议法院终结执行，防止执行款错误分配。注重加强与仲裁机构及其主管部门的沟通，共同防范虚假仲裁行为。

2. 办理虚假诉讼监督案件，应当保持对线索的高度敏感性。虚假诉讼案件的表面事实和证据与真实情况往往具有较大差距，当事人之间利益纠葛复杂，多存在通谋，检察机关要敏于发现案件线索，充分做好调查核实工作。本案中，检察人员在执行监督活动中发现虚假仲裁线索，及时开展调查核实工作，认真审查当事人之间的身份关系、户籍信息、经济往来等事项，分析当事人的从业、居住等情况，有步骤地开展调查工作，夯实证据基础，最终查清虚假劳动仲裁的事实。

3. 检察机关在办理虚假诉讼案件中，发现仲裁活动违法的，应当依法进行监督。根据《仲裁法》及《劳动争议调解仲裁法》的规定，仲裁裁决被撤销的法定情形包括：仲裁庭组成或者仲裁程序违反法定程序，裁决所根据的证据系伪造，对方当事人隐瞒了足以影响公正裁决的证据，仲裁员在仲裁该案时有索贿受贿，徇私舞弊，枉法裁决行为等。根据《人民检察院检察建议工作规定》，人民检察院可以直接向本院所办理案件的涉案单位、本级有关主管机关以及其他有关单位提出检察建议。检察机关在办理虚假诉讼案件中，发现仲裁裁决虚假的，应当依法发出检察建议要求纠正；发现仲裁员涉嫌枉法仲裁犯罪的，依法移送犯罪线索。（仅收录部分内容）

14. 最高人民检察院《第 14 批指导性案例江西熊某等交通事故保险理赔虚假诉讼监督案》（检例第 56 号；2019 年 5 月 21 日）

【要旨】

假冒原告名义提起诉讼，采取伪造证据、虚假陈述等手段，取得法院生效裁判文书，非法获取保险理赔款，构成虚假诉讼。检察机关在履行职责过程中发现虚假诉讼案件线索，应当强化线索发现和调查核实的能力，查明违法事实，纠正错误裁判。

【指导意义】

检察机关办理民事虚假诉讼监督案件，应当强化线索发现和调查核实的能力。虚假诉讼具有较强的隐蔽性和欺骗性，仅从诉讼活动表面难以甄别，要求检察人员在履职过程中有敏锐的线索发现意识。本案中，就线索发现而言，检察人员注重把握了以下几个方面：一是庭审过程的异常，"原告代理人"或无法发表意见，或陈述、抗辩前后矛盾；二是案件材料和证据异常,熊某工作证明与其基本情况、履历明显不符;三是调解结案异常,甲保险公司二审中并未提交新的证据,“原告代理人”为了迅速达成调解协议,主动提出减少保险赔偿数额,不符合常理。以发现的异常情况为线索,开展深入的调查核实工作,是突破案件瓶颈的关键。根据案件具体情况,可以综合运用询问有关当事人或者知情人,查阅、调取、复制相关法律文书或者证据材料、案卷材料,查询财务账目、银行存款记录,勘验、鉴定、审计以及向有关部门进行专业咨询等调查措施。同时,应主动加强与公安机关、人民法院、司法行政部门的沟通协作。本案中,检察机关及时移送刑事犯罪案件线索,通过公安机关侦查取证手段,查实了周某虚假诉讼的事实。(仅收录部分内容)

15. 最高人民法院、最高人民检察院、公安部《关于依法办理“碰瓷”违法犯罪案件的指导意见》(公通字〔2020〕12号)

一、实施“碰瓷”,虚构事实、隐瞒真相,骗取赔偿,符合刑法第266条规定的,以诈骗罪定罪处罚;骗取保险金,符合刑法第198条规定的,以保险诈骗罪定罪处罚。

实施“碰瓷”,捏造人身、财产权益受到侵害的事实,虚构民事纠纷,提起民事诉讼,符合刑法第307条之一规定的,以虚假诉讼罪定罪处罚;同时构成其他犯罪的,依照处罚较重的规定定罪从重处罚。

九、共同故意实施“碰瓷”犯罪,起主要作用的,应当认定为主犯,对其参与或者组织、指挥的全部犯罪承担刑事责任;起次要或者辅助作用的,应当认定为从犯,依法予以从轻、减轻处罚或者免除处罚。

3人以上为共同故意实施“碰瓷”犯罪而组成的较为固定的犯罪组织,应当认定为犯罪集团。对首要分子应当按照集团所犯全部罪行处罚。

符合黑恶势力认定标准的,应当按照黑社会性质组织、恶势力或者恶势力犯罪集团侦查、起诉、审判。(全文详见本书《刑法》第133条相关内容)

16. 最高人民检察院《第22批指导性案例林某彬等人组织、领导、参加黑社会性质组织案》(检例第84号;2020年11月24日)

(详见本书《刑法》第294条相关内容)

17. 最高人民检察院《第23批指导性案例李某俊等“套路贷”虚假诉讼案》(检例第87号;2020年12月3日)

【要旨】

检察机关办理涉及“套路贷”案件时,应当查清是否存在通过虚假诉讼行为实现非法利益的情形。对虚假诉讼中涉及的民事判决、裁定、调解协议书等,应当依法开展监督。针对办案中发现的非法金融活动和监管漏洞,应当运用检察建议等方式,促进依法整治并及时堵塞行业监管漏洞。

【指导意义】

(一)刑民检察协同,加强涉黑涉恶犯罪中“套路贷”行为的审查。检察机关在办理涉黑涉恶案件存在“套路贷”行为时,应当注重强化刑事检察和民事检察职能协同。既充分发挥刑事检察职能,严格审查追诉犯罪,又发挥民事检察职能,以发现的异常案件线索为基础,开展关联案件的研判分析,并予以精准监督。刑事检察和民事检察联动,形成监督合力,加大打击黑恶犯罪力度,提升法律监督质效。

(二)办理“套路贷”案件要注重审查是否存在虚假诉讼行为。对涉黑涉恶案件中存在“套路贷”行为的,检察机关应当注重审查是否存在通过虚假诉讼手段实现“套路贷”非法利益的情形。对此,可围绕案件中是否存在疑似职业放贷人,借贷合同是否为统一格式,原告提供的证据形式是否不合常理,被告是否缺席判决等方面进行审查。发现虚假诉讼严重损害当事人利益,妨害司法秩序的,应当依职权启动监督,及时纠正错误判决、裁定和调解协议书。

(三)综合运用多种手段促进金融行业治理。针对办案中发现的非法金融活动、行业监管漏洞、诚信机制建设等问题,检察机关应当分析监管缺位的深层次原因,注重运用检察建议等方式,促进行业监管部门建章立制、堵塞管理漏洞。同时,还应当积极会同纪委监委、法院、公安、金融监管、市场监管等单位建立金融风险联防联惩体系,形成监管合力和打击共识。对所发现的倾向性、苗头性问题,可以通过联席会议的方式,加强研判,建立健全信息共享、线索移送、案件协查等工作机制,促进从源头上铲除非法金融活动的滋生土壤。

18. 最高人民法院、最高人民检察院、公安部、司法部《关于进一步加强虚假诉讼犯罪惩治工作的意见》(法发〔2021〕10号)

第1章 总 则

第1条 为了进一步加强虚假诉讼犯罪惩治工作,维护司法公正和司法权威,保护自然人、法人和非法人组织的合法权益,促进社会诚信建设,根据《中华人民共和国刑法》《中华人民共和国刑事诉讼法》《中华人民共和国民事诉讼法》和《最高人民法院、最高人民检察院关于办理虚假诉讼刑事案件适用法律若干问题的解释》等规定,结合工作实际,制定本意见。

第2条 本意见所称虚假诉讼犯罪,是指行为人单独或者与他人恶意串通,采取伪造证据、虚假陈述等手段,捏造民事案件基本事实,虚构民事纠纷,向人民法院提起民事诉讼,妨害司法秩序或者严重侵害他人合法权益,依照法律应当受刑罚处罚的行为。

第3条 人民法院、人民检察院、公安机关、司法行政机关应当按照法定职责分工负责、配合协作,加强沟通协调,在履行职责过程中发现可能存在虚假诉讼犯罪的,应当及时相互通报情况,共同防范和惩治虚假诉讼犯罪。

第2章 虚假诉讼犯罪的甄别和发现

第4条 实施《最高人民法院、最高人民检察院关于办理虚假诉讼刑事案件适用法律若干问题的解释》第1条第1款、第2款规定的捏造事实行为,并有下列情形之一的,应当认定为刑法第307条之一第1款规定的"以捏造的事实提起民事诉讼":

(一)提出民事起诉的;(二)向人民法院申请宣告失踪、宣告死亡,申请认定公民无民事行为能力、限制民事行为能力,申请认定财产无主,申请确认调解协议,申请实现担保物权,申请支付令,申请公示催告的;(三)在民事诉讼过程中增加独立的诉讼请求、提出反诉,有独立请求权的第三人提出与本案有关的诉讼请求的;(四)在破产案件审理过程中申报债权的;(五)案外人申请民事再审的;(六)向人民法院申请执行仲裁裁决、公证债权文书的;(七)案外人在民事执行过程中对执行标的提出异议,债权人在民事执行过程中申请参与执行财产分配的;(八)以其他手段捏造民事案件基本事实,虚构民事纠纷,提起民事诉讼的。

第5条 对于下列虚假诉讼犯罪易发的民事案件类型,人民法院、人民检察院在履行职责过程中应当予以重点关注:

(一)民间借贷纠纷案件;(二)涉及房屋限购、机动车配置指标调控的以物抵债案件;(三)以离婚诉讼一方当事人为被告的财产纠纷案件;(四)以已经资不抵债或者已经被作为被执行人的自然人、法人和非法人组织为被告的财产纠纷案件;(五)以拆迁区划范围内的自然人为当事人的离婚、分家析产、继承、房屋买卖合同纠纷案件;(六)公司分立、合并和企业破产纠纷案件;(七)劳动争议案件;(八)涉及驰名商标认定的案件;(九)其他需要重点关注的民事案件。

第6条 民事诉讼当事人有下列情形之一的,人民法院、人民检察院在履行职责过程中

应当依法严格审查,及时甄别和发现虚假诉讼犯罪:

(一)原告起诉依据的事实、理由不符合常理,存在伪造证据、虚假陈述可能的;(二)原告诉请司法保护的诉讼标的额与其自身经济状况严重不符的;(三)在可能影响案外人利益的案件中,当事人之间存在近亲属关系或者关联企业等共同利益关系的;(四)当事人之间不存在实质性民事权益争议和实质性诉辩对抗的;(五)一方当事人对于另一方当事人提出的对其不利的事实明确表示承认,且不符合常理的;(六)认定案件事实的证据不足,但双方当事人主动迅速达成调解协议,请求人民法院制作调解书的;(七)当事人自愿以价格明显不对等的财产抵付债务的;(八)民事诉讼过程中存在其他异常情况的。

第7条 民事诉讼代理人、证人、鉴定人等诉讼参与人有下列情形之一的,人民法院、人民检察院在履行职责过程中应当依法严格审查,及时甄别和发现虚假诉讼犯罪:

(一)诉讼代理人违规接受对方当事人或者案外人给付的财物或者其他利益,与对方当事人或者案外人恶意串通,侵害委托人合法权益的;(二)故意提供虚假证据,指使、引诱他人伪造、变造证据、提供虚假证据或者隐匿、毁灭证据的;(三)采取其他不正当手段干扰民事诉讼活动正常进行的。

第3章 线索移送和案件查处

第8条 人民法院、人民检察院、公安机关发现虚假诉讼犯罪的线索来源包括:

(一)民事诉讼当事人、诉讼代理人和其他诉讼参与人、利害关系人、其他自然人、法人和非法人组织的报案、控告、举报和法律监督申请;(二)被害人有证据证明对被告人通过实施虚假诉讼行为侵犯自己合法权益的行为应当依法追究刑事责任,且有证据证明曾经提出控告,而公安机关或者人民检察院不予追究被告人刑事责任,向人民法院提出的刑事自诉;(三)人民法院、人民检察院、公安机关、司法行政机关履行职责过程中主动发现;(四)有关国家机关移送的案件线索;(五)其他线索来源。

第9条 虚假诉讼刑事案件由相关虚假民事诉讼案件的受理法院所在地或者执行法院所在地人民法院管辖。有刑法第307条之一第4款情形的,上级人民法院可以指定下级人民法院将案件移送其他人民法院审判。

前款所称相关虚假民事诉讼案件的受理法院,包括该民事案件的一审、二审和再审法院。

虚假诉讼刑事案件的级别管辖,根据刑事诉讼法的规定确定。

第10条 人民法院、人民检察院向公安机关移送涉嫌虚假诉讼犯罪案件,应当附下列材料:

(一)案件移送函,载明移送案件的人民法院或者人民检察院名称、民事案件当事人名称和案由、所处民事诉讼阶段、民事案件办理人及联系电话等。案件移送函应当附移送材料清单和回执,经人民法院或者人民检察院负责人批准后,加盖人民法院或者人民检察院公章;(二)移送线索的情况说明,载明案件来源、当事人信息、涉嫌虚假诉讼犯罪的事实、法律依据等,并附相关证据材料;(三)与民事案件有关的诉讼材料,包括起诉书、答辩状、庭审笔录、调查笔录、谈话笔录等。

人民法院、人民检察院应当指定专门职能部门负责涉嫌虚假诉讼犯罪案件的移送。

人民法院将涉嫌虚假诉讼犯罪案件移送公安机关的,同时将有关情况通报同级人民检察院。

第11条 人民法院、人民检察院认定民事诉讼当事人和其他诉讼参与人的行为涉嫌虚假诉讼犯罪,除民事诉讼当事人、其他诉讼参与人或者案外人的陈述、证言外,一般还应有物证、书证或者其他证人证言等证据相印证。

第12条 人民法院、人民检察院将涉嫌虚假诉讼犯罪案件有关材料移送公安机关的,接受案件的公安机关应当出具接受案件的回执或者在案件移送函所附回执上签收。

公安机关收到有关材料后,分别作出以下处理:

(一)认为移送的案件材料不全的,应当在收到有关材料之日起3日内通知移送的人民法院或者人民检察院在3日内补正。不得以材料不全为由不接受移送案件;(二)认为有犯罪事实,需要追究刑事责任的,应当在收到有关材料之日起30日内决定是否立案,并通知移送的人民法院或者人民检察院;(三)认为有犯罪事实,但是不属于自己管辖的,应当立即报经县级以上公安机关负责人批准,在24小时内移送有管辖权的机关处理,并告知移送的人民法院或者人民检察院。对于必须采取紧急措施的,应当先采取紧急措施,然后办理手续,移送主管机关;(四)认为没有犯罪事实,或者犯罪情节显著轻微不需要追究刑事责任的,或者具有其他依法不追究刑事责任情形的,经县级以上公安机关负责人批准,不予立案,并应当说明理由,制作不予立案通知书在3日内送达移送的人民法院或者人民检察院,退回有关材料。

第13条 人民检察院依法对公安机关的刑事立案实行监督。

人民法院对公安机关的不予立案决定有异议的,可以建议人民检察院进行立案监督。

第4章 程序衔接

第14条 人民法院向公安机关移送涉嫌虚假诉讼犯罪案件,民事案件必须以相关刑事案件的审理结果为依据的,应当依照民事诉讼法第150条第1款第5项的规定裁定中止诉讼。刑事案件的审理结果不影响民事诉讼程序正常进行的,民事案件应当继续审理。

第15条 刑事案件裁判认定民事诉讼当事人的行为构成虚假诉讼犯罪,相关民事案件尚在审理或者执行过程中的,作出刑事裁判的人民法院应当及时函告审理或者执行该民事案件的人民法院。

人民法院对于与虚假诉讼刑事案件的裁判存在冲突的已经发生法律效力的民事判决、裁定、调解书,应当及时依法启动审判监督程序予以纠正。

第16条 公安机关依法自行立案侦办虚假诉讼刑事案件的,应当在立案后3日内将立案决定书等法律文书和相关材料复印件抄送对相关民事案件正在审理、执行或者作出生效裁判文书的人民法院并说明立案理由,同时通报办理民事案件人民法院的同级人民检察院。对相关民事案件正在审理、执行或者作出生效裁判文书的人民法院应当依法审查,依照相关规定做出处理,并在收到材料之日起30日内将处理意见书面通报公安机关。

公安机关在办理刑事案件过程中,发现犯罪嫌疑人还涉嫌实施虚假诉讼犯罪的,可以一并处理。需要逮捕犯罪嫌疑人的,由侦查该案件的公安机关提请同级人民检察院审查批准;需要提起公诉的,由侦查该案件的公安机关移送同级人民检察院审查决定。

第17条 有管辖权的公安机关接受民事诉讼当事人、诉讼代理人和其他诉讼参与人、利害关系人、其他自然人、法人和非法人组织的报案、控告、举报或者在履行职责过程中发现存在虚假诉讼犯罪嫌疑的,可以开展调查核实工作。经县级以上公安机关负责人批准,公安机关可以依照有关规定拷贝电子卷或者查阅、复制、摘录人民法院的民事诉讼卷宗,人民法院予以配合。

公安机关在办理刑事案件过程中,发现犯罪嫌疑人还涉嫌实施虚假诉讼犯罪的,适用前款规定。

第18条 人民检察院发现已经发生法律效力的判决、裁定、调解书系民事诉讼当事人通过虚假诉讼获得的,应当依照民事诉讼法第208条第1款、第2款等法律和相关司法解释的规定,向人民法院提出再审检察建议或者抗诉。

第19条 人民法院对人民检察院依照本意见第18条的规定提出再审检察建议或者抗诉的民事案件,应当依照民事诉讼法等法律和相关司法解释的规定处理。按照审判监督程序决定再审、需要中止执行的,裁定中止原判决、裁定、调解书的执行。

第20条 人民检察院办理民事诉讼监督案件过程中,发现存在虚假诉讼犯罪嫌疑的,可以向民事诉讼当事人或者案外人调查核实有关情况。有关单位和个人无正当理由拒不配合调查核实、妨害民事诉讼的,人民检察院可以建议有关人民法院依照民事诉讼法第111条第1款第5项等规定处理。

人民检察院针对存在虚假诉讼犯罪嫌疑的民事诉讼监督案件依照有关规定调阅人民法院的民事诉讼卷宗的,人民法院予以配合。通过拷贝电子卷、查阅、复制、摘录等方式能够满足办案需要的,可以不调阅诉讼卷宗。

人民检察院发现民事诉讼监督案件存在虚假诉讼犯罪嫌疑的,可以听取人民法院原承办人的意见。

第21条 对于存在虚假诉讼犯罪嫌疑的民事案件,人民法院可以依职权调查收集证据。

当事人自认的事实与人民法院、人民检察院依职权调查并经审理查明的事实不符的,人民法院不予确认。

第5章 责任追究

第22条 对于故意制造、参与虚假诉讼犯罪活动的民事诉讼当事人和其他诉讼参与人,人民法院应当加大罚款、拘留等对妨害民事诉讼的强制措施的适用力度。

民事诉讼当事人、其他诉讼参与人实施虚假诉讼,人民法院向公安机关移送案件有关材料前,可以依照民事诉讼法的规定先行予以罚款、拘留。

对虚假诉讼刑事案件被告人判处罚金、有期徒刑或者拘役的,人民法院已经依照民事诉讼法的规定给予的罚款、拘留,应当依法折抵相应罚金或者刑期。

第23条 人民检察院可以建议人民法院依照民事诉讼法的规定,对故意制造、参与虚假诉讼的民事诉讼当事人和其他诉讼参与人采取罚款、拘留等强制措施。

第24条 司法工作人员利用职权参与虚假诉讼的,应当依照法律法规从严处理;构成犯罪的,依法从严追究刑事责任。

第25条 司法行政机关、相关行业协会应当加强对律师、基层法律服务工作者、司法鉴定人、公证员、仲裁员的教育和管理,发现上述人员利用职务之便参与虚假诉讼的,应当依照规定进行行政处罚或者行业惩戒;构成犯罪的,依法移送司法机关处理。律师、基层法律服务工作者、司法鉴定人、公证员、仲裁员利用职务之便参与虚假诉讼的,依照有关规定从严追究法律责任。

人民法院、人民检察院、公安机关在办理案件过程中,发现律师、基层法律服务工作者、司法鉴定人、公证员、仲裁员利用职务之便参与虚假诉讼,尚未构成犯罪的,可以向司法行政机关、相关行业协会或者上述人员所在单位发出书面建议。司法行政机关、相关行业协会或者上述人员所在单位应当在收到书面建议之日起3个月内作出处理决定,并书面回复作出书面建议的人民法院、人民检察院或者公安机关。

第6章 协作机制

第26条 人民法院、人民检察院、公安机关、司法行政机关探索建立民事判决、裁定、调解书等裁判文书信息共享机制和信息互通数据平台,综合运用信息化手段发掘虚假诉讼违法犯罪线索,逐步实现虚假诉讼违法犯罪案件信息、数据共享。

第27条 人民法院、人民检察院、公安机关、司法行政机关落实"谁执法谁普法"的普法责任制要求,通过定期开展法治宣传、向社会公开发布虚假诉讼典型案例、开展警示教育等形式,增强全社会对虚假诉讼违法犯罪的防范意识,震慑虚假诉讼违法犯罪。

第7章 附 则

第28条 各省、自治区、直辖市高级人民法院、人民检察院、公安机关、司法行政机关可以根据本地区实际情况,制定实施细则。

第29条 本意见自2021年3月10日起施行。

19. 最高人民检察院、公安部《关于公安机关管辖的刑事案件立案追诉标准的规定(2)》(公通字〔2022〕12号) 第78条

(见本条立案追诉标准内容)

第308条 【打击报复证人罪】对证人进行打击报复的,处3年以下有期徒刑或者拘役;情节严重的,处3年以上7年以下有期徒刑。

• 释义

打击报复证人罪是指对证人进行打击报复的行为。

• 管辖

公安机关刑事侦查部门。

第308条之一 【泄露不应公开的案件信息罪】司法工作人员、辩护人、诉讼代理人或者其他诉讼参与人,泄露依法不公开审理的案件中不应当公开的信息,造成信息公开传播或者其他严重后果的,处3年以下有期徒刑、拘役或者管制,并处或者单处罚金。

有前款行为,泄露国家秘密的,依照本法第398条的规定定罪处罚。【故意泄露国家秘密罪;过失泄露国家秘密罪(第398条)】

【披露、报道不应公开的案件信息罪】公开披露、报道第1款规定的案件信息,情节严重的,依照第1款的规定处罚。

单位犯前款罪的,对单判处罚金,并对其直接负责的主管人员和其他直接责任人员,依照第1款的规定处罚。

(本条《中华人民共和国刑法修正案(9)》增加)

• 释义

泄露不应公开的案件信息罪是指司法工作人员、辩护人、诉讼代理人或者其他诉讼参与人,泄露依法不公开审理的案件中不应当公开的信息,造成信息公开传播或者其他严重后果的行为。

披露、报道不应公开的案件信息罪是指公开披露、报道第1款规定的案件信息,情节严重的行为。本罪没有主体限制,在自媒体条件下,任何个人或者单位都可以构成本罪。

• 管辖

公安机关刑事侦查部门、监察机关(公职人员行使公权力过程中发生的犯罪案件)。

• 关联法律

1.《中华人民共和国刑法修正案(9)》(2015年8月29日第十二届全国人大常委会第十六次会议通过)

三十六、在刑法第308条后增加1条,作为第308条之一:"司法工作人员、辩护人、诉讼代理人或者其他诉讼参与人,泄露依法不公开审理的案件中不应当公开的信息,造成信息公开传播或者其他严重后果的,处3年以下有期徒刑、拘役或者管制,并处或者单处罚金。

"有前款行为,泄露国家秘密的,依照本法第398条的规定定罪处罚。

"公开披露、报道第1款规定的案件信息,情节严重的,依照第1款的规定处罚。

"单位犯前款罪的,对单位判处罚金,并对其直接负责的主管人员和其他直接责任人员,依照第1款的规定处罚。"

2. 最高人民法院、最高人民检察院《关于执行〈中华人民共和国刑法〉确定罪名的补充规定(6)》(法释〔2015〕20号)

根据《中华人民共和国刑法修正案(9)》(以下简称《刑法修正案(9)》)和《全国人民代表大会常务委员会关于修改部分法律的决定》的有关规定,现对最高人民法院《关于执行〈中华人民共和国刑法〉确定罪名的规定》、最高人民检察院《关于适用刑法分则规定的犯罪的罪名的意见》作如下补充、修改:刑法条文第308条之一第1款(《刑法修正案(9)》第36条第1款),罪名泄露不应公开的案件信息罪;第308条之一第3款(《刑法修正案(九)》第36条第3款),罪名披露、报道不应公开的案件信息罪。

第309条 【扰乱法庭秩序罪】 有下列扰乱法庭秩序情形之一的,处3年以下有期徒刑、拘役、管制或者罚金:

(一)聚众哄闹、冲击法庭的;

(二)殴打司法工作人员或者诉讼参与人的;

(三)侮辱、诽谤、威胁司法工作人员或者诉讼参与人,不听法庭制止,严重扰乱法庭秩序的;

(四)有毁坏法庭设施,抢夺、损毁诉讼文书、证据等扰乱法庭秩序行为,情节严重的。

(本条《中华人民共和国刑法修正案(9)》修改)

• 释义

扰乱法庭秩序罪是指有下列扰乱法庭秩序情形之一的行为:

(一)聚众哄闹、冲击法庭的;

(二)殴打司法工作人员或者诉讼参与人的;

(三)侮辱、诽谤、威胁司法工作人员或者诉讼参与人,不听法庭制止,严重扰乱法庭秩序的;

(四)有毁坏法庭设施,抢夺、损毁诉讼文书、证据等扰乱法庭秩序行为,情节严重的。

• 管辖

公安机关刑事侦查部门。

• 关联法律

《中华人民共和国刑法修正案(9)》(2015年8月29日第十二届全国人大常委会第十六次会议通过)

三十七、将刑法第309条修改为:"有下列扰乱法庭秩序情形之一的,处3年以下有期徒刑、拘役、管制或者罚金:(一)聚众哄闹、冲击法庭的;(二)殴打司法工作人员或者诉讼参与人的;(三)侮辱、诽谤、威胁司法工作人员或者诉讼参与人,不听法庭制止,严重扰乱法庭秩序的;(四)有毁坏法庭设施,抢夺、损毁诉讼文书、证据等扰乱法庭秩序行为,情节严重的。"

(原条文:聚众哄闹、冲击法庭,或者殴打司法工作人员,严重扰乱法庭秩序的,处3年以下有期徒刑、拘役、管制或者罚金)

第310条 【窝藏、包庇罪】 明知是犯罪的人而为其提供隐藏处所、财物,帮助其逃匿或者作假证明包庇的,处3年以下有期徒刑、拘役或者管制;情节严重的,处3年以上10年以下有期徒刑。

犯前款罪,事前通谋的,以共同犯罪论处。

• 释义

窝藏、包庇罪是指明知是犯罪的人而为其提供隐藏处所、财物,帮助其逃匿或者明知是犯罪的人而作假证明包庇的行为。本罪为选择性罪名,具体包括窝藏罪和包庇罪。

犯本罪,事前通谋的,以共同犯罪论处。

• 管辖

公安机关刑事侦查部门。

• 关联法律

1. 最高人民法院《关于窝藏、包庇罪中"事前通谋的,以共同犯罪论处"如何理解的请示答复》(1986年1月15日)

被最高人民法院《关于废止1980年1月1日至1997年6月30日期间发布的部分司法解释和司法解释性质文件(第九批)的决定》(法释〔2013〕2号)废止。

2. 最高人民法院《关于取保候审的被告人逃匿如何追究保证人责任问题的批复》(法[研]复〔1989〕4号)

被最高人民法院《关于废止1980年1月1日至1997年6月30日期间发布的部分司法解释和司法解释性质文件(第九批)的决定》(法释〔2013〕2号)废止。

3. 最高人民法院、最高人民检察院《关于办理组织、强迫、引诱、容留、介绍卖淫刑事案件适用法律若干问题的解释》(法释〔2017〕13号)

第14条 根据刑法第362条、第310条的规定,旅馆业、饮食服务业、文化娱乐业、出租汽车业等单位的人员,在公安机关查处卖淫、嫖娼活动时,为违法犯罪分子通风报信,情节严重的,以包庇罪定罪处罚。事前与犯罪分子通谋的,以共同犯罪论处。

具有下列情形之一的,应当认定为刑法第362条规定的"情节严重":

(一)向组织、强迫卖淫犯罪集团通风报信的;(二)2年内通风报信3次以上的;(三)1年内因通风报信被行政处罚,又实施通风报信行为的;(四)致使犯罪集团的首要分子或者其他共同犯罪的主犯未能及时归案的;(五)造成卖淫嫖娼人员逃跑,致使公安机关查处犯罪行为因取证困难而撤销刑事案件的;(六)非法获利人民币1万元以上的;(七)其他情节严重的情形。(全文详见本书《刑法》第358条相关内容)

4. 最高人民法院、最高人民检察院《关于办理窝藏、包庇刑事案件适用法律若干问题的解释》(法释〔2021〕16号)

为依法惩治窝藏、包庇犯罪,根据《中华人民共和国刑法》《中华人民共和国刑事诉讼法》的有关规定,结合司法工作实际,现就办理窝藏、包庇刑事案件适用法律的若干问题解释如下:

第1条 明知是犯罪的人,为帮助其逃匿,实施下列行为之一的,应当依照刑法第310条第1款的规定,以窝藏罪定罪处罚:

(一)为犯罪的人提供房屋或者其他可以用于隐藏的处所的;(二)为犯罪的人提供车辆、船只、航空器等交通工具,或者提供手机等通讯工具的;(三)为犯罪的人提供金钱的;(四)其他为犯罪的人提供隐藏处所、财物,帮助其逃匿的情形。

保证人在犯罪的人取保候审期间,协助其逃匿,或者明知犯罪的人的藏匿地点、联系方式,但拒绝向司法机关提供的,应当依照刑法第310条第1款的规定,对保证人以窝藏罪定罪处罚。

虽然为犯罪的人提供隐藏处所、财物,但不是出于帮助犯罪的人逃匿的目的,不以窝藏罪定罪处罚;对未履行法定报告义务的行为人,依法移送有关主管机关给予行政处罚。

第2条 明知是犯罪的人,为帮助其逃避刑事追究,或者帮助其获得从宽处罚,实施下列行为之一的,应当依照刑法第310条第1款的规定,以包庇罪定罪处罚:

(一)故意顶替犯罪的人欺骗司法机关的;(二)故意向司法机关作虚假陈述或者提供虚假证明,以证明犯罪的人没有实施犯罪行为,或者犯罪的人所实施行为不构成犯罪的;(三)故意向司法机关提供虚假证明,以证明犯罪的人具有法定从轻、减轻、免除处罚情节的;(四)其他作假证明包庇的行为。

第3条 明知他人有间谍犯罪或者恐怖主义、极端主义犯罪行为,在司法机关向其调查有关情况、收集有关证据时,拒绝提供,情节严重的,依照刑法第310条的规定,以拒绝提供间谍犯罪、恐怖主义犯罪、极端主义犯罪证据罪定罪处罚;作假证明包庇的,依照刑法第310条的规定,以包庇罪从重处罚。

第4条 窝藏、包庇犯罪的人,具有下列情形之一的,应当认定为刑法第310条第1款规定的"情节严重":

(一)被窝藏、包庇的人可能被判处无期徒刑以上刑罚的;(二)被窝藏、包庇的人犯危害国家安全犯罪、恐怖主义或者极端主义犯罪,或者系黑社会性质组织犯罪的组织者、领导者,且可能被判处10年有期徒刑以上刑罚的;(三)被窝藏、包庇的人系犯罪集团的首要分子,且可能被判处10年有期徒刑以上刑罚的;(四)被窝藏、包庇的人在被窝藏、包庇期间再次实施故意犯罪,且新罪可能被判处5年有期徒刑以上刑罚的;(五)多次窝藏、包庇犯罪的人,或者窝藏、包庇多名犯罪的人的;(六)其他情节严重的情形。

前款所称"可能被判处"刑罚,是指根据被窝藏、包庇的人所犯罪行,在不考虑自首、立功、认罪认罚等从宽处罚情节时应当依法判处的刑罚。

第5条 认定刑法第310条第1款规定的"明知",应当根据案件的客观事实,结合行为人的认知能力,接触被窝藏、包庇的犯罪人的情况,以及行为人和犯罪人的供述等主、客观因素进行认定。

行为人将犯罪的人所犯之罪误认为其他犯罪的,不影响刑法第310条第1款规定的"明知"的认定。

行为人虽然实施了提供隐藏处所、财物等行为,但现有证据不能证明行为人知道犯罪的人实施了犯罪行为的,不能认定为刑法第310条第1款规定的"明知"。

第6条 认定窝藏、包庇罪,以被窝藏、包庇的人的行为构成犯罪为前提。

被窝藏、包庇的人实施的犯罪事实清楚,证据确实、充分,但尚未到案、尚未依法裁判或者因不具有刑事责任能力依法未予追究刑事责任的,不影响窝藏、包庇罪的认定。但是,被窝藏、包庇的人归案后被宣告无罪的,应当依照法定程序宣告窝藏、包庇行为人无罪。

第7条 为帮助同一个犯罪的人逃避刑事处罚,实施窝藏、包庇行为,又实施洗钱行为,或者掩饰、隐瞒犯罪所得及其收益行为,或者帮助毁灭证据行为,或者伪证行为的,依照处罚较重的犯罪定罪,并从重处罚,不实行数罪并罚。

第8条 共同犯罪人之间互相实施的窝藏、包庇行为,不以窝藏、包庇罪定罪处罚,但对共同犯罪以外的犯罪人实施窝藏、包庇行为的,以所犯共同犯罪和窝藏、包庇罪并罚。

第9条 本解释自2021年8月11日起施行。

第311条 【拒绝提供间谍犯罪、恐怖主义犯罪、极端主义犯罪证据罪】 明知他人有间谍犯罪或者恐怖主义、极端主义犯罪行为,在司法机关向其调查有关情况、收集有关证据时,拒绝提供,情节严重的,处3年以下有期徒刑、拘役或者管制。

(本条《中华人民共和国刑法修正案(9)》修改)

• 释义

拒绝提供间谍犯罪、恐怖主义犯罪、极端主义犯罪证据罪是指明知他人有间谍犯罪或者恐怖主义、极端主义犯罪行为,在司法机关向其调查有关情况、收集有关证据时,拒绝提供,情节严重的行为。本罪是选择性罪名。

• 管辖

公安机关政治安全保卫部门、反恐怖部门。

• 关联法律

1.《中华人民共和国反间谍法》(2014年11月1日第十二届全国人大常委会第十一次会议通过;1993年2月22日第七届全国人大常委会第三十次会议通过的《中华人民共和国国家安全法》同时废止)

第29条 明知他人有间谍犯罪行为,在国家安全机关向其调查有关情况、收集有关证据时,拒绝提供的,由其所在单位或者上级主管部门予以处分,或者由国家安全机关处15日以下行政拘留;构成犯罪的,依法追究刑事责任。

2.《中华人民共和国刑法修正案(9)》(2015年8月29日第十二届全国人大常委会第十六次会议通过)

三十八、将刑法第311条修改为:"明知他人有间谍犯罪或者恐怖主义、极端主义犯罪行为,在司法机关向其调查有关情况、收集有关证据时,拒绝提供,情节严重的,处3年以下有期徒刑、拘役或者管制。"

(原条文:明知他人有间谍犯罪行为,在国家安全机关向其调查有关情况、收集有关证据时,拒绝提供,情节严重的,处3年以下有期徒刑、拘役或者管制)

3.最高人民法院、最高人民检察院《关于执行〈中华人民共和国刑法〉确定罪名的补充规定(6)》(法释〔2015〕20号)

根据《中华人民共和国刑法修正案(9)》(以下简称《刑法修正案(9)》)和《全国人民代表

大会常务委员会关于修改部分法律的决定》的有关规定,现对最高人民法院《关于执行〈中华人民共和国刑法〉确定罪名的规定》、最高人民检察院《关于适用刑法分则规定的犯罪的罪名的意见》作如下补充、修改:刑法条文第311条(《刑法修正案(9)》第38条),罪名拒绝提供间谍犯罪、恐怖主义犯罪、极端主义犯罪证据罪(取消拒绝提供间谍犯罪证据罪罪名)。

第312条 【掩饰、隐瞒犯罪所得、犯罪所得收益罪】 明知是犯罪所得及其产生的收益而予以窝藏、转移、收购、代为销售或者以其他方法掩饰、隐瞒的,处3年以下有期徒刑、拘役或者管制,并处或者单处罚金;情节严重的,处3年以上7年以下有期徒刑,并处罚金。

单位犯前款罪的,对单位判处罚金,并对其直接负责的主管人员和其他直接责任人员,依照前款的规定处罚。

(2014年4月24日第十二届全国人大常委会第八次会议根据司法实践中遇到的情况,讨论了刑法第341条第1款规定的非法收购国家重点保护的珍贵、濒危野生动物及其制品的含义和收购刑法第341条第2款规定的非法狩猎的野生动物如何适用刑法有关规定的问题,解释如下:

知道或者应当知道是国家重点保护的珍贵、濒危野生动物及其制品,为食用或者其他目的而非法购买的,属于刑法第341条第1款规定的非法收购国家重点保护的珍贵、濒危野生动物及其制品的行为。

知道或者应当知道是刑法第341条第2款规定的非法狩猎的野生动物而购买的,属于刑法第312条第1款规定的明知是犯罪所得而收购的行为。)

(本条《中华人民共和国刑法修正案(6)》第1次修改;《中华人民共和国刑法修正案(7)》第2次修改)

•释义

掩饰、隐瞒犯罪所得、犯罪所得收益罪是指明知是犯罪所得及其产生的收益,而予以窝藏、转移、收购、代为销售或者以其他方法掩饰、隐瞒的行为。

行为主体既可以是自然人,也可以是单位。

•管辖

公安机关刑事侦查部门。

•关联法律

1.最高人民法院、最高人民检察院《关于办理盗窃案件具体应用法律的若干问题的解释》(法发〔1992〕43号;高检会〔1992〕37号)

被最高人民法院、最高人民检察院《关于废止1980年1月1日至1997年6月30日期间发布的部分司法解释和司法解释性质文件的决定》(法释〔2013〕1号)废止。

2.最高人民检察院《关于事先与犯罪分子有通谋,事后对赃物予以窝藏或者代为销售或者收买的,应如何适用法律的问题的批复》(高检发研字〔1995〕2号)

被最高人民检察院《关于废止部分司法解释和司法解释性质文件的决定》(高检发释字〔2015〕3号)废止。

3.最高人民法院《关于对非法复制移动电话号码案件如何定性问题的批复》(法复〔1995〕6号)

(法释〔2013〕2号已声明该文件废止)

4. 最高人民法院、最高人民检察院、公安部、国家工商行政管理局《关于依法查处盗窃、抢劫机动车案件的规定》(公通字〔1998〕31号)

为依法严厉打击盗窃,抢劫机动车犯罪活动,堵塞盗窃、抢劫机动车犯罪分子的销赃渠道,保护国家、集体财产和公民的合法财产,根据《中华人民共和国刑法》(以下简称《刑法》)、《中华人民共和国刑事诉讼法》(以下简称《刑事诉讼法》)和其他有关法律、法规的规定,制定本规定。

一、司法机关依法查处盗窃、抢劫机动车案件,任何单位和个人都应当予以协助。以暴力、威胁方法阻碍司法工作人员依法办案的,依照《刑法》第277条第1款的规定处罚。

二、明知是盗窃、抢劫所得机动车而予以窝藏、转移、收购或者代为销售的,依照刑法第312条的规定处罚。

对明知是盗窃、抢劫所得机动车而予以拆解、改装、拼装、典当、倒卖的,视为窝藏、转移、收购或者代为销售,依照《刑法》第312条的规定处罚。

三、国家指定的车辆交易市场、机动车经营企业(含典当、拍卖行)以及从事机动车修理、零部件销售企业的主管人员或者其他直接责任人员,明知是盗窃、抢劫的机动车而予以窝藏、转移、拆解、改装、拼装、收购或者代为销售的,依照《刑法》第312条的规定处罚。单位组织实施上述行为的,由工商行政管理机关予以处罚。

四、本规定第2条和第3条中的行为人事先与盗窃、抢劫机动车辆的犯罪分子通谋的,分别以盗窃、抢劫罪的共犯论处。

五、机动车交易必须在国家指定的交易市场或合法经营企业进行,其交易凭证经工商行政管理机关验证盖章后办理登记或过户手续,私下交易机动车辆属于违法行为,由工商行政管理机关依法处理。

明知是赃车而购买,以收购赃物罪定罪处罚。单位的主管人员或者其他直接责任人员明知是赃车购买的,以收购赃物罪定罪处罚。

明知是赃车而介绍买卖的,以收购、销售赃物罪的共犯论处。

六、非法出售机动车有关发票的,或者伪造、擅自制造或者出售伪造、擅自制造的机动车有关发票的,依照《刑法》第209条的规定处罚。

七、伪造、变造、买卖机动车牌证及机动车入户、过户、验证的有关证明文件的,依照《刑法》第280条第1款的规定处罚。

八、公安、工商行政管理人员利用职务上的便利,索取或者非法收受他人财物,为赃车入户、过户、验证构成犯罪的,依照《刑法》第385条、第386条的规定处罚。

九、公安、工商行政管理人员或者其他国家机关工作人员滥用职权或者玩忽职守、徇私舞弊,致使赃车入户、过户、验证的,给予行政处分;致使公共财产、国家和人民利益遭受重大损失的,依照《刑法》第397条的规定处罚。

十、公安人员对盗窃、抢劫的机动车辆,非法提供机动车牌证或者为其取得机动车牌证提供便利,帮助犯罪分子逃避处罚的,依照《刑法》第417条规定处罚。

十一、对犯罪分子盗窃、抢劫所得的机动车辆及其变卖价款,应当依照《刑法》第64条的规定予以追缴。

十二、对明知是赃车而购买的,应将车辆无偿追缴;对违反国家规定购买车辆,经查证是赃车的,公安机关可以根据《刑事诉讼法》第110条和第114条规定进行追缴和扣押。对不明知是赃车而购买的,结案后予以退还买主。

十三、对购买赃车后使用非法提供的入户、过户手续或者使用伪造、变造的入户、过户手续为赃车入户、过户的,应当吊销牌证,并将车辆无偿追缴;已将入户、过户车辆变卖的,追缴变卖所得并责令赔偿经济损失。

十四、对直接从犯罪分子处追缴的被盗窃、抢劫的机动车辆,经检验鉴定,查证属实后,可依法先行返还失主,移送案件时附清单、照片及其他证据。在返还失主前,按照赃物管理规定管理,任何单位和个人都不得挪用、损毁或者自行处理。

十五、盗窃、抢劫机动车案件,由案件发生地公安机关立案侦查。赃车流入地公安机关应当予以配合。跨地区系列盗窃、抢劫机动车案件,由最初受理的公安机关立案侦查;必要时,可由主要犯罪地公安机关立案侦查,或者由上级公安机关指定立案侦查。

十六、各地公安机关扣押或者协助管辖单位追回的被盗窃、抢劫的机动车应当移送管辖单位依法处理,不得以任何理由扣留或者索取费用。拖延不交的,给予单位领导行政处分。

十七、本规定所称的"明知",是指知道或者应当知道。有下列情形之一的,可视为应当知道,但有证据证明确属被蒙骗的除外:

(一)在非法的机动车交易场所和销售单位购买的;(二)机动车证件手续不全或者明显违反规定的;(三)机动车发动机号或者车架号有更改痕迹,没有合法证明的;(四)以明显低于市场价格购买机动车的。

十八、本规定自公布之日起执行。对侵占、抢夺、诈骗机动车案件的查处参照本规定的原则办理。本规定公布后尚未办结的案件,适用本规定。(注:对于上述《规定》,应在《中华人民共和国刑法修正案(六)》第19条的基础上加以理解。)

5. 最高人民法院、最高人民检察院、公安部、国家烟草专卖局《关于办理假冒伪劣烟草制品等刑事案件适用法律问题座谈会纪要》(高检会〔2003〕4号)

七、关于窝藏、转移非法制售的烟草制品行为的定罪处罚问题

明知是非法制售的烟草制品而予以窝藏、转移的,依照刑法第312条的规定,以窝藏、转移赃物罪定罪处罚。

窝藏、转移非法制售的烟草制品,事前与犯罪分子通谋的,以共同犯罪论处。(全文详见本书《刑法》第213条相关内容)

6.《中华人民共和国刑法修正案(6)》(2006年6月29日第十届全国人大常委会第二十二次会议通过)

十九、将刑法第312条修改为:"明知是犯罪所得及其产生的收益而予以窝藏、转移、收购、代为销售或者以其他方法掩饰、隐瞒的,处3年以下有期徒刑、拘役或者管制,并处或者单处罚金;情节严重的,处3年以上7年以下有期徒刑,并处罚金。"

(1997年《刑法》原款条文:明知是犯罪所得的赃物而予以窝藏、转移、收购或者代为销售的,处3年以下有期徒刑、拘役或者管制,并处或者单处罚金。)

7. 最高人民法院、最高人民检察院《关于办理盗窃油气、破坏油气设备等刑事案件具体应用法律若干问题的解释》(法释〔2007〕3号)

第5条 明知是盗窃犯罪所得的油气或者油气设备,而予以窝藏、转移、收购、加工、代为销售或者以其他方法掩饰、隐瞒的,依照刑法第312条的规定定罪处罚。实施前款规定的犯罪行为,事前通谋的,以盗窃犯罪的共犯定罪处罚。(全文详见本书《刑法》第118条相关内容)

8. 最高人民法院、最高人民检察院《关于办理与盗窃、抢劫、诈骗、抢夺机动车相关刑事案件具体应用法律若干问题的解释》(法释〔2007〕11号)

第1条 明知是盗窃、抢劫、诈骗、抢夺的机动车,实施下列行为之一的,依照刑法第312条的规定,以掩饰、隐瞒犯罪所得、犯罪所得收益罪定罪,处3年以下有期徒刑、拘役或者管制,并处或者单处罚金:

(一)买卖、介绍买卖、典当、拍卖、抵押或用其抵债的;(二)拆解、拼装或者组装的;

(三)修改发动机号、车辆识别代号的;(四)更改车身颜色或者车辆外形的;(五)提供或者出售机动车来历凭证、整车合格证、号牌以及有关机动车的其他证明和凭证的;(六)提供或者出售伪造、变造的机动车来历凭证、整车合格证、号牌以及有关机动车的其他证明和凭证的。

实施第1款规定的行为涉及盗窃、抢劫、诈骗、抢夺的机动车5辆以上或者价值总额达到50万元以上的,属于刑法第312条规定的"情节严重",处3年以上7年以下有期徒刑,并处罚金。

第4条 实施本解释第1条、第2条、第3条第1款或者第3款规定的行为,事前与盗窃、抢劫、诈骗、抢夺机动车的犯罪分子通谋的,以盗窃罪、抢劫罪、诈骗罪、抢夺罪的共犯论处。

第5条 对跨地区实施的涉及同一机动车的盗窃、抢劫、诈骗、抢夺以及掩饰、隐瞒犯罪所得、犯罪所得收益行为,有关公安机关可以依照法律和有关规定一并立案侦查,需要提请批准逮捕、移送审查起诉、提起公诉的,由该公安机关所在地的同级人民检察院、人民法院受理。

第6条 行为人实施本解释第1条、第3条第3款规定的行为,涉及的机动车有下列情形之一的,应当认定行为人主观上属于上述条款所称"明知":

(一)没有合法有效的来历凭证;(二)发动机号、车辆识别代号有明显更改痕迹,没有合法证明的。(全文详见本书《刑法》第263条相关内容)

9.《中华人民共和国刑法修正案(7)》(2009年2月28日第十一届全国人大常委会第七次会议通过)

十、在刑法第312条中增加1款作为第2款:"单位犯前款罪的,对单位判处罚金,并对其直接负责的主管人员和其他直接责任人员,依照前款的规定处罚。"

10.最高人民法院《关于审理洗钱等刑事案件具体应用法律若干问题的解释》(法释〔2009〕15号)

为依法惩治洗钱,掩饰、隐瞒犯罪所得、犯罪所得收益,资助恐怖活动等犯罪活动,根据刑法有关规定,现就审理此类刑事案件具体应用法律的若干问题解释如下:

第1条 刑法第191条、第312条规定的"明知",应当结合被告人的认知能力,接触他人犯罪所得及其收益的情况,犯罪所得及其收益的种类、数额,犯罪所得及其收益的转换、转移方式以及被告人的供述等主、客观因素进行认定。

具有下列情形之一的,可以认定被告人明知系犯罪所得及其收益,但有证据证明确实不知道的除外:

(一)知道他人从事犯罪活动,协助转换或者转移财物的;(二)没有正当理由,通过非法途径协助转换或者转移财物的;(三)没有正当理由,以明显低于市场的价格收购财物的;(四)没有正当理由,协助转换或者转移财物,收取明显高于市场的"手续费"的;(五)没有正当理由,协助他人将巨额现金散存于多个银行账户或者在不同银行账户之间频繁划转的;(六)协助近亲属或者其他关系密切的人转换或者转移与其职业或者财产状况明显不符的财物的;(七)其他可以认定行为人明知的情形。

被告人将刑法第191条规定的某一上游犯罪的犯罪所得及其收益误认为刑法第191条规定的上游犯罪范围内的其他犯罪所得及其收益的,不影响刑法第191条规定的"明知"的认定。

第3条 明知是犯罪所得及其产生的收益而予以掩饰、隐瞒,构成刑法第312条规定的犯罪,同时又构成刑法第191条或者第349条规定的犯罪的,依照处罚较重的规定定罪处罚。

第4条 刑法第191条、第312条、第349条规定的犯罪,应当以上游犯罪事实成立为认定前提。上游犯罪尚未依法裁判,但查证属实的,不影响刑法第191条、第312条、第349条规定的犯罪的审判。

上游犯罪事实可以确认,因行为人死亡等原因依法不予追究刑事责任的,不影响刑法第191条、第312条、第349条规定的犯罪的认定。

上游犯罪事实可以确认,依法以其他罪名定罪处罚的,不影响刑法第191条、第312条、第349条规定的犯罪的认定。

本条所称"上游犯罪",是指产生刑法第191条、第312条、第349条规定的犯罪所得及其收益的各种犯罪行为。(全文详见本书《刑法》第191条相关内容)

11. 最高人民法院、最高人民检察院、公安部《办理黑社会性质组织犯罪案件座谈会纪要》(法〔2009〕382号)

(详见本书《刑法》第294条相关内容)

12. 最高人民法院、最高人民检察院《关于办理危害计算机信息系统安全刑事案件应用法律若干问题的解释》(法释〔2011〕19号)

第7条 明知是非法获取计算机信息系统数据犯罪所获取的数据、非法控制计算机信息系统犯罪所获取的计算机信息系统控制权,而予以转移、收购、代为销售或者以其他方法掩饰、隐瞒,违法所得5000元以上的,应当依照刑法第312条第1款的规定,以掩饰、隐瞒犯罪所得罪定罪处罚。实施前款规定行为,违法所得5万元以上的,应当认定为刑法第312条第1款规定的"情节严重"。单位实施第1款规定行为的,定罪量刑标准依照第1款、第2款的规定执行。(全文详见本书《刑法》第285条相关内容)

13. 全国人大常委会《关于〈中华人民共和国刑法〉第341条、第312条的解释》(2014年4月24日第十二届全国人大常委会第八次会议通过)

全国人民代表大会常务委员会根据司法实践中遇到的情况,讨论了刑法第341条第1款规定的非法收购国家重点保护的珍贵、濒危野生动物及其制品的含义和收购刑法第341条第2款规定的非法狩猎的野生动物如何适用刑法有关规定的问题,解释如下:知道或者应当知道是国家重点保护的珍贵、濒危野生动物及其制品,为食用或者其他目的而非法购买的,属于刑法第341条第1款规定的非法收购国家重点保护的珍贵、濒危野生动物及其制品的行为。知道或者应当知道是刑法第341条第2款规定的非法狩猎的野生动物而购买的,属于刑法第312条第1款规定的明知是犯罪所得而收购的行为。

14. 最高人民法院、最高人民检察院《关于妨害文物管理等刑事案件适用法律若干问题的解释》(法释〔2015〕23号)

第9条 明知是盗窃文物、盗掘古文化遗址、古墓葬等犯罪所获取的3级以上文物,而予以窝藏、转移、收购、加工、代为销售或者以其他方法掩饰、隐瞒的,依照刑法第312条的规定,以掩饰、隐瞒犯罪所得罪追究刑事责任。

实施前款规定的行为,事先通谋的,以共同犯罪论处。

第11条 单位实施走私文物、倒卖文物等行为,构成犯罪的,依照本解释规定的相应自然人犯罪的定罪量刑标准,对直接负责的主管人员和其他直接责任人员定罪处罚,并对单位判处罚金。

公司、企业、事业单位、机关、团体等单位实施盗窃文物,故意损毁文物、名胜古迹,过失损毁文物,盗掘古文化遗址、古墓葬等行为的,依照本解释规定的相应定罪量刑标准,追究组织者、策划者、实施者的刑事责任。

第12条 针对不可移动文物整体实施走私、盗窃、倒卖等行为的,根据所属不可移动文物的等级,依照本解释第1条、第2条、第6条的规定定罪量刑:

(一)尚未被确定为文物保护单位的不可移动文物,适用一般文物的定罪量刑标准;(二)市、县级文物保护单位,适用三级文物的定罪量刑标准;(三)全国重点文物保护单位、省级文物保护单位,适用2级以上文物的定罪量刑标准。

针对不可移动文物中的建筑构件、壁画、雕塑、石刻等实施走私、盗窃、倒卖等行为的,根据建筑构件、壁画、雕塑、石刻等文物本身的等级或者价值,依照本解释第1条、第2条、第6条的规定定罪量刑。建筑构件、壁画、雕塑、石刻等所属不可移动文物的等级,应当作为量刑情节予以考虑。

第13条 案件涉及不同等级的文物的,按照高级别文物的量刑幅度量刑;有多件同级文物的,5件同级文物视为1件高一级文物,但是价值明显不相当的除外。

第14条 依照文物价值定罪量刑的,根据涉案文物的有效价格证明认定文物价值;无有效价格证明,或者根据价格证明认定明显不合理的,根据销赃数额认定,或者结合本解释第15条规定的鉴定意见、报告认定。

第15条 在行为人实施有关行为前,文物行政部门已对涉案文物及其等级作出认定的,可以直接对有关案件事实作出认定。

对案件涉及的有关文物鉴定、价值认定等专门性问题难以确定的,由司法鉴定机构出具鉴定意见,或者由国务院文物行政部门指定的机构出具报告。其中,对于文物价值,也可以由有关价格认证机构作出价格认证并出具报告。

第16条 实施本解释第1条、第2条、第6条至第9条规定的行为,虽已达到应当追究刑事责任的标准,但行为人系初犯,积极退回或者协助追回文物,未造成文物损毁,并确有悔罪表现的,可以认定为犯罪情节轻微,不起诉或者免予刑事处罚。

实施本解释第3条至第5条规定的行为,虽已达到应当追究刑事责任的标准,但行为人系初犯,积极赔偿损失,并确有悔罪表现的,可以认定为犯罪情节轻微,不起诉或者免予刑事处罚。

第17条 走私、盗窃、损毁、倒卖、盗掘或者非法转让具有科学价值的古脊椎动物化石、古人类化石的,依照刑法和本解释的有关规定定罪量刑。

第18条 本解释自2016年1月1日起施行。本解释公布施行后,《最高人民法院、最高人民检察院关于办理盗窃、盗掘、非法经营和走私文物的案件具体应用法律的若干问题的解释》[法(研)发〔1987〕32号]同时废止;之前发布的司法解释与本解释不一致的,以本解释为准。(全文详见本书《刑法》第324条相关内容)

15. 最高人民法院《关于审理掩饰、隐瞒犯罪所得、犯罪所得收益刑事案件适用法律若干问题的解释》(法释〔2015〕11号)

(法释〔2021〕8号已对本解释进行修正)

16. 最高人民法院、最高人民检察院《关于办理非法采矿、破坏性采矿刑事案件适用法律若干问题的解释》(法释〔2016〕25号)

第7条 明知是犯罪所得的矿产品及其产生的收益,而予以窝藏、转移、收购、代为销售或者以其他方法掩饰、隐瞒的,依照刑法第312条的规定,以掩饰、隐瞒犯罪所得、犯罪所得收益罪定罪处罚。

实施前款规定的犯罪行为,事前通谋的,以共同犯罪论处。(全文详见本书《刑法》第343条相关内容)

17. 最高人民法院。最高人民检察院、公安部《关于办理电信网络诈骗等刑事案件适用法律若干问题的意见》(法发〔2016〕32号)

三、全面惩处关联犯罪

(五)明知是电信网络诈骗犯罪所得及其产生的收益,以下列方式之一予以转账、套现、取现的,依照刑法第312条第1款的规定,以掩饰、隐瞒犯罪所得、犯罪所得收益罪追究刑事责任。但有证据证明确实不知道的除外:

1. 通过使用销售点终端机具(POS机)刷卡套现等非法途径,协助转换或者转移财物的;

2. 帮助他人将巨额现金散存于多个银行账户,或在不同银行账户之间频繁划转的;

3. 多次使用或者使用多个非本人身份证明开设的信用卡、资金支付结算账户或者多次采用遮蔽摄像头、伪装等异常手段,帮助他人转账、套现、取现的;

4. 为他人提供非本人身份证明开设的信用卡、资金支付结算账户后,又帮助他人转账、套现、取现的;

5. 以明显异于市场的价格,通过手机充值、交易游戏点卡等方式套现的。

实施上述行为,事前通谋的,以共同犯罪论处。

实施上述行为,电信网络诈骗犯罪嫌疑人尚未到案或案件尚未依法裁判,但现有证据足以证明该犯罪行为确实存在的,不影响掩饰、隐瞒犯罪所得、犯罪所得收益罪的认定。

实施上述行为,同时构成其他犯罪的,依照处罚较重的规定定罪处罚。法律和司法解释另有规定的除外。(全文详见本书《刑法》第266条相关内容)

18. 最高人民法院《关于常见犯罪的量刑指导意见》(法发〔2017〕7号)

被最高人民法院、最高人民检察院《关于常见犯罪的量刑指导意见(试行)》(法发〔2021〕21号)废止。

19. 最高人民法院、最高人民检察院、公安部《关于办理盗窃油气、破坏油气设备等刑事案件适用法律若干问题的意见》(法发〔2018〕18号)

五、关于窝藏、转移、收购、加工、代为销售被盗油气行为的处理

明知是犯罪所得的油气而予以窝藏、转移、收购、加工、代为销售或者以其他方式掩饰、隐瞒,符合刑法第312条规定的,以掩饰、隐瞒犯罪所得罪追究刑事责任。

"明知"的认定,应当结合行为人的认知能力、所得报酬、运输工具、运输路线、收购价格、收购形式、加工方式、销售地点、仓储条件等因素综合考虑。

实施第1款规定的犯罪行为,事前通谋的,以盗窃罪、破坏易燃易爆设备罪等有关犯罪的共同犯罪论处。(全文详见本书《刑法》第118条相关内容)

20. 最高人民法院、最高人民检察院、海关总署《关于打击非设关地成品油走私专题研讨会会议纪要》(署缉发〔2019〕210号)

一、关于定罪处罚

走私成品油,构成犯罪的,依照刑法第153条的规定,以走私普通货物罪定罪处罚。

对不构成走私共犯的收购人,直接向走私人购买走私的成品油,数额较大的,依照刑法第155条第(1)项的规定,以走私罪论处;向非直接走私人购买走私的成品油的,根据其主观故意,分别依照刑法第191条规定的洗钱罪或者第312条规定的掩饰、隐瞒犯罪所得、犯罪所得收益罪定罪处罚。

在办理非设关地走私成品油刑事案件中,发现行为人在销售的成品油中掺杂、掺假,以假充真,以次充好或者以不合格油品冒充合格油品,构成犯罪的,依照刑法第140的规定,对该行为以生产、销售伪劣产品罪定罪处罚。

行为人与他人事先通谋或者明知他人从事走私成品油犯罪活动,而在我国专属经济区或者公海向其贩卖、过驳成品油的,应当按照走私犯罪的共犯追究刑事责任。

明知他人从事走私成品油犯罪活动而为其提供资金、贷款、账号、发票、证明、许可文件,或者提供运输、仓储等其他便利条件的,应当按照走私犯罪的共犯追究刑事责任。

对成品油走私共同犯罪或者犯罪集团中的主要出资者、组织者,应当认定为主犯;对受雇用的联络员、船长等管理人员,可以认定为从犯,如其在走私犯罪中起重要作用的,应当认定为主犯;对其他参与人员,如船员、司机、"黑引水"、盯梢望风人员等,不以其职业、身份判断是否追究刑事责任，应当按照其在走私活动中的实际地位、作用、涉案金额、参与次数等确定是否追究刑事责任。

对在非设关地走私成品油的犯罪嫌疑人、被告人，人民检察院、人民法院应当依法严格把握不起诉、缓刑适用条件。（全文详见本书《刑法》第151条相关内容）

21. 最高人民法院、最高人民检察院、公安部、司法部《关于依法惩治妨害新型冠状病毒感染肺炎疫情防控违法犯罪的意见》（法发〔2020〕7号）

二、准确适用法律，依法严惩妨害疫情防控的各类违法犯罪

（九）依法严惩破坏野生动物资源犯罪。非法猎捕、杀害国家重点保护的珍贵、濒危野生动物的，或者非法收购、运输、出售国家重点保护的珍贵、濒危野生动物及其制品的，依照刑法第341条第1款的规定，以非法猎捕、杀害珍贵、濒危野生动物罪或者非法收购、运输、出售珍贵、濒危野生动物、珍贵、濒危野生动物制品罪定罪处罚。

违反狩猎法规，在禁猎区、禁猎期或者使用禁用的工具、方法进行狩猎，破坏野生动物资源，情节严重的，依照刑法第341条第2款的规定，以非法狩猎罪定罪处罚。

违反国家规定，非法经营非国家重点保护野生动物及其制品（包括开办交易场所、进行网络销售、加工食品出售等），扰乱市场秩序，情节严重的，依照刑法第225条第4项的规定，以非法经营罪定罪处罚。

知道或者应当知道是国家重点保护的珍贵、濒危野生动物及其制品，为食用或者其他目的而非法购买，符合刑法第341条第1款规定的，以非法收购珍贵、濒危野生动物、珍贵、濒危野生动物制品罪定罪处罚。

知道或者应当知道是非法狩猎的野生动物而购买，符合刑法第312条规定的，以掩饰、隐瞒犯罪所得罪定罪处罚。（全文详见本书《刑法》第114条相关内容）

22. 最高人民法院、最高人民检察院、公安部《关于办理涉窨井盖相关刑事案件的指导意见》（高检发〔2020〕3号）

七、知道或者应当知道是盗窃所得的窨井盖及其产生的收益而予以窝藏、转移、收购、代为销售或者以其他方法掩饰、隐瞒的，依照刑法第312条和《最高人民法院关于审理掩饰、隐瞒犯罪所得、犯罪所得收益刑事案件适用法律若干问题的解释》的规定，以掩饰、隐瞒犯罪所得、犯罪所得收益罪定罪处罚。（全文详见本书《刑法》第233条相关内容）

23. 最高人民法院、最高人民检察院、公安部《关于办理跨境赌博犯罪案件若干问题的意见》（公通字〔2020〕14号）

四、关于跨境赌博关联犯罪的认定

（五）为赌博犯罪提供资金、信用卡、资金结算等服务，构成赌博犯罪共犯，同时构成非法经营罪、妨害信用卡管理罪、窃取、收买、非法提供信用卡信息罪、掩饰、隐瞒犯罪所得、犯罪收益罪等罪的，依照处罚较重的规定定罪处罚。

为网络赌博犯罪提供互联网接入、服务器托管、网络存储、通讯传输等技术支持，或者提供广告推广、支付结算等帮助，构成赌博犯罪共犯，同时构成非法利用信息网络罪、帮助信息网络犯罪活动罪等罪的，依照处罚较重的规定定罪处罚。

为实施赌博犯罪，非法获取公民个人信息，或者向实施赌博犯罪者出售、提供公民个人信息，构成赌博犯罪共犯，同时构成侵犯公民个人信息罪的，依照处罚较重的规定定罪处罚。

（全文详见本书《刑法》第303条相关内容）

24. 最高人民法院、最高人民检察院、公安部、农业农村部《关于依法惩治长江流域非法捕捞等违法犯罪的意见》（公通字〔2020〕17号）

二、（三）依法严惩非法渔获物交易犯罪。明知是在长江流域重点水域非法捕捞犯罪所得的水产品而收购、贩卖,价值1万元以上的,应当依照刑法第312条的规定,以掩饰、隐瞒犯罪所得罪定罪处罚。

非法收购、运输、出售在长江流域重点水域非法猎捕、杀害的中华鲟、长江鲟、长江江豚或者其他国家重点保护的珍贵、濒危水生野生动物及其制品,价值2万元以上不满20万元的,应当依照刑法第341条的规定,以非法收购、运输、出售珍贵、濒危野生动物、珍贵、濒危野生动物制品罪,处5年以下有期徒刑或者拘役,并处罚金;价值20万元以上不满200万元的,应当认定为"情节严重",处5年以上10年以下有期徒刑,并处罚金;价值200万元以上的,应当认定为"情节特别严重",处10年以上有期徒刑,并处罚金或者没收财产。

(四)依法严惩危害水生生物资源的单位犯罪。水产品交易公司、餐饮公司等单位实施本意见规定的行为,构成单位犯罪的,依照本意见规定的定罪量刑标准,对直接负责的主管人员和其他直接责任人员定罪处罚,并对单位判处罚金。(全文详见本书《刑法》第340条相关内容)

25. 最高人民检察院《办理长江流域非法捕捞案件有关法律政策问题的解答》(高检办发〔2021〕1号)第6点

六、办理长江流域非法捕捞案件,如何准确把握非法捕捞水产品罪与其他关联犯罪的界限?

一是注意把握非法捕捞水产品罪与掩饰、隐瞒犯罪所得、犯罪所得收益罪的界限。两罪是上下游犯罪的关系,后罪的成立要求上游行为达到犯罪的程度。基于处罚平衡的考虑,为避免罪刑倒挂现象,对于明知是在长江流域重点水域非法捕捞犯罪所得的水产品而予以窝藏、转移、收购、代为销售或者以其他方法掩饰、隐瞒,价值1万元以上的,一般应依照刑法第312条的规定以掩饰、隐瞒犯罪所得、犯罪所得收益罪,提出处3年以下有期徒刑、拘役或者管制,并处或者单处罚金的量刑建议。

二是注意把握非法捕捞水产品罪与非法猎捕、杀害珍贵、濒危野生动物罪的界限。前罪的保护对象是"水产品",包括一般的水生动物与珍贵、濒危的水生动物,后罪的保护对象是"国家重点保护的珍贵、濒危野生动物"。行为人基于同一主观故意,实施同一非法捕捞行为,但捕捞对象同时涉及一般水生动物与珍贵、濒危水生动物的,应区分以下情况处理:第1种情况,同一行为同时构成两罪,应当从一重罪论处,对涉案一般水生生物的数量或价值作为量刑情节考虑,以非法猎捕、杀害珍贵、濒危野生动物罪定性并酌情从重处理;第2种情况,同一行为不能分别构成两罪,但涉案水生生物的数量或价值按相应比例折算后合计达到非法捕捞水产品罪入罪标准的,应以非法捕捞水产品罪定性处理;第3种情况,同一行为构成非法捕捞水产品罪,但尚不构成非法猎捕、杀害珍贵、濒危野生动物罪的,对涉案珍贵、濒危水生动物的数量或价值按相应比例折算后,一并以非法捕捞水产品罪定性处理;第4种情况,同一行为构成非法猎捕、杀害珍贵、濒危野生动物罪,但尚不构成非法捕捞水产品罪的,对涉案一般水生生物的数量或价值作为量刑情节考虑,以非法猎捕、杀害珍贵、濒危野生动物罪定性并酌情从重处理。

三是注意把握非法捕捞水产品罪与非法收购、运输、出售珍贵、濒危野生动物、珍贵、濒危野生动物制品罪的界限。根据刑法和《意见》的规定,非法收购、运输、出售在长江流域重点水域非法猎捕、杀害的中华鲟、长江鲟、长江江豚或者其他国家重点保护的珍贵、濒危水生野生动物及其制品,达到相应价值标准的,以非法收购、运输、出售珍贵、濒危野生动物、珍贵、濒危野生动物制品罪定罪处罚。同时,根据全国人大常委会《关于〈中华人民共和国刑法〉第341条、第312条的解释》,知道或者应当知道是国家重点保护的珍贵、濒危野生动物及其制品,为食用或者其他目的而非法购买,符合刑法第341条第1款规定的,以非法收购珍贵、濒危野生动物、珍贵、濒危野生动物制品罪定罪处罚。

四是注意认定非法捕捞水产品犯罪的其他关联犯罪。制造、销售禁用渔具，情节严重，符合刑法第140条或者第146条规定的，以生产、销售伪劣产品罪或者生产、销售不符合安全标准的产品罪定罪处罚。明知是长江流域非法捕捞渔获物而利用信息网络设立用于收购、出售的网站、通讯群组，或者发布相关犯罪信息，情节严重，符合刑法第287条之一规定的，以非法利用信息网络罪定罪处罚。

五是注意认定非法捕捞水产品犯罪的共同犯罪。事前通谋，按照分工分别实施非法捕捞、运输、销售等行为的，以共同犯罪论处。明知他人从事非法捕捞，仍为其提供工具、运输、加工、销售等帮助的，以共同犯罪论处。（全文详见本书《刑法》第340条相关内容）

26. 最高人民法院《关于修改〈关于审理掩饰、隐瞒犯罪所得、犯罪所得收益刑事案件适用法律若干问题的解释〉的决定》（法释〔2021〕8号）

为依法惩治掩饰、隐瞒犯罪所得、犯罪所得收益犯罪活动，根据刑法有关规定，结合人民法院刑事审判工作实际，现就审理此类案件具体适用法律的若干问题解释如下：

第1条　明知是犯罪所得及其产生的收益而予以窝藏、转移、收购、代为销售或者以其他方法掩饰、隐瞒，具有下列情形之一的，应当依照刑法第312条第1款的规定，以掩饰、隐瞒犯罪所得、犯罪所得收益罪定罪处罚：

（一）1年内曾因掩饰、隐瞒犯罪所得及其产生的收益行为受过行政处罚，又实施掩饰、隐瞒犯罪所得及其产生的收益行为的；（二）掩饰、隐瞒的犯罪所得系电力设备、交通设施、广播电视设施、公用电信设施、军事设施或者救灾、抢险、防汛、优抚、扶贫、移民、救济款物的；（三）掩饰、隐瞒行为致使上游犯罪无法及时查处，并造成公私财物损失无法挽回的；（四）实施其他掩饰、隐瞒犯罪所得及其产生的收益行为，妨害司法机关对上游犯罪进行追究的。

人民法院审理掩饰、隐瞒犯罪所得、犯罪所得收益刑事案件，应综合考虑上游犯罪的性质、掩饰、隐瞒犯罪所得及其收益的情节、后果及社会危害程度等，依法定罪处罚。

司法解释对掩饰、隐瞒涉及计算机信息系统数据、计算机信息系统控制权的犯罪所得及其产生的收益行为构成犯罪已有规定的，审理此类案件依照该规定。

依照全国人民代表大会常务委员会《关于〈中华人民共和国刑法〉第341条、第312条的解释》，明知是非法狩猎的野生动物而收购，数量达到50只以上的，以掩饰、隐瞒犯罪所得罪定罪。

第2条　掩饰、隐瞒犯罪所得及其产生的收益行为符合本解释第1条的规定，认罪、悔罪并退赃、退赔，且具有下列情形之一的，可以认定为犯罪情节轻微，免予刑事处罚：

（一）具有法定从宽处罚情节的；（二）为近亲属掩饰、隐瞒犯罪所得及其产生的收益，且系初犯、偶犯的；（三）有其他情节轻微情形的。

第3条　掩饰、隐瞒犯罪所得及其产生的收益，具有下列情形之一的，应当认定为刑法第312条第1款规定的“情节严重”：

（一）掩饰、隐瞒犯罪所得及其产生的收益价值总额达到10万元以上的；（二）掩饰、隐瞒犯罪所得及其产生的收益10次以上，或者3次以上且价值总额达到5万元以上的；（三）掩饰、隐瞒的犯罪所得系电力设备、交通设施、广播电视设施、公用电信设施、军事设施或者救灾、抢险、防汛、优抚、扶贫、移民、救济款物，价值总额达到5万元以上的；（四）掩饰、隐瞒行为致使上游犯罪无法及时查处，并造成公私财物重大损失无法挽回或其他严重后果的；（五）实施其他掩饰、隐瞒犯罪所得及其产生的收益行为，严重妨害司法机关对上游犯罪予以追究的。

司法解释对掩饰、隐瞒涉及机动车、计算机信息系统数据、计算机信息系统控制权的犯罪所得及其产生的收益行为认定“情节严重”已有规定的，审理此类案件依照该规定。

第4条 掩饰、隐瞒犯罪所得及其产生的收益的数额，应当以实施掩饰、隐瞒行为时为准。收购或者代为销售财物的价格高于其实际价值的，以收购或者代为销售的价格计算。

多次实施掩饰、隐瞒犯罪所得及其产生的收益行为，未经行政处罚，依法应当追诉的，犯罪所得、犯罪所得收益的数额应当累计计算。

第5条 事前与盗窃、抢劫、诈骗、抢夺等犯罪分子通谋，掩饰、隐瞒犯罪所得及其产生的收益的，以盗窃、抢劫、诈骗、抢夺等犯罪的共犯论处。

第6条 对犯罪所得及其产生的收益实施盗窃、抢劫、诈骗、抢夺等行为，构成犯罪的，分别以盗窃罪、抢劫罪、诈骗罪、抢夺罪等定罪处罚。

第7条 明知是犯罪所得及其产生的收益而予以掩饰、隐瞒，构成刑法第312条规定的犯罪，同时构成其他犯罪的，依照处罚较重的规定定罪处罚。

第8条 认定掩饰、隐瞒犯罪所得、犯罪所得收益罪，以上游犯罪事实成立为前提。上游犯罪尚未依法裁判，但查证属实的，不影响掩饰、隐瞒犯罪所得、犯罪所得收益罪的认定。

上游犯罪事实经查证属实，但因行为人未达到刑事责任年龄等原因依法不予追究刑事责任的，不影响掩饰、隐瞒犯罪所得、犯罪所得收益罪的认定。

第9条 盗用单位名义实施掩饰、隐瞒犯罪所得及其产生的收益行为，违法所得由行为人私分的，依照刑法和司法解释有关自然人犯罪的规定定罪处罚。

第10条 通过犯罪直接得到的赃款、赃物，应当认定为刑法第312条规定的“犯罪所得”。上游犯罪的行为人对犯罪所得进行处理后得到的孳息、租金等，应当认定为刑法第312条规定的“犯罪所得产生的收益”。

明知是犯罪所得及其产生的收益而采取窝藏、转移、收购、代为销售以外的方法，如居间介绍买卖，收受，持有，使用，加工，提供资金账户，协助将财物转换为现金、金融票据、有价证券，协助将资金转移、汇往境外等，应当认定为刑法第312条规定的“其他方法”。

第11条 掩饰、隐瞒犯罪所得、犯罪所得收益罪是选择性罪名，审理此类案件，应当根据具体犯罪行为及其指向的对象，确定适用的罪名。

27. 最高人民法院、最高人民检察院、公安部《关于办理电信网络诈骗等刑事案件适用法律若干问题的意见(2)》(法发〔2021〕22号)

十一、明知是电信网络诈骗犯罪所得及其产生的收益，以下列方式之一予以转账、套现、取现，符合刑法第312条第1款规定的，以掩饰、隐瞒犯罪所得、犯罪所得收益罪追究刑事责任。但有证据证明确实不知道的除外。

(一)多次使用或者使用多个非本人身份证明开设的收款码、网络支付接口等，帮助他人转账、套现、取现的；(二)以明显异于市场的价格，通过电商平台预付卡、虚拟货币、手机充值卡、游戏点卡、游戏装备等转换财物、套现的；(三)协助转换或者转移财物，收取明显高于市场的“手续费”的。

实施上述行为，事前通谋的，以共同犯罪论处；同时构成其他犯罪的，依照处罚较重的规定定罪处罚。法律和司法解释另有规定的除外。(全文详见本书《刑法》第287条之二相关内容)

28. 最高人民法院、最高人民检察院《关于常见犯罪的量刑指导意见(试行)》(法发〔2021〕21号)

四、常见犯罪的量刑

(十九)掩饰、隐瞒犯罪所得、犯罪所得收益罪

1. 构成掩饰、隐瞒犯罪所得、犯罪所得收益罪的，根据下列不同情形在相应的幅度内确定量刑起点：

(1)犯罪情节一般的,在1年以下有期徒刑、拘役幅度内确定量刑起点。(2)情节严重的,在3年至4年有期徒刑幅度内确定量刑起点。

2. 在量刑起点的基础上,可以根据犯罪数额等其他影响犯罪构成的犯罪事实增加刑罚量,确定基准刑。

3. 构成掩饰、隐瞒犯罪所得、犯罪所得收益罪的,根据掩饰、隐瞒犯罪所得、犯罪所得收益的数额、犯罪对象、危害后果等犯罪情节,综合考虑被告人缴纳罚金的能力,决定罚金数额。

4. 构成掩饰、隐瞒犯罪所得、犯罪所得收益罪的,综合考虑掩饰、隐瞒犯罪所得、犯罪所得收益的数额、危害后果、上游犯罪的危害程度等犯罪事实、量刑情节,以及被告人主观恶性、人身危险性、认罪悔罪表现等因素,决定缓刑的适用。(全文详见本书《刑法》第61条相关内容)

29. 最高人民法院、最高人民检察院《关于办理破坏野生动物资源刑事案件适用法律若干问题的解释》(法释〔2022〕12号)

第9条 明知是非法捕捞犯罪所得的水产品、非法狩猎犯罪所得的猎获物而收购、贩卖或者以其他方法掩饰、隐瞒,符合刑法第312条规定的,以掩饰、隐瞒犯罪所得罪定罪处罚。(全文详见本书《刑法》第341条相关内容)

30. 最高人民法院、最高人民检察院、公安部、国家文物局《关于办理妨害文物管理等刑事案件若干问题的意见》(公通字〔2022〕18号) 第2部分

(三)准确认定掩饰、隐瞒与倒卖行为

1. 明知是盗窃文物、盗掘古文化遗址、古墓葬等犯罪所获取的文物,而予以窝藏、转移、收购、加工、代为销售或者以其他方法掩饰、隐瞒的,符合《文物犯罪解释》第9条规定的,以刑法第312条规定的掩饰、隐瞒犯罪所得罪追究刑事责任。

对是否"明知",应当结合行为人的认知能力、既往经历、行为次数和手段,与实施盗掘、盗窃、倒卖文物等犯罪行为人的关系,获利情况,是否故意规避调查,涉案文物外观形态、价格等主、客观因素进行综合审查判断。具有下列情形之一,行为人不能做出合理解释的,可以认定其"明知",但有相反证据的除外:

(1)采用黑话、暗语等方式进行联络交易的;(2)通过伪装、隐匿文物等方式逃避检查,或者以暴力等方式抗拒检查的;(3)曾因实施盗掘、盗窃、走私、倒卖文物等犯罪被追究刑事责任,或者2年内受过行政处罚的;(4)有其他证据足以证明行为人应当知道的情形。

2. 出售或者为出售而收购、运输、储存《中华人民共和国文物保护法》第51条规定的"国家禁止买卖的文物",可以结合行为人的从业经历、认知能力、违法犯罪记录、供述情况,交易的价格、次数、件数、场所,文物的来源、外观形态等综合审查判断,认定其行为系刑法第326条规定的"以牟利为目的",但文物来源符合《中华人民共和国文物保护法》第50条规定的除外。(全文详见本书《刑法》第328条相关内容)

第313条 【拒不执行判决、裁定罪】 对人民法院的判决、裁定有能力执行而拒不执行,情节严重的,处3年以下有期徒刑、拘役或者罚金;情节特别严重的,处3年以上7年以下有期徒刑,并处罚金。

单位犯前款罪的,对单位判处罚金,并对其直接负责的主管人员和其他直接责任人员,依照前款的规定处罚。

[2002年8月29日第九届全国人大常委会第二十九次会议通过《关于〈中华人民共和国刑法〉第313条的解释》"对人民法院的判决、裁定有能力执行而拒不执行,情节严重"的含义问题,解释如下:

刑法第313条规定的"人民法院的判决、裁定",是指人民法院依法作出的具有执行内容

并已发生法律效力的判决、裁定。人民法院为依法执行支付令、生效的调解书、仲裁裁决、公证债权文书等所作的裁定属于该条规定的裁定。下列情形属于刑法第313条规定的“有能力执行而拒不执行,情节严重”的情形:

(一)被执行人隐藏、转移、故意毁损财产或者无偿转让财产、以明显不合理的低价转让财产,致使判决、裁定无法执行的;

(二)担保人或者被执行人隐藏、转移、故意毁损或者转让已向人民法院提供担保的财产,致使判决、裁定无法执行的;

(三)协助执行义务人接到人民法院协助执行通知书后,拒不协助执行,致使判决、裁定无法执行的;

(四)被执行、担保人、协助执行义务人与国家机关工作人员通谋,利用国家机关工作人员的职权妨害执行,致使判决、裁定无法执行的;

(五)其他有能力执行而拒不执行,情节严重的情形。国家机关工作人员有上述第4项行为的,以拒不执行判决、裁定罪的共犯追究刑事责任。国家机关工作人员收受贿赂或者滥用职权,有上述第4项行为的,同时又构成刑法第385条、第397条规定之罪的,依照处罚较重的规定定罪处罚。]

(本条《中华人民共和国刑法修正案(9)》修改)

• 释义

拒不执行判决、裁定罪是指对人民法院的判决、裁定有能力执行而拒不执行情节严重的行为。

拒不执行判决、裁定罪的主体是被执行人、协助执行义务人、担保人等负有执行义务的人。人民法院的判决、裁定是指人民法院依法作出的具有执行内容并已经发生法律效力的判决、裁定。本条中的“有能力执行而拒不执行,情节严重”主要指:

(一)被执行人隐藏、转移、故意毁损财产或者无偿转让财产、以明显不合理的低价转让财产,致使判决、裁定无法执行的;(二)担保人或者被执行人隐藏、转移、故意毁损或者转让已向人民法院提供担保的财产,致使判决、裁定无法执行的;(三)协助执行义务人接到人民法院协助执行通知书后,拒不协助执行,致使判决、裁定无法执行的;(四)被执行人、担保人、协助执行义务人与国家机关工作人员通谋,利用国家机关工作人员的职权妨害执行,致使判决、裁定无法执行等。

• 管辖

公安机关刑事侦查部门。

• 立案追诉标准

无

• 关联法律

1. 最高人民法院《关于审理拒不执行判决、裁定案件具体应用法律若干问题的解释》(法释〔1998〕6号)

(法释〔2013〕7号已声明本文废止)

2. 最高人民法院研究室《关于拒不执行人民法院调解书的行为是否构成拒不执行判决、裁定罪的答复》(法研〔2000〕117号)

河南省高级人民法院:你院《关于刑法第313条规定的拒不执行判决、裁定罪是否包括人民法院制作生效的调解书的请示》收悉。经研究,答复如下:

刑法第313条规定的"判决、裁定",不包括人民法院的调解书。对于行为人拒不执行人民法院调解书的行为,不能依照刑法第313条的规定定罪处罚。

3. 全国人大常委会《关于〈中华人民共和国刑法〉第313条的解释》(2002年8月29日第九届全国人大常委会第二十九次会议通过)

全国人民代表大会常务委员会讨论了刑法第313条规定的"对人民法院的判决、裁定有能力执行而拒不执行,情节严重"的含义问题,解释如下:

刑法第313条规定的"人民法院的判决、裁定",是指人民法院依法作出的具有执行内容并已发生法律效力的判决、裁定。人民法院为依法执行支付令、生效的调解书、仲裁裁决、公证债权文书等所作的裁定属于该条规定的裁定。下列情形属于刑法第313条规定的"有能力执行而拒不执行,情节严重"的情形:

(一)被执行人隐藏、转移、故意毁损财产或者无偿转让财产、以明显不合理的低价转让财产,致使判决、裁定无法执行的;(二)担保人或者被执行人隐藏、转移、故意毁损或者转让已向人民法院提供担保的财产,致使判决、裁定无法执行的;(三)协助执行义务人接到人民法院协助执行通知书后,拒不协助执行,致使判决、裁定无法执行的;(四)被执行、担保人、协助执行义务人与国家机关工作人员通谋,利用国家机关工作人员的职权妨害执行,致使判决、裁定无法执行的;(五)其他有能力执行而拒不执行,情节严重的情形。国家机关工作人员有上述第4项行为的,以拒不执行判决、裁定罪的共犯追究刑事责任。国家机关工作人员收受贿赂或者滥用职权,有上述第4项行为的,同时又构成刑法第385条、第397条规定之罪的,依照处罚较重的规定定罪处罚。

4. 最高人民法院、最高人民检察院、公安部《关于依法严肃查处拒不执行判决、裁定和暴力抗拒法院执行犯罪行为有关问题的通知》(法发〔2007〕29号)

近年来,在人民法院强制执行生效法律文书过程中,一些地方单位、企业和个人拒不执行或以暴力手段抗拒人民法院执行的事件时有发生且呈逐年上升的势头。这种违法犯罪行为性质恶劣,社会危害大,严重影响了法律的尊严和执法机关的权威,已经引起了党中央的高度重视。中央政法委在《关于切实解决人民法院执行难问题的通知》(政法〔2005〕52号文件)中,特别提出公、检、法机关应当统一执法思想,加强协作配合,完善法律制度,依法严厉打击暴力抗拒法院执行的犯罪行为。为贯彻中央政法委指示精神,加大对拒不执行判决、裁定和暴力抗拒执行犯罪行为的惩处力度,依据《中华人民共和国刑法》、《中华人民共和国刑事诉讼法》、全国人大常委会《关于〈中华人民共和国刑法〉第313条的解释》等规定,现就有关问题通知如下:

一、对下列拒不执行判决、裁定的行为,依照刑法第313条的规定,以拒不执行判决、裁定罪论处。

(一)被执行人隐藏、转移、故意毁损财产或者无偿转让财产、以明显不合理的低价转让财产,致使判决、裁定无法执行的;(二)担保人或者被执行人隐藏、转移、故意毁损或者转让已向人民法院提供担保的财产,致使判决、裁定无法执行的;(三)协助执行义务人接到人民法院协助执行通知书后,拒不协助执行,致使判决、裁定无法执行的;(四)被执行人、担保人、协助执行义务人与国家机关工作人员通谋,利用国家机关工作人员的职权妨害执行,致使判决、裁定无法执行的;(五)其他有能力执行而拒不执行,情节重的情形。

二、对下列暴力抗拒执行的行为，依照刑法第277条的规定，以妨害公务罪论处。

（一）聚众哄闹、冲击执行现场，围困、扣押、殴打执行人员，致使执行工作无法进行的；（二）毁损、抢夺执行案件材料、执行公务车辆和其他执行器械、执行人员服装以及执行公务证件，造成严重后果的；（三）其他以暴力、威胁方法妨害或者抗拒执行，致使执行工作无法进行的。

三、负有执行人民法院判决、裁定义务的单位直接负责的主管人员和其他直接责任人员，为了本单位的利益实施本《通知》第1条、第2条所列行为之一的，对该主管人员和其他直接责任人员，依照刑法第313条和第277条的规定，分别以拒不执行判决、裁定罪和妨害公务罪论处。

四、国家机关工作人员有本《通知》第1条第4项行为的，以拒不执行判决、裁定罪的共犯追究刑事责任。

国家机关工作人员收受贿赂或者滥用职权，有本《通知》第1条第4项行为的，同时又构成刑法第385条、第397条规定罪的，依照处罚较重的规定定罪处罚。

五、拒不执行判决、裁定案件由犯罪行为发生地的公安机关、人民检察院、人民法院管辖。如果由犯罪嫌疑人、被告人居住地的人民法院管辖更为适宜的，可以由犯罪嫌疑人、被告人居住地的公安机关、人民检察院、人民法院管辖。

六、以暴力、威胁方法妨害或者抗拒执行的，公安机关接到报警后，应当立即出警，依法处置。

七、人民法院在执行判决、裁定过程中，对拒不执行判决、裁定情节严重的人，可以先行司法拘留；拒不执行判决、裁定的行为人涉嫌犯罪的，应当将案件依法移送有管辖权的公安机关立案侦查。

八、人民法院、人民检察院和公安机关在办理拒不执行判决、裁定和妨害公务案件过程中，应当密切配合、加强协作。对于人民法院移送的涉嫌拒不执行判决、裁定罪和妨害公务罪的案件，公安机关应当及时立案侦查，检察机关应当及时提起公诉，人民法院应当及时审判。在办理拒不执行判决、裁定和妨害公务案件过程中，应当根据案件的具体情况，正确区分罪与非罪的界限，认真贯彻“宽严相济”的刑事政策。

九、人民法院认为公安机关应当立案侦查而不立案侦查的，可提请人民检察院予以监督。人民检察院认为需要立案侦查的，应当要求公安机关说明不立案的理由。人民检察院认为公安机关不立案理由不能成立的，应当通知公安机关立案，公安机关接到通知后应当立案。

十、公安机关侦查终结后移送人民检察院审查起诉的拒不执行判决、裁定和妨害公务案件，人民检察院决定不起诉，公安机关认为不起诉决定有错误的，可以要求复议；如果意见不被接受，可以向上一级人民检察院提请复核。

十一、公安司法人员在办理拒不执行判决、裁定和妨害公务案件中，消极履行法定职责，造成严重后果的，应当依法依纪追究直接责任人责任直至追究刑事责任。

十二、本通知自印发之日起执行，执行中遇到的情况和问题，请分别报告最高人民法院、最高人民检察院、公安部。

5. 最高人民法院《关于公布失信被执行人名单信息的若干规定》（法释〔2013〕17号；法释〔2017〕7号修正）

（详见本书《刑法》第307条之一相关内容）

6. 最高人民法院、最高人民检察院、公安部《关于开展集中打击拒不执行判决、裁定等犯罪行为专项行动有关工作的通知》（法〔2014〕263号）

长期以来，在人民法院执行工作中，被执行人或相关人员以各种手段抗拒执行、阻碍执行甚至暴力抗法的现象时有发生，为切实保障人民群众合法权益，维护法律尊严，最高人民法院、最高人民检察院、公安部决定自即日起至2015年3月，开展集中打击拒不执行法院判决、裁定等犯罪行为的专项行动。现就有关要求通知如下：

一、各地人民法院应立即着手对相关执行案件情况进行排查，对涉嫌构成拒不执行判决、裁定罪，妨害公务罪，非法处置查封、扣押、冻结财产罪等犯罪的被执行人或相关人员进行甄别，将有关犯罪线索于11月底前向有管辖权的公安机关移送。

二、对人民法院移送的被执行人或相关人员的犯罪线索，公安机关应当及时审查，符合立案条件的，应当在3日内立案，并及时侦查取证、抓捕犯罪嫌疑人；人民检察院对公安机关提请批准逮捕和移送审查起诉的犯罪嫌疑人，符合条件的应依法及时批捕、起诉。公安机关、人民检察院要组织专门力量，加快工作节奏，确保绝大多数符合条件的案件在12月底前移送审查起诉、在2015年1月底前向有管辖权的人民法院提起公诉。

三、人民法院对检察机关起诉的被执行人或相关人员涉嫌拒不执行判决、裁定罪等犯罪案件，要依法及时审判，确保绝大多数案件在2015年3月底前宣判。

四、人民法院认为被执行人或相关人员的妨害执行行为不构成犯罪，但需要司法拘留进行惩戒的，应依法及时采取强制措施。行为人逃匿，需要公安机关协助查找、控制的，有关人民法院应将拘留决定书连同相关材料于11月底前移交至同级公安机关。公安机关应及时发出协查通报，组织力量进行查找，发现行为人的，应当立即进行控制并将其送交被控制地拘留所，通知人民法院办理被拘留人收拘手续。

五、对人民法院依法决定拘留的人员，拘留所应凭人民法院的拘留决定书及时收拘。异地拘留的，作出拘留决定的人民法院可将有关手续先进行传真至当地法院，请求当地法院协助办理被拘留人收拘手续，之后再补送拘留决定书原件。

六、各地公安机关、人民检察院和人民法院要加强协调配合，做到既分工负责，又通力协作，形成打击抗拒执行违法犯罪行为的合力。对人民法院移送的犯罪线索，公安机关经审查认为不符合立案条件的，应当在收到人民法院移送的犯罪线索后5日内，将有关书面意见反馈人民法院。人民法院认为符合立案条件的，提请人民检察院予以监督。人民检察院认为需要立案侦查的，应当要求公安机关说明不立案的理由。人民检察院认为公安机关不立案理由不能成立的，应当通知公安机关立案，公安机关接到通知后应当立案。

七、各级公安机关、人民检察院、人民法院要通过电视、报刊、网络、广播、微博、微信等各种新闻平台，开展广泛深入的系列宣传活动，营造惩治抗拒执行违法犯罪行为的强大舆论氛围，凝聚共识，形成声势，传播正能量。要召开新闻发布会，选择典型案例公开曝光，集中展示打击成果，震慑犯罪，教育群众。

八、执行中遇到情况和问题，请分别报告最高人民法院、最高人民检察院、公安部。

7.《中华人民共和国刑法修正案(9)》(2015年8月29日第十二届全国人大常委会第十六次会议通过)

三十九、将刑法第313条修改为："对人民法院的判决、裁定有能力执行而拒不执行，情节严重的，处3年以下有期徒刑、拘役或者罚金；情节特别严重的，处3年以上7年以下有期徒刑，并处罚金。

"单位犯前款罪的，对单位判处罚金，并对其直接负责的主管人员和其他直接责任人员，依照前款的规定处罚。"

（原条文：对人民法院的判决、裁定有能力执行而拒不执行，情节严重的，处3年以下有期徒刑、拘役或者罚金。）

8. 最高人民法院《关于审理拒不执行判决、裁定刑事案件适用法律若干问题的解释》(法释〔2015〕16号;2020年12月23日最高法院审委会第1823次会议通过的《最高人民法院关于修改〈最高人民法院关于人民法院扣押铁路运输货物若干问题的规定〉等18件执行类司法解释的决定》对本文件修正)

为依法惩治拒不执行判决、裁定犯罪,确保人民法院判决、裁定依法执行,切实维护当事人合法权益,根据《中华人民共和国刑法》《中华人民共和国刑事诉讼法》《中华人民共和国民事诉讼法》等法律规定,就审理拒不执行判决、裁定刑事案件适用法律若干问题,解释如下:

第1条 被执行人、协助执行义务人、担保人等负有执行义务的人对人民法院的判决、裁定有能力执行而拒不执行,情节严重的,应当依照刑法第313条的规定,以拒不执行判决、裁定罪处罚。

第2条 负有执行义务的人有能力执行而实施下列行为之一的,应当认定为全国人民代表大会常务委员会关于刑法第313条的解释中规定的"其他有能力执行而拒不执行,情节严重的情形":

(一)具有拒绝报告或者虚假报告财产情况、违反人民法院限制高消费及有关消费令等拒不执行行为,经采取罚款或者拘留等强制措施后仍拒不执行的;(二)伪造、毁灭有关被执行人履行能力的重要证据,以暴力、威胁、贿买方法阻止他人作证或者指使、贿买、胁迫他人作伪证,妨碍人民法院查明被执行人财产情况,致使判决、裁定无法执行的;(三)拒不交付法律文书指定交付的财物、票证或者拒不迁出房屋、退出土地,致使判决、裁定无法执行的;(四)与他人串通,通过虚假诉讼、虚假仲裁、虚假和解等方式妨害执行,致使判决、裁定无法执行的;(五)以暴力、威胁方法阻碍执行人员进入执行现场或者聚众哄闹、冲击执行现场,致使执行工作无法进行的;(六)对执行人员进行侮辱、围攻、扣押、殴打,致使执行工作无法进行的;(七)毁损、抢夺执行案件材料、执行公务车辆和其他执行器械、执行人员服装以及执行公务证件,致使执行工作无法进行的;(八)拒不执行法院判决、裁定,致使债权人遭受重大损失的。

第3条 申请执行人有证据证明同时具有下列情形,人民法院认为符合刑事诉讼法第210条第3项规定的,以自诉案件立案审理:

(一)负有执行义务的人拒不执行判决、裁定,侵犯了申请执行人的人身、财产权利,应当依法追究刑事责任的;(二)申请执行人曾经提出控告,而公安机关或者人民检察院对负有执行义务的人不予追究刑事责任的。

第4条 本解释第3条规定的自诉案件,依照刑事诉讼法第212条的规定,自诉人在宣告判决前,可以同被告人自行和解或者撤回自诉。

第5条 拒不执行判决、裁定刑事案件,一般由执行法院所在地人民法院管辖。

第6条 拒不执行判决、裁定的被告人在一审宣告判决前,履行全部或部分执行义务的,可以酌情从宽处罚。

第7条 拒不执行支付赡养费、扶养费、抚育费、抚恤金、医疗费用、劳动报酬等判决、裁定的,可以酌情从重处罚。

第8条 本解释自发布之日起施行。此前发布的司法解释和规范性文件与本解释不一致的,以本解释为准。

9. 最高人民法院《第15批指导性案例毛建文拒不执行判决、裁定案》(指导案例71号;法〔2016〕449号;2016年12月28日)

【裁判要点】

有能力执行而拒不执行判决、裁定的时间从判决、裁定发生法律效力时起算。具有执行内容的判决、裁定发生法律效力后,负有执行义务的人有隐藏、转移、故意毁损财产等拒不执行行为,致使判决、裁定无法执行,情节严重的,应当以拒不执行判决、裁定罪定罪处罚。

【裁判理由】

法院生效裁判认为:被告人毛建文负有履行生效裁判确定的执行义务,在人民法院具有执行内容的判决、裁定发生法律效力后,实施隐藏、转移财产等拒不执行行为,致使判决、裁定无法执行,情节严重,其行为已构成拒不执行判决罪。公诉机关指控的罪名成立。毛建文归案后如实供述了自己的罪行,可以从轻处罚。

本案的争议焦点为,拒不执行判决、裁定罪中规定的"有能力执行而拒不执行"的行为起算时间如何认定,即被告人毛建文拒不执行判决的行为是从相关民事判决发生法律效力时起算,还是从执行立案时起算。对此,法院认为,生效法律文书进入强制执行程序并不是构成拒不执行判决、裁定罪的要件和前提,毛建文拒不执行判决的行为应从相关民事判决于2013年1月6日发生法律效力时起算。主要理由如下:第一,符合立法原意。全国人民代表大会常务委员会对刑法第313条规定解释时指出,该条中的"人民法院的判决、裁定",是指人民法院依法作出的具有执行内容并已发生法律效力的判决、裁定。这就是说,只有具有执行内容的判决、裁定发生法律效力后,才具有法律约束力和强制执行力,义务人才有及时、积极履行生效法律文书确定义务的责任。生效法律文书的强制执行力不是在进入强制执行程序后才产生的,而是自法律文书生效之日起即产生。第二,与民事诉讼法及其司法解释协调一致。《中华人民共和国民事诉讼法》第111条规定:诉讼参与人或者其他人拒不履行人民法院已经发生法律效力的判决、裁定的,人民法院可以根据情节轻重予以罚款、拘留;构成犯罪的,依法追究刑事责任。《最高人民法院关于适用〈中华人民共和国民事诉讼法〉的解释》第188条规定:民事诉讼法第111条第1款第6项规定的拒不履行人民法院已经发生法律效力的判决、裁定的行为,包括在法律文书发生法律效力后隐藏、转移、变卖、毁损财产或者无偿转让财产、以明显不合理的价格交易财产、放弃到期债权、无偿为他人提供担保等,致使人民法院无法执行的。由此可见,法律明确将拒不执行行为限定在法律文书发生法律效力后,并未将拒不执行的主体仅限定为进入强制执行程序后的被执行人或者协助执行义务人等,更未将拒不执行判决、裁定罪的调整范围仅限于生效法律文书进入强制执行程序后发生的行为。第三,符合立法目的。拒不执行判决、裁定罪的立法目的在于解决法院生效判决、裁定的"执行难"问题。将判决、裁定生效后立案执行前逃避履行义务的行为纳入拒不执行判决、裁定罪的调整范围,是法律设定该罪的应有之意。将判决、裁定生效之日确定为拒不执行判决、裁定罪中拒不执行行为的起算时间点,能有效地促使义务人在判决、裁定生效后即迫于刑罚的威慑力而主动履行生效裁判确定的义务,避免生效裁判沦为一纸空文,从而使社会公众真正尊重司法裁判,维护法律权威,从根本上解决"执行难"问题,实现拒不执行判决、裁定罪的立法目的。(仅收录部分内容)

10. 最高人民法院《关于执行款物管理工作的规定》(法发〔2006〕11号;法发〔2017〕6号修订)

(详见本书《刑法》第276条之一内容)

11. 最高人民法院《关于民事执行中财产调查若干问题的规定》(法释〔2017〕8号;法释〔2020〕21号修正)

(详见本书《刑法》第307条之一相关内容)

12. 最高人民法院院长信箱《对〈关于修改拒执罪司法解释的建议〉的答复》(2018年11月8日)

黄志佳同志:您好!《关于修改拒执罪司法解释的建议》收悉。经相关研究,答复如下:您提出,在执行义务人报告财产等程序之前,法院往往无法查明其是否有能力执行,故《最高人民法院关于审理拒不执行判决、裁定刑事案件适用法律若干问题的解释》(下称《拒执罪司法解释》)第2条将“有能力执行”作为追究拒执罪的前提不妥。

我们认为,“有能力执行”是刑法规定的拒不执行判决、裁定罪的构成要件,全国人大常委会《关于刑法第313条的解释》(下称《立法解释》)也坚持此观点。最高人民法院的司法解释必须以法律和立法解释为依据。《拒执罪司法解释》第2条是对全国人大常委会《立法解释》第(5)项“其他有能力执行而拒不执行,情节严重”作的进一步解释,必须坚持被执行人“有能力执行”这一前提条件。同时,“有能力执行”作为犯罪构成要件,严格的讲,是对行为人追究犯罪时需要查明的事实,不是执行义务人报告财产等非刑事追究程序中必须查明的事实。不能因在执行义务人报告财产等程序之前法院无法查明其是否有能力执行为由,认为“有能力执行”不应作为追究拒执罪的前提。当然,在《拒执罪司法解释》第2条所列的具体行为中,如果从行为表现可以认定行为人具有履行能力,则“有能力执行”不需要再单独认定。

您提出,《拒执罪司法解释》第2条第(1)项把“经采取罚款或者拘留等强制措施”作为追究拒执罪的前提条件,存在操作上的困难。

我们认为,该建议有一定的道理,反映了实践中在被执行人违反报告财产义务或限制消费义务的情况下,查找被执行人并采取罚款、拘留等措施确实存在困难。但《拒执罪司法解释》第2条第(1)项如此规定,是基于刑法第313条规定拒执行为“情节严重”才构成犯罪。即执行义务人违反财产报告义务或限制消费义务,只有经采取罚款、拘留等强制措施后仍拒不执行的,才认为达到“情节严重”的程度,成立犯罪。如果取消该前提,则会导致一般违反财产报告义务、限制消费义务的行为和犯罪行为之间的界限模糊,违背立法精神。至于建议人提出的实践操作上的困难问题,涉及对司法解释的理解。这里“经采取罚款或者拘留等强制措施”不宜理解为罚款、拘留等强制措施已经实际执行完结,宜理解为法院决定采取罚款、拘留等强制措施并依法将相关决定送达执行义务人的情形。当然实践中执行义务人可能因下落不明,相关决定无法送达而并不知悉自己被罚款、拘留,此时执行义务人仍不履行义务,是否应当认定为情节严重,需要斟酌。对此,应当在个案中具体判断加以解决。

综合以上,建议人提出的关于取消《拒执罪司法解释》第2条中“有能力执行”和该条第(1)项中“经采取罚款或者拘留等强制措施”两个前提条件的修改建议,在目前立法未作出修改的情况下,尚不宜采纳。

13. 最高人民法院《关于拒不执行判决、裁定罪自诉案件受理工作有关问题的通知》(法〔2018〕147号)

近期,部分高级人民法院向我院请示,申请执行人以负有执行义务的人涉嫌拒不执行判决、裁定罪向公安机关提出控告,公安机关不接受控告材料或者接受控告材料后不予书面答复的;人民法院向公安机关移送拒不执行判决、裁定罪线索,公安机关不予书面答复或者明确答复不予立案,或者人民检察院决定不起诉的,如何处理?鉴于部分高级人民法院所请示问题具有普遍性,经研究,根据相关法律和司法解释,特通知如下:

一、申请执行人向公安机关控告负有执行义务的人涉嫌拒不执行判决、裁定罪,公安机关不予接受控告材料或者在接受控告材料后60日内不予书面答复,申请执行人有证据证明该拒不执行判决、裁定行为侵犯了其人身、财产权利,应当依法追究刑事责任的,人民法院可以以自诉案件立案审理。

二、人民法院向公安机关移送拒不执行判决、裁定罪线索,公安机关决定不予立案或者在接受案件线索后60日内不予书面答复,或者人民检察院决定不起诉的,人民法院可以向申请执行人释明;申请执行人有证据证明负有执行义务的人拒不执行判决、裁定侵犯了其人身、财产权利,应当依法追究刑事责任的,人民法院可以以自诉案件立案审理。

三、公安机关接受申请执行人的控告材料或者人民法院移送的拒不执行判决、裁定罪线索，经过60日之后又决定立案的，对于申请执行人的自诉，人民法院未受理的，裁定不予受理；已经受理的，可以向自诉人释明让其撤回起诉或者裁定终止审理。此后再出现公安机关或者人民检察院不予追究情形的，申请执行人可以依法重新提起自诉。

14. 最高人民检察院《第24批指导性案例上海甲建筑装饰有限公司、吕某拒不执行判决立案监督案》(检例第92号;2020年12月21日)

【要旨】

负有执行义务的单位和个人以更换企业名称、隐瞒到期收入等方式妨害执行，致使已经发生法律效力的判决、裁定无法执行，情节严重的，应当以拒不执行判决、裁定罪予以追诉。申请执行人认为公安机关对拒不执行判决、裁定的行为应当立案侦查而不立案侦查，向检察机关提出监督申请的，检察机关应当要求公安机关说明不立案的理由。经调查核实，认为公安机关不立案理由不能成立的，应当通知公安机关立案。对于通知立案的涉企业犯罪案件，应当依法适用认罪认罚从宽制度。

【指导意义】

(一)检察机关发现公安机关对拒不执行判决、裁定的行为应当立案侦查而不立案侦查的，应当依法监督公安机关立案。执行人民法院依法作出并已发生法律效力的判决、裁定，是被执行人的法定义务。负有执行义务的单位和个人有能力执行而故意以更改企业名称、隐瞒到期收入等方式隐藏、转移财产，致使判决、裁定无法执行的，应当认定为刑法第313条规定的"有能力执行而拒不执行，情节严重"的情形，以拒不执行判决、裁定罪予以追诉。申请执行人认为公安机关对拒不执行判决、裁定的行为应当立案侦查而不立案侦查，向检察机关提出监督申请的，检察机关应当要求公安机关说明不立案的理由，认为公安机关不立案理由不能成立的，应当制作《通知立案书》，通知公安机关立案。

(二)检察机关进行立案监督，应当开展调查核实。检察机关受理立案监督申请后，应当根据事实、法律进行审查，并依法开展调查核实。对于拒不执行判决、裁定案件，检察机关可以调阅公安机关相关材料、人民法院执行卷宗和相关法律文书，询问公安机关办案人员、法院执行人员和有关当事人，并可以调取涉案企业、人员往来账目、合同、银行票据等书证，综合研判是否属于"有能力执行而拒不执行，情节严重"的情形。决定监督立案的，应当同时将调查收集的证据材料送达公安机关。

(三)办理涉企业犯罪案件，应当依法适用认罪认罚从宽制度。检察机关应当坚持惩治犯罪与保护市场主体合法权益、引导企业守法经营并重。对于拒不执行判决、裁定案件，应当积极促使涉案企业执行判决、裁定，向被害方履行赔偿义务、赔礼道歉。涉案企业及其直接负责的主管人员和其他直接责任人员自愿如实供述自己的罪行，承认指控的犯罪事实，愿意接受处罚的，对涉案企业和个人可以提出依法从宽处理的确定刑量刑建议。

15. 最高人民法院《关于办理人身安全保护令案件适用法律若干问题的规定》(法释〔2022〕17号)

第12条 被申请人违反人身安全保护令，符合《中华人民共和国刑法》第313条规定的，以拒不执行判决、裁定罪定罪处罚；同时构成其他犯罪的，依照刑法有关规定处理。(全文略)

第314条 【非法处置查封、扣押、冻结的财产罪】 隐藏、转移、变卖、故意毁损已被司法机关查封、扣押、冻结的财产，情节严重的，处3年以下有期徒刑、拘役或者罚金。

• 释义

非法处置查封、扣押、冻结的财产罪是指隐藏、转移、变卖、故意毁损已被司法机关查封、扣押、冻结的财产，情节严重的行为。

• 管辖

公安机关刑事侦查部门。

• 立案追诉标准

无

• 关联法律

1. 最高人民法院《关于适用财产刑若干问题的规定》(法释〔2000〕45号)

为正确理解和执行刑法有关财产刑的规定，现就适用财产刑的若干问题规定如下：

第1条 刑法规定“并处”没收财产或者罚金的犯罪，人民法院在对犯罪分子判处主刑的同时，必须依法判处相应的财产刑；刑法规定“可以并处”没收财产或者罚金的犯罪，人民法院应当根据案件具体情况及犯罪分子的财产状况，决定是否适用财产刑。

第2条 人民法院应当根据犯罪情节，如违法所得数额、造成损失的大小等，并综合考虑犯罪分子缴纳罚金的能力，依法判处罚金。刑法没有明确规定罚金数额标准的，罚金的最低数额不能少于1000元。

对未成年人犯罪应当从轻或者减轻判处罚金，但罚金的最低数额不能少于500元。

第3条 依法对犯罪分子所犯数罪分别判处罚金的，应当实行并罚，将所判处的罚金数额相加，执行总和数额。

1人犯数罪依法同时并处罚金和没收财产的，应当合并执行；但并处没收全部财产的，只执行没收财产刑。

第4条 犯罪情节较轻，适用单处罚金不致再危害社会并具有下列情形之一的，可以依法单处罚金：

(一)偶犯或者初犯；(二)自首或者有立功表现的；(三)犯罪时不满18周岁的；(四)犯罪预备、中止或者未遂的；(五)被胁迫参加犯罪的；(六)全部退赃并有悔罪表现的；(七)其他可以依法单处罚金的情形。

第5条 刑法第53条规定的“判决指定的期限”应当在判决书中予以确定；“判决指定的期限”应为从判决发生法律效力第2日起最长不超过3个月。

第6条 刑法第53条规定的“由于遭遇不能抗拒的灾祸缴纳确实有困难的”，主要是指因遭受火灾、水灾、地震等灾祸而丧失财产；罪犯因重并伤残等而丧失劳动能力，或者需要罪犯抚养的近亲属患有重病，需支付巨额医药费等，确实没有财产可供执行的情形。

具有刑法第53条规定“可以酌情减少或者免除”事由的，由罪犯本人、亲属或者犯罪单位向负责执行的人民法院提出书面申请，并提供相应的证明材料。人民法院审查以后，根据实际情况，裁定减少或者免除应当缴纳的罚金数额。

第7条 刑法第60条规定的“没收财产以前犯罪分子所负的正当债务”，是指犯罪分子在判决生效前所负他人的合法债务。

第8条 罚金刑的数额应当以人民币为计算单位。

第9条 人民法院认为依法应当判处被告人财产刑的，可以在案件审理过程中，决定扣押或者冻结被告人的财产。

第10条 财产刑由第一审人民法院执行。

犯罪分子的财产在异地的,第一审人民法院可以委托财产所在地人民法院代为执行。

第11条 自判决指定的期限届满第2日起,人民法院对于没有法定减免事由不缴纳罚金的,应当强制其缴纳。

对于隐藏、转移、变卖、损毁已被扣押、冻结财产情节严重的,依照刑法第314条的规定追究刑事责任。

2. 参见本书《刑法》第313条相关内容。

第315条 【破坏监管秩序罪】 依法被关押的罪犯,有下列破坏监管秩序行为之一,情节严重的,处3年以下有期徒刑:

(一)殴打监管人员的;

(二)组织其他被监管人破坏监管秩序的;

(三)聚众闹事,扰乱正常监管秩序的;

(四)殴打、体罚或者指使他人殴打、体罚其他被监管人的。

• 释义

破坏监管秩序罪是指依法被关押的罪犯,违反监管法规,殴打监管人员,组织其他被监管人破坏监管秩序,聚众闹事,扰乱正常监管秩序,或者殴打、体罚或者指使他人殴打、体罚其他被监管人,破坏监管秩序,情节严重的行为。

• 管辖

公安机关刑事侦查部门。

• 立案追诉标准

无

• 关联法律

无

第316条 【脱逃罪】 依法被关押的罪犯、被告人、犯罪嫌疑人脱逃的,处5年以下有期徒刑或者拘役。

【劫夺被押解人员罪】 劫夺押解途中的罪犯、被告人、犯罪嫌疑人的,处3年以上7年以下有期徒刑;情节严重的,处7年以上有期徒刑。

• 释义

脱逃罪是指依法被关押的罪犯、被告人、犯罪嫌疑人脱逃的行为。

劫夺被押解人员罪是指劫夺押解途中的罪犯、被告人、犯罪嫌疑人的行为。

• 管辖

公安机关刑事侦查部门。

• 立案追诉标准

无

• 关联法律

1. 最高人民法院研究室《关于因错判在服刑期“脱逃”后确有犯罪其错判服刑期限可否与后判刑期折抵问题的电话答复》(1983年8月31日)

湖北省高级人民法院:你院1983年8月12日鄂法研字(83)第19号《对因错判在服刑期“脱逃”后确有犯罪其错判服刑期限可否与后判刑期折抵的请示》已收悉。我们同意你院报告中所提出的意见,即:对被错判徒刑的在服刑期间“脱逃”的行为,可不以脱逃论罪判刑;但在脱逃期间犯罪的,应依法定罪判刑;对被错判已服刑的日期与后来犯罪所判处的刑期不宜折抵,可在量刑时酌情考虑从轻或减轻处罚。

2. 中国人民解放军军事法院《关于审理军人违反职责罪案件中几个具体问题的处理意见》(〔1988〕军法发字第34号)

五、关于军人在临时看管期间逃跑的,能否以脱逃罪论处问题

脱逃罪是指被依法逮捕、关押的犯罪分子,从羁押,改造场所或者在押解途中逃走的行为。军队的临时看管仅是一项行政防范措施。因此,军人在此期间逃跑的,不构成脱逃罪。但在查明他确有犯罪行为后,他的逃跑行为可以作为情节在处刑时予以考虑。(全文详见本书《刑法》第436条相关内容)

3. 公安部《关于对被判处拘役的罪犯在执行期间回家问题的批复》(公复字〔2001〕2号)

北京市公安局:你局《关于加拿大籍罪犯秦典华在拘役期间回家问题的请示》(京公法字〔2001〕24号)收悉。现批复如下:

《刑法》第43条第2款规定:“在执行期间,被判处拘役的犯罪分子每月可以回家1天至2天。”根据上述规定,是否准许被判处拘役的罪犯回家,应当根据其在服刑期间表现以及准许其回家是否会影响剩余刑期的继续执行等情况综合考虑,由负责执行的拘役所、看守所提出建议,报其所属的县级以上公安机关决定。被判处拘役的外国籍罪犯提出回家申请的,由地市级以上公安机关决定,并由决定机关将有关情况报上级公安机关备案。对于准许回家的,应当发给回家证明,告知其应当按时返回监管场所和不按时返回将要承担的法律责任,并将准许回家的决定送同级人民检察院。被判处拘役的罪犯在决定机关辖区内有固定住处的,可允许其回固定住处,没有固定住处的,可在决定机关为其指定的居所每月与其家人团聚1天至2天。拘役所、看守所根据被判处拘役的罪犯在服刑及回家期间表现,认为不宜继续准许其回家的,应当提出建议,报原决定机关决定。对于被判处拘役的罪犯在回家期间逃跑的,应当按照《刑法》第316条的规定以脱逃罪追究其刑事责任。

第317条 【**组织越狱罪**】组织越狱的首要分子和积极参加的,处5年以上有期徒刑;其他参加的,处5年以下有期徒刑或者拘役。

【**暴动越狱罪**】【**聚众持械越狱罪**】暴动越狱或者聚众持械劫狱的首要分子和积极参加的,处10年以上有期徒刑或者无期徒刑;情节特别严重的,处死刑;其他参加的,处3年以上10年以下有期徒刑。

• 释义

组织越狱罪是指依法被关押的罪犯、被告人、犯罪嫌疑人、在首要分子组织、策划、指挥下，有组织地脱逃的行为。

暴动越狱罪是指依法被关押的罪犯、被告人、犯罪嫌疑人、在首要分子组织、策划、指挥下，采用暴动方式，有组织地脱逃的行为。

聚众持械越狱罪是指狱外人员在首要分子组织、策划、指挥下，持械劫夺狱中罪犯、被告人或犯罪嫌疑人的行为。

• **管辖**

公安机关刑事侦查部门。

• **立案追诉标准**

无

• **关联法律**

无

第三节　妨害国(边)境管理罪

妨害国(边)境管理罪，责任形式为故意，且都是自然人犯罪。

第318条　【组织他人偷越国(边)境罪】 组织他人偷越国(边)境的，处2年以上7年以下有期徒刑，并处罚金；有下列情形之一的，处7年以上有期徒刑或者无期徒刑，并处罚金或者没收财产：

（一）组织他人偷越国(边)境集团的首要分子；

（二）多次组织他人偷越国(边)境或者组织他人偷越国(边)境人数众多的；

（三）造成被组织人重伤、死亡的；

（四）剥夺或者限制被组织人人身自由的；

（五）以暴力、威胁方法抗拒检查的；

（六）违法所得数额巨大的；

（七）有其他特别严重情节的。

犯前款罪，对被组织人有杀害、伤害、强奸、拐卖等犯罪行为，或者对检查人员有杀害、伤害等犯罪行为的，依照数罪并罚的规定处罚。

• **释义**

组织他人偷越国(边)境罪是指违反国(边)境管理法规，组织他人偷越国(边)境的行为。

• **管辖**

国家移民管理局。

• **立案追诉标准**

1. 组织他人偷越国(边)境的，应当立案侦查。

2. 组织他人偷越国(边)境，具有下列情形之一的，应当立为重大案件：

(一)1次组织20-49人偷越国(边)境的;
(二)组织他人偷越国(边)境3-4次的;
(三)造成被组织人重伤1-2人的;
(四)剥夺或者限制被组织人人身自由的;
(五)以暴力、威胁方法抗拒检查的;
(六)违法所得人民币5万-20万元的;
(七)有其他严重情节的。
3. 组织他人偷越国(边)境,具有下列情形之一的,应当立为特别重大案件:
(一)1次组织50人以上偷越国(边)境的;
(二)组织他人偷越国(边)境5次以上的;
(三)造成被组织人重伤3人以上或者死亡1人以上的;
(四)违法所得20万元以上的;
(五)有其他特别严重情节的。

● **关联法律**

1. 最高人民法院《关于严厉打击偷渡犯罪活动的通知》(法发〔1993〕24号)

(法发〔1994〕16号已声明本文废止)

2. 全国人大常委会《关于严惩组织、运送他人偷越国(边)境犯罪的补充规定》(1994年3月5日第八届全国人大常委会第六次会议通过)

[被2009年6月27日第十一届全国人大常委会第九次会议通过的《关于废止部分法律的决定》废止]

3. 公安部《关于妨害国(边)境管理犯罪案件立案标准及有关问题的通知》(公通字〔2000〕30号)

(见本条立案追诉标准内容)

4. 最高人民法院《关于审理组织、运送他人偷越国(边)境等刑事案件适用法律若干问题的解释》(法释〔2002〕3号)

(法释〔2012〕17号已声明本文废止)

5. 最高人民法院、最高人民检察院《关于办理妨害国(边)境管理刑事案件应用法律若干问题的解释》(法释〔2012〕17号)

为依法惩处妨害国(边)境管理犯罪活动,维护国(边)境管理秩序,根据《中华人民共和国刑法》《中华人民共和国刑事诉讼法》的有关规定,现就办理这类案件应用法律的若干问题解释如下:

第1条 领导、策划、指挥他人偷越国(边)境或者在首要分子指挥下,实施拉拢、引诱、介绍他人偷越国(边)境等行为的,应当认定为刑法第318条规定的"组织他人偷越国(边)境"。

组织他人偷越国(边)境人数在10人以上的,应当认定为刑法第318条第1款第(2)项规定的"人数众多";违法所得数额在20万元以上的,应当认定为刑法第318条第1款第(六)项规定的"违法所得数额巨大"。

以组织他人偷越国(边)境为目的,招募、拉拢、引诱、介绍、培训偷越国(边)境人员,策划、安排偷越国(边)境行为,在他人偷越国(边)境之前或者偷越国(边)境过程中被查获的,应当以组织他人偷越国(边)境罪(未遂)论处;具有刑法第318条第1款规定的情形之一的,应当在相应的法定刑幅度基础上,结合未遂犯的处罚原则量刑。

第2条 为组织他人偷越国(边)境,编造出境事由、身份信息或者相关的境外关系证明的,应当认定为刑法第319条第1款规定的"弄虚作假"。

刑法第319条第1款规定的"出境证件",包括护照或者代替护照使用的国际旅行证件,中华人民共和国海员证,中华人民共和国出入境通行证,中华人民共和国旅行证,中国公民往来香港、澳门、台湾地区证件,边境地区出入境通行证,签证、签注,出国(境)证明、名单,以及其他出境时需要查验的资料。

具有下列情形之一的,应当认定为刑法第319条第1款规定的"情节严重":(一)骗取出境证件5份以上的;(二)非法收取费用30万元以上的;(三)明知是国家规定的不准出境的人员而为其骗取出境证件的;(四)其他情节严重的情形。

第3条 刑法第320条规定的"出入境证件",包括本解释第2条第2款所列的证件以及其他入境时需要查验的资料。

具有下列情形之一的,应当认定为刑法第320条规定的"情节严重":

(一)为他人提供伪造、变造的出入境证件或者出售出入境证件5份以上的;(二)非法收取费用30万元以上的;(三)明知是国家规定的不准出入境的人员而为其提供伪造、变造的出入境证件或者向其出售出入境证件的;(四)其他情节严重的情形。

第4条 运送他人偷越国(边)境人数在10人以上的,应当认定为刑法第321条第1款第(一)项规定的"人数众多";违法所得数额在20万元以上的,应当认定为刑法第321条第1款第(三)项规定的"违法所得数额巨大"。

第5条 偷越国(边)境,具有下列情形之一的,应当认定为刑法第322条规定的"情节严重":

(一)在境外实施损害国家利益行为的;(二)偷越国(边)境3次以上或者3人以上结伙偷越国(边)境的;(三)拉拢、引诱他人一起偷越国(边)境的;(四)勾结境外组织、人员偷越国(边)境的;(五)因偷越国(边)境被行政处罚后1年内又偷越国(边)境的;(六)其他情节严重的情形。

第6条 具有下列情形之一的,应当认定为刑法第6章第3节规定的"偷越国(边)境"行为:

(一)没有出入境证件出入国(边)境或者逃避接受边防检查的;(二)使用伪造、变造、无效的出入境证件出入国(边)境的;(三)使用他人出入境证件出入国(边)境的;(四)使用以虚假的出入境事由、隐瞒真实身份、冒用他人身份证件等方式骗取的出入境证件出入国(边)境的;(五)采用其他方式非法出入国(边)境的。

第7条 以单位名义或者单位形式组织他人偷越国(边)境、为他人提供伪造、变造的出入境证件或者运送他人偷越国(边)境的,应当依照刑法第318条、第320条、第321条的规定追究直接负责的主管人员和其他直接责任人员的刑事责任。

第8条 实施组织他人偷越国(边)境犯罪,同时构成骗取出境证件罪、提供伪造、变造的出入境证件罪、出售出入境证件罪、运送他人偷越国(边)境罪的,依照处罚较重的规定定罪处罚。

第9条 对跨地区实施的不同妨害国(边)境管理犯罪,符合并案处理要求,有关地方公安机关依照法律和相关规定一并立案侦查,需要提请批准逮捕、移送审查起诉、提起公诉的,由该公安机关所在地的同级人民检察院、人民法院依法受理。

第10条 本解释发布实施后,《最高人民法院关于审理组织、运送他人偷越国(边)境等刑事案件适用法律若干问题的解释》(法释〔2002〕3号)不再适用。

6. 最高人民法院、最高人民检察院、公安部《关于办理跨境赌博犯罪案件若干问题的意见》(公通字〔2020〕14号)

四、关于跨境赌博关联犯罪的认定

(三)实施跨境赌博犯罪,同时构成组织他人偷越国(边)境、运送他人偷越国(边)境、偷

越国(边)境罪等罪的,应当依法数罪并罚。(全文详见本书《刑法》第 303 条相关内容)

第 319 条 【骗取出境证件罪】 以劳务输出、经贸往来或者其他名义,弄虚作假,骗取护照、签证等出境证件,为组织他人偷越国(边)境使用的,处 3 年以下有期徒刑,并处罚金;情节严重的,处 3 年以上 10 年以下有期徒刑,并处罚金。

单位犯前款罪的,对单位判处罚金,并对其直接负责的主管人员和其他直接责任人员,依照前款的规定处罚。

• 释义

骗取出境证件罪是指以劳务输出、经贸往来或者其他名义,弄虚作假,骗取护照、签证等出境证件,为组织他人偷越国(边)境使用的行为。

行为主体既可以是自然人,也可以是单位。

• 管辖

国家移民管理局。

• 立案追诉标准

1. 以劳务输出、经贸往来或者其他名义弄虚作假,骗取护照、通行证、旅行证、海员证、签证(注)等出境证件(以下简称出境证件),为他人偷越国(边)境使用的,应当立案侦查。

2. 骗取出境证件,具有下列情形之一的,应当立为重大案件:

(一)骗取出境证件 5-19 本(份、个)的;

(二)为违法犯罪分子骗取出境证件的;

(三)违法所得 10 万-20 万元的;

(四)有其他严重情节的。

3. 骗取出境证件,具有下列情形之一的,应当立为特别重大案件:

(一)骗取出境证件 20 本(份、个)以上的;

(二)违法所得 20 万元以上的;

(三)有其他特别严重情节的。

• 关联法律

1. 公安部《关于妨害国(边)境管理犯罪案件立案标准及有关问题的通知》(公通字〔2000〕30 号)

(见本条立案追诉标准内容)

2. 最高人民法院、最高人民检察院《关于办理妨害国(边)境管理刑事案件应用法律若干问题的解释》(法释〔2012〕17 号)

第 2 条 为组织他人偷越国(边)境,编造出境事由、身份信息或者相关的境外关系证明的,应当认定为刑法第 319 条第 1 款规定的"弄虚作假"。

刑法第 319 条第 1 款规定的"出境证件",包括护照或者代替护照使用的国际旅行证件,中华人民共和国海员证,中华人民共和国出入境通行证,中华人民共和国旅行证,中国公民往来香港、澳门、台湾地区证件,边境地区出入境通行证,签证、签注,出国(境)证明、名单,以及其他出境时需要查验的资料。

具有下列情形之一的,应当认定为刑法第 319 条第 1 款规定的"情节严重":

(一)骗取出境证件5份以上的;(二)非法收取费用30万元以上的;(三)明知是国家规定的不准出境的人员而为其骗取出境证件的;(四)其他情节严重的情形。

第6条 具有下列情形之一的,应当认定为刑法第6章第3节规定的“偷越国(边)境”行为:

(一)没有出入境证件出入国(边)境或者逃避接受边防检查的;(二)使用伪造、变造、无效的出入境证件出入国(边)境的;(三)使用他人出入境证件出入国(边)境的;(四)使用以虚假的出入境事由、隐瞒真实身份、冒用他人身份证件等方式骗取的出入境证件出入国(边)境的;(五)采用其他方式非法出入国(边)境的。

第7条 以单位名义或者单位形式组织他人偷越国(边)境、为他人提供伪造、变造的出入境证件或者运送他人偷越国(边)境的,应当依照刑法第318条、第320条、第321条的规定追究直接负责的主管人员和其他直接责任人员的刑事责任。

第8条 实施组织他人偷越国(边)境犯罪,同时构成骗取出境证件罪、提供伪造、变造的出入境证件罪、出售出入境证件罪、运送他人偷越国(边)境罪的,依照处罚较重的规定定罪处罚。

第9条 对跨地区实施的不同妨害国(边)境管理犯罪,符合并案处理要求,有关地方公安机关依照法律和相关规定一并立案侦查,需要提请批准逮捕、移送审查起诉、提起公诉的,由该公安机关所在地的同级人民检察院、人民法院依法受理。

第10条 本解释发布实施后,《最高人民法院关于审理组织、运送他人偷越国(边)境等刑事案件适用法律若干问题的解释》(法释〔2002〕3号)不再适用。(全文见本书《刑法》第318条相关内容)

第320条 【提供伪造、变造的出入境证件罪】【出售出入境证件罪】 为他人提供伪造、变造的护照、签证等出入境证件,或者出售护照、签证等出入境证件的,处5年以下有期徒刑,并处罚金;情节严重的,处5年以上有期徒刑,并处罚金。

• 释义

提供伪造、变造的出入境证件罪是指为他人提供伪造、变造的护照、签证等出入境证件的行为。

出售出入境证件罪是指出售护照、签证等出入境证件的行为。

• 管辖

国家移民管理局。

• 立案追诉标准

【提供伪造、变造的出入境证件罪立案追诉标准】

提供伪造、变造的出入境证件案

1. 为他人提供伪造、变造的护照、通行证、旅行证、海员证、签证(注)等出入境证件(以下简称出入境证件)的,应当立案侦查。

2. 为他人提供伪造、变造的出入境证件,具有下列情节之一的,应当立为重大案件:

(一)为他人提供伪造、变造的出入境证件5-19本(份、个)的;

(二)为违法犯罪分子提供伪造、变造的出入境证件的;

(三)违法所得10万-20万元的;

(四)有其他严重情节的。

3. 为他人提供伪造、变造的出入境证件,具有下列情形之一的,应当立为特别重大案件:

(一)为他人提供伪造、变造的出入境证件20本(份、个)以上的;

(二)违法所得20万元以上的;

(三)有其他特别严重情节的。

【出售出入境证件罪立案追诉标准】

出售出入境证件案

1. 出售出入境证件的,应当立案侦查。

2. 出售出入境证件,具有下列情形之一的,应当立为重大案件:

(一)出售出入境证件5-19本(份、个)的;

(二)给违法犯罪分子出售出入境证件的;

(三)违法所得10万-20万元的;

(四)有其他严重情节的。

3. 出售出入境证件,具有下列情形之一的,应当立为特别重大案件:

(一)出售出入境证件20本(份、个)以上的;

(二)违法所得20万元以上的;

(三)有其他特别严重情节的。

• 关联法律

1. 公安部《关于妨害国(边)境管理犯罪案件立案标准及有关问题的通知》(公通字〔2000〕30号)

(见本条立案追诉标准内容)

2. 公安部《关于盗窃空白因私护照有关问题的批复》(公境出〔2000〕881号)

辽宁省公安厅出入境管理处:你处《关于准确认定盗窃空白护照性质及罪名的请示》(辽公境外〔2000〕178号)收悉。经研究,批复如下:

一、李某日韦、万某亮等人所盗取的空白护照属于出入境证件。护照不同于一般的身份证件,它是公民国际旅行的身份证件和国籍证明。在我国,公民因私护照的设计、研制、印刷统一由公安部出入境管理局负责。护照上设计了多项防伪措施,每本护照(包括空白护照)都有一个统一编号,空白护照是签发护照的重要构成因素,对空白护照的发放、使用有严格的管理程序。空白护照丢失,与已签发的护照一样,也由公安部出入境管理局宣布作废,空白护照是作为出入境证件加以管理的。因此,空白护照既是国家机关的证件,也是出入境证件。

二、李某日韦、万某亮等人所盗护照不同于一般商品,在认定其盗窃情节时,不能简单依照护照本身的研制、印刷费用计算盗窃数额,而应依照所盗护照的本数计算。1次盗窃2000本护照,在建国以来是第1次,所造成的影响极其恶劣。应当认定为“情节严重”,不是一般的盗窃,而应按照刑法第280条规定处理。

三、李某日韦、万某亮等人将盗窃的护照出售,其出售护照的行为也妨害国(边)境管理秩序,触犯刑法第320条,涉嫌构成出售出入境证件罪。

上述意见请商当地人民检察院。

3. 最高人民检察院研究室《关于买卖尚未加盖印章的空白〈边境证〉行为如何适用法律问题的答复》(〔2002〕高检研发第19号)

重庆市人民检察院研究室:你院《关于对买卖尚未加盖印章的空白〈边境证〉案件适用法律问题的请示》[渝检(研)〔2002〕11号]收悉。经研究,答复如下:

对买卖尚未加盖发证机关的行政印章或者通行专用章印鉴的空白《中华人民共和国边境管理区通行证》的行为，不宜以买卖国家机关证件罪追究刑事责任。国家机关工作人员实施上述行为，构成犯罪的，可以按滥用职权等相关犯罪依法追究刑事责任。

4. 最高人民法院、最高人民检察院《关于办理妨害国（边）境管理刑事案件应用法律若干问题的解释》（法释〔2012〕17号）

第3条 刑法第320条规定的“出入境证件”，包括本解释第2条第2款所列的证件以及其他入境时需要查验的资料。具有下列情形之一的，应当认定为刑法第320条规定的“情节严重”：

（一）为他人提供伪造、变造的出入境证件或者出售出入境证件5份以上的；（二）非法收取费用30万元以上的；（三）明知是国家规定的不准出入境的人员而为其提供伪造、变造的出入境证件或者向其出售出入境证件的；（四）其他情节严重的情形。

第6条 具有下列情形之一的，应当认定为刑法第6章第3节规定的“偷越国（边）境”行为：

（一）没有出入境证件出入国（边）境或者逃避接受边防检查的；（二）使用伪造、变造、无效的出入境证件出入国（边）境的；（三）使用他人出入境证件出入国（边）境的；（四）使用以虚假的出入境事由、隐瞒真实身份、冒用他人身份证件等方式骗取的出入境证件出入国（边）境的；（五）采用其他方式非法出入国（边）境的。

第7条 以单位名义或者单位形式组织他人偷越国（边）境、为他人提供伪造、变造的出入境证件或者运送他人偷越国（边）境的，应当依照刑法第318条、第320条、第321条的规定追究直接负责的主管人员和其他直接责任人员的刑事责任。

第8条 实施组织他人偷越国（边）境犯罪，同时构成骗取出境证件罪、提供伪造、变造的出入境证件罪、出售出入境证件罪、运送他人偷越国（边）境罪的，依照处罚较重的规定定罪处罚。

第9条 对跨地区实施的不同妨害国（边）境管理犯罪，符合并案处理要求，有关地方公安机关依照法律和相关规定一并立案侦查，需要提请批准逮捕、移送审查起诉、提起公诉的，由该公安机关所在地的同级人民检察院、人民法院依法受理。

第10条 本解释发布实施后，《最高人民法院关于审理组织、运送他人偷越国（边）境等刑事案件适用法律若干问题的解释》（法释〔2002〕3号）不再适用。（全文详见本书《刑法》第318条相关内容）

第321条 【运送他人偷越国（边）境罪】 运送他人偷越国（边）境的，处5年以下有期徒刑、拘役或者管制，并处罚金；有下列情形之一的，处5年以上10年以下有期徒刑，并处罚金：

（一）多次实施运送行为或者运送人数众多的；

（二）所使用的船只、车辆等交通工具不具备必要的安全条件，足以造成严重后果的；

（三）违法所得数额巨大的；

（四）有其他特别严重情节的。

在运送他人偷越国（边）境中造成被运送人重伤、死亡，或者以暴力、威胁方法抗拒检查的，处7年以上有期徒刑，并处罚金。

犯前两款罪，对被运送人有杀害、伤害、强奸、拐卖等犯罪行为，或者对检查人员有杀害、伤害等犯罪行为的，依照数罪并罚的规定处罚。

• 释义

运送他人偷越国(边)境罪是指违反国(边)境管理法规,运送他人偷越国(边)境的行为。

• 管辖

国家移民管理局。

• 立案追诉标准

1. 运送他人偷越国(边)境的,应当立案侦查。

2. 运送他人偷越国(边)境,具有下列情形之一的,应当立为重大案件:

(一)1次运送20-49人偷越国(边)境的;

(二)运送他人偷越国(边)境3-4次的;

(三)使用简陋、破旧、报废、通气状况很差的船只或者车辆等不具备必要安全条件的交通工具运送他人偷越国(边)境,足以造成严重后果的;

(四)违法所得5万-20万元的;

(五)造成被运送人重伤1-2人的;

(六)以暴力、威胁方法抗拒检查的;

(七)其他严重情节的。

3. 运送他人偷越国(边)境,具有下列情形之一的,应当立为特别重大案件:

(一)1次运送50人以上偷越国(边)境的;

(二)运送他人偷越国(边)境5次以上的;

(三)造成被运送人重伤3人以上或者死亡1人以上的;

(四)违法所得20万元以上的;

(五)有其他特别严重情节的。

• 关联法律

1. 公安部《关于妨害国(边)境管理犯罪案件立案标准及有关问题的通知》(公通字〔2000〕30号)

(见本条立案追诉标准内容)

2. 最高人民法院、最高人民检察院《关于办理妨害国(边)境管理刑事案件应用法律若干问题的解释》(法释〔2012〕17号)

第4条 运送他人偷越国(边)境人数在10人以上的,应当认定为刑法第321条第1款第(1)项规定的"人数众多";违法所得数额在20万元以上的,应当认定为刑法第321条第1款第(3)项规定的"违法所得数额巨大"。

第6条 具有下列情形之一的,应当认定为刑法第6章第3节规定的"偷越国(边)境"行为:

(一)没有出入境证件出入国(边)境或者逃避接受边防检查的;(二)使用伪造、变造、无效的出入境证件出入国(边)境的;(三)使用他人出入境证件出入国(边)境的;(四)使用以虚假的出入境事由、隐瞒真实身份、冒用他人身份证件等方式骗取的出入境证件出入国(边)境的;(五)采用其他方式非法出入国(边)境的。

第7条 以单位名义或者单位形式组织他人偷越国(边)境、为他人提供伪造、变造的出入境证件或者运送他人偷越国(边)境的,应当依照刑法第318条、第320条、第321条的规定追究直接负责的主管人员和其他直接责任人员的刑事责任。

第8条 实施组织他人偷越国(边)境犯罪,同时构成骗取出境证件罪、提供伪造、变造的出入境证件罪、出售出入境证件罪、运送他人偷越国(边)境罪的,依照处罚较重的规定定罪处罚。

第9条 对跨地区实施的不同妨害国(边)境管理犯罪,符合并案处理要求,有关地方公安机关依照法律和相关规定一并立案侦查,需要提请批准逮捕、移送审查起诉、提起公诉的,由该公安机关所在地的同级人民检察院、人民法院依法受理。

第10条 本解释发布实施后,《最高人民法院关于审理组织、运送他人偷越国(边)境等刑事案件适用法律若干问题的解释》(法释〔2002〕3号)不再适用。(全文详见本书《刑法》第318条相关内容)

第322条 【偷越国(边)境罪】 违反国(边)境管理法规,偷越国(边)境,情节严重的,处1年以下有期徒刑、拘役或者管制,并处罚金;为参加恐怖活动组织、接受恐怖活动培训或者实施恐怖活动,偷越国(边)境的,处1年以上3年以下有期徒刑,并处罚金。

(本条《中华人民共和国刑法修正案(9)》修改)

• 释义

偷越国(边)境罪是指违反国(边)境管理法规,偷越国(边)境,情节严重的行为。

• 管辖

国家移民管理局。

• 立案追诉标准

1. 偷越国(边)境,具有下列情形之一的,应当立案侦查:

(一)偷越国(边)境3次以上,屡教不改的;

(二)实施违法行为后偷越国(边)境的;

(三)在偷越国(边)境时对执法人员施以暴力、威胁手段的;

(四)造成重大涉外事件和恶劣影响的;

(五)有其他严重情节的。

2. 偷越国(边)境,具有下列情形之一的,应当立为重大案件:

(一)为逃避刑罚偷越国(边)境的;

(二)以走私、贩毒等犯罪为目的偷越国(边)境的;

(三)有其他特别严重情节的。

• 关联法律

1. 公安部《关于妨害国(边)境管理犯罪案件立案标准及有关问题的通知》(公通字〔2000〕30号)

(见本条立案追诉标准内容)

2. 最高人民法院、最高人民检察院《关于办理妨害国(边)境管理刑事案件应用法律若干问题的解释》(法释〔2012〕17号)

第5条 偷越国(边)境,具有下列情形之一的,应当认定为刑法第322条规定的"情节严重":

(一)在境外实施损害国家利益行为的;(二)偷越国(边)境3次以上或者3人以上结伙偷越国(边)境的;(三)拉拢、引诱他人一起偷越国(边)境的;(四)勾结境外组织、人员偷越国(边)境的;(五)因偷越国(边)境被行政处罚后1年内又偷越国(边)境的;(六)其他情节严重的情形。

第6条 具有下列情形之一的,应当认定为刑法第6章第3节规定的"偷越国(边)境"行为:

(一)没有出入境证件出入国(边)境或者逃避接受边防检查的;(二)使用伪造、变造、无效的出入境证件出入国(边)境的;(三)使用他人出入境证件出入国(边)境的;(四)使用以虚假的出入境事由、隐瞒真实身份、冒用他人身份证件等方式骗取的出入境证件出入国(边)境的;(五)采用其他方式非法出入国(边)境的。

第8条 实施组织他人偷越国(边)境犯罪,同时构成骗取出境证件罪、提供伪造、变造的出入境证件罪、出售出入境证件罪、运送他人偷越国(边)境罪的,依照处罚较重的规定定罪处罚。

第9条 对跨地区实施的不同妨害国(边)境管理犯罪,符合并案处理要求,有关地方公安机关依照法律和相关规定一并立案侦查,需要提请批准逮捕、移送审查起诉、提起公诉的,由该公安机关所在地的同级人民检察院、人民法院依法受理。

第10条 本解释发布实施后,《最高人民法院关于审理组织、运送他人偷越国(边)境等刑事案件适用法律若干问题的解释》(法释〔2002〕3号)不再适用。(全文详见本书《刑法》第318条相关内容)

3.《中华人民共和国刑法修正案(9)》(2015年8月29日第十二届全国人大常委会第十六次会议通过)

四十、将刑法第322条修改为:"违反国(边)境管理法规,偷越国(边)境,情节严重的,处1年以下有期徒刑、拘役或者管制,并处罚金;为参加恐怖活动组织、接受恐怖活动培训或者实施恐怖活动,偷越国(边)境的,处1年以上3年以下有期徒刑,并处罚金。"

[原条文:违反国(边)境管理法规,偷越国(边)境,情节严重的,处1年以下有期徒刑、拘役或者管制,并处罚金]

4.最高人民法院《关于审理发生在我国管辖海域相关案件若干问题的规定(2)》(法释〔2016〕17号)

第3条 违反我国国(边)境管理法规,非法进入我国领海,具有下列情形之一的,应当认定为刑法第322条规定的"情节严重":

(一)经驱赶拒不离开的;(二)被驱离后又非法进入我国领海的;(三)因非法进入我国领海被行政处罚或者被刑事处罚后,1年内又非法进入我国领海的;(四)非法进入我国领海从事捕捞水产品等活动,尚不构成非法捕捞水产品等犯罪的;(五)其他情节严重的情形。(全文详见本书《刑法》第341条相关内容)

第323条 【破坏界碑、界桩罪】【破坏永久性测量标志罪】 故意破坏国家边境的界碑、界桩或者永久性测量标志的,处3年以下有期徒刑或者拘役。

• 释义

破坏界碑、界桩罪是指故意破坏国家边境的界碑、界桩的行为。

破坏永久性测量标志罪是指故意破坏永久性测量标志的行为。

• **管辖**

国家移民管理局(管辖破坏界碑、界桩案);公安机关刑事侦查部门(管辖破坏永久性测量标志案)。

• **立案追诉标准**

【破坏界碑、界桩罪立案追诉标准】

1. 采取盗取、毁坏、拆除、掩埋、移动等手段破坏国家边境的界碑、界桩的,应当立案侦查。

2. 破坏3个以上界碑、界桩的,或者造成严重后果的,应当立为重大案件。

【破坏永久性测量标志罪立案追诉标准】

1. 采取盗取、拆毁、损坏、改变、移动、掩埋等手段破坏永久性测量标志,使其失去原有作用的,应当立案侦查。

2. 破坏3个以上永久性测量标志的,或者造成永久性测量标志严重损毁等严重后果的,应当立为重大案件。

在组织、运送他人偷越国(边)境中,对被组织人、被运送人有杀害、伤害、强奸、拐卖等犯罪行为,或者对检查人员有杀害、伤害等犯罪行为的,应当分别依照杀人、伤害、强奸、拐卖等案件一并立案侦查。

违法所得外币的,应当按当时汇率折合人民币,单独或者合计计算违法所得数额。

以上规定中的"以上",均包括本数在内。

• **关联法律**

公安部《关于妨害国(边)境管理犯罪案件立案标准及有关问题的通知》(公通字〔2000〕30号)

(详见本条立案追诉标准内容)

第四节　妨害文物管理罪

(2005年12月29日第十届全国人民代表大会常务委员会第十九次会议根据司法实践中遇到的情况,讨论了关于走私、盗窃、损毁、倒卖或者非法转让具有科学价值的古脊椎动物化石、古人类化石的行为适用刑法有关规定的问题,解释如下:

刑法有关文物的规定,适用于具有科学价值的古脊椎动物化石、古人类化石。)

妨害文物管理罪,除第324条第3款过失损毁文物罪外,责任形式为故意。

第324条　【故意损毁文物罪】 故意损毁国家保护的珍贵文物或者被确定为全国重点文物保护单位、省级文物保护单位的文物的,处3年以下有期徒刑或者拘役,并处或者单处罚金;情节严重的,处3年以上10年以下有期徒刑,并处罚金。

【故意损毁名胜古迹罪】 故意损毁国家保护的名胜古迹,情节严重的,处5年以下有期徒刑或者拘役,并处或者单处罚金。

【过失损毁文物罪】 过失损毁国家保护的珍贵文物或者被确定为全国重点文物保护单位、省级文物保护单位的文物,造成严重后果的,处3年以下有期徒刑或者拘役。

• 释义

故意损毁文物罪是指故意损毁国家保护的珍贵文物或者被确定为全国重点文物保护单位、省级文物保护单位的文物的行为。

刑法有关文物的规定,包括第 151 条第 2 款走私文物罪、第 419 条失职造成珍贵文物损毁、流失罪中的“文物”,适用于具有科学价值的古脊椎动物化石、古人类化石。

故意损坏名胜古迹罪是指故意损毁国家保护的名胜古迹,情节严重的行为。

过失损毁文物罪是指过失损毁国家保护的珍贵文物或者被确定为全国重点文物保护单位、省级文物保护单位的文物,造成严重后果的行为。

• 管辖

公安机关治安管理部门。

• 立案追诉标准

【故意损毁文物罪立案追诉标准】

故意损毁国家保护的珍贵文物或者被确定为全国重点文物保护单位、省级文物保护单位的文物的,应予立案追诉。

【故意损坏名胜古迹罪立案追诉标准】

故意损毁国家保护的名胜古迹,涉嫌下列情形之一的,应予立案追诉:

(一)造成国家保护的名胜古迹严重损毁的;

(二)损毁国家保护的名胜古迹 3 次以上或者 3 处以上,尚未造成严重损毁后果的;

(三)损毁手段特别恶劣的;

(四)其他情节严重的情形。

【过失损毁文物罪立案追诉标准】

过失损毁国家保护的珍贵文物或者被确定为全国重点文物保护单位、省级文物保护单位的文物,涉嫌下列情形之一的,应予立案追诉:

(一)造成珍贵文物严重损毁的;

(二)造成被确定为全国重点文物保护单位、省级文物保护单位的文物严重损毁的;

(三)造成珍贵文物损毁 3 件以上的;

(四)其他造成严重后果的情形。

• 关联法律

1.《中华人民共和国文物保护法》(1982 年 11 月 19 日第五届全国人大常委会第二十五次会议通过;1991 年 6 月 29 日第七届全国人大常委会第二十次会议《全国人大常委会关于修改〈中华人民共和国文物保护法〉第 30 条、第 31 条的决定》第一次修正;2002 年 10 月 28 日第九届全国人大常委会第二十次会议第二次修订;2007 年 12 月 29 日全国人大常委会关于修改〈中华人民共和国文物保护法〉的决定》第二次修正;2013 年 6 月 29 日全国人大常委会关于修改〈中华人民共和国文物保护法〉等 12 部法律的决定》第三次修正;2017 年 11 月 4 日第十二届全国人大常委会第三十次会议通过的《全国人大常委会关于修改〈中华人民共和国会计法〉等 11 部法律的决定》第四次修正)

第 2 条 在中华人民共和国境内,下列文物受国家保护:

(一)具有历史、艺术、科学价值的古文化遗址、古墓葬、古建筑、石窟寺和石刻、壁画;

（二）与重大历史事件、革命运动或者著名人物有关的以及具有重要纪念意义、教育意义或者史料价值的近代现代重要史迹、实物、代表性建筑；（三）历史上各时代珍贵的艺术品、工艺美术品；（四）历史上各时代重要的文献资料以及具有历史、艺术、科学价值的手稿和图书资料等；（五）反映历史上各时代、各民族社会制度、社会生产、社会生活的代表性实物。

文物认定的标准和办法由国务院文物行政部门制定，并报国务院批准。

具有科学价值的古脊椎动物化石和古人类化石同文物一样受国家保护。

第3条 古文化遗址、古墓葬、古建筑、石窟寺、石刻、壁画、近代现代重要史迹和代表性建筑等不可移动文物，根据它们的历史、艺术、科学价值，可以分别确定为全国重点文物保护单位，省级文物保护单位，市、县级文物保护单位。

历史上各时代重要实物、艺术品、文献、手稿、图书资料、代表性实物等可移动文物，分为珍贵文物和一般文物；珍贵文物分为一级文物、二级文物、三级文物。

第4条 文物工作贯彻保护为主、抢救第一、合理利用、加强管理的方针。

第5条 中华人民共和国境内地下、内水和领海中遗存的一切文物，属于国家所有。

古文化遗址、古墓葬、石窟寺属于国家所有。国家指定保护的纪念建筑物、古建筑、石刻、壁画、近代现代代表性建筑等不可移动文物，除国家另有规定的以外，属于国家所有。

国有不可移动文物的所有权不因其所依附的土地所有权或者使用权的改变而改变。

下列可移动文物，属于国家所有：

（一）中国境内出土的文物，国家另有规定的除外；（二）国有文物收藏单位以及其他国家机关、部队和国有企业、事业组织等收藏、保管的文物；（三）国家征集、购买的文物；（四）公民、法人和其他组织捐赠给国家的文物；（五）法律规定属于国家所有的其他文物。

属于国家所有的可移动文物的所有权不因其保管、收藏单位的终止或者变更而改变。

国有文物所有权受法律保护，不容侵犯。

第6条 属于集体所有和私人所有的纪念建筑物、古建筑和祖传文物以及依法取得的其他文物，其所有权受法律保护。文物的所有者必须遵守国家有关文物保护的法律、法规的规定。

第7条 一切机关、组织和个人都有依法保护文物的义务。

第8条 国务院文物行政部门主管全国文物保护工作。

地方各级人民政府负责本行政区域内的文物保护工作。县级以上地方人民政府承担文物保护工作的部门对本行政区域内的文物保护实施监督管理。

县级以上人民政府有关行政部门在各自的职责范围内，负责有关的文物保护工作。

第9条 各级人民政府应当重视文物保护，正确处理经济建设、社会发展与文物保护的关系，确保文物安全。

基本建设、旅游发展必须遵守文物保护工作的方针，其活动不得对文物造成损害。

公安机关、工商行政管理部门、海关、城乡建设规划部门和其他有关国家机关，应当依法认真履行所承担的保护文物的职责，维护文物管理秩序。（全文略）

2. 全国人大常委会《关于〈中华人民共和国刑法〉有关文物的规定适用于具有科学价值的古脊椎动物化石、古人类化石的解释》（2005年12月29日第十届全国人大常委会第十九次会议通过）

全国人民代表大会常务委员会根据司法实践中遇到的情况，讨论了关于走私、盗窃、损毁、倒卖或者非法转让具有科学价值的古脊椎动物化石、古人类化石的行为适用刑法有关规定的问题，解释如下：

刑法有关文物的规定，适用于具有科学价值的古脊椎动物化石、古人类化石。

3. 最高人民检察院、公安部《关于公安机关管辖的刑事案件立案追诉标准的规定(1)》(公通字〔2008〕36号)第46条、第47条、第48条

(见本条立案追诉标准内容)

4. 最高人民法院、最高人民检察院《关于妨害文物管理等刑事案件适用法律若干问题的解释》(法释〔2015〕23号)

为依法惩治文物犯罪,保护文物,根据《中华人民共和国刑法》《中华人民共和国刑事诉讼法》《中华人民共和国文物保护法》的有关规定,现就办理此类刑事案件适用法律的若干问题解释如下:

第1条 刑法第151条规定的"国家禁止出口的文物",依照《中华人民共和国文物保护法》规定的"国家禁止出境的文物"的范围认定。

走私国家禁止出口的二级文物的,应当依照刑法第151条第2款的规定,以走私文物罪处5年以上10年以下有期徒刑,并处罚金;走私国家禁止出口的一级文物的,应当认定为刑法第151条第2款规定的"情节特别严重";走私国家禁止出口的三级文物的,应当认定为刑法第151条第2款规定的"情节较轻"。

走私国家禁止出口的文物,无法确定文物等级,或者按照文物等级定罪量刑明显过轻或者过重的,可以按照走私的文物价值定罪量刑。走私的文物价值在20万元以上不满100万元的,应当依照刑法第151条第2款的规定,以走私文物罪处5年以上10年以下有期徒刑,并处罚金;文物价值在100万元以上的,应当认定为刑法第151条第2款规定的"情节特别严重";文物价值在5万元以上不满20万元的,应当认定为刑法第151条第2款规定的"情节较轻"。

第2条 盗窃一般文物、三级文物、二级以上文物的,应当分别认定为刑法第264条规定的"数额较大""数额巨大""数额特别巨大"。

盗窃文物,无法确定文物等级,或者按照文物等级定罪量刑明显过轻或者过重的,按照盗窃的文物价值定罪量刑。

第3条 全国重点文物保护单位、省级文物保护单位的本体,应当认定为刑法第324条第1款规定的"被确定为全国重点文物保护单位、省级文物保护单位的文物"。

故意损毁国家保护的珍贵文物或者被确定为全国重点文物保护单位、省级文物保护单位的文物,具有下列情形之一的,应当认定为刑法第324条第1款规定的"情节严重":

(一)造成5件以上三级文物损毁的;(二)造成二级以上文物损毁的;(三)致使全国重点文物保护单位、省级文物保护单位的本体严重损毁或者灭失的;(四)多次损毁或者损毁多处全国重点文物保护单位、省级文物保护单位的本体的;(五)其他情节严重的情形。

实施前款规定的行为,拒不执行国家行政主管部门作出的停止侵害文物的行政决定或者命令的,酌情从重处罚。

第4条 风景名胜区的核心景区以及未被确定为全国重点文物保护单位、省级文物保护单位的古文化遗址、古墓葬、古建筑、石窟寺、石刻、壁画、近代现代重要史迹和代表性建筑等不可移动文物的本体,应当认定为刑法第324条第2款规定的"国家保护的名胜古迹"。

故意损毁国家保护的名胜古迹,具有下列情形之一的,应当认定为刑法第324条第2款规定的"情节严重":

(一)致使名胜古迹严重损毁或者灭失的;(二)多次损毁或者损毁多处名胜古迹的;(三)其他情节严重的情形。

实施前款规定的行为,拒不执行国家行政主管部门作出的停止侵害文物的行政决定或者命令的,酌情从重处罚。

故意损毁风景名胜区内被确定为全国重点文物保护单位、省级文物保护单位的文物的,

依照刑法第324条第1款和本解释第3条的规定定罪量刑。

第5条 过失损毁国家保护的珍贵文物或者被确定为全国重点文物保护单位、省级文物保护单位的文物,具有本解释第3条第2款第1项至第3项规定情形之一的,应当认定为刑法第324条第3款规定的"造成严重后果"。

第6条 出售或者为出售而收购、运输、储存《中华人民共和国文物保护法》规定的"国家禁止买卖的文物"的,应当认定为刑法第326条规定的"倒卖国家禁止经营的文物"。

倒卖国家禁止经营的文物,具有下列情形之一的,应当认定为刑法第326条规定的"情节严重":

(一)倒卖三级文物的;(二)交易数额在5万元以上的;(三)其他情节严重的情形。

实施前款规定的行为,具有下列情形之一的,应当认定为刑法第326条规定的"情节特别严重":(一)倒卖二级以上文物的;(二)倒卖三级文物5件以上的;(三)交易数额在25万元以上的;(四)其他情节特别严重的情形。

第7条 国有博物馆、图书馆以及其他国有单位,违反文物保护法规,将收藏或者管理的国家保护的文物藏品出售或者私自送给非国有单位或者个人的,依照刑法第327条的规定,以非法出售、私赠文物藏品罪追究刑事责任。

第8条 刑法第328条第1款规定的"古文化遗址、古墓葬"包括水下古文化遗址、古墓葬。"古文化遗址、古墓葬"不以公布为不可移动文物的古文化遗址、古墓葬为限。

实施盗掘行为,已损害古文化遗址、古墓葬的历史、艺术、科学价值的,应当认定为盗掘古文化遗址、古墓葬罪既遂。

采用破坏性手段盗窃古文化遗址、古墓葬以外的古建筑、石窟寺、石刻、壁画、近代现代重要史迹和代表性建筑等其他不可移动文物的,依照刑法第264条的规定,以盗窃罪追究刑事责任。

第9条 明知是盗窃文物、盗掘古文化遗址、古墓葬等犯罪所获取的3级以上文物,而予以窝藏、转移、收购、加工、代为销售或者以其他方法掩饰、隐瞒的,依照刑法第312条的规定,以掩饰、隐瞒犯罪所得罪追究刑事责任。

实施前款规定的行为,事先通谋的,以共同犯罪论处。

第10条 国家机关工作人员严重不负责任,造成珍贵文物损毁或者流失,具有下列情形之一的,应当认定为刑法第419条规定的"后果严重":

(一)导致2级以上文物或者5件以上三级文物损毁或者流失的;(二)导致全国重点文物保护单位、省级文物保护单位的本体严重损毁或者灭失的;(三)其他后果严重的情形。

第11条 单位实施走私文物、倒卖文物等行为,构成犯罪的,依照本解释规定的相应自然人犯罪的定罪量刑标准,对直接负责的主管人员和其他直接责任人员定罪处罚,并对单位判处罚金。

公司、企业、事业单位、机关、团体等单位实施盗窃文物,故意损毁文物、名胜古迹,过失损毁文物,盗掘古文化遗址、古墓葬等行为的,依照本解释规定的相应定罪量刑标准,追究组织者、策划者、实施者的刑事责任。

第12条 针对不可移动文物整体实施走私、盗窃、倒卖等行为的,根据所属不可移动文物的等级,依照本解释第1条、第2条、第6条的规定定罪量刑:

(一)尚未被确定为文物保护单位的不可移动文物,适用一般文物的定罪量刑标准;(二)市、县级文物保护单位,适用三级文物的定罪量刑标准;(三)全国重点文物保护单位、省级文物保护单位,适用二级以上文物的定罪量刑标准。

针对不可移动文物中的建筑构件、壁画、雕塑、石刻等实施走私、盗窃、倒卖等行为的,根据建筑构件、壁画、雕塑、石刻等文物本身的等级或者价值,依照本解释第1条、第2条、第6条的规定定罪量刑。建筑构件、壁画、雕塑、石刻等所属不可移动文物的等级,应当作为量刑情节予以考虑。

第13条 案件涉及不同等级的文物的,按照高级别文物的量刑幅度量刑;有多件同级文物的,5件同级文物视为1件高一级文物,但是价值明显不相当的除外。

第14条 依照文物价值定罪量刑的,根据涉案文物的有效价格证明认定文物价值;无有效价格证明,或者根据价格证明认定明显不合理的,根据销赃数额认定,或者结合本解释第15条规定的鉴定意见、报告认定。

第15条 在行为人实施有关行为前,文物行政部门已对涉案文物及其等级作出认定的,可以直接对有关案件事实作出认定。

对案件涉及的有关文物鉴定、价值认定等专门性问题难以确定的,由司法鉴定机构出具鉴定意见,或者由国务院文物行政部门指定的机构出具报告。其中,对于文物价值,也可以由有关价格认证机构作出价格认证并出具报告。

第16条 实施本解释第1条、第2条、第6条至第9条规定的行为,虽已达到应当追究刑事责任的标准,但行为人系初犯,积极退回或者协助追回文物,未造成文物损毁,并确有悔罪表现的,可以认定为犯罪情节轻微,不起诉或者免予刑事处罚。

实施本解释第3条至第5条规定的行为,虽已达到应当追究刑事责任的标准,但行为人系初犯,积极赔偿损失,并确有悔罪表现的,可以认定为犯罪情节轻微,不起诉或者免予刑事处罚。

第17条 走私、盗窃、损毁、倒卖、盗掘或者非法转让具有科学价值的古脊椎动物化石、古人类化石的,依照刑法和本解释的有关规定定罪量刑。

第18条 本解释自2016年1月1日起施行。本解释公布施行后,《最高人民法院、最高人民检察院关于办理盗窃、盗掘、非法经营和走私文物的案件具体应用法律的若干问题的解释》[法(研)发〔1987〕32号]同时废止;之前发布的司法解释与本解释不一致的,以本解释为准。

5. 最高人民法院、最高人民检察院、国家文物局、公安部、海关总署《关于涉案文物鉴定评估管理办法》(文物博发〔2018〕4号)

为贯彻落实《国务院关于进一步加强文物工作的指导意见》(国发〔2016〕17号)和《国务院办公厅关于进一步加强文物安全工作的实施意见》(国办发〔2017〕81号)的要求,规范涉案文物鉴定评估活动,打击文物违法犯罪活动,根据《最高人民法院、最高人民检察院关于办理妨害文物管理等刑事案件适用法律若干问题的解释》(法释〔2015〕23号),国家文物局、最高人民法院、最高人民检察院、公安部、海关总署共同制定了《涉案文物鉴定评估管理办法》。

第1章 总　　则

第1条 为适应人民法院、人民检察院和公安机关等办案机关办理文物犯罪刑事案件的需要,规范涉案文物鉴定评估活动,保证涉案文物鉴定评估质量,根据《中华人民共和国文物保护法》、《最高人民法院、最高人民检察院关于办理妨害文物管理等刑事案件适用法律若干问题的解释》和有关法律法规,制定本办法。

第2条 本办法所称涉案文物,专指文物犯罪刑事案件涉及的文物或者疑似文物。

本办法所称涉案文物鉴定评估,是指涉案文物鉴定评估机构组织文物鉴定评估人员,运用专门知识或者科学技术对涉案文物的专门性问题进行鉴别、判断、评估并提供鉴定评估报告的活动。

第3条 国家文物局指定的涉案文物鉴定评估机构和予以备案的文物鉴定评估人员开展涉案文物鉴定评估活动,适用本办法。

第4条 涉案文物鉴定评估机构开展涉案文物鉴定评估活动,应当遵循合法、独立、客观、公正的原则。

第5条 文物鉴定评估人员在涉案文物鉴定评估活动中,应当遵守法律法规,遵守职业道德和职业纪律,尊重科学,遵守标准规范。

第6条 国家文物局负责遴选指定涉案文物鉴定评估机构,制定涉案文物鉴定评估管理制度和标准规范,对全国涉案文物鉴定评估工作进行宏观指导。

第7条 省级文物行政部门负责推荐本行政区域内涉案文物鉴定评估机构,对涉案文物鉴定评估工作进行监督管理。

省级文物行政部门应当保障本行政区域内涉案文物鉴定评估机构开展涉案文物鉴定评估工作所需的业务经费。

第8条 涉案文物鉴定评估机构的发展应当符合统筹规划、合理布局、严格标准、确保质量的要求。

第2章 鉴定评估范围和内容

第9条 涉案文物鉴定评估范围涵盖可移动文物和不可移动文物。

(一)可移动文物鉴定评估类别包括陶瓷器、玉石器、金属器、书画、杂项等五个类别。(二)不可移动文物鉴定评估类别包括古文化遗址、古墓葬、古建筑、石窟寺及石刻、近现代重要史迹及代表性建筑、其他等六个类别。

第10条 已被拆解的不可移动文物的构件,涉案文物鉴定评估机构可以应办案机关的要求,将其作为可移动文物进行鉴定评估。

第11条 可移动文物鉴定评估内容包括:

(一)确定疑似文物是否属于文物;(二)确定文物产生或者制作的时代;(三)评估文物的历史、艺术、科学价值,确定文物级别;(四)评估有关行为对文物造成的损毁程度;(五)评估有关行为对文物价值造成的影响;(六)其他需要鉴定评估的文物专门性问题。可移动文物及其等级已经文物行政部门认定的,涉案文物鉴定评估机构不再对上述第1至3项内容进行鉴定评估。

第12条 不可移动文物鉴定评估内容包括:

(一)确定疑似文物是否属于古文化遗址、古墓葬;(二)评估有关行为对文物造成的损毁程度;(三)评估有关行为对文物价值造成的影响;(四)其他需要鉴定评估的文物专门性问题。

不可移动文物及其等级已经文物行政部门认定的,涉案文物鉴定评估机构不再对上述第一项内容进行鉴定评估。

第13条 涉案文物鉴定评估机构可以根据自身专业条件,并应办案机关的要求,对文物的经济价值进行评估。

第3章 鉴定评估机构和人员

第14条 国有文物博物馆机构申请从事涉案文物鉴定评估业务,应当具备下列条件:

(一)有独立法人资格;(二)有固定的办公场所和必要的文物鉴定技术设备;(三)能够从事本办法第9条规定的可移动文物所有类别或者不可移动文物所有类别的鉴定评估业务,每类别有3名以上专职或者兼职的文物鉴定评估人员;(四)有一定数量的专职文物鉴定评估人员；（五）具备一定的文物鉴定评估组织工作经验。

第 15 条 国有文物博物馆机构申请从事涉案文物鉴定评估业务，应当提交下列材料：

（一）申请从事涉案文物鉴定评估业务的文件；（二）涉案文物鉴定评估机构申请表；（三）文物鉴定评估人员登记表；（四）法人证书复印件或者证明法人资格的相关文件；（五）此前组织开展文物鉴定评估工作的相关情况说明。

第 16 条 省级文物行政部门按照本办法第 14 条规定的条件，对本行政区域内申请从事涉案文物鉴定评估业务的国有文物博物馆机构进行初审，初审合格的报国家文物局。

国家文物局对各省上报的机构进行遴选，指定其中符合要求的为涉案文物鉴定评估机构，并通过适当方式向社会公告。

第 17 条 涉案文物鉴定评估机构的文物鉴定评估人员，应当至少符合下列条件之一：

（一）取得文物博物及相关系列中级以上专业技术职务，并有至少持续 5 年文物鉴定实践经历；（二）是文物进出境责任鉴定人员；（三）是国家或者省级文物鉴定委员会委员。

第 18 条 省级文物行政部门按照本办法第 17 条规定的条件，对拟从事涉案文物鉴定评估工作的文物鉴定评估人员进行审核，审核合格的报国家文物局备案。

第 19 条 涉案文物鉴定评估机构的文物鉴定评估人员只能在一个鉴定评估机构中任职（包括兼职），但可以接受其他涉案文物鉴定评估机构的聘请，从事特定事项的涉案文物鉴定评估活动。

文物鉴定评估人员不得私自接受涉案文物鉴定评估委托。

第 4 章　鉴定评估程序

第 1 节　委托与受理

第 20 条 涉案文物鉴定评估机构受理所在省（自治区、直辖市）行政区域内人民法院、人民检察院和公安机关等办案机关的涉案文物鉴定评估委托。

第 21 条 办案机关委托文物鉴定评估的，应当向涉案文物鉴定评估机构提供立案决定书、办案机关介绍信或者委托函、鉴定评估物品清单、照片、资料等必要的鉴定评估材料，并对鉴定评估材料的真实性、合法性负责。

经双方同意，办案机关可以将鉴定评估文物暂时委托涉案文物鉴定评估机构保管。

第 22 条 涉案文物鉴定评估机构收到鉴定评估材料和鉴定评估文物后，应当详细查验并进行登记，并严格开展鉴定评估文物和其他鉴定评估材料的交接、保管、使用和退还工作。

第 23 条 涉案文物鉴定评估机构对属于本机构涉案文物鉴定评估业务范围，鉴定评估用途合法，提供的鉴定评估材料能够满足鉴定评估需要的鉴定评估委托，应当受理。

鉴定评估材料不完整、不充分，不能满足鉴定评估需要的，涉案文物鉴定评估机构可以要求委托办案机关进行补充。

委托办案机关故意提供虚假鉴定评估材料的，涉案文物鉴定评估机构应当主动向委托办案机关的上级部门报告。

第 24 条 有下列情形之一的鉴定评估委托，涉案文物鉴定评估机构不予受理：

（一）委托主体不符合本办法对办案机关的规定的；（二）委托鉴定评估物品不符合本办法对涉案文物的规定的；（三）鉴定评估范围和内容不属于涉案文物鉴定评估机构业务范围或者不符合本办法规定的；（四）鉴定评估材料不具备鉴定评估条件或者与鉴定评估要求不相符的。

第 25 条 涉案文物鉴定评估机构应当自收到鉴定评估材料之日起 5 个工作日内，作出是否受理鉴定评估委托的决定。

第26条 涉案文物鉴定评估机构决定受理鉴定评估委托的，应当与委托办案机关签订涉案文物鉴定评估委托书。鉴定评估委托书应当载明委托办案机关名称、涉案文物鉴定评估机构名称、委托鉴定评估内容、鉴定评估时限以及双方权利义务等事项。

第27条 涉案文物鉴定评估机构决定不予受理鉴定评估委托的，应当向委托主体说明理由，并退还鉴定评估材料。

第28条 对于本办法35条第2款和第36条第1款规定的鉴定评估终止情形，或者因其它重大特殊原因，办案机关可以申请跨行政区域委托涉案文物鉴定评估。

跨行政区域委托涉案文物鉴定评估的，由办案机关所在地省级文物行政部门商拟委托涉案文物鉴定评估机构所在地省级文物行政部门，共同确定具有相应鉴定评估能力的涉案文物鉴定评估机构开展。协商不成的，可以由办案机关所在地省级文物行政部门报国家文物局指定。

第2节　鉴定评估

第29条 涉案文物鉴定评估机构接受鉴定评估委托后，应当组织本机构与委托鉴定评估文物类别一致的文物鉴定评估人员进行鉴定评估。每类别文物鉴定评估应当有两名以上文物鉴定评估人员参加鉴定评估。

对复杂、疑难和重大案件所涉的鉴定评估事项，可以聘请其他涉案文物鉴定评估机构相关文物类别的文物鉴定评估人员参加鉴定评估。

第30条 文物鉴定评估人员有下列情形之一的，应当自行回避，涉案文物鉴定评估机构负责人也应当要求其回避：

(一)是案件的当事人或者是当事人的近亲属的；(二)本人或者其近亲属与案件有利害关系；(三)与案件当事人和案件有其他关系，可能影响其独立、客观、公正鉴定评估的。

第31条 可移动文物的鉴定评估，应当依托涉案文物实物开展，并依照相关标准和技术规范进行。

第32条 不可移动文物的鉴定评估，应当到涉案文物所在地现场开展调查研究，并依照相关标准和技术规范进行。

第33条 涉案文物鉴定评估过程中，需要进行有损科技检测的，涉案文物鉴定评估机构应当征得委托办案机关书面同意。文物鉴定评估人员应当对科技检测的手段、过程和结果进行记录，并签名存档备查。

第34条 涉案文物鉴定评估采取文物鉴定评估人员独立鉴定评估和合议相结合的方式进行。文物鉴定评估人员应当对鉴定评估的方法、过程和结论进行记录，并签名存档备查。

第35条 鉴定评估活动完成后，涉案文物鉴定评估机构应当对文物鉴定评估人员作出的鉴定评估意见进行审查，对鉴定评估意见一致的出具鉴定评估报告。

鉴定评估意见不一致的，涉案文物鉴定评估机构应当组织原鉴定人员以外的文物鉴定评估人员再次进行鉴定评估，再次鉴定评估意见一致的出具鉴定评估报告；再次鉴定评估意见仍不一致的，可以终止鉴定评估，涉案文物鉴定评估机构应当书面通知委托办案机关终止鉴定评估决定并说明理由。

第36条 有下列情形之一的，涉案文物鉴定评估机构可以终止鉴定评估：

(一)在鉴定评估过程中发现本机构难以解决的技术性问题的；(二)确需补充鉴定评估材料而委托办案机关无法补充的；(三)委托办案机关要求终止鉴定评估的；(四)其他需要终止鉴定评估的情形。

除上述第3项情形外,涉案文物鉴定评估机构应当书面通知委托办案机关终止鉴定评估决定并说明理由。

第37条 有下列情形之一的,涉案文物鉴定评估机构应当接受办案机关委托进行重新鉴定评估:

(一)有明确证据证明鉴定评估报告内容有错误的;(二)鉴定评估程序不符合本办法规定的;(三)文物鉴定评估人员故意作出虚假鉴定评估或者应当回避而未予回避的;(四)其他可能影响鉴定评估客观、公正的情形。

涉案文物鉴定评估机构应当组织原鉴定评估人员以外的文物鉴定评估人员进行重新鉴定评估。

鉴定评估报告中出现的明显属于错别字或者语言表述瑕疵的,可以由鉴定评估机构出具更正说明,更正说明属于原鉴定评估报告的组成部分。

第38条 有下列情形之一的,涉案文物鉴定评估机构应当根据办案机关要求进行补充鉴定评估:

(一)鉴定评估报告内容有遗漏的;(二)鉴定评估报告意见不明确的;(三)办案机关发现新的相关重要鉴定评估材料的;(四)办案机关对涉案文物有新的鉴定评估要求的;(五)鉴定评估报告不完整,委托事项无法确定的;(六)其他需要补充鉴定评估的情形。

补充鉴定评估是原委托鉴定评估活动的组成部分,应当由涉案文物鉴定评估机构组织原文物鉴定评估人员进行。

第39条 办案机关对有明确证据证明涉案文物鉴定评估机构重新出具的鉴定评估报告有错误的,可以由最高人民法院、最高人民检察院、公安部、海关总署商国家文物局,由国家文物局指定涉案文物鉴定评估机构进行再次鉴定评估。

第40条 涉案文物鉴定评估机构一般应当自鉴定评估委托书签订之日起15个工作日内完成鉴定评估。

因办案时限规定或者其他特殊事由,需要缩减或者延长鉴定评估时限的,由双方协商确定。延长鉴定评估时限的,一般不超过45个工作日。

第41条 涉案文物鉴定评估机构应当按照统一规定的文本格式制作鉴定评估报告。

鉴定评估报告1式5份,3份交委托办案机关,一份由涉案文物鉴定评估机构存档,一份在鉴定评估活动完成次月15日前报所在地省级文物行政部门备案。

第42条 鉴定评估事项结束后,涉案文物鉴定评估机构应当将鉴定评估报告以及在鉴定评估过程中产生的有关资料整理立卷、归档保管。

第43条 未经委托办案机关同意,涉案文物鉴定评估机构和文物鉴定评估人员不得向文物行政部门以外的其他组织或者个人提供与鉴定评估事项有关的信息。

第5章 监督管理

第44条 涉案文物鉴定评估机构应当于每年11月15日前,将本年度涉案文物鉴定评估业务情况和鉴定的涉案文物信息书面报告所在地省级文物行政部门。省级文物行政部门汇总后于当年12月1日前报送国家文物局。

第45条 最高人民法院、最高人民检察院、公安部、海关总署直接办理或者督办的刑事案件所涉的文物鉴定评估,涉案文物鉴定评估机构应当在接受鉴定评估委托后,及时通过省级文物行政部门向国家文物局报告。

第46条 涉案文物鉴定评估机构发生法定代表人、办公地点或者机构性质等重大事项变更,或者文物鉴定评估人员发生变动的,应当及时将相关情况通过省级文物行政部门报国家文物局备案。

第47条 省级文物行政部门应当对本行政区域内涉案文物鉴定评估机构进行不定期检查,发现问题或者有举报、投诉等情况的,应当及时进行调查处理。

第48条 涉案文物鉴定评估机构有下列情形之一的,由所在地省级文物行政部门给予警告,并责令其改正:

(一)超出本办法规定的涉案文物鉴定评估业务范围开展涉案文物鉴定评估活动的;(二)组织未经国家文物局备案的文物鉴定评估人员开展涉案文物鉴定评估活动的;(三)鉴定评估活动未按照本办法规定的程序要求和标准规范开展的;(四)无正当理由拒绝接受涉案文物鉴定评估委托的;(五)无正当理由超出鉴定评估时限的;(六)法律、法规规定的其他情形。

第49条 涉案文物鉴定评估机构有下列情形之一的,由所在地省级文物行政部门进行调查,国家文物局根据情节严重程度暂停或者终止其从事涉案文物鉴定评估业务:

(一)因严重不负责任造成鉴定评估报告内容明显错误的;(二)因严重不负责任造成委托鉴定评估文物实物损毁、遗失的;(三)法律、法规规定的其他情形。

第50条 文物鉴定评估人员有下列情形之一的,由所在涉案文物鉴定评估机构给予警告,并责令其改正:

(一)无正当理由拒绝接受涉案文物鉴定评估工作的;(二)向委托办案机关私自收取鉴定评估费用的;(三)法律、法规规定的其他情形。

第51条 文物鉴定评估人员有下列情形之一的,由所在涉案文物鉴定评估机构给予警告,并责令其改正;情节严重的,报省级文物行政部门同意后暂停或者终止其开展涉案文物鉴定评估活动:

(一)应当回避而未予回避,造成恶劣影响的;(二)违反职业道德和职业纪律,造成恶劣影响的;(三)因严重不负责任造成委托鉴定评估文物实物损毁、遗失的;(四)法律、法规规定的其他情形。

第52条 涉案文物鉴定评估机构负责人在管理工作中滥用职权、玩忽职守造成严重后果的,依法追究相应的法律责任。

涉案文物鉴定评估机构负责人和文物鉴定评估人员故意出具虚假鉴定评估报告,或者故意隐匿、侵占、毁损委托鉴定评估文物,构成犯罪的,依法追究刑事责任。

第6章 附 则

第53条 对古猿化石、古人类化石及其与人类活动有关的第四纪古脊椎动物化石的鉴定评估活动,依照本办法执行。

第54条 涉案文物鉴定评估机构和文物鉴定评估人员开展行政案件、民事案件涉及文物的鉴定评估活动,可以参照本办法执行。

第55条 对尚未登记公布的古文化遗址、古墓葬,县级以上文物行政部门可以依据已生效判决采纳的鉴定评估意见,依法开展登记公布工作。

第56条 本办法自公布之日起实施。此前有关规定与本办法不一致的,以本办法为准。

6. 最高人民法院《第26批指导性案例张某明、毛某明、张某故意损毁名胜古迹案》(指导案例147号;法〔2020〕352号)

【裁判要点】

1. 风景名胜区的核心景区属于刑法第324条第2款规定的“国家保护的名胜古迹”。对核心景区内的世界自然遗产实施打岩钉等破坏活动,严重破坏自然遗产的自然性、原始性、完整性和稳定性的,综合考虑有关地质遗迹的特点、损坏程度等,可以认定为故意损毁国家保护的名胜古迹“情节严重”。

2. 对刑事案件中的专门性问题需要鉴定,但没有鉴定机构的,可以指派、聘请有专门知识的人就案件的专门性问题出具报告,相关报告在刑事诉讼中可以作为证据使用。

【裁判理由】

法院生效裁判认为,本案焦点问题主要为:

一、关于本案的证据采信问题

本案中,3被告人打入26个岩钉的行为对巨蟒峰造成严重损毁的程度,目前全国没有法定司法鉴定机构可以进行鉴定,但是否构成严重损毁又是被告人是否构成犯罪的关键。根据《最高人民法院关于适用〈中华人民共和国刑事诉讼法〉的解释》第87条规定:“对案件中的专门性问题需要鉴定,但没有法定司法鉴定机构,或者法律、司法解释规定可以进行检验的,可以指派、聘请有专门知识的人进行检验,检验报告可以作为定罪量刑的参考。……经人民法院通知,检验人拒不出庭作证的,检验报告不得作为定罪量刑的参考。”故对打入26个岩钉的行为是否对巨蟒峰造成严重损毁的这一事实,依法聘请有专门知识的人进行检验合情合理合法。本案中的4名地学专家,都长期从事地学领域的研究,都具有地学领域的专业知识,在地学领域发表过大量论文或专著,或主持过地学方面的重大科研课题,具有对巨蟒峰受损情况这一地学领域的专门问题进行评价的能力。4名专家均属于“有专门知识的人”。4名专家出具专家意见系接受侦查机关的有权委托,依据自己的专业知识和现场实地勘查、证据查验,经充分讨论、分析,从专业的角度对打岩钉造成巨蟒峰的损毁情况给出了明确的专业意见,并共同签名。且经法院通知,4名专家中的两名专家以检验人的身份出庭,对“专家意见”的形成过程进行了详细的说明,并接受了控、辩双方及审判人员的质询。“专家意见”结论明确,程序合法,具有可信性。综上,本案中的“专家意见”从主体到程序均符合法定要求,从证据角度而言,“专家意见”完全符合刑事诉讼法第197条的规定,以及《最高人民法院关于适用〈中华人民共和国刑事诉讼法〉的解释》第87条关于有专门知识的人出具检验报告的规定,可以作为定罪量刑的参考。

二、关于本案的损害结果问题

三清山于1988年经国务院批准列为国家重点风景名胜区,2008年被列入世界自然遗产名录,2012年被列入世界地质公园名录。巨蟒峰作为三清山核心标志性景观独一无二、弥足珍贵,其不仅是不可再生的珍稀自然资源型资产,也是可持续利用的自然资产,对于全人类而言具有重大科学价值、美学价值和经济价值。巨蟒峰是经由长期自然风化和重力崩解作用形成的巨型花岗岩体石柱,垂直高度128米,最细处直径仅7米。本案中,侦查机关依法聘请的4名专家经过现场勘查、证据查验、科学分析,对巨蟒峰地质遗迹点的价值、成因、结构特点及3被告人的行为给巨蟒峰柱体造成的损毁情况给出了“专家意见”。4名专家从地学专业角度,认为被告人的打岩钉攀爬行为对世界自然遗产的核心景观巨蟒峰造成了永久性的损害,破坏了自然遗产的基本属性即自然性、原始性、完整性,特别是在巨蟒峰柱体的脆弱段打入至少4个岩钉,加重了巨蟒峰柱体结构的脆弱性,即对巨蟒峰的稳定性产生了破坏,26个岩钉会直接诱发和加重物理、化学、生物风化,形成新的裂隙,加快花岗岩柱体的侵蚀进程,甚至造成崩解。根据《最高人民法院最高人民检察院关于办理妨害文物管理等刑事案件适用法律若干问题的解释》第4条第2款第1项规定,结合“专家意见”,应当认定3被告人的行为造成了名胜古迹“严重损毁”,已触犯刑法第324条第2款的规定,构成故意损毁名胜古迹罪。

风景名胜区的核心景区是受我国刑法保护的名胜古迹。三清山风景名胜区列入世界自然遗产、世界地质公园名录,巨蟒峰地质遗迹点是其珍贵的标志性景观和最核心的部分,既是不可再生的珍稀自然资源性资产，也是可持续利用的自然资产，具有重大科学价值、美学价值和经济价值。被告人张永明、毛伟明、张鹭违反社会管理秩序，采用破坏性攀爬方式攀爬巨蟒峰，在巨蟒峰花岗岩柱体上钻孔打入26个岩钉，对巨蟒峰造成严重损毁，情节严重，其行为已构成故意损毁名胜古迹罪，应依法惩处。本案对3被告人的入刑，不仅是对其所实施行为的否定评价，更是警示世人不得破坏国家保护的名胜古迹，从而引导社会公众树立正确的生态文明观，珍惜和善待人类赖以生存和发展的自然资源和生态环境。一审法院根据3被告人在共同犯罪中的地位、作用及量刑情节所判处的刑罚并无不当。张永明及其辩护人请求改判无罪等上诉意见不能成立，不予采纳。原审判决认定3被告人犯罪事实清楚，证据确实、充分，定罪准确，对3被告人的量刑适当，审判程序合法。

7. 最高人民法院、最高人民检察院、公安部、国家文物局《关于办理妨害文物管理等刑事案件若干问题的意见》(公通字〔2022〕18号)

二、依法惩处文物犯罪

(一)准确认定盗掘行为

1. 针对古建筑、石窟寺等不可移动文物中包含的古文化遗址、古墓葬部分实施盗掘，符合刑法第328条规定的，以盗掘古文化遗址、古墓葬罪追究刑事责任。

盗掘对象是否属于古文化遗址、古墓葬，应当按照《文物犯罪解释》第8条、第15条的规定作出认定。

2. 以盗掘为目的，在古文化遗址、古墓葬表层进行钻探、爆破、挖掘等作业，因意志以外的原因，尚未损害古文化遗址、古墓葬的历史、艺术、科学价值的，属于盗掘古文化遗址、古墓葬未遂，应当区分情况分别处理：

(1)以被确定为全国重点文物保护单位、省级文物保护单位的古文化遗址、古墓葬为盗掘目标的，应当追究刑事责任；(2)以被确定为市、县级文物保护单位的古文化遗址、古墓葬为盗掘目标的，对盗掘团伙的纠集者、积极参加者，应当追究刑事责任；(3)以其他古文化遗址、古墓葬为盗掘目标的，对情节严重者，依法追究刑事责任。

实施前款规定的行为，同时构成刑法第324条第1款、第2款规定的故意损毁文物罪、故意损毁名胜古迹罪的，依照处罚较重的规定定罪处罚。

3. 刑法第328条第1款第3项规定的"多次盗掘"是指盗掘3次以上。对于行为人基于同一或者概括犯意，在同一古文化遗址、古墓葬本体周边一定范围内实施连续盗掘，已损害古文化遗址、古墓葬的历史、艺术、科学价值的，一般应认定为一次盗掘。

(二)准确认定盗窃行为

采用破坏性手段盗窃古建筑、石窟寺、石刻、壁画、近现代重要史迹和代表性建筑等不可移动文物未遂，具有下列情形之一的，应当依法追究刑事责任：

1. 针对全国重点文物保护单位、省级文物保护单位中的建筑构件、壁画、雕塑、石刻等实施盗窃，损害文物本体历史、艺术、科学价值，情节严重的；2. 以被确定为市、县级以上文物保护单位整体为盗窃目标的；3. 造成市、县级以上文物保护单位的不可移动文物本体损毁的；4. 针对不可移动文物中的建筑构件、壁画、雕塑、石刻等实施盗窃，所涉部分具有等同于3级以上文物历史、艺术、科学价值的；5. 其他情节严重的情形。

实施前款规定的行为，同时构成刑法第324条第1款、第2款规定的故意损毁文物罪、故意损毁名胜古迹罪的，依照处罚较重的规定定罪处罚。(全文详见本书《刑法》第328条相关内容)

第325条 【非法向外国人出售、赠送珍贵文物罪】 违反文物保护法规,将收藏的国家禁止出口的珍贵文物私自出售或者私自赠送给外国人的,处5年以下有期徒刑或者拘役,可以并处罚金。

单位犯前款罪的,对单位判处罚金,并对其直接负责的主管人员和其他直接责任人员,依照前款的规定处罚。

• 释义

非法向外国人出售、赠送珍贵文物罪是指违反文物保护法规,将收藏的国家禁止出口的珍贵文物私自出售或者私自赠送给外国人的行为。

行为主体既可以是自然人,也可以是单位。

• 管辖

公安机关刑事侦查部门。

• 关联法律

参见本书《刑法》第324条相关内容。

第326条 【倒卖文物罪】 以牟利为目的,倒卖国家禁止经营的文物,情节严重的,处5年以下有期徒刑或者拘役,并处罚金;情节特别严重的,处5年以上10年以下有期徒刑,并处罚金。

单位犯前款罪的,对单位判处罚金,并对其直接负责的主管人员和其他直接责任人员,依照前款的规定处罚。

• 释义

倒卖文物罪是指以牟利为目的,倒卖国家禁止经营的文物,情节严重的行为。

行为主体既可以是自然人,也可以是单位。

• 管辖

公安机关刑事侦查部门。

• 关联法律

1. 最高人民法院、最高人民检察院《关于办理盗窃、盗掘、非法经营和走私文物的案件具体应用法律的若干问题的解释》[法(研)发〔1987〕32号]

(法释〔2015〕23号已声明该文件废止)

2.《关于〈中华人民共和国刑法〉有关文物的规定适用于具有科学价值的古脊椎动物化石、古人类化石的解释》(2005年12月29日第十届全国人大常委会第十九次会议通过)

(详见本书《刑法》第324条相关内容)

3. 最高人民法院、最高人民检察院《关于妨害文物管理等刑事案件适用法律若干问题的解释》(法释〔2015〕23号)

第6条 出售或者为出售而收购、运输、储存《中华人民共和国文物保护法》规定的"国家禁止买卖的文物”的，应当认定为刑法第326条规定的“倒卖国家禁止经营的文物”。

倒卖国家禁止经营的文物，具有下列情形之一的，应当认定为刑法第326条规定的“情节严重”：

（一）倒卖三级文物的；（二）交易数额在5万元以上的；（三）其他情节严重的情形。

实施前款规定的行为，具有下列情形之一的，应当认定为刑法第326条规定的“情节特别严重”：

（一）倒卖二级以上文物的；（二）倒卖三级文物5件以上的；（三）交易数额在25万元以上的；（四）其他情节特别严重的情形。

第11条 单位实施走私文物、倒卖文物等行为，构成犯罪的，依照本解释规定的相应自然人犯罪的定罪量刑标准，对直接负责的主管人员和其他直接责任人员定罪处罚，并对单位判处罚金。

公司、企业、事业单位、机关、团体等单位实施盗窃文物，故意损毁文物、名胜古迹，过失损毁文物，盗掘古文化遗址、古墓葬等行为的，依照本解释规定的相应定罪量刑标准，追究组织者、策划者、实施者的刑事责任。

第12条 针对不可移动文物整体实施走私、盗窃、倒卖等行为的，根据所属不可移动文物的等级，依照本解释第1条、第2条、第6条的规定定罪量刑：

（一）尚未被确定为文物保护单位的不可移动文物，适用一般文物的定罪量刑标准；（二）市、县级文物保护单位，适用三级文物的定罪量刑标准；（三）全国重点文物保护单位、省级文物保护单位，适用二级以上文物的定罪量刑标准。

针对不可移动文物中的建筑构件、壁画、雕塑、石刻等实施走私、盗窃、倒卖等行为的，根据建筑构件、壁画、雕塑、石刻等文物本身的等级或者价值，依照本解释第1条、第2条、第6条的规定定罪量刑。建筑构件、壁画、雕塑、石刻等所属不可移动文物的等级，应当作为量刑情节予以考虑。

第13条 案件涉及不同等级的文物的，按照高级别文物的量刑幅度量刑；有多件同级文物的，5件同级文物视为1件高一级文物，但是价值明显不相当的除外。

第14条 依照文物价值定罪量刑的，根据涉案文物的有效价格证明认定文物价值；无有效价格证明，或者根据价格证明认定明显不合理的，根据销赃数额认定，或者结合本解释第15条规定的鉴定意见、报告认定。

第15条 在行为人实施有关行为前，文物行政部门已对涉案文物及其等级作出认定的，可以直接对有关案件事实作出认定。

对案件涉及的有关文物鉴定、价值认定等专门性问题难以确定的，由司法鉴定机构出具鉴定意见，或者由国务院文物行政部门指定的机构出具报告。其中，对于文物价值，也可以由有关价格认证机构作出价格认证并出具报告。

第16条 实施本解释第1条、第2条、第6条至第9条规定的行为，虽已达到应当追究刑事责任的标准，但行为人系初犯，积极退回或者协助追回文物，未造成文物损毁，并确有悔罪表现的，可以认定为犯罪情节轻微，不起诉或者免予刑事处罚。

实施本解释第3条至第5条规定的行为，虽已达到应当追究刑事责任的标准，但行为人系初犯，积极赔偿损失，并确有悔罪表现的，可以认定为犯罪情节轻微，不起诉或者免予刑事处罚。

第17条 走私、盗窃、损毁、倒卖、盗掘或者非法转让具有科学价值的古脊椎动物化石、古人类化石的，依照刑法和本解释的有关规定定罪量刑。（全文详见本书《刑法》第324条相关内容）

4.参见本书《刑法》第324条相关内容。

第327条 【非法出售、私赠文物藏品罪】 违反文物保护法规，国有博物馆、图书馆等单位将国家保护的文物藏品出售或者私自送给非国有单位或者个人的，对单位判处罚金，并对其直接负责的主管人员和其他直接责任人员，处3年以下有期徒刑或者拘役。

• 释义

非法出售、私赠文物藏品罪是指国有博物馆、图书馆等单位，违反文物保护法规，将国家保护的文物藏品出售或者私自送给非国有单位或者个人的行为。行为主体只能是国有博物馆、图书馆。

• 管辖

公安机关刑事侦查部门。

• 立案追诉标准

无

• 关联法律

1.《关于〈中华人民共和国刑法〉有关文物的规定适用于具有科学价值的古脊椎动物化石、古人类化石的解释》(2005年12月29日第十届全国人大常委会第十九次会议通过)

(详见本书《刑法》第325条相关内容)

2.最高人民法院、最高人民检察院《关于妨害文物管理等刑事案件适用法律若干问题的解释》(法释〔2015〕23号)

第7条 国有博物馆、图书馆以及其他国有单位，违反文物保护法规，将收藏或者管理的国家保护的文物藏品出售或者私自送给非国有单位或者个人的，依照刑法第327条的规定，以非法出售、私赠文物藏品罪追究刑事责任。

第11条 单位实施走私文物、倒卖文物等行为，构成犯罪的，依照本解释规定的相应自然人犯罪的定罪量刑标准，对直接负责的主管人员和其他直接责任人员定罪处罚，并对单位判处罚金。

公司、企业、事业单位、机关、团体等单位实施盗窃文物，故意损毁文物、名胜古迹，过失损毁文物，盗掘古文化遗址、古墓葬等行为的，依照本解释规定的相应定罪量刑标准，追究组织者、策划者、实施者的刑事责任。

第12条 针对不可移动文物整体实施走私、盗窃、倒卖等行为的，根据所属不可移动文物的等级，依照本解释第1条、第2条、第6条的规定定罪量刑：

(一)尚未被确定为文物保护单位的不可移动文物，适用一般文物的定罪量刑标准；(二)市、县级文物保护单位，适用三级文物的定罪量刑标准；(三)全国重点文物保护单位、省级文物保护单位，适用2级以上文物的定罪量刑标准。

针对不可移动文物中的建筑构件、壁画、雕塑、石刻等实施走私、盗窃、倒卖等行为的，根据建筑构件、壁画、雕塑、石刻等文物本身的等级或者价值，依照本解释第1条、第2条、第6条的规定定罪量刑。建筑构件、壁画、雕塑、石刻等所属不可移动文物的等级，应当作为量刑情节予以考虑。

第13条 案件涉及不同等级的文物的，按照高级别文物的量刑幅度量刑；有多件同级文物的,5件同级文物视为1件高一级文物,但是价值明显不相当的除外。

第14条 依照文物价值定罪量刑的,根据涉案文物的有效价格证明认定文物价值;无有效价格证明,或者根据价格证明认定明显不合理的,根据销赃数额认定,或者结合本解释第15条规定的鉴定意见、报告认定。

第15条 在行为人实施有关行为前,文物行政部门已对涉案文物及其等级作出认定的,可以直接对有关案件事实作出认定。

对案件涉及的有关文物鉴定、价值认定等专门性问题难以确定的,由司法鉴定机构出具鉴定意见,或者由国务院文物行政部门指定的机构出具报告。其中,对于文物价值,也可以由有关价格认证机构作出价格认证并出具报告。

第16条 实施本解释第1条、第2条、第6条至第9条规定的行为,虽已达到应当追究刑事责任的标准,但行为人系初犯,积极退回或者协助追回文物,未造成文物损毁,并确有悔罪表现的,可以认定为犯罪情节轻微,不起诉或者免予刑事处罚。

实施本解释第3条至第5条规定的行为,虽已达到应当追究刑事责任的标准,但行为人系初犯,积极赔偿损失,并确有悔罪表现的,可以认定为犯罪情节轻微,不起诉或者免予刑事处罚。

第17条 走私、盗窃、损毁、倒卖、盗掘或者非法转让具有科学价值的古脊椎动物化石、古人类化石的,依照刑法和本解释的有关规定定罪量刑。(全文详见本书《刑法》第324条相关内容)

3. 参见本书《刑法》第324条相关内容。

第328条 【盗掘古文化遗址、古墓葬罪】 盗掘具有历史、艺术、科学价值的古文化遗址、古墓葬的,处3年以上10年以下有期徒刑,并处罚金;情节较轻的,处3年以下有期徒刑、拘役或者管制,并处罚金;有下列情形之一的,处10年以上有期徒刑或者无期徒刑,并处罚金或者没收财产:

(一)盗掘确定为全国重点文物保护单位和省级文物保护单位的古文化遗址、古墓葬的;

(二)盗掘古文化遗址、古墓葬集团的首要分子;

(三)多次盗掘古文化遗址、古墓葬的;

(四)盗掘古文化遗址、古墓葬,并盗窃珍贵文物或者造成珍贵文物严重破坏的。

【盗掘古人类化石、古脊椎动物化石罪】 盗掘国家保护的具有科学价值的古人类化石和古脊椎动物化石的,依照前款的规定处罚。

(本条《中华人民共和国刑法修正案(8)》修改)

• 释义

盗掘古文化遗址、古墓葬罪是指盗掘具有历史、艺术、科学价值的古文化遗址、古墓葬的行为。

盗掘古人类化石、古脊椎动物化石罪是指盗掘国家保护的具有科学价值的古人类化石和古脊椎动物化石的行为。

• 管辖

公安机关刑事侦查部门。

• 立案追诉标准

无

• 关联法律

1. 最高人民法院、最高人民检察院《关于办理盗窃、盗掘、非法经营和走私文物的案件具体应用法律的若干问题的解释》[法(研)发〔1987〕32 号]

(法释〔2015〕23 号已声明该文件废止)

2. 最高人民法院研究室《关于盗掘古文化遗址罪适用法律问题的研究意见》(《司法研究与指导》2012 年总第 1 辑)

有关部门就盗掘古文化遗址罪适用法律问题征求最高人民法院研究室意见。最高人民法院研究室经认真研究认为,盗掘古文化遗址罪的犯罪对象为古文化遗址的保护范围,不包括建设控制地带。行为人为盗掘古文化遗址,但因对古文化遗址保护范围与建设控制地带的界限认识不清,而在建设控制地带进行盗掘的,构成盗掘古文化遗址罪(未遂)。主要考虑如下:

1. 将古文化遗址限定为保护范围符合该罪所保护的客体。盗掘古文化遗址罪所保护的是国家对古文化遗址的保护管理制度和国家对古文化遗址的所有权。文物保护法第 15 条规定:"各级文物保护单位,分别由省、自治区、直辖市人民政府和市、县级人民政府划定必要的保护范围,作出标志说明,建立记录档案,并区别情况分别设置专门机构或者专人负责管理。"在古文化遗址的保护范围内盗掘的,对古文化遗址本身造成了直接危害,侵害了盗掘古文化遗址罪所保护的客体。而文物保护法第 18 条规定:"根据保护文物的实际需要,经省、自治区、直辖市人民政府批准,可以在文物保护单位的周围划出一定的建设控制地带,并予以公布。在文物保护单位的建设控制地带内进行建设工程,不得破坏文物保护单位的历史风貌;工程设计方案应当根据文韧保护单位的级别,经相应的文物行政部门同意后,报城乡建设规划部门批准。"可见,古文化遗址的建设控制地带已处于古文化遗址的外围,其设置的目的是为了保护古文化遗址的历史风貌。因此,在古文化遗址的建设控制地带进行盗掘,并不会对古文化遗址本身造成直接损害,并不侵犯盗掘古文化遗址罪所保护的客体。

2. 将古文化遗址限定为保护范围是罪刑法定原则的要求。对刑法用语进行解释时,不应当超越刑法用语的可能范围,不能超出正常人的预测范围,这是罪刑法定原则的基本要求。如前所述,根据文物保护法的规定,对古文化遗址划定必要的保护范围,作出标志说明。而建设控制地带则是根据保护文物的实际需要在古文化遗址的周围所划定的地带。而且,在一般人看来,古文化遗址不会包括建设控制地带。可见,建设控制地带已经处于古文化遗址的周围,将其解释为古文化遗址超越了古文化遗址的可能含义,有违罪刑法定原则。

3. 将古文化遗址限定为保护范围是罪责刑相适应原则的要求。刑法第 5 条明确规定,刑罚的轻重,应当与犯罪分子所犯罪行和承担的刑事责任相适应。盗掘古文化遗址罪法定刑较高,通常在 3 年以上 10 年以下有期徒刑的幅度量刑,而盗掘省级文化保护单位的古文化遗址的,则在 10 年以上有期徒刑、无期徒刑的幅度量刑。从法定刑配置来看,该罪主要是规制对古文化遗址具有较大危害的盗掘行为,这种盗掘行为针对的对象是具有历史、文化、科学价值的古文化遗址,行为方式集盗窃和损毁于一体,对于古文化遗址的安全危害巨大,而这种危害性只有在古文化遗址的保护范围内进行盗掘时才会出现。在古文化遗址的建设控制地带进行盗掘,对古文化遗址自然不可能具有这种危害性。

4. 在肯定盗掘古文化遗址罪的犯罪对象为古文化遗址的保护范围,不包括建设控制地带的前提下,因行为人对保护范围与建设控制地带的界限认识不清,只挖掘到古文化遗址的建设控制地带,未实际对古文化遗址的保护范围进行盗掘的,属于因为意志以外的原因未能齐备盗掘古文化遗址罪的犯罪构成要件。在这种情形下,行为人主观上具有盗掘古文化遗址的故意,客观上实施了盗掘行为,只是由于对保护范围与建设控制用地的界限认识不清而没有实际发生相应的危害后果,其与不具有危害性与可罚性的对象不能犯具有本质区别。对于此种情形,应当认定为盗掘古文化遗址罪(未遂)。

3.《中华人民共和国刑法修正案(8)》(2011年2月25日第十一届全国人大常委会第十九次会议通过)

四十五、将刑法第328条第1款修改为:“盗掘具有历史、艺术、科学价值的古文化遗址、古墓葬的,处3年以上10年以下有期徒刑,并处罚金;情节较轻的,处3年以下有期徒刑、拘役或者管制,并处罚金;有下列情形之一的,处10年以上有期徒刑或者无期徒刑,并处罚金或者没收财产:

“(一)盗掘确定为全国重点文物保护单位和省级文物保护单位的古文化遗址、古墓葬的;(二)盗掘古文化遗址、古墓葬集团的首要分子;(三)多次盗掘古文化遗址、古墓葬的;(四)盗掘古文化遗址、古墓葬,并盗窃珍贵文物或者造成珍贵文物严重破坏的。”

(原条文中死刑的规定被废除)

4.最高人民法院、最高人民检察院《关于妨害文物管理等刑事案件适用法律若干问题的解释》(法释〔2015〕23号)

第8条 刑法第328条第1款规定的“古文化遗址、古墓葬”包括水下古文化遗址、古墓葬。“古文化遗址、古墓葬”不以公布为不可移动文物的古文化遗址、古墓葬为限。

实施盗掘行为,已损害古文化遗址、古墓葬的历史、艺术、科学价值的,应当认定为盗掘古文化遗址、古墓葬罪既遂。

采用破坏性手段盗窃古文化遗址、古墓葬以外的古建筑、石窟寺、石刻、壁画、近代现代重要史迹和代表性建筑等其他不可移动文物的,依照刑法第264条的规定,以盗窃罪追究刑事责任。

第11条 单位实施走私文物、倒卖文物等行为,构成犯罪的,依照本解释规定的相应自然人犯罪的定罪量刑标准,对直接负责的主管人员和其他直接责任人员定罪处罚,并对单位判处罚金。

公司、企业、事业单位、机关、团体等单位实施盗窃文物,故意损毁文物、名胜古迹,过失损毁文物,盗掘古文化遗址、古墓葬等行为的,依照本解释规定的相应定罪量刑标准,追究组织者、策划者、实施者的刑事责任。

第12条 针对不可移动文物整体实施走私、盗窃、倒卖等行为的,根据所属不可移动文物的等级,依照本解释第1条、第2条、第6条的规定定罪量刑:(一)尚未被确定为文物保护单位的不可移动文物,适用一般文物的定罪量刑标准;(二)市、县级文物保护单位,适用三级文物的定罪量刑标准;(三)全国重点文物保护单位、省级文物保护单位,适用2级以上文物的定罪量刑标准。

针对不可移动文物中的建筑构件、壁画、雕塑、石刻等实施走私、盗窃、倒卖等行为的,根据建筑构件、壁画、雕塑、石刻等文物本身的等级或者价值,依照本解释第1条、第2条、第6条的规定定罪量刑。建筑构件、壁画、雕塑、石刻等所属不可移动文物的等级,应当作为量刑情节予以考虑。

第13条 案件涉及不同等级的文物的,按照高级别文物的量刑幅度量刑;有多件同级文物的,5件同级文物视为1件高一级文物,但是价值明显不相当的除外。

第 14 条 依照文物价值定罪量刑的，根据涉案文物的有效价格证明认定文物价值；无有效价格证明，或者根据价格证明认定明显不合理的，根据销赃数额认定，或者结合本解释第 15 条规定的鉴定意见、报告认定。

第 15 条 在行为人实施有关行为前，文物行政部门已对涉案文物及其等级作出认定的，可以直接对有关案件事实作出认定。

对案件涉及的有关文物鉴定、价值认定等专门性问题难以确定的，由司法鉴定机构出具鉴定意见，或者由国务院文物行政部门指定的机构出具报告。其中，对于文物价值，也可以由有关价格认证机构作出价格认证并出具报告。

第 16 条 实施本解释第 1 条、第 2 条、第 6 条至第 9 条规定的行为，虽已达到应当追究刑事责任的标准，但行为人系初犯，积极退回或者协助追回文物，未造成文物损毁，并确有悔罪表现的，可以认定为犯罪情节轻微，不起诉或者免予刑事处罚。

实施本解释第 3 条至第 5 条规定的行为，虽已达到应当追究刑事责任的标准，但行为人系初犯，积极赔偿损失，并确有悔罪表现的，可以认定为犯罪情节轻微，不起诉或者免予刑事处罚。

第 17 条 走私、盗窃、损毁、倒卖、盗掘或者非法转让具有科学价值的古脊椎动物化石、古人类化石的，依照刑法和本解释的有关规定定罪量刑。（全文详见本书《刑法》第 324 条相关内容）

5. 最高人民法院、最高人民检察院、公安部、国家文物局《关于办理妨害文物管理等刑事案件若干问题的意见》（公通字〔2022〕18 号）

为依法惩治文物犯罪，加强对文物的保护，根据《中华人民共和国刑法》《中华人民共和国刑事诉讼法》《中华人民共和国文物保护法》和《最高人民法院、最高人民检察院关于办理妨害文物管理等刑事案件适用法律若干问题的解释》（法释〔2015〕23 号，以下简称《文物犯罪解释》）等有关规定，结合司法实践，制定本意见。

一、总体要求

文物承载灿烂文明，传承历史文化，维系民族精神，是国家和民族历史发展的见证，是弘扬中华优秀传统文化的珍贵财富，是培育社会主义核心价值观、凝聚共筑中国梦磅礴力量的深厚滋养。保护文物功在当代、利在千秋。当前，我国文物安全形势依然严峻，文物犯罪时有发生，犯罪团伙专业化、智能化趋势明显，犯罪活动向网络发展蔓延，犯罪产业链日趋成熟，地下市场非法交易猖獗，具有严重的社会危害性。各级人民法院、人民检察院、公安机关、文物行政部门要坚持以习近平新时代中国特色社会主义思想为指导，坚决贯彻落实习近平总书记关于文物工作系列重要论述精神，从传承中华文明、对国家对民族对子孙后代负责的战略高度，提高对文物保护工作重要性的认识，增强责任感使命感紧迫感，勇于担当作为、忠诚履职尽责，依法惩治和有效防范文物犯罪，切实保护国家文化遗产安全。

二、依法惩处文物犯罪

（一）准确认定盗掘行为

1. 针对古建筑、石窟寺等不可移动文物中包含的古文化遗址、古墓葬部分实施盗掘，符合刑法第 328 条规定的，以盗掘古文化遗址、古墓葬罪追究刑事责任。

盗掘对象是否属于古文化遗址、古墓葬，应当按照《文物犯罪解释》第 8 条、第 15 条的规定作出认定。

2. 以盗掘为目的，在古文化遗址、古墓葬表层进行钻探、爆破、挖掘等作业，因意志以外的原因，尚未损害古文化遗址、古墓葬的历史、艺术、科学价值的，属于盗掘古文化遗址、古墓葬未遂，应当区分情况分别处理：

(1)以被确定为全国重点文物保护单位、省级文物保护单位的古文化遗址、古墓葬为盗掘目标的,应当追究刑事责任;(2)以被确定为市、县级文物保护单位的古文化遗址、古墓葬为盗掘目标的,对盗掘团伙的纠集者、积极参加者,应当追究刑事责任;(3)以其他古文化遗址、古墓葬为盗掘目标的,对情节严重者,依法追究刑事责任。

实施前款规定的行为,同时构成刑法第324条第1款、第2款规定的故意损毁文物罪、故意损毁名胜古迹罪的,依照处罚较重的规定定罪处罚。

3. 刑法第328条第1款第3项规定的"多次盗掘"是指盗掘3次以上。对于行为人基于同一或者概括犯意,在同一古文化遗址、古墓葬本体周边一定范围内实施连续盗掘,已损害古文化遗址、古墓葬的历史、艺术、科学价值的,一般应认定为一次盗掘。

(二)准确认定盗窃行为

采用破坏性手段盗窃古建筑、石窟寺、石刻、壁画、近现代重要史迹和代表性建筑等不可移动文物未遂,具有下列情形之一的,应当依法追究刑事责任:

1. 针对全国重点文物保护单位、省级文物保护单位中的建筑构件、壁画、雕塑、石刻等实施盗窃,损害文物本体历史、艺术、科学价值,情节严重的;2. 以被确定为市、县级以上文物保护单位整体为盗窃目标的;3. 造成市、县级以上文物保护单位的不可移动文物本体损毁的;4. 针对不可移动文物中的建筑构件、壁画、雕塑、石刻等实施盗窃,所涉部分具有等同于3级以上文物历史、艺术、科学价值的;5. 其他情节严重的情形。

实施前款规定的行为,同时构成刑法第324条第1款、第2款规定的故意损毁文物罪、故意损毁名胜古迹罪的,依照处罚较重的规定定罪处罚。

(三)准确认定掩饰、隐瞒与倒卖行为

1. 明知是盗窃文物、盗掘古文化遗址、古墓葬等犯罪所获取的文物,而予以窝藏、转移、收购、加工、代为销售或者以其他方法掩饰、隐瞒的,符合《文物犯罪解释》第9条规定的,以刑法第312条规定的掩饰、隐瞒犯罪所得罪追究刑事责任。

对是否"明知",应当结合行为人的认知能力、既往经历、行为次数和手段,与实施盗掘、盗窃、倒卖文物等犯罪行为人的关系,获利情况,是否故意规避调查,涉案文物外观形态、价格等主、客观因素进行综合审查判断。具有下列情形之一,行为人不能做出合理解释的,可以认定其"明知",但有相反证据的除外:

(1)采用黑话、暗语等方式进行联络交易的;(2)通过伪装、隐匿文物等方式逃避检查,或者以暴力等方式抗拒检查的;(3)曾因实施盗掘、盗窃、走私、倒卖文物等犯罪被追究刑事责任,或者2年内受过行政处罚的;(4)有其他证据足以证明行为人应当知道的情形。

2. 出售或者为出售而收购、运输、储存《中华人民共和国文物保护法》第51条规定的"国家禁止买卖的文物",可以结合行为人的从业经历、认知能力、违法犯罪记录、供述情况,交易的价格、次数、件数、场所,文物的来源、外观形态等综合审查判断,认定其行为系刑法第326条规定的"以牟利为目的",但文物来源符合《中华人民共和国文物保护法》第50条规定的除外。

三、涉案文物的认定和鉴定评估

对案件涉及的文物等级、类别、价值等专门性问题,如是否属于古文化遗址、古墓葬、古建筑、石窟寺、石刻、壁画、近代现代重要史迹和代表性建筑等不可移动文物,是否具有历史、艺术、科学价值,是否属于各级文物保护单位,是否属于珍贵文物,以及有关行为对文物造成的损毁程度和对文物价值造成的影响等,案发前文物行政部门已作认定的,可以直接对有关案件事实作出认定;案发前未作认定的,可以结合国务院文物行政部门指定的机构出具的《涉案文物鉴定评估报告》作出认定,必要时,办案机关可以依法提请文物行政部门对有关问题作出说明。《涉案文物鉴定评估报告》应当依照《涉案文物鉴定评估管理办法》(文物博发〔2018〕4

号)规定的程序和格式文本出具。

四、文物犯罪案件管辖

文物犯罪案件一般由犯罪地的公安机关管辖,包括文物犯罪的预谋地、工具准备地、勘探地、盗掘地、盗窃地、途经地、交易地、倒卖信息发布地、出口(境)地、涉案不可移动文物的所在地、涉案文物的实际取得地、藏匿地、转移地、加工地、储存地、销售地等。多个公安机关都有权立案侦查的文物犯罪案件,由主要犯罪地公安机关立案侦查。

具有下列情形之一的,有关公安机关可以在其职责范围内并案处理:

(1)1人犯数罪的;(2)共同犯罪的;(3)共同犯罪的犯罪嫌疑人还实施其他犯罪的;(4)3人以上时分时合,交叉结伙作案的;(5)多个犯罪嫌疑人实施的盗掘、盗窃、倒卖、掩饰、隐瞒、走私等犯罪存在直接关联,或者形成多层级犯罪链条,并案处理有利于查明案件事实的。

五、宽严相济刑事政策的应用

(一)要着眼出资、勘探、盗掘、盗窃、倒卖、收赃、走私等整个文物犯罪网络开展打击,深挖幕后金主,斩断文物犯罪链条,对虽未具体参与实施有关犯罪实行行为,但作为幕后纠集、组织、指挥、筹划、出资、教唆者,在共同犯罪中起主要作用的,可以依法认定为主犯。

(二)对曾因文物违法犯罪而受过行政处罚或者被追究刑事责任、多次实施文物违法犯罪行为、以及国家工作人员实施本意见规定相关犯罪行为的,可以酌情从重处罚。

(三)正确运用自首、立功、认罪认罚从宽等制度,充分发挥刑罚的惩治和预防功能。对积极退回或协助追回文物,协助抓捕重大文物犯罪嫌疑人,以及提供重要线索,对侦破、查明其他重大文物犯罪案件起关键作用的,依法从宽处理。

(四)人民法院、人民检察院、公安机关应当加强与文物行政等部门的沟通协调,强化行刑衔接,对不构成犯罪的案件,依据有关规定及时移交。公安机关依法扣押的国家禁止经营的文物,经审查与案件无关的,应当交由文物行政等有关部门依法予以处理。文物行政等部门在查办案件中,发现涉嫌构成犯罪的案件,依据有关规定及时向公安机关移送。

6. 参见本书《刑法》第324条相关内容。

第329条 【抢夺、窃取国有档案罪】 抢夺、窃取国家所有的档案的,处5年以下有期徒刑或者拘役。

【擅自出卖、转让国有档案罪】 违反档案法的规定,擅自出卖、转让国家所有的档案,情节严重的,处3年以下有期徒刑或者拘役。

有前两款行为,同时又构成本法规定的其他犯罪的,依照处罚较重的规定定罪处罚。

• 释义

抢夺、窃取国有档案罪是指抢夺、窃取国家所有的档案的行为。有本款行为,同时又构成其他犯罪的,依照处罚较重的规定定罪处罚。

擅自出卖、转让国有档案罪是指违反档案法的规定,擅自出卖、转让国家所有的档案,情节严重的行为。有本款行为,同时又构成其他犯罪的,依照处罚较重的规定定罪处罚。

• 管辖

公安机关刑事侦查部门。

• 立案追诉标准

无

• **关联法律**

无

第五节 危害公共卫生罪

危害公共卫生罪，涉及传染病、卫生检疫、采血、行医等内容，责任形式有故意，也有过失。其中，罪名冠以“妨害”字样的，有单位犯罪。

第330条 【妨害传染病防治罪】 违反传染病防治法的规定，有下列情形之一，引起甲类传染病以及依法确定采取甲类传染病预防、控制措施的传染病传播或者有传播严重危险的，处3年以下有期徒刑或者拘役；后果特别严重的，处3年以上7年以下有期徒刑：

（一）供水单位供应的饮用水不符合国家规定的卫生标准的；

（二）拒绝按照疾病预防控制机构提出的卫生要求，对传染病病原体污染的污水、污物、场所和物品进行消毒处理的；

（三）准许或者纵容传染病病人、病原携带者和疑似传染病病人从事国务院卫生行政部门规定禁止从事的易使该传染病扩散的工作的；

（四）出售、运输疫区中被传染病病原体污染或者可能被传染病病原体污染的物品，未进行消毒处理的；

（五）拒绝执行县级以上人民政府、疾病预防控制机构依照传染病防治法提出的预防、控制措施的。

单位犯前款罪的，对单位判处罚金，并对其直接负责的主管人员和其他直接责任人员，依照前款的规定处罚。

甲类传染病的范围，依照《中华人民共和国传染病防治法》和国务院有关规定确定。

（本条《中华人民共和国刑法修正案（11）》修改）

• **释义**

妨害传染病防治罪是指违反传染病防治法的规定，供水单位供应不符合国家规定的卫生标准的饮用水，或者拒绝按照卫生防疫机构提出的卫生要求，对传染病病原体污染的污水、污物、粪便进行消毒处理，或者准许或者纵容传染病病人、病原携带者和疑似传染病病人从事国务院卫生行政部门规定禁止从事的易使该传染病扩散的工作，或者拒绝执行卫生防疫机构依照传染病防治法提出的预防、控制措施，引起甲类传染病传播或者有传播严重危险的行为。

“甲类传染病”，是指鼠疫、霍乱；“按甲类管理的传染病”，是指乙类传染病中传染性非典型肺炎、炭疽中的肺炭疽、人感染高致病性禽流感以及国务院卫生行政部门根据需要报经国务院批准公布实施的其他需要按甲类管理的乙类传染病和突发原因不明的传染病。

本罪的责任形式为故意；行为主体既可以是自然人，也可以是单位。

• **管辖**

公安机关治安管理部门。

• 立案追诉标准

违反传染病防治法的规定,引起甲类或者按照甲类管理的传染病传播或者有传播严重危险,涉嫌下列情形之一的,应予立案追诉:

(一)供水单位供应的饮用水不符合国家规定的卫生标准的;

(二)拒绝按照疾病预防控制机构提出的卫生要求,对传染病病原体污染的污水、污物、粪便进行消毒处理的;

(三)准许或者纵容传染病病人、病原携带者和疑似传染病病人从事国务院卫生行政部门规定禁止从事的易使该传染病扩散的工作的;

(四)拒绝执行疾病预防控制机构依照传染病防治法提出的预防、控制措施的。

注:本立案追诉标准所指"甲类传染病",是指鼠疫、霍乱;"按甲类管理的传染病",是指乙类传染病中传染性非典型肺炎、炭疽中的肺炭疽、人感染高致病性禽流感以及国务院卫生行政部门根据需要报经国务院批准公布实施的其他需要按甲类管理的乙类传染病和突发原因不明的传染病。

• 关联法律

1.《中华人民共和国传染病防治法》(1989年2月21日第七届全国人大常委会第六次会议通过;2004年8月28日第十届全国人大常委会第十一次会议修订;2013年6月29日第十二届全国人大常委会第三次会议《关于修改等12部法律的决定》修正)

第3条 本法规定的传染病分为甲类、乙类和丙类。

甲类传染病是指:鼠疫、霍乱。

乙类传染病是指:传染性非典型肺炎、艾滋病、病毒性肝炎、脊髓灰质炎、人感染高致病性禽流感、麻疹、流行性出血热、狂犬病、流行性乙型脑炎、登革热、炭疽、细菌性和阿米巴性痢疾、肺结核、伤寒和副伤寒、流行性脑脊髓膜炎、百日咳、白喉、新生儿破伤风、猩红热、布鲁氏菌病、淋病、梅毒、钩端螺旋体病、血吸虫病、疟疾。

丙类传染病是指:流行性感冒、流行性腮腺炎、风疹、急性出血性结膜炎、麻风病、流行性和地方性斑疹伤寒、黑热病、包虫病、丝虫病,除霍乱、细菌性和阿米巴性痢疾、伤寒和副伤寒以外的感染性腹泻病。

国务院卫生行政部门根据传染病暴发、流行情况和危害程度,可以决定增加、减少或者调整乙类、丙类传染病病种并予以公布。

第4条 对乙类传染病中传染性非典型肺炎、炭疽中的肺炭疽和人感染高致病性禽流感,采取本法所称甲类传染病的预防、控制措施。其他乙类传染病和突发原因不明的传染病需要采取本法所称甲类传染病的预防、控制措施的,由国务院卫生行政部门及时报经国务院批准后予以公布、实施。

需要解除依照前款规定采取的甲类传染病预防、控制措施的,由国务院卫生行政部门报经国务院批准后予以公布。

省、自治区、直辖市人民政府对本行政区域内常见、多发的其他地方性传染病,可以根据情况决定按照乙类或者丙类传染病管理并予以公布,报国务院卫生行政部门备案。

第7条 各级疾病预防控制机构承担传染病监测、预测、流行病学调查、疫情报告以及其他预防、控制工作。

医疗机构承担与医疗救治有关的传染病防治工作和责任区域内的传染病预防工作。城市社区和农村基层医疗机构在疾病预防控制机构的指导下,承担城市社区、农村基层相应的传染病防治工作。

第 65 条 地方各级人民政府未依照本法的规定履行报告职责，或者隐瞒、谎报、缓报传染病疫情，或者在传染病暴发、流行时，未及时组织救治、采取控制措施的，由上级人民政府责令改正，通报批评；造成传染病传播、流行或者其他严重后果的，对负有责任的主管人员，依法给予行政处分；构成犯罪的，依法追究刑事责任。

第 66 条 县级以上人民政府卫生行政部门违反本法规定，有下列情形之一的，由本级人民政府、上级人民政府卫生行政部门责令改正，通报批评；造成传染病传播、流行或者其他严重后果的，对负有责任的主管人员和其他直接责任人员，依法给予行政处分；构成犯罪的，依法追究刑事责任：

（一）未依法履行传染病疫情通报、报告或者公布职责，或者隐瞒、谎报、缓报传染病疫情的；

（二）发生或者可能发生传染病传播时未及时采取预防、控制措施的；

（三）未依法履行监督检查职责，或者发现违法行为不及时查处的；

（四）未及时调查、处理单位和个人对下级卫生行政部门不履行传染病防治职责的举报的；

（五）违反本法的其他失职、渎职行为。

第 67 条 县级以上人民政府有关部门未依照本法的规定履行传染病防治和保障职责的，由本级人民政府或者上级人民政府有关部门责令改正，通报批评；造成传染病传播、流行或者其他严重后果的，对负有责任的主管人员和其他直接责任人员，依法给予行政处分；构成犯罪的，依法追究刑事责任。

第 68 条 疾病预防控制机构违反本法规定，有下列情形之一的，由县级以上人民政府卫生行政部门责令限期改正，通报批评，给予警告；对负有责任的主管人员和其他直接责任人员，依法给予降级、撤职、开除的处分，并可以依法吊销有关责任人员的执业证书；构成犯罪的，依法追究刑事责任：

（一）未依法履行传染病监测职责的；

（二）未依法履行传染病疫情报告、通报职责，或者隐瞒、谎报、缓报传染病疫情的；

（三）未主动收集传染病疫情信息，或者对传染病疫情信息和疫情报告未及时进行分析、调查、核实的；

（四）发现传染病疫情时，未依据职责及时采取本法规定的措施的；

（五）故意泄露传染病病人、病原携带者、疑似传染病病人、密切接触者涉及个人隐私的有关信息、资料的。

第 69 条 医疗机构违反本法规定，有下列情形之一的，由县级以上人民政府卫生行政部门责令改正，通报批评，给予警告；造成传染病传播、流行或者其他严重后果的，对负有责任的主管人员和其他直接责任人员，依法给予降级、撤职、开除的处分，并可以依法吊销有关责任人员的执业证书；构成犯罪的，依法追究刑事责任：

（一）未按照规定承担本单位的传染病预防、控制工作、医院感染控制任务和责任区域内的传染病预防工作的；

（二）未按照规定报告传染病疫情，或者隐瞒、谎报、缓报传染病疫情的；

（三）发现传染病疫情时，未按照规定对传染病病人、疑似传染病病人提供医疗救护、现场救援、接诊、转诊的，或者拒绝接受转诊的；

（四）未按照规定对本单位内被传染病病原体污染的场所、物品以及医疗废物实施消毒或者无害化处置的；

(五)未按照规定对医疗器械进行消毒,或者对按照规定一次使用的医疗器具未予销毁,再次使用的;

(六)在医疗救治过程中未按照规定保管医学记录资料的;

(七)故意泄露传染病病人、病原携带者、疑似传染病病人、密切接触者涉及个人隐私的有关信息、资料的。

第70条 采供血机构未按照规定报告传染病疫情,或者隐瞒、谎报、缓报传染病疫情,或者未执行国家有关规定,导致因输入血液引起经血液传播疾病发生的,由县级以上人民政府卫生行政部门责令改正,通报批评,给予警告;造成传染病传播、流行或者其他严重后果的,对负有责任的主管人员和其他直接责任人员,依法给予降级、撤职、开除的处分,并可以依法吊销采供血机构的执业许可证;构成犯罪的,依法追究刑事责任。

非法采集血液或者组织他人出卖血液的,由县级以上人民政府卫生行政部门予以取缔,没收违法所得,可以并处十万元以下的罚款;构成犯罪的,依法追究刑事责任。

第71条 国境卫生检疫机关、动物防疫机构未依法履行传染病疫情通报职责的,由有关部门在各自职责范围内责令改正,通报批评;造成传染病传播、流行或者其他严重后果的,对负有责任的主管人员和其他直接责任人员,依法给予降级、撤职、开除的处分;构成犯罪的,依法追究刑事责任。

第72条 铁路、交通、民用航空经营单位未依照本法的规定优先运送处理传染病疫情的人员以及防治传染病的药品和医疗器械的,由有关部门责令限期改正,给予警告;造成严重后果的,对负有责任的主管人员和其他直接责任人员,依法给予降级、撤职、开除的处分。

第73条 违反本法规定,有下列情形之一,导致或者可能导致传染病传播、流行的,由县级以上人民政府卫生行政部门责令限期改正,没收违法所得,可以并处五万元以下的罚款;已取得许可证的,原发证部门可以依法暂扣或者吊销许可证;构成犯罪的,依法追究刑事责任:

(一)饮用水供水单位供应的饮用水不符合国家卫生标准和卫生规范的;

(二)涉及饮用水卫生安全的产品不符合国家卫生标准和卫生规范的;

(三)用于传染病防治的消毒产品不符合国家卫生标准和卫生规范的;

(四)出售、运输疫区中被传染病病原体污染或者可能被传染病病原体污染的物品,未进行消毒处理的;

(五)生物制品生产单位生产的血液制品不符合国家质量标准的。

第74条 违反本法规定,有下列情形之一的,由县级以上地方人民政府卫生行政部门责令改正,通报批评,给予警告,已取得许可证的,可以依法暂扣或者吊销许可证;造成传染病传播、流行以及其他严重后果的,对负有责任的主管人员和其他直接责任人员,依法给予降级、撤职、开除的处分,并可以依法吊销有关责任人员的执业证书;构成犯罪的,依法追究刑事责任:

(一)疾病预防控制机构、医疗机构和从事病原微生物实验的单位,不符合国家规定的条件和技术标准,对传染病病原体样本未按照规定进行严格管理,造成实验室感染和病原微生物扩散的;

(二)违反国家有关规定,采集、保藏、携带、运输和使用传染病菌种、毒种和传染病检测样本的;

(三)疾病预防控制机构、医疗机构未执行国家有关规定,导致因输入血液、使用血液制品引起经血液传播疾病发生的。

第75条 未经检疫出售、运输与人畜共患传染病有关的野生动物、家畜家禽的,由县级以上地方人民政府畜牧兽医行政部门责令停止违法行为,并依法给予行政处罚。

第76条 在国家确认的自然疫源地兴建水利、交通、旅游、能源等大型建设项目，未经卫生调查进行施工的，或者未按照疾病预防控制机构的意见采取必要的传染病预防、控制措施的，由县级以上人民政府卫生行政部门责令限期改正，给予警告，处五千元以上三万元以下的罚款；逾期不改正的，处三万元以上十万元以下的罚款，并可以提请有关人民政府依据职责权限，责令停建、关闭。

第77条 单位和个人违反本法规定，导致传染病传播、流行，给他人人身、财产造成损害的，应当依法承担民事责任。

第78条 本法中下列用语的含义：

（一）传染病病人、疑似传染病病人：指根据国务院卫生行政部门发布的《中华人民共和国传染病防治法规定管理的传染病诊断标准》，符合传染病病人和疑似传染病病人诊断标准的人。

（二）病原携带者：指感染病原体无临床症状但能排出病原体的人。

（三）流行病学调查：指对人群中疾病或者健康状况的分布及其决定因素进行调查研究，提出疾病预防控制措施及保健对策。

（四）疫点：指病原体从传染源向周围播散的范围较小或者单个疫源地。

（五）疫区：指传染病在人群中暴发、流行，其病原体向周围播散时所能波及的地区。

（六）人畜共患传染病：指人与脊椎动物共同罹患的传染病，如鼠疫、狂犬病、血吸虫病等。

（七）自然疫源地：指某些可引起人类传染病的病原体在自然界的野生动物中长期存在和循环的地区。

（八）病媒生物：指能够将病原体从人或者其他动物传播给人的生物，如蚊、蝇、蚤类等。

（九）医源性感染：指在医学服务中，因病原体传播引起的感染。

（十）医院感染：指住院病人在医院内获得的感染，包括在住院期间发生的感染和在医院内获得出院后发生的感染，但不包括入院前已开始或者入院时已处于潜伏期的感染。医院工作人员在医院内获得的感染也属医院感染。

（十一）实验室感染：指从事实验室工作时，因接触病原体所致的感染。

（十二）菌种、毒种：指可能引起本法规定的传染病发生的细菌菌种、病毒毒种。

（十三）消毒：指用化学、物理、生物的方法杀灭或者消除环境中的病原微生物。

（十四）疾病预防控制机构：指从事疾病预防控制活动的疾病预防控制中心以及与上述机构业务活动相同的单位。

（十五）医疗机构：指按照《医疗机构管理条例》取得医疗机构执业许可证，从事疾病诊断、治疗活动的机构。

第79条 传染病防治中有关食品、药品、血液、水、医疗废物和病原微生物的管理以及动物防疫和国境卫生检疫，本法未规定的，分别适用其他有关法律、行政法规的规定。（全文略）

2. 最高人民检察院、公安部《关于公安机关管辖的刑事案件立案追诉标准的规定（1）》（公通字〔2008〕36号） 第49条

（见本条立案追诉标准内容）

3. 最高人民法院、最高人民检察院、公安部、司法部《关于依法惩治妨害新型冠状病毒感染肺炎疫情防控违法犯罪的意见》（法发〔2020〕7号）

二、准确适用法律，依法严惩妨害疫情防控的各类违法犯罪

（一）依法严惩抗拒疫情防控措施犯罪。故意传播新型冠状病毒感染肺炎病原体，具有下列情形之一，危害公共安全的，依照刑法第114条、第115条第1款的规定，以以危险方法危害公共安全罪定罪处罚：

1. 已经确诊的新型冠状病毒感染肺炎病人、病原携带者，拒绝隔离治疗或者隔离期未满擅自脱离隔离治疗，并进入公共场所或者公共交通工具的；

2. 新型冠状病毒感染肺炎疑似病人拒绝隔离治疗或者隔离期未满擅自脱离隔离治疗，并进入公共场所或者公共交通工具，造成新型冠状病毒传播的。

其他拒绝执行卫生防疫机构依照传染病防治法提出的防控措施，引起新型冠状病毒传播或者有传播严重危险的，依照刑法第330条的规定，以妨害传染病防治罪定罪处罚。

以暴力、威胁方法阻碍国家机关工作人员（含在依照法律、法规规定行使国家有关疫情防控行政管理职权的组织中从事公务的人员，在受国家机关委托代表国家机关行使疫情防控职权的组织中从事公务的人员，虽未列入国家机关人员编制但在国家机关中从事疫情防控公务的人员）依法履行为防控疫情而采取的防疫、检疫、强制隔离、隔离治疗等措施的，依照刑法第277条第1款、第3款的规定，以妨害公务罪定罪处罚。暴力袭击正在依法执行职务的人民警察的，以妨害公务罪定罪，从重处罚。（全文详见本书《刑法》第114条相关内容）

4.《中华人民共和国刑法修正案（11）》（2020年12月26日第十三届全国人大常委会第二十四次会议通过）第37条

三十七、将刑法第330条第1款修改为："违反传染病防治法的规定，有下列情形之一，引起甲类传染病以及依法确定采取甲类传染病预防、控制措施的传染病传播或者有传播严重危险的，处3年以下有期徒刑或者拘役；后果特别严重的，处3年以上7年以下有期徒刑：

"（一）供水单位供应的饮用水不符合国家规定的卫生标准的；（二）拒绝按照疾病预防控制机构提出的卫生要求，对传染病病原体污染的污水、污物、场所和物品进行消毒处理的；（三）准许或者纵容传染病病人、病原携带者和疑似传染病病人从事国务院卫生行政部门规定禁止从事的易使该传染病扩散的工作的；（四）出售、运输疫区中被传染病病原体污染或者可能被传染病病原体污染的物品，未进行消毒处理的；（五）拒绝执行县级以上人民政府、疾病预防控制机构依照传染病防治法提出的预防、控制措施的。"

（原条文：违反传染病防治法的规定，有下列情形之一，引起甲类传染病传播或者有传播严重危险的，处3年以下有期徒刑或者拘役；后果特别严重的，处3年以上7年以下有期徒刑：

（一）供水单位供应的饮用水不符合国家规定的卫生标准的；（二）拒绝按照卫生防疫机构提出的卫生要求，对传染病病原体污染的污水、污物、粪便进行消毒处理的；（三）准许或者纵容传染病病人、病原携带者和疑似传染病病人从事国务院卫生行政部门规定禁止从事的易使该传染病扩散的工作的；（四）拒绝执行卫生防疫机构依照传染病防治法提出的预防、控制措施的。

单位犯前款罪的，对单位判处罚金，并对其直接负责的主管人员和其他直接责任人员，依照前款的规定处罚。

甲类传染病的范围，依照《中华人民共和国传染病防治法》和国务院有关规定确定。）

第331条 【传染病菌种、毒种扩散罪】从事实验、保藏、携带、运输传染病菌种、毒种的人员，违反国务院卫生行政部门的有关规定，造成传染病菌种、毒种扩散，后果严重的，处3年以下有期徒刑或者拘役；后果特别严重的，处3年以上7年以下有期徒刑。

• 释义

传染病菌种、毒种扩散罪是指从事实验、保藏、携带、运输传染病菌种、毒种的人员，违反国务院卫生行政部门的有关规定，造成传染病菌种、毒种扩散，后果严重的行为。

本罪的责任形式为故意。

• 管辖

公安机关食品药品犯罪侦查部门。

• 立案追诉标准

从事实验、保藏、携带、运输传染病菌种、毒种的人员,违反国务院卫生行政部门的有关规定,造成传染病菌种、毒种扩散,涉嫌下列情形之一的,应予立案追诉:

(一)导致甲类和按甲类管理的传染病传播的;

(二)导致乙类、丙类传染病流行、暴发的;

(三)造成人员重伤或者死亡的;

(四)严重影响正常的生产、生活秩序的;

(五)其他造成严重后果的情形。

• 关联法律

1.《中华人民共和国传染病防治法》(1989年2月21日第七届全国人大常委会第六次会议通过;2004年8月28日第十届全国人大常委会第十一次会议修订;2013年6月29日第十二届全国人大常委会第三次会议《关于修改〈中华人民共和国文物保护法〉等十二部法律的决定》修正)第3条、第4条、第7条、第65条至第79条

(详见本书《刑法》第330条相关内容)

2. 最高人民检察院、公安部《关于公安机关管辖的刑事案件立案追诉标准的规定(1)》(公通字〔2008〕36号)第50条

(见本条立案追诉标准内容)

3. 最高人民法院、最高人民检察院、公安部、司法部《关于依法惩治妨害新型冠状病毒感染肺炎疫情防控违法犯罪的意见》(法发〔2020〕7号)

二、准确适用法律,依法严惩妨害疫情防控的各类违法犯罪

(七)依法严惩疫情防控失职渎职、贪污挪用犯罪。在疫情防控工作中,负有组织、协调、指挥、灾害调查、控制、医疗救治、信息传递、交通运输、物资保障等职责的国家机关工作人员,滥用职权或者玩忽职守,致使公共财产、国家和人民利益遭受重大损失的,依照刑法第397条的规定,以滥用职权罪或者玩忽职守罪定罪处罚。

卫生行政部门的工作人员严重不负责任,不履行或者不认真履行防治监管职责,导致新型冠状病毒感染肺炎传播或者流行,情节严重的,依照刑法第409条的规定,以传染病防治失职罪定罪处罚。

从事实验、保藏、携带、运输传染病菌种、毒种的人员,违反国务院卫生行政部门的有关规定,造成新型冠状病毒毒种扩散,后果严重的,依照刑法第331条的规定,以传染病毒种扩散罪定罪处罚。

国家工作人员,受委托管理国有财产的人员,公司、企业或者其他单位的人员,利用职务便利,侵吞、截留或者以其他手段非法占有用于防控新型冠状病毒感染肺炎的款物,或者挪用上述款物归个人使用,符合刑法第382条、第383条、第271条、第384条、第272条规定的,以贪污罪、职务侵占罪、挪用公款罪、挪用资金罪定罪处罚。挪用用于防控新型冠状病毒感染肺炎的救灾、优抚、救济等款物,符合刑法第273条规定的,对直接责任人员,以挪用特定款物罪定罪处罚。(全文详见本书《刑法》第114条相关内容)

第332条 【妨害国境卫生检疫罪】违反国境卫生检疫规定,引起检疫传染病传播或者有传播严重危险的,处3年以下有期徒刑或者拘役,并处或者单处罚金。

单位犯前款罪的,对单位判处罚金,并对其直接负责的主管人员和其他直接责任人员,依照前款的规定处罚。

• 释义

妨害国境卫生检疫罪是指违反国境卫生检疫规定,引起检疫传染病传播或者有传播严重危险的行为。

本罪的责任形式为故意;行为主体既可以是自然人,也可以是单位。

• 管辖

海关总署缉私局。

• 立案追诉标准

违反国境卫生检疫规定,引起检疫传染病传播或者有传播严重危险的,应予立案追诉。

注:本立案追诉标准所指"检疫传染病",是指鼠疫、霍乱、黄热病以及国务院确定和公布的其他传染病。

• 关联法律

1.《中华人民共和国传染病防治法》(1989年2月21日第七届全国人大常委会第六次会议通过;2004年8月28日第十届全国人大常委会第十一次会议修订)第3条、第4条、第7条、第65条至第79条

(详见本书《刑法》第330条相关内容)

2. 最高人民检察院、公安部《关于公安机关管辖的刑事案件立案追诉标准的规定(1)》(公通字〔2008〕36号)第51条

(见本条立案追诉标准内容)

3. 最高人民法院、最高人民检察院、公安部、司法部、海关总署《关于进一步加强国境卫生检疫工作依法惩治妨害国境卫生检疫违法犯罪的意见》(署法发〔2020〕50号)

为进一步加强国境卫生检疫工作,依法惩治妨害国境卫生检疫违法犯罪行为,维护公共卫生安全,保障人民群众生命安全和身体健康,根据有关法律、司法解释的规定,制定本意见。

一、充分认识国境卫生检疫对于维护公共卫生安全的重要意义

国境卫生检疫对防止传染病传入传出国境,保障人民群众生命安全和身体健康,维护公共卫生安全和社会安定有序发挥着重要作用。党中央、国务院高度重视国境卫生检疫工作,特别是新冠肺炎疫情发生以来,习近平总书记对强化公共卫生法治保障、改革完善疾病预防控制体系、健全防治结合、联防联控、群防群治工作机制作出一系列重要指示批示。各级人民法院、人民检察院、公安机关、司法行政机关、海关要切实提高政治站位,把思想和行动统一到习近平总书记重要指示批示精神上来,坚决贯彻落实党中央决策部署,增强"四个意识"、坚定"四个自信"、做到"两个维护";从贯彻落实总体国家安全观、推动构建人类命运共同体的高度,始终将人民群众的生命安全和身体健康放在第一位,切实提升国境卫生检疫行政执法和司法办案水平。特别是面对当前新冠肺炎疫情在境外呈现扩散态势、通过口岸向境内蔓延扩散风险加剧的严峻形势,要依法及时、从严惩治妨害国境卫生检疫的各类违法犯罪行为,切实

筑牢国境卫生检疫防线,坚决遏制疫情通过口岸传播扩散,为维护公共卫生安全提供有力的法治保障。

二、依法惩治妨害国境卫生检疫的违法犯罪行为

为加强国境卫生检疫工作,防止传染病传入传出国境,保护人民群众健康安全,刑法、国境卫生检疫法对妨害国境卫生检疫违法犯罪行为及其处罚作出规定。人民法院、人民检察院、公安机关、海关在办理妨害国境卫生检疫案件时,应当准确理解和严格适用刑法、国境卫生检疫法等有关规定,依法惩治相关违法犯罪行为。

(一)进一步加强国境卫生检疫行政执法。海关要在各口岸加强国境卫生检疫工作宣传,引导出入境人员以及接受检疫监管的单位和人员严格遵守国境卫生检疫法等法律法规的规定,配合和接受海关国境卫生检疫。同时,要加大国境卫生检疫行政执法力度,对于违反国境卫生检疫法及其实施细则,尚不构成犯罪的行为,依法给予行政处罚。

(二)依法惩治妨害国境卫生检疫犯罪。根据刑法第332条规定,违反国境卫生检疫规定,实施下列行为之一的,属于妨害国境卫生检疫行为:

1. 检疫传染病染疫人或者染疫嫌疑人拒绝执行海关依照国境卫生检疫法等法律法规提出的健康申报、体温监测、医学巡查、流行病学调查、医学排查、采样等卫生检疫措施,或者隔离、留验、就地诊验、转诊等卫生处理措施的;

2. 检疫传染病染疫人或者染疫嫌疑人采取不如实填报健康申明卡等方式隐瞒疫情,或者伪造、涂改检疫单、证等方式伪造情节的;

3. 知道或者应当知道实施审批管理的微生物、人体组织、生物制品、血液及其制品等特殊物品可能造成检疫传染病传播,未经审批仍逃避检疫,携运、寄递出入境的;

4. 出入境交通工具上发现有检疫传染病染疫人或者染疫嫌疑人,交通工具负责人拒绝接受卫生检疫或者拒不接受卫生处理的;

5. 来自检疫传染病流行国家、地区的出入境交通工具上出现非意外伤害死亡且死因不明的人员,交通工具负责人故意隐瞒情况的;

6. 其他拒绝执行海关依照国境卫生检疫法等法律法规提出的检疫措施的。

实施上述行为,引起鼠疫、霍乱、黄热病以及新冠肺炎等国务院确定和公布的其他检疫传染病传播或者有传播严重危险的,依照刑法第332条的规定,以妨害国境卫生检疫罪定罪处罚。

对于单位实施妨害国境卫生检疫行为,引起鼠疫、霍乱、黄热病以及新冠肺炎等国务院确定和公布的其他检疫传染病传播或者有传播严重危险的,应当对单位判处罚金,并对其直接负责的主管人员和其他直接责任人员定罪处罚。

三、健全完善工作机制,保障依法科学有序防控

(一)做好行刑衔接。海关要严把口岸疫情防控第一关,严厉追究违反国境卫生检疫规定的行政法律责任,完善执法办案流程,坚持严格执法和依法办案。做好行政执法和刑事司法的衔接,对符合国境卫生检疫监管领域刑事案件立案追诉标准的案件,要依照有关规定,及时办理移送公安机关的相关手续,不得以行政处罚代替刑事处罚。

(二)加快案件侦办。公安机关对于妨害国境卫生检疫犯罪案件,要依法及时立案查处,全面收集固定证据。对新冠肺炎疫情防控期间发生的妨害国境卫生检疫犯罪,要快侦快破,并及时予以曝光,形成强大震慑。

(三)强化检察职能。人民检察院要加强对妨害国境卫生检疫犯罪案件的立案监督,发现应当立案而不立案的,应当要求公安机关说明理由,认为理由不成立的,应当依法通知公安机关立案。对于妨害国境卫生检疫犯罪案件,人民检察院可以对案件性质、收集证据和适用法律等向公安机关提出意见建议。对于符合逮捕、起诉条件的涉嫌妨害国境卫生检疫罪的犯罪嫌疑人,应当及时批准逮捕、提起公诉。发挥检察建议的作用,促进疫情防控体系化治理。

(四)加强沟通协调。人民法院、人民检察院、公安机关、司法行政机关、海关要加强沟通协调,畅通联系渠道,建立常态化合作机制。既要严格履行法定职责,各司其职,各负其责,又要相互配合,相互协作,实现资源共享和优势互补,形成依法惩治妨害国境卫生检疫违法犯罪的合力。对社会影响大、舆论关注度高的重大案件,要按照依法处置、舆论引导、社会面管控"三同步"要求,及时澄清事实真相,做好舆论引导和舆情应对工作。

(五)坚持过罚相当。进一步规范国境卫生检疫执法活动,切实做到严格规范公正文明执法。注重把握宽严相济政策:对于行政违法行为,要根据违法行为的危害程度和悔过态度,综合确定处罚种类和幅度。对于涉嫌犯罪的,要重点打击情节恶劣、后果严重的犯罪行为;对于情节轻微且真诚悔改的,依法予以从宽处理。

(六)维护公平正义。人民法院、人民检察院、公安机关要依法保障犯罪嫌疑人、被告人的各项诉讼权利特别是辩护权,切实维护当事人合法权益,维护法律正确实施。司法行政机关要加强对律师辩护代理工作的指导监督,促进律师依法依规执业。人民法院、人民检察院、公安机关、司法行政机关、海关要认真落实"谁执法谁普法"责任制,选取典型案例,开展以案释法,加大警示教育,震慑不法分子,释放正能量,为疫情防控营造良好的法治和社会环境。

第333条 【非法组织卖血罪】【强迫卖血罪】 非法组织他人出卖血液的,处5年以下有期徒刑,并处罚金;以暴力、威胁方法强迫他人出卖血液的,处5年以上10年以下有期徒刑,并处罚金。

有前款行为,对他人造成伤害的,依照本法第234条的规定定罪处罚。

• 释义

非法组织卖血罪是指违反法律规定,组织他人出卖血液的行为。"血液",是指全血、成分血和特殊血液成分。

强迫卖血罪是指以暴力、威胁方法强迫他人出卖血液的行为。

• 管辖

公安机关治安管理部门。

• 立案追诉标准

【非法组织卖血罪立案追诉标准】

非法组织他人出卖血液,涉嫌下列情形之一的,应予立案追诉:

(一)组织卖血3人次以上的;

(二)组织卖血非法获利2000元以上的;

(三)组织未成年人卖血的;

(四)被组织卖血的人的血液含有艾滋病病毒、乙型肝炎病毒、丙型肝炎病毒、梅毒螺旋体等病原微生物的;

(五)其他非法组织卖血应予追究刑事责任的情形。

【强迫卖血罪立案追诉标准】

以暴力、威胁方法强迫他人出卖血液的,应予立案追诉。

• 关联法律

最高人民检察院、公安部《关于公安机关管辖的刑事案件立案追诉标准的规定(1)》(公通字〔2008〕36号)第52条、第53条

(见本条立案追诉标准内容)

第334条 【非法采集、供应血液、制作、供应血液制品罪】非法采集、供应血液或者制作、供应血液制品,不符合国家规定的标准,足以危害人体健康的,处5年以下有期徒刑或者拘役,并处罚金;对人体健康造成严重危害的,处5年以上10年以下有期徒刑,并处罚金;造成特别严重后果的,处10年以上有期徒刑或者无期徒刑,并处罚金或者没收财产。

【采集、供应血液、制作、供应血液制品事故罪】经国家主管部门批准采集、供应血液或者制作、供应血液制品的部门,不依照规定进行检测或者违背其他操作规定,造成危害他人身体健康后果的,对单位判处罚金,并对其直接负责的主管人员和其他直接责任人员,处5年以下有期徒刑或者拘役。

• 释义

非法采集、供应血液、制作、供应血液制品罪是指非法采集、供应血液或者制作、供应血液制品,不符合国家规定的标准,足以危害人体健康的行为。具体包括:

(一)采集、供应的血液含有艾滋病病毒、乙型肝炎病毒、丙型肝炎病毒、梅毒螺旋体等病原微生物的;

(二)制作、供应的血液制品含有艾滋病病毒、乙型肝炎病毒、丙型肝炎病毒、梅毒螺旋体等病原微生物,或者将含有上述病原微生物的血液用于制作血液制品的;

(三)使用不符合国家规定的药品、诊断试剂、卫生器材,或者重复使用一次性采血器材采集血液,造成传染病传播危险的;

(四)违反规定对献血者、供血浆者超量、频繁采集血液、血浆,足以危害人体健康的;

(五)其他情形。未经国家主管部门批准或者超过批准的业务范围,采集、供应血液或者制作、供应血液制品的,属于"非法采集、供应血液、制作、供应血液制品"。

"血液制品",是指各种人血浆蛋白制品。

采集、供应血液、制作、供应血液制品事故罪是指经国家主管部门批准采集、供应血液或者制作、供应血液制品的部门,不依照规定进行检测或者违背其他操作规定,造成危害他人身体健康后果的行为。

"不依照规定进行检测或者违背其他操作规定",是指:

(一)血站未用两个企业生产的试剂对艾滋病病毒抗体、乙型肝炎病毒表面抗原、丙型肝炎病毒抗体、梅毒抗体进行两次检测的;

(二)单采血浆站不依照规定对艾滋病病毒抗体、乙型肝炎病毒表面抗原、丙型肝炎病毒抗体、梅毒抗体进行检测的;

(三)血液制品生产企业在投料生产前未用主管部门批准和检定合格的试剂进行复检的;

(四)血站、单采血浆站和血液制品生产企业使用的诊断试剂没有生产单位名称、生产批准文号或者经检定不合格的;

(五)采供血机构在采集检验样本、采集血液和成分血分离时,使用没有生产单位名称、生产批准文号或者超过有效期的一次性注射器等采血器材的;

(六)不依照国家规定的标准和要求包装、储存、运输血液、原料血浆的;

（七）对国家规定检测项目结果呈阳性的血液未及时按照规定予以清除的；

（八）不具备相应资格的医务人员进行采血、检验操作的；

（九）对献血者、供血浆者超量、频繁采集血液、血浆的；

（十）采供血机构采集血液、血浆前，未对献血者或者供血浆者进行身份识别，采集冒名顶替者、健康检查不合格者血液、血浆的；

（十一）血站擅自采集原料血浆，单采血浆站擅自采集临床用血或者向医疗机构供应原料血浆的；

（十二）重复使用一次性采血器材的；

（十三）其他不依照规定进行检测或者违背操作规定的。

"危害他人身体健康"，是指造成献血者、供血浆者、受血者感染艾滋病病毒、乙型肝炎病毒、丙型肝炎病毒、梅毒螺旋体或者其他经血液传播的病原微生物，或者造成献血者、供血浆者、受血者重度贫血、造血功能障碍或者其他器官组织损伤导致功能障碍等身体严重危害的情形。行为主体只能是单位，即采供血机构，包括血液中心、中心血站、脐带血造血干细胞库和国家卫生行政主管部门根据医学发展需要批准、设置的其他类型血库、单采血浆站。

• 管辖

公安机关治安管理部门。

• 立案追诉标准

【非法采集、供应血液、制作、供应血液制品罪立案追诉标准】

非法采集、供应血液或者制作、供应血液制品，涉嫌下列情形之一的，应予立案追诉：

（一）采集、供应的血液含有艾滋病病毒、乙型肝炎病毒、丙型肝炎病毒、梅毒螺旋体等病原微生物的；

（二）制作、供应的血液制品含有艾滋病病毒、乙型肝炎病毒、丙型肝炎病毒、梅毒螺旋体等病原微生物，或者将含有上述病原微生物的血液用于制作血液制品的；

（三）使用不符合国家规定的药品、诊断试剂、卫生器材，或者重复使用1次性采血器材采集血液，造成传染病传播危险的；

（四）违反规定对献血者、供血浆者超量、频繁采集血液、血浆，足以危害人体健康的；

（五）其他不符合国家有关采集、供应血液或者制作、供应血液制品的规定，足以危害人体健康或者对人体健康造成严重危害的情形。

注：本立案追诉标准所指：未经国家主管部门批准或者超过批准的业务范围，采集、供应血液或者制作、供应血液制品的，属于"非法采集、供应血液、制作、供应血液制品"。

本立案追诉标准所指"血液"，是指全血、成分血和特殊血液成分。

"血液制品"，是指各种人血浆蛋白制品。

【采集、供应血液、制作、供应血液制品事故罪立案追诉标准】

经国家主管部门批准采集、供应血液或者制作、供应血液制品的部门，不依照规定进行检测或者违背其他操作规定，涉嫌下列情形之一的，应予立案追诉：

（一）造成献血者、供血浆者、受血者感染艾滋病病毒、乙型肝炎病毒、丙型肝炎病毒、梅毒螺旋体或者其他经血液传播的病原微生物的；

（二）造成献血者、供血浆者、受血者重度贫血、造血功能障碍或者其他器官组织损伤导致功能障碍等身体严重危害的；

（三）其他造成危害他人身体健康后果的情形。

经国家主管部门批准的采供血机构和血液制品生产经营单位,属于“经国家主管部门批准采集、供应血液或者制作、供应血液制品的部门”。

采供血机构包括血液中心、中心血站、中心血库脐带血造血干细胞库和国家卫生行政主管部门根据医学发展需要批准、设置的其他类型血库、单采血浆站。

具有下列情形之一的,属于“不依照规定进行检测或者违背其他操作规定”:

(一)血站未用两个企业生产的试剂对艾滋病病毒抗体、乙型肝炎病毒表面抗原、丙型肝炎病毒抗体、梅毒抗体进行两次检测的;

(二)单采血浆站不依照规定对艾滋病病毒抗体、乙型肝炎病毒表面抗原、丙型肝炎病毒抗体、梅毒抗体进行检测的;

(三)血液制品生产企业在投料生产前未用主管部门批准和检定合格的试剂进行复检的;

(四)血站、单采血浆站和血液制品生产企业使用的诊断试剂没有生产单位名称、生产批准文号或者经检定不合格的;

(五)采供血机构在采集检验样本、采集血液和成分血分离时,使用没有生产单位名称、生产批准文号或者超过有效期的一次性注射器等采血器材的;

(六)不依照国家规定的标准和要求包装、储存、运输血液、原料血浆的;

(七)对国家规定检测项目结果呈阳性的血液未及时按照规定予以清除的;

(八)不具备相应资格的医务人员进行采血、检验操作的;

(九)对献血者、供血浆者超量、频繁采集血液、血浆的;

(十)采供血机构采集血液、血浆前,未对献血者或者供血浆者进行身份识别,采集冒名顶替者、健康检查不合格者血液、血浆的;

(十一)血站擅自采集原料血浆,单采血浆站擅自采集临床用血或者向医疗机构供应原料血浆的;

(十二)重复使用一次性采血器材的;

(十三)其他不依照规定进行检测或者违背操作规定的。

• 关联法律

1. 最高人民法院、最高人民检察院《关于办理非法采供血液等刑事案件具体应用法律若干问题的解释》(法释〔2008〕12号)

为保障公民的身体健康和生命安全,依法惩处非法采供血液等犯罪,根据刑法有关规定,现对办理此类刑事案件具体应用法律的若干问题解释如下:

第1条 对未经国家主管部门批准或者超过批准的业务范围,采集、供应血液制品的,应认定为刑法第334条第1款规定的“非法采集、供应血液或者制作、供应血液制品”。

第2条 对非法采集、供应血液或者制作、供应血液制品,具有下列情形之一的,应认定为刑法第334条第1款规定的“不符合国家规定的标准,足以危害人体健康”,处5年以下有期徒刑或者拘役,并处罚金:

(一)采集、供应的血液含有艾滋病病毒、乙型肝炎病毒、丙型肝炎病毒、梅毒螺旋体等病原微生物的;(二)制作、供应的血液制品含有艾滋病病毒、乙型肝炎病毒、丙型肝炎病毒、梅毒螺旋体等病原微生物,或者将含有上述病原微生物的血液用于制作血液制品的;(三)使用不符合国家规定的药品、诊断试剂、卫生器材,或者重复使用1次性采血器材采集血液,造成传染病传播危险的;(四)违反规定对献血者、供血浆者超量、频繁采集血液、血浆,足以危害人体健康的;(五)其他不符合国家有关采集、供应血液或者制作、供应血液制品的规定标准,足以危害人体健康的。

第3条 对非法采集、供应血液或者制作、供应血液制品,具有下列情形之一的,应认定为刑法第334条第1款规定的“对人体健康造成严重危害”,处5年以上10年以下有期徒刑,并处罚金:

(一)造成献血者、供血浆者、受血者感染乙型肝炎病毒、丙型肝炎病毒、梅毒螺旋体或者其他经血液传播的病原微生物的;(二)造成献血者、供血浆者、受血者重度贫血、造血功能障碍或者其他器官组织损伤导致功能障碍等身体严重危害的;(三)对人体健康造成其他严重危害的。

第4条 对非法采集、供应血液或者制作、供应血液制品,具有下列情形之一的,应认定为刑法第334条第1款规定的“造成特别严重后果”,处10年以上有期徒刑或者无期徒刑,并处罚金或者没收财产:

(一)因血液传播疾病导致人员死亡或者感染艾滋病病毒的;(二)造成5人以上感染乙型肝炎病毒、丙型肝炎病毒、梅毒螺旋体或者其他经血液传播的病原微生物的;(三)造成5人以上重度贫血、造血功能障碍或者其他器官组织损伤导致功能障碍等身体严重危害的;(四)造成其他特别严重后果的。

第5条 对经国家主管部门批准采集、供应血液或者制作、供应血液制品的部门,具有下列情形之一的,应认定为刑法第334条第2款规定的“不依照规定进行检测或者违背其他操作规定”:

(一)血站未用两个企业生产的试剂对艾滋病病毒抗体、乙型肝炎病毒表面抗原、丙型肝炎病毒抗体、梅毒抗体进行2次检测的;(二)单采血浆站不依照规定对艾滋病病毒抗体、乙型肝炎病毒表面抗原、丙型肝炎病毒抗体、梅毒抗体进行检测的;(三)血液制品生产企业在投料生产前未用主管部门批准和检定合格的试剂进行复检的;(四)血站、单采血浆站和血液制品生产企业使用的诊断试剂没有生产单位名称、生产批准文号或者经检定不合格的;(五)采供血机构在采集检验标本、采集血液和成分血分离时,使用没有生产单位名称、生产批准文号或者超过有效期的一次性注射器等采血器材的;(六)不依照国家规定的标准和要求包装、储存、运输血液、原料血浆的;(七)对国家规定检测项目结果呈阳性的血液未及时按照规定予以清除的;(八)不具备相应资格的医务人员进行采血、检验操作的;(九)对献血者、供血浆者超量、频繁采集血液、血浆的;(十)采供血机构采集血液、血浆前,未对献血者或供血浆者进行身份识别,采集冒名顶替者、健康检查不合格者血液、血浆的;(十一)血站擅自采集原料血浆,单采血浆站擅自采集临床用血或者向医疗机构供应原料血浆的;(十二)重复使用1次性采血器材的;(十三)其他不依照规定进行检测或者违背操作规定的。

第6条 对经国家主管部门批准采集、供应血液或者制作、供应血液制品的部门,不依照规定进行检测或者违背其他操作规定,具有下列情形之一的,应认定为刑法第334条第2款规定的“造成危害他人身体健康后果”,对单位处罚金,并对其直接负责的主管人员和其他直接责任人员,处5年以下有期徒刑或者拘役:

(一)造成献血者、供血浆者、受血者感染艾滋病病毒、乙型肝炎病毒、丙型肝炎病毒、梅毒螺旋体或者其他经血液传播的病原微生物的;(二)造成献血者、供血浆者、受血者重度贫血、造血功能障碍或者其他器官组织损伤导致功能障碍等身体严重危害的;(三)造成其他危害他人身体健康后果的。

第7条 经国家主管部门批准的采供血机构和血液制品生产经营单位,应认定为刑法第334条第2款规定的“经国家主管部门批准采集、供应血液或者制作、供应血液制品的部门”。

第8条 本解释所称“血液”,是指全血、成分血和特殊血液成分。

本解释所称“血液制品”,是指各种人血浆蛋白制品。

本解释所称“采供血机构”,包括血液中心、中心血站、中心血库、脐带血造血干细胞库和国家卫生行政主管部门根据医学发展需要批准、设置的其他类型血库、单采血浆站。

2. 最高人民检察院、公安部《关于公安机关管辖的刑事案件立案追诉标准的规定(1)》(公通字〔2008〕36号)第54条、第55条

(见本条立案追诉标准内容)

3. 最高人民法院、最高人民检察院《关于办理生产、销售假药、劣药刑事案件具体应用法律若干问题的解释》(法释〔2009〕9号)

(法释〔2014〕14号已声明该文废止)

第334条之一 【非法采集人类遗传资源、走私人类遗传资源材料罪】违反国家有关规定,非法采集我国人类遗传资源或者非法运送、邮寄、携带我国人类遗传资源材料出境,危害公众健康或者社会公共利益,情节严重的,处3年以下有期徒刑、拘役或者管制,并处或者单处罚金;情节特别严重的,处3年以上7年以下有期徒刑,并处罚金。

(本条《中华人民共和国刑法修正案(11)》增加)

• 释义

非法采集人类遗传资源、走私人类遗传资源材料罪是指违反国家有关规定,非法采集我国人类遗传资源或者非法运送、邮寄、携带我国人类遗传资源材料出境,危害公众健康或者社会公共利益,情节严重的行为。

• 管辖

公安机关。

• 立案追诉标准

无

• 关联法律

1.《中华人民共和国刑法修正案(11)》(2020年12月26日第十三届全国人大常委会第二十四次会议通过)

三十八、在刑法第334条后增加1条,作为第334条之一:“违反国家有关规定,非法采集我国人类遗传资源或者非法运送、邮寄、携带我国人类遗传资源材料出境,危害公众健康或者社会公共利益,情节严重的,处3年以下有期徒刑、拘役或者管制,并处或者单处罚金;情节特别严重的,处3年以上7年以下有期徒刑,并处罚金。”

2. 最高人民法院《关于执行〈中华人民共和国刑法〉确定罪名的补充规定(7)》(法释〔2021〕2号)

(全文详见本书《刑法》第133条之二相关内容)

第335条 【医疗事故罪】医务人员由于严重不负责任,造成就诊人死亡或者严重损害就诊人身体健康的,处3年以下有期徒刑或者拘役。

• 释义

医疗事故罪是指医务人员由于严重不负责任,造成就诊人死亡或者严重损害就诊人身体

健康的行为。

本罪的责任形式为过失。“严重不负责任”,是指擅离职守,无正当理由拒绝对危急就诊人员实行必要的医疗救治,未经批准擅自开展试验性治疗,严重违反查对、复核制度,使用未经批准使用的药品、消毒药剂、医疗器械,或者严重违反国家法律法规及有明确规定的诊疗技术规范、常规等情形。“严重损害就诊人身体健康”,是指造成就诊人严重残疾、重伤、感染艾滋病、病毒性肝炎等难以治愈的疾病或者其他严重损害就诊人身体健康的后果。

• 管辖

公安机关治安管理部门。

• 立案追诉标准

医务人员由于严重不负责任,造成就诊人死亡或者严重损害就诊人身体健康的,应予立案追诉。具有下列情形之一的,属于本条规定的“严重不负责任”:

(一)擅离职守的;

(二)无正当理由拒绝对危急就诊人实行必要的医疗救治的;

(三)未经批准擅自开展试验性医疗的;

(四)严重违反查对、复核制度的;

(五)使用未经批准使用的药品、消毒药剂、医疗器械的;

(六)严重违反国家法律法规及有明确规定的诊疗技术规范、常规的;

(七)其他严重不负责任的情形。

注:本立案追诉标准所指“严重损害就诊人身体健康”,是指造成就诊人严重残疾、重伤、感染艾滋病、病毒性肝炎等难以治愈的疾病或者其他严重损害就诊人身体健康的后果。

• 关联法律

1. 中华人民共和国国务院《医疗事故处理条例》(国务院令〔2002〕第351号)

第2条 本条例所称医疗事故,是指医疗机构及其医务人员在医疗活动中,违反医疗卫生管理法律、行政法规、部门规章和诊疗护理规范、常规,过失造成患者人身损害的事故。

第4条 根据对患者人身造成的损害程度,医疗事故分为4级:1级医疗事故:造成患者死亡、重度残疾的;2级医疗事故:造成患者中度残疾、器官组织损伤导致严重功能障碍的;3级医疗事故:造成患者轻度残疾、器官组织损伤导致一般功能障碍的;4级医疗事故:造成患者明显人身损害的其他后果的。

具体分级标准由国务院卫生行政部门制定。

第8条 医疗机构应当按照国务院卫生行政部门规定的要求,书写并妥善保管病历资料。

因抢救急危患者,未能及时书写病历的,有关医务人员应当在抢救结束后6小时内据实补记,并加以注明。

第9条 严禁涂改、伪造、隐匿、销毁或者抢夺病历资料。

第10条 患者有权复印或者复制其门诊病历、住院志、体温单、医嘱单、化验单(检验报告)、医学影像检查资料、特殊检查同意书、手术同意书、手术及麻醉记录单、病理资料、护理记录以及国务院卫生行政部门规定的其他病历资料。

患者依照前款规定要求复印或者复制病历资料的,医疗机构应当提供复印或者复制服务并在复印或者复制的病历资料上加盖证明印记。复印或者复制病历资料时,应当有患者在场。

医疗机构应患者的要求,为其复印或复制病历资料,可以按照规定收取工本费。具体收费标准由省、自治区、直辖市人民政府价格主管部门会同同级卫生行政部门制定。

第17条 疑似输液、输血、注射、药物等引起不良后果的，医患双方应当共同对现场实物进行封存和启封，封存的现场实物由医疗机构保管；需要检验的，应当由双方共同指定的、依法具有检验资格的检验机构进行检验；双方无法共同指定时，由卫生行政部门指定。

疑似输血引起不良后果，需要对血液进行封存保留的，医疗机构应当通知提供该血液的采供血机构派员到场。

第18条 患者死亡，医患双方当事人不能确定死因或者对死因有异议的，应当在患者死亡后48小时内进行尸检；具备尸体冻存条件的，可以延长至7日。尸检应当经死者近亲属同意并签字。

尸检应当由按照国家有关规定取得相应资格的机构和病理解剖专业技术人员进行。承担尸检任务的机构和病理解剖专业技术人员有进行尸检的义务。

医疗事故争议双方当事人可以请法医病理学人员参加尸检，也可以委派代表观察尸检过程。拒绝或者拖延尸检，超过规定时间，影响对死因判定的，由拒绝或者拖延的一方承担责任。

第19条 患者在医疗机构内死亡的，尸体应当立即移放太平间。死者尸体存放时间一般不得超过2周。逾期不处理的尸体，经医疗机构所在地卫生行政部门批准，并报经同级公安部门备案后，由医疗机构按照规定进行处理。

第60条 本条例所称医疗机构，是指依照《医疗机构管理条例》的规定取得《医疗机构执业许可证》的机构。

县级以上城市从事计划生育技术服务的机构依照《计划生育技术服务管理条例》的规定开展与计划生育有关的临床医疗服务，发生的计划生育技术服务事故，依照本条例的有关规定处理；但是，其中不属于医疗机构的县级以上城市从事计划生育技术服务的机构发生的计划生育技术服务事故，由计划生育行政部门行使依照本条例有关规定由卫生行政部门承担的受理、交由负责医疗事故技术鉴定工作的医学会组织鉴定和赔偿调解的职能；对发生计划生育技术服务事故的该机构及其有关责任人员，依法进行处理。

第61条 非法行医，造成患者人身损害，不属于医疗事故，触犯刑律的，依法追究刑事责任；有关赔偿，由受害人直接向人民法院提起诉讼。

第62条 军队医疗机构的医疗事故处理办法，由中国人民解放军卫生主管部门会同国务院卫生行政部门依据本条例制定。

第63条 本条例自2002年9月1日起施行。1987年6月29日国务院发布的《医疗事故处理办法》同时废止。本条例施行前已经处理结案的医疗事故争议，不再重新处理。（全文略）

2. 最高人民检察院、公安部《关于公安机关管辖的刑事案件立案追诉标准的规定（1）》（公通字〔2008〕36号）第56条

（见本条立案追诉标准内容）

3. 最高人民法院、最高人民检察院、公安部、国家安全部、司法部《人体损伤致残程度分级》（2016年4月18日公告）

为进一步规范人体损伤致残程度鉴定，现公布《人体损伤致残程度分级》，自2017年1月1日起施行。司法鉴定机构和司法鉴定人进行人体损伤致残程度鉴定统一适用《人体损伤致残程度分级》。（全文略）

4. 中华人民共和国国务院《医疗纠纷预防和处理条例》（国务院令〔2018〕第701号）

第12条 医疗机构应当依照有关法律、法规的规定，严格执行药品、医疗器械、消毒药

剂、血液等的进货查验、保管等制度。禁止使用无合格证明文件、过期等不合格的药品、医疗器械、消毒药剂、血液等。

第13条 医务人员在诊疗活动中应当向患者说明病情和医疗措施。需要实施手术，或者开展临床试验等存在一定危险性、可能产生不良后果的特殊检查、特殊治疗的，医务人员应当及时向患者说明医疗风险、替代医疗方案等情况，并取得其书面同意；在患者处于昏迷等无法自主作出决定的状态或者病情不宜向患者说明等情形下，应当向患者的近亲属说明，并取得其书面同意。

紧急情况下不能取得患者或者其近亲属意见的，经医疗机构负责人或者授权的负责人批准，可以立即实施相应的医疗措施。

第14条 开展手术、特殊检查、特殊治疗等具有较高医疗风险的诊疗活动，医疗机构应当提前预备应对方案，主动防范突发风险。

第15条 医疗机构及其医务人员应当按照国务院卫生主管部门的规定，填写并妥善保管病历资料。

因紧急抢救未能及时填写病历的，医务人员应当在抢救结束后6小时内据实补记，并加以注明。

任何单位和个人不得篡改、伪造、隐匿、毁灭或者抢夺病历资料。

第16条 患者有权查阅、复制其门诊病历、住院志、体温单、医嘱单、化验单(检验报告)、医学影像检查资料、特殊检查同意书、手术同意书、手术及麻醉记录、病理资料、护理记录、医疗费用以及国务院卫生主管部门规定的其他属于病历的全部资料。

患者要求复制病历资料的，医疗机构应当提供复制服务，并在复制的病历资料上加盖证明印记。复制病历资料时，应当有患者或者其近亲属在场。医疗机构应患者的要求为其复制病历资料，可以收取工本费，收费标准应当公开。

患者死亡的，其近亲属可以依照本条例的规定，查阅、复制病历资料。

第17条 医疗机构应当建立健全医患沟通机制，对患者在诊疗过程中提出的咨询、意见和建议，应当耐心解释、说明，并按照规定进行处理；对患者就诊疗行为提出的疑问，应当及时予以核实、自查，并指定有关人员与患者或者其近亲属沟通，如实说明情况。

第23条 发生医疗纠纷，医疗机构应当告知患者或者其近亲属下列事项：

(一)解决医疗纠纷的合法途径；(二)有关病历资料、现场实物封存和启封的规定；(三)有关病历资料查阅、复制的规定。

患者死亡的，还应当告知其近亲属有关尸检的规定。

第24条 发生医疗纠纷需要封存、启封病历资料的，应当在医患双方在场的情况下进行。封存的病历资料可以是原件，也可以是复制件，由医疗机构保管。病历尚未完成需要封存的，对已完成病历先行封存；病历按照规定完成后，再对后续完成部分进行封存。医疗机构应当对封存的病历开列封存清单，由医患双方签字或者盖章，各执1份。

病历资料封存后医疗纠纷已经解决，或者患者在病历资料封存满3年未再提出解决医疗纠纷要求的，医疗机构可以自行启封。

第25条 疑似输液、输血、注射、用药等引起不良后果的，医患双方应当共同对现场实物进行封存、启封，封存的现场实物由医疗机构保管。需要检验的，应当由双方共同委托依法具有检验资格的检验机构进行检验；双方无法共同委托的，由医疗机构所在地县级人民政府卫生主管部门指定。

疑似输血引起不良后果，需要对血液进行封存保留的，医疗机构应当通知提供该血液的血站派员到场。

现场实物封存后医疗纠纷已经解决,或者患者在现场实物封存满3年未再提出解决医疗纠纷要求的,医疗机构可以自行启封。

第26条 患者死亡,医患双方对死因有异议的,应当在患者死亡后48小时内进行尸检;具备尸体冻存条件的,可以延长至7日。尸检应当经死者近亲属同意并签字,拒绝签字的,视为死者近亲属不同意进行尸检。不同意或者拖延尸检,超过规定时间,影响对死因判定的,由不同意或者拖延的一方承担责任。

尸检应当由按照国家有关规定取得相应资格的机构和专业技术人员进行。

医患双方可以委派代表观察尸检过程。

第27条 患者在医疗机构内死亡的,尸体应当立即移放太平间或者指定的场所,死者尸体存放时间一般不得超过14日。逾期不处理的尸体,由医疗机构在向所在地县级人民政府卫生主管部门和公安机关报告后,按照规定处理。

第28条 发生重大医疗纠纷的,医疗机构应当按照规定向所在地县级以上地方人民政府卫生主管部门报告。卫生主管部门接到报告后,应当及时了解掌握情况,引导医患双方通过合法途径解决纠纷。

第29条 医患双方应当依法维护医疗秩序。任何单位和个人不得实施危害患者和医务人员人身安全、扰乱医疗秩序的行为。

医疗纠纷中发生涉嫌违反治安管理行为或者犯罪行为的,医疗机构应当立即向所在地公安机关报案。公安机关应当及时采取措施,依法处置,维护医疗秩序。

第30条 医患双方选择协商解决医疗纠纷的,应当在专门场所协商,不得影响正常医疗秩序。医患双方人数较多的,应当推举代表进行协商,每方代表人数不超过5人。

协商解决医疗纠纷应当坚持自愿、合法、平等的原则,尊重当事人的权利,尊重客观事实。医患双方应当文明、理性表达意见和要求,不得有违法行为。

协商确定赔付金额应当以事实为依据,防止畸高或者畸低。对分歧较大或者索赔数额较高的医疗纠纷,鼓励医患双方通过人民调解的途径解决。

医患双方经协商达成一致的,应当签署书面和解协议书。

第34条 医疗纠纷人民调解委员会调解医疗纠纷,需要进行医疗损害鉴定以明确责任的,由医患双方共同委托医学会或者司法鉴定机构进行鉴定,也可以经医患双方同意,由医疗纠纷人民调解委员会委托鉴定。

医学会或者司法鉴定机构接受委托从事医疗损害鉴定,应当由鉴定事项所涉专业的临床医学、法医学等专业人员进行鉴定;医学会或者司法鉴定机构没有相关专业人员的,应当从本条例第35条规定的专家库中抽取相关专业专家进行鉴定。

医学会或者司法鉴定机构开展医疗损害鉴定,应当执行规定的标准和程序,尊重科学,恪守职业道德,对出具的医疗损害鉴定意见负责,不得出具虚假鉴定意见。医疗损害鉴定的具体管理办法由国务院卫生、司法行政部门共同制定。

鉴定费预先向医患双方收取,最终按照责任比例承担。

第35条 医疗损害鉴定专家库由设区的市级以上人民政府卫生、司法行政部门共同设立。专家库应当包含医学、法学、法医学等领域的专家。聘请专家进入专家库,不受行政区域的限制。

第36条 医学会、司法鉴定机构作出的医疗损害鉴定意见应当载明并详细论述下列内容:

(一)是否存在医疗损害以及损害程度;(二)是否存在医疗过错;(三)医疗过错与医疗损害是否存在因果关系;(四)医疗过错在医疗损害中的责任程度。(全文略)

第 336 条 【非法行医罪】未取得医生执业资格的人非法行医,情节严重的,处 3 年以下有期徒刑、拘役或者管制,并处或者单处罚金;严重损害就诊人身体健康的,处 3 年以上 10 年以下有期徒刑,并处罚金;造成就诊人死亡的,处 10 年以上有期徒刑,并处罚金。

【非法进行节育手术罪】未取得医生执业资格的人擅自为他人进行节育复通手术、假节育手术、终止妊娠手术或者摘取宫内节育器,情节严重的,处 3 年以下有期徒刑、拘役或者管制,并处或者单处罚金;严重损害就诊人身体健康的,处 3 年以上 10 年以下有期徒刑,并处罚金;造成就诊人死亡的,处 10 年以上有期徒刑,并处罚金。

• 释义

非法行医罪是指未取得医生执业资格的人非法行医,情节严重的行为。

"未取得医生执业资格的人非法行医",是指未取得或者以非法手段取得医师资格从事医疗活动,个人未取得《医疗机构执业许可证》开办医疗机构,被依法吊销医师执业证书期间从事医疗活动,未取得乡村医生执业证书,从事乡村医疗活动,或者家庭接生员实施家庭接生以外的医疗活动的。

非法进行节育手术罪是指未取得医生执业资格的人,擅自为他人进行节育复通手术、假节育手术、终止妊娠手术或者摘取宫内节育器,情节严重的行为。

• 管辖

公安机关治安管理部门。

• 立案追诉标准

【非法行医罪立案追诉标准】

未取得医生执业资格的人非法行医,涉嫌下列情形之一的,应予立案追诉:

(一)造成就诊人轻度残疾、器官组织损伤导致一般功能障碍,或者中度以上残疾、器官组织损伤导致严重功能障碍,或者死亡的;

(二)造成甲类传染病传播、流行或者有传播、流行危险的;

(三)使用假药、劣药或不符合国家规定标准的卫生材料、医疗器械,足以严重危害人体健康的;

(四)非法行医被卫生行政部门行政处罚两次以后,再次非法行医的;

(五)其他情节严重的情形。

具有下列情形之一的,属于"未取得医生执业资格的人非法行医":

(一)未取得或者以非法手段取得医师资格从事医疗活动的;

(二)个人未取得《医疗机构执业许可证》开办医疗机构的;

(三)被依法吊销医师执业证书期间从事医疗活动的;

(四)未取得乡村医生执业证书,从事乡村医疗活动的;

(五)家庭接生员实施家庭接生以外的医疗行为的。

注:本立案追诉标准所指"轻度残疾、器官组织损伤导致一般功能障碍""中度以上残疾、器官组织损伤导致严重功能障碍",参照卫生部《医疗事故分级标准(试行)》认定。

【非法进行节育手术罪立案追诉标准】

未取得医生执业资格的人擅自为他人进行节育复通手术、假节育手术、终止妊娠手术或者摘取宫内节育器,涉嫌下列情形之一的,应予立案追诉:

(一)造成就诊人轻伤、重伤、死亡或者感染艾滋病、病毒性肝炎等难以治愈的疾病的;

(二)非法进行节育复通手术、假节育手术、终止妊娠手术或者摘取宫内节育器5人次以上的;

(三)致使他人超计划生育的;

(四)非法进行选择性别的终止妊娠手术的;

(五)非法获利累计5000元以上的;

(六)其他情节严重的情形。

• **关联法律**

1. 中华人民共和国国务院《医疗事故处理条例》(国务院令〔2002〕第351号)

第60条 本条例所称医疗机构,是指依照《医疗机构管理条例》的规定取得《医疗机构执业许可证》的机构。

县级以上城市从事计划生育技术服务的机构依照《计划生育技术服务管理条例》的规定开展与计划生育有关的临床医疗服务,发生的计划生育技术服务事故,依照本条例的有关规定处理;但是,其中不属于医疗机构的县级以上城市从事计划生育技术服务的机构发生的计划生育技术服务事故,由计划生育行政部门行使依照本条例有关规定由卫生行政部门承担的受理、交由负责医疗事故技术鉴定工作的医学会组织鉴定和赔偿调解的职能;对发生计划生育技术服务事故的该机构及其有关责任人员,依法进行处理。

第61条 非法行医,造成患者人身损害,不属于医疗事故,触犯刑律的,依法追究刑事责任;有关赔偿,由受害人直接向人民法院提起诉讼。(全文略)

2. 最高人民法院、最高人民检察院《关于办理妨害预防、控制突发传染病疫情等灾害的刑事案件具体应用法律若干问题的解释》(法释〔2003〕8号)

第12条 未取得医师执业资格非法行医,具有造成突发传染病病人、病原携带者、疑似突发传染病病人贻误诊治或者造成交叉感染等严重情节的,依照刑法第336条第1款的规定,以非法行医罪定罪,依法从重处罚。(全文详见本书《刑法》第114条相关内容)

3. 最高人民法院《关于审理非法行医刑事案件具体应用法律若干问题的解释》(法释〔2008〕5号;法释〔2016〕27号《关于修改〈审理非法行医刑事案件具体应用法律若干问题的解释〉的决定》修正)

为依法惩处非法行医犯罪,保障公民身体健康和生命安全,根据刑法的有关规定,现对审理非法行医刑事案件具体应用法律的若干问题解释如下:

第1条 具有下列情形之一的,应认定为刑法第336条第1款规定的"未取得医生执业资格的人非法行医":

(一)未取得或者以非法手段取得医师资格从事医疗活动的;(二)被依法吊销医师执业证书期间从事医疗活动的;(三)未取得乡村医生执业证书,从事乡村医疗活动的;(四)家庭接生员实施家庭接生以外的医疗行为的。

第2条 具有下列情形之一的,应认定为刑法第336条第1款规定的"情节严重":

(一)造成就诊人轻度残疾、器官组织损伤导致一般功能障碍的;(二)造成甲类传染病传播、流行或者有传播、流行危险的;(三)使用假药、劣药或不符合国家规定标准的卫生材料、医疗器械,足以严重危害人体健康的;(四)非法行医被卫生行政部门行政处罚两次以后,再次非法行医的;(五)其他情节严重的情形。

第3条 具有下列情形之一的,应认定为刑法第336条第1款规定的"严重损害就诊人身体健康":

(一)造成就诊人中度以上残疾、器官组织损伤导致严重功能障碍的;(二)造成3名以上就诊人轻度残疾、器官组织损伤导致一般功能障碍的。

第4条 非法行医行为系造成就诊人死亡的直接、主要原因的,应认定为刑法第336条第1款规定的"造成就诊人死亡"。

非法行医行为并非造成就诊人死亡的直接、主要原因的,可不认定为刑法第336条第1款规定的"造成就诊人死亡"。但是,根据案件情况,可以认定为刑法第336条第1款规定的"情节严重"。

第5条 实施非法行医犯罪,同时构成生产、销售假药罪,生产、销售劣药罪,诈骗罪等其他犯罪的,依照刑法处罚较重的规定定罪处罚。

第6条 本解释所称"医疗活动""医疗行为",参照《医疗机构管理条例实施细则》中的"诊疗活动""医疗美容"认定。

本解释所称"轻度残疾、器官组织损伤导致一般功能障碍""中度以上残疾、器官组织损伤导致严重功能障碍",参照《医疗事故分级标准(试行)》认定。

4. 最高人民检察院、公安部《关于公安机关管辖的刑事案件立案追诉标准的规定(1)》(公通字〔2008〕36号) 第57条、第58条

(见本条立案追诉标准内容)

5. 最高人民法院《关于修改〈关于审理非法行医刑事案件具体应用法律若干问题的解释〉的决定》(法释〔2016〕27号)

为了依法惩处非法行医犯罪,保障公民身体健康和生命安全,根据刑法有关规定,结合审判实践情况,现决定对《最高人民法院关于审理非法行医刑事案件具体应用法律若干问题的解释》(法释〔2008〕5号,以下简称《解释》)作如下修改:

1. 删除《解释》第1条第2项。

2. 在《解释》第3条后增加1条,作为修改后《解释》第4条:

"非法行医行为系造成就诊人死亡的直接、主要原因的,应认定为刑法第336条第1款规定的'造成就诊人死亡'。""非法行医行为并非造成就诊人死亡的直接、主要原因的,可不认定为刑法第336条第1款规定的'造成就诊人死亡'。但是,根据案件情况,可以认定为刑法第336条第1款规定的'情节严重'。"

3. 在《解释》第5条中增加1款,作为第1款:

"本解释所称'医疗活动''医疗行为',参照《医疗机构管理条例实施细则》中的'诊疗活动''医疗美容'认定。"根据本决定,对《解释》作相应修改并调整条文顺序后,重新公布。(修改后全文见本节第3条内容)

6. 国家卫生计生委《医疗机构管理条例实施细则》(国家卫生和计划生育委员会令〔2017〕第12号文修改)

第1条 根据《医疗机构管理条例》(以下简称条例)制定本细则。

第2条 条例及本细则所称医疗机构,是指依据条例和本细则的规定,经登记取得《医疗机构执业许可证》的机构。

第3条 医疗机构的类别:

(一)综合医院、中医医院、中西医结合医院、民族医医院、专科医院、康复医院;(二)妇幼保健院、妇幼保健计划生育服务中心;(三)社区卫生服务中心、社区卫生服务站;(四)中心卫生院、乡(镇)卫生院、街道卫生院;(五)疗养院;(六)综合门诊部、专科门诊部、中医门诊部、中西医结合门诊部、民族医门诊部;(七)诊所、中医诊所、民族医诊所、卫生所、医务室、卫生保健所、卫生站;(八)村卫生室(所);(九)急救中心、急救站;(十)临床检验中心;(十一)专科

疾病防治院、专科疾病防治所、专科疾病防治站;(十二)护理院、护理站;(十三)医学检验实验室、病理诊断中心、医学影像诊断中心、血液透析中心、安宁疗护中心;(十四)其他诊疗机构。

第4条 卫生防疫、国境卫生检疫、医学科研和教学等机构在本机构业务范围之外开展诊疗活动以及美容服务机构开展医疗美容业务的,必须依据条例及本细则,申请设置相应类别的医疗机构。

第5条 中国人民解放军和中国人民武装警察部队编制外的医疗机构,由地方卫生计生行政部门按照条例和本细则管理。

中国人民解放军后勤卫生主管部门负责向地方卫生计生行政部门提供军队编制外医疗机构的名称和地址。

第12条 有下列情形之一的,不得申请设置医疗机构:

(一)不能独立承担民事责任的单位;(二)正在服刑或者不具有完全民事行为能力的个人;(三)发生2级以上医疗事故未满5年的医务人员;(四)因违反有关法律、法规和规章,已被吊销执业证书的医务人员;(五)被吊销《医疗机构执业许可证》的医疗机构法定代表人或者主要负责人;(六)省、自治区、直辖市政府卫生计生行政部门规定的其他情形。

有前款第(2)、(3)、(4)、(5)项所列情形之一者,不得充任医疗机构的法定代表人或者主要负责人。

第13条 在城市设置诊所的个人,必须同时具备下列条件:

(一)经医师执业技术考核合格,取得《医师执业证书》;(二)取得《医师执业证书》或者医师职称后,从事五年以上同一专业的临床工作;(三)省、自治区、直辖市卫生计生行政部门规定的其他条件。

医师执业技术标准另行制定。

在乡镇和村设置诊所的个人的条件,由省、自治区、直辖市卫生计生行政部门规定。

第88条 条例及本细则中下列用语的含义:诊疗活动:是指通过各种检查,使用药物、器械及手术等方法,对疾病作出判断和消除疾病、缓解病情、减轻痛苦、改善功能、延长生命、帮助患者恢复健康的活动。

医疗美容:是指使用药物以及手术、物理和其他损伤性或者侵入性手段进行的美容。

特殊检查、特殊治疗;是指具有下列情形之一的诊断、治疗活动:

(一)有一定危险性,可能产生不良后果的检查和治疗;(二)由于患者体质特殊或者病情危笃,可能对患者产生不良后果和危险的检查和治疗;(三)临床试验性检查和治疗;(四)收费可能对患者造成较大经济负担的检查和治疗。

卫生技术人员:是指按照国家有关法律、法规和规章的规定取得卫生技术人员资格或者职称的人员。

技术规范:是指由国家卫生计生委、国家中医药管理局制定或者认可的与诊疗活动有关的技术标准、操作规程等规范性文件。

军队的医疗机构:是指中国人民解放军和中国人民武装警察部队编制内的医疗机构。

第89条 各级中医(药)行政管理部门依据条件和本细则以及当地医疗机构管理条例实施办法,对管辖范围内各类中医、中西医结合和民族医医疗机构行使设置审批、登记和监督管理权。(全文略)

7. 最高人民法院、最高人民检察院、公安部、国家安全部、司法部《人体损伤致残程度分级》(2016年4月18日公告)

(全文略)

第 336 条之一 【非法植入基因编辑、克隆胚胎罪】 将基因编辑、克隆的人类胚胎植入人体或者动物体内,或者将基因编辑、克隆的动物胚胎植入人体内,情节严重的,处 3 年以下有期徒刑或者拘役,并处罚金;情节特别严重的,处 3 年以上 7 年以下有期徒刑,并处罚金。

(本条《中华人民共和国刑法修正案(11)》增加)

• 释义

非法植入基因编辑、克隆胚胎罪是指将基因编辑、克隆的人类胚胎植入人体或者动物体内,或者将基因编辑、克隆的动物胚胎植入人体内,情节严重的行为。

• 管辖

公安机关。

• 立案追诉标准

无

• 关联法律

1.《中华人民共和国刑法修正案(11)》(2020 年 12 月 26 日第十三届全国人大常委会第二十四次会议通过)

三十九、在刑法第 336 条后增加 1 条,作为第 336 条之一:"将基因编辑、克隆的人类胚胎植入人体或者动物体内,或者将基因编辑、克隆的动物胚胎植入人体内,情节严重的,处 3 年以下有期徒刑或者拘役,并处罚金;情节特别严重的,处 3 年以上 7 年以下有期徒刑,并处罚金。"

2 最高人民法院《关于执行〈中华人民共和国刑法〉确定罪名的补充规定(7)》(法释〔2021〕2 号)

(全文详见本书《刑法》第 133 条之二相关内容)

第 337 条 【妨害动植物防疫、检疫罪】 违反有关动植物防疫、检疫的国家规定,引起重大动植物疫情的,或者有引起重大动植物疫情危险,情节严重的,处 3 年以下有期徒刑或者拘役,并处或者单处罚金。

单位犯前款罪的,对单位判处罚金,并对其直接负责的主管人员和其他直接责任人员,依照前款的规定处罚。

(本条《中华人民共和国刑法修正案(7)》修改)

• 释义

妨害动植物防疫、检疫罪是指违反有关动植物防疫、检疫的规定,引起重大动植物疫情的,或者有引起重大动植物疫情危险,情节严重的行为。

行为主体既可以是自然人,也可以是单位。

• 管辖

公安机关食品药品犯罪侦查部门;海关总署缉私局。

• 立案追诉标准

9、将《立案追诉标准(1)》第59条修改为：

[妨害动植物防疫、检疫案(《刑法》第337条)]违反有关动植物防疫、检疫的国家规定，引起重大动植物疫情的，应予立案追诉。

违反有关动植物防疫、检疫的国家规定，有引起重大动植物疫情危险，涉嫌下列情形之一的，应予立案追诉：

(一)非法处置疫区内易感动物或者其产品，货值金额5万元以上的；

(二)非法处置因动植物防疫、检疫需要被依法处理的动植物或者其产品，货值金额2万元以上的；

(三)非法调运、生产、经营感染重大植物检疫性有害生物的林木种子、苗木等繁殖材料或者森林植物产品的；

(四)输入《中华人民共和国进出境动植物检疫法》规定的禁止进境物逃避检疫，或者对特许进境的禁止进境物未有效控制与处置，导致其逃逸、扩散的；

(五)进境动植物及其产品检出有引起重大动植物疫情危险的动物疫病或者植物有害生物后，非法处置导致进境动植物及其产品流失的；

(六)1年内携带或者寄递《中华人民共和国禁止携带、邮寄进境的动植物及其产品名录》所列物品进境逃避检疫两次以上，或者窃取、抢夺、损毁、抛洒动植物检疫机关截留的《中华人民共和国禁止携带、邮寄进境的动植物及其产品名录》所列物品的；

(七)其他情节严重的情形。

本条规定的“重大动植物疫情”，按照国家行政主管部门的有关规定认定。

• 关联法律

1.《中华人民共和国进出境动植物检疫法实施条例》(1996年12月2日国务院令第206号)

第2条 下列各物，依照进出境动植物检疫法和本条例的规定实施检疫：

(一)进境、出境、过境的动植物、动植物产品和其他检疫物；(二)装载动植物、动植物产品和其他检疫物的装载容器、包装物、铺垫材料；(三)来自动植物疫区的运输工具；(四)进境拆解的废旧船舶；(五)有关法律、行政法规、国际条约规定或者贸易合同约定应当实施进出境动植物检疫的其他货物、物品。

第59条 有下列违法行为之一的，由口岸动植物检疫机关处5000元以下的罚款：

(一)未报检或者未依法办理检疫审批手续或者未按检疫审批的规定执行的；(二)报检的动植物、动植物产品和其他检疫物与实际不符的。

有前款第(2)项所列行为，已取得检疫单证的，予以吊销。

第60条 有下列违法行为之一的，由口岸动植物检疫机关处3000元以上3万元以下的罚款：

(一)未经口岸动植物检疫机关许可擅自将进境、过境动植物、动植物产品和其他检疫物卸离运输工具或者运递的；(二)擅自调离或者处理在口岸动植物检疫机关指定的隔离场所中隔离检疫的动植物的；(三)擅自开拆过境动植物、动植物产品和其他检疫的包装，或者擅自开拆、损毁动植物检疫封识或者标志的；(四)擅自抛弃过境动物的尸体、排泄物、铺垫材料或者其他废弃物，或者未按规定处理运输工具上的泔水、动植物性废弃物的。

第61条 依照本法第17条、第32条的规定注册登记的生产、加工、存放动植物、动植物产品和其他检疫物的单位，进出境的上述物品经检疫不合格的，除依照本法有关规定作退回、销毁或者除害处理外，情节严重的，由口岸动植物检疫机关注销注册登记。

第62条 有下列违法行为之一的,依法追究刑事责任;尚不构成犯罪或者犯罪情节显著轻微依法不需要判处刑罚的,由口岸动植物检疫机关处2万元以上5万元以下的罚款:

(一)引起重大动植物疫情的;(二)伪造、变造动植物检疫单证、印章、标志、封识的。

第64条 进出境动植物检疫法和本条例下列用语的含义:

(一)"植物种子、种苗及其他繁殖材料",是指栽培、野生的可供繁殖的植物全株或者部分,如植株、苗木(含试管苗)、果实、种子、砧木、接穗、插条、叶片、芽体、块根、块茎、鳞茎、球茎、花粉、细胞培养材料等;(二)"装载容器",是指可以多次使用、易受病虫害污染并用于装载进出境货物的容器,如笼、箱、桶、筐等;(三)"其他有害生物",是指动物传染病、寄生虫病和植物危险性病、虫、杂草以外的各种为害动植物的生物有机体、病原微生物,以及软体类、啮齿类、螨类、多足虫类动物和危险性病虫的中间寄主、媒介生物等;(四)"检疫证书",是指动植物检疫机关出具的关于动植物、动植物产品和其他检疫物健康或者卫生状况的具有法律效力的文件,如《动物检疫证书》、《植物检疫证书》、《动物健康证书》、《兽医卫生证书》、《熏蒸/消毒证书》等。

2. 最高人民检察院、公安部《关于公安机关管辖的刑事案件立案追诉标准的规定(1)》(公通字〔2008〕36号)第59条

(见本条立案追诉标准内容)

3.《中华人民共和国刑法修正案(7)》(2009年2月28日第十一届全国人大常委会第七次会议通过)

十一、将刑法第337条第1款修改为:"违反有关动植物防疫、检疫的国家规定,引起重大动植物疫情的,或者有引起重大动植物疫情危险,情节严重的,处3年以下有期徒刑或者拘役,并处或者单处罚金。"

(1997年《刑法》原文第1款:违反进出境动植物检疫法的规定,逃避动植物检疫,引起重大动植物疫情的,处3年以下有期徒刑或者拘役,并处或者单处罚金。)

4. 最高人民检察院、公安部《关于公安机关管辖的刑事案件立案追诉标准的规定(1)的补充规定》(公通字〔2017〕12号)第9条

(见本条立案追诉标准内容)

第六节　破坏环境资源保护罪

本节罪的行为主体既可以是自然人,也可以是单位。

第338条 【污染环境罪】 违反国家规定,排放、倾倒或者处置有放射性的废物、含传染病病原体的废物、有毒物质或者其他有害物质,严重污染环境的,处3年以下有期徒刑或者拘役,并处或者单处罚金;情节严重的,处3年以上7年以下有期徒刑,并处罚金;有下列情形之一的,处7年以上有期徒刑,并处罚金:

(一)在饮用水水源保护区、自然保护地核心保护区等依法确定的重点保护区域排放、倾倒、处置有放射性的废物、含传染病病原体的废物、有毒物质,情节特别严重的;

(二)向国家确定的重要江河、湖泊水域排放、倾倒、处置有放射性的废物、含传染病病原体的废物、有毒物质,情节特别严重的;

(三)致使大量永久基本农田基本功能丧失或者遭受永久性破坏的;

(四)致使多人重伤、严重疾病,或者致人严重残疾、死亡的。

有前款行为,同时构成其他犯罪的,依照处罚较重的规定定罪处罚。

（本条《中华人民共和国刑法修正案（8）》第1次修改；《中华人民共和国刑法修正案（11）》第2次修改）

• 释义

污染环境罪是指违反国家规定，排放、倾倒或者处置有放射性的废物、含传染病病原体的废物、有毒物质或者其他有害物质，严重污染环境的行为。（对案件所涉及的环境污染专门性问题难以确定的，司法鉴定机构出具鉴定意见，或者由国务院环境保护部门指定的机构出具检验报告。县级以上环境保护部门及其所属监测机构出具的监测数据，经省级以上环境保护部门认可的，可以作为证据使用。）

注：1. 所称“公私财产损失”，包括污染环境行为直接造成财产损毁、减少的实际价值，以及为防止污染扩大、消除污染而采取必要合理措施所产生的费用。2.“有毒物质”指：（1）危险废物，包括列入国家危险废物名录的废物，以及根据国家规定的危险废物鉴别标准和鉴别方法认定的具有危险特性的废物；（2）剧毒化学品、列入重点环境管理危险化学品名录的化学品，以及含有上述化学品的物质；（3）含有铅、汞、镉、铬等重金属的物质；（4）《关于持久性有机污染物的斯德哥尔摩公约》附件所列物质；（5）其他具有毒性，可能污染环境的物质。

• 管辖

公安机关食品药品犯罪侦查部门。

• 立案追诉标准

10. 将《立案追诉标准（1）》第60条修改为：

违反国家规定，排放、倾倒或者处置有放射性的废物、含传染病病原体的废物、有毒物质或者其他有害物质，涉嫌下列情形之一的，应予立案追诉：

（一）在饮用水水源一级保护区、自然保护区核心区排放、倾倒、处置有放射性的废物、含传染病病原体的废物、有毒物质的；

（二）非法排放、倾倒、处置危险废物3吨以上的；

（三）排放、倾倒、处置含铅、汞、镉、铬、砷、铊、锑的污染物，超过国家或者地方污染物排放标准3倍以上的；

（四）排放、倾倒、处置含镍、铜、锌、银、钒、锰、钴的污染物，超过国家或者地方污染物排放标准10倍以上的；

（五）通过暗管、渗井、渗坑、裂隙、溶洞、灌注等逃避监管的方式排放、倾倒、处置有放射性的废物、含传染病病原体的废物、有毒物质的；

（六）2年内曾因违反国家规定，排放、倾倒、处置有放射性的废物、含传染病病原体的废物、有毒物质受过2次以上行政处罚，又实施前列行为的；

（七）重点排污单位篡改、伪造自动监测数据或者干扰自动监测设施，排放化学需氧量、氨氮、二氧化硫、氮氧化物等污染物的；

（八）违法减少防治污染设施运行支出1百万元以上的；

（九）违法所得或者致使公私财产损失30万元以上的；

（十）造成生态环境严重损害的；

（十一）致使乡镇以上集中式饮用水水源取水中断12小时以上的；

（十二）致使基本农田、防护林地、特种用途林地5亩以上，其他农用地10亩以上，其他土地20亩以上基本功能丧失或者遭受永久性破坏的；

（十三）致使森林或者其他林木死亡50立方米以上，或者幼树死亡2500株以上的；

（十四）致使疏散、转移群众5千人以上的；

（十五）致使30人以上中毒的；

（十六）致使3人以上轻伤、轻度残疾或者器官组织损伤导致一般功能障碍的；

（十七）致使1人以上重伤、中度残疾或者器官组织损伤导致严重功能障碍的；

（十八）其他严重污染环境的情形。

本条规定的"有毒物质"，包括列入国家危险废物名录或者根据国家规定的危险废物鉴别标准和鉴别方法认定的具有危险特性的废物，《关于持久性有机污染物的斯德哥尔摩公约》附件所列物质，含重金属的污染物，以及其他具有毒性可能污染环境的物质。

本条规定的"非法处置危险废物"，包括无危险废物经营许可证，以营利为目的，从危险废物中提取物质作为原材料或者燃料，并具有超标排放污染物、非法倾倒污染物或者其他违法造成环境污染情形的行为。

本条规定的"重点排污单位"，是指设区的市级以上人民政府环境保护主管部门依法确定的应当安装、使用污染物排放自动监测设备的重点监控企业及其他单位。

本条规定的"公私财产损失"，包括直接造成财产损毁、减少的实际价值，为防止污染扩大、消除污染而采取必要合理措施所产生的费用，以及处置突发环境事件的应急监测费用。

本条规定的"生态环境损害"，包括生态环境修复费用，生态环境修复期间服务功能的损失和生态环境功能永久性损害造成的损失，以及其他必要合理费用。

本条规定的"无危险废物经营许可证"，是指未取得危险废物经营许可证，或者超出危险废物经营许可证的经营范围。

• 关联法律

1.《中华人民共和国大气污染防治法》（1987年9月5日第六届全国人大常委会第二十二次会议通过；1995年8月29日第八届全国人大常委会第十五次会议《关于修改〈中华人民共和国大气污染防治法〉的决定》修正；2000年4月29日第九届全国人大常委会第十五次会议第一次修订；2015年8月29日第十二届全国人大常委会第十六次会议第二次修订；2018年10月26日第十三届全国人大常委会第六次会议《关于修改〈中华人民共和国野生动物保护法〉等十五部法律的决定》第二次修正）

（全文略）

2.《中华人民共和国环境保护法》（1989年12月26日第七届全国人大常委会第十一次会议通过；2014年4月24日第十二届全国人大常委会第八次会议修订）

第2条　本法所称环境，是指影响人类生存和发展的各种天然的和经过人工改造的自然因素的总体，包括大气、水、海洋、土地、矿藏、森林、草原、湿地、野生生物、自然遗迹、人文遗迹、自然保护区、风景名胜区、城市和乡村等。（全文略）

3.最高人民法院、最高人民检察院《关于办理妨害预防、控制突发传染病疫情等灾害的刑事案件具体应用法律若干问题的解释》（法释〔2003〕8号）

第13条　违反传染病防治法等国家有关规定，向土地、水体、大气排放、倾倒或者处置含传染病病原体的废物、有毒物质或者其他危险废物，造成突发传染病传播等重大环境污染事故，致使公私财产遭受重大损失或者人身伤亡的严重后果的，依照刑法第338条的规定，以重大环境污染事故罪定罪处罚。

（根据最高人民法院、最高人民检察院《关于执行〈中华人民共和国刑法〉确定罪名的补充规定（5）》，现"重大环境污染事故罪定罪"应改为"污染环境罪"的罪名来定罪处罚。全文详

见本书《刑法》第114条相关内容)

4. 最高人民法院《关于审理环境污染刑事案件具体应用法律若干问题的解释》(法释〔2006〕4号)

(法释〔2013〕15号已声明本文废止)

5. 最高人民检察院、公安部《关于公安机关管辖的刑事案件立案追诉标准的规定(1)》(公通字〔2008〕36号)第60条

(见本条立案追诉标准内容)

6.《中华人民共和国刑法修正案(8)》(2011年2月25日第十一届全国人大常委会第十九次会议通过)

四十六、将刑法第338条修改为:"违反国家规定,排放、倾倒或者处置有放射性的废物、含传染病病原体的废物、有毒物质或者其他有害物质,严重污染环境的,处3年以下有期徒刑或者拘役,并处或者单处罚金;后果特别严重的,处3年以上7年以下有期徒刑,并处罚金。"

(1997年《刑法》原条文为:违反国家规定,排放、倾倒或者处置有放射性的废物、含传染病病原体的废物、有毒物质或者其他危险废物,造成重大环境污染事故,致使公私财产遭受重大损失或者人身伤亡的严重后果的,处3年以下有期徒刑或者拘役,并处或者单处罚金;后果特别严重的,处3年以上7年以下有期徒刑,并处罚金。)

7. 最高人民法院、最高人民检察院《关于办理环境污染刑事案件适用法律若干问题的解释》(法释〔2013〕15号)

(法释〔2016〕29号已声明本文废止)

8. 最高人民法院、最高人民检察院、司法部《关于将环境损害司法鉴定纳入统一登记管理范围的通知》(司发通〔2015〕117号)

为满足环境损害诉讼需要,加强环境发展,环境保护和环境修复工作,推进生态文明建设,根据《全国人民代表大会常务委员会关于司法定管理问题的决定》和《最高人民法院、最高人民检察院关于办理环境污染刑事案件适用法律若干问题的解释》等有关规定,经研究,决定将环境损害司法鉴定纳入统一登记管理范围。

环境损害司法鉴定管理的具体办法由司法部会同环境保护部制定。

9. 司法部、环境保护部《关于规范环境损害司法鉴定管理工作的通知》(司发通〔2015〕118号)

为贯彻党的十八大和十八届三中、四中、五中全会精神,落实健全生态环境保护责任追究制度和环境损害赔偿制度的要求,促进生态文明建设,适应环境损害诉讼需要,加强对环境损害司法鉴定机构和鉴定人的管理,根据《全国人民代表大会常务委员会关于司法鉴定管理问题的决定》和《最高人民法院、最高人民检察院、司法部关于将环境损害司法鉴定纳入统一登记管理范围的通知》(司发通〔2015〕117号),以及有关法律、法规、规章的规定,现就规范环境损害司法鉴定管理工作的有关事项通知如下:

一、鉴定机构设置发展规划

环境损害司法鉴定机构的发展应当遵循统筹规划、合理布局、总量控制、有序发展的原则,根据诉讼活动的实际需求和发展趋势研究制定发展规划。环境损害司法鉴定机构的设立应当严格标准、严格程序、确保质量,特别是在审核登记工作初始阶段要严格限制鉴定机构数量,确保高资质高水平。

二、鉴定事项

环境损害司法鉴定是指在诉讼活动中鉴定人运用环境科学的技术或者专门知识,采用监测、检测、现场勘察、实验模拟或者综合分析等技术方法,对环境污染或者生态破坏诉讼涉及

的专门性问题进行鉴别和判断并提供鉴定意见的活动。环境诉讼中需要解决的专门性问题包括：确定污染物的性质；确定生态环境遭受损害的性质、范围和程度；评定因果关系；评定污染治理与运行成本以及防止损害扩大、修复生态环境的措施或方案等。

环境损害司法鉴定的主要领域包括：

（一）污染物性质鉴定，主要包括危险废物鉴定、有毒物质鉴定，以及污染物其他物理、化学等性质的鉴定；（二）地表水和沉积物环境损害鉴定，主要包括因环境污染或生态破坏造成河流、湖泊、水库等地表水资源和沉积物生态环境损害的鉴定；（三）空气污染环境损害鉴定，主要包括因污染物质排放或泄露造成环境空气或室内空气环境损害的鉴定；（四）土壤与地下水环境损害鉴定，主要包括因环境污染或生态破坏造成农田、矿区、居住和工矿企业用地等土壤与地下水资源及生态环境损害的鉴定；（五）近海海洋与海岸带环境损害鉴定，主要包括因近海海域环境污染或生态破坏造成的海岸、潮间带、水下岸坡等近海海洋环境资源及生态环境损害的鉴定；（六）生态系统环境损害鉴定，主要对动物、植物等生物资源和森林、草原、湿地等生态系统，以及因生态破坏而造成的生物资源与生态系统功能损害的鉴定；（七）其他环境损害鉴定，主要包括由于噪声、振动、光、热、电磁辐射、核辐射等污染造成的环境损害鉴定。

三、审核登记

司法部会同环境保护部制定评审办法，对环境损害鉴定机构和鉴定人资质条件、评审专家、评审程序等作出规定。环境保护部会同司法部建立环境损害司法鉴定评审专家库，各省级环境保护部门应当会同司法行政机关商有关部门，研究提出本地的推荐专家人选名单。

省级司法行政机关应当按照《司法鉴定机构登记管理办法》、《司法鉴定人登记管理办法》规定的条件和程序对申请从事环境损害司法鉴定业务的机构和个人进行审核，并会同同级环境保护部门组织专家进行专业技术评审。

对本通知下发前已审核登记从事环境损害司法鉴定业务的鉴定机构，应当进行重新审核登记。已登记从事环境损害鉴定业务的司法鉴定机构最迟应当于 2017 年 6 月前提出重新登记申请。逾期未提出重新登记申请或经审核不符合条件的，撤销登记。重新审核登记期间，已审核登记的环境损害司法鉴定机构可以继续从事环境损害司法鉴定业务。

司法行政机关要把好入口关，防止审核登记的机构过多，导致恶性竞争和鉴定质量下降。要鼓励和支持依托优质资源设立高资质高水平鉴定机构，注重保障司法鉴定机构的中立第 3 方地位。

四、监督管理

要指导鉴定机构加强规范化建设，健全司法鉴定工作制度，加强内部管理。加强对鉴定人的培训，确保出具的鉴定意见满足诉讼要求。对环境损害司法鉴定机构和鉴定人实行动态管理，完善退出机制。妥善处理信访投诉，加强执业监督，依法查处违法违规执业行为，依法淘汰不合格的鉴定机构和鉴定人。建立与司法机关的衔接配合机制，定期开展交流沟通，及时通报有关情况。司法行政机关和环境保护部门要加强协调配合，定期会商，共同研究解决工作中遇到的各种问题。

各地要切实提高认识，高度重视，结合本地实际，认真做好环境损害司法鉴定登记管理等有关工作。工作中遇有重大问题，请及时报司法部司法鉴定管理局和环境保护部政策法规司。

10. 最高人民法院、最高人民检察院《关于办理环境污染刑事案件适用法律若干问题的解释》（法释〔2016〕29 号）

为依法惩治有关环境污染犯罪，根据《中华人民共和国刑法》《中华人民共和国刑事诉讼法》的有关规定，现就办理此类刑事案件适用法律的若干问题解释如下：

第1条 实施刑法第338条规定的行为,具有下列情形之一的,应当认定为“严重污染环境”:

(一)在饮用水水源1级保护区、自然保护区核心区排放、倾倒、处置有放射性的废物、含传染病病原体的废物、有毒物质的;(二)非法排放、倾倒、处置危险废物3吨以上的;(三)排放、倾倒、处置含铅、汞、镉、铬、砷、铊、锑的污染物,超过国家或者地方污染物排放标准3倍以上的;(四)排放、倾倒、处置含镍、铜、锌、银、钒、锰、钴的污染物,超过国家或者地方污染物排放标准10倍以上的;(五)通过暗管、渗井、渗坑、裂隙、溶洞、灌注等逃避监管的方式排放、倾倒、处置有放射性的废物、含传染病病原体的废物、有毒物质的;(六)2年内曾因违反国家规定,排放、倾倒、处置有放射性的废物、含传染病病原体的废物、有毒物质受过两次以上行政处罚,又实施前列行为的;(七)重点排污单位篡改、伪造自动监测数据或者干扰自动监测设施,排放化学需氧量、氨氮、二氧化硫、氮氧化物等污染物的;(八)违法减少防治污染设施运行支出100万元以上的;(九)违法所得或者致使公私财产损失30万元以上的;(十)造成生态环境严重损害的;(十一)致使乡镇以上集中式饮用水水源取水中断12小时以上的;(十二)致使基本农田、防护林地、特种用途林地5亩以上,其他农用地10亩以上,其他土地20亩以上基本功能丧失或者遭受永久性破坏的;(十三)致使森林或者其他林木死亡50立方米以上,或者幼树死亡2500百株以上的;(十四)致使疏散、转移群众5000人以上的;(十五)致使30人以上中毒的;(十六)致使3人以上轻伤、轻度残疾或者器官组织损伤导致一般功能障碍的;(十七)致使1人以上重伤、中度残疾或者器官组织损伤导致严重功能障碍的;(十八)其他严重污染环境的情形。

第2条 实施刑法第339条、第408条规定的行为,致使公私财产损失30万元以上,或者具有本解释第1条第10项至第17项规定情形之一的,应当认定为“致使公私财产遭受重大损失或者严重危害人体健康”或者“致使公私财产遭受重大损失或者造成人身伤亡的严重后果”。

第3条 实施刑法第338条、第339条规定的行为,具有下列情形之一的,应当认定为“后果特别严重”:

(一)致使县级以上城区集中式饮用水水源取水中断12小时以上的;(二)非法排放、倾倒、处置危险废物100吨以上的;(三)致使基本农田、防护林地、特种用途林地15亩以上,其他农用地30亩以上,其他土地60亩以上基本功能丧失或者遭受永久性破坏的;(四)致使森林或者其他林木死亡150立方米以上,或者幼树死亡7500百株以上的;(五)致使公私财产损失100万元以上的;(六)造成生态环境特别严重损害的;(七)致使疏散、转移群众15000千人以上的;(八)致使100人以上中毒的;(九)致使10人以上轻伤、轻度残疾或者器官组织损伤导致一般功能障碍的;(十)致使3人以上重伤、中度残疾或者器官组织损伤导致严重功能障碍的;(十一)致使1人以上重伤、中度残疾或者器官组织损伤导致严重功能障碍,并致使5人以上轻伤、轻度残疾或者器官组织损伤导致一般功能障碍的;(十二)致使1人以上死亡或者重度残疾的;(十三)其他后果特别严重的情形。

第4条 实施刑法第338条、第339条规定的犯罪行为,具有下列情形之一的,应当从重处罚:

(一)阻挠环境监督检查或者突发环境事件调查,尚不构成妨害公务等犯罪的;(二)在医院、学校、居民区等人口集中地区及其附近,违反国家规定排放、倾倒、处置有放射性的废物、含传染病病原体的废物、有毒物质或者其他有害物质的;(三)在重污染天气预警期间、突发环境事件处置期间或者被责令限期整改期间,违反国家规定排放、倾倒、处置有放射性的废物、含传染病病原体的废物、有毒物质或者其他有害物质的;(四)具有危险废物经营许可证的企业违反国家规定排放、倾倒、处置有放射性的废物、含传染病病原体的废物、有毒物质或者其他有害物质的。

第5条 实施刑法第338条、第339条规定的行为,刚达到应当追究刑事责任的标准,但行为人及时采取措施,防止损失扩大、消除污染,全部赔偿损失,积极修复生态环境,且系初犯,确有悔罪表现的,可以认定为情节轻微,不起诉或者免予刑事处罚;确有必要判处刑罚的,应当从宽处罚。

第6条 无危险废物经营许可证从事收集、贮存、利用、处置危险废物经营活动,严重污染环境的,按照污染环境罪定罪处罚;同时构成非法经营罪的,依照处罚较重的规定定罪处罚。

实施前款规定的行为,不具有超标排放污染物、非法倾倒污染物或者其他违法造成环境污染的情形的,可以认定为非法经营情节显著轻微危害不大,不认为是犯罪;构成生产、销售伪劣产品等其他犯罪的,以其他犯罪论处。

第7条 明知他人无危险废物经营许可证,向其提供或者委托其收集、贮存、利用、处置危险废物,严重污染环境的,以共同犯罪论处。

第8条 违反国家规定,排放、倾倒、处置含有毒害性、放射性、传染病病原体等物质的污染物,同时构成污染环境罪、非法处置进口的固体废物罪、投放危险物质罪等犯罪的,依照处罚较重的规定定罪处罚。

第9条 环境影响评价机构或其人员,故意提供虚假环境影响评价文件,情节严重的,或者严重不负责任,出具的环境影响评价文件存在重大失实,造成严重后果的,应当依照刑法第229条、第231条的规定,以提供虚假证明文件罪或者出具证明文件重大失实罪定罪处罚。

第10条 违反国家规定,针对环境质量监测系统实施下列行为,或者强令、指使、授意他人实施下列行为的,应当依照刑法第286条的规定,以破坏计算机信息系统罪论处:

(一)修改参数或者监测数据的;(二)干扰采样,致使监测数据严重失真的;(三)其他破坏环境质量监测系统的行为。

重点排污单位篡改、伪造自动监测数据或者干扰自动监测设施,排放化学需氧量、氨氮、二氧化硫、氮氧化物等污染物,同时构成污染环境罪和破坏计算机信息系统罪的,依照处罚较重的规定定罪处罚。

从事环境监测设施维护、运营的人员实施或者参与实施篡改、伪造自动监测数据、干扰自动监测设施、破坏环境质量监测系统等行为的,应当从重处罚。

第11条 单位实施本解释规定的犯罪的,依照本解释规定的定罪量刑标准,对直接负责的主管人员和其他直接责任人员定罪处罚,并对单位判处罚金。

第12条 环境保护主管部门及其所属监测机构在行政执法过程中收集的监测数据,在刑事诉讼中可以作为证据使用。

公安机关单独或者会同环境保护主管部门,提取污染物样品进行检测获取的数据,在刑事诉讼中可以作为证据使用。

第13条 对国家危险废物名录所列的废物,可以依据涉案物质的来源、产生过程、被告人供述、证人证言以及经批准或者备案的环境影响评价文件等证据,结合环境保护主管部门、公安机关等出具的书面意见作出认定。

对于危险废物的数量,可以综合被告人供述,涉案企业的生产工艺、物耗、能耗情况,以及经批准或者备案的环境影响评价文件等证据作出认定。

第14条 对案件所涉的环境污染专门性问题难以确定的,依据司法鉴定机构出具的鉴定意见,或者国务院环境保护主管部门、公安部门指定的机构出具的报告,结合其他证据作出认定。

第15条 下列物质应当认定为刑法第338条规定的“有毒物质”：

(一)危险废物，是指列入国家危险废物名录，或者根据国家规定的危险废物鉴别标准和鉴别方法认定的，具有危险特性的废物；(二)《关于持久性有机污染物的斯德哥尔摩公约》附件所列物质；(三)含重金属的污染物；(四)其他具有毒性，可能污染环境的物质。

第16条 无危险废物经营许可证，以营利为目的，从危险废物中提取物质作为原材料或者燃料，并具有超标排放污染物、非法倾倒污染物或者其他违法造成环境污染的情形的行为，应当认定为“非法处置危险废物”。

第17条 本解释所称“2年内”，以第1次违法行为受到行政处罚的生效之日与又实施相应行为之日的时间间隔计算确定。

本解释所称“重点排污单位”，是指设区的市级以上人民政府环境保护主管部门依法确定的应当安装、使用污染物排放自动监测设备的重点监控企业及其他单位。

本解释所称“违法所得”，是指实施刑法第338条、第339条规定的行为所得和可得的全部违法收入。

本解释所称“公私财产损失”，包括实施刑法第338条、第339条规定的行为直接造成财产损毁、减少的实际价值，为防止污染扩大、消除污染而采取必要合理措施所产生的费用，以及处置突发环境事件的应急监测费用。

本解释所称“生态环境损害”，包括生态环境修复费用，生态环境修复期间服务功能的损失和生态环境功能永久性损害造成的损失，以及其他必要合理费用。

本解释所称“无危险废物经营许可证”，是指未取得危险废物经营许可证，或者超出危险废物经营许可证的经营范围。

第18条 本解释自2017年1月1日起施行。本解释施行后，《最高人民法院、最高人民检察院关于办理环境污染刑事案件适用法律若干问题的解释》(法释〔2013〕15号)同时废止；之前发布的司法解释与本解释不一致的，以本解释为准。

11. 最高人民检察院、公安部《关于公安机关管辖的刑事案件立案追诉标准的规定(1)的补充规定》(公通字〔2017〕12号) 第10条

(见本条立案追诉标准内容)

12. 环境保护部、公安部、最高人民检察院《环境保护行政执法与刑事司法衔接工作办法》(环环监〔2017〕17号)

为进一步健全环境保护行政执法与刑事司法衔接工作机制，依法惩治环境犯罪行为，切实保障公众健康，推进生态文明建设，环境保护部、公安部和最高人民检察院联合研究制定了《环境保护行政执法与刑事司法衔接工作办法》，现予以印发，请遵照执行。

第1章　总　　则

第1条 为进一步健全环境保护行政执法与刑事司法衔接工作机制，依法惩治环境犯罪行为，切实保障公众健康，推进生态文明建设，依据《刑法》《刑事诉讼法》《环境保护法》《行政执法机关移送涉嫌犯罪案件的规定》(国务院令第310号)等法律、法规及有关规定，制定本办法。

第2条 本办法适用于各级环境保护主管部门(以下简称环保部门)、公安机关和人民检察院办理的涉嫌环境犯罪案件。

第3条 各级环保部门、公安机关和人民检察院应当加强协作，统一法律适用，不断完善线索通报、案件移送、资源共享和信息发布等工作机制。

第4条 人民检察院对环保部门移送涉嫌环境犯罪案件活动和公安机关对移送案件的立案活动,依法实施法律监督。

第2章 案件移送与法律监督

第5条 环保部门在查办环境违法案件过程中,发现涉嫌环境犯罪案件,应当核实情况并作出移送涉嫌环境犯罪案件的书面报告。本机关负责人应当自接到报告之日起3日内作出批准移送或者不批准移送的决定。向公安机关移送的涉嫌环境犯罪案件,应当符合下列条件:

(一)实施行政执法的主体与程序合法。(二)有合法证据证明有涉嫌环境犯罪的事实发生。

第6条 环保部门移送涉嫌环境犯罪案件,应当自作出移送决定后24小时内向同级公安机关移交案件材料,并将案件移送书抄送同级人民检察院。

环保部门向公安机关移送涉嫌环境犯罪案件时,应当附下列材料:

(一)案件移送书,载明移送机关名称、涉嫌犯罪罪名及主要依据、案件主办人及联系方式等。案件移送书应当附移送材料清单,并加盖移送机关公章。(二)案件调查报告,载明案件来源、查获情况、犯罪嫌疑人基本情况、涉嫌犯罪的事实、证据和法律依据、处理建议和法律依据等。(三)现场检查(勘察)笔录、调查询问笔录、现场勘验图、采样记录单等。(四)涉案物品清单,载明已查封、扣押等采取行政强制措施的涉案物品名称、数量、特征、存放地等事项,并附采取行政强制措施、现场笔录等表明涉案物品来源的相关材料。(五)现场照片或者录音录像资料及清单,载明需证明的事实对象、拍摄人、拍摄时间、拍摄地点等。(六)监测、检验报告、突发环境事件调查报告、认定意见。(七)其他有关涉嫌犯罪的材料。

对环境违法行为已经作出行政处罚决定的,还应当附行政处罚决定书。

第7条 对环保部门移送的涉嫌环境犯罪案件,公安机关应当依法接受,并立即出具接受案件回执或者在涉嫌环境犯罪案件移送书的回执上签字。

第8条 公安机关审查发现移送的涉嫌环境犯罪案件材料不全的,应当在接受案件的24小时内书面告知移送的环保部门在3日内补正。但不得以材料不全为由,不接受移送案件。

公安机关审查发现移送的涉嫌环境犯罪案件证据不充分的,可以就证明有犯罪事实的相关证据等提出补充调查意见,由移送案件的环保部门补充调查。环保部门应当按照要求补充调查,并及时将调查结果反馈公安机关。因客观条件所限,无法补正的,环保部门应当向公安机关作出书面说明。

第9条 公安机关对环保部门移送的涉嫌环境犯罪案件,应当自接受案件之日起3日内作出立案或者不予立案的决定;涉嫌环境犯罪线索需要查证的,应当自接受案件之日起7日内作出决定;重大疑难复杂案件,经县级以上公安机关负责人批准,可以自受案之日起30日内作出决定。接受案件后对属于公安机关管辖但不属于本公安机关管辖的案件,应当在24小时内移送有管辖权的公安机关,并书面通知移送案件的环保部门,抄送同级人民检察院。对不属于公安机关管辖的,应当在24小时内退回移送案件的环保部门。

公安机关作出立案、不予立案、撤销案件决定的,应当自作出决定之日起3日内书面通知环保部门,并抄送同级人民检察院。公安机关作出不予立案或者撤销案件决定的,应当书面说明理由,并将案卷材料退回环保部门。

第10条 环保部门应当自接到公安机关立案通知书之日起3日内将涉案物品以及与案件有关的其他材料移交公安机关,并办理交接手续。

涉及查封、扣押物品的,环保部门和公安机关应当密切配合,加强协作,防止涉案物品转移、隐匿、损毁、灭失等情况发生。对具有危险性或者环境危害性的涉案物品,环保部门应当组织临时处理处置,公安机关应当积极协助;对无明确责任人、责任人不具备履行责任能力或者超出部门处置能力的,应当呈报涉案物品所在地政府组织处置。上述处置费用清单随附处置合同、缴费凭证等作为犯罪获利的证据,及时补充移送公安机关。

第11条 环保部门认为公安机关不予立案决定不当的,可以自接到不予立案通知书之日起3个工作日内向作出决定的公安机关申请复议,公安机关应当自收到复议申请之日起3个工作日内作出立案或者不予立案的复议决定,并书面通知环保部门。

第12条 环保部门对公安机关逾期未作出是否立案决定、以及对不予立案决定、复议决定、立案后撤销案件决定有异议的,应当建议人民检察院进行立案监督。人民检察院应当受理并进行审查。

第13条 环保部门建议人民检察院进行立案监督的案件,应当提供立案监督建议书、相关案件材料,并附公安机关不予立案、立案后撤销案件决定及说明理由材料,复议维持不予立案决定材料或者公安机关逾期未作出是否立案决定的材料。

第14条 人民检察院发现环保部门不移送涉嫌环境犯罪案件的,可以派员查询、调阅有关案件材料,认为涉嫌环境犯罪应当移送的,应当提出建议移送的检察意见。环保部门应当自收到检察意见后3日内将案件移送公安机关,并将执行情况通知人民检察院。

第15条 人民检察院发现公安机关可能存在应当立案而不立案或者逾期未作出是否立案决定的,应当启动立案监督程序。

第16条 环保部门向公安机关移送涉嫌环境犯罪案件,已作出的警告、责令停产停业、暂扣或者吊销许可证的行政处罚决定,不停止执行。未作出行政处罚决定的,原则上应当在公安机关决定不予立案或者撤销案件、人民检察院作出不起诉决定、人民法院作出无罪判决或者免予刑事处罚后,再决定是否给予行政处罚。涉嫌犯罪案件的移送办理期间,不计入行政处罚期限。

对尚未作出生效裁判的案件,环保部门依法应当给予或者提请人民政府给予暂扣或者吊销许可证、责令停产停业等行政处罚,需要配合的,公安机关、人民检察院应当给予配合。

第17条 公安机关对涉嫌环境犯罪案件,经审查没有犯罪事实,或者立案侦查后认为犯罪事实显著轻微、不需要追究刑事责任,但经审查依法应当予以行政处罚的,应当及时将案件移交环保部门,并抄送同级人民检察院。

第18条 人民检察院对符合逮捕、起诉条件的环境犯罪嫌疑人,应当及时批准逮捕、提起公诉。人民检察院对决定不起诉的案件,应当自作出决定之日起3日内,书面告知移送案件的环保部门,认为应当给予行政处罚的,可以提出予以行政处罚的检察意见。

第19条 人民检察院对公安机关提请批准逮捕的犯罪嫌疑人作出不批准逮捕决定,并通知公安机关补充侦查的,或者人民检察院对公安机关移送审查起诉的案件审查后,认为犯罪事实不清、证据不足,将案件退回补充侦查的,应当制作补充侦查提纲,写明补充侦查的方向和要求。

对退回补充侦查的案件,公安机关应当按照补充侦查提纲的要求,在1个月内补充侦查完毕。公安机关补充侦查和人民检察院自行侦查需要环保部门协助的,环保部门应当予以协助。

第3章 证据的收集与使用

第20条 环保部门在行政执法和查办案件过程中依法收集制作的物证、书证、视听资料、电子数据、监测报告、检验报告、认定意见、鉴定意见、勘验笔录、检查笔录等证据材料,在刑事诉讼中可以作为证据使用。

第21条 环保部门、公安机关、人民检察院收集的证据材料，经法庭查证属实，且收集程序符合有关法律、行政法规规定的，可以作为定案的根据。

第22条 环保部门或者公安机关依据《国家危险废物名录》或者组织专家研判等得出认定意见的，应当载明涉案单位名称、案由、涉案物品识别认定的理由，按照“经认定……属于\不属于……危险废物，废物代码……”的格式出具结论，加盖公章。

第4章 协作机制

第23条 环保部门、公安机关和人民检察院应当建立健全环境行政执法与刑事司法衔接的长效工作机制。确定牵头部门及联络人，定期召开联席会议，通报衔接工作情况，研究存在的问题，提出加强部门衔接的对策，协调解决环境执法问题，开展部门联合培训。联席会议应明确议定事项。

第24条 环保部门、公安机关、人民检察院应当建立双向案件咨询制度。环保部门对重大疑难复杂案件，可以就刑事案件立案追诉标准、证据的固定和保全等问题咨询公安机关、人民检察院；公安机关、人民检察院可以就案件办理中的专业性问题咨询环保部门。受咨询的机关应当认真研究，及时答复；书面咨询的，应当在7日内书面答复。

第25条 公安机关、人民检察院办理涉嫌环境污染犯罪案件，需要环保部门提供环境监测或者技术支持的，环保部门应当按照上述部门刑事案件办理的法定时限要求积极协助，及时提供现场勘验、环境监测及认定意见。所需经费，应当列入本机关的行政经费预算，由同级财政予以保障。

第26条 环保部门在执法检查时，发现违法行为明显涉嫌犯罪的，应当及时向公安机关通报。公安机关认为有必要的可以依法开展初查，对符合立案条件的，应当及时依法立案侦查。在公安机关立案侦查前，环保部门应当继续对违法行为进行调查。

第27条 环保部门、公安机关应当相互依托“12369”环保举报热线和“110”报警服务平台，建立完善接处警的快速响应和联合调查机制，强化对打击涉嫌环境犯罪的联勤联动。在办案过程中，环保部门、公安机关应当依法及时启动相应的调查程序，分工协作，防止证据灭失。

第28条 在联合调查中，环保部门应当重点查明排污者严重污染环境的事实，污染物的排放方式，及时收集、提取、监测、固定污染物种类、浓度、数量、排放去向等。公安机关应当注意控制现场，重点查明相关责任人身份、岗位信息，视情节轻重对直接负责的主管人员和其他责任人员依法采取相应强制措施。两部门均应规范制作笔录，并留存现场摄像或照片。

第29条 对案情重大或者复杂疑难案件，公安机关可以听取人民检察院的意见。人民检察院应当及时提出意见和建议。

第30条 涉及移送的案件在庭审中，需要出庭说明情况的，相关执法或者技术人员有义务出庭说明情况，接受庭审质证。

第31条 环保部门、公安机关和人民检察院应当加强对重大案件的联合督办工作，适时对重大案件进行联合挂牌督办，督促案件办理。同时，要逐步建立专家库，吸纳污染防治、重点行业以及环境案件侦办等方面的专家和技术骨干，为查处打击环境污染犯罪案件提供专业支持。

第32条 环保部门和公安机关在查办环境污染违法犯罪案件过程中发现包庇纵容、徇私舞弊、贪污受贿、失职渎职等涉嫌职务犯罪行为的，应当及时将线索移送人民检察院。

第5章 信息共享

第33条 各级环保部门、公安机关、人民检察院应当积极建设、规范使用行政执法与刑事司法衔接信息共享平台,逐步实现涉嫌环境犯罪案件的网上移送、网上受理和网上监督。

第34条 已经接入信息共享平台的环保部门、公安机关、人民检察院,应当自作出相关决定之日起7日内分别录入下列信息:

(一)适用一般程序的环境违法事实、案件行政处罚、案件移送、提请复议和建议人民检察院进行立案监督的信息;(二)移送涉嫌犯罪案件的立案、不予立案、立案后撤销案件、复议、人民检察院监督立案后的处理情况,以及提请批准逮捕、移送审查起诉的信息;(三)监督移送、监督立案以及批准逮捕、提起公诉、裁判结果的信息。尚未建成信息共享平台的环保部门、公安机关、人民检察院,应当自作出相关决定后及时向其他部门通报前款规定的信息。

第35条 各级环保部门、公安机关、人民检察院应当对信息共享平台录入的案件信息及时汇总、分析、综合研判,定期总结通报平台运行情况。

第6章 附 则

第36条 各省、自治区、直辖市的环保部门、公安机关、人民检察院可以根据本办法制定本行政区域的实施细则。

第37条 环境行政执法中部分专有名词的含义。

(一)"现场勘验图",是指描绘主要生产及排污设备布置等案发现场情况、现场周边环境、各采样点位、污染物排放途径的平面示意图。(二)"外环境",是指污染物排入的自然环境。满足下列条件之一的,视同为外环境。

1. 排污单位停产或没有排污,但有依法取得的证据证明其有持续或间歇排污,而且无可处理相应污染因子的措施的,经核实生产工艺后,其产污环节之后的废水收集池(槽、罐、沟)内。2. 发现暗管,虽无当场排污,但在外环境有确认由该单位排放污染物的痕迹,此暗管连通的废水收集池(槽、罐、沟)内。3. 排污单位连通外环境的雨水沟(井、渠)中任何一处。4. 对排放含第1类污染物的废水,其产生车间或车间处理设施的排放口。无法在车间或者车间处理设施排放口对含第1类污染物的废水采样的,废水总排放口或查实由该企业排入其他外环境处。

第38条 本办法所涉期间除明确为工作日以外,其余均以自然日计算。期间开始之日不算在期间以内。期间的最后1日为节假日的,以节假日后的第1日为期满日期。

第39条 本办法自发布之日起施行。原国家环保总局、公安部和最高人民检察院《关于环境保护主管部门移送涉嫌环境犯罪案件的若干规定》(环发〔2007〕78号)同时废止。

13. 司法部、生态环境部《关于印发〈环境损害司法鉴定机构登记评审细则〉的通知》(司发通〔2018〕54号)

为规范环境损害司法鉴定机构登记管理工作,不断提升环境损害司法鉴定机构和鉴定人的业务能力,根据《全国人民代表大会常务委员会关于司法鉴定管理问题的决定》、《生态环境损害赔偿制度改革方案》、《司法鉴定机构登记管理办法》(司法部令第95号)、《司法鉴定人登记管理办法》(司法部令第96号)、《司法部、环境保护部关于印发〈环境损害司法鉴定机构登记评审办法〉〈环境损害司法鉴定机构登记评审专家库管理办法〉的通知》(司发通〔2016〕101号)等法律、规章及文件有关规定,司法部和生态环境部联合组织制定了《环境损害司法鉴定机构登记评审细则》(以下简称《细则》)。《细则》具体规定了环境损害司法鉴定机构登记评审的程序、评分标准、专业能力要求、实验室和仪器设备配置要求等,对于客观公正、全面准确地评价申请从事环境损害司法鉴定业务的法人或其他组织能力水平，切实提高环境损害司法鉴定准入登记工作的针对性、规范性和科学性具有重要意义。请各地严格按照《细则》规定组织开展环境损害司法鉴定机构登记评审工作，严把入口关，不断提高环境损害司法鉴定管理工作水平，努力为新时代美丽中国建设作出新贡献。[《环境损害司法鉴定机构登记评审细则》(全文略)]

14. 最高人民法院、最高人民检察院、公安部、司法部、生态环境部《关于办理环境污染刑事案件有关问题座谈会纪要》(2019年2月20日)

2018年6月16日，中共中央、国务院发布《关于全面加强生态环境保护坚决打好污染防治攻坚战的意见》。7月10日，全国人民代表大会常务委员会通过了《关于全面加强生态环境保护依法推动打好污染防治攻坚战的决议》。为深入学习贯彻习近平生态文明思想，认真落实党中央重大决策部署和全国人大常委会决议要求，全力参与和服务保障打好污染防治攻坚战，推进生态文明建设，形成各部门依法惩治环境污染犯罪的合力，2018年12月，最高人民法院、最高人民检察院、公安部、司法部、生态环境部在北京联合召开座谈会。会议交流了当前办理环境污染刑事案件的工作情况，分析了遇到的突出困难和问题，研究了解决措施。会议对办理环境污染刑事案件中的有关问题形成了统一认识。纪要如下：2018年6月16日，中共中央、国务院发布《关于全面加强生态环境保护坚决打好污染防治攻坚战的意见》。7月10日，全国人民代表大会常务委员会通过了《关于全面加强生态环境保护依法推动打好污染防治攻坚战的决议》。为深入学习贯彻习近平生态文明思想，认真落实党中央重大决策部署和全国人大常委会决议要求，全力参与和服务保障打好污染防治攻坚战，推进生态文明建设，形成各部门依法惩治环境污染犯罪的合力，2018年12月，最高人民法院、最高人民检察院、公安部、司法部、生态环境部在北京联合召开座谈会。会议交流了当前办理环境污染刑事案件的工作情况，分析了遇到的突出困难和问题，研究了解决措施。会议对办理环境污染刑事案件中的有关问题形成了统一认识。纪要如下：

一、会议指出，2018年5月18日至19日，全国生态环境保护大会在北京胜利召开，习近平总书记出席会议并发表重要讲话，着眼人民福祉和民族未来，从党和国家事业发展全局出发，全面总结党的十八大以来我国生态文明建设和生态环境保护工作取得的历史性成就、发生的历史性变革，深刻阐述加强生态文明建设的重大意义，明确提出加强生态文明建设必须坚持的重要原则，对加强生态环境保护、打好污染防治攻坚战作出了全面部署。这次大会最大的亮点，就是确立了习近平生态文明思想。习近平生态文明思想站在坚持和发展中国特色社会主义、实现中华民族伟大复兴中国梦的战略高度，把生态文明建设摆在治国理政的突出位置，作为统筹推进"五位一体"总体布局和协调推进"四个全面"战略布局的重要内容，深刻回答了为什么建设生态文明、建设什么样的生态文明、怎样建设生态文明的重大理论和实践问题，是习近平新时代中国特色社会主义思想的重要组成部分。各部门要认真学习、深刻领会、全面贯彻习近平生态文明思想，将其作为生态环境行政执法和司法办案的行动指南和根本遵循，为守护绿水青山蓝天、建设美丽中国提供有力保障。

会议强调，打好防范化解重大风险、精准脱贫、污染防治的攻坚战，是以习近平同志为核心的党中央深刻分析国际国内形势，着眼党和国家事业发展全局作出的重大战略部署，对于夺取全面建成小康社会伟大胜利、开启全面建设社会主义现代化强国新征程具有重大的现实意义和深远的历史意义。服从服务党和国家工作大局，充分发挥职能作用，努力为打好打赢三大攻坚战提供优质法治环境和司法保障，是当前和今后一个时期人民法院、人民检察院、公安机关、司法行政机关、生态环境部门的重点任务。

会议指出，2018年12月19日至21日召开的中央经济工作会议要求，打好污染防治攻坚战，要坚守阵地、巩固成果，聚焦做好打赢蓝天保卫战等工作，加大工作和投入力度，同时要统筹兼顾，避免处置措施简单粗暴。各部门要认真领会会议精神，紧密结合实际，强化政治意识、大局意识和责任担当，以加大办理环境污染刑事案件工作力度作为切入点和着力点，主动调整工作思路，积极谋划工作举措，既要全面履职、积极作为，又要综合施策、精准发力，保障污染防治攻坚战顺利推进。

二、会议要求，各部门要正确理解和准确适用刑法和《最高人民法院、最高人民检察院关于办理环境污染刑事案件适用法律若干问题的解释》（法释〔2016〕29号，以下称《环境解释》）的规定，坚持最严格的环保司法制度、最严密的环保法治理念，统一执法司法尺度，加大对环境污染犯罪的惩治力度。

1. 关于单位犯罪的认定

会议针对一些地方存在追究自然人犯罪多，追究单位犯罪少，单位犯罪认定难的情况和问题进行了讨论。会议认为，办理环境污染犯罪案件，认定单位犯罪时，应当依法合理把握追究刑事责任的范围，贯彻宽严相济刑事政策，重点打击出资者、经营者和主要获利者，既要防止不当缩小追究刑事责任的人员范围，又要防止打击面过大。

为了单位利益，实施环境污染行为，并具有下列情形之一的，应当认定为单位犯罪：

（1）经单位决策机构按照决策程序决定的；（2）经单位实际控制人、主要负责人或者授权的分管负责人决定、同意的；（3）单位实际控制人、主要负责人或者授权的分管负责人得知单位成员个人实施环境污染犯罪行为，并未加以制止或者及时采取措施，而是予以追认、纵容或者默许的；（4）使用单位营业执照、合同书、公章、印鉴等对外开展活动，并调用单位车辆、船舶、生产设备、原辅材料等实施环境污染犯罪行为的。

单位犯罪中的"直接负责的主管人员"，一般是指对单位犯罪起决定、批准、组织、策划、指挥、授意、纵容等作用的主管人员，包括单位实际控制人、主要负责人或者授权的分管负责人、高级管理人员等；"其他直接责任人员"，一般是指在直接负责的主管人员的指挥、授意下积极参与实施单位犯罪或者对具体实施单位犯罪起较大作用的人员。

对于应当认定为单位犯罪的环境污染犯罪案件，公安机关未作为单位犯罪移送审查起诉的，人民检察院应当退回公安机关补充侦查。对于应当认定为单位犯罪的环境污染犯罪案件，人民检察院只作为自然人犯罪起诉的，人民法院应当建议人民检察院对犯罪单位补充起诉。

2. 关于犯罪未遂的认定

会议针对当前办理环境污染犯罪案件中，能否认定污染环境罪（未遂）的问题进行了讨论。会议认为，当前环境执法工作形势比较严峻，一些行为人拒不配合执法检查、接受检查时弄虚作假、故意逃避法律追究的情形时有发生，因此对于行为人已经着手实施非法排放、倾倒、处置有毒有害污染物的行为，由于有关部门查处或者其他意志以外的原因未得逞的情形，可以污染环境罪（未遂）追究刑事责任。

3. 关于主观过错的认定

会议针对当前办理环境污染犯罪案件中，如何准确认定犯罪嫌疑人、被告人主观过错的问题进行了讨论。会议认为，判断犯罪嫌疑人、被告人是否具有环境污染犯罪的故意，应当依据犯罪嫌疑人、被告人的任职情况、职业经历、专业背景、培训经历、本人因同类行为受到行政处罚或者刑事追究情况以及污染物种类、污染方式、资金流向等证据，结合其供述，进行综合分析判断。

实践中，具有下列情形之一，犯罪嫌疑人、被告人不能作出合理解释的，可以认定其故意实施环境污染犯罪，但有证据证明确系不知情的除外：

(1)企业没有依法通过环境影响评价,或者未依法取得排污许可证,排放污染物,或者已经通过环境影响评价并且防治污染设施验收合格后,擅自更改工艺流程、原辅材料,导致产生新的污染物质的;(2)不使用验收合格的防治污染设施或者不按规范要求使用的;(3)防治污染设施发生故障,发现后不及时排除,继续生产放任污染物排放的;(4)生态环境部门责令限制生产、停产整治或者予以行政处罚后,继续生产放任污染物排放的;(5)将危险废物委托第三方处置,没有尽到查验经营许可的义务,或者委托处置费用明显低于市场价格或者处置成本的;(6)通过暗管、渗井、渗坑、裂隙、溶洞、灌注等逃避监管的方式排放污染物的;(7)通过篡改、伪造监测数据的方式排放污染物的;(8)其他足以认定的情形。

4. 关于生态环境损害标准的认定

会议针对如何适用《环境解释》第1条、第3条规定的"造成生态环境严重损害的""造成生态环境特别严重损害的"定罪量刑标准进行了讨论。会议指出,生态环境损害赔偿制度是生态文明制度体系的重要组成部分。党中央、国务院高度重视生态环境损害赔偿工作,党的十八届三中全会明确提出对造成生态环境损害的责任者严格实行赔偿制度。2015年,中央办公厅、国务院办公厅印发《生态环境损害赔偿制度改革试点方案》(中办发〔2015〕57号),在吉林等7个省市部署开展改革试点,取得明显成效。2017年,中央办公厅、国务院办公厅印发《生态环境损害赔偿制度改革方案》(中办发〔2017〕68号),在全国范围内试行生态环境损害赔偿制度。

会议指出,《环境解释》将造成生态环境损害规定为污染环境罪的定罪量刑标准之一,是为了与生态环境损害赔偿制度实现衔接配套,考虑到该制度尚在试行过程中,《环境解释》作了较原则的规定。司法实践中,一些省市结合本地区工作实际制定了具体标准。会议认为,在生态环境损害赔偿制度试行阶段,全国各省(自治区、直辖市)可以结合本地实际情况,因地制宜,因时制宜,根据案件具体情况准确认定"造成生态环境严重损害"和"造成生态环境特别严重损害"。

5. 关于非法经营罪的适用

会议针对如何把握非法经营罪与污染环境罪的关系以及如何具体适用非法经营罪的问题进行了讨论。会议强调,要高度重视非法经营危险废物案件的办理,坚持全链条、全环节、全流程对非法排放、倾倒、处置、经营危险废物的产业链进行刑事打击,查清犯罪网络,深挖犯罪源头,斩断利益链条,不断挤压和铲除此类犯罪滋生蔓延的空间。

会议认为,准确理解和适用《环境解释》第6条的规定应当注意把握两个原则:一要坚持实质判断原则,对行为人非法经营危险废物行为的社会危害性作实质性判断。比如,一些单位或者个人虽未依法取得危险废物经营许可证,但其收集、贮存、利用、处置危险废物经营活动,没有超标排放污染物、非法倾倒污染物或者其他违法造成环境污染情形的,则不宜以非法经营罪论处。二要坚持综合判断原则,对行为人非法经营危险废物行为根据其在犯罪链条中的地位、作用综合判断其社会危害性。比如,有证据证明单位或者个人的无证经营危险废物行为属于危险废物非法经营产业链的一部分,并且已经形成了分工负责、利益均沾、相对固定的犯罪链条,如果行为人或者与其联系紧密的上游或者下游环节具有排放、倾倒、处置危险废物违法造成环境污染的情形,且交易价格明显异常的,对行为人可以根据案件具体情况在污染环境罪和非法经营罪中,择一重罪处断。

6. 关于投放危险物质罪的适用

会议强调,目前我国一些地方环境违法犯罪活动高发多发,刑事处罚威慑力不强的问题仍然突出,现阶段在办理环境污染犯罪案件时必须坚决贯彻落实中央领导同志关于重典治理污染的指示精神,把刑法和《环境解释》的规定用足用好,形成对环境污染违法犯罪的强大震慑。

会议认为，司法实践中对环境污染行为适用投放危险物质罪追究刑事责任时，应当重点审查判断行为人的主观恶性、污染行为恶劣程度、污染物的毒害性危险性、污染持续时间、污染结果是否可逆、是否对公共安全造成现实、具体、明确的危险或者危害等各方面因素。对于行为人明知其排放、倾倒、处置的污染物含有毒害性、放射性、传染病病原体等危险物质，仍实施环境污染行为放任其危害公共安全，造成重大人员伤亡、重大公私财产损失等严重后果，以污染环境罪论处明显不足以罚当其罪的，可以按投放危险物质罪定罪量刑。实践中，此类情形主要是向饮用水水源保护区，饮用水供水单位取水口和出水口，南水北调水库、干渠、涵洞等配套工程，重要渔业水体以及自然保护区核心区等特殊保护区域，排放、倾倒、处置毒害性极强的污染物，危害公共安全并造成严重后果的情形。

7. 关于涉大气污染环境犯罪的处理

会议针对涉大气污染环境犯罪的打击处理问题进行了讨论。会议强调，打赢蓝天保卫战是打好污染防治攻坚战的重中之重。各级人民法院、人民检察院、公安机关、生态环境部门要认真分析研究全国人大常委会大气污染防治法执法检查发现的问题和提出的建议，不断加大对涉大气污染环境犯罪的打击力度，毫不动摇地以法律武器治理污染，用法治力量保卫蓝天，推动解决人民群众关注的突出大气环境问题。

会议认为，司法实践中打击涉大气污染环境犯罪，要抓住关键问题，紧盯薄弱环节，突出打击重点。对重污染天气预警期间，违反国家规定，超标排放二氧化硫、氮氧化物，受过行政处罚后又实施上述行为或者具有其他严重情节的，可以适用《环境解释》第 1 条第 18 项规定的“其他严重污染环境的情形”追究刑事责任。

8. 关于非法排放、倾倒、处置行为的认定

会议针对如何准确认定环境污染犯罪中非法排放、倾倒、处置行为进行了讨论。会议认为，司法实践中认定非法排放、倾倒、处置行为时，应当根据《固体废物污染环境防治法》和《环境解释》的有关规定精神，从其行为方式是否违反国家规定或者行业操作规范、污染物是否与外环境接触、是否造成环境污染的危险或者危害等方面进行综合分析判断。对名为运输、贮存、利用，实为排放、倾倒、处置的行为应当认定为非法排放、倾倒、处置行为，可以依法追究刑事责任。比如，未采取相应防范措施将没有利用价值的危险废物长期贮存、搁置，放任危险废物或者其有毒有害成分大量扬散、流失、泄漏、挥发，污染环境的。

9. 关于有害物质的认定

会议针对如何准确认定刑法第 338 条规定的“其他有害物质”的问题进行了讨论。会议认为，办理非法排放、倾倒、处置其他有害物质的案件，应当坚持主客观相一致原则，从行为人的主观恶性、污染行为恶劣程度、有害物质危险性毒害性等方面进行综合分析判断，准确认定其行为的社会危害性。实践中，常见的有害物质主要有：工业危险废物以外的其他工业固体废物；未经处理的生活垃圾；有害大气污染物、受控消耗臭氧层物质和有害水污染物；在利用和处置过程中必然产生有毒有害物质的其他物质；国务院生态环境保护主管部门会同国务院卫生主管部门公布的有毒有害污染物名录中的有关物质等。

10. 关于从重处罚情形的认定

会议强调，要坚决贯彻党中央推动长江经济带发展的重大决策，为长江经济带共抓大保护、不搞大开发提供有力的司法保障。实践中，对于发生在长江经济带 11 省（直辖市）的下列环境污染犯罪行为，可以从重处罚：

（一）跨省（直辖市）排放、倾倒、处置有放射性的废物、含传染病病原体的废物、有毒物质或者其他有害物质的；（二）向国家确定的重要江河、湖泊或者其他跨省（直辖市）江河、湖泊排

放、倾倒、处置有放射性的废物、含传染病病原体的废物、有毒物质或者其他有害物质的。

11. 关于严格适用不起诉、缓刑、免予刑事处罚

会议针对当前办理环境污染犯罪案件中如何严格适用不起诉、缓刑、免予刑事处罚的问题进行了讨论。会议强调，环境污染犯罪案件的刑罚适用直接关系加强生态环境保护打好污染防治攻坚战的实际效果。各级人民法院、人民检察院要深刻认识环境污染犯罪的严重社会危害性，正确贯彻宽严相济刑事政策，充分发挥刑罚的惩治和预防功能。要在全面把握犯罪事实和量刑情节的基础上严格依照刑法和刑事诉讼法规定的条件适用不起诉、缓刑、免予刑事处罚，既要考虑从宽情节，又要考虑从严情节；既要做到刑罚与犯罪相当，又要做到刑罚执行方式与犯罪相当，切实避免不起诉、缓刑、免予刑事处罚不当适用造成的消极影响。

会议认为，具有下列情形之一的，一般不适用不起诉、缓刑或者免予刑事处罚：

(一)不如实供述罪行的；(二)属于共同犯罪中情节严重的主犯的；(三)犯有数个环境污染犯罪依法实行并罚或者以一罪处理的；(四)曾因环境污染违法犯罪行为受过行政处罚或者刑事处罚的；(五)其他不宜适用不起诉、缓刑、免予刑事处罚的情形。

会议要求，人民法院审理环境污染犯罪案件拟适用缓刑或者免予刑事处罚的，应当分析案发前后的社会影响和反映，注意听取控辩双方提出的意见。对于情节恶劣、社会反映强烈的环境污染犯罪，不得适用缓刑、免予刑事处罚。人民法院对判处缓刑的被告人，一般应当同时宣告禁止令，禁止其在缓刑考验期内从事与排污或者处置危险废物有关的经营活动。生态环境部门根据禁止令，对上述人员担任实际控制人、主要负责人或者高级管理人员的单位，依法不得发放排污许可证或者危险废物经营许可证。

三、会议要求，各部门要认真执行《环境解释》和原环境保护部、公安部、最高人民检察院《环境保护行政执法与刑事司法衔接工作办法》(环环监〔2017〕17号)的有关规定，进一步理顺部门职责，畅通衔接渠道，建立健全环境行政执法与刑事司法衔接的长效工作机制。

12. 关于管辖的问题

会议针对环境污染犯罪案件的管辖问题进行了讨论。会议认为，实践中一些环境污染犯罪案件属于典型的跨区域刑事案件，容易存在管辖不明或者有争议的情况，各级人民法院、人民检察院、公安机关要加强沟通协调，共同研究解决。

会议提出，跨区域环境污染犯罪案件由犯罪地的公安机关管辖。如果由犯罪嫌疑人居住地的公安机关管辖更为适宜的，可以由犯罪嫌疑人居住地的公安机关管辖。犯罪地包括环境污染行为发生地和结果发生地。"环境污染行为发生地"包括环境污染行为的实施地以及预备地、开始地、途经地、结束地以及排放、倾倒污染物的车船停靠地、始发地、途经地、到达地等地点；环境污染行为有连续、持续或者继续状态的，相关地方都属于环境污染行为发生地。"环境污染结果发生地"包括污染物排放地、倾倒地、堆放地、污染发生地等。

多个公安机关都有权立案侦查的，由最初受理的或者主要犯罪地的公安机关立案侦查，管辖有争议的，按照有利于查清犯罪事实、有利于诉讼的原则，由共同的上级公安机关协调确定的公安机关立案侦查，需要提请批准逮捕、移送审查起诉、提起公诉的，由该公安机关所在地的人民检察院、人民法院受理。

13. 关于危险废物的认定

会议针对危险废物如何认定以及是否需要鉴定的问题进行了讨论。会议认为，根据《环境解释》的规定精神，对于列入《国家危险废物名录》的，如果来源和相应特征明确，司法人员根据自身专业技术知识和工作经验认定难度不大的，司法机关可以依据名录直接认定。对于来源和相应特征不明确的，由生态环境部门、公安机关等出具书面意见，司法机关可以依据涉

案物质的来源、产生过程、被告人供述、证人证言以及经批准或者备案的环境影响评价文件等证据，结合上述书面意见作出是否属于危险废物的认定。对于需要生态环境部门、公安机关等出具书面认定意见的，区分下列情况分别处理：

(1)对已确认固体废物产生单位，且产废单位环评文件中明确为危险废物的，根据产废单位建设项目环评文件和审批、验收意见、案件笔录等材料，可对照《国家危险废物名录》等出具认定意见。(2)对已确认固体废物产生单位，但产废单位环评文件中未明确为危险废物的，应进一步分析废物产生工艺，对照判断其是否列入《国家危险废物名录》。列入名录的可以直接出具认定意见；未列入名录的，应根据原辅材料、产生工艺等进一步分析其是否具有危险特性，不可能具有危险特性的，不属于危险废物；可能具有危险特性的，抽取典型样品进行检测，并根据典型样品检测指标浓度，对照《危险废物鉴别标准》(GB5085.1-7)出具认定意见。(3)对固体废物产生单位无法确定的，应抽取典型样品进行检测，根据典型样品检测指标浓度，对照《危险废物鉴别标准》(GB5085.1-7)出具认定意见。对确需进一步委托有相关资质的检测鉴定机构进行检测鉴定的，生态环境部门或者公安机关按照有关规定开展检测鉴定工作。

14. 关于鉴定的问题

会议指出，针对当前办理环境污染犯罪案件中存在的司法鉴定有关问题，司法部将会同生态环境部，加快准入一批诉讼急需、社会关注的环境损害司法鉴定机构，加快对环境损害司法鉴定相关技术规范和标准的制定、修改和认定工作，规范鉴定程序，指导各地司法行政机关会同价格主管部门制定出台环境损害司法鉴定收费标准，加强与办案机关的沟通衔接，更好地满足办案机关需求。

会议要求，司法部应当根据《关于严格准入严格监管提高司法鉴定质量和公信力的意见》(司发〔2017〕11号)的要求，会同生态环境部加强对环境损害司法鉴定机构的事中事后监管，加强司法鉴定社会信用体系建设，建立黑名单制度，完善退出机制，及时向社会公开违法违规的环境损害司法鉴定机构和鉴定人行政处罚、行业惩戒等监管信息，对弄虚作假造成环境损害鉴定评估结论严重失实或者违规收取高额费用、情节严重的，依法撤销登记。鼓励有关单位或者个人向司法部、生态环境部举报环境损害司法鉴定机构的违法违规行为。

会议认为，根据《环境解释》的规定精神，对涉及案件定罪量刑的核心或者关键专门性问题难以确定的，由司法鉴定机构出具鉴定意见。实践中，这类核心或者关键专门性问题主要是案件具体适用的定罪量刑标准涉及的专门性问题，比如公私财产损失数额、超过排放标准倍数、污染物性质判断等。对案件的其他非核心或者关键专门性问题，或者可鉴定也可不鉴定的专门性问题，一般不委托鉴定。比如，适用《环境解释》第1条第2项“非法排放、倾倒、处置危险废物3吨以上”的规定对当事人追究刑事责任的，除可能适用公私财产损失第2档定罪量刑标准的以外，则不应再对公私财产损失数额或者超过排放标准倍数进行鉴定。涉及案件定罪量刑的核心或者关键专门性问题难以鉴定或者鉴定费用明显过高的，司法机关可以结合案件其他证据，并参考生态环境部门意见、专家意见等作出认定。

15. 关于监测数据的证据资格问题

会议针对实践中地方生态环境部门及其所属监测机构委托第三方监测机构出具报告的证据资格问题进行了讨论。会议认为，地方生态环境部门及其所属监测机构委托第三方监测机构出具的监测报告，地方生态环境部门及其所属监测机构在行政执法过程中予以采用的，其实质属于《环境解释》第12条规定的“环境保护主管部门及其所属监测机构在行政执法过程中收集的监测数据”，在刑事诉讼中可以作为证据使用。

15. 最高人民法院《关于审理生态环境损害赔偿案件的若干规定(试行)》(法释〔2019〕8号;法释〔2020〕17号修正)

(全文略)

16.《中华人民共和国固体废物污染环境防治法》(1995年10月30日第八届全国人表大常委会第十六次会议通过;2004年12月29日第十届全国人表大常委会第十三次会议第一次修订;2013年6月29日第十二届全国人表大常委会第三次会议《关于修改〈中华人民共和国文物保护法〉等12部法律的决定》第一次修正;2015年4月24日第十二届全国人表大常委会第十四次会议《关于修改〈中华人民共和国港口法〉等7部法律的决定》第二次修正;2016年11月7日第十二届全国人表大常委会第二十四次会议《关于修改〈中华人民共和国对外贸易法〉等12部法律的决定》第三次修正;2020年4月29日第十三届全国人表大常委会第十七次会议第二次修订)

(全文略)

17. 最高人民检察院《第23批指导性案例盛开水务公司污染环境刑事附带民事公益诉讼案》(检例第86号;2020年12月3日)

【要旨】

检察机关办理环境污染民事公益诉讼案件,可以在查清事实明确责任的基础上,遵循自愿、合法和最大限度保护公共利益的原则,积极参与调解。造成环境污染公司的控股股东自愿加入诉讼,愿意承担连带责任并提供担保的,检察机关可以依申请将其列为第三人,让其作为共同赔偿主体,督促其运用现金赔偿、替代性修复等方式,承担生态损害赔偿的连带责任。对办案中发现的带有普遍性的问题,检察机关可以通过提出检察建议、立法建议等方式,促进社会治理创新。

【指导意义】

(一)环境公益诉讼中,检察机关可以在最大限度保护公共利益的前提下参与调解。检察机关办理环境污染类案件,要充分发挥民事公益诉讼职能,注重服务经济社会发展。既要落实"用最严格制度最严密法治保护生态环境"的原则要求,又要注意办案方式方法的创新。在办案中遇到企业因重罚而资不抵债,可能破产关闭等情况时,不能机械办案或者一罚了之。依据相关法律规定,检察机关可以与被告就赔偿问题进行调解。与一般的民事调解不同,检察机关代表国家提起公益诉讼,在调解中应当保障公共利益最大化实现。在被告愿意积极赔偿的情况下,检察机关考虑生态修复需要,综合评估被告财务状况、预期收入情况、赔偿意愿等情节,可以推进运用现金赔偿、替代性修复等方式,既落实责任承担,又确保受损环境得以修复。在实施替代性修复时,对替代性修复项目应当进行评估论证。项目应当既有利于生态环境恢复,又具有公益性,同时,还应当经人民检察院、人民法院和社会公众的认可。

(二)股东自愿申请加入公益诉讼,检察机关经审查认为有利于生态环境公益保护的,可以同意其请求。在环境民事公益诉讼中,被告单位的控股股东自愿共同承担公益损害赔偿责任,检察机关经审查认为其加入确实有利于生态环境修复等公益保护的,可以准许,并经人民法院认可,将其列为第三人。是否准许加入诉讼,检察机关需要重点审查控股股东是否与损害发生确无法律上的义务和责任。如果控股股东对损害的发生具有法律上的义务和责任,则应当由人民法院追加其参加诉讼,不能由其自主选择是否参加诉讼。

(三)在公益诉讼中,检察机关应当注重运用检察建议、立法建议等多种方式,推动社会治理创新。检察机关办理涉环境类公益诉讼案件,针对生态环境执法、监管、社会治理等方面存在的问题,可以运用检察建议等方式,督促相关行政部门履职,促进区域生态环境质量改善。

对于涉及地方治理的重点问题,可以采取提出立法建议的方式,促进社会治理创新,推进法制完善。对于法治教育和宣传普及中存在的问题,应当按照"谁执法谁普法"的原则,结合办案以案释法,对相关特殊行业从业人员开展法治宣传教育,提升环境保护法治意识。

18.《中华人民共和国刑法修正案(11)》(2020年12月26日第十三届全国人大常委会第二十四次会议通过)

四十、将刑法第338条修改为:"违反国家规定,排放、倾倒或者处置有放射性的废物、含传染病病原体的废物、有毒物质或者其他有害物质,严重污染环境的,处3年以下有期徒刑或者拘役,并处或者单处罚金;情节严重的,处3年以上7年以下有期徒刑,并处罚金;有下列情形之一的,处7年以上有期徒刑,并处罚金:

"(一)在饮用水水源保护区、自然保护地核心保护区等依法确定的重点保护区域排放、倾倒、处置有放射性的废物、含传染病病原体的废物、有毒物质,情节特别严重的;(二)向国家确定的重要江河、湖泊水域排放、倾倒、处置有放射性的废物、含传染病病原体的废物、有毒物质,情节特别严重的;(三)致使大量永久基本农田基本功能丧失或者遭受永久性破坏的;(四)致使多人重伤、严重疾病,或者致人严重残疾、死亡的。

"有前款行为,同时构成其他犯罪的,依照处罚较重的规定定罪处罚。"

(原条文:违反国家规定,排放、倾倒或者处置有放射性的废物、含传染病病原体的废物、有毒物质或者其他有害物质,严重污染环境的,处3年以下有期徒刑或者拘役,并处或者单处罚金;后果特别严重的,处3年以上7年以下有期徒刑,并处罚金。)

第339条 【非法处置进口的固体废物罪】 违反国家规定,将境外的固体废物进境倾倒、堆放、处置的,处5年以下有期徒刑或者拘役,并处罚金;造成重大环境污染事故,致使公私财产遭受重大损失或者严重危害人体健康的,处5年以上10年以下有期徒刑,并处罚金;后果特别严重的,处10年以上有期徒刑,并处罚金。

【擅自进口固体废物罪】 未经国务院有关主管部门许可,擅自进口固体废物用作原料,造成重大环境污染事故,致使公私财产遭受重大损失或者严重危害人体健康的,处5年以下有期徒刑或者拘役,并处罚金;后果特别严重的,处5年以上10年以下有期徒刑,并处罚金。

以原料利用为名,进口不能用作原料的固体废物、液态废物和气态废物的,依照本法第152条第2款、第3款的规定定罪处罚。【走私废物罪(第152条)】

(本条《中华人民共和国刑法修正案(4)》修改)

● 释义

非法处置进口的固体废物罪是指违反国家规定,故意将境外的固体废物进境倾倒、堆放、处置的行为。

擅自进口固体废物罪是指未经国务院有关主管部门许可,擅自进口固体废物用作原料,造成重大环境污染事故,致使公私财物遭受重大损失或者严重危害人体健康的行为。以原料利用为名,进口不能用作原料的固体废物、液态废物和气态废物的,依照走私废物罪定罪处罚。

走私废物罪是指违反海关法规,逃避海关监管,非法运输境外固体废物进入国(边)境的行为。本罪为一般主体,单位亦能成为本罪主体。本罪在主观方面只能由故意构成,过失不能构成本罪。至于其目的,一般是为了牟利,但是否具有这种目的,并不影响本罪成立。

• **管辖**

公安机关食品药品犯罪侦查部门。

• **立案追诉标准**

【非法处置进口的固体废物案立案追诉标准】

违反国家规定,将境外的固体废物进境倾倒、堆放、处置的,应予立案追诉。

【擅自进口固体废物案立案追诉标准】

未经国务院有关主管部门许可,擅自进口固体废物用作原料,造成重大环境污染事故,涉嫌下列情形之一的,应予立案追诉:

(一)致使公私财产损失30万元以上的;

(二)致使基本农田、防护林地、特种用途林地5亩以上,其他农用地10亩以上,其它土地20亩以上基本功能丧失或者遭受永久性破坏的;

(三)致使森林或者其他林木死亡50立方米以上,或者幼树死亡2500株以上的;

(四)致使1人以上死亡、3人以上重伤、10人以上轻伤,或者1人以上重伤并且5人以上轻伤的;

(五)致使传染病发生、流行或者人员中毒达到《国家突发公共卫生事件应急预案》中突发公共卫生事件分级Ⅲ级以上情形,严重危害人体健康的;

(六)其他致使公私财产遭受重大损失或者严重危害人体健康的情形。

• **关联法律**

1.《中华人民共和国刑法修正案(4)》(2002年12月28日第九届全国人大常委会第三十一次会议通过)

五、将刑法第339条第3款修改为:"以原料利用为名,进口不能用作原料的固体废物、液态废物和气态废物的,依照本法第152条第2款、第3款的规定定罪处罚。"

(1997年《刑法》原文第3款为:以原料利用为名,进口不能用作原料的固体废物的,依照本法第155条的规定定罪处罚)

2.最高人民检察院、公安部《关于公安机关管辖的刑事案件立案追诉标准的规定(1)》(公通字〔2008〕36号)第61条、第62条

(见本条立案追诉标准内容)

3.参见本书《刑法》第338条相关内容。

第340条 【非法捕捞水产品罪】违反保护水产资源法规,在禁渔区、禁渔期或者使用禁用的工具、方法捕捞水产品,情节严重的,处3年以下有期徒刑、拘役、管制或者罚金。

• **释义**

非法捕捞水产品罪是指违反保护水产资源法规,在禁渔区、禁渔期或者使用禁用的工具、方法捕捞水产品,情节严重的行为。

• **管辖**

公安机关食品药品犯罪侦查部门。

• 立案追诉标准

违反保护水产资源法规,在禁渔区、禁渔期或者使用禁用的工具、方法捕捞水产品,涉嫌下列情形之一的,应予立案追诉:

(一)在内陆水域非法捕捞水产品500公斤以上或者价值5000元以上的,或者在海洋水域非法捕捞水产品2万公斤以上或者价值2万元以上的;

(二)非法捕捞有重要经济价值的水生动物苗种、怀卵亲体或者在水产种植资源保护区内捕捞水产品,在内陆水域50公斤以上或者价值500元以上,或者在海洋水域200公斤以上或者价值2000元以上的;

(三)在禁渔区内使用禁用的工具或者禁用的方法捕捞的;

(四)在禁渔期内使用禁用的工具或者禁用的方法捕捞的;

(五)在公海使用禁用渔具从事捕捞作业,造成严重影响的;

(六)其他情节严重的情形。

• 关联法律

1. 最高人民检察院、公安部《关于公安机关管辖的刑事案件立案追诉标准的规定(1)》(公通字〔2008〕36号) 第63条

(见本条立案追诉标准内容)

2. 最高人民法院《关于审理发生在我国管辖海域相关案件若干问题的规定(2)》(法释〔2016〕17号)

第4条 违反保护水产资源法规,在海洋水域,在禁渔区、禁渔期或者使用禁用的工具、方法捕捞水产品,具有下列情形之一的,应当认定为刑法第340条规定的"情节严重":

(一)非法捕捞水产品1万公斤以上或者价值10万元以上的;(二)非法捕捞有重要经济价值的水生动物苗种、怀卵亲体2000公斤以上或者价值2万元以上的;(三)在水产种质资源保护区内捕捞水产品2000公斤以上或者价值2万元以上的;(四)在禁渔区内使用禁用的工具或者方法捕捞的;(五)在禁渔期内使用禁用的工具或者方法捕捞的;(六)在公海使用禁用渔具从事捕捞作业,造成严重影响的;(七)其他情节严重的情形。(全文详见本书《刑法》第341条相关内容)

3. 最高人民法院、最高人民检察院、公安部、司法部《关于依法惩治非法野生动物交易犯罪的指导意见》(公通字〔2020〕19号)

一、依法严厉打击非法猎捕、杀害野生动物的犯罪行为,从源头上防控非法野生动物交易。

非法猎捕、杀害国家重点保护的珍贵、濒危野生动物,符合刑法第341条第1款规定的,以非法猎捕、杀害珍贵、濒危野生动物罪定罪处罚。

违反狩猎法规,在禁猎区、禁猎期或者使用禁用的工具、方法进行狩猎,破坏野生动物资源,情节严重,符合刑法第341条第2款规定的,以非法狩猎罪定罪处罚。

违反保护水产资源法规,在禁渔区、禁渔期或者使用禁用的工具、方法捕捞水产品,情节严重,符合刑法第340条规定的,以非法捕捞水产品罪定罪处罚。(全文详见本书《刑法》第341条相关内容)

4. 最高人民法院、最高人民检察院、公安部、农业农村部《关于依法惩治长江流域非法捕捞等违法犯罪的意见》(公通字〔2020〕17号)

为依法惩治长江流域非法捕捞等危害水生生物资源的各类违法犯罪,保障长江流域禁捕

工作顺利实施,加强长江流域水生生物资源保护,推进水域生态保护修复,促进生态文明建设,根据有关法律、司法解释的规定,制定本意见。

一、提高政治站位,充分认识长江流域禁捕的重大意义

长江流域禁捕是贯彻习近平总书记关于"共抓大保护、不搞大开发"的重要指示精神,保护长江母亲河和加强生态文明建设的重要举措,是为全局计、为子孙谋,功在当代、利在千秋的重要决策。各级人民法院、人民检察院、公安机关、农业农村(渔政)部门要增强"四个意识"、坚定"四个自信"、做到"两个维护",深入学习领会习近平总书记重要指示批示精神,把长江流域重点水域禁捕工作作为当前重大政治任务,用足用好法律规定,依法严惩非法捕捞等危害水生生物资源的各类违法犯罪,加强行政执法与刑事司法衔接,全力摧毁"捕、运、销"地下产业链,为推进长江流域水生生物资源和水域生态保护修复,助力长江经济带高质量绿色发展提供有力法治保障。

二、准确适用法律,依法严惩非法捕捞等危害水生生物资源的各类违法犯罪

(一)依法严惩非法捕捞犯罪。违反保护水产资源法规,在长江流域重点水域非法捕捞水产品,具有下列情形之一的,依照刑法第340条的规定,以非法捕捞水产品罪定罪处罚:

1. 非法捕捞水产品500公斤以上或者1万元以上的;

2. 非法捕捞具有重要经济价值的水生动物苗种、怀卵亲体或者在水产种质资源保护区内捕捞水产品50公斤以上或者1000元以上的;

3. 在禁捕区域使用电鱼、毒鱼、炸鱼等严重破坏渔业资源的禁用方法捕捞的;

4. 在禁捕区域使用农业农村部规定的禁用工具捕捞的;

5. 其他情节严重的情形。

(二)依法严惩危害珍贵、濒危水生野生动物资源犯罪。在长江流域重点水域非法猎捕、杀害中华鲟、长江鲟、长江江豚或者其他国家重点保护的珍贵、濒危水生野生动物,价值2万元以上不满20万元的,应当依照刑法第341条的规定,以非法猎捕、杀害珍贵、濒危野生动物罪,处5年以下有期徒刑或者拘役,并处罚金;价值20万元以上不满200万元的,应当认定为"情节严重",处5年以上10年以下有期徒刑,并处罚金;价值200万元以上的,应当认定为"情节特别严重",处10年以上有期徒刑,并处罚金或者没收财产。

(三)依法严惩非法渔获物交易犯罪。明知是在长江流域重点水域非法捕捞犯罪所得的水产品而收购、贩卖,价值1万元以上的,应当依照刑法第312条的规定,以掩饰、隐瞒犯罪所得罪定罪处罚。

非法收购、运输、出售在长江流域重点水域非法猎捕、杀害的中华鲟、长江鲟、长江江豚或者其他国家重点保护的珍贵、濒危水生野生动物及其制品,价值2万元以上不满20万元的,应当依照刑法第341条的规定,以非法收购、运输、出售珍贵、濒危野生动物、珍贵、濒危野生动物制品罪,处5年以下有期徒刑或者拘役,并处罚金;价值20万元以上不满200万元的,应当认定为"情节严重",处5年以上10年以下有期徒刑,并处罚金;价值200万元以上的,应当认定为"情节特别严重",处10年以上有期徒刑,并处罚金或者没收财产。

(四)依法严惩危害水生生物资源的单位犯罪。水产品交易公司、餐饮公司等单位实施本意见规定的行为,构成单位犯罪的,依照本意见规定的定罪量刑标准,对直接负责的主管人员和其他直接责任人员定罪处罚,并对单位判处罚金。

(五)依法严惩危害水生生物资源的渎职犯罪。对长江流域重点水域水生生物资源保护负有监督管理、行政执法职责的国家机关工作人员,滥用职权或者玩忽职守,致使公共财产、国家和人民利益遭受重大损失的,应当依照刑法第397条的规定,以滥用职权罪或者玩忽职守罪定罪处罚。

负有查禁破坏水生生物资源犯罪活动职责的国家机关工作人员，向犯罪分子通风报信、提供便利，帮助犯罪分子逃避处罚的，应当依照刑法第417条的规定，以帮助犯罪分子逃避处罚罪定罪处罚。

(六)依法严惩危害水生生物资源的违法行为。实施上述行为，不构成犯罪的，由农业农村(渔政)部门等依据《渔业法》等法律法规予以行政处罚；构成违反治安管理行为的，由公安机关依法给予治安管理处罚。

(七)贯彻落实宽严相济刑事政策。多次实施本意见规定的行为构成犯罪，依法应当追诉的，或者2年内2次以上实施本意见规定的行为未经处理的，数量数额累计计算。

实施本意见规定的犯罪，具有下列情形之一的，从重处罚：(1)暴力抗拒、阻碍国家机关工作人员依法履行职务，尚未构成妨害公务罪的；(2)二年内曾因实施本意见规定的行为受过处罚的；(3)对长江生物资源或水域生态造成严重损害的；(4)具有造成重大社会影响等恶劣情节的。具有上述情形的，一般不适用不起诉、缓刑、免予刑事处罚。

非法捕捞水产品，根据渔获物的数量、价值和捕捞方法、工具等情节，认为对水生生物资源危害明显较轻的，可以认定为犯罪情节轻微，依法不起诉或者免予刑事处罚，但是曾因破坏水产资源受过处罚的除外。

非法猎捕、收购、运输、出售珍贵、濒危水生野生动物，尚未造成动物死亡，综合考虑行为手段、主观罪过、犯罪动机、获利数额、涉案水生生物的濒危程度、数量价值以及行为人的认罪悔罪态度、修复生态环境情况等情节，认为适用本意见规定的定罪量刑标准明显过重的，可以结合具体案件的实际情况依法作出妥当处理，确保罪责刑相适应。

三、健全完善工作机制，保障相关案件的办案效果

(一)做好退捕转产工作。根据有关规定，对长江流域捕捞渔民按照国家和所在地相关政策开展退捕转产，重点区域分类实行禁捕。要按照中央要求，加大投入力度，落实相关补助资金，根据渔民具体情况，分类施策、精准帮扶，通过发展产业、务工就业、支持创业、公益岗位等多种方式促进渔民转产就业，切实维护退捕渔民的权益，保障退捕渔民的生计。

(二)加强禁捕行政执法工作。长江流域各级农业农村(渔政)部门要加强禁捕宣传教育引导，对重点水域禁捕区域设立标志，建立“护渔员”协管巡护制度，不断提高人防技防水平，确保禁捕制度顺利实施。要强化执法队伍和能力建设，严格执法监管，加快配备禁捕执法装备设施，加大行政执法和案件查处力度，有效落实长江禁捕要求。对非法捕捞涉及的无船名船号、无船籍港、无船舶证书的船舶，要完善处置流程，依法予以没收、拆解、处置。要加大对制销禁用渔具等违法行为的查处力度，对制造、销售禁用渔具的，依法没收禁用渔具和违法所得，并予以罚款。要加强与相关部门协同配合，强化禁捕水域周边区域管理和行政执法，加强水产品交易市场、餐饮行业管理，依法依规查处非法捕捞和收购、加工、销售、利用非法渔获物等行为，斩断地下产业链。要加强行政执法与刑事司法衔接，对于涉嫌犯罪的案件，依法及时向公安机关移送。对水生生物资源保护负有监管职责的行政机关违法行使职权或者不作为，致使国家利益或者社会公共利益受到侵害的，检察机关可以依法提起行政公益诉讼。

(三)全面收集涉案证据材料。对于农业农村(渔政)部门等行政机关在行政执法和查办案件过程中收集的物证、书证、视听资料、电子数据等证据材料，在刑事诉讼或者公益诉讼中可以作为证据使用。农业农村(渔政)部门等行政机关和公安机关要依法及时、全面收集与案件相关的各类证据，并依法进行录音录像，为案件的依法处理奠定事实根基。对于涉案船只、捕捞工具、渔获物等，应当在采取拍照、录音录像、称重、提取样品等方式固定证据后，依法妥善保管；公安机关保管有困难的，可以委托农业农村(渔政)部门保管；对于需要放生的渔获物，可以在固定证据后先行放生；对于已死亡且不宜长期保存的渔获物，可以由农业农村(渔政)部门采取捐赠捐献用于科研、公益事业或者销毁等方式处理。

(四)准确认定相关专门性问题。对于长江流域重点水域禁捕范围(禁捕区域和时间),依据农业农村部关于长江流域重点水域禁捕范围和时间的有关通告确定。涉案渔获物系国家重点保护的珍贵、濒危水生野生动物的,动物及其制品的价值可以根据国务院野生动物保护主管部门综合考虑野生动物的生态、科学、社会价值制定的评估标准和方法核算。其他渔获物的价值,根据销赃数额认定;无销赃数额、销赃数额难以查证或者根据销赃数额认定明显偏低的,根据市场价格核算;仍无法认定的,由农业农村(渔政)部门认定或者由有关价格认证机构作出认证并出具报告。对于涉案的禁捕区域、禁捕时间、禁用方法、禁用工具、渔获物品种以及对水生生物资源的危害程度等专门性问题,由农业农村(渔政)部门于二个工作日以内出具认定意见;难以确定的,由司法鉴定机构出具鉴定意见,或者由农业农村部指定的机构出具报告。

(五)正确认定案件事实。要全面审查与定罪量刑有关的证据,确保据以定案的证据均经法定程序查证属实,确保综合全案证据,对所认定的事实排除合理怀疑。既要审查犯罪嫌疑人、被告人的供述和辩解,更要重视对相关物证、书证、证人证言、视听资料、电子数据等其他证据的审查判断。对于携带相关工具但是否实施电鱼、毒鱼、炸鱼等非法捕捞作业,是否进入禁捕水域范围以及非法捕捞渔获物种类、数量等事实难以直接认定的,可以根据现场执法音视频记录、案发现场周边视频监控、证人证言等证据材料,结合犯罪嫌疑人、被告人的供述和辩解等,综合作出认定。

(六)强化工作配合。人民法院、人民检察院、公安机关、农业农村(渔政)部门要依法履行法定职责,分工负责,互相配合,互相制约,确保案件顺利移送、侦查、起诉、审判。对于阻挠执法、暴力抗法的,公安机关要依法及时处置,确保执法安全。犯罪嫌疑人、被告人自愿如实供述自己的罪行,承认指控的犯罪事实,愿意接受处罚的,可以依法从宽处理;对于犯罪情节轻微,依法不需要判处刑罚或者免除刑罚的,人民检察院可以作出不起诉决定。对于实施危害水生生物资源的行为,致使社会公共利益受到侵害的,人民检察院可以依法提起民事公益诉讼。对于人民检察院作出不起诉决定、人民法院作出无罪判决或者免予刑事处罚,需要行政处罚的案件,由农业农村(渔政)部门等依法给予行政处罚。

(七)加强宣传教育。人民法院、人民检察院、公安机关、农业农村(渔政)部门要认真落实“谁执法谁普法”责任制,结合案件办理深入细致开展法治宣传教育工作。要选取典型案例,以案释法,加大警示教育,震慑违法犯罪分子,充分展示依法惩治长江流域非法捕捞等违法犯罪、加强水生生物资源保护和水域生态保护修复的决心。要引导广大群众遵纪守法,依法支持和配合禁捕工作,为长江流域重点水域禁捕的顺利实施营造良好的法治和社会环境。

5. 最高人民检察院《办理长江流域非法捕捞案件有关法律政策问题的解答》(高检办发〔2021〕1号)

为贯彻落实习近平总书记关于“共抓大保护、不搞大开发”重要指示精神,服务保障党中央、国务院关于长江“十年禁渔”重大决策部署,确保各级检察机关正确理解和准确适用刑法、长江保护法、渔业法,以及《最高人民法院、最高人民检察院、公安部、农业农村部依法惩治长江流域非法捕捞等违法犯罪的意见》(以下简称《意见》)等规定,现就办理长江流域非法捕捞案件有关法律政策问题,作如下解答。

一、办理长江流域非法捕捞案件,如何准确把握“长江流域重点水域”禁捕范围?

答:根据《意见》规定,办理涉长江流域重点水域的非法捕捞等危害水生生物资源的各类违法犯罪案件应当适用《意见》。司法实践中,检察机关要依照《农业农村部关于长江流域重点水域禁捕范围和时间的通告》(农业农村部通告〔2019〕4号)和《农业农村部关于设立长江

口禁捕管理区的通告》(农业农村部通告〔2020〕3号),准确把握"长江流域重点水域"禁捕范围。禁捕范围包括五类区域:

(一)长江流域水生生物保护区。包括《农业部关于公布率先全面禁捕长江流域水生生物保护区名录的通告》(农业部通告〔2017〕6号)公布的长江上游珍稀特有鱼类国家级自然保护区等332个自然保护区和水产种质资源保护区,以及今后长江流域范围内新建立的以水生生物为主要保护对象的自然保护区和水产种质资源保护区。

(二)长江干流和重要支流。包括青海省曲麻莱县以下至长江河口(东经122°、北纬31°36′30″、北纬30°54′之间的区域)的长江干流江段,岷江、沱江、赤水河、嘉陵江、乌江、汉江等重要通江河流在甘肃省、陕西省、云南省、贵州省、四川省、重庆市、湖北省境内的干流江段,大渡河在青海省和四川省境内的干流河段,以及各省确定的其他重要支流。

(三)长江口禁捕管理区。长江口禁捕管理区范围为东经122°15′、北纬31°41′36″、北纬30°54′形成的框型区线,向西以水陆交界线为界。

(四)大型通江湖泊。相关省级渔业行政主管部门划定的鄱阳湖、洞庭湖等大型通江湖泊除水生生物自然保护区和水产种质资源保护区以外的禁捕天然水域。

(五)其他重点水域。相关省级渔业行政主管部门划定的与长江干流、重要支流、大型通江湖泊连通的其他禁捕天然水域。

对于涉案的禁捕区域,检察机关可以根据《意见》规定,结合案件具体情况,商请农业农村(渔政)部门出具认定意见。

二、办理长江流域非法捕捞案件,如何准确把握非法捕捞水产品罪的入罪标准?

答:根据刑法第340条的规定,非法捕捞水产品罪是指违反保护水产资源法规,在禁渔区、禁渔期或者使用禁用的工具、方法捕捞水产品,情节严重的行为。《意见》明确了在长江流域重点水域非法捕捞水产品,构成非法捕捞水产品罪的入罪标准:1. 非法捕捞水产品500公斤以上或者价值1万元以上的;2. 非法捕捞具有重要经济价值的水生动物苗种、怀卵亲体或者在水产种质资源保护区内捕捞水产品50公斤以上或者价值1000元以上的;3. 在禁捕区域使用电鱼、毒鱼、炸鱼等严重破坏渔业资源的禁用方法捕捞的;4. 在禁捕区域使用农业农村部规定的禁用工具捕捞的;5. 其他情节严重的情形。

司法实践中,检察机关要依照刑法和《意见》相关规定,根据案件具体情况,从行为人犯罪动机、主观故意、所使用的方法、工具、涉案水生生物的珍贵、濒危程度、案发后修复生态环境情况等方面,综合判断其行为的社会危害性。既要用足用好法律规定,总体体现依法从严惩治的政策导向,又要准确把握司法办案尺度,切实避免"一刀切"简单司法、机械办案。

要注意防止"唯数量论"与"唯结果论"的做法。对于刚达到《意见》规定的数量或价值标准,行为人积极配合调查并接受且具有本解答规定的从宽处罚情形之一的,可以不追究刑事责任;需要给予行政处罚的,移送有关主管部门进行行政处罚。

三、办理长江流域非法捕捞案件,如何准确认定"电鱼、毒鱼、炸鱼等严重破坏渔业资源的禁用方法"和"农业农村部规定的禁用工具"?

答:根据《意见》规定,"在禁捕区域使用电鱼、毒鱼、炸鱼等严重破坏渔业资源的禁用方法捕捞"和"在禁捕区域使用农业农村部规定的禁用工具捕捞",是构成非法捕捞水产品罪的两项入罪追诉标准。

在认定"禁用方法"时,要注意审查具体方法对渔业资源的严重危害程度。对于在禁捕区域使用电鱼、毒鱼、炸鱼方法的,一般应当以非法捕捞水产品罪追究刑事责任。对于确属情节轻微、对渔业资源危害不大,依法不需要判处刑罚或者可以免除刑罚的,可以依法作出不起诉决定。对于电鱼、毒鱼、炸鱼以外的其他严重破坏渔业资源的禁用方法,注意从两个方面来把握:一是具有破坏渔业资源正常生长繁殖的现实危害或危险性;二是与电鱼、毒鱼、炸鱼方法的社会危害程度大致相当。对于虽使用禁用方法但尚未严重破坏渔业资源的行为,检察机关在依法作出不起诉决定的同时,应当依照长江保护法、渔业法等相关规定,移送有关主管部门给予行政处罚。

在认定"禁用工具"时,应当适用农业农村部出台的标准。办案中可参照《农业部关于长江干流禁止使用单船拖网等 14 种渔具的通告(试行)》(农业部通告〔2017〕2 号)的规定,将单船拖网、双船拖网、多船拖网、多桩有翼单囊张网、双锚框架张网、拦河撑架敷网、岸敷箕状敷网、岸敷撑架敷网、拦截插网陷阱、拦截箔签陷阱、导陷插网陷阱、导陷箔荃陷阱、拖曳齿耙耙刺、定置延绳滚钩耙刺等 14 种渔具,认定为"农业农村部规定的禁用工具"。农业农村部没有相应标准的,对相关工具不应认定为非法捕捞水产品罪中的"禁用工具";前述认定不影响对相应行为的行政处罚。

四、办理长江流域非法捕捞案件,如何准确认定行为人的主观故意?

答:在认定行为人是否具有非法捕捞水产品犯罪的主观故意时,应当依据其生活背景、职业经历、捕捞方法、捕捞工具、渔获物去向、获利资金流向,以及本人有无因同类行为受到行政处罚或者刑事追究情况等方面的证据,进行综合分析判断。

在办理非法捕捞水产品的案件中,认定主观故意原则上不要求行为人对有关禁渔区、禁渔期或者禁用的工具、方法等法律规定具有明确的认知,只要其认识到行为可能违法、被禁止即可。对于行为人作出合理解释,或者有证据证明其确系对禁捕区域、禁捕时间、禁用方法或者禁用工具不知情的,依法可不作为犯罪处理,但应当做好宣传教育工作,移送有关主管部门予以行政处罚。

五、办理长江流域非法捕捞案件,如何贯彻宽严相济刑事政策?

答:检察机关办理非法捕捞水产品案件,应当贯彻宽严相济刑事政策,准确判断行为人的责任轻重和刑事追究的必要性,综合运用刑事、行政、经济手段惩治违法犯罪,做到惩处少数、教育挽救大多数,实现罪责刑相适应。对于不同性质案件的处理,要体现区别对待的原则:一方面,要从严惩处有组织的、经常性的或者形成产业链的危害水生生物资源犯罪;另一方面,对个人偶尔实施的不具有生产性、经营性的非法捕捞行为要慎用刑罚,危害严重构成犯罪的,在处罚时应与前一类犯罪案件有所区别。

除《意见》规定的从重处罚情形外,对具有下列情形之一的,一般可以认定为非法捕捞水产品罪的从严处罚情形,并依法提出从严的量刑建议:1. 在繁育期非法捕捞的;2. 纠集多条船只或者使用大型设施设备非法捕捞的;3. 以非法捕捞为业的;4. 与黑恶势力犯罪相交织的;5. 其他严重破坏渔业资源或者生态环境的情形。

对具有下列情形之一的,一般可以认定为非法捕捞水产品罪的从宽处罚情形,并依法提出从宽的量刑建议:1. 不以生产、经营为目的,使用小型网具、钓具等对渔业资源和生态环境危害较轻的工具、方法非法捕捞的;2. 自愿认罪认罚的;3. 具有积极承诺及履行生态环境修复义务等悔罪表现的;4. 其他对渔业资源、生态环境损害较轻的情形。如果行为人主观恶性不大,并综合捕捞方法、工具、渔获物的数量、价值等情节,认为对水生生物资源危害明显较轻的,可以认定为犯罪情节轻微,依法作出不起诉决定。

六、办理长江流域非法捕捞案件,如何准确把握非法捕捞水产品罪与其他关联犯罪的界限?

答:《意见》要求全力摧毁危害长江流域水生生物资源的"捕、运、销"地下产业链,并明确了关联犯罪的定罪量刑标准。司法实践中,检察机关要注意从以下几个方面把握非法捕捞水产品罪与关联犯罪的界限,推动形成"水上不捕、市场不卖、餐厅不做、群众不吃"的良好氛围。

一是注意把握非法捕捞水产品罪与掩饰、隐瞒犯罪所得、犯罪所得收益罪的界限。两罪是上下游犯罪的关系，后罪的成立要求上游行为达到犯罪的程度。基于处罚平衡的考虑，为避免罪刑倒挂现象，对于明知是在长江流域重点水域非法捕捞犯罪所得的水产品而予以窝藏、转移、收购、代为销售或者以其他方法掩饰、隐瞒，价值1万元以上的，一般应依照刑法第312条的规定以掩饰、隐瞒犯罪所得、犯罪所得收益罪，提出处3年以下有期徒刑、拘役或者管制，并处或者单处罚金的量刑建议。

二是注意把握非法捕捞水产品罪与非法猎捕、杀害珍贵、濒危野生动物罪的界限。前罪的保护对象是"水产品"，包括一般的水生动物与珍贵、濒危的水生动物，后罪的保护对象是"国家重点保护的珍贵、濒危野生动物"。行为人基于同一主观故意，实施同一非法捕捞行为，但捕捞对象同时涉及一般水生动物与珍贵、濒危水生动物的，应区分以下情况处理：第1种情况，同一行为同时构成两罪，应当从一重罪论处，对涉案一般水生生物的数量或价值作为量刑情节考虑，以非法猎捕、杀害珍贵、濒危野生动物罪定性并酌情从重处理；第2种情况，同一行为不能分别构成两罪，但涉案水生生物的数量或价值按相应比例折算后合计达到非法捕捞水产品罪入罪标准的，应以非法捕捞水产品罪定性处理；第3种情况，同一行为构成非法捕捞水产品罪，但尚不构成非法猎捕、杀害珍贵、濒危野生动物罪的，对涉案珍贵、濒危水生动物的数量或价值按相应比例折算后，一并以非法捕捞水产品罪定性处理；第4种情况，同一行为构成非法猎捕、杀害珍贵、濒危野生动物罪，但尚不构成非法捕捞水产品罪的，对涉案一般水生生物的数量或价值作为量刑情节考虑，以非法猎捕、杀害珍贵、濒危野生动物罪定性并酌情从重处理。

三是注意把握非法捕捞水产品罪与非法收购、运输、出售珍贵、濒危野生动物、珍贵、濒危野生动物制品罪的界限。根据刑法和《意见》的规定，非法收购、运输、出售在长江流域重点水域非法猎捕、杀害的中华鲟、长江鲟、长江江豚或者其他国家重点保护的珍贵、濒危水生野生动物及其制品，达到相应价值标准的，以非法收购、运输、出售珍贵、濒危野生动物、珍贵、濒危野生动物制品罪定罪处罚。同时，根据全国人大常委会《关于〈中华人民共和国刑法〉第341条、第312条的解释》，知道或者应当知道是国家重点保护的珍贵、濒危野生动物及其制品，为食用或者其他目的而非法购买，符合刑法第341条第1款规定的，以非法收购珍贵、濒危野生动物、珍贵、濒危野生动物制品罪定罪处罚。

四是注意认定非法捕捞水产品犯罪的其他关联犯罪。制造、销售禁用渔具，情节严重，符合刑法第140条或者第146条规定的，以生产、销售伪劣产品罪或者生产、销售不符合安全标准的产品罪定罪处罚。明知是长江流域非法捕捞渔获物而利用信息网络设立用于收购、出售的网站、通讯群组，或者发布相关犯罪信息，情节严重，符合刑法第287条之一规定的，以非法利用信息网络罪定罪处罚。

五是注意认定非法捕捞水产品犯罪的共同犯罪。事前通谋，按照分工分别实施非法捕捞、运输、销售等行为的，以共同犯罪论处。明知他人从事非法捕捞，仍为其提供工具、运输、加工、销售等帮助的，以共同犯罪论处。

七、办理长江流域非法捕捞案件，检察机关如何落实在办案中监督、在监督中办案的要求？

答：各级检察机关要深刻认识到法律监督与诉讼办案职能一体两面的特性，重点做好以下工作：

一是加强"行刑衔接"。要健全与行政执法机关、公安机关执法司法信息共享、案情通报、案件移送制度，推动实现行政执法与刑事司法的无缝对接、双向衔接。发现农业农村(渔政)、市场监管等行政执法机关对应当移送的涉嫌非法捕捞犯罪案件不移送的，应当提出意见，建议其移送。相关行政执法机关仍不移送的,应当将有关情况书面告知公安机关,并监督公安机关及时立案侦查。对于行政执法机关移送的案件,检察机关依法作出不起诉决定的,应当将决定不起诉案件处理结果及时书面告知相应行政执法机关。对被不起诉人需要给予行政处罚的,应当提出检察意见,移送有关行政机关处理。要加强跟踪监督,督促行政执法机关及时将处理结果通知检察机关。

二是加强立案监督。要注重监督实效,切实防止和纠正有案不立和违法立案的情况。对应当立案而不立案,或者明显不构成犯罪的案件公安机关立案的,应当要求公安机关书面说明不立案或者立案的理由。认为公安机关不立案或者立案的理由不成立的,经检察长或者检察委员会决定,应当通知公安机关立案或者撤销案件。

三是加强引导取证和侦查监督。经公安机关商请或者检察机关认为确有必要时,可以派员介入重大、疑难、复杂案件的侦查活动。结合非法捕捞及有关关联犯罪的特点,引导侦查机关收集、完善和固定证据。特别是在"捕、运、销"形成链条的共同犯罪案件中,注意引导侦查机关全面收集各环节实施犯罪的证据,查明犯罪团伙各成员的地位、作用,准确判断共同犯罪故意。对公安机关侦查活动中的违法行为,及时提出纠正意见。

四是加强审判监督。强化审判监督意识,进一步明确认罪认罚从宽的具体标准,统一司法尺度,减少量刑分歧。重点加强对涉长江流域重点水域非法捕捞案件诉判不一、量刑畸轻畸重、判处缓免刑不当的监督。对符合法定抗诉情形的,要依法进行抗诉。

五是加强执行监督。完善执行监督机制,确保刑罚(包括财产刑)以及刑事附带民事公益诉讼裁判执行到位。加强对司法工作人员履职的监督,对于司法办案中存在滥用职权、玩忽职守、徇私枉法等行为,构成犯罪的,依法立案侦查。

八、办理长江流域非法捕捞案件,检察机关如何贯彻恢复性司法理念?

答:检察机关要顺应公共利益代表的时代需求,不断增强系统思维,在办案中贯彻恢复性司法理念。实践中,重点做好以下工作:

一是坚持"专业化法律监督+恢复性司法实践+社会化综合治理"的生态检察模式。总结推广长江流域生态保护和环境治理的检察经验,统筹兼顾长江流域不同环境要素的修复,积极探索适用增殖放流、劳务代偿、替代履行等生态修复方式,将生态环境修复义务承诺及履行情况作为量刑情节,对积极主动修复生态环境的被告人依法从宽处罚,实现惩治犯罪和修复生态相统一,促进长江水生生物资源恢复。对于渔获物符合放生条件的,改进取证方式,及时委托专业救护,防止渔获物因办案被"保护性伤害"。

二是充分发挥"河(湖)长+检察长"制度作用。总结推广"河(湖)长+检察长"机制建设的经验做法,推动将禁捕退捕工作纳入地方政府绩效考核和河长制、湖长制等目标任务考核体系。建立定期通报和约谈制度,防止工作推进不力、责任落实不到位。建立健全涉渔案件、事件应急处置快速反应体系,提高协同协作质量效率。统一上下游、左右岸执法司法标准和尺度。

三是积极消除违法信息的负面影响。针对办案中发现电商平台、短视频、直播平台等放任用户发布涉渔禁限售商品或者服务,教唆、引诱非法捕捞行为,传授制作、使用禁用工具的方法或者涉渔虚假广告等违法信息的,应当建议主管部门责令相关责任主体,在删除、屏蔽、下架违法信息或者商品的基础上,通过发布声明、公开道歉、现身说法、公益广告等方式消除影响,修复受损的正常网络秩序。

九、检察机关如何通过民事公益诉讼,服务保障长江流域禁捕工作?

答:《意见》提出,对于实施危害水生生物资源的行为,致使社会公共利益受到侵害的,检察机关可以依法提起民事公益诉讼。实践中,重点做好以下工作:

一是优先提起刑事附带民事公益诉讼。在依法追究刑事责任的同时,一并诉请人民法院责令被告承担修复生态环境、赔偿损失、停止侵害、排除妨碍、消除危险、赔礼道歉等民事责任。

二是必要时单独提起民事公益诉讼。单独提起民事公益诉讼更有利于及时有效实现“捕、运、销”全链条整治和生态功能修复的,或者已承担刑事责任仍需承担生态环境损害赔偿责任,检察机关履行诉前公告程序过程中,相关刑事案件已依法审理的,可以另行提起民事公益诉讼。

三是加强民事公益诉讼与生态环境损害赔偿诉讼的衔接。检察机关应当坚持民事公益诉讼后位性、补充性的定位,履职中发现因非法捕捞造成长江流域生态受损情况,可以与损害赔偿权利人进行沟通,告知其依法及时提起生态环境损害赔偿诉讼。检察机关可以对生态环境损害赔偿磋商和诉讼提供法律支持。赔偿权利人在合理期限内不提起诉讼的,检察机关可以依法提起民事公益诉讼。

检察机关可以根据《关于推进生态环境损害赔偿制度改革若干具体问题的意见》的规定,商请有关行政机关提供证据材料和技术方面的支持。在对同一损害生态环境行为同时提起生态环境损害赔偿诉讼和民事公益诉讼的情况下,应当加强与生态环境损害赔偿诉讼原告的协调,推动案件依法妥善处理。

十、检察机关如何运用检察建议服务保障长江流域禁捕工作,推动长江流域治理?

答:检察建议在服务保障长江流域禁捕工作,推动长江流域生态保护方面具有积极作用。实践中,重点做好以下工作:

一是发现负有禁捕、退捕转产、渔民安置等职责的行政主管部门不依法及时履行职责,导致非法捕捞屡禁不止,或者在禁捕工作中矫枉过正损害渔民和有关单位、组织的合法权益,或者未依据相关规定开展退捕转产工作,致使渔民得不到妥善安置,转产转业未予落实的,可以向有关行政主管部门提出社会治理检察建议。

二是发现运输企业、水产品交易市场、餐饮企业等有关单位和组织,因工作程序存在疏漏、监督管理不严格、检查验收制度不健全、执行不到位等问题,导致发生运输、买卖非法捕捞的水产品等违法犯罪行为,或者存在违法犯罪隐患的,可以向有关单位和组织提出社会治理检察建议。

三是发现在禁捕退捕工作中渔民因退捕安置、转产转业产生矛盾纠纷,可能导致发生群体性事件或者恶性案件,需要督促有关部门完善风险预警防范措施,加强调解疏导工作的,可以向有关部门提出社会治理检察建议。

四是发现对生态保护负有监督管理职责的部门违法行使职权或者不作为,致使长江流域生态环境或者水生生物资源遭受严重破坏,损害国家利益和社会公共利益,符合法律规定的公益诉讼条件的,应当向有关部门提出公益诉讼诉前检察建议。

6. 国家林业和草原局、农业农村部《国家重点保护野生动物名录》(2021年第3号公告)

(全文详见本书《刑法》第341条相关内容)

7. 最高人民法院、最高人民检察院《关于办理破坏野生动物资源刑事案件适用法律若干问题的解》(法释〔2022〕12号)

第3条 在内陆水域,违反保护水产资源法规,在禁渔区、禁渔期或者使用禁用的工具、方法捕捞水产品,具有下列情形之一的,应当认定为刑法第340条规定的“情节严重”,以非法捕捞水产品罪定罪处罚:

(一)非法捕捞水产品500公斤以上或者价值1万元以上的;(二)非法捕捞有重要经济价值的水生动物苗种、怀卵亲体或者在水产种质资源保护区内捕捞水产品50公斤以上或者价值1000元以上的；(三)在禁渔区使用电鱼、毒鱼、炸鱼等严重破坏渔业资源的禁用方法或者禁用工具捕捞的；(四)在禁渔期使用电鱼、毒鱼、炸鱼等严重破坏渔业资源的禁用方法或者禁用工具捕捞的；(五)其他情节严重的情形。

实施前款规定的行为，具有下列情形之一的，从重处罚：

(一)暴力抗拒、阻碍国家机关工作人员依法履行职务，尚未构成妨害公务罪、袭警罪的；(二)2年内曾因破坏野生动物资源受过行政处罚的；(三)对水生生物资源或者水域生态造成严重损害的；(四)纠集多条船只非法捕捞的；(五)以非法捕捞为业的。

实施第1款规定的行为，根据渔获物的数量、价值和捕捞方法、工具等，认为对水生生物资源危害明显较轻的，综合考虑行为人自愿接受行政处罚、积极修复生态环境等情节，可以认定为犯罪情节轻微，不起诉或者免予刑事处罚；情节显著轻微危害不大的，不作为犯罪处理。(全文详见本书《刑法》第341条相关内容)

8. 参见本书《刑法》第338、341条相关内容。

第341条 【危害珍贵、濒危野生动物罪】 非法猎捕、杀害国家重点保护的珍贵、濒危野生动物的，或者非法收购、运输、出售国家重点保护的珍贵、濒危野生动物及其制品的，处5年以下有期徒刑或者拘役，并处罚金；情节严重的，处5年以上10年以下有期徒刑，并处罚金；情节特别严重的，处10年以上有期徒刑，并处罚金或者没收财产。

【非法狩猎罪】 违反狩猎法规，在禁猎区、禁猎期或者使用禁用的工具、方法进行狩猎，破坏野生动物资源，情节严重的，处3年以下有期徒刑、拘役、管制或者罚金。

【非法猎捕、收购、运输、出售陆生野生动物罪】 违反野生动物保护管理法规，以食用为目的非法猎捕、收购、运输、出售第1款规定以外的在野外环境自然生长繁殖的陆生野生动物，情节严重的，依照前款的规定处罚。

(2014年4月24日第十二届全国人大常委会第八次会议根据司法实践中遇到的情况，讨论了刑法第341条第1款规定的非法收购国家重点保护的珍贵、濒危野生动物及其制品的含义和收购刑法第341条第2款规定的非法狩猎的野生动物如何适用刑法有关规定的问题，解释如下：

知道或者应当知道是国家重点保护的珍贵、濒危野生动物及其制品，为食用或者其他目的而非法购买的，属于刑法第341条第1款规定的非法收购国家重点保护的珍贵、濒危野生动物及其制品的行为。

知道或者应当知道是刑法第341条第2款规定的非法狩猎的野生动物而购买的，属于刑法第312条第1款规定的明知是犯罪所得而收购的行为。)

(本条《中华人民共和国刑法修正案(11)》修改)

• 释义

【危害珍贵、濒危野生动物罪】危害珍贵、濒危野生动物罪是指非法猎捕、杀害国家重点保护的珍贵、濒危野生动物的行为。

"珍贵、濒危野生动物"，包括列入《国家重点保护野生动物名录》的国家1、2级保护动物、列入《濒危野生动植物种国际贸易公约》附录1、附录2的野生动物以及驯养繁殖的上述物种。"收购"，包括以营利、自用等为目的的购买行为；"运输"，包括采用携带、邮寄、利用他人、使用交通工具等方法进行运送的行为；"出售"，包括出卖和以营利为目的的加工利用行为。

【非法狩猎罪】非法狩猎罪是指违反狩猎法规，在禁猎区、禁猎期或者使用禁用的工具、方法进行狩猎，破坏野生动物资源，情节严重的行为。

【非法猎捕、收购、运输、出售陆生野生动物罪】非法猎捕、收购、运输、出售陆生野生动物罪是指故意非法猎捕、收购、运输、出售国家重点保护的陆生野生动物的行为。

• 管辖

公安机关食品药品犯罪侦查部门。

• 立案追诉标准

【危害珍贵、濒危野生动物罪立案追诉标准】

非法猎捕、杀害国家重点保护的珍贵、濒危野生动物的,应予立案追诉。

注:本立案追诉标准所指"珍贵、濒危野生动物",包括列入《国家重点保护野生动物名录》的国家1、2级保护动物、列入《濒危野生动植物种国际贸易公约》附录1、附录2的野生动物以及驯养繁殖的上述物种。

【非法收购、运输、出售珍贵、濒危野生动物、珍贵、濒危野生动物制品罪立案追诉标准】

非法收购、运输、出售国家重点保护的珍贵、濒危野生动物及其制品的,应予立案追诉。

注:本立案追诉标准所指"收购",包括以营利、自用等为目的的购买行为;"运输",包括采用携带、邮寄、利用他人、使用交通工具等方法进行运送的行为;"出售",包括出卖和以营利为目的的加工利用行为。

【非法狩猎罪立案追诉标准】

违反狩猎法规,在禁猎区、禁猎期或者使用禁用的工具、方法进行狩猎,破坏野生动物资源,涉嫌下列情形之一的,应予立案追诉:

(一)非法狩猎野生动物20只以上的;

(二)在禁猎区内使用禁用的工具或者禁用的方法狩猎的;

(三)在禁猎期内使用禁用的工具或者禁用的方法狩猎的;

(四)其他情节严重的情形。

• 关联法律

1.《中华人民共和国野生动物保护法》(1988年11月8日第七届全国人大常委会第四次会议通过;2004年8月28日第十届全国人大常委会第十一次会议《关于修改〈中华人民共和国野生动物保护法〉的决定》第一次修正;2009年8月27日第十一届全国人大常委会第十次会议《关于修改部分法律的决定》第二次修正;2016年7月2日第十二届全国人大常委会第二十一次会议修订;2018年10月26日第十三届全国人大常委会第六次会议《关于修改〈中华人民共和国野生动物保护法〉等15部法律的决定》第三次修正)

第2条 在中华人民共和国领域及管辖的其他海域,从事野生动物保护及相关活动,适用本法。

本法规定保护的野生动物,是指珍贵、濒危的陆生、水生野生动物和有重要生态、科学、社会价值的陆生野生动物。

本法规定的野生动物及其制品,是指野生动物的整体(含卵、蛋)、部分及其衍生物。

珍贵、濒危的水生野生动物以外的其他水生野生动物的保护,适用《中华人民共和国渔业法》等有关法律的规定。

第7条 国务院林业草原、渔业主管部门分别主管全国陆生、水生野生动物保护工作。

县级以上地方人民政府林业草原、渔业主管部门分别主管本行政区域内陆生、水生野生动物保护工作。

第10条 国家对野生动物实行分类分级保护。

国家对珍贵、濒危的野生动物实行重点保护。国家重点保护的野生动物分为1级保护野生动物和2级保护野生动物。国家重点保护野生动物名录,由国务院野生动物保护主管部门组织科学评估后制定,并每5年根据评估情况确定对名录进行调整。国家重点保护野生动物名录报国务院批准公布。

地方重点保护野生动物,是指国家重点保护野生动物以外,由省、自治区、直辖市重点保护的野生动物。地方重点保护野生动物名录,由省、自治区、直辖市人民政府组织科学评估后制定、调整并公布。

有重要生态、科学、社会价值的陆生野生动物名录,由国务院野生动物保护主管部门组织科学评估后制定、调整并公布。

第21条 禁止猎捕、杀害国家重点保护野生动物。

因科学研究、种群调控、疫源疫病监测或者其他特殊情况,需要猎捕国家1级保护野生动物的,应当向国务院野生动物保护主管部门申请特许猎捕证;需要猎捕国家2级保护野生动物的,应当向省、自治区、直辖市人民政府野生动物保护主管部门申请特许猎捕证。

第22条 猎捕非国家重点保护野生动物的,应当依法取得县级以上地方人民政府野生动物保护主管部门核发的狩猎证,并且服从猎捕量限额管理。

第23条 猎捕者应当按照特许猎捕证、狩猎证规定的种类、数量、地点、工具、方法和期限进行猎捕。

持枪猎捕的,应当依法取得公安机关核发的持枪证。

第24条 禁止使用毒药、爆炸物、电击或者电子诱捕装置以及猎套、猎夹、地枪、排铳等工具进行猎捕,禁止使用夜间照明行猎、歼灭性围猎、捣毁巢穴、火攻、烟熏、网捕等方法进行猎捕,但因科学研究确需网捕、电子诱捕的除外。

前款规定以外的禁止使用的猎捕工具和方法,由县级以上地方人民政府规定并公布。

第27条 禁止出售、购买、利用国家重点保护野生动物及其制品。

因科学研究、人工繁育、公众展示展演、文物保护或者其他特殊情况,需要出售、购买、利用国家重点保护野生动物及其制品的,应当经省、自治区、直辖市人民政府野生动物保护主管部门批准,并按照规定取得和使用专用标识,保证可追溯,但国务院对批准机关另有规定的除外。

实行国家重点保护野生动物及其制品专用标识的范围和管理办法,由国务院野生动物保护主管部门规定。

出售、利用非国家重点保护野生动物的,应当提供狩猎、进出口等合法来源证明。

出售本条第2款、第4款规定的野生动物的,还应当依法附有检疫证明。

第35条 中华人民共和国缔结或者参加的国际公约禁止或者限制贸易的野生动物或者其制品名录,由国家濒危物种进出口管理机构制定、调整并公布。

进出口列入前款名录的野生动物或者其制品的,出口国家重点保护野生动物或者其制品的,应当经国务院野生动物保护主管部门或者国务院批准,并取得国家濒危物种进出口管理机构核发的允许进出口证明书。海关依法实施进出境检疫,凭允许进出口证明书、检疫证明按照规定办理通关手续。

涉及科学技术保密的野生动物物种的出口,按照国务院有关规定办理。

列入本条第1款名录的野生动物,经国务院野生动物保护主管部门核准,在本法适用范围内可以按照国家重点保护的野生动物管理。

第42条 野生动物保护主管部门或者其他有关部门、机关不依法作出行政许可决定,发现违法行为或者接到对违法行为的举报不予查处或者不依法查处,或者有滥用职权等其他不依法履行职责的行为的,由本级人民政府或者上级人民政府有关部门、机关责令改正,对负有责任的主管人员和其他直接责任人员依法给予记过、记大过或者降级处分;造成严重后果的,给予撤职或者开除处分,其主要负责人应当引咎辞职;构成犯罪的,依法追究刑事责任。

第43条 违反本法第12条第3款、第13条第2款规定的,依照有关法律法规的规定处罚。

第44条 违反本法第15条第3款规定,以收容救护为名买卖野生动物及其制品的,由县级以上人民政府野生动物保护主管部门没收野生动物及其制品、违法所得,并处野生动物及其制品价值2倍以上10倍以下的罚款,将有关违法信息记入社会诚信档案,向社会公布;构成犯罪的,依法追究刑事责任。

第45条 违反本法第20条、第21条、第23条第1款、第24条第1款规定,在相关自然保护区域、禁猎(渔)区、禁猎(渔)期猎捕国家重点保护野生动物,未取得特许猎捕证、未按照特许猎捕证规定猎捕、杀害国家重点保护野生动物,或者使用禁用的工具、方法猎捕国家重点保护野生动物的,由县级以上人民政府野生动物保护主管部门、海洋执法部门或者有关保护区域管理机构按照职责分工没收猎获物、猎捕工具和违法所得,吊销特许猎捕证,并处猎获物价值2倍以上10倍以下的罚款;没有猎获物的,并处1万元以上5万元以下的罚款;构成犯罪的,依法追究刑事责任。

第46条 违反本法第20条、第22条、第23条第1款、第24条第1款规定,在相关自然保护区域、禁猎(渔)区、禁猎(渔)期猎捕非国家重点保护野生动物,未取得狩猎证、未按照狩猎证规定猎捕非国家重点保护野生动物,或者使用禁用的工具、方法猎捕非国家重点保护野生动物的,由县级以上地方人民政府野生动物保护主管部门或者有关保护区域管理机构按照职责分工没收猎获物、猎捕工具和违法所得,吊销狩猎证,并处猎获物价值1倍以上5倍以下的罚款;没有猎获物的,并处2000元以上1万元以下的罚款;构成犯罪的,依法追究刑事责任。

违反本法第23条第2款规定,未取得持枪证持枪猎捕野生动物,构成违反治安管理行为的,由公安机关依法给予治安管理处罚;构成犯罪的,依法追究刑事责任。

第47条 违反本法第25条第2款规定,未取得人工繁育许可证繁育国家重点保护野生动物或者本法第28条第2款规定的野生动物的,由县级以上人民政府野生动物保护主管部门没收野生动物及其制品,并处野生动物及其制品价值1倍以上5倍以下的罚款。

第48条 违反本法第27条第1款和第2款、第28条第1款、第33条第1款规定,未经批准、未取得或者未按照规定使用专用标识,或者未持有、未附有人工繁育许可证、批准文件的副本或者专用标识出售、购买、利用、运输、携带、寄递国家重点保护野生动物及其制品或者本法第28条第2款规定的野生动物及其制品的,由县级以上人民政府野生动物保护主管部门或者市场监督管理部门按照职责分工没收野生动物及其制品和违法所得,并处野生动物及其制品价值2倍以上10倍以下的罚款;情节严重的,吊销人工繁育许可证、撤销批准文件、收回专用标识;构成犯罪的,依法追究刑事责任。

违反本法第27条第4款、第33条第2款规定,未持有合法来源证明出售、利用、运输非国家重点保护野生动物的,由县级以上地方人民政府野生动物保护主管部门或者市场监督管理部门按照职责分工没收野生动物,并处野生动物价值1倍以上5倍以下的罚款。

违反本法第27条第5款、第33条规定,出售、运输、携带、寄递有关野生动物及其制品未持有或者未附有检疫证明的,依照《中华人民共和国动物防疫法》的规定处罚。

第49条 违反本法第30条规定,生产、经营使用国家重点保护野生动物及其制品或者没有合法来源证明的非国家重点保护野生动物及其制品制作食品,或者为食用非法购买国家重点保护的野生动物及其制品的,由县级以上人民政府野生动物保护主管部门或者市场监督管理部门按照职责分工责令停止违法行为,没收野生动物及其制品和违法所得,并处野生动物及其制品价值 2 倍以上 10 倍以下的罚款;构成犯罪的,依法追究刑事责任。

第 50 条 违反本法第 31 条规定,为出售、购买、利用野生动物及其制品或者禁止使用的猎捕工具发布广告的,依照《中华人民共和国广告法》的规定处罚。

第 51 条 违反本法第 32 条规定,为违法出售、购买、利用野生动物及其制品或者禁止使用的猎捕工具提供交易服务的,由县级以上人民政府市场监督管理部门责令停止违法行为,限期改正,没收违法所得,并处违法所得 2 倍以上 5 倍以下的罚款;没有违法所得的,处 1 万元以上 5 万元以下的罚款;构成犯罪的,依法追究刑事责任。

第 52 条 违反本法第 35 条规定,进出口野生动物或者其制品的,由海关、公安机关、海洋执法部门依照法律、行政法规和国家有关规定处罚;构成犯罪的,依法追究刑事责任。

第 53 条 违反本法第 37 条第 1 款规定,从境外引进野生动物物种的,由县级以上人民政府野生动物保护主管部门没收所引进的野生动物,并处 5 万元以上 25 万元以下的罚款;未依法实施进境检疫的,依照《中华人民共和国进出境动植物检疫法》的规定处罚;构成犯罪的,依法追究刑事责任。

第 54 条 违反本法第 37 条第 2 款规定,将从境外引进的野生动物放归野外环境的,由县级以上人民政府野生动物保护主管部门责令限期捕回,处 1 万元以上 5 万元以下的罚款;逾期不捕回的,由有关野生动物保护主管部门代为捕回或者采取降低影响的措施,所需费用由被责令限期捕回者承担。

第 55 条 违反本法第 39 条第 1 款规定,伪造、变造、买卖、转让、租借有关证件、专用标识或者有关批准文件的,由县级以上人民政府野生动物保护主管部门没收违法证件、专用标识、有关批准文件和违法所得,并处 5 万元以上 25 万元以下的罚款;构成违反治安管理行为的,由公安机关依法给予治安管理处罚;构成犯罪的,依法追究刑事责任。

第 56 条 依照本法规定没收的实物,由县级以上人民政府野生动物保护主管部门或者其授权的单位按照规定处理。

第 57 条 本法规定的猎获物价值、野生动物及其制品价值的评估标准和方法,由国务院野生动物保护主管部门制定。

2. 最高人民法院《关于审理破坏野生动物资源刑事案件具体应用法律若干问题的解释》(法释〔2000〕37 号)

(法释〔2022〕12 号文件已声明本文件废止)

3. 国家林业局、公安部《关于森林和陆生野生动物刑事案件管辖及立案标准》(林安发〔2001〕156 号)

(见本条立案追诉标准内容及本书《刑法》第 151 条相关内容)

4. 最高人民检察院、公安部《关于公安机关管辖的刑事案件立案追诉标准的规定(1)》(公通字〔2008〕36 号)第 64 条、第 65 条、第 66 条

(见本条立案追诉标准内容)

5. 最高人民法院、最高人民检察院、国家林业局、公安部、海关总署《关于破坏野生动物资源刑事案件中涉及的 CITES 附录Ⅰ和附录Ⅱ所列陆生野生动物制品价值核定问题的通知》(林濒发〔2012〕239 号)

我国是《濒危野生动植物种国际贸易公约》(CITES)缔约国,非原产我国的 CITES 附录Ⅰ和附录Ⅱ所列陆生野生动物已依法被分别核准为国家 1 级、2 级保护野生动物。近年来,各地严格按照 CITES 和我国野生动物保护法律法规的规定,查获了大量非法收购、运输、出售和走私 CITES 附录Ⅰ、附录Ⅱ所列陆生野生动物及其制品案件。为确保依法办理上述案件,依据

《陆生野生动物保护实施条例》第24条、《最高人民法院关于审理走私刑事案件具体应用法律若干问题的解释》(法释〔2000〕30号)第4条,以及《最高人民法院关于审理破坏野生动物资源刑事案件具体应用法律若干问题的解释》(法释〔2000〕37号)第10条和第11条的有关规定,结合《林业部关于在野生动物案件中如何确定国家重点保护野生动物及其产品价值标准的通知》(林策通字〔1996〕8号),现将破坏野生动物资源案件中涉及的CITES附录Ⅰ和附录Ⅱ所列陆生野生动物制品的价值标准规定如下:

一、CITES附录Ⅰ、附录Ⅱ所列陆生野生动物制品的价值,参照与其同属的国家重点保护陆生野生动物的同类制品价值标准核定;没有与其同属的国家重点保护陆生野生动物的,参照与其同科的国家重点保护陆生野生动物的同类制品价值标准核定;没有与其同科的国家重点保护陆生野生动物的,参照与其同目的国家重点保护陆生野生动物的同类制品价值标准核定;没有与其同目的国家重点保护陆生野生动物的,参照与其同纲或者同门的国家重点保护陆生野生动物的同类制品价值标准核定。

二、同属、同科、同目、同纲或者同门中,如果存在多种不同保护级别的国家重点保护陆生野生动物的,应当参照该分类单元中相同保护级别的国家重点保护陆生野生动物的同类制品价值标准核定;如果存在多种相同保护级别的国家重点保护陆生野生动物的,应当参照该分类单元中价值标准最低的国家重点保护陆生野生动物的同类制品价值标准核定;如果CITES附录Ⅰ和附录Ⅱ所列陆生野生动物所处分类单元有多种国家重点保护陆生野生动物,但保护级别不同的,应当参照该分类单元中价值标准最低的国家重点保护陆生野生动物的同类制品价值标准核定;如果仅有一种国家重点保护陆生野生动物的,应当参照该种国家重点保护陆生野生动物的同类制品价值标准核定。

三、同一案件中缴获的同一动物个体的不同部分的价值总和,不得超过该种动物个体的价值。

四、核定价值低于非法贸易实际交易价格的,以非法贸易实际交易价格认定。

五、犀牛角、象牙等野生动物制品的价值,继续依照《国家林业局关于发布破坏野生动物资源刑事案中涉及走私的象牙及其制品价值标准的通知》(林濒发〔2001〕234号),以及《国家林业局关于发布破坏野生动物资源刑事案件中涉及犀牛角价值标准的通知》(林护发〔2002〕130号)的规定核定。

人民法院、人民检察院、公安、海关等办案单位可以依据上述价值标准,核定破坏野生动物资源刑事案件中涉及的CITES附录Ⅰ和附录Ⅱ所列陆生野生动物制品的价值。核定有困难的,县级以上林业主管部门、国家濒危物种进出口管理机构或其指定的鉴定单位应该协助。

6. 全国人大常委会《关于〈中华人民共和国刑法〉第341条、第312条的解释》(2014年4月24日第十二届全国人大常委会第八次会议通过)

全国人民代表大会常务委员会根据司法实践中遇到的情况,讨论了刑法第341条第1款规定的非法收购国家重点保护的珍贵、濒危野生动物及其制品的含义和收购刑法第341条第2款规定的非法狩猎的野生动物如何适用刑法有关规定的问题,解释如下:

知道或者应当知道是国家重点保护的珍贵、濒危野生动物及其制品,为食用或者其他目的而非法购买的,属于刑法第341条第1款规定的非法收购国家重点保护的珍贵、濒危野生动物及其制品的行为。

知道或者应当知道是刑法第341条第2款规定的非法狩猎的野生动物而购买的,属于刑法第312条第1款规定的明知是犯罪所得而收购的行为。

7. 最高人民法院研究室《关于收购、运输、出售部分人工驯养繁殖技术成熟的野生动物适用法律问题的复函》(法研〔2016〕23号)

国家林业局森林公安局:贵局《关于商请对非法收购、运输、出售部分人工驯养繁殖的珍贵濒危野生动物适用法律问题予以答复的函》(林公刑便字〔2015〕49号)收悉。经研究并征求我院相关业务庭意见,我室认为:我院《关于被告人郑喜和非法收购珍贵、濒危野生动物、珍贵、濒危野生动物制品罪请示一案的批复》(〔2011〕刑他字第86号,以下简称《批复》)是根据贵局《关于发布商业性经营利用驯养繁殖技术成熟的梅花鹿等54种陆生野生动物名单的通知》(林护发〔2003〕121号,以下简称《通知》)的精神作出的。虽然《通知》于2012年被废止,但从实践看,《批复》的内容仍符合当前野生动物保护与资源利用实际,即:由于驯养繁殖技术的成熟,对有的珍贵、濒危野生动物的驯养繁殖、商业利用在某些地区已成规模,有关野生动物的数量极大增加,收购、运输、出售这些人工驯养繁殖的野生动物实际已无社会危害性。

来函建议对我院2000年《关于审理破坏野生动物资源刑事案件具体应用法律若干问题的解释》进行修改,提高收购、运输、出售有关人工驯养繁殖的野生动物的定罪量刑标准。此一思路虽能将一些行为出罪,但不能完全解决问题。如将运输人工驯养繁殖梅花鹿行为的入罪标准规定为20只以上后,还会有相当数量的案件符合定罪乃至判处重刑的条件。按此思路修订解释、对相关案件作出判决后,恐仍难保障案件处理的法律与社会效果。

鉴于此,我室认为,彻底解决当前困境的办法,或者是尽快启动国家重点保护野生动物名录的修订工作,将一些实际已不再处于濒危状态的动物从名录中及时调整出去,同时将有的已处于濒危状态的动物增列进来;或者是在修订后司法解释中明确,对某些经人工驯养繁殖、数量已大大增多的野生动物,附表所列的定罪量刑数量标准,仅适用于真正意义上的野生动物,而不包括驯养繁殖的。

以上意见供参考。

8. 最高人民法院《关于审理发生在我国管辖海域相关案件若干问题的规定(1)》(法释〔2016〕16号)

第3条 中国公民或者外国人在我国管辖海域实施非法猎捕、杀害珍贵濒危野生动物或者非法捕捞水产品等犯罪的,依照我国刑法追究刑事责任。(全文详见本书《刑法》第6条相关内容)

9. 最高人民法院《关于审理发生在我国管辖海域相关案件若干问题的规定(2)》(法释〔2016〕17号)

第5条 非法采捕珊瑚、砗磲或者其他珍贵、濒危水生野生动物,具有下列情形之一的,应当认定为刑法第341条第1款规定的"情节严重":

(一)价值在50万元以上的;(二)非法获利20万元以上的;(三)造成海域生态环境严重破坏的;(四)造成严重国际影响的;(五)其他情节严重的情形。

实施前款规定的行为,具有下列情形之一的,应当认定为刑法第341条第1款规定的"情节特别严重":

(一)价值或者非法获利达到本条第1款规定标准5倍以上的;(二)价值或者非法获利达到本条第1款规定的标准,造成海域生态环境严重破坏的;(三)造成海域生态环境特别严重破坏的;(四)造成特别严重国际影响的;(五)其他情节特别严重的情形。

第6条 非法收购、运输、出售珊瑚、砗磲或者其他珍贵、濒危水生野生动物及其制品,具有下列情形之一的,应当认定为刑法第341条第1款规定的"情节严重":

(一)价值在50万元以上的;(二)非法获利在20万元以上的;(三)具有其他严重情节的。

非法收购、运输、出售珊瑚、砗磲或者其他珍贵、濒危水生野生动物及其制品,具有下列情形之一的,应当认定为刑法第341条第1款规定的"情节特别严重":

(一)价值在250万元以上的;(二)非法获利在100万元以上的;(三)具有其他特别严重情节的。

第7条 对案件涉及的珍贵、濒危水生野生动物的种属难以确定的,由司法鉴定机构出具鉴定意见,或者由国务院渔业行政主管部门指定的机构出具报告。

珍贵、濒危水生野生动物或者其制品的价值,依照国务院渔业行政主管部门的规定核定。核定价值低于实际交易价格的,以实际交易价格认定。

本解释所称珊瑚、砗磲,是指列入《国家重点保护野生动物名录》中国家1、2级保护的,以及列入《濒危野生动植物种国际贸易公约》附录1、附录2中的珊瑚、砗磲的所有种,包括活体和死体。

第8条 实施破坏海洋资源犯罪行为,同时构成非法捕捞罪、非法猎捕、杀害珍贵、濒危野生动物罪、组织他人偷越国(边)境罪、偷越国(边)境罪等犯罪的,依照处罚较重的规定定罪处罚。

有破坏海洋资源犯罪行为,又实施走私、妨害公务等犯罪的,依照数罪并罚的规定处理。(全文详见本书《刑法》第6条相关内容)

10. 全国人大常委会法制工作委员会《关于人工繁育野生动物犯罪的复函》(法工备函〔2018〕19号)

斯伟江同志。您提出对最高人民法院《关于审理破坏野生动物资源刑事案件具体应用法律若干问题的解释》第1条进行审查的来信收悉。我们依照立法法第99条第2款的规定进行了研究,将审查建议函告了最高人民法院。最高人民法院复函表示,已经启动了新的野生动植物资源犯罪司法解释制定工作,拟明确规定对于涉案动物系人工繁育的要体现从宽的立场。以实现罪责刑相适应。确保相关案件裁判法律效果与社会效果的有机统一。感谢您对国家立法工作的关心和支持。特此函复。

11. 最高人民法院、最高人民检察院、公安部、司法部《关于依法惩治妨害新型冠状病毒感染肺炎疫情防控违法犯罪的意见》(法发〔2020〕7号)

二、准确适用法律,依法严惩妨害疫情防控的各类违法犯罪

(九)依法严惩破坏野生动物资源犯罪。非法猎捕、杀害国家重点保护的珍贵、濒危野生动物的,或者非法收购、运输、出售国家重点保护的珍贵、濒危野生动物及其制品的,依照刑法第341条第1款的规定,以非法猎捕、杀害珍贵、濒危野生动物罪或者非法收购、运输、出售珍贵、濒危野生动物、珍贵、濒危野生动物制品罪定罪处罚。

违反狩猎法规,在禁猎区、禁猎期或者使用禁用的工具、方法进行狩猎,破坏野生动物资源,情节严重的,依照刑法第341条第2款的规定,以非法狩猎罪定罪处罚。

违反国家规定,非法经营非国家重点保护野生动物及其制品(包括开办交易场所、进行网络销售、加工食品出售等),扰乱市场秩序,情节严重的,依照刑法第225条第4项的规定,以非法经营罪定罪处罚。

知道或者应当知道是国家重点保护的珍贵、濒危野生动物及其制品,为食用或者其他目的而非法购买,符合刑法第341条第1款规定的,以非法收购珍贵、濒危野生动物、珍贵、濒危野生动物制品罪定罪处罚。

知道或者应当知道是非法狩猎的野生动物而购买,符合刑法第312条规定的,以掩饰、隐瞒犯罪所得罪定罪处罚。(全文详见本书《刑法》第114条相关内容)

12. 全国人大常委会《关于全面禁止非法野生动物交易、革除滥食野生动物陋习、切实保障人民群众生命健康安全的决定》(2020年2月24日第十三届全国人大常委会第十六次会议通过)

为了全面禁止和惩治非法野生动物交易行为,革除滥食野生动物的陋习,维护生物安全和生态安全,有效防范重大公共卫生风险,切实保障人民群众生命健康安全,加强生态文明建

设,促进人与自然和谐共生,全国人民代表大会常务委员会作出如下决定:

一、凡《中华人民共和国野生动物保护法》和其他有关法律禁止猎捕、交易、运输、食用野生动物的,必须严格禁止。

对违反前款规定的行为,在现行法律规定基础上加重处罚。

二、全面禁止食用国家保护的"有重要生态、科学、社会价值的陆生野生动物"以及其他陆生野生动物,包括人工繁育、人工饲养的陆生野生动物。

全面禁止以食用为目的猎捕、交易、运输在野外环境自然生长繁殖的陆生野生动物。对违反前两款规定的行为,参照适用现行法律有关规定处罚。

三、列入畜禽遗传资源目录的动物,属于家畜家禽,适用《中华人民共和国畜牧法》的规定。

国务院畜牧兽医行政主管部门依法制定并公布畜禽遗传资源目录。

四、因科研、药用、展示等特殊情况,需要对野生动物进行非食用性利用的,应当按照国家有关规定实行严格审批和检疫检验。

国务院及其有关主管部门应当及时制定、完善野生动物非食用性利用的审批和检疫检验等规定,并严格执行。

五、各级人民政府和人民团体、社会组织、学校、新闻媒体等社会各方面,都应当积极开展生态环境保护和公共卫生安全的宣传教育和引导,全社会成员要自觉增强生态保护和公共卫生安全意识,移风易俗,革除滥食野生动物陋习,养成科学健康文明的生活方式。

六、各级人民政府及其有关部门应当健全执法管理体制,明确执法责任主体,落实执法管理责任,加强协调配合,加大监督检查和责任追究力度,严格查处违反本决定和有关法律法规的行为;对违法经营场所和违法经营者,依法予以取缔或者查封、关闭。

七、国务院及其有关部门和省、自治区、直辖市应当依据本决定和有关法律,制定、调整相关名录和配套规定。

国务院和地方人民政府应当采取必要措施,为本决定的实施提供相应保障。有关地方人民政府应当支持、指导、帮助受影响的农户调整、转变生产经营活动,根据实际情况给予一定补偿。

八、本决定自公布之日起施行。

13. 最高人民法院、最高人民检察院、公安部、司法部《关于依法惩治非法野生动物交易犯罪的指导意见》(公通字〔2020〕19号)

为依法惩治非法野生动物交易犯罪,革除滥食野生动物的陋习,有效防范重大公共卫生风险,切实保障人民群众生命健康安全,根据有关法律、司法解释的规定,结合侦查、起诉、审判实践,制定本意见。

一、依法严厉打击非法猎捕、杀害野生动物的犯罪行为,从源头上防控非法野生动物交易。

非法猎捕、杀害国家重点保护的珍贵、濒危野生动物,符合刑法第341条第1款规定的,以非法猎捕、杀害珍贵、濒危野生动物罪定罪处罚。

违反狩猎法规,在禁猎区、禁猎期或者使用禁用的工具、方法进行狩猎,破坏野生动物资源,情节严重,符合刑法第341条第2款规定的,以非法狩猎罪定罪处罚。

违反保护水产资源法规,在禁渔区、禁渔期或者使用禁用的工具、方法捕捞水产品,情节严重,符合刑法第340条规定的,以非法捕捞水产品罪定罪处罚。

二、依法严厉打击非法收购、运输、出售、进出口野生动物及其制品的犯罪行为,切断非法野生动物交易的利益链条。

非法收购、运输、出售国家重点保护的珍贵、濒危野生动物及其制品,符合刑法第341条第

1款规定的，以非法收购、运输、出售珍贵、濒危野生动物、珍贵、濒危野生动物制品罪定罪处罚。

走私国家禁止进出口的珍贵动物及其制品，符合刑法第151条第2款规定的，以走私珍贵动物、珍贵动物制品罪定罪处罚。

三、依法严厉打击以食用或者其他目的非法购买野生动物的犯罪行为，坚决革除滥食野生动物的陋习。

知道或者应当知道是国家重点保护的珍贵、濒危野生动物及其制品，为食用或者其他目的而非法购买，符合刑法第341条第1款规定的，以非法收购珍贵、濒危野生动物、珍贵、濒危野生动物制品罪定罪处罚。

四、2次以上实施本意见第1条至第3条规定的行为构成犯罪，依法应当追诉的，或者2年内2次以上实施本意见第1条至第3条规定的行为未经处理的，数量、数额累计计算。

五、明知他人实施非法野生动物交易行为，有下列情形之一的，以共同犯罪论处：

（一）提供贷款、资金、账号、车辆、设备、技术、许可证件的；（二）提供生产、经营场所或者运输、仓储、保管、快递、邮寄、网络信息交互等便利条件或者其他服务的；（三）提供广告宣传等帮助行为的。

六、对涉案野生动物及其制品价值，可以根据国务院野生动物保护主管部门制定的价值评估标准和方法核算。对野生动物制品，根据实际情况予以核算，但核算总额不能超过该种野生动物的整体价值。具有特殊利用价值或者导致动物死亡的主要部分，核算方法不明确的，其价值标准最高可以按照该种动物整体价值标准的80%予以折算，其他部分价值标准最高可以按整体价值标准的20%予以折算，但是按照上述方法核算的价值明显不当的，应当根据实际情况妥当予以核算。核算价值低于实际交易价格的，以实际交易价格认定。

根据前款规定难以确定涉案野生动物及其制品价值的，依据下列机构出具的报告，结合其他证据作出认定：

（一）价格认证机构出具的报告；（二）国务院野生动物保护主管部门、国家濒危物种进出口管理机构、海关总署等指定的机构出具的报告；（三）地、市级以上人民政府野生动物保护主管部门、国家濒危物种进出口管理机构的派出机构、直属海关等出具的报告。

七、对野生动物及其制品种属类别，非法捕捞、狩猎的工具、方法，以及对野生动物资源的损害程度、食用涉案野生动物对人体健康的危害程度等专门性问题，可以由野生动物保护主管部门、侦查机关或者有专门知识的人依据现场勘验、检查笔录等出具认定意见。难以确定的，依据司法鉴定机构出具的鉴定意见，或者本意见第6条第2款所列机构出具的报告，结合其他证据作出认定。

八、办理非法野生动物交易案件中，行政执法部门依法收集的物证、书证、视听资料、电子数据等证据材料，在刑事诉讼中可以作为证据使用。

对不易保管的涉案野生动物及其制品，在做好拍摄、提取检材或者制作足以反映原物形态特征或者内容的照片、录像等取证工作后，可以移交野生动物保护主管部门及其指定的机构依法处置。对存在或者可能存在疫病的野生动物及其制品，应立即通知野生动物保护主管部门依法处置。

九、实施本意见规定的行为，在认定是否构成犯罪以及裁量刑罚时，应当考虑涉案动物是否系人工繁育、物种的濒危程度、野外存活状况、人工繁育情况、是否列入国务院野生动物保护主管部门制定的人工繁育国家重点保护野生动物名录，以及行为手段、对野生动物资源的损害程度、食用涉案野生动物对人体健康的危害程度等情节，综合评估社会危害性，确保罪责刑相适应。相关定罪量刑标准明显不适宜的，可以根据案件的事实、情节和社会危害程度，依法作出妥当处理。

十、本意见自下发之日起施行。

14. 最高人民法院、最高人民检察院、公安部、农业农村部《关于依法惩治长江流域非法捕捞等违法犯罪的意见》(公通字〔2020〕17号)

二、(二)依法严惩危害珍贵、濒危水生野生动物资源犯罪。在长江流域重点水域非法猎捕、杀害中华鲟、长江鲟、长江江豚或者其他国家重点保护的珍贵、濒危水生野生动物,价值2万元以上不满20万元的,应当依照刑法第341条的规定,以非法猎捕、杀害珍贵、濒危野生动物罪,处5年以下有期徒刑或者拘役,并处罚金;价值20万元以上不满200万元的,应当认定为"情节严重",处5年以上10年以下有期徒刑,并处罚金;价值200万元以上的,应当认定为"情节特别严重",处10年以上有期徒刑,并处罚金或者没收财产。

(四)依法严惩危害水生生物资源的单位犯罪。水产品交易公司、餐饮公司等单位实施本意见规定的行为,构成单位犯罪的,依照本意见规定的定罪量刑标准,对直接负责的主管人员和其他直接责任人员定罪处罚,并对单位判处罚金。(全文详见本书《刑法》第340条相关内容)

15.《中华人民共和国刑法修正案(11)》(2020年12月26日第十三届全国人大常委会第二十四次会议通过)

四十一、在刑法第341条中增加1款作为第3款:"违反野生动物保护管理法规,以食用为目的非法猎捕、收购、运输、出售第1款规定以外的在野外环境自然生长繁殖的陆生野生动物,情节严重的,依照前款的规定处罚。"(原条文无此条款)

16. 最高人民法院《关于执行〈中华人民共和国刑法〉确定罪名的补充规定(7)》(法释〔2021〕2号)

(全文详见本书《刑法》第133条之二相关内容)

17. 最高人民检察院《办理长江流域非法捕捞案件有关法律政策问题的解答》(高检办发〔2021〕1号)

六、办理长江流域非法捕捞案件,如何准确把握非法捕捞水产品罪与其他关联犯罪的界限?

三是注意把握非法捕捞水产品罪与非法收购、运输、出售珍贵、濒危野生动物、珍贵、濒危野生动物制品罪的界限。根据刑法和《意见》的规定,非法收购、运输、出售在长江流域重点水域非法猎捕、杀害的中华鲟、长江鲟、长江江豚或者其他国家重点保护的珍贵、濒危水生野生动物及其制品,达到相应价值标准的,以非法收购、运输、出售珍贵、濒危野生动物、珍贵、濒危野生动物制品罪定罪处罚。同时,根据全国人大常委会《关于〈中华人民共和国刑法〉第341条、第312条的解释》,知道或者应当知道是国家重点保护的珍贵、濒危野生动物及其制品,为食用或者其他目的而非法购买,符合刑法第341条第1款规定的,以非法收购珍贵、濒危野生动物、珍贵、濒危野生动物制品罪定罪处罚。(全文详见本书《刑法》第340条相关内容)

18. 国家林业和草原局《关于妥善解决人工繁育鹦鹉有关问题的函》(林护发〔2021〕29号)

河南省林业局:按照《野生动物保护法》和《陆生野生动物保护实施条例》有关规定,现就你局提出的人工繁育鹦鹉有关问题函复如下:

一、切实做好审发管理证件服务

按照《野生动物保护法》《陆生野生动物保护实施条例》《林业部关于核准部分濒危野生动物为国家重点保护野生动物的通知》(林护通字〔1993〕48号)规定,除桃脸牡丹鹦鹉、虎皮鹦鹉、鸡尾鹦鹉外,从境外引进的《濒危野生动植物种国际贸易公约》(CITES)附录所列鹦鹉种类均按国家重点保护野生动物管理，其人工繁育活动依法应取得人工繁育许可证。请审批机关根据实际情况，切实加强对养殖户的法律政策宣讲，提高服务意识，主动上门审核，对符合条件要求的养殖户，简化手续，尽快核发管理证件；对未达到条件要求的养殖户，指导其限期改进提高，达标后核发管理证件。对拒绝改进或者在限期内改进仍达不到条件要求的养殖户，依法清理。对不按国家重点保护野生动物管理的鹦鹉，其人工繁育管理按你省有关地方性法规执行。

二、对人工养殖鹦鹉开展专用标识管理试点

对我国没有野外自然分布、人工繁育的费氏牡丹鹦鹉、紫腹吸蜜鹦鹉、绿颊锥尾鹦鹉、和尚鹦鹉开展专用标识管理试点。在养殖户自愿前提下，可对确属人工繁育的、来源合法的上述鹦鹉，加载专用标识，凭标识销售、运输。对不按国家重点保护野生动物管理的鹦鹉是否进行标识管理试点，由你省自行确定。依法加载专用标识的鹦鹉作为宠物的，按利用行为加强监督管理。有关专用标识的技术服务，请与我局野生动植物研究与发展中心联系，以做好对接与服务，确保标识试点工作顺利实施。

三、严格规范管理和监督检查

对合法人工繁育来源、依法允许出售的鹦鹉，停止执行禁止交易措施，但其销售活动须在所在地政府确定的场所进行，且符合防疫检疫各项要求。请主动会同公安、市场监管、畜牧兽医等部门加强对鹦鹉出售、运输等活动的监督检查，结合"清风"专项执法行动，严厉打击野外偷捕、走私、非法交易鹦鹉等野生动物的违法犯罪行为，落实防疫检疫各项措施，严防非法来源、染疫鹦鹉假借"人工繁育"之名混入合法销售渠道。

19. 国家林业和草原局　农业农村部《国家重点保护野生动物名录》(2021 年第 3 号公告)

调整后的《名录》，共列入野生动物 980 种和 8 类，其中国家 1 级保护野生动物 234 种和 1 类、国家 2 级保护野生动物 746 种和 7 类。在管理体制上，上述物种中，686 种按陆生野生动物由林草部门管理，294 种和 8 类按水生野生动物由渔业部门管理，在《名录》中加"＊"标注。

国家重点保护野生动物名录

中文名	学名	保护级别		备注
脊索动物门 CHORDATA				
哺乳纲 MAMMALIA				
灵长目#	PRIMATES			
懒猴科	Lorisidae			
蜂猴	*Nycticebus bengalensis*	1 级		又名：孟加拉蜂猴
倭蜂猴	*Nycticebus pygmaeus*	1 级		
猴科	Cercopithecidae			
短尾猴	*Macaca arctoides*		2 级	
熊猴	*Macaca assamensis*		2 级	
台湾猴	*Macaca cyclopis*	1 级		

续表

国家重点保护野生动物名录				
中文名	学名	保护级别		备注
北豚尾猴	*Macaca leonina*	1 级		原名“豚尾猴”
白颊猕猴	*Macaca leucogenys*		2 级	
猕猴	*Macaca mulatta*		2 级	
藏南猕猴	*Macaca munzala*		2 级	
藏酋猴	*Macaca thibetana*		2 级	
喜马拉雅灰叶猴	*Semnopithecus schistaceus*	1 级		又名:喜山长尾叶猴
印支灰叶猴	*Trachypithecus crepusculus*	1 级		
黑叶猴	*Trachypithecus francoisi*	1 级		
菲氏叶猴	*Trachypithecus phayrei*	1 级		
戴帽乌叶猴	*Trachypithecus pileatus*	1 级		又名:戴帽叶猴
白头叶猴	*Trachypithecus leucocephalus*	1 级		
肖氏乌叶猴	*Trachypithecus shortridgei*	1 级		
滇金丝猴	*Rhinopithecus bieti*	1 级		
黔金丝猴	*Rhinopithecus brelichi*	1 级		
川金丝猴	*Rhinopithecus roxellana*	1 级		
怒江金丝猴	*Rhinopithecus strykeri*	1 级		
长臂猿科	Hylobatidae			
西白眉长臂猿	*Hoolock hoolock*	1 级		
东白眉长臂猿	*Hoolock leuconedys*	1 级		
天行长臂猿	*Hoolock tianxing*	1 级		又名:高黎贡白眉长臂猿
白掌长臂猿	*Hylobates lar*	1 级		
西黑冠长臂猿	*Nomascus concolor*	1 级		
东部黑冠长臂猿	*Nomascus nasutus*	1 级		
海南长臂猿	*Nomascus hainanus*	1 级		
白颊长臂猿	*Nomascus leucogenys*	1 级		
鳞甲目#	PHOLIDOTA			

续表

国家重点保护野生动物名录				
中文名	学名	保护级别		备注
鲮鲤科	Manidae			
印度穿山甲	*Manis crassicaudata*	1 级		
马来亚穿山甲	*Manis javanica*	1 级		
中华穿山甲	*Manis pentadactyla*	1 级		
食肉目	CARNIVORA			
犬科	Canidae			
灰狼	*Canis lupus*		2 级	
金豺	*Canis aureus*		2 级	又名:亚洲胡狼
豺	*Cuon alpinus*	1 级		
貉	*Nyctereutes procyonoides*		2 级	仅限野外种群
沙狐	*Vulpes corsac*		2 级	
藏狐	*Vulpes ferrilata*		2 级	
赤狐	*Vulpes vulpes*		2 级	
熊科#	Ursidae			
懒熊	*Melursus ursinus*		2 级	
马来熊	*Helarctos malayanus*	1 级		
棕熊	*Ursus arctos*		2 级	
黑熊	*Ursus thibetanus*		2 级	
大熊猫科#	Ailuropodidae			
大熊猫	*Ailuropoda melanoleuca*	1 级		
小熊猫科#	Ailuridae			
小熊猫	*Ailurus fulgens*		2 级	
鼬科	Mustelidae			
黄喉貂	*Martes flavigula*		2 级	
石貂	*Martes foina*		2 级	
紫貂	*Martes zibellina*	1 级		

续表

国家重点保护野生动物名录				
中文名	学名	保护级别		备注
貂熊	*Gulo gulo*	1 级		
* 小爪水獭	*Aonyx cinerea*		2 级	
* 水獭	*Lutra lutra*		2 级	
* 江獭	*Lutrogale perspicillata*		2 级	
灵猫科	Viverridae			
大斑灵猫	*Viverra megaspila*	1 级		
大灵猫	*Viverra zibetha*	1 级		
小灵猫	*Viverricula indica*	1 级		
椰子猫	*Paradoxurus hermaphroditus*		2 级	
熊狸	*Arctictis binturong*	1 级		
小齿狸	*Arctogalidia trivirgata*	1 级		
缟灵猫	*Chrotogale owstoni*	1 级		又名:长颌带狸
林狸科	Prionodontidae			
斑林狸	*Prionodon pardicolor*		2 级	
猫科#	Felidae			
荒漠猫	*Felis bieti*	1 级		
丛林猫	*Felis chaus*	1 级		
野猫	*Felis silvestris*		2 级	原名“草原斑猫”
渔猫	*Felis viverrinus*		2 级	
兔狲	*Otocolobus manul*		2 级	
猞猁	*Lynx lynx*		2 级	
云猫	*Pardofelis marmorata*		2 级	
金猫	*Pardofelis temminckii*	1 级		
豹猫	*Prionailurus bengalensis*		2 级	
云豹	*Neofelis nebulosa*	1 级		
豹	*Panthera pardus*	1 级		

续表

国家重点保护野生动物名录				
中文名	学名	保护级别		备注
虎	*Panthera tigris*	1级		
雪豹	*Panthera uncia*	1级		
海狮科#	Otariidae			
*北海狗	*Callorhinus ursinus*		2级	
*北海狮	*Eumetopias jubatus*		2级	
海豹科#	Phocidae			
*西太平洋斑海豹	*Phoca largha*	1级		原名“斑海豹”
*髯海豹	*Erignathus barbatus*		2级	
*环海豹	*Pusa hispida*		2级	
长鼻目#	PROBOSCIDEA			
象科	Elephantidae			
亚洲象	*Elephas maximus*	1级		
奇蹄目	PERISSODACTYLA			
马科	Equidae			
普氏野马	*Equus ferus*	1级		原名“野马”
蒙古野驴	*Equus hemionus*	1级		
西藏野驴	*Equus kiang*	1级		又名“藏野驴”
偶蹄目	ARTIODACTYLA			
骆驼科	Camelidae			原名“驼科”
野骆驼	*Camelus ferus*	1级		
鼷鹿科#	Tragulidae			
威氏鼷鹿	*Tragulus williamsoni*	1级		原名“鼷鹿云南亚种”
麝科#	Moschidae			
安徽麝	*Moschus anhuiensis*	1级		
林麝	*Moschus berezovskii*	1级		
马麝	*Moschus chrysogaster*	1级		

续表

国家重点保护野生动物名录				
中文名	学名	保护级别		备注
黑麝	*Moschus fuscus*	1 级		
喜马拉雅麝	*Moschus leucogaster*	1 级		
原麝	*Moschus moschiferus*	1 级		
鹿科	Cervidae			
獐	*Hydropotes inermis*		2 级	原名“河麂”
黑麂	*Muntiacus crinifrons*	1 级		
贡山麂	*Muntiacus gongshanensis*		2 级	
海南麂	*Muntiacus nigripes*		2 级	
豚鹿	*Axis porcinus*	1 级		
水鹿	*Cervus equinus*		2 级	
梅花鹿	*Cervus nippon*	1 级		仅限野外种群
马鹿	*Cervus canadensis*		2 级	仅限野外种群
西藏马鹿(包括白臀鹿)	*Cervus wallichii* (*C. w. macneilli*)	1 级		
塔里木马鹿	*Cervus yarkandensis*	1 级		仅限野外种群
坡鹿	*Panolia siamensis*	1 级		
白唇鹿	*Przewalskium albirostris*	1 级		
麋鹿	*Elaphurus davidianus*	1 级		
毛冠鹿	*Elaphodus cephalophus*		2 级	
驼鹿	*Alces alces*	1 级		
牛科	Bovidae			
野牛	*Bos gaurus*	1 级		
爪哇野牛	*Bos javanicus*	1 级		
野牦牛	*Bos mutus*	1 级		
蒙原羚	*Procapra gutturosa*	1 级		原名“黄羊”
藏原羚	*Procapra picticaudata*		2 级	

续表

国家重点保护野生动物名录				
中文名	学名	保护级别		备注
普氏原羚	*Procapra przewalskii*	1级		
鹅喉羚	*Gazella subgutturosa*		2级	
藏羚羊	*Pantholops hodgsonii*	1级		
高鼻羚羊	*Saiga tatarica*	1级		
秦岭羚牛	*Budorcas bedfordi*	1级		
四川羚牛	*Budorcas tibetanus*	1级		
不丹羚牛	*Budorcas whitei*	1级		
贡山羚牛	*Budorcas taxicolor*	1级		原名“扭角羚”
赤斑羚	*Naemorhedus baileyi*	1级		
长尾斑羚	*Naemorhedus caudatus*		2级	
缅甸斑羚	*Naemorhedus evansi*		2级	
喜马拉雅斑羚	*Naemorhedus goral*	1级		原名“斑羚”
中华斑羚	*Naemorhedus griseus*		2级	
塔尔羊	*Hemitragus jemlahicus*	1级		
北山羊	*Capra sibirica*		2级	
岩羊	*Pseudois nayaur*		2级	
阿尔泰盘羊	*Ovis ammon ammon*		2级	
哈萨克盘羊	*Ovis collium*		2级	
戈壁盘羊	*Ovis darwini*		2级	
西藏盘羊	*Ovis hodgsoni*	1级		
天山盘羊	*Ovis karelini*		2级	
帕米尔盘羊	*Ovis polii*		2级	
中华鬣羚	*Capricornis milneedwardsii*		2级	
红鬣羚	*Capricornis rubidus*		2级	又名”赤鬣羚“
台湾鬣羚	*Capricornis swinhoei*	1级		
喜马拉雅鬣羚	*Capricornis thar*	1级		

续表

国家重点保护野生动物名录				
中文名	学名	保护级别		备注
啮齿目	RODENTIA			
河狸科	Castoridae			
河狸	*Castor fiber*	1级		
松鼠科	Sciuridae			
巨松鼠	*Ratufa bicolor*		2级	
兔形目	LAGOMORPHA			
鼠兔科	Ochotonidae			
贺兰山鼠兔	*Ochotona argentata*		2级	
伊犁鼠兔	*Ochotona iliensis*		2级	
兔科	Leporidae			
粗毛兔	*Caprolagus hispidus*		2级	
海南兔	*Lepus hainanus*		2级	
雪兔	*Lepus timidus*		2级	
塔里木兔	*Lepus yarkandensis*		2级	
海牛目#	SIRENIA			
儒艮科	Dugongidae			
*儒艮	*Dugong dugon*	1级		
鲸目#	CETACEA			
露脊鲸科	Balaenidae			
*北太平洋露脊鲸	*Eubalaena japonica*	1级		
灰鲸科	Eschrichtiidae			
*灰鲸	*Eschrichtius robustus*	1级		
须鲸科	Balaenopteridae			
*蓝鲸	*Balaenoptera musculus*	1级		
*小须鲸	*Balaenoptera acutorostrata*	1级		
*塞鲸	*Balaenoptera borealis*	1级		

续表

国家重点保护野生动物名录				
中文名	学名	保护级别		备注
* 布氏鲸	*Balaenoptera edeni*	1 级		
* 大村鲸	*Balaenoptera omurai*	1 级		
* 长须鲸	*Balaenoptera physalus*	1 级		
* 大翅鲸	*Megaptera novaeangliae*	1 级		
白暨豚科	Lipotidae			
* 白暨豚	*Lipotes vexillifer*	1 级		
恒河豚科	Platanistidae			
* 恒河豚	*Platanista gangetica*	1 级		
海豚科	Delphinidae			
* 中华白海豚	*Sousa chinensis*	1 级		
* 糙齿海豚	*Steno bredanensis*		2 级	
* 热带点斑原海豚	*Stenella attenuata*		2 级	
* 条纹原海豚	*Stenella coeruleoalba*		2 级	
* 飞旋原海豚	*Stenella longirostris*		2 级	
* 长喙真海豚	*Delphinus capensis*		2 级	
* 真海豚	*Delphinus delphis*		2 级	
* 印太瓶鼻海豚	*Tursiops aduncus*		2 级	
* 瓶鼻海豚	*Tursiops truncatus*		2 级	
* 弗氏海豚	*Lagenodelphis hosei*		2 级	
* 里氏海豚	*Grampus griseus*		2 级	
* 太平洋斑纹海豚	*Lagenorhynchus obliquidens*		2 级	
* 瓜头鲸	*Peponocephala electra*		2 级	
* 虎鲸	*Orcinus orca*		2 级	
* 伪虎鲸	*Pseudorca crassidens*		2 级	
* 小虎鲸	*Feresa attenuata*		2 级	
* 短肢领航鲸	*Globicephala macrorhynchus*		2 级	

续表

国家重点保护野生动物名录				
中文名	学名	保护级别		备注
鼠海豚科	Phocoenidae			
* 长江江豚	*Neophocaena asiaeorientalis*	1 级		
* 东亚江豚	*Neophocaena sunameri*		2 级	
* 印太江豚	*Neophocaena phocaenoid*		2 级	
抹香鲸科	Physeteridae			
* 抹香鲸	*Physeter macrocephalus*	1 级		
* 小抹香鲸	*Kogia breviceps*		2 级	
* 侏抹香鲸	*Kogia sima*		2 级	
喙鲸科	Ziphidae			
* 鹅喙鲸	*Ziphius cavirostris*		2 级	
* 柏氏中喙鲸	*Mesoplodon densirostris*		2 级	
* 银杏齿中喙鲸	*Mesoplodon ginkgodens*		2 级	
* 小中喙鲸	*Mesoplodon peruvianus*		2 级	
* 贝氏喙鲸	*Berardius bairdii*		2 级	
* 朗氏喙鲸	*Indopacetus pacificus*		2 级	
鸟纲 AVES				
鸡形目	GALLIFORMES			
雉科	Phasianidae			
环颈山鹧鸪	*Arborophila torqueola*		2 级	
四川山鹧鸪	*Arborophila rufipectus*	1 级		
红喉山鹧鸪	*Arborophila rufogularis*		2 级	
白眉山鹧鸪	*Arborophila gingica*		2 级	
白颊山鹧鸪	*Arborophila atrogularis*		2 级	
褐胸山鹧鸪	*Arborophila brunneopectus*		2 级	
红胸山鹧鸪	*Arborophila mandellii*		2 级	
台湾山鹧鸪	*Arborophila crudigularis*		2 级	

续表

国家重点保护野生动物名录				
中文名	学名	保护级别		备注
海南山鹧鸪	*Arborophila ardens*	1级		
绿脚树鹧鸪	*Tropicoperdix chloropus*		2级	
花尾榛鸡	*Tetrastes bonasia*		2级	
斑尾榛鸡	*Tetrastes sewerzowi*	1级		
镰翅鸡	*Falcipennis falcipennis*		2级	
松鸡	*Tetrao urogallus*		2级	
黑嘴松鸡	*Tetrao urogalloides*	1级		原名“细嘴松鸡”
黑琴鸡	*Lyrurus tetrix*	1级		
岩雷鸟	*Lagopus muta*		2级	
柳雷鸟	*Lagopus lagopus*		2级	
红喉雉鹑	*Tetraophasis obscurus*	1级		原名“雉鹑”
黄喉雉鹑	*Tetraophasis szechenyii*	1级		
暗腹雪鸡	*Tetraogallus himalayensis*		2级	
藏雪鸡	*Tetraogallus tibetanus*		2级	
阿尔泰雪鸡	*Tetraogallus altaicus*		2级	
大石鸡	*Alectoris magna*		2级	
血雉	*Ithaginis cruentus*		2级	
黑头角雉	*Tragopan melanocephalus*	1级		
红胸角雉	*Tragopan satyra*	1级		
灰腹角雉	*Tragopan blythii*	1级		
红腹角雉	*Tragopan temminckii*		2级	
黄腹角雉	*Tragopan caboti*	1级		
勺鸡	*Pucrasia macrolopha*		2级	
棕尾虹雉	*Lophophorus impejanus*	1级		
白尾梢虹雉	*Lophophorus sclateri*	1级		
绿尾虹雉	*Lophophorus lhuysii*	1级		

续表

国家重点保护野生动物名录				
中文名	学名	保护级别		备注
红原鸡	*Gallus gallus*		2级	原名“原鸡”
黑鹇	*Lophura leucomelanos*		2级	
白鹇	*Lophura nycthemera*		2级	
蓝腹鹇	*Lophura swinhoii*	1级		原名“蓝鹇”
白马鸡	*Crossoptilon crossoptilon*		2级	原名“藏马鸡”
藏马鸡	*Crossoptilon harmani*		2级	
褐马鸡	*Crossoptilon mantchuricum*	1级		
蓝马鸡	*Crossoptilon auritum*		2级	
白颈长尾雉	*Syrmaticus ellioti*	1级		
黑颈长尾雉	*Syrmaticus humiae*	1级		
黑长尾雉	*Syrmaticus mikado*	1级		
白冠长尾雉	*Syrmaticus reevesii*	1级		
红腹锦鸡	*Chrysolophus pictus*		2级	
白腹锦鸡	*Chrysolophus amherstiae*		2级	
灰孔雀雉	*Polyplectron bicalcaratum*	1级		原名“孔雀雉”
海南孔雀雉	*Polyplectron katsumatae*	1级		
绿孔雀	*Pavo muticus*	1级		
雁形目	ANSERIFORMES			
鸭科	Anatidae			
栗树鸭	*Dendrocygna javanica*		2级	
鸿雁	*Anser cygnoid*		2级	
白额雁	*Anser albifrons*		2级	
小白额雁	*Anser erythropus*		2级	
红胸黑雁	*Branta ruficollis*		2级	
疣鼻天鹅	*Cygnus olor*		2级	
小天鹅	*Cygnus columbianus*		2级	

续表

国家重点保护野生动物名录				
中文名	学名	保护级别		备注
大天鹅	*Cygnus cygnus*		2级	
鸳鸯	*Aix galericulata*		2级	
棉凫	*Nettapus coromandelianus*		2级	
花脸鸭	*Sibirionetta formosa*		2级	
云石斑鸭	*Marmaronetta angustirostris*		2级	
青头潜鸭	*Aythya baeri*	1级		
斑头秋沙鸭	*Mergellus albellus*		2级	
中华秋沙鸭	*Mergus squamatus*	1级		
白头硬尾鸭	*Oxyura leucocephala*	1级		
白翅栖鸭	*Cairina scutulata*		2级	
䴙䴘目	PODICIPEDIFORMES			
䴙䴘科	Podicipedidae			
赤颈䴙䴘	*Podiceps grisegena*		2级	
角䴙䴘	*Podiceps auritus*		2级	
黑颈䴙䴘	*Podiceps nigricollis*		2级	
鸽形目	COLUMBIFORMES			
鸠鸽科	Columbidae			
中亚鸽	*Columba eversmanni*		2级	
斑尾林鸽	*Columba palumbus*		2级	
紫林鸽	*Columba punicea*		2级	
斑尾鹃鸠	*Macropygia unchall*		2级	
菲律宾鹃鸠	*Macropygia tenuirostris*		2级	
小鹃鸠	*Macropygia ruficeps*	1级		原名“棕头鹃鸠”
橙胸绿鸠	*Treron bicinctus*		2级	
灰头绿鸠	*Treron pompadora*		2级	
厚嘴绿鸠	*Treron curvirostra*		2级	

续表

国家重点保护野生动物名录				
中文名	学名	保护级别		备注
黄脚绿鸠	*Treron phoenicopterus*		2 级	
针尾绿鸠	*Treron apicauda*		2 级	
楔尾绿鸠	*Treron sphenurus*		2 级	
红翅绿鸠	*Treron sieboldii*		2 级	
红顶绿鸠	*Treron formosae*		2 级	
黑颏果鸠	*Ptilinopus leclancheri*		2 级	
绿皇鸠	*Ducula aenea*		2 级	
山皇鸠	*Ducula badia*		2 级	
沙鸡目	PTEROCLIFORMES			
沙鸡科	Pteroclidae			
黑腹沙鸡	*Pterocles orientalis*		2 级	
夜鹰目	CAPRIMULGIFORMES			
蛙口夜鹰科	Podargidae			
黑顶蛙口夜鹰	*Batrachostomus hodgsoni*		2 级	
凤头雨燕科	Hemiprocnidae			
凤头雨燕	*Hemiprocne coronata*		2 级	
雨燕科	Apodidae			
爪哇金丝燕	*Aerodramus fuciphagus*		2 级	
灰喉针尾雨燕	*Hirundapus cochinchinensis*		2 级	
鹃形目	CUCULIFORMES			
杜鹃科	Cuculidae			
褐翅鸦鹃	*Centropus sinensis*		2 级	
小鸦鹃	*Centropus bengalensis*		2 级	
鸨形目#	OTIDIFORMES			
鸨科	Otididae			
大鸨	*Otis tarda*	1 级		

续表

国家重点保护野生动物名录				
中文名	学名	保护级别		备注
波斑鸨	*Chlamydotis macqueenii*	1级		
小鸨	*Tetrax tetrax*	1级		
鹤形目	GRUIFORMES			
秧鸡科	Rallidae			
花田鸡	*Coturnicops exquisitus*		2级	
长脚秧鸡	*Crex crex*		2级	
棕背田鸡	*Zapornia bicolor*		2级	
姬田鸡	*Zapornia parva*		2级	
斑胁田鸡	*Zapornia paykullii*		2级	
紫水鸡	*Porphyrio porphyrio*		2级	
鹤科#	Gruidae			
白鹤	*Grus leucogeranus*	1级		
沙丘鹤	*Grus canadensis*		2级	
白枕鹤	*Grus vipio*	1级		
赤颈鹤	*Grus antigone*	1级		
蓑羽鹤	*Grus virgo*		2级	
丹顶鹤	*Grus japonensis*	1级		
灰鹤	*Grus grus*		2级	
白头鹤	*Grus monacha*	1级		
黑颈鹤	*Grus nigricollis*	1级		
鸻形目	CHARADRIIFORMES			
石鸻科	Burhinidae			
大石鸻	*Esacus recurvirostris*		2级	
鹮嘴鹬科	Ibidorhynchidae			
鹮嘴鹬	*Ibidorhyncha struthersii*		2级	
鸻科	Charadriidae			

续表

国家重点保护野生动物名录				
中文名	学名	保护级别		备注
黄颊麦鸡	*Vanellus gregarius*		2 级	
水雉科	Jacanidae			
水雉	*Hydrophasianus chirurgus*		2 级	
铜翅水雉	*Metopidius indicus*		2 级	
鹬科	Scolopacidae			
林沙锥	*Gallinago nemoricola*		2 级	
半蹼鹬	*Limnodromus semipalmatus*		2 级	
小杓鹬	*Numenius minutus*		2 级	
白腰杓鹬	*Numenius arquata*		2 级	
大杓鹬	Numenius madagascariensis		2 级	
小青脚鹬	*Tringa guttifer*	1 级		
翻石鹬	*Arenaria interpres*		2 级	
大滨鹬	*Calidris tenuirostris*		2 级	
勺嘴鹬	*Calidris pygmeus*	1 级		
阔嘴鹬	*Calidris falcinellus*		2 级	
燕鸻科	Glareolidae			
灰燕鸻	*Glareola lactea*		2 级	
鸥科	Laridae			
黑嘴鸥	*Saundersilarus saundersi*	1 级		
小鸥	*Hydrocoloeus minutus*		2 级	
遗鸥	*Ichthyaetus relictus*	1 级		
大凤头燕鸥	*Thalasseus bergii*		2 级	
中华凤头燕鸥	*Thalasseus bernsteini*	1 级		原名"黑嘴端凤头燕鸥"
河燕鸥	*Sterna aurantia*	1 级		原名"黄嘴河燕鸥"
黑腹燕鸥	*Sterna acuticauda*		2 级	
黑浮鸥	*Chlidonias niger*		2 级	

续表

国家重点保护野生动物名录				
中文名	学名	保护级别		备注
海雀科	Alcidae			
冠海雀	*Synthliboramphus wumizusume*		2级	
鹱形目	PROCELLARIIFORMES			
信天翁科	Diomedeidae			
黑脚信天翁	*Phoebastria nigripes*	1级		
短尾信天翁	*Phoebastria albatrus*	1级		
鹳形目	CICONIIFORMES			
鹳科	Ciconiidae			
彩鹳	*Mycteria leucocephala*	1级		
黑鹳	*Ciconia nigra*	1级		
白鹳	*Ciconia ciconia*	1级		
东方白鹳	*Ciconia boyciana*	1级		
秃鹳	*Leptoptilos javanicus*		2级	
鲣鸟目	SULIFORMES			
军舰鸟科	Fregatidae			
白腹军舰鸟	*Fregata andrewsi*	1级		
黑腹军舰鸟	*Fregata minor*		2级	
白斑军舰鸟	*Fregata ariel*		2级	
鲣鸟科#	Sulidae			
蓝脸鲣鸟	*Sula dactylatra*		2级	
红脚鲣鸟	*Sula sula*		2级	
褐鲣鸟	*Sula leucogaster*		2级	
鸬鹚科	Phalacrocoracidae			
黑颈鸬鹚	*Microcarbo niger*		2级	
海鸬鹚	*Phalacrocorax pelagicus*		2级	
鹈形目	PELECANIFORMES			

续表

国家重点保护野生动物名录				
中文名	学名	保护级别		备注
鹮科	Threskiornithidae			
黑头白鹮	*Threskiornis melanocephalus*	1 级		原名“白鹮”
白肩黑鹮	*Pseudibis davisoni*	1 级		原名“黑鹮”
朱鹮	*Nipponia nippon*	1 级		
彩鹮	*Plegadis falcinellus*	1 级		
白琵鹭	*Platalea leucorodia*		2 级	
黑脸琵鹭	*Platalea minor*	1 级		
鹭科	Ardeidae			
小苇鳽	*Ixobrychus minutus*		2 级	
海南鳽	*Gorsachius magnificus*	1 级		原名“海南虎斑鳽”
栗头鳽	*Gorsachius goisagi*		2 级	
黑冠鳽	*Gorsachius melanolophus*		2 级	
白腹鹭	*Ardea insignis*	1 级		
岩鹭	*Egretta sacra*		2 级	
黄嘴白鹭	*Egretta eulophotes*	1 级		
鹈鹕科#	Pelecanidae			
白鹈鹕	*Pelecanus onocrotalus*	1 级		
斑嘴鹈鹕	*Pelecanus philippensis*	1 级		
卷羽鹈鹕	*Pelecanus crispus*	1 级		
鹰形目#	ACCIPITRIFORMES			
鹗科	Pandionidae			
鹗	*Pandion haliaetus*		2 级	
鹰科	Accipitridae			
黑翅鸢	*Elanus caeruleus*		2 级	
胡兀鹫	*Gypaetus barbatus*	1 级		
白兀鹫	*Neophron percnopterus*		2 级	

续表

国家重点保护野生动物名录				
中文名	学名	保护级别		备注
鹃头蜂鹰	*Pernis apivorus*		2 级	
凤头蜂鹰	*Pernis ptilorhynchus*		2 级	
褐冠鹃隼	*Aviceda jerdoni*		2 级	
黑冠鹃隼	*Aviceda leuphotes*		2 级	
兀鹫	*Gyps fulvus*		2 级	
长嘴兀鹫	*Gyps indicus*		2 级	
白背兀鹫	*Gyps bengalensis*	1 级		原名“拟兀鹫”
高山兀鹫	*Gyps himalayensis*		2 级	
黑兀鹫	*Sarcogyps calvus*	1 级		
秃鹫	*Aegypius monachus*	1 级		
蛇雕	*Spilornis cheela*		2 级	
短趾雕	*Circaetus gallicus*		2 级	
凤头鹰雕	*Nisaetus cirrhatus*		2 级	
鹰雕	*Nisaetus nipalensis*		2 级	
棕腹隼雕	*Lophotriorchis kienerii*		2 级	
林雕	*Ictinaetus malaiensis*		2 级	
乌雕	*Clanga clanga*	1 级		
靴隼雕	*Hieraaetus pennatus*		2 级	
草原雕	*Aquila nipalensis*	1 级		
白肩雕	*Aquila heliaca*	1 级		
金雕	*Aquila chrysaetos*	1 级		
白腹隼雕	*Aquila fasciata*		2 级	
凤头鹰	*Accipiter trivirgatus*		2 级	
褐耳鹰	*Accipiter badius*		2 级	
赤腹鹰	*Accipiter soloensis*		2 级	
日本松雀鹰	*Accipiter gularis*		2 级	

续表

国家重点保护野生动物名录				
中文名	学名	保护级别		备注
松雀鹰	*Accipiter virgatus*		2级	
雀鹰	*Accipiter nisus*		2级	
苍鹰	*Accipiter gentilis*		2级	
白头鹞	*Circus aeruginosus*		2级	
白腹鹞	*Circus spilonotus*		2级	
白尾鹞	*Circus cyaneus*		2级	
草原鹞	*Circus macrourus*		2级	
鹊鹞	*Circus melanoleucos*		2级	
乌灰鹞	*Circus pygargus*		2级	
黑鸢	*Milvus migrans*		2级	
栗鸢	*Haliastur indus*		2级	
白腹海雕	*Haliaeetus leucogaster*	1级		
玉带海雕	*Haliaeetus leucoryphus*	1级		
白尾海雕	*Haliaeetus albicilla*	1级		
虎头海雕	*Haliaeetus pelagicus*	1级		
渔雕	*Ichthyophaga humilis*		2级	
白眼鵟鹰	*Butastur teesa*		2级	
棕翅鵟鹰	*Butastur liventer*		2级	
灰脸鵟鹰	*Butastur indicus*		2级	
毛脚鵟	*Buteo lagopus*		2级	
大鵟	*Buteo hemilasius*		2级	
普通鵟	*Buteo japonicus*		2级	
喜山鵟	*Buteo refectus*		2级	
欧亚鵟	*Buteo buteo*		2级	
棕尾鵟	*Buteo rufinus*		2级	
鸮形目#	STRIGIFORMES			

续表

国家重点保护野生动物名录				
中文名	学名	保护级别		备注
鸱鸮科	Strigidae			
黄嘴角鸮	*Otus spilocephalus*		2级	
领角鸮	*Otus lettia*		2级	
北领角鸮	*Otus semitorques*		2级	
纵纹角鸮	*Otus brucei*		2级	
西红角鸮	*Otus scops*		2级	
红角鸮	*Otus sunia*		2级	
优雅角鸮	*Otus elegans*		2级	
雪鸮	*Bubo scandiacus*		2级	
雕鸮	*Bubo bubo*		2级	
林雕鸮	*Bubo nipalensis*		2级	
毛腿雕鸮	*Bubo blakistoni*	1级		
褐渔鸮	*Ketupa zeylonensis*		2级	
黄腿渔鸮	*Ketupa flavipes*		2级	
褐林鸮	*Strix leptogrammica*		2级	
灰林鸮	*Strix aluco*		2级	
长尾林鸮	*Strix uralensis*		2级	
四川林鸮	*Strix davidi*	1级		
乌林鸮	*Strix nebulosa*		2级	
猛鸮	*Surnia ulula*		2级	
花头鸺鹠	*Glaucidium passerinum*		2级	
领鸺鹠	*Glaucidium brodiei*		2级	
斑头鸺鹠	*Glaucidium cuculoides*		2级	
纵纹腹小鸮	*Athene noctua*		2级	
横斑腹小鸮	*Athene brama*		2级	
鬼鸮	Aegolius funereus		2级	

续表

国家重点保护野生动物名录				
中文名	学名	保护级别		备注
鹰鸮	*Ninox scutulata*		2 级	
日本鹰鸮	*Ninox japonica*		2 级	
长耳鸮	*Asio otus*		2 级	
短耳鸮	*Asio flammeus*		2 级	
草鸮科	Tytonidae			
仓鸮	*Tyto alba*		2 级	
草鸮	*Tyto longimembris*		2 级	
栗鸮	*Phodilus badius*		2 级	
咬鹃目#	TROGONIFORMES			
咬鹃科	Trogonidae			
橙胸咬鹃	*Harpactes oreskios*		2 级	
红头咬鹃	*Harpactes erythrocephalus*		2 级	
红腹咬鹃	*Harpactes wardi*		2 级	
犀鸟目	BUCEROTIFORMES			
犀鸟科#	Bucerotidae			
白喉犀鸟	*Anorrhinus austeni*	1 级		
冠斑犀鸟	*Anthracoceros albirostris*	1 级		
双角犀鸟	*Buceros bicornis*	1 级		
棕颈犀鸟	*Aceros nipalensis*	1 级		
花冠皱盔犀鸟	*Rhyticeros undulatus*	1 级		
佛法僧目	CORACIIFORMES			
蜂虎科	Meropidae			
赤须蜂虎	*Nyctyornis amictus*		2 级	
蓝须蜂虎	*Nyctyornis athertoni*		2 级	
绿喉蜂虎	*Merops orientalis*		2 级	
蓝颊蜂虎	*Merops persicus*		2 级	

续表

国家重点保护野生动物名录				
中文名	学名	保护级别		备注
栗喉蜂虎	*Merops philippinus*		2级	
彩虹蜂虎	*Merops ornatus*		2级	
蓝喉蜂虎	*Merops viridis*		2级	
栗头蜂虎	*Merops leschenaultia*		2级	原名“黑胸蜂虎”
翠鸟科	Alcedinidae			
鹳嘴翡翠	*Pelargopsis capensis*		2级	原名“鹳嘴翠鸟”
白胸翡翠	*Halcyon smyrnensis*		2级	
蓝耳翠鸟	*Alcedo meninting*		2级	
斑头大翠鸟	*Alcedo hercules*		2级	
啄木鸟目	PICIFORMES			
啄木鸟科	Picidae			
白翅啄木鸟	*Dendrocopos leucopterus*		2级	
三趾啄木鸟	*Picoides tridactylus*		2级	
白腹黑啄木鸟	*Dryocopus javensis*		2级	
黑啄木鸟	*Dryocopus martius*		2级	
大黄冠啄木鸟	*Chrysophlegma flavinucha*		2级	
黄冠啄木鸟	*Picus chlorolophus*		2级	
红颈绿啄木鸟	*Picus rabieri*		2级	
大灰啄木鸟	*Mulleripicus pulverulentus*		2级	
隼形目#	FALCONIFORMES			
隼科	Falconidae			
红腿小隼	*Microhierax caerulescens*		2级	
白腿小隼	*Microhierax melanoleucus*		2级	
黄爪隼	*Falco naumanni*		2级	
红隼	*Falco tinnunculus*		2级	
西红脚隼	*Falco vespertinus*		2级	

续表

国家重点保护野生动物名录				
中文名	学名	保护级别		备注
红脚隼	*Falco amurensis*		2 级	
灰背隼	*Falco columbarius*		2 级	
燕隼	*Falco subbuteo*		2 级	
猛隼	*Falco severus*		2 级	
猎隼	*Falco cherrug*	1 级		
矛隼	*Falco rusticolus*	1 级		
游隼	*Falco peregrinus*		2 级	
鹦形目#	PSITTACIFORMES			
鹦鹉科	Psittacidae			
短尾鹦鹉	*Loriculus vernalis*		2 级	
蓝腰鹦鹉	*Psittinus cyanurus*		2 级	
亚历山大鹦鹉	*Psittacula eupatria*		2 级	
红领绿鹦鹉	*Psittacula krameri*		2 级	
青头鹦鹉	*Psittacula himalayana*		2 级	
灰头鹦鹉	*Psittacula finschii*		2 级	
花头鹦鹉	*Psittacula roseata*		2 级	
大紫胸鹦鹉	*Psittacula derbiana*		2 级	
绯胸鹦鹉	*Psittacula alexandri*		2 级	
雀形目	PASSERIFORMES			
八色鸫科#	Pittidae			
双辫八色鸫	*Pitta phayrei*		2 级	
蓝枕八色鸫	*Pitta nipalensis*		2 级	
蓝背八色鸫	*Pitta soror*		2 级	
栗头八色鸫	*Pitta oatesi*		2 级	
蓝八色鸫	*Pitta cyanea*		2 级	
绿胸八色鸫	*Pitta sordida*		2 级	

续表

国家重点保护野生动物名录				
中文名	学名	保护级别		备注
仙八色鸫	*Pitta nympha*		2级	
蓝翅八色鸫	*Pitta moluccensis*		2级	
阔嘴鸟科#	Eurylaimidae			
长尾阔嘴鸟	*Psarisomus dalhousiae*		2级	
银胸丝冠鸟	*Serilophus lunatus*		2级	
黄鹂科	Oriolidae			
鹊鹂	*Oriolus mellianus*		2级	
卷尾科	Dicruridae			
小盘尾	*Dicrurus remifer*		2级	
大盘尾	*Dicrurus paradiseus*		2级	
鸦科	Corvidae			
黑头噪鸦	*Perisoreus internigrans*	1级		
蓝绿鹊	*Cissa chinensis*		2级	
黄胸绿鹊	*Cissa hypoleuca*		2级	
黑尾地鸦	*Podoces hendersoni*		2级	
白尾地鸦	*Podoces biddulphi*		2级	
山雀科	Paridae			
白眉山雀	*Poecile superciliosus*		2级	
红腹山雀	*Poecile davidi*		2级	
百灵科	Alaudidae			
歌百灵	*Mirafra javanica*		2级	
蒙古百灵	*Melanocorypha mongolica*		2级	
云雀	*Alauda arvensis*		2级	
苇莺科	Acrocephalidae			
细纹苇莺	*Acrocephalus sorghophilus*		2级	
鹎科	Pycnonotidae			

续表

国家重点保护野生动物名录				
中文名	学名	保护级别		备注
台湾鹎	*Pycnonotus taivanus*		2级	
莺鹛科	Sylviidae			
金胸雀鹛	*Lioparus chrysotis*		2级	
宝兴鹛雀	*Moupinia poecilotis*		2级	
中华雀鹛	*Fulvetta striaticollis*		2级	
三趾鸦雀	*Cholornis paradoxus*		2级	
白眶鸦雀	*Sinosuthora conspicillata*		2级	
暗色鸦雀	*Sinosuthora zappeyi*		2级	
灰冠鸦雀	*Sinosuthora przewalskii*	1级		
短尾鸦雀	*Neosuthora davidiana*		2级	
震旦鸦雀	*Paradoxornis heudei*		2级	
绣眼鸟科	Zosteropidae			
红胁绣眼鸟	*Zosterops erythropleurus*		2级	
林鹛科	Timaliidae			
淡喉鹩鹛	*Spelaeornis kinneari*		2级	
弄岗穗鹛	*Stachyris nonggangensis*		2级	
幽鹛科	Pellorneidae			
金额雀鹛	*Schoeniparus variegaticeps*	1级		
噪鹛科	Leiothrichidae			
大草鹛	*Babax waddelli*		2级	
棕草鹛	*Babax koslowi*		2级	
画眉	*Garrulax canorus*		2级	
海南画眉	*Garrulax owstoni*		2级	
台湾画眉	*Garrulax taewanus*		2级	
褐胸噪鹛	*Garrulax maesi*		2级	
黑额山噪鹛	*Garrulax sukatschewi*	1级		

续表

国家重点保护野生动物名录				
中文名	学名	保护级别		备注
斑背噪鹛	*Garrulax lunulatus*		2 级	
白点噪鹛	*Garrulax bieti*	1 级		
大噪鹛	*Garrulax maximus*		2 级	
眼纹噪鹛	*Garrulax ocellatus*		2 级	
黑喉噪鹛	*Garrulax chinensis*		2 级	
蓝冠噪鹛	*Garrulax courtoisi*	1 级		
棕噪鹛	*Garrulax berthemyi*		2 级	
橙翅噪鹛	*Trochalopteron elliotii*		2 级	
红翅噪鹛	*Trochalopteron formosum*		2 级	
红尾噪鹛	*Trochalopteron milnei*		2 级	
黑冠薮鹛	*Liocichla bugunorum*	1 级		
灰胸薮鹛	*Liocichla omeiensis*	1 级		
银耳相思鸟	*Leiothrix argentauris*		2 级	
红嘴相思鸟	*Leiothrix lutea*		2 级	
旋木雀科	Certhiidae			
四川旋木雀	*Certhia tianquanensis*		2 级	
䴓科(鳾科)	Sittidae			
滇䴓	*Sitta yunnanensis*		2 级	
巨䴓	*Sitta magna*		2 级	
丽䴓	*Sitta formosa*		2 级	
椋鸟科	Sturnidae			
鹩哥	*Gracula religiosa*		2 级	
鸫科	Turdidae			
褐头鸫	*Turdus feae*		2 级	
紫宽嘴鸫	*Cochoa purpurea*		2 级	
绿宽嘴鸫	*Cochoa viridis*		2 级	

续表

国家重点保护野生动物名录				
中文名	学名	保护级别		备注
鹟科	Muscicapidae			
棕头歌鸲	*Larvivora ruficeps*	1 级		
红喉歌鸲	*Calliope calliope*		2 级	
黑喉歌鸲	*Calliope obscura*		2 级	
金胸歌鸲	*Calliope pectardens*		2 级	
蓝喉歌鸲	*Luscinia svecica*		2 级	
新疆歌鸲	*Luscinia megarhynchos*		2 级	
棕腹林鸲	*Tarsiger hyperythrus*		2 级	
贺兰山红尾鸲	*Phoenicurus alaschanicus*		2 级	
白喉石鵖	*Saxicola insignis*		2 级	
白喉林鹟	*Cyornis brunneatus*		2 级	
棕腹大仙鹟	*Niltava davidi*		2 级	
大仙鹟	*Niltava grandis*		2 级	
岩鹨科	Prunellidae			
贺兰山岩鹨	*Prunella koslowi*		2 级	
朱鹀科	Urocynchramidae			
朱鹀	*Urocynchramus pylzowi*		2 级	
燕雀科	Fringillidae			
褐头朱雀	*Carpodacus sillemi*		2 级	
藏雀	*Carpodacus roborowskii*		2 级	
北朱雀	*Carpodacus roseus*		2 级	
红交嘴雀	*Loxia curvirostra*		2 级	
鹀科	Emberizidae			
蓝鹀	*Emberiza siemsseni*		2 级	
栗斑腹鹀	*Emberiza jankowskii*	1 级		
黄胸鹀	*Emberiza aureola*	1 级		

续表

国家重点保护野生动物名录				
中文名	学名	保护级别		备注
藏鹀	*Emberiza koslowi*		2级	
爬行纲 REPTILIA				
龟鳖目	TESTUDINES			
平胸龟科#	Platysternidae			
*平胸龟	*Platysternon megacephalum*		2级	仅限野外种群
陆龟科#	Testudinidae			
缅甸陆龟	*Indotestudo elongata*	1级		
凹甲陆龟	*Manouria impressa*	1级		
四爪陆龟	*Testudo horsfieldii*	1级		
地龟科	Geoemydidae			
*欧氏摄龟	*Cyclemys oldhami*		2级	
*黑颈乌龟	*Mauremys nigricans*		2级	仅限野外种群
*乌龟	*Mauremys reevesii*		2级	仅限野外种群
*花龟	*Mauremys sinensis*		2级	仅限野外种群
*黄喉拟水龟	*Mauremys mutica*		2级	仅限野外种群
*闭壳龟属所有种	*Cuora* spp.		2级	仅限野外种群
*地龟	*Geoemyda spengleri*		2级	
*眼斑水龟	*Sacalia bealei*		2级	仅限野外种群
*四眼斑水龟	*Sacalia quadriocellata*		2级	仅限野外种群
海龟科#	Cheloniidae			
*红海龟	*Caretta caretta*	1级		
*绿海龟	*Chelonia mydas*	1级		
*玳瑁	*Eretmochelys imbricata*	1级		
*太平洋丽龟	*Lepidochelys olivacea*	1级		
棱皮龟科#	Dermochelyidae			
*棱皮龟	*Dermochelys coriacea*	1级		

续表

国家重点保护野生动物名录				
中文名	学名	保护级别		备注
鳖科	Trionychidae			
* 鼋	*Pelochelys cantorii*	1 级		
* 山瑞鳖	*Palea steindachneri*		2 级	仅限野外种群
* 斑鳖	*Rafetus swinhoei*	1 级		
有鳞目	SQUAMATA			
壁虎科	Gekkonidae			
大壁虎	*Gekko gecko*		2 级	
黑疣大壁虎	*Gekko reevesii*		2 级	
球趾虎科	Sphaerodactylidae			
伊犁沙虎	*Teratoscincus scincus*		2 级	
吐鲁番沙虎	*Teratoscincus roborowskii*		2 级	
睑虎科#	Eublepharidae			
英德睑虎	*Goniurosaurus yingdeensis*		2 级	
越南睑虎	*Goniurosaurus araneus*		2 级	
霸王岭睑虎	*Goniurosaurus bawanglingensis*		2 级	
海南睑虎	*Goniurosaurus hainanensis*		2 级	
嘉道理睑虎	*Goniurosaurus kadoorieorum*		2 级	
广西睑虎	*Goniurosaurus kwangsiensis*		2 级	
荔波睑虎	*Goniurosaurus liboensis*		2 级	
凭祥睑虎	*Goniurosaurus luii*		2 级	
蒲氏睑虎	*Goniurosaurus zhelongi*		2 级	
周氏睑虎	*Goniurosaurus zhoui*		2 级	
鬣蜥科	Agamidae			
巴塘龙蜥	*Diploderma batangense*		2 级	
短尾龙蜥	*Diploderma brevicandum*		2 级	
侏龙蜥	*Diploderma drukdaypo*		2 级	

续表

国家重点保护野生动物名录				
中文名	学名	保护级别		备注
滑腹龙蜥	*Diploderma laeviventre*		2级	
宜兰龙蜥	*Diploderma luei*		2级	
溪头龙蜥	*Diploderma makii*		2级	
帆背龙蜥	*Diploderma vela*		2级	
蜡皮蜥	*Leiolepis reevesii*		2级	
贵南沙蜥	*Phrynocephalus guinanensis*		2级	
大耳沙蜥	*Phrynocephalus mystaceus*	1级		
长鬣蜥	*Physignathus cocincinus*		2级	
蛇蜥科#	Anguidae			
细脆蛇蜥	*Ophisaurus gracilis*		2级	
海南脆蛇蜥	*Ophisaurus hainanensis*		2级	
脆蛇蜥	*Ophisaurus harti*		2级	
鳄蜥科	Shinisauridae			
鳄蜥	*Shinisaurus crocodilurus*	1级		
巨蜥科#	Varanidae			
孟加拉巨蜥	*Varanus bengalensis*	1级		
圆鼻巨蜥	*Varanus salvator*	1级		原名“巨蜥”
石龙子科	Scincidae			
桓仁滑蜥	*Scincella huanrenensis*		2级	
双足蜥科	Dibamidae			
香港双足蜥	*Dibamus bogadeki*		2级	
盲蛇科	Typhlopidae			
香港盲蛇	*Indotyphlops lazelli*		2级	
筒蛇科	Cykindrophiidae			
红尾筒蛇	*Cylindrophis ruffus*		2级	
闪鳞蛇科	Xenopeltidae			

续表

国家重点保护野生动物名录				
中文名	学名	保护级别		备注
闪鳞蛇	*Xenopeltis unicolor*		2级	
蚺科#	Boidae			
红沙蟒	*Eryx miliaris*		2级	
东方沙蟒	*Eryx tataricus*		2级	
蟒科#	Pythonidae			
蟒蛇	*Python bivittatus*		2级	原名“蟒”
闪皮蛇科	Xenodermidae			
井冈山脊蛇	*Achalinus jinggangensis*		2级	
游蛇科	Colubridae			
三索蛇	*Coelognathus radiatus*		2级	
团花锦蛇	*Elaphe davidi*		2级	
横斑锦蛇	*Euprepiophis perlaceus*		2级	
尖喙蛇	*Rhynchophis boulengeri*		2级	
西藏温泉蛇	*Thermophis baileyi*	1级		
香格里拉温泉蛇	*Thermophis shangrila*	1级		
四川温泉蛇	*Thermophis zhaoermii*	1级		
黑网乌梢蛇	*Zaocys carinatus*		2级	
瘰鳞蛇科	Acrochordidae			
*瘰鳞蛇	*Acrochordus granulatus*		2级	
眼镜蛇科	Elapidae			
眼镜王蛇	*Ophiophagus hannah*		2级	
*蓝灰扁尾海蛇	*Laticauda colubrina*		2级	
*扁尾海蛇	*Laticauda laticaudata*		2级	
*半环扁尾海蛇	*Laticauda semifasciata*		2级	
*龟头海蛇	*Emydocephalus ijimae*		2级	
*青环海蛇	*Hydrophis cyanocinctus*		2级	

续表

国家重点保护野生动物名录				
中文名	学名	保护级别		备注
* 环纹海蛇	*Hydrophis fasciatus*		2 级	
* 黑头海蛇	*Hydrophis melanocephalus*		2 级	
* 淡灰海蛇	*Hydrophis ornatus*		2 级	
* 棘眦海蛇	*Hydrophis peronii*		2 级	
* 棘鳞海蛇	*Hydrophis stokesii*		2 级	
* 青灰海蛇	*Hydrophis caerulescens*		2 级	
* 平颏海蛇	*Hydrophis curtus*		2 级	
* 小头海蛇	*Hydrophis gracilis*		2 级	
* 长吻海蛇	*Hydrophis platurus*		2 级	
* 截吻海蛇	*Hydrophis jerdonii*		2 级	
* 海蝰	*Hydrophis viperinus*		2 级	
蝰科	Viperidae			
泰国圆斑蝰	*Daboia siamensis*		2 级	
蛇岛蝮	*Gloydius shedaoensis*		2 级	
角原矛头蝮	*Protobothrops cornutus*		2 级	
莽山烙铁头蛇	*Protobothrops mangshanensis*	1 级		
极北蝰	*Vipera berus*		2 级	
东方蝰	*Vipera renardi*		2 级	
鳄目	CROCODYLIA			
鼍科#	Alligatoridae			
* 扬子鳄	*Alligator sinensis*	1 级		
两栖纲 AMPHIBIA				
蚓螈目	GYMNOPHIONA			
鱼螈科	Ichthyophiidae			
版纳鱼螈	*Ichthyophis bannanicus*		2 级	
有尾目	CAUDATA			

续表

国家重点保护野生动物名录				
中文名	学名	保护级别		备注
小鲵科#	Hynobiidae			
* 安吉小鲵	Hynobius amjiensis	1 级		
* 中国小鲵	Hynobius chinensis	1 级		
* 挂榜山小鲵	Hynobius guabangshanensis	1 级		
* 猫儿山小鲵	Hynobius maoershansis	1 级		
* 普雄原鲵	Protohynobius puxiongensis	1 级		
* 辽宁爪鲵	Onychodactylus zhaoermii	1 级		
* 吉林爪鲵	Onychodactylus zhangyapingi		2 级	
* 新疆北鲵	Ranodon sibiricus		2 级	
* 极北鲵	Salamandrella keyserlingii		2 级	
* 巫山巴鲵	Liua shihi		2 级	
* 秦巴巴鲵	Liua tsinpaensis		2 级	
* 黄斑拟小鲵	Pseudohynobius flavomaculatus		2 级	
* 贵州拟小鲵	Pseudohynobius guizhouensis		2 级	
* 金佛拟小鲵	Pseudohynobius jinfo		2 级	
* 宽阔水拟小鲵	Pseudohynobius kuankuoshuiensis		2 级	
* 水城拟小鲵	Pseudohynobius shuichengensis		2 级	
* 弱唇褶山溪鲵	Batrachuperus cochranae		2 级	
* 无斑山溪鲵	Batrachuperus karlschmidti		2 级	
* 龙洞山溪鲵	Batrachuperus londongensis		2 级	
* 山溪鲵	Batrachuperus pinchonii		2 级	
* 西藏山溪鲵	Batrachuperus tibetanus		2 级	
* 盐源山溪鲵	Batrachuperus yenyuanensis		2 级	
* 阿里山小鲵	Hynobius arisanensis		2 级	

续表

国家重点保护野生动物名录				
中文名	学名	保护级别		备注
* 台湾小鲵	Hynobius formosanus		2 级	
* 观雾小鲵	Hynobius fuca		2 级	
* 南湖小鲵	Hynobius glacialis		2 级	
* 东北小鲵	Hynobius leechii		2 级	
* 楚南小鲵	Hynobius sonani		2 级	
* 义乌小鲵	Hynobius yiwuensis		2 级	
隐鳃鲵科	Cryptobranchidae			
* 大鲵	Andrias davidianus		2 级	仅限野外种群
蝾螈科	Salamandroidae			
* 潮汕蝾螈	Cynops orphicus		2 级	
* 大凉螈	Liangshantriton taliangensis		2 级	原名“大凉疣螈”
* 贵州疣螈	Tylototriton kweichowensis		2 级	
* 川南疣螈	Tylototriton pseudoverrucosus		2 级	
* 丽色疣螈	Tylototriton pulcherrima		2 级	
* 红瘰疣螈	Tylototriton shanjing		2 级	
* 棕黑疣螈	Tylototriton verrucosus		2 级	原名“细瘰疣螈”
* 滇南疣螈	Tylototriton yangi		2 级	
* 安徽瑶螈	Yaotriton anhuiensis		2 级	
* 细痣瑶螈	Yaotriton asperrimus		2 级	原名“细痣疣螈”
* 宽脊瑶螈	Yaotriton broadoridgus		2 级	
* 大别瑶螈	Yaotriton dabienicus		2 级	
* 海南瑶螈	Yaotriton hainanensis		2 级	
* 浏阳瑶螈	Yaotriton liuyangensis		2 级	
* 莽山瑶螈	Yaotriton lizhenchangi		2 级	
* 文县瑶螈	Yaotriton wenxianensis		2 级	
* 蔡氏瑶螈	Yaotriton ziegleri		2 级	

续表

国家重点保护野生动物名录				
中文名	学名	保护级别		备注
* 镇海棘螈	Echinotriton chinhaiensis	1级		原名“镇海疣螈”
* 琉球棘螈	Echinotriton andersoni		2级	
* 高山棘螈	Echinotriton maxiquadratus		2级	
* 橙脊瘰螈	Paramesotriton aurantius		2级	
* 尾斑瘰螈	Paramesotriton caudopunctatus		2级	
* 中国瘰螈	Paramesotriton chinensis		2级	
* 越南瘰螈	Paramesotriton deloustali		2级	
* 富钟瘰螈	Paramesotriton fuzhongensis		2级	
* 广西瘰螈	Paramesotriton guangxiensis		2级	
* 香港瘰螈	Paramesotriton hongkongensis		2级	
* 无斑瘰螈	Paramesotriton labiatus		2级	
* 龙里瘰螈	Paramesotriton longliensis		2级	
* 茂兰瘰螈	Paramesotriton maolanensis		2级	
* 七溪岭瘰螈	Paramesotriton qixilingensis		2级	
* 武陵瘰螈	Paramesotriton wulingensis		2级	
* 云雾瘰螈	Paramesotriton yunwuensis		2级	
* 织金瘰螈	Paramesotriton zhijinensis		2级	
无尾目	ANURA			
角蟾科	Megophryidae			
抱龙角蟾	Boulenophrys baolongensis		2级	
凉北齿蟾	Oreolalax liangbeiensis		2级	
金顶齿突蟾	Scutiger chintingensis		2级	
九龙齿突蟾	Scutiger jiulongensis		2级	
木里齿突蟾	Scutiger muliensis		2级	
宁陕齿突蟾	Scutiger ningshanensis		2级	
平武齿突蟾	Scutiger pingwuensis		2级	

续表

国家重点保护野生动物名录				
中文名	学名	保护级别		备注
哀牢髭蟾	Vibrissaphora ailaonica		2级	
峨眉髭蟾	Vibrissaphora boringii		2级	
雷山髭蟾	Vibrissaphora leishanensis		2级	
原髭蟾	Vibrissaphora promustache		2级	
南澳岛角蟾	Xenophrys insularis		2级	
水城角蟾	Xenophrys shuichengensis		2级	
蟾蜍科	Bufonidae			
史氏蟾蜍	Bufo stejnegeri		2级	
鳞皮小蟾	Parapelophryne scalpta		2级	
乐东蟾蜍	Qiongbufo ledongensis		2级	
无棘溪蟾	Torrentophryne aspinia		2级	
叉舌蛙科	Dicroglossidae			
* 虎纹蛙	Hoplobatrachus chinensis		2级	仅限野外种群
* 脆皮大头蛙	Limnonectes fragilis		2级	
* 叶氏肛刺蛙	Yerana yei		2级	
蛙科	Ranidae			
* 海南湍蛙	Amolops hainanensis		2级	
* 香港湍蛙	Amolops hongkongensis		2级	
* 小腺蛙	Glandirana minima		2级	
* 务川臭蛙	Odorrana wuchuanensis		2级	
树蛙科	Rhacophoridae			
巫溪树蛙	Rhacophorus hongchibaensis		2级	
老山树蛙	Rhacophorus laoshan		2级	
罗默刘树蛙	Liuixalus romeri		2级	
洪佛树蛙	Rhacophorus hungfuensis		2级	

续表

国家重点保护野生动物名录				
中文名	学名	保护级别		备注
文昌鱼纲 AMPHIOXI				
文昌鱼目	AMPHIOXIFORMES			
文昌鱼科#	Branchiostomatidae			
*厦门文昌鱼	Branchiostoma belcheri		2 级	仅限野外种群。原名“文昌鱼”
*青岛文昌鱼	Branchiostoma tsingdauense		2 级	仅限野外种群
圆口纲 CYCLOSTOMATA				
七鳃鳗目	PETROMYZONTIFORMES			
七鳃鳗科#	Petromyzontidae			
*日本七鳃鳗	Lampetra japonica		2 级	
*东北七鳃鳗	Lampetra morii		2 级	
*雷氏七鳃鳗	Lampetra reissneri		2 级	
软骨鱼纲 CHONDRICHTHYES				
鼠鲨目	LAMNIFORMES			
姥鲨科	Cetorhinidae			
*姥鲨	Cetorhinus maximus		2 级	
鼠鲨科	Lamnidae			
*噬人鲨	Carcharodon carcharias		2 级	
须鲨目	ORECTOLOBIFORMES			
鲸鲨科	Rhincodontidae			
*鲸鲨	Rhincodon typus		2 级	
鲼日	MYLIOBATIFORMES			
魟科	Dasyatidae			
*黄魟	Dasyatis bennettii		2 级	仅限陆封种群
硬骨鱼纲 OSTEICHTHYES				
鲟形目#	ACIPENSERIFORMES			
鲟科	Acipenseridae			

续表

国家重点保护野生动物名录				
中文名	学名	保护级别		备注
*中华鲟	*Acipenser sinensis*	1级		
*长江鲟	Acipenser dabryanus	1级		原名“达氏鲟”
*鳇	Huso dauricus	1级		仅限野外种群
*西伯利亚鲟	Acipenser baerii		2级	仅限野外种群
*裸腹鲟	Acipenser nudiventris		2级	仅限野外种群
*小体鲟	Acipenser ruthenus		2级	仅限野外种群
*施氏鲟	*Acipenser schrenckii*		2级	仅限野外种群
匙吻鲟科	Polyodontidae			
*白鲟	Psephurus gladius	1级		
鳗鲡目	ANGUILLIFORMES			
鳗鲡科	Anguillidae			
*花鳗鲡	Anguilla marmorata		2级	
鲱形目	CLUPEIFORMES			
鲱科	Clupeidae			
*鲥	Tenualosa reevesii	1级		
鲤形目	CYPRINIFORMES			
双孔鱼科	Gyrinocheilidae			
*双孔鱼	Gyrinocheilus aymonieri		2级	仅限野外种群
裸吻鱼科	Psilorhynchidae			
*平鳍裸吻鱼	Psilorhynchus homaloptera		2级	
亚口鱼科	Catostomidae			原名“胭脂鱼科”
*胭脂鱼	Myxocyprinus asiaticus		2级	仅限野外种群
鲤科	Cyprinidae			
*唐鱼	Tanichthys albonubes		2级	仅限野外种群
*稀有鮈鲫	Gobiocypris rarus		2级	仅限野外种群
*鯮	Luciobrama macrocephalus		2级	

续表

国家重点保护野生动物名录				
中文名	学名	保护级别		备注
* 多鳞白鱼	Anabarilius polylepis		2 级	
* 山白鱼	Anabarilius transmontanus		2 级	
* 北方铜鱼	Coreius septentrionalis	1 级		
* 圆口铜鱼	Coreius guichenoti		2 级	仅限野外种群
* 大鼻吻鮈	Rhinogobio nasutus		2 级	
* 长鳍吻鮈	Rhinogobio ventralis		2 级	
* 平鳍鳅鮀	Gobiobotia homalopteroidea		2 级	
* 单纹似鳡	Luciocyprinus langsoni		2 级	
* 金线鲃属所有种	Sinocyclocheilus spp.		2 级	
* 四川白甲鱼	Onychostoma angustistomata		2 级	
* 多鳞白甲鱼	Onychostoma macrolepis		2 级	仅限野外种群
* 金沙鲈鲤	Percocypris pingi		2 级	仅限野外种群
* 花鲈鲤	Percocypris regani		2 级	仅限野外种群
* 后背鲈鲤	Percocypris retrodorslis		2 级	仅限野外种群
* 张氏鲈鲤	Percocypris tchangi		2 级	仅限野外种群
* 裸腹盲鲃	Typhlobarbus nudiventris		2 级	
* 角鱼	Akrokolioplax bicornis		2 级	
* 骨唇黄河鱼	Chuanchia labiosa		2 级	
* 极边扁咽齿鱼	Platypharodon extremus		2 级	仅限野外种群
* 细鳞裂腹鱼	Schizothorax chongi		2 级	仅限野外种群
* 巨须裂腹鱼	Schizothorax macropogon		2 级	
* 重口裂腹鱼	Schizothorax davidi		2 级	仅限野外种群
* 拉萨裂腹鱼	Schizothorax waltoni		2 级	仅限野外种群
* 塔里木裂腹鱼	Schizothorax biddulphi		2 级	仅限野外种群
* 大理裂腹鱼	Schizothorax taliensis		2 级	仅限野外种群
* 扁吻鱼	Aspiorhynchus laticeps	1 级		原名“新疆大头鱼”

续表

国家重点保护野生动物名录				
中文名	学名	保护级别		备注
* 厚唇裸重唇鱼	Gymnodiptychus pachycheilus		2 级	仅限野外种群
* 斑重唇鱼	Diptychus maculatus		2 级	
* 尖裸鲤	Oxygymnocypris stewartii		2 级	仅限野外种群
* 大头鲤	Cyprinus pellegrini		2 级	仅限野外种群
* 小鲤	Cyprinus micristius		2 级	
* 抚仙鲤	Cyprinus fuxianensis		2 级	
* 岩原鲤	Procypris rabaudi		2 级	仅限野外种群
* 乌原鲤	Procypris merus		2 级	
* 大鳞鲢	Hypophthalmichthys harmandi		2 级	
鳅科	Cobitidae			
* 红唇薄鳅	Leptobotia rubrilabris		2 级	仅限野外种群
* 黄线薄鳅	Leptobotia flavolineata		2 级	
* 长薄鳅	Leptobotia elongata		2 级	仅限野外种群
条鳅科	Nemacheilidae			
* 无眼岭鳅	Oreonectes anophthalmus		2 级	
* 拟鲇高原鳅	Triplophysa siluroides		2 级	仅限野外种群
* 湘西盲高原鳅	Triplophysa xiangxiensis		2 级	
* 小头高原鳅	Triphophysa minuta		2 级	
爬鳅科	Balitoridae			
* 厚唇原吸鳅	Protomyzon pachychilus		2 级	
鲇形目	SILURIFORMES			
鲿科	Bagridae			
* 斑鳠	Hemibagrus guttatus		2 级	仅限野外种群
鲇科	Siluridae			
* 昆明鲇	Silurus mento		2 级	
	Pangasiidae			

续表

国家重点保护野生动物名录				
中文名	学名	保护级别		备注
＊长丝	Pangasius sanitwangsei	1 级		
钝头鮠科	Amblycipitidae			
＊金氏鉠	Liobagrus kingi		2 级	
鮡科	Sisoridae			
＊长丝黑鮡	Gagata dolichonema		2 级	
＊青石爬鮡	Euchiloglanis davidi		2 级	
＊黑斑原鮡	Glyptosternum maculatum		2 级	
＊魾	Bagarius bagarius		2 级	
＊红魾	Bagarius rutilus		2 级	
＊巨魾	Bagarius yarrelli		2 级	
鲑形目	SALMONIFORMES			
鲑科	Salmonidae			
＊细鳞鲑属所有种	Brachymystax spp.		2 级	仅限野外种群
＊川陕哲罗鲑	Hucho bleekeri	1 级		
＊哲罗鲑	Hucho taimen		2 级	仅限野外种群
＊石川氏哲罗鲑	Hucho ishikawai		2 级	
＊花羔红点鲑	Salvelinus malma		2 级	仅限野外种群
＊马苏大马哈鱼	Oncorhynchus masou		2 级	
＊北鲑	Stenodus leucichthys		2 级	
＊北极茴鱼	*Thymallus arcticus*		2 级	仅限野外种群
＊下游黑龙江茴鱼	Thymallus tugarinae		2 级	仅限野外种群
＊鸭绿江茴鱼	Thymallus yaluensis		2 级	仅限野外种群
海龙鱼目	SYNGNATHIFORMES			
海龙鱼科	Syngnathidae			
＊海马属所有种	Hippocampus spp.		2 级	仅限野外种群
鲈形目	PERCIFORMES			

续表

国家重点保护野生动物名录				
中文名	学名	保护级别		备注
石首鱼科	Sciaenidae			
* 黄唇鱼	Bahaba taipingensis	1级		
隆头鱼科	Labridae			
* 波纹唇鱼	Cheilinus undulatus		2级	仅限野外种群
鲉形目	SCORPAENIFORMES			
杜父鱼科	Cottidae			
* 松江鲈	Trachidermus fasciatus		2级	仅限野外种群。原名“松江鲈鱼”
半索动物门 HEMICHORDATA				
肠鳃纲 ENTEROPNEUSTA				
柱头虫目	BALANOGLOSSIDA			
殖翼柱头虫科	Ptychoderidae			
* 多鳃孔舌形虫	Glossobalanus polybranchioporus	1级		
* 三崎柱头虫	Balanoglossus misakiensis		2级	
* 短殖舌形虫	Glossobalanus mortenseni		2级	
* 肉质柱头虫	Balanoglossus carnosus		2级	
* 黄殖翼柱头虫	Ptychodera flava		2级	
史氏柱头虫科	Spengeliidae			
* 青岛橡头虫	Glandiceps qingdaoensis		2级	
玉钩虫科	Harrimaniidae			
* 黄岛长吻虫	Saccoglossus hwangtauensis	1级		
节肢动物门 ARTHROPODA				
昆虫纲 INSECTA				
双尾目	DIPLURA			
铗	Japygidae			
伟铗	Atlasjapyx atlas		2级	

续表

国家重点保护野生动物名录				
中文名	学名	保护级别		备注
蛸目	PHASMATODEA			
叶蛸科#	Phyllidae			
丽叶蛸	Phyllium pulchrifolium		2级	
中华叶蛸	Phyllium sinensis		2级	
泛叶蛸	Phyllium celebicum		2级	
翔叶蛸	Phyllium westwoodi		2级	
东方叶蛸	Phyllium siccifolium		2级	
独龙叶蛸	Phyllium drunganum		2级	
同叶蛸	Phyllium parum		2级	
滇叶蛸	Phyllium yunnanense		2级	
藏叶蛸	Phyllium tibetense		2级	
珍叶蛸	Phyllium rarum		2级	
蜻蜓目	ODONATA			
箭蜓科	Gomphidae			
扭尾曦春蜓	Heliogomphus retroflexus		2级	原名"尖板曦箭蜓"
棘角蛇纹春蜓	Ophiogomphus spinicornis		2级	原名"宽纹北箭蜓"
缺翅目	ZORAPTERA			
缺翅虫科	Zorotypidae			
中华缺翅虫	Zorotypus sinensis		2级	
墨脱缺翅虫	Zorotypus medoensis		2级	
蛩蠊目	GRYLLOBLATTODAE			
蛩蠊科	Grylloblattidae			
中华蛩蠊	Galloisiana sinensis	1级		
陈氏西蛩蠊	Grylloblattella cheni	1级		
脉翅目	NEUROPTERA			
旌蛉科	Nemopteridae			

续表

国家重点保护野生动物名录				
中文名	学名	保护级别		备注
中华旌蛉	Nemopistha sinica		2 级	
鞘翅目	COLEOPTERA			
步甲科	Carabidae			
拉步甲	Carabus lafossei		2 级	
细胸大步甲	Carabus osawai		2 级	
巫山大步甲	Carabus ishizukai		2 级	
库班大步甲	Carabus kubani		2 级	
桂北大步甲	Carabus guibeicus		2 级	
贞大步甲	Carabus penelope		2 级	
蓝鞘大步甲	Carabus cyaneogigas		2 级	
滇川大步甲	Carabus yunanensis		2 级	
硕步甲	Carabus davidi		2 级	
两栖甲科	Amphizoidae			
中华两栖甲	Amphizoa sinica		2 级	
长阎甲科	Synteliidae			
中华长阎甲	Syntelia sinica		2 级	
大卫长阎甲	Syntelia davidis		2 级	
玛氏长阎甲	Syntelia mazuri		2 级	
臂金龟科	Euchiridae			
戴氏棕臂金龟	Propomacrus davidi		2 级	
玛氏棕臂金龟	Propomacrus muramotoae		2 级	
越南臂金龟	Cheirotonus battareli		2 级	
福氏彩臂金龟	Cheirotonus fujiokai		2 级	
格彩臂金龟	Cheirotonus gestroi		2 级	
台湾长臂金龟	Cheirotonus formosanus		2 级	
阳彩臂金龟	Cheirotonus jansoni		2 级	

续表

国家重点保护野生动物名录				
中文名	学名	保护级别		备注
印度长臂金龟	Cheirotonus macleayii		2 级	
昭沼氏长臂金龟	Cheirotonus terunumai		2 级	
金龟科	Scarabaeidae			
艾氏泽蜣螂	Scarabaeus erichsoni		2 级	
拜氏蜣螂	Scarabaeus babori		2 级	
悍马巨蜣螂	Heliocopris bucephalus		2 级	
上帝巨蜣螂	Heliocopris dominus		2 级	
迈达斯巨蜣螂	Heliocopris midas		2 级	
犀金龟科	Dynastidae			
戴叉犀金龟	Trypoxylus davidis		2 级	原名"叉犀金龟"
粗尤犀金龟	Eupatorus hardwickii		2 级	
细角尤犀金龟	Eupatorus gracilicornis		2 级	
胫晓扁犀金龟	Eophileurus tetraspermexitus		2 级	
锹甲科	Lucanidae			
安达刀锹甲	Dorcus antaeus		2 级	
巨叉深山锹甲	Lucanus hermani		2 级	
鳞翅目	LEPIDOPTERA			
凤蝶科	Papilionidae			
喙凤蝶	Teinopalpus imperialism		2 级	
金斑喙凤蝶	Teinopalpus aureus	1 级		
裳凤蝶	Troides helena		2 级	
金裳凤蝶	Troides aeacus		2 级	
荧光裳凤蝶	Troides magellanus		2 级	
鸟翼裳凤蝶	Troides amphrysus		2 级	
珂裳凤蝶	Troides criton		2 级	
楔纹裳凤蝶	Troides cuneifera		2 级	

续表

国家重点保护野生动物名录				
中文名	学名	保护级别		备注
小斑裳凤蝶	Troides haliphron		2 级	
多尾凤蝶	Bhutanitis lidderdalii		2 级	
不丹尾凤蝶	Bhutanitis ludlowi		2 级	
双尾褐凤蝶	Bhutanitis mansfieldi		2 级	
玄裳尾凤蝶	Bhutanitis nigrilima		2 级	
三尾褐凤蝶	Bhutanitis thaidina		2 级	
玉龙尾凤蝶	Bhutanitis yulongensisn		2 级	
丽斑尾凤蝶	Bhutanitis pulchristriata		2 级	
锤尾凤蝶	Losaria coon		2 级	
中华虎凤蝶	Luehdorfia chinensis		2 级	
蛱蝶科	Nymphalidae			
最美紫蛱蝶	Sasakia pulcherrima		2 级	
黑紫蛱蝶	Sasakia funebris		2 级	
绢蝶科	Parnassidae			
阿波罗绢蝶	Parnassius apollo		2 级	
君主娟蝶	Parnassius imperator		2 级	
大斑霾灰蝶	Maculinea arionides		2 级	
秀山霾灰蝶	Phengaris xiushani		2 级	
蛛形纲 ARACHNIDA				
蜘蛛目	ARANEAE			
捕鸟蛛科	Theraphosidae			
海南塞勒蛛	Cyriopagopus hainanus		2 级	
肢口纲 MEROSTOMATA				
剑尾目	XIPHOSURA			
鲎科#	Tachypleidae			
* 中国鲎	Tachypleus tridentatus		2 级	

续表

国家重点保护野生动物名录				
中文名	学名	保护级别		备注
*圆尾蝎鲎	Carcinoscorpius rotundicauda		2级	
软甲纲 MALACOSTRACA				
十足目	DECAPODA			
龙虾科	Palinuridae			
*锦绣龙虾	Panulirus ornatus		2级	仅限野外种群
软体动物门 MOLLUSCA				
双壳纲 BIVALVIA				
珍珠贝目	PTERIOIDA			
珍珠贝科	Pteriidae			
*大珠母贝	Pinctada maxima		2级	仅限野外种群
帘蛤目	VENEROIDA			
砗磲科#	Tridacnidae			
*大砗磲	*Tridacna gigas*	1级		原名"库氏砗磲"
*无鳞砗磲	*Tridacna derasa*		2级	仅限野外种群
*鳞砗磲	*Tridacna squamosa*		2级	仅限野外种群
*长砗磲	*Tridacna maxima*		2级	仅限野外种群
*番红砗磲	*Tridacna crocea*		2级	仅限野外种群
*砗蚝	*Hippopus hippopus*		2级	仅限野外种群
蚌目	UNIONIDA			
珍珠蚌科	Margaritanidae			
*珠母珍珠蚌	Margarritiana dahurica		2级	仅限野外种群
蚌科	Unionidae			
*佛耳丽蚌	Lamprotula mansuyi		2级	
*绢丝丽蚌	Lamprotula fibrosa		2级	
*背瘤丽蚌	Lamprotula leai		2级	
*多瘤丽蚌	Lamprotula polysticta		2级	

续表

国家重点保护野生动物名录				
中文名	学名	保护级别		备注
＊刻裂丽蚌	Lamprotula scripta		2 级	
截蛏科	Solecurtidae			
＊中国淡水蛏	Novaculina chinensis		2 级	
＊龙骨蛏蚌	Solenaia carinatus		2 级	
头足纲 CEPHALOPODA				
鹦鹉螺目	NAUTILIDA			
鹦鹉螺科	Nautilidae			
＊鹦鹉螺	*Nautilus pompilius*	1 级		
腹足纲 GASTROPODA				
田螺科	Viviparidae			
＊螺蛳	*Margarya melanioides*		2 级	
蝾螺科	Turbinidae			
＊夜光蝾螺	*Turbo marmoratus*		2 级	
宝贝科	Cypraeidae			
＊虎斑宝贝	*Cypraea tigris*		2 级	
冠螺科	Cassididae			
＊唐冠螺	*Cassis cornuta*		2 级	原名"冠螺"
法螺科	Charoniidae			
＊法螺	*Charonia tritonis*		2 级	
刺胞动物门 CNIDARIA				
珊瑚纲 ANTHOZOA				
角珊瑚目#	ANTIPATHARIA			
＊角珊瑚目所有种	ANTIPATHARIA spp.		2 级	
石珊瑚目#	SCLERACTINIA			
＊石珊瑚目所有种	SCLERACTINIA spp.		2 级	
苍珊瑚目	HELIOPORACEA			

续表

国家重点保护野生动物名录				
中文名	学名	保护级别		备注
苍珊瑚科#	Helioporidae			
* 苍珊瑚科所有种	Helioporidae spp.		2 级	
软珊瑚目	ALCYONACEA			
笙珊瑚科	Tubiporidae			
* 笙珊瑚	Tubipora musica		2 级	
红珊瑚科#	Coralliidae			
* 红珊瑚科所有种	Coralliidae spp.	1 级		
竹节柳珊瑚科	Isididae			
* 粗糙竹节柳珊瑚	Isis hippuris		2 级	
* 细枝竹节柳珊瑚	Isis minorbrachyblasta		2 级	
* 网枝竹节柳珊瑚	Isis reticulata		2 级	
水螅纲 HYDROZOA				
花裸螅目	ANTHOATHECATA			
多孔螅科#	Milleporidae			
* 分叉多孔螅	Millepora dichotoma		2 级	
* 节块多孔螅	Millepora exaesa		2 级	
* 窝形多孔螅	Millepora foveolata		2 级	
* 错综多孔螅	Millepora intricata		2 级	
* 阔叶多孔螅	Millepora latifolia		2 级	
* 扁叶多孔螅	Millepora platyphylla		2 级	
* 娇嫩多孔螅	Millepora tenera		2 级	
柱星螅科#	Stylasteridae			
* 无序双孔螅	Distichopora irregularis		2 级	
* 紫色双孔螅	Distichopora violacea		2 级	
* 佳丽刺柱螅	Errina dabneyi		2 级	
* 扇形柱星螅	Stylaster flabelliformis		2 级	

续表

国家重点保护野生动物名录				
中文名	学名	保护级别		备注
*细巧柱星螅	Stylaster gracilis		2级	
*佳丽柱星螅	Stylaster pulcher		2级	
*艳红柱星螅	Stylaster sanguineus		2级	
*粗糙柱星螅	Stylaster scabiosus		2级	

注:1. 标“*”者,由渔业行政主管部门主管;未标“*”者,由林业和草原主管部门主管;
2. 标“#”者,代表该分类单元所有种均列入名录。

20. 最高人民法院、最高人民检察院《关于办理破坏野生动物资源刑事案件适用法律若干问题的解释》(法释〔2022〕12号)

为依法惩治破坏野生动物资源犯罪,保护生态环境,维护生物多样性和生态平衡,根据《中华人民共和国刑法》《中华人民共和国刑事诉讼法》《中华人民共和国野生动物保护法》等法律的有关规定,现就办理此类刑事案件适用法律的若干问题解释如下:

第1条 具有下列情形之一的,应当认定为刑法第151条第2款规定的走私国家禁止进出口的珍贵动物及其制品:

(一)未经批准擅自进出口列入经国家濒危物种进出口管理机构公布的《濒危野生动植物种国际贸易公约》附录1、附录2的野生动物及其制品;(二)未经批准擅自出口列入《国家重点保护野生动物名录》的野生动物及其制品。

第2条 走私国家禁止进出口的珍贵动物及其制品,价值20万元以上不满200万元的,应当依照刑法第151条第2款的规定,以走私珍贵动物、珍贵动物制品罪处5年以上10年以下有期徒刑,并处罚金;价值200万元以上的,应当认定为“情节特别严重”,处10年以上有期徒刑或者无期徒刑,并处没收财产;价值2万元以上不满20万元的,应当认定为“情节较轻”,处5年以下有期徒刑,并处罚金。

实施前款规定的行为,具有下列情形之一的,从重处罚:

(一)属于犯罪集团的首要分子的;(二)为逃避监管,使用特种交通工具实施的;(三)2年内曾因破坏野生动物资源受过行政处罚的。

实施第1款规定的行为,不具有第2款规定的情形,且未造成动物死亡或者动物、动物制品无法追回,行为人全部退赃退赔,确有悔罪表现的,按照下列规定处理:

(一)珍贵动物及其制品价值200万元以上的,可以处5年以上10年以下有期徒刑,并处罚金;(二)珍贵动物及其制品价值20万元以上不满200万元的,可以认定为“情节较轻”,处5年以下有期徒刑,并处罚金;(三)珍贵动物及其制品价值2万元以上不满20万元的,可以认定为犯罪情节轻微,不起诉或者免予刑事处罚;情节显著轻微危害不大的,不作为犯罪处理。

第3条 在内陆水域,违反保护水产资源法规,在禁渔区、禁渔期或者使用禁用的工具、方法捕捞水产品,具有下列情形之一的,应当认定为刑法第340条规定的“情节严重”,以非法捕捞水产品罪定罪处罚:

(一)非法捕捞水产品500公斤以上或者价值1万元以上的;(二)非法捕捞有重要经济价值的水生动物苗种、怀卵亲体或者在水产种质资源保护区内捕捞水产品50公斤以上或者价值1000元以上的;(三)在禁渔区使用电鱼、毒鱼、炸鱼等严重破坏渔业资源的禁用方法或者禁用工具捕捞的;(四)在禁渔期使用电鱼、毒鱼、炸鱼等严重破坏渔业资源的禁用方法或者禁用工具捕捞的;(五)其他情节严重的情形。

实施前款规定的行为,具有下列情形之一的,从重处罚:

(一)暴力抗拒、阻碍国家机关工作人员依法履行职务,尚未构成妨害公务罪、袭警罪的;(二)2年内曾因破坏野生动物资源受过行政处罚的;(三)对水生生物资源或者水域生态造成严重损害的;(四)纠集多条船只非法捕捞的;(五)以非法捕捞为业的。

实施第1款规定的行为,根据渔获物的数量、价值和捕捞方法、工具等,认为对水生生物资源危害明显较轻的,综合考虑行为人自愿接受行政处罚、积极修复生态环境等情节,可以认定为犯罪情节轻微,不起诉或者免予刑事处罚;情节显著轻微危害不大的,不作为犯罪处理。

第4条 刑法第341条第1款规定的"国家重点保护的珍贵、濒危野生动物"包括:

(一)列入《国家重点保护野生动物名录》的野生动物;(二)经国务院野生动物保护主管部门核准按照国家重点保护的野生动物管理的野生动物。

第5条 刑法第341条第1款规定的"收购"包括以营利、自用等为目的的购买行为;"运输"包括采用携带、邮寄、利用他人、使用交通工具等方法进行运送的行为;"出售"包括出卖和以营利为目的的加工利用行为。

刑法第341条第3款规定的"收购""运输""出售",是指以食用为目的,实施前款规定的相应行为。

第6条 非法猎捕、杀害国家重点保护的珍贵、濒危野生动物,或者非法收购、运输、出售国家重点保护的珍贵、濒危野生动物及其制品,价值2万元以上不满20万元的,应当依照刑法第341条第1款的规定,以危害珍贵、濒危野生动物罪处5年以下有期徒刑或者拘役,并处罚金;价值20万元以上不满200万元的,应当认定为"情节严重",处5年以上10年以下有期徒刑,并处罚金;价值200万元以上的,应当认定为"情节特别严重",处10年以上有期徒刑,并处罚金或者没收财产。

实施前款规定的行为,具有下列情形之一的,从重处罚:

(一)属于犯罪集团的首要分子的;(二)为逃避监管,使用特种交通工具实施的;(三)严重影响野生动物科研工作的;(四)2年内曾因破坏野生动物资源受过行政处罚的。

实施第1款规定的行为,不具有第2款规定的情形,且未造成动物死亡或者动物、动物制品无法追回,行为人全部退赃退赔,确有悔罪表现的,按照下列规定处理:

(一)珍贵、濒危野生动物及其制品价值200万元以上的,可以认定为"情节严重",处5年以上10年以下有期徒刑,并处罚金;(二)珍贵、濒危野生动物及其制品价值20万元以上不满200万元的,可以处5年以下有期徒刑或者拘役,并处罚金;(三)珍贵、濒危野生动物及其制品价值2万元以上不满20万元的,可以认定为犯罪情节轻微,不起诉或者免予刑事处罚;情节显著轻微危害不大的,不作为犯罪处理。

第7条 违反狩猎法规,在禁猎区、禁猎期或者使用禁用的工具、方法进行狩猎,破坏野生动物资源,具有下列情形之一的,应当认定为刑法第341条第2款规定的"情节严重",以非法狩猎罪定罪处罚:

(一)非法猎捕野生动物价值1万元以上的;(二)在禁猎区使用禁用的工具或者方法狩猎的;(三)在禁猎期使用禁用的工具或者方法狩猎的;(四)其他情节严重的情形。

实施前款规定的行为,具有下列情形之一的,从重处罚:

(一)暴力抗拒、阻碍国家机关工作人员依法履行职务,尚未构成妨害公务罪、袭警罪的;(二)对野生动物资源或者栖息地生态造成严重损害的;(三)2年内曾因破坏野生动物资源受过行政处罚的。

实施第1款规定的行为，根据猎获物的数量、价值和狩猎方法、工具等，认为对野生动物资源危害明显较轻的，综合考虑猎捕的动机、目的、行为人自愿接受行政处罚、积极修复生态环境等情节，可以认定为犯罪情节轻微，不起诉或者免予刑事处罚；情节显著轻微危害不大的，不作为犯罪处理。

第8条 违反野生动物保护管理法规，以食用为目的，非法猎捕、收购、运输、出售刑法第341条第1款规定以外的在野外环境自然生长繁殖的陆生野生动物，具有下列情形之一的，应当认定为刑法第341条第3款规定的"情节严重"，以非法猎捕、收购、运输、出售陆生野生动物罪定罪处罚：

（一）非法猎捕、收购、运输、出售有重要生态、科学、社会价值的陆生野生动物或者地方重点保护陆生野生动物价值1万元以上的；（二）非法猎捕、收购、运输、出售第1项规定以外的其他陆生野生动物价值5万元以上的；（三）其他情节严重的情形。

实施前款规定的行为，同时构成非法狩猎罪的，应当依照刑法第341条第3款的规定，以非法猎捕陆生野生动物罪定罪处罚。

第9条 明知是非法捕捞犯罪所得的水产品、非法狩猎犯罪所得的猎获物而收购、贩卖或者以其他方法掩饰、隐瞒，符合刑法第312条规定的，以掩饰、隐瞒犯罪所得罪定罪处罚。

第10条 负有野生动物保护和进出口监督管理职责的国家机关工作人员，滥用职权或者玩忽职守，致使公共财产、国家和人民利益遭受重大损失的，应当依照刑法第397条的规定，以滥用职权罪或者玩忽职守罪追究刑事责任。

负有查禁破坏野生动物资源犯罪活动职责的国家机关工作人员，向犯罪分子通风报信、提供便利，帮助犯罪分子逃避处罚的，应当依照刑法第417条的规定，以帮助犯罪分子逃避处罚罪追究刑事责任。

第11条 对于"以食用为目的"，应当综合涉案动物及其制品的特征，被查获的地点，加工、包装情况，以及可以证明来源、用途的标识、证明等证据作出认定。

实施本解释规定的相关行为，具有下列情形之一的，可以认定为"以食用为目的"：

（一）将相关野生动物及其制品在餐饮单位、饮食摊点、超市等场所作为食品销售或者运往上述场所的；（二）通过包装、说明书、广告等介绍相关野生动物及其制品的食用价值或者方法的；（三）其他足以认定以食用为目的的情形。

第12条 2次以上实施本解释规定的行为构成犯罪，依法应当追诉的，或者2年内实施本解释规定的行为未经处理的，数量、数额累计计算。

第13条 实施本解释规定的相关行为，在认定是否构成犯罪以及裁量刑罚时，应当考虑涉案动物是否系人工繁育、物种的濒危程度、野外存活状况、人工繁育情况、是否列入人工繁育国家重点保护野生动物名录，行为手段、对野生动物资源的损害程度，以及对野生动物及其制品的认知程度等情节，综合评估社会危害性，准确认定是否构成犯罪，妥当裁量刑罚，确保罪责刑相适应；根据本解释的规定定罪量刑明显过重的，可以根据案件的事实、情节和社会危害程度，依法作出妥当处理。

涉案动物系人工繁育，具有下列情形之一的，对所涉案件一般不作为犯罪处理；需要追究刑事责任的，应当依法从宽处理：

（一）列入人工繁育国家重点保护野生动物名录的；（二）人工繁育技术成熟、已成规模，作为宠物买卖、运输的。

第14条 对于实施本解释规定的相关行为被不起诉或者免予刑事处罚的行为人，依法应当给予行政处罚、政务处分或者其他处分的，依法移送有关主管机关处理。

第15条 对于涉案动物及其制品的价值，应当根据下列方法确定：

（一）对于国家禁止进出口的珍贵动物及其制品、国家重点保护的珍贵、濒危野生动物及其制品的价值，根据国务院野生动物保护主管部门制定的评估标准和方法核算；（二）对于有重要生态、科学、社会价值的陆生野生动物、地方重点保护野生动物、其他野生动物及其制品的价值，根据销赃数额认定；无销赃数额、销赃数额难以查证或者根据销赃数额认定明显偏低的，根据市场价格核算，必要时，也可以参照相关评估标准和方法核算。

第16条 根据本解释第15条规定难以确定涉案动物及其制品价值的，依据司法鉴定机构出具的鉴定意见，或者下列机构出具的报告，结合其他证据作出认定：

（一）价格认证机构出具的报告；（二）国务院野生动物保护主管部门、国家濒危物种进出口管理机构或者海关总署等指定的机构出具的报告；（三）地、市级以上人民政府野生动物保护主管部门、国家濒危物种进出口管理机构的派出机构或者直属海关等出具的报告。

第17条 对于涉案动物的种属类别、是否系人工繁育，非法捕捞、狩猎的工具、方法，以及对野生动物资源的损害程度等专门性问题，可以由野生动物保护主管部门、侦查机关依据现场勘验、检查笔录等出具认定意见；难以确定的，依据司法鉴定机构出具的鉴定意见、本解释第16条所列机构出具的报告，被告人及其辩护人提供的证据材料，结合其他证据材料综合审查，依法作出认定。

第18条 餐饮公司、渔业公司等单位实施破坏野生动物资源犯罪的，依照本解释规定的相应自然人犯罪的定罪量刑标准，对直接负责的主管人员和其他直接责任人员定罪处罚，并对单位判处罚金。

第19条 在海洋水域，非法捕捞水产品，非法采捕珊瑚、砗磲或者其他珍贵、濒危水生野生动物，或者非法收购、运输、出售珊瑚、砗磲或者其他珍贵、濒危水生野生动物及其制品的，定罪量刑标准适用《最高人民法院关于审理发生在我国管辖海域相关案件若干问题的规定(2)》（法释〔2016〕17号）的相关规定。

第20条 本解释自2022年4月9日起施行。本解释公布施行后，《最高人民法院关于审理破坏野生动物资源刑事案件具体应用法律若干问题的解释》（法释〔2000〕37号）同时废止；之前发布的司法解释与本解释不一致的，以本解释为准。

第342条 【非法占用农用地罪】 违反土地管理法规，非法占用耕地、林地等农用地，改变被占用土地用途，数量较大，造成耕地、林地等农用地大量毁坏的，处5年以下有期徒刑或者拘役，并处或者单处罚金。

（2001年8月31日第九届全国人大常委会第二十三次会议讨论了《刑法》第228条、第342条、第410条规定的“违反土地管理法规”和第410条规定的“非法批准征收、征用、占用土地”的含义问题，解释如下：

刑法第228条、第342条、第410条规定的“违反土地管理法规”，是指违反土地管理法、森林法、草原法等法律以及有关行政法规中关于土地管理的规定。

刑法第410条规定的“非法批准征收、征用、占用土地”，是指非法批准征收、征用、占用耕地、林地等农用地以及其他土地。）

（本条《中华人民共和国刑修正案(2)》修改）

• 释义

非法占用农用地罪是指违反土地管理法规，非法占用耕地、林地等农用地，改变被占用土地用途，数量较大，造成耕地、林地等农用地大量毁坏的行为。

“违反土地管理法规”，是指违反土地管理法、森林法、草原法等法律以及有关行政法中关于土地管理的规定。

非法占用耕地建窑、建坟、建房、挖沙、采石、采矿、取土、堆放固体废弃物或者进行其他非农业建设,造成耕地种植条件严重毁坏或者严重污染,被毁坏耕地数量达到以上规定的,属于"造成耕地大量毁坏"。

非法占用林地,改变被占用林地用途,在非法占用的林地上实施建窑、建坟、建房、挖沙采石、采矿、取土、种植农作物、堆放或者排泄废弃物等行为或者进行其他非林业生产、建设,造成林地的原有植被或者林业种植条件严重毁坏或者严重污染,被毁坏林地数量达到以上规定的,属于"造成林地大量毁坏"。

• 管辖

公安机关食品药品犯罪侦查部门。

• 立案追诉标准

违反土地管理法规,非法占用耕地、林地等农用地,改变被占用土地用途,造成耕地、林地等农用地大量毁坏,涉嫌下列情形之一的,应予立案追诉:

(一)非法占用基本农田5亩以上或者基本农田以外的耕地10亩以上的;

(二)非法占用防护林地或者特种用途林地数量单种或者合计5亩以上的;

(三)非法占用其他林地10亩以上的;

(四)非法占用本款第(2)项、第(3)项规定的林地,其中1项数量达到相应规定的数量标准的50%以上,且两项数量合计达到该项规定的数量标准的;

(五)非法占用其他农用地数量较大的情形。违反土地管理法规,非法占用耕地建窑、建坟、建房、挖沙、采石、采矿、取土、堆放固体废弃物或者进行其他非农业建设,造成耕地种植条件严重毁坏或者严重污染,被毁坏耕地数量达到以上规定的,属于"造成耕地大量毁坏"。

违反土地管理法规,非法占用林地,改变被占用林地用途,在非法占用的林地上实施建窑、建坟、建房、挖沙、采石、采矿、取土、种植农作物、堆放或者排泄废弃物等行为或者进行其他非林业生产、建设,造成林地的原有植被或者林业种植条件严重毁坏或者严重污染,被毁坏林地数量达到以上规定的,属于"造成林地大量毁坏"。

• 关联法律

1. 最高人民法院《关于审理破坏土地资源刑事案件具体应用法律若干问题的解释》(法释〔2000〕14号)

为依法惩处破坏土地资源犯罪活动,根据刑法的有关规定,现就审理这类案件具体应用法律的若干问题解释如下:

第1条 以牟利为目的,违反土地管理法规,非法转让、倒卖土地使用权,具有下列情形之一的,属于非法转让、倒卖土地使用权"情节严重",依照刑法第228条的规定,以非法转让、倒卖土地使用权罪定罪处罚:

(一)非法转让、倒卖基本农田5亩以上的;(二)非法转让、倒卖基本农田以外的耕地10亩以上的;(三)非法转让、倒卖其他土地20亩以上的;(四)非法获利50万元以上的;(五)非法转让、倒卖土地接近上述数量标准并具有其他恶劣情节的,如曾因非法转让、倒卖土地使用权受过行政处罚或者造成严重后果等。

第2条 实施第1条规定的行为,具有下列情形之一的,属于非法转让、倒卖土地使用权"情节特别严重":

(一)非法转让、倒卖基本农田10亩以上的;(二)非法转让、倒卖基本农田以外的耕地20亩以上的;(三)非法转让、倒卖其他土地40亩以上的;(四)非法获利100万元以上的;(五)非法转让、倒卖土地接近上述数量标准并具有其他恶劣情节,如造成严重后果等。

第3条 违反土地管理法规,非法占用耕地改作他用,数量较大,造成耕地大量毁坏的,依照刑法第342条的规定,以非法占用耕地罪定罪处罚:

(一)非法占用耕地"数量较大",是指非法占用基本农田5亩以上或者非法占用基本农田以外的耕地10亩以上。(二)非法占用耕地"造成耕地大量毁坏",是指行为人非法占用耕地建窑、建坟、建房、挖沙、采石、采矿、取土、堆放固体废弃物或者进行其他非农业建设,造成基本农田5亩以上或者基本农田以外的耕地10亩以上种植条件严重毁坏或者严重污染。

第4条 国家机关工作人员徇私舞弊,违反土地管理法规,滥用职权,非法批准征用、占用土地,具有下列情形之一的,属于非法批准征用、占用土地"情节严重",依照刑法第410条的规定,以非法批准征用、占用土地罪定罪处罚:

(一)非法批准征用、占用基本农田10亩以上的;(二)非法批准征用、占用基本农田以外的耕地30亩以上的;(三)非法批准征用、占用其他土地50亩以上的;(四)虽未达到上述数量标准,但非法批准征用、占用土地造成直接经济损失30万元以上;造成耕地大量毁坏等恶劣情节的。

第5条 实施第4条规定的行为,具有下列情形之一的,属于非法批准征用、占用土地"致使国家或者集体利益遭受特别重大损失":

(一)非法批准征用、占用基本农田20亩以上的;(二)非法批准征用、占用基本农田以外的耕地60亩以上的;(三)非法批准征用、占用其他土地100亩以上的;(四)非法批准征用、占用土地,造成基本农田5亩以上,其他耕地10亩以上严重毁坏的;(五)非法批准征用、占用土地造成直接经济损失50万元以上等恶劣情节的。

第6条 国家机关工作人员徇私舞弊,违反土地管理法规,非法低价出让国有土地使用权,具有下列情形之一的,属于"情节严重",依照刑法第410条的规定,以非法低价出让国有土地使用权罪定罪处罚:

(一)出让国有土地使用权面积在30亩以上,并且出让价额低于国家规定的最低价额标准的60%的;(二)造成国有土地资产流失价额在30万元以上的。

第7条 实施第6条规定的行为,具有下列情形之一的,属于非法低价出让国有土地使用权,"致使国家和集体利益遭受特别重大损失":

(一)非法低价出让国有土地使用权面积在60亩以上,并且出让价额低于国家规定的最低价额标准的40%的;(二)造成国有土地资产流失价额在50万元以上的。

第8条 单位犯非法占有耕地罪的定罪量刑标准,依照本解释第1条、第2条、第3条的规定执行。

第9条 多次实施本解释规定的行为依法应当追诉的,或者1年内多次实施本解释规定的行为未经处理的,按照累计的数量、数额处罚。

2.《中华人民共和国刑法修正案(2)》(2001年8月31日第九届全国人大常委会第二十三次会议通过)

为了惩治毁林开垦和乱占滥用林地的犯罪,切实保护森林资源,将刑法第342条修改为:

违反土地管理法规,非法占用耕地、林地等农用地,改变被占用土地用途,数量较大,造成耕地、林地等农用地大量毁坏的,处5年以下有期徒刑或者拘役,并处或者单处罚金。本修正案自公布之日起施行。

(1997年《刑法》原条文:违反土地管理法规。非法占用耕地改作他用,数量较大,造成耕地大量毁坏的,处5年以下有期徒刑或者拘役,并处或者单处罚金。)

3. 全国人大常委会《关于〈中华人民共和国刑法〉第228条、第342条、第410条的解释》(2001年8月31日第九届全国人大常委会第二十三次会议通过,2009年8月27日第十一届全国人大常委会第十次会议《关于修改部分法律的决定》修正)

全国人民代表大会常务委员会讨论了刑法第228条、第342条、第410条规定的"违反土地管理法规"和第410条规定的"非法批准征收、征用、占用土地"的含义问题,解释如下:

刑法第228条、第342条、第410条规定的"违反土地管理法规",是指违反土地管理法、森林法、草原法等法律以及有关行政法规中关于土地管理的规定。

刑法第410条规定的"非法批准征收、征用、占用土地",是指非法批准征收、征用、占用耕地、林地等农用地以及其他土地。

4. 最高人民法院《关于审理破坏林地资源刑事案件具体应用法律若干问题的解释》(法释〔2005〕15号)

为依法惩治破坏林地资源犯罪活动,根据《中华人民共和国刑法》、《中华人民共和国刑法修正案(2)》及全国人民代表大会常务委员会《关于〈中华人民共和国刑法〉第228条、第342条、第410条的解释》的有关规定,现就人民法院审理这类刑事案件具体应用法律的若干问题解释如下:

第1条 违反土地管理法规,非法占用林地,改变被占用林地用途,在非法占用的林地上实施建窑、建坟、建房、挖沙、采石、采矿、取土、种植农作物、堆放或排泄废弃物等行为或者进行其他非林业生产、建设,造成林地的原有植被或林业种植条件严重毁坏或者严重污染,并具有下列情形之一的,属于《中华人民共和国刑法修正案(二)》规定的"数量较大,造成林地大量毁坏",应当以非法占用农用地罪判处5年以下有期徒刑或者拘役,并处或者单处罚金:

(一)非法占用并毁坏防护林地、特种用途林地数量分别或者合计达到5亩以上;(二)非法占用并毁坏其他林地数量达到10亩以上;(三)非法占用并毁坏本条第(1)项、第(2)项规定的林地,其中1项数量分别达到相应规定的数量标准的50%以上;(四)非法占用并毁坏本条第(1)项、第(2)项规定的林地,其中1项数量达到相应规定的数量标准的50%以上,且两项数量合计达到该项规定的数量标准。

第2条 国家机关工作人员徇私舞弊,违反土地管理法规,滥用职权,非法批准征用、占用林地,具有下列情形之一的,属于刑法第410条规定的"情节严重",应当以非法批准征用、占用土地罪判处3年以下有期徒刑或者拘役:

(一)非法批准征用、占用防护林地、特种用途林地数量分别或者合计达到10亩以上;(二)非法批准征用、占用其他林地数量达到20亩以上;(三)非法批准征用、占用林地造成直接经济损失达到30万元以上,或者造成本条第(1)项规定的林地数量分别或者合计达到5亩以上或者本条第(2)项规定的林地数量达到10亩以上毁坏。

第3条 实施本解释第2条规定的行为,具有下列情形之一的,属于刑法第410条规定的"致使国家或者集体利益遭受特别重大损失",应当以非法批准征用、占用土地罪判处3年以上7年以下有期徒刑:

(一)非法批准征用、占用防护林地、特种用途林地数量分别或者合计达到20亩以上;(二)非法批准征用、占用其他林地数量达到40亩以上;(三)非法批准征用、占用林地造成直接经济损失数额达到60万元以上,或者造成本条第(一)项规定的林地数量分别或者合计达到10亩以上或者本条第(二)项规定的林地数量达到20亩以上毁坏。

第4条 国家机关工作人员徇私舞弊,违反土地管理法规,非法低价出让国有林地使用权,具有下列情形之一的,属于刑法第410条规定的"情节严重",应当以非法低价出让国有土地使用权罪判处3年以下有期徒刑或者拘役：

（一）林地数量合计达到30亩以上，并且出让价额低于国家规定的最低价额标准的60%；（二）造成国有资产流失价额达到30万元以上的。

第5条 实施本解释第4条规定的行为，造成国有资产流失价额达到60万元以上的，属于刑法第410条规定的"致使国家和集体利益遭受特别重大损失"，应当以非法低价出让国有土地使用权罪判处3年以上7年以下有期徒刑。

第6条 单位实施破坏林地资源犯罪的，依照上述解释规定的相关定罪量刑标准执行。

第7条 多次实施上述解释规定的行为应当追诉且未经处理的，应当按照累计的数量、数额处罚。

5.最高人民检察院、公安部《关于公安机关管辖的刑事案件立案追诉标准的规定（1）》（公通字〔2008〕36号）第67条

（见本条立案追诉标准内容）

6.最高人民法院《关于审理破坏草原资源刑事案件应用法律若干问题的解释》（法释〔2012〕15号）

为依法惩处破坏草原资源犯罪活动，依照《中华人民共和国刑法》的有关规定，现就审理此类刑事案件应用法律的若干问题解释如下：

第1条 违反草原法等土地管理法规，非法占用草原，改变被占用草原用途，数量较大，造成草原大量毁坏的，依照刑法第342条的规定，以非法占用农用地罪定罪处罚。

第2条 非法占用草原，改变被占用草原用途，数量在20亩以上的，或者曾因非法占用草原受过行政处罚，在3年内又非法占用草原，改变被占用草原用途，数量在10亩以上的，应当认定为刑法第342条规定的"数量较大"。

非法占用草原，改变被占用草原用途，数量较大，具有下列情形之一的，应当认定为刑法第342条规定的"造成耕地、林地等农用地大量毁坏"：

（一）开垦草原种植粮食作物、经济作物、林木的；（二）在草原上建窑、建房、修路、挖砂、采石、采矿、取土、剥取草皮的；（三）在草原上堆放或者排放废弃物，造成草原的原有植被严重毁坏或者严重污染的；（四）违反草原保护、建设、利用规划种植牧草和饲料作物，造成草原沙化或者水土严重流失的；（五）其他造成草原严重毁坏的情形。

第3条 国家机关工作人员徇私舞弊，违反草原法等土地管理法规，具有下列情形之一的，应当认定为刑法第410条规定的"情节严重"：

（一）非法批准征收、征用、占用草原40亩以上的；（二）非法批准征收、征用、占用草原，造成20亩以上草原被毁坏的；（三）非法批准征收、征用、占用草原，造成直接经济损失30万元以上，或者具有其他恶劣情节的。

具有下列情形之一，应当认定为刑法第410条规定的"致使国家或者集体利益遭受特别重大损失"：

（一）非法批准征收、征用、占用草原80亩以上的；（二）非法批准征收、征用、占用草原，造成40亩以上草原被毁坏的；（三）非法批准征收、征用、占用草原，造成直接经济损失60万元以上，或者具有其他特别恶劣情节的。

第4条 以暴力、威胁方法阻碍草原监督检查人员依法执行职务，构成犯罪的，依照刑法第277条的规定，以妨害公务罪追究刑事责任。

煽动群众暴力抗拒草原法律、行政法规实施，构成犯罪的，依照刑法第278条的规定，以煽动暴力抗拒法律实施罪追究刑事责任。

第5条 单位实施刑法第342条规定的行为，对单位判处罚金，并对其直接负责的主管人

员和其他直接责任人员,依照本解释规定的定罪量刑标准定罪处罚。

第6条 多次实施破坏草原资源的违法犯罪行为,未经处理,应当依法追究刑事责任的,按照累计的数量、数额定罪处罚。

第7条 本解释所称"草原",是指天然草原和人工草地,天然草原包括草地、草山和草坡,人工草地包括改良草地和退耕还草地,不包括城镇草地。

7. 最高人民检察院《第16批指导性案例刘某非法占用农用地案》(检例第60号;2020年3月5日)

【要旨】

行为人违反土地管理法规,在耕地上建设"大棚房""生态园""休闲农庄"等,非法占用耕地数量较大,造成耕地等农用地大量毁坏的,应当以非法占用农用地罪追究实际建设者、经营者的刑事责任。

【指导意义】

十分珍惜、合理利用土地和切实保护耕地是我国的基本国策。近年来,随着传统农业向产业化、规模化的现代农业转变,以温室大棚为代表的设施农业快速发展。一些地区出现了假借发展设施农业之名,擅自或者变相改变农业用途,在耕地甚至永久基本农田上建设"大棚房""生态园""休闲农庄"等现象,造成土地资源被大量非法占用和毁坏,严重侵害农民权益和农业农村的可持续发展,在社会上造成恶劣影响。2018年,自然资源部和农业农村部在全国开展了"大棚房"问题专项整治行动,推进落实永久基本农田保护制度和最严格的耕地保护政策。在基本农田上建设"大棚房"予以出租出售,违反《中华人民共和国土地管理法》,属于破坏耕地或者非法占地的违法行为。非法占用耕地数量较大或者造成耕地大量毁坏的,应当以非法占用农用地罪追究实际建设者、经营者的刑事责任。

该类案件中,实际建设者、经营者为逃避法律责任,经常隐藏于幕后。对此,检察机关可以通过引导公安机关查询非农建设项目涉及的相关账户交易信息、资金走向等,辅以相关证人证言,形成严密证据体系,查清证实实际建设者、经营者的法律责任。对于受其操控签订合同或者作假证明包庇,涉嫌共同犯罪或者伪证罪、包庇罪的相关行为人,也要一并查实惩处。对于非法占用农用地面积这一关键问题,可由专业机构出具测量技术报告,必要时可申请测量人员出庭作证。

第342条之一 【破坏自然保护地罪】 违反自然保护地管理法规,在国家公园、国家级自然保护区进行开垦、开发活动或者修建建筑物,造成严重后果或者有其他恶劣情节的,处5年以下有期徒刑或者拘役,并处或者单处罚金。

有前款行为,同时构成其他犯罪的,依照处罚较重的规定定罪处罚。

(本条《中华人民共和国刑法修正案(11)》增加)

• 释义

破坏自然保护地罪是指违反自然保护地管理法规,在国家公园、国家级自然保护区进行开垦、开发活动或者修建建筑物,造成严重后果或者有其他恶劣情节的行为。

• 管辖

公安机关。

• **立案追诉标准**

无

• **关联法律**

1.《中华人民共和国刑法修正案(11)》(2020 年 12 月 26 日第十三届全国人大常委会第二十四次会议通过)

四十二、在刑法第 342 条后增加 1 条,作为第 342 条之一:"违反自然保护地管理法规,在国家公园、国家级自然保护区进行开垦、开发活动或者修建建筑物,造成严重后果或者有其他恶劣情节的,处 5 年以下有期徒刑或者拘役,并处或者单处罚金。

"有前款行为,同时构成其他犯罪的,依照处罚较重的规定定罪处罚。"

2. 最高人民法院《关于执行〈中华人民共和国刑法〉确定罪名的补充规定(7)》(法释〔2021〕2 号)

(全文详见本书《刑法》第 133 条之二相关内容)

第 343 条 **【非法采矿罪】**违反矿产资源法的规定,未取得采矿许可证擅自采矿,擅自进入国家规划矿区、对国民经济具有重要价值的矿区和他人矿区范围采矿,或者擅自开采国家规定实行保护性开采的特定矿种,情节严重的,处 3 年以下有期徒刑、拘役或者管制,并处或者单处罚金;情节特别严重的,处 3 年以上 7 年以下有期徒刑,并处罚金。

【破坏性采矿罪】违反矿产资源法的规定,采取破坏性的开采方法开采矿产资源,造或矿产资源严重破坏的,处 5 年以下有期徒刑或者拘役,并处罚金。

(本条《中华人民共和国刑法修正案(8)》修改)

• **释义**

非法采矿罪是指违反矿产资源法的规定,未取得采矿许可证擅自采矿,擅自进入国家规划矿区、对国民经济具有重要价值的矿区和他人矿区范围采矿,或者擅自开采国家规定实行保护性开采的特定矿种,情节严重的行为。

破坏性采矿罪是指违反矿产资源法的规定,采取破坏性的开采方法开采矿产资源严重破坏的行为。

"采取破坏性的开采方法开采矿产资源",是指行为人违反地质矿产主管部门审查批准的矿产资源开发利用方案开采矿产资源,并造成矿产资源严重破坏的行为。

破坏性的开采方法以及造成矿产资源严重破坏的价值数额,由省级以上地质矿产主管部门出具鉴定结论,经查证属实后予以认定。

• **管辖**

公安机关食品药品犯罪侦查部门。

• **立案追诉标准**

【非法采矿罪立案追诉标准】

11、将《立案追诉标准(1)》第 68 条修改为:

违反矿产资源法的规定,未取得采矿许可证擅自采矿,或者擅自进入国家规划矿区、对国民经济具有重要价值的矿区和他人矿区范围采矿,或者擅自开采国家规定实行保护性开采的

特定矿种,涉嫌下列情形之一的,应予立案追诉:

(一)开采的矿产品价值或者造成矿产资源破坏的价值在10万元至30万元以上的;

(二)在国家规划矿区、对国民经济具有重要价值的矿区采矿,开采国家规定实行保护性开采的特定矿种,或者在禁采区、禁采期内采矿,开采的矿产品价值或者造成矿产资源破坏的价值在5万元至15万元以上的;

(三)2年内曾因非法采矿受过两次以上行政处罚,又实施非法采矿行为的;

(四)造成生态环境严重损害的;

(五)其他情节严重的情形。

在河道管理范围内采砂,依据相关规定应当办理河道采砂许可证而未取得河道采砂许可证,或者应当办理河道采砂许可证和采矿许可证,既未取得河道采砂许可证又未取得采矿许可证,具有本条第1款规定的情形之一,或者严重影响河势稳定危害防洪安全的,应予立案追诉。

采挖海砂,未取得海砂开采海域使用权证且未取得采矿许可证,具有本条第1款规定的情形之一,或者造成海岸线严重破坏的,应予立案追诉。

具有下列情形之一的,属于本条规定的"未取得采矿许可证":

(一)无许可证的;

(二)许可证被注销、吊销、撤销的;

(三)超越许可证规定的矿区范围或者开采范围的;

(四)超出许可证规定的矿种的(共生、伴生矿种除外);

(五)其他未取得许可证的情形。

多次非法采矿构成犯罪,依法应当追诉的,或者2年内多次非法采矿未经处理的,价值数额累计计算。

非法开采的矿产品价值,根据销赃数额认定;无销赃数额,销赃数额难以查证,或者根据销赃数额认定明显不合理的,根据矿产品价格和数量认定。

矿产品价值难以确定的,依据价格认证机构,省级以上人民政府国土资源、水行政、海洋等主管部门,或者国务院水行政主管部门在国家确定的重要江河、湖泊设立的流域管理机构出具的报告,结合其他证据作出认定。

【破坏性采矿罪立案追诉标准】

违反矿产资源法的规定,采取破坏性的开采方法开采矿产资源,造成矿产资源严重破坏,价值数额在30万元至50万元以上的,应予立案追诉。

注:本立案追诉标准所指"采取破坏性的开采方法开采矿产资源",是指行为人违反地质矿产主管部门审查批准的矿产资源开发利用方案开采矿产资源,并造成矿产资源严重破坏的行为。

破坏性的开采方法以及造成矿产资源严重破坏的价值数额,由省级以上地质矿产主管部门出具鉴定结论,经查证属实后予以认定。

• 关联法律

1. 最高人民法院《关于审理非法采矿、破坏性采矿刑事案件具体应用法律若干问题的解释》(法释〔2003〕9号)

(法释〔2016〕25号已声明本文废止)

2. 最高人民法院、最高人民检察院《关于办理盗窃油气、破坏油气设备等刑事案件具体应用法律若干问题的解释》(法释〔2007〕3号)

第6条 违反矿产资源法的规定,非法开采或者破坏性开采石油、天然气资源的,依照刑法第343条以及《最高人民法院关于审理非法采矿、破坏性采矿刑事案件具体应用法律若干问题的解释》的规定追究刑事责任。（全文详见本书《刑法》第118条相关内容）

3. 最高人民法院、最高人民检察院《关于办理危害矿山生产安全刑事案件具体应用法律若干问题的解释》（法释〔2007〕5号）

被最高人民法院、最高人民检察院《关于办理危害生产安全刑事案件适用法律若干问题的解释》（法释〔2015〕22号）废止。

4. 最高人民检察院、公安部《关于公安机关管辖的刑事案件立案追诉标准的规定（1）》（公通字〔2008〕36号）第68条、第69条

（见本条立案追诉标准内容）

5.《中华人民共和国刑法修正案（8）》（2011年2月25日第十一届全国人大常委会第十九次会议通过）

四十七、将刑法第343条第1款修改为："违反矿产资源法的规定，未取得采矿许可证擅自采矿，擅自进入国家规划矿区、对国民经济具有重要价值的矿区和他人矿区范围采矿，或者擅自开采国家规定实行保护性开采的特定矿种，情节严重的，处3年以下有期徒刑、拘役或者管制，并处或者单处罚金；情节特别严重的，处3年以上7年以下有期徒刑，并处罚金。"

（本次修订删除了原条文中"经责令停止开采后拒不停止开采"的规定，并按照情节严重的程度设置法定刑。1997年《刑法》原条文：违反矿产资源法的规定，未取得采矿许可证擅自采矿的，擅自进入国家规划矿区、对国民经济具有重要价值的矿区和他人矿区范围采矿的，擅自开采国家规定实行保护性开采的特定矿种，经责令停止开采后拒不停止开采，造成矿产资源破坏的，处3年以下有期徒刑、拘役或者管制，并处或者单处罚金；造成矿产资源严重破坏的，处3年以上7年以下有期徒刑，并处罚金。）

6. 最高人民法院《关于进一步加强危害生产安全刑事案件审判工作的意见》（法发〔2011〕20号）

为依法惩治危害生产安全犯罪，促进全国安全生产形势持续稳定好转，保护人民群众生命财产安全，现就进一步加强危害生产安全刑事案件审判工作，制定如下意见。

一、高度重视危害生产安全刑事案件审判工作

1. 充分发挥刑事审判职能作用，依法惩治危害生产安全犯罪，是人民法院为大局服务、为人民司法的必然要求。安全生产关系到人民群众生命财产安全，事关改革、发展和稳定的大局。当前，全国安全生产状况呈现总体稳定、持续好转的发展态势，但形势依然严峻，企业安全生产基础依然薄弱；非法、违法生产，忽视生产安全的现象仍然十分突出；重特大生产安全责任事故时有发生，个别地方和行业重特大责任事故上升。一些重特大生产安全责任事故举国关注，相关案件处理不好，不仅起不到应有的警示作用，不利于生产安全责任事故的防范，也损害党和国家形象，影响社会和谐稳定。各级人民法院要从政治和全局的高度，充分认识审理好危害生产安全刑事案件的重要意义，切实增强工作责任感，严格依法、积极稳妥地审理相关案件，进一步发挥刑事审判工作在创造良好安全生产环境、促进经济平稳较快发展方面的积极作用。

2. 采取有力措施解决存在的问题，切实加强危害生产安全刑事案件审判工作。近年来，各级人民法院依法审理危害生产安全刑事案件，一批严重危害生产安全的犯罪分子及相关职务犯罪分子受到法律制裁，对全国安全生产形势持续稳定好转发挥了积极促进作用。2010年，监察部、国家安全生产监督管理总局会同最高人民法院等部门对部分省市重特大生产安全事故责任追究落实情况开展了专项检查。从检查的情况来看，审判工作总体情况是好的，但仍有个别案件在法律适用或者宽严相济刑事政策具体把握上存在问题，需要切实加强指

导。各级人民法院要高度重视，确保相关案件审判工作取得良好的法律效果和社会效果。

二、危害生产安全刑事案件审判工作的原则

3. 严格依法，从严惩处。对严重危害生产安全犯罪，尤其是相关职务犯罪，必须始终坚持严格依法、从严惩处。对于人民群众广泛关注、社会反映强烈的案件要及时审结，回应人民群众关切，维护社会和谐稳定。

4. 区分责任，均衡量刑。危害生产安全犯罪，往往涉案人员较多，犯罪主体复杂，既包括直接从事生产、作业的人员，也包括对生产、作业负有组织、指挥或者管理职责的负责人、管理人员、实际控制人、投资人等，有的还涉及国家机关工作人员渎职犯罪。对相关责任人的处理，要根据事故原因、危害后果、主体职责、过错大小等因素，综合考虑全案，正确划分责任，做到罪责刑相适应。

5. 主体平等，确保公正。审理危害生产安全刑事案件，对于所有责任主体，都必须严格落实法律面前人人平等的刑法原则，确保刑罚适用公正，确保裁判效果良好。

三、正确确定责任

6. 审理危害生产安全刑事案件，政府或相关职能部门依法对事故原因、损失大小、责任划分作出的调查认定，经庭审质证后，结合其他证据，可作为责任认定的依据。

7. 认定相关人员是否违反有关安全管理规定，应当根据相关法律、行政法规，参照地方性法规、规章及国家标准、行业标准，必要时可参考公认的惯例和生产经营单位制定的安全生产规章制度、操作规程。

8. 多个原因行为导致生产安全事故发生的，在区分直接原因与间接原因的同时，应当根据原因行为在引发事故中所具作用的大小，分清主要原因与次要原因，确认主要责任和次要责任，合理确定罪责。

一般情况下，对生产、作业负有组织、指挥或者管理职责的负责人、管理人员、实际控制人、投资人，违反有关安全生产管理规定，对重大生产安全事故的发生起决定性、关键性作用的，应当承担主要责任。

对于直接从事生产、作业的人员违反安全管理规定，发生重大生产安全事故的，要综合考虑行为人的从业资格、从业时间、接受安全生产教育培训情况、现场条件、是否受到他人强令作业、生产经营单位执行安全生产规章制度的情况等因素认定责任，不能将直接责任简单等同于主要责任。

对于负有安全生产管理、监督职责的工作人员，应根据其岗位职责、履职依据、履职时间等，综合考察工作职责、监管条件、履职能力、履职情况等，合理确定罪责。

四、准确适用法律

9. 严格把握危害生产安全犯罪与以其他危险方法危害公共安全罪的界限，不应将生产经营中违章违规的故意不加区别地视为对危害后果发生的故意。

10. 以行贿方式逃避安全生产监督管理，或者非法、违法生产、作业，导致发生重大生产安全事故，构成数罪的，依照数罪并罚的规定处罚。

违反安全生产管理规定，非法采矿、破坏性采矿或排放、倾倒、处置有害物质严重污染环境，造成重大伤亡事故或者其他严重后果，同时构成危害生产安全犯罪和破坏环境资源保护犯罪的，依照数罪并罚的规定处罚。

11. 安全事故发生后，负有报告职责的国家工作人员不报或者谎报事故情况，贻误事故抢救，情节严重，构成不报、谎报安全事故罪，同时构成职务犯罪或其他危害生产安全犯罪的，依照数罪并罚的规定处罚。

12. 非矿山生产安全事故中，认定"直接负责的主管人员和其他直接责任人员"、"负有报告职责的人员”的主体资格,认定构成“重大伤亡事故或者其他严重后果”、“情节特别恶劣”,不报、谎报事故情况,贻误事故抢救,“情节严重”、“情节特别严重”等,可参照最高人民法院、最高人民检察院《关于办理危害矿山生产安全刑事案件具体应用法律若干问题的解释》的相关规定。

五、准确把握宽严相济刑事政策

13. 审理危害生产安全刑事案件,应综合考虑生产安全事故所造成的伤亡人数、经济损失、环境污染、社会影响、事故原因与被告人职责的关联程度、被告人主观过错大小、事故发生后被告人的施救表现、履行赔偿责任情况等,正确适用刑罚,确保裁判法律效果和社会效果相统一。

14. 造成《关于办理危害矿山生产安全刑事案件具体应用法律若干问题的解释》第4条规定的“重大伤亡事故或者其他严重后果”,同时具有下列情形之一的,也可以认定为刑法第134条、第135条规定的“情节特别恶劣”:

(一)非法、违法生产的;(二)无基本劳动安全设施或未向生产、作业人员提供必要的劳动防护用品,生产、作业人员劳动安全无保障的;(三)曾因安全生产设施或者安全生产条件不符合国家规定,被监督管理部门处罚或责令改正,1年内再次违规生产致使发生重大生产安全事故的;(四)关闭、故意破坏必要安全警示设备的;(五)已发现事故隐患,未采取有效措施,导致发生重大事故的;(六)事故发生后不积极抢救人员,或者毁灭、伪造、隐藏影响事故调查的证据,或者转移财产逃避责任的;(七)其他特别恶劣的情节。

15. 相关犯罪中,具有以下情形之一的,依法从重处罚:

(一)国家工作人员违反规定投资入股生产经营企业,构成危害生产安全犯罪的;(二)贪污贿赂行为与事故发生存在关联性的;(三)国家工作人员的职务犯罪与事故存在直接因果关系的;(四)以行贿方式逃避安全生产监督管理,或者非法、违法生产、作业的;(五)生产安全事故发生后,负有报告职责的国家工作人员不报或者谎报事故情况,贻误事故抢救,尚未构成不报、谎报安全事故罪的;(六)事故发生后,采取转移、藏匿、毁灭遇难人员尸体,或者毁灭、伪造、隐藏影响事故调查的证据,或者转移财产,逃避责任的;(七)曾因安全生产设施或者安全生产条件不符合国家规定,被监督管理部门处罚或责令改正,1年内再次违规生产致使发生重大生产安全事故的。

16. 对于事故发生后,积极施救,努力挽回事故损失,有效避免损失扩大;积极配合调查,赔偿受害人损失的,可依法从宽处罚。

六、依法正确适用缓刑和减刑、假释

17. 对于危害后果较轻,在责任事故中不负主要责任,符合法律有关缓刑适用条件的,可以依法适用缓刑,但应注意根据案件具体情况,区别对待,严格控制,避免适用不当造成的负面影响。

18. 对于具有下列情形的被告人,原则上不适用缓刑:

(一)具有本意见第14条、第15条所规定的情形的;(二)数罪并罚的。

19. 宣告缓刑,可以根据犯罪情况,同时禁止犯罪分子在缓刑考验期限内从事与安全生产有关的特定活动。

20. 办理与危害生产安全犯罪相关的减刑、假释案件,要严格执行刑法、刑事诉讼法和有关司法解释规定。是否决定减刑、假释,既要看罪犯服刑期间的悔改表现,还要充分考虑原判认定的犯罪事实、性质、情节、社会危害程度等情况。

七、加强组织领导,注意协调配合

21. 对于重大、敏感案件,合议庭成员要充分做好庭审前期准备工作,全面、客观掌握案情，确保案件开庭审理稳妥顺利、依法公正。

22. 审理危害生产安全刑事案件，涉及专业技术问题的，应有相关权威部门出具的咨询意见或者司法鉴定意见；可以依法邀请具有相关专业知识的人民陪审员参加合议庭。

23. 对于审判工作中发现的安全生产事故背后的渎职、贪污贿赂等违法犯罪线索，应当依法移送有关部门处理。对于情节轻微，免予刑事处罚的被告人，人民法院可建议有关部门依法给予行政处罚或纪律处分。

24. 被告人具有国家工作人员身份的，案件审结后，人民法院应当及时将生效的裁判文书送达行政监察机关和其他相关部门。

25. 对于造成重大伤亡后果的案件，要充分运用财产保全等法定措施，切实维护被害人依法获得赔偿的权利。对于被告人没有赔偿能力的案件，应当依靠地方党委和政府做好善后安抚工作。

26. 积极参与安全生产综合治理工作。对于审判中发现的安全生产管理方面的突出问题，应当发出司法建议，促使有关部门强化安全生产意识和制度建设，完善事故预防机制，杜绝同类事故发生。

27. 重视做好宣传工作。对于社会关注的典型案件，要重视做好审判情况的宣传报道，规范裁判信息发布，及时回应社会的关切，充分发挥重大、典型案件的教育警示作用。

28. 各级人民法院要在依法履行审判职责的同时，及时总结审判经验，深入开展调查研究，推动审判工作水平不断提高。上级法院要以辖区内发生的重大生产安全责任事故案件为重点，加强对下级法院危害生产安全刑事案件审判工作的监督和指导，适时检查此类案件的审判情况，提出有针对性的指导意见。

7. 最高人民法院、最高人民检察院《关于办理非法采矿、破坏性采矿刑事案件适用法律若干问题的解释》(法释〔2016〕25号)

为依法惩处非法采矿、破坏性采矿犯罪活动，根据《中华人民共和国刑法》《中华人民共和国刑事诉讼法》的有关规定，现就办理此类刑事案件适用法律的若干问题解释如下：

第1条 违反《中华人民共和国矿产资源法》《中华人民共和国水法》等法律、行政法规有关矿产资源开发、利用、保护和管理的规定的，应当认定为刑法第343条规定的“违反矿产资源法的规定”。

第2条 具有下列情形之一的，应当认定为刑法第343条第1款规定的“未取得采矿许可证”：

(一)无许可证的；(二)许可证被注销、吊销、撤销的；(三)超越许可证规定的矿区范围或者开采范围的；(四)超出许可证规定的矿种的(共生、伴生矿种除外)；(五)其他未取得许可证的情形。

第3条 实施非法采矿行为，具有下列情形之一的，应当认定为刑法第343条第1款规定的“情节严重”：

(一)开采的矿产品价值或者造成矿产资源破坏的价值在10万元至30万元以上的；(二)在国家规划矿区、对国民经济具有重要价值的矿区采矿，开采国家规定实行保护性开采的特定矿种，或者在禁采区、禁采期内采矿，开采的矿产品价值或者造成矿产资源破坏的价值在5万元至15万元以上的；(三)2年内曾因非法采矿受过两次以上行政处罚，又实施非法采矿行为的；(四)造成生态环境严重损害的；(五)其他情节严重的情形。

实施非法采矿行为，具有下列情形之一的，应当认定为刑法第343条第1款规定的“情节特别严重”：

(一)数额达到前款第1项、第2项规定标准5倍以上的；(二)造成生态环境特别严重损害的;(三)其他情节特别严重的情形。

第4条 在河道管理范围内采砂,具有下列情形之一,符合刑法第343条第1款和本解释第2条、第3条规定的,以非法采矿罪定罪处罚:

(一)依据相关规定应当办理河道采砂许可证,未取得河道采砂许可证的;(二)依据相关规定应当办理河道采砂许可证和采矿许可证,既未取得河道采砂许可证,又未取得采矿许可证的。

实施前款规定行为,虽不具有本解释第3条第1款规定的情形,但严重影响河势稳定,危害防洪安全的,应当认定为刑法第343条第1款规定的"情节严重"。

第5条 未取得海砂开采海域使用权证,且未取得采矿许可证,采挖海砂,符合刑法第343条第1款和本解释第2条、第3条规定的,以非法采矿罪定罪处罚。

实施前款规定行为,虽不具有本解释第3条第1款规定的情形,但造成海岸线严重破坏的,应当认定为刑法第343条第1款规定的"情节严重"。

第6条 造成矿产资源破坏的价值在50万元至100万元以上,或者造成国家规划矿区、对国民经济具有重要价值的矿区和国家规定实行保护性开采的特定矿种资源破坏的价值在25万元至50万元以上的,应当认定为刑法第343条第2款规定的"造成矿产资源严重破坏"。

第7条 明知是犯罪所得的矿产品及其产生的收益,而予以窝藏、转移、收购、代为销售或者以其他方法掩饰、隐瞒的,依照刑法第312条的规定,以掩饰、隐瞒犯罪所得、犯罪所得收益罪定罪处罚。

实施前款规定的犯罪行为,事前通谋的,以共同犯罪论处。

第8条 多次非法采矿、破坏性采矿构成犯罪,依法应当追诉的,或者2年内多次非法采矿、破坏性采矿未经处理的,价值数额累计计算。

第9条 单位犯刑法第343条规定之罪的,依照本解释规定的相应自然人犯罪的定罪量刑标准,对直接负责的主管人员和其他直接责任人员定罪处罚,并对单位判处罚金。

第10条 实施非法采矿犯罪,不属于"情节特别严重",或者实施破坏性采矿犯罪,行为人系初犯,全部退赃退赔,积极修复环境,并确有悔改表现的,可以认定为犯罪情节轻微,不起诉或者免予刑事处罚。

第11条 对受雇佣为非法采矿、破坏性采矿犯罪提供劳务的人员,除参与利润分成或者领取高额固定工资的以外,一般不以犯罪论处,但曾因非法采矿、破坏性采矿受过处罚的除外。

第12条 对非法采矿、破坏性采矿犯罪的违法所得及其收益,应当依法追缴或者责令退赔。

对用于非法采矿、破坏性采矿犯罪的专门工具和供犯罪所用的本人财物,应当依法没收。

第13条 非法开采的矿产品价值,根据销赃数额认定;无销赃数额,销赃数额难以查证,或者根据销赃数额认定明显不合理的,根据矿产品价格和数量认定。

矿产品价值难以确定的,依据下列机构出具的报告,结合其他证据作出认定:

(一)价格认证机构出具的报告;(二)省级以上人民政府国土资源、水行政、海洋等主管部门出具的报告;(三)国务院水行政主管部门在国家确定的重要江河、湖泊设立的流域管理机构出具的报告。

第14条 对案件所涉的有关专门性问题难以确定的,依据下列机构出具的鉴定意见或者报告,结合其他证据作出认定:

(一)司法鉴定机构就生态环境损害出具的鉴定意见;(二)省级以上人民政府国土资源主管部门就造成矿产资源破坏的价值、是否属于破坏性开采方法出具的报告;(三)省级以上人民政府水行政主管部门或者国务院水行政主管部门在国家确定的重要江河、湖泊设立的流域管理机构就是否危害防洪安全出具的报告;(四)省级以上人民政府海洋主管部门就是否造成海岸线严重破坏出具的报告。

第15条 各省、自治区、直辖市高级人民法院、人民检察院,可以根据本地区实际情况,在本解释第3条、第6条规定的数额幅度内,确定本地区执行的具体数额标准,报最高人民法院、最高人民检察院备案。

第16条 本解释自2016年12月1日起施行。本解释施行后,《最高人民法院关于审理非法采矿、破坏性采矿刑事案件具体应用法律若干问题的解释》(法释〔2003〕9号)同时废止。

8. 最高人民检察院、公安部《关于公安机关管辖的刑事案件立案追诉标准的规定(1)的补充规定》(公通字〔2017〕12号)第11条

(见本条立案追诉标准内容)

第344条 【危害国家重点保护植物罪】 违反国家规定,非法采伐、毁坏珍贵树木或者国家重点保护的其他植物的,或者非法收购、运输、加工、出售珍贵树木或者国家重点保护的其他植物及其制品的,处3年以下有期徒刑、拘役或者管制,并处罚金;情节严重的,处3年以上7年以下有期徒刑,并处罚金。

(本条《中华人民共和国刑法修正案(4)》修改)

• 释义

非法采伐、毁坏国家重点保护植物罪是指违反国家规定,非法采伐、毁坏珍贵树木或者国家重点保护的其他植物的行为。

非法收购、运输、加工、出售国家重点保护植物、国家重点保护植物制品罪是指违反国家规定,非法收购、运输、加工、出售珍贵树木或者国家重点保护的其他植物及其制品的行为。

• 管辖

公安机关食品药品犯罪侦查部门。

• 立案追诉标准

【非法采伐、毁坏国家重点保护植物罪立案追诉标准】

违反国家规定,非法采伐、毁坏珍贵树木或者国家重点保护的其他植物的,应予立案追诉。

【非法收购、运输、加工、出售国家重点保护植物、国家重点保护植物制品罪立案追诉标准】

违反国家规定,非法收购、运输、加工、出售珍贵树木或者国家重点保护的其他植物及其制品的,应予立案追诉。

• 关联法律

1. 最高人民法院《关于审理破坏森林资源刑事案件具体应用法律若干问题的解释》(法释〔2000〕36号)

第1条 刑法第344条规定的"珍贵树木",包括由省级以上林业主管部门或者其他部门确定的具有重大历史纪念意义、科学研究价值或者年代久远的古树名木,国家禁止、限制出口的珍贵树木以及列入国家重点保护野生植物名录的树木。

第2条 具有下列情形之一的，属于非法采伐、毁坏珍贵树木行为"情节严重"：

（一）非法采伐珍贵树木2株以上或者毁坏珍贵树木致使珍贵树木死亡3株以上的；（二）非法采伐珍贵树木2立方米以上的；（三）为首组织、策划、指挥非法采伐或者毁坏珍贵树木的；（四）其他情节严重的情形。（全文详见本书《刑法》第345条相关内容）

2. 国家林业局、公安部《关于森林和陆生野生动物刑事案件管辖及立案标准》（林安发〔2001〕156号）

（见本条立案追诉标准内容）

3.《中华人民共和国刑法修正案（4）》（2002年12月28日第九届全国人大常委会第三十一次会议通过）

六、将刑法第344条修改为："违反国家规定，非法采伐、毁坏珍贵树木或者国家重点保护的其他植物的，或者非法收购、运输、加工、出售珍贵树木或者国家重点保护的其他植物及其制品的，处3年以下有期徒刑、拘役或者管制，并处罚金；情节严重的，处3年以上7年以下有期徒刑，并处罚金。"

（1997年《刑法》原条文：违反森林法的规定，非法采伐、毁坏珍贵树木的，处3年以下有期徒刑、拘役或者管制，并处罚金；情节严重的，处3年以上7年以下有期徒刑，并处罚金。）

4. 最高人民检察院、公安部《关于公安机关管辖的刑事案件立案追诉标准的规定（1）》（公通字〔2008〕36号）第70条、第71条

（见本条立案追诉标准内容）

5. 最高人民法院、最高人民检察院《关于适用〈中华人民共和国刑法〉》第344条有关问题的批复》（法释〔2020〕2号）

近来，部分省、自治区、直辖市高级人民法院、人民检察院请示适用刑法第344条的有关问题。经研究，批复如下：

一、古树名木以及列入《国家重点保护野生植物名录》的野生植物，属于刑法第344条规定的"珍贵树木或者国家重点保护的其他植物"。

二、根据《中华人民共和国野生植物保护条例》的规定，野生植物限于原生地天然生长的植物。人工培育的植物，除古树名木外，不属于刑法第344条规定的"珍贵树木或者国家重点保护的其他植物"。非法采伐、毁坏或者非法收购、运输人工培育的植物（古树名木除外），构成盗伐林木罪、滥伐林木罪、非法收购、运输盗伐、滥伐的林木罪等犯罪的，依照相关规定追究刑事责任。

三、对于非法移栽珍贵树木或者国家重点保护的其他植物，依法应当追究刑事责任的，依照刑法第344条的规定，以非法采伐国家重点保护植物罪定罪处罚。

鉴于移栽在社会危害程度上与砍伐存在一定差异，对非法移栽珍贵树木或者国家重点保护的其他植物的行为，在认定是否构成犯罪以及裁量刑罚时，应当考虑植物的珍贵程度、移栽目的、移栽手段、移栽数量、对生态环境的损害程度等情节，综合评估社会危害性，确保罪责刑相适应。

四、本批复自2020年3月21日起施行，之前发布的司法解释与本批复不一致的，以本批复为准。

6. 最高人民法院《关于执行〈中华人民共和国刑法〉确定罪名的补充规定（7）》（法释〔2021〕2号）

（全文详见本书《刑法》第133条之二相关内容）

7. 最高人民法院《关于进一步加强涉种子刑事审判工作的指导意见》（法〔2022〕66号）

五、保护种质资源，依法严惩破坏种质资源犯罪。非法采集或者采伐天然种质资源，符合刑法第344条规定的，以危害国家重点保护植物罪定罪处罚。

在种质资源库、种质资源保护区或者种质资源保护地实施上述行为的，应当酌情从重处罚。（详见本书《刑法》第147条相关内容）

第344条之一 【非法引进、释放、丢弃外来入侵物种罪】 违反国家规定，非法引进、释放或者丢弃外来入侵物种，情节严重的，处3年以下有期徒刑或者拘役，并处或者单处罚金。

（本条《中华人民共和国刑法修正案（11）》增加）

• 释义

无

• 管辖

公安机关。

• 立案追诉标准

非法引进、释放、丢弃外来入侵物种罪是指违反国家规定，非法引进、释放或者丢来入侵物种，情节严重的行为。

• 关联法律

1.《中华人民共和国刑法修正案（11）》（2020年12月26日第十三届全国人大常委会第二十四次会议通过）

四十三、在刑法第344条后增加1条，作为第344条之一："违反国家规定，非法引进、释放或者丢弃外来入侵物种，情节严重的，处3年以下有期徒刑或者拘役，并处或者单处罚金。"

2. 最高人民法院《关于执行〈中华人民共和国刑法〉确定罪名的补充规定（7）》（法释〔2021〕2号）

（全文详见本书《刑法》第133条之二相关内容）

第345条 【盗伐林木罪】 盗伐森林或者其他林木，数量较大的，处3年以下有期徒刑、拘役或者管制，并处或者单处罚金；数量巨大的，处3年以上7年以下有期徒刑，并处罚金；数量特别巨大的，处7年以上有期徒刑，并处罚金。

【滥伐林木罪】 违反森林法的规定，滥伐森林或者其他林木，数量较大的，处3年以下有期徒刑、拘役或者管制，并处或者单处罚金；数量巨大的，处3年以上7年以下有期徒刑，并处罚金。

【非法收购、运输盗伐、滥伐的林木罪】 非法收购、运输明知是盗伐、滥伐的林木，情节严重的，处3年以下有期徒刑、拘役或者管制，并处或者单处罚金；情节特别严重的，处3年以上7年以下有期徒刑，并处罚金。

盗伐、滥伐国家级自然保护区内的森林或者其他林木的，从重处罚。

（本条《中华人民共和国刑法修正案（4）》修改）

• 释义

盗伐林木罪是指盗伐森林或者其他林木，数量较大的行为。

“盗伐森林或者其他林木”，是指以非法占有为目的，擅自砍伐国家、集体、他人所有或者他人承包经营管理的森林或者其他林木，擅自砍伐本单位或者本人承包经营管理的森林或者其他林木，在林木采伐许可证规定的地点以外采伐国家、集体、他人所有或者他人承包经营管理的森林或者其他林木。

林木数量以立木蓄积计算，计算方法为：原木材积除以该树种的出材率；“幼树”，是指胸径5厘米以下的树木。

滥伐林木罪是指违反森林法的规定，滥伐森林或者其他林木，数量较大的行为。

“滥伐森林或者其他林木”，是指未经林业行政主管部门及法律规定的其他主管部门批准并核发林木采伐许可证，或者虽持有林木采伐许可证，但违反林木采伐许可证规定的时间、数量、树种或者方式，任意采伐本单位所有或者本人所有的森林或者其他林木，超过林木采伐许可证规定的数量采伐他人所有的森林或者其他林木。

违反森林法的规定，在林木采伐许可证规定的地点以外，采伐本单位或者本人所有的森林或者其他林木的，除农村居民采伐自留地和房前屋后个人所有的零星林木以外，属于“未经林业行政主管部门及法律规定的其他主管部门批准并核发林木采伐许可证”。

林木权属争议一方在林木权属确权之前，擅自砍伐森林或者其他林木的，属于“滥伐森林或者其他林木”。

滥伐林木的数量，应在伐区调查设计允许的误差额以上计算。

盗伐、滥伐国家级自然保护区内的森林或者其他林木的，从重处罚。

非法收购、运输盗伐、滥伐的林木罪是指非法收购、运输明知是盗伐、滥伐的林木，情节严重的行为。非法收购的“明知”，是指知道或者应当知道。

下列情形可以视为应当知道，但是有证据证明确属被蒙骗的除外：

（一）在非法的木材交易场所或者销售单位收购木材的；

（二）收购以明显低于市场价格出售的木材的；

（三）收购违反规定出售的木材的。

• 管辖

公安机关食品药品犯罪侦查部门。

• 立案追诉标准

【盗伐林木罪立案追诉标准】

盗伐森林或者其他林木，涉嫌下列情形之一的，应予立案追诉：

（一）盗伐2至5立方米以上的；

（二）盗伐幼树100至200株以上的。

以非法占有为目的，具有下列情形之一的，属于本条规定的“盗伐森林或者其他林木”：

（一）擅自砍伐国家、集体、他人所有或者他人承包经营管理的森林或者其他林木的；

（二）擅自砍伐本单位或者本人承包经营管理的森林或者其他林木的；

（三）在林木采伐许可证规定的地点以外采伐国家、集体、他人所有或者他人承包经营管理的森林或者其他林木的。

本条和本规定第73条、第74条规定的林木数量以立木蓄积计算，计算方法为：原木材积除以该树种的出材率；“幼树”，是指胸径5厘米以下的树木。

【滥伐林木罪立案追诉标准】

违反森林法的规定，滥伐森林或者其他林木，涉嫌下列情形之一的，应予立案追诉：

（一）滥伐10至20立方米以上的；

（二）滥伐幼树500至1000株以上的。

违反森林法的规定，具有下列情形之一的，属于本条规定的“滥伐森林或者其他林木”：

（一）未经林业行政主管部门及法律规定的其他主管部门批准并核发林木采伐许可证，或者虽持有林木采伐许可证，但违反林木采伐许可证规定的时间、数量、树种或者方式，任意采伐本单位所有或者本人所有的森林或者其他林木的；

（二）超过林木采伐许可证规定的数量采伐他人所有的森林或者其他林木的。

违反森林法的规定，在林木采伐许可证规定的地点以外，采伐本单位或者本人所有的森林或者其他林木的，除农村居民采伐自留地和房前屋后个人所有的零星林木以外，属于本条第2款第（一）项“未经林业行政主管部门及法律规定的其他主管部门批准并核发林木采伐许可证”规定的情形。

林木权属争议一方在林木权属确权之前，擅自砍伐森林或者其他林木的，属于本条规定的“滥伐森林或者其他林木”。

滥伐林木的数量，应在伐区调查设计允许的误差额以上计算。

【非法收购、运输盗伐、滥伐的林木罪立案追诉标准】

非法收购、运输明知是盗伐、滥伐的林木，涉嫌下列情形之一的，应予立案追诉：

（一）非法收购、运输盗伐、滥伐的林木20立方米以上或者幼树1000株以上的；

（二）其他情节严重的情形。

本条规定的“非法收购”的“明知”，是指知道或者应当知道。

具有下列情形之一的，可以视为应当知道，但是有证据证明确属被蒙骗的除外：

（一）在非法的木材交易场所或者销售单位收购木材的；

（二）收购以明显低于市场价格出售的木材的；

（三）收购违反规定出售的木材的。

• 关联法律

1. 最高人民法院《关于滥伐自己所有权的林木其林木应如何处理的问题的批复》（法复〔1993〕5号）

吉林省高级人民法院：你院《关于宋允焕滥伐的林木如何处理的请示》收悉。经研究，同意你院的第2种意见，即：属于个人所有的林木，也是国家森林资源的一部分。被告人滥伐属于自己所有权的林木，构成滥伐林木罪的，其行为已违反国家保护森林法规，破坏了国家的森林资源，所滥伐的林木即不再是个人的合法财产，而应当作为犯罪分子违法所得的财物，依照刑法第60条的规定予以追缴。

2. 最高人民法院《关于审理破坏森林资源刑事案件具体应用法律若干问题的解释》（法释〔2000〕36号）

为依法惩处破坏森林资源的犯罪活动，根据刑法的有关规定，现就审理这类案件具体应用法律的若干问题解释如下：

第1条 刑法第344条规定的“珍贵树木”，包括由省级以上林业主管部门或者其他部门确定的具有重大历史纪念意义、科学研究价值或者年代久远的古树名木，国家禁止、限制出口的珍贵树木以及列入国家重点保护野生植物名录的树木。

第2条 具有下列情形之一的，属于非法采伐、毁坏珍贵树木行为“情节严重”：

（一）非法采伐珍贵树木2株以上或者毁坏珍贵树木致使珍贵树木死亡3株以上的；（二）非法采伐珍贵树木2立方米以上的；（三）为首组织、策划、指挥非法采伐或者毁坏珍贵树木的;(四)其他情节严重的情形。

第3条 以非法占有为目的,具有下列情形之一,数量较大的,依照刑法第345条第1款的规定,以盗伐林木罪定罪处罚:

(一)擅自砍伐国家、集体、他人所有或者他人承包经营管理的森林或者其他林木的;(二)擅自砍伐本单位或者本人承包经营管理的森林或者其他林木的;(三)在林木采伐许可证规定的地点以外采伐国家、集体、他人所有或者他人承包经营管理的森林或者其他林木的。

第4条 盗伐林木"数量较大",以2至5立方米或者幼树100至200株为起点;盗伐林木"数量巨大",以20至50立方米或者幼树1000至2000株为起点;盗伐林木"数量特别巨大",以100至200立方米或者幼树5000至1万株为起点。

第5条 违反森林法的规定,具有下列情形之一,数量较大的,依照刑法第345条第2款的规定,以滥伐林木罪定罪处罚:

(一)未经林业行政主管部门及法律规定其他主管部门批准并核发林木采伐许可证,或者虽持有林木采伐许可证,但违反林木采伐许可证规定的时间、数量、树种或者方式,任意采伐本单位所有或者本人所有的森林或者其他林木的;(二)超过林木采伐许可证规定的数量采伐他人所有的森林或者其他林木的。

林木权属争议一方在林木权属确权之前,擅自砍伐森林或者其他林木,数量较大的,以滥伐林木罪论处。

第6条 滥伐林木"数量较大",以10至20立方米或者幼树500至1000株为起点;滥伐林木"数量巨大",以50至100立方米或者幼树2500至5000株为起点。

第7条 对于1年内多次盗伐、滥伐少量林木未经处罚的,累计其盗伐、滥伐林木的数量,构成犯罪的,依法追究刑事责任。

第8条 盗伐、滥伐珍贵树木,同时触犯刑法第344条、第345条规定,依照处罚较重的规定定罪处罚。

第9条 将国家、集体、他人所有并已经伐倒的树木窃为己有,以及偷砍他人房前屋后、自留地种植的零星树木,数额较大的,依照刑法第264条的规定,以盗窃罪定罪处罚。

第10条 刑法第345条规定的"非法收购明知是盗伐、滥伐的林木"中的"明知",是指知道或者应当知道。具有下列情形之一的,可以视为应当知道,但是有证据证明确属被蒙骗的除外:

(一)在非法的木材交易场所或者销售单位收购木材的;(二)收购以明显低于市场价格出售的木材的;(三)收购违反规定出售的木材的。

第11条 具有下列情形之一的,属于在林区非法收购盗伐、滥伐的林木"情节严重":

(一)非法收购盗伐、滥伐的林木20立方米以上或者幼树1000株以上的;(二)非法收购盗伐、滥伐的珍贵树木2立方米以上或者5株以上的;(三)其他情节严重的情形。

具有下列情形之一的,属于在林区非法收购盗伐、滥伐的林木"情节特别严重":

(一)非法收购盗伐、滥伐的林木100立方米以上或者幼树5000株以上的;(二)非法收购盗伐、滥伐的珍贵树木5立方米以上或者10株以上的;(三)其他情节特别严重的情形。

第12条 林业主管部门的工作人员违反森林法的规定,超过批准的年采伐限额发放林木采伐许可证或者违反规定滥发林木采伐许可证,具有下列情形之一的,属于刑法第407条规定的"情节严重,致使森林遭受严重破坏",以违法发放林木采伐许可证罪定罪处罚:

(一)发放林木采伐许可证允许采伐数量累计超过批准的年采伐限额,导致林木被采伐数量在10立方米以上的;(二)滥发林木采伐许可证,导致林木被滥伐20立方米以上的;(三)滥发林木采伐许可证,导致珍贵树木被滥伐的;(四)批准采伐国家禁止采伐的林木,情节恶劣的;(五)其他情节严重的情形。

第13条 对于伪造、变造、买卖林木采伐许可证、木材运输证件,森林、林木、林地权属证书,占用或者征用林地审核同意书、育林基金等缴费收据以及其他国家机关批准的林业证件构成犯罪的,依照刑法第280条第1款的规定,以伪造、变造、买卖国家机关公文、证件罪定罪处罚。

对于买卖允许进出口证明书等经营许可证明,同时触犯刑法第225条、第280条规定之罪的,依照处罚较重的规定定罪处罚。

第14条 聚众哄抢林木5立方米以上的,属于聚众哄抢"数额较大";聚众哄抢林木20立方米以上的,属于聚众哄抢"数额巨大",对首要分子和积极参加的,依照刑法第268条的规定,以聚众哄抢罪定罪处罚。

第15条 非法实施采种、采脂、挖笋、掘根、剥树皮等行为,牟取经济利益数额较大的,依照刑法第264条的规定,以盗窃罪定罪处罚。同时构成其他犯罪的,依照处罚较重的规定定罪处罚。

第16条 单位犯刑法第344条、第345条规定罪定之罪,定罪量刑标准按照本解释的规定执行。

第17条 本解释规定的林木数量以立蓄积计算,计算方法为:原木材积除以该树种的出材率。

本解释所称"幼树",是指胸径5厘米以下的树木。

滥伐林木的数量,应在伐区调查设计允许的误差额以上计算。

第18条 盗伐、滥伐以生产竹材为主要目的的竹林的定罪量刑问题,有关省、自治区、直辖市高级人民法院可以参照上述规定的精神,规定本地区的具体标准,并报最高人民法备案。

第19条 各省、自治区、直辖市高级人民法院可以根据本地区的实际情况,在本解释第4条、第6条规定的数量幅度内,确定本地区执行的具体数量标准。并报最高人民法院备案。

3. 国家林业局、公安部《关于森林和陆生野生动物刑事案件管辖及立案标准》(林安发〔2001〕156号)

(见本条立案追诉标准内容及本书《刑法》第151条相关内容)

4.《中华人民共和国刑法修正案(4)》(2002年12月28日第九届全国人大常委会第三十一次会议通过)

七、将刑法第345条修改为:"盗伐森林或者其他林木,数量较大的,处3年以下有期徒刑、拘役或者管制,并处或者单处罚金;数量巨大的,处3年以上7年以下有期徒刑,并处罚金;数量特别巨大的,处7年以上有期徒刑,并处罚金。

"违反森林法的规定,滥伐森林或者其他林木,数量较大的,处3年以下有期徒刑、拘役或者管制,并处或者单处罚金;数量巨大的,处3年以上7年以下有期徒刑,并处罚金。

"非法收购、运输明知是盗伐、滥伐的林木,情节严重的,处3年以下有期徒刑、拘役或者管制,并处或者单处罚金;情节特别严重的,处3年以上7年以下有期徒刑,并处罚金。

"盗伐、滥伐国家级自然保护区内的森林或者其他林木的,从重处罚。"

(这次修订删除了1997年《刑法》原条文第3款中"以牟利为目的"的要件,增加了运输行为的规定,即将"以牟利为目的,在林区非法收购明知是盗伐、滥伐的林木"的规定修改为"非法收购、运输明知是盗伐、滥伐的林木"。)

5. 最高人民法院《关于在林木采伐许可证规定的地点以外采伐本单位或者本人所有的森林或者其他林木的行为如何适用法律问题的批复》(法释〔2004〕3号)

最近,有的法院反映,关于在林木采伐许可证规定的地点以外采伐本单位或者本人所有

的森林或者其他林木的行为适用法律问题不明确。经研究,批复如下:

违反森林法的规定,在林木采伐许可证规定的地点以外,采伐本单位或者本人所有的森林或者其他林木的,除农村居民采伐自留地和房前屋后个人所有的零星林木以外,属于《最高人民法院关于审理破坏森林资源刑事案件具体应用法律若干问题的解释》第5条第1款第(1)项"未经林业行政主管部门及法律规定的其他主管部门批准并核发林木采伐许可证"规定的情形,数量较大的,应当依照刑法第345条第2款的规定,以滥伐林木罪定罪处罚。

6. 最高人民检察院、公安部《关于公安机关管辖的刑事案件立案追诉标准的规定(1)》(公通字〔2008〕36号)第72条、第73条、第74条

(见本条立案追诉标准内容)

第346条 【单位犯破坏环境资源保护罪的处罚规定】单位犯本节第338条至第345条规定之罪的,对单位判处罚金,并对其直接负责的主管人员和其他直接责任人员,依照本节各该条的规定处罚。【污染环境罪(第338条)】【非法处置进口的固体废物罪;擅自进口固体废物罪(第339条)】【非法捕捞水产品罪(第340条)】【危害珍贵、濒危野生动物罪;非法狩猎罪;非法猎捕、收购、运输、出售陆生野生动物罪(第341条)】、【非法占用农用地罪(第342条)】【非法采矿罪;破坏性采矿罪(第343条)】【危害国家重点保护植物罪(第344条)】【盗伐林木罪;滥伐林木罪;非法收购、运输盗伐、滥伐的林木罪(第345条)】

第七节　走私、贩卖、运输、制造毒品罪

走私、贩卖、运输、制造毒品罪,既是本节罪名,也是第347条规定的具体罪名,而具体罪名中还有与吸毒相关的犯罪。本节罪的责任形式为故意。

第347条 【走私、贩卖、运输、制造毒品罪】走私、贩卖、运输、制造毒品,无论数量多少,都应当追究刑事责任,予以刑事处罚。

走私、贩卖、运输、制造毒品,有下列情形之一的,处15年有期徒刑、无期徒刑或者死刑,并处没收财产:

(一)走私、贩卖、运输、制造鸦片1000克以上、海洛因或者甲基苯丙胺50克以上或者其他毒品数量大的;

(二)走私、贩卖、运输、制造毒品集团的首要分子;

(三)武装掩护走私、贩卖、运输、制造毒品的;

(四)以暴力抗拒检查、拘留、逮捕,情节严重的;

(五)参与有组织的国际贩毒活动的。

走私、贩卖、运输、制造鸦片200克以上不满1000克、海洛因或者甲基苯丙胺10克以上不满50克或者其他毒品数量较大的,处7年以上有期徒刑,并处罚金。

走私、贩卖、运输、制造鸦片不满200克、海洛因或者甲基苯丙胺不满10克或者其他少量毒品的,处3年以下有期徒刑、拘役或者管制,并处罚金;情节严重的,处3年以上7年以下有期徒刑,并处罚金。

单位犯第2款、第3款、第4款罪的,对单位判处罚金,并对其直接负责的主管人员和其他直接责任人员,依照各该款的规定处罚。

利用、教唆未成年人走私、贩卖、运输、制造毒品,或者向未成年人出售毒品的,从重处罚。

对多次走私、贩卖、运输、制造毒品,未经处理的,毒品数量累计计算。

• **释义**

走私、贩卖、运输、制造毒品罪是指走私、贩卖、运输、制造毒品的行为。

走私、贩卖、运输、制造毒品,无论数量多少,都应当追究刑事责任,予以刑事处罚。利用、教唆未成年人走私、贩卖、运输、制造毒品,或者向未成年人出售毒品的,从重处罚。

对多次走私、贩卖、运输、制造毒品,未经处理的,毒品数量累计计算。

"走私",是指明知是毒品而非法将其运输、携带、寄递进出国(边)境的行为。直接向走私人非法收购走私进口的毒品,或者在内海、领海、界河、界湖运输、收购、贩卖毒品的行为。

"贩卖",是指明知是毒品而非法销售或者以贩卖为目的而非法收买的行为。

行为人以牟利为目的,为他人代购仅用于吸食、注射的毒品,对代购者处以贩卖毒品罪。不以牟利为目的,为他人代购仅用于吸食、注射的毒品,毒品数量达到数量标准的,对托购者和代购者处以非法持有毒品罪。明知他人实施毒品犯罪而为其居间介绍、代购代卖的,无论是否牟利,都属于相关毒品犯罪的共犯。根据刑法第355条第1款的规定,向走私、贩卖毒品的犯罪分子或者以牟利为目的,向吸食、注射毒品的人提供国家规定管制的能够使人形成瘾癖的麻醉药品、精神药品的,依照走私、贩卖毒品罪定罪处罚。"运输",是指明知是毒品而采用携带、寄递、托运、利用他人或者使用交通工具等方法非法运送毒品的行为。

"制造",是指非法利用毒品原植物直接提炼或者用化学方法加工、配制毒品,或者以改变毒品成分和效用为目的,用混合等物理方法加工、配制毒品的行为。

为了便于隐蔽运输、销售、使用、欺骗购买者,或者为了增重,对毒品掺杂使假,添加或者去除其他非毒品物质,不属于制造毒品的行为。

明知他人制造毒品而为其提供醋酸酐、乙醚、三氯甲烷或者其他用于制造毒品的原料或者配剂的,以制造毒品罪的共犯论处。

走私、贩卖、运输毒品主观故意中的"明知",是指行为人知道或者应当知道所实施的是走私、贩卖、运输毒品行为。有下列情形之一,结合行为人的供述和其他证据综合审查判断,可以认定其"应当知道",但有证据证明确属被蒙骗的除外:

(一)执法人员在口岸、机场、车站、港口、邮局和其他检查站点检查时,要求行为人申报携带、运输、寄递的物品和其他疑似毒品物,并告知其法律责任,而行为人未如实申报,在其携带、运输、寄递的物品中查获毒品的;

(二)以伪报、藏匿、伪装等蒙蔽手段逃避海关、边防等检查,在其携带、运输、寄递的物品中查获毒品的;

(三)执法人员检查时,有逃跑、丢弃携带物品或者逃避、抗拒检查等行为,在其携带、藏匿或者丢弃的物品中查获毒品的;

(四)体内或者贴身隐秘处藏匿毒品的;

(五)为获取不同寻常的高额或者不等值的报酬为他人携带、运输、寄递、收取物品,从中查获毒品的;

(六)采用高度隐蔽的方式携带、运输物品,从中查获毒品的;

(七)采用高度隐蔽的方式交接物品,明显违背合法物品惯常交接方式,从中查获毒品的;

(八)行程路线故意绕开检查站点,在其携带、运输的物品中查获毒品的;

（九）以虚假身份、地址或者其他虚假方式办理托运、寄递手续，在托运、寄递的物品中查获毒品的。

制造毒品主观故意中的“明知”，是指行为人知道或者应当知道所实施的是制造毒品行为。

有下列情形之一，结合行为人的供述和其他证据综合审查判断，可以认定其“应当知道”，但有证据证明确属被蒙骗的除外：

（一）购置了专门用于制造毒品的设备、工具、制毒物品或者配制方案的；

（二）为获取不同寻常的高额或者不等值的报酬为他人制造物品，经检验是毒品的；

（三）在偏远、隐蔽场所制造，或者采取对制造设备进行伪装等方式制造物品，经检验是毒品的；

（四）制造人员在执法人员检查时，有逃跑、抗拒检查等行为，在现场查获制造出的物品，经检验是毒品的。

走私、贩卖、运输、制造毒品罪是选择性罪名，对同一宗毒品实施了两种以上犯罪行为，并有相应确凿证据的，应当按照所实施的犯罪行为的性质并列适用罪名，毒品数量不重复计算。

对同一宗毒品可能实施了两种以上犯罪行为，但相应证据只能认定其中一种或者几种行为，认定其他行为的证据不够确实充分的，只按照依法能够认定的行为的性质适用罪名。

对不同宗毒品分别实施了不同种犯罪行为的，应对不同行为并列适用罪名，累计计算毒品数量。行为主体既可以是自然人，也可以是单位。

• 管辖

公安机关禁毒部门、海关总署缉私局（管辖海关监管区内发生的案件）。

• 立案追诉标准

走私、贩卖、运输、制造毒品，无论数量多少，都应予立案追诉。

本条规定的“走私”是指明知是毒品而非法将其运输、携带、寄递进出国（边）境的行为。直接向走私人非法收购走私进口的毒品，或者在内海、领海、界河、界湖运输、收购、贩卖毒品的，以走私毒品罪立案追诉。

本条规定的“贩卖”是指明知是毒品而非法销售或者以贩卖为目的而非法收买的行为。

有证据证明行为人以牟利为目的，为他人代购仅用于吸食、注射的毒品，对代购者以贩卖毒品罪立案追诉。不以牟利为目的，为他人代购仅用于吸食、注射的毒品，毒品数量达到本规定第 2 条规定的数量标准的，对托购者和代购者以非法持有毒品罪立案追诉。明知他人实施毒品犯罪而为其居间介绍、代购代卖的，无论是否牟利，都应以相关毒品犯罪的共犯立案追诉。

本条规定的“运输”是指明知是毒品而采用携带、寄递、托运、利用他人或者使用交通工具等方法非法运送毒品的行为。

本条规定的“制造”是指非法利用毒品原植物直接提炼或者用化学方法加工、配制毒品，或者以改变毒品成分和效用为目的，用混合等物理方法加工、配制毒品的行为。为了便于隐蔽运输、销售、使用、欺骗购买者，或者为了增重，对毒品掺杂使假，添加或者去除其他非毒品物质，不属于制造毒品的行为。

为了制造毒品而采用生产、加工、提炼等方法非法制造易制毒化学品的，以制造毒品罪（预备）立案追诉。购进制造毒品的设备和原材料，开始着手制造毒品，尚未制造出毒品或者半成品的，以制造毒品罪（未遂）立案追诉。明知他人制造毒品而为其生产、加工、提炼、提供醋酸酐、乙醚、三氯甲烷等制毒物品的,以制造毒品罪的共犯立案追诉。

走私、贩卖、运输毒品主观故意中的“明知”,是指行为人知道或者应当知道所实施的是走私、贩卖、运输毒品行为。具有下列情形之一,结合行为人的供述和其他证据综合审查判断,可以认定其“应当知道”,但有证据证明确属被蒙骗的除外:

(一)执法人员在口岸、机场、车站、港口、邮局和其他检查站点检查时,要求行为人申报携带、运输、寄递的物品和其他疑似毒品物,并告知其法律责任,而行为人未如实申报,在其携带、运输、寄递的物品中查获毒品的;

(二)以伪报、藏匿、伪装等蒙蔽手段逃避海关、边防等检查,在其携带、运输、寄递的物品中查获毒品的;

(三)执法人员检查时,有逃跑、丢弃携带物品或者逃避、抗拒检查等行为,在其携带、藏匿或者丢弃的物品中查获毒品的;

(四)体内或者贴身隐秘处藏匿毒品的;

(五)为获取不同寻常的高额或者不等值的报酬为他人携带、运输、寄递、收取物品,从中查获毒品的;

(六)采用高度隐蔽的方式携带、运输物品,从中查获毒品的;

(七)采用高度隐蔽的方式交接物品,明显违背合法物品惯常交接方式,从中查获毒品的;

(八)行程路线故意绕开检查站点,在其携带、运输的物品中查获毒品的;

(九)以虚假身份、地址或者其他虚假方式办理托运、寄递手续,在托运、寄递的物品中查获毒品的;

(十)有其他证据足以证明行为人应当知道的。

制造毒品主观故意中的“明知”,是指行为人知道或者应当知道所实施的是制造毒品行为。有下列情形之一,结合行为人的供述和其他证据综合审查判断,可以认定其“应当知道”,但有证据证明确属被蒙骗的除外:

(一)购置了专门用于制造毒品的设备、工具、制毒物品或者配制方案的;

(二)为获取不同寻常的高额或者不等值的报酬为他人制造物品,经检验是毒品的;

(三)在偏远、隐蔽场所制造,或者采取对制造设备进行伪装等方式制造物品,经检验是毒品的;

(四)制造人员在执法人员检查时,有逃跑、抗拒检查等行为,在现场查获制造出的物品,经检验是毒品的;

(五)有其他证据足以证明行为人应当知道的。

走私、贩卖、运输、制造毒品罪是选择性罪名,对同一宗毒品实施了两种以上犯罪行为,并有相应确凿证据的,应当按照所实施的犯罪行为的性质并列适用罪名,毒品数量不重复计算。对同一宗毒品可能实施了两种以上犯罪行为,但相应证据只能认定其中一种或者几种行为,认定其他行为的证据不够确实充分的,只按照依法能够认定的行为的性质适用罪名。对不同宗毒品分别实施了不同种犯罪行为的,应对不同行为并列适用罪名,累计计算毒品数量。

本规定中的毒品是指鸦片、海洛因、甲基苯丙胺(冰毒)、吗啡、大麻、可卡因以及国家规定管制的其他能够使人形成瘾癖的麻醉药品和精神药品。具体品种以国家食品药品监督管理局、公安部、卫生部发布的《麻醉药品品种目录》、《精神药品品种目录》为依据。

本规定中的“制毒物品”是指刑法第 350 条第 1 款规定的醋酸酐、乙醚、三氯甲烷或者其他用于制造毒品的原料或者配剂,具体品种范围按照国家关于易制毒化学品管理的规定确定。

本规定中未明确立案追诉标准的毒品,有条件折算为海洛因的,参照有关麻醉药品和精神药品折算标准进行折算。

本规定中的立案追诉标准,除法律、司法解释另有规定的以外,适用于相关的单位犯罪。

本规定中的"以上",包括本数。

本规定自印发之日起施行。

• 关联法律

1. 全国人民代表大会常务委员会《关于禁毒的决定》(1990年12月28日第七届全国人大常委会第十七次会议通过)

《中华人民共和国禁毒法》(第71条　本法自2008年6月1日起施行。《全国人民代表大会常务委员会关于禁毒的决定》同时废止)

2. 最高人民检察院《关于贩卖假毒品案件如何定性问题的批复》(高检发研字〔1991〕2号)

被最高人民检察院《关于废止1980年1月1日至1997年6月30日期间制发的部分司法解释和司法解释性质文件的决定》(高检发释字〔2013〕1号)废止。

3. 最高人民法院《关于执行〈全国人民代表大会常务委员会关于禁毒的决定〉的若干问题的解释》(法发〔1994〕30号)

被最高人民法院《关于废止1980年1月1日至1997年6月30日期间发布的部分司法解释和司法解释性质文件(第9批)的决定》(法释〔2013〕2号)废止。

4. 最高人民法院《关于办理毒品刑事案件适用法律几个问题的答复》(法函〔1995〕140号)

被最高人民法院《关于废止1980年1月1日至1997年6月30日期间发布的部分司法解释和司法解释性质文件(第9批)的决定》(法释〔2013〕2号)废止。

5. 最高人民法院《关于审理毒品案件定罪量刑标准有关问题的解释》(法释〔2000〕13号)

(法释〔2016〕8号已声明本文件废止)

6. 最高人民法院《关于印发全国法院审理毒品犯罪案件工作座谈会纪要的通知》(法〔2000〕42号)

(法释〔2013〕7号已声明本文废止)

7. 最高人民检察院法律政策研究室《关于安定注射液是否属于刑法第355条规定的精神药品问题的答复》(〔2002〕高检研发第23号)

福建省人民检察院研究室:你院《关于安定注射液是否属于〈刑法〉第355条规定的精神药品的请示》(闽检〔2001〕6号)收悉。经研究并征求有关部门意见,答复如下:

根据《精神药品管理办法》等国家有关规定,"能够使人形成瘾癖"的精神药品,是指使用后能使人的中枢神经系统兴奋或者抑制连续使用能使人产生依赖性的药品。安定注射液属于刑法第355条第1款规定的"国家规定管制的能够使人形成瘾癖的"精神药品。鉴于安定注射液属于《精神药品管理办法》规定的第2类精神药品,医疗实践中使用较多,在处理此类案件时,应当慎重掌握罪与非罪的界限。对于明知他人是吸毒人员而多次向其出售安定注射液,或者贩卖安定注射液数量较大的,可以依法追究行为人的刑事责任。

8. 最高人民法院、最高人民检察院、海关总署《关于办理走私刑事案件适用法律若干问题的意见》(法〔2002〕139号)

(详见本书《刑法》第151条相关内容)

9. 公安部《关于认定海洛因有关问题的批复》(公禁毒〔2002〕236号)

甘肃省公安厅:你厅《关于海洛因认定问题的请示》(甘公禁〔2002〕27号)收悉。现批复如下：

一、海洛因是以“二乙酰吗啡”或“盐酸二乙酰吗啡”为主要成分的化学合成的精制鸦片类毒品，“单乙酰吗啡”和“单乙酰可待因”是只有在化学合成海洛因过程中才会衍生的化学物质，属于同一种类的精制鸦片类毒品。海洛因在运输、贮存过程中，因湿度、光照等因素的影响，会出现“二乙酰吗啡”自然降解为“单乙酰吗啡”的现象，即“二乙酰吗啡”含量呈下降趋势，“单乙酰吗啡”含量呈上升趋势，甚至出现只检出“单乙酰吗啡”成分而未检出“二乙酰吗啡”成分的检验结果。因此，不论是否检出“二乙酰吗啡”成分，只要检出“单乙酰吗啡”或“单乙酰吗啡和单乙酰可待因”的，根据化验部门出具的检验报告，均应当认定送检样品为海洛因。

二、根据海洛因的毒理作用，海洛因进入吸毒者的体内代谢后，很快由“二乙酰吗啡”转化为“单乙酰吗啡”，然后再代谢为吗啡。在海洛因滥用者或中毒者的尿液或其他检材检验中，只能检出少量“单乙酰吗啡”及吗啡成分，无法检出“二乙酰吗啡”成分。因此，在尿液及其他检材中，只要检验出“单乙酰吗啡”，即证明涉嫌人员服用了海洛因。

10. 公安部禁毒局《关于非法制造贩卖安钠咖立案问题的答复》(公禁毒〔2002〕434号)

安钠咖属于刑法规定的毒品。根据刑法第347条第1款的规定，贩卖、制造毒品，无论数量多少，都应当追究刑事责任，予以刑事处罚。因此，对于非法制造、贩卖安钠咖的，不论查获的数量多少，公安机关都应当按照非法制造、贩卖毒品罪立案侦查。

11. 最高人民法院《关于审理抢劫、抢夺刑事案件适用法律若干问题的意见》(法发〔2005〕8号)

(详见本书《刑法》第263条相关内容)

12. 最高人民法院《关于审理走私刑事案件具体应用法律若干问题的解释(2)》(法释〔2006〕9号)

(法释〔2014〕10号已声明该文废止)

13. 最高人民法院、最高人民检察院、公安部《办理毒品犯罪案件适用法律若干问题的意见》(公通字〔2007〕84号)

一、关于毒品犯罪案件的管辖问题

根据刑事诉讼法的规定，毒品犯罪案件的地域管辖，应当坚持以犯罪地管辖为主、被告人居住地管辖为辅的原则。

“犯罪地”包括犯罪预谋地，毒资筹集地，交易进行地，毒品生产地，毒资、毒赃和毒品的藏匿地、转移地，走私或者贩运毒品的目的地以及犯罪嫌疑人被抓获地等。

“被告人居住地”包括被告人常住地、户籍地及其临时居住地。

对怀孕、哺乳期妇女走私、贩卖、运输毒品案件，查获地公安机关认为移交其居住地管辖更有利于采取强制措施和查清犯罪事实的，可以报请共同的上级公安机关批准，移送犯罪嫌疑人居住地公安机关办理，查获地公安机关应继续配合。

公安机关对侦办跨区域毒品犯罪案件的管辖权有争议的，应本着有利于查清犯罪事实，有利于诉讼，有利于保障案件侦查安全的原则，认真协商解决。经协商无法达成一致的，报共同的上级公安机关指定管辖。对即将侦查终结的跨省(自治区、直辖市)重大毒品案件，必要时可由公安部商最高人民法院和最高人民检察院指定管辖。

为保证及时结案，避免超期羁押，人民检察院对于公安机关移送审查起诉的案件，人民法院对于已进入审判程序的案件，被告人及其辩护人提出管辖异议或者办案单位发现没有管辖权的，受案人民检察院、人民法院经审可以依法报请上级人民检察院、人民法院指定管辖，不再自行移送有管辖权的人民检察院、人民法院。

二、关于毒品犯罪嫌疑人、被告人主观明知的认定问题

走私、贩卖、运输、非法持有毒品主观故意中的"明知",是指行为人知道或者应当知道所实施的行为是走私、贩卖、运输、非法持有毒品行为。具有下列情形之一,并且犯罪嫌疑人、被告人不能做出合理解释的,可以认定其"应当知道",但有证据证明确属被蒙骗的除外:

(一)执法人员在口岸、机场、车站、港口和其他检查站检查时,要求行为人申报为他人携带的物品和其他疑似毒品物,并告知其法律责任,而行为人未如实申报,在其所携带的物品内查获毒品的;(二)以伪报、藏匿、伪装等蒙蔽手段逃避海关、边防等检查,在其携带、运输、邮寄的物品中查获毒品的;(三)执法人员检查时,有逃跑、丢弃携带物品或逃避、抗拒检查等行为,在其携带或丢弃的物品中查获毒品的;(四)体内藏匿毒品的;(五)为获取不同寻常的高额或不等值的报酬而携带、运输毒品的;(六)采用高度隐蔽的方式携带、运输毒品的;(七)采用高度隐蔽的方式交接毒品,明显违背合法物品惯常交接方式的;(八)其他有证据足以证明行为人应当知道的。

三、关于办理氯胺酮等毒品案件定罪量刑标准问题(该部分应以2016年4月6日最高人民法院《关于审理毒品犯罪案件适用法律若干问题的解释》为准)

(一)走私、贩卖、运输、制造、非法持有下列毒品,应当认定为刑法第347条第2款第(1)项、第348条规定的"其他毒品数量大":

1.二亚甲基双氧安非他明(MDMA)等苯丙胺类毒品(甲基苯丙胺除外)100克以上;2.氯胺酮、美沙酮1千克以上;3.三唑仑、安眠酮50千克以上;4.氯氮卓、艾司唑仑、地西泮、溴西泮500千克以上;5.上述毒品以外的其他毒品数量大的。

(二)走私、贩卖、运输、制造、非法持有下列毒品,应当认定为刑法第347条第3款、第348条规定的"其他毒品数量较大":

1.二亚甲基双氧安非他明(MDMA)等苯丙胺类毒品(甲基苯丙胺除外)20克以上不满100克的;2.氯胺酮、美沙酮200克以上不满1千克的;3.三唑仑、安眠酮10千克以上不满50千克的;4.氯氮卓、艾司唑仑、地西泮、溴西泮100千克以上不满500千克的;5.上述毒品以外的其他毒品数量较大的。

(三)走私、贩卖、运输、制造下列毒品,应当认定为刑法第347条第4款规定的"其他少量毒品":

1.二亚甲基双氧安非他明(MDMA)等苯丙胺类毒品(甲基苯丙胺除外)不满20克的;2.氯胺酮、美沙酮不满200克的;3.三唑仑、安眠酮不满10千克的;4.氯氮卓、艾司唑仑、地西泮、溴西泮不满100千克的;5.上述毒品以外的其他少量毒品的。

(四)上述毒品品种包括其盐和制剂。毒品鉴定结论中毒品品名的认定应当以国家食品药品监督管理局、公安部、卫生部最新发布的《麻醉药品品种目录》、《精神药品品种目录》为依据。

四、关于死刑案件的毒品含量鉴定问题

可能判处死刑的毒品犯罪案件,毒品鉴定结论中应有含量鉴定的结论。

14.《中华人民共和国禁毒法》(2007年12月29日第十届全国人大常委会第三十一次会议通过)

第19条 国家对麻醉药品药用原植物种植实行管制。禁止非法种植罂粟、古柯植物、大麻植物以及国家规定管制的可以用于提炼加工毒品的其他原植物。禁止走私或者非法买卖、运输、携带、持有未经灭活的毒品原植物种子或者幼苗。

地方各级人民政府发现非法种植毒品原植物的,应当立即采取措施予以制止、铲除。村民委员会、居民委员会发现非法种植毒品原植物的,应当及时予以制止、铲除,并向当地公安机关报告。

第20条 国家确定的麻醉药品药用原植物种植企业,必须按照国家有关规定种植麻醉药品药用原植物。

国家确定的麻醉药品药用原植物种植企业的提取加工场所,以及国家设立的麻醉药品储存仓库,列为国家重点警戒目标。

未经许可,擅自进入国家确定的麻醉药品药用原植物种植企业的提取加工场所或者国家设立的麻醉药品储存仓库等警戒区域的,由警戒人员责令其立即离开;拒不离开的,强行带离现场。

第21条 国家对麻醉药品和精神药品实行管制,对麻醉药品和精神药品的实验研究、生产、经营、使用、储存、运输实行许可和查验制度。

国家对易制毒化学品的生产、经营、购买、运输实行许可制度。

禁止非法生产、买卖、运输、储存、提供、持有、使用麻醉药品、精神药品和易制毒化学品。

第22条 国家对麻醉药品、精神药品和易制毒化学品的进口、出口实行许可制度。国务院有关部门应当按照规定的职责,对进口、出口麻醉药品、精神药品和易制毒化学品依法进行管理。禁止走私麻醉药品、精神药品和易制毒化学品。

第23条 发生麻醉药品、精神药品和易制毒化学品被盗、被抢、丢失或者其他流入非法渠道的情形,案发单位应当立即采取必要的控制措施,并立即向公安机关报告,同时依照规定向有关主管部门报告。

公安机关接到报告后,或者有证据证明麻醉药品、精神药品和易制毒化学品可能流入非法渠道的,应当及时开展调查,并可以对相关单位采取必要的控制措施。药品监督管理部门、卫生行政部门以及其他有关部门应当配合公安机关开展工作。

第24条 禁止非法传授麻醉药品、精神药品和易制毒化学品的制造方法。公安机关接到举报或者发现非法传授麻醉药品、精神药品和易制毒化学品制造方法的,应当及时依法查处。

第25条 麻醉药品、精神药品和易制毒化学品管理的具体办法,由国务院规定。

第26条 公安机关根据查缉毒品的需要,可以在边境地区、交通要道、口岸以及飞机场、火车站、长途汽车站、码头对来往人员、物品、货物以及交通工具进行毒品和易制毒化学品检查,民航、铁路、交通部门应当予以配合。

海关应当依法加强对进出口岸的人员、物品、货物和运输工具的检查,防止走私毒品和易制毒化学品。

邮政企业应当依法加强对邮件的检查,防止邮寄毒品和非法邮寄易制毒化学品。

第27条 娱乐场所应当建立巡查制度,发现娱乐场所内有毒品违法犯罪活动的,应当立即向公安机关报告。

第28条 对依法查获的毒品,吸食、注射毒品的用具,毒品违法犯罪的非法所得及其收益,以及直接用于实施毒品违法犯罪行为的本人所有的工具、设备、资金,应当收缴,依照规定处理。

第29条 反洗钱行政主管部门应当依法加强对可疑毒品犯罪资金的监测。反洗钱行政主管部门和其他依法负有反洗钱监督管理职责的部门、机构发现涉嫌毒品犯罪的资金流动情况,应当及时向侦查机关报告,并配合侦查机关做好侦查、调查工作。

第30条 国家建立健全毒品监测和禁毒信息系统,开展毒品监测和禁毒信息的收集、分析、使用、交流工作。

第31条 国家采取各种措施帮助吸毒人员戒除毒瘾,教育和挽救吸毒人员。

吸毒成瘾人员应当进行戒毒治疗。

吸毒成瘾的认定办法,由国务院卫生行政部门、药品监督管理部门、公安部门规定。

第32条 公安机关可以对涉嫌吸毒的人员进行必要的检测,被检测人员应当予以配合;对拒绝接受检测的,经县级以上人民政府公安机关或者其派出机构负责人批准,可以强制检测。

公安机关应当对吸毒人员进行登记。

第33条 对吸毒成瘾人员,公安机关可以责令其接受社区戒毒,同时通知吸毒人员户籍所在地或者现居住地的城市街道办事处、乡镇人民政府。社区戒毒的期限为3年。

戒毒人员应当在户籍所在地接受社区戒毒;在户籍所在地以外的现居住地有固定住所的,可以在现居住地接受社区戒毒。

第34条 城市街道办事处、乡镇人民政府负责社区戒毒工作。城市街道办事处、乡镇人民政府可以指定有关基层组织,根据戒毒人员本人和家庭情况,与戒毒人员签订社区戒毒协议,落实有针对性的社区戒毒措施。公安机关和司法行政、卫生行政、民政等部门应当对社区戒毒工作提供指导和协助。

城市街道办事处、乡镇人民政府,以及县级人民政府劳动行政部门对无职业且缺乏就业能力的戒毒人员,应当提供必要的职业技能培训、就业指导和就业援助。

第39条 怀孕或者正在哺乳自己不满1周岁婴儿的妇女吸毒成瘾的,不适用强制隔离戒毒。不满16周岁的未成年人吸毒成瘾的,可以不适用强制隔离戒毒。

对依照前款规定不适用强制隔离戒毒的吸毒成瘾人员,依照本法规定进行社区戒毒,由负责社区戒毒工作的城市街道办事处、乡镇人民政府加强帮助、教育和监督,督促落实社区戒毒措施。

第40条 公安机关对吸毒成瘾人员决定予以强制隔离戒毒的,应当制作强制隔离戒毒决定书,在执行强制隔离戒毒前送达被决定人,并在送达后24小时以内通知被决定人的家属、所在单位和户籍所在地公安派出所;被决定人不讲真实姓名、住址,身份不明的,公安机关应当自查清其身份后通知。

被决定人对公安机关作出的强制隔离戒毒决定不服的,可以依法申请行政复议或者提起行政诉讼。

第47条 强制隔离戒毒的期限为2年。

执行强制隔离戒毒1年后,经诊断评估,对于戒毒情况良好的戒毒人员,强制隔离戒毒场所可以提出提前解除强制隔离戒毒的意见,报强制隔离戒毒的决定机关批准。

强制隔离戒毒期满前,经诊断评估,对于需要延长戒毒期限的戒毒人员,由强制隔离戒毒场所提出延长戒毒期限的意见,报强制隔离戒毒的决定机关批准。强制隔离戒毒的期限最长可以延长1年。

第48条 对于被解除强制隔离戒毒的人员,强制隔离戒毒的决定机关可以责令其接受不超过3年的社区康复。

社区康复参照本法关于社区戒毒的规定实施。

第59条 有下列行为之一,构成犯罪的,依法追究刑事责任;尚不构成犯罪的,依法给予治安管理处罚:

(一)走私、贩卖、运输、制造毒品的;(二)非法持有毒品的;(三)非法种植毒品原植物的;(四)非法买卖、运输、携带、持有未经灭活的毒品原植物种子或者幼苗的;(五)非法传授麻醉药品、精神药品或者易制毒化学品制造方法的;(六)强迫、引诱、教唆、欺骗他人吸食、注射毒品的;(七)向他人提供毒品的。

第60条 有下列行为之一,构成犯罪的,依法追究刑事责任;尚不构成犯罪的,依法给予治安管理处罚:

(一)包庇走私、贩卖、运输、制造毒品的犯罪分子,以及为犯罪分子窝藏、转移、隐瞒毒品或者犯罪所得财物的;(二)在公安机关查处毒品违法犯罪活动时为违法犯罪行为人通风报信的;(三)阻碍依法进行毒品检查的;(四)隐藏、转移、变卖或者损毁司法机关、行政执法机关依法扣押、查封、冻结的涉及毒品违法犯罪活动的财物的。

第61条 容留他人吸食、注射毒品或者介绍买卖毒品,构成犯罪的,依法追究刑事责任;尚不构成犯罪的,由公安机关处10日以上15日以下拘留,可以并处3000元以下罚款;情节较轻的,处5日以下拘留或者500元以下罚款。

第62条 吸食、注射毒品的,依法给予治安管理处罚。吸毒人员主动到公安机关登记或者到有资质的医疗机构接受戒毒治疗的,不予处罚。

第63条 在麻醉药品、精神药品的实验研究、生产、经营、使用、储存、运输、进口、出口以及麻醉药品药用原植物种植活动中,违反国家规定,致使麻醉药品、精神药品或者麻醉药品药用原植物流入非法渠道,构成犯罪的,依法追究刑事责任;尚不构成犯罪的,依照有关法律、行政法规的规定给予处罚。

第64条 在易制毒化学品的生产、经营、购买、运输或者进口、出口活动中,违反国家规定,致使易制毒化学品流入非法渠道,构成犯罪的,依法追究刑事责任;尚不构成犯罪的,依照有关法律、行政法规的规定给予处罚。

第65条 娱乐场所及其从业人员实施毒品违法犯罪行为,或者为进入娱乐场所的人员实施毒品违法犯罪行为提供条件,构成犯罪的,依法追究刑事责任;尚不构成犯罪的,依照有关法律、行政法规的规定给予处罚。

娱乐场所经营管理人员明知场所内发生聚众吸食、注射毒品或者贩毒活动,不向公安机关报告的,依照前款的规定给予处罚。

第66条 未经批准,擅自从事戒毒治疗业务的,由卫生行政部门责令停止违法业务活动,没收违法所得和使用的药品、医疗器械等物品;构成犯罪的,依法追究刑事责任。

第67条 戒毒医疗机构发现接受戒毒治疗的戒毒人员在治疗期间吸食、注射毒品,不向公安机关报告的,由卫生行政部门责令改正;情节严重的,责令停业整顿。

第68条 强制隔离戒毒场所、医疗机构、医师违反规定使用麻醉药品、精神药品,构成犯罪的,依法追究刑事责任;尚不构成犯罪的,依照有关法律、行政法规的规定给予处罚。

第69条 公安机关、司法行政部门或者其他有关主管部门的工作人员在禁毒工作中有下列行为之一,构成犯罪的,依法追究刑事责任;尚不构成犯罪的,依法给予处分:

(一)包庇、纵容毒品违法犯罪人员的;(二)对戒毒人员有体罚、虐待、侮辱等行为的;(三)挪用、截留、克扣禁毒经费的;(四)擅自处分查获的毒品和扣押、查封、冻结的涉及毒品违法犯罪活动的财物的。(全文略)

15. 最高人民法院《关于全国部分法院审理毒品犯罪案件工作座谈会纪要的通知》(法〔2008〕324号)

近年来,全国法院认真贯彻落实国家禁毒法律和政策,始终把打击毒品犯罪作为刑事审判工作的一项重要任务,依法严惩了一大批毒品犯罪分子,为净化社会环境,保护公民身心健康,维护社会和谐稳定作出了重要贡献。但是,由于国际国内各方面因素的影响,我国的禁毒形势仍然十分严峻。人民法院一定要从民族兴衰和国家安危的高度,深刻认识惩治毒品犯罪的极端重要性和紧迫性,认真贯彻执行刑法、刑事诉讼法和禁毒法的有关规定,坚持“预防为主,综合治理,禁种、禁制、禁贩、禁吸并举”的禁毒工作方针,贯彻宽严相济的刑事政策,充分发挥刑事审判职能,严厉打击严重毒品犯罪,积极参与禁毒人民战争和综合治理工作,有效遏制毒品犯罪发展蔓延的势头。

为了进一步加强毒品犯罪案件的审判工作,依法惩治毒品犯罪,最高人民法院于2008年9月23日至24日在辽宁省大连市召开了全国部分法院审理毒品犯罪案件工作座谈会。最高人民法院张军副院长出席座谈会并作讲话。座谈会在2000年在南宁市召开的"全国法院审理毒品犯罪案件工作座谈会"及其会议纪要、2004年在佛山市召开的"全国法院刑事审判工作座谈会"和2007年在南京市召开的"全国部分法院刑事审判工作座谈会"精神的基础上,根据最高人民法院统一行使死刑案件核准权后毒品犯罪法律适用出现的新情况,适应审理毒品案件尤其是毒品死刑案件的需要,对最高人民法院"关于全国法院审理毒品犯罪案件工作座谈会纪要"(即"南宁会议纪要")、有关会议领导讲话和有关审理毒品犯罪案件规范性文件的相关内容进行了系统整理和归纳完善,同时认真总结了近年来全国法院审理毒品犯罪案件的经验,研究分析了审理毒品犯罪案件中遇到的新情况、新问题,对人民法院审理毒品犯罪案件尤其是毒品死刑案件具体应用法律的有关问题取得了共识。现纪要如下:

一、毒品案件的罪名确定和数量认定问题

刑法第347条规定的走私、贩卖、运输、制造毒品罪是选择性罪名,对同一宗毒品实施了两种以上犯罪行为并有相应确凿证据的,应当按照所实施的犯罪行为的性质并列确定罪名,毒品数量不重复计算,不实行数罪并罚。对同一宗毒品可能实施了两种以上犯罪行为,但相应证据只能认定其中一种或者几种行为,认定其他行为的证据不够确实充分的,则只按照依法能够认定的行为的性质定罪。如涉嫌为贩卖而运输毒品,认定贩卖的证据不够确实充分的,则只定运输毒品罪。对不同宗毒品分别实施了不同种犯罪行为的,应对不同行为并列确定罪名,累计毒品数量,不实行数罪并罚。对被告人1人走私、贩卖、运输、制造两种以上毒品的,不实行数罪并罚,量刑时可综合考虑毒品的种类、数量及危害,依法处理。

罪名不以行为实施的先后、毒品数量或者危害大小排列,一律以刑法条文规定的顺序表述。如对同一宗毒品制造后又走私的,以走私、制造毒品罪定罪。下级法院在判决中确定罪名不准确的,上级法院可以减少选择性罪名中的部分罪名或者改动罪名顺序,在不加重原判刑罚的情况下,也可以改变罪名,但不得增加罪名。

对于吸毒者实施的毒品犯罪,在认定犯罪事实和确定罪名时要慎重。吸毒者在购买、运输、存储毒品过程中被查获的,如没有证据证明其是为了实施贩卖等其他毒品犯罪行为,毒品数量未超过刑法第348条规定的最低数量标准的,一般不定罪处罚;查获毒品数量达到较大以上的,应以其实际实施的毒品犯罪行为定罪处罚。

对于以贩养吸的被告人,其被查获的毒品数量应认定为其犯罪的数量,但量刑时应考虑被告人吸食毒品的情节,酌情处理;被告人购买了一定数量的毒品后,部分已被其吸食的,应当按能够证明的贩卖数量及查获的毒品数量认定其贩毒的数量,已被吸食部分不计入在内。

有证据证明行为人不以牟利为目的,为他人代购仅用于吸食的毒品,毒品数量超过刑法第348条规定的最低数量标准的,对托购者、代购者应以非法持有毒品罪定罪。代购者从中牟利,变相加价贩卖毒品的,对代购者应以贩卖毒品罪定罪。明知他人实施毒品犯罪而为其居间介绍、代购代卖的,无论是否牟利,都应以相关毒品犯罪的共犯论处。

盗窃、抢夺、抢劫毒品的,应当分别以盗窃罪、抢夺罪或者抢劫罪定罪,但不计犯罪数额,根据情节轻重予以定罪量刑。盗窃、抢夺、抢劫毒品后又实施其他毒品犯罪的,对盗窃罪、抢夺罪、抢劫罪和所犯的具体毒品犯罪分别定罪,依法数罪并罚。走私毒品,又走私其他物品构成犯罪的,以走私毒品罪和其所犯的其他走私罪分别定罪,依法数罪并罚。

二、毒品犯罪的死刑适用问题

审理毒品犯罪案件,应当切实贯彻宽严相济的刑事政策,突出毒品犯罪的打击重点。必须依法严惩毒枭、职业毒犯、再犯、累犯、惯犯、主犯等主观恶性深、人身危险性大、危害严重的毒品犯罪分子,以及具有将毒品走私入境,多次、大量或者向多人贩卖,诱使多人吸毒,武装掩护、暴力抗拒检查、拘留或者逮捕,或者参与有组织的国际贩毒活动等情节的毒品犯罪分子。对其中罪行极其严重依法应当判处死刑的,必须坚决依法判处死刑。

毒品数量是毒品犯罪案件量刑的重要情节,但不是唯一情节。对被告人量刑时,特别是在考虑是否适用死刑时,应当综合考虑毒品数量、犯罪情节、危害后果、被告人的主观恶性、人身危险性以及当地禁毒形势等各种因素,做到区别对待。近期,审理毒品犯罪案件掌握的死刑数量标准,应当结合本地毒品犯罪的实际情况和依法惩治、预防毒品犯罪的需要,并参照最高人民法院复核的毒品死刑案件的典型案例,恰当把握。量刑既不能只片面考虑毒品数量,不考虑犯罪的其他情节,也不能只片面考虑其他情节,而忽视毒品数量。

对虽然已达到实际掌握的判处死刑的毒品数量标准,但是具有法定、酌定从宽处罚情节的被告人,可以不判处死刑;反之,对毒品数量接近实际掌握的判处死刑的数量标准,但具有从重处罚情节的被告人,也可以判处死刑。毒品数量达到实际掌握的死刑数量标准,既有从重处罚情节,又有从宽处罚情节的,应当综合考虑各方面因素决定刑罚,判处死刑立即执行应当慎重。

具有下列情形之一的,可以判处被告人死刑:

(1)具有毒品犯罪集团首要分子、武装掩护毒品犯罪、暴力抗拒检查、拘留或者逮捕、参与有组织的国际贩毒活动等严重情节的;(2)毒品数量达到实际掌握的死刑数量标准,并具有毒品再犯、累犯,利用、教唆未成年人走私、贩卖、运输、制造毒品,或者向未成年人出售毒品等法定从重处罚情节的;(3)毒品数量达到实际掌握的死刑数量标准,并具有多次走私、贩卖、运输、制造毒品,向多人贩毒,在毒品犯罪中诱使、容留多人吸毒,在戒毒监管场所贩毒,国家工作人员利用职务便利实施毒品犯罪,或者职业犯、惯犯、主犯等情节的;(4)毒品数量达到实际掌握的死刑数量标准,并具有其他从重处罚情节的;(5)毒品数量超过实际掌握的死刑数量标准,且没有法定、酌定从轻处罚情节的。

毒品数量达到实际掌握的死刑数量标准,具有下列情形之一的,可以不判处被告人死刑立即执行:

(1)具有自首、立功等法定从宽处罚情节的;(2)已查获的毒品数量未达到实际掌握的死刑数量标准,到案后坦白尚未被司法机关掌握的其他毒品犯罪,累计数量超过实际掌握的死刑数量标准的;(3)经鉴定毒品含量极低,掺假之后的数量才达到实际掌握的死刑数量标准的,或者有证据表明可能大量掺假但因故不能鉴定的;(4)因特情引诱毒品数量才达到实际掌握的死刑数量标准的;(5)以贩养吸的被告人,被查获的毒品数量刚达到实际掌握的死刑数量标准的;(6)毒品数量刚达到实际掌握的死刑数量标准,确属初次犯罪即被查获,未造成严重危害后果的;(7)共同犯罪毒品数量刚达到实际掌握的死刑数量标准,但各共同犯罪人作用相当,或者责任大小难以区分的;(8)家庭成员共同实施毒品犯罪,其中起主要作用的被告人已被判处死刑立即执行,其他被告人罪行相对较轻的;(9)其他不是必须判处死刑立即执行的。

有些毒品犯罪案件,往往由于毒品、毒资等证据已不存在,导致审查证据和认定事实困难。在处理这类案件时,只有被告人的口供与同案其他被告人供述吻合,并且完全排除诱供、逼供、串供等情形,被告人的口供与同案被告人的供述才可以作为定案的证据。仅有被告人口供与同案被告人供述作为定案证据的,对被告人判处死刑立即执行要特别慎重。

三、运输毒品罪的刑罚适用问题

对于运输毒品犯罪，要注意重点打击指使、雇佣他人运输毒品的犯罪分子和接应、接货的毒品所有者、买家或者卖家。对于运输毒品犯罪集团首要分子，组织、指使、雇佣他人运输毒品的主犯或者毒枭、职业毒犯、毒品再犯，以及具有武装掩护、暴力抗拒检查、拘留或者逮捕、参与有组织的国际毒品犯罪、以运输毒品为业、多次运输毒品或者其他严重情节的，应当按照刑法、有关司法解释和司法实践实际掌握的数量标准，从严惩处，依法应判处死刑的必须坚决判处死刑。

毒品犯罪中，单纯的运输毒品行为具有从属性、辅助性特点，且情况复杂多样。部分涉案人员系受指使、雇佣的贫民、边民或者无业人员，只是为了赚取少量运费而为他人运输毒品，他们不是毒品的所有者、买家或者卖家，与幕后的组织、指使、雇佣者相比，在整个毒品犯罪环节中处于从属、辅助和被支配地位，所起作用和主观恶性相对较小，社会危害性也相对较小。因此，对于运输毒品犯罪中的这部分人员，在量刑标准的把握上，应当与走私、贩卖、制造毒品和前述具有严重情节的运输毒品犯罪分子有所区别，不应单纯以涉案毒品数量的大小决定刑罚适用的轻重。

对有证据证明被告人确属受人指使、雇佣参与运输毒品犯罪，又系初犯、偶犯的，可以从轻处罚，即使毒品数量超过实际掌握的死刑数量标准，也可以不判处死刑立即执行。

毒品数量超过实际掌握的死刑数量标准，不能证明被告人系受人指使、雇佣参与运输毒品犯罪的，可以依法判处重刑直至死刑。

涉嫌为贩卖而自行运输毒品，由于认定贩卖毒品的证据不足，因而认定为运输毒品罪的，不同于单纯的受指使为他人运输毒品行为，其量刑标准应当与单纯的运输毒品行为有所区别。

四、制造毒品的认定与处罚问题

鉴于毒品犯罪分子制造毒品的手段复杂多样、不断翻新，采用物理方法加工、配制毒品的情况大量出现，有必要进一步准确界定制造毒品的行为、方法。制造毒品不仅包括非法用毒品原植物直接提炼和用化学方法加工、配制毒品的行为，也包括以改变毒品成分和效用为目的，用混合等物理方法加工、配制毒品的行为，如将甲基苯丙胺或者其他苯丙胺类毒品与其他毒品混合成麻古或者摇头丸。为便于隐蔽运输、销售、使用、欺骗购买者，或者为了增重，对毒品掺杂使假，添加或者去除其他非毒品物质，不属于制造毒品的行为。

已经制成毒品，达到实际掌握的死刑数量标准的，可以判处死刑；数量特别巨大的，应当判处死刑。已经制造出粗制毒品或者半成品的，以制造毒品罪的既遂论处。购进制造毒品的设备和原材料，开始着手制造毒品，但尚未制造出粗制毒品或者半成品的，以制造毒品罪的未遂论处。

五、毒品含量鉴定和混合型、新类型毒品案件处理问题

鉴于大量掺假毒品和成分复杂的新类型毒品不断出现，为做到罪刑相当、罚当其罪，保证毒品案件的审判质量，并考虑目前毒品鉴定的条件和现状，对可能判处被告人死刑的毒品犯罪案件，应当根据最高人民法院、最高人民检察院、公安部2007年12月颁布的《办理毒品犯罪案件适用法律若干问题的意见》，作出毒品含量鉴定；对涉案毒品可能大量掺假或者系成分复杂的新类型毒品的，亦应当作出毒品含量鉴定。

对于含有2种以上毒品成分的毒品混合物，应进一步作成分鉴定，确定所含的不同毒品成分及比例。对于毒品中含有海洛因、甲基苯丙胺的，应以海洛因、甲基苯丙胺分别确定其毒品种类；不含海洛因、甲基苯丙胺的，应以其中毒性较大的毒品成分确定其毒品种类；如果毒性相当或者难以确定毒性大小的，以其中比例较大的毒品成分确定其毒品种类，并在量刑时综合考虑其他毒品成分、含量和全案所涉毒品数量。对于刑法、司法解释等已规定了量刑数量标准的毒品,按照刑法、司法解释等规定适用刑罚;对于刑法、司法解释等没有规定量刑数量标准的毒品,有条件折算为海洛因的,参照国家食品药品监督管理局制定的《非法药物折算表》,折算成海洛因的数量后适用刑罚。

对于国家管制的精神药品和麻醉药品,刑法、司法解释等尚未明确规定量刑数量标准,也不具备折算条件的,应由有关专业部门确定涉案毒品毒效的大小、有毒成分的多少、吸毒者对该毒品的依赖程度,综合考虑其致瘾癖性、戒断性、社会危害性等依法量刑。因条件限制不能确定的,可以参考涉案毒品非法交易的价格因素等,决定对被告人适用的刑罚,但一般不宜判处死刑立即执行。

六、特情介入案件的处理问题

运用特情侦破毒品案件,是依法打击毒品犯罪的有效手段。对特情介入侦破的毒品案件,要区别不同情形予以分别处理。

对已持有毒品待售或者有证据证明已准备实施大宗毒品犯罪者,采取特情贴靠、接洽而破获的案件,不存在犯罪引诱,应当依法处理。

行为人本没有实施毒品犯罪的主观意图,而是在特情诱惑和促成下形成犯意,进而实施毒品犯罪的,属于"犯意引诱"。对因"犯意引诱"实施毒品犯罪的被告人,根据罪刑相适应原则,应当依法从轻处罚,无论涉案毒品数量多大,都不应判处死刑立即执行。行为人在特情既为其安排上线,又提供下线的双重引诱,即"双套引诱"下实施毒品犯罪的,处刑时可予以更大幅度的从宽处罚或者依法免予刑事处罚。

行为人本来只有实施数量较小的毒品犯罪的故意,在特情引诱下实施了数量较大甚至达到实际掌握的死刑数量标准的毒品犯罪的,属于"数量引诱"。对因"数量引诱"实施毒品犯罪的被告人,应当依法从轻处罚,即使毒品数量超过实际掌握的死刑数量标准,一般也不判处死刑立即执行。

对不能排除"犯意引诱"和"数量引诱"的案件,在考虑是否对被告人判处死刑立即执行时,要留有余地。

对被告人受特情间接引诱实施毒品犯罪的,参照上述原则依法处理。

七、毒品案件的立功问题

共同犯罪中同案犯的基本情况,包括同案犯姓名、住址、体貌特征、联络方式等信息,属于被告人应当供述的范围。公安机关根据被告人供述抓获同案犯的,不应认定其有立功表现。被告人在公安机关抓获同案犯过程中确实起到协助作用的,例如,经被告人现场指认、辨认抓获了同案犯;被告人带领公安人员抓获了同案犯;被告人提供了不为有关机关掌握或者有关机关按照正常工作程序无法掌握的同案犯藏匿的线索,有关机关据此抓获了同案犯;被告人交代了与同案犯的联系方式,又按要求与对方联络,积极协助公安机关抓获了同案犯等,属于协助司法机关抓获同案犯,应认定为立功。

关于立功从宽处罚的把握,应以功是否足以抵罪为标准。在毒品共同犯罪案件中,毒枭、毒品犯罪集团首要分子、共同犯罪的主犯、职业毒犯、毒品惯犯等,由于掌握同案犯、从犯、马仔的犯罪情况和个人信息,被抓获后往往能协助抓捕同案犯,获得立功或者重大立功。对其是否从宽处罚以及从宽幅度的大小,应当主要看功是否足以抵罪,即应结合被告人罪行的严重程度、立功大小综合考虑。要充分注意毒品共同犯罪人以及上、下家之间的量刑平衡。对于毒枭等严重毒品犯罪分子立功的,从轻或者减轻处罚应当从严掌握。如果其罪行极其严重,只有一般立功表现,功不足以抵罪的,可不予从轻处罚;如果其检举、揭发的是其他犯罪案件中罪行同样严重的犯罪分子,或者协助抓获的是同案中的其他首要分子、主犯,功足以抵罪的,原则上可以从轻或者减轻处罚;如果协助抓获的只是同案中的从犯或者马仔,功不足以抵罪,或者从轻处罚后全案处刑明显失衡的,不予从轻处罚。相反,对于从犯、马仔立功,特别是协助抓获毒枭、首要分子、主犯的,应当从轻处罚,直至依法减轻或者免除处罚。

被告人亲属为了使被告人得到从轻处罚,检举、揭发他人犯罪或者协助司法机关抓捕其他犯罪人的,不能视为被告人立功。同监犯将本人或者他人尚未被司法机关掌握的犯罪事实告知被告人,由被告人检举揭发的,如经查证属实,虽可认定被告人立功,但是否从宽处罚、从宽幅度大小,应与通常的立功有所区别。通过非法手段或者非法途径获取他人犯罪信息,如从国家工作人员处贿买他人犯罪信息,通过律师、看守人员等非法途径获取他人犯罪信息,由被告人检举揭发的,不能认定为立功,也不能作为酌情从轻处罚情节。

八、毒品再犯问题

根据刑法第356条规定,只要因走私、贩卖、运输、制造、非法持有毒品罪被判过刑,不论是在刑罚执行完毕后,还是在缓刑、假释或者暂予监外执行期间,又犯刑法分则第6章第7节规定的犯罪的,都是毒品再犯,应当从重处罚。

因走私、贩卖、运输、制造、非法持有毒品罪被判刑的犯罪分子,在缓刑、假释或者暂予监外执行期间又犯刑法分则第6章第7节规定的犯罪的,应当在对其所犯新的毒品犯罪适用刑法第356条从重处罚的规定确定刑罚后,再依法数罪并罚。

对同时构成累犯和毒品再犯的被告人,应当同时引用刑法关于累犯和毒品再犯的条款从重处罚。

九、毒品案件的共同犯罪问题

毒品犯罪中,部分共同犯罪人未到案,如现有证据能够认定已到案被告人为共同犯罪,或者能够认定为主犯或者从犯的,应当依法认定。没有实施毒品犯罪的共同故意,仅在客观上为相互关联的毒品犯罪上下家,不构成共同犯罪,但为了诉讼便利可并案审理。审理毒品共同犯罪案件应当注意以下几个方面的问题:一是要正确区分主犯和从犯。区分主犯和从犯,应当以各共同犯罪人在毒品共同犯罪中的地位和作用为根据。要从犯意提起、具体行为分工、出资和实际分得毒赃多少以及共犯之间相互关系等方面,比较各个共同犯罪人在共同犯罪中的地位和作用。在毒品共同犯罪中,为主出资者、毒品所有者或者起意、策划、纠集、组织、雇佣、指使他人参与犯罪以及其他起主要作用的是主犯;起次要或者辅助作用的是从犯。受雇佣、受指使实施毒品犯罪的,应根据其在犯罪中实际发挥的作用具体认定为主犯或者从犯。对于确有证据证明在共同犯罪中起次要或者辅助作用的,不能因为其他共同犯罪人未到案而不认定为从犯,甚至将其认定为主犯或者按主犯处罚。只要认定为从犯,无论主犯是否到案,均应依照刑法关于从犯的规定从轻、减轻或者免除处罚。二是要正确认定共同犯罪案件中主犯和从犯的毒品犯罪数量。对于毒品犯罪集团的首要分子,应按集团毒品犯罪的总数量处罚;对一般共同犯罪的主犯,应按其所参与的或者组织、指挥的毒品犯罪数量处罚;对于从犯,应当按照其所参与的毒品犯罪的数量处罚。三是要根据行为人在共同犯罪中的作用和罪责大小确定刑罚。不同案件不能简单类比,一个案件的从犯参与犯罪的毒品数量可能比另一案件的主犯参与犯罪的毒品数量大,但对这一案件从犯的处罚不是必然重于另一案件的主犯。共同犯罪中能分清主从犯的,不能因为涉案的毒品数量特别巨大,就不分主从犯而一律将被告人认定为主犯或者实际上都按主犯处罚,一律判处重刑甚至死刑。对于共同犯罪中有多个主犯或者共同犯罪人的,处罚上也应做到区别对待。应当全面考察各主犯或者共同犯罪人在共同犯罪中实际发挥作用的差别,主观恶性和人身危险性方面的差异,对罪责或者人身危险性更大的主犯或者共同犯罪人依法判处更重的刑罚。

十、主观明知的认定问题

毒品犯罪中，判断被告人对涉案毒品是否明知，不能仅凭被告人供述，而应当依据被告人实施毒品犯罪行为的过程、方式、毒品被查获时的情形等证据，结合被告人的年龄、阅历、智力等情况，进行综合分析判断。

具有下列情形之一，被告人不能做出合理解释的，可以认定其“明知”是毒品，但有证据证明确属被蒙骗的除外：

(1)执法人员在口岸、机场、车站、港口和其他检查站点检查时，要求行为人申报为他人携带的物品和其他疑似毒品物，并告知其法律责任，而行为人未如实申报，在其携带的物品中查获毒品的；(2)以伪报、藏匿、伪装等蒙蔽手段，逃避海关、边防等检查，在其携带、运输、邮寄的物品中查获毒品的；(3)执法人员检查时，有逃跑、丢弃携带物品或者逃避、抗拒检查等行为，在其携带或者丢弃的物品中查获毒品的；(4)体内或者贴身隐秘处藏匿毒品的；(5)为获取不同寻常的高额、不等值报酬为他人携带、运输物品，从中查获毒品的；(6)采用高度隐蔽的方式携带、运输物品，从中查获毒品的；(7)采用高度隐蔽的方式交接物品，明显违背合法物品惯常交接方式，从中查获毒品的；(8)行程路线故意绕开检查站点，在其携带、运输的物品中查获毒品的；(9)以虚假身份或者地址办理托运手续，在其托运的物品中查获毒品的；(10)有其他证据足以认定行为人应当知道的。

十一、毒品案件的管辖问题

毒品犯罪的地域管辖，应当依照刑事诉讼法的有关规定，实行以犯罪地管辖为主、被告人居住地管辖为辅的原则。考虑到毒品犯罪的特殊性和毒品犯罪侦查体制，“犯罪地”不仅可以包括犯罪预谋地、毒资筹集地、交易进行地、运输途经地以及毒品生产地，也包括毒资、毒赃和毒品藏匿地、转移地、走私或者贩运毒品目的地等。“被告人居住地”，不仅包括被告人常住地和户籍所在地，也包括其临时居住地。

对于已进入审判程序的案件，被告人及其辩护人提出管辖异议，经审查异议成立的，或者受案法院发现没有管辖权，而案件由本院管辖更适宜的，受案法院应当报请与有管辖权的法院共同的上级法院依法指定本院管辖。

十二、特定人员参与毒品犯罪问题

近年来，一些毒品犯罪分子为了逃避打击，雇佣孕妇、哺乳期妇女、急性传染病人、残疾人或者未成年人等特定人员进行毒品犯罪活动，成为影响我国禁毒工作成效的突出问题。对利用、教唆特定人员进行毒品犯罪活动的组织、策划、指挥和教唆者，要依法严厉打击，该判处重刑直至死刑的，坚决依法判处重刑直至死刑。对于被利用、被诱骗参与毒品犯罪的特定人员，可以从宽处理。

要积极与检察机关、公安机关沟通协调，妥善解决涉及特定人员的案件管辖、强制措施、刑罚执行等问题。对因特殊情况依法不予羁押的，可以依法采取取保候审、监视居住等强制措施，并根据被告人具体情况和案情变化及时变更强制措施；对于被判处有期徒刑或者拘役的罪犯，符合刑事诉讼法第214条规定情形的，可以暂予监外执行。

十三、毒品案件财产刑的适用和执行问题

刑法对毒品犯罪规定了并处罚金或者没收财产刑，司法实践中应当依法充分适用。不仅要依法追缴被告人的违法所得及其收益，还要严格依法判处被告人罚金刑或者没收财产刑，不能因为被告人没有财产，或者其财产难以查清、难以分割或者难以执行，就不依法判处财产刑。

要采取有力措施，加大财产刑执行力度。要加强与公安机关、检察机关的协作，对毒品犯罪分子来源不明的巨额财产，依法及时采取查封、扣押、冻结等措施，防止犯罪分子及其亲属转移、隐匿、变卖或者洗钱,逃避依法追缴。要加强不同地区法院之间的相互协作配合。毒品犯罪分子的财产在异地的,第一审人民法院可以委托财产所在地人民法院代为执行。要落实和运用有关国际禁毒公约规定,充分利用国际刑警组织等渠道,最大限度地做好境外追赃工作。

16. 公安部《关于在成品药中非法添加阿普唑仑和曲马多进行销售能否认定为制造贩卖毒品有关问题的批复》(公复字〔2009〕1号)

海南省公安厅:你厅《关于在成品药中非法添加阿普唑仑和曲马多进行销售能否认定为毒品的请示》(琼公发〔2009〕2号)收悉。经商最高人民检察院有关部门,现批复如下:

一、阿普唑仑和曲马多为国家管制的2类精神药品。根据《中华人民共和国刑法》第355条的规定,如果行为人具有生产、管理、使用阿普唑仑和曲马多的资质,却将其掺加在其他药品中,违反国家规定向吸食、注射毒品的人提供的,构成非法提供精神药品罪;向走私、贩卖毒品的犯罪分子或以牟利为目的向吸食、注射毒品的人提供的,构成走私、贩卖毒品罪。根据《中华人民共和国刑法》第347条的规定,如果行为人没有生产、管理、使用阿普唑仑和曲马多的资质,而将其掺加在其他药品中予以贩卖,构成贩卖、制造毒品罪。

二、在办案中应当注意区别为治疗、戒毒依法合理使用的行为与上述犯罪行为的界限。只有违反国家规定,明知是走私、贩卖毒品的人员而向其提供阿普唑仑和曲马多,或者明知是吸毒人员而向其贩卖或超出规定的次数、数量向其提供阿普唑仑和曲马多的,才可以认定为犯罪。

17. 最高人民法院、最高人民检察院、公安部《关于办理制毒物品犯罪案件适用法律若干问题的意见》(公通字〔2009〕33号)

为依法惩治走私制毒物品、非法买卖制毒物品犯罪活动,根据刑法有关规定,结合司法实践,现就办理制毒物品犯罪案件适用法律的若干问题制定如下意见:

一、关于制毒物品犯罪的认定

(一)本意见中的"制毒物品",是指刑法第350条第1款规定的醋酸酐、乙醚、三氯甲烷或者其他用于制造毒品的原料或者配剂,具体品种范围按照国家关于易制毒化学品管理的规定确定。

(二)违反国家规定,实施下列行为之一的,认定为刑法第350条规定的非法买卖制毒物品行为:

1. 未经许可或者备案,擅自购买、销售易制毒化学品的;2. 超出许可证明或者备案证明的品种、数量范围购买、销售易制毒化学品的;3. 使用他人的或者伪造、变造、失效的许可证明或者备案证明购买、销售易制毒化学品的;4. 经营单位违反规定,向无购买许可证明、备案证明的单位、个人销售易制毒化学品的,或者明知购买者使用他人的或者伪造、变造、失效的购买许可证明、备案证明,向其销售易制毒化学品的;5. 以其他方式非法买卖易制毒化学品的。

(三)易制毒化学品生产、经营、使用单位或者个人未办理许可证明或者备案证明,购买、销售易制毒化学品,如果有证据证明确实用于合法生产、生活需要,依法能够办理只是未及时办理许可证明或者备案证明,且未造成严重社会危害的,可不以非法买卖制毒物品罪论处。

(四)为了制造毒品或者走私、非法买卖制毒物品犯罪而采用生产、加工、提炼等方法非法制造易制毒化学品的,根据刑法第22条的规定,按照其制造易制毒化学品的不同目的,分别以制造毒品、走私制毒物品、非法买卖制毒物品的预备行为论处。

(五)明知他人实施走私或者非法买卖制毒物品犯罪,而为其运输、储存、代理进出口或者以其他方式提供便利的,以走私或者非法买卖制毒物品罪的共犯论处。

(六)走私、非法买卖制毒物品行为同时构成其他犯罪的,依照处罚较重的规定定罪处罚。

二、关于制毒物品犯罪嫌疑人、被告人主观明知的认定

对于走私或者非法买卖制毒物品行为，有下列情形之一，且查获了易制毒化学品，结合犯罪嫌疑人、被告人的供述和其他证据，经综合审查判断，可以认定其“明知”是制毒物品而走私或者非法买卖，但有证据证明确属被蒙骗的除外：

1. 改变产品形状、包装或者使用虚假标签、商标等产品标志的；2. 以藏匿、夹带或者其他隐蔽方式运输、携带易制毒化学品逃避检查的；3. 抗拒检查或者在检查时丢弃货物逃跑的；4. 以伪报、藏匿、伪装等蒙蔽手段逃避海关、边防等检查的；5. 选择不设海关或者边防检查站的路段绕行出入境的；6. 以虚假身份、地址办理托运、邮寄手续的；7. 以其他方法隐瞒真相，逃避对易制毒化学品依法监管的。

三、关于制毒物品犯罪定罪量刑的数量标准

（一）违反国家规定，非法运输、携带制毒物品进出境或者在境内非法买卖制毒物品达到下列数量标准的，依照刑法第350条第1款的规定，处3年以下有期徒刑、拘役或者管制，并处罚金：1. 1-苯基-2-丙酮5000克以上不满50千克；2. 3，4-亚甲基二氧苯基-2-丙酮、去甲麻黄素（去甲麻黄碱）、甲基麻黄素（甲基麻黄碱）、羟亚胺及其盐类10千克以上不满100千克；3. 胡椒醛、黄樟素、黄樟油、异黄樟素、麦角酸、麦角胺、麦角新碱、苯乙酸20千克以上不满200千克；4. N-乙酰邻氨基苯酸、邻氨基苯甲酸、哌啶150千克以上不满1500千克；5. 甲苯、丙酮、甲基乙基酮、高锰酸钾、硫酸、盐酸400千克以上不满4000千克；6. 其他用于制造毒品的原料或者配剂相当数量的。

（二）违反国家规定，非法买卖或者走私制毒物品，达到或者超过前款所列最高数量标准的，认定为刑法第350条第1款规定的“数量大的”，处3年以上10年以下有期徒刑，并处罚金。

18. 最高人民法院研究室《关于被告人对不同种毒品实施同一犯罪行为是否按比例折算成一种毒品予以累加后量刑的答复理解》（法研〔2009〕146号）

四川省高级人民法院：你院川高法〔2009〕390号《关于被告人对不同种毒品实施同一犯罪行为是否按比例折算成一种毒品予以累加后量刑的请示》收悉。经研究，答复如下：

根据《全国部分法院审理毒品犯罪案件工作座谈会纪要》的规定，对被告人1人走私、贩卖、运输、制造两种以上毒品的，不实行数罪并罚，量刑时可综合考虑毒品的种类、数量及危害，依法处理。故同意你院处理意见。

19. 最高人民法院《关于贯彻宽严相济刑事政策的若干意见》（法发〔2010〕9号）

11. 要依法从严惩处累犯和毒品再犯。凡是依法构成累犯和毒品再犯的，即使犯罪情节较轻，也要体现从严惩处的精神。尤其是对于前罪为暴力犯罪或被判处重刑的累犯，更要依法从严惩处。（全文详见本书《刑法》第5条相关内容）

20. 最高人民法院刑五庭《在毒品案件审判工作中切实贯彻宽严相济刑事政策》（2010年5月12日）

2月8日，最高人民法院印发了《关于贯彻宽严相济刑事政策的若干意见》（以下简称《意见》），对人民法院在刑事审判工作中贯彻宽严相济刑事政策提出了具体要求。毒品案件在刑事案件中占有较大比重，适用包括死刑在内的重刑的比例也较高，切实贯彻好宽严相济刑事政策对于依法严惩严重毒品犯罪，遏制毒品犯罪的高发态势，同时发挥刑罚的教育改造作用，具有重要的现实意义。本文结合当前毒品案件审判工作的实际，就如何贯彻宽严相济刑事政策略作阐述。

一、突出打击重点，依法严惩严重毒品犯罪

依法严惩严重犯罪是宽严相济刑事政策中“严”的题中之义，也是贯彻罪刑均衡原则，发挥刑罚威慑作用的必然要求。毒品犯罪危害公民身心健康,颓废社会风气,并容易引发盗窃、抢劫、杀人等犯罪,危害很大。其中,走私、制造毒品系源头性犯罪,贩卖、运输毒品造成毒品的传播、扩散,故《意见》第7条把这4种毒品犯罪行为均列为严惩的重点。长期以来,人民法院坚持依法严厉打击严重毒品犯罪,对一批罪行严重的犯罪分子判处了重刑至死刑,较好地发挥了刑罚遏制毒品犯罪的作用。尤其是2007年最高人民法院统一行使死刑核准权后,通过严把案件事实关、证据关、程序关和法律适用关,更加严格地执行死刑政策,毒品案件的死刑适用更加慎重和公正。

《意见》第11条提出:"要依法从严惩处累犯和毒品再犯。凡是依法构成累犯和毒品再犯的,即使犯罪情节较轻,也要体现从严惩处的精神。尤其是对于前罪为暴力犯罪或被判处重刑的累犯,更要依法从严惩处。"之所以作出这种强调,是因为具有累犯和毒品再犯情节的犯罪分子曾受刑罚的惩罚、教育,却不思悔改,仍再次实施犯罪行为,充分表明其主观恶性深,人身危险性大,难以改造,有的甚至不堪改造,故要充分发挥刑罚的惩罚功能,以实现对此类犯罪分子的特殊预防。对此,最高人民法院2008年印发的《全国部分法院审理毒品犯罪案件工作座谈会纪要》也作了规定,即"审理毒品犯罪案件,应当切实贯彻宽严相济的刑事政策,突出毒品犯罪的打击重点。必须依法严惩毒枭、职业毒犯、再犯、累犯、惯犯、主犯等主观恶性深、人身危险性大、危害严重的毒品犯罪分子……对于其中罪行极其严重依法应当判处死刑的,必须坚决依法判处死刑。"实践中,对于毒品数量达到实际掌握的死刑数量标准,并具有毒品再犯、累犯、职业犯、惯犯、主犯等情节的被告人,通常判处死刑,以体现法律的严惩立场。

在此方面,要特别需要重视对毒枭、职业毒犯、主犯立功问题的处理。《意见》第33条提出,在共同犯罪案件中,对于主犯或首要分子检举、揭发同案中地位、作用较次的犯罪分子构成立功的,从轻或者减轻处罚应当从严掌握,如果从轻处罚可能导致全案量刑失衡的,一般不予从轻处罚;如果检举、揭发的是其他犯罪案件中罪行同样严重的犯罪分子,或者协助抓获的是同案中的其他主犯、首要分子的,原则上应予依法从轻或者减轻处罚。实践中,应以功是否足以抵罪作为立功是否从宽处罚的标准,即应结合被告人罪行的严重程度、立功大小综合考虑。对于毒枭等严重毒品犯罪分子立功的,如果其检举、揭发的是其他犯罪案件中罪行同样严重的犯罪分子,或者协助抓获的是同案中的其他首要分子、主犯,功足以抵罪的,原则上可以从轻或者减轻处罚;如果协助抓获的只是同案中的从犯或者马仔,功不足以抵罪,或者从轻处罚后全案处刑明显失衡的,不予从轻处罚。同时,对于同监犯将本人或者他人尚未被司法机关掌握的犯罪事实告知被告人,由被告人检举揭发的,如经查证属实,虽可认定立功,但是否从宽处罚以及从宽幅度的大小,应与通常的立功有所区别。对于通过非法手段或者非法途径获取他人犯罪信息,由被告人检举揭发的,不能认定为立功,也不能作为酌情从轻处罚情节。这样把握可以对罪行严重的毒品犯罪分子更有力地体现宽严相济刑事政策"严"的要求。

二、坚持区别对待,充分考虑从宽处罚情节

宽严相济刑事政策的核心是区别对待。对于情节较轻、社会危害性较小的犯罪,或者罪行虽重,但具有法定、酌定从宽处罚情节的被告人,应依法或者酌情予以从宽处罚。毒品犯罪的整体危害虽大,但具体犯罪也有轻重之别,不能不加区别地一律予以从严惩处,对其中罪行相对较轻的,或者具有法定、酌定从宽处罚情节的,应在量刑时充分考虑,以发挥刑罚的教育改造作用。

《意见》第17、18、19条分别提出,对于具有自首或者立功情节的被告人,一般均应当依法从宽处罚;对于较轻犯罪的初犯、偶犯,应当综合考虑其犯罪的动机、手段、情节、后果和犯罪时的主观状态,酌情予以从宽处罚。毒品案件的审判要充分贯彻这些原则性规定。例如,对于毒品数量达到实际掌握的死刑数量标准,但犯罪情节较轻,或者具有法定、酌定从宽处罚情

节,符合下列情形之一的,可以不判处被告人死刑立即执行:

(1)具有自首、立功等法定从宽处罚情节的;(2)已查获的毒品数量未达到实际掌握的死刑数量标准,到案后坦白尚未被司法机关掌握的其他毒品犯罪,累计数量超过实际掌握的死刑数量标准的;(3)经鉴定毒品含量极低,掺假之后的数量才达到实际掌握的死刑数量标准的,或者有证据表明可能大量掺假但因故不能鉴定的;(4)因特情引诱毒品数量才达到实际掌握的死刑数量标准的;(5)以贩养吸的被告人,被查获的毒品数量刚达到实际掌握的死刑数量标准的;(6)毒品数量刚达到实际掌握的死刑数量标准,确属初次犯罪即被查获,未造成严重危害后果的;等等。

在此方面要特别重视对运输毒品罪的处理。刑法把运输毒品罪同走私、贩卖、制造毒品罪并列规定,并配置了相同法定刑,但实践中运输毒品犯罪的情况较为复杂。部分被告人系受指使、雇佣的贫民、边民或者无业人员,只是为赚取少量运费而为他人运输毒品,他们不是毒品的所有者、买家或者卖家,与幕后的指使、雇佣者相比,在毒品犯罪中处于从属和被支配地位,所起作用和主观恶性相对较小,社会危害性也相对较小,故量刑时应与走私、贩卖、制造毒品和具有严重情节的运输毒品犯罪分子有所区别。即,在运输毒品案件中要重点打击指使、雇佣他人运输毒品的犯罪分子和接应、接货的毒品所有者、买家或者卖家。对于运输毒品犯罪集团首要分子,组织、指使、雇佣他人运输毒品的主犯或者毒枭、职业毒犯、毒品再犯,以及具有武装掩护、暴力抗拒检查、拘留或者逮捕、参与有组织的国际毒品犯罪、以运输毒品为业、多次运输毒品或者其他严重情节的,应当依法从严惩处。但是,对有证据证明被告人确属受人指使、雇佣而运输毒品,又系初犯、偶犯的,可以从轻处罚,即使毒品数量超过实际掌握的死刑数量标准,也可以不判处死刑立即执行。这是深入贯彻宽严相济刑事政策"宽"的精神,进一步坚持区别对待的体现。

三、把握量刑平衡,稳妥实现宽严"相济"

宽严相济刑事政策中"宽"与"严"是辩证统一、相辅相成的关系,二者相互依存,相互补充,共同促进。"相济"不是"宽"和"严"的简单相加,而是一种交融关系,追求的是法律效果与社会效果的有机统一。在毒品案件的审判中实现宽严"相济",既要把握好个案之间的量刑平衡,也要把握好多被告人案件特别是共同犯罪案件的量刑平衡。

个案之间的量刑平衡意味着重罪重判,轻罪轻判,罚当其罪。这是罪刑均衡原则的基本要求。由于毒品数量是量刑的重要情节,在判断个案的量刑平衡问题上容易陷入"唯数量论"的误区。要特别重视的是,毒品数量并非量刑的唯一情节。对被告人量刑时,尤其是在考虑是否适用死刑时,应当综合考虑毒品数量、犯罪情节、危害后果、被告人的主观恶性、人身危险性以及当地禁毒形势等各种因素,予以区别对待。有的案件中毒品数量虽大,但被告人因具有法定从宽处罚情节而可能不判处死刑,有的案件中毒品数量较小,但超过了实际掌握的死刑数量标准,被告人也不具有法定或者酌定从宽处罚情节,故仍可能被判处死刑。这种处理不仅不违背宽严相济刑事政策,而恰恰是该政策的要求和体现。

对于多被告人犯罪特别是共同犯罪案件,根据宽严"相济"的具体要求,要注重正确区分主从犯并根据被告人罪责的大小确定刑罚。《意见》第31条提出,对于一般共同犯罪案件,应当充分考虑各被告人在共同犯罪中的地位和作用,以及在主观恶性和人身危险性方面的不同,根据事实和证据能分清主从犯的,都应当认定主从犯;有多名主犯的,应在主犯中进一步区分出罪行最为严重者。具体到毒品共同犯罪案件,首先,对能分清主从犯的,不能因为涉案毒品数量巨大,就不分主从犯而将被告人均认定为主犯或者实际上都按主犯处罚,一律判处重刑甚至死刑。要根据《意见》第30条的规定,依法从严惩处毒品犯罪组织或集团中的为首组织、指挥、策划者和骨干分子,该判处重刑或死刑的要坚决判处;但对受欺骗、胁迫参加犯罪组织、犯罪集团或只是一般参加者,在犯罪中起次要、辅助作用的从犯,应依法从轻或减轻处罚。其次,对于共同犯罪中有多个主犯的,处罚上也应做到区别对待,要全面考察各主犯在共同犯罪中实际发挥作用的差别,主观恶性和人身危险性方面的差异,对罪责更重的主犯判处更重的刑罚。如果共同犯罪中毒品数量刚达到实际掌握的死刑数量标准,但各共同犯罪人作用相当,或者责任大小难以区分的,可以不判处死刑立即执行。同时,从人道主义考虑,对于家庭成员共同实施毒品犯罪,毒品数量达到实际掌握的死刑数量标准,其中起主要作用的被告人已被判处死刑立即执行的,对其他罪行相对较轻的被告人可以不判处死刑立即执行。

21. 最高人民法院研究室《关于贩卖、运输经过取汁的罂粟壳废渣是否构成贩卖、运输毒品罪的答复》(法研〔2010〕168 号)

四川省高级人民法院:你院川高法〔2010〕438 号《关于贩卖、运输经过取汁的罂粟壳废渣是否构成贩卖、运输毒品罪的请示》收悉。经研究,答复如下:最高人民法院研究室认为,根据你院提供的情况,对本案被告人不宜以贩卖、运输毒品罪论处。主要考虑:

(1)被告人贩卖、运输的是经过取汁的罂粟壳废渣,吗啡含量只有 0.01%,含量极低,从技术和成本看,基本不可能用于提取吗啡;(2)国家对经过取汁的罂粟壳并无明文规定予以管制,实践中有关药厂也未按照管制药品对其进行相应处理;(3)无证据证明被告人购买、加工经过取汁的罂粟壳废渣是为了将其当作毒品出售,具有贩卖、运输毒品的故意。如果查明行为人有将罂粟壳废渣作为制售毒品原料予以利用的故意,可建议由公安机关予以治安处罚。

22. 最高人民法院、最高人民检察院、公安部《关于办理走私、非法买卖麻黄碱类复方制剂等刑事案件适用法律若干问题的意见》(法发〔2012〕12 号)

为从源头上打击、遏制毒品犯罪,根据刑法等有关规定,结合司法实践,现就办理走私、非法买卖麻黄碱类复方制剂等刑事案件适用法律的若干问题,提出以下意见:

一、关于走私、非法买卖麻黄碱类复方制剂等行为的定性

以加工、提炼制毒物品制造毒品为目的,购买麻黄碱类复方制剂,或者运输、携带、寄递麻黄碱类复方制剂进出境的,依照刑法第 347 条的规定,以制造毒品罪定罪处罚。

以加工、提炼制毒物品为目的,购买麻黄碱类复方制剂,或者运输、携带、寄递麻黄碱类复方制剂进出境的,依照刑法第 350 条第 1 款、第 3 款的规定,分别以非法买卖制毒物品罪、走私制毒物品罪定罪处罚。

将麻黄碱类复方制剂拆除包装、改变形态后进行走私或者非法买卖,或者明知是已拆除包装、改变形态的麻黄碱类复方制剂而进行走私或者非法买卖的,依照刑法第 350 条第 1 款、第 3 款的规定,分别以走私制毒物品罪、非法买卖制毒物品罪定罪处罚。

非法买卖麻黄碱类复方制剂或者运输、携带、寄递麻黄碱类复方制剂进出境,没有证据证明系用于制造毒品或者走私、非法买卖制毒物品,或者未达到走私制毒物品罪、非法买卖制毒物品罪的定罪数量标准,构成非法经营罪、走私普通货物、物品罪等其他犯罪的,依法定罪处罚。

实施第 1 款、第 2 款规定的行为,同时构成其他犯罪的,依照处罚较重的规定定罪处罚。

二、关于利用麻黄碱类复方制剂加工、提炼制毒物品行为的定性

以制造毒品为目的,利用麻黄碱类复方制剂加工、提炼制毒物品的,依照刑法第 347 条的规定,以制造毒品罪定罪处罚。

以走私或者非法买卖为目的,利用麻黄碱类复方制剂加工、提炼制毒物品的,依照刑法第 350 条第 1 款、第 3 款的规定,分别以走私制毒物品罪、非法买卖制毒物品罪定罪处罚。

三、关于共同犯罪的认定

明知他人利用麻黄碱类制毒物品制造毒品,向其提供麻黄碱类复方制剂,为其利用麻黄碱类复方制剂加工、提炼制毒物品，或者为其获取、利用麻黄碱类复方制剂提供其他帮助的，以制造毒品罪的共犯论处。

明知他人走私或者非法买卖麻黄碱类制毒物品，向其提供麻黄碱类复方制剂，为其利用麻黄碱类复方制剂加工、提炼制毒物品，或者为其获取、利用麻黄碱类复方制剂提供其他帮助的，分别以走私制毒物品罪、非法买卖制毒物品罪的共犯论处。

四、关于犯罪预备、未遂的认定

实施本意见规定的行为，符合犯罪预备或者未遂情形的，依照法律规定处罚。

五、关于犯罪嫌疑人、被告人主观目的与明知的认定

对于本意见规定的犯罪嫌疑人、被告人的主观目的与明知，应当根据物证、书证、证人证言以及犯罪嫌疑人、被告人供述和辩解等在案证据，结合犯罪嫌疑人、被告人的行为表现，重点考虑以下因素综合予以认定：1. 购买、销售麻黄碱类复方制剂的价格是否明显高于市场交易价格；2. 是否采用虚假信息、隐蔽手段运输、寄递、存储麻黄碱类复方制剂；3. 是否采用伪报、伪装、藏匿或者绕行进出境等手段逃避海关、边防等检查；4. 提供相关帮助行为获得的报酬是否合理；5. 此前是否实施过同类违法犯罪行为；6. 其他相关因素。

六、关于制毒物品数量的认定

实施本意见规定的行为，以走私制毒物品罪、非法买卖制毒物品罪定罪处罚的，应当以涉案麻黄碱类复方制剂中麻黄碱类物质的含量作为涉案制毒物品的数量。

实施本意见规定的行为，以制造毒品罪定罪处罚的，应当将涉案麻黄碱类复方制剂所含的麻黄碱类物质可以制成的毒品数量作为量刑情节考虑。

多次实施本意见规定的行为未经处理的，涉案制毒物品的数量累计计算。

七、关于定罪量刑的数量标准

实施本意见规定的行为，以走私制毒物品罪、非法买卖制毒物品罪定罪处罚的，涉案麻黄碱类复方制剂所含的麻黄碱类物质应当达到以下数量标准：麻黄碱、伪麻黄碱、消旋麻黄碱及其盐类 5000 克以上不满 50 千克；去甲麻黄碱、甲基麻黄碱及其盐类 10 千克以上不满 100 千克；麻黄浸膏、麻黄浸膏粉 100 千克以上不满 1000 千克。达到上述数量标准上限的，认定为刑法第 350 条第 1 款规定的“数量大”。

实施本意见规定的行为，以制造毒品罪定罪处罚的，无论涉案麻黄碱类复方制剂所含的麻黄碱类物质数量多少，都应当追究刑事责任。

八、关于麻黄碱类复方制剂的范围

本意见所称麻黄碱类复方制剂是指含有《易制毒化学品管理条例》（国务院令第 445 号）品种目录所列的麻黄碱（麻黄素）、伪麻黄碱（伪麻黄素）、消旋麻黄碱（消旋麻黄素）、去甲麻黄碱（去甲麻黄素）、甲基麻黄碱（甲基麻黄素）及其盐类，或者麻黄浸膏、麻黄浸膏粉等麻黄碱类物质的药品复方制剂。

23. 最高人民检察院、公安部《关于公安机关管辖的刑事案件立案追诉标准的规定（3）》（公通字〔2012〕26 号）第 1 条、第 13 条至第 17 条

（见本条立案追诉标准内容）

24. 最高人民法院、最高人民检察院、公安部、农业部、食品药品监管总局《关于进一步加强麻黄草管理严厉打击非法买卖麻黄草等违法犯罪活动的通知》（公通字〔2013〕16 号）

近年来，随着我国对麻黄碱类制毒物品及其复方制剂监管力度的不断加大，利用麻黄碱类制毒物品及其复方制剂制造冰毒的犯罪活动得到有效遏制。但是，利用麻黄草提取麻黄碱类制毒物品制造冰毒的问题日益凸显，麻黄草已成为目前国内加工制造冰毒的又一主要原料。2012 年，全国共破获利用麻黄草提取麻黄碱类制毒物品制造冰毒案件 46 起、缴获麻黄草

964.4吨,同比分别上升91.7%、115.5%。为进一步加强麻黄草管理,严厉打击非法买卖麻黄草等违法犯罪活动,根据《中华人民共和国刑法》、《国务院关于禁止采集和销售发菜制止滥挖甘草和麻黄草有关问题的通知》(国发〔2000〕13号)等相关规定,现就有关要求通知如下:

一、严格落实麻黄草采集、收购许可证制度

麻黄草的采集、收购实行严格的许可证制度,未经许可,任何单位和个人不得采集、收购麻黄草,麻黄草收购单位只能将麻黄草销售给药品生产企业。农牧主管部门要从严核发麻黄草采集证,统筹确定各地麻黄草采挖量,禁止任何单位和个人无证采挖麻黄草;严格监督采挖单位和个人凭采集证销售麻黄草;严格控制麻黄草采挖量,严禁无证或超量采挖麻黄草。食品药品监管部门要督促相关药品生产企业严格按照《药品生产质量管理规范(2010年修订)》规定,建立和完善药品质量管理体系,特别是建立麻黄草收购、产品加工和销售台账,并保存2年备查。

二、切实加强对麻黄草采挖、买卖和运输的监督检查

农牧主管部门要认真调查麻黄草资源的分布和储量,加强对麻黄草资源的监管;要严肃查处非法采挖麻黄草和伪造、倒卖、转让采集证行为,上述行为一经发现,一律按最高限处罚。食品药品监管部门要加强对药品生产、经营企业的监督检查,对违反《药品管理法》及相关规定生产、经营麻黄草及其制品的,要依法处理。公安机关要会同农牧主管等部门,加强对麻黄草运输活动的检查,在重点公路、出入省通道要部署力量进行查缉,对没有采集证或者收购证以及不能说明合法用途运输麻黄草的,一律依法扣押审查。

三、依法查处非法采挖、买卖麻黄草等犯罪行为

各地人民法院、人民检察院、公安机关要依法查处非法采挖、买卖麻黄草等犯罪行为,区别情形予以处罚:

(一)以制造毒品为目的,采挖、收购麻黄草的,依照刑法第347条的规定,以制造毒品罪定罪处罚。(二)以提取麻黄碱类制毒物品后进行走私或者非法贩卖为目的,采挖、收购麻黄草,涉案麻黄草所含的麻黄碱类制毒物品达到相应定罪数量标准的,依照刑法第350条第1款、第3款的规定,分别以走私制毒物品罪、非法买卖制毒物品罪定罪处罚。(三)明知他人制造毒品或者走私、非法买卖制毒物品,向其提供麻黄草或者提供运输、储存麻黄草等帮助的,分别以制造毒品罪、走私制毒物品罪、非法买卖制毒物品罪的共犯论处。(四)违反国家规定采挖、销售、收购麻黄草,没有证据证明以制造毒品或者走私、非法买卖制毒物品为目的,依照刑法第225条的规定构成犯罪的,以非法经营罪定罪处罚。(五)实施以上行为,以制造毒品罪、走私制毒物品罪、非法买卖制毒物品罪定罪处罚的,涉案制毒物品的数量按照300千克麻黄草折合1000克麻黄碱计算;以制造毒品罪定罪处罚的,无论涉案麻黄草数量多少,均应追究刑事责任。

25.最高人民法院、最高人民检察院《关于办理走私刑事案件适用法律若干问题的解释》(法释〔2014〕10号)

第20条 直接向走私人非法收购走私进口的货物、物品,在内海、领海、界河、界湖运输、收购、贩卖国家禁止进出口的物品,或者没有合法证明,在内海、领海、界河、界湖运输、收购、贩卖国家限制进出口的货物、物品,构成犯罪的,应当按照走私货物、物品的种类,分别依照刑法第151条、第152条、第153条、第347条、第350条的规定定罪处罚。

刑法第155条第2项规定的"内海",包括内河的入海口水域。

第22条 在走私的货物、物品中藏匿刑法第151条、第152条、第347条、第350条规定的货物、物品,构成犯罪的,以实际走私的货物、物品定罪处罚;构成数罪的,实行数罪并罚。

第25条 本解释发布实施后,《最高人民法院关于审理走私刑事案件具体应用法律若干问题的解释》(法释〔2000〕30号)、《最高人民法院关于审理走私刑事案件具体应用法律若干问题的解释(2)》(法释〔2006〕9号)同时废止。之前发布的司法解释与本解释不一致的,以本解释为准。(全文详见本书《刑法》第151条相关内容)

26. 最高人民法院、最高人民检察院、公安部《关于办理邻氯苯基环戊酮等三种制毒物品犯罪案件定罪量刑数量标准的通知》(公通字〔2014〕32号)

近年来,随着制造合成毒品犯罪的迅速增长,制毒物品流入非法渠道形势严峻。利用邻氯苯基环戊酮合成羟亚胺进而制造氯胺酮,利用1-苯基-2-溴-1-丙酮(又名溴代苯丙酮、2-溴代苯丙酮、α-溴代苯丙酮等)合成麻黄素和利用3-氧-2-苯基丁腈(又名α-氰基苯丙酮、α-苯乙酰基乙腈、2-苯乙酰基乙腈等)合成1-苯基-2-丙酮进而制造甲基苯丙胺(冰毒)等犯罪尤为突出。2012年9月和2014年5月,国务院先后将邻氯苯基环戊酮、1-苯基-2-溴-1-丙酮和3-氧-2-苯基丁腈增列为第1类易制毒化学品管制。为遏制上述物品流入非法渠道被用于制造毒品,根据刑法和《最高人民法院关于审理毒品案件定罪量刑标准有关问题的解释》《最高人民法院、最高人民检察院、公安部关于办理制毒物品犯罪案件适用法律若干问题的意见》等相关规定,现就办理上述3种制毒物品犯罪案件的定罪量刑数量标准通知如下:

一、违反国家规定,非法运输、携带邻氯苯基环戊酮、1-苯基-2-溴-1-丙酮或者3-氧-2-苯基丁腈进出境,或者在境内非法买卖上述物品,达到下列数量标准的,依照刑法第350条第1款的规定,处3年以下有期徒刑、拘役或者管制,并处罚金:

(一)邻氯苯基环戊酮20千克以上不满200千克;(二)1-苯基-2-溴-1-丙酮、3-氧-2-苯基丁腈15千克以上不满150千克。

二、违反国家规定,实施上述行为,达到或者超过第1条所列最高数量标准的,应当认定为刑法第350条第1款规定的"数量大",处3年以上10年以下有期徒刑,并处罚金。

27. 最高人民法院、最高人民检察院、公安部《关于规范毒品名称表述若干问题的意见》(法〔2014〕224号)

为进一步规范毒品犯罪案件办理工作,现对毒品犯罪案件起诉意见书、起诉书、刑事判决书、刑事裁定书中的毒品名称表述问题提出如下规范意见。

一、规范毒品名称表述的基本原则

(一)毒品名称表述应当以毒品的化学名称为依据,并与刑法、司法解释及相关规范性文件中的毒品名称保持一致。

刑法、司法解释等没有规定的,可以参照《麻醉药品品种目录》《精神药品品种目录》中的毒品名称进行表述。

(二)对于含有2种以上毒品成分的混合型毒品,应当根据其主要毒品成分和具体形态认定毒品种类、确定名称。

混合型毒品中含有海洛因、甲基苯丙胺的,一般应当以海洛因、甲基苯丙胺确定其毒品种类;不含海洛因、甲基苯丙胺,或者海洛因、甲基苯丙胺的含量极低的,可以根据其中定罪量刑数量标准较低且所占比例较大的毒品成分确定其毒品种类。混合型毒品成分复杂的,可以用括号注明其中所含的1至2种其他毒品成分。

(三)为体现与犯罪嫌疑人、被告人供述的对应性,对于犯罪嫌疑人、被告人供述的毒品常见俗称,可以在文书中第1次表述该类毒品时用括号注明。

二、几类毒品的名称表述

(一)含甲基苯丙胺成分的毒品

1. 对于含甲基苯丙胺成分的晶体状毒品,应当统一表述为甲基苯丙胺(冰毒),在下文中再次出现时可以直接表述为甲基苯丙胺。2. 对于以甲基苯丙胺为主要毒品成分的片剂状毒品,应当统一表述为甲基苯丙胺片剂。如果犯罪嫌疑人、被告人供述为“麻古”“麻果”或者其他俗称的,可以在文书中第1次表述该类毒品时用括号注明,如表述为甲基苯丙胺片剂(俗称“麻古”)等。3.对于含甲基苯丙胺成分的液体、固液混合物、粉末等,应当根据其毒品成分和具体形态进行表述,如表述为含甲基苯丙胺成分的液体、含甲基苯丙胺成分的粉末等。

(二)含氯胺酮成分的毒品

1.对于含氯胺酮成分的粉末状毒品,应当统一表述为氯胺酮。如果犯罪嫌疑人、被告人供述为“K粉”等俗称的,可以在文书中第1次表述该类毒品时用括号注明,如表述为氯胺酮(俗称“K粉”)等。2.对于以氯胺酮为主要毒品成分的片剂状毒品,应当统一表述为氯胺酮片剂。3.对于含氯胺酮成分的液体、固液混合物等,应当根据其毒品成分和具体形态进行表述,如表述为含氯胺酮成分的液体、含氯胺酮成分的固液混合物等。

(三)含MDMA等成分的毒品

对于以MDMA、MDA、MDEA等致幻性苯丙胺类兴奋剂为主要毒品成分的丸状、片剂状毒品,应当根据其主要毒品成分的中文化学名称和具体形态进行表述,并在文书中第1次表述该类毒品时用括号注明下文中使用的英文缩写简称,如表述为3,4-亚甲二氧基甲基苯丙胺片剂(以下简称MDMA片剂)、3,4-亚甲二氧基苯丙胺片剂(以下简称MDA片剂)、3,4-亚甲二氧基乙基苯丙胺片剂(以下简称MDEA片剂)等。如果犯罪嫌疑人、被告人供述为“摇头丸”等俗称的,可以在文书中第1次表述该类毒品时用括号注明,如表述为3,4-亚甲二氧基甲基苯丙胺片剂(以下简称MDMA片剂,俗称“摇头丸”)等。

(四)“神仙水”类毒品

对于俗称“神仙水”的液体状毒品,应当根据其主要毒品成分和具体形态进行表述。毒品成分复杂的,可以用括号注明其中所含的1至2种其他毒品成分,如表述为含氯胺酮(咖啡因、地西泮等)成分的液体等。如果犯罪嫌疑人、被告人供述为“神仙水”等俗称的,可以在文书中第1次表述该类毒品时用括号注明,如表述为含氯胺酮(咖啡因、地西泮等)成分的液体(俗称“神仙水”)等。

(五)大麻类毒品

对于含四氢大麻酚、大麻二酚、大麻酚等天然大麻素类成分的毒品,应当根据其外形特征分别表述为大麻叶、大麻脂、大麻油或者大麻烟等。

28.最高人民法院《关于全国法院毒品犯罪审判工作座谈会纪要的通知》(法〔2015〕129号)

为深入学习习近平总书记等中央领导同志关于禁毒工作的重要指示批示精神,贯彻落实《中共中央国务院关于加强禁毒工作的意见》和全国禁毒工作会议精神,进一步统一思想认识,提高毒品犯罪审判工作水平,推动人民法院禁毒工作取得更大成效,最高人民法院于2014年12月11日至12日在湖北省武汉市召开了全国法院毒品犯罪审判工作座谈会。出席会议的有各省、自治区、直辖市高级人民法院、解放军军事法院和新疆维吾尔自治区高级人民法院生产建设兵团分院主管刑事审判工作的副院长、刑事审判庭庭长及部分中级人民法院主管刑事审判工作的副院长。最高人民法院副院长李少平出席会议并讲话。

会议传达学习了中央对禁毒工作的一系列重大决策部署,总结了近年来人民法院禁毒工作取得的成绩和存在的问题,分析了当前我国毒品犯罪的总体形势和主要特点,明确了继续依法从严惩处毒品犯罪的审判指导思想,研究了毒品犯罪审判中遇到的若干法律适用问题,并对当前和今后一个时期人民法院的禁毒工作作出具体安排部署。现纪要如下:

一、关于进一步加强人民法院禁毒工作的总体要求

禁毒工作关系国家安危、民族兴衰和人民福祉,厉行禁毒是党和政府的一贯立场和坚决主张。近年来,在党中央的高度重视和坚强领导下,各地区、各有关部门按照国家禁毒委员会的统一部署,深入开展禁毒人民战争,全面落实综合治理措施,有效遏制了毒品问题快速发展蔓延的势头,禁毒工作取得了阶段性成效。2014年6月,中央政治局常委会议、国务院常务会议分别听取禁毒工作专题汇报,习近平总书记、李克强总理分别对禁毒工作作出重要指示批示。中共中央、国务院首次印发了《关于加强禁毒工作的意见》,并下发了贯彻落实分工方案。国家禁毒委员会制定了《禁毒工作责任制》,并召开全国禁毒工作会议对全面加强禁毒工作作出部署。

依法审理毒品犯罪案件,积极参与禁毒工作是人民法院肩负的一项重要职责任务。长期以来,全国各级人民法院认真贯彻落实中央和国家禁毒委员会的决策部署,扎实履行刑事审判职责,坚持依法从严惩处毒品犯罪,大力加强禁毒法制建设,积极参与禁毒综合治理,各项工作均取得显著成效,为全面、深入推进禁毒工作提供了有力司法保障。同时,应当清醒地看到,受国际毒潮持续泛滥和国内多种因素影响,当前和今后一个时期,我国仍将处于毒品问题加速蔓延期、毒品犯罪高发多发期、毒品治理集中攻坚期,禁毒斗争形势严峻复杂,禁毒工作任务十分艰巨。加强禁毒工作,治理毒品问题,对深入推进平安中国、法治中国建设,维护国家长治久安,保障人民群众幸福安康,实现"两个一百年"奋斗目标和中华民族伟大复兴的中国梦,具有重要意义。各级人民法院要从维护重要战略机遇期国家安全和社会稳定的政治高度,充分认识毒品问题的严峻性、长期性和禁毒工作的艰巨性、复杂性,切实增强做好禁毒工作的责任感、使命感和紧迫感。要认真学习领会、坚决贯彻落实党中央对禁毒工作的一系列重大决策部署和全国禁毒工作会议精神,切实采取有力措施,进一步加强人民法院禁毒工作。

一是毫不动摇地坚持依法从严惩处毒品犯罪。充分发挥审判职能作用,依法运用刑罚惩治毒品犯罪,是治理毒品问题的重要手段,也是人民法院参与禁毒斗争的主要方式。面对严峻的毒品犯罪形势,各级人民法院要继续坚持依法从严惩处毒品犯罪的指导思想。要继续依法严惩走私、制造毒品和大宗贩卖毒品等源头性犯罪,严厉打击毒枭、职业毒犯、累犯、毒品再犯等主观恶性深、人身危险性大的毒品犯罪分子,该判处重刑和死刑的坚决依法判处。要加大对制毒物品犯罪、多次零包贩卖毒品、引诱、教唆、欺骗、强迫他人吸毒及非法持有毒品等犯罪的惩处力度,严惩向农村地区贩卖毒品及国家工作人员实施的毒品犯罪。要更加注重从经济上制裁毒品犯罪,依法追缴犯罪分子违法所得,充分适用罚金刑、没收财产刑并加大执行力度,依法从严惩处涉毒洗钱犯罪和为毒品犯罪提供资金的犯罪。要严厉打击因吸毒诱发的杀人、伤害、抢劫、以危险方法危害公共安全等次生犯罪。要规范和限制毒品犯罪的缓刑适用,从严把握毒品罪犯减刑条件,严格限制严重毒品罪犯假释,确保刑罚执行效果。同时,为全面发挥刑罚功能,也要贯彻好宽严相济刑事政策,突出打击重点,体现区别对待。对于罪行较轻,或者具有从犯、自首、立功、初犯等法定、酌定从宽处罚情节的毒品犯罪分子,根据罪刑相适应原则,依法给予从宽处罚,以分化瓦解毒品犯罪分子,预防和减少毒品犯罪。要牢牢把握案件质量这条生命线,既要考虑到毒品犯罪隐蔽性强、侦查取证难度大的现实情况,也要严格贯彻证据裁判原则,引导取证、举证工作围绕审判工作的要求展开,切实发挥每一级审判程序的职能作用,确保案件办理质量。对于拟判处被告人死刑的毒品犯罪案件,在证据质量上要始终坚持最高的标准和最严的要求。二是深入推进毒品犯罪审判规范化建设。各级人民法院要结合审判工作实际,积极开展调查研究,不断总结经验,及时发现并解决审判中遇到的突出法律适用问题。各高、中级人民法院要加大审判指导力度,在做好毒品犯罪审判工作的同时,通过编发典型案例、召开工作座谈会等形式,不断提高辖区法院毒品犯罪审判工作水平。最高人民法院对于复核毒品犯罪死刑案件中发现的问题,要继续通过随案附函、集中通报、发布典型案例等形式,加强审判指导;对于毒品犯罪法律适用方面存在的突出问题,要适时制定司法解释或规范性文件，统一法律适用；对于需要与公安、检察机关共同解决的问题，要加强沟通、协调，必要时联合制发规范性文件；对于立法方面的问题，要继续提出相关立法建议，推动禁毒法律的修改完善。三是不断完善毒品犯罪审判工作机制。各级人民法院要严格落实禁毒工作责任，按照《禁毒工作责任制》的要求和同级禁毒委员会的部署认真开展工作，将禁毒工作列入本单位整体工作规划，制定年度工作方案，抓好贯彻落实。要进一步加强专业审判机构建设，各高级人民法院要确定专门承担毒品犯罪审判指导任务的审判庭，毒品犯罪相对集中地区的高、中级人民法院可以根据当地实际和工作需要，探索确立专门承担毒品犯罪审判工作的合议庭或者审判庭。要建立健全业务学习、培训机制，通过举办业务培训班、组织交流研讨会等多种形式，不断提高毒品犯罪审判队伍专业化水平。要推动与相关职能部门建立禁毒长效合作机制，在中央层面和毒品犯罪集中地区建立公检法三机关打击毒品犯罪联席会议制度，探索建立重大毒品犯罪案件信息通报、反馈机制，提升打击毒品犯罪的合力。四是加大参与禁毒综合治理工作力度。要充分利用有利时机集中开展禁毒宣传，最高人民法院和毒品犯罪高发地区的高级人民法院要将“6·26”国际禁毒日新闻发布会制度化，并利用网络、平面等媒体配合报道，向社会公众介绍人民法院毒品犯罪审判及禁毒综合治理工作情况，公布毒品犯罪典型案例。要加强日常禁毒法制宣传，充分利用审判资源优势，通过庭审直播、公开宣判、举办禁毒法制讲座、建立禁毒对象帮教制度、与社区、学校、团体建立禁毒协作机制等多种形式，广泛、深入地开展禁毒宣传教育活动。要突出宣传重点，紧紧围绕青少年群体和合成毒品滥用问题，有针对性地组织开展宣传教育工作，增强人民群众自觉抵制毒品的意识和能力。要延伸审判职能，针对毒品犯罪审判中发现的治安隐患和社会管理漏洞，及时向有关职能部门提出加强源头治理、强化日常管控的意见和建议，推动构建更为严密的禁毒防控体系。

二、关于毒品犯罪法律适用的若干具体问题

会议认为，2008年印发的《全国部分法院审理毒品犯罪案件工作座谈会纪要》（以下简称《大连会议纪要》）较好地解决了办理毒品犯罪案件面临的一些突出法律适用问题，其中大部分规定在当前的审判实践中仍有指导意义，应当继续参照执行。同时，随着毒品犯罪形势的发展变化，近年来出现了一些新情况、新问题，需要加以研究解决。与会代表对审判实践中反映较为突出，但《大连会议纪要》没有作出规定，或者规定不尽完善的毒品犯罪法律适用问题进行了认真研究讨论，就下列问题取得了共识。

（一）罪名认定问题

贩毒人员被抓获后，对于从其住所、车辆等处查获的毒品，一般均应认定为其贩卖的毒品。确有证据证明查获的毒品并非贩毒人员用于贩卖，其行为另构成非法持有毒品罪、窝藏毒品罪等其他犯罪的，依法定罪处罚。

吸毒者在购买、存储毒品过程中被查获，没有证据证明其是为了实施贩卖毒品等其他犯罪，毒品数量达到刑法第348条规定的最低数量标准的，以非法持有毒品罪定罪处罚。吸毒者在运输毒品过程中被查获，没有证据证明其是为了实施贩卖毒品等其他犯罪，毒品数量达到较大以上的，以运输毒品罪定罪处罚。

行为人为吸毒者代购毒品，在运输过程中被查获，没有证据证明托购者、代购者是为了实施贩卖毒品等其他犯罪，毒品数量达到较大以上的，对托购者、代购者以运输毒品罪的共犯论处。行为人为他人代购仅用于吸食的毒品，在交通、食宿等必要开销之外收取“介绍费”“劳务费”，或者以贩卖为目的收取部分毒品作为酬劳的，应视为从中牟利，属于变相加价贩卖毒品，以贩卖毒品罪定罪处罚。

购毒者接收贩毒者通过物流寄递方式交付的毒品，没有证据证明其是为了实施贩卖毒品等其他犯罪,毒品数量达到刑法第348条规定的最低数量标准的,一般以非法持有毒品罪定罪处罚。代收者明知是物流寄递的毒品而代购毒者接收,没有证据证明其与购毒者有实施贩卖、运输毒品等犯罪的共同故意,毒品数量达到刑法第348条规定的最低数量标准的,对代收者以非法持有毒品罪定罪处罚。

行为人利用信息网络贩卖毒品、在境内非法买卖用于制造毒品的原料或者配剂、传授制造毒品等犯罪的方法,构成贩卖毒品罪、非法买卖制毒物品罪、传授犯罪方法罪等犯罪的,依法定罪处罚。行为人开设网站、利用网络聊天室等组织他人共同吸毒,构成引诱、教唆、欺骗他人吸毒罪等犯罪的,依法定罪处罚。

(二)共同犯罪认定问题

办理贩卖毒品案件,应当准确认定居间介绍买卖毒品行为,并与居中倒卖毒品行为相区别。居间介绍者在毒品交易中处于中间人地位,发挥介绍联络作用,通常与交易一方构成共同犯罪,但不以牟利为要件;居中倒卖者属于毒品交易主体,与前后环节的交易对象是上下家关系,直接参与毒品交易并从中获利。居间介绍者受贩毒者委托,为其介绍联络购毒者的,与贩毒者构成贩卖毒品罪的共同犯罪;明知购毒者以贩卖为目的购买毒品,受委托为其介绍联络贩毒者的,与购毒者构成贩卖毒品罪的共同犯罪;受以吸食为目的的购毒者委托,为其介绍联络贩毒者,毒品数量达到刑法第348条规定的最低数量标准的,一般与购毒者构成非法持有毒品罪的共同犯罪;同时与贩毒者、购毒者共谋,联络促成双方交易的,通常认定与贩毒者构成贩卖毒品罪的共同犯罪。居间介绍者实施为毒品交易主体提供交易信息、介绍交易对象等帮助行为,对促成交易起次要、辅助作用的,应当认定为从犯;对于以居间介绍者的身份介入毒品交易,但在交易中超出居间介绍者的地位,对交易的发起和达成起重要作用的被告人,可以认定为主犯。

两人以上同行运输毒品的,应当从是否明知他人带有毒品,有无共同运输毒品的意思联络,有无实施配合、掩护他人运输毒品的行为等方面综合审查认定是否构成共同犯罪。受雇于同一雇主同行运输毒品,但受雇者之间没有共同犯罪故意,或者虽然明知他人受雇运输毒品,但各自的运输行为相对独立,既没有实施配合、掩护他人运输毒品的行为,又分别按照各自运输的毒品数量领取报酬的,不应认定为共同犯罪。受雇于同一雇主分段运输同一宗毒品,但受雇者之间没有犯罪共谋的,也不应认定为共同犯罪。雇用他人运输毒品的雇主,及其他对受雇者起到一定组织、指挥作用的人员,与各受雇者分别构成运输毒品罪的共同犯罪,对运输的全部毒品数量承担刑事责任。

(三)毒品数量认定问题

走私、贩卖、运输、制造、非法持有两种以上毒品的,可以将不同种类的毒品分别折算为海洛因的数量,以折算后累加的毒品总量作为量刑的根据。对于刑法、司法解释或者其他规范性文件明确规定了定罪量刑数量标准的毒品,应当按照该毒品与海洛因定罪量刑数量标准的比例进行折算后累加。对于刑法、司法解释及其他规范性文件没有规定定罪量刑数量标准,但《非法药物折算表》规定了与海洛因的折算比例的毒品,可以按照《非法药物折算表》折算为海洛因后进行累加。对于既未规定定罪量刑数量标准,又不具备折算条件的毒品,综合考虑其致瘾癖性、社会危害性、数量、纯度等因素依法量刑。在裁判文书中,应当客观表述涉案毒品的种类和数量,并综合认定为数量大、数量较大或者少量毒品等,不明确表述将不同种类毒品进行折算后累加的毒品总量。

对于未查获实物的甲基苯丙胺片剂(俗称"麻古"等)、MDMA片剂(俗称"摇头丸")等混合型毒品,可以根据在案证据证明的毒品粒数,参考本案或者本地区查获的同类毒品的平均重量计算出毒品数量。在裁判文书中,应当客观表述根据在案证据认定的毒品粒数。

对于有吸毒情节的贩毒人员,一般应当按照其购买的毒品数量认定其贩卖毒品的数量,量刑时酌情考虑其吸食毒品的情节;购买的毒品数量无法查明的,按照能够证明的贩卖数量及查获的毒品数量认定其贩毒数量;确有证据证明其购买的部分毒品并非用于贩卖的,不应计入其贩毒数量。

办理毒品犯罪案件,无论毒品纯度高低,一般均应将查证属实的毒品数量认定为毒品犯罪的数量,并据此确定适用的法定刑幅度,但司法解释另有规定或者为了隐蔽运输而临时改变毒品常规形态的除外。涉案毒品纯度明显低于同类毒品的正常纯度的,量刑时可以酌情考虑。

制造毒品案件中,毒品成品、半成品的数量应当全部认定为制造毒品的数量,对于无法再加工出成品、半成品的废液、废料则不应计入制造毒品的数量。对于废液、废料的认定,可以根据其毒品成分的含量、外观形态,结合被告人对制毒过程的供述等证据进行分析判断,必要时可以听取鉴定机构的意见。

(四)死刑适用问题

当前,我国毒品犯罪形势严峻,审判工作中应当继续坚持依法从严惩处毒品犯罪的指导思想,充分发挥死刑对于预防和惩治毒品犯罪的重要作用。要继续按照《大连会议纪要》的要求,突出打击重点,对罪行极其严重、依法应当判处死刑的被告人,坚决依法判处。同时,应当全面、准确贯彻宽严相济刑事政策,体现区别对待,做到罚当其罪,量刑时综合考虑毒品数量、犯罪性质、情节、危害后果、被告人的主观恶性、人身危险性及当地的禁毒形势等因素,严格审慎地决定死刑适用,确保死刑只适用于极少数罪行极其严重的犯罪分子。

1. 运输毒品犯罪的死刑适用

对于运输毒品犯罪,应当继续按照《大连会议纪要》的有关精神,重点打击运输毒品犯罪集团首要分子,组织、指使、雇用他人运输毒品的主犯或者毒枭、职业毒犯、毒品再犯,以及具有武装掩护运输毒品、以运输毒品为业、多次运输毒品等严重情节的被告人,对其中依法应当判处死刑的,坚决依法判处。

对于受人指使、雇用参与运输毒品的被告人,应当综合考虑毒品数量、犯罪次数、犯罪的主动性和独立性、在共同犯罪中的地位作用、获利程度和方式及其主观恶性、人身危险性等因素,予以区别对待,慎重适用死刑。对于有证据证明确属受人指使、雇用运输毒品,又系初犯、偶犯的被告人,即使毒品数量超过实际掌握的死刑数量标准,也可以不判处死刑;尤其对于其中被动参与犯罪,从属性、辅助性较强,获利程度较低的被告人,一般不应当判处死刑。对于不能排除受人指使、雇用初次运输毒品的被告人,毒品数量超过实际掌握的死刑数量标准,但尚不属数量巨大的,一般也可以不判处死刑。

一案中有多人受雇运输毒品的,在决定死刑适用时,除各被告人运输毒品的数量外,还应结合其具体犯罪情节、参与犯罪程度、与雇用者关系的紧密性及其主观恶性、人身危险性等因素综合考虑,同时判处 2 人以上死刑要特别慎重。

2. 毒品共同犯罪、上下家犯罪的死刑适用

毒品共同犯罪案件的死刑适用应当与该案的毒品数量、社会危害及被告人的犯罪情节、主观恶性、人身危险性相适应。涉案毒品数量刚超过实际掌握的死刑数量标准,依法应当适用死刑的,要尽量区分主犯间的罪责大小,一般只对其中罪责最大的 1 名主犯判处死刑;各共同犯罪人地位作用相当,或者罪责大小难以区分的,可以不判处被告人死刑;2 名主犯的罪责均很突出,且均具有法定从重处罚情节的,也要尽可能比较其主观恶性、人身危险性方面的差异,判处 2 人死刑要特别慎重。涉案毒品数量达到巨大以上,2 名以上主犯的罪责均很突出,或者罪责稍次的主犯具有法定、重大酌定从重处罚情节,判处 2 人以上死刑符合罪刑相适应

原则,并有利于全案量刑平衡的,可以依法判处。

对于部分共同犯罪人未到案的案件,在案被告人与未到案共同犯罪人均属罪行极其严重,即使共同犯罪人到案也不影响对在案被告人适用死刑的,可以依法判处在案被告人死刑;在案被告人的罪行不足以判处死刑,或者共同犯罪人归案后全案只宜判处其1人死刑的,不能因为共同犯罪人未到案而对在案被告人适用死刑;在案被告人与未到案共同犯罪人的罪责大小难以准确认定,进而影响准确适用死刑的,不应对在案被告人判处死刑。

对于贩卖毒品案件中的上下家,要结合其贩毒数量、次数及对象范围,犯罪的主动性,对促成交易所发挥的作用,犯罪行为的危害后果等因素,综合考虑其主观恶性和人身危险性,慎重、稳妥地决定死刑适用。对于买卖同宗毒品的上下家,涉案毒品数量刚超过实际掌握的死刑数量标准的,一般不能同时判处死刑;上家主动联络销售毒品,积极促成毒品交易的,通常可以判处上家死刑;下家积极筹资,主动向上家约购毒品,对促成毒品交易起更大作用的,可以考虑判处下家死刑。涉案毒品数量达到巨大以上的,也要综合上述因素决定死刑适用,同时判处上下家死刑符合罪刑相适应原则,并有利于全案量刑平衡的,可以依法判处。

一案中有多名共同犯罪人、上下家针对同宗毒品实施犯罪的,可以综合运用上述毒品共同犯罪、上下家犯罪的死刑适用原则予以处理。

办理毒品犯罪案件,应当尽量将共同犯罪案件或者密切关联的上下游案件进行并案审理;因客观原因造成分案处理的,办案时应当及时了解关联案件的审理进展和处理结果,注重量刑平衡。

3. 新类型、混合型毒品犯罪的死刑适用

甲基苯丙胺片剂(俗称"麻古"等)是以甲基苯丙胺为主要毒品成分的混合型毒品,其甲基苯丙胺含量相对较低,危害性亦有所不同。为体现罚当其罪,甲基苯丙胺片剂的死刑数量标准一般可以按照甲基苯丙胺(冰毒)的2倍左右掌握,具体可以根据当地的毒品犯罪形势和涉案毒品含量等因素确定。

涉案毒品为氯胺酮(俗称"K粉")的,结合毒品数量、犯罪性质、情节及危害后果等因素,对符合死刑适用条件的被告人可以依法判处死刑。综合考虑氯胺酮的致瘾癖性、滥用范围和危害性等因素,其死刑数量标准一般可以按照海洛因的10倍掌握。涉案毒品为其他滥用范围和危害性相对较小的新类型、混合型毒品的,一般不宜判处被告人死刑。但对于司法解释、规范性文件明确规定了定罪量刑数量标准,且涉案毒品数量特别巨大,社会危害大,不判处死刑难以体现罚当其罪的,必要时可以判处被告人死刑。

(五)缓刑、财产刑适用及减刑、假释问题

对于毒品犯罪应当从严掌握缓刑适用条件。对于毒品再犯,一般不得适用缓刑。对于不能排除多次贩毒嫌疑的零包贩毒被告人,因认定构成贩卖毒品等犯罪的证据不足而认定为非法持有毒品罪的被告人,实施引诱、教唆、欺骗、强迫他人吸毒犯罪及制毒物品犯罪的被告人,应当严格限制缓刑适用。

办理毒品犯罪案件,应当依法追缴犯罪分子的违法所得,充分发挥财产刑的作用,切实加大对犯罪分子的经济制裁力度。对查封、扣押、冻结的涉案财物及其孳息,经查确属违法所得或者依法应当追缴的其他涉案财物的,如购毒款、供犯罪所用的本人财物、毒品犯罪所得的财物及其收益等,应当判决没收,但法律另有规定的除外。判处罚金刑时,应当结合毒品犯罪的性质、情节、危害后果及被告人的获利情况、经济状况等因素合理确定罚金数额。对于决定并处没收财产的毒品犯罪,判处被告人有期徒刑的,应当按照上述确定罚金数额的原则确定没收个人部分财产的数额;判处无期徒刑的,可以并处没收个人全部财产;判处死缓或者死刑的,应当并处没收个人全部财产。

对于具有毒枭、职业毒犯、累犯、毒品再犯等情节的毒品罪犯,应当从严掌握减刑条件,适当延长减刑起始时间、间隔时间,严格控制减刑幅度,延长实际执行刑期。对于刑法未禁止假释的前述毒品罪犯,应当严格掌握假释条件。

(六)累犯、毒品再犯问题

累犯、毒品再犯是法定从重处罚情节,即使本次毒品犯罪情节较轻,也要体现从严惩处的精神。尤其对于曾因实施严重暴力犯罪被判刑的累犯、刑满释放后短期内又实施毒品犯罪的再犯,以及在缓刑、假释、暂予监外执行期间又实施毒品犯罪的再犯,应当严格体现从重处罚。

对于因同一毒品犯罪前科同时构成累犯和毒品再犯的被告人,在裁判文书中应当同时引用刑法关于累犯和毒品再犯的条款,但在量刑时不得重复予以从重处罚。对于因不同犯罪前科同时构成累犯和毒品再犯的被告人,量刑时的从重处罚幅度一般应大于前述情形。

(七)非法贩卖麻醉药品、精神药品行为的定性问题

行为人向走私、贩卖毒品的犯罪分子或者吸食、注射毒品的人员贩卖国家规定管制的能够使人形成瘾癖的麻醉药品或者精神药品的,以贩卖毒品罪定罪处罚。

行为人出于医疗目的,违反有关药品管理的国家规定,非法贩卖上述麻醉药品或者精神药品,扰乱市场秩序,情节严重的,以非法经营罪定罪处罚。

29. 公安部《关于对涉刑强制隔离戒毒人员剩余强制隔离戒毒期限继续执行有关问题的批复》(公复字〔2016〕1号)

浙江省公安厅:你厅《关于涉刑强制隔离戒毒人员剩余强制隔离戒毒期限继续执行有关问题的请示》(浙公请[2015]293号)收悉。经商司法部同意,现批复如下:

对于强制隔离戒毒期限未满,刑罚执行完毕或者解除强制措施后未能继续送强制隔离戒毒所执行的强制隔离戒毒人员,流散社会后再次被公安机关查获的,应当送原强制隔离戒毒所执行;不便转送的可以就近送公安机关或者司法行政部门管理的强制隔离戒毒所执行,就近接收的强制隔离戒毒所应当将有关情况通知原强制隔离戒毒所和原决定机关并送达继续执行强制隔离戒毒人员登记表(式样附后)。原强制隔离戒毒所或者就近接收的强制隔离戒毒所应当通知监狱、看守所移交强制隔离戒毒决定书和诊断评估手册。剩余强制隔离戒毒期限自查获之日起计算。

强制隔离戒毒人员再次被查获时,发现其有复吸毒品行为的,查获地公安机关应当在继续执行强制隔离戒毒人员登记表中注明,并将相关证据材料附后。

30. 最高人民法院《关于审理毒品犯罪案件适用法律若干问题的解释》(法释〔2016〕8号)

为依法惩治毒品犯罪,根据《中华人民共和国刑法》的有关规定,现就审理此类刑事案件适用法律的若干问题解释如下:

第1条 走私、贩卖、运输、制造、非法持有下列毒品,应当认定为刑法第347条第2款第1项、第348条规定的"其他毒品数量大":

(一)可卡因50克以上;(二)3,4-亚甲二氧基甲基苯丙胺(MDMA)等苯丙胺类毒品(甲基苯丙胺除外)、吗啡100克以上;(三)芬太尼125克以上;(四)甲卡西酮200克以上;(五)二氢埃托啡10毫克以上;(六)哌替啶(度冷丁)250克以上;(七)氯胺酮500克以上;(八)美沙酮1000克以上;(九)曲马多、γ-羟丁酸2000克以上;(十)大麻油5000克、大麻脂10千克、大麻叶及大麻烟150千克以上;(十一)可待因、丁丙诺啡5000克以上;(十二)三唑仑、安眠酮50千克以上;(十三)阿普唑仑、恰特草100千克以上;(十四)咖啡因、罂粟壳200千克以上;(十五)巴比妥、苯巴比妥、安钠咖、尼美西泮250千克以上;(十六)氯氮卓、艾司唑仑、地西泮、溴西泮500千克以上;(十七)上述毒品以外的其他毒品数量大的。

国家定点生产企业按照标准规格生产的麻醉药品或者精神药品被用于毒品犯罪的,根据药品中毒品成分的含量认定涉案毒品数量。

第2条 走私、贩卖、运输、制造、非法持有下列毒品,应当认定为刑法第347条第3款、第348条规定的"其他毒品数量较大":

(一)可卡因10克以上不满50克;(二)3,4-亚甲二氧基甲基苯丙胺(MDMA)等苯丙胺类毒品(甲基苯丙胺除外)、吗啡20克以上不满100克;(三)芬太尼25克以上不满125克;(四)甲卡西酮40克以上不满200克;(五)二氢埃托啡2毫克以上不满10毫克;(六)哌替啶(度冷丁)50克以上不满250克;(七)氯胺酮1百克以上不满500克;(八)美沙酮200克以上不满1000克;(九)曲马多、γ-羟丁酸400克以上不满2000克;(十)大麻油1000克以上不满5000克、大麻脂2000克以上不满10千克、大麻叶及大麻烟30千克以上不满150千克;(十一)可待因、丁丙诺啡1000克以上不满5000克;(十二)三唑仑、安眠酮10千克以上不满50千克;(十三)阿普唑仑、恰特草20千克以上不满100千克;(十四)咖啡因、罂粟壳40千克以上不满200千克;(十五)巴比妥、苯巴比妥、安钠咖、尼美西泮50千克以上不满250千克;(十六)氯氮卓、艾司唑仑、地西泮、溴西泮100千克以上不满500千克;(十七)上述毒品以外的其他毒品数量较大的。

第3条 在实施走私、贩卖、运输、制造毒品犯罪的过程中,携带枪支、弹药或者爆炸物用于掩护的,应当认定为刑法第347条第2款第3项规定的"武装掩护走私、贩卖、运输、制造毒品"。枪支、弹药、爆炸物种类的认定,依照相关司法解释的规定执行。

在实施走私、贩卖、运输、制造毒品犯罪的过程中,以暴力抗拒检查、拘留、逮捕,造成执法人员死亡、重伤、多人轻伤或者具有其他严重情节的,应当认定为刑法第347条第2款第4项规定的"以暴力抗拒检查、拘留、逮捕,情节严重"。

第4条 走私、贩卖、运输、制造毒品,具有下列情形之一的,应当认定为刑法第347条第4款规定的"情节严重":

(一)向多人贩卖毒品或者多次走私、贩卖、运输、制造毒品的;(二)在戒毒场所、监管场所贩卖毒品的;(三)向在校学生贩卖毒品的;(四)组织、利用残疾人、严重疾病患者、怀孕或者正在哺乳自己婴儿的妇女走私、贩卖、运输、制造毒品的;(五)国家工作人员走私、贩卖、运输、制造毒品的;(六)其他情节严重的情形。

第5条 非法持有毒品达到刑法第348条或者本解释第2条规定的"数量较大"标准,且具有下列情形之一的,应当认定为刑法第348条规定的"情节严重":

(一)在戒毒场所、监管场所非法持有毒品的;(二)利用、教唆未成年人非法持有毒品的;(三)国家工作人员非法持有毒品的;(四)其他情节严重的情形。

第6条 包庇走私、贩卖、运输、制造毒品的犯罪分子,具有下列情形之一的,应当认定为刑法第349条第1款规定的"情节严重":

(一)被包庇的犯罪分子依法应当判处15年有期徒刑以上刑罚的;(二)包庇多名或者多次包庇走私、贩卖、运输、制造毒品的犯罪分子的;(三)严重妨害司法机关对被包庇的犯罪分子实施的毒品犯罪进行追究的;(四)其他情节严重的情形。

为走私、贩卖、运输、制造毒品的犯罪分子窝藏、转移、隐瞒毒品或者毒品犯罪所得的财物,具有下列情形之一的,应当认定为刑法第349条第1款规定的"情节严重":

(一)为犯罪分子窝藏、转移、隐瞒毒品达到刑法第347条第2款第1项或者本解释第1条第1款规定的"数量大"标准的;(二)为犯罪分子窝藏、转移、隐瞒毒品犯罪所得的财物价值达到5万元以上的;(三)为多人或者多次为他人窝藏、转移、隐瞒毒品或者毒品犯罪所得的财物的;(四)严重妨害司法机关对该犯罪分子实施的毒品犯罪进行追究的;(五)其他情节严重的情形。

包庇走私、贩卖、运输、制造毒品的近亲属,或者为其窝藏、转移、隐瞒毒品或者毒品犯罪所得的财物,不具有本条前两款规定的“情节严重”情形,归案后认罪、悔罪、积极退赃,且系初犯、偶犯,犯罪情节轻微不需要判处刑罚的,可以免予刑事处罚。

第7条 违反国家规定,非法生产、买卖、运输制毒物品、走私制毒物品,达到下列数量标准的,应当认定为刑法第350条第1款规定的“情节较重”:

(一)麻黄碱(麻黄素)、伪麻黄碱(伪麻黄素)、消旋麻黄碱(消旋麻黄素)1000克以上不满5000克;(二)1-苯基-2-丙酮、1-苯基-2-溴-1-丙酮、3,4-亚甲基二氧苯基-2-丙酮、羟亚胺2000克以上不满10千克;(三)3-氧-2-苯基丁腈、邻氯苯基环戊酮、去甲麻黄碱(去甲麻黄素)、甲基麻黄碱(甲基麻黄素)4000克以上不满20千克;(四)醋酸酐10千克以上不满50千克;(五)麻黄浸膏、麻黄浸膏粉、胡椒醛、黄樟素、黄樟油、异黄樟素、麦角酸、麦角胺、麦角新碱、苯乙酸20千克以上不满100千克;(六)N-乙酰邻氨基苯酸、邻氨基苯甲酸、三氯甲烷、乙醚、哌啶50千克以上不满250千克;(27)甲苯、丙酮、甲基乙基酮、高锰酸钾、硫酸、盐酸100千克以上不满500千克;(八)其他制毒物品数量相当的。

违反国家规定,非法生产、买卖、运输制毒物品、走私制毒物品,达到前款规定的数量标准最低值的50%,且具有下列情形之一的,应当认定为刑法第350条第1款规定的“情节较重”:

(一)曾因非法生产、买卖、运输制毒物品、走私制毒物品受过刑事处罚的;(二)2年内曾因非法生产、买卖、运输制毒物品、走私制毒物品受过行政处罚的;(三)1次组织5人以上或者多次非法生产、买卖、运输制毒物品、走私制毒物品,或者在多个地点非法生产制毒物品的;(四)利用、教唆未成年人非法生产、买卖、运输制毒物品、走私制毒物品的;(五)国家工作人员非法生产、买卖、运输制毒物品、走私制毒物品的;(六)严重影响群众正常生产、生活秩序的;(七)其他情节较重的情形。

易制毒化学品生产、经营、购买、运输单位或者个人未办理许可证明或者备案证明,生产、销售、购买、运输易制毒化学品,确实用于合法生产、生活需要的,不以制毒物品犯罪论处。

第8条 违反国家规定,非法生产、买卖、运输制毒物品、走私制毒物品,具有下列情形之一的,应当认定为刑法第350条第1款规定的“情节严重”:

(一)制毒物品数量在本解释第7条第1款规定的最高数量标准以上,不满最高数量标准5倍的;(二)达到本解释第7条第1款规定的数量标准,且具有本解释第7条第2款第3项至第6项规定的情形之一的;(三)其他情节严重的情形。

违反国家规定,非法生产、买卖、运输制毒物品、走私制毒物品,具有下列情形之一的,应当认定为刑法第350条第1款规定的“情节特别严重”:

(一)制毒物品数量在本解释第7条第1款规定的最高数量标准5倍以上的;(二)达到前款第1项规定的数量标准,且具有本解释第7条第2款第3项至第6项规定的情形之一的;(三)其他情节特别严重的情形。

第9条 非法种植毒品原植物,具有下列情形之一的,应当认定为刑法第351条第1款第1项规定的“数量较大”:

(一)非法种植大麻5000株以上不满3万株的;(二)非法种植罂粟200平方米以上不满1200平方米、大麻2000平方米以上不满12000平方米,尚未出苗的;(三)非法种植其他毒品原植物数量较大的。

非法种植毒品原植物,达到前款规定的最高数量标准的,应当认定为刑法第351条第2款规定的“数量大”。

第10条 非法买卖、运输、携带、持有未经灭活的毒品原植物种子或者幼苗,具有下列情形之一的,应当认定为刑法第352条规定的“数量较大”:

(一)罂粟种子50克以上、罂粟幼苗5000株以上的;(二)大麻种子50千克以上、大麻幼苗5万株以上的;(三)其他毒品原植物种子或者幼苗数量较大的。

第11条 引诱、教唆、欺骗他人吸食、注射毒品,具有下列情形之一的,应当认定为刑法第353条第1款规定的"情节严重":

(一)引诱、教唆、欺骗多人或者多次引诱、教唆、欺骗他人吸食、注射毒品的;(二)对他人身体健康造成严重危害的;(三)导致他人实施故意杀人、故意伤害、交通肇事等犯罪行为的;(四)国家工作人员引诱、教唆、欺骗他人吸食、注射毒品的;(五)其他情节严重的情形。

第12条 容留他人吸食、注射毒品,具有下列情形之一的,应当依照刑法第354条的规定,以容留他人吸毒罪定罪处罚:

(一)1次容留多人吸食、注射毒品的;(二)2年内多次容留他人吸食、注射毒品的;(三)2年内曾因容留他人吸食、注射毒品受过行政处罚的;(四)容留未成年人吸食、注射毒品的;(五)以牟利为目的容留他人吸食、注射毒品的;(六)容留他人吸食、注射毒品造成严重后果的;(七)其他应当追究刑事责任的情形。

向他人贩卖毒品后又容留其吸食、注射毒品,或者容留他人吸食、注射毒品并向其贩卖毒品,符合前款规定的容留他人吸毒罪的定罪条件的,以贩卖毒品罪和容留他人吸毒罪数罪并罚。

容留近亲属吸食、注射毒品,情节显著轻微危害不大的,不作为犯罪处理;需要追究刑事责任的,可以酌情从宽处罚。

第13条 依法从事生产、运输、管理、使用国家管制的麻醉药品、精神药品的人员,违反国家规定,向吸食、注射毒品的人提供国家规定管制的能够使人形成瘾癖的麻醉药品、精神药品,具有下列情形之一的,应当依照刑法第366条第1款的规定,以非法提供麻醉药品、精神药品罪定罪处罚:

(一)非法提供麻醉药品、精神药品达到刑法第347条第3款或者本解释第2条规定的"数量较大"标准最低值的50%,不满"数量较大"标准的;(二)2年内曾因非法提供麻醉药品、精神药品受过行政处罚的;(三)向多人或者多次非法提供麻醉药品、精神药品的;(四)向吸食、注射毒品的未成年人非法提供麻醉药品、精神药品的;(五)非法提供麻醉药品、精神药品造成严重后果的;(六)其他应当追究刑事责任的情形。

具有下列情形之一的,应当认定为刑法第355条第1款规定的"情节严重":

(一)非法提供麻醉药品、精神药品达到刑法第347条第3款或者本解释第2条规定的"数量较大"标准的;(二)非法提供麻醉药品、精神药品达到前款第1项规定的数量标准,且具有前款第3项至第5项规定的情形之一的;(三)其他情节严重的情形。

第14条 利用信息网络,设立用于实施传授制造毒品、非法生产制毒物品的方法,贩卖毒品,非法买卖制毒物品或者组织他人吸食、注射毒品等违法犯罪活动的网站、通讯群组,或者发布实施前述违法犯罪活动的信息,情节严重的,应当依照刑法第287条之一的规定,以非法利用信息网络罪定罪处罚。

实施刑法第287条之一、第287条之二规定的行为,同时构成贩卖毒品罪、非法买卖制毒物品罪、传授犯罪方法罪等犯罪的,依照处罚较重的规定定罪处罚。

第15条 本解释自2016年4月11日起施行。《最高人民法院关于审理毒品案件定罪量刑标准有关问题的解释》(法释〔2000〕13号)同时废止;之前发布的司法解释和规范性文件与本解释不一致的,以本解释为准。

31. 最高人民法院、最高人民检察院、公安部《办理毒品犯罪案件毒品提取、扣押、称量、取样和送检程序若干问题的规定》(公禁毒〔2016〕511号)

第1章 总　　则

第1条 为规范毒品的提取、扣押、称量、取样和送检程序,提高办理毒品犯罪案件的质量和效率,根据《中华人民共和国刑事诉讼法》《最高人民法院关于适用〈中华人民共和国刑事诉讼法〉的解释》《人民检察院刑事诉讼规则(试行)》《公安机关办理刑事案件程序规定》等有关规定,结合办案工作实际,制定本规定。

第2条 公安机关对于毒品的提取、扣押、称量、取样和送检工作,应当遵循依法、客观、准确、公正、科学和安全的原则,确保毒品实物证据的收集、固定和保管工作严格依法进行。

第3条 人民检察院、人民法院办理毒品犯罪案件,应当审查公安机关对毒品的提取、扣押、称量、取样、送检程序以及相关证据的合法性。

毒品的提取、扣押、称量、取样、送检程序存在瑕疵,可能严重影响司法公正的,人民检察院、人民法院应当要求公安机关予以补正或者作出合理解释。经公安机关补正或者作出合理解释的,可以采用相关证据;不能补正或者作出合理解释的,对相关证据应当依法予以排除,不得作为批准逮捕、提起公诉或者判决的依据。

第2章 提取、扣押

第4条 侦查人员应当对毒品犯罪案件有关的场所、物品、人身进行勘验、检查或者搜查,及时准确地发现、固定、提取、采集毒品及内外包装物上的痕迹、生物样本等物证,依法予以扣押。必要时,可以指派或者聘请具有专门知识的人,在侦查人员的主持下进行勘验、检查。

侦查人员对制造毒品、非法生产制毒物品犯罪案件的现场进行勘验、检查或者搜查时,应当提取并当场扣押制造毒品、非法生产制毒物品的原料、配剂、成品、半成品和工具、容器、包装物以及上述物品附着的痕迹、生物样本等物证。

提取、扣押时,不得将不同包装物内的毒品混合。

现场勘验、检查或者搜查时,应当对查获毒品的原始状态拍照或者录像,采取措施防止犯罪嫌疑人及其他无关人员接触毒品及包装物。

第5条 毒品的扣押应当在有犯罪嫌疑人在场并有见证人的情况下,由2名以上侦查人员执行。

毒品的提取、扣押情况应当制作笔录,并当场开具扣押清单。

笔录和扣押清单应当由侦查人员、犯罪嫌疑人和见证人签名。犯罪嫌疑人拒绝签名的,应当在笔录和扣押清单中注明。

第6条 对同一案件在不同位置查获的两个以上包装的毒品,应当根据不同的查获位置进行分组。

对同一位置查获的两个以上包装的毒品,应当按照以下方法进行分组:

(一)毒品或者包装物的外观特征不一致的,根据毒品及包装物的外观特征进行分组;(二)毒品及包装物的外观特征一致,但犯罪嫌疑人供述非同一批次毒品的,根据犯罪嫌疑人供述的不同批次进行分组;(三)毒品及包装物的外观特征一致,但犯罪嫌疑人辩称其中部分不是毒品或者不知是否为毒品的,对犯罪嫌疑人辩解的部分疑似毒品单独分组。

第7条 对查获的毒品应当按其独立最小包装逐一编号或者命名,并将毒品的编号、名称、数量、查获位置以及包装、颜色、形态等外观特征记录在笔录或者扣押清单中。

在毒品的称量、取样、送检等环节,毒品的编号、名称以及对毒品外观特征的描述应当与笔录和扣押清单保持一致;不一致的,应当作出书面说明。

第8条 对体内藏毒的案件,公安机关应当监控犯罪嫌疑人排出体内的毒品,及时提取、扣押并制作笔录。笔录应当由侦查人员和犯罪嫌疑人签名;犯罪嫌疑人拒绝签名的,应当在笔录中注明。在保障犯罪嫌疑人隐私权和人格尊严的情况下,可以对排毒的主要过程进行拍照或者录像。

必要时，可以在排毒前对犯罪嫌疑人体内藏毒情况进行透视检验并以透视影像的形式固定证据。

体内藏毒的犯罪嫌疑人为女性的，应当由女性工作人员或者医师检查其身体，并由女性工作人员监控其排毒。

第9条 现场提取、扣押等工作完成后，一般应当由两名以上侦查人员对提取、扣押的毒品及包装物进行现场封装，并记录在笔录中。

封装应当在有犯罪嫌疑人在场并有见证人的情况下进行；应当使用封装袋封装毒品并加密封口，或者使用封条贴封包装，作好标记和编号，由侦查人员、犯罪嫌疑人和见证人在封口处、贴封处或者指定位置签名并签署封装日期。犯罪嫌疑人拒绝签名的，侦查人员应当注明。

确因情况紧急、现场环境复杂等客观原因无法在现场实施封装的，经公安机关办案部门负责人批准，可以及时将毒品带至公安机关办案场所或者其他适当的场所进行封装，并对毒品移动前后的状态进行拍照固定，作出书面说明。

封装时，不得将不同包装内的毒品混合。对不同组的毒品，应当分别独立封装，封装后可以统一签名。

第10条 必要时，侦查人员应当对提取、扣押和封装的主要过程进行拍照或者录像。

照片和录像资料应当反映提取、扣押和封装活动的主要过程以及毒品的原始位置、存放状态和变动情况。照片应当附有相应的文字说明，文字说明应当与照片反映的情况相对应。

第11条 公安机关应当设置专门的毒品保管场所或者涉案财物管理场所，指定专人保管封装后的毒品及包装物，并采取措施防止毒品发生变质、泄漏、遗失、损毁或者受到污染等。

对易燃、易爆、具有毒害性以及对保管条件、保管场所有特殊要求的毒品，在处理前应当存放在符合条件的专门场所。公安机关没有具备保管条件的场所的，可以借用其他单位符合条件的场所进行保管。

第3章 称 量

第12条 毒品的称量一般应当由两名以上侦查人员在查获毒品的现场完成。

不具备现场称量条件的，应当按照本规定第九条的规定对毒品及包装物封装后，带至公安机关办案场所或者其他适当的场所进行称量。

第13条 称量应当在有犯罪嫌疑人在场并有见证人的情况下进行，并制作称量笔录。

对已经封装的毒品进行称量前，应当在有犯罪嫌疑人在场并有见证人的情况下拆封，并记录在称量笔录中。

称量笔录应当由称量人、犯罪嫌疑人和见证人签名。犯罪嫌疑人拒绝签名的，应当在称量笔录中注明。

第14条 称量应当使用适当精度和称量范围的衡器。称量的毒品质量不足100克的，衡器的分度值应当达到0.01克；100克以上且不足1000克的，分度值应当达到0.1克；1000克以上且不足10千克的，分度值应当达到1克；10千克以上且不足100千克的，分度值应当达到10克；100千克以上且不足1吨的，分度值应当达到100克；1吨以上的，分度值应当达到1000克。

称量前，称量人应当将衡器示数归零，并确保其处于正常的工作状态。

称量所使用的衡器应当经过法定计量检定机构检定并在有效期内，一般不得随意搬动。

法定计量检定机构出具的计量检定证书复印件应当归入证据材料卷，并随案移送。

第15条 对两个以上包装的毒品，应当分别称量，并统一制作称量笔录，不得混合后称量。

对同一组内的多个包装的毒品,可以采取全部毒品及包装物总质量减去包装物质量的方式确定毒品的净质量;称量时,不同包装物内的毒品不得混合。

第16条 多个包装的毒品系包装完好、标识清晰完整的麻醉药品、精神药品制剂的,可以按照其包装、标识或者说明书上标注的麻醉药品、精神药品成分的含量计算全部毒品的质量,或者从相同批号的药品制剂中随机抽取3个包装进行称量后,根据麻醉药品、精神药品成分的含量计算全部毒品的质量。

第17条 对体内藏毒的案件,应当将犯罪嫌疑人排出体外的毒品逐一称量,统一制作称量笔录。

犯罪嫌疑人供述所排出的毒品系同一批次或者毒品及包装物的外观特征相似的,可以按照本规定第15条第2款规定的方法进行称量。

第18条 对同一容器内的液态毒品或者固液混合状态毒品,应当采用拍照或者录像等方式对其原始状态进行固定,再统一称量。必要时,可以对其原始状态固定后,再进行固液分离并分别称量。

第19条 现场称量后将毒品带回公安机关办案场所或者送至鉴定机构取样的,应当按照本规定第9条的规定对毒品及包装物进行封装。

第20条 侦查人员应当对称量的主要过程进行拍照或者录像。

照片和录像资料应当清晰显示毒品的外观特征、衡器示数和犯罪嫌疑人对称量结果的指认情况。

第4章 取 样

第21条 毒品的取样一般应当在称量工作完成后,由两名以上侦查人员在查获毒品的现场或者公安机关办案场所完成。必要时,可以指派或者聘请具有专门知识的人进行取样。

在现场或者公安机关办案场所不具备取样条件的,应当按照本规定第9条的规定对毒品及包装物进行封装后,将其送至鉴定机构并委托鉴定机构进行取样。

第22条 在查获毒品的现场或者公安机关办案场所取样的,应当在有犯罪嫌疑人在场并有见证人的情况下进行,并制作取样笔录。

对已经封装的毒品进行取样前,应当在有犯罪嫌疑人在场并有见证人的情况下拆封,并记录在取样笔录中。

取样笔录应当由取样人、犯罪嫌疑人和见证人签名。犯罪嫌疑人拒绝签名的,应当在取样笔录中注明。

必要时,侦查人员应当对拆封和取样的主要过程进行拍照或者录像。

第23条 委托鉴定机构进行取样的,对毒品的取样方法、过程、结果等情况应当制作取样笔录,但鉴定意见包含取样方法的除外。

取样笔录应当由侦查人员和取样人签名,并随案移送。

第24条 对单个包装的毒品,应当按照下列方法选取或者随机抽取检材:

(一)粉状。将毒品混合均匀,并随机抽取约1克作为检材;不足1克的全部取作检材。(二)颗粒状、块状。随机选择3个以上不同的部位,各抽取一部分混合作为检材,混合后的检材质量不少于1克;不足1克的全部取作检材。(三)膏状、胶状。随机选择3个以上不同的部位,各抽取一部分混合作为检材,混合后的检材质量不少于3克;不足3克的全部取作检材。(四)胶囊状、片剂状。先根据形状、颜色、大小、标识等外观特征进行分组;对于外观特征相似的一组,从中随机抽取3粒作为检材,不足3粒的全部取作检材。(五)液态。将毒品混合均匀,并随机抽取约20毫升作为检材;不足20毫升的全部取作检材。(六)固液混合状态。按照本款以上各项规定的方法,分别对固态毒品和液态毒品取样;能够混合均匀成溶液的,可以将其混合均匀后按照本款第5项规定的方法取样。

对其他形态毒品的取样,参照前款规定的取样方法进行。

第25条 对同一组内两个以上包装的毒品,应当按照下列标准确定选取或者随机抽取独立最小包装的数量,再根据本规定第24条规定的取样方法从单个包装中选取或者随机抽取检材:

(一)少于10个包装的,应当选取所有的包装;(二)10个以上包装且少于100个包装的,应当随机抽取其中的10个包装;(三)100个以上包装的,应当随机抽取与包装总数的平方根数值最接近的整数个包装。

对选取或者随机抽取的多份检材,应当逐一编号或者命名,且检材的编号、名称应当与其他笔录和扣押清单保持一致。

第26条 多个包装的毒品系包装完好、标识清晰完整的麻醉药品、精神药品制剂的,可以从相同批号的药品制剂中随机抽取3个包装,再根据本规定第24条规定的取样方法从单个包装中选取或者随机抽取检材。

第27条 在查获毒品的现场或者公安机关办案场所取样的,应当使用封装袋封装检材并加密封口,作好标记和编号,由取样人、犯罪嫌疑人和见证人在封口处或者指定位置签名并签署封装日期。犯罪嫌疑人拒绝签名的,侦查人员应当注明。

从不同包装中选取或者随机抽取的检材应当分别独立封装,不得混合。

对取样后剩余的毒品及包装物,应当按照本规定第9条的规定进行封装。选取或者随机抽取的检材应当由专人负责保管。在检材保管和送检过程中,应当采取妥善措施防止其发生变质、泄漏、遗失、损毁或者受到污染等。

第28条 委托鉴定机构进行取样的,应当使用封装袋封装取样后剩余的毒品及包装物并加密封口,作好标记和编号,由侦查人员和取样人在封口处签名并签署封装日期。

第29条 对取样后剩余的毒品及包装物,应当及时送至公安机关毒品保管场所或者涉案财物管理场所进行妥善保管。

对需要作为证据使用的毒品,不起诉决定或者判决、裁定(含死刑复核判决、裁定)发生法律效力后方可处理。

第5章 送　　检

第30条 对查获的全部毒品或者从查获的毒品中选取或者随机抽取的检材,应当由两名以上侦查人员自毒品被查获之日起3日以内,送至鉴定机构进行鉴定。

具有案情复杂、查获毒品数量较多、异地办案、在交通不便地区办案等情形的,送检时限可以延长至7日。

公安机关应当向鉴定机构提供真实、完整、充分的鉴定材料,并对鉴定材料的真实性、合法性负责。

第31条 侦查人员送检时,应当持本人工作证件、鉴定聘请书等材料,并提供鉴定事项相关的鉴定资料;需要复核、补充或者重新鉴定的,还应当持原鉴定意见复印件。

第32条 送检的侦查人员应当配合鉴定机构核对鉴定材料的完整性、有效性,并检查鉴定材料是否满足鉴定需要。

公安机关鉴定机构应当在收到鉴定材料的当日作出是否受理的决定,决定受理的,应当与公安机关办案部门签订鉴定委托书;不予受理的,应当退还鉴定材料并说明理由。

第33条 具有下列情形之一的,公安机关应当委托鉴定机构对查获的毒品进行含量鉴定：

（一）犯罪嫌疑人、被告人可能被判处死刑的；（二）查获的毒品系液态、固液混合物或者系毒品半成品的；（三）查获的毒品可能大量掺假的；（四）查获的毒品系成分复杂的新类型毒品，且犯罪嫌疑人、被告人可能被判处7年以上有期徒刑的；（五）人民检察院、人民法院认为含量鉴定对定罪量刑有重大影响而书面要求进行含量鉴定的。

进行含量鉴定的检材应当与进行成分鉴定的检材来源一致，且一一对应。

第34条 对毒品原植物及其种子、幼苗，应当委托具备相应资质的鉴定机构进行鉴定。当地没有具备相应资质的鉴定机构的，可以委托侦办案件的公安机关所在地的县级以上农牧、林业行政主管部门，或者设立农林相关专业的普通高等学校、科研院所出具检验报告。

第6章 附 则

第35条 本规定所称的毒品，包括毒品的成品、半成品、疑似物以及含有毒品成分的物质。

毒品犯罪案件中查获的其他物品，如制毒物品及其半成品、含有制毒物品成分的物质、毒品原植物及其种子和幼苗的提取、扣押、称量、取样和送检程序，参照本规定执行。

第36条 本规定所称的“以上”“以内”包括本数，“日”是指工作日。

第37条 扣押、封装、称量或者在公安机关办案场所取样时，无法确定犯罪嫌疑人、犯罪嫌疑人在逃或者犯罪嫌疑人在异地被抓获且无法及时到场的，应当在有见证人的情况下进行，并在相关笔录、扣押清单中注明。

犯罪嫌疑人到案后，公安机关应当以告知书的形式告知其扣押、称量、取样的过程、结果。犯罪嫌疑人拒绝在告知书上签名的，应当将告知情况形成笔录，一并附卷；犯罪嫌疑人对称量结果有异议，有条件重新称量的，可以重新称量，并制作称量笔录。

第38条 毒品的提取、扣押、封装、称量、取样活动有见证人的，笔录材料中应当写明见证人的姓名、身份证件种类及号码和联系方式，并附其常住人口信息登记表等材料。

下列人员不得担任见证人：

（一）生理上、精神上有缺陷或者年幼，不具有相应辨别能力或者不能正确表达的人；（二）犯罪嫌疑人的近亲属，被引诱、教唆、欺骗、强迫吸毒的被害人及其近亲属，以及其他与案件有利害关系并可能影响案件公正处理的人；（三）办理该毒品犯罪案件的公安机关、人民检察院、人民法院的工作人员、实习人员或者其聘用的协勤、文职、清洁、保安等人员。

由于客观原因无法由符合条件的人员担任见证人或者见证人不愿签名的，应当在笔录材料中注明情况，并对相关活动进行拍照并录像。

第39条 本规定自2016年7月1日起施行。

32. 公安部、国家食品药品监督管理总局、国家卫生和计划生育委员会《关于将卡芬太尼等4种芬太尼类物质列入非药用类麻醉药品和精神药品管制品种增补目录的公告》（2017年1月25日）

根据《麻醉药品和精神药品管理条例》《非药用类麻醉药品和精神药品列管办法》的有关规定，公安部、国家食品药品监督管理总局和国家卫生和计划生育委员会决定将卡芬太尼、呋喃芬太尼、丙烯酰芬太尼、戊酰芬太尼4种物质列入非药用类麻醉药品和精神药品管制品种增补目录。

33. 最高人民法院《关于常见犯罪的量刑指导意见》（法发〔2017〕7号）

被最高人民法院、最高人民检察院《关于常见犯罪的量刑指导意见（试行）》（法发〔2021〕21号）废止。

34. 公安部、国家卫生健康委员会、国家药品监督管理局《关于将芬太尼类物质列入〈非药用类麻醉药品和精神药品管制品种增补目录〉的公告》(2019年4月1日公告;2019年5月1日起施行)

根据《麻醉药品和精神药品管理条例》《非药用类麻醉药品和精神药品列管办法》有关规定,公安部、国家卫生健康委员会和国家药品监督管理局决定将芬太尼类物质列入《非药用类麻醉药品和精神药品管制品种增补目录》。"芬太尼类物质"是指化学结构与芬太尼(N-[1-(2-苯乙基)-4-哌啶基]-N-苯基丙酰胺)相比,符合以下一个或多个条件的物质:

一、使用其他酰基替代丙酰基;

二、使用任何取代或未取代的单环芳香基团替代与氮原子直接相连的苯基;

三、哌啶环上存在烷基、烯基、烷氧基、酯基、醚基、羟基、卤素、卤代烷基、氨基及硝基等取代基;

四、使用其他任意基团(氢原子除外)替代苯乙基。

上述所列管物质如果发现有医药、工业、科研或者其他合法用途,按照《非药用类麻醉药品和精神药品列管办法》第3条第2款规定予以调整。

已列入《麻醉药品和精神药品品种目录》和《非药用类麻醉药品和精神药品管制品种增补目录》的芬太尼类物质依原有目录予以管制。

35. 最高人民法院、最高人民检察院、公安部、司法部《关于办理恶势力刑事案件若干问题的意见》(法发〔2019〕10号)

(详见本书《刑法》第294条相关内容)

36. 最高人民法院、最高人民检察院、公安部、司法部《关于办理黑恶势力刑事案件中财产处置若干问题的意见》(2019年4月9日起施行)

(详见本书《刑法》第294条相关内容)

37. 最高人民法院、最高人民检察院、公安部、司法部《关于办理实施"软暴力"的刑事案件若干问题的意见》(2019年4月9日起施行)

(详见本书《刑法》第294条相关内容)

38. 最高人民法院、最高人民检察院、公安部、司法部《关于办理"套路贷"刑事案件若干问题的意见》(法发〔2019〕11号)

(详见本书《刑法》第294条相关内容)

39. 最高人民检察院《关于〈非药用类麻醉药品和精神药品管制品种增补目录〉能否作为认定毒品依据的批复》(高检发释字〔2019〕2号)

河南省人民检察院:你院《关于〈非药用类麻醉药品和精神药品管制品种增补目录〉能否作为认定毒品的依据的请示》收悉。经研究,批复如下:

根据《中华人民共和国刑法》第357条和《中华人民共和国禁毒法》第2条的规定,毒品是指鸦片、海洛因、甲基苯丙胺(冰毒)、吗啡、大麻、可卡因以及国家规定管制的其他能够使人形成瘾癖的麻醉药品和精神药品。2015年10月1日起施行的公安部、国家食品药品监督管理总局、国家卫生和计划生育委员会、国家禁毒毒委员会办公室《非药用类麻醉药品和精神药品列管办法》及其附表《非药用类麻醉药品和精神药品管制品种增补目录》,是根据国务院《麻醉药品和精神药品管理条例》第3条第2款授权制定的,《非药用类麻醉药品和精神药品管制品种增补目录》可以作为认定毒品的依据。

40. 国家禁毒委员会办公室《关于防范非药用类麻醉药品和精神药品及制毒物品违法犯罪的通告》(2019年8月1日)

为切实加强对非药用类麻醉药品和精神药品、制毒物品的管控,有效遏制此类违法犯罪

活动,根据国家相关法律法规规定,现将有关事项通告如下:

一、根据《中华人民共和国刑法》第350条之规定,严禁任何组织和个人非法生产、买卖、运输醋酸酐、乙醚、三氯甲烷或者其他用于制造毒品的原料、配剂,或者携带上述物品进出境。严禁任何组织和个人明知他人制造毒品而为其生产、买卖、运输前款规定的物品。

二、根据《中华人民共和国刑法》相关规定,明知某种非列管物质将被用于非法制造非药用类麻醉药品或精神药品而仍然为其生产、销售、运输或进出口的,按照制造毒品犯罪共犯论处。

三、根据《中华人民共和国禁毒法》第21条、第22条之规定,严禁任何组织和个人非法生产、买卖、运输、储存、提供、持有、使用麻醉药品、精神药品和易制毒化学品。严禁任何组织和个人走私麻醉药品、精神药品和易制毒化学品。

四、根据《非药用类麻醉药品和精神药品列管办法》之规定,非药用类麻醉药品和精神药品除《非药用类麻醉药品和精神药品管制品种增补目录》中列明的品种外,还包括其可能存在的盐类、旋光异构体及其盐类。

五、根据《易制毒化学品管理条例》第5条之规定,严禁任何组织和个人走私或者非法生产、经营、购买、转让、运输易制毒化学品。严禁使用现金或者实物进行易制毒化学品交易。严禁个人携带易制毒化学品进出境,个人合理自用的药品类复方制剂和高锰酸钾除外。

六、根据《易制毒化学品进出口管理规定》第47条之规定,严禁任何组织和个人未经许可或超出许可范围进出口易制毒化学品,严禁个人携带易制毒化学品进出境,个人合理自用的药品类复方制剂和高锰酸钾除外。

七、邮政、物流、快递企业发现非法邮寄、运输、夹带疑似非药用类麻醉药品或精神药品、易制毒化学品等制毒原料或配剂的,应当立即向公安机关或者海关报告,并配合公安机关或者海关进行调查。邮政、物流、快递企业应当如实记录或者保存上述信息。

八、任何单位或者个人出租、转让其反应釜、离心机、氢气钢瓶等特种设备的,应当如实登记承租或者受让企业、个人信息,并及时将登记信息向所在地县(市、区)安全生产监管部门和公安机关报告。

九、明知某种非药用类麻醉药品和精神药品或制毒物品已在国外被列为毒品或易制毒化学品进行管制而仍然向该国生产、销售、走私的,将可能面临该国执法部门的刑事指控或制裁。

十、鼓励广大群众向公安等有关行政主管部门举报新精神活性物质等毒品或者制毒物品违法犯罪行为。对举报属实的,将按照有关规定予以现金奖励。相关部门将对举报信息严格保密,对举报人依法予以保护。

41. 最高人民法院、最高人民检察院《关于常见犯罪的量刑指导意见(试行)》(法发〔2021〕21号)

四、常见犯罪的量刑

(二十)走私、贩卖、运输、制造毒品罪

1. 构成走私、贩卖、运输、制造毒品罪的,根据下列不同情形在相应的幅度内确定量刑起点:

(1)走私、贩卖、运输、制造鸦片1000克,海洛因、甲基苯丙胺50克或者其他毒品数量达到数量大起点的,量刑起点为15年有期徒刑。依法应当判处无期徒刑以上刑罚的除外。(2)走私、贩卖、运输、制造鸦片200克,海洛因、甲基苯丙胺10克或者其他毒品数量达到数量较大起点的,在7年至8年有期徒刑幅度内确定量刑起点。(3)走私、贩卖、运输、制造鸦片不满200克,海洛因、甲基苯丙胺不满10克或者其他少量毒品的,在3年以下有期徒刑、拘役幅度内确定量刑起点;情节严重的,可以在3年至4年有期徒刑幅度内确定量刑起点。

2. 在量刑起点的基础上,根据毒品犯罪次数、人次、毒品数量等其他影响犯罪构成的犯罪事实增加刑罚量,确定基准刑。

3. 有下列情节之一的,可以增加基准刑的10%-30%:

(1)利用、教唆未成年人走私、贩卖、运输、制造毒品的;(2)向未成年人出售毒品的;(3)毒品再犯。

4. 有下列情节之一的,可以减少基准刑的30%以下:

(1)受雇运输毒品的;(2)毒品含量明显偏低的;(3)存在数量引诱情形的。(全文详见本书《刑法》第61条相关内容)

42. 国家禁毒委员会《关于印发氟胺酮和7种合成大麻素依赖性折算表的通知》(禁毒办通〔2021〕42号)

各省、自治区、直辖市禁毒委员会办公室,新疆生产建设兵团禁毒委员会办公室:

为进一步加大对已列管麻醉药品和精神药品违法犯罪活动的打击力度,我办委托国内专业机构对氟胺酮和7种合成大麻素与海洛因的依赖性折算标准进行了调研,论证。经商最高人民法院、最高人民检察院、国家卫生健康委员会、国家药品监督管理局同意,现将折算表印发给你们,供在执法实践中参考。

此折算表在实践中的具体适用情况请及时报送我办。

特此通知

氟胺酮和7种合成大麻素依赖性折算表

序号	英文名称	中文名称	CAS号	折算标准(1克该物质相当于) 海洛因	分类
1	2-FDCK Fluoroketamine	氟胺酮	111982-50-4	0.1克	氟胺酮及苯环利啶类
2	ADB-4en-PINACA	(1-氨基-3,3-二甲基-1-氧亚基丁-2-基)-1-(戊-4-烯-1-基)-1*H*-吲唑-3-甲酰胺	2659308-44-6	0.2克	合成大麻素类
3	MDMB-4en-PINACA	3,3-二甲基2-[1-(戊-4-烯-1-基)-1*H*吲唑-3-甲酰氨基]丁酸甲酯	2504100-70-1	0.2克	合成大麻素类
4	ADB-BUTINACA	*N*-(1-氨基-3,3-二甲基-1-氧亚基丁-2-基)-1-丁基-1*H*-吲唑-3-甲酰氨	2682867-55-4	0.5克	合成大麻素类

续表

序号	英文名称	中文名称	CAS 号	折算标准(1 克该物质相当于)	分类
				海洛因	
5	4CN-CUMYL-BUTI	1-(4-氰基丁基)-N-(2-苯基丙-2-丙-2-基)-1*H*-吲唑-3-甲酰胺	1631074-54-8	0.5 克	合成大麻素类
6	5F-EMB-PICA	2-[1-(5-氟戊基)-1*H*-吲哚 3-甲酰氨基]-3-甲基丁酸乙酯	2648861-83-8	0.5 克	合成大麻素类
7	5F-MDMB-PICA	2-[1-(5-氟戊基)-1*H*-吲哚-3-甲酰氨基]-3,3-二甲基丁酸甲酯	1971007-88-1	0.5 克	合成大麻素类
8	4F-MDMB-BUTICA	2-[1-(4-氟丁基)-1*H*-吲哚-3-甲酰氨基]-3,3-二甲基丁酸甲酯	2682867-53-2	0.5 克	合成大麻素类

43. 最高人民检察院《第 37 批指导性案例王某贩卖、制造毒品案》(检例第 150 号;2022 年 6 月 21 日)

【要旨】

行为人利用未列入国家管制的化学品为原料,生产、销售含有国家管制的麻醉药品、精神药品成分的食品,明知该成分毒品属性的,应当认定为贩卖、制造毒品罪。检察机关办理新型毒品犯罪案件,应当审查毒品含量,依法准确适用刑罚。对于毒品犯罪所得的财物及其孳息、收益和供犯罪所用的本人财物,应当依法予以追缴、没收。

【指导意义】

(一)对于生产、销售含有国家管制的麻醉药品、精神药品成分的食品的行为,应当区分不同情形依法惩处。行为人利用未被国家管制的化学品为原料,生产、销售含有国家管制的麻醉药品、精神药品成分的食品,明知该成分毒品属性的,应当认定为贩卖、制造毒品罪。行为人对化学品可生成毒品的特性或者相关成分毒品属性不明知,如果化学品系食品原料,超限量、超范围添加足以造成严重食物中毒事故或者其他严重食源性疾病的,依法构成生产、销售不符合安全标准的食品罪;如果化学品系有毒、有害非食品原料,依法构成生产、销售有毒、有害食品罪。行为人犯贩卖、制造毒品罪,同时构成生产、销售不符合安全标准的食品罪或者生产、销售有毒、有害食品罪的,应当按照处罚较重的罪名追究刑事责任。行为人对于相关毒品成分主观上是否明知,不能仅凭其口供,还应当根据其对相关物质属性认识、从业经历、生产制作工艺、产品标签标注、销售场所及价格等情况综合认定。

（二）办理新型毒品犯罪案件，应当审查涉案毒品含量。根据刑法第357条的规定，毒品数量以查证属实的走私、贩卖、运输、制造、非法持有毒品的数量计算，不以纯度折算。新型毒品混于饮料、食品中，往往含有大量水分或者其他物质，不同于传统毒品。检察机关应当综合考虑涉案新型毒品的纯度和致瘾癖性、社会危害性及其非法所得等因素，依法提出量刑建议。

（三）认真审查涉案财物性质及流转情况，依法追缴涉毒资产。追缴涉毒资产是惩治毒品犯罪的重要内容，对于提升惩治毒品犯罪质效具有重要意义。检察机关应当依法引导侦查机关及时对涉案资产进行查封、扣押，全面收集、固定证据。对于侦查机关移送的涉案资产，要着重审查性质、权属及流转，严格区分违法所得与合法财产、本人财产与其家庭成员的财产，并在提起公诉时提出明确的处置意见。对于毒品犯罪所得的财物及其孳息、收益和供犯罪所用的本人财物，应当依法予以追缴、没收。

44. 最高人民检察院《第37批指导性案例马某某走私、贩卖毒品案》(检例第151号;2022年6月21日)

【要旨】

行为人明知系国家管制的麻醉药品、精神药品，出于非法用途走私、贩卖的，应当以走私、贩卖毒品罪追究刑事责任。行为人出于非法用途，以贩卖为目的非法购买国家管制的麻醉药品、精神药品的，应当认定为贩卖毒品罪既遂。检察机关应当综合评价新型毒品犯罪的社会危害性，依法提出量刑建议。

【指导意义】

（一）审查涉案麻醉药品、精神药品的用途和行为人主观认知，依法认定走私、贩卖麻醉药品、精神药品行为的性质。麻醉药品、精神药品可以在医疗、教学、科研用途合法使用，也会被违法犯罪分子作为毒品使用。行为人向走私、贩卖毒品的犯罪分子或者吸毒人员贩卖国家管制的麻醉药品、精神药品，应当以贩卖毒品罪追究刑事责任。行为人出于其他非法用途，走私、贩卖国家管制的麻醉药品、精神药品，应当以走私、贩卖毒品罪追究刑事责任。行为人未核实购买人购买麻醉药品、精神药品具体用途，但知道其不是用于合法用途，为非法获利，基于放任的故意，向用于非法用途的人贩卖的，应当认定为贩卖毒品罪。对于“非法用途”，可以从行为人买卖麻醉药品、精神药品是否用于医疗等合法目的予以认定。判断行为人对涉案毒品性质是否明知，除审查其供述外，还应结合其认知能力、学历、从业背景、是否曾有同类药物服用史、是否使用虚假身份交易等证据进行综合认定。

（二）准确认定非法贩卖国家管制的麻醉药品、精神药品行为的犯罪既遂。根据《最高人民检察院、公安部关于公安机关管辖的刑事案件立案追诉标准的规定(3)》的规定，贩卖毒品是指明知是毒品而非法销售或者以贩卖为目的而非法收买的行为。行为人出于非法用途，以贩卖为目的非法购买国家管制的麻醉药品、精神药品的，应当认定为贩卖毒品罪既遂。

（三）综合评价新型毒品犯罪行为的社会危害性，确保罪责刑相适应。涉案麻醉药品、精神药品往往具有数量小、纯度低等特点，检察机关提出量刑建议时，应当考虑毒品数量、折算比例、效能及浓度、交易价格、犯罪次数、违法所得、危害后果、行为人的主观恶性及人身危险性等各种因素。对于将麻醉药品和精神药品用于实施其他犯罪的，还应当考量其用途、可能作用的人数及后果、其他犯罪的社会危害性等，确保罪责刑相适应。

45. 最高人民检察院《第37批指导性案例郭某某欺骗他人吸毒案》(检例第152号;2022年6月21日)

【要旨】

行为人明知系国家管制的麻醉药品、精神药品而向他人的饮料、食物中投放，欺骗他人吸食的，应当以欺骗他人吸毒罪追究刑事责任。对于有证据证明行为人为实施强奸、抢劫等犯罪而欺骗他人吸食麻醉药品、精神药品的，应当按照处罚较重的罪名追究刑事责任。检察机关应当加强自行补充侦查，强化电子数据等客观性证据审查，准确认定犯罪事实。

【指导意义】

(一)准确认定欺骗他人吸食国家管制的麻醉药品、精神药品行为的性质。当前，一些不法分子给他人投放新型毒品的违法犯罪案件增多，社会危害性大。对于行为人明知系国家管制的麻醉药品、精神药品而向他人的饮料、食物中投放，欺骗他人吸食的，应当以欺骗他人吸毒罪追究刑事责任。对于有证据证明行为人为实施强奸、抢劫等犯罪而欺骗他人吸食麻醉药品、精神药品的，应当按照处罚较重的罪名追究刑事责任。

(二)针对不同情形，依法认定涉案麻醉药品、精神药品为毒品。麻醉药品、精神药品的镇静、安眠等药用功效，往往成为行为人抗辩其毒品属性的借口，对此检察机关应当严格审查。对于有证据证明行为人明知系国家管制的麻醉药品、精神药品，仍利用其毒品属性和用途的，应当依法认定相关物品为毒品；行为人对于涉案物品系毒品主观上是否明知，应当根据其年龄、职业、生活阅历、有无吸贩毒史以及对物品的交付、使用方式等证据，运用经验法则和逻辑规则综合分析判断。

(三)办理新型毒品犯罪案件，依法做好补充侦查工作。检察机关应当及时引导侦查机关对新型毒品成分、来源和用途等事实进行补充侦查，制作具体可行的补查提纲，跟踪落实补查情况。必要时，检察机关应当依法履行自行补充侦查职能，充分发掘客观性证据，尤其要重视电子数据的恢复、勘验、检索和提取，加强对电子数据的审查，全面、公正评价行为人实施的犯罪行为及后果。

46. 最高人民检察院《第37批指导性案例何某贩卖、制造毒品案》(检例第153号；2022年6月21日)

【要旨】

行为人利用原生植物为原料，通过提炼等方法制成含有国家管制的麻醉药品、精神药品的物质，并予以贩卖的，应当认定为贩卖、制造毒品罪。办理新型毒品犯罪案件，检察机关应当依法引导侦查机关开展侦查实验，查明案件事实。

【指导意义】

(一)准确区分利用原生植物制成的毒品和未管制原生植物。根据禁毒法第19条的规定，禁止非法种植罂粟、古柯植物、大麻植物以及国家规定管制的可以用于提炼加工毒品的其他原植物。以国家未管制但含有国家管制的麻醉药品、精神药品成分的原生植物为原料，通过特定方法，将植物中国家管制的麻醉药品、精神药品成分提炼制成相关物质，相关物质具有使人形成瘾癖的毒品特征，应当认定为毒品。对于未被国家管制的原生植物，以及通过研磨等方式简单改变外在形态的植物载体，虽含有国家管制的麻醉药品、精神药品成分，不认定为毒品。

(二)依法认定从未管制原生植物中提炼麻醉药品、精神药品成分行为的性质。根据《最高人民检察院、公安部关于公安机关管辖的刑事案件立案追诉标准的规定(3)》的规定，制造毒品是指非法利用毒品原植物直接提炼或者用化学方法加工、配制毒品，或者以改变毒品成分和效用为目的，用混合等物理方法加工、配制毒品的行为。行为人明知某类植物系未被国家管制的原生植物，但含有国家管制的麻醉药品、精神药品成分，采取特定方法提炼出植物中国家管制的麻醉药品、精神药品成分，改变了原生植物的物理形态，使其具备毒品效用，应当认定为制造毒品行为。行为人从未管制原生植物中提炼出毒品并予以贩卖的，应当认定为贩卖、制造毒品罪。

（三）办理新型毒品犯罪案件，应当充分运用有效的侦查方法。检察机关应当引导侦查机关采取各项侦查措施，全面收集、固定新型毒品犯罪案件关于主观明知和制造、贩卖行为认定等方面的证据。在制造毒品方法存疑等情形下，根据案件具体情况，引导侦查机关开展侦查实验，列明实验要求和注意事项，依法及时固定证据，以查明案件事实。

第 348 条 【非法持有毒品罪】 非法持有鸦片 1000 克以上、海洛因或者甲基苯丙胺 50 克以上或者其他毒品数量大的，处 7 年以上有期徒刑或者无期徒刑，并处罚金；非法持有鸦片 200 克以上不满 1000 克、海洛因或者甲基苯丙胺 10 克以上不满 50 克或者其他毒品数量较大的，处 3 年以下有期徒刑、拘役或者管制，并处罚金；情节严重的，处 3 年以上 7 年以下有期徒刑，并处罚金。

• 释义

非法持有毒品罪是指明知是毒品而非法持有鸦片 1000 克以上、海洛因或者甲基苯丙胺 50 克以上或者其他毒品数量较大的行为。

“非法持有”，是指违反国家法律和国家主管部门的规定，占有、携带、藏有或者以其他方式持有毒品。

• 管辖

公安机关禁毒部门。

• 立案追诉标准

【走私、贩卖、运输、制造毒品罪（《刑法》第 347 条）】走私、贩卖、运输、制造毒品，无论数量多少，都应予立案追诉。

本条规定的“走私”是指明知是毒品而非法将其运输、携带、寄递进出国（边）境的行为。直接向走私人非法收购走私进口的毒品，或者在内海、领海、界河、界湖运输、收购、贩卖毒品的，以走私毒品罪立案追诉。

本条规定的“贩卖”是指明知是毒品而非法销售或者以贩卖为目的而非法收买的行为。

有证据证明行为人以牟利为目的，为他人代购仅用于吸食、注射的毒品，对代购者以贩卖毒品罪立案追诉。不以牟利为目的，为他人代购仅用于吸食、注射的毒品，毒品数量达到本规定第 2 条规定的数量标准的，对托购者和代购者以非法持有毒品罪立案追诉。明知他人实施毒品犯罪而为其居间介绍、代购代卖的，无论是否牟利，都应以相关毒品犯罪的共犯立案追诉。

本条规定的“运输”是指明知是毒品而采用携带、寄递、托运、利用他人或者使用交通工具等方法非法运送毒品的行为。

本条规定的“制造”是指非法利用毒品原植物直接提炼或者用化学方法加工、配制毒品，或者以改变毒品成分和效用为目的，用混合等物理方法加工、配制毒品的行为。为了便于隐蔽运输、销售、使用、欺骗购买者，或者为了增重，对毒品掺杂使假，添加或者去除其他非毒品物质，不属于制造毒品的行为。

为了制造毒品而采用生产、加工、提炼等方法非法制造易制毒化学品的，以制造毒品罪（预备）立案追诉。购进制造毒品的设备和原材料，开始着手制造毒品，尚未制造出毒品或者半成品的，以制造毒品罪（未遂）立案追诉。明知他人制造毒品而为其生产、加工、提炼、提供醋酸酐、乙醚、三氯甲烷等制毒物品的，以制造毒品罪的共犯立案追诉。

走私、贩卖、运输毒品主观故意中的“明知”,是指行为人知道或者应当知道所实施的是走私、贩卖、运输毒品行为。具有下列情形之一,结合行为人的供述和其他证据综合审查判断,可以认定其“应当知道”,但有证据证明确属被蒙骗的除外:

(一)执法人员在口岸、机场、车站、港口、邮局和其他检查站点检查时,要求行为人申报携带、运输、寄递的物品和其他疑似毒品物,并告知其法律责任,而行为人未如实申报,在其携带、运输、寄递的物品中查获毒品的;

(二)以伪报、藏匿、伪装等蒙蔽手段逃避海关、边防等检查,在其携带、运输、寄递的物品中查获毒品的;

(三)执法人员检查时,有逃跑、丢弃携带物品或者逃避、抗拒检查等行为,在其携带、藏匿或者丢弃的物品中查获毒品的;

(四)体内或者贴身隐秘处藏匿毒品的;

(五)为获取不同寻常的高额或者不等值的报酬为他人携带、运输、寄递、收取物品,从中查获毒品的;

(六)采用高度隐蔽的方式携带、运输物品,从中查获毒品的;

(七)采用高度隐蔽的方式交接物品,明显违背合法物品惯常交接方式,从中查获毒品的;

(八)行程路线故意绕开检查站点,在其携带、运输的物品中查获毒品的;

(九)以虚假身份、地址或者其他虚假方式办理托运、寄递手续,在托运、寄递的物品中查获毒品的;

(十)有其他证据足以证明行为人应当知道的。

制造毒品主观故意中的“明知”,是指行为人知道或者应当知道所实施的是制造毒品行为。有下列情形之一,结合行为人的供述和其他证据综合审查判断,可以认定其“应当知道”,但有证据证明确属被蒙骗的除外:

(一)购置了专门用于制造毒品的设备、工具、制毒物品或者配制方案的;

(二)为获取不同寻常的高额或者不等值的报酬为他人制造物品,经检验是毒品的;

(三)在偏远、隐蔽场所制造,或者采取对制造设备进行伪装等方式制造物品,经检验是毒品的;

(四)制造人员在执法人员检查时,有逃跑、抗拒检查等行为,在现场查获制造出的物品,经检验是毒品的;

(五)有其他证据足以证明行为人应当知道的。

走私、贩卖、运输、制造毒品罪是选择性罪名,对同一宗毒品实施了两种以上犯罪行为,并有相应确凿证据的,应当按照所实施的犯罪行为的性质并列适用罪名,毒品数量不重复计算。对同一宗毒品可能实施了两种以上犯罪行为,但相应证据只能认定其中一种或者几种行为,认定其他行为的证据不够确实充分的,只按照依法能够认定的行为的性质适用罪名。对不同宗毒品分别实施了不同种犯罪行为的,应对不同行为并列适用罪名,累计计算毒品数量。

明知是毒品而非法持有,涉嫌下列情形之一的,应予立案追诉:

(一)鸦片200克以上、海洛因、可卡因或者甲基苯丙胺10克以上;

(二)二亚甲基双氧安非他明(MD-MA)等苯丙胺类毒品(甲基苯丙胺除外)、吗啡20克以上;

(三)度冷丁(杜冷丁)50克以上(针剂100mg/支规格的500支以上,50mg/支规格的1000支以上;片剂25mg/片规格的2000片以上,50mg/片规格的1000片以上);

(四)盐酸二氢埃托啡2毫克以上(针剂或者片剂20μg/支、片规格的100支、片以上);

(五)氯胺酮、美沙酮200克以上;

（六）三唑仑、安眠酮10千克以上；

（七）咖啡因50千克以上；

（八）氯氮卓、艾司唑仑、地西泮、溴西泮100千克以上；

（九）大麻油1000克以上，大麻脂2000克以上，大麻叶及大麻烟30千克以上；

（十）罂粟壳50千克以上；

（十一）上述毒品以外的其他毒品数量较大的。

非法持有两种以上毒品，每种毒品均没有达到本条第1款规定的数量标准，但按前款规定的立案追诉数量比例折算成海洛因后累计相加达到10克以上的，应予立案追诉。

本条规定的"非法持有"，是指违反国家法律和国家主管部门的规定，占有、携带、藏有或者以其他方式持有毒品。

非法持有毒品主观故意中的"明知"，依照本规定第1条第8款的有关规定予以认定。

本规定中的毒品是指鸦片、海洛因、甲基苯丙胺（冰毒）、吗啡、大麻、可卡因以及国家规定管制的其他能够使人形成瘾癖的麻醉药品和精神药品。具体品种以国家食品药品监督管理局、公安部、卫生部发布的《麻醉药品品种目录》、《精神药品品种目录》为依据。

本规定中的"制毒物品"是指刑法第350条第1款规定的醋酸酐、乙醚、三氯甲烷或者其他用于制造毒品的原料或者配剂，具体品种范围按照国家关于易制毒化学品管理的规定确定。

本规定中未明确立案追诉标准的毒品，有条件折算为海洛因的，参照有关麻醉药品和精神药品折算标准进行折算。

本规定中的立案追诉标准，除法律、司法解释另有规定的以外，适用于相关的单位犯罪。

本规定中的"以上"，包括本数。

• 关联法律

1. 最高人民检察院、公安部《关于公安机关管辖的刑事案件立案追诉标准的规定（3）》（公通字〔2012〕26号）第1条、第2条、第13条至第16条

（见本条立案追诉标准内容）

2. 最高人民法院《关于常见犯罪的量刑指导意见（2）（试行）》（法〔2017〕74号）

为深入推进量刑规范化改革，进一步扩大量刑规范化范围，根据刑法、刑事司法解释等相关规定，结合刑事审判实践，制定本指导意见。

一、八种常见犯罪的量刑

（六）非法持有毒品罪

1. 构成非法持有毒品罪的，可以根据下列不同情形在相应的幅度内确定量刑起点：

（一）非法持有鸦片1000克、海洛因或者甲基苯丙胺50克或者其他毒品数量大的，可以在7年至9年有期徒刑幅度内确定量刑起点。依法应当判处无期徒刑的除外。（二）非法持有毒品情节严重的，可以在3年至4年有期徒刑幅度内确定量刑起点。（三）非法持有鸦片200克、海洛因或者甲基苯丙胺10克或者其他毒品数量较大的，可以在1年以下有期徒刑、拘役幅度内确定量刑起点。

2. 在量刑起点的基础上，可以根据毒品数量等其他影响犯罪构成的犯罪事实增加刑罚量，确定基准刑。（全文详见本书《刑法》第61条相关内容）

3. 参见本书《刑法》第347条相关内容。

第349条 【包庇毒品犯罪分子罪】【窝藏、转移、隐瞒毒品、毒赃罪】 包庇走私、贩卖、运输、制造毒品的犯罪分子的，为犯罪分子窝藏、转移、隐瞒毒品或者犯罪所得的财物的，处3年以下有期徒刑、拘役或者管制；情节严重的，处3年以上10年以下有期徒刑。

缉毒人员或者其他国家机关工作人员掩护、包庇走私、贩卖、运输、制造毒品的犯罪分子的，依照前款的规定从重处罚。

犯前两款罪，事先通谋的，以走私、贩卖、运输、制造毒品罪的共犯论处。

• 释义

包庇毒品犯罪分子罪是指包庇走私、贩卖、运输、制造毒品的犯罪分子的行为。缉毒人员或者其他国家机关工作人员掩护、包庇走私、贩卖、运输、制造毒品的犯罪分子的，从重处罚。事先通谋的，以走私、贩卖、运输、制造毒品罪的共犯论处。

窝藏、转移、隐瞒毒品、毒赃罪是指为走私、贩卖、运输、制造毒品的犯罪分子窝藏、转移、隐瞒毒品或者犯罪所得的财物的行为。事先通谋的，以走私、贩卖、运输、制造毒品罪的共犯论处。

• 管辖

公安机关禁毒部门。

• 立案追诉标准

【包庇毒品犯罪分子罪立案追诉标准】

包庇走私、贩卖、运输、制造毒品的犯罪分子，涉嫌下列情形之一的，应予立案追诉：

(一)作虚假证明，帮助掩盖罪行的；

(二)帮助隐藏、转移或者毁灭证据的；

(三)帮助取得虚假身份或者身份证件的；

(四)以其他方式包庇犯罪分子的。

实施前款规定的行为，事先通谋的，以走私、贩卖、运输、制造毒品罪的共犯立案追诉。

【窝藏、转移、隐瞒毒品、毒赃罪立案追诉标准】

为走私、贩卖、运输、制造毒品的犯罪分子窝藏、转移、隐瞒毒品或者犯罪所得的财物的，应予立案追诉。

实施前款规定的行为，事先通谋的，以走私、贩卖、运输、制造毒品罪的共犯立案追诉。

本规定中的毒品是指鸦片、海洛因、甲基苯丙胺(冰毒)、吗啡、大麻、可卡因以及国家规定管制的其他能够使人形成瘾癖的麻醉药品和精神药品。具体品种以国家食品药品监督管理局、公安部、卫生部发布的《麻醉药品品种目录》、《精神药品品种目录》为依据。

本规定中的“制毒物品”是指刑法第350条第1款规定的醋酸酐、乙醚、三氯甲烷或者其他用于制造毒品的原料或者配剂，具体品种范围按照国家关于易制毒化学品管理的规定确定。

本规定中未明确立案追诉标准的毒品，有条件折算为海洛因的，参照有关麻醉药品和精神药品折算标准进行折算。

本规定中的立案追诉标准，除法律、司法解释另有规定的以外，适用于相关的单位犯罪。

本规定中的“以上”，包括本数。

• 关联法律

1. 最高人民法院《关于审理洗钱等刑事案件具体应用法律若干问题的解释》(法释〔2009〕15号)

第3条 明知是犯罪所得及其产生的收益而予以掩饰、隐瞒,构成刑法第312条规定的犯罪,同时又构成刑法第191条或者第349条规定的犯罪的,依照处罚较重的规定定罪处罚。

第4条 刑法第191条、第312条、第349条规定的犯罪,应当以上游犯罪事实成立为认定前提。上游犯罪尚未依法裁判,但查证属实的,不影响刑法第191条、第312条、第349条规定的犯罪的审判。

上游犯罪事实可以确认,因行为人死亡等原因依法不予追究刑事责任的,不影响刑法第191条、第312条、第349条规定的犯罪的认定。

上游犯罪事实可以确认,依法以其他罪名定罪处罚的,不影响刑法第191条、第312条、第349条规定的犯罪的认定。本条所称"上游犯罪",是指产生刑法第191条、第312条、第349条规定的犯罪所得及其收益的各种犯罪行为。(全文详见本书《刑法》第191条相关内容)

2. 最高人民检察院、公安部《关于公安机关管辖的刑事案件立案追诉标准的规定(3)》(公通字〔2012〕26号)第3条、第4条、第13条至第16条

(见本条立案追诉标准内容)

3. 参见本书《刑法》第347条相关内容。

第350条 【非法生产、买卖、运输制毒物品、走私制毒物品罪】违反国家规定,非法生产、买卖、运输醋酸酐、乙醚、三氯甲烷或者其他用于制造毒品的原料、配剂,或者携带上述物品进出境,情节较重的,处3年以下有期徒刑、拘役或者管制,并处罚金;情节严重的,处3年以上7年以下有期徒刑,并处罚金;情节特别严重的,处7年以上有期徒刑,并处罚金或者没收财产。

明知他人制造毒品而为其生产、买卖、运输前款规定的物品的,以制造毒品罪的共犯论处。

单位犯前两款罪的,对单位判处罚金,并对其直接负责的主管人员和其他直接责任人员,依照前两款的规定处罚。

(本条《中华人民共和国刑法修正案(9)》修改)

• 释义

非法生产、买卖、运输制毒物品、走私制毒物品罪是指违反国家规定,非法生产、买卖、运输醋酸酐、乙醚、三氯甲烷或者其他用于制造毒品的原料、配剂,或者携带上述物品进出境,情节较重的行为。

但明知他人制造毒品而为其生产、买卖、运输该款规定的物品的,不以走私制毒物品罪而以制造毒品罪的共犯论处。

• 管辖

公安机关禁毒部门、海关总署缉私局(管辖海关监管区内发生的案件)。

• 立案追诉标准

【走私制毒物品罪立案追诉标准】

违反国家规定，非法运输、携带制毒物品进出国(边)境，涉嫌下列情形之一的，应予立案追诉：

(一)1-苯基-2-丙酮5000克以上；

(二)麻黄碱、伪麻黄碱及其盐类和单方制剂5000克以上，麻黄浸膏、麻黄浸膏粉100千克以上；

(三)3,4-亚甲基二氧苯基-2-丙酮、去甲麻黄素(去甲麻黄碱)、甲基麻黄素(甲基麻黄碱)、羟亚胺及其盐类10千克以上；

(四)胡椒醛、黄樟素、黄樟油、异黄樟素、麦角酸、麦角胺、麦角新碱、苯乙酸20千克以上；

(五)N-乙酰邻氨基苯酸、邻氨基苯甲酸、哌啶150千克以上；

(六)醋酸酐、三氯甲烷200千克以上；

(七)乙醚、甲苯、丙酮、甲基乙基酮、高锰酸钾、硫酸、盐酸400千克以上；

(八)其他用于制造毒品的原料或者配剂相当数量的。

非法运输、携带两种以上制毒物品进出国(边)境，每种制毒物品均没有达到本条第一款规定的数量标准，但按前款规定的立案追诉数量比例折算成一种制毒物品后累计相加达到上述数量标准的，应予立案追诉。

为了走私制毒物品而采用生产、加工、提炼等方法非法制造易制毒化学品的，以走私制毒物品罪(预备)立案追诉。

实施走私制毒物品行为，有下列情形之一，且查获了易制毒化学品，结合行为人的供述和其他证据综合审查判断，可以认定其"明知"是制毒物品而走私或者非法买卖，但有证据证明确属被蒙骗的除外：

(一)改变产品形状、包装或者使用虚假标签、商标等产品标志的；

(二)以藏匿、夹带、伪装或者其他隐蔽方式运输、携带易制毒化学品逃避检查的；

(三)抗拒检查或者在检查时丢弃货物逃跑的；

(四)以伪报、藏匿、伪装等蒙蔽手段逃避海关、边防等检查的；

(五)选择不设海关或者边防检查站的路段绕行出入境的；

(六)以虚假身份、地址或者其他虚假方式办理托运、寄递手续的；

(七)以其他方法隐瞒真相，逃避对易制毒化学品依法监管的。

明知他人实施走私制毒物品犯罪，而为其运输、储存、代理进出口或者以其他方式提供便利的，以走私制毒物品罪的共犯立案追诉。

【非法买卖制毒物品罪立案追诉标准】

违反国家规定，在境内非法买卖制毒物品，数量达到本规定第5条第1款规定情形之一的，应予立案追诉。

非法买卖2种以上制毒物品，每种制毒物品均没有达到本条第1款规定的数量标准，但按前款规定的立案追诉数量比例折算成一种制毒物品后累计相加达到上述数量标准的，应予立案追诉。

违反国家规定，实施下列行为之一的，认定为本条规定的非法买卖制毒物品行为：

(一)未经许可或者备案，擅自购买、销售易制毒化学品的；

(二)超出许可证明或者备案证明的品种、数量范围购买、销售易制毒化学品的；

(三)使用他人的或者伪造、变造、失效的许可证明或者备案证明购买、销售易制毒化学品的；

(四)经营单位违反规定，向无购买许可证明、备案证明的单位、个人销售易制毒化学品的，或者明知购买者使用他人的或者伪造、变造、失效的许可证明或者备案证明，向其销售易制毒化学品的；

（五）以其他方式非法买卖易制毒化学品的。

易制毒化学品生产、经营、使用单位或者个人未办理许可证明或者备案证明，购买、销售易制毒化学品，如果有证据证明确实用于合法生产、生活需要，依法能够办理只是未及时办理许可证明或者备案证明，且未造成严重社会危害的，可不以非法买卖制毒物品罪立案追诉。

为了非法买卖制毒物品而采用生产、加工、提炼等方法非法制造易制毒化学品的，以非法买卖制毒物品罪（预备）立案追诉。

非法买卖制毒物品主观故意中的"明知"，依照本规定第五条第四款的有关规定予以认定。

明知他人实施非法买卖制毒物品犯罪，而为其运输、储存、代理进出口或者以其他方式提供便利的，以非法买卖制毒物品罪的共犯立案追诉。

本规定中的毒品是指鸦片、海洛因、甲基苯丙胺（冰毒）、吗啡、大麻、可卡因以及国家规定管制的其他能够使人形成瘾癖的麻醉药品和精神药品。具体品种以国家食品药品监督管理局、公安部、卫生部发布的《麻醉药品品种目录》、《精神药品品种目录》为依据。

本规定中的"制毒物品"是指刑法第 350 条第 1 款规定的醋酸酐、乙醚、三氯甲烷或者其他用于制造毒品的原料或者配剂，具体品种范围按照国家关于易制毒化学品管理的规定确定。

本规定中未明确立案追诉标准的毒品，有条件折算为海洛因的，参照有关麻醉药品和精神药品折算标准进行折算。

本规定中的立案追诉标准，除法律、司法解释另有规定的以外，适用于相关的单位犯罪。

本规定中的"以上"，包括本数。

• 关联法律

1. 最高人民法院、最高人民检察院、海关总署《关于办理走私刑事案件适用法律若干问题的意见》（法〔2002〕139 号）

（详见本书《刑法》第 151 条相关内容）

2. 最高人民检察院、公安部《关于公安机关管辖的刑事案件立案追诉标准的规定（3）》（公通字〔2012〕26 号）第 5 条、第 6 条、第 13 条至第 16 条

（见本条立案追诉标准内容）

3. 最高人民法院、最高人民检察院、公安部、农业部、食品药品监管总局《关于进一步加强麻黄草管理严厉打击非法买卖麻黄草等违法犯罪活动的通知》（公通字〔2013〕16 号）

三、依法查处非法采挖、买卖麻黄草等犯罪行为

各地人民法院、人民检察院、公安机关要依法查处非法采挖、买卖麻黄草等犯罪行为，区别情形予以处罚：

（一）以制造毒品为目的，采挖、收购麻黄草的，依照刑法第 347 条的规定，以制造毒品罪定罪处罚。（二）以提取麻黄碱类制毒物品后进行走私或者非法贩卖为目的，采挖、收购麻黄草，涉案麻黄草所含的麻黄碱类制毒物品达到相应定罪数量标准的，依照刑法第 350 条第 1 款、第 3 款的规定，分别以走私制毒物品罪、非法买卖制毒物品罪定罪处罚。（三）明知他人制造毒品或者走私、非法买卖制毒物品，向其提供麻黄草或者提供运输、储存麻黄草等帮助的，分别以制造毒品罪、走私制毒物品罪、非法买卖制毒物品罪的共犯论处。（四）违反国家规定采挖、销售、收购麻黄草，没有证据证明以制造毒品或者走私、非法买卖制毒物品为目的，依照刑法第 225 条的规定构成犯罪的，以非法经营罪定罪处罚。（五）实施以上行为，以制造毒品

罪、走私制毒物品罪、非法买卖制毒物品罪定罪处罚的,涉案制毒物品的数量按照300千克麻黄草折合1000克麻黄碱计算;以制造毒品罪定罪处罚的,无论涉案麻黄草数量多少,均应追究刑事责任。(全文详见本书《刑法》第347条相关内容)

4.最高人民法院、最高人民检察院、公安部《关于办理邻氯苯基环戊酮等3种制毒物品犯罪案件定罪量刑数量标准的通知》(公通字〔2014〕32号)

近年来,随着制造合成毒品犯罪的迅速增长,制毒物品流入非法渠道形势严峻。利用邻氯苯基环戊酮合成羟亚胺进而制造氯胺酮,利用1-苯基-2-溴-1-丙酮(又名溴代苯丙酮、2-溴代苯丙酮、α-溴代苯丙酮等)合成麻黄素和利用3-氧-2-苯基丁腈(又名α-氰基苯丙酮、α-苯乙酰基乙腈、2-苯乙酰基乙腈等)合成1-苯基-2-丙酮进而制造甲基苯丙胺(冰毒)等犯罪尤为突出。2012年9月和2014年5月,国务院先后将邻氯苯基环戊酮、1-苯基-2-溴-1-丙酮和3-氧-2-苯基丁腈增列为第1类易制毒化学品管制。为遏制上述物品流入非法渠道被用于制造毒品,根据刑法和《最高人民法院关于审理毒品案件定罪量刑标准有关问题的解释》《最高人民法院、最高人民检察院、公安部关于办理制毒物品犯罪案件适用法律若干问题的意见》等相关规定,现就办理上述3种制毒物品犯罪案件的定罪量刑数量标准通知如下:

一、违反国家规定,非法运输、携带邻氯苯基环戊酮、1-苯基-2-溴-1-丙酮或者3-氧-2-苯基丁腈进出境,或者在境内非法买卖上述物品,达到下列数量标准的,依照刑法第350条第1款的规定,处3年以下有期徒刑、拘役或者管制,并处罚金:

(一)邻氯苯基环戊酮20千克以上不满200千克;(二)1-苯基-2-溴-1-丙酮、3-氧-2-苯基丁腈15千克以上不满150千克。

二、违反国家规定,实施上述行为,达到或者超过第1条所列最高数量标准的,应当认定为刑法第350条第1款规定的"数量大",处3年以上10年以下有期徒刑,并处罚金。

5.《中华人民共和国刑法修正案(9)》(2015年8月29日第十二届全国人大常委会第十六次会议通过)

四十一、将刑法第350条第1款、第2款修改为:"违反国家规定,非法生产、买卖、运输醋酸酐、乙醚、三氯甲烷或者其他用于制造毒品的原料、配剂,或者携带上述物品进出境,情节较重的,处3年以下有期徒刑、拘役或者管制,并处罚金;情节严重的,处3年以上7年以下有期徒刑,并处罚金;情节特别严重的,处7年以上有期徒刑,并处罚金或者没收财产。

"明知他人制造毒品而为其生产、买卖、运输前款规定的物品的,以制造毒品罪的共犯论处。"

(原条文第一款、第二款:违反国家规定,非法运输、携带醋酸酐、乙醚、三氯甲烷或者其他用于制造毒品的原料或者配剂进出境的,或者违反国家规定,在境内非法买卖上述物品的,处3年以下有期徒刑、拘役或者管制,并处罚金;数量大的,处3年以上10年以下有期徒刑,并处罚金。

明知他人制造毒品而为其提供前款规定的物品的,以制造毒品罪的共犯论处。)

6.最高人民法院、最高人民检察院《关于执行〈中华人民共和国刑法〉确定罪名的补充规定(6)》(法释〔2015〕20号)

根据《中华人民共和国刑法修正案(9)》(以下简称《刑法修正案(9)》)和《全国人民代表大会常务委员会关于修改部分法律的决定》的有关规定,现对最高人民法院《关于执行〈中华人民共和国刑法〉确定罪名的规定》、最高人民检察院《关于适用刑法分则规定的犯罪的罪名的意见》作如下补充、修改:

刑法条文第350条(《刑法修正案(9)》第41条),罪名非法生产、买卖、运输制毒物品、走私制毒物品罪(取消走私制毒物品罪和非法买卖制毒物品罪罪名)。

7. 参见本书《刑法》第 347 条相关内容。

第 351 条 【非法种植毒品原植物罪】 非法种植罂粟、大麻等毒品原植物的，一律强制铲除。有下列情形之一的，处 5 年以下有期徒刑、拘役或者管制，并处罚金：

（一）种植罂粟 500 株以上不满 3 千株或者其他毒品原植物数量较大的；

（二）经公安机关处理后又种植的；

（三）抗拒铲除的。

非法种植罂粟 3000 株以上或者其他毒品原植物数量大的，处 5 年以上有期徒刑，并处罚金或者没收财产。

非法种植罂粟或者其他毒品原植物，在收获前自动铲除的，可以免除处罚。

• 释义

非法种植毒品原植物罪是指非法种植罂粟 500 株以上不满 3000 株或者其他毒品原植物数量较大，或者经公安机关处理后又种植，或者抗拒铲除的行为。

“种植”，是指播种、育苗、移栽、插苗、施肥、灌溉、割取津液或者收取种子等行为。

非法种植毒品原植物的株数一般应以实际查获的数量为准。因种植面积较大，难以逐株清点数目的，可以抽样测算每平方米平均株数后按实际种植面积测算出种植总株数。

• 管辖

公安机关禁毒部门。

• 立案追诉标准

非法种植罂粟、大麻等毒品原植物，涉嫌下列情形之一的，应予立案追诉：

（一）非法种植罂粟 500 株以上的；

（二）非法种植大麻 5000 株以上的；

（三）非法种植其他毒品原植物数量较大的；

（四）非法种植罂粟 200 平方米以上、大麻 2700 平方米以上或者其他毒品原植物面积较大，尚未出苗的；

（五）经公安机关处理后又种植的；

（六）抗拒铲除的。

本条所规定的“种植”，是指播种、育苗、移栽、插苗、施肥、灌溉、割取津液或者收取种子等行为。非法种植毒品原植物的株数一般应以实际查获的数量为准。因种植面积较大，难以逐株清点数目的，可以抽样测算每平方米平均株数后按实际种植面积测算出种植总株数。

非法种植罂粟或者其他毒品原植物，在收获前自动铲除的，可以不予立案追诉。

本规定中的毒品是指鸦片、海洛因、甲基苯丙胺（冰毒）、吗啡、大麻、可卡因以及国家规定管制的其他能够使人形成瘾癖的麻醉药品和精神药品。具体品种以国家食品药品监督管理局、公安部、卫生部发布的《麻醉药品品种目录》、《精神药品品种目录》为依据。

本规定中的“制毒物品”是指刑法第 350 条第 1 款规定的醋酸酐、乙醚、三氯甲烷或者其他用于制造毒品的原料或者配剂，具体品种范围按照国家关于易制毒化学品管理的规定确定。

本规定中未明确立案追诉标准的毒品，有条件折算为海洛因的，参照有关麻醉药品和精神药品折算标准进行折算。

本规定中的立案追诉标准，除法律、司法解释另有规定的以外，适用于相关的单位犯罪。

本规定中的“以上”，包括本数。

• 关联法律

1. 最高人民法院、最高人民检察院、海关总署《关于办理走私刑事案件适用法律若干问题的意见》(法〔2002〕139号)

(详见本书《刑法》第151条相关内容)

2. 最高人民检察院、公安部《关于公安机关管辖的刑事案件立案追诉标准的规定(3)》(公通字〔2012〕26号) 第7条、第13条至第16条

(见本条立案追诉标准内容)

3. 参见本书《刑法》第347条相关内容。

第352条 【非法买卖、运输、携带、持有毒品原植物种子、幼苗罪】 非法买卖、运输、携带、持有未经灭活的罂粟等毒品原植物种子或者幼苗，数量较大的，处3年以下有期徒刑、拘役或者管制，并处或者单处罚金。

• 释义

非法买卖、运输、携带、持有毒品原植物种子、幼苗罪是指非法买卖、运输、携带、持有未经灭活的罂粟等毒品原植物种子或者幼苗，数量较大的行为。

• 管辖

公安机关禁毒部门。

• 立案追诉标准

非法买卖、运输、携带、持有未经灭活的罂粟等毒品原植物种子或者幼苗，涉嫌下列情形之一的，应予立案追诉：

(一)罂粟种子50克以上、罂粟幼苗5000株以上；

(二)大麻种子50千克以上、大麻幼苗5万株以上；

(二)其他毒品原植物种子、幼苗数量较大的。

本规定中的毒品是指鸦片、海洛因、甲基苯丙胺(冰毒)、吗啡、大麻、可卡因以及国家规定管制的其他能够使人形成瘾癖的麻醉药品和精神药品。具体品种以国家食品药品监督管理局、公安部、卫生部发布的《麻醉药品品种目录》、《精神药品品种目录》为依据。

本规定中的“制毒物品”是指刑法第350条第1款规定的醋酸酐、乙醚、三氯甲烷或者其他用于制造毒品的原料或者配剂，具体品种范围按照国家关于易制毒化学品管理的规定确定。

本规定中未明确立案追诉标准的毒品，有条件折算为海洛因的，参照有关麻醉药品和精神药品折算标准进行折算。

本规定中的立案追诉标准，除法律、司法解释另有规定的以外，适用于相关的单位犯罪。

本规定中的“以上”，包括本数。

• 关联法律

1. 公安部《关于坚决制止、查处在食品中掺用罂粟壳违法犯罪行为的通知》(公通字〔1993〕70号)

最近，北京、天津、上海、广西、四川、云南、贵州等地公安机关接连查获一些个体饮食摊店

在食品中非法掺用罂粟壳的违法犯罪活动,引起社会的关注。

罂粟壳俗称大烟壳,含有吗啡等物质,易使人体产生瘾癖,对人体肝脏、心脏有毒害作用。罂粟壳属国家管制的毒品,国家法律对罂粟壳管理使用有明确规定,禁止非法供应、运输、使用。但是,个别个体饮食摊店店主,利欲熏心,竟置国家法律、法规和人民群众的身体健康于不顾,在食品中掺用罂粟壳来招徕顾客、吸引回头客,扩大生意。由于顾客都是在不知道的情况下被骗食用的,因此这种行为属于欺骗他人吸食毒品的违法犯罪行为。

各级公安机关要以对国家、对人民高度负责的精神,坚决制止、严厉查处在食品中掺用罂粟壳的违法犯罪活动,决不能姑息。对在食品中掺用罂粟壳的,应当依照全国人大常委会《关于禁毒的决定》第7条的规定处理。对曾使用、现自行停止并表示悔改的,可不予追究;对继续使用的,要依据有关法规严厉惩处。对群众检举揭发的线索,要认真对待,依法快查、快办,抓紧结案,坚决制止这种违法犯罪活动。

2. 最高人民检察院、公安部《关于公安机关管辖的刑事案件立案追诉标准的规定(3)》(公通字〔2012〕26号)第8条、第13条至第16条

(见本条立案追诉标准内容)

3. 参见本书《刑法》第347条相关内容。

第353条 【引诱、教唆、欺骗他人吸毒罪】引诱、教唆、欺骗他人吸食、注射毒品的,处3年以下有期徒刑、拘役或者管制,并处罚金;情节严重的,处3年以上7年以下有期徒刑,并处罚金。

【强迫他人吸毒罪】强迫他人吸食、注射毒品的,处3年以上10年以下有期徒刑,并处罚金。

引诱、教唆、欺骗或者强迫未成年人吸食、注射毒品的,从重处罚。

• 释义

引诱、教唆、欺骗他人吸毒罪是指引诱、教唆、欺骗他人吸食、注射毒品的行为。

强迫他人吸毒罪是指违背他人意志,以暴力、胁迫等生理强制或者心理强制方法,迫使他人吸食、注射毒品的行为。引诱、教唆、欺骗或者强迫未成年人吸食、注射毒品的,从重处罚。

• 管辖

公安机关禁毒部门。

• 立案追诉标准

【引诱、教唆、欺骗他人吸毒罪立案追诉标准】

引诱、教唆、欺骗他人吸食、注射毒品的,应予立案追诉。

【强迫他人吸毒罪立案追诉标准】

违背他人意志,以暴力、胁迫或者其他强制手段,迫使他人吸食、注射毒品的,应予立案追诉。

本规定中的毒品是指鸦片、海洛因、甲基苯丙胺(冰毒)、吗啡、大麻、可卡因以及国家规定管制的其他能够使人形成瘾癖的麻醉药品和精神药品。具体品种以国家食品药品监督管理局、公安部、卫生部发布的《麻醉药品品种目录》、《精神药品品种目录》为依据。

本规定中的"制毒物品"是指刑法第350条第1款规定的醋酸酐、乙醚、三氯甲烷或者其他用于制造毒品的原料或者配剂,具体品种范围按照国家关于易制毒化学品管理的规定确定。

本规定中未明确立案追诉标准的毒品,有条件折算为海洛因的,参照有关麻醉药品和精神药品折算标准进行折算。

本规定中的立案追诉标准,除法律、司法解释另有规定的以外,适用于相关的单位犯罪。

本规定中的"以上",包括本数。

• 关联法律

1. 公安部《关于坚决制止、查处在食品中掺用罂粟壳违法犯罪行为的通知》(公通字〔1993〕70号)

被公安部《关于废止和修改部分禁毒工作部门规章及规范性文件的通知》(公通字〔2009〕56号)废止。

2. 最高人民检察院、公安部《关于公安机关管辖的刑事案件立案追诉标准的规定(3)》(公通字〔2012〕26号)第9条、第10条、第13条至第16条

(见本条立案追诉标准内容)

3. 最高人民法院、最高人民检察院、公安部、民政部《关于依法处理监护人侵害未成年人权益行为若干问题的意见》(法发〔2014〕24号)

(详见本书《刑法》第17条相关内容)

4. 最高人民检察院《第37批指导性案例郭某某欺骗他人吸毒案》(检例第152号;2022年6月21日)

(详见本书《刑法》第347条相关内容)

5. 参见本书《刑法》第347条相关内容。

> **第354条 【容留他人吸毒罪】** 容留他人吸食、注射毒品的,处3年以下有期徒刑、拘役或者管制,并处罚金。

• 释义

容留他人吸毒罪是指容留他人吸食、注射毒品的行为。

• 管辖

公安机关禁毒部门。

• 立案追诉标准

提供场所,容留他人吸食、注射毒品,涉嫌下列情形之一的,应予立案追诉:

(一)容留他人吸食、注射毒品2次以上的;

(二)1次容留3人以上吸食、注射毒品的;

(三)因容留他人吸食、注射毒品被行政处罚,又容留他人吸食、注射毒品的;

(四)容留未成年人吸食、注射毒品的;

(五)以牟利为目的容留他人吸食、注射毒品的;

(六)容留他人吸食、注射毒品造成严重后果或者其他情节严重的。

本规定中的毒品是指鸦片、海洛因、甲基苯丙胺(冰毒)、吗啡、大麻、可卡因以及国家规定管制的其他能够使人形成瘾癖的麻醉药品和精神药品。具体品种以国家食品药品监督管理局、公安部、卫生部发布的《麻醉药品品种目录》、《精神药品品种目录》为依据。

本规定中的"制毒物品"是指刑法第350条第1款规定的醋酸酐、乙醚、三氯甲烷或者其

他用于制造毒品的原料或者配剂,具体品种范围按照国家关于易制毒化学品管理的规定确定。

本规定中未明确立案追诉标准的毒品,有条件折算为海洛因的,参照有关麻醉药品和精神药品折算标准进行折算。

本规定中的立案追诉标准,除法律、司法解释另有规定的以外,适用于相关的单位犯罪。

本规定中的"以上",包括本数。

• **关联法律**

1. 最高人民检察院、公安部《关于公安机关管辖的刑事案件立案追诉标准的规定(3)》(公通字〔2012〕26号) 第11条、第13条至第16条

(见本条立案追诉标准内容)

2. 最高人民法院、最高人民检察院、公安部、民政部《关于依法处理监护人侵害未成年人权益行为若干问题的意见》(法发〔2014〕24号)

(详见本书《刑法》第17条相关内容)

3. 最高人民法院《关于常见犯罪的量刑指导意见(2)(试行)》(法〔2017〕74号)

为深入推进量刑规范化改革,进一步扩大量刑规范化范围,根据刑法、刑事司法解释等相关规定,结合刑事审判实践,制定本指导意见。

一、八种常见犯罪的量刑

(七)容留他人吸毒罪

1. 构成容留他人吸毒罪的,可以在1年以下有期徒刑、拘役幅度内确定量刑起点。2. 在量刑起点的基础上,可以根据容留他人吸毒的人数、次数等其他影响犯罪构成的犯罪事实增加刑罚量,确定基准刑。(全文详见本书《刑法》第61条相关内容)

4. 参见本书《刑法》第347条相关内容。

第355条 【非法提供麻醉药品、精神药品罪】 依法从事生产、运输、管理、使用国家管制的麻醉药品、精神药品的人员,违反国家规定,向吸食、注射毒品的人提供国家规定管制的能够使人形成瘾癖的麻醉药品、精神药品的,处3年以下有期徒刑或者拘役,并处罚金;情节严重的,处3年以上7年以下有期徒刑,并处罚金。向走私、贩卖毒品的犯罪分子或者以牟利为目的,向吸食、注射毒品的人提供国家规定管制的能够使人形成瘾癖的麻醉药品、精神药品的,依照本法第347条的规定定罪处罚。【走私、贩卖、运输、制造毒品罪(第347条)】

单位犯前款罪的,对单位判处罚金,并对其直接负责的主管人员和其他直接责任人员,依照前款的规定处罚。

• **释义**

非法提供麻醉药品、精神药品罪是指依法从事生产、运输、管理、使用国家管制的麻醉药品、精神药品的个人或者单位,违反国家规定,向吸食、注射毒品的人提供国家规定管制的能够使人形成瘾癖的麻醉药品或者精神药品的行为。向走私、贩卖毒品的犯罪分子或者以牟利为目的,向吸食、注射毒品的人提供国家规定管制的能够使人形成瘾癖的麻醉药品、精神药品的,依照贩卖毒品罪定罪处罚。

行为主体既可以是自然人,也可以是单位。

● 管辖

公安机关禁毒部门。

● 立案追诉标准

依法从事生产、运输、管理、使用国家管制的麻醉药品、精神药品的个人或者单位，违反国家规定，向吸食、注射毒品的人员提供国家规定管制的能够使人形成瘾癖的麻醉药品、精神药品，涉嫌下列情形之一的，应予立案追诉：

（一）非法提供鸦片20克以上、吗啡2克以上、度冷丁（杜冷丁）5克以上（针剂100mg/支规格的50支以上，50mg/支规格的100支以上；片剂25mg/片规格的200片以上，50mg/片规格的100片以上）、盐酸二氢埃托啡零点2毫克以上（针剂或者片剂20μg/支、片规格的10支、片以上）、氯胺酮、美沙酮20克以上、三唑仑、安眠酮1000克以上、咖啡因5000克以上、氯氮卓、艾司唑仑、地西泮、溴西泮10千克以上，以及其他麻醉药品和精神药品数量较大的；

（二）虽未达到上述数量标准，但非法提供麻醉药品、精神药品两次以上，数量累计达到前项规定的数量标准80%以上的；

（三）因非法提供麻醉药品、精神药品被行政处罚，又非法提供麻醉药品、精神药品的；

（四）向吸食、注射毒品的未成年人提供麻醉药品、精神药品的；

（五）造成严重后果或者其他情节严重的。

依法从事生产、运输、管理、使用国家管制的麻醉药品、精神药品的人员或者单位，违反国家规定，向走私、贩卖毒品的犯罪分子提供国家规定管制的能够使人形成瘾癖的麻醉药品、精神药品的，或者以牟利为目的，向吸食、注射毒品的人提供国家规定管制的能够使人形成瘾癖的麻醉药品、精神药品的，以走私、贩卖毒品罪立案追诉。

本规定中的毒品是指鸦片、海洛因、甲基苯丙胺（冰毒）、吗啡、大麻、可卡因以及国家规定管制的其他能够使人形成瘾癖的麻醉药品和精神药品。具体品种以国家食品药品监督管理局、公安部、卫生部发布的《麻醉药品品种目录》、《精神药品品种目录》为依据。

本规定中的“制毒物品”是指刑法第350条第1款规定的醋酸酐、乙醚、三氯甲烷或者其他用于制造毒品的原料或者配剂，具体品种范围按照国家关于易制毒化学品管理的规定确定。

本规定中未明确立案追诉标准的毒品，有条件折算为海洛因的，参照有关麻醉药品和精神药品折算标准进行折算。

本规定中的立案追诉标准，除法律、司法解释另有规定的以外，适用于相关的单位犯罪。

本规定中的“以上”，包括本数。

● 关联法律

1. 中华人民共和国国务院《麻醉药品和精神药品管理条例》（2005年8月3日国务院令第442号公布；2013年12月7日《国务院关于修改部分行政法规的决定》第一次修订；2016年2月6日《国务院关于修改部分行政法规的决定》第二次修订）

第3条 本条例所称麻醉药品和精神药品，是指列入麻醉药品目录、精神药品目录（以下称目录）的药品和其他物质。精神药品分为第1类精神药品和第2类精神药品。

目录由国务院药品监督管理部门会同国务院公安部门、国务院卫生主管部门制定、调整并公布。

上市销售但尚未列入目录的药品和其他物质或者第二类精神药品发生滥用，已经造成或者可能造成严重社会危害的，国务院药品监督管理部门会同国务院公安部门、国务院卫生主管部门应当及时将该药品和该物质列入目录或者将该第二类精神药品调整为第一类精神药品。

第4条 国家对麻醉药品药用原植物以及麻醉药品和精神药品实行管制。除本条例另有规定的外，任何单位、个人不得进行麻醉药品药用原植物的种植以及麻醉药品和精神药品的实验研究、生产、经营、使用、储存、运输等活动。

2. 最高人民检察院、公安部《关于公安机关管辖的刑事案件立案追诉标准的规定(3)》(公通字〔2012〕26号) 第12条至第16条

(见本条立案追诉标准内容)

3. 参见本书《刑法》第347条相关内容。

第355条之一 【妨害兴奋剂管理罪】 引诱、教唆、欺骗运动员使用兴奋剂参加国内、国际重大体育竞赛，或者明知运动员参加上述竞赛而向其提供兴奋剂，情节严重的，处3年以下有期徒刑或者拘役，并处罚金。

组织、强迫运动员使用兴奋剂参加国内、国际重大体育竞赛的，依照前款的规定从重处罚。

(本条《中华人民共和国刑法修正案(11)》增加)

• 释义

妨害兴奋剂管理罪是指引诱、教唆、欺骗运动员使用兴奋剂参加国内、国际重大体育竞赛，或者明知运动员参加上述竞赛而向其提供兴奋剂，情节严重的，或者组织、强迫运动员使用兴奋剂参加国内、国际重大体育竞赛的行为。

• 管辖

公安机关。

• 立案追诉标准

无

• 关联法律

1.. 最高人民法院《关于审理走私、非法经营、非法使用兴奋剂刑事案件适用法律若干问题的解释》(法释〔2019〕16号)

(详见本书《刑法》第151条相关内容)

2.《中华人民共和国刑法修正案(11)》(2020年12月26日第十三届全国人大常委会第二十四次会议通过)

四十四、在刑法第355条后增加1条，作为第355条之一："引诱、教唆、欺骗运动员使用兴奋剂参加国内、国际重大体育竞赛，或者明知运动员参加上述竞赛而向其提供兴奋剂，情节严重的，处3年以下有期徒刑或者拘役，并处罚金。

"组织、强迫运动员使用兴奋剂参加国内、国际重大体育竞赛的，依照前款的规定从重处罚。"

3. 最高人民法院《关于执行〈中华人民共和国刑法〉确定罪名的补充规定(7)》(法释〔2021〕2号)

(全文详见本书《刑法》第133条之二相关内容)

第 356 条 【毒品犯罪的再犯】 因走私、贩卖、运输、制造、非法持有毒品罪被判过刑，又犯本节规定之罪的，从重处罚。

• 关联法律

1. 最高人民法院《关于全国部分法院审理毒品犯罪案件工作座谈会纪要的通知》(法〔2008〕324 号)

八、毒品再犯问题

根据刑法第 356 条规定，只要因走私、贩卖、运输、制造、非法持有毒品罪被判过刑，不论是在刑罚执行完毕后，还是在缓刑、假释或者暂予监外执行期间，又犯刑法分则第 6 章第 7 节规定的犯罪的，都是毒品再犯，应当从重处罚。

因走私、贩卖、运输、制造、非法持有毒品罪被判刑的犯罪分子，在缓刑、假释或者暂予监外执行期间又犯刑法分则第 6 章第 7 节规定的犯罪的，应当在对其所犯新的毒品犯罪适用刑法第 356 条从重处罚的规定确定刑罚后，再依法数罪并罚。

对同时构成累犯和毒品再犯的被告人，应当同时引用刑法关于累犯和毒品再犯的条款从重处罚。(全文详见本书《刑法》第 347 条相关内容)

2. 参见本书《刑法》第 347 条至第 355 条相关内容。

第 357 条 【毒品的范围及毒品数量的计算原则】 本法所称的毒品，是指鸦片、海洛因、甲基苯丙胺(冰毒)、吗啡、大麻、可卡因以及国家规定管制的其他能够使人形成瘾癖的麻醉药品和精神药品。

毒品的数量以查证属实的走私、贩卖、运输、制造、非法持有毒品的数量计算，不以纯度折算。

注：1.《刑法》所指毒品其具体品种以国家食品药品监督管理局、公安部、卫生部发布的《麻醉药品品种目录》《精神药品品种目录》为依据。2. 未明确立案追诉标准的毒品，有条件折算为海洛因的，参照有关麻醉药品和精神药品的折算标准进行折算。3. 立案追诉标准，除法律、司法解释另有规定的以外，适用于相关的单位犯罪。4. 立案追诉标准中的"以上"，包括本数。5. 立案追诉标准所指的"制毒物品"是指刑法第 350 条第 1 款规定的醋酸酐、乙醚、三氯甲烷或者其他用于制造毒品的原料或者配剂，具体品种范围按照国家关于易制毒化学品管理的规定确定。

• 关联法律

参见本书《刑法》第 347 条至第 355 条相关内容。

第八节 组织、强迫、引诱、容留、介绍卖淫罪

组织、强迫、引诱、容留、介绍卖淫罪，责任形式为故意，都是自然人犯罪。

第 358 条 【组织卖淫罪】【强迫卖淫罪】 组织、强迫他人卖淫的，处 5 年以上 10 年以下有期徒刑，并处罚金；情节严重的，处 10 年以上有期徒刑或者无期徒刑，并处罚金或者没收财产。

组织、强迫未成年人卖淫的，依照前款的规定从重处罚。

犯前两款罪，并有杀害、伤害、强奸、绑架等犯罪行为的，依照数罪并罚的规定处罚。

【协助组织卖淫罪】为组织卖淫的人招募、运送人员或者有其他协助组织他人卖淫行为的，处5年以下有期徒刑，并处罚金；情节严重的，处5年以上10年以下有期徒刑，并处罚金。

（本条《中华人民共和国刑法修正案(8)》第1次修改；《中华人民共和国刑法修正案(9)》第2次修改）

• 释义

组织卖淫罪是指以招募、雇佣、强迫、引诱、容留等手段，控制他人从事卖淫活动的行为。

强迫卖淫罪是指使用暴力、威胁、虐待等强制方法迫使他人卖淫的行为。

协助组织卖淫罪是指为组织卖淫的人招募、运送人员或者以其他方法协助组织他人卖淫的行为，或者在组织卖淫的犯罪活动中，充当保镖、打手、管账人等，起帮助作用的行为。

• 管辖

公安机关治安管理部门。

• 立案追诉标准

【组织卖淫罪立案追诉标准】

以招募、雇佣、强迫、引诱、容留等手段，组织他人卖淫的，应予立案追诉。

【强迫卖淫罪立案追诉标准】

以暴力、胁迫等手段强迫他人卖淫的，应予立案追诉。

【协助组织卖淫罪立案追诉标准】

12. 将《立案追诉标准(一)》第77条修改为：

在组织卖淫的犯罪活动中，帮助招募、运送、培训人员3人以上，或者充当保镖、打手、管账人等，起帮助作用的，应予立案追诉。

• 关联法律

1. 最高人民法院、最高人民检察院《关于执行〈全国人民代表大会常务委员会关于严禁卖淫嫖娼的决定〉的若干问题的解答的通知》(法发〔1992〕42号，高检会〔1992〕36号)

(法释〔2013〕1号已声明该文件废止)

2. 公安部《关于对同性之间以钱财为媒介的性行为定性处理问题的批复》(公复字〔2001〕4号)

广西壮族自治区公安厅：你厅《关于对以金钱为媒介的同性之间的性行为如何定性的请示》(桂公传发〔2001〕35号)收悉。现批复如下：

根据《中华人民共和国治安管理处罚条例》和全国人大常委会《关于严禁卖淫嫖娼的决定》的规定，不特定的异性之间或者同性之间以金钱、财物为媒介发生不正当性关系的行为，包括口淫、手淫、鸡奸等行为，都属于卖淫嫖娼行为，对行为人应当依法处理。

自本批复下发之日起，《公安部关于对以营利为目的的手淫、口淫等行为定性处理问题的批复》(公复字〔1995〕6号)同时废止。

3. 国务院法制办公室《对浙江省人民政府法制办公室〈关于转送审查处理公安部公复字〔2001〕4号批复的请示〉的复函》(国法函〔2003〕155号)

浙江省人民政府法制办公室:你办《关于转送审查处理公安部公复字〔2001〕4号批复的请示》(浙府法〔2003〕5号)收悉。我们征求了全国人大常委会法工委意见,他们认为,公安部对卖淫嫖娼的含义进行解释符合法律规定的权限,公安部公复字〔2001〕4号批复的内容与法律的规定是一致的,卖淫嫖娼是指通过金钱交易一方向另一方提供性服务,以满足对方性欲的行为,至于具体性行为采用什么方式,不影响对卖淫嫖娼行为的认定。据此,公安部公复字〔2001〕4号批复的规定是合法的。

4. 公安部《关于以钱财为媒介尚未发生性行为或发生性行为尚未给付钱财如何定性问题的批复》(公复字〔2003〕5号)

山东省公安厅:你厅《关于对以钱财为媒介尚未发生性行为应如何处理的请示》(鲁公发〔2003〕114号)收悉。现批复如下:

卖淫嫖娼是指不特定的异性之间或同性之间以金钱、财物为媒介发生性关系的行为。行为主体之间主观上已经就卖淫嫖娼达成一致,已经谈好价格或者已经给付金钱、财物,并且已经着手实施,但由于其本人主观意志以外的原因,尚未发生性关系的;或者已经发生性关系,但尚未给付金钱、财物的,都可以按卖淫嫖娼行为依法处理。对前一种行为,应当从轻处罚。

5. 最高人民检察院、公安部《关于公安机关管辖的刑事案件立案追诉标准的规定(1)》(公通字〔2008〕36号)第75条、第76条、第77条

(见本条立案追诉标准内容)

6.《中华人民共和国刑法修正案(8)》(2011年2月25日第十一届全国人大常委会第十九次会议通过)48条

四十八、将刑法第358条第3款修改为:"为组织卖淫的人招募、运送人员或者有其他协助组织他人卖淫行为的,处5年以下有期徒刑,并处罚金;情节严重的,处5年以上10年以下有期徒刑,并处罚金。"

(1997年《刑法》原条文第3款:协助组织他人卖淫的,处5年以下有期徒刑,并处罚金;情节严重的,处5年以上10年以下有期徒刑,并处罚金。)

7. 最高人民法院、最高人民检察院,公安部、司法部《关于依法惩治性侵害未成年人犯罪的意见》(法发〔2013〕12号)

26. 组织、强迫、引诱、容留、介绍未成年人卖淫构成犯罪的,应当从重处罚。强迫幼女卖淫、引诱幼女卖淫的,应当分别按照刑法第358条第1款第(2)项、第359条第2款的规定定罪处罚。对未成年人负有特殊职责的人员、与未成年人有共同家庭生活关系的人员、国家工作人员,实施组织、强迫、引诱、容留、介绍未成年人卖淫等性侵害犯罪的,更要依法从严惩处。(全文详见本书《刑法》第17条相关内容)

8. 最高人民法院、最高人民检察院、公安部、民政部《关于依法处理监护人侵害未成年人权益行为若干问题的意见》(法发〔2014〕24号)

(详见本书《刑法》第17条相关内容)

9.《中华人民共和国刑法修正案(9)》(2015年8月29日第十二届全国人大常委会第十六次会议通过)第42条

四十二、将刑法第358条修改为:"组织、强迫他人卖淫的,处5年以上10年以下有期徒刑,并处罚金;情节严重的,处10年以上有期徒刑或者无期徒刑,并处罚金或者没收财产。

"组织、强迫未成年人卖淫的,依照前款的规定从重处罚。"

"犯前两款罪,并有杀害、伤害、强奸、绑架等犯罪行为的,依照数罪并罚的规定处罚。"

“为组织卖淫的人招募、运送人员或者有其他协助组织他人卖淫行为的,处5年以下有期徒刑,并处罚金;情节严重的,处5年以上10年以下有期徒刑,并处罚金。”

10. 最高人民检察院、公安部《关于公安机关管辖的刑事案件立案追诉标准的规定(1)的补充规定》(公通字〔2017〕12号)第12条

(见本条立案追诉标准内容)

11. 最高人民法院、最高人民检察院《关于办理组织、强迫、引诱、容留、介绍卖淫刑事案件适用法律若干问题的解释》(法释〔2017〕13号)

为依法惩治组织、强迫、引诱、容留、介绍卖淫犯罪活动,根据刑法有关规定,结合司法工作实际,现就办理这类刑事案件具体应用法律的若干问题解释如下:

第1条 以招募、雇佣、纠集等手段,管理或者控制他人卖淫,卖淫人员在3人以上的,应当认定为刑法第358条规定的“组织他人卖淫”。

组织卖淫者是否设置固定的卖淫场所、组织卖淫者人数多少、规模大小,不影响组织卖淫行为的认定。

第2条 组织他人卖淫,具有下列情形之一的,应当认定为刑法第358条第1款规定的“情节严重”:

(一)卖淫人员累计达10人以上的;(二)卖淫人员中未成年人、孕妇、智障人员、患有严重性病的人累计达5人以上的;(三)组织境外人员在境内卖淫或者组织境内人员出境卖淫的;(四)非法获利人民币100万元以上的;(五)造成被组织卖淫的人自残、自杀或者其他严重后果的;(六)其他情节严重的情形。

第3条 在组织卖淫犯罪活动中,对被组织卖淫的人有引诱、容留、介绍卖淫行为的,依照处罚较重的规定定罪处罚。但是,对被组织卖淫的人以外的其他人有引诱、容留、介绍卖淫行为的,应当分别定罪,实行数罪并罚。

第4条 知他人实施组织卖淫犯罪活动而为其招募、运送人员或者充当保镖、打手、管账人等的,依照刑法第358条第4款的规定,以协助组织卖淫罪定罪处罚,不以组织卖淫罪的从犯论处。

在具有营业执照的会所、洗浴中心等经营场所担任保洁员、收银员、保安员等,从事一般服务性、劳务性工作,仅领取正常薪酬,且无前款所列协助组织卖淫行为的,不认定为协助组织卖淫罪。

第5条 协助组织他人卖淫,具有下列情形之一的,应当认定为刑法第358条第4款规定的“情节严重”:

(一)招募、运送卖淫人员累计达10人以上的;(二)招募、运送的卖淫人员中未成年人、孕妇、智障人员、患有严重性病的人累计达5人以上的;(三)协助组织境外人员在境内卖淫或者协助组织境内人员出境卖淫的;(四)非法获利人民币50万元以上的;(五)造成被招募、运送或者被组织卖淫的人自残、自杀或者其他严重后果的;(六)其他情节严重的情形。

第6条 强迫他人卖淫,具有下列情形之一的,应当认定为刑法第358条第1款规定的“情节严重”:

(一)卖淫人员累计达5人以上的;(二)卖淫人员中未成年人、孕妇、智障人员、患有严重性病的人累计达3人以上的;(三)强迫不满14周岁的幼女卖淫的;(四)造成被强迫卖淫的人自残、自杀或者其他严重后果的;(五)其他情节严重的情形。

行为人既有组织卖淫犯罪行为,又有强迫卖淫犯罪行为,且具有下列情形之一的,以组织、强迫卖淫“情节严重”论处:

(一)组织卖淫、强迫卖淫行为中具有本解释第2条、本条前款规定的“情节严重”情形之

一的;(二)卖淫人员累计达到本解释第2条第1、2项规定的组织卖淫"情节严重"人数标准的;(三)非法获利数额相加达到本解释第2条第4项规定的组织卖淫"情节严重"数额标准的。

第7条 根据刑法第358条第3款的规定,犯组织、强迫卖淫罪,并有杀害、伤害、强奸、绑架等犯罪行为的,依照数罪并罚的规定处罚。协助组织卖淫行为人参与实施上述行为的,以共同犯罪论处。

根据刑法第358条第2款的规定,组织、强迫未成年人卖淫的,应当从重处罚。

第8条 引诱、容留、介绍他人卖淫,具有下列情形之一的,应当依照刑法第359条第1款的规定定罪处罚:

(一)引诱他人卖淫的;(二)容留、介绍2人以上卖淫的;(三)容留、介绍未成年人、孕妇、智障人员、患有严重性病的人卖淫的;(四)1年内曾因引诱、容留、介绍卖淫行为被行政处罚,又实施容留、介绍卖淫行为的;(五)非法获利人民币1万元以上的。

利用信息网络发布招嫖违法信息,情节严重的,依照刑法第287条之一的规定,以非法利用信息网络罪定罪处罚。同时构成介绍卖淫罪的,依照处罚较重的规定定罪处罚。

引诱、容留、介绍他人卖淫是否以营利为目的,不影响犯罪的成立。

引诱不满14周岁的幼女卖淫的,依照刑法第359条第2款的规定,以引诱幼女卖淫罪定罪处罚。

被引诱卖淫的人员中既有不满14周岁的幼女,又有其他人员的,分别以引诱幼女卖淫罪和引诱卖淫罪定罪,实行并罚。

第9条 引诱、容留、介绍他人卖淫,具有下列情形之一的,应当认定为刑法第359条第1款规定的"情节严重":

(一)引诱5人以上或者引诱、容留、介绍10人以上卖淫的;(二)引诱3人以上的未成年人、孕妇、智障人员、患有严重性病的人卖淫,或者引诱、容留、介绍5人以上该类人员卖淫的;(三)非法获利人民币5万元以上的;(四)其他情节严重的情形。

第10条 组织、强迫、引诱、容留、介绍他人卖淫的次数,作为酌定情节在量刑时考虑。

第11条 具有下列情形之一的,应当认定为刑法第360条规定的"明知":

(一)有证据证明曾到医院或者其他医疗机构就医或者检查,被诊断为患有严重性病的;(二)根据本人的知识和经验,能够知道自己患有严重性病的;(三)通过其他方法能够证明行为人是"明知"的。

传播性病行为是否实际造成他人患上严重性病的后果,不影响本罪的成立。

刑法第360条规定所称的"严重性病",包括梅毒、淋病等。其他性病是否认定为"严重性病",应当根据《中华人民共和国传染病防治法》《性病防治管理办法》的规定,在国家卫生与计划生育委员会规定实行性病监测的性病范围内,依照其危害、特点与梅毒、淋病相当的原则,从严掌握。

第12条 明知自己患有艾滋病或者感染艾滋病病毒而卖淫、嫖娼的,依照刑法第360条的规定,以传播性病罪定罪,从重处罚。

具有下列情形之一,致使他人感染艾滋病病毒的,认定为刑法第95条第3项"其他对于人身健康有重大伤害"所指的"重伤",依照刑法第234条第2款的规定,以故意伤害罪定罪处罚:

(一)明知自己感染艾滋病病毒而卖淫、嫖娼的;(二)明知自己感染艾滋病病毒,故意不采取防范措施而与他人发生性关系的。

第13条 犯组织、强迫、引诱、容留、介绍卖淫罪的,应当依法判处犯罪所得2倍以上的罚金。共同犯罪的,对各共同犯罪人合计判处的罚金应当在犯罪所得的2倍以上。

对犯组织、强迫卖淫罪被判处无期徒刑的，应当并处没收财产。

第 14 条 根据刑法第 362 条、第 310 条的规定，旅馆业、饮食服务业、文化娱乐业、出租汽车业等单位的人员，在公安机关查处卖淫、嫖娼活动时，为违法犯罪分子通风报信，情节严重的，以包庇罪定罪处罚。事前与犯罪分子通谋的，以共同犯罪论处。

具有下列情形之一的，应当认定为刑法第 362 条规定的“情节严重”

(一)向组织、强迫卖淫犯罪集团通风报信的；(二)2 年内通风报信 3 次以上的；(三)1 年内因通风报信被行政处罚，又实施通风报信行为的；(四)致使犯罪集团的首要分子或者其他共同犯罪的主犯未能及时归案的；(五)造成卖淫嫖娼人员逃跑，致使公安机关查处犯罪行为因取证困难而撤女销刑事案件的；(六)非法获利人民币 1 万元以上的；(七)其他情节严重的情形。

第 15 条 本解释自 2017 年 7 月 25 日起施行。

12. 最高人民法院、最高人民检察院、公安部、司法部《关于办理恶势力刑事案件若干问题的意见》(2019 年 4 月 9 日起施行)

(详见本书《刑法》第 294 条相关内容)

13. 最高人民法院、最高人民检察院、公安部、司法部《关于办理黑恶势力刑事案件中财产处置若干问题的意见》(2019 年 4 月 9 日起施行)

(详见本书《刑法》第 294 条相关内容)

14. 最高人民法院、最高人民检察院、公安部、司法部《关于办理实施“软暴力”的刑事案件若干问题的意见》(2019 年 4 月 9 日起施行)

(详见本书《刑法》第 294 条相关内容)

15. 最高人民法院、最高人民检察院、公安部、司法部《关于办理“套路贷”刑事案件若干问题的意见》(法发〔2019〕11 号)

(详见本书《刑法》第 294 条相关内容)

第 359 条 **【引诱、容留、介绍卖淫罪】** 引诱、容留、介绍他人卖淫的，处 5 年以下有期徒刑、拘役或者管制，并处罚金；情节严重的，处 5 年以上有期徒刑，并处罚金。

【引诱幼女卖淫罪】 引诱不满 14 周岁的幼女卖淫的，处 5 年以上有期徒刑，并处罚金。

• 释义

引诱、容留、介绍卖淫罪是指引诱、容留、介绍他人卖淫的行为。

根据司法解释，本罪的追诉起点为引诱、容留、介绍 2 人次以上卖淫，或者引诱、容留、介绍已满 14 周岁未满 18 周岁的未成年人卖淫，或者被引诱、容留、介绍卖淫的人患有艾滋病、梅毒、淋病等严重性病。

引诱幼女卖淫罪是指引诱不满 14 周岁的幼女卖淫的行为。

• 管辖

公安机关治安管理部门。

• 立案追诉标准

【引诱、容留、介绍卖淫罪立案追诉标准】

引诱、容留、介绍他人卖淫，涉嫌下列情形之一的，应予立案追诉：

(一)引诱、容留、介绍 2 人次以上卖淫的；

（二）引诱、容留、介绍已满14周岁未满18周岁的未成年人卖淫的；

（三）被引诱、容留、介绍卖淫的人患有艾滋病或者患有梅毒、淋病等严重性病；

（四）其他引诱、容留、介绍卖淫应予追究刑事责任的情形。

【引诱幼女卖淫罪立案追诉标准】

引诱不满14周岁的幼女卖淫的，应予立案追诉。

•关联法律

1. 公安部《关于对同性之间以钱财为媒介的性行为定性处理问题的批复》（公复字〔2001〕4号）

（详见本书《刑法》第358条相关内容）

2. 公安部《关于以钱财为媒介尚未发生性行为或发生性行为尚未给付钱财如何定性问题的批复》（公复字〔2003〕5号）

（详见本书《刑法》第358条相关内容）

3. 最高人民检察院、公安部《关于公安机关管辖的刑事案件立案追诉标准的规定（1）》（公通字〔2008〕36号）第78条、第79条

（见本条立案追诉标准内容）

4. 最高人民法院、最高人民检察院，公安部、司法部《关于依法惩治性侵害未成年人犯罪的意见》（法发〔2013〕12号）

26. 组织、强迫、引诱、容留、介绍未成年人卖淫构成犯罪的，应当从重处罚。

强迫幼女卖淫、引诱幼女卖淫的，应当分别按照刑法第358条第1款第（二）项、第359条第2款的规定定罪处罚。对未成年人负有特殊职责的人员、与未成年人有共同家庭生活关系的人员、国家工作人员，实施组织、强迫、引诱、容留、介绍未成年人卖淫等性侵害犯罪的，更要依法从严惩处。（全文详见本书《刑法》第17条相关内容）

5. 最高人民法院、最高人民检察院、公安部、民政部《关于依法处理监护人侵害未成年人权益行为若干问题的意见》（法发〔2014〕24号）

（详见本书《刑法》第17条相关内容）

6. 最高人民法院《关于常见犯罪的量刑指导意见（2）（试行）》（法〔2017〕74号）

为深入推进量刑规范化改革，进一步扩大量刑规范化范围，根据刑法、刑事司法解释等相关规定，结合刑事审判实践，制定本指导意见。

一、八种常见犯罪的量刑

（八）引诱、容留、介绍卖淫罪

1. 构成引诱、容留、介绍卖淫罪的，可以根据下列不同情形在相应的幅度内确定量刑起点：（1）情节一般的，可以在2年以下有期徒刑、拘役幅度内确定量刑起点。情节严重的，可以在5年至7年有期徒刑幅度内确定量刑起点。（2）在量刑起点基础上，可以根据引诱、容留、介绍卖淫的人数、次数等其他影响犯罪构成的犯罪事实增加刑罚量，确定基准刑。（3）旅馆业、饮食服务业、文化娱乐业、出租汽车业等单位的主要负责人，利用本单位的条件，引诱、容留、介绍他人卖淫的，可以增加基准刑的10%-20%。（全文详见本书《刑法》第61条相关内容）

7. 最高人民法院、最高人民检察院《关于办理组织、强迫、引诱、容留、介绍卖淫刑事案件适用法律若干问题的解释》（法释〔2017〕13号）

第8条 引诱、容留、介绍他人卖淫，具有下列情形之一的，应当依照刑法第359条第1款的规定定罪处罚：

（一）引诱他人卖淫的；（二）容留、介绍2人以上卖淫的；（三）容留、介绍未成年人、孕妇、

智障人员、患有严重性病的人卖淫的;(四)1年内曾因引诱、容留、介绍卖淫行为被行政处罚,又实施容留、介绍卖淫行为的;(五)非法获利人民币1万元以上的。

利用信息网络发布招嫖违法信息,情节严重的,依照刑法第287条之一的规定,以非法利用信息网络罪定罪处罚。同时构成介绍卖淫罪的,依照处罚较重的规定定罪处罚。

引诱、容留、介绍他人卖淫是否以营利为目的,不影响犯罪的成立。

引诱不满14周岁的幼女卖淫的,依照刑法第359条第2款的规定,以引诱幼女卖淫罪定罪处罚。

被引诱卖淫的人员中既有不满14周岁的幼女,又有其他人员的,分别以引诱幼女卖淫罪和引诱卖淫罪定罪,实行并罚。

第9条 引诱、容留、介绍他人卖淫,具有下列情形之一的,应当认定为刑法第359条第1款规定的"情节严重":

(一)引诱5人以上或者引诱、容留、介绍10人以上卖淫的;(二)引诱3人以上的未成年人、孕妇、智障人员、患有严重性病的人卖淫,或者引诱、容留、介绍5人以上该类人员卖淫的;(三)非法获利人民币5万元以上的;(四)其他情节严重的情形。

第10条 组织、强迫、引诱、容留、介绍他人卖淫的次数,作为酌定情节在量刑时考虑。

第14条 根据刑法第362条、第310条的规定,旅馆业、饮食服务业、文化娱乐业、出租汽车业等单位的人员,在公安机关查处卖淫、嫖娼活动时,为违法犯罪分子通风报信,情节严重的,以包庇罪定罪处罚。事前与犯罪分子通谋的,以共同犯罪论处。

具有下列情形之一的,应当认定为刑法第362条规定的"情节严重":

(一)向组织、强迫卖淫犯罪集团通风报信的;(二)2年内通风报信3次以上的;(三)1年内因通风报信被行政处罚,又实施通风报信行为的;(四)致使犯罪集团的首要分子或者其他共同犯罪的主犯未能及时归案的;(五)造成卖淫嫖娼人员逃跑,致使公安机关查处犯罪行为因取证困难而撤销刑事案件的;(六)非法获利人民币1万元以上的;(七)其他情节严重的情形。(全文详见本书《刑法》第358条相关内容)

第360条 【传播性病罪】【嫖宿幼女罪(已废除)】 明知自己患有梅毒、淋病等严重性病卖淫、嫖娼的,处5年以下有期徒刑、拘役或者管制,并处罚金。

(本条《中华人民共和国刑法修正案(9)》修改)

• 释义

传播性病罪是指明知自己患有梅毒、淋病等严重性病卖淫、嫖娼的行为。

下列情形之一可以认定"明知":

(一)有证据证明曾到医疗机构就医,被诊断为患有严重性病的;

(二)根据本人的知识和经验,能够知道自己患有严重性病的;

(三)通过其他方法能够证明是"明知"的。

• 管辖

公安机关治安管理部门。

• 立案追诉标准

【传播性病罪立案追诉标准】

明知自己患有梅毒、淋病等严重性病卖淫、嫖娼的,应予立案追诉。

具有下列情形之一的,可以认定为“明知”:

(一)有证据证明曾到医疗机构就医,被诊断为患有严重性病的;

(二)根据本人的知识和经验,能够知道自己患有严重性病的;

(三)通过其他方法能够证明是“明知”的。

【嫖宿幼女罪立案追诉标准】

13. 将《立案追诉标准(一)》第81条删除。

• 关联法律

1. 最高人民检察院《关于构成嫖宿幼女罪主观上是否需要具备明知要件的解释》(高检发释字〔2001〕3号)

为依法办理嫖宿幼女犯罪案件,对嫖宿幼女行为如何适用法律问题解释如下:行为人知道被害人是或者可能是不满14周岁幼女而嫖宿的,适用刑法第360条第2款的规定,以嫖宿幼女罪追究刑事责任。(本罪名已废止)

2. 公安部《关于对同性之间以钱财为媒介的性行为定性处理问题的批复》(公复字〔2001〕4号)

(详见本书《刑法》第358条相关内容)

3. 公安部《关于以钱财为媒介尚未发生性行为或发生性行为尚未给付钱财如何定性问题的批复》(公复字〔2003〕5号)

(详见本书《刑法》第358条相关内容)

4. 最高人民检察院、公安部《关于公安机关管辖的刑事案件立案追诉标准的规定(1)》(公通字〔2008〕36号)第80条、第81条

(见本条立案追诉标准内容)

5. 最高人民法院、最高人民检察院,公安部、司法部《关于依法惩治性侵害未成年人犯罪的意见》(法发〔2013〕12号)

(详见本书《刑法》第17条相关内容)

6.《中华人民共和国刑法修正案(9)》(2015年8月29日第十二届全国人大常委会第十六次会议通过)

四十二、删去刑法第360条第2款。

(原条文:嫖宿不满14周岁的幼女的,处5年以上有期徒刑,并处罚金)

7. 最高人民法院、最高人民检察院《关于执行〈中华人民共和国刑法〉确定罪名的补充规定(6)》(法释〔2015〕20号)

根据《中华人民共和国刑法修正案(9)》(以下简称《刑法修正案(9)》)和《全国人民代表大会常务委员会关于修改部分法律的决定》的有关规定,现对最高人民法院《关于执行〈中华人民共和国刑法〉确定罪名的规定》、最高人民检察院《关于适用刑法分则规定的犯罪的罪名的意见》作如下补充、修改:

刑法条文第360条第2款(《刑法修正案(9)》第43条),取消嫖宿幼女罪罪名。

8. 最高人民检察院、公安部《关于公安机关管辖的刑事案件立案追诉标准的规定(1)的补充规定》(公通字〔2017〕12号)第13条

(见本条立案追诉标准内容)

9. 最高人民法院、最高人民检察院《关于办理组织、强迫、引诱、容留、介绍卖淫刑事案件适用法律若干问题的解释》(法释〔2017〕13号)

第11条 具有下列情形之一的,应当认定为刑法第360条规定的“明知”:

(一)有证据证明曾到医院或者其他医疗机构就医或者检查,被诊断为患有严重性病的;(二)根据本人的知识和经验,能够知道自己患有严重性病的;(三)通过其他方法能够证明行为人是"明知"的。

传播性病行为是否实际造成他人患上严重性病的后果,不影响本罪的成立。

刑法第360条规定所称的"严重性病",包括梅毒、淋病等。其他性病是否认定为"严重性病",应当根据《中华人民共和国传染病防治法》《性病防治管理办法》的规定,在国家卫生与计划生育委员会规定实行性病监测的性病范围内,依照其危害、特点与梅毒、淋病相当的原则,从严掌握。

第12条 明知自己患有艾滋病或者感染艾滋病病毒而卖淫、嫖娼的,依照刑法第360条的规定,以传播性病罪定罪,从重处罚。

具有下列情形之一,致使他人感染艾滋病病毒的,认定为刑法第95条第3项"其他对于人身健康有重大伤害"所指的"重伤",依照刑法第234条第2款的规定,以故意伤害罪定罪处罚:

(一)明知自己感染艾滋病病毒而卖淫、嫖娼的;(二)明知自己感染艾滋病病毒,故意不采取防范措施而与他人发生性关系的。(全文详见本书《刑法》第358条相关内容)

第361条 【特定单位的人员组织、强迫、引诱、容留、介绍卖淫的处理规定】 旅馆业、饮食服务业、文化娱乐业、出租汽车业等单位的人员,利用本单位的条件,组织、强迫、引诱、容留、介绍他人卖淫的,依照本法第358条、第359条的规定定罪处罚。【组织卖淫罪;强迫卖淫罪;协助组织卖淫罪(第358条)】、【引诱、容留、介绍卖淫罪;引诱幼女卖淫罪(第359条)】

前款所列单位的主要负责人,犯前款罪的,从重处罚。

- **关联法律**

参见本书《刑法》第358条至第360条相关内容。

第362条 【特定单位的人员对卖淫、嫖娼活动通风报信的处理规定】 旅馆业、饮食服务业、文化娱乐业、出租汽车业等单位的人员,在公安机关查处卖淫、嫖娼活动时,为违法犯罪分子通风报信,情节严重的,依照本法第310条的规定定罪处罚。【窝藏、包庇罪(第310条)】

- **关联法律**

1. 最高人民法院、最高人民检察院《关于办理组织、强迫、引诱、容留、介绍卖淫刑事案件适用法律若干问题的解释》(法释〔2017〕13号)

第14条 根据刑法第362条、第310条的规定,旅馆业、饮食服务业、文化娱乐业、出租汽车业等单位的人员,在公安机关查处卖淫、嫖娼活动时,为违法犯罪分子通风报信,情节严重的,以包庇罪定罪处罚。事前与犯罪分子通谋的,以共同犯罪论处。

具有下列情形之一的,应当认定为刑法第362条规定的"情节严重":

(一)向组织、强迫卖淫犯罪集团通风报信的;(二)2年内通风报信3次以上的;(三)1年内因通风报信被行政处罚,又实施通风报信行为的;(四)致使犯罪集团的首要分子或者其他共同犯罪的主犯未能及时归案的;(五)造成卖淫嫖娼人员逃跑,致使公安机关查处犯罪行为因取证困难而撤销刑事案件的;(六)非法获利人民币1万元以上的;(七)其他情节严重的情形。(全文详见本书《刑法》第358条相关内容)

2. 参见本书《刑法》第358条至第360条相关内容。

第九节　制作、贩卖、传播淫秽物品罪

本节罪的行为主体,既可以是自然人,也可以是单位。

第363条　【制作、复制、出版、贩卖、传播淫秽物品牟利罪】以牟利为目的,制作、复制、出版、贩卖、传播淫秽物品的,处3年以下有期徒刑、拘役或者管制,并处罚金;情节严重的,处3年以上10年以下有期徒刑,并处罚金;情节特别严重的,处10年以上有期徒刑或者无期徒刑,并处罚金或者没收财产。

【为他人提供书号出版淫秽书刊罪】为他人提供书号,出版淫秽书刊的,处3年以下有期徒刑、拘役或者管制,并处或者单处罚金;明知他人用于出版淫秽书刊而提供书号的,依照前款的规定处罚。

• 释义

制作、复制、出版、贩卖、传播淫秽物品牟利罪是指以牟利为目的,制作、复制、出版、贩卖、传播淫秽物品的行为。

为他人提供书号出版淫秽书刊罪是指为他人提供书号,出版淫秽书刊的行为。

• 管辖

公安机关治安管理部门。

• 立案追诉标准

【制作、复制、出版、贩卖、传播淫秽物品牟利罪立案追诉标准】

以牟利为目的,制作、复制、出版、贩卖、传播淫秽物品,涉嫌下列情形之一的,应予立案追诉:

(一)制作、复制、出版淫秽影碟、软件、录像带50至100张(盒)以上,淫秽音碟、录音带100至200张(盒)以上,淫秽扑克、书刊、画册100至200副(册)以上,淫秽照片、画片500至1000张以上的;

(二)贩卖淫秽影碟、软件、录像带100至200张(盒)以上,淫秽音碟、录音带200至400张(盒)以上,淫秽扑克、书刊、画册200至400副(册)以上,淫秽照片、画片1000至2000张以上的;

(三)向他人传播淫秽物品达200至500人次以上,或者组织播放淫秽影、像达10至20场次以上的;

(四)制作、复制、出版、贩卖、传播淫秽物品,获利5000至1万元以上的。

以牟利为目的,利用互联网、移动通讯终端制作、复制、出版、贩卖、传播淫秽电子信息,涉嫌下列情形之一的,应予立案追诉:

(一)制作、复制、出版、贩卖、传播淫秽电影、表演、动画等视频文件20个以上的;

(二)制作、复制、出版、贩卖、传播淫秽音频文件100个以上的;

（三）制作、复制、出版、贩卖、传播淫秽电子刊物、图片、文章、短信息等200件以上的；

（四）制作、复制、出版、贩卖、传播的淫秽电子信息，实际被点击数达到1万次以上的；

（五）以会员制方式出版、贩卖、传播淫秽电子信息，注册会员达200人以上的；

（六）利用淫秽电子信息收取广告费、会员注册费或者其他费用，违法所得1万元以上的；

（七）数量或者数额虽未达到本款第（一）项至第（六）项规定标准，但分别达到其中两项以上标准的50%以上的；

（八）造成严重后果的。利用聊天室、论坛、即时通信软件、电子邮件等方式，实施本条第2款规定行为的，应予立案追诉。

以牟利为目的，通过声讯台传播淫秽语音信息，涉嫌下列情形之一的，应予立案追诉：

（一）向100人次以上传播的；

（二）违法所得1万元以上的；

（三）造成严重后果的。明知他人用于出版淫秽书刊而提供书号、刊号的，应予立案追诉。

注：最高人民法院、最高人民检察院《关于办理利用互联网、移动通讯终端、声讯台制作、复制、出版、贩卖、传播淫秽电子信息刑事案件具体应用法律若干问题的解释》和最高人民法院、最高人民检察院《关于办理利用互联网、移动通讯终端、声讯台制作、复制、出版、贩卖、传播淫秽电子信息刑事案件具体应用法律若干问题的解释（二）》所称网站，是指可以通过互联网域名、IP地址等方式访问的内容提供站点。

以制作、复制、出版、贩卖、传播淫秽电子信息为目的建立或者建立后主要从事制作、复制、出版、贩卖、传播淫秽电子信息活动的网站，为淫秽网站。

【为他人提供书号出版淫秽书刊罪立案追诉标准】

为他人提供书号、刊号出版淫秽书刊，或者为他人提供版号出版淫秽音像制品的，应予立案追诉。

• 关联法律

1. 最高人民法院《关于审理非法出版物刑事案件具体应用法律若干问题的解释》（法释〔1998〕30号）

第8条 以牟利为目的，实施刑法第363条第1款规定的行为，具有下列情形之一的，以制作、复制、出版、贩卖、传播淫秽物品牟利罪定罪处罚：

（一）制作、复制、出版淫秽影碟、软件、录像带50至100张（盒）以上，淫秽音碟、录音带100至200张（盒）以上，淫秽扑克、书刊、画册100至200副（册）以上，淫秽照片、画片500至1000张以上的；（二）贩卖淫秽影碟、软件、录像带100至200张（盒）以上，淫秽音碟、录音带200至400张（盒）以上，淫秽扑克、书刊、画册200至400副（册）以上，淫秽照片、画片1000至2000以上的；（三）向他人传播淫秽物品达200至500人次以上，或者组织播放淫秽影、像达10至20场次以上的；（四）制作、复制、出版、贩卖、传播淫秽物品，获利5000至1万元以上的。

以牟利为目的，实施刑法第363条第1款规定的行为，具有下列情形之一的，应当认定为制作、复制、出版、贩卖、传播淫秽物品牟利罪"情节严重"：

（一）制作、复制、出版淫秽影碟、软件、录像带250至500张（盒）以上，淫秽音碟、录音带500至1000张（盒）以上，淫秽扑克、书刊、画册500至1000副（册）以上，淫秽照片、画片2500至5000张以上的；（二）贩卖淫秽影碟、软件、录像带500至1000张（盒）以上，淫秽音碟、录音带1000至2000张（盒）以上，淫秽扑克、书刊、画册1000至2000副（册）以上，淫秽照片、画片5000至1万张以上的；（三）向他人传播淫秽物品达1000至2000人次以上，或者组织播放淫秽影、像达50至100场次以上的；（四）制作、复制、出版、贩卖、传播淫秽物品，获利3万至5万元以上的。

以牟利为目的,实施刑法第363条第1款规定的行为,其数量(数额)达到前款规定的数量(数额)5倍以上的,应当认定为制作、复制、出版、贩卖、传播淫秽物品牟利罪"情节特别严重"。

第9条 为他人提供书号、刊号,出版淫秽书刊的,依照刑法第363条第2款的规定,以为他人提供书号出版淫秽书刊罪定罚。

为他人提供版号,出版淫秽音像制品的依照前款规定定罪处罚。

明知他人用于出版淫秽书刊而提供书号、刊号的,依照刑法第363条第1款的规定,以出版淫秽物品牟利罪定罪处罚。

第10条 向他人传播淫秽的书刊、影片、音像、图片等出版物达300至600人次以上或者造成恶劣社会影响的,属于"情节严重",依照刑法第364条第1款的规定,以传播淫秽物品罪定罪处罚。

组织播放淫秽的电影、录像等音像制品达15至30场次以上或者造成恶劣社会影响,依照刑法第364条第2款的规定,以组织播放淫秽音像制品罪定罪处罚。

第11条 违反国家规定,出版、印刷、复制、发行本解释第1条至第10条规定以外的其他严重危害社会秩序和扰乱市场秩序的非法出版物,情节严重的,依照刑法第225条第(3)项的规定,以非法经营罪定罪处罚。

第12条 个人实施本解释第11条规定的行为,具有下列情形之一的,属于非法经营行为"情节严重":

(一)经营数额在5万元至10万元以上的;(二)违法所得数额在2万元至3万元以上的;(三)经营报纸5000份或者期刊5000本或者图书2000册或者音像制品、电子出版物500张(盒)以上的。

具有下列情形之一的,属于非法经营行为"情节特别严重":

(一)经营数额在15万元至30万元以上的;(二)违法所得数额在5万元至10万元以上的;(三)经营报纸15000份或者期刊15000本或者图书5000册或者音像制品、电子出版物1500张(盒)以上的。

第13条 单位实施本解释第11条规定的行为,具有下列情形之一的,属于非法经营行为"情节严重":

(一)经营数额在15万元至30万元以上的;(二)违法所得数额在5万元至10万元以上的;(三)经营报纸15000份或者期刊15000本或者图书5000册或者音像制品、电子出版物1500张(盒)以上的。

具有下列情形之一的,属于非法经营行为"情节特别严重":

(一)经营数额在50万元至100万元以上的;(二)违法所得数额在15万元至30万元以上的;(三)经营报纸5万份或者期刊5万本或者图书15000册或者音像制品、电子出版物5000张(盒)以上的。

第14条 实施本解释第11条规定的行为,经营数额、违法所得数额或者经营数量接近非法经营行为"情节严重"、"情节特别严重"的数额、数量起点标准,并具有下列情形之一的,可以认定为非法经营行为"情节严重"、"情节特别严重":

(一)两年内因出版、印刷、复制、发行非法出版物受过行政处罚两次以上的;(二)因出版、印刷、复制、发行非法出版物造成恶劣社会影响或者其他严重后果的。

第15条 非法从事出版物的出版、印刷、复制、发行业务,严重扰乱市场秩序,情节特别严重,构成犯罪的,可以依照刑法第225条第(3)项的规定,以非法经营罪定罪处罚。

第16条 出版单位与他人事前通谋,向其出售、出租或者以其他形式转让该出版单位的名称、书号、刊号、版号,他人实施本解释第2条、第4条、第8条至第11条规定的行为,构成犯罪的,对该出版单位应当以共犯论处。

第17条 本解释所称"经营数额",是指以非法出版物的定价数额乘以行为人经营的非法出版物数量所得的数额。

本解释所称"违法所得数额",是指获利数额。

非法出版物没有定价或者以境外货币定价的,其单价数额应当按照行为人实际出售的价格认定。

第18条 各省、自治区、直辖市高级人民法院可以根据本地的情况和社会治安状况,在本解释第8条、第10条、第12条、第13条规定的有关数额、数量标准的幅度内,确定本地执行的具体标准,并报最高人民法院备案。(全文详见本书《刑法》第217条相关内容)

2. 全国人大常委会《关于维护互联网安全的决定》(2000年12月28日第九届全国人大常委会第十九次会议通过;2009年8月27日第十一届全国人大常委会第十次会议《关于修改部分法律的决定(修正)》)

第3条第(5)项 在互联网上建立淫秽站、网页,提供淫秽站点链接服务,或者传播淫秽书刊、影片、音像、图片的,依照刑法有关规定追究刑事责任。(全文详见本书《刑法》第141条相关内容)

3. 最高人民法院、最高人民检察院《关于办理利用互联网、移动通讯终端、声讯台制作、复制、出版、贩卖、传播淫秽电子信息刑事案件具体应用法律若干问题的解释》(法释〔2004〕11号)

为依法惩治利用互联网、移动通讯终端制作、复制、出版、贩卖、传播淫秽电子信息、通过声讯台传播淫秽语音信息等犯罪活动,维护公共网络、通讯的正常秩序,保障公众的合法权益,根据《中华人民共和国刑法》、《全国人民代表大会常务委员会关于维护互联网安全的决定》的规定,现对办理该类刑事案件具体应用法律的若干问题解释如下:

第1条 以牟利为目的,利用互联网、移动通讯终端制作、复制、出版、贩卖、传播淫秽电子信息,具有下列情形之一的,依照刑法第363条第1款的规定,以制作、复制、出版、贩卖、传播淫秽物品牟利罪定罪处罚:

(一)制作、复制、出版、贩卖、传播淫秽电影、表演、动画等视频文件20个以上的;(二)制作、复制、出版、贩卖、传播淫秽音频文件100个以上的;(三)制作、复制、出版、贩卖、传播淫秽电子刊物、图片、文章、短信息等200件以上的;(四)制作、复制、出版、贩卖、传播的淫秽电子信息,实际被点击数达到1万次以上的;(五)以会员制方式出版、贩卖、传播淫秽电子信息,注册会员达200人以上的;(六)利用淫秽电子信息收取广告费、会员注册费或者其他费用,违法所得1万元以上的;(七)数量或者数额虽未达到第(一)项至(六)项规定标准,但分别达到其中两项以上标准一半以上的;(八)造成严重后果的。利用聊天室、论坛、即时通信软件、电子邮件等方式,实施第1款规定行为的,依照刑法第363条第1款的规定,以制作、复制、出版、贩卖、传播淫秽物品牟利罪定罪处罚。

第2条 实施第1条规定的行为,数量或数额达到第1条第1款第(1)项至第(6)项规定标准5倍以上的,应当认定为刑法第363条第1款规定的"情节严重";达到规定标准25倍以上的,应当认定为"情节特别严重"。

第3条 不以牟利为目的,利用互联网或者移动通讯终端传播淫秽电子信息,具有下列情形之一的,依照刑法第364条第1款规定,以传播淫秽物品罪定罪处罚:

(一)数量达到第1条第1款第(1)项至第(5)项规定标准2倍以上的;(二)数量分别达

到第1条第1款第(1)项至第(5)项两项以上标准的;(三)造成严重后果的。

利用聊天室、论坛、即时通信软件、电子邮件等方式,实施第1款规定行为的,依照刑法第364条第1款的规定,以传播淫秽物品罪定罪处罚。

第4条 明知是淫秽电子信息而在自己所有、管理或者使用的网站或者网页上提供直接链接的,其数量标准根据所链接的淫秽电子信息的种类计算。

第5条 以牟利为目的,通过声讯台传播淫秽语音信息,具有下列情形之一的,依照刑法第363条第1款的规定,对直接负责的主管人员和其他直接责任人员以传播淫秽物品牟利罪定罪处罚:

(一)向100人次以上传播的;(二)违法所得1万元以上的;(三)造成严重后果的。

实施前款规定行为,数量或者数额达到前款第(1)项至第(2)项规定标准5倍以上的,应当认定为刑法第363条第1款规定的"情节严重";达到规定标准25倍以上的,应当认定为"情节特别严重"。

第6条 实施本解释前5条规定的犯罪,具有下列情形之一的,依照刑法第363条第1款、第364条第1款的规定从重处罚:

(一)制作、复制、出版、贩卖、传播具体描绘不满18周岁未成年人性行为的淫秽电子信息的;(二)明知是具体描绘不满18周岁的未成年人性行为的淫秽电子信息而在自己所有、管理或者使用的网站或者网页上提供直接链接的;(三)向不满18周岁的未成年人贩卖、传播淫秽电子信息和语音信息的;(四)通过使用破坏性程序、恶意代码修改用户计算机设置等方法,强制用户访问、下载淫秽电子信息的。

第7条 明知他人实施制作、复制、出版、贩卖、传播淫秽电子信息犯罪,为其提供互联网接入、服务器托管、网络存储空间、通讯传输通道、费用结算等帮助的,对直接负责的主管人员和其他直接责任人员,以共同犯罪论处。

第8条 利用互联网、移动通讯终端、声讯台贩卖、传播淫秽书刊、影片、录像带、录音带等以实物为载体的淫秽物品的,依照《最高人民法院关于审理非法出版物刑事案件具体应用法律若干问题的解释》的有关规定定罪处罚。

第9条 刑法第367条第1款规定的"其他淫秽物品",包括具体描绘性行为或者露骨宣扬色情的诲淫性的视频文件、音频文件、电子刊物、图片、文章、短信息等互联网、移动通讯终端电子信息和声讯台语音信息。

有关人体生理、医学知识的电子信息和声讯台语音信息不是淫秽物品。包含色情内容的有艺术价值的电子文学、艺术作品不视为淫秽物品。

4. 最高人民法院《关于审理抢劫、抢夺刑事案件适用法律若干问题的意见》(法发〔2005〕8号)

七、关于抢劫特定财物行为的定性

以毒品、假币、淫秽物品等违禁品为对象,实施抢劫的,以抢劫罪定罪;抢劫的违禁品数量作为量刑情节予以考虑。抢劫违禁品后又以违禁品实施其他犯罪的,应以抢劫罪与具体实施的其他犯罪实行数罪并罚。

抢劫赌资、犯罪所得的赃款赃物的,以抢劫罪定罪,但行为人仅以其所输赌资或所赢赌债为抢劫对象,一般不以抢劫罪定罪处罚。构成其他犯罪的,依照刑法的相关规定处罚。

为个人使用,以暴力、胁迫等手段取得家庭成员或近亲属财产的,一般不以抢劫罪定罪处罚,构成其他犯罪的,依照刑法的相关规定处理;教唆或者伙同他人采取暴力、胁迫等手段劫取家庭成员或近亲属财产的,可以抢劫罪定罪处罚。(全文详见本书《刑法》第263条相关内容)

5. 最高人民检察院、公安部《关于公安机关管辖的刑事案件立案追诉标准的规定(1)》(公通字〔2008〕36号) 第82条、第83条

(见本条立案追诉标准内容)

6. 最高人民法院、最高人民检察院《关于办理利用互联网、移动通讯终端、声讯台制作、复制、出版、贩卖、传播淫秽电子信息刑事案件具体应用法律若干问题的解释(2)》(法释〔2010〕3号)

为依法惩治利用互联网、移动通讯终端制作、复制、出版、贩卖、传播淫秽电子信息,通过声讯台传播淫秽语音信息等犯罪活动,维护社会秩序,保障公民权益,根据《中华人民共和国刑法》、《全国人民代表大会常务委员会关于维护互联网安全的决定》的规定,现对办理该类刑事案件具体应用法律的若干问题解释如下:

第1条 以牟利为目的,利用互联网、移动通讯终端制作、复制、出版、贩卖、传播淫秽电子信息的,依照《最高人民法院、最高人民检察院关于办理利用互联网、移动通讯终端、声讯台制作、复制、出版、贩卖、传播淫秽电子信息刑事案件具体应用法律若干问题的解释》第1条、第2条的规定定罪处罚。

以牟利为目的,利用互联网、移动通讯终端制作、复制、出版、贩卖、传播内容含有不满14周岁未成年人的淫秽电子信息,具有下列情形之一的,依照刑法第363条第1款的规定,以制作、复制、出版、贩卖、传播淫秽物品牟利罪定罪处罚:

(一)制作、复制、出版、贩卖、传播淫秽电影、表演、动画等视频文件10个以上的;(二)制作、复制、出版、贩卖、传播淫秽音频文件50个以上的;(三)制作、复制、出版、贩卖、传播淫秽电子刊物、图片、文章等100件以上的;(四)制作、复制、出版、贩卖、传播的淫秽电子信息,实际被点击数达到5000次以上的;(五)以会员制方式出版、贩卖、传播淫秽电子信息,注册会员达100人以上的;(六)利用淫秽电子信息收取广告费、会员注册费或者其他费用,违法所得5000元以上的;(七)数量或者数额虽未达到第(一)项至第(六)项规定标准,但分别达到其中两项以上标准一半以上的;(八)造成严重后果的。实施第2款规定的行为,数量或者数额达到第2款第(1)项至第(7)项规定标准5倍以上的,应当认定为刑法第363条第1款规定的"情节严重";达到规定标准25倍以上的,应当认定为"情节特别严重"。

第2条 利用互联网、移动通讯终端传播淫秽电子信息的,依照《解释》第3条的规定定罪处罚。

利用互联网、移动通讯终端传播内容含有不满14周岁未成年人的淫秽电子信息,具有下列情形之一的,依照刑法第364条第1款的规定,以传播淫秽物品罪定罪处罚:

(一)数量达到第1条第2款第(1)项至第(5)项规定标准2倍以上的;(二)数量分别达到第1条第2款第(1)至第(5)项两项以上标准的;(三)造成严重后果的。

第3条 利用互联网建立主要用于传播秽电子信息的群组,成员达30人以上或者成严重后果的,对建立者、管理者和主要传播者,依照刑法第364条第1款的规定,以传播淫秽物品罪定罪处罚。

第4条 以牟利为目的,网站建立者、直接负责的管理者明知他人制作、复制、出版、贩卖、传播的是淫秽电子信息,允许或者放任他人在自己所有、管理的网站或者网页上发布,有下列情形之一的,依照刑法第363条第1款的规定,以传播淫秽物品牟利罪定罪处罚:

(一)数量或者数额达到第1条第2款第(1)项至第(6)项规定标准5倍以上的;(二)数量或者数额分别达到第1条第2款第(1)项至第(6)项两项以上标准2倍以上的;(三)造成严重后果的。

实施前款规定的行为,数量或者数额达到第1条第2款第(1)项至第(7)项规定标准25

倍以上的,应当认定为刑法第 363 条第 1 款规定的“情节严重”;达到规定标准 100 倍以上的,应当认定为“情节特别严重”。

第 5 条 网站建立者、直接负责的管理者明知他人制作、复制、出版、贩卖、传播的是淫秽电子信息,允许或者放任他人在自己所有、管理的网站或者网页上发布,具有下列情形之一的,依照刑法第 364 条第 1 款的规定,以传播淫秽物品罪定罪处罚:

(一)数量达到第 1 条第 2 款第(1)项至第(5)项规定标准 10 倍以上的;(二)数量分别达到第 1 条第 2 款第(1)项至第(5)项两项以上标准 5 倍以上的;(三)造成严重后果的。

第 6 条 电信业务经营者、互联网信息服务提供者明知是淫秽网站,为其提供互联网接入、服务器托管、网络存储空间、通讯传输通道、代收费等服务,并收取服务费,具有下列情形之一的,对直接负责的主管人员和其他直接责任人员,依照刑法第 363 条第 1 款的规定,以传播淫秽物品牟利罪定罪处罚:

(一)为 5 个以上淫秽网站提供上述服务的;(二)为淫秽网站提供互联网接入、服务托管、网络存储空间、通讯传输通道等服务,收取服务费数额在 2 万元以上的;(三)为淫秽网站提供代收费服务,收取服务费数额在 5 万元以上的;(四)造成严重后果的。

实施前款规定的行为,数量或者数额达到前款第(1)项至第(3)项规定标准 5 倍以上的,应当认定为刑法 363 条第 1 款规定的“情节严重”;达到规定标准 25 倍以上的,应当认定为“情节特别严重”。

第 7 条 明知是淫秽网站,以牟利为目,通过投放广告等方式向其直接或者间接提供资金,或者提供费用结算服务,具有下列情形之一的,对直接负责的主管人员和其他直接责任人员,依照刑法第 363 条第 1 款的规定,以制作、复制、出版、贩卖、传播淫秽物品牟利罪的共同犯罪处罚:

(一)向 10 个以上淫秽网站投放广告或者以其他方式提供资金的;(二)向淫秽网站投放广告 20 条以上的;(三)向 10 个以上淫秽网站提供费用结算服务的;(四)以投放广告或者其他方式向淫秽网站提供资金数额在 5 万元以上的;(五)为淫秽网站提供费用结算服务,收取服务费数额在 2 万元以上的;(六)造成严重后果的。

实施前款规定的行为,数量或者数额达到前款第(1)项至第(5)项规定标准 5 倍以上的,应当认定为刑法第 363 条第 1 款规定的“情节严重”;达到规定标准 25 倍以上的,应当认定为“情节特别严重”。

第 8 条 实施第 4 条至第 7 条规定的行为,具有下列情形之一的,应当认定行为人“明知”,但是有证据证明确实不知道的除外:

(一)行政主管机关书面告知后仍然实施上述行为的;(二)接到举报后不履行法定管理职责的;(三)为淫秽网站提供互联网接入、服务器托管、网络存储空间、通讯传输通道、代收费、费用结算等服务,收取服务费明显高于市场价格的;(四)向淫秽网站投放广告,广告点击率明显异常的;(五)其他能够认定行为人明知的情形。

第 9 条 1 年内多次实施制作、复制、出版、贩卖、传播淫秽电子信息行为未经处理,数量或者数额累计计算构成犯罪的。应当依法定罪处罚。

第 10 条 单位实施制作、复制、出版、贩卖、传播淫秽电子信息犯罪的,依照《中华人民共和国刑法》、《解释》和《解释(2)》规定的相应个人犯罪的定罪量刑标准,对直接负责的主管人员和其他直接责任人员定罪处罚,并对单位判处罚金。

第 11 条 对于以牟利为目的,实施制作、复制、出版、贩卖、传播淫秽电子信息犯罪的,法院应当综合考虑犯罪的违法所得、社会危害性等情节,依法判处罚金或者没收财产。罚金数额一般在违法所得的 1 倍以上 5 倍以下。

第12条 最高人民法院、最高人民检察院《关于办理利用互联网、移动通讯终端、声讯台制作、复制、出版、贩卖、传播淫秽电子信息刑事案件具体应用法律若干问题的解释》和本解释所称网站，是指可以通过互联网域名、IP地址等方式访问的内容提供站点。

以制作、复制、出版、贩卖、传播淫秽电子信息为目的建立或者建立后主要从事制作、复制、出版、贩卖、传播淫秽电子信息活动的网站，为淫秽网站。

第13条 以前发布的司法解释与本解释不一致的，以本解释为准。

7. 公安部《关于对出售带有淫秽内容的文物的行为可否予以治安管理处罚问题的批复》(公复字〔2010〕3号)

北京市公安局：你局《关于对出售带有淫秽内容的文物的行为可否予以治安处罚的请示》(京公法字〔2010〕500号)收悉。现批复如下：

公安机关查获的带有淫秽内容的物品可能是文物的，应当依照《中华人民共和国文物保护法》等有关规定进行文物认定。经文物行政部门认定为文物的，不得对合法出售文物的行为予以治安管理处罚。

8. 最高人民法院研究室《关于在局域网内制作、复制、传播淫秽电子信息行为适用法律问题的研究意见》(《司法研究与指导》2012年总第1辑)

有关部门就利用互联网上网服务营业场所制作、复制、传播淫秽电子信息行为适用法律问题征求最高人民法院研究室意见。最高人民法院研究室经研究认为：互联网是指直接进行国际联网的计算机信息网络。互联网上网服务营业场所内部局域网不属于互联网，在互联网上网服务营业场所内部局域网内制作、复制、传播淫秽电子信息的行为不适用《淫秽电子信息解释》的规定。主要考虑如下：

1. 从解释的界限来看，不宜将互联网上网服务营业场所内部局域网解释为互联网。《中华人民共和国计算机信息网络国际联网管理暂行规定》第3条第2项对互联网有着明确的界定，即"直接进行国际联网的计算机信息网络"，这也是人们对于互联网的通行理解。查阅国务院及各部委的有关法律、规章，虽未见对局域网是否属于互联网有明确界定，但从相关规定来看，互联网应当不包括局域网。《互联网上网服务营业场所管理条例》第16条第2款规定："互联网上网服务营业场所经营单位提供上网消费者使用的计算机必须通过局域网方式接入互联网，不得直接接人互联网。"从这一规定可以看出，互联网上网服务营业场所内部局域网实际上是连接上网消费者使用的计算机与互联网的媒介，虽然同互联网相连，但不属于互联网。因此，在《淫秽电子信息解释》未对互联网作出特殊界定的前提下，不宜对互联网作出不同于通行理解和专门法规的解释。

2. 从《淫秽电子信息解释》的起草背景来看，互联网不包括内部局域网。《淫秽电子信息解释》只适用于利用互联网、移动通讯终端、声讯台制作、复制、出版、贩卖、传播淫秽电子信息的犯罪。这类利用互联网、公共通讯网络实施的淫秽电子信息犯罪，较之传统的淫秽物品犯罪，具有广泛性、迅速性的特点，从而社会危害性更大。因此，《淫秽电子信息解释》针对这类犯罪规定了单独的定罪量刑标准，较之一般淫秽物品犯罪，从严予以打击。以互联网为例，由于互联网能够直接进行国际联网，其开放性、及时性、大容量等特点使得淫秽色情内容不断泛滥，且表现出不同于传统淫秽物品的特征，从而使得有必要专门针对这些行为作出统一规定。而内部局域网不具备上述特性，不属于《淫秽电子信息解释》的规制对象。

3. 从《淫秽电子信息解释》的具体内容来看，互联网上网服务营业场内部局域网不属于互联网。《淫秽电子信息解释》是针对利用直接进行国际联网的计算机信息网络制作、复制、出版、贩卖、传播淫秽电子信息作出的专门规定。例如，《淫秽电子信息解释》第3条规定的制作、复制、出版、贩卖、传播淫秽电影、表演、动画等视频文件、淫秽音频文件、淫秽电子刊物、图片、文章、短信息等定罪量刑的标准就是依据互联网能够直接进行国际联网的特性而制定的。正是基于互联网开放性、及时性、大容量等特点,利用互联网实施上述行为的社会危害性远大于传统方式,从而定罪量刑的标准也应专门予以规定。而利用相对封闭的互联网上网服务营业场内部局域网制作、复制、传播淫秽电子信息行为在社会危害性上小于利用互联网实施的行为,因而不应适用《淫秽电子信息解释》规定的定罪量刑标准。

4. 从罪责刑相适应原则的要求来看,不宜对利用互联网上网服务营业场内部局域网制作、复制、传播淫秽电子信息行为适用《淫秽电子信息解释》的相关规定定罪量刑。罪责刑相适应原则是我国刑法的基本原则。根据刑法第5条的规定,刑罚的轻重,应当与犯罪分子所犯罪行和承担的刑事责任相适应。这就要求根据行为的社会危害性程度,来确定相对合理的刑罚。由于局域网的相对封闭性和使用主体的相对小范围,通过局域网传播淫秽物品的危害性一定比通过互联网传播的危害性小。通过互联网传播淫秽电子信息,可以将淫秽电子信息传播至互联网连接的世界各国,而通过局域网传播淫秽电子信息,只能传播至局域网内部的使用者。在互联网上发布淫秽电子信息,互联网上数以亿计的网民都可以访问查看,而在局域网上发布淫秽电子信息,只要局域网内部相对少的使用者可以查看。可见,利用互联网上网服务营业场内部局域网制作、复制、传播淫秽电子信息行为同利用互联网作、复制、传播淫秽电子信息行为相比,前者的社会危害性程度远远低于后者,在刑罚上自然应当轻于后者。因此,基于罪责刑相适应原则,对利用互联网上网服务营业场内部局域网制作、复制、传播淫秽电子信息行为,不能直接适用《淫秽电子信息解释》,在定罪量刑标准应远远高于《淫秽电子信息解释》的定罪量刑标准。

5. 不适用《淫秽电子信息解释》的规定,并不会导致放纵违法犯罪行为。对于不属于《淫秽电子信息解释》规定的制作、复制、传播淫秽电子信息的案件,可以根据数量、后果等综合判断其社会危害性,构成犯罪的,直接根据刑法规定定罪处罚;不构成犯罪的,依照治安管理处罚法第68条的规定予以处罚。

9. 最高人民法院研究室《关于淫秽视频个数如何认定的研究意见》(《司法研究与指导》2012年总第1辑)

最高人民法院研究室经研究认为:对淫秽视频的个数,应以自然的个数计算认定,即不考虑各个视频的内容之间是否存在关联,只要行为人提供直接连接的视频是独立的视频文件,就认定为一个视频。《淫秽电子信息解释》和2010年2月2日《最高人民法院、最高人民检察院关于办理利用互联网、移动通讯终端、声讯台制作、复制、出版、贩卖、传播淫秽电子信息刑事案件具体应用法律若干问题的解释(2)》规定的定罪量刑标准主要是依据个数、件数、点击率等数量确定,因此,准确认定相关数量,对于淫秽电子信息犯罪的定罪量刑至关重要。近年来,随着手机淫秽网站泛滥,利用该类网站传播的淫秽视频文件、音频文件往往容量较小,时间较短,而淫秽文章也存在长短不一的问题。因此,准确认定淫秽视频文件、音频文件的个数以及淫秽文章的件数,是司法实践必须面对的问题。一直以来,对于该问题,存在两种不同意见:一种意见认为,对于淫秽视频、音频文件、文章等,应当以自然的个数计算数量,不进行合并或者拆分。以视频为例,只要每个视频文件能够独立打开并具有声音、图像等视频要素,就应当认定为一个视频文件,即使各个视频之间内容存在关联性或者连续性,也应当累计计算视频的个数。另一种意见认为,如果淫秽视频时长较短,而各视频之间内容存在关联性或者连续性,甚至是由一个大的视频拆分而成,则可将较短的视频合并为一个视频文件予以认定。经慎重研究,最离人民法院研究室基本赞同第一种观点,主要考虑是:

1. 无论是时长较长的淫秽视频,还是时长较短的淫秽视频,均满足了视频的构成要素,都能带给观看者淫秽性的刺激,都应当认定为独立的视频文件。

2. 随着信息技术的飞速发展,淫秽电子信息犯罪呈现出新形式、新特点,此前一度得到有效遏制的淫秽电子信息犯罪,又在手机网络中泛滥。在手机网民数量快速增长,计算机互联网监管机制日臻成熟的形势下,手机网站已成为淫秽电子信息的重要传播途径。但由于技术特点限制,通过手机网站传播的淫秽电子信息的容量远小于通过电脑网站传播的淫秽电子信息的容量。通过手机网站传播淫秽视频文件与通过电脑网站传播淫秽视频文件相比,前者尽管容量小,但传播面广,故在社会危害性上与后者没有太大区别。可见,对小的视频进行合并的观点也不符合当前淫秽电子信息犯罪的现状和打击淫秽电子信息犯罪的需要。

3. 对淫秽电子信息进行合并或者拆分,在技术上过于繁琐,难以找到统一的标准,不具有可操作性。

总之,对于淫秽视频、音频文件、文章等淫秽电子信息应当以自然的个数计算数量,但是在量刑时可以考虑文件大小、影响范围、获利多少及危害大小。

10. 最高人民检察院法律政策研究室《〈关于利用移动存储介质复制、贩卖淫秽视频电子信息牟利如何适用法律问题的请示〉的答复意见》(2015 年 4 月 7 日)

北京市人民检察院:你院《关于利用移动存储介质复制、贩卖淫秽视频电子信息牟利如何适用法律问题的请示》(京检字〔2014〕167 号)收悉。经研究,答复如下:

以牟利为目的,利用手机存储卡、U 盘等移动存储介质复制、贩卖淫秽电子信息的,依照刑法第 363 条第 1 款的规定定罪处罚。有关定罪量刑标准可以参考《最高人民法院关于审理非法出版物刑事案件具体应用法律若干问题的解释》第 8 条规定,同时综合考虑移动存储介质数量、传播人数、获利金额等情节。对于移动存储介质中淫秽视频电子信息的数量计算以电子视频文件的个数为单位,1 个淫秽文件视为 1 张影碟、1 个软件、1 盘录像带;具体定罪量刑标准,可以参考制作、复制、贩卖淫秽影碟、软件、录像带的相关规定。

11. 最高人民法院、最高人民检察院《关于利用网络云盘制作、复制、贩卖、传播淫秽电子信息牟利行为定罪量刑问题的批复》(法释〔2017〕19 号)

近来,部分高级人民法院、省级人民检察院就如何对利用网络云盘制作、复制、贩卖、传播淫秽电子信息牟利行为定罪量刑的问题提出请示。经研究,批复如下:

一、对于以牟利为目的,利用网络云盘制作、复制、贩卖、传播淫秽电子信息的行为,是否应当追究刑事责任,适用刑法和《最高人民法院、最高人民检察院关于办理利用互联网、移动通讯终端、声讯台制作、复制、出版、贩卖、传播淫秽电子信息刑事案件具体应用法律若干问题的解释》(法释〔2004〕11 号)、《最高人民法院、最高人民检察院关于办理利用互联网、移动通讯终端、声讯台制作、复制、出版、贩卖、传播淫秽电子信息刑事案件具体应用法律若干问题的解释(2)》(法释〔2010〕3 号)的有关规定。

二、对于以牟利为目的,利用网络云盘制作、复制、贩卖、传播淫秽电子信息的行为,在追究刑事责任时,鉴于网络云盘的特点,不应单纯考虑制作、复制、贩卖、传播淫秽电子信息的数量,还应充分考虑传播范围、违法所得、行为人一贯表现以及淫秽电子信息、传播对象是否涉及未成年人等情节,综合评估社会危害性,恰当裁量刑罚,确保罪责刑相适应。

12. 最高人民检察院《第 34 批指导性案例钱某制作、贩卖、传播淫秽物品牟利案》(检例第 139 号;2022 年 1 月 26 日)

【要旨】

自然人在私密空间的日常生活属于民法典保护的隐私。行为人以牟利为目的,偷拍他人性行为并制作成视频文件,以贩卖、传播方式予以公开,不仅侵犯他人隐私,而且该偷拍视频公开后具有描绘性行为、宣扬色情的客观属性,符合刑法关于"淫秽物品"的规定,构成犯罪的,应当以制作、贩卖、传播淫秽物品牟利罪追究刑事责任。以牟利为目的提供互联网链接,使他人可以通过偷拍设备实时观看或者下载视频文件的,属于该罪的“贩卖、传播”行为。检察机关办理涉及偷拍他人隐私的刑事案件时,应当根据犯罪的主客观方面依法适用不同罪名追究刑事责任。

【指导意义】

(一)准确界定“淫秽物品”“贩卖、传播行为”,依法严惩网络背景下传播淫秽物品犯罪。自然人的私人生活安宁和不愿受他人干扰的私密空间、私密活动、私密信息,依法不受侵犯。发生在酒店、旅馆、民宿等非公开空间内的性行为,属于隐私保护的范围。行为人偷拍他人性行为并经互联网传播扩散的视频,不仅侵害个人隐私,而且客观上具有描绘性行为的诲淫性,具有宣扬色情的危害性,符合刑法对“淫秽物品”的界定。行为人有偿提供互联网链接,他人付费后可以实时在线观看,与建立并运营“点对面”式互联网直播平台的传播行为性质相同,应当认定为贩卖、传播行为。

(二)行为人偷拍他人隐私,行为方式、目的多样,应当区分不同情形依法惩处。行为人非法使用偷拍设备窥探他人隐私,未贩卖、传播的,如果相关设备经鉴定属于窃听、窃照专用器材,造成严重后果的,应当以非法使用窃听、窃照专用器材罪追究刑事责任;如果行为人又将偷拍的内容贩卖、传播的,应当按照处罚较重的罪名追究刑事责任。行为人通过远程操控侵入他人自行安装的摄像头后台信息系统,对他人私密空间、行为进行窥探,进行遥控并自行观看,情节严重的,应当以非法控制计算机信息系统罪追究刑事责任;如果行为人在侵入上述计算机信息系统以后,又将偷拍的视频贩卖、传播的,应当按照处罚较重的罪名追究刑事责任。行为人以非法占有他人财物为目的,通过偷拍获取他人隐私,进而要挟他人、获取财物,构成犯罪的,应当以敲诈勒索罪追究刑事责任。上述行为尚未构成犯罪的,应当依法从严追究其行政违法责任。

(三)通过制发检察建议促进社会治理。个人隐私被非法收集、买卖,成为电信网络诈骗、网络传播淫秽物品等犯罪的源头,并催生出一条黑灰产业链,严重侵扰公民生活安宁、财产安全,破坏社会秩序。检察机关办案中要注意剖析案发地区、案发领域管理、制度上的漏洞,研究提出有针对性、可操作性的检察建议,推动有关部门建章立制、堵塞漏洞、消除隐患,促进完善社会治理。

第364条 【传播淫秽物品罪】 传播淫秽的书刊、影片、音像、图片或者其他淫秽物品,情节严重的,处2年以下有期徒刑、拘役或者管制。

【组织播放淫秽音像制品罪】 组织播放淫秽的电影、录像等音像制品的,处3年以下有期徒刑、拘役或者管制,并处罚金;情节严重的,处3年以上10年以下有期徒刑,并处罚金。

制作、复制淫秽的电影、录像等音像制品组织播放的,依照第2款的规定从重处罚。

向不满18周岁的未成年人传播淫秽物品的,从重处罚。

• 释义

传播淫秽物品罪是指传播淫秽的书刊、影片、音像、图片或者其他淫秽物品,情节严重的行为。

组织播放淫秽音像制品罪是指组织播放淫秽的电影、录像等音像制品的行为。

• 管辖

公安机关治安管理部门。

• 立案追诉标准

【传播淫秽物品罪立案追诉标准】

传播淫秽的书刊、影片、音像、图片或者其他淫秽物品,涉嫌下列情形之一的,应予立案追诉:

(一)向他人传播300至600人次以上的;

(二)造成恶劣社会影响的。

不以牟利为目的,利用互联网、移动通讯终端传播淫秽电子信息,涉嫌下列情形之一的,应予立案追诉:

(一)数量达到本规定第82条第2款第(一)项至第(五)项规定标准2倍以上的;

(二)数量分别达到本规定第82条第2款第(一)项至第(五)项两项以上标准的;

(三)造成严重后果的;利用聊天室、论坛、即时通信软件、电子邮件等方式,实施本条第2款规定行为的,应予立案追诉。

【组织播放淫秽音像制品罪立案追诉标准】

组织播放淫秽的电影、录像等音像制品,涉嫌下列情形之一的,应予立案追诉:

(一)组织播放15至30场次以上的;

(二)造成恶劣社会影响的。

• 关联法律

1. 最高人民法院《关于审理非法出版物刑事案件具体应用法律若干问题的解释》(法释〔1998〕30号)

第10条 向他人传播淫秽的书刊、影片、音像、图片等出版物达300至600人次以上或者造成恶劣社会影响的,属于"情节严重依照刑法第364条第1款的规定,以传播淫秽物品罪定罪处罚。

组织播放淫秽的电影、录像等音像制品达15至30场次以上或者造成恶劣社会影响,依照刑法第364条第2款的规定,以组织播放淫秽音像制品罪定罪处罚。

第11条 违反国家规定,出版、印刷、复制、发行本解释第1条至第10条规定以外的其他严重危害社会秩序和扰乱市场秩序的非法出版物,情节严重的,依照刑法第225条第(3)项的规定,以非法经营罪定罪处罚。

第12条 个人实施本解释第11条规定的行为,具有下列情形之一的,属于非法经营行为"情节严重":

(一)经营数额在5万元至10万元以上的;(二)违法所得数额在2万元至3万元以上的;(三)经营报纸5000份或者期刊5000本或者图书2000册或者音像制品、电子出版物500张(盒)以上的。

具有下列情形之一的,属于非法经营行为"情节特别严重":

(一)经营数额在15万元至30万元以上的;(二)违法所得数额在5万元至10万元以上的;(三)经营报纸15000份或者期刊15000本或者图书5000册或者音像制品、电子出版物1500张(盒)以上的。

第13条 单位实施本解释第11条规定的行为,具有下列情形之一的,属于非法经营行为"情节严重":(一)经营数额在15万元至30万元以上的;(二)违法所得数额在5万元至10万元以上的;(三)经营报纸15000份或者期刊15000本或者图书5000册或者音像制品、电子出版物1500张(盒)以上的。

具有下列情形之一的，属于非法经营行为“情节特别严重”：

（一）经营数额在50万元至100万元以上的；（二）违法所得数额在15万元至30万元以上的；（三）经营报纸5万份或者期刊5万本或者图书15000册或者音像制品、电子出版物5000张（盒）以上的。

第14条 实施本解释第11条规定的行为，经营数额、违法所得数额或者经营数量接近非法经营行为“情节严重”、“情节特别严重”的数额、数量起点标准，并具有下列情形之一的，可以认定为非法经营行为“情节严重”、“情节特别严重”：

（一）两年内因出版、印刷、复制、发行非法出版物受过行政处罚两次以上的；（二）因出版、印刷、复制、发行非法出版物造成恶劣社会影响或者其他严重后果的。

第15条 非法从事出版物的出版、印刷、复制、发行业务，严重扰乱市场秩序，情节特别严重，构成犯罪的，可以依照刑法第225条第（3）项的规定，以非法经营罪定罪处罚。

第16条 出版单位与他人事前通谋，向其出售、出租或者以其他形式转让该出版单位的名称、书号、刊号、版号，他人实施本解释第2条、第4条、第8条至第11条规定的行为，构成犯罪的，对该出版单位应当以共犯论处。

第17条 本解释所称“经营数额”，是指以非法出版物的定价数额乘以行为人经营的非法出版物数量所得的数额。

本解释所称“违法所得数额”，是指获利数额。

非法出版物没有定价或者以境外货币定价的，其单价数额应当按照行为人实际出售的价格认定。

第18条 各省、自治区、直辖市高级人民法院可以根据本地的情况和社会治安状况，在本解释第8条、第10条、第12条、第13条规定的有关数额、数量标准的幅度内，确定本地执行的具体标准，并报最高人民法院备案。（全文详见本书《刑法》第217条相关内容）

2. 公安部《关于携带、藏匿淫秽VCD是否属于传播淫秽物品问题的批复》（公复字〔1998〕6号）

江苏省公安厅：你厅《关于携带、藏匿淫秽VCD是否属传播淫秽物品的请示》（苏公厅［1998］449号）收悉。现批复如下：

1990年7月6日最高人民法院、最高人民检察院《关于办理淫秽物品刑事案件具体应用法律的规定》，已于1994年8月29日被废止，不再执行。对于携带、藏匿淫秽VCD的行为，不能简单地视为“传播”，而应注意广泛搜集证据，根据主客观相统一的原则，来判断是否构成“传播”行为。如果行为人主观上没有“传播”故意，只是为了自己观看，不能认定为“传播淫秽物品”，但应当没收淫秽VCD，并对当事人进行必要的法制教育。此外，还应注意扩大线索，挖掘来源，及时查获有关违法犯罪活动。

3. 全国人大常委会《关于维护互联网安全的决定》（2000年12月28日第九届全国人大常委会第十九次会议通过，2009年8月27日第十一届全国人大常委会第十次会议《关于修改部分法律的决定》修正）

第3条第（5）项 在互联网上建立淫秽站、网页，提供淫秽站点链接服务，或者传播淫秽书刊、影片、音像、图片的，依照刑法有关规定追究刑事责任。（全文详见本书《刑法》第141条相关内容）

4. 最高人民法院、最高人民检察院《关于办理利用互联网、移动通讯终端、声讯台制作、复制、出版、贩卖、传播淫秽电子信息刑事案件具体应用法律若干问题的解释》（法释〔2004〕11号）

第3条 不以牟利为目的，利用互联网或者移动通讯终端传播淫秽电子信息，具有下列情形之一的，依照刑法第364条第1款规定，以传播淫秽物品罪定罪处罚：（一）数量达到第1条第1款第（1）项至第（5）项规定标准2倍以上的；（二）数量分别达到第1条第1款第（1）项至第（5）项两项以上标准的；（三）造成严重后果的。

利用聊天室、论坛、即时通信软件、电子邮件等方式，实施第1款规定行为的，依照刑法第364条第1款的规定，以传播淫秽物品罪定罪处罚。

第4条 明知是淫秽电子信息而在自己所有、管理或者使用的网站或者网页上提供直接链接的，其数量标准根据所链接的淫秽电子信息的种类计算。

第5条 以牟利为目的，通过声讯台传播淫秽语音信息，具有下列情形之一的，依照刑法第363条第1款的规定，对直接负责的主管人员和其他直接责任人员以传播淫秽物品牟利罪定罪处罚：

（一）向100人次以上传播的；（二）违法所得1万元以上的；（三）造成严重后果的。

实施前款规定行为，数量或者数额达到前款第（1）项至第（2）项规定标准5倍以上的，应当认定为刑法第363条第1款规定的"情节严重"；达到规定标准25倍以上的，应当认定为"情节特别严重"。

第6条 实施本解释前5条规定的犯罪，具有下列情形之一的，依照刑法第363条第1款、第364条第1款的规定从重处罚：

（一）制作、复制、出版、贩卖、传播具体描绘不满18周岁未成年人性行为的淫秽电子信息的；（二）明知是具体描绘不满18周岁的未成年人性行为的淫秽电子信息而在自己所有、管理或者使用的网站或者网页上提供直接链接的；（三）向不满18周岁的未成年人贩卖、传播淫秽电子信息和语音信息的；（四）通过使用破坏性程序、恶意代码修改用户计算机设置等方法，强制用户访问、下载淫秽电子信息的。

第7条 明知他人实施制作、复制、出版、贩卖、传播淫秽电子信息犯罪，为其提供互联网接入、服务器托管、网络存储空间、通讯传输通道、费用结算等帮助的，对直接负责的主管人员和其他直接责任人员，以共同犯罪论处。

第8条 利用互联网、移动通讯终端、声讯台贩卖、传播淫秽书刊、影片、录像带、录音带等以实物为载体的淫秽物品的，依照《最高人民法院关于审理非法出版物刑事案件具体应用法律若干问题的解释》的有关规定定罪处罚。（全文详见本书《刑法》第363条相关内容）

5. 最高人民法院《关于审理抢劫、抢夺刑事案件适用法律若干问题的意见》（法发〔2005〕8号）

七、关于抢劫特定财物行为的定性

以毒品、假币、淫秽物品等违禁品为对象，实施抢劫的，以抢劫罪定罪；抢劫的违禁品数量作为量刑情节予以考虑。抢劫违禁品后又以违禁品实施其他犯罪的，应以抢劫罪与具体实施的其他犯罪实行数罪并罚。

抢劫赌资、犯罪所得的赃款赃物的，以抢劫罪定罪，但行为人仅以其所输赌资或所赢赌债为抢劫对象，一般不以抢劫罪定罪处罚。构成其他犯罪的，依照刑法的相关规定处罚。

为个人使用，以暴力、胁迫等手段取得家庭成员或近亲属财产的，一般不以抢劫罪定罪处罚，构成其他犯罪的，依照刑法的相关规定处理；教唆或者伙同他人采取暴力、胁迫等手段劫取家庭成员或近亲属财产的，可以抢劫罪定罪处罚。（全文详见本书《刑法》第263条相关内容）

6. 最高人民检察院、公安部《关于公安机关管辖的刑事案件立案追诉标准的规定（1）》（公通字〔2008〕36号）第84条、第85条

（见本条立案追诉标准内容）

7. 最高人民法院、最高人民检察院《关于办理利用互联网、移动通讯终端、声讯台制作、复制、出版、贩卖、传播淫秽电子信息刑事案件具体应用法律若干问题的解释(二)》(法释〔2010〕3号)

第2条 利用互联网、移动通讯终端传播淫秽电子信息的,依照《解释》第3条的规定定罪处罚。

利用互联网、移动通讯终端传播内容含有不满14周岁未成年人的淫秽电子信息,具有下列情形之一的,依照刑法第364条第1款的规定,以传播淫秽物品罪定罪处罚:

(一)数量达到第1条第2款第(1)项至第(5)项规定标准2倍以上的;(二)数量分别达到第1条第2款第(1)至第(5)项两项以上标准的;(三)造成严重后果的。

第3条 利用互联网建立主要用于传播秽电子信息的群组,成员达30人以上或者成严重后果的,对建立者、管理者和主要传播者,依照刑法第364条第1款的规定,以传播淫秽物品罪定罪处罚。

第5条 网站建立者、直接负责的管理者明知他人制作、复制、出版、贩卖、传播的是淫秽电子信息,允许或者放任他人在自己所有、管理的网站或者网页上发布,具有下列情形之一的,依照刑法第364条第1款的规定,以传播淫秽物品罪定罪处罚:

(一)数量达到第1条第2款第(1)项至第(5)项规定标准10倍以上的;(二)数量分别达到第1条第2款第(1)项至第(5)项两项以上标准5倍以上的;(三)造成严重后果的。

第8条 实施第4条至第7条规定的行为,具有下列情形之一的,应当认定行为人"明知",但是有证据证明确实不知道的除外:

(一)行政主管机关书面告知后仍然实施上述行为的;(二)接到举报后不履行法定管理职责的;(三)为淫秽网站提供互联网接入、服务器托管、网络存储空间、通讯传输通道、代收费、费用结算等服务,收取服务费明显高于市场价格的;(四)向淫秽网站投放广告,广告点击率明显异常的;(五)其他能够认定行为人明知的情形。

第9条 1年内多次实施制作、复制、出版、贩卖、传播淫秽电子信息行为未经处理,数量或者数额累计计算构成犯罪的。应当依法定罪处罚。

第10条 单位实施制作、复制、出版、贩卖、传播淫秽电子信息犯罪的,依照《中华人民共和国刑法》、《解释》和《解释(2)》规定的相应个人犯罪的定罪量刑标准,对直接负责的主管人员和其他直接责任人员定罪处罚,并对单位判处罚金。

第11条 对于以牟利为目的,实施制作、复制、出版、贩卖、传播淫秽电子信息犯罪的,法院应当综合考虑犯罪的违法所得、社会危害性等情节,依法判处罚金或者没收财产。罚金数额一般在违法所得的1倍以上5倍以下。

第12条 最高人民法院、最高人民检察院《关于办理利用互联网、移动通讯终端、声讯台制作、复制、出版、贩卖、传播淫秽电子信息刑事案件具体应用法律若干问题的解释》和本解释所称网站,是指可以通过互联网域名、IP地址等方式访问的内容提供站点。

以制作、复制、出版、贩卖、传播淫秽电子信息为目的建立或者建立后主要从事制作、复制、出版、贩卖、传播淫秽电子信息活动的网站,为淫秽网站。

第13条 以前发布的司法解释与本解释不一致的,以本解释为准。(全文详见本书《刑法》第363条相关内容)

8. 最高人民检察院法律政策研究室《关于利用移动存储介质复制、贩卖淫秽视频电子信息牟利如何适用法律问题的请示的答复意见》(2015年4月7日)

(详见本书《刑法》第363条相关内容)

9. 最高人民法院、最高人民检察院《关于利用网络云盘制作、复制、贩卖、传播淫秽电子信息牟利行为定罪量刑问题的批复》(法释〔2017〕19号)

(详见本书《刑法》第363条相关内容)

第365条 【组织淫秽表演罪】组织进行淫秽表演的,处3年以下有期徒刑、拘役或者管制,并处罚金;情节严重的,处3年以上10年以下有期徒刑,并处罚金。

• 释义

组织淫秽表演罪是指以策划、招募、强迫、雇佣、引诱、提供场地、提供资金等手段,组织进行淫秽表演的行为。

具体包括:组织表演者进行裸体表演,组织表演者利用性器官进行诲淫性表演,或者组织表演者半裸体或者变相裸体表演并通过语言、动作具体描绘性行为的行为。

• 管辖

公安机关治安管理部门。

• 立案追诉标准

以策划、招募、强迫、雇佣、引诱、提供场地、提供资金等手段,组织进行淫秽表演,涉嫌下列情形之一的,应予立案追诉:

(一)组织表演者进行裸体表演的;

(二)组织表演者利用性器官进行诲淫性表演的;

(三)组织表演者半裸体或者变相裸体表演并通过语言、动作具体描绘性行为的;

(四)其他组织进行淫秽表演应予追究刑事责任的情形。

• 关联法律

1. 最高人民检察院、公安部《关于公安机关管辖的刑事案件立案追诉标准的规定(1)》(公通字〔2008〕36号)第86条

(见本条立案追诉标准内容)

2. 文化部《关于加强网络表演管理工作的通知》(文市发〔2016〕12号)

一、督促网络表演经营单位和表演者落实责任

网络表演经营单位要对本单位提供的网络表演承担主体责任,对所提供的产品、服务和经营行为负责,确保内容合法、经营有序、来源可查、责任可究。网络表演经营单位要健全内容管理制度,配足内容审核人员,严格监督表演者表演行为,加强对用户互动环节的管理。要严密技术监控措施,畅通投诉举报渠道,完善突发事件应急处置机制,确保能够第一时间发现并处置违法违规内容。一经发现含有违法违规内容的网络表演,要及时关闭表演频道,停止网络传播,保存有关记录,并立即向所在地省级文化行政部门或文化市场综合执法机构报告。

表演者对其开展的网络表演承担直接责任。表演者应当依法依规从事网络表演活动,不得开展含有低俗、色情、暴力等国家法律法规禁止内容的网络表演。表演者应当自觉提高职业素养,加强道德自律,自觉开展内容健康向上的网络表演。

各级文化行政部门和文化市场综合执法机构要加强对辖区内网络表演经营单位的管理和培训,依法强化网络表演经营单位直接发现、第一时间处置违法违规内容等主体责任,对逾期不予处理或处理不到位的,要严肃追责,依法查处。

二、加强内容管理,依法查处违法违规网络表演活动

内容管理是网络表演管理工作的重点。各级文化行政部门和文化市场综合执法机构要加强对辖区内网络表演经营单位的日常监管,重点查处提供禁止内容等违法违规网络表演活动,包括:提供含有《互联网文化管理暂行规定》第16条规定的禁止内容,或利用人体缺陷或者以展示人体变异等方式招徕用户,或以恐怖、残忍、摧残表演者身心健康等方式以及以虐待动物等方式进行的网络表演活动;使用违法违规文化产品开展的网络表演活动;对网络表演活动进行格调低俗的广告宣传和市场推广行为等。

对提供上述违法违规网络表演的网络表演经营单位,文化行政部门和文化市场综合执法机构要依据《互联网文化管理暂行规定》坚决予以查处,没收违法所得,并处罚款;情节严重的,责令停业整顿直至吊销《网络文化经营许可证》;构成犯罪的,依法追究刑事责任。地方文化行政部门和文化市场综合执法机构要按照"谁处罚,谁列入"的原则,根据情形,将违法违规网络表演经营单位列入黑名单或警示名单。

对提供违法违规网络表演的表演者,地方文化行政部门和文化市场综合执法机构要责令所在网络表演经营单位关停表演者频道,并及时将违法违规表演者的信息和证据材料报送文化部。文化部根据情形,将违法违规表演者列入黑名单或警示名单。列入黑名单的表演者,禁止其在全国范围内从事网络表演及其他营业性演出活动,具体时限视违法违规情节轻重确定。

文化行政部门负责将黑名单通报同级有关部门,并建议实施联合惩戒,强化对违法违规网络表演经营单位和表演者"一处违法,处处受限"的信用监管。各级行业协会要在本行业协会范围内,对列入黑名单的网络表演经营单位和表演者予以通报并抵制。

三、对网络表演市场全面实施"双随机一公开"

各地文化行政部门和文化市场综合执法机构要立即对本行政区域内的网络表演经营单位开展一次调查摸底,全面掌握网络表演经营单位情况。在此基础上,充分利用网络文化市场执法协作机制,对网络表演市场全面实施"双随机一公开",定期开展随机抽查,及时向社会公布查处结果,公布网络表演市场黑名单和警示名单。

各地文化行政部门和文化市场综合执法机构要抓紧制定网络表演随机抽查工作实施方案和随机抽查事项清单,以现场检查、网络巡查为主要抽查方式,以网络表演内容为抽查重点。对投诉举报较多的网络表演经营单位,要加大随机抽查频次,重点监管。要利用全国文化市场技术监管与服务平台,记录随机抽取的检查对象、执法检查人员、检查事项、检查结果等,做到全程留痕,实现过程可溯源、责任可追溯。

本通知所称的网络表演是指将现场进行的文艺表演、网络游戏等文化产品技法展示或解说等,通过信息网络实时传播或者以音视频形式上载传播,供用户在线浏览、观看、使用或者下载的产品和服务。

3. 参见本书《刑法》第363条、第364条相关内容。

第366条 **【单位犯本节规定之罪的处罚】** 单位犯本节第363条、第364条、第365条规定之罪的,对单位判处罚金,并对其直接负责的主管人员和其他直接责任人员,依照各该条的规定处罚。【制作、复制、出版、贩卖、传播淫秽物品牟利罪;为他人提供书号出版淫秽书刊罪(第363条)】【传播淫秽物品罪;组织播放淫秽音像制品罪(第364条)】【组织淫秽表演罪(第365条)】

第 367 条 【淫秽物品的范围】本法所称淫秽物品,是指具体描绘性行为或者露骨宣扬色情的诲淫性的书刊、影片、录像带、录音带、图片及其他淫秽物品。

有关人体生理、医学知识的科学著作不是淫秽物品。

包含有色情内容的有艺术价值的文学、艺术作品不视为淫秽物品。

• **关联法律**

1. 最高人民法院、最高人民检察院《关于办理利用互联网、移动通讯终端、声讯台制作、复制、出版、贩卖、传播淫秽电子信息刑事案件具体应用法律若干问题的解释》(法释〔2004〕11号)

第 9 条 刑法第 367 条第 1 款规定的"其他淫秽物品",包括具体描绘性行为或者露骨宣扬色情的诲淫性的视频文件、音频文件、电子刊物、图片、文章、短信息等互联网、移动通讯终端电子信息和声讯台语音信息。

有关人体生理、医学知识的电子信息和声讯台语音信息不是淫秽物品。包含色情内容的有艺术价值的电子文学、艺术作品不视为淫秽物品。(全文详见本书《刑法》第 363 条相关内容)

2. 最高人民检察院《第 34 批指导性案例钱某制作、贩卖、传播淫秽物品牟利案》(检例第 139 号;2022 年 1 月 26 日)

(详见本书《刑法》第 363 条相关内容)

第七章 危害国防利益罪

危害国防利益罪,分为"战时",适用与非战时两种犯罪,第 10 章军人违反职责罪也有这种情况。

第 368 条 【阻碍军人执行职务罪】以暴力、威胁方法阻碍军人依法执行职务的,处 3 年以下有期徒刑、拘役、管制或者罚金。

【阻碍军事行动罪】故意阻碍武装部队军事行动,造成严重后果的,处 5 年以下有期徒刑或者拘役。

• **释义**

阻碍军人执行职务罪是指以暴力、威胁方法阻碍军人依法执行职务的行为。

阻碍军事行动罪是指故意阻碍武装部队军事行动,造成严重后果的行为。

• **管辖**

公安机关刑事侦查部门。

• **立案追诉标准**

无

• 关联法律

无

第 369 条 【破坏武器装备、军事设施、军事通信罪】 破坏武器装备、军事设施、军事通信的，处 3 年以下有期徒刑、拘役或者管制；破坏重要武器装备、军事设施、军事通信的，处 3 年以上 10 年以下有期徒刑；情节特别严重的，处 10 年以上有期徒刑、无期徒刑或者死刑。

【过失损坏武器装备、军事设施、军事通信罪】 过失犯前款罪，造成严重后果的，处 3 年以下有期徒刑或者拘役；造成特别严重后果的，处 3 年以上 7 年以下有期徒刑。

战时犯前两款罪的，从重处罚。

（本条《中华人民共和国刑法修正案(5)》修改）

• 释义

破坏武器装备、军事设施、军事通信罪是指故意破坏武器装备、军事设施、军事通信的行为。战时犯本罪的，从重处罚。

过失损坏武器装备、军事设施、军事通信罪是指过失破坏武器装备、军事设施、军事通信，造成严重后果的行为。

战时犯本罪的，从重处罚。

• 管辖

公安机关刑事侦查部门。

• 立案追诉标准

无

• 关联法律

1.《中华人民共和国军事设施保护法》（1990 年 2 月 23 日第七届全国人大常委会第十二次会议通过，2009 年 8 月 27 日第十一届全国人大常委会第十次会议《关于修改部分法律的决定》第一次修正；2014 年 6 月 27 日第十二届全国人大常委会第九次会议《关于修改〈中华人民共和国军事设施保护法〉的决定》第二次修正；2021 年 6 月 10 日第十三届全国人大常委会第二十九次会议修订）

第 2 条 本法所称军事设施，是指国家直接用于军事目的的下列建筑、场地和设备：

（一）指挥机关，地上和地下的指挥工程、作战工程；（二）军用机场、港口、码头；（三）营区、训练场、试验场；（四）军用洞库、仓库；（五）军用信息基础设施，军用侦察、导航、观测台站，军用测量、导航、助航标志；（六）军用公路、铁路专用线，军用输电线路，军用输油、输水、输气管道；（七）边防、海防管控设施；（八）国务院和中央军事委员会规定的其他军事设施。

前款规定的军事设施，包括军队为执行任务必需设置的临时设施。

第 9 条 军事禁区、军事管理区根据军事设施的性质、作用、安全保密的需要和使用效能的要求划定，具体划定标准和确定程序，由国务院和中央军事委员会规定。

本法所称军事禁区，是指设有重要军事设施或者军事设施安全保密要求高、具有重大危险因素，需要国家采取特殊措施加以重点保护，依照法定程序和标准划定的军事区域。

本法所称军事管理区,是指设有较重要军事设施或者军事设施安全保密要求较高、具有较大危险因素,需要国家采取特殊措施加以保护,依照法定程序和标准划定的军事区域。

第25条 没有划入军事禁区、军事管理区的军事设施,军事设施管理单位应当采取措施予以保护;军队团级以上管理单位也可以委托当地人民政府予以保护。

第26条 在没有划入军事禁区、军事管理区的军事设施一定距离内进行采石、取土、爆破等活动,不得危害军事设施的安全和使用效能。

第39条 军事设施因军事任务调整、周边环境变化和自然损毁等原因,失去使用效能并无需恢复重建的,军事设施管理单位应当按照规定程序及时报国务院和中央军事委员会批准或者国务院和中央军事委员会授权的机关批准,予以拆除或者改作民用。

军队执行任务结束后,应当及时将设置的临时军事设施拆除。

第45条 军事禁区、军事管理区的管理单位应当依照有关法律、法规的规定,保护军事禁区、军事管理区内的生态环境、自然资源和文物。

第51条 违反本法规定,有下列情形之一的,军事设施管理单位的执勤人员应当予以制止:

(一)非法进入军事禁区、军事管理区或者在陆地、水域军事禁区上空低空飞行的;(二)对军事禁区、军事管理区非法进行摄影、摄像、录音、勘察、测量、定位、描绘和记述的;(三)进行破坏、危害军事设施的活动的。

第52条 有本法第五十一条所列情形之一,不听制止的,军事设施管理单位依照国家有关规定,可以采取下列措施:

(一)强制带离、控制非法进入军事禁区、军事管理区或者驾驶、操控航空器在陆地、水域军事禁区上空低空飞行的人员,对违法情节严重的人员予以扣留并立即移送公安、国家安全等有管辖权的机关;(二)立即制止信息传输等行为,扣押用于实施违法行为的器材、工具或者其他物品,并移送公安、国家安全等有管辖权的机关;(三)在紧急情况下,清除严重危害军事设施安全和使用效能的障碍物;(四)在危及军事设施安全或者执勤人员生命安全等紧急情况下依法使用武器。

军人、军队文职人员和军队其他人员有本法第五十一条所列情形之一的,依照军队有关规定处理。

第60条 有下列行为之一的,适用《中华人民共和国治安管理处罚法》第二十三条的处罚规定:

(一)非法进入军事禁区、军事管理区或者驾驶、操控航空器在陆地、水域军事禁区上空低空飞行,不听制止的;(二)在军事禁区外围安全控制范围内,或者在没有划入军事禁区、军事管理区的军事设施一定距离内,进行危害军事设施安全和使用效能的活动,不听制止的;(三)在军用机场净空保护区域内,进行影响飞行安全和机场助航设施使用效能的活动,不听制止的;(四)对军事禁区、军事管理区非法进行摄影、摄像、录音、勘察、测量、定位、描绘和记述,不听制止的;(五)其他扰乱军事禁区、军事管理区管理秩序和危害军事设施安全的行为,情节轻微,尚不够刑事处罚的。

第61条 违反国家规定,故意干扰军用无线电设施正常工作的,或者对军用无线电设施产生有害干扰,拒不按照有关主管部门的要求改正的,依照《中华人民共和国治安管理处罚法》第二十八条的规定处罚。

第62条 毁坏边防、海防管控设施以及军事禁区、军事管理区的围墙、铁丝网、界线标志或者其他军事设施的,依照《中华人民共和国治安管理处罚法》第三十三条的规定处罚。

第63条 有下列行为之一,构成犯罪的,依法追究刑事责任:

（一）破坏军事设施的；（二）过失损坏军事设施，造成严重后果的；（三）盗窃、抢夺、抢劫军事设施的装备、物资、器材的；（四）泄露军事设施秘密，或者为境外的机构、组织、人员窃取、刺探、收买、非法提供军事设施秘密的；（五）破坏军用无线电固定设施电磁环境，干扰军用无线电通讯，情节严重的；（六）其他扰乱军事禁区、军事管理区管理秩序和危害军事设施安全的行为，情节严重的。

第64条 军人、军队文职人员和军队其他人员有下列行为之一，按照军队有关规定给予处分；构成犯罪的，依法追究刑事责任：

（一）有本法第五十三条至第六十三条规定行为的；（二）擅自将军事设施用于非军事目的，或者有其他滥用职权行为的；（三）擅离职守或者玩忽职守的。

第65条 公职人员在军事设施保护工作中有玩忽职守、滥用职权、徇私舞弊等行为的，依法给予处分；构成犯罪的，依法追究刑事责任。

第66条 违反本法规定，破坏、危害军事设施的，属海警机构职权范围的，由海警机构依法处理。

违反本法规定，有其他破坏、危害军事设施行为的，由有关主管部门依法处理。

第67条 违反本法规定，造成军事设施损失的，依法承担赔偿责任。

第68条 战时违反本法的，依法从重追究法律责任。

第69条 中国人民武装警察部队所属军事设施的保护，适用本法。

第70条 国防科技工业重要武器装备的科研、生产、试验、存储等设施的保护，参照本法有关规定执行。具体办法和设施目录由国务院和中央军事委员会规定。（全文略）

2.《中华人民共和国刑法修正案（5）》（2005年2月28日第十届全国人大常委会第十四次会议通过）

三、在刑法第369条中增加1款作为第2款，将该条修改为："破坏武器装备、军事设施、军事通信的，处3年以下有期徒刑、拘役或者管制；破坏重要武器装备、军事设施、军事通信的，处3年以上10年以下有期徒刑；情节特别严重的，处10年以上有期徒刑、无期徒刑或者死刑。

"过失犯前款罪，造成严重后果的，处3年以下有期徒刑或者拘役；造成特别严重后果的，处3年以上7年以下有期徒刑。

"战时犯前两款罪的，从重处罚。"

（本次修订在1997年《刑法》原条文的基础上，在第2款增加了过失损坏武器装备、军事设施、军事通信罪的规定）

3.最高人民法院《关于审理危害军事通信刑事案件具体应用法律若干问题的解释》（法释〔2007〕13号）

为依法惩治危害军事通信的犯罪活动，维护国防利益和军事通信安全，根据刑法有关规定，现就审理这类刑事案件具体应用法律的若干问题解释如下：

第1条 故意实施损毁军事通信线路、设备，破坏军事通信计算机信息系统，干扰、侵占军事通信电磁频谱等行为的，依照刑法第369条第1款的规定，以破坏军事通信罪，处3年以上10年以下有期徒刑。

第2条 实施破坏军事通信行为，具有下情形之一的，属于刑法第369条第1款规定的"情节特别严重"，以破坏军事通信罪定罪，处10年以上有期徒刑、无期徒刑或者死刑：

（一）造成重要军事通信中断或者严重障碍，严重影响部队完成作战任务或者致使部队在作战中遭受损失的；（二）造成部队执行抢险救灾、军事演习或者处置突发性事件等任务的通信中断或者严重障碍，并因此贻误部队行动，致使死亡3人以上、重伤10人以上或者财产损失100万元以上的；（三）破坏重要军事通信3次以上的；（四）其他情节特别严重的情形。

第3条 过失损坏军事通信,造成重要军事通信中断或者严重障碍的,属于刑法第369条第2款规定的"造成严重后果",以过失损坏军事通信罪定罪,处3年以下有期徒刑或者拘役。

第4条 过失损坏军事通信,具有下列情形之一的,属于刑法第369条第2款规定的"造成特别严重后果",以过失损坏军事通信罪定罪,处3年以上7年以下有期徒刑:

(一)造成重要军事通信中断或者严重障碍;(二)造成部队执行抢险救灾、军事演习或者处置突发性事件等任务的通信中断或者严重障碍,并因此贻误部队行动,致使死亡3人以上、重伤10人以上或者财产损失100万元以上的;(三)其他后果特别严重的情形。

第5条 建设、施工单位直接负责的主管人员、施工管理人员,明知是军事通信线路、设备而指使、强令、纵容他人予以损毁的,或者不听管护人员劝阻,指使、强令、纵容他人违章作业,造成军事通信线路、设备损毁的,以破坏军事通信罪定罪处罚。

建设、施工单位直接负责的主管人员、施工管理人员,忽视军事通信线路、设备保护标志,指使、纵容他人违章作业,致使军事通信线路、设备损毁,构成犯罪的,以过失损坏军事通信罪定罪处罚。

第6条 破坏、过失损坏军事通信,并造成公用电信设施损毁,危害公共安全,同时构成刑法第124条和第369条规定的犯罪的,依照处罚较重的规定定罪处罚。

盗窃军事通信线路、设备,不构成盗窃罪,但破坏军事通信的,依照刑法第369条第1款的规定定罪处罚;同时构成刑法第124条【破坏广播电视设施、公用电信设施罪,过失破坏广播电视设施、公用电信设施罪】、第264条【盗窃罪】和第369条第1款【破坏武器装备、军事设施、军事通信罪】规定的犯罪的,依照处罚较重的规定定罪处罚。

违反国家规定,侵入国防建设、尖端科学技术领域的军事通信计算机信息系统,尚未对军事通信造成破坏的,依照刑法第285条的规定定罪处罚;对军事通信造成破坏,同时构成刑法第285条【非法侵入计算机信息系统罪】【非法获取计算机信息系统数据、非法控制计算机信息系统罪】【提供侵入、非法控制计算机信息系统程序、工具罪】、第286条【破坏计算机信息系统罪、第369条第1款规定的犯罪的,依照处罚较重的规定定罪处罚。

违反国家规定,擅自设置、使用无线电台、站,或者擅自占用频率,经责令停止使用后拒不停止使用,干扰无线电通讯正常进行,构成犯罪的,依照刑法第288条的规定定罪处罚;造成军事通信中断或者严重障碍,同时构成刑法第288条【扰乱无线电通讯管理秩序罪】、第369条第1款【破坏武器装备、军事设施、军事通信罪】规定的犯罪的,依照处罚较重的规定定罪处罚。

第7条 本解释所称"重要军事通信",是指军事首脑机关及重要指挥中心的通信,部队作战中的通信,等级战备通信,飞行航行训练、抢险救灾、军事演习或者处置突发性事件中的通信,以及执行试飞试航、武器装备科研试验或者远洋航行等重要军事任务中的通信。

本解释所称军事通信的具体范围、通信通断和严重障碍的标准,参照中国人民解放军通信主管部门的有关规定确定。

第370条 【故意提供不合格武器装备、军事设施罪】 明知是不合格的武器装备、军事设施而提供给武装部队的,处5年以下有期徒刑或者拘役;情节严重的,处5年以上10年以下有期徒刑;情节特别严重的,处10年以上有期徒刑、无期徒刑或者死刑。

【过失提供不合格武器装备、军事设施罪】 过失犯前款罪,造成严重后果的,处3年以下有期徒刑或者拘役;造成特别严重后果的,处3年以上7年以下有期徒刑。

单位犯第1款罪的,对单位判处罚金,并对其直接负责的主管人员和其他直接责任人员,依照第1款的规定处罚。

• 释义

故意提供不合格武器装备、军事设施罪是指明知是不合格的武器装备、军事设施，而提供给武装部队的行为。

过失提供不合格武器装备、军事设施罪是指由于疏忽大意或者过于自信提供不合格武器装备、军事设施给武装部队，造成严重后果的行为。

• 管辖

公安机关治安管理部门。

• 立案追诉标准

【故意提供不合格武器装备、军事设施罪立案追诉标准】

明知是不合格的武器装备、军事设施而提供给武装部队，涉嫌下列情形之一的，应予立案追诉：

（一）造成人员轻伤以上的；

（二）造成直接经济损失10万元以上的；

（三）提供不合格的枪支3支以上、子弹100发以上、雷管500枚以上、炸药5千克以上或者其他重要武器装备、军事设施的；

（四）影响作战、演习、抢险救灾等重大任务完成的；

（五）发生在战时的；

（六）其他故意提供不合格武器装备、军事设施应予追究刑事责任的情形。

【过失提供不合格武器装备、军事设施罪立案追诉标准】

过失提供不合格武器装备、军事设施给武装部队，涉嫌下列情形之一的，应予立案追诉：

（一）造成死亡1人或者重伤3人以上的；

（二）造成直接经济损失30万元以上的；

（三）严重影响作战、演习、抢险救灾等重大任务完成的；

（四）其他造成严重后果的情形。

• 关联法律

最高人民检察院、公安部《关于公安机关管辖的刑事案件追诉标准的规定(1)》(公通字〔2008〕36号) 第87条、第88条

（见本条立案追诉标准内容）

第371条 【聚众冲击军事禁区罪】 聚众冲击军事禁区，严重扰乱军事禁区秩序的，对首要分子，处5年以上10年以下有期徒刑；对其他积极参加的，处5年以下有期徒刑、拘役、管制或者剥夺政治权利。

【聚众扰乱军事管理区秩序罪】 聚众扰乱军事管理区秩序，情节严重，致使军事管理区工作无法进行，造成严重损失的，对首要分子，处3年以上7年以下有期徒刑；对其他积极参加的，处3年以下有期徒刑、拘役、管制或者剥夺政治权利。

• 释义

聚众冲击军事禁区罪是指组织、策划、指挥聚众冲击军事禁区，严重扰乱军事禁区秩序的

行为。

本罪只处罚首要分子和积极参加者。

聚众扰乱军事管理区秩序罪是指组织、策划、指挥聚众扰乱军事管理区秩序，情节严重，致使军事管理区工作无法进行，造成严重损失的行为。

本罪只处罚首要分子和积极参加者。

• 管辖

公安机关治安管理部门。

• 立案追诉标准

【聚众冲击军事禁区罪立案追诉标准】

组织、策划、指挥聚众冲击军事禁区或者积极参加聚众冲击军事禁区，严重扰乱军事禁区秩序，涉嫌下列情形之一的，应予立案追诉：

（一）冲击3次以上或者1次冲击持续时间较长的；

（二）持械或者采取暴力手段冲击的；

（三）冲击重要军事禁区的；

（四）发生在战时的；

（五）其他严重扰乱军事禁区秩序应予追究刑事责任的情形。

【聚众扰乱军事管理区秩序罪立案追诉标准】

组织、策划、指挥聚众扰乱军事管理区秩序或者积极参加聚众扰乱军事管理区秩序，致使军事管理区工作无法进行，造成严重损失，涉嫌下列情形之一的，应予立案追诉：

（一）造成人员轻伤以上的；

（二）扰乱3次以上或者1次扰乱持续时间较长的；

（三）造成直接经济损失5万元以上的；

（四）持械或者采取暴力手段的；

（五）扰乱重要军事管理区秩序的；

（六）发生在战时的；

（七）其他聚众扰乱军事管理区秩序应予追究刑事责任的情形。

• 关联法律

最高人民检察院、公安部《关于公安机关管辖的刑事案件追诉标准的规定（1）》（公通字〔2008〕36号）第89条、第90条

（见本条立案追诉标准内容）

第372条 【冒充军人招摇撞骗罪】冒充军人招摇撞骗的，处3年以下有期徒刑、拘役、管制或者剥夺政治权利；情节严重的，处3年以上10年以下有期徒刑。

• 释义

冒充军人招摇撞骗罪是指冒充军人身份进行招摇撞骗的行为。

• 管辖

公安机关刑事侦查部门。

• 立案追诉标准

无

• 关联法律

最高人民法院《关于审理非法生产、买卖武装部队车辆号牌等刑事案件具体应用法律若干问题的解释》(法释〔2002〕9号)

(法释〔2013〕7号已声明该文件废止)

> **第373条 【煽动军人逃离部队罪】【雇用逃离部队军人罪】** 煽动军人逃离部队或者明知是逃离部队的军人而雇用,情节严重的,处3年以下有期徒刑、拘役或者管制。

• 释义

煽动军人逃离部队罪是指鼓动、唆使、怂恿军人逃离部队,情节严重的行为。

雇用逃离部队军人罪是指明知是逃离部队的军人而雇用,情节严重的行为。

• 管辖

公安机关治安管理部门。

• 立案追诉标准

【煽动军人逃离部队罪立案追诉标准】

煽动军人逃离部队,涉嫌下列情形之一的,应予立案追诉:

(一)煽动3人以上逃离部队的;

(二)煽动指挥人员、值班执勤人员或者其他负有重要职责人员逃离部队的;

(三)影响重要军事任务完成的;

(四)发生在战时的;

(五)其他情节严重的情形。

【雇用逃离部队军人罪立案追诉标准】

明知是逃离部队的军人而雇用,涉嫌下列情形之一的,应予立案追诉:

(一)雇用1人6个月以上的;

(二)雇用3人以上的;

(三)明知是逃离部队的指挥人员、值班执勤人员或者其他负有重要职责人员而雇用的;

(四)阻碍部队将被雇用军人带回的;

(五)其他情节严重的情形。

• 关联法律

最高人民检察院、公安部《关于公安机关管辖的刑事案件追诉标准的规定(1)》(公通字〔2008〕36号) 第91条、第92条

(见本条立案追诉标准内容)

> **第374条 【接送不合格兵员罪】** 在征兵工作中徇私舞弊,接送不合格兵员,情节严重的,处3年以下有期徒刑或者拘役;造成特别严重后果的,处3年以上7年以下有期徒刑。

• 释义

接送不合格兵员罪是指在征兵工作中徇私舞弊，接送不合格兵员，情节严重的行为。

• 管辖

公安机关治安管理部门、监察机关（公职人员行使公权力过程中发生的犯罪案件）。

• 立案追诉标准

在征兵工作中徇私舞弊，接送不合格兵员，涉嫌下列情形之一的，应予立案追诉：
（一）接送不合格特种条件兵员 1 名以上或者普通兵员 3 名以上的；
（二）发生在战时的；
（三）造成严重后果的；
（四）其他情节严重的情形。

• 关联法律

最高人民检察院、公安部《关于公安机关管辖的刑事案件追诉标准的规定（1）》（公通字〔2008〕36 号）第 93 条

（见本条立案追诉标准内容）

第 375 条 【伪造、变造、买卖武装部队公文、证件、印章罪】【盗窃、抢夺武装部队公文、证件、印章罪】伪造、变造、买卖或者盗窃、抢夺武装部队公文、证件、印章的，处 3 年以下有期徒刑、拘役、管制或者剥夺政治权利；情节严重的，处 3 年以上 10 年以下有期徒刑。

【非法生产、买卖武装部队制式服装罪】非法生产、买卖武装部队制式服装，情节严重的，处 3 年以下有期徒刑、拘役或者管制，并处或者单处罚金。

【伪造、盗窃、买卖、非法提供、非法使用武装部队专用标志罪】伪造、盗窃、买卖或者非法提供、使用武装部队车辆号牌等专用标志，情节严重的，处 3 年以下有期徒刑、拘役或者管制，并处或者单处罚金；情节特别严重的，处 3 年以上 7 年以下有期徒刑，并处罚金。

单位犯第 2 款、第 3 款罪的，对单位判处罚金，并对其直接负责的主管人员和其他直接责任人员，依照各该款的规定处罚。

（本条《中华人民共和国刑法修正案（7）》修改）

• 释义

伪造、变造、买卖武装部队公文、证件、印章罪是指伪造、变造、买卖武装部队的公文、证件、印章的行为。

盗窃、抢夺武装部队公文、证件、印章罪是指盗窃、抢夺武装部队公文、证件、印章的行为。

非法生产、买卖武装部队制式服装罪是指非法生产、买卖武装部队制式服装，情节严重的行为。

伪造、盗窃、买卖、非法提供、非法使用武装部队专用标志罪是指伪造、盗窃、买卖或者非法提供、使用武装部队车辆号牌等专用标志，情节严重的行为。

• 管辖

公安机关刑事侦查部门(管辖伪造、变造、买卖武装部队公文、证件、印章案,盗窃、抢夺武装部队公文、证件、印章案)、公安机关治安管理部门(管辖非法生产、买卖武装部队制式服装案,伪造、盗窃、买卖、非法提供、非法使用武装部队专用标志案)。

• 立案追诉标准

【非法生产、买卖武装部队制式服装罪立案追诉标准】

14. 将《立案追诉标准(一)》第 94 条修改为:

非法生产、买卖武装部队制式服装,涉嫌下列情形之一的,应予立案追诉:

(一)非法生产、买卖成套制式服装 30 套以上,或者非成套制式服装 100 件以上的;

(二)非法生产、买卖帽徽、领花、臂章等标志服饰合计 100 件(副)以上的;

(三)非法经营数额 2 万元以上的;

(四)违法所得数额 5000 元以上的;

(五)其他情节严重的情形。

买卖仿制的现行装备的武装部队制式服装,情节严重的,应予立案追诉。

【伪造、盗窃、买卖、非法提供、非法使用武装部队专用标志罪立案追诉标准】

15. 在《立案追诉标准(1)》第 94 条后增加一条,作为第 94 条之一:

伪造、盗窃、买卖或者非法提供、使用武装部队车辆号牌等专用标志,涉嫌下列情形之一的,应予立案追诉:

(一)伪造、盗窃、买卖或者非法提供、使用武装部队军以上领导机关车辆号牌 1 副以上或者其他车辆号牌 3 副以上的;

(二)非法提供、使用军以上领导机关车辆号牌之外的其他车辆号牌累计 6 个月以上的;

(三)伪造、盗窃、买卖或者非法提供、使用军徽、军旗、军种符号或者其他军用标志合计 1 百件(副)以上的;

(四)造成严重后果或者恶劣影响的。

盗窃、买卖、提供、使用伪造、变造的武装部队车辆号牌等专用标志,情节严重的,应予立案追诉。

• 关联法律

1. 最高人民检察院、公安部《关于公安机关管辖的刑事案件追诉标准的规定(1)》(公通字〔2008〕36 号)第 94 条

(见本条立案追诉标准内容)

2.《中华人民共和国刑法修正案(7)》(2009 年 2 月 28 日第十一届全国人大常委会第七次会议通过)

十二、将刑法第 375 条第 2 款修改为:"非法生产、买卖武装部队制式服装,情节严重的,处 3 年以下有期徒刑、拘役或者管制,并处或者单处罚金。"

增加 1 款作为第 3 款:"伪造、盗窃、买卖或者非法提供、使用武装部队车辆号牌等专用标志,情节严重的,处 3 年以下有期徒刑、拘役或者管制,并处或者单处罚金;情节特别严重的,处 3 年以上 7 年以下有期徒刑,并处罚金。"

原第 3 款作为第 4 款,修改为:"单位犯第 2 款、第 3 款罪的,对单位判处罚金,并对其直接负责的主管人员和其他直接责任人员,依照各该款的规定处罚。"

(1997年《刑法》原条文第2款为:非法生产、买卖武装部队制式服装、车辆号牌等专用标志,情节严重的,处3年以下有期徒刑、拘役或者管制,并处或者单处罚金。

本条第3款为《中华人民共和国刑法修正案(7)》第12条所增设。本条第4款来源于1997年《刑法》原条文第3款。)

3. 最高人民法院、最高人民检察院《关于办理妨害武装部队制式服装、车辆号牌管理秩序等刑事案件具体应用法律若干问题的解释》(法释〔2011〕16号)

为依法惩治妨害武装部队制式服装、车辆号牌管理秩序等犯罪活动,维护国防利益,根据《中华人民共和国刑法》有关规定,现就办理非法生产、买卖武装部队制式服装,伪造、盗窃、买卖武装部队车辆号牌等刑事案件的若干问题解释如下:

第1条 伪造、变造、买卖或者盗窃、抢夺武装部队公文、证件、印章,具有下列情形之一的,应当依照刑法第375条第1款的规定,以伪造、变造、买卖武装部队公文、证件、印章罪或者盗窃、抢夺武装部队公文、证件、印章罪定罪处罚:

(一)伪造、变造、买卖或者盗窃、抢夺武装部队公文1件以上的;(二)伪造、变造、买卖或者盗窃、抢夺武装部队军官证、士兵证、车辆行驶证、车辆驾驶证或者其他证件2本以上的;(三)伪造、变造、买卖或者盗窃、抢夺武装部队机关印章、车辆牌证印章或者其他印章1枚以上的。

实施前款规定的行为,数量达到第(1)至(3)项规定标准5倍以上或者造成严重后果的,应当认定为刑法第375条第1款规定的"情节严重"。

第2条 非法生产、买卖武装部队现行装备的制式服装,具有下列情形之一的,应当认定为刑法第375条第2款规定的"情节严重",以非法生产、买卖武装部队制式服装罪定罪处罚:

(一)非法生产、买卖成套制式服装30套以上,或者非成套制式服装100件以上的;(二)非法生产、买卖帽徽、领花、臂章等标志服饰合计100件(副)以上的;(三)非法经营数额2万元以上的;(四)违法所得数额5000元以上的;(五)具有其他严重情节的。

第3条 伪造、盗窃、买卖或者非法提供、使用武装部队车辆号牌等专用标志,具有下列情形之一的,应当认定为刑法第375条第3款规定的"情节严重",以伪造、盗窃、买卖、非法提供、非法使用武装部队专用标志罪定罪处罚:

(一)伪造、盗窃、买卖或者非法提供、使用武装部队军以上领导机关车辆号牌1副以上或者其他车辆号牌3副以上的;(二)非法提供、使用军以上领导机关车辆号牌之外的其他车辆号牌累计6个月以上的;(三)伪造、盗窃、买卖或者非法提供、使用军徽、军旗、军种符号或者其他军用标志合计100件(副)以上的;(四)造成严重后果或者恶劣影响的。

实施前款规定的行为,具有下列情形之一的,应当认定为刑法第375条第3款规定的"情节特别严重":

(一)数量达到前款第(1)、(3)项规定标准5倍以上的;(二)非法提供、使用军以上领导机关车辆号牌累计6个月以上或者其他车辆号牌累计1年以上的;(三)造成特别严重后果或者特别恶劣影响的。

第4条 买卖、盗窃、抢夺伪造、变造的武装部队公文、证件、印章的,买卖仿制的现行装备的武装部队制式服装情节严重的,盗窃、买卖、提供、使用伪造、变造的武装部队车辆号牌等专用标志情节严重的,应当追究刑事责任。定罪量刑标准适用本解释第1条至第3条的规定。

第5条 明知他人实施刑法第375条规定的犯罪行为,而为其生产、提供专用材料或者提供资金、账号、技术、生产经营场所等帮助的,以共犯论处。

第6条 实施刑法第375条规定的犯罪行为,同时又构成逃税、诈骗、冒充军人招摇撞骗等犯罪的,依照处罚较重的规定定罪处罚。

第7条 单位实施刑法第375条第2款、第3款规定的犯罪行为,对单位判处罚金,并对其直接负责的主管人员和其他直接责任人员,分别依照本解释的有关规定处罚。

4. 最高人民检察院、公安部《关于公安机关管辖的刑事案件立案追诉标准的规定(1)的补充规定》(公通字〔2017〕12号)第14条、第15条

(见本条立案追诉标准内容)

第376条 【战时拒绝、逃避征召、军事训练罪】预备役人员战时拒绝、逃避征召或者军事训练,情节严重的,处3年以下有期徒刑或者拘役。

【战时拒绝、逃避服役罪】公民战时拒绝、逃避服役,情节严重的,处2年以下有期徒刑或者拘役。

• 释义

战时拒绝、逃避征召、军事训练罪是指预备役人员战时拒绝、逃避征召或者军事训练,情节严重的行为。

具体包括:无正当理由经教育仍拒绝、逃避征召或者军事训练,以暴力、威胁、欺骗等手段,或者采取自伤、自残等方式拒绝、逃避征召或者军事训练,联络、煽动他人共同拒绝、逃避征召或者军事训练等情形。

战时拒绝、逃避服役罪是指公民战时拒绝、逃避服役,情节严重的行为。

具体包括:无正当理由经教育仍拒绝、逃避服役,以暴力、威胁、欺骗等手段,或者采取自伤、自残等方式拒绝、逃避服役,联络、煽动他人共同拒绝、逃避服役等情形。

• 管辖

公安机关治安管理部门。

• 立案追诉标准

【战时拒绝、逃避征召、军事训练罪立案追诉标准】

预备役人员战时拒绝、逃避征召或者军事训练,涉嫌下列情形之一的,应予立案追诉:

(一)无正当理由经教育仍拒绝、逃避征召或者军事训练的;

(二)以暴力、威胁、欺骗等手段,或者采取自伤、自残等方式拒绝、逃避征召或者军事训练的;

(三)联络、煽动他人共同拒绝、逃避征召或者军事训练的;

(四)其他情节严重的情形。

【战时拒绝、逃避服役罪立案追诉标准】

公民战时拒绝、逃避服役,涉嫌下列情形之一的,应予立案追诉:

(一)无正当理由经教育仍拒绝、逃避服役的;

(二)以暴力、威胁、欺骗等手段,或者采取自伤、自残等方式拒绝、逃避服役的;

(三)联络、煽动他人共同拒绝、逃避服役的;

(四)其他情节严重的情形。

• 关联法律

最高人民检察院、公安部《关于公安机关管辖的刑事案件追诉标准的规定(1)》(公通字〔2008〕36号)第95条、第96条

(见本条立案追诉标准内容)

第 377 条 【战时故意提供虚假敌情罪】战时故意向武装部队提供虚假敌情，造成严重后果的，处 3 年以上 10 年以下有期徒刑；造成特别严重后果的，处 10 年以上有期徒刑或者无期徒刑。

- **释义**

战时故意提供虚假敌情罪是指战时故意向武装部队提供虚假敌情，造成严重后果的行为。

- **管辖**

公安机关政治安全保卫部门。

- **立案追诉标准**

无

- **关联法律**

无

第 378 条 【战时造谣扰乱军心罪】战时造谣惑众，扰乱军心的，处 3 年以下有期徒刑、拘役或者管制；情节严重的，处 3 年以上 10 年以下有期徒刑。

- **释义**

战时造谣扰乱军心罪是指战时造谣惑众，扰乱军心的行为。

- **管辖**

公安机关政治安全保卫部门。

- **立案追诉标准**

无

- **关联法律**

无

第 379 条 【战时窝藏逃离部队军人罪】战时明知是逃离部队的军人而为其提供隐蔽处所、财物，情节严重的，处 3 年以下有期徒刑或者拘役。

- **释义**

战时窝藏逃离部队军人罪是指战时明知是逃离部队的军人而为其提供隐蔽处所、财物，情节严重的行为。

- **管辖**

公安机关治安管理部门。

• **立案追诉标准**

战时明知是逃离部队的军人而为其提供隐蔽处所、财物，涉嫌下列情形之一的，应予立案追诉：

（一）窝藏3人次以上的；

（二）明知是指挥人员、值班执勤人员或者其他负有重要职责人员而窝藏的；

（三）有关部门查找时拒不交出的；

（四）其他情节严重的情形。

• **关联法律**

最高人民检察院、公安部《关于公安机关管辖的刑事案件追诉标准的规定（1）》（公通字〔2008〕36号）第97条

（见本条立案追诉标准内容）

> **第380条　【战时拒绝、故意延误军事订货罪】**战时拒绝或者故意延误军事订货，情节严重的，对单位判处罚金，并对其直接负责的主管人员和其他直接责任人员，处5年以下有期徒刑或者拘役；造成严重后果的，处5年以上有期徒刑。

• **释义**

战时拒绝、故意延误军事订货罪是指单位战时拒绝或者故意延误军事订货，情节严重的行为。

本罪只处罚单位及其直接负责的主管人员和其他直接责任人员。

• **管辖**

公安机关治安管理部门。

• **立案追诉标准**

战时拒绝或者故意延误军事订货，涉嫌下列情形之一的，应予立案追诉：

（一）拒绝或者故意延误军事订货3次以上的；

（二）联络、煽动他人共同拒绝或者故意延误军事订货的；

（三）拒绝或者故意延误重要军事订货，影响重要军事任务完成的；

（四）其他情节严重的情形。

• **关联法律**

最高人民检察院、公安部《关于公安机关管辖的刑事案件追诉标准的规定（1）》（公通字〔2008〕36号）第98条

（见本条立案追诉标准内容）

> **第381条　【战时拒绝军事征收、征用罪】**战时拒绝军事征收、征用，情节严重的，处3年以下有期徒刑或者拘役。

●释义

战时拒绝军事征收、征用罪是指战时拒绝军事征收、征用，情节严重的行为。

●管辖

公安机关治安管理部门。

●立案追诉标准

十六、将《立案追诉标准(1)》第99条修改为：战时拒绝军事征收、征用，涉嫌下列情形之一的，应予立案追诉：

(一)无正当理由拒绝军事征收、征用3次以上的；

(二)采取暴力、威胁、欺骗等手段拒绝军事征收、征用的；

(三)联络、煽动他人共同拒绝军事征收、征用的；

(四)拒绝重要军事征收、征用，影响重要军事任务完成的；

(五)其他情节严重的情形。

●关联法律

1. 最高人民检察院、公安部《关于公安机关管辖的刑事案件追诉标准的规定(1)》(公通字〔2008〕36号) 第99条

(见本条立案追诉标准内容)

2. 全国人大常委会《关于修改部分法律的决定》(2009年8月27日第十一届全国人大常委会第十次会议通过)

二、对下列法律和法律解释中关于"征用"的规定作出修改

(一)将下列法律和法律解释中的"征用"修改为"征收、征用"

12.《中华人民共和国刑法》第381条、第410条

13. 全国人民代表大会常务委员会关于《中华人民共和国刑法》第93条第2款的解释

14. 全国人民代表大会常务委员会关于《中华人民共和国刑法》第228条、第342条、第410条的解释(全文略)

3. 最高人民法院、最高人民检察院《关于执行〈中华人民共和国刑法〉确定罪名的补充规定(6)》(法释〔2015〕20号)

根据《中华人民共和国刑法修正案(9)》(以下简称《刑法修正案(9)》)和《全国人民代表大会常务委员会关于修改部分法律的决定》的有关规定，现对最高人民法院《关于执行〈中华人民共和国刑法〉确定罪名的规定》、最高人民检察院《关于适用刑法分则规定的犯罪的罪名的意见》作如下补充、修改：

刑法条文第381条(《全国人民代表大会常务委员会关于修改部分法律的决定》第2条)，罪名战时拒绝军事征收、征用罪(取消战时拒绝军事征用罪罪名)。

4. 最高人民检察院、公安部《关于公安机关管辖的刑事案件立案追诉标准的规定(一)的补充规定》(公通字〔2017〕12号) 第16条

(见本条立案追诉标准内容)

第八章　贪污贿赂罪

贪污贿赂罪,是指国家工作人员利用职务之便,贪污、挪用公共财物,索取、收受贿赂,不履行法定义务,侵犯职务行为的廉洁性、不可收买性的行为。

责任形式为故意;贪污罪须以非法占有为目的。

第382条　【贪污罪】国家工作人员利用职务上的便利,侵吞、窃取、骗取或者以其他手段非法占有公共财物的,是贪污罪。

受国家机关、国有公司、企业、事业单位、人民团体委托管理、经营国有财产的人员,利用职务上的便利,侵吞、窃取、骗取或者以其他手段非法占有国有财物的,以贪污论。

与前两款所列人员勾结,伙同贪污的,以共犯论处。

- **释义**

贪污罪是指国家工作人员利用职务上的便利,侵吞、窃取、骗取或者以其他手段非法占有公共财物的行为。

"利用职务上的便利"是指利用职务上主管、管理、经手公共财物的权力及方便条件。

受国家机关、国有公司、企业、事业单位、人民团体委托管理、经营国有财产的人员,利用职务上的便利,侵吞、窃取、骗取或者以其他手段非法占有国有财物的,以贪污罪追究其刑事责任。

"受委托管理、经营国有财产"是指因承包、租赁、聘用等而管理、经营国有财产。

国有保险公司的工作人员和国有保险公司委派到非国有保险公司从事公务的人员利用职务上的便利,故意编造未曾发生的保险事故进行虚假理赔,骗取保险金归自己所有的,以贪污罪追究刑事责任。

国有公司、企业或者其他国有单位中从事公务的人员和国有公司、企业或者其他国有单位委派到非国有公司、企业以及其他非国有单位从事公务的人员,利用职务上的便利,将本单位财物非法占为己有的,以贪污罪追究刑事责任。

国家工作人员在国内公务活动或者对外交往中接受礼物,依照国家规定应当交公而不交公,数额较大的,以贪污罪追究刑事责任。对于行为人实施了虚假平账等贪污行为,但尚未实际转移或者尚未控制公共财物的,应认定为未遂。

国家出资企业中的国家工作人员在公司、企业改制或者国有资产处置过程中徇私舞弊,将国有资产低价折股或者低价出售给其本人未持有股份的公司、企业或者其他个人,致使国家利益遭受重大损失的,以贪污论。

对多次贪污未经处理的,按照累计贪污数额处罚。

行为人与国家工作人员勾结,利用国家工作人员的职务便利,共同侵吞、窃取、骗取或者以其他手段非法占有公共财物的,以贪污罪共犯论;行为人与公司、企业或者其他单位的人员勾结,利用公司、企业或者其他单位人员的职务便利,共同将该单位财物非法占为己有,数额较大的,以职务侵占罪共犯论处;公司、企业或者其他单位中,不具有国家工作人员身份的人与国家工作人员勾结,分别利用各自的职务便利,共同将本单位财物非法占为己有的,按照主犯的犯罪性质定罪。

• 管辖

监察机关。

• 关联法律

1.《中华人民共和国监察法》(2018年3月20日第十三届全国人大常委会第一次会议通过)

第3章 监察范围和管辖

第15条 监察机关对下列公职人员和有关人员进行监察:

(一)中国共产党机关、人民代表大会及其常务委员会机关、人民政府、监察机关员会、人民法院、人民检察院、中国人民政治协商会议各级委员会机关、民主党派机关和工商业联合会机关的公务员,以及参照《中华人民共和国公务员法》管理的人员;(二)法律、法规授权或者受国家机关依法委托管理公共事务的组织中从事公务的人员;(三)国有企业管理人员;(四)公办的教育、科研、文化、医疗卫生、体育等单位中从事管理的人员;(五)基层群众性自治组织中从事管理的人员;(六)其他依法履行公职的人员。

第16条 各级监察机关按照管理权限管辖本辖区内本法第15条规定的人员所涉监察事项。

上级监察机关可以办理下一级监察机关管辖范围内的监察事项,必要时也可以办理所辖各级监察机关管辖范围内的监察事项。

监察机关之间对监察事项的管辖有争议的,由其共同的上级监察机关确定。

第17条 上级监察机关可以将其所管辖的监察事项指定下级监察机关管辖,也可以将下级监察机关有管辖权的监察事项指定给其他监察机关管辖。

监察机关认为所管辖的监察事项重大、复杂,需要由上级监察机关管辖的,可以报请上级监察机关管辖。

第4章 监察权限

第18条 监察机关行使监督、调查职权,有权依法向有关单位和个人了解情况,收集、调取证据。有关单位和个人应当如实提供。

监察机关及其工作人员对监督、调查过程中知悉的国家秘密、商业秘密、个人隐私,应当保密。

任何单位和个人不得伪造、隐匿或者毁灭证据。

第19条 对可能发生职务违法的监察对象,监察机关按照管理权限,可以直接或者委托有关机关、人员进行谈话或者要求说明情况。

第20条 在调查过程中,对涉嫌职务违法的被调查人,监察机关可以要求其就涉嫌违法行为作出陈述,必要时向被调查人出具书面通知。

对涉嫌贪污贿赂、失职渎职等职务犯罪的被调查人,监察机关可以进行讯问,要求其如实供述涉嫌犯罪的情况。

第21条 在调查过程中,监察机关可以询问证人等人员。

第22条 被调查人涉嫌贪污贿赂、失职渎职等严重职务违法或者职务犯罪,监察机关已经掌握其部分违法犯罪事实及证据,仍有重要问题需要进一步调查,并有下列情形之一的,经

监察机关依法审批,可以将其留置在特定场所:

(一)涉及案情重大、复杂的;(二)可能逃跑、自杀的;(三)可能串供或者伪造、隐匿、毁灭证据的;(四)可能有其他妨碍调查行为的。

对涉嫌行贿犯罪或者共同职务犯罪的涉案人员,监察机关可以依照前款规定采取留置措施。

留置场所的设置、管理和监督依照国家有关规定执行。

第23条 监察机关调查涉嫌贪污贿赂、失职渎职等严重职务违法或者职务犯罪,根据工作需要,可以依照规定查询、冻结涉案单位和个人的存款、汇款、债券、股票、基金份额等财产。有关单位和个人应当配合。

冻结的财产经查明与案件无关的,应当在查明后3日内解除冻结,予以退还。

第24条 监察机关可以对涉嫌职务犯罪的被调查人以及可能隐藏被调查人或者犯罪证据的人的身体、物品、住处和其他有关地方进行搜查。在搜查时,应当出示搜查证,并有被搜查人或者其家属等见证人在场。

搜查女性身体,应当由女性工作人员进行。

监察机关进行搜查时,可以根据工作需要提请公安机关配合。公安机关应当依法予以协助。

第25条 监察机关在调查过程中,可以调取、查封、扣押用以证明被调查人涉嫌违法犯罪的财物、文件和电子数据等信息。采取调取、查封、扣押措施,应当收集原物原件,会同持有人或者保管人、见证人,当面逐一拍照、登记、编号,开列清单,由在场人员当场核对、签名,并将清单副本交财物、文件的持有人或者保管人。

对调取、查封、扣押的财物、文件,监察机关应当设立专用账户、专门场所,确定专门人员妥善保管,严格履行交接、调取手续,定期对账核实,不得毁损或者用于其他目的。对价值不明物品应当及时鉴定,专门封存保管。

查封、扣押的财物、文件经查明与案件无关的,应当在查明后3日内解除查封、扣押,予以退还。

第26条 监察机关在调查过程中,可以直接或者指派、聘请具有专门知识、资格的人员在调查人员主持下进行勘验检查。勘验检查情况应当制作笔录,由参加勘验检查的人员和见证人签名或者盖章。

第27条 监察机关在调查过程中,对于案件中的专门性问题,可以指派、聘请有专门知识的人进行鉴定。鉴定人进行鉴定后,应当出具鉴定意见,并且签名。

第28条 监察机关调查涉嫌重大贪污贿赂等职务犯罪,根据需要,经过严格的批准手续,可以采取技术调查措施,按照规定交有关机关执行。

批准决定应当明确采取技术调查措施的种类和适用对象,自签发之日起3个月以内有效;对于复杂、疑难案件,期限届满仍有必要继续采取技术调查措施的,经过批准,有效期可以延长,每次不得超过3个月。对于不需要继续采取技术调查措施的,应当及时解除。

第29条 依法应当留置的被调查人如果在逃,监察机关可以决定在本行政区域内通缉,由公安机关发布通缉令,追捕归案。通缉范围超出本行政区域的,应当报请有权决定的上级监察机关决定。

第30条 监察机关为防止被调查人及相关人员逃匿境外,经省级以上监察机关批准,可以对被调查人及相关人员采取限制出境措施,由公安机关依法执行。对于不需要继续采取限制出境措施的,应当及时解除。

第31条 涉嫌职务犯罪的被调查人主动认罪认罚,有下列情形之一的,监察机关经领导

人员集体研究,并报上一级监察机关批准,可以在移送人民检察院时提出从宽处罚的建议:

(一)自动投案,真诚悔罪悔过的;(二)积极配合调查工作,如实供述监察机关还未掌握的违法犯罪行为的;(三)积极退赃,减少损失的;(四)具有重大立功表现或者案件涉及国家重大利益等情形的。

第32条 职务违法犯罪的涉案人员揭发有关被调查人职务违法犯罪行为,查证属实的,或者提供重要线索,有助于调查其他案件的,监察机关经领导人员集体研究,并报上一级监察机关批准,可以在移送人民检察院时提出从宽处罚的建议。

第33条 监察机关依照本法规定收集的物证、书证、证人证言、被调查人供述和辩解、视听资料、电子数据等证据材料,在刑事诉讼中可以作为证据使用。

监察机关在收集、固定、审查、运用证据时,应当与刑事审判关于证据的要求和标准相一致。

以非法方法收集的证据应当依法予以排除,不得作为案件处置的依据。

第34条 人民法院、人民检察院、公安机关、审计机关等国家机关在工作中发现公职人员涉嫌贪污贿赂、失职渎职等职务违法或者职务犯罪的问题线索,应当移送监察机关,由监察机关依法调查处置。

被调查人既涉嫌严重职务违法或者职务犯罪,又涉嫌其他违法犯罪的,一般应当由监察机关为主调查,其他机关予以协助。(全文略)

2. 中央纪委、国家监委《国家监察委员会管辖规定(试行)》(国监发〔2018〕1号)

国家监察委员会负责调查行使公权力的公职人员涉嫌贪污贿赂、滥用职权、玩忽职守、权力寻租、利益输送、徇私舞弊以及浪费国家资财等职务犯罪案件。《国家监察委员会管辖规定(试行)》进一步明确了监察机关对职务犯罪案件的管辖范围,详细列明了88个职务犯罪案件的管辖,其中原检察机关管辖的45个职务犯罪案件,现由监察机关管辖;原公安机关管辖的43个犯罪案件,其中涉及公职人员职务犯罪的,由监察机关管辖。

1. 监察机关管辖的88个职务犯罪案件

第1类 原由检察机关管辖的45个职务犯罪案件,由监察机关管辖

刑法第4章侵犯公民人身权利、民主权利罪:报复陷害罪;刑法第8章贪污贿赂罪:贪污罪;挪用公款罪;受贿罪;单位受贿罪:利用影响力受贿罪;行贿罪;对有影响力的人行贿罪;对单位行贿罪;介绍贿赂罪;单位行贿罪;巨额财产来源不明罪;隐瞒境外存款罪;私分国有资产罪;私分罚没财物罪。刑法第9章渎职罪:滥用职权罪;故意泄露国家秘密罪;徇私舞弊不移交刑事案件罪:徇私舞弊发售发票、抵扣税款、出口退税罪;违法提供出口退税凭证罪;违法发放林木采伐许可证罪;食品监管渎职罪:非法批准征收、征用、占用土地罪;放纵走私罪;商检失职罪:动植物检疫失职罪;办理偷越国边境人员出入境证件罪:不解救被拐卖、绑架妇女、儿童罪;帮助犯罪分子逃避处罚罪:失职造成珍贵文物损毁、流失罪;玩忽职守罪;过失泄露国家秘密罪;滥用管理公司、证券职权罪;徇私舞弊不征、少征税款罪;国家机关工作人员签订、履行合同失职被骗罪;环境监管失职罪;传染病防治失职罪;非法低价出让国有土地使用权罪;商检徇私舞弊罪:动植物检疫徇私舞弊罪;放纵制售伪劣商品犯罪行为罪;放行偷越国边境人员罪;阻碍解救被拐卖、绑架妇女、儿童罪;招收公务员、学生徇私舞弊罪;枉法仲裁罪。

第2类 公职人员在行使公权力过程中发生的涉及原公安机关管辖的43个犯罪案件,由监察机关管辖

刑法第2章危害公共安全罪:重大责任事故罪;教育设施重大安全事故罪;消防责任事故罪;重大劳动安全事故罪;强令违章冒险作业罪;不报、谎报安全事故罪;铁路运营安全事故罪;重大飞行事故罪;大型群众性活动重大安全事故罪;危险物品肇事罪;工程重大安全事故

罪。刑法第3章破坏社会主义市场经济秩序罪：非国家工作人员受贿罪；对非国家工作人员行贿罪；对外国公职人员、国际公共组织官员行贿罪；国有公司、企业、事业单位人员失职罪；国有公司、企业、事业单位人员滥用职权罪；签订、履行合同失职被骗罪；徇私舞弊低价折股、出售国有资产罪；非法经营同类营业罪；背信损害上市公司利益罪；金融工作人员购买假币、以假币换取货币罪；利用未公开信息交易罪；诱骗投资者买卖证券、期货合约罪；背信运用受托财产罪；违法运用资金罪；违法发放贷款罪；吸收客户资金不入账罪；非法转让、倒卖土地使用权罪；违规出具金融票证罪；对违法票据承兑、付款、保证罪；为亲友非法牟利罪。刑法第4章侵犯公民人身权利、民主权利罪：破坏选举罪；私自开拆、隐匿、毁弃邮件、电报罪；非法剥夺公民宗教信仰自由罪；打击报复会计、统计人员罪；侵犯少数民族风俗习惯罪。刑法第5章侵犯财产罪：职务侵占罪；挪用资金罪；挪用特定款物罪。刑法第6章妨害社会管理秩序罪：故意延误投递邮件罪；泄露不应公开的案件信息罪；披露、报道不应该公开的案件信息罪；接送不合格兵员罪。

2. 监察机关与检察机关共同管辖的13个职务犯罪案件

监察机关与检察机关共同管辖以下13个司法工作人员职务犯罪案件：徇私枉法罪；民事、行政枉法裁判罪；执行判决、裁定失职罪：执行判决、裁定滥用职权罪；私放在押人员罪；失职致使在押人员脱逃罪；徇私舞弊减刑、假释、暂予监外执行罪；非法拘禁罪；非法搜查罪：非法侵入住宅罪；刑讯逼供罪；暴力取证罪；虐待被监管人罪。

3. 公职人员既涉嫌严重职务违法或者职务犯罪，又涉嫌其他违法犯罪的案件管辖

根据《中华人民共和国监察法》《国家监察委员会管辖规定（试行）》的规定，公职人员既涉嫌严重职务违法或者职务犯罪，又涉嫌其他违法犯罪的案件，一般应当由监察机关为主调查，其他机关予以配合。在3种情况下，由其他机关调查更为适宜：一是涉及危害国家安全的案件，以国家安全机关调查为主；二是涉及恐怖活动犯罪、毒品犯罪、走私犯罪等案件，以公安机关、海关缉私部门调查为主；三是涉及故意杀人等严重暴力犯罪的，以公安机关调查为主。（以上内容编者根据相关资料整理）

3. 最高人民检察院《第32批指导性案例白某贪污违法所得没收案》（检例第127号；2021年12月9日）

（详见本书《刑法》第59条相关内容）

4. 最高人民检察院《第32批指导性案例黄某兰贪污违法所得没收案》（检例第129号；2021年12月9日）

（详见本书《刑法》第59条相关内容）

5. 最高人民检察院《第32批指导性案例任某厚受贿、巨额财产来源不明违法所得没收案》（检例第130号；2021年12月9日）

（详见本书《刑法》第59条相关内容）

第383条 【对贪污罪的处罚】 对犯贪污罪的，根据情节轻重，分别依照下列规定处罚：

（一）贪污数额较大或者有其他较重情节的，处3年以下有期徒刑或者拘役，并处罚金。

（二）贪污数额巨大或者有其他严重情节的，处3年以上10年以下有期徒刑，并处罚金或者没收财产。

（三）贪污数额特别巨大或者有其他特别严重情节的，处10年以上有期徒刑或者无期徒刑，并处罚金或者没收财产；数额特别巨大，并使国家和人民利益遭受特别重大损失的，处无期徒刑或者死刑，并处没收财产。

对多次贪污未经处理的,按照累计贪污数额处罚。

犯第1款罪,在提起公诉前如实供述自己罪行、真诚悔罪、积极退赃,避免、减少损害结果的发生,有第1项规定情形的,可以从轻、减轻或者免除处罚;有第2项、第3项规定情形的,可以从轻处罚。

犯第1款罪,有第3项规定情形被判处死刑缓期执行的,人民法院根据犯罪情节等情况可以同时决定在其死刑缓期执行2年期满依法减为无期徒刑后,终身监禁,不得减刑、假释。

(本条《中华人民共和国刑法修正案(9)》修改)

• **释义**

见本书《刑法》第382条内容。

• **管辖**

监察机关。

• **立案追诉标准**

贪污案(第382条、第383条、第183条第2款、第271条第2款、第394条)涉嫌下列情形之一的,应予立案:

1. 个人贪污数额在5000元以上的;

2. 个人贪污数额不满5000元,但具有贪污救灾、抢险、防汛、防疫、优抚、扶贫、移民、救济款物及募捐款物、款物、暂扣款物,以及贪污手段恶劣、毁灭证据、转移赃物等情节的。

根据最高人民法院、最高人民检察院《关于办理贪污贿赂刑事案件适用法律若干问题的解释》(法释〔2016〕9号)

贪污数额较大一般指(数额3万-20万元)。

贪污数额巨大一般指(数额20万-300万元)。

贪污数额特别巨大一般指(数额300万元以上)。

对犯贪污罪的,根据情节轻重,分别依照下列规定处罚:

(一)贪污数额较大或者有其他较重情节的,处3年以下有期徒刑或者拘役,并处罚金。

(二)贪污数额巨大或者有其他严重情节的,处3年以上10年以下有期徒刑,并处罚金或者没收财产。

(三)贪污数额特别巨大或者有其他特别严重情节的,处10年以上有期徒刑或者无期徒刑,并处罚金或者没收财产;数额特别巨大,并使国家和人民利益遭受特别重大损失的,处无期徒刑或者死刑,并处没收财产。

对多次贪污未经处理的,按照累计贪污数额处罚。

犯第1款罪,在提起公诉前如实供述自己罪行、真诚悔罪、积极退赃,避免、减少损害结果的发生,有第1项规定情形的,可以从轻、减轻或者免除处罚;有第2项、第3项规定情形的,可以从轻处罚。

犯第1款罪,有第3项规定情形被判处死刑缓期执行的,人民法院根据犯罪情节等情况可以同时决定在其死刑缓期执行2年期满依法减为无期徒刑后,终身监禁,不得减刑、假释。

• 关联法律

1. 中国人民解放军军事法院《关于审理军人违反职责罪案件中几个具体问题的处理意见》(〔1988〕军法发字第34号)

《惩治军人违反职责罪暂行条例》(以下简称《条例》)施行以来,全军各级军事法院在审理军职人员违反职责罪的案件中,遇到了不少具体问题,需要解决。经我们调查研究,根据近年来的审判实践和各单位的意见,整理了《关于审理军人违反职责罪案件中几个具体问题的处理意见》。此件在征求了总政保卫部、解放军军事检察院的意见后,已报请最高人民法院同意,现印发各级军事法院参照执行。附:《关于审理军人违反职责罪案件中的几个具体问题的处理意见》

一、关于军职人员玩弄枪支、弹药走火或者爆炸,致人重伤、死亡或者造成其他严重后果的案件,是否一概以武器装备肇事罪论处的问题

军职人员在执勤、训练、作战时使用、操作武器装备,或者在管理、维修、保养武器装备的过程中,违反武器装备使用规定和操作规程,情节严重,因而发生重大责任事故,致人重伤、死亡或者造成其他严重后果的,依照《条例》第3条的规定,以武器装备肇事罪论处;凡违反枪支、弹药管理使用规定,私自携带枪支、弹药外出,因玩弄而造成走火或者爆炸,致人重伤、死亡或者使公私财产遭受重大损失的,分别依照《刑法》第135条、第133条、第106条的规定,以过失重伤罪、过失杀人罪或者过失爆炸罪论处。

二、关于军职人员擅自将自己保管、使用的枪支、弹药借给他人,因而造成严重后果的,应当如何定性和适用法律问题

军职人员确实不知他人借用枪支、弹药是为实施犯罪,私自将自己保管、使用的枪支、弹药借给他人,致使公共财产、国家和人民利益遭受重大损失的,以《刑法》第187条规定的玩忽职守罪论处;如果在值班、值勤等执行职务时,擅自将自己使用、保管的枪支、弹药借给他人,因而造成严重后果的,以《条例》第5条规定的玩忽职守罪论处。

如果明知他人借用枪支、弹药是为了实施犯罪,仍将枪支、弹药借给他人的,以共同犯罪论处。

三、关于监守自盗军用物资的行为应如何定罪处罚问题

军职人员利用职务上的便利,盗窃自己经手、管理的军用物资的,符合贪污罪的基本特征,依照《刑法》第155条和全国人大常委会《关于惩治贪污罪贿赂罪的补充规定》,以贪污罪论处,从重处罚。

四、关于军职人员驾驶军用装备车辆肇事的,是定交通肇事罪还是定武器装备肇事罪的问题

军职人员驾驶军用装备车辆,违反武器装备使用规定和操作规程,情节严重,因而发生重大责任事故,致人重伤、死亡或者造成其他严重后果的,即使同时违反交通运输规章制度,也应当依照《条例》第3条的规定,以武器装备肇事罪论处;如果仅因违反交通运输规章制度而发生重大事故,致人重伤、死亡或者使公私财产遭受重大损失的,则依照《刑法》第113条的规定,以交通肇事罪论处。

五、关于军人在临时看管期间逃跑的,能否以脱逃罪论处问题

脱逃罪是指被依法逮捕、关押的犯罪分子,从羁押,改造场所或者在押解途中逃走的行为。军队的临时看管仅是一项行政防范措施。因此,军人在此期间逃跑的,不构成脱逃罪。但在查明他确有犯罪行为后,他的逃跑行为可以作为情节在处刑时予以考虑。

2. 最高人民法院《关于利用职务上的便利条件窃取技术资料转让获利是否构成犯罪问题的电话答复》(1992年5月19日)

(法释〔2019〕11号已声明该文件废止)

3. 最高人民法院《关于贪污挪用公款所生利息应否计入贪污挪用公款犯罪数额问题的批复》(法复〔1993〕11号)

(法释〔2013〕2号已声明该文件废止)

4. 最高人民法院《关于办理违反公司法受贿、侵占、挪用等刑事案件适用法律若干问题的解释》(法发〔1995〕23号)

(法释〔2013〕2号已声明该文件废止)

5. 最高人民法院《关于对贪污、受贿、挪用公款犯罪分子依法正确适用缓刑的若干规定》(法发〔1996〕21号)

(法释〔2013〕2号已声明该文件废止)

6. 最高人民法院《关于审理挪用公款案件具体应用法律若干问题的解释》(法释〔1998〕9号)

第6条 携带挪用的公款潜逃的,依照刑法第382条、第383条的规定定罪处罚。(全文详见本书《刑法》第384条相关内容)

7. 最高人民检察院《人民检察院直接受理立案侦查案件立案标准的规定(试行)》(高检发释字〔1999〕2号)

(见本条立案追诉标准内容)

8. 最高人民法院《全国法院维护农村稳定刑事审判工作座谈会纪要》(法〔1999〕217号)

三 (三)关于村委会和村党支部成员利用职务便利侵吞集体财产犯罪的定性问题

为了保证案件的及时审理,在没有司法解释规定之前,对于已起诉到法院的这类案件,原则上以职务侵占罪定罪处罚。(全文详见本书《刑法》第232条相关内容)

9. 全国人大常委会《关于〈中华人民共和国刑法〉第93条第2款的解释》(2000年4月29日第九届全国人大常委会第十五次会议通过,2009年8月27日第十一届全国人大常委会第十次会议《关于修改部分法律的决定》修正)

全国人民代表大会常务委员会讨论了村民委员会等村基层组织人员在从事哪些工作时属于刑法第93条第2款规定的"其他依照法律从事公务的人员",解释如下:村民委员会等村基层组织人员协助人民政府从事下列行政管理工作时,属于刑法第93条第2款规定的"其他依照法律从事公务的人员":

(一)救灾、抢险、防汛、优抚、扶贫、移民、救济款物的管理;(二)社会捐助公益事业款物的管理;(三)国有土地的经营和管理;(四)土地征用补偿费用的管理;(五)代征、代缴税款;(六)有关计划生育、户籍、征兵工作;(七)协助人民政府从事的其他行政管理工作。

村民委员会等村基层组织人员从事前款规定的公务,利用职务上的便利,非法占有公共财物、挪用公款、索取他人财物或者非法收受他人财物,构成犯罪的,适用刑法第382条和第383条贪污罪、第384条挪用公款罪、第385条和第386条受贿罪的规定。

10. 最高人民检察院《关于贯彻执行全国人大常委会关于〈中华人民共和国刑法〉第93条第2款的解释的通知》(〔2000〕高检发研字第12号)

(详见本书《刑法》第93条相关内容)

11. 最高人民检察院《关于贯彻执行全国人大常委会〈关于中华人民共和国刑法第93条第2款的解释〉的时间效力的批复》(高检发研字〔2000〕15号)

天津市人民检察院:你院"关于《全国人民代表大会常务委员会关于〈中华人民共和国刑

法〉第93条第2款的解释》的实施时间问题的请示”收悉。经研究，批复如下：

《全国人民代表大会常务委员会关于〈中华人民共和国刑法〉第93条第2款的解释》是对刑法第93条第2款关于“其他依照法律从事公务的人员”规定的进一步明确，并不是对刑法的修改。因此，该《解释》的效力适用于修订刑法的施行日期，其溯及力适用修订刑法第12条的规定。

12. 最高人民法院研究室《关于国家工作人员在农村合作基金会兼职从事管理工作如何认定身份问题的答复》[法(研)明传〔2000〕12号]

四川省高级人民法院：你院川高法〔2000〕105号《关于具有国家工作人员身份的人员在农村基金会兼职从事管理活动应如何认定犯罪主体身份问题的请示》收悉。经研究，答复如下：

国家工作人员自行到农村合作基金会兼职从事管理工作的，因其兼职工作与国家工作人员身份无关，应认定为农村合作基金会一般从业人员；国家机关、国有公司、企业、事业单位委派到农村合作基金会兼职从事管理工作的人员，以国家工作人员论。

13. 最高人民法院《关于审理贪污、职务侵占案件如何认定共同犯罪几个问题的解释》(法释〔2000〕15号)

为依法审理贪污或者职务侵占犯罪案件，现就这类案件如何认定共同犯罪问题解释如下：

第1条 行为人与国家工作人员勾结，利用国家工作人员的职务便利，共同侵吞、窃取、骗取或者以其他手段非法占有公共财物的，以贪污罪共犯论处。

第2条 行为人与公司、企业或者其他单位的人员勾结，利用公司、企业或者其他单位人员的职务便利，共同将该单位财物非法占为己有，数额较大的，以职务侵占罪共犯论处。

第3条 公司、企业或者其他单位中，不具有国家工作人员身份的人与国家工作人员勾结，分别利用各自的职务便利，共同将本单位财物非法占为己有的，按照主犯的犯罪性质定罪。

14. 最高人民法院关于《全国法院审理金融犯罪案件工作座谈会纪要》(法〔2001〕8号)

二 (二)3. 用账外客户资金非法拆借、发放贷款行为的认定和处罚

银行或者其他金融机构及其工作人员以牟利为目的，采取吸收客户资金不入账的方式，将客户资金用于非法拆借、发放贷款，造成重大损失的，构成用账外客户资金非法拆借、发从贷款罪。以牟利为目的，是指金融机构及其工作人员为本单位或者个人牟利，不具有这种目的，不构成该罪。这里的“牟利”，一般是指谋取用账外客户资金非法拆借、发放贷款所产生的非法收益，如利息、差价等。对于用款人为取得贷款而支付的回扣、手续费等，应根据具体情况分别处理：银行或者其他金融机构用账外客户资金非法拆借、发放贷款，收取的回扣、手续费等，应认定为“牟利”；银行或者其他金融机构的工作人员利用职务上的便利，用账外客户资金非法拆借、发放贷款，收取回扣、手续费等，数额较小的，以“牟利”论处；银行或者其他金融机构的工作人员将用款人支付给单位的回扣、手续费秘密占为己有，数额较大的，以贪污罪定罪处罚；银行或者其他金融机构的工作人员利用职务便利，用账外客户资金非法拆借、发放贷款，索取用款人的财物，或者非法收受其他财物，或者收取回扣、手续费等，数额较大的，以受贿罪定罪处罚。吸收客户资金不入账，是指不记入金融机构的法定存款账目，以逃避国家金融监管，至于是否记入法定账目以外设立的账目，不影响该罪成立。

审理银行或者其他金融机构及其工作人员用账外客户资金非法拆借、发放贷款案件，要注意将用账外客户资金非法拆借、发放贷款的行为与挪用公款罪和挪用资金罪区别开来。对于利用职务上的便利，挪用已经记入金融机构法定存款账户的客户资金归个人使用的，或者

吸收客户资金不入账,却给客户开具银行存单,客户也认为将款已存入银行,该款却被行为人以个人名义借贷给他人的,均应认定为挪用公款罪或者挪用资金罪。(全文详见本书《刑法》第170条相关内容)

15. 最高人民检察院研究室《关于佛教协会工作人员能否构成受贿罪或者公司、企业人员受贿罪主体问题的答复》(〔2003〕高检研发第2号)

浙江省人民检察院研究室:你室《关于佛教协会工作人员能否构成受贿罪或公司、企业人员受贿罪主体的请示》(检研请〔2002〕9号)收悉。经研究,答复如下:

佛教协会属于社会团体,其工作人员除符合刑法第93条第2款的规定属于受委托从事公务的人员外,既不属于国家工作人员,也不属于公司、企业人员。根据刑法的规定,对非受委托从事公务的佛教协会的工作人员利用职务之便收受他人财物,为他人谋取利益的行为,不能按受贿罪或者公司、企业人员受贿罪追究刑事责任。

16. 最高人民法院、最高人民检察院《关于办理妨害预防、控制突发传染病疫情等灾害的刑事案件具体应用法律若干问题的解释》(法释〔2003〕8号)

第14条 贪污、侵占用于预防、控制突发传染病疫情等灾害的款物或者挪用归个人使用,构成犯罪的,分别依照刑法第382条、第383条、第271条、第384条、第272条的规定,以贪污罪、侵占罪、挪用公款罪、挪用资金罪定罪,依法从重处罚。挪用用于预防、控制突发传染病疫情等灾害的救灾、优抚、救济等款物,构成犯罪的,对直接责任人员,依照刑法第273条的规定,以挪用特定款物罪定罪处罚。(全文详见本书《刑法》第114条相关内容)

17. 最高人民法院《全国法院审理经济犯罪案件工作座谈会纪要》(法发〔2003〕167号)

为了进一步加强人民法院审判经济犯罪案件工作,最高人民法院于2002年6月4日至6日在重庆市召开了全国法院审理经济犯罪案件工作座谈会。各省、自治区、直辖市高级人民法院和解放军军事法院主管刑事审判工作的副院长和刑庭庭长参加了座谈会,全国人大常委会法制工作委员会、最高人民检察院、公安部也应邀派员参加了座谈会。座谈会总结了刑法和刑事诉讼法修订实施以来人民法院审理经济犯罪案件工作的情况和经验,分析了审理经济犯罪案件工作面临的形势和任务,对当前和今后一个时期进一步加强人民法院审判经济犯罪案件的工作做了部署。座谈会重点讨论了人民法院在审理贪污贿赂和渎职犯罪案件中遇到的有关适用法律的若干问题,并就其中一些带有普遍性的问题形成了共识。经整理并征求有关部门的意见,纪要如下:

一、关于贪污贿赂犯罪和渎职犯罪的主体

(一)国家机关工作人员的认定

刑法中所称的国家机关工作人员。是指在国家机关中从事公务的人员,包括在各级国家权力机关、行政机关、司法机关和军事机关中从事公务的人员。根据有关立法解释的规定,在依照法律、法规规定行使国家行政管理职权的组织中从事公务的人员,或者在受国家机关委托代表国家行使职权的组织中从事公务的人员或者虽未列入国家机关人员编制但在国家机关中从事公务的人员,视为国家机关工作人员。在乡(镇)以上中国共产党机关、人民政协机关中从事公务的人员,司法实践中也应当视为国家机关工作人员。

(二)国家机关、国有公司、企业、事业单位委派到非国有公司、企业、事业单位、社会团体从事公务的人员的认定

所谓委派,即委任、派遣,其形式多种多样,如任命、指派、提名、批准等。不论被委派的人身份如何,只要是接受国家机关、国有公司、企业、事业单位委派,代表国家机关、国有公司、企业、事业单位在非国有公司、企业、事业单位、社会团体中从事组织、领导、监督、管理等工作,都可以认定为国家机关、国有公司、企业、事业单位委派到非国有公司、企业、事业单位、社会团体从事公务的人员—如国家机关、国有公司、企业、事业单位委派在国有控股或者参股的股份有限公司从事组织、领导、监督、管理等工作的人员,应当以国家工作人员论:国有公司、企业改制为股份有限公司后原国有公司、企业的工作人员和股份有限公司新任命的人员中,除代表国有投资主体行使监督、管理职权的人外不以国家工作人员论。

(三)"其他依照法律从事公务的人员"的认定

刑法第93条第2款规定的"其他依照法律从事公务的人员"应当具有两个特征:一是在特定条件下行使国家管理职能;二是依照法律规定从事公务。具体包括:1. 依法履行职责的各级人民代表大会代表;2. 依法履行审判职责的人民陪审员;3. 协助乡镇人民政府、街道办事处从事行政管理工作的村民委员会、居民委员会等农村和城市基层组织人员;4. 其他由法律授权从事公务的人员。

(四)关于"从事公务"的理解

从事公务,是指代表国家机关、国有公司、企业事业单位、人民团体等履行组织、领导、监督、管理等职责。公务主要表现为与职权相联系的公共事务以及监督、管理国有财产的职务活动。如国家机关工作人员依法履行职责,国有公司的董事、经理、监事、会计、出纳人员等管理、监督国有财产等活动,属于从事公务。那些不具备职权内容的劳务活动、技术服务工作,如售货员、售票员等所从事的工作,一般不认为是公务。

二、关于贪污罪

(一)贪污罪既遂与未遂的认定

贪污罪是一种以非法占有为目的的财产性职务犯罪,与盗窃、诈骗、抢夺等侵犯财产罪一样,应当以行为人是否实际控制财物作为区分贪污罪既遂与未遂的标准。对于行为人利用职务上的便利,实施了虚假平帐等贪污行为,但公共财物尚未实际转移,或者尚未被行为人控制就被查获的,应当认定为贪污未遂:行为人控制公共财物后,是否将财物据为已有,不影响贪污既遂的认定。

(二)"受委托管理、经营国有财产"的认定

刑法第382条第2款规定的"受委托管理、经营国有财产",是指因承包、租赁、临时聘用等管理、经营国有财产。

(三)国家工作人员与非国家工作人员勾结共同非法占有单位财物行为的认定对于国家工作人员与他人勾结,共同非法占有单位财物的行为,应当按照《最高人民法院关于审理贪污、职务侵占案件如何认定共同犯罪几个问题的解释》的规定定罪处罚。对于在公司、企业或者其他单位中,非国家工作人员与国家工作人员勾结,分别利用各自的职务便利,共同将本单位财物非法占有的,应当尽量区分主从犯,按照主犯的犯罪性质定罪。司法实践中,如果根据案件的实际情况。各共同犯罪人在共同犯罪中的地位、作用相当,难以区分主从犯的,可以贪污罪定罪处罚。

(四)共同贪污犯罪中"个人贪污数额"的认定刑法第383条第1款规定的"个人贪污数额",在共同贪污犯罪案件中应理解为个人所参与或者组织、指挥共同贪污的数额,不能只按个人实际分得的赃款数额来认定。对共同贪污犯罪中的从犯,应当按照其所参与的共同贪污的数额确定量刑幅度,并依照刑法第27条第2款的规定,从轻、减轻处罚或者免除处罚。

三、关于受贿罪

(一)关于"利用职务上的便利"的认定

刑法第385条第1款规定的"利用职务上的便利",既包括利用本人职务上主管、负责、承办某项公共事务的职权,也包括利用职务上有隶属、制约关系的其他国家工作人员的职权。担任单位领导职务的国家工作人员通过不属于自己主管的下级部门的国家工作人员的职务为他人谋取利益的,应当认定为"利用职务上的便利"为他人谋取利益。

(二)"为他人谋取利益"的认定

为他人谋取利益包括承诺、实施和实现3个阶段的行为。只要具有其中一个阶段的行为,如国家工作人员收受他人财物时,根据他人提出的具体请托事项,承诺为他人谋取利益的,就具备了为他人谋取利益的要件。明知他人有具体请托事项而收受其财物的,视为承诺为他人谋取利益。

(三)"利用职权或地位形成的便利条件"的认定

刑法第388条规定的"利用本人职权或者地位形成的便利条件",是指行为人与被其利用的国家工作人员之间在职务上虽然没有隶属、制约关系,但是行为人利用了本人职权或者地位产生的影响和一定的工作联系,如单位内不同部门的国家工作人员之间、上下级单位没有职务上隶属、制约关系的国家工作人员之间、有工作联系的不同单位的国家工作人员之间等。

(四)离职国家工作人员收受财物行为的处理

参照《最高人民法院关于国家工作人员利用职务上的便利为他人谋取利益离退休后收受财物行为如何处理问题的批复》规定的精神,国家工作人员利用职务上的便利为请托人谋取利益,并与请托人事先约定,在其离职后收受请托人财物,构成犯罪的,以受贿罪定罪处罚。

(五)共同受贿犯罪的认定

根据刑法关于共同犯罪的规定,非国家工作人员与国家工作人员勾结伙同受贿的,应当以受贿罪的共犯追究刑事责任。非国家工作人员是否构成受贿罪共犯,取决于双方有无共同受贿的故意和行为,国家工作人员的近亲属向国家工作人员代为转达请托事项,收受请托人财物并告知该国家工作人员。或者国家工作人员明知其近亲属收受了他人财物,仍按照近亲属的要求利用职权为他人谋取利益的,对该国家工作人员应认定为受贿罪,其近亲属以受贿罪共犯论处:近亲属以外的其他人与国家工作人员通谋,由国家工作人员利用职务上的便利为请托人谋取利益,收受请托人财物后双方共同占有的,构成受贿罪共犯,国家工作人员利用职务上的便利为他人谋取利益,并指定他人将财物送给其他人。构成犯罪的,应以受贿罪定罪处罚。

(六)以借款为名索取或者非法收受财物行为的认定

国家工作人员利用职务上的便利以借为名向他人索取财物,或者非法收受财物为他人谋取利益的,应当认定为受贿。具体认定时,不能仅仅看是否有书面借款手续,应当根据以下因素综合判定:(一)有无正当、合理的借款事由;(二)款项的去向;(三)双方平时关系如何、有无经济往来;(四)出借方是否要求国家工作人员利用职务上的便利为其谋取利益;(五)借款后是否有归还的意思表示及行为;(六)是否有归还的能力;(七)未归还的原因;等等。

(七)涉及股票受贿案件的认定

在办理涉及股票的受贿案件时,应当注意:

(一)国家工作人员利用职务上的便利,索取或非法收受股票,没有支付股本金,为他人谋取利益,构成受贿罪的,其受贿数额按照收受股票时的实际价格计算。(二)行为人支付股本金而购买较有可能升值的股票,由于不是无偿收受请托人财物,不以受贿罪论处。(三)股票已上市且已升值,行为人仅支付股本金,其"购买"股票时的实际价格与股本金的差价部分应认定为受贿。

四、关于挪用公款罪

(一)单位决定将公款给个人使用行为的认定

经单位领导集体研究决定将公款给个人使用,或者单位负责人为了单位的利益,决定将公款给个人使用的,不以挪用公款罪定罪处罚。上述行为致使单位遭受重大损失,构成其他犯罪的,依照刑法的有关规定对责任人员定罪处罚。

(二)挪用公款供其他单位使用行为的认定

根据全国人大常委会《关于〈中华人民共和国刑法〉第384条第1款的解释》的规定,"以个人名义将公款供其他单位使用的"、"个人决定以单位名义将公款供其他单位使用谋取个人利益的",属于挪用公款"归个人使用"、在司法实践中,对于将公款供其他单位使用的,认定是否属于"以个人名义",不能只看形式,要从实质上把握。对于行为人逃避财务监管,或者与使用人约定以个人名义进行,或者借款、还款都以个人名义进行,将公款给其他单位使用的,应认定为"以个人名义"。"个人决定"既包括行为人在职权范围内决定,也包括超越职权范围决定。"谋取个人利益",既包括行为人与使用人事先约定谋取个人利益实际尚未获取的情况,也包括虽未事先约定但实际已获取了个人利益的情况、其中的"个人利益",既包括不正当利益,也包括正当利益;既包括财产性利益,也包括非财产性利益,但这种非财产性利益应当是具体的实际利益,如升学、就业等。

(三)国有单位领导向其主管的具有法人资格的下级单位借公款归个人使用的认定

国有单位领导利用职务上的便利指令具有法人资格的下级单位将公款供个人使用的,属于挪用公款行为,构成犯罪的,应以挪用公款罪定罪处罚。

(四)挪用有价证券、金融凭证用于质押行为性质的认定

挪用金融凭证、有价证券用于质押,使公款处于风险之中,与挪用公款为他人提供担保没有实质的区别,符合刑法关于挪用公款罪规定的,以挪用公款罪定罪处罚挪用公款数额以实际或者可能承担的风险数额认定。

(五)挪用公款归还个人欠款行为性质的认定

挪用公款归还个人欠款的,应当根据产生欠款的原因分别认定属于挪用公款的何种情形。归还个人进行非法活动或者进行营利活动产生的欠款,应当认定为挪用公款进行非法活动或者进行营利活动。

(六)挪用公款用于注册公司、企业行为性质的认定

申报注册资本是为进行生产经营活动作准备,属于成立公司、企业进行营利活动的组成部分:因此,挪用公款归个人用于公司、企业注册资本验资证明的,应当认定为挪用公款进行营利活动。

(七)挪用公款后尚未投入实际使用的行为性质的认定

挪用公款后尚未投入实际使用的,只要同时具备"数额较大"和"超过3个月未还"的构成要件,应当认定为挪用公款罪,但可以酌情从轻处罚。

(八)挪用公款转化为贪污的认定

挪用公款罪与贪污罪的主要区别在于行为人主观上是否具有非法占有公款的目的:挪用公款是否转化为贪污,应当按照主客观相一致的原则,具体判断和认定行为人主观上是否具有非法占有公款的目的—在司法实践中,具有以下情形之一的可以认定行为人具有非法占有公款的目的:

1. 根据《最高人民法院关于审理挪用公款案件具体应用法律若干问题的解释》第6条的规定行为人"携带挪用的公款潜逃的",对其携带挪用的公款部分,以贪污罪定罪处罚。

2. 行为人挪用公款后采取虚假发票平帐、销毁有关帐目等手段,使所挪用的公款已难以在单位财务帐目上反映出来,且没有归还行为的,应当以贪污罪定罪处罚。

3. 行为人截取单位收入不入帐,非法占有,使所占有的公款难以在单位财务帐目上反映出来,且没有归还行为的,应当以贪污罪定罪处罚。

4. 有证据证明行为人有能力归还所挪用的公款而拒不归还,并隐瞒挪用的公款去向的,应当以贪污罪定罪处罚。

五、关于巨额财产来源不明罪

(一)行为人不能说明巨额财产来源合法的认定刑法第395条第1款规定的"不能说明",包括以下情况:

(1)行为人拒不说明财产来源;(2)行为人无法说明财产的具体来源;(3)行为人所说的财产来源经司法机关查证并不属实;(4)行为人所说的财产来源因线索不具体等原因,司法机关无法查实,但能排除存在来源合法的可能性和合理性的。

(二)"非法所得"的数额计算

刑法第395条规定的"非法所得",一般是指行为人的全部财产与能够认定的所有支出的总和减去能够证实的有真实来源的所得。在具体计算时,应注意以下问题:

(1)应把国家工作人员个人财产和与其共同生活的家庭成员的财产、支出等一并计算,而且一并减去他们所有的合法收入以及确属与其共同生活的家庭成员个人的非法收入。(2)行为人所有的财产包括房产、家具、生活用品、学习用品及股票、债券、存款等动产和不动产;行为人的支出包括合法支出和不合法的支出,包括日常生活、工作、学习费用、罚款及向他人行贿的财物等;行为人的合法收入包括工资、奖金、稿酬、继承等法律和政策允许的各种收入。(3)为了便于计算犯罪数额,对于行为人的财产和合法收入,一般可以从行为人有比较确定的收入和财产时开始计算。

六、关于渎职罪

(一)渎职犯罪行为造成的公共财产重大损失的认定

根据刑法规定,玩忽职守、滥用职权等渎职犯罪是以致使公共财产、国家和人民利益遭受重大损失为构成要件的。其中,公共财产的重大损失,通常是指渎职行为已经造成的重大经济损失。在司法实践中,有以下情形之一的,虽然公共财产作为债权存在,但已无法实现债权的,可以认定为行为人的渎职行为造成了经济损失:(1)债务人已经法定程序被宣告破产;(2)债务人潜逃,去向不明;(3)因行为人责任,致使超过诉讼时效;(4)有证据证明债权无法实现的其他情况。

(二)玩忽职守罪的追诉时效

玩忽职守行为造成的重大损失当时没有发生,而是玩忽职守行为之后一定时间发生的,应从危害结果发生之日起计算玩忽职守罪的追诉期限。

(三)国有公司、企业人员渎职犯罪的法律适用

对于1999年12月24日《中华人民共和国刑法修正案》实施以前发生的国有公司、企业人员渎职行为(不包括徇私舞弊行为),尚未处理或者正在处理的不能按照刑法修正案追究刑事责任。

(四)关于"徇私"的理解

徇私舞弊型渎职犯罪的"徇私"应理解为徇个人私情、私利。国家机关工作人员为了本单位的利益,实施滥用职权、玩忽职守行为,构成犯罪的,依照刑法第397条第1款的规定定罪处罚。

18.最高人民检察院研究室《关于国家机关、国有公司、企业委派到非国有公司、企业从事公务但尚未依照规定程序获取该单位职务的人员是否适用刑法第93条第2款问题的答复》([2004]高检研发第17号)

重庆市人民检察院法律政策研究室:你院《关于受委派的国家工作人员未按法定程序取得非国有公司职务是否适用刑法第93条第2款以国家工作人员论的请示》[渝检(研)[2003]6号]收悉。经研究,答复如下:

对于国家机关、固有公司、企业委派到非国有公司、企业从事公务但尚未依照规定程序获取该单位职务的人员,涉嫌职务犯罪的,可以依照刑法第93条第2款关于"国家机关、国有公司、企业委派到非国有公司、企业、事业单位、社会团体从事公务的人员”，“以国家工作人员论”的规定追究刑事责任。

19. 最高人民法院研究室《关于对行为人通过伪造国家机关公文、证件担任国家工作人员职务并利用职务上的便利侵占本单位财物、收受贿赂、挪用本单位资金等行为如何适用法律问题的答复》(法研〔2004〕38号)

北京市高级人民法院：你院〔2004〕15号《关于通过伪造国家机关公文、证件担任国家工作人员职务后利用职务便利侵占本单位财物、收受贿赂、挪用本单位资金的行为如何定性的请示》收悉。经研究，答复如下：

行为人通过伪造国家机关公文、证件担任国家工作人员职务以后，又利用职务上的便利实施侵占本单位财物、收受贿赂、挪用本单位资金等行为，构成犯罪的，应当分别以伪造国家机关公文、证件罪和相应的贪污罪、受贿罪、挪用公款罪等追究刑事责任，实行数罪并罚。

20. 最高人民法院、最高人民检察院《关于办理职务犯罪案件认定自首、立功等量刑情节若干问题的意见》(法发〔2009〕13号)

为依法惩处贪污贿赂、渎职等职务犯罪，根据刑法和相关司法解释的规定，结合办案工作实际，现就办理职务犯罪案件有关自首、立功等量刑情节的认定和处理问题，提出如下意见：

一、关于自首的认定和处理：

根据刑法第67条第1款的规定，成立自首需同时具备自动投案和如实供述自己的罪行两个要件。犯罪事实或者犯罪分子未被办案机关掌握，或者虽被掌握，但犯罪分子尚未受到调查谈话、讯问，或者未被宣布采取调查措施或者强制措施时，向办案机关投案的，是自动投案。在此期间如实交代自己的主要犯罪事实的，应当认定为自首。

犯罪分子向所在单位等办案机关以外的单位、组织或者有关负责人员投案的，应当视为自动投案。

没有自动投案，在办案机关调查谈话、讯问、采取调查措施或者强制措施期间，犯罪分子如实交代办案机关掌握的线索所针对的事实的，不能认定为自首。

没有自动投案，但具有以下情形之一的，以自首论：

(1)犯罪分子如实交代办案机关未掌握的罪行，与办案机关已掌握的罪行属不同种罪行的；(2)办案机关所掌握线索针对的犯罪事实不成立，在此范围外犯罪分子交代同种罪行的。

单位犯罪案件中，单位集体决定或者单位负责人决定而自动投案，如实交代单位犯罪事实的，或者单位直接负责的主管人员自动投案，如实交代单位犯罪事实的，应当认定为单位自首。单位自首的，直接负责的主管人员和直接责任人员未自动投案，但如实交代自己知道的犯罪事实的，可以视为自首；拒不交代自己知道的犯罪事实或者逃避法律追究的，不应当认定为自首。单位没有自首，直接责任人员自动投案并如实交代自己知道的犯罪事实的，对该直接责任人员应当认定为自首。

对于具有自首情节的犯罪分子，办案机关移送案件时应当予以说明并移交相关证据材料。

对于具有自首情节的犯罪分子，应当根据犯罪的事实、性质、情节和对于社会的危害程度，结合自动投案的动机、阶段、客观环境，交代犯罪事实的完整性、稳定性以及悔罪表现等具体情节，依法决定是否从轻、减轻或者免除处罚以及从轻、减轻处罚的幅度。

二、关于立功的认定和处理：

立功必须是犯罪分子本人实施的行为。为使犯罪分子得到从轻处理，犯罪分子的亲友直接向有关机关揭发他人犯罪行为，提供侦破其他案件的重要线索，或者协助司法机关抓捕其他犯罪嫌疑人的，不应当认定为犯罪分子的立功表现。

据以立功的他人罪行材料应当指明具体犯罪事实；据以立功的线索或者协助行为对于侦

破案件或者抓捕犯罪嫌疑人要有实际作用。犯罪分子揭发他人犯罪行为时没有指明具体犯罪事实的;揭发的犯罪事实与查实的犯罪事实不具有关联性的;提供的线索或者协助行为对于其他案件的侦破或者其他犯罪嫌疑人的抓捕不具有实际作用的,不能认定为立功表现。

犯罪分子揭发他人犯罪行为,提供侦破其他案件重要线索的,必须经查证属实,才能认定为立功。审查是否构成立功,不仅要审查办案机关的说明材料,还要审查有关事实和证据以及与案件定性处罚相关的法律文书,如立案决定书、逮捕决定书、侦查终结报告、起诉意见书、起诉书或者判决书等。

据以立功的线索、材料来源有下列情形之一的,不能认定为立功:

(1)本人通过非法手段或者非法途径获取的;(2)本人因原担任的查禁犯罪等职务获取的;(3)他人违反监管规定向犯罪分子提供的;(4)负有查禁犯罪活动职责的国家机关工作人员或者其他国家工作人员利用职务便利提供的。

犯罪分子检举、揭发的他人犯罪,提供侦破其他案件的重要线索,阻止他人的犯罪活动,或者协助司法机关抓捕的其他犯罪嫌疑人,犯罪嫌疑人、被告人依法可能被判处无期徒刑以上刑罚的,应当认定为有重大立功表现。其中,可能被判处无期徒刑以上刑罚,是指根据犯罪行为的事实、情节可能判处无期徒刑以上刑罚。案件已经判决的,以实际判处的刑罚为准。但是,根据犯罪行为的事实、情节应当判处无期徒刑以上刑罚,因被判刑人有法定情节经依法从轻、减轻处罚后判处有期徒刑的,应当认定为重大立功。

对于具有立功情节的犯罪分子,应当根据犯罪的事实、性质、情节和对于社会的危害程度,结合立功表现所起作用的大小、所破获案件的罪行轻重、所抓获犯罪嫌疑人可能判处的法定刑以及立功的时机等具体情节,依法决定是否从轻、减轻或者免除处罚以及从轻、减轻处罚的幅度。

三、关于如实交代犯罪事实的认定和处理:

犯罪分子依法不成立自首,但如实交代犯罪事实,有下列情形之一的,可以酌情从轻处罚:

(1)办案机关掌握部分犯罪事实,犯罪分子交代了同种其他犯罪事实的;(2)办案机关掌握的证据不充分,犯罪分子如实交代有助于收集定案证据的。

犯罪分子如实交代犯罪事实,有下列情形之一的,一般应当从轻处罚:

(1)办案机关仅掌握小部分犯罪事实,犯罪分子交代了大部分未被掌握的同种犯罪事实的;(2)如实交代对于定案证据的收集有重要作用的。

四、关于赃款赃物追缴等情形的处理:

贪污案件中赃款赃物全部或者大部分追缴的,一般应当考虑从轻处罚。

受贿案件中赃款赃物全部或者大部分追缴的,视具体情况可以酌定从轻处罚。

犯罪分子及其亲友主动退赃或者在办案机关追缴赃款赃物过程中积极配合的,在量刑时应当与办案机关查办案件过程中依职权追缴赃款赃物的有所区别。

职务犯罪案件立案后,犯罪分子及其亲友自行挽回的经济损失,司法机关或者犯罪分子所在单位及其上级主管部门挽回的经济损失,或者因客观原因减少的经济损失,不予扣减,但可以作为酌情从轻处罚的情节。

21. 最高人民法院刑二庭《宽严相济在经济犯罪和职务犯罪案件审判中的具体贯彻》(2010年4月7日)

(详见本书《刑法》第62条相关内容)

22. 最高人民法院、最高人民检察院《关于办理国家出资企业中职务犯罪案件具体应用法律若干问题的意见》(法发〔2010〕49号)

随着企业改制的不断推进,人民法院、人民检察院在办理国家出资企业中的贪污、受贿等职务犯罪案件时遇到了一些新情况、新问题。这些新情况、新问题具有一定的特殊性和复杂性,需要结合企业改制的特定历史条件,依法妥善地进行处理。现根据刑法规定和相关政策精神,就办理此类刑事案件具体应用法律的若干问题,提出以下意见:

一、关于国家出资企业工作人员在改制过程中隐匿公司、企业财产归个人持股的改制后公司、企业所有的行为的处理

国家工作人员或者受国家机关、国有公司、企业、事业单位、人民团体委托管理、经营国有财产的人员利用职务上的便利,在国家出资企业改制过程中故意通过低估资产、隐瞒债权、虚设债务、虚构产权交易等方式隐匿公司、企业财产,转为本人持有股份的改制后公司、企业所有,应当依法追究刑事责任的,依照刑法第382条、第383条的规定,以贪污罪定罪处罚。贪污数额一般应当以所隐匿财产全额计算;改制后公司、企业仍有国有股份的,按股份比例扣除归于国有的部分。

所隐匿财产在改制过程中已为行为人实际控制,或者国家出资企业改制已经完成的,以犯罪既遂处理。

第1款规定以外的人员实施该款行为的,依照刑法第271条的规定,以职务侵占罪定罪处罚;第1款规定以外的人员与第1款规定的人员共同实施该款行为的,以贪污罪的共犯论处。

在企业改制过程中未采取低估资产、隐瞒债权、虚设债务、虚构产权交易等方式故意隐匿公司、企业财产的,一般不应当认定为贪污;造成国家资产重大损失,依法构成刑法第168条或者第169条规定的犯罪的,依照该规定定罪处罚。

二、关于国有公司、企业在改制过程中隐匿公司、企业财产归职工集体持股的改制后公司、企业所有的行为的处理

国有公司、企业违反国家规定,在改制过程中隐匿公司、企业财产,转为职工集体持股的改制后公司、企业所有的,对其直接负责的主管人员和其他直接责任人员,依照刑法第396条第1款的规定,以私分国有资产罪定罪处罚。

改制后的公司、企业中只有改制前公司、企业的管理人员或者少数职工持股,改制前公司、企业的多数职工未持股的,依照本意见第1条的规定,以贪污罪定罪处罚。

三、关于国家出资企业工作人员使用改制公司、企业的资金担保个人贷款,用于购买改制公司、企业股份的行为的处理

国家出资企业的工作人员在公司、企业改制过程中为购买公司、企业股份,利用职务上的便利,将公司、企业的资金或者金融凭证、有价证券等用于个人贷款担保的,依照刑法第272条或者第384条的规定,以挪用资金罪或者挪用公款罪定罪处罚。

行为人在改制前的国家出资企业持有股份的,不影响挪用数额的认定,但量刑时应当酌情考虑。

经有关主管部门批准或者按照有关政策规定,国家出资企业的工作人员为购买改制公司、企业股份实施前款行为的,可以视具体情况不作为犯罪处理。

四、关于国家工作人员在企业改制过程中的渎职行为的处理

国家出资企业中的国家工作人员在公司、企业改制或者国有资产处理过程中严重不负责任或者滥用职权,致使国家利益遭受重大损失的,依照刑法第168条的规定,以国有公司、企业人员失职罪或者国有公司、企业人员滥用职权罪定罪处罚。

国家出资企业中的国家工作人员在公司、企业改制或者国有资产处置过程中徇私舞弊,将国有资产低价折股或者低价出售给其本人未持有股份的公司、企业或者其他个人,致使国家利益遭受重大损失的,依照刑法第169条的规定,以徇私舞弊低价折股、出售国有资产罪定罪处罚。

国家出资企业中的国家工作人员在公司、企业改制或者国有资产处置过程中徇私舞弊，将国有资产低价折股或者低价出售给特定关系人持有股份或者本人实际控制的公司、企业，致使国家利益遭受重大损失的，依照刑法第382条、第383条的规定，以贪污罪定罪处罚。贪污数额以国有资产的损失数额计算。

国家出资企业中的国家工作人员因实施第1款、第2款行为收受贿赂，同时又构成刑法第385条规定之罪的，依照处罚较重的规定定罪处罚。

五、关于改制前后主体身份发生变化的犯罪的处理

国家工作人员在国家出资企业改制前利用职务上的便利实施犯罪，在其不再具有国家工作人员身份后又实施同种行为，依法构成不同犯罪的，应当分别定罪，实行数罪并罚。

国家工作人员利用职务上的便利，在国家出资企业改制过程中隐匿公司、企业财产，在其不再具有国家工作人员身份后将所隐匿财产据为己有的，依照刑法第382条、第383条的规定，以贪污罪定罪处罚。

国家工作人员在国家出资企业改制过程中利用职务上的便利为请托人谋取利益，事先约定在其不再具有国家工作人员身份后收受请托人财物，或者在身份变化前后连续收受请托人财物的，依照刑法第385条、第386条的规定，以受贿罪定罪处罚。

六、关于国家出资企业中国家工作人员的认定

经国家机关、国有公司、企业、事业单位提名、推荐、任命、批准等，在国有控股、参股公司及其分支机构中从事公务的人员，应当认定为国家工作人员。具体的任命机构和程序，不影响国家工作人员的认定。

经国家出资企业中负有管理、监督国有资产职责的组织批准或者研究决定，代表其在国有控股、参股公司及其分支机构中从事组织、领导、监督、经营、管理工作的人员，应当认定为国家工作人员。

国家出资企业中的国家工作人员，在国家出资企业中持有个人股份或者同时接受非国有股东委托的，不影响其国家工作人员身份的认定。

七、关于国家出资企业的界定

本意见所称"国家出资企业"，包括国家出资的国有独资公司、国有独资企业，以及国有资本控股公司、国有资本参股公司。

是否属于国家出资企业不清楚的，应遵循"谁投资、谁拥有产权"的原则进行界定。企业注册登记中的资金来源与实际出资不符的，应根据实际出资情况确定企业的性质。企业实际出资情况不清楚的，可以综合工商注册、分配形式、经营管理等因素确定企业的性质。

八、关于宽严相济刑事政策的具体贯彻

办理国家出资企业中的职务犯罪案件时，要综合考虑历史条件、企业发展、职工就业、社会稳定等因素，注意具体情况具体分析，严格把握犯罪与一般违规行为的区分界限。对于主观恶意明显、社会危害严重、群众反映强烈的严重犯罪，要坚决依法从严惩处；对于特定历史条件下、为了顺利完成企业改制而实施的违反国家政策法律规定的行为，行为人无主观恶意或者主观恶意不明显，情节较轻，危害不大的，可以不作为犯罪处理。

对于国家出资企业中的职务犯罪，要加大经济上的惩罚力度，充分重视财产刑的适用和执行，最大限度地挽回国家和人民利益遭受的损失。不能退赃的，在决定刑罚时，应当作为重要情节予以考虑。

23. 最高人民法院、最高人民检察院《关于办理职务犯罪案件严格适用缓刑、免予刑事处罚若干问题的意见》（法发〔2012〕17号）

为进一步规范贪污贿赂、渎职等职务犯罪案件缓刑、免予刑事处罚的适用，确保办理职务犯罪案件的法律效果和社会效果,根据刑法有关规定并结合司法工作实际,就职务犯罪案件缓刑、免予刑事处罚的具体适用问题,提出以下意见:

一、严格掌握职务犯罪案件缓刑、免予刑事处罚的适用。职务犯罪案件的刑罚适用直接关系反腐败工作的实际效果。人民法院、人民检察院要深刻认识职务犯罪的严重社会危害性,正确贯彻宽严相济刑事政策,充分发挥刑罚的惩治和预防功能。要在全面把握犯罪事实和量刑情节的基础上严格依照刑法规定的条件适用缓刑、免予刑事处罚,既要考虑从宽情节,又要考虑从严情节;既要做到刑罚与犯罪相当,又要做到刑罚执行方式与犯罪相当,切实避免缓刑、免予刑事处罚不当适用造成的消极影响。

二、具有下列情形之一的职务犯罪分子,一般不适用缓刑或者免予刑事处罚:

(一)不如实供述罪行的;(二)不予退缴赃款赃物或者将赃款赃物用于非法活动的;(三)属于共同犯罪中情节严重的主犯的;(四)犯有数个职务犯罪依法实行并罚或者以一罪处理的;(五)曾因职务违纪违法行为受过行政处分的;(六)犯罪涉及的财物属于救灾、抢险、防汛、优抚、扶贫、移民、救济、防疫等特定款物的;(七)受贿犯罪中具有索贿情节的;(八)渎职犯罪中徇私舞弊情节或者滥用职权情节恶劣的;(九)其他不应适用缓刑、免予刑事处罚的情形。

三、不具有本意见第2条规定的情形,全部退缴赃款赃物,依法判处3年有期徒刑以下刑罚,符合刑法规定的缓刑适用条件的贪污、受贿犯罪分子,可以适用缓刑;符合刑法第383条第1款第(3)项的规定,依法不需要判处刑罚的,可以免予刑事处罚。

不具有本意见第2条所列情形,挪用公款进行营利活动或者超过3个月未还构成犯罪,一审宣判前已将公款归还,依法判处3年有期徒刑以下刑罚,符合刑法规定的缓刑适用条件的,可以适用缓刑;在案发前已归还,情节轻微,不需要判处刑罚的,可以免予刑事处罚。

四、人民法院审理职务犯罪案件时应当注意听取检察机关、被告人、辩护人提出的量刑意见,分析影响性案件案发前后的社会反映,必要时可以征求案件查办等机关的意见。对于情节恶劣、社会反映强烈的职务犯罪案件,不得适用缓刑、免予刑事处罚。

五、对于具有本意见第2条规定的情形之一,但根据全案事实和量刑情节,检察机关认为确有必要适用缓刑或者免予刑事处罚并据此提出量刑建议的,应经检察委员会讨论决定;审理法院认为确有必要适用缓刑或者免予刑事处罚的,应经审判委员会讨论决定。

24. 最高人民检察院《人民检察院讯问职务犯罪嫌疑人实行全程同步录音录像的规定(试行)》(高检发反贪字〔2014〕213号)

第1条 为了进一步规范执法行为,依法惩治犯罪,保障人权,提高执法水平和办案质量,根据《中华人民共和国刑事诉讼法》、《人民检察院刑事诉讼规则(试行)》等有关规定,结合人民检察院直接受理侦查职务犯罪案件工作实际,制定本规定。

第2条 人民检察院讯问职务犯罪嫌疑人实行全程同步录音、录像,是指人民检察院办理直接受理侦查的职务犯罪案件,讯问犯罪嫌疑人时,应当对每一次讯问的全过程实施不间断的录音、录像。

讯问录音、录像是人民检察院在直接受理侦查职务犯罪案件工作中规范讯问行为、保证讯问活动合法性的重要手段。讯问录音、录像应当保持完整,不得选择性录制,不得剪接、删改。

讯问录音、录像资料是检察机关讯问职务犯罪嫌疑人的工作资料,实行有条件调取查看或者法庭播放。

第3条 讯问录音、录像,实行讯问人员和录制人员相分离的原则。讯问由检察人员负责,不得少于2人;录音、录像应当由检察技术人员负责。特别情况下,经检察长批准,也可以指定其他检察人员负责。刑事诉讼法有关回避的规定适用于录制人员。

第4条 讯问录音、录像的,应当由检察人员填写《录音录像通知单》,写明讯问开始的时间、地点等情况送检察技术部门或者通知其他检察人员。检察技术部门接到《录音录像通知单》后,应当指派检察技术人员实施。其他检察人员接到通知后,应当按照本规定进行录制。

第5条 讯问在押犯罪嫌疑人,应当在看守所进行。讯问未羁押的犯罪嫌疑人,除客观原因或者法律另有规定外,应当在人民检察院讯问室进行。

在看守所、人民检察院的讯问室或者犯罪嫌疑人的住处等地点讯问的,讯问录音、录像应当从犯罪嫌疑人进入讯问室或者讯问人员进入其住处时开始录制,至犯罪嫌疑人在讯问笔录上签字、捺指印,离开讯问室或者讯问人员离开犯罪嫌疑人的住处等地点时结束。

第6条 讯问开始时,应当告知犯罪嫌疑人将对讯问进行全程同步录音、录像,告知情况应在录音、录像和笔录中予以反映。

犯罪嫌疑人不同意录音、录像的,讯问人员应当进行解释,但不影响录音、录像进行。

第7条 全程同步录像,录制的图像应当反映犯罪嫌疑人、检察人员、翻译人员及讯问场景等情况,犯罪嫌疑人应当在图像中全程反映,并显示与讯问同步的时间数码。在人民检察院讯问室讯问的,应当显示温度和湿度。

第8条 讯问犯罪嫌疑人时,除特殊情况外,检察人员应当着检察服,做到仪表整洁,举止严肃、端庄,用语文明、规范。严禁刑讯逼供或者使用威胁、引诱、欺骗等非法方法进行讯问。

第9条 讯问过程中,需要出示、核实或者辨认书证、物证等证据的,应当当场出示,让犯罪嫌疑人核实或者辨认,并对核实、辨认的全过程进行录音、录像。

第10条 讯问过程中,因技术故障等客观情况无法录音、录像的,一般应当停止讯问,待故障排除后再行讯问。讯问停止的原因、时间和再行讯问开始的时间等情况,应当在笔录和录音、录像中予以反映。

无法录音、录像的客观情况一时难以消除又必须继续讯问的,讯问人员可以继续进行讯问,但应当告知犯罪嫌疑人,同时报告检察长并获得批准。未录音、录像的情况及告知、报告情况应当在笔录中予以说明,由犯罪嫌疑人签字确认。待条件具备时,应当对未录的内容及时进行补录。

第11条 讯问结束后,录制人员应当立即将讯问录音、录像资料原件交给讯问人员,经讯问人员和犯罪嫌疑人签字确认后当场封存,交由检察技术部门保存。同时,复制讯问录音、录像资料存入讯问录音、录像数据管理系统,按照授权供审查决定逮捕、审查起诉以及法庭审理时审查之用。没有建立讯问录音、录像数据管理系统的,应当制作讯问录音、录像资料复制件,交办案人员保管,按照人民检察院刑事诉讼规则的有关规定移送。

讯问结束后,录制人员应当及时制作讯问录音、录像的相关说明,经讯问人员和犯罪嫌疑人签字确认后,交由检察技术部门立卷保管。

讯问录音、录像制作说明应当反映讯问的具体起止时间,参与讯问的检察人员、翻译人员及录制人员等姓名、职务、职称,犯罪嫌疑人姓名及案由,讯问地点等情况。讯问在押犯罪嫌疑人的,讯问人员应当在说明中注明提押和还押时间,由监管人员和犯罪嫌疑人签字确认。对犯罪嫌疑人拒绝签字的,应当在说明中注明。

第12条 讯问笔录应当与讯问录音、录像内容一致或者意思相符。禁止记录人员原封不动复制此前笔录中的讯问内容,作为本次讯问记录。

讯问结束时,讯问人员应当对讯问笔录进行检查、核对,发现漏记、错记的,应当及时补正,并经犯罪嫌疑人签字确认。

第13条 人民检察院直接受理侦查的案件,侦查部门移送审查决定逮捕、审查起诉时,应当注明讯问录音、录像资料存入讯问录音、录像数据管理系统,并将讯问录音、录像次数、起止时间等情况,随同案卷材料移送案件管理部门审查后,由案件管理部门移送侦查监督或者公诉部门审查。侦查监督或者公诉部门审查认为讯问活动可能涉嫌违法或者讯问笔录可能不真实,需要审查讯问录音、录像资料的,应当说明涉嫌违法讯问或者讯问笔录可能失实的时间节点并告知侦查部门。侦查部门应当及时予以授权,供侦查监督或者公诉部门对存入讯问录音、录像数据管理系统相应的讯问录音、录像资料进行审查。没有建立讯问录音、录像数据管理系统的,应当调取相应时段的讯问录音、录像资料并刻录光盘,及时移送侦查监督或者公诉部门审查。

移送讯问录音、录像资料复制件的,侦查监督部门审查结束后,应当将移送审查的讯问录音、录像资料复制件连同案卷材料一并送还侦查部门。公诉部门对移送的讯问录音、录像资料复制件应当妥善保管,案件终结后随案归档保存。

第14条 案件提起公诉后在庭前会议或者法庭审理过程中,人民法院、被告人或者其辩护人对庭前讯问活动合法性提出异议的,或者被告人辩解因受刑讯逼供等非法方法而供述的,公诉人应当要求被告人及其辩护人提供相关线索或者材料。被告人及其辩护人提供相关线索或者材料的,公诉人可以将相关时段的讯问录音、录像资料提请法庭播放,对有关异议或者事实进行质证。

第15条 公诉人认为讯问录音、录像资料不宜在法庭上播放的,应当建议在审判人员、公诉人、被告人及其辩护人的范围内进行播放、质证,必要时可以建议法庭通知讯问人员、录制人员参加。

第16条 人民法院、被告人或者其辩护人对讯问录音、录像资料刻录光盘或者复制件提出异议的,公诉人应当将检察技术部门保存的相应原件当庭启封质证。案件审结后,经公诉人和被告人签字确认后对讯问录音、录像资料原件再行封存,并由公诉部门及时送还检察技术部门保存。

第17条 讯问过程中犯罪嫌疑人检举揭发与本案无关的犯罪事实或者线索的,应当予以保密,不得泄露。违反本条规定,造成泄密后果的,应当追究相关责任。

庭前会议或者法庭审理过程中,人民法院、被告人及其辩护人认为被告人检举揭发与本案无关的犯罪事实或者线索影响量刑,需要举证、质证的,应当由承办案件的人民检察院出具证明材料,经承办人签名后,交公诉人向审判人员、被告人及其辩护人予以说明。提供的证明材料必须真实,发现证明材料失实或者是伪造的,经查证属实,应当追究相关责任。

第18条 案件办理完毕,办案期间录制的讯问录音、录像资料存入讯问录音、录像数据管理系统的或者刻录光盘的原件,由检察技术部门向本院档案部门移交归档。讯问录音、录像资料的保存期限与案件卷宗保存期限相同。

讯问录音、录像资料一般不公开使用。需要公开使用的,应当由检察长决定。非办案部门或者人员需要查阅讯问录音、录像资料的,应当报经检察长批准。

案件在申诉、复查过程中,涉及讯问活动合法性或者办案人员责任认定等情形,需要启封讯问录音、录像资料原件的,应当由检察长决定。启封时,被告人或者其委托的辩护人、近亲属应当到场见证。

第19条 参与讯问录音、录像的人员,对讯问情况应当严格保密。泄露办案秘密的,应当追究相关责任。

第20条 初查阶段询问初查对象需要录音或者录像的,应当告知初查对象。询问证人需要录音或者录像的,应当事先征得证人同意,并参照本规定执行。

第21条 实施讯问录音、录像,禁止下列情形:

（一）未按照刑事诉讼法第121条和本规定对讯问活动进行全程同步录音、录像的；（二）对讯问活动采取不供不录等选择性录音、录像的；（三）为规避监督故意关闭讯问录音录像系统、视频监控系统的；（四）擅自公开或者泄露讯问录音、录像资料或者泄露办案秘密的；（五）因玩忽职守、管理不善等造成讯问录音、录像资料遗失或者违规使用讯问录音、录像资料的；（六）其他违反本规定或者玩忽职守、弄虚作假，给案件侦查、起诉、审判造成不良后果等情形的。

讯问人员、检察技术人员及其他有关人员具有以上情形之一的，根据《检察人员纪律处分条例（试行）》等规定，应当给予批评教育；情节较重，给案件侦查、起诉、审判造成较为严重后果或者对案件当事人合法权益造成较为严重侵害的，应当视情给予警告、记过、记大过处分；情节严重，给案件侦查、起诉、审判造成严重后果或者对案件当事人合法权益造成严重侵害的，应当视情给予降级、撤职或者开除处分；构成犯罪的，应当追究相关责任人员的刑事责任。

第22条 本规定由最高人民检察院负责解释。自发布之日起施行。此前规定与本规定不一致的，以本规定为准。

25.《中华人民共和国刑法修正案(9)》(2015年8月29日第十二届全国人大常委会第十六次会议通过)

四十四、将刑法第383条修改为："对犯贪污罪的，根据情节轻重，分别依照下列规定处罚：

"（一）贪污数额较大或者有其他较重情节的，处3年以下有期徒刑或者拘役，并处罚金。（二）贪污数额巨大或者有其他严重情节的，处3年以上10年以下有期徒刑，并处罚金或者没收财产。（三）贪污数额特别巨大或者有其他特别严重情节的，处10年以上有期徒刑或者无期徒刑，并处罚金或者没收财产；数额特别巨大，并使国家和人民利益遭受特别重大损失的，处无期徒刑或者死刑，并处没收财产。

"对多次贪污未经处理的，按照累计贪污数额处罚。

"犯第1款罪，在提起公诉前如实供述自己罪行、真诚悔罪、积极退赃，避免、减少损害结果的发生，有第1项规定情形的，可以从轻、减轻或者免除处罚；有第2项、第3项规定情形的，可以从轻处罚。

"犯第1款罪，有第3项规定情形被判处死刑缓期执行的，人民法院根据犯罪情节等情况可以同时决定在其死刑缓期执行2年期满依法减为无期徒刑后，终身监禁，不得减刑、假释。"

（原条文内容：对犯贪污罪的，根据情节轻重，分别依照下列规定处罚：（一）个人贪污数额在10万元以上的，处10年以上有期徒刑或者无期徒刑，可以并处没收财产；情节特别严重的，处死刑，并处没收财产。（二）个人贪污数额在5万元以上不满10万元的，处5年以上有期徒刑，可以并处没收财产；情节特别严重的，处无期徒刑，并处没收财产。（三）个人贪污数额在5000元以上不满5万元的，处1年以上7年以下有期徒刑；情节严重的，处7年以上10年以下有期徒刑。个人贪污数额在5000元以上不满1万元，犯罪后有悔改表现、积极退赃的，可以减轻处罚或者免予刑事处罚；个人贪污数额不满5000元，情节较重的，处2年以下有期徒刑或者拘役；情节较轻的，由其所在单位或者上级主管机关酌情给予行政处分。对多次贪污未经处理的，按累计贪污数额处罚。）

26. 最高人民法院《关于〈中华人民共和国刑法修正案(9)〉时间效力问题的解释》(法释〔2015〕19号)

为正确适用《中华人民共和国刑法修正案(9)》，根据《中华人民共和国刑法》第12条规定，现就人民法院2015年11月1日以后审理的刑事案件，具体适用修正前后刑法的有关问题规定如下：

第1条 对于2015年10月31日以前因利用职业便利实施犯罪，或者实施违背职业要求的特定义务的犯罪的,不适用修正后刑法第37条之一第1款的规定。其他法律、行政法规另有规定的,从其规定。

第2条 对于被判处死刑缓期执行的犯罪分子,在死刑缓期执行期间,且在2015年10月31日以前故意犯罪的,适用修正后刑法第50条第1款的规定。

第3条 对于2015年10月31日以前一人犯数罪,数罪中有判处有期徒刑和拘役,有期徒刑和管制,或者拘役和管制,予以数罪并罚的,适用修正后刑法第69条第2款的规定。

第4条 对于2015年10月31日以前通过信息网络实施的刑法第246条第1款规定的侮辱、诽谤行为,被害人向人民法院告诉,但提供证据确有困难的,适用修正后刑法第246条第3款的规定。

第5条 对于2015年10月31日以前实施的刑法第260条第1款规定的虐待行为,被害人没有能力告诉,或者因受到强制、威吓无法告诉的,适用修正后刑法第260条第3款的规定。

第6条 对于2015年10月31日以前组织考试作弊,为他人组织考试作弊提供作弊器材或者其他帮助,以及非法向他人出售或者提供考试试题、答案,根据修正前刑法应当以非法获取国家秘密罪、非法生产、销售间谍专用器材罪或者故意泄露国家秘密罪等追究刑事责任的,适用修正前刑法的有关规定。但是,根据修正后刑法第284条之一的规定处刑较轻的,适用修正后刑法的有关规定。

第7条 对于2015年10月31日以前以捏造的事实提起民事诉讼,妨害司法秩序或者严重侵害他人合法权益,根据修正前刑法应当以伪造公司、企业、事业单位、人民团体印章罪或者妨害作证罪等追究刑事责任的,适用修正前刑法的有关规定。但是,根据修正后刑法第307条之一的规定处刑较轻的,适用修正后刑法的有关规定。

实施第1款行为,非法占有他人财产或者逃避合法债务,根据修正前刑法应当以诈骗罪、职务侵占罪或者贪污罪等追究刑事责任的,适用修正前刑法的有关规定。

第8条 对于2015年10月31日以前实施贪污、受贿行为,罪行极其严重,根据修正前刑法判处死刑缓期执行不能体现罪刑相适应原则,而根据修正后刑法判处死刑缓期执行同时决定在其死刑缓期执行2年期满依法减为无期徒刑后,终身监禁,不得减刑、假释可以罚当其罪的,适用修正后刑法第383条第4款的规定。根据修正前刑法判处死刑缓期执行足以罚当其罪的,不适用修正后刑法第383条第4款的规定。

第9条 本解释自2015年11月1日起施行。

27. 最高人民法院、最高人民检察院《关于办理危害生产安全刑事案件适用法律若干问题的解释》(法释〔2015〕22号)

第14条 国家工作人员违反规定投资入股生产经营,构成本解释规定的有关犯罪的,或者国家工作人员的贪污、受贿犯罪行为与安全事故发生存在关联性的,从重处罚;同时构成贪污、受贿犯罪和危害生产安全犯罪的,依照数罪并罚的规定处罚。(全文详见本书《刑法》第132条内容)

28. 最高人民检察院《职务犯罪侦查工作8项禁令》(高检发办字〔2015〕31号)

为规范司法行为,防范违法违规办案,保障公正司法,依据《刑事诉讼法》、《人民检察院刑事诉讼规则(试行)》和《检察人员纪律处分条例(试行)》、《检察人员执法过错责任追究条例》,现颁布检察机关职务犯罪侦查工作必须严格执行的8项禁令:

一、严禁擅自处置案件线索、随意初查和在初查中对被调查对象采取限制人身、财产权利的强制性措施。

违反者给予警告、记过或者记大过处分;情节较重的,给予降级或者撤职处分;情节严重的，给予开除处分；构成犯罪的，依法追究刑事责任。

二、严禁违法使用指定居所监视居住措施。

对未报经上一级人民检察院审查批准，或扩大适用范围，或在不符合规定的场所等故意规避法律使用指定居所监视居住措施的，根据情节和后果追究决策者和执行者的纪律、法律责任。

三、严禁违法干涉涉案企业正常生产经营活动。

对非法插手工程建设、干预工程招投标，或非法插手经济纠纷，或超越职权办案，或接受赞助、报销费用、吃拿卡要等违法违纪行为，给予记过或者记大过处分；情节较重的，给予降级或者撤职处分；情节严重的，给予开除处分；构成犯罪的，依法追究刑事责任。

四、严禁违法违规处理查封、扣押、冻结涉案财物。

对任意查封、扣押、冻结公私财产，或不依法及时返还扣押、冻结款物，或侵吞、挪用、私分、私存、调换、外借、压价收购，或其他违法违规处理扣押、冻结款物及其孳息的，依纪依法追究决策者和执行者的纪律、法律责任。导致国家赔偿的，依法向责任人员追偿。

五、严禁阻止或者妨碍律师依法会见犯罪嫌疑人。

对于法律规定无需会见许可的案件，不得人为设置障碍，干扰、影响律师会见；对于特别重大贿赂犯罪案件，应根据办案情况合理安排律师会见。对违反规定限制、干扰、影响律师会见的，根据情节和后果，给予警告或记过处分。

六、严禁在未全程同步录音录像情况下进行讯问。

对于讯问活动没有执行全程同步录音录像的案件，不得移送审查起诉；已经移送审查起诉的，公诉部门有权拒绝受理或者退回侦查部门。

七、严禁刑讯逼供以及其他非法取证行为。

对于采取刑讯逼供和以威胁、引诱、欺骗等非法方法获取犯罪嫌疑人供述和证人证言的，一律不得作为证据使用；收集物证、书证不符合法定程序，可能影响司法公正，不能补正或者无法作出合理解释的，一律不得作为证据使用。违反者给予记过或者记大过处分；情节较重的，给予降级或者撤职处分；情节严重的，给予开除处分；构成犯罪的，依法追究刑事责任。

八、严禁违反办案安全纪律。

对违法违规办案或者严重不负责任造成犯罪嫌疑人脱逃、伤残、自杀或者证人伤残、自杀等办案安全事故的，对指挥者、执行者，一律先停职再依纪依法处理。

对因管理不善或指挥不当导致检察人员违反上述8项禁令的，严肃追究领导责任。

29.《中华人民共和国商业银行法》（2015年8月29日第十二届全国人大常委会第十六次会议《关于修改〈中华人民共和国商业银行法〉的决定》第二次修正）

（全文略）

30. 最高人民法院、最高人民检察院《关于办理贪污贿赂刑事案件适用法律若干问题的解释》（法释〔2016〕9号）

为依法惩治贪污贿赂犯罪活动，根据刑法有关规定，现就办理贪污贿赂刑事案件适用法律的若干问题解释如下：

第1条 贪污或者受贿数额在3万元以上不满20万元的，应当认定为刑法第383条第1款规定的“数额较大”，依法判处3年以下有期徒刑或者拘役，并处罚金。

贪污数额在1万元以上不满3万元，具有下列情形之一的，应当认定为刑法第383条第1款规定的“其他较重情节”，依法判处3年以下有期徒刑或者拘役，并处罚金：

（一）贪污救灾、抢险、防汛、优抚、扶贫、移民、救济、防疫、社会捐助等特定款物的；（二）曾因贪污、受贿、挪用公款受过党纪、行政处分的；（三）曾因故意犯罪受过刑事追究的；（四）赃款赃物用于非法活动的;(五)拒不交待赃款赃物去向或者拒不配合追缴工作,致使无法追缴的;(六)造成恶劣影响或者其他严重后果的。

受贿数额在1万元以上不满3万元,具有前款第2项至第6项规定的情形之一,或者具有下列情形之一的,应当认定为刑法第383条第1款规定的"其他较重情节",依法判处3年以下有期徒刑或者拘役,并处罚金:

(一)多次索贿的;(二)为他人谋取不正当利益,致使公共财产、国家和人民利益遭受损失的;(三)为他人谋取职务提拔、调整的。

第2条 贪污或者受贿数额在20万元以上不满300万元的,应当认定为刑法第383条第1款规定的"数额巨大",依法判处3年以上10年以下有期徒刑,并处罚金或者没收财产。

贪污数额在10万元以上不满20万元,具有本解释第1条第2款规定的情形之一的,应当认定为刑法第383条第1款规定的"其他严重情节",依法判处3年以上10年以下有期徒刑,并处罚金或者没收财产。

受贿数额在10万元以上不满20万元,具有本解释第1条第3款规定的情形之一的,应当认定为刑法第383条第1款规定的"其他严重情节",依法判处3年以上10年以下有期徒刑,并处罚金或者没收财产。

第3条 贪污或者受贿数额在300万元以上的,应当认定为刑法第383条第1款规定的"数额特别巨大",依法判处10年以上有期徒刑、无期徒刑或者死刑,并处罚金或者没收财产。

贪污数额在150万元以上不满300万元,具有本解释第1条第2款规定的情形之一的,应当认定为刑法第383条第1款规定的"其他特别严重情节",依法判处10年以上有期徒刑、无期徒刑或者死刑,并处罚金或者没收财产。

受贿数额在150万元以上不满300万元,具有本解释第1条第3款规定的情形之一的,应当认定为刑法第383条第1款规定的"其他特别严重情节",依法判处10年以上有期徒刑、无期徒刑或者死刑,并处罚金或者没收财产。

第4条 贪污、受贿数额特别巨大,犯罪情节特别严重、社会影响特别恶劣、给国家和人民利益造成特别重大损失的,可以判处死刑。

符合前款规定的情形,但具有自首,立功,如实供述自己罪行、真诚悔罪、积极退赃,或者避免、减少损害结果的发生等情节,不是必须立即执行的,可以判处死刑缓期2年执行。

符合第1款规定情形的,根据犯罪情节等情况可以判处死刑缓期2年执行,同时裁判决定在其死刑缓期执行2年期满依法减为无期徒刑后,终身监禁,不得减刑、假释。

第5条 挪用公款归个人使用,进行非法活动,数额在3万元以上的,应当依照刑法第384条的规定以挪用公款罪追究刑事责任;数额在300万元以上的,应当认定为刑法第384条第1款规定的"数额巨大"。具有下列情形之一的,应当认定为刑法第384条第1款规定的"情节严重":

(一)挪用公款数额在100万元以上的;(二)挪用救灾、抢险、防汛、优抚、扶贫、移民、救济特定款物,数额在50万元以上不满100万元的;(三)挪用公款不退还,数额在50万元以上不满100万元的;(四)其他严重的情节。

第6条 挪用公款归个人使用,进行营利活动或者超过3个月未还,数额在5万元以上的,应当认定为刑法第384条第1款规定的"数额较大";数额在500万元以上的,应当认定为刑法第384条第1款规定的"数额巨大"。具有下列情形之一的,应当认定为刑法第384条第1款规定的"情节严重":

(一)挪用公款数额在200万元以上的;(二)挪用救灾、抢险、防汛、优抚、扶贫、移民、救济特定款物,数额在100万元以上不满200万元的;(三)挪用公款不退还,数额在100万元以上不满200万元的；（四）其他严重的情节。

第7条 为谋取不正当利益，向国家工作人员行贿，数额在3万元以上的，应当依照刑法第390条的规定以行贿罪追究刑事责任。

行贿数额在1万元以上不满3万元，具有下列情形之一的，应当依照刑法第390条的规定以行贿罪追究刑事责任：

（一）向3人以上行贿的；（二）将违法所得用于行贿的；（三）通过行贿谋取职务提拔、调整的；（四）向负有食品、药品、安全生产、环境保护等监督管理职责的国家工作人员行贿，实施非法活动的；（五）向司法工作人员行贿，影响司法公正的；（六）造成经济损失数额在50万元以上不满100万元的。

第8条 犯行贿罪，具有下列情形之一的，应当认定为刑法第390条第1款规定的“情节严重”：

（一）行贿数额在100万元以上不满500万元的；（二）行贿数额在50万元以上不满100万元，并具有本解释第7条第2款第1项至第5项规定的情形之一的；（三）其他严重的情节。

为谋取不正当利益，向国家工作人员行贿，造成经济损失数额在100万元以上不满500万元的，应当认定为刑法第390条第1款规定的“使国家利益遭受重大损失”。

第9条 犯行贿罪，具有下列情形之一的，应当认定为刑法第390条第1款规定的“情节特别严重”：（一）行贿数额在500万元以上的；（二）行贿数额在250万元以上不满500万元，并具有本解释第7条第2款第1项至第5项规定的情形之一的；（三）其他特别严重的情节。

为谋取不正当利益，向国家工作人员行贿，造成经济损失数额在500万元以上的，应当认定为刑法第390条第1款规定的“使国家利益遭受特别重大损失”。

第10条 刑法第388条之一规定的利用影响力受贿罪的定罪量刑适用标准，参照本解释关于受贿罪的规定执行。

刑法第390条之一规定的对有影响力的人行贿罪的定罪量刑适用标准，参照本解释关于行贿罪的规定执行。

单位对有影响力的人行贿数额在20万元以上的，应当依照刑法第390条之一的规定以对有影响力的人行贿罪追究刑事责任。

第11条 刑法第163条规定的非国家工作人员受贿罪、第271条规定的职务侵占罪中的“数额较大”“数额巨大”的数额起点，按照本解释关于受贿罪、贪污罪相对应的数额标准规定的2倍、5倍执行。

刑法第272条规定的挪用资金罪中的“数额较大”“数额巨大”以及“进行非法活动”情形的数额起点，按照本解释关于挪用公款罪“数额较大”“情节严重”以及“进行非法活动”的数额标准规定的2倍执行。

刑法第164条第1款规定的对非国家工作人员行贿罪中的“数额较大”“数额巨大”的数额起点，按照本解释第7条、第8条第1款关于行贿罪的数额标准规定的2倍执行。

第12条 贿赂犯罪中的“财物”，包括货币、物品和财产性利益。财产性利益包括可以折算为货币的物质利益如房屋装修、债务免除等，以及需要支付货币的其他利益如会员服务、旅游等。后者的犯罪数额，以实际支付或者应当支付的数额计算。

第13条 具有下列情形之一的，应当认定为“为他人谋取利益”，构成犯罪的，应当依照刑法关于受贿犯罪的规定定罪处罚：

（一）实际或者承诺为他人谋取利益的；（二）明知他人有具体请托事项的；（三）履职时未被请托，但事后基于该履职事由收受他人财物的。

国家工作人员索取、收受具有上下级关系的下属或者具有行政管理关系的被管理人员的财物价值3万元以上,可能影响职权行使的,视为承诺为他人谋取利益。

第14条 根据行贿犯罪的事实、情节,可能被判处3年有期徒刑以下刑罚的,可以认定为刑法第390条第2款规定的“犯罪较轻”。

根据犯罪的事实、情节,已经或者可能被判处10年有期徒刑以上刑罚的,或者案件在本省、自治区、直辖市或者全国范围内有较大影响的,可以认定为刑法第390条第2款规定的“重大案件”。

具有下列情形之一的,可以认定为刑法第390条第2款规定的“对侦破重大案件起关键作用”:

(一)主动交代办案机关未掌握的重大案件线索的;(二)主动交代的犯罪线索不属于重大案件的线索,但该线索对于重大案件侦破有重要作用的;(三)主动交代行贿事实,对于重大案件的证据收集有重要作用的;(四)主动交代行贿事实,对于重大案件的追逃、追赃有重要作用的。

第15条 对多次受贿未经处理的,累计计算受贿数额。

国家工作人员利用职务上的便利为请托人谋取利益前后多次收受请托人财物,受请托之前收受的财物数额在1万元以上的,应当一并计入受贿数额。

第16条 国家工作人员出于贪污、受贿的故意,非法占有公共财物、收受他人财物之后,将赃款赃物用于单位公务支出或者社会捐赠的,不影响贪污罪、受贿罪的认定,但量刑时可以酌情考虑。

特定关系人索取、收受他人财物,国家工作人员知道后未退还或者上交的,应当认定国家工作人员具有受贿故意。

第17条 国家工作人员利用职务上的便利,收受他人财物,为他人谋取利益,同时构成受贿罪和刑法分则第3章第3节、第9章规定的渎职犯罪的,除刑法另有规定外,以受贿罪和渎职犯罪数罪并罚。

第18条 贪污贿赂犯罪分子违法所得的一切财物,应当依照刑法第64条的规定予以追缴或者责令退赔,对被害人的合法财产应当及时返还。对尚未追缴到案或者尚未足额退赔的违法所得,应当继续追缴或者责令退赔。

第19条 对贪污罪、受贿罪判处3年以下有期徒刑或者拘役的,应当并处10万元以上50万元以下的罚金;判处3年以上10年以下有期徒刑的,应当并处20万元以上犯罪数额2倍以下的罚金或者没收财产;判处10年以上有期徒刑或者无期徒刑的,应当并处50万元以上犯罪数额2倍以下的罚金或者没收财产。

对刑法规定并处罚金的其他贪污贿赂犯罪,应当在10万元以上犯罪数额2倍以下判处罚金。

第20条 本解释自2016年4月18日起施行。最高人民法院、最高人民检察院此前发布的司法解释与本解释不一致的,以本解释为准。

31. 最高人民检察院法律政策研究室《办理贪污贿赂刑事案件要准确把握法律适用标准》(2016年5月23日)

2016年4月18日,最高人民法院、最高人民检察院联合发布了《关于办理贪污贿赂刑事案件适用法律若干问题的解释》(下称《解释》)。现对《解释》主要内容说明如下:

一、《解释》的制定背景

贪污贿赂犯罪滋生各种腐化现象,败坏社会风气,扰乱国家机关正常活动和社会主义市场经济秩序,严重破坏国家廉政建设,严重影响党和政府的形象,动摇我国执政根基,社会危害性极大,成为影响社会经济健康发展和社会稳定的突出问题。党的十八届三中全会明确提出加强反腐败工作,加大惩处腐败犯罪的力度,坚持有腐必反、有贪必肃,坚持反腐败无禁区,“老虎”“苍蝇”一起打。近些年特别是党的十八大以来,虽然党风廉政建设取得了较大成效,但反腐败斗争的形势依然严峻。实践中,存在许多法律适用问题亟待司法解释予以明确。

一是《中华人民共和国刑法修正案(9)》[下称刑法修正案(9)]对贪污贿赂犯罪有关定罪量刑规定的修改亟须明确适用标准。刑法修正案(9)有关修改主要包括:取消贪污罪、受贿罪定罪和量刑的具体数额标准,突出数额之外其他情节在定罪量刑中的作用;对贪污罪、受贿罪增设死刑缓期2年执行减为无期徒刑后终身监禁;对贪污罪和贿赂犯罪增设罚金刑;增设对有影响力的人行贿罪;对行贿罪从宽处罚规定更为严格的适用条件。刑法修正案(9)已于2015年11月1日生效施行,这些新规定在司法实践中应该如何理解、把握和具体适用,亟须制定司法解释予以明确。

二是贪污贿赂犯罪出现的新情况新问题亟须明确处理意见。随着经济社会发展变化,贪污贿赂犯罪呈现出一些新情况和特点,给司法实践带来了新的法律适用问题。比如,过去贿赂犯罪的对象主要是金钱和物品,现在出现了各种形式的财产性利益输送,对于给予、收受这些利益的行为能否以贿赂犯罪处理?又如,受贿犯罪,过去主要表现为国家工作人员直接索取或者收受贿赂,现在一些案件中国家工作人员本人没有收受贿赂,收受贿赂的是国家工作人员的近亲属或者与其关系密切的人员,这种情况能否以受贿罪追究该国家工作人员的刑事责任?这些新情况新问题给刑事法网的严密性和刑罚惩治的针对性提出了更高的要求,亟须制定司法解释予以明确。

三是司法实践当中长期存在的一些争议问题亟须统一意见。贪污贿赂犯罪具有其特殊复杂性,理论上和实践中对于一些法律适用问题长期存在意见分歧。比如,作为受贿犯罪的法定要件,"为他人谋取利益"究竟应如何理解,"正常履职后收受感谢费""感情投资"等能否认定为"为他人谋取利益"?又如,实践中经常遇见犯罪嫌疑人、被告人辩称自己没有非法占有财物,不构成贪污受贿,因为有关涉案款物均是用于公务支出、社会捐赠等,那么这些情形对于定罪量刑究竟有没有影响?这些问题既关系到法律的统一适用,也关系到依法惩治腐败的实际效果,亟须制定司法解释予以明确和解决。

鉴于上述情况,最高人民法院、最高人民检察院在深入细致的调研基础上,对当前办理贪污贿赂犯罪案件较为突出的法律适用问题进行了梳理和筛选研究,广泛征求了立法机关、各级司法机关、专家学者等方面意见,研究制定了《解释》。该解释于2016年3月25日由最高人民检察院第十二届检察委员会第五十次会议、2016年3月28日最高人民法院审判委员会第1680次会议通过,2016年4月18日对外公布,并自同日起施行。

二、主要内容及逐条说明

《解释》共20条,主要规定了以下几个问题:(一)贪污罪、受贿罪的定罪量刑标准(第1条至第3条);(二)贪污罪、受贿罪的死刑适用标准及终身监禁的适用原则(第4条)。(三)挪用公款罪、行贿罪、利用影响力受贿罪等罪的定罪量刑标准(第5条至第11条);(四)作为贿赂犯罪对象的"财物"的范围及"财产性利益"的理解和认定(第12条);(五)受贿犯罪中"为他人谋取利益"的理解和认定(第13条);(六)行贿罪法定从宽处罚情节适用条件的理解(第14条);(七)受贿犯罪数额的计算(第15条);(八)贪污罪、受贿罪主观故意的认定(第16条);(九)受贿犯罪同时构成渎职犯罪的处断原则(第17条);(十)违法所得的追缴、退赔(第18条);(十一)罚金刑的适用(第19条)。

(一)贪污罪、受贿罪的定罪量刑标准(第1条至第3条)

《解释》第1条至第3条分别规定了贪污罪、受贿罪的3档法定刑的具体适用标准。根据这3条规定,贪污罪、受贿罪"数额较大""数额巨大""数额特别巨大"的具体数额标准分别是3万元以上、20万元以上、300万元以上。由于刑法修正案(9)对贪污受贿犯罪除规定了数额标准外,还规定了情节标准,因此,《解释》对贪污罪、受贿罪"较重情节""严重情节""特别严重情节”的认定采取了“数额标准+从重情形”的模式,即贪污受贿犯罪数额在“1万元以上不满3万元”“10万元以上不满20万元”“150万元以上不满300万元”,同时具有第1条第2款、第3款规定从重处罚情形之一的,应当认定为具有“较重情节”“严重情节”“特别严重情节”。

根据司法实践经验并综合征求意见情况,《解释》一是对贪污罪规定了6种从重处罚情形:(一)贪污救灾、抢险、防汛、优抚、扶贫、移民、救济、防疫、社会捐助等特定款物的。这是基于犯罪行为特定危害性而提出的,贪污特定款物较一般款物具有更为严重的危害性,一直也是刑事打击的重点。(二)曾因贪污、受贿、挪用公款受过党纪、行政处分的。(三)曾因故意犯罪受过刑事追究的。这是基于人身危险性考虑,行为人受过处分或者被刑事追究仍不思悔改,说明行为人主观恶性大,需要从严惩治以起到刑罚特殊预防的效果。(四)赃款赃物用于非法活动的。行为人犯罪后将赃款赃物用于非法活动,具有更大的社会危害性。(五)拒不交代赃款赃物去向或者拒不配合追缴工作,致使无法追缴的。拒不交代赃款赃物去向、不配合追缴,说明无悔罪表现,造成的经济损失往往难以挽回。(六)造成恶劣影响或者其他严重后果的。本项是兜底条款。二是关于受贿罪从重处罚情形,除贪污罪规定从重处罚情形的第(2)至(6)项以外,还增加规定了3项,即(1)多次索贿的。“多次”一般是指3次以上,既包括对同一请托人索贿3次以上,也包括对不同请托人,累计3次以上。(2)为他人谋取不正当利益,致使公共财产、国家和人民利益遭受损失的。受贿者与请托人进行权钱交易,致使公共财产、国家和人民利益遭受损失,具有更为严重的危害性,理应从严惩处。(3)为他人谋取职务提拔、调整的。《解释》对吏治腐败给予高度关注,因此将违规使用干部作为受贿罪加重处罚的一个情节。

关于贪污罪、受贿罪的定罪量刑标准,还需要说明以下几点:

一是《解释》是根据立法授权作出规定。刑法修正案(9)取消了贪污罪、受贿罪原定罪量刑的具体数额标准,代之以“数额较大”“数额巨大”“数额特别巨大”,以及“较重情节”“严重情节”“特别严重情节”。因此,《解释》根据立法授权,在经过了广泛调研、征求意见和论证,并征得立法机关同意的基础上,对贪污罪、受贿罪的定罪量刑标准予以明确规定。

二是《解释》是根据经济社会发展变化对有关数额标准作出调整。以起刑点为例,1980年以来,我国贪污受贿犯罪起刑点数额标准曾调整过3次。1986年最高人民检察院制定的贪污罪、受贿罪立案追究刑事责任的标准是1000元;当时我国城镇居民人均可支配收入为828元。1988年全国人大常委会《关于惩治贪污罪贿赂罪的补充规定》对贪污罪、受贿罪规定的起刑点数额标准是2000元;与之对应当时我国城镇居民人均可支配收入为1181元。1997年刑法对贪污罪、受贿罪规定的起刑点数额为5000元,当时城镇居民人均可支配收入为5160.3元。2015年我国城镇居民人均可支配收入为31195元,因此,对照以往规定,贪污受贿犯罪的起刑点调整为3万元较符合现实情况。

三是《解释》规定各地对贪污受贿犯罪案件执行统一的数额标准。近年来,实践中由于受地域差距等因素的影响,各地对贪污受贿移送追究刑事责任和定罪量刑的标准不尽统一,需要统一规范,一体遵循。《解释》从司法公正出发,对贪污受贿犯罪执行统一的数额标准,既不规定起点刑幅度,也不搞地区差别。

四是《解释》体现了“把党纪挺在前面”的精神。惩治腐败在刑罚之前还有党纪、政纪处分,两者之间必须做到相互衔接、相互协调,为党纪、政纪发挥作用留有空间,体现“把党纪挺在前面”的精神。因此,《解释》对贪污罪、受贿罪的定罪量刑标准作出规定,包括将两罪“数额较大”的一般标准由1997年刑法确定的5000元调整至3万元,同时对其他档次的量刑标准也作相应调整。

五是实践中应当避免唯数额论和重数额轻情节的错误倾向。《解释》虽然提高了贪污、受贿犯罪的起刑点，但并非对3万元以下的案件一律不追究刑事责任。根据《解释》第1条第2、3款、第2条第2、3款和第3条第2、3款，对于虽未达到相应法定刑数额标准(3万元、20万元、300万元)，但具有本解释规定从重情节之一的，应当认为构成犯罪或者提档升格量刑。如对于贪污、受贿数额在1万元以上不满3万元，同时具有《解释》规定情形之一的，应当认定为刑法第383条第1款规定的"其他较重情节"，依法判处3年以下有期徒刑或者拘役，并处罚金。实践中，应当注意处理好贪污受贿犯罪数额和情节的关系。各地不得擅自提高定罪标准，有案不立；也不得擅自降低标准，不应当立案而立案。对于未达到《解释》规定数额标准的举报线索，也应当依法受理，只要经初查有证据证明达到了标准的，就应当立案。

(二)关于死刑、死缓及终身监禁的适用(第4条)

刑法修正案(9)对贪污罪、受贿罪的死刑适用主要作了两处调整：

一是修改了死刑适用条件，将"情节特别严重的，处死刑"修改为"数额特别巨大，并使国家和人民利益遭受特别重大损失的，处无期徒刑或者死刑"；

二是增加了终身监禁的规定。《解释》第4条根据刑法修正案(9)规定和我国保留死刑，严格控制死刑和慎重适用死刑的死刑政策，分3款规定了贪污罪、受贿罪判处死刑立即执行、一般死缓和终身监禁的具体适用。

第4条第1款明确规定死刑立即执行。即死刑立即执行只适用于犯罪数额特别巨大，犯罪情节特别严重、社会影响特别恶劣、给国家和人民利益造成特别重大损失的贪污、受贿犯罪分子。换言之，对于极少数罪行特别严重、依法应当适用死刑立即执行的犯罪分子，应当坚决判处死刑立即执行。

第4条第2款规定一般死缓。即对于虽然符合第1款判处死刑适用条件，但具有自首，立功，如实供述自己罪行、真诚悔罪、积极退赃，或者避免、减少损害结果的发生等情节，不是必须立即执行的，可以判处死刑缓期2年执行。换言之，《解释》规定对于符合死刑立即执行条件但同时具有法定从宽等处罚情节，不是必须立即执行的，可以判处死刑缓期2年执行。

第4条第3款规定终身监禁的适用。终身监禁，是介于死刑立即执行与一般死缓之间的一种新的死刑执行措施，而不是一个新的刑种。从执行效果来说，它比一般死缓更为严厉。《解释》对终身监禁具体适用从实体和程序两个方面予以了明确：一是明确终身监禁适用的情形，即主要针对那些判处死刑立即执行过重，判处一般死缓又偏轻的重大贪污受贿罪犯，可以决定终身监禁；二是明确凡决定终身监禁的，在一、二审作出死缓裁判的同时就应当一并作出终身监禁的决定，而不能等到死缓执行期间届满再视情而定，强调终身监禁决定后，就必须"牢底坐穿"，不受执行期间服刑表现的影响。

(三)关于挪用公款罪定罪量刑标准的调整(第5条、第6条)

《解释》第5条、第6条规定了挪用公款罪的定罪量刑标准。1998年《最高人民法院关于审理挪用公款案件具体应用法律若干问题的解释》(下称《挪用公款解释》)已颁行18年，有关数额标准的规定明显滞后，有必要调整。由于挪用公款罪的社会危害性相对要轻于贪污罪，为防止刑罚"轻重倒挂"，《解释》参照贪污罪有关规定，对挪用公款罪的定罪量刑标准作出相应修改。

修改之处主要有3点：一是将各地可以根据本地情况制定具体执行的数额幅度标准修改为全国统一的数额标准，同时适当提高了具体数额标准。如《挪用公款解释》规定挪用公款归个人使用，进行非法活动的，以挪用5000元至1万元为追究刑事责任的数额起点；挪用公款归个人使用，数额较大、进行营利活动的，或者数额较大、超过3个月未还的，以挪用公款1万元至3万元为数额较大的起点。《解释》调高了上述标准，挪用公款进行非法活动的，以3万元为追究刑事责任的数额起点;挪用公款归个人使用,进行营利活动或者超过3个月未还的,以5万元为“数额较大”起点。二是增加规定了挪用公款进行非法活动“数额巨大”的标准。《挪用公款解释》第3条对挪用公款进行非法活动的,仅规定了追究刑事责任的数额起点和“情节严重”,而未对“数额巨大”的标准作出规定。实践中,对于挪用公款罪进行非法活动中“数额巨大”如何适用存在疑问。《解释》对此明确了“300万元以上”的数额标准。三是对挪用公款“情节严重”作了进一步明确。《解释》对“情节严重”的认定采取“纯数额”和“数额+从重情形”的模式,从而使规定更为合理和科学。如《解释》规定挪用公款归个人使用,进行非法活动,具有以下情形之一的,应当认定“情节严重”:(一)挪用公款数额在100万元以上的;(二)挪用救灾、抢险、防汛、优抚、扶贫、移民、救济特定款物,数额在50万元以上不满100万元的;(三)挪用公款不退还,数额在50万元以上不满100万元的;(四)其他严重的情节。又如规定挪用公款归个人使用,进行营利活动或者超过3个月未还,具有下列情形之一的,应当认定为刑法第384条第1款规定的“情节严重”:(一)挪用公款数额在200万元以上的;(二)挪用救灾、抢险、防汛、优抚、扶贫、移民、救济特定款物,数额在100万元以上不满200万元的;(三)挪用公款不退还,数额在100万元以上不满200万元的;(四)其他严重的情节。

(四)关于行贿罪定罪量刑标准的规定(第7条至第9条)

《解释》第7条、第8条、第9条根据行贿罪的3档法定刑,分别规定了入罪门槛、“情节严重”和“情节特别严重”的适用标准。由于《解释》对贪污罪、受贿罪的定罪量刑数额标准进行了调整,实践中,如果不对行贿罪的有关数额标准一并进行调整,仍执行2012年“两高”《关于办理行贿刑事案件具体应用法律若干问题的解释》(下称《行贿解释》)有关标准,那么,司法实践中行贿罪与受贿罪之间则可能出现量刑“轻重倒挂”现象。因此,《解释》修改了《行贿解释》有关规定。主要有两个方面:

一是提高了有关数额标准。将行贿罪起刑点由原先的1万元调整为3万元,同时按照5倍比例原则,上调了行贿罪“情节严重”“情节特别严重”中的有关数额标准。例如,将原来规定的“20万元以上不满100万元”“100万元以上”调整到“100万元以上不满500万元”“500万元以上”。二是对行贿罪的入罪门槛增设了“数额+情节”的追诉标准。即除规定行贿数额3万元以上的应当以行贿罪追究刑事责任之外,对于行贿1万元以上不满3万元,但具有《解释》规定下列从重情形之一的,也应当追究刑事责任:(一)向3人以上行贿的;(二)将违法所得用于行贿的;(三)通过行贿谋取职务提拔、调整的;(四)向负有食品、药品、安全生产、环境保护等监督管理职责的国家工作人员行贿,实施非法活动的;(五)向司法工作人员行贿,影响司法公正的;(六)造成经济损失数额在50万元以上不满100万元的。主要考虑是一些行贿行为虽然数额不大,但行贿范围广、向特定领域的国家工作人员行贿、造成损失大、影响坏,有必要对这些行为予以刑事制裁。这样规定,既与受贿罪的有关规定相一致,也较好解决了“重受贿,轻行贿导致对行贿惩处失之于宽、不利于切断受贿犯罪因果链等问题”。

(五)明确了利用影响力受贿罪、对有影响力的人行贿罪的定罪量刑标准(第10条)

《解释》第10条分3款规定了利用影响力受贿罪,对有影响力的人行贿罪及其单位犯罪的定罪量刑标准。为依法从严惩治国家工作人员“身边人”的贿赂犯罪,《解释》规定,利用影响力受贿罪、对有影响力的人行贿罪与受贿罪、行贿罪适用相同的定罪量刑标准。其中,第10条第1款规定,利用影响力受贿罪的定罪量刑适用标准,参照本解释关于受贿罪的规定执行。第10条第2款规定,对有影响力的人行贿罪的定罪量刑适用标准,参照本解释关于行贿罪的规定执行。第10条第3款规定,单位对有影响力的人行贿数额在20万元以上的,应当以对有影响力的人行贿罪追究刑事责任。

这里需注意的是,单位实施贿赂犯罪的定罪量刑标准问题。根据刑法分则第8章贪污贿赂犯罪规定,单位能够成为贿赂犯罪主体的罪名除了刑法修正案(9)增加的“对有影响力的人行贿罪”之外,还有刑法第387条单位受贿罪、第391条对单位行贿罪、第393条单位行贿罪、第396条规定的私分国有资产罪和私分罚没财物罪。

关于单位犯罪,《解释》之所以只规定了刑法修正案(9)增加的“对有影响力的人行贿罪”,主要出于以下考虑:

一是已有司法解释规定了立案标准。由于刑法第8章贪污贿赂犯罪中大多数单位犯罪只有一档法定刑,且1999年最高人民检察院制发的《人民检察院直接受理立案侦查案件立案标准的规定(试行)案标准的规定(试行)》(下称《立案标准》)已对单位受贿罪、对单位行贿罪、单位行贿罪规定了立案标准。《立案标准》对这些单位犯罪区别于自然人犯罪,规定了较高的标准,目前这些标准仍然有效,应当继续适用。如第391条对单位行贿罪,《立案标准》第6条规定,对单位行贿涉嫌下列情形之一的,应予立案:1. 个人行贿数额在10万元以上、单位行贿数额在20万元以上的;2. 个人行贿数额不满10万元、单位行贿数额在10万元以上不满20万元,但具有下列情形之一的:(一)为谋取非法利益而行贿的;(二)向3个以上单位行贿的;(三)向党政机关、司法机关、行政执法机关行贿的;(四)致使国家或社会利益遭受重大损失的。

二是案件较少,《解释》作出规定的条件不成熟。刑法分则第8章规定单位实施有关贿赂犯罪中,规定两档法定刑的只有私分国有资产罪和私分罚没财物罪。《立案标准》规定涉嫌私分国有资产、私分罚没财物,累计数额在10万元以上的,应予立案。

(六)明确了非国家工作人员受贿罪、职务侵占罪、挪用资金罪、对非国家工作人员行贿罪的定罪量刑标准(第11条)

《解释》第11条分3款,规定了非国家工作人员受贿罪、职务侵占罪、挪用资金罪和对非国家工作人员行贿罪4个罪名定罪量刑的适用标准。以往司法解释文件中,只有2010年《最高人民检察院、公安部关于公安机关管辖的刑事案件立案追诉标准的规定(2)》规定了上述4个罪名的立案追诉标准,没有司法解释对这些罪名的具体量刑,特别是第2档法定刑的适用作出规定。实践中,各地掌握的标准不一,对于能否参照对应的国家工作人员职务犯罪有关标准定罪量刑,以及如何参照适用均不明确。因此,《解释》明确这4个罪名定罪量刑标准按照对应国家工作人员职务犯罪有关定罪量刑数额标准的一定倍数执行。这里掌握的倍数比例关系,一般是2倍关系,个别情况下是5倍关系。这是因为非国家工作人员受贿罪、职务侵占罪都只有两档法定刑(该两罪法定刑相同),第1档法定刑为5年以下有期徒刑或者拘役,第2档法定刑为5年以上有期徒刑,均重于受贿罪、贪污罪的第1档、第2档法定刑3年以下有期徒刑或者拘役、3年以上10年以下有期徒刑)。因此,从量刑均衡考虑,对非国家工作人员受贿罪、职务侵占罪“数额巨大”的数额起点,按照受贿罪、贪污罪对应数额标准的5倍执行,其他数额标准均按照对应国家工作人员犯罪有关数额标准的2倍执行。

(七)进一步明确了贿赂犯罪对象范围(第12条)

《解释》第12条对贿赂的范围作了明确规定。贿赂犯罪的本质在于:权钱交易。根据我国刑法的规定,行贿是指为谋取不正当利益,给予国家工作人员以财物;受贿是指国家工作人员利用职务上便利,向他人索取或者收受他人财物,为他人谋取利益。可见,根据刑法规定,贿赂犯罪的对象是“财物”。因此,如何界定贿赂犯罪中的“贿赂”,关键在于对刑法中规定的“财物”应当如何理解和进行解释。这些年随着我国社会经济的发展,贿赂犯罪手段越来越隐蔽。比如,有的行为人通过低买高卖交易的形式收受请托人的好处,有的行为人通过收受干股、合作投资、委托理财、赌博等方式,变相收受请托人的财物。这类贿赂犯罪隐蔽性强,社会危害性大,有必要依法予以惩处。因此,《解释》第12条对什么是“贿赂”,作出了专门的规定。

根据《解释》规定,贿赂犯罪中的财物,包括货币、物品和财产性利益。财产性利益包括可以折算为货币的物质利益如房屋装修、债务免除等,以及需要支付货币的其他利益如会员服务、旅游等。后者的犯罪数额,以实际支付或者应当支付的数额计算。《解释》第12条对贿赂的规定,参考了2008年11月"两高"《关于办理商业贿赂刑事案件适用法律若干问题的意见》的有关规定,对什么是"财产性利益"作了进一步明确。这条规定既是对以往司法解释文件和司法经验的梳理和总结,也充分体现了党的18届四中全会《关于全面推进依法治国若干重大问题的决定》关于"完善惩治贪污贿赂犯罪法律制度"的精神和要求,回应了广大人民群众从严打击贿赂犯罪的呼声。

(八)进一步明确"为他人谋取利益"的认定(第13条)

《解释》第13条分两款规定了受贿犯罪构成要件中"为他人谋取利益"的理解和认定问题。

第13条第1款列举了3种应当认定为"为他人谋取利益"的情形,解决了长期困扰司法实践的难题。即具有下列情形之一的,应当认定为"为他人谋取利益",构成犯罪的,应当依照刑法关于受贿犯罪的规定定罪处罚:(一)实际或者承诺为他人谋取利益的;(二)明知他人有具体请托事项的;(三)履职时未被请托,但事后基于该履职事由收受他人财物的。该款规定系根据2003年《全国法院审理经济犯罪案件工作座谈会纪要》(下称《纪要》)和实践经验作出。其中,第(1)、(2)项源于《纪要》。根据《纪要》规定,"为他人谋取利益"包括"承诺、实施和实现3个阶段的行为",只要实施其一即可认定。第(1)项核心内容是承诺为他人谋取利益即可认定"为他人谋取利益",至于是否着手为他人谋取利益以及为他人谋利事项是否已完成均在所不问。第(2)项核心内容是明确收受财物与职务相关的具体请托事项有关联的,即应当以受贿处理。第(3)项的核心内容是,明确事后受贿可以构成受贿罪。基于惩治贪腐犯罪的现实需要考虑,事前受贿和事后受贿没有实质不同,均是钱权交易,侵害了公职行为的廉洁性和国家廉政建设制度。根据本款规定,承诺为他人谋取利益,明知他人有具体请托事项,以及履职时未被请托但事后基于该履职事由收受他人财物等情形,都属于"为他人谋取利益"具体表现形式。不论是否实际为他人谋取了利益,不论事前收受还是事后收受,均不影响受贿犯罪的认定。

第13条第2款对一些所谓的"感情投资"提出了明确意见。《解释》规定,国家工作人员索取、收受具有上下级关系的下属或者具有行政管理关系的被管理人员的财物价值3万元以上,可能影响职权行使的,视为承诺为他人谋取利益。实践中,由于此类情况较为复杂,不区别情况,可能会造成打击面过宽。因此,适用时注意两点:

一是该款规定强调行为性质是权钱交易,即可能影响职权行使;二是强调财物价值在3万元以上。因此,本款规定体现了刑法从严惩治腐败,划清了贿赂犯罪与正常人情往来、收受礼金违反党纪、政纪行为的界限,为党纪、政纪处理和发挥作用留下了合理空间。

(九)明确了行贿罪从宽处罚条件(第14条)

《解释》第14条对行贿罪中可以减免处罚的法定情形如何适用作出具体规定。针对实践中存在的"重打击受贿轻打击行贿"这一突出问题,为加大对行贿罪的处罚力度,从源头上惩治和预防腐败犯罪,刑法修正案(9)对行贿罪从宽处罚的条件和幅度作了重要调整,对行贿罪减轻或者免除处罚设定了更为严格的适用条件,明确行贿人在被追诉前主动交代行贿行为,只有在"犯罪较轻的,对侦破重大案件起关键作用的,或者有重大立功表现的"3种情况下才可以减轻或者免除处罚。

为了便于司法机关正确掌握、严格适用,《解释》第14条分3款对刑法第390条第2款中的"犯罪较轻""重大案件""对侦破重大案件起关键作用"等规定的具体适用予以明确。第1

款明确规定“犯罪较轻”应当理解为“可能判处3年有期徒刑以下刑罚”的犯罪。第2款明确规定“重大案件”应当理解为“根据犯罪的事实、情节,已经或者可能被判处10年以上有期徒刑刑罚的,或者在本省、自治区、直辖市或者全国范围内有较大影响的”案件。理由是:将“3年有期徒刑以下”和“10年以上有期徒刑”刑罚作为“犯罪较轻”和“重大案件”的认定标准,符合立法和司法的普遍认识。第3款根据以往司法实践经验并综合征求意见情况,从线索提供、证据收集、追逃追赃等方面列举了“对侦破重大案件起关键作用”的4种具体情形。

即(一)主动交代办案机关未掌握的重大案件线索的;(二)主动交代的犯罪线索不属于重大案件的线索,但该线索对于重大案件侦破有重要作用的;(三)主动交代行贿事实,对于重大案件的证据收集有重要作用的;(四)主动交代行贿事实,对于重大案件的追逃、追赃有重要作用的。

(十)明确多次受贿数额计算方法(第15条)

《解释》第15条规定了受贿犯罪数额的计算问题。《解释》从两方面对受贿犯罪数额的计算作出了规定。一是针对小额贿赂的问题,本条第1款明确规定,对多次受贿未经处理的,累计计算受贿数额。这里的“处理”,包括刑事处罚和党纪、政纪处分。据此,受贿人多次收受小额贿赂,虽每次均未达到《解释》规定的定罪标准,但多次累计后达到定罪标准的,应当依法追究刑事责任。二是针对收受财物与谋利事项不对应的问题,本条第2款明确规定,国家工作人员利用职务上的便利为请托人谋取利益前后多次收受请托人财物,受请托之前收受的财物数额在1万元以上的,应当一并计入受贿数额。据此,对于那些小额不断、多次收受财物的,符合条件的也应当一并追究刑事责任。

(十一)贪污、受贿犯罪故意的认定(第16条)

《解释》第16条对实践中较为普遍的两种贪污、受贿情形的犯罪故意的认定问题作出了规定。一是赃款赃物去向与贪污、受贿故意的认定关系问题。根据第16条第1款规定,国家工作人员出于贪污、受贿的故意,非法占有公共财物、收受他人财物之后,将赃款赃物用于单位公务支出或者社会捐赠的,不影响贪污罪、受贿罪的认定,但量刑时可以酌情考虑。因此,只要是非法获取财物的贪污、受贿行为,不管事后赃款赃物的去向如何,即便用于公务支出或者社会捐赠,也不影响贪污、受贿罪的认定,以此堵住贪污、受贿犯罪分子试图逃避刑事追究的后门。二是国家工作人员利用职务便利为他人谋利,“身边人”收钱行为的刑事责任问题。本着主客观相一致的定罪原则,该行为能否认定国家工作人员构成受贿犯罪,关键看其对收钱一事是否知情及知情后的态度。为此,《解释》第16条第2款规定,特定关系人索取、收受他人财物,国家工作人员知道后未退还或者上交的,应当认定国家工作人员具有受贿故意。根据2007年《最高人民法院、最高人民检察院关于办理受贿刑事案件适用法律若干问题的意见》,这里所称“特定关系人”,是指与国家工作人员有近亲属、情妇(夫)以及其他共同利益关系的人。

(十二)受贿犯罪同时构成渎职犯罪的处断原则(第17条)

受贿犯罪当中,受贿人往往在为请托人谋取利益时存在渎职行为。在受贿行为和渎职行为均构成犯罪的情况下,是择一重罪处罚还是实行数罪并罚,认识上长期存在分歧,实践中做法不一。为依法从严惩治此类犯罪行为,《解释》第17条明确规定,国家工作人员利用职务上的便利,收受他人财物,为他人谋取利益,同时构成受贿罪和刑法分则第3章第3节、第九章规定的渎职犯罪的,除刑法另有规定外,以受贿罪和渎职犯罪数罪并罚。

(十三)关于涉案赃款赃物处理(第18条)

《解释》第18条规定了违法所得的追缴和退赔。本条规定基于3点现实考虑:一是贪污贿赂犯罪逃避经济处罚,隐匿、转移赃物的情况非常严重,影响到反腐败工作的实际效果。二是为落实中央要求，严格执法，加大追赃力度，“决不能让腐败分子在经济上占便宜”。三是旨在指引各级司法机关摒弃“重办案轻追赃”错误观念，充分认识追赃对惩治腐败、实现公正司法的重要意义。

《解释》第18条根据贪污贿赂犯罪特点，结合办案需要，明确了贪污贿赂案件赃款赃物的处理办法：一是对贪污贿赂犯罪分子违法所得的一切财物，应当依照刑法第64条的规定予以追缴或者责令退赔，对被害人的合法财产应当及时返还。二是对尚未追缴到案或者尚未足额退赔的违法所得，应当继续追缴或者责令退赔。对藏匿、转移赃款赃物的，要坚持一追到底的原则，避免出现以刑罚执行替代经济惩处的现象，防止“因罪致富”等不正常情况的出现。

（十四）规定罚金刑判处原则（第19条）

《解释》第19条规定了贪污贿赂犯罪的罚金刑适用。根据本条规定，对贪污罪、受贿罪判处3年以下有期徒刑或者拘役的，应当并处10万元以上50万元以下的罚金；判处3年以上10年以下有期徒刑的，应当并处20万元以上犯罪数额2倍以下的罚金或者没收财产；判处10年以上有期徒刑或者无期徒刑的，应当并处50万元以上犯罪数额2倍以下的罚金或者没收财产。对刑法规定并处罚金的其他贪污贿赂犯罪，应当在10万元以上犯罪数额2倍以下判处罚金。《解释》对罚金刑作出专门规定主要考虑有3点：一是体现罚金的惩罚性。贪污贿赂犯罪属于经济犯罪，对贪利型犯罪有效利用罚金刑的惩罚性可以起到比执行自由刑更好的行刑效果，不能让犯罪分子在经济上占便宜。二是确保罚金刑适用的统一性、规范性。由于刑法条文仅规定判处罚金，没有具体适用标准，实践中可能出现各地裁判不一，量刑差距过大。统一规定罚金刑的裁量标准，有利于合理控制自由裁量刑罚幅度，起到规范量刑的作用。三是避免空判，确保罚金刑适用的严肃性。实践中，有的案件忽视了执行的可行性，判决中出现“天价罚金”，但实际无法执行的现象。因此，《解释》综合考虑罪行轻重和可操作性，根据贪污罪、受贿罪法定刑设置，明确了相应罚金刑的适用标准，从而避免罚金刑虚置、空判或者执行不到位。

（十五）解释的效力问题（第20条）

《解释》第20条规定，最高人民法院、最高人民检察院此前发布的司法解释与本解释不一致的，以本解释为准。这是因为《解释》修改了此前《立案标准》《挪用公款解释》《行贿解释》等多个司法解释文件的有关规定，故特别予以说明。

32. 最高人民法院《关于被告人林某钦受贿请示一案的答复》（〔2016〕最高法刑他5934号）

福建省高级人民法院：你院闽高法〔2016〕250号《关于立案追诉后因法律司法解释修改导致追诉时效发生变化的案件法律适用问题的请示》收悉。经研究，答复如下：

追诉时效是依照法律规定对犯罪分子追究刑事责任的期限，在追诉时效期限内，司法机关应当依法追究犯罪分子刑事责任。对于法院正在审理的贪污贿赂案件，应当依据司法机关立案侦查时的法律规定认定追诉时效。依据立案侦查时的法律规定未过时效，且已经进入诉讼程序的案件，在新的法律规定生效后应当继续审理。

33. 最高人民检察院《关于充分发挥检察职能依法保障和促进科技创新的意见》（高检发〔2016〕9号）

党的十八大以来，党中央深入实施创新驱动发展战略，高度重视和加快推进科技创新。习近平总书记在全国科技创新大会、两院院士大会、中国科协第九次全国代表大会上发表重要讲话，对加快建设创新型国家和世界科技强国进行了总动员，对全面贯彻创新发展理念和实施创新驱动发展战略作出了总部署。全国各级检察机关要认真学习贯彻习近平总书记重要讲话精神，充分认识科技创新在国家发展全局中的核心位置，明确建成创新型国家和世界科技强国的奋斗目标,找准检察机关保障、促进和服务科技创新的定位和切入点,善于运用法治思维和法治方式,支持创新探索,宽容创新失误,保护创新成果,为科研机构、研究型大学、创新型企业(以下统称“科研单位”)和科技工作者(以下简称“科研人员”)营造良好创新环境,提供有力司法保障。为此,提出以下意见:

一、加强知识产权的司法保护,保障科技创新主体合法权益

1. 依法惩治侵犯知识产权犯罪,加大对科技创新主体合法权益的法律保护。依法惩治侵犯商标权的犯罪,加强对商标权人的平等保护;依法惩治侵犯著作权的犯罪,加大对互联网文学、音乐、影视、游戏、动漫、软件等领域网络侵权盗版犯罪的打击力度;依法惩治假冒专利权的犯罪,加大对涉及国家重大战略需求、重大科研项目和工程、关键核心技术以及优势产业等领域的假冒专利犯罪的打击力度;依法惩治侵犯商业秘密的犯罪,加大对采用盗窃、利诱、胁迫等非法手段侵犯科技创新主体商业秘密犯罪的打击力度。对于涉及高新技术、关键核心技术,事关国家和社会利益,直接关系人民群众生命安全和健康,以及网络侵权、跨地区跨国境有组织侵权等严重侵权假冒犯罪开展重点打击和专项整治。

2. 强化对涉及知识产权案件的法律监督。加强对行政执法机关移送涉嫌侵权假冒犯罪的监督,着力纠正有案不移、以罚代刑、降格处理的问题。加强对公安机关办理侵权假冒犯罪案件立案和侦查活动的监督,着力纠正有案不立、立而不侦、久侦不决以及适用强制措施、查封扣押冻结款物不当等问题。加强对人民法院刑事审判活动的监督,对于认定罪与非罪错误或者量刑畸轻畸重的侵权假冒犯罪案件,依法提出抗诉。加强对涉及科技创新资金和收益分配纠纷、创新创业人才劳动争议、科技创新主体知识产权纠纷、军民技术纠纷等民事、行政案件的审判和执行活动的监督。依法严肃查处涉及科技创新的虚假诉讼、恶意诉讼案件。对于履职中发现的行政机关违法行使职权或者不行使职权的行为,依法督促纠正,确保知识产权保护措施正确及时有效执行。

3. 推进知识产权领域行政执法与刑事司法衔接机制建设。积极利用知识产权行政执法与刑事司法衔接信息共享平台、侵权假冒行政处罚案件信息公开制度,推动实现涉嫌侵权假冒犯罪案件“网上移送、网上受理、网上监督”。加强跨地区、跨部门执法司法协作与联动机制建设,完善线索通报、信息共享、证据移交、案件协调等协作机制,着力打击链条式、产业化侵犯知识产权犯罪,建立行政执法与司法优势互补、有机衔接的知识产权保护体系。

二、积极发挥查办和预防职务犯罪职能,为科技创新营造良好法治环境

4. 依法惩治国家工作人员利用审批、监管、执法司法等职权妨害科技创新发展的职务犯罪。依法惩治产业技术体系创新中的职务犯罪,培育、建设一流科研单位、国家重点研发平台过程中的职务犯罪,侵权假冒行为背后的滥用职权、玩忽职守、徇私舞弊不移交刑事案件、放纵制售伪劣商品犯罪行为等职务犯罪。依法惩治知识产权申报和重大科研项目申报、实施中,利用审批、验收等职权索贿、受贿的犯罪,以及行政管理人员贪污、挪用、私分国家科研项目投资基金、科研经费的犯罪。依法惩治知识产权诉讼中司法人员枉法裁判、执行判决裁定失职渎职等犯罪。重点查办创新驱动、转型发展中不作为、乱作为,特别是国家工作人员违反科研规律干预科研活动,导致重大科研项目流产,造成重大损失的失职渎职犯罪,以及泄露国家重大科技秘密的犯罪。对于涉及国家经济命脉、国家安全的重大科研项目的职务犯罪涉案人员,要采取有效措施,防止其潜逃境外;已经潜逃境外的,要充分运用引渡、劝返、遣返和异地起诉等方式依法将其缉捕归案。

5. 依法查办危害科技创新发展公平竞争环境的行贿犯罪。重点查办为谋取科研项目、资金进行行贿的犯罪,科技创新成果验收、转化、应用、推广过程中的行贿犯罪,知识产权申报、审查和诉讼等过程中的行贿犯罪,以及技术职称评定、科技带头人评选中谋取竞争优势的行贿犯罪。要加大对行贿数额巨大或者向多人、多次行贿犯罪的打击力度,促进形成有利于激发科技创新活力的公平竞争环境。

6. 积极做好相关职务犯罪预防工作。结合查办各类妨害科技创新发展的职务犯罪,深入剖析案发规律,运用检察建议、年度报告、专项报告等,督促行业主管、监管部门加强改进管理监督。对科研单位管理不完善、制度不健全、不落实,存在犯罪隐患的,及时提出对策建议,帮助科研单位建章立制、堵塞漏洞、完善内部监督制约和管理机制。

三、准确把握法律政策界限,改进司法办案方式方法

7. 准确把握法律政策界限。充分考虑科技创新工作的体制机制和行业特点,认真研究科技创新融资、科研成果资本化产业化、科研成果转化收益中的新情况、新问题,保护科研人员凭自己的聪明才智和创新成果获取的合法收益。办案中要正确区分罪与非罪界限:对于身兼行政职务的科研人员特别是学术带头人,要区分其科研人员与公务人员的身份,特别是要区分科技创新活动与公务管理,正确把握科研人员以自身专业知识提供咨询等合法兼职获利的行为,与利用审批、管理等行政权力索贿受贿的界限;要区分科研人员合法的股权分红、知识产权收益、科技成果转化收益分配与贪污、受贿之间的界限;要区分科技创新探索失败、合理损耗与骗取科研立项、虚增科研经费投入的界限;要区分突破现有规章制度,按照科技创新需求使用科研经费与贪污、挪用、私分科研经费的界限;要区分风险投资、创业等造成的正常亏损与失职渎职的界限。坚持罪刑法定原则和刑法谦抑性原则,禁止以刑事手段插手民事经济纠纷。对于法律和司法解释规定不明确、法律政策界限不明、罪与非罪界限不清的,不作为犯罪处理;对于认定罪与非罪争议较大的案件,及时向上级检察机关请示报告。

8. 切实贯彻宽严相济刑事政策。对于锐意创新探索,但出现决策失误、偏差,造成一定损失的行为,要区分情况慎重对待。没有徇私舞弊、中饱私囊,或者没有造成严重后果的,不作为犯罪处理。在科研项目实施中突破现有制度,但有利于实现创新预期成果的,应当予以宽容。在创新过程中发生轻微犯罪、过失犯罪但完成重大科研创新任务的,应当依法从宽处理。对于科技创新中发生的共同犯罪案件,重点追究主犯的刑事责任,对于从犯和犯罪情节较轻的,依法从宽处理。对于以科技创新为名骗取、套取、挥霍国家科研项目投资,严重危害创新发展的犯罪,应当依法打击。

9. 注重改进司法办案方式方法。要尊重科技创新规律,保护科技创新主体积极性、创造性,努力实现办案的最佳效果。查办涉及科技创新的犯罪,要慎重选择办案时机和方式,注意听取行业主管、监管部门以及科技专家、法律专家等意见,防止因办案时机和方式不当影响正常的科技创新工作。对于正在承担重大科研项目攻关、重大科技发展规划制定、重大涉外项目实施等职责的涉案科研人员,检察机关在做好相关保密和防逃工作的同时,可以根据具体情况确定办案时机。对于重点科研单位、重大科研项目关键岗位的涉案科研人员,尽量不使用拘留、逮捕等强制措施;必须采取拘留、逮捕等措施的,应当及时通报有关部门做好科研攻关的衔接工作,确有必要的,可以在不影响诉讼正常进行的前提下,为其指导科研攻关提供一定条件。对于被采取逮捕措施的涉案科研人员,检察机关应当依照有关规定对羁押必要性开展审查。对于科研单位用于科技创新、产品研发的设备、资金和技术资料,一般不予以查封、扣押、冻结;确实需要查封、扣押、冻结的,应当为其预留必要的流动资金、往来账户和关键设备资料,防止因办案造成科研项目中断、停滞,或者因处置不当造成科研成果流失。

四、综合发挥检察职能,提高服务科技创新的能力水平

10. 拓展法律服务渠道,加强对科技创新主体合法权益的司法救济。充分运用检察机关视频接访系统、12309举报网络平台等诉求表达渠道,为科技创新主体寻求法律咨询、司法救济等提供更加便捷高效的服务。及时审查相关的控告、申诉和举报,严格依法办理,保障其人身和财产合法权益。畅通科技创新主体对检察工作提出批评和意见建议的渠道,对于有关单位和人员反映的突出问题,要高度关注、认真督办,及时反馈情况。

11. 落实普法责任制,主动开展普法活动。坚持预防为主,积极为科技创新主体提供法律服务。认真落实检察官以案释法制度,结合司法办案,采取多种形式,帮助和促进科技创新主体强化知识产权保护意识,明确法律红线和法律风险,提高其依法开展科技创新、依法维护自身合法权益的意识和能力。着眼目前已设立的国家自主创新示范区、经济技术开发区、高新技术开发区、"双创"基地等创新要素集聚地,积极开展法治宣传、预防咨询,促进科技创新工作在法治轨道上实施运行。

12. 努力提高法律服务能力水平。办理涉及科技创新犯罪案件政策性、专业性较强,检察人员要加强相关专业知识学习和对有关犯罪的研究。探索建立专门的知识产权办案机构或者办案小组,有条件的地区试行知识产权案件集中管辖。培养、选拔专家型人才和业务骨干从事涉及科技创新案件的办理工作。探索利用大数据分析等技术手段,提高互联网条件下电子证据的收集、固定和综合运用能力。细化侵犯知识产权犯罪案件和其他妨害科技创新犯罪案件证据收集、固定、审查运用的标准,强化办案指引。推行对重大疑难复杂犯罪案件介入侦查引导取证机制,确保侦查取证的合法性、有效性和案件定性的准确性。探索建立知识产权专家库,建立健全专家证人、专家咨询、技术鉴定等案件办理机制,完善有专门知识的人出庭作证制度,为办案提供智力支持。

五、强化组织领导,确保对科技创新的司法保障落到实处

13. 加强对办理涉及科技创新案件的组织领导和业务指导。坚持把综合发挥检察职能、服务科技创新发展作为检察机关当前的一项重要任务,切实加强领导,强化措施,狠抓落实。上级人民检察院特别是省级人民检察院要深入研究分析保障和促进科技创新发展中遇到的新情况、新问题,加强对下业务指导。对于重大侵犯知识产权犯罪案件、重大妨害科技创新职务犯罪案件挂牌督办,确保办案质量和效率。下级人民检察院对于办案中遇到的困难和问题,应当及时向上级人民检察院请示报告,必要时层报最高人民检察院。

14. 加强协作配合,形成保障和促进科技创新发展的合力。加强与政府科技、教育等部门的工作联系,深入分析和把握影响科技创新发展的深层次问题,对于体制机制及政策制定、执行中的问题,及时向主管部门通报,完善服务科技创新的监管措施。加强与各级科协的联系,建立健全联席会议、定期通报、共同调研等常态化工作机制,及时了解科技创新最新政策、发展情况和问题,准确把握科研单位和科研人员的司法需求,在职责范围内积极主动地为科研单位和科研人员排忧解难,切实提高检察机关服务科技创新的自觉性和能动性。

15. 加强宣传工作,营造重视和支持科技创新的良好环境。大力宣传党和国家创新驱动发展战略,宣传有关保护和促进科技创新发展的方针政策和法律法规,使创新发展理念深入人心。充分利用报刊、广播、电视和门户网站、微信、微博、新闻客户端等媒体,加强宣传检察机关保障和促进科技创新发展的新思路、新举措和新成效。审慎发布涉及科技创新主体犯罪案件的新闻信息,及时引导和疏解有关舆情,推动全社会形成依法保障和促进科技创新发展的司法环境和社会氛围。

34. 最高人民法院《关于人民法院庭审录音录像的若干规定》(法释〔2017〕5号)

为保障诉讼参与人诉讼权利,规范庭审活动,提高庭审效率,深化司法公开,促进司法公正,根据《中华人民共和国刑事诉讼法》《中华人民共和国民事诉讼法》《中华人民共和国行政诉讼法》等法律规定,结合审判工作实际,制定本规定。

第1条 人民法院开庭审判案件,应当对庭审活动进行全程录音录像。

第2条 人民法院应当在法庭内配备固定或者移动的录音录像设备。

有条件的人民法院可以在法庭安装使用智能语音识别同步转换文字系统。

第3条 庭审录音录像应当自宣布开庭时开始,至闭庭时结束。除下列情形外,庭审录音录像不得人为中断:

(一)休庭;(二)公开庭审中的不公开举证、质证活动;(三)不宜录制的调解活动。负责录音录像的人员应当对录音录像的起止时间、有无中断等情况进行记录并附卷。

第4条 人民法院应当采取叠加同步录制时间或者其他措施保证庭审录音录像的真实和完整。

因设备故障或技术原因导致录音录像不真实、不完整的,负责录音录像的人员应当作出书面说明,经审判长或独任审判员审核签字后附卷。

第5条 人民法院应当使用专门设备在线或离线存储、备份庭审录音录像。因设备故障等原因导致不符合技术标准的录音录像,应当一并存储。

庭审录音录像的归档,按照人民法院电子诉讼档案管理规定执行。

第6条 人民法院通过使用智能语音识别系统同步转换生成的庭审文字记录,经审判人员、书记员、诉讼参与人核对签字后,作为法庭笔录管理和使用。

第7条 诉讼参与人对法庭笔录有异议并申请补正的,书记员可以播放庭审录音录像进行核对、补正;不予补正的,应当将申请记录在案。

第8条 适用简易程序审理民事案件的庭审录音录像,经当事人同意的,可以替代法庭笔录。

第9条 人民法院应当将替代法庭笔录的庭审录音录像同步保存在服务器或者刻录成光盘,并由当事人和其他诉讼参与人对其完整性校验值签字或者采取其他方法进行确认。

第10条 人民法院应当通过审判流程信息公开平台、诉讼服务平台以及其他便民诉讼服务平台,为当事人、辩护律师、诉讼代理人等依法查阅庭审录音录像提供便利。

对提供查阅的录音录像,人民法院应当设置必要的安全防范措施。

第11条 当事人、辩护律师、诉讼代理人等可以依照规定复制录音或者誊录庭审录音录像,必要时人民法院应当配备相应设施。

第12条 人民法院可以播放依法公开审理案件的庭审录音录像。

第13条 诉讼参与人、旁听人员违反法庭纪律或者有关法律规定,危害法庭安全、扰乱法庭秩序的,人民法院可以通过庭审录音录像进行调查核实,并将其作为追究法律责任的证据。

第14条 人民检察院、诉讼参与人认为庭审活动不规范或者违反法律规定的,人民法院应当结合庭审录音录像进行调查核实。

第15条 未经人民法院许可,任何人不得对庭审活动进行录音录像,不得对庭审录音录像进行拍录、复制、删除和迁移。

行为人实施前款行为的,依照规定追究其相应责任。

第16条 涉及国家秘密、商业秘密、个人隐私等庭审活动的录制,以及对庭审录音录像的存储、查阅、复制、誊录等,应当符合保密管理等相关规定。

第17条 庭审录音录像涉及的相关技术保障、技术标准和技术规范,由最高人民法院另行制定。

第18条 人民法院从事其他审判活动或者进行执行、听证、接访等活动需要进行录音录像的,参照本规定执行。

第19条 本规定自2017年3月1日起施行。最高人民法院此前发布的司法解释及规范性文件与本规定不一致的,以本规定为准。

35. 最高人民检察院《关于贪污养老、医疗等社会保险基金能否适用最高人民法院、最高人民检察院〈关于办理贪污贿赂刑事案件适用法律若干问题的解释〉第1条第2款第1项规定的批复》(高检发释字〔2017〕1号)

近来,一些地方人民检察院就贪污养老、医疗等社会保险基金能否适用《最高人民法院、最高人民检察院关于办理贪污贿赂刑事案件适用法律若干问题的解释》第1条第2款第1项规定请示我院。经研究,批复如下:养老、医疗、工伤、失业、生育等社会保险基金可以认定为《最高人民法院、最高人民检察院关于办理贪污贿赂刑事案件适用法律若干问题的解释》第1条第2款第1项规定的"特定款物"。

根据刑法和有关司法解释规定,贪污罪和挪用公款罪中的"特定款物"的范围有所不同,实践中应注意区分,依法适用。

36. 最高人民法院《第3批指导性案例杨某虎等贪污案》(指导案例11号;法〔2012〕227号)

【裁判要点】

1. 贪污罪中的"利用职务上的便利",是指利用职务上主管、管理、经手公共财物的权力及方便条件,既包括利用本人职务上主管、管理公共财物的职务便利,也包括利用职务上有隶属关系的其他国家工作人员的职务便利。2. 土地使用权具有财产性利益,属于刑法第382条第1款规定中的"公共财物",可以成为贪污的对象。

【裁判理由】

法院生效裁判认为:关于被告人杨某虎的辩护人提出杨某虎没有利用职务便利的辩护意见。经查,义乌国际商贸城指挥部系义乌市委、市政府为确保国际商贸城建设工程顺利进行而设立的机构,指挥部下设确权报批科,工作人员从国土资源局抽调,负责土地确权、建房建设用地的审核及报批工作,分管该科的副总指挥吴某某也是国土资源局的副局长。确权报批科作为指挥部下设机构,同时受指挥部的领导,作为指挥部总指挥的杨某虎具有对该科室的领导职权。贪污罪中的"利用职务上的便利",是指利用职务上主管、管理、经手公共财物的权力及方便条件,既包括利用本人职务上主管、管理公共财物的职务便利,也包括利用职务上有隶属关系的其他国家工作人员的职务便利。本案中,杨某虎正是利用担任义乌市委常委、义乌市人大常委会副主任和兼任指挥部总指挥的职务便利,给下属的土地确权报批科人员及其分管副总指挥打招呼,才使得王某芳等人虚报的拆迁安置得以实现。

关于被告人杨某虎等人及其辩护人提出被告人王某芳应当获得土地安置补偿,涉案土地属于集体土地,不能构成贪污罪的辩护意见。经查,王某芳购房时系居民户口,按照法律规定和义乌市拆迁安置有关规定,不属于拆迁安置对象,不具备获得土地确权的资格,其在共和村所购房屋既不能获得土地确权,又不能得到拆迁安置补偿。杨某虎等人明知王某芳不符合拆迁安置条件,却利用杨某虎的职务便利,通过将王某芳所购房屋谎报为其祖传旧房、虚构王某芳与王某祥分家事实,骗得旧房拆迁安置资格,骗取国有土地确权。同时,由于杨某虎利用职务便利,杨某虎、王某芳等人弄虚作假,既使王某芳所购旧房的房主赵某某按无房户得到了土地安置补偿,又使本来不应获得土地安置补偿的王某芳获得了土地安置补偿。《中华人民共和国土地管理法》第二条、第九条规定,我国土地实行社会主义公有制,即全民所有制和劳动群众集体所有制,并可以依法确定给单位或者个人使用。对土地进行占有、使用、开发、经营、交易和流转,能够带来相应经济收益。因此,土地使用权自然具有财产性利益,无论国有土地,还是集体土地,都属于刑法第三百八十二条第一款规定中的"公共财物",可以成为贪污的对象。王某芳名下安置的地块已在2002年8月被征为国有并转为建设用地,义乌市政府文件抄告单也明确该处的拆迁安置土地使用权登记核发国有土地使用权证。因此,杨某虎等人及其辩护人所提该项辩护意见,不能成立。

综上,被告人杨某虎作为国家工作人员,利用担任义乌市委常委、义乌市人大常委会副主任和兼任国际商贸城指挥部总指挥的职务便利,伙同被告人郑某潮、王某芳以虚构事实的手段,骗取国有土地使用权,非法占有公共财物,三个被告人的行为均已构成贪污罪。杨某虎还利用职务便利,索取或收受他人贿赂,为他人谋取利益,其行为又构成受贿罪,应依法数罪并罚。在共同贪污犯罪中,杨某虎起主要作用,系主犯,应当按照其所参与或者组织、指挥的全部犯罪处罚;郑某潮、王某芳起次要作用,系从犯,应减轻处罚。故一、二审法院依法作出如上裁判。

37. 中共中央纪律检查委员会《纪检监察机关处理主动投案问题的规定(试行)》(2019年7月)

(详见本书《刑法》第67条相关内容)

38. 最高人民法院、最高人民检察院、公安部、司法部《关于依法惩治妨害新型冠状病毒感染肺炎疫情防控违法犯罪的意见》(法发〔2020〕7号)

二、准确适用法律,依法严惩妨害疫情防控的各类违法犯罪

(七)依法严惩疫情防控失职渎职、贪污挪用犯罪。在疫情防控工作中,负有组织、协调、指挥、灾害调查、控制、医疗救治、信息传递、交通运输、物资保障等职责的国家机关工作人员,滥用职权或者玩忽职守,致使公共财产、国家和人民利益遭受重大损失的,依照刑法第397条的规定,以滥用职权罪或者玩忽职守罪定罪处罚。

卫生行政部门的工作人员严重不负责任,不履行或者不认真履行防治监管职责,导致新型冠状病毒感染肺炎传播或者流行,情节严重的,依照刑法第409条的规定,以传染病防治失职罪定罪处罚。

从事实验、保藏、携带、运输传染病菌种、毒种的人员,违反国务院卫生行政部门的有关规定,造成新型冠状病毒毒种扩散,后果严重的,依照刑法第331条的规定,以传染病毒种扩散罪定罪处罚。

国家工作人员,受委托管理国有财产的人员,公司、企业或者其他单位的人员,利用职务便利,侵吞、截留或者以其他手段非法占有用于防控新型冠状病毒感染肺炎的款物,或者挪用上述款物归个人使用,符合刑法第382条、第383条、第271条、第384条、第272条规定的,以贪污罪、职务侵占罪、挪用公款罪、挪用资金罪定罪处罚。挪用用于防控新型冠状病毒感染肺炎的救灾、优抚、救济等款物,符合刑法第273条规定的,对直接责任人员,以挪用特定款物罪定罪处罚。(全文详见本书《刑法》第114条相关内容)

39. 最高人民检察院《第20批指导性案例浙江省某县图书馆及赵某、徐某某单位受贿、私分国有资产、贪污案》(检例第73号;2020年7月21日)

【要旨】

人民检察院在对职务犯罪案件审查起诉时,如果认为相关单位亦涉嫌犯罪,且单位犯罪事实清楚、证据确实充分,经与监察机关沟通,可以依法对犯罪单位提起公诉。检察机关在审查起诉中发现遗漏同案犯或犯罪事实的,应当及时与监察机关沟通,依法处理。

【指导意义】

(一)检察机关对单位犯罪可依法直接追加起诉。人民检察院审查监察机关移送起诉的案件,应当查明有无遗漏罪行和其他应当追究刑事责任的人。对于单位犯罪案件,监察机关只对直接负责的主管人员和其他直接责任人员移送起诉,未移送起诉涉嫌犯罪单位的,如果犯罪事实清楚,证据确实充分,经与监察机关沟通,检察机关对犯罪单位可以依法直接提起公诉。(二)检察机关在审查起诉中发现遗漏同案犯或犯罪事实的,应当及时与监察机关沟通,依法处理。检察机关在审查起诉中,如果发现监察机关移送起诉的案件遗漏同案职务犯罪人或犯罪事实的,应当及时与监察机关沟通,依法处理。如果监察机关在本案审查起诉期限内调查终结移送起诉,且犯罪事实清楚,证据确实充分的,可以并案起诉;如果监察机关不能在本案审查起诉期限内调查终结移送起诉,或者虽然移送起诉,但因案情重大复杂等原因不能及时审结的,也可分案起诉。

40. 最高人民检察院《第20批指导性案例李某波贪污案》(检例第74号;2020年7月21日)

【要旨】

对于贪污贿赂等重大职务犯罪案件,犯罪嫌疑人、被告人逃匿,在通缉一年后不能到案,如果有证据证明有犯罪事实,依照刑法规定应当追缴其违法所得及其他涉案财产的,应当依法适用违法所得没收程序办理。违法所得没收裁定生效后,在逃的职务犯罪嫌疑人自动投案或者被抓获,监察机关调查终结移送起诉的,检察机关应当依照普通刑事诉讼程序办理,并与原没收裁定程序做好衔接。

【指导意义】

(一)对于犯罪嫌疑人、被告人逃匿的贪污贿赂等重大职务犯罪案件,符合法定条件的,人民检察院应当依法适用违法所得没收程序办理。对于贪污贿赂等重大职务犯罪案件,犯罪嫌疑人、被告人逃匿,在通缉1年后不能到案,如果有证据证明有犯罪事实,依照刑法规定应当追缴其违法所得及其他涉案财产的,人民检察院应当依法向人民法院提出没收违法所得的申请,促进追赃追逃工作开展。(二)违法所得没收裁定生效后,犯罪嫌疑人、被告人到案的,人民检察院应当依照普通刑事诉讼程序审查起诉。人民检察院依照特别程序提出没收违法所得申请,人民法院作出没收裁定生效后,犯罪嫌疑人、被告人自动投案或者被抓获的,检察机关应当依照普通刑事诉讼程序进行审查。人民检察院审查后,认为犯罪事实清楚,证据确实充分的,应当向原作出裁定的人民法院提起公诉。(三)在依照普通刑事诉讼程序办理案件过程中,要与原违法所得没收程序做好衔接。对扣除已裁定没收财产后需要继续追缴违法所得的,检察机关应当依法审查提出意见,由人民法院判决后追缴。

41. 最高人民检察院《第20批指导性案例金某某受贿案》(检例第75号;2020年7月21日)

【要旨】

对于犯罪嫌疑人自愿认罪认罚的职务犯罪案件,应当依法适用认罪认罚从宽制度办理。在适用认罪认罚从宽制度办理职务犯罪案件过程中,检察机关应切实履行主导责任,与监察机关、审判机关互相配合,互相制约,充分保障犯罪嫌疑人、被告人的程序选择权。要坚持罪刑法定和罪责刑相适应原则,对符合有关规定条件的,一般应当就主刑、附加刑、是否适用缓刑等提出确定刑量刑建议。

【指导意义】

(一)对于犯罪嫌疑人自愿认罪认罚的职务犯罪案件,检察机关应当依法适用认罪认罚从宽制度办理。依据刑事诉讼法第十五条规定,认罪认罚从宽制度贯穿刑事诉讼全过程,没有适用罪名和可能判处刑罚的限定,所有刑事案件都可以适用。职务犯罪案件适用认罪认罚从宽制度,符合宽严相济刑事政策,有利于最大限度实现办理职务犯罪案件效果,有利于推进反腐败工作。职务犯罪案件的犯罪嫌疑人自愿如实供述自己的罪行,真诚悔罪,愿意接受处罚,检察机关应当依法适用认罪认罚从宽制度办理。(二)适用认罪认罚从宽制度办理职务犯罪案件,检察机关应切实履行主导责任。检察机关通过提前介入监察机关办理职务犯罪案件工作,即可根据案件事实、证据、性质、情节、被调查人态度等基本情况,初步判定能否适用认罪认罚从宽制度。案件移送起诉后,人民检察院应当及时告知犯罪嫌疑人享有的诉讼权利和认罪认罚从宽制度相关法律规定,保障犯罪嫌疑人的程序选择权。犯罪嫌疑人自愿认罪认罚的,人民检察院应当就涉嫌的犯罪事实、罪名及适用的法律规定,从轻、减轻或者免除处罚等从宽处罚的建议,认罪认罚后案件审理适用的程序及其他需要听取意见的情形,听取犯罪嫌疑人、辩护人或者值班律师的意见并记录在案,同时加强与监察机关、审判机关的沟通,听取意见。(三)依法提出量刑建议,提升职务犯罪案件适用认罪认罚从宽制度效果。检察机关办理认罪认罚职务犯罪案件,应当根据犯罪的事实、性质、情节和对社会的危害程度,结合法定、酌定的量刑情节,综合考虑认罪认罚的具体情况,依法决定是否从宽、如何从宽。对符合有关规定条件的,一般应当就主刑、附加刑、是否适用缓刑等提出确定刑量刑建议。对于减轻、免除处罚,应当于法有据;不具备减轻处罚情节的,应当在法定幅度以内提出从轻处罚的量刑建议。

42. 最高人民检察院《第20批指导性案例张某受贿,郭某行贿、职务侵占、诈骗案》(检例第76号;2020年7月21日)

【要旨】

检察机关提前介入应认真审查案件事实和证据,准确把握案件定性,依法提出提前介入意见。检察机关在审查起诉阶段仍应严格审查,提出审查起诉意见。审查起诉意见改变提前介入意见的,应及时与监察机关沟通。对于在审查起诉阶段发现漏罪,如该罪属于公安机关管辖,但犯罪事实清楚,证据确实充分,符合起诉条件的,检察机关在征得相关机关同意后,可以直接追加起诉。

【指导意义】

(一)检察机关依法全面审查监察机关移送起诉案件,审查起诉意见与提前介入意见不一致的,应当及时与监察机关沟通。检察机关提前介入监察机关办理的职务犯罪案件时,已对证据收集、事实认定、案件定性、法律适用等提出意见。案件进入审查起诉阶段后,检察机关仍应依法全面审查,可以改变提前介入意见。审查起诉意见改变提前介入意见的,检察机关应当及时与监察机关沟通。(二)对于监察机关在调查其管辖犯罪时已经查明,但属于公安机关管辖的犯罪,检察机关可以依法追加起诉。对于监察机关移送起诉的案件,检察机关在审查起诉阶段发现漏罪,如该罪属于公安机关管辖,但犯罪事实清楚,证据确实充分,符合起诉条件的,经征求监察机关、公安机关意见后,没有不同意见的,可以直接追加起诉;提出不同意见,或者事实不清、证据不足的,应当将案件退回监察机关并说明理由,建议其移送有管辖权的机关办理,必要时可以自行补充侦查。(三)根据主客观相统一原则,准确区分受贿罪和贪污罪。对于国家工作人员收受贿赂后故意不履行监管职责,使非国家工作人员非法占有财物的,如该财物又涉及公款,应根据主客观相统一原则,准确认定案件性质。一要看主观上是否对侵吞公款进行过共谋,二要看客观上是否共同实施侵吞公款行为。如果具有共同侵占公款故意,且共同实施了侵占公款行为,应认定为贪污罪共犯;如果国家工作人员主观上没有侵占公款故意,只是收受贿赂后放弃职守,客观上使非国家工作人员任意处理其经手的钱款成为可能,应认定为为他人谋取利益,国家工作人员构成受贿罪,非国家工作人员构成行贿罪。如果国家工作人员行为同时构成玩忽职守罪的,以受贿罪和玩忽职守罪数罪并罚。

43. 最高人民法院、最高人民检察院、公安部《关于刑事案件涉扶贫领域财物依法快速返还的若干规定》(2020年7月24日)

(详见本书《刑法》第64条相关内容)

第384条 【挪用公款罪】 国家工作人员利用职务上的便利,挪用公款归个人使用,进行非法活动的,或者挪用公款数额较大、进行营利活动的,或者挪用公款数额较大、超过3个月未还的,是挪用公款罪,处5年以下有期徒刑或者拘役;情节严重的,处5年以上有期徒刑。挪用公款数额巨大不退还的,处10年以上有期徒刑或者无期徒刑。

挪用用于救灾、抢险、防汛、优抚、扶贫、移民、救济款物归个人使用的,从重处罚。

[2002年4月28日第九届全国人大常委会第二十七次会议讨论了《刑法》第384条第1款规定的国家工作人员利用职务上的便利,挪用公款"归个人使用"的含义问题,解释如下:

有下列情形之一的,属于挪用公款"归个人使用":

(一)将公款供本人、亲友或者其他自然人使用的;(二)以个人名义将公款供其他单位使用的;(三)个人决定以单位名义将公款供其他单位使用,谋取个人利益的。]

• 释义

挪用公款罪是指国家工作人员利用职务上的便利,挪用公款归个人使用,进行非法活动的,或者挪用公款数额较大、进行营利活动的,或者挪用公款数额较大、超过3个月未还的行为。

国有金融机构工作人员和国有金融机构委派到非国有金融机构从事公务的人员,利用职务上的便利,挪用本单位或者客户资金的,以挪用公款罪追究刑事责任。

国有公司、企业或者其他国有单位中从事公务的人员和国有公司、企业或者其他国有单位委派到非国有公司、企业以及其他单位从事公务的人员,利用职务上的便利,挪用本单位资金归个人使用或者借贷给他人,数额较大,超过3个月未还的,或者虽未超过3个月,但数额较大,进行营利活动的,或者进行非法活动的,以挪用公款罪追究刑事责任。挪用用于救灾、抢险、防汛、优抚、扶贫、移民、救济款物归个人使用的,从重处罚。

• 管辖

监察机关。

• 立案追诉标准

挪用公款案(《刑法》第384条,第185条第2款,第272条第2款)涉嫌下列情形之一的,应予立案:

1. 挪用公款归个人使用,数额在5000元至1万元以上,进行非法活动的;

2. 挪用公款数额在1万元至3万元以上,归个人进行营利活动的;

3. 挪用公款归个人使用,数额在1万元至3万元以上,超过3个月未还的。各省级人民检察院可以根据本地实际情况,在上述数额幅度内,确定本地区执行的具体数额标准,并报最高人民检察院备案。

"挪用公款归个人使用",既包括挪用者本人使用,也包括给他人使用。

多次挪用公款不还的,挪用公款数额累计计算;多次挪用公款并以后次挪用的公款归还前次挪用的公款,挪用公款数额以案发时未还的数额认定。

挪用公款给其他个人使用的案件,使用人与挪用人共谋,指使或者参与策划取得挪用款的,对使用人以挪用公款罪的共犯追究刑事责任。

最高人民法院、最高人民检察院《关于办理贪污贿赂刑事案件适用法律若干问题的解释》(法释〔2016〕9号)第5条、第6条规定:

挪用公款归个人使用,进行非法活动,数额在3万元以上的,应当依照刑法第384条的规定以挪用公款罪追究刑事责任;数额在300万元以上的,应当认定为刑法第384条第1款规定的“数额巨大”。具有下列情形之一的,应当认定为刑法第384条第1款规定的“情节严重”:

(一)挪用公款数额在100万元以上的;(二)挪用救灾、抢险、防汛、优抚、扶贫、移民、救济特定款物,数额在50万元以上不满100万元的;(三)挪用公款不退还,数额在50万元以上不满100万元的;(四)其他严重的情节。

挪用公款归个人使用,进行营利活动或者超过3个月未还,数额在5万元以上的,应当认定为刑法第384条第1款规定的“数额较大”;数额在500万元以上的,应当认定为刑法第384条第1款规定的“数额巨大”。具有下列情形之一的,应当认定为刑法第384条第1款规定的“情节严重”:

(一)挪用公款数额在200万元以上的;(二)挪用救灾、抢险、防汛、优抚、扶贫、移民、救济特定款物,数额在100万元以上不满200万元的;(三)挪用公款不退还,数额在100万元以上不满200万元的;(四)其他严重的情节。

国家工作人员利用职务上的便利,挪用公款归个人使用,进行非法活动的,或者挪用公款数额较大、进行营利活动的,或者挪用公款数额较大、超过3个月未还的,是挪用公款罪,处5年以下有期徒刑或者拘役;情节严重的,处5年以上有期徒刑。挪用公款数额巨大不退还的,处10年以上有期徒刑或者无期徒刑。

挪用用于救灾、抢险、防汛、优抚、扶贫、移民、救济款物归个人使用的,从重处罚。

• 关联法律

1. 最高人民法院《关于贪污挪用公款所生利息应否计入贪污挪用公款犯罪数额问题的批复》(法复〔1993〕11号)

(法释〔2013〕2号已声明该文件废止)

2. 最高人民法院《关于办理违反公司法受贿、侵占、挪用等刑事案件适用法律若干问题的解释》(法发〔1995〕23号)

(法释〔2013〕2号已声明该文件废止)

3. 最高人民检察院《关于挪用国库券如何定性问题的批复》(高检发释字〔1997〕5号)

宁夏回族自治区人民检察院:你院宁检发字〔1997〕43号《关于国库券等有价证券是否可以成为挪用公款罪所侵犯的对象以及以国库券抵押贷款的行为如何定性等问题的请示》收悉。关于挪用国库券如何定性的问题,经研究,批复如下:

国家工作人员利用职务上的便利,挪用公有或本单位的国库券的行为以挪用公款论;符合刑法第384条、第272条第2款规定的情形构成犯罪的,按挪用公款罪追究刑事责任。

4. 最高人民法院《关于审理挪用公款案件具体应用法律若干问题的解释》(法释〔1998〕9号)

为依法惩处挪用公款犯罪,根据刑法的有关规定,现对办理挪用公款案件具体应用法律的若干问题解释如下:

第1条 刑法第384条规定的“挪用公款归个人使用”,包括挪用者本人使用或者给他人使用。

挪用公款给私有公司、私有企业使用的,属于挪用公款归个人使用。

第2条 对挪用公款罪,应区分3种不同情况予以认定:

(一)挪用公款归个人使用,数额较大、超过3个月未还的,构成挪用公款罪。

挪用正在生息或者需要支付利息的公款归个人使用,数额较大,超过3个月但在案前全部归还本金的,可以从轻处罚或者免除处罚。给国家、集体造成的利息损失应予追缴。挪用公款数额巨大,超过3个月,案发前全部归还的,可以酌情从轻处罚。

(二)挪用公款数额较大,归个人进行营利活动的,构成挪用公款罪,不受挪用时间和是否归还的限制。在案发前部分或者全部归还本息的,可以从轻处罚;情节轻微的,可以免除处罚。

挪用公款存入银行、用于集资、购买股票、国债等,属于挪用公款进行营利活动。所获的利息、收益等违法所得,应当追缴,但不计入挪用公款的数额。

(三)挪用公款归个人使用,进行赌博、走私等非法活动的,构成挪用公款罪,不受"数额较大"和挪用时间的限制。

挪用公款给他人使用,不知道使用人用公款进行营利活动或者用于非法活动,数额较大、超过3个月未还的,构成挪用公款罪;明知使用人用于营利活动或者非法活动的,应当认定为挪用人挪用公款进行营利活动或者非法活动。

第3条 挪用公款归个人使用,"数额较大、进行营利活动的"或者"数额较大、超过3个月未还的",以挪用公款1万元至3万元为"数额较大"的起点,以挪用公款15万元至20万元为"数额巨大"的起点。挪用公款"情节严重",是指挪用公款数额巨大,或者数额虽未达到巨大,但挪用公款手段恶劣;多次挪用公款;因挪用公款严重影响生产、经营,造成严重损失等情形。

"挪用公款归个人使用,进行非法活动的",以挪用公款5000元至1万元为追究刑事责任的数额起点。挪用公款5万元至10万元以上的,属于挪用公款归个人使用,进行非法活动,"情节严重"的情形之一。挪用公款归个人使用,进行非法活动,情节严重的其他情形,按照本条第1款的规定执行。

各高级法院可以根据本地实际情况,照本解释规定的数额幅度,确定本地区执行具体数额标准,并报最高人民法院备案。

挪用救灾、抢险、防汛、优抚、扶贫、移民、救济款物归个人使用的数额标准,参照挪用公款归个人使用进行非法活动的数额标准。

第4条 多次挪用公款不还,挪用公款数累计计算;多次挪用公款,并以后次挪用的公款归还前次挪用的公款,挪用公款数额以案发时未还的实际数额认定。

第5条 "挪用公款数额巨大不退的",是指挪用公款数额巨大,因客观原因在一审宣判前不能退还的。

第6条 携带挪用的公款潜逃的,依照刑法第382条、第383条的规定定罪处罚。

第7条 因挪用公款索取、收受贿赂构成犯罪的,依照数罪并罚的规定处罚。

挪用公款进行非法活动构成其他犯罪的,依照数罪并罚的规定处罚。

第8条 挪用公款给他人使用,使用人与挪用人共谋,指使或者参与策划取得挪用款的,以挪用公款罪的共犯定罪处罚。

5. 最高人民检察院《人民检察院直接受理立案侦查案件立案标准的规定(试行)》(高检发释字〔1999〕2号)

(见本条立案追诉标准内容)

6. 最高人民检察院《关于国家工作人员挪用非特定公物能否定罪的请示的批复》(高检发释字〔2000〕1号)

山东省人民检察院:你院鲁检发研字〔1999〕第3号《关于国家工作人员挪用非特定公物能否定罪的请示》收悉。经研究认为,刑法第384条规定的挪用公款罪中未包括挪用非特定公物归个人使用的行为,对该行为不以挪用公款罪论处。如构成其他犯罪的,依照刑法的相关规定定罪处罚。

7. 最高人民检察院《关于挪用公款给私有公司、私有企业使用行为的法律适用问题的批复》(高检发研字〔2000〕7号)

被最高人民检察院《关于废止1997年7月1日至2012年6月30日期间制发的部分司法解释性质文件的决定》(高检发释字〔2013〕2号)废止。

8. 最高人民法院《关于如何认定挪用公款归个人使用有关问题的解释》(法释〔2001〕29号)

(法释〔2013〕7号已声明该文废止)

9. 最高人民检察院《关于认真贯彻执行全国人大会常委会〈关于刑法第294条第1款的解释〉和〈关于刑法第384条第1款的解释〉的通知》(高检发研字〔2002〕11号)

第9届全国人民代表大会常务委员会第27次会议于2002年4月28日通过了《全国人民代表大会常务委员会关于〈中华人民共和国刑法〉第294条第1款的解释》和《全国人民代表大会常务委员会关于〈中华人民共和国刑法〉第384条第1款的解释》(以下统称《解释》)。为保证《解释》的正确贯彻执行,特通知如下:

一、本次全国人大常委会审议通过的有关刑法的两个法律解释,是立法的重要补充形式,与法律具有同等效力,对于健全社会主义法制,保证国家法律的统一正确实施具有重要意义,尤其对于当前开展"严打"整治斗争,进一步加大反腐败工作力度,将会发挥积极的作用。各级人民检察院要提高对《解释》重要性的认识,组织检察人员认真学习《解释》,全面、深刻领会立法解释的精神,充分发挥法律监督作用,严厉打击黑社会性质组织犯罪和挪用公款犯罪。

二、要正确适用法律,积极发挥检察职能作用。各级人民检察院在办理相关案件的过程中,要充分运用刑法和立法解释的有关规定,依法开展立案侦查和批捕、起诉工作,严格按照《解释》加强对黑社会性质组织和挪用公款犯罪的打击力度,积极发挥检察机关的职能作用。根据《解释》的规定,黑社会性质组织是否有国家工作人员充当"保护伞",即是否要有国家工作人员参与犯罪或者为犯罪活动提供非法保护,不影响黑社会性质组织的认定,对于同时具备《解释》规定的黑社会性质组织4个特征的案件,应依法予以严惩,以体现"打早打小"的立法精神。同时,对于确有"保护伞"的案件,也要坚决一查到底,绝不姑息。对于国家工作人员利用职务上的便利,实施《解释》规定的挪用公款"归个人使用"的3种情形之一的,无论使用公款的是个人还是单位以及单位的性质如何,均应认定为挪用公款归个人使用,构成犯罪的,应依法严肃查处。

三、要注意区分罪与非罪界限,切实提高办案质量。各级人民检察院在办理相关案件时,要严格依法进行,严格区分罪与非罪、此罪与彼罪的界限,切实保证办案质量。要特别注意区分黑社会性质组织犯罪与一般犯罪集团、流氓恶势力团伙违法犯罪的界限、挪用公款犯罪与单位之间违反财经纪律拆借资金行为的界限,做到办案的法律效果和社会效果的有机统一。

四、要坚持打防并举,综合治理。黑社会性质组织严重破坏经济、社会生活秩序,直接影响到人民群众的安居乐业;挪用公款犯罪严重侵犯公共财产,危害国家正常的财经管理制度,是腐败的重要表现。对上述犯罪,要坚持贯彻打防并举、综合治理的方针。各级人民检察院要充分利用各种途径和方式,广泛宣传《解释》,进一步加大举报和预防工作的力度,加强与有关部门的联系和配合。

五、要加强领导,进一步加大工作指导的力度。黑社会性质组织犯罪案件和挪用公款犯罪案件的认定和处理,是一项政策法律性很强的工作。上级人民检察院要加强对下级人民检察院工作指导的力度,下级人民检察院对于重大、疑难、复杂案件的办理,要及时向上级人民检察院请示汇报。各地在贯彻执行《解释》过程中遇到的新情况、新问题,请及时层报最高人民检察院。

10. 全国人大常委会《关于〈中华人民共和国刑法〉第384条第1款的解释》(2002年4月28日第九届全国人大常委会第二十七次会议通过)

全国人民代表大会常务委员会讨论了刑法第384条第1款规定的国家工作人员利用职务上的便利,挪用公款“归个人使用”的含义问题,解释如下:

有下列情形之一的,属于挪用公款“归个人使用”:(一)将公款供本人、亲友或者其他自然人使用的;(二)以个人名义将公款供其他单位使用的;(三)个人决定以单位名义将公款供其他单位使用,谋取个人利益的。现予公告。

11. 最高人民检察院《关于挪用失业保险基金和下岗职工基本生活保障资金的行为适用法律问题的批复》(高检发释字〔2003〕1号)

辽宁省人民检察院:你院辽检发研字(〔2002〕9号)《关于挪用职工失业保险金和下岗职工生活保障金是否属于挪用特定款物的请示》收悉。经研究,批复如下:

挪用失业保险基金和下岗职工基本生活保障资金属于挪用救济款物。挪用失业保险基金和下岗职工基本生活保障资金,情节严重,致使国家和人民群众利益遭受重大损害的,对直接责任人员,应当依照刑法第273条的规定,以挪用特定款物罪追究刑事责任;国家工作人员利用职务上的便利,挪用失业保险基金和下岗职工基本生活保障资金归个人使用,构成犯罪的,应当依照刑法第384条的规定,以挪用公款罪追究刑事责任。

12. 最高人民法院、最高人民检察院《关于办理妨害预防、控制突发传染病疫情等灾害的刑事案件具体应用法律若干问题的解释》(法释〔2003〕8号)

第14条 贪污、侵占用于预防、控制突发传染病疫情等灾害的款物或者挪用归个人使用,构成犯罪的,分别依照刑法第382条、第383条、第271条、第384条、第272条的规定,以贪污罪、侵占罪、挪用公款罪、挪用资金罪定罪,依法从重处罚。

挪用用于预防、控制突发传染病疫情等灾害的救灾、优抚、救济等款物,构成犯罪的,对直接责任人员,依照刑法第273条的规定,以挪用特定款物罪定罪处罚。(全文详见本书《刑法》第114条相关内容)

13. 最高人民法院《关于挪用公款犯罪如何计算追诉期限问题的批复》(法释〔2003〕16号)

天津市高级人民法院:你院津高法〔2002〕4号《关于挪用公款犯罪如何计算追诉期限问题的请示》收悉。经研究,答复如下:

根据刑法第89条、第384条的规定,挪用公款归个人使用,进行非法活动的,或者挪用公款数额较大、进行营利活动的,犯罪的追诉期限从挪用行为实施完毕之日起计算;挪用公款数额较大、超过3个月未还的,犯罪的追诉期限从挪用公款罪成立之日起计算。挪用公款行为有连续状态的,犯罪的追诉期限应当从最后1次挪用行为实施完毕之日或者犯罪成立之日起计算。

14. 最高人民法院《全国法院审理经济犯罪案件工作座谈会纪要》(法〔2003〕167号)

四、关于挪用公款罪

(一)单位决定将公款给个人使用行为的认定

经单位领导集体研究决定将公款给个人使用,或者单位负责人为了单位的利益,决定将公款给个人使用的,不以挪用公款罪定罪处罚。上述行为致使单位遭受重大损失,构成其他犯罪的,依照刑法的有关规定对责任人员定罪处罚。

(二)挪用公款供其他单位使用行为的认定

根据全国人大常委会《关于〈中华人民共和国刑法〉第384条第1款的解释》的规定,“以个人名义将公款供其他单位使用的”、“个人决定以单位名义将公款供其他单位使用谋取个人利益的”,属于挪用公款“归个人使用”、在司法实践中,对于将公款供其他单位使用的,认定是否属于“以个人名义”,不能只看形式,要从实质上把握。对于行为人逃避财务监管,或者与使用人约定以个人名义进行,或者借款、还款都以个人名义进行,将公款给其他单位使用的,应认定为"以个人名义"。"个人决定"既包括行为人在职权范围内决定,也包括超越职权范围决定。"谋取个人利益",既包括行为人与使用人事先约定谋取个人利益实际尚未获取的情况,也包括虽未事先约定但实际已获取了个人利益的情况、其中的"个人利益",既包括不正当利益,也包括正当利益;既包括财产性利益,也包括非财产性利益,但这种非财产性利益应当是具体的实际利益,如升学、就业等。

(三)国有单位领导向其主管的具有法人资格的下级单位借公款归个人使用的认定

国有单位领导利用职务上的便利指令具有法人资格的下级单位将公款供个人使用的,属于挪用公款行为,构成犯罪的,应以挪用公款罪定罪处罚。

(四)挪用有价证券、金融凭证用于质押行为性质的认定

挪用金融凭证、有价证券用于质押,使公款处于风险之中,与挪用公款为他人提供担保没有实质的区别.符合刑法关于挪用公款罪规定的,以挪用公款罪定罪处罚挪用公款数额以实际或者可能承担的风险数额认定。

(五)挪用公款归还个人欠款行为性质的认定

挪用公款归还个人欠款的,应当根据产生欠款的原因分别认定属于挪用公款的何种情形。归还个人进行非法活动或者进行营利活动产生的欠款,应当认定为挪用公款进行非法活动或者进行营利活动。

(六)挪用公款用于注册公司、企业行为性质的认定

申报注册资本是为进行生产经营活动作准备,属于成立公司、企业进行营利活动的组成部分:因此,挪用公款归个人用于公司、企业注册资本验资证明的,应当认定为挪用公款进行营利活动。

(七)挪用公款后尚未投入实际使用的行为性质的认定

挪用公款后尚未投入实际使用的,只要同时具备"数额较大"和"超过3个月未还"的构成要件,应当认定为挪用公款罪,但可以酌情从轻处罚。

(八)挪用公款转化为贪污的认定

挪用公款罪与贪污罪的主要区别在于行为人主观上是否具有非法占有公款的目的:挪用公款是否转化为贪污,应当按照主客观相一致的原则,具体判断和认定行为人主观上是否具有非法占有公款的目的——在司法实践中,具有以下情形之一的可以认定行为人具有非法占有公款的目的:

1. 根据《最高人民法院关于审理挪用公款案件具体应用法律若干问题的解释》第6条的规定行为人"携带挪用的公款潜逃的",对其携带挪用的公款部分,以贪污罪定罪处罚。

2. 行为人挪用公款后采取虚假发票平帐、销毁有关帐目等手段,使所挪用的公款已难以在单位财务帐目上反映出来,且没有归还行为的,应当以贪污罪定罪处罚。

3. 行为人截取单位收入不入帐,非法占有,使所占有的公款难以在单位财务帐目上反映出来,且没有归还行为的,应当以贪污罪定罪处罚。

4. 有证据证明行为人有能力归还所挪用的公款而拒不归还,并隐瞒挪用的公款去向的,应当以贪污罪定罪处罚。(全文详见本书《刑法》第383条相关内容)

15. 最高人民法院研究室《关于挪用退休职工社会养老金行为如何适用法律问题的复函》(法研〔2004〕102号)

公安部经济犯罪侦查局:你局公经〔2004〕916号《关于挪用退休职工社会养老保险金是否属于挪用特定款物罪事》收悉。经研究,提供如下意见供参考:

退休职工养老保险金不属于我国刑法中的救灾、抢险、防汛、优抚、扶贫、移民、救济等特定款物的任何一种。因此,对于挪用退休职工养老保险金的行为,构成犯罪时,不能以挪用特定款物罪追究刑事责任,而应当按照行为人身份的不同,分别以挪用资金罪或者挪用公款罪追究刑事责任。

16. 最高人民法院、最高人民检察院《关于办理国家出资企业中职务犯罪案件具体应用法律若干问题的意见》(法发〔2010〕49号)

三、关于国家出资企业工作人员使用改制公司、企业的资金担保个人贷款,用于购买改制公司、企业股份的行为的处理

国家出资企业的工作人员在公司、企业改制过程中为购买公司、企业股份,利用职务上的便利,将公司、企业的资金或者金融凭证、有价证券等用于个人贷款担保的,依照刑法第272条或者第384条的规定,以挪用资金罪或者挪用公款罪定罪处罚。

行为人在改制前的国家出资企业持有股份的,不影响挪用数额的认定,但量刑时应当酌情考虑。

经有关主管部门批准或者按照有关政策规定,国家出资企业的工作人员为购买改制公司、企业股份实施前款行为的,可以视具体情况不作为犯罪处理。(全文详见本书《刑法》第383条相关内容)

17. 最高人民法院、最高人民检察院《关于办理贪污贿赂刑事案件适用法律若干问题的解释》(法释〔2016〕9号)

第5条 挪用公款归个人使用,进行非法活动,数额在3万元以上的,应当依照刑法第384条的规定以挪用公款罪追究刑事责任;数额在300万元以上的,应当认定为刑法第384条第1款规定的"数额巨大"。具有下列情形之一的,应当认定为刑法第384条第1款规定的"情节严重":

(一)挪用公款数额在100万元以上的;(二)挪用救灾、抢险、防汛、优抚、扶贫、移民、救济特定款物,数额在50万元以上不满100万元的;(三)挪用公款不退还,数额在50万元以上不满100万元的;(四)其他严重的情节。

第6条 挪用公款归个人使用,进行营利活动或者超过3个月未还,数额在5万元以上的,应当认定为刑法第384条第1款规定的"数额较大";数额在500万元以上的,应当认定为刑法第384条第1款规定的"数额巨大"。具有下列情形之一的,应当认定为刑法第384条第1款规定的"情节严重":

(一)挪用公款数额在200万元以上的;(二)挪用救灾、抢险、防汛、优抚、扶贫、移民、救济特定款物,数额在100万元以上不满200万元的;(三)挪用公款不退还,数额在100万元以上不满200万元的;(四)其他严重的情节。(全文详见本书《刑法》第383条相关内容)

18. 最高人民检察院《第4批指导性案例胡某贵等人生产、销售有毒、有害食品,行贿;骆某、刘某素销售伪劣产品;朱某全、曾某中生产、销售伪劣产品;黎某文等人受贿、食品监管渎职案》(检例第15号;2014年2月20日)

(详见本书《刑法》第140条内容)

19. 最高人民法院、最高人民检察院、公安部、司法部《关于依法惩治妨害新型冠状病毒感染肺炎疫情防控违法犯罪的意见》(法发〔2020〕7号)

二、准确适用法律,依法严惩妨害疫情防控的各类违法犯罪

(七)依法严惩疫情防控失职渎职、贪污挪用犯罪。在疫情防控工作中,负有组织、协调、指挥、灾害调查、控制、医疗救治、信息传递、交通运输、物资保障等职责的国家机关工作人员,滥用职权或者玩忽职守,致使公共财产、国家和人民利益遭受重大损失的,依照刑法第397条的规定,以滥用职权罪或者玩忽职守罪定罪处罚。

卫生行政部门的工作人员严重不负责任，不履行或者不认真履行防治监管职责，导致新型冠状病毒感染肺炎传播或者流行，情节严重的，依照刑法第409条的规定，以传染病防治失职罪定罪处罚。

从事实验、保藏、携带、运输传染病菌种、毒种的人员，违反国务院卫生行政部门的有关规定，造成新型冠状病毒毒种扩散，后果严重的，依照刑法第331条的规定，以传染病毒种扩散罪定罪处罚。

国家工作人员，受委托管理国有财产的人员，公司、企业或者其他单位的人员，利用职务便利，侵吞、截留或者以其他手段非法占有用于防控新型冠状病毒感染肺炎的款物，或者挪用上述款物归个人使用，符合刑法第382条、第383条、第271条、第384条、第272条规定的，以贪污罪、职务侵占罪、挪用公款罪、挪用资金罪定罪处罚。挪用用于防控新型冠状病毒感染肺炎的救灾、优抚、救济等款物，符合刑法第273条规定的，对直接责任人员，以挪用特定款物罪定罪处罚。（全文详见本书《刑法》第114条相关内容）

20. 最高人民法院、最高人民检察院、公安部《关于刑事案件涉扶贫领域财物依法快速返还的若干规定》(2020年7月24日)

（详见本书《刑法》第64条相关内容）

21. 参见本书《刑法》第383条相关内容。

第385条 【受贿罪】国家工作人员利用职务上的便利，索取他人财物的，或者非法收受他人财物，为他人谋取利益的，是受贿罪。

国家工作人员在经济往来中，违反国家规定，收受各种名义的回扣、手续费，归个人所有的，以受贿罪论处。

• 释义

受贿罪是指国家工作人员利用职务上的便利，索取他人财物的，或者非法收受他人财物，为他人谋取利益的行为。

国家工作人员在经济往来中，违反国家规定，收受各种名义的回扣、手续费，归个人所有的，以受贿罪追究刑事责任。

国有公司、企业中从事公务的人员和国有公司、企业委派到非国有公司、企业从事公务的人员利用职务上的便利，索取他人财物或者非法收受他人财物，为他人谋取利益，或者在经济往来中，违反国家规定，收受各种名义的回扣、手续费，归个人所有的，以受贿罪追究刑事责任。

国有金融机构工作人员和国有金融机构委派到非国有金融机构从事公务的人员在金融业务活动中索取他人财物或者非法收受他人财物，为他人谋取利益的，或者违反国家规定，收受各种名义的回扣、手续费归个人所有的，以受贿罪追究刑事责任。

国家工作人员利用本人职权或者地位形成的便利条件，通过其他国家工作人员职务上的行为，为请托人谋取不正当利益，索取请托人财物或者收受请托人财物的，以受贿罪追究刑事责任。

索取他人财物的，不论是否"为他人谋取利益"，均可构成受贿罪。索贿的从重处罚。

非法收受他人财物的，必须同时具备"为他人谋取利益"的条件，才能构成受贿罪。

但是为他人谋取的利益是否正当，为他人谋取的利益是否实现，不影响受贿罪的认定。

"利用职务上的便利"，是指利用本人职务范围内的权力，即自己职务上主管、负责或者承办某项公共事务的职权及其所形成的便利条件；也指利用职务上有隶属、制约关系的其他国家工作人员的职权；担任单位领导职务的国家工作人员通过不属于自己主管的下级部门的国家工作人员的职务为他人谋取利益,也应认定为"利用职务上的便利"为他人谋取利益。"为他人谋取利益",包括承诺、实施和实现3个阶段的行为。

只要具有其中一个阶段的行为,就具备了为他人谋取利益的要件。

明知他人有具体请托事项而收受其财物的,视为承诺为他人谋取利益。收受请托人房屋、汽车等物品,未变更权属登记或者借用他人名义办理权属登记的,不影响受贿的认定。

• 关联法律

1. 最高人民检察院《第32批指导性案例彭某峰受贿,贾某语受贿、洗钱违法所得没收案》(检例第128号;2021年12月9日)

(详见本书《刑法》第59条相关内容)

2. 最高人民检察院《第32批指导性案例任某厚受贿、巨额财产来源不明违法所得没收案》(检例第130号;2021年12月9日)

(详见本书《刑法》第59条相关内容)

3. 参见本书《刑法》第386条相关内容。

第386条 【对受贿罪的处罚】 对犯受贿罪的,根据受贿所得数额及情节,依照本法第383条的规定处罚。索贿的从重处罚。

• 释义

见本书《刑法》第385条内容。

• 管辖

监察机关。

• 立案追诉标准

受贿案(《刑法》第385条,第386条,第388条,第163条第3款,第184条第2款)涉嫌下列情形之一的,应予立案:

1. 个人受贿数额在5000元以上的;

2. 个人受贿数额不满5000元,但具有下列情形之一的:

(一)因受贿行为而使国家或者社会利益遭受重大损失的;

(二)故意刁难、要挟有关单位、个人,造成恶劣影响的;

(三)强行索取财物的。

• 关联法律

1. 最高人民法院、最高人民检察院《关于依法严惩破坏计划生育犯罪活动的通知》(法发〔1993〕36号)

(法释〔2013〕1号已声明该文件废止)

2. 最高人民法院《关于办理违反公司法受贿、侵占、挪用等刑事案件适用法律若干问题的解释》(法发〔1995〕23号)

(法释〔2013〕2号已声明该文件废止)

3.《中华人民共和国体育法》(1995年8月29日第八届全国人大常委会第十五次会议通过;2009年8月27日第十一届全国人大常委会第十次会议修正;2016年11月7日第十二届全国人大常委会第二十四次会议第二次修正)

第7章　法律责任

第47条　在竞技体育中从事弄虚作假等违反纪律和体育规则的行为,由体育社会团体按照章程规定给予处罚;对国家工作人员中的直接责任人员,依法给予行政处分。

第48条　在体育运动中使用禁用的药物和方法的,由体育社会团体按照章程规定给予处罚;对国家工作人员中的直接责任人员,依法给予行政处分。

第49条　利用竞技体育从事赌博活动的,由体育行政部门协助公安机关责令停止违法活动,并由公安机关依照《治安管理处罚法》的有关规定给予处罚。

在竞技体育活动中,有贿赂、诈骗、组织赌博行为,构成犯罪的,依法追究刑事责任。

第50条　侵占、破坏公共体育设施的,由体育行政部门责令限期改正,并依法承担民事责任。

有前款所列行为,违反治安管理的,由公安机关依照《治安管理处罚法》的有关规定给予处罚;构成犯罪的,依法追究刑事责任。

第51条　在体育活动中,寻衅滋事、扰乱公共秩序的,给予批评、教育并予以制止;违反治安管理的,由公安机关依照《治安管理处罚法》的规定给予处罚;构成犯罪的,依法追究刑事责任。

第52条　违反国家财政制度、财务制度,挪用、克扣体育资金的,由上级机关责令限期归还被挪用、克扣的资金,并对直接负责的主管人员和其他直接责任人员,依法给予行政处分;构成犯罪的,依法追究刑事责任。(全文略)

4. 最高人民法院《关于对贪污、受贿、挪用公款犯罪分子依法正确适用缓刑的若干规定》(法发〔1996〕21号)

(法释〔2013〕2号已声明该文件废止)

5. 最高人民法院《关于审理挪用公款案件具体应用法律若干问题的解释》(法释〔1998〕9号)

第7条　因挪用公款索取、收受贿赂构成犯罪的,依照数罪并罚的规定处罚。

挪用公款进行非法活动构成其他犯罪的,依照数罪并罚的规定处罚。(全文详见本书《刑法》第384条相关内容)

6. 最高人民法院、最高人民检察院、公安部、国家工商行政管理局《关于依法查处盗窃、抢劫机动车案件的规定》(公通字〔1998〕31号)

八、公安、工商行政管理人员利用职务上的便利,索取或者非法收受他人财物,为赃车入户、过户、验证构成犯罪的,依照《刑法》第385条、第386条的规定处罚。(全文详见本书《刑法》第312条相关内容)

7. 最高人民检察院《人民检察院直接受理立案侦查案件立案标准的规定(试行)案标准的规定(试行)》(高检发释字〔1999〕2号)

(见本条立案追诉标准内容)

8. 全国人大常委会《关于〈中华人民共和国刑法〉第93条第2款的解释》(2000年4月29日第九届全国人大常委会第十五次会议通过,2009年8月27日第十一届全国人大常委会第十次会议《关于修改部分法律的决定》修正)

(详见本书《刑法》第383条相关内容)

9. 最高人民检察院《关于贯彻执行全国人大常委会关于〈中华人民共和国刑法〉第93条第2款的解释的通知》(高检发研字〔2000〕12号)

(详见本书《刑法》第383条相关内容)

10. 最高人民检察院《关于贯彻执行全国人大常委会〈中华人民共和国刑法第93条第2款的解释〉的时间效力的批复》(高检发研字〔2000〕15号)

(详见本书《刑法》第383条相关内容)

11. 最高人民法院研究室《关于国家工作人员在农村合作基金会兼职从事管理工作如何认定身份问题的答复》[法(研)明传〔2000〕12号]

(详见本书《刑法》第383条相关内容)

12. 最高人民法院《关于国家工作人员利用职务上的便利为他人谋取利益离退休后收受财物行为如何处理问题的批复》(法释〔2000〕21号)

江苏省高级人民法院:你院苏高法〔1999〕65号《关于国家工作人员在职时为他人谋利,离退休后收受财物是否构成受贿罪的请示》收悉。经研究,答复如下:

国家工作人员利用职务上的便利为请托人谋取利益,并与请托人事先约定,在其离退休后收受请托人财物,构成犯罪的,以受贿罪定罪处罚。

13. 最高人民法院《全国法院审理金融犯罪案件工作座谈会纪要》(法〔2001〕8号)

(详见本书《刑法》第383条相关内容)

14. 最高人民检察院研究室《关于佛教协会工作人员能否构成受贿罪或者公司、企业人员受贿罪主体问题的答复》(〔2003〕高检研发第2号)

浙江省人民检察院研究室:你室《关于佛教协会工作人员能否构成受贿罪或公司、企业人员受贿罪主体的请示》(检研请〔2002〕9号)收悉。经研究,答复如下:

佛教协会属于社会团体,其工作人员除符合刑法第93条第2款的规定属于受委托从事公务的人员外,既不属于国家工作人员,也不属于公司、企业人员。根据刑法的规定,对非受委托从事公务的佛教协会的工作人员利用职务之便收受他人财物,为他人谋取利益的行为,不能按受贿罪或者公司、企业人员受贿罪追究刑事责任。

15. 最高人民检察院研究室《关于集体性质的乡镇卫生院院长利用职务之便收受他人财物的行为如何适用法律问题的答复》(〔2003〕高检研发第9号)

山东省人民检察院研究室:你院《关于工人身份的乡镇卫生院院长利用职务之便收受贿赂如何适用法律问题的请示》(鲁检发研字〔2001〕第10号)收悉。经研究,答复如下:

经过乡镇政府或者主管行政机关任命的乡镇卫生院院长,在依法从事本区域卫生工作的管理与业务技术指导,承担医疗预防保健服务工作等公务活动时,属于刑法第93条第2款规定的其他依照法律从事公务的人员。对其利用职务上的便利,索取他人财物的,或者非法收受他人财物,为他人谋取利益的,应当依照刑法第385条、第386条的规定,以受贿罪追究刑事责任。

16. 最高人民法院《全国法院审理经济犯罪案件工作座谈会纪要》(法〔2003〕167号)

三、关于受贿罪

(一)关于“利用职务上的便利”的认定

刑法第385条第1款规定的“利用职务上的便利”,既包括利用本人职务上主管、负责、承办某项公共事务的职权,也包括利用职务上有隶属、制约关系的其他国家工作人员的职权。担任单位领导职务的国家工作人员通过不属自己主管的下级部门的国家工作人员的职务为他人谋取利益的,应当认定为“利用职务上的便利”为他人谋取利益。

(二)"为他人谋取利益"的认定

为他人谋取利益包括承诺、实施和实现三个阶段的行为。只要具有其中一个阶段的行为,如国家工作人员收受他人财物时,根据他人提出的具体请托事项,承诺为他人谋取利益的,就具备了为他人谋取利益的要件。明知他人有具体请托事项而收受其财物的,视为承诺为他人谋取利益。

(三)"利用职权或地位形成的便利条件"的认定

刑法第388条规定的"利用本人职权或者地位形成的便利条件",是指行为人与被其利用的国家工作人员之间在职务上虽然没有隶属、制约关系,但是行为人利用了本人职权或者地位产生的影响和一定的工作联系,如单位内不同部门的国家工作人员之间、上下级单位没有职务上隶属、制约关系的国家工作人员之间、有工作联系的不同单位的国家工作人员之间等。

(四)离职国家工作人员收受财物行为的处理

参照《最高人民法院关于国家工作人员利用职务上的便利为他人谋取利益离退休后收受财物行为如何处理问题的批复》规定的精神,国家工作人员利用职务上的便利为请托人谋取利益,并与请托人事先约定,在其离职后收受请托人财物,构成犯罪的,以受贿罪定罪处罚。

(五)共同受贿犯罪的认定

根据刑法关于共同犯罪的规定,非国家工作人员与国家工作人员勾结伙同受贿的,应当以受贿罪的共犯追究刑事责任。非国家工作人员是否构成受贿罪共犯,取决于双方有无共同受贿的故意和行为,国家工作人员的近亲属向国家工作人员代为转达请托事项,收受请托人财物并告知该国家工作人员。或者国家工作人员明知其近亲属收受了他人财物,仍按照近亲属的要求利用职权为他人谋取利益的,对该国家工作人员应认定为受贿罪,其近亲属以受贿罪共犯论处:近亲属以外的其他人与国家工作人员通谋,由国家工作人员利用职务上的便利为请托人谋取利益,收受请托人财物后双方共同占有的,构成受贿罪共犯,国家工作人员利用职务上的便利为他人谋取利益,并指定他人将财物送给其他人。构成犯罪的,应以受贿罪定罪处罚。

(六)以借款为名索取或者非法收受财物行为的认定

国家工作人员利用职务上的便利以借为名向他人索取财物,或者非法收受财物为他人谋取利益的.应当认定为受贿。具体认定时,不能仅仅看是否有书面借款手续,应当根据以下因素综合判定:

(1)有无正当、合理的借款事由;(2)款项的去向;(3)双方平时关系如何、有无经济往来;(4)出借方是否要求国家工作人员利用职务上的便利为其谋取利益;(5)借款后是否有归还的意思表示及行为;(6)是否有归还的能力;(7)未归还的原因;等等。

(七)涉及股票受贿案件的认定

在办理涉及股票的受贿案件时,应当注意:(1)国家工作人员利用职务上的便利,索取或非法收受股票,没有支付股本金,为他人谋取利益,构成受贿罪的,其受贿数额按照收受股票时的实际价格计算。(2)行为人支付股本金而购买较有可能升值的股票,由于不是无偿收受请托人财物,不以受贿罪论处。(3)股票已上市且已升值,行为人仅支付股本金,其"购买"股票时的实际价格与股本金的差价部分应认定为受贿。(全文详见本书《刑法》第383条相关内容)

17. 最高人民检察院研究室《关于国家机关、国有公司、企业委派到国有公司、企业从事公务但尚未依照规定程序获取该单位职务的人员是否适用刑法第93条第2款问题的答复》(〔2004〕高检研发第17号)

(详见本书《刑法》第383条相关内容)

18. 最高人民法院研究室《关于对行为人通过伪造国家机关公文、证件担任国家工作人员职务并利用职务上的便利侵占本单位财物、收受贿赂、挪用本单位资金等行为如何适用法律问题的答复》(法研〔2004〕38号)

(详见本书《刑法》第383条相关内容)

19. 最高人民法院、最高人民检察院《关于办理赌博刑事案件具体应用法律若干问题的解释》(法释〔2005〕3号)

第7条 通过赌博或者为国家工作人员赌博提供资金的形式实施行贿、受贿行为,构成犯罪的,依照刑法关于贿赂犯罪的规定定罪处罚。(全文详见本书《刑法》第303条相关内容)

20. 最高人民法院、最高人民检察院《关于办理受贿刑事案件适用法律若干问题的意见》(法发〔2007〕22号)

为依法惩治受贿犯罪活动,根据刑法有关规定,现就办理受贿刑事案件具体适用法律若干问题,提出以下意见:

一、关于以交易形式收受贿赂问题

国家工作人员利用职务上的便利为请托人谋取利益,以下列交易形式收受请托人财物的,以受贿论处:

(1)以明显低于市场的价格向请托人购买房屋、汽车等物品的;(2)以明显高于市场的价格向请托人出售房屋、汽车等物品的;(3)以其他交易形式非法收受请托人财物的。

受贿数额按照交易时当地市场价格与实际支付价格的差额计算。

前款所列市场价格包括商品经营者事先设定的不针对特定人的最低优惠价格。根据商品经营者事先设定的各种优惠交易条件,以优惠价格购买商品的,不属于受贿。

二、关于收受干股问题

干股是指未出资而获得的股份。国家工作人员利用职务上的便利为请托人谋取利益,收受请托人提供的干股的,以受贿论处。进行了股权转让登记,或者相关证据证明股份发生了实际转让的,受贿数额按转让行为时股份价值计算,所分红利按受贿孳息处理。股份未实际转让,以股份分红名义获取利益的,实际获利数额应当认定为受贿数额。

三、关于以开办公司等合作投资名义收受贿赂问题

国家工作人员利用职务上的便利为请托人谋取利益,由请托人出资,"合作"开办公司或者进行其他"合作"投资的,以受贿论处。受贿数额为请托人给国家工作人员的出资额。

国家工作人员利用职务上的便利为请托人谋取利益,以合作开办公司或者其他合作投资的名义获取"利润",没有实际出资和参与管理、经营的,以受贿论处。

四、关于以委托请托人投资证券、期货或者其他委托理财的名义收受贿赂问题

国家工作人员利用职务上的便利为请托人谋取利益,以委托请托人投资证券、期货或者其他委托理财的名义,未实际出资而获取"收益",或者虽然实际出资,但获取"收益"明显高于出资应得收益的,以受贿论处。受贿数额,前一情形,以"收益"额计算;后一情形,以"收益"额与出资应得收益额的差额计算。

五、关于以赌博形式收受贿赂的认定问题

根据《最高人民法院、最高人民检察院关于办理赌博刑事案件具体应用法律若干问题的解释》第7条规定,国家工作人员利用职务上的便利为请托人谋取利益,通过赌博方式收受请托人财物的,构成受贿。

实践中应注意区分贿赂与赌博活动、娱乐活动的界限。具体认定时,主要应当结合以下因素进行判断:

(1)赌博的背景、场合、时间、次数;(2)赌资来源;(3)其他赌博参与者有无事先通谋;

(4)输赢钱物的具体情况和金额大小。

六、关于特定关系人"挂名"领取薪酬问题

国家工作人员利用职务上的便利为请托人谋取利益,要求或者接受请托人以给特定关系人安排工作为名,使特定关系人不实际工作却获取所谓薪酬的,以受贿论处。

七、关于由特定关系人收受贿赂问题

国家工作人员利用职务上的便利为请托人谋取利益,授意请托人以本意见所列形式,将有关财物给予特定关系人的,以受贿论处。

特定关系人与国家工作人员通谋,共同实施前款行为的,对特定关系人以受贿罪的共犯论处。特定关系人以外的其他人与国家工作人员通谋,由国家工作人员利用职务上的便利为请托人谋取利益,收受请托人财物后双方共同占有的,以受贿罪的共犯论处。

八、关于收受贿赂物品未办理权属变更问题

国家工作人员利用职务上的便利为请托人谋取利益,收受请托人房屋、汽车等物品,未变更权属登记或者借用他人名义办理权属变更登记的,不影响受贿的认定。

认定以房屋、汽车等物品为对象的受贿,应注意与借用的区分。具体认定时,除双方交代或者书面协议之外,主要应当结合以下因素进行判断:

(1)有无借用的合理事由;(2)是否实际使用;(3)借用时间的长短;(4)有无归还的条件;(5)有无归还的意思表示及行为。

九、关于收受财物后退还或者上交问题

国家工作人员收受请托人财物后及时退还或者上交的,不是受贿。

国家工作人员受贿后,因自身或者与其受贿有关联的人、事被查处,为掩饰犯罪而退还或者上交的,不影响认定受贿罪。

十、关于在职时为请托人谋利,离职后收受财物问题

国家工作人员利用职务上的便利为请托人谋取利益之前或者之后,约定在其离职后收受请托人财物,并在离职后收受的,以受贿论处。

国家工作人员利用职务上的便利为请托人谋取利益,离职前后连续收受请托人财物的,离职前后收受部分均应计入受贿数额。

十一、关于"特定关系人"的范围

本意见所称"特定关系人",是指与国家工作人员有近亲属、情妇(夫)以及其他共同利益关系的人。

十二、关于正确贯彻宽严相济刑事政策的问题

依照本意见办理受贿刑事案件,要根据刑法关于受贿罪的有关规定和受贿罪权钱交易的本质特征,准确区分罪与非罪、此罪与彼罪的界限,惩处少数,教育多数。在从严惩处受贿犯罪的同时,对于具有自首、立功等情节的,依法从轻、减轻或者免除处罚。

21. 最高人民法院、最高人民检察院《关于办理商业贿赂刑事案件适用法律若干问题的意见》(法发〔2008〕33号)

为依法惩治商业贿赂犯罪,根据刑法有关规定,结合办案工作实际,现就办理商业贿赂刑事案件适用法律的若干问题,提出如下意见:

一、商业贿赂犯罪涉及刑法规定的以下8种罪名:

(1)非国家工作人员受贿罪(刑法第163条);(2)对非国家工作人员行贿罪(刑法第164条);(3)受贿罪(刑法第385条);(4)单位受贿罪(刑法第387条);(5)行贿罪(刑法第389条);(6)对单位行贿罪(刑法第391条);(7)介绍贿赂罪(刑法第392条);(8)单位行贿罪(刑法第393条)。

二、刑法第163条、第164条规定的“其他单位”,既包括事业单位、社会团体、村民委员会、居民委员会、村民小组等常设性的组织,也包括为组织体育赛事、文艺演出或者其他正当活动而成立的组委会、筹委会、工程承包队等非常设性的组织。

三、刑法第163条、第164条规定的“公司、企业或者其他单位的工作人员”,包括国有公司、企业以及其他国有单位中的非国家工作人员。

四、医疗机构中的国家工作人员,在药品、医疗器械、医用卫生材料等医药产品采购活动中,利用职务上的便利,索取销售方财物,或者非法收受销售方财物,为销售方谋取利益,构成犯罪的,依照刑法第385条的规定,以受贿罪定罪处罚。

医疗机构中的非国家工作人员,有前款行为,数额较大的,依照刑法第163条的规定,以非国家工作人员受贿罪定罪处罚。

医疗机构中的医务人员,利用开处方的职务便利,以各种名义非法收受药品、医疗器械、医用卫生材料等医药产品销售方财物,为医药产品销售方谋取利益,数额较大的,依照刑法第163条的规定,以非国家工作人员受贿罪定罪处罚。

五、学校及其他教育机构中的国家工作人员,在教材、教具、校服或者其他物品的采购等活动中,利用职务上的便利,索取销售方财物,或者非法收受销售方财物,为销售方谋取利益,构成犯罪的,依照刑法第385条的规定,以受贿罪定罪处罚。

学校及其他教育机构中的非国家工作人员,有前款行为,数额较大的,依照刑法第163条的规定,以非国家工作人员受贿罪定罪处罚。

学校及其他教育机构中的教师,利用教学活动的职务便利,以各种名义非法收受教材、教具、校服或者其他物品销售方财物,为教材、教具、校服或者其他物品销售方谋取利益,数额较大的,依照刑法第163条的规定,以非国家工作人员受贿罪定罪处罚。

六、依法组建的评标委员会、竞争性谈判采购中谈判小组、询价采购中询价小组的组成人员,在招标、政府采购等事项的评标或者采购活动中,索取他人财物或者非法收受他人财物,为他人谋取利益,数额较大的,依照刑法第163条的规定,以非国家工作人员受贿罪定罪处罚。

依法组建的评标委员会、竞争性谈判采购中谈判小组、询价采购中询价小组中国家机关或者其他国有单位的代表有前款行为的,依照刑法第385条的规定,以受贿罪定罪处罚。

七、商业贿赂中的财物,既包括金钱和实物,也包括可以用金钱计算数额的财产性利益,如提供房屋装修、含有金额的会员卡、代币卡(券)、旅游费用等。具体数额以实际支付的资费为准。

八、收受银行卡的,不论受贿人是否实际取出或者消费,卡内的存款数额一般应全额认定为受贿数额。使用银行卡透支的,如果由给予银行卡的一方承担还款责任,透支数额也应当认定为受贿数额。

九、在行贿犯罪中,“谋取不正当利益”,是指行贿人谋取违反法律、法规、规章或者政策规定的利益,或者要求对方违反法律、法规、规章、政策、行业规范的规定提供帮助或者方便条件。

在招标投标、政府采购等商业活动中,违背公平原则,给予相关人员财物以谋取竞争优势的,属于“谋取不正当利益”。

十、办理商业贿赂犯罪案件,要注意区分贿赂与馈赠的界限。主要应当结合以下因素全面分析、综合判断:

(1)发生财物往来的背景,如双方是否存在亲友关系及历史上交往的情形和程度;(2)往来财物的价值;(3)财物往来的缘由、时机和方式,提供财物方对于接受方有无职务上的请托;(4)接受方是否利用职务上的便利为提供方谋取利益。

十一、非国家工作人员与国家工作人员通谋,共同收受他人财物,构成共同犯罪的,根据双方利用职务便利的具体情形分别定罪追究刑事责任：

(1)利用国家工作人员的职务便利为他人谋取利益的，以受贿罪追究刑事责任。(2)利用非国家工作人员的职务便利为他人谋取利益的，以非国家工作人员受贿罪追究刑事责任。(3)分别利用各自的职务便利为他人谋取利益的，按照主犯的犯罪性质追究刑事责任，不能分清主从犯的，可以受贿罪追究刑事责任。

22. 最高人民法院、最高人民检察院《关于办理职务犯罪案件认定自首、立功等量刑情节若干问题的意见》(法发〔2009〕13号)

(详见本书《刑法》第383条相关内容)

23. 最高人民法院、最高人民检察院《关于办理国家出资企业中职务犯罪案件具体应用法律若干问题的意见》(法发〔2010〕49号)

四、关于国家工作人员在企业改制过程中的渎职行为的处理

国家出资企业中的国家工作人员在公司、企业改制或者国有资产处理过程中严重不负责任或者滥用职权，致使国家利益遭受重大损失的，依照刑法第168条的规定，以国有公司、企业人员失职罪或者国有公司、企业人员滥用职权罪定罪处罚。

国家出资企业中的国家工作人员在公司、企业改制或者国有资产处置过程中徇私舞弊，将国有资产低价折股或者低价出售给其本人未持有股份的公司、企业或者其他个人，致使国家利益遭受重大损失的，依照刑法第169条的规定，以徇私舞弊低价折股、出售国有资产罪定罪处罚。

国家出资企业中的国家工作人员在公司、企业改制或者国有资产处置过程中徇私舞弊，将国有资产低价折股或者低价出售给特定关系人持有股份或者本人实际控制的公司、企业，致使国家利益遭受重大损失的，依照刑法第382条、第383条的规定，以贪污罪定罪处罚。贪污数额以国有资产的损失数额计算。

国家出资企业中的国家工作人员因实施第1款、第2款行为收受贿赂，同时又构成刑法第385条规定之罪的，依照处罚较重的规定定罪处罚。

五、关于改制前后主体身份发生变化的犯罪的处理

国家工作人员在国家出资企业改制前利用职务上的便利实施犯罪，在其不再具有国家工作人员身份后又实施同种行为，依法构成不同犯罪的，应当分别定罪，实行数罪并罚。

国家工作人员利用职务上的便利，在国家出资企业改制过程中隐匿公司、企业财产，在其不再具有国家工作人员身份后将所隐匿财产据为己有的，依照刑法第382条、第383条的规定，以贪污罪定罪处罚。

国家工作人员在国家出资企业改制过程中利用职务上的便利为请托人谋取利益，事先约定在其不再具有国家工作人员身份后收受请托人财物，或者在身份变化前后连续收受请托人财物的，依照刑法第385条、第386条的规定，以受贿罪定罪处罚。(全文详见本书《刑法》第383条相关内容)

24. 最高人民法院刑二庭《宽严相济在经济犯罪和职务犯罪案件审判中的具体贯彻》(2010年4月7日)

(详见本书《刑法》第383条相关内容)

25. 最高人民法院《关于进一步加强危害生产安全刑事案件审判工作的意见》(法发〔2011〕20号)

四、准确适用法律

9. 严格把握危害生产安全犯罪与以其他危险方法危害公共安全罪的界限，不应将生产经营中违章违规的故意不加区别地视为对危害后果发生的故意。

10. 以行贿方式逃避安全生产监督管理，或者非法、违法生产、作业，导致发生重大生产安全事故，构成数罪的，依照数罪并罚的规定处罚。

违反安全生产管理规定，非法采矿、破坏性采矿或排放、倾倒、处置有害物质严重污染环境，造成重大伤亡事故或者其他严重后果，同时构成危害生产安全犯罪和破坏环境资源保护犯罪的，依照数罪并罚的规定处罚。

11. 安全事故发生后，负有报告职责的国家工作人员不报或者谎报事故情况，贻误事故抢救，情节严重，构成不报、谎报安全事故罪，同时构成职务犯罪或其他危害生产安全犯罪的，依照数罪并罚的规定处罚。

12. 非矿山生产安全事故中，认定"直接负责的主管人员和其他直接责任人员"、"负有报告职责的人员"的主体资格，认定构成"重大伤亡事故或者其他严重后果"、"情节特别恶劣"，不报、谎报事故情况，贻误事故抢救，"情节严重"、"情节特别严重"等，可参照最高人民法院、最高人民检察院《关于办理危害矿山生产安全刑事案件具体应用法律若干问题的解释》的相关规定。

五、准确把握宽严相济刑事政策

13. 审理危害生产安全刑事案件，应综合考虑生产安全事故所造成的伤亡人数、经济损失、环境污染、社会影响、事故原因与被告人职责的关联程度、被告人主观过错大小、事故发生后被告人的施救表现、履行赔偿责任情况等，正确适用刑罚，确保裁判法律效果和社会效果相统一。

14. 造成《关于办理危害矿山生产安全刑事案件具体应用法律若干问题的解释》第 4 条规定的"重大伤亡事故或者其他严重后果"，同时具有下列情形之一的，也可以认定为刑法第 134 条、第 135 条规定的"情节特别恶劣"：

（一）非法、违法生产的；（二）无基本劳动安全设施或未向生产、作业人员提供必要的劳动防护用品，生产、作业人员劳动安全无保障的；（三）曾因安全生产设施或者安全生产条件不符合国家规定，被监督管理部门处罚或责令改正，1 年内再次违规生产致使发生重大生产安全事故的；（四）关闭、故意破坏必要安全警示设备的；（五）已发现事故隐患，未采取有效措施，导致发生重大事故的；（六）事故发生后不积极抢救人员，或者毁灭、伪造、隐藏影响事故调查的证据，或者转移财产逃避责任的；（七）其他特别恶劣的情节。

15. 相关犯罪中，具有以下情形之一的，依法从重处罚：

（一）国家工作人员违反规定投资入股生产经营企业，构成危害生产安全犯罪的；（二）贪污贿赂行为与事故发生存在关联性的；（三）国家工作人员的职务犯罪与事故存在直接因果关系的；（四）以行贿方式逃避安全生产监督管理，或者非法、违法生产、作业的；（五）生产安全事故发生后，负有报告职责的国家工作人员不报或者谎报事故情况，贻误事故抢救，尚未构成不报、谎报安全事故罪的；（六）事故发生后，采取转移、藏匿、毁灭遇难人员尸体，或者毁灭、伪造、隐藏影响事故调查的证据，或者转移财产，逃避责任的；（七）曾因安全生产设施或者安全生产条件不符合国家规定，被监督管理部门处罚或责令改正，1 年内再次违规生产致使发生重大生产安全事故的。

16. 对于事故发生后，积极施救，努力挽回事故损失，有效避免损失扩大；积极配合调查，赔偿受害人损失的，可依法从宽处罚。（全文详见本书《刑法》第 134 条相关内容）

26. 最高人民法院《第 1 批指导性案例潘某梅、陈某受贿案》（指导案例 3 号；法〔2011〕354 号）

【裁判要点】

1. 国家工作人员利用职务上的便利为请托人谋取利益，并与请托人以"合办"公司的名义获取"利润"，没有实际出资和参与经营管理的，以受贿论处。2. 国家工作人员明知他人有请托事项而收受其财物，视为承诺"为他人谋取利益"，是否已实际为他人谋取利益或谋取到利益，不影响受贿的认定。3. 国家工作人员利用职务上的便利为请托人谋取利益，以明显低于市场的价格向请托人购买房屋等物品的,以受贿论处,受贿数额按照交易时当地市场价格与实际支付价格的差额计算。4. 国家工作人员收受财物后,因与其受贿有关联的人、事被查处,为掩饰犯罪而退还的,不影响认定受贿罪。

【裁判理由】

法院生效裁判认为:关于被告人潘某梅、陈某及其辩护人提出二被告人与陈某共同开办多贺公司开发土地获取"利润"480万元不应认定为受贿的辩护意见。经查,潘某梅时任迈皋桥街道工委书记,陈某时任迈皋桥街道办事处主任,对迈皋桥创业园区的招商工作、土地转让负有领导或协调职责,二人分别利用各自职务便利,为陈某低价取得创业园区的土地等提供了帮助,属于利用职务上的便利为他人谋取利益;在此期间,潘某梅、陈某与陈某商议合作成立多贺公司用于开发上述土地,公司注册资金全部来源于陈某,潘某梅、陈某既未实际出资,也未参与公司的经营管理。因此,潘某梅、陈某利用职务便利为陈某谋取利益,以与陈某合办公司开发该土地的名义而分别获取的480万元,并非所谓的公司利润,而是利用职务便利使陈某低价获取土地并转卖后获利的一部分,体现了受贿罪权钱交易的本质,属于以合办公司为名的变相受贿,应以受贿论处。

关于被告人潘某梅及其辩护人提出潘某梅没有为许某某实际谋取利益的辩护意见。经查,请托人许某某向潘某梅行贿时,要求在受让金桥大厦项目中减免100万元的费用,潘某梅明知许某某有请托事项而收受贿赂;虽然该请托事项没有实现,但"为他人谋取利益"包括承诺、实施和实现不同阶段的行为,只要具有其中一项,就属于为他人谋取利益。承诺"为他人谋取利益",可以从为他人谋取利益的明示或默示的意思表示予以认定。潘某梅明知他人有请托事项而收受其财物,应视为承诺为他人谋取利益,至于是否已实际为他人谋取利益或谋取到利益,只是受贿的情节问题,不影响受贿的认定。

关于被告人潘某梅及其辩护人提出潘某梅购买许某某的房产不应认定为受贿的辩护意见。经查,潘某梅购买的房产,市场价格含税费共计应为121万余元,潘某梅仅支付60万元,明显低于该房产交易时当地市场价格。潘某梅利用职务之便为请托人谋取利益,以明显低于市场的价格向请托人购买房产的行为,是以形式上支付一定数额的价款来掩盖其受贿权钱交易本质的一种手段,应以受贿论处,受贿数额按照涉案房产交易时当地市场价格与实际支付价格的差额计算。

关于被告人潘某梅及其辩护人提出潘某梅购买许某某开发的房产,在案发前已将房产差价款给付了许某某,不应认定为受贿的辩护意见。经查,2006年4月,潘某梅在案发前将购买许某某开发房产的差价款中的55万元补给许某某,相距2004年上半年其低价购房有近两年时间,没有及时补还巨额差价;潘某梅的补还行为,是由于许某某因其他案件被检察机关找去谈话,检察机关从许某某的公司账上已掌握潘某梅购房仅支付部分款项的情况后,出于掩盖罪行目的而采取的退赃行为。因此,潘某梅为掩饰犯罪而补还房屋差价款,不影响对其受贿罪的认定。

综上所述,被告人潘某梅、陈某及其辩护人提出的上述辩护意见不能成立,不予采纳。潘某梅、陈某作为国家工作人员,分别利用各自的职务便利,为他人谋取利益,收受他人财物的行为均已构成受贿罪,且受贿数额特别巨大,但同时鉴于二被告人均具有归案后如实供述犯罪、认罪态度好,主动交代司法机关尚未掌握的同种余罪,案发前退出部分赃款,案发后配合追缴涉案全部赃款等从轻处罚情节,故一、二审法院依法作出如上裁判。

27. 最高人民法院、最高人民检察院《关于办理职务犯罪案件严格适用缓刑、免予刑事处罚若干问题的意见》(法发〔2012〕17号)

(详见本书《刑法》第383条相关内容)

28. 最高人民法院研究室《关于共同受贿案件中受贿数额认定问题的研究意见》(法研〔2012〕23号)

有关部门就共同受贿案件中受贿数额认定问题征求最高人民法院研究室意见。最高人民法院研究室经研究认为:

对于共同受贿犯罪,被告人"受贿所得数额"原则上应当以其参与或者组织、指挥的共同受贿数额认定。但在难以区分主从犯的共同受贿案件中,行贿人的贿赂款分别或者明确送给多人,且按照各被告人实际所得数额处罚更能实现罪刑相适应的,依法按照被告人实际所得数额,并考虑共同受贿犯罪情况予以处罚。

29. 最高人民检察院《第2批指导性案例杨某武玩忽职守、徇私枉法、受贿案》(检例第8号;2012年11月15日)

(详见本书《刑法》第397条相关内容)

30. 最高人民法院、最高人民检察院《关于办理渎职刑事案件适用法律若干问题的解释(1)》(法释〔2012〕18号)

(详见本书《刑法》第397条相关内容)

31. 最高人民检察院《人民检察院讯问职务犯罪嫌疑人实行全程同步录音录像的规定(试行)》(高检发反贪字〔2014〕213号)

(详见本书《刑法》第383条相关内容)

32. 最高人民检察院《第4批指导性案例胡某贵等人生产、销售有毒、有害食品,行贿;骆某、刘某素销售伪劣产品;朱某全、曾某中生产、销售伪劣产品;黎某文等人受贿、食品监管渎职案》(检例第15号;2014年2月20日)

【要旨】

实施生产、销售有毒、有害食品犯罪,为逃避查处向负有食品安全监管职责的国家工作人员行贿的,应当以生产、销售有毒、有害食品罪和行贿罪实行数罪并罚。

负有食品安全监督管理职责的国家机关工作人员,滥用职权,向生产、销售有毒、有害食品的犯罪分子通风报信,帮助逃避处罚的,应当认定为食品监管渎职罪;在渎职过程中受贿的,应当以食品监管渎职罪和受贿罪实行数罪并罚。

【诉讼过程】

2011年10月22日,胡某贵、刘某清因涉嫌生产、销售有毒、有害食品罪被刑事拘留,11月24日被逮捕;10月23日,叶某均、刘某富、张某富、叶某科、骆某、刘某素因涉嫌生产、销售有毒、有害食品罪被刑事拘留,11月24日被逮捕;10月28日,朱某全、曾某中因涉嫌生产、销售有毒、有害食品罪被刑事拘留,11月24日被逮捕。2012年3月6日,黎某文因涉嫌受贿罪被刑事拘留,3月20日被逮捕。2012年4月26日,王某昌、陈某基因涉嫌受贿罪被刑事拘留,5月10日被逮捕。2012年3月6日,余某东因涉嫌受贿罪被刑事拘留,3月20日被逮捕。

被告人胡某贵、刘某清、叶某均、刘某富、张某富、叶某科、骆某、刘某素、曾某中、朱某全涉嫌生产、销售有毒、有害食品罪一案,由广东省东莞市公安局侦查终结,移送东莞市第一市区人民检察院审查起诉。被告人黎某文、王某昌、陈某基涉嫌受贿、食品监管渎职罪,被告人胡某贵、刘某清、余某东涉嫌行贿罪一案,由东莞市人民检察院侦查终结,移送东莞市第一市区人民检察院审查起诉。因上述两个案件系关联案件,东莞市第一市区人民检察院决定并案审查。东莞市第一市区人民检察院经审查认为,被告人胡某贵、刘某清、叶某均、刘某富、张某富、叶某科无视国法,在生产、销售的食品中掺入有毒、有害的非食品原料,胡某贵、刘某清还为谋取不正当利益,多次向被告人黎某文、王某昌、陈某基等人行贿,胡某贵、刘某清的行为均已触犯了《中华人民共和国刑法》第144条、第389条第1款之规定,被告人叶某均、刘某富、张某富、叶某科的行为均已触犯了《中华人民共和国刑法》第144条之规定；被告人骆某、刘某素在销售中以不合格产品冒充合格产品，其中骆某销售的金额50万元以上，刘某素销售的金额20万元以上，2人的行为均已触犯了《中华人民共和国刑法》第140条之规定；被告人朱某全、曾某中在生产、销售中以不合格产品冒充合格产品，生产、销售金额50万元以上，2人的行为均已触犯了《中华人民共和国刑法》第140条之规定；被告人黎某文、王某昌、陈某基身为国家机关工作人员，利用职务之便，多次收受贿款，同时黎某文、王某昌、陈某基身为负有食品安全监督管理职责的国家机关工作人员，滥用职权为刘某清等人谋取非法利益，造成恶劣社会影响，3人的行为已分别触犯了《中华人民共和国刑法》第385条第1款、第408条之一的规定；被告人余某东为谋取不正当利益，多次向被告人黎某文、王某昌、陈某基等人行贿，其行为已触犯《中华人民共和国刑法》第389条第1款之规定。2012年5月29日，东莞市第一市区人民检察院以被告人胡某贵、刘某清犯生产、销售有毒、有害食品罪、行贿罪，叶某均、刘某富、张某富、叶某科犯生产、销售有毒、有害食品罪，骆某、刘某素犯销售伪劣产品罪，朱某全、曾某中犯生产、销售伪劣产品罪，黎某文、王某昌、陈某基犯受贿罪、食品监管渎职罪，余某东犯行贿罪，向东莞市第一人民法院提起公诉。

2012年7月9日，东莞市第一人民法院一审认为，被告人胡某贵、刘某清、叶某均、刘某富、张某富、叶某科无视国法，在生产、销售的食品中掺入有毒、有害的非食品原料，其行为已构成生产、销售有毒、有害食品罪，且属情节严重；被告人骆某、刘某素作为产品销售者，以不合格产品冒充合格产品，其中被告人骆某销售金额为50万元以上不满200万元，被告人刘某素销售金额为20万元以上不满50万元，其2人的行为已构成销售伪劣产品罪；被告人朱某全、曾某中在生产、销售中以不合格产品冒充合格产品，涉案金额50万元以上不满200万元，其2人的行为已构成生产、销售伪劣产品罪；被告人黎某文身为国家工作人员，被告人王某昌、陈某基身为受国家机关委托从事公务的人员，均利用职务之便，多次收受贿款，同时，被告人黎某文、王某昌、陈某基还违背所负的食品安全监督管理职责，滥用职权为刘某清等人谋取非法利益，造成严重后果，被告人黎某文、王某昌、陈某基的行为已构成受贿罪、食品监管渎职罪；被告人胡某贵、刘某清、余某东为谋取不正当利益，多次向黎某文、王某昌、陈某基等人行贿，其3人的行为均已构成行贿罪。对上述被告人的犯罪行为，依法均应惩处，对被告人胡某贵、刘某清、黎某文、王某昌、陈某基依法予以数罪并罚。被告人刘某清系累犯，依法应从重处罚；刘某清在被追诉前主动交代其行贿行为，依法可以从轻处罚；刘某清还举报了胡某贵向黎某文行贿5000元的事实，并经查证属实，是立功，依法可以从轻处罚。被告人黎某文、王某昌、陈某基归案后已向侦查机关退出全部赃款，对其从轻处罚。被告人胡某贵、刘某清、张某富、叶某科、余某东归案后如实供述犯罪事实，认罪态度较好，均可从轻处罚；被告人黎某文在法庭上认罪态度较好，可酌情从轻处罚。依照刑法相关条款规定，判决：

（一）被告人胡某贵犯生产、销售有毒、有害食品罪和行贿罪，数罪并罚，判处有期徒刑九年9个月，并处罚金人民币10万元。被告人刘某清犯生产、销售有毒、有害食品罪和行贿罪，数罪并罚，判处有期徒刑9年，并处罚金人民币9万元。被告人叶某均、刘某富、张某富、叶某科犯生产、销售有毒、有害食品罪，分别判处有期徒刑8年6个月并处罚金人民币10万元、有期徒刑8年6个月并处罚金人民币10万元、有期徒刑8年3个月并处罚金人民币10万元、有期徒刑7年9个月并处罚金人民币5万元。被告人骆某、刘某素犯销售伪劣产品罪，分别判处有期徒刑7年6个月并处罚金人民币3万元、有期徒刑6年并处罚金人民币2万元。

（二）被告人朱某全、曾某中犯生产、销售伪劣产品罪，分别判处有期徒刑8年并处罚金人民币7万元、有期徒刑7年6个月并处罚金人民币6万元。

（三）被告人黎某文犯受贿罪和食品监管渎职罪，数罪并罚，判处有期徒刑7年6个月，并处没收个人财产人民币1万元。被告人王某昌犯受贿罪和食品监管渎职罪,数罪并罚,判处有期徒刑3年3个月。被告人陈某基犯受贿罪和食品监管渎职罪,数罪并罚,判处有期徒刑2年6个月。被告人余某东犯行贿罪,判处有期徒刑10个月。

一审宣判后,被告人胡某贵、刘某清、叶某均、刘某富、张某富、叶某科、骆某、刘某素、曾某中、黎某文、王某昌、陈某基提出上诉。

2012年8月21日,广东省东莞市中级人民法院二审裁定驳回上诉,维持原判。

33. 最高人民检察院《第4批指导性案例赛某、韩某武受贿、食品监管渎职案》(检例第16号;2014年2月20日)

【要旨】

负有食品安全监督管理职责的国家机关工作人员,滥用职权或玩忽职守,导致发生重大食品安全事故或者造成其他严重后果的,应当认定为食品监管渎职罪。在渎职过程中受贿的,应当以食品监管渎职罪和受贿罪实行数罪并罚。

【诉讼过程】

2012年5月4日,赛某、韩某武因涉嫌徇私舞弊不移交刑事案件罪、受贿罪被云南省嵩明县人民检察院立案侦查,韩某武于5月7日被刑事拘留,赛某于5月8日被刑事拘留,5月21日2人被逮捕。

该案由云南省嵩明县人民检察院反渎职侵权局侦查终结后,移送该院公诉部门审查起诉。云南省嵩明县人民检察院经审查认为,被告人赛某、韩某武作为负有食品安全监督管理职责的国家机关工作人员,未认真履行职责,失职、渎职造成大量的问题猪油流向市场,后果特别严重;同时二被告人利用职务上的便利,非法收受他人贿赂,为他人谋取利益,二被告人之行为已触犯《中华人民共和国刑法》第408条之一、第385条第1款之规定,应当以食品监管渎职罪、受贿罪追究刑事责任。2012年9月5日,云南省嵩明县人民检察院以被告人赛某、韩某武犯食品监管渎职罪、受贿罪向云南省嵩明县人民法院提起公诉。

2012年11月26日,云南省嵩明县人民法院一审认为,被告人赛某、韩某武作为国家工作人员,利用职务上的便利,非法收受他人财物,为他人谋取利益,其行为已构成受贿罪;被告人赛某、韩某武作为质监局工作人员,在查办杨林丰瑞公司无生产许可证生产有毒、有害食品案件中玩忽职守、滥用职权,致使查获的不符合食品安全标准的原料用于生产,有毒、有害油脂流入社会,造成严重后果,其行为还构成食品监管渎职罪。鉴于杨林丰瑞公司被公安机关查处后,赛某、韩某武向领导如实汇报受贿事实,且将受贿款以"罚款"上交,属自首,可从轻、减轻处罚。依照刑法相关条款之规定,判决被告人赛某犯受贿罪和食品监管渎职罪,数罪并罚,判处有期徒刑六年;韩某武犯受贿罪和食品监管渎职罪,数罪并罚,判处有期徒刑2年6个月。

一审宣判后,赛某、韩某武提出上诉。

2013年4月20日,云南省昆明市中级人民法院二审裁定驳回上诉,维持原判。

34.《中华人民共和国刑法修正案(9)》(2015年8月29日第十二届全国人大常委会第十六次会议通过)第44条

(详见本书《刑法》第383条相关内容)

35. 最高人民法院《关于〈中华人民共和国刑法修正案(9)〉时间效力问题的解释》(法释〔2015〕19号)第8条

(详见本书《刑法》第383条相关内容)

36. 最高人民法院、最高人民检察院《关于办理危害生产安全刑事案件适用法律若干问题的解释》(法释〔2015〕22号)

第14条 国家工作人员违反规定投资入股生产经营,构成本解释规定的有关犯罪的,或者国家工作人员的贪污、受贿犯罪行为与安全事故发生存在关联性的,从重处罚;同时构成贪污、受贿犯罪和危害生产安全犯罪的,依照数罪并罚的规定处罚。(全文详见本书《刑法》第132条内容)

37.《最高人民检察院职务犯罪侦查工作8项禁令》(高检发办字〔2015〕31号)

(详见本书《刑法》第383条相关内容)

38.最高人民法院、最高人民检察院《关于办理贪污贿赂刑事案件适用法律若干问题的解释》(法释〔2016〕9号)

第1条 贪污或者受贿数额在3万元以上不满20万元的,应当认定为刑法第383条第1款规定的"数额较大",依法判处3年以下有期徒刑或者拘役,并处罚金。

贪污数额在1万元以上不满3万元,具有下列情形之一的,应当认定为刑法第383条第1款规定的"其他较重情节",依法判处3年以下有期徒刑或者拘役,并处罚金:

(一)贪污救灾、抢险、防汛、优抚、扶贫、移民、救济、防疫、社会捐助等特定款物的;(二)曾因贪污、受贿、挪用公款受过党纪、行政处分的;(三)曾因故意犯罪受过刑事追究的;(四)赃款赃物用于非法活动的;(五)拒不交待赃款赃物去向或者拒不配合追缴工作,致使无法追缴的;(六)造成恶劣影响或者其他严重后果的。

受贿数额在1万元以上不满3万元,具有前款第2项至第6项规定的情形之一,或者具有下列情形之一的,应当认定为刑法第383条第1款规定的"其他较重情节",依法判处3年以下有期徒刑或者拘役,并处罚金:

(一)多次索贿的;(二)为他人谋取不正当利益,致使公共财产、国家和人民利益遭受损失的;(三)为他人谋取职务提拔、调整的。

第2条 贪污或者受贿数额在20万元以上不满300万元的,应当认定为刑法第383条第1款规定的"数额巨大",依法判处3年以上10年以下有期徒刑,并处罚金或者没收财产。

贪污数额在10万元以上不满20万元,具有本解释第1条第2款规定的情形之一的,应当认定为刑法第383条第1款规定的"其他严重情节",依法判处3年以上10年以下有期徒刑,并处罚金或者没收财产。

受贿数额在10万元以上不满20万元,具有本解释第1条第3款规定的情形之一的,应当认定为刑法第383条第1款规定的"其他严重情节",依法判处3年以上10年以下有期徒刑,并处罚金或者没收财产。

第3条 贪污或者受贿数额在300万元以上的,应当认定为刑法第383条第1款规定的"数额特别巨大",依法判处10年以上有期徒刑、无期徒刑或者死刑,并处罚金或者没收财产。

贪污数额在150万元以上不满300万元,具有本解释第1条第2款规定的情形之一的,应当认定为刑法第383条第1款规定的"其他特别严重情节",依法判处10年以上有期徒刑、无期徒刑或者死刑,并处罚金或者没收财产。

受贿数额在150万元以上不满300万元,具有本解释第1条第3款规定的情形之一的,应当认定为刑法第383条第1款规定的"其他特别严重情节",依法判处10年以上有期徒刑、无期徒刑或者死刑,并处罚金或者没收财产。

第4条 贪污、受贿数额特别巨大,犯罪情节特别严重、社会影响特别恶劣、给国家和人民利益造成特别重大损失的,可以判处死刑。

符合前款规定的情形,但具有自首,立功,如实供述自己罪行、真诚悔罪、积极退赃,或者避免、减少损害结果的发生等情节,不是必须立即执行的,可以判处死刑缓期2年执行。

符合第1款规定情形的,根据犯罪情节等情况可以判处死刑缓期2年执行,同时裁判决定在其死刑缓期执行2年期满依法减为无期徒刑后,终身监禁,不得减刑、假释。

第12条 贿赂犯罪中的"财物",包括货币、物品和财产性利益。财产性利益包括可以折算为货币的物质利益如房屋装修、债务免除等,以及需要支付货币的其他利益如会员服务、旅游等。后者的犯罪数额,以实际支付或者应当支付的数额计算。

第13条 具有下列情形之一的,应当认定为"为他人谋取利益",构成犯罪的,应当依照刑法关于受贿犯罪的规定定罪处罚:

(一)实际或者承诺为他人谋取利益的;(二)明知他人有具体请托事项的;(三)履职时未被请托,但事后基于该履职事由收受他人财物的。

国家工作人员索取、收受具有上下级关系的下属或者具有行政管理关系的被管理人员的财物价值3万元以上,可能影响职权行使的,视为承诺为他人谋取利益。

第14条 根据行贿犯罪的事实、情节,可能被判处3年有期徒刑以下刑罚的,可以认定为刑法第390条第2款规定的"犯罪较轻"。

根据犯罪的事实、情节,已经或者可能被判处10年有期徒刑以上刑罚的,或者案件在本省、自治区、直辖市或者全国范围内有较大影响的,可以认定为刑法第390条第2款规定的"重大案件"。

具有下列情形之一的,可以认定为刑法第390条第2款规定的"对侦破重大案件起关键作用":

(一)主动交待办案机关未掌握的重大案件线索的;(二)主动交待的犯罪线索不属于重大案件的线索,但该线索对于重大案件侦破有重要作用的;(三)主动交待行贿事实,对于重大案件的证据收集有重要作用的;(四)主动交待行贿事实,对于重大案件的追逃、追赃有重要作用的。

第15条 对多次受贿未经处理的,累计计算受贿数额。

国家工作人员利用职务上的便利为请托人谋取利益前后多次收受请托人财物,受请托之前收受的财物数额在1万元以上的,应当一并计入受贿数额。

第16条 国家工作人员出于贪污、受贿的故意,非法占有公共财物、收受他人财物之后,将赃款赃物用于单位公务支出或者社会捐赠的,不影响贪污罪、受贿罪的认定,但量刑时可以酌情考虑。

特定关系人索取、收受他人财物,国家工作人员知道后未退还或者上交的,应当认定国家工作人员具有受贿故意。

第17条 国家工作人员利用职务上的便利,收受他人财物,为他人谋取利益,同时构成受贿罪和刑法分则第3章第3节、第9章规定的渎职犯罪的,除刑法另有规定外,以受贿罪和渎职犯罪数罪并罚。

第18条 贪污贿赂犯罪分子违法所得的一切财物,应当依照刑法第64条的规定予以追缴或者责令退赔,对被害人的合法财产应当及时返还。对尚未追缴到案或者尚未足额退赔的违法所得,应当继续追缴或者责令退赔。

第19条 对贪污罪、受贿罪判处3年以下有期徒刑或者拘役的,应当并处10万元以上50万元以下的罚金;判处3年以上10年以下有期徒刑的,应当并处20万元以上犯罪数额2倍以下的罚金或者没收财产;判处10年以上有期徒刑或者无期徒刑的,应当并处50万元以上犯罪数额2倍以下的罚金或者没收财产。

对刑法规定并处罚金的其他贪污贿赂犯罪,应当在10万元以上犯罪数额2倍以下判处罚金。

第20条 本解释自2016年4月18日起施行。最高人民法院、最高人民检察院此前发布的司法解释与本解释不一致的,以本解释为准。(全文详见本书《刑法》第383条相关内容)

39. 最高人民检察院法律政策研究室《办理贪污贿赂刑事案件要准确把握法律适用标准》(2016年5月23日)

(详见本书《刑法》第383条相关内容)

40. 最高人民法院《关于被告人林某钦受贿请示一案的答复》(〔2016〕最高法刑他5934号)

(详见本书《刑法》第383条相关内容)

41. 最高人民法院《关于人民法院庭审录音录像的若干规定》(法释〔2017〕5号)

(详见本书《刑法》第383条相关内容)

42. 最高人民法院、最高人民检察院、公安部《关于办理涉窨井盖相关刑事案件的指导意见》(高检发〔2020〕3号)

十一、国家机关工作人员利用职务上的便利,收受他人财物,为他人谋取与窨井盖相关利益,同时构成受贿罪和刑法分则第9章规定的渎职犯罪的,除刑法另有规定外,以受贿罪和渎职犯罪数罪并罚。(全文详见本书《刑法》第233条相关内容)

43. 最高人民检察院《第20批指导性案例金某某受贿案》(检例第75号;2020年7月21日)

(详见本书《刑法》第383条相关内容)

44. 最高人民检察院《第20批指导性案例张某受贿,郭某行贿、职务侵占、诈骗案》(检例第76号;2020年7月21日)

(详见本书《刑法》第383条相关内容)

45. 最高人民法院、最高人民检察院、公安部《关于办理跨境赌博犯罪案件若干问题的意见》(公通字〔2020〕14号)

四、关于跨境赌博关联犯罪的认定

(二)通过开设赌场或者为国家工作人员参与赌博提供资金的形式实施行贿、受贿行为,构成犯罪的,依照刑法关于贿赂犯罪的规定定罪处罚。同时构成赌博犯罪的,应当依法与贿赂犯罪数罪并罚。(全文详见本书《刑法》第303条相关内容)

第387条　【单位受贿罪】 国家机关、国有公司、企业、事业单位、人民团体,索取、非法收受他人财物,为他人谋取利益,情节严重的,对单位判处罚金,并对其直接负责的主管人员和其他直接责任人员,处5年以下有期徒刑或者拘役。

前款所列单位,在经济往来中,在账外暗中收受各种名义的回扣、手续费的,以受贿论,依照前款的规定处罚。

• 释义

单位受贿罪是指国家机关、国有公司、企业、事业单位、人民团体,索取、非法收受他人财物,为他人谋取利益,情节严重的行为。

前述所列单位,在经济往来中,在账外暗中收受各种名义的回扣、手续费的,以受贿论。

本罪索取他人财物或者非法收受他人财物,必须同时具备为他人谋取利益的条件,且是情节严重的行为,才能构成单位受贿罪。

• 管辖

监察机关。

• 立案追诉标准

涉嫌下列情形之一的，应予立案：

1. 单位受贿数额在10万元以上的；

2. 单位受贿数额不满10万元，但具有下列情形之一的：

（一）故意刁难、要挟有关单位、个人，造成恶劣影响的；

（二）强行索取财物的；

（三）致使国家或者社会利益遭受重大损失的。

• 关联法律

1. 最高人民检察院《人民检察院直接受理立案侦查案件立案标准的规定（试行）》（高检发释字〔1999〕2号）

（见本条立案追诉标准内容）

2. 最高人民检察院研究室《关于国有单位的内设机构能否构成单位受贿罪主体问题的答复》（〔2006〕高检研发第8号）

陕西省人民检察院法律政策研究室：你室《关于国家机关、国有公司、企业、事业单位、人民团体的内设机构能否构成单位受贿罪主体的请示》（陕检研发〔2005〕13号）收悉。经研究，答复如下：国有单位的内设机构利用其行使职权的便利，索取、非法收受他人财物并归该内设机构所有或支配，为他人谋取利益，情节严重的，依照刑法第387条的规定以单位受贿罪追究刑事责任。

上述内设机构在经济往来中，在账外暗中收受各种名义的回扣、手续费的，以受贿论处。

3. 最高人民法院、最高人民检察院《关于办理贪污贿赂刑事案件适用法律若干问题的解释》（法释〔2016〕9号）

第1条 贪污或者受贿数额在3万元以上不满20万元的，应当认定为刑法第383条第1款规定的"数额较大"，依法判处3年以下有期徒刑或者拘役，并处罚金。

贪污数额在1万元以上不满3万元，具有下列情形之一的，应当认定为刑法第383条第1款规定的"其他较重情节"，依法判处3年以下有期徒刑或者拘役，并处罚金：

（一）贪污救灾、抢险、防汛、优抚、扶贫、移民、救济、防疫、社会捐助等特定款物的；（二）曾因贪污、受贿、挪用公款受过党纪、行政处分的；（三）曾因故意犯罪受过刑事追究的；（四）赃款赃物用于非法活动的；（五）拒不交待赃款赃物去向或者拒不配合追缴工作，致使无法追缴的；（六）造成恶劣影响或者其他严重后果的。

受贿数额在1万元以上不满3万元，具有前款第2项至第6项规定的情形之一，或者具有下列情形之一的，应当认定为刑法第383条第1款规定的"其他较重情节"，依法判处3年以下有期徒刑或者拘役，并处罚金：

（一）多次索贿的；（二）为他人谋取不正当利益，致使公共财产、国家和人民利益遭受损失的；（三）为他人谋取职务提拔、调整的。

第2条 贪污或者受贿数额在20万元以上不满300万元的，应当认定为刑法第383条第1款规定的"数额巨大"，依法判处3年以上10年以下有期徒刑，并处罚金或者没收财产。

贪污数额在10万元以上不满20万元，具有本解释第1条第2款规定的情形之一的，应当认定为刑法第383条第1款规定的"其他严重情节"，依法判处3年以上10年以下有期徒刑，并处罚金或者没收财产。

受贿数额在10万元以上不满20万元，具有本解释第1条第3款规定的情形之一的，应当认定为刑法第383条第1款规定的“其他严重情节”,依法判处3年以上10年以下有期徒刑,并处罚金或者没收财产。

第3条 贪污或者受贿数额在300万元以上的,应当认定为刑法第383条第1款规定的“数额特别巨大”,依法判处10年以上有期徒刑、无期徒刑或者死刑,并处罚金或者没收财产。

贪污数额在150万元以上不满300万元,具有本解释第1条第2款规定的情形之一的,应当认定为刑法第383条第1款规定的“其他特别严重情节”,依法判处10年以上有期徒刑、无期徒刑或者死刑,并处罚金或者没收财产。

受贿数额在150万元以上不满300万元,具有本解释第1条第3款规定的情形之一的,应当认定为刑法第383条第1款规定的“其他特别严重情节”,依法判处10年以上有期徒刑、无期徒刑或者死刑,并处罚金或者没收财产。

第12条 贿赂犯罪中的“财物”,包括货币、物品和财产性利益。财产性利益包括可以折算为货币的物质利益如房屋装修、债务免除等,以及需要支付货币的其他利益如会员服务、旅游等。后者的犯罪数额,以实际支付或者应当支付的数额计算。

第13条 具有下列情形之一的,应当认定为“为他人谋取利益”,构成犯罪的,应当依照刑法关于受贿犯罪的规定定罪处罚:

(一)实际或者承诺为他人谋取利益的;(二)明知他人有具体请托事项的;(三)履职时未被请托,但事后基于该履职事由收受他人财物的。

国家工作人员索取、收受具有上下级关系的下属或者具有行政管理关系的被管理人员的财物价值3万元以上,可能影响职权行使的,视为承诺为他人谋取利益。

第15条 对多次受贿未经处理的,累计计算受贿数额。

国家工作人员利用职务上的便利为请托人谋取利益前后多次收受请托人财物,受请托之前收受的财物数额在1万元以上的,应当一并计入受贿数额。

第16条 国家工作人员出于贪污、受贿的故意,非法占有公共财物、收受他人财物之后,将赃款赃物用于单位公务支出或者社会捐赠的,不影响贪污罪、受贿罪的认定,但量刑时可以酌情考虑。

特定关系人索取、收受他人财物,国家工作人员知道后未退还或者上交的,应当认定国家工作人员具有受贿故意。

第17条 国家工作人员利用职务上的便利,收受他人财物,为他人谋取利益,同时构成受贿罪和刑法分则第3章第3节、第9章规定的渎职犯罪的,除刑法另有规定外,以受贿罪和渎职犯罪数罪并罚。

第18条 贪污贿赂犯罪分子违法所得的一切财物,应当依照刑法第64条的规定予以追缴或者责令退赔,对被害人的合法财产应当及时返还。对尚未追缴到案或者尚未足额退赔的违法所得,应当继续追缴或者责令退赔。

第19条 对贪污罪、受贿罪判处3年以下有期徒刑或者拘役的,应当并处10万元以上50万元以下的罚金;判处3年以上10年以下有期徒刑的,应当并处20万元以上犯罪数额2倍以下的罚金或者没收财产;判处10年以上有期徒刑或者无期徒刑的,应当并处50万元以上犯罪数额2倍以下的罚金或者没收财产。

对刑法规定并处罚金的其他贪污贿赂犯罪,应当在10万元以上犯罪数额2倍以下判处罚金。

第20条 本解释自2016年4月18日起施行。最高人民法院、最高人民检察院此前发布的司法解释与本解释不一致的,以本解释为准。(全文详见本书《刑法》第383条相关内容)

4. 最高人民检察院法律政策研究室《办理贪污贿赂刑事案件要准确把握法律适用标准》（2016年5月23日）

（五）明确了利用影响力受贿罪、对有影响力的人行贿罪的定罪量刑标准（第10条）

《解释》第10条分3款规定了利用影响力受贿罪,对有影响力的人行贿罪及其单位犯罪的定罪量刑标准。为依法从严惩治国家工作人员“身边人”的贿赂犯罪,《解释》规定,利用影响力受贿罪、对有影响力的人行贿罪与受贿罪、行贿罪适用相同的定罪量刑标准。其中,第10条第1款规定,利用影响力受贿罪的定罪量刑适用标准,参照本解释关于受贿罪的规定执行。第10条第2款规定,对有影响力的人行贿罪的定罪量刑适用标准,参照本解释关于行贿罪的规定执行。第10条第3款规定,单位对有影响力的人行贿数额在20万元以上的,应当以对有影响力的人行贿罪追究刑事责任。

这里需注意的是,单位实施贿赂犯罪的定罪量刑标准问题。根据刑法分则第8章贪污贿赂犯罪规定,单位能够成为贿赂犯罪主体的罪名除了刑法修正案(9)增加的“对有影响力的人行贿罪”之外,还有刑法第387条单位受贿罪、第391条对单位行贿罪、第393条单位行贿罪、第396条规定的私分国有资产罪和私分罚没财物罪。

关于单位犯罪,《解释》之所以只规定了刑法修正案(9)增加的“对有影响力的人行贿罪”,主要出于以下考虑:

一是已有司法解释规定了立案标准。由于刑法第8章贪污贿赂犯罪中大多数单位犯罪只有一档法定刑,且1999年最高人民检察院制发的《人民检察院直接受理立案侦查案件立案标准的规定(试行)案标准的规定(试行)》(下称《立案标准》)已对单位受贿罪、对单位行贿罪、单位行贿罪规定了立案标准。《立案标准》对这些单位犯罪区别于自然人犯罪,规定了较高的标准,目前这些标准仍然有效,应当继续适用。如第391条对单位行贿罪,《立案标准》第6条规定,对单位行贿涉嫌下列情形之一的,应予立案:1.个人行贿数额在10万元以上、单位行贿数额在20万元以上的;2.个人行贿数额不满10万元、单位行贿数额在10万元以上不满20万元,但具有下列情形之一的:

(1)为谋取非法利益而行贿的;(2)向3个以上单位行贿的;(3)向党政机关、司法机关、行政执法机关行贿的;(4)致使国家或社会利益遭受重大损失的。

二是案件较少,《解释》作出规定的条件不成熟。刑法分则第8章规定单位实施有关贿赂犯罪中,规定两档法定刑的只有私分国有资产罪和私分罚没财物罪。《立案标准》规定涉嫌私分国有资产、私分罚没财物,累计数额在10万元以上的,应予立案。(全文详见本书《刑法》第383条相关内容)

5. 最高人民检察院《第20批指导性案例浙江省某县图书馆及赵某、徐某某单位受贿、私分国有资产、贪污案》(检例第73号;2020年7月21日)

(详见本书《刑法》第383条相关内容)

6. 参见本书《刑法》第386条相关内容。

> **第388条　【斡旋受贿形式的论处】**国家工作人员利用本人职权或者地位形成的便利条件,通过其他国家工作人员职务上的行为,为请托人谋取不正当利益,索取请托人财物或者收受请托人财物的,以受贿论处。【受贿罪(第385条)】

• 释义

本条规定受贿罪的又一种形式,又称斡旋受贿罪,是指国家工作人员利用本人职权或者地位形成的便利条件,通过其他国家工作人员职务上的行为,为请托人谋取不正当利益,索取请托人财物或者收受请托人财物的行为。

• 管辖

监察机关。

• 立案追诉标准

无

• 关联法律

1. 最高人民法院《全国法院审理经济犯罪案件工作座谈会纪要》(法〔2003〕167 号)

三、关于受贿罪

(一)关于"利用职务上的便利"的认定

刑法第 385 条第 1 款规定的"利用职务上的便利",既包括利用本人职务上主管、负责、承办某项公共事务的职权,也包括利用职务上有隶属、制约关系的其他国家工作人员的职权。担任单位领导职务的国家工作人员通过不属自己主管的下级部门的国家工作人员的职务为他人谋取利益的,应当认定为"利用职务上的便利"为他人谋取利益。

(二)"为他人谋取利益"的认定

为他人谋取利益包括承诺、实施和实现三个阶段的行为。只要具有其中一个阶段的行为,如国家工作人员收受他人财物时,根据他人提出的具体请托事项,承诺为他人谋取利益的,就具备了为他人谋取利益的要件。明知他人有具体请托事项而收受其财物的,视为承诺为他人谋取利益。

(三)"利用职权或地位形成的便利条件"的认定

刑法第 388 条规定的"利用本人职权或者地位形成的便利条件",是指行为人与被其利用的国家工作人员之间在职务上虽然没有隶属、制约关系,但是行为人利用了本人职权或者地位产生的影响和一定的工作联系,如单位内不同部门的国家工作人员之间、上下级单位没有职务上隶属、制约关系的国家工作人员之间、有工作联系的不同单位的国家工作人员之间等。

(四)离职国家工作人员收受财物行为的处理

参照《最高人民法院关于国家工作人员利用职务上的便利为他人谋取利益离退休后收受财物行为如何处理问题的批复》规定的精神,国家工作人员利用职务上的便利为请托人谋取利益,并与请托人事先约定,在其离职后收受请托人财物,构成犯罪的,以受贿罪定罪处罚。

(五)共同受贿犯罪的认定

根据刑法关于共同犯罪的规定,非国家工作人员与国家工作人员勾结伙同受贿的,应当以受贿罪的共犯追究刑事责任。非国家工作人员是否构成受贿罪共犯,取决于双方有无共同受贿的故意和行为,国家工作人员的近亲属向国家工作人员代为转达请托事项,收受请托人财物并告知该国家工作人员。或者国家工作人员明知其近亲属收受了他人财物,仍按照近亲属的要求利用职权为他人谋取利益的,对该国家工作人员应认定为受贿罪,其近亲属以受贿罪共犯论处:近亲属以外的其他人与国家工作人员通谋,由国家工作人员利用职务上的便利为请托人谋取利益,收受请托人财物后双方共同占有的,构成受贿罪共犯,国家工作人员利用职务上的便利为他人谋取利益,并指定他人将财物送给其他人。构成犯罪的,应以受贿罪定罪处罚。

(六)以借款为名索取或者非法收受财物行为的认定

国家工作人员利用职务上的便利以借为名向他人索取财物,或者非法收受财物为他人谋取利益的.应当认定为受贿。具体认定时,不能仅仅看是否有书面借款手续,应当根据以下因素综合判定：

(1)有无正当、合理的借款事由；(2)款项的去向；(3)双方平时关系如何、有无经济往来；(4)出借方是否要求国家工作人员利用职务上的便利为其谋取利益；(5)借款后是否有归还的意思表示及行为；(6)是否有归还的能力；(7)未归还的原因；等等。

(七)涉及股票受贿案件的认定

在办理涉及股票的受贿案件时，应当注意：

(1)国家工作人员利用职务上的便利，索取或非法收受股票，没有支付股本金，为他人谋取利益，构成受贿罪的，其受贿数额按照收受股票时的实际价格计算。(2)行为人支付股本金而购买较有可能升值的股票，由于不是无偿收受请托人财物，不以受贿罪论处。(3)股票已上市且已升值，行为人仅支付股本金，其"购买"股票时的实际价格与股本金的差价部分应认定为受贿。(全文详见本书《刑法》第383条相关内容)

2. 参见本书《刑法》第386条、第387条相关内容。

第388条之一 【利用影响力受贿罪】国家工作人员的近亲属或者其他与该国家工作人员关系密切的人，通过该国家工作人员职务上的行为，或者利用该国家工作人员职权或者地位形成的便利条件，通过其他国家工作人员职务上的行为，为请托人谋取不正当利益，索取请托人财物或者收受请托人财物，数额较大或者有其他较重情节的，处3年以下有期徒刑或者拘役，并处罚金；数额巨大或者有其他严重情节的，处3年以上7年以下有期徒刑，并处罚金；数额特别巨大或者有其他特别严重情节的，处7年以上有期徒刑，并处罚金或者没收财产。

离职的国家工作人员或者其近亲属以及其他与其关系密切的人，利用该离职的国家工作人员原职权或者地位形成的便利条件实施前款行为的，依照前款的规定定罪处罚。

(本条《中华人民共和国刑法修正案(7)》增加)

• 释义

利用影响力受贿罪是指国家工作人员的近亲属或者其他与该国家工作人员关系密切的人，通过该国家工作人员职务上的行为，或者利用该国家工作人员职权或者地位形成的便利条件，通过其他国家工作人员职务上的行为，为请托人谋取不正当利益，索取请托人财物或者收受请托人财物，数额较大或者有其他较重情节的行为。

离职的国家工作人员或者其近亲属以及其他与其关系密切的人，利用该离职的国家工作人员原职权或者地位形成的便利条件实施上述行为的，构成利用影响力受贿罪。

• 管辖

监察机关。

• 立案追诉标准

无

• 关联法律

1.《中华人民共和国刑法修正案(7)》(2009年2月28日第十一届全国人大常委会第七次会议通过)

十三、在刑法第388条后增加一条作为第388条之一："国家工作人员的近亲属或者其他与该国家工作人员关系密切的人,通过该国家工作人员职务上的行为,或者该国家工作人员职权或者地位形成的便利条件,通过其他国家工作人员职务上的行为,为请托人谋取不正当利益,索取请托人财物或者收受请托人财物,数额较大或者有其他较重情节的,处3年以下有期徒刑或者拘役,并处罚金;数额巨大或者有其他严重情节的,处3年以上7年以下有期徒刑,并处罚金;数额特别巨大或者有其他特别严重情节的,处7年以上有期徒刑,并处罚金或者没收财产。

"离职的国家工作人员或者其近亲属以及其他与其关系密切的人,利用该离职的国家工作人员原职权或者地位形成的便利条件实施前款行为的,依照前款的规定定罪处罚。"

2. 最高人民法院、最高人民检察院《关于办理贪污贿赂刑事案件适用法律若干问题的解释》(法释〔2016〕9号)

第10条 刑法第388条之一规定的利用影响力受贿罪的定罪量刑适用标准,参照本解释关于受贿罪的规定执行。

刑法第390条之一规定的对有影响力的人行贿罪的定罪量刑适用标准,参照本解释关于行贿罪的规定执行。

单位对有影响力的人行贿数额在20万元以上的,应当依照刑法第390条之一的规定以对有影响力的人行贿罪追究刑事责任。

第20条 本解释自2016年4月18日起施行。最高人民法院、最高人民检察院此前发布的司法解释与本解释不一致的,以本解释为准。(全文详见本书《刑法》第383条相关内容)

3. 最高人民检察院研究室《办理贪污贿赂刑事案件要准确把握法律适用标准》(2016年5月23日)

(五)明确了利用影响力受贿罪、对有影响力的人行贿罪的定罪量刑标准(第10条)

《解释》第10条分3款规定了利用影响力受贿罪,对有影响力的人行贿罪及其单位犯罪的定罪量刑标准。为依法从严惩治国家工作人员"身边人"的贿赂犯罪,《解释》规定,利用影响力受贿罪、对有影响力的人行贿罪与受贿罪、行贿罪适用相同的定罪量刑标准。其中,第10条第1款规定,利用影响力受贿罪的定罪量刑适用标准,参照本解释关于受贿罪的规定执行。第10条第2款规定,对有影响力的人行贿罪的定罪量刑适用标准,参照本解释关于行贿罪的规定执行。第10条第3款规定,单位对有影响力的人行贿数额在20万元以上的,应当以对有影响力的人行贿罪追究刑事责任。

这里需注意的是,单位实施贿赂犯罪的定罪量刑标准问题。根据刑法分则第8章贪污贿赂犯罪规定,单位能够成为贿赂犯罪主体的罪名除了刑法修正案(9)增加的"对有影响力的人行贿罪"之外,还有刑法第387条单位受贿罪、第391条对单位行贿罪、第393条单位行贿罪、第396条规定的私分国有资产罪和私分罚没财物罪。

关于单位犯罪,《解释》之所以只规定了刑法修正案(9)增加的"对有影响力的人行贿罪",主要出于以下考虑:

一是已有司法解释规定了立案标准。由于刑法第8章贪污贿赂犯罪中大多数单位犯罪只有一档法定刑,且1999年最高人民检察院制发的《人民检察院直接受理立案侦查案件立案标准的规定(试行)》(下称《立案标准》)已对单位受贿罪、对单位行贿罪、单位行贿罪规定了立案标准。《立案标准》对这些单位犯罪区别于自然人犯罪,规定了较高的标准,目前这些标准仍然有效,应当继续适用。如第391条对单位行贿罪,《立案标准》第6条规定,对单位行贿涉嫌下列情形之一的,应予立案:

1. 个人行贿数额在10万元以上、单位行贿数额在20万元以上的;

2. 个人行贿数额不满10万元、单位行贿数额在10万元以上不满20万元,但具有下列情形之一的:

（一）为谋取非法利益而行贿的；（二）向3个以上单位行贿的；（三）向党政机关、司法机关、行政执法机关行贿的；（四）致使国家或社会利益遭受重大损失的。

二是案件较少，《解释》作出规定的条件不成熟。刑法分则第8章规定单位实施有关贿赂犯罪中，规定两档法定刑的只有私分国有资产罪和私分罚没财物罪。《立案标准》规定涉嫌私分国有资产、私分罚没财物，累计数额在10万元以上的，应予立案。

4. 参见本书《刑法》第386条相关内容。

> **第389条 【行贿罪】** 为谋取不正当利益，给予国家工作人员以财物的，是行贿罪。
>
> 在经济往来中，违反国家规定，给予国家工作人员以财物，数额较大的，或者违反国家规定，给予国家工作人员以各种名义的回扣、手续费的，以行贿论处。
>
> 因被勒索给予国家工作人员以财物，没有获得不正当利益的，不是行贿。

• 释义

行贿罪是指为谋取不正当利益，给予国家工作人员以财物的行为。

在经济往来中，违反国家规定，给予国家工作人员以财物，数额较大的，或者违反国家规定，给予国家工作人员以各种名义的回扣、手续费的，以行贿罪追究刑事责任。

行贿人在被追诉前主动交代行贿行为的，可以减轻处罚或者免除处罚。行贿犯罪中的“谋取不正当利益”，是指行贿人谋取的利益违反法律、法规、规章、政策规定，或者要求国家工作人员违反法律、法规、规章、政策、行业规范的规定，为自己提供帮助或者方便条件。违背公平、公正原则，在经济、组织人事管理等活动中，谋取竞争优势的，应当认定为“谋取不正当利益”。

“被追诉前”，是指检察机关对行贿人的行贿行为刑事立案前。

• 管辖

监察机关。

• 立案追诉标准

见《刑法》第390条相关内容。

• 关联法律

参见本书《刑法》第390条相关内容。

> **第390条 【对犯行贿罪的处罚】** 对犯行贿罪的，处5年以下有期徒刑或者拘役，并处罚金；因行贿谋取不正当利益，情节严重的，或者使国家利益遭受重大损失的，处5年以上10年以下有期徒刑，并处罚金；情节特别严重的，或者使国家利益遭受特别重大损失的，处10年以上有期徒刑或者无期徒刑，并处罚金或者没收财产。
>
> 行贿人在被追诉前主动交待行贿行为的，可以从轻或者减轻处罚。其中，犯罪较轻的，对侦破重大案件起关键作用的，或者有重大立功表现的，可以减轻或者免除处罚。

（本条《中华人民共和国刑法修正案(9)》修改）

• 释义

本条内容关联行贿罪。

• **管辖**

监察机关。

• **立案追诉标准**

行贿罪是指为谋取不正当利益,给予国家工作人员以财物的行为。

在经济往来中,违反国家规定,给予国家工作人员以财物,数额较大的,或者违反国家规定,给予国家工作人员以各种名义的回扣、手续费的,以行贿罪追究刑事责任。

涉嫌下列情形之一的,应予立案:

1. 行贿数额在1万元以上的;

2. 行贿数额不满1万元,但具有下列情形之一的:

(一)为谋取非法利益而行贿的;

(二)向3人以上行贿的;

(三)向党政领导、司法工作人员、行政执法人员行贿的;

(四)致使国家或者社会利益遭受重大损失的。

因被勒索给予国家工作人员以财物,已获得不正当利益的,以行贿罪追究刑事责任。

• **关联法律**

1.《中华人民共和国体育法》(1995年8月29日第八届全国人大常委会第十五次会议通过;2016年11月7日第十二届全国人大常委会第二十四次会议第二次修正)第47条至第52条

(详见本书《刑法》第386条相关内容)

2. 最高人民法院、最高人民检察院《关于在办理受贿犯罪大要案的同时要严肃查处严重行贿犯罪分子的通知》(高检会〔1999〕1号)

近一时期,各级人民法院、人民检察院依法严肃惩处了一批严重受贿犯罪分子,取得了良好的社会效果。但是还有一些大肆拉拢、腐蚀国家工作人员的行贿犯罪分子却没有受到应有的法律追究,他们继续进行行贿犯罪,严重危害了党和国家的廉政建设。为依法严肃惩处严重行贿犯罪,特作如下通知:

一、要充分认识严肃惩处行贿犯罪,对于全面落实党中央反腐败工作部署,把反腐败斗争引向深入,从源头上遏制和预防受贿犯罪的重要意义。各级人民法院、人民检察院要把严肃惩处行贿犯罪作为反腐败斗争中的一项重要和紧迫的工作,在继续严肃惩处受贿犯罪分子的同时,对严重行贿犯罪分子,必须依法严肃惩处,坚决打击。

二、对于为谋取不正当利益而行贿,构成行贿罪、向单位行贿罪、单位行贿罪的,必须依法追究刑事责任。"谋取不正当利益"是指谋取违反法律、法规、国家政策和国务院各部门规章规定的利益,以及要求国家工作人员或者有关单位提供违反法律、法规、国家政策和国务院各部门规章规定的帮助或者方便条件。

对于向国家工作人员介绍贿赂,构成犯罪的案件,也要依法查处。

三、当前要特别注意依法去严肃惩处下列重大行贿犯罪行为:1. 行贿数额巨大、多次行贿或者向多人行贿的;2. 向党政干部和司法工作人员行贿的;3. 为进行走私、偷税、骗税、骗汇、逃汇、非法买卖外汇等违法犯罪活动,向海关、工商、税务、外汇管理等行政执法机关工作人员行贿的;4. 为非法办理金融、证券业务,向银行等金融机构、证券管理机构工作人员行贿,致使国家利益遭受重大损失的;5. 为非法获取工程、项目的开发、承包、经营权,向有关主管部门及其主管领导行贿,致使公共财产、国家和人民利益遭受重大损失的;6. 为制售假冒伪劣产品,向有关国家机关、国有单位及国家工作人员行贿,造成严重后果的;7. 其他情节严重的行贿犯罪行为。

四、在查处严重行贿、介绍贿赂犯罪案件中,既要坚持从严惩处的方针,又要注意体现政策。行贿人、介绍贿赂人具有刑法第 390 条第 2 款、第 392 条第 2 款规定的在被追诉前主动交代行贿、介绍贿赂犯罪情节的,依法分别可以减轻或者免除处罚;行贿人、介绍贿赂人在被追诉后如实交代行贿、介绍贿赂行为的,也可以酌情从轻处罚。

五、在依法严肃查处严重行贿、介绍贿赂犯罪案件中,要讲究斗争策略,注意工作方法。要把查处受贿犯罪大案要案同查处严重行贿、介绍贿赂犯罪案件有机地结合起来,通过打击行贿、介绍贿赂犯罪,促进受贿犯罪大案要案的查处工作,推动查办贪污贿赂案件工作的全面、深入开展。

六、各级人民法院、人民检察院要结合办理贿赂犯罪案件情况,认真总结经验、教训,找出存在的问题,提出切实可行的解决办法,以改变对严重行贿犯罪打击不力的状况。工作中遇到什么情况和问题,要及时报告最高人民法院、最高人民检察院。

3. 最高人民检察院《人民检察院直接受理立案侦查案件立案标准的规定(试行)》(高检发释字〔1999〕2 号)

(见本条立案追诉标准内容)

4. 最高人民检察院《关于行贿罪立案标准的规定》(2000 年 12 月 22 日)

一、行贿案(刑法第 389 条、第 390 条)行贿罪是指为谋取不正当利益,给予国家工作人员以财物的行为。

在经济往来中,违反国家规定,给予国家工作人员以财物,数额较大的,或者违反国家规定,给予国家工作人员以各种名义的回扣、手续费的,以行贿罪追究刑事责任。

涉嫌下列情形之一的,应予立案:

1. 行贿数额在 1 万元以上的;

2. 行贿数额不满 1 万元,但具有下列情形之一的:

(一)为谋取非法利益而行贿的;(二)向 3 人以上行贿的;(三)向党政领导、司法工作人员、行政执法人员行贿的;(四)致使国家或者社会利益遭受重大损失的。

因被勒索给予国家工作人员以财物,已获得不正当利益的,以行贿罪追究刑事责任。

二、对单位行贿案(刑法第 391 条)

对单位行贿罪是指为谋取不正当利益,给予国家机关、国有公司、企业、事业单位、人民团体以财物,或者在经济往来中,违反国家规定,给予上述单位各种名义的回扣、手续费的行为。

涉嫌下列情形之一的,应予立案:

1. 个人行贿数额在 10 万元以上、单位行贿数额在 20 万元以上的;

2. 个人行贿数额不满 10 万元、单位行贿数额在 10 万元以上不满 20 万元,但具有下列情形之一的:

(一)为谋取非法利益而行贿的;(二)向 3 个以上单位行贿的;(三)向党政机关、司法机关、行政执法机关行贿的;(四)致使国家或者社会利益遭受重大损失的。

三、单位行贿案(刑法第 393 条)

单位行贿罪是指公司、企业、事业单位、机关、团体为谋取不正当利益而行贿,或者违反国家规定,给予国家工作人员以回扣、手续费,情节严重的行为。

涉嫌下列情形之一的,应予立案:

1. 单位行贿数额在 20 万元以上的;2. 单位为谋取不正当利益而行贿,数额在 10 万元以上

不满 20 万元,但具有下列情形之一的:

(一)为谋取非法利益而行贿的;(二)向 3 人以上行贿的;(三)向党政领导、司法工作人员、行政执法人员行贿的;(四)致使国家或者社会利益遭受重大损失的。

因行贿取得的违法所得归个人所有的,依照本规定关于个人行贿的规定立案,追究其刑事责任。

5. 最高人民法院、最高人民检察院《关于办理商业贿赂刑事案件适用法律若干问题的意见》(法发〔2008〕33 号)

九、在行贿犯罪中,"谋取不正当利益",是指行贿人谋取违反法律、法规、规章或者政策规定的利益,或者要求对方违反法律、法规、规章、政策、行业规范的规定提供帮助或者方便条件。

在招标投标、政府采购等商业活动中,违背公平原则,给予相关人员财物以谋取竞争优势的,属于"谋取不正当利益"。(全文详见本书《刑法》第 386 条相关内容)

6. 最高人民法院、最高人民检察院《关于办理行贿刑事案件具体应用法律若干问题的解释》(法释〔2012〕22 号)

为依法惩治行贿犯罪活动,根据刑法有关规定,现就办理行贿刑事案件具体应用法律的若干问题解释如下:

第 1 条 为谋取不正当利益,向国家工作人员行贿,数额在 1 万元以上的,应当依照刑法第 390 条的规定追究刑事责任。

第 2 条 因行贿谋取不正当利益,具有下列情形之一的,应当认定为刑法第 390 条第 1 款规定的"情节严重":

(一)行贿数额在 20 万元以上不满 100 万元的;(二)行贿数额在 10 万元以上不满 20 万元,并具有下列情形之一的:1. 向 3 人以上行贿的;2. 将违法所得用于行贿的;3. 为实施违法犯罪活动,向负有食品、药品、安全生产、环境保护等监督管理职责的国家工作人员行贿,严重危害民生、侵犯公众生命财产安全的;4. 向行政执法机关、司法机关的国家工作人员行贿,影响行政执法和司法公正的;(三)其他情节严重的情形。

第 3 条 因行贿谋取不正当利益,造成直接经济损失数额在 100 万元以上的,应当认定为刑法第 390 条第 1 款规定的"使国家利益遭受重大损失"。

第 4 条 因行贿谋取不正当利益,具有下列情形之一的,应当认定为刑法第 390 条第 1 款规定的"情节特别严重":

(一)行贿数额在 100 万元以上的;

(二)行贿数额在 50 万元以上不满 100 万元,并具有下列情形之一的:

1. 向 3 人以上行贿的;2. 将违法所得用于行贿的;3. 为实施违法犯罪活动,向负有食品、药品、安全生产、环境保护等监督管理职责的国家工作人员行贿,严重危害民生、侵犯公众生命财产安全的;4. 向行政执法机关、司法机关的国家工作人员行贿,影响行政执法和司法公正的;

(三)造成直接经济损失数额在 500 万元以上的;

(四)其他情节特别严重的情形。

第 5 条 多次行贿未经处理的,按照累计行贿数额处罚。

第 6 条 行贿人谋取不正当利益的行为构成犯罪的,应当与行贿犯罪实行数罪并罚。

第 7 条 因行贿人在被追诉前主动交代行贿行为而破获相关受贿案件的,对行贿人不适用刑法第 68 条关于立功的规定,依照刑法第 390 条第 2 款的规定,可以减轻或者免除处罚。

单位行贿的,在被追诉前,单位集体决定或者单位负责人决定主动交代单位行贿行为的,依照刑法第 390 条第 2 款的规定,对单位及相关责任人员可以减轻处罚或者免除处罚;受委托直接办理单位行贿事项的直接责任人员在被追诉前主动交代自己知道的单位行贿行为的，对该直接责任人员可以依照刑法第390条第2款的规定减轻处罚或者免除处罚。

第8条 行贿人被追诉后如实供述自己罪行的，依照刑法第67条第3款的规定，可以从轻处罚；因其如实供述自己罪行，避免特别严重后果发生的，可以减轻处罚。

第9条 行贿人揭发受贿人与其行贿无关的其他犯罪行为，查证属实的，依照刑法第68条关于立功的规定，可以从轻、减轻或者免除处罚。

第10条 实施行贿犯罪，具有下列情形之一的，一般不适用缓刑和免予刑事处罚：

（一）向3人以上行贿的；（二）因行贿受过行政处罚或者刑事处罚的；（三）为实施违法犯罪活动而行贿的；（四）造成严重危害后果的；（五）其他不适用缓刑和免予刑事处罚的情形。具有刑法第390条第2款规定的情形的，不受前款规定的限制。

第11条 行贿犯罪取得的不正当财产性利益应当依照刑法第64条的规定予以追缴、责令退赔或者返还被害人。

因行贿犯罪取得财产性利益以外的经营资格、资质或者职务晋升等其他不正当利益，建议有关部门依照相关规定予以处理。

第12条 行贿犯罪中的"谋取不正当利益"，是指行贿人谋取的利益违反法律、法规、规章、政策规定，或者要求国家工作人员违反法律、法规、规章、政策、行业规范的规定，为自己提供帮助或者方便条件。

违背公平、公正原则，在经济、组织人事管理等活动中，谋取竞争优势的，应当认定为"谋取不正当利益"。

第13条 刑法第390条第2款规定的"被追诉前"，指检察机关对行贿人的行贿行为刑事立案前。

7. 最高人民检察院《人民检察院讯问职务犯罪嫌疑人实行全程同步录音录像的规定（试行）》（高检发反贪字〔2014〕213号）

（详见本书《刑法》第383条相关内容）

8. 最高人民检察院《第4批指导性案例胡某贵等人生产、销售有毒、有害食品，行贿；骆某、刘某素销售伪劣产品；朱某全、曾某中生产、销售伪劣产品；黎某文等人受贿、食品监管渎职案》（检例第15号；2014年2月20日）

（详见本书《刑法》第140条相关内容）

9.《中华人民共和国刑法修正案（9）》（2015年8月29日第十二届全国人大常委会第十六次会议通过）

四十五、将刑法第390条修改为："对犯行贿罪的，处5年以下有期徒刑或者拘役，并处罚金；因行贿谋取不正当利益，情节严重的，或者使国家利益遭受重大损失的，处5年以上10年以下有期徒刑，并处罚金；情节特别严重的，或者使国家利益遭受特别重大损失的，处10年以上有期徒刑或者无期徒刑，并处罚金或者没收财产。

"行贿人在被追诉前主动交待行贿行为的，可以从轻或者减轻处罚。其中，犯罪较轻的，对侦破重大案件起关键作用的，或者有重大立功表现的，可以减轻或者免除处罚。"

10. 最高人民法院、最高人民检察院《关于办理贪污贿赂刑事案件适用法律若干问题的解释》（法释〔2016〕9号）

第7条 为谋取不正当利益，向国家工作人员行贿，数额在3万元以上的，应当依照刑法第390条的规定以行贿罪追究刑事责任。

行贿数额在1万元以上不满3万元，具有下列情形之一的，应当依照刑法第390条的规定以行贿罪追究刑事责任：

（一）向3人以上行贿的；（二）将违法所得用于行贿的；（三）通过行贿谋取职务提拔、调整的；（四）向负有食品、药品、安全生产、环境保护等监督管理职责的国家工作人员行贿，实施非法活动的；（五）向司法工作人员行贿，影响司法公正的；（六）造成经济损失数额在50万元以上不满100万元的。

第8条 犯行贿罪，具有下列情形之一的，应当认定为刑法第390条第1款规定的"情节严重"：

（一）行贿数额在100万元以上不满500万元的；（二）行贿数额在50万元以上不满100万元，并具有本解释第7条第2款第1项至第5项规定的情形之一的；（三）其他严重的情节。

为谋取不正当利益，向国家工作人员行贿，造成经济损失数额在100万元以上不满500万元的，应当认定为刑法第390条第1款规定的"使国家利益遭受重大损失"。

第9条 犯行贿罪，具有下列情形之一的，应当认定为刑法第390条第1款规定的"情节特别严重"：

（一）行贿数额在500万元以上的；（二）行贿数额在250万元以上不满500万元，并具有本解释第7条第2款第1项至第5项规定的情形之一的；（三）其他特别严重的情节。

为谋取不正当利益，向国家工作人员行贿，造成经济损失数额在500万元以上的，应当认定为刑法第390条第1款规定的"使国家利益遭受特别重大损失"。

第12条 贿赂犯罪中的"财物"，包括货币、物品和财产性利益。财产性利益包括可以折算为货币的物质利益如房屋装修、债务免除等，以及需要支付货币的其他利益如会员服务、旅游等。后者的犯罪数额，以实际支付或者应当支付的数额计算。

第13条 具有下列情形之一的，应当认定为"为他人谋取利益"，构成犯罪的，应当依照刑法关于受贿犯罪的规定定罪处罚：

（一）实际或者承诺为他人谋取利益的；（二）明知他人有具体请托事项的；（三）履职时未被请托，但事后基于该履职事由收受他人财物的。

国家工作人员索取、收受具有上下级关系的下属或者具有行政管理关系的被管理人员的财物价值3万元以上，可能影响职权行使的，视为承诺为他人谋取利益。

第14条 根据行贿犯罪的事实、情节，可能被判处3年有期徒刑以下刑罚的，可以认定为刑法第390条第2款规定的"犯罪较轻"。

根据犯罪的事实、情节，已经或者可能被判处10年有期徒刑以上刑罚的，或者案件在本省、自治区、直辖市或者全国范围内有较大影响的，可以认定为刑法第390条第2款规定的"重大案件"。

具有下列情形之一的，可以认定为刑法第390条第2款规定的"对侦破重大案件起关键作用"：

（一）主动交待办案机关未掌握的重大案件线索的；（二）主动交待的犯罪线索不属于重大案件的线索，但该线索对于重大案件侦破有重要作用的；（三）主动交待行贿事实，对于重大案件的证据收集有重要作用的；（四）主动交待行贿事实，对于重大案件的追逃、追赃有重要作用的。

第20条 本解释自2016年4月18日起施行。最高人民法院、最高人民检察院此前发布的司法解释与本解释不一致的，以本解释为准。（全文详见本书《刑法》第383条相关内容）

11. 最高人民法院《关于被告人林某钦受贿请示一案的答复》（〔2016〕最高法刑他5934号）

（详见本书《刑法》第383条相关内容）

12. 最高人民检察院《第20批指导性案例张某受贿,郭某行贿、职务侵占、诈骗案》(检例第76号;2020年7月21日)

(详见本书《刑法》第383条相关内容)

13. 最高人民法院、最高人民检察院、公安部《关于办理跨境赌博犯罪案件若干问题的意见》(公通字〔2020〕14号)

四、关于跨境赌博关联犯罪的认定

(二)通过开设赌场或者为国家工作人员参与赌博提供资金的形式实施行贿、受贿行为,构成犯罪的,依照刑法关于贿赂犯罪的规定定罪处罚。同时构成赌博犯罪的,应当依法与贿赂犯罪数罪并罚。(全文详见本书《刑法》第303条相关内容)

第390条之一 【对有影响力的人行贿罪】 为谋取不正当利益,向国家工作人员的近亲属或者其他与该国家工作人员关系密切的人,或者向离职的国家工作人员或者其近亲属以及其他与其关系密切的人行贿的,处3年以下有期徒刑或者拘役,并处罚金;情节严重的,或者使国家利益遭受重大损失的,处3年以上7年以下有期徒刑,并处罚金;情节特别严重的,或者使国家利益遭受特别重大损失的,处7年以上10年以下有期徒刑,并处罚金。

单位犯前款罪的,对单位判处罚金,并对其直接负责的主管人员和其他直接责任人员,处3年以下有期徒刑或者拘役,并处罚金。

(本条《中华人民共和国刑法修正案(9)》增加)

• 释义

对有影响力的人行贿罪是指为谋取不正当利益,向国家工作人员的近亲属或者其他与该国家工作人员关系密切的人,或者向离职的国家工作人员或者其近亲属以及其他与其关系密切的人行贿的行为。

单位犯本罪的,对单位判处罚金,并处罚其直接负责的主管人员和其他直接责任人员。

• 管辖

监察机关。

• 立案追诉标准

无

• 关联法律

1.《中华人民共和国刑法修正案(9)》(2015年8月29日第十二届全国人大常委会第十六次会议通过)

四十六、在刑法第390条后增加1条,作为第390条之一:"为谋取不正当利益,向国家工作人员的近亲属或者其他与该国家工作人员关系密切的人,或者向离职的国家工作人员或者其近亲属以及其他与其关系密切的人行贿的,处3年以下有期徒刑或者拘役,并处罚金;情节严重的,或者使国家利益遭受重大损失的,处3年以上7年以下有期徒刑,并处罚金;情节特别严重的,或者使国家利益遭受特别重大损失的,处7年以上10年以下有期徒刑,并处罚金。

"单位犯前款罪的,对单位判处罚金,并对其直接负责的主管人员和其他直接责任人员,处3年以下有期徒刑或者拘役,并处罚金。"

2. 最高人民法院、最高人民检察院《关于执行〈中华人民共和国刑法〉确定罪名的补充规定(6)》(法释〔2015〕20号)

根据《中华人民共和国刑法修正案(9)》(以下简称《刑法修正案(9)》)和《全国人民代表大会常务委员会关于修改部分法律的决定》的有关规定,现对最高人民法院《关于执行〈中华人民共和国刑法〉确定罪名的规定》、最高人民检察院《关于适用刑法分则规定的犯罪的罪名的意见》作如下补充、修改:刑法条文第390条之一(《刑法修正案(9)》第46条),罪名对有影响力的人行贿罪。

3. 最高人民法院、最高人民检察院《关于办理贪污贿赂刑事案件适用法律若干问题的解释》(法释〔2016〕9号)第10条、第20条

第10条 刑法第388条之一规定的利用影响力受贿罪的定罪量刑适用标准,参照本解释关于受贿罪的规定执行。

刑法第390条之一规定的对有影响力的人行贿罪的定罪量刑适用标准,参照本解释关于行贿罪的规定执行。

单位对有影响力的人行贿数额在20万元以上的,应当依照刑法第390条之一的规定以对有影响力的人行贿罪追究刑事责任。

第20条 本解释自2016年4月18日起施行。最高人民法院、最高人民检察院此前发布的司法解释与本解释不一致的,以本解释为准。(全文详见本书《刑法》第383条相关内容)

4. 参见本书《刑法》第390条相关内容。

第391条 【对单位行贿罪】为谋取不正当利益,给予国家机关、国有公司、企业、事业单位、人民团体以财物的,或者在经济往来中,违反国家规定,给予各种名义的回扣、手续费的,处3年以下有期徒刑或者拘役,并处罚金。

单位犯前款罪的,对单位判处罚金,并对其直接负责的主管人员和其他直接责任人员,依照前款的规定处罚。

(本条《中华人民共和国刑法修正案(9)》修改)

• 释义

对单位行贿罪是指为谋取不正当利益,给予国家机关、国有公司、企业、事业单位、人民团体以财物,或者在经济往来中,违反国家规定,给予上述单位各种名义的回扣、手续费的行为。

行为主体既可以是自然人,也可以是单位。

• 管辖

监察机关。

• 立案追诉标准

对单位行贿罪是指为谋取不正当利益,给予国家机关、国有公司、企业、事业单位、人民团体以财物,或者在经济往来中,违反国家规定,给予上述单位各种名义的回扣、手续费的行为。

涉嫌下列情形之一的,应予立案:

1. 个人行贿数额在10万元以上、单位行贿数额在20万元以上的;

2. 个人行贿数额不满10万元、单位行贿数额在10万元以上不满20万元,但具有下列情

形之一的：

(一)为谋取非法利益而行贿的；

(二)向3个以上单位行贿的；

(三)向党政机关、司法机关、行政执法机关行贿的；

(四)致使国家或者社会利益遭受重大损失的。

• 关联法律

1. 最高人民检察院《人民检察院直接受理立案侦查案件立案标准的规定(试行)》(高检发释字〔1999〕2号)

(见本条立案追诉标准内容)

2.《中华人民共和国刑法修正案(9)》(2015年8月29日第十二届全国人大常委会第十六次会议通过)

四十七、将刑法第391条第1款修改为："为谋取不正当利益，给予国家机关、国有公司、企业、事业单位、人民团体以财物的，或者在经济往来中，违反国家规定，给予各种名义的回扣、手续费的，处3年以下有期徒刑或者拘役，并处罚金。"

(原条文第1款：为谋取不正当利益，给予国家机关、国有公司、企业、事业单位、人民团体以财物的，或者在经济往来中，违反国家规定，给予各种名义的回扣、手续费的，处3年以下有期徒刑或者拘役。)

3. 最高人民检察院研究室《办理贪污贿赂刑事案件要准确把握法律适用标准》(2016年5月23日)

(五)明确了利用影响力受贿罪、对有影响力的人行贿罪的定罪量刑标准(第10条)

《解释》第10条分3款规定了利用影响力受贿罪，对有影响力的人行贿罪及其单位犯罪的定罪量刑标准。为依法从严惩治国家工作人员"身边人"的贿赂犯罪，《解释》规定，利用影响力受贿罪、对有影响力的人行贿罪与受贿罪、行贿罪适用相同的定罪量刑标准。其中，第10条第1款规定，利用影响力受贿罪的定罪量刑适用标准，参照本解释关于受贿罪的规定执行。第10条第2款规定，对有影响力的人行贿罪的定罪量刑适用标准，参照本解释关于行贿罪的规定执行。第10条第3款规定，单位对有影响力的人行贿数额在20万元以上的，应当以对有影响力的人行贿罪追究刑事责任。

这里需注意的是，单位实施贿赂犯罪的定罪量刑标准问题。根据刑法分则第8章贪污贿赂犯罪规定，单位能够成为贿赂犯罪主体的罪名除了刑法修正案(9)增加的"对有影响力的人行贿罪"之外，还有刑法第387条单位受贿罪、第391条对单位行贿罪、第393条单位行贿罪、第396条规定的私分国有资产罪和私分罚没财物罪。

关于单位犯罪，《解释》之所以只规定了刑法修正案(9)增加的"对有影响力的人行贿罪"，主要出于以下考虑：

一是已有司法解释规定了立案标准。由于刑法第8章贪污贿赂犯罪中大多数单位犯罪只有一档法定刑，且1999年最高人民检察院制发的《关于人民检察院直接受理立案侦查案件立案标准的规定(试行)》(下称《立案标准》)已对单位受贿罪、对单位行贿罪、单位行贿罪规定了立案标准。《立案标准》对这些单位犯罪区别于自然人犯罪，规定了较高的标准，目前这些标准仍然有效，应当继续适用。如第391条对单位行贿罪，《立案标准》第6条规定，对单位行贿涉嫌下列情形之一的，应予立案：

1. 个人行贿数额在10万元以上、单位行贿数额在20万元以上的；

2. 个人行贿数额不满10万元、单位行贿数额在10万元以上不满20万元，但具有下列情形之一的：

(1)为谋取非法利益而行贿的；(2)向3个以上单位行贿的；(3)向党政机关、司法机关、行政执法机关行贿的；(4)致使国家或社会利益遭受重大损失的。

二是案件较少，《解释》作出规定的条件不成熟。刑法分则第8章规定单位实施有关贿赂犯罪中，规定两档法定刑的只有私分国有资产罪和私分罚没财物罪。《立案标准》规定涉嫌私分国有资产、私分罚没财物，累计数额在10万元以上的，应予立案。（全文详见本书《刑法》第383条相关内容）

4. 参见本书《刑法》第390条相关内容。

第392条 【介绍贿赂罪】 向国家工作人员介绍贿赂，情节严重的，处3年以下有期徒刑或者拘役，并处罚金。

介绍贿赂人在被追诉前主动交待介绍贿赂行为的，可以减轻处罚或者免除处罚。

（本条《中华人民共和国刑法修正案(9)》修改）

• 释义

介绍贿赂罪是指向国家工作人员介绍贿赂，情节严重的行为。"介绍贿赂"是指在行贿人与受贿人之间沟通关系、撮合条件，使贿赂行为得以实现的行为。

介绍贿赂人在被追诉前主动交代介绍贿赂行为的，可以减轻处罚或者免除处罚。

• 管辖

监察机关。

• 立案追诉标准

涉嫌下列情形之一的，应予立案：

1. 介绍个人向国家工作人员行贿，数额在2万元以上的；介绍单位向国家工作人员行贿，数额在20万元以上的；

2. 介绍贿赂数额不满上述标准，但具有下列情形之一的：

（一）为使行贿人获取非法利益而介绍贿赂的；

（二）3次以上或者为3人以上介绍贿赂的；

（三）向党政领导、司法工作人员、行政执法人员介绍贿赂的；

（四）致使国家或者社会利益遭受重大损失的。

• 关联法律

1. 最高人民检察院《人民检察院直接受理立案侦查案件立案标准的规定(试行)》(高检发释字〔1999〕2号)

（见本条立案追诉标准内容）

2. 最高人民法院研究室《关于向非国家工作人员介绍贿赂行为如何定性问题的研究意见》(《司法研究与指导》2012年总第2辑)

最高人民法院研究室经研究认为：对于向非国家工作人员介绍贿赂行为，根据罪刑法定原则，不宜定罪处罚。但对于确已明显构成行贿共犯或者受贿共犯的，予以定罪处罚，也依法有据，并不违反罪刑法定原则。

3.《中华人民共和国刑法修正案(9)》(2015年8月29日第十二届全国人大常委会第十六次会议通过)

四十八、将刑法第392条第1款修改为:“向国家工作人员介绍贿赂,情节严重的,处3年以下有期徒刑或者拘役,并处罚金。”

(原条文第1款:向国家工作人员介绍贿赂,情节严重的,处三年以下有期徒刑或者拘役。)

4. 参见本书《刑法》第390条相关内容。

第393条 【单位行贿罪】单位为谋取不正当利益而行贿,或者违反国家规定,给予国家工作人员以回扣、手续费,情节严重的,对单位判处罚金,并对其直接负责的主管人员和其他直接责任人员,处5年以下有期徒刑或者拘役,并处罚金。因行贿取得的违法所得归个人所有的,依照本法第389条、第390条的规定定罪处罚。

(本条《中华人民共和国刑法修正案(9)》修改)

• 释义

单位行贿罪是指公司、企业、事业单位、机关、团体为谋取不正当利益而给予国家机关工作人员以财物,或者违反国家规定,给予国家工作人员以回扣、手续费,情节严重的行为。

因行贿取得的违法所得归个人所有的,依照行贿罪定罪处罚。

• 管辖

监察机关。

• 立案追诉标准

单位行贿罪是指公司、企业、事业单位、机关、团体为谋取不正当利益而行贿,或者违反国家规定,给予国家工作人员以回扣、手续费,情节严重的行为。

涉嫌下列情形之一的,应予立案:

1. 单位行贿数额在20万元以上的;

2. 单位为谋取不正当利益而行贿,数额在10万元以上不满20万元,但具有下列情形之一的:

(一)为谋取非法利益而行贿的;

(二)向3人以上行贿的;

(三)向党政领导、司法工作人员、行政执法人员行贿的;

(四)致使国家或者社会利益遭受重大损失的。

因行贿取得的违法所得归个人所有的,依照本规定关于个人行贿的规定立案,追究其刑事责任。

• 关联法律

1. 最高人民检察院《人民检察院直接受理立案侦查案件立案标准的规定(试行)》(高检发释字〔1999〕2号)

(见本条立案追诉标准内容)

2. 最高人民法院、最高人民检察院《关于办理行贿刑事案件具体应用法律若干问题的解释》(法释〔2012〕22号)

第7条 单位行贿的,在被追诉前,单位集体决定或者单位负责人决定主动交代单位行贿行为的,依照刑法第390条第2款的规定,对单位及相关责任人员可以减轻处罚或者免除处罚;受委托直接办理单位行贿事项的直接责任人员在被追诉前主动交代自己知道的单位行贿行为的,对该直接责任人员可以依照刑法第390条第2款的规定减轻处罚或者免除处罚。(全文详见本书《刑法》第390条相关内容)

3.《中华人民共和国刑法修正案(9)》(2015年8月29日第十二届全国人大常委会第十六次会议通过)

四十九、将刑法第393条修改为:"单位为谋取不正当利益而行贿,或者违反国家规定,给予国家工作人员以回扣、手续费,情节严重的,对单位判处罚金,并对其直接负责的主管人员和其他直接责任人员,处5年以下有期徒刑或者拘役,并处罚金。因行贿取得的违法所得归个人所有的,依照本法第389条、第390条的规定定罪处罚。"

(原条文:单位为谋取不正当利益而行贿,或者违反国家规定,给予国家工作人员以回扣、手续费,情节严重的,对单位判处罚金,并对其直接负责的主管人员和其他直接责任人员,处5年以下有期徒刑或者拘役。因行贿取得的违法所得归个人所有的,依照本法第389条、第390条的规定定罪处罚。)

4.最高人民检察院研究室《办理贪污贿赂刑事案件要准确把握法律适用标准》(2016年5月23日)

(五)明确了利用影响力受贿罪、对有影响力的人行贿罪的定罪量刑标准(第10条)

《解释》第10条分3款规定了利用影响力受贿罪,对有影响力的人行贿罪及其单位犯罪的定罪量刑标准。为依法从严惩治国家工作人员"身边人"的贿赂犯罪,《解释》规定,利用影响力受贿罪、对有影响力的人行贿罪与受贿罪、行贿罪适用相同的定罪量刑标准。其中,第10条第1款规定,利用影响力受贿罪的定罪量刑适用标准,参照本解释关于受贿罪的规定执行。第10条第2款规定,对有影响力的人行贿罪的定罪量刑适用标准,参照本解释关于行贿罪的规定执行。第10条第3款规定,单位对有影响力的人行贿数额在20万元以上的,应当以对有影响力的人行贿罪追究刑事责任。

这里需注意的是,单位实施贿赂犯罪的定罪量刑标准问题。根据刑法分则第8章贪污贿赂犯罪规定,单位能够成为贿赂犯罪主体的罪名除了刑法修正案(9)增加的"对有影响力的人行贿罪"之外,还有刑法第387条单位受贿罪、第391条对单位行贿罪、第393条单位行贿罪、第396条规定的私分国有资产罪和私分罚没财物罪。

关于单位犯罪,《解释》之所以只规定了刑法修正案(9)增加的"对有影响力的人行贿罪",主要出于以下考虑:

一是已有司法解释规定了立案标准。由于刑法第8章贪污贿赂犯罪中大多数单位犯罪只有一档法定刑,且1999年最高人民检察院制发的《关于人民检察院直接受理立案侦查案件立案标准的规定(试行)》(下称《立案标准》)已对单位受贿罪、对单位行贿罪、单位行贿罪规定了立案标准。《立案标准》对这些单位犯罪区别于自然人犯罪,规定了较高的标准,目前这些标准仍然有效,应当继续适用。如第391条对单位行贿罪,《立案标准》第6条规定,对单位行贿涉嫌下列情形之一的,应予立案:

1.个人行贿数额在10万元以上、单位行贿数额在20万元以上的;

2.个人行贿数额不满10万元、单位行贿数额在10万元以上不满20万元,但具有下列情形之一的:

(1)为谋取非法利益而行贿的;(2)向3个以上单位行贿的;(3)向党政机关、司法机关、行政执法机关行贿的;(4)致使国家或社会利益遭受重大损失的。

二是案件较少,《解释》作出规定的条件不成熟。刑法分则第8章规定单位实施有关贿赂犯罪中,规定两档法定刑的只有私分国有资产罪和私分罚没财物罪。《立案标准》规定涉嫌私分国有资产、私分罚没财物,累计数额在10万元以上的,应予立案。(全文详见本书《刑法》第383条相关内容)

5. 参见本书《刑法》第390条相关内容。

第394条 【公务活动中接受礼物的处理】 国家工作人员在国内公务活动或者对外交往中接受礼物,依照国家规定应当交公而不交公,数额较大的,依照本法第382条、第383条的规定定罪处罚。【贪污罪(第382条、第383条)】

第395条 【巨额财产来源不明罪】 国家工作人员的财产、支出明显超过合法收入,差额巨大的,可以责令该国家工作人员说明来源,不能说明来源的,差额部分以非法所得论,处5年以下有期徒刑或者拘役;差额特别巨大的,处5年以上10年以下有期徒刑。财产的差额部分予以追缴。

【隐瞒境外存款罪】 国家工作人员在境外的存款,应当依照国家规定申报。数额较大、隐瞒不报的,处2年以下有期徒刑或者拘役;情节较轻的,由其所在单位或者上级主管机关酌情给予行政处分。

(本条《中华人民共和国刑法修正案(7)》修改)

• 释义

巨额财产来源不明罪是指国家工作人员的财产或者支出明显超出合法收入,差额巨大,而本人又不能说明其来源是合法的行为。

隐瞒境外存款罪是指国家工作人员在境外的存款数额较大,违反应当申报的国家规定,故意隐瞒不报的行为。

• 管辖

监察机关。

• 立案追诉标准

【巨额财产来源不明罪立案追诉标准】

涉嫌巨额财产来源不明,数额在30万元以上的,应予立案。

【隐瞒境外存款罪立案追诉标准】

涉嫌隐瞒境外存款,折合人民币数额在30万元以上的,应予立案。

• 关联法律

1. 最高人民检察院《人民检察院直接受理立案侦查案件立案标准的规定(试行)》(高检发释字〔1999〕2号)

(见本条立案追诉标准内容)

2. 最高人民法院《全国法院审理经济犯罪案件工作座谈会纪要》(法〔2003〕167号)

五、关于巨额财产来源不明罪

(一)行为人不能说明巨额财产来源合法的认定:

刑法第395条第1款规定的"不能说明",包括以下情况:

(1)行为人拒不说明财产来源;(2)行为人无法说明财产的具体来源;(3)行为人所说的财产来源经司法机关查证并不属实;(4)行为人所说的财产来源因线索不具体等原因,司法机关无法查实,但能排除存在来源合法的可能性和合理性的。

(二)"非法所得"的数额计算:

刑法第395条规定的"非法所得",一般是指行为人的全部财产与能够认定的所有支出的总和减去能够证实的有真实来源的所得。在具体计算时,应注意以下问题:

(1)应把国家工作人员个人财产和与其共同生活的家庭成员的财产、支出等一并计算,而且一并减去他们所有的合法收入以及确属与其共同生活的家庭成员个人的非法收入;(2)行为人所有的财产包括房产、家具、生活用品、学习用品及股票、债券、存款等动产和不动产;行为人的支出包括合法支出和不合法的支出,包括日常生活、工作、学习费用、罚款及向他人行贿的财物等;行为人的合法收入包括工资、奖金、稿酬、继承等法律和政策允许的各种收入;(3)为了便于计算犯罪数额,对于行为人的财产和合法收入,一般可以从行为人有比较确定的收入和财产时开始计算。(全文详见本书《刑法》第383条相关内容)

3. 最高人民法院、最高人民检察院《关于办理职务犯罪案件认定自首、立功等量刑情节若干问题的意见》(法发〔2009〕13号)

(详见本书《刑法》第383条相关内容)

4.《中华人民共和国刑法修正案(7)》(2009年2月28日第十一届全国人大常委会第七次会议通过)

十四、将刑法第395条第1款修改为:"国家工作人员的财产、支出明显超过合法收入,差额巨大的,可以责令该国家工作人员说明来源,不能说明来源的,差额部分以非法所得论,处5年以下有期徒刑或者拘役;差额特别巨大的,处5年以上10年以下有期徒刑。财产的差额部分予以追缴。"

(本条修改,一是将本罪的法定最高刑由5年有期徒刑提高到10年有期徒刑。二是将原来的"国家工作人员的财产或者支出明显超过合法收入",以及"本人不能说明其来源是合法的",分别修改为"国家工作人员的财产、支出明显超过合法收入"和"可以责令该国家工作人员说明来源,不能说明来源的,差额部分以非法所得论",使刑法条文在文字表述上更加严谨。1997年《刑法》原文第1款:"国家工作人员的财产或者支出明显超过合法收入,差额巨大的,可以责令说明来源、本人不能说明其来源是合法的,差额部分以非法所得论,处5年以下有期徒刑或者拘役,财产的差额部分予以追缴。")

第396条 【私分国有资产罪】国家机关、国有公司、企业、事业单位、人民团体,违反国家规定,以单位名义将国有资产集体私分给个人,数额较大的,对其直接负责的主管人员和其他直接责任人员,处3年以下有期徒刑或者拘役,并处或者单处罚金;数额巨大的,处3年以上7年以下有期徒刑,并处罚金。

【私分罚没财物罪】司法机关、行政执法机关违反国家规定,将应当上缴国家的罚没财物,以单位名义集体私分给个人的,依照前款的规定处罚。

• 释义

私分国有资产罪是指国家机关、国有公司、企业、事业单位、人民团体,违反国家规定,以单位名义将国有资产集体私分给个人,数额较大的行为。

私分罚没财物罪是指司法机关、行政执法机关违反国家规定,将应当上缴国家的罚没财物,以单位名义集体私分给个人的行为。

• 管辖

监察机关。

• 立案追诉标准

【私分国有资产罪立案追诉标准】

涉嫌私分国有资产，累计数额在10万元以上的，应予立案。

【私分罚没财物罪立案追诉标准】

涉嫌私分罚没财物，累计数额在10万元以上，应予立案。

• 关联法律

1. 最高人民检察院《关于人民检察院直接受理立案侦查案件立案标准的规定(试行)》(高检发释字〔1999〕2号)

(见本条立案追诉标准内容)

2. 最高人民法院、最高人民检察院《关于办理职务犯罪案件认定自首、立功等量刑情节若干问题的意见》(法发〔2009〕13号)

(详见本书《刑法》第383条相关内容)

3. 最高人民法院、最高人民检察院《关于办理国家出资企业中职务犯罪案件具体应用法律若干问题的意见》(法发〔2010〕49号)

一、关于国家出资企业工作人员在改制过程中隐匿公司、企业财产归个人持股的改制后公司、企业所有的行为的处理

国家工作人员或者受国家机关、国有公司、企业、事业单位、人民团体委托管理、经营国有财产的人员利用职务上的便利，在国家出资企业改制过程中故意通过低估资产、隐瞒债权、虚设债务、虚构产权交易等方式隐匿公司、企业财产，转为本人持有股份的改制后公司、企业所有，应当依法追究刑事责任的，依照刑法第382条、第383条的规定，以贪污罪定罪处罚。贪污数额一般应当以所隐匿财产全额计算；改制后公司、企业仍有国有股份的，按股份比例扣除归于国有的部分。

所隐匿财产在改制过程中已为行为人实际控制，或者国家出资企业改制已经完成的，以犯罪既遂处理。

第1款规定以外的人员实施该款行为的，依照刑法第271条的规定，以职务侵占罪定罪处罚；第1款规定以外的人员与第1款规定的人员共同实施该款行为的，以贪污罪的共犯论处。

在企业改制过程中未采取低估资产、隐瞒债权、虚设债务、虚构产权交易等方式故意隐匿公司、企业财产的，一般不应当认定为贪污；造成国家资产重大损失，依法构成刑法第168条或者第169条规定的犯罪的，依照该规定定罪处罚。

二、关于国有公司、企业在改制过程中隐匿公司、企业财产归职工集体持股的改制后公司、企业所有的行为的处理

国有公司、企业违反国家规定，在改制过程中隐匿公司、企业财产，转为职工集体持股的改制后公司、企业所有的，对其直接负责的主管人员和其他直接责任人员，依照刑法第396条第1款的规定，以私分国有资产罪定罪处罚。

改制后的公司、企业中只有改制前公司、企业的管理人员或者少数职工持股，改制前公司、企业的多数职工未持股的，依照本意见第1条的规定，以贪污罪定罪处罚。

五、关于改制前后主体身份发生变化的犯罪的处理

国家工作人员在国家出资企业改制前利用职务上的便利实施犯罪，在其不再具有国家工作人员身份后又实施同种行为，依法构成不同犯罪的，应当分别定罪，实行数罪并罚。

国家工作人员利用职务上的便利，在国家出资企业改制过程中隐匿公司、企业财产，在其不再具有国家工作人员身份后将所隐匿财产据为己有的，依照刑法第382条、第383条的规定，以贪污罪定罪处罚。

国家工作人员在国家出资企业改制过程中利用职务上的便利为请托人谋取利益，事先约定在其不再具有国家工作人员身份后收受请托人财物，或者在身份变化前后连续收受请托人财物的，依照刑法第385条、第386条的规定，以受贿罪定罪处罚。

六、关于国家出资企业中国家工作人员的认定

经国家机关、国有公司、企业、事业单位提名、推荐、任命、批准等，在国有控股、参股公司及其分支机构中从事公务的人员，应当认定为国家工作人员。具体的任命机构和程序，不影响国家工作人员的认定。

经国家出资企业中负有管理、监督国有资产职责的组织批准或者研究决定，代表其在国有控股、参股公司及其分支机构中从事组织、领导、监督、经营、管理工作的人员，应当认定为国家工作人员。

国家出资企业中的国家工作人员，在国家出资企业中持有个人股份或者同时接受非国有股东委托的，不影响其国家工作人员身份的认定。

七、关于国家出资企业的界定

本意见所称"国家出资企业"，包括国家出资的国有独资公司、国有独资企业，以及国有资本控股公司、国有资本参股公司。

是否属于国家出资企业不清楚的，应遵循"谁投资、谁拥有产权"的原则进行界定。企业注册登记中的资金来源与实际出资不符的，应根据实际出资情况确定企业的性质。企业实际出资情况不清楚的，可以综合工商注册、分配形式、经营管理等因素确定企业的性质。

八、关于宽严相济刑事政策的具体贯彻

办理国家出资企业中的职务犯罪案件时，要综合考虑历史条件、企业发展、职工就业、社会稳定等因素，注意具体情况具体分析，严格把握犯罪与一般违规行为的区分界限。对于主观恶意明显、社会危害严重、群众反映强烈的严重犯罪，要坚决依法从严惩处；对于特定历史条件下、为了顺利完成企业改制而实施的违反国家政策法律规定的行为，行为人无主观恶意或者主观恶意不明显，情节较轻，危害不大的，可以不作为犯罪处理。

对于国家出资企业中的职务犯罪，要加大经济上的惩罚力度，充分重视财产刑的适用和执行，最大限度地挽回国家和人民利益遭受的损失。不能退赃的，在决定刑罚时，应当作为重要情节予以考虑。(全文详见本书《刑法》第168条相关内容)

4. 最高人民法院研究室《关于如何理解私分国有资产问题的研究意见》(《司法研究与指导》2012年总第1辑)

有关部门就如何理解私分国有资产问题征求最高人民法院研究室意见。最高人民法院研究室认为：

县交通局稽查队代征的车船使用税、代办的个体工商管理费的返还款均属于利用国家公权力收取的费用，虽然系违法代收，但仍无法改变款项的公款性质。县交通局稽查队收到的停车费也属于公款。因此，县交通局稽查队代征的车船使用税、代办的个体工商管理费的返还款及停车费属于刑法第396条第1款所规定的"国有资产"。主要考虑如下：

1. 刑法规定中行政单位的"国有资产"与"国有财产"、"公共财产"含义基本相同。对于什么是国有资产,刑事法律及司法解释均没有明确规定。财政部《行政单位国有资产管理暂行办法》第3条规定:“本办法所称的行政单位国有资产,是指由各级行政单位占有、使用的,依法确认为国家所有,能以货币计量的各种经济资源的总称,即行政单位的国有(公共)财产。”“行政单位国有资产包括行政单位用国家财政性资金形成的资产、国家调拨给行政单位的资产、行政单位按照国家规定组织收入形成的资产,以及接受捐赠和其他经法律确认为国家所有的资产,其表现形式为固定资产、流动资产和无形资产等。”而《中华人民共相国企业国有资产法》第2条规定:“本法所称企业国有资产(以下称国有资产),是指国家对企业各种形式的出资所形成的权益。”可见,在企业和行政单位,国有资产的内涵不完全一致。根据《行政单位国有资产管理暂行办法》的规定,在行政单位,国有资产和国有财产、公共财产是同一概念。对于什么是公共财产,刑法第91条规定:“本法所称公共财产,是指下列财产:(一)国有财产;(二)劳动群众集体所有的财产;(三)用于扶贫和其他公益事业的社会捐助或者专项基金的财产。”“在国家机关、国有公司、企业、集体企业和人民团体管理、使用或者运输中的私人财产,以公共财产论。”公共财产是与私人财产相对应的概念。刑法第92条规定:“本法所称公民私人所有的财产,是指下列财产:(一)公民的合法收入、储蓄、房屋和其他生活资料;(二)依法归个人、家庭所有的生产资料;(三)个体户和私营企业的合法财产;(四)依法归个人所有的股份、股票、债券和其他财产。”根据刑法对私人财产和公共财产的界定,可以明确作为行政单位县交通局稽查队代征的车船使用税、代办的个体工商管理费的返还款及停车费不属于公民和集体的合法收入,不属于私人财产,也不属于集体财产,而是属于国有财产,即俗称的“公款”。由于在刑法中,行政单位的“国有资产”与“国有财产”、“公共财产”含义基本相同,因此,县交通局稽查队代征的车船使用税、代办的个体工商管理费的返还款及停车费可以认定为刑法第396条第一款所规定的“国有资产”。

2. 私分“小金库”中公款的行为,应当认定为私分国有资产。“小金库”是阻碍经济健康发展的毒瘤,是滋生腐败的温床。目前,许多地方由于缺乏统一管理和监督,预算外资金的使用和管理存在脱离财政管理和监督的问题,私设“小金库”现象十分普遍。对单位私分“小金库”的行为,如果“小金库”中的财物属于国有资产,应当以私分国有资产罪论处。比如,行政单位以经费紧张等名义向有关企业、事业单位索要的“赞助费”,单位隐瞒、截留应当上交国家的行政收费或其他收入,单位虚报冒领、骗取国家财政拨款或补贴等等,而后予以私分的行为,所私分的对象实质均是国有资产,故对有关责任人员应以私分国有资产罪追究刑事责任。本案中,稽查队私设小金库予以私分的行为,实际上是私分“小金库”中的公款,对杜某应当以私分国有资产罪论处。

5. 最高人民检察院法律政策研究室《办理贪污贿赂刑事案件要准确把握法律适用标准》(2016年5月23日)

(五)明确了利用影响力受贿罪、对有影响力的人行贿罪的定罪量刑标准(第10条)

《解释》第10条分3款规定了利用影响力受贿罪,对有影响力的人行贿罪及其单位犯罪的定罪量刑标准。为依法从严惩治国家工作人员“身边人”的贿赂犯罪,《解释》规定,利用影响力受贿罪、对有影响力的人行贿罪与受贿罪、行贿罪适用相同的定罪量刑标准。其中,第10条第1款规定,利用影响力受贿罪的定罪量刑适用标准,参照本解释关于受贿罪的规定执行。第10条第2款规定,对有影响力的人行贿罪的定罪量刑适用标准,参照本解释关于行贿罪的规定执行。第10条第3款规定,单位对有影响力的人行贿数额在20万元以上的,应当以对有影响力的人行贿罪追究刑事责任。

这里需注意的是,单位实施贿赂犯罪的定罪量刑标准问题。根据刑法分则第8章贪污贿赂犯罪规定,单位能够成为贿赂犯罪主体的罪名除了刑法修正案(9)增加的“对有影响力的人行贿罪”之外,还有刑法第387条单位受贿罪、第391条对单位行贿罪、第393条单位行贿罪、第396条规定的私分国有资产罪和私分罚没财物罪。

关于单位犯罪,《解释》之所以只规定了刑法修正案(9)增加的“对有影响力的人行贿罪”,主要出于以下考虑:

一是已有司法解释规定了立案标准。由于刑法第8章贪污贿赂犯罪中大多数单位犯罪只有一档法定刑,且1999年最高人民检察院制发的《关于人民检察院直接受理立案侦查案件立案标准的规定(试行)》(下称《立案标准》)已对单位受贿罪、对单位行贿罪、单位行贿罪规定了立案标准。《立案标准》对这些单位犯罪区别于自然人犯罪,规定了较高的标准,目前这些标准仍然有效,应当继续适用。如第391条对单位行贿罪,《立案标准》第6条规定,对单位行贿涉嫌下列情形之一的,应予立案:

1. 个人行贿数额在10万元以上、单位行贿数额在20万元以上的;

2. 个人行贿数额不满10万元、单位行贿数额在10万元以上不满20万元,但具有下列情形之一的:

(一)为谋取非法利益而行贿的;(二)向3个以上单位行贿的;(三)向党政机关、司法机关、行政执法机关行贿的;(四)致使国家或社会利益遭受重大损失的。

二是案件较少,《解释》作出规定的条件不成熟。刑法分则第8章规定单位实施有关贿赂犯罪中,规定两档法定刑的只有私分国有资产罪和私分罚没财物罪。《立案标准》规定涉嫌私分国有资产、私分罚没财物,累计数额在10万元以上的,应予立案。(全文详见本书《刑法》第383条相关内容)

6. 最高人民检察院《第20批指导性案例浙江省某县图书馆及赵某、徐某某单位受贿、私分国有资产、贪污案》(检例第73号;2020年7月21日)

(详见本书《刑法》第383条相关内容)

第九章　渎职罪

国家机关工作人员实施滥用职权或者玩忽职守犯罪行为,触犯刑法分则第9章第398条至第419条规定的,依照该规定定罪处罚。

国家机关工作人员滥用职权或者玩忽职守,因不具备徇私舞弊等情形,不符合刑法分则第9章第398条至第419条的规定,但依法构成第397条规定的犯罪的,以滥用职权罪或者玩忽职守罪定罪处罚。

国家机关工作人员实施渎职犯罪并收受贿赂,同时构成受贿罪的,除刑法另有规定外,以渎职犯罪和受贿罪数罪并罚。

国家机关工作人员实施渎职行为,放纵他人犯罪或者帮助他人逃避刑事处罚,构成犯罪的,依照渎职罪的规定定罪处罚。

国家机关工作人员与他人共谋,利用其职务行为帮助他人实施其他犯罪行为,同时构成渎职犯罪和共谋实施的其他犯罪共犯的,依照处罚较重的规定定罪处罚。

国家机关工作人员与他人共谋,既利用其职务行为帮助他人实施其他犯罪,又以非职务行为与他人共同实施该其他犯罪行为,同时构成渎职犯罪和其他犯罪的共犯的,依照数罪并罚的规定定罪处罚。

国家机关负责人员违法决定,或者指使、授意、强令其他国家机关工作人员违法履行职务或者不履行职务,构成刑法分则第9章规定的渎职犯罪的,应当依法追究刑事责任。

以“集体研究”形式实施的渎职犯罪,应当依照刑法分则第9章的规定追究国家机关负有责任的人员的刑事责任。对于具体执行人员,应当在综合认定其行为性质、是否提出反对意见、危害结果大小等情节的基础上决定是否追究刑事责任和应当判处的刑罚。

以危害结果为条件的渎职犯罪的追诉期限,从危害结果发生之日起计算;有数个危害结果的,从最后一个危害结果发生之日起计算。

依法或者受委托行使国家行政管理职权的公司、企业、事业单位的工作人员,在行使行政管理职权时滥用职权或者玩忽职守,构成犯罪的,应当依照《全国人民代表大会常务委员会关于〈中华人民共和国刑法〉第9章渎职罪主体适用问题的解释》的规定,适用渎职罪的规定追究刑事责任。

负有监督管理职责的国家机关工作人员滥用职权或者玩忽职守,致使不符合安全标准的食品、有毒有害食品、假药、劣药等流入社会,对人民群众生命、健康造成严重危害后果的,依照渎职罪的规定从严惩处。

国家工作人员的渎职犯罪是指刑法分则第9章规定的渎职犯罪案件。国家机关工作人员利用职权实施的侵犯公民人身权利和民主权利的犯罪案件包括:

(一)非法拘禁案(刑法第238条);(二)非法搜查案(刑法第245条);(三)刑讯逼供案(刑法第247条);(四)暴力取证案(刑法第247条);(五)虐待被监管人案(刑法第248条);(六)报复陷害案(刑法第254条);(七)破坏选举案(刑法第256条)。

国家机关工作人员利用职权实施的其他重大犯罪案件,需要由人民检察院直接受理的时候,经省级以上人民检察院决定,可以由人民检察院立案侦查。

(2002年12月28日第九届全国人大常委会第三十一次会议根据司法实践中遇到的情况,讨论了刑法第9章渎职罪主体的适用问题,解释如下:在依照法律、法规规定行使国家行政管理职权的组织中从事公务的人员,或者在受国家机关委托代表国家机关行使职权的组织中从事公务的人员,或者虽未列入国家机关人员编制但在国家机关中从事公务的人员,在代表国家机关行使职权时,有渎职行为,构成犯罪的,依照刑法关于渎职罪的规定追究刑事责任。)

第397条 【滥用职权罪】【玩忽职守罪】 国家机关工作人员滥用职权或者玩忽职守,致使公共财产、国家和人民利益遭受重大损失的,处3年以下有期徒刑或者拘役;情节特别严重的,处3年以上7年以下有期徒刑。本法另有规定的,依照规定。

国家机关工作人员徇私舞弊,犯前款罪的,处5年以下有期徒刑或者拘役;情节特别严重的,处5年以上10年以下有期徒刑。本法另有规定的,依照规定。

(1998年12月29日第九届全国人大常委会第六次会议通过的《全国人民代表大会常大会常务委员会关于惩治骗购外汇、逃汇和非法买卖外汇犯罪的决定》:六、海关、外汇管理部门的工作人员严重不负责任,造成大量外汇被骗购或者逃汇,致使国家利益遭受重大损失的,依照刑法第397条的规定定罪处罚。)

• 释义

滥用职权罪是指国家机关工作人员超越职权,违法决定、处理其无权决定、处理的事项,或者违反规定处理公务,致使公共财产、国家和人民利益遭受重大损失的行为。

本罪规定的“经济损失”,是指渎职犯罪或者与渎职犯罪相关联的犯罪立案时已经实际造成的财产损失,包括为挽回渎职犯罪所造成损失而支付的各种开支、费用等。立案后至提起公诉前持续发生的经济损失,应一并计入渎职犯罪造成的经济损失。

债务人经法定程序被宣告破产,债务人潜逃、去向不明,或者因行为人的责任超过诉讼时效等,致使债权已经无法实现的,无法实现的债权部分应当认定为渎职犯罪的经济损失。

渎职犯罪或者与渎职犯罪相关联的犯罪立案后,犯罪分子及其亲友自行挽回的经济损失,司法机关或者犯罪分子所在单位及其上级主管部门挽回的经济损失,或者因客观原因减少的经济损失,不予扣减,但可以作为酌定从轻处罚的情节。

玩忽职守罪是指国家机关工作人员严重不负责任,不履行或者不认真履行职责,致使公共财产、国家和人民利益遭受重大损失的行为。

• 管辖

检察院、监察机关。

• 立案追诉标准

【滥用职权罪立案追诉标准】

(一)重大案件

1. 致人死亡2人以上,或者重伤5人以上,或者轻伤10人以上的;

2. 造成直接经济损失50万元以上的。

(二)特大案件

1. 致人死亡5人以上,或者重伤10人以上,或者轻伤20人以上的;

2. 造成直接经济损失100万元以上的。

涉嫌下列情形之一的,应予立案:

1. 造成死亡1人以上,或者重伤2人以上,或者重伤1人、轻伤3人以上,或者轻伤5人以上的;

2. 导致10人以上严重中毒的;

3. 造成个人财产直接经济损失10万元以上,或者直接经济损失不满10万元,但间接经济损失50万元以上的;

4. 造成公共财产或者法人、其他组织财产直接经济损失20万元以上,或者直接经济损失不满20万元,但间接经济损失100万元以上的;

5. 虽未达到3、4两项数额标准,但3、4两项合计直接经济损失20万元以上,或者合计直接经济损失不满20万元,但合计间接经济损失100万元以上的;

6. 造成公司、企业等单位停业、停产6个月以上,或者破产的;

7. 弄虚作假,不报、缓报、谎报或者授意、指使、强令他人不报、缓报、谎报情况,导致重特大事故危害结果继续、扩大,或者致使抢救、调查、处理工作延误的;

8. 严重损害国家声誉,或者造成恶劣社会影响的;

9. 其他致使公共财产、国家和人民利益遭受重大损失的情形。

国家机关工作人员滥用职权,符合刑法第9章所规定的特殊渎职罪构成要件的,按照该特殊规定追究刑事责任;主体不符合刑法第9章所规定的特殊渎职罪的主体要件,但滥用职权涉嫌前款第1项至第9项规定情形之一的,按照刑法第397条的规定以滥用职权罪追究刑事责任。

滥用职权罪是指国家机关工作人员超越职权,违法决定、处理其无权决定、处理的事项,或者违反规定处理公务,致使公共财产、国家和人民利益遭受重大损失的行为。

涉嫌下列情形之一的,应予立案:

1. 造成死亡1人以上,或者重伤2人以上,或者重伤1人、轻伤3人以上,或者轻伤5人以上的;

2. 导致10人以上严重中毒的;

3. 造成个人财产直接经济损失10万元以上,或者直接经济损失不满10万元,但间接经济损失50万元以上的;

4. 造成公共财产或者法人、其他组织财产直接经济损失20万元以上,或者直接经济损失不满20万元,但间接经济损失100万元以上的;

5. 虽未达到3、4两项数额标准,但3、4两项合计直接经济损失20万元以上,或者合计直接经济损失不满20万元,但合计间接经济损失100万元以上的;

6. 造成公司、企业等单位停业、停产6个月以上,或者破产的;

7. 弄虚作假,不报、缓报、谎报或者授意、指使、强令他人不报、缓报、谎报情况,导致重特大事故危害结果继续、扩大,或者致使抢救、调查、处理工作延误的;

8. 严重损害国家声誉,或者造成恶劣社会影响的;

9. 其他致使公共财产、国家和人民利益遭受重大损失的情形。

国家机关工作人员滥用职权,符合刑法第九章所规定的特殊渎职罪构成要件的,按照该特殊规定追究刑事责任;主体不符合刑法第九章所规定的特殊渎职罪的主体要件,但滥用职权涉嫌前款第1项至第9项规定情形之一的,按照刑法第397条的规定以滥用职权罪追究刑事责任。

【玩忽职守罪立案追诉标准】

(一)重大案件

1. 致人死亡3人以上,或者重伤10人以上,或者轻伤15人以上的;

2. 造成直接经济损失100万元以上的。

(二)特大案件

1. 致人死亡7人以上,或者重伤15人以上,或者轻伤30人以上的;

2. 造成直接经济损失200万元以上的。

涉嫌下列情形之一的,应予立案:

1. 造成死亡1人以上,或者重伤3人以上,或者重伤2人、轻伤4人以上,或者重伤1人、轻伤7人以上,或者轻伤10人以上的;

2. 导致20人以上严重中毒的;

3. 造成个人财产直接经济损失15万元以上,或者直接经济损失不满15万元,但间接经济损失75万元以上的;

4. 造成公共财产或者法人、其他组织财产直接经济损失30万元以上,或者直接经济损失不满30万元,但间接经济损失150万元以上的;

5. 虽未达到3、4两项数额标准,但3、4两项合计直接经济损失30万元以上,或者合计直接经济损失不满30万元,但合计间接经济损失150万元以上的;

6. 造成公司、企业等单位停业、停产1年以上,或者破产的;

7. 海关、外汇管理部门的工作人员严重不负责任,造成100万美元以上外汇被骗购或者逃汇1000万美元以上的;

8. 严重损害国家声誉,或者造成恶劣社会影响的;

9. 其他致使公共财产、国家和人民利益遭受重大损失的情形。

国家机关工作人员玩忽职守,符合刑法第9章所规定的特殊渎职罪构成要件的,按照该特殊规定追究刑事责任;主体不符合刑法第9章所规定的特殊渎职罪的主体要件,但玩忽职守涉嫌前款第1项至第9项规定情形之一的,按照刑法第397条的规定以玩忽职守罪追究刑事责任。

国家机关工作人员滥用职权或者玩忽职守,具有下列情形之一的,应当认定为刑法第 397 条规定的"致使公共财产、国家和人民利益遭受重大损失":

(一)造成死亡 1 人以上,或者重伤 3 人以上,或者轻伤 9 人以上,或者重伤 2 人、轻伤 3 人以上,或者重伤 1 人、轻伤 6 人以上的;

(二)造成经济损失 30 万元以上的;

(三)造成恶劣社会影响的;

(四)其他致使公共财产、国家和人民利益遭受重大损失的情形。

具有下列情形之一的,应当认定为刑法第 397 条规定的"情节特别严重":

(一)造成伤亡达到前述第(一)项规定人数 3 倍以上的;

(二)造成经济损失 150 万元以上的;

(三)造成前述规定的损失后果,不报、迟报、谎报或者授意、指使、强令他人不报、迟报、谎报事故情况,致使损失后果持续、扩大或者抢救工作延误的;

(四)造成特别恶劣社会影响的;

(五)其他特别严重的情节。

• 关联法律

1.《中华人民共和国药品管理法》(1984 年 9 月 20 日第六届全国人大常委会第七次会议通过;2001 年 2 月 28 日第九届全国人大常委会第二十次会议修订;2013 年 12 月 28 日第十二届全国人大常委会第六次会议《关于修改中华人民共和国海洋环境保护法等 7 部法律的决定》修正;2015 年 4 月 24 日第十二届全国人大常委会第十四次会议《关于修改中华人民共和国药品管理法的决定》修正;2019 年 8 月 26 日第十三届全国人大常委会第十二次会议修订)

(全文略)

2. 最高人民法院研究室《关于对重大责任事故和玩忽职守案件造成经济损失需追究刑事责任的数额标准应否做出规定问题的电话答复》(1987 年 10 月 20 日)

(法释〔2019〕11 号已声明该文件废止)

3.《中华人民共和国消费者权益保护法》(1993 年 10 月 31 日第八届全国人大常委会第四次会议通过;根据 2009 年 8 月 27 日第十一届全国人大常委会第十次会议《关于修改部分法律的决定》第一次修正;根据 2013 年 10 月 25 日第十二届全国人大常委会第五次会议《关于修改〈中华人民共和国消费者权益保护法〉的决定》第二次修正)

第 61 条 国家机关工作人员玩忽职守或者包庇经营者侵害消费者合法权益的行为的,由其所在单位或者上级机关给予行政处分;情节严重,构成犯罪的,依法追究刑事责任。(全文略)

4.《中华人民共和国广告法》(1994 年 10 月 27 日第八届全国人大常委会第十次会议通过;2015 年 4 月 24 日第十二届全国人大常委会第十四次会议修订)

第 72 条 广告审查机关对违法的广告内容作出审查批准决定的,对负有责任的主管人员和直接责任人员,由任免机关或者监察机关依法给予处分;构成犯罪的,依法追究刑事责任。

第 73 条 工商行政管理部门对在履行广告监测职责中发现的违法广告行为或者对经投诉、举报的违法广告行为,不依法予以查处的,对负有责任的主管人员和直接责任人员,依法给予处分。

工商行政管理部门和负责广告管理相关工作的有关部门的工作人员玩忽职守、滥用职权、徇私舞弊的,依法给予处分。

有前两款行为,构成犯罪的,依法追究刑事责任。(全文略)

5. 最高人民法院、最高人民检察院、公安部、国家工商行政管理局《关于依法查处盗窃、抢劫机动车案件的规定》(公通字〔1998〕31号)

九、公安、工商行政管理人员或者其他国家机关工作人员滥用职权或者玩忽职守,致使赃车入户、过户、验证的,给予行政处分;致使公共财产、国家和人民利益遭受重大损失的,依照刑法第397条的规定处罚。(全文详见本书《刑法》第312条相关内容)

6.《关于惩治骗购外汇、逃汇和非法买卖外汇犯罪的决定》(1998年12月29日第九届全国人大常委会第六次会议通过)第6点

六、海关、外汇管理部门的工作人员严重不负责任,造成大量外汇被骗购或者逃汇,致使国家利益遭受重大损失的,依照刑法第397条的规定定罪处罚。(全文详见本书《刑法》第190条相关内容)

7. 最高人民检察院《关于镇财政所所长是否适用国家机关工作人员的批复》(高检发研字〔2000〕9号)

上海市人民检察院:你院沪检发〔2000〕30号文收悉。经研究,批复如下:

对于属行政执法事业单位的镇财政所中按国家机关在编干部管理的工作人员,在履行政府行政公务活动中,滥用职权或玩忽职守构成犯罪的,应以国家机关工作人员论。

8. 最高人民检察院《关于合同制民警能否成为玩忽职守罪主体问题的批复》(高检发研字〔2000〕20号)

辽宁省人民检察院:你院辽检发诉字〔1999〕76《关于犯罪嫌疑人李某玩忽职守一案的请示》收悉。经研究,批复如下:

根据刑法第93条第2款的规定,合同制民警在依法执行公务期间,属其他依照法律从事公务的人员,应以国家机关工作人员论。对合同制民警在依法执行公务活动中的玩忽职守行为,符合刑法第397条规定的玩忽职守罪构成要件的,依法以玩忽职守罪追究刑事责任。

9. 最高人民检察院《关于属工人编制的乡(镇)工商所所长能否依照刑法第397条的规定追究刑事责任问题的批复》(高检发研字〔2000〕23号)

江西省人民检察院:你院赣检研发〔2000〕3号《关于乡(镇)工商所所长(工人编制)是否属于国家机关工作人员的请示》收悉。经研究,批复如下:

根据刑法第93条第2款的规定,经人事部门任命,但为工人编制的乡(镇)工商所所长,依法履行工商行政管理职责时,属其他依照法律从事公务的人员,应以国家机关工作人员论。如果玩忽职守,致使公共财产、国家和人民利益遭受重大损失,可适用刑法第397条的规定,以玩忽职守罪追究刑事责任。

10. 最高人民检察院《人民检察院直接受理立案侦查的渎职侵权重特大案件标准(试行)》(高检发〔2001〕13号)

(见本条立案追诉标准内容)

11. 最高人民检察院《关于企业事业单位的公安机构在机构改革过程中其工作人员能否构成渎职侵权犯罪主体问题的批复》(高检发释字〔2002〕3号)

陕西省人民检察院:你院陕检发研〔2001〕159号《关于对企业事业单位的公安机构在机构改革过程中其工作人员能否构成渎职侵权犯罪主体问题的请示》收悉。经研究,批复如下:

企业事业单位的公安机构在机构改革过程中虽尚未列入公安机关建制,其工作人员在行使侦查职责时,实施渎职侵权行为的,可以成为渎职侵权犯罪的主体。

12. 最高人民检察院研究室《关于中国农业发展银行及其分支机构的工作人员法律适用问题的答复》(〔2002〕高检研发第16号)

湖北省人民检察院研究室:你院关于中国农业发展银行工作人员法律适用问题的请示

(鄂检文〔2001〕50号)收悉。经研究,答复如下:中国农业发展银行及其分支机构的工作人员严重不负责任或者滥用职权,构成犯罪的,应当依照刑法第168条的规定追究刑事责任。

13. 最高人民检察院研究室《关于买卖尚未加盖印章的空白〈边境证〉行为如何适用法律问题的答复》(〔2002〕高检研发第19号)

对买卖尚未加盖发证机关的行政印章或者通行专用章印鉴的空白《中华人民共和国边境管理区通行证》的行为,不宜以买卖国家机关证件罪追究刑事责任。国家机关工作人员实施上述行为,构成犯罪的,可以按滥用职权等相关犯罪依法追究刑事责任。

14. 全国人大常委会《关于〈中华人民共和国刑法〉第9章渎职罪主体适用问题的解释》(2002年12月28日第九届全国人大常委会第三十一次会议通过)

全国人大常委会根据司法实践中遇到的情况,讨论了刑法第9章渎职罪主体的适用问题,解释如下:在依照法律、法规规定行使国家行政管理职权的组织中从事公务的人员,或者在受国家机关委托代表国家机关行使职权的组织中从事公务的人员,或者虽未列入国家机关人员编制但在国家机关中从事公务的人员,在代表国家机关行使职权时,有渎职行为,构成犯罪的,依照刑法关于渎职罪的规定追究刑事责任。现予公告。

15. 最高人民检察院研究室《关于对海事局工作人员如何使用法律问题的答复》(〔2003〕高检研发第1号)

重庆市人民检察院研究室:你院《关于对买卖尚未加盖印章的空白〈边境证〉案件适用法律问题的请示》(渝检(研)〔2002〕11号)收悉。经研究,答复如下:

辽宁省人民检察院研究室:你院《关于辽宁海事局的工作人员是否为国家机关工作人员的主体认定请示》(辽检发渎检字〔2002〕1号)收悉。经研究,答复如下:根据国办发〔1999〕90号、中编办函〔2000〕184号等文件的规定,海事局负责行使国家水上安全监督和防止船舶污染及海上设施检验、航海保障的管理职权,是国家执法监督机构。海事局及其分支机构工作人员在从事上述公务活动中,滥用职权或者玩忽职守,致使公共财产、国家和人民利益遭受重大损失的,应当依照刑法第397条的规定,以滥用职权罪或者玩忽职守罪追究刑事责任。

16. 最高人民检察院《关于认真贯彻执行〈中华人民共和国刑法修正案(4)〉和〈全国人大常委会关于中华人民共和国刑法第9章渎职罪主体适用问题的解释〉的通知》(高检发研字〔2003〕1号)

第九届全国人民代表大会常务委员会第三十一次会议于2002年12月28日通过了《中华人民共和国刑法修正案(4)》和《全国人民代表大会常务委员会关于〈中华人民共和国刑法〉第9章渎职罪主体适用问题的解释》(以下分别简称《刑法修正案(4)》和《解释》)。为保证《刑法修正案(4)》和《解释》的正确贯彻实施,现就有关问题通知如下:

一、要认真组织学习,正确领会立法精神。《刑法修正案(4)》和《解释》的颁布实施,对于依法惩治破坏社会主义经济秩序、妨害社会管理秩序和国家机关工作人员的渎职犯罪行为,保障社会主义现代化建设事业的顺利进行,保障公民的人身安全,促进国家机关工作人员的廉政勤政,都具有十分重要的意义。各级检察机关要及时组织广大干警认真学习《刑法修正案(4)》和《解释》的有关内容,正确领会立法精神。

二、要严格依法办案,充分发挥检察机关的职能作用。《刑法修正案(4)》将走私液态废物、气态废物行为、非法雇佣童工行为、非法采伐、毁坏国家重点保护的植物行为、非法收购、运输、加工、出售珍贵树木或者国家重点保护的其他植物及其制品行为和非法运输盗伐、滥伐的林木行为,特别是将枉法执行判决、裁定行为,作为单独犯罪专门作了规定。《刑法修正案(4)》还加大了对生产、销售不符合标准的医用器材罪、走私罪、非法收购盗伐、滥伐的林木罪的打击力度。《解释》对刑法第九章渎职罪主体的适用问题作了明确规定。各级检察机关在办理相关案件的过程中，要严格按照《刑法修正案(4)》和《解释》的有关规定，依法进行立案侦查和批捕、起诉工作。要进一步加大查办和预防职务犯罪的工作力度，对于《解释》所规定的人员在代表国家机关行使职权时侵犯公民人身权利、民主权利，构成犯罪的，也应当依照刑法规定追究刑事责任。

三、要准确把握《刑法修正案(4)》和《解释》的时间效力，正确适用法律。《刑法修正案(4)》是对《刑法》有关条文的修改和补充，实践中办理相关案件时，应当依照《刑法》第12条规定的原则正确使用法律。对于1997年修订刑法施行以后、《刑法修正案(4)》施行以前发生的枉法执行判决、裁定犯罪行为，应当依照《刑法》第397条的规定追究刑事责任。根据《立法法》第47条的规定，法律解释的时间效力与它所解释的法律的时间效力相同。对于在1997年修订刑法施行以后、《解释》施行以前发生的行为，在《解释》施行以后尚未处理或者正在处理的案件，应当依照《解释》的规定办理。对于在《解释》施行已经办结的案件，不再变动。

四、各级检察机关在办理《刑法修正案(4)》和《解释》规定的相关案件的过程中，要注意及时总结办案经验，努力提高执法水平。上级检察机关要加强对下级检察机关办理有关案件特别是办理渎职侵权犯罪案件的指导。

17. 最高人民法院、最高人民检察院《关于办理妨害预防、控制突发传染病疫情等灾害的刑事案件具体应用法律若干问题的解释》(法释〔2003〕8号)

第15条 在预防、控制突发传染病疫情等灾害的工作中，负有组织、协调、指挥、灾害调查、控制、医疗救治、信息传递、交通运输、物资保障等职责的国家机关工作人员，滥用职权或者玩忽职守，致使公共财产、国家和人民利益遭受重大损失的，依照刑法第397条的规定，以滥用职权罪或者玩忽职守罪定罪处罚。(全文详见本书《刑法》第114条相关内容)

18. 最高人民法院、最高人民检察院《关于办理非法制造、买卖、运输、储存毒鼠强等禁用剧毒化学品刑事案件具体应用法律若干问题的解释》(法释〔2003〕14号)

第4条 对非法制造、买卖、运输、储存毒鼠强等禁用剧毒化学品行为负有查处职责的国家机关工作人员，滥用职权或者玩忽职守，致使公共财产、国家和人民利益遭受重大损失的，依照刑法第397条的规定，以滥用职权罪或者玩忽职守罪追究刑事责任。(全文详见本书《刑法》第125条相关内容)

19. 最高人民法院、最高人民检察院、公安部《关于严格执行刑事诉讼法，切实纠防超期羁押的通知》(法〔2003〕163号)

目前，超期羁押现象在全国许多地方没有得到有效遏制，“前清后超”、“边清边超”、“押而不决”等现象仍然不断发生，人民群众反映强烈。各级人民法院、人民检察院和公安机关要坚持以“三个代表”重要思想为指导，坚持司法为民的工作要求，严格执行刑事诉讼法的有关规定，切实提高办理刑事案件的质量和效率，维护人民法院、人民检察院和公安机关的公正形象，坚决纠正和预防超期羁押现象，尊重和保障犯罪嫌疑人、被告人的合法权益。现就有关问题通知如下：

一、进一步端正执法思想，牢固树立实体法和程序法并重、打击犯罪和保障人权并重的刑事诉讼观念。社会主义司法制度必须保障在全社会实现公平和正义。人民法院、人民检察院和公安机关依法进行刑事诉讼，既要惩罚犯罪，维护社会稳定，也要尊重和保障人权，尊重和保障犯罪嫌疑人、被告人的合法权益，是依法惩罚犯罪和依法保障人权的有机统一。任何人，在人民法院依法判决之前，都不得被确定有罪。在侦查、起诉、审判等各个阶段，必须始终坚持依法进行诉讼，认真遵守刑事诉讼法关于犯罪嫌疑人、被告人羁押期限的规定，坚决克服重实体、轻程序，重打击、轻保障的错误观念，避免因超期羁押而侵犯犯罪嫌疑人、被告人合法权益现象的发生。

二、严格适用刑事诉讼法关于犯罪嫌疑人、被告人羁押期限的规定，严禁随意延长羁押期限。犯罪嫌疑人、被告人被羁押的，人民法院、人民检察院和公安机关在刑事诉讼的不同阶段，要及时办理换押手续。在侦查阶段，要严格遵守拘留、逮捕后的羁押期限的规定；犯罪嫌疑人被逮捕以后，需要延长羁押期限的，应当符合刑事诉讼法第 124 条、第 126 条或者第 127 条规定的情形，并应当经过上一级人民检察院或者省、自治区、直辖市人民检察院的批准或者决定。在审查逮捕阶段和审查起诉阶段，人民检察院应当在法定期限内作出决定。在审判阶段，人民法院要严格遵守刑事诉讼法关于审理期限的规定；需要延长 1 个月审理期限的，应当属于刑事诉讼法第 126 条规定的情形之一，而且应当经过省、自治区、直辖市高级人民法院批准或者决定。

凡不符合刑事诉讼法关于重新计算犯罪嫌疑人、被告人羁押期限规定的，不得重新计算羁押期限。严禁滥用退回补充侦查、撤回起诉、改变管辖等方式变相超期羁押犯罪嫌疑人、被告人。

三、准确适用刑事诉讼法关于取保候审、监视居住的规定。人民法院、人民检察院和公安机关在对犯罪嫌疑人、被告人采取强制措施时，凡符合取保候审、监视居住条件的，应当依法采取取保候审、监视居住。对已被羁押的犯罪嫌疑人、被告人，在其法定羁押期限已满时必须立即释放，如侦查、起诉、审判活动尚未完成，需要继续查证、审理的，要依法变更强制措施为取保候审或者监视居住，充分发挥取保候审、监视居住这两项强制措施的作用，做到追究犯罪与保障犯罪嫌疑人、被告人合法权益的统一。

四、坚持依法办案，正确适用法律，有罪依法追究，无罪坚决放人，人民法院、人民检察院和公安机关在刑事诉讼过程中，要分工负责，互相配合，互相制约，依法进行，避免超期羁押现象的发生。在侦查、起诉、审判等各个诉讼阶段，凡发现犯罪嫌疑人，被告人不应或者不需要追究刑事责任的，应当依法撤销案件，或者不起诉，或者终止审理，或者宣告无罪。公安机关、人民检察院要严格执行刑事诉讼法关于拘留、逮捕条件的规定，不符合条件的坚决不拘、不提请批准逮捕或者决定不批准逮捕。人民检察院对于经过两次补充侦查或者在审判阶段建议补充侦查并经人民法院决定延期审理的案件，不再退回公安机关；对于经过两次补充侦查，仍然证据不足、不符合起诉条件的案件，要依法作出不起诉的决定。公安机关要依法加强对看守所的管理，及时向办案机关通报超期羁押情况。人民法院对于人民检察院提起公诉的案件，经过审理，认为证据不足，不能认定被告人有罪的，要依法作出证据不足、指控的犯罪不能成立的无罪判决。第二审人民法院经过审理，对于事实不清或者证据不足的案件，只能一次裁定撤销原判、发回原审人民法院重新审判；对于经过查证，只有部分犯罪事实清楚、证据充分的案件，只就该部分罪行进行认定和宣判；对于查证以后，仍然事实不清或者证据不足的案件，要依法作出证据不足、指控的犯罪不能成立的无罪判决，不得拖延不决，迟迟不判。

五、严格执行超期羁押责任追究制度。超期羁押侵犯犯罪嫌疑人、被告人的合法权益，损害司法公正，对此必须严肃查处，绝不姑息。本通知发布以后，凡违反刑事诉讼法和本通知的规定，造成犯罪嫌疑人、被告人超期羁押的，对于直接负责的主管人员和其他直接责任人员，由其所在单位或者上级主管机关依照有关规定予以行政或者纪律处分；造成犯罪嫌疑人、被告人超期羁押，情节严重的，对于直接负责的主管人员和其他直接责任人员，依照刑法第 397 条的规定，以玩忽职守罪或者滥用职权罪追究刑事责任。

六、对于重大、疑难、复杂的案件，涉外案件，新类型案件以及危害国家安全案件涉及的适用法律问题，应及时报请全国人大常委会作出立法解释或者最高人民法院、最高人民检察院作出司法解释。凡违反刑事诉讼法和《最高人民法院、最高人民检察院、公安部关于严格执行刑事诉讼法,切实纠防超期羁押的通知》的规定,造成犯罪嫌疑人、被告人超期羁押的,对于直接负责的主管人员和其他直接责任人员,由其所在单位或者上级主管机关依照有关规定予以行政或者纪律处分;造成犯罪嫌疑人、被告人超期羁押,情节严重的,对于直接负责的主管人员和其他直接责任人员,依照刑法第 397 条的规定,以玩忽职守罪或者滥用职权罪追究刑事责任。

20. 最高人民法院《全国法院审理经济犯罪案件工作座谈会纪要》(法〔2003〕167 号)

六、关于渎职罪

(一)渎职犯罪行为造成的公共财产重大损失的认定:根据刑法规定,玩忽职守、滥用职权等渎职犯罪是以致使公共财产、国家和人民利益遭受重大损失为构成要件的。其中,公共财产的重大损失,通常是指渎职行为已经造成的重大经济损失。在司法实践中,有以下情形之一的,虽然公共财产作为债权存在,但已无法实现债权的,可以认定为行为人的渎职行为造成了经济损失:

(1)债务人已经法定程序被宣告破产;(2)债务人潜逃,去向不明;(3)因行为人责任,致使超过诉讼时效;(4)有证据证明债权无法实现的其他情况。

(二)玩忽职守罪的追诉时效:玩忽职守行为造成的重大损失当时没有发生,而是玩忽职守行为之后一定时间发生的,应从危害结果发生之日起计算玩忽职守罪的追诉期限。

(三)国有公司、企业人员渎职犯罪的法律适用:对于 1999 年 12 月 24 日《刑法修正案》实施以前发生的国有公司、企业人员渎职行为(不包括徇私舞弊行为),尚未处理或者正在处理的,不能按照刑法修正案追究刑事责任。

(四)关于"徇私"的理解:徇私舞弊型渎职犯罪的"徇私"应理解为徇个人私情、私利。国家机关工作人员为了本单位的利益,实施滥用职权、玩忽职守行为,构成犯罪的,依照刑法第 397 条第 1 款的规定定罪处罚。(全文详见本书《刑法》第 383 条相关内容)

21. 最高人民法院研究室《关于对滥用职权致使公共财产、国家和人民利益遭受重大损失如何认定问题的答复》(法研〔2004〕136 号)

浙江省高级人民法院:你院浙〔2004〕194 号《关于对滥用职权致使公共财产、国家和人民利益遭受重大损失如何认定的请示》收悉。经研究答复如下:

人民法院在审判过程中,对于行为人滥用职权,致使公共财产、国家和人民利益遭受的损失计算至侦查机关立案之时。立案以后,判决宣告以前追回的损失,作为量刑情节予以考虑。

22. 最高人民法院刑事审判第二庭《关于国有公司人员滥用职权犯罪追溯期限等问题的答复》(2005 年 1 月 13 日)

公安部经济犯罪侦查局:你局公经〔2004〕1914 号《关于对一案件法律适用问题征求意见的函》收悉。经研究,答复如下:

一、对于本案行为人的行为应适用 1999 年 12 月 25 日《中华人民共和国刑法修正案(2)》的规定,以国有公司失职罪或滥用职权罪追究其刑事责任。

二、国有公司人员滥用职权或失职罪的追诉期限应从损失结果发生之日起计算。就本案而言,追诉期限应以法律意义上的损失发生为标准,即以人民法院民事终审判决之日起计算。

23. 最高人民检察院《关于渎职侵权犯罪案件立案标准的规定》(高检发释字〔2006〕2 号)

(见本条立案追诉标准内容)

24. 最高人民检察院《关于对林业主管部门工作人员在发放林木采伐许可证之外滥用职权玩忽职守致使森林遭受严重破坏的行为适用法律问题的批复》(高检发释字〔2007〕1 号)

福建省人民检察院:你院《关于林业主管部门工作人员滥用职权、玩忽职守造成森林资源损毁立案标准问题的请示》闽检〔2007〕14 号收悉。经研究,批复如下:

林业主管部门工作人员违法发放林木采伐许可证,致使森林遭受严重破坏的,依照刑法第407条的规定,以违法发放林木采伐许可证罪追究刑事责任;以其他方式滥用职权或者玩忽职守,致使森林遭受严重破坏的,依照刑法第397条的规定,以滥用职权罪或者玩忽职守罪追究刑事责任,立案追诉标准依照最高人民检察院《关于渎职侵权犯罪案件立案标准的规定》第1部分渎职犯罪案件第18条第3款的规定执行。

25. 最高人民法院、最高人民检察院《关于办理盗窃油气、破坏油气设备等刑事案件具体应用法律若干问题的解释》(法释〔2007〕3号)

第7条 国家机关工作人员滥用职权或者玩忽职守,实施下列行为之一,致使公共财产、国家和人民利益遭受重大损失的,依照刑法第397条的规定,以滥用职权罪或者玩忽职守罪定罪处罚:

(一)超越职权范围,批准发放石油、天然气勘查、开采、加工、经营等许可证的;(二)违反国家规定,给不符合法定条件的单位、个人发放石油、天然气勘查、开采、加工、经营等许可证的;(三)违反《石油天然气管道保护条例》等国家规定,在油气设备安全保护范围内批准建设项目的;(四)对发现或者经举报查实的未经依法批准、许可擅自从事石油、天然气勘查、开采、加工、经营等违法活动不予查封、取缔的。(全文详见本书《刑法》第118条相关内容)

26. 最高人民法院、最高人民检察院《关于办理危害矿山生产安全刑事案件具体应用法律若干问题的解释》(法释〔2007〕5号)

被最高人民法院、最高人民检察院《关于办理危害生产安全刑事案件适用法律若干问题的解释》(法释〔2015〕22号)废止。

27. 最高人民法院、最高人民检察院《关于办理与盗窃、抢劫、诈骗、抢夺机动车相关刑事案件具体应用法律若干问题的解释》(法释〔2007〕11号)

第3条 国家机关工作人员滥用职权,有下列情形之一,致使盗窃、抢劫、诈骗、抢夺的机动车被办理登记手续,数量达到3辆以上或者价值总额达到30万元以上的,依照刑法第397条第1款的规定,以滥用职权罪定罪,处3年以下有期徒刑或者拘役:

(一)明知是登记手续不全或者不符合规定的机动车而办理登记手续的;(二)指使他人为明知是登记手续不全或者不符合规定的机动车办理登记手续的;(三)违规或者指使他人违规更改、调换车辆档案的;(四)其他滥用职权的行为。

国家机关工作人员疏于审查或者审查不严,致使盗窃、抢劫、诈骗、抢夺的机动车被办理登记手续,数量达到5辆以上或者价值总额达到50万元以上的,依照刑法第397条第1款的规定,以玩忽职守罪定罪,处3年以下有期徒刑或者拘役。国家机关工作人员实施前两款规定的行为,致使盗窃、抢劫、诈骗、抢夺的机动车被办理登记手续,分别达到前述规定数量、数额标准5倍以上的,或者明知是盗窃、抢劫、诈骗、抢夺的机动车而办理登记手续的,属于刑法第397条第1款规定的"情节特别严重",处3年以上7年以下有期徒刑。国家机关工作人员徇私舞弊,实施上述行为,构成犯罪的,依照刑法第397条第2款的规定定罪处罚。(全文详见本书《刑法》第263条相关内容)

28. 最高人民检察院《关于加强查办危害土地资源渎职犯罪工作的指导意见》(高检发渎检字〔2008〕12号)

为充分发挥检察机关在保护土地资源中的职能作用,进一步加大检察机关查办危害土地资源渎职犯罪案件工作力度,确保办案质量和办案效果,推动办案工作健康有序地开展,特就当前和今后一个时期做好查办危害土地资源渎职犯罪案件工作提出如下指导意见:

一、突出查办案件的重点。在查办案件中,要严格执行法律,始终做到"一要坚决、二要慎重,务必搞准"。要突出办案重点,严肃查办国家机关工作人员滥用职权,玩忽职守,非法批准征收、征用、占用土地和非法低价出让国有土地使用权案件，集中精力办好社会高度关注、党委和上级人民检察院交办的渎职犯罪案件；人民群众反映强烈，引发群体性事件的渎职犯罪案件；经新闻媒体曝光，造成恶劣社会影响的渎职犯罪案件；充当黑恶势力犯罪“保护伞”，为其破坏土地资源犯罪提供保护的渎职犯罪案件。

二、准确确定损失后果。在查办案件中，对损失后果的认定，既要考虑被破坏的土地资源的经济价值，按照有关部门做出的鉴定结论，以经济损失计算损失后果，也要充分考虑土地作为特殊资源，被破坏土地的性质、地理位置、实际用处等差异所产生的土地价值，受损后无法用经济价值数额衡量的特殊性，可以采取经济标准或者面积标准认定损失后果，准确适用《中华人民共和国刑法》第397条和第410条的规定以及相关司法解释查处犯罪。

三、严格区分责任。在查办案件中，要分清渎职行为对危害后果所起的作用大小，正确区分主要责任人与次要责任人、直接责任人与间接责任人。对多因一果的有关责任人员，要分清主次，分别根据他们在造成危害土地资源损失结果发生过程中所起的作用，确定其罪责。

要正确区分决策者与实施人员、监管人员的责任。对于决策者滥用职权、玩忽职守、徇私舞弊违法决策，严重破坏土地资源的，或者强令、胁迫其他国家机关工作人员实施破坏土地资源行为的，或者阻挠监管人员执法，导致国家土地资源被严重破坏的，应当区分决策者和实施人员、监管人员的责任大小，重点查处决策者的渎职犯罪；实施人员、监管人员贪赃枉法、徇私舞弊，隐瞒事实真相，提供虚假信息，影响决策者的正确决策，造成危害后果发生的，要严肃追究实施人员和监管人员的责任；实施人员、监管人员明知决策者决策错误，而不提出反对意见，或者不进行纠正、制止、查处，造成国家土地资源被严重破坏的，应当视其情节追究渎职犯罪责任；对于决策者与具体实施人员、监管人员相互勾结，共同实施危害土地资源渎职犯罪的，要依法一并查处。

要严格区分集体行为和个人行为的责任。对集体研究做出的决定违反法律法规的，要具体案件具体分析。对于采取集体研究决策形式，实为个人滥用职权、玩忽职守、贪赃枉法、徇私舞弊等，构成危害土地资源渎职犯罪的，应当依法追究决策者的刑事责任。

四、正确把握法律政策界限。严格区分罪与非罪的界限。要正确把握相关的法律、行政法规及政策，准确把握工作失误与渎职犯罪的界限，坚持具体案件具体分析，严查擅权渎职、徇私舞弊型渎职犯罪案件，找准法律与政策的结合点，确保办案的法律效果、政治效果和社会效果的有机统一。对一时难以区分罪与非罪的，要放到具体时代背景、政策环境中去研究判断，对当时国家有关土地管理法律政策界限不清，以土地资源换取国家和集体经济发展的行为，要慎重对待，一般不作犯罪处理。

在查办案件中，要严格依法办案，既要认真执行国家刑事法律，也要认真掌握国土资源管理方面的规章制度和规范性文件。国家颁布实施的有关土地管理的行政法规和规范性文件，既是贯彻落实国家关于土地宏观调控政策的具体措施和工作要求，也是检察机关认定国家机关工作人员危害土地资源渎职责任的重要根据。要认真学习掌握《中华人民共和国土地管理法》和2004年颁布的《国务院关于深化改革严格土地管理的决定》以及国家有关保护土地资源的规定，对违反法律和有关土地管理文件禁止性规定的渎职犯罪行为，要严格依法查办；对《国务院关于深化改革严格土地管理的决定》颁布以前的危害土地资源行为，要着力查办有徇私舞弊行为的滥用职权，玩忽职守，非法批准征收、征用、占用土地和非法低价出让国有土地使用权的渎职犯罪案件。

五、认真贯彻宽严相济刑事政策。在查办危害土地资源渎职犯罪案件中，要贯彻落实宽严相济刑事政策，对犯罪情节轻微、有悔罪表现的犯罪嫌疑人，要落实教育、感化、挽救方针，可以依法从轻处理；对毁灭、伪造证据，干扰作证，串供，可能存在案中案的犯罪嫌疑人，要依法采取羁押性强制措施，确保办案工作顺利进行。

六、加强领导，努力营造良好的执法环境。上级人民检察院要加强对查办危害土地资源渎职案件的组织领导和对下指导力度，及时研究解决工作中遇到的新情况、新问题。对开展工作的重大部署、查办的重大案件、遇到的重大问题等，要及时向党委、人大和上级人民检察院汇报，紧紧依靠党委的领导、人大的监督和上级检察院的领导做好查办案件工作，努力营造良好的执法环境。

要加强与国土资源管理等部门的协调联系，对查办案件中遇到的疑难复杂专业性问题，采取召开联席会议、案件研讨等方式，共同研究解决，保证办案工作健康发展。

29. 最高人民法院刑二庭《宽严相济在经济犯罪和职务犯罪案件审判中的具体贯彻》（2010年4月7日）

二、宽严相济刑事政策在职务犯罪案件审判中的具体贯彻

（一）关于从严惩处的案件范围。

保持惩治腐败的高压态势，依法从严惩治腐败，是我国惩治和预防腐败工作的一项长期政策。根据《意见》第8条第1款规定，当前要特别注意严肃惩处以下职务犯罪：发生在领导机关和领导干部中滥用职权、贪污贿赂、腐化堕落、失职渎职等职务犯罪；工程建设、土地出让、产权交易、医药购销、政府采购、资源开发和经销、金融等多发易发领域的商业贿赂犯罪；在扩内需、保增长，灾后恢复重建等专项工作中发生的贪污贿赂、挪用公款、渎职等职务犯罪；黑恶势力犯罪、重大安全生产事故、重大食品安全等群体性事件背后的行贿受贿、徇私舞弊、滥用职权、玩忽职守等职务犯罪；贪污、挪用、侵占农业投资专项资金等职务犯罪。

（二）关于政策法律界限。

在坚持依法从严惩处职务犯罪的同时，同样需要根据《意见》第14条、第25条的规定，体现宽严"相济"，做到严中有宽、宽以济严。以贿赂犯罪为例说明如下：

（1）对于收受财物后于案发前退还或上交所收财物的，应当区分情况做出不同处理：收受请托人财物后及时退还或者上交的，因其受贿故意不能确定，同时为了感化、教育潜在受贿犯罪分子，故不宜以受贿处理；受贿后因自身或者与其受贿有关联的人、事被查处，为掩饰犯罪而退还或者上交的，因受贿行为既已完毕，且无主动悔罪之意思，故不影响受贿罪的认定。（2）对于行业、领域内带有一定普遍性、涉案人员众多的案件，要注意区别对待，防止因打击面过宽导致不良的社会效果。特别是对于普通医生的商业贿赂犯罪问题，更要注意运用多种手段治理应对。对收受回扣数额大的；明知药品伪劣，但为收受回扣而要求医院予以采购的；为收受回扣而给病人大量开药或者使用不对症药品，造成严重后果的；收受回扣造成其他严重影响的等情形，应依法追究刑事责任。（3）对于性质恶劣、情节严重、涉案范围广、影响面大的商业贿赂犯罪案件，特别是对于顶风作案的，或者案发后隐瞒犯罪事实、毁灭证据、订立攻守同盟、负案潜逃等企图逃避法律追究的，应当依照《意见》第8条第2款的规定依法从严惩处的同时，对于在自查自纠中主动向单位、行业主管（监管）部门讲清问题、积极退赃的，或者检举、揭发他人犯罪行为，有自首、立功情节的，应当依照《意见》有关规定依法从轻、减轻或者免予处罚。

（三）关于自首、立功等量刑情节的运用。

自首、立功是法定的从宽情节。实践中要注意依照《意见》第17条、第18条等规定，结合"两高"《关于办理职务犯罪案件认定自首、立功等量刑情节若干问题的意见》的规定，做好职务犯罪案件审判工作中宽严相济刑事政策与法律规定的有机结合，具体如下：

（1）要严格掌握自首、立功等量刑情节的法定标准和认定程序，确保自首、立功等量刑情节认定的严肃性和规范性的。（2）对于具有自首情节的犯罪分子，应当根据犯罪事实并结合自动投案的动机、阶段、客观环境，交代犯罪事实的完整性、稳定性以及悔罪表现等具体情节，依法决定是否从轻、减轻或者免除处罚以及从轻、减轻处罚的幅度。(3)对于具有立功情节的犯罪分子,应当根据犯罪事实并结合立功表现所起作用的大小、所破获案件的罪行轻重、所抓获犯罪嫌疑人可能判处的法定刑以及立功的时机等具体情节,依法决定是否从轻、减轻或者免除处罚以及从轻、减轻处罚的幅度。(4)对于犯罪分子依法不成立自首,但主动交代犯罪事实的,应当视其主动交代的犯罪事实情况及对证据收集的作用大小、酌情从轻处罚。(5)赃款赃物追回的,应当注意区分贪污、受贿等不同性质的犯罪以及犯罪分子在追赃中的具体表现,决定是否从轻处罚以及从轻处罚的幅度。

(四)关于缓刑等非监禁刑的适用。

在依照《意见》第14条、第15条、第16条规定适用缓刑等非监禁刑时,应当充分考虑到当前职务犯罪案件缓刑等非监禁刑适用比例偏高的实际情况,以及职务犯罪案件适用非监禁刑所需要的社会民意基础和过多适用非监禁刑可能带来的社会负面影响。贪污、受贿犯罪分子具有下列情形之一的,一般不得适用缓刑:致使国家、集体和人民利益遭受重大损失或者影响恶劣的;不退赃或者退赃不积极,无悔罪表现的;犯罪动机、手段等情节恶劣,或者将赃款用于非法经营、走私、赌博、行贿等违法犯罪活动的;属于共同犯罪中情节严重的主犯,或者犯有数罪的;曾因职务、经济违法犯罪行为受过行政处分或者刑事处罚的;犯罪涉及的财物属于救灾、抢险、防汛、防疫、优抚、扶贫、移民、救济、捐助、社会保险、教育、征地、拆迁等专项款项和物资的。渎职犯罪分子具有下列情形之一的,一般不适用缓刑:

(1)依法减轻处罚后判处3年有期徒刑以下刑罚的;(2)渎职犯罪造成特别恶劣影响的;(3)渎职行为同时构成其他犯罪,以渎职犯罪一罪处理或者实行数罪并罚的。(全详见本书《刑法》第62条相关内容)

30. 最高人民法院、最高人民检察院《关于办理国家出资企业中职务犯罪案件具体应用法律若干问题的意见的通知》(法发〔2010〕49号)

四、关于国家工作人员在企业改制过程中的渎职行为的处理

国家出资企业中的国家工作人员在公司、企业改制或者国有资产处理过程中严重不负责任或者滥用职权,致使国家利益遭受重大损失的,依照刑法第168条的规定,以国有公司、企业人员失职罪或者国有公司、企业人员滥用职权罪定罪处罚。

国家出资企业中的国家工作人员在公司、企业改制或者国有资产处置过程中徇私舞弊,将国有资产低价折股或者低价出售给其本人未持有股份的公司、企业或者其他个人,致使国家利益遭受重大损失的,依照刑法第169条的规定,以徇私舞弊低价折股、出售国有资产罪定罪处罚。

国家出资企业中的国家工作人员在公司、企业改制或者国有资产处置过程中徇私舞弊,将国有资产低价折股或者低价出售给特定关系人持有股份或者本人实际控制的公司、企业,致使国家利益遭受重大损失的,依照刑法第382条、第383条的规定,以贪污罪定罪处罚。贪污数额以国有资产的损失数额计算。

国家出资企业中的国家工作人员因实施第1款、第2款行为收受贿赂,同时又构成刑法第385条规定之罪的,依照处罚较重的规定定罪处罚。(全详见本书《刑法》第168条相关内容)

31. 最高人民法院《关于进一步加大力度,依法严惩危害食品安全及相关职务犯罪的通知》(2012年5月27日)

对于包庇、纵容危害食品安全违法犯罪活动的腐败分子,以及在食品安全监管和查处危害食品安全违法犯罪活动中收受贿赂、玩忽职守、滥用职权、徇私枉法、不履行法定职责的国家工作人员,构成犯罪的,应当依法从重处罚。2011年4月30日以前实施食品安全监管渎职行为,依法构成滥用职权罪、玩忽职守罪或其他渎职犯罪,在5月1日以后审理的,适用修正前刑法的规定定罪处罚。5 月 1 日以后实施食品安全监管渎职行为,未导致发生重大食品安全事故或者造成其他严重后果,不构成食品监管渎职罪,但符合其他渎职犯罪构成要件的,依照刑法相关规定对其定罪处罚。(部分内容摘要,全文略)

32. 最高人民法院、最高人民检察院《关于办理渎职刑事案件适用法律若干问题的解释(1)》(法释〔2012〕18 号)

为依法惩治渎职犯罪,根据刑法有关规定,现就办理渎职刑事案件适用法律的若干问题解释如下:

第 1 条 国家机关工作人员滥用职权或者玩忽职守,具有下列情形之一的,应当认定为刑法第 397 条规定的"致使公共财产、国家和人民利益遭受重大损失":

(一)造成死亡 1 人以上,或者重伤 3 人以上,或者轻伤 9 人以上,或者重伤 2 人、轻伤 3 人以上,或者重伤 1 人、轻伤 6 人以上的;(二)造成经济损失 30 万元以上的;(三)造成恶劣社会影响的;(四)其他致使公共财产、国家和人民利益遭受重大损失的情形。

具有下列情形之一的,应当认定为刑法第 397 条规定的"情节特别严重":

(一)造成伤亡达到前述第(一)项规定人数 3 倍以上的;(二)造成经济损失 150 万元以上的;(三)造成前述规定的损失后果,不报、迟报、谎报或者授意、指使、强令他人不报、迟报、谎报事故情况,致使损失后果持续、扩大或者抢救工作延误的;(四)造成特别恶劣社会影响的;(五)其他特别严重的情节。

第 2 条 国家机关工作人员实施滥用职权或者玩忽职守犯罪行为,触犯刑法分则第 9 章第 398 条至第 419 条规定的,依照该规定定罪处罚。

国家机关工作人员滥用职权或者玩忽职守,因不具备徇私舞弊等情形,不符合刑法分则第 9 章第 398 条至第 419 条的规定,但依法构成第 397 条规定的犯罪的,以滥用职权罪或者玩忽职守罪定罪处罚。

第 3 条 国家机关工作人员实施渎职犯罪并收受贿赂,同时构成受贿罪的,除刑法另有规定外,以渎职犯罪和受贿罪数罪并罚。

第 4 条 国家机关工作人员实施渎职行为,放纵他人犯罪或者帮助他人逃避刑事处罚,构成犯罪的,依照渎职罪的规定定罪处罚。国家机关工作人员与他人共谋,利用其职务行为帮助他人实施其他犯罪行为,同时构成渎职犯罪和共谋实施的其他犯罪共犯的,依照处罚较重的规定定罪处罚。

国家机关工作人员与他人共谋,既利用其职务行为帮助他人实施其他犯罪,又以非职务行为与他人共同实施该其他犯罪行为,同时构成渎职犯罪和其他犯罪的共犯的,依照数罪并罚的规定定罪处罚。

第 5 条 国家机关负责人员违法决定,或者指使、授意、强令其他国家机关工作人员违法履行职务,构成刑法分则第 9 章规定的渎职犯罪的,应当依法追究刑事责任。

以"集体研究"形式实施的渎职犯罪,应当依照刑法分则第 9 章的规定追究国家机关负有责任的人员的刑事责任。对于具体执行人员,应当在综合认定其行为性质、是否提出反对意见、危害结果大小等情节的基础上决定是否追究刑事责任和应当判处的刑罚。

第 6 条 以危害结果为条件的渎职犯罪的追诉期限,从危害结果发生之日起计算;有数个危害结果的,从最后一个危害结果发生之日起计算。

第 7 条 依法或者受委托行使国家行政管理职权的公司、企业、事业单位的工作人员,在行使行政管理职权时滥用滥用职权或者玩忽职守,构成犯罪的,应当依照《全国人民代表大会常务委员会关于〈中华人民共和国刑法〉第 9 章渎职罪主体适用问题的解释》的规定,适用渎职罪的规定追究刑事责任。

第8条 本解释规定的"经济损失",是指渎职犯罪或者与渎职犯罪相关联的犯罪立案时已经实际造成的财产损失,包括为挽回渎职犯罪所造成损失而支付的各种开支、费用等。立案后至提起公诉前持续发生的经济损失,应一并计入渎职犯罪造成的经济损失。

债务人经法定程序被宣告破产,债务人潜逃、去向不明,或者因行为人的责任超过诉讼时效等,致使债权已经无法实现的,无法实现的债权部分应当认定为职犯罪的经济损失。

渎职犯罪或者与渎职犯罪相关联的犯罪立案后,犯罪分子及其亲友自行挽回的经济损失,司法机关或者犯罪分子所在单位及其上级主管部门挽回的经济损失,或者因客观原因减少的经济损失,不予扣减,但可以作为酌定从轻处罚的情节。

第9条 负有监督管理职责的国家机关工作人员滥用职权或者玩忽职守,致使不符合安全标准的食品、有毒有害食品、假药、劣药等流入社会,对人民群众生命、健康造成严重危害后果的,依照渎职罪的规定从严惩处。

第10条 最高人民法院、最高人民检察院此前发布的司法解释与本解释不一致的,以本解释为准。

33. 最高人民检察院《第2批指导性案例陈某明、林某娟、李某权滥用职权案》(检例第5号;2012年11月15日)

【要旨】

随着我国城镇建设和社会主义新农村建设逐步深入推进,村民委员会、居民委员会等基层组织协助人民政府管理社会发挥越来越重要的作用。实践中,对村民委员会、居民委员会等基层组织人员协助人民政府从事行政管理工作时,滥用职权、玩忽职守构成犯罪的,应当依照刑法关于渎职罪的规定追究刑事责任。

【诉讼过程】

2008年4月15日,陈某明、林某娟、李某权因涉嫌滥用职权罪由上海市奉贤区人民检察院立案侦查,陈某明于4月15日被刑事拘留,4月29日被逮捕,林某娟、李某权于4月15日被取保候审,6月27日侦查终结移送审查起诉。2008年7月28日,上海市奉贤区人民检察院以被告人陈某明、林某娟、李某权犯滥用职权罪向奉贤区人民法院提起公诉。2008年12月15日,上海市奉贤区人民法院作出一审判决,认为被告人陈某明身为国家机关工作人员,被告人林某娟、李某权作为在受国家机关委托代表国家机关行使职权的组织中从事公务的人员,在负责或经办被征地人员就业和保障工作过程中,故意违反有关规定,共同或单独擅自将不符合镇保条件的人员纳入镇保范围,致使公共财产遭受重大损失,并造成恶劣社会影响,其行为均已触犯刑法,构成滥用职权罪,且有徇个人私情、私利的徇私舞弊情节。其中被告人陈某明、林某娟情节特别严重。犯罪后,三被告人在尚未被司法机关采取强制措施时,如实供述自己的罪行,属自首,依法可从轻或减轻处罚。依照《中华人民共和国刑法》第397条、第25条第1款、第67条第1款、第72条第1款、第73条第2、3款之规定,判决被告人陈某明犯滥用职权罪,判处有期徒刑2年;被告人林某娟犯滥用职权罪,判处有期徒刑1年6个月,宣告缓刑1年6个月;被告人李某权犯滥用职权罪,判处有期徒刑1年,宣告缓刑1年。一审判决后,被告人林某娟提出上诉。上海市第一中级人民法院二审终审裁定,驳回上诉,维持原判。

34. 最高人民检察院《第2批指导性案例罗某华、罗某添、朱某灿、罗某游滥用职权案》(检例第6号;2012年11月15日)

【要旨】

根据刑法规定,滥用职权罪是指国家机关工作人员滥用职权,致使"公共财产、国家和人民利益遭受重大损失"的行为。实践中,对滥用职权"造成恶劣社会影响的",应当依法认定为"致使公共财产、国家和人民利益遭受重大损失"。

【诉讼过程】

2011年10月1日,罗某华、罗某添、朱某灿、罗某游4人因涉嫌敲诈勒索罪被广州市公安局黄埔分局刑事拘留,11月7日被逮捕。11月10日,广州市公安局黄埔分局将本案移交广州市黄埔区人民检察院。2011年11月10日,罗某华、罗某添、朱某灿、罗某游4人因涉嫌滥用职权罪由广州市黄埔区人民检察院立案侦查,12月9日侦查终结移送审查起诉。2011年12月28日,广州市黄埔区人民检察院以被告人罗某华、罗某添、朱某灿、罗某游犯滥用职权罪向黄埔区人民法院提起公诉。2012年4月18日,黄埔区人民法院一审判决,认为被告人罗某华、罗某添、朱某灿、罗某游身为虽未列入国家机关人员编制但在国家机关中从事公务的人员,在代表国家行使职权时,长期不正确履行职权,大肆勒索辖区部分无照商贩的钱财,造成无照商贩非法占道经营十分严重,暴力抗法事件不断发生,社会影响相当恶劣,其行为触犯了《中华人民共和国刑法》第397条第1款的规定,构成滥用职权罪。被告人罗某华与罗某添身为城管协管员前、后任队长及副队长不仅参与勒索无照商贩的钱财,放任无照商贩非法占道经营,而且也收受其下属勒索来的香烟,放任其下属胡作非为,在共同犯罪中所起作用相对较大,可对其酌情从重处罚。鉴于4被告人归案后能供述自己的罪行,可对其酌情从轻处罚。依照《中华人民共和国刑法》第397条第1款、第61条,《全国人民代表大会常务委员会关于〈中华人民共和国刑法〉第9章渎职罪主体适用问题的解释》的规定,判决被告人罗某华犯滥用职权罪,判处有期徒刑1年6个月;被告人罗某添犯滥用职权罪,判处有期徒刑1年5个月;被告人朱某灿犯滥用职权罪,判处有期徒刑1年2个月;被告人罗某游犯滥用职权罪,判处有期徒刑1年2个月。一审判决后,4名被告人在法定期限内均未上诉,检察机关也没有提出抗诉,一审判决发生法律效力。

35. 最高人民检察院《第2批指导性案例杨某武玩忽职守、徇私枉法、受贿案》(检例第8号;2012年11月15日)

【要旨】

本案要旨有两点:一是渎职犯罪因果关系的认定。如果负有监管职责的国家机关工作人员没有认真履行其监管职责,从而未能有效防止危害结果发生,那么,这些对危害结果具有"原因力"的渎职行为,应认定与危害结果之间具有刑法意义上的因果关系。二是渎职犯罪同时受贿的处罚原则。对于国家机关工作人员实施渎职犯罪并收受贿赂,同时构成受贿罪的,除刑法第399条有特别规定的外,以渎职犯罪和受贿罪数罪并罚。

【诉讼过程】

2008年9月28日,杨某武因涉嫌徇私枉法罪由深圳市人民检察院立案侦查,10月25日被刑事拘留,11月7日被逮捕,11月13日侦查终结移交深圳市龙岗区人民检察院审查起诉。2008年11月24日,深圳市龙岗区人民检察院以被告人杨某武犯玩忽职守罪、徇私枉法罪和受贿罪向龙岗区人民法院提起公诉。一审期间,延期审理一次。2009年5月9日,深圳市龙岗区人民法院作出一审判决,认为被告人杨某武作为同乐派出所的所长,对辖区内的娱乐场所负有监督管理职责,其明知舞王俱乐部未取得合法的营业执照擅自经营,且存在众多消防、治安隐患,但严重不负责任,不认真履行职责,使本应停业整顿或被取缔的舞王俱乐部持续违法经营达一年之久,并最终导致发生44人死亡、64人受伤的特大消防事故,造成了人民群众生命财产的重大损失,其行为已构成玩忽职守罪,情节特别严重;被告人杨某武明知舞王俱乐部发生的江某等人被打案应予刑事处罚,不符合调解结案的规定,仍指示将该案件予以调解结案,构成徇私枉法罪,但是鉴于杨某武在实施徇私枉法行为的同时有受贿行为,且该受贿事实已被起诉,依照刑法第399条的规定,应以受贿罪一罪定罪处罚;被告人杨某武作为国家工作人员,利用职务上的便利,非法收受舞王俱乐部负责人王某的巨额钱财,为其谋取利益,其行为已构成受贿罪;被告人杨某武在未被采取强制措施前即主动交代自己全部受贿事实,属于自首,并由其妻何某代为退清全部赃款,依法可以从轻处罚。依照《中华人民共和国刑法》第397条第1款,第399条第1款、第4款,第385条第1款,第386条,第383条第1款第(1)项、第2款,第64条,第67条第1款,第69条第1款之规定,判决被告人杨某武犯玩忽职守罪,判处有期徒刑5年;犯受贿罪,判处有期徒刑10年;总和刑期15年,决定执行有期徒刑13年;追缴受贿所得的赃款人民币30万元,依法予以没收并上缴国库。一审判决后,被告人杨某武在法定期限内没有上诉,检察机关也没有提出抗诉,一审判决发生法律效力。

36.最高人民法院、最高人民检察院《关于办理危害食品安全刑事案件适用法律若干问题的解释》(法释〔2013〕12号)

(法释〔2021〕24号已声明该文废止)

37.《中华人民共和国保守国家秘密法实施条例》(国务院令〔2014〕第646号)

第44条 保密行政管理部门未依法履行职责,或者滥用职权、玩忽职守、徇私舞弊的,对直接负责的主管人员和其他直接责任人员依法给予处分;构成犯罪的,依法追究刑事责任。

第45条 本条例自2014年3月1日起施行。1990年4月25日国务院批准、1990年5月25日国家保密局发布的《中华人民共和国保守国家秘密法实施办法》同时废止。(全文略)

38.最高人民检察院《人民检察院讯问职务犯罪嫌疑人实行全程同步录音录像的规定(试行)》(高检发反贪字〔2014〕213号)

(详见本书《刑法》第383条相关内容)

39.《中华人民共和国反间谍法》(2014年11月1日第十二届全国人大常委会第十一次会议通过;1993年2月22日第七届全国人大常委会第三十次会议通过的《中华人民共和国国家安全法》同时废止)

第37条 国家安全机关工作人员滥用职权、玩忽职守、徇私舞弊,构成犯罪的,或者有非法拘禁、刑讯逼供、暴力取证、违反规定泄露国家秘密、商业秘密和个人隐私等行为,构成犯罪的,依法追究刑事责任。

第40条 本法自公布之日起施行。1993年2月22日第七届全国人民代表大会常务委员会第三十次会议通过的《中华人民共和国国家安全法》同时废止。(全文略)

40.最高人民法院、最高人民检察院《关于办理危害生产安全刑事案件适用法律若干问题的解释》(法释〔2015〕22号)

第15条 国家机关工作人员在履行安全监督管理职责时滥用职权、玩忽职守,致使公共财产、国家和人民利益遭受重大损失的,或者徇私舞弊,对发现的刑事案件依法应当移交司法机关追究刑事责任而不移交,情节严重的,分别依照刑法第397条、第402条的规定,以滥用职权罪、玩忽职守罪或者徇私舞弊不移交刑事案件罪定罪处罚。

公司、企业、事业单位的工作人员在依法或者受委托行使安全监督管理职责时滥用职权或者玩忽职守,构成犯罪的,应当依照《全国人民代表大会常务委员会关于〈中华人民共和国刑法〉第9章渎职罪主体适用问题的解释》的规定,适用渎职罪的规定追究刑事责任。

第16条 对于实施危害生产安全犯罪适用缓刑的犯罪分子,可以根据犯罪情况,禁止其在缓刑考验期限内从事与安全生产相关联的特定活动;对于被判处刑罚的犯罪分子,可以根据犯罪情况和预防再犯罪的需要,禁止其自刑罚执行完毕之日或者假释之日起3年至5年内从事与安全生产相关的职业。

第17条 本解释自2015年12月16日起施行。本解释施行后,《最高人民法院、最高人民检察院关于办理危害矿山生产安全刑事案件具体应用法律若干问题的解释》(法释〔2007〕5号)同时废止。最高人民法院、最高人民检察院此前发布的司法解释和规范性文件与本解释

不一致的,以本解释为准。(全文详见本书《刑法》第132条相关内容)

41.《中华人民共和国商业银行法》(1995年5月10日第八届全国人大常委会第十三次会议通过;2015年8月29日第十二届全国人大常委会第十六次会议第二次修正)

(详见书《刑法》第168条相关内容)

42.《中华人民共和国反恐怖主义法》(2015年12月27日第十二届全国人大常委会第十八次会议通过;2018年4月27日第十三届全国人大常委会第二次会议《关于修改〈中华人民共和国国境卫生检疫法〉等6部法律的决定》修正)

第94条 反恐怖主义工作领导机构、有关部门的工作人员在反恐怖主义工作中滥用职权、玩忽职守、徇私舞弊,或者有违反规定泄露国家秘密、商业秘密和个人隐私等行为,构成犯罪的,依法追究刑事责任;尚不构成犯罪的,依法给予处分。

反恐怖主义工作领导机构、有关部门及其工作人员在反恐怖主义工作中滥用职权、玩忽职守、徇私舞弊或者有其他违法违纪行为的,任何单位和个人有权向有关部门检举、控告。有关部门接到检举、控告后,应当及时处理并回复检举、控告人。(全文略)

43.最高人民法院、最高人民检察院、公安部、司法部《关于依法办理家庭暴力犯罪案件的意见》(法发〔2015〕4号)

第36条 负有反家庭暴力职责的国家工作人员玩忽职守、滥用职权、徇私舞弊的,依法给予处分;构成犯罪的,依法追究刑事责任。(全文详见本书《刑法》第38条相关内容)

44.最高人民法院、最高人民检察院《关于办理贪污贿赂刑事案件适用法律若干问题的解释》(法释〔2016〕9号)

第17条 国家工作人员利用职务上的便利,收受他人财物,为他人谋取利益,同时构成受贿罪和刑法分则第3章第3节、第9章规定的渎职犯罪的,除刑法另有规定外,以受贿罪和渎职犯罪数罪并罚。(全文详见本书《刑法》第383条相关内容)

45.最高人民法院、最高人民检察院《关于办理扰乱无线电通讯管理秩序等刑事案件适用法律若干问题的解释》(法释〔2017〕11号)

第7条 负有无线电监督管理职责的国家机关工作人员滥用职权或者玩忽职守,致使公共财产、国家和人民利益遭受重大损失的,应当依照刑法第397条的规定,以滥用职权罪或者玩忽职守罪追究刑事责任。

有查禁扰乱无线电管理秩序犯罪活动职责的国家机关工作人员,向犯罪分子通风报信、提供便利,帮助犯罪分子逃避处罚的,应当依照刑法第417条的规定,以帮助犯罪分子逃避处罚罪追究刑事责任;事先通谋的,以共同犯罪论处。(全文详见本书《刑法》第288条相关内容)

46.最高人民法院、最高人民检察院《关于办理药品、医疗器械注册申请材料造假刑事案件适用法律若干问题的解释》(法释〔2017〕15号)

(高检法释〔2022〕1号已声明该文件废止)

47.公安部《公安机关互联网安全监督检查规定》(公安部令〔2018〕第151号)

第26条 公安机关及其工作人员在互联网安全监督检查工作中,玩忽职守、滥用职权、徇私舞弊的,对直接负责的主管人员和其他直接责任人员依法予以处分;构成犯罪的,依法追究刑事责任。(全文略)

48.最高人民检察院《关于人民检察院立案侦查司法工作人员相关职务犯罪案件若干问题的规定》(2018年11月24日)

(详见本书《刑法》第6条相关内容)

49. 最高人民法院《关于审理走私、非法经营、非法使用兴奋剂刑事案件适用法律若干问题的解释》(法释〔2019〕16号)

第6条 国家机关工作人员在行使反兴奋剂管理职权时滥用职权或者玩忽职守,造成严重兴奋剂违规事件,严重损害国家声誉或者造成恶劣社会影响,符合刑法第397条规定的,以滥用职权罪、玩忽职守罪定罪处罚。

依法或者受委托行使反兴奋剂管理职权的单位的工作人员,在行使反兴奋剂管理职权时滥用职权或者玩忽职守的,依照前款规定定罪处罚。

第7条 实施本解释规定的行为,涉案物质属于毒品、制毒物品等,构成有关犯罪的,依照相应犯罪定罪处罚。

第8条 对于是否属于本解释规定的"兴奋剂""兴奋剂目录所列物质""体育运动""国内、国际重大体育竞赛"等专门性问题,应当依据《中华人民共和国体育法》《反兴奋剂条例》等法律法规,结合国务院体育主管部门出具的认定意见等证据材料作出认定。(全文详见本书《刑法》第151条相关内容)

50. 最高人民法院、最高人民检察院、公安部、司法部《关于依法惩治妨害新型冠状病毒感染肺炎疫情防控违法犯罪的意见》(法发〔2020〕7号)

二、准确适用法律,依法严惩妨害疫情防控的各类违法犯罪

(七)依法严惩疫情防控失职渎职、贪污挪用犯罪。在疫情防控工作中,负有组织、协调、指挥、灾害调查、控制、医疗救治、信息传递、交通运输、物资保障等职责的国家机关工作人员,滥用职权或者玩忽职守,致使公共财产、国家和人民利益遭受重大损失的,依照刑法第397条的规定,以滥用职权罪或者玩忽职守罪定罪处罚。

卫生行政部门的工作人员严重不负责任,不履行或者不认真履行防治监管职责,导致新型冠状病毒感染肺炎传播或者流行,情节严重的,依照刑法第409条的规定,以传染病防治失职罪定罪处罚。

从事实验、保藏、携带、运输传染病菌种、毒种的人员,违反国务院卫生行政部门的有关规定,造成新型冠状病毒毒种扩散,后果严重的,依照刑法第331条的规定,以传染病毒种扩散罪定罪处罚。

国家工作人员,受委托管理国有财产的人员,公司、企业或者其他单位的人员,利用职务便利,侵吞、截留或者以其他手段非法占有用于防控新型冠状病毒感染肺炎的款物,或者挪用上述款物归个人使用,符合刑法第382条、第383条、第271条、第384条、第272条规定的,以贪污罪、职务侵占罪、挪用公款罪、挪用资金罪定罪处罚。挪用用于防控新型冠状病毒感染肺炎的救灾、优抚、救济等款物,符合刑法第273条规定的,对直接责任人员,以挪用特定款物罪定罪处罚。(全文详见本书《刑法》第114条相关内容)

51. 最高人民法院、最高人民检察院、公安部《关于办理涉窨井盖相关刑事案件的指导意见》(高检发〔2020〕3号)

八、在窨井盖采购、施工、验收、使用、检查过程中负有决定、管理、监督等职责的国家机关工作人员玩忽职守或者滥用职权,致使公共财产、国家和人民利益遭受重大损失的,依照刑法第397条的规定,分别以玩忽职守罪、滥用职权罪定罪处罚。

九、在依照法律、法规规定行使窨井盖行政管理职权的公司、企业、事业单位中从事公务的人员以及在受国家机关委托代表国家机关行使窨井盖行政管理职权的组织中从事公务的人员,玩忽职守或者滥用职权,致使公共财产、国家和人民利益遭受重大损失的,依照刑法第397条和《全国人民代表大会常务委员会关于〈中华人民共和国刑法〉第9章渎职罪主体适用问题的解释》的规定,分别以玩忽职守罪、滥用职权罪定罪处罚。

十一、国家机关工作人员利用职务上的便利，收受他人财物，为他人谋取与窨井盖相关利益，同时构成受贿罪和刑法分则第9章规定的渎职犯罪的，除刑法另有规定外，以受贿罪和渎职犯罪数罪并罚。（全文详见本书《刑法》第233条相关内容）

52. 最高人民法院、最高人民检察院、公安部、农业农村部《关于依法惩治长江流域非法捕捞等违法犯罪的意见》（公通字〔2020〕17号）

（五）依法严惩危害水生生物资源的渎职犯罪。对长江流域重点水域水生生物资源保护负有监督管理、行政执法职责的国家机关工作人员，滥用职权或者玩忽职守，致使公共财产、国家和人民利益遭受重大损失的，应当依照刑法第397条的规定，以滥用职权罪或者玩忽职守罪定罪处罚。

负有查禁破坏水生生物资源犯罪活动职责的国家机关工作人员，向犯罪分子通风报信、提供便利，帮助犯罪分子逃避处罚的，应当依照刑法第417条的规定，以帮助犯罪分子逃避处罚罪定罪处罚。

（六）依法严惩危害水生生物资源的违法行为。实施上述行为，不构成犯罪的，由农业农村（渔政）部门等依据《渔业法》等法律法规予以行政处罚；构成违反治安管理行为的，由公安机关依法给予治安管理处罚。（全文详见本书《刑法》第340条相关内容）

53. 最高人民检察院《第25批指导性案例余某某等人重大劳动安全事故案》（检例第94号；2021年1月20日）

（全文详见本书《刑法》第134条相关内容）

54. 最高人民法院、最高人民检察院《关于办理危害食品安全刑事案件适用法律若干问题的解释》（法释〔2021〕24号）

第20条 负有食品安全监督管理职责的国家机关工作人员，滥用职权或者玩忽职守，构成食品监管渎职罪，同时构成徇私舞弊不移交刑事案件罪、商检徇私舞弊罪、动植物检疫徇私舞弊罪、放纵制售伪劣商品犯罪行为罪等其他渎职犯罪的，依照处罚较重的规定定罪处罚。

负有食品安全监督管理职责的国家机关工作人员滥用职权或者玩忽职守，不构成食品监管渎职罪，但构成前款规定的其他渎职犯罪的，依照该其他犯罪定罪处罚。

负有食品安全监督管理职责的国家机关工作人员与他人共谋，利用其职务行为帮助他人实施危害食品安全犯罪行为，同时构成渎职犯罪和危害食品安全犯罪共犯的，依照处罚较重的规定定罪从重处罚。（全文详见本书《刑法》第143条相关内容）

55. 最高人民法院、最高人民检察院《关于办理危害药品安全刑事案件适用法律若干问题的解释》（高检发释字〔2022〕1号）

第14条 负有药品安全监督管理职责的国家机关工作人员，滥用职权或者玩忽职守，构成药品监管渎职罪，同时构成商检徇私舞弊罪、商检失职罪等其他渎职犯罪的，依照处罚较重的规定定罪处罚。

负有药品安全监督管理职责的国家机关工作人员滥用职权或者玩忽职守，不构成药品监管渎职罪，但构成前款规定的其他渎职犯罪的，依照该其他犯罪定罪处罚。

负有药品安全监督管理职责的国家机关工作人员与他人共谋，利用其职务便利帮助他人实施危害药品安全犯罪行为，同时构成渎职犯罪和危害药品安全犯罪共犯的，依照处罚较重的规定定罪从重处罚。（全文详见本书《刑法》第141条相关内容）

56. 最高人民法院、最高人民检察院《关于办理破坏野生动物资源刑事案件适用法律若干问题的解释》（法释〔2022〕12号）

第10条 负有野生动物保护和进出口监督管理职责的国家机关工作人员，滥用职权或者玩忽职守，致使公共财产、国家和人民利益遭受重大损失的，应当依照刑法第397条的规定，以滥用职权罪或者玩忽职守罪追究刑事责任。

负有查禁破坏野生动物资源犯罪活动职责的国家机关工作人员,向犯罪分子通风报信、提供便利,帮助犯罪分子逃避处罚的,应当依照刑法第417条的规定,以帮助犯罪分子逃避处罚罪追究刑事责任。(全文详见本书《刑法》第341条相关内容)

第398条 【故意泄露国家秘密罪】【过失泄露国家秘密罪】 国家机关工作人员违反保守国家秘密法的规定,故意或者过失泄露国家秘密,情节严重的,处3年以下有期徒刑或者拘役;情节特别严重的,处3年以上7年以下有期徒刑。

非国家机关工作人员犯前款罪的,依照前款的规定酌情处罚。

• 释义

故意泄露国家秘密罪是指国家机关工作人员或者非国家机关工作人员违反保守国家秘密法的规定,故意使国家秘密被不应知悉者知悉,或者故意使国家秘密超出了限定的接触范围,情节严重的行为。

过失泄露国家秘密罪是指国家机关工作人员或者非国家机关工作人员违反保守国家秘密法,过失泄露国家秘密,或者遗失国家秘密载体,致使国家秘密被不应知悉者知悉或者超出了限定的接触范围,情节严重的行为。

• 管辖

监察机关、公安机关政治安全保卫部门。

• 立案追诉标准

【故意泄露国家秘密罪立案追诉标准】

(一)重大案件

1. 故意泄露绝密级国家秘密1项以上,或者泄露机密级国家秘密3项以上,或者泄露秘密级国家秘密5项以上的;

2. 故意泄露国家秘密造成直接经济损失50万元以上的;

3. 故意泄露国家秘密对国家安全构成严重危害的;

4. 故意泄露国家秘密对社会秩序造成严重危害的。

(二)特大案件

1. 故意泄露绝密级国家秘密2项以上,或者泄露机密级国家秘密5项以上,或者泄露秘密级国家秘密7项以上的;

2. 故意泄露国家秘密造成直接经济损失100万元以上的;

3. 故意泄露国家秘密对国家安全构成特别严重危害的;

4. 故意泄露国家秘密对社会秩序造成特别严重危害的。

涉嫌下列情形之一的,应予立案:

1. 泄露绝密级国家秘密1项(件)以上的;

2. 泄露机密级国家秘密2项(件)以上的;

3. 泄露秘密级国家秘密3项(件)以上的;

4. 向非境外机构、组织、人员泄露国家秘密,造成或者可能造成危害社会稳定、经济发展、国防安全或者其他严重危害后果的;

5. 通过口头、书面或者网络等方式向公众散布、传播国家秘密的;

6. 利用职权指使或者强迫他人违反国家保守秘密法的规定泄露国家秘密的；

7. 以牟取私利为目的泄露国家秘密的；

8. 其他情节严重的情形。

【过失泄露国家秘密罪立案追诉标准】

（一）重大案件

1. 过失泄露绝密级国家秘密1项以上，或者泄露机密级国家秘密5项以上，或者泄露秘密级国家秘密7项以上并造成严重危害后果的；

2. 过失泄露国家秘密造成直接经济损失100万元以上的；

3. 过失泄露国家秘密对国家安全构成严重危害的；

4. 过失泄露国家秘密对社会秩序造成严重危害的。

（二）特大案件

1. 过失泄露绝密级国家秘密2项以上，或者泄露机密级国家秘密7项以上，或者泄露秘密级国家秘密10项以上的；

2. 过失泄露国家秘密造成直接经济损失200万元以上的；

3. 过失泄露国家秘密对国家安全构成特别严重危害的；

4. 过失泄露国家秘密对社会秩序造成特别严重危害的。

涉嫌下列情形之一的，应予立案：

1. 泄露绝密级国家秘密1项（件）以上的；

2. 泄露机密级国家秘密3项（件）以上的；

3. 泄露秘密级国家秘密4项（件）以上的；

4. 违反保密规定，将涉及国家秘密的计算机或者计算机信息系统与互联网相连接，泄露国家秘密的；

5. 泄露国家秘密或者遗失国家秘密载体，隐瞒不报、不如实提供有关情况或者不采取补救措施的；

6. 其他情节严重的情形。

• 关联法律

1.《中华人民共和国保守国家秘密法》（1988年9月5日第七届全国人大常委会第二次会议通过；2010年4月29日第十一届全国人大常委会第十四次会议修订）

第2条 国家秘密是关系国家安全和利益，依照法定程序确定，在一定时间内只限一定范围的人员知悉的事项。

第9条 下列涉及国家安全和利益的事项，泄露后可能损害国家在政治、经济、国防、外交等领域的安全和利益的，应当确定为国家秘密：

（一）国家事务重大决策中的秘密事项；（二）国防建设和武装力量活动中的秘密事项；（三）外交和外事活动中的秘密事项以及对外承担保密义务的秘密事项；（四）国民经济和社会发展中的秘密事项；（五）科学技术中的秘密事项；（六）维护国家安全活动和追查刑事犯罪中的秘密事项；（七）经国家保密行政管理部门确定的其他秘密事项。

政党的秘密事项中符合前款规定的，属于国家秘密。

第10条 国家秘密的密级分为绝密、机密、秘密3级。

绝密级国家秘密是最重要的国家秘密，泄露会使国家安全和利益遭受特别严重的损害；机密级国家秘密是重要的国家秘密，泄露会使国家安全和利益遭受严重的损害；秘密级国家秘密是一般的国家秘密，泄露会使国家安全和利益遭受损害。

第11条 国家秘密及其密级的具体范围,由国家保密行政管理部门分别会同外交、公安、国家安全和其他中央有关机关规定。

军事方面的国家秘密及其密级的具体范围,由中央军事委员会规定。

国家秘密及其密级的具体范围的规定,应当在有关范围内公布,并根据情况变化及时调整。

第13条 确定国家秘密的密级,应当遵守定密权限。

中央国家机关、省级机关及其授权的机关、单位可以确定绝密级、机密级和秘密级国家秘密;设区的市、自治州一级的机关及其授权的机关、单位可以确定机密级和秘密级国家秘密。具体的定密权限、授权范围由国家保密行政管理部门规定。

机关、单位执行上级确定的国家秘密事项,需要定密的,根据所执行的国家秘密事项的密级确定。下级机关、单位认为本机关、本单位产生的有关定密事项属于上级机关、单位的定密权限,应当先行采取保密措施,并立即报请上级机关、单位确定;没有上级机关、单位的,应当立即提请有相应定密权限的业务主管部门或者保密行政管理部门确定。

公安、国家安全机关在其工作范围内按照规定的权限确定国家秘密的密级。

第14条 机关、单位对所产生的国家秘密事项,应当按照国家秘密及其密级的具体范围的规定确定密级,同时确定保密期限和知悉范围。

第15条 国家秘密的保密期限,应当根据事项的性质和特点,按照维护国家安全和利益的需要,限定在必要的期限内;不能确定期限的,应当确定解密的条件。

国家秘密的保密期限,除另有规定外,绝密级不超过30年,机密级不超过20年,秘密级不超过10年。

机关、单位应当根据工作需要,确定具体的保密期限、解密时间或者解密条件。

机关、单位对在决定和处理有关事项工作过程中确定需要保密的事项,根据工作需要决定公开的,正式公布时即视为解密。

第17条 机关、单位对承载国家秘密的纸介质、光介质、电磁介质等载体(以下简称国家秘密载体)以及属于国家秘密的设备、产品,应当做出国家秘密标志。

不属于国家秘密的,不应当做出国家秘密标志。

第24条 机关、单位应当加强对涉密信息系统的管理,任何组织和个人不得有下列行为:

(一)将涉密计算机、涉密存储设备接入互联网及其他公共信息网络;(二)在未采取防护措施的情况下,在涉密信息系统与互联网及其他公共信息网络之间进行信息交换;(三)使用非涉密计算机、非涉密存储设备存储、处理国家秘密信息;(四)擅自卸载、修改涉密信息系统的安全技术程序、管理程序;(五)将未经安全技术处理的退出使用的涉密计算机、涉密存储设备赠送、出售、丢弃或者改作其他用途。

第25条 机关、单位应当加强对国家秘密载体的管理,任何组织和个人不得有下列行为:

(一)非法获取、持有国家秘密载体;(二)买卖、转送或者私自销毁国家秘密载体;(三)通过普通邮政、快递等无保密措施的渠道传递国家秘密载体;(四)邮寄、托运国家秘密载体出境;(五)未经有关主管部门批准,携带、传递国家秘密载体出境。

第26条 禁止非法复制、记录、存储国家秘密。

禁止在互联网及其他公共信息网络或者未采取保密措施的有线和无线通信中传递国家秘密。

禁止在私人交往和通信中涉及国家秘密。

第46条 办理涉嫌泄露国家秘密案件的机关,需要对有关事项是否属于国家秘密以及属于何种密级进行鉴定的,由国家保密行政管理部门或者省、自治区、直辖市保密行政管理部门鉴定。

第48条 违反本法规定,有下列行为之一的,依法给予处分;构成犯罪的,依法追究刑事责任:

(一)非法获取、持有国家秘密载体的;(二)买卖、转送或者私自销毁国家秘密载体的;(三)通过普通邮政、快递等无保密措施的渠道传递国家秘密载体的;(四)邮寄、托运国家秘密载体出境,或者未经有关主管部门批准,携带、传递国家秘密载体出境的;(五)非法复制、记录、存储国家秘密的;(六)在私人交往和通信中涉及国家秘密的;(七)在互联网及其他公共信息网络或者未采取保密措施的有线和无线通信中传递国家秘密的;(八)将涉密计算机、涉密存储设备接入互联网及其他公共信息网络的;(九)在未采取防护措施的情况下,在涉密信息系统与互联网及其他公共信息网络之间进行信息交换的;(十)使用非涉密计算机、非涉密存储设备存储、处理国家秘密信息的;(十一)擅自卸载、修改涉密信息系统的安全技术程序、管理程序的;(十二)将未经安全技术处理的退出使用的涉密计算机、涉密存储设备赠送、出售、丢弃或者改作其他用途的。

有前款行为尚不构成犯罪,且不适用处分的人员,由保密行政管理部门督促其所在机关、单位予以处理。

第49条 机关、单位违反本法规定,发生重大泄密案件的,由有关机关、单位依法对直接负责的主管人员和其他直接责任人员给予处分;不适用处分的人员,由保密行政管理部门督促其主管部门予以处理。

机关、单位违反本法规定,对应当定密的事项不定密,或者对不应当定密的事项定密,造成严重后果的,由有关机关、单位依法对直接负责的主管人员和其他直接责任人员给予处分。

第50条 互联网及其他公共信息网络运营商、服务商违反本法第28条规定的,由公安机关或者国家安全机关、信息产业主管部门按照各自职责分工依法予以处罚。

第51条 保密行政管理部门的工作人员在履行保密管理职责中滥用职权、玩忽职守、徇私舞弊的,依法给予处分;构成犯罪的,依法追究刑事责任。

第52条 中央军事委员会根据本法制定中国人民解放军保密条例。

2.《关于维护互联网安全的决定》(2000年12月28日第九届全国人大常委会第十九次会议通过;2009年8月27日第十一届全国人大常委会第十次会议《关于修改部分法律的决定》修正)

二、为了维护国家安全和社会稳定,对有下列行为之一,构成犯罪的,依照刑法有关规定追究刑事责任:

(二)通过互联网窃取、泄露国家秘密、情报或者军事秘密;(全文详见本书《刑法》第141条相关内容)

3. 最高人民法院《关于审理为境外窃取、刺探、收买、非法提供国家秘密、情报案件具体应用法律若干问题的解释》(法释〔2001〕4号)

第6条 通过互联网将国家秘密或者情报非法发送给境外的机构、组织、个人的,依照刑法第111条的规定定罪处罚;将国家秘密通过互联网予以发布,情节严重的,依照刑法第398条的规定定罪处罚。(全文详见本书《刑法》第110条相关内容)

4. 最高人民检察院《人民检察院直接受理立案侦查的渎职侵权重特大案件标准(试行)》(高检发〔2001〕13号)

(见本条立案追诉标准内容)

5. 最高人民检察院《关于企业事业单位的公安机构在机构改革过程中其工作人员能否构成渎职侵权犯罪主体问题的批复》(高检发释字〔2002〕3号)

陕西省人民检察院:你院陕检发研〔2001〕159号《关于对企业事业单位的公安机构在机构改革过程中其工作人员能否构成渎职侵权犯罪主体问题的请示》收悉。经研究,批复如下:

企业事业单位的公安机构在机构改革过程中虽尚未列入公安机关建制,其工作人员在行使侦查职责时,实施渎职侵权行为的,可以成为渎职侵权犯罪的主体。

6.《关于〈中华人民共和国刑法〉第9章渎职罪主体适用问题的解释》(2002年12月28日第九届全国人大常委会第三十一次会议通过)

(详见本书《刑法》第397条相关内容)

7. 最高人民法院《全国法院审理经济犯罪案件工作座谈会纪要》(法〔2003〕167号)

(详见本书《刑法》第397条相关内容)

8. 最高人民检察院《关于渎职侵权犯罪案件立案标准的规定》(高检发释字〔2006〕2号)

(见本条立案追诉标准内容)

9. 最高人民法院、最高人民检察院《关于办理渎职刑事案件适用法律若干问题的解释(1)》(法释〔2012〕18号)

(详见本书《刑法》第397条相关内容)

10. 最高人民检察院《人民检察院讯问职务犯罪嫌疑人实行全程同步录音录像的规定(试行)》(高检发反贪字〔2014〕213号)

(详见本书《刑法》第383条相关内容)

11.《中华人民共和国反间谍法》(2014年11月1日第十二届全国人大常委会第十一次会议通过;1993年2月22日第七届全国人大常委会第三十次会议通过的《中华人民共和国国家安全法》同时废止)第37、40条

(详见本书《刑法》第397条相关内容)

12.《中华人民共和国反间谍法》(2014年第十二届全国人大常委会第十一次会议通过)

第37条 国家安全机关工作人员滥用职权、玩忽职守、徇私舞弊,构成犯罪的,或者有非法拘禁、刑讯逼供、暴力取证、违反规定泄露国家秘密、商业秘密和个人隐私等行为,构成犯罪的,依法追究刑事责任。(全文略)

13.《中华人民共和国商业银行法》(1995年5月10日第八届全国人大常委会第十三次会议通过;2015年8月29日第十二届全国人大常委会第十六次会议第二次修正)

(详见书《刑法》第168条相关内容)

14.《中华人民共和国反恐怖主义法》(2015年12月27日第十二届全国人大常委会第十八次会议通过;2018年4月27日第十三届全国人大常委会第二次会议《关于修改〈中华人民共和国国境卫生检疫法〉等6部法律的决定》修正)

(详见本书《刑法》第397条相关内容)

第399条 【徇私枉法罪】司法工作人员徇私枉法、徇情枉法,对明知是无罪的人而使他受追诉、对明知是有罪的人而故意包庇不使他受追诉,或者在刑事审判活动中故意违背事实和法律作枉法裁判的,处5年以下有期徒刑或者拘役;情节严重的,处5年以上10年以下有期徒刑;情节特别严重的,处10年以上有期徒刑。

【民事、行政枉法裁判罪】在民事、行政审判活动中故意违背事实和法律作枉法裁判,情节严重的,处5年以下有期徒刑或者拘役;情节特别严重的,处5年以上10年以下有期徒刑。

> **【执行判决、裁定失职罪】【执行判决、裁定滥用职权罪】** 在执行判决、裁定活动中，严重不负责任或者滥用职权，不依法采取诉讼保全措施、不履行法定执行职责，或者违法采取诉讼保全措施、强制执行措施，致使当事人或者其他人的利益遭受重大损失的，处5年以下有期徒刑或者拘役；致使当事人或者其他人的利益遭受特别重大损失的，处5年以上10年以下有期徒刑。
>
> 司法工作人员收受贿赂，有前3款行为的，同时又构成本法第385条规定之罪的，依照处罚较重的规定定罪处罚。【受贿罪(第385条)】

(本条《中华人民共和国刑法修正案(4)》修改)

• 释义

徇私枉法罪是指司法工作人员徇私枉法、徇情枉法，对明知是无罪的人而使他受追诉、对明知是有罪的人而故意包庇不使他受追诉，或者在刑事审判活动中故意违背事实和法律作枉法裁判的行为。

民事、行政枉法裁判罪是指司法工作人员在民事、行政审判活动中，故意违背事实和法律作枉法裁判，情节严重的行为。

执行判决、裁定失职罪是指司法工作人员在执行判决、裁定活动中，严重不负责任，不依法采取诉讼保全措施、不履行法定执行职责，或者违法采取保全措施、强制执行措施，致使当事人或者其他人的利益遭受重大损失的行为。

执行判决、裁定滥用职权罪是指司法工作人员在执行判决、裁定活动中，滥用职权，不依法采取诉讼保全措施、不履行法定执行职责，或者违法采取保全措施、强制执行措施，致使当事人或者其他人的利益遭受重大损失的行为。

• 管辖

检察院、监察机关。

• 立案追诉标准

【徇私枉法罪立案追诉标准】

(一)重大案件

1. 对依法可能判处3年以上7年以下有期徒刑的犯罪分子，故意包庇不使其受追诉的；

2. 致使无罪的人被判处3年以上7年以下有期徒刑的。

(二)特大案件

1. 对依法可能判处7年以上有期徒刑、无期徒刑、死刑的犯罪分子，故意包庇不使其受追诉的；

2. 致使无罪的人被判处7年以上有期徒刑、无期徒刑、死刑的。

涉嫌下列情形之一的，应予立案：

1. 对明知是没有犯罪事实或者其他依法不应当追究刑事责任的人，采取伪造、隐匿、毁灭证据或者其他隐瞒事实、违反法律的手段，以追究刑事责任为目的立案、侦查、起诉、审判的；

2. 对明知是有犯罪事实需要追究刑事责任的人，采取伪造、隐匿、毁灭证据或者其他隐瞒事实、违反法律的手段，故意包庇使其不受立案、侦查、起诉、审判的；

3. 采取伪造、隐匿、毁灭证据或者其他隐瞒事实、违反法律的手段，故意使罪重的人受较轻的追诉，或者使罪轻的人受较重的追诉的；

4. 在立案后，采取伪造、隐匿、毁灭证据或者其他隐瞒事实、违反法律的手段，应当采取强制措施而不采取强制措施，或者虽然采取强制措施，但中断侦查或者超过法定期限不采取任何措施，实际放任不管，以及违法撤销、变更强制措施，致使犯罪嫌疑人、被告人实际脱离司法机关侦控的；

5. 在刑事审判活动中故意违背事实和法律，作出枉法判决、裁定，即有罪判无罪、无罪判有罪，或者重罪轻判、轻罪重判的；

6. 其他徇私枉法应予追究刑事责任的情形。

【民事、行政枉法裁判罪立案追诉标准】

(一)重大案件

1. 枉法裁判，致使公民的财产损失10万元以上、法人或者其他组织财产损失50万元以上的；

2. 枉法裁判，引起当事人及其亲属精神失常或者重伤的。

(二)特大案件

1. 枉法裁判，致使公民的财产损失50万元以上、法人或者其他组织财产损失100万元以上的；

2. 引起当事人及其亲属自杀死亡的。

涉嫌下列情形之一的，应予立案：

1. 枉法裁判，致使当事人或者其近亲属自杀、自残造成重伤、死亡，或者精神失常的；

2. 枉法裁判，造成个人财产直接经济损失10万元以上，或者直接经济损失不满10万元，但间接经济损失50万元以上的；

3. 枉法裁判，造成法人或者其他组织财产直接经济损失20万元以上，或者直接经济损失不满20万元，但间接经济损失100万元以上的；

4. 伪造、变造有关材料、证据，制造假案枉法裁判的；

5. 串通当事人制造伪证，毁灭证据或者篡改庭审笔录而枉法裁判的；

6. 徇私情、私利，明知是伪造、变造的证据予以采信，或者故意对应当采信的证据不予采信，或者故意违反法定程序，或者故意错误适用法律而枉法裁判的；

7. 其他情节严重的情形。

【执行判决、裁定失职罪立案追诉标准】

涉嫌下列情形之一的，应予立案：

1. 致使当事人或者其近亲属自杀、自残造成重伤、死亡，或者精神失常的；

2. 造成个人财产直接经济损失15万元以上，或者直接经济损失不满15万元，但间接经济损失75万元以上的；

3. 造成法人或者其他组织财产直接经济损失30万元以上，或者直接经济损失不满30万元，但间接经济损失150万元以上的；

4. 造成公司、企业等单位停业、停产1年以上，或者破产的；

5. 其他致使当事人或者其他人的利益遭受重大损失的情形。

【执行判决、裁定滥用职权罪立案追诉标准】

涉嫌下列情形之一的，应予立案：

1. 致使当事人或者其近亲属自杀、自残造成重伤、死亡，或者精神失常的；

2. 造成个人财产直接经济损失10万元以上，或者直接经济损失不满10万元，但间接经济损失50万元以上的；

3. 造成法人或者其他组织财产直接经济损失20万元以上，或者直接经济损失不满20万元，但间接经济损失100万元以上的；

4. 造成公司、企业等单位停业、停产6个月以上，或者破产的；

5. 其他致使当事人或者其他人的利益遭受重大损失的情形。

• 关联法律

1. 最高人民检察院《人民检察院直接受理立案侦查的渎职侵权重特大案件标准(试行)》(高检发〔2001〕13 号)

(见本条立案追诉标准内容)

2.《中华人民共和国刑法修正案(4)》(2002 年 12 月 28 日第九届全国人大常委会第三十一次会议通过)

八、将刑法第 399 条修改为:“司法工作人员徇私枉法、徇情枉法,对明知是无罪的人而使他受追诉、对明知是有罪的人而故意包庇不使他受追诉,或者在刑事审判活动中故意违背事实和法律作枉法裁判的,处 5 年以下有期徒刑或者拘役;情节严重的,处 5 年以上 10 年以下有期徒刑;情节特别严重的,处 10 年以上有期徒刑。

“在民事、行政审判活动中故意违背事实和法律作枉法裁判,情节严重的,处 5 年以下有期徒刑或者拘役;情节特别严重的,处 5 年以上 10 年以下有期徒刑。

“在执行判决、裁定活动中,严重不负责任或者滥用职权,不依法采取诉讼保全措施、不履行法定执行职责,或者违法采取诉讼保全措施、强制执行措施,致使当事人或者其他人的利益遭受重大损失的,处 5 年以下有期徒刑或者拘役;致使当事人或者其他人的利益遭受特别重大损失的,处 5 年以上 10 年以下有期徒刑。

“司法工作人员收受贿赂,有前 3 款行为的,同时又构成本法第 385 条规定之罪的,依照处罚较重的规定定罪处罚。”

(本条在原条文基础上增补了第 3 款,增设了执行判决、裁定失职罪与执行判决、裁定判决、裁定失职罪。1997 年《刑法》原条文:司法工作人员徇私枉法、徇情枉法,对明知是无罪的人而使他受追诉、对明知是有罪的人而故意包庇不使他受追诉,或者在刑事审判活动中故意违背事实和法律作枉法裁判的,处 5 年以下有期徒刑或者拘役;情节严重的,处 5 年以上 10 年以下有期徒刑;情节特别严重的,处 10 年以上有期徒刑。在民事、行政审判活动中故意违背事实和法律作枉法裁判,情节严重的,处 5 年以下有期徒刑或者拘役;情节特别严重的,处 5 年以上 10 年以下有期徒刑。司法工作人员贪赃枉法,有前两款行为的,同时又构成本法第 385 条规定之罪的。依照处罚较重的规定定罪处罚。)

3. 最高人民检察院研究室《关于非司法工作人员是否可以构成徇私枉法罪共犯问题的答复》(〔2003〕高检研发第 11 号)

江西省人民检察院法律政策研究室:你院《关于非国家机关工作人员是否可以构成徇私枉法罪共犯问题的请示》(赣检发研字〔2002〕7 号)收悉。经研究,答复如下:

非司法工作人员与司法工作人员勾结,共同实施徇私枉法行为,构成犯罪的,应当以徇私枉法罪的共犯追究刑事责任。

4. 最高人民检察院《关于渎职侵权犯罪案件立案标准的规定》(高检发释字〔2006〕2 号)

(见本条立案追诉标准内容)

5. 最高人民检察院《第 2 批指导性案例杨某武玩忽职守、徇私枉法、受贿案》(检例第 8 号;2012 年 11 月 15 日)

(详见本书《刑法》第 397 条相关内容)

6. 最高人民法院、最高人民检察院《关于办理渎职刑事案件适用法律若干问题的解释(1)》(法释〔2012〕18 号)

(详见本书《刑法》第 397 条相关内容)

7. 最高人民检察院《关于人民检察院立案侦查司法工作人员相关职务犯罪案件若干问题的规定》(2018年11月24日)

(详见本书《刑法》第6条相关内容)

8. 参见本书《刑法》第385条、第397条相关内容。

第399条之一 【枉法仲裁罪】 依法承担仲裁职责的人员，在仲裁活动中故意违背事实和法律作枉法裁决，情节严重的，处3年以下有期徒刑或者拘役；情节特别严重的，处3年以上7年以下有期徒刑。

(本条《中华人民共和国刑法修正案(6)》增加)

• 释义

枉法仲裁罪是指依法承担仲裁职责的人员，在仲裁活动中故意违背事实和法律作枉法裁决，情节严重的行为。

• 管辖

监察机关。

• 立案追诉标准

无

• 关联法律

1.《中华人民共和国刑法修正案(6)》(2006年6月29日第十届全国人大常委会第二十二次会议通过)

二十、在刑法第399条后增加1条，作为第399条之一："依法承担仲裁职责的人员，在仲裁活动中故意违背事实和法律作枉法裁决，情节严重的，处三年以下有期徒刑或者拘役；情节特别严重的，处三年以上七年以下有期徒刑。"

2. 最高人民检察院研究室《关于非司法工作人员是否可以构成徇私枉法罪共犯问题的答复》(〔2003〕高检研发第11号)

(详见本书《刑法》第399条相关内容)

3. 最高人民法院、最高人民检察院《关于办理渎职刑事案件适用法律若干问题的解释(1)》(法释〔2012〕18号)

(详见本书《刑法》第397条相关内容)

4. 参见本书《刑法》第397条相关内容。

第400条 【私放在押人员罪】 司法工作人员私放在押的犯罪嫌疑人、被告人或者罪犯的，处5年以下有期徒刑或者拘役；情节严重的，处5年以上10年以下有期徒刑；情节特别严重的，处10年以上有期徒刑。

【失职致使在押人员脱逃罪】 司法工作人员由于严重不负责任，致使在押的犯罪嫌疑人、被告人或者罪犯脱逃，造成严重后果的，处3年以下有期徒刑或者拘役；造成特别严重后果的，处3年以上10年以下有期徒刑。

• 释义

私放在押人员罪是指司法工作人员私放在押(包括在羁押场所和押解途中)的犯罪嫌疑人、被告人或者罪犯的行为。

失职致使在押人员脱逃罪是指司法工作人员由于严重不负责任,不履行或者不认真履行职责,致使在押(包括在羁押场所和押解途中)的犯罪嫌疑人、被告人、罪犯脱逃,造成严重后果的行为。

• 管辖

检察院、监察机关。

• 立案追诉标准

【私放在押人员罪立案追诉标准】

(一)重大案件

1. 私放3人以上的;

2. 私放可能判处有期徒刑10年以上或者余刑在5年以上的重大刑事犯罪分子的;

3. 在押人员被私放后又实施重大犯罪的。

(二)特大案件

1. 私放5人以上的;

2. 私放可能判处无期徒刑以上的重大刑事犯罪分子的;

3. 在押人员被私放后又犯罪致人死亡的。

涉嫌下列情形之一的,应予立案:

1. 私自将在押的犯罪嫌疑人、被告人、罪犯放走,或者授意、指使、强迫他人将在押的犯罪嫌疑人、被告人、罪犯放走的;

2. 伪造、变造有关法律文书、证明材料,以使在押的犯罪嫌疑人、被告人、罪犯逃跑或者被释放的;

3. 为私放在押的犯罪嫌疑人、被告人、罪犯,故意向其通风报信、提供条件,致使该在押的犯罪嫌疑人、被告人、罪犯脱逃的;

4. 其他私放在押的犯罪嫌疑人、被告人、罪犯应予追究刑事责任的情形。

【失职致使在押人员脱逃罪立案追诉标准】

(一)重大案件

1. 致使脱逃5人以上的;

2. 致使可能判处无期徒刑或者死刑缓期2年执行的重大刑事犯罪分子脱逃的;

3. 在押人员脱逃后实施重大犯罪致人死亡的。

(二)特大案件

1. 致使脱逃10人以上的;

2. 致使可能判处死刑的重大刑事犯罪分子脱逃的;

3. 在押人员脱逃后实施重大犯罪致人死亡2人以上的。

涉嫌下列情形之一的,应予立案:

1. 致使依法可能判处或者已经判处10年以上有期徒刑、无期徒刑、死刑的犯罪嫌疑人、被告人、罪犯脱逃的;

2. 致使犯罪嫌疑人、被告人、罪犯脱逃3人次以上的;

3. 犯罪嫌疑人、被告人、罪犯脱逃以后,打击报复报案人、控告人、举报人、被害人、证人和司法工作人员等,或者继续犯罪的;

4. 其他致使在押的犯罪嫌疑人、被告人、罪犯脱逃,造成严重后果的情形。

• 关联法律

1. 最高人民法院《关于未被公安机关正式录用的人员、狱医能否构成失职致使在押人员脱逃罪主体问题的批复》(法释〔2000〕28 号)

(法释〔2019〕11 号已声明该文件废止)

2. 最高人民检察院《关于工人等非监管机关在编监管人员私放在押人员行为和失职致使在押人员脱逃行为适用法律问题的解释》(高检发释字〔2001〕2 号)

为依法办理私放在押人员犯罪案件和失职致使在押人员脱逃犯罪案件,对工人等非监管机关在编监管人员私放在押人员行为和失职致使在押人员脱逃行为如何适用法律问题解释如下:工人等非监管机关在编监管人员在被监管机关聘用受委托履行监管职责的过程中私放在押人员的,应当依照刑法第 400 条第 1 款的规定,以私放在押人员罪追究刑事责任;由于严重不负责任,致使在押人员脱逃,造成严重后果的,应当依照刑法第 400 条第 2 款的规定,以失职致使在押人员脱逃罪追究刑事责任。

3. 最高人民检察院《人民检察院直接受理立案侦查的渎职侵权重特大案件标准(试行)》(高检发〔2001〕13 号)

(见本条立案追诉标准内容)

4. 最高人民检察院《关于企业事业单位的公安机构在机构改革过程中其工作人员能否构成渎职侵权犯罪主体问题的批复》(高检发释字〔2002〕3 号)

(详见本书《刑法》第 397 条相关内容)

5. 最高人民检察院《关于渎职侵权犯罪案件立案标准的规定》(高检发释字〔2006〕2 号)

(见本条立案追诉标准内容)

6. 最高人民法院、最高人民检察院《关于办理渎职刑事案件适用法律若干问题的解释(1)》(法释〔2012〕18 号)

(详见本书《刑法》第 397 条相关内容)

7. 最高人民检察院《关于人民检察院立案侦查司法工作人员相关职务犯罪案件若干问题的规定》(2018 年 11 月 24 日)

(详见本书《刑法》第 6 条相关内容)

8. 参见本书《刑法》第 397 条相关内容。

第 401 条 【徇私舞弊减刑、假释、暂予监外执行罪】 司法工作人员徇私舞弊,对不符合减刑、假释、暂予监外执行条件的罪犯,予以减刑、假释或者暂予监外执行的,处 3 年以下有期徒刑或者拘役;情节严重的,处 3 年以上 7 年以下有期徒刑。

• 释义

徇私舞弊减刑、假释、暂予监外执行罪是指司法工作人员徇私舞弊,对不符合减刑、假释、暂予监外执行条件的罪犯予以减刑、假释、暂予监外执行的行为。

• 管辖

检察院、监察机关。

• 立案追诉标准

（一）重大案件

1. 办理3次以上或者1次办理3人以上的；

2. 为重大刑事犯罪分子办理减刑、假释、暂予监外执行的。

（二）特大案件

1. 办理5次以上或者1次办理5人以上的；

2. 为特别重大刑事犯罪分子办理减刑、假释、暂予监外执行的。

涉嫌下列情形之一的，应予立案：

1. 刑罚执行机关的工作人员对不符合减刑、假释、暂予监外执行条件的罪犯，捏造事实，伪造材料，违法报请减刑、假释、暂予监外执行的；

2. 审判人员对不符合减刑、假释、暂予监外执行条件的罪犯，徇私舞弊，违法裁定减刑、假释或者违法决定暂予监外执行的；

3. 监狱管理机关、公安机关的工作人员对不符合暂予监外执行条件的罪犯，徇私舞弊，违法批准暂予监外执行的；

4. 不具有报请、裁定、决定或者批准减刑、假释、暂予监外执行权的司法工作人员利用职务上的便利，伪造有关材料，导致不符合减刑、假释、暂予监外执行条件的罪犯被减刑、假释、暂予监外执行的；

5. 其他徇私舞弊减刑、假释、暂予监外执行应予追究刑事责任的情形。

• 关联法律

1. 最高人民检察院《人民检察院直接受理立案侦查的渎职侵权重特大案件标准（试行）》（高检发〔2001〕13号）

（见本条立案追诉标准内容）

2. 最高人民检察院《关于渎职侵权犯罪案件立案标准的规定》（高检发释字〔2006〕2号）

（见本条立案追诉标准内容）

3. 最高人民检察院《第1批指导性案例林某斌徇私舞弊暂予监外执行案》（检例第3号；2010年12月31日）

【要旨】

司法工作人员收受贿赂，对不符合减刑、假释、暂予监外执行条件的罪犯，予以减刑、假释或者暂予监外执行的，应根据案件的具体情况，依法追究刑事责任。

【诉讼过程】

2008年10月28日，吉林省长春市宽城区人民检察院对林某斌涉嫌徇私舞弊暂予监外执行一案立案侦查。2009年8月4日，长春市宽城区人民检察院以林某斌涉嫌徇私舞弊暂予监外执行罪向长春市宽城区人民法院提起公诉。2009年10月20日，长春市宽城区人民法院作出〔2009〕宽刑初字第223号刑事判决，以被告人林某斌犯徇私舞弊暂予监外执行罪，判处有期徒刑3年。

4. 最高人民法院、最高人民检察院《关于办理渎职刑事案件适用法律若干问题的解释（1）》（法释〔2012〕18号）

（详见本书《刑法》第397条相关内容）

5. 最高人民法院、最高人民检察院、公安部、司法部、国家卫生计生委《暂予监外执行规定》（司发通〔2014〕112号）

第1条 为了规范暂予监外执行工作，严格依法适用暂予监外执行，根据刑事诉讼法、监狱法等有关规定,结合刑罚执行工作实际,制定本规定。

第2条 对罪犯适用暂予监外执行,分别由下列机关决定或者批准:

(一)在交付执行前,由人民法院决定;(二)在监狱服刑的,由监狱审查同意后提请省级以上监狱管理机关批准;(三)在看守所服刑的,由看守所审查同意后提请设区的市一级以上公安机关批准。

对有关职务犯罪罪犯适用暂予监外执行,还应当依照有关规定逐案报请备案审查。

第3条 对暂予监外执行的罪犯,依法实行社区矫正,由其居住地的社区矫正机构负责执行。

第4条 罪犯在暂予监外执行期间的生活、医疗和护理等费用自理。

罪犯在监狱、看守所服刑期间因参加劳动致伤、致残被暂予监外执行的,其出监、出所后的医疗补助、生活困难补助等费用,由其服刑所在的监狱、看守所按照国家有关规定办理。

第5条 对被判处有期徒刑、拘役或者已经减为有期徒刑的罪犯,有下列情形之一,可以暂予监外执行:

(一)患有属于本规定所附《保外就医严重疾病范围》的严重疾病,需要保外就医的;(二)怀孕或者正在哺乳自己婴儿的妇女;(三)生活不能自理的。

对被判处无期徒刑的罪犯,有前款第2项规定情形的,可以暂予监外执行。

第6条 对需要保外就医或者属于生活不能自理,但适用暂予监外执行可能有社会危险性,或者自伤自残,或者不配合治疗的罪犯,不得暂予监外执行。

对职务犯罪、破坏金融管理秩序和金融诈骗犯罪、组织(领导、参加、包庇、纵容)黑社会性质组织犯罪的罪犯适用保外就医应当从严审批,对患有高血压、糖尿病、心脏病等严重疾病,但经诊断短期内没有生命危险的,不得暂予监外执行。

对在暂予监外执行期间因违法违规被收监执行或者因重新犯罪被判刑的罪犯,需要再次适用暂予监外执行的,应当从严审批。

第7条 对需要保外就医或者属于生活不能自理的累犯以及故意杀人、强奸、抢劫、绑架、放火、爆炸、投放危险物质或者有组织的暴力性犯罪的罪犯,原被判处死刑缓期2年执行或者无期徒刑的,应当在减为有期徒刑后执行有期徒刑7年以上方可适用暂予监外执行;原被判处10年以上有期徒刑的,应当执行原判刑期三分之一以上方可适用暂予监外执行。

对未成年罪犯、65周岁以上的罪犯、残疾人罪犯,适用前款规定可以适度从宽。

对患有本规定所附《保外就医严重疾病范围》的严重疾病,短期内有生命危险的罪犯,可以不受本条第1款规定关于执行刑期的限制。

第8条 对在监狱、看守所服刑的罪犯需要暂予监外执行的,监狱、看守所应当组织对罪犯进行病情诊断、妊娠检查或者生活不能自理的鉴别。罪犯本人或者其亲属、监护人也可以向监狱、看守所提出书面申请。

监狱、看守所对拟提请暂予监外执行的罪犯,应当核实其居住地。需要调查其对所居住社区影响的,可以委托居住地县级司法行政机关进行调查。

监狱、看守所应当向人民检察院通报有关情况。人民检察院可以派员监督有关诊断、检查和鉴别活动。

第9条 对罪犯的病情诊断或者妊娠检查,应当委托省级人民政府指定的医院进行。医院出具的病情诊断或者检查证明文件,应当由两名具有副高以上专业技术职称的医师共同作出,经主管业务院长审核签名,加盖公章,并附化验单、影像学资料和病历等有关医疗文书复印件。

对罪犯生活不能自理情况的鉴别,由监狱、看守所组织有医疗专业人员参加的鉴别小组进行。鉴别意见由组织鉴别的监狱、看守所出具,参与鉴别的人员应当签名,监狱、看守所的负责人应当签名并加盖公章。

对罪犯进行病情诊断、妊娠检查或者生活不能自理的鉴别,与罪犯有亲属关系或者其他利害关系的医师、人员应当回避。

第10条 罪犯需要保外就医的,应当由罪犯本人或者其亲属、监护人提出保证人,保证人由监狱、看守所审查确定。

罪犯没有亲属、监护人的,可以由其居住地的村(居)民委员会、原所在单位或者社区矫正机构推荐保证人。

保证人应当向监狱、看守所提交保证书。

第11条 保证人应当同时具备下列条件:

(一)具有完全民事行为能力,愿意承担保证人义务;(二)人身自由未受到限制;(三)有固定的住处和收入;(四)能够与被保证人共同居住或者居住在同一市、县。

第12条 罪犯在暂予监外执行期间,保证人应当履行下列义务:

(一)协助社区矫正机构监督被保证人遵守法律和有关规定;(二)发现被保证人擅自离开居住的市、县或者变更居住地,或者有违法犯罪行为,或者需要保外就医情形消失,或者被保证人死亡的,立即向社区矫正机构报告;(三)为被保证人的治疗、护理、复查以及正常生活提供帮助;(四)督促和协助被保证人按照规定履行定期复查病情和向社区矫正机构报告的义务。

第13条 监狱、看守所应当就是否对罪犯提请暂予监外执行进行审议。经审议决定对罪犯提请暂予监外执行的,应当在监狱、看守所内进行公示。对病情严重必须立即保外就医的,可以不公示,但应当在保外就医后3个工作日以内在监狱、看守所内公告。

公示无异议或者经审查异议不成立的,监狱、看守所应当填写暂予监外执行审批表,连同有关诊断、检查、鉴别材料、保证人的保证书,提请省级以上监狱管理机关或者设区的市一级以上公安机关批准。已委托进行核实、调查的,还应当附县级司法行政机关出具的调查评估意见书。

监狱、看守所审议暂予监外执行前,应当将相关材料抄送人民检察院。决定提请暂予监外执行的,监狱、看守所应当将提请暂予监外执行书面意见的副本和相关材料抄送人民检察院。人民检察院可以向决定或者批准暂予监外执行的机关提出书面意见。

第14条 批准机关应当自收到监狱、看守所提请暂予监外执行材料之日起15个工作日以内作出决定。批准暂予监外执行的,应当在5个工作日以内将暂予监外执行决定书送达监狱、看守所,同时抄送同级人民检察院、原判人民法院和罪犯居住地社区矫正机构。暂予监外执行决定书应当上网公开。不予批准暂予监外执行的,应当在五个工作日以内将不予批准暂予监外执行决定书送达监狱、看守所。

第15条 监狱、看守所应当向罪犯发放暂予监外执行决定书,及时为罪犯办理出监、出所相关手续。

在罪犯离开监狱、看守所之前,监狱、看守所应当核实其居住地,书面通知其居住地社区矫正机构,并对其进行出监、出所教育,书面告知其在暂予监外执行期间应当遵守的法律和有关监督管理规定。罪犯应当在告知书上签名。

第16条 监狱、看守所应当派员持暂予监外执行决定书及有关文书材料,将罪犯押送至居住地,与社区矫正机构办理交接手续。监狱、看守所应当及时将罪犯交接情况通报人民检察院。

第17条 对符合暂予监外执行条件的,被告人及其辩护人有权向人民法院提出暂予监外执行的申请，看守所可以将有关情况通报人民法院。对被告人、罪犯的病情诊断、妊娠检查或者生活不能自理的鉴别，由人民法院依照本规定程序组织进行。

第18条 人民法院应当在执行刑罚的有关法律文书依法送达前，作出是否暂予监外执行的决定。

人民法院决定暂予监外执行的，应当制作暂予监外执行决定书，写明罪犯基本情况、判决确定的罪名和刑罚、决定暂予监外执行的原因、依据等，在判决生效后7日以内将暂予监外执行决定书送达看守所或者执行取保候审、监视居住的公安机关和罪犯居住地社区矫正机构，并抄送同级人民检察院。

人民法院决定不予暂予监外执行的，应当在执行刑罚的有关法律文书依法送达前，通知看守所或者执行取保候审、监视居住的公安机关，并告知同级人民检察院。监狱、看守所应当依法接收罪犯，执行刑罚。

人民法院在作出暂予监外执行决定前，应当征求人民检察院的意见。

第19条 人民法院决定暂予监外执行，罪犯被羁押的，应当通知罪犯居住地社区矫正机构，社区矫正机构应当派员持暂予监外执行决定书及时与看守所办理交接手续，接收罪犯档案；罪犯被取保候审、监视居住的，由社区矫正机构与执行取保候审、监视居住的公安机关办理交接手续。

第20条 罪犯原服刑地与居住地不在同一省、自治区、直辖市，需要回居住地暂予监外执行的，原服刑地的省级以上监狱管理机关或者设区的市一级以上公安机关监所管理部门应当书面通知罪犯居住地的监狱管理机关、公安机关监所管理部门，由其指定一所监狱、看守所接收罪犯档案，负责办理罪犯收监、刑满释放等手续，并及时书面通知罪犯居住地社区矫正机构。

第21条 社区矫正机构应当及时掌握暂予监外执行罪犯的身体状况以及疾病治疗等情况，每3个月审查保外就医罪犯的病情复查情况，并根据需要向批准、决定机关或者有关监狱、看守所反馈情况。

第22条 罪犯在暂予监外执行期间因犯新罪或者发现判决宣告以前还有其他罪没有判决的，侦查机关应当在对罪犯采取强制措施后24小时以内，将有关情况通知罪犯居住地社区矫正机构；人民法院应当在判决、裁定生效后，及时将判决、裁定的结果通知罪犯居住地社区矫正机构和罪犯原服刑或者接收其档案的监狱、看守所。

罪犯按前款规定被判处监禁刑罚后，应当由原服刑的监狱、看守所收监执行；原服刑的监狱、看守所与接收其档案的监狱、看守所不一致的，应当由接收其档案的监狱、看守所收监执行。

第23条 社区矫正机构发现暂予监外执行罪犯依法应予收监执行的，应当提出收监执行的建议，经县级司法行政机关审核同意后，报决定或者批准机关。决定或者批准机关应当进行审查，作出收监执行决定的，将有关的法律文书送达罪犯居住地县级司法行政机关和原服刑或者接收其档案的监狱、看守所，并抄送同级人民检察院、公安机关和原判人民法院。

人民检察院发现暂予监外执行罪犯依法应予收监执行而未收监执行的，由决定或者批准机关同级的人民检察院向决定或者批准机关提出收监执行的检察建议。

第24条 人民法院对暂予监外执行罪犯决定收监执行的，决定暂予监外执行时剩余刑期在3个月以下的，由居住地公安机关送交看守所收监执行；决定暂予监外执行时剩余刑期在3个月以上的，由居住地公安机关送交监狱收监执行。

监狱管理机关对暂予监外执行罪犯决定收监执行的，原服刑或者接收其档案的监狱应当立即赴羁押地将罪犯收监执行。

公安机关对暂予监外执行罪犯决定收监执行的,由罪犯居住地看守所将罪犯收监执行。

监狱、看守所将罪犯收监执行后,应当将收监执行的情况报告决定或者批准机关,并告知罪犯居住地县级人民检察院和原判人民法院。

第25条 被决定收监执行的罪犯在逃的,由罪犯居住地县级公安机关负责追捕。公安机关将罪犯抓捕后,依法送交监狱、看守所执行刑罚。

第26条 被收监执行的罪犯有法律规定的不计入执行刑期情形的,社区矫正机构应当在收监执行建议书中说明情况,并附有关证明材料。批准机关进行审核后,应当及时通知监狱、看守所向所在地的中级人民法院提出不计入执行刑期的建议书。人民法院应当自收到建议书之日起1个月以内依法对罪犯的刑期重新计算作出裁定。

人民法院决定暂予监外执行的,在决定收监执行的同时应当确定不计入刑期的期间。

人民法院应当将有关的法律文书送达监狱、看守所,同时抄送同级人民检察院。

第27条 罪犯暂予监外执行后,刑期即将届满的,社区矫正机构应当在罪犯刑期届满前1个月以内,书面通知罪犯原服刑或者接收其档案的监狱、看守所按期办理刑满释放手续。

人民法院决定暂予监外执行罪犯刑期届满的,社区矫正机构应当及时解除社区矫正,向其发放解除社区矫正证明书,并将有关情况通报原判人民法院。

第28条 罪犯在暂予监外执行期间死亡的,社区矫正机构应当自发现之日起5日以内,书面通知决定或者批准机关,并将有关死亡证明材料送达罪犯原服刑或者接收其档案的监狱、看守所,同时抄送罪犯居住地同级人民检察院。

第29条 人民检察院发现暂予监外执行的决定或者批准机关、监狱、看守所、社区矫正机构有违法情形的,应当依法提出纠正意见。

第30条 人民检察院认为暂予监外执行不当的,应当自接到决定书之日起1个月以内将书面意见送交决定或者批准暂予监外执行的机关,决定或者批准暂予监外执行的机关接到人民检察院的书面意见后,应当立即对该决定进行重新核查。

第31条 人民检察院可以向有关机关、单位调阅有关材料、档案,可以调查、核实有关情况,有关机关、单位和人员应当予以配合。

人民检察院认为必要时,可以自行组织或者要求人民法院、监狱、看守所对罪犯重新组织进行诊断、检查或者鉴别。

第32条 在暂予监外执行执法工作中,司法工作人员或者从事诊断、检查、鉴别等工作的相关人员有玩忽职守、徇私舞弊、滥用职权等违法违纪行为的,依法给予相应的处分;构成犯罪的,依法追究刑事责任。

第33条 本规定所称生活不能自理,是指罪犯因患病、身体残疾或者年老体弱,日常生活行为需要他人协助才能完成的情形。

生活不能自理的鉴别参照《劳动能力鉴定—职工工伤与职业病致残等级分级》(GB/T 16180-2006)执行。进食、翻身、大小便、穿衣洗漱、自主行动等5项日常生活行为中有3项需要他人协助才能完成,且经过6个月以上治疗、护理和观察,自理能力不能恢复的,可以认定为生活不能自理。65周岁以上的罪犯,上述5项日常生活行为有1项需要他人协助才能完成即可视为生活不能自理。

第34条 本规定自2014年12月1日起施行。最高人民检察院、公安部、司法部1990年12月31日发布的《罪犯保外就医执行办法》同时废止。

附:《保外就医严重疾病范围》

罪犯有下列严重疾病之一,久治不愈,严重影响其身心健康的,属于适用保外就医的疾病范围:

一、严重传染病

1. 肺结核伴空洞并反复咯血;肺结核合并多脏器并发症;结核性脑膜炎。2. 急性、亚急性或慢性重型病毒性肝炎。3. 艾滋病病毒感染者和病人伴有需要住院治疗的机会性感染。4. 其他传染病,如Ⅲ期梅毒并发主要脏器病变的,流行性出血热,狂犬病,流行性脑脊髓膜炎及新发传染病等监狱医院不具备治疗条件的。

二、反复发作的,无服刑能力的各种精神病,如脑器质性精神障碍、精神分裂症、心境障碍、偏执性精神障碍等,但有严重暴力行为或倾向,对社会安全构成潜在威胁的除外。

三、严重器质性心血管疾病

1. 心脏功能不全:心脏功能在 NYHA 三级以上,经规范治疗未见好转。(可由冠状动脉粥样硬化性心脏病、高血压性心脏病、风湿性心脏病、肺源性心脏病、先天性心脏病、心肌病、重度心肌炎、心包炎等引起。)2. 严重心律失常:如频发多源室性期前收缩或有 RonT 表现、导致血流动力学改变的心房纤颤、二度以上房室传导阻滞、阵发性室性心动过速、病态窦房结综合征等。3. 急性冠状动脉综合征(急性心肌梗死及重度不稳定型心绞痛),冠状动脉粥样硬化性心脏病有严重心绞痛反复发作,经规范治疗仍有严重冠状动脉供血不足表现。4. 高血压病达到很高危程度的,合并靶器官受损。具体参见注释中靶器官受损相应条款。5. 主动脉瘤、主动脉夹层动脉瘤等需要手术的心血管动脉瘤和粘液瘤等需要手术的心脏肿瘤;或者不需要、难以手术治疗,但病情严重危及生命或者存在严重并发症,且监狱医院不具备治疗条件的心血管疾病。6. 急性肺栓塞。

四、严重呼吸系统疾病

1. 严重呼吸功能障碍:由支气管、肺、胸膜疾病引起的中度以上呼吸功能障碍,经规范治疗未见好转。2. 支气管扩张反复咯血,经规范治疗未见好转。3. 支气管哮喘持续状态,反复发作,动脉血氧分压低于 60mmHg,经规范治疗未见好转。

五、严重消化系统疾病

1. 肝硬化失代偿期(肝硬化合并上消化道出血、腹水、肝性脑病、肝肾综合征等)。2. 急性出血性坏死性胰腺炎。3. 急性及亚急性肝衰竭、慢性肝衰竭加急性发作或慢性肝衰竭。4. 消化道反复出血,经规范治疗未见好转且持续重度贫血。5. 急性梗阻性化脓性胆管炎,经规范治疗未见好转。6. 肠道疾病:如克隆病、肠伤寒合并肠穿孔、出血坏死性小肠炎、全结肠切除、小肠切除四分之三等危及生命的。

六、各种急、慢性肾脏疾病引起的肾功能不全失代偿期,如急性肾衰竭、慢性肾小球肾炎、慢性肾盂肾炎、肾结核、肾小动脉硬化、免疫性肾病等。

七、严重神经系统疾病及损伤

1. 严重脑血管疾病、颅内器质性疾病并有昏睡以上意识障碍、肢体瘫痪、视力障碍等经规范治疗未见好转。如脑出血、蛛网膜下腔出血、脑血栓形成、脑栓塞、脑脓肿、乙型脑炎、结核性脑膜炎、化脓性脑膜炎及严重的脑外伤等。2. 各种脊髓疾病及周围神经疾病与损伤所致的肢体瘫痪、大小便失禁经规范治疗未见好转,生活难以自理。如脊髓炎、高位脊髓空洞症、脊髓压迫症、运动神经元疾病(包括肌萎缩侧索硬化、进行性脊肌萎缩症、原发性侧索硬化和进行性延髓麻痹)等;周围神经疾病,如多发性神经炎、周围神经损伤等;急性炎症性脱髓鞘性多发性神经病;慢性炎症性脱髓鞘性多发性神经病。3. 癫痫大发作,经规范治疗未见好转,每月发作仍多于两次。4. 重症肌无力或进行性肌营养不良等疾病,严重影响呼吸和吞咽功能。5. 锥体外系疾病所致的肌张力障碍(肌张力过高或过低)和运动障碍(包括震颤、手足徐动、舞蹈样动作、扭转痉挛等出现生活难以自理)。如帕金森病及各类帕金森综合症、小舞蹈病、慢性进行性舞蹈病、肌紧张异常、秽语抽动综合症、迟发性运动障碍、投掷样舞动、阵发性手足徐动症、阵发性运动源性舞蹈手足徐动症、扭转痉挛等。

八、严重内分泌代谢性疾病合并重要脏器功能障碍,经规范治疗未见好转。如脑垂体瘤需要手术治疗、肢端肥大症、尿崩症、柯兴氏综合征、原发性醛固酮增多症、嗜铬细胞瘤、甲状腺机能亢进危象、甲状腺机能减退症出现严重心脏损害或出现粘液性水肿昏迷,甲状旁腺机能亢进及甲状旁腺机能减退症出现高钙危象或低钙血症。

糖尿病合并严重并发症:糖尿病并发心、脑、肾、眼等严重并发症或伴发症,或合并难以控制的严重继发感染、严重酮症酸中毒或高渗性昏迷,经规范治疗未见好转。心:诊断明确的冠状动脉粥样硬化性心脏,并出现以下情形之一的:1. 有心绞痛反复发作,经规范治疗未见好转仍有明显的冠状动脉供血不足的表现;2. 心功能3级;3. 心律失常(频发或多型性室早、新发束支传导阻滞、交界性心动过速、心房纤颤、心房扑动、二度及以上房室传导阻滞、阵发性室性心动过速、窦性停搏等)。脑:诊断明确的脑血管疾病,出现痴呆、失语、肢体肌力达iv级以下。肾:诊断明确的糖尿病肾病,肌酐达到177mmol/L以上水平。眼:诊断明确的糖尿病视网膜病变,达到增殖以上。

九、严重血液系统疾病

1. 再生障碍性贫血。2. 严重贫血并有贫血性心脏病、溶血危象、脾功能亢进其中1项,经规范治疗未见好转。3. 白血病、骨髓增生异常综合征。4. 恶性组织细胞病、嗜血细胞综合征。5. 淋巴瘤、多发性骨髓瘤。6. 严重出血性疾病,有重要器官、体腔出血的,如原发性血小板减少性紫癜、血友病等,经规范治疗未见好转。

十、严重脏器损伤和术后并发症,遗有严重功能障碍,经规范治疗未见好转 1. 脑、脊髓损伤治疗后遗有中度以上智能障碍,截瘫或偏瘫,大小便失禁,功能难以恢复。2. 胸、腹腔重要脏器及气管损伤或手术后,遗有严重功能障碍,胸腹腔内慢性感染、重度粘连性梗阻,肠瘘、胰瘘、胆瘘、肛瘘等内外瘘形成反复发作;严重循环或呼吸功能障碍,如外伤性湿肺不易控制。3. 肺、肾、肾上腺等器官一侧切除,对侧仍有病变或有明显功能障碍。

十一、各种严重骨、关节疾病及损伤

1. 双上肢,双下肢,一侧上肢和一侧下肢因伤、病在腕或踝关节以上截肢或失去功能不能恢复。双手完全失去功能或伤、病致手指缺损6个以上,且6个缺损的手指中有半数以上在掌指关节处离断,且必须包括两个拇指缺失。2. 脊柱并一个主要关节或两个以上主要关节(肩、膝、髋、肘)因伤、病发生强直畸形,经规范治疗未见好转,脊柱伸屈功能完全丧失。3. 严重骨盆骨折合并尿道损伤,经治疗后遗有运动功能障碍或遗有尿道狭窄、闭塞或感染,经规范治疗未见好转。4. 主要长骨的慢性化脓性骨髓炎,反复急性发作,病灶内出现大块死骨或合并病理性骨折,经规范治疗未见好转。

十二、五官伤、病后,出现严重的功能障碍,经规范治疗未见好转

1. 伤、病后双眼矫正视力<0.1,经影像检查证实患有白内障、眼外伤、视网膜剥离等需要手术治疗。内耳伤、病所致的严重前庭功能障碍、平衡失调,经规范治疗未见好转。2. 咽、喉损伤后遗有严重疤痕挛缩,造成呼吸道梗阻受阻,严重影响呼吸功能和吞咽功能。3. 上下颌伤、病经治疗后二度张口困难、严重咀嚼功能障碍。

十三、周围血管病经规范治疗未见好转,患肢有严重肌肉萎缩或干、湿性坏疽,如进展性脉管炎,高位深静脉栓塞等。

十四、非临床治愈期的各种恶性肿瘤。

十五、暂时难以确定性质的肿瘤,有下列情形之一的:

1. 严重影响机体功能而不能进行彻底治疗。2. 身体状况进行性恶化。3. 有严重后遗症,如偏瘫、截瘫、胃瘘、支气管食管瘘等。

十六、结缔组织疾病及其他风湿性疾病造成两个以上脏器严重功能障碍或单个脏器功能障碍失代偿,经规范治疗未见好转,如系统性红斑狼疮、硬皮病、皮肌炎、结节性多动脉炎等。

十七、寄生虫侵犯脑、肝、肺等重要器官或组织,造成继发性损害,伴有严重功能障碍者,经规范治疗未见好转。

十八、经职业病诊断机构确诊的以下职业病:

1. 尘肺病伴严重呼吸功能障碍,经规范治疗未见好转。2. 职业中毒,伴有重要脏器功能障碍,经规范治疗未见好转。3. 其他职业病并有瘫痪、中度智能障碍、双眼矫正视力<0.1、严重血液系统疾病、严重精神障碍等其中一项,经规范治疗未见好转。

十九、年龄在65周岁以上同时患有两种以上严重疾病,其中一种病情必须接近上述一项或几项疾病程度。

注释:1. 本范围所列严重疾病诊断标准应符合省级以上卫生行政部门、中华医学会制定并下发的医学诊疗常规、诊断标准、规范和指南。2. 凡是确定诊断和确定脏器、肢体功能障碍必须具有诊疗常规所明确规定的相应临床症状、体征和客观医技检查依据。3. 本范围所称“经规范治疗未见好转”,是指临床上经常规治疗至少半年后病情恶化或未见好转。4. 本范围所称“反复发作”,是指发作间隔时间小于1个月,且至少发作3次及以上。5. 本范围所称“严重心律失常”,是指临床上可引起严重血流动力学障碍,预示危及生命的心律失常。一般出现成对室性期前收缩、多形性室性期前收缩、阵发性室性心动过速、室性期前收缩有RonT现象、病态窦房结综合征、心室扑动或心室颤动等。6. 本范围所称“意识障碍”,是指各种原因导致的迁延性昏迷1个月以上和植物人状态。7. 本范围所称“视力障碍”,是指各种原因导致的患眼低视力2级。8. 艾滋病和艾滋病机会性感染诊断依据应符合《艾滋病和艾滋病病毒感染诊断标准》(WS293—2008)、《艾滋病诊疗指南》(中华医学会感染病分会,2011年)等技术规范。其中,艾滋病合并肺孢子菌肺炎、活动性结核病、巨细胞病毒视网膜炎、马尼菲青霉菌病、细菌性肺炎、新型隐球菌脑膜炎等六种艾滋病机会性感染的住院标准应符合《卫生部办公厅关于印发艾滋病合并肺孢子菌肺炎等六个艾滋病机会感染病种临床路径的通知》(卫办医政发〔2012〕107号)。上述6种以外的艾滋病机会性感染住院标准可参考《艾滋病诊疗指南》(中华医学会感染病分会,2011年)及《实用内科学》(第13版)等。9. 精神病的危险性按照《卫生部关于印发〈重性精神疾病管理治疗工作规范(2012年版)〉的通知》(卫疾控发〔2012〕20号)进行评估。10. 心功能判定:心功能不全,表现出心悸、心律失常、低血压、休克,甚至发生心搏骤停。按发生部位和发病过程分为左侧心功能不全(急性、慢性)、右侧心功能不全(急性、慢性)和全心功能不全(急性、慢性)。出现心功能不全症状后,其心功能可分为4级。Ⅰ级:体力活动不受限制。Ⅱ级:静息时无不适,但稍重于日常生活活动量即致乏力、心悸、气促或者心绞痛。Ⅲ级:体力活动明显受限,静息时无不适,但低于日常活动量即致乏力、心悸、气促或心绞痛。Ⅳ级:任何体力活动均引起症状,静息时亦可有心力衰竭或者心绞痛。11. 高血压判定:按照《中国高血压防治指南2010》执行。

6. 最高人民检察院《关于人民检察院立案侦查司法工作人员相关职务犯罪案件若干问题的规定》(2018年11月24日)

(详见本书《刑法》第6条相关内容)

7. 最高人民检察院《第19批指导性案例罪犯王某某暂予监外执行监督案》(检例第72号;2020年6月3日)

【要旨】

人民检察院对违法暂予监外执行进行法律监督时,应当注意发现和查办背后的相关司法工作人员职务犯罪。对司法鉴定意见、病情诊断意见的审查,应当注重对其及所依据的原始资料进行重点审查。发现不符合暂予监外执行条件的罪犯通过非法手段暂予监外执行的,应当依法监督纠正。办理暂予监外执行案件时,应当加强对鉴定意见等技术性证据的联合审查。

【指导意义】

1. 人民检察院对暂予监外执行进行法律监督时,应注重发现和查办违法暂予监外执行背后的相关司法工作人员职务犯罪案件。实践中,违法暂予监外执行案件背后往往隐藏着司法腐败。因此,检察机关在监督纠正违法暂予监外执行的同时,应当注意发现和查办违法监外执行背后存在的相关司法工作人员职务犯罪案件,把刑罚变更执行法律监督与职务犯罪侦查工作相结合,以监督促侦查,以侦查促监督,不断提升法律监督质效。在违法暂予监外执行案件中,一些罪犯亲友往往通过贿赂相关司法工作人员等手段,帮助罪犯违法暂予监外执行,这是违法暂予监外执行中较为常见的一种现象,对于情节严重的,应当依法追究其刑事责任。

2. 对司法鉴定意见、病情诊断意见的审查,应当注重对其及所依据的原始资料进行重点审查。检察人员办理暂予监外执行监督案件时,应当在审查鉴定意见、病情诊断的基础上,对鉴定意见、病情诊断所依据的原始资料进行重点审查,包括罪犯以往就医病历资料、病情诊断所依据的体检记录、住院病案、影像学报告、检查报告单等,判明原始资料以及鉴定意见和病情诊断的真伪、资料的证明力、鉴定人员的资质、产生资料的程序等问题,以及是否能够据此得出鉴定意见、病情诊断所阐述的结论性意见,相关鉴定部门及鉴定人的鉴定行为是否合法有效等。经审查发现疑点的应进行调查核实,可以邀请有专门知识的人参加。同时,也可以视情况要求有关部门重新组织或者自行组织诊断、检查或者鉴别。

3. 办理暂予监外执行案件时,应当加强对鉴定意见等技术性证据的联合审查。司法实践中,负责直接办理暂予监外执行监督案件的刑事执行检察察人员一般缺乏专业性的医学知识,为确保检察意见的准确性,刑事执行检察人员在办理暂予监外执行监督案件时,应当委托检察技术人员对鉴定意见等技术性证据进行审查,检察技术人员应当协助刑事执行检察人员审查或者组织审查案件中涉及的鉴定意见等技术性证据。刑事执行检察人员可以将技术性证据审查意见作为审查判断证据的参考,也可以作为决定重新鉴定、补充鉴定或提出检察建议的依据。

8. 参见本书《刑法》第78条至第86条、第397条相关内容。

第402条 【徇私舞弊不移交刑事案件罪】 行政执法人员徇私舞弊,对依法应当移交司法机关追究刑事责任的不移交,情节严重的,处3年以下有期徒刑或者拘役;造成严重后果的,处3年以上7年以下有期徒刑。

• 释义

徇私舞弊不移交刑事案件罪是指工商行政管理、税务、监察等行政执法人员,徇私舞弊,对依法应当移交司法机关追究刑事责任的案件不移交,情节严重的行为。

• 管辖

监察机关。

• 立案追诉标准

(一)重大案件

1. 对犯罪嫌疑人依法可能判处5年以上10年以下有期徒刑的重大刑事案件不移交的;

2. 5次以上不移交犯罪案件,或者1次不移交犯罪案件涉及5名以上犯罪嫌疑人的;

3. 以罚代刑,放纵犯罪嫌疑人,致使犯罪嫌疑人继续进行刑事犯罪的。

(二)特大案件

1. 对犯罪嫌疑人依法可能判处10年以上有期徒刑、无期徒刑、死刑的特别重大刑事案件不移交的;

2. 7次以上不移交犯罪案件,或者1次不移交犯罪案件涉及7名以上犯罪嫌疑人的;

3. 以罚代刑,放纵犯罪嫌疑人,致使犯罪嫌疑人继续进行严重刑事犯罪的。

涉嫌下列情形之一的,应予立案:

(一)对依法可能判处3年以上有期徒刑、无期徒刑、死刑的犯罪案件不移交的;

(二)不移交刑事案件涉及3人次以上的;

(三)司法机关提出意见后,无正当理由仍然不予移交的;

(四)以罚代刑,放纵犯罪嫌疑人,致使犯罪嫌疑人继续进行违法犯罪活动的;

(五)行政执法部门主管领导阻止移交的;

(六)隐瞒、毁灭证据,伪造材料,改变刑事案件性质的;

(七)直接负责的主管人员和其他直接责任人员为牟取本单位私利而不移交刑事案件,情节严重的;

(八)其他情节严重的情形。

• **关联法律**

1. 最高人民检察院《人民检察院直接受理立案侦查的渎职侵权重特大案件标准(试行)》(高检发〔2001〕13号)

(见本条立案追诉标准内容)

2. 最高人民检察院《关于渎职侵权犯罪案件立案标准的规定》(高检发释字〔2006〕2号)

(见本条立案追诉标准内容)

3. 最高人民法院、最高人民检察院《关于办理危害生产安全刑事案件适用法律若干问题的解释》(法释〔2015〕22号)

第15条 国家机关工作人员在履行安全监督管理职责时滥用职权、玩忽职守,致使公共财产、国家和人民利益遭受重大损失的,或者徇私舞弊,对发现的刑事案件依法应当移交司法机关追究刑事责任而不移交,情节严重,分别依照刑法第397条、第402条的规定,以滥用职权罪、玩忽职守罪或者徇私舞弊不移交刑事案件罪定罪处罚。

公司、企业、事业单位的工作人员在依法或者受委托使安全监督管理职责时滥用职权或者玩忽职守,构成犯罪的,应当依照《全国人民代表大会常务委员会关于〈中华人民共和国刑法〉第9章渎职罪主体适用问题的解释》的规定,适用渎职罪的规定追究刑事责任。

第16条 对于实施危害生产安全犯罪适用缓刑的犯罪分子,可以根据犯罪情况,禁止其在缓刑考验期限内从事与安全生产相关联的特定活动;对于被判处刑罚的犯罪分子,可以根据犯罪情况和预防再犯罪的需要,禁止其自刑罚执行完毕之日或者假释之日起3年至5年内从事与安全生产相关的职业。

第17条 本解释自2015年12月16日起施行。本解释施行后,《最高人民法院、最高人民检察院关于办理危害矿山生产安全刑事案件具体应用法律若干问题的解释》(法释〔2007〕5号)同时废止。最高人民法院、最高人民检察院此前发布的司法解释和规范性文件与本解释不一致的,以本解释为准。(全文详见本书《刑法》第132条相关内容)

4. 最高人民检察院《第2批指导性案例胡某刚、郑某徇私舞弊不移交刑事案件案》(检例第7号;2012年11月15日)

【要旨】诉讼监督,是人民检察院依法履行法律监督的重要内容。实践中,检察机关和办案人员应当坚持办案与监督并重,建立健全行政执法与刑事司法有效衔接的工作机制,善于在办案中发现各种职务犯罪线索;对于行政执法人员徇私舞弊,不移送有关刑事案件构成犯罪的,应当依法追究刑事责任。

【诉讼过程】

2010年1月13日,胡某刚、郑某因涉嫌徇私舞弊不移交刑事案件罪由天津市河西区人民检察院立案侦查,并于同日被取保候审,3月15日侦查终结移送审查起诉,因案情复杂,4月22日依法延长审查起诉期限半个月,5月6日退回补充侦查,6月4日侦查终结重新移送审查起诉。2010年6月12日,天津市河西区人民检察院以被告人胡某刚、郑某犯徇私舞弊不移交刑事案件罪向河西区人民法院提起公诉。2010年9月14日,河西区人民法院作出一审判决,认为被告人胡某刚、郑某身为工商行政执法人员,在明知查处的非法传销行为涉及经营数额巨大,依法应当移交公安机关追究刑事责任的情况下,为牟取小集体利益,隐瞒不报违法事实涉及的金额,以罚代刑,不移交公安机关处理,致使犯罪嫌疑人在行政处罚期间,继续进行违法犯罪活动,情节严重,二被告人负有不可推卸的责任,其行为均已构成徇私舞弊不移交刑事案件罪,且系共同犯罪。依照《中华人民共和国刑法》第402条、第25条第1款、第37条之规定,判决被告人胡某刚、郑某犯徇私舞弊不移交刑事案件罪。一审判决后,被告人胡某刚、郑某在法定期限内均没有上诉,检察机关也没有提出抗诉,一审判决发生法律效力。

5. 最高人民法院、最高人民检察院《关于办理渎职刑事案件适用法律若干问题的解释(1)》(法释〔2012〕18号)

(详见本书《刑法》第397条相关内容)

6. 最高人民法院、最高人民检察院《关于办理危害食品安全刑事案件适用法律若干问题的解释》(法释〔2021〕24号)

第20条 负有食品安全监督管理职责的国家机关工作人员,滥用职权或者玩忽职守,构成食品监管渎职罪,同时构成徇私舞弊不移交刑事案件罪、商检徇私舞弊罪、动植物检疫徇私舞弊罪、放纵制售伪劣商品犯罪行为罪等其他渎职犯罪的,依照处罚较重的规定定罪处罚。

负有食品安全监督管理职责的国家机关工作人员滥用职权或者玩忽职守,不构成食品监管渎职罪,但构成前款规定的其他渎职犯罪的,依照该其他犯罪定罪处罚。

负有食品安全监督管理职责的国家机关工作人员与他人共谋,利用其职务行为帮助他人实施危害食品安全犯罪行为,同时构成渎职犯罪和危害食品安全犯罪共犯的,依照处罚较重的规定定罪从重处罚。(全文详见本书《刑法》第143条相关内容)

7. 参见本书《刑法》第397条相关内容。

第403条 【滥用管理公司、证券职权罪】 国家有关主管部门的国家机关工作人员,徇私舞弊,滥用职权,对不符合法律规定条件的公司设立、登记申请或者股票、债券发行、上市申请,予以批准或者登记,致使公共财产、国家和人民利益遭受重大损失的,处5年以下有期徒刑或者拘役。

上级部门强令登记机关及其工作人员实施前款行为的,对其直接负责的主管人员,依照前款的规定处罚。

●释义

滥用管理公司、证券职权罪是指工商行政管理、证券管理等国家有关主管部门的工作人员徇私舞弊,滥用职权,对不符合法律规定条件的公司设立、登记申请或者股票、债券发行、上市申请予以批准或者登记,致使公共财产、国家和人民利益遭受重大损失的行为,以及上级部门、当地政府强令登记机关及其工作人员实施上述行为的行为。

●管辖

监察机关。

●立案追诉标准

(一)重大案件

1. 造成直接经济损失50万元以上的;

2. 因违法批准或者登记致使发生刑事犯罪的。

(二)特大案件

1. 造成直接经济损失100万元以上的;

2. 因违法批准或者登记致使发生重大刑事犯罪的。

涉嫌下列情形之一的,应予立案:

1. 造成直接经济损失50万元以上的;

2. 工商行政管理部门的工作人员对不符合法律规定条件的公司设立、登记申请,违法予以批准、登记,严重扰乱市场秩序的;

3. 金融证券管理机构工作人员对不符合法律规定条件的股票、债券发行、上市申请,违法予以批准,严重损害公众利益,或者严重扰乱金融秩序的;

4. 工商行政管理部门、金融证券管理机构的工作人员对不符合法律规定条件的公司设立、登记申请或者股票、债券发行、上市申请违法予以批准或者登记,致使犯罪行为得逞的;

5. 上级部门、当地政府直接负责的主管人员强令登记机关及其工作人员,对不符合法律规定条件的公司设立、登记申请或者股票、债券发行、上市申请予以批准或者登记,致使公共财产、国家或者人民利益遭受重大损失的;

6. 其他致使公共财产、国家和人民利益遭受重大损失的情形。

●关联法律

1. 最高人民检察院《人民检察院直接受理立案侦查的渎职侵权重特大案件标准(试行)》(高检发〔2001〕13号)

(见本条立案追诉标准内容)

2. 最高人民检察院《关于渎职侵权犯罪案件立案标准的规定》(高检发释字〔2006〕2号)

(见本条立案追诉标准内容)

3. 最高人民法院、最高人民检察院《关于办理渎职刑事案件适用法律若干问题的解释(1)》(法释〔2012〕18号)

(详见本书《刑法》第397条相关内容)

4. 参见本书《刑法》第397条相关内容。

第404条 【徇私舞弊不征、少征税款罪】 税务机关的工作人员徇私舞弊，不征或者少征应征税款，致使国家税收遭受重大损失的，处5年以下有期徒刑或者拘役；造成特别重大损失的，处5年以上有期徒刑。

• 释义

徇私舞弊不征、少征税款罪是指税务机关工作人员徇私舞弊，不征、少征应征税款，致使国家税收遭受重大损失的行为。

• 管辖

监察机关。

• 立案追诉标准

（一）重大案件造成国家税收损失累计达30万元以上的。

（二）特大案件造成国家税收损失累计达50万元以上的。

涉嫌下列情形之一的，应予立案：

1. 徇私舞弊不征、少征应征税款，致使国家税收损失累计达10万元以上的；

2. 上级主管部门工作人员指使税务机关工作人员徇私舞弊不征、少征应征税款，致使国家税收损失累计达10万元以上的；

3. 徇私舞弊不征、少征应征税款不满10万元，但具有索取或者收受贿赂或者其他恶劣情节的；

4. 其他致使国家税收遭受重大损失的情形。

• 关联法律

1. 最高人民检察院《人民检察院直接受理立案侦查的渎职侵权重特大案件标准（试行）》（高检发〔2001〕13号）

（见本条立案追诉标准内容）

2. 最高人民检察院《关于渎职侵权犯罪案件立案标准的规定》（高检发释字〔2006〕2号）

（见本条立案追诉标准内容）

3. 最高人民法院、最高人民检察院《关于办理渎职刑事案件适用法律若干问题的解释（1）》（法释〔2012〕18号）

（详见本书《刑法》第397条相关内容）

4. 参见本书《刑法》第397条相关内容。

第405条 【徇私舞弊发售发票、抵扣税款、出口退税罪】 税务机关的工作人员违反法律、行政法规的规定，在办理发售发票、抵扣税款、出口退税工作中，徇私舞弊，致使国家利益遭受重大损失的，处5年以下有期徒刑或者拘役；致使国家利益遭受特别重大损失的，处5年以上有期徒刑。

【违法提供出口退税凭证罪】 其他国家机关工作人员违反国家规定，在提供出口货物报关单、出口收汇核销单等出口退税凭证的工作中，徇私舞弊，致使国家利益遭受重大损失的，依照前款的规定处罚。

• 释义

徇私舞弊发售发票、抵扣税款、出口退税罪是指税务机关工作人员违反法律、行政法规的规定,在办理发售发票、抵扣税款、出口退税工作中徇私舞弊,致使国家利益遭受重大损失的行为。

违法提供出口退税凭证罪是指海关、外汇管理等国家机关工作人员违反国家规定,在提供出口货物报关单、出口收汇核销单等出口退税凭证的工作中徇私舞弊,致使国家利益遭受重大损失的行为。

• 管辖

监察机关。

• 立案追诉标准

【徇私舞弊发售发票、抵扣税款、出口退税罪立案追诉标准】

(一)重大案件造成国家税收损失累计达30万元以上的。

(二)特大案件造成国家税收损失累计达50万元以上的。

涉嫌下列情形之一的,应予立案:

1. 徇私舞弊,致使国家税收损失累计达10万元以上的;

2. 徇私舞弊,致使国家税收损失累计不满10万元,但发售增值税专用发票25份以上或者其他发票50份以上或者增值税专用发票与其他发票合计50份以上,或者具有索取、收受贿赂或者其他恶劣情节的;

3. 其他致使国家利益遭受重大损失的情形。

【违法提供出口退税凭证罪立案追诉标准】

(一)重大案件造成国家税收损失累计达30万元以上的。

(二)特大案件造成国家税收损失累计达50万元以上的。

涉嫌下列情形之一的,应予立案:

1. 徇私舞弊,致使国家税收损失累计达10万元以上的;

2. 徇私舞弊,致使国家税收损失累计不满10万元,但具有索取、收受贿赂或者其他恶劣情节的;

3. 其他致使国家利益遭受重大损失的情形。

• 关联法律

1. 最高人民检察院《人民检察院直接受理立案侦查的渎职侵权重特大案件标准(试行)》(高检发〔2001〕13号)

(见本条立案追诉标准内容)

2. 最高人民检察院《关于渎职侵权犯罪案件立案标准的规定》(高检发释字〔2006〕2号)

(见本条立案追诉标准内容)

3. 最高人民法院研究室《关于违反经行政法规授权制定的规范一般纳税人资格的文件应否认定为"违反法律、行政法规的规定"问题的答复》(法研〔2012〕59号)

宁夏回族自治区高级人民法院:你院宁高法〔2012〕33号《关于经行政法规授权以通知形式下发的规范一般纳税人资格的文件是否可以作为行政法规适用的请示》收悉。经研究,答复如下:

国家税务总局《关于加强新办商贸企业增值税征收管理有关问题的紧急通知》(国税发明电〔2004〕37号)和《关于加强新办商贸企业增值税征收管理有关问题的补充通知》(国税发明电〔2004〕62号),是根据1993年制定的《中华人民共和国增值税暂行条例》的规定对一般纳税人资格认定的细化,且2008年修订后的《中华人民共和国增值税暂行条例》第13条明确规定:"小规模纳税人以外的纳税人应当向主管税务机关申请资格认定。具体认定办法由国务院主管部门制定。"因此,违反上述两个通知关于一般纳税人资格的认定标准及相关规定,授予不合格单位一般纳税人资格的,相应违反了《中华人民共和国增值税暂行条例》的有关规定,应当认定为刑法第405条第1款规定的"违反法律、行政法规的规定"。

4. 最高人民法院、最高人民检察院《关于办理渎职刑事案件适用法律若干问题的解释(1)》(法释〔2012〕18号)

(详见本书《刑法》第397条相关内容)

5. 参见本书《刑法》第397条相关内容。

第406条 【国家机关工作人员签订、履行合同失职被骗罪】 国家机关工作人员在签订、履行合同过程中,因严重不负责任被诈骗,致使国家利益遭受重大损失的,处3年以下有期徒刑或者拘役;致使国家利益遭受特别重大损失的,处3年以上7年以下有期徒刑。

• 释义

国家机关工作人员签订、履行合同失职被骗罪是指国家机关工作人员在签订、履行合同过程中,因严重不负责任,不履行或者不认真履行职责被诈骗,致使国家利益遭受重大损失的行为。

• 管辖

监察机关。

• 立案追诉标准

(一)重大案件造成直接经济损失100万元以上的。

(二)特大案件造成直接经济损失200万元以上的。

涉嫌下列情形之一的,应予立案:

1. 造成直接经济损失30万元以上,或者直接经济损失不满30万元,但间接经济损失150万元以上的;

2. 其他致使国家利益遭受重大损失的情形。

• 关联法律

1. 最高人民检察院《人民检察院直接受理立案侦查的渎职侵权重特大案件标准(试行)》(高检发〔2001〕13号)

(见本条立案追诉标准内容)

2. 最高人民法院刑二庭审判长会议《关于签订、履行合同失职被骗犯罪是否以对方当事人的行为构成诈骗犯罪为要件的意见》(2001年4月1日)

关于刑法第167条规定的"签订、履行合同失职被骗罪"和第406条规定的"国家机关工作人员签订、履行合同"是否以对方构成诈骗犯罪为要件的问题,最高人民法院刑二庭审判长会议进行了研究,纪要如下:认定签订、履行合同失职被骗罪和国家机关工作人员签订、履行合同失职被骗罪应当以对方当事人涉嫌诈骗,行为构成犯罪为前提。但司法机关在办理或者审判行为人被指控犯有上述两罪的案件过程中,不能以对方当事人已经被人民法院判决构成诈骗犯罪作为认定本案当事人构成签订、履行合同失职被骗罪或者国家机关工作人员签订、履行合同失职被骗罪的前提。也就是说,司法机关在办理案件过程中,只要认定对方当事人的行为已经涉嫌构成诈骗犯罪,就可依法认定认为人构成构成签订、履行合同失职被骗罪或者国家机关工作人员签订、履行合同失职被骗罪,而不需要搁置或者中止审理,直至对方当事人被人民法院审理并判决构成诈骗犯罪。

3. 最高人民检察院《关于渎职侵权犯罪案件立案标准的规定》(高检发释字〔2006〕2号)

(见本条立案追诉标准内容)

4. 最高人民法院、最高人民检察院《关于办理渎职刑事案件适用法律若干问题的解释(1)》(法释〔2012〕18号)

(详见本书《刑法》第397条相关内容)

5. 参见本书《刑法》第397条相关内容。

第407条 【违法发放林木采伐许可证罪】 林业主管部门的工作人员违反森林法的规定,超过批准的年采伐限额发放林木采伐许可证或者违反规定滥发林木采伐许可证,情节严重,致使森林遭受严重破坏的,处3年以下有期徒刑或者拘役。

• 释义

违法发放林木采伐许可证罪是指林业主管部门的工作人员违反森林法的规定,超过批准的年采伐限额发放林木采伐许可证或者违反规定滥发林木采伐许可证,情节严重,致使森林遭受严重破坏的行为。

• 管辖

监察机关。

• 立案追诉标准

(一)重大案件

1. 发放林木采伐许可证允许采伐数量累计超过批准的年采伐限额,导致林木被采伐数量在20立方米以上的;

2. 滥发林木采伐许可证,导致林木被滥伐40立方米以上的;

3. 滥发林木采伐许可证,导致珍贵树木被滥伐2株或者2立方米以上的;

4. 批准采伐国家禁止采伐的林木,情节特别恶劣的。

(二)特大案件

1. 发放林木采伐许可证允许采伐数量累计超过批准的年采伐限额,导致林木被采伐数量超过30立方米的;

2. 滥发林木采伐许可证,导致林木被滥伐60立方米以上的;

3. 滥发林木采伐许可证,导致珍贵树木被滥伐5株或者5立方米以上的;

4. 批准采伐国家禁止采伐的林木,造成严重后果的。

涉嫌下列情形之一的,应予立案:

1. 发放林木采伐许可证允许采伐数量累计超过批准的年采伐限额,导致林木被超限额采伐10立方米以上的;

2. 滥发林木采伐许可证,导致林木被滥伐20立方米以上,或者导致幼树被滥伐1千株以上的;

3. 滥发林木采伐许可证,导致防护林、特种用途林木被滥伐5立方米以上,或者幼树被滥伐200株以上的;

4. 滥发林木采伐许可证,导致珍贵树木或者国家重点保护的其他树木被滥伐的;

5. 滥发林木采伐许可证,导致国家禁止采伐的林木被采伐的;

6. 其他情节严重,致使森林遭受严重破坏的情形。

林业主管部门工作人员之外的国家机关工作人员,违反森林法的规定,滥用职权或者玩忽职守,致使林木被滥伐40立方米以上或者幼树被滥伐2千株以上,或者致使防护林、特种用途林木被滥伐10立方米以上或者幼树被滥伐400株以上,或者致使珍贵树木被采伐、毁坏4立方米或者4株以上,或者致使国家重点保护的其他植物被采伐、毁坏后果严重的,或者致使国家严禁采伐的林木被采伐、毁坏情节恶劣的,按照刑法第397条的规定以滥用职权罪或者玩忽职守罪追究刑事责任。

• **关联法律**

1. 最高人民法院《关于审理破坏森林资源刑事案件具体应用法律若干问题的解释》(法释〔2000〕36号)

第12条 林业主管部门的工作人员违反森林法的规定,超过批准的年采伐限额发放林木采伐许可证或者违反规定滥发林木采伐许可证,具有下列情形之一的,属于刑法第407条规定的"情节严重,致使森林遭受严重破坏",以违法发放林木采伐许可证罪定罪处罚:

(一)发放林木采伐许可证允许采伐数量累计超过批准的年采伐限额,导致林木被采伐数量在10立方米以上的;(二)滥发林木采伐许可证,导致林木被滥伐20立方米以上的;(三)滥发林木采伐许可证,导致珍贵树木被滥伐的;(四)批准采伐国家禁止采伐的林木,情节恶劣的;(五)其他情节严重的情形。(全文详见本书《刑法》第345条相关内容)

2. 最高人民检察院《人民检察院直接受理立案侦查的渎职侵权重特大案件标准(试行)》(高检发〔2001〕13号)

(见本条立案追诉标准内容)

3. 最高人民检察院《关于渎职侵权犯罪案件立案标准的规定》(高检发释字〔2006〕2号)

(见本条立案追诉标准内容)

4. 最高人民检察院《关于对林业主管部门工作人员在发放林木采伐许可证之外滥用职权、玩忽职守致使森林遭受严重破坏的行为适用法律问题的批复》(高检发释字〔2007〕1号)

福建省人民检察院:你院《关于林业主管部门工作人员滥用职权、玩忽职守造成森林资源损毁立案标准问题的请示》(闽检〔2007〕14号)收悉。经研究,批复如下:林业主管部门工作人员违法发放林木采伐许可证,致使森林遭受严重破坏的,依照刑法第407条的规定,以违法发放林木采伐许可证罪追究刑事责任;以其他方式滥用职权或者玩忽职守,致使森林遭受严重破坏的,依照刑法第397条的规定,以滥用职权罪或者玩忽职守罪追究刑事责任,立案标准依照《最高人民检察院关于渎职侵权犯罪案件立案标准的规定》第1部分渎职犯罪案件第18条第3款的规定执行。

5. 最高人民法院、最高人民检察院《关于办理渎职刑事案件适用法律若干问题的解释(1)》(法释〔2012〕18号)

(详见本书《刑法》第397条相关内容)

6. 参见本书《刑法》第397条相关内容。

第408条 【环境监管失职罪】负有环境保护监督管理职责的国家机关工作人员严重不负责任,导致发生重大环境污染事故,致使公私财产遭受重大损失或者造成人身伤亡的严重后果的,处3年以下有期徒刑或者拘役。

• 释义

环境监管失职罪是指负有环境保护监督管理职责的国家机关工作人员严重不负责任，不履行或者不认真履行环境保护监管职责导致发生重大环境污染事故，致使公私财产遭受重大损失或者造成人身伤亡的严重后果的行为。

• 管辖

监察机关。

• 立案追诉标准

(一)重大案件

1. 造成直接经济损失 100 万元以上的；

2. 致人死亡 2 人以上或者重伤 5 人以上的；

3. 致使一定区域生态环境受到严重危害的。

(二)特大案件

1. 造成直接经济损失 300 万元以上的；

2. 致人死亡 5 人以上或者重伤 10 人以上的；

3. 致使一定区域生态环境受到严重破坏的。

涉嫌下列情形之一的，应予立案：

1. 造成死亡 1 人以上，或者重伤 3 人以上，或者重伤 2 人、轻伤 4 人以上，或者重伤 1 人、轻伤 7 人以上，或者轻伤 10 人以上的；

2. 导致 30 人以上严重中毒的；

3. 造成个人财产直接经济损失 15 万元以上，或者直接经济损失不满 15 万元，但间接经济损失 75 万元以上的；

4. 造成公共财产、法人或者其他组织财产直接经济损失 30 万元以上，或者直接经济损失不满 30 万元，但间接经济损失 150 万元以上的；

5. 虽未达到 3、4 两项数额标准，但 3、4 两项合计直接经济损失 30 万元以上，或者合计直接经济损失不满 30 万元，但合计间接经济损失 150 万元以上的；

6. 造成基本农田或者防护林地、特种用途林地 10 亩以上，或者基本农田以外的耕地 50 亩以上，或者其他土地 70 亩以上被严重毁坏的；

7. 造成生活饮用水地表水源和地下水源严重污染的；

8. 其他致使公私财产遭受重大损失或者造成人身伤亡严重后果的情形。

• 关联法律

1.《中华人民共和国大气污染防治法》(1987 年 9 月 5 日第六届全国人大常委会第二十二次会议通过；1995 年 8 月 29 日第八届全国人大常委会第十五次会议《关于修改〈中华人民共和国大气污染防治法〉的决定》第一次修正；2000 年 4 月 29 日第九届全国人大常委会第十五次会议第一次修订；2015 年 8 月 29 日第十二届全国人大常委会第十六次会议第二次修订；2018 年 10 月 26 日第十三届全国人大常委会第六次会议《关于修改〈中华人民共和国野生动物保护法〉等十五部法律的决定》第二次修正)

第 126 条 地方各级人民政府、县级以上人民政府生态环境主管部门和其他负有大气环境保护监督管理职责的部门及其工作人员滥用职权、玩忽职守、徇私舞弊、弄虚作假的，依法给予处分。

第127条 违反本法规定,构成犯罪的,依法追究刑事责任。(全文略)

2. 最高人民检察院《人民检察院直接受理立案侦查的渎职侵权重特大案件标准(试行)》(高检发〔2001〕13号)

(见本条立案追诉标准内容)

3. 最高人民检察院《关于渎职侵权犯罪案件立案标准的规定》(高检发释字〔2006〕2号)

(见本条立案追诉标准内容)

4. 最高人民法院《关于审理环境污染刑事案件具体应用法律若干问题的解释》(法释〔2006〕4号)

(法释〔2013〕15号已声明本文废止)

5. 最高人民检察院《第2批指导性案例崔某国环境监管失职案》(检例第4号;2012年11月15日)

【要旨】

实践中,一些国有公司、企业和事业单位经合法授权从事具体的管理市场经济和社会生活的工作,拥有一定管理公共事务和社会事务的职权,这些实际行使国家行政管理职权的公司、企业和事业单位工作人员,符合渎职罪主体要求;对其实施渎职行为构成犯罪的,应当依照刑法关于渎职罪的规定追究刑事责任。

【诉讼过程】

2009年3月14日,崔某国因涉嫌环境监管失职罪由江苏省盐城市阜宁县人民检察院立案侦查,同日被刑事拘留,3月27日被逮捕,5月13日侦查终结移送审查起诉。2009年6月26日,江苏省盐城市阜宁县人民检察院以被告人崔某国犯环境监管失职罪向阜宁县人民法院提起公诉。2009年12月16日,阜宁县人民法院作出一审判决,认为被告人崔某国作为负有环境保护监督管理职责的国家机关工作人员,在履行环境监管职责过程中,严重不负责任,导致发生重大环境污染事故,致使公私财产遭受重大损失,其行为构成环境监管失职罪;依照《中华人民共和国刑法》第408条的规定,判决崔某国犯环境监管失职罪,判处有期徒刑2年。一审判决后,崔某国以自己对标新公司只具有督查的职责,不具有监管的职责,不符合环境监管失职罪的主体要求等为由提出上诉。盐城市中级人民法院认为,崔某国身为国有事业单位的工作人员,在受国家机关的委托代表国家机关履行环境监督管理职责过程中,严重不负责任,导致发生重大环境污染事故,致使公私财产遭受重大损失,其行为构成环境监管失职罪。崔某国所在的盐城市饮用水源保护区环境监察支队为国有事业单位,由盐城市人民政府设立,其系受国家机关委托代表国家机关行使环境监管职权,原判决未引用全国人民代表大会常务委员会《关于〈中华人民共和国刑法〉第9章渎职罪主体适用问题的解释》的相关规定,直接认定崔某国系国家机关工作人员不当,予以纠正;原判认定崔某国犯罪事实清楚,定性正确,量刑恰当,审判程序合法。2010年1月21日,盐城市中级人民法院二审终审裁定,驳回上诉,维持原判。

6. 最高人民法院、最高人民检察院《关于办理渎职刑事案件适用法律若干问题的解释(1)》(法释〔2012〕18号)

(详见本书《刑法》第397条相关内容)

7. 最高人民法院、最高人民检察院《关于办理环境污染刑事案件适用法律若干问题的解释》(法释〔2013〕15号)

(法释〔2016〕29号已声明本文废止)

8. 最高人民法院、最高人民检察院《关于办理环境污染刑事案件适用法律若干问题的解释》(法释〔2016〕29号)

第2条 实施刑法第339条、第408条规定的行为,致使公私财产损失30万元以上,或者具有本解释第1条第10项至第17项规定情形之一的,应当认定为“致使公私财产遭受重大损失或者严重危害人体健康”或者“致使公私财产遭受重大损失或者造成人身伤亡的严重后果”。(全文详见本书《刑法》第338条相关内容)

9. 环境保护部、公安部、最高人民检察院《环境保护行政执法与刑事司法衔接工作办法》(环环监〔2017〕17号)

(详见本书《刑法》第338条相关内容)

10. 最高人民法院、最高人民检察院、公安部、司法部、生态环境部《关于办理环境污染刑事案件有关问题座谈会纪要》(2019年2月20日)

(详见本书《刑法》第338条相关内容)

11. 参见本书《刑法》第397条相关内容。

第408条之一 【食品、药品监管渎职罪】 负有食品药品安全监督管理职责的国家机关工作人员,滥用职权或者玩忽职守,有下列情形之一,造成严重后果或者有其他严重情节的,处5年以下有期徒刑或者拘役;造成特别严重后果或者有其他特别严重情节的,处5年以上10年以下有期徒刑:

(一)瞒报、谎报食品安全事故、药品安全事件的;

(二)对发现的严重食品药品安全违法行为未按规定查处的;

(三)在药品和特殊食品审批审评过程中,对不符合条件的申请准予许可的;

(四)依法应当移交司法机关追究刑事责任不移交的;

(五)有其他滥用职权或者玩忽职守行为的。

徇私舞弊犯前款罪的,从重处罚。

(本条《中华人民共和国刑法修正案(8)》增设;《中华人民共和国刑法修正案(11)》修改)

• 释义

食品、药品监管渎职罪是指负有食品安全监督管理职责的国家机关工作人员,瞒报、谎报食品安全事故、药品安全事件,对发现的严重食品药品安全违法行为未按规定查处,在药品和特殊食品审批审评过程中,对不符合条件的申请准予许可,依法应当移交司法机关追究刑事责任不移交等造成严重后果或者有其他严重情节的滥用职权、玩忽职守的行为。

• 管辖

监察机关。

• 立案追诉标准

无

• 关联法律

1.《中华人民共和国刑法修正案(8)》(2011年2月25日第十一届全国人大常委会第十九次会议通过)

四十九、在刑法第408条后增加1条,作为第408条之一:“负有食品安全监督管理职责的国家机关工作人员,滥用职权或者玩忽职守,导致发生重大食品安全事故或者造成其他严重后果的,处5年以下有期徒刑或者拘役;造成特别严重后果的,处5年以上10年以下有期徒刑。

"徇私舞弊犯前款罪的,从重处罚。"

2. 最高人民法院《关于进一步加大力度,依法严惩危害食品安全及相关职务犯罪的通知》(2011年5月27日)

(全文略)

3. 最高人民法院、最高人民检察院《关于办理渎职刑事案件适用法律若干问题的解释(1)》(法释〔2012〕18号)

(详见本书《刑法》第397条相关内容)

4. 最高人民法院、最高人民检察院《关于办理危害食品安全刑事案件适用法律若干问题的解释》(法释〔2013〕12号)

(法释〔2021〕24号已声明该文件废止)

5. 最高人民检察院《第4批指导性案例胡某贵等人生产、销售有毒、有害食品,行贿;骆某、刘某素销售伪劣产品;朱某全、曾某中生产、销售伪劣产品;黎某文等人受贿、食品监管渎职案》(检例第15号;2014年2月20日)

【要旨】

实施生产、销售有毒、有害食品犯罪,为逃避查处向负有食品安全监管职责的国家工作人员行贿的,应当以生产、销售有毒、有害食品罪和行贿罪实行数罪并罚。

负有食品安全监督管理职责的国家机关工作人员,滥用职权,向生产、销售有毒、有害食品的犯罪分子通风报信,帮助逃避处罚的,应当认定为食品监管渎职罪;在渎职过程中受贿的,应当以食品监管渎职罪和受贿罪实行数罪并罚。

【诉讼过程】

2011年10月22日,胡某贵、刘某清因涉嫌生产、销售有毒、有害食品罪被刑事拘留,11月24日被逮捕。2011年10月23日,叶某均、刘某富、张某富、叶某科、骆某、刘某素因涉嫌生产、销售有毒、有害食品罪被刑事拘留,11月24日被逮捕。2011年10月28日,朱某全、曾某中因涉嫌生产、销售有毒、有害食品罪被刑事拘留,11月24日被逮捕。2012年3月6日,黎某文因涉嫌受贿罪被刑事拘留,3月20日被逮捕。2012年4月26日,王某昌、陈某基因涉嫌受贿罪被刑事拘留,5月10日被逮捕。2012年3月6日,余某东因涉嫌受贿罪被刑事拘留,3月20日被逮捕。

被告人胡某贵、刘某清、叶某均、刘某富、张某富、叶某科、骆某、刘某素、曾某中、朱某全涉嫌生产、销售有毒、有害食品罪一案,由广东省东莞市公安局侦查终结,移送东莞市第一市区人民检察院审查起诉。被告人黎某文、王某昌、陈某基涉嫌受贿、食品监管渎职罪,被告人胡某贵、刘某清、余某东涉嫌行贿罪一案,由东莞市人民检察院侦查终结,移送东莞市第一市区人民检察院审查起诉。因上述两个案件系关联案件,东莞市第一市区人民检察院决定并案审查。东莞市第一市区人民检察院经审查认为,被告人胡某贵、刘某清、叶某均、刘某富、张某富、叶某科无视国法,在生产、销售的食品中掺入有毒、有害的非食品原料,胡某贵、刘某清还为谋取不正当利益,多次向被告人黎某文、王某昌、陈某基等人行贿,胡某贵、刘某清的行为均已触犯了《中华人民共和国刑法》第144条、第389条第1款之规定,被告人叶某均、刘某富、张某富、叶某科的行为均已触犯了《中华人民共和国刑法》第144条之规定;被告人骆某、刘某素在销售中以不合格产品冒充合格产品,其中骆某销售的金额50万元以上,刘某素销售的金额20万元以上,2人的行为均已触犯了《中华人民共和国刑法》第140条之规定;被告人朱某全、曾某中在生产、销售中以不合格产品冒充合格产品,生产、销售金额50万元以上,2人的行为均已触犯了《中华人民共和国刑法》第140条之规定；被告人黎某文、王某昌、陈某基身为国家机关工作人员，利用职务之便，多次收受贿款，同时黎某文、王某昌、陈某基身为负有食品安全监督管理职责的国家机关工作人员，滥用职权为刘某清等人谋取非法利益，造成恶劣社会影响，3人的行为已分别触犯了《中华人民共和国刑法》第385条第1款、第408条之一的规定；被告人余某东为谋取不正当利益，多次向被告人黎某文、王某昌、陈某基等人行贿，其行为已触犯《中华人民共和国刑法》第389条第1款之规定。2012年5月29日，东莞市第一市区人民检察院以被告人胡某贵、刘某清犯生产、销售有毒、有害食品罪、行贿罪，叶某均、刘某富、张某富、叶某科犯生产、销售有毒、有害食品罪，骆某、刘某素犯销售伪劣产品罪，朱某全、曾某中犯生产、销售伪劣产品罪，黎某文、王某昌、陈某基犯受贿罪、食品监管渎职罪，余某东犯行贿罪，向东莞市第一人民法院提起公诉。

2012年7月9日，东莞市第一人民法院一审认为，被告人胡某贵、刘某清、叶某均、刘某富、张某富、叶某科无视国法，在生产、销售的食品中掺入有毒、有害的非食品原料，其行为已构成生产、销售有毒、有害食品罪，且属情节严重；被告人骆某、刘某素作为产品销售者，以不合格产品冒充合格产品，其中被告人骆某销售金额为50万元以上不满200万元，被告人刘某素销售金额为20万元以上不满50万元，其2人的行为已构成销售伪劣产品罪；被告人朱某全、曾某中在生产、销售中以不合格产品冒充合格产品，涉案金额50万元以上不满200万元，其2人的行为已构成生产、销售伪劣产品罪；被告人黎某文身为国家工作人员，被告人王某昌、陈某基身为受国家机关委托从事公务的人员，均利用职务之便，多次收受贿款，同时，被告人黎某文、王某昌、陈某基还违背所负的食品安全监督管理职责，滥用职权为刘某清等人谋取非法利益，造成严重后果，被告人黎某文、王某昌、陈某基的行为已构成受贿罪、食品监管渎职罪；被告人胡某贵、刘某清、余某东为谋取不正当利益，多次向黎某文、王某昌、陈某基等人行贿，其3人的行为均已构成行贿罪。对上述被告人的犯罪行为，依法均应惩处，对被告人胡某贵、刘某清、黎某文、王某昌、陈某基依法予以数罪并罚。被告人刘某清系累犯，依法应从重处罚；刘某清在被追诉前主动交代其行贿行为，依法可以从轻处罚；刘某清还举报了胡某贵向黎某文行贿5000元的事实，并经查证属实，是立功，依法可以从轻处罚。被告人黎某文、王某昌、陈某基归案后已向侦查机关退出全部赃款，对其从轻处罚。被告人胡某贵、刘某清、张某富、叶某科、余某东归案后如实供述犯罪事实，认罪态度较好，均可从轻处罚；被告人黎某文在法庭上认罪态度较好，可酌情从轻处罚。依照刑法相关条款规定，判决：

（一）被告人胡某贵犯生产、销售有毒、有害食品罪和行贿罪，数罪并罚，判处有期徒刑9年9个月，并处罚金人民币10万元。被告人刘某清犯生产、销售有毒、有害食品罪和行贿罪，数罪并罚，判处有期徒刑9年，并处罚金人民币9万元。被告人叶某均、刘某富、张某富、叶某科犯生产、销售有毒、有害食品罪，分别判处有期徒刑8年6个月并处罚金人民币10万元、有期徒刑8年6个月并处罚金人民币10万元、有期徒刑8年3个月并处罚金人民币10万元、有期徒刑7年9个月并处罚金人民币5万元。被告人骆某、刘某素犯销售伪劣产品罪，分别判处有期徒刑7年6个月并处罚金人民币3万元、有期徒刑6年并处罚金人民币2万元。

（二）被告人朱某全、曾某中犯生产、销售伪劣产品罪，分别判处有期徒刑8年并处罚金人民币7万元、有期徒刑7年6个月并处罚金人民币6万元。

（三）被告人黎某文犯受贿罪和食品监管渎职罪，数罪并罚，判处有期徒刑7年6个月，并处没收个人财产人民币1万元。被告人王某昌犯受贿罪和食品监管渎职罪，数罪并罚，判处有期徒刑3年3个月。被告人陈某基犯受贿罪和食品监管渎职罪，数罪并罚，判处有期徒刑2年6个月。被告人余某东犯行贿罪，判处有期徒刑10个月。

一审宣判后，被告人胡某贵、刘某清、叶某均、刘某富、张某富、叶某科、骆某、刘某素、曾某中、黎某文、王某昌、陈某基提出上诉。

2012 年 8 月 21 日,广东省东莞市中级人民法院二审裁定驳回上诉,维持原判。

6. 最高人民检察院《第 4 批指导性案例赛某、韩某武受贿、食品监管渎职案》(检例第 16 号;2014 年 2 月 20 日)

【要旨】

负有食品安全监督管理职责的国家机关工作人员,滥用职权或玩忽职守,导致发生重大食品安全事故或者造成其他严重后果的,应当认定为食品监管渎职罪。在渎职过程中受贿的,应当以食品监管渎职罪和受贿罪实行数罪并罚。

【诉讼过程】

2012 年 5 月 4 日,赛某、韩某武因涉嫌徇私舞弊不移交刑事案件罪、受贿罪被云南省嵩明县人民检察院立案侦查,韩某武于 5 月 7 日被刑事拘留,赛某于 5 月 8 日被刑事拘留,5 月 21 日 2 人被逮捕。

该案由云南省嵩明县人民检察院反渎职侵权局侦查终结后,移送该院公诉部门审查起诉。云南省嵩明县人民检察院经审查认为,被告人赛某、韩某武作为负有食品安全监督管理职责的国家机关工作人员,未认真履行职责,失职、渎职造成大量的问题猪油流向市场,后果特别严重;同时二被告人利用职务上的便利,非法收受他人贿赂,为他人谋取利益,二被告人之行为已触犯《中华人民共和国刑法》第 408 条之一、第 385 条第 1 款之规定,应当以食品监管渎职罪、受贿罪追究刑事责任。2012 年 9 月 5 日,云南省嵩明县人民检察院以被告人赛某、韩某武犯食品监管渎职罪、受贿罪向云南省嵩明县人民法院提起公诉。

2012 年 11 月 26 日,云南省嵩明县人民法院一审认为,被告人赛某、韩某武作为国家工作人员,利用职务上的便利,非法收受他人财物,为他人谋取利益,其行为已构成受贿罪;被告人赛某、韩某武作为质监局工作人员,在查办杨林丰瑞公司无生产许可证生产有毒、有害食品案件中玩忽职守、滥用职权,致使查获的不符合食品安全标准的原料用于生产,有毒、有害油脂流入社会,造成严重后果,其行为还构成食品监管渎职罪。鉴于杨林丰瑞公司被公安机关查处后,赛某、韩某武向领导如实汇报受贿事实,且将受贿款以"罚款"上交,属自首,可从轻、减轻处罚。依照刑法相关条款之规定,判决被告人赛某犯受贿罪和食品监管渎职罪,数罪并罚,判处有期徒刑 6 年;韩某武犯受贿罪和食品监管渎职罪,数罪并罚,判处有期徒刑 2 年 6 个月。

一审宣判后,赛某、韩某武提出上诉。

2013 年 4 月 20 日,云南省昆明市中级人民法院二审裁定驳回上诉,维持原判。

7.《中华人民共和国刑法修正案(11)》(2020 年 12 月 26 日第十三届全国人大常委会第二十四次会议通过)

四十五、将刑法第 408 条之一第 1 款修改为:"负有食品药品安全监督管理职责的国家机关工作人员,滥用职权或者玩忽职守,有下列情形之一,造成严重后果或者有其他严重情节的,处 5 年以下有期徒刑或者拘役;造成特别严重后果或者有其他特别严重情节的,处 5 年以上 10 年以下有期徒刑:

"(一)瞒报、谎报食品安全事故、药品安全事件的;(二)对发现的严重食品药品安全违法行为未按规定查处的;(三)在药品和特殊食品审批审评过程中,对不符合条件的申请准予许可的;(四)依法应当移交司法机关追究刑事责任不移交的;(五)有其他滥用职权或者玩忽职守行为的。"

(原条文第 1 款:负有食品安全监督管理职责的国家机关工作人员,滥用职权或者玩忽职守,导致发生重大食品安全事故或者造成其他严重后果的,处 5 年以下有期徒刑或者拘役;造成特别严重后果的,处5年以上10年以下有期徒刑。)

8.最高人民法院《关于执行〈中华人民共和国刑法〉确定罪名的补充规定(7)》(法释〔2021〕2号)

(全文详见本书《刑法》第133条之二相关内容)

9.最高人民法院、最高人民检察院《关于办理危害食品安全刑事案件适用法律若干问题的解释》(法释〔2021〕24号)

第20条 负有食品安全监督管理职责的国家机关工作人员,滥用职权或者玩忽职守,构成食品监管渎职罪,同时构成徇私舞弊不移交刑事案件罪、商检徇私舞弊罪、动植物检疫徇私舞弊罪、放纵制售伪劣商品犯罪行为罪等其他渎职犯罪的,依照处罚较重的规定定罪处罚。

负有食品安全监督管理职责的国家机关工作人员滥用职权或者玩忽职守,不构成食品监管渎职罪,但构成前款规定的其他渎职犯罪的,依照该其他犯罪定罪处罚。

负有食品安全监督管理职责的国家机关工作人员与他人共谋,利用其职务行为帮助他人实施危害食品安全犯罪行为,同时构成渎职犯罪和危害食品安全犯罪共犯的,依照处罚较重的规定定罪从重处罚。(全文详见本书《刑法》第143条相关内容)

10.参见本书《刑法》第397条相关内容。

第409条 【传染病防治失职罪】从事传染病防治的政府卫生行政部门的工作人员严重不负责任,导致传染病传播或者流行,情节严重的,处3年以下有期徒刑或者拘役。

• 释义

传染病防治失职罪是指从事传染病防治的政府卫生行政部门的工作人员严重不负责任,不履行或者不认真履行传染病防治监管职责,导致传染病传播或者流行,情节严重的行为。

• 管辖

监察机关。

• 立案追诉标准

(一)重大案件

1.导致乙类、丙类传染病流行的;

2.致人死亡2人以上或者残疾5人以上的。

(二)特大案件

1.导致甲类传染病传播的;

2.致人死亡5人以上或者残疾10人以上的。

涉嫌下列情形之一的,应予立案:

1.导致甲类传染病传播的;

2.导致乙类、丙类传染病流行的;

3.因传染病传播或者流行,造成人员重伤或者死亡的;

4.因传染病传播或者流行,严重影响正常的生产、生活秩序的;

5.在国家对突发传染病疫情等灾害采取预防、控制措施后,对发生突发传染病疫情等灾害的地区或者突发传染病病人、病原携带者、疑似突发传染病病人,未按照预防、控制突发传染病疫情等灾害工作规范的要求做好防疫、检疫、隔离、防护、救治等工作,或者采取的预防、控制措施不当,造成传染范围扩大或者疫情、灾情加重的;

6. 在国家对突发传染病疫情等灾害采取预防、控制措施后，隐瞒、缓报、谎报或者授意、指使、强令他人隐瞒、缓报、谎报疫情、灾情，造成传染范围扩大或者疫情、灾情加重的；

7. 在国家对突发传染病疫情等灾害采取预防、控制措施后，拒不执行突发传染病疫情等灾害应急处理指挥机构的决定、命令，造成传染范围扩大或者疫情、灾情加重的；

8. 其他情节严重的情形。

• 关联法律

1. 最高人民检察院《人民检察院直接受理立案侦查的渎职侵权重特大案件标准（试行）》（高检发〔2001〕13号）

（见本条立案追诉标准内容）

2. 最高人民法院、最高人民检察院《关于办理妨害预防、控制突发传染病疫情等灾害的刑事案件具体应用法律若干问题的解释》（法释〔2003〕8号）

第16条 在预防、控制突发传染病疫情等灾害期间，从事传染病防治的政府卫生行政部门的工作人员，或者在受政府卫生行政部门委托代表政府卫生行政部门行使职权的组织中从事公务的人员，或者虽未列入政府卫生行政部门人员编制但在政府卫生行政部门从事公务的人员，在代表政府卫生行政部门行使职权时，严重不负责任，导致传染病传播或者流行，情节严重的，依照刑法第409条的规定，以传染病防治失职罪定罪处罚。

在国家对突发传染病疫情等灾害采取预防、控制措施后，具有下列情形之一的，属于刑法第409条规定的"情节严重"：

（一）对发生突发传染病疫情等灾害的地区或者突发传染病病人、病原携带者、疑似突发传染病病人，未按照预防、控制突发传染病疫情等灾害工作规范的要求做好防疫、检疫、隔离、防护、救治等工作，或者采取的预防、控制措施不当，造成传染范围扩大或者疫情、灾情加重的；（二）隐瞒、缓报、谎报或者授意、指使、强令他人隐瞒、缓报、谎报疫情、灾情，造成传染范围扩大或者疫情、灾情加重的；（三）拒不执行突发传染病疫情等灾害应急处理指挥机构的决定、命令，造成传染范围扩大或者疫情、灾情加重的；（四）具有其他严重情节的。（全文详见本书《刑法》第114条相关内容）

3. 最高人民检察院《关于渎职侵权犯罪案件立案标准的规定》（高检发释字〔2006〕2号）

（见本条立案追诉标准内容）

4. 最高人民法院、最高人民检察院《关于办理渎职刑事案件适用法律若干问题的解释（1）》（法释〔2012〕18号）

（详见本书《刑法》第397条相关内容）

5. 最高人民法院、最高人民检察院、公安部、司法部《关于依法惩治妨害新型冠状病毒感染肺炎疫情防控违法犯罪的意见》（法发〔2020〕7号）

二、准确适用法律，依法严惩妨害疫情防控的各类违法犯罪（七）依法严惩疫情防控失职渎职、贪污挪用犯罪。在疫情防控工作中，负有组织、协调、指挥、灾害调查、控制、医疗救治、信息传递、交通运输、物资保障等职责的国家机关工作人员，滥用职权或者玩忽职守，致使公共财产、国家和人民利益遭受重大损失的，依照刑法第397条的规定，以滥用职权罪或者玩忽职守罪定罪处罚。

卫生行政部门的工作人员严重不负责任，不履行或者不认真履行防治监管职责，导致新型冠状病毒感染肺炎传播或者流行，情节严重的，依照刑法第409条的规定，以传染病防治失职罪定罪处罚。

从事实验、保藏、携带、运输传染病菌种、毒种的人员，违反国务院卫生行政部门的有关规定,造成新型冠状病毒毒种扩散,后果严重的,依照刑法第331条的规定,以传染病毒种扩散罪定罪处罚。

国家工作人员,受委托管理国有财产的人员,公司、企业或者其他单位的人员,利用职务便利,侵吞、截留或者以其他手段非法占有用于防控新型冠状病毒感染肺炎的款物,或者挪用上述款物归个人使用,符合刑法第382条、第383条、第271条、第384条、第272条规定的,以贪污罪、职务侵占罪、挪用公款罪、挪用资金罪定罪处罚。挪用用于防控新型冠状病毒感染肺炎的救灾、优抚、救济等款物,符合刑法第273条规定的,对直接责任人员,以挪用特定款物罪定罪处罚。(全文详见本书《刑法》第114条相关内容)

6. 参见本书《刑法》第397条相关内容。

第410条 【非法批准征收、征用、占用土地罪】【非法低价出让国有土地使用权罪】 国家机关工作人员徇私舞弊,违反土地管理法规,滥用职权,非法批准征收、征用、占用土地,或者非法低价出让国有土地使用权,情节严重的,处3年以下有期徒刑或者拘役;致使国家或者集体利益遭受特别重大损失的,处3年以上7年以下有期徒刑。

(2009年8月27日第十一届全国人大常委会第十次会议讨论了刑法第228条、第342条、第410条规定的"违反土地管理法规"和第410条规定的"非法批准征用、占用土地"的含义问题,解释如下:

刑法第228条、第342条、第410条规定的"违反土地管理法规",是指违反土地管理法、森林法、草原法等法律以及有关行政法规中关于土地管理的规定。刑法第410条规定的"非法批准征收、征用、占用土地",是指非法批准征收、征用、占用耕地、林地等农用地以及其他土地。)

• 释义

非法批准征收、征用、占用土地罪是指国家机关工作人员徇私舞弊,违反土地管理法、森林法、草原法等法律以及有关行政法规中关于土地管理的规定,滥用职权,非法批准征用、占用耕地、林地等农用地以及其他土地,情节严重的行为。

"违反土地管理法规",是指违反土地管理法、森林法、草原法等法律以及有关行政法中关于土地管理的规定。

非法低价出让国有土地使用权罪是指国家机关工作人员徇私舞弊,违反土地管理法、森林法、草原法等法律以及有关行政法规中关于土地管理的规定,滥用职权,非法低价出让国有土地使用权罪,情节严重的行为。

• 管辖

监察机关。

• 立案追诉标准

【非法批准征收、征用、占用土地罪立案追诉标准】

(一)重大案件

1. 非法批准征用、占用基本农田20亩以上的;
2. 非法批准征用、占用基本农田以外的耕地60亩以上的;
3. 非法批准征用、占用其他土地100亩以上的;
4. 非法批准征用、占用土地,造成基本农田5亩以上,其他耕地10亩以上严重毁坏的;
5. 非法批准征用、占用土地造成直接经济损失50万元以上的。

(二)特大案件

1. 非法批准征用、占用基本农田30亩以上的;

2. 非法批准征用、占用基本农田以外的耕地90亩以上的;

3. 非法批准征用、占用其他土地150亩以上的;

4. 非法批准征用、占用土地,造成基本农田10亩以上,其他耕地20亩以上严重毁坏的;

5. 非法批准征用、占用土地造成直接经济损失100万元以上的。

涉嫌下列情形之一的,应予立案:

1. 非法批准征用、占用基本农田10亩以上的;

2. 非法批准征用、占用基本农田以外的耕地30亩以上的;

3. 非法批准征用、占用其他土地50亩以上的;

4. 虽未达到上述数量标准,但造成有关单位、个人直接经济损失30万元以上,或者造成耕地大量毁坏或者植被遭到严重破坏的;

5. 非法批准征用、占用土地,影响群众生产、生活,引起纠纷,造成恶劣影响或者其他严重后果的;

6. 非法批准征用、占用防护林地、特种用途林地分别或者合计10亩以上的;

7. 非法批准征用、占用其他林地20亩以上的;

8. 非法批准征用、占用林地造成直接经济损失30万元以上,或者造成防护林地、特种用途林地分别或者合计5亩以上或者其他林地10亩以上毁坏的;

9. 其他情节严重的情形。

【非法低价出让国有土地使用立案追诉标准】

(一)重大案件

1. 出让国有土地使用权面积在60亩以上,并且出让价额低于国家规定的最低价额标准的60%的;

2. 造成国有土地资产流失价额在50万元以上的。

(二)特大案件

1. 出让国有土地使用权面积在90亩以上,并且出让价额低于国家规定的最低价额标准的40%的;

2. 造成国有土地资产流失价额在100万元以上的。

涉嫌下列情形之一的,应予立案:

1. 非法低价出让国有土地30亩以上,并且出让价额低于国家规定的最低价额标准的60%的;

2. 造成国有土地资产流失价额30万元以上的;

3. 非法低价出让国有土地使用权,影响群众生产、生活,引起纠纷,造成恶劣影响或者其他严重后果的;

4. 非法低价出让林地合计30亩以上,并且出让价额低于国家规定的最低价额标准的60%的;

5. 造成国有资产流失30万元以上的;

6. 其他情节严重的情形。

• 关联法律

1. 最高人民法院《关于审理破坏土地资源刑事案件具体应用法律若干问题的解释》(法释〔2000〕14号)

第4条 国家机关工作人员徇私舞弊,违反土地管理法规,滥用职权,非法批准征用、占用土地，具有下列情形之一的，属于非法批准征用、占用土地"情节严重"，依照刑法第410条的规定，以非法批准征用、占用土地罪定罪处罚：

（一）非法批准征用、占用基本农田10亩以上的；（二）非法批准征用、占用基本农田以外的耕地30亩以上的；（三）非法批准征用、占用其他土地50亩以上的；（四）虽未达到上述数量标准，但非法批准征用、占用土地造成直接经济损失30万元以上；造成耕地大量毁坏等恶劣情节的。

第5条 实施第4条规定的行为，具有下列情形之一的，属于非法批准征用、占用土地"致使国家或者集体利益遭受特别重大损失"：

（一）非法批准征用、占用基本农田20亩以上的；（二）非法批准征用、占用基本农田以外的耕地60亩以上的；（三）非法批准征用、占用其他土地100亩以上的；（四）非法批准征用、占用土地，造成基本农田5亩以上，其他耕地10亩以上严重毁坏的；（五）非法批准征用、占用土地造成直接经济损失50万元以上等恶劣情节的。

第6条 国家机关工作人员徇私舞弊，违反土地管理法规，非法低价出让国有土地使用权，具有下列情形之一的，属于"情节严重"，依照刑法第410条的规定，以非法低价出让国有土地使用权罪定罪处罚：

（一）出让国有土地使用权面积在30亩以上，并且出让价额低于国家规定的最低价额标准的60%的；（二）造成国有土地资产流失价额在30万元以上的。

第7条 实施第6条规定的行为，具有下列情形之一的，属于非法低价出让国有土地使用权，"致使国家和集体利益遭受特别重大损失"：

（一）非法低价出让国有土地使用权面积在60亩以上，并且出让价额低于国家规定的最低价额标准的40%的；（二）造成国有土地资产流失价额在50万元以上的。（全文详见本书《刑法》第342条相关内容）

2. 最高人民检察院《人民检察院直接受理立案侦查的渎职侵权重特大案件标准（试行）》（高检发〔2001〕13号）

（见本条立案追诉标准内容）

3. 全国人大常委会《关于〈中华人民共和国刑法〉第228条、第342条、第410条的解释》（2001年8月31日第九届全国人大常委会第二十三次会议通过；2009年8月27日第十一届全国人大常委会第十次会议《关于修改部分法律的决定》修正）

全国人民代表大会常务委员会讨论了刑法第228条、第342条、第410条规定的"违反土地管理法规"和第410条规定的"非法批准征用、占用土地"的含义问题，解释如下：刑法第228条、第342条、第410条规定的"违反土地管理法规"，是指违反土地管理法、森林法、草原法等法律以及有关行政法规中关于土地管理的规定。刑法第410条规定的"非法批准征收、征用、占用土地"，是指非法批准征收、征用、占用耕地、林地等农用地以及其他土地。

4.《关于〈中华人民共和国刑法〉第9章渎职罪主体适用问题的解释》（2002年12月28日第九届全国人大常委会第三十一次会议通过）

（详见本书《刑法》第397条相关内容）

5. 最高人民法院《全国法院审理经济犯罪案件工作座谈会纪要》（法发〔2003〕167号）第6条

（详见本书《刑法》第397条相关内容）

6. 最高人民法院《关于审理破坏林地资源刑事案件具体应用法律若干问题的解释》（法释〔2005〕15号）

为依法惩治破坏林地资源犯罪活动，根据《中华人民共和国刑法》、《中华人民共和国刑法修正案(2)》及全国人民代表大会常务委员会《关于〈中华人民共和国刑法〉第228条、第342条、第410条的解释》的有关规定,现就人民法院审理这类刑事案件具体应用法律的若干问题解释如下:

第1条 违反土地管理法规,非法占用林地,改变被占用林地用途,在非法占用的林地上实施建窑、建坟、建房、挖沙、采石、采矿、取土、种植农作物、堆放或排泄废弃物等行为或者进行其他非林业生产、建设,造成林地的原有植被或林业种植条件严重毁坏或者严重污染,并具有下列情形之一的,属于刑法第342条规定的犯罪行为,应当以非法占用农用地罪判处5年以下有期徒刑或者拘役,并处或者单处罚金:

(一)非法占用并毁坏防护林地、特种用途林地数量分别或者合计达到5亩以上;(二)非法占用并毁坏其他林地数量达到10亩以上;(三)非法占用并毁坏本条第(1)项、第(2)项规定的林地,其中1项数量分别达到相应规定的数量标准的50%以上;(四)非法占用并毁坏本条第(1)项、第(2)项规定的林地,其中1项数量达到相应规定的数量标准的50%以上,且两项数量合计达到该项规定的数量标准。

第2条 国家机关工作人员徇私舞弊,违反土地管理法规,滥用职权,非法批准征用、占用林地,具有下列情形之一的,属于刑法第410条规定的"情节严重",应当以非法批准征用、占用土地罪判处3年以下有期徒刑或者拘役:

(一)非法批准征用、占用防护林地、特种用途林地数量分别或者合计达到10亩以上;(二)非法批准征用、占用其他林地数量达到20亩以上;(三)非法批准征用、占用林地造成直接经济损失达到30万元以上,或者造成本条第(1)项规定的林地数量分别或者合计达到5亩以上或者本条第(2)项规定的林地数量达到10亩以上毁坏。

第3条 实施本解释第2条规定的行为,具有下列情形之一的,属于刑法第410条规定的"致使国家或者集体利益遭受特别重大损失",应当以非法批准征用、占用土地罪判处3年以上7年以下有期徒刑:

(一)非法批准征用、占用防护林地、特种用途林地数量分别或者合计达到20亩以上;(二)非法批准征用、占用其他林地数量达到40亩以上;(三)非法批准征用、占用林地造成直接经济损失数额达到60万元以上,或者造成本条第(1)项规定的林地数量分别或者合计达到10亩以上或者本条第(2)项规定的林地数量达到20亩以上毁坏。

第4条 国家机关工作人员徇私舞弊,违反土地管理法规,非法低价出让国有林地使用权,具有下列情形之一的,属于刑法第410条规定的"情节严重",应当以非法低价出让国有土地使用权罪判处3年以下有期徒刑或者拘役:

(一)林地数量合计达到30亩以上,并且出让价额低于国家规定的最低价额标准的60%;(二)造成国有资产流失价额达到30万元以上的。

第5条 实施本解释第4条规定的行为,造成国有资产流失价额达到60万元以上的,属于刑法第410条规定的"致使国家和集体利益遭受特别重大损失",应当以非法低价出让国有土地使用权罪判处3年以上7年以下有期徒刑。

第6条 单位实施破坏林地资源犯罪的,依照上述解释规定的相关定罪量刑标准执行。

第7条 多次实施上述解释规定的行为应当追诉且未经处理的,应当按照累计的数量、数额处罚。

7.最高人民检察院《关于渎职侵权犯罪案件立案标准的规定》(高检发释字〔2006〕2号)

(见本条立案追诉标准内容)

8. 最高人民检察院《关于加强查办危害土地资源渎职犯罪工作的指导意见》(高检发渎检字〔2008〕12号)

为充分发挥检察机关在保护土地资源中的职能作用,进一步加大检察机关查办危害土地资源渎职犯罪案件工作力度,确保办案质量和办案效果,推动办案工作健康有序地开展,特就当前和今后一个时期做好查办危害土地资源渎职犯罪案件工作提出如下指导意见:

一、突出查办案件的重点。在查办案件中,要严格执行法律,始终做到"一要坚决、二要慎重,务必搞准"。要突出办案重点,严肃查办国家机关工作人员滥用职权,玩忽职守,非法批准征收、征用、占用土地和非法低价出让国有土地使用权案件,集中精力办好社会高度关注、党委和上级人民检察院交办的渎职犯罪案件;人民群众反映强烈,引发群体性事件的渎职犯罪案件;经新闻媒体曝光,造成恶劣社会影响的渎职犯罪案件;充当黑恶势力犯罪"保护伞",为其破坏土地资源犯罪提供保护的渎职犯罪案件。

二、准确确定损失后果。在查办案件中,对损失后果的认定,既要考虑被破坏的土地资源的经济价值,按照有关部门做出的鉴定结论,以经济损失计算损失后果,也要充分考虑土地作为特殊资源,被破坏土地的性质、地理位置、实际用处等差异所产生的土地价值,受损后无法用经济价值数额衡量的特殊性,可以采取经济标准或者面积标准认定损失后果,准确适用《中华人民共和国刑法》第397条和第410条的规定以及相关司法解释查处犯罪。

三、严格区分责任。在查办案件中,要分清渎职行为对危害后果所起的作用大小,正确区分主要责任人与次要责任人、直接责任人与间接责任人。对多因一果的有关责任人员,要分清主次,分别根据他们在造成危害土地资源损失结果发生过程中所起的作用,确定其罪责。

要正确区分决策者与实施人员、监管人员的责任。对于决策者滥用职权、玩忽职守、徇私舞弊违法决策,严重破坏土地资源的,或者强令、胁迫其他国家机关工作人员实施破坏土地资源行为的,或者阻挠监管人员执法,导致国家土地资源被严重破坏的,应当区分决策者和实施人员、监管人员的责任大小,重点查处决策者的渎职犯罪;实施人员、监管人员贪赃枉法、徇私舞弊,隐瞒事实真相,提供虚假信息,影响决策者的正确决策,造成危害后果发生的,要严肃追究实施人员和监管人员的责任;实施人员、监管人员明知决策者决策错误,而不提出反对意见,或者不进行纠正、制止、查处,造成国家土地资源被严重破坏的,应当视其情节追究渎职犯罪责任;对于决策者与具体实施人员、监管人员相互勾结,共同实施危害土地资源渎职犯罪的,要依法一并查处。

要严格区分集体行为和个人行为的责任。对集体研究做出的决定违反法律法规的,要具体案件具体分析。对于采取集体研究决策形式,实为个人滥用职权、玩忽职守、贪赃枉法、徇私舞弊等,构成危害土地资源渎职犯罪的,应当依法追究决策者的刑事责任。

四、正确把握法律政策界限。严格区分罪与非罪的界限。要正确把握相关的法律、行政法规及政策,准确把握工作失误与渎职犯罪的界限,坚持具体案件具体分析,严查擅权渎职、徇私舞弊型渎职犯罪案件,找准法律与政策的结合点,确保办案的法律效果、政治效果和社会效果的有机统一。对一时难以区分罪与非罪的,要放到具体时代背景、政策环境中去研究判断,对当时国家有关土地管理法律政策界限不清,以土地资源换取国家和集体经济发展的行为,要慎重对待,一般不作犯罪处理。

在查办案件中,要严格依法办案,既要认真执行国家刑事法律,也要认真掌握国土资源管理方面的规章制度和规范性文件。国家颁布实施的有关土地管理的行政法规和规范性文件,既是贯彻落实国家关于土地宏观调控政策的具体措施和工作要求,也是检察机关认定国家机关工作人员危害土地资源渎职责任的重要根据。要认真学习掌握《中华人民共和国土地管理法》和2004年颁布的《国务院关于深化改革严格土地管理的决定》以及国家有关保护土地资源的规定,对违反法律和有关土地管理文件禁止性规定的渎职犯罪行为,要严格依法查办;对《国务院关于深化改革严格土地管理的决定》颁布以前的危害土地资源行为,要着力查办有徇私舞弊行为的滥用职权,玩忽职守,非法批准征收、征用、占用土地和非法低价出让国有土地使用权的渎职犯罪案件。

五、认真贯彻宽严相济刑事政策。在查办危害土地资源渎职犯罪案件中,要贯彻落实宽严相济刑事政策,对犯罪情节轻微、有悔罪表现的犯罪嫌疑人,要落实教育、感化、挽救方针,可以依法从轻处理;对毁灭、伪造证据,干扰作证,串供,可能存在案中案的犯罪嫌疑人,要依法采取羁押性强制措施,确保办案工作顺利进行。

六、加强领导,努力营造良好的执法环境。上级人民检察院要加强对查办危害土地资源渎职案件的组织领导和对下指导力度,及时研究解决工作中遇到的新情况、新问题。对开展工作的重大部署、查办的重大案件、遇到的重大问题等,要及时向党委、人大和上级人民检察院汇报,紧紧依靠党委的领导、人大的监督和上级检察院的领导做好查办案件工作,努力营造良好的执法环境。

要加强与国土资源管理等部门的协调联系,对查办案件中遇到的疑难复杂专业性问题,采取召开联席会议、案件研讨等方式,共同研究解决,保证办案工作健康发展。

9. 全国人大常委会《关于修改部分法律的决定》(2009年8月27日第十一届全国人大常委会第十次会议通过)

二、对下列法律和法律解释中关于“征用”的规定作出修改

(一)将下列法律和法律解释中的“征用”修改为“征收、征用”

6.《中华人民共和国森林法》第18条

7.《中华人民共和国军事设施保护法》第12条

8.《中华人民共和国国防法》第48条

9.《中华人民共和国归侨侨眷权益保护法》第13条

10.《中华人民共和国农村土地承包法》第16条、第59条

11.《中华人民共和国草原法》第38条、第39条、第63条

12.《中华人民共和国刑法》第381条、第410条

13. 全国人民代表大会常务委员会关于《中华人民共和国刑法》第93条第2款的解释

14. 全国人民代表大会常务委员会关于《中华人民共和国刑法》第228条、第342条、第410条的解释

(二)将下列法律中的“征用”修改为“征收”

15.《中华人民共和国渔业法》第14条

16.《中华人民共和国铁路法》第36条

17.《中华人民共和国城市房地产管理法》第9条

18.《中华人民共和国电力法》第16条

19.《中华人民共和国煤炭法》第20条

20.《中华人民共和国行政复议法》第30条

21.《中华人民共和国农业法》第71条

10. 最高人民法院《关于审理破坏草原资源刑事案件应用法律若干问题的解释》(法释〔2012〕15号)

第3条 国家机关工作人员徇私舞弊,违反草原法等土地管理法规,具有下列情形之一的,应当认定为刑法第410条规定的“情节严重”:

(一)非法批准征收、征用、占用草原40亩以上的;(二)非法批准征收、征用、占用草原,造

成20亩以上草原被毁坏的;(三)非法批准征收、征用、占用草原,造成直接经济损失30万元以上,或者具有其他恶劣情节的。

具有下列情形之一,应当认定为刑法第410条规定的“致使国家或者集体利益遭受特别重大损失”:

(一)非法批准征收、征用、占用草原80亩以上的;(二)非法批准征收、征用、占用草原,造成40亩以上草原被毁坏的;(三)非法批准征收、征用、占用草原,造成直接经济损失60万元以上,或者具有其他特别恶劣情节的。(全文详见本书《刑法》第342条相关内容)

11. 最高人民法院、最高人民检察院《关于办理渎职刑事案件适用法律若干问题的解释(1)》(法释〔2012〕18号)

(详见本书《刑法》第397条相关内容)

12. 最高人民检察院《人民检察院讯问职务犯罪嫌疑人实行全程同步录音录像的规定(试行)》(高检发反贪字〔2014〕213号)

(详见本书《刑法》第383条相关内容)

13. 最高人民法院、最高人民检察院《关于执行〈中华人民共和国刑法〉确定罪名的补充规定(6)》(法释〔2015〕20号)

根据《中华人民共和国刑法修正案(9)》(以下简称《刑法修正案(9)》)和《全国人民代表大会常务委员会关于修改部分法律的决定》的有关规定,现对最高人民法院《关于执行〈中华人民共和国刑法〉确定罪名的规定》、最高人民检察院《关于适用刑法分则规定的犯罪的罪名的意见》作如下补充、修改:刑法条文第410条(《全国人大常委会关于修改部分法律的决定》第2条),罪名非法批准征收、征用、占用土地罪(取消非法批准征用、占用土地罪罪名)。

14. 最高人民检察院《第16批指导性案例刘某非法占用农用地案》(检例第60号;2020年3月5日)

(详见本书《刑法》第342条相关内容)

15. 参见本书《刑法》第397条相关内容。

第411条 【放纵走私罪】海关工作人员徇私舞弊,放纵走私,情节严重的,处5年以下有期徒刑或者拘役;情节特别严重的,处5年以上有期徒刑。

• 释义

放纵走私罪是指海关工作人员徇私舞弊,放纵走私,情节严重的行为。

• 管辖

监察机关。

• 立案追诉标准

(一)重大案件造成国家税收损失累计达30万元以上的。

(二)特大案件造成国家税收损失累计达50万元以上的。

涉嫌下列情形之一的,应予立案:

1. 放纵走私犯罪的;
2. 因放纵走私致使国家应收税额损失累计达10万元以上的;
3. 放纵走私行为3起次以上的;
4. 放纵走私行为,具有索取或者收受贿赂情节的;

5. 其他情节严重的情形。

• 关联法律

1. 最高人民检察院《人民检察院直接受理立案侦查的渎职侵权重特大案件标准(试行)》(高检发〔2001〕13 号)

(见本条立案追诉标准内容)

2. 最高人民法院、最高人民检察院、海关总署《关于办理走私刑事案件适用法律若干问题的意见》(法〔2002〕139 号)

十六、关于放纵走私罪的认定问题

依照刑法第 411 条的规定,负有特定监管义务的海关工作人员徇私舞弊,利用职权,放任、纵容走私犯罪行为,情节严重的,构成放纵走私罪。放纵走私行为,一般是消极的不作为。如果海关工作人员与走私分子通谋,在放纵走私过程中以积极的行为配合走私分子逃避海关监管或者在放纵走私之后分得赃款的,应以共同走私犯罪追究刑事责任。

海关工作人员收受贿赂又放纵走私的,应以受贿罪和放纵走私罪数罪并罚。(全文详见本书《刑法》第 151 条相关内容)

3. 最高人民检察院《关于渎职侵权犯罪案件立案标准的规定》(高检发释字〔2006〕2 号)

(见本条立案追诉标准内容)

4. 最高人民法院、最高人民检察院《关于办理渎职刑事案件适用法律若干问题的解释(1)》(法释〔2012〕18 号)

(详见本书《刑法》第 397 条相关内容)

5. 参见本书《刑法》第 397 条相关内容。

第 412 条 **【商检徇私舞弊罪】** 国家商检部门、商检机构的工作人员徇私舞弊,伪造检验结果的,处 5 年以下有期徒刑或者拘役;造成严重后果的,处 5 年以上 10 年以下有期徒州。

【商检失职罪】 前款所列人员严重不负责任,对应当检验的物品不检验,或者延误检验出证、错误出证,致使国家利益遭受重大损失的,处 3 年以下有期徒刑或者拘役。

• 释义

商检徇私舞弊罪是指出入境检验检疫机关、检验检疫机构工作人员徇私舞弊,伪造检验结果的行为。

商检失职罪是出入境检验检疫机关、检验检疫机构工作人员严重不负责任,对应当检验的物品不检验,或者延误检验出证、错误出证,致使国家利益遭受重大损失的行为。

• 管辖

监察机关。

• 立案追诉标准

【商检徇私舞弊罪立案追诉标准】

(一)重大案件

1. 造成直接经济损失 50 万元以上的;

2. 徇私舞弊,3 次以上伪造检验结果的。

(二)特大案件

1. 造成直接经济损失100万元以上的;

2. 徇私舞弊,5次以上伪造检验结果的。

涉嫌下列情形之一的,应予立案:

1. 采取伪造、变造的手段对报检的商品的单证、印章、标志、封识、质量认证标志等作虚假的证明或者出具不真实的证明结论的;

2. 将送检的合格商品检验为不合格,或者将不合格商品检验为合格的;

3. 对明知是不合格的商品,不检验而出具合格检验结果的;

4. 其他伪造检验结果应予追究刑事责任的情形。

【商检失职罪立案追诉标准】

(一)重大案件

1. 造成直接经济损失100万元以上的;

2. 5次以上不检验或者延误检验出证、错误出证的。

(二)特大案件

1. 造成直接经济损失300万元以上的;

2. 7次以上不检验或者延误检验出证、错误出证的。

涉嫌下列情形之一的,应予立案:

1. 致使不合格的食品、药品、医疗器械等商品出入境,严重危害生命健康的;

2. 造成个人财产直接经济损失15万元以上,或者直接经济损失不满15万元,但间接经济损失75万元以上的;

3. 造成公共财产、法人或者其他组织财产直接经济损失30万元以上,或者直接经济损失不满30万元,但间接经济损失150万元以上的;

4. 未经检验,出具合格检验结果,致使国家禁止进口的固体废物、液态废物和气态废物等进入境内的;

5. 不检验或者延误检验出证、错误出证,引起国际经济贸易纠纷,严重影响国家对外经贸关系,或者严重损害国家声誉的;

6. 其他致使国家利益遭受重大损失的情形。

• 关联法律

1. 最高人民检察院《人民检察院直接受理立案侦查的渎职侵权重特大案件标准(试行)》(高检发〔2001〕13号)

(见本条立案追诉标准内容)

2. 最高人民检察院《关于渎职侵权犯罪案件立案标准的规定》(高检发释字〔2006〕2号)

(见本条立案追诉标准内容)

3. 最高人民法院、最高人民检察院《关于办理渎职刑事案件适用法律若干问题的解释(1)》(法释〔2012〕18号)

(详见本书《刑法》第397条相关内容)

4. 最高人民法院、最高人民检察院《关于办理危害食品安全刑事案件适用法律若干问题的解释》(法释〔2021〕24号)

第20条 负有食品安全监督管理职责的国家机关工作人员,滥用职权或者玩忽职守,构成食品监管渎职罪,同时构成徇私舞弊不移交刑事案件罪、商检徇私舞弊罪、动植物检疫徇私舞弊罪、放纵制售伪劣商品犯罪行为罪等其他渎职犯罪的,依照处罚较重的规定定罪处罚。

负有食品安全监督管理职责的国家机关工作人员滥用职权或者玩忽职守，不构成食品监管渎职罪，但构成前款规定的其他渎职犯罪的，依照该其他犯罪定罪处罚。

负有食品安全监督管理职责的国家机关工作人员与他人共谋，利用其职务行为帮助他人实施危害食品安全犯罪行为，同时构成渎职犯罪和危害食品安全犯罪共犯的，依照处罚较重的规定定罪从重处罚。（全文详见本书《刑法》第143条相关内容）

5. 参见本书《刑法》第397条相关内容。

第413条 【动植物检疫徇私舞弊罪】 动植物检疫机关的检疫人员徇私舞弊，伪造检疫结果的，处5年以下有期徒刑或者拘役；造成严重后果的，处5年以上10年以下有期徒刑。

【动植物检疫失职罪】 前款所列人员严重不负责任，对应当检疫的检疫物不检疫，或者延误检疫出证、错误出证，致使国家利益遭受重大损失的，处3年以下有期徒刑或者拘役。

• 释义

动植物检疫徇私舞弊罪是指出入境检验检疫机关、检验检疫机构工作人员徇私舞弊，伪造检疫结果的行为。

动植物检疫失职罪是指出入境检验检疫机关、检验检疫机构工作人员严重不负责任，对应当检疫的检疫物不检疫，或者延误检疫出证、错误出证，致使国家利益遭受重大损失的行为。

• 管辖

监察机关。

• 立案追诉标准

【动植物检疫徇私舞弊罪立案追诉标准】

（一）重大案件

1. 徇私舞弊，3次以上伪造检疫结果的；

2. 造成直接经济损失50万元以上的。

（二）特大案件

1. 徇私舞弊，5次以上伪造检疫结果的；

2. 造成直接经济损失100万元以上的。

涉嫌下列情形之一的，应予立案：

1. 采取伪造、变造的手段对检疫的单证、印章、标志、封识等作虚假的证明或者出具不真实的结论的；

2. 将送检的合格动植物检疫为不合格，或者将不合格动植物检疫为合格的；

3. 对明知是不合格的动植物，不检疫而出具合格检疫结果的；

4. 其他伪造检疫结果应予追究刑事责任的情形。

【动植物检疫失职罪立案追诉标准】

（一）重大案件

1. 造成直接经济损失100万元以上的；

2. 导致疫情发生，造成人员死亡2人以上的；

3. 5次以上不检疫，或者延误检疫出证、错误出证，严重影响国家对外经贸关系和国家声誉的。

(二)特大案件

1. 造成直接经济损失300万元以上的;

2. 导致疫情发生,造成人员死亡5人以上的;

3. 7次以上不检疫,或者延误检疫出证、错误出证,严重影响国家对外经贸关系和国家声誉的。

涉嫌下列情形之一的,应予立案:

1. 导致疫情发生,造成人员重伤或者死亡的;

2. 导致重大疫情发生、传播或者流行的;

3. 造成个人财产直接经济损失15万元以上,或者直接经济损失不满15万元,但间接经济损失75万元以上的;

4. 造成公共财产或者法人、其他组织财产直接经济损失30万元以上,或者直接经济损失不满30万元,但间接经济损失150万元以上的;

5. 不检疫或者延误检疫出证、错误出证,引起国际经济贸易纠纷,严重影响国家对外经贸关系,或者严重损害国家声誉的;

6. 其他致使国家利益遭受重大损失的情形。

• 关联法律

1. 最高人民检察院《人民检察院直接受理立案侦查的渎职侵权重特大案件标准(试行)》(高检发〔2001〕13号)

(见本条立案追诉标准内容)

2. 最高人民检察院《关于渎职侵权犯罪案件立案标准的规定》(高检发释字〔2006〕2号)

(见本条立案追诉标准内容)

3. 最高人民法院、最高人民检察院《关于办理渎职刑事案件适用法律若干问题的解释(1)》(法释〔2012〕18号)

(详见本书《刑法》第397条相关内容)

4. 最高人民法院、最高人民检察院《关于办理危害食品安全刑事案件适用法律若干问题的解释》(法释〔2021〕24号)

第20条 负有食品安全监督管理职责的国家机关工作人员,滥用职权或者玩忽职守,构成食品监管渎职罪,同时构成徇私舞弊不移交刑事案件罪、商检徇私舞弊罪、动植物检疫徇私舞弊罪、放纵制售伪劣商品犯罪行为罪等其他渎职犯罪的,依照处罚较重的规定定罪处罚。

负有食品安全监督管理职责的国家机关工作人员滥用职权或者玩忽职守,不构成食品监管渎职罪,但构成前款规定的其他渎职犯罪的,依照该其他犯罪定罪处罚。

负有食品安全监督管理职责的国家机关工作人员与他人共谋,利用其职务行为帮助他人实施危害食品安全犯罪行为,同时构成渎职犯罪和危害食品安全犯罪共犯的,依照处罚较重的规定定罪从重处罚。(全文详见本书《刑法》第143条相关内容)

5. 参见本书《刑法》第397条相关内容。

第414条 【放纵制售伪劣商品犯罪行为罪】 对生产、销售伪劣商品犯罪行为负有追究责任的国家机关工作人员,徇私舞弊,不履行法律规定的追究职责,情节严重的,处5年以下有期徒刑或者拘役。

• 释义

放纵制售伪劣商品犯罪行为罪是指对生产、销售伪劣商品犯罪行为负有追究责任的国家机关工作人员徇私舞弊，不履行法律规定的追究职责，情节严重的行为。

• 管辖

监察机关。

• 立案追诉标准

（一）重大案件

1. 放纵生产、销售假药或者有毒、有害食品犯罪行为，情节恶劣或者后果严重的；

2. 放纵依法可能判处5年以上10年以下有期徒刑刑罚的生产、销售伪劣商品犯罪行为的；

3. 5次以上或者对5个以上有生产、销售伪劣商品犯罪行为的单位或者个人不履行追究职责的。

（二）特大案件

1. 放纵生产、销售假药或者有毒、有害食品犯罪行为，造成人员死亡的；

2. 放纵依法可能判处10年以上刑罚的生产、销售伪劣商品犯罪行为的；

3. 7次以上或者对7个以上有生产、销售伪劣商品犯罪行为的单位或者个人不履行追究职责的。

涉嫌下列情形之一的，应予立案：

1. 放纵生产、销售假药或者有毒、有害食品犯罪行为的；

2. 放纵生产、销售伪劣农药、兽药、化肥、种子犯罪行为的；

3. 放纵依法可能判处3年有期徒刑以上刑罚的生产、销售伪劣商品犯罪行为的；

4. 对生产、销售伪劣商品犯罪行为不履行追究职责，致使生产、销售伪劣商品犯罪行为得以继续的；

5. 3次以上不履行追究职责，或者对3个以上有生产、销售伪劣商品犯罪行为的单位或者个人不履行追究职责的；

6. 其他情节严重的情形。

• 关联法律

1. 最高人民法院、最高人民检察院《关于办理生产、销售伪劣商品刑事案件具体应用法律若干问题的解释》（法释〔2001〕10号）

第8条 国家机关工作人员徇私舞弊，对生产、销售伪劣商品犯罪不履行法律规定的查处职责，具有下列情形之一的，属于刑法第414条规定的“情节严重”：

（一）放纵生产、销售假药或者有毒、有害食品犯罪行为的；（二）放纵依法可能判处2年有期徒刑以上刑罚的生产、销售、伪劣商品犯罪行为的；（三）对3个以上有生产、销售伪劣商品犯罪行为的单位或者个人不履行追究职责的；（四）致使国家和人民利益遭受重大损失或者造成恶劣影响的。（全文详见本书《刑法》第140条相关内容）

2. 最高人民检察院《人民检察院直接受理立案侦查的渎职侵权重特大案件标准（试行）》（高检发〔2001〕13号）

（见本条立案追诉标准内容）

3. 最高人民检察院《关于渎职侵权犯罪案件立案标准的规定》(高检发释字〔2006〕2号)

(见本条立案追诉标准内容)

4. 最高人民法院、最高人民检察院《关于办理渎职刑事案件适用法律若干问题的解释(1)》(法释〔2012〕18号)

(详见本书《刑法》第397条相关内容)

5. 最高人民法院、最高人民检察院《关于办理危害食品安全刑事案件适用法律若干问题的解释》(法释〔2021〕24号)

第20条 负有食品安全监督管理职责的国家机关工作人员,滥用职权或者玩忽职守,构成食品监管渎职罪,同时构成徇私舞弊不移交刑事案件罪、商检徇私舞弊罪、动植物检疫徇私舞弊罪、放纵制售伪劣商品犯罪行为罪等其他渎职犯罪的,依照处罚较重的规定定罪处罚。

负有食品安全监督管理职责的国家机关工作人员滥用职权或者玩忽职守,不构成食品监管渎职罪,但构成前款规定的其他渎职犯罪的,依照该其他犯罪定罪处罚。

负有食品安全监督管理职责的国家机关工作人员与他人共谋,利用其职务行为帮助他人实施危害食品安全犯罪行为,同时构成渎职犯罪和危害食品安全犯罪共犯的,依照处罚较重的规定定罪从重处罚。(全文详见本书《刑法》第143条相关内容)

6. 参见本书《刑法》第397条相关内容。

第415条 【办理偷越国(边)境人员出入境证件罪】【放行偷越国(边)境人员罪】 负责办理护照、签证以及其他出入境证件的国家机关工作人员,对明知是企图偷越国(边)境的人员,予以办理出入境证件的,或者边防、海关等国家机关工作人员,对明知是偷越国(边)境的人员,予以放行的,处3年以下有期徒刑或者拘役;情节严重的,处3年以上7年以下有期徒刑。

• 释义

办理偷越国(边)境人员出入境证件罪是指负责办理护照、签证以及其他出入境证件的国家机关工作人员,对明知是企图偷越国(边)境的人员,予以办理出入境证件的行为。

放行偷越国(边)境人员罪是指边防、海关等国家机关工作人员,对明知是偷越国(边)境的人员予以放行的行为。

• 管辖

监察机关。

• 立案追诉标准

【办理偷越国(边)境人员出入境证件罪立案追诉标准】

(一)重大案件

1. 违法办理3人以上的;

2. 违法办理3次以上的;

3. 违法为刑事犯罪分子办证的。

(二)特大案件

1. 违法办理5人以上的;

2. 违法办理5次以上的;

3. 违法为严重刑事犯罪分子办证的。

负责办理护照、签证以及其他出入境证件的国家机关工作人员涉嫌在办理护照、签证以及其他出入境证件的过程中，对明知是企图偷越国（边）境的人员而予以办理出入境证件的，应予立案。

【放行偷越国（边）境人员罪立案追诉标准】

（一）重大案件

1. 违法放行3人以上的；

2. 违法放行3次以上的；

3. 违法放行刑事犯罪分子的。

（二）特大案件

1. 违法放行5人以上的；

2. 违法放行5次以上的；

3. 违法放行严重刑事犯罪分子的。边防、海关等国家机关工作人员涉嫌在履行职务过程中，对明知是偷越国（边）境的人员而予以放行的，应予立案。

• 关联法律

1. 最高人民检察院《人民检察院直接受理立案侦查的渎职侵权重特大案件标准（试行）》（高检发〔2001〕13号）

（见本条立案追诉标准内容）

2. 最高人民检察院《关于渎职侵权犯罪案件立案标准的规定》（高检发释字〔2006〕2号）

（见本条立案追诉标准内容）

3. 最高人民法院、最高人民检察院《关于办理渎职刑事案件适用法律若干问题的解释（1）》（法释〔2012〕18号）

（详见本书《刑法》第397条相关内容）

4. 参见本书《刑法》第397条相关内容。

第416条 【不解救被拐卖、绑架妇女、儿童罪】 对被拐卖、绑架的妇女、儿童负有解救职责的国家机关工作人员，接到被拐卖、绑架的妇女、儿童及其家属的解救要求或者接到其他人的举报，而对被拐卖、绑架的妇女、儿童不进行解救，造成严重后果的，处5年以下有期徒刑或者拘役。

【阻碍解救被拐卖、绑架妇女、儿童罪】 负有解救职责的国家机关工作人员利用职务阻碍解救的，处2年以上7年以下有期徒刑；情节较轻的，处2年以下有期徒刑或者拘役。

• 释义

不解救被拐卖、绑架妇女、儿童罪是指对被拐卖、绑架的妇女、儿童负有解救职责的公安、司法等国家机关工作人员接到被拐卖、绑架的妇女、儿童及其家属的解救要求或者接到其他人的举报，而对被拐卖、绑架的妇女、儿童不进行解救，造成严重后果的行为。

阻碍解救被拐卖、绑架妇女、儿童罪是指对被拐卖、绑架的妇女、儿童负有解救职责的公安、司法等国家机关工作人员利用职务阻碍解救被拐卖、绑架的妇女、儿童的行为。

• 管辖

监察机关。

• 立案追诉标准

【不解救被拐卖、绑架妇女、儿童罪立案追诉标准】

(一)重大案件

1.5次或者对5名以上被拐卖、绑架的妇女、儿童不进行解救的;

2.因不解救致人死亡的。

(二)特大案件

1.7次或者对7名以上被拐卖、绑架的妇女、儿童不进行解救的;

2.因不解救致人死亡3人以上的。

涉嫌下列情形之一的,应予立案:

1.导致被拐卖、绑架的妇女、儿童或者其家属重伤、死亡或者精神失常的;

2.导致被拐卖、绑架的妇女、儿童被转移、隐匿、转卖,不能及时进行解救的;

3.对被拐卖、绑架的妇女、儿童不进行解救3人次以上的;

4.对被拐卖、绑架的妇女、儿童不进行解救,造成恶劣社会影响的;

5.其他造成严重后果的情形。

【阻碍解救被拐卖、绑架妇女、儿童罪立案追诉标准】

(一)重大案件

1.3次或者对3名以上被拐卖、绑架的妇女、儿童阻碍解救的;

2.阻碍解救致人死亡的。

(二)特大案件

1.5次或者对5名以上被拐卖、绑架的妇女、儿童阻碍解救的;

2.阻碍解救致人死亡2人以上的。

涉嫌下列情形之一的,应予立案:

1.利用职权,禁止、阻止或者妨碍有关部门、人员解救被拐卖、绑架的妇女、儿童的;

2.利用职务上的便利,向拐卖、绑架者或者收买者通风报信,妨碍解救工作正常进行的;

3.其他利用职务阻碍解救被拐卖、绑架的妇女、儿童应予追究刑事责任的情形。

• 关联法律

1.公安部《关于打击拐卖妇女儿童犯罪适用法律和政策有关问题的意见》(公通字〔2000〕25号)

(详见本书《刑法》第240条相关内容)

2.最高人民检察院《人民检察院直接受理立案侦查的渎职侵权重特大案件标准(试行)》(高检发〔2001〕13号)

(见本条立案追诉标准内容)

3.最高人民检察院《关于渎职侵权犯罪案件立案标准的规定》(高检发释字〔2006〕2号)

(见本条立案追诉标准内容)

4.最高人民法院、最高人民检察院《关于办理渎职刑事案件适用法律若干问题的解释(1)》(法释〔2012〕18号)

(详见本书《刑法》第397条相关内容)

5.参见本书《刑法》第397条相关内容。

第417条 【帮助犯罪分子逃避处罚罪】 有查禁犯罪活动职责的国家机关工作人员,向犯罪分子通风报信、提供便利,帮助犯罪分子逃避处罚的,处3年以下有期徒刑或者拘役;情节严重的,处3年以上10年以下有期徒刑。

• 释义

帮助犯罪分子逃避处罚罪是指有查禁犯罪活动职责的司法及公安、国家安全、海关、税务等国家机关工作人员,向犯罪分子通风报信、提供便利,帮助犯罪分子逃避处罚的行为。

• 管辖

监察机关。

• 立案追诉标准

(一)重大案件
1. 3次或者使3名以上犯罪分子逃避处罚的;
2. 帮助重大刑事犯罪分子逃避处罚的。
(二)特大案件
1. 5次或者使5名以上犯罪分子逃避处罚的;
2. 帮助2名以上重大刑事犯罪分子逃避处罚的。
涉嫌下列情形之一的,应予立案:
1. 向犯罪分子泄漏有关部门查禁犯罪活动的部署、人员、措施、时间、地点等情况的;
2. 向犯罪分子提供钱物、交通工具、通讯设备、隐藏处所等便利条件的;
3. 向犯罪分子泄露案情的;
4. 帮助、示意犯罪分子隐匿、毁灭、伪造证据,或者串供、翻供的;
5. 其他帮助犯罪分子逃避处罚应予追究刑事责任的情形。

• 关联法律

1. 最高人民法院、最高人民检察院、公安部、国家工商行政管理局《关于依法查处盗窃、抢劫机动车案件的规定》(公通字〔1998〕31号)

十、公安人员对盗窃、抢劫的机动车辆,非法提供机动车牌证或者为其取得机动车牌证提供便利,帮助犯罪分子逃避处罚的,依照《刑法》第417条规定处罚。(全文详见本书《刑法》第312条相关内容)

2. 最高人民检察院《人民检察院直接受理立案侦查的渎职侵权重特大案件标准(试行)》(高检发〔2001〕13号)

(见本条立案追诉标准内容)

3. 最高人民检察院《关于渎职侵权犯罪案件立案标准的规定》(高检发释字〔2006〕2号)

(见本条立案追诉标准内容)

4. 最高人民法院、最高人民检察院《关于办理渎职刑事案件适用法律若干问题的解释(1)》(法释〔2012〕18号)

(详见本书《刑法》第397条相关内容)

5. 最高人民法院、最高人民检察院《关于办理扰乱无线电通讯管理秩序等刑事案件适用法律若干问题的解释》(法释〔2017〕11号)

第7条 负有无线电监督管理职责的国家机关工作人员滥用职权或者玩忽职守,致使公共财产、国家和人民利益遭受重大损失的,应当依照刑法第397条的规定,以滥用职权罪或者玩忽职守罪追究刑事责任。

有查禁扰乱无线电管理秩序犯罪活动职责的国家机关工作人员,向犯罪分子通风报信、提供便利，帮助犯罪分子逃避处罚的，应当依照刑法第 417 条的规定，以帮助犯罪分子逃避处罚罪追究刑事责任；事先通谋的，以共同犯罪论处。

6. 最高人民法院、最高人民检察院、公安部、农业农村部《关于依法惩治长江流域非法捕捞等违法犯罪的意见》（公通字〔2020〕17 号）

二 （五）依法严惩危害水生生物资源的渎职犯罪。对长江流域重点水域水生生物资源保护负有监督管理、行政执法职责的国家机关工作人员，滥用职权或者玩忽职守，致使公共财产、国家和人民利益遭受重大损失的，应当依照刑法第 397 条的规定，以滥用职权罪或者玩忽职守罪定罪处罚。

负有查禁破坏水生生物资源犯罪活动职责的国家机关工作人员，向犯罪分子通风报信、提供便利，帮助犯罪分子逃避处罚的，应当依照刑法第 417 条的规定，以帮助犯罪分子逃避处罚罪定罪处罚。

（六）依法严惩危害水生生物资源的违法行为。实施上述行为，不构成犯罪的，由农业农村（渔政）部门等依据《渔业法》等法律法规予以行政处罚；构成违反治安管理行为的，由公安机关依法给予治安管理处罚。（全文详见本书《刑法》第 340 条相关内容）

7. 最高人民法院、最高人民检察院《关于办理破坏野生动物资源刑事案件适用法律若干问题的解释》（法释〔2022〕12 号）

第 10 条 负有野生动物保护和进出口监督管理职责的国家机关工作人员，滥用职权或者玩忽职守，致使公共财产、国家和人民利益遭受重大损失的，应当依照刑法第 397 条的规定，以滥用职权罪或者玩忽职守罪追究刑事责任。

负有查禁破坏野生动物资源犯罪活动职责的国家机关工作人员，向犯罪分子通风报信、提供便利，帮助犯罪分子逃避处罚的，应当依照刑法第 417 条的规定，以帮助犯罪分子逃避处罚罪追究刑事责任。（全文详见本书《刑法》第 341 条相关内容）

8. 参见本书《刑法》第 397 条相关内容。

第 418 条 【招收公务员、学生徇私舞弊罪】 国家机关工作人员在招收公务员、学生工作中徇私舞弊，情节严重的，处 3 年以下有期徒刑或者拘役。

• 释义

招收公务员、学生徇私舞弊罪是指国家机关工作人员在招收公务员、学生工作中徇私舞弊，情节严重的行为。

• 管辖

监察机关。

• 立案追诉标准

（一）重大案件

1. 5 次以上招收不合格公务员、学生或者 1 次招收 5 名以上不合格公务员、学生的；

2. 造成县区范围内招收公务员、学生工作重新进行的；

3. 因招收不合格公务员、学生，导致被排挤的合格人员或者其亲属精神失常的。

（二）特大案件

1. 7 次以上招收不合格公务员、学生或者 1 次招收 7 名以上不合格公务员、学生的；

2. 造成地市范围内招收公务员、学生工作重新进行的；

3. 因招收不合格公务员、学生，导致被排挤的合格人员或者其亲属自杀的。

涉嫌下列情形之一的，应予立案：

1. 徇私舞弊，利用职务便利，伪造、变造人事、户口档案、考试成绩或者其他影响招收工作的有关资料，或者明知是伪造、变造的上述材料而予以认可的；

2. 徇私舞弊，利用职务便利，帮助5名以上考生作弊的；

3. 徇私舞弊招收不合格的公务员、学生3人次以上的；

4. 因徇私舞弊招收不合格的公务员、学生，导致被排挤的合格人员或者其近亲属自杀、自残造成重伤、死亡，或者精神失常的；

5. 因徇私舞弊招收公务员、学生，导致该项招收工作重新进行的；

6. 其他情节严重的情形。

• 关联法律

1. 最高人民检察院《人民检察院直接受理立案侦查的渎职侵权重特大案件标准（试行）》（高检发〔2001〕13号）

（见本条立案追诉标准内容）

2. 最高人民检察院《关于渎职侵权犯罪案件立案标准的规定》（高检发释字〔2006〕2号）

（见本条立案追诉标准内容）

3. 最高人民法院、最高人民检察院《关于办理渎职刑事案件适用法律若干问题的解释（1）》（法释〔2012〕18号）

（详见本书《刑法》第397条相关内容）

4. 人力资源和社会保障部《公务员考试录用违纪违规行为处理办法》（人力资源和社会保障部令〔2016〕第30号）

第17条 录用工作人员违反有关法律法规，或者有《公务员录用规定（试行）》第33条、第34条规定情形的，按照有关规定给予处分。其中，公务员组织、策划有组织作弊或者在有组织作弊中起主要作用的，给予开除处分。构成犯罪的，依法追究刑事责任。

第18条 报考者对违纪违规行为处理决定不服的，可以依法申请行政复议或者提起行政诉讼。

录用工作人员因违纪违规行为受到处分不服的，可以依法申请复核或者提出申诉。

第19条 参照公务员法管理的机关（单位）工作人员录用中违纪违规行为的认定与处理适用本办法。

第21条 本办法自2016年10月1日起施行。2009年11月9日人力资源社会保障部公布的《公务员录用考试违纪违规行为处理办法（试行）》（人力资源和社会保障部令第4号）同时废止。

5. 最高人民法院、最高人民检察院《关于办理组织考试作弊等刑事案件适用法律若干问题的解释》（法释〔2019〕13号）

（详见本书《刑法》第280条之一相关内容）

6. 参见本书《刑法》第397条相关内容。

第419条 【失职造成珍贵文物损毁、流失罪】 国家机关工作人员严重不负责任，造成珍贵文物损毁或者流失，后果严重的，处3年以下有期徒刑或者拘役。

• 释义

失职造成珍贵文物损毁、流失罪是指文物行政管理部门、公安机关、工商行政管理部门、海关、城乡建设规划部门等国家机关工作人员严重不负责任,造成珍贵文物损毁或者流失,后果严重的行为。

• 管辖

监察机关。

• 立案追诉标准

(一)重大案件
1. 导致国家一级文物损毁或者流失1件以上的;
2. 导致国家二级文物损毁或者流失3件以上的;
3. 导致国家三级文物损毁或者流失5件以上的;
4. 导致省级文物保护单位严重损毁的。
(二)特大案件
1. 导致国家一级文物损毁或者流失3件以上的;
2. 导致国家二级文物损毁或者流失5件以上的;
3. 导致国家三级文物损毁或者流失10件以上的;
4. 导致全国重点文物保护单位严重损毁的。
涉嫌下列情形之一的,应予立案:
1. 导致国家1、2、3级珍贵文物损毁或者流失的;
2. 导致全国重点文物保护单位或者省、自治区、直辖市级文物保护单位损毁的;
3. 其他后果严重的情形。

• 关联法律

1. 最高人民检察院《人民检察院直接受理立案侦查的渎职侵权重特大案件标准(试行)》(高检发〔2001〕13号)

(见本条立案追诉标准内容)

2. 最高人民检察院《关于渎职侵权犯罪案件立案标准的规定》(高检发释字〔2006〕2号)

(见本条立案追诉标准内容)

3. 最高人民法院、最高人民检察院《关于办理渎职刑事案件适用法律若干问题的解释(1)》(法释〔2012〕18号)

(详见本书《刑法》第397条相关内容)

4. 最高人民法院、最高人民检察院《关于办理妨害文物管理等刑事案件适用法律若干问题的解释》(法释〔2015〕23号)

第10条 国家机关工作人员严重不负责任,造成珍贵文物损毁或者流失,具有下列情形之一的,应当认定为刑法第419条规定的"后果严重":

(一)导致2级以上文物或者5件以上三级文物损毁或者流失的;(二)导致全国重点文物保护单位、省级文物保护单位的本体严重损毁或者灭失的;(三)其他后果严重的情形。(全文见本书《刑法》第151条相关内容)

5. 参见本书《刑法》第397条相关内容。

第十章 军人违反职责罪

军人违反职责罪,与第7章危害国防利益罪,都应依据2013年2月26日最高人民检察院、解放军总政治部《军人违反职责罪案件立案标准的规定》确定“军人”、“战时”、“违反职责”等概念。

第420条 【军人违反职责罪的概念】 军人违反职责,危害国家军事利益,依照法律应当受刑罚处罚的行为,是军人违反职责罪。

• 关联法律

1. 中央军委《关于军队执行〈中华人民共和国刑事诉讼法〉若干问题的暂行规定》(1998年7月21日)

第1条 为了保证军队刑事诉讼活动的顺利进行,根据《中华人民共和国刑事诉讼法》(以下简称《刑事诉讼法》)和其他法律的有关规定,结合军队的实际情况,制定本规定。

第2条 军队保卫部门对军队内部发生的刑事案件依法行使侦查权;军事检察院、军事法院对军内人员犯罪的案件依法分别行使检察权、审判权;法律另有规定的除外。

军队和地方互涉的刑事案件依照有关规定办理。

第3条 军队保卫部门、军事检察院、军事法院按照下列规定管辖所在单位和案件管辖单位的刑事案件:

(一)军级以下单位的保卫部门按照侦查权限分工,管辖副团职、专业技术8级、文职副处级以下人员犯罪的案件;副大军区级单位的保卫部门管辖正团职、专业技术7级、文职正处级以下人员犯罪的案件;军级和副大军区级单位的军事检察院、军事法院分别管辖上述人员犯罪可能被判处无期徒刑以下刑罚的案件。(二)大军区级单位的保卫部门管辖前项规定以外的正团职、副师职、专业技术7级至4级、文职正处级和副局级人员犯罪的案件;大军区级单位的军事检察院、军事法院管辖上述人员犯罪的案件,以及前项所列人员犯罪可能被判处死刑的案件。(三)总直属队的军事检察院、军事法院管辖副师职、专业技术4级、文职副局级以下人员犯罪的案件。

正师职、专业技术3级、文职正局级以上人员犯罪案件的管辖,由总政治部保卫部、解放军军事检察院、解放军军事法院决定。

犯罪嫌疑人、被告人兼有行政职务和专业技术等级职务的,按照其中较高的行政职务或者专业技术等级确定案件的管辖。

第4条 属于军队保卫部门管辖的刑事案件,涉及两个以上单位的,涉案单位的保卫部门应当共同查清犯罪事实,由犯罪嫌疑人所在单位的保卫部门依法处理。

属于军事检察院管辖的刑事案件,涉及两个以上单位的,比照前款规定执行。

管辖有争议的,由争议双方共同的上级保卫部门或者军事检察院指定管辖。

第5条 上级保卫部门、军事检察院在必要的时候,可以直接侦查下级保卫部门、军事检察院管辖的刑事案件,也可以将本级管辖的刑事案件交由下级保卫部门、军事检察院侦查。

第6条 军内人员利用职权实施的不属于军事检察院立案侦查的重大犯罪案件，需要由军事检察院直接受理时，经解放军军事检察院决定，可以由有管辖权的军事检察院立案侦查。

第7条 未设立保卫部门的军级以上单位和军队院校政治部负责保卫工作的机构办理刑事案件时，在上级保卫部门的组织指导下，依法行使相应的侦查权。

第8条 军队保卫部门、军事检察院、军事法院决定对犯罪嫌疑人、被告人采取监视居住措施的，可以在指定的地点执行，并由专人进行监视。

犯罪嫌疑人、被告人在监视居住期间，应当遵守国家法律和军队的有关规定。

第9条 军事检察院决定拘留、逮捕犯罪嫌疑人，军事法院决定逮捕被告人，应当按照案件管辖权限，通知保卫部门执行。上级保卫部门根据案件情况，可以交由下级保卫部门代为执行。

第10条 军队保卫部门、军事检察院办理重大、复杂案件时，经师级以上单位的政治机关批准，可以临时任命侦查、检察人员参与办案。

第11条 对犯罪嫌疑人逮捕后的侦查羁押期限届满，需要延长羁押期限的，经上一级军事检察院批准，可以延长1个月。有《刑事诉讼法》第126条、127条规定的情形之一，需要延长羁押期限的，由解放军军事检察院依法批准或者决定。

第12条 案件管辖单位保卫部门立案侦查的案件，需要提请批准逮捕犯罪嫌疑人或者移送审查起诉的，由师级以上单位的保卫部门按照有关规定报上一级保卫部门同意后，可以直接向有管辖权的军事检察院提请批准逮捕或者移送审查起诉。

第13条 军事检察院立案侦查的案件，应当按照业务分工办理侦查与批准逮捕、起诉工作。

第14条 被害人或者军事检察院提起附带民事诉讼的，适用《刑事诉讼法》第7章的规定。

第15条 办理刑事案件中，对人身伤害的医学鉴定有争议需要重新鉴定或者对精神病的医学鉴定，由省级人民政府或者大军区级以上单位指定的医院进行；需作其他鉴定的，应当指派、聘请军级以上单位或者地方有关部门具有专门知识的人进行。

第16条 军级和副大军区级单位的军事法院、大军区级单位的军事法院和总直属队的军事法院、解放军军事法院在审判第1审案件时，其审判组织分别参照适用《刑事诉讼法》第147条关于基层人民法院、中级人民法院和高级人民法院的规定。

第17条 军事法院公开审理案件时，与本案件有关的地方人员经许可可以参加旁听。

第18条 《刑事诉讼法》第2审程序关于上诉和抗诉的规定，适用于军事法院第1审的判决和裁定。

第19条 军事法院开庭审理案件时，被告人所在团级以上单位应当根据军事法院的要求，派出有关人员执行法庭勤务和押解任务。

第20条 军级和副大军区级单位的军事法院审理公诉案件，需要延长审理期限的，由大军区级单位的军事法院依法批准；大军区级以上单位的军事法院审理公诉案件以及上诉、抗诉案件，有《刑事诉讼法》第126条规定的情形之一，需要延长审理期限的，由解放军军事法院依法批准或者决定。军事法院作出延期审理决定的，应当通知有关的军事检察院。

第21条 大军区级单位的军事法院和总直属队的军事法院、解放军军事法院在复核和执行死刑案件中，分别适用《刑事诉讼法》关于地方中级人民法院和高级人民法院的规定。

第22条 对于罪犯确有严重疾病，必须保外就医的，由省级人民政府或者大军区级以上单位指定的医院开具证明文件，依照法律规定的程序审批。

第23条 对于被判处徒刑缓刑的罪犯，军事法院应当将有关的法律文书送达罪犯所在单位保卫部门，由罪犯所在单位予以考察。

第24条 在军队执行刑罚的犯罪分子，需要依法减刑、假释的，由军事法院依照下列规定审核裁定：

（一）被判处无期徒刑的犯罪分子，需要依法予以减刑、假释的，报请解放军军事法院审核裁定；（二）被判处管制、拘役、有期徒刑的犯罪分子，需要依法予以减刑、假释的，报请对执行机关有案件管辖权的大军区级单位的军事法院或者总直属队的军事法院审核裁定。如果执行机关与大军区级单位的军事法院不在同一省级行政区域内，经大军区级单位的军事法院批准，执行机关也可以报请有案件管辖权的军级或者副大军区级单位的军事法院审核裁定。

第25条 军事监狱对罪犯在监狱内犯罪的案件依法进行侦查。侦查终结后需要移送审查起诉的，向有管辖权的军事检察院移送。

第26条 本规定所称军队内部发生的刑事案件，是指部队营区内发生的刑事案件和军内人员犯罪的案件。

第27条 本规定所称军内人员，是指人民解放军现役军官、文职干部、士兵和具有军籍的学员、在编职工以及由军队管理的离休、退休人员。

第28条 本规定所称案件管辖单位，是指由没有行政隶属关系的军事检察院、军事法院管辖其案件的单位。

第29条 中国人民武装警察部队的保卫部门、军事检察院、军事法院办理刑事案件，适用本规定。

第30条 过去的规定与本规定不一致的，以本规定为准。

第31条 本规定由总政治部负责解释。

第32条 本规定自发布之日起施行。

2. 中国人民解放军总政治部、军事法院、军事检察院《关于〈中华人民共和国刑法〉第10章所列刑事案件管辖范围的通知》（〔1998〕军检字第17号）

为了保证修订的《中华人民共和国刑法》分则第10章关于军人违反职责罪规定的贯彻实施，根据《中华人民共和国刑事诉讼法》第18条的规定，以及最高人民法院、最高人民检察院、公安部、国家安全部、司法部、全国人大常委会法制工作委员会《关于刑事诉讼法实施中若干问题的规定》中关于刑事案件管辖分工的规定精神，结合军队司法工作的实际情况，对军人违反职责罪一章所列案件管辖分工范围通知如下：

一、保卫部负责侦查下列案件：

1. 战时违抗命令案（第421条）；
2. 隐瞒、谎报军情案（第422条）；
3. 拒传、假传军令案（第422条）；
4. 投降案（第423条）；
5. 战时临阵脱逃案（第424条）；
6. 阻碍执行军事职务案（第426条）；
7. 军人叛逃案（第430条）；
8. 非法获取军事秘密案（第431条第1款）；
9. 为境外窃取、刺探、收买、非法提供军事秘密案（第431条第2款）；
10. 故意泄露军事秘密案（第432条）；
11. 战时造谣惑众案（第433条）；
12. 战时自伤案（第434条）；
13. 逃离部队案（第435条）；
14. 武器装备肇事案（第436条）；

15. 盗窃、抢夺武器装备、军用物资案(第438条);
16. 非法出卖、转让武器装备案(第439条);
17. 遗弃武器装备案(第440条);
18. 遗失武器装备案(第441条);
19. 战时残害居民、掠夺居民财物案(第446条);
20. 私放俘虏案(第447条)。

二、军事检察院直接受理下列案件:

1. 擅自、玩忽军事职守案(第425条);
2. 指使部属违反职责案(第427条);
3. 违令作战消极案(第428条);
4. 拒不救援友邻部队案(第429条);
5. 过失泄露军事秘密案(第432条);
6. 擅自改变武器装备编配用途案(第437条);
7. 擅自出卖、转让军队房地产案(第442条);
8. 虐待部属案(第443条);
9. 战时拒不救治伤病军人案(第445条);
10. 军官、警官、文职干部利用职权实施的其他重大的犯罪案件,需要由军事检察院受理的时候,经解放军军事检察院决定,可以由军事检察院立案侦查。

三、军事法院直接受理下列案件:

1. 遗弃伤病军人案(第444条);
2. 虐待俘虏案(第448条)。

本通知自1998年8月12日起施行,原《关于惩治军人违反职责罪暂行条例所列案件的管辖范围的通知》即日废止。

3. 最高人民法院、最高人民检察院、公安部、国家安全部、司法部、解放军总政治部《关于印发〈办理军队和地方互涉刑事案件规定〉的通知》(政保〔2009〕1号)

第1条 为了规范办理军队和地方互涉刑事案件(以下简称军地互涉案件)工作,依法及时有效打击犯罪,保护国家军事利益,维护军队和社会稳定,根据刑法、刑事诉讼法和其他有关规定,制定本规定。

第2条 本规定适用于下列案件:

(一)军人与地方人员共同犯罪的;(二)军人在营区外犯罪的;(三)军人在营区侵害非军事利益犯罪的;(四)地方人员在营区犯罪的;(五)地方人员在营区外侵害军事利益犯罪的;(六)其他需要军队和地方协作办理的案件。

第3条 办理军地互涉案件,应当坚持分工负责、相互配合、及时规范、依法处理的原则。

第4条 对军人的侦查、起诉、审判,由军队保卫部门、军事检察院、军事法院管辖。军队文职人员、非现役公勤人员、在编职工、由军队管理的离退休人员,以及执行军事任务的预备役人员和其他人员,按照军人确定管辖。

对地方人员的侦查、起诉、审判,由地方公安机关、国家安全机关、人民检察院、人民法院管辖。

第5条 发生在营区的案件,由军队保卫部门或者军事检察院立案侦查;其中犯罪嫌疑人不明确且侵害军事利益的,由军队保卫部门或者军事检察院与地方公安机关或者国家安全机关、人民检察院,按照管辖分工共同组织侦查,查明犯罪嫌疑人属于本规定第4条第2款规定管辖的,移交地方公安机关或者国家安全机关、人民检察院处理。

发生在营区外的案件,由地方公安机关或者国家安全机关、人民检察院立案侦查;查明犯罪嫌疑人属于本规定第4条第1款规定管辖的,移交军队保卫部门或者军事检察院处理。

第6条 军队和地方共同使用的营房、营院、机场、码头等区域发生的案件,发生在军队管理区域的,按照本规定第5条第1款的规定办理;发生在地方管理区域的,按照本规定第5条第2款的规定办理。管理区域划分不明确的,由军队和地方主管机关协商办理。

军队在地方国家机关和单位设立的办公场所、对外提供服务的场所、实行物业化管理的住宅小区,以及在地方执行警戒勤务任务的部位、住处发生的案件,按照本规定第5条第2款的规定办理。

第7条 军人入伍前涉嫌犯罪需要依法追究刑事责任的,由地方公安机关、国家安全机关、人民检察院提供证据材料,送交军队军级以上单位保卫部门、军事检察院审查后,移交地方公安机关、国家安全机关、人民检察院处理。

军人退出现役后,发现其在服役期内涉嫌犯罪的,由地方公安机关、国家安全机关、人民检察院处理;但涉嫌军人违反职责罪的,由军队保卫部门、军事检察院处理。

第8条 军地互涉案件管辖不明确的,由军队军区级以上单位保卫部门、军事检察院、军事法院与地方省级公安机关、国家安全机关、人民检察院、人民法院协商确定管辖;管辖有争议或者情况特殊的案件,由总政治部保卫部与公安部、国家安全部协商确定,或者由解放军军事检察院、解放军军事法院报请最高人民检察院、最高人民法院指定管辖。

第9条 军队保卫部门、军事检察院、军事法院和地方公安机关、国家安全机关、人民检察院、人民法院对于军地互涉案件的报案、控告、举报或者犯罪嫌疑人自首的,都应当接受。对于不属于自己管辖的应当移送主管机关处理,并通知报案人、控告人、举报人;对于不属于自己管辖而又必须采取紧急措施的,应当先采取紧急措施,然后移送主管机关处理。

第10条 军人在营区外作案被当场抓获或者有重大犯罪嫌疑的,地方公安机关、国家安全机关、人民检察院可以对其采取紧急措施,24小时内通知军队有关部门,及时移交军队保卫部门、军事检察院处理;地方人员在营区作案被当场抓获或者有重大犯罪嫌疑的,军队保卫部门、军事检察院可以对其采取紧急措施,24小时内移交地方公安机关国家安全机关、人民检察院处理。

第11条 地方人员涉嫌非法生产、买卖军队制式服装,伪造、盗窃、买卖或者非法提供、使用军队车辆号牌等专用标志,伪造、变造、买卖或者盗窃、抢夺军队公文、证件、印章,非法持有属于军队绝密、机密的文件、资料或者其他物品,冒充军队单位和人员犯罪等被军队当场查获的,军队保卫部门可以对其采取紧急措施,核实身份后24小时内移交地方公安机关处理。

第12条 军队保卫部门、军事检察院办理案件,需要在营区外采取侦查措施的,应当通报地方公安机关、国家安全机关、人民检察院,地方公安机关、国家安全机关、人民检察院应当协助实施。

地方公安机关、国家安全机关、人民检察院办理案件,需要在营区采取侦查措施的,应当通报军队保卫部门、军事检察院,军队保卫部门、军事检察院应当协助实施。

第13条 军队保卫部门、军事检察院、军事法院和地方公安机关、国家安全机关、人民检察院、人民法院相互移交案件时,应当将有关证据材料和赃款赃物等随案移交。

军队保卫部门、军事检察院、军事法院和地方公安机关、国家安全机关、人民检察院、人民法院依法获取的证据材料、制作的法律文书等,具有同等法律效力。

第14条 军队保卫部门、军事检察院、军事法院和地方公安机关、国家安全机关、人民检察院、人民法院办理案件,经军队军区级以上单位保卫部门、军事检察院、军事法院与地方省级以上公安机关、国家安全机关、人民检察院、人民法院协商同意后,可以凭相关法律手续相互代为羁押犯罪嫌疑人、被告人。

第15条 军队保卫部门、军事检察院、军事法院和地方公安机关、国家安全机关、人民检察院、人民法院对共同犯罪的军人和地方人员分别侦查、起诉、审判的，应当及时协调，依法处理。

第16条 军人因犯罪被判处刑罚并开除军籍的，除按照有关规定在军队执行刑罚的以外，移送地方执行刑罚。地方人员被军事法院判处刑罚的，除掌握重要军事秘密的以外，移送地方执行刑罚。

军队和地方需要相互代为对罪犯执行刑罚、调整罪犯关押场所的，由总政治部保卫部与司法部监狱管理部门或者公安部、国家安全部监所管理部门协商同意后，凭相关法律手续办理。

第17条 战时发生的侵害军事利益或者危害军事行动安全的军地互涉案件，军队保卫部门、军事检察院可先行对涉嫌犯罪的地方人员进行必要的调查和采取相应的强制措施。查清主要犯罪事实后，移交地方公安机关、国家安全机关、人民检察院处理。

第18条 军队保卫部门、军事检察院、军事法院和地方公安机关、国家安全机关、人民检察院、人民法院应当建立健全办案协作机制，加强信息通报、技术支持和协作配合。

第19条 本规定所称军人，是指中国人民解放军的现役军官、文职干部、士兵及具有军籍的学员和中国人民武装警察部队的现役警官、文职干部、士兵及具有军籍的学员；军人身份自批准入伍之日获取，批准退出现役之日终止。

第20条 本规定所称营区，是指由军队管理使用的区域，包括军事禁区、军事管理区，以及军队设立的临时驻地等。

第21条 中国人民武装警察部队（除公安边防、消防、警卫部队外）保卫部门、军事检察院、军事法院办理武警部队与地方互涉刑事案件，适用本规定。

第22条 本规定自2009年8月1日起施行。1982年11月25日最高人民法院、最高人民检察院、公安部、总政治部《关于军队和地方互涉案件几个问题的规定》和1987年12月21日最高人民检察院、公安部、总政治部《关于军队和地方互涉案件侦查工作的补充规定》同时废止。

4. 最高人民检察院、解放军总政治部《军人违反职责罪案件立案标准的规定》（政检〔2013〕1号；2002年10月31日总政治部发布的《关于军人违反职责罪案件立案标准的规定（试行）》同时废止）

《军人违反职责罪案件立案标准的规定》（本处简称“规定”，详细内容见本书《刑法》第321条至第448条。）

第32条 本规定适用于中国人民解放军的现役军官、文职干部、士兵及具有军籍的学员和中国人民武装警察部队的现役警官、文职干部、士兵及具有军籍的学员以及执行军事任务的预备役人员和其他人员涉嫌军人违反职责犯罪的案件。

第33条 本规定所称“战时”，是指国家宣布进入战争状态、部队受领作战任务或者遭敌突然袭击时。部队执行戒严任务或者处置突发性暴力事件时，以战时论。

第34条 本规定中的“违反职责”，是指违反国家法律、法规，军事法规、军事规章所规定的军人职责，包括军人的共同职责，士兵、军官和首长的一般职责，各类主管人员和其他从事专门工作的军人的专业职责等。

第35条 本规定所称“以上”，包括本数：有关犯罪数额“不满”，是指已达到该数额80%以上。

第36条 本规定中的“直接经济损失”，是指与行为有直接因果关系而造成的财产损毁、减少的实际价值;"间接经济损失",是指由直接经济损失引起和牵连的其他损失,包括失去在正常情况下可能获得的利益和为恢复正常管理活动或者为挽回已经造成的损失所支付的各种费用等。

第 37 条 本规定中的"武器装备",是实施和保障军事行动的武器、武器系统和军事技术器材的统称。

第 38 条 本规定中的"军用物资",是除武器装备以外专供武装装力量使用的各种物资的统称,包括装备器材、军需物资、医疗物资、油料物资、营房物资等。

第 39 条 本规定中财物价值和损失的确定,由部队驻地人民法院、人民检察院和公安机关指定的价格事务机构进行估价。武器装备、军事设施、军用物资的价值和损失,由部队军以上单位的主管部门确定;有条件的,也可以由部队驻地人民法院、人民检察院和公安机关指定的价格事务机构进行估价。

第 40 条 本规定自 2013 年 3 月 28 日起施行。2002 年 10 月 31 日总政治部发布的《关于军人违反职责罪案件立案标准的规定(试行)》同时废止。

第 421 条 【战时违抗命令罪】战时违抗命令,对作战造成危害的,处 3 年以上 10 年以下有期徒刑;致使战斗、战役遭受重大损失的,处 10 年以上有期徒刑、无期徒刑或者死刑。

• 释义

战时违抗命令罪是指战时违抗命令,对作战造成危害的行为。

违抗命令,是指主观上出于故意,客观上违背、抗拒首长、上级职权范围内的命令,包括拒绝接受命令、拒不执行命令,或者不按照命令的具体要求行动等。

• 管辖

军事检察院。

• 立案追诉标准

战时涉嫌下列情形之一的,应予立案:

(一)扰乱作战部署或者贻误战机的;

(二)造成作战任务不能完成或者迟缓完成的;

(三)造成我方人员死亡 1 人以上,或者重伤 2 人以上,或者轻伤 3 人以上的;

(四)造成武器装备、军事设施、军用物资损毁,直接影响作战任务完成的;

(五)对作战造成其他危害的。

• 关联法律

1. 最高人民检察院、解放军总政治部《军人违反职责罪案件立案标准的规定》(政检〔2013〕1 号)第 1 条、第 40 条

(见本条立案追诉标准内容)

2. 参见本书《刑法》第 420 条相关内容。

第 422 条 【隐瞒、谎报军情罪】【拒传、假传军令罪】 故意隐瞒、谎报军情或者拒传、假传军令,对作战造成危害的,处 3 年以上 10 年以下有期徒刑;致使战斗、战役遭受重大损失的,处 10 年以上有期徒刑、无期徒刑或者死刑。

• 释义

隐瞒、谎报军情罪是指故意隐瞒、谎报军情,对作战造成危害的行为。

拒传、假传军令罪是指负有传递军令职责的军人,明知是军令而故意拒绝传递或者拖延传递,对作战造成危害的行为。

假传军令罪是指故意伪造、篡改军令,或者明知是伪造、篡改的军令而予以传达或者发布,对作战造成危害的行为。

• 管辖

军事保卫部门。

• 立案追诉标准

【隐瞒、谎报军情罪立案追诉标准】

涉嫌下列情形之一的,应予立案:

(一)造成首长、上级决策失误的;

(二)造成作战任务不能完成或者迟缓完成的;

(三)造成我方人员死亡 1 人以上,或者重伤 2 人以上,或者轻伤 3 人以上的;

(四)造成武器装备、军事设施、军用物资损毁,直接影响作战任务完成的;

(五)对作战造成其他危害的。

【拒传、假传军令罪立案追诉标准】

涉嫌下列情形之一的,应予立案:

(一)造成首长、上级决策失误的;

(二)造成作战任务不能完成或者迟缓完成的;

(三)造成我方人员死亡 1 人以上,或者重伤 2 人以上,或者轻伤 3 人以上的;

(四)造成武器装备、军事设施、军用物资损毁,直接影响作战任务完成的;

(五)对作战造成其他危害的。

• 关联法律

1. 最高人民检察院、解放军总政治部《军人违反职责罪案件立案标准的规定》(政检〔2013〕1 号) 第 2 条、第 3 条、第 40 条

(见本条立案追诉标准内容)

2. 参见本书《刑法》第 420 条相关内容。

第 423 条 【投降罪】 在战场上贪生怕死,自动放下武器投降敌人的,处 3 年以上 10 年以下有期徒刑;情节严重的,处 10 年以上有期徒刑或者无期徒刑。

投降后为敌人效劳的,处 10 年以上有期徒刑、无期徒刑或者死刑。

• 释义

投降罪是指在战场上贪生怕死，自动放下武器投降敌人的行为。

• 管辖

军事保卫部门。

• 立案追诉标准

凡涉嫌投降敌人的，应予立案。

• 关联法律

1. 最高人民检察院、解放军总政治部《军人违反职责罪案件立案标准的规定》(政检〔2013〕1号) 第4条、第40条

(见本条立案追诉标准内容)

2. 参见本书《刑法》第420条相关内容。

第424条 【战时临阵脱逃罪】 战时临阵脱逃的，处3年以下有期徒刑；情节严重的，处3年以上10年以下有期徒刑；致使战斗、战役遭受重大损失的，处10年以上有期徒刑、无期徒刑或者死刑。

• 释义

战时临阵脱逃罪是指在战斗中或者在接受作战任务后，逃离战斗岗位的行为。

• 管辖

军事保卫部门。

• 立案追诉标准

凡战时涉嫌临阵脱逃的，应予立案。

• 关联法律

1. 最高人民检察院、解放军总政治部《军人违反职责罪案件立案标准的规定》(政检〔2013〕1号) 第5条、第40条

(见本条立案追诉标准内容)

2. 参见本书《刑法》第420条相关内容。

第425条 【擅离、玩忽军事职守罪】 指挥人员和值班、值勤人员擅离职守或者玩忽职守，造成严重后果的，处3年以下有期徒刑或者拘役；造成特别严重后果的，处3年以上7年以下有期徒刑。

战时犯前款罪的，处5年以上有期徒刑。

• 释义

擅离、玩忽军事职守罪是指挥人员和值班、值勤人员擅自离开正在履行职责的岗位，或者

在履行职责的岗位上,严重不负责任,不履行或者不正确履行职责,造成严重后果的行为。

指挥人员,是指对部队或者部属负有组织、领导、管理职责的人员。专业主管人员在其业务管理范围内,视为指挥人员。

值班人员,是指军队各单位、各部门为保持指挥或者履行职责不间断而设立的、负责处理本单位、本部门特定事务的人员。值勤人员,是指正在担任警卫、巡逻、观察、纠察、押运等勤务,或者作战勤务工作的人员。

• 管辖

军事检察院。

• 立案追诉标准

涉嫌下列情形之一的,应予立案:

(一)造成重大任务不能完成或者迟缓完成的;

(二)造成死亡1人以上,或者重伤3人以上,或者重伤2人、轻伤4人以上,或者重伤1人、轻伤7人以上,或者轻伤10人以上的;

(三)造成枪支、手榴弹、爆炸装置或者子弹10发、雷管30枚、导火索或者导爆索30米、炸药1000克以上丢失、被盗,或者不满规定数量,但后果严重的,或者造成其他重要武器装备、器材丢失、被盗的;

(四)造成武器装备、军事设施、军用物资或者其他财产损毁,直接经济损失30万元以上,或者直接经济损失、间接经济损失合计150万元以上的;

(五)造成其他严重后果的。

• 关联法律

1. 最高人民检察院、解放军总政治部《军人违反职责罪案件立案标准的规定》(政检〔2013〕1号) 第6条、第40条

(见本条立案追诉标准内容)

2. 参见本书《刑法》第420条相关内容。

> **第426条 【阻碍执行军事职务罪】** 以暴力、威胁方法,阻碍指挥人员或者值班、值勤人员执行职务的,处5年以下有期徒刑或者拘役;情节严重的,处5年以上10年以下有期徒刑;情节特别严重的,处10年以上有期徒刑或者无期徒刑。战时从重处罚。

(本条《中华人民共和国刑法修正案(9)》修改)

• 释义

阻碍执行军事职务罪是指以暴力、威胁方法,阻碍指挥人员或者值班、值勤人员执行职务的行为。

• 管辖

军事保卫部门。

• 立案追诉标准

凡涉嫌阻碍执行军事职务的,应予立案。

- 关联法律

1. 最高人民检察院、解放军总政治部《军人违反职责罪案件立案标准的规定》(政检〔2013〕1号) 第7条、第40条

(见本条立案追诉标准内容)

2.《中华人民共和国刑法修正案(9)》(2015年8月29日第十二届全国人大常委会第十六次会议通过)

五十、将刑法第426条修改为:"以暴力、威胁方法,阻碍指挥人员或者值班、值勤人员执行职务的,处5年以下有期徒刑或者拘役;情节严重的,处5年以上10年以下有期徒刑;情节特别严重的,处10年以上有期徒刑或者无期徒刑。战时从重处罚。"

(原条文:以暴力、威胁方法,阻碍指挥人员或者值班、值勤人员执行职务的,处5年以下有期徒刑或者拘役;情节严重的,处5年以上有期徒刑;致人重伤、死亡的,或者有其他特别严重情节的,处无期徒刑或者死刑。战时从重处罚。)

3. 参见本书《刑法》第420条相关内容。

第427条 【指使部属违反职责罪】 滥用职权,指使部属进行违反职责的活动,造成严重后果的,处5年以下有期徒刑或者拘役;情节特别严重的,处5年以上10年以下有期徒刑。

- 释义

指使部属违反职责罪是指指挥人员滥用职权,指使部属进行违反职责的活动,造成严重后果的行为。

- 管辖

军事检察院。

- 立案追诉标准

涉嫌下列情形之一的,应予立案:

(一)造成重大任务不能完成或者迟缓完成的;

(二)造成死亡1人以上,或者重伤2人以上,或者重伤1人、轻伤3人以上,或者轻伤5人以上的;

(三)造成武器装备、军事设施、军用物资或者其他财产损毁,直接经济损失20万元以上,或者直接经济损失、间接经济损失合计100万元以上的;

(四)造成其他严重后果的。

- 关联法律

1. 最高人民检察院、解放军总政治部《军人违反职责罪案件立案标准的规定》(政检〔2013〕1号) 第8条、第40条

(见本条立案追诉标准内容)

2. 参见本书《刑法》第420条相关内容。

第 428 条 【违令作战消极罪】 指挥人员违抗命令,临阵畏缩,作战消极,造成严重后果的,处 5 年以下有期徒刑;致使战斗、战役遭受重大损失或者有其他特别严重情节的,处 5 年以上有期徒刑。

• **释义**

违令作战消极罪是指指挥人员违抗命令,临阵畏缩,作战消极,造成严重后果的行为。

违抗命令,临阵畏缩,作战消极,是指在作战中故意违背、抗拒执行首长、上级的命令,面临战斗任务而畏难怕险,怯战怠战,行动消极。

• **管辖**

军事检察院。

• **立案追诉标准**

涉嫌下列情形之一的,应予立案:

(一)扰乱作战部署或者贻误战机的;

(二)造成作战任务不能完成或者迟缓完成的;

(三)造成我方人员死亡 1 人以上,或者重伤 2 人以上,或者轻伤 3 人以上的;

(四)造成武器装备、军事设施、军用物资或者其他财产损毁,直接经济损失 20 万元以上,或者直接经济损失、间接经济损失合计 100 万元以上的;

(五)造成其他严重后果的。

• **关联法律**

1. 最高人民检察院、解放军总政治部《军人违反职责罪案件立案标准的规定》(政检〔2013〕1 号》) 第 9 条、第 40 条

(见本条立案追诉标准内容)

2. 参见本书《刑法》第 420 条相关内容。

第 429 条 【拒不救援友邻部队罪】 在战场上明知友邻部队处境危急请求救援,能救援而不救援,致使友邻部队遭受重大损失的,对指挥人员,处 5 年以下有期徒刑。

• **释义**

拒不救援友邻部队罪是指指挥人员在战场上,明知友邻部队面临被敌人包围、追击或者阵地将被攻陷等危急情况请求救援,能救援而不救援,致使友邻部队遭受重大损失的行为。

能救援而不救援,是指根据当时自己部队(分队)所处的环境、作战能力及所担负的任务,有条件组织救援却没有组织救援。

• **管辖**

军事检察院。

• **立案追诉标准**

涉嫌下列情形之一的,应予立案:

(一)造成战斗失利的;
(二)造成阵地失陷的;
(三)造成突围严重受挫的;
(四)造成我方人员死亡3人以上,或者重伤10人以上,或者轻伤15人以上的;
(五)造成武器装备、军事设施、军用物资损毁,直接经济损失100万元以上的;
(六)造成其他重大损失的。

• 关联法律

1. 最高人民检察院、解放军总政治部《军人违反职责罪案件立案标准的规定》(政检〔2013〕1号) 第10条、第40条

(见本条立案追诉标准内容)

2. 参见本书《刑法》第420条相关内容。

第430条 【军人叛逃罪】 在履行公务期间,擅离岗位,叛逃境外或者在境外叛逃,危害国家军事利益的,处5年以下有期徒刑或者拘役;情节严重的,处5年以上有期徒刑。

驾驶航空器、舰船叛逃的,或者有其他特别严重情节的,处10年以上有期徒刑、无期徒刑或者死刑。

• 释义

军人叛逃罪是指军人在履行公务期间,擅离岗位,叛逃境外或者在境外叛逃,危害国家军事利益的行为。

• 管辖

军事保卫部门。

• 立案追诉标准

涉嫌下列情形之一的,应予立案:
(一)因反对国家政权和社会主义制度而出逃的;
(二)掌握、携带军事秘密出境后滞留不归的;
(三)申请政治避难的;
(四)公开发表叛国言论的;
(五)投靠境外反动机构或者组织的;
(六)出逃至交战对方区域的;
(七)进行其他危害国家军事利益活动的。

• 关联法律

1. 最高人民检察院、解放军总政治部《军人违反职责罪案件立案标准的规定》(政检〔2013〕1号) 第11条、第40条

(见本条立案追诉标准内容)

2. 参见本书《刑法》第420条相关内容。

第431条 【非法获取军事秘密罪】以窃取、刺探、收买方法,非法获取军事秘密的,处5年以下有期徒刑;情节严重的,处5年以上10年以下有期徒刑;情节特别严重的,处10年以上有期徒刑。

【为境外窃取、刺探、收买、非法提供军事秘密罪】为境外的机构、组织、人员窃取、刺探、收买、非法提供军事秘密的,处5年以上10年以下有期徒刑;情节严重的,处10年以上有期徒刑、无期徒刑或者死刑。

(本条《中华人民共和国刑法修正案(11)》修改)

• 释义

非法获取军事秘密罪是指违反国家和军队的保密规定,采取窃取、刺探、收买方法,非法获取军事秘密的行为。

军事秘密,是关系国防安全和军事利益,依照规定的权限和程序确定,在一定时间内只限一定范围的人员知悉的事项。

为境外窃取、刺探、收买、非法提供军事秘密罪是指违反国家和军队的保密规定,为境外的机构、组织、人员窃取、刺探、收买、非法提供军事秘密的行为。

• 管辖

军事检察院。

• 立案追诉标准

【非法获取军事秘密罪立案追诉标准】

凡涉嫌非法获取军事秘密的,应予立案。

涉嫌非法获取军事秘密的内容包括:

(一)国防和武装力量建设规划及其实施情况;

(二)军事部署,作战、训练以及处置突发事件等军事行动中需要控制知悉范围的事项;

(三)军事情报及其来源,军事通信、信息对抗以及其他特种业务的手段、能力,密码以及有关资料;

(四)武装力量的组织编制,部队的任务、实力、状态等情况中需要控制知悉范围的事项,特殊单位以及师级以下部队的番号;

(五)国防动员计划及其实施情况;

(六)武器装备的研制、生产、配备情况和补充、维修能力,特种军事装备的战术技术性能;

(七)军事学术和国防科学技术研究的重要项目、成果及其应用情况中需要控制知悉范围的事项;

(八)军队政治工作中不宜公开的事项;

(九)国防费分配和使用的具体事项,军事物资的筹措、生产、供应和储备等情况中需要控制知悉范围的事项;

(十)军事设施及其保护情况中不宜公开的事项;

(十一)对外军事交流与合作中不宜公开的事项;

(十二)其他需要保密的事项。

【为境外窃取、刺探、收买、非法提供军事秘密罪立案追诉标准】

凡涉嫌为境外窃取、刺探、收买、非法提供军事秘密的,应予立案。

• 关联法律

1.《中华人民共和国军事设施保护法》(1990 年 2 月 23 日第七届全国人大常委会第十二次会议通过;2009 年 8 月 27 日第十一届全国人大常委会第十次会议《关于修改部分法律的决定》第一次修正;2014 年 6 月 27 日第十二届全国人大常委会第九次会议《关于修改〈中华人民共和国军事设施保护法〉的决定》第二次修正)

第 46 条 有下列行为之一,构成犯罪的,依法追究刑事责任:

(一)破坏军事设施的;(二)盗窃、抢夺、抢劫军事设施的装备、物资、器材的;(三)泄露军事设施秘密的,或者为境外的机构、组织、人员窃取、刺探、收买、非法提供军事设施秘密的;(四)破坏军用无线电固定设施电磁环境,干扰军用无线电通讯,情节严重的;(五)其他扰乱军事禁区、军事管理区管理秩序和危害军事设施安全的行为,情节严重的。

第 47 条 现役军人、军队文职人员和军队其他人员有下列行为之一,构成犯罪的,依法追究刑事责任;情节轻微,尚不够刑事处罚的,按照军队有关规定给予处分:

(一)有本法第 43 条、第 44 条、第 45 条、第 46 条规定行为的;(二)擅自将军事设施用于非军事目的,或者有其他滥用职权行为的;(三)擅离职守或者玩忽职守的。

第 48 条 国家机关工作人员在军事设施保护工作中玩忽职守、滥用职权,构成犯罪的,依法追究刑事责任;尚不够刑事处罚的,给予处分。

第 49 条 违反本法规定,造成军事设施损失的,依法承担赔偿责任。

第 50 条 中国人民武装警察部队所属军事设施的保护,适用本法。

第 51 条 国防科技工业重要武器装备的科研、生产、试验、存储等设施的保护,参照本法有关规定执行。具体办法和设施目录由国务院和中央军事委员会规定。(全文详见本书《刑法》第 369 条相关内容)

2. 最高人民检察院、解放军总政治部《军人违反职责罪案件立案标准的规定》(政检〔2013〕1 号) 第 12 条、第 13 条、第 40 条

(见本条立案追诉标准内容)

3.《中华人民共和国刑法修正案(11)》(2020 年 12 月 26 日第十三届全国人大常委会第二十四次会议通过)

四十六、将刑法第 431 条第 2 款修改为:“为境外的机构、组织、人员窃取、刺探、收买、非法提供军事秘密的,处 5 年以上 10 年以下有期徒刑;情节严重的,处 10 年以上有期徒刑、无期徒刑或者死刑。”

(原条文第 2 款:为境外的机构、组织、人员窃取、刺探、收买、非法提供军事秘密的,处 10 年以上有期徒刑、无期徒刑或者死刑)

4. 参见本书《刑法》第 420 条相关内容。

第 432 条 【故意泄露军事秘密罪】【过失泄露军事秘密罪】 违反保守国家秘密法规,故意或者过失泄露军事秘密,情节严重的,处 5 年以下有期徒刑或者拘役;情节特别严重的,处 5 年以上 10 年以下有期徒刑。

战时犯前款罪的,处 5 年以上 10 年以下有期徒刑;情节特别严重的,处 10 年以上有期徒刑或者无期徒刑。

• 释义

故意泄露军事秘密罪是指违反国家和军队的保密规定,故意使军事秘密被不应知悉者知

悉或者超出了限定的接触范围,情节严重的行为。

过失泄露军事秘密罪是指违反国家和军队的保密规定,过失泄露军事秘密,致使军事秘密被不应知悉者知悉或者超出了限定的接触范围,情节严重的行为。

• 管辖

军事检察院。

• 立案追诉标准

【故意泄露军事秘密罪立案追诉标准】

涉嫌下列情形之一的,应予立案:

(一)泄露绝密级或者机密级军事秘密1项(件)以上的;

(二)泄露秘密级军事秘密3项(件)以上的;

(三)向公众散布、传播军事秘密的;

(四)泄露军事秘密造成严重危害后果的;

(五)利用职权指使或者强迫他人泄露军事秘密的;

(六)负有特殊保密义务的人员泄密的;

(七)以牟取私利为目的泄露军事秘密的;

(八)执行重大任务时泄密的;

(九)有其他情节严重行为的。

【过失泄露军事秘密罪立案追诉标准】

涉嫌下列情形之一的,应予立案:

(一)泄露绝密级军事秘密1项(件)以上的;

(二)泄露机密级军事秘密3项(件)以上的;

(三)泄露秘密级军事秘密4项(件)以上的;

(四)负有特殊保密义务的人员泄密的;

(五)泄露军事秘密或者遗失军事秘密载体,不按照规定报告,或者不如实提供有关情况,或者未及时采取补救措施的;

(六)有其他情节严重行为的。

• 关联法律

1.《中华人民共和国军事设施保护法》(1990年2月23日第七届全国人大常委会第十二次会议通过;2014年6月27日第十二届全国人大常委会第九次会议第二次修正)第46条至第51条

(详见本书《刑法》第431条相关内容)

2.最高人民检察院、解放军总政治部《军人违反职责罪案件立案标准的规定》(政检〔2013〕1号)第14条、第15条、第40条

(见本条立案追诉标准内容)

3.参见本书《刑法》第420条相关内容。

> **第433条 【战时造谣惑众罪】**战时造谣惑众,动摇军心的,处3年以下有期徒刑;情节严重的,处3年以上10年以下有期徒刑;情节特别严重的,处10年以上有期徒刑或者无期徒刑。

(本条《中华人民共和国刑法修正案(9)》修改)

• **释义**

战时造谣惑众罪是指在战时造谣惑众，动摇军心的行为。

造谣惑众，动摇军心，是指故意编造、散布谣言，煽动怯战、厌战或者恐怖情绪，蛊惑官兵，造成或者足以造成部队情绪恐慌、士气不振、军心涣散的行为。

• **管辖**

军事保卫部门。

• **立案追诉标准**

凡战时涉嫌造谣惑众，动摇军心的，应予立案。

• **关联法律**

1. 最高人民检察院、解放军总政治部《军人违反职责罪案件立案标准的规定》(政检〔2013〕1号) 第16条、第40条、第51条

(见本条立案追诉标准内容)

2.《中华人民共和国刑法修正案(9)》(2015年8月29日第十二届全国人大常委会第十六次会议通过)

本条为《中华人民共和国刑法修正案(9)》第51条修改，将原条文两款合并为一款，并废除了本罪的死刑。

内容：五十一、将刑法第433条修改为："战时造谣惑众，动摇军心的，处3年以下有期徒刑；情节严重的，处3年以上10年以下有期徒刑；情节特别严重的，处10年以上有期徒刑或者无期徒刑。"

3. 参见本书《刑法》第420条相关内容。

第434条　【战时自伤罪】 战时自伤身体，逃避军事义务的，处3年以下有期徒刑；情节严重的，处3年以上7年以下有期徒刑。

• **释义**

战时自伤罪是指在战时为了逃避军事义务，故意伤害自己身体的行为。

逃避军事义务，是指逃避临战准备、作战行动、战场勤务和其他作战保障任务等与作战有关的义务。

• **管辖**

军事保卫部门。

• **立案追诉标准**

凡战时涉嫌自伤致使不能履行军事义务的，应予立案。

• **关联法律**

1. 最高人民检察院、解放军总政治部《军人违反职责罪案件立案标准的规定》(政检〔2013〕1号) 第17条、第40条

(见本条立案追诉标准内容)

2. 参见本书《刑法》第420条相关内容。

第435条 【逃离部队罪】 违反兵役法规,逃离部队,情节严重的,处3年以下有期徒刑或者拘役。

战时犯前款罪的,处3年以上7年以下有期徒刑。

• 释义

逃离部队罪是指违反兵役法规,逃离部队,情节严重的行为。

违反兵役法规,是指违反国防法、兵役法和军队条令条例以及其他有关兵役方面的法律规定。

逃离部队,是指擅自离开部队或者经批准外出逾期拒不归队。

• 管辖

军事保卫部门。

• 立案追诉标准

涉嫌下列情形之一的,应予立案:

(一)逃离部队持续时间达3个月以上或者3次以上或者累计时间达6个月以上的;

(二)担负重要职责的人员逃离部队的;

(三)策动3人以上或者胁迫他人逃离部队的;

(四)在执行重大任务期间逃离部队的;

(五)携带武器装备逃离部队的;

(六)有其他情节严重行为的。

• 关联法律

1. 最高人民法院、最高人民检察院《关于对军人非战时逃离部队的行为能否定罪处罚问题的批复》(法释〔2000〕39号)

中国人民解放军军事法院、军事检察院:〔1999〕军法呈字第19号《关于军人非战时逃离部队情节严重的,能否适用刑法定罪处罚问题的请示》收悉。经研究,答复如下:军人违反兵役法规,在非战时逃离部队,情节严重的,应当依照刑法第435条第1款的规定定罪处罚。

2. 最高人民检察院、解放军总政治部《军人违反职责罪案件立案标准的规定》(政检〔2013〕1号) 第18条、第40条

(见本条立案追诉标准内容)

3. 参见本书《刑法》第420条相关内容。

第436条 【武器装备肇事罪】 违反武器装备使用规定,情节严重,因而发生责任事故,致人重伤、死亡或者造成其他严重后果的,处3年以下有期徒刑或者拘役;后果特别严重的,处3年以上7年以下有期徒刑。

• 释义

武器装备肇事罪是指违反武器装备使用规定,情节严重,因而发生责任事故,致人重伤、

死亡或者造成其他严重后果的行为。

情节严重,是指故意违反武器装备使用规定,或者在使用过程中严重不负责任。

• 管辖

军事检察院。

• 立案追诉标准

涉嫌下列情形之一的,应予立案:

(一)影响重大任务完成的;

(二)造成死亡1人以上,或者重伤2人以上,或者轻伤3人以上的;

(三)造成武器装备、军事设施、军用物资或者其他财产损毁,直接经济损失30万元以上,或者直接经济损失、间接经济损失合计150万元以上的;

(四)严重损害国家和军队声誉,造成恶劣影响的;

(五)造成其他严重后果的。

• 关联法律

1. 中国人民解放军军事法院《关于审理军人违反职责罪案件中几个具体问题的处理意见》(〔1988〕军法发字第34号)

各军区、海军、空军、总直属队军事法院:《惩治军人违反职责罪暂行条例》(以下简称《条例》)施行以来,全军各级军事法院在审理军职人员违反职责罪的案件中,遇到了不少具体问题,需要解决。经我们调查研究,根据近年来的审判实践和各单位的意见,整理了《关于审理军人违反职责罪案件中几个具体问题的处理意见》。此件在征求了总政保卫部、解放军军事检察院的意见后,已报请最高人民法院同意,现印发各级军事法院参照执行。

关于审理军人违反职责罪案件中的几个具体问题的处理意见

一、关于军职人员玩弄枪支、弹药走火或者爆炸,致人重伤、死亡或者造成其他严重后果的案件,是否一概以武器装备肇事罪论处的问题:

军职人员在执勤、训练、作战时使用、操作武器装备,或者在管理、维修、保养武器装备的过程中,违反武器装备使用规定和操作规程,情节严重,因而发生重大责任事故,致人重伤、死亡或者造成其他严重后果的,依照《条例》第3条的规定,以武器装备肇事罪论处;凡违反枪支、弹药管理使用规定,私自携带枪支、弹药外出,因玩弄而造成走火或者爆炸,致人重伤、死亡或者使公私财产遭受重大损失的,分别依照《刑法》第135条、第133条、第106条的规定,以过失重伤罪、过失杀人罪或者过失爆炸罪论处。

二、关于军职人员擅自将自己保管、使用的枪支、弹药借给他人,因而造成严重后果的,应当如何定性和适用法律问题:

军职人员确实不知他人借用枪支、弹药是为实施犯罪,私自将自己保管、使用的枪支、弹药借给他人,致使公共财产、国家和人民利益遭受重大损失的,以《刑法》第187条规定的玩忽职守罪论处;如果在值班、值勤等执行职务时,擅自将自己使用、保管的枪支、弹药借给他人,因而造成严重后果的,以《条例》第5条规定的玩忽职守罪论处。如果明知他人借用枪支、弹药是为了实施犯罪,仍将枪支、弹药借给他人的,以共同犯罪论处。

三、关于监守自盗军用物资的行为应如何定罪处罚问题:

军职人员利用职务上的便利,盗窃自己经手、管理的军用物资的,符合贪污罪的基本特征,依照《刑法》第155条和全国人大常委会《关于惩治贪污罪贿赂罪的补充规定》,以贪污罪论处,从重处罚。

四、关于军职人员驾驶军用装备车辆肇事的,是定交通肇事罪还是定武器装备肇事罪的问题:

军职人员驾驶军用装备车辆,违反武器装备使用规定和操作规程,情节严重,因而发生重大责任事故,致人重伤、死亡或者造成其他严重后果的,即使同时违反交通运输规章制度,也应当依照《条例》第3条的规定,以武器装备肇事罪论处;如果仅因违反交通运输规章制度而发生重大事故,致人重伤、死亡或者使公私财产遭受重大损失的,则依照《刑法》第113条的规定,以交通肇事罪论处。

五、关于军人在临时看管期间逃跑的,能否以脱逃罪论处问题:

脱逃罪是指被依法逮捕、关押的犯罪分子,从羁押,改造场所或者在押解途中逃走的行为。军队的临时看管仅是一项行政防范措施。因此,军人在此期间逃跑的,不构成脱逃罪。但在查明他确有犯罪行为后,他的逃跑行为可以作为情节在处刑时予以考虑。

2. 最高人民检察院、解放军总政治部《军人违反职责罪案件立案标准的规定》(政检〔2013〕1号) 第19条、第40条

(见本条立案追诉标准内容)

3. 参见本书《刑法》第420条相关内容。

第437条 【擅自改变武器装备编配用途罪】 违反武器装备管理规定,擅自改变武器装备的编配用途,造成严重后果的,处3年以下有期徒刑或者拘役;造成特别严重后果的,处3年以上7年以下有期徒刑。

• 释义

擅自改变武器装备编配用途罪是指违反武器装备管理规定,未经有权机关批准,擅自将编配的武器装备改作其他用途,造成严重后果的行为。

• 管辖

军事检察院。

• 立案追诉标准

涉嫌下列情形之一的,应予立案:

(一)造成重大任务不能完成或者迟缓完成的;

(二)造成死亡1人以上,或者重伤3人以上,或者重伤2人、轻伤4人以上,或者重伤1人、轻伤7人以上,或者轻伤10人以上的;

(三)造成武器装备、军事设施、军用物资或者其他财产损毁,直接经济损失30万元以上,或者直接经济损失、间接经济损失合计150万元以上的;

(四)造成其他严重后果的。

• 关联法律

1. 最高人民检察院、解放军总政治部《军人违反职责罪案件立案标准的规定》(政检〔2013〕1号) 第20条、第40条

(见本条立案追诉标准内容)

2. 参见本书《刑法》第420条相关内容。

> **第438条 【盗窃、抢夺武器装备、军用物资罪】** 盗窃、抢夺武器装备或者军用物资的，处5年以下有期徒刑或者拘役；情节严重的，处5年以上10年以下有期徒刑；情节特别严重的，处10年以上有期徒刑、无期徒刑或者死刑。
>
> 盗窃、抢夺枪支、弹药、爆炸物的，依照本法第127条的规定处罚。

• 释义

盗窃、抢夺武器装备、军用物资罪是指以非法占有为目的，秘密窃取武器装备的行为和以非法占有为目的，乘人不备，公然夺取武器装备的行为。

• 管辖

军事保卫部门。

• 立案追诉标准

凡涉嫌盗窃、抢夺武器装备的，应予立案。

盗窃军用物资罪是指以非法占有为目的，秘密窃取军用物资的行为。

抢夺军用物资罪是指以非法占有为目的，乘人不备，公然夺取军用物资的行为。

凡涉嫌盗窃、抢夺军用物资价值2000元以上，或者不满规定数额，但后果严重的，应予立案。

• 关联法律

1. 最高人民检察院、解放军总政治部《军人违反职责罪案件立案标准的规定》(政检〔2013〕1号) 第21条、第40条

(见本条立案追诉标准内容)

2. 参见本书《刑法》第420条相关内容。

> **第439条 【非法出卖、转让武器装备罪】** 非法出卖、转让军队武器装备的，处3年以上10年以下有期徒刑；出卖、转让大量武器装备或者有其他特别严重情节的，处10年以上有期徒刑、无期徒刑或者死刑。

• 释义

非法出卖、转让武器装备罪是指非法出卖、转让武器装备的行为。

出卖、转让，是指违反武器装备管理规定，未经有权机关批准，擅自用武器装备换取金钱、财物或者其他利益，或者将武器装备馈赠他人的行为。

• 管辖

军事保卫部门。

• 立案追诉标准

涉嫌下列情形之一的，应予立案：

(一)非法出卖、转让枪支、手榴弹、爆炸装置的；

(二)非法出卖、转让子弹10发、雷管30枚、导火索或者导爆索30米、炸药1千克以上,或者不满规定数量,但后果严重的;

(三)非法出卖、转让武器装备零部件或者维修器材、设备,致使武器装备报废或者直接经济损失30万元以上的;

(四)非法出卖、转让其他重要武器装备的。

• 关联法律

1. 最高人民检察院、解放军总政治部《军人违反职责罪案件立案标准的规定》(政检〔2013〕1号)第22条、第40条

(见本条立案追诉标准内容)

2. 参见本书《刑法》第420条相关内容。

第440条 【遗弃武器装备罪】违抗命令,遗弃武器装备的,处5年以下有期徒刑或者拘役;遗弃重要或者大量武器装备的,或者有其他严重情节的,处5年以上有期徒刑。

• 释义

遗弃武器装备罪是指负有保管、使用武器装备义务的军人,违抗命令,故意遗弃武器装备的行为。

• 管辖

军事保卫部门。

• 立案追诉标准

涉嫌下列情形之一的,应予立案:

(一)遗弃枪支、手榴弹、爆炸装置的;

(二)遗弃子弹10发、雷管30枚、导火索或者导爆索30米、炸药1千克以上,或者不满规定数量,但后果严重的;

(三)遗弃武器装备零部件或者维修器材、设备,致使武器装备报废或者直接经济损失30万元以上的;

(四)遗弃其他重要武器装备的。

• 关联法律

1. 最高人民检察院、解放军总政治部《军人违反职责罪案件立案标准的规定》(政检〔2013〕1号)第23条、第40条

(见本条立案追诉标准内容)

2. 参见本书《刑法》第420条相关内容。

第441条 【遗失武器装备罪】遗失武器装备,不及时报告或者有其他严重情节的,处3年以下有期徒刑或者拘役。

• 释义

遗失武器装备罪是指遗失武器装备,不及时报告或者有其他严重情节的行为。其他严重

情节,是指遗失武器装备严重影响重大任务完成的;给人民群众生命财产安全造成严重危害的;遗失的武器装备被敌人或者境外的机构、组织和人员或者国内恐怖组织和人员利用,造成严重后果或者恶劣影响的;遗失的武器装备数量多、价值高的;战时遗失的;等等。

• 管辖

军事保卫部门。

• 立案追诉标准

凡涉嫌遗失武器装备不及时报告或者有其他严重情节的,应予立案。

• 关联法律

1. 最高人民检察院、解放军总政治部《军人违反职责罪案件立案标准的规定》(政检〔2013〕1 号) 第 24 条、第 40 条

(见本条立案追诉标准内容)

2. 参见本书《刑法》第 420 条相关内容。

第 442 条 【擅自出卖、转让军队房地产罪】 违反规定,擅自出卖、转让军队房地产,情节严重的,对直接责任人员,处 3 年以下有期徒刑或者拘役;情节特别严重的,处 3 年以上 10 年以下有期徒刑。

• 释义

擅自出卖、转让军队房地产罪是指违反军队房地产管理和使用规定,未经有权机关批准,擅自出卖、转让军队房地产,情节严重的行为。

军队房地产,是指依法由军队使用管理的土地及其地上地下用于营房保障的建筑物、构筑物、附属设施设备,以及其他附着物。

• 管辖

军事保卫部门。

• 立案追诉标准

涉嫌下列情形之一的,应予立案:

(一)擅自出卖、转让军队房地产价值 30 万元以上的;

(二)擅自出卖、转让军队房地产给境外的机构、组织、人员的;

(三)擅自出卖、转让军队房地产严重影响部队正常战备、训练、工作、生活和完成军事任务的,

(四)擅自出卖、转让军队房地产给军事设施安全造成严重危害的;

(五)有其他情节严重行为的。

• 关联法律

1. 最高人民检察院、解放军总政治部《军人违反职责罪案件立案标准的规定》(政检〔2013〕1 号) 第 25 条、第 40 条

(见本条立案追诉标准内容)

2. 参见本书《刑法》第420条相关内容。

第443条 【虐待部属罪】滥用职权，虐待部属，情节恶劣，致人重伤或者造成其他严重后果的，处5年以下有期徒刑或者拘役；致人死亡的，处5年以上有期徒刑。

• 释义

虐待部属罪是指滥用职权，虐待部属，情节恶劣，致人重伤、死亡或者造成其他严重后果的行为。虐待部属，是指采取殴打、体罚、冻饿或者其他有损身心健康的手段，折磨、摧残部属的行为。

情节恶劣，是指虐待手段残酷的；虐待3人以上的；虐待部属3次以上的；虐待伤病残部属的；等等。

其他严重后果，是指部属不堪忍受虐待而自杀、自残造成重伤或者精神失常的；诱发其他案件、事故的；导致部属1人逃离部队3次以上，或者2人以上逃离部队的；造成恶劣影响的；等等。

• 管辖

军事检察院。

• 立案追诉标准

凡涉嫌虐待部属，情节恶劣，致人重伤、死亡或者造成其他严重后果的，应予立案。

• 关联法律

1. 最高人民检察院、解放军总政治部《军人违反职责罪案件立案标准的规定》（政检〔2013〕1号）第26条、第40条

（见本条立案追诉标准内容）

2. 参见本书《刑法》第420条相关内容。

第444条 【遗弃伤病军人罪】在战场上故意遗弃伤病军人，情节恶劣的，对直接责任人员，处5年以下有期徒刑。

• 释义

遗弃伤病军人罪是指在战场上故意遗弃我方伤病军人，情节恶劣的行为。

• 管辖

军事法院。

• 立案追诉标准

涉嫌下列情形之一的，应予立案：

（一）为挟嫌报复而遗弃伤病军人的；

（二）遗弃伤病军人3人以上的；

（三）导致伤病军人死亡、失踪、被俘的；

（四）有其他恶劣情节的。

• 关联法律

1. 最高人民检察院、解放军总政治部《军人违反职责罪案件立案标准的规定》(政检〔2013〕1号)第27条、第40条

(见本条立案追诉标准内容)

2. 参见本书《刑法》第420条相关内容。

> **第445条 【战时拒不救治伤病军人罪】**战时在救护治疗职位上,有条件救治而拒不救治危重伤病军人的,处5年以下有期徒刑或者拘役;造成伤病军人重残、死亡或者有其他严重情节的,处5年以上10年以下有期徒刑。

• 释义

战时拒不救治伤病军人罪是指战时在救护治疗职位上,有条件救治而拒不救治危重伤病军人的行为。

有条件救治而拒不救治,是指根据伤病军人的伤情或者病情,结合救护人员的技术水平、医疗单位的医疗条件及当时的客观环境等因素,能够给予救治而拒绝抢救、治疗。

• 管辖

军事法院。

• 立案追诉标准

凡战时涉嫌拒不救治伤病军人的,应予立案。

• 关联法律

1. 最高人民检察院、解放军总政治部《军人违反职责罪案件立案标准的规定》(政检〔2013〕1号)第28条、第40条

(见本条立案追诉标准内容)

2. 参见本书《刑法》第420条相关内容。

> **第446条 【战时残害居民、掠夺居民财物罪】**战时在军事行动地区,残害无辜居民或者掠夺无辜居民财物的,处5年以下有期徒刑;情节严重的,处5年以上10年以下有期徒刑;情节特别严重的,处10年以上有期徒刑、无期徒刑或者死刑。

• 释义

战时残害居民、掠夺居民财物罪是指战时在军事行动地区残害无辜居民的行为。

无辜居民,是指对我军无敌对行动的平民。

战时掠夺居民财物罪是指战时在军事行动地区抢劫、抢夺无辜居民财物的行为。

• 管辖

军事保卫部门。

• 立案追诉标准

战时残害居民涉嫌下列情形之一的,应予立案:

(一)故意造成无辜居民死亡、重伤或者轻伤3人以上的;

(二)强奸无辜居民的;

(三)故意损毁无辜居民财物价值5000元以上,或者不满规定数额,但手段恶劣、后果严重的。

战时掠夺居民财物涉嫌下列情形之一的,应予立案:

(一)抢劫无辜居民财物的;

(二)抢夺无辜居民财物价值2000元以上,或者不满规定数额,但手段恶劣、后果严重的。

• 关联法律

1. 最高人民检察院、解放军总政治部《军人违反职责罪案件立案标准的规定》(政检〔2013〕1号) 第29条、第40条

(见本条立案追诉标准内容)

2. 参见本书《刑法》第420条相关内容。

第447条 【私放俘虏罪】 私放俘虏的,处5年以下有期徒刑;私放重要俘虏、私放俘虏多人或者有其他严重情节的,处5年以上有期徒刑。

• 释义

私放俘虏罪是指擅自将俘虏放走的行为。

• 管辖

军事法院。

• 立案追诉标准

凡涉嫌私放俘虏的,应予立案。

• 关联法律

1. 最高人民检察院、解放军总政治部《军人违反职责罪案件立案标准的规定》(政检〔2013〕1号) 第30条、第40条

(见本条立案追诉标准内容)

2. 参见本书《刑法》第420条相关内容。

第448条 【虐待俘虏罪】 虐待俘虏,情节恶劣的,处3年以下有期徒刑。

• 释义

虐待俘虏罪是指虐待俘虏,情节恶劣的行为。

• 管辖

军事法院。

• **立案追诉标准**

涉嫌下列情形之一的,应予立案:
(一)指挥人员虐待俘虏的;
(二)虐待俘虏3人以上,或者虐待俘虏3次以上的;
(三)虐待俘虏手段特别残忍的;
(四)虐待伤病俘虏的;
(五)导致俘虏自杀、逃跑等严重后果的;
(六)造成恶劣影响的;
(七)有其他恶劣情节的。

• **关联法律**

1. 最高人民检察院、解放军总政治部《军人违反职责罪案件立案标准的规定》(政检〔2013〕1号)第31条、第40条
(见本条立案追诉标准内容)
2. 参见本书《刑法》第420条相关内容。

第449条 【战时缓刑的量刑依据】在战时,对被判处3年以下有期徒刑没有现实危险宣告缓刑的犯罪军人,允许其戴罪立功,确有立功表现时,可以撤销原判刑罚,不以犯罪论处。

第450条 【本章适用的主体范围】本章适用于中国人民解放军的现役军官、文职干部、士兵及具有军籍的学员和中国人民武装警察部队的现役警官、文职干部、士兵及具有军籍的学员以及文职人员、执行军事任务的预备役人员和其他人员。

(本条《中华人民共和国刑法修正案(11)》修改)

• **关联法律**

《中华人民共和国刑法修正案(11)》(2020年12月26日第十三届全国人大常委会第二十四次会议通过)
四十七、将刑法第450条修改为:"本章适用于中国人民解放军的现役军官、文职干部、士兵及具有军籍的学员和中国人民武装警察部队的现役警官、文职干部、士兵及具有军籍的学员以及文职人员、执行军事任务的预备役人员和其他人员。"
(原条文:本章适用于中国人民解放军的现役军官、文职干部、士兵及具有军籍的学员和中国人民武装警察部队的现役警官、文职干部、士兵及具有军籍的学员以及执行军事任务的预备役人员和其他人员。)

第451条 【本章战时的概念】本章所称战时,是指国家宣布进入战争状态,部队受领作战任务或者遭敌突然袭击时。
部队执行戒严任务或者处置突发性暴力事件时,以战时论。

附　　则

第452条　【本刑法施行日期】本法自1997年10月1日起施行。

【附件】

列于本法附件1的全国人民代表大会常务委员会制定的条例、补充规定和决定，已纳入本法或者已不适用，自本法施行之日起，予以废止。

列于本法附件2的全国人民代表大会常务委员会制定的补充规定和决定予以保留。其中，有关行政处罚和行政措施的规定继续有效；有关刑事责任的规定已纳入本法，自本法施行之日起，适用本法规定。

【附件1】

全国人民代表大会常务委员会制定的下列条例、补充规定和决定，已纳入本法或者已不适用，自本法施行之日起，予以废止：

1. 中华人民共和国惩治军人违反职责罪暂行条例
2. 关于严惩严重破坏经济的罪犯的决定
3. 关于严惩严重危害社会治安的犯罪分子的决定
4. 关于惩治走私罪的补充规定
5. 关于惩治贪污罪贿赂罪的补充规定
6. 关于惩治泄露国家秘密犯罪的补充规定
7. 关于惩治捕杀国家重点保护的珍贵、濒危野生动物犯罪的补充规定
8. 关于惩治侮辱中华人民共和国国旗国徽罪的决定
9. 关于惩治盗掘古文化遗址古墓葬犯罪的补充规定
10. 关于惩治劫持航空器犯罪分子的决定
11. 关于惩治假冒注册商标犯罪的补充规定
12. 关于惩治生产、销售伪劣商品犯罪的决定
13. 关于惩治侵犯著作权的犯罪的决定
14. 关于惩治违反公司法的犯罪的决定
15. 关于处理逃跑或者重新犯罪的劳改犯和劳教人员的决定

【附件2】

全国人民代表大会常务委员会制定的下列补充规定和决定予以保留，其中，有关行政处罚和行政措施的规定继续有效；有关刑事责任的规定已纳入本法，自本法施行之日起，适用本法规定：

1. 关于禁毒的决定
2. 关于惩治走私、制作、贩卖、传播淫秽物品的犯罪分子的决定
3. 关于严惩拐卖、绑架妇女、儿童的犯罪分子的决定
4. 关于严禁卖淫嫖娼的决定
5. 关于惩治偷税、抗税犯罪的补充规定

6. 关于严惩组织、运送他人偷越国(边)境犯罪的补充规定
7. 关于惩治破坏金融秩序犯罪的决定
8. 关于惩治虚开、伪造和非法出售增值税专用发票犯罪的决定